REDHOUSE
BÜYÜK ELSÖZLÜĞÜ

İngilizce - Türkçe / Türkçe - İngilizce

THE
LARGER REDHOUSE
PORTABLE DICTIONARY

English - Turkish / Turkish - English

SEV Yayıncılık Eğitim ve Ticaret A.Ş.
İstanbul

Nuhkuyusu Cad., No. 197 Üsküdar İş Merkezi, Kat 3, 34664 Bağlarbaşı, Üsküdar, İstanbul, Türkiye adresinde bulunan SEV Yayıncılık Eğitim ve Ticaret A.Ş. tarafından yayımlanmıştır.

Redhouse Büyük Elsözlüğü
İngilizce-Türkçe / Türkçe-İngilizce

© 1994 Redhouse Yayınevi
© 1996 SEV Matbaacılık ve Yayıncılık A.Ş.
© 2000 SEV Matbaacılık ve Yayıncılık Eğitim Ticaret A.Ş.
© 2013 SEV Yayıncılık Eğitim ve Ticaret A.Ş.

ISBN: 978-975-8176-83-0

Genişletilmiş Baskı: Otuz Yedinci Baskı, Ekim 2017

Editörler: Serap Bezmez, C. H. Brown
Danışmanlık ve Tasarım: Cem Şen
Çizimler: Ersin Burak
Clip Art: Art Explosion 750,000 Images
Şömiz Tasarımı: Semin Persentili Bakla
Grafik Uygulama: Hüseyin Vatan

Baskı: Ayhan Matbaası
Mahmutbey Mah., Deve Kaldırım Cad., Gelincik Sok., No. 6, Kat 3,
34218 Bağcılar, İstanbul
Sertifika No. 22749

İçindekiler / Contents

Açıklamalar — v
Notes to the User — viii

İngilizce - Türkçe / English - Turkish — xi

İngilizce - Türkçe Bölümüne Ait Açıklamalar — xiii
Notes to the User of the English - Turkish Section — xvi
Kısaltmalar / Abbreviations — xix
Sesletim Kılavuzu / Guide to Pronunciation — xxii
İngilizce - Türkçe Sözlük / English - Turkish Dictionary — 1-582
Düzensiz Fiiller / Irregular Verbs — i-iii

Türkçe - İngilizce / Turkish - English — i

Türkçe - İngilizce Bölümüne Ait Açıklamalar — iii
Notes to the User of the Turkish-English Section — vii
Kısaltmalar / Abbreviations — xi
Türkçe - İngilizce Sözlük / Turkish - English Dictionary — 1-804

Ek Bölüm / Appendix — 1

İllüstrasyonlar / Illustrations — 2-52

Açıklamalar

1. Maddeleri oluşturan sözcüklerin yalnızca yaygın olan anlamlarının karşılık veya açıklamaları verilmiştir.
2. Tanımlanan sözcüğün daha yaygın olan anlamı, telaffuzu veya çekimi diğerlerinden önce sıralanmıştır.
3. Eşanlamlı sözcükler virgülle ayrılmıştır.
4. Yakın anlamlı karşılık veya tanımlar noktalı virgülle ayrılmıştır.
5. Taksim işareti "veya" anlamında kullanılmıştır.

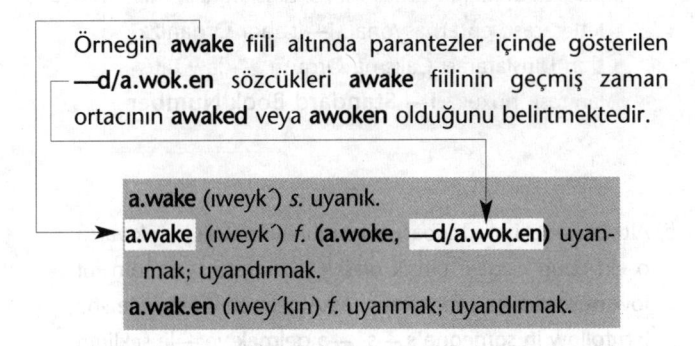

> Örneğin **awake** fiili altında parantezler içinde gösterilen **—d/a.wok.en** sözcükleri **awake** fiilinin geçmiş zaman ortacının **awaked** veya **awoken** olduğunu belirtmektedir.

a.wake (ıweyk´) s. uyanık.
a.wake (ıweyk´) f. (a.woke, —d/a.wok.en) uyanmak; uyandırmak.
a.wak.en (ıwey´kın) f. uyanmak; uyandırmak.

> **Kahvaltı** maddesi altında verilen **— etmek/yapmak** deyimindeki taksim işareti **kahvaltı** sözcüğünün **etmek** veya **yapmak** fiilleriyle birlikte kullanılacağını göstermektedir.

kahvaltı, -yı 1. breakfast. 2. snack, light refreshment. **— etmek/yapmak** 1. to have breakfast, breakfast. 2. to have a snack. **— takımı** set of

6. Örneklerden önce iki nokta üst üste konulmuştur.
7. Önemli derecede farklı olan anlamlar birbirinden rakamla ayrılmıştır.
8. Açıklayıcı bilgiler italik olarak veya parantezler içinde yazılmıştır.

v

9. Maddebaşı olan sözcük, maddenin her altbölümünde uzun çizgi (—) ile gösterilmiştir.

   a) Maddebaşı sözcük bir altbölümde büyük harfle başlıyorsa, büyük harf genellikle uzun çizginin başına bitişik olarak yazılmıştır. Örneğin **International Standard Book Number** ve **Adalet Bakanlığı, I— Standard Book Number** ve **A— Bakanlığı** şeklinde yazılmıştır.

   > in.ter.na.tion.al (întırnäş´ınıl) *s.* uluslararası, milletlerarası, enternasyonal. **I— Labor Organization** Uluslararası Çalışma Örgütü. **— law** uluslararası hukuk. **I— Standard Book Number**

   b) Altbölümdeki maddebaşı sözcüğün sonunda bir ek varsa, o ek, uzun çizgiye bitişik olarak yazılmıştır. Örneğin **follow in someone's footsteps, aşka gelmek** ve **afiyetle** sözleri **follow in someone's —s, —a gelmek** ve **—le** şeklinde yazılmıştır.

   > foot.step (fût´step) *i.* 1. adım. 2. ayak sesi. 3. ayak izi. **follow in someone's —s** bir kimsenin izinde olmak.

10. Yazılışında tire bulunan bir sözcüğün satır sonunda tireli yerden bölünmesi gerektiğinde sözcüğün kendi tiresi satırın sonuna değil, alttaki satırın başına konulmuştur. Buna dayanarak, satır sonuna rastlayan **mischief-maker** sözcüğü şu üç şekilde bölünebilir:

mis-	veya	mischief	ya da	mischief-mak-
chief-maker		-maker		er.

vi

11. İngilizce bir sözcük veya söz öbeği hem edatsız, hem de edatla birlikte kullanılabiliyorsa, o sözcüğe veya söz öbeğine ait edatlar parantezler içinde gösterilmiştir. Sözcükle veya söz öbeğiyle birlikte kullanılması şart olan edatlar ise parantezsiz olarak yazılmıştır.
12. Bu sözlük Amerikan İngilizcesi esas alınarak hazırlandığı için İngiliz İngilizcesine özgü kullanımlar *İng.* veya *Brit.* kısaltmalarıyla işaretlenmiştir.
13. Bu sözlüğün hazırlanışında en çok şu kitaplara başvurulmuştur: *Webster's Third New International Dictionary,* Türk Dil Kurumu'nun 1998 yılında yayımladığı *Türkçe Sözlük, İngilizce-Türkçe Redhouse Sözlüğü, Çağdaş Türkçe-İngilizce Redhouse Sözlüğü* ve *Türkçe-İngilizce Redhouse Sözlüğü.*
14. Türkçe sözcüklerin yazılışında genellikle Dil Derneği'nin 2000 yılında yayımladığı *Yazım Kılavuzu*'ndaki öneriler göz önüne alınmıştır.
15. Kaba sayılan sözcükler yıldızla (*) işaretlenmiştir.

Notes to the User

1. Each entry has been translated or explained only in those senses in which it is most commonly used.
2. Senses, pronunciations, or inflected forms that are more frequently used precede those that are less frequently used.
3. Commas separate synonyms.
4. Semicolons separate equivalents or renderings that, though similar in meaning, are not synonymous.
5. Diagonals should be read to mean "or."

For example, the two past participles that may be used for the verb **awake** are shown as —d/a.wok.en.

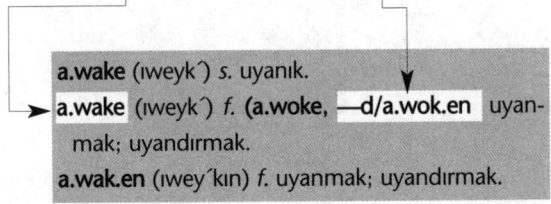

a.wake (ıweyk´) s. uyanık.
a.wake (ıweyk´) f. (a.woke, —d/a.wok.en uyanmak; uyandırmak.
a.wak.en (ıwey´kın) f. uyanmak; uyandırmak.

Similarly, an idiomatic use of **kahvaltı** with either **etmek** or **yapmak** is shown as — etmek/yapmak.

kahvaltı, -yı 1. breakfast. 2. snack, light refreshment. — etmek/yapmak 1. to have breakfast, breakfast. 2. to have a snack. — takımı set of

6. Colons precede examples.
7. Arabic numerals mark the beginning of senses.
8. Explanatory material is set off in either italics or parentheses.
9. Dashes represent headwords (i.e. words that are the subjects of main entries).

a) If the headword represented by a dash begins with a capital letter, that letter is usually written at the beginning of the dash; thus **International Standard Book Number** and **Adalet Bakanlığı** are shown as **I— Standard Book Number** and **A— Bakanlığı**.

> **adalet, -ti** 1. justice. 2. the courts. 3. equity. **A— Bakanı** the Minister of Justice. **A— Bakanlığı** the Ministry of Justice. **— dağıtmak** to admin-

b) If the headword represented by a dash ends in an inflectional or a derivational suffix, this suffix is written immediately after the dash; thus **follow in someone's footsteps**, **aşka gelmek** and **afiyetle** are shown as **follow in someone's —s**, **—a gelmek**, and **—le**.

> **afiyet, -ti** health. **—le** (eating or drinking) with real pleasure: **O çardağın altında yemeklerimizi afiyetle yerdik.** We really enjoyed the

10. When a hyphenated word at the end of a line of type must be divided at its point of hyphenation, the hyphen, instead of being placed at the end of that line of type, is placed at the beginning of the next line of type. Thus, **mischief-maker**, when found at the end of a line of type, might be divided either as

    mis-   or   mischief   or   mischief-mak-
chief-maker   -maker   er.

11. When an English word or phrase can be used either with or without a preposition, the preposition has usually been shown in parentheses. If the preposition is obligatory, it has usually not been shown in parentheses.

12. As this dictionary is based on American usage, those usages that are peculiar to British English have been so labeled.
13. The main reference works used in compiling this dictionary were: *Webster's Third New International Dictionary* (1993), *Türkçe Sözlük* (Türk Dil Kurumu, 1998), *The Redhouse English-Turkish Dictionary* (1974), *The Redhouse Contemporary Turkish-English Dictionary* (1983), and *The Redhouse Turkish-English Dictionary* (1999).
14. The spellings used for Turkish words are generally those recommended in the *Yazım Kılavuzu* published by the Dil Derneği in 2000.
15. A word usually regarded as vulgar is marked with an asterisk (*).

İngilizce - Türkçe

English - Turkish

İngilizce - Türkçe Bölümüne Ait Açıklamalar

1. Maddebaşı İngilizce sözcüklerin heceleri noktalarla ayrılmıştır.
2. İngilizce sözcüklerin söylenişiyle ilgili bilgi, Sesletim Kılavuzu'nda verilmiştir. Ayrıca, fonetik simgelerin kullanımını özetleyen bir anahtar, sözlüğün karşılıklı sayfalarının altında yer almaktadır:

th	dh	w	hw	b	c	ç	d	f	g	h	j	k	l	m	n	p	r	s	ş	t	v	y	z
thin	the	we	why	be	joy	chat	ad	if	go	he	regime	key	lid	me	no	up	or	us	she	it	via	say	is

a	ä	e	ı	i	î	ô	o	û	u	ʌ	ıl	ım	ın	ır	ng	ngg	ngk
car	cat	met	above	heal	his	dog	so	good	do	up	couple	prism	demon	burn	ring	finger	ink

3. İsimlerin çoğul şekillerinde, sıfatların üstünlük ve enüstünlük derecelerinde ve fiillerin ana çekim şekillerinde meydana gelen kuraldışı değişiklikler genellikle tanımlarından önce belirtilmiştir.

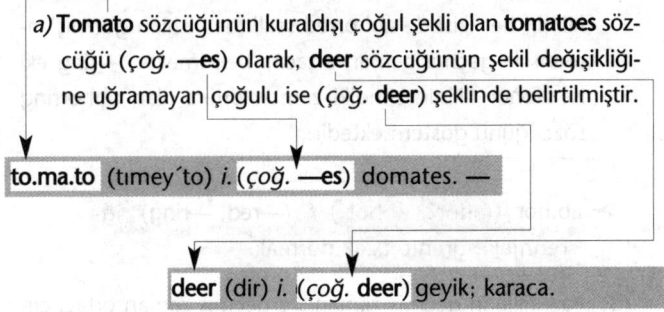

a) **Tomato** sözcüğünün kuraldışı çoğul şekli olan **tomatoes** sözcüğü (*çoğ.* —**es**) olarak, **deer** sözcüğünün şekil değişikliğine uğramayan çoğulu ise (*çoğ.* **deer**) şeklinde belirtilmiştir.

to.ma.to (tımey´to) *i.* (*çoğ.* —**es**) domates. —

deer (dir) *i.* (*çoğ.* **deer**) geyik; karaca.

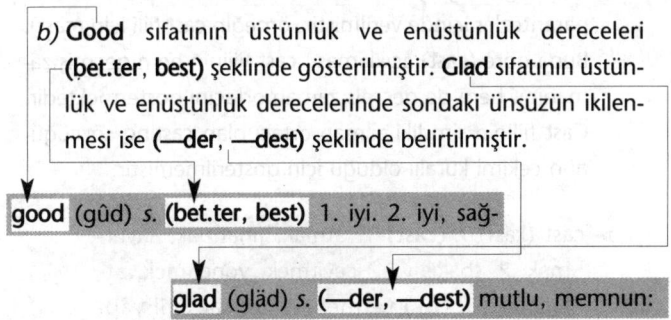

b) **Good** sıfatının üstünlük ve enüstünlük dereceleri (**bet.ter**, **best**) şeklinde gösterilmiştir. **Glad** sıfatının üstünlük ve enüstünlük derecelerinde sondaki ünsüzün ikilenmesi ise (—**der**, —**dest**) şeklinde belirtilmiştir.

good (gûd) *s.* (**bet.ter**, **best**) 1. iyi. 2. iyi, sağ-

glad (gläd) *s.* (—**der**, —**dest**) mutlu, memnun:

c) Kuraldışı çekimleri olan fiillerin ana çekim şekilleri parantezler içinde şu sırayla verilmiştir: geçmiş zaman, geçmiş zaman ortacı ve şimdiki zaman ortacı. Bu kuraldışı çekimlerin örnekleri aşağıda görülmektedir.

(1) **Get** maddesinde tanımlardan önce belirtilen **(got, got.ten/got, —ting)** açıklamasına göre **get** fiilinin geçmiş zamanı **got**, geçmiş zaman ortacı **gotten** veya **got**, şimdiki zaman ortacı ise **getting** şeklindedir.

▶ **get** (get) *f.* **(got, got.ten/got, —ting)** 1. elde etmek; edinmek; kazanmak; almak; satın al-

(2) Yalnızca **(—red, —ring)** çekim ekleri gösterilen **abhor** fiili, geçmiş zamanı ve geçmiş zaman ortacı aynı olan kuraldışı çekimli fiiller için tipik bir örnek. **—red** eki **abhor** fiilinin her ikisi de **abhorred** şeklinde yazılan geçmiş zamanı ile geçmiş zaman ortacını belirtmekte, **—ring** eki ise **abhor** fiilinin şimdiki zaman ortacı olan **abhorring** sözcüğünü göstermektedir.

▶ **ab.hor** (ıbhôr´, äbhôr´) *f.* **(—red, —ring)** iğrenmek; iğrenip uzak durmak.

(3) Bazı fiillerin geçmiş zamanı ve geçmiş zaman ortacı çekim değişikliği göstermez. Bu tür fiillerin çekimsiz şekli parantezler içinde verilmiştir, örneğin **cast** fiili için **(cast)**. Buna göre **(cast)** açıklaması, **cast** fiilinin hem geçmiş zamanını, hem de geçmiş zaman ortacını göstermektedir. **Cast** fiilinin şimdiki zaman ortacı olan **casting** sözcüğünün çekimi kurallı olduğu için gösterilmemiştir.

▶ **cast** (käst) *f.* **(cast)** 1. atmak, fırlatmak, savurmak. 2. (bakış v.b.) çevirmek, yöneltmek, atfetmek. 3. (oy) vermek. 4. rol taksimi yap-

4. Türkçe isim çekim ekleri şu şekillerde belirtilmiştir:

DURUM	EK	ÖRNEK
Yükleme durumu	-i	look for -i aramak (*örneğin* I looked for her. Onu aradım.)
Tamlayan durumu	-in	stand behind -in arkasında durmak (*örneğin* He was standing behind them. Onların arkasında duruyordu.)
Yönelme durumu	-e	towards -e doğru (*örneğin* towards us bize doğru)
Bulunma durumu	-de	dwell in -de ikamet etmek (*örneğin* No one will be permitted to dwell there. Orada kimsenin ikamet etmesine izin verilmeyecek.)
Çıkma durumu	-den	shrink from -den çekinmek (*örneğin* He shrank from showing her the letter. Ona mektubu göstermekten çekindi.)

5. **-ness** veya **-ly** gibi soneklerle ya da **non-** veya **un-** gibi öneklerle kurulan türevlerin ancak en yaygın olanları sözlüğe alınmıştır.

Notes to the User of the English - Turkish Section

1. Dots are used to separate the syllables of English headwords.
2. A key to the pronunciation of English words is given in the Guide to Pronunciation. An abbreviated key to the use of the phonetic symbols extends across the bottom of each pair of facing pages:

th	dh	w	hw	b	c	ç	d	f	g	h	j	k	l	m	n	p	r	s	ş	t	v	y	z
thin	the	we	why	be	joy	chat	ad	if	go	he	regime	key	lid	me	no	up	or	us	she	it	via	say	is

a	ä	e	ı	i	î	ô	o	û	u	ʌ	ıl	ım	ın	ır	ng	ngg	ngk
car	cat	met	above	heal	his	dog	so	good	do	up	couple	prism	demon	burn	ring	finger	ink

3. Irregularities, especially morphological or irregular inflectional changes that occur in the plural of a noun, the comparative and superlative of an adjective, or the principal parts of a verb have been noted in most of the instances in which they occur.

   a) **Tomatoes**, the irregular plural of the noun **tomato**, is shown as (*çoğ.* **—es**), and **deer**, the uninflected plural of **deer**, is shown as (*çoğ.* **deer**).

   to.ma.to (tımey´to) *i.* (*çoğ.* **—es**) domates. —

   deer (dir) *i.* (*çoğ.* **deer**) geyik; karaca.

   b) The comparative and superlative forms of the adjective **good** are shown as (**bet.ter, best**). Similarly, the doubling of the final consonant of **glad** in its comparative and superlative forms has been shown as (**—der, —dest**).

   good (gûd) *s.* (**bet.ter, best**) 1. iyi. 2. iyi, sağ-

   glad (gläd) *s.* (**—der, —dest**) mutlu, memnun:

xvi

c) Parentheses that show the irregular principal parts of verbs list these parts in the following order: past tense, past participle, and present participle. Examples of such parentheses are as follows:

(1) The verb **get** is followed by the parenthesis **(got, got.ten/got, —ting)**. From this it should be understood that the past tense of **get** is **got**, that its past participle is either **gotten** or **got**, and that its present participle is **getting**.

get (get) *f.* **(got, got.ten/got, —ting)** 1. elde etmek; edinmek; kazanmak; almak; satın al-

(2) The verb **abhor**, which is followed by the parenthesis **(—red, —ring)**, is typical of those irregularly inflected verbs in which the past tense and the past participle are identical. The **—red** stands for the past tense and the past participle of **abhor**, both of which are written as **abhorred**; and the **—ring** stands for its present participle, **abhorring**.

ab.hor (ıbhôr´, äbhôr´) *f.* **(—red, —ring)** iğrenmek; iğrenip uzak durmak.

(3) The past tense and the past participle of a small number of verbs are uninflected. Such verbs have been noted by writing only the uninflected principal part within parentheses, e.g. **(cast)** for the verb **cast**. The parenthesis **(cast)**, in other words, stands for both the past tense and the past participle of the verb **cast**. **Casting**, the present participle of **cast**, is not shown because its inflection is regular.

cast (käst) *f.* **(cast)** 1. atmak, fırlatmak, savurmak. 2. (bakış v.b.) çevirmek, yöneltmek, atfetmek. 3. (oy) vermek. 4. rol taksimi yap-

4. The case endings of Turkish nouns are shown as follows:

CASE	ENDING	EXAMPLE
Accusative	-i	**look for** -i aramak (e.g. **I looked for her.** Onu aradım.)
Genitive	-in	**stand behind** -in arkasında durmak (e.g. **He was standing behind them.** Onların arkasında duruyordu.)
Dative	-e	**towards** -e doğru (e.g. **towards us** bize doğru)
Locative	-de	**dwell in** -de ikamet etmek (e.g. **No one will be permitted to dwell there.** Orada kimsenin ikamet etmesine izin verilmeyecek.)
Ablative	-den	**shrink from** -den çekinmek (e.g. **He shrank from showing her the letter.** Ona mektubu göstermekten çekindi.)

5. This dictionary includes only the most important of the many English words constructed with affixes in frequent use, such as the prefixes **non-** or **un-** or the suffixes **-ness** and **-ly**.

Kısaltmalar / Abbreviations

ABD	Amerika Birleşik Devletleri	U.S.A.
ahçı.	ahçılık	cooking
anat.	anatomi	anatomy
antro.	antropoloji	anthropology
ark.	arkeoloji	archaeology
ask.	askeri	military
astrol.	astroloji	astrology
aşağ.	aşağılayıcı	derogatory, offensive
bağ.	bağlaç	conjunction
bahç.	bahçıvanlık	horticulture, gardening
bak.	bakınız	see
bakt.	bakteriyoloji	bacteriology
bayt.	baytarlık	veterinary medicine
baz.	bazen	sometimes
b.h.	büyük harf ile	with a capital letter
bilg.	bilgisayar	computer
biyokim.	biyokimya	biochemistry
biyol.	biyoloji	biology
bot.	botanik	botany
coğr.	coğrafya	geography
ç. dili	çocuk dili	baby talk
çoğ.	çoğul	plural
den.	denizcilikle ilgili	nautical
dilb.	dilbilgisi; dilbilim	grammar; linguistics
dişçi.	dişçilik	dentistry
d.y.	demiryolu	railroad
ecza.	eczacılık	pharmacy
edeb.	edebiyat	literature
ekol.	ekoloji	ecology
ekon.	ekonomi	economy
elek.	elektrik	electricity
f.	fiil	verb
fels.	felsefe	philosophy
fiz.	fizik	physics
foto.	fotoğrafçılık	photography
gazet.	gazetecilik	journalism

gen.	genellikle	usually
geom.	geometri	geometry
gökb.	gökbilim	astronomy
güz. san.	güzel sanatlar	the fine arts
hav.	havacılık	aviation
h. dili	halk dili	folk speech
Hırist.	Hıristiyanlık	Christianity
huk.	hukuk	law
i.	isim	noun
ilah.	ilahiyat	theology
İng.	İngiliz İngilizcesi	British English
isk.	iskambil oyunları	card games
İskoç.	İskoçça	Scottish Gaelic
jeol.	jeoloji	geology
karş.	karşılaştırınız	compare
kasap.	kasaplık	butchery
k. dili	konuşma diline özgü	colloquial
k.h.	küçük harf ile	with a small letter
kıs.	kısaltma	abbreviation; contraction
kim.	kimya	chemistry
kon. san.	konuşma sanatı	rhetoric
Lat.	Latince	Latin
leh.	(bir) lehçeye özgü	dialectal
mad.	madencilik	mining
mak.	makine	machinery
mal.	mali işler	finance
man.	mantık	logic
mat.	matematik	mathematics
matb.	matbaacılık	printing
mec.	mecazi	figurative
mek.	mekanik	mechanics; mechanical
meteor.	meteoroloji	meteorology
mim.	mimarlık	architecture
min.	mineraloji	mineralogy
mit.	mitoloji	mythology
muh.	muhasebecilik	accounting
müh.	mühendislik	engineering
müz.	müzik	music

nad.	nadiren	rare; rarely
oto.	otomobil v.b.'ne ait	automotive
pol.	politika	politics
psikiy.	psikiyatri	psychiatry
ruhb.	ruhbilim	psychology
s.	sıfat	adjective
sig.	sigorta	insurance
sin.	sinema	cinema
sosyol.	sosyoloji	sociology
tar.	tarih	history
tek.	tekil	singular
terz.	terzilik	tailoring
tıb.	tıbbi	medical
tic.	ticaret	commerce
tic. mark.	ticari marka	trademark
tiy.	tiyatro	theater
TV	televizyon	television
v.b.	ve benzeri	etc.
z.	zarf	adverb
zam.	zamir	pronoun
zool.	zooloji	zoology

Sesletim Kılavuzu / Guide to Pronunciation

İngilizce-Türkçe bölümündeki maddebaşı olan sözcüklerin parantezler içinde belirtilen söylenişleri aşağıda sıralanan çeşitli karakterlerle gösterilmiştir.

I. **Türkçede bulunan sesleri simgeleyen ve Türkçedeki benzerleri gibi seslendirilen karakterler:**

b, c, ç, d, f, g, h, j, k, l, m, n, p, r, s, ş, t, v, y, z

II. **Türkçede bulunmayan sesleri simgeleyen karakterler:**

A. Ünsüzleri simgeleyen karakterler:

ng	(rîng)	ring
ngg	(fîng´gır)	finger
ngk	(îngk)	ink
th	(thîn)	thin
dh	(dhı)	the
w	(wi)	we
hw	(hway)	why

B. Ünlüleri simgeleyen karakterler:

a	(kar)	car
ä	(kät)	cat
e	(met)	met
ı	(ıbʌv´)	above
i	(hil)	heal
î	(hîs)	his
ô	(dôg)	dog
o	(so)	so
û	(gûd)	good
u	(du)	do
ʌ	(ʌp)	up
ıl	(kʌp´ıl)	couple
ım	(prîz´ım)	prism
ın	(di´mın)	demon
ır	(bırn)	burn

A

A, a (ey) *i.* 1. A, İngiliz alfabesinin birinci harfi. 2. *müz.* la notası. 3. en yüksek not veya en iyi kaliteyi simgeleyen harf.
a (ı, ey) *s. (ünsüzlerden önce)* bir, herhangi bir: **a sunny day** güneşli bir gün. **There's a cat in the yard.** Bahçede (bir) kedi var. **twice a year** yılda iki kez. **$5.00 a kilo** kilosu beş dolar.
a. *kıs.* absent, acceleration, acre, adult, alto, anode, answer, anterior, area, author.
AA (ey.ey´) *kıs.* Alcoholics Anonymous. *i.* Adsız Alkolikler (alkolizmle savaşan bir grubun adı).
a.back (ıbäk´) *z.* be taken — (at/by) (-e) şaşakalmak, çok şaşırmak. **take someone —** birini çok şaşırtmak.
ab.a.cus (äb´ıkıs) *i.* sayıboncuğu, abaküs, çörkü.
a.ban.don (ıbän´dın) *f.* 1. terk etmek, bırakmak: **Don't abandon me here!** Beni burada bırakma! **He abandoned shamanism and became a Muslim.** Şamanizmi bırakıp Müslüman oldu. 2. vazgeçmek: **He abandoned the idea.** O düşünceden vazgeçti. **They abandoned the search.** Aramaktan vazgeçtiler. *i.* 1. kendini (bir şeye) kaptırma, kapılma, kendini bırakma. 2. coşku. **— hope** ümidi kesmek. **— oneself to** kendini (bir şeye) kaptırmak/vermek: **She abandoned herself to the music.** Kendini müziğe kaptırdı. **You've abandoned yourself to drink.** Kendini içkiye verdin. **Don't abandon yourself to despair!** Ümitsizliğe kapılma! **— ship** gemiyi terk etmek.
a.ban.doned (ıbän´dınd) *s.* 1. terk edilmiş, bırakılmış, metruk. 2. coşkulu, coşkun. 3. ahlaksız; utanmaz. **— goods** *huk.* sahipsiz mallar.
a.ban.don.ment (ıbän´dınmınt) *i.* 1. terk, bırakma. 2. kendini (bir şeye) kaptırma, kapılma, kendini bırakma. 3. coşku.
a.base (ıbeys´) *f.* -in kibrini kırmak; alçaltmak. **— oneself** kendini alçaltmak.
a.base.ment (ıbeys´mınt) *i.* (-in) kibrini kırma; alçaltma.
a.bashed (ıbäşt´) *s.* şaşkına çevrilmiş; apışıp kalmış; bozum olmuş, kötü olmuş: **I was abashed by his remarks.** Onun sözleri beni kötü etti.
a.bate (ıbeyt´) *f.* 1. azalmak; hafiflemek: **The wind had abated.** Rüzgâr hafiflemişti. 2. azaltmak; hafifletmek: **This will abate the fever.** Bu ateşi düşürür.
a.bate.ment (ıbeyt´mınt) *i.* 1. azalma; indirilme; hafifleme. 2. azaltma; indirme; hafifletme.

ab.bess (äb´îs) *i.* kadınlar manastırının baş rahibesi.
ab.bey (äb´i) *i.* manastır.
ab.bot (äb´ıt) *i.* erkekler manastırının başkanı, başkeşiş.
abbr. *kıs.* abbreviated, abbreviation.
ab.bre.vi.ate (ıbri´viyeyt) *f.* kısaltmak.
ab.bre.vi.a.tion (ıbriviyey´şın) *i.* 1. kısaltma, bir sözcüğün veya söz grubunun kısaltılmış şekli. 2. kısaltma, kısaltma işi.
ABC's (eybisiz´) 1. alfabe, abece. 2. temel ilkeler.
ab.di.cate (äb´dıkeyt) *f.* 1. (bir haktan) vazgeçmek, feragat etmek. 2. (tacını ve tahtını) terk etmek.
ab.di.ca.tion (äbdıkey´şın) *i.* 1. feragat. 2. tacını ve tahtını terk etme.
ab.do.men (äb´dımın) *i., anat.* karın.
ab.dom.i.nal (äbdam´ınıl) *s.* karına ait. **— cavity** *anat.* karın boşluğu.
ab.duct (äbdʌkt´) *f.* (birini) kaçırmak.
ab.duc.tion (äbdʌk´şın) *i.* (birini) kaçırma.
ab.er.ra.tion (äbırey´şın) *i.* 1. (doğru/doğal/normal olandan) sapma. 2. *ruhb.* sapınç. 3. *tıb.* sapkı.
a.bet (ıbet´) *f.* (**—ted**, **—ting**) 1. yardakçılık etmek; kışkırtmak, tahrik etmek. 2. yardımda bulunmak.
a.bet.ment (ıbet´mınt) *i.* 1. yardakçılık etme; kışkırtma, tahrik etme. 2. yardımda bulunma.
a.bet.tor, a.bet.ter (ıbet´ır) *i.* 1. yardakçı; kışkırtıcı. 2. yardımda bulunan biri.
a.bey.ance (ıbey´ıns) *i.* **be in —** uygulanmamak.
ab.hor (ıbhôr´, äbhôr´) *f.* (**—red**, **—ring**) iğrenip uzak durmak.
ab.hor.rence (ıbhôr´ıns, äbhôr´ıns) *i.* iğrenme; iğrenip uzak durma.
ab.hor.rent (ıbhôr´ınt, äbhôr´ınt) *s.* iğrenç. **be — to** 1. -e iğrenç gelmek. 2. -e son derece ters/aykırı gelmek.
a.bide (ıbayd´) *f.* (**a.bode/—d**) çekmek, tahammül etmek: **I can't abide him!** Onu çekemem! **— by** -e uymak, -e riayet etmek.
a.bil.i.ty (ıbil´ıti) *i.* yetenek, kabiliyet. **to the best of one's —** yapabildiği kadar.
ab.ject (äb´cekt) *s.* 1. gururdan yoksun, kendini alçaltan. 2. insanı umutsuzluğa düşüren, berbat (bir durum).
ab.ject.ly (äbcekt´li) *z.* gururlasızca, kendini alçaltarak.
Ab.khaz (äbkaz´) (*çoğ.* **Ab.khaz**), **Ab.khas** (äbkas´) (*çoğ.* **Ab.khas**) *i., s.* 1. Abhaz. 2. Abhazca.

a	ä	ı	i	î	ô	o	û	u	ʌ	ıl	ım	ın	ır	ng	ngg	ngk
car	cat	met	above	heal	his	dog	so	good	do	up	couple	prism	demon	burn	ring	finger	ink

Abkhazia

Ab.kha.zi.a, **Ab.kha.si.a** (äbkey´ji, äbkey´ziyı) *i.* Abhazya. —**n** *i.*, *s.* 1. Abhaz. 2. Abhazca.
ab.la.tive (äb´lıtiv) *s.*, *dilb.* -den halindeki. *i.* -den halindeki sözcük. **the — (case)** -den hali, ablatif.
a.blaze (ıbleyz´) *s.* 1. yanmakta olan, alevler içinde; tutuşmuş. 2. ışıl ışıl ışıldayan; pırıl pırıl parlayan.
a.ble (ey´bıl) *s.* yetenekli, kabiliyetli. **to be — to** -ebilmek: **to be able to go** gidebilmek. **ably** *z.* iyi bir şekilde, ustaca, ustalıkla.
a.ble-bod.ied (ey´bılbad´id) *s.* sağlıklı, sıhhatli.
ab.lu.tion (äblu´şın) *i.* aptes, gusül, yıkanma.
ab.nor.mal (äbnôr´mıl) *s.* anormal.
ab.nor.mal.i.ty (äbnôrmäl´ıti) *i.* anormallik.
ab.nor.mal.ly (äbnôr´mıli) *z.* anormal bir şekilde.
a.board (ıbôrd´) *z.*, *edat* (yolcunun gemi, uçak, tren veya otobüsün) içinde (bulunması): **He was aboard the train.** Trendeydi. **All aboard!** Haydi binin! **go —** binmek.
a.bode (ıbod´) *i.* 1. ikametgâh, ev. 2. (bir yerde) ikamet etme, oturma.
a.bode (ıbod´) *f.*, *bak.* **abide**.
a.bol.ish (ıbal´iş) *f.* kaldırmak, lağvetmek, ilga etmek; feshetmek.
ab.o.li.tion (äbılış´ın) *i.* kaldırma, lağıv, ilga; fesih.
A-bomb (ey´bam) *i.* atom bombası.
a.bom.i.na.ble (ıbam´ínıbıl) *s.* 1. iğrenç, tiksindirici. 2. *k. dili* kötü, pis, berbat.
a.bom.i.nate (ıbam´ıneyt) *f.* nefret etmek, tiksinmek.
a.bom.i.na.tion (ıbamıney´şın) *i.* 1. iğrenç/menfur bir şey. 2. iğrenme, nefret etme.
ab.o.rig.i.nal (äbiric´ınıl) *s.* çok eski bir zamandan kalan. *i.* yerli, bir ülkenin asıl yerlisi.
ab.o.rig.i.ne (äbiric´ini) *i.* yerli, bir ülkenin asıl yerlisi.
a.bort (ıbôrt´) *f.* 1. (dölütü) düşürtmek/almak; (dölütü) düşürmek. 2. (henüz başlanmışken) -e son vermek. 3. düşük yapmak. 4. (bir iş) (henüz başlanmışken) başarısız bir şekilde sona ermek. 5. *ask.*, *bilg.* (uçuşu/işlemi) yarıda kesmek. 6. *ask.*, *bilg.* (uçuş/işlem) yarıda kesilmek.
a.bor.tion (ıbôr´şın) *i.* 1. dölüt düşürtme/alma, kürtaj. 2. (dölütü) düşürtme/alma. 3. başarısızlık. 4. *ask.*, *bilg.* (uçuşu/işlemi) yarıda kesilme. 5. *ask.*, *bilg.* (uçuş/işlem) yarıda kesilme. **have an —** çocuk aldırmak, kürtaj olmak. —**ist** *i.* kürtajcı.
a.bor.tive (ıbôr´tiv) *s.* başarısız.
a.bound (ıbaund´) *f.* **(in/with)** (bir yerde) bol olmak, çok olmak.
a.bout (ıbaut´) *z.* aşağı yukarı, yaklaşık: **about 7 o'clock** saat yedi sularında. **about sixty people** altmış kadar kişi. *edat* 1. ortalıkta, etrafta: **There was no one about.** Ortalıkta kimse yoktu. 2. hakkında: **Don't talk about it!** Onun hakkında konuşma! **There's something about him I don't like.** Onda hoşuma gitmeyen bir şey var. 3. -mek üzere: **Şerif's about to go.** Şerif gitmek üzere. 4. ile meşgul: **What's he about?** Neyle meşgul?/Ne yapıyor? **She knows what she's about.** Ne yaptığını biliyor. **How — coming with us?** Bizimle gelmeye ne dersin? **It's — time we went.** Artık gitmeliyiz.
a.bout.face (ıbaut´feys) *i.* 1. *ask.* geriye dönüş. 2. eskiden savunduğunun tersini savunmaya başlama.
a.bove (ıbʌv´) *edat* 1. (somut bir yer için) yukarısında; yukarısına: **above the trees** ağaçların yukarısında. 2. (soyut bir şey için) üstünde: **above average** ortalamanın üstünde. **above all** her şeyden önce. **She's above that.** Ona tenezzül etmez. *z.* yukarıda: **as I stated above** yukarıda söylediğim gibi. *i.* yukarı: **from above** yukarıdan.
a.bove.board (ıbʌv´bôrd) *z.* **be — with** (birine karşı) açık olmak, dürüst davranmak.
a.bove-men.tioned (ıbʌv´menşınd) *s.* the yukarıda söz edilen/adı geçen; daha önce söz edilen/adı geçen: **It contains an illustration of the above-mentioned picture.** İçinde, yukarıda söz edilen resmin bir illüstrasyonu var. *i.* **the** yukarıda söz edilen/adı geçen şey/kişi; yukarıda adı geçenler; daha önce söz edilen/adı geçen şey/kişi; daha önce adı geçenler.
a.brade (ıbreyd´) *f.* aşındırmak.
a.bra.sion (ıbrey´jın) *i.* 1. sıyrık. 2. aşındırma, abrasyon.
a.bra.sive (ıbrey´siv) *i.*, *kim.* aşındırıcı, abrasif. *s.* 1. sinirlendirici, rahatsız edici. 2. *kim.* aşındırıcı, abrasif.
a.breast (ıbrest´) *z.* yan yana, aynı hizada; başabaş. **keep — of** yeni gelişmeleri öğrenmek, olan biteni öğrenmek.
a.bridge (ıbric´) *f.* kısaltmak, özetlemek.
a.bridg.ment, *İng.* **a.bridge.ment** (ıbric´mınt) *i.* 1. yazılı bir eserin kısaltılmış şekli: **I don't read abridgments of novels.** Romanların kısaltılmış şeklini okumam. 2. (yazılı bir eseri) kısaltma. 3. azaltma.
a.broad (ıbrôd´) *z.* 1. ortalıkta, meydanda: **There is a rumor abroad about the imminent demise of the company.** Ortalıkta şirketin çok yakında batacağı hakkında bir söylenti var. 2. yurtdışında, dışarıda; yurtdışına.
ab.ro.gate (äb´rıgeyt) *f.* iptal etmek, feshetmek.
ab.ro.ga.tion (äbrıgey´şın) *i.* iptal, fesih; kaldırma.

a.brupt (ıbrʌpt´) *s.* 1. ani, birdenbire oluveren, apansız, ansız: **They made an abrupt departure.** Gitmeleri ani oldu. 2. kısa ve ters: **He gave me an abrupt reply.** Bana kısa ve ters bir cevap verdi. 3. dik, sarp. 4. birden bir konudan başka konuya geçen (konuşma tarzı/üslup); kesikli.
a.brupt.ly (ıbrʌpt´li) *z.* 1. aniden, birdenbire, birden. 2. kısa ve ters bir şekilde. 3. dik/sarp bir şekilde.
a.brupt.ness (ıbrʌpt´nıs) *i.* 1. anilik. 2. kısa ve ters oluş. 3. diklik, sarplık.
ab.scess (äb´ses) *i.* apse.
ab.scond (äbskand´) *f.* kaçmak, sıvışmak.
ab.sence (äb´sıns) *i.* yokluk; bulunmama: **We felt her absence.** Yokluğunu hissettik. **He returned after an absence of five months.** Beş aylık bir aradan sonra döndü.
ab.sent (äb´sınt) *s.* 1. (from) yok; namevcut: **He was absent from work yesterday.** Dün işe gelmedi. 2. dalgın.
ab.sen.tee (äbsıntí´) *s., i.* hazır bulunmayan, başka yerde olan (kimse).
ab.sent.mind.ed (äb´sıntmayn´did) *s.* dalgın.
ab.so.lute (äb´sılut) *s.* 1. tam, eksiksiz: **His trust in them was absolute.** Onlara olan güveni tamdı. 2. *pol.* mutlak, saltık, sınırsız: **absolute monarchy** mutlak monarşi. **absolute power** sınırsız güç. 3. *fels.* saltık, mutlak, göreli olmayan, koşulsuz. 4. kesin: **The proof is absolute.** Kanıtlar kesin. 5. *fiz., jeol., kim., mat., ruhb.* salt, mutlak: **absolute age** salt yaş. **absolute alcohol** salt alkol. **absolute humidity** salt nem. **absolute threshold** salt eşik. **absolute value** salt değer. **absolute zero** salt sıfır. — **majority** salt çoğunluk.
ab.so.lute.ly *z.* 1. (äb´sılutli) *(nitelediği sözcükten önce gelince)* çok, bayağı: **You're absolutely right!** Çok haklısın! **We're absolutely famished!** Çok acıktık! 2. (äb´sılutli) *(nitelediği sözcükten önce gelince)* kesinlikle: **It's absolutely necessary.** Kesinlikle gerekli. 3. (äbsılut´li) *(nitelediği sözcükten sonra gelince)* tamamıyla: **I believe in him absolutely.** Ona tamamıyla inanıyorum. 4. (äbsılut´li) *(cevap olarak)* Tamamıyla!/Kesinlikle!/Mutlaka!: **"Do you trust me?" "Absolutely!"** Bana güveniyor musun?" "Tamamıyla!"
ab.so.lu.tion (äbsılu´şın) *i.* 1. (günah) Allah tarafından affedilme; (günah için) af. 2. aklama, beraat ettirme. 3. *from* (bir sorumluluğu/yükümlülüğü) yerine getirmekten muaf tutulma. **pronounce** — **Hırist.** (papaz) bir günahkârın Allah tarafından affediliğini söylemek.
ab.so.lut.ism (äb´sılutizım) *i., pol.* saltçılık,

mutlakıyet.
ab.so.lut.ist (äb´sılutist) *i., s., pol.* saltçı.
ab.solve (ıbzalv´) *f.* **(from)** *Hırist.* (günahlarını) affetmek: **God has absolved her from her sins.** Allah günahlarını affetti.
ab.sorb (ıbsôrb´, ıbzôrb´, äbsôrb´, äbzôrb´) *f.* içine çekmek, soğurmak, emmek, absorbe etmek. **be** — **ed in** (bir şeye) dalmak: **He was absorbed in his work.** İşine dalmıştı.
ab.sorb.ent (äbsôr´bınt) *s., i.* soğurgan, emici, absorban (madde). — **cotton** hidrofil pamuk.
ab.sorb.ing (äbsôr´bing) *s.* insanın tüm dikkatini toplayan; sürükleyici.
ab.sorp.tion (ıbsôrp´şın, ıbzôrp´şın) *i.* 1. soğurma; soğrulma; absorpsiyon. 2. öğrenme. 3. (dikkati/enerjiyi/zamanı/parayı) alma; (enerjiyi) emme. 4. içine alma, kendine katma. 5. (sarsıntıyı/salınımı) sönümleme. 6. tamamıyla (bir şeyle) meşgul olma. 7. (masrafı) karşılama. 8. (besin bağırsaklarda) emilme, emilim.
ab.stain (äbsteyn´) *f.* hiç yapmamak, sakınmak: **He has abstained from drinking alcohol.** Artık hiç içki içmiyor. —**ing vote** *pol.* çekimser oy.
ab.ste.mi.ous (äbsti´miyıs) *s.* yeme içme konusunda azla yetinen; tensel zevklerle az ilgilenen.
ab.sten.tion (äbsten´şın) *i.* 1. hiç yapmama, sakınma. 2. *pol.* çekimser oy.
ab.sti.nence (äb´stınıns) *i.* (bir şeyi) yapmama, (kendini bir şeyden) mahrum etme.
ab.sti.nent (äb´stınınt) *s.* (kendini bir şeyden) mahrum eden.
ab.stract (äb´sträkt) *s.* soyut, abstre. *i.* özet.
ab.stract.ed (äbsträk´tid) *s.* dalgın.
ab.strac.tion (äbsträk´şın) *i.* 1. soyut kavram, soyutlama. 2. soyutlama, soyutlama eylemi. 3. dalgınlık, düşünceye dalmış olma. 4. *güz. san.* soyutluk. 5. soyut sanat eseri. 6. çalma, aşırma. 7. ayırma; ayrılma; çıkarma; çıkarılma; alma; alınma.
ab.struse (äbstrus´) *s.* kavranması zor, anlaşılmaz güç.
ab.surd (ıbsırd´) *s.* saçma, abes, absürd. *i.* **the** — saçma, abes.
ab.surd.i.ty (ıbsır´dıti) *i.* 1. saçma olma, saçmalık, abeslik. 2. saçmalık, saçma söz/davranış.
ab.surd.ly (ıbsırd´li) *z.* 1. saçma bir şekilde. 2. *k. dili* çok, feci derecede: **She's absurdly rich.** Feci derecede zengin.
a.bun.dance (ıbʌn´dıns) *i.* 1. bolluk, çok olma. 2. bereket, bolluk. 3. refah, varlık ve rahatlık. **in** — bol/çok miktarda: **There were pears in abundance.** Çok miktarda armut vardı.
a.bun.dant (ıbʌn´dınt) *i.* 1. bol, çok. 2. bere-

abundantly

ketli; feyizli. **be — in** -de bol/çok olmak: **The forest was abundant in game.** Ormanda av hayvanı çoktu.
a.bun.dant.ly (ıbʌn'dıntli) *z.* bol/çok miktarda: **The fruit trees were now bearing abundantly.** Meyve ağaçları artık çok verimli olmuştu.
a.buse (ıbyus') *i.* 1. kötüye kullanma, yolsuzluk, suiistimal. 2. acımasızca yerme, sövüp sayma. 3. küfürler, sövgüler. 4. (bedensel/ruhsal) işkence.
a.buse (ıbyuz') *f.* 1. kötüye kullanmak. 2. (sağlık v.b.'ne) zarar verecek şeyler yapmak. 3. acımasızca yermek, sövüp saymak. 4. (bedensel/ruhsal) işkence yapmak.
a.bu.sive (ıbyu'siv) *s.* 1. ağzı bozuk, küfürbaz. 2. küfürlü: **abusive language** küfürlü sözler.
a.but (ıbʌt') *f.* **(—ted, —ting)** 1. **(on/upon)** (-e) bitişmek, bitişik olmak. 2. **against** -e dayanmak.
a.but.ment (ıbʌt'mınt) *i.* 1. (köprünün kıyıya dayandığı yerdeki) ayak. 2. bitişme yeri. 3. bitişme. 4. dayanma.
a.bys.mal (ıbiz'mıl) *s., k. dili* çok kötü, feci.
a.byss (ıbis') *i.* dipsiz gibi görünen yer; uçurum.
ac. *kıs.* **account.**
ac.a.dem.ic (äkıdem'ik) *s.* 1. akademik. 2. teorik, kuramsal. 3. pratik değeri/önemi olmayan. 4. resmi, kitabi. *i.* üniversite öğretim görevlisi.
ac.a.de.mi.cian (äkıdımi'şın) *i.* 1. üniversite öğretim görevlisi. 2. akademi üyesi, akademisyen.
a.cad.e.my (ıkäd'ımi) *i.* akademi; yüksekokul.
ac.cede (äksid') *f.* **to** 1. -e razı olmak. 2. (hükümdar) (tahta) çıkmak.
ac.cel.er.ate (äksel'ıreyt) *f.* hızlandırmak; hızlanmak, ivme.
ac.cel.er.a.tion (äkselırey'şın) *i.* hızlandırma; hızlanma, ivme.
ac.cel.er.a.tor (äksel'ıreytır) *i.* gaz pedalı.
ac.cent (äk'sent) *i.* 1. *dilb.* vurgu, aksan. 2. *dilb.* vurgu işareti. 3. şive. *f.* vurgulamak.
ac.cen.tu.ate (äksen'çuweyt) *f.* vurgulamak.
ac.cept (äksept') *f.* 1. kabul etmek; razı olmak; kabullenmek. 2. (bir şeyi) teslim almak.
ac.cept.a.ble (äksep'tıbıl) *s.* kabul edilir, makbul.
ac.cept.ance (äksep'tıns) *i.* 1. kabul. 2. (bir şeyi) teslim alma.
ac.cess (äk'ses) *i.* 1. giriş, geçit. 2. **to** (biriyle) görüşme imkânı; (bir şeyden) faydalanma hakkı/imkânı: **He has access to him.** İstediğinde onunla görüşebilir. 3. *bilg.* erişme, erişim.
ac.ces.si.ble (äkses'ıbıl) *s.* 1. ulaşılabilir. 2. kolaylıkla ulaşılabilen. 3. görüşülebilen. 4. kolaylıkla görüşülebilen. 5. **to** -den etkilenebilir.

— to the public halka açık.
ac.ces.sion (äkseş'ın) *i.* 1. (tahta) çıkma. 2. (bir müze veya kütüphanenin koleksiyonuna) yeni alınan eşya, kitap v.b.
ac.ces.so.ry (äkses'ıri) *i.* 1. aksesuar, eklenti: **These are accessories for the new machine.** Bunlar yeni makinenin aksesuarları. 2. (kadın giysisini bütünleyen) aksesuar. 3. *huk.* suç ortağı.
ac.ci.dent (äk'sıdınt) *i.* 1. kaza (kötü olay). 2. rastlantı. 3. *fels.* ilinek, araz. **by —** 1. kazara, yanlışlıkla. 2. rastlantı sonucu, tesadüfen. **have an —** kaza geçirmek, kazaya uğramak.
ac.ci.den.tal (äksıden'tıl) *s.* 1. kaza eseri olan, yanlışlıkla olan. 2. tesadüfen meydana gelen. 3. *fels.* ilineksel.
ac.ci.den.tal.ly (äksıden'tıli) *z.* 1. kazara, yanlışlıkla. 2. tesadüfen.
ac.ci.dent-prone (äk'sıdınt.pron) *s.* hep kazaya uğrayan; sakar.
ac.claim (ıkleym') *f.* bağırarak birini beğendiğini göstermek; alkışlamak. *i.* alkış, büyük beğeni.
ac.cla.ma.tion (äklımey'şın) *i.* 1. bağırarak birini beğendiğini gösterme, tezahürat. 2. alkışlama; alkış. **by —** isteklerini tezahüratla göstererek: **They elected Yazgülü president by acclamation.** Onu istediklerini tezahüratla göstererek Yazgülü'nü başkan seçtiler.
ac.cli.mate (äk'lımeyt), **ac.cli.ma.tize** (ıklay'mıtayz) *f.* bir yere alıştırmak, intibak ettirmek; bir yere alışmak, intibak etmek.
ac.com.mo.date (ıkam'ıdeyt) *f.* 1. barındırmak; -in -e yetecek kadar yeri olmak, almak. 2. **to** -e uydurmak. 3. sağlamak. 4. iyilik etmek. **— oneself to** -e kendini alıştırmak.
ac.com.mo.dat.ing (ıkam'ıdeyting) *s.* 1. uysal, yumuşak başlı. 2. yardım etmeye hazır.
ac.com.mo.da.tion (ıkamıdey'şın) *i.* 1. kalacak yer: **In that region accommodation for the traveler is hard to find.** O bölgede konaklama yeri zor bulunur. 2. uzlaşma: **Have you reached an accommodation?** Uzlaştınız mı? 3. kolaylık: **It's an accommodation for our visitors.** Ziyaretçilerimiz için bir kolaylıktır. 4. alma, barındırma. 5. yardım etme, bir iyilik yapma. 6. **to ... ile ...** arasında uyum sağlama, **-i ... ile** bağdaştırma. **— ladder** *den.* borda iskelesi.
ac.com.pa.ny (ıkʌm'pıni) *f.* eşlik etmek; refakat etmek. **accompaniment** *i.* 1. eşlik etme. 2. (bir şeyin) beraberinde gelen.
ac.com.plice (ıkam'plis) *i.* suç ortağı.
ac.com.plish (ıkam'pliş) *f.* başarmak, becermek, üstesinden gelmek.

ac.com.plished (ıkam´plişt) s. 1. işini iyi bilen, usta. 2. sosyetenin görgü kurallarını ustalıkla uygulayabilen. **an — fact** olmuş bitmiş bir şey.
ac.com.plish.ment (ıkam´plişmınt) i. 1. başarma, becerme, üstesinden gelme. 2. başarı, başarılan iş. 3. marifet.
ac.cord (ıkôrd´) i. anlaşma, mukavele. f. 1. **with** -e uymak, -e uygun olmak. 2. **vermek: accord someone a privilege** birine bir imtiyaz vermek. **— someone a warm welcome** birini hoş karşılamak. **of one's own —** kendiliğinden, kendi rızasıyla.
ac.cord.ance (ıkôr´dıns) i. **in — with** -e uygun olarak; uyarınca, gereğince: **in accordance with the law** kanun uyarınca.
ac.cord.ing (ıkôr´ding) z. **to** -e göre.
ac.cord.ing.ly (ıkôr´dingli) z. 1. ona göre, öyle, öylece: **He told me to shoot him, and I acted accordingly.** Kendisini vurmamı istedi; ben de öyle yaptım. 2. bu yüzden, bundan dolayı: **Asım accordingly found himself without a job.** Bundan dolayı Asım işsiz kaldı.
ac.cor.di.on (ıkôr´diyın) i. akordeon.
ac.cost (ıkôst´) f. yaklaşıp bir şey söylemek.
ac.count (ıkaunt´) i. 1. hesap. 2. röportaj; (birinin) anlattığı. f. **for** -i anlatmak, -i açıklamak, -i izah etmek. **— book** hesap defteri. **—s payable** tic. alacaklılar hesabı. **—s receivable** tic. borçlular hesabı. **by all —s** herkesin dediğine göre. **call someone to —** birinden hesap sormak. **current — ** tic. cari hesap. **give an — of oneself** kendisi hakkında hesap vermek. **joint —** tic. müşterek hesap. **keep —** of -i aklında tutmak. **keep an — of** -in kaydını tutmak, -i kaydetmek, -i not etmek. **keep the —s** hesap tutmak, defter tutmak. **of no —** önemsiz, değersiz. **on —** krediyle, veresiye. **on — of** -den dolayı, için. **on no —** asla, katiyen. **outstanding —** tic. vadesi geçmiş borç. **running —** tic. cari hesap. **savings —** tic. tasarruf hesabı. **settle —s** hesaplaşmak. **settle an —** 1. hesabı ödemek. 2. hesabını görmek. **take into —** hesaba katmak, dikkate almak, göz önünde tutmak. **turn something to good —** bir şeyi değerlendirmek.
ac.count.a.ble (ıkaun´tıbıl) s. sorumlu.
ac.count.ant (ıkaun´tınt) i. muhasebeci.
ac.count.ing (ıkaun´ting) i. muhasebe.
ac.crue (ıkru´) f. 1. birikmek. 2. **to** -e gelmek: **What advantages will accrue to us from this?** Bunun bize ne gibi faydaları olacak?
ac.cu.mu.late (ıkyum´yıleyt) f. toplamak, biriktirmek; toplanmak, birikmek, yığılmak.
ac.cu.mu.la.tion (ıkyumıyley´şın) i. 1. birikim,

birikme. 2. birikinti.
ac.cu.ra.cy (äk´yırısi) i. 1. doğruluk. 2. yanlış yapmamaya özen gösterme.
ac.cu.rate (äk´yırıt) s. 1. doğru, tam. 2. yanlış yapmamaya özen gösteren.
ac.cu.sa.tion (äkyızey´şın) i. suçlama.
ac.cu.sa.tive (ıkyu´zıtiv) s., dilb. -i halindeki. i. -i halindeki sözcük. **the — (case)** -i hali, yükleme durumu, belirtme durumu, akuzatif.
ac.cuse (ıkyuz´) f. suçlamak, itham etmek.
ac.cused (ıkyuzd´) s. sanık. i. **the —** 1. sanık. 2. çoğ. sanıklar.
ac.cus.ing (ıkyuz´ing) s. suçlayıcı.
ac.cus.tom (ıkʌs´tım) f. alıştırmak. **be —ed to** -e alışkın olmak.
ace (eys) i. 1. isk. as, birli. 2. k. dili uzman, eksper. s., k. dili işinin ehli, as. f. **— an exam** k. dili sınavda (dokuz ton arasında) yüksek bir not almak. **have an — up one's sleeve/have an — in the hole** elinde kozu olmak. **within an — of** az kalsın, neredeyse: **You were within an ace of drowning.** Az kalsın boğulacaktın.
ac.e.tone (äs´ıton) i. aseton.
a.cet.y.lene (ıset´ilin) i. asetilen.
ache (eyk) i. ağrı, sızı, acı. f. ağrımak, sızlamak, acımak.
a.chieve (ıçiv´) f. başarmak, yapmak; elde etmek, kazanmak.
a.chieve.ment (ıçiv´mınt) i. 1. başarı. 2. elde etme, kazanma.
ac.id (äs´id) i. asit. s. 1. asit. 2. iğneleyici: **an acid remark** iğneleyici bir söz.
ac.knowl.edge (äknal´ic) f. 1. (bir gerçeği) kabul etmek. 2. (bir şeyin alındığını/fark edildiğini) bildirmek.
ac.knowl.edg.ment, İng. **ac.knowl.edge.ment** (äknal´icmınt) i. 1. (bir gerçeği) kabul etme. 2. (bir şeyin alındığını/fark edildiğini) bildirme. 3. tic. alındı. **in — of** -in karşılığı olarak: **in acknowledgment of his years of service** yıllarca verdiği hizmetin karşılığı olarak.
ac.ne (äk´ni) i. akne, ergenlik.
a.corn (ey´kôrn) i. meşe palamudu.
a.cous.tics (ıkus´tiks) i. akustik.
ac.quaint (ıkweynt´) f. 1. bilgi vermek, haberdar etmek. 2. tanıtmak: **This book is designed to acquaint its readers with new developments in the field of genetic engineering.** Bu kitabın amacı okuyucularına genetik mühendisliği alanındaki yeni gelişmeleri tanıtmaktır. **— oneself with** hakkında bilgi edinmek. **be —ed with** 1. ile tanışmak, -i tanımak. 2. -i bilmek, -e aşina olmak.
ac.quaint.ance (ıkweyn´tıns) i. tanıdık, tanış. **make someone's —** biriyle tanışmak.

ac.qui.esce (äkwiyes´) f. boyun eğmek, katlanmak, kabullenmek.
ac.quire (ıkwayr´) f. 1. elde etmek, edinmek, almak. 2. kazanmak: **acquire a bad reputation** kötü bir şöhret kazanmak.
ac.qui.si.tion (äkwızîş´ın) i. 1. elde etme, edinme, alma. 2. kazanma. 3. elde edilen şey, edinti.
ac.quis.i.tive (ıkwîz´ıtîv) s. bir şeyler elde etmeye çok hevesli, mal canlısı, açgözlü.
ac.quit (ıkwît´) f. (—ted, —ting) aklamak, temize çıkarmak, beraat ettirmek. — **oneself well** yüzünün akıyla çıkmak. **be —ted (of)** (-den) beraat etmek, temize çıkmak.
ac.quit.tal (ıkwît´ıl) i. aklanma, beraat.
a.cre (ey´kır) i. 0,404 hektarlık arazi ölçü birimi.
ac.rid (äk´rîd) s. acı, ekşi, keskin.
ac.ro.bat (äk´rıbät) i. akrobat, cambaz.
ac.ro.bat.ic (äkrıbät´îk) s. akrobatik.
ac.ro.bat.ics (äkrıbät´îks) i. akrobatlık, cambazlık.
ac.ro.nym (äk´rınîm) i. birkaç kelimenin baş harflerinin veya ilk hecelerinin birleşmesiyle meydana gelen kelime: **NATO, UNESCO.**
a.cross (ıkrôs´) edat 1. bir tarafından öbür tarafına: **He stretched a rope across the river.** Nehrin bir tarafından öbür tarafına bir ip gerdi. 2. karşısında: **Hikmet lives across the street from us.** Hikmet karşımızda oturuyor. z. karşıdan karşıya: **Walking across this street is a problem.** Bu caddede karşıdan karşıya geçmek bir mesele. **come/run** — -e rastlamak, -e tesadüf etmek. **get something — to someone** k. dili bir şeyi birine anlatabilmek.
act (äkt) i. 1. hareket, eylem. 2. kanun, yasa. 3. tiy. bölüm, perde. 4. rol yapma, oyun. f. 1. rol yapmak, oynamak. 2. harekete geçmek. 3. davranmak, davranışta bulunmak. 4. **on/upon** kim. -e etkimek. 5. k. dili numara yapmak, yalandan yapmak: **He isn't really ill; he's just acting.** Gerçekten hasta değil; numara yapıyor. — **as** başkasının vazifesini yapmak. — **on a suggestion** yapılan teklife göre davranmak. — **up** yaramazlık etmek, gösteriş yapmak. **a hard — to follow** aşılması/ulaşılması zor bir başarı. **caught in the —** suçüstü yakalanmış, cürmü meşhut halinde yakalanmış. **put on an —** poz yapmak.
act.ing (äk´tîng) i. oyunculuk. s. vekâlet eden, vekil: **acting president** başkan vekili.
ac.tion (äk´şın) i. 1. hareket, eylem. 2. etki. **go into —** harekete geçmek. **out of —** 1. işlemeyecek hale gelmiş. 2. saf dışı (oyuncu/asker). **take —** bir harekette bulunmak.
ac.ti.vate (äk´tıveyt) f. 1. harekete geçirmek, hareketlendirmek. 2. harekete geçmek, ha-
reketlenmek.
ac.ti.va.tion (äktıvey´şın) i. 1. harekete geçirme, hareketlendirme. 2. harekete geçme, hareketlenme.
ac.tive (äk´tîv) s. 1. faal, hareketli, aktif. 2. dilb. etken.
ac.tiv.ism (äk´tîvîzım) i. eylemcilik.
ac.tiv.ist (äk´tîvîst) i. eylemci.
ac.tiv.i.ty (äktîv´ıti) i. faaliyet, etkinlik.
ac.tor (äk´tır) i. aktör, oyuncu.
ac.tress (äk´trîs) i. aktris, kadın oyuncu.
ac.tu.al (äk´çuwıl) s. gerçek, doğru.
ac.tu.al.i.ty (äkçuwäl´ıti) i. gerçek, hakikat. **in —** gerçekten, hakikaten.
ac.tu.al.ly (äk´çuwıli) z. aslında; gerçekten.
a.cu.men (ıkyu´mın) i. çabuk kavrama yeteneği, keskin zekâ.
a.cute (ıkyut´) s. 1. keskin. 2. tıb. akut, hâd. 3. tiz. — **angle** dar açı.
A.D. kıs. **Anno Domini** M.S. (milattan sonra), İ.S. (İsa'dan sonra).
ad (äd) i. ilan, reklam.
ad.age (äd´îc) i. atasözü.
Ad.am (äd´ım) i. Âdem. **Adam's apple** anat. âdemelması, gırtlak çıkıntısı.
ad.a.mant (äd´ımınt) s. son derece kararlı, katı.
ad.a.mant.ly (äd´ımıntli) z. inatla, katı bir şekilde.
a.dapt (ıdäpt´) f. 1. uyarlamak, adapte etmek. 2. alışmak, intibak etmek. — **oneself to** -e kendini alıştırmak.
a.dapt.a.ble (ıdäp´tıbıl) s. yeni koşullara adapte olabilen/uyarlanabilen.
ad.ap.ta.tion (ädıptey´şın) i. 1. uyarlama, adaptasyon. 2. alışma, intibak.
a.dapt.er, a.dap.tor (ıdäp´tır) i. 1. elek., mak. adaptör. 2. uyarlayıcı, adapte eden.
add (äd) f. 1. eklemek, ilave etmek; katmak. 2. toplamak. — **up** 1. toplamak. 2. k. dili makul olmak, akla yakın olmak. — **up to** 1. -e varmak, (bir yekûn) tutmak. 2. k. dili anlamına gelmek: **What it adds up to is that you're not coming.** Gelmeyeceksin anlamına geliyor. — **ing machine** hesap makinesi.
ad.den.dum (ıden´dım), çoğ. **ad.den.da** (ıden´dı) i. ilave, ek; ilave edilecek şey/söz.
ad.dict (äd´îkt) i. bağımlı, müptela; tiryaki: **drug addict** uyuşturucu bağımlısı. **cigarette addict** sigara tiryakisi.
ad.dict (ıdîkt´) f. alıştırmak. **be —ed to** (bir şeyin) bağımlısı/tiryakisi olmak.
ad.di.tion (ädîş´ın) i. 1. ekleme, ilave. 2. ek, ilave. 3. mat. toplama. **in —** to -e ilaveten, -e ek olarak, ayrıca, fazla olarak.
ad.di.tion.al (ädîş´ınıl) s. biraz daha, ilave edilen, eklenilen.
ad.di.tive (äd´ıtîv) l. 1. katkı. 2. katılan kimya-

sal madde. s. toplamsal, ilave olunacak.
ad.dled (äd´ıld) s. 1. sersem, şaşkaloz. 2. cılk (yumurta).
ad.dress (ıdres´) i. 1. (veya ä´dres) adres. 2. söylev, nutuk. f. 1. hitap etmek. 2. adres yazmak. — a remark to (birine) bir söz yöneltmek.
ad.dress.ee (ädresi´) i. alıcı, kendisine mektup/paket gönderilen kimse.
ad.duce (ıdus´, Ing. ıdyus´) f. (kanıt) ileri sürmek.
a.dept (ıdept´) s. (at/in) usta, çok becerikli; mahir.
a.dept (ä´dept) i. usta, işinin ehli.
ad.e.qua.cy (äd´ıkwısi) i. yeterlilik, kifayet.
ad.e.quate (äd´ıkwit) s. yeterli, kâfi.
ad.here (ädhîr´) f. to 1. -e yapışmak. 2. -e sadık kalmak, -e bağlı kalmak.
ad.her.ence (ädhîr´ıns) i. 1. yapışma. 2. bağlılık.
ad.her.ent (ädhîr´ınt) i. taraftar, yandaş.
ad.he.sion (ädhi´jın) i. 1. yapışma. 2. to -e bağlı kalma, -e sadık kalma, -e uyma.
ad.he.sive (ädhi´siv) s., i. yapışkan, yapıştırıcı. — tape (yapıştırıcı) bant.
adj. kıs. adjacent, adjective, adjustment.
ad.ja.cent (ıcey´sınt) s. (to) (-e) bitişik, bitişikteki; komşu.
ad.jec.tive (äc´îktiv) i. sıfat.
ad.join (ıcoyn´) f. bitişik olmak.
ad.join.ing (ıcoy´ning) s. bitişik, bitişikteki, yan, yandaki.
ad.journ (ıcırn´) f. 1. oturuma son vermek. 2. (toplantı/oturum) sona ermek, bitmek. 3. (bir başka yere) geçmek.
ad.just (ıcʌst´) f. ayar etmek, ayarlamak. — oneself to kendini -e alıştırmak.
ad.just.ment (ıcʌst´mınt) i. 1. ayarlama. 2. kendini alıştırma. 3. tic. tazminat miktarının sigortalı ve sigortacı arasında kararlaştırılması.
ad.min.is.ter (ädmîn´îstır) f. yönetmek, idare etmek.
ad.min.is.tra.tion (ädministrey´şın) i. yönetim, idare.
ad.min.is.tra.tive (ädmîn´îstreytiv) s. idari, yönetimle ilgili, yönetimsel.
ad.min.is.tra.tor (ädmîn´îstreytır) i. yönetici, idareci.
ad.mi.ra.ble (äd´mırıbıl) s. takdire değer, beğenilecek, çok güzel.
ad.mi.ral (äd´mırıl) i. amiral.
ad.mi.ra.tion (ädmırey´şın) i. takdir, beğenme.
ad.mire (ädmayr´) f. takdir etmek, beğenmek; hayran olmak, hayran kalmak.
ad.mir.er (ädmay´rır) i. takdir eden, beğenen; hayran.
ad.mir.ing (ädmay´rîng) s. takdir ettiğini belir-

ten; hayran, hayranlık gösteren.
ad.mis.si.ble (ädmîs´ıbıl) s. kabul edilebilir.
ad.mis.sion (ädmîş´ın) i. 1. içeri alma; kabul; giriş. 2. giriş ücreti, giriş. 3. itiraf. A— free. Giriş serbest.
ad.mit (ädmît´) f. (—ted, —ting) 1. içeri almak, almak; kabul etmek: They won't admit you. Seni içeri sokmazlar. 2. itiraf etmek. — of imkân vermek.
ad.mit.tance (ädmît´ıns) i. kabul; giriş. No —. Girilmez.
ad.mon.ish (ädman´îş) f. tembih etmek; kulağını çekmek.
ad.mo.ni.tion (ädmınîş´ın) i. tembih; kulağını çekme.
ad.mon.i.to.ry (ädman´ıtôri) s. uyarı niteliğinde.
a.do (ıdu´) i. insanı yoran hazırlıklar; koşuşmalar. without further — hemen, ses çıkarmadan.
ad.o.les.cence (ädıles´ıns) i. ergenlik, ergenlik çağı.
ad.o.les.cent (ädıles´ınt) s., i. ergen, ergenlik çağında olan (genç).
a.dopt (ıdapt´) f. 1. evlat edinmek. 2. edinmek, benimsemek. —ed child evlatlık, manevi evlat.
a.dop.tion (ıdap´şın) i. 1. evlat edinme. 2. edinme, benimseme.
a.dor.a.ble (ıdôr´ıbıl) s. tapınılacak, çok güzel ve sevimli.
a.do.ra.tion (ädırey´şın) i. tapınma, çılgınca sevme.
a.dore (ıdôr´) f. 1. tapınmak, tapmak, çılgınca sevmek. 2. (Allaha) ibadet etmek.
a.dorn (ıdôrn´) f. süslemek, donatmak, donamak.
a.dorn.ment (ıdôrn´mınt) i. 1. süsleme. 2. süs.
a.dren.a.line (ıdren´ılîn) i. adrenalin.
a.drift (ıdrîft´) s. be — akıntıyla sürüklenmek. z. be cast — akıntıya bırakılmak. cast something — bir şeyi akıntıya bırakmak.
a.droit (ıdroyt´) s. usta, çok becerikli.
ad.sorb (ädsôrb´) f., kim. adsorbe etmek.
ad.sor.bent (ädsôr´bınt) i., s. adsorban.
ad.sorp.tion (ädsôrp´şın) i., kim. adsorpsiyon.
a.dult (ıdʌlt´) s., i. yetişkin; huk. ergin, reşit.
a.dul.ter.ate (ıdʌl´tıreyt) f. içine yabancı madde katmak.
a.dul.ter.er (ıdʌl´tırır) i. zina yapan erkek.
a.dul.ter.ess (ıdʌl´tırıs) i. zina yapan kadın.
a.dul.ter.y (ıdʌl´tıri) i. zina.
adv. kıs. adverb.
ad.vance (ädväns´) i. 1. ilerleme, ileri gitme. 2. yaklaşım; teklif. 3. tic. avans. f. 1. ilerletmek; ilerlemek. 2. artmak; artırmak. 3. avans vermek. 4. ileriye almak. 5. yardım etmek. 6. terfi ettirmek; terfi etmek. 7. s. ileri, ileride bulunan. in — 1. önde, ileride. 2. peşin olarak.

ad.vanced (ädvänst´) s. ilerlemiş, ileri. **— in years** yaşlı. **a child who's — for his age** yaşına göre çok bilgili bir çocuk.
ad.vance.ment (ädväns´mınt) i. ilerleme.
ad.van.tage (ädvän´tic) i. 1. avantaj, üstünlük sağlayan şey. 2. yarar, fayda. **gain an — over** (bir başkasından) daha kuvvetli olmak. **have an — over someone** başkasına göre avantajlı bir durumda olmak. **take — of** 1. (birini) istismar etmek, (birinin) zaafından faydalanmak. 2. (bir şeyden) faydalanmak, istifade etmek. **to the best —** en faydalı şekilde.
ad.van.ta.geous (ädvıntey´cıs) s. avantajlı, yararlı, faydalı.
ad.vent (äd´vent) i. geliş, varış.
ad.ven.ture (ädven´çır) i. macera, serüven.
ad.ven.tur.er (ädven´çınr) i. 1. serüvenci, maceracı. 2. dolandırıcı, dalavereci.
ad.ven.ture.some (ädven´çırsım) s., bak. **adventurous**.
ad.ven.tur.ous (ädven´çırıs) s. 1. maceracı, maceraperest. 2. maceralı.
ad.verb (äd´vırb) i. zarf, belirteç.
ad.ver.sar.y (äd´vırseri) i. 1. spor, isk. rakip. 2. düşman.
ad.verse (ädvırs´) s. 1. kötü, elverişsiz. 2. menfaatine aykırı, aleyhte.
ad.ver.si.ty (ädvır´sıti) i. 1. zorluk, güçlük, sıkıntı. 2. sıkıntılı bir durum/zaman.
ad.ver.tise (äd´vırtayz) f. 1. reklamını yapmak. 2. ilan etmek. **— for someone** ilan aracılığıyla eleman aramak.
ad.ver.tise.ment (ädvırtayz´mınt) i. ilan, reklam.
ad.ver.tize (äd´vırtayz) f., bak. **advertise**.
ad.vice (ıdvays´) i. nasihat, öğüt, tavsiye.
ad.vis.a.ble (ıdvay´zıbıl) s. **be —** Tavsiyeleri pekiştirmek için kullanılır: **Great caution is advisable.** Son derece dikkat edilmeli.
ad.vise (ıdvayz´) f. 1. tavsiye etmek, öğütlemek. 2. tic. bildirmek. **keep someone —d of** birini -den haberdar etmek, birini (bir konuda) bilgilendirmek.
ad.vis.er, ad.vi.sor (ıdvay´zır) i. danışman, müşavir; akıl hocası; rehber, kılavuz.
ad.vi.so.ry (ıdvay´zıri) s. **— committee** danışma kurulu. **in an — capacity** danışman olarak. i. uyarı niteliğinde bülten/duyuru.
ad.vo.cate (äd´vıkeyt) f. desteklemek, savunmak.
ad.vo.cate (äd´vıkıt) i. 1. savunucu. 2. huk. avukat. **devil's —** k. dili şeytanın avukatı.
adz, İng. **adze** (ädz) i. keser.
Ae.ge.an (ici´yın) s. Ege. **the — Sea** Ege Denizi.
aer.i.al (er´iyıl) i. anten. s. havai. **— view** havadan görünüş.
aer.o.bic (ero´bik) s. aerobik.
aer.o.bics (ero´biks) i. aerobik.

aer.o.drome (er´ıdrom) i., İng. havaalanı, havalimanı.
aer.o.gramme (er´ıgräm) i. hava mektubu.
aer.o.nau.tics (erınô´tiks) i. havacılık, havacılık bilimi.
aer.o.plane (er´ıpleyn) i., İng., bak. **airplane**.
aer.o.sol (er´ısol) i. sprey tüpü, aerosol.
aes.thete (es´thit) i. estet.
aes.thet.ic (esthet´ik) s., i. estetik.
aes.thet.ics (esthet´iks) i. estetik.
aes.ti.val (es´tıvıl) s. yaza özgü.
a.far (ıfar´) z. **— off** çok uzakta. **come from —** çok uzaklardan gelmek. **from —** uzaktan.
af.fa.ble (äf´ıbıl) s. rahat, dostça ve sokulgan.
af.fair (ıfer´) i. 1. sorun, mesele, iş. 2. k. dili şey (makine/eşya). 3. k. dili olay, skandal. **as —s stand** şimdiki halde. **have an — with** (kendisiyle evli olmayan biriyle) bir aşk ilişkisinde bulunmak. **love —** aşk macerası.
af.fect (ıfekt´) f. 1. etkilemek, tesir etmek; dokunmak. 2. (hastalık) zarar vermek. 3. gibi görünmek, yalancıktan (bir şey) yapmak. **— ignorance** cahillik taslamak, bilmezlikten gelmek. **My arm is —ed.** Hastalık koluma yayıldı.
af.fec.ta.tion (äfektey´şın) i. sahte tavır, yapmacık.
af.fect.ed (ıfek´tıd) s. 1. (hastalıktan) zarar görmüş. 2. sahte, yapmacık, yapmacıklı.
af.fec.tion (ıfek´şın) i. muhabbet, şefkat, sevgi. **play on someone's —s** karşısındakinin hislerine hitap etmek. **win someone's —** bir kimsenin sevgisini kazanmak.
af.fec.tion.ate (ıfek´şınıt) s. sevgisini gösteren; şefkatli, sevecen, sevgi dolu.
af.fi.da.vit (äfıdey´vit) i., huk. yeminli ve yazılı ifade.
af.fil.i.ate (ıfil´iyeyt) f. bağlamak. **— oneself with** ile bağ/ilişki kurmak.
af.fil.i.ate (ıfil´iyıt) i. (başka bir şirkete) bağlı olan şirket.
af.fil.i.at.ed (ıfil´iyeytıd) s. bağlı. **be — with** -e bağlı olmak.
af.fil.i.a.tion (ıfiliyey´şın) i. yakın ilişki.
af.fin.i.ty (ıfin´ıti) i. 1. benzerlik, benzer taraf. 2. sempati; sevgi. **feel an — for** (birini) çok çekici bulmak.
af.firm (ıfırm´) f. doğrulamak, tasdik etmek.
af.fir.ma.tion (äfırmey´şın) i. doğrulama, tasdik.
af.firm.a.tive (ıfır´mıtiv) s. olumlu. i. olumlu cevap. **answer in the —** olumlu cevap vermek.
af.fix (ıfiks´) f. 1. takmak; yapıştırmak. 2. (imza) atmak; (mühür) basmak.
af.fix (äf´iks) i., dilb. önek veya sonek.
af.flict (ıflikt´) f. 1. acı vermek, ıstırap vermek. 2. başına bela olmak.

aggrieved

af.flict.ed (ıflik´tıd) s. (zihinsel/bedensel bakımdan) özürlü. **be — with** -den mustarip olmak.
af.flic.tion (ıflik´şın) i. dert; hastalık.
af.flu.ence (äf´luwıns) i. zenginlik, refah.
af.flu.ent (äf´luwınt) s. zengin, gönençli.
af.ford (ıfôrd´) f. 1. mali gücü yetmek, (bir şey için) parası olmak. 2. (bir şeyi) zarar görmeden yapabilmek: **You can't afford to make him angry.** Onu kızdırabilecek durumda değilsin sen.
af.front (ıfrʌnt´) i. hakaret, küçük düşüren davranış. f. hakaret etmek, küçük düşürmek. **give — to** -i kızdırmak, -i gücendirmek.
Af.ghan (äf´gän, äf´gın) i. Afganlı, Afgan. s. 1. Afgan. 2. Afganlı.
Af.ghan.i.stan (äfgän´ıstän) i. Afganistan.
a.field (ıfild´) z. kıra, kırda, evden uzak. **far —** konu dışında.
a.fire (ıfayr´) s. tutuşmuş; alevler içinde.
a.float (ıflot´) z. yüzmekte; su üstünde. **Rumors are —.** Ortalıkta şayialar dolaşıyor. **The firm is —.** Şirket masrafını çıkarıyor.
a.fraid (ıfreyd´) s. **be — (of)** (-den) korkmak.
a.fresh (ıfreş´) z. yeniden.
Af.ri.ca (äf´rikı) i. Afrika. **—n** i. Afrikalı. s. 1. Afrika, Afrika'ya özgü. 2. Afrikalı. **—n violet** afrikamenekşesi.
Af.ri.kaans (äfrikans´) i., s. Afrikanca.
Af.ri.ka.ner (äfrika´nır) i. anadili Afrikanca olan Güney Afrikalı.
Af.ro (äf´ro) i. Afro, kıvırcık saç modeli.
aft (äft) z. 1. (teknenin) kıçında, kıç tarafında; (teknenin) kıçına yakın; (teknenin) kıçına doğru. 2. (uçağın) kuyruk kısmında; (uçağın) kuyruğuna yakın; (uçağın) kuyruğuna doğru.
af.ter (äf´tır) edat 1. -den sonra. 2. için, yüzünden; -den dolayı. 3. ardından: **After them came the giraffes.** Onların ardından zürafalar geldi. s. sonraki. z. sonra. **— all** bununla birlikte, yine de, buna rağmen. **a painting — Reubens** Rubens'in üslubunda bir resim. **a person — my own heart** kalbimi fetheden bir kimse. **at a quarter — four** dördü çeyrek geçe. **three months — üç ay** sonra.
af.ter.ef.fect (äf´tırîfekt) i. gecikmeli etki; yan etki.
af.ter.life (äf´tırlayf) i. ahret, öbür dünya.
af.ter.math (äf´tırmäth) i. (kötü) sonuç.
af.ter.noon (äftırnun´) i. öğleden sonra.
af.ter.shave (äf´tırşeyv) i. tıraş losyonu.
af.ter.shock (äf´tırşak) i. artçı şok.
af.ter.taste (äf´tırteyst) i. ağızda kalan tat.
af.ter.thought (äf´tır.thôt) i. sonradan akla gelen düşünce.
af.ter.ward (äf´tırwırd), **af.ter.wards** (äf´tır-

wırdz) z. sonra, sonradan.
a.gain (ıgen´) z. tekrar, yine, bir daha. **as much — bir misli daha. now and — ara sıra, zaman zaman, bazen. time and — tekrar tekrar.**
a.gainst (ıgenst´) edat 1. karşı: **against the current** akıntıya karşı. **a vaccine against the flu** gribe karşı bir aşı. 2. aleyhinde, karşı: **a vote against the president** başkanın aleyhinde bir oy. **I'm against it.** Ona karşıyım.
a.ga.ve (ıga´vi) i., bot. agave, agav.
age (eyc) i. 1. yaş. 2. çağ, devir. **— group** yaş grubu. **— limit** yaş haddi. **— of consent** erginlik yaşı. **for —s** uzun bir zaman, senelerce, çoktan beri. **in a coon's — k.** dili çoktandır, epeydir. **mental —** ruhb. zekâ yaşı. **of —** reşit, rüştünü ispat etmiş. **under —** reşit olmamış, rüştünü ispat etmemiş.
aged s. 1. (eycd) yaşında: **a girl aged four** dört yaşında bir kız. 2. (ey´cid) yaşlı, ihtiyar. 3. (ey´cid) yıllanmış; eski. **the —** (ey´cid) yaşlılar, ihtiyarlar.
age.less (eyc´lıs) s. 1. yaşlanmayan, ihtiyarlamayan. 2. eskimeyen.
a.gen.cy (ey´cınsi) i. 1. acente; ajans: **travel agency** seyahat acentesi. **news agency** haber ajansı. 2. devlet dairesi. **through the — of** aracılığıyla, vasıtasıyla.
a.gen.da (ıcen´dı) i. gündem.
a.gent (ey´cınt) i. 1. acente, temsilci. 2. ajan.
a.gent pro.vo.ca.teur (ʌjan´ prôvôkʌtör´), çoğ. **a.gents pro.vo.ca.teurs** (ʌjan´ prôvôkʌtör´) provokatör, kışkırtıcı ajan.
ag.glom.er.ate (ıglam´ırît) i. aglomera.
ag.glom.er.a.tion (ıglamırey´şın) i. aglomerasyon.
ag.gran.dise (ıgrän´dayz) f., İng., bak. **aggrandize.**
ag.gran.dise.ment (ıgrän´dîzmınt) i., İng., bak. **aggrandizement.**
ag.gran.dize, İng. **ag.gran.dize** (ıgrän´dayz) f. büyütmek.
ag.gran.dize.ment, İng. **ag.gran.dise.ment** (ıgrän´dîzmınt) i. büyütme.
ag.gra.vate (äg´rıveyt) f. 1. kötüleştirmek, zorlaştırmak, ağırlaştırmak, şiddetlendirmek: **Don't scratch that sore; you'll aggravate it.** O yarayı kaşıma, azdırırsın. **aggravate a problem** bir sorunu ağırlaştırmak. **aggravate the pain** acıyı şiddetlendirmek. 2. **k.** dili kızdırmak.
ag.gre.gate (äg´rıgît) i. 1. toplam. 2. agrega. **in the —** toplam olarak.
ag.gres.sion (ıgreş´ın) i. saldırganlık.
ag.gres.sive (ıgre´siv) s. saldırgan, agresif.
ag.gres.sor (ıgre´sır) i. saldırgan, saldıran.
ag.grieved (ıgrivd´) s. incitilmiş; mağdur.

a.ghast (ıgäst´) *s.* dehşet içinde, donakalmış.
ag.ile (äc´ıl) *s.* çevik.
a.gil.i.ty (ıcil´ıti) *i.* çeviklik. — **of mind** zekâ kıvraklığı.
ag.i.tate (äc´ıteyt) *f.* 1. çalkalamak, çalkamak; karıştırmak. 2. heyecanlandırmak. 3. *ruhb.* ajite etmek. 4. sallamak.
ag.i.tat.ed (äc´ıteytıd) *s.* 1. heyecanlı. 2. *ruhb.* ajite.
ag.i.ta.tion (äcıtey´şın) *i.* 1. çalkalama, çalkama; ajitasyon. 2. heyecan. 3. *ruhb.* ajitasyon. 4. sallama.
ag.i.ta.tor (äc´ıteytır) *i.* 1. kışkırtıcı, tahrikçi, provokatör; eylemci, kampanyacı. 2. ajitatör, çalkalayıcı, karıştırıcı: **washing machine agitator** çamaşır makinesi pervanesi/pülsatörü.
a.glow (ıglo´) *s.* parlak.
ag.no.sia (ägno´jı) *i.* tanısızlık, agnosi.
ag.nos.tic (ägnas´tik) *i., s.* bilinemezci, agnostik.
ag.nos.ti.cism (ägnas´tisizım) *i.* bilinemezcilik, agnostisizm.
a.go (ıgo´) *z.* önce, evvel: **a long time ago** çok zaman önce.
ag.o.nize, *İng.* **ag.o.nise** (äg´ınayz) *f.* ıstırap çekmek.
ag.o.ny (äg´ıni) *i.* ıstırap.
ag.o.ra (äg´ırı) *i.* agora.
ag.o.ra.pho.bia (ägırıfo´biyı) *i., ruhb.* alan korkusu, agorafobi.
a.gree (ıgri´) *f.* 1. razı olmak, rıza göstermek; mutabık olmak. 2. hemfikir olmak. 3. anlaşmak, iyi geçinmek. 4. (bir şey) (başka bir şeye) uymak, (bir şey) (başka bir şeyi) tutmak. 5. uygun olmak, -e göre olmak.
a.gree.a.ble (ıgri´yıbıl) *s.* 1. hoş, iyi. 2. razı.
a.gree.ment (ıgri´mınt) *i.* anlaşma, sözleşme. **be in** — hemfikir olmak; mutabık olmak. **come to an** — bir karara varmak, uyuşmak.
ag.ri.cul.tur.al (ägrıkʌl´çırıl) *s.* tarımsal, zirai.
ag.ri.cul.ture (äg´rıkʌlçır) *i.* tarım, ziraat.
ag.ri.cul.tur.ist (ägrıkʌl´çırïst) *i.* çiftçi.
a.ground (ıgraund´) *z. go* — karaya oturmak.
A.H. *kıs.* Anno Hegirae hicri.
ah (a) *ünlem* 1. Ah! *(Özlem/beğenme/pişmanlık/öfke/sevgi belirtir.).* 2. Ah!/Of! *(Acı belirtir.).* 3. Vay! *(Şaşkınlık belirtir.).*
a.head (ıhed´) *z.* ileri, ileride. **get** — başa geçmek. **straight** — dosdoğru, dümdüz.
aid (eyd) *i.* 1. yardım. 2. yardımcı. *f.* yardım etmek. **in** — of menfaatine, -e yardım için.
AIDS, Aids (eydz) *kıs.* **acquired immune deficiency syndrome, acquired immunodeficiency syndrome.** *i., tıb.* AIDS.
ail (eyl) *f.* 1. hasta olmak, rahatsız olmak. 2. hasta etmek, rahatsız etmek.
ail.ing (ey´ling) *s.* hasta, rahatsız.

ail.ment (eyl´mınt) *i.* hastalık, rahatsızlık.
aim (eym) *i.* amaç, gaye, maksat. *f.* nişan almak. — **at** 1. (silahı) (birine, bir yere) doğrultmak. 2. (bir şeyi) (bir yere) fırlatmak. — **to** niyetinde olmak. **take** — nişan almak.
aim.less (eym´lıs) *s.* amaçsız, gayesiz.
air (er) *i.* 1. hava. 2. nağme. 3. tavır. *f.* 1. havalandırmak. 2. herkese söylemek. — **bag** oto. hava yastığı. — **base** hava üssü. — **bed** *İng.* havalı yatak. — **brake** hava freni, havalı fren. — **compressor** hava kompresörü. — **conditioner** klima. — **filter** hava filtresi. — **force** hava kuvvetleri. — **mattress** havalı yatak. — **piracy** hava korsanlığı. — **pirate** hava korsanı. — **pocket** hava boşluğu. — **pollution** hava kirliliği. — **pollution control** hava kirliliği denetimi. — **pollution filter** hava kirliliği süzgeci. — **pressure** hava basıncı. — **pump** hava pompası, pnömatik pompa. — **raid** hava saldırısı. — **shaft** havalandırma bacası. — **traffic** hava trafiği. — **traffic control** hava trafik kontrolü. **be off the** — (radyodan/televizyondan) yayımlanmamak; yayımda olmamak. **be on the** — (radyodan/televizyondan) yayımlanmak; yayımda olmak. **by** — uçakla. **give oneself** —**s** çalım satmak. **go off the** — *radyo, TV* yayına son vermek. **put on** —**s** çalım satmak, hava atmak, hava basmak, poz takınmak. **She's on the** —. Radyoda söylüyor. **take the** — dışarıya çıkıp dolaşmak, hava almak. **up in the** — karar verilmemiş; sonu henüz belli olmamış. **walk on** — *k. dili* (sevincinden) ayakları yere değmemek.
air.borne (er´bôrn) *s.* 1. havadan gelen (mikrop, toz v.b.). 2. havadan naklediIen. 3. uçmakta olan.
air-con.di.tioned (erkındi´şınd) *s.* klimalı.
air.craft (er´kräft) *i.* uçak; uçaklar. — **carrier** uçak gemisi.
air.crew (er´kru) *i.* uçak mürettebatı.
air.field (er´fild) *i.* havaalanı.
air.lift (er´lift) *i.* hava köprüsü. *f.* hava yoluyla taşımak/götürmek.
air.line (er´layn) *i.* havayolu.
air.lin.er (er´laynır) *i.* yolcu uçağı.
air.mail (er´meyl) *i.* uçak postası. — **letter** uçak mektubu. **via** — uçakla.
air.plane (er´pleyn) *i.* uçak.
air.port (er´pôrt) *i.* havalimanı, havaalanı.
air.strip (er´strip) *i.* uçuş pisti.
air.tight (er´tayt) *s.* hava geçirmez.
air-to-air (ertı.er´) *s.* havadan havaya.
air.ways (er´weyz) *i.* havayolları.
air.y (er´i) *s.* 1. havai. 2. havadar. 3. hava gibi.

th dh w hw b c ç d f g h j k l m n p r s ş t v y z
thin the we why be joy chat ad if go he regime key lid me no up or us she it via say is

hafif. 4. hayali. 5. çalım satan, kendine bir hava veren. 6. çevik, canlı, şen.
air.y-fair.y (er´ifer´i) *s., İng., k. dili* hiç pratik olmayan, hayal mahsulü, fantezi.
aisle (ayl) *i.* sıralar arası yol, geçenek.
a.jar (ıcar´) *z.* aralık, az açık (kapı).
a.kin (ıkin´) *s.* benzer, yakın: **Her speech is akin to poetry.** Söyledikleri şiire benziyor.
al.a.bas.ter (äl´ıbästır) *i.* albatr, kaymaktaşı.
à la carte (a lı kart´) alakart.
a.lac.ri.ty (ıläk´rıti) *i.* neşe ve çeviklik, şevk.
a.larm (ılarm´) *i.* 1. korku; dehşet. 2. alarm, tehlike işareti: **fire alarm** yangın zili, yangın alarmı. *f.* 1. tehlikeden haberdar etmek. 2. korkutmak; dehşete düşürmek. — **clock** çalar saat. **give the** — tehlike işareti vermek.
a.las (ıläs´) *ünlem* Eyvah!/Yazık!
Al.ba.ni.a (älbey´niyı) *i.* Arnavutluk. **—n** *s., i.* 1. Arnavut. 2. Arnavutça.
al.ba.tross (äl´bıtrôs) *i., zool.* albatros.
al.be.it (ôlbi´yit, älbi´yit) *bağ.* ... de olsa: **He is, in short, a boor, albeit an educated one.** Kısacası, tahsilli de olsa, hödüğün biri. **She's learning French, albeit painfully.** Zorlukla da olsa Fransızcayı öğreniyor. **It was a beautiful, albeit a worthless, coin.** Değersiz de olsa güzel bir paraydı.
al.bi.no (älbay´no) *i.* akşın, albino, çapar.
al.bum (äl´bım) *i.* albüm.
al.co.hol (äl´kıhôl) *i.* 1. alkol. 2. alkol, alkollü içki. **denatured** — mavi ispirto, karışık ispirto. **rubbing** — tuvalet ispirtosu.
al.co.hol-free (äl´kıhôl.fri) *s.* alkolsüz.
al.co.hol.ic (älkıhô´lik) *s.* alkollü. *i.* alkolik.
Al.co.hol.ics Anonymous (älkıhôl´iks) Adsız Alkolikler (alkolizmle savaşan bir grubun adı).
al.co.hol.ism (äl´kıhôlizım) *i.* alkolizm.
al.cove (äl´kov) *i.* (duvarda bulunan) niş, oyuk; hücre gibi ve kapısız ufak oda.
al.der (ôl´dır) *i., bot.* kızılağaç.
ale (eyl) *i.* bir çeşit bira.
a.lem.bic (ılem´bik) *i.* imbik.
a.lert (ılırt´) *s.* uyanık, tetikte olan. *i.* alarm, uyarı. *f.* 1. alarm vermek. 2. uyarmak, ikaz etmek. **be on the** — tetikte olmak.
al.fal.fa (älfäl´fı) *i., bot.* kabayonca.
al.fres.co (älfres´ko) *s.* açık havada yapılan, açık hava. *z.* açık havada.
al.ga (äl´gı) *, çoğ.* **al.gae** (äl´ci) *i.* alg.
al.ge.bra (äl´cıbrı) *i., mat.* cebir.
Al.ge.ri.a (älcir´iyı) *i.* Cezayir. **—n** *s.* 1. Cezayir, Cezayir´e özgü. 2. Cezayirli. *i.* Cezayirli.
al.go.rithm (äl´gırîdhım) *i.* algoritma.
a.li.as (ey´liyıs) *i.* takma isim; başka ad. *z.* namı diğer: **Cavit alias the Bear** Cavit namı diğer Ayı.

al.i.bi (äl´ıbay) *i.* 1. *huk.* sanığın, suçun işlendiği sırada başka yerde bulunduğu şeklindeki iddiası. 2. *k. dili* bahane, mazeret.
al.ien (ey´liyın) *i.* yabancı, ecnebi. **be** — **to** (birine) yabancı gelmek.
al.ien.ate (ey´liyıneyt) *f.* soğutmak, uzaklaştırmak, yabancılaştırmak.
al.ien.a.tion (eyliyıney´şın) *i.* yabancılaşma; yabancılaştırma.
a.light (ılayt´) *f.* (**—ed/a.lit**) konmak, inmek.
a.lign (ılayn´) *f.* 1. aynı hizaya getirmek, hizalamak. 2. sıraya koymak. — **oneself with** birinin saffına geçmek.
a.lign.ment (ılayn´mınt) *i.* 1. aynı hizaya getirme, hizalama. 2. sıraya koyma. **be in** — aynı hizada olmak.
a.like (ılayk´) *s.* birbirine benzer: **We're alike in many ways.** Birçok bakımdan birbirimize benziyoruz. *z.* 1. eşit bir şekilde: **Treat them alike.** Onlara eşit bir şekilde davran. 2. hem ..., hem ...: **rich and poor alike** hem zenginler, hem fakirler.
al.i.men.ta.ry (älimen´tri) *s.* beslenmeye ait; besleyici. — **canal** sindirim aygıtı.
al.i.mo.ny (äl´ımoni) *i.* nafaka.
a.lit (ılit´) *f., bak.* **alight.**
a.live (ılayv´) *s.* sağ, canlı, hayatta, diri. **be** — **to** -in farkında olmak. **be** — **with** kaynamak, çok miktarda bulunmak.
al.ka.li (äl´kılay) *i.* alkali.
all (ôl) *s.* bütün, tüm; hepsi: **All roses have thorns.** Bütün güller dikenlidir. **He worked all day.** Bütün gün çalıştı. *i.* hepsi: **All of us went.** Hepimiz gittik. **Pour it all out.** Hepsini dök. *z.* tamamıyla: **She was all alone.** Yapayalnızdı. **dressed all in red** tepeden tırnağa kırmızılar içinde. — **along** 1. boyunca. 2. *k. dili* baştan, başından beri. — **at once** hep birden. — **but** az daha; -den başka. — **of a sudden** birdenbire, ani olarak. — **over** tamamen; bitmiş; tekrar, baştan. **A**— **right.** *k. dili* Peki./Tamam.: **All right, I'll come.** Peki, gelirim. **A**— **right!** *k. dili* Aferin!/Yaşa be!/Çok iyi!/Harika! — **the better** daha iyi. — **the same** hepsi bir. — **there** *k. dili* aklı başında. — **told** yekûn olarak. — **too soon** pek erken, zamansız. **above** — bilhassa, özellikle. **after** — nihayet. **as** ... **as** — **get-out** Şu son derece, çok: **He was driving as fast as all get-out.** Arabayı son hızla sürüyordu. **She is as smart as all get-out.** Zehir gibi bir zekâsı var. **at** — hiç. **be** — **for** -i candan desteklemek, -e taraftar olmak. **be** — **right** 1. iyi olmak, zarara uğramamış olmak: **Are you all right?** İyi misin? 2. iyi olmak, fena olmamak: **His grades are all right.**

Allah

Notları fena değil. 3. uygun olmak, olmak: **Is it all right if she comes too?** O da gelse olur mu? **be — wet** *k. dili* çok yanılmak. **go — out** *k. dili* elinden geleni yapmak. **in — hepsi, tamamı. like — get-out** *k. dili* son sürat, delicesine, deli gibi: **They were working like all get-out.** Eşek gibi çalışıyorlardı. **He was running like all get-out.** Deli gibi koşuyordu. **not at —** hiç: **This house is not at all suitable.** Bu ev hiç uygun değil. **Not at —!** Bir şey değil! **(Thank you!** *sözüne karşılık*). **once for —** ilk ve son defa olarak. **The score was six —, with two minutes remaining.** Maçın bitimine iki dakika kala 6-6 berabereydiler.
Al.lah (äl´ı) *i.* Allah.
all-a.round (ôl´ıraund´) *s.* her alanda başarılı; pek çok yeteneği olan: **an all-around student** dört dörtlük bir öğrenci.
al.lay (ıley´) *f.* yatıştırmak, hafifletmek: **allay someone's fears** birinin endişelerini yatıştırmak.
al.le.ga.tion (älıgey´şın) *i.* iddia.
al.lege (ılec´) *f.* iddia etmek.
al.le.giance (ılí´cıns) *i.* sadakat, bağlılık.
al.le.gor.i.cal (älıgôr´ıkıl) *s.* alegorik.
al.le.go.ry (äl´ıgori) *i.* alegori.
all-em.brac.ing (ôlımbrey´sing) *s.* her şeyi saran.
al.ler.gic (ılır´cik) *s.* alerjik.
al.ler.gy (äl´ırci) *i.* alerji.
al.le.vi.ate (ılı´viyeyt) *f.* azaltmak; hafifletmek; kısmen gidermek.
al.ley (äl´i) *i.* dar sokak, ara yol. **be up someone's —** *k. dili* biri için biçilmiş kaftan olmak, (tam) birine göre olmak: **This job is right up your alley.** Bu iş tam sana göre.
al.li.ance (ılay´ıns) *i.* 1. *pol.* ittifak, anlaşma. 2. birleşme, müttefiklik.
al.lied (ılayd´) *s.* müttefik, birleşik.
al.li.ga.tor (äl´ıgeytır) *i.* amerikatimsahı.
all-in.clu.sive (ôlınklu´siv) *s.* her şeyi kapsayan.
all-night (ôl´nayt´) *s.* 1. bütün gece süren (bir olay). 2. bütün gece açık olan (lokanta, dükkân v.b.).
all-night.er (ôlnay´tır) *i., k. dili* bütün gece süren bir olay. **pull an —** bütün gece çalışmak.
al.lo.cate (äl´ıkeyt) *f.* ayırmak, tahsis etmek.
al.lo.ca.tion (älıkey´şın) *i.* tahsisat.
al.lot (ılat´) *f.* **(—ted, —ting)** 1. ayırmak, tahsis etmek. 2. bölüştürmek.
al.low (ılau´) *f.* izin vermek, müsaade etmek. **— for** -i hesaba katmak.
al.low.a.ble (ılau´wıbıl) *s.* yapılması uygun görülen, yapılmasında sakınca olmayan, mubah.
al.low.ance (ılau´wıns) *i.* harçlık. **make — for** -i hesaba katmak.
al.loy (äl´oy) *i.* alaşım.

all-pur.pose (ôl´pır´pıs) *s.* pek çok işe yarayan; çok kullanışlı.
all-right (ôl´rayt) *s., k. dili* iyi, kafadar, kafa dengi.
all-round (ôl´raund´) *s., İng., bak.* **all-around.**
all-round.er (ôl´raun´dır) *i., İng.* her alanda başarılı kimse.
all.spice (ôl´spays) *i.* yenibahar.
al.lude (ılud´) *f.* to üstü kapalı bir şekilde -den bahsetmek, -i kastetmek; -i ima etmek, -i anıştırmak.
al.lure (ılûr´) *i.* cazibe, çekicilik, albeni.
al.lur.ing (ılûr´îng) *s.* cazibeli, çekici, alımlı.
al.lu.sion (ılu´jın) *i.* anıştırma.
al.ly (äl´ay) *i., pol.* müttefik. *f.* **— oneself with/to** ile birleşmek.
al.ma ma.ter (äl´mı ma´tır) bir kimsenin mezun olduğu okul/lise/üniversite.
al.ma.nac (ôl´mınäk) *i.* almanak.
al.might.y (ôlmayt´i) *s.* her şeye gücü yeten. **the A—** Allah, kadiri mutlak.
al.mond (am´ınd) *i.* badem.
al.mond-eyed (am´ındayd) *s.* badem gözlü.
al.most (ôlmost´) *z.* 1. hemen hemen: **This picture's almost done.** Bu resim hemen hemen bitti. 2. az kaldı, az kalsın, az daha; neredeyse: **He almost died.** Az kaldı ölecekti.
alms (amz) *i.* sadaka.
a.loe (ä´lo) *i., bot.* sarısabır.
a.lone (ılon´) *s.* yalnız; kimsesiz. *z.* yalnız, yalnız başına, tek başına. **let —** şöyle dursun: **He can't support himself, let alone three relatives.** Üç akraba şöyle dursun, kendisini bile geçindiremiyor. **let/leave someone/something —** olduğu gibi bırakmak, kendi haline bırakmak; dokunmamak, rahat bırakmak.
a.long (ılông´) *edat* boyunca: **along the river** ırmak boyunca. *z.* **with** ile beraber: **She came along with us.** Bizimle beraber geldi. **all —** öteden beri; hep böyle, her zaman. **be —** gelmek. **Come —.** Hadi canım. **get — with** ile geçinmek, ile anlaşmak. **Go —.** Hadi git. **take —** yanına almak, beraberinde götürmek.
a.long.side (ılông´sayd´) *edat* 1. yanına, yanında. 2. *den.* bordasına; bordasında.
a.loof (ıluf´) *s.* soğuk, uzak duran. *z.* uzak, uzakta. **keep oneself — from** kendini -den uzak tutmak.
a.loud (ılaud´) *z.* yüksek sesle.
al.pa.ca (älpä´kı) *i.* 1. *zool.* alpaka. 2. alpaka (yün/kumaş).
al.pha.bet (äl´fıbet) *i.* alfabe, abece.
al.pha.bet.ic (älfıbet´ik), **al.pha.bet.i.cal** (älfıbet´ıkıl) *s.* alfabetik, alfabe sırasına göre di-

th dh w hw b c ç d f g h j k l m n p r s ş t v y z
thin the we why be joy chat ad if go he regime key lid me no up or us she it via say is

zilmiş: The words are in alphabetical order. Kelimeler alfabe sırasına göre dizilmiş.
al.pine (äl´payn) s. 1. yüksek dağlara özgü. 2. ağaç sınırının üstündeki bölgeye özgü.
al.read.y (ôlred´i) z. 1. şimdiden, halen *(Türkçede genellikle çevirisiz kalır.)*: **You're too late;** **he's already gone.** Geç kaldın; gitti. 2. **Beklenenden daha erkeni göstermek için kullanılır: Has he finished already?** Bu kadar erken mi bitirdi? 3. daha önce: **As I've already seen it, there's no need for me to come.** Daha önce gördüğüme göre gelmeme gerek yok.
al.right (ôlrayt´) s., k. dili, bak. **All right.**, **All right!, all-right, be all right.**
al.so (ôl´so) z. bir de: **You'll need pliers. You'll also need tape.** Sana kerpeten lazım. Bir de bant. **It was cold and it was also wet.** Hava soğuktu ve bir de yağmurluydu.
al.tar (ôl´tır) i. sunak.
al.ter (ôl´tır) f. değiştirmek; değişmek.
al.ter.a.ble (ôl´tırıbıl) s. değiştirilebilir.
al.ter.a.tion (ôltırey´şın) i. 1. değiştirme; değişme. 2. değişiklik.
al.ter.nate (ôl´tırnit) s. başka, diğer. **on — days** günaşırı, iki günde bir.
al.ter.nate (ôl´tırneyt) f. 1. birkaç şeyin birbirini art arda izlemelerini sağlamak. 2. bir işi nöbetleşe yapmak. 3. **between** (iki durum) arasında gidip gelmek. 4. **with** (bir durum) (başka bir durumu) izlemek. **alternating current** *elek.* dalgalı akım.
al.ter.nate.ly (ôl´tırnitli) z. nöbetleşe; sıra ile.
al.ter.na.tion (ôltırney´şın) i. 1. nöbetleşe yapma. 2. birbirini sırayla izlemesini sağlama; birbirini sırayla izleme.
al.ter.na.tive (ôltır´nıtiv) i. seçenek, alternatif, şık: **I had no alternative.** Başka çarem kalmamıştı./Yapacak başka bir şey yoktu. s. diğer, başka.
al.ter.na.tor (ôl´tırneytır) i., elek. alternatör.
al.though (ôl.dho´) bağ. -diği halde, ise de, olmakla beraber: **Although he's old he's a good dancer.** Yaşlı olduğu halde iyi dans eder. **Although I tried hard it didn't do much good.** Çok gayret ettimse de pek işe yaramadı. **Although the teacher was strict, the students were happy.** Hoca sert olmakla beraber öğrenciler mutluydu.
al.tim.e.ter (ältim´ıtır) i. altimetre, yükseklikölçer.
al.ti.tude (äl´titud) i. yükseklik; irtifa; yükselti, rakım.
Alt key (ôlt) *bilg.* ek karakter tuşu.
al.to (äl´to) i., müz. alto.
al.to.geth.er (ôltıgedh´ır) z. tamamıyla, bütünüyle.
al.tru.ism (äl´trûwızım) i. özgecilik, diğerkâmlık.
al.tru.is.tic (ältrûwis´tik) s. özgeci, özgecil, diğerkâm.
al.um (äl´ım) i. şap.
a.lu.mi.num (ılu´mınım), İng. a.lu.min.i.um (älymin´iyım) i. alüminyum.
a.lum.na (ılʌm´nı), çoğ. a.lum.nae (ılʌm´ni) i. bir okul/lise/üniversite mezunu kız.
a.lum.nus (ılʌm´nıs), çoğ. a.lum.ni (ılʌm´nay) i. bir okul/lise/üniversite mezunu erkek.
al.ways (ôl´weyz) z. daima, her zaman.
A.M. kıs. **Artium Magister** hümaniter bilimlerde master derecesinin kısaltması.
A.M., a.m. kıs. **ante meridiem** öğleden evvel *(24.00-12.00 arasındaki saatler için kullanılır.)*: **2:30 A.M.** saat 2.30.
am (äm) f., bak. **be.**
a.mal.gam (ımäl´gım) i., kim. malgama, amalgam.
a.mal.ga.mate (ımäl´gımeyt) f. 1. birleştirmek. 2. ahım ile birleşmek.
a.mass (ımäs´) f. biriktirmek.
am.a.teur (äm´ıçûr) i. amatör.
a.maze (ımeyz´) f. hayrette bırakmak, hayrete düşürmek, şaşkına çevirmek.
a.maze.ment (ımeyz´mınt) i. hayret, şaşkınlık.
a.maz.ing (ımey´zing) s. insanı şaşırtan, insanı hayrete düşüren, şaşırtıcı.
Am.a.zon (äm´ızan) i. Amazon.
am.a.zon (äm´ızan) i. amazon, iriyarı ve güçlü kuvvetli kadın.
am.bas.sa.dor (ämbäs´ıdır) i. büyükelçi.
am.bas.sa.dress (ämbäs´idris) i. 1. sefire, (kadın) elçi. 2. sefire, elçi karısı.
am.ber (äm´bır) i. kehribar.
am.bi.dex.trous (ämbidek´strıs) s. iki elini aynı şekilde kullanabilen.
am.bi.ence (äm´biyıns) i. atmosfer, hava, ambiyans.
am.bi.gu.i.ty (ämbigyu´witi) i. birden fazla anlama gelme; belirsizlik.
am.big.u.ous (ämbig´yuwıs) s. birden fazla anlama gelebilen; ne olduğu belirsiz.
am.bi.tion (ämbiş´ın) i. 1. bir şeyi başarma/elde etme tutkusu. 2. (uzun zamandır güdülen) büyük amaç.
am.bi.tious (ämbiş´ıs) s. 1. bir şeyi başarma/elde etme tutkusuyla yanıp tutuşan veya dolu. 2. büyük bir amacın ürünü olan, büyük.
am.biv.a.lent (ämbiv´ılınt) s. birbirine zıt hisleri olan, karışık hisleri olan; değişken.
am.ble (äm´bıl) f. rahat rahat yürümek.
am.bu.lance (äm´byulıns) i. cankurtaran, ambülans.
am.bush (äm´bûş) i. pusuya düşürme. f. pusuya düşürmek. **lay an —** pusu kurmak. **lie in —** pusuya yatmak. **wait in —** pusuda beklemek.
a.me.ba (ımi´bı) i., bak. **amoeba.**

a.mel.io.rate (ımil´yıreyt) *f.* iyileştirmek.
a.mel.io.ra.tion (ımilyırey´şın) *i.* iyileştirme.
a.men (a´men´) *ünlem* âmin.
a.me.na.ble (ımi´nıbıl) *s.* uysal, yumuşak başlı; ikna edilebilen.
a.mend (ımend´) *f.* 1. düzeltmek. 2. (kuralı/tasarıyı) değiştirmek.
a.mend.ment (ımend´mınt) *i.* 1. düzeltme, ıslah. 2. (kuralı/tasarıyı) değiştirme.
a.mends (ımendz´) *i.* **make — to someone for something** 1. bir şeyin zararını telafi etmek. 2. birinden bir şey için özür dilemek.
a.men.i.ty (ımen´ıti, ımin´ıti) *i.* hayatı kolaylaştıran şey, rahatlık: **This hotel has all sorts of amenities.** Bu otelde her tür konfor var. **the amenities** görgü kuralları.
A.mer.i.ca (ımer´ıkı) *i.* Amerika. **—n** *i.* Amerikalı. *s.* Amerikan; Amerika, Amerika'ya özgü. **—n English** Amerikan İngilizcesi. **—n Indian** Kızılderili.
a.mi.a.ble (ey´miyıbıl) *s.* cana yakın, sevimli.
am.i.ca.ble (äm´ıkıbıl) *s.* arkadaşça, dostça.
a.mid (ımid´) *edat* ortasına, ortasında, arasına, arasında.
a.midst (ımidst´) *edat, bak.* **amid.**
a.miss (ımis´) *z.* **be — gerektiği gibi olmamak. take something —** gücenmek.
am.i.ty (äm´ıti) *i.* arkadaşlık, dostluk.
am.me.ter (äm´mitır) *i.* ampermetre, amperölçer.
am.mo.nia (ımon´yı) *i.* amonyak, nışadırruhu.
am.mu.ni.tion (ämyınîş´ın) *i.* cephane, mühimmat.
am.ne.sia (ämni´jı) *i.* bellek yitimi, amnezi.
am.nes.ty (äm´nısti) *i.* genel af.
a.moe.ba (ımi´bı) *i., zool.* amip.
a.moe.bic (ımi´bîk) *s.* 1. amipli, amipten ileri gelen. 2. amibe benzeyen; amibe ait.
a.mok (ımʌk´) *i.* **run —** 1. çıldırmak. 2. insanları öldürmek amacıyla sağa sola saldırmak.
a.mong (ımʌng´) *edat* arasına, arasında, içinde.
a.mongst (ımʌngst´) *edat, bak.* **among.**
a.mor.al (eymôr´ıl) *s.* ahlakdışı.
am.o.rous (äm´ırıs) *s.* şehvetli; şehvet dolu.
a.mor.phous (ımôr´fıs) *s.* 1. şekilsiz, biçimsiz; sınırları belli olmayan. 2. *kim., biyol.* amorf.
am.or.ti.sa.tion (ämırtizey´şın) *i., İng., bak.* **amortization.**
am.or.tise (äm´ırtayz) *f., İng., bak.* **amortize.**
am.or.ti.za.tion *İng.* **am.or.ti.sa.tion** (ämırtizey´şın) *i.* amortisman.
am.or.tize, *İng.* **am.or.tise** (äm´ırtayz) *f.* amorti etmek.
amount (ımaunt´) *i.* miktar. *f.* **to** 1. ile eşanlamlı olmak: **It amounts to the same thing.** Aynı kapıya çıkar. 2. toplamı (belirli bir miktar) olmak: **It amounts to five dollars.** Toplam beş dolar ediyor. **He will — to something.** Başarılı bir adam olacak. **total — tutar.**
am.pere (äm´pir) *i., elek.* amper.
am.pere.me.ter (äm´pirmitır) *i., bak.* **ammeter.**
am.phet.a.mine (ämfet´ımin) *i.* amfetamin.
am.phib.i.an (ämfîb´iyın) *i.* ikiyaşayışlı hayvan.
am.phib.i.ous (ämfîb´iyıs) *s.* 1. ikiyaşayışlı, amfibi. 2. amfibi, yüzergezer.
am.phi.the.a.ter, *İng.* **am.phi.the.a.tre** (äm´fîthiyıtır) *i.* amfiteatr.
am.ple (äm´pıl) *s.* 1. bol, bol bol yetecek kadar. 2. geniş.
am.pli.fi.ca.tion (ämplıfîkey´şın) *i.* 1. daha uzun/ayrıntılı bir şekilde söyleme. 2. amplifikasyon, yükseltme.
am.pli.fi.er (äm´plıfayır) *i.* amplifikatör, yükselteç.
am.pli.fy (äm´plıfay) *f.* 1. daha uzun/ayrıntılı bir şekilde söylemek. 2. (sesini) kuvvetlendirmek.
am.pli.tude (äm´plıtud) *i.* 1. bolluk. 2. genişlik.
am.ply (äm´pli) *z.* bol bol yetecek kadar.
am.pu.tate (äm´pyıteyt) *f.* (bir uzvu) kesmek.
am.pu.ta.tion (ämpıytey´şın) *i., tıb.* ampütasyon.
am.pu.tee (ämpıyti´) *i.* bir uzvu kesilmiş kimse.
a.muck (ımʌk´) *i., bak.* **amok.**
am.u.let (äm´yılit) *i.* muska, nazarlık, tılsım.
a.muse (ımyuz´) *f.* eğlendirmek; oyalamak, güldürmek.
a.muse.ment (ımyuz´mınt) *i.* eğlence.
a.mus.ing (ımyu´zîng) *s.* eğlendirici; oyalayıcı; güldürücü.
an (ın, än) *s.* (ünlülerden önce) bir.
a.nach.ro.nism (ınäk´rınîzım) *i.* anakronizm.
a.nae.mi.a (ıni´miyı) *i., İng., bak.* **anemia.**
an.aes.the.sia (änîsthi´jı) *i., İng., bak.* **anesthesia.**
an.aes.the.tize (ınes´thıtayz) *f., İng., bak.* **anesthetize.**
a.nal (ey´nıl) *s.* anal.
an.al.ge.si.a (änılciz´iyı) *i.* acı yitimi, analjezi.
an.al.ge.sic (änılci´zîk) *s., i.* ağrı kesici, analjezik.
an.a.lo.gous (ınäl´ıgıs) *s.* benzer, paralel; benzeşen.
an.a.logue (än´ılôg) *i.* benzer şey, benzeş.
a.nal.o.gy (ınäl´ıci) *i.* benzerlik, paralellik; benzeşim.
an.a.lyse (än´ılayz) *f., İng., bak.* **analyze.**
a.nal.y.sis (ınäl´ısîs) *i.* tahlil, çözümleme, analiz.
an.a.lyt.ic (änılît´îk), **an.a.lyt.i.cal** (änılît´îkıl) *s.* tahlili, çözümsel, çözümlemeli, analitik.
an.a.lyze, *İng.* **an.a.lyse** (än´ılayz) *f.* tahlil etmek, çözümlemek; analize etmek.
an.ar.chic (änar´kîk) *s.* anarşik.
an.ar.chism (än´ırkîzım) *i.* anarşizm.
an.ar.chist (än´ırkist) *i.* anarşist.
an.ar.chy (än´ırki) *i.* anarşi.
a.nath.e.ma (ınäth´ımı) *i.* 1. afaroz, lanetle-

announcer

me. 2. aforoz edilmiş kimse. be — to ... tarafından nefret edilen biri olmak: **She was anathema to the left-wingers.** Solcular ondan nefret ettiler.
An.a.to.li.a (änıto′liyı) *i.* Anadolu. **—n** *i.* Anadolulu. *s.* 1. Anadolu, Anadolu'ya özgü. 2. Anadolulu.
an.a.tom.i.cal (änıtam′ikıl) *s.* anatomik, anatomiyle ilgili.
a.nat.o.my (ınät′ımi) *i.* anatomi; gövde yapısı; gövdebilim.
anc. *kıs.* ancient.
an.ces.tor (än′sestır) *i.* ata, cet.
an.ces.tral (änses′trıl) *s.* atalara ait, soysal.
an.ces.try (än′sestri) *i.* soy.
an.chor (äng′kır) *i.* demir, çapa, lenger. **— man** *TV* (erkek) sunucu. **— woman** *TV* (kadın) sunucu. **at —** demirli, demir atmış. **cast/drop —** demir atmak, demirlemek. **weigh —** demir almak.
an.chor.age (äng′kırîc) *i.* demirleme yeri.
an.cho.vy (än′çıvi) *i.* hamsi. **— paste** ançüez.
an.cient (eyn′şınt) *s.* 1. antik. 2. çok eski, çok eski bir zamandan kalma. 3. *k. dili* yaşlı, ihtiyar.
an.cil.lar.y (änsil′ıri, än′sıleri) *s.* yardımcı.
and (änd) *bağ.* ve; ile: **mice and men** fareler ve insanlar. **knife and fork** bıçakla çatal. **He looked and ran away.** Baktı ve kaçtı. **— so forth** falan, filan, vesaire, ve benzerleri.
an.ec.dot.al (änikdo′tıl) *s.* fıkra tarzında.
an.ec.dote (än′ikdot) *i.* fıkra, hikâye, anekdot.
a.ne.mi.a, *İng.* **a.nae.mi.a** (ıni′miyı) *i., tıb.* kansızlık, anemi.
an.es.the.sia, *İng.* **an.aes.the.sia** (änîsthi′jı) *i.* duyum yitimi, anestezi.
an.es.the.si.ol.o.gist (änîsthiziyal′ıcîst) *i.* anestezi uzmanı.
an.es.thet.ic (änîsthet′îk) *i., s.* anestezik.
an.es.the.tist (ınes′thıtîst) *i.* narkozitör.
an.es.the.tize, *İng.* **an.aes.the.tize** (ınes′thıtayz) *f.* narkoz vermek, uyuşturmak.
a.new (ınu′) *z.* 1. yeniden fakat değişik bir şekilde. 2. tekrar, bir daha, gene, yine, yeniden.
an.gel (eyn′cıl) *i.* melek.
an.gel.ic (äncel′îk) *s.* melek gibi.
an.ger (äng′gır) *i.* öfke, hiddet. *f.* kızdırmak, öfkelendirmek.
an.gi.na (äncay′nı) *i.* bir çeşit kalp hastalığı.
an.gle (äng′gıl) *i.* 1. açı. 2. (bir cisme ait) köşe. 3. *k. dili* bakış açısı, görüş açısı. **— iron** köşebent demiri. **acute —** dar açı. **obtuse —** geniş açı. **right —** dik açı.
an.gle (äng′gıl) *f.* 1. olta ile balık avlamak. 2. **for** (bir şeyi) kurnazlıkla elde etmeye çalışmak.
an.gler (äng′glır) *i.* oltayla balık tutan kimse.

an.gle.worm (äng′gılwırm) *i.* solucan.
An.gli.can (äng′glıkın) *s., i.* Anglikan. **the — Church** Anglikan Kilisesi.
an.gling (äng′glîng) *i.* oltayla balık avlama.
An.glo-Sax.on (äng′glosäk′sın) *s., i.* Anglosakson.
An.go.la (äng.go′lı) *i.* Angola. **—n** *s.* 1. Angola, Angola'ya özgü. 2. Angolalı. *i.* Angolalı.
an.go.ra (äng.gôr′ı) *i.* 1. angora, angora yün; tiftik. 2. ankarakedisi. 3. ankarakeçisi. 4. ankaratavşanı.
an.gry (äng′gri) *s.* öfkeli, hiddetli, kızgın; gücenik, dargın. **be — about** -e sinir olmak. **be — at** -e kızgın olmak, -e kızmak. **be — with someone** birine gücenmiş olmak.
an.guish (äng′gwîş) *i.* ıstırap, acı, keder.
an.guished (äng′gwîşt) *s.* acı dolu, kederli.
an.gu.lar (äng′gyulır) *s.* 1. köşeli. 2. *mat., fiz.* açısal. 3. kemikli, kemikleri belirgin.
an.i.mal (än′ımıl) *i.* hayvan. *s.* hayvani; hayvansal; hayvanca. **— breeding** hayvan besleme. **— heat** vücut sıcaklığı. **— husbandry** hayvancılık. **— kingdom** hayvanlar âlemi. **— lover** hayvansever. **— magnetism** çekicilik. **— spirits** canlılık, coşku. **domestic —** ehli hayvan, evcil hayvan. **wild —** vahşi hayvan, yabani hayvan.
an.i.mate (än′ımeyt) *f.* hayat vermek, canlandırmak.
an.i.mat.ed (än′ımeytıd) *s.* canlı; neşeli. **— cartoon** çizgi film.
an.i.ma.tion (änımey′şın) *i.* 1. canlılık. 2. canlandırma.
an.i.mism (än′ımîzım) *i.* canlıcılık.
an.i.mis.tic (änımîs′tîk) *s.* canlıcılıkla ilgili.
an.i.mos.i.ty (änımas′ıti) *i.* düşmanlık, husumet, kin.
an.ise (än′îs) *i., bot.* anason.
an.i.seed (än′îsîd) *i.* anason, anason tohumu.
an.kle (äng′kıl) *i.* ayak bileği. **sprain/twist one's —** ayağını burkmak, ayak bileğini burkmak.
an.klet (äng′klît) *i.* 1. halhal. 2. kısa çorap, şoset.
an.nals (än′ılz) *i.* 1. tarihi olaylar. 2. kronik, vakayiname.
an.nex (än′eks) *i.* ek bina, müştemilat.
an.nex (ıneks′) *f.* ilhak etmek, katmak, eklemek.
an.nex.a.tion (äniksey′şın) *i.* ilhak, katma.
an.ni.hi.late (ınay′ıleyt) *f.* yok etmek, imha etmek.
an.ni.hi.la.tion (ınayıley′şın) *i.* yok etme, imha.
an.ni.ver.sa.ry (änıvır′sıri) *i.* yıldönümü.
an.no.tate (än′ıteyt) *f.* (bir metne) notlar eklemek.
an.nounce (ınauns′) *f.* bildirmek, ilan etmek.
an.nounce.ment (ınauns′mınt) *i.* bildiri, ilan.
an.nounc.er (ınaun′sır) *i.* spiker.

annoy 16

an.noy (ınoy´) *f.* taciz etmek, sıkıntı vermek; kızdırmak, sinirine dokunmak, sinirlendirmek. **be —ed with** (birine) kızgın olmak.
an.noy.ance (ınoy´ıns) *i.* 1. kızgınlık. 2. baş belası, bela, sıkıntı veren şey/kimse.
an.noy.ing (ınoy´îng) *s.* sıkıntı veren; sinir bozucu, sinir.
an.nu.al (än´yuwıl) *i.* 1. yıllık, yılın olaylarını anlatan kitap. 2. *bot.* bir yıllık ömrü olan bitki. *s.* 1. yıllık, bir yıl için. 2. yılda bir yapılan; her yıl yapılan; yıllık.
an.nu.al.ly (än´yuwılî) *z.* her yıl; yılda bir.
an.nu.i.ty (ınu´wıti) *i.* belirli bir süre için her yıl ödenen ve emek karşılığı olmayan maaş.
an.nul (ınʌl´) *f.* (**—led, —ling**) (yasa, yargı, sözleşme v.b.'ni) bozmak, feshetmek.
an.ode (än´od) *i.* anot, artı uç.
an.o.dyne (än´ıdayn) *i., s.* ağrı kesici; yatıştırıcı.
a.noint (ınoynt´) *f.* (kutsamak için) (başına) yağ sürmek, meshetmek.
a.nom.a.lous (ınam´ılıs) *s.* 1. alışılmışın dışında, beklenene ters düşen, tuhaf, uygunsuz; çelişkili. 2. kuraldışı.
a.nom.a.ly (ınam´ılî) *i.* anomali.
an.o.nym.i.ty (änınîm´ıtî) *i.* gerçek ismini saklama: *The writer used a pen name to preserve his anonymity.* Yazar gerçek ismini saklamak için takma ad kullandı.
a.non.y.mous (ınan´ımıs) *s.* isimsiz, anonim, imzasız.
an.o.rak (än´ıräk) *i., İng.* anorak.
an.oth.er (ınʌdh´ır) *s.* 1. bir (şey) daha: **another match** bir kibrit daha. 2. başka, başka bir: **another time** başka sefer. 3. bir, ikinci bir: *This is going to be another Chernobyl.* Bu ikinci bir Çernobil olacak. *zam.* 1. bir tane daha: **Take another!** Bir tane daha al! 2. bir başkası, başkası: *You can't sign for another.* Başkasının yerine imza atamazsın. **one after —** birbiri arkasından, sıra ile. **one —** birbirini, yekdiğerini. **You're —!** Sen de!
an.swer (än´sır) *i.* cevap, yanıt; karşılık. *f.* 1. cevap vermek, cevaplamak, yanıtlamak; karşılık vermek. 2. **to** -e uymak: *This man does not answer to the description of the suspect.* Bu adam sanığın eşkâline uymuyor. **— back** küstahça cevap vermek; sorumluluğunu üstlenmek: **I'll answer for his safety.** Güvenliğini üstüme alıyorum. 2. hesabını vermek: *You'll have to answer for this.* Bunun hesabını vereceksin. **— the door** kapıya bakmak: *Who'll answer the door?* Kapıya kim bakacak? **— the telephone** telefona bakmak: *The telephone's ringing; will you answer it?* Telefon çalıyor, bakar mı-

sın? **be —able for something** bir şeyden sorumlu olmak. **be —able to someone** birine karşı sorumlu olmak. **—ing machine** telesekreter.
an.swer.phone (än´sırfon) *i., İng.* telesekreter.
ant (änt) *i.* karınca.
an.tag.o.nise (äntäg´ınayz) *f., İng., bak.* **antagonize**.
an.tag.o.nism (äntäg´ınîzım) *i.* husumet, kin, düşmanlık.
an.tag.o.nist (äntäg´ınîst) *i.* hasım, muhalif.
an.tag.o.nize, *İng.* **an.tag.o.nise** (äntäg´ınayz) *f.* 1. kızdırmak. 2. düşman etmek.
Ant.arc.tic (äntark´tîk) *s.* Antarktik. *i.* **the —** Antarktika. **the — Circle** Güney Kutbu dairesi, Antarktik daire.
Ant.arc.ti.ca (äntark´tıkı) *i.* Antarktika.
ant.eat.er (änt´îtır) *i., zool.* karıncayiyen.
an.te.ced.ent (äntısîd´ınt) *s.* (**to**) -den önce olan, -den önceki.
an.te.ced.ents (äntısîd´ınts) *i., çoğ.* atalar.
an.te.lope (än´tılop) *i., zool.* antilop.
an.ten.na (änten´ı) *i.* 1. anten. 2. duyarga, anten.
an.te.ri.or (äntîr´îyır) *s.* ön, öndeki; önceki.
an.te.room (än´tîrum) *i.* bekleme odası.
an.them (än´thım) *i.* ilahi. **national —** millî marş.
an.thol.o.gy (änthal´ıcî) *i.* antoloji, seçki.
an.thro.po.log.i.cal (änthrıpılac´îkıl) *s.* antropolojik, insanbilimsel.
an.thro.pol.o.gist (änthrıpal´ıcîst) *i.* antropolog, insanbilimci.
an.thro.pol.o.gy (änthrıpal´ıcî) *i.* antropoloji, insanbilim.
an.ti- (änti, äntî, äntay) *önek* karşı, anti-.
an.ti (än´tay, än´ti) *edat, k. dili* -e karşı, -in aleyhinde.
an.ti.air.craft (äntiyer´kräft) *s.* uçaksavar.
an.ti.bal.lis.tic (äntîbılîs´tîk) *s.* **— missile** füzesavar.
an.ti.bi.ot.ic (äntîbayat´îk) *i., s.* antibiyotik.
an.ti.bod.y (än´tîbadi) *i., biyol.* antikor.
an.tic.i.pate (äntîs´ıpeyt) *f.* 1. (bir şeyin olabileceğini) önceden tahmin etmek. 2. önceden tahmin edip ona göre davranmak; -den önce davranmak. 3. *k. dili* beklemek, gerçekleşeceğini ummak.
an.tic.i.pa.tion (äntîsıpey´şın) *i.* 1. önceden tahmin edip ona göre davranma. 2. (bir şeyin olabileceğini) önceden tahmin etme. **await someone/something with —** birini/bir şeyi dört gözle beklemek.
an.ti.clock.wise (äntîklak´wayz) *s., z., İng., bak.* **counterclockwise.**
an.ti.cor.ro.sive (äntîkıro´sîv) *i., s.* antikorosîf.
an.tics (än´tîks) *i.* maskaralıklar; tuhaf davranışlar.

th	dh	w	hw	b	c	ç	d	f	g	h	j	k	l	m	n	p	r	s	ş	t	v	y	z
thin	the	we	why	be	joy	chat	ad	if	go	he	regime	key	lid	me	no	up	or	us	she	it	via	say	is

an.ti.dem.o.crat.ic (äntidemıkrät'ik) s. antidemokratik, demokrasi karşıtı.
an.ti.de.pres.sant (äntidipres'ınt) i., s. antidepresan.
an.ti.dote (än'tidot) i., tıb. antidot, panzehir; çare.
an.ti.freeze (än'tifriz) i. antifriz.
an.ti.his.ta.mine (äntihis'tımin) i. antihistamin.
an.ti.knock (äntinak') s. detonasyon kesici (madde).
an.ti.mis.sile (äntimis'ıl) s., i. roketsavar.
an.tip.a.thy (äntip'ıthi) i. antipati.
an.ti.per.spi.rant (äntipır'spırınt) s., i. ter kesici.
An.tip.o.des (äntip'ıdiz) i. the — Avustralya ve Yeni Zelanda.
an.ti.quat.ed (än'tikweytid) s. çağdışı, köhne.
an.tique (äntik') s. 1. antik, ilk çağlardan kalma. 2. antika. i. antika. — dealer antikacı. — shop antika dükkânı, antikacı.
an.tiq.ui.ty (äntik'wıti) i. 1. antikite, antik çağlar, ilk çağlar. 2. antikite, antik çağlardan kalma bir şey.
an.ti.sep.tic (äntısep'tik) s., i. antiseptik.
an.ti.so.cial (äntiso'şıl) s. 1. ruhb. antisosyal. 2. insanlardan kaçan.
an.tith.e.sis (äntith'ısis), çoğ. an.tith.e.ses (äntith'ısiz) i. 1. antitez, karşı tez. 2. bir şeyin tam karşıtı.
an.ti.thet.i.cal (äntithet'ikıl) s. karşıt olan.
an.ti.thet.i.cal.ly (äntithet'ikıli) z. karşıt olarak.
an.ti.tox.in (äntitak'sin) i. antitoksin.
ant.lers (änt'lırz) i. geyiğin çatallı boynuzları.
an.to.nym (än'tınim) i. karşıtanlamlı sözcük.
a.nus (ey'nıs) i. anüs, makat.
an.vil (än'vil) i. örs.
anx.i.e.ty (ängzay'ıti) i. endişe, kaygı, tasa.
anx.ious (ängk'şıs) s. endişeli, kaygılı, tasalı. be — about -i merak etmek. be — for someone to (birinin bir şeyi yapmasını) çok istemek. be — to k. dili -i çok istemek. become/get — endişelenmek, merak etmek, meraklanmak.
an.y (en'i) s. 1. hiç: Do you have any candles? Sende hiç mum var mı? No, I don't have any. Hayır, bende hiç yok. She did it without any help. Hiç yardım olmadan yaptı. 2. herhangi bir: Ask any pedestrian. Herhangi bir yayaya sor. — longer daha fazla, daha: I can't stay any longer. Daha fazla kalamam. — more 1. artık: Aliye doesn't live here any more. Artık Aliye burada oturmuyor. 2. daha fazla: Don't give me any more! Bana daha fazla verme! at — time her an: He could come at any time. Her an gelebilir.
an.y.bod.y (en'ibʌdi) i., zam. 1. kimse: Is anybody at home? Kimse var mı? I couldn't find anybody. Hiç kimseyi bulamadım. 2. herhangi bir kimse.
an.y.how (en'ihau) z. 1. her neyse, neyse. 2. ona rağmen, gene de, yine de: I did it anyhow. Ona rağmen yaptım.
an.y.one (en'iwʌn) i., zam., bak. anybody.
an.y.place (en'ipleys) z., bak. anywhere.
an.y.thing (en'ithing) zam., i. 1. bir şey: Do you want anything? Bir şey istiyor musun? I don't want anything. Hiçbir şey istemem. 2. herhangi bir şey: Anything'll do. Herhangi bir şey olur.
an.y.way (en'iwey) z. 1. zaten. 2. her neyse, neyse.
an.y.where (en'ihwer) z. 1. bir yer: He never goes anywhere. Hiçbir yere gitmez. Do you need anywhere to stay? Kalacak bir yere ihtiyacın var mı? I couldn't find it anywhere. Bir yerde bulamadım. 2. herhangi bir yer: Sit anywhere. Nerede istersen otur.
A1 (ey'wʌn) s., k. dili birinci sınıf, klas; çok kaliteli.
AP, A.P. kıs. Associated Press.
Ap. kıs. Apostle, April.
a.pace (ıpeys') z. çabuk, hızla, süratle: The project is proceeding apace. Proje çabuk ilerliyor.
a.part (ıpart') z. 1. ayrı, bir tarafa, bir yana, bir tarafta: He stood apart (from the others). Diğerlerinden ayrı duruyordu. 2. birbirinden ayrı: The two houses are three miles apart. İki ev birbirinden üç mil uzakta. — from 1. sayılmazsa, sarfınazar edilirse, bir yana: He's a good man, apart from his drinking. İçki içmesini saymazsak iyi bir adam. 2. -den başka, -den gayrı: I know nothing apart from that. Ondan başka bir şey bilmem. drift — sürüklenmek; uzaklaşmak; tedricen ayrı düşmek. set — ayırmak, bir tarafa koymak, tahsis etmek. take — sökmek, parçalara ayırmak. tell — birbirinden ayırmak, ayırt etmek.
a.part.ment (ıpart'mınt) i. apartman dairesi. — house apartman.
ap.a.thet.ic (äpıthet'ik) s. ilgisiz, kayıtsız, lakayt.
ap.a.thy (äp'ıthi) i. ilgisizlik, kayıtsızlık, lakaytlık.
ape (eyp) i. maymun. f. taklit etmek, öykünmek. drive someone — k. dili birini delirtmek.
go — over k. dili -e bayılmak, için deli olmak.
ap.er.ture (äp'ırçır) i. delik, aralık, açıklık.
a.pex (ey'peks), çoğ. —es (ey'peksız)/a.pi.ces (ey'pısiz) i. doruk, zirve.
aph.ro.dis.i.ac (äfrıdiz'iyäk) i., s. afrodizyak.
a.pi.ar.y (ey'piyeri) i. arılık, kovanlık.
a.piece (ıpis') z. parça başına, her biri, her birine: The books are five dollars apiece. Kitaplar beşer dolara satılıyor./Kitapların her biri

aplomb

beş dolar.
a.plomb (ıplam´) *i.* kendine güvenme, özgüven, soğukkanlılık. **with — soğukkanlılıkla,** istifini bozmadan.
a.poc.ry.phal (ıpak´rıfıl) *s.* 1. doğruluğu kabul edilmeyen. 2. sahte, uydurma, sonradan uydurulmuş.
ap.o.gee (äp´ıci) *i.* 1. doruk, zirve. 2. *gökb.* yeröte.
a.pol.o.get.ic (ıpalıcet´îk) *s.* özür dileyen.
a.pol.o.get.i.cal.ly (ıpalıcet´îkli) *z.* özür dileyerek.
a.pol.o.gize, *İng.* **a.pol.o.gise** (ıpal´ıcayz) *f.* özür dilemek: **I apologized to him for being late.** Geciktiğim için ondan özür diledim.
a.pol.o.gy (ıpal´ıci) *i.* özür dileme.
ap.o.plex.y (äp´ıpleksi) *i., tıb.* apopleksi.
a.pos.ta.sy (ıpas´tısi) *i.* (dininden/prensiplerinden/inançlarından) dönme.
a.pos.tate (ıpas´teyt) *i.* (dininden/prensiplerinden/inançlarından) dönen kimse.
a.pos.ta.tize, *İng.* **a.pos.ta.tise** (ıpas´tıtayz) *f.* (dininden/prensiplerinden/inançlarından) dönmek.
a.pos.tle (ıpas´ıl) *i.* 1. Hz. İsa'nın on iki havarisinden biri. 2. bir hareketin lideri, önder.
a.pos.tro.phe (ıpas´trıfi) *i.* kesme işareti/imi.
ap.pall, *İng.* **ap.pal** (ıpôl´) *f.* dehşete düşürmek, şoke etmek.
ap.pall.ing (ıpô´ling) *s.* 1. korkunç, dehşet verici. 2. *k. dili* çok kötü, berbat.
ap.pa.ra.tus (äpırät´ıs) *i.* 1. aygıt, cihaz. 2. (belli bir amaç için kullanılan) aygıtlar/makineler.
ap.par.el (ıper´ıl) *i.* giysiler, elbiseler.
ap.par.ent (ıper´ınt) *s.* 1. açık, belli, aşikâr. 2. görünürdeki, göze çarpan.
ap.par.ent.ly (ıper´ıntli) *z.* görünüşe göre, görünüşe bakılırsa.
ap.pa.ri.tion (äpırîş´ın) *i.* hayalet.
ap.peal (ıpil´) *i.* 1. çağrı. 2. çekicilik, cazibe. 3. *huk.* temyiz: **the right of appeal** temyiz hakkı. 4. başvurma, müracaatta bulunma. *f.* 1. **to** -e çekici gelmek; (bir duyguya/eğilime) hitap etmek. 2. *huk.* (kararı) temyiz etmek, daha yüksek bir mahkemeye götürmek. 3. **to** -e çağrıda bulunmak. 4. **to** -e başvurmak. **It —s to the eye.** Göze hoş geliyor./Göze güzel görünüyor.
ap.peal.ing (ıpi´ling) *s.* 1. çekici, cazip, albenili. 2. sevimli, sempatik. 3. yalvaran (bakış).
ap.pear (ıpîr´) *f.* 1. gözükmek, görünmek. 2. belirmek, meydana çıkmak. 3. (gazete, dergi v.b.'nde) çıkmak. 4. **in** (oyunda/filmde) oynamak; **on** (televizyon/radyo programına) çıkmak. 5. hazır bulunmak.
ap.pear.ance (ıpîr´ıns) *i.* 1. görünme, gözük-

18

me. 2. görünüş, görünüm, dış görünüş. 3. meydana çıkma. **for —s' sake** görünüşü kurtarmak için. **in order to keep up —s** ele güne karşı rezil olmamak için. **put in an —** kısa bir süre kalıp gitmek, görünmek. **to all —s** görünüşe göre.
ap.pease (ıpiz´) *f.* 1. yatıştırmak. 2. (açlığı) bastırmak. 3. *pol.* taviz vermek, ödün vermek.
ap.pease.ment (ıpiz´mınt) *i.* 1. yatıştırma. 2. (açlığı) bastırma. 3. *pol.* taviz verme, ödün verme.
ap.pend (ıpend´) *f.* ilave etmek, eklemek; iliştirmek.
ap.pend.age (ıpen´dîc) *i.* eklenti; uzantı.
ap.pen.dec.to.my (äpındek´tımi) *i., tıb.* apandis çıkarımı.
ap.pen.di.ci.tis (ıpendısay´tis) *i.* apandisit.
ap.pen.dix (ıpen´diks) *i.* 1. ilave, ek. 2. *anat.* apandis.
ap.per.tain (äpırteyn´) *f.* ait olmak, bağlı olmak.
ap.pe.tite (äp´ıtayt) *i.* 1. iştah. 2. istek, arzu, şehvet. **lose one's —** iştahı kesilmek. **whet one's —** iştahını açmak.
ap.pe.tiz.er (äp´ıtayzır) *i.* meze; çerez.
ap.pe.tiz.ing (äp´ıtayzîng) *s.* iştah açıcı; lezzetli.
ap.plaud (ıplôd´) *f.* alkışlamak.
ap.plause (ıplôz´) *i.* alkış.
ap.ple (äp´ıl) *i.* elma. **— of one's eye** gözbebeği. **— polisher** dalkavuk. **be in apple-pie order** (bir yer) çok düzenli olmak, (her şey) yerli yerinde olmak. **upset the —cart** iyi bir durumu/işi bozmak, bir çuval inciri berbat etmek.
ap.ple.sauce (äp´ılsôs) *i.* elma püresi.
ap.pli.ance (ıplay´ıns) *i.* aygıt, cihaz.
ap.pli.ca.bil.i.ty (ıplikıbil´ıti) *i.* **(to)** (-e) uygulanabilme.
ap.pli.ca.ble (ıplîk´ıbıl) *s.* **(to)** (-e) uygulanabilir.
ap.pli.cant (äp´lîkınt) *i.* başvuran kimse, aday.
ap.pli.ca.tion (äplîkey´şın) *i.* 1. müracaat, başvurma. 2. müracaat formu. 3. uygulama. **— form** müracaat formu.
ap.plied (ıplayd´) *s.* uygulamalı, tatbiki. **— linguistics** uygulamalı dilbilim. **— sciences** uygulamalı bilimler.
ap.ply (ıplay´) *f.* 1. **to/for** -e başvurmak, -e müracaat etmek: **Apply to the head physician's office.** Baştabipliğe başvurun. 2. uygulamak, tatbik etmek: **You can't apply that rule in this situation.** Bu durumda o kuralı uygulayamazsın. 3. **to** -i içermek, -i kapsamak, -i ilgilendirmek: **This doesn't apply to you.** Bu seni içermiyor. 4. (merhem v.b.'ni) sürmek; (boya v.b.'ni) vurmak. 5. (bazı alet veya aygıtları) kullanmak: **Apply the brakes gently.** Frene yavaş-

ça bas. — a match to -i kibritle tutuşturmak. — an embargo ambargo koymak. — oneself to kendini (bir işe) vermek; bütün dikkatini (bir işe) çevirmek. — sanctions pol. yaptırımlarda bulunmak.
ap.point (ıpoynt´) f. 1. **(to)** (-e) atamak, tayin etmek. 2. (tarih, gün v.b.'ni) kararlaştırmak, tayin etmek, saptamak, tespit etmek.
ap.poin.tee (ıpoynti´) i. atanan kimse.
ap.point.ment (ıpoynt´mınt) i. 1. atama, tayin. 2. atanılan görev/makam. 3. randevu.
ap.por.tion (ıpôr´şın) f. bölüştürmek, paylaştırmak.
ap.por.tion.ment (ıpôr´şınmınt) i. 1. bölüp dağıtma, bölüştürme. 2. pay.
ap.prais.al (ıprey´zıl) i. değer biçme, kıymet takdir etme.
ap.praise (ıpreyz´) f. değer biçmek, kıymet takdir etmek.
ap.prais.er (ıprey´zır) i. değer biçen kimse.
ap.pre.cia.ble (ıpri´şıbıl) s. fark edilebilecek derecede; oldukça çok.
ap.pre.ci.ate (ıpri´şiyeyt) f. 1. takdir etmek, beğenmek. 2. takdir etmek, (bir şeyin değerini/önemini/gerekliliğini) anlamak. 3. (bir şeyin değeri) artmak.
ap.pre.ci.a.tion (ıprişiyey´şın) i. 1. takdir, değerbilirlik, kadirşinaslık; şükran. 2. (bir şeyin değerini/önemini/gerekliliğini) anlama. 3. (bir şeyin değeri) artma.
ap.pre.cia.tive (ıpri´şıtiv) s. değerbilir, kadirşinas, takdirkâr; minnettar.
ap.pre.cia.to.ry (ıpri´şıtori) s. takdir eden.
ap.pre.hend (äprihend´) f. 1. yakalamak; tutuklamak. 2. anlamak, kavramak.
ap.pre.hen.sion (äprihen´şın) i. 1. korku, endişe; kuruntu, evham. 2. yakalama; tutuklama. 3. anlayış, kavrayış.
ap.pre.hen.sive (äprihen´siv) s. endişeli, evhamlı.
ap.pren.tice (ıpren´tis) i. çırak; stajyer.
ap.pren.tice.ship (ıpren´tis.şip) i. çıraklık; staj.
ap.prise (ıprayz´) f. haberdar etmek.
ap.proach (ıproç´) f. yaklaşmak, yanaşmak. i. 1. yaklaşma, yanaşma. 2. yaklaşım tarzı: **We need to change our approach to this problem.** Bu soruna yaklaşım tarzımızı değiştirmemiz gerek. 3. yol, giriş.
ap.pro.ba.tion (äpribey´şın) i. beğenme, uygun bulma, tasvip.
ap.pro.pri.ate (ıpro´priyeyt) f. 1. ayırmak, tahsis etmek. 2. kendine mal etmek.
ap.pro.pri.ate (ıpro´priyit) s. uygun, yerinde.
ap.pro.pri.ate.ly (ıpro´priyitli) z. uygun bir şekilde.
ap.pro.pri.a.tion (ıpropriyey´şın) i. 1. ödenek, tahsisat. 2. ayırma, tahsis etme. 3. kendine mal etme.
ap.prov.al (ıpru´vıl) i. onaylama, tasvip. **on** beğenilmediği takdirde geri verilmek şartıyla.
ap.prove (ıpruv´) f. uygun bulmak, onaylamak, tasvip etmek.
ap.prox.i.mate (ıprak´sımit) s. yaklaşık, takribi.
ap.prox.i.mate (ıprak´sımeyt) f. 1. tahmin etmek, yaklaşık olarak değerlendirmek. 2. -e yakın olmak: **The actual measurements of this room closely approximate (to) my estimates.** Bu odanın gerçek ölçüleri tahminlerime çok yakın.
ap.prox.i.mate.ly (ıprak´sımıtli) z. aşağı yukarı, yaklaşık olarak.
ap.prox.i.ma.tion (ıpraksımey´şın) i. 1. tahmin. 2. -e yakın olma. 3. -e yakın bir şey.
Apr. kıs. **April.**
a.pri.cot (ey´prikat, äp´rikat) i. kayısı.
A.pril (ey´prıl) i. nisan. — **fool** nisanbalığı, bir nisan şakası.
a pri.o.ri (ey prayor´ay, a priyor´i) önsel, apriori.
a.pron (ey´prın) i. 1. önlük (giysi). 2. hav. apron, pist başı. **be tied to a woman's — strings** bir kadının tahakkümü altında olmak.
ap.ro.pos (äpripo´) s. uygun, yerinde. **edat** ile ilgili, -e ait, hakkında.
apt (äpt) s. 1. *Muhtemel bir durumu belirtmek için kullanılır:* **He's apt to be late.** Sık sık geç kalır. **That pile of books is apt to fall.** O kitap yığını devrilir. 2. akıllı ve çabuk kavrayan, zeki: **an apt student** akıllı ve çabuk kavrayan bir öğrenci.
ap.ti.tude (äp´titud) i. yetenek, kabiliyet. — **test** yetenek testi. **have an — for** -e yeteneği olmak.
apt.ness (äpt´nis) i. 1. uygunluk. 2. **to** -e eğilimli olma.
aq.ua.ma.rine (äk´wımırın´) i. mavimsi yeşil.
a.quar.i.um (ıkwer´iyım) i. akvaryum.
A.quar.i.us (ıkwer´iyıs) i., *astrol.* Kova burcu.
a.quat.ic (ıkwät´ik) s. suda yaşar, sucul: **aquatic plants** sucul bitkiler. — **sports** su sporları.
aq.ue.duct (äk´wıdʌkt) i. sukemeri.
aq.ui.line (äk´wılayn) s. 1. kartal gibi. 2. kartal gagası gibi kıvrık. — **nose** gaga burun.
A.rab (er´ıb) i. 1. Arap. 2. Arap atı.
ar.a.besque (äribesk´) i. arabesk.
A.ra.bi.a (ırey´biyı) i. Arabistan. **—n** i. 1. Arap. 2. Arap atı. s. Arap.
Ar.a.bic (er´ıbik) i. Arapça. s. 1. Arap. 2. Arapça. — **numerals** Arap rakamları.
ar.a.ble (er´ıbıl) s. sürülüp ekilebilir, işlenebilir (toprak).
ar.bi.ter (ar´bıtır) i. hakem, arabulucu.

arbitrary

ar.bi.trar.y (ar´bıtreri) *s.* keyfi, kanun yerine birinin kararına bağlı olan.
ar.bi.trate (ar´bıtreyt) *f.* 1. (iki taraf arasında) hakemlik yapmak, arabuluculuk yapmak. 2. (bir meseleyi) tarafsız birinin kararına bağlayarak halletmek.
ar.bi.tra.tion (arbıtrey´şın) *i.* arabulucu kararıyla halletme.
ar.bi.tra.tor (ar´bıtreytır) *i.* hakem, arabulucu.
ar.bor, *İng.* **ar.bour** (ar´bır) *i.* çardak.
ar.bo.re.tum (arbıri´tım) *i.* arboretum.
ar.bour (ar´bır) *i.*, *İng.*, *bak.* **arbor**.
arc (ark) *i.* 1. kavis, yay. 2. elek. ark. 3. *mat.* yay, ark. *f.* kavis çizmek, yay çizmek. — **lamp** ark lambası. **electric** — elektrik arkı.
ar.cade (arkeyd´) *i.* 1. arkat, sırakemerler. 2. atari salonu.
arch (arç) *i.* 1. kemer, tak. 2. ayak kemeri. *f.* 1. **over/above** üzerinde kemer oluşturmak; üzerinde kemer gibi uzanmak. 2. (havada) kavis çizmek, yay çizmek; kavis çizdirmek, yay çizdirmek. 3. (hayvan) (sırtını) kabartmak. — **one's eyebrows** kaşlarını kaldırmak.
arch (arç) *i.* şeytanca.
arch. *kıs.* **archaic, archaism, architect.**
ar.chae.o.log.i.cal (arkiyıla´cikıl) *s.* arkeolojik.
ar.chae.ol.o.gist (arkiyal´ıcist) *i.* arkeolog.
ar.chae.ol.o.gy (arkiyal´ıci) *i.* arkeoloji.
ar.cha.ic (arkey´ik) *s.* arkaik.
ar.cha.ism (ar´kiyizım) *i.* arkaizm.
arch.an.gel (ark´eyncıl) *i.*, *Hırist.* başmelek.
arch.bish.op (arçbiş´ıp) *i.* başpiskopos.
arch.bish.op.ric (arçbiş´ıprik) *i.* başpiskoposun makamı/idaresi altındaki bölge.
arch.dea.con (arçdi´kın) *i.* başdiyakoz.
arch.dea.con.ry (arçdi´kınri) *i.* başdiyakozun makamı/idaresi altındaki bölge.
arch.duch.ess (arçdaç´ıs) *i.* arşidüşes.
arch.duke (arçduk´) *i.* arşidük.
arch.en.e.my (arçen´ımi) *i.* 1. baş düşman. 2. şeytan.
ar.che.ol.o.gy (arkiyal´ıci) *i.*, *bak.* **archaeology**.
arch.er (ar´çır) *i.* okçu.
arch.er.y (ar´çıri) *i.* okçuluk.
ar.che.type (ar´kitayp) *i.* ilk örnek, arketip.
arch.fiend (arç´find) *i.* şeytan.
ar.chi.pel.a.go (arkipel´ıgo) *i.* 1. takımada. 2. içinde çok ada olan deniz. **the A—** Adalar Denizi, Ege Denizi.
ar.chi.tect (ar´kıtekt) *i.* mimar.
ar.chi.tec.tur.al (arkıtek´çırıl) *s.* mimari, mimarlığa ait.
ar.chi.tec.ture (ar´kıtekçır) *i.* mimarlık, mimari.
ar.chives (ar´kayvz) *i.* arşiv.
ar.chi.vist (ar´kıvist, är´kayvist) *i.* arşivci.
arch.way (arç´wey) *i.* 1. kemerli giriş/kapı. 2.

kemerli geçit.
Arc.tic (ark´tik) *s.* Arktik. *i.* **the —** Arktik bölge. **the — Circle** Kuzey Kutbu dairesi, Arktik daire. **the — Ocean** Kuzey Buz Denizi.
arc.tic (ark´tik) *s.* çok soğuk, buz gibi.
ar.dent (ar´dınt) *s.* gayretli, şevkli, ateşli.
ar.dor, *İng.* **ar.dour** (ar´dır) *i.* gayret, şevk, ateş.
ar.du.ous (ar´cuwıs) *s.* güç, çetin.
are (ar) *f.*, *bak.* **be**.
are (er, ar) *i.* ar (100 m²).
ar.e.a (er´iyı) *i.* 1. alan, saha; bölge, mıntıka; civar, yöre: **We will use that meadow as a parking area.** O çayırı park alanı olarak kullanacağız. **There are a number of mountainous areas in Turkey.** Türkiye'de birkaç dağlık bölge var. **The area around İzmir is full of ancient ruins.** İzmir'in civarı eski harabelerle dolu. 2. yüzölçümü, alan.
a.re.na (ırí´nı) *i.* arena.
aren't (arnt) *kıs.* **are not**.
Ar.gen.ti.na (arcınti´nı) *i.* Arjantin.
Ar.gen.tine (arcıntin´, arcıntayn´) *i.* Arjantinli. *s.* 1. Arjantin, Arjantin'e özgü. 2. Arjantinli. **the —** Arjantin.
Ar.gen.tin.e.an, Ar.gen.tin.i.an (arcıntin´iyın) *i.* Arjantinli. *s.* 1. Arjantin, Arjantin'e özgü. 2. Arjantinli.
ar.gue (ar´gyu) *f.* 1. tartışmak, münakaşa etmek. 2. kavga etmek; çekişmek; atışmak. 3. **that -i** savunmak, -i iddia etmek. 4. **-e** belirti olmak, -e alamet olmak. — **against** aleyhinde konuşmak; aleyhinde olmak. — **for** lehinde konuşmak; lehinde olmak. — **someone into something** tartışarak birini bir şey yapmaya ikna etmek. — **someone out of something** tartışarak birini bir şeyden vazgeçirmek.
ar.gu.ment (ar´gyımınt) *f.* 1. tartışma, münakaşa. 2. kavga, çekişme, atışma, ağız dalaşı. 3. savı, iddia.
a.ri.a (a´riyı) *i.*, *müz.* arya.
ar.id (är´id, er´id) *s.* 1. kuru (iklim/hava). 2. kurak (toprak).
a.rid.i.ty (ırid´ıti) *i.* 1. (iklim/hava için) kuruluk. 2. (toprakta) kuraklık.
Ar.ies (eyr´iz) *i.*, *astrol.* Koç burcu.
a.rise (ırayz´) *f.* (**a.rose**, **—n**) (**from**) meydana gelmek, çıkmak.
a.ris.en (ırız´ın) *f.*, *bak.* **arise**.
ar.is.toc.ra.cy (äristak´rısi) *i.* aristokrasi.
a.ris.to.crat (ıris´tıkrät) *i.* aristokrat, asilzade.
a.ris.to.crat.ic (ırıstıkrät´ik) *s.* aristokratik.
a.rith.me.tic (ırith´mıtik) *i.* aritmetik.
ark (ark) *i.* sandık, kutu. **Noah's —** Nuh'un gemisi.

arm (arm) *i.* 1. kol. 2. kol, dal, bölüm, kısım. *f.* silahlandırmak; silahlanmak. — in — kol kola. — of the law güvenlik kuvvetleri. —'s length kol boyu. —'s reach elin yetişeceği mesafe. be within —'s reach elinin altında olmak. hold someone in one's —s birini kucağında tutmak. keep someone at —'s length (biriyle samimi olmamak için) ona çok mesafeli davranmak. with open —s dostça, candan.
ar.ma.da (arma'dı) *i.* donanma.
ar.ma.dil.lo (armıdi'lo) *i., zool.* (kemerli hayvangillerden) armadillo.
ar.ma.ment (ar'mımınt) *i.* 1. silahlar. 2. silahlanma; silahlandırma. 3. (bir ülkede toplam) askeri güç.
ar.ma.ture (ar'mıçır) *i., elek.* armatür; endüvi; rotor, döneç.
arm.chair (arm'çer) *i.* koltuk (mobilya).
armed (armd) *s.* silahlı. — forces silahlı kuvvetler.
Ar.me.ni.a (armi'niyı) *i.* Ermenistan. —n *i., s.* 1. Ermeni. 2. Ermenice.
arm.ful (arm'fıl) *s.* kucak dolusu: an armful of apples kucak dolusu elma.
arm.hole (arm'hol) *i.* kol evi.
ar.mi.stice (ar'mıstis) *i.* ateşkes.
ar.mor, *İng.* ar.mour (ar'mır) *i.* zırh.
ar.mored (ar'mırd) *s.* zırhlı: armored car zırhlı araba.
ar.mor.y, *İng.* ar.mour.y (ar'mıri) *i.* silahhane, silah deposu.
ar.mour (ar'mır) *i., İng., bak.* armor.
ar.mour.y (ar'mıri) *i., İng., bak.* armory.
arm.pit (arm'pit) *i.* koltuk altı.
arms (armz) *i.* silahlar. — control silahlanma kontrolü. — race silahlanma yarışı. be up in — 1. ayaklanmak. 2. öfkelenmek, ateş püskürmek. lay down one's — savaşmaktan vazgeçmek; teslim olmak. under — silahlanmış. up in — 1. ateş püskürmeye hazır. 2. ayaklanmış. 3. öfkelenmiş.
ar.my (ar'mi) *i.* kara ordusu, ordu.
a.ro.ma (ıro'mı) *i.* (kuvvetli ve hoş) koku; aroma.
ar.o.mat.ic (erımät'ik) *s.* 1. kuvvetli ve hoş (koku); kuvvetli ve hoş kokusu olan; aromalı. 2. *kim.* aromatik. *i., kim.* aromatik bileşik.
a.rose (ıroz') *f., bak.* arise.
a.round (ıraund') *edat* 1. etrafında: around the table masanın etrafında. 2. civarında, etrafında: somewhere around Paris Paris civarında bir yerde. 3. orada burada: I roamed around the city. Şehri dolaştım. *z.* 1. etrafına: He looked around. Etrafına baktı. 2. aşağı yukarı, yaklaşık: saat dokuz sularında. get — to (bir şeyi yapmak için) vakit bulmak. have been

— *k. dili* görmüş geçirmiş olmak.
a.rouse (ırauz') *f.* uyandırmak.
arr. *kıs.* arranged, arrival, arrived.
ar.raign (ıreyn') *f.* 1. *huk.* (sanığı) mahkemeye çağırmak. 2. suçlamak.
ar.raign.ment (ıreyn'mınt) *i.* 1. *huk.* (sanığı) mahkemeye çağırma. 2. suçlama.
ar.range (ıreync') *f.* 1. (eşyayı) (belirli bir şekilde) yerleştirmek: Alev's going to arrange the furniture in this room. Bu odanın mobilyalarını Alev yerleştirecek. 2. (toplantı) düzenlemek, tertiplemek, tertip etmek: Who arranged this farewell dinner? Bu veda yemeğini kim tertipledi? 3. (bir müzik parçasının) aranjmanını yapmak. — flowers çiçek aranjmanı yapmak. — for ayarlamak: I'll arrange for a taxi. Bir taksi ayarlarım.
ar.range.ment (ıreync'mınt) *i.* 1. düzenleme. 2. yerleştirme. 3. düzen, tertip. 4. anlaşma. 5. *müz.* aranjman. 6. (çiçek için) aranjman.
ar.ray (ırey') *i.* 1. sıralanış, düzen. 2. giyiniş. *f.* 1. (askeri birlikleri) sıralamak. 2. giymek; giydirmek.
ar.rears (ırırz') *i., çoğ.* vaktinde ödenmemiş borçlar. be in — (birinin) vaktinde ödenmemiş borçları olmak.
ar.rest (ırest') *i.* tutuklama, tevkif. *f.* 1. tutuklamak, tevkif etmek. 2. durdurmak. — someone's attention birinin dikkatini çekmek. be under — tutuklu olmak. place/put someone under — birini tutuklamak.
ar.ri.val (ıray'vıl) *i.* varış; geliş. new arrival yeni gelen.
ar.rive (ırayv') *f.* varmak; gelmek: When will we arrive? Ne zaman varacağız? Has the mail arrived? Posta geldi mi?
ar.ro.gance (er'ıgıns) *i.* küstahça bir kibir.
ar.ro.gant (er'ıgınt) *s.* küstah ve kibirli.
ar.ro.gate (er'ıgeyt) *f.* (haksız yere) benimsemek.
ar.row (er'o) *i.* ok.
ar.row.head (er'ohed) *i.* ok başı, temren.
ar.row.root (er'orut) *i.* 1. ararot. 2. *bot.* ararot kamışı, maranta.
arse (ars) *i., kaba* 1. kıç, makat. 2. büzük, anüs.
ar.se.nal (ar'sınıl) *i.* arsenal; cephanelik, mühimmat deposu; silahhane.
ar.se.nic (ar'sınik) *i.* arsenik.
ar.son (ar'sın) *i.* kundakçılık.
ar.son.ist (ar'sınist) *i.* kundakçı.
art (art) *i.* sanat. fine —s güzel sanatlar.
ar.te.ri.al (artir'iyıl) *s., anat.* atardamara ait.
ar.te.ri.o.scle.ro.sis (artir'iyoskliro'sis) *i.* arteriyoskleroz, damar sertliği.
ar.ter.y (ar'tıri) *i.* 1. *anat.* atardamar, arter. 2. arter, anayol.

ar.te.sian well (arti´jın) artezyen kuyusu.
art.ful (art´fıl) s. kurnaz.
ar.thri.tis (arthray´tis) i. artrit, mafsal iltihabı.
ar.ti.choke (ar´tıçok) i. enginar. **Jerusalem —** yerelması.
ar.ti.cle (ar´tıkıl) i. 1. makale, yazı. 2. *huk.* (bir anlaşmada bulunan) madde. 3. eşya: **various articles of clothing** çeşitli giyim eşyası. 4. *dilb.* tanımlık **(a, an, the).**
ar.tic.u.late (artik´yılit) s. 1. düşüncelerini açık bir şekilde ifade edebilen. 2. açık (ifade); net (telaffuz). 3. eklemli; boğumlu, oynaklı.
ar.tic.u.late (artik´yıleyt) f. açık bir şekilde ifade/telaffuz etmek. **—d lorry** *İng.* TIR kamyonu.
ar.tic.u.la.tion (artikyıley´şın) i. 1. açık bir şekilde dile getirme. 2. net telaffuz. 3. *dilb.* boğumlanma. 4. *anat.* eklem; boğum, oynak.
ar.ti.fact (ar´tıfäkt) i. insan eliyle yapılan şey, özellikle ilk insanların meydana getirdiği sanat eseri.
ar.ti.fice (ar´tıfıs) i. 1. hile, oyun. 2. beceri, hüner, ustalık.
ar.ti.fi.cial (artıfış´ıl) s. yapay, yapma, suni, sahte. **— intelligence** *bilg.* yapay zekâ.
ar.til.ler.y (artil´ıri) i. 1. toplar, (top gibi) ağır silahlar. 2. topçu sınıfı.
ar.til.ler.y.man (artil´ırimın), *çoğ.* **ar.til.ler.y.men** (artil´ırimin) i. topçu.
ar.ti.san (ar´tızın) i. zanaatçı.
ar.tist (ar´tist) i. sanatçı, sanatkâr.
ar.tis.tic (artis´tik) s. 1. sanatkârane, sanatlı. 2. sanatçı ruhuna sahip, sanatsal yönü olan: **She is also artistic.** Onun sanat yönü de var.
art.ist.ry (ar´tistri) i. sanatçılık.
art.less (art´lıs) s. 1. hilesiz, saf, açıksözlü. 2. sanatsız, kaba; beceriksizce yapılmış.
art.less.ly (art´lısli) z. hilesiz bir şekilde, saflıkla.
art.less.ness (art´lısnıs) i. hilesizlik, saflık.
art.y (ar´ti) s. sanatkârane.
as (äz) *bağ.* 1. -irken; -dikçe: **I nabbed him as he was going out the door.** Kapıdan çıkarken yakaladım. **He's taking life more seriously as he gets older.** Yaşlandıkça hayatı daha bir ciddiye alıyor. 2. -diği için; -diğine göre: **As he didn't bring the money, he didn't get the book.** Parayı getirmediği için kitabı alamadı. **As he didn't even reply to your invitation he's probably not going to come.** Davetine bir cevap bile yollamadığına göre herhalde gelmeyecek. 3. *Karşılaştırmalarda kullanılır:* **He's not as smart as she.** Onun kadar akıllı değil. **I want a box as big as this.** Bu büyüklükte bir kutu istiyorum. **It's as easy as pie.** İşten bile değil. 4. -diği gibi: **Do as she does.** Onun yaptığı gibi yap. 5. gibi: **Ümit's a bookbinder, as are his brothers.** Ümit, kar-

deşleri gibi ciltçidir. *z.* -in kadar: **He's as tall as you.** Boyu senin kadar. **It's not as cold as we expected it to be.** Beklediğimiz kadar soğuk değil. **I'm not so stupid as to do a thing like that.** Öyle bir şey yapacak kadar aptal değilim. **Besim's as lazy as he is intelligent.** Besim, akıllı olduğu kadar tembel. *edat* olarak: **I'm telling you this as a friend.** Bunu sana arkadaş olarak söylüyorum. **— far —** kadarıyla, -e göre: **as far as I can see** gördüğüm kadarıyla. **as far as I'm concerned** bana göre. **— far —** it goes aslında, esasen: **What you propose is good, as far as it goes; but it overlooks some important details.** Önerin aslında iyi, ama bazı önemli ayrıntıları içermiyor. **— far — that goes** *k. dili* 1. o zaman; o durumda, o halde. 2. ayrıca. 3. zaten, aslında. **— for ise: As for me, I'm not going.** Bense gitmiyorum. **— from** -den itibaren, -den başlayarak: **as from that date** o tarihten itibaren. **as from now** bundan böyle. **— if** -miş gibi, -cesine, -e (benzemek): **He looks as if he's asleep.** Sanki uyuyormuş gibi duruyor. **He was smiling as if he'd received some good news.** İyi bir haber almışçasına gülümsüyordu. **He looks as if he's working hard.** Çok çalışıyora benziyor. **— it were** sanki, güya, âdeta. **— long —** 1. -diği sürece: **You won't get so much as a penny from me as long as I live.** Yaşadığım sürece benden bir kuruş bile alamayacaksın. 2. şartıyla: **You can have it as long as you return it by this evening.** Bu akşama kadar iade etmek şartıyla onu alabilirsin. **— regards/to** -e gelince: **as to him** ona gelince. **— safe — houses** *İng., k. dili* çok emniyetli. **— yet** şimdiye kadar, henüz. **both —... and —... hem ... hem ... olarak: I respect her both as a teacher and as a person.** Hem hoca, hem insan olarak ona saygı duyuyorum. **so — to** 1. -mek için: **He did that so as to annoy me.** Beni kızdırmak için yaptı. 2. -ecek bir şekilde: **He coughed so as to attract Rüya's attention.** Rüya'nın dikkatini çekecek bir şekilde öksürdü.
as.bes.tos (äsbes´tıs) i. 1. asbest. 2. amyant.
as.cend (ısend´) f. 1. çıkmak, yukarı çıkmak. 2. (hükümdar) (tahta) çıkmak.
as.cend.an.cy (ısen´dınsi) i. hüküm, nüfuz, itibar, üstünlük.
as.cend.ant, as.cend.ent (ısen´dınt) s. 1. yükselen. 2. üstün, hâkim. 3. ufukta görünmeye başlayan. *i.* **be in the —** 1. (yıldız/gezegen) doğu ufkunda görünmek. 2. (birinin) yıldızı parlamak; egemen olmak.
as.cen.sion (ısen´şın) i. yükselme.

as.cent (ısent´) i. 1. çıkış; tırmanış. 2. yükseliş. 3. yokuş, bayır.
as.cer.tain (äsırteyn´) f. (araştırma yoluyla) tespit etmek, belirlemek, saptamak.
as.cet.ic (ıset´ik) i. nefsinin isteklerini kırarak çok sade bir hayat yaşayan kimse; çileci.
as.cet.i.cism (ıset´ısizım) i. nefsinin isteklerini kırarak çok sade bir hayat yaşama; riyazet; çilecilik.
ASCII (äs´ki) kıs. American Standard Code for Information Interchange bilg. ASCII (Bilgi Alışverişi için Standart Amerikan Kodu).
a.scor.bic acid (ıskôr´bik) askorbik asit.
as.cribe (ıskrayb´) f. to -e atfetmek.
a.sep.tic (eysep´tik, ısep´tik) s. aseptik.
ash (äş) i. 1. dişbudak ağacı. 2. dişbudak kerestesi.
ash (äş) i. kül. A— Wednesday Paskalya'dan önce gelen büyük perhiz süresinin ilk çarşambası.
a.shamed (ışeymd´) s. be — utanmak.
ash.en (äş´ın) s. 1. külrengi. 2. çok soluk, çok solgun.
a.shore (ışôr´) z. kıyıya, kıyıda; karaya, karada. go — karaya çıkmak.
ash.tray (äş´trey) i. kül tablası, küllük.
A.sia (ey´ji) i. Asya. — Minor Anadolu. —n i. Asyalı. s. 1. Asyalı. 2. Asya, Asya'ya özgü.
A.si.at.ic (eyjiyät´ik) s., i., bak. Asian.
a.side (ısayd´) z. 1. bir yana, bir kenara. 2. bir yana: Joking aside, just who are you? Şaka bir yana, kimsin sen? i., tiy. oyuncunun alçak sesle söylediği söz, apar. — from -den başka, bir yana: No one, aside from Ferhat, can do this. Ferhat bir yana, kimse bunu yapamaz.
ask (äsk) f. 1. sormak. 2. istemek: He asked to be excused from the table. Sofradan ayrılmak için izin istedi. She's asking a lot for this poodle. Bu kaniş için çok para istiyor. 3. davet etmek: I asked her for dinner. Onu akşam yemeğine davet ettim. — for it k. dili kaşınmak, kötü bir karşılık gerektiren bir davranışta bulunmak. for the —ing istersen: It's yours for the asking. Alabilirsin. If you want to use my boat on Mondays, it's yours for the asking. Teknemi pazartesileri kullanmak istersen alabilirsin.
a.skance (ıskäns´) z. look at someone — birine yan bakmak.
a.skew (ıskyu´) z. eğri, çarpık.
a.sleep (ıslip´) s. 1. uykuda: The guards were asleep. Bekçiler uykudaydı. 2. uyuşmuş. be — uyumak. fall — uykuya dalmak.
as.par.a.gus (ıspär´ıgıs) i. kuşkonmaz.
as.pect (äs´pekt) i. 1. açı, yön, bakım: Let's

consider this aspect of the problem. Meselenin bu yönünü düşünelim. 2. görünüş.
as.phalt (äs´fôlt) i. asfalt. f. asfaltlamak.
as.pi.rant (äs´pırınt, ıspayr´ınt) i., s. istekli.
as.pi.ra.tion (äspırey´şın) i. (uzun zamandır güdülen) büyük amaç: It was his aspiration to become famous. Amacı ünlü olmaktı.
as.pire (ıspayr´) f. amaçlamak, amaç edinmek; arzu etmek.
as.pi.rin (äs´pırin) i. aspirin.
ass (äs) i. 1. eşek, merkep. 2. dangalak. 3. kaba kıç, makat. 4. kaba büzük, anüs.
as.sail (ıseyl´) f. 1. saldırmak, hücum etmek. 2. yağmuruna tutmak: They assailed him with questions. Kendisini soru yağmuruna tuttular. be —ed with doubts kuşkular içinde olmak.
as.sail.ant (ısey´lınt) i. saldırgan, saldıran kimse.
as.sas.sin (ısäs´in) i. suikastçı.
as.sas.si.nate (ısäs´ineyt) f. suikast yapmak. be —d suikasta uğramak, suikasta kurban gitmek.
as.sas.si.na.tion (ısäsiney´şın) i. suikast.
as.sault (ısôlt´) i. saldırı. f. saldırmak.
as.say (äs´ey) i. 1. analiz edilecek bir örnek. 2. analiz, çözümleme, tahlil.
as.say (ısey´) f. 1. analiz etmek, çözümlemek, tahlil etmek. 2. denemek.
as.sem.blage (ısem´blic) i. 1. toplantı, meclis. 2. topluluk, kalabalık. 3. montaj. 4. bir araya toplama; bir araya toplanma.
as.sem.ble (ısem´bıl) f. 1. toplamak; toplanmak. 2. monte etmek.
as.sem.bly (ısem´bli) i. 1. toplantı; meclis; kongre. 2. montaj. — line montaj hattı. — room toplantı salonu. right of — toplanma hakkı.
as.sent (ısent´) i. rıza; onaylama. f. to -e razı olmak; -i onaylamak.
as.sert (ısırt´) f. (emin bir şekilde) ileri sürmek, öne sürmek. — oneself 1. kendini göstermek. 2. otoritesini kabul ettirmek.
as.ser.tion (ısır´şın) i. 1. iddia. 2. (bir iddiayı) öne sürme.
as.ser.tive (ısır´tiv) s. kendini hissettiren.
as.sess (ıses´) f. 1. değer biçmek, kıymet takdir etmek: He assessed their house at ten thousand dollars. Evlerine on bin dolar değer biçti. 2. (para miktarını) tayin etmek, hesaplamak: Have you assessed the amount of the damage? Zararın ne kadar olduğunu tayin ettiniz mi? 3. (belirli bir miktar para) talep etmek: The president assessed each member five dollars. Başkan her üyeden beş dolar talep etti. 4. değerlendirmek, bir şeyin niteliğini tayin etmek.
as.sess.ment (ıses´mınt) i. 1. değer biçme. 2. (para miktarını) tayin etme. 3. değerlendirme; düşünce, fikir: What's your assessment

a ä e ı i î ô o û u ʌ ıl ım ın ır ng ngg ngk
car cat met above heal his dog so good do up couple prism demon burn ring finger ink

of the situation? Durum hakkındaki fikriniz nedir?
as.ses.sor (ıse'sır) *i.* değer biçen: **tax assessor** tahakkuk memuru.
as.set (äs'et) *i.* 1. mal, kıymetli şey. 2. değerli bir nitelik/erdem/beceri.
as.sets (äs'ets) *i., tic.* emval, servet, mevduat, aktif, varlık.
ass.hole (äs'hol) *i., kaba* 1. büzük, anüs. 2. aşağılık herif, it herif, puşt.
as.sid.u.ous (ısîc'uwıs) *s.* bezmeyerek çalışan, dikkatli ve devamlı çalışan; dikkatli ve devamlı (bir çalışma).
as.sign (ısayn') *f.* 1. atamak, tayin etmek. 2. ayırmak, tahsis etmek. 3. tayin etmek, kararlaştırmak. 4. (birine) (belirli bir) görev vermek: **I assigned you to do the laundry.** Sana çamaşır yıkama görevini verdim. 5. *huk.* devretmek.
as.sig.na.tion (äsîgney'şın) *i.* randevu.
as.sign.ment (ısayn'mınt) *i.* 1. atama. 2. ayırma. 3. tayin, kararlaştırma. 4. görev; ödev.
as.sim.i.late (ısîm'ıleyt) *f.* asimile etmek.
as.sim.i.la.tion (ısîmıley'şın) *i.* asimilasyon.
as.sist (ısîst') *f.* yardım etmek.
as.sis.tance (ısîs'tıns) *i.* yardım.
as.sis.tant (ısîs'tınt) *i.* yardımcı, muavin. — **professor** asistan.
as.so.ci.ate (ıso'şiyeyt) *f.* **with** 1. ile görüşmek, ile ilişkide bulunmak. 2. -i hatırlatmak, -i akla getirmek: **I associate that smell with the back streets of Warsaw.** O koku bana Varşova'nın arka sokaklarını hatırlatıyor. **be —d with** ile ilişkisi olmak; ile ilgisi olmak.
as.so.ci.ate (ıso'şiyît) *i.* iş arkadaşı; iş ortağı. — **professor** doçent.
as.so.ci.a.tion (ısosiyey'şın) *i.* 1. dernek; birlik; kurum. 2. ilişki. 3. çağrışım.
as.sort (ısôrt') *f.* sınıflandırmak.
as.sort.ed (ısôr'tıd) *s.* çeşitli, muhtelif.
as.sort.ment (ısôrt'mınt) *i.* türlü çeşitleri içeren bir bütün.
as.suage (ısweyc') *f.* azaltmak, hafifletmek, yatıştırmak.
as.sume (ısum') *f.* 1. farz etmek, varsaymak: **You're assuming too much where Dinçer's concerned.** Dinçer'in öyle yapacağını farz etmekle pekâlâ yanılmış olabilirsin. **What do we do, assuming it doesn't burn?** Yanmayacağını farz edersek ne yaparız? 2. sanmak, zannetmek. 3. (resmi bir görevi) üstlenmek.
as.sumed (ısumd') *s.* 1. farz olunan; hayali. 2. takma (ad).
as.sump.tion (ısʌmp'şın) *i.* 1. varsayım, faraziye. 2. sanı, zan. **be under the — that** *k. dili* 1. farz etmek, varsaymak. 2. sanmak, zan-

netmek. **go/work on the — that** (bir şeyin olacağını) zannederek harekete geçmek/harekete geçmiş olmak.
as.sur.ance (ışûr'ıns) *i.* 1. rahatlatıcı/ikna edici söz. 2. kendine güven(me). 3. *İng.* sigorta: **life assurance** hayat sigortası.
as.sure (ışûr') *f.* 1. (rahatlatıcı/ikna edici sözlerle) temin etmek. 2. sağlama bağlamak.
as.sured (ışûrd') *s.* 1. kendine güvenen. 2. sağlama bağlanmış. **rest —** emin olmak.
as.sur.ed.ly (ışûr'îdli) *z.* mutlaka.
as.sur.ing.ly (ışûr'îngli) *z.* rahatlatıcı bir şekilde.
as.ter.isk (äs'tırîsk) *i.* yıldız işareti.
a.stern (ıstırn') *z., den.* geriye, gerisinde, arkaya, geminin kıçına.
as.ter.oid (äs'tıroyd) *i.* asteroit, küçük gezegen.
asth.ma (äz'mı) *i.* astım.
asth.mat.ic (äzmät'îk) *s.* astımla ilgili; astımlı.
as.tig.mat.ic (ästîgmät'îk) *s.* astigmatik.
a.stig.ma.tism (ıstîg'mıtîzım) *i.* astigmatizm.
a.stir (ıstır') *s.* 1. hareket halinde. 2. heyecan içinde, ayakta.
a.ston.ish (ıstan'îş) *f.* şaşkına çevirmek, hayrette bırakmak. **be —ed at -e** hayret etmek.
a.ston.ish.ing (ıstan'îşîng) *s.* hayrette bırakan.
a.ston.ish.ment (ıstan'îşmınt) *i.* hayret, şaşkınlık.
a.stound (ıstaund') *f.* şoke etmek.
a.stound.ing (ıstaun'dîng) *s.* şoke eden.
astr. *kıs.* **astronomer, astronomy.**
as.tra.khan (äs'trıkın) *i.* astragan.
a.stray (ıstrey') *z.* **go —** 1. (hayvan) sürüden çıkıp kendi başına gitmek, sürüden ayrılmak. 2. (insan) kötü yola sapmak, doğru yoldan ayrılmak. 3. yanlış yapmak, hata yapmak. **lead someone —** birini kötü yola saptırmak, birini ayartmak.
a.stride (ıstrayd') *z.* (ata binmiş gibi) bacakları birbirinden ayrı olarak.
as.trin.gent (ıstrîn'cınt) *s.* sıkıştırıcı, büzücü. *i.* lokal olarak doku ve damarları büzen ilaç.
astrol. *kıs.* **astrologer, astrology.**
as.trol.o.ger (ıstral'ıcır) *i.* yıldız falcısı, astrolog, müneccim.
as.tro.log.i.cal (ästrılac'îkıl) *s.* astrolojik, astrolojiye ait.
as.tro.log.i.cal.ly (ästrılac'îkli) *z.* astrolojik olarak.
as.trol.o.gy (ıstral'ıci) *i.* yıldız falcılığı, astroloji, müneccimlik.
astron. *kıs.* **astronomer, astronomy.**
as.tro.naut (äs'trınôt) *i.* astronot.
as.tron.o.mer (ıstran'ımır) *i.* astronom, gökbilimci.
as.tro.nom.i.cal (ästrınam'îkıl), **as.tro.nom.ic** (ästrınam'îk) *s.* 1. astronomik, gökbilimle ilgili. 2. çok büyük, astronomik (rakam/büyüklük): **astronomical prices** astronomik fiyatlar.

as.tron.o.my (ıstran'ımi) *i.* astronomi, gökbilim.
as.tute (ıstut') *s.* akıllı, kurnaz, cin fikirli, cin.
a.sun.der (ısʌn'dır) *z.* 1. parça parça. 2. birbirinden uzak/ayrı.
a.sy.lum (ısay'lım) *i.* 1. sığınma yeri, sığınak, melce. 2. tımarhane, akıl hastanesi. **give someone — pol.** birine sığınma hakkı tanımak. **right of — pol.** sığınma hakkı.
a.sym.met.ri.cal (eysimet'rikıl), **a.sym.met.ric** (eysimet'rik) *s.* asimetrik, bakışımsız.
a.sym.me.try (eysim'itri) *i.* asimetri, bakışımsızlık.
at (ät) *edat* 1. *Bir yeri belirtmek için kullanılır:* **at my office** benim büroda. **at the station** istasyonda. 2. *Bir zamanı belirtmek için kullanılır:* **at eight o'clock** saat sekizde. **He works at night.** Geceleri çalışır. 3. *Bir hareketin hedefini gösterir:* **Look at her.** Ona bak. **She laughed at them.** Onlara güldü. 4. *Bir iş veya hareketten bahsederken kullanılır:* **He's good at English.** İngilizcede iyidir. 5. *Bir miktarı göstermek için kullanılır:* **Oranges are selling at a dollar a kilo.** Portakalın kilosu bir dolar. **— a stroke** bir hamlede. **— best** nihayet, olsa olsa. **— first** önce, evvela. **— large** serbest. **— last** nihayet. **— least** en az, en aşağı; hiç olmazsa, en azından. **— most** en çok. **— once** derhal, hemen. **— that** onun üzerine: **Once again she refused, and at that he left.** Bir daha reddetti; o da onun üzerine çıktı. **— the end of the day** *Ing., k. dili* eninde sonunda. **— the moment** şu an, şimdilik. **— worst** en kötü ihtimalde.
ate (eyt) *f., bak.* **eat.**
a.the.ism (ey'thiyizım) *i.* ateizm, Tanrıtanımazlık, zındıklık.
a.the.ist (ey'thiyist) *i.* ateist, Tanrıtanımaz, zındık.
a.the.is.tic (ey'thiyistik) *s.* ateistik, ateist, Tanrıtanımaz; zındık (kimse).
ath.lete (äth'lit) *i.* sporcu. **—'s foot** madura ayağı.
ath.let.ic (äthlet'ik) *s.* 1. spora özgü, sportif, spor. 2. atletik, sporcu.
ath.let.ics (äthlet'iks) *i.* atletizm.
At.lan.tic (ätlän'tik) *s.* Atlantik. **the — Atlas Okyanusu. the — Ocean** Atlas Okyanusu.
at.las (ät'lıs) *i.* atlas (harita kitabı).
ATM (ey ti em') *kıs.* **automated teller machine** ATM, bankamatik.
at.mo.sphere (ät'mısfir) *i.* atmosfer.
at.mo.spher.ic (ätmısfir'ik) *s.* atmosferik.
at.om (ät'ım) *i.* 1. atom. 2. zerre. **— bomb** atom bombası.
a.tom.ic (ıtam'ik) *s.* atomik. **— age** atom çağı. **— bomb** atom bombası. **— energy** nükleer enerji. **— number** atom sayısı. **— pile** nükleer reaktör. **— power** atomik güç, nükleer enerji. **— waste** nükleer atıklar. **— weight** atom ağırlığı, atomik ağırlık.
at.om.ize, *Ing.* **at.om.ise** (ät'ımayz) *f.* 1. atomlara ayırmak. 2. (sıvıyı) püskürtmek.
at.om.iz.er (ät'ımayzır) *i.* atomizör; püskürteç.
a.tone (ıton') *f.* (bir suç, kabahat v.b.'ni) affettirecek harekette bulunmak, telafi etmek; kefaret etmek.
a.tone.ment (ıton'mınt) *i.* kefaret.
a.tro.cious (ıtro'şıs) *s.* 1. iğrenç, menfur; canavarca. 2. çok kötü, berbat.
a.troc.i.ty (ıtras'iti) *i.* 1. iğrençlik, canavarlık. 2. berbatlık.
at.ro.phy (ät'rıfi) *i.* dumur, körelme. *f.* dumura uğramak, körelmek; dumura uğratmak, köreltmek.
at.ta.boy (ät'ıboy') ünlem, *k. dili* Aferin sana!
at.tach (ıtäç') *f.* 1. takmak, iliştirmek, bağlamak. 2. *huk.* el koymak, haczetmek.
at.ta.ché (ätışey') *i.* ataşe. **— case** Bond çanta.
at.tached (ıtäçt') *s.* 1. bağlı, ilgili. 2. ilişik, ilişikteki. 3. sevgiyle bağlı.
at.tach.ment (ıtäç'mınt) *i.* 1. aksesuar, bir şeye takılabilen parça. 2. sevgi bağı. 3. *huk.* el koyma, haciz koyma. **— for/to** -e bağlılık, -e sevgi.
at.tack (ıtäk') *f.* hücum etmek, saldırmak; vurmak, tecavüz etmek. *i.* 1. saldırı, hücum. 2. nöbet, kriz.
at.tain (ıteyn') *f.* 1. elde etmek, kazanmak. 2. varmak; ermek, erişmek.
at.tain.ment (ıteyn'mınt) *i.* 1. elde etme, kazanma. 2. başarı. 3. marifet.
at.tempt (ıtempt') *f.* denemek, girişimde bulunmak, teşebbüs etmek; çalışmak; kalkışmak: **He attempted to climb that mountain.** O dağa tırmanmayı denedi. **You should attempt to finish that project by Friday.** O işi Cuma gününe kadar bitirmeye çalışmalısın. **You should not attempt to lift things which are too heavy for you.** Gücünün yetmediği kadar ağır şeyleri kaldırmaya kalkışmamalısın. *i.* deneme, girişim, teşebbüs.
at.tend (ıtend') *f.* 1. hazır bulunmak. 2. bakmak; tedavi etmek; hizmet etmek. **— to** -e dikkat etmek, -e bakmak.
at.ten.dance (ıten'dıns) *i.* 1. hazır bulunma. 2. hazır bulunanlar.
at.ten.dant (ıten'dınt) *i.* (bir hizmette bulunan) görevli: **shop attendant** tezgâhtar. **theater attendant** biletleri kontrol eden veya yer gösteren görevli. **flight attendant** uçuş görevlisi. **ground attendant** yer görevlisi.
at.ten.tion (ıten'şın) *i.* 1. dikkat. 2. ilgi, bakım.

attentive 26

3. iltifat. 4. ask. esas duruş/vaziyet.
at.ten.tive (ıten'tiv) s. 1. dikkatle izleyen: **an attentive audience** dikkatle izleyen seyirciler. 2. dikkat eden, dikkatli: **an attentive worker** dikkatli bir işçi.
at.ten.u.ate (ıten'yuweyt) f. 1. inceltmek; hafifletmek, azaltmak; zayıflatmak. 2. değerini düşürmek.
at.test (ıtest') f. 1. doğrulamak, tasdik etmek. 2. (bir belgeyi imzalayarak bir şeyin doğruluğuna/gerçekliğine) şahadet etmek. 3. **to** -i göstermek, -e delalet etmek.
at.tic (ät'ik) i. tavan arası.
at.tire (ıtayr') i. elbise, giysi, kılık. f. giydirmek.
at.ti.tude (ät'ıtud) i. tutum, davranış, tavır.
at.tor.ney (ıtır'ni) i. avukat. — **general** başsavcı. **power of** — vekâlet, temsil yetkisi.
at.tract (ıträkt') f. çekmek; cezbetmek.
at.trac.tion (ıträk'şın) i. cazibe, alımlılık.
at.trac.tive (ıträk'tiv) s. cazibeli, çekici, alımlı.
at.trib.ute (ıtrib'yut) f. **to** 1. (bir nedene) bağlamak; -e yormak. 2. -e mal etmek, -e atfetmek.
at.trib.ute (ät'rıbyut) i. sıfat, nitelik, vasıf.
at.tri.bu.tion (ätrıbyu'şın) i. 1. bağlama; yorma. 2. atıf.
at.tri.tion (ıtriş'ın) i. 1. yıpranma, aşınma; yıpratma, aşındırma. 2. zayiat. **suffer** — zayiat vermek.
at.tune (ıtun', ıtyun') f. 1. akort etmek. 2. **to** -e uydurmak, -e alıştırmak.
au.ber.gine (o'bırjin) i., İng. patlıcan.
au.burn (ô'bırn) s. kumral.
auc.tion (ôk'şın) i. açık artırma, mezat, müzayede. f. **(off)** açık artırma ile satmak. **put something up for** — bir şeyi açık artırma ile satışa çıkarmak.
auc.tion.eer (ôkşınir') i. mezatçı.
au.da.cious (ôdey'şıs) s. 1. cüretli. 2. küstah.
au.dac.i.ty (ôdäs'ıti) i. 1. cüret. 2. küstahlık.
au.di.ble (ô'dıbıl) s. işitilebilir, duyulabilir.
au.di.bly (ô'dıbli) z. işitilebilecek şekilde.
au.di.ence (ô'diyıns) i. dinleyiciler; seyirciler, izleyiciler.
au.di.o.cas.sette (ô'diyokıset') i. teyp kaseti.
au.di.o.vis.u.al (ôdiyovij'uwıl) s. görsel-işitsel, odyovizüel.
au.dit (ô'dit) i. (hesapları) denetleme. f. (hesapları) denetlemek.
au.di.tor (ô'dıtır) i. denetçi, kontrolör.
au.di.to.ri.um (ôditor'iyım) i. toplantı salonu; konser salonu.
au.di.to.ry (ô'dıtori) s. işitme ile ilgili, işitsel. — **canal** anat. işitme kanalı.
Aug. kıs. **August.**
au.ger (ô'gır) i. burgu, matkap, delgi.
aught (ôt) i. **for** — **I care** ... bana ne, ... beni

hiç ilgilendirmez: **He can do it for aught I care!** Varsın yapsın, bana ne! **for** — **I know** benim bildiğime göre, bildiğim kadarıyla: **He's still in Paris for aught I know.** Benim bildiğime göre hâlâ Paris'te.
aught (ôt) i. sıfır.
aug.ment (ôgment') f. artırmak.
aug.men.ta.tion (ôgmıntey'şın) i. artırma.
au.gur (ô'gır) f. (iyi/kötü) bir işaret olmak: **This augurs well for us.** Bu bize iyi bir işaret.
Au.gust (ô'gıst) i. ağustos.
au.gust (ôgʌst') s. yüce ve çok saygın.
aunt (änt) i. 1. teyze: **She is my maternal aunt.** O benim teyzem. 2. hala: **She is my paternal aunt.** O benim halam. 3. yenge: **Aunt Halime is my uncle's wife.** Halime yenge amcamın/dayımın eşi.
aus.pic.es (ôs'pısiz) i., çoğ. **under the** — of himayesinde.
aus.pi.cious (ôspiş'ıs) s. uğurlu, hayırlı.
aus.tere (ôstir') s. 1. sert. 2. sade ve süssüz; konforsuz.
aus.ter.i.ty (ôster'ıti) i. 1. sertlik, haşinlik. 2. sade, konforsuz ve dünyevi zevklerden yoksun bir yaşam.
Aus.tral.ia (ôstreyl'yı) i. Avustralya. —**n** i. Avustralyalı. s. 1. Avustralya, Avustralya'ya özgü. 2. Avustralyalı.
Aus.tri.a (ôs'triyı) i. Avusturya. —**n** i. Avusturyalı. s. 1. Avusturya, Avusturya'ya özgü. 2. Avusturyalı.
au.then.tic (ôthen'tik) s. 1. hakiki, gerçek, otantik. 2. güvenilir: **How authentic is this news?** Ne derece güvenilir bir haber bu?
au.then.ti.cate (ôthen'tikeyt) f. doğrulamak, tasdik etmek; gerçeklemek.
au.then.tic.i.ty (ôthentis'ıti) i. 1. gerçeklik, otantiklik. 2. güvenirlik.
au.thor (ô'thır) i. yazar, müellif.
au.thor.i.sa.tion (ôthırızey'şın) i., İng., -bak. **authorization.**
au.thor.ise (ô'thırayz) f., İng., bak. **authorize.**
au.thor.i.tar.i.an (ıthôrıter'iyın) s. otoriter.
au.thor.i.ta.tive (ıthôr'ıteytiv) s. 1. çok güvenilir (şey). 2. amirane. 3. saygı uyandıran; itaat etmeye yönelten. 4. otoriter.
au.thor.i.ty (ıthôr'ıti) i. 1. yetki. 2. yetke, otorite. **the authorities** yetkili kişiler.
au.thor.i.za.tion, İng. **au.thor.i.sa.tion** (ôthırızey'şın) i. izin.
au.thor.ize, İng. **au.thor.ise** (ô'thırayz) f. 1. izin vermek. 2. yetkilendirmek.
au.tis.tic (ôtis'tik) s. otistik.
au.to (ô'to) i., k. dili oto, otomobil.
au.to.bi.og.ra.pher (ôtıbayag'rıfır) i. otobiyografi yazarı.

---
th dh w hw b c ç d f g h j k l m n p r s ş t v y z
thin the we why be joy chat ad if go he regime key lid me no up or us she it via say is

au.to.bi.o.graph.ic (ôtıbayıgräf´ik), **au.to.bi.o-graph.i.cal** (ôtıbayıgräf´ikıl) *s.* otobiyografik.
au.to.bi.og.ra.phy (ôtıbayag´rıfi) *i.* otobiyografi, özyaşamöyküsü.
au.toc.ra.cy (ôtak´rısi) *i.* otokrasi.
au.to.crat (ô´tıkrät) *i.* otokrat.
au.to.crat.ic (ôtıkrät´ik) *s.* otokratik.
au.to.graph (ô´tıgräf) *i.* imza; bir kimsenin el yazısı.
au.to.im.mu.ni.ty (ôtoimyu´nıti) *i., tıb.* özbağışıklık.
au.to.mat (ô´tımät) *i.* 1. otomatlardan yemek alınan kafeterya. 2. otomat, parayla çalışan yiyecek içecek dağıtma makinesi. 3. otomat, bir canlının yapabileceği bazı işleri yapan aygıt.
au.to.mate (ô´tımeyt) *f.* otomatikleştirmek.
au.to.mat.ed (ô´tımeytıd) *s.* otomatik, otomatikleştirilmiş. — **teller machine** bankamatik, ATM.
au.to.mat.ic (ôtımät´ik) *s.* otomatik. *i.* otomatik tabanca/tüfek, otomatik. — **pilot** *hav.* otomatik pilot.
au.to.mat.i.cal.ly (ôtımät´ikli) *z.* otomatik olarak, otomatikman.
au.to.ma.tion (ôtımey´şın) *i.* otomasyon.
au.to.mo.bile (ôtımo´bil) *i.* otomobil.
au.to.mo.tive (ôtımo´tiv) *s.* otomotiv. — **industry** otomotiv sanayii.
au.ton.o.mous (ôtan´ımıs) *s.* özerk, otonom.
au.ton.o.my (ôtan´ımi) *i.* özerklik, otonomi.
au.top.sy (ô´tapsi) *i.* otopsi.
au.tumn (ô´tım) *i.* sonbahar, güz.
au.tum.nal (ôtʌm´nıl) *s.* sonbahara ait.
aux.il.ia.ry (ôgzil´yıri, ôgzil´ıri) *s., i.* yedek; yardımcı. — **verb** yardımcı fiil.
a.vail (ıveyl´) *i.* yarar, fayda. *f.* yaramak. — **oneself of** -den yararlanmak, -den faydalanmak. **to/of no** — faydası yok; boşuna.
a.vail.a.bil.i.ty (ıveylıbil´ıti) *i.* var olma, elde edilebilme.
a.vail.a.ble (ıvey´lıbıl) *s.* var, elde edilebilir.
av.a.lanche (äv´ılänç) *i.* 1. çığ. 2. heyelan.
av.a.rice (äv´ıris) *i.* para hırsı.
av.a.ri.cious (ävıriş´ıs) *s.* para canlısı.
a.venge (ıvenc´) *f.* öcünü almak, öcünü çıkarmak.
av.e.nue (äv´ınyu) *i.* cadde.
a.ver (ıvır´) *f.* (—**red**, —**ring**) (emin bir şekilde) ileri sürmek, öne sürmek.
av.er.age (äv´ric) *i., mat.* ortalama, vasati. *s.* 1. *mat.* ortalama, vasati: **average annual rainfall** yıllık ortalama yağış. 2. olağan, vasat, orta. *f.* 1. *mat.* -in ortalamasını almak. 2. ortalama (belirli bir miktar) olmak. **above** — vasatın üstünde. **below** — vasatın altında. **on the** — ortalama olarak.
a.verse (ıvırs´) *s.* **be** — **to** 1. -den hoşlanmamak:

He is averse to hard work. Çok çalışmaktan hoşlanmıyor. 2. **-e karşı olmak: They were averse to our plan.** Planımıza karşıydılar.
a.ver.sion (ıvır´jın) *i.* hiç hoşlanmama.
a.vert (ıvırt´) *f.* 1. başka tarafa çevirmek, yön değiştirmek. 2. önlemek.
a.vi.ar.y (ey´viyeri) *i.* kuşhane.
a.vi.ate (ey´viyeyt) *f.* uçak kullanmak.
a.vi.a.tion (eyviyey´şın) *i.* havacılık.
a.vi.a.tor (ey´viyeytır) *i.* pilot, havacı.
av.id (äv´id) *s.* coşkun; hevesli. **be** — **for** (bir şeyi elde etmek için) çok hırslı/arzulu olmak.
av.o.ca.do (ävıka´do, avıka´do) *i.* avokado, amerikaarmudu.
av.o.ca.tion (ävıkey´şın) *i.* birinin asıl işi dışında yaptığı bir iş, hobi.
av.o.cet (ä´vıset) *i., zool.* kılıçgagalı.
a.void (ıvoyd´) *f.* 1. -den kurtulmak; -i önlemek. 2. -den kaçınmak; -den çekinmek. 3. -den sakınmak.
a.void.a.ble (ıvoy´dıbıl) *s.* 1. önlenebilir. 2. kaçınılabilir.
a.void.ance (ıvoy´dıns) *i.* **of** 1. -den kurtulma; -i önleme. 2. -den kaçınma; -den çekinme. 3. -den sakınma.
av.oir.du.pois (ävırdıpoyz´) *i.* İngiliz ve Amerikan ağırlık ölçü sistemi.
a.vow (ıvau´) *f.* açıkça söylemek, itiraf etmek.
a.vow.al (ıvau´wıl) *i.* açıkça söyleme; itiraf.
a.vowed (ıvaud´) *s.* -i açıkça ilan edilmiş olan (biri): **He's an avowed monarchist.** Monarşist olduğunu her zaman söyler.
a.wait (ıweyt´) *f.* beklemek, gözlemek, hazır olmak.
a.wake (ıweyk´) *s.* uyanık.
a.wake (ıweyk´) *f.* (**a.woke**, —**d/a.wok.en**) uyanmak; uyandırmak.
a.wak.en (ıwey´kın) *f.* uyanmak; uyandırmak.
a.wak.en.ing (ıweyk´ning, ıwey´kınıng) *i.* uyanış.
a.ward (ıwôrd´) *i.* ödül, mükâfat. *f.* 1. ödüllendirmek. 2. (resmi bir kararla) vermek.
a.ware (ıwer´) *s.* farkında; haberdar. **be** — **of** -in farkında olmak; -den haberdar olmak.
a.ware.ness (ıwer´nis) *i.* farkında olma.
a.wash (ıwôş´) *s.* **be** — 1. suyla kaplı olmak, sular altında olmak. 2. (bir şey) ıcınde yüzmek. 3. **with** ile dolu olmak; bol miktarda bulunmak.
a.way (ıwey´) *z.* Uzaklaşmayı veya belli bir uzaklıkta bulunmayı gösterir: **He backed away.** Geri gitti. **She's away for the weekend.** Hafta sonu için bir yere gitti. **That's ten kilometers away.** Orası on kilometre uzakta. **be** — bulunmamak, başka yere gitmiş olmak. **carry** — alıp götürmek, sürüklemek. **go** — gitmek, ayrılmak. **hide** — saklamak; saklanmak. **right** — hemen, derhal. **send** — başka bir yere gön-

dermek, kovmak.
awe (ô) *i.* 1. korkuyla karışık saygı, huşu. 2. korkuyla karışık şaşkınlık, dehşet. *f.* 1. -i huşu içinde bırakmak. 2. -i dehşete düşürmek.
awe-in.spir.ing (ô´înspayring) *s.* 1. insanı huşu içinde bırakan. 2. dehşet verici.
awe.some (ô´sım) *s.* 1. insanı huşu içinde bırakan. 2. dehşet verici. 3. *k. dili* müthiş, dehşet.
awe.strick.en (ô´strikın) *s., bak.* **awestruck.**
awe.struck (ô´strʌk) *s.* 1. huşu içinde. 2. dehşet içinde.
aw.ful (ô´fıl) *s.* 1. korkunç, müthiş; berbat. 2. *k. dili* çok fazla, pek çok: **That'll take an awful lot of work.** O çok iş ister.
aw.ful.ly (ô´fıli) *z.* çok.
a.while (ıhwayl´) *z.* bir süre, bir müddet: **You'll have to wait awhile.** Bir süre beklemen lazım.
awk.ward (ôk´wırd) *s.* 1. beceriksiz; hantal; sakar. 2. kullanılması zor. 3. zor; uygunsuz, münasebetsiz.
awk.ward.ly (ôk´wırdli) *z.* beceriksizce; hantal bir şekilde.
awk.ward.ness (ôk´wırdnis) *i.* beceriksizlik; hantallık; sakarlık.
awl (ôl) *i.* biz, kunduracı bizi, tığ.
awn.ing (ô´nîng) *i.* tente.
a.woke (ıwok´) *f., bak.* **awake.**
a.wok.en (ıwo´kın) *f., bak.* **awake.**
a.wry (ıray´) *s., z.* eğri, yamuk; çarpık. **go — ters** gitmek.
ax, *İng.* **axe** (äks) *i.* balta.
ax.i.om (äk´siyım) *i.* aksiyom, belit.
ax.i.o.mat.ic (äksiyımät´ik) *s.* aksiyomatik, belitsel.
ax.is (äk´sis) *i.* eksen, mihver.
ax.le (äk´sıl) *i.* dingil, mil, aks.
ay, aye (ay) *z.* evet, muhakkak, hay hay.
a.zal.ea (ızeyl´yı) *i.* açalya, açelya, azelya.
Az.er.bai.jan (azırbay´can) *i.* Azerbaycan.
Az.er.bai.ja.ni (azırbayca´ni) *i., s.* 1. Azeri. 2. Azerice.
az.ure (äj´ır) *i., s.* gökmavisi.

th	dh	w	hw	b	c	ç	d	f	g	h	j	k	l	m	n	p	r	s	ş	t	v	y	z
thin	the	we	why	be	joy	chat	ad	if	go	he	regime	key	lid	me	no	up	or	us	she	it	via	say	is

B

B, b (bi) *i.* B, İngiliz alfabesinin ikinci harfi.
B.A. *kıs.* Bachelor of Arts.
baa (ba) *i.* meleme. *f.* melemek.
bab.ble (bäb´ıl) *f.* 1. anlaşılmaz sözler söylemek. 2. gevezelik etmek, saçmalamak; boşboğazlık etmek. 3. (su) çağlamak.
bab.bler (bäb´lır) *i.* geveze, boşboğaz.
babe (beyb) *i.* 1. bebek. 2. *k. dili* kız, piliç.
ba.boon (bäbun´) *i.* habeşmaymunu.
ba.by (bey´bi) *i.* 1. bebek, çocuk. 2. *k. dili* sevgili. *s.* yavru. *f.* (birine) aşırı bir özenle bakmak, her ihtiyacını karşılamak. — **blue** süt mavisi. — **bottle** biberon, emzik. — **carriage/buggy** çocuk arabası. — **farm** çocuk ve bebekler için ücretli bakımevi, kreş. — **grand** kısa kuyruklu piyano. — **tooth** süt dişi.
ba.by.hood (bey´bihûd) *i.* bebeklik devresi.
ba.by.ish (bey´biyiş) *s.* bebek gibi.
ba.by-sat (bey´bisät) *f., bak.* **baby-sit.**
ba.by-sit (bey´bisit) *f.* (**ba.by-sat, —ting**) ana baba evde olmadığı zaman çocuğa bakmak.
ba.by-sit.ter (bey´bisitır) *i.* çocuk bakıcısı.
bac.ca.rat, bac.ca.ra (bak´ıra) *i., isk.* bakara.
bach.e.lor (bäç´ılır) *i.* bekâr erkek, bekâr. **B— of Arts degree** *kıs.* **B.A.** edebiyat fakültesi diploması. **B— of Science degree** *kıs.* **B.S.**, *İng.* **BSc** fen fakültesi diploması.
ba.cil.lus (bısil´is), *çoğ.* **ba.cil.li** (bısil´ay) *i.* basil.
back (bäk) *i.* 1. arka taraf, arka. 2. sırt, belkemiği. 3. *futbol* bek. *f.* 1. desteklemek, arka olmak, yardım etmek: **Nejat's company is backing this project with one million dollars.** Nejat'ın şirketi bu projeyi bir milyon dolarla destekliyor. 2. geri yürütmek, geri sürmek, geri geri gitmek: **I always back my car into the garage.** Arabamı garaja hep geri geri sürerim. **He backed out of the room.** Geri geri çekilerek odadan çıktı. *s.* 1. arka, arkadaki, arkasındaki; arkaya doğru olan: **back door** arka kapı. 2. evvelki; eski. *z.* 1. geri, geriye: **He gave the money back.** Parayı geri verdi. **He went back to the office.** Büroya geri döndü. **It takes four days to go to Trabzon and back.** Trabzon'a gidip dönmek dört gün ister. 2. yine, tekrar: **He climbed back up the ladder.** Tekrar merdivene tırmandı. **When are you going back to see your doctor?** Tekrar doktorunla görüşmeye ne zaman gideceksin? — **and forth** ileri geri. — **country** taşra. — **down/out** caymak, sözünden dönmek. — **number** (dergi/gazete için) eski sayı/nüs-

ha. — **pay** ücret veya maaşın ödenmesi gecikmiş kısmı. — **scratcher** kaşağı. — **seat** 1. arka yer, arka koltuk. 2. ikinci mevki/rol. — **talk** küstahça karşılık verme. — **to** — arka arkaya, sırt sırta. — **up** 1. geri sürmek, geri gitmek. 2. (kanıtla) desteklemek. 3. arka çıkmak, desteklemek. 4. *bilg.* yedeklemek. **be at one's** — bir kimseye arka çıkmak. **behind one's** — -in arkasından, -in gıyabında. **fall upon** (çare olarak) -e başvurmak. **flat on one's** — yatalak. **get in through/by the** — **door** -e torpille girmek. **get one's** — **up** öfkelenmek. **give** — geri vermek, iade etmek. **go** — **on one's word** sözünden dönmek. **have one's** — **to the wall** çaresiz kalmak. **keep** — saklamak, gizlemek. **look** — arkaya bakmak. **the** — **of beyond** *k. dili* dağ başı, çok ücra bir yer. **turn one's** — **on someone/something** birine/bir şeye sırt çevirmek.
back.ache (bäk´eyk) *i.* sırt ağrısı; bel romatizması, lumbago.
back.bit (bäk´bit) *f., bak.* **backbite.**
back.bite (bäk´bayt) *f.* (**back.bit, back.bit.ten**) arkasından çekiştirmek/kötülemek.
back.bit.ten (bäk´bitın) *f., bak.* **backbite.**
back.bone (bäk´bon) *i.* 1. omurga, belkemiği. 2. karakter kuvveti, yürek gücü, maneviyat.
back.break.ing (bäk´breyking) *s.* çok yorucu, yıpratıcı.
back-chat (bäk´çät) *i., İng., k. dili, bak.* **back talk.**
back.comb (bäk´kom) *f.* (saçları) tersine taramak.
back.door (bäk´dor) *s., k. dili* yasadışı.
back.er (bäk´ır) *i.* destekçi, taraftar.
back.fire (bäk´fayr) *f.* 1. (motorun ateşi) geri tepmek. 2. geri tepmek, istenilenin aksi olmak.
back.gam.mon (bäk´gämın) *i.* tavla.
back.ground (bäk´graund) *i.* 1. arka plan, zemin; fon. 2. bir kimsenin geçmişteki görgü, çevre ve tahsili. **in the** — ikinci planda. **keep/stay in the** — arka planda kalmak, kendini göstermemek.
back.hand (bäk´händ) *i.* elin tersi öne gelecek şekilde yapılan vuruş. *s.* elin tersi öne gelecek şekilde yapılan (vuruş v.b.). *z.* elinin tersiyle. — **ed compliment** kompliman gibi gözüken eleştiri; kompliman olup olmadığı belli olmayan söz.
back.hand.er (bäk´händır) *i., İng., k. dili* rüşvet.
back.hoe (bäk´ho) *i.* beko, beko kepçe.
back.ing (bäk´ing) *i.* arka, destek.

back.lash (bäk'läş) *i.* (siyasal/toplumsal bir gelişmeye karşı) güçlü tepki.
back.log (bäk'lôg) *i.* birikmiş iş, yığılmış iş: **You should work on that backlog of unanswered letters.** O birikmiş mektupları cevaplamaya bakmalısın.
back.pack (bäk'päk) *i.* sırt çantası. *f.* omzunda sırt çantasıyla gezmek.
back.pack.er (bäk'päkır) *i.* omzunda sırt çantasıyla gezen kimse.
back.ped.al (bäk'pedıl) *f.* 1. pedalı geri çevirmek. 2. *k. dili* caymak, tornistan etmek.
back.rest (bäk'rest) *i.* arkalık.
back.side (bäk'sayd) *i.* 1. arka taraf. 2. *k. dili* kıç, makat.
back.slid (bäk'slid) *f., bak.* **backslide.**
back.slid.den (bäk'slidın) *f., bak.* **backslide.**
back.slide (bäk'slayd) *f.* (**back.slid, back.slid/back.slid.den**) (iyi yoldayken) kötü yola sapmak.
back.space (bäk'speys) *f.* (daktiloda/bilgisayarda) geri gitmek.
back.stage (bäk'steyc) *i.* kulis, perde arkası.
back.stitch (bäk'stiç) *i.* iğneardı dikiş. *f.* iğneardı dikiş yapmak.
back.stroke (bäk'strok) *i.* sırtüstü yüzme.
back.track (bäk'träk) *f.* geldiği yoldan geri dönmek.
back.up (bäk'ʌp) *i.* yedek. *s.* 1. yedek. 2. *müz.* eşlik eden. — **copy** *bilg.* yedek kopya.
back.ward (bäk'wırd) *s.* 1. geriye doğru yapılan. 2. geç kavrayan. 3. geri kalmış.
back.ward (bäk'wırd), **back.wards** (bäk'wırdz) *z.* geriye doğru, tersine, geri geri. **backwards and forwards** ileri geri.
back.ward.ness (bäk'wırd.nîs) *i.* 1. geç kavrama, gerilik. 2. geri kalmışlık.
back.yard (bäk'yard') *i.* arka bahçe, evin arkasındaki bahçe. **in his own** — kendi çevresinde.
ba.con (bey'kın) *i.* beykın, tuzlanmış/tütsülenmiş domuz böğrü/sırtı. **bring home the** — ailesinin geçimini sağlamak, ailesini geçindirmek.
bac.te.ri.a (bäktir'iyı) *i., çoğ.* bakteriler.
bac.te.ri.al (bäktir'iyıl) *s.* bakteriye ait.
bac.te.ri.cide (bäktir'ısayd) *i.* bakterisit.
bac.te.ri.o.log.i.cal (bäktiriyılac'îkıl) *s.* bakteriyolojik. — **warfare** bakteriyolojik savaş.
bac.te.ri.ol.o.gist (bäktiriyal'ıcist) *i.* bakteriyolog.
bac.te.ri.ol.o.gy (bäktiriyal'ıci) *i.* bakteriyoloji.
bac.te.ri.um (bäktir'iyım), *çoğ.* **bac.te.ri.a** (bäktir'iyı) *i.* bakteri. *s.* bakteriye ait.
bad (bäd) *s.* (**worse, worst**) 1. kötü, ahlaksız. 2. kötü, hoş olmayan. 3. ciddi, vahim. 4. kötü, niteliksiz; hatalı. 5. bozuk, bozulmuş (yiyecek). 6. hasta/sakat (organ/uzuv). 7. *argo* çok iyi, harika. — **debt** alınamayan alacak. **be** — **for** -e zararlı olmak. **be** — **news** *k. dili*

hiç iyi biri/bir şey olmamak. **be in a** — **way** 1. ağır hasta olmak. 2. çok zor bir durumda olmak. **feel** — 1. kendini iyi hissetmemek. 2. *k. dili* üzülmek. **go** — (yiyecek) bozulmak. **go from** — **to worse** kötüyken daha kötü olmak. **Not** —! *k. dili* Fena değil!/Oldukça iyi! **Too** —! Ne yazık!
bade (bäd) *f., bak.* **bid.**
badge (bäc) *i.* rozet; nişan.
badg.er (bäc'ır) *i.* porsuk. *f.* hiç rahat bırakmamak, başının etini yemek.
bad.ly (bäd'li) *z.* 1. fena halde, fena bir şekilde: **The team was badly beaten.** Takım fena halde yenildi. 2. çok: **That child badly needs a new pair of shoes.** O çocuğun yeni bir çift ayakkabıya çok ihtiyacı var. **She wants to see that movie badly.** O filmi seyretmeye can atıyor. **be** — **off** *k. dili* fakir/yoksul olmak.
bad-mouth (bäd'mauth) *f., k. dili* kötülemek.
bad-tem.pered (bäd'tem'pırd) *s.* aksi, huysuz, ters.
baf.fle (bäf'ıl) *f.* 1. şaşırtmak. 2. engel olmak. **be** —**d** şaşırmak.
baf.fling (bäf'ling) *s.* şaşırtıcı, aldatıcı.
bag (bäg) *i.* torba; çanta; kese; kesekâğıdı; çuval. *f.* (—**ged,** —**ging**) 1. torbalamak, çuvala koymak. 2. (avı) yakalamak. — **and baggage** bütün eşyasıyla. — **lady** tüm eşyasını bir torbada taşıyıp sokaklarda yaşayan kadın. **be left holding the** — 1. kabak başına patlamak. 2. avucunu yalamak. **in the** — *k. dili* emin, garantili; çantada keklik.
bag.gage (bäg'îc) *i.* bagaj, yolcu eşyası. — **car** furgon, yük vagonu. — **room** emanet.
bag.gy (bäg'i) *s.* torba gibi sarkan, şapşal duran (pantolon).
bag.pipe (bäg'payp) *i.* tulum, gayda.
ba.guette (bäget') *i.* 1. baget (ekmek). 2. baget (dikdörtgen biçiminde değerli taş).
bah (ba) *ünlem* Tu!
Ba.ha.ma (bıha'mı) *s.* Bahama, Bahama Adaları'na özgü. **the** —**s** Bahama Adaları.
Ba.ha.mi.an (bıhey'miyın) *i.* Bahamalı. *s.* 1. Bahama, Bahama Adaları'na özgü. 2. Bahamalı.
Bah.rain (bareyn') *i.* Bahreyn. —**i** *i.* Bahreynli. *s.* 1. Bahreyn, Bahreyn'e özgü. 2. Bahreynli.
bail (beyl) *i., huk.* 1. (sanığın tahliye edilmesi için verilmesi gereken) teminat akçesi, kefalet. 2. kefaletle tahliye edilme. *f.* — **someone out** birine kefalet ederek tahliyesini sağlamak. — **someone/something out** *k. dili* birini/bir şeyi (zor bir durumdan) kurtarmak. **go/stand** — **for** 1. (sanığın) kefaletini yatırmak. 2. (sanığa) kefil olmak. **grant someone** — birini kefaletle/kefaleten tahliye etmek. **jump/skip** — *k. dili* (kefaletle tahliye edilen sanık) hazır bulunması gereken duruşmaya

gelmemek. release someone on — birini kefaletle/kefaleten tahliye etmek.
bail, *İng.* **bale** (beyl) *i.* (tekneye giren suyu boşaltmak için kullanılan) kova, maşrapa v.b. *f.* 1. tekneye giren suyu kova, maşrapa v.b. ile boşaltmak. 2. **out** (tekneye) giren suyu kova, maşrapa v.b. ile boşaltmak; tekneye giren (suyu) kova, maşrapa v.b. ile boşaltmak. 3. **out** (uçaktan) paraşütle atlamak. 4. **out** *k. dili* (zor bir durumdan) sıyrılmak/kaçmak.
bai.liff (bey'lif) *i.* 1. icra memuru. 2. kâhya.
bai.li.wick (bey'lıwik) *i.* uzmanlık alanı; yetki alanı.
bait (beyt) *i.* olta yemi; kapan yemi. *f.* 1. yemlemek. 2. sözlerle eziyet etmek.
bake (beyk) *f.* fırında pişirmek. — **sale** evde yapılmış kek, kurabiye, pasta gibi şeylerin satışı. **Ba.ke.lite** (bey'kılayt) *i.* bakalit.
bak.er (bey'kır) *i.* fırıncı, ekmekçi. —**'s dozen** on üç.
bak.er.y (bey'kıri) *i.* 1. ekmek fırını, fırın. 2. pastane.
bak.ing (bey'king) *i.* 1. fırında pişirme. 2. (bir) pişim. — **powder** kabartma tozu. — **soda** karbonat, sodyum bikarbonat.
bak.sheesh (bäk'şiş) *i.* bahşiş.
bal.ance (bäl'ıns) *i.* 1. terazi. 2. denge. 3. denklem. 4. bilanço. 5. bakiye. *f.* 1. dengelemek. 2. dengeli olmak. — **a tire** lastiğin balans ayarını yapmak. — **of payments** ödemeler dengesi. — **of power** (uluslararası ilişkilerde) kuvvetler dengesi. — **of trade** ticaret dengesi, ithalat ve ihracat arasındaki değer farkı. — **sheet** bilanço. **hang in the** — muallakta olmak, nazik bir durumda olmak. **keep one's** — dengesini korumak. **lose one's** — dengesini kaybetmek. **strike a** — uzlaşmak. **throw someone off** — 1. birinin dengesini kaybetmesine sebep olmak. 2. birini şaşırtmak. **trial** — *muh.* mizan.
bal.anced (bäl'ınst) *s.* dengeli.
bal.co.ny (bäl'kıni) *i.* balkon.
bald (bôld) *s.* 1. dazlak. 2. kılsız; tüysüz. 3. yalın, sade.
bald-faced (bôld'feyst) *s., bak.* **barefaced.**
bald.ness (bôld'nîs) *i.* dazlaklık.
bale (beyl) *i.* balya. *f.* balyalamak.
bale.ful (beyl'fıl) *s.* uğursuz, meşum.
balk (bôk) *f.* bir engel karşısında duraklamak; yürümemekte direnmek.
Bal.kan (bôl'kın) *s.* Balkan. **the** —**s** Balkanlar. **Bal.kan.ize,** *İng.* **Bal.kan.ise** (bôl'kınayz) *f.* Balkanlaştırmak.
balk.y (bô'ki) *s.* yürümemekte direnen, inat eden (hayvan).
ball (bôl) *i.* 1. top; küre. 2. yumak: **a ball of yarn** bir yumak iplik. 3. topak: **a ball of**

dough bir topak hamur. *f.* **up** *k. dili* (bir şeyin) içine etmek. — **and chain** pranga. — **bearing** *mak.* bilye. — **cock** şamandıra ile işleyen kapama valfı. — **of the foot** ayak parmaklarının kökü. **be on the** — *argo* akıllı ve dikkatli olmak. **play** — 1. top oynamak. 2. *k. dili* birlikte çalışmak. **the whole** — **of wax** *k. dili* her şey. **This is a brand-new** — **game.** *k. dili* Bu yepyeni bir şey/durum.
ball (bôl) *i.* balo. **have a** — *k. dili* çok eğlenmek.
bal.lad (bäl'ıd) *i.* balad; türkü.
bal.last (bäl'ıst) *i.* 1. den. safra. 2. *d.y.* balast.
bal.le.ri.na (bälıri'nı) *i.* balerin.
bal.let (bäl'ey) *i.* 1. bale. 2. bale trupu.
bal.lis.tic (bılîs'tîk) *s.* balistik. — **curve** balistik eğrisi. — **missile** *ask.* balistik füze, roket.
bal.lis.tics (bılîs'tîks) *i.* balistik, atış bilimi.
bal.loon (bılun') *i.* 1. balon. *f.* balon gibi şişmek. — **tire** balon lastik.
bal.lot (bäl'ıt) *i.* oy pusulası. — **box** oy sandığı.
ball.park (bôl'park) *i., k. dili* **be in the same** —-e yakın olmak. *s.* kabataslak, yaklaşık: **Give me a ballpark figure.** Bana kabataslak bir rakam söyle.
ball-point (bôl'poynt) *i.* — **pen** tükenmez, tükenmez kalem.
ball.room (bôl'rum') *i.* dans salonu, balo salonu.
balls (bôlz) *i., argo* 1. taşaklar, husyeler. 2. cesaret, taşak, göt. 3. *İng.* saçma, zırva, fasa fiso.
ball.sy (bôl'zi) *s., argo* bayağı cesur: **She's one ballsy female!** Amma taşaklı karı yahu!
bal.ly.hoo (bäl'ihu) *i., k. dili* 1. heyecanlı ve şamatalı propaganda/reklam. 2. gürültü, patırtı, şamata, velvele.
balm (bam) *i.* 1. ilaç olarak kullanılan birkaç çeşit yağ. 2. pelesenk. 3. melisa, oğulotu. 4. güzel koku, rayiha. 5. kokulu merhem; ağrı veya sızıyı dindiren merhem.
balm.y (ba'mi) *s.* 1. yumuşak ve ılık (hava). 2. *k. dili* kaçık, bir tahtası eksik.
ba.lo.ney (bılo'ni) *i.* 1. bir cins salam. 2. *k. dili* saçma, zırva.
bal.sam (bôl'sım) *i.* pelesenk.
Bal.tic (bôl'tîk) *s.* Baltık. **the** — **Sea** Baltık Denizi. **the** — **States** Baltık Devletleri.
bal.us.trade (bälıstreyd') *i.* korkuluk, tırabzan.
bam.boo (bämbu') *i.* bambu.
bam.boo.zle (bämbu'zıl) *f., k. dili* 1. aldatmak, dolandırmak. 2. şaşırtmak.
ban (bän) *f.* (—**ned,** —**ning**) yasaklamak, menetmek. *i.* yasak. **be under a** — yasaklanmak. **put under a** — yasaklamak.
ba.nal (bey'nıl) *s.* banal, sıradan, bayağı.
ba.nal.i.ty (beynäl'ıti) *i.* 1. banallik, sıradanlık. 2. banal söz; banal şey.

ba.nan.a (bınän´ı) *i.* muz. — **republic** muz cumhuriyeti. **drive someone —s** *k. dili* birini çıldırtmak. **go —s** *k. dili* çıldırmak.
band (bänd) *i.* 1. takım, zümre. 2. bando. *f.* — **together** birleşmek, bir araya toplanmak; birleştirmek, bir araya toplamak.
band (bänd) *i.* 1. şerit, bant, kurdele; kolan; sargı. 2. kemer; kayış. 3. uzun çizgi. *f.* çemberlemek. — **saw** şerit testere.
band.age (bän´dic) *i.* sargı, bandaj. *f.* (yarayı) sarmak, bağlamak, bandajlamak.
Band-aid (bänd´eyd) *i.* yara bandı, plaster, bant.
band-aid (bänd´eyd) *i., bak.* **Band-aid.** *s., k. dili* geçici: **a band-aid solution** geçici bir çözüm.
ban.dit (bän´dit) *i.* haydut, eşkıya.
ban.dit.ry (bän´ditri) *i.* haydutluk.
band.mas.ter (bänd´mästır) *i., müz.* bando şefi.
band.stand (bänd´ständ) *i.* açık havada çalan müzik topluluklarına özgü ve çoğu zaman üstü kapalı platform.
band.wag.on (bänd´wägın) *i.* **jump/get on the** — *k. dili* başkalarının yaptığı bir eyleme katılmak.
ban.dy (bän´di) *f.* — **words with** ile atışmak, ile ağız kavgası yapmak. **be bandied about** ağızdan ağıza dolaşmak, söylenmek.
ban.dy-leg.ged (bänd´dilegid) *s.* çarpık bacaklı.
bane (beyn) *i.* **the — of one's existence** başının derdi, baş belası.
bane.ful (beyn´fıl) *s.* zararlı, kötü.
bang (bäng) *i.* 1. Çat!/Bom! 2. gürültü, patırtı; patlama. 3. heyecan, sevinç. 4. sansasyon, olay. *f.* 1. şiddetle çarpmak veya kapanmak. 2. gürültülü bir şekilde vurmak. 3. gürültü yapmak. *z., k. dili* tam: **bang in the middle of the war** savaşın tam ortasında. **bang on time** tam zamanında. — **up** mahvetmek, canına okumak: **You can use my car, but don't you dare bang it up!** Arabamı kullanabilirsin, ama canına okuyayım deme! **be — on** *İng., k. dili* tam isabet etmek, taşı gediğine koymak. **get a — out of** *k. dili* -e bayılmak, -e bitmek. **get a bang on her head.** Başına bir darbe yedi. **get a — out of** *k. dili* -e bayılmak, -e bitmek.
bang.er (bäng´ır) *i., İng., k. dili* sosis.
Ban.gla.desh (bäng.glıdeş´) *i.* Bangladeş. **—i** *i.* Bangladeşli. *s.* 1. Bangladeş, Bangladeş'e özgü. 2. Bangladeşli.
bangs (bängz) *i.* perçem, kâkül, kırkma.
ban.ish (bän´iş) *f.* 1. sürgüne göndermek, sürmek. 2. kovmak, uzaklaştırmak.
ban.ish.ment (bän´işmınt) *i.* sürgün.
ban.is.ter (bän´ıstır) *i.* tırabzan; tırabzan küpeştesi.
bank (bängk) *i.* 1. (nehir, göl v.b.'ne ait) kıyı, kenar. 2. (set gibi duran, yanları hafif meyilli/dik) toprak kümesi. 3. (bulut) kümesi. *f.* yığmak; yığılmak.
bank (bängk) *i.* banka. *f.* **bankaya (para) yatırmak.** — **account** banka hesabı. — **bill** banknot; bir banka tarafından diğer bir banka üzerine çekilen poliçe. — **discount** banka ıskontosu, bir senedin banka tarafından kırılması. — **on** -e bel bağlamak, -e güvenmek: **We are banking on their support.** Desteklerine bel bağladık. — **rate** banka ıskonto haddi, faiz oranı. **blood** — kan bankası. **savings** — tasarruf sandığı, tasarruf bankası.
bank.a.ble (bängk´ıbıl) *s., k. dili* kâr getiren, para getiren.
bank.book (bängk´bûk) *i.* banka cüzdanı, hesap cüzdanı.
bank.card (bängk´kard) *i.* (bankanın çıkardığı) kredi kartı.
bank.er (bängk´ır) *i.* bankacı. **keep —s' hours** *k. dili* 1. günde pek az saat açık olmak. 2. günde pek az saat çalışmak.
bank.ing (bäng´king) *i.* bankacılık.
bank.note (bängk´not) *i.* banknot, kâğıt para.
bank.rupt (bängk´rʌpt) *s., i.* iflas etmiş, batkın, müflis. *f.* iflas ettirmek. **go** — iflas etmek, batmak.
bank.rupt.cy (bängk´rʌptsi) *i.* iflas, batkı. **declare** — iflas ilan etmek. **fraudulent** — hileli iflas.
ban.ner (bän´ır) *i.* 1. bayrak, sancak, alem. 2. *gazet.* manşet.
banns (bänz) *i.* (gelecek bir tarihe ait) evlenme ilanı. **publish the** — bir çiftin belirli bir tarihte evleneceklerini ilan etmek, nikâh kâğıtlarını askıya çıkarmak.
ban.quet (bäng´kwit) *i.* ziyafet, resmi ziyafet.
ban.ter (bän´tır) *i.* şakalaşma, takılma. *f.* şakalaşmak, takılmak.
bap.tise (bäp´tayz) *f., İng., bak.* **baptize.**
bap.tism (bäp´tizım) *i.* vaftiz.
bap.tize (bäp´tayz) *İng.* **bap.tise** (bäp´tayz) *f.* vaftiz etmek.
bar (bar) *i.* 1. çubuk, sırık. 2. engel. 3. bar (içki içilen yer). 4. *huk.* baro. 5. su içindeki kum seti. 6. *müz.* ölçü çizgisi. *f.* (**—red, —ring**) 1. sürgülemek. 2. engel olmak. 3. sokmamak, almamak. *edat* -den başka, hariç. — **none** istisnasız, ayrıksız. — **of soap** sabun kalıbı. **behind —s** *k. dili* hapiste, içeride, parmaklıklar arkasında.
barb (barb) *i.* 1. çengel; kanca. 2. iğneleyici söz.
Bar.ba.di.an (barbey´diyın) *i.* Barbadoslu. *s.* 1. Barbados, Barbados'a özgü. 2. Barbadoslu.
Bar.ba.dos (barbey´dos) *i.* Barbados.
bar.bar.i.an (barber´iyın) *i., s.* vahşi, barbar.
bar.bar.ic (barber´ik) *s.* medeniyetsiz, barbar; vahşi.

bar.bar.ism (bar'bırizım) *i.* barbarlık.
bar.bar.i.ty (barber'iti) *i.* vahşet.
bar.ba.rous (bar'bırıs) *s.* barbarca, vahşi.
bar.be.cue (bar'bıkyu) *i.* 1. (et kızartmak için dışarda kullanılan) ızgara; barbekü. 2. üstüne baharatlı bir sos dökülerek ızgarada kızartılan et. 3. etin bu şekilde kızartıldığı açıkhava toplantısı. *f.* üstüne baharatlı bir sos dökerek (eti) ızgarada kızartmak.
barbed (barbd) *s.* 1. dikenli, kancalı. 2. iğneli (söz). — **wire** dikenli tel.
bar.bell (bar'bel) *i.* halter.
bar.ber (bar'bır) *i.* berber. *f.* tıraş etmek.
bar.ber.shop (bar'bırşap) *i.* berber dükkânı, berber.
bard (bard) *i.* saz şairi, ozan.
bare (ber) *s.* 1. çıplak. 2. ancak yetecek kadar. *f.* soymak, açmak. — **chance** zayıf bir ihtimal. — **its teeth** (hayvan) dişlerini göstermek. — **living** kıt kanaat geçinme.
bare.back (ber'bäk) *z.* **ride** — ata eyersiz binmek.
bare.faced (ber'feyst) *s.* apaçık, düpedüz: **That's a barefaced lie.** Düpedüz yalan bu.
bare.foot (ber'fût), **bare.foot.ed** (ber'fûtıd) *s., z.* yalınayak.
bare.hand.ed (ber'hän'did) *s.* 1. silahsız. 2. eldivensiz. 3. aletsiz.
bare.head.ed (ber'hedid) *s.* başı açık.
bare.leg.ged (ber'legid) *s.* çorapsız, çıplak bacaklı.
bare.ly (ber'li) *z.* ancak, güçbela.
barf (barf) *f., argo* kusmak. *i.* kusmuk.
bar.gain (bar'gın) *i.* 1. iş anlaşması. 2. kelepir. *f.* 1. pazarlık etmek. 2. **for/on** -i ummak, -i beklemek: **I hadn't bargained on that.** Öyle bir şey beklememiştim. **into the** — üstelik, caba. **make/strike a** — anlaşmaya varmak, mutabık kalmak. **That is not what I —ed for.** Ne umuyordum, ne buldum.
barge (barc) *i.* mavna. *f.* — **in** burnunu sokmak, işe karışmak.
bark (bark) *i.* havlama. *f.* havlamak. — **up the wrong tree** yanlış kapı çalmak. **His** — **is worse than his bite.** Ne varsa dilindedir.
bark (bark) *i.* kabuk; ağaç kabuğu.
bar.keep.er (bar'kipır), **bar.keep** (bar'kip) *i.* barmen.
bark.er (bar'kır) *i.* çığırtkan, bağırarak eğlence yerine müşteri çeken kimse.
bar.ley (bar'li) *i.* arpa.
bar.maid (bar'meyd) *i.* barın tezgâhında çalışan kadın, barmeyd.
bar.man (bar'mın), *çoğ.* **bar.men** (bar'min) *i.* barmen.
barm.y (bar'mi) *s., İng.* kafadan kontak, kafası bir hoş, çatlak.
barn (barn) *i.* ahır, çiftlik ambarı.

barn.storm (barn'stôrm) *f., k. dili* taşrada temsil vermek.
barn.yard (barn'yard) *i.* çiftlik ambarı yanındaki avlu.
ba.rom.e.ter (bıram'ıtır) *i.* barometre.
bar.o.met.ric (berımet'rik) *s.* barometrik.
bar.on (ber'ın) *i.* 1. baron. 2. çok zengin işadamı, kral: **an oil baron** petrol kralı.
bar.on.ess (ber'ınıs) *i.* barones.
ba.roque (bırok') *s.* 1. barok. 2. şatafatlı, çok süslü.
bar.racks (ber'ıks) *i.* kışla.
bar.rage (bıraj') *i., ask.* yoğun yaylım ateşi, baraj ateşi.
barred (bard) *s.* 1. parmaklıkla kapalı. 2. yasaklanmış.
bar.rel (ber'ıl) *i.* fıçı. — **organ** laterna. — **vault** *mim.* beşiktonoz.
bar.ren (ber'ın) *s.* kısır; meyvesiz; kıraç, verimsiz.
bar.rette (bıret') *i.* saç tokası.
bar.ri.cade (berıkeyd') *i.* barikat. *f.* barikat yapmak: **They barricaded the street.** Sokakta barikat yaptılar.
bar.ri.er (ber'iyır) *i.* (çit, duvar, korkuluk gibi) engel; bariyer.
bar.ring (bar'îng) *edat* 1. -den başka, hariç, dışında. 2. olmadığı takdirde, olmazsa.
bar.ris.ter (ber'ıstır) *i., İng.* en yüksek mahkemelerde dava görebilen avukat.
bar.room (bar'rum) *i.* bar.
bar.row (ber'o) *i., İng.* 1. işportacı arabası. 2. el arabası.
bar.tend.er (bar'tendır) *i.* barmen.
bar.ter (bar'tır) *f.* değiş tokuş etmek, takas yapmak, trampa etmek. *i.* değiş tokuş, takas, trampa.
base (beys) *i.* 1. temel, esas. 2. *ask.* üs. 3. *kim. baz.* — **of operations** harekât üssü. **off** — yanlış yolda; yanılmış.
base (beys) *f.* — **something on** bir şeyi -e dayandırmak. **be** — **d on** -e dayanmak.
base (beys) *s.* alçak, adi, rezil.
base.ball (beys'bôl) *i.* beysbol.
base.board (beys'bôrd) *i.* süpürgelik.
base.less (beys'lis) *s.* asılsız, temelsiz.
base.ment (beys'mınt) *i.* bodrum katı, bodrum.
bash (bäş) *f.* kuvvetle vurmak, hızla vurmak. *i.* 1. hızlı vuruş; kuvvetli darbe. 2. *k. dili* şatafatlı parti.
bash.ful (bäş'fıl) *s.* utangaç, sıkılgan, çekingen.
BASIC (bey'sik) *kıs.* **Beginner's All-purpose Symbolic Instruction Code** *bilg.* BASIC (bir programlama dili).
ba.sic (bey'sik) *s.* 1. esas, temel. 2. *kim.* bazal.
ba.si.cal.ly (bey'sikli) *z.* aslında, esasında.
bas.il (bäz'ıl) *i., bot.* fesleğen.

ba.sil.i.ca (bısíl´ıkı, bızíl´ıkı) *i.* bazilika.
ba.sin (bey´sın) *i.* 1. leğen. 2. havuz. 3. havza.
ba.sis (bey´sis), *çoğ.* ba.ses (bey´siz) *i.* 1. temel. 2. kaynak. 3. ana ilke.
bask (bäsk) *f.* güneşlenmek, tatlı bir sıcaklığın karşısında uzanmak.
bas.ket (bäs´kit) *i.* 1. sepet; küfe; zembil. 2. spor sayı, basket. be a — case *k. dili* 1. berbat bir halde olmak. 2. ambale olmak, doğru dürüst düşünemez halde olmak.
bas.ket.ball (bäs´kitbôl) *i.* 1. basketbol, sepettopu. 2. basketbol topu.
bass (bäs) *i., zool.* levrek, hani.
bass (beys) *i., müz.* basso, bas.
bas.soon (bısun´) *i., müz.* fagot.
bass.wood (bäs´wûd) *i.* ıhlamur ağacı.
bas.tard (bäs´tırd) *i.* 1. piç, gayrimeşru çocuk. 2. alçak herif, it.
bas.tard.ize, *İng.* bas.tard.ise (bäs´tırdayz) *f.* alçaltmak; değerini düşürmek.
baste (beyst) *f.* 1. teyellemek. 2. (kurumaması için) (pişen etin üstüne) sıvı dökmek/sürmek.
bas.tion (bäs´çın) *i.* kale burcu; tabya.
bat (bät) *i., spor* (beysbol, kriket v.b.´nde) sopa. *f.* (—ted, —ting) 1. *spor* sopayla topa vurmak. 2. (göz) kırpmak. off the — *k. dili* hemen, derhal.
bat (bät) *i.* yarasa. blind as a — kör gibi. have —s in the belfry *argo* bir tahtası eksik olmak, kafadan kontak olmak.
batch (bäç) *i.* 1. bir pişimde pişirilenler. 2. takım; grup; parti: a batch of books bir parti kitap.
bat.ed (bey´tıd) *s.* with — breath nefesi kesilerek.
bath (bäth) *i.* 1. banyo. 2. hamam; kaplıca. 3. film banyosu. *f., İng.* yıkamak; yıkanmak. give someone a — birini yıkamak. have/take a — banyo yapmak, yıkanmak.
bath chair (bäth) *İng.* (üstü bazen kapalı) tekerlekli sandalye.
bathe (beydh) *f.* 1. yıkamak, banyo etmek; yıkanmak, banyo yapmak. 2. ıslatmak; suya batırmak.
bath.house (bäth´haus) *i.* 1. (plaj, göl v.b. kenarında) kabinli bina. 2. (halka açık) banyo/hamam.
bath.ing (bey´dhing) *i.* 1. banyo yapma, yıkanma. 2. deniz banyosu, yüzme. — suit mayo.
bath.robe (bäth´rob) *i.* bornoz.
bath.room (bäth´rum) *i.* 1. banyo. 2. tuvalet.
bath.tub (bäth´tʌb) *i.* banyo küveti.
ba.ton (bätan´, bät´ın) *i.* değnek.
bat.tal.ion (bıtäl´yın) *i., ask.* tabur.
bat.ten (bät´ın) *i.* ince tahta parçası, tiriz.
bat.ter (bät´ır) *f.* sert darbelerle vurmak; hırpalamak; dövmek. — something down (yerle bir etmek için) bir şeye vurmak. — something in (delmek/çökertmek için) bir şeye vurmak; bir şeye vurup delmek; bir şeye vurup çökertmek.
bat.ter (bät´ır) *i.* sulu hamur.
bat.ter (bät´ır) *i., spor* sopayla vuran oyuncu.
bat.tered (bät´ırd) *s.* 1. hurdası çıkmış, ezilmiş. 2. dövülmüş (kimse).
bat.ter.y (bät´ırí, bä´tri) *i.* 1. *elek.* pil; akümülatör, akü. 2. *ask.* batarya. 3. *huk.* dövme, dayak. 4. dizi, seri, takım.
bat.ter.y-op.er.at.ed (bät´ırí.apıreytıd) *s.* pilli.
bat.ting (bät´íng) *i.* tabaka halinde pamuk.
bat.tle (bät´ıl) *i.* 1. muharebe; meydan savaşı. 2. mücadele, büyük uğraş. *f.* 1. savaşmak, dövüşmek. 2. mücadele etmek, çok uğraşmak. — cry 1. savaş narası. 2. herhangi bir kampanyada kullanılan slogan. — fatigue savaş görmüş kimselerde görülen ruhsal çöküntü. — royal 1. (birkaç kişi arasındaki) büyük dövüş. 2. büyük kavga, büyük münakaşa. half the — işin yarısı; işin çoğu, işin en zor tarafı. join — çarpışmaya başlamak. pitched — büyük kavga, büyük münakaşa.
bat.tle-ax, *İng.* bat.tle-axe (bät´läks) *i.* 1. cenk baltası, teber. 2. *argo* huysuz kocakarı.
bat.tle.field (bät´ılfild) *i.* savaş alanı.
bat.tle.ground (bät´ıl.graund) *i., bak.* battlefield.
bat.tle.ship (bät´ılşip) *i.* savaş gemisi, zırhlı.
bat.ty (bät´í) *s., argo* çatlak, kaçık.
bau.ble (bô´bıl) *i.* gösterişli süs, gösterişli fakat kullanışsız şey.
baulk (bôk) *f., bak.* balk.
baux.ite (bôk´sayt, bo´zayt) *i.* boksit.
bawd.i.ly (bô´dıli) *z.* açık saçık bir şekilde.
bawd.i.ness (bô´dinís) *i.* açık saçık oluş.
bawd.y (bô´di) *s.* açık saçık, müstehcen.
bawl (bôl) *f.* 1. bağırmak. 2. yüksek sesle ağlamak. — out *argo* azarlamak, paylamak, haşlamak.
bay (bey) *i.* koy, küçük körfez. — window 1. cumba. 2. *k. dili* göbek, yağ bağlamış karın.
bay (bey) *i.* uluma. *f.* ulumak. be at — çok zor bir durumda olmak. keep/hold someone/an animal at — birini/bir hayvanı korkutarak yaklaşıp zarar vermesini önlemek, sindirmek.
bay (bey) *i.* defne. — leaf defne yaprağı. — tree defne ağacı.
bay (bey) *i., s.* doru.
bay.ber.ry (bey´beri) *i.* mumağacı.
bay.o.net (beyınet´) *i.* süngü.
bay.ou (bay´u) *i.* bir nehir veya gölün bataklıklı kolu veya çıkış noktası.
ba.zaar (bızar´) *i.* pazar, çarşı; kermes.
ba.zoo.ka (bızu´kı) *i.* bazuka.
BB (bi´bi) *i.* hava tüfeğinin saçması.
B.B.C. *kıs.* British Broadcasting Corporation
B.B.C. (İngiliz Radyo-Televizyon Kurumu)
BB gun (bi´bi gʌn) hava tüfeği.
B.C. *kıs.* before Christ M.Ö. (milattan önce),

I.Ö. (İsa'dan önce).
be (bi) *f.* (**—en, —ing**) (kuraldışı çekimleri: şimdiki zaman **I am;** he, she, it is; we, you, they are; *eski* thou art. geçmiş zaman **I,** he, she, it was; *eski* thou wast; we, you, they were; *eski* thou wert. miş'li geçmiş zaman **I have been**) olmak, vaki olmak; varlığını göstermek, mevcut olmak. *yardımcı f.* -dır. edilgen fiil yapmaya yarayan yardımcı fiil: be seen görünmek. **—** about üzere olmak; meşgul olmak. **—** after peşinde olmak. **—** at bulunmak, olmak. **—** from -den gelmek, -li olmak. **—** oneself kendisi gibi davranmak, normal bir şekilde hareket etmek. **Let it —.** Bırak./Öyle olsun. **as it were** gibi, sanki, güya. **So — it.** Olsun./Öyle olsun. **to — sure** muhakkak. **What are you going to — when you grow up?** Büyüyünce ne olacaksın?
B.E. *kıs.* **bill of exchange.**
beach (biç) *i.* kumsal, plaj; kıyı, sahil. **—** buggy plaj arabası.
beach.comb.er (biç'komır) *i.* 1. hayatını kıyılardan topladığı enkaz ile kazanan kimse. 2. okyanustan kıyıya vuran büyük dalga.
beach.head (biç'hed) *i.*, *ask.* düşman kıyıları üzerinde ele geçirilen çıkarma yeri.
bea.con (bi'kın) *i.* işaret ışığı; fener; çakar.
bead (bid) *i.* 1. boncuk. 2. (silahta) arpacık. **draw a — on** -e nişan almak.
beads (bidz) *i.* 1. ipe dizilmiş boncuk. 2. boncuklar.
bead.y (bi'di) *s.* boncuk gibi: **beady eyes** boncuk gibi gözler.
beak (bik) *i.* gaga.
beak.er (bi'kır) *i.* geniş ağızlı büyük bardak.
beam (bim) *i.* 1. kiriş, hatıl, putrel. 2. direk, mertek. 3. araba/saban oku. 4. ışın. 5. *den.* kemere. **off the —** yanlış yolda; yanlış. **on the —** doğru yönde; doğru, tam.
beam (bim) *f.* 1. (ışık) yaymak, saçmak. 2. (yüzü sevinçle) parlamak.
beam.ing (bi'ming) *s.* parlak, sevinçle parlayan (yüz).
bean (bin) *i.* 1. fasulye. 2. tane, tohum. **be full of —s** çok canlı ve hevesli olmak. **broad/fava/horse —** bakla. **green —** taze fasulye. **haricot —** kuru fasulye.
bean.pole (bin'pol) *i.* 1. fasulye sırığı. 2. sırık gibi kimse.
bear (ber) *i.* ayı. **the Big B—** gökb. Büyükayı. **the Little B—** gökb. Küçükayı.
bear (ber) *f.* (**bore, borne**) 1. taşımak; kaldırmak: **It won't bear your weight.** Senin ağırlığını kaldırmaz. **They have the right to bear arms.** Silah taşıma hakkı var onların. 2. taşımak, üzerinde bulunmak: **It bears Cem's signature.** Cem'in imzasını taşıyor.

He still bears the scars of that fight. O dövüşün yaralarını hâlâ taşıyor. 3. dayanmak, tahammül etmek, çekmek: **She couldn't bear any more.** Daha fazlasına dayanamadı. 4. doğurmak. 5. (meyve) vermek. 6. (belirli bir yöne doğru) gitmek. 7. (belirli bir duygu) beslemek. 8. (belirli bir şekilde) davranmak. 9. (belirli bir şekilde) durmak/yürümek. 10. **-e gelmek: This doesn't bear repeating.** Bu tekrarlamaya gelmez. **It won't bear close scrutiny.** Yakından incelemeye gelmez. **—** down gayret etmek. **— down on** 1. -e doğru gelmek/ilerlemek. 2. **-i çok etkilemek: This tax bears down on the poor.** Bu vergi fakirleri bayağı etkiliyor. 3. fazla bastırmak: **Don't bear down so hard on your pencil.** Kurşunkalemini o kadar bastırma. 4. (azar veya ısrarla) sıkıştırmak. **— in mind** -i unutmamak, -i akılda tutmak: **You should also bear this in mind.** Bunu da unutmamalısın. **— no relation to** ile ilgisi olmamak. **— no resemblance to** -e hiç benzememek. **— no responsibility for** -in sorumlusu olmamak. **— on/upon** ile ilgisi olmak. **— someone/something out** birini/bir şeyi doğrulamak/gerçeklemek. **— the blame for** -in suçunu üzerine almak; -in töhmeti altında kalmak. **— the brunt of** (saldırı, azarlama, baskı v.b.'nin) en ağır/şiddetli kısmını çekmek: **She bore the brunt of Yalçın's wrath.** Yalçın'ın gazabını en çok o çekti. **— up (under)** (zor bir duruma) dayanmak: **She's bearing up well.** İyi dayanıyor. **— watching** -in izlenmesi gerekmek. **— with** -e sabır göstermek. **bring something to — on** -e bir şeyi uygulatmak: **He brought some pressure to bear on the general.** Generale biraz baskı yaptırdı.
bear.a.ble (ber'ıbıl) *s.* tahammül edilebilir, çekilebilir.
beard (bird) *i.* sakal.
beard.ed (bir'dıd) *s.* sakallı.
beard.less (bird'lıs) *s.* sakalsız.
bear.er (ber'ır) *i.* üzerinde taşıyan kimse, elinde bulunduran kimse. **to the —** hamiline.
bear.ing (ber'ing) *i.* 1. hal, tavır, davranış. 2. yatak, mil yatağı. 3. *den.* kerteriz. **have a — on** ile ilgisi olmak; -i etkilemek. **lose one's —s** şaşırmak, pusulayı şaşırmak. **take a — den.** kerteriz almak.
beast (bist) *i.* hayvan.
beast.ly (bist'li) *s.* hayvanca.
beat (bit) *f.* (**beat, —en**) 1. dövmek, vurmak, çarpmak. 2. (davul) çalmak. 3. (yumurta) çırpmak. 4. yenmek, galip gelmek. 5. (kalp) atmak. **— a retreat** 1. geri çekilmek.

beat

2. vazgeçmek. — **about/around the bush** k. dili bin dereden su getirmek. — **down the price** k. dili pazarlıkla fiyat indirtmek. **B— it!** argo Defol! — **off** k. dili defetmek, kovmak. — **someone all hollow** k. dili 1. birini büyük bir yenilgiye uğratmak, birini ezmek, birini pes ettirmek. 2. birinden çok daha üstün olmak, birini cebinden çıkarmak. — **someone down** k. dili birine fiyat indirtmek. — **someone up** k. dili birini fena halde dövmek, birini tekme tokat dövüp iyice hırpalamak. — **something all hollow** k. dili bir şeyden çok daha üstün olmak. — **the air** k. dili boşuna uğraşmak; havanda su dövmek. — **the bushes** k. dili her yerde aramak. — **time** tempo tutmak. — **to windward** den. orsasına seyretmek.
beat (bit) s., k. dili çok yorgun, pestili çıkmış.
beat (bit) i. 1. vuruş, darbe. 2. darbe sesi. 3. müz. tempo. 4. polis memurunun devriyesi.
beat.en (bit´ın) f., bak. **beat**. s. 1. dövülmüş, dövme (metal). 2. çırpılmış (yumurta v.b.). 3. çiğnenmiş, üzerinden geçilmiş (patika, yol v.b.). **be off the — track** k. dili her yerden uzak bir yerde olmak, dağ başında olmak.
beau (bo), çoğ. **—s/—x** (boz) i. (kadına) âşık erkek, âşık, sevgili.
beau.ti.cian (byutiş´ın) i. 1. kadın berberi, kuaför. 2. güzellik uzmanı.
beau.ti.ful (byu´tıfıl) s. (çok) güzel.
beau.ti.ful.ly (byu´tifli, byu´tifıli) z. güzelce.
beau.ti.fy (byu´tıfay) f. güzelleştirmek.
beau.ty (byu´ti) i. 1. güzellik. 2. güzel kadın. 3. güzel şey. — **contest** güzellik yarışması. — **parlor/shop** (kadınlar için) kuaför salonu. — **queen** güzellik kraliçesi. — **sleep** güzellik uykusu.
bea.ver (bi´vır) i. 1. kunduz. 2. kastor, kunduz kürkü.
be.came (bikeym´) f., bak. **become**.
be.cause (bikʌz´, bikôz´) bağ. -diği için, nedeniyle; çünkü. — **of** -den dolayı, için.
beck (bek) i. **be at someone's — and call** her an birinin emrinde olmak.
beck.on (bek´ın) f. el/baş işaretiyle çağırmak.
be.come (bikʌm´) f. (**be.came, be.come**) 1. olmak. 2. yakışmak, yaraşmak: **That tie becomes you.** O kravat sana yakışıyor.
be.com.ing (bikʌm´ing) s. 1. **to** -e yakışan. 2. uygun, münasip.
bed (bed) i. 1. yatak; karyola. 2. (bahçedeki) tarh. 3. nehir yatağı. — **and board** tam pansiyon. — **and breakfast** yatak ve kahvaltı. **go to —** yatmak. **make a —** yatak yapmak. **put to —** yatırmak.
bed.bug (bed´bʌg) i. tahtakurusu.
bed.clothes (bed´kloz, bed´klodhz) i., çoğ. ya-

tak takımı.
bed.ding (bed´ing) i. yatak takımı.
bed.fel.low (bed´felo) i. **be strange —s** birbirine zıt oldukları halde belirli bir amaç için birlikte çalışmak.
bed.lam (bed´lım) i. tımarhane gibi bir yer, çok gürültülü ve kargaşalı bir yer. **B— broke loose.** Kıyamet koptu.
Bed.ou.in (bed´ıwın) i. Bedevi.
bed.pan (bed´pän) i. (yatakta kullanılan) sürgü.
bed.rid.den (bed´rıdın) s. yatalak.
bed.roll (bed´rol) i. dürülü yatak.
bed.room (bed´rum) i. yatak odası.
bed.side (bed´sayd) i. yatağın başucu.
bed-sit (bed´sit), **bed-sit.ter** (bed´sitır) i., İng. banyosuz, tek odalı apartman dairesi.
bed.sore (bed´sôr) i., tıb. yatak yarası.
bed.spread (bed´spred) i. yatak örtüsü.
bed.stead (bed´sted) i. karyola.
bed.time (bed´taym) i. yatma zamanı.
bee (bi) i. arı, balarısı. **busy as a —** çok meşgul. **have a — in one's bonnet** bir fikri kafasına takmış olmak.
beech (biç) i. kayın ağacı.
beef (bif) i. 1. sığır eti. 2. (çoğ. **beeves**) sığır. 3. (çoğ. **—s**) argo şikâyet. f., argo şikâyet etmek, sızlanıp durmak. — **up** k. dili kuvvetlendirmek.
beef.steak (bif´steyk) i. biftek.
bee.hive (bi´hayv) i. arı kovanı.
bee.keep.er (bi´kipır) i. arı yetiştiricisi, arıcı.
bee.line (bi´layn) i. 1. kestirme yol. 2. düz çizgi, düz hat. **make a — for/to** -e hemen gitmek.
been (bin, İng. bin) f., bak. **be**.
beep (bip) i. 1. korna sesi. 2. (elektronik aygıttan çıkan) bip sesi. f. 1. korna çalmak. 2. bip bip diye ses çıkarmak.
beep.er (bi´pır) i. çağrı cihazı.
beer (bir) i. bira.
bees.wax (biz´wäks) i. balmumu.
beet (bit) i. pancar. — **sugar** pancar şekeri, sakaroz.
bee.tle (bit´ıl) i. 1. kınkanatlı böcek. 2. İng., k. di- li bir Volkswagen modeli, kaplumbağa, Vosvos.
bee.tle (bit´ıl) f., İng., k. dili sıvışmak, kaçmak.
beet.root (bit´rut) i. (çoğ. **beet.root**) İng. pancar.
be.fall (bifôl´) f. (**be.fell, —en**) başına gelmek.
be.fall.en (bifô´lın) f., bak. **befall**.
be.fell (bifel´) f., bak. **befall**.
be.fit (bifit´) f. (**—ted, —ting**) yakışmak, uygun olmak.
be.fit.ting (bifit´ing) s. yakışan.
be.fore (bifôr´) z. 1. önce, evvel. 2. önünde, cephesinde. edat 1. tercihen, yerine. 2. huzurunda. bağ. -den önce. — **Christ (B.C.)** milattan önce (M.Ö.), İsa'dan önce (İ.Ö.). — **the wind** rüzgâr yönünde.

be.fore.hand (bifôr´händ) z. önce, önceden.
be.friend (bifrend´) f. dostça davranmak, yardım etmek.
beg (beg) f. (—ged, —ging) 1. dilenmek. 2. of -den dilemek, -den rica etmek. 3. yalvarmak.
be.gan (bigän´) f., bak. begin.
be.get (biget´) f. (be.got, be.got.ten/be.got, —ting) 1. babası olmak. 2. yol açmak, sebep olmak.
beg.gar (beg´ır) i. 1. dilenci. 2. çapkın. f. sefalete düşürmek, mahvetmek. — description tarifi imkânsız olmak, anlatmaya sözcükler yetmemek.
be.gin (bigin´) f. (be.gan, be.gun, —ning) 1. başlamak; başlatmak, ön ayak olmak. 2. meydana gelmek, vücut bulmak.
be.gin.ner (bigin´ır) i. işe yeni başlayan kimse.
be.gin.ning (bîgîn´îng) i. 1. başlangıç. 2. kaynak, baş, esas.
be.go.nia (bigon´yı) i., bot. begonya.
be.got (bigat´) f., bak. beget.
be.got.ten (bigat´ın) f., bak. beget.
be.grudge (bigrʌc´) f. 1. (bir şeyi) (birine) fazla görmek: You don't begrudge me this vacation, do you? Bu tatili bana fazla görmüyorsun, değil mi? 2. (bir şeyi) istemeyerek vermek/yapmak: To tell you the truth, I begrudge giving those loafers a day off. O haylazlara bir gün tatil vermek zoruma gidiyor doğrusu. She begrudges every minute she has to spend away from Nahit. Nahit'ten ayrılmak, bir dakika da olsa, ona zor geliyor.
be.guile (bigayl´) f. 1. aklını çelmek, ayartmak; saptırmak. 2. cezbetmek.
be.gun (bigʌn´) f., bak. begin.
be.half (bihäf´) i. on — of -in namına, -in adına.
be.have (biheyv´) f. davranmak, hareket etmek. — oneself terbiyeli davranmak. B— yourself! Terbiyeni takın!
be.hav.ior, İng. **be.hav.iour** (biheyv´yır) i. davranış tarzı; davranış.
be.hav.ior.ism, İng. **be.hav.iour.ism** (biheyv´yırîzm) i. davranışçılık.
be.hav.iour (biheyv´yır) i., İng., bak. behavior.
be.hav.iour.ism (biheyv´yırîzm) i., İng., bak. behaviorism.
be.head (bihed´) f. boynunu vurmak, kellesini uçurmak.
be.held (biheld´) f., bak. behold.
be.hest (bihest´) i. 1. emir, buyruk. 2. ısrarlı istek, ısrar: She would sometimes sing at the behest of friends. Arkadaşlarının ısrarlı istekleri üzerine bazen şarkı söylerdi.
be.hind (biháynd´) z. 1. (somut anlamda) peşinden; geride: The children were running behind. Çocuklar peşinden koşuyordu. We left them far behind. Onları çok geride bırak-

tık. 2. (zaman açısından) geride; geri: We're behind in our work. İşimizde geri kaldık. edat 1. arkasında; arkasına: He went behind the curtain. Perdenin arkasına gitti. That clock is behind. O saat geri. Behind that wall there is a garden. O duvarın arkasında bir bahçe var. 2. (soyut anlamda) ardında: What's behind that remark of his? O sözünün ardında ne var? 3. (bir sınıflandırmada) geride: They're one point behind us. Bizden bir puan gerideler. 4. (destekleme anlamında) arkasında: He is behind us. Arkamızda o var. i. kıç, makat. — bars k. dili hapiste, içerde. — the scenes perde arkasında. — the times çağın gerisinde, demode. do something — one's back birinden gizli yapmak. talk — one's back birinin arkasından konuşmak.
be.hold (bihold´) f. (be.held) 1. bakmak, gözlemlemek. 2. görmek.
be.hold.en (bihol´dın) s. borçlu, minnettar.
be.hold.er (bihol´dır) i. seyirci.
be.hoove (bihuv´), İng. **be.hove** (bihov´) f. 1. yakışık almak, yakışmak. 2. -meli, gerekmek.
beige (beyj) s., i. bej.
be.ing (bi´ying) i. 1. oluş, varoluş. 2. varlık. 3. yaratık. 4. insan. **call into** — yaratmak, halk etmek. **Supreme B—** Allah, Tanrı, Cenabı Hak.
be.la.bor, İng. **be.la.bour** (biley´bır) f. üzerinde fazla durmak: Don't belabor the point. O nokta üzerinde fazla durma.
Be.la.rus (bel´ırûs) i. Belarus, Beyaz Rusya.
Be.la.rus.sian (belırʌş´in) i., s. 1. Belaruslu. 2. Belarusça.
be.lat.ed (biley´tid) s. gecikmiş, geç kalmış.
be.lat.ed.ly (biley´tidli) z. gecikerek, vaktinden sonra.
belch (belç) f. 1. geğirmek. 2. püskürtmek, fırlatmak. i. geğirme.
be.lea.guer (bili´gır) f. kuşatmak, etrafını sarmak, etrafını çevirmek, muhasara etmek.
bel.fry (bel´fri) i. çan kulesi.
Bel.gian (bel´cın) i. Belçikalı. s. 1. Belçika. 2. Belçika, Belçika'ya özgü. 2. Belçikalı.
Bel.gium (bel´cım, bel´ciyım) i. Belçika.
be.lie (bilay´) f. (—d, be.ly.ing) 1. (sahte bir şey) (gerçek bir şeyi) örtmek. 2. yanlış/sahte olduğunu göstermek.
be.lief (bilif´) i. inanç. **be beyond** — inanılması mümkün olmamak, inanılmaz olmak.
be.liev.a.ble (bili´vıbıl) s. inanılır.
be.lieve (biliv´) f. 1. inanmak. 2. iman etmek, güçlü bir inanç duymak. 3. sanmak. — in 1. -e inanmak. 2. -e güvenmek. **B— me!** Sözüme inan!
be.liev.er (bili´vır) i. inanan, mümin.
be.lit.tle (bilit´îl) f. küçültmek, alçaltmak; kü-

çümsemek.
Be.lize (bılíz´) *i.* Belize.
Be.li.ze.an (bılí´ziyın) *i.* Belizeli. *s.* 1. Belize, Belize'ye özgü. 2. Belizeli.
bell (bel) *i.* çan, kampana; zil, çıngırak.
bel.la.don.na (belıdan´ı) *i., bot.* güzelavratotu, belladonna.
bell.boy (bel´boy) *i.* otellerde oda hizmetçisi çocuk.
belle (bel) *i.* güzel kadın, dilber.
bell.flow.er (bel´flauwır) *i., bot.* çançiçeği.
bell.hop (bel´hap) *i., bak.* **bellboy.**
bel.li.cose (bel´ıkos) *s.* kavgacı, dövüşken.
bel.lig.er.ence (bılíc´ırıns) *i.* 1. kavgacılık, dövüşkenlik. 2. savaşçılık.
bel.lig.er.ent (bılíc´ırınt) *s., i.* 1. kavgacı, dövüşken. 2. savaşçı.
bel.low (bel´o) *f.* 1. böğürmek. 2. bağırmak.
bel.lows (bel´oz) *i., tek., çoğ.* körük.
bel.ly (bel´î) *i.* karın. — **dancer** Oryantal dansöz, dansöz. — **dancing** göbek atma, Oryantal dans.
bel.ly.ache (bel´i.eyk) *i.* karın ağrısı. *f., k. dili* şikâyet etmek, sızlanmak.
bel.ly.but.ton (bel´ibʌtın) *i., k. dili* göbek, göbek çukuru.
bel.ly-up (beli.ʌp´) *z.* **go** — *k. dili* topu atmak, iflas etmek.
be.long (bilông´) *f.* 1. **to** (bir şey) (birinin) malı olmak, (birine) ait olmak: **That table belongs to me.** O masa benim. 2. **to** -in üyesi olmak: **Tuna belongs to the Moda Yacht Club.** Tuna, Moda Yat Kulübü'ne üye. 3. -in yeri (belirli bir yerde) olmak: **You put that back where it belongs right now!** Onu hemen yerine geri koy! **You don't belong there.** Senin yerin orası değil.
be.long.ings (bilông´îngz) *i., çoğ.* (kişisel) eşya.
Be.lo.rus.sia (byelorʌş´ı) *i., bak.* **Belarus.**
Be.lo.rus.sian (byelorʌş´ın) *i., s., bak.* **Belarussian.**
be.lov.ed (bilʌv´îd) *s.* sevgili, aziz. *i.* sevgili.
be.low (bilo´) *z.* aşağıdan; aşağıda; aşağıya: **from below** aşağıdan. **the river flowing below** aşağıda akan nehir. **two floors below** iki kat aşağıda. **those below** aşağıdakiler. *edat* -den aşağı, aşağısında, altında; ötesinde: **just below the mouth of the spring** pınar başının hemen aşağısında. **ten degrees below zero** sıfırın altında on derece. **below the salt** tuzluğun ötesinde. *s.* aşağıda yazılan, aşağıda verilen, aşağıdaki: **See the list below.** Aşağıdaki listeye bakın.
belt (belt) *i.* kuşak, kemer, kayış; kolan. *f.* 1. *k. dili* yumruk indirmek; şiddetle vurmak. 2. kemerle bağlamak. 3. kuşatmak, çevirmek. — **buckle** kemer tokası. **B** — **up!** *k. dili* Sus!/Çe-

neni kapa! **give someone a** — **on** *k. dili* birine yumruk indirmek. **hit below the** — 1. *boks* kemerden aşağı usulsüz olarak vurmak. 2. *mec.* kahpece hareket etmek. **tighten one's** — kemerleri sıkmak.
be.moan (bîmon´) *f.* (bir şeyden) ağlayıp sızlayarak şikâyet etmek, inleyerek yakınmak; üzüntüsünü belirtmek.
be.mused (bîmyuzd´) *s.* 1. şaşkın. 2. dalgın.
bench (benç) *i.* sıra, bank. — **mark** 1. röper, röper noktası, seviye işareti. 2. denektaşı, ölçüt, kıstas.
bend (bend) *f.* **(bent/*eski* —ed)** 1. eğmek, bükmek, kıvırmak; eğilmek, bükülmek, kıvrılmak. 2. *den.* bağlamak. *i.* 1. kıvrım. 2. dirsek. 3. dönemeç, viraj. 4. *den.* bağ, düğüm. — **to/towards** (bir şeye) aklı yatmak. **be bent on doing something** bir şey yapmayı aklına koymak. **be bent out of shape** *k. dili* küplere binmek, çıldırmak. **on** —**ed knee** yalvararak, diz çökmüş durumda.
bend.a.ble (ben´dıbıl) *s.* eğilir, eğrilir, bükülür.
bends (bendz) *i.* **the** — (dalgıçlarda) vurgun.
be.neath (bînîth´) *z.* aşağıdan; aşağıda; aşağıya: **The sea beneath was blue.** Aşağıdaki deniz maviydi. **From beneath there came a voice.** Aşağıdan bir ses geldi. *edat* altında: **beneath the tree** ağacın altında. **be** — **someone** birine yakışmamak, birinin tenezzül etmeyeceği bir şey olmak: **That's beneath you.** O sana yakışmaz.
ben.e.dic.tion (benıdîk´şın) *i.* kutsama, takdis.
ben.e.fac.tion (benıfäk´şın) *i.* 1. hayır işine para bağışlama. 2. hayır işine bağışlanan para, bağış.
ben.e.fac.tor (ben´ıfäktır) *i.* hayır işine para bağışlayan, bağışçı.
ben.e.fi.cence (bınef´ısıns) *i.* 1. yardımseverlik; cömertlik. 2. hayır işine bağışlanan para, bağış.
ben.ef.i.cent (bınef´ısınt) *s.* 1. yardımsever, cömert. 2. iyi, hayırlı.
ben.e.fi.cial (benıfîş´ıl) *s.* hayırlı; yararlı, faydalı.
ben.e.fi.cial.ly (benıfîş´ıli) *z.* yararlı bir şekilde.
ben.e.fi.ci.ar.y (benıfîş´iyeri) *i.* 1. yararlanan kimse. 2. mirasçı, vâris.
ben.e.fit (ben´ıfît) *i.* yarar, fayda. *f.* -in yararına olmak, -e yararlı olmak, -e yararı dokunmak; **from** -den yararlanmak, -den faydalanmak, -den istifade etmek: **This change will benefit you.** Bu değişiklik sana iyi gelecek. **This would benefit by the addition of some salt.** Buna biraz tuz eklenirse iyi olur. **We have greatly benefited from your advice.** Nasihatinizden çok istifade ettik. — **concert** yardım amacıyla düzenlenen konser. **for the** — **of** -in yararına olmak: **This concert's for the benefit of Darüşşafaka.** Bu konser Da-

rüşşafaka'nın yararına. fringe —s maaş dışında verilen haklar. give someone the — of the doubt k. dili birinin kötü/olumsuz bir şey yapmadığını farz etmek. give something the — of the doubt k. dili bir şeyin kötü/olumsuz bir sonuç vermediğini farz etmek.
be.nev.o.lence (bınev'ılıns) i. 1. yardımseverlik; cömertlik. 2. bağış.
be.nev.o.lent (bınev'ılınt) s. 1. yardımsever; cömert. 2. kâr gayesi gütmeyen (kurum v.b.). 3. iyi, hayırlı.
be.nign (binayn') s. 1. yumuşak huylu. 2. yumuşak (hava). 3. bereketli (toprak). 4. iyi huylu, iyicil, selim (tümör).
Be.nin (benin') i. Benin.
Be.nin.ese (beniniz') i. (çoğ. Be.nin.ese) Beninli. s. 1. Benin, Benin'e özgü. 2. Beninli.
bent (bent) s. 1. eğri, kıvrık, bükülmüş. 2. İng., k. dili hilekâr, düzenbaz, üçkâğıtçı; hiç güvenilmez; rüşvetçi; hırsız. 3. k. dili deli, çatlak. 4. k. dili eşcinsel. i. (belirli bir) yetenek: She has a bent for music. Onda müzik yeteneği var. be — on/upon -i kafasına/aklına koymuş olmak. be — out of shape k. dili küplere binmek, çıldırmak.
bent (bent) f., bak. bend.
ben.zene (ben'zin) i., kim. benzen.
ben.zine (ben'zin) i. benzin.
be.queath (bikwidh') f. vasiyet etmek, miras olarak bırakmak.
be.quest (bikwest') i. vasiyet.
be.rate (bireyt') f. azarlamak, haşlamak.
be.reaved (birivd') s. matemli, yaslı. i. the —. 1. yas tutan kimse. 2. matemliler, yaslılar.
be.reave.ment (biriv'mınt) i. (ölüm nedeniyle) kayıp, kaybetme, yitirme; matem, yas.
be.reft (bireft') s. — of -den yoksun kalmış: bereft of strength kuvvetten düşmüş.
be.ret (bırey') i. bere.
ber.ry (ber'i) i. etli ve zarlı kabuksuz meyve.
ber.serk (bır'sırk) s. çılgınca hareket eden. go — çıldırarak etrafı kırıp geçirmek.
berth (bırth) i. 1. (taşıtlarda) yatak, ranza. 2. den. manevra alanı. 3. den. rıhtımda palamar yeri. 4. gemici ranzası. 5. iş, görev. f., den. (gemiyi) rıhtıma yanaştırmak; (gemi) rıhtıma yanaşmak. give a wide — to -den kaçınmaya dikkat etmek. give the land a wide — karadan çok uzakta bulunmak.
be.seech (bisiç') f. (be.sought/—ed) yalvarmak, istirham etmek.
be.seech.ing.ly (bisi'çing.li) z. yalvararak.
be.set (biset') f. (be.set, —ting) 1. -e sıkıntı vermek. 2. -i kuşatmak, -in etrafını sarmak/çevirmek. be — by/with 1. -in (olumsuz yönleri) çok olmak: This project's beset with prob-

lems. Bu proje problemlerle dolu. 2. -i kaplamak, -i istila etmek: I was suddenly beset by doubts. Birdenbire içimi kuşkular kapladı.
be.set.ting (biset'ing) s. yakayı bırakmayan.
one's — sin birinin en kötü huyu.
be.side (bisayd') edat 1. yanına; yanında. 2. -in yanında, -e nazaran. — oneself kendinden geçmiş, çılgın. be — the point/question -in (konuşulan şeyle) hiç ilgisi olmamak, konudışı olmak: That's beside the point. Onun alakası yok.
be.sides (bisaydz') edat 1. -den başka, -in dışında. 2. yanı sıra. z. ayrıca, üstelik.
be.siege (bisic') f. 1. -i kuşatma altında tutmak. 2. etrafını almak, başına üşüşmek.
be.smear (bismir') f. bulaştırmak, kirletmek.
be.sot.ted (bisat'ıd) s. 1. sarhoş. 2. aptal, sersem. be — with İng. -e kapılmak, ... sevdasına kapılmak, kendini -e kaptırmak.
be.sought (bisôt') f., bak. beseech.
be.spoke (bispok') s., İng. 1. ısmarlama, ısmarlama yapılmış. 2. ısmarlama iş yapan.
best (best) f. hakkından gelmek, yenmek; baskın çıkmak, geçmek.
best (best) s. (good ve well' in enüstünlük derecesi) en iyi, en hoş, en uygun. i. en iyisi. — man sağdıç. — seller çoksatar. at — olsa olsa, taş çatlasa. be at one's — en iyi durumda olmak, formunda olmak. do one's — elinden geleni yapmak. get the — of -i alt etmek, -i yenmek. had — do yapmalı, yapsa daha iyi olur. have the — of it galip gelmek, üstün olmak. make the — of -den azami derecede yararlanmak. Maybe it's all for the —. Belki de böylesi daha iyi olur. the — part yarısından fazla, çoğu: the best part of the day günün çoğu.
bes.tial (bes'çıl) s. hayvan gibi, hayvana ait; vahşi; kaba.
bes.tial.ly (bes'çili) z. hayvanca, hayvana yakışır şekilde; vahşice, kabaca.
be.stir (bıstır') f. (—red, —ring) harekete geçirmek, yerinden oynatmak.
be.stow (bisto') f. (on/upon) (-e) vermek, ihsan etmek.
be.stride (bıstrayd') f. (be.strode, be.strid.den/ be.strid) 1. bacaklarını ayırarak binmek. 2. her iki tarafında/yakasında bulunmak/uzanmak: Istanbul bestrides two continents. İstanbul iki kıta üzerinde kurulmuştur.
bet (bet) f. (bet/—ted, —ting) 1. bahse girmek, bahis tutuşmak. 2. kuvvetle sanmak: I bet he's there. Bence orada olması kesin. i. bahis; iddia. best — en iyi yol/çare. I'll bet ..../I'm willing to bet ..../My bet is .... Bahse girerim ki .... Want to —? Bahse girer misin? You —! k. dili Elbette!/Hay hay!

a ä e ı i î ô o û u ʌ ıl ım ın ır ng ngg ngk
car cat met above heal his dog so good do up couple prism demon burn ring finger ink

be.tide (bitayd´) *f.* **1.** (birinin) başına gelmek: **Woe betide them!** Başlarına taş yağsın! **2.** -e alamet olmak: **It betides good.** O hayra alamet.
be.tray (bitrey´) *f.* **1.** ihanet etmek; ele vermek. **2.** göstermek. **3.** aldatmak.
be.tray.al (bitrey´ıl) *i.* hıyanet; ele verme.
be.tray.er (bitrey´ır) *i.* hain, ihanet eden.
bet.ter (bet´ır) *s.* (good ve well'*in üstünlük derecesi*) **1.** daha iyi, daha güzel. **2.** daha çok. *z.* (**well'***in üstünlük derecesi*) daha iyi bir şekilde. *i.* **1.** daha iyisi. **2.** üstünlük. — **and** — gittikçe daha iyi. — **half** *k. dili* eş. **be** — **off** daha iyi durumda olmak. **for** — **or for worse** iyi de olsa, kötü de olsa; anca beraber kanca beraber. **get** — iyileşmek. **get the** — **of** galip gelmek, üstün olmak. **He had** — **not.** Yapmazsa daha iyi eder. **I had** — **go.** Gitsem iyi olacak. **So much the** —. Daha iyi!/Iyi ya!/Isabet! **the** — **part** yarısından fazla, çoğu: **the better part of the night** gecenin çoğu. **think** — **of** düşünüp fikrini değiştirmek, (bir şeyi) yapmaktan vazgeçmek.
be.tween (bitwin´) *edat* **1.** arasında: **between Karaköy and Eminönü** Karaköy ile Eminönü arasında. **between the two of them** ikisi arasında. **2.** arasında, ila: **between ten and twenty tons** on ila yirmi ton. — **you and me** laf/söz aramızda. **be few and far** — nadir rastlanmak; çok seyrek olmak. **buy something** — **themselves** bir şeyi ortaklaşa satın almak: **They bought the house between them.** Evi ortaklaşa satın aldılar. **in** — **aralarında: two houses with a yard in between** aralarında bir bahçe olan iki ev.
bev.el (bev´ıl) *i.* pah, pahlanmış kenar. *f.* (**—ed/—led, —ing/—ling**) pahlamak.
bev.eled (bev´ıld) *s.* pahlanmış, şev.
bev.er.age (bev´ric) *i.* içecek, meşrubat.
bev.y (bev´i) *i.* kalabalık bir grup: **That bevy of beauties made the house ring with laughter.** O güzeller evi kahkahalarıyla çınlattı.
be.wail (biweyl´) *f.* **1.** -e hayıflanmak. **2.** (bir şeye) ağlamak.
be.ware (biwer´) *f.* sakınmak, çok dikkat etmek, gözünü açmak.
be.wil.der (biwil´dır) *f.* şaşırtmak, sersemletmek.
be.wil.der.ment (biwil´dırmınt) *i.* şaşkınlık.
be.witch (biwiç´) *f.* **1.** büyü yapmak. **2.** büyülemek, cezbetmek.
be.witch.ing (biwiç´ing) *s.* büyüleyici.
be.yond (biyand´) *z.* ötede; öteye. *edat* **1.** ötesinde; ötesi, -den öte; -den sonra: **Beyond there there's nothing but mountains.** Oradan öte dağdan başka şey yok. **beyond four o'clock** saat dörtten sonra. **2.** dışında: **It's beyond his capability.** Onun kabiliyetinin dı-

şında. **3.** -den başka: **I can do nothing beyond that.** Ondan başka bir şey yapamam. *i.* ötesi; ötesindeki; ötesindekiler.
Bhu.tan (butan´, butän´) *i.* Butan.
Bhu.tan.ese (butıniz´) *i.* (*çoğ.* **Bhu.tan.ese**) Butanlı. *s.* **1.** Butan, Butan'a özgü. **2.** Butanlı.
bi.an.nu.al (bayän´yuwıl) *s.* yılda iki kez olan.
bi.as (bay´ıs) *i.* **1.** verev. **2.** eğilim. **3.** önyargı. *f.* **1.** (birini) (belirli bir şekilde) etkilemek: **They tried to bias me against him.** Beni onun aleyhine çevirmeye çalıştılar. **2.** (birinin) fikrini yönlendirmek/etkilemek: **Don't bias the witness!** Sanığı etkileme! **on the** — verevine, verev.
bi.ased (bay´ıst) *s.* önyargılı.
bib (bib) *i.* mama önlüğü.
Bi.ble (bay´bıl) *i.* Kitabı Mukaddes, Kutsal Kitap, Eski ve Yeni Ahit.
Bib.li.cal (bib´likıl) *s.* Kitabı Mukaddes'e ait.
bib.li.cal (bib´likıl) *s., bak.* **Biblical**.
Bib.li.cal.ly (bib´likli, bib´likıli) *z.* Kitabı Mukaddes'le ilgili olarak.
bib.li.cal.ly (bib´likli, bib´likıli) *z., bak.* **Biblically**.
bib.li.og.ra.phy (bibliyag´rıfi) *i.* bibliyografya, kaynakça.
bib.li.o.ma.ni.a (bibliyımey´niyı) *i.* kitap sayrılığı, bibliyomani.
bib.li.o.ma.ni.ac (bibliyımey´niyäk) *i.* kitap sayrılısı, bibliyoman.
bib.li.o.phile (bib´liyıfayl) *i.* kitapsever, bibliyofil.
bib.li.oph.i.lism (bibliyaf´ılizım), **bib.li.oph.i.ly** (bibliyaf´ılı) *i.* kitapseverlik, bibliyofili.
bi.car.bon.ate (baykar´bınit) *i.* bikarbonat. — **of soda** karbonat.
bi.cen.te.nar.y (baysenten´ıri), **bi.cen.ten.ni.al** (baysenten´iyıl) *i.* iki yüzüncü yıldönümü. *s.* iki yüzüncü yıldönümüne ait.
bi.ceps (bay´seps) *i.* (*çoğ.* **bi.ceps**) *anat.* pazı.
bick.er (bik´ır) *f.* atışmak, çekişmek, münakaşa etmek.
bi.cy.cle (bay´sikıl) *i.* bisiklet. *f.* bisikletle gitmek, bisiklet kullanarak gitmek.
bid (bid) *f.* (**bid, —ding**) **1.** açık artırmada fiyat artırmak. **2.** briç deklarasyon yapmak. **3.** önermek. *i.* **1.** öneri. **2.** girişim, teşebbüs.
bid (bid) *f.* (**bade/bid, —den/bid, —ding**) **1.** emretmek, kumanda etmek. **2.** demek, söylemek. — **farewell** veda etmek.
bid.den (bid´ın) *f., bak.* **bid**.
bide (bayd) *f.* (**—d/bode; —d**) **1.** dayanmak, yıkılmamak. **2.** oturmak, beklemek. — **one's time** uygun zamanı beklemek.
bi.en.ni.al (bayen´iyıl) *s.* iki yılda bir olan.
bier (bir) *i.* ayaklı tabut altlığı; tabut taşımak için kullanılan tekerlekli sedye.
bi.fo.cal (bayfo´kıl) *s.* bifokal, çift odaklı.

bi.fo.cals (bayfo'kılz, bay'fokılz) i., çoğ. bifokal gözlük.
big (big) s. 1. büyük, iri, kocaman. 2. önemli, etkili. — business dev şirketler. — shot/wheel k. dili kodaman. be a — deal k. dili çok önemli olmak. talk — k. dili yüksekten atmak, fart furt etmek; büyük söylemek.
big.a.mist (big'ımist) i., huk. resmen evliyken başka biriyle yasadışı olarak evlenen kimse.
big.a.my (big'ımi) i., huk. resmen evliyken başka biriyle yasadışı olarak evlenme.
big.heart.ed (big'hartıd) s. eli açık, cömert.
big.ot (big'ıt) i. bağnaz, mutaassıp; dar görüşlü kimse.
big.ot.ed (big'ıtıd) s. bağnaz, mutaassıp.
big.ot.ry (big'ıtri) i. bağnazlık, taassup.
big.wig (big'wig) i., k. dili kodaman.
bike (bayk) i., k. dili bisiklet.
bike.way (bayk'wey) i. bisiklet yolu.
bi.ki.ni (biki'ni) i. bikini.
bi.lat.er.al (baylät'ırıl) s. iki taraflı, iki kenarlı.
bile (bayl) i. 1. öd, safra. 2. huysuzluk, terslik, aksilik.
bilge (bilc) i. 1. den. sintine, karina. 2. saçmalık.
bi.lin.gual (bayling'gwıl) s. iki dilli.
bil.ious (bil'yıs) s. 1. safraya ait, öde ait. 2. aksi, ters, huysuz.
bilk (bilk) f. dolandırmak, aldatmak, kandırmak.
bill (bil) i. 1. fatura, hesap. 2. kâğıt para. 3. kanun tasarısı. f. fatura çıkarmak. — of exchange poliçe; kambiyo senedi. — of fare yemek listesi, menü. — of health sağlık belgesi. — of lading konşimento; manifesto. — of rights insan hakları beyannamesi. — of sale fatura. endorse a — çeki ciro etmek. fill the — ihtiyacını karşılamak, işini görmek: This'll fill the bill. İşimizi görür bu. foot the — k. dili parasını vermek.
bill (bil) i. gaga.
bill.board (bil'bôrd) i. ilan tahtası.
bill.fold (bil'fold) i. cüzdan.
bil.liard (bil'yırd) i. — ball bilardo topu. — hall bilardo salonu.
bil.liards (bil'yırdz) i. bilardo.
bil.lion (bil'yın) i. 1. ABD milyar, bilyon. 2. İng. trilyon.
bil.low (bil'o) i. (büyük) dalga. f. 1. dalgalanmak; dalgalandırmak. 2. (yelken) şişmek; (yelkeni) şişirmek. 3. (duman) buram buram çıkmak; çok (duman) çıkarmak.
bil.low.y (bil'owi) s. dalgalı.
bil.ly (bil'i) i. 1. k. dili cop. 2. teke, erkek keçi. — goat teke, erkek keçi.
bi.month.ly (bay.mʌnth'li) s. 1. iki ayda bir olan. 2. ayda iki kez olan.
bin (bin) i. (kömür, tahıl v.b.'ni saklamak için) kap; sandık; yer: coal bin kömürlük. wood bin odunluk.
bi.na.ry (bay'nıri) s. ikili, çift.
bind (baynd) f. (bound) 1. bağlamak; sarmak. 2. kenarını tutturmak. 3. ciltlemek. 4. (dar bir giysi) rahatsız etmek, fazla sıkmak.
bind.er (bayn'dır) i. 1. ciltçi. 2. biçerbağlar. 3. tutkal.
bind.er.y (bayn'dıri) i. ciltevi.
bind.ing (bayn'ding) s. 1. bağlayıcı. 2. zorlayıcı. i. 1. ciltleme; cilt. 2. kenar şeridi.
binge (binc) i. 1. çok fazla içki içilen süre: He goes on a weekend binge every now and then. Ara sıra hafta sonu boyunca içki içmekten başka bir şey yapmaz. 2. (bir şeyin) aşırı derecede yapıldığı süre: Yesterday she went on a shopping binge. Dün kendini fena halde alışverişe kaptırdı.
bin.oc.u.lars (baynak'yılırz) i. (iki gözle bakılabilen) dürbün.
bi.o.chem.ist (bayokem'îst) i. biyokimya uzmanı.
bi.o.chem.is.try (bayokem'îstri) i. biyokimya.
bi.o.de.grad.a.ble (bayodîgrey'dıbıl) s. çevreye zarar vermeden toprakta çözünebilen.
bi.og.ra.pher (bayag'rıfır) i. biyografi yazarı.
bi.og.ra.phy (bayag'rıfi) i. yaşamöyküsü, biyografi.
bi.o.log.i.cal (bayılac'îkıl) s. biyolojik, yaşambilimsel, dirimbilimsel. — clock biyolojik saat. — warfare biyolojik savaş.
bi.o.log.i.cal.ly (bayılac'îkılî) z. biyolojik olarak, biyolojik açıdan.
bi.ol.o.gist (bayal'ıcîst) i. biyolog, yaşambilimci, dirimbilimci.
bi.ol.o.gy (bayal'ıci) i. biyoloji, yaşambilim, dirimbilim.
bi.on.ic (bayan'îk) s. biyonik.
bi.on.ics (bayan'îks) i. biyonik.
bi.o.sphere (bay'ısfîr) i. biyosfer.
bi.par.ti.san (baypar'tızın) s. iki parti üyelerinden oluşan; iki partiyi de temsil eden.
bi.ped (bay'ped) i. iki ayaklı hayvan.
bi.ped.al (bayped'ıl) s. iki ayaklı.
birch (bırç) i., bot. huş.
bird (bırd) i. kuş. — cage kuş kafesi. — flu tıb. kuş gribi. — in the hand elde olan yararlı şey, elde olan fırsat. — of passage 1. göçmen kuş. 2. bir yerde ancak geçici bir süre için kalan kimse. —s of a feather huyları birbirine benzeyen kimseler. — watcher kuş gözlemcisi. for the —s k. dili saçma. give someone the — k. dili el işaretiyle birine ''Siktir!'' demek. old k. dili ihtiyar kurt, tecrübeli kimse.
bird-brained (bırd'breynd) s. kuş beyinli, aptal.
bird.call (bırd'kôl) i. kuş ötüşü.

bird.house (bırd´haus) *i.* kuş evi.
bird's-eye (bırdz´ay) *s.* — view kuşbakışı.
bi.ro (bay´ro) *i.*, *İng.* tükenmez kalem, tükenmez.
birth (bırth) *i.* 1. doğum, doğma, doğuş. 2. soy. 3. başlangıç, kaynak. — control doğum kontrolü. — defect doğuştan olan özür. give — to 1. (çocuk/yavru) doğurmak. 2. doğurmak, meydana getirmek.
birth.day (bırth´dey) *i.* doğum günü, yaş günü.
birth.mark (bırth´mark) *i.* doğum lekesi.
birth.place (bırth´pleys) *i.* doğum yeri.
birth.rate (bırth´reyt) *i.* (nüfusa göre) doğum oranı.
birth.right (bırth´rayt) *i.* doğuştan kazanılan hak.
bis.cuit (bis´kit) *i.* 1. çörek. 2. *İng.* bisküvi.
bi.sex.u.al (baysek´şuwıl) *s.* 1. biseksüel, çift cinsiyetli, ikicinslikli, ikieşeyli. 2. biseksüel, her iki cinse karşı erotik istek duyan.
bish.op (biş´ıp) *i.* 1. piskopos. 2. *satranç* fil.
bi.son (bay´sın, bay´zın) *i.* (*çoğ.* **bi.son**) bizon.
bit (bit) *i.* 1. delgi, matkap. 2. gem.
bit (bit) *i.* 1. parça, lokma, kırıntı. 2. *bilg.* bit. **a** — biraz. **a little** — azıcık, bir parça. — **by** — azar azar, yavaş yavaş. **not a** — hiç de değil, asla.
bit (bit) *f.*, *bak.* **bite**.
bitch (biç) *i.* 1. dişi köpek, kancık. 2. *k. dili* cadaloz kadın, şirret. *f., k. dili* şikâyet etmek, sızlanıp durmak, dırdır etmek.
bite (bayt) *f.* (**bit, bit.ten**) 1. ısırmak. 2. (balık) oltaya vurmak. 3. (soğuk) yakmak. *i.* 1. ısırık, parça, lokma. 2. (içkide) sertlik. 3. (soğuk veya rüzgâr özgü) sertlik. 4. (biberde) acılık. — **off more than one can chew** başından büyük işlere/işe girişmek/kalkışmak. — **the bullet** *k. dili* (zor bir) karar almak. **take a** — **of something** bir şeyden bir lokma ısırmak, bir şeyden bir ısırık almak.
bit.ing (bay´ting) *s.* 1. acı, keskin; ısırıcı (rüzgâr). 2. acı (söz).
bit.ten (bit´ın) *f.*, *bak.* **bite**.
bit.ter (bit´ır) *s.* acı, keskin; sert, şiddetli.
bit.ter.sweet (bit´ır.swit) *s.* 1. hem acı hem tatlı. 2. iyi ve kötü.
bi.tu.men (bitu´mın) *i.* bitüm; zift, katran.
bi.tu.mi.nous (bitu´mınıs) *s.* bitümlü; ziftli, zift gibi. — **coal** madenkömürü.
bi.zarre (bizar´) *s.* garip, tuhaf, acayip, biçimsiz.
blab (bläb) *f.* (—**bed**, —**bing**) gevezelik etmek; boşboğazlık etmek. *i.* geveze; boşboğaz.
Black (bläk) *s., i.* zenci.
black (bläk) *s.* 1. siyah, kara. 2. zenci. 3. karanlık, kasvetli. 4. kirli. *i.* 1. siyah, kara. 2. zenci. — **and white** 1. yazı. 2. siyah beyaz resim. — **belt** *judo* siyah kuşak. — **book** kara listedekilerin kayıtlı olduğu defter. — **box** *hav.* kara kutu. — **coffee** sütsüz kahve. — **eye** 1. siyah

göz. 2. morarmış göz. 3. kara leke. — **magic** (kötü bir amaç için yapılan) büyü. — **market** karaborsa. — **out** 1. karartmak. 2. gözü kararmak; kısa bir süre için şuurunu kaybetmek. — **pepper** karabiber. — **sheep** ailenin yüzkarası. — **tie** 1. siyah papyon kravat. 2. smokin. **be in the** — borcu kalmamak, borçlu olmamak. **beat someone** — **and blue** birini dövüp çürükler içinde bırakmak. **in** — **and white** *k. dili* yazılı olarak. **the B**— **Sea** Karadeniz.
black-and-blue (bläk´ınblu´) *s.* çürük, morarmış.
black-and-white (bläk´ın.hwayt´) *s.* siyah beyaz: **black-and-white television** siyah beyaz televizyon.
black.ball (bläk´bôl) *f.* karşı oy kullanmak.
black.ber.ry (bläk´beri) *i.* böğürtlen.
black.bird (bläk´bırd) *i.* karatavuk.
black.board (bläk´bôrd) *i.* kara tahta.
black.en (bläk´ın) *f.* 1. karartmak, karalamak. 2. lekelemek, iftira etmek.
black.guard (bläg´ırd) *i.* alçak kimse. *s.* alçak, edepsiz, rezil. *f.* sövüp saymak, küfretmek.
black.head (bläk´hed) *i.* başı siyah olan sivilce.
black.jack (bläk´cäk) *i.* cop.
black.leg (bläk´leg) *i.*, *İng.*, *k. dili* grev kırıcı.
black.list (bläk´list) *i.* kara liste. *f.* -i kara listeye almak.
black.mail (bläk´meyl) *i.* şantaj. *f.* şantaj yapmak.
black.mail.er (bläk´meylır) *i.* şantajcı.
black.out (bläk´aut) *i.* karartma.
black.smith (bläk´smith) *i.* 1. demirci. 2. nalbant.
black.top (bläk´tap) *i.* asfalt. *f.* (—**ped**, —**ping**) asfaltlamak.
blad.der (bläd´ır) *i.* sidik torbası, mesane.
blade (bleyd) *i.* 1. (bıçak) ağzı. 2. kılıç. 3. ince uzun yaprak. 4. (kürekte) pala.
blah (bla) *i.*, *k. dili* saçma. *s.* can sıkıcı, bezdirici. **the** —**s** can sıkıntısı.
blame (bleym) *f.* 1. bir suç veya başarısızlığın sorumluluğu, suç, kabahat, töhmet. *f.* suçu (birinin) üstüne atmak. **be to** — **for** suçlusu olmak.
blame.less (bleym´lis) *s.* suçsuz, masum.
blame.wor.thy (bleym´wırdhi) *s.* 1. ayıplanacak. 2. kabahatli.
blanch (blänç) *f.* 1. benzi atmak. 2. (kabuğunu soymak için) (bademi) biraz haşlamak.
blanc.mange (blımanj´) *i.* paluze, sütlü pelte.
bland (bländ) *s.* 1. tadı bebek maması gibi ve hazmı kolay olan (yemek). 2. kimsenin dikine gitmeyen.
blan.dish.ment (blän´dişmınt) *i.* kandırmak için söylenen veya edilen iltifat.
blank (blängk) *s.* 1. boş, yazısız, açık, beyaz. 2. anlamsız. *i.* 1. yazısız kâğıt. 2. piyangoda boş numara. 3. kurusıkı fişek. — **cartridge** kurusıkı fişek. — **check** açık çek. — **endorsement**

açık ciro. — **verse** kafiyesiz on heceli nazım şekli. **come/run up against a** — **wall** çıkmaza girmek, açmaza düşmek. **draw a** — 1. sonuçsuz kalmak. 2. hatıra getirememek.
blank.book (blängk´bûk) *i.* not defteri.
blan.ket (bläng´kit) *i.* battaniye. *f.* sarıp sarmalamak.
blank.ly (blängk´li) *z.* boş boş, boş gözlerle: **look blankly at** -e anlamamış gibi bakmak, -e boş boş bakmak.
blare (bler) *i.* 1. boru sesi. 2. borununkine benzer ses; yüksek ses. *f.* 1. boru gibi ses çıkarmak. 2. herkese ilan etmek, söylemek.
bla.sé (blazey´) *s.* usanmış, bezgin.
blas.pheme (bläsfim´) *f.* Allah hakkında kötü konuşmak, küfretmek.
blas.phe.my (bläs´fımi) *i.* Allah hakkında kötü konuşma, küfür.
blast (bläst) *i.* 1. patlama, infilak. 2. *k. dili* çok eğlendirici bir şey. *f.* 1. tahrip etmek, yıkmak, yakmak. 2. (soğuk/sıcak) (bitkiyi) kavurmak. **B**—! *ünlem, İng.* Allah kahretsin! — **furnace** maden eritme ocağı. — **off** (roket) uzaya fırlatılmak. **at full** — **tam** gazla; tam kapasiteyle. **have a** — *k. dili* çok eğlenmek.
blast.ed (bläs´tid) *s.* 1. harap. 2. *k. dili* Allahın belası, kör olası.
bla.tant (bley´tınt) *s.* 1. apaçık, yüzünden akan. 2. gürültü yapan.
blaze (bleyz) *i.* 1. alevler: **the blaze of the fire** yangının alevleri. 2. yangın; yanan şey. 3. parlaklık. 4. öfkeli parlama. 5. atın alnındaki beyaz leke. *f.* 1. alev alev yanmak. 2. parlamak. 3. öfkeyle parlamak. — **a trail** 1. (yol olmayan bir yerde) yol yapmak. 2. çığır açmak. — **away at** 1. -i ateşe tutmak, -e ateş etmek. 2. -i hararetle yapmak. — **up** birden parlamak. **Go to** —**s!** *k. dili* Cehennem ol!
blaz.er (bley´zır) *i.* spor ceket, blazer.
bla.zon (bley´zın) *f.* 1. (göze çarpan bir şekilde) ilan etmek. 2. sergilemek, teşhir etmek. 3. (göze çarpan bir şeyle) donatmak/kaplamak. *i.* arma, ongun.
bleach (bliç) *f.* beyazlatmak, ağartmak. *i.* çamaşır suyu. —**ing powder** kireçkaymağı.
bleach.ers (bli´çırz) *i.* bir tür açık tribün.
bleak (blik) *s.* 1. soğuk ve kasvetli (hava). 2. rüzgârdan korunmasız, rüzgâra açık. 3. kötü, iç açıcı olmayan.
blear (blîr), **blear.y** (blîr´i) *s.* sulanmış/çok çapaklanmış/kızarmış (göz).
blear.y-eyed (blîr´i.ayd) *s.* gözleri sulanmış/çok çapaklanmış/kızarmış.
bleat (blit) *f.* 1. melemek. 2. mızırdanmak, sızlanmak. *i.* 1. meleme. 2. mızırdanma, sızlanma.
bled (bled) *f., bak.* **bleed.**

bleed (blid) *f.* **(bled)** 1. kanamak. 2. acımak, kan ağlamak: **My heart bleeds for the victims of the drought.** Kıtlık kurbanları için içim kan ağlıyor. 3. kanını emmek, insafsızca sömürmek, iliğini kemirmek: **The bank's high interest rates are bleeding the farmers in this area.** Bankanın yüksek faiz oranları bu yöredeki çiftçilerin iliğini kemiriyor. 4. hacamat etmek/yapmak.
bleed.ing (bli´ding) *s.* 1. kanayan. 2. *İng., k. dili* kör olası. *i.* kanama.
bleep (blip) *i.* çok tiz ve anlık elektronik ses, bip. *f.* bip sesi çıkarmak.
bleep.er (bli´pır) *i., İng.* çağrı cihazı.
blem.ish (blem´iş) *i.* leke, kusur, hata.
blend (blend) *f.* karıştırmak, harmanlamak. *i.* harman, karışım. — **in** 1. ile uyumlu olmak, uymak. 2. yavaşça katmak.
blend.er (blen´dır) *i.* blender, karıştırıcı.
bless (bles) *f.* (—**ed/blest**) kutsamak, takdis etmek. — **someone out** *k. dili* birini haşlamak/azarlamak. **B**— **you!** Çok yaşa! **be blessed with** (Allah) (birine) belirli bir nimeti bağışlamak: **You're blessed with these children.** Allah sana bu çocukları ihsan etmiş. **God** — **you!** Allah senden razı olsun!
bless.ed (bles´îd) *s.* 1. kutsanmış. 2. kutsal. 3. Allahın ...: **every blessed day** her Allahın günü.
bless.ing (bles´îng) *i.* 1. kutsama, takdis. 2. hayırdua. 3. nimet. — **out** *k. dili* haşlama, azarlama. **ask/say the** — yemek duası yapmak. **give someone a** — **out** *k. dili* birine sapartayı çekmek/vermek.
blest (blest) *f., bak.* **bless.**
bleth.er (bledh´ır) *f., İng.* saçmalamak. *i.* saçma.
blew (blu) *f., bak.* **blow.**
blight (blayt) *i.* 1. küf, mantar. 2. afet. *f.* soldurmak, kavurmak, mahvetmek; kurutmak.
blind (blaynd) *s.* 1. kör, âmâ. 2. çıkmaz (sokak). *f.* 1. kör etmek. 2. gözünü almak, kamaştırmak. *i.* 1. çoğ. jaluzi. 2. *İng. stor.* 3. avcıların avlarından gizlendiği yer. — **alley** 1. çıkmaz, açmaz. — **date** önceden tanışılmayan biriyle eğlence yeri, lokanta v.b.'ne gitme. — **spot** 1. *anat.* (retinada) kör nokta. 2. kendi önyargısının insanı anlamaktan engellediği konu. **the** — körler. **Venetian** — jaluzi.
blind.er (blayn´dır) *i.* at gözlüğü.
blind.fold (blaynd´fold) *f.* gözlerini bağlamak. *i.* gözbağı.
blind.fold.ed (blaynd´foldid) *s.* gözü bağlı.
blind.ly (blaynd´li) *z.* kör gibi.
blind.ness (blaynd´nıs) *i.* körlük.
blink (blîngk) *f.* göz kırpmak. *i.* göz kırpma.
blink.er (blîng´kır) *i.* 1. *oto.* sinyal lambası. 2.

bliss — 44

den. çakar. 3. (devamlı) yanıp sönen sinyal lambası. 4. *İng.* at gözlüğü.
bliss (blis) *i.* eksiksiz bir mutluluk, büyük mutluluk.
bliss.ful (blis'fıl) *s.* çok mutlu.
blis.ter (blis'tır) *i.* kabarcık, fiske. *f.* kabarmak; su toplamak; kabartmak.
blithe (blayth, blaydh) *s.* neşeli, şen; gamsız, tasasız.
blithe.ly (blayth'li) *z.* neşeli/şen/tasasız bir şekilde, pürneşe.
blitz (blits), **blitz.krieg** (blits'krig) *i.* yıldırım saldırı.
bliz.zard (bliz'ırd) *i.* tipi.
bloat (blot) *f.* şişirmek, kabartmak.
bloat.ed (blo'tid) *s.* şişmiş, şiş (karın/leş).
blob (blab) *i.* 1. kıvamı koyu iri bir damla: a blob of paint bir boya damlası. two blobs of mustard iki sıkım hardal. 2. *k. dili* yağ tulumu, şişko.
bloc (blak) *i., pol.* blok.
block (blak) *i.* 1. blok, büyük parça. 2. blok, parsel. 3. *İng.* büyük bina: block of flats apartman. office block (büroların bulunduğu) iş hanı. *f.* tıkamak, kesmek, kapamak; bloke etmek. — and tackle palanga. — print (kumaşı/kitabı) kalıpla basmak.
block.ade (blakeyd') *i.* abluka. *f.* abluka etmek, ablukaya almak. raise/lift a — ablukayı kaldırmak. run a — ablukayı yarmak.
block.age (blak'ic) *i.* tıkama; tıkanma; blokaj.
block.head (blak'hed) *i.* mankafa, dangalak.
bloke (blok) *i., İng., k. dili* adam, arkadaş.
blond (bland) *s.* 1. sarışın (erkek). 2. sarı (saç).
blonde (bland) *s., i.* sarışın (kadın).
blood (blʌd) *i.* 1. kan. 2. soy. — bank kan bankası. — bath katliam. — count kan sayımı. — feud kan davası. — group kan grubu. — money 1. kiralık katillere verilen para. 2. diyet. — poisoning kan zehirlenmesi. — pressure tansiyon. — test kan tahlili. — transfusion kan nakli. — type kan grubu. — vessel *anat.* kan damarı. blue — aristokrat, soylu kimse. His — is up. *k. dili* Bayağı kızdı. in cold — kılını kıpırdatmadan. make one's — boil çok kızdırmak, çok öfkelendirmek, kanına dokunmak. make one's — run cold tüylerini ürpertmek. There is bad — between them. Onlar birbirine düşman.
blood.cur.dling (blʌd'kırdlîng) *s.* tüyler ürpertici.
blood.shed (blʌd'şed) *i.* kan dökme.
blood.shot (blʌd'şat) *s.* kan çanağına dönmüş (göz).
blood.stain (blʌd'steyn) *i.* kan lekesi.
blood.stained (blʌd'steynd) *s.* kanlı, kan lekesi olan.
blood.thirst.y (blʌd'thırsti) *s.* kana susamış, canavar ruhlu, hunhar.

blood.y (blʌd'i) *s.* 1. kanlı; kan gibi. 2. kana susamış, gaddar, zalim. 3. *İng., k. dili* kör olası. 4. *İng., k. dili* bayağı, adamakıllı.
blood.y-mind.ed (blʌd'imayndid) *s., İng., k. dili* inatçı, aksi.
bloom (blum) *i.* 1. tazelik, gençlik. 2. meyve üzerindeki buğu. 3. (açılmış) çiçek. *f.* çiçek açmak. in — çiçek açmış, çiçekte.
bloom.ing (blu'ming) *s.* 1. çiçek açmış. 2. *argo* kör olası: That blooming telephone! O kör olası telefon!
blos.som (blas'ım) *i.* çiçek; bahar. *f.* 1. çiçek vermek; bahar açmak. 2. gelişmek; canlanmak.
blot (blat) *i.* 1. leke; mürekkep lekesi. 2. ayıp, kusur. *f.* (—ted, —ting) 1. lekelemek. 2. kurutma kâğıdı ile kurutmak. — out 1. bozmak. 2. ortadan silmek, yok etmek.
blotch (blaç) *i.* 1. leke. 2. kabartı, fiske. *f.* lekelemek; lekelenmek.
blot.ter (blat'ır) *i.* blotting paper kurutma kâğıdı, papyebuvar.
blouse (blaus) *i.* bluz, gömlek.
blow (blo) *i.* darbe, vuruş. at one — bir vuruşta. come to —s yumruk yumruğa gelmek. exchange —s yumruklaşmak.
blow (blo) *f.* (**blew**, —**n**) 1. esmek. 2. üflemek. 3. uçurmak; uçmak: The wind has blown off the chimney cowl. Rüzgâr bacanın külahını uçurdu. 4. solumak. 5. *k. dili* (parayı) savurmak; (paranın hepsini) harcamak. 6. *k. dili* (fırsatı) kaçırmak. — a fuse 1. sigortayı attırmak. 2. *k. dili* tepesi atmak, öfkelenmek. — hot and cold *k. dili* kararsız olmak, duraksamak. — in *k. dili* ansızın gelmek, düşmek. — one's cool *k. dili* tepesi atmak, kızmak. — one's nose sümkürmek. — one's own horn *k. dili* kendi reklamını yapmak. — one's top/stack *k. dili* tepesi atmak, parlamak. — out 1. üfleyip söndürmek. 2. (lastik) patlamak. — over 1. (fırtına) dinmek. 2. unutulmak, geçmek. — someone away *k. dili* 1. birini çok şaşırtmak. 2. ateş ederek birini öldürmek, birini vurmak. — someone's cover *k. dili* birinin gerçekte kim olduğunu göstermek. — someone's mind *k. dili* 1. birini çok heyecanlandırmak. 2. birini çok şaşırtmak. 3. birine çok keyif vermek. — up 1. şişirmek. 2. havaya uçurmak. 3. patlatmak; patlamak. 4. büyütmek, agrandisman yapmak. 5. *k. dili* patlamak, tepesi atmak, küplere binmek.
blow-by-blow (blo'bay.blo') *s.* ayrıntılı.
blow-dry (blo'dray) *f.* (**blow-dried**) kurutma makinesiyle kurutmak.
blow.job (blo'cab) *i., kaba* penisi ağızla uyarma, supet, süpet. give someone a — birinin penisini ağızla uyarmak, supet/süpet yap-

mak; saksofon çalmak.
blown (blon) *f., bak.* **blow**.
blow.out (blow´aut) *i.* 1. lastik patlaması. 2. *k. dili* büyük parti; şatafatlı davet.
blow.torch (blo´tôrç) *i.* pürmüz lambası, pürmüz.
blow.up (blow´ʌp) *i.* 1. patlama. 2. kavga.
blub.ber (blʌb´ır) *i.* 1. balina yağı. 2. *k. dili* (insan vücudundaki) yağlar.
blub.ber (blʌb´ır) *f.* hüngür hüngür ağlamak, hüngürdemek.
bludg.eon (blʌc´ın) *i.* kısa ve kalın sopa; cop. *f.* ağır bir cisimle vurmak. — **someone into doing something** birini bir şey yapmaya zorlamak.
blue (blu) *s.* 1. mavi, mavi renkli. 2. *k. dili* efkârlı. *i.* mavi, mavi renk. *f.* çivitlemek. — **blood** aristokrat, asilzade. — **cheese** bir çeşit küflü peynir. — **jeans** blucin. — **ribbon** herhangi bir alanda en büyük ödül. — **vitriol** göztaşı. **get the** —**s** *k. dili* efkârlanmak. **have the** —**s** *k. dili* efkârlı olmak. **once in a** — **moon** kırk yılda bir. **out of the** — aniden, damdan düşer gibi. **the** — *şiir* 1. gök, sema. 2. deniz. 3. mavilik. **the** —**s** *müz.* bir çeşit caz müziği.
blue.bell (blu´bel) *i.* çançiçeği.
blue.ber.ry (blu´beri) *i.* çayüzümü.
blue.col.lar (blu´kalır) *s.* işçi sınıfına ait.
blue.print (blu´print) *i.* 1. mavi kopya, ozalit. 2. proje, plan. *f.* 1. mavi kopya/ozalit çıkarmak. 2. tasarlamak.
bluff (blʌf) *s.* tok sözlü. *i.* sarp ve yüksek kıyı/kaya.
bluff (blʌf) *f.* blöf yapmak, kurusıkı atmak. *i.* blöf, kurusıkı.
blu.ing (blu´wing) *i.* çivit.
blu.ish (blu´wiş) *s.* mavimsi, mavimtırak.
blun.der (blʌn´dır) *i.* gaf, pot. *f.* gaf yapmak, pot kırmak.
blunt (blʌnt) *f.* 1. körletmek. 2. azaltmak.
blunt (blʌnt) *s.* 1. kör, keskin olmayan. 2. sözünü sakınmayan.
blur (blır) *f.* (—**red**, —**ring**) bulanıklaştırmak; bulanıklaşmak. *i.* belirsiz bir şekil.
blur.ry (blır´i) *s.* bulanık.
blurt (blırt) *f.* **out** ağzından kaçırmak.
blush (blʌş) *f.* yüzü kızarmak. *i.* kızartı, kızarıklık.
blush.er (blʌş´ır) *i.* allık.
blus.ter (blʌs´tır) *f.* 1. fart furt etmek. 2. (rüzgâr) şiddetle esmek. *i.* 1. fart furt, böbürlenme. 2. (şiddetli rüzgârın çıkardığı) uğultu.
bo.a (bo´wı) *i., zool.* boa, boa yılanı. — **constrictor** *zool., bak.* **boa**.
boar (bor) *i.* yabandomuzu.
board (bôrd) *i.* 1. kereste, tahta. 2. satranç *v.b.* oyun tahtası. 3. yönetim kurulu. 4. *den.* borda. *f.* 1. (vapura/trene/otobüse/uçağa)

binmek. 2. pansiyoner olmak. 3. *den.* borda etmek. —**ing school** yatılı okul. — **up** üstüne tahta çakarak kapamak. **across the** — herkesi aynı derecede etkileyen (ücret/vergi). **go by the** — 1. (fırsat) kaçmak. 2. vazgeçilmek, bırakılmak. **let something go by the** — 1. fırsatı kaçırmak. 2. bir şeyden vazgeçmek. **on** — gemide; trende. **room and** — tam pansiyon.
board.er (bôr´dır) *i.* 1. pansiyoner. 2. yatılı öğrenci.
board.walk (bôrd´wôk) *i.* (kum, bataklık v.b. üzerindeki) tahta yaya kaldırımı.
boast (bost) *f.* 1. övünmek. 2. -e sahip olmaktan gurur duymak: **This hotel boasts two swimming pools and a sauna.** Bu otel iki yüzme havuzu ve bir saunasıyla iftihar ediyor. *i.* övünme, kurumlanma.
boast.ful (bost´fıl) *s.* övüngen.
boat (bot) *i.* (gemi, vapur, sandal, yat gibi) tekne: **What time does the boat leave?** Vapur kaçta kalkıyor? **I've got a new boat.** Yeni bir sandalım var. **How many masts did that boat have?** O teknenin kaç direği vardı?
boat.house (bot´haus) *i.* kayıkhane.
bob (bab) *f.* 1. çekülün ucundaki ağırlık. 2. olta mantarı. 3. çabuk eğip kaldırma veya eğilip kalkma hareketi. 4. alagarson saç.
bob (bab) *f.* (—**bed**, —**bing**) 1. çabuk eğip kaldırmak; çabuk eğilip kalkmak. 2. sık sık sallanmak; sık sık alçalıp yükselmek. 3. (saçı) alagarson kestirmek/kesmek.
bob (bab) *i.* (*çoğ.* **bob**) *İng., k. dili* şilin.
bob.bin (bab´în) *i.* 1. makara, bobin. 2. ufak iğ.
bob.ble (bab´ıl) *i., İng.* ponpon.
bob.by (bab´i) *i., İng., k. dili* polis.
bob.by pin (bab´i) madeni saç tokası.
bob.sled (bab´sled) *i.* 1. yarışta kullanılan kızak. 2. arka arkaya bağlı çifte kızak.
bode (bod) *f.* -e işaret etmek, -e delalet etmek. — **ill** kötüye işaret/delalet etmek. — **well** iyiye işaret/delalet etmek.
bode (bod) *f., bak.* **bide**.
bod.ice (bad´is) *i.* korsaj, kadın yeleği.
bod.i.ly (bad´ıli) *s.* bedensel. *z.* bütünüyle, tümüyle, tamamen.
bod.y (bad´i) *i.* 1. beden, vücut, gövde. 2. ceset. 3. karoser. 4. miktar: **a body of information** bir miktar bilgi. 5. kütle, kitle: **A lake is a body of water.** Göl bir su kütlesidir. 6. topluluk, grup. — **bag** ceset taşımaya özgü fermuarlı torba, ceset torbası. — **building** vücut geliştirme. — **count** ölü sayısı. **heavenly** — gökcismi. **in a/one** — hep birlikte/beraber.
bod.y.guard (bad´iward) *i.* koruma görevlisi, koruma.
bod.y.work (bad´iwırk) *i., oto.* kaporta.

bog (bag) *i.* 1. bataklık. 2. *İng., kaba* kenef, hela, tuvalet, yüznumara. *f.* (**—ged, —ging**) **get —ged down in** (bir yerde) saplanıp kalmak.
bog.gle (bag´ıl) *f.* **at/over** -e takılıp tereddüde düşmek. **— the mind** insanı hayrete düşürmek.
bo.gus (bo´gıs) *s.* sahte, düzme, yapma.
bo.he.mi.an (bohi´miyın) *i., s.* bohem.
boil (boy´ıl) *f.* kaynamak; haşlanmak; kaynatmak; haşlamak. **— away** kaynayarak buharlaşıp yok olmak. **— down** 1. kaynayarak suyunu çekmek, özü kalana kadar kaynamak. 2. kısaltmak, kısmak. **— over** 1. (kaynarken) taşmak. 2. tepesi atmak, köpürmek. **—ing point** kaynama noktası.
boil (boy´ıl) *i.* çıban.
boil.er (boy´lır) *i.* kazan, buhar kazanı. **— suit** *İng.* tulum (giysi). **double —** iki katlı tencere, benmari.
bois.ter.ous (boys´tırıs) *s.* 1. gürültülü. 2. şiddetli; fırtınalı.
bold (bold) *s.* 1. cesur, gözüpek; atılgan, cüretli. 2. *matb., bilg.* siyah, kalın, koyu (harf). **as — as brass** *k. dili* büyük bir küstahlıkla. **make — to** -e cesaret etmek, -e cüret etmek.
bold.face (bold´feys) *i., matb., bilg.* siyah/kalın harfler.
bold.faced (bold´feyst) *s., matb., bilg.* siyah, kalın, koyu (harf).
bold.ly (bold´li) *z.* cesaretle.
bold.ness (bold´nis) *i.* cesaret, yüreklilik.
bo.le.ro (bıle´ro) *i.* bolero.
Bo.liv.ia (boliv´iyı) *i.* Bolivya. **—n** *i.* Bolivyalı. *s.* 1. Bolivya, Bolivya'ya özgü. 2. Bolivyalı.
bo.lo.ney (bılo´ni) *i., bak.* baloney.
bol.shy (bol´şi) *s., İng., k. dili* asi, serkeş; kurallara karşı gelen.
bol.ster (bol´stır) *i.* uzun yastık; yastık, minder. *f.* 1. yastıkla beslemek. 2. desteklemek, güçlendirmek.
bolt (bolt) *i.* 1. sürgü, kol demiri. 2. kilit dili. 3. cıvata. 4. fırlama, kaçış. *f.* 1. sürgülemek. 2. fırlamak; fırlayıp kaçmak: **When the pickpocket saw the policeman he bolted into the crowd.** Yankesici polisi görünce yıldırım gibi fırlayıp kalabalığa karıştı. 3. çiğnemeden yutmak. **— of lightning** yıldırım. **— upright** dimdik. **like a — out of the blue** beklenmedik bir şekilde, birdenbire. **make a — for** fırlayıp (bir yere) doğru koşmak. **shoot one's —** elinden geleni yapmak.
bomb (bam) *i.* bomba. *f.* bombalamak.
bom.bard (bambard´) *f.* 1. topa tutmak, bombardıman etmek; bombalamak. 2. üzerine varmak, sıkıştırmak.
bom.bar.dier (bambırdir´) *i., ask.* (bombardıman uçağında görevli) bombacı.
bom.bard.ment (bambard´mınt) *i.* bombardıman, topa tutma.
bom.bas.tic (bambäs´tik) *s.* tumturaklı.
bomb.er (bam´ır) *i.* 1. bombardıman uçağı. 2. (bir yere) bomba atan/yerleştiren kimse, bombacı.
bomb.shell (bam´şel) *i., k. dili* bomba etkisi yapan, bomba: **blonde bombshell** sarışın bomba.
bo.na fide (bo´nı fayd´) gerçek, hakiki.
bo.nan.za (bınän´zı) *i.* beklenmedik kazanç.
bond (band) *i.* 1. bağ. 2. ilişki. 3. bono, senet, tahvil. 4. kefalet. *f.* kefil olmak. **— paper** iyi cins yazı kâğıdı. **—ed warehouse** gümrük antreposu. **be as good as one's —** son derece güvenilir olmak.
bond.age (ban´dic) *i.* kölelik.
bond.hold.er (band´holdır) *i.* tahvil sahibi.
bonds.man (bandz´mın), *çoğ.* **bonds.men** (bandz´min) *i.* 1. kefil. 2. köle.
bone (bon) *i.* 1. kemik. 2. kılçık. 3. balina (çubuk). **— china** içine kemik külü katılarak yapılan porselen tabak. **— meal** kemik tozu. **— of contention** anlaşmazlık sebebi. **have a — to pick with someone** biriyle paylaşacak kozu olmak, halledilecek davası olmak. **make no —s about** açıkça söylemek.
bone-dry (bon´dray´) *s.* kupkuru.
bone.head (bon´hed) *i.* aptal, mankafa.
bone.less (bon´lis) *s.* 1. kemiksiz. 2. kılçıksız.
bon.er (bo´nır) *i., argo* büyük gaf/pot. **pull a —** büyük bir gaf yapmak, büyük bir pot kırmak.
bone.set.ter (bon´setır) *i.* çıkıkçı, kırıkçı.
bon.fire (ban´fayr) *i.* şenlik ateşi, açık havada yakılan ateş.
bon.go (bang´go) *i., müz.* bongo.
bo.ni.to (bıni´to) *i., zool.* palamut.
bonk (bangk) *i., k. dili* vurmak. 2. *İng., argo* -i sikmek; sevişmek, aşk yapmak. *i.* 1. *k. dili* vuruş, darbe. 2. *İng., argo* sikme; sevişme.
bon.kers (bang´kırz) *s., İng., k. dili* kafadan kontak, çatlak.
bon.net (ban´it) *i.* 1. bağcıklı bone. 2. *İng., oto.* kaput, kaporta.
bon.ny (ban´i) *s., İng. leh.* 1. göze hoş görünen, güzel, zarif, hoş. 2. sıhhatli, gürbüz.
bo.nus (bo´nıs) *i.* ikramiye, prim.
bon vo.yage (bôn vvayaj´) iyi yolculuklar, yolunuz açık olsun.
bon.y (bo´ni) *s.* 1. sıska; bir deri bir kemik. 2. kemikli. 3. kılçıklı. 4. kemiksi.
boo (bu) *f.* yuhalamak.

boob (bub) *i., argo* aptal, budala, salak. — **tube** *argo* televizyon.
boo-boo (bu'bu) *i., k. dili* aptalca hata; falso. *f.* aptalca hata yapmak; falso yapmak.
boobs (bubz) *i., çoğ., argo* ayvalar, farlar, ikizler, ampuller, memeler.
boo.by (bu'bi) *i.* ahmak. **— prize** en kötü oyuncuya verilen ödül. **— trap** bubi tuzağı.
book (bûk) *i.* kitap; cilt. *f., İng.* (yer) ayırtmak; rezervasyon yaptırmak. **— club** kitap kulübü. **— of matches** kibrit paketi. **— review** kitap eleştirisi. **— someone into a hotel** biri için otelde rezervasyon yapmak. **— something to someone's account** *İng.* bir şeyi birinin hesabına yazmak. **— value** defter değeri, maliyet. **in my —** bana göre.
book.bind.er (bûk'bayndır) *i.* ciltçi.
book.case (bûk'keys) *i.* kitaplık, kitap konulan raflı mobilya.
booked (bûkt) *s.* 1. rezerve edilmiş, ayrılmış. 2. defterde kayıtlı. **be — up** 1. -in programı dolu olmak. 2. -in tüm yerleri dolu/rezerve olmak.
book.ie (bûk'i) *i., k. dili* ganyan bayii; bahisleri kabul eden bayi.
book.ing (bûk'îng) *i., İng.* 1. rezervasyon yapma. 2. rezervasyon. 3. (birinin hesabına) yazma. **— clerk** *İng.* biletçi. **— office** *İng.* bilet gişesi.
book.keep.er (bûk'kipır) *i., muh.* defter tutan kimse.
book.keep.ing (bûk'kiping) *i., muh.* defter tutma.
book.let (bûk'lit) *i.* broşür, kitapçık.
book.mak.er (bûk'meykır) *i.* ganyan bayii; bahisleri kabul eden bayi.
book.mark (bûk'mark) *i.* sayfa ayracı, kitapta son okunan sayfayı bulmak için araya konulan karton, kurdele v.b.
book.sell.er (bûk'selır) *i.* kitapçı.
book.shelf (bûk'şelf) *i.* kitap rafı.
book.shop (bûk'şap) *i., İng.* kitabevi.
book.stall (bûk'stôl) *i., İng.* gazete kulübesi.
book.store (bûk'stôr) *i.* kitabevi.
book.worm (bûk'wırm) *i.* 1. *zool.* kitap kurdu. 2. kitap kurdu, kitap meraklısı.
boom (bum) *f.* 1. gümbürdemek, gürlemek. 2. (bir yerin ticaret, nüfus v.b.) hızla yükselmek, patlamak (olumlu bir şekilde); (ticaret) hızla artmak, patlama içinde olmak. *i.* 1. gümbürtü. 2. Bom! (gümbürtü sesi). 3. (bir yerin ticaret, nüfus v.b.'nde) (olumlu bir) patlama, hızlı artış.
boon (bun) *i.* nimet, lütuf, iyilik. **— companion** yakın arkadaş.
boon.dock (bun'dak) *i.* the **—s** *çoğ.* taşra.
boon.ies (bun'iz) *i.* the **—** *çoğ., k. dili* taşra.
boor (bûr) *i.* 1. kaba ve görgüsüz kimse. 2. köylü.

boor.ish (bûr'îş) *s.* kaba.
boor.ish.ly (bûr'îşli) *z.* kaba bir şekilde.
boor.ish.ness (bûr'îşnis) *i.* kabalık.
boost (bust) *f.* 1. itelemek. 2. lehinde konuşarak yardımcı olmak. 3. (fiyat) artırmak. *i.* 1. destek, yardım. 2. artma, artış.
boost.er (bu'stır) *i.* 1. propagandacı. 2. (rokette) ek motor.
boot (but) *i.* çizme; bot. **Bet your —s.** *k. dili* Emin olun. **get the —** *argo* sepetlenmek, kapı dışarı edilmek, işine tekmeyi yemek, işten çıkarılmak. **give someone the —** *argo* birini sepetlemek, birini kapı dışarı etmek, birinin kıçına tekmeyi atmak, birini işten çıkarmak. **grow too big for one's —s** *k. dili* yumurtadan çıkıp kabuğunu beğenmemek. **The — is on the other foot.** *k. dili* Durum tam tersine döndü.
boot (but) *f.* 1. çizme giydirmek. 2. çizme şeklindeki aletle işkence yapmak. 3. *argo* tekmelemek. 4. bilgisayarın belleğine komutlar okutarak sistemi çalıştırmak. 5. *futbol* tekme atmak. 6. *argo* -i işten çıkarmak, -i sepetlemek, -in kıçına tekmeyi atmak, -i kovmak.
boot (but) *f.* **to —** bir de, hem de: **I'll give you a pony, and a billion liras to boot.** Sana bir midilli, üstüne de bir milyar lira vereceğim. **She's bad-tempered, and ugly to boot.** Kendisi huysuz, bir de çirkin.
booth (buth, budh) *i.* 1. (fuarda/sergide) stand. 2. çardak. **information —** danışma, müracaat, danışma yeri. **telephone —** telefon kulübesi. **ticket —** bilet gişesi.
boot.leg.ger (but'legır) *i.* içki kaçakçısı.
boot.lick (but'lik) *f.* dalkavukluk etmek, çanak yalamak, yaltaklanmak.
boot.lick.er (but'likır) *i.* dalkavuk, çanak yalayıcı, yaltak, yaltakçı.
boo.ty (bu'ti) *i.* ganimet, yağma, çapul.
booze (buz) *i., k. dili* içki, alkollü içecek. *f., k. dili* kafa/kafayı çekmek.
bop (bap) *f.* **(—ped, —ping)** vurmak. *i.* vuruş, darbe.
bo.rax (bor'äks) *i., kim.* boraks.
bor.der (bôr'dır) *i.* 1. kenar; sınır, hudut. 2. kenar süsü. *f.* sınırlamak. **— on** 1. sınır komşusu olmak. 2. eğiliminde olmak.
bor.der.line (bôr'dırlayn) *i.* sınır, hudut. *s.* **— case** her iki kategoriye de girebilecek bir durum: **Nuh's a borderline case; we could as easily fail him as we could pass him.** Nuh tam sınırda; sınıfta da bırakabiliriz, geçirebiliriz de.
bore (bor) *f.* delmek, oymak. *i.* kalibre, çap. **— a hole in** 1. -de delik açmak. 2. (bir fikri) azıcık çürütmek.

bore (bor) f. canını sıkmak, başını ağrıtmak. i. can sıkıcı kimse. — someone to death/tears birinin canını çok sıkmak.
bore (bor) f., bak. bear.
bore.dom (bor´dım) i. can sıkıntısı.
bor.ing (bor´îng) s. can sıkıcı.
born (bôrn) s. 1. doğmuş. 2. doğuştan: a born preacher doğuştan vaiz.
borne (born) f., bak. bear.
bo.ron (bor´an) i., kim. bor.
bor.ough (bır´o) i. kasaba, kaza, ilçe.
bor.row (bar´o) f. 1. ödünç almak, borç almak. 2. mat. (çıkarma işleminde) ödünç almak. — trouble önceden tasasını çekmek.
bor.row.er (bar´owır) i. ödünç alan.
bor.row.ing (bar´owîng) i. yabancı bir dilden alınan sözcük/kelime, yabancı sözcük/kelime.
borscht (bôrşt), borsch (bôrş) i. borş.
bor.stal (bôr´stıl) i., İng. ıslahevi, ıslahhane.
bosh (baş) i. boş laf, zırva, saçmalık, saçma.
Bos.ni.a (baz´niyı) i. Bosna. — and Herzegovina Bosna-Hersek. —n i. 1. Boşnak; Bosnalı. 2. Boşnakça. s. 1. Boşnak; Bosna, Bosna'ya özgü. 2. Boşnak; Bosnalı. 3. Boşnakça.
Bos.ni.a-Her.ce.go.vi.na (baz´niyı hırtsıgovi´nı) i., bak. Bosnia and Herzegovina.
bos.om (bûz´ım) i. göğüs, sine, bağır, koyun. s. samimi. — friend samimi dost, can yoldaşı.
Bos.po.rus (bas´pırıs), Bos.pho.rus (bas´fırıs) i. Boğaziçi, Boğaz.
boss (bôs) i. patron; şef. f. yönetmek. — someone around birine karşı amirane davranmak, birine emir yağdırmak.
boss.y (bô´si) s. 1. başkalarına hükmetmeyi seven. 2. amirane, patronvari.
bo.tan.i.cal (bıtän´îkıl) s. botanik, bitkibilimsel; bitkisel. — garden botanik bahçesi.
bot.a.nist (bat´ınıst) i. botanist, bitkibilimci, botanikçi.
bot.a.ny (bat´ıni) i. botanik, bitkibilim.
botch (baç) f. (bir işi) berbat/rezil etmek. i. — make — of (bir işi) berbat/rezil etmek.
both (bohth) zam. her ikisi; ikisi de: both of them her ikisi. both of us her ikimiz. "Did the packages come?" "Yes, both came." "Paketler geldi mi?" " Evet, her ikisi de geldi." Bahar is both beautiful and intelligent. Bahar hem güzel, hem de zeki. both he and I hem o, hem ben.
both.er (badh´ır) i. sıkıntı, zahmet. f. canını sıkmak, rahatsız etmek. Don't —! Zahmet etmeyin!
both.er.some (badh´ırsım) s. sıkıcı, rahatsız edici.
Bot.swa.na (batswa´nı) i. Botsvana. —n i. Botsvanalı. s. 1. Botsvana. 2. Botsvana'ya özgü. 2. Botsvanalı.
bot.tle (bat´ıl) i. 1. şişe. 2. biberon. f. şişele-

mek. — opener şişe açacağı.
bot.tle.neck (bat´ılnek) i. 1. dar geçit, dar boğaz. 2. engel.
bot.tom (bat´ım) i. 1. dip, alt. 2. esas, kaynak, temel. 3. vadi. 4. karina, tekne. B—s up! k. dili Fondip! at — aslında, esasında. get to the — of (meselenin) özünü öğrenmek: How can we get to the bottom of this? Bu meselenin özünü nasıl öğrenebiliriz? — dollar son kuruş. — land ovalık arazi. the — line k. dili 1. en önemli şey. 2. sonuç, netice.
bot.tom.less (bat´ımlîs) s. 1. dipsiz; çok derin. 2. sonsuz, sınırsız.
bough (bau) i. (ağaçta) büyük dal.
bought (bôt) f., bak. buy.
bouil.lon (bul´yan) i. et suyu çorbası.
boul.der (bol´dır) i. iri kaya parçası.
boul.e.vard (bûl´ıvard) i. bulvar, cadde.
bounce (bauns) f. 1. sıçramak, sekmek; zıplatmak, sektirmek. 2. k. dili (çek) karşılıksız çıkmak. i. 1. sıçrayış, zıplayış. 2. canlılık.
bound (baund) i. sıçrayış, zıplama; geri tepme. f. sekmek, sıçramak, zıplamak, fırlamak. at a — bir hamlede.
bound (baund) f. 1. sınırlamak. 2. kuşatmak.
bound (baund) s. 1. bağlı, kayıtlı. 2. ciltli, ciltlenmiş. 3. for -e giden. be — to -mesi kesin gibi/kesin olmak: He's bound to win. Kazanması kesin gibi. homeward — memleket yolunda.
bound (baund) f., bak. bind.
bound.a.ry (baun´dıri) i. sınır, hudut.
bound.less (baund´lîs) s. sınırsız, sonsuz.
bounds (baundz) i. sınır, sınırlar.
boun.te.ous (baun´tıyıs) s. 1. eli açık, cömert. 2. bol, çok.
boun.te.ous.ly (baun´tiyısli) z. cömertçe.
boun.te.ous.ness (baun´tiyısnîs) i. 1. cömertlik. 2. bolluk.
boun.ti.ful (baun´tîfıl) s. 1. cömert, eli açık. 2. bol, çok.
boun.ty (baun´ti) i. 1. cömertlik, eli açıklık. 2. prim. 3. (zararlı bir hayvanın yok edilmesi veya bir suçlunun yakalanması için devletçe verilen) para.
bou.quet (bukey´) i. 1. buket, demet. 2. bir şaraba özgü koku.
bour.geois (bûrj´wa) i., s. burjuva, kentsoylu.
bour.geoi.sie (bûrjwazi´) i. burjuvazi, kentsoylu sınıfı.
bout (baut) i. 1. nöbet; hastalık: He's just recovered from a bout of pneumonia. Zatürreeden yeni kalktı. 2. kısa süren hummalı faaliyet. 3. boks, güreş, eskrim maç.
bou.tique (butik´) i. butik.
bo.vine (bo´vayn) s. sığır cinsinden.
bow (bau) i., den. baş, pruva.

bow (bau) *i.* baş eğerek selamlama, reverans yapma. *f.* baş eğerek selamlamak, reverans yapmak. — **and scrape** aşırı saygı gösterisinde bulunmak, el pençe divan durmak. — **out** 1. of -den çekilmek. 2. emekliye ayrılmak.
bow (bo) *i.* 1. (ok atmak için) yay. 2. (yaylı çalgı için) yay. 3. fiyonk. — **tie** papyon, papyon kravat.
bow.el (bau'wıl) *i., anat.* bağırsak. **have a — movement/have a BM** büyük aptes bozmak.
bow.els (bau'wılz) *i.* 1. *anat.* bağırsaklar. 2. iç kısımlar; derinlikler: **the bowels of the earth** yeryüzünün derinlikleri.
bow.er (bau'wır) *i.* kameriye, çardak.
bowl (bol) *i.* kâse, tas.
bowl (bol) *f.* 1. bowling oynamak. 2. *kriket* top atmak. — **along** süratle gitmek. — **someone over** 1. birini şaşırtmak, birini şaşkına çevirmek. 2. birini yere yıkmak, birini yere devirmek.
bow.leg.ged (bo'legid) *s.* çarpık bacaklı.
bow.line (bo'layn) *i.* 1. barço bağı. 2. *den.* borina.
bowl.ing (bo'ling) *i.* bowling, ağır bir topla oynanan bir oyun.
bow.shot (bo'şat) *i.* ok menzili.
bow.string (bo'string) *i.* kiriş. *f.* iple boğmak.
box (baks) *i.* 1. kutu, sandık. 2. loca. *f.* kutulamak, kutuya koymak. — **number** posta kutusu numarası. — **office** (tiyatroda/sinemada/stadyumda) bilet gişesi.
box (baks) *f.* boks yapmak. — **someone on the ear** birinin kulağına tokat atmak.
box.car (baks'kar) *i., d.y.* kapalı yük vagonu.
box.er (bak'sır) *i.* boksör, yumrukoyuncusu.
box.ing (bak'sing) *i.* boks, yumrukoyunu. — **glove** boks eldiveni. — **match** boks maçı.
Box.ing Day (bak'sing) *İng.* yirmi altı Aralık.
box.wood (baks'wûd) *i.* şimşir.
boy (boy) *i.* 1. erkek çocuk, oğlan; delikanlı. 2. genç uşak. — **scout** erkek izci.
boy.cott (boy'kat) *f.* boykot yapmak; boykot etmek. *i.* boykot.
boy.friend (boy'frend) *i.* erkek arkadaş.
boy.hood (boy'hûd) *i.* (erkek için) çocukluk, çocukluk dönemi.
boy.ish (boy'îş) *s.* oğlan gibi.
bra (bra) *i.* sutyen.
brace (breys) *i.* 1. bağ, kuşak. 2. matkap kolu. 3. *dişçi.* tel. *f.* 1. sağlamlaştırmak, desteklemek. 2. birbirine tutturmak, raptetmek.
brace.let (breys'lit) *i.* bilezik.
brac.es (brey'siz) *i., çoğ., İng.* pantolon askısı.
brac.ing (brey'sing) *i.* destek, dayanak. *s.* zinde yapan: **bracing mountain air** insanı zindeleştiren dağ havası.
brack.et (bräk'ît) *i.* 1. dirsek, destek, kenet. 2. köşeli parantez, köşeli ayraç. 3. *İng.* paran-

tez, ayraç.
brack.ish (bräk'îş) *s.* hafif tuzlu, acı (su).
brag (bräg) *f.* (**—ged, —ging**) övünmek. — **about/of** -den övünerek bahsetmek.
brag.gart (bräg'ırt) *i.* övüngen kimse, yüksekten atan kimse.
braid (breyd) *f.* örmek. *i.* 1. saç örgüsü. 2. *ask.* (üniformaya takılan) kordon. 3. örülmüş şey, örgü.
braid.ed (brey'dîd) *s.* örülmüş, örgülü.
brain (breyn) *i.* beyin. *f.* kafasına ağır bir darbe indirmek. — **trust** bir grup danışman. — **wave** *k. dili* aniden gelen parlak fikir. **blow one's —s out** 1. başına kurşun sıkmak. 2. başına kurşun sıkarak intihar etmek. **have something on the —** bir şeyi kafasına takmak. **pick someone's —s** birine çok soru sormak. **rack one's —s** bayağı düşünmek.
brain.child (breyn'çayld) *i., k. dili* birinin kafasından çıkan düşünce.
brain.less (breyn'lîs) *s.* beyinsiz, kuş beyinli, kafasız, akılsız.
brains (breynz) *i.* akıl, zekâ.
brain.storm (breyn'stôrm) *i., k. dili* aniden gelen parlak fikir, beyin fırtınası.
brain.wash (breyn'wôş) *f.* beynini yıkamak.
brain.y (brey'ni) *s.* kafalı, akıllı.
brake (breyk) *i.* fren. *f.* fren yapmak. — **drum** fren kampanası/tamburu. — **fluid** fren yağı. — **lining** fren balatası. — **pedal** fren pedalı. **put/step on the —/—s** frene basmak.
bram.ble (bräm'bıl) *i.* 1. (böğürtlen gibi) dikenli bitki. 2. *İng.* böğürtlen (yemişi/çalısı).
bran (brän) *i.* kepek, buğday kepeği.
branch (bränç) *i.* 1. (ağaca ait) dal. 2. (nehre ait) kol. 3. şube; bölüm, kısım; dal, kol, branş. *f.* 1. dal budak salmak. 2. kollara ayrılmak. — **off** (kol olarak) ayrılmak. — **out into** (asıl faaliyetine devam ederken) (yeni bir faaliyete) girmek.
brand (bränd) *i.* 1. (bir ürüne ait) özel ad, marka. 2. (kızgın demirle yapılan) dağ. *f.* 1. dağlamak. 2. lekelemek, damgalamak. — **name** (bir ürüne ait) özel ad, marka.
bran.died (brän'did) *s.* konyakla konserve edilmiş (meyve).
bran.dish (brän'dîş) *f.* sallamak, savurmak. *i.* sallama, savurma.
brand-new (bränd'nu) *s.* yepyeni, gıcır gıcır.
bran.dy (brän'di) *i.* konyak.
brash (bräş) *s.* 1. yüzsüz, küstah. 2. fazla atılgan.
brass (bräs) *i., s.* pirinç, sarı. — **band** bando, mızıka. — **knuckles** pirinç muşta. **—ed off** *İng., k. dili* biraz kızgın, biraz sinirlenmiş. **get down to — tacks** meselenin esaslarını ele almak; asıl meseleye gelmek. **have a lot of — argo** çok yüzsüz olmak.

bras.siere (brızir') *i.* sutyen.
brass.y (bräs'i) *s.* yüzsüz, gürültücü ve kaba (kadın).
brat (brät) *i.* velet; şımarık çocuk; arsız çocuk; piç kurusu.
brat.ty (brät'i) *s.* şımarık/arsız (çocuk).
bra.va.do (brıva'do) *i.* kabadayılık, kurusıkı atma.
brave (breyv) *s.* cesur, cesaretli. *f.* göğüs germek.
brave.ly (breyv'li) *z.* cesaretle.
brave.ry (breyv'ri) *i.* cesaret.
bra.vo (bra'vo) *ünlem* Aferin!/Bravo!
brawl (brôl) *i.* arbede.
brawn.y (brô'ni) *s.* kasları gelişmiş, adaleli.
bray (brey) *i.* anırtı, anırma. *f.* anırmak.
bra.zen (brey'zın) *s.* 1. pirinç, sarı; pirinç gibi. 2. utanmaz, yüzsüz.
bra.zier (brey'jır) *i.* mangal.
Bra.zil (brızil') *i.* Brezilya. — **nut** Brezilya kestanesi.
Bra.zil.ian (brızil'yın) *i.* Brezilyalı. *s.* 1. Brezilya, Brezilya'ya özgü. 2. Brezilyalı.
breach (briç) *i.* 1. kırık, yarık, gedik. 2. *huk.* ihlal.
bread (bred) *i.* ekmek. — **and butter** ekmek kapısı; insanı geçindiren iş/para. — **crumb** ekmek kırıntısı. **cast one's — upon the waters** karşılığını beklemeden iyilik etmek. **know which side one's — is buttered on** gerçek çıkarının nerede olduğunu bilmek.
bread.bas.ket (bred'bäskit) *i.* 1. ekmek sepeti. 2. *mec.* tahıl ambarı. 3. *argo* mide.
bread.board (bred'bôrd) *i.* 1. ekmek tahtası. 2. hamur tahtası.
breadth (bredth) *i.* genişlik, en.
bread.win.ner (bred'wınır) *i.* bir aileyi geçindiren kimse.
break (breyk) *i.* 1. kırık, çatlak. 2. aralık, açıklık; ara, fasıla. 3. iş molası: **They took a break.** Mola verdiler. 4. fırsat, şans. *f.* **(broke, bro.ken)** 1. kırmak, parçalamak; kırılmak. 2. (fırtına) kopmak. — **a habit** kötü alışkanlıktan kurtulmak. — **a promise** sözünde durmamak, sözünden dönmek. — **a record** rekor kırmak. — **down** 1. bozulmak. 2. ruhen yıkılmak. — **in** 1. zorla girmek. 2. lafa karışmak; araya girmek. 3. alıştırmak. — **into** 1. -e zorla girmek. 2. birden -e başlamak: **The horse broke into a run.** At birden koşmaya başladı. — **off** 1. kırılıp ayrılmak. 2. birdenbire durmak. 3. ilişiğini kesmek. — **open** kırmak, zorla açmak. — **out** 1. patlak vermek, patlamak, kopmak: **War has broken out in Asia.** Asya'da savaş patladı. 2. in ile kaplanmak, ... dökmek: **She's broken out in a rash.** Her tarafı isilik oldu. — **the law** suç işlemek, kanuna karşı gelmek. — **up** 1. dağılmak; dağıtmak. 2. bozuşmak. 3. (aralarında sevgi bağı olan iki kişi) ayrılmak. — **wind** gaz çıkarmak, osurmak. — **with** ilgisini kesmek, -den ayrılmak. **the — of day** günün ağarması. **without a —** ara vermeden.
break.a.ble (brey'kıbıl) *s.* kırılır.
break.age (brey'kic) *i.* 1. kırma, kırılma. 2. kırılan şeylerin tutarı.
break.down (breyk'daun) *i.* 1. bozulma, durma. 2. sinir bozukluğu, çökme. 3. ayrıntılı hesap.
break.er (brey'kır) *i.* kıyıya vuran büyük dalga.
break.fast (brek'fıst) *i.* sabah kahvaltısı, kahvaltı.
break.ing (brey'king) *i.* kırılma.
break.neck (breyk'nek) *s.* çok hızlı; büyük (bir hız): **a breakneck pace** çok hızlı bir tempo.
break.through (breyk'thru) *i.* 1. *ask.* cepheyi yarıp geçme. 2. (bilimde) büyük buluş.
break.up (breyk'ʌp) *i.* 1. bozulma, sona erme. 2. parçalanma.
break.wa.ter (breyk'wôtır) *i.* dalgakıran, mendirek.
breast (brest) *i.* 1. göğüs, meme. 2. sine, kalp, gönül. — **stroke** kurbağalama (yüzme tekniği). **make a clean — of** içini dökmek.
breast.bone (brest'bon) *i., anat.* göğüs kemiği.
breast-fed (brest'fed) *f., bak.* **breast-feed.**
breast-feed (brest'fid) *f.* **(breast-fed)** (bebeği) emzirerek beslemek.
breath (breth) *i.* nefes, soluk. **catch one's —** soluk almak, dinlenmek. **in the same —** bir solukta, aynı zamanda. **out of —** soluğu kesilmiş, soluk soluğa. **take one's — away** insanın nefesini kesmek. **under one's —** alçak sesle, fısıldayarak.
breathe (bridh) *f.* soluk almak, teneffüs etmek. — **down one's neck** 1. başında dikilip durmak, başında beklemek. 2. rahat bırakmamak. 3. yakından takip etmek. — **in** nefes almak. — **out** nefes vermek. **Don't — a word of this to anyone.** Bunu sakın kimseye söyleme.
breath.less (breth'lis) *s.* nefes nefese, soluğu kesilmiş.
breath.tak.ing (breth'teyking) *s.* nefes kesici, çok heyecan verici.
bred *f., bak.* **breed. ill-bred** *s.* terbiye görmemiş. **well-bred** *s.* iyi terbiye görmüş.
breech.es (briç'iz) *i., çoğ.* pantolon. **riding —** binici pantolonu, külot.
breed (brid) *f.* **(bred)** 1. üremek. 2. yetiştirmek. 3. yol açmak, sebep olmak. *i.* cins, tür.
breed.ing (bri'ding) *i.* 1. terbiye. 2. yetiştirme.
breeze (briz) *i.* hafif rüzgâr, esinti, meltem; imbat. **in a —** kolaylıkla. **shoot the —** *argo* yarenlik etmek, çene çalmak.
breez.y (bri'zi) *s.* 1. rüzgârlı. 2. teklifsiz. 3. lakayt, umursamaz. 4. canlı, hareketli.
breth.ren (bredh'rın) *i., çoğ.* kardeşler.

brev.i.ty (brev´ıti) *i.* kısalık.
brew (bru) *f.* 1. (bira/kahve) yapmak; (çay) demlemek. 2. (çay/kahve) içmeye hazır olmak, olmak. 3. (kötü bir şey) hazırlamak, tertiplemek; hazırlanmak, tertiplenmek. *i., k. dili* bira: **Want a brew?** Bir bardak bira ister misin?
brew.er (bru´wır) *i.* bira yapımcısı.
brew.er.y (bru´wıri) *i.* bira fabrikası.
brews.ki (brus´ki) *i., k. dili* bira: **He bought me two brewskies.** Bana iki bira ısmarladı.
bri.ar (bray´ır) *i., bak.* **brier.**
bribe (brayb) *i.* rüşvet. *f.* rüşvet vermek, para yedirmek.
brib.er.y (bray´bıri) *i.* rüşvetçilik.
bric-a-brac (brîk´ıbräk) *i.* ufak tefek süs eşyaları, biblolar.
brick (brîk) *i.* (*gen.* deliksiz/boşluksuz) tuğla. — **red** kiremit rengi. — **up** tuğla örerek kapatmak. **drop a** — **pot** kırmak, gaf yapmak, çam devirmek.
brick.lay.er (brîk´leyır) *i.* duvarcı, tuğla örücü.
brick.yard (brîk´yard) *i.* tuğla harmanı.
brid.al (bray´dıl) *s.* 1. geline ait. 2. nikâha ait.
bride (brayd) *i.* gelin.
bride.groom (brayd´grum) *i.* güvey.
brides.maid (braydz´meyd) *i.* gelinin nedimesi, nedime.
bridge (brîc) *i.* köprü. *f.* köprü yapmak, köprü kurmak.
bridge (brîc) *i.* briç.
bridge.head (brîc´hed) *i., ask.* köprübaşı.
bri.dle (brayd´ıl) *i.* (gem ve dizginlerin takıldığı) at başlığı. *f.* 1. (ata) başlık takmak. 2. frenlemek, gemlemek, gem vurmak. 3. başını hafifçe kaldırarak öfkesini veya beğenmediğini belli etmek.
brief (brif) *s.* kısa. *i., huk.* davanın özeti. *f.* briefing yapmak. **hold no** — **for** -in savunucusu olmamak, -in taraftarı olmamak. **in** — kısaca, özetle.
brief.case (brif´keys) *i.* evrak çantası.
brief.ing (brî´fîng) *i.* brifing.
brief.ly (brif´li) *z.* kısaca.
briefs (brifs) *i., çoğ.* slip (paçasız erkek külotu).
bri.er (bray´ır) *i.* (herhangi bir) dikenli yabani çalı.
brig (brîg) *i., den.* 1. brik. 2. gemi hapishanesi.
bri.gade (brîgeyd´) *i.* tugay.
brig.a.dier (brîgıdîr´) *i.* — **general** tuğgeneral.
brig.and (brîg´ınd) *i.* haydut, eşkıya.
bright (brayt) *s.* 1. parlak, parlayan. 2. akıllı, zeki. **bright-eyed and bushy-tailed** *k. dili* tam formunda. — **lights** (otomobil farlarına ait) uzunlar.
bright.en (brayt´ın) *f.* 1. parlatmak. 2. aydınlanmak, aydınlık olmak. 3. neşelendirmek; neşe katmak. 4. (bir yere) canlılık vermek, daha hoş ve sevimli bir hava vermek. 5. yüzünde mutlu bir ifade belirmek; mutlu olmak.
brights (brayts) *i., çoğ., k. dili* (otomobil farlarına ait) uzunlar.
bril.liance (brîl´yıns) *i.* 1. parlaklık, göz alıcılık. 2. deha. 3. harikuladelik, mükemmellik.
bril.liant (brîl´yınt) *s.* 1. parlak, göz alıcı. 2. dâhice, parlak. 3. harikulade, harika, mükemmel. *i.* pırlanta.
bril.liant.ly (brîl´yıntli) *z.* parlak bir şekilde, pırıl pırıl.
brim (brîm) *i.* 1. bardak ağzı. 2. şapka kenarı.
brim.ful (brîm´fîl´) *s.* ağzına kadar dolu, silme.
brim.stone (brîm´ston) *i.* kükürt.
brine (brayn) *i.* 1. salamura, tuzlu su. 2. deniz suyu.
bring (brîng) *f.* **(brought)** getirmek. — **about** meydana getirmek, sebep olmak. — **along** yanında getirmek. — **an action/suit against** -i dava etmek. — **around/round** 1. ikna etmek. 2. ayıltmak. — **down the house** *k. dili* bir alkış tufanı kopartmak. — **forth** meydana getirmek, sebep olmak. — **forward** 1. ileri sürmek, arz etmek. 2. hesap toplamını nakletmek. 3. ileri bir tarihe almak. — **in** 1. getirmek. 2. (para) kazandırmak; kazanmak. 3. *huk.* (jüri) karara varmak. — **off** *k. dili* başarmak, başarıyla yapmak. — **on** 1. sebep olmak. 2. geliştirmek. — **out** 1. (yeni bir şeyi) yapmak/yayımlamak. 2. belli etmek, meydana çıkarmak. 3. (çekingen birinin) konuşup rahat davranmasına sebep olmak, -i açmak. — **someone down** *k. dili* birinin keyfini bozmak. — **someone in** on birinin (bir işe) katılmasını sağlamak, birini (bir işe) katmak. — **something home to someone** *k. dili* bir şeyi birinin kafasına dank ettirmek. — **through** birinin (bir hastalığı, zor bir durumu) atlatmasını sağlamak. — **to** ayıltmak. — **up** 1. yetiştirmek, büyütmek. 2. bahsetmek.
brink (brîngk) *i.* 1. (uçurum için) kenar; (felaket için) eşik. 2. kıyı.
brisk (brîsk) *s.* 1. canlı; hareketli; istenilen hızda hareket eden. 2. sertçe esen (rüzgâr).
brisk.ly (brîsk´li) *z.* canlı/hareketli bir şekilde; istenilen hızda.
bris.tle (brîs´ıl) *i.* sert kıl, domuz kılı. *f.* 1. tüylerini kabartmak. 2. dikleşmek, kızmak. — **with** (hoş olmayan bir şeyle) dolu olmak.
bris.tly (brîs´li) *s.* kıllı.
Brit.ain (brît´ın) *i.* Britanya.
britch.es (brîç´ız) *i., çoğ., k. dili* pantolon.
Brit.ish (brît´îş) *s.* Britanya´ya ait, İngiliz. **the** — *çoğ.* Britanyalılar.
Brit.on (brît´ın) *i.* Britanyalı.
Brit.tle (brît´ıl) *s.* kırılgan; gevrek.

a ä e ı i î ô o û u ʌ ıl ım ın ır ng ngg ngk
car cat met above heal his dog so good do up couple prism demon burn ring finger ink

broach (broç) f. (bir konuyu) açmak.
broad (brôd) s. 1. geniş; engin. 2. genel, ayrıntılara girmeyen. i., argo eksik etek, kadın. — **jump** spor uzun atlama. **in — daylight** güpeğündüz. **—ly speaking** kabaca, yaklaşık.
broad-based (brôd´beyst) s. geniş tabanlı.
broad.cast (brôd´käst) f. (broad.cast) 1. (radyo/televizyon aracılığıyla) yayımlamak. 2. (tohum) saçmak. 3. yaymak, herkese söylemek. i. radyo/televizyon yayını.
broad.en (brôd´ın) f. genişletmek; genişlemek.
broad.ly-based (brôd´lîbeyst) s., bak. **broad-based**.
broad-mind.ed (brôd´mayn´dîd) s. açık fikirli, hoşgörülü.
bro.cade (brokeyd´) i. brokar.
bro.chure (broşûr´) i. broşür; kitapçık.
brogue (brog) i. 1. şive. 2. bir çeşit erkek ayakkabısı.
broil (broyl) f. 1. ızgara yapmak, ızgarada kızartmak. 2. k. dili (hava) çok sıcak olmak. **—ing hot** k. dili çok sıcak (hava).
broil.er (broy´lır) i. 1. fırında et kızartmaya özgü ızgaralı kap. 2. ızgaralık piliç.
broke (brok) s., k. dili parasız, meteliksiz.
broke (brok) f., bak. **break**.
bro.ken (bro´kın) f., bak. **break**. s. 1. kırık, kırılmış. 2. bozuk, bozulmuş. 3. (kötü bir olaydan sonra) umudunu yitirmiş. 4. dilbilgisi kurallarına uymayan (bir yabancının konuşması): **That Frenchman speaks broken English**. O Fransız, İngilizceyi iyi konuşamıyor. **be all — up over** (bir şeyden dolayı) çok üzgün olmak.
bro.ken-down (bro´kındaun´) s. işi bitmiş, bitik; harap.
bro.ken-heart.ed (bro´kınhar´tîd) s. kalbi kırık.
bro.ker (bro´kır) i. komisyoncu; banker.
bron.chi.tis (brang.kay´tîs) i. bronşit.
bron.co (brang´ko) i. yabani at; ehlileştirilmemiş at.
bronze (branz) i. bronz, tunç.
brooch (broç) i. broş.
brood (brud) f. 1. kuluçkaya yatmak. 2. derin derin düşünmek, düşünceye dalmak. i. kuluçka.
brood.er (bru´dır) i. kuluçka makinesi.
brood.y (bru´dî) s. 1. kuluçkaya yatmak isteyen. 2. düşünceye dalan.
brook (brûk) i. çay, ırmak.
brook (brûk) f. dayanmak, tahammül etmek, çekmek, katlanmak.
broom (brum) i. 1. saplı süpürge. 2. bot. katırtırnağı.
broom.stick (brum´stîk) i. süpürge sopası.
broth (brôth) i. et/balık suyu.
broth.el (brath´ıl, brôth´ıl) i. genelev.
broth.er (brʌdh´ır) i. erkek kardeş, birader.
broth.er.hood (brʌdh´ırhûd) i. 1. kardeşlik, birlik, beraberlik. 2. bir kuruluşun üyeleri.
broth.er-in-law (brʌdh´ırinlô) i. enişte; kayınbirader; bacanak.
broth.er.ly (brʌdh´ırli) s. erkek kardeşe özgü, ağabeyce.
brought (brôt) f., bak. **bring**.
brow (brau) i. 1. alın. 2. kaş. 3. çehre, yüz. 4. yamaç.
brow.beat (brau´bit) f. (**brow.beat, —en**) gözünü korkutmak, yıldırmak.
brow.beat.en (brau´bitın) f., bak. **browbeat**.
brown (braun) s. kahverengi. f. karartmak; kararmak.
brown.ish (brau´nîş) s. kahverengimsi.
browse (brauz) f. 1. otlamak. 2. **through** -i şöyle bir okumak/karıştırmak.
bruise (bruz) f. çürütmek, berelemek, ezmek. i. çürük, bere, ezik.
brunch (brʌnç) i., k. dili öğleye doğru yenen ve kahvaltı ile öğle yemeği yerine geçen yemek; kuşluk yemeği.
Bru.nei (brûnay´, brûney´) i. Brunei.
Bru.ne.ian (brûna´yın, brûne´yın) i. Bruneili. s. 1. Brunei, Brunei'ye özgü. 2. Bruneili.
bru.nette (brunet´) i. esmer kadın.
brunt (brʌnt) i. (saldırı, azarlama, baskı v.b.'nin) en ağır/şiddetli kısmı. **bear the — of** (saldırı, azarlama, baskı v.b.'nin) en ağır/şiddetli kısmını çekmek.
brush (brʌş) i. fırça. f. 1. fırçalamak. 2. hafifçe dokunmak, değinmek. **— against** -e sürtünmek. **— aside** önemsememek, aldırmamak. **— off** 1. başından atmak, savmak. 2. tozunu almak. **— up** İng. (bilgiyi) tazelemek. **— up on** (bilgiyi) tazelemek.
brush (brʌş) i. çalılık, fundalık.
brush.off (brʌş´ôf) i. geri çevirme, ret.
brush.wood (brʌş´wûd) i. 1. çalı çırpı. 2. sık çalılık, fundalık.
brusque, brusk (brʌsk) s. sert, ters, kaba.
Brus.sels sprouts (brʌs´ılz) brüksellahanası, frenklahanası.
bru.tal (brut´ıl) s. 1. vahşi, yabani. 2. merhametsiz.
bru.tal.i.ty (brutäl´ıti) i. vahşilik.
bru.tal.ly (bru´tıli) z. vahşice.
brute (brut) i. 1. hayvan. 2. vahşi adam. **— force** kaba kuvvet.
B.S., **İng. BSc** kıs. **Bachelor of Science**.
bub.ble (bʌb´ıl) i. kabarcık. f. kaynamak, fokurdamak.
buc.ca.neer (bʌkınir´) i. korsan.
buck (bʌk) f. 1. (at) sıçramak. 2. karşı gelmek. **— for** (terfi, zam v.b.'ni) elde etmeye çalışmak. **— up** k. dili neşelenmek.
buck (bʌk) i. 1. erkek geyik. 2. erkek hayvan.

3. *k. dili* dolar. **pass the** — sorumluluğu başkasına yüklemek.
buck (bʌk) z. — **naked** k. dili çırılçıplak.
buck.et (bʌk´it) i. kova.
buck.le (bʌk´ıl) i. toka. f. 1. (tokalı bir şeyi) bağlamak. 2. yer yer kabarmak/kamburlaşmak. 3. çökmeye başlamak. — **down** ciddiyetle/gayretle çalışmak. — **on** (tokalı bir kayışla) (bir şeyi) takmak/giymek.
buck.ling (bʌk´ling) i., mek. flambaj; burkulma; buruşma.
buck.shot (bʌk´şat) i. (tüfek için) saçma.
buck.wheat (bʌk´hwit) i. karabuğday.
bud (bʌd) i. tomurcuk; gonca. f. (—**ded**, —**ding**) tomurcuklanmak; gonca vermek. —**ding** s. yetişmekte olan: **a budding physicist** yetişmekte olan bir fizikçi.
Bud.dha (bu´dı) i. Buda.
Bud.dhism (bu´dizım) i. Budizm.
Bud.dhist (bu´dist) i., s. Budist.
bud.dy (bʌd´i) i. arkadaş, ahbap.
budge (bʌc) f. kımıldamak, hareket etmek; kımıldatmak.
bud.ger.i.gar (bʌc´ırigar) i., İng. muhabbetkuşu.
budg.et (bʌc´it) i. bütçe.
bud.gie (bʌc´i) i., İng., k. dili muhabbetkuşu.
buff (bʌf) f. (bir şeyi) yumuşak bir şeyle parlatmak.
buff (bʌf) i. (araba, radyo v.b.) meraklısı, kurdu.
buf.fa.lo (bʌf´ılo) i. bizon.
buff.er (bʌf´ır) i. tampon. — **state** tampon devlet. — **zone** tampon bölge.
buf.fet (bûfey´) i. büfe.
buf.fet (bʌf´it) f. (about) hırpalamak; örselemek.
bug (bʌg) i. 1. böcek. 2. mikrop, virüs. 3. k. dili bir Volkswagen modeli, kaplumbağa, Vosvos. 4. k. dili gizli dinleme aygıtı. 5. k. dili (makinede) bozukluk. 6. bilg. hata, arıza. f. (—**ged**, —**ging**) k. dili 1. (bir yere) gizli dinleme aygıtı yerleştirmek. 2. rahatsız etmek; -in canını sıkmak. — **off** k. dili toz olmak, gitmek.
bug-eyed (bʌg´ayd) s., k. dili patlak gözlü.
bug.ger (bʌg´ır) f., İng., kaba arkadan sikmek. i., İng., argo 1. herif. 2. çok zor bir şey. — **about** argo oyalanarak vakit geçirmek. — **all** argo hiçbir şey. — **off** argo sıvışmak, toz olmak. — **someone about** argo birine zorluk çıkarmak. — **something up** argo bir şeyin içine etmek. **B**— **you!** argo Siktir! **I'll be** —**ed!** argo Hay Allah! **I'm** —**ed!** argo Pestilim çıktı!/Bittim!
bug.gy (bʌg´i) s. böcek dolu, böcekli.
bug.gy (bʌg´i) i. fayton; brıçka.
bug.house (bʌg´haus) i., argo tımarhane.
bu.gle (byu´gıl) i., müz. büğlü, boru (askerlere işaret vermek için kullanılan çalgı).
bu.gler (byu´glır) i. borazan, borazancı.

build (bild) f. (**built**) 1. yapmak, kurmak, yaratmak. 2. yapı yapmak, inşa etmek. i. (insan için) yapı, bünye, fizik. — **up** 1. toparlanmak. 2. göklere çıkarmak, desteklemek. 3. binalar ile doldurmak.
build.er (bil´dır) i. müteahhit, inşaatçı.
build.ing (bil´ding) i. 1. bina, yapı. 2. yapım, inşa, inşaat.
built (bilt) f., bak. **build**.
built-in (bilt´in) s. gömme, yerli (dolap); sabit.
bulb (bʌlb) i. 1. çiçek soğanı. 2. elektrik ampulü.
Bul.gar.i.a (bılger´iyı) i. Bulgaristan. —**n** i., s. 1. Bulgar. 2. Bulgarca.
bulge (bʌlc) f. bel vermek.
bulk (bʌlk) i. 1. hacim, oylum. 2. çoğunluk. **in** — 1. açık, ambalajsız. 2. toptan.
bulk.y (bʌl´ki) s. iri, cüsseli, hacimli, hantal.
bull (bûl) i. 1. boğa. 2. argo saçma, zırva.
bull.dog (bûl´dôg) i. buldok.
bull.doze (bûl´doz) f. 1. üstünden buldozer geçirmek. 2. argo zor kullanarak bir şeyi yapmaya mecbur etmek.
bull.doz.er (bûl´dozır) i. buldozer, dozer, yoldüzer.
bul.let (bûl´it) i. kurşun, mermi.
bul.le.tin (bûl´ıtın) i. bildiri, belleten, bülten. — **board** ilan tahtası.
bul.let.proof (bûl´ıtpruf) s. kurşun geçirmez.
bull.fight (bûl´fayt) i. boğa güreşi.
bull.finch (bûl´finç) i., zool. şakrakkuşu.
bull.horn (bûl´hôrn) i., k. dili megafon.
bul.lion (bûl´yın) i. külçe altın/gümüş; altın/gümüş çubuk.
bul.ly (bûl´i) i. kabadayı, zorba. f. zorbalık etmek, kabadayılık etmek.
bul.wark (bûl´wırk) i. siper, istihkâm. f. siper ile korumak, muhafaza altına almak.
bul.warks (bûl´wırks) i., den. küpeşte.
bum (bʌm) i. 1. serseri, başıboş adam. 2. otlakçı, anaforcu, başkalarının sırtından geçinen kimse. 3. İng. kıç, makat. f. (—**med**, —**ming**) 1. serseri bir hayat sürmek. 2. otlamak, otlakçılıkla geçinmek; başkalarının sırtından geçinmek. 3. ödünç alıp geri vermemek. **give someone the** —**'s rush** İng. dili birini yaka paça çıkarmak; birini âdeta kapı dışarı etmek.
bum.ble.bee (bʌm´bılbi) i. toprak yabanarısı.
bumf (bʌmf) i., İng., k. dili 1. hiçbir işe yaramayan kâğıtlar. 2. saçma laflar, saçma.
bump (bʌmp) i. 1. vuruş, çarpma. 2. şiş, yumru, tümsek. f. vurmak, toslamak, çarpmak, bindirmek.
bump.er (bʌm´pırı) i. 1. oto. tampon. 2. ağzına kadar dolu kadeh/bardak. 2. mebzul, alışılandan çok daha bol. — **crop** bereketli mahsul.

bump.y (bʌm'pi) s. 1. tümsekli, engebeli. 2. inişli çıkışlı.
bun (bʌn) i. 1. çörek. 2. sandviç ekmeği. 3. topuz: *She wears her hair in a bun.* Saçını hep topuz yapıyor.
bunch (bʌnç) i. 1. salkım, demet, hevenk, deste. 2. grup, takım.
bun.dle (bʌn'dıl) i. 1. bohça. 2. yığın. f. toplamak, bohçalamak. — *someone off* birini apar topar göndermek: *As soon as his wife was certified insane, Melih bundled her off to an asylum.* Karısının deliliği resmen tasdik edilir edilmez Melih onu apar topar tımarhaneye kapattı. — *up* sıkı giyinmek, sarınıp sarmalanmak: *It's cold out; you'd better bundle up.* Dışarısı soğuk; sıkı giyinsen iyi olur.
bung (bʌng) i. 1. tapa. 2. fıçı deliği. f. 1. tıpalamak, ağzını tıpa ile kapamak. 2. dövmek, hırpalamak. — *up k. dili* 1. -i yara bere içinde bırakmak. 2. -e epey hasar vermek.
bun.ga.low (bʌng'gılo) i. bungalov.
bun.gle (bʌng'gıl) f. aptalca hatalar yaparak (bir şeyi) becerememek.
bun.ion (bʌn'yın) i. (ayak parmağında oluşan) şiş.
bunk (bʌngk) i. saçma, zırva.
bunk (bʌngk) i. ranza.
bun.ny (bʌn'i) i. tavşan, tavşancık.
buoy (boy) i. şamandıra. f. — *someone up* birini neşelendirmek.
buoy.ant (boy'ınt) s. 1. yüzen, batmaz. 2. neşeli.
bur.den (bır'dın) i. yük, ağırlık. f. 1. yüklemek. 2. yüklenmek, sıkıntı vermek.
bur.den.some (bır'dınsım) s. külfetli, sıkıcı.
bu.reau (byûr'o), çoğ. —*s/*—*x* (byûr'oz) i. 1. büro, yazıhane, daire. 2. (aynalı ve alçak) şifoniyer.
bu.reauc.ra.cy (byûrak'rısi) i. 1. bürokrasi, kırtasiyecilik. 2. devlet memurları.
bu.reau.crat (byûr'ıkrät) i. bürokrat, kırtasiyeci.
bu.reau.crat.ic (byûrıkrät'ik) s. bürokratik.
bu.rette (byuret') i., kim. büret.
burg.er (bır'gır) i., k. dili hamburger.
bur.glar (bır'glır) i. ev/bina hırsızı.
bur.glar.ize, İng. **bur.glar.ise** (bır'glırayz) f., k. dili ev/bina soymak.
bur.gla.ry (bır'glıri) i. ev/bina soyma, hırsızlık.
bur.gle (bır'gıl) f. (evi/binayı) soymak.
bur.i.al (ber'iyıl) f. gömme, defin.
Bur.ki.na Fas.o (bukini fäs'o) Burkina Faso.
Bur.ki.nese (bıkiniz') i. (çoğ. **Bur.ki.nese**) Burkina Fasolu. s. 1. Burkina Faso, Burkina Faso'ya özgü. 2. Burkina Fasolu.
Bur.ki.ni.an (bıki'niyın) i. Burkina Fasolu. s. 1. Burkina Faso, Burkina Faso'ya özgü. 2. Burkina Fasolu.
bur.lap (bır'läp) i. çuval bezi.
bur.ly (bır'li) s. iriyarı, cüsseli.

Bur.ma (bır'mı) i., bak. Myanmar.
burn (bırn) f. (—ed/—t) yanmak; yakmak. i. yanık, yanık yeri. — *down* yanıp kül olmak; yakıp kül etmek. — *oneself out* kendini tüketmek. — *out* 1. yakıp yok etmek. 2. içini yakmak. 3. tamamen yanıp (kendi kendine) sönmek. 4. mahvolmak. 5. yanmak, bozulmak. — *someone up k. dili* birini çok kızdırmak/sinirlendirmek. — *up* 1. tamamen yanmak. 2. yakmak, yakıp yok etmek. *be* —*ed/* —*t out* yangın yüzünden sokakta kalmak.
burn.er (bır'nır) i. brülör. *put something on the back* — *k. dili* bir şeyi şimdilik askıya almak.
burn.ing (bır'ning) s. 1. yanan, yanıcı. 2. şiddetli, hararetli, büyük: *She has a burning desire to become rich and famous.* Zengin ve ünlü olmak için yanıp tutuşuyor.
bur.nish (bır'niş) f. cilalamak; parlatmak. i. cila, parlaklık.
bur.nish.er (bır'nişır) i. 1. cilacı, perdahçı. 2. mühre, perdah kalemi.
burnt (bırnt) f., bak. **burn**. s. yanık, yanmış.
burp (bırp) i. geğirme. f. geğirmek; geğirtmek.
bur.row (bır'o) i. oyuk, in, yuva. f. 1. tünel kazmak, yuva yapmak, oyuk açmak. 2. bir oyukta/yuvada gizlenmek.
bur.sar (bır'sır) i. muhasebeci, okul veznedarı.
burst (bırst) f. (**burst**) patlamak, yarılmak. i. 1. patlama, çatlama. 2. ileri atılma. s. patlamış, patlak. — *in on/upon* pat diye girmek: *What do you mean bursting in on us like this?* Ne diye odamıza böyle pat diye giriyorsun? — *into laughter* kahkahayı koyuvermek. — *into tears* birden ağlamaya başlamak. — *out crying* birden ağlamaya başlamak.
Bu.run.di (bûrun'di, bırʌn'di) i. Burundi.
Bu.run.di.an (bûrun'diyın, bırʌn'diyın) i. Burundili. s. 1. Burundi, Burundi'ye özgü. 2. Burundili.
bur.y (ber'i) f. 1. gömmek, defnetmek. 2. gizlemek, saklamak, örtmek.
bus (bʌs) i. otobüs. — *station* otobüs terminali. — *stop* otobüs durağı.
bush (bûş) i. çalı, çalılık.
bush.el (bûş'ıl) i. kile; İng. 4/5 kile.
bush.i.ness (bûş'inîs) i. çalı gibi olma.
bush.y (bûş'i) s. 1. çalıyla kaplı. 2. çalı gibi, gür (saç, kaş, kuyruk v.b.).
busi.ness (biz'nis) i. 1. iş, meslek, görev. 2. ticaret. 3. mesele, problem. — *hours* iş saatleri. — *trip* iş seyahati. *have no* — *doing something* (birinin) bir şey yapmaya hakkı olmamak: *You have no business interfering in my affairs.* Benim işlerime burnunu sokmaya hiç hakkın yok. *Mind your own* —! Sen kendi işine bak!

busi.ness.like (biz'nislayk) s. ciddi, sistemli.
busi.ness.man (biz'nismän), *çoğ.* busi.ness.men (biz'nismen) *i.* işadamı.
busi.ness.wom.an (biz'niswûmın), *çoğ.* busi.ness.wom.en (biz'niswimin) *i.* iş kadını.
bust (bʌst) *i.* 1. göğüs. 2. büst.
bust (bʌst) *f.* (—ed/bust) *k. dili* 1. kırmak; bozmak; patlatmak. 2. tutuklamak. 3. girip aramak. 4. (askerin rütbesini) indirmek. 5. up (bir çift) boşanmak/birbirinden ayrılmak. *i.* 1. tutuklama. 2. arama. *s.* 1. kırık, kırılmış; bozuk, bozulmuş; patlak, patlamış. 2. iflas etmiş, sıfırı tüketmiş, topu atmış. — a gut *k. dili* eşek gibi çalışmak. — one's ass *kaba* kıçını yırtmak, eşek gibi çalışmak. — out of *k. dili* (bir yerden) sıvışıp kaçmak. go — *k. dili* iflas etmek, sıfırı tüketmek, topu atmak.
bust.ed (bʌs'tid) *s., k. dili* 1. kırık, kırılmış; bozuk, bozulmuş; patlak, patlamış. 2. iflas etmiş, sıfırı tüketmiş, topu atmış.
bus.tle (bʌs'ıl) *i.* koşuşturma, aceleyle hareket etme. *f.* koşuşturmak, aceleyle hareket etmek.
bust-up (bʌst'ʌp) *i., k. dili* boşanma; birbirinden ayrılma.
bus.y (biz'i) *s.* 1. meşgul: **I've had a busy day.** Bugün çok meşguldüm. 2. işlek, hareketli. — signal meşgul işareti.
bus.y.bod.y (biz'ibadi) *i.* işgüzar, herkesin işine burnunu sokan kimse.
but (bʌt) *edat* -den gayri, -den başka: **The new maid will do almost anything but wash windows.** Yeni hizmetçi, pencere silmek hariç, hemen hemen her işi yapar. *bağ.* fakat, ama, lakin, ancak, halbuki, ki: **I'll do almost anything for you, but I won't do that.** Sizin için hemen hemen her şeyi yaparım, ama onu yapmam. *z.* ama, sadece, yalnızca: **He's but a child.** Ama o bir çocuk. — for sayesinde, ... olmasaydı: **But for her relationship with the boss she would have been fired long ago.** Şefle ilişkisi olmasaydı çoktan işten çıkarılmıştı. — what ... ki, gene de, rağmen. all — 1. -den gayri hepsi, ... dışında hepsi: **We have interviewed all but two of the candidates.** Adayların ikisi dışında hepsiyle görüştük. 2. az kalsın, neredeyse: **She was so angry that she all but slapped me.** O kadar kızdı ki beni neredeyse tokatlayacaktı. **No ifs or —s!** İtiraz yok!
bu.tane (byu'teyn) *i.* bütan.
butch.er (bûç'ır) *i.* kasap. *f.* 1. kasaplık hayvan kesmek. 2. katletmek. 3. berbat etmek, rezil etmek.
butch.er.y (bûç'ıri) *i.* 1. mezbaha, salhane. 2. katliam, kırım.
but.ler (bʌt'lır) *i.* bir evin baş hizmetkârı; kâhya, baş uşak.

butt (bʌt) *i.* 1. uç, sap. 2. dipçik. 3. izmarit. 4. popo, kıç.
butt (bʌt) *i.* alay konusu kimse.
butt (bʌt) *f.* 1. tos vurmak, süsmek, boynuzlamak. 2. kafa atmak. — in araya girmek, karışmak, burnunu sokmak. — in on -e karışmak, -e burnunu sokmak.
but.ter (bʌt'ır) *i.* tereyağı. *f.* tereyağı sürmek. — up *k. dili* -e yağ çekmek, -i yağlamak, -e dalkavukluk etmek.
but.ter.cup (bʌt'ırkʌp) *i.* düğünçiçeği.
but.ter.fat (bʌt'ırfät) *i.* süt kaymağı.
but.ter.fin.gers (bʌt'ırfîng.gırz) *i.* sakar kimse.
but.ter.fly (bʌt'ırflay) *i.* kelebek.
but.ter.milk (bʌt'ırmîlk) *i.* yayık ayranı.
but.tocks (bʌt'ıks) *i.* but, kalça, kıç, popo, kaba et.
but.ton (bʌt'ın) *i.* 1. düğme. 2. elektrik düğmesi, düğme, buton. *f.* (up) iliklemek, düğmelemek; iliklenmek, düğmelenmek: **Button your shirt!** Gömleğini ilikle! — one's lip *k. dili* 1. susmak, çenesini kapamak. 2. konuşmamak, sır vermemek. — up *k. dili, bak.* button one's lip.
but.ton.hole (bʌt'ınhol) *i.* ilik, düğme iliği. *f.* yakasına yapışmak.
but.tress (bʌt'rîs) *i.* 1. payanda, ayak. 2. destek. *f.* desteklemek.
bux.om (bʌk'sım) *s.* 1. sıhhatli, canlı; etli butlu. 2. çekici, neşeli.
buy (bay) *f.* (bought) satın almak, almak. *i.* 1. alış, alma. 2. kelepir. — in ortak olmak; hisse almak. — off rüşvetle elde etmek, rüşvetle defetmek, savuşturmak; satın almak. — out bütün hisselerini almak. — over (birini) rüşvetle satın almak. — up tümünü satın almak, kapatmak.
buy.er (bay'ır) *i.* alıcı, müşteri. —'s market alıcı piyasası.
buzz (bʌz) *i.* vızıltı. *f.* vızıldamak. — off *İng., k. dili* toz olmak, siktir olmak.
buz.zard (bʌz'ırd) *i.* bir tür akbaba.
buzz.er (bʌz'ır) *i.* vızıltılı elektrik zili, vibratör.
by (bay) *edat* 1. yanında, yakınında, nezdinde. 2. yakınından, yanından. 3. ile, vasıtasıyla. 4. -den, tarafından. 5. -e kadar. 6. -e göre. 7. hakkında, hakkı için. — oneself yalnız, kendi kendine. — the way ha aklıma gelmişken .... day — day günden güne. six — nine altıya dokuz ebadında.
by (bay) *z.* 1. yakın, yakında. 2. bir kenara, bir yana. — and — çok geçmeden. — and large genellikle. **Can you drop — tonight?** Bu gece bize uğrar mısın? go — geçip gitmek. lay — biriktirmek, yığmak. put — ilerisi için saklamak.
bye-bye (bay'bay) *ünlem* 1. Allahaısmarla-

dık./Hoşça kal. 2. güle güle.
by-e.lec.tion (bay'ilekşın) *i., İng.* ara seçim.
Bye.lo.rus.sia (byelorʌş'ı) *i., bak.* Belarus.
Bye.lo.rus.sian (byelorʌş'ın) *i., s., bak.*
Belarussian.
by.gone (bay'gôn) *s.* geçmiş, eski. *i., çoğ.*
geçmiş şey. Let —s be —s. Geçmişi unutalım./Olan oldu./Geçmişe mazi derler.
by.law (bay'lô) *i.* yönetmelik maddesi.
by-line (bay'layn) *i.* yazar adının verildiği satır.
by.pass (bay'päs) *i.* 1. baypas, baypas yol, çevre yolu. 2. *elek.* baypas. 3. *tıb.* baypas

ameliyatı, baypas: **heart bypass** kalp baypası. *f.* baypas yoluyla -den geçmek.
by-prod.uct (bay'pradıkt) *i.* yan ürün, türev ürün.
by.stand.er (bay'ständır) *i.* seyirci kalan.
byte (bayt) *i., bilg.* bayt.
by-way (bay'wey) *i.* gizli/özel/karanlık yol, dolaşık yol; yan yol.
by.word (bay'wırd) *i.* atasözü; çok kullanılan bir deyim.
Byz.an.tine (biz'ıntin) *i.* Bizanslı. *s.* 1. Bizans, Bizans'a özgü. 2. Bizanslı.
By.zan.ti.um (bizän'şiyım) *i.* Bizans.

th dh w hw b c ç d f g h   j   k l m n p r s ş t v y z
thin the we why be joy chat ad if go he regime key lid me no up or us she it via say is

C

C, c (si) *i.* C, İngiliz alfabesinin üçüncü harfi. C Romen rakamları dizisinde 100 sayısı, C.
c., C. *kıs.* **circa, cent, centigrade, century, city, copy, copyright.**
cab (käb) *i.* 1. taksi. 2. tek atlı binek arabası. 3. lokomotif veya kamyon sürücüsünün oturduğu kapalı bölüm.
cab.bage (käb'ic) *i.* lahana.
cab.in (käb'ın) *i.* 1. kulübe. 2. kamara, kabin. *f.* 1. kabin veya kamarada yaşamak. 2. küçük bir yere kapamak, tahdit etmek. — **boy** kamarot. — **class** ikinci sınıf.
cab.i.net (käb'ınit) *i.* 1. (camlı ve raflı) dolap. 2. kabine, bakanlar kurulu. 3. küçük özel oda.
cab.i.net.mak.er (käb'ınitmeykır) *i.* ince iş yapan marangoz. —**'s glue** tutkal.
cab.i.net.work (käb'ınitwırk) *i.* ince marangozluk.
ca.ble (key'bıl) *i.* 1. kablo. 2. *den.* gomene, palamar. 3. telgraf. — **car** 1. teleferik. 2. kablo ile çekilen araba. — **television** kablolu televizyon.
ca.ble.gram (key'bılgräm) *i.* sualtı kablosu ile çekilen telgraf.
ca.boose (kıbus') *i.* marşandizin arkasına takılan ve demiryolu görevlilerini taşıyan cumbalı vagon.
ca.cao (kıkey'o, kıka'o) *i., bot.* kakao ağacı, hintbademi. — **bean** kakao çekirdeği. — **butter** kakaoyağı.
cack.le (käk'ıl) *f.* 1. gıdaklamak. 2. kesik kesik gülmek. 3. gürültülü bir şekilde konuşmak, gevezelik etmek. *i.* 1. gıdaklama. 2. gevezelik.
cac.tus (käk'tıs) *i.* kaktüs.
cad (käd) *i.* aşağılık herif.
ca.dav.er (kıdäv'ır, kıdey'vır) *i.* ceset, kadavra.
cad.die (käd'i) *i., golf* oyuncunun sopalarını taşıyan kimse. *f., golf* oyuncunun sopalarını taşımak.
ca.dence (keyd'ıns) *i.* 1. ritim, ahenk. 2. sesin yavaşlaması. 3. *müz.* perdenin derece derece inmesi, nağmenin sonu, kadans.
ca.det (kıdet') *i.* 1. harp okulu öğrencisi. 2. küçük erkek kardeş veya oğul. 3. en küçük erkek çocuk. — **corps** harp okulu taburu.
cae.sar.e.an (sizer'iyın) *i., s., bak.* **cesarean.**
ca.fé (käfey', kıfey') *i.* küçük lokanta.
caf.e.te.ria (käfıtır'iyı) *i.* kafeterya.
caf.feine (käf'in) *i.* kafein.
caf.tan (käf'tın, kaftan') *i.* kaftan.
cage (keyc) *i.* 1. kafes. 2. hapishane. 3. asansör. 4. (inşaatlarda) iskele. *f.* kafese kapamak, hapsetmek.

ca.gey (key'ci) *s.* 1. çok dikkatli. 2. kurnaz, uyanık.
ca.jole (kıcol') *f.* tatlı sözlerle kandırmak.
ca.jole.ment (kıcol'mınt), **ca.jol.er.y** (kıcol'ıri) *i.* tatlı sözlerle kandırma.
cake (keyk) *i.* 1. pasta, kek, çörek. 2. kalıp. 3. küspe. **take the** — *k. dili* birinci gelmek. **That takes the** —! Aşk olsun!
ca.lam.i.tous (kıläm'ıtıs) *s.* felaketli, felaket getiren, vahim, belalı; felaket, çok kötü.
ca.lam.i.ty (kıläm'ıti) *i.* bela, felaket, afet.
cal.ci.fi.ca.tion (kälsıfıkey'şın) *i.* 1. kireçleşme, kireç haline gelme. 2. kireçlenme, kalsifikasyon.
cal.ci.fy (käl'sıfay) *f.* 1. kireç haline koymak. 2. kireçlenmek. 3. kalsiyum tuzları ile sertleştirmek, taş haline getirmek. 4. taş haline gelmek.
cal.ci.um (käl'siyım) *i.* kalsiyum. — **chloride** kalsiyum klorür.
cal.cu.late (käl'kyıleyt) *f.* 1. hesap etmek, hesaplamak. 2. saymak. 3. ayarlamak.
cal.cu.la.tion (kälkyıley'şın) *i.* 1. hesaplama, hesap. 2. tahmin.
cal.cu.la.tor (käl'kyıleytır) *i.* 1. hesap eden kimse. 2. hesap makinesi. 3. hesap cetveli.
cal.dron (kôl'drın) *i., bak.* **cauldron.**
cal.en.dar (käl'ındır) *i.* takvim. — **year** takvim yılı. **Gregorian** — Gregoryen takvimi, Miladi takvim. **Muslim** — Hicri takvim.
calf (käf, kaf), *çoğ.* **calves** (kävz) *i.* dana, buzağı. — **love** *k. dili* çocukluk aşkı. **kill the fatted** — büyük bir karşılama töreni hazırlamak.
calf (käf), *çoğ.* **calves** (kävz) *i.* baldır.
calf.skin (käf'skin) *i.* vidala, vaketa.
cal.i.ber *İng.* **cal.i.bre** (käl'ıbır) *i.* 1. çap, kalibre. 2. yetenek, kabiliyet, kapasite.
cal.i.co (käl'iko) *i.* (*çoğ.* —es/—s) 1. pamuklu bez, basma. 2. *İng.* patiska. *s.* 1. patiskadan yapılmış. 2. benekli. — **cat** beyaz, siyah ve turuncu renkli dişi kedi.
ca.liph, ca.lif (key'lif, käl'if) *i.* halife.
ca.liph.ate (key'lifeyt, käl'ifeyt) *i.* halifelik, hilafet.
call (kôl) *i.* 1. bağırma, çağırma, bağırış, haykırma; **I heard a call for help.** Birinin ''İmdat!'' diye bağırdığını duydum. 2. telefon konuşması, konuşma. 3. (kuşa özgü) ötüş, ötme. 4. (av hayvanlarını çağırmak için kullanılan) düdük veya başka bir alet. 5. kısa ziyaret: **They paid me a call.** Beni ziyaret ettiler. 6. *ask.* çağrı. 7. lüzum, ihtiyaç: **There was no call for you to do that.** Onu yapmanın hiç gereği yoktu. 8. istem, talep: **We don't get any calls for that anymore.** Artık kimse onu

a ä e ı i î ô o û u ʌ ıl ım ın ır ng ngg ngk
car cat met above heal his dog so good do up couple prism demon burn ring finger ink

call

talep etmiyor. —**ing card** kartvizit. — **girl** telekız. — **number** kütüphanelerde kitapları sınıflandıran numara. **bugle** — boru işareti. **close** — dar kurtulma. **collect** — ödemeli telefon konuşması. **direct** — ara santralsız konuşma. **local** — şehir içi konuşma. **long distance** — şehirlerarası konuşma; milletlerarası konuşma. **on** — hazır. **person to person** — ihbarlı konuşma, davetli konuşma. **put a** — **through** telefon etmek. **reversed-charges** — ödemeli konuşma. **roll** — (okulda/toplantıda yapılan sözlü) yoklama. **station to station** — normal konuşma, santral aracılığıyla konuşma. **There is a** — **for you.** Sizi telefondan arıyorlar. **toll** — ücrete tabi konuşma. **trunk** — şube hattı aracılığıyla konuşma. **within** — seslenildiği zaman duyulabilecek uzaklıkta. **call** (kôl) f. 1. (out) seslenmek, çağırmak; bağırmak: **Did you just call me?** Bana demin seslendin mi? **He called out for help.** ''İmdat!'' diye bağırdı. 2. uğramak; (on) (birine) uğramak; (at) (bir yere) uğramak: **He calls once a day.** Günde bir defa uğrar. **Let's call on Mefharet.** Mefharet'e uğrayalım. **Does this boat call at Kaş?** Bu gemi Kaş'a uğrar mı? 3. telefon etmek: **When did you call me?** Bana ne zaman telefon ettiniz? 4. (out/off) söylemek, yüksek sesle okumak: **He called out the names of the winners.** Kazananların isimlerini yüksek sesle okudu. 5. çağırmak, davet etmek: **We'll call him as a witness.** Onu tanık olarak çağıracağız. **Call the witness to the stand.** Tanığı kürsüye çağırın. 6. (toplantı, seçim, grev v.b.'nin yapılacağını) ilan etmek. 7. uyandırmak. 8. isim koymak; diye hitap etmek: **What shall we call him?** Ona hangi ismi koyalım? **Her real name's Faika but they call her Fofoş.** Gerçek adı Faika, fakat kendisine Fofoş diyorlar. 9. demek, düşünmek, saymak; iddia etmek: **Do you call this dump beautiful?** Bu çöplüğe güzel mi diyorsun? **He called her a dumbbell.** Ona kaz kafalı dedi. **How can you call yourself a friend of mine?** Benim dostum olduğunu nasıl iddia edebilirsin? 10. (bir miktarı) yuvarlak bir sayıya çevirmek: **Your bill's 9025 YTL; let's call it 9000 YTL.** Hesabınız 9025 YTL tutuyor; buna yuvarlak hesap 9000 YTL diyelim. — **for** 1. -i istemek. 2. -i gerektirmek, -i icap ettirmek. — **forth** çıkarmak, ortaya çıkarmak. — **in** 1. (yardımcı veya danışman olarak) (birini) çağırmak. 2. (bir şeyin) iade edilmesini istemek. 3. (borcun) ödenmesini istemek. 4. (parayı) tedavülden kaldırmak. — **off** -i iptal etmek. — **out** (askerleri, grevcileri v.b.'ni) devreye sokmak. — **someone**

back 1. birini geri çağırmak. 2. birine tekrar telefon etmek; kendisini telefonla arayıp bulamayan birine telefon etmek. — **someone down** k. dili birini azarlamak. — **someone up** 1. birine telefon etmek. 2. birini askere çağırmak. — **someone's attention to** birinin dikkatini (bir şeye) çekmek. — **something into question** bir şeyden şüphe duymak. — **something to mind** (birine) bir şeyi hatırlatmak. **cal.lig.ra.pher** (kılig´rıfır) i. kaligraf; hattat. **cal.lig.ra.phy** (kılig´rıfi) i. kaligrafi; hat sanatı, hat, hüsnühat. **cal.lous** (käl´ıs) s. 1. katı, duyarsız, hissiz. 2. nasırlı, nasır tutmuş. f. nasırlanmak. **cal.lous.ly** (käl´ısli) z. umursamayarak, aldırış etmeden, duyarsızca. **cal.lous.ness** (käl´ısnîs) i. duyarsızlık, aldırışsızlık. **cal.low** (käl´o) s. 1. toy, tecrübesiz. 2. tüyleri bitmemiş (kuş). 3. basık. i. basık arazi. **cal.low.ness** (käl´onîs) i. toyluk, tecrübesizlik. **calm** (kam) s. sakin, durgun, dingin. i. sükûnet, durgunluk, dinginlik. f. 1. yatıştırmak, sakinleştirmek; yatışmak, sakinleşmek. 2. (fırtına) dinmek; (deniz) sakinleşmek. — **down** yatışmak; yatıştırmak. **calm.a.tive** (ka´mıtîv) s., i. yatıştırıcı (ilaç). **calm.ly** (kam´li) z. sakince, heyecan göstermeden. **cal.o.rie, cal.o.ry** (käl´ıri) i. kalori. **ca.lum.ni.ate** (kılım´niyeyt) f. iftira etmek, çamur atmak, kara çalmak. **cal.um.ny** (käl´ımni) i. iftira, kara çalma. **calve** (käv) f. buzağı doğurmak, buzağılamak. **calves** (kävz) i., çoğ., bak. **calf.** **cam** (käm) i., mak. kam. **Cam.bo.di.a** (kämbo´diyı) i. Kamboçya. —**n** i. 1. Kamboçyalı. 2. Kamboçca. s. 1. Kamboçya, Kamboçya'ya özgü. 2. Kamboçyalı. 3. Kamboçça. **cam.bric** (keym´brik) i. 1. ince beyaz pamuklu/keten kumaş. 2. patiska. — **tea** sıcak su ile süt ve şeker karışımı bir içecek (bazen çay da katılır). **came** (keym) f., bak. **come.** **cam.el** (käm´ıl) i. deve. — **hair** deve tüyü. **cam.el.eer** (kämılîr´) i. deveci. **ca.me.le.on** (kımîl´yın) i., bak. **chameleon.** **cam.el.lia** (kımîl´yı) i. kamelya. **cam.er.a** (käm´ırı, käm´rı) i. fotoğraf makinesi, kamera. **in** — huk. gizli celsede. **cam.er.a.man** (käm´ırımän), çoğ. **cam.er.a.men** (käm´ırımen) i. kameraman. **Cam.er.oon** (kämırun´) i. Kamerun. —**ian** i. Kamerunlu. s. 1. Kamerun, Kamerun'a özgü. 2. Kamerunlu. **cam.o.mile** (käm´ımayl) i., bak. **chamomile.** **cam.ou.flage** (käm´ıflaj) i. kamuflaj, saklama, gizleme. f. kamufle etmek, gizlemek.

58

camp (kämp) *i.* 1. kamp. 2. ordugâh. — chair portatif sandalye.
camp (kämp) *f.* kamp yapmak.
cam.paign (kämpeyn´) *i.* 1. sefer, seferberlik. 2. kampanya. *f.* 1. mücadele etmek. 2. kampanyaya katılmak.
cam.paign.er (kämpeyn´ır) *i.* kampanyacı, kampanyaya katılan kimse.
camp.er (käm´pır) *i.* 1. kampçı. 2. ufak kamp karavanı; karavan gibi kullanılan minibüs/kamyonet.
camp.fire (kämp´fayr) *i.* kamp ateşi.
camp.ground (kämp´graund) *i.* kamp sahası.
cam.phor (käm´fır) *i.* kâfur, kâfuru.
camp.ing (käm´ping) *i.* kamp yapma.
camp.site (kämp´sayt) *i.* kamp yeri.
cam.pus (käm´pıs) *i.* kampus. *f.* okulda kalma cezası vermek.
cam.shaft (käm´şäft) *i., mak.* eksantrik mili, kam mili.
can (kän, kın) *yardımcı f.* (could) 1. -ebil, yapmak imkânı olmak: Can you do this work? Bu işi yapabilir misin? I couldn't find my tie. Kravatımı bulamadım. (Can *fiilinin gelecek zamanı yoktur, yerine* will be able to *kullanılır.*). 2. *k. dili* izinli olmak: Can I go? Gidebilir miyim?
can (kän) *i.* 1. konserve kutusu, teneke kutu. 2. *argo* klozet; hela taşı. 3. *argo* tuvalet, memişhane, yüznumara. 4. *argo* hapishane, kodes. *f.* (—ned, —ning) 1. konserve yapmak. 2. *argo* işten atmak, sepetlemek. C— it! Kes artık! — opener konserve açacağı.
Can.a.da (kän´ıdı) *i.* Kanada.
Ca.na.di.an (kıney´diyın) *i.* Kanadalı. *s.* 1. Kanada, Kanada'ya özgü. 2. Kanadalı.
ca.nal (kınäl´) *i.* kanal.
can.a.pé (kän´ıpi) *i., ahçı.* kanape.
ca.nar.y (kıner´i) *i.* kanarya.
can.cel (kän´sıl) *f.* (—ed/—led, —ing/—ling) 1. üstüne çizgi çekmek, silmek. 2. iptal etmek. 3. *mat.* kısaltmak.
can.cel.la.tion (känsıley´şın) *i.* 1. iptal etme, iptal. 2. iptal olunan şey.
Can.cer (kän´sır) *i., astrol.* Yengeç burcu.
can.cer (kän´sır) *i.* kanser.
can.cer.ous (kän´sırıs) *s.* 1. kanserli. 2. kanser gibi.
can.did (kän´did) *s.* 1. samimi, içten. 2. tarafsız. 3. dürüst.
can.di.da.cy (kän´didısi) *i.* adaylık.
can.di.date (kän´dideyt, kän´didit) *i.* aday, namzet.
can.di.date.ship (kän´dideyt.şip, kän´didit.şip) *i.* adaylık, namzetlik.
can.did.ly (kän´didli) *z.* açık yürekle, samimiyetle, içtenlikle.
can.did.ness (kän´didnis) *i.* açıklık, asıl fikrini söyleme; açık yüreklilik, samimiyet, içtenlik.
can.died (kän´did) *s.* 1. şekerle kaplı, şekerli: candied orange peel portakal kabuğu şekerlemesi. 2. tatlı dilli.
can.dle (kän´dıl) *i.* mum. burn the — at both ends fazla çalışmak. Peter doesn't hold a — to Mary. Peter, Mary'nin eline su dökemez.
can.dle.light (kän´dıl.layt) *i.* mum ışığı.
can.dle.stick (kän´dıl.stik) *i.* şamdan.
can.dor, *İng.* can.dour (kän´dır) *i.* 1. samimiyet, açık kalplilik. 2. dürüstlük. 3. tarafsızlık.
can.dy (kän´di) *i.* şeker, bonbon, şekerleme, çikolata. *f.* 1. şekerleme yapmak. 2. şerbet içinde kaynatmak. 3. şekerleme haline getirmek. — store şekerci dükkânı, şekerci.
cane (keyn) *i.* 1. baston, değnek. 2. kamış, bambu; şekerkamışı. *f.* 1. baston ile dövmek. 2. kamışla kaplamak, hasırlamak. — sugar şekerkamışından elde edilen şeker.
ca.nine (key´nayn) *s.* 1. köpekgillere özgü. 2. *anat.* köpekdişine ait. *i., zool.* köpekgillerden bir hayvan. — tooth köpekdişi.
can.is.ter (kän´ıstır) *i.* (çay, kahve v.b. konulan) teneke kutu.
can.ker (käng´kır) *i.* pamukçuk, aft.
canned (känd) *s.* konserve: canned chickpeas konserve nohut.
can.ner.y (kän´ırı) *i.* konserve fabrikası, konserve yapılan yer.
can.ni.bal (kän´ıbıl) *i.* yamyam.
can.ni.bal.ism (kän´ıbılizm) *i.* yamyamlık.
can.ning (kän´ing) *i.* konserve yapma.
can.non (kän´ın) *i., ask.* top.
can.non.ball (kän´ınbôl) *i.* top güllesi.
can.not (kän´at) *yardımcı f.* -amam, -amazsın(ız), -amaz, -amayız, -amazlar *(Anlamı vurgulamak gerektiğinde* can not *olarak ayrılır; konuşma dilinde çoğu zaman* can't *şeklinde kullanılır.).*
can.ny (kän´i) *s.* 1. dikkatli, uyanık. 2. tedbirli. 3. açıkgöz.
ca.noe (kınu´) *i.* kano.
can.on (kän´ın) *i.* 1. kilise yetkililerinin çıkardığı bir kanun. 2. kural. 3. bir katedrale bağlı olan papaz. — law kilise hukuku.
ca.non.i.cal (kınan´ikıl) *s.* 1. kilise hukukuna ait. 2. kurallara uygun; geleneklere uygun.
can.on.i.sa.tion (kınınîzey´şın) *i., İng., Hırist.* canonization.
can.on.ise (kän´ınayz) *f., İng., Hırist., bak.* canonize.
can.on.i.za.tion, *İng.* can.on.i.sa.tion (kınınîzey´şın) *i., Hırist.* azizlik mertebesine yükseltme.
can.on.ize, *İng.* can.on.ise (kän´ınayz) *f., Hırist.* azizlik mertebesine yükseltmek.
can.o.py (kän´ıpi) *i.* 1. sayvan; karyola sayva-

nı; baldaken; markız. 2. gök kubbe.
cant (känt) *i.* boş laf, laf.
can't (känt) *kıs.* **cannot.**
can.tan.ker.ous (käntäng'kırıs) *s.* huysuz, aksi, geçimsiz.
can.tan.ker.ous.ly (käntäng'kırıslı) *z.* huysuzluk yaparak.
can.tan.ker.ous.ness (käntäng'kırısnîs) *i.* aksilik, huysuzluk.
can.teen (käntin') *i.* 1. matara. 2. kantin, büfe.
can.ter (kän'tır) *i.* eşkin gidiş. *f.* 1. eşkin gitmek. 2. eşkin sürmek.
can.vas (kän'vıs) *i.* 1. branda bezi, branda. 2. tuval.
can.vass (kän'vıs) *f.* (anket yapmak, abone veya oy toplamak amacıyla) (birçok kimseye) gidip konuşmak.
can.yon (kän'yın) *i.* kanyon, derin vadi.
cap (käp) *i.* 1. kep, takke, kasket, başlık. 2. zirve, doruk, tepe. 3. kapak, kapsül, tapa. 4. büyük harf, majüskül. 5. tabanca mantarı. *f.* (—**ped,** —**ping**) 1. başlık geçirmek. 2. örtmek, kapamak. **a feather in one's** — koltukları kabartan başarı. **blasting** — dinamit tapası.
ca.pa.bil.i.ty (keypıbîl'ıti) *i.* 1. yetenek, kabiliyet, istidat. 2. iktidar, güç. 3. kapasite. 4. ehliyet.
ca.pa.ble (key'pıbıl) *s.* yetenekli, ehliyetli.
ca.pa.cious (kıpey'şıs) *s.* geniş, büyük, içi çok şey alan.
ca.pac.i.ty (kıpäs'ıti) *i.* 1. hacim, oylum. 2. istiap haddi. 3. yetenek. 4. güç, iktidar. 5. mevki, sıfat.
cape (keyp) *i.* pelerin, kap.
cape (keyp) *i., coğr.* burun.
ca.per (key'pır) *f.* hoplayıp zıplamak. *i.* 1. *k. dili* yaramazlık. 2. *argo* iş, hırsızlık; suç.
ca.per (key'pır) *i.* 1. gebreotu, kebere, kapari. 2. gebre, kapari, gebreotunun yemişi.
cap.il.lar.y (käp'ıleri) *i.* 1. kılcal damar. 2. ince boru.
cap.i.tal (käp'ıtıl) *i.* 1. başkent, başşehir. 2. büyük harf, majüskül. 3. sermaye, anamal, anapara, kapital. 4. sütun başı. *s.* 1. büyük (harf). 2. sermayeye ait. 3. mükemmel, fevkalade, çok iyi. — **account** sermaye hesabı. — **assets** sabit aktifler, sabit varlıklar. — **crime** failini ölüm cezasına çarptırabilen suç. — **dividend** sermaye kârı. — **expenditure** sermaye masrafı. — **letter** büyük harf, majüskül. — **levy** sermaye vergisi. — **punishment** ölüm cezası. — **stock** esas sermaye hisse senedi. **be of** — **importance** çok önemli olmak, çok önem taşımak. **make** — **of** kendi çıkarına kullanmak, istismar etmek. **working** — döner sermaye.
cap.i.tal.i.sa.tion (käpıtılızey'şın) *i., İng., bak.* **capitalization.**

cap.i.tal.ise (käp'ıtılayz) *f., İng., bak.* **capitalize.**
cap.i.tal.ism (käp'ıtılîzım) *i.* kapitalizm, anamalcılık.
cap.i.tal.ist (käp'ıtılîst) *i.* kapitalist, anamalcı.
cap.i.tal.i.za.tion, *İng.* **cap.i.tal.i.sa.tion** (käpıtılızey'şın) *i.* 1. anaparaya dönüştürme, kapitalizasyon. 2. büyük harfle yazma.
cap.i.tal.ize, *İng.* **cap.i.tal.ise** (käp'ıtılayz) *f.* 1. anaparaya dönüştürmek, kapitalize etmek. 2. büyük harfle yazmak. — **on** kendi menfaatine çevirmek, faydalanmak.
Cap.i.tol (käp'ıtıl) *i., ABD* (Washington'da) Ulusal Meclis'in toplandığı bina, Kongre binası.
cap.i.tol (käp'ıtıl) *i., ABD* (eyaletlerde) meclis binası.
ca.pit.u.late (kıpîç'ûleyt) *f.* 1. teslim olmak. 2. silahları bırakmak.
ca.pit.u.la.tion (kıpîçûley'şın) *i.* şartlı teslim.
ca.pit.u.la.tions (kıpîçûley'şınz) *i., çoğ.* kapitülasyonlar.
ca.price (kıprîs') *i.* kapris.
ca.pri.cious (kıprîş'ıs) *s.* kaprisli.
Cap.ri.corn (käp'rıkôrn) *i., astrol.* Oğlak burcu.
caps (käps) *i., çoğ., k. dili* büyük harfler.
caps. *kıs.* **capital letters.**
cap.size (käp'sayz, käpsayz') *f.* 1. alabora olmak, devrilmek. 2. alabora etmek, devirmek.
cap.stan (käp'stın) *i.* ırgat, bocurgat.
cap.sule (käp'sıl, käp'syûl) *i.* kapsül.
cap.tain (käp'tın) *i.* 1. kaptan, reis. 2. deniz albayı, yüzbaşı. *f.* kaptanlık etmek, kumanda etmek.
cap.tion (käp'şın) *i.* 1. manşet, başlık.
cap.ti.vate (käp'tıveyt) *f.* büyülemek, cezbetmek.
cap.tive (käp'tîv) *i.* esir, tutsak. *s.* esir düşmüş. — **audience** zoraki dinleyiciler.
cap.tiv.i.ty (käptîv'îti) *i.* tutsaklık.
cap.tor (käp'tır) *i.* tutsak eden kimse, ele geçiren kimse.
cap.ture (käp'çır) *f.* 1. zapt etmek, ele geçirmek. 2. tutsak etmek. *i.* zapt etme, ele geçirme.
car (kar) *i.* 1. otomobil, araba. 2. vagon.
car.a.mel (ker'ımıl) *i.* 1. yanmış şeker. 2. karamela.
car.at (ker'ıt) *i.* kırat, ayar (1 kırat = 200 mg.).
car.a.van (ker'ıvän) *i.* 1. kervan. 2. üstü kapalı yolcu veya yük arabası. 3. *İng.* karavan.
car.a.van.sa.ry (kerıvän'sıri) *i.* kervansaray.
car.a.way (ker'ıwey) *i.* Karaman kimyonu, frenkkimyonu.
car.bide (kar'bayd) *i., kim.* karpit.
car.bine (kar'bayn) *i.* karabina, kısa tüfek.
car.bo.hy.drate (karbohay'dreyt) *i.* karbonhidrat.
car.bon (kar'bın) *i.* 1. karbon. 2. karbon kâğıdı, kopya kâğıdı. 3. kopya. — **black** is, lamba isi. — **copy** karbon kopyası. — **dioxide** karbondioksit. — **monoxide** karbonmonoksit.
car.bon.ate (kar'bıneyt) *i.* karbonat. *f.* karbo-

natlaştırmak. —d water soda, maden sodası.
car.bun.cle (kar'bʌngkıl) *i.* çıban, şirpençe.
car.bu.re.tor (kar'bıreytır), *İng.* **car.bu.ret.tor** (kar'byıretır) *i.* karbüratör.
car.cass (kar'kıs) *i.* 1. leş, ceset. 2. enkaz (gemi v.b.). 3. bina iskeleti.
card (kard) *i.* 1. kart. 2. iskambil kâğıdı. — **catalog** kartotek. — **index** *İng.* kartotek. — **table** kumar masası. **a — up one's sleeve** kurtarıcı. **in the —s** muhtemel, olası. **put one's —s on the table** samimi olarak açıklamak.
car.da.mom (kar'dımım) *i.* kakule.
card.board (kard'bôrd) *i.* mukavva, karton.
car.di.ac (kar'diyäk) *s.* 1. kalbe ait, kalple ilgili, kardiyak. 2. kalbi uyaran. 3. mide ağzına ait. *i.* 1. kalp hastası. 2. kalp ilacı.
car.di.gan (kar'dîgın) *i.* hırka, ceket.
car.di.nal (kar'dınıl) *s.* 1. belli başlı, ana, önemli. 2. parlak kırmızı. *i.* kardinal. — **numbers** asal sayılar.
car.di.o.gram (kar'diyıgräm) *i.* kardiyogram.
car.di.ol.o.gist (kardiyal'ıcîst) *i.* kardiyolog.
car.di.ol.o.gy (kardiyal'ıci) *i.* kardiyoloji.
card.sharp (kard'şarp) *i., isk.* hileci.
care (ker) *i.* 1. dert, kaygı, tasa. 2. bakım: **He's in intensive care.** O yoğun bakımda. **He left him in his sister's care.** Onu kız kardeşine emanet etti. 3. dikkat, özen, itina. *f.* 1. umurunda olmak, umursamak: **I don't care whether she comes or not.** Onun gelip gelmemesi umurumda değil. **I could care less!** Bana ne! 2. istemek: **Would you care to take a stroll?** Yürüyüşe çıkmak ister misiniz? **— for** 1. -e bakmak: **Who will care for us in our old age?** Yaşlılığımızda bize kim bakacak? 2. istemek: **Would you care for some tea?** Çay içmek ister misiniz? 3. -i sevmek, -den hoşlanmak: **I don't care for that sort of music.** O tür müzikten hoşlanmam. **(in) — of** eliyle: **Write me care of Sıdıka Şentürk.** Bana mektup postaladığında zarftaki ismimin altına Sıdıka Şentürk eliyle diye yaz. **Take —!** 1. Dikkat et! 2. Kendine iyi bak! **take —** dikkatli olmak, dikkat etmek.
ca.reen (kırîn') *f.* 1. (hızla giderken) bir yana yatmak. 2. *den.* karina etmek, karinaya basmak. 3. *den.* kalafat etmek, kalafatlamak. 4. (gemi) yan yatmak.
ca.reer (kırîr') *i.* kariyer.
care.free (ker'fri) *s.* tasasız, kaygısız, dertsiz.
care.ful (ker'fıl) *s.* 1. dikkatli, özenli; tedbirli. 2. ölçülü.
care.ful.ly (ker'fıli) *z.* 1. dikkatle. 2. özenle, itinayla.
care.ful.ness (ker'fılnîs) *i.* 1. dikkat, dikkatli olma. 2. özen, itina.
care.less (ker'lîs) *s.* 1. dikkatsiz. 2. bilgisiz, ka-
yıtsız.
care.less.ly (ker'lîsli) *z.* dikkatsizce.
care.less.ness (ker'lîsnîs) *i.* dikkatsizlik, ihmal.
ca.ress (kıres') *i.* okşama, kucaklama. *f.* okşamak, sevmek, kucaklamak.
care.tak.er (ker'teykır) *i.* bir yerin hizmet işleriyle görevli kimse, bina yöneticisi. — **government** geçici hükümet.
care.worn (ker'wôrn) *s.* endişeden bitkin.
car.fare (kar'fer) *i.* (otobüste) bilet parası.
car.go (kar'go) *i.* kargo, yük.
Car.ib.be.an (käribi'yın, kırî'biyın) *s.* Karayip. **the — Sea** Karayip Denizi. **the —** Karayip Denizi.
car.i.ca.ture (ker'îkıçûr) *i.* karikatür. *f.* karikatürünü çizmek.
car.i.ca.tur.ist (ker'îkıçûrîst) *i.* karikatürcü, karikatürist.
car.ies (ker'îz) *i.* (dişte/kemikte) çürüme, yenirce.
car.load (kar'lod) *i.* 1. araba dolusu. 2. vagon dolusu.
car.mine (kar'mîn, kar'mayn) *s., i.* lal, kızıl.
car.nage (kar'nîc) *i.* katliam, kırım, kan dökme.
car.nal (kar'nıl) *s.* 1. şehevi. 2. cinsel. 3. bedensel.
car.na.tion (karney'şın) *i.* karanfil çiçeği.
car.ni.val (kar'nıvıl) *i.* karnaval.
car.ni.vore (kar'nıvôr) *i.* etobur.
car.niv.o.rous (karnîv'ırıs) *s.* etobur, etçil.
car.ob (ker'ıb) *i.* keçiboynuzu, harnup.
car.ol (ker'ıl) *i.* Noel ilahisi. *f.* Noel ilahisi söylemek.
ca.rouse (kırauz') *f.* içki âlemi yapmak.
carp (karp) *i., zool.* sazan.
car.pen.ter (kar'pıntır) *i.* marangoz; dülger; doğramacı.
car.pen.try (kar'pıntri) *i.* marangozluk.
car.pet (kar'pît) *i.* halı. **call on the —** azarlamak.
car.port (kar'port, kar'pôrt) *i.* yanları açık garaj.
car.riage (ker'îc) *i.* 1. binek arabası. 2. tavır, duruş. 3. nakliye, taşıma. 4. nakliye ücreti.
car.ri.er (ker'îyır) *i.* 1. taşıyan, taşıyıcı. 2. nakliye şirketi, nakliyeci.
car.ri.on (ker'îyın) *i.* leş, çürümüş et.
car.rot (ker'ıt) *i.* havuç.
car.ry (ker'î) *f.* 1. taşımak: **Carry her on your back!** Onu sırtında taşı! **This truck can carry a load of ten tons.** Bu kamyon on tonluk bir yük taşıyabilir. 2. götürmek: **Will you carry me to the station?** Beni gara götürür müsün? **He screamed and shouted as they carried him out of the courtroom.** Onu mahkemeden çıkarırlarken bağırıp çağırıyordu. **The wind can carry these seeds for miles.** Rüzgâr bu tohumları kilometrelerce öteye götürebilir. 3. üzerinde (bir şey) taşımak: **He's started**

to carry a gun. Silah taşımaya başladı. 4. stokunda (bir şeyi) bulundurmak: **We don't carry pineapples.** Bizde ananas bulunmaz. 5. *mat.* (toplama ve çarpma işlemlerinde) (sayıyı) (sonraki basamağa) geçirmek: **Carry one.** Elde var bir. 6. *gazet., TV, radyo* (bir olayı) yayımlamak. 7. (ses) uzaklardan duyulabilmek. — **an amount forward (to)** hesaptaki bir miktarı (başka sütun, sayfa veya deftere) nakletmek. — **on** 1. (işi) sürdürmek; işi sürdürmek, devam etmek. 2. (kızgınlıktan) bağırıp çağırmak; (kederden) fenalıklar geçirmek. 3. gürültülü patırtılı bir şekilde eğlenmek, şamata etmek. 4. **with** (biriyle) gayrimeşru bir ilişki içinde olmak, aşna fişne olmak. — **one through** (bir şey) birini başarılı bir sonuca ulaştırmak; (bir şey) birini ayakta tutmak: **Her patience will carry her through.** Sabrı sayesinde bu işi başarır. — **out** 1. yerine getirmek, gerçekten yapmak; uygulamak, tatbik etmek. 2. (birini/bir şeyi) dışarıya taşımak. — **something through** bir şeyi yerine getirmek, gerçekten yapmak. **get carried away** kendini kaptırmak, kapılıp gitmek; heyecanlanıp aşırıya kaçmak.
car.ry.cot (ker´ikat) *i., İng.* (saplı) portbebe.
car.sick.ness (kar´siknis) *i.* (kara taşıtının sallanmasından ileri gelen) mide bulantısı.
cart (kart) *i.* 1. atlı yük arabası. 2. el arabası. *f.* 1. at arabası ile taşımak. 2. taşımak. **get the** — **before the horse** ters işler yapmak.
car.ti.lage (kar´tılic) *i., zool.* kıkırdak.
car.tog.ra.pher (kartag´rıfır) *i.* haritacı, kartograf.
car.tog.ra.phy (kartag´rıfi) *i.* haritacılık, kartografi.
car.ton (kar´tın) *i.* karton kutu, mukavva kutu.
car.toon (kartun´) *i.* 1. karikatür. 2. çizgi film. 3. büyük resim taslağı.
car.toon.ist (kartu´nist) *i.* 1. karikatürist, karikatürcü. 2. çizgi film çizen sanatçı.
car.tridge (kar´tric) *i.* 1. fişek. 2. *foto.* film kutusu, kaset. 3. kartuş. — **belt** fişeklik; palaska. — **case** (mermi için) kovan.
cart.wheel (kart´hwil) *i.* el yardımı ile yanlamasına atılan takla.
carve (karv) *f.* 1. oymak. 2. (kızarmış eti) dilim dilim kesmek, dilimlemek.
carv.er (kar´vır) *i.* oymacı.
carv.ing (kar´ving) *i.* 1. oyma, oyularak yapılmış eser. 2. oymacılık. 3. oyma.
ca.sa.ba (kısa´bı) *i.* kavun. — **melon** kavun.
cas.cade (käskeyd´) *i.* şelale, çağlayan.
case (keys) *i.* 1. durum, vaziyet, hal. 2. hasta: **I had five cases of syphilis this morning.** Bu sabah beş frengili hastaya baktım. 3. vaka: **a murder case** cinayet vakası. 4. dava. 5. *dilb.*

ad durumu, isim hali. — **ending** *dilb.* takı. **a** — **in point** söz konusu edilen şeyin bir örneği. **in any** — 1. ne olursa olsun, her halükârda, her halde: **In any case you be there.** Ne olursa olsun sen orda ol. 2. zaten: **In any case you couldn't have seen her.** Zaten onu göremezdin. **in** — takdirde: **I can work late in case it's necessary.** Gerektiği takdirde geç vakte kadar çalışabilirim. **in** — **of** halinde: **In case of fire press this button.** Yangın anında bu düğmeye basın. **in case of emergency** acil durumda. **in that** — o takdirde. **lower** — küçük harf, minüskül. **make out a** — **for** (bir iddianın) savunulabilecek yanlarını bulmak. **upper** — büyük harf, majüskül.
case (keys) *i.* 1. kutu, sandık. 2. kutu, mahfaza: **violin case** keman kutusu. **camera case** fotoğraf makinesi mahfazası. 3. kın. 4. kasa. 5. çerçeve. 6. *matb.* kasa. *f.* kutu/mahfaza içine koymak, sokmak.
case.ment (keys´mınt) *i.* 1. kanatlı pencere. 2. pencere kanadı.
cash (käş) *i.* 1. para, nakit para. 2. peşin para. — **on delivery** tesliminde ödenecek, ödemeli; *kıs.* **C.O.D.** — **register** yazarkasa, kasa. **payable to** — hamiline. **petty** — 1. küçük kasa. 2. küçük masraf. **ready** — kasa mevcudu.
cash (käş) *f.* 1. paraya çevirmek. 2. tahsil etmek. — **in on** *argo* -den çıkar sağlamak.
cash.ew (käş´u, kışu´) *i.* 1. amerikaelması, bilâderağacı. 2. mahuncevizi.
cash.ier (käşir´) *i.* veznedar, kasadar, kasiyer.
cash.mere (käj´mir, käş´mir) *i.* 1. kaşmir, kaşmir yün. 2. kaşmir kumaş. *s.* kaşmir: **cashmere sweater** kaşmir kazak.
cas.ing (key´sing) *i.* kaplama, çerçeve.
ca.si.no (kısi´no) *i.* kumarhane.
cask (käsk) *i.* 1. varil, fıçı. 2. bir varil dolusu.
cas.ket (käs´kit) *i.* 1. tabut. 2. küçük kutu, mücevher kutusu. *f.* kutuya koymak.
Cas.pi.an (käs´piyın) *s.* **the** — **Sea** Hazar Denizi.
cas.sa.va (kısa´vı) *i.* 1. manyok. 2. tapyoka, manyok kökünden çıkarılan nişasta.
cas.se.role (käs´ırol) *i.* 1. fırında kullanılan toprak/cam kap; güveç. 2. toprak/cam kapta pişirilen yemek.
cas.sette (kıset´) *i.* kaset.
cas.sock (käs´ık) *i.* papaz cüppesi.
cast (käst) *i.* 1. atma. 2. (kırık kemiğe) alçı. 3. (bir tiyatro oyunu ve filmde) rol alan kimseler, oynayanlar. 4. kalıp, maket. 5. dış görünüş. — **of mind** düşünüş şekli.
cast (käst) *f.* **(cast)** 1. atmak, fırlatmak, savurmak. 2. (bakış v.b.) çevirmek, yöneltmek, atfetmek. 3. (oy) vermek. 4. rol taksimi yapmak. — **a shadow** gölge yapmak. — **a spell**

| th | dh | w | hw | b | c | ç | d | f | g | h | j | k | l | m | n | p | r | s | ş | t | v | y | z |
| thin | the | we | why | be | joy | chat | ad | if | go | he | regime | key | lid | me | no | up | or | us | she | it | via | say | is |

upon büyü yapmak. — **a vote** oy vermek. — **about** düşünmek, tasarlamak. — **anchor** demir atmak. — **away** 1. çöpe atmak. 2. ıssız adada bırakmak. — **down** 1. devirmek. 2. canını sıkmak. — **iron** dökme demir, pik, font. — **off** 1. reddetmek. 2. *den.* alarga etmek.
cas.ta.net (kästınet´) *i.* kastanyet, İspanyol çalparası.
cast.a.way (käst´ıwey) *i.* deniz kazasına uğrayıp ıssız bir kıyıda mahsur kalan kimse.
caste (käst) *i.* kast.
cast.er (käs´tır) *i.* 1. dökümcü. 2. (mobilyaya takılan) küçük tekerlek. — **sugar** *İng.* pudraşeker.
cas.ti.gate (käs´tıgeyt) *f.* 1. paylamak, azarlamak. 2. kınamak.
cas.ti.ga.tion (kästıgey´şın) *i.* paylama, azarlama.
cast-i.ron (käst´ay´ırn) *s.* 1. pikten yapılmış. 2. çok sağlam, çok dayanıklı.
cas.tle (käs´ıl) *i.* 1. kale, şato. 2. satranç kale. — **in the air/** — **in Spain** hülya, hayal.
cas.tor (käs´tır) *i., bak.* **caster.**
cas.tor (käs´tır) *i.* — **oil** hintyağı.
cas.trate (käs´treyt) *f.* hadım etmek; iğdiş etmek.
cas.tra.tion (kästrey´şın) *i.* hadım etme; iğdiş etme.
ca.su.al (käj´uwıl) *s.* 1. tesadüfen olan. 2. kasıtlı olmayan, rasgele. 3. dikkatsiz, ihmalci. 4. ilgisiz. — **clothes** günlük elbiseler.
ca.su.al.ness (käj´uwılnis) *i.* ilgisizlik, kayıtsızlık.
ca.su.al.ty (käj´uwılti) *i.* 1. kazazede. 2. *ask.* şehit, ölü, yaralı. 3. kayıp. 4. kaza.
cat (kät) *i.* kedi. **cat-and-dog fight** kedi köpek kavgası. — **nap** şekerleme. **let the** — **out of the bag** *k. dili* sırrı açıklamak, baklayı ağzından çıkarmak.
cat. *kıs.* **catalog, catalyst, catechism.**
cat.a.falque (kät´ıfälk) *i.* katafalk.
Cat.a.lan (kät´ılın) *i., s.* 1. Katalan. 2. Katalanca.
cat.a.log, *İng.* **cat.a.logue** (kät´ılôg) *i.* katalog. *f.* katalog yapmak, kataloğuna hazırlamak.
Cat.a.lo.ni.a (kätılo´niyı) *i.* Katalonya.
cat.a.lyse (kät´ılayz) *f., İng., kim., bak.* **catalyze.**
ca.tal.y.sis (kıtäl´ısis) *i., kim.* kataliz.
cat.a.lyst (kät´ılist) *i., kim.* katalizör.
cat.a.lyt.ic (kätılît´ik) *s., kim.* katalitik.
cat.a.lyze (kät´ılayz) *f., kim.* tezleştirmek, katalizlemek.
cat.a.pult (kät´ıpʌlt) *i.* mancınık, katapult.
cat.a.ract (kät´ıräkt) *i.* 1. şelale, büyük çağlayan, çavlan. 2. *tıb.* katarakt, perde, aksu, akbasma.
ca.tarrh (kıtar´) *i.* boğaz veya burunda balgam/sümük toplanma.
ca.tas.tro.phe (kıtäs´trıfi) *i.* afet, felaket.
cat.a.stroph.ic (kät´ıstrafik) *s.* feci, felaket; felaketli.
catch (käç) *f.* **(caught)** 1. yakalamak; tutmak. 2. (trene/vapura/uçağa) yetişmek. 3. takıl-

mak; sıkışmak: **I caught my sleeve on the door handle.** Gömleğimin kolu kapının koluna takıldı. **She caught her finger in the door.** Parmağı kapıya sıkıştı. 4. duymak; anlamak; fark etmek: **I didn't catch that.** Onu duymadım. 5. (bir hastalığa) yakalanmak: **You've caught a cold.** Nezle olmuşsun. — **at** -i yakalamaya/tutmaya çalışmak. — **fire** tutuşmak. — **it** *k. dili* papara/zılgıt yemek. — **on** *k. dili* 1. anlamak, çakmak. 2. moda olmak, tutmak. — **one's breath** nefes almak, soluk almak, soluklanmak, dinlenmek. — **sight of** -in gözüne ilişmek, birdenbire fark etmek: **I caught sight of Fatma.** Fatma gözüme ilişti. — **someone in the act/red-handed** birini suçüstü yakalamak. — **someone off guard** birini gafil avlamak. — **someone's attention/eye** birinin dikkatini çekmek. — **up** 1. **with** -e yetişmek: **He's so far ahead of me I can't possibly catch up with him.** Benden o kadar ileride ki ona yetişmemin imkânı yok. 2. **on** (arada olup biteni) öğrenmek. 3. **on** (biriken işleri, ertelenmiş veya ihmal edilmiş bir işi) yapmak.
catch (käç) *i.* 1. yakalama, tutma. 2. kilit dili. 3. av, bir partide yakalanan av veya balık. 4. *k. dili* müstakbel eş olarak düşünülen uygun kişi. 5. parça, bölüm. 6. *k. dili* bityeniği.
catch.er (käç´ır) *i.* 1. yakalayan şey/kimse. 2. *beysbol* vurucunun arkasında durup topu tutan oyuncu.
catch.ing (käç´îng) *s.* sâri, bulaşıcı.
catch.y (käç´i) *s.* hoş ve kolaylıkla akılda kalan.
cat.e.chise (kät´ıkayz) *f., İng., Hırist., bak.* **catechize.**
cat.e.chism (kät´ıkizım) *i., Hırist.* ilmihal.
cat.e.chize, *İng.* **cat.e.chise** (kät´ıkayz) *f., Hırist.* ilmihale dayanarak din dersi vermek.
cat.e.gor.i.cal (kätıgôr´îkıl) *s.* kategorik, kesin, kati.
cat.e.gor.i.cal.ly (kätıgôr´îkıli) *z.* kategorik olarak.
cat.e.go.ri.sa.tion (kätıgırızey´şın) *i., İng., bak.* **categorization.**
cat.e.go.rise (kät´ıgırayz) *f., İng., bak.* **categorize.**
cat.e.go.ri.za.tion, *İng.* **cat.e.go.ri.sa.tion** (kätıgırızey´şın) *i.* 1. sınıflandırma. 2. vasıflandırma.
cat.e.go.rize, *İng.* **cat.e.go.rise** (kät´ıgırayz) *f.* 1. sınıflandırma. 2. vasıflandırma.
cat.e.go.ry (kät´ıgôri) *i.* kategori, bölüm, sınıf, tabaka, zümre.
ca.ter (key´tır) *f.* yiyecek tedarik etmek, yemeklerin hazırlanmasını ve servisini üstüne almak.
ca.ter.cor.ner (kä´tıkôrnır), **ca.ter.cor.nered** (kä´tıkôrnırd) *s.* çapraz, verev. *z.* çaprazlama, verevine, verevlemesine.
cat.er.pil.lar (kät´ırpîlır) *i.* tırtıl, kurt. — **tread** tırtıllı palet, tırtıl.
cat.fish (kät´fiş) *i.* yayınbalığı.

cat.gut (kät´gʌt) *i., müz.* kiriş.
ca.thar.sis (kıthar´sis) *i.* katarsis, rahatsız edici duyguları dışa vurarak onlardan kurtulma.
ca.thar.tic (kıthar´tik) *s.* 1. katarsisle ilgili; katarsise yol açan. 2. müshil. *i.* müshil.
ca.the.dral (kıthi´drıl) *i.* katedral.
Cath.o.lic (käth´ılik, käth´lik) *i., s.* Katolik.
cath.o.lic (käth´ılik, käth´lik) *s.* 1. liberal, açık fikirli. 2. evrensel, genel, umumi.
Ca.thol.i.cism (kıthal´ısîzım) *i.* Katoliklik, Katolik kilisesi.
cat.sup (kät´sıp, keç´ıp) *i., bak.* ketchup.
cat.tle (kät´ıl) *i., çoğ.* sığırlar.
cat.ty (kät´i) *s.* 1. kedi gibi. 2. *k. dili* iğneli (söz). 3. *k. dili* iğneli söz söyleyen.
Cau.ca.sia (kôkey´jı, kôkey´şı, kôkäş´ı) *i.* Kafkasya.
Cau.ca.sian (kôkey´jın, kôkey´şın, kôkäş´ın) *s.* 1. Kafkas. 2. beyaz ırktan olan, beyaz. *i.* 1. Kafkasyalı. 2. beyaz ırktan olan kimse, beyaz.
Cau.ca.sus (kô´kısıs) *i.* the — Kafkasya.
caught (kôt) *f., bak.* catch.
caul.dron (kôl´drın) *i.* kazan.
cau.li.flow.er (kô´lıflawır, kal´îflawır) *i.* karnabahar.
caus.al (kô´zıl) *s.* neden oluşturan, nedeni olan, nedensel.
caus.al.i.ty (közäl´ıti) *i.* nedensellik.
cause (kôz) *i.* 1. neden, sebep, illet. 2. amaç, gaye, hedef. 3. dava, ülkü: **That's a cause worthy of one's devotion.** Kendini adamaya değer bir dava. 4. *huk.* dava konusu. *f.* neden olmak, sebep olmak, yol açmak: **What's caused this?** Buna yol açan ne? **Will it really cause my camellias to bloom earlier?** Gerçekten kamelyalarıma daha erken çiçek açtırır mı? **What causes you to act like that?** Niye böyle davranıyorsun? **It caused them to shout.** Onların bağırmasına neden oldu. **make common — with** (bir uğurda) ... ile birlikte hareket etmek.
cause.way (kôz´wey) *i.* 1. göl veya bataklık üzerinden geçen uzun köprü; kazıklı yol. 2. iki kara parçasını birbirine bağlayan ve deniz kabardığında suyla kaplanan taş/beton yol.
caus.tic (kôs´tik) *i.* kostik madde. *s.* 1. kostik, yakıcı. 2. acı (söz).
cau.ter.ize, İng. cau.ter.ise (kô´tırayz) *f., tıb.* yakmak, dağlamak.
cau.tion (kô´şın) *i.* 1. tedbir, ihtiyat. 2. uyarma, ikaz. *f.* uyarmak, ikaz etmek.
cau.tion.ar.y (kô´şıneri) *s.* uyarıcı.
cau.tious (kô´şıs) *s.* ihtiyatlı, tedbirli, sakıngan, dikkatli.
cau.tious.ly (kô´şıslı) *z.* ihtiyatla.
cau.tious.ness (kô´şısnis) *i.* ihtiyatlılık.

cav.a.lier (kävılir´) *i.* atlı şövalye. *s.* 1. kendini beğenmiş, kibirli. 2. serbest, laubali.
cav.al.ry (käv´ılri) *i.* süvari sınıfı.
cav.al.ry.man (käv´ılrimın), *çoğ.* **cav.al.ry.men** (käv´ılrimin) *i.* süvari.
cave (keyv) *i.* mağara. *f.* **— in** çökmek.
ca.ve.at (key´viyät) *i.* ihtar, uyarı, ikaz.
cave.man (keyv´män), *çoğ.* **cave.men** (keyv´men) *i.* mağara adamı.
cav.ern (käv´ırn) *i.* büyük mağara.
cav.ern.ous (käv´ırnıs) *s.* kocaman, ambar gibi (yer).
cav.i.ar, cav.i.are (käv´iyar, ka´viyar) *i.* havyar.
cav.il (käv´ıl) *f.* (önemsiz şeyler üzerinde) tartışmak; **at** -e itiraz etmek: **I won't cavil about it with you.** Seninle onu tartışmam.
cav.i.ty (käv´ıti) *i.* 1. oyuk. 2. *anat.* kavite, boşluk. 3. dişçi. çürük, oyuk.
ca.vort (kıvôrt´) *f.* sıçramak, oynamak.
caw (kô) *i.* karga sesi, gak. *f.* karga gibi ötmek, gaklamak.
cay.enne (kayen´, keyen´) *i.* arnavutbiberi. **— pepper** arnavutbiberi.
c.c., cc *kıs.* cubic centimeters, carbon copy.
CD (sidi´) *kıs.* compact disk. **— player** kompakt disk çalar.
C.E. *kıs.* **Chemical Engineer, Church of England, Civil Engineer.**
cease (sis) *f.* 1. durmak, kesilmek. 2. bitmek, sona ermek. 3. bırakmak, devam etmemek, son vermek.
cease-fire (sis´fayr) *i., ask.* ateşkes.
cease.less (sis´lıs) *s.* aralıksız, sürekli.
cease.less.ly (sis´lıslı) *z.* durmadan, ara vermeden.
ce.dar (si´dır) *i.* sedir, dağservisi.
cede (sid) *f.* 1. bırakmak. 2. terk etmek. 3. devretmek, göçermek.
ceil.ing (si´ling) *i.* tavan. **— price** azami fiyat, tavan fiyatı.
cel.e.brate (sel´ıbreyt) *f.* 1. kutlamak. 2. bayram yapmak.
cel.e.brat.ed (sel´ıbreytid) *s.* ünlü, meşhur, şöhretli.
cel.e.bra.tion (selıbrey´şın) *i.* kutlama.
ce.leb.ri.ty (sileb´rıti) *i.* 1. ünlü, meşhur. 2. ün, şöhret.
ce.ler.i.ty (sıler´ıti) *i.* hız, sürat.
cel.er.y (sel´ıri, sel´ri) *i.* sapkerevizi. **— root** kerevizi, kökkerevizi.
ce.les.tial (sıles´çıl) *s.* 1. göğe ait, göksel, semavi. 2. kutsal, ilahi.
cel.i.ba.cy (sel´ıbısi) *i. (gen.* dini nedenlerden dolayı) evli olmama, evlenmeme.
cel.i.bate (sel´ıbit, sel´ıbeyt) *s., i. (gen.* dini nedenlerden dolayı) evlenmeyen, mücerret.
cell (sel) *i.* 1. hücre, göze. 2. küçük oda. 3.

ünite. 4. *elek.* pil. — **phone** cep telefonu. **dry**
— kuru pil.
cel.lar (sel'ır) *i.* 1. kiler. 2. mahzen. 3. bodrum, bodrum kat. 4. şarap mahzeni. 5. şarap stoku. **salt —** tuzluk.
cel.list (çel'ist) *i.* viyolonselist.
cel.lo (çel'o) *i., müz.* viyolonsel.
cel.lo.phane (sel'ıfeyn) *i.* selofan.
cel.lu.lar (sel'yılır) *s.* 1. hücrelerle ilgili. 2. hücreli. *i., k. dili* cep telefonu. — **phone/telephone** cep telefonu.
cel.lu.loid (sel'yıloyd) *i.* selüloit.
cel.lu.lose (sel'yılos) *i.* selüloz.
Cel.si.us thermometer (sel'siyıs) santigrat termometresi.
Celt (kelt, selt) *i.* Kelt.
Celt.ic (kel'tik, sel'tik) *i.* Keltçe. *s.* 1. Kelt, Keltlere özgü. 2. Keltçe.
ce.ment (siment') *i.* çimento. *f.* 1. yapıştırmak. 2. beton ile kaplamak, çimentolamak. — **good relations with** ile dostluk kurmak.
cem.e.ter.y (sem'ıteri) *i.* mezarlık, kabristan.
cen.sor (sen'sır) *i.* sansürcü, sansür memuru. *f.* sansürlemek, sansürden geçirmek.
cen.sor.ship (sen'sırşip) *i.* sansür, sansür işleri.
cen.sure (sen'şır) *f.* kınamak, eleştirmek. *i.* kınama, eleştirme.
cen.sus (sen'sıs) *i.* sayım, nüfus sayımı.
cent. *kıs.* **centigrade, central, century.**
cent (sent) *i.* sent (Amerikan dolarının yüzde biri).
cen.te.nar.y (senten'ıri, sen'tıneri) *s., i., bak.* **centennial.**
cen.ten.ni.al (senten'iyıl) *s.* 1. yüz yıllık. 2. yüz yılda bir olan. *i.* 1. yüzüncü yıldönümü. 2. yüzyıl, asır.
cen.ter, *İng.* **cen.tre** (sen'tır) *i.* 1. merkez, orta. 2. *spor* santr. *f.* 1. ortaya almak, bir merkezde toplamak. 2. ortasını almak, ortalamak. 3. ortada olmak, ortaya gelmek. — **of attraction** 1. çekim merkezi. 2. dikkat merkezi. — **of gravity** ağırlık merkezi.
cen.ti.grade (sen'tıgreyd) *s., i.* santigrat. — **thermometer** santigrat termometresi.
cen.ti.gram, *İng.* **cen.ti.gramme** (sen'tıgräm) *i.* santigram.
cen.ti.li.ter, *İng.* **cen.ti.li.tre** (sen'tılitır) *i.* santilitre.
cen.ti.me.ter, *İng.* **cen.ti.me.tre** (sen'tımitır) *i.* santimetre.
cen.ti.pede (sen'tıpid) *i.* kırkayak, çıyan.
Cen.tral (sen'trıl) *s.* — **America** Orta Amerika. **the** — **African Republic** Orta Afrika Cumhuriyeti.
cen.tral (sen'trıl) *s.* 1. merkezi, orta. 2. ana, belli başlı. *i.* 1. telefon santralı. 2. santral memuru. — **bank** merkez bankası. — **heating**

kalorifer, merkezi ısıtma.
cen.tral.i.sa.tion (sentrılizey'şın) *i., İng., bak.* **centralization.**
cen.tral.ise (sen'trılayz) *f., İng., bak.* **centralize.**
cen.tral.i.za.tion, *İng.* **cen.tral.i.sa.tion** (sentrılizey'şın) *i.* merkezileştirme; merkezileştirilme.
cen.tral.ize, *İng.* **cen.tral.ise** (sen'trılayz) *f.* merkezileştirmek, merkezde toplamak; merkezileştirilmek.
cen.tral.ly (sen'trılı) *z.* be — **located** merkezi bir yerde olmak, şehrin merkezinde bulunmak.
cen.tre (sen'tır) *i., f., İng., bak.* **center.**
cen.trif.u.gal (sentrif'yıgıl, sentrif'ıgıl) *s.* merkezkaç, santrifüj. — **force** merkezkaç kuvveti.
cen.trip.e.tal (sentrip'ıtıl) *s.* merkezcil, merkeze doğru yaklaşan.
cen.tu.ry (sen'çırı) *i.* yüzyıl, asır.
CEO *kıs.* **chief executive officer** icra kurulu başkanı.
ce.ram.ic (sıräm'ik) *s.* seramik. — **tile** fayans, karo fayans.
ce.ram.ics (sıräm'iks) *i.* 1. *tek.* seramik sanatı ve tekniği. 2. çini, çini işleri. 3. çinicilik. 4. *çoğ.* seramik eşya, çini, çanak çömlek.
ce.ra.mist (sıra'mist, ser'ımist) *i.* çinici, seramikçi.
ce.re.al (sir'iyıl) *i.* 1. tahıl, hububat, zahire. 2. tahıl gevreği. *s.* tahıla ait; tahıl türünden.
cer.e.bel.lum (serıbel'ım) *i., anat.* beyincik.
cer.e.bral (ser'ıbrıl, sıri'brıl) *s.* 1. *anat.* beyinsel. 2. ussal.
cer.e.brum (sırı'brım) *i., anat.* beyin.
cer.e.mo.ni.al (serımo'niyıl) *s.* törensel, merasimle ilgili, resmi. *i.* 1. tören, merasim. 2. ayin.
cer.e.mo.ni.al.ly (serımo'niyıli) *z.* törensel olarak.
cer.e.mo.ni.ous (serımo'niyıs) *s.* 1. resmi, teklifli. 2. törensel.
cer.e.mo.ni.ous.ly (serımo'niyısli) *z.* çok resmi bir şekilde.
cer.e.mo.ny (ser'ımoni) *i.* 1. tören, merasim. 2. ayin. 3. resmiyet, protokol. **stand on —** resmi davranmak. **without —** teklifsizce.
cert. *kıs.* **certificate, certified, certify.**
cer.tain (sır'tın) *s.* 1. kesin, kati. 2. emin. 3. kaçınılmaz. 4. muhakkak, şüphesiz. 5. belirli, muayyen. 6. bazı. **for —** muhakkak, kesinlikle.
cer.tain.ly (sır'tınli) *z.* elbette, tabii, baş üstüne.
cer.tain.ty (sır'tıntı) *i.* kesinlik, katiyet.
cer.tif.i.cate (sırtif'ıkit) *i.* 1. belge, vesika. 2. sertifika, tasdikname, şahadetname. 3. ruhsat. 4. diploma. **birth —** nüfus kâğıdı. **health —** sağlık belgesi. **stock —** hisse senedi.
cer.ti.fy (sır'tıfay) *f.* 1. onaylamak, tasdik etmek. 2. doğrulamak, teyit etmek. **certified public accountant** diplomalı/yeminli hesap uzmanı.
cer.ti.tude (sır'tıtud) *i.* kesinlik, katiyet.
ce.vix (sır'viks) *i.* 1. boyun. 2. rahim boynu.
ce.sar.e.an (sizer'iyın) *i., s.* sezaryen. — **sec-**

tion sezaryen.
ce.si.um (si´ziyım) i., kim. sezyum.
ces.sa.tion (sesey´şın) i. durma, kesilme, inkıta.
cess.pool (ses´pul) i. lağım çukuru.
Cey.lon (silan´) i., bak. Sri Lanka.
Cey.lon.ese (seylıniz´) i., s., bak. Sri Lankan.
cf. kıs. compare.
c/f kıs. carried forward.
C.F., c.f. kıs. cost and freight.
C.F.I., c.f.i. kıs. cost, freight, and insurance.
cg, cg., cgm. kıs. centigram(s).
ch., Ch. kıs. chain, chancery, chapter, chief, child, church.
Chad (çäd) i. Çad, Çat. —ian i. Çadlı. s. 1. Çad, Çad'a özgü. 2. Çadlı.
chafe (çeyf) f. 1. ovarak ısıtmak. 2. ovarak aşındırmak. 3. (ayakkabı) vurmak. 4. sinirlendirmek. — at the bit işlerin gecikmesinden dolayı huzursuz olmak. chafing dish (sofrada kullanılan) yemek ısıtıcısı.
chaff (çäf) i. tahıl kabuğu; saman, çöp.
cha.grin (şıgrin´) i. üzüntü, keder, iç sıkıntısı, hayal kırıklığı. f. ümidini kırmak, sıkmak, üzmek.
chain (çeyn) i. 1. zincir. 2. silsile (dağ). f. zincirlemek, zincirle bağlamak. — letter zincirleme mektup. — of command komuta zinciri. — reaction zincirleme reaksiyon. — store aynı mağazalar zincirine bağlı mağaza. mountain — dağ silsilesi. watch — köstek.
chain-smoke (çeyn´smok) f. peş peşe/zincirleme sigara içmek; peş peşe/zincirleme (sigara) içmek.
chain-smok.er (çeyn´smokır) i. peş peşe/zincirleme sigara içen tiryaki.
chair (çer) i. 1. iskemle, sandalye. 2. makam. 3. kürsü. easy — rahat koltuk.
chair.man (çer´mın), çoğ. chair.men (çer´min) i. (erkek) başkan.
chair.man.ship (çer´mınşip) i. başkanlık.
chair.per.son (çer´pırsın) i. başkan, reis.
chair.wom.an (çer´wûmın), çoğ. chair.wom.en (çer´wimin) i. (kadın) başkan.
chaise longue (şeyz lông) şezlong.
chal.ced.o.ny (kälsed´ını) i. kalseduan, kadıköytaşı.
chal.ice (çäl´îs) i. ayinde kullanılan kadeh.
chalk (çôk) i. tebeşir. f. up kazanmak, sayı veya puan kaydetmek.
chal.lenge (çäl´ınc) i. meydan okuma. f. meydan okumak. — match spor çelenç.
chal.leng.er (çäl´ıncır) i. meydan okuyan kimse.
cham.ber (çeym´bır) i. 1. oda, yatak odası, özel oda. 2. daire. 3. hâkimin oturum dışı konularda çalıştığı oda. 4. mahkeme, komisyon. 5. kamara, İngiliz yasama meclisi. 6. fişek yatağı. — music oda müziği. — of com-

merce ticaret odası.
cham.ber.maid (çeym´bırmeyd) i. oda hizmetçisi.
cha.me.le.on (kımi´liyın, kımil´yın) i. bukalemun.
cham.ois (şäm´i) i. 1. dağkeçisi. 2. (madeni yüzeyleri parlatmak için kullanılan) güderi parçası.
cham.o.mile (käm´ımayl) i. papatya.
champ (çämp) f. katır kutur/kıtır kıtır/hart hurt/çıtır çıtır yemek. — at the bit çok sabırsızlanmak.
cham.pagne (şämpeyn´) i. 1. şampanya. 2. şampanya rengi. s. şampanya rengi.
cham.pi.on (çäm´piyın) i. 1. şampiyon. 2. savunucu, müdafi. s. şampiyon. f. 1. savunmak, müdafaa etmek. 2. tarafını tutmak, destek olmak.
cham.pi.on.ship (çäm´piyınşip) i. şampiyona; şampiyonluk.
chance (çäns) i. 1. talih, şans. 2. kader. 3. ihtimal. 4. fırsat. 5. risk, riziko. s. şans eseri olan. f., s. dili rizikoyu göze alarak yapmak. — on/upon -e rastlamak, -e tesadüf etmek. by — tesadüfen, kazara. on the — that ümidiyle. take one's —s talihe bırakmak. the —s are muhtemelen.
chan.cel.lor (çän´sılır) i. 1. rektör. 2. (Almanya'da) şansölye, başbakan.
chanc.y (çän´si) s., k. dili kesin olmayan, rizikolu.
chan.de.lier (şändılîr´) i. avize.
change (çeync) i. 1. değişim, değişme, değişiklik. 2. dönüşüm, dönüşme, tahavvül. 3. yenilik. 4. bozuk para, bozuk, bozukluk, ufaklık. 5. paranın üstü. 6. aktarma, (taşıt) değiştirme. f. 1. değiştirmek, tahvil etmek; değişmek, değişikliğe uğramak. 2. (taşıtta) aktarma yapmak. 3. (para) bozdurmak. 4. (döviz/altın) bozdurmak. 5. (çamaşır) değiştirmek, (üstünü) değişmek. 6. (yatak takımlarını) değiştirmek. — color 1. yüzü kızarmak. 2. yüzü solmak. — hands sahip değiştirmek. — of address adres değişikliği. — of air hava değişimi. — purse bozuk para çantası.
change.a.bil.i.ty (çeyncıbîl´ıti) i. değişenlik.
change.a.ble (çeyn´cıbıl) s. 1. değişken, kararsız, istikrarsız. 2. şanjanlı, yanardöner.
change.a.ble.ness (çeyn´cıbılnıs) i., bak.
changeability.
change.o.ver (çeync´ovır) i. (bir uygulamadan başka bir uygulamaya) geçiş.
chan.nel (çän´ıl) i. 1. yol; su yolu; boğaz. 2. radyo, TV kanal. 3. nehir yatağı, akak, mecra. f. 1. kanala dökmek, mecraya sevk etmek. 2. kanal açmak, oymak. 3. into -e kanalize etmek. the English C— Manş Denizi.
chant (çänt) f. 1. şarkı, şarkı söyleme. 2. tila-

vet. 3. *müz.* nağme, monoton bir melodi. 4. monoton ses tonu. *f.* 1. şarkı söylemek. 2. şarkı söyleyerek kutlamak. 3. (Kuran'ı) tilavetle okumak.
cha.os (key´as) *i.* 1. kaos. 2. karışıklık, kargaşa.
cha.ot.ic (keyat´ik) *s.* karmakarışık, düzensiz.
chap (çäp) *i.* (ciltte) çatlak, yarık. *f.* (—**ped,** —**ping**) 1. (soğuk) (cildi) çatlatmak, kızartmak, sertleştirmek. 2. (toprak, tahta v.b.'ni) yarmak, çatlatmak. 3. çatlamak, yarılmak, kızarmak.
chap (çäp) *i., k. dili* adam, çocuk, delikanlı.
chap.el (çäp´ıl) *i.* şapel, küçük kilise.
chap.er.on (şäp´ıron) *i.* şaperon.
chap.lain (çäp´lin) *i.* (okul, ordu v.b.'nde) papaz.
chap.ter (çäp´tır) *i.* bölüm, kısım.
char (çar) *f.* (—**red,** —**ring**) 1. yakarak kömürleştirmek; yanarak kömürleşmek. 2. kavurmak; kavrulmak. 3. ateşe tutmak. *i., İng.* hizmetçi kadın, hizmetçi; (kadın) hademe.
char.ac.ter (ker´iktır) *i.* 1. karakter, özyapı. 2. (roman, hikâye, oyun v.b.'nde) kişi, şahıs, karakter. 3. karakter, harf. 4. tip bir kimse, nevi şahsına münhasır bir kimse; eksantrik kimse; komik kimse. **be in** — (bir davranış) (birinin) karakterine uymak. **be out of** — (bir davranış) (birinin) karakterine uymamak.
char.ac.ter.i.sa.tion (keriktırızey´şın) *i., İng., bak.* **characterization.**
char.ac.ter.ise (ker´iktırayz´) *f., İng., bak.* **characterize.**
char.ac.ter.is.tic (keriktırıs´tik) *s.* karakteristik, tipik. *i.* özellik, hususiyet, vasıf.
char.ac.ter.i.za.tion, *İng.* **char.ac.ter.i.sa.tion** (keriktırızey´şın) *i.* karakterize etme, nitelendirme.
char.ac.ter.ize, *İng.* **char.ac.ter.ise** (ker´iktırayz´) *f.* karakterize etmek, nitelemek, nitelendirmek.
char.ac.ter.less (ker´iktırlis) *s.* karaktersiz.
char.coal (çar´kol) *i.* 1. mangal kömürü. 2. karakalem.
chard (çard) *i., bot.* pazı.
charge (çarc) *i.* 1. (hizmet karşılığında ödenen) ücret. 2. barut hakkı. 3. suçlama, itham. 4. hücum, hamle. 5. *elek.* şarj. *f.* 1. (bir masrafı birinin hesabına) geçirmek. 2.b. görevlendirmek. 3. suçlamak, itham etmek. 4. hücum etmek. 5. *elek.* şarj etmek. — **account** *tic.* açık hesap. **be in/under one's** — sorumluluğu altında olmak.
char.gé d'af.faires (şarjey dıfer´), *çoğ.* **char.gés d'af.faires** (şarjeyz dıfer´) maslahatgüzar, işgüder, şarjedafer.
charg.er (çar´cır) *i.* 1. şarjör. 2. şarj aleti/cihazı.
char.i.ot (çer´iyıt) *i., tar.* iki tekerlekli savaş veya yarış arabası.

cha.ris.ma (kıriz´mı) *i.* karizma.
char.i.ta.ble (çer´ıtıbıl) *s.* hayırsever, yardımsever.
char.i.ty (çer´ıti) *i.* 1. hayırseverlik, yardımseverlik. 2. merhamet. 3. sadaka. 4. hayır işi. 5. hayır cemiyeti, yardım derneği.
char.la.dy (çar´leydi) *i., İng.* hizmetçi kadın, hizmetçi; (kadın) hademe.
char.la.tan (şar´lıtın) *i.* şarlatan.
charm (çarm) *i.* 1. cazibe, çekicilik. 2. tılsım, muska. 3. büyü. *f.* büyülemek, cezbetmek.
charm.ing (çarm´ing) *s.* çekici, hoş, sevimli, cana yakın.
chart (çart) *i.* 1. portolon, deniz haritası. 2. plan, grafik. 3. çizelge. *f.* 1. plan yapmak, plan çıkarmak. 2. harita yapmak.
char.ter (çar´tır) *i.* 1. patent, imtiyaz, berat. 2. gemi kira kontratı. *f.* 1. (uçak, gemi v.b.'ni) kiralamak, tutmak. 2. berat, imtiyaz veya patent vermek. — **flight** çarter seferi. — **member** kurucu üye. — **plane** kiralanmış ucuz tarifeli uçak.
char.wom.an (çar´wûmın), *çoğ.* **char.wom.en** (çar´wimin) *i., İng.* hizmetçi kadın, hizmetçi; (kadın) hademe.
char.y (çer´i) *s.* **be** — **of** (bir konuda) son derece ihtiyatlı davranmak/dikkatli olmak: **Be chary of investing your money in that company.** Paranızı o şirkete yatırmadan önce iyice düşünün.
chase (çeys) *f.* kovalamak, peşine düşmek, izlemek, takip etmek. *i.* kovalama, peşine düşme, izleme, takip. **give** — 1. (av köpeği) avın kokusunu alıp peşine düşmek. 2. kovalamaya başlamak.
chasm (käz´ım) *i.* 1. kanyon, dar boğaz. 2. derin yarık.
chas.sis (şäs´i, çäs´i), *çoğ.* **chas.sis** (şäs´iz) *i.* 1. *oto.* şasi. 2. top kızağı.
chaste (çeyst) *s.* 1. iffetli, namuslu, sili. 2. saf, bozulmamış. 3. lekesiz. 4. basit, sade.
chas.ten (çey´sın) *f.* ıslah etmek için cezalandırmak, uslandırmak, yola getirmek.
chas.tise (çästayz´) *f.* cezalandırmak, döverek cezalandırmak.
chas.ti.ty (çäs´tıti) *i.* iffet, saflık, temizlik.
chat (çät) *f.* (—**ted,** —**ting**) sohbet etmek, hoşbeş etmek, çene çalmak. *i.* sohbet, hoşbeş. — **room** (İnternette) sohbet odası.
châ.teau (şäto´) *i.* şato.
chat.tel (çät´ıl) *i.* taşınır mal, menkul.
chat.ter (çät´ır) *f.* gevezelik etmek, çene çalmak. *i.* gevezelik.
chat.ter.box (çät´ırbaks) *i.* geveze, cenebaz, dillidüdük.
chat.ti.ness (çät´inis) *i.* konuşkanlık.
chat.ty (çät´i) *s.* konuşkan.
chauf.feur (şo´fır) *i.* özel şoför.

… # chauvinism 68

chau.vin.ism (şo'vınizım) *i.* şovenizm. **male —** erkek şovenizmi.
chau.vin.ist (şo'vınist) *i.* şoven.
chau.vin.is.tic (şovınis'tik) *s.* şovence.
cheap (çip) *s.* 1. ucuz. 2. bayağı, adi. **dirt —** çok ucuz, sudan ucuz.
cheap.en (çi'pın) *f.* ucuzlatmak; ucuzlamak.
cheap.skate (çip'skeyt) *i.*, *argo* pinti, cimri.
cheat (çit) *f.* 1. dolandırmak, aldatmak. 2. kopya çekmek. *i.* dolandırıcı, hilekâr, üçkâğıtçı.
cheat.er (çi'tır) *i.* kopyacı, kopya çeken.
check (çek) *f.* 1. durdurmak: **That defeat checked their advance.** O yenilgi ilerlemelerini durdurdu. 2. yavaşlatmak; gem vurmak; ket vurmak; engellemek: **This will check the spread of the disease.** Hastalığın yayılmasını yavaşlatacak bu. 3. kontrol etmek; (birini/bir şeyi) kontrolden geçirmek; muayene etmek; gözden geçirmek. 4. (bavulu) bagaja veya emanete vermek; (paltoyu/şapkayı) vestiyere vermek. 5. *satranç* şah demek. 6. (bir şeyin) doğru olup olmadığını kontrol etmek. 7. **(off)** (listedeki bir maddenin) yanına işaret koymak. *i.* 1. kontrol, gözden geçirme, muayene. 2. durdurma, durduruş. 3. yavaşlatma; engelleme. 4. engel, ket, fren görevi yapan kimse/şey. 5. çek: **bank check** banka çeki. **traveler's check** seyahat çeki. 6. fiş; numaralı kâğıt, numara: **baggage check** bagaj fişi; emanetçinin verdiği fiş/numaralı kâğıt. **coat check** vestiyercinin verdiği fiş/numara. 7. (lokanta, bar veya gece kulübünde yenilip içilen şeyler için) hesap: **Will you bring the check please?** Lütfen hesabı getirir misiniz? 8. (listedeki bir maddenin yanına konulan) işaret. 9. (damalı kumaştaki) kare veya kareli desen. **— for** (belirli bir şeyi) arayarak (bir şeyi) kontrol etmek: **I'm checking for leaks in the roof.** Damın akıp akmadığını kontrol ediyorum. **— in** 1. (bir yere girince) kaydını yaptırmak: **First you have to check in at the hotel's reception desk.** İlk önce otelin resepsiyonunda kaydını yaptırman lazım. 2. (uçağa binebilmek için) bileti kontrol ettirmek; (birinin) uçak biletini kontrol etmek. **— into** (otel, pansiyon v.b.'nde) kaydını yaptırıp bir oda tutmak. **— on** 1. (kontrol etmek amacıyla) bakmak, göz atmak. 2. (bir şeyin) doğru olup olmadığını öğrenmeye çalışmak. **— out** 1. hesabını ödeyip (otel, pansiyon v.b.'nden) ayrılmak. 2. (bir şeyin) doğru olup olmadığını öğrenmeye çalışmak. 3. **with** (bir şey) (başka bir şeye) uymak, iki şey birbirini tutmak: **Does Cem's story check out with hers?** Cem'in anlattığı onunkini tutuyor mu? 4. **(of/from)** (kütüphaneden) almak için (kitabın) çıkış kaydını yaptırmak; kitabın çıkış kaydını yapmak. 5. (süpermarketteki gibi) (kasiyer) (alınan malların) hesabını yapıp parasını almak. 6. *k. dili* -e iyice bakmak; -e alıcı gözüyle bakmak. **— up on** 1. (kontrol etmek amacıyla) -e bakmak, -e göz atmak. 2. (bir şeyin) doğru olup olmadığını öğrenmeye çalışmak. **— valve** çek valfı. **— with** 1. (birine) danışmak. 2. (birinden) izin almak. **—ing account** çek hesabı.
check.book (çek'bûk) *i.* çek defteri.
check.ered, *İng.* **che.quered** (çek'ırd) *s.* 1. kareli, ekose. 2. değişik olaylarla dolu.
check.ers (çek'ırz) *i.* dama oyunu.
check-in (çek'in) *i.* **— counter/desk** hava terminalinde bilet ve bagajın kontrol edildiği tezgâh.
check.list (çek'list) *i.* kontrol listesi.
check.mate (çek'meyt) *i.* 1. *satranç* mat. 2. tam yenilgi. *f.* 1. *satranç* mat etmek. 2. yenmek.
check-out (çek'aut) *i.* **— counter** (süpermarketteki gibi) alınan malların hesabının yapılıp ödendiği tezgâh, çıkış tezgâhı.
check.point (çek'poynt) *i.* kontrol noktası.
check.room (çek'rum) *i.* vestiyer; emanet.
check.up (çek'ʌp) *i.* çekap, genel sağlık kontrolü.
ched.dar (çed'ır) *i.* çedar (bir çeşit peynir).
cheek (çik) *i.* 1. yanak, avurt. 2. *k. dili* cüret, yüzsüzlük, arsızlık. **— by jowl** yan yana.
cheek.bone (çik'bon) *i.*, *anat.* elmacıkkemiği.
cheek.i.ly (çi'kıli) *z.*, *İng., k. dili* yüzsüzce, küstahlıkla.
cheek.i.ness (çi'kinis) *i.*, *İng., k. dili* yüzsüzlük, arsızlık, küstahlık.
cheek.y (çi'ki) *s.*, *k. dili* yüzsüz, arsız, küstah.
cheep (çip) *f.* cıvıldamak, cik cik ötmek. *i.* cıvıltı.
cheer (çir) *i.* 1. (sözle yapılan) tezahürat. 2. neşe, keyif. *f.* 1. (sözle) tezahürat yapmak. 2. neşelendirmek. **— someone/an animal on** birini/bir hayvanı (sözlü) tezahüratla teşvik etmek, **— someone up** birini neşelendirmek. **— up** neşelenmek. **C— up!** Keyfine bak!/Geçmiş olsun! **C—s!** Sağlığınıza!/Şerefe!
cheer.ful (çir'fıl) *s.* neşeli, şen, keyifli.
cheer.ful.ly (çir'fıli) *z.* neşeyle.
cheer.ful.ness (çir'fılnis) *i.* neşelilik.
cheer.i.o (çir'iyo) *ünlem, İng.* Hoşça kal!
cheer.lead.er (çir'lidır) *i.* amigo.
cheer.less (çir'lis) *s.* neşesiz, keyifsiz.
cheese (çiz) *i.* peynir.
cheese.burg.er (çiz'bırgır) *i.* çizburger, peynirli hamburger.
cheese.cake (çiz'keyk) *i.* peynirli kek.
cheese.cloth (çiz'klôth) *i.* tülbent.

th	dh	w	hw	b	c	ç	d	f	g	h	j	k	l	m	n	p	r	s	ş	t	v	y	z
thin the we why be joy chat ad if go he regime key lid me no up or us she it via say is

chees.y (çi'zi) s. peynire benzeyen; peynir kıvamında.
chee.tah (çi'tı) i., zool. çita.
chef (şef) i. şef, ahçıbaşı, ahçı.
chem. kıs. chemical, chemist, chemistry.
chem.i.cal (kem'ikıl) s. kimyasal. i. kimyasal madde. — compound kimyasal bileşim. — engineer kimya mühendisi. — reaction kimyasal reaksiyon. — warfare kimyasal savaş. — weapon kimyasal silah.
che.mise (şımiz') i. kombinezon, kadın iç gömleği.
chem.ist (kem'ist) i. 1. kimyager. 2. İng. eczacı.
chem.is.try (kem'istri) i. kimya.
chem.o.ther.a.py (kemother'ıpi, kimother'ıpi) i., tıb. kemoterapi.
cheque (çek) i., İng. çek.
che.quered (çek'ırd) s., İng., bak. checkered.
cher.ish (çer'îş) f. 1. aziz tutmak. 2. üzerine titremek, bağrına basmak. 3. beslemek, gütmek.
cher.ry (çer'i) i. kiraz; vişne. Bing — Napolyon kirazı, Napolyon. morello — vişne. sour — vişne.
chess (çes) i. satranç.
chess.board (çes'bôrd) i. satranç tahtası.
chess.man (çes'mın), çoğ. chess.men (çes'min) i. satranç taşı.
chest (çest) i. 1. göğüs. 2. sandık. 3. kutu. — of drawers şifoniyer. get something off one's — içini dökmek. medicine — ilaç dolabı.
chest.nut (çes'nʌt, çes'nıt) i. 1. kestane. 2. kestane rengi. s. kestane rengi, kestane.
chew (çu) f. çiğnemek. — out azarlamak. —ing gum çiklet.
chic (şik, şîk) s. şık, modaya uygun. i. şıklık.
chi.can.er.y (şikey'nıri) i. hile, şike.
chick (çik) i. 1. civciv. 2. argo genç kız, piliç.
chick.en (çik'ın) i. piliç, tavuk eti. f. out argo korkudan çekinmek. — feed argo bozuk para, az para. — pox suçiçeği.
chick.en-heart.ed (çik'ınhartıd) s. korkak, ödlek.
chick.pea (çik'pi) i. nohut. roasted — leblebi.
chic.o.ry (çik'ıri) i. hindiba, güneğik.
chid (çid) f., bak. chide.
chid.den (çid'ın) f., bak. chide.
chide (çayd) f. (chid/—d, chid.den/—d) azarlamak, kusur bulmak.
chief (çif) i. şef, amir, reis, baş. s. 1. en yüksek rütbede olan, baş. 2. belli başlı, ana.
chief.ly (çif'li) z. başlıca, en çok.
chief.tain (çif'tın) i. 1. kabile reisi. 2. başkan, şef.
chil.blain (çil'bleyn) i. (soğuktan dolayı) el/ayak parmağındaki şişkinlik.
child (çayld), çoğ. chil.dren (çil'dırın) i. 1. çocuk; bebek. 2. çocuksu kimse. 3. soy, evlat. —'s play kolay iş, çocuk oyuncağı. — adopted — evlat edinilmiş çocuk, evlatlık.

with — hamile.
child.birth (çayld'bırth) i. doğum.
child.hood (çayld'hûd) i. çocukluk dönemi, çocukluk.
child.ish (çayl'dîş) s. 1. çocuksu, çocuğumsu. 2. çocukça.
child.ish.ly (çayl'dîşli) z. çocukça.
child.less (çayld'lis) s. çocuksuz, çocuğu olmayan.
child.like (çayld'layk) s. çocuk gibi, çocuk ruhlu, çocuksu.
child.mind.er (çayld'mayndır) i., İng. çocuk bakıcısı.
chil.dren (çil'dırın) i., çoğ., bak. child.
Chil.e (çil'i) i. Şili. —an i. Şilili. s. 1. Şili, Şili'ye özgü. 2. Şilili.
chil.i (çil'i) i. kırmızıbiber.
chill (çîl) i. 1. soğuk. 2. titreme, üşüme, ürperme. s. 1. üşütücü. 2. soğuk. f. 1. üşümek, ürpermek; üşütmek. 2. (yiyecek/içecek) soğutmak.
chill.i.ness (çil'inîs) i. 1. soğuk. 2. soğuk davranış.
chill.y (çil'i) s. serin, soğuk, üşütücü. z. soğuk bir şekilde.
chime (çaym) i. 1. çan sesi; zil sesi. 2. melodi. 3. ahenk, uyum. f. (çan) ahenkle çalmak.
chi.mer.i.cal (kımer'îkıl, kaymer'îkıl) s. hayali, gerçek olmayan.
chim.ney (çim'ni) i. 1. baca. 2. lamba şişesi. 3. krater, yanardağ ağzı. — sweep baca temizleyicisi.
chim.pan.zee (çîmpânzi') i. şempanze.
chin (çin) i. çene.
Chi.na (çay'nı) i. Çin. the People's Republic of — Çin Halk Cumhuriyeti. the Republic of — Tayvan.
chi.na (çay'nı) i. porselen, seramik, çini. — closet tabak dolabı.
Chi.nese (çayniz') i. 1. (çoğ. Chi.nese) Çinli. 2. Çince. s. 1. Çin, Çin'e özgü. 2. Çince. 3. Çinli.
chink (çîngk) i. ufak açıklık/yarık, çatlak.
chip (çip) i. 1. yonga, çentik. 2. çoğ., İng. patates kızartması, cips. 3. bilg. çip, yonga. f. (—ped, —ping) yontmak, çentmek, budamak, şekil vermek. a — off the old block hık demiş babasının burnundan düşmüş. a — on one's shoulder kavgaya hazır oluş, öfkesi burnunun ucunda olma.
chip.munk (çîp'mʌngk) i. amerikasincabı.
chirp (çırp) f. 1. cıvıldamak. 2. cırıldamak, cırlamak. i. 1. cıvıltı. 2. cırıltı.
chis.el (çiz'ıl) i. keski, kalem. f. kalemle oymak.
chit.chat (çît'çât) i., k. dili (sohbette geçen) sözler: Enough of this chitchat; we'd better get to work. Bu kadar muhabbet yeter. Artık çalışsak iyi olur. f. (—ted, —ting) sohbet etmek, muhabbet etmek, çene çalmak.
chiv.al.rous (şîv'ılrıs), chiv.al.ric (şîv'ılrîk) s. şö-

valye gibi, nazik, cömert, cesur.
chiv.al.ry (şiv'ılri) *i.* 1. şövalyelik. 2. cömertlik. 3. cesaret.
chives (çayvz) *i.* frenksoğanı.
chlo.rin.ate (klôr'ıneyt) *f.* klorlamak.
chlo.rine (klôr'in, klôr'în) *i., kim.* klor.
chlo.ro.form (klôr'ıfôrm) *i., kim.* kloroform. *f.* kloroformla uyutmak.
chock (çak) *i.* takoz.
chock.a.block (çak'ıblak) *s., İng.* dopdolu.
chock-full (çak'fûl) *s.* dopdolu.
choc.o.late (çôk'lit, çôk'ılit) *i.* çikolata: **a piece of chocolate candy** bir çikolata. *s.* çikolatalı. — **cake** çikolatalı kek. **hot** — sütlü kakao.
choice (çoys) *i.* 1. seçme, seçiş. 2. seçilen kimse/şey: **He was our choice.** Bizim seçtiğimiz oydu. 3. seçenek, şık, alternatif; çare: **You've no other choice.** Başka çaren yok. **Won't you give me another choice?** Bana başka bir alternatif tanımaz mısınız? *s.* 1. çok kaliteli, ekstra, lüks (sebze, meyve, et v.b.). 2. iyi seçilmiş. 3. iğneli, kırıcı (söz). **take one's** — istediğini seçmek.
choir (kwayr) *i.* kilise korosu, koro.
choke (çok) *f.* boğmak, nefesini kesmek; tıkamak; boğulmak; tıkanmak. *i.* 1. boğulma; tıkanma. 2. *oto.* jikle. — **back one's tears** gözyaşlarını tutmak. — **down one's rage** öfkesini bastırmak. — **up** 1. tıkanmak. 2. heyecandan konuşamamak, nutku tutulmak.
chol.er.a (kal'ırı) *i.* kolera.
cho.les.ter.ol (kıles'tırol) *i.* kolesterol.
chomp (çamp) *f., bak.* champ.
choose (çuz) *f.* (**chose, cho.sen**) seçmek, tercih etmek, istemek.
choos.y, choos.ey (çu'zi) *s.* titiz, zor beğenen, müşkülpesent.
chop (çap) *f.* (—**ped,** —**ping**) 1. balta ile parçalara ayırmak. 2. parçalamak, kesmek. 3. kıymak, doğramak. *i.* pirzola: **lamb chop** kuzu pirzolası. — **down** kesip düşürmek. — **up** 1. kıymak, doğramak. 2. (odun) yarmak.
chop.per (çap'ır) *i.* 1. kısa saplı balta, satır. 2. *argo* helikopter.
chop.py (çap'i) *s.* 1. değişken, yön değiştiren (rüzgâr). 2. çırpıntılı (deniz/göl).
chop.stick (çap'stik) *i.* (Uzakdoğu'da kullanılan) yemek çubuğu.
cho.ral (kôr'ıl) *s.* 1. koro ile ilgili. 2. koro tarafından söylenen. 3. koro için yazılmış.
cho.rale (kôräl') *i., müz.* koral.
chord (kôrd) *i.* 1. çalgı teli, kiriş. 2. *müz.* akort.
chore (çôr) *i.* 1. küçük bir iş. 2. *çoğ.* bir evin veya çiftliğin günlük işleri. 3. güç ve tatsız iş.
cho.re.og.ra.pher (koriyag'rıfır) *i.* koreograf, koregraf.
cho.re.og.ra.phy (koriyag'rıfi) *i.* koreografi, koregrafi.
cho.rus (kôr'ıs) *i.* 1. koro, koro topluluğu. 2. (müzik eseri) koro. 3. koro, şarkının koro bölümü.
chose (çoz) *f., bak.* **choose.**
cho.sen (ço'zın) *f., bak.* **choose.** *s.* seçilmiş.
chow (çau) *i., k. dili* yemek.
Christ (krayst) *i.* Mesih, İsa.
chris.ten (kris'ın) *f.* vaftiz etmek.
Chris.ten.dom (kris'ındım) *i.* Hıristiyanlık, Hıristiyan âlemi.
Chris.tian (kris'çın) *s., i.* Hıristiyan.
Chris.ti.an.i.ty (krisçiyän'ıti) *i.* Hıristiyanlık.
Christ.mas (kris'mıs) *i.* Noel. — **Eve** Noel arifesi. — **tree** Noel ağacı.
chro.mat.ic (kromät'ik) *s.* 1. renklerle ilgili, kromatik. 2. *müz.* kromatik.
chrome (krom) *i.* krom.
chro.mi.um (kro'miyım) *i., kim.* krom.
chro.mo.some (kro'mısom) *i.* kromozom.
chron.ic (kran'ik) *s.* kronik, müzmin, süreğen.
chron.i.cle (kran'ikıl) *i.* kronik, tarih.
chron.o.log.i.cal (kranılac'ikıl) *s.* kronolojik.
chron.o.log.i.cal.ly (kranılac'ikli) *z.* tarih sırasına göre.
chro.nol.o.gy (krınal'ıci) *i.* kronoloji.
chro.nom.e.ter (krınam'ıtır) *i.* kronometre, süreölçer.
chry.san.the.mum (krisän'thımım) *i.* kasımpatı, krizantem.
chub.by (çʌb'i) *s.* tombul.
chuck (çʌk) *f., k. dili* 1. atmak, fırlatmak. 2. çöpe atmak. 3. istifa etmek.
chuck.le (çʌk'ıl) *f.* kıkır kıkır gülmek, kendi kendine gülmek. *i.* kıkırdama.
chuffed (çʌft) *s., İng., k. dili* mutlu; çok memnun.
chum (çʌm) *i.* yakın arkadaş, ahbap, dost. *f.* (—**med,** —**ming**) 1. dost olmak. 2. aynı odayı paylaşmak.
chump (çʌmp) *f.* çiğnemek.
chump (çʌmp) *i.* 1. kütük. 2. *argo* mankafa, budala.
chunk (çʌngk) *i.* 1. külçe, yığın, topak. 2. *k. dili* tıknaz adam.
church (çırç) *i.* 1. kilise. 2. kilise ayini. 3. *Hırist.* mezhep. 4. cemaat.
church.war.den (çırç'wôrdın) *i.* kilise idame amiri.
church.yard (çırç'yard) *i.* kilise avlusu/bahçesi.
churl (çırl) *i.* 1. kaba adam. 2. köylü.
churl.ish (çır'liş) *s.* kaba, terbiyesiz.
churn (çırn) *i.* 1. yayık. 2. süt kabı. *f.* (sütü) yayıkta çalkalamak.
chute (şut) *i.* (üst kattan alt kata inen, çamaşır/çöp atılan) baca.
CIA *kıs.* **Central Intelligence Agency.**

ci.ca.da (sikey´dı, sika´dı) i. ağustosböceği.
ci.der (say´dır) i. elma suyu; elma şarabı.
C.I.F. kıs. cost, insurance, and freight sif.
ci.gar (sigar´) i. puro.
cig.a.rette (sigiret´) i. sigara.
cinch (sinç) i. 1. at kolanı. 2. k. dili sıkıca tutma, kavrama. 3. argo elde bir; çantada keklik.
cin.der (sin´dır) i. 1. cüruf, yanmış kömür artığı. 2. çoğ. kül. — block cüruf briketi.
Cin.der.el.la (sindırel´ı) i. 1. Külkedisi. 2. güzelliği ve değeri anlaşılmamış kız.
cin.e.cam.er.a (si´neykämırı) i., İng. kamera.
cin.e.ma (sin´ımı) i., İng. 1. sinema, sinema salonu. 2. sinema endüstrisi.
cin.na.mon (sin´ımın) i. tarçın.
ci.pher (say´fır) i. 1. sıfır. 2. solda sıfır, hiç. 3. şifre. in — şifreli.
cir.ca (sır´kı) edat dolaylarında, takriben, aşağı yukarı (kıs. ca./c./c).
Cir.cas.sian (sırkäş´ın) i., s. 1. Çerkez. 2. Çerkezce.
cir.cle (sır´kıl) i. 1. daire, çember, halka. 2. devir. 3. çevre, muhit, grup. f. 1. etrafını çevirmek, kuşatmak. 2. halka olmak. 3. daire içine almak. 4. etrafında dolaşmak. 5. devretmek, dönmek. vicious — kısırdöngü.
cir.cuit (sır´kit) i. 1. daire. 2. ring seferi. 3. elek. devre. — breaker devre kesici anahtar. closed — kapalı devre. short — kontak, kısa devre.
cir.cu.i.tous (sırkyu´witis) s. dolaylı, dolambaçlı.
cir.cu.i.tous.ly (sırkyu´witisli) z. dolaylı olarak.
cir.cu.i.tous.ness (sırkyu´witisnis) i. dolaylılık.
cir.cu.lar (sır´kyılır) s. 1. dairesel, yuvarlak. 2. dolaylı, dolambaçlı.
cir.cu.late (sır´kyıleyt) f. 1. deveran etmek, dolaşmak. 2. dağıtmak, elden ele geçirmek. 3. dolaştırmak. circulating library dışarıya ödünç kitap veren kütüphane.
cir.cu.la.tion (sırkyıley´şın) i. 1. dolaşım, devir, deveran, cereyan. 2. kan dolaşımı. 3. tedavül, dolanım, sirkülasyon. 4. dağıtım miktarı, tiraj.
cir.cum.cise (sır´kımsayz) f. sünnet etmek.
cir.cum.ci.sion (sırkımsij´ın) i. sünnet.
cir.cum.fer.ence (sırkʌm´fırıns) i. daire çevresi; çember.
cir.cum.flex (sır´kımfleks) i. inceltme işareti; uzatma işareti.
cir.cum.nav.i.gate (sırkımnäv´ıgeyt) f. denizden etrafını dolaşmak.
cir.cum.scribe (sır´kımskrayb) f. 1. daire içine almak. 2. sınırlamak.
cir.cum.spect (sır´kımspekt) s. dikkatli, sakıngan, ihtiyatlı, tedbirli.
cir.cum.spec.tion (sırkımspek´şın) i. dikkat, ihtiyat.
cir.cum.stance (sır´kımstäns) i. 1. durum, hal, keyfiyet, koşul, şart, vaziyet. 2. olay, vaka.

pomp and —s debdebe ve tantana. under no —s hiçbir şekilde. under the —s bu şartlar altında.
cir.cum.stan.tial (sırkımstän´şıl) s. 1. durumla ilgili. 2. ikinci derecede önemi olan. 3. ayrıntılı. — evidence ikinci derecede kanıt.
cir.cum.vent (sırkımvent´) f. 1. tekerine çomak sokmak, kösteklemek. 2. atlatmak, kaçınmak.
cir.cus (sır´kıs) i. 1. sirk. 2. İng. meydan. 3. gösteri, numara.
cis.tern (sis´tırn) i. sarnıç, mahzen, su deposu.
cit. kıs. citation, cited, citizen.
cit.a.del (sit´ıdıl) i. hisar, kale.
ci.ta.tion (saytey´şın) i. 1. alıntılama, aktarma, iktibas. 2. alıntı, aktarma. 3. celp, mahkemeye çağrı. 4. celp kâğıdı.
cite (sayt) f. 1. -i kaynak/örnek olarak göstermek; -i ileri sürmek. 2. huk. celp etmek, çağırmak. 3. -den övgüyle bahsetmek.
cit.i.zen (sit´ızın) i. 1. vatandaş, yurttaş. 2. uyruk, tebaa. 3. hemşeri.
cit.i.zen.ship (sit´ızınşip) i. 1. vatandaşlık, yurttaşlık. 2. uyrukluk, tabiiyet.
cit.ric acid (sit´rik) sitrik asit.
cit.ron (sit´rın) i. ağaçkavunu.
cit.rus (sit´rıs) s. turunçgillere ait. i. (çoğ. cit.rus) turunçgillere ait ağaç/meyve. — fruit turunçgillerden bir meyve.
cit.y (sit´i) i. 1. şehir, kent. — block kesişen sokaklarla ayrılan blok. — manager belediye başkanı. — planner şehir mimarı.
cit.y-state (sit´isteyt) i. şehir devleti, site.
civ.ic (siv´ik) s. 1. şehre ait, belediye ile ilgili. 2. yurttaşlık ile ilgili. — center hükümet binaları, mahkeme, kütüphane v.b.'nin bulunduğu şehir merkezi.
civ.ics (siv´iks) i. yurttaşlık bilgisi, yurt bilgisi.
civ.il (siv´ıl) s. 1. vatandaşlarla ilgili. 2. hükümete ait, milli. 3. sivil. 4. bireysel, ferdi. 5. uygar, medeni. 6. nazik, kibar. — defense sivil savunma. — engineer inşaat mühendisi. — engineering inşaat mühendisliği. — law 1. medeni hukuk. 2. Roma hukuku. — liberty insan hakları. — marriage medeni nikâh. — rights vatandaşlık hakları. — servant İng. devlet memuru. — service sivil devlet memurları. — war iç savaş.
ci.vil.ian (sıvil´yın) i. sivil.
civ.i.li.sa.tion (sivılızey´şın, sivılayzey´şın) i., İng., bak. civilization.
civ.i.lise (siv´ılayz) f., İng., bak. civilize.
civ.i.lised (siv´ılayzd) s., İng., bak. civilized.
civ.il.i.ty (sıvıl´ıti) i. nezaket, kibarlık, terbiye.
civ.i.li.za.tion, İng. civ.i.li.sa.tion (sivılızey´şın, sivılayzey´şın) i. uygarlık, medeniyet.
civ.i.lize, İng. civ.i.lise (siv´ılayz) f. 1. uygarlaş-

tırmak, medenileştirmek. 2. aydınlatmak.
civ.i.lized, *İng.* civ.i.lised (siv'ılayzd) *s.* 1. uygar, medeni. 2. kibar, nazik, ince.
clack (kläk) *f.* tıkırdamak. *i.* tıkırtı.
clad (kläd) *f., bak.* clothe.
claim (kleym) *i.* 1. talep, iddia. 2. hak. 3. sigorta poliçesi üstünden ödenecek para. *f.* 1. hak talep etmek, istemek. 2. iddia etmek. 3. sahip çıkmak. — for damages 1. tazminat davası. 2. tazminat talebi.
claim.ant (kley'mınt) *i.* davacı; hak iddia eden; talep sahibi.
clair.voy.ance (klervoy'ıns) *i.* 1. kehanet. 2. gaipten haber verme.
clair.voy.ant (klervoy'ınt) *i.* kâhin.
clam (kläm) *i., zool.* tarak, deniztarağı.
clam.ber (kläm'bır, kläm'ır) *f.* tırmanmak, güçlükle tırmanmak.
clam.my (kläm'i) *s.* 1. yapış yapış. 2. soğuk ve nemli.
clam.or, *İng.* clam.our (kläm'ır) *i.* 1. haykırma, feryat, yaygara. 2. gürültü. *f.* haykırmak, feryat etmek, yaygara koparmak.
clam.or.ous (kläm'ırıs) *s.* gürültülü.
clam.our (kläm'ır) *i., f., İng., bak.* clamor.
clamp (klämp) *i.* mengene, kenet, sıkıştırıcı, kıskaç. *f.* mengene ile sıkıştırmak.
clan (klän) *i.* klan, boy, kabile.
clan.des.tine (kländes'tin) *s.* gizli, el altından yapılan.
clan.des.tine.ly (kländes'tinli) *z.* gizlice, el altından.
clang (kläng) *f.* 1. çınlamak; çınlatmak. 2. yüksek sesle çalmak.
clank (klängk) *i.* şıngırtı; tangırtı. *f.* şıngırdamak; tangırdamak.
clap (kläp) *i.* 1. el çırpma. 2. elle vuruş, şaplak. *f.* (—ped, —ping) 1. el çırpmak, alkışlamak. 2. elle vurmak, şaplak indirmek. — eyes on *İng., k. dili* -i görmek. — of thunder gök gürlemesi/gürültüsü.
clap (kläp) *i.* the — argo belsoğukluğu.
clapped-out (kläpt.aut') *s., İng., k. dili* 1. çok yorgun, bitkin, pestili çıkmış. 2. külüstür, hurdası çıkmış.
clar.et (kler'ıt) *i.* kırmızı Bordo şarabı.
clar.i.fi.ca.tion (klerıfıkey'şın) *i.* aydınlatma, açıklama.
clar.i.fy (kler'ıfay) *f.* aydınlatmak, açıklamak; aydınlanmak.
clar.i.net (klerınet') *i., müz.* klarnet.
clar.i.net.ist (klerınet'ist) *i.* klarnetçi.
clar.i.ty (kler'ıti) *i.* açıklık, vuzuh, berraklık.
clash (kläş) *f.* 1. (madeni şeyler) birbirine çarpmak; (madeni şeyleri) birbirine çarpmak. 2. çarpışmak, çatışmak, çarpışıp savaşmak; dö-

vüşmek. 3. mücadeleye girişmek; birbiriyle mücadele etmek. 4. birbiriyle iyi gitmemek, yakışmamak; with ile iyi gitmemek, -e yakışmamak. 5. aynı zamana rastlamak; çatışmak; with ile çatışmak. *i.* 1. çarpışma, çatışma. 2. birbirine çarpan madeni şeylerin çıkardığı ses.
clasp (kläsp) *i.* 1. toka, kopça. 2. kucaklama, sarılma. *f.* 1. toka ile tutturmak, kopçalamak. 2. kucaklamak, sarılmak. — knife büyük çakı, sustalı bıçak.
class (kläs) *i.* 1. sınıf, tabaka, zümre. 2. kast. 3. çeşit, tür. 4. takım, grup. 5. sınıf; ders. first — birinci sınıf; birinci mevki. lower — aşağı tabaka. middle — orta sınıf. tourist — turist mevkii.
class. *kıs.* classic, classification, classify.
clas.sic (kläs'ik) *s.* klasik. *i.* klasik eser, klasik.
clas.si.cal (kläs'ikıl) *s.* klasik.
clas.si.fi.ca.tion (kläsifikey'şın) *i.* 1. sınıflama, sınıflandırma, tasnif, bölümleme. 2. kategori, sınıf.
clas.si.fied (kläs'ıfayd) *s.* 1. kategorilere ayrılmış, sınıflanmış, sınıflandırılmış, tasnif edilmiş, bölümlenmiş. 2. gizli (bilgi). — ads *k. dili, bak.* classified advertisements. — advertisements (gazetede) küçük ilanlar.
clas.si.fieds (kläs'ıfaydz) *i., k. dili* (gazetede) küçük ilanlar.
clas.si.fy (kläs'ıfay) *f.* -i (kategorilere) ayırmak, -i sınıflamak, -i sınıflandırmak, -i tasnif etmek, -i bölümlemek.
class.mate (kläs'meyt) *i.* sınıf arkadaşı.
class.room (kläs'rum) *i.* sınıf, dershane, derslik.
clat.ter (klät'ır) *f.* takırdatmak, çatırdatmak; takırdamak. *i.* patırtı, takırtı, gürültü.
clause (klôz) *i.* 1. madde, bent, hüküm, fıkra, şart. 2. *dilb.* cümle veya yancümle ya da bazı geçmiş zaman sıfatfiilleri gibi bir özne ve ona ait bir fiilden oluşan kelime grubu.
clav.i.cle (kläv'ıkıl) *i.* köprücükkemiği, köprücük.
claw (klô) *i.* pençe, tırnak. *f.* yırtmak, tırmalamak, pençe atmak.
clay (kley) *i.* kil, balçık. potter's — çömlekçi çamuru.
clean (klin) *s.* 1. temiz, pak. 2. halis, saf, arı. 3. kusursuz. 4. engelsiz, açık. 5. masum, temiz ahlaklı. 6. yenebilir (av eti v.b.). 7. düzgün, biçimli. *f.* temizlemek, paklamak, arıtmak; temizlenmek, paklanmak, arınmak. *z.* tamamen, bütünüyle. — out temizlemek. — up temizlemek.
clean.er (klin'ır) *i.* 1. temizlikçi. 2. temizleyici madde. dry — kuru temizleyici. vacuum — elektrik süpürgesi.
clean.li.ness (klen'linıs) *i.* temizlik.
clean.ly (klin'li) *z.* temiz bir şekilde, temizce.
clean.ly (klen'li) *s.* temiz, titiz.

cleanse (klenz) *f.* temizlemek.
cleans.er (klen´zır) *i.* 1. temizleyici madde. 2. sabun.
clear (klîr) *s.* 1. şeffaf, saydam; duru. 2. bulutsuz, açık (gök). 3. pürüzsüz (cilt). 4. kolaylıkla anlaşılan/duyulan, net, açık: His instructions were quite clear. Verdiği talimat çok açıktı. She's got a clear voice. Net bir sesi var. 5. belli, aşikâr, açık, belirgin, bariz: That's a clear instance of what I was talking about. Bahsettiğim konunun açık bir örneğidir o. It's clear you've made a mistake. Hata yaptığın belli. 6. açık, boş: The top of his desk is never clear. Yazı masasının üstü hiç boş kalmıyor. 7. açık, engelsiz: With all this snow the roads won't be clear for days. Kar bu kadar çok olduğu için yollar günlerce açılmaz. 8. (zaman açısından) boş, dolu olmayan: This Thursday's a clear day for me. Bu perşembe benim için boş. *z.* to ta -e kadar: She could see clear to Büyükada. Ta Büyükada'ya kadar görebiliyordu. *i.* be in the — şüphe altında olmamak; masumluğu ispatlanmış olmak. *f.* 1. (bir şeyi) (bir yerden) kaldırmak, uzaklaştırmak veya yok etmek: Clear the table! Sofrayı kaldır! We need to clear the area. Çevreden herkesi uzaklaştırmamız lazım. He's clearing the steps of snow. Merdivenlerdeki karları temizliyor. They cleared a space in the middle of the room. Odanın ortasında bir yer açtılar. Clear the way! Yol ver! It really clears your nostrils. Burnunun deliklerini bayağı açar. 2. (birinin) masumiyetini göstermek; **of** (birinin) (bir suçun) faili olmadığını göstermek. 3. izin vermek; **with** (birinden) (bir şey için) izin almak: Have you cleared this with him? Bunun için ondan izin aldın mı? 4. (bir şeyin) üstünden geçmek: The horse cleared the wall in a bound. At duvarın üzerinden bir atlayışta geçti. 5. (gökyüzü/hava) açılmak; (sis) gitmek, açılmak; (bulutları/sisi) gidermek. 6. (borcu) kapatmak. 7. (banka çekini) takas etmek. 8. *k. dili* (belirli bir miktar para) kazanmak, elde etmek. — **off** *k. dili* sıvışmak, tüymek. — **out** 1. *k. dili* sıvışmak, tüymek. 2. toplayıp atmak. — **the air** şüpheleri gidermek. — **thinker** mantıklı düşünen kimse. — **up** 1. çözmek, halletmek, açıklığa kavuşturmak; çözülmek. 2. temizlemek. 3. (hastalığı) gidermek; (hastalık) geçmek. **make something** — bir şeyi belli etmek, bir şeyi belirtmek. **stand** — **of** -den uzak durmak, (birinden) uzak kalmak, ile temas etmemeye çalışmak; (bir şeyi) kullanmamak, -den sakınmak.

clear.ance (klîr´ıns) *i.* 1. temizleme. 2. açıklık yer. 3. gümrük muayene belgesi. 4. geminin limanı terk etme izni.
clear-cut (klîr´kʌt´) *s.* 1. açık, net. 2. kesin. *f.* (ağaçlık bir alandaki) tüm ağaç ve çalıları kesmek, (ağaçlık bir alanı) tıraşlama kesmek.
clear.ing (klîr´îng) *i.* 1. temizleme işi. 2. açığa çıkarma. 3. aydınlatma. 4. açıklık, meydan. 5. takas, kliring.
cleat (klit) *i.* 1. *den.* koçboynuzu. 2. kıskı, kama, takoz.
cleav.age (kli´vic) *i.* 1. yarık. 2. yarılma, çatlama. 3. (kadının) göğüs arası.
cleave (kliv) *f.* (—d/clove/cleft, —d/clo.ven/cleft) yarmak, bölmek; yarılmak, bölünmek.
cleave (kliv) *f.* (—d/clove/clave) to 1. -e yapışmak. 2. -e sadık kalmak; -den ayrılmamak/çıkmamak.
cleav.er (kli´vır) *i.* satır, balta.
clef (klef) *i., müz.* anahtar. **bass** — fa anahtarı. **treble** — sol anahtarı.
cleft (kleft) *f., bak.* **cleave.** *i., s.* çatlak, yarık, ayrık.
clem.en.cy (klem´ınsi) *i.* 1. merhamet, şefkat. 2. havanın güneşli ve ılık olması.
clem.ent (klem´ınt) *s.* 1. merhametli, şefkatli. 2. güneşli ve ılık (hava).
clench (klenç) *f.* 1. (yumruğunu/dişlerini) sıkmak. 2. sıkıca yakalamak, kavramak.
cler.gy (klır´ci) *i.* papazlar.
cler.gy.man (klır´cimın), *çoğ.* **cler.gy.men** (klır´cimîn) *i.* papaz.
cler.ic (kler´îk) *i.* papaz.
cler.i.cal (kler´îkıl) *s.* 1. sekretere ait, sekreterlik. 2. papaza ait.
clerk (klırk, *İng.* klark) *i.* 1. tezgâhtar. 2. sekreter.
clev.er (klev´ır) *s.* 1. akıllı. 2. zeki. 3. becerikli.
clev.er.ly (klev´ırli) *z.* akıllıca, zekice.
clev.er.ness (klev´ırnıs) *i.* 1. akıllılık. 2. beceriklilik.
clew (klu) *i., bak.* **clue.**
cli.ché (klişey´) *i.* 1. klişe, basmakalıp söz. 2. *matb.* klişe.
click (klik) *i.* çıt, çıtırtı, tıkırtı. *f.* 1. çıtırdamak. 2. tıkırdamak.
cli.ent (klay´ınt) *i.* 1. müvekkil. 2. müşteri.
cli.en.tele (klayıntel´) *i.* 1. müvekkiller. 2. müşteriler.
cliff (klif) *i.* uçurum, sarp kayalık.
cli.mate (klay´mît) *i.* iklim, hava.
cli.max (klay´mäks) *i.* 1. doruk, zirve. 2. doruk noktası. 3. orgazm. *f.* doruğa ulaşmak; doruğa ulaştırmak.
climb (klaym) *f.* 1. tırmanmak. 2. çıkmak. *i. f.* tırmanacak yer. 2. tırmanış, tırmanma. — **down** inmek.

climb.er (klay'mır) *i.* 1. tırmanıcı sarmaşık. 2. *k. dili* toplumda yükselmek isteyen kimse.
clinch (klinç) *f.* 1. perçinlemek. 2. sağlama bağlamak. 3. *güreş, boks* birbirine sarılmak. *i.* 1. perçinleme. 2. *güreş, boks* birbirine sarılma. 3. perçinlenmiş çivi.
cling (kling) *f.* (**clung**) 1. yapışmak, sıkıca sarılmak, tutunmak. 2. yakınında olmak. 3. (hatıra v.b.'ne) bağlı olmak.
clin.ic (klin'ik) *i.* klinik.
clin.i.cal (klin'ikıl) *s.* klinikle ilgili, klinik.
clink (klingk) *f.* 1. şıngırdamak; şıngırdatmak. 2. (bardak/kadeh) tokuşturmak. *i.* 1. şıngırtı. 2. tokuşturma.
clink (klingk) *i.* **the** — *k. dili* kodes, hapishane.
clink.er (kling'kır) *i.* cüruf parçası.
clip (klip) *f.* (—**ped**, —**ping**) 1. kırkmak. 2. kırpmak. 3. uçlarını kesmek. 4. *k. dili* hızla gitmek. 5. (gazete, dergi v.b.'nden) kupür kesmek. *i.* 1. kırkma. 2. kırpma. 3. kesme. 4. *k. dili* hız, sürat.
clip (klip) *i.* 1. ataş, klips, mandal, maşa. 2. tüfek şarjörü. **paper** — ataş.
clip.per (klip'ır) *i.* 1. çoğ. (saç/tırnak/çim kesmek için) makas. 2. *tek.* hızlı bir yelkenli gemi.
clip.ping (klip'îng) *i.* 1. kırkma. 2. kırpma. 3. kesme. 4. kupür, kesik.
clique (klik, klîk) *i.* klik, hizip.
cli.to.ris (klit'ıris, klay'tırîs) *i., anat.* klitoris, bızır.
cloak (klok) *i.* pelerin. *f.* — **something in a guise of** bir şeyi (başka bir şeyin) kisvesine büründürmek. **under the** — **of** kisvesi altında.
cloak.room (klok'rum) *i.* 1. vestiyer. 2. *İng.* tuvalet, lavabo.
clock (klak) *i.* saat. *f.* saat tutmak. **alarm** — çalar saat.
clock.mak.er (klak'meykır) *i.* saatçi.
clock.wise (klak'wayz) *s., z.* saat yelkovanı yönünde.
clock.work (klak'wırk) *i.* saatin makinesi. **like** — saat gibi, çok düzenli, tıkır tıkır.
clod (klad) *i.* 1. toprak/çamur parçası, kesek. 2. budala, sersem.
clog (klag) *i.* 1. takunya, nalın; tahta ayakkabı; sabo. 2. engel, köstek.
clog (klag) *f.* (—**ged**, —**ging**) 1. tıkamak; tıkanmak. 2. engel olmak, köstek vurmak; engellemek.
clois.ter (kloys'tır) *i.* 1. revaklı avlu. 2. revak, kemeraltı. 3. manastır. *f.* 1. manastıra kapatmak. 2. tecrit etmek, ayırmak.
clone (klon) *i.* klon, kopya. *f.* klonlamak, kopyalamak.
close (klos) *s.* 1. yakın, birbirine yakın. 2. sıkı. 3. kapalı, kapatılmış. 4. dar. 5. havasız. 6. sıkı ağızlı. — **call/shave** *k. dili* paçayı zor kurtarma. — **contest/game** beraberliğe yakın oyun/yarış. — **haircut** kısa saç tıraşı. — **resemblance** yakın benzerlik. **at** — **quarters** çok yakından, göğüs göğüse.
close (kloz) *f.* 1. kapamak, kapatmak; kapanmak. 2. tıkamak, doldurmak. 3. son vermek, bitirmek; sona ermek, bitmek. — **down** kapamak, kapatmak; kapanmak. — **in on** -in etrafını çevirmek. — **out** hepsini satmak, indirimli satmak. — **the deal** anlaşmaya varmak. — **up** 1. kapatmak; kapanmak. 2. birbirine yaklaşmak.
closed (klozd) *s.* kapalı. — **circuit** kapalı devre. — **season** avlanmanın yasak olduğu mevsim. — **shop** yalnız sendika üyelerini çalıştıran fabrika.
close-fist.ed (klos'fîs'tîd) *s.* cimri, eli sıkı.
close-fit.ting (klos'fît'îng) *s.* dar, üste oturan (giysi).
close-mouthed (klos'maudhd') *s.* sıkı ağızlı, ağzı sıkı.
clos.et (klaz'ît) *i.* (gardırop işlevi gören sandık odası gibi) gömme dolap, yüklük. *s., k. dili* gizli, gizli tutulan; aleni olmayan. *f.* **be** —**ed with** görüşme amacıyla (birisi) ile odaya kapanmak. — **communist** gizli komünist. — **homosexual** gizli homoseksüel. **linen** — çamaşır dolabı.
close-up (klos'ʌp) *i.* yakından çekilen fotoğraf.
clot (klat) *i.* pıhtı. *f.* (—**ted**, —**ting**) 1. pıhtılaşmak; top top olmak; (süt) kesilmek. 2. pıhtılaştırmak.
cloth (klôth) *i.* kumaş, bez, örtü. **the** — rahipler.
clothe (klodh) *f.* (—**d/clad**) 1. giydirmek. 2. üstünü örtmek, kaplamak.
clothes (kloz, klodhz) *i., çoğ.* giysiler, elbiseler. — **basket** çamaşır sepeti. — **moth** güve.
clothes.horse (kloz'hôrs) *i.* çamaşır askısı.
clothes.line (kloz'layn) *i.* çamaşır ipi.
clothes-peg (kloz'peg) *i., İng.* mandal.
clothes.pin (kloz'pîn) *i.* mandal.
cloth.ing (klo'dhing) *i.* giyim eşyası, giysiler, elbiseler.
cloud (klaud) *i.* 1. bulut. 2. duman/toz bulutu. 3. leke. *f.* 1. bulutla kaplamak, karartmak, örtmek; bulutlanmak, kararmak. 2. gölgelemek. 3. lekelemek. 4. şüphe altında bırakmak. **in the** —**s** hayal âleminde, dalgın. **under a** — 1. şüphe altında. 2. gözden düşmüş.
cloud.burst (klaud'bırst) *i.* sağanak.
cloud-capped (klaud'käpt) *s.* bulutlu, bulutlarla kaplı (dağ tepesi).
cloud.less (klaud'lîs) *s.* bulutsuz.
cloud.y (klau'di) *s.* 1. bulutlu. 2. dalgalı (mermer). 3. dumanlı. 4. bulanık. 5. karanlık, açık olmayan. 6. şüphe altında; töhmet altında.

clout (klaut) *i., k. dili* 1. yumruk, tokat. 2. nüfuz. *f.* 1. yumruk indirmek, tokat atmak. 2. *beysbol* (topa) hızla vurmak.
clove (klov) *i.* (sarımsakta) diş.
clove (klov) *i.* karanfil (baharat).
clove (klov) *f., bak.* cleave.
clo.ver (klo´vır) *i.* yonca.
clown (klaun) *i.* palyaço, soytarı. *f.* soytarılık etmek.
clown.ish (klau´niş) *s.* soytarı gibi.
clown.ish.ness (klau´nişnıs) *i.* soytarılık.
club (klʌb) *i.* 1. sopa, çomak; cop. 2. kulüp, dernek. 3. *isk.* sinek, ispati. *f.* (—bed, —bing) coplamak; sopalamak.
club.foot (klʌb´fût) *i.* yumruayak.
club.foot.ed (klʌb´fûtıd) *s.* yumruayaklı.
cluck (klʌk) *f.* gıdaklamak. *i.* gıdaklama.
clue (klu) *i.* ipucu, iz, anahtar.
clump (klʌmp) *i.* yığın, küme. *f.* 1. yığmak, kümelemek. 2. ağır adımlarla yürümek.
clum.si.ly (klʌm´zıli) *z.* hantalca, beceriksizce, sakarca.
clum.si.ness (klʌm´zınıs) *i.* hantallık, beceriksizlik, sakarlık.
clum.sy (klʌm´zi) *s.* hantal, beceriksiz, sakar.
clung (klʌng) *f., bak.* cling.
clus.ter (klʌs´tır) *i.* 1. salkım, hevenk. 2. tutam, demet. 3. küme, grup. *f.* 1. salkım haline getirmek. 2. demet yapmak. 3. kümelenmek, bir araya toplanmak.
clutch (klʌç) *i.* 1. kavrama, sıkıca tutma. 2. *mak.* kenet, ambreyaj. 3. *oto.* debriyaj. *f.* 1. kavramak, yakalamak. 2. kapmak. — pedal *oto.* debriyaj pedalı.
clut.ter (klʌt´ır) *f.* darmadağınık etmek, yığmak, düzensizce atmak. *i.* dağınıklık, karışıklık.
cm. *kıs.* centimeter(s).
Co. *kıs.* company, county.
c.o., c/o *kıs.* care of eliyle, vasıtasıyla; carried over sonraki sayfaya/sütuna nakledilen (toplam).
C.O. *kıs.* Commanding Officer.
coach (koç) *i.* 1. fayton. 2. yolcu otobüsü. 3. *d.y.* yolcu vagonu.
coach (koç) *i.* 1. *spor* antrenör, çalıştırıcı. 2. özel öğretmen. *f.* yetiştirmek, antrenörlük etmek, özel ders vermek.
co.ag.u.late (kowäg´yıleyt) *f.* pıhtılaşmak; pıhtılaştırmak.
coal (kol) *i.* kömür. carry —s to Newcastle tereciye tere satmak. haul over the —s haşlamak, azarlamak.
co.a.lesce (kowıles´) *f.* birleşmek, bir olmak, yekvücut olmak.
co.a.les.cence (kowıles´ıns) *i.* birleşme, birleşim.
co.a.les.cent (kowıles´ınt) *s.* birleşmek üzere olan.

co.a.li.tion (kowılîş´ın) *i.* koalisyon, birleşme.
coarse (kôrs) *s.* 1. kaba, iri taneli. 2. kaba (dokunmuş kumaş). 3. kaba saba, görgüsüz. 4. kaba, ince olmayan; adi, bayağı.
coarse.ly (kôrs´li) *z.* kabaca.
coars.en (kôr´sın) *f.* kabalaşmak; kabalaştırmak.
coarse.ness (kôrs´nıs) *i.* 1. kabalık. 2. terbiyesizlik.
coast (kost) *i.* sahil, deniz kıyısı. *f.* 1. (kayakla/bisikletle) yokuş aşağı kaymak/inmek. 2. pedal çevirmeden bisiklet sürmek. 3. *den.* kıyı boyunca gitmek. — guard sahil koruma. off the — of ... sahillerine yakın. The — is clear. Kimse yok./Meydan boş.
coast.al (kos´tıl) *s.* kıyı, sahil, kıyısal.
coast.er (kos´tır) *i.* 1. *den.* koster. 2. bardak altlığı, altlık.
coast.line (kost´layn) *i.* kıyı boyu.
coat (kot) *i.* 1. palto, ceket. 2. kat, tabaka. *f.* kaplamak; bir tabaka (boya v.b.) sürmek. — hanger elbise askısı, askı. — of paint bir kat boya.
coat.ing (ko´ting) *i.* 1. tabaka, kat. 2. paltoluk kumaş.
coax (koks) *f.* 1. tatlı sözlerle kandırmak, gönlünü yapmak. 2. dil dökmek. — something out of someone birini tatlı sözlerle kandırarak bir şey elde etmek.
cob (kab) *i.* mısır koçanı.
co.balt (ko´bôlt) *i.* kobalt.
cob.ble (kab´ıl) *i.* kaldırım taşı. *f.* 1. kaldırım taşı döşemek. 2. ayakkabı tamir etmek.
cob.bler (kab´lır) *i.* ayakkabı tamircisi.
cob.ble.stone (kab´ılston) *i.* parke taşı, kaldırım taşı.
co.bra (ko´brı) *i., zool.* kobra.
cob.web (kab´web) *i.* örümcek ağı.
co.caine (kokeyn´, ko´keyn) *i.* kokain.
cock (kak) *i.* 1. horoz. 2. erkek kuş. 3. musluk. 4. tüfek horozu, tabanca horozu. 5. *argo* penis, kamış. *f.* tüfek horozunu çekmek. *s.* erkek. cock-and-bull story palavra, martaval. — one's hat şapkayı yana yatırmak. go off at half — hazırlıksız iş görmek.
cock-a-doo.dle-doo (kak´ıdudıldu´) *i.* horoz ötüşü, kukuriku.
cock.chaf.er (kak´çeyfır) *i.* mayısböceği.
cock.er.el (kak´ırıl) *i.* yavru horoz.
cock.eyed (kak´ayd) *s.* 1. şaşı gözlü. 2. çarpık, eğri. 3. *argo* saçma. 4. *argo* küfelik.
cock.fight (kak´fayt) *i.* horoz dövüşü.
cock.pit (kak´pit) *i.* 1. pilot kabini, kokpit. 2. *den.* alçak güverte, kokpit. 3. horoz dövüşlerinin yapıldığı yer.
cock.roach (kak´roç) *i.* hamamböceği.
cocks.comb (kaks´kom) *i.* 1. horoz ibiği. 2.

bot. horozibiği. 3. züppe.
cock.sure (kak´şûr) *i*. kendinden fazla emin, kendine fazla güvenen.
cock.tail (kak´teyl) *i*. kokteyl.
cock.y (kak´i) *s*., *k. dili* kendini beğenmiş.
co.co (ko´ko) *i*. hindistancevizi.
co.coa (ko´ko) *i*. 1. kakao. 2. kakao rengi. 3. sütlü kakao. — **bean** kakao çekirdeği. — **butter** kakaoyağı.
co.co.nut (ko´kınʌt, ko´kınıt) *i*. büyükhindistancevizi, hindistancevizi.
co.coon (kıkun´) *i*. koza.
C.O.D., c.o.d. *kıs*. **cash on delivery; collect on delivery.**
cod (kad) *i*. morina. **cod-liver oil** balıkyağı.
cod.dle (kad´ıl) *f*. 1. üstüne titremek, ihtimam göstermek. 2. hafif ateşte kaynatmak.
code (kod) *i*. 1. kanun, kanunname. 2. şifre; kod. *f*. 1. kanun haline getirmek. 2. şifre ile yazmak; kodlamak. **Morse** — Mors alfabesi.
co.deine (ko´din, ko´diyin) *i*. kodein.
codg.er (kac´ır) *i*., *k. dili* moruk, pinpon adam.
cod.i.fi.ca.tion (kadıfıkey´şın) *i*. kanun halinde toplama.
cod.i.fy (kad´ıfay, ko´dıfay) *f*. 1. kanun halinde toplamak. 2. bir sisteme bağlamak.
co.ed (ko´wed) *i*., *k. dili* karma bir üniversitede okuyan kız öğrenci. *s*., *k. dili*, *bak*. **coeducational.**
co.ed.u.ca.tion (kowecûkey´şın) *i*. karma eğitim.
co.ed.u.ca.tion.al (kowecûkey´şınıl) *s*. karma eğitime ait; karma eğitimin uygulandığı bir okulda okuyan; karma eğitim uygulayan.
co.ef.fi.cient (kowıfîş´ınt) *i*. katsayı.
co.e.qual (kowi´kwıl) *i*. eş. *s*. 1. eşit, müsavi. 2. akran, denk.
co.erce (kowırs´) *f*. zorlamak, mecbur etmek.
co.er.cion (kowır´jın, kowır´şın) *i*. zorlama, baskı.
co.er.cive (kowır´siv) *s*. zorlayıcı.
co.ex.ist (kowigzîst´) *f*. bir arada var olmak.
co.ex.is.tence (kowigzîs´tıns) *i*. bir arada var oluş.
C of C *kıs*. **Chamber of Commerce.**
cof.fee (kôf´i, kaf´i) *i*. kahve. — **bean** kahve çekirdeği. — **cup** (alafranga) kahve fincanı. — **grounds** kahve telvesi. — **mill** kahve değirmeni. — **shop** kahve, çay, tatlı, sandviç ve hafif yemekler sunan lokanta. — **spoon** tatlı kaşığı. — **store** kurukahveci dükkânı, kurukahveci. — **table** sehpa.
cof.fee.pot (kôf´ipat) *i*. kahve demliği.
cof.fer (kôf´ır) *i*. sandık, kasa, kutu.
cof.fin (kôf´în) *i*. tabut.
cog (kag) *i*. çark dişi, diş.
co.gen.cy (ko´cınsi) *i*. inandırıcılık, ikna kuvveti.
co.gent (ko´cınt) *s*. inandırıcı, ikna edici.
co.g.i.tate (kac´ıteyt) *f*. düşünmek, düşünüp

taşınmak, tasarlamak.
co.gnac (kon´yäk) *i*. kanyak, konyak.
cog.ni.sance (kag´nızıns) *i*., *İng*., *bak*. **cognizance.**
cog.ni.sant (kag´nızınt) *s*., *İng*., *bak*. **cognizant.**
cog.ni.tion (kagnîş´ın) *i*., *ruhb*. biliş.
cog.ni.zance, *İng*. **cog.ni.sance** (kag´nızıns) *i*. 1. farkına varma. 2. kavrama. **take** — **of** 1. -e dikkat etmek, -i göz önüne almak. 2. -e önem vermek.
cog.ni.zant, *İng*. **cog.ni.sant** (kag´nızınt) *s*. be — **of** -den haberdar olmak, -in farkında olmak, -i bilmek.
cog.wheel (kag´hwil) *i*. dişli çark.
co.hab.it (kohäb´ît) *f*. birlikte yaşamak, beraber oturmak.
co.here (kohîr´) *f*. 1. yapışmak, kaynaşmak. 2. uyum içinde olmak, uyuşmak. 3. birbirini tutmak, tutarlı olmak.
co.her.ence (kohîr´ıns) *i*. tutarlılık, tutarlık, mantıklılık.
co.her.ent (kohîr´ınt) *s*. 1. yapışkan. 2. tutarlı, mantıklı. 3. kolay anlaşılır. 4. *fiz*. koherent, eşevreli.
co.her.ent.ly (kohîr´întli) *z*. tutarlı olarak.
co.he.sion (kohi´jın) *i*. 1. yapışıklık, yapışma. 2. uyum içinde olma, uyuşma. 3. *fiz*. kohezyon.
co.he.sive (kohi´siv) *s*. 1. yapışmış; birleşmiş. 2. uyum sağlayan. 3. *fiz*. kohezif.
co.hort (ko´hôrt) *i*. 1. hempa, suç ortağı. 2. yandaş, taraftar, destekçi. 3. (insanlardan oluşan) grup.
coif.feur (kwaför´) *i*. kuaför, kadın berberi olan erkek.
coif.fure (kwafyûr´) *i*. saç biçimi, saç tuvaleti.
coil (koyl) *i*. 1. kangal. 2. *den*. roda. 3. halka, kangal şeklinde boru. 4. halka şeklinde kıvrılmış saç. 5. *elek*. bobin. *f*. 1. sarmak, kangallamak; sarılmak, kangallanmak. 2. *den*. roda etmek.
coin (koyn) *i*. madeni para. *f*. 1. madeni para basmak. 2. (sözcük/söz) türetmek.
co.in.cide (kowînsayd´) *f*. 1. **with** ile rastlaşmak, aynı zamana rastlamak, çatışmak. 2. uymak, bir olmak. 3. *mat*. çakışmak.
co.in.ci.dence (kowîn´sîdıns) *i*. rastlantı, tesadüf.
co.in.ci.den.tal (kowînsîden´tıl) *s*. rastlantı eseri olan, tesadüfi.
co.in.ci.den.tal.ly (kowînsîden´tıli) *z*. tesadüfen, şans eseri.
co.i.tion (kowîş´ın), **co.i.tus** (ko´wıtıs) *i*. cinsel ilişki.
Coke (kok) *i*. Coca-Cola.
coke (kok) *i*. kok kömürü.
coke (kok) *i*. 1. *k. dili* kolalı içecek. 2. *argo* kokain.
col.an.der (kʌl´ındır) *i*. kevgir, süzgeç.

cold (kold) *s.* soğuk. *i.* 1. soğuk, soğukluk. 2. nezle. — **cream** yüz kremi, cilt kremi. — **cuts** söğüş *et.* — **snap** havanın aniden soğuması, ani soğuk. — **sore** uçuk. — **war** soğuk savaş. **catch** — nezle olmak. **get/have** — **feet** *k. dili* tereddüde düşmek, kararsızlığa kapılmak, şüpheler duymaya başlamak. **get the** — **shoulder** *k. dili* soğuk bir davranışla karşılaşmak: I got the cold shoulder. **Bana karşı soğuktu. give someone the** — **shoulder** *k. dili* birine soğuk davranmak. **in** — **blood** soğukkanlılıkla. **It leaves me** —. Beni etkilemiyor./Bana vız gelir. **know something** — bir şeyi eksiksiz bir şekilde bilmek. **leave someone out in the** — 1. birine hiç haber vermemek. 2. birine hiçbir şey vermemek. **throw** — **water on** eleştirerek (bir şeyin) çekiciliğini azaltmak.
cold-blood.ed (kold´blʌd´id) *s.* 1. duygusuz, acımasız, merhametsiz. 2. *biyol.* soğukkanlı.
cold.heart.ed (kold´har´tid) *s.* katı yürekli, merhametsiz.
cole.slaw (kol´slô) *i.* lahana salatası.
col.ic (kal´ik) *i., tıb.* kolik, kalınbağırsakta ve karın boşluğunda duyulan sancı.
co.li.tis (kılay´tis) *i., tıb.* kolit, kalınbağırsak iltihabı.
col.lab.o.rate (kıläb´ıreyt) *f.* birlikte çalışmak, işbirliği yapmak.
col.lab.o.ra.tion (kıläbırey´şın) *i.* birlikte çalışma, işbirliği.
col.lab.o.ra.tion.ist (kıläbırey´şınist) *i.* işbirlikçi, kolaboratör.
col.lab.o.ra.tor (kıläb´ıreytır) *i.* 1. birlikte çalışan kimse, işbirliği yapan kimse, kolaboratör. 2. işbirlikçi, kolaboratör.
col.lage (kılaj´) *i.* kolaj.
col.lapse (kıläps´) *f.* 1. çökmek, yıkılmak; çökertmek, yıkmak. 2. (iskemle/masa) açılır kapanır olmak. 3. (proje/plan) bir sonuca bağlanmadan dağılmak. 4. cesaretini kaybetmek. 5. (balon) sönmek. 6. *tıb.* çökmek. *i.* göçme, çökme, yıkılma.
col.laps.i.ble (kıläp´sıbıl) *s.* açılır kapanır, katlanabilir.
col.lar (kal´ır) *i.* 1. yaka. 2. gerdanlık. 3. tasma. *f.* 1. yaka takmak, tasma takmak. 2. yakalamak, yakasına yapışmak.
col.lar.bone (kal´ırbon) *i., anat.* köprücükkemiği, köprücük.
col.late (kıleyt´, kal´eyt) *f.* 1. (sayfaları) sıraya koymak; (formaları) harman etmek, harmanlamak. 2. karşılaştırarak okumak.
col.lat.er.al (kılät´ırıl) *s.* 1. yan yana olan. 2. ikincil, tali, yardımcı, tamamlayıcı. 3. aynı soydan gelen. *i.* 1. (borca karşı gösterilen ve

bir mülk, tahvil, senet v.b.'ne dayalı) teminat, karşı teminat. 2. soydaş. — **security** (borca karşı gösterilen ve bir mülk, tahvil, senet v.b.'ne dayalı) teminat, karşı teminat.
col.league (kal´ig) *i.* meslektaş, iş arkadaşı.
col.lect (kılekt´) *f.* 1. toplamak; biriktirmek; derlemek; toparlamak; devşirmek; toplamak; birikmek: He collects stamps. Pul biriktiriyor. They don't collect trash on Saturdays. Cumartesi günleri çöp toplamıyorlar. Let me collect my papers. Kâğıtlarımı toparlayayım. They went out to the orchard and collected some pears. Bahçeye çıkıp armut devşirdiler. We're collecting proverbs. Atasözü derliyoruz. A lot of dust has collected on this couch. Bu kanepenin üstünde epey toz birikti. 2. almak: I've got to go in to collect my salary and my mail. Maaş ve postamı almaya gitmem lazım. He'll collect you at six. Seni altıda alacak. 3. (para) toplamak, (borç/vergi) tahsil etmek. *s., z.* ödemeli. — **call** ödemeli telefon konuşması. — **one's thoughts** kafasını toplamak. — **oneself** kendini toparlamak. **Send it** —. Ödemeli gönderin.
col.lect.ed (kılek´tid) *s.* 1. toplu, hep bir arada, toplanmış: the collected works of Shakespeare Shakespeare'in toplu eserleri. 2. aklı başında.
col.lec.tion (kılek´şın) *i.* 1. toplama. 2. koleksiyon. 3. (kilisede toplanan) para, iane.
col.lec.tive (kılek´tiv) *s.* kolektif; ortaklaşa; ortak. — **agreement** toplusözleşme. — **bargaining** (işverenle işçi temsilcileri arasında) toplu görüşme. — **farm** kolektif çiftlik. — **memory** *ruhb.* ortak bellek. — **noun** *dilb.* topluluk adı. — **ownership** ortaklaşa iyelik, ortak mülkiyet.
col.lec.tor (kılek´tır) *i.* 1. koleksiyoncu. 2. alımcı, tahsildar. 3. kolektör, toplaç.
col.lege (kal´ic) *i.* 1. üniversite. 2. yüksekokul. 3. fakülte.
col.lide (kılayd´) *f.* çarpışmak; çarpmak.
col.lie (kal´i) *i.* İskoç çoban köpeği.
col.lier (kal´yır) *i., İng.* 1. kömür madenci. 2. kömür madeni işçisi.
col.li.sion (kılij´ın) *i.* çarpışma. **come into with** ile çarpışmak.
colloq. *kıs.* colloquial, colloquialism.
col.lo.qui.al (kılo´kwiyıl) *i.* konuşma diline özgü.
col.lo.qui.al.ism (kılo´kwiyılîzım) *i.* konuşma dilinde kullanılan sözcük/söz.
col.lo.qui.al.ly (kılo´kwiyıli) *z.* konuşma diliyle.
col.lo.quy (kal´ıkwi) *i.* karşılıklı konuşma, mükâleme.
Co.lom.bi.a (kılʌm´biyı) *i.* Kolombiya. —**n** *i.* Kolombiyalı. *s.* 1. Kolombiya, Kolombiya'ya özgü. 2. Kolombiyalı.
co.lon (ko´lın) *i., anat.* kolon.

a ä e ı i î ô o û u ʌ ıl ım ın ır ng ngg ngk
car cat met above heal his dog so good do up couple prism demon burn ring finger ink

co.lon (ko'lın) i. iki nokta üst üste (:).
colo.nel (kır'nıl) i. albay.
co.lo.ni.al (kılo'niyıl) s. 1. kolonyal (sanat, mimari v.b.). 2. sömürgeci. 3. (anayurdundan ayrı) bir kolonide yaşayana özgü.
co.lo.ni.al.ism (kılo'niyılizım) i. sömürgecilik.
co.lo.ni.al.ist (kılo'niyılist) s. sömürgeci. i. sömürgecilik yanlısı.
col.o.ni.sa.tion (kalınizey'şın) i., İng., bak. colonization.
col.o.nise (kal'ınayz) f., İng., bak. colonize.
col.o.nist (kal'ınist) i. koloni kuran; kolonide yaşayan.
col.o.ni.za.tion, İng. col.o.ni.sa.tion (kalınizey'şın) i. 1. -de koloni/koloniler kurma. 2. koloni haline getirme; koloni haline gelme. 3. sömürgeleştirme; sömürgeleşme.
col.o.nize, İng. col.o.nise (kal'ınayz) f. 1. -de koloni/koloniler kurmak. 2. koloni haline getirmek. 3. sömürgeleştirmek.
col.o.ny (kal'ıni) i. 1. koloni. 2. sömürge, koloni.
col.or, İng. col.our (kʌl'ır) i. 1. renk; boya. 2. renk, canlılık. 3. çoğ. bayrak, sancak. f. 1. boyamak. 2. renklendirmek; renklenmek. 3. renk değiştirmek. 4. yüzü kızarmak. — photograph renkli fotoğraf. — photography renkli fotoğraf çekme. — printing foto., matb. renkli baskı. bright — parlak renk. change — yüzü kızarmak. fast — solmaz renk. off — kaba, müstehcen, münasebetsiz (hikâye, şaka). primary —s ana renkler. show one's true —s asıl karakterini açığa vurmak. true —s içyüz. under false —s sahte bir kimlikle. with flying —s parlak başarı ile.
col.or-blind (kʌl'ırblaynd) s. renkkörü.
col.or-blind.ness (kʌl'ırblayndnıs) i. renkkörlüğü, akromatopsi, daltonizm.
col.ored (kʌl'ırd) s. 1. renkli. 2. aşağ. beyaz ırk dışındaki ırklardan olan. 3. aşağ. zenci, siyah.
col.or.fast (kʌl'ırfäst) s. solmaz.
col.or.ful (kʌl'ırfıl) s. 1. renkli. 2. renkli, canlı.
col.or.ing (kʌl'ıring) i. renk, boya. — book boyama kitabı.
col.or.less (kʌl'ırlis) s. 1. renksiz. 2. soluk, solgun, renksiz. 3. sıkıcı, monoton, tekdüze. 4. silik, donuk; anlamsız. 5. tarafsız, yansız, renksiz.
co.los.sal (kılas'ıl) s. muazzam, kocaman, çok büyük, devasa.
col.our (kʌl'ır) i., f., İng., bak. color.
colt (kolt) i. tay; sıpa.
col.umn (kal'ım) i. 1. mim. sütun. 2. direk. 3. gazet. fıkra, köşe yazısı. 4. ask. kol.
col.um.nist (kal'ımnist, kal'ımist) i., gazet. fıkra yazarı, köşe yazarı.
co.ma (ko'mı) i. koma.

co.ma.tose (ko'mıtos) s. 1. komada. 2. yarı baygın.
comb (kom) i. 1. tarak. 2. ibik. 3. petek. f. taramak. — out taramak, ayırmak.
com.bat (kam'bät) i. 1. muharebe, savaşma, savaş, çarpışma. 2. vuruşma, dövüşme. 3. ateşli bir tartışma. — troops muharip birlikler. — zone ask. muharebe alanı. close — göğüs göğüse çarpışma.
com.bat (kımbät') f. (—ted, —ting) 1. savaşmak. 2. dövüşmek. 3. mücadele etmek.
com.bat.ant (kımbät'ınt, kam'bıtınt) i. 1. savaşçı, muharip. 2. dövüşçü. 3. ateşli bir tartışmaya katılan kimse.
com.bat.ive (kımbät'ív, kam'bıtiv) s. kavgacı, dövüşken.
com.bi.na.tion (kambıney'şın) i. 1. birleşme, birleşim; birleştirme. 2. birlik. 3. (kilitte) şifre. 4. kim. bileşim. 5. kombinezon. — lock şifreli kilit.
com.bine (kam'bayn) i. 1. tic. kartel. 2. biçerdöver.
com.bine (kımbayn') f. birleşmek; birleştirmek.
com.bus.ti.ble (kımbʌs'tıbıl) s. kolay tutuşan, yanıcı. i. kolay tutuşan madde.
com.bus.tion (kımbʌs'çın) i. yanma, tutuşma.
come (kʌm) f. (came, come) 1. gelmek. 2. k. dili beli gelmek, boşalmak; orgazm olmak. — about olmak, meydana gelmek. — across -e rastlamak, -e rast gelmek, ile karşılaşmak. — along 1. ilerlemek. 2. iyileşmek, sağlığı gittikçe düzelmek. 3. (fırsat) çıkmak. 4. beraber gelmek. — around 1. kendine gelmek. 2. uğramak. 3. dediğine gelmek. — at 1. -e erişmek, -e ulaşmak. 2. -e varmak, -i keşfetmek. 3. üstüne yürümek, saldırmak. — back 1. geri dönmek, geri gelmek. 2. akla gelmek. — between aralarına girmek. — by el-de etmek. — down 1. to (bir kişiden, bir zamandan) (başka birine, başka bir zamana) kalmak. 2. (fiyat) düşmek. 3. çökmek, yıkılmak; düşmek. — down in one's opinion (birini) eskisi kadar saymamak. — down in one's price (kendi malının) fiyatını düşürmek. — down in price (bir şeyin) fiyatı düşmek. — down in the world (biri) (eskiden sahip olduğu) para ve prestijini kaybetmek. — down with a cold nezle olmak. — forward (belirli bir amaçla) ortaya çıkmak: Nobody came forward to claim that cat. Kimse çıkıp da o kedi benim demedi. — in 1. girmek: Come in! İçeri gir!/Buyrun! 2. (yarışma sonunda) (belirli bir sırada) olmak: He came in first. Birinci oldu. 3. varmak, gelmek: Has the plane come in yet? Uçak geldi mi? 4. (met halindeki deniz) kabarmak, yükselmek.

commercialize

5. moda olmak. — into 1. (mirasa) konmak. 2. girmek, katılmak. — of -den çıkmak. — off 1. kopmak, çıkmak, düşmek. 2. olmak, meydana gelmek. C— off it! k. dili Yalanı bırak!/Bırak! — on sahneye çıkmak. C— on! 1. Haydi! 2. Yok canım! — out 1. çıkmak, görünmek, gözükmek. 2. (haber) yayılmak; (yayın) yayımlanmak. 3. (leke) çıkmak. — through gerekeni/beklenileni yapmak/becermek. — through with k. dili (beklenileni) yapmak. — to ayılmak, kendine gelmek. — to a head dönüm noktasına varmak. — to blows yumruk yumruğa gelmek. — to grief 1. başı darda olmak. 2. başarısızlığa uğramak. — to grips with -in esaslarını ele almak. — to hand 1. çıkmak, bulunmak. 2. gelmek, varmak. — to life canlanmak. — to light keşfedilmek. — to nothing/naught başarısız kalmak. — to one's senses aklı başına gelmek, aklını başına toplamak. — to terms 1. (with) anlaşmaya varmak, mutabık kalmak. 2. with (sevmediği bir şeyi) güçlükle kabul etmek. — true gerçekleşmek. — under girmek. — up against -e çatmak, ile karşılaşmak. — up in the world (birinin) para ve prestiji artmak. — up to 1. (belirli bir hizaya) kadar gelmek. 2. (belirli bir seviyeyi) tutturmak. — up with k. dili (bir plan, çare, cevap v.b.'ni) bulmak. — upon -e rastlamak. — what may ne olursa olsun. C— July and we'll be swimming. Temmuz geldiğinde denize girmiş olacağız. to — önümüzdeki, gelecek: in the years to come gelecek yıllarda.
come.back (kʌm´bäk) i. 1. eski formunu bulma. 2. argo zekice ve yerinde cevap.
co.me.di.an (kımi´diyın) i. 1. komedyen. 2. komedi yazarı.
co.me.di.enne (kımidiyen´) i. kadın komedyen.
come.down (kʌm´daun) i. 1. düşüş. 2. hayal kırıklığı.
com.e.dy (kam´ıdi) i. komedi.
come.ly (kʌm´li) s. alımlı.
come-on (kʌm´an) i. give someone the — -e pas vermek.
com.et (kam´ıt) i. kuyrukluyıldız.
come.up.pance (kʌmʌp´ıns) i., k. dili get one's — belasını/müstahakkını bulmak.
com.fort (kʌm´fırt) i. 1. rahatlık, ferahlık, konfor. 2. teselli. f. 1. rahat ettirmek. 2. teselli etmek. — station umumi tuvalet.
com.fort.a.ble (kʌm´fırtıbıl, kʌmf´tıbıl) s. rahat, konforlu.
com.fort.a.bly (kʌm´fırtıbli, kʌmf´tıbli) z. rahatça.
com.fort.er (kʌm´fırtır) i. 1. rahatlatıcı şey. 2. teselli edici kimse/şey. 3. yorgan. 4. İng. em-

zik, kauçuk meme. 5. İng. kaşkol, atkı.
com.ic (kam´ik) s. 1. güldürücü, gülünç, komik. 2. komedi ile ilgili. i. komedi oyuncusu. — book çizgi roman. — opera operakomik. — strip bant-karikatür.
com.i.cal (kam´ikıl) s. komik.
com.ics (kam´iks) i. bant-karikatür.
com.ing (kʌm´ing) i. geliş, yaklaşma. s. gelen, önümüzdeki, gelecek, yaklaşan.
com.ma (kam´ı) i. virgül. inverted —s İng. tırnak işaretleri.
com.mand (kımänd´) i. 1. emir, komut. 2. egemenlik, buyruk, hükümranlık. 3. bilg. komut: search command arama komutu. 4. komutanlık, kumandanlık: Air Defense Command Hava Savunma Komutanlığı. f. emretmek, hâkim olmak, kumanda etmek. a good — of (a language) (bir dili) rahat konuşabilme. at one's — emrinde. in — amir, sözü geçen.
com.man.deer (kamındir´) f. 1. (askeri hizmette kullanmak üzere) el koymak. 2. askeri bir hizmete mecbur etmek.
com.mand.er (kımän´dır) i. 1. kumandan, komutan. 2. deniz binbaşısı. — in chief başkomutan.
com.mand.ing (kımän´ding) s. 1. emreden by. etkili. 3. hâkim.
com.mand.ment (kımänd´mınt) i. emir. the Ten C—s On Emir.
com.man.do (kımän´do) i. 1. komando birliği. 2. komando.
com.mem.o.rate (kımem´ıreyt) f. anmak.
com.mem.o.ra.tion (kımemırey´şın) i. 1. anma, hatırasını yâd etme. 2. anma töreni.
com.mem.o.ra.tive (kımem´ıreytiv) s. (birinin/bir şeyin) anısına yapılan. — stamp hatıra pulu.
com.mence (kımens´) f. başlamak.
com.mence.ment (kımens´mınt) i. 1. başlama, başlangıç. 2. diploma töreni.
com.mend (kımend´) f. 1. tavsiye etmek, salık vermek. 2. övmek. 3. emanet etmek.
com.mend.a.ble (kımend´ıbıl) s. övgüye değer.
com.men.su.rate (kımen´şırıt, kımen´sırıt) s. orantılı, eşit.
com.ment (kam´ent) i. 1. yorum, tefsir. 2. açıklama. 3. eleştiri, tenkit. f. söz söylemek; on hakkında fikrini söylemek, hakkında yorumda bulunmak.
com.men.tar.y (kam´ınteri) i. yorum, tefsir.
com.men.ta.tor (kam´ınteytır) i. 1. yorumcu. 2. eleştirmen.
com.merce (kam´ırs) i. ticaret, alım satım.
chamber of — ticaret odası.
com.mer.cial (kımır´şıl) s. ticari. i. (radyo veya televizyonda) reklam. — law ticaret hukuku.
com.mer.cial.ize (kımır´şılayz) İng. com.mer.cial.ise (kı-

a ä e ı i î ô o û u ʌ ıl ım in ır ng ngg ngk
car cat met above heal his dog so good do up couple prism demon burn ring finger ink

commingle 80

mır´şılayz) *f.* ticarileştirmek.
com.min.gle (kıming´gıl) *f.* karışmak; katmak, karıştırmak.
com.mis.er.ate (kımiz´ıreyt) *f.* acısını paylaşmak, dert ortağı olmak.
com.mis.er.a.tion (kımizırey´şın) *i.* teselli, acıma.
com.mis.sion (kımiş´ın) *i.* 1. görev, vazife, iş. 2. işleme. 3. eylem. 4. komisyon ücreti, yüzdelik. 5. kurul, komisyon. 6. yetki. *f.* 1. atamak, tayin etmek. 2. görevlendirmek. 3. *den.* donanmaya katmak. **in —** 1. sefere hazır (gemi). 2. işe hazır. **out of —** 1. görev yapamaz durumda. 2. bozuk. **put into —** 1. sefere hazırlamak. 2. tamir etmek. **put out of —** 1. işlemez hale getirmek. 2. yıkmak, mahvetmek.
com.mis.sioned (kımiş´ınd) *s.* **— officer** subay.
com.mis.sion.er (kımiş´ınır) *i.* 1. komisyon üyesi. 2. şube müdürü.
com.mit (kımit´) *f.* (**—ted, —ting**) 1. işlemek, yapmak. 2. emanet etmek, teslim etmek. 3. söz vererek bağlamak. **— oneself** 1. (bir konuda) ne düşündüğünü söylemek, fikrini söylemek. 2. **to** söz vermek: **You've committed yourself to doing this.** Bunu yapmaya söz verdin. **— to memory** ezberlemek. **— to prison** hapsetmek. **— to writing** yazmak.
com.mit.ment (kımit´mınt) *i.* 1. söz, vaat, taahhüt. 2. kesin karar. 3. teslim etme; teslim olma.
com.mit.tee (kımit´i) *i.* kurul, komite, heyet, komisyon, encümen.
com.mode (kımod´) *i.* 1. lazımlık iskemlesi. 2. klozet.
com.mo.di.ous (kımo´diyıs) *s.* ferah, geniş.
com.mod.i.ty (kımad´ıti) *i.* mal, eşya. **staple commodities** başlıca satış ürünleri.
com.mon (kam´ın) *s.* 1. müşterek, ortak; beraber yapılan: **common defense** ortak savunma. **common enemy** ortak düşman. **common grave** ortak bir mezar. **common prayer** herkesin beraber okuduğu dua. 2. yaygın, sıkça rastlanan: **a common sentiment** yaygın bir his. 3. adi, bayağı, basit: **There was something common about her.** Onda bir adilik vardı. **— fraction** *mat.* bayağıkesir, adi kesir. **— knowledge** bilinen gerçek. **— law** örf ve âdete dayanan hukuk. **common-law marriage** resmi nikâhsız beraber yaşama. **— man** sıradan insan, sokaktaki adam. **— noun** *dilb.* cins adı, cins ismi. **— property** ortak mal. **— sense** sağduyu. **— stock** adi hisse senetleri. **— touch** sempatiklik. **have something in — with someone** biriyle bir şeyi paylaşmak: **I have nothing in common with him.** Onunla ortak hiçbir şeyim yok. **own something in —** aynı şeye sahip olmak: **We own this building in common.** Bu binanın ortak sahibiyiz. **the C— Market** Ortak Pazar.

com.mon.ly (kam´ınli) *z.* çoğunlukla; genellikle.
com.mon.place (kam´ınpleys) *s.* 1. sıradan, bayağı. 2. olağan. *i.* 1. beylik laf, klişe, basmakalıp söz. 2. sıradan bir şey.
com.mon.wealth (kam´ınwelth) *i.* 1. ulus. 2. cumhuriyet. 3. eyalet. **the C—** İngiliz Milletler Topluluğu.
com.mo.tion (kımo´şın) *i.* 1. gürültü. 2. karışıklık.
com.mu.nal (kam´yınıl, kımyu´nıl) *s.* 1. toplumla ilgili, toplumsal, halka ait. 2. umumun malı olan.
com.mune (kam´yun) *i.* komün.
com.mune (kımyun´) *f.* sohbet etmek, söyleşmek.
com.mu.ni.ca.ble (kımyu´nikıbıl) *s.* bulaşıcı.
com.mu.ni.cate (kımyu´nikeyt) *f.* 1. bildirmek; iletmek, belirtmek, belli etmek, anlatmak. 2. (hastalığı) bulaştırmak, sirayet ettirmek. 3. **with** ile haberleşmek. 4. (odalar) birbirine açılmak; **with** (bir oda) (başka bir odaya) açılmak. 5. *Hırist.* komünyon almak; (birine) komünyon vermek.
com.mu.ni.ca.tion (kımyunıkey´şın) *i.* 1. iletişim, haberleşme, komünikasyon. 2. (mektup, not, telgraf gibi yazılı bir) haber.
com.mu.ni.ca.tive (kımyu´nikeytiv, kımyu´nıkıtiv) *s.* konuşkan.
com.mu.nion (kımyun´yın) *i.* 1. paylaşma. 2. katılma. 3. *Hırist.* komünyon. 4. *Hırist.* mezhep.
com.mu.ni.qué (kımyunıkey´) *i.* (kısa ve resmi) bildiri.
com.mu.nism (kam´yınîzım) *i.* komünizm.
com.mu.nist (kam´yınîst) *i., s.* komünist.
com.mu.ni.ty (kımyu´nıti) *i.* 1. toplum, cemiyet. 2. topluluk. 3. halk, kamu, amme. 4. müşterek tasarruf, ortak mal sahipliği.
com.mute (kımyut´) *f.* 1. (cezayı) hafifletmek, çevirmek. 2. banliyödeki ev ile şehirdeki işyeri arasında her gün gidip gelmek.
com.mut.er (kımyu´tır) *i.* banliyödeki evi ile şehirdeki işyeri arasında her gün gidip gelen kimse.
Com.o.ros (kam´ıroz) *i.* Komor Adaları, Komorlar.
comp. *kıs.* **companion, compare, compiled, complete.**
com.pact (kımpäkt´, kam´päkt) *s.* 1. yoğun, kesif, sıkı, sık. 2. kısa, özlü. **— disk** kompakt disk. **— disk player** kompakt disk çalar.
com.pact (kam´päkt) *i.* 1. pudriyer, pudralık. 2. *oto.* küçük araba.
com.pact (kam´päkt) *i.* sözleşme, sözlü anlaşma. *f.* sözleşmek.
com.pan.ion (kımpän´yın) *i.* 1. arkadaş, yoldaş. 2. eş. 3. refakatçi. 4. elkitabı, rehber.
com.pan.ion.a.ble (kımpän´yınıbıl) *s.* sokulgan, cana yakın, yalpak.

com.pan.ion.ship (kımpän'yınşip) *i.* arkadaşlık, eşlik.
com.pa.ny (kʌm'pıni) *i.* 1. şirket, kumpanya, ortaklık. 2. kumpanya, topluluk. 3. eşlik, refakat, arkadaşlık. 4. misafir. 5. beraberindekiler, arkadaşlar. 6. *ask.* bölük. **in — with** ile beraber, birlikte. **in good —** iyi arkadaşlarla. **joint-stock —** anonim şirket. **limited liability —** limitet şirket. **part — with** -den ayrılmak.
com.pa.ra.ble (kam'pırıbıl) *s.* karşılaştırılabilir; benzer.
com.par.a.tive (kımper'ıtiv) *s.* 1. karşılaştırmalı, mukayeseli. 2. orantılı, nispi. 3. *dilb.* (sıfat veya zarfların) üstünlük derecesini gösteren. *i., dilb.* üstünlük derecesi. **— anatomy** karşılaştırmalı anatomi. **— linguistics** karşılaştırmalı dilbilim.
com.pare (kımper') *f.* 1. **(with)** (ile) karşılaştırmak. 2. **to** -e benzetmek; -e benzemek. **— notes** görüş alışverişinde bulunmak.
com.par.i.son (kımper'ısın) *i.* karşılaştırma, mukayese. **in — with** -e oranla, -e nispetle, -e nispeten.
com.part.ment (kımpart'mınt) *i.* kompartıman, bölme.
com.part.men.tal.ize, *İng.* **com.part.men.tal.ise** (kʌmpart.men'tılayz) *f.* bölmelere ayırmak.
com.pass (kʌm'pıs) *i.* 1. pusula. 2. pergel. 3. çevre. 4. sınır. 5. alan, saha. **— needle** pusula ibresi, pusula iğnesi. **drawing —** resim pergeli. **pair of —es** pergel.
com.pas.sion (kımpäş'ın) *i.* şefkat, merhamet, acıma, sevecenlik.
com.pas.sion.ate (kımpäş'ınît) *s.* şefkatli, merhametli, sevecen.
com.pat.i.bil.i.ty (kımpätıbîl'ıti) *i.* uyum, uyma, uygunluk, bağdaşma.
com.pat.i.ble (kımpät'ıbıl) *s.* 1. **(with)** uyumlu, uygun, ile bağdaşan. 2. geçimli.
com.pa.tri.ot (kımpey'triyıt, kımpät'riyıt) *i.* vatandaş, yurttaş.
com.pel (kımpel') *f.* **(—led, —ling)** zorlamak, mecbur etmek.
com.pen.sate (kam'pınseyt) *f.* 1. tazmin etmek, bedelini ödemek. 2. karşılamak. **— for one thing by/with another** bir şeyi başka bir şeyle telafi etmek: **She compensates for her occasional rudenesses by frequently making us laugh.** Bizi sık sık güldürerek arasıra yaptığı kabalıkları telafi ediyor. **— someone for** -in bedelini birine ödemek.
com.pen.sa.tion (kampınsey'şın) *i.* 1. tazminat parası, tazminat. 2. telafi. 3. fayda, faydalı taraf, olumlu taraf.
com.pere (kam'per) *i., İng.* sunucu, takdimci.
com.pete (kımpit') *f.* 1. **with** ile rekabet et-

mek, ile boy ölçüşmek. 2. **for** için yarışmak.
com.pe.tence (kam'pıtıns) *i.* 1. yeterlik, kifayet. 2. yetenek. 3. ehliyet, yetki.
com.pe.tent (kam'pıtınt) *s.* 1. yeterli, ehil, yetenekli. 2. yetkili.
com.pe.ti.tion (kampıtiş'ın) *i.* 1. yarışma. 2. rekabet.
com.pet.i.tive (kımpet'ıtîv) *s.* 1. rekabete dayanan. 2. rekabet edebilen.
com.pet.i.tor (kımpet'ıtır) *i.* rakip, yarışmacı, yarışçı.
com.pile (kımpayl') *f.* derlemek.
com.pla.cen.cy (kımpley'sınsi) *i.* kendinden hoşnut olma.
com.pla.cent (kımpley'sınt) *s.* kendinden hoşnut.
com.plain (kımpleyn') *f.* şikâyet etmek, yakınmak.
com.plain.ant (kımpley'nınt) *i.* şikâyetçi, davacı.
com.plaint (kımpleynt') *i.* 1. şikâyet, yakınma. 2. hastalık.
com.plai.sance (kımpley'sıns, kımpley'zıns) *i.* yumuşaklık, yumuşak başlılık.
com.plai.sant (kımpley'sınt, kımpley'zınt) *s.* yumuşak, yumuşak başlı.
com.ple.ment (kam'plımınt) *i.* 1. tamamlayıcı. 2. *dilb.* tümleç.
com.ple.ment (kam'plıment) *f.* tamamlamak.
com.ple.men.ta.ry (kamplımen'tıri, kamplımen'tri) *s.* tamamlayan, tamamlayıcı, tümleyici.
com.plete (kımplit') *s.* 1. tam, katıksız: **I'm in complete sympathy with what you're saying.** Senin dediklerine tamamıyla katılıyorum. **It came as a complete surprise.** Tam bir sürprizdi. **He's a complete idiot!** Tam bir dangalak! 2. tamam, tamamlanmış. 3. tamam, eksiksiz: **This book's not complete.** Bu kitap tamam değil. **Dinner wouldn't be complete without soup.** Çorba olmadan akşam yemeği eksik olurdu. *f.* tamamlamak. **— with** ile beraber: **You can buy the books complete with a book case for fifty million liras.** Kitapları, bir kitaplıkla beraber elli milyon liraya alabilirsiniz. **— works** bütün eserler: **the complete works of Hüseyin Rahmi** Hüseyin Rahmi'nin bütün eserleri. **—ly** *z.* tamamen, bütünüyle.
com.ple.tion (kımpli'şın) *i.* 1. bitirme, tamamlama; bitme, tamamlanma, sona erme. 2. yerine getirme.
com.plex (kam'pleks) *i.* 1. bileşik veya karışık şey. 2. karmaşa. 3. *ruhb.* karmaşa, kompleks. 4. *ekon.* kompleks. **building —** site. **inferiority —** aşağılık duygusu/kompleksi. **superi-**

complex   82

ority — üstünlük duygusu/kompleksi.
com.plex (kımpleks´, kam´pleks) s. 1. karmaşık, kompleks. 2. *mat.* kompleks, karmaşık.
com.plex.ion (kımplek´şın) *i.* 1. cilt, ten, ten rengi. 2. görünüş, görünüm.
com.plex.i.ty (kımplek´sıti, kamplek´sıti) *i.* karmaşıklık.
com.pli.ance (kımplay´ıns) *i.* 1. uyma, razı olma. 2. itaat, boyun eğme. 3. uysallık. **in** — **with** -e uygun olarak, mucibince.
com.pli.ant (kımplay´ınt) *s.* uysal, yumuşak başlı, itaatkâr.
com.pli.cate (kam´plıkeyt) *f.* karmaştırmak; çetrefilleştirmek, zorlaştırmak, güçleştirmek.
com.pli.cate (kam´plıkit) *s.* karmaşık; çetrefil.
com.pli.cat.ed (kam´plıkeytıd) *s.* karmaşık; çetrefil, çapraşık, anlaşılması güç, çözülmesi güç.
com.pli.ca.tion (kamplıkey´şın) *i.* 1. karmaşık hale getirme. 2. (bir işe giriştikten sonra ortaya çıkan) engel, pürüz, güçlük, zorluk. 3. karmaşıklık, karışıklık. 4. *tıb.* komplikasyon, ihtilat.
com.plic.i.ty (kımplis´ıti) *i.* 1. suç ortaklığı. 2. karmaşa.
com.pli.ment (kam´plıment) *f.* **(on)** tebrik etmek, kutlamak; iltifat etmek, kompliman yapmak.
com.pli.ment (kam´plımınt) *i.* iltifat, kompliman. **double-edged** — iğneli kompliman. **pay a** — iltifat etmek, kompliman yapmak.
com.pli.men.ta.ry (kamplımen´tırı) *s.* 1. hediye olarak verilen, ücretsiz, parasız. 2. iltifat eden; övgü dolu, övücü.
com.pli.ments (kam´plımınts) *i.* 1. selamlar. 2. saygılar. 3. tebrikler. — **of the season** *İng.* tebrikler. **He sends his** —. Selamlarını gönderdi. **present one's** — saygılarını sunmak. **with my** — 1. selamlarımla. 2. parasız, hediye olarak.
com.ply (kımplay´) *f.* **with** 1. -e uymak. 2. -e itaat etmek.
com.po.nent (kımpo´nınt) *i.* öğe, unsur, parça, eleman, cüz. *s.* bileşimde bulunan.
com.port (kımpôrt´) *f.* **with** -e uymak, -e uygun olmak: **The results comport with our expectations.** Sonuçlar beklediğimiz gibi oldu. — **oneself** davranmak, hareket etmek: **She always comports herself with dignity.** O her zaman ağırbaşlı bir şekilde davranır.
com.pose (kımpoz´) *f.* 1. (müzik/şiir) yazmak; beste yapmak; şiir yazmak. 2. (aralarındaki anlaşmazlıkları) gidermek. — **oneself** kendine hâkim olmak, kendine gelmek. **be** —**d of** -den oluşmak, -den ibaret olmak.
com.pos.er (kımpo´zır) *i.* besteci, bestekâr, kompozitör.
com.pos.ite (kımpaz´it) *s.* 1. bileşik. 2. karma, karışık.

com.po.si.tion (kampızîş´ın) *i.* 1. (yazılı ödev olarak) kompozisyon. 2. beste. 3. *güz. san.* kompozisyon. 4. *kim.* bileşim. 5. beste yapma; şiir yazma. 6. oluşum.
com.pos.i.tor (kımpaz´ıtır) *i.* dizgici, mürettip.
com.post (kam´post) *i.* çürümüş yaprakla karışık gübre, komposto.
com.po.sure (kımpo´jır) *i.* sakinlik, soğukkanlılık.
com.pote (kam´pot) *i.* komposto, hoşaf.
com.pound (kam´paund) *i.* içinde binaları bulunan etrafı duvarla çevrili arazi.
com.pound (kam´paund) *s.* bileşik. *i.* bileşim. — **interest** bileşik faiz. — **word** *dilb.* birleşik sözcük. **chemical** — kimyasal bileşim.
com.pre.hend (kamprihend´) *f.* 1. anlamak, kavramak. 2. kapsamak, içine almak.
com.pre.hen.si.ble (kamprihen´sıbıl) *s.* kavranabilir, anlaşılabilir.
com.pre.hen.sion (kamprihen´şın) *i.* 1. kavrayış, anlayış. 2. kapsam.
com.pre.hen.sive (kamprihen´siv) *s.* kapsamlı, etraflı, geniş.
com.press (kımpres´) *f.* sıkıştırmak. —**ed air** sıkıştırılmış hava.
com.press (kam´pres) *i.* kompres.
com.pres.sion (kımpreş´ın) *i.* sıkıştırma, basınç, tazyik, komprese.
com.pres.sor (kımpres´ır) *i.* kompresör.
com.prise (kımprayz´) *f.* kapsamak, içermek, -den oluşmak; oluşturmak.
com.pro.mise (kam´prımayz) *i.* uzlaşma, uyuşma. *f.* 1. uzlaştırmak. 2. şerefini tehlikeye atmak. 3. tehlikeye atmak. — **on** (bir konuda) uzlaşmak. — **with** ile uzlaşmak, ile uyuşmak.
com.pul.sion (kımpʌl´şın) *i.* 1. zorlama. 2. dayanılmaz bir istek, içtepi, tepi.
com.pul.sive (kımpʌl´siv) *s.* 1. zorlayıcı. 2. *ruhb.* zorgulu.
com.pul.so.ry (kımpʌl´sırı) *s.* zorunlu, mecburi.
com.punc.tion (kımpʌngk´şın) *i.* vicdan rahatsızlığı/azabı.
com.pute (kımpyut´) *f.* hesap etmek, hesaplamak.
com.put.er (kımpyu´tır) *i.* bilgisayar, kompüter. — **chip** bilgisayar çipi. — **engineer** bilgisayar mühendisi. — **engineering** bilgisayar mühendisliği. — **hardware** bilgisayar donanımı. — **operator** bilgisayar operatörü, sistem operatörü. — **program** bilgisayar programı. — **programmer** bilgisayar programcısı. — **programming** bilgisayar programlaması. — **software** bilgisayar yazılımı. **analogue** — örneksel bilgisayar. **desktop** — masaüstü bilgisayar. **digital** — dijital bilgisayar. **laptop** — dizüstü bilgisayar. **mainframe** — *bilg.* merkezi işlem birimi.
com.put.er.ize, *İng.* **com.put.er.ise** (kımpyu´-

tırayz) f. 1. bilgisayara geçirmek. 2. bilgisayarla donatmak.
com.rade (kam'räd, kam'rid) i. arkadaş, yoldaş.
con (kan) z. karşı, aleyhte. pro and — lehte ve aleyhte. pros and —s lehte ve aleyhte olanlar.
con (kan) f. (—ned, —ning) aldatmak, kandırmak.
con.cave (kankeyv', kan'keyv) s. içbükey, obruk, konkav.
con.cave (kan'keyv) i. içbükey yüzey.
con.ceal (kınsil') f. gizlemek, gizli tutmak, saklamak, örtmek.
con.cede (kınsid') f. 1. kabul etmek, itiraf etmek, teslim etmek. 2. vermek, bırakmak.
con.ceit (kınsit') i. kendini beğenme, kibir, gurur.
con.ceit.ed (kınsi'tıd) s. kendini beğenmiş, kibirli.
con.ceiv.a.ble (kınsi'vıbıl) s. akla gelebilir; düşünülebilir; hayal edilebilir.
con.ceive (kınsiv') f. 1. gebe kalmak. 2. anlamak, kavramak, idrak etmek. 3. düşünmek, tasavvur etmek. 4. tasarlamak, aklına gelmek. — of düşünmek. I have —d a dislike for him. Ona karşı içimde bir nefret uyandı.
con.cen.trate (kan'sıntreyt) f. 1. toplamak, bir araya getirmek, yığmak; toplanmak. 2. yoğunlaştırmak; yoğunlaşmak. 3. deriştirmek, koyulaştırmak. 4. düşünceyi/dikkati/gücü bir noktada toplamak, konsantre olmak. i. konsantre, derişik madde.
con.cen.trat.ed (kan'sıntreytıd) s. 1. konsantre, derişik. 2. yoğun.
con.cen.tra.tion (kansıntrey'şın) i. 1. dikkati bir noktada toplama, konsantrasyon. 2. toplama, bir araya getirme, yığma; toplanma, toplaşım. 3. konsantrasyon, derişim. — camp toplama kampı.
con.cen.tric (kınsen'trik) s. merkezleri bir, ortak merkezli.
con.cept (kan'sept) i. 1. kavram, mefhum. 2. görüş, fikir.
con.cep.tion (kınsep'şın) i. 1. gebe kalma. 2. başlangıç. 3. kavram. 4. düşünce, fikir, görüş.
con.cern (kınsırn') i. 1. (birini) ilgilendiren şey: It's one of our major concerns. Bizi en çok ilgilendiren şeylerden biri. 2. ilgi: I understand the reason for your concern. Duyduğunuz ilginin sebebini anlıyorum. 3. endişe, kaygı: That is not a cause for concern. Kaygılanılması gereken bir şey değil o. 4. firma. f. 1. ilgili olmak; ilgilendirmek; etkilemek: The article concerns the future. Makale gelecekle ilgili. This doesn't concern you. Bu seni ilgilendirmez. 2. kaygılandırmak. — oneself with ile meşgul olmak, ile ilgilenmek. as far as someone is —ed -e göre: It's fine as far as I'm concerned. Bana göre iyi. where someone is —ed -e gelince: You're very solicitous where she's

concerned. Ona gelince çok ilgi gösteriyorsun.
con.cerned (kınsırnd') s. 1. ilgili, alakalı. 2. endişeli, düşünceli. be — about kaygılanmak, endişe duymak, merak etmek.
con.cern.ing (kınsır'ning) edat ile ilgili olarak, -e dair, hakkında.
con.cert (kan'sırt) i. 1. konser, dinleti. 2. uyum, ahenk, birlik. appear in — konser vermek. in — uyum içinde, birlik içinde.
con.cert.ed (kınsır'tid) s. 1. birlikte yapılmış. 2. birlikte planlanmış.
con.cer.to (kınçer'to) i., müz. konçerto.
con.ces.sion (kınseş'ın) i. 1. kabul, itiraf, teslim. 2. imtiyaz, ayrıcalık hakkı.
conch (kanç) i. büyük deniz kabuğu.
con.cil.i.ate (kınsil'iyeyt) f. 1. gönlünü almak, yatıştırmak. 2. uzlaştırmak.
con.cil.i.a.tion (kınsiliyey'şın) i. 1. gönlünü alma, yatıştırma. 2. uzlaştırma.
con.cil.i.a.to.ry (kınsil'iyıtori) s. gönül alıcı, yatıştırıcı.
con.cise (kınsays') s. az ve öz, kısa, veciz, özlü.
con.cise.ly (kınsays'li) z. kısaca, az ve öz.
con.clude (kınklud') f. 1. bitirmek, son vermek; bitmek, sona ermek. 2. sonuçlandırmak, neticelendirmek. 3. bir karara varmak, karar vermek. 4. sonuç çıkarmak. to be —d devamı var, arkası var.
con.clud.ing (kınklud'îng) s. son, bitiş.
con.clu.sion (kınklu'jın) i. 1. son, nihayet. 2. sonuç, netice. 3. karar. in — son olarak.
con.clu.sive (kınklu'siv) s. 1. kesin, kati. 2. nihai.
con.coct (kınkakt', kankakt') f. 1. birbirine karıştırarak hazırlamak, tertip etmek, yapmak. 2. (hikâye/yalan) uydurmak, düzmek.
con.coc.tion (kınkak'şın) i. 1. karışım. 2. karıştırma.
con.cord (kan'kôrd, kang'kôrd) i. 1. barış. 2. uyum. 3. anlaşma, antlaşma.
con.course (kan'kôrs) i. 1. toplanma, bir araya gelme. 2. kalabalık, izdiham.
con.crete (kan'krit) s. 1. somut. 2. beton. i. beton. — mixer betonyer, betonkarar, beton karıştırıcı, malaksör. pour — beton dökmek.
con.cur (kınkır') f. (—red, —ring) 1. aynı fikirde olmak, uyuşmak. 2. aynı zamana rastlamak, çatışmak.
con.cur.rence (kınkır'ıns) i. 1. (fikir) aynı olma, birlik, uyuşma. 2. aynı zamana rastlama.
con.cur.rent (kınkır'ınt) s. 1. aynı olan, uyuşan.
con.cur.rent.ly (kınkır'ıntli) z. aynı zamanda.
con.cus.sion (kınkʌş'ın) i. 1. beyin sarsıntısı. 2. şiddetli sarsıntı.
con.demn (kındem') f. 1. kınamak, ayıplamak.

condemnation 84

2. suçlu çıkarmak. 3. mahkûm etmek. 4. *huk.* kullanılmasını yasaklamak. 5. *huk.* kamulaştırmak, istimlak etmek. 6. suçluluğunu açığa vurmak. — **to death** idama mahkûm etmek.
con.dem.na.tion (kandemney´şın) *i.* 1. kınama, ayıplama. 2. kabahatli bulma. 3. suçlu çıkarma. 4. mahkûmiyet. 5. kamulaştırma, istimlak.
con.den.sa.tion (kandensey´şın) *i.* 1. buğu. 2. buğulaşma. 3. *kim., fiz.* yoğunlaştırma; yoğunlaşma, kondansasyon. 4. sıvılaştırma; sıvılaşma. 5. kısaltma, özet.
con.dense (kındens´) *f.* 1. *kim., fiz.* yoğunlaştırmak, koyulaştırmak; yoğunlaşmak, koyulaşmak. 2. (buharı/gazı) sıvılaştırmak; (buhar/gaz) sıvılaşmak. 3. (yazıyı/sözü) kısaltmak, özetlemek. **—d milk** şekerli konsantre süt.
con.dens.er (kınden´sır) *i.* 1. *fiz.* kondansatör, yoğunlaç. 2. *kim.* yoğuşturucu.
con.de.scend (kandisend´) *f.* tenezzül etmek, sözde alçakgönüllülük göstermek, lütfetmek.
con.de.scend.ing (kandisen´ding) *s.* tenezzül eden.
con.de.scen.sion (kandisen´şın) *i.* tenezzül.
con.di.ment (kan´dımınt) *i.* yemeğe çeşni veren şey.
con.di.tion (kındiş´ın) *i.* 1. şart, koşul: **It's one of the conditions of the agreement.** Anlaşmanın şartlarından biri. **What are living conditions like there?** Oradaki hayat şartları nasıl? 2. hal, durum: **This house is not in very good condition.** Bu evin hali pek iyi değil. 3. sağlık durumu: **He's in good condition.** Sağlığı yerinde. **This player's in great condition.** Bu oyuncunun kondisyonu çok iyi. **Does she have a heart condition?** Kalbinden mi rahatsız?/Kalbi mi var? **What do you think of her mental condition?** Onun akli durumu hakkında ne düşünüyorsun? *f.* 1. şartlandırmak, koşullandırmak. 2. etkilemek: **Such teachings will condition his attitude to life.** O gibi öğretiler onun hayata bakışını etkileyecek. 3. (oyuncuyu) iyi bir kondisyona getirmek. 4. (birini) (belirli bir duruma) getirmek: **You can't condition him to accept that.** Kendisini onu kabul edecek duruma getiremezsiniz. **be —ed by** (bir şey) (başka bir şeye) bağlı olmak: **Your spending capacity is conditioned by the size of your income.** Harcamaların gelir miktarına bağlı. **on — that** şartıyla, koşuluyla: **You can stay here on condition that you look after the animals and the garden.** Hayvanlara ve bahçeye bakma şartıyla burada kalabilirsin.
con.di.tion.al (kındiş´ınıl) *s.* koşullu, şartlı, şarta bağlı, kayıtlı. *i., dilb.* şart kipi. **— mood** *dilb.* şart kipi. **— sale** şarta bağlı satış.
con.di.tion.al.ly (kındiş´ınılı) *z.* şartlı olarak.

con.dole (kındol´) *f.* **with** başsağlığı dilemek, taziyede bulunmak.
con.do.lence (kındol´ıns, kan´dılıns) *i.* başsağlığı, taziye. **letter of —** başsağlığı mektubu.
con.dom (kan´dım, kʌn´dım) *i.* prezervatif, kaput.
con.done (kındon´) *f.* göz yummak, görmezlikten gelmek.
con.duce (kındus´) *f.* **to/toward** -e neden olmak, -e vesile olmak.
con.du.cive (kandus´iv) *s.* **to** -e yardım eden, -e neden olan, -e vesile olan.
con.duct (kan´dʌkt) *i.* 1. davranış, tavır, hareket. 2. yönetim, idare.
con.duct (kındʌkt´) *f.* 1. yürütmek; yönetmek, idare etmek: **You've conducted this siege well.** Bu kuşatmayı çok iyi yürüttünüz. **You can't conduct such experiments here.** Burada böyle denemeler yapamazsınız. **They conduct a college.** Bir koleji yönetiyorlar. **Who's going to conduct the orchestra?** Orkestrayı kim yönetecek? 2. rehberlik etmek. 3. (sesi/elektriği) iletmek. **— oneself** (belirli bir şekilde) davranmak: **He conducted himself well at the party.** Partide iyi davrandı.
con.duc.tion (kındʌk´şın) *i., fiz.* iletme, geçirme, nakletme.
con.duc.tive (kındʌk´tiv) *s., fiz.* iletici, geçirici, iletken, geçirgen.
con.duc.tiv.i.ty (kandʌktiv´iti) *i., fiz.* iletkenlik, geçirgenlik.
con.duc.tor (kındʌk´tır) *i.* 1. kılavuz, önder, lider, şef. 2. kondüktör, biletçi. 3. orkestra veya koro şefi. 4. iletken madde, iletken.
cone (kon) *i.* 1. *geom.* koni. 2. *mak.* koni biçiminde makara. 3. kozalak, kozak. **ice-cream —** dondurma külahı.
con.fec.tion (kınfek´şın) *i.* şekerleme, şeker.
con.fec.tion.ar.y, con.fec.tion.er.y (kınfek´şıneri) *i.* 1. şekerleme imalathanesi. 2. şekerleme.
con.fec.tion.er (kınfek´şınır) *i.* şekerci. **—s' sugar** pudraşeker.
con.fed.er.a.cy (kınfed´ırısi) *i.* konfederasyon, ittifak, birlik. **the C—** *bak.* **the Confederate States of America.**
Con.fed.er.ate (kınfed´ırit) *s., tar.* Amerika Konfedere Devletleri'ne ait, Konfedere. *i., tar.* Amerika Konfedere Devletleri vatandaşı. **the — States of America** *tar.* Amerika Konfedere Devletleri.
con.fed.er.ate (kınfed´ırit) *s.* birleşik, bağlaşık, konfedere. *i.* suç ortağı.
con.fed.er.ate (kınfed´ıreyt) *f.* birleşmek, bağlaşmak; birleştirmek.
con.fed.er.at.ed (kınfed´ıreytıd) *s.* birleşik, bağlaşık, konfedere.
con.fed.er.a.tion (kınfedırey´şın) *i.* konfederas-

yon, birleşik devletler.
con.fer (kınfır´) f. (—red, —ring) 1. (with) (ile) görüşmek, müzakere etmek; müzakere yapmak: I conferred with him on the matter. Meseleyi onunla görüştüm. 2. (on/upon) (-e) (unvan, akademik derece) vermek.
con.fer.ence (kan´fırıns, kan´frıns) i. 1. görüşme. 2. toplantı; konferans, kongre. in — toplantıda, meşgul.
con.fess (kınfes´) f. 1. itiraf etmek. 2. günah çıkartmak.
con.fes.sion (kınfeş´ın) i. 1. itiraf. 2. günah çıkartma.
con.fes.sion.al (kınfeş´ınıl) i. günah çıkartma hücresi.
con.fes.sor (kınfes´ır) i. günah çıkartan papaz.
con.fi.dant (kan´fıdant, kan´fıdänt, kanfıdant´, kanfıdänt´) i. sırdaş, dert ortağı.
con.fide (kınfayd´) f. to (sırrını) -e söylemek. — in someone birine sırrını söylemek.
con.fi.dence (kan´fıdıns) i. güven, itimat. — game dolandırıcılık, üçkâğıtçılık. — man dolandırıcı, üçkâğıtçı. I have — in him. Ona güvenirim./Ona itimadım var. told in — sır olarak söylenmiş.
con.fi.dent (kan´fıdınt) s. emin, inanan.
con.fi.den.tial (kanfıden´şıl) s. gizli kalması gereken, gizli: This is confidential. Bu aramızda kalsın.
con.fi.den.tial.ly (kanfıden´şıli) z. sır olarak.
con.fi.dent.ly (kan´fıdınt.li) z. güvenle.
con.fig.u.ra.tion (kınfıgyırey´şın) i. 1. düzenleniş, düzen. 2. görünüm, biçim. 3. geom., bilg. konfigürasyon.
con.fine (kınfayn´) f. 1. to -e kapatmak, -e hapsetmek. 2. to (bir hastalık) (birini eve/yatağa) bağlamak. 3. (hareketleri) sınırlamak. 4. to -e hasretmek.
con.fine.ment (kınfayn´mınt) i. 1. kapanış, hapsedilme. 2. (eve/yatağa) bağlı kalma. 3. doğum sonrası yatakta kalma süresi.
con.firm (kınfırm´) f. 1. doğrulamak, gerçeklemek, teyit etmek. 2. konfirme etmek; kesinleştirmek; sağlama bağlamak. 3. (birini) kutsayarak kiliseye üye olarak kabul etmek. —ed bachelor müzmin bekâr.
con.fir.ma.tion (kanfırmey´şın) i. 1. doğrulama, gerçekleme. 2. konfirmasyon; kesinleştirme; sağlama bağlama. 3. papazın verdiği ilmihal derslerine devam etme ve kiliseye üye olarak kabul edilme; kiliseye üye olarak kabul töreni.
con.fis.cate (kan´fıskeyt) f. 1. (mala) el koymak, -i müsadere etmek, (yasaklanmış şeyi) toplamak. 2. -e haciz koymak, -i haczetmek. 3. kamulaştırmak, istimlak etmek.

con.fis.ca.tion (kanfıskey´şın) i. 1. mala el koyma, müsadere; (yasaklanmış şeyi) toplama. 2. haciz. 3. kamulaştırma, istimlak.
con.fla.gra.tion (kınflıgrey´şın) i. büyük yangın.
con.flict (kan´flikt) i. 1. anlaşmazlık, ihtilaf. 2. savaş, harp. 3. ruhb. çatışma. — of interest çıkar çatışması. — of laws kanuni ihtilaf.
con.flict (kınflikt´) f. with ile çatışmak, ile çelişmek.
con.form (kınfôrm´) f. uymak; to -e uymak.
con.form.ism (kınfôr´mizım) i. konformizm, uymacılık.
con.form.ist (kınfôr´mist) i. konformist, uymacı.
con.form.i.ty (kınfôr´mıti) i. uyma. in — with -e uyarak; -e uygun.
con.found (kınfaund´) f. şaşırtmak, şaşkına çevirmek. C— it! Allah kahretsin!
con.found.ed (kınfaun´dıd) s., k. dili kör olası, kahrolası.
con.front (kınfrʌnt´) f. 1. with -e gidip söylemek/anlatmak: He confronted me with the problem. Bana gelip meseleyi anlattı. 2. karşısına çıkmak; önünü kesmek. 3. -in üstüne gitmek; ile uğraşmak: Are you ready to confront this problem? Bu sorunla uğraşmaya hazır mısın?
con.fron.ta.tion (kanfrıntey´şın) i. 1. meydan okuma; karşılıklı meydan okuma. 2. huk. (sanığı, kendisini suçlayanla) yüzleştirme.
con.fuse (kınfyuz´) f. 1. kafasını karıştırmak, şaşırtmak. 2. with (bir şeyi/birini) (başka şeyle/biriyle) karıştırmak.
con.fused (kınfyuzd´) s. 1. kafası karışmış, şaşkına dönmüş. 2. karışık, düzensiz; karman çorman. 3. ayırt edilemez, seçilemez.
con.fu.sion (kınfyu´jın) i. 1. kafa karışıklığı, şaşkınlık. 2. karışıklık, düzensizlik. 3. bir şeyi/birini başka şey/biri sanma.
con.geal (kıncil´) f. 1. dondurmak; donmak. 2. pıhtılaştırmak; pıhtılaşmak.
con.gen.ial (kıncin´yıl) s. sempatik, sevimli; hoş. be — 1. to -e hoş gelmek. 2. with -e uygun olmak.
con.ge.ni.al.i.ty (kınciniyäl´ıti) i. 1. sempatiklik, sevimlilik. 2. uygunluk.
con.gen.i.tal (kıncen´ıtıl) s. doğuştan, yaradılıştan.
con.gest.ed (kınces´tıd) s. 1. kalabalık, tıklım tıklım; tıkanık. 2. tıb. kan toplamış.
con.ges.tion (kınces´çın) i. 1. tıkanıklık; kalabalık, izdiham. 2. tıb. kan toplanması, kan hücumu.
con.glom.er.ate (kınglam´ırit) i. 1. küme. 2. tic. şirketler grubu. 3. jeol. yığışım, konglomera.
con.glom.er.a.tion (kınglamırey´şın) i. birikinti, yığın, küme.
Con.go (kang´go) i. the — Kongo. s. Kongo,

Congolese 86

Kongo'ya özgü. the Democratic Republic of the Congo Kongo Demokratik Cumhuriyeti. **the Republic of the Congo** Kongo Cumhuriyeti.
Con.go.lese (kang.goliz´) *i.* (*çoğ.* **Con.go.lese**) Kongolu. *s.* 1. Kongo, Kongo'ya özgü. 2. Kongolu.
con.grat.u.late (kıngräç´ûleyt) *f.* kutlamak, tebrik etmek.
con.grat.u.la.tion (kıngräçûley´şın) *i.* kutlama. **C—s!** Tebrikler!/Tebrik ederim.
con.gre.gate (kang´grıgeyt) *f.* 1. toplamak, bir araya getirmek. 2. toplanmak, bir araya gelmek, birikmek.
con.gre.ga.tion (kang.grıgey´şın) *i.* 1. toplama, toplantı. 2. cemaat.
Con.gress (kang´grıs) *i.*, *ABD* Millet Meclisi, Kongre.
con.gress (kang´grıs) *i.* kongre.
Con.gres.sion.al (kıngreş´ınıl) *s.*, *ABD* Kongre'ye ait.
con.gres.sion.al (kıngreş´ınıl) *s.* kongreye ait.
Con.gress.man (kang´grısmın), *çoğ.* **Con.gress.men** (kang´grısmin) *i.*, *pol.*, *ABD* Temsilciler Meclisi üyesi (erkek).
Con.gress.wom.an (kang´grıswûmın), *çoğ.* **Con.gress.wom.en** (kang´grıswimin) *i.*, *pol.*, *ABD* Temsilciler Meclisi üyesi (kadın).
con.gru.ent (kang´gruwınt), **con.gru.ous** (kang´gruwıs) *s.* 1. uygun, münasip, yerinde. 2. *mat.* benzer.
con.ic (kan´ik) *s.*, *mat.* konik.
con.i.fer (kan´ıfır, ko´nıfır) *i.* kozalaklı ağaç.
con.jec.tur.al (kıncek´çırıl) *s.* tahmini, varsayımsal, farazi.
con.jec.ture (kıncek´çır) *i.* zan, sanı; tahmin, varsayım, farz. *f.* zannetmek, sanmak; tahmin etmek, farz etmek.
con.ju.gal (kan´cûgıl) *s.* evlilik ile ilgili, karıkocalığa ait.
con.ju.gate (kan´cûgeyt) *f.*, *dilb.* çekmek.
con.ju.ga.tion (kancûgey´şın) *i.*, *dilb.* fiil çekimi.
con.junc.tion (kıncʌngk´şın) *i.* 1. *dilb.* bağlaç. 2. birlik; birleşme. 3. *gökb.* kavuşum. **in — with** ile beraber, ile birlikte, ile bir arada.
con.junc.tive (kıncʌngk´tiv) *s.*, *dilb.* bağlayıcı.
con.junc.ti.vi.tis (kıncʌngk.tıvay´tis) *i.*, *tıb.* konjonktivit, konjonktiv iltihabı.
con.jure (kan´cır) *f.* 1. hokkabazlık yaparak -i yapmak: **She conjured a dove out of the box.** Hokkabazlık yaparak kutudan güvercin çıkardı. 2. büyü yoluyla (ruh) çağırmak. **— up** 1. hayal etmek; icat etmek. 2. -i anımsatmak, -i akla getirmek, -i uyandırmak. 3. hokkabaz gibi -i yapıvermek.
con.jur.er, con.jur.or (kan´cırır) *i.*, *İng.* 1. hokkabaz, sihirbaz. 2. büyücü.

con.nect (kınekt´) *f.* bağlamak, birleştirmek; bağlanmak, birleşmek, bağlı olmak. **—ing link** 1. halka. 2. (iki şey arasındaki) bağlantı, ilgi.
con.nec.tion, *İng.* **con.nex.ion** (kınek´şın) *i.* 1. bağlantı, bağ, ilişki. 2. bağlama, birleştirme. 3. tanıdık, arkadaş. 4. akraba, hısım. 5. bağlantılı sefer. **in — with** ile ilgili olarak. **in this — bu** münasebetle, bu hususta.
con.niv.ance (kınay´vıns) *i.* 1. göz yumma. 2. suç ortaklığı.
con.nive (kınayv´) *f.* 1. **at** -i görmezlikten gelmek, -e göz yummak. 2. **with** ile dolap/entrika çevirmek. **We —d together in the plot.** Komployu birlikte hazırladık.
con.nois.seur (kanısır´) *i.* eksper, erbap, uzman.
con.no.ta.tion (kanıtey´şın) *i.* yananlam, bir sözcüğün çağrıştırdığı şey.
con.note (kınot´) *f.* akla getirmek, anlamına gelmek, demeye gelmek, göstermek, ifade etmek.
con.quer (kang´kır) *f.* 1. fethetmek, zapt etmek. 2. yenmek.
con.quer.or (kang´kırır) *i.* fatih.
con.quest (kan´kwest, kang´kwest) *i.* 1. fetih, zapt. 2. zafer.
con.science (kan´şıns) *i.* 1. vicdan. 2. vicdanlılık. **clear —** vicdan rahatlığı. **guilty —** vicdan azabı. **on one's —** vicdanını rahatsız eden.
con.sci.en.tious (kanşiyen´şıs, kansiyen´şıs) *s.* 1. vicdanlı. 2. özenli, itinalı. 3. işine bağlı, vazifeşinas. **— objector** savaşa karşı olduğu için askerlik yapmayı reddeden kimse.
con.sci.en.tious.ly (kanşiyen´şıslı, kansiyen´şıslı) *z.* 1. vicdanına dayanarak; vicdanen. 2. özenle, itina ile.
con.scious (kan´şıs) *s.* 1. bilinci yerinde, şuuru yerinde. 2. farkında olan. 3. bilinçli. **be — of** -in farkında olmak, -i bilmek.
con.scious.ly (kan´şıslı) *z.* bile bile, bilinçli olarak.
con.scious.ness (kan´şısnîs) *i.* 1. **of** -in farkında olma, -i bilme. 2. bilinç, şuur.
con.script (kan´skript) *s.*, *i.* askere alınmış (kimse).
con.script (kınskript´) *f.* askere almak.
con.scrip.tion (kınskrip´şın) *i.* 1. askere alma. 2. mecburi askerlik.
con.se.crate (kan´sıkreyt) *f.* 1. kutsamak, takdis etmek. 2. (birine) dini bir törenle (belirli bir unvan) vermek. 3. **to** -e adamak.
con.se.cra.tion (kansıkrey´şın) *i.* 1. kutsama. 2. kutsama töreni.
con.sec.u.tive (kınsek´yıtiv) *s.* 1. arka arkaya gelen, ardıl. 2. *mat.* ardışık.
con.sec.u.tive.ly (kınsek´yıtivli) *z.* arka arkaya, art arda, ardışık olarak.
con.sen.sus (kınsen´sıs) *i.* fikir birliği, oybirliği.

th dh w hw b c ç d f g h   j   k l m n p r s ş t v y z
thin the we why be joy chat ad if go he regime key lid me no up or us she it via say is

con.sent (kınsent´) *i.* rıza: **They've finally given their consent.** Nihayet rıza gösterdiler. **How can we gain her consent?** Onun rızasını nasıl alabiliriz? **She can't do it without my consent.** Rızam olmadan onu yapamaz. *f.* **(to)** **(-e)** razı olmak, (-e) rıza göstermek. **by common —** oybirliğiyle.
con.se.quence (kan´sıkwens) *i.* 1. sonuç. 2. semere. 3. önem. **in — of** sonucunda, nedeniyle. **of no —** önemsiz. **take the —s** cezasını çekmek.
con.se.quent.ly (kan´sıkwentli) *z.* sonuç olarak, dolayısıyla, binaenaleyh, bu nedenle.
con.ser.va.tion (kansırvey´şın) *i.* 1. koruma, himaye. 2. doğal kaynakları koruma.
con.ser.va.tion.ist (kansırvey´şınist) *i.* doğal kaynakları koruma yanlısı.
con.ser.va.tism (kansır´vıtîzım) *i.* tutuculuk, muhafazakârlık.
con.ser.va.tive (kınsır´vıtiv) *s.* 1. tutucu, muhafazakâr. 2. ılımlı. *i.* tutucu kimse.
con.ser.va.to.ry (kınsır´vıtori) *i.* 1. limonluk, sera. 2. konservatuvar.
con.serve (kınsırv´) *f.* korumak, muhafaza etmek.
con.serve (kan´sırv, kınsırv´) *i.* reçel.
con.sid.er (kınsid´ır) *f.* 1. üzerinde düşünmek; düşünmek. 2. göz önünde tutmak, dikkate almak, hesaba katmak. 3. saymak, addetmek. **all things —ed** her şey göz önüne alınırsa. **not worth —ing** düşünmeye değmez. **con.sid.er.a.ble** (kınsid´ırıbıl) *s.* 1. önemli, hatırı sayılır. 2. büyük, hayli, fazla, oldukça çok.
con.sid.er.a.bly (kınsid´ırıbli) *z.* epeyce, oldukça.
con.sid.er.ate (kınsid´ırit) *s.* 1. düşünceli, saygılı, hürmetkâr. 2. nazik.
con.sid.er.a.tion (kınsidırey´şın) *i.* 1. nezaket, saygı, düşünce. 2. üzerinde düşünme. 3. karşılık, bedel; ücret. 4. önem. 5. itibar, saygınlık. 6. etken, faktör. **be under —** üzerinde düşünülmek. **give something one's —** bir şey üzerinde düşünmek. **take into —** göz önünde bulundurmak, dikkate almak, hesaba katmak, düşünmek.
con.sid.er.ing (kınsid´ırîng) *edat, bağ.* göz önünde tutulursa. *z., k.* dili her şey göz önünde tutulursa.
con.sign (kınsayn´) *f.* 1. göndermek; vermek. 2. teslim etmek, emanet etmek.
con.sign.ee (kansayni´, kansıni´) *i.* malın gönderildiği kimse.
con.sign.er (kınsay´nır) *i., bak.* consignor.
con.sign.ment (kınsayn´mınt) *i.* 1. mal gönderme, sevkıyat. 2. gönderilen mal. **on —** konsinye olarak.
con.sign.or (kınsay´nır, kansınôr´) *i.* mal gönderen kimse.

con.sist (kınsist´) *f.* 1. **of —den** meydana gelmek, -den oluşmak, -den ibaret olmak. 2. **in -e** dayanmak, -e bağlı olmak.
con.sis.ten.cy (kınsis´tınsi) *i.* 1. tutarlık, tutarlılık, insicam. 2. kıvam; koyuluk; yoğunluk.
con.sis.tent (kınsis´tınt) *s.* tutarlı.
con.sis.tent.ly (kınsis´tıntli) *z.* 1. tutarlı bir şekilde. 2. sürekli olarak, devamlı olarak, mütemadiyen.
con.so.la.tion (kansıley´şın) *i.* teselli, avunç. **— prize** teselli mükâfatı.
con.sole (kınsol´) *f.* avutmak, avundurmak, teselli etmek. **be —d** avunmak.
con.sol.i.date (kınsal´ıdeyt) *f.* 1. pekiştirmek, takviye etmek, sağlamlaştırmak; pekişmek, sağlamlaşmak. 2. birleştirmek; birleşmek. 3. *tic.* konsolide etmek.
con.so.nant (kan´sınınt) *i.* ünsüz, sessiz, konson, konsonant. *s.* 1. **to/with -e** uygun, ile uyumlu. 2. ahenkli, uyumlu.
con.sort (kınsôrt´) *f.* **with** ile arkadaşlık etmek.
con.sor.ti.um (kınsôr´şiyım) *i.* konsorsiyum.
con.spic.u.ous (kınspîk´yuwıs) *s.* göze çarpan, dikkati çeken.
con.spir.a.cy (kınspîr´ısi) *i.* komplo.
con.spir.a.tor (kınspîr´ıtır) *i.* komplocu.
con.spire (kınspayr´) *f.* komplo kurmak.
con.sta.ble (kan´stıbıl, kʌn´stıbıl) *i., İng.* polis, polis memuru.
con.stab.u.lar.y (kınstäb´yıleri) *i., İng.* polis teşkilatı.
con.stan.cy (kan´stınsi) *i.* 1. vefa. 2. sebat. 3. değişmezlik.
con.stant (kan´stınt) *s.* 1. değişmez, sabit. 2. sürekli, devamlı. 3. sadık. *i.* 1. sabit şey. 2. *mat.* sabite.
con.stant.ly (kan´stınt.li) *z.* sürekli, daima.
con.stel.la.tion (kanstıley´şın) *i., gökb.* takımyıldız.
con.ster.na.tion (kanstırney´şın) *i.* şaşkınlık, hayret, korku, dehşet.
con.sti.pa.tion (kanstıpey´şın) *i.* kabızlık, peklik.
con.stit.u.en.cy (kınstîç´uwınsi) *i.* 1. bir seçim bölgesindeki seçmenler. 2. seçim bölgesi.
con.stit.u.ent (kınstîç´uwınt) *s.* bütünü oluşturan. *i.* 1. seçmen. 2. öğe, unsur.
con.sti.tute (kan´stıtut) *f.* 1. oluşturmak, teşkil etmek. 2. meydana getirmek, kurmak, tesis etmek. 3. atamak, tayin etmek.
con.sti.tu.tion (kanstıtu´şın) *i.* 1. anayasa. 2. tüzük, nizamname. 3. yapı, bünye. 4. bileşim, terkip.
con.sti.tu.tion.al (kanstıtu´şınıl) *s.* 1. anayasal. 2. bünyesel, yapısal. *i.* sağlık için yapılan yürüyüş.
con.strain (kınstreyn´) *f.* 1. zorlamak, mecbur etmek. 2. engellemek, menetmek.

con.strained (kınstreynd´) *s.* zoraki.
con.straint (kınstreynt´) *i.* 1. sınırlama, tahdit. 2. kendini tutma.
con.strict (kınstrîkt´) *f.* sıkmak, sıkıştırmak, büzmek, daraltmak.
con.stric.tion (kınstrîk´şın) *i.* 1. sıkma, büzme. 2. boğaz, dar geçit.
con.struct (kınstrʌkt´) *f.* 1. yapmak, inşa etmek, bina etmek, kurmak, tertip etmek. 2. *geom.* çizmek.
con.struc.tion (kınstrʌk´şın) *i.* 1. yapım, inşa, inşaat. 2. yapı, inşaat. 3. yorum, tefsir. 4. *dilb.* yapı, inşa, tertip. 5. *geom.* çizim. — site inşaat alanı/sahası. the — business inşaatçılık, müteahhitlik.
con.struc.tive (kınstrʌk´tiv) *s.* 1. yapıcı, olumlu, müspet. 2. yapısal.
con.strue (kınstru´) *f.* 1. yorumlamak, tefsir etmek, mana vermek, anlamak. 2. (cümleyi) tahlil etmek.
con.sul (kan´sıl) *i.* 1. konsolos. 2. (eski Roma'da) konsül. — general başkonsolos.
con.sul.ar (kan´sılır) *s.* 1. konsolosa ait. 2. konsüle ait. — agent fahri konsolos.
con.sul.ate (kan´sılît) *i.* konsolosluk, konsoloshane.
con.sult (kınsʌlt´) *f.* 1. danışmak, başvurmak, müracaat etmek, sormak. 2. göz önünde tutmak, hesaba katmak. 3. with ile görüşmek.
con.sul.tan.cy (kınsʌl´tınsi) *i.* 1. danışmanlık bürosu. 2. danışmanlık.
con.sul.tant (kınsʌl´tınt) *i.* danışman, müşavir.
con.sul.ta.tion (kansılteyˊşın) *i.* 1. danışma, müzakere, istişare. 2. konsültasyon.
con.sul.ta.tive (kansʌl´tıtîv) *s.* danışmanlıkla ilgili, istişari. — committee danışma kurulu.
con.sume (kınsum´) *f.* 1. tüketmek, yoğaltmak, istihlak etmek. 2. yakıp yok etmek. —d with jealousy kıskançlıktan deliye dönmüş.
con.sum.er (kınsu´mır) *i.* tüketici, yoğaltıcı. — durables dayanıklı tüketim malları. — goods tüketim maddeleri. — nondurables dayanıksız tüketim malları.
con.sum.mate (kınsʌm´ît) *s.* tam, mükemmel, dört dörtlük.
con.sum.mate (kan´sımeyt) *f.* tamamlamak, ikmal etmek.
con.sump.tion (kınsʌmp´şın) *i.* tüketim, yoğaltma, istihlak.
cont. *kıs.* contents, continent, continue.
con.tact (kan´täkt) *i.* 1. temas, değme, dokunma: It mustn't have any contact with the air. Havayla hiç teması olmamalı. 2. temas, ilişki; irtibat, bağlantı: Have you ever had any sort of contact with them? Onlarla herhangi bir temasınız oldu mu? We've been in contact for some time. Epey zamandan beri temastayız. We've finally established radio contact with them. Onlarla nihayet radyoyla irtibat kurduk. 3. (faydalı olabilecek) tanıdık; kaynak, haber veren kimse; aracı, aracılık yapan kimse. 4. *k. dili* kontakt lens, lens. *f.* 1. ile temasa geçmek, ile temas etmek. 2. temas etmek, değmek, dokunmak. — lens kontakt lens, lens.
con.ta.gious (kıntey´cıs) *s.* 1. *tıb.* bulaşıcı, bulaşkan, sâri. 2. yayılan.
con.tain (kınteyn´) *f.* 1. kapsamak, içermek, içine almak. 2. kontrol altına almak, tutmak.
con.tain.er (kıntey´nır) *i.* 1. (kutu, şişe v.b.) kap. 2. konteyner.
con.tam.i.nate (kıntäm´ıneyt) *f.* (mikrop, zehir v.b. ile) kirletmek; bulaştırmak.
con.tam.i.na.tion (kıntämıney´şın) *i.* (mikrop, zehir v.b. ile) kirletme/kirletilme/kirlenme; bulaştırma.
con.tem.plate (kan´tımpleyt) *f.* 1. düşünmek; düşünüp taşınmak. 2. niyetinde olmak, tasarlamak. 3. dikkatle seyretmek/izlemek.
con.tem.pla.tion (kantımpley´şın) *i.* 1. düşünme, tefekkür; düşünüp taşınma. 2. tasarlama. 3. dikkatle seyretme/izleme.
con.tem.pla.tive (kıntem´plıtîv) *s.* 1. uzun uzun düşünmeyi seven. 2. dalgın, düşünceye dalmış.
con.tem.po.ra.ne.ous (kıntempırey´niyıs) *s.* çağdaş, aynı zamanda olan.
con.tem.po.rar.y (kıntem´pıreri) *s.* çağdaş, muasır. *i.* 1. yaşıt, akran. 2. çağdaş. — with ile çağdaş.
con.tempt (kıntempt´) *i.* küçük görme, hor görme. — of court *huk.* mahkemeye itaatsizlik. beneath — aşağılık, rezil. hold in — hakir görmek, hor görmek.
con.tempt.i.ble (kıntemp´tıbıl) *s.* aşağılık, alçak, rezil.
con.temp.tu.ous (kıntemp´çuwıs) *s.* hakir gören, hor gören.
con.tend (kıntend´) *f.* 1. for için yarışmak, çekişmek. 2. with ile uğraşmak, mücadele etmek. 3. iddia etmek, ileri sürmek.
con.tent (kan´tent) *i.* 1. içerik. 2. miktar: This coal has a high sulfur content. Bu kömürün kükürt miktarı yüksek. to one's heart's — canının istediği kadar, doyasıya, doya doya, kana kana.
con.tent (kıntent´) *s.* hoşnut, memnun. *i.* hoşnutluk, memnuniyet. *f.* hoşnut etmek, memnun etmek, tatmin etmek.
con.tent.ed (kınten´tıd) *s.* hoşnut, memnun; rahat, mutlu.
con.ten.tion (kınten´şın) *i.* 1. sav, iddia, tez. 2. yarışma, müsabaka. 3. kavga, münakaşa.

con.tent.ment (kıntent'mınt) i. memnuniyet; rahatlık.
con.tents (kan'tents) i., çoğ. içindekiler, içerik, muhteviyat.
con.test (kıntest') f. 1. (bir şeye) itiraz edip yanlış olduğunu ispatlamaya çalışmak. 2. yarışmak.
con.test (kan'test) i. 1. yarışma. 2. mücadele, çekişme.
con.test.ant (kıntes'tınt) i. yarışmacı.
con.text (kan'tekst) i. bağlam, kontekst.
Con.ti.nent (kan'tınınt) i. the — Avrupa kıtası, Avrupa.
con.ti.nent (kan'tınınt) i. kıta, anakara.
con.ti.nent (kan'tınınt) s. idrarını tutabilen; bağırsaklarına hâkim olabilen.
Con.ti.nen.tal (kantınen'tıl) s. Avrupa kıtasındaki ülkelere özgü.
con.ti.nen.tal (kantınen'tıl) s. kıtasal.
con.tin.gen.cy (kıntin'cınsi) i. 1. olasılık, ihtimal. 2. beklenmedik olay. — fund ihtiyat fonu.
con.tin.gent (kıntin'cınt) s. on/upon -e bağlı.
con.tin.u.al (kıntin'yuwıl) s. sürekli, devamlı.
con.tin.u.al.ly (kıntin'yuwılı) z. sürekli, devamlı, sık sık, boyuna, ha bire.
con.tin.u.a.tion (kıntinyuwey'şın) i. devam, devam etme, sürme.
con.tin.ue (kıntin'yu) f. devam etmek, sürmek. to be —d devamı var.
con.ti.nu.i.ty (kantınu'wıti, kantınyu'wıti) i. süreklilik, devamlılık.
con.tin.u.ous (kıntin'yuwıs) s. sürekli, devamlı, aralıksız.
con.tin.u.ous.ly (kıntin'yuwıslı) z. sürekli, devamlı, durmadan, aralıksız.
con.tort (kıntôrt') f. burmak, bükmek, eğmek, çarpıtmak; -i çarpıtarak tuhaf/anormal bir şekle sokmak.
con.tort.ed (kıntôr'tıd) s. buruşuk, bükük.
con.tor.tion (kıntôr'şın) i. burulma, bükülme, eğilme; -i çarpıtarak tuhaf/anormal bir şekle sokma.
con.tour (kan'tûr) i. dış hatlar, çevre, şekil.
contra– önek karşı, zıt, aksi.
con.tra.band (kan'trıbänd) s. kaçak, ithali/ihracı yasaklanmış. i. 1. kaçak mal. 2. kaçakçılık.
con.tra.cep.tion (kantrısep'şın) i. gebelikten korunma.
con.tra.cep.tive (kantrısep'tiv) s., i. gebeliği önleyici (hap/alet).
con.tract (kan'träkt) i. 1. sözleşme, mukavele, kontrat, akit. 2. sözleşme metni, mukavelename. on — sözleşmeli, mukaveleli, mukavele ile.
con.tract (kınträkt') f. 1. kasmak, daraltmak, kısaltmak, büzmek; kasılmak, daralmak, kısalmak, çekmek, büzülmek. 2. (hastalık) kapmak. 3. sözleşme yapmak.
con.trac.tion (kınträk'şın) i. 1. kasılma, daralma, kısalma, çekilme, büzülme. 2. doğum sırasında rahim kaslarının kasılması. 3. dilb. (bir veya birkaç harf atılarak yapılan) kısaltma.
con.trac.tor (kan'träktır, kınträk'tır) i. müteahhit, üstenci, üstlenici, yüklenici.
con.tra.dict (kantrıdikt') f. 1. yalanlamak, tekzip etmek, aksini iddia etmek. 2. ters düşmek, çelişmek.
con.tra.dic.tion (kantrıdik'şın) i. 1. aykırılık, çelişki, çelişme, tutarsızlık. 2. yalanlama. a — in terms sözlerde çelişme.
con.tra.dic.to.ry (kantrıdik'tıri) s. çelişkili, çelişik, tutarsız.
con.tra.ry s. 1. (kıntrer'i) aksi (kimse). 2. (kan'treri) karşıt, aksi, zıt, aykırı. 3. (kan'treri) ters yönden esen (rüzgâr). i. (kan'treri) zıt, karşıt, aksi, ters. z. (kan'treri) aksine, tersine. — to -in tersine/aksine. be — to -e zıt olmak, -e ters düşmek. on the — bilakis, tersine, aksine. to the — 1. -e rağmen. 2. tersine, aksine.
con.trast (kan'träst) i. 1. karşıtlık, zıtlık. 2. foto. kontrast.
con.trast (kınträst') f. 1. (aradaki farkı göstermek üzere) karşılaştırmak, mukayese etmek, kıyas etmek. 2. (with) (ile) çelişmek, (-e) ters düşmek.
con.trib.ute (kıntrib'yut) f. (to) 1. (bağış olarak) vermek, bağışlamak. 2. katkıda bulunmak, -in payı olmak. 3. (gazete, dergi v.b.'ne) yazı vermek.
con.tri.bu.tion (kantrıbyu'şın) i. 1. bağış. 2. yardım, katkı, pay. 3. makale, yazı.
con.trib.u.tor (kıntrib'yıtır) i. 1. bağışçı. 2. (gazete, dergi v.b.'ne) yazı yazan kimse. 3. katkıda bulunan kimse.
con.trite (kıntrayt', kan'trayt) s. pişman, nadim, tövbekâr.
con.tri.tion (kıntriş'ın) i. pişmanlık, tövbekârlık.
con.trive (kıntrayv') f. 1. (a way of/a means of) -in yolunu bulmak, için bir yol bulmak: She contrived a way to get herself invited to the party. Kendisini partiye davet ettirmenin yolunu buldu. 2. from (bir şeyi) (başka bir şeyden) uydurup yapmak.
con.trived (kıntrayvd') s. uydurma, uyduruk.
con.trol (kıntrol') i. 1. kontrol, denetim. 2. yönetim, idare, egemenlik, hâkimiyet. — tower kontrol kulesi. lose — (of) (duruma/kendine) hâkim olamamak. out of — 1. çığrından çıkmış, kontrolden çıkmış; zapt edilemez. 2. (of) (-ken) kendini kaybetmiş. take — başa geçmek; (of) (-in) yönetimini ele geçirmek. the —s kumanda aygıtı/cihazı.
con.trol (kıntrol') f. (—led, —ling) 1. kontrol

etmek, denetlemek. 2. idare etmek, hâkim olmak.
con.tro.ver.sial (kantrıvır'şıl) s. tartışmalı, çekişmeli.
con.tro.ver.sy (kan'trıvırsi) i. tartışma, çekişme, anlaşmazlık.
con.va.lesce (kanvıles') f. nekahet döneminde olmak, iyileşmek.
con.va.les.cence (kanvıles'ıns) i. nekahet.
con.va.les.cent (kanvıles'ınt) s. nekahet döneminde olan. i. nekahet dönemindeki hasta.
con.vec.tion (kınvek'şın) i., fiz., kim. konveksiyon, ısı yayımı, iletim.
con.vene (kınvin') f. 1. (toplantı) yapılmak; toplanmak. 2. (toplantıya çağırarak) toplamak.
con.ven.ience (kınvin'yıns) i. 1. uygunluk, rahatlık, kolaylık, elverişlilik. 2. çoğ. konfor. 3. İng. tuvalet, WC, lavabo. **at your** — **size** uygun bir zamanda, mümkün olduğu kadar yakın bir zamanda.
con.ven.ient (kınvin'yınt) s. uygun, elverişli, müsait, rahat, kullanışlı.
con.vent (kan'vent) i. kadınlar manastırı.
con.ven.tion (kınven'şın) i. 1. kongre; konvansiyon. 2. anlaşma, konvansiyon. 3. gelenek, âdet.
con.ven.tion.al (kınven'şınıl) s. 1. geleneksel. 2. beylik, basmakalıp, sıradan. — **weapons** konvansiyonel silahlar.
con.verge (kınvırc') f. 1. bir noktaya yönelmek. 2. geom. yakınsamak.
con.ver.sant (kınvır'sınt) s. **with** -e aşina, -i iyi bilen.
con.ver.sa.tion (kanvırsey'şın) i. konuşma, sohbet.
con.ver.sa.tion.al (kanvırsey'şınıl) s. 1. konuşmaya özgü. 2. konuşma dilinde. 3. konuşmaya hazır, konuşkan.
con.ver.sa.tion.al.ist (kanvırsey'şınılist) i. hoşsohbet biri.
con.verse (kınvırs') f. **(with)** (ile) konuşmak, sohbet etmek.
con.verse (kan'vırs) s. karşıt, zıt, aksi, ters. i. karşıtanlamlı söz/sözcük.
con.ver.sion (kınvır'jın) i. 1. çevirme, bir durumdan başka duruma getirme; değiştirme, dönüştürme; çevrilme; değişme, dönüşme. 2. din değiştirme. 3. ihtida.
con.vert (kan'vırt) i. 1. din değiştiren kimse. 2. dönme, mühtedi.
con.vert (kınvırt') f. **(from)** **(to/into)** (-den) (-e) çevirmek, (bir durumdan) (başka duruma) getirmek; (-e) değiştirmek, (-e) dönüştürmek.
con.vert.er (kınvır'tır) i., elek. çevirgeç.
con.vert.i.ble (kınvır'tıbıl) s. 1. çevrilebilir, başka duruma getirilebilir; değiştirilebilir. 2. konvertibl (para). i. 1. üstü açılabilen araba. 2. çekyat.
con.vex (kan'veks) s. dışbükey, konveks.
con.vey (kınvey') f. 1. taşımak, götürmek, iletmek, nakletmek. 2. iletmek, bildirmek. 3. huk. devretmek.
con.vey.ance (kınvey'ıns) i. 1. taşıma, nakil, nakletme. 2. taşıt. 3. devretme, devir. 4. huk. temlikname; feragatname.
con.vey.er, con.vey.or (kınvey'ır) i. 1. taşıyıcı. 2. konveyör. — **belt** taşıyıcı kayış/bant, taşıma kayışı; bantlı konveyör.
con.vict (kan'vikt) i. mahkûm, hükümlü.
con.vict (kanvikt') f. 1. mahkûm etmek, hüküm giydirmek. 2. suçlu bulmak.
con.vic.tion (kınvik'şın) i. 1. mahkûm etme, hüküm giydirme. 2. mahkûmiyet. 3. inanç; kanaat. **speak with** — inançla konuşmak.
con.vince (kınvîns') f. ikna etmek, inandırmak.
con.vinc.ing (kınvîn'sing) s. inandırıcı.
con.viv.i.al (kınvîv'iyıl) s. neşeli, şen, keyifli.
con.viv.i.al.i.ty (kınvîviyäl'ıti) i. şenlik ve ziyafet, eğlenti, eğlence.
con.voke (kınvok') f. toplantıya davet etmek.
con.vo.lu.tion (kanvılu'şın) i. kıvrım.
con.voy (kan'voy) i. konvoy.
con.vulse (kınvʌls') f. şiddetle sarsmak. **be —d with laughter** gülmekten katılmak.
con.vul.sion (kınvʌl'şın) i. çırpınma, ihtilaç, ıspazmoz.
con.vul.sive (kınvʌl'sîv) s. çırpınmalı.
coo (ku) f. (kumru/güvercin) ötmek, kuğurmak, üveymek. i. kumru ötüşü.
cook (kûk) i. aşçı, ahçı.
cook (kûk) f. 1. pişirmek; pişmek. 2. k. dili (hesaplar) üzerinde oynamak. — **someone's goose** -i mahvetmek, -in canına okumak. — **up** k. dili uydurmak. **What's** —**ing?** Ne var, ne yok?
cook.book (kûk'bûk) i. yemek kitabı.
cook.er (kûk'ır) i., İng. fırın (üstü ocak, altı fırın olan mutfak aleti).
cook.er.y (kûk'ıri) i. yemek pişirme sanatı; aşçılık.
cook.ie (kûk'i) i. kurabiye, (tatlı) çörek, (tatlı) kuru pasta; (tatlı) bisküvi.
cook.ing (kûk'îng) f. 1. yemek pişirme/pişme. 2. yemek pişirme sanatı. s. yemeklik, yemek pişirmede kullanılan.
cook.stove (kûk'stôv) i. fırın (üstü ocak, altı fırın olan mutfak aleti).
cook.y (kûk'i) i., bak. **cookie**.
cool (kul) s. 1. serin: **a cool wind** serin bir rüzgâr. **cool water** serin su. 2. insanı serin tutan (giysi). 3. serinkanlı, soğukkanlı, sakin. 4. soğuk, ilgisiz: **He gave me a cool reception.** Beni soğuk karşıladı. 5. k. dili harika, çok güzel, çok iyi. i. serinlik: **the cool of the evening**

akşam serinliği. *f.* 1. serinletmek; soğutmak; serinlemek, serinleşmek; soğumak: **Cool the liquid in the refrigerator.** Sıvıyı buzdolabında soğut. **It's cooled off.** Hava serinledi. 2. (öfke, arzu v.b.'ni) söndürmek; (birini) sakinleştirmek, yatıştırmak; (öfke, arzu v.b.) sönmek; (biri) sakinleşmek: **That will cool her growing desire.** Onun büyüyen arzusunu o söndürür. **You need to cool off.** Sakinleşmen lazım. **C— it!** *k. dili* Sakin ol!/Ağır ol! **one's heels** *k. dili* beklemek: **He made me cool my heels for at least forty-five minutes.** Beni en az kırk beş dakika bekletti.
coon (kun) *i., k. dili* rakun.
coop (kup) *i.* kümes. *f.* kümese sokmak. **— up in** -e tıkmak, -e kapamak.
co-op (ko'wap) *i., k. dili* kooperatif.
co.op.er.ate (kowap'ıreyt) *f.* birlikte çalışmak, işbirliği yapmak.
co.op.er.a.tion (kowapırey'şın) *i.* birlikte çalışma, işbirliği.
co.op.er.a.tive (kowap'rıtiv, kowap'ırıtiv) *s.* 1. işbirliği yapan. 2. ortak, müşterek. *i.* kooperatif.
co-opt (kowapt') *f.* **(onto)** (birini) (kurula) almak.
co.or.di.nate (kowôr'dıneyt, kowôr'dınit) *s.* aynı derecede, eşit. *i., mat., den., gökb., kim.* koordinat.
co.or.di.nate (kowôr'dıneyt) *f.* koordine etmek, eşgüdümlemek, birbirine göre ayarlamak.
co.or.di.na.tion (kowôrdıney'şın) *i.* koordinasyon, eşgüdüm, birbirine göre ayarlama.
cop (kap) *i., k. dili* polis, aynasız.
cope (kop) *f.* **(with)** (ile) baş etmek, (ile) başa çıkmak, (-in) üstesinden gelmek.
cop.i.er (kap'iyır) *i.* fotokopi makinesi.
co.pi.ous (ko'piyıs) *s.* bol, çok, bereketli.
co.pi.ous.ly (ko'piyıslı) *z.* bolca, bol miktarda.
cop.per (kap'ır) *i.* 1. bakır. 2. ufak para. *s.* 1. bakır. 2. bakır renginde.
cop.per.smith (kap'ırsmith) *i.* bakırcı.
cop.pice (kap'îs) *i., bak.* **copse.**
copse (kaps) *i.* koru, ağaçlık, baltalık.
cop.ter (kap'tır) *i., k. dili* helikopter.
cop.u.late (kap'yıleyt) *f.* çiftleşmek.
cop.y (kap'i) *i.* 1. kopya. 2. adet, tane; (yazılı eserler için) nüsha.
cop.y (kap'i) *f.* 1. kopya etmek. 2. taklit etmek. 3. (sınavda) kopya çekmek. 4. *bilg.* kopyalamak.
cop.y.right (kap'irayt) *i.* telif hakkı. *f.* telif hakkı almak.
co.quette (koket') *i.* fettan kadın.
co.quet.tish (koket'îş) *s.* fettan, cilveli.
cor. *kıs.* **corner, coroner, corpus, correct, correspondence.**
cor.al (kôr'ıl) *i., s.* mercan. **— reef** mercan kayalığı.
cord (kôrd) *i.* 1. ip, sicim, kaytan, şerit. 2. kiriş, çalgı teli. *f. iple* bağlamak. **spinal —** *anat.* omurilik. **vocal —s** *anat.* ses telleri.
cor.dial (kôr'cıl, *İng.* kor'dyıl) *s.* samimi, içten, yürekten, candan. *i.* likör.
cor.dial.i.ty (kôrciyäl'ıti) *i.* samimiyet, içtenlik.
cor.dial.ly (kôr'cıli, *İng.* kôr'dyıli) *z.* candan, samimiyetle.
cor.don (kôr'dın) *i.* kordon. **— off** kordon altına almak.
cor.du.roy (kôr'dıroy) *i.* (fitilli) kadife. *s.* fitilli kadifeden yapılmış.
cor.du.roys (kôr'dıroyz) *i., çoğ.* kadife pantolon.
core (kor) *i.* 1. (etli meyvelerde) göbek, iç. 2. nüve, öz, esas; merkez. **rotten to the —** (ahlakça) temelden çürük, kokuşmuş. **to the — tam,** tam bir, sapına kadar, katıksız, halis muhlis.
co.ri.an.der (koriyän'dır) *i.* kişniş.
cork (kôrk) *i.* mantar, tıpa, tapa. *f.* tıpalamak, mantarla kapamak.
cork.screw (kôrk'skru) *i.* tirbuşon, tapa burgusu.
cor.mo.rant (kôr'mırınt) *i., zool.* karabatak.
corn (kôrn) *i.* 1. mısır. 2. *İng.* buğday; hububat, tahıl. **— bread** mısır ekmeği. **— flour** 1. mısır unu. 2. *İng.* mısır nişastası. **— silk** mısır püskülü. **— syrup** mısır pekmezi.
corn (kôrn) *i.* nasır.
corn.cob (kôrn'kab) *i.* mısır koçanı.
cor.ne.a (kôr'niyı) *i., anat.* saydam tabaka, kornea.
cor.ne.lian cherry (kôrnil'yın) kızılcık.
cor.ner (kôr'nır) *i.* 1. köşe, köşe başı. 2. *futbol* korner vuruşu, köşe atışı. 3. *futbol* korner, oyun alanının dört köşesinden biri. *f.* 1. köşeye sıkıştırmak, kıstırmak. 2. (konuşmak/konuşturmak için) yakalamak. 3. ... piyasasını ele geçirmek. 4. viraj almak. **— kick** *futbol* korner vuruşu, köşe atışı. **cut —s** (bir işte) kestirme yollara başvurmak. **drive into a —** köşeye sıkıştırmak, kıstırmak. **four —s of the earth** dünyanın dört bucağı. **turn the —** kritik noktayı atlatmak, köşeyi dönmek.
cor.net (kôrnet') *i.* 1. *müz.* kornet. 2. *İng.* (dondurma için) külah.
cor.net.ist (kôrne'tîst) *i., müz.* kornetçi.
corn.husk (kôrn'h∧sk) *i.* mısır kabuğu.
cor.nice (kôr'nîs) *i.* 1. korniş. 2. *mim.* saçak silmesi, korniş.
corn.meal (kôrn'mil) *i.* iri taneli mısır unu.
corn.starch (kôrn'starç) *i.* mısır nişastası.
corn.y (kôr'ni) *s.* aptal.
cor.o.nar.y (kôr'ıneri) *i., tıb.* koroner. **— coroner damar, taçdamar.**
cor.o.na.tion (kôrıney'şın) *i.* taç giyme töreni.
cor.o.ner (kôr'ınır) *i.* şüpheli ölüm olaylarını araştıran görevli.

cor.o.net (kôr´ınet) *i.* küçük taç.
cor.po.ral (kôr´pırıl, kôr´prıl) *i., ask.* onbaşı.
cor.po.ral (kôr´pırıl) *s.* bedensel, bedeni, cismani. — **punishment** bedensel ceza, dayak.
cor.po.rate (kôr´pırit) *s.* 1. ortak, kolektif. 2. anonim şirkete ait. 3. şirketleştirilmiş. 4. birleşik, birleşmiş.
cor.po.ra.tion (kôrpırey´şın) *i.* 1. anonim şirket. 2. tüzelkişi.
corps (kôr) *i., ask.* 1. kolordu. 2. sınıf, teşkilat. **C— of Engineers** İstihkâm Sınıfı. **diplomatic —** kordiplomatik.
corpse (kôrps) *i.* ceset, ölü.
cor.pus.cle (kôr´pısıl) *i., anat.* yuvar.
cor.ral (kıral´) *i.* ağıl. *f.* (**—led, —ling**) -i ağıla kapatmak.
cor.rect (kırekt´) *f.* düzeltmek, doğrultmak, tashih etmek, ıslah etmek.
cor.rect (kırekt´) *s.* 1. doğru, yanlışsız. 2. doğru, yerinde.
cor.rec.tion (kırek´şın) *i.* düzeltme, tashih, ıslah.
cor.rec.tive (kırek´tiv) *s.* düzeltici, ıslah edici.
cor.rect.ly (kırekt´li) *z.* doğru olarak.
cor.rect.ness (kırekt´nîs) *i.* doğruluk.
cor.re.late (kôr´ıleyt) *f.* 1. karşılıklı ilişkisi olmak. 2. aralarında uygunluk sağlamak, (iki şey/sonuç/rakam) arasında ilişki kurmak.
cor.re.late (kôr´ılıt, kôr´ıleyt) *i.* birbiriyle ilgisi olan şeylerin her biri.
cor.re.la.tion (kôrıley´şın) *i.* 1. karşılıklı ilişki. 2. *mat.* bağlılaşım, korelasyon.
cor.re.spond (kôrıspand´) *f.* 1. **(to/with)** uymak, tekabül etmek: **It corresponds with what she said.** Onun dediklerine uyuyor. 2. **to** (biri/bir şey) (başka birinin/başka bir şeyin) benzeri olmak: **The Turkish *il* corresponds to the English county.** Türkiye'deki ilin İngiltere'deki benzeri kontluktur. 3. **(with)** (ile) mektuplaşmak.
cor.re.spon.dence (kôrıspan´dıns) *i.* 1. benzerlik; benzer taraf. 2. mektuplaşma. 3. mektuplar.
cor.re.spon.dent (kôrıspan´dınt) *i.* muhabir: **Does your paper have a correspondent in Paris?** Gazetenizin Paris'te muhabiri var mı? *s.* **with** -e uygun: **It was correspondent with her wishes.** İsteklerine uygundu.
cor.re.spond.ing (kôrıspan´ding) *s.* 1. (bir şeye) karşılık olan: **That century saw a lessening of Spain's influence and a corresponding rise in that of Holland.** O yüzyılda İspanya'nın etkisinin azalıp buna karşılık Hollanda'nın etkisinin artttığına tanık olundu. 2. aynı: **Our sales in the first quarter of this year were better than they were in the corresponding period of last year.** Bu yılın ilk üç ayına ait satışlarımız, geçen yılın aynı dönemindeki satışlardan iyiydi. 3. mektuplaşmadan so-

rumlu olan. 4. toplantılara gelmeyip mektup yoluyla cemiyetin faaliyetlerine katılan (üye).
cor.ri.dor (kôr´ıdır) *i.* koridor, geçit, dehliz.
cor.rob.o.rate (kırab´ıreyt) *f.* (bir düşünce, ifade v.b.'ni) doğrulamak, desteklemek, teyit etmek.
cor.rode (kırod´) *f.* çürütmek, aşındırmak, yemek; çürümek, paslanmak, aşınmak, yenmek.
cor.ro.sion (kıro´jın) *i.* 1. paslanma, aşınma, çürüme. 2. *jeol.* aşınma/aşındırma, korozyon.
cor.ro.sive (kıro´siv) *s.* çürütücü, aşındırıcı, kemirici.
cor.ru.gate (kôr´ıgeyt, kôr´yıgeyt) *f.* kırıştırmak, buruşturmak; buruşmak.
cor.ru.gat.ed (kôr´ıgeytid) *s.* oluklu (saç, karton v.b.). — **iron** oluklu saç.
cor.rupt (kırʌpt´) *s.* 1. ahlaksız, ahlak kurallarına uymayan, soysuz. 2. rüşvet yiyen, rüşvetçi. 3. bozuk, yozlaşmış (dil). 4. yanlış dolu (metin). *f.* 1. (birini) doğru yoldan saptırmak, ayartmak. 2. -e rüşvet yedirmek. 3. (dili) bozmak, yozlaştırmak.
cor.rupt.i.ble (kırʌp´tıbıl) *s.* 1. ayartılabilir. 2. rüşvet almaya hazır.
cor.rup.tion (kırʌp´şın) *i.* 1. ayartma. 2. rüşvet yedirme. 3. (dili) yozlaştırma.
cor.sage (kôrsaj´) *i.* 1. korsaj. 2. göğse takılan çiçek/çiçek demeti.
cor.set (kôr´sit) *i.* korse.
cor.tege (kôrtej´) *i.* kortej, cenaze alayı.
cor.tex (kôr´teks) *i.* beyinzarı, korteks.
cor.ti.sone (kôr´tıson, kôr´tızon) *i.* kortizon.
cos (kas) *i.* — **lettuce** marul.
co.sine (ko´sayn) *i., mat.* kosinüs.
cos.met.ic (kazmet´ik) *i., s.* kozmetik.
cos.mic (kaz´mik) *s.* evrensel, kozmik.
cos.mo.naut (kaz´mınôt) *i.* kozmonot.
cos.mo.pol.i.tan (kazmıpal´ıtın) *s., i.* kozmopolit.
cos.mos (kaz´mıs) *i.* evren, kâinat, kozmos.
cos.set (kas´ît) *f.* -i el üstünde tutmak, -e çok ilgi göstermek.
cost (kôst) *i.* 1. masraf, harcanan para; fiyat. 2. maliyet. —, **insurance, and freight** *tic.* sif, bir malın bedeli, sigortası ve navlunu ile birlikte maliyeti. — **of living** hayat pahalılığı. — **price** maliyet fiyatı. — **sheet** maliyet cetveli. **at all —s/at any** — ne pahasına olursa olsun. **to one's** — kendi zararına: **To my cost, I learned he was a swindler.** Kendi zararıma onun dolandırıcı olduğunu öğrendim.
cost (kôst) *f.* **(cost)** 1. -e mal olmak; (bir şeyin) fiyatı (belirli bir miktar) olmak: **How much does this cost?** Bunun fiyatı ne? **It costs twenty thousand liras.** Fiyatı yirmi bin lira. **It'll cost you a lot.** Sana pahalıya mal olacak. **It cost them their lives.** Hayatlarına mal oldu. 2. (bir şeyin) (kaça) mal olacağını hesap et-

mek: **Have you costed it?** Onun kaça mal olacağını hesap ettiniz mi? — **an arm and a leg** çok pahalı olmak.
Cos.ta Ri.ca (kastırı'kı) i. Kosta Rika. —**n** i. Kostalı Rikalı. s. 1. Kosta Rika, Kosta Rika'ya özgü. 2. Kosta Rikalı.
cost.ly (kôst'li) s. çok pahalı; masraflı.
cos.tume (kas'tum, kas'tyum) i. 1. kıyafet, elbise. 2. kostüm.
co.sy (ko'zi) s., i., İng., bak. **cozy**.
cot (kat) i. 1. (üzerine bez gerili) portatif karyola. 2. İng. bebek karyolası.
co.te.rie (ko'tıri) i. zümre, grup.
cot.tage (kat'îc) i. 1. küçük ev, kulübe. 2. yazlık ev, sayfiye evi.
cot.ton (kat'ın) i. 1. pamuk. 2. pamuk ipliği. 3. pamuklu kumaş, pamuklu. s. pamuklu. — **candy** ketenhelva. — **gin** çırçır. — **wool** İng. (hidrofil) pamuk. **sewing** — pamuk ipliği, tire.
cot.ton.seed (kat'ınsid) i. çiğit.
couch (kauç) i. kanepe, sedir, divan.
couch (kauç) f. ifade etmek, beyan etmek.
cou.chette (kuşet') i. kuşet.
cou.gar (ku'gır) i. puma.
cough (kôf, kaf) i. öksürük. f. öksürmek. — **drop** öksürük pastili. — **up** argo vermek, sökülmek, uçlanmak.
could (kûd) yardımcı f., bak. **can**.
could.n't (kûd'ınt) kıs. **could not**.
coun.cil (kaun'sıl) i. kurul, komisyon; konsey, danışma kurulu. **C**— **of Ministers** Bakanlar Kurulu, Kabine. **C**— **of State** Danıştay, Devlet Şûrası.
coun.cil.or, İng. **coun.cil.lor** (kaun'sılır) i. kurul üyesi, komisyon üyesi; konsey üyesi.
coun.sel (kaun'sıl) i. 1. tavsiye, fikir, görüş; nasihat, öğüt. 2. avukat. f. nasihat vermek, öğüt vermek. **keep one's own** — fikirlerini kendine saklamak.
coun.sel.or (kaun'sılır) i. 1. rehber, danışman. 2. avukat. 3. k. dili kurul üyesi, komisyon üyesi; konsey üyesi.
coun.sel.or-at-law (kaun'sılır.ätlô'), çoğ. **coun.sel.ors-at-law** (kaun'sılırz.ätlô') i. avukat.
count (kaunt) i. kont.
count (kaunt) f. 1. sayı saymak: **Do you know how to count?** Saymayı biliyor musun? **She can only count from one to ten.** Ancak birden ona kadar sayabiliyor. 2. saymak, sayısını bulmak: **I counted twenty people.** Yirmi kişiyi saydım. **Count the money now!** Parayı şimdi say! 3. saymak, addetmek: **They count themselves lucky.** Kendilerini şanslı sayıyorlar. **I count her among the greatest.** Onu en büyüklerden biri sayıyorum. 4. önemli ol-

mak: **My opinion doesn't count for much around here.** Sözüm burada pek kale alınmıyor. **That's what really counts!** Esas önemli olan o! —**ing** ... ... dahil: **That makes ten, counting me.** Ben dahil on kişi eder. **That's sixteen people, not counting the children.** Çocuklar hariç, on altı kişi oluyor. — **down** geriye doğru saymak. — **on** 1. -e güvenmek. 2. -i beklemek, -i hesaba katmak. — **one's chickens before they're hatched** ayıyı vurmadan postunu satmak. — **out money** paraları birer birer saymak. — **someone in** k. dili birini (bir işe) katmak: **If that's what you're up to, don't count me in!** Yapmayı planladığınız oysa beni o işe katmayın! — **someone out** 1. k. dili birini (bir işe) katmamak: **You can count me out of that!** Beni o işe katma! 2. on saniye içinde birden ona kadar sayarak boksörün nakavt olduğunu ilan etmek.
count (kaunt) i. 1. sayma, sayım. 2. huk. (dava dilekçesi veya iddianamede sayılan) suçlama. **keep** — (**of**) -in sayısını tutmak. **lose** — hesabını şaşırmak; **of** -in sayısını hatırlamamak.
count.down (kaunt'daun) i. geriye doğru sayma.
coun.te.nance (kaun'tınıns) i. 1. çehre, yüz, sima, görünüş; yüz ifadesi. 2. destek, onama, tasvip. f. desteklemek, onamak, tasvip etmek.
coun.ter (kaun'tır) i. 1. tezgâh. 2. fiş, marka. 3. sayaç, sayıcı.
coun.ter (kaun'tır) i. 1. karşıt şey. 2. karşılık. s. 1. ters, zıt, aksi. 2. karşı, mukabil. z. 1. (**to**) -e karşı. 2. aksi yönde. 3. tersine, aksine. f. 1. karşı koymak. **go/run** — **to** 1. -e aykırı düşmek, -e uymamak. 2. -e zıt gitmek.
coun.ter.act (kauntıräkt') f. karşı koymak, önlemek, etkisiz hale getirmek.
coun.ter.at.tack (kaun'tırıtäk) i. karşı saldırı.
coun.ter.bal.ance (kauntırbäl'ıns) f. 1. (karşılıklı olarak) dengelemek, denkleştirmek. 2. telafi etmek.
coun.ter.bal.ance (kaun'tırbälıns) i. karşılık, eş ağırlık.
coun.ter.charge (kaun'tırçarc) i. karşı suçlama.
coun.ter.clock.wise (kauntırklak'wayz) z., s. saat yelkovanının ters yönünde, sola doğru.
coun.ter.cur.rent (kaun'tırkırınt) i. ters akıntı.
coun.ter.dem.on.stra.tion (kaun'tırdemınstrey'şın) i. karşı gösteri.
coun.ter.es.pi.o.nage (kauntıres'piyınaj) i. karşı casusluk.
coun.ter.feit (kaun'tırfît) s. sahte, kalp. i. taklit. f. 1. kalp para basmak. 2. taklit etmek, sahtesini yapmak.
coun.ter.feit.er (kaun'tırfîtır) i. kalpazan.

coun.ter.foil (kaun´tırfoyl) i., İng. (çek, bilet v.b.'ne ait) koçan.
coun.ter.mand (kauntırmänd´) f. (yeni bir emir ile) (önceki emri) iptal etmek.
coun.ter.mand (kaun´tırmänd) i. iptal emri.
coun.ter.meas.ure (kaun´tırmejır) i. karşı tedbir.
coun.ter.of.fen.sive (kaun´tırıfen´siv) i., ask. karşı saldırı.
coun.ter.pane (kaun´tırpeyn) i. yatak örtüsü.
coun.ter.part (kaun´tırpart) i. 1. taydaş. 2. karşılık, tamamlayıcı şey. 3. kopya, ikinci nüsha, suret.
coun.ter.point (kaun´tırpoynt) i., müz. kontrpuan.
coun.ter.pro.po.sal (kauntırprıpo´zıl) i. karşı öneri.
coun.ter.sign (kauntırsayn´) f. (tasdik için) ikinci olarak imzalamak.
coun.ter.spy (kaun´tırspay) i. karşı casus.
count.ess (kaun´tis) i. kontes.
count.less (kaunt´lis) s. sayısız, hesapsız, pek çok.
coun.try (kʌn´tri) i. 1. ülke, memleket; yurt, vatan. 2. the taşra. 3. the kır, sayfiye. 4. huk. jüri, yargıcılar kurulu. s. taşraya özgü.
coun.try.man (kʌn´trimın), çoğ. coun.try.men (kʌn´trimin) i. 1. taşralı. 2. vatandaş, hemşeri.
coun.try.side (kʌn´trisayd) i. kırsal yerler/bölgeler.
coun.ty (kaun´ti) i. 1. ABD ilçe. 2. İng. kontluk.
coup (ku) i. darbe, askeri darbe, hükümet darbesi. — d'état (ku deyta´) hükümet darbesi.
cou.ple (kʌp´ıl) i. 1. çift. 2. çift, karı koca. f. 1. bağlamak, bitiştirmek, birleştirmek. 2. bağlantı kurmak. 3. çiftleştirmek. a — of iki, iki üç. a — of minutes birkaç dakika.
coup.ling (kʌp´ling) i. bağlama, kavrama.
cou.pon (ku´pan, kyu´pan) i. kupon.
cour.age (kır´ic) i. cesaret, yüreklilik, yürek, yiğitlik, mertlik. have the — of one's convictions inandığı şeyi yapma veya söyleme cesaretini göstermek. take — cesaretlenmek, kuvvet almak.
cou.ra.geous (kırey´cıs) s. cesur, yürekli, yiğit, mert.
cou.ra.geous.ly (kırey´cısli) z. cesaretle, mertçe.
cour.gette (kûrjet´) i., İng., bak. zucchini.
cou.ri.er (kûr´iyır) i. kurye, ulak.
course (kôrs) i. 1. yön, cihet, istikamet. 2. ders, kurs. 3. den. rota. 4. gidiş. 5. yol. 6. ahçı. yemek, kap, servis. f. 1. köpekle (av) kovalamak. 2. (gözyaşı, kan v.b.) akmak. as a matter of — gayet tabii olarak. in due — zamanı gelince, zamanla. in short — kısaca. in the — of sırasında, esnasında. in the — of time zamanla. of — tabii, elbette. take its — olacağına varmak.
court (kôrt) i. 1. avlu, iç bahçe. 2. kort. 3. saray, kralın maiyeti. 4. huk. mahkeme. f. 1. kur yapmak, ile flört etmek. 2. (tehlike, hastalık v.b.´ni) davet etmek. — fool saray soytarısı. — of appeals huk. istinaf mahkemesi. — of common pleas huk. medeni hukuk mahkemesi. — of first instance huk. asliye mahkemesi. law — mahkeme. pay — to -e kur yapmak. settle out of — mahkemeye başvurmadan uzlaşmak.
cour.te.ous (kır´tiyıs) s. nazik, kibar, ince, saygılı.
cour.te.san (kôr´tızın) i. zenginlerle düşüp kalkan fahişe.
cour.te.sy (kır´tısi) i. nezaket, kibarlık, incelik. by — of izniyle, sayesinde.
court.house (kôrt´haus) i. 1. adliye sarayı, mahkeme binası. 2. ilçe hükümet binası.
court.i.er (kôr´tiyır, kôr´tyır) i. saray mensubu; kralın nedimi.
court.ly (kôrt´li) s. 1. saraylıa ilgili. 2. zarif, nazik.
court-mar.tial (kôrt´marşıl), çoğ. courts-martial (kôrts´marşıl) i. askeri mahkeme. f. askeri mahkemede yargılamak.
court.room (kôrt´rum) i. mahkeme salonu.
court.ship (kôrt´şip) i. kur yapma.
court.yard (kôrt´yard) i. avlu, iç bahçe.
cous.in (kʌz´ın) i. dayı oğlu/kızı; teyze oğlu/kızı; amca oğlu/kızı; hala oğlu/kızı; kuzen; kuzin.
cove (kov) i. dik yamaçlarla çevrili koy/körfez/vadi.
cov.e.nant (kʌv´ınınt) i. akit, sözleşme, mukavele. f. 1. akdetmek. 2. sözleşmek.
cov.er (kʌv´ır) f. 1. ile örtmek; ile kapatmak/kapamak: Cover the bread with a cloth. Ekmeği bir bezle ört. Cover that pan with a lid. O tencereyi bir kapakla kapat. You should cover your mouth with your hand when you cough. Öksürürken ağzını elinle örtmelisin. 2. kaplamak; bütünüyle kaplayacak bir şekilde sürmek: Trees covered the sides of the mountain. Dağın yamaçları ağaçlarla kaplıydı. Cover the wound with salve. Yaraya merhem sür. 3. kapsamak, kaplamak: The farm covers one hundred hectares. Çiftlik yüz hektarlık bir alanı kaplıyor. Does that book cover the nineteenth century? O kitap on dokuzuncu yüzyılı kapsıyor mu? 4. (belirli bir miktarı) tamamlamak, bitirmek; (yolu) katetmek: We've only covered a small part of the book. Kitabın ancak az bir kısmını bitirdik. How many kilometers do you want to cover today? Bugün kaç kilometre katetmek istiyorsun? 5. (bir olayı) izleyerek onun hakkında bilgi vermek: Fatma's covering the election for a news agency. Fatma bir haber ajansı için seçimi izliyor. 6. (bir miktar) (bir masrafı) ödemeye yetmek: Will five hundred thousand liras cover the cost of the tickets? Beş yüz bin liralık biletler için kâfi mi? 7. against (bir şeye)

karşı sigortalı olmak. 8. ateşli bir silahla birine nişan alarak (başka birini) korumak; başkasını korumak için ateşli bir silahla (birine) nişan almak; başka birine ateş ederek (birini) korumak, ateşle korumak. 9. (bir yeri) gözetim altında tutmak. 10. for (geçici olarak) (başkasının) işine bakmak: Can you cover for me while I'm out this afternoon? Bu öğleden sonra ben yokken işime bakabilir misin? — up gizlemek; örtbas etmek. — up for (birinin) hatasını/suçunu gizlemek. Don't move; I've got you covered! Kıpırdama; elimdesin! cov.er (kʌv´ır) i. 1. kapak; örtü. 2. cilt, kapak. 3. sığınak, barınak. 4. maske, paravana, perde. 5. tic. karşılık. — charge (lokantaya/gece kulübüne) giriş ücreti. — girl kapak kızı. — letter açıklayıcı mektup. break — gizlendiği yerden çıkmak. He read the book from — to —. Kitabı başından sonuna kadar okudu. take — sığınmak, gizlenmeye çalışmak. under — 1. gizlenmiş. 2. sığınmış. 3. zarf içinde. under — of perdesi altında, kisvesi altında. under separate — ayrı bir zarfta.
cov.er.age (kʌv´iric) i. 1. sigorta miktarı ve kapsamı. 2. gazet., TV bir konuya/olaya ayrılan yer ve zaman.
cov.er.alls (kʌv´ırôlz) i. (giysi olarak) tulum.
cov.er.ing (kʌv´ıring) i. örtü. — letter İng., bak. cover letter.
cov.er.let (kʌv´ırlit) i. yatak örtüsü, örtü.
cov.ert (kʌv´ırt) s. gizli, örtülü.
cov.ert.ly (kʌv´ırtli) z. gizlice.
cov.et (kʌv´it) f. imrenmek, gıpta etmek, göz dikmek.
cov.et.ous (kʌv´ıtıs) s. açgözlü, hırslı, haris.
cov.et.ous.ness (kʌv´ıtısnıs) i. açgözlülük.
cow (kau) i. inek.
cow (kau) f. yıldırmak, gözünü korkutmak, sindirmek.
cow.ard (kau´wırd) i. korkak, ödlek.
cow.ard.ice (kau´wırdis) i. korkaklık, ödleklik.
cow.ard.li.ness (kau´wırdlınıs) i., bak. cowardice.
cow.ard.ly (kau´wırdli) s. korkak, ödlek, yüreksiz.
cow.boy (kau´boy) i. kovboy, sığırtmaç.
cow.er (kau´wır) f. sinmek, korkup çekilmek.
cow.hide (kau´hayd) i. sığır derisi.
cow.slip (kau´slip) i., bot. çuhaçiçeği.
cox.comb (kaks´kom) i. züppe.
cox.swain (kak´sın, kak´sweyn) i., den. filika veya kik serdümeni, dümenci.
coy (koy) s. 1. cilveli, nazlı. 2. çekingen, utangaç, mahcup.
coy.ote (kay´ot) i. kırkurdu.
co.zy (ko´zi) s. mazbut, rahat ve huzur veren (yer); sıcak ve iç rahatlatıcı; samimi ve iç rahatlatıcı. i. çaydanlık örtüsü.

cp. kıs. compare.
CPA kıs. Certified Public Accountant.
Crab (kräb) i. the Yengeç burcu.
crab (kräb) i. yengeç, pavurya. f. (—bed, —bing) mızırdanmak, homurdanmak, sızlanmak, sızıldanmak.
crab.by (kräb´i) s. huysuz.
crack (kräk) i. 1. çatlak, yarık. 2. çatırtı, şaklama. 3. hızlı darbe; çarpma. 4. bir çeşit eroin. f. 1. çatlamak, yarılmak, kırılmak; çatlatmak, yarmak, kırmak. 2. (kasayı) açmak. 3. (şifreyi) çözmek. 4. (ses) çatallaşmak. — a joke şaka yapmak, takılmak. — down (on) k. dili 1. (son vermek için) -in üstüne gitmek. 2. müsamaha etmekten vazgeçip sert davranmaya başlamak. — up 1. k. dili delirmek, oynatmak. 2. gülmekten katılmak. 3. (arabayı) hızda paramparça etmek. 4. kaza geçirmek. a hard nut to — k. dili 1. başarılması zor iş. 2. çetin ceviz.
crack.down (kräk´daun) i., k. dili (son vermek için) -in üstüne gitme.
cracked (kräkt) s. 1. çatlak. 2. k. dili kaçık, çatlak, deli.
crack.er (kräk´ır) i. kraker, bisküvi.
crack.le (kräk´ıl) f. çatırdamak. i. çatırtı, çıtırtı.
cra.dle (krey´dıl) i. beşik. f. beşiğe yatırmak.
craft (kräft) i. 1. zanaat, el sanatı. 2. tekne, gemi; gemiler.
craft.i.ly (kräf´tıli) z. şeytanca, kurnazca.
craft.i.ness (kräf´tinıs) i. kurnazlık.
crafts.man (kräfts´mın), çoğ. crafts.men (kräfts´min) i. zanaatçı, zanaatkâr.
crafts.man.ship (kräfts´mınşip) i. 1. zanaatçılık. 2. hüner.
craft.y (kräf´ti) s. aldatmakta usta olan, kurnaz, hilekâr, şeytan.
crag (kräg) i. sarp kayalık.
cram (kräm) f. (—med, —ming) 1. tıkmak, tıkıştırmak, sıkıştırmak. 2. tıkınmak, tıka basa yemek. 3. sınav öncesi ineklemek.
cramp (krämp) i. 1. kasınç, kramp. 2. şiddetli karın ağrısı. f. 1. kasmak; kasılmak.
cramp (krämp) i. 1. kenet, mengene. f. engel olmak.
cran.ber.ry (krän´beri) i. yabanmersini, keçiyemişi.
crane (kreyn) i. 1. turna. 2. vinç, maçuna. f. 1. vinçle kaldırmak. 2. (boynunu) uzatmak.
crank (krängk) i. 1. krank, kol, manivela. 2. k. dili garip fikirleri olan kimse. f. krankla hareket ettirmek. — up k. dili (motoru/makineyi) fayrap etmek, hareket ettirmek.
crank.shaft (krängk´şäft) i., mak. krank mili.
crank.y (kräng´ki) s. 1. garip, tuhaf, acayip, eksantrik. 2. huysuz, ters.
cran.ny (krän´i) i. yarık, çatlak.

crap (kräp) *i.*, *argo* bok. *f.* (—ped, —ping) *argo* sıçmak.
crape (kreyp) *i.* krepon.
craps (kräps) *i.* çift zarla oynanan bir oyun.
crash (kräş) *i.* 1. şangırtı; gürleme, büyük bir gürültü. 2. (taşıta ait) kaza: **airplane crash** uçak kazası. 3. hızla gelen büyük iflas. 4. *bilg.* arıza. *f.* 1. (kaza sonucu olarak) çarpmak/düşmek: **The plane crashed into the mountainside and burst into flame.** Uçak dağın yamacına çarpıp alev alarak yandı. 2. çarpa çarpa şiddetli ve gürültülü bir şekilde gitmek/koşmak: **A bull was crashing around in the china shop.** Zücaciye dükkânında bir boğa etrafı kıra döke koşuyordu. 3. büyük bir gürültüyle çalmak/çarpmak/vurmak: **She crashed the dishes down on the table.** Tabakları büyük bir şangırtıyla masanın üstüne çaldı. 4. atarak paramparça etmek: **He crashed his glass against the wall.** Bardağını duvara atarak paramparça etti. 5. gürlemek, büyük bir gürültü yapmak: **The thunder crashed.** Gök gürledi. 6. (işyeri) hızla iflas etmek/top atmak. 7. *k. dili* (bir yere) davetsiz/izinsiz/biletsiz girmek/dalıvermek/katılmak. 8. **at** *k. dili* (bir yerde) gece kalmak: **Can I crash at your place tonight?** Bu gece sende kalabilir miyim? 9. *bilg.* arızalanmak. — **course** yoğun kurs. — **diet** sıkı rejim. — **helmet** kask. — **of thunder** gök gürültüsü. — **the gate** ücret vermeden girmek; izinsiz/davetsiz girmek/katılmak.
crash (kräş) *i.* havlu ve perde yapımında kullanılan kaba bez.
crash-land (kräş'länd') *f.* (uçak) zorunlu iniş yapmak.
crass (kräs) *s.* kaba, incelikten yoksun, görgüsüz.
crate (kreyt) *i.* sandık, kasa. *f.* sandıklamak, kasalamak.
cra.ter (krey'tır) *i.* 1. krater. 2. bombanın açtığı çukur.
crave (kreyv) *f.* 1. çok istemek, -e içi gitmek, -e can atmak. 2. istirham etmek, rica etmek.
crav.ing (krey'ving) *i.* şiddetli arzu, özlem.
craw.fish (krô'fiş) *i., bak.* **crayfish.**
crawl (krôl) *f.* 1. sürünmek; emeklemek. 2. dalkavukluk etmek. *i.* sürünme; emekleme. — **stroke** kulaçlama yüzüş, kravl. **The rock —ed with insects.** Taşın üstünde böcekler kaynıyordu.
cray.fish (krey'fiş) *i.* kerevit, kerevides, karavide, tatlısuıstakozu.
cray.on (krey'ın, krey'an) *i.* 1. mum boya, pastel. 2. mum boya ile yapılan resim, pastel. *f.* mum boya ile resim yapmak.
craze (kreyz) *f.* çıldırtmak. *i.* geçici moda.

cra.zi.ly (krey'zıli) *z.* çılgınca, delice.
cra.zi.ness (krey'zınıs) *i.* delilik, çılgınlık.
cra.zy (krey'zi) *s.* deli, kaçık, çılgın. **be — about -e** bayılmak.
creak (krik) *i.* gıcırtı. *f.* gıcırdamak.
cream (krim) *i.* 1. kaymak, krema. 2. kremalı tatlı. 3. cilt kremi. 4. öz, en iyisi. 5. krem rengi, açık bej. — **cheese** yumuşak beyazpeynir. — **of tartar** kırımtartar. — **of the crop** en iyisi. — **sauce** beyaz sos. **cold —** yağlı krem. **sour —** smetana. **whipped —** kremşantiyi.
cream.er (kri'mır) *i.* sütlük.
cream.er.y (kri'mıri) *i.* süthane, sütçü dükkânı.
cream.y (krim'i) *s.* 1. kaymaklı. 2. kaymak gibi.
crease (kris) *i.* 1. kırma, pli, pasta, kat. 2. çizgi, buruşuk. 3. ütü çizgisi, kat yeri. *f.* 1. kırma yapmak. 2. buruşturmak. 3. katlanmak, buruşmak.
cre.ate (kriyeyt') *f.* 1. yaratmak. 2. meydana getirmek. 3. yapmak.
cre.a.tion (kriyey'şın) *i.* 1. yaratma; yaratılış. 2. yaratı, kreasyon. 3. evren, kâinat.
cre.a.tive (kriyey'tiv) *s.* yaratıcı.
cre.a.tive.ly (kriyey'tivli) *z.* yaratıcı bir şekilde.
cre.a.tiv.i.ty (kriyeytiv'iti) *i.* yaratıcılık.
Cre.a.tor (kriyey'tır) *i.* **the —** Yaradan, Allah, Tanrı.
cre.a.tor (kriyey'tır) *i.* yaratıcı, yaratan, kreatör, mucit.
crea.ture (kri'çır) *i.* yaratık, mahluk.
crèche (kreş) *i.* kreş, çocuk yuvası.
cre.dence (krid'ıns) *i.* güven, itimat.
cre.den.tials (kriden'şılz) *i.* kimliği gösteren belgeler.
cred.i.bil.i.ty (kredıbil'ıti) *i.* güvenirlik.
cred.i.ble (kred'ıbıl) *s.* inanılır, güvenilir.
cred.it (kred'it) *i.* 1. kredi, güven, itimat, emniyet. 2. itibar, şeref. 3. nüfuz. 4. (üniversitede ders geçme sonucunda verilen) puan, kredi. 5. *çoğ., sin.* jenerik, tanıtma yazısı. — **and debit** *tic.* alacak ve verecek. — **balance** *tic.* matlup bakiyesi. — **card** *tic.* kredi kartı. — **line** *tic.* kredi limiti. — **rating** *tic.* kredi değerlendirmesi. **a — to his school** okulu için iftihar vesilesi. **agricultural —** *tic.* tarım kredisi. **give someone —** **for** -in hakkını vermek. **letter of —** *tic.* akreditif. **on —** *tic.* veresiye. **cred.it** (kred'it) *f.* — **an amount to someone's account** bir miktar parayı birinin hesabına geçirmek. — **someone with** sevilmeyen birinde (olumlu bir niteliğin olduğunu) kabul etmek.
cred.i.tor (kre'dıtır) *i.* alacaklı; kredi açan kimse/kuruluş.
cre.du.li.ty (krıdu'lıti) *i.* saflık, her şeye inanma.
cred.u.lous (krec'ılıs) *s.* saf, her şeye inanan.
creed (krid) *i.* 1. bir dinin temel ilkelerini içe-

ren ifade, amentü. 2. birinin veya bir grubun felsefesini yansıtan ilkeler. **the Apostles' C—** Hırist. Havariler Amentüsü. **the Nicene C—** Hırist. İznik Amentüsü.
creek (krik, krîk) i. 1. çay, dere. 2. İng. koy, küçük körfez. **up the —** k. dili zor durumda.
creel (kril) i. balık sepeti.
creep (krip) f. **(crept)** 1. sürünmek, emeklemek. 2. sessizce yaklaşmak. 3. ürpermek. **— up on** -e hissettirmeden yaklaşmak. **My flesh —s.** Tüylerim ürperiyor.
creep.er (kri'pır) i. sürüngen bitki.
cre.mate (kri'meyt, krîmeyt´) f. (ölüyü) yakmak.
cre.ma.tion (krîmey'şın) i. ölüyü yakma.
cre.ma.to.ri.um (krimıtor'iyım), çoğ. **cre.ma.to.ri.a** (krimıtor'iyı)/**—s** (krimıtor'iyımz) i. krematoryum.
crepe (kreyp) i. krep. **— paper** krepon kâğıdı.
crept (krept) f., bak. **creep.**
cres.cent (kres'ınt) i. hilal, ayça. s. hilal şeklinde. **the C—** İslam âlemi.
cress (kres) i. tere.
crest (krest) i. 1. tepe, tepelik, hotoz, sorguç. 2. ibik. 3. (miğfere takılan) sorguç. 4. (yokuş/dalga için) tepe; (dağ için) sırt.
crest.fall.en (krest'fôlın) s. yılgın, süngüsü düşük.
Cre.tan (kri'tın) i. Giritli. s. 1. Girit, Girit'e özgü. 2. Giritli.
Crete (krit) i. Girit.
cre.vasse (krıväs´) i. büyük yarık; buz yarığı.
crev.ice (krev'is) i. yarık, çatlak.
crew (kru) i. 1. tayfa, mürettebat. 2. takım. **— cut** alabros tıraş, asker tıraşı.
crew (kru) f., İng., bak. **crow.**
crib (krib) i. 1. (yanları yüksek) bebek karyolası. 2. yemlik. 3. tahıl ambarı. 4. sınavda kopya çekmek için hazırlanan kopya kâğıdı. **— sheet** sınavda kopya çekmek için hazırlanan kopya kâğıdı.
crib (krib) f. **(—bed, —bing)** 1. (sınavda) kopya çekmek; kopya etmek. 2. çalmak, aşırmak.
crick (krik) i. kasılma, tutulma.
crick.et (krik'it) i. 1. cırcırböceği. 2. kriket.
crime (kraym) i. 1. suç, cürüm. 2. günah, acımaya yol açacak kötü davranış.
Cri.me.a (kraymi'yı) i. **the —** Kırım. **—n** s. Kırım, Kırım'a özgü.
crim.i.nal (krim'ınıl) s. suça ait. i. suçlu. **— code** ceza kanunu. **— court** ağır ceza mahkemesi. **— law** ceza hukuku.
crim.i.nol.o.gist (krimınal'ıcist) i. kriminolog, suçbilimci.
crim.i.nol.o.gy (krimınal'ıci) i. kriminoloji, suçbilim.
crimp (krimp) i. kıvrım, dalga. f. 1. kıvırmak. 2.

dalgalandırmak. **put a — in** k. dili -e engel olmak.
crim.son (krîm'zın) s., i. koyu kırmızı, kızıl, fesrengi.
cringe (krînc) f. 1. korkuyla çekilmek, sinmek. 2. yaltaklanmak.
crin.kle (krîng'kıl) f. buruşturmak, kırıştırmak; buruşmak, kırışmak. i. buruşukluk, kırışık, kırışıklık.
crip.ple (krîp'ıl) i. topal; sakat. f. 1. sakat etmek, sakatlamak. 2. kösteklemek.
crip.pled (krîp'ıld) s. topal, kötürüm; sakat, arızalı.
cri.sis (kray'sîs), çoğ. **cri.ses** (kray'sîz) i. 1. kriz, bunalım, buhran. 2. tıb. kriz, nöbet.
crisp (krîsp) s. 1. gevrek. 2. taptaze ve sulu (meyve/sebze). 3. kuru ve soğuk (hava). 4. çabuk ve kendinden emin. f. gevrekleşmek, gevremek; gevretmek. **burned to a —** yanıp kül olmuş.
crisp.er (krîs'pır) i. (buzdolabında) sebzelik.
crisp.y (krîs'pi) s. 1. gevrek. 2. taptaze ve sulu (meyve/sebze).
criss.cross (krîs'krôs) s. çapraz, çaprazvari. i. birbirini kesen çapraz doğrular. f. 1. çapraz doğrular çizmek. 2. çaprazlama gidip gelmek.
cri.te.ri.on (kraytîr'iyın), çoğ. **cri.te.ri.a** (kraytîr'iyi) f. ölçüt, kriter, kıstas.
crit.ic (krît'îk) i. 1. tenkitçi, olumsuz noktalar üzerinde duran kimse. 2. eleştirmen.
crit.i.cal (krît'îkıl) s. 1. tenkitçi; kusur bulmaya meyilli; kusur bulmak amacıyla söylenen/yapılan. 2. eleştirel, değerlendirme amacıyla yapılan. 3. kritik, tehlikeli.
crit.i.cise (krît'ısayz) f., İng., bak. **criticize.**
crit.i.cism (krît'ısîzım) i. 1. tenkit, kusur bulma. 2. eleştiri.
crit.i.cize, İng. **crit.i.cise** (krît'ısayz) f. 1. -i tenkit etmek, -de kusur bulmak, -in olumsuz noktaları üzerinde durmak. 2. eleştirmek, tenkit etmek, dederini belirtmek için -i incelemek.
cri.tique (krîtîk´) i. eleştiri, tenkit, kritik.
croak (krok) i. 1. kurbağa sesi, vırak. 2. gaklama sesi, gak. f. 1. vıraklamak. 2. gaklamak. 3. argo cartayı çekmek, cavlamak, ölmek.
Cro.at (krow'ät) i., bak. **Croatian.**
Cro.a.tia (krowey'şı) i. Hırvatistan. **—n** i., s. 1. Hırvat. 2. Hırvatça.
cro.chet (kroşey´) i. kroşe, tığ işi; tığla işlenen dantel. f. kroşe yapmak, tığ ile işlemek. **— hook** tığ.
crock.er.y (krak'ıri) i. çanak çömlek.
croc.o.dile (krak'ıdayl) i. timsah. **— tears** sahte gözyaşları, timsah gözyaşları.
cro.cus (kro'kıs) i. çiğdem; safran.
crois.sant (krwasan´) i. kruasan.

crone (kron) *i.* kocakarı.
cro.ny (kro´ni) *i.* dost, kafadar.
crook (krûk) *i.* 1. çoban değneği; asa, sapı kıvrık baston. 2. kıvrım. 3. *k. dili* üçkâğıtçı, madrabaz, hilekâr, dalavereci. *f.* kıvırmak, bükmek, eğmek. **by hook or by** — bir yolunu bulup, ne yapıp yapıp.
crook.ed (krûk´id) *s.* 1. eğri, çarpık. 2. virajlı. 3. *k. dili* içinde bir dalavere olan, hileli (iş). 4. *k. dili* üçkâğıtçı, düzenbaz, hilekâr.
croon (krun) *f.* mırıldanmak, alçak sesle şarkı söylemek.
crop (krap) *i.* 1. ürün, mahsul, ekin, rekolte. 2. *zool.* kursak. 3. binici kırbacı. **cream of the** — bir şeyin en âlâsı.
crop (krap) *f.* (—**ped,** —**ping**) kırkmak, kırpmak, kesmek, kesip kısaltmak. — **up** birdenbire oluşmak, ortaya çıkmak, doğmak, çıkmak.
Cross (krôs) *i.* the 1. Hz. İsa'nın çarmıhta ölümü. 2. Haç (Hıristiyanlığın simgesi).
cross (krôs) *i.* 1. çapraz işareti. 2. haç, put, çarmıh, ıstavroz. 3. çile, cefa. 4. melez.
cross (krôs) *f.* 1. çaprazlamak. 2. karşıdan karşıya geçmek; -i geçmek: **Look both ways before crossing the street.** Karşıdan karşıya geçmeden önce iki yöne de bak. **He crossed the bridge on a bicycle.** Köprüyü bisikletle geçti. **Georgians are crossing the border to sell their goods in Turkey.** Gürcüler mallarını Türkiye'de satmak için sınırı geçiyorlar. 3. **into** -e geçmek/girmek: **We've just crossed into Russia.** Şu anda Rusya'ya girmiş bulunuyoruz. 4. **over** üstünden/üzerinden geçmek/geçirmek. 5. **under** altından geçmek/geçirmek. 6. *bot., zool.* melezlemek, çaprazlamak. 7. üstüne çizgi çizmek, -i çizmek. 8. -e karşı gelmek. — **my heart** vallahi. — **one's arms** kollarını kavuşturmak. — **one's fingers** şans dilemek. — **one's legs** ayak ayak üstüne atmak, bacak bacak üstüne atmak. — **one's mind** hatırına gelmek, aklından geçmek. — **oneself** ıstavroz çıkarmak, haç çıkarmak. — **out** karalamak, silmek, üstünü çizerek iptal etmek. — **swords with** ile çekişmek, ile kavga etmek.
cross (krôs) *s.* 1. huysuzlanmış; kızgın, öfkeli; aksi, ters. 2. geminin/uçağın rotasına aykırı esen (rüzgâr). — **section** kesit. **be** — **with** -e dargın olmak.
cross.bar (krôs´bar) *i.* sürgü, kol demiri.
cross.bred (krôs´bred) *f., bak.* **crossbreed.** *s.* melez.
cross.breed (krôs´brid) *f.* (**cross.bred**) melezlemek, çaprazlamak. *i.* melez.
cross.check (krôs´çek) *f.* sağlamasını yapmak.
cross-coun.try (krôs´kʌn´tri) *i.* 1. kros, kır ko-

şusu. 2. kros kayağı, kayak krosu. *s.* ülkeyi baştan başa kateden. *z.* bir uçtan öbür uca.
cross-ex.am.ine (krôs´igzäm´in) *f.* sorguya çekmek.
cross-eyed (krôs´ayd) *s.* şaşı.
cross.ing (krôs´îng) *i.* 1. geçiş. 2. geçiş yeri, geçit. 3. yaya geçidi.
cross-leg.ged (krôs´legid, krôs´legd) *s.* 1. bağdaş kurmuş. 2. ayak ayak üstüne atmış.
cross-pur.pose (krôs´pır´pıs) *i.* **be at** —**s** 1. birbirini anlamamak. 2. amaçları birbirine karşı olmak. **talk at** —**s** birbirine aykırı amaçları savunarak konuşmak.
cross-ref.er.ence (krôs´ref´ırıns) *i.* (kitapta) gönderme.
cross.road (krôs´rod) *i.* ara yol, yan yol.
cross.roads (krôs´rodz) *i.* 1. dörtyol; kavşak. 2. dönüm noktası.
cross.walk (krôs´wôk) *i.* yaya geçidi.
cross.wise (krôs´wayz) *s.* çapraz. *z.* çaprazlama.
cross.word puzzle (krôs´wırd) bulmaca.
crotch (kraç) *i.* 1. çatal, dal ile gövdenin birleştiği yer. 2. *anat.* kasık. 3. *terz.* pantolon ağı.
crotch.et (kraç´ît) *i.* 1. garip düşünce; tuhaflık. 2. *İng.* dörtlük, dörtlük nota.
crotch.et.y (kraç´îti) *s.* 1. huysuz, dırdırcı. 2. tuhaf, acayip.
crouch (krauç) *f.* çömelmek. *i.* çömelme.
croup (krup) *i.* krup hastalığı, boğak.
crou.pi.er (kru´piyır) *i.* krupiye.
crou.ton (kru´tan, krutan´) *i.* (çorbaya konulan) kıp biçiminde doğranmış kızarmış ekmek.
crow (kro) *i.* karga. **as the** — **flies** dosdoğru gidecek olursak.
crow (kro) *f.* (—**ed**/*İng.* **crew**) 1. (horoz) ötmek. 2. (**over**) (-den dolayı) sevinçle haykırmak.
crow.bar (kro´bar) *i.* manivela, levye, küskü.
crowd (kraud) *i.* kalabalık. *f.* 1. doluşmak, toplanmak, birikmek. 2. sıkıştırmak, doldurmak. — **into** -e doluşmak. — **out** 1. sıkıştırarak çıkarmak, dışarıya itelemek. 2. (birisine) yer bırakmamak.
crowd.ed (krau´dıd) *s.* kalabalık.
crown (kraun) *i.* 1. taç. 2. hükümdarlık. 3. hükümdar. 4. tepe, baş. 5. kron (para birimi). 6. diştacı. 7. dişçi. kuron. *f.* 1. taç giydirmek. 2. tamamlamak. 3. tepesini süslemek, taçlandırmak. 4. (dama oyununda) dama yapmak. 5. (dişe) kuron takmak. 6. *k. dili* kafasına vurmak.
cru.cial (kru´şıl) *s.* çok önemli, can alıcı, kritik.
cru.ci.fix (kru´sıfîks) *i.* çarmıha gerilmiş İsa heykeli, krüsifi.
cru.ci.fix.ion (krusifîk´şın) *i.* 1. çarmıha germe. 2. Hz. İsa'nın çarmıhta ölümünü gösteren resim.
cru.ci.fy (kru´sıfay) *f.* çarmıha germek.

crude (krud) *s.* 1. ham, arıtılmamış. 2. kaba. 3. derme çatma, üstünkörü yapılmış. *i.* ham petrol. **— oil** ham petrol.
crude.ly (krud´li) *z.* kabaca.
crude.ness (krud´nis) *i.* kabalık.
cru.el (kruw´ıl) *s.* 1. zalim, acımasız. 2. dayanılmaz, acı.
cru.el.ly (kruw´ıli) *z.* zalimce, acımasızca, insafsızca.
cru.el.ty (kruw´ılti) *i.* zulüm, acımasızlık.
cru.et (kru´wit) *i.* (içine zeytinyağı, sirke v.b. konulan) (kulplu, küçük) sürahi.
cruise (kruz) *f.* 1. aynı hızla uzunca bir süre gitmek. 2. (gemiyle) dolaşmak. 3. dolaşmak, dolanmak, gezinmek. 4. (polis, polis arabası) (etrafı kolaçan ederek) dolaşmak; (taksi şoförü, taksi) (müşteri arayarak) dolaşmak: **The squad car cruises the streets of the neighborhood all night.** Polis arabası gece boyunca mahalle sokaklarında dolaşıyor. 5. (fahişe) sokaklarda dolaşarak müşteri aramak. *i.* 1. (tatil amacıyla yapılan) deniz yolculuğu. 2. dolaşma, dolanma, gezinme. 3. (polis, polis arabası) (etrafı kolaçan ederek) dolaşma; (taksi şoförü, taksi) (müşteri arayarak) dolaşma.
cruis.er (kru´zır) *i.* kruvazör.
crumb (krʌm) *i.* 1. kırıntı, ekmek kırıntısı. 2. parça, zerre. 3. ekmek içi. *f.* ufalamak.
crum.ble (krʌm´bıl) *f.* 1. ufalamak; ufalanmak, un ufak olmak. 2. harap olmak, çökmek. 3. parçalanmak.
crum.ple (krʌm´pıl) *f.* 1. buruşturmak, kırıştırmak; buruşmak, kırışmak. 2. çökmek.
crunch (krʌnç) *f.* 1. çıtır çıtır yemek, kıtır kıtır yemek, katır kutur yemek, hart hurt yemek. 2. çatırtı ile ezmek. 3. çatırdamak. *i.* 1. çatırtı. 2. *k. dili* güç durum. **in the — paçası** sıkışınca.
cru.sade (kruseyd´) *i.* 1. haçlı seferi. 2. din uğruna yapılan savaş, cihat. 3. kampanya, savaşım. *f.* **against** -e karşı savaşım vermek. **the C—s** Haçlı Seferleri.
cru.sad.er (kruseyd´ır) *i.* 1. Haçlı. 2. bir davanın hararetli taraftarı.
crush (krʌş) *f.* ezmek.
crush (krʌş) *i.* 1. ezme. 2. kalabalık, izdiham. **have a — on someone** *k. dili* birine fena halde tutulmak.
crust (krʌst) *i.* 1. ekmek kabuğu. 2. kabuk. *f.* 1. kabuklanmak, kabuk bağlamak. 2. kabukla kaplamak. **— of the earth** yerkabuğu.
crus.ta.cean (krʌstey´şın) *s., i.* kabuklu (hayvan).
crust.y (krʌs´ti) *s.* 1. kabuklu. 2. aksi, huysuz.
crutch (krʌç) *i.* 1. destek. 2. koltuk değneği.
crux (krʌks) *i.* 1. dönüm noktası, kritik an. 2. çözülmesi zor sorun/durum. 3. püf noktası.

cry (kray) *f.* 1. ağlamak. 2. (hayvan) bağırmak. *i.* 1. haykırış, haykırı; feryat. 2. (hayvana ait) ses. **— for/— out for** -i çok gerektirmek, -e çok ihtiyacı olmak: **This country is crying for a leader.** Bu ülkenin bir lidere büyük bir ihtiyacı var. **— one's heart out** hüngür hüngür ağlamak. **— out** bağırmak. **— out against** -e karşı yüksek sesle protestoda bulunmak. **— wolf** yalandan imdat diye bağırmak, yalandan imdat istemek.
crypt (kript) *i., mim.* kriptos, kripta.
cryp.tic (krip´tik) *s.* 1. örtülü, gizli, kapalı. 2. gizemli. 3. şifreli.
crys.tal (kris´tıl) *i.* 1. kristal, billur. 2. saat camı.
crys.tal.line (kris´tılin) *s.* 1. billur gibi, berrak. 2. kristal, billurdan yapılmış.
crys.tal.lize, *İng.* **crys.tal.lise** (kris´tılayz) *f.* billurlaştırmak; billurlaşmak.
cu. kıs. **cubic.**
cub (kʌb) *i.* yavru (tilki/ayı/aslan). *f.* **(—bed, —bing)** yavrulamak. **— scout** yavrukurt.
Cu.ba (kyu´bı) *i.* Küba. **—n** *i.* Kübalı. *s.* 1. Küba, Küba'ya özgü. 2. Kübalı.
cub.by.hole (kʌb´ihol) *i.* 1. odacık; hücre. 2. (yazıhanede/dolapta) önü açık ufak göz.
cube (kyub) *i.* 1. *geom., mat.* küp. 2. küp, küp biçiminde nesne. *f.* 1. küp biçiminde kesmek. 2. *mat.* (bir sayının) kübünü almak. **— sugar** kesmeşeker, küp şeker.
cu.bic (kyu´bik) *s.* kübik. **— centimeter** santimetre küp. **— foot** ayak küp (,028 m³). **— inch** inç küp (16,4 cm³). **— meter** metre küp.
cu.bi.cal (kyu´bikıl) *s.* kübik, küp biçiminde.
cu.bi.cle (kyu´bikıl) *i.* kabin, kabine, odacık.
cuck.old (kʌk´ıld) *i.* boynuzlanmış koca, boynuzlu koca. *f.* (kocasını) boynuzlamak.
cuck.oo (ku´ku, kûk´u) *i.* guguk, gugukkuşu. *s., argo* kaçık, deli. **— clock** guguklu saat.
cu.cum.ber (kyu´kʌmbır) *i.* salatalık, hıyar. **cool as a —** serinkanlı, soğukkanlı.
cud (kʌd) *i.* geviş. **chew the —** 1. geviş getirmek. 2. derin derin düşünmek.
cud.dle (kʌd´ıl) *f.* 1. kucağına alıp okşamak. 2. (birbirine) sokulmak. **— up** (birbirine/birine) sokulmak. **— up to** -e sokulup yaslanmak; -e sokulup sarılmak.
cudg.el (kʌc´ıl) *i.* sopa, çomak. *f.* sopa atmak, sopa çekmek, sopalamak.
cue (kyu) *i.* 1. bilardo isteka. 2. sıra, kuyruk. **— ball** bilardo topu.
cue (kyu) *i., tiy.* oyuncunun sözü arkadaşına bırakmadan önceki son söz veya hareketi. 2. sufle. *f.* sufle etmek.
cuff (kʌf) *i.* 1. kol ağzı, kolluk, manşet. 2. sille, tokat. *f.* tokatlamak, tokat atmak. **— link** kol düğmesi. **off the —** *argo* doğaçtan, irticalen.

a ä e ı i î ô o û u ʌ ıl ım ın ır ng ngg ngk
car cat met above heal his dog so good do up couple prism demon burn ring finger ink

on the — *argo* veresiye.
cui.sine (kwizin´) *i.* yemek pişirme sanatı, mutfak.
cul-de-sac (kʌl´dısäk) *i., İng.* çıkmaz sokak.
cu.li.nar.y (kyu´lıneri, kʌl´ıneri) *s.* yemek pişirme ile ilgili, mutfakla ilgili; yemekte/mutfakta kullanılan.
cul.mi.nate (kʌl´mineyt) *f.* 1. in ile sonuçlanmak, ile sona ermek, ile son bulmak. 2. en yüksek noktaya varmak, doruğuna yükselmek.
cul.mi.na.tion (kʌlminey´şın) *i.* 1. sonuç, son, bitiş. 2. doruk, zirve, en yüksek nokta.
cu.lottes (kyûlats´, kûlats´) *i.* pantolon-etek.
cul.pa.bil.i.ty (kʌlpıbil´ıti) *i.* kusur, kabahat, suçluluk.
cul.pa.ble (kʌl´pıbıl) *s.* kusurlu, kabahatli.
cul.prit (kʌl´prit) *i.* suçlu, mücrim.
cult (kʌlt) *i.* kült.
cul.ti.va.ble (kʌl´tıvıbıl), **cul.ti.vat.a.ble** (kʌltıveyt´ıbıl) *s.* ekilebilir, yetiştirilebilir.
cul.ti.vate (kʌl´tıveyt) *f.* 1. (tarlayı) sürmek, (toprağı) işlemek. 2. yetiştirmek. 3. geliştirmek. 4. (biriyle) dostluk kurmaya çalışmak. — **a friendship** dostluk kurmaya çalışmak.
cul.ti.vat.ed (kʌl´tıveytid) *s.* 1. işlenmiş (toprak). 2. kültürlü, görgülü.
cul.ti.va.tion (kʌltıvey´şın) *i.* 1. (toprağı) işleme; tarım. 2. yetiştirme. 3. geliştirme. 4. kültür, görgü.
cul.ti.va.tor (kʌl´tıveytır) *i.* ekici, yetiştirici.
cul.tur.al (kʌl´çırıl) *s.* kültürel.
cul.ture (kʌl´çır) *i.* 1. kültür. 2. yetiştirme. 3. geliştirme. 4. *biyol.* kültür. *f.* kültür yapmak, laboratuvarda mikrop üretmek. — **gap** kültür farkı. — **shock** kültür şoku.
cul.tured (kʌl´çırd) *s.* kültürlü. — **pearl** kültive inci.
cum.ber.some (kʌm´bırsım) *s.* 1. havaleli, lenduha gibi. 2. hantal. 3. kullanışsız, elverişsiz. 4. ağır; sıkıcı.
cum.in (kʌm´în) *i.* kimyon. **black** — çöreotu.
cu.mu.la.tive (kyum´yıleytiv, kyum´yılıtîv) *s.* birikerek artan, birikmiş, kümülatif.
cu.mu.lus (kyum´yılıs) *i.* kümebulut.
cu.ne.i.form (kyuni´yıfôrm) *i.* çiviyazısı.
cun.ning (kʌn´îng) *s.* 1. kurnaz, şeytan, hin. 2. şirin, sevimli. *i.* kurnazlık, şeytanlık.
cunt (kʌnt) *i., kaba* 1. *am. 2. *sikişme.
cup (kʌp) *i.* 1. fincan, bardak, kupa, kadeh. 2. *spor* kupa. 3. litrenin dörtte biri, 236 cm³. — **final** kupa finali. — **winner** kupa galibi.
cup (kʌp) *f.* (**—ped, —ping**) şişe çekmek, hacamat yapmak, vantuz çekmek. — **one's hands** avuçlarını bitiştirerek çanak gibi açmak.
cup.board (kʌb´ırd) *i.* dolap, yüklük.
cu.pid (kyu´pid) *i.* (aşk tanrısı) eros. **play** — çöpçatanlık yapmak.
cu.pid.i.ty (kyupid´ıti) *i.* hırs, tamah, açgözlülük.

cu.po.la (kyu´pılı) *i.* 1. ufak kubbe. 2. döküm ocağı.
cur (kır) *i.* 1. sokak köpeği, it. 2. it herif, it.
cur.a.ble (kyûr´ıbıl) *s.* tedavi edilebilir, iyileşebilir.
cu.rate (kyûr´it) *i.* stajyer papaz.
cu.ra.tor (kyûrey´tır) *i.* müze/kütüphane müdürü.
curb (kırb) *i.* 1. kaldırımın kenar taşı. 2. engel, fren. 3. suluk, gem zinciri. *f.* tutmak, zapt etmek, frenlemek, hâkim olmak, yenmek, durdurmak.
curd (kırd) *i.* kesmik. — **cheese** lor peyniri, lor.
cur.dle (kır´dıl) *f.* pıhtılaştırmak; pıhtılaşmak, kesilmek. — **one's blood** dehşete düşürmek, kanını dondurmak.
cure (kyûr) *f.* 1. tedavi, sağaltım. 2. çare, derman, ilaç. 3. şifa. 4. kür.
cure (kyûr) *f.* 1. iyileştirmek, tedavi etmek, sağaltmak, şifa vermek. 2. -e çözüm getirmek, -e çare bulmak. 3. tütsülemek; tuzlamak; kurutmak.
cur.few (kır´fyu) *i.* sokağa çıkma yasağı.
cu.ri.os.i.ty (kyûriyas´ıti) *i.* 1. merak. 2. nadir şey, tuhaf şey. — **shop** hediyelik eşya dükkânı. **out of** — meraktan. **raise someone's** — birinin merakını uyandırmak, birinin dikkatini çekmek.
cu.ri.ous (kyûr´iyıs) *s.* 1. meraklı. 2. acayip, tuhaf, garip.
curl (kırl) *i.* 1. kıvrım, büklüm. 2. bukle, lüle. *f.* kıvırmak, bukle yapmak, bükmek; kıvrılmak, bükülmek. — **one's hair** 1. saçını kıvırmak. 2. *k. dili* yüreğini oynatmak, korkutmak. — **up** kıvrılmak. —**ing iron** saç maşası.
curl.er (kır´lır) *i.* bigudi.
curl.y (kır´li) *s.* kıvırcık, kıvır kıvır.
cur.rant (kır´ınt) *i.* 1. kuşüzümü. 2. frenküzümü.
cur.ren.cy (kır´ınsi) *i.* 1. para, nakit, nakit para. 2. sürüm, geçerlik, tedavül, revaç.
cur.rent (kır´ınt) *i.* cereyan, akım, akıntı. **alternating** — *elek.* almaşık akım. **direct** — *elek.* doğru akım.
cur.rent (kır´ınt) *s.* 1. şimdiki, bugünkü, güncel, aktüel. 2. geçer, yürürlükte olan, cari. — **account** cari hesap. — **events** güncel olaylar. — **expenses** günlük masraflar, günlük giderler.
cur.rent.ly (kır´ıntli) *z.* halen, şu anda, bugünlerde.
cur.ric.u.lum (kırîk´yılum) *i.* müfredat programı. — **vitae** özgeçmiş.
cur.ry (kır´i) *f.* — **powder** toz haline getirilmiş kimyon, kişniş, zerdeçal v.b. baharat karışımı.
cur.ry (kır´i) *f.* kaşağılamak, tımar etmek. — **favor with** -e yaranmak, yaltaklanarak (birinin) gözüne girmeye çalışmak.
cur.ry.comb (kır´îkom) *i.* kaşağı.
curse (kırs) *f.* 1. sövmek, sövüp saymak, küfretmek. 2. ilenmek, lanet etmek, beddua et-

th dh w hw b c ç d f g h j k l m n p r s ş t v y z
thin the we why be joy chat ad if go he regime key lid me no up or us she it via say is

mek. *i.* 1. ilenme, ilenç, lanet, beddua. 2. sövgü, sövme, küfür. 3. bela.
curs.ed (kır'sid) *s.* 1. körolası, melun. 2. lanetli, lanetlenmiş.
cursed (kırst) *s.* **be — lanetli olmak.**
cur.sor (kır'sır) *i., bilg.* kürsör, ışıklı gösterge, imleç.
cur.so.ry (kır'sıri) *s.* gelişigüzel, üstünkörü. **a — glance** göz gezdirme.
curt (kırt) *s.* ters ve kısa (söz).
cur.tail (kırteyl') *f.* kesmek, kısaltmak, azaltmak.
cur.tain (kır'tın) *i.* perde. *f.* perdelemek. **— ring** perde halkası. **— rod** perde rayı, korniş. **the Iron C—** *tar.* Demirperde.
curt.sy (kırt'si) *i.* reverans. *f.* reverans yapmak. **make someone a —** (kadın) birine reverans yapmak.
cur.va.ture (kır'vıçır) *i.* 1. eğrilik. 2. eğrilme.
curve (kırv) *i.* 1. eğri, kavis, kıvrım. 2. viraj.
curve (kırv) *f.* 1. eğmek, bükmek; eğilmek, bükülmek. 2. kıvırmak; kıvrılmak.
cush.ion (kûş'ın) *i.* 1. yastık, minder. 2. bir darbenin hızını kesen tampon. 3. bilardo masasının lastikli iç kenarı. *f.* 1. hafifletmek, azaltmak. 2. altına/arkasına yastık koymak; yastıkla beslemek. 3. yastıkla kaplamak.
cus.pid (kʌs'pid) *i.* köpekdişi.
cuss (kʌs) *f., k. dili* sövmek, küfretmek. *i., k. dili* 1. sövgü, küfür. 2. herif.
cus.tard (kʌs'tırd) *i.* 1. süt, şeker ve yumurta ile hazırlanan bir sos. 2. krem karamele benzeyen bir tatlı.
cus.to.di.an (kʌsto'diyın) *i.* 1. koruyucu, muhafız. 2. sorumlu kimse. 3. kapıcı.
cus.to.dy (kʌs'tıdi) *i.* 1. vesayet. 2. gözetim; koruma. **be under —** tutuklu olmak. **give someone — of** birine (birinin) vesayetini vermek. **take someone into —** birini tutuklamak.
cus.tom (kʌs'tım) *i.* 1. gelenek, âdet. 2. alışkanlık, itiyat. 3. (bir müşterinin yaptığı) alışveriş.
cus.tom.ar.y (kʌs'tımeri) *s.* alışılmış, âdet olan, mutat.
cus.tom.er (kʌs'tımır) *i.* müşteri.
cus.tom-made (kʌs'tım.meyd') *s.* ısmarlama.
cus.toms (kʌs'tımz) *i.* gümrük, gümrük resmi.
cus.toms.house (kʌs'tımz.haus) *i.* gümrük.
cut (kʌt) *i.* 1. kesme, kesim. 2. kesik. 3. kesim, fason, biçim. 4. dilim, parça. 5. *k. dili* hisse, pay. 6. indirim. 7. kesinti. 8. yarma, yol geçirmek için açılan yar. 9. acı söz. 10. kırıcı davranış. **— of meat** (kasaplık hayvanın gövdesinden belirli bir şekilde kesilen) et parçası. **a — above** -den bir gömlek üstün. **short — kestirme yol.**
cut (kʌt) *f.* **(cut, —ting)** 1. kesmek. 2. biçmek. 3. kesmek, azaltmak. 4. kesilmek: **This stone**

cuts easily. Bu taş kolayca kesiliyor. 5. (ders, konferans v.b.'ni) asmak, -e gitmemek. 6. (fiyatını) indirmek. 7. *k. dili* (motoru) stop ettirmek, durdurmak. 8. (birini) görmezlikten gelmek. 9. *isk.* kesmek. **— a tooth** (çocuk) diş çıkarmak. **— across** kestirmeden gitmek. **— across all boundaries** sınır tanımamak. **— an alcoholic drink with water** içkiyi sulandırmak. **— and run** bırakıp kaçmak. **— back** 1. azaltmak. 2. kesip kısaltmak. 3. geri dönmek. **— both ways** hem lehine, hem aleyhine olmak. **— corners** en kolay ve en ucuz yollara başvurarak yapmak. **— down a piece of clothing into** eski bir giysiden (yeni bir şey) yapmak. **— down a tree** ağaç kesmek. **— down on -i** azaltmak. **— in** (birinin) sözünü kesmek; araya girmek. **— in on** azaltmak. **— into** azaltmak. **C— it out!** *k. dili* Yapma!/Bırak! **— loose** 1. **from** (bir yerden/gruptan) ayrılmak; (denetim, baskı v.b.'nden) yakasını kurtarmak/sıyırmak. 2. *k. dili* gayrete gelmek, aşka gelmek. 3. *k. dili* kurtlarını dökmek. **— no ice** önemli olmamak. **— off** kesmek. **— off one's nose to spite one's face** gâvura kızıp oruç bozmak. **— out** 1. kesmek; kesip çıkarmak. 2. (giysi) biçmek. 3. *k. dili* kesmek, bırakmak. **— short** kısa kesmek. **— someone down** birini öldürmek. **— someone off** 1. birine miras olarak on para/hiç para bırakmamak. 2. birinin yolunu kesmek. **— the ground from under someone's feet** birinin savunduğu noktaları çürütmek. **— the wheels (of an automobile)** sol yapmak; sağ yapmak. **— to the quick** içine işlemek, içini yakmak, acı vermek. **— up** 1. parça parça kesmek, doğramak. 2. şaklabanlık yapmak, komik şeyler yapmak.
cut (kʌt) *s.* kesilmiş, kesik. **— glass** kristal.
cut.back (kʌt'bäk) *i.* 1. kesinti, azaltma, eksiltme. 2. *sin.* geriye dönüş.
cute (kyut) *s., k. dili* şirin, sevimli.
cu.ti.cle (kyu'tikıl) *i., anat.* 1. tırnakların etrafını çevreleyen deri. 2. üstderi.
cut.ler.y (kʌt'lıri) *i.* çatal bıçak takımı.
cut.let (kʌt'lit) *i.* kotlet.
cut.off (kʌt'ôf) *i.* 1. kestirme yol. 2. sona erme tarihi. **— point** sona erme noktası.
cut-price (kʌt'prays') *s.* 1. indirimli, tenzilatlı. 2. indirimli mal satan.
cut-rate (kʌt'reyt') *s.* 1. indirimli, tenzilatlı. 2. indirimli mal satan. 3. niteliksiz, kalitesiz.
cut.ter (kʌt'ır) *i.* 1. *den.* kotra. 2. (belirli bir şeyi) kesen kimse. 3. kesici alet, kesici: **wire cutters** tel makası.
cut.throat (kʌt'throt) *s.* kıyasıya, amansız. *i.* katil, cani.
cut.ting (kʌt'îng) *i.* 1. kesme, kesiş. 2. *sin.* ke-

sim. 3. *bahç.* aşı kalemi. *s.* 1. acı, incitici, kırıcı (söz). 2. acı, keskin, sert (rüzgâr).
cut.tle.fish (kʌt´ılfiş) *i.* mürekkepbalığı.
cut.up (kʌt´ʌp) *i.* şaklaban, şakacı.
cwt. *kıs.* **hundredweight** 1. *İng.* 112 libre, yaklaşık 50 kg. 2. *ABD* 100 libre, 45,5 kg.
-cy *isim belirten sonek:* **fluency** akıcılık.
cy.a.nide (say´ınayd) *i.* siyanür.
cy.ber.net.ics (saybırnet´iks) *i.* sibernetik, kibernetik.
cy.cla.men (sayk´lımın) *i.* siklamen, tavşankulağı, buhurumeryem.
cy.cle (say´kıl) *i.* 1. *elek.* devre. 2. dönme, dönüş, devir. 3. bisiklet; motosiklet. *f.* bisiklete binmek.
cy.clist (say´klist) *i.* bisikletçi; motosikletçi.
cy.clone (say´klon) *i.* siklon, kiklon.
cyl.in.der (sil´îndır) *i.* silindir.
cy.lin.dri.cal (silîn´drikıl) *s.* silindirsel, silindirik.
cym.bal (sim´bıl) *i., müz.* büyük zil.
cyn.ic (sin´ik) *i.* kinik, sinik.
cyn.i.cal (sin´ikıl) *s.* kinik, sinik.
cyn.i.cism (sin´ısizım) *i.* kinizm, sinizm.
cy.press (say´prıs) *i.* servi, selvi.
Cyp.ri.an (sip´riyın) *i., s., bak.* **Cypriot.**
Cyp.ri.ot (sip´riyıt) *i.* Kıbrıslı. *s.* 1. Kıbrıs, Kıbrıs'a özgü. 2. Kıbrıslı.
Cy.prus (say´prıs) *i.* Kıbrıs.
Cy.ril.lic (siril´ik) *s.* — **alphabet** Kiril alfabesi.
cyst (sist) *i., tıb.* kist.
cys.ti.tis (sistay´tis) *i., tıb.* sistit.
czar (zar) *i.* çar.
czar.dom (zar´dım) *i.* çarlık.
cza.ri.na (zari´nı) *i.* çariçe.
Czech (çek) *i., s.* 1. Çek. 2. Çekçe. **the — Republic** Çek Cumhuriyeti.
Czech.o.slo.vak (çekıslo´vak, çekıslo´väk), **Czech.o.slo.va.ki.an** (çekıslo´vakiyın) *i., tar.* Çekoslovakyalı, Çekoslovak. *s., tar.* 1. Çekoslovak. 2. Çekoslovakyalı.
Czech.o.slo.va.ki.a (çekıslova´kiyı) *i., tar.* Çekoslovakya.

D

D, d (di) *i.* D, İngiliz alfabesinin dördüncü harfi.
D. *kıs.* December, Department, Doctor, Dutch.
d. *kıs.* date, daughter, day, days, dead, diameter, died.
D.A. *kıs.* District Attorney.
da *kıs.* daughter, day(s).
dab (däb) *i.* dokunma, hafif vuruş. *f.* (**—bed, —bing**) hafifçe vurmak, dokunmak. **a — of** azıcık: Put a dab of the ointment on the wound. Yaraya merhemden biraz sür.
dab.ble (däb´ıl) *f.* 1. su serpmek, hafifçe ıslatmak. 2. in ile amatörce uğraşmak.
dab.bler (däb´lır) *i.* bir işe heves duyup girişme eğiliminde olan kimse, amatör, hevesli.
dachs.hund (daks´hûnt) *i.*, *zool.* mastı.
dad (däd), **dad.dy** (däd´i) *i.*, *k. dili* baba, babacığım.
Da.da (da´da) *i.* Dadacılık, Dadaizm.
Da.da.ism (da´dayîzım) *i., bak.* **Dada.**
Da.da.ist (da´dayîst) *i.* Dadacı, Dadaist.
dad.dy-long.legs (däd´i.lông´legz) *i., zool.* tipula sineği.
daf.fo.dil (däf´ıdil) *i.* zerrin, fulya, nergis.
daft (däft) *s.* 1. kaçık, deli, kafadan kontak. 2. saçma.
dag.ger (däg´ır) *i.* kama, hançer. **be at —s drawn** kanlı bıçaklı olmak. **look —s at someone** birine öfke ile bakmak.
dahl.ia (däl´yı) *i.* yıldızçiçeği.
Da.ho.me.an/Da.ho.mey.an (dıho´miyın)/ **Da.ho.man** (dıho´mın) *i., s., bak.* **Beninese.**
Da.ho.mey (dıho´mi) *i., bak.* **Benin.**
dai.ly (dey´li) *s.* gündelik, günlük. *z.* her gün. *i.* 1. gündelik gazete. 2. *İng.* gündelikçi (hizmetçi).
dain.ti.ly (deyn´tıli) *z.* zarafetle.
dain.ti.ness (deyn´tınıs) *i.* 1. zarafet, nezaket. 2. titizlik.
dain.ty (deyn´ti) *s.* 1. narin, zarif, nazik. 2. titiz.
dair.y (der´i) *i.* 1. mandıra. 2. süthane, sütçü dükkânı. **— cattle** sağmal inekler. **— farm** mandıra. **— products** süt ürünleri.
dair.y.man (der´ımın), *çoğ.* **dair.y.men** (der´i- mîn) *i.* sütçü.
dai.sy (dey´zi) *i.* papatya.
dale (deyl) *i.* küçük vadi.
dal.ly (däl´i) *f.* 1. vakit öldürmek, oyalanmak. 2. haylazlık etmek. **— away** vakit öldürmek. **— with** oynaşmak, cilveleşmek.
dam (däm) *i.* baraj, set, su bendi. *f.* (**—med, —ming**) -e set çekmek. **— up** -i frenlemek, -i bastırmak.
dam.age (däm´ic) *i.* 1. zarar, ziyan, hasar. 2. *k. dili* masraf, fiyat. *f.* zarar vermek, hasar yapmak, bozmak.
dam.ag.es (däm´îciz) *i., huk.* tazminat.
Da.mas.cus (dımäs´kıs) *i.* Şam.
dam.ask (däm´ısk) *i.* damasko (kumaş).
dame (deym) *i.* 1. *argo* kadın. 2. kadınlara verilen şövalyelik ayarında bir asalet unvanı. 3. *eski* hanım, hatun, yaşlı kadın.
damn (däm) *f.* 1. lanetlemek. 2. lanet okumak, beddua etmek. *i.* lanet. **D—!** *ünlem* Allah belasını versin!/Allah kahretsin! **D— it!/D—** him!/**D—** her! *bak.* **D—! He doesn't give a —.** Ona vız gelir./Umurunda değil./İplemez. **I'll be —ed!** Olur şey değil!/Allah Allah!
dam.na.tion (dämney´şın) *i.* 1. lanet. 2. bela. 3. cehennem cezası. **D—!** *ünlem* Lanet olsun!
damned (dämd) *s.* 1. lanetli, melun. 2. Allahın belası, kahrolası, kör olası, lanet. *z.* çok, pek. **D— if I know.** Biliyorsam kahrolayım.
damned.est (dämd´îst) *s.* en acayip, en tuhaf. *i.* en iyisi. **do one's —** elinden geleni yapmak.
damp (dämp) *s.* nemli, rutubetli, yaş. *i.* 1. nem, rutubet. 2. grizu. *f.* 1. boğmak, söndürmek. 2. yavaşlatmak, durdurmak. 3. nemlendirmek, ıslatmak.
damp.en (däm´pın) *f.* 1. nemlendirmek, ıslatmak; nemlenmek, ıslanmak. 2. (titreşimi) azaltmak. 3. kırmak, kaçırmak: **dampen someone's enthusiasm** birinin hevesini kırmak.
damp.ness (dämp´nîs) *i.* nem, rutubet.
dance (däns) *i.* 1. dans, raks, oyun. 2. balo. *f.* dans etmek, oynamak; dans ettirmek, oynatmak.
danc.er (dän´sır) *i.* dansçı, dansör, dansöz.
ballet — 1. balerin. 2. dansör. **belly —** 1. oryantal dansöz. 2. rakkase.
danc.ing (dän´sing) *i.* dans etme, dans.
dan.de.li.on (dän´dılayın) *i.* karahindiba.
dan.dle (dän´dıl) *f.* hoplatmak, zıplatmak.
dan.druff (dän´drıf) *i.* kepek, konak.
dan.dy (dän´di) *s.* 1. züppe. 2. harika, mükemmel, çok iyi.
Dane (deyn) *i.* Danimarkalı. **Great — Danua** cinsi köpek.
dan.ger (deyn´cır) *i.* 1. tehlike. **in —** tehlikede. **out of —** tehlikeyi atlatmış.
dan.ger.ous (deyn´cırıs) *s.* tehlikeli.
dan.ger.ous.ly (deyn´cırıslî) *z.* tehlikeli bir şekilde.

dangle 104

dan.gle (däng´gıl) *f.* sarkmak, asılı durup sallanmak; sarkıtmak, asıp sallamak.
Dan.ish (dey´niş) *i.* Danca. *s.* 1. Danimarka, Danimarka'ya özgü. 2. Danimarkalı. 3. Danca.
dank (dängk) *s.* yaş, nemli, rutubetli, küf kokulu.
Dan.ube (dän´yub) *i.* the — Tuna nehri, Tuna.
daph.ne (däf´ni) *i.* defne.
dap.per (däp´ır) *s.* şık, zarif.
dap.ple (däp´ıl) *s.* benekli. *f.* beneklemek. *i.* 1. benek. 2. benekli hayvan.
dap.ple-gray (däp´ıl.grey´) *s.* bakla kırı, alaca kır (at).
Dar.da.nelles (dardınelz´) *i.* the — Çanakkale Boğazı.
dare (der) *f.* cesaret etmek, cüret etmek, kalkışmak. **Does he — do it?** O işi yapmaya cesareti var mı? **I — say** zannedersem, sanırım, bana kalırsa. **I — you.** Haydi yap bakalım.
dare.dev.il (der´devıl) *i.* gözü pek.
dar.ing (der´îng) *i.* cüret, cesaret, yiğitlik. *s.* cüretkâr, yiğit.
dark (dark) *s.* 1. karanlık. 2. koyu. 3. esmer. 4. muğlak, çapraşık. 5. cehalet içinde. 6. gizli, esrarlı. **— blue** lacivert. **a — day** 1. karanlık gün. 2. kötü gün. **get —** akşam olmak, hava kararmak. **the D— Ages** Karanlık Devirler, ortaçağın ilk yarısı.
dark (dark) *i.* 1. karanlık. 2. akşam. 3. koyu renk, gölge. **at —** akşam olunca, hava kararırken. **in the —** 1. karanlıkta. 2. habersiz.
dark.en (dar´kın) *f.* 1. karartmak; kararmak. 2. anlaşılması zor hale getirmek. 3. koyulaşmak, esmerleşmek.
dark.ness (dark´nis) *i.* karanlık.
dark.room (dark´rum) *i.*, *foto.* karanlık oda.
dar.ling (dar´lîng) *i.* sevgili, sevgilim. *s.* 1. sevgili. 2. sevimli, cici, hoş.
darn (darn) *f.* iğneyle örerek onarmak. *i.* örülerek onarılmış delik.
darn (darn) *f.* lanet etmek. **D— it!** Lanet olsun! **I don't give a —.** Bana vız gelir.
dart (dart) *i.* 1. küçük ok. 2. ileri atılma, fırlama, hamle. 3. böceğin iğnesi. 4. *terz.* pens. *f.* 1. ok gibi fırlamak, atılmak. 2. atmak, fırlatmak.
dart.board (dart´bôrd) *i.* ok atma oyununda kullanılan nişan tahtası.
darts (darts) *i.* ok atma oyunu.
dash (däş) *f.* 1. hızla koşmak: **She dashed to the child's rescue.** Çocuğun imdadına koştu. 2. hızla ilerlemek, atılmak, fırlamak: **I dashed to the window but saw nothing.** Pencereye fırladım ama hiçbir şey görmedim. 3. vurmak, çarpmak, kırmak, parçalamak: **He dashed down his broken weapon.** Kırık silahını yere vurdu. **He dashed the chair to pieces against the wall.** Sandalyeyi duvara vurup parçaladı. 4. atmak, fırlatmak. 5. sıçratmak. 6. (umudunu) kırmak, suya düşürmek. 7. karıştırmak, katmak. *i.* 1. ileri atılma, fırlama, hamle. 2. az bir miktar, bir tutam. 3. kısa mesafe koşusu. 4. canlılık, enerji. 5. tire, çizgi. **— off** acele gitmek, fırlamak. **— off a letter** bir mektup karalamak. **— someone's hopes** bir kimsenin ümitlerini kırmak, birini hayal kırıklığına uğratmak. **— to pieces** çarpıp paramparça etmek. **— water on one's face** yüzüne su çarpmak.
dash.board (däş´bôrd) *i.*, *oto.* kontrol paneli, pano.
dash.ing (däş´îng) *s.* 1. atak, atılgan, cesur. 2. gösterişli, şık.
da.ta (dey´tı, dä´tı) *i.* 1. *çoğ.* *veya* *tek.* bilgi. 2. veriler, data. **— bank** *bilg.* veri bankası, bilgi bankası. **— base** *bilg.* veri tabanı, bilgi tabanı. **— file** *bilg.* veri dosyası. **— processing** *bilg.* bilgiişlem.
date (deyt) *i.* hurma, arabistanhurması.
date (deyt) *i.* 1. tarih, zaman. 2. randevu. 3. flört, flört edilen kişi. **— line** *coğr.* gündeğişme çizgisi. **out of —** 1. modası geçmiş, demode. 2. tarihi geçmiş. **to —** bugüne kadar. **up to —** günümüze uygun, çağdaş; modaya uygun.
date (deyt) *f.* 1. tarih koymak, tarih atmak. 2. tarihlendirmek. 3. ile çıkmak, ile flört etmek.
dat.ed (dey´tîd) *s.* 1. tarihli. 2. modası geçmiş, demode.
da.tive (dey´tîv) *s.*, *dilb.* -e halindeki. *i.* -e halindeki sözcük. **the — (case)** -e hali, datif.
da.tum (dey´tım), *çoğ.* **da.ta** (dey´tı, dä´tı) *i.* veri.
daub (dôb) *f.* 1. sürmek, sıvamak. 2. bulaştırmak. 3. lekelemek, kirletmek. *i.* 1. harç, çamur. 2. leke.
daugh.ter (dô´tır) *i.* kız evlat, kız.
daugh.ter-in-law (dô´tırînlô) *i.* gelin.
daunt (dônt) *f.* yıldırmak, gözünü korkutmak.
daunt.less (dônt´lîs) *s.* gözü pek, yılmaz, korkusuz.
dav.en.port (däv´ınpôrt) *i.* kanepe, sedir, divan; çekyat.
daw.dle (dôd´ıl) *f.* işini ağırdan alarak vakit kaybetmek, ağır davranmak, oyalanmak.
dawn (dôn) *i.* 1. seher, tan vakti. 2. şafak, tan. *f.* görünmeye başlamak, aydınlanmak. **— on** anlaşılmak, sezilmek. **It —ed on me.** Kafama dank etti.
day (dey) *i.* 1. gündüz: **We've been working night and day on this project.** Bu proje üzerinde gece gündüz çalışıyoruz. 2. gün: **the second day of the month** ayın ikinci günü. 3. zaman, devir. **— after —** her gün, günlerce. **— by —** günbegün, günden güne. **— in**

th	dh	w	hw	b	c	ç	d	f	g	h	j	k	l	m	n	p	r	s	ş	t	v	y	z
thin	the	we	why	be	joy	chat	ad	if	go	he	regime	key	lid	me	no	up	or	us	she	it	via	say	is

— out her gün. — laborer gündelikçi. all — bütün gün. by — gündüzün. call it a — paydos etmek. carry the — üstün gelmek, kazanmak. every other — gün aşırı, iki günde bir. from — to — günden güne. It has seen better —s. Eskisi kadar işe yaramaz. pay — maaş günü. some — bir gün, günün birinde. the other — geçen gün, birkaç gün önce. twice a — günde iki kez.
day.break (dey'breyk) i. seher, tan vakti.
day.dream (dey'drim) i. hayal. f. hayal kurmak, dalmak.
day.light (dey'layt) i. gün ışığı. — saving time yaz saati. in broad — güpegündüz.
day.time (dey'taym) i. gündüz.
daze (deyz) f. sersemletmek, sersem etmek, serseme çevirmek. i. sersem bir hal, sersemlik. in a — sersem sepelek.
dazed (deyzd) s. sersemlemiş, serseme çevrilmiş.
daz.zle (däz'ıl) f. göz kamaştırmak.
dea.con (di'kın) i. diyakoz.
dea.con.ess (di'kınis) i. kilisenin hayır işleriyle görevlendirdiği kadın.
dead (ded) s. 1. ölmüş, ölü. 2. cansız, hareketsiz; sönük. 3. ölü (renk). — ahead dosdoğru. — beat çok yorgun, bitkin. — center tam merkez, tam orta. — end 1. çıkmaz sokak. 2. çıkmaz. — heat *spor* berabere biten yarış. — language ölü dil. — letter 1. geçersiz yasa. 2. sahibine ulaştırılamayan mektup. — loss bir işe yaramayan nesne/kimse. — set k. dili kararlı. — set against -e tamamen karşı, -e muhalif. — tired bitkin, yorgun. come to a — stop tamamen durmak. the — ölüler. the — of night gecenin körü. the — of winter kışın ortası.
dead.en (ded'ın) f. 1. hafifletmek, azaltmak, zayıflatmak; (ses, ağrı v.b.'ni) kesmek. 2. parlaklığını gidermek, donuklaştırmak.
dead.line (ded'layn) i. son teslim tarihi.
dead.lock (ded'lak) i. çıkmaz. f. çıkmaza sokmak; çıkmaza girmek.
dead.ly (ded'li) s. 1. öldürücü; ölümcül. 2. ölü gibi.
deaf (def) s. 1. sağır. 2. kulak asmayan. the — sağırlar. turn a — ear to -e kulak asmamak, -e kulaklarını tıkamak.
deaf.en (def'ın) f. sağır etmek.
deaf-mute (def'myut) i. sağır ve dilsiz kimse.
deal (dil) i. 1. anlaşma, mukavele. 2. iş. 3. miktar. 4. iskambil kâğıtlarını dağıtma. f. (—t) (iskambil kâğıtlarını) dağıtmak. — in ... ticareti yapmak. — with 1. ile ilgilenmek. 2. -i idare etmek. 3. -in üstesinden gelmek, -in hakkından gelmek. 4. -e değinmek, -den bahsetmek. 5. -in müşterisi olmak, ile alışve-

riş etmek. a good —/a great — birçok, bir hayli. It's a —! Anlaştık!
deal.er (dil'ır) i. 1. (belirli bir şeyin) ticaretini yapan kimse, tüccar, satıcı: a dealer in old stamps eski pul satıcısı. 2. iskambil kâğıtlarını dağıtan kimse.
deal.ings (di'lingz) i. 1. iş, alışveriş. 2. iş ilişkisi; ilişki.
dealt (delt) f., bak. deal.
dean (din) i. 1. katedralin başrahibi. 2. dekan.
dear (dir) i. sevgili. s. 1. sevgili, aziz. 2. değerli, kıymetli. 3. pahalı.
dear.ly (dir'li) z. — love to (bir şeyi) çok arzu etmek. pay — for pahalıya mal olmak.
dearth (dırth) i. yokluk, kıtlık.
death (deth) i. ölüm. — rate ölüm oranı. — sentence idam hükmü. — squad ölüm mangası. — warrant *huk.* idam hükmü. at —'s door ölümün eşiğinde, bir ayağı çukurda. be the — of -in ölümüne neden olmak. put to — öldürmek.
death.bed (deth'bed) i. ölüm döşeği.
death.less (deth'lis) s. baki, ölümsüz.
death.like (deth'layk) s. ölüm gibi.
death.ly (deth'li) s. ölümsü. — cold çok soğuk: It's deathly cold outside. Dışarısı çok soğuk. — pale beti benzi atmış. — silence ölümsü bir sessizlik.
de.ba.cle (diba'kıl, deba'kıl) i. çöküş, yenilgi, bozgun.
de.bar (dibar') f. (—red, —ring) (from) engellemek; menetmek.
de.base (dibeys') f. 1. değerini düşürmek, ayarını bozmak. 2. alçaltmak, şerefini lekelemek. 3. yozlaştırmak.
de.bat.a.ble (dibey'tıbıl) s. tartışılabilir.
de.bate (dibeyt') f. 1. tartışmak. 2. çok düşünmek, düşünüp taşınmak: He debated with himself before reaching the decision. Kararını vermeden önce çok düşündü. i. tartışma; münazara.
de.bil.i.tate (dibil'ıteyt) f. kuvvetten düşürmek, zayıflatmak, takatini kesmek.
de.bil.i.ty (dibil'ıti) i. halsizlik, bitkinlik, güçsüzlük, zayıflık.
deb.it (deb'it) f. borç. f. 1. borç kaydetmek. — an account birinin borcuna kaydetmek. — and credit bir hesabı borcuna kaydetmek. — balance borç bakiyesi.
de.brief (dibrif') f. (tamamlanmış bir görev hakkında) bilgi almak için -i sorgulamak; (görev dönüşü) -den rapor almak.
de.bris (dıbri') i. yıkıntı, enkaz; döküntü.
debt (det) i. borç. — of gratitude teşekkür borcu, gönül borcu. — of honor namus borcu. bad — şüpheli alacak. balance of a —

debtor   **106**

borç bakiyesi. **be in someone's** — bir kimseye borçlu olmak. **discharge/pay a** — borç ödemek, tediye etmek. **get out of** — borçtan kurtulmak. **national/public** — devlet borcu. **run into** — borca girmek.
debt.or (det'ır) *i.* borçlu.
de.bug (dibʌg´) *f.* (**—ged, —ging**) 1. (bir yerden) gizli dinleme aygıtını sökmek. 2. (bir aygıt veya sistemin) kusurlarını gidermek. 3. *bilg.* hatasızlaştırmak, ayıklamak.
de.bunk (dibʌngk´) *f., k. dili* (bir şeyin) yanlış taraflarını açığa vurmak.
de.but (dibyu´) *i.* 1. başlangıç. 2. (sahneye) ilk çıkış. 3. bir genç kızın sosyeteye ilk defa takdimi.
Dec. *kıs.* **December.**
dec. *kıs.* **deceased, decrescendo.**
dec.ade (dek´eyd) *i.* on yıl.
dec.a.dence (dek´ıdıns) *i.* çökme, çöküş, yıkılış.
dec.a.dent (dek´ıdınt) *s.* çökmüş.
de.caf.fein.ate (dikäf´ıneyt) *f.* kafeinini çıkarmak. **—d coffee** kafeinsiz kahve.
de.cal (di´käl) *i.* (zamklı) çıkartma.
de.camp (dikämp´) *f.* 1. kampı bozup ayrılmak. 2. *k. dili* sıvışmak, savuşmak, tüymek, kaçmak.
de.cant.er (dikän´tır) *i.* sürahi.
de.cap.i.tate (dikäp´ıteyt) *f.* başını kesmek, boynunu vurmak.
de.cath.lon (dikäth´lan) *i., spor* dekatlon.
de.cay (dikey´) *f.* 1. çürümek, bozulmak; çürütmek. 2. azalmak. *i.* 1. çürüme, bozulma. 2. azalma.
de.cease (disis´) *i.* ölüm, ölme, vefat. *f.* ölmek. **the —d** merhum, rahmetli.
de.ceit (disit´) *i.* 1. aldatma; hile, yalan. 2. hilekârlık, düzenbazlık, dolandırıcılık.
de.ceit.ful (disit´fıl) *s.* 1. hilekâr, hileci. 2. aldatıcı.
de.ceit.ful.ly (disit´fıli) *s.* hilekârlıkla, yalancılıkla.
de.ceit.ful.ness (disit´fılnis) *i.* hilekârlık, yalancılık.
de.ceive (disiv´) *f.* aldatmak.
de.ceiv.er (disiv´ır) *i.* aldatıcı, hilekâr.
De.cem.ber (disem´bır) *i.* aralık.
de.cen.cy (di´sınsi) *i.* 1. terbiye, edep, nezaket. 2. ılımlılık. 3. iffet, namus.
de.cent (di´sınt) *s.* terbiyeli, nazik; temiz, iyi.
de.cent.ly (di´sıntli) *z.* 1. terbiye ölçüsünde. 2. yeterince.
de.cen.tral.ize, *İng.* **de.cen.tral.ise** (disen´trılayz) *f.* 1. -i merkeziyetçilikten uzaklaştırmak; otoriteyi/sorumluluğu bölüştürmek. 2. -i merkezden uzaklaştırmak, -i dağıtmak.
de.cep.tion (disep´şın) *i.* 1. aldatma; aldanma. 2. yalancılık. 3. hile, düzen, dolap.
de.cep.tive (disep´tiv) *s.* aldatan, aldatıcı.
de.cep.tive.ly (disep´tivli) *z.* aldatarak, aldatıcı bir biçimde.

de.cep.tive.ness (disep´tivnis) *i.* aldatıcılık, düzenbazlık, hilekârlık.
de.cide (disayd´) *f.* karar vermek, kararlaştırmak, hüküm vermek. **— against something** bir şeyin aleyhinde karar vermek. **— for something/— in favor of something** bir şeyin lehinde karar vermek.
de.cid.ed (disay´did) *s.* 1. kesin. 2. kararlı, azimli. 3. kararlı, ölçülü.
de.cid.ed.ly (disay´didli) *z.* kesinlikle, katiyetle.
de.cid.u.ous (disic´uwıs) *s.* kışın yapraklarını döken (bitki).
dec.i.gram, *İng.* **dec.i.gramme** (des´ıgräm) *i.* desigram.
dec.i.li.ter, *İng.* **dec.i.li.tre** (des´ılitır) *i.* desilitre.
dec.i.mal (des´ımıl) *s., mat.* ondalık. *i., mat.* 1. ondalık sayı. 2. ondalık kesir. **— fraction** ondalık kesir. **— point** ondalık virgülü: **1.07** (Türk sistemine göre 1,07). **— system** ondalık sistem.
dec.i.mate (des´ımeyt) *f.* büyük bir kısmını yok etmek.
dec.i.ma.tion (desımey´şın) *i.* büyük bir kısmını yok etme; büyük bir kısmı yok olma.
dec.i.me.ter, *İng.* **dec.i.me.tre** (des´ımitır) *i.* desimetre.
de.ci.pher (disay´fır) *f.* (şifreyi) çözmek.
de.ci.sion (disij´ın) *i.* karar; hüküm. **arrive at a — karara varmak. come to a —** karara varmak. **make a —** karar vermek, karar almak.
de.ci.sive (disay´siv) *s.* 1. kesin, kati. 2. kesin sonuca ulaştıran; **the decisive victory in that war** o savaşı kesin sonuca ulaştıran zafer. 3. kararlı.
de.ci.sive.ly (disay´sivli) *z.* 1. kesin olarak. 2. kararlı bir biçimde.
de.ci.sive.ness (disay´sivnis) *i.* 1. kesinlik. 2. kararlılık.
deck (dek) *i., den.* güverte. **— chair** şezlong. **— of cards** *isk.* deste. **— tape** — teyp; kasetçalar.
deck (dek) *f.* donatmak, süslemek. **— out** donatmak, süslemek.
de.claim (dikleym´) *f.* 1. hararetle söylemek/konuşmak. 2. (hitabet kurallarına göre) söylemek; resmi bir şekilde söylemek.
dec.la.ra.tion (deklırey´şın) *i.* 1. ilan. 2. demeç. 3. bildiri, deklarasyon.
de.clare (dikler´) *f.* 1. ilan etmek. 2. bildirmek, deklare etmek.
de.clen.sion (diklen´şın) *i.* 1. *dilb.* ad çekimi. 2. çöküş, çökme.
de.cline (diklayn´) *f.* 1. aşağıya meyletmek. 2. azalmak, düşmek. 3. çökmek. 4. reddetmek, geri çevirmek. 5. *dilb.* çekmek. *i.* 1. meyil, iniş. 2. azalma, düşüş; gerileme, yozlaşma. 3. çökme, çöküş. **be on the —** (kuvvetli/yüksek bir durumdan) düşmekte olmak: **The**

---

th dh w hw b c ç d f g h j k l m n p r s ş t v y z
thin the we why be joy chat ad if go he regime key lid me no up or us she it via say is

birthrate is on the decline. Doğum oranı düşmekte. **The Roman Empire was on the decline.** Roma İmparatorluğu artık gerilemekteydi. **go into a — kuvvetten düşmek.**
de.cliv.i.ty (dikliv´iti) *i.* iniş, meyil.
de.clutch (di´klʌç) *f.* debriyaj yapmak.
de.code (dikod´) *f.* (şifreyi) çözmek.
de.com.pose (dıkımpoz´) *f.* 1. ayrıştırmak. 2. çürütmek; çürümek.
de.com.po.si.tion (dikampızişˊın) *i.* 1. ayrışma. 2. bozulma.
dec.o.rate (dek´ıreyt) *f.* 1. süslemek, dekore etmek. 2. nişan vermek.
dec.o.ra.tion (dekıreyˊşın) *i.* 1. süsleme, dekorasyon. 2. süs. 3. nişan, madalya.
dec.o.ra.tive (dek´ırıtiv) *s.* süsleyici, süslü.
dec.o.ra.tor (dek´ıreytır) *i.* dekoratör. **interior — iç mimar.**
dec.o.rous (dek´ırıs) *s.* görgü kurallarına uygun.
dec.o.rous.ly (dek´ırısli) *z.* görgü kurallarına uygun bir biçimde.
de.co.rum (dikôr´ım) *i.* adaba uygun olma, terbiyeli olma.
de.coy (dikoy´, di´koy) *i.* tuzak yemi. *f.* 1. **away from** -den hile ile uzaklaştırmak; **into** -e hile ile çekmek. 2. tuzağa düşürmek.
de.crease (dikris´) *f.* azalmak, düşmek, küçülmek; azaltmak, düşürmek. *i.* azalma, düşüş. **on the — azalmakta.**
de.cree (dikri´) *i.* 1. resmi emir. 2. karar. 3. kararname. *f.* 1. emretmek, buyurmak. 2. karar vermek.
de.crep.it (dikrep´it) *s.* eskimiş, yıpranmış.
ded.i.cate (ded´ıkeyt) *f.* 1. adamak, vakfetmek. 2. **to** -in adına sunmak, -e ithaf etmek.
ded.i.cat.ed (ded´ıkeytid) *s.* 1. ithaf olunmuş. 2. adanmış. 3. kendini işine adamış.
ded.i.ca.tion (dedıkeyˊşın) *i.* adama, ithaf.
de.duce (didus´) *f.* sonuç çıkarmak.
de.duct (didʌkt´) *f.* çıkarmak, hesaptan düşmek.
de.duc.tion (didʌk´şın) *i.* 1. sonuç çıkarma. 2. *man.* tümdengelim. 3. sonuç. 4. hesaptan düşme. 5. kesinti: **salary deduction** ücret kesintisi.
deed (did) *i.* 1. eylem, iş, fiil. 2. *huk.* senet, tapu senedi. *f.* **to** -e senetle devretmek.
deem (dim) *f.* saymak, addetmek.
de-em.pha.size, *İng.* **de-em.pha.sise** (diyem´- fısayz) *f.* önemini azaltmak.
deep (dip) *s.* 1. derin. 2. anlaşılmaz. 3. şiddetli, ağır. 4. koyu (renk). 5. kalın, boğuk, pes (ses). *z.* **into** 1. derinlerine kadar; derinliklerine kadar: **It sank deep into the water.** Suyun dibine battı. 2. (gecenin) büyük bir bölümünde: **They talked deep into the night.** Gecenin büyük bir bölümünü konuşarak geçirdiler. **— in debt** borca batmış. **—

in thought** derin düşünceye dalmış. **— sea** derin deniz. **— trouble** vahim bir durum. **in — water** 1. başı dertte. 2. şaşkınlık içinde.
deep.en (di´pın) *f.* 1. derinleşmek; derinleştirmek. 2. artırmak. 3. (rengi) koyulaştırmak.
deep.freeze (dip´friz´) *i.* 1. derin dondurucu, dipfriz. 2. dondurup saklama. *f.* **(deep.froze, deep.fro.zen)** dondurup saklamak.
deep.froze (dip´froz´) *f., bak.* **deepfreeze.**
deep.fro.zen (dip´fro´zın) *f., bak.* **deepfreeze.**
deep-fry (dip´fray´) *f.* bol yağda kızartmak.
deep-root.ed (dip´rutıd) *s.* 1. kökleri derinlere inen (ağaç/çalı). 2. köklü, kökleşmiş (âdet/inanç).
deep-seat.ed (dip´sitıd) *s.* 1. derin, derinden gelen; derinde olan. 2. köklü, kökleşmiş.
deer (dir) *i.* (*çoğ.* **deer**) geyik; karaca.
def. *kıs.* **defective, defendant, defense, deferred, defined, definite, definition.**
de.face (difeys´) *f.* (bir şeyin yüzeyine) zarar vermek.
def.a.ma.tion (defımeyˊşın) *i.* karalama, kara çalma, lekeleme.
de.fame (difeym´) *f.* karalamak, kara çalmak, lekelemek.
de.fault (difôlt´) *i.* 1. (bir yükümlülüğü) yerine getirmeme. 2. *bilg.* varsayım. *f.* (bir yükümlülüğü) yerine getirmemek: **They defaulted on their loan.** Borçlarını zamanında ödemediler. **in — of** yokluğunda, yokluğundan dolayı. **win by —** hükmen galip sayılmak.
de.feat (difit´) *f.* yenmek, bozguna uğratmak. *i.* bozgun, yenilgi.
def.e.cate (def´ıkeyt) *f.* büyük aptesini yapmak, dışkılamak.
de.fect (difekt´) *i.* kusur, noksan, eksiklik.
de.fec.tive (difek´tiv) *s.* 1. kusurlu, sakat, eksik, noksan. 2. *dilb.* bazı çekim şekilleri olmayan.
de.fec.tor (difek´tır) *i.* karşı tarafa kaçan kimse.
de.fence (difens´) *i., İng., bak.* **defense.**
de.fend (difend´) *f.* 1. savunmak. 2. **from** -den korumak.
de.fend.ant (difen´dınt) *i., huk.* davalı.
de.fend.er (difend´ır) *i.* savunucu, savunan; koruyucu.
de.fense, *İng.* **de.fence** (difens´) *i.* 1. savunma, korunma. 2. *spor* savunma, defans.
de.fense.less (difens´lis) *s.* savunmasız, korunmasız.
de.fen.sive (difen´siv) *s.* 1. savunmayla ilgili. 2. (hedef alındığını zannederek) savunmaya geçen. 3. koruyucu. 4. *spor* defansif. **— alliance** savunma anlaşması. **be on the —** savunma durumunda olmak.
de.fer (difır´) *f.* **(—red, —ring)** 1. sonraya bırakmak, ertelemek. 2. **to** -e boyun eğmek.

def.er.ence (def'ırıns) *i.* riayet, (saygıdan kaynaklanan) itaat. **out of — to** -e riayeten, -e uyarak.
def.er.en.tial (defıren'şıl) *s.* riayetkâr; saygı ve itaat gösteren.
de.fer.ment (dıfır'mınt) *i.* erteleme.
de.ferred (dıfırd') *s.* ertelenmiş.
de.fi.ance (difay'ıns) *i.* 1. meydan okuma. 2. karşı koyma. **in — of** 1. -i hiçe sayarak, -e meydan okuyarak. 2. -e aykırı olarak.
de.fi.ant (difay'ınt) *s.* 1. meydan okuyan. 2. karşı koyan.
de.fi.cien.cy (difiş'ınsi) *i.* eksiklik, noksanlık; yetersizlik.
de.fi.cient (difiş'ınt) *s.* eksik, noksan; yetersiz.
def.i.cit (def'ısit) *i.* (bütçe, hesap v.b.'nde) açık; zarar.
de.file (difayl') *f.* kirletmek, pisletmek, lekelemek, bozmak.
de.fine (difayn') *f.* 1. tanımlamak, tarif etmek. 2. belirlemek, sınırlamak, tayin etmek.
def.i.nite (def'ınit) *s.* 1. kesin. 2. belirli, belli. **— article** *dilb.* belirli tanımlık: **the.**
def.i.nite.ly (def'ınitli) *z.* kesinlikle.
def.i.ni.tion (definiş'ın) *i.* 1. tanım, tarif. 2. tanımlama.
de.fin.i.tive (difin'ıtiv) *s.* kesin, son, tam.
de.flate (difleyt') *f.* 1. havasını/gazını boşaltmak, söndürmek; sönmek. 2. gururunu kırmak. 3. *ekon.* para arzını azaltmak.
de.fla.tion (difley'şın) *i.* 1. havasını/gazını boşaltma, söndürme; sönme. 2. gururunu kırma. 3. *ekon.* deflasyon, paradarlığı.
de.flect (diflekt') *f.* yönünü değiştirmek; başka yöne çevirmek; yönü değişmek. **— someone from his/her purpose** birini amacından çevirmek. **— something into** yönünü değiştirip -e çevirmek.
de.form (difôrm') *f.* biçimini bozmak, biçimsizleştirmek.
de.form.i.ty (difôr'miti) *i.* 1. biçimsizlik. 2. *tıb.* biçim bozukluğu, bozunum.
de.fraud (difrôd') *f.* dolandırmak, elinden almak.
de.fray (difrey') *f.* ödemek; (giderleri) karşılamak.
de.frost (difrôst') *f.* buzlarını çözmek/eritmek; buzları çözülmek/erimek.
deft (deft) *s.* becerikli, usta, marifetli.
de.funct (dif∧ngkt') *s.* 1. ölü. 2. feshedilmiş.
de.fuse (difyuz') *f.* (bombanın) fitilini sökmek, tapasını çıkarmak.
de.fy (difay') *f.* meydan okumak, karşı gelmek, karşı koymak.
de.gen.er.ate (dicen'ırit) *s.* yoz, yozlaşmış, soysuz, dejenere.
de.gen.er.ate (dicen'ıreyt) *f.* yozlaşmak, soysuzlaşmak, bozulmak, dejenere olmak.
deg.ra.da.tion (degrıdey'şın) *i.* 1. aşağılık bir durum; itibarsızlık. 2. aşağılaşma. 3. rütbeyi indirme.
de.grade (digreyd') *f.* 1. alçak bir duruma düşürmek. 2. rütbesini indirmek.
de.grad.ing (digrey'ding) *s.* alçaltıcı, onur kırıcı.
de.gree (digri') *i.* 1. *fiz., geom.* derece. 2. derece, basamak, aşama, rütbe, mertebe. 3. diploma. **by — s** derece derece, tedricen. **comparative —** *dilb.* üstünlük derecesi. **superlative —** *dilb.* enüstünlük derecesi. **to a —** bir dereceye kadar, biraz. **university —** yükseköğrenim diploması.
de.hu.mid.i.fi.er (dihyumid'ıfayır) *i.* nem gideren alet.
de.hu.mid.i.fy (dihyumid'ıfay) *f.* nemini gidermek.
de.hy.drate (dihay'dreyt) *f.* 1. suyunu almak, kurutmak. 2. su kaybetmek.
de.hy.drat.ed (dihay'dreytid) *s.* susuz, kurumuş.
de.i.fy (diy'ıfay) *f.* tanrılaştırmak.
deign (deyn) *f.* tenezzül etmek.
de.i.ty (diy'ıti) *i.* 1. tanrı, ilah. 2. tanrısal varlık.
de.ject.ed (dicek'tid) *s.* keyifsiz, morali bozuk; hüzünlü.
de.jec.tion (dicek'şın) *i.* keyifsizlik, moral bozukluğu; hüzün.
de.lay (diley') *f.* 1. ertelemek, sonraya bırakmak. 2. geciktirmek. 3. oyalanmak. *i.* gecikme, geç kalma. **be —ed** gecikmek, geç kalmak.
del.e.gate (del'ıgit, del'ıgeyt) *i.* delege, temsilci; elçi; vekil.
del.e.gate (del'ıgeyt) *f.* 1. havale etmek, devretmek. 2. görevlendirmek.
del.e.ga.tion (delıgey'şın) *i.* 1. delegasyon. 2. yetki verme.
de.lete (dilit') *f.* silmek, çıkarmak.
de.le.tion (dili'şın) *i.* 1. silme, çıkarma. 2. yazıdan çıkarılan parça.
de.lib.er.ate (dilib'ırit) *s.* 1. kasıtlı, maksatlı, önceden tasarlanmış. 2. temkinli, ölçülü, dikkatli.
de.lib.er.ate (dilib'ıreyt) *f.* 1. düşünüp taşınmak, ölçünmek, tartmak. 2. görüşmek, müzakere etmek.
de.lib.er.ate.ly (dilib'ıritli) *z.* kasten, mahsus, bile bile.
de.lib.er.a.tion (dilıbırey'şın) *i.* 1. üzerinde düşünme, düşünüp taşınma. 2. görüşme, müzakere.
del.i.ca.cy (del'ıkısi) *i.* 1. incelik, kibarlık. 2. lezzetli şey.
del.i.cate (del'ıkit) *s.* 1. kolaylıkla kırılabilen, kırılgan, nazik. 2. hassas (alet). 3. hassas (konu); nazik (durum). 4. ince (yapı), narin. 5. hafif (koku/tat). 6. hafif, yumuşak (dokunuş). 7. hastalıklara pek dayanıklı olmayan.

del.i.cate.ly (del'ıkitli) z. 1. incelikle. 2. dikkatle, ihtiyatla, büyük bir özenle.
del.i.ca.tes.sen (delıkıtes'ın) i. şarküteri, mezeci.
de.li.cious (dılîş'ıs) s. lezzetli, leziz, nefis.
de.light (dîlayt') f. 1. sevindirmek; sevinmek. 2. in -den zevk almak. i. 1. sevinç, zevk, keyif, haz. 2. sevinç veren şey. be —ed with -e çok sevinmek.
de.light.ful (dîlayt'fıl) s. hoş, güzel; zevkli.
de.lim.it (dîlîm'ît) f. sınırlandırmak, tahdit etmek.
de.lin.e.ate (dilîn'îyeyt) f. 1. şeklini çizmek. 2. betimlemek.
de.lin.quen.cy (dîling'kwınsi) i. 1. (çocuklarda) suç işleme. 2. borçların ödenmemesi.
de.lin.quent (dîling'kwınt) s. 1. suçlu, suç işleyen (çocuk). 2. ödenmemiş (hesap, vergi, borç v.b.). 3. borçlarını ödememiş. i. çocuk suçlu. juvenile — çocuk suçlu.
de.lir.i.ous (dîlîr'îyıs) s. 1. sayıklayan. 2. çılgına dönmüş.
de.lir.i.um (dîlîr'îyım) i. 1. sayıklama. 2. çılgınlık.
de.liv.er (dîlîv'ır) f. 1. teslim etmek, bırakmak, vermek: They will deliver the furniture tomorrow morning. Mobilyayı yarın sabah teslim edecekler. 2. (gazete, mektup v.b.'ni) dağıtmak. 3. (yumruk/darbe) indirmek. 4. (from) -den kurtarmak. 5. (çocuğu) almak, doğurtmak. 6. (söylev) vermek, (konuşma) yapmak. 7. (hüküm) vermek.
de.liv.er.ance (dîlîv'ırıns) i. 1. kurtarma; kurtuluş. 2. hüküm.
de.liv.er.er (dîlîv'ırır) i. 1. kurtarıcı. 2. teslim eden kimse. 3. dağıtıcı.
de.liv.er.y (dîlîv'ıri) i. 1. teslim; dağıtım. 2. doğurma; doğum. 3. konuşma tarzı. 4. beysbol topa vuruş, servis. — note tic. teslim beyanı. — order tic. teslim emri. — receipt tic. teslim makbuzu. — time tic. siparişlerin teslim süresi.
de.liv.er.y.man (dîlîv'ırîmän), çoğ. de.liv.er.y.men (dîlîv'ırîmen) i. satılan malı eve teslim eden kimse.
dell (del) i. küçük vadi, korulu vadi.
del.ta (del'tı) i. delta, çatalağız.
de.lude (dîlud') f. aldatmak, yanıltmak.
del.uge (del'yuc) i. 1. sel, tufan. 2. şiddetli yağmur.
de.lu.sion (dîlu'jın) i. 1. aldanma, yanılma. 2. ruhb. sabuklama.
de.lu.sive (dîlu'sîv) s. aldatıcı, yanıltıcı.
de.luxe (dîlûks') s. lüks, ihtişamlı.
delve (delv) f. into -i araştırmak.
dem.a.gogue (dem'ıgôg) i. demagog, halkavcısı.
dem.a.go.gy (dem'ıgaci) i. demagoji, halkavcılığı.
de.mand (dîmänd') f. 1. istem, istek; talep. 2. tic., ekon. talep, rağbet. 3. huk. talep, hak

iddia etme. f. 1. talep etmek, istemek. 2. gerektirmek. 3. huk. mahkemeye celp etmek. a —ing job çok emek isteyen iş, zahmetli iş. a —ing boss çok iş bekleyen patron. in great — çok revaçta, çok aranan, büyük rağbet gören, tutulan. law of supply and — ekon. sunu ve istem kuralı, arz ve talep kanunu. on — mal istenildiğinde.
de.mean (dîmin') f. alçaltmak, küçültmek.
de.mean.or, İng. de.mean.our (dîmi'nır) i. davranış, tavır.
de.ment.ed (dîmen'tîd) s. deli, kaçık, çılgın.
de.mer.it (dîmer'ît) i. (okulda) ihtar, tembih.
demi- önek yarım, yarı.
dem.i.john (dem'îcan) i. damacana.
de.mil.i.ta.rize, İng. de.mil.i.ta.rise (dîmîl'ıtırayz) f. askerden arındırmak. —d zone askerden arındırılmış bölge.
de.mise (dîmayz') i. ölüm, vefat.
de.mo.bi.li.sa.tion (dîmobılızey'şın) i., İng., bak. demobilization.
de.mo.bi.lise (dîmo'bılayz) f., İng., bak. demobilize.
de.mo.bi.li.za.tion, İng. de.mo.bi.li.sa.tion (dîmobılızey'şın) i. seferberliğin bitmesi; terhis.
de.mo.bi.lize, İng. de.mo.bi.lise (dîmo'bılayz) f. terhis etmek.
de.moc.ra.cy (dîmak'rısi) i. demokrasi, elerki.
dem.o.crat (dem'ıkrät) i. demokrat.
dem.o.crat.ic (demıkrät'îk) s. demokratik, halkçı.
dem.o.crat.i.cal.ly (demıkrät'îkıli) z. demokratik olarak.
de.mol.ish (dîmal'îş) f. yıkmak.
de.mo.li.tion (demılîş'ın) i. yıkma; yıkılma.
de.mon (dî'mın) i. 1. cin, kötü ruh, şeytan, iblis. 2. kötü kimse, iblis. 3. enerjik kimse. work like a —, çok çalışmak.
dem.on.strate (dem'ınstreyt) f. 1. kanıtlamak, ispat etmek: He has demonstrated his loyalty to the firm. Şirkete olan bağlılığını kanıtladı. 2. göstererek tanıtmak: demonstrate a machine bir makineyi tanıtmak. 3. gösteri yapmak.
dem.on.stra.tion (demınstrey'şın) i. 1. kanıtlama, ispat. 2. gösteri. 3. tanıtım gösterisi.
de.mon.stra.tive (dîman'strıtîv) s. 1. kanıtlayan, gösteren. 2. duygularını açığa vuran. — adjective dilb. işaret sıfatı. — pronoun dilb. işaret zamiri.
dem.on.stra.tor (dem'ınstreytır) i. 1. göstererek tanıtan kimse. 2. uygulama öğretmeni. 3. göstericı.
de.mor.al.ize, İng. de.mor.al.ise (dîmôr'ılayz) f. cesaretini kırmak, moralini bozmak, yıldırmak.
de.mote (dîmot') f. aşağı dereceye indirmek, rütbesini indirmek.
de.mo.tion (dîmo'şın) i. indirme.

demur

de.mur (dîmır´) *f.* (**—red, —ring**) kabul etmemek, itiraz etmek. *i.* **without** — itiraz etmeden.
de.mure (dîmyûr´) *s.* 1. çekingen. 2. ağırbaşlı, ciddi.
den (den) *i.* 1. in, mağara. 2. *k. dili* tekke, yatak. 3. *k. dili* dinlenme odası, sığınak.
de.ni.al (dînay´ıl) *i.* 1. inkâr, yadsıma. 2. yalanlama. 3. ret.
den.i.grate (den´ıgreyt) *f.* iftira etmek, leke sürmek, karalamak, kara çalmak, çamur atmak.
den.im (den´ım) *i.* kot (kumaş).
den.ims (den´ımz) *i., çoğ.* kot pantolon, cin; blucin. **a pair of** — kot pantolon, cin; blucin.
Den.mark (den´mark) *i.* Danimarka.
de.nom.i.na.tion (dînamıney´şın) *i.* 1. ad, isim. 2. mezhep. 3. adlandırma. 4. değer/ölçü birimi.
de.nom.i.na.tor (dînam´ıneytır) *i.* payda.
de.note (dînot´) *f.* göstermek, belirtmek.
de.nounce (dînauns´) *f.* 1. (insan, fikir, davranış v.b.'nin) kötü/zararlı taraflarını açığa vurmak. 2. ihbar etmek. 3. (anlaşmanın) kaldırılacağını duyurmak.
dense (dens) *s.* 1. yoğun, kesif. 2. sık (orman, saç v.b.). 3. anlaşılması güç, ağır (yazı). 4. kalın kafalı, mankafa. 5. *foto.* koyu (negatif).
den.si.ty (den´sıti) *i.* 1. yoğunluk, kesafet. 2. (orman, saç v.b. için) sıklık. 3. (yazıda) ağırlık. 4. *foto.* koyuluk.
dent (dent) *i.* ufak çukur; çentik, çöküntü, girinti. *f.* çentmek; çökertmek.
den.tal (den´tıl) *s.* 1. dişlerle ilgili. 2. dişçilikle ilgili. 3. *dilb.* dişsel. *i.* dişsel ünsüz. **— floss** diş ipliği. **— surgery** diş cerrahisi.
den.tist (den´tîst) *i.* diş hekimi, diş tabibi, dişçi.
den.tist.ry (den´tîstri) *i.* diş hekimliği, dişçilik.
den.tures (den´çırz) *i.* takma diş.
de.nude (dînud´) *f.* soymak; çıplaklaştırmak, çıplak bırakmak.
de.nun.ci.a.tion (dînʌn´siyeyşın) *i.* 1. (insan, fikir, davranış v.b.'nin) kötü/zararlı taraflarını açığa vurma. 2. ihbar. 3. (anlaşmanın) kaldırılacağını duyurmak.
de.ny (dînay´) *f.* 1. inkâr etmek, yadsımak. 2. yalanlamak. 3. reddetmek. 4. -den yoksun bırakmak, esirgemek, vermemek.
de.o.dor.ant (diyo´dırınt) *s., i.* deodoran, koku giderici.
de.o.dor.ize, *İng.* **de.o.dor.ise** (diyo´dırayz) *f.* kokusunu gidermek.
de.part (dîpart´) *f.* 1. ayrılmak, gitmek. 2. hareket etmek, kalkmak: **At what time does the bus depart?** Otobüs saat kaçta kalkıyor? 3. ölmek, vefat etmek. 4. **from** -den sapmak, -den ayrılmak.
de.part.ment (dîpart´mınt) *i.* 1. departman, bölüm, kısım, şube, daire, kol. 2. bakanlık,

110

vekâlet. — store büyük mağaza, bonmarşe.
de.par.ture (dîpar´çır) *i.* 1. gidiş, ayrılış, terk. 2. hareket etme, kalkış. 3. değişiklik, yenilik. 4. sapma, ayrılma. 5. vazgeçme. **— gate** çıkış kapısı. **— lounge** çıkış salonu. **— terminal** çıkış terminali.
de.pend (dîpend´) *f.* **on/upon** 1. -e güvenmek. 2. -e bağlı olmak: **The number of people who will come depends on how many tickets we can sell.** Geleceklerin sayısı satabileceğimiz biletlerin sayısına bağlı. 3. -e bağımlı olmak: **That child depends on her mother.** O çocuk annesine bağımlı. **— from** -den sarkmak. **D— upon it.** Emin olunuz.
de.pend.a.ble (dîpen´dıbıl) *s.* güvenilir.
de.pend.ence (dîpen´dıns) *i.* 1. güven, güvenme. 2. bağlılık. 3. bağımlılık.
de.pend.en.cy (dîpen´dınsi) *i.* 1. bağımlılık. 2. sömürge. 3. ek bina.
de.pend.ent (dîpen´dınt) *s.* 1. **on** -e bağlı. 2. **on** -e bağımlı. 3. **from** -den sarkan, -e asılı. *i.* 1. birine muhtaç olan kimse. 2. bakmakla yükümlü olunan kimse.
de.pict (dîpîkt´) *f.* 1. resmetmek, resmini çizmek. 2. betimlemek, anlatmak.
dep.i.late (dep´ıleyt) *f.* tüyleri gidermek/dökmek.
dep.i.la.tion (depıley´şın) *i.* depilasyon, depilaj, tüyleri giderme/dökme; epilasyon.
de.pil.a.to.ry (dîpîl´ıtori) *i.* depilatuar, depilatif, tüy dökücü krem. *s.* depilatif, tüy giderici/dökücü.
de.plete (dîplit´) *f.* tüketmek, bitirmek.
de.plor.a.ble (dîplôr´ıbıl) *f.* acınacak durumda, içler acısı.
de.plor.a.bly (dîplôr´ıbli) *z.* acınacak biçimde.
de.plore (dîplôr´) *f.* 1. -e çok üzülmek, -den acı duymak. 2. -e yerinmek, -e yazıklanmak.
de.ploy (dîploy´) *f.* 1. plana göre yerleştirmek. 2. *ask.* yayılmak.
de.ploy.ment (dîploy´mınt) *i.* 1. plana göre yerleştirme. 2. *ask.* yayılma.
de.port (dîpôrt´) *f.* sınırdışı etmek. **— oneself** davranmak, hareket etmek.
de.por.ta.tion (dîpôrtey´şın) *i.* sınırdışı etme.
de.port.ment (dîpôrt´mınt) *i.* davranış, tavır.
de.pose (dîpoz´) *f.* 1. tahttan indirmek. 2. görevden almak, azletmek. 3. yeminli ifade vermek.
de.pos.it (dîpaz´ît) *i.* 1. emanet. 2. depozit, depozito; kaparo, pey akçesi: **The salesman asked for a fifty thousand lira deposit.** Satıcı elli bin lira depozit istedi. **The landlord asked for a deposit as an indication of my good faith.** Ev sahibi iyi niyetimin işareti olarak kaparo istedi. 3. mevduat. 4. teminat akçesi. 5. çökelti, tortu. 6. birikinti. 7. *mad.* birikinti, maden yatağı. *f.* 1. koymak:

You should deposit your jewels in the safe. Mücevherlerini kasaya koymalısın. 2. emanet etmek: **He deposited the keys to his apartment with the doorkeeper.** Dairesinin anahtarlarını kapıcıya emanet etti. 3. depozit olarak vermek: **deposit money in a bank account** banka hesabına para yatırmak. 4. bankaya yatırmak. 5. çökeltmek, (tortu) bırakmak: **This water is depositing a brown sediment at the bottom of my glass.** Bu su, bardağımın dibinde kahverengi bir tortu bırakıyor. **— account** mevduat hesabı. **demand — vadesiz** mevduat. **money on —** bankadaki para, mevduat. **time —** vadeli mevduat.
dep.o.si.tion (depıziş'ın) i. 1. tahttan indirme. 2. görevden alma. 3. yeminle yazılı ifade. 4. depozit olarak verme. 5. (tortu) bırakma. **make one's —** yeminle yazılı ifade vermek.
de.pos.i.tor (dipaz'ıtır) i. mudi, para yatıran kimse.
de.pos.i.to.ry (dipaz'ıtori) i. depo, ardiye.
de.pot (di'po) i. 1. depo, ardiye. 2. istasyon; durak. 3. ask. depo.
de.prave (dipreyv') f. baştan çıkarmak, ahlakını bozmak.
de.praved (dipreyvd') s. ahlakı bozuk, baştan çıkmış.
de.prav.i.ty (dipräv'ıti) i. 1. ahlak bozukluğu. 2. doğru yoldan ayrılma.
dep.re.cate (dep'rıkeyt) f. onaylamamak, protesto etmek.
de.pre.ci.ate (dipri'şiyeyt) f. 1. fiyatını kırmak, değerini düşürmek. 2. ucuzlatmak; amortize etmek.
de.pre.ci.a.tion (diprişiyey'şın) i. 1. değerini düşürme; değeri düşme. 2. aşınma payı, amortisman.
de.press (dipres') f. 1. -i bastırmak, -e basmak. 2. üzmek, canını sıkmak, moralini bozmak. 3. kuvvetten düşürmek, zayıflatmak. 4. değerini/miktarını azaltmak.
de.pressed (dipresd') s. 1. morali bozuk, keyifsiz. 2. değeri düşürülmüş. 3. durgun (piyasa/ekonomi).
de.pres.sion (dipreş'ın) i. 1. moral bozukluğu, keyifsizlik. 2. piyasada durgunluk, ekonomik kriz. 3. *ruhb.* depresyon, çöküntü. 4. alçak basınç alanı.
de.prive (diprayv') f. of -den yoksun bırakmak, -den mahrum etmek, -den etmek: **This work will deprive us of our health.** Bu iş bizi sağlığımızdan edecek.
dept. *kıs.* **department.**
depth (depth) i. 1. derinlik. 2. derin yer. **— of winter** kış ortası, karakış. **out of/beyond one's —** boyunu aşan, bilgi ve yeteneği dı-

şında. **the —s** derinlikler.
dep.u.ta.tion (depyitey'şın) i. 1. temsilciler heyeti, delegasyon. 2. temsilci atama.
dep.u.tize, *Ing.* **dep.u.tise** (dep'yıtayz) f. 1. vekil olarak atamak. 2. for (bir kimsenin) yerini doldurmak.
dep.u.ty (dep'yıti) i. 1. vekil; yardımcı, muavin. 2. polis. 3. milletvekili.
de.rail (direyl') f. (treni) raydan çıkarmak; (tren) raydan çıkmak.
de.rail.ment (direyl'mınt) i. (treni) raydan çıkarma; (tren) raydan çıkma.
de.range (direync') f. 1. düzenini bozmak, altüst etmek, karıştırmak. 2. delirtmek.
de.ranged (direyncd') s. deli.
de.range.ment (direync'mınt) i. 1. düzensizlik, karışıklık. 2. delilik.
der.e.lict (der'ılikt) s. 1. terk edilmiş, sahipsiz. 2. kayıtsız, ilgisiz, ihmalkâr.
de.ride (dirayd') f. alay etmek, alaya almak.
de.ri.sion (dirij'ın) i. alay, istihza.
de.ri.sive (diray'siv) s. alaylı, alaycı.
de.ri.so.ry (diray'sıri) s. 1. alaylı, alaycı. 2. gülünç, kepaze, devede kulak gibi.
der.i.va.tion (derıvey'şın) i. 1. türetme. 2. köken, kaynak.
de.riv.a.tive (diriv'ıtiv) i. türev.
de.rive (dirayv') f. from 1. -den sağlamak, -den elde etmek, -den almak: **He derives his income from his investments.** Gelirini yatırımlarından sağlıyor. **He derives pleasure from music.** Müziken zevk alıyor. 2. -den türemek; -den türetmek: **Many English words derive from Latin.** Çoğu İngilizce sözcük Latinceden türemiştir. **Gasoline is derived from petroleum.** Benzin petrolden türetilir.
der.ma.ti.tis (dırmıtay'tis) i. deri yangısı.
der.ma.tol.o.gist (dırmıtal'ıcist) i. dermatolog, deri hastalıkları uzmanı, cildiyeci.
der.ma.tol.o.gy (dırmıtal'ıci) i. dermatoloji, cildiye.
de.rog.a.to.ry (dirag'ıtôri) s. küçültücü, küçük düşürücü, aşağılayıcı.
der.rick (der'ik) i. 1. petrol sondaj kulesi, sondaj kulesi. 2. vinç.
der.vish (dır'viş) i. derviş.
de.scend (disend') f. 1. inmek; (kuş, uçak v.b.) alçalmak; (karanlık, sis v.b.) çökmek. 2. from -in soyundan gelmek. 3. **on/upon** inip -e saldırmak; -e sökün etmek, bastırmak: **Those relatives descended upon us again this Christmas.** O akrabalar bu Noel'de yine bastırdılar.
de.scend.ant, de.scend.ent (disen'dınt) i. torun, *şf.* (birinin) soyundan gelen kimse.
de.scent (disent') i. 1. iniş; alçalma; çökme. 2. **on/upon** inip -e saldırma; -e sökün etme;

describe

baskın. 3. soy.
de.scribe (diskrayb´) *f.* 1. tanımlamak, betimlemek, tarif etmek. 2. anlatmak.
de.scrip.tion (diskrip´şın) *i.* 1. tanımlama, betimleme, tarif. 2. cins, çeşit, tür. 3. eşkâl: **The police were unable to obtain a description of the thief.** Polis hırsızın eşkâlini saptayamamıştı.
de.scrip.tive (diskrip´tiv) *s.* tanımlayıcı, betimsel.
des.e.crate (des´ıkreyt) *f.* (kutsal bir şeye) saygısızlık etmek.
des.e.cra.tion (desıkrey´şın) *i.* (kutsal bir şeye karşı) saygısızlık.
de.seg.re.gate (diseg´rıgeyt) *f.* ırk ayrımını kaldırmak.
de.seg.re.ga.tion (disegrıgey´şın) *i.* ırk ayrımının kaldırılması.
de.sen.si.tize, *İng.* **de.sen.si.tise** (disen´sıtayz) *f.* uyuşturmak.
de.sert (dizırt´) *i.* hak edilen şey, layık olunan şey. **He got his —s.** Hak ettiğini buldu.
des.ert (dez´ırt) *i.* çöl, sahra. *s.* 1. çorak, çöllük. 2. boş, ıssız.
de.sert (dizırt´) *f.* 1. terk etmek, bırakmak. 2. *ask.* askerlikten kaçmak. 3. kaçmak, firar etmek.
de.sert.er (dizır´tır) *i.* asker kaçağı.
de.ser.tion (dizır´şın) *i.* 1. terk etme, terk. 2. askerlikten kaçma, firar.
de.serve (dizırv´) *f.* hak etmek, layık olmak.
de.serv.ed.ly (dizır´vidli) *z.* haklı olarak; hak ettiği gibi.
de.serv.ing (dizır´ving) *s.* **of** -i hak eden, -e layık. **— of praise** övülmeye layık.
de.sign (dizayn´) *i.* 1. tasarım, dizayn, tasarçizim. 2. tasarlama. 3. plan, proje. 4. desen. 5. amaç, maksat, hedef. 6. entrika, komplo. *f.* 1. tasarımını yapmak: **Fatma designs all of her own clothes.** Fatma, tüm giysilerinin tasarımını kendi yapıyor. 2. plan yapmak, proje yapmak; planlamak, niyet etmek: **The city is designing new parks along the shores of the Golden Horn.** Belediye Haliç kıyılarında yeni parklar yapmayı planlıyor. **The architect designed this room as a library, but we use it as a bedroom.** Mimar bu odayı kütüphane olarak planladı ama biz onu yatak odası olarak kullanıyoruz. 3. düzenlemek, hazırlamak: **We designed that book for students.** O kitabı öğrenciler için hazırladık. **have —s on** -de gözü olmak.
des.ig.nate (dez´igneyt) *f.* 1. göstermek, işaret etmek, belirtmek. 2. adlandırmak, isimlendirmek. 3. **(to/for)** -e atamak, -e tayin etmek. 4. **for** için ayırmak, -e ayırmak, -e tahsis etmek.
des.ig.na.tion (dezigney´şın) *i.* 1. atama, tayin;

atanma, tayin edilme. 2. ad, isim, unvan, sıfat.
de.sign.er (dizay´nır) *i.* 1. tasarımcı. 2. desinatör. 3. modelist, stilist.
de.sir.a.ble (dizayr´ıbıl) *s.* arzu edilen, istek uyandıran, çekici, cazip.
de.sire (dizayr´) *i.* 1. arzu, istek. 2. rica, dilek. 3. şehvet. *f.* 1. arzu etmek, arzulamak, istemek. 2. rica etmek.
de.sir.ous (dizayr´ıs) *s.* istekli, arzu eden. **be — of** -i arzu etmek, -e can atmak.
de.sist (dizist´) *f.* **from** -den vazgeçmek, -i bırakmak.
desk (desk) *i.* 1. yazı masası. 2. sıra. 3. kürsü. 4. daire, şube, masa. **From her — the teacher could see the —s of all her students.** Öğretmen kürsüsünden tüm öğrencilerinin sıralarını görebiliyordu.
desk.top (desk´tap) *i.* masaüstü. **— publishing** masaüstü yayımcılık.
des.o.late (des´ilit) *s.* 1. terk edilmiş, metruk; ıssız, tenha, boş. 2. harap, perişan. 3. kimsesiz, yalnız.
des.o.late (des´ıleyt) *f.* harap etmek, perişan etmek.
des.o.la.tion (desıley´şın) *i.* 1. haraplık, perişanlık. 2. kimsesizlik, yalnızlık. 3. keder.
de.spair (disper´) *i.* umutsuzluk, ümitsizlik. *f.* **of** -den umutsuz olmak, -den ümitsiz olmak.
de.spair.ing.ly (disper´ingli) *z.* umutsuzca, ümitsizce.
des.per.ate (des´pırit) *s.* 1. umutsuz, ümitsiz. 2. her şeyi göze alabilen; gözü dönmüş. **a — situation** vahim bir durum.
des.per.ate.ly (des´pıritli) *z.* umutsuzca, ümitsizce.
des.per.a.tion (despırey´şın) *i.* umutsuzluk, ümitsizlik.
des.pi.ca.ble (des´pikıbıl) *s.* alçak, aşağılık, rezil.
des.pi.ca.bly (des´pikıbli) *z.* alçakça.
de.spise (dispayz´) *f.* küçümsemek, hor görmek, adam yerine koymamak.
de.spite (dispayt´) *i.* nefret, kin, garaz. *edat* -e karşın, -e rağmen: **He was generous despite his poverty.** Yoksulluğuna karşın eli açıktı. **in — of** -e karşın, -e rağmen.
de.spon.dent (dispan´dınt) *s.* umutsuz, ümitsiz, meyus.
des.pot (des´pıt) *i.* despot, tiran.
des.pot.ic (dispat´ik), **des.pot.i.cal** (dispat´ikıl) *s.* despotik, despotça.
des.pot.ism (des´pıtizım) *i.* despotluk, despotizm.
des.sert (dizırt´) *i.* (yemeğin sonunda yenen) tatlı, yemiş, soğukluk. **— spoon** tatlı kaşığı.
des.ti.na.tion (destıney´şın) *i.* 1. gidilecek yer. 2. varış yeri. 3. hedef.
des.tined (des´tind) *s.* **be — for** (bir yere doğru) yol almak/gitmek; (bir yere doğru) gide-

cek olmak: The ship was destined for China.
Gemi Çin'e doğru yol alıyordu. be — for/to talih tarafından bir şeye yöneltilmek: He was destined for greatness. Kader onu büyük bir adam olmaya yöneltti. He was destined to become president. Talih onu cumhurbaşkanlığına yöneltti.
des.ti.ny (des'tıni) i. talih, kısmet, kader, alınyazısı, yazgı.
des.ti.tute (des'tıtut) s. 1. yoksul, muhtaç, fakir. 2. of -den yoksun.
des.ti.tu.tion (destıtu'şın) i. yoksulluk, fakirlik.
de.stroy (dîstroy') f. yıkmak, harap etmek, yok etmek, ortadan kaldırmak; öldürmek.
de.stroy.er (dîstroy'ır) i. 1. yok edici şey/kimse. 2. destroyer, muhrip.
de.struc.tion (dîstrʌk'şın) i. 1. yıkma, yok etme; yıkılma, yok olma. 2. yıkım.
de.struc.tive (dîstrʌk'tiv) s. yıkıcı, zararlı.
des.ul.to.ry (dez'ıltôri) s. 1. gelişigüzel, rasgele. 2. rabıtasız, bağlantısız. 3. amaçsız, gayesiz.
de.tach (dîtäç') f. ayırmak, çıkarmak, sökmek.
de.tach.a.ble (dîtäç'ıbıl) s. ayrılabilir, çıkarılabilir, yerinden sökülebilir.
de.tached (dîtäçt') s. 1. tarafsız, yansız, objektif. 2. müstakil (ev).
de.tach.ment (dîtäç'mınt) i. 1. ayırma, çıkarma, sökme. 2. ask. müfreze, müfrez birlik. 3. tarafsızlık, yansızlık, objektiflik.
de.tail (di'teyl) i. 1. ayrıntı, detay. 2. ayrıntılar, detaylar, tafsilat, teferruat. 3. ask. özel bir iş için seçilmiş grup, müfreze. go into — ayrıntılara girmek. in — ayrıntılı olarak, ayrıntılarıyla.
de.tailed (di'teyld) s. ayrıntılı, detaylı.
de.tain (dîteyn') f. 1. alıkoymak. 2. geciktirmek. 3. gözaltına almak.
de.tect (dîtekt') f. 1. sezmek, fark etmek. 2. bulmak, keşfetmek.
de.tec.tion (dîtek'şın) i. bulma, keşif.
de.tec.tive (dîtek'tiv) i. dedektif, hafiye. — story polisiye roman. private — özel dedektif.
de.tec.tor (dîtek'tır) i. dedektör, detektör, bulucu: mine detector mayın dedektörü/detektörü.
de.ten.tion (dîten'şın) i. 1. alıkoyma. 2. gecikme. 3. gözaltına alma.
de.ter (dîtır') f. (—red, —ring) from -den vazgeçirmek, -den caydırmak.
de.ter.gent (dîtır'cınt) i. deterjan.
de.te.ri.o.rate (dîtîr'iyıreyt) f. kötüleşmek, kötüye gitmek, fenalaşmak, bozulmak.
de.te.ri.o.ra.tion (dîtîriyırey'şın) i. kötüleşme, kötüye gitme, fenalaşma, bozulma.
de.ter.mi.nant (dîtır'mınınt) s. belirleyici, tayin eden. i. belirleyici etken.
de.ter.mi.na.tion (dîtırmıney'şın) i. 1. azim, kararlılık. 2. belirleme, tayin; tespit, saptama.
de.ter.mi.na.tive (dîtır'mıneytiv, dîtır'mınıtiv) s. belirleyici, tayin eden. i. belirleyici şey.
de.ter.mine (dîtır'mîn) f. 1. belirlemek, tayin etmek; tespit etmek, saptamak: We have not yet determined the price of that book. O kitabın fiyatını henüz saptamadık. The experts are trying to determine the cause of the accident. Bilirkişiler kazanın nedenini saptamaya çalışıyor. 2. azmetmek, karar vermek, amaçlamak: I have determined to sell my house in Ankara and move to Bodrum. Ankara'daki evimi satıp Bodrum'a taşınmaya karar verdim.
de.ter.mined (dîtır'mînd) s. azimli, kararlı.
de.ter.rence (dîtır'ıns) i. 1. caydırma. 2. caydırıcılık.
de.ter.rent (dîtır'ınt) s. caydırıcı. i. caydırıcı şey.
de.test (dîtest') f. nefret etmek, iğrenmek, tiksinmek.
de.test.a.ble (dîtes'tıbıl) s. nefret uyandıran, iğrenç, tiksindirici.
de.throne (dîthron') f. tahttan indirmek.
det.o.nate (det'ıneyt) f. patlamak, infilak etmek; patlatmak, infilak ettirmek.
de.tour (di'tûr, dîtûr') i. varyant (yol). f. varyantan gitmek. make a — varyanttan gitmek.
de.tract (dîträkt') f. from -i azaltmak, -e gölge düşürmek.
det.ri.ment (det'rımınt) i. zarar, ziyan.
det.ri.men.tal (detrîmen'tıl) s. zarar veren, zararlı, muzır.
deuce (dus) i. 1. isk. ikili. 2. (zarda) dü. 3. tenis beraberlik, berabere kalma.
de.val.u.a.tion (dîvälyuwey'şın) i., ekon. devalüasyon, değerdüşürümü.
de.val.ue (dîväl'yu) f., ekon. devalüe etmek, değerini düşürmek.
dev.as.tate (dîvıs'ısteyt) f. 1. harap etmek, mahvetmek, viraneye çevirmek. 2. perişan etmek.
dev.as.ta.tion (devıstey'şın) i. 1. harap etme, mahvetme; harap olma, mahvolma. 2. perişan olma. 3. yıkım, zarar.
de.vel.op (dîvel'ıp) f. 1. geliştirmek; gelişmek: He is working hard to develop his French. Fransızcasını geliştirmek için çok çalışıyor. develop an idea bir fikri geliştirmek. 2. genişletmek; genişlemek: develop a business bir firmayı genişletmek. 3. (âdet) edinmek. 4. (fırtına, basınç alanı v.b.) oluşmak. 5. (ülke/bölge) kalkınmak, gelişmek. 6. foto. develope etmek, banyo etmek.
de.vel.op.ing değişmekte olan ülke. — country gelişmekte olan ülke.
de.vel.op.ment (dîvel'ıpmınt) i. 1. geliştirme; gelişme, gelişim. 2. genişletme; genişleme. 3.

(âdet) edinme. 4. (fırtına, basınç alanı v.b.) oluşma, oluşum. 5. kalkınma, gelişme. 6. *foto.* banyo etme. 7. site.
de.vel.op.ments (divel'ıpmınts) *i.* olaylar.
de.vi.ate (di'viyeyt) *f.* sapmak, ayrılmak.
de.vi.a.tion (diviyey'şın) *i.* sapma, ayrılma.
de.vice (divays') *i.* 1. alet; aygıt. 2. plan, yol, yöntem. 3. hile, oyun. 4. arma, ongun. leave someone to his own —s birini kendi haline bırakmak.
dev.il (dev'ıl) *i.* şeytan, iblis. —'s advocate *k. dili* şeytanın avukatı. play the —'s advocate *k. dili* şeytanın avukatlığını yapmak. There will be the — to pay. *k. dili* Kıyamet kopacak. You —! *k. dili* Seni şeytan seni!
dev.il.ish (dev'ıliş, dev'liş) *s.* şeytanca, şeytan gibi.
dev.il-may-care (dev'ılmeyker') *s.* kimseye aldırmayan, pervasız.
dev.il.ment (dev'ılmınt) *i.* muzırlık, yaramazlık.
de.vi.ous (di'viyıs) *s.* 1. dolaşık, dolambaçlı. 2. sinsi, hilekâr. 3. hileli. take a — route arka yollardan dolanarak gitmek; dolana dolana gelmek.
de.vise (divayz') *f.* tasarlamak, planlamak, düzenlemek, tertiplemek.
de.void (divoyd') *s.* of -den yoksun, -den mahrum.
de.volve (divalv') *f.* on -e geçmek, -e kalmak, -e devrolmak.
de.vote (divot') *f.* to -e adamak, -e vakfetmek; -e ayırmak, -e hasretmek: He has devoted himself to serving the poor. Kendini yoksulların hizmetine adadı. He devotes an hour each day to walking in the park. Her gün parkta yürümeye bir saat ayırıyor.
de.vot.ed (divo'tid) *s.* (to) 1. -e sadık, -e içten bağlı. 2. -e düşkün; -i seven.
dev.o.tee (devıti') *i.* 1. düşkün, meraklı, tutkun. 2. dinine çok bağlı olan kimse, zahit.
de.vo.tion (divo'şın) *i.* 1. sadakat, içten bağlılık. 2. adama, vakfetme; hasretme.
de.vo.tion.al (divo'şınıl) *s.* ibadete özgü, ibadetle ilgili. *i.* kısa bir ibadet.
de.vo.tions (divo'şınz) *i.* ibadet.
de.vour (divaur') *f.* 1. (yemeği) silip süpürmek, bir çırpıda yiyip bitirmek; (avı) parçalayıp yutmak. 2. bir solukta okumak. 3. (bir duygu) (birini) yiyip bitirmek. 4. mahvetmek, yok etmek.
de.vout (divaut') *s.* 1. dindar, dini bütün, mütedeyyin. 2. samimi, içten, yürekten.
dew (du, dyu) *i.* çiy, şebnem.
dew.drop (du'drap) *i.* çiy damlası.
dew.y (du'wi, dyu'wi) *s.* üzerine çiy düşmüş, çiyle kaplı.
dex.ter.i.ty (dekster'ıti) *i.* el çabukluğu, beceri, ustalık.
dex.ter.ous, dex.trous (dek'strıs) *s.* eli çabuk,

eli uz, usta.
di.a.be.tes (dayıbi'tis) *i.* şeker hastalığı, diyabet.
di.a.bet.ic (dayıbet'ik) *s.* diyabetik. *i.* şeker hastası.
di.a.bol.ic (dayıbal'ik), di.a.bol.i.cal (dayıbal'ikıl) *s.* şeytani, şeytanca.
di.ag.nose (day'ıgnos, day'ıgnoz) *f.* teşhis etmek, tanılamak.
di.ag.no.sis (dayıgno'sis), *çoğ.* di.ag.no.ses (dayıgno'siz) *i.* teşhis, tanı.
di.ag.o.nal (dayäg'ınıl) *s.* köşegenel. *i.* 1. köşegen, diyagonal. 2. taksim işareti, taksim, eğik çizgi.
di.a.gram (day'ıgräm) *i.* 1. diyagram, grafik. 2. plan, şema. *f.* diyagram ile göstermek; diyagramını çizmek.
di.al (day'ıl) *i.* 1. kadran. 2. (saatte) mine, kadran. *f.* (—ed/—led, —ing/—ling) (telefon numarasını) çevirmek. — direct to -i direkt aramak. — tone (telefonda) çevir sesi. —ing tone *İng.* (telefonda) çevir sesi. direct —ing direkt arama.
di.a.lect (day'ılekt) *i.* diyalekt, lehçe, ağız.
di.a.lec.tics (dayılek'tiks) *i.* eytişim, diyalektik.
di.a.log (day'ılôg) *i.* diyalog.
di.a.logue (day'ılôg) *i.*, *İng.*, *bak.* dialog.
di.al.y.sis (dayäl'ısis), *çoğ.* di.al.y.ses (dayäl'ısiz) *i.* diyaliz.
di.am.e.ter (dayäm'ıtır) *i.* çap, kutur. in — çap olarak.
di.a.met.ri.cal.ly (dayımet'rikli) *z.* 1. çap boyunca. 2. tamamen. — opposite taban tabana zıt.
dia.mond (day'mınd) *i.* 1. elmas. 2. baklava biçimi. 3. *isk.* karo. 4. *beysbol* iç alan; oyun alanı. — cutter elmastıraş.
di.a.per (day'pır) *i.* çocuk bezi. *f.* çocuk bezini sarmak/değiştirmek.
di.a.phragm (day'ıfräm) *i.* 1. *anat.* diyafram kası, diyafram. 2. zar, böleç. 3. diyafram.
di.ar.rhea (dayırı'yı) *i.* ishal, sürgün.
di.a.ry (day'ıri) *i.* 1. günce, günlük. 2. hatıra defteri.
di.as.po.ra (dayäs'pırı) *i.* diyaspora.
dice (days) *i.*, *çoğ.* oyun zarları. *f.* 1. küp şeklinde doğramak. 2. zar atmak.
dice.box (days'baks) *i.* zar atma kabı.
dick.er (dik'ır) *f.* (with) (ile) pazarlık etmek.
dic.tate (dik'teyt) *f.* 1. dikte etmek, yazdırmak. 2. emretmek. 3. zorla kabul ettirmek. 4. gerektirmek. 5. belirlemek.
dic.ta.tion (diktey'şın) *i.* 1. dikte. 2. emir.
dic.ta.tor (dik'teytır) *i.* diktatör.
dic.ta.to.ri.al (diktıtôr'iyıl) *s.* diktatörce, amirane.
dic.ta.tor.ship (diktey'tırşip) *i.* diktatörlük.
dic.tion (dik'şın) *i.* 1. diksiyon, söyleyim. 2. sözcük seçimi, sözcükleri kullanma şekli.
dic.tion.ar.y (dik'şıneri) *i.* sözlük, lügat.
dic.tum (dik'tım), *çoğ.* dic.ta (dik'tı)/—s

(dik'tımz) *i.* 1. otoriter hüküm/söz. 2. özdeyiş, atasözü. 3. *huk.* mütalaa.
did (did) *f., bak.* **do.**
di.dac.tic (daydäk'tik) *s.* didaktik.
did.n't (did'ınt) *kıs.* **did not.**
die (day) *f.* (**—d, dy.ing**) 1. ölmek, vefat etmek. 2. (makine) birdenbire durmak, stop etmek. 3. (ateş) sönmek. 4. can atmak, çok istemek: **Ayşe is dying to meet İbrahim.** Ayşe, İbrahim'le tanışmaya can atıyor. 5. yok olmak. **— away** (gürültü) yavaş yavaş kesilmek, (ses) azalmak. **— down** (rüzgâr/fırtına/yağmur) hafiflemek; (ateş/yangın) sönmeye yüz tutmak; (alev) azalmak. **— of boredom** sıkıntıdan patlamak. **— off** birer birer ölmek. **— out** yok olmak, ortadan kalkmak. **Never say —.** Davandan asla vazgeçme.
die (day) *i.* 1. kalıp, matris. 2. (*çoğ.* **dice**) oyun zarı. **The — is cast.** Ok yaydan çıktı.
die.hard (day'hard) *i.* inatla tutuculuğunu sürdüren kimse.
di.et (day'ıt) *i.* 1. diyet, rejim, perhiz. 2. beslenme biçimi. 3. yiyecek. *f.* perhiz yapmak, rejim yapmak. **be on a —** perhiz yapmak, rejim yapmak. **go on a —** perhize başlamak. **put someone on a —** birini perhize sokmak.
di.e.ti.tian, di.e.ti.cian (dayıtış'ın) *i.* diyet uzmanı, diyetisyen.
dif.fer (dif'ır) *f.* 1. **from** -den başka olmak, -e benzememek, -den farklı olmak, -den ayrılmak. 2. **with** ile aynı fikirde olmamak.
dif.fer.ence (dif'ırıns) *i.* 1. ayrılık, fark. 2. anlaşmazlık. **— of opinion** fikir ayrılığı. **It makes no —.** Fark etmez.
dif.fer.ent (dif'ırınt) *s.* 1. (**from**) farklı, başka, ayrı. 2. çeşitli, değişik.
dif.fer.en.tial (difiren'şıl) *i.* diferansiyel.
dif.fer.en.ti.ate (difiren'şiyeyt) *f.* 1. ayırmak, ayırt etmek. 2. farklılaşmak, farklı olmak.
dif.fer.ent.ly (dif'ırıntli) *z.* başka şekilde, başka türlü.
dif.fi.cult (dif'ıkılt) *s.* 1. güç, zor. 2. geçimsiz.
dif.fi.cul.ty (dif'ıkıltı) *i.* 1. güçlük, zorluk. 2. sıkıntı, problem. **make difficulties** zorluk çıkarmak. **with —** güçlükle, zorlukla.
dif.fi.dence (dif'ıdıns) *i.* çekinme, utangaçlık, çekingenlik.
dif.fi.dent (dif'ıdınt) *s.* çekingen, utangaç, sıkılgan.
dif.frac.tion (difräk'şın) *i., fiz.* kırınım, difraksiyon.
dif.fuse (difyus') *s.* 1. *fiz.* dağınık, yayınık, difüzyona uğramış. 2. zaman zaman konu dışına çıkarak meseleyi uzun uzadıya anlatan.
dif.fuse (difyuz') *f.* yaymak, dağıtmak; yayılmak, dağılmak.
dif.fu.sion (difyu'jın) *i., fiz.* yayınma, yayınım, difüzyon.

dig (dig) *f.* (**dug, —ging**) 1. kazmak, bellemek. 2. kazı yapmak. 3. dürtmek. 4. *argo* beğenmek, hoşlanmak. 5. *argo* -den anlamak. *i.* 1. (arkeolojik) kazı. 2. iğneli söz, taş. **— down** *k. dili* elini cebine atmak, sökülmek, kendi parasını ödemek. **— in** 1. *ask.* siper kazmak, avcı çukuru kazmak. 2. (bir şeyi) kürekle toprağa karıştırmak. 3. *k. dili* yemek yemeye başlamak, yumulmak: **Dig in!** Haydi ye! 4. *k. dili* kararlı bir şekilde işe koyulmak. **— one's heels in** inat edip hiç yapmamaya karar vermek. **— out** 1. arayıp çıkarmak. 2. (gömülmüş birini/bir şeyi) kürekleyerek çıkarmak. **— up** kazıp çıkarmak.
di.gest (day'cest) *i.* 1. özet. 2. derleme.
di.gest (dicest') *f.* 1. sindirmek, hazmetmek; sindirilmek. 2. özümlemek, özümsemek: **I've read the poem, but I haven't yet digested it.** Şiiri okudum fakat henüz özümsemedim.
di.ges.tion (dîces'çın) *i.* sindirim, hazım.
di.ges.tive (dîces'tiv) *s.* 1. sindirime ait, sindirim. 2. sindirimi kolaylaştıran. *i.* sindirimi kolaylaştıran ilaç.
dig.it (dic'it) *i.* 1. parmak. 2. sıfırdan dokuza kadar tamsayıların her biri, rakam.
dig.i.tal (dic'ıtıl) *s.* dijital, sayısal. **— computer** dijital bilgisayar.
dig.ni.fied (dig'nıfayd) *s.* ağırbaşlı.
dig.ni.fy (dig'nıfay) *f.* 1. onurlandırmak, şeref vermek. 2. büyütmek, yüceltmek.
dig.ni.tar.y (dig'nıteri) *i.* rütbe/mevki sahibi, kodaman.
dig.ni.ty (dig'nıti) *i.* 1. itibar, saygınlık. 2. vakar, asalet.
di.gress (digres', daygres') *f.* konu dışına çıkmak, konudan ayrılmak.
di.gres.sion (digreş'ın, daygreş'ın) *i.* 1. konudan ayrılma. 2. konudışı söz, arasöz.
dike (dayk) *i.* 1. hendek, suyolu, ark, kanal. 2. set, bent. 3. *argo* lezbiyen, sevici.
di.lap.i.date (dilăp'ıdeyt) *f.* harap etmek, tahrip etmek; harap olmak.
di.lap.i.dat.ed (dilăp'ıdeytid) *s.* harap, köhne, yıkık dökük, yıkkın, viran.
di.lap.i.da.tion (dilăpıdey'şın) *i.* harap olma.
di.late (dayleyt') *f.* genişletmek, büyütmek; genişlemek, büyümek.
dil.a.to.ry (dil'ıtôri) *s.* 1. işi ağırdan alan, geciktiren. 2. ağır, yavaş.
di.lem.ma (dilem'ı) *i.* 1. *man.* ikilem, dilemma. 2. güç durum, çıkmaz, açmaz. **I'm on the horns of a —.** Aşağı tükürsem sakalım, yukarı tükürsem bıyığım.
dil.et.tante (dil'ıtant) *i.* hevesli, heveskâr, amatör.
dil.i.gence (dîl'ıcıns) *i.* özenle ve sebat ederek çalışma.

diligent 116

dil.i.gent (dîl'ıcınt) *s.* özenle ve sebat ederek çalışan (kimse); özenle ve sebat edilerek yapılan (iş).
dil.i.gent.ly (dîl'ıcıntli) *z.* özenle ve sebat ederek.
dill (dîl) *i.* dereotu, yabantırak.
dil.ly.dal.ly (dîl'îdäl'i) *f., k. dili* oyalanmak; kararsızlık yüzünden vakit kaybetmek; ıvır zıvırla vakit kaybetmek.
di.lute (dîlut', daylut') *f.* sulandırmak, su katmak; hafifletmek. *s.* sulandırılmış, su katılmış.
di.lut.ed (dîlu'tıd, daylu'tıd) *s.* sulandırılmış, su katılmış.
dim (dîm) *s.* (—mer, —mest) 1. loş, donuk, sönük. 2. belirsiz. 3. bulanık. *f.* (—med, —ming) 1. (ışığı) azaltmak; (ışık) azalmak. 2. söndürmek, azaltmak; sönmek, azalmak.
dime (daym) *i.* on sent.
di.men.sion (dîmen'şın) *i.* 1. boyut. 2. *çoğ.* ebat, boyutlar. **three —al** üç boyutlu.
di.min.ish (dîmîn'îş) *f.* azaltmak, eksiltmek, küçültmek; azalmak, eksilmek. **—ing returns** *ekon.* azalan verim.
di.min.u.tive (dîmîn'yıtîv) *s.* küçücük, ufacık, minicik. *i., dilb.* 1. küçültme. 2. küçültme eki.
dim.mer (dîm'ır) *i., elek.* dimmer, azaltıcı.
dim.ple (dîm'pıl) *i.* gamze.
dim.wit (dîm'wît) *i., k. dili* aptal, budala, alık.
din (dîn) *i.* gürültü, patırtı.
dine (dayn) *f.* 1. günün esas yemeğini yemek. 2. akşam yemeği yemek. 3. ziyafet vermek. 4. yemeğe davet etmek, yemek vermek. **— out** dışarıda yemek yemek. **dining car** vagon restoran. **dining hall** yemek salonu. **dining room** yemek odası. **wine and — -e** ziyafet vermek.
din.er (day'nır) *i.* 1. yemek yiyen kimse. 2. vagon restoran. 3. vagon restorana benzer lokanta.
din.gy (dîn'ci) *s.* 1. rengi atmış, kirli. 2. karanlık, sönük.
din.ner (dîn'ır) *i.* 1. günün esas yemeği. 2. akşam yemeği. 3. ziyafet. **— jacket** smokin. **— party** yemekli davet. **— service/set** sofra takımı, yemek takımı. **— table** sofra.
din.ner.time (dîn'ırtaym) *i.* yemek vakti.
din.ner.ware (dîn'ırwer) *i.* yemek takımı.
di.no.saur (day'nısôr) *i.* dinozor.
dint (dînt) *i.* **by — of** -in sayesinde.
dip (dîp) *f.* (—ped, —ping) 1. batırmak, daldırmak, banmak; batmak, dalmak. 2. aşağıya doğru meyletmek. *i.* 1. dalma, batma. 2. ani iniş, çukur. **— into a book** bir kitabı gözden geçirmek.
diph.the.ri.a (dîf.thîr'îyı) *i., tıb.* difteri, kuşpalazı.
diph.thong (dîf'thông) *i.* ikili ünlü, diftong.
di.plo.ma (dîplo'mı) *i.* diploma.
di.plo.ma.cy (dîplo'mısi) *i.* 1. diplomasi. 2. başkalarıyla ilişkide ustalık.
dip.lo.mat (dîp'lımät) *i.* 1. diplomat. 2. ilişkilerinde ustalık gösteren kimse, diplomat.
dip.lo.mat.ic (dîplımät'îk) *s.* 1. diplomatik. 2. başkalarıyla ilişkide usta. **— immunity** diplomatik dokunulmazlık. **— relations** diplomatik ilişkiler. **— service** dışişleri memurluğu, hariciyecilik.
dip.lo.mat.i.cal.ly (dîplımät'îkli) *z.* diplomatça, diplomatik bir şekilde.
dip.per (dîp'ır) *i.* kepçe. **the Big D—** *gökb.* Büyükayı. **the Little D—** *gökb.* Küçükayı.
dip.stick (dîp'stîk) *i., oto.* yağ çubuğu.
dire (dayr) *s.* 1. korkunç, dehşetli, müthiş. 2. acil. **be in — straits** çok güç durumda olmak.
di.rect (dîrekt', dayrekt') *s.* 1. direkt, doğrudan, dolaysız. 2. açık, kesin. 3. toksözlü. *z.* doğrudan doğruya, doğruca, direkt. **— current** doğru akım. **— object** *dilb.* nesne, dolaysız tümleç, düz tümleç. **— tax** dolaysız vergi. **the — opposite** tam aksi.
di.rect (dîrekt', dayrekt') *f.* 1. yönetmek, idare etmek. 2. yöneltmek, çevirmek, doğrultmak: The astronomer directed his telescope toward the Milky Way. Astronom teleskopunu Samanyolu'na doğru çevirdi. 3. -e yolu tarif etmek: Can you direct me to the post office? Bana postanenin yolunu tarif edebilir misin? 4. emretmek: She directed the maid to serve tea to her guests. Hizmetçiye, misafirlerine çay ikram etmesini emretti.
di.rec.tion (dîrek'şın, dayrek'şın) *i.* 1. yön, istikamet, taraf. 2. yönetim, idare.
di.rec.tions (dîrek'şınz, dayrek'şınz) *i.* 1. talimat. 2. kullanma talimatı.
di.rec.tive (dîrek'tîv, dayrek'tîv) *i.* direktif, yönerge, talimat.
di.rect.ly (dîrekt'li, dayrekt'li) *z.* 1. doğrudan, doğrudan doğruya. 2. hemen.
di.rec.tor (dîrek'tır, dayrek'tır) *i.* 1. yönetici, müdür, direktör. 2. yönetmen, rejisör. **board of —s** yönetim kurulu.
di.rec.to.ry (dîrek'tıri, dayrek'tıri) *i.* 1. rehber. 2. *bilg.* rehber, dizin. **telephone —** telefon rehberi.
dirge (dırc) *i.* ağıt, mersiye.
dirt (dırt) *i.* kir, pislik; çamur; toz. **— cheap** *k. dili* sudan ucuz, bedava. **— poor** *k. dili* çok yoksul, çok fakir. **— road** toprak yol. **do someone a —** birine kahpelik etmek; birine kalleşlik etmek. **treat someone like —** birini hiçe saymak, birini hor görmek.
dirt.y (dır'ti) *s.* 1. kirli, pis. 2. iğrenç, çirkin. *f.* kirletmek, pisletmek. **— look** kötü bir bakış: He gave her a dirty look. Ona kötü kötü bak-

tı. — work k. *dili* 1. pis iş, insanı pisleten iş. 2. tatsız işler. 3. hile, sahtekârlık.
dis.a.bil.i.ty (dîsıbîl'ıti) *i.* 1. sakatlık, maluliyet. 2. yetersizlik.
dis.a.ble (dîsey'bıl) *f.* sakatlamak.
dis.a.bled (dîsey'bıld) *s.* sakat.
dis.a.buse (dîsıbyuz') *f.* (birini) (yanlış düşüncesinden) vazgeçirmek.
dis.ad.van.tage (dîsıdvän'tic) *i.* sakınca, mahzur, dezavantaj, zarar. **be at a — **dezavantajlı olmak. **be to someone's — **birinin zararına olmak, birinin aleyhine olmak.
dis.ad.van.ta.geous (dîsädvıntey'cıs) *s.* sakıncalı, mahzurlu, dezavantajlı; elverişsiz.
dis.a.gree (dîsıgri') *f.* 1. uyuşmamak, uymamak, çelişmek: **The reports disagree on the cause of the accident.** Raporlar kazanın nedeni konusunda çelişiyor. 2. **with** -e katılmamak, ile aynı görüşte olmamak: **I disagree with his thesis.** Onun savına katılmıyorum. **I disagree with her about that.** O konuda onunla aynı görüşte değilim. 3. anlaşamamak. 4. bozuşmak, tartışmak, atışmak. 5. **with** (yiyecek, iklim v.b.) -e dokunmak, -e yaramamak.
dis.a.gree.a.ble (dîsıgri'yıbıl) *s.* 1. nahoş, hoşa gitmeyen, tatsız. 2. huysuz, aksi, ters, sert.
dis.a.gree.ment (dîsıgri'mınt) *i.* 1. anlaşmazlık, uyuşmazlık. 2. çekişme.
dis.ap.pear (dîsıpîr') *f.* 1. gözden kaybolmak, kaybolmak. 2. yok olmak: **Too many forests have disappeared.** Pek çok orman yok oldu. 3. ortadan kaybolmak: **My pen has disappeared; I can't find it anywhere.** Kalemim kayboldu; hiçbir yerde bulamıyorum.
dis.ap.pear.ance (dîsıpîr'ıns) *i.* 1. gözden kaybolma. 2. yok olma. 3. ortadan kaybolma.
dis.ap.point (dîsıpoynt') *f.* hayal kırıklığına uğratmak.
dis.ap.point.ed (dîsıpoyn'tid) *s.* hayal kırıklığına uğramış, ümidi kırılmış.
dis.ap.point.ment (dîsıpoynt'mınt) *i.* hayal kırıklığı.
dis.ap.prov.al (dîsıpruv'ıl) *i.* doğru bulmama, onaylamama; kınama.
dis.ap.prove (dîsıpruv') *f.* **of** -i doğru bulmamak, -i onaylamamak; -i kınamak.
dis.arm (dîsarm') *f.* 1. silahsızlandırmak; silahsızlanmak. 2. zararsız duruma getirmek. 3. güvenini kazanmak.
dis.ar.ma.ment (dîsar'mımınt) *i.* silahsızlanma.
dis.ar.range (dîsıreync') *f.* karıştırmak, dağıtmak, düzenini bozmak.
dis.ar.ray (dîsırey') *i.* karışıklık, düzensizlik.
dis.as.ter (dîzäs'tır) *i.* felaket, afet, yıkım, bela. **— area** afet bölgesi.

dis.as.trous (dîzäs'trıs) *s.* felaket getiren, feci.
dis.as.trous.ly (dîzäs'trısli) *z.* feci halde.
dis.a.vow (dîsıvau') *f.* reddetmek, tanımamak.
dis.a.vow.al (dîsıvau'wıl) *i.* ret.
dis.band (dîsbänd') *f.* dağıtmak; dağılmak.
dis.bar (dîsbar') *f.* (**—red**, **—ring**) *huk.* barodan ihraç etmek.
dis.be.lief (dîsbilif') *i.* inanmama, inanmayış.
dis.be.lieve (dîsbiliv') *f.* **(in)** -e inanmamak.
dis.burse (dîsbırs') *f.* (para) harcamak; (para) dağıtmak.
dis.burse.ment (dîsbırs'mınt) *i.* 1. ödeme. 2. ödenen para.
disc (dîsk) *i.* 1. (tarım makinelerinde) disk. 2. *bak.* **disk. — harrow** diskaro, diskli tırmık makinesi. **— jockey** diskcokey.
dis.card (dîskard') *f.* atmak, ıskartaya çıkarmak.
dis.cern (dîsırn') *f.* 1. ayırt etmek. 2. sezmek, görmek, anlamak, farkına varmak.
dis.cern.i.ble (dîsır'nıbıl) *s.* fark edilebilir, görülebilir.
dis.cern.ing (dîsır'nîng) *s.* anlayışlı; zeki.
dis.cern.ment (dîsırn'mınt) *i.* 1. ayırt etme. 2. anlayış, seziş.
dis.charge (dîsçarc') *f.* 1. boşaltmak, akıtmak; boşalmak, akmak, dökülmek: **That pipe is discharging sewage into the river.** O boru ırmağa lağım suyu boşaltıyor. 2. çıkarmak, dışarı vermek. 3. *elek.* deşarj olmak, boşalmak; elektrik akımını boşaltmak. 4. (top, tüfek v.b.'yle) ateş etmek. 5. işten çıkarmak. 6. (borç) ödemek. 7. (görevi) yerine getirmek. 8. terhis etmek: **The army will discharge those soldiers next week.** Ordu o askerleri gelecek hafta terhis edecek. 9. (tutukluyu) tahliye etmek, serbest bırakmak; (hastayı) taburcu etmek. 10. (yükü) boşaltmak. 11. (yolcuları) indirmek. 12. **(upon)** (öfkeyi) -den çıkarmak.
dis.charge (dîs'çarc) *i.* 1. boşaltma, akıtma; boşalma, akma, dökülme. 2. çıkarma, dışarı verme. 3. *elek.* deşarj olma, boşalma; elektrik akımını boşaltma. 4. ateş etme. 5. işten çıkarma. 6. (borç) ödeme. 7. (görevi) yerine getirme. 8. terhis. 9. tahliye etme, serbest bırakma; taburcu etme. 10. (yükü) boşaltma. 11. (yolcuları) indirme. 12. *tıb.* akıntı.
dis.ci.ple (dîsay'pıl) *i.* 1. çömez, mürit. 2. havari.
dis.ci.pli.nar.i.an (dîsıplıner'îyın) *i.* sert amir, disiplin yanlısı.
dis.ci.pli.nar.y (dîs'ıplıneri) *s.* disiplinle ilgili.
dis.ci.pline (dîs'ıplîn) *i.* 1. disiplin, düzence, sıkıdüzen: **military discipline** askeri disiplin. 2. talim. 3. itaat, boyun eğme. 4. cezalandırma. 5. bilim dalı, disiplin. *f.* 1. disiplin altına almak, terbiye etmek. 2. disipline sokmak,

yola getirmek. 3. cezalandırmak: **The principal was obliged to discipline two students for their disobedience.** Müdür iki öğrenciyi itaatsizlikleri yüzünden cezalandırmak zorunda kaldı. **well-disciplined** s. disiplinli.
dis.claim (diskleym´) f. 1. yadsımak, inkâr etmek. 2. reddetmek, kabul etmemek. 3. yalanlamak, tekzip etmek.
dis.claim.er (diskley´mır) i. yalanlama, tekzip.
dis.close (diskloz´) f. 1. açığa vurmak, ifşa etmek: **disclose a secret** bir sırrı ifşa etmek. 2. açığa çıkarmak, ortaya çıkarmak: **Our investigations have disclosed the existence of life on Mars.** Araştırmalarımız Merih'te yaşam olduğunu ortaya çıkardı.
dis.clo.sure (disklo´jır) i. 1. açığa çıkarma, ifşa. 2. ortaya çıkarılan şey.
dis.co (dis´ko) i., s., k. dili disko. — **music** disko müziği.
dis.col.or, İng. **dis.col.our** (diskʌl´ır) f. rengini bozmak, soldurmak, lekelemek.
dis.com.fort (diskʌm´fırt) i. rahatsızlık, sıkıntı, huzursuzluk. f. rahatsız etmek, sıkıntı vermek.
dis.con.cert (diskınsırt´) f. 1. şaşırtmak. 2. düzenini bozmak, altüst etmek.
dis.con.nect (diskınekt´) f. 1. from elek., mak. ile bağlantısını kesmek. 2. (telefon, cereyan, gaz v.b.'ni) kesmek. 3. from -den ayırmak.
dis.con.so.late (diskan´sılit) s. çok kederli, avutulamaz.
dis.con.tent (diskıntent´) i. hoşnutsuzluk.
dis.con.tent.ed (diskınten´tid) s. hoşnutsuz.
dis.con.tin.ue (diskıntin´yu) f. kesmek, durdurmak, devam etmemek, yarıda bırakmak, vazgeçmek.
dis.cord (dis´kôrd) i. 1. uyuşmazlık, anlaşmazlık. 2. müz. akortsuzluk. **sow** — anlaşmazlık yaratmak, mesele çıkarmak.
dis.cord.ant (diskôr´dınt) s. 1. uyumsuz, ahenksiz. 2. müz. akortsuz.
dis.co.thèque (dis´kıtek) i. diskotek.
dis.count (dis´kaunt) i. indirim, ıskonto, tenzilat.
dis.count (diskaunt´) f. 1. indirim yapmak, ıskonto etmek, hesaptan düşmek. 2. (bono/senet) kırmak.
dis.cour.age (diskır´íc) f. 1. cesaretini kırmak, hevesini kırmak, gözünü korkutmak. 2. **(from)** -den vazgeçirmek.
dis.cour.age.ment (diskır´ícmınt) i. cesaretsizlik, hevesin kırılması.
dis.course (dis´kôrs) i. 1. ciddi ve ayrıntılı bir konuşma/yazı. 2. söylev, nutuk.
dis.course (diskôrs´) f. ciddi ve ayrıntılı bir şekilde konuşmak/yazmak.
dis.cour.te.ous (diskır´tiyıs) s. nezaketsiz, kaba, saygısız.

dis.cour.te.ous.ly (diskır´tiyısli) z. kabaca, saygısızca.
dis.cour.te.sy (diskır´tısi) i. nezaketsizlik, kabalık, saygısızlık.
dis.cov.er (diskʌv´ır) f. keşfetmek, bulmak; ortaya çıkarmak, meydana çıkarmak.
dis.cov.er.y (diskʌv´ıri) i. keşif, buluş, bulgu; meydana çıkarma.
dis.cred.it (diskred´ít) i. 1. itibarsızlık. 2. güvensizlik, itimatsızlık, şüphe. f. 1. itibardan düşürmek, gözden düşürmek. 2. şüpheye düşürmek, güvenini sarsmak. 3. inanmamak. **be to someone's** — birinin şerefini lekelemek.
dis.creet (diskrit´) s. denli, tedbirli; ağzı sıkı, ağzından çıkana dikkat eden.
dis.crep.an.cy (diskrep´ınsi) i. 1. farklılık, ayrılık; fark, ayrım. 2. çelişme, tutarsızlık. 3. muh. fark, uyuşmazlık.
dis.crete (diskrit´) s. ayrı, farklı.
dis.cre.tion (diskreş´ın) i. 1. sağduyu. 2. ağız sıkılığı. 3. takdir yetkisi.
dis.cre.tion.ar.y (diskreş´ıneri) s. isteğe bağlı, ihtiyari.
dis.crim.i.nate (diskrim´íneyt) f. 1. ayırt etmek, ayırmak: **He can't discriminate good books from bad.** İyi kitapları kötülerinden ayırt edemez. 2. fark gözetmek, ayrı tutmak, ayırım yapmak: **That company discriminates on the basis of sex.** O şirket cinsiyet ayırımı yapıyor. — **against** -e karşı ayırım yapmak.
dis.crim.i.nat.ing (diskrim´íneyting) s. 1. ayırt eden, ayıran. 2. zevk sahibi. 3. titiz, zor beğenen.
dis.crim.i.na.tion (diskrimíney´şın) i. 1. ayırt etme, ayırım. 2. fark gözetme, ayırım yapma. 3. zevk, beğeni, güzeli çirkinden ayırabilme yetisi.
dis.cus (dis´kıs), çoğ. — **es** (dis´kısız)/**dis.ci** (dis´ay) i., spor 1. disk. 2. disk atma. — **thrower** spor diskçi.
dis.cuss (diskʌs´) f. 1. görüşmek, tartışmak. 2. -den söz etmek, -i ele almak.
dis.cus.sion (diskʌş´ın) i. görüşme, tartışma.
dis.dain (disdeyn´) i. küçük görme, tepeden bakma, hor görme. f. küçük görmek, tepeden bakmak, hor görmek. — **to do something** bir şey yapmaya tenezzül etmemek.
dis.dain.ful (disdeyn´fıl) s. **be** — **of something** bir şeyi hor görmek.
dis.ease (diziz´) i. hastalık, sayrılık, illet.
dis.eased (dizizd´) s. hasta, sayrı; hastalıklı.
dis.em.bark (disembark´) f. karaya çıkarmak/çıkmak.
dis.en.chant (disençänt´) f. gözünü açmak. **be —ed with** gözünden düşmek: **I'm disenchanted with him.** O, gözümden düştü.

dis.en.chant.ment (dîsençänt´mınt) *i.* gözünü açma.
dis.en.gage (dîsengeyc´) *f.* 1. ilgisini kesmek, bağlantısını kesmek. 2. salıvermek, serbest bırakmak. 3. (askerleri) savaş alanından çekmek.
dis.en.gaged (dîsengeycd´) *s.* serbest, bağlantısız.
dis.en.tan.gle (dîsentäng´gıl) *f.* 1. çözmek, açmak; çözülmek, açılmak. 2. from -den kurtarmak.
dis.fa.vor, *İng.* **dis.fa.vour** (dîsfey´vır) *i.* gözden düşme. **be in** — gözden düşmüş olmak. **fall into** — gözden düşmek.
dis.fig.ure (dîsfîg´yır) *f.* biçimini bozmak, biçimsizleştirmek, çirkinleştirmek.
dis.grace (dîsgreys´) *i.* 1. gözden düşme, itibardan düşme. 2. rezalet, yüzkarası. *f.* 1. itibardan düşürmek, gözden düşürmek. 2. rezil etmek. **be a** — **to** -in yüzkarası olmak. **be in** — gözden düşmüş olmak.
dis.grace.ful (dîsgreys´fıl) *s.* utanç verici, yüz kızartıcı, rezil.
dis.grun.tled (dîsgrʌn´tıld) *s.* hoşnutsuz, canı sıkkın.
dis.guise (dîsgayz´) *f.* 1. as ... olarak kılık değiştirmek: **The king disguised himself as a beggar.** Kral tanınmamak için dilenci kılığına girdi. 2. gizlemek, saklamak: **He is disguising his true intentions.** Asıl amaçlarını gizliyor. *i.* tanınmamak için giyilen kıyafet. **be something in** — bir şey kılığına girmiş olmak: **That's a blessing in disguise.** O aslında Tanrının bir lütfudur. **He's actually a conservative in disguise.** O gizli bir tutucudur.
dis.gust (dîsgʌst´) *i.* 1. iğrenme, tiksinti. 2. bezginlik, bıkkınlık. *f.* 1. iğrendirmek, tiksindirmek. 2. bezdirmek, bıktırmak. **be —ed with** -den bıkmak.
dis.gust.ing (dîsgʌs´tîng) *s.* tiksindirici, iğrenç.
dish (dîş) *i.* 1. tabak, çanak. 2. yemek. *f.* 1. **out** dağıtmak, vermek. 2. **up** tabağa koymak. — **drainer/rack** (seyyar) damlalık, bulaşık damlalığı. **side** — baş yemek dışındaki yiyecek. **the —es** bulaşık.
dis.har.mo.ny (dîshar´mıni) *i.* uyumsuzluk, ahenksizlik.
dish.cloth (dîş´klôth) *i.* bulaşık bezi.
dis.heart.en (dîshar´tın) *f.* 1. cesaretini kırmak, umudunu kırmak. 2. hevesini kırmak.
di.shev.el (dîşev´ıl) *f.* (**—ed/—led, —ing/—ling**) (saç, giyim v.b.'ni) darmadağınık etmek, karmakarışık etmek.
di.shev.eled (dîşev´ıld) *s.* darmadağınık, karmakarışık.
dish.ful (dîş´fıl) *i.* tabak dolusu.
dis.hon.est (dîsan´îst) *s.* dürüst olmayan, sahtekâr, yalancı.

dis.hon.es.ty (dîsan´îsti) *i.* sahtekârlık, yalancılık.
dis.hon.or, *İng.* **dis.hon.our** (dîsan´ır) *i.* 1. yüzkarası, utanç kaynağı. 2. alçaklık. *f.* şerefini lekelemek.
dis.hon.or.a.ble (dîsan´ırıbıl) *s.* dürüst olmayan, güvenilmez; alçak.
dis.hon.our (dîsan´ır) *i., f., İng., bak.* **dishonor**.
dis.hon.our.a.ble (dîsan´ırıbıl) *s., İng., bak.* **dishonorable**.
dish.pan (dîş´pän) *i.* bulaşık tası.
dish.wash.er (dîş´waşır) *i.* 1. bulaşıkçı. 2. bulaşık makinesi.
dish.wa.ter (dîş´wôtır) *i.* bulaşık suyu.
dis.il.lu.sion (dîsîlu´jın) *f.* hayal kırıklığına uğratmak, gözünü açmak.
dis.il.lu.sion.ment (dîsîlu´jınmınt) *i.* hayal kırıklığı, gözü açılma.
dis.in.cline (dîsînklayn´) *f.* (bir şeyden/birinden) soğutmak, caydırmak. **be/feel —d** canı istememek.
dis.in.fect (dîsînfekt´) *f.* dezenfekte etmek, mikroplardan arındırmak, mikropsuzlandırmak.
dis.in.fect.ant (dîsînfek´tınt) *i., s.* dezenfektan.
dis.in.her.it (dîsînher´ît) *f.* mirastan yoksun bırakmak.
dis.in.her.i.tance (dîsînher´ıtıns) *i.* mirastan yoksunluk.
dis.in.te.grate (dîsîn´tıgreyt) *f.* 1. parçalamak, bölmek; parçalanmak, bölünmek. 2. *fiz.* bozunmak.
dis.in.te.gra.tion (dîsıntıgrey´şın) *i.* 1. parçalama; parçalanma. 2. *fiz.* bozunum, bozunma.
dis.in.ter.est.ed (dîsîn´trîstîd) *s.* bir konuyla hiçbir ilgisi olmayan, bir konuda hiçbir çıkarı olmayan (kimse); tarafsız, yansız.
dis.joint.ed (dîscoyn´tîd) *s.* tutarsız, bölük pörçük; ipe sapa gelmez.
disk (dîsk) *i.* 1. *spor, anat., müz., bilg.* disk. 2. teker, kurs, ağırşak. — **brake** disk freni. — **crash** *bilg.* disk kazası. — **drive** *bilg.* disk sürücü. — **jockey** diskcokey. **slipped** — *tıb.* yerinden kaymış disk.
dis.kette (dîsket´) *i., bilg.* disket.
dis.like (dîslayk´) *f.* sevmemek, hoşlanmamak. *i.* **of/for** -i sevmeme, -den hoşlanmama. **take a** — **to** -den soğumak.
dis.lo.cate (dîs´lokeyt) *f.* 1. *tıb.* mafsaldan çıkarmak. 2. bozmak, altüst etmek.
dis.lo.ca.tion (dîslokey´şın) *i., tıb.* çıkık.
dis.lodge (dîslac´) *f.* yerinden çıkarmak; yerinden atmak.
dis.loy.al (dîsloy´ıl) *s.* 1. vefasız, sadakatsiz. 2. hain.
dis.loy.al.ty (dîsloy´ılti) *i.* 1. vefasızlık, sadakatsizlik. 2. ihanet, hıyanet.

dis.mal (diz´mıl) s. 1. kederli, neşesiz, kasvetli. 2. sönük.
dis.man.tle (dîsmän´tıl) f. 1. sökmek, parçalara ayırmak. 2. eşyasını boşaltmak.
dis.may (dîsmey´) f. 1. dehşete düşürmek. 2. perişan etmek. i. dehşet. **to one's** — korktuğu gibi. **with/in** — dehşet içinde, dehşetle.
dis.mem.ber (dîsmem´bır) f. parçalamak, uzuvları bedenden ayırmak, uzuvlarını kesmek.
dis.miss (dîsmîs´) f. 1. işten çıkarmak, kovmak; görevden almak, görevden uzaklaştırmak: The Prime Minister has dismissed two members of her cabinet. Başbakan kabine üyelerinden ikisini görevden aldı. 2. gitmesine izin vermek: The teacher dismissed her students. Öğretmen öğrencilerinin gitmesine izin verdi. 3. *huk.* (davayı) reddetmek. — **from one's mind** aklından çıkarmak, düşünmemek.
dis.miss.al (dîsmîs´ıl) i. 1. işten çıkarma; işten çıkarılma. 2. gitmesine izin verme. 3. ciddiye almayı reddetme. 4. aklından çıkarma. 5. (davayı) reddetme.
dis.mount (dîsmaunt´) f. 1. (hayvan, bisiklet v.b.'nden) inmek/indirmek. 2. *mak.* sökmek.
dis.o.be.di.ence (dîsıbi´diyıns) i. itaatsizlik, başkaldırma.
dis.o.be.di.ent (dîsıbi´diyınt) s. itaatsiz, asi.
dis.o.be.di.ent.ly (dîsıbi´diyıntli) z. itaatsizce.
dis.o.bey (dîsıbey´) f. -e itaat etmemek, -i dinlememek, -e uymamak; itaatsizlik etmek.
dis.or.der (dîsôr´dır) i. 1. düzensizlik. 2. karışıklık, kargaşa. 3. hastalık, bozukluk.
dis.or.der.ly (dîsôr´dırli) s. 1. düzensiz, intizamsız. 2. (bağırıp çağırarak, kavga çıkararak) başkalarının huzurunu kaçıran. — **conduct** *huk.* başkalarının huzurunu kaçıran davranış. — **house** *huk.* genelev.
dis.or.gan.i.sa.tion (dîsôrgınızey´şın) i., *İng., bak.* **disorganization**.
dis.or.gan.ise (dîsôr´gınayz) f., *İng., bak.* **disorganize**.
dis.or.gan.i.za.tion, *İng.* **dis.or.gan.i.sa.tion** (dîsôrgınızey´şın) i. düzensizlik, karışıklık.
dis.or.gan.ize, *İng.* **dis.or.gan.ise** (dîsôr´gınayz) f. düzenini bozmak, karmakarışık etmek, altüst etmek, karıştırmak.
dis.o.ri.ent (dîsôr´îyent) f. 1. (birinin) yolunu şaşırtmak. 2. zihnini karıştırmak.
dis.own (dîson´) f. 1. tanımamak, yadsımak. 2. evlatlıktan reddetmek.
dis.par.age (dîsper´îc) f. kötülemek, küçük düşürmek.
dis.par.age.ment (dîsper´îcmınt) i. kötüleme, küçük düşürme.
dis.pa.rate (dîsper´ît) s. farklı, apayrı.
dis.par.i.ty (dîsper´ıti) i. eşitsizlik, fark.

dis.pas.sion.ate (dîspäş´ınıt) s. 1. tarafsız, yansız. 2. soğukkanlı, serinkanlı, sakin.
dis.pas.sion.ate.ly (dîspäş´ınıtli) z. tarafsızlıkla.
dis.patch (dîspäç´) i. 1. gönderme, sevk etme. 2. (telgraf/faks) çekme. 3. mesaj; rapor: We have received a dispatch from headquarters. Karargâhtan bir mesaj aldık. 4. öldürme; idam etme. 5. acele, hız: He always acts with dispatch. Daima hızlı hareket eder. f. 1. (kurye/mektup) göndermek. 2. (telgraf/faks) çekmek. 3. sevk etmek, göndermek: The government has dispatched new troops to the front. Hükümet cepheye yeni askerler gönderdi. 4. öldürmek, idam etmek. 5. hızla bitirmek.
dis.pel (dîspel´) f. (—**led**, —**ling**) dağıtmak, defetmek, gidermek.
dis.pen.sa.ble (dîspen´sıbıl) s. zorunlu olmayan, vazgeçilebilir.
dis.pen.sa.ry (dîspen´sıri) i. dispanser.
dis.pen.sa.tion (dîspınsey´şın) i. 1. dağıtma, verme. 2. (kuraldışı bir şeyin yapılması için verilen) özel izin. 3. (bir dinin etkili olduğu) dönem.
dis.pense (dîspens´) f. 1. dağıtmak, vermek. 2. (ilaç) hazırlamak. — **with** -den vazgeçmek; -i ekarte etmek. — **with the need for** -i gereksiz kılmak.
dis.pens.er (dîspen´sır) i. 1. dağıtan kimse, dağıtıcı. 2. dağıtma aracı/makinesi.
dis.per.sal (dîspır´sıl) i. dağıtma; dağılma.
dis.perse (dîspırs´) f. 1. dağıtmak, yaymak; dağılmak. 2. *fiz.* (ışınları) ayırmak.
dis.pir.it.ed (dîspîr´îtid) s. 1. morali bozuk. 2. cesareti kırık.
dis.place (dîspleys´) f. 1. yerinden çıkarmak, yerini değiştirmek. 2. yerini almak.
dis.play (dîspley´) i. 1. gösterme, sergileme. 2. gösteriş. 3. *bilg.* görüntüleme. f. 1. göstermek, sergilemek. 2. *bilg.* görüntülemek. **be on** — sergilenmek. **make a** — gösteriş yapmak.
dis.please (dîspliz´) f. canını sıkmak, sinirlendirmek.
dis.pleased (dîsplîzd´) s. hoşnutsuz.
dis.pleas.ure (dîsplej´ır) i. hoşnutsuzluk, öfke.
dis.pos.a.ble (dîspo´zıbıl) s. kullanıldıktan sonra atılabilen.
dis.pos.al (dîspo´zıl) i. 1. yok etme, imha etme. 2. yerleştirme, yerleştirme düzeni. 3. satma; elden çıkarma. 4. *huk.* tasarruf, kullanım. — **unit** çöp öğütücü. **be at someone's** — birinin emrinde olmak: While I'm away my house is at your disposal. Ben yokken evim emrinizde.
dis.pose (dîspoz´) f. 1. yerleştirmek. 2. hazırlamak. — **of** 1. (belirli bir düzene göre) yerleştirmek. 2. (zaman, para v.b.'ni) (belirli bir bi-

çimde) harcamak. 3. yok etmek, imha etmek. 4. satmak; elden çıkarmak; vermek; dağıtmak. 5. halletmek, tamamlamak. be —d to eğiliminde olmak.
dis.po.si.tion (dispıziş'ın) *i.* 1. yaradılış, mizaç, tabiat. 2. yerleştirme. 3. satış; elden çıkarma; verme; dağıtma. **be at someone's** — birinin emrine amade olmak.
dis.pos.sess (dispızes') *f.* 1. mal ve mülküne el koymak; evinden çıkarmak, *huk.* tahliye etmek. 2. yoksun bırakmak.
dis.pro.por.tion.ate (disprıpôr'şınît) *s.* oransız; to ile orantılı olmayan.
dis.prove (dispruv') *f.* aksini kanıtlamak, çürütmek.
dis.pute (dispyut') *i.* tartışma, münakaşa. *f.* 1. tartışmak, münakaşa etmek. 2. doğruluğundan şüphe etmek. **be beyond** — tartışma götürmemek. **be open to** — (bir şey) tartışılabilmek, tartışmaya açık olmak.
dis.qual.i.fi.ca.tion (diskwalıfıkey'şın) *i.* 1. (ceza olarak) yetkisini elinden alma. 2. *spor* diskalifiye etme; diskalifiye olma.
dis.qual.i.fy (diskwal'ıfay) *f.* 1. (ceza olarak) yetkisini elinden almak. 2. *spor* diskalifiye etmek, yarış dışı bırakmak.
dis.qui.et (diskway'ıt) *f.* rahatsız etmek, endişe vermek, huzurunu kaçırmak. *i.* endişe, huzursuzluk.
dis.re.gard (disrigard') *f.* önemsememek, aldırmamak, hiçe saymak, boş vermek. *i.* önemsememe, aldırmazlık, hiçe sayma, boş verme.
dis.re.pair (disriper') *i.* bakımsızlık. **in** — tamire muhtaç, harap.
dis.rep.u.ta.ble (disrep'yıtıbıl) *s.* adı kötüye çıkmış.
dis.re.pute (disripyut') *i.* **bring into** — -e gölge düşürmek. **fall into** — adı kötüye çıkmak.
dis.re.spect (disrispekt') *i.* saygısızlık, hürmetsizlik, kabalık. **show** — **for** -e saygısızlıkta bulunmak, -e saygısızlık etmek.
dis.re.spect.ful (disrispekt'fıl) *s.* saygısız.
dis.robe (disrob') *f.* 1. (resmi giysisini) çıkarmak; resmi giysisini çıkarmak. 2. soyunmak.
dis.rupt (disrʌpt') *f.* 1. bozulmasına yol açmak; altüst etmek; aksatmak. 2. (toplantının) kesilmesine yol açmak.
dis.rup.tion (disrʌp'şın) *i.* aksama; kesilme.
dis.rup.tive (disrʌp'tiv) *s.* 1. işleri aksatan. 2. aksatan. 3. karışıklığa/kargaşaya yol açan. 4. birliği bozan, bölücü.
dis.sat.is.fac.tion (dis.sätisfäk'şın) *i.* memnuniyetsizlik, hoşnutsuzluk, tatminsizlik.
dis.sat.is.fy (dis.sät'isfay) *f.* memnun etmemek, hoşnut etmemek, tatmin edememek. **be dissatisfied with something** bir şeyden memnun olmamak.
dis.sect (disekt') *f.* 1. parçalara ayırmak. 2. inceden inceye incelemek.
dis.sem.ble (disem'bıl) *f.* gerçeği gizlemek; (gerçeği) gizlemek.
dis.sem.i.nate (disem'ıneyt) *f.* saçmak, yaymak, neşretmek.
dis.sen.sion (disen'şın) *i.* anlaşmazlık, ihtilaf.
dis.sent (disent') *f.* **from** 1. -i kabul etmemek. 2. -den ayrı görüşte olmak, -den ayrılmak. *i.* 1. kabul etmeyiş. 2. ayrılık.
dis.sent.er (disen'tır) *i.* ayrı görüşte olan kimse.
dis.ser.ta.tion (disırtey'şın) *i.* tez, travay.
dis.ser.vice (dis.sır'vis) *i.* zarar, ziyan. **do** — **to** (bir kimseye, ülkeye v.b.'ne) zarar vermek.
dis.si.dent (dis'ıdınt) *s.* ayrı görüşte olan, karşıt görüşlü, muhalif. *i.* ayrı görüşte olan kimse, muhalif.
dis.sim.i.lar (disim'ılır) *s.* farklı, ayrımlı, değişik; **to** -den farklı.
dis.sim.i.lar.i.ty (disimiler'ıti) *i.* farklılık.
dis.sim.u.late (disim'yıleyt) *f.* gerçeği gizlemek; (gerçeği) gizlemek.
dis.sim.u.la.tion (disimyıley'şın) *i.* gerçeği gizleme.
dis.si.pate (dis'ıpeyt) *f.* 1. dağıtmak; dağılmak. 2. israf etmek.
dis.si.pat.ed (dis'ıpeytid) *s.* 1. dağıtılmış. 2. israf edilmiş. 3. sefih.
dis.si.pa.tion (disipey'şın) *i.* 1. dağıtma; dağılma. 2. israf. 3. sefahat.
dis.so.ci.ate (diso'şiyeyt) *f.* ayırmak. — **oneself from** -den ayrılmak.
dis.so.lute (dis'ılut) *s.* ahlaksız, çapkın, sefih.
dis.so.lu.tion (disılu'şın) *i.* 1. fesih, feshetme. 2. çözülme.
dis.solve (dizalv') *f.* 1. eritmek; erimek. 2. çözmek. 3. feshetmek, dağıtmak, son vermek. 4. zamanla kaybolmak, yok olmak.
dis.so.nance (dis'ınıns) *i.* ahenksizlik, uyumsuzluk.
dis.so.nant (dis'ınınt) *s.* ahenksiz, akortsuz, uyumsuz.
dis.suade (disweyd') *f.* **from** -den caydırmak, -den vazgeçirmek.
dis.tance (dis'tıns) *i.* 1. uzaklık, mesafe, ara. 2. uzak, uzak yer. 3. mesafe, resmiyet. *f.* geride bırakmak. **a good** — **off** epey uzakta. **at a** — uzakta, uzak bir yerde. **from a** — uzaktan. **keep one's** — **from** -den uzak durmak, ile arasına mesafe koymak. **keep someone at a** — birine soğuk davranmak.
dis.tant (dis'tınt) *s.* 1. uzak, ırak (yer/zaman). 2. soğuk, mesafeli (kimse). — **relative** uzak akraba.
dis.taste (disteyst') *i.* beğenmeme, hoşlanmama.
dis.taste.ful (disteyst'fıl) *s.* tatsız, nahoş, hoşa gitmeyen.
dis.tem.per (distem'pır) *i.* bulaşıcı bir köpek

a ä e ı i î ô o û ʌ ıl ım ın ır ng ngg ngk
car cat met above heal his dog so good do up couple prism demon burn ring finger ink

distemper

dis.tem.per (distem'pır) *i.* kireç boya, badana. *f.* kireç boya sürmek, badanalamak.
dis.tend (distend') *f.* şişirmek; şişmek.
dis.till, *İng.* **dis.til** (distil') *f.* damıtmak, imbikten çekmek; imbikten çekilmek.
dis.til.la.tion (distıley'şın) *i.* damıtma.
dis.tilled (distild') *s.* damıtık, damıtılmış.
dis.till.er.y (distil'ıri) *i.* damıtık içki fabrikası.
dis.tinct (distingkt') *s.* 1. ayrı, farklı, başka. 2. açık, belli.
dis.tinc.tion (distingk'şın) *i.* 1. ayırt etme. 2. fark. 3. paye. 4. üstünlük.
dis.tinc.tive (distingk'tiv) *s.* kolaylıkla ayırt edilebilen, farklı; kendine özgü.
dis.tin.guish (disting'gwiş) *f.* ayırt etmek, ayırmak. — **oneself** sivrilmek.
dis.tin.guished (disting'gwişt) *s.* 1. seçkin, güzide. 2. sivrilmiş.
dis.tort (distôrt') *f.* 1. biçimini bozmak; (yüzünü) çarpıtmak. 2. çarpıtmak, gerçek anlamından saptırmak, başka anlam vermek.
dis.tor.tion (distôr'şın) *i.* 1. biçimini bozma; (yüzünü) çarpıtma. 2. çarpıtma, gerçek anlamından saptırma.
dis.tract (disträkt') *f.* dikkatini başka yöne çekmek, dikkatini dağıtmak: **Don't distract me.** Beni meşgul etme.
dis.tract.ed (disträk'tid) *s.* 1. **(by)** (-den dolayı) dikkati dağılmış. 2. şaşkına dönmüş. 3. çok endişeli. 4. **with** -den dolayı deliye dönmüş.
dis.trac.tion (disträk'şın) *i.* 1. dikkati dağıtan şey; oyalayıcı şey; eğlence. 2. dikkatini başka yöne çekme, dikkatini dağıtma. **drive someone to** — birini deli etmek, birini deliye çevirmek.
dis.traught (distrôt') *s.* **(with)** (-den dolayı) çılgına dönmüş; çok endişeli.
dis.tress (distres') *i.* 1. üzüntü; acı; endişe. 2. tehlikeli bir durum, zor bir durum. *f.* 1. üzmek. 2. endişelendirmek.
dis.tress.ing (distres'ing) *s.* üzücü, acıklı.
dis.trib.ute (distrib'yût) *f.* dağıtmak; yaymak.
dis.tri.bu.tion (distrıbyu'şın) *i.* 1. dağıtım. 2. dağılım.
dis.trib.u.tor (distrib'yûtır) *i.* 1. dağıtıcı, bayi. 2. *oto.* distribütör.
dis.trict (dis'trikt) *i.* mıntıka, bölge, mahalle. — **attorney** savcı.
dis.trust (distrʌst') *f.* güvenmemek, itimat etmemek. *i.* güvensizlik, itimatsızlık.
dis.trust.ful (distrʌst'fıl) *s.* başkalarına güvenmeyen, güvensiz, itimatsız.
dis.turb (distırb') *f.* 1. rahatsız etmek; huzurunu kaçırmak; endişelendirmek. 2. karıştırmak, altüst etmek.
dis.tur.bance (distır'bıns) *i.* 1. rahatsızlık, huzursuzluk. 2. karışıklık, kargaşa.
dis.turbed (distırbd') *s.* (ruhen/aklen) dengesiz.
dis.u.ni.ty (disyu'nıti) *i.* ayrılık, kopukluk.
dis.use (disyus') *i.* kullanılmama, kullanılmazlık. **fall into** — kullanılmaz olmak, bırakılmak, terk edilmek.
ditch (diç) *i.* 1. hendek. 2. ark, kanal.
dit.to (dit'o) *i.* denden işareti.
di.van (divän') *i.* 1. sedir, divan. 2. divan, büyük meclis. 3. şiir divan.
dive (dayv) *f.* **(—d/dove, —d)** 1. suya dalmak, dalmak. 2. *hav.* pike yapmak. *i.* 1. dalış. 2. *hav.* pike. 3. *k. dili* batakhane. **diving board** atlama tahtası, tramplen. **diving suit** dalgıç elbisesi.
div.er (day'vır) *i.* dalgıç.
di.verge (divırc', dayvırc') *f.* ayrılmak, birbirinden uzaklaşmak.
di.ver.gence (divır'cıns, dayvır'cıns) *i.* ayrılma, uzaklaşma.
di.ver.gen.cy (divır'cınsi, dayvır'cınsi) *i., bak.* **divergence.**
di.ver.gent (divır'cınt, dayvır'cınt) *s.* ayrı, farklı.
di.verse (divırs', dayvırs') *s.* çeşit çeşit, çeşitli, farklı.
di.ver.si.fy (divır'sıfay, dayvır'sıfay) *f.* çeşitlendirmek.
di.ver.sion (divır'jın, dayvır'jın) *i.* 1. eğlence, oyalayıcı şey. 2. dikkati başka yöne çeken şey; şaşırtmaca; yanıltmaca. 3. *İng.* varyant (yol). 4. saptırma.
di.ver.sion.a.ry (divır'jıneri, dayvır'jıneri) *s.* dikkati başka yöne çeken.
di.ver.si.ty (divır'siti, dayvır'siti) *i.* çeşitlilik, farklılık.
di.vert (divırt', dayvırt') *f.* 1. dikkatini başka yöne çekmek, dikkatini dağıtmak. 2. çevirmek, saptırmak. 3. oyalamak, eğlendirmek.
di.vest (divest') *f.* **of** -den yoksun bırakmak.
di.vide (divayd') *f.* 1. bölmek, taksim etmek; bölünmek. 2. **among** -e dağıtmak. — **down the middle** ikiye bölmek. — **up among** -e dağıtmak.
di.vid.ed (divay'did) *s.* bölünmüş.
div.i.dend (div'ıdend) *i.* 1. *mat.* bölünen. 2. kâr payı.
di.vid.ers (divay'dırz) *i.* pergel.
di.vine (divayn') *s.* tanrısal, ilahi. *i.* papaz. *f.* 1. sezmek, hissetmek. 2. kehanette bulunmak.
di.vin.i.ty (divin'ıti) *i.* 1. tanrısallık, ilahilik. 2. tanrı, ilah; tanrıça, ilahe. 3. ilahiyat, Tanrıbilim, teoloji. — **school** Hırist. ilahiyat fakültesi.
di.vis.i.ble (diviz'ıbıl) *s.* bölünebilir.
di.vi.sion (divij'ın) *i.* 1. bölme, taksim; bölünme. 2. bölüm, kısım. 3. bölüm, departman, seksiyon. 4. *mat.* bölme. — **of labor** işbölümü. — **sign** *mat.* bölme işareti.

di.vi.sive (divay´siv) s. bölücü.
di.vi.sor (divay´zır) i., mat. bölen.
di.vorce (divôrs´) i. 1. boşama; boşanma. 2. ayrılma, ayrılık. f. 1. boşamak; boşanmak. 2. ayırmak; ayrılmak.
di.vor.cé (divôr´sey) i. boşanmış erkek.
di.vor.cée (divôrsey´) i. boşanmış kadın.
di.vulge (divʌlc´) f. açığa vurmak, ifşa etmek.
DIY kıs., İng., bak. do-it-yourself.
diz.zi.ness (diz´inıs) i. baş dönmesi, sersemlik.
diz.zy (diz´i) s. 1. başı dönen, sersem, şaşkın, gözü kararmış. 2. baş döndürücü, sersemletici.
Dji.bou.ti (cibu´ti) i. Cibuti.
DNA (di.en.ey´) i., kıs. deoxyribonucleic acid DNA.
do (du) f. (did, —ne) 1. yapmak. 2. etmek. 3. başa çıkmak, başarmak. 4. bitirmek, tamamlamak. 5. hazırlamak. 6. davranmak. 7. yetmek. 8. becermek. 9. yetişmek. 10. düzenlemek. 11. (belirli bir mesafe) katetmek. 12. çözmek. 13. (bulaşık) yıkamak. *yardımcı f.* 1. *Özellikle soru cümlesi veya olumsuz cümle kurmak için bir başka fiille birlikte kullanılır:* Where does she live? O nerede oturuyor? He didn't go to school. Okula gitmedi. Did you like my new bicycle? Yeni bisikletimi beğendin mi? 2. *Bir başka fiili vurgular veya anlamını pekiştirir:* I really do like animals. Hayvanları gerçekten severim. Do come! N'olur gel! 3. *Bir başka fiil yerine kullanılır:* She speaks Spanish better than her father does. İspanyolcayı babasından daha iyi konuşur. "You tripped me up." "No, I didn't." "Bana çelme attın." "Hayır, atmadım." "Lock the front door." "I've already done it." "Ön kapıyı kilitle." "Kilitledim bile." — away with 1. -i ortadan kaldırmak, -i yok etmek. 2. -i öldürmek, -i ortadan kaldırmak. — badly durumu kötü olmak. — in argo öldürmek. — one's best elinden geleni yapmak. — one's hair saçlarını düzeltmek, saçını yapmak. — oneself up k. dili süslenmek, süslenip püslenmek. — over again yeni baştan yapmak. — someone dirt k. dili birine kötülük etmek. — someone good birine iyi gelmek. — well durumu iyi olmak. — without -siz idare etmek. could — with ise iyi olur, ise fena olmaz: He could do with a bath. Banyo yapsa iyi olur. have nothing to — with ile hiçbir ilişkisi olmamak. How — you —? Nasılsınız? make — with ile idare etmek, ile yetinmek. That will —. Kâfi./Yetişir. What's that lout —ing here? O ayının burada ne işi var?
doc.ile (das´ıl) s. uysal, yumuşak başlı, halim selim.
dock (dak) f. 1. (kuyruğunu) kısaltmak, kesmek. 2. (ücretten) kesmek.
dock (dak) i. 1. iskele, rıhtım. 2. havuz, gemi havuzu, dok. 3. huk. sanık yeri. f. 1. rıhtıma yanaşmak. 2. havuza çekmek; havuza girmek.
dock.yard (dak´yard) i. tersane.
doc.tor (dak´tır) i. 1. doktor, hekim, tabip. 2. doktor, doktora sahibi. f. 1. tedavi etmek. 2. onarmak, tamir etmek. 3. (kötü bir amaçla) değiştirmek. —'s degree doktora. — up (with) (yemeğe) (bir şey katarak) tat vermek.
doc.tor.ate (dak´tırit) i. doktora.
doc.trine (dak´trin) i. öğreti, doktrin.
doc.u.ment (dak´yımınt) i. belge, doküman.
doc.u.ment (dak´yıment) f. belgelemek.
doc.u.men.tal (dakyımen´tıl) s. belgesel, dokümanter.
doc.u.men.ta.ry (dakyımen´tıri) s. belgesel, dokümanter. i. belgesel. — film belgesel film, dokümanter film.
doc.u.men.ta.tion (dakyımentey´şın) i. belgeleme.
dodge (dac) f. 1. bir yana kaçmak; bir yana kaçıp -den kurtulmak. 2. kurnazlık/hile ile atlatmak. i. 1. bir yana kaçma. 2. kurnazlık/hile ile atlatma. 3. kaçamak yol.
doe (do) i. geyik, keçi, tavşan v.b. hayvanların dişisi.
does (dʌz) f. do fiilinin geniş zamandaki üçüncü şahıs tekil şekli: He does good work. İyi iş yapar.
does.n't (dʌz´ınt) kıs. does not.
dog (dôg) i. köpek. 1. — collar köpek tasması. go to the —s 1. ahlaken çökmek. 2. bozulmak. let sleeping —s lie fincancı katırlarını ürkütmemek. rain cats and —s bardaktan boşanırcasına yağmak, gök delinmek, yağmur boşanmak.
dog (dôg) f. (—ged, —ging) 1. (bir isteğin üstüne düşerek) (birini) rahat bırakmamak. 2. (kötü bir şey) peşini bırakmamak.
dog-ear (dôg´ir) f. sayfa köşelerini kıvırmak/buruşturmak.
dog-eared (dôg´ird) s. sayfa köşeleri kıvrık/buruşuk.
dog-eat-dog (dôg´itdog´) i. kıran kırana rekabet. s. kıran kırana rekabet edilen.
dog.ged (dôg´id) s. inatçı, dik kafalı, direngen.
dog.gie (dôg´i) i. 1., bak. doggy.
dog.gy (dôg´i) i. 1. k. dili köpek. 2. k. dili yavru köpek. 3. ç. dili havhav.
dog.ma (dôg´mı) i. dogma, inak.
dog.mat.ic (dôgmät´ik) s. dogmatik, inaksal.
dog.ma.tism (dôg´mıtizım) i. dogmatizm, inakçılık.

dog-tired (dôg´tayrd´) *s., k. dili* çok yorgun, bitkin, hoşaf gibi.
doi.ly (doy´li) *i.* dantel/işlemeli altlık.
do.ings (du´wîngz) *i.* işler.
do-it-your.self (du´ityûrself´) *s.* birinin kendi başına yapabileceği/monte edebileceği (şey). **— store** tamir/yapı işlerini kendi başına yapmak isteyenlere göre malzeme ve alet satılan dükkân.
do-it-your.self.er (du´ityûrself´ır) *i.* tamir/yapı işlerini kendi yapan kimse.
dol.drums (dol´drımz) *i., çoğ.* 1. *den.* okyanusların ekvator dolaylarındaki durgun veya az rüzgârlı kısımları, eşleksel durgunluk alanı. 2. *tic.* durgunluk, kesatlık. 3. can sıkıntısı; efkâr. **be in the —** 1. *den.* rüzgârın esmediği bir bölgede bulunmak. 2. (birinin işleri) kesat olmak. 3. can sıkıntısı çekmek; efkârlı olmak.
dole (dol) *i.* işsizlik yardımı. *f.* **out** dağıtmak. **go/be on the —** işsizlik yardımı almak.
dole.ful (dol´fıl) *s.* kederli, acılı, hüzünlü.
doll (dal) *i.* oyuncak bebek. *f.* **— oneself up** giyinip kuşanmak, süslenip püslenmek. **— someone up** birini süsleyip püslemek.
dol.lar (dal´ır) *i.* dolar.
dol.ly (dal´i) *i.* 1. bebek, kukla. 2. tekerlekli kriko. 3. iki tekerlekli yük taşıyıcısı.
dol.phin (dal´fîn) *i.* yunusbalığı, yunus.
dolt (dolt) *i.* mankafa, ahmak, budala.
do.main (domeyn´) *i.* 1. nüfuz alanı, nüfuz bölgesi. 2. bilgi alanı; ilgi alanı: **It's not in my domain.** O benim alanım dışında. **right of eminent —** *huk.* istimlak hakkı.
dome (dom) *i.* kubbe.
domed (domd) *s.* kubbeli.
do.mes.tic (dımes´tîk) *s.* 1. ev ile ilgili; aile ile ilgili, aile içi. 2. evcimen. 3. evcil. 4. yurtiçi, iç. *i.* hizmetçi. **— animal** evcil hayvan. **— flight** yurtiçi uçuş. **— flights** iç hatlar. **— industries** yerli sanayi. **— market** iç pazar. **— politics** iç politika. **— trade** iç ticaret.
do.mes.ti.cate (dımes´tıkeyt) *f.* evcilleştirmek.
dom.i.cile (dam´ısıl, dam´ısayl) *i.* ikametgâh, konut, mesken.
dom.i.nance (dam´ınıns) *i.* 1. hâkimiyet, üstünlük. 2. *biyol.* başatlık.
dom.i.nant (dam´ınınt) *s.* 1. hâkim, egemen. 2. *biyol.* dominant, başat.
dom.i.nate (dam´ıneyt) *f.* 1. hâkim olmak, egemen olmak, hükmetmek. 2. (bir yere) hâkim olmak, tepeden bakmak.
dom.i.na.tion (damıney´şın) *i.* hâkimiyet, egemenlik, hükmetme.
dom.i.neer (damınîr´) *f.* despotça hükmetmek, hâkim durumda olmak.
dom.i.neer.ing (damınîr´îng) *s.* otoriter, hükmeden.
Do.min.i.can (dımîn´îkın) *s.* 1. Dominik, Dominik Cumhuriyeti'ne özgü. 2. Dominikli. *i.* Dominikli, Dominik Cumhuriyeti vatandaşı. **the — Republic** Dominik Cumhuriyeti.
do.min.ion (dımîn´yın) *i.* 1. egemenlik, hâkimiyet. 2. dominyon.
dom.i.noes (dam´ınoz) *i.* domino oyunu.
do.nate (do´neyt) *f.* bağışlamak, hibe etmek.
do.na.tion (doney´şın) *i.* 1. bağışlama. 2. bağış, hibe.
done (dʌn) *f., bak.* **do.** *s.* 1. tamamlanmış, bitmiş. 2. iyi pişmiş. **D—!** Tamam!/Oldu!/Kabul! **— in** çok yorgun, bitkin. **— through** iyi pişmiş (et). **— to a turn** kıvamında pişmiş. **be — for** *k. dili* 1. mahvolmak; belaya çatmak. 2. pestili çıkmak, canı çıkmak. **It isn't —.** Yakışık almaz./Hiç hoş bir şey değil.
don.key (dang´ki) *i.* eşek.
do.nor (do´nır) *i.* 1. bağışçı. 2. *tıb.* verici.
don't (dont) *kıs.* **do not.**
doom (dum) *i.* (talihin belirlediği) kötü son, korkunç son. *f.* **be —ed to** (kötü bir şeye) mahkûm olmak.
dooms.day (dumz´dey) *i.* kıyamet günü.
door (dor) *i.* kapı. **— salesman** ev ev dolaşarak satış yapan satıcı. **— service** kapıdan kapıya servis. **at death's —** ölmek üzere, bir ayağı çukurda. **lay at someone's —** (bir suçu) birine yüklemek, birinin üstüne atmak. **next —** kapı komşu, yakın. **out of —s** 1. dışarıya; dışarıda. 2. açık havada. **show someone the —** birini kovmak, birine kapıyı göstermek. **three —s off** üç ev ötede.
door.bell (dor´bel) *i.* kapı zili.
door.keep.er (dor´kipır) *i., bak.* **doorman.**
door.knob (dor´nab) *i.* kapı topuzu.
door.man (dor´män, dor´mın), *çoğ.* **door.men** (dor´men, dor´mın) *i.* kapıcı.
door.mat (dor´mät) *i.* paspas.
door.step (dor´step) *i.* eşik.
door.stop (dor´stap) *i.* kapı tamponu.
door-to-door (dor´tıdor´) *s.* 1. ev ev dolaşarak yapılan. 2. kapıdan kapıya.
door.way (dor´wey) *i.* giriş, kapı aralığı.
dope (dop) *i.* 1. uyuşturucu madde, narkotik. 2. uyuşturucu. 3. *argo* budala, ahmak. 4. *argo* bilgi.
dop.ey (do´pi) *s., argo* 1. uyuşturucu etkisinde. 2. budala.
dorm (dôrm) *i., k. dili* yatakhane.
dor.mant (dôr´mınt) *s.* uykuda, uyuşuk, cansız.
dor.mer (dôr´mır) *i.* **— window** çatı penceresi.
dor.mi.to.ry (dôr´mıtôri) *i.* 1. yatakhane, koğuş. 2. öğrenci yurdu.
dos.age (do´sîc) *i.* dozaj.

dose (dos) *i.* doz.
dos.si.er (das´iyey) *i.* evrak dosyası.
dot (dat) *i.* 1. nokta. 2. puan, benek, nokta. *f.* (—ted, —ting) noktalamak. — **the i's and cross the t's** en ufak ayrıntıların üzerinde titizlikle durmak. **—ted line** bir belgenin imza yeri. **on the —** *k. dili* dakikası dakikasına, tam zamanında.
dot.age (do´tic) *i.* bunaklık.
dot.ard (do´tırd) *i.* bunak.
dote (dot) *f.* 1. **on/upon** -in üstüne titremek, -e çok düşkün olmak. 2. bunamak.
dou.ble (dʌb´ıl) *s.* 1. iki kat, çift, iki misli. 2. eş, benzer, aynı; ikiz: **Ayşe so resembles her mother that she could be her double.** Ayşe annesine o kadar benziyor ki onun ikizi olabilir. 3. kat. 4. hile, oyun. 5. *tiy., sin.* dublör. 6. *briç* kontr. *s.* 1. iki kat, iki kere, iki misli: **She added double the amount of salt called for in the recipe.** Yemek tarifinde yazılanın iki katı tuz ilave etti. 2. çift. 3. çifte, ikili. 4. bükülmüş, katlı. 5. iki kişilik. 6. duble; çift porsiyon. 7. iki yüzlü. **— bass** *müz.* kontrbas. **— bed** iki kişilik karyola/yatak. **— boiler** benmari. **— density** *bilg.* çifte yoğunluk. **double entendre** iki tarafa çekilebilecek söz, ikircil söz, lastikli söz. **— entry** *muh.* çift kayıt sistemi. **— feature** iki film birden. **— header** *spor* üst üste yapılan iki karşılaşma. **— room** (otelde) çift yataklı oda. **— standard** çifte standart.
dou.ble (dʌb´ıl) *f.* 1. iki katına çıkarmak, iki misli yapmak; iki misli olmak. 2. iki ile çarpmak. 3. ikiye katlamak. **— back** aynı yoldan geri dönmek. **— for** -in dublörlüğünü yapmak. **— up** 1. eğilmek; iki büklüm olmak; iki büklüm etmek. 2. **with** ile aynı odayı paylaşmak.
dou.ble-breast.ed (dʌb´ılbres´tid) *s.* kruvaze (ceket).
dou.ble-check (dʌb´ılçek´) *f.* tekrar kontrol etmek; çifte kontrol yapmak.
dou.ble-click (dʌb´ıl.klik´) *f., bilg.* fare düğmesine iki kez basmak.
dou.ble-cross (dʌb´ılkrôs´) *f., argo* sözünden dönerek aldatmak, kazık atmak. *i., argo* kazık atma.
dou.ble-deal.er (dʌb´ıldil´ır) *i.* ikiyüzlü, dolandırıcı, sahtekâr.
dou.ble-deck.er (dʌb´ıldek´ır) *i.* 1. iki katlı otobüs. 2. ranza.
dou.ble-den.si.ty (dʌb´ılden´sıti) *s., bilg.* çifte yoğunluklu.
dou.ble-edged (dʌb´ılecd´) *s.* 1. iki tarafı keskin. 2. hem lehte hem aleyhte olan.
dou.ble-faced (dʌb´ılfeyst´) *s.* 1. iki yüzlü. 2. iki taraflı (kumaş).
dou.ble-glazed (dʌb´ılgleyzd´) *s.* çift camlı. **— window** çift camlı pencere.
dou.ble-quick (dʌb´ılkwik´) *s.* çok çabuk, hızlı. *i.* hızlı yürüyüş. *f.* hızlı yürümek.
dou.bles (dʌb´ılz) *i., tenis* çiftler.
dou.ble-space (dʌb´ılspeys´) *f.* (daktiloda/bilgisayarda) çift aralıkla yazmak.
doubt (daut) *i.* 1. kuşku, şüphe. 2. şüpheli durum. *f.* 1. kuşkulanmak, kuşku duymak, şüphelenmek, şüphe etmek: **I doubt his integrity.** Dürüstlüğünden kuşku duyuyorum. **She doubts that Yusuf will arrive on time.** Yusuf'un vaktinde geleceğinden şüphe ediyor. 2. ikna olmamak: **Despite his excellent qualifications I doubt that he is the right person for this job.** Üstün niteliklerine karşın bu işe uygun bir kimse olduğuna hâlâ ikna olmadım. **beyond —** kuşkusuz, şüphesiz. **I don't — that ....** Hiç kuşkum yok ki .... **I — whether ... ...** pek sanmam./... pek sanmıyorum. **in —** kuşkulu, şüpheli, henüz belli olmayan. **no —** hiç kuşkusuz, hiç şüphesiz, elbette. **without —** kuşkusuz, şüphesiz.
doubt.ful (daut´fıl) *s.* 1. kuşkulu, şüpheli, kuşku duyan. 2. kuşkulu, kuşkulandıran, kuşku uyandıran. 3. belirsiz; karanlık.
doubt.less (daut´lis) *z.* 1. kuşkusuz, şüphesiz, kesinlikle, muhakkak. 2. herhalde.
douche (duş) *i., tıb.* şırınga. *f.* şırınga etmek.
dough (do) *i.* 1. hamur. 2. *argo* para, mangır.
dough.nut (do´nʌt) *i.* yağda kızarmış şekerli çörek.
dough.y (do´wi) *s.* hamur gibi.
dour (dûr, daur) *s.* asık yüzlü, ters, haşin, aksi.
dove (dʌv) *i.* 1. kumru. 2. beyaz güvercin. 3. *pol.* savaş aleyhtarı, barışçı, barış yanlısı.
dove (dov) *f., bak.* **dive**.
dow.el (dau´wıl) *i.* geçme, ağaç çivi.
down (daun) *i.* ince kuş tüyü, yonda.
down (daun) *z.* 1. aşağı, aşağıya, aşağıda. 2. güneye doğru. *edat* -in aşağısında: **down the mountain** dağın aşağısına doğru. *f.* 1. aşağı indirmek, alaşağı etmek, yere yıkmak, devirmek, düşürmek: **The gunners have downed three enemy planes.** Topçular üç düşman uçağını düşürdü. 2. çabucak içmek, yuvarlamak: **He had already downed three rakis before I arrived.** Ben gelmeden önce üç bardak rakı yuvarlamıştı. 3. yenmek: **The champion downed his opponent in the third round.** Şampiyon, rakibini üçüncü rauntta yendi. *s.* 1. aşağıya yönelen. 2. *k. dili* üzgün, keyifsiz, morali bozuk. **— and out** hayatta yenilgiye uğramış, bezgin, bitkin. **— at the heels** perişan bir durumda. **— in the mouth/dumps** üzüntülü, hayal kırıklığına

downcast   126

uğramış. — **on his luck** talihsiz. — **payment** kaparo, pey akçesi; ilk ödeme. **D— with ...! Kahrolsun ...! be — on** -e karşı olmak. **fall —** düşmek. **get — to work** ciddi olarak işe koyulmak. **He is — with a fever.** Ateşten yatağa düşmüş. **shoot —** ateş edip düşürmek. **shut —** (fabrika, işyeri v.b.'ni) kapatmak. **The house burned —.** Ev yanıp kül oldu. **The pressure is —.** Basınç azaldı. **The sun is going —.** Güneş batıyor. **The wind is —.** Rüzgâr hafifledi. **turn —** 1. reddetmek, geri çevirmek. 2. (radyo, televizyon v.b.'ni) kısmak. **water —** 1. sulandırmak, su katmak. 2. hafifletmek. **write —** yazmak, kâğıda dökmek.
down.cast (daun´käst) s. 1. aşağıya yönelmiş. 2. üzgün, morali bozuk.
down.fall (daun´fôl) i. 1. düşüş, yıkılış, çöküş, çökme. 2. (yağmur) boşanma.
down.grade (daun´greyd) f. derecesini indirmek, alçaltmak.
down.heart.ed (daun´har´tid) s. üzgün, morali bozuk.
down.hill (daun´hil) z. yokuş aşağı, aşağıya. s. inişli, meyilli. **go —** (başarı, sağlık v.b.) düşüş göstermek, bozulmak; baş aşağı gitmek.
down.load (daun´lod) f. (İnternet üzerinden bilgisayara program) yüklemek.
down.pour (daun´pôr) i. sağanak.
down.right (daun´rayt) s. 1. tam, düpedüz: **a downright insult** düpedüz bir hakaret. 2. açık, dürüst. 3. açıksözlü, sözünü esirgemeyen. z. 1. tamamen, büsbütün: **He's downright wrong.** Tamamen haksız o. 2. açıkça, dobra dobra.
down.stairs (daun´sterz´) z. aşağı kata, alt kata, aşağıya; aşağı katta, alt katta, aşağıda. s. alt katta olan, aşağıdaki. i. aşağı kat, alt kat.
down.stream (daun´strim) z. akıntı aşağı, akış aşağı.
down-to-earth (daun´tu.ırth´) s. 1. gerçekçi. 2. uygulanabilir, gerçekleştirilebilir.
down.town (daun´taun) i. şehrin merkezi, çarşı. z. çarşı tarafında; çarşıya. s. şehrin merkezinde olan.
down.trod (daun´trad), **down.trod.den** (daun´tradın) s. 1. ayaklar altında çiğnenmiş. 2. haksızlığa uğramış, ezilmiş.
down.ward (daun´wırd), **down.wards** (daun´wırdz) z. aşağı doğru.
down.wind (daun´wind) z. rüzgâr yönüne; rüzgârla birlikte.
dow.ry (dau´ri) i. 1. çeyiz. 2. drahoma.
doze (doz) i. hafif uyku, şekerleme, kestirme, uyuklama. f. şekerleme yapmak, kestirme, uyuklamak. **— off** uyuklamak, uykuya dalmak.
doz.en (d^z´ın) i. düzine.

doz.er (do´zır) i., k. dili dozer, buldozer.
Dr. kıs. Doctor, Drive.
drab (dräb) s. (**—ber, —best**) 1. kasvetli, sıkıcı. 2. ölü (renk).
draft, İng. **draught** (dräft) f. askere almak. i. zorunlu askerlik.
draft, İng. **draught** (dräft) f. çekmek. i. 1. çekme, çekim, yudum. 2. poliçe, çek. 3. ödeme emri. 4. hava akımı, cereyan, soba borusunun çekmesi. s. fıçıdan çekilen (bira). **beer on —** fıçı birası.
draft, İng. **draught** (dräft) f. tasarlamak; taslağını çizmek; müsveddesini hazırlamak. i. taslak; tasarım; müsvedde.
draft.ing (dräf´ting) i. çizim, teknik resim. — **board** çizim tahtası.
drafts.man (dräfts´mın), çoğ. **drafts.men** (dräfts´min) i. teknik ressam.
draft.y (dräf´ti) s. cereyanlı, soğuk hava akımı olan.
drag (dräg) f. (**—ged, —ging**) 1. sürüklemek, sürümek, çekmek; sürüklenmek, sürünmek. 2. (toprağı) taramak. 3. geride kalmak. i. 1. sürükleme, çekme. 2. sürüklenen şey. 3. tırmık, tarak. 4. engel, mâni. 5. k. dili sıkıcı kimse/şey. **— on** uzayıp gitmek, sürmek. **— one's feet** k. dili işi ağırdan almak. **— out** uzatmak.
drag.on (dräg´ın) i. ejderha, ejder.
drag.on.fly (dräg´ınflay) i. yusufçuk, büyük kızböceği.
drain (dreyn) f. 1. akıtmak, süzmek; akmak, süzülmek. 2. suyunu çekmek, kurutmak; akaçlamak, drenaj yapmak. 3. bitirmek, tüketmek. i. 1. suyunu çekme/akıtma. 2. lağım, kanalizasyon; kanal. **—ing board** İng. (sabit) damlalık, bulaşık damlalığı. **a — on the resources** bütçeye yük olan şey. **go down the —** boşa gitmek, ziyan olmak.
drain.age (drey´nic) i. 1. akaçlama, drenaj. 2. akıtma, boşaltma. 3. kanalizasyon, lağım döşemi.
drain.board (dreyn´bôrd) i. (sabit) damlalık, bulaşık damlalığı.
drain.pipe (dreyn´payp) i. 1. atık su borusu. 2. akaç, oluk.
drake (dreyk) i. erkek ördek, suna.
dram (dräm) i. yudum, damla.
dra.ma (dra´mı) i. 1. dram, drama, oyun, piyes. 2. tiyatro edebiyatı, dram, drama; tiyatro sanatı. 3. dramatik durum, dram; dramatik olaylar dizisi; dramatik özellik.
dra.mat.ic (drımät´ik) s. 1. dramatik, tiyatro ile ilgili. 2. dramatik, coşku veren, duyguları kamçılayan.
dra.mat.i.cal.ly (drımät´ikli) z. dramatik bir bi-

çimde, çarpıcı biçimde.
dram.a.tise (dräm'ıtayz) *f., İng., bak.* **dramatize.**
dram.a.tist (dräm'ıtist) *i.* oyun yazarı, piyes yazarı.
dram.a.tize, *İng.* **dram.a.tise** (dräm'ıtayz) *f.* 1. oyunlaştırmak, dramatize etmek, dramlaştırmak. 2. dramatik hale sokmak, dramatize etmek.
drank (drängk) *f., bak.* **drink.**
drape (dreyp) *f.* kumaşla örtmek. *i., gen. çoğ.* kalın perde.
drap.er.y (drey'pırı) *i.* 1. perde. 2. örtü. 3. güz. san. drape.
dras.tic (dräs'tik) *s.* sert, şiddetli, zorlayıcı.
draught (dräft) *f., i., s., İng., bak.* **draft.**
draughts.man (dräfts'mın), *çoğ.* **draughts.men** (dräfts'min) *i., İng., bak.* **draftsman.**
draught.y (dräf'ti) *s., İng., bak.* **drafty.**
draw (drô) *i.* 1. çekme, çekiş. 2. (silah) çekme. 3. (piyangoda) çekiliş; kura. 4. ilgi çeken şey/olay/kimse. 5. çekicilik. 6. berabere biten oyun; beraberlik, berabere kalma.
draw (drô) *f.* (**drew, —n**) 1. çekmek: He drew the tray of food closer to his plate. Yemek tepsisini tabağına doğru çekti. 2. sürüklemek. 3. (su) çekmek. 4. (silah) çekmek. 5. (perdeyi) çekmek, kapamak. 6. (dikkat/ilgi) çekmek. 7. çizmek, resmetmek: **draw a picture** resim çizmek. **draw a graph** grafik çizmek. 8. (hava, sıvı v.b.'ni) içine çekmek, emmek. 9. (faiz) getirmek. 10. (para) çekmek. 11. (yay, ip v.b.'ni) germek. 12. (madeni) haddelemek. 13. (baca) çekmek. **— a conclusion** sonuç çıkarmak. **— ahead** yavaş yavaş öne geçmek. **— away** çekilmek, kendini çekmek. **— back** geri çekilmek; geri çekmek. **— blood** kan akıtmak. **— close** yaklaşmak. **— interest** faiz getirmek. **— near** yaklaşmak. **— on** (bir fon, hesap v.b.'nden) para çekmek. **— out** 1. uzatmak. 2. konuşturmak, söyletmek, açmak. **— the line (at)** bir sınır koymak. **— up** 1. (kontrat, senet v.b.'ni) hazırlamak, yazmak. 2. yaklaşıp durmak: **A limousine drew up in front of the mansion.** Köşkün önüne bir limuzin yaklaşıp durdu.
draw.back (drô'bäk) *i.* sakınca, mahzur, dezavantaj.
draw.bridge (drô'bric) *i.* kaldırma köprü.
draw.er (drôr) *i.* çekmece, göz.
draw.ers (drôrz) *i.* don, külot.
draw.ing (drô'wing) *i.* 1. çizim, eskiz. 2. resim, karakalem resim. 3. piyango, çekiliş. **— board** çizim tahtası. **— pin** *İng.* raptiye.
drawl (drôl) *f.* yayvan yayvan konuşmak; -i

yayvan yayvan söylemek.
drawn (drôn) *f., bak.* **draw.**
draw.string (drô'string) *i.* uçkur.
dread (dred) *f.* çok korkmak, korku ve endişe duymak. *i.* büyük korku, dehşet.
dread.ful (dred'fıl) *s.* 1. korkunç, dehşetli. 2. *k. dili* berbat, çok kötü.
dream (drim) *i.* 1. düş, rüya. 2. hayal, hulya.
dream (drim) *f.* (**—ed/—t**) 1. rüya görmek. 2. hayal kurmak. **— about someone/something** birini/bir şeyi rüyasında görmek. **— that** -i rüyasında görmek. **— up** *k. dili* hayalinde yaratmak.
dream.er (dri'mır) *i.* hayalperest, hayalci, düşçü.
dream.like (drim'layk) *s.* rüya gibi, hayal gibi.
dreamt (dremt) *f., bak.* **dream.**
drear.y (drır'i) *s.* kasvetli, sıkıcı.
dredge (drec) *i., mak.* tarak, tırmık, tarama aygıtı; tarak dubası. *f.* (deniz, göl, ırmak v.b.'nin) dibini taramak; (limanı) tarakla temizlemek.
dregs (dregz) *i.* 1. tortu, telve. 2. çöp, süprüntü. **— the — of society** ayaktakımı, döküntü.
drench (drenç) *f.* sırılsıklam etmek.
dress (dres) *f.* 1. giydirmek; giyinmek. 2. düzenlemek, süslemek. 3. *ask.* bir hizaya getirmek. 4. (yaraya) pansuman yapmak. 5. (saça) şekil vermek. 6. (deriyi) sepilemek, tabaklamak. 7. (tavuk, balık v.b.'ni) temizlemek. *i.* 1. kadın elbisesi. 2. elbise, giysi. 3. giyim, kılık kıyafet, üst baş. **— down** *k. dili* azarlamak, haşlamak. **— rehearsal** *tiy.* kostümlü prova. **— up** giyinip süslenmek.
dress.er (dres'ır) *i.* şifoniyer.
dress.ing (dres'ing) *i.* 1. (salata için) sos. 2. (kızarmış hindi ile yenilen) ekmek kırıntılarıyla yapılan baharatlı bir yemek. 3. pansuman. **gown** *İng.* sabahlık; robdöşambr. **— table** tuvalet masası.
dress.mak.er (dres'meykır) *i.* kadın terzisi.
dress.mak.ing (dres'meyking) *i.* terzilik.
drew (dru) *f., bak.* **draw.**
drib.ble (drib'ıl) *f.* 1. damla damla akıtmak, damlatmak. 2. *spor* dripling yapmak; (topu) sürmek. 3. salyası akmak. *i.* ufak akıntı; sızıntı. **— down** (damlalar) akmak, süzülmek; (su) sızmak.
drib.let (drib'lit) *i.* çok az miktar.
dried (drayd) *f., bak.* **dry.** *s.* kurutulmuş, kuru.
dri.er (dray'ır) *i.* 1. kurutucu, kurutucu madde. 2. *bak.* **dryer.**
drift (drift) *i.* 1. sürüklenme. 2. yönelim, yöneliş, kayma. 3. sürükleniş, amaçsızca sürüklenme. 4. (rüzgârın yığdığı) kar birikintisi. 5. anlam, demek istenilen şey. *f.* 1. (rüzgârın/akıntının etkisiyle) sürüklenmek. 2. hiçbir

yerde/işte sürekli kalmadan yaşamak.
drift.wood (drift´wûd) *i.* suların sürüklediği ağaç dalları.
drill (dril) *i.* 1. matkap, delgi. 2. *ask.* talim. 3. alıştırma. *f.* 1. (matkapla) delmek. 2. *ask.* talim yaptırmak; talim yapmak. 3. alıştırma yaptırmak; alıştırma yapmak.
drink (drîngk) *f.* **(drank, drunk)** 1. içmek. 2. içki içmek. *i.* 1. içecek. 2. içki. 3. bir içimlik miktar. 4. *argo* deniz. — **in** büyük bir zevkle seyretmek/dinlemek. — **to** -in şerefine içmek. **a** — **of water** bir bardak su. **hard** — sert içki. **soft** — alkolsüz içecek.
drink.ing (drîngk´îng) *i.* içki içme. — **cup** kadeh. — **water** içme suyu.
drip (drip) *f.* (—**ped/**—**t**, —**ping**) damlatmak; damlamak. *i.* 1. damla. 2. damlama. 3. damlalık, yağmur suyunu akıtan çıkıntı/yiv. —**ping wet** sırsıklam, sırılsıklam.
drip-dry (drip´dray) *f.* suyu sıkılmadan kurumak. *s.* ütü istemeyen (kumaş); ütü istemeyen kumaştan yapılmış (giysi).
drip.ping (drip´îng) *i.* eriyerek akıp donmuş yağ damlası.
drive (drayv) *f.* **(drove,** —**n)** 1. (araba) sürmek, kullanmak: **He doesn't know how to drive a car.** Araba kullanmasını bilmiyor. 2. araba ile gitmek: **I drive to and from work every day.** İşe her gün arabayla gidip geliyorum. 3. araba ile götürmek: **I'll drive you home after the party.** Partiden sonra seni arabayla evine götüreceğim. 4. (hayvanları) sürmek. 5. çalıştırmak: **He drives his employees much too hard.** Personelini çok çalıştırıyor. *i.* 1. araba gezintisi. 2. cadde. 3. *ask.* büyük taarruz. 4. *ruhb.* dürtü. 5. beceri, inisiyatif. 6. *mak.* işletme mekanizması. 7. *bilg.* sürücü. 8. *bak.* **driveway.** — **a hard bargain** sıkı bir pazarlık sonucu birçok şey elde etmek. — **at** demek istemek, kastetmek. — **away/off** 1. kovmak, defetmek. 2. arabayla uzaklaşmak/ayrılmak. — **back** 1. arabayla geri dönmek. 2. püskürtmek, geri dönmek zorunda bırakmak. —**by** arabayla geçmek; arabayla önünden geçmek. — **mad** çıldırtmak. — **out** kovmak, defetmek. **a** — **for funds** para toplamak için açılan kampanya.
drive-in (drayv´în) *i.* 1. müşterilerine arabalarında servis yapan lokanta. 2. seyircilerin arabaları içinde oturarak film seyrettikleri açık hava sineması. *s.* 1. müşterilerine arabalarında servis yapan (lokanta). 2. seyircilerin arabaları içinde oturarak film seyrettikleri (açık hava sineması). — **window** müşterilerine arabalarında hizmet veren banka gişesi.
driv.el (driv´ıl) *f.* (—**ed/**—**led**, —**ing/**—**ling**) 1. salyası akmak. 2. saçmalamak. *i.* saçma sa-

pan söz.
driv.en (driv´ın) *f., bak.* **drive.**
driv.er (dray´vır) *i.* 1. sürücü, şoför. 2. *bilg.* uyumcu. —**'s license** ehliyet, sürücü belgesi.
drive.way (drayv´wey) *i.* evin garajını sokağa bağlayan yol.
driv.ing (dray´vîng) *i.* sürme, sürüş. *s.* 1. enerjik, canlı, dinamik. 2. şiddetli, sert. — **rain** şiddetli yağmur.
driz.zle (driz´ıl) *f.* (yağmur) çiselemek, serpiştirmek. *i.* 1. çisenti. 2. çiseleme.
drone (dron) *i.* 1. erkek arı. 2. asalak, parazit, ekti. 3. monoton ses, vızıltı. *f.* 1. vızıldamak. 2. homurdanmak.
drool (drul) *f.* ağzı sulanmak.
droop (drup) *f.* 1. sarkmak, bükülmek, eğilmek; sarkıtmak, eğmek. 2. (bitki/çiçek) boynunu bükmek.
drop (drap) *i.* 1. damla: **a drop of water** su damlası; bir damla su. 2. düşüş, iniş: **a drop in prices** fiyatlarda düşüş. 3. damla, pek az miktar; bir yudum. *f.* (—**ped/**—**t**, —**ping**) 1. damlatmak; damlamak. 2. düşürmek; düşmek: **You dropped your pen.** Kalemini düşürdün. **The inflation rate has dropped to forty percent.** Enflasyon oranı yüzde kırka düştü. 3. serpmek. 4. (arabadan) indirmek: **Where shall I drop you?** Seni nerede indireyim? 5. vazgeçmek, bırakmak: **A lack of money has forced us to drop that project.** Parasızlık yüzünden o projeden vazgeçmek zorunda kaldık. 6. kesmek, son vermek: **Let's drop this discussion.** Bu tartışmaya son verelim. 7. (sesi) alçaltmak; (ses) alçalmak. — **a hint** imada bulunmak, dokundurmak. — **a line** iki satır yazıvermek, pusula göndermek. — **asleep** uyuyakalmak. — **behind** geri kalmak. — **down** düşmek. — **in at** -e uğramak. — **in on** -i ziyaret etmek. — **off** 1. azalmak; düşmek. 2. inmek. — **out** 1. (üyelikten) ayrılmak, çıkmak. 2. okula devam etmemek. — **in a bucket** *k. dili* devede kulak. **at the** — **of a hat** *k. dili* hemen, derhal. **Would you like a** — **of brandy?** Bir konyak ister misiniz?
drop-off (drap´ôf) *i.* 1. azalma, düşme. 2. dik iniş.
drop.out (drap´aut) *i.* okulu bırakan öğrenci.
dross (drôs) *i.* 1. cüruf, maden posası, dışık. 2. süprüntü, artık, değersiz şeyler.
drought (draut) *i.* kuraklık, susuzluk.
drove (drov) *i.* sürü.
drove (drov) *f., bak.* **drive.**
drown (draun) *f.* (suda) boğulmak; boğmak. — **out** (bir sesi) (daha yüksek bir sesle) bastırmak.
drowse (drauz) *f.* uyuklamak, pineklemek.

drow.si.ness (drau´zinis) *i.* uykulu olma, uyuşukluk.
drow.sy (drau´zi) *s.* 1. uykulu. 2. uyku veren.
drudge (drʌc) *i.* ağır ve sıkıcı bir işte çalışan kimse. *f.* ağır ve sıkıcı bir iş yapmak.
drudg.er.y (drʌc´ıri) *i.* ağır ve sıkıcı iş, angarya.
drug (drʌg) *i.* 1. ilaç, ecza. 2. uyuşturucu madde; hap. *f.* (**—ged, —ging**) 1. ilaçla uyuşturmak. 2. (yiyeceğe/içeceğe) uyuşturucu ilaç katmak. **— addict** uyuşturucu bağımlısı; hapçı.
drug.gist (drʌg´ist) *i.* eczacı.
drug.store (drʌg´stôr) *i.* eczane.
drum (drʌm) *i.* 1. davul; trampet; dümbelek. 2. davul sesi. 3. *anat.* kulakzarı, kulakdavulu. 4. varil. *f.* (**—med, —ming**) davul çalmak.
drum.beat (drʌm´bit) *i.* davul sesi.
drum.mer (drʌm´ır) *i.* davulcu; trampetçi.
drum.stick (drʌm´stik) *i.* 1. davul tokmağı; fışkın; trampet değneği, baget. 2. ahçı. (kümes hayvanında) bacak.
drunk (drʌngk) *f., bak.* **drink.** *s., i.* sarhoş, içkili. **— with success** başarı sevinciyle kendinden geçmiş.
drunk.ard (drʌng´kırd) *i.* ayyaş, içkici.
drunk.en (drʌng´kın) *s.* sarhoş, içkili.
drunk.en.ness (drʌng´kın.nıs) *i.* sarhoşluk.
dry (dray) *s.* 1. kuru. 2. yağmursuz, kurak, susuz. 3. susamış. 4. kurumuş, suyu çekilmiş. 5. süt vermeyen, sütü kesilmiş (inek). 6. kör (kuyu). 7. sert, keskin. 8. yavan, tatsız (söz, konuşma v.b.). 9. sek (içki). 10. sıkıcı. *f.* (**dried**) kurutmak; kurumak. **— cell** kuru pil. **— cleaning** kuru temizleme. **— cough** kuru öksürük. **— dock** *den.* kuru havuz. **— goods** manifatura, mensucat. **— up** kurumak, tükenmek; kurutmak, tüketmek. **a — speech** yavan söz, tatsız konuşma. **have something dry-cleaned** bir şeyi kuru temizleyiciye vermek, bir şeyi temizletmek.
dry.er (dray´ır) *i.* kurutucu; kurutma makinesi: **hair dryer** saç kurutucusu. **clothes dryer** çamaşır kurutma makinesi.
du.al (du´wıl) *s.* ikili, çifte, çift; çift yönlü. **— carriageway** *İng.* bölünmüş yol.
du.al-pur.pose (du´wıl.pır´pıs) *s.* çift amaçlı.
dub (dʌb) *f.* (**—bed, —bing**) dublaj yapmak, filmi çekimden sonra seslendirmek.
Du.bai (dubay´) *i.* Dubai.
Du.bi.ous (du´biyıs) *s.* 1. kuşkulu, şüpheli. 2. belirsiz. 3. kararsız. 4. güvenilmez.
duch.ess (dʌç´îs) *i.* düşes.
duck (dʌk) *i.* ördek; dişi ördek. *f.* 1. (başını/vücudunu) suya sokup çıkarmak, suya daldırmak; suya dalmak. 2. başını çabucak eğip kaldırmak.

duck.ling (dʌk´ling) *i.* ördek yavrusu, palaz.
duct (dʌkt) *i.* tüp, kanal.
dud (dʌd) *i.* 1. patlamayan mermi/bomba. 2. başarısız kimse; fiyasko.
duds (dʌdz) *i., çoğ., k. dili* giysiler.
due (du, dyu) *s.* 1. (akla/kanunlara/toplumca makbul sayılana) uygun olan. 2. hak ettiği, gereken: **This matter is at last being given due attention.** Bu mesele nihayet hak ettiği ilgiyi görüyor. *z.* tam (bir yöne) doğru: **It's due east of here.** Buranın tam doğusunda. *i.* hak ettiği şey, hak. **be —** 1. **to** -den kaynaklanmak/ileri gelmek, -e borçlu olmak. 2. -in verilmesi/ödenmesi gerekmek/lazım olmak: **When is this note due?** Bu senedin vadesi ne zaman doluyor? 3. (belirli bir zamanda/belirli bir programa göre) (bir olayın meydana gelmesi) gerekmek/lazım olmak/beklenmek: **The bus is due at nine.** Otobüsün dokuzda gelmesi lazım. 4. (bebeğin doğumu) beklenmek: **When's her baby due?** Ne zaman doğum yapacak? **be someone's —** birinin hakkı olmak. **give someone his —** birine haksızlık etmemek. **in — course** zamanı/vakti gelince. **to give someone his —** doğruyu söylemek gerekirse. **with all — respect** kusura bakmayın ama ...: **With all due respect I think you're wrong.** Kusura bakmayın ama bence yanılıyorsunuz.
du.el (du´wıl) *i.* düello. *f.* düello etmek.
dues (duz) *i., çoğ.* ödenti, aidat.
duet (duwet´) *i.* düet, düo.
dug (dʌg) *f., bak.* **dig.**
duke (duk) *i.* dük.
dull (dʌl) *s.* 1. kalın kafalı, anlayışsız, gabi. 2. kör, kesmez (bıçak, makas v.b.). 3. donuk, sönük (renk). 4. duygusuz. 5. sıkıcı, kasvetli. *f.* 1. sersemlemek; sersemletmek: **dull someone's mind** birini sersemletmek. 2. körletmek; körlenmek: **dull a blade** bıçağı körletmek. 3. donuklaştırmak; donuklaşmak. 4. duygusuzlaşmak; duygusuzlaştırmak. 5. (ağrıyı) hafifletmek, azaltmak.
du.ly (du´li) *z.* 1. uygun olarak, gereğince, gerektiği gibi, hakkıyla. 2. tam zamanında.
dumb (dʌm) *s.* 1. dilsiz. 2. dili tutulmuş, sessiz. 3. *k. dili* sersem, kafasız, budala.
dumb.found, dum.found (dʌmfaund´) *f.* hayretler içinde bırakmak, şaşırtmak.
dum.my (dʌm´i) *i.* 1. taklit, sahte şey. 2. *terz.* manken. *s.* taklit, sahte; yapay.
dump (dʌmp) *f.* 1. boşaltmak, atmak. 2. *tic.* damping yapmak, toptan ucuza satmak. *i.* çöp yığını, çöplük. **— truck** damperli kamyon. **ammunition — ask.** cephede geçici cephanelik.
dump.ing (dʌm´ping) *i., tic.* damping.

dumps (dʌmps) *i., çoğ.* **be down in the —** çok neşesiz olmak, canı sıkkın olmak.
dun (dʌn) *f.* (**—ned, —ning**) alacağını istemek, borçluyu sıkıştırmak.
dunce (dʌns) *i.* ahmak.
dune (dun) *i.* kumul.
dung (dʌng) *i.* 1. hayvan tersi. 2. gübre. *f.* gübrelemek.
dun.ga.rees (dʌngıriz´) *i., çoğ.* blucin pantolon, blucin, kot pantolon, kot; blucin tulum. **a pair of —** blucin, kot.
dun.geon (dʌn´cın) *i.* zindan.
dunk (dʌngk) *f.* batırmak, banmak.
du.o (du´wo) *i.* ikili, duo, düo.
du.o.de.num (duwıdi´nım) *i., anat.* onikiparmakbağırsağı.
dupe (dup) *i.* safdil. *f.* aldatmak, dolandırmak.
du.plex (du´pleks) *s.* 1. çift. 2. dubleks.
du.pli.cate (du´plıkit) *s., i.* 1. eş, çift. 2. kopya. **in —** iki suret halinde.
du.pli.cate (du´plıkeyt) *f.* 1. kopyasını yapmak. 2. kopya etmek, suretini çıkarmak.
du.plic.i.ty (duplis´ıti) *i.* ikiyüzlülük, düzenbazlık, hile.
du.ra.bil.i.ty (dûrıbil´ıti) *i.* 1. dayanıklılık. 2. süreklilik, devam.
du.ra.ble (dûr´ıbıl) *s.* 1. dayanıklı, sağlam, eskimez. 2. sürekli, devamlı.
du.ra.tion (dûrey´şın) *i.* 1. süreklilik, devam. 2. süre.
du.ress (dûres´) *i.* zorlama, baskı. **under —** baskı altında.
dur.ing (dûr´ing) *edat* boyunca, süresince, esnasında, zarfında, -de.
dusk (dʌsk) *i.* alacakaranlık, akşam karanlığı.
dusk.y (dʌs´ki) *s.* 1. oldukça karanlık. 2. koyu esmer.
dust (dʌst) *i.* 1. toz. 2. toprak. *f.* 1. toz serpmek: **dust a cake with sugar** keke şeker serpmek. 2. tozunu almak; fırçalamak: **She is dusting the furniture.** Mobilyanın tozunu alıyor. **— cover/jacket** şömiz, ceket.
dust.bin (dʌst´bin) *i., İng.* çöp tenekesi.
dust.cart (dʌst´kart) *i., İng.* çöp arabası.
dust.cloth (dʌst´klôth) *i.* toz bezi.
dust.heap (dʌst´hip) *i.* toz/süprüntü yığını.
dust.man (dʌst´mın), *çoğ.* **dust.men** (dʌst´min) *i., İng.* çöpçü.
dust.pan (dʌst´pän) *i.* faraş.
dust.up (dʌst´ʌp) *i., İng.* dövüş, kavga.
dust.y (dʌs´ti) *s.* 1. tozlu. 2. toz gibi.
Dutch (dʌç) *s.* 1. Hollanda, Hollanda'ya özgü. 2. Hollandalı. 3. Hollandaca. *i.* Hollandaca. **— treat** *k. dili* masrafın Alman usulü bölüşüldüğü eğlenti. **go —** *k. dili* (bir eğlentide) masrafı Alman usulü bölüşmek. **the —** *çoğ.* Hollandalılar.
Dutch.man (dʌç´mın), *çoğ.* **Dutch.men** (dʌç´min) *i.* Hollandalı erkek, Hollandalı.
Dutch.wom.an (dʌç´wûmın), *çoğ.* **Dutch.wom.en** (dʌç´wimin) *i.* Hollandalı kadın, Hollandalı.
du.ti.ful (du´tiful) *s.* 1. ödevcil. 2. saygılı.
du.ty (du´ti) *i.* 1. görev, ödev, vazife. 2. gümrük resmi, gümrük vergisi. **— to/towards -e** karşı sorumluluk. **do one's —** görevini yerine getirmek. **off —** izinli. **on —** görev başında.
du.ty-free (du´tifri) *s., z.* gümrüksüz.
dwarf (dwôrf) *i.* cüce. *f.* 1. cüceleştirmek. 2. küçük göstermek. *s.* cüce, bodur.
dwell (dwel) *f.* (**dwelt/—ed**) 1. ikamet etmek, oturmak. 2. **on** (bir konu) üzerinde durmak. **— in** -de ikamet etmek, -de oturmak.
dwell.er (dwel´ır) *i.* oturan, sakin.
dwell.ing (dwel´ing) *i.* konut, ev, ikametgâh, mesken.
dwelt (dwelt) *f., bak.* **dwell.**
dwin.dle (dwin´dıl) *f.* 1. yavaş yavaş azalmak, gittikçe ufalmak, giderek küçülmek. 2. önemini kaybetmek.
dye (day) *i.* boya, renk. *f.* boyamak; boyanmak.
dye.stuff (day´stʌf) *i.* boya maddesi.
dy.ing (day´ing) *f., bak.* **die.**
dyke (dayk) *i., bak.* **dike.**
dy.nam.ic (daynäm´ik) *s.* 1. dinamik, devimsel. 2. mekanik gücü olan. 3. dinamik, canlı, hareketli.
dy.na.mite (day´nımayt) *i.* dinamit. *f.* dinamitle havaya uçurmak, dinamitlemek.
dy.na.mo (day´nımo) *i.* dinamo.
dy.nas.ty (day´nısti, *İng.* din´ısti) *i.* hanedan.
dys.en.ter.y (dis´ınteri) *i., tıb.* dizanteri, kanlı basur.
dys.pep.sia (dispep´şı, dispep´siyı) *i., tıb.* hazımsızlık, dispepsi.

E

E, e (i) *i.* E, İngiliz alfabesinin beşinci harfi.
E. *kıs.* East, Eastern, English.
ea. *kıs.* each.
each (iç) *s.* her, her bir. *zam.* her biri, tanesi. — **one** her biri. — **other** birbirini. **ten liras** — **tanesi** on lira.
ea.ger (iˊgır) *s.* istekli, hevesli, can atan. — **beaver** argo görevine fazlasıyla bağlı kimse.
ea.ger.ness (iˊgırnıs) *i.* şevk, istek, arzu, canlılık.
ea.gle (iˊgıl) *i.* kartal, karakuş.
ea.gle-eyed (iˊgılaydˊ) *s.* keskin gözlü.
ear (ir) *i.* 1. kulak. 2. işitme duyusu. **be all** —**s** kulak kesilmek, dikkatle dinlemek. **by** — *müz.* notasız, kulaktan. **Did your** —**s burn?** Kulaklarınız çınladı mı? **keep an** — **to the ground** kulağı kirişte olmak, kulağı tetikte olmak. **lend an** — kulak vermek, dinlemek. **play something by** — 1. notasız çalmak. 2. olayların seyrine göre hareket etmek. **prick up one's** —**s** kulak kabartmak. **turn a deaf** — kulak asmamak, aldırmamak. **up to one's** —**s in work** fazla meşgul.
ear (ir) *i.* başak.
ear.drum (irˊdrʌm) *i., anat.* kulakzarı, kulakdavulu.
ear.ful (irˊfûl) *i., k. dili* 1. azar, papara, zılgıt. 2. bir sürü dedikodu. 3. beklenmedik bir sürü laf.
earl (ırl) *i.* kont.
ear.lobe (irˊlob) *i., anat.* kulakmemesi.
ear.ly (ırˊli) *s.* erken; eski; ilk. *z.* zamansız, vakitsiz, vaktinden evvel. — **riser** erken kalkan kimse. **The** — **bird gets the worm.** Erken kalkan yol alır, er evlenen döl alır.
ear.mark (irˊmark) *i.* 1. hayvanların kulaklarına takılan marka. 2. (bir şeyin) esas niteliği. *f.* belirli bir maksat için ayırmak, bir yana koymak.
earn (ırn) *f.* kazanmak; kazandırmak.
ear.nest (ırˊnist) *s.* ciddi, ağırbaşlı. **in** — 1. ciddi olarak, ciddi, gerçekten. 2. bayağı, çok.
ear.nest (ırˊnist) *i.* — **money** teminat akçesi, pey akçesi.
earn.ings (ırˊningz) *i.* kazanç, kâr; maaş, gelir.
ear.phone (irˊfon) *i., bak.* headphone.
ear.ring (irˊring) *i.* küpe.
ear.shot (irˊşat) *i.* kulak erimi. **be out of** — (uzakta olduğu için) işitememek, duyamamak. **be within** — (yakın olduğu için) işitebilmek, duyabilmek.
ear.split.ting (irˊspliting) *s.* sağır edici (ses).
earth (ırth) *i.* 1. dünya. 2. toprak. 3. *İng., elek.* toprak. **come down to** — hayal kurmaktan vazgeçmek, gerçekçi olmak. **run someone/something to** — birini/bir şeyi arayıp tarayıp bulmak. **What on** — **are you doing here?** Burada ne işin var Allah aşkına? **Why on** — **did you do that?** Onu niçin yaptın Allah aşkına?
earth.en (ırˊthın) *s.* topraktan yapılmış, toprak.
earth.en.ware (ırˊthınwer) *i.* çanak çömlek. *s.* topraktan yapılmış, toprak.
earth.ly (ırthˈli) *s.* dünyaya ait, dünyevi. **of no** — **use** hiçbir faydası olmayan, beş para etmez.
earth.quake (ırthˊkweyk) *i.* deprem, zelzele, yersarsıntısı.
earth.shak.ing (ırthˊşeyking) *s.* inançları kökünden sarsan, fikirleri altüst eden.
earth.worm (ırthˊwırm) *i., zool.* yersolucanı.
earth.y (ırˊthi) *s.* 1. toprağa benzer, topraksı. 2. kaba, incelikten yoksun.
ear.wax (irˊwäks) *i.* kulak kiri.
ease (iz) *i.* 1. kolaylık. 2. rahat, sıkıntısızlık. **At** —**!** *ask.* Rahat! **feel at** — içi rahat etmek. **with** — kolaylıkla.
ease (iz) *f.* 1. rahat ettirmek, sıkıntıdan kurtarmak. 2. (ağrıyı) yatıştırmak. 3. kolaylaştırmak. 4. dikkatle yerleştirmek. 5. yavaş yavaş hareket ettirmek. — **off/up** gevşetmek.
ea.sel (iˊzıl) *i.* ressam sehpası, şövale.
eas.i.ly (iˊzıli) *z.* kolaylıkla, kolayca, rahat rahat.
eas.i.ness (iˊzinis) *i.* 1. kolaylık. 2. yumuşaklık, yumuşak davranış.
east (ist) *i.* doğu, şark. *s.* doğu. *z.* doğuya doğru, doğuya. **the E—** Doğu, Şark. **the Far E—** Uzakdoğu. **the Near E—** Yakındoğu.
East.er (isˊtır) *i.* paskalya, paskalya yortusu. — **egg** paskalya yumurtası.
east.er.ly (isˊtırli) *z.* 1. doğudan. 2. doğuya doğru. *s.* 1. gündoğusuna bakan. 2. doğudan esen.
east.ern (isˊtırn) *s.* doğu, doğusal, doğuya ait. **the E— Hemisphere** Doğu Yarıküre. **the E— Orthodox Church** Rum Ortodoks Kilisesi.
east.ward (istˊwırd) *s.* 1. doğuya yönelen. 2. doğuya bakan. *z.* doğuya doğru, doğu yönünde.
east.ward.ly (istˊwırdli) *z.* 1. doğuya doğru. 2. doğudan. *s.* 1. doğuya yönelen. 2. doğudan esen (rüzgâr).
east.wards (istˊwırdz) *z.* doğuya doğru, doğu yönünde.
eas.y (iˊzi) *s.* kolay, rahat. — **mark** *k. dili* kolayca aldatılabilen kimse. **in** — **circumstances/on**

— **street** hali vakti yerinde, varlıklı.
eas.y (i´zi) *z., k. dili* kolayca, rahatça. **Take it —.** Yavaş yavaş./Kendini yorma./Kolayına bak./İşi hafiften al./Kızma.
eas.y.go.ing (i´zigo´wing) *s.* uysal, yumuşak başlı.
eat (it) *f.* **(ate, —en)** 1. yemek. 2. yemek yemek. **— one's heart out** *k. dili* kendi kendini yemek, içi içini yemek, çok üzülmek. **— someone out of house and home** *k. dili* aşırı miktarda yiyerek birinin bütçesini altüst etmek. **— up** yiyip bitirmek. **What's —ing you?** *k. dili* Nen var?
eat.en (i´tın) *f., bak.* **eat.**
eaves (ivz) *i.* saçak.
eaves.drop (ivz´drap) *f.* **(—ped, —ping) (on)** -e kulak misafiri olmak.
ebb (eb) *i.* deniz sularının çekilmesi. *f.* (deniz) çekilmek. **— tide** cezir, inik deniz. **be at a low —** 1. (birinin) morali bozuk olmak. 2. çok azalmış olmak.
eb.on.y (eb´ıni) *i., s.* abanoz.
e-book (i´bûk) *i., bilg.* elektronik kitap, e-kitap.
e.bul.lient (ibʌl´yınt) *s.* 1. içi kaynayan, coşkun, şevkli. 2. kaynayan, taşan (sıvı).
e-busi.ness (i´biznis) *i.* (İnternet'te yapılan) elektronik ticaret, e-ticaret.
EC *kıs.* the European Community.
ec.cen.tric (iksen´trik) *s.* 1. acayip, garip, tuhaf, eksantrik. 2. dışmerkezli, eksantrik. *i.* garip bir kişi, eksantrik.
ec.cen.tric.i.ty (eksentris´ıti) *i.* 1. tuhaflık, eksantriklik. 2. dışmerkezlilik, eksantriklik.
ec.cle.si.as.tic (ikliziyäs´tik) *s.* kiliseye veya kilise örgütüne ait, dini. *i.* papaz, rahip.
ech.e.lon (eş´ılan) *i., ask.* kademe.
ech.o (ek´o) *i.* (*çoğ.* **—es**) yankı. *f.* 1. yankılanmak, aksetmek. 2. tekrarlanmak; tekrarlamak.
é.clair (ikler´, eykler´) *i.* ekler (bir çeşit pasta).
ec.lec.tic (eklek´tik, iklek´tik) *s.* 1. çeşitli sistem ve kaynaklardan derlenmiş. 2. *fels.* seçmeci, seçmeciliğe ait. *i., fels.* seçmeci.
ec.lec.ti.cism (eklek´tısızım, iklek´tısızım) *i., fels.* seçmecilik.
e.clipse (iklips´) *i., gökb.* tutulma. *f.* 1. ışığını karartmak. 2. (birinden) üstün çıkmak, (birini) gölgede bırakmak. **lunar —** ay tutulması. **solar —** güneş tutulması.
ec.o.log.i.cal (ekılac´îkıl) *s.* ekolojik, çevrebilimsel.
e.col.o.gist (ikal´ıcist) *i.* ekolojist, çevrebilimci.
e.col.o.gy (ikal´ıci) *i.* ekoloji, çevrebilim.
econ. *kıs.* **economic, economics, economy.**
ec.o.nom.ic (ekınam´ik, ikınam´îk) *s.* ekonomiyle ilgili, ekonomik, iktisadi.
ec.o.nom.i.cal (ekınam´îkıl, ikınam´îkıl) *s.* tutumlu, hesaplı; ekonomik.

ec.o.nom.ics (ekınam´îks, ikınam´îks) *i.* iktisat, ekonomi bilimi. **home —** ev ekonomisi.
e.con.o.mise (ikan´ımayz) *f., İng., bak.* **economize.**
e.con.o.mist (ikan´ımist) *i.* iktisatçı, ekonomist.
e.con.o.mize, İng. e.con.o.mise (ikan´ımayz) *f.* tasarruf etmek, ekonomi yapmak, iktisat yapmak.
e.con.o.my (ikan´ımi) *i.* 1. ekonomi, iktisat. 2. tasarruf, tutumluluk, ekonomi.
ec.o.sys.tem (ek´osistım) *i.* ekosistem.
ec.sta.sy (ek´stısi) *i.* esrime, coşu, kendinden geçme, vecit.
ec.stat.ic (ekstät´îk) *s.* 1. esrik, kendinden geçmiş. 2. çok mutlu, sevinç dolu.
Ec.ua.dor (ek´wıdôr) *i.* Ekvador.
Ec.ua.dor.an (ekwıdôr´ın) *i., s., bak.* **Ecuadorian.**
Ec.ua.dor.i.an, Ec.ua.dor.e.an (ekwıdôr´iyın) *i.* Ekvadorlu. *s.* 1. Ekvador, Ekvador'a özgü. 2. Ekvadorlu.
ec.u.men.i.cal (ekyûmen´îkıl) *s.* 1. kiliselerin tümünü temsil eden; tüm kiliselerin kabul ettiği. 2. tüm kiliselerin birleşmesini amaçlayan.
ec.ze.ma (ek´sımı, eg´zımı) *i., tıb.* egzama, mayasıl.
ed. *kıs.* **edited, editor.**
E.dam (i´dım) *i.* Hollanda peyniri, edam. **— cheese** *bak.* **Edam.**
ed.dy (ed´i) *i.* girdap, anafor, eğrim, çevri, burgaç. *f.* anaforlanmak, burgaçlanmak.
e.de.ma (idi´mı) *i., tıb.* ödem.
edge (ec) *i.* 1. kenar. 2. *k. dili* avantaj, üstünlük. *f.* 1. kenarına bordür yapmak. 2. (bir tarafa doğru) yavaş yavaş gitmek. **be on —** sinirleri gergin olmak. **give an — to** 1. -i bilemek. 2. (iştahı) açmak; (keyif, öfke v.b.'ni) artırmak. **set someone's teeth on —** birini sinirlendirmek, birinin sinirlerini bozmak. **take the — off** 1. -i körletmek. 2. (iştahı) kapamak; (keyfi) kaçırmak; (öfke v.b.'ni) azaltmak.
edge.ways (ec´weyz) *z.* yan yan, yanlamasına; yandan.
edge.wise (ec´wayz) *z.* yan yan, yanlamasına; yandan. **be unable to get a word in —** karşısındakinin fazla konuşmasından dolayı ağzını açamamak.
edg.i.ness (ec´inis) *i.* sinirlilik.
edg.ing (ec´îng) *i.* kenar suyu, dantel, sutaşı.
edg.y (ec´i) *s.* sinirli, sinirleri gergin.
ed.i.ble (ed´ıbıl) *s.* yenebilir. *i.* yiyecek.
e.dict (i´dikt) *i.* emir, ferman.
ed.i.fice (ed´ıfis) *i.* büyük yapı.
ed.i.fy (ed´ıfay) *f.* ahlakça yükseltmek.
ed.i.fy.ing (ed´ıfaying) *s.* ahlakça yükselten.
ed.it (ed´ît) *f.* redaksiyon yapmak.
ed.it.ing (ed´îting) *i.* redaksiyon.

e.di.tion (idiş´ın) *i.* edisyon, basım.
ed.i.tor (ed´itır) *i.* 1. editör. 2. redaktör.
ed.i.to.ri.al (editôr´iyıl) *i.* başmakale.
ed.i.tor.ship (ed´itırşip) *i.* 1. editörlük. 2. redaktörlük.
ed.u.cate (ec´ûkeyt) *f.* eğitmek; okutmak.
ed.u.cat.ed (ec´ûkeytid) *s.* eğitimli, tahsilli.
ed.u.ca.tion (ecûkey´şın) *i.* eğitim.
ed.u.ca.tion.al (ecûkey´şınıl) *s.* eğitimsel, eğitsel; eğitici.
ed.u.ca.tor (ec´ûkeytır) *i.* eğitimci, eğitmen.
EEC *kıs.* the European Economic Community.
eel (il) *i.* (*çoğ.* —s/eel) yılanbalığı.
ef.face (ifeys´) *f.* 1. silmek, bozmak. 2. yok etmek, gidermek. — oneself dikkatleri üstüne çekmemeye çalışmak.
ef.fect (ifekt´) *i.* etki, sonuç. *f.* yerine getirmek, gerçekleştirmek, başarmak. for — gösteriş için. in — 1. aslında. 2. yürürlükte. put into — uygulamak. take — yürürlüğe girmek. to that — o anlamda.
ef.fec.tive (ifek´tiv) *s.* 1. yürürlükte. 2. etkili, tesirli. *i., tic.* efektif, nakit.
ef.fects (ifekts´) *i., çoğ.* eşya, mal.
ef.fec.tu.al (ifek´çuwıl) *s.* etkili, istenilen sonucu veren.
ef.fem.i.nate (ifem´ınit) *s.* kadınsı, efemine.
ef.fer.vesce (efırves´) *f.* köpürmek, kabarmak.
ef.fer.ves.cent (efırves´ınt) *s.* efervesan.
ef.fete (ifit´) *s.* 1. bitkin, halsiz, güçsüz. 2. kısır, verimsiz. 3. efemine.
ef.fi.ca.cious (efıkey´şıs) *s.* istenen sonucu veren, etkili, tesirli.
ef.fi.ca.cy (ef´ıkısi) *i.* yarar, fayda, etki.
ef.fi.cien.cy (ifiş´ınsi) *i.* hızlı ve verimli çalışma.
ef.fi.cient (ifiş´ınt) *s.* hızlı ve verimli çalışan, randımanlı.
ef.fi.gy (ef´ıci) *i.* **burn/hang someone in —** protesto olarak sevilmeyen birinin kuklasını yakmak/asmak.
ef.flu.ence (ef´luwıns) *i.* 1. dışarı akma, akıntı. 2. atık su; atık madde.
ef.flu.ent (ef´luwınt) *i.* atık su; atık madde.
ef.fort (ef´ırt) *i.* gayret, çaba, efor.
ef.fort.less (ef´ırtlis) *s.* zahmetsiz, kolay.
ef.fron.ter.y (ifrʌn´tıri) *i.* küstahlık, yüzsüzlük.
ef.fu.sive (ifyu´siv) *s.* coşkun, taşkın.
e.g. *kıs.* **exempli gratia (for example)** mesela, örneğin.
egg (eg) *i.* yumurta. **— white** yumurta akı. **a bad —** *argo* ciğeri beş para etmez adam. **Easter —** paskalya yumurtası. **fried —** sahanda yumurta. **hard-boiled —** lop yumurta. **lay an —** yumurtlamak. **scrambled —s** çırpılıp yağda pişirilmiş yumurta. **soft-boiled —** rafadan yumurta.

egg (eg) *f.* **on** tahrik etmek, kışkırtmak.
egg.beat.er (eg´bitır) *i.* yumurta çırpacağı.
egg.cup (eg´kʌp) *i.* yumurtalık, yumurta kabı.
egg.head (eg´hed) *i., argo* entel, entelektüel.
egg.plant (eg´plänt) *i.* patlıcan.
egg.shell (eg´şel) *i.* yumurta kabuğu.
e.go (i´go) *i.* benlik, ego, ben.
e.go.cen.tric (igosen´trik) *s.* egosantrik, beniçinci.
e.go.cen.tric.i.ty (igosentris´ıti) *i.* egosantrizm, beniçincilik.
e.go.ism (i´gowızım) *i.* egoizm, bencillik.
e.go.ist (i´gowist) *i.* bencil, egoist.
e.go.tism (i´gıtizım) *i.* egotizm, benlikçilik.
e.go.tist (i´gıtist) *i.* bencil.
e.gre.gious (igri´cıs) *s.* fevkalade kötü, korkunç: **an egregious mistake** korkunç bir yanlış.
E.gypt (i´cipt) *i.* Mısır.
E.gyp.tian (icip´şın) *i.* Mısırlı. *s.* 1. Mısır, Mısır'a özgü. 2. Mısırlı.
eh (ey) *ünlem, k. dili* 1. ... değil mi?: **He's a lucky guy, eh?** Şanslı bir herif, değil mi? 2. Ne?/Ha?: **"Come here!" "Eh?" "I said 'Come here!'"** "Buraya gel!" "Ne?" " 'Buraya gel!' dedim."
ei.der.down (ay´dırdaun) *i.* kuştüyü yorgan.
eight (eyt) *s.* sekiz. *i.* sekiz rakamı (8, VIII).
eight-hour day günde sekiz saat çalışma sistemi. **be behind the — ball** *argo* zor/müşkül bir durumda olmak.
eight.een (ey´tin´) *s.* onsekiz. *i.* onsekiz rakamı (18, XVIII). **—th** *s., i.* 1. onsekizinci. 2. onsekizde bir.
eighth (eyt.th, eyth) *s.* 1. sekizinci. 2. sekizde bir. **— note** *müz.* sekizlik nota, sekizlik.
eight.y (ey´ti) *s.* seksen. *i.* seksen rakamı (80, LXXX). **eightieth** *s., i.* 1. sekseninci. 2. seksende bir.
Eir.e (er´ı) *i.* İrlanda Cumhuriyeti.
ei.ther (i´dhır, ay´dhır) *s.* ikisi de; her iki: **She doesn't like either one.** İkisini de sevmiyor. **On either side of him sat a cat.** Her ikisi tarafında bir kedi oturuyordu. *zam.* her ikisi, ikisi de; ikisinden biri: **You can have either.** İkisinden birini alabilirsin. *bağ.* ya ... ya (da): **Either you do this or you clear out of here for good.** Ya bunu yaparsın, ya buradan temelli defolursun. *z.* de: **"I don't know how to play bridge." "I don't either."** "Briç oynamayı bilmiyorum." "Ben de."
e.jac.u.la.tion (icäkıyley´şın) *i.* 1. ünlem. 2. boşalma, meninin atılması.
e.ject (icekt´) *f.* 1. dışarı atmak, çıkarmak, fışkırtmak. 2. defetmek, kovmak.
e.jec.tor (icek´tır) *i., mak.* fışkırtıcı, ejektör.
eke (ik) *f.* **— out** (bir şey yapmakla) (yetersiz bir şeyi) artırmak. **— out a living** kıt kanaat

geçinmek.
e.lab.o.rate (iläb´ırit) s. 1. çok ayrıntılı ve çok iş isteyen. 2. karmaşık; girift, girişik.
e.lab.o.rate (iläb´ıreyt) f. (on) ayrıntılarına girmek.
é.lan (eylan´) i. şevk, canlılık.
e.lapse (iläps´) f. (zaman) geçmek, akmak.
e.las.tic (iläs´tik) s. 1. esnek, elastik, elastiki. 2. lastikli. i. lastik, lastikli şerit.
e.las.tic.i.ty (ilästis´ıti) i. esneklik, elastiklik, elastisite.
e.late (ileyt´) f. çok sevindirmek, çok neşelendirmek.
e.lat.ed (ileyt´ıd) s. sevinçli, kıvançlı.
e.la.tion (iley´şın) i. sevinç, kıvanç.
el.bow (el´bo) i. dirsek. f. dirsekle itmek/vurmak, dirseklemek; ite kaka yol açmak. — **grease** k. dili alın teri, emek. **be at one's** — yanı başında olmak, yanında olmak. **out at the —s** 1. kılıksız, hırpani, üstü başı dökülen. 2. eskimiş (giysi). **rub —s with** ile bir arada olmak; ile bir araya gelmek, ile karşılaşmak. **up to the —s** çok meşgul, işi başından aşkın.
el.bow.room (el´borum´) i. rahatça hareket edilebilecek yer, geniş yer.
eld.er (el´dır) s. yaşça büyük, büyük. i. yaşlı/itibarlı kişi. — **brother** ağabey. — **sister** abla.
el.der (el´dır) i. mürver ağacı, mürver.
eld.er.ly (el´dırli) s. oldukça yaşlı.
eld.ers (el´dırz) i., çoğ. (yaşça) büyükler.
eld.est (el´dist) s. (yaşça) en büyük.
e.lect (ilekt´) f. seçmek.
e.lec.tion (ilek´şın) i. seçim.
e.lec.tion.eer (ilekşınir´) f. seçim propagandası yapmak.
e.lec.tive (ilek´tiv) s. 1. isteğe bağlı. 2. seçimle elde edilen (bir makam). i. seçmeli ders.
e.lec.tor (ilek´tır) i. seçmen.
e.lec.tor.ate (ilek´tırit) i. seçmenler.
e.lec.tric (ilek´trik) s. 1. elektrikle ilgili. 2. elektrikli. — **arc** fiz. elektrik arkı, elektrik yayı. — **chair** elektrikli sandalye. — **current** elektrik akımı, elektrik cereyanı. — **eye** elektrikli göz. — **guitar** elektrogitar. — **light** elektrik lambası. — **meter** elektrik saati. — **motor** elektrik motoru. — **shaver** elektrikli tıraş makinesi.
e.lec.tri.cal (ilek´trikıl) s. 1. elektrikli. 2. elektrikle ilgili. — **appliance** elektrikli alet; elektrikli aygıt. — **engineer** elektrik mühendisi.
e.lec.tri.cian (ilektriş´ın) i. elektrikçi, elektrik tesisatçısı.
e.lec.tric.i.ty (ilektris´ıti) i. elektrik. **static** — statik elektrik.
e.lec.tri.fi.ca.tion (ilektrıfikey´şın) i. elektriklendirme, elektrifikasyon.
e.lec.tri.fy (ilek´trıfay) f. 1. elektriklendirmek.

2. elektriklemek. 3. heyecanlandırmak, heyecan vermek.
e.lec.tro.car.di.o.gram (ilek´trokar´diyıgräm´) i., tıb. elektrokardiyogram.
e.lec.tro.cute (ilek´trıkyut) f. 1. elektrikle öldürmek. 2. elektrikli sandalyede idam etmek.
e.lec.trode (ilek´trod) i. elektrot.
e.lec.trol.y.sis (ilektral´ısis) i. elektroliz.
e.lec.tro.lyte (ilek´trılayt) i. elektrolit.
e.lec.tro.mag.net (ilek´tromäg´nit) i. elektromıknatıs.
e.lec.tro.mag.net.ic (ilektromägnet´ik) s. elektromanyetik.
e.lec.tron (ilek´tran) i. elektron.
e.lec.tron.ic (ilektran´ik) s. elektronik. — **mail** elektronik posta. — **music** elektronik müzik.
e.lec.tron.ics (ilektran´iks) i. elektronik.
e.lec.tro.pos.i.tive (ilektropaz´ıtiv) s. elektropozitif.
e.lec.tro.shock (ilek´troşak) i., tıb. elektroşok.
el.e.gance (el´ıgıns) i. zarafet.
el.e.gant (el´ıgınt) s. zarif.
el.e.gy (el´ıci) i. eleji, ağıt.
el.e.ment (el´ımınt) i. 1. öğe, unsur, eleman, parça. 2. kim. element, öğe. **be in one's** — k. dili kendini rahat hissettiği bir ortamda bulunmak.
el.e.men.tal (elımen´tıl) s. 1. ilkel; dizginsiz, frenlenmemiş. 2. doğadaki güçlere özgü. 3. doğal.
el.e.men.ta.ry (elımen´tıri) s. 1. başlayanlar için: **elementary French course** yeni başlayanlar için Fransızca kursu. 2. temel. 3. ilkel. 4. basit, kolay. — **education** ilköğretim. — **school** ilköğretim okulu.
el.e.ments (el´ımınts) i., çoğ. 1. **the** doğa güçleri. 2. gruplar. 3. temel ilkeler. **brave the** — kötü havada dışarıda bulunmak.
el.e.phant (el´ıfınt) i. fil. **white** — artık sahibinin işine yaramayan bir şey; vaktiyle işe yarayan fakat şimdi dert olan bir şey.
el.e.vate (el´ıveyt) f. 1. yükseltmek; kaldırmak. 2. terfi ettirmek.
el.e.va.tion (elıvey´şın) i. 1. yükseltme; kaldırma. 2. terfi. 3. coğr. yükselti.
el.e.va.tor (el´ıveytır) i. 1. asansör. 2. silo.
e.lev.en (ilev´ın) s. on bir. i. on bir rakamı (11, XI). **—th** s. 1. on birinci. 2. on birde bir. **—th hour** son dakika.
elf (elf), çoğ. **elves** (elvz) i. cüce ve yaramaz cin.
e.lic.it (ilis´it) f. 1. (gerçeği) ortaya çıkarmak. 2. (bilgi) edinmek, sağlamak. 3. -e yol açmak, -e neden olmak.
el.i.gi.bil.i.ty (elıcıbil´ıti) i. uygunluk.
el.i.gi.ble (el´ıcıbıl) s. **(for)** -e uygun.
e.lim.i.nate (ilim´ıneyt) f. 1. gidermek; yok etmek. 2. (bir yarışçıyı) elemek. 3. k. dili öldür-

mek, temizlemek.
e.lim.i.na.tion (ilimıney´şın) i. 1. giderme; yok etme. 2. (yarışçıyı) eleme.
e.lite (elit´, ilit´) i. elit, seçkinler. s. elit, seçkin.
e.lix.ir (ilik´sır) i. iksir.
elk (elk) i., zool. kanadageyiği; avrupamusu.
el.lipse (ilips´) i. elips.
el.lip.sis (ilip´sis), çoğ. el.lip.ses (ilip´siz) i., dilb. eksilti, eksiltili anlatım.
el.lip.ti.cal (ilip´tikıl) s. eliptik.
elm (elm) i. karaağaç.
el.o.cu.tion (elıkyu´şın) i. 1. söz söyleme sanatı. 2. etkili ve güzel konuşma tarzı.
e.lon.gate (ilông´geyt) f. uzatmak.
e.lon.ga.tion (ilông.gey´şın) i. uzatma.
e.lope (ilop´) f. evlenmek için evden kaçmak, âşığıyla kaçmak.
el.o.quence (el´ıkwıns) i. etkili ve güzel söz söyleme yeteneği.
el.o.quent (el´ıkwınt) s. 1. etkili ve güzel söz söyleyen. 2. etkili ve güzel (sözler, konuşma tarzı).
El Sal.va.dor (el säl´vıdôr) El Salvador.
else (els) z. başka: **What else can he do?** Başka ne yapabilir? **Who else was there?** Orada başka kim vardı? **Where else can they be?** Başka nerede olabilirler? **or — yoksa: Go now or else you'll miss the train.** Şimdi git, yoksa treni kaçıracaksın.
else.where (els´hwer) z. başka yere; başka yerde.
e.lu.ci.date (ilu´sıdeyt) f. açıklamada bulunmak, izahat vermek; açıklamak.
e.lude (ilud´) f. 1. (izleyenleri, bir tehlikeyi) atlatmak. 2. hatırlayamamak, aklına gelmemek: **The name of the town eludes me.** Şehrin adı aklıma gelmiyor.
e.lu.sive (ilu´siv) s. 1. yakalanması zor. 2. tarifi zor; anlaşılması zor. 3. çabucak geçen.
elves (elvz) i., çoğ., bak. **elf.**
e.ma.ci.at.ed (imey´şiyeytid) s. (açlıktan/hastalıktan) çok zayıflamış, sıskası çıkmış, bir deri bir kemik kalmış.
e-mail (i´meyl) i. e-posta, elektronik posta. f. e-posta ile göndermek. **— address** e-posta adresi, elektronik posta adresi.
em.a.nate (em´ıneyt) f. **from** -den çıkmak; -den yayılmak; -den fışkırmak; -den akmak.
e.man.ci.pate (imän´sıpeyt) f. 1. azat etmek, serbest bırakmak, özgürlüğüne kavuşturmak. 2. **from** -den kurtarmak.
e.man.ci.pa.tion (imänsıpey´şın) i. 1. azat etme, serbest bırakma. 2. özgürlük, kurtuluş.
e.mas.cu.late (imäs´kyıleyt) f. 1. hadım etmek, enemek, burmak. 2. kuvvetten düşürmek. 3. (bazı kısımları çıkararak veya sansür ederek) (bir yazıyı) kuşa çevirmek/benzetmek.

em.balm (imbam´) f. tahnit etmek, mumyalamak.
em.bank.ment (imbängk´mınt) i. toprak set.
em.bar.go (imbar´go) i. (çoğ. **—es**) ambargo. **put an — on** -e ambargo koymak.
em.bark (imbark´) f. gemiye binmek. **— on/upon** -e girişmek, -e başlamak.
em.bar.ka.tion (imbarkey´şın) i. gemiye binme.
em.bar.rass (imbär´ıs) f. utandırmak, mahcup etmek.
em.bar.rass.ment (imbär´ısmınt) i. utanma, utanç duyma, mahcup olma.
em.bas.sy (em´bısi) i. elçilik, sefaret.
em.bat.tled (imbät´ıld) s. güç durumda, sıkışmış.
em.bed (imbed´) f. (**—ded, —ding**) (**in**) (içine) iyice yerleştirmek, gömmek.
em.bel.lish (imbel´iş) f. süslemek.
em.bel.lish.ment (imbel´işmınt) i. 1. süsleme. 2. süs.
em.ber (em´bır) i. kor; köz.
em.bez.zle (imbez´ıl) f. (emanet para veya mülkü) zimmetine geçirmek.
em.bez.zle.ment (imbez´ılmınt) i. zimmete geçirme.
em.bez.zler (imbez´lır) i. zimmetine para geçiren kimse.
em.bit.ter (imbit´ır) f. hayata küstürmek.
em.bla.zon (imbley´zın) f. 1. süslemek, tezyin etmek. 2. armalarla donatmak. 3. kutlamak.
em.blem (em´blım) i. amblem, simge.
em.bod.i.ment (imbad´imınt) i. (bir şeyin) somut hali; kendisi: **She is the embodiment of elegance.** Zarafetin ta kendisi.
em.bod.y (imbad´i) f. 1. **in** (belirli/somut bir halde) dışa vurmak. 2. kapsamak.
em.bold.en (imbol´dın) f. cesaret vermek, yüreklendirmek.
em.bo.lism (em´bılizım) i., tıb. amboli.
em.boss (imbôs´) f. 1. kabartma desenle süslemek. 2. kakmak, kabartmak.
em.brace (imbreys´) f. 1. (birine) sarılmak, (birini) kucaklamak; kucaklaşmak. 2. kapsamak. 3. (bir dini) kabul etmek, (bir dine) girmek. 4. (bir teklifi) kabul etmek. i. kucak.
em.broi.der (imbroy´dır) f. 1. üzerine nakış işlemek. 2. (anlatılan bir öykü veya olayı) hayalinden bir şeyler katarak süslemek.
em.broi.der.y (imbroy´dıri) i. nakış, işleme. **— frame** kasnak.
em.broil (imbroyl´) f. (birini) (zor bir işe) sokmak, karıştırmak.
em.bry.o (em´briyo) i., biyol. embriyon, oğulcuk.
em.cee (em´si´) i. sunucu. f. (bir programın) sunuculuğunu yapmak.
e.mend (imend´) f. (bir metnin) yanlışlarını düzeltmek.
e.men.da.tion (imendey´şın) i. (metne ait) dü-

zeltme.
em.er.ald (em´ırıld) *i.* 1. zümrüt. 2. zümrüt yeşili. *s.* zümrüt yeşili.
e.merge (imirc´) *f.* çıkmak, meydana çıkmak.
e.mer.gen.cy (imır´cınsi) *i.* acil durum. **— door/exit** acil çıkış kapısı. **— landing** mecburi iniş. **— treatment** acil tedavi. **— ward** (hastanede) acil servis. **in case of —** acil bir durumda.
e.mer.gent (imır´cınt) *s.* çıkan, meydana çıkan.
e.mer.i.tus (imer´ıtıs) *s.* emeritus (emekli bir üniversite öğretim görevlisine verilen unvan).
em.er.y (em´ıri) *i.* zımpara. **— board** zımparalı tırnak törpüsü.
e.met.ic (imet´ik) *s., i.* kusturucu (ilaç).
em.i.grant (em´ıgrınt) *i.* göçmen.
em.i.grate (em´ıgreyt) *f.* göç etmek.
em.i.gra.tion (emıgrey´şın) *i.* göç.
é.mi.gré (em´ıgre) *i.* siyasi göçmen.
em.i.nence (em´ınıns) *i.* 1. yüksek bir mevki. 2. yükseklik; yüksek yer, tepe.
em.i.nent (em´ınınt) *s.* 1. yüksek (mevki). 2. tanınmış ve üstün, ünlü (kişi). 3. yüksek (yer).
em.is.sar.y (em´ıseri) *i.* özel bir görevle gönderilen kişi.
e.mis.sion (imiş´ın) *i.* 1. çıkarma; yayma. 2. *mal.* emisyon. **nocturnal —** *tıb.* uyurken belsuyunun boşalması, düş azması.
e.mit (imit´) *f.* **(—ted, —ting)** çıkarmak; fışkırtmak; yaymak.
e.mol.lient (imal´yint) *s.* yumuşatıcı. *i.* yumuşatıcı ve acıyı dindiren merhem.
e.mol.u.ment (imal´yımınt) *i.* ücret; maaş; kazanç.
e.mo.tion (imo´şın) *i.* duygu, his; heyecan.
e.mo.tion.al (imo´şınıl) *s.* duygusal, duygulu, heyecanlı.
em.pa.thy (em´pıthi) *i., ruhb.* empati, bir başkasının duygularını anlayabilme, duygu sezgisi.
em.per.or (em´pırır) *i.* imparator.
em.pha.sis (em´fısis), *çoğ.* **em.pha.ses** (em´fısiz) *i.* 1. vurgu, vurgulama. 2. önem.
em.pha.size, *İng.* **em.pha.sise** (em´fısayz) *f.* vurgulamak.
em.phat.ic (emfät´ik) *s.* 1. vurgulanarak söylenen. 2. ısrarlı. 3. göze çarpan, frapan.
em.phat.i.cal.ly (emfät´ikıli) *z.* 1. üzerinde durarak. 2. kesin olarak.
em.phy.se.ma (emfısi´mı) *i., tıb.* anfizem.
em.pire (em´payr) *i.* imparatorluk.
em.pir.i.cal (empir´ikıl) *s.* deneysel, ampirik.
em.pir.i.cism (empir´ısizım) *i.* deneycilik, ampirizm.
em.pir.i.cist (empir´ısist) *i.* deneyci, ampirist.
em.ploy (imploy´) *f.* 1. kullanmak. 2. bir hizmet veya işte kullanmak, istihdam etmek. *i.* **be in the — of** (birisi için) çalışmak.

em.ploy.ee (imploy´i, employi´) *i.* çalışan; görevli; işçi.
em.ploy.er (imploy´ır) *i.* patron, işveren.
em.ploy.ment (imploy´mınt) *i.* iş verme, istihdam. **— agency** iş bulma bürosu, iş ve işçi bulma kurumu. **find —** iş bulmak.
em.pow.er (impaw´ır) *f.* yetki vermek.
em.press (em´pris) *i.* imparatoriçe.
emp.ti.ness (emp´tinıs) *i.* boşluk.
emp.ty (emp´ti) *s.* 1. boş. 2. **of** -den yoksun. 3. *k. dili* aç. *i.* boş şey, boş. *f.* boşaltmak; dökmek; boşalmak; dökülmek. **— words** boş laf.
emp.ty-hand.ed (emp´tihän´did) *s.* eli boş.
em.u.late (em´yıleyt) *f.* benzerini veya daha iyisini yapmaya çalışmak; taklit etmeye çalışmak.
e.mul.sion (imʌl´şın) *i.* emülsiyon.
en.a.ble (iney´bıl) *f.* 1. imkân vermek, mümkün kılmak, sağlamak. 2. yetki vermek.
en.act (inäkt´) *f.* yasalaştırmak.
e.nam.el (inäm´ıl) *i.* 1. emay. 2. mine. 3. (dişlere ait) mine. *s.* emaye. *f.* **(—ed/—led, —ing/—ling)** 1. emaylamak. 2. minelemek.
e.nam.eled (inäm´ıld) *s.* emaye.
en.am.or, *İng.* **en.am.our** (inäm´ır) *f.* **be —ed of** -e âşık olmak.
en.camp.ment (inkämp´mınt) *i.* kamp yeri, ordugâh.
en.case (inkeys´) *f.* **be —d in** ile kaplı olmak; ile örtülü olmak.
en.chant (inçänt´) *f.* 1. büyülemek. 2. *k. dili* (birinin) çok hoşuna gitmek. **be —ed by/with -e** bayılmak, -i çok sevmek: **She is enchanted with her new house.** Yeni evine bayılıyor.
en.chant.ing (inçän´ting) *s.* 1. büyüleyici. 2. *k. dili* harika, fevkalade, çok güzel.
en.chi.la.da (ençila´dı) *i.* Meksika mutfağına özgü böreğe benzeyen acılı bir yemek.
en.cir.cle (ensır´kıl) *f.* etrafını çevirmek, kuşatmak.
encl. *kıs.* **enclosed, enclosure.**
en.close (inkloz´) *f.* 1. (bir şeyi) (bir mektupla aynı zarf içine) koymak: **I've enclosed a photograph with this letter.** Bu mektupla birlikte bir fotoğraf gönderiyorum. 2. (bir yeri) (duvar, çit v.b. ile) çevirmek: **She enclosed her garden with a hedge.** Bahçesini çitle çevirdi.
en.clo.sure (inklo´jır) *i.* 1. (bir yeri) (duvar, çit v.b. ile) çevirme. 2. (duvar, çit v.b. ile) çevrili olan yer.
en.clo.sures (inklo´jırz) *i.* (mektupla aynı zarf içinde) gönderilen şeyler, ilişiktekiler.
en.com.pass (inkʌm´pıs) *f.* 1. kapsamak. 2. kaplamak, örtmek. 3. kuşatmak.
en.core (ang´kôr) *ünlem* Bravo! *i.* bis.
en.coun.ter (inkaun´tır) *f.* 1. (bir tehlike veya zorlukla) karşı karşıya gelmek. 2. rastlamak.

en.cour.age (inkır'îc) *f.* 1. teşvik etmek, özendirmek. 2. cesaret vermek, yüreklendirmek.
en.cour.age.ment (inkır'îcmınt) *i.* 1. teşvik etme, özendirme. 2. cesaret verme, yüreklendirme.
en.cour.ag.ing (inkır'îcing) *s.* 1. ümitlendirici, umut verici. 2. teşvik edici, özendirici. 3. cesaret verici, yüreklendirici.
en.croach (inkroç') *f.* upon (başkasının hakkına) tecavüzde bulunmak.
en.croach.ment (inkroç'mınt) *i.* (başkasının hakkına) tecavüzde bulunma.
en.crust (inkrʌst') *f.* be —ed with 1. (kalınca bir tabaka) ile kaplı olmak. 2. (mücevherler) ile süslü olmak.
en.cum.ber (inkʌm'bır) *f.* be —ed with 1. ile yüklü olmak. 2. ile doldurulmuş olmak.
en.cum.brance (inkʌm'brıns) *i.* 1. yük. 2. çocuk. 3. *huk.* ipotek.
en.cy.clo.pe.di.a, *İng.* **en.cy.clo.pae.di.a** (ensayklıpi'diyı) *i.* ansiklopedi.
en.cy.clo.pe.dic (ensayklıpi'dik) *s.* ansiklopedik.
end (end) *i.* 1. uç. 2. son, nihayet. 3. akıbet. 4. gaye, amaç; niyet, maksat. 5. *mec.* ölüm, son. *f.* bitirmek, son vermek; bitmek, sona ermek. — **table** küçük masa, sehpa. **be at loose —s** *k. dili* 1. meşgul olmamak, boş olmak. 2. boşta gezmek. **be at one's wit's —** ne yapacağını bilmemek, şaşırmak. **be at the — of one's tether** son kozunu oynamış olmak. **from beginning to —** baştan sona kadar. **from — to —** bir uçtan bir uca. **go off the deep —** *k. dili* kendini fazlasıyla kaptırmak. **in the — sonunda**, eninde sonunda. **keep one's — up** kendine düşen görevi yerine getirmek; kendine düşen payı ödemek. **make both —s meet** geliri gidere denkleştirmek. **odds and —s** ufak tefek şeyler, öteberi. **put an — to** -e son vermek. **to the — that** gayesi ile, amacıyla.
en.dan.ger (indeyn'cır) *f.* tehlikeye atmak.
en.dear (indir') *f.* sevdirmek. **— oneself to someone** kendini birine sevdirmek.
en.dear.ing (indir'îng) *s.* sevimli, tatlı.
en.deav.or (indev'ır) *f.* yapmaya çalışmak; gayret etmek, çalışmak. *i.* çaba, gayret.
en.dem.ic (endem'îk) *s.* in (bir yer veya halka) özgü: That disease is endemic in India. O hastalık Hindistan'a özgü.
end.ing (en'dîng) *i.* 1. son, nihayet. 2. *dilb.* takı, sonek.
en.dive (en'dayv, an'div) *i.* acımarul, yabanimarul, hindiba.
end.less (end'lîs) *s.* sonsuz.
end.less.ly (end'lîsli) *z.* durmadan, bitmek tükenmek bilmeksizin.
end.less.ness (end'lîsnîs) *i.* sonsuzluk.
en.dorse (indôrs') *f.* 1. ciro etmek. 2. onaylamak.

en.dorse.ment (indôrs'mınt) *i.* 1. ciro. 2. onay.
en.dow (indau') *f.* **with** -e bağışta bulunmak. **be —ed with** Allah (birine) (bir şeyi) vermek: He's endowed with a good memory. Allah ona iyi bir hafıza vermiş.
en.dow.ment (indau'mınt) *i.* 1. Allah vergisi, doğuştan gelen özel yetenek. 2. bağışlardan oluşan toplu sermaye. 3. bağışta bulunma.
en.dur.a.ble (indûr'ıbıl, indyûr'ıbıl) *s.* dayanılabilir.
en.dur.ance (indûr'ıns) *i.* dayanma gücü, tahammül.
en.dure (indûr', indyûr') *f.* dayanmak, tahammül etmek, çekmek, kaldırmak.
en.dur.ing (indûr'îng, indyûr'îng) *s.* 1. dayanıklı. 2. devamlı, sürekli.
end.ways (end'weyz) *z.* 1. dik, dikine. 2. ucu ileriye doğru; uzunluğuna. 3. uç uca.
end.wise (end'wayz) *z., bak.* **endways.**
en.e.ma (en'ımı) *i., tıb.* lavman, tenkıye.
en.e.my (en'ımi) *i.* düşman.
en.er.get.ic (enırcet'îk) *s.* enerjik, faal.
en.er.gize, *İng.* **en.er.gise** (en'ırcayz) *f.* enerji vermek, güç vermek.
en.er.gy (en'ırci) *i.* 1. enerji, erke. 2. enerji, güç, kuvvet. **— crisis** enerji krizi.
en.er.vate (en'ırveyt) *f.* zayıflatmak, kuvvetten düşürmek.
en.fold (infold') *f.* 1. katlamak, sarmak. 2. kucaklamak, bağrına basmak.
en.force (infôrs') *f.* uygulamak, tatbik etmek, yerine getirmek.
en.force.a.ble (infôr'sıbıl) *s.* uygulanabilir.
en.force.ment (infôrs'mınt) *i.* uygulama. **law — officer** polis.
en.fran.chise (infrän'çayz) *f.* oy hakkı vermek.
Eng. *kıs.* England, English.
en.gage (ingeyc') *f.* 1. işe almak, tutmak, angaje etmek. 2. birbirine girmek, çarpışmak. 3. söz vermek, taahhüt etmek. 4. *mak.* birbirine geçmek; birbirine geçirmek, birbirine tutturmak. **— in** ile meşgul olmak. **— someone's attention** birinin kafasını meşgul etmek. **keep someone —d** birini meşgul etmek.
en.gaged (ingeycd') *s.* 1. nişanlı. 2. meşgul (telefon).
en.gage.ment (ingeyc'mınt) *i.* 1. nişanlanma. 2. randevu. 3. söz; vaat, taahhüt. 4. çarpışma, dövüşme. 5. belirli bir süre için ücretli iş.
en.gag.ing (ingey'cing) *s.* hoş, sevimli, çekici.
en.gen.der (incen'dır) *f.* 1. meydana getirmek, oluşturmak. 2. doğurmak.
en.gine (en'cın) *i.* 1. motor. 2. lokomotif. **— driver** *İng., d.y.* makinist. **fire —** itfaiye arabası.

en.gi.neer (encınir´) *i.* 1. mühendis. 2. *d.y.* makinist. 3. *den.* çarkçı. *f.* planlayıp düzenlemek. **civil —** inşaat mühendisi. **electrical —** elektrik mühendisi. **mechanical —** makine mühendisi. **mining —** maden mühendisi.
en.gi.neer.ing (encınir´ing) *i.* mühendislik.
Eng.land (îng´glınd) *i.* İngiltere.
Eng.lish (îng´gliş) *s.* 1. İngiliz. 2. İngilizce. *i.* İngilizce. **in plain —** açıkçası. **the —** İngilizler.
Eng.lish.man (îng´glişmın), *çoğ.* **Eng.lish.men** (îng´glişmin) *i.* İngiliz erkek, İngiliz.
Eng.lish.wom.an (îng´glişwûmın), *çoğ.* **Eng.lish.wom.en** (îng´glişwimin) *i.* İngiliz kadın, İngiliz.
en.grain (îngreyn´) *f.* **in** 1. (düşünce, alışkanlık v.b.'ni) -e aşılamak. 2. -in içine iyice çektirmek/geçirtmek.
en.grave (îngreyv´) *f.* hakketmek, kazımak.
en.grav.er (îngrey´vır) *i.* 1. hakkâk, oymacı. 2. gravürcü.
en.grav.ing (îngrey´vîng) *i.* 1. gravür. 2. hakkâklık, oymacılık. 3. hakkâk işi.
en.gross (îngros´) *f.* **be —ed in** -e dalıp gitmek. **— one's thoughts** kafasını bütünüyle işgal etmek.
en.gross.ing (îngro´sîng) *s.* çok sürükleyici (roman, film v.b.).
en.gulf (îngʌlf´) *f.* içine çekmek, yutmak.
en.hance (înhäns´) *f.* (değer, fiyat v.b.'ni) artırmak, yükseltmek.
e.nig.ma (înig´mı) *i.* bilmece, muamma.
e.nig.mat.ic (enîgmät´îk) *s.* muammalı.
en.join (încoyn´) *f.* 1. tembih etmek; emretmek: **I enjoined him to leave.** Gitmesini tembih ettim. 2. yasaklamak.
en.joy (încoy´) *f.* zevk almak, hoşlanmak. **— good health** sağlığı yerinde olmak. **— oneself** eğlenmek, hoşça vakit geçirmek.
en.joy.a.ble (încoy´ıbıl) *s.* hoş, tatlı, zevkli, eğlenceli.
en.joy.ment (încoy´mınt) *i.* zevk.
en.large (înlarc´) *f.* büyütmek; genişletmek; büyümek; genişlemek. **— upon** daha ayrıntılı bir şekilde anlatmak.
en.large.ment (înlarc´mınt) *i.* 1. büyütme; büyüme. 2. *foto.* agrandisman.
en.larg.er (înlar´cır) *i., foto.* agrandisör, büyülteç.
en.light.en (înlayt´ın) *f.* aydınlatmak, bilgilendirmek.
en.light.ened (înlay´tınd) *s.* aydın (kimse).
en.light.en.ment (înlay´tınmınt) *i.* aydınlatma, bilgilendirme; aydınlanma, bilgilenme.
en.list (înlîst´) *f.* 1. askere kaydolmak/yazılmak; askere kaydetmek/yazmak. 2. yardımını sağlamak.
en.liv.en (înlay´vın) *f.* canlandırmak.
en.mesh (enmeş´) *f.* **in** (birini) (olumsuz bir duruma) düşürmek. **be —ed in** (olumsuz bir duruma) düşmek: **He was enmeshed in his own intrigues.** Kendi entrikaları ayağına dolanmıştı.
en.mi.ty (en´mıti) *i.* düşmanlık, husumet.
en.no.ble (îno´bıl) *f.* 1. soylular sınıfına almak, asalet unvanı vermek. 2. yüceltmek.
e.nor.mi.ty (înôr´mıti) *i.* 1. şer, büyük kötülük. 2. muazzamlık, büyüklük.
e.nor.mous (înôr´mıs) *s.* kocaman, muazzam.
e.nough (înʌf´) *i.* yeterli miktar. *s.* yeterli, kâfi. *z.* kâfi derecede. **E—I** *ünlem* Yeter! **— and to spare** yeter de artar bile. **E—'s —.** Yeter artık! **I have had — of him.** Burama kadar geldi. **oddly —** İşin tuhafı şu ki .... **sure —** gerçekten. **This is good — for me.** Bu bana yeter.
en.quire (înkwayr´) *f., bak.* **inquire.**
en.rage (înreyc´) *f.* öfkelendirmek, hiddetlendirmek.
en.rich (înriç´) *f.* 1. zenginleştirmek, zengin etmek. 2. zenginleştirmek, değerini artırmak.
en.roll (înrol´) *f.* kaydını yapmak, kaydetmek; kaydolmak, yazılmak.
en.roll.ment (înrol´mınt) *i.* kaydetme, kayıt.
en route (an rut´) yolda, giderken.
en.sconce (enskans´) *f.* yerleştirmek. **— oneself in** -e yerleşmek.
en.sem.ble (ansam´bıl) *i.* 1. *müz.* topluluk. 2. *tiy.* trup. 3. bütün. 4. birkaç parçadan oluşan kadın kostümü, takım, döpiyes.
en.shrine (înşrayn´) *f.* -i -in içinde saygın bir yere koymak. **be —d in** (bir şeyin) içinde çok saygın bir yeri olmak: **It's an expression that's enshrined in French usage.** O deyimin Fransız dilinde çok saygın bir yeri var.
en.sign (en´sayn, en´sın) *i.* bayrak, sancak, bandıra.
en.sign (en´sın) *i., den.* asteğmen.
en.slave (însleyv´) *f.* köle yapmak, esir etmek.
en.snare (însneyr´) *f.* tuzağa düşürmek.
en.sue (însu´) *f.* çıkmak, meydana gelmek; ardından gelmek, izlemek. **Silence —d.** Onu sessizlik izledi. **the ensuing year** ertesi sene.
en.sure (înşûr´) *f.* 1. sağlamak, temin etmek. 2. garanti etmek.
en.tail (înteyl´) *f.* gerektirmek.
en.tan.gle (întäng´gıl) *f.* 1. dolaştırmak, karmakarışık etmek. 2. **in** (olumsuz bir şeye) karıştırmak, bulaştırmak.
en.tan.gle.ment (întäng´gılmınt) *i.* 1. karışıklık, dolaşıklık. 2. engel, mânia.
en.ter (en´tır) *f.* 1. içine girmek. 2. girişmek, başlamak. 3. deftere yazmak, kaydetmek. 4. *bilg.* "Enter" tuşuna basarak (bir komutu) gerçekleştirmek. **— into** -e başlamak, -e girişmek. **— into an agreement** anlaşmaya

girmek. — on/upon -e başlamak, -e girişmek.
en.ter.prise (en´tırprayz) i. girişim, teşebbüs.
en.ter.pris.ing (en´tırprayzing) s. uyanık, açıkgöz, girişken, müteşebbis.
en.ter.tain (entırteyn´) f. 1. eğlendirmek. 2. misafir etmek, ağırlamak, ikram etmek. — a motion (başkan) bir teklifi kabul edip kurula sunmak.
en.ter.tain.ing (entırtey´ning) s. eğlenceli, eğlendirici.
en.ter.tain.ment (entırteyn´mınt) i. parti, davet; ziyafet; balo.
en.thrall (inthrôl´) f. büyülemek.
en.throne (inthron´) f. tahta çıkarmak.
en.thuse (inthuz´) f. (about/over) göklere çıkarmak, çok övmek.
en.thu.si.asm (inthu´ziyäzım) i. şevk, istek; heves.
en.thu.si.as.tic (inthuziyäs´tik) s. şevkli, hararetli.
en.tice (intays´) f. (birini) tatlılıkla (kötü bir şey yapmaya) ikna etmek.
en.tice.ment (intays´mınt) i. 1. baştan çıkarma. 2. çekici ancak tehlikeli şey. 3. çekicilik.
en.tic.ing (intay´sing) s. çekici, cazip.
en.tire (intayr´) s. bütün, tamam, hepsi: the entire group grubun hepsi.
en.tire.ly (intayr´li) z. büsbütün, tamamıyla, tamamen.
en.tire.ty (intay´rıti) i. tüm, bütün.
en.ti.tle (intayt´ıl) f. 1. hak vermek. 2. yetki vermek. be —d to 1. -e hakkı olmak. 2. -i yapmaya yetkisi olmak.
en.ti.ty (en´tıti) i. varlık.
en.tomb (intum´) f. mezara koymak, gömmek.
en.to.mol.o.gist (entımal´ıcist) i. entomolojist, böcekbilimci.
en.to.mol.o.gy (entımal´ıci) i. entomoloji, böcekbilim.
en.tou.rage (antûraj´) i. beraberindekiler, maiyet.
en.trails (en´treylz) i. bağırsaklar.
en.trance (en´trıns) i. 1. giriş, girme. 2. giriş yeri, giriş kapısı, giriş. 3. giriş ücreti, giriş. — examination giriş sınavı. — fee giriş ücreti.
en.trance (inträns´) f. büyülemek.
en.trap (inträp´) f. (—ped, —ping) tuzağa düşürmek, yakalamak.
en.treat (intrit´) f. yalvarmak.
en.treat.y (intri´ti) i. yalvarma, yalvarış, yakarış.
en.trée (an´trey) i. 1. giriş, giriş izni, giriş hakkı. 2. baş yemek. 3. İng. balıkla baş yemek arasında yenilen yemek.
en.trench (intrenç´) f. sağlam bir şekilde yerleştirmek.
en.trench.ment (intrenç´mınt) i., ask. siper.
en.tre.pôt (an´trıpo) i. antrepo.
en.tre.pre.neur (antrıprınür´) i. girişimci, müteşebbis.
en.trust (intrʌst´) f. emanet etmek.

en.try (en´tri) i. 1. giriş, girme. 2. giriş, giriş yeri, antre. 3. kayıt. double — muh. çift kayıt sistemi.
en.try.way (en´triwey) i. giriş, giriş yeri.
en.twine (intwayn´) f. — itself around (bitki, yılan v.b.) (bir şeyin) etrafına dolanmak. — something (around) bir şeyi (başka bir şeye) dolamak.
e.nu.mer.ate (inu´mıreyt) f. saymak, birer birer saymak/söylemek.
e.nun.ci.ate (inʌn´siyeyt) f. telaffuz etmek.
en.vel.op (invel´ıp) f. sarmak; kuşatmak, örtmek.
en.ve.lope (en´vılop, an´vılop) i. zarf, mektup zarfı.
en.vi.a.ble (en´viyıbıl) s. gıpta edilecek.
en.vi.ous (en´viyıs) s. kıskanç.
en.vi.ron.ment (invay´rınmınt) i. çevre, muhit.
en.vi.ron.men.tal (invayrınmen´tıl) s. çevresel.
en.vi.ron.men.tal.ism (invayrınmen´tılizım) i. çevrecilik.
en.vi.ron.men.tal.ist (invayrınmen´tılist) i. çevreci.
en.vi.ron.men.tal.ly (invayrınmen´tıli) z. çevresel bakımdan. — friendly çevre dostu.
en.vi.ron.ment-friend.ly (invay´rınmınt.frendli) s., bak. environmentally friendly.
en.vi.rons (invay´rınz) i., çoğ. dolay, civar.
en.vis.age (enviz´ic) f. kafasında canlandırmak, tasavvur etmek.
en.vi.sion (envij´ın) f. kafasında canlandırmak, tasavvur etmek.
en.voy (en´voy, an´voy) i. 1. delege, temsilci. 2. diplomat; elçi.
en.vy (en´vi) i. 1. kıskançlık, haset. 2. gıpta. f. 1. kıskanmak. 2. gıpta etmek. be green with — 1. çok kıskanmak, kıskançlıktan çatlamak. 2. gıpta etmek.
en.zyme (en´zaym) i., biyokim. enzim.
ep.au.let, ep.au.lette (ep´ılet) i. apolet.
e.phem.er.al (ifem´ırıl) s. çok kısa süren; çok kısa ömürlü; gelip geçici.
ep.ic (ep´ik) s. epik, destansı. i. epik, destan.
ep.i.cen.ter (ep´ısentır) i., jeol. depremin merkezi, deprem özeği.
ep.i.dem.ic (epıdem´ik) s. salgın, salgınlaşmış. i. salgın: flu epidemic grip salgını.
ep.i.der.mis (epıdır´mis) i. epiderm.
ep.i.gram (ep´ıgräm) i. nükte, nükteli söz.
ep.i.lep.sy (ep´ılepsi) i., tıb. epilepsi, sara.
ep.i.lep.tic (epılep´tik) i. saralı. s. 1. epileptik, epilepsiye özgü, sara hastalığına özgü. 2. saralı.
ep.i.log, İng. ep.i.logue (ep´ılôg) i. sonsöz, epilog.
E.piph.a.ny (ipif´ıni) i., Hırist. 6 Ocak'ta kutlanan bir yortu.
e.pis.co.pal (ipis´kıpıl) s. 1. piskoposlara ait. 2. piskoposlarca yönetilen.
ep.i.sode (ep´ısod) f. 1. edeb. (olaylar zincirinde) olay, epizot. 2. radyo, TV (dizide) bölüm.

ep.i.sod.ic (epısad'ik) s., edeb. epizodik.
E.pis.tle (îpis'ıl) i., Hırist. (Yeni Ahit'te yer alan) mektup.
e.pis.tle (îpis'ıl) i. mektup.
ep.i.taph (ep'ıtäf) i. mezar kitabesi.
ep.i.thet (ep'ıthet) i. (övücü veya hakaret edici) söz, laf.
e.pit.o.me (îpit'ımi) i. the — of -in ta kendisi: the epitome of loveliness güzelliğin ta kendisi.
ep.och (ep'ık) i. devir, çağ.
eq.ua.ble (ek'wıbıl) s. 1. sakin, rahat, kolayca kızmayan. 2. ılıman (iklim).
e.qual (i'kwıl) s. 1. eşit. 2. aynı düzeyde. i. eşit. — sign eşit işareti (=). be — to (bir işin) üstesinden gelmek.
e.qual (i'kwıl) f. 1. eşit olmak: Two plus two equals four. İki artı iki eşit dört. 2. aynı düzeyde olmak, emsali olmak: No one equals her. Emsali yok.
e.qual.ise (i'kwılayz) f., İng., bak. equalize.
e.qual.i.ty (îkwal'ıti) i. eşitlik.
e.qual.ize, İng. e.qual.ise (i'kwılayz) f. eşitlemek.
e.qua.nim.i.ty (îkwınim'ıti, ekwınim'ıti) i. itidal, ılım, temkin.
e.quate (ikweyt') f. ile eşit saymak.
e.qua.tion (îkwey'jın) i. denklem.
e.qua.tor (îkwey'tır) i. ekvator.
E.qua.to.ri.al (îkwıtor'iyıl, ekwätor'iyıl) s. — Guinea Ekvator Ginesi. — Guinean i. Ekvator Gineli. s. 1. Ekvator Ginesi, Ekvator Ginesi'ne özgü. 2. Ekvator Gineli.
e.qua.to.ri.al (îkwıtor'iyıl) s. ekvatoral.
e.ques.tri.an (îkwes'triyın) s. 1. biniciliğe ait. 2. atlı (heykel/portre): an equestrian statue of Napoleon Napolyon'un atlı heykeli.
e.qui.dis.tant (îkwıdis'tınt) s. eşit uzaklıkta, aynı mesafede olan.
e.qui.lat.er.al (îkwılät'ırıl) s. eşkenar: equilateral triangle eşkenar üçgen.
e.qui.lib.ri.um (îkwılib'riyım) i. denge, muvazene.
e.qui.nox (i'kwınaks) i., gökb. ekinoks, ılım, gün tün eşitliği. autumnal — sonbahar noktası, güz ılımı (21 Eylül'e rastlayan ekinoks). spring/vernal — bahar noktası, ilkbahar noktası (21 Mart'a rastlayan ekinoks).
e.quip (îkwîp') f. (—ped, —ping) donatmak.
e.quip.ment (îkwîp'mınt) i. 1. donatım. 2. gereçler.
eq.ui.ta.ble (ek'wıtıbıl) s. adil, adaletli.
eq.ui.ty (ek'wıti) i. 1. adalet. 2. tic. özsermaye. 3. muh. net varlık.
e.quiv.a.lence (îkwîv'ılıns) i. eşitlik.
e.quiv.a.lent (îkwîv'ılınt) s. be — to -e eşit olmak. i. 1. karşılık, eşit. 2. dilb. eşanlamlı sözcük, eşanlamlı.
e.quiv.o.cal (îkwîv'ıkıl) s. kaçamaklı; iki anlama gelebilen.
e.quiv.o.cate (îkwîv'ıkeyt) f. kaçamaklı konuşmak; ne evet ne de hayır demek.
e.ra (îr'ı) i. devir, çağ.
e.rad.i.cate (îräd'ıkeyt) f. 1. kökünden söküp atmak. 2. yok etmek.
e.rase (îreys') f. 1. silmek. 2. gidermek, yok etmek.
e.ras.er (îrey'sır) i. silgi.
e.ra.sure (îrey'şır) i. silinmiş yer; silinti.
ere (er) edat, bağ., şiir evvel, önce. — long çok geçmeden. — now bundan önce.
e.rect (îrekt') s. 1. dimdik, ayakta duran, ayağa kalkmış. 2. dik, dikilmiş, dikelmiş. f. 1. (heykel, direk v.b.'ni) dikmek. 2. kurmak; yapmak; inşa etmek. stand — dik durmak.
e.rec.tion (îrek'şın) i. 1. (heykel, direk v.b.'ni) dikme. 2. kurma; yapma; inşa etme. 3. penisin sertleşmesi. get an — penisi sertleşmek.
Er.i.tre.a (erîtri'yı, erıtre'yı) i. Eritrea, Eritre. —n i. Eritrealı. s. 1. Eritrea, Eritrea'ya özgü. 2. Eritrealı.
er.mine (ır'mîn) i. (çoğ. —s/er.mine) ermin, as.
e.rode (îrod') f., jeol. aşındırmak; aşınmak.
e.ro.sion (îro'jın) i., jeol. erozyon, aşınma; aşındırma.
e.ro.sive (îro'sîv) s. aşındırıcı.
e.rot.ic (îrat'îk) s. erotik.
e.rot.i.cism (îrat'ısîzım) i. erotizm.
err (ır, er) f. hata etmek.
er.rand (er'ınd) i. ayak işi. — boy ayak işlerine bakan kimse, ayakçı. a fool's — saçma bir iş. run an — bir iş için bir yere gitmek. run —s ayak işleri yapmak; ayak işlerine bakmak.
er.rat.ic (îrät'îk) s. istikrarsız, dengesiz, birden değişiveren.
er.ro.ne.ous (îro'niyıs) s. yanlış, hatalı.
er.ror (er'ır) i. hata, yanlış, yanlışlık.
er.u.dite (er'yıdayt) s. çok bilgili, bilgin, âlim.
er.u.di.tion (eryıdîş'ın) i. bilginlik, âlimlik.
e.rupt (îrʌpt') f. 1. (yanardağ) püskürmek. 2. patlak vermek.
e.rup.tion (îrʌp'şın) i. 1. (yanardağ) püskürme. 2. tıb. döküntü. 3. patlak verme.
es.ca.late (es'kıleyt) f. 1. (fiyat v.b.'ni) artırmak, yükseltmek; artmak, yükselmek. 2. (savaş, anlaşmazlık v.b.'ni) şiddetlendirmek, kızıştırmak; şiddetlenmek, kızışmak.
es.ca.la.tion (eskıley'şın) i. 1. (fiyat v.b.'ni) artırma, yükseltme; artma, yükselme. 2. (savaş, anlaşmazlık v.b.'ni) şiddetlendirme, kızıştırma; şiddetlenme, kızışma.
es.ca.la.tor (es'kıleytır) i. yürüyen merdiven.
es.ca.pade (es'kıpeyd) i. macera.
es.cape (ıskeyp') i. kaçış, kaçma, firar. f. 1. kaçmak, firar etmek. 2. kurtulmak; paçayı kurtarmak; atlatmak. 3. gözünden kaçmak; aklından çıkmak. fire — yangın merdiveni.

have a narrow — ucuz kurtulmak.
es.cap.ist (ıskey´pist) s. insana gündelik hayatı ve dertlerini unutturan çok sürükleyici (roman/film).
es.chew (esçu´) f. -den sakınmak, -den kaçınmak.
es.cort (es´kôrt) i. 1. kavalye. 2. (koruma/gözetim için) eşlik eden; eşlik edenler. — vessel refakat gemisi. under police — 1. polis gözetiminde. 2. polis korumasıyla.
es.cort (eskôrt´) f. 1. kavalyelik etmek. 2. (korumak/gözetmek amacıyla) eşlik etmek.
es.cutch.eon (ıskʌç´ın) i. armalı kalkan.
Es.ki.mo (es´kımo) i. 1. Eskimo. 2. Eskimoca, Eskimo dili. s. 1. Eskimo. 2. Eskimoca. — dog Eskimo köpeği.
e.soph.a.gus (isaf´ıgıs) i., anat. yemek borusu.
es.o.ter.ic (esıter´ik) s. 1. ancak ufak bir grupça bilinen; ufak bir gruba özgü; ezoterik, batını, içrek. 2. anlaşılması zor. 3. nadir; olağandışı. 4. gizli inançları olan.
es.o.ter.i.cism (esıter´ısizım) i. ezoterizm, batınilik, içreklik.
es.pe.cial (espeş´ıl) s. özel, hususi.
es.pe.cial.ly (espeş´ıli) z. özellikle, bilhassa.
es.pi.o.nage (es´piyınaj) i. casusluk.
es.pla.nade (esplıneyd´, esplınad´) i. gezi, gezinti yeri; kordon.
es.pou.sal (espau´zıl) i. destekleme.
es.pouse (espauz´) f. desteklemek.
es.pres.so (espres´o) i. ekspreso kahve, ekspreso.
es.prit (espri´) i. — de corps (bir grup içindeki) birlik ruhu.
Esq. kıs. Esquire.
Es.quire (es´kwayr, eskwayr´) i., İng., mektup zarfı üzerine isim ve soyadından sonra kısaltılarak yazılan ve "bay" anlamına gelen bir unvan: Marmaduke Wigglesworth, Esq.
es.say (es´ey) i. 1. deneme (bir düzyazı türü). 2. deneme, yapmaya kalkışma.
es.say (esey´) f. denemek, yapmaya kalkışmak.
es.sence (es´ıns) i. 1. öz, asıl. 2. esans, ıtır.
es.sen.tial (isen´şıl) s. 1. asıl, esas, temel, ana. 2. gerekli, zaruri. i. esas, temel.
es.sen.tial.ly (isen´şıli) z. aslında.
es.tab.lish (istäb´liş) f. 1. kurmak. 2. saptamak, tespit etmek.
es.tab.lish.ment (istäb´lişmınt) i. 1. kurum, kuruluş, müessese. 2. kurma; kuruluş. 3. tespit etme; tespit edilme. the E— k. dili toplumdaki nüfuzlu kurumlar.
es.tate (isteyt´) i. 1. huk. tereke, bırakıt. 2. malikâne. — agent İng. emlakçi, k. dili emlakçı. — car İng. steyşın. personal — huk. menkuller. real — huk. gayrimenkuller, mülk.
es.teem (istim´) f. -e saygı duymak. i. saygı, itibar.
es.thete (es´thit) i., bak. aesthete.

es.thet.ic (esthet´ik) s., i., bak. aesthetic.
es.ti.ma.ble (es´tımıbıl) s. saygıdeğer, itibarlı.
es.ti.mate (es´tımeyt) f. 1. tahmin etmek, kestirmek. 2. (kıymetini) takdir etmek, değerlendirmek.
es.ti.mate (es´tımit) i. 1. tahmin, kestirme. 2. takdir, değerlendirme, değer biçme. 3. tahmini hesap.
es.ti.ma.tion (estımey´şın) i. fikir, düşünce: in my estimation benim gözümde, bana göre, bence. my estimation of him onun hakkındaki fikrim.
es.ti.val (es´tıvıl) s., bak. aestival.
Es.to.ni.a (eston´yı, esto´niyı) i. Estonya. —n i. 1. Estonyalı. 2. Estçe. s. 1. Estonya, Estonya'ya özgü. 2. Estçe. 3. Estonyalı.
es.trange (istreync´) f. aralarını açmak, soğutmak.
es.tranged (istreyncd´) s. birbirinden ayrılmış, ayrı yaşayan.
es.tu.ar.y (es´çuweri) i., coğr. haliç.
etc. kıs. et cetera.
et cet.er.a (et set´ın) v.s., vesaire, v.b., ve benzeri.
etch (eç) f. (desen hakketmek için) (madeni bir yüzeyi) asitle oymak. — a design on asitle oyarak (madeni bir yüzeye) desen hakketmek.
etch.ing (eç´ing) i. asitle oyulmuş resim.
e.ter.nal (itır´nıl) s. ebedi ve ezeli, başı ve sonu olmayan, ölümsüz.
e.ter.nal.ly (itır´nıli) z. ebediyen, daima.
e.ter.ni.ty (itır´nıti) i. ebediyet.
e.ther (i´thır) i., kim. eter, lokmanruhu.
e.the.re.al (ithir´iyıl) s. göksel, semavi.
eth.ic (eth´ik) i. ahlak sistemi.
eth.i.cal (eth´ikıl) s. ahlaki, etik.
eth.ics (eth´iks) i. törebilim, ahlak bilimi, etik.
E.thi.o.pi.a (ithiyo´piyı) i. Etiyopya, Habeşistan. —n i. Etiyopyalı, Habeş. s. 1. Etiyopya, Habeş, Etiyopya'ya özgü. 2. Etiyopyalı.
eth.nic (eth´nik) s. etnik.
eth.nog.ra.phy (ethnag´rıfi) i. etnografya.
eth.nol.o.gy (ethnal´ıci) i. etnoloji.
e.thos (i´thas) i. 1. ruh, değerler sistemi. 2. değer ve inançlar sistemi, dünya görüşü.
et.i.quette (et´ikit) i. görgü kuralları, adabımuaşeret.
et.y.mo.log.i.cal (etımılac´ikıl) s. etimolojik, kökenbilimsel.
et.y.mol.o.gy (etımal´ıci) i. etimoloji, kökenbilim.
EU kıs. the European Union.
eu.ca.lyp.tus (yukılip´tıs) i. okaliptüs.
Eu.char.ist (yu´kırist) i. the — Hırist. Komünyon, şarap ve ekmek yeme ayini; bu ayin için takdis edilen şarap ve ekmek.
eu.lo.gize, İng. eu.lo.gise (yu´lıcayz) f. övmek.
eu.lo.gy (yu´lıci) i. övgü; methiye.
eu.nuch (yu´nık) i. hadım.

eu.phe.mism (yu'fımîzım) i. örtmece, edebikelam.
eu.pho.ny (yu'fini) i. ses ahengi.
Eu.phra.tes (yufrey'tiz) i. the — Fırat nehri.
Eur. kıs. Europe, European.
Eur.a.sia (yûrey'jı) i. Avrasya.
eu.ro (yûr'o) i. avro, euro (Avrupa Birliği'nin para birimi).
Eu.rope (yûr'ıp) i. Avrupa.
Eu.ro.pe.an (yûrıpi'yın) i. Avrupalı. s. Avrupa, Avrupa'ya özgü; Avrupai. the — Economic Community Avrupa Ekonomik Topluluğu. the — Union/Community Avrupa Birliği.
Eu.sta.chian tube (yustey'şın, yustey'kiyın, yustey'şiyın) anat. östaki borusu.
eu.tha.na.si.a (yuthıney'jiyı, yuthıney'jı, yuthıney'ziyı) i. ötanazi.
e.vac.u.ate (iväk'yuweyt) f. 1. (insanları) (bir yerden) almak, götürmek; (bir yeri) boşaltmak. 2. (bağırsakları) boşaltmak.
e.vac.u.a.tion (iväkyuwey'şın) i. 1. (insanları) (bir yerden) alma; (bir yeri) boşaltma, boşaltım. 2. (bağırsakları) boşaltma, boşaltım.
e.vade (iveyd') f. 1. -den kurtulmak. 2. (bir bahaneyle) kendini (bir yükümlülükten) kurtarmak. 3. (birinin sorusuna, birine) cevap vermekten kaçmak; (bir işte) yan çizmek.
e.val.u.ate (iväl'yuweyt) f. değerlendirmek.
e.val.u.a.tion (iväluwey'şın) i. değerlendirme.
ev.a.nes.cent (evınes'ınt) s. uçup giden, uçucu, hemen kaybolan.
e.van.gel.i.cal (iväncel'ikıl) s. 1. son derece Protestanca (bir öğreti, yaklaşım v.b.). 2. İncil'in mesajına uyan/sadık; İncil'de bulunan; İncil'e ait. 3. hararetli, ateşli. i. bazı Protestan ilkelerine çok önem veren/çok bağlı kimse.
e.van.gel.ise (iván'cılayz) f., İng., bak. evangelize.
e.van.gel.ist (iván'cılíst) i. 1. ateşli vaazlar veren gezici Protestan. 2. İncil'in mesajını yaymaya çalışan kimse. 3. belirli bir mesajı yaymaya çalışan kimse.
e.van.gel.ize, İng. e.van.gel.ise (iván'cılayz) f. İncil'in mesajını bildirmek/öğretmek/yaymak.
e.vap.o.rate (iváp'ıreyt) f. buharlaştırmak; buharlaşmak.
e.vap.o.ra.tion (iväpırey'şın) i. buharlaşma; buharlaştırma.
e.vap.o.ra.tor (iväp'ıreytır) i. evaporatör, buharlaştırıcı.
e.va.sion (ivey'jın) i. 1. (bir bahaneyle) kendini bir yükümlülükten kurtarma. 2. -den kurtulma.
e.va.sive (ivey'siv) s. kaçamaklı; cevap vermekten kaçan; (bir işte) yan çizen.
eve (iv) i. 1. akşam. 2. arife gecesi. 3. arife.
e.ven (i'vın) s. 1. düz, engebesiz. 2. bir düzey-

de. 3. çift (sayı); tam (sayı). 4. temkinli. f. düzleştirmek; düzlemek, tesviye etmek. break — kâr ve zararı eşit olmak, ancak masrafını karşılamak. get — with -den intikam almak.
e.ven (i'vın) z. hatta, bile. — if olsa bile. — so yine de, gene de. — though -e rağmen, -diği halde: Even though he studied hard, he couldn't pass the exam. Çok çalıştığı halde sınavı veremedi.
e.ven.hand.ed (i'vınhän'did) s. tarafsız, yansız.
eve.ning (iv'ning) i. akşam. — dress 1. gece elbisesi, tuvalet. 2. smokin; frak. — paper akşam gazetesi. Good —. İyi akşamlar.
e.vent (ivent') i. olay, vaka, hadise. in any — 1. ne olursa olsun, herhalükârda, her halde: In any event I'll see you at Naciye's dinner. Herhalükârda Naciye'nin yemeğine görüşürüz. 2. zaten: In any event I wouldn't have told you. Zaten sana söylemezdim. in the — of takdirde, halinde.
e.ven-tem.pered (i'vıntem'pırd) s. itidalli, itidal sahibi.
e.vent.ful (ivent'fıl) s. olaylı, hadiseli.
e.ven.tu.al (iven'çuwıl) s. er geç olan, en sonunda olan, nihai.
e.ven.tu.al.i.ty (ivençuwäl'iti) i. ihtimal.
e.ven.tu.al.ly (iven'çuwıli) z. sonunda, nihayet; er geç.
e.ven.tu.ate (iven'çuweyt) f. 1. meydana gelmek, olmak. 2. in ile sonuçlanmak, ile son bulmak.
ev.er (ev'ır) z. hiç: Have you ever been to Beykoz? Hiç Beykoz'a gittin mi? — after ondan sonra, hep: They lived happily ever after. Ondan sonra hep mutlu yaşadılar. — changing daima değişen. as ... as — her zamanki gibi: as fast as ever her zamanki gibi hızlı. Did you —? k. dili Allah Allah! for — and a day k. dili ilelebet, daima. for — and — ilelebet, ebediyen. if — şayet. seldom if — kırk yılda bir.
ev.er.green (ev'ırgrin) s., i. yaprağını dökmeyen, her dem taze (ağaç/çalı).
ev.er.last.ing (evırläs'ting) s. 1. sürekli, sonsuz. 2. çok dayanıklı. 3. kör olası: You and your everlasting typewriter! Sen ve senin kör olası daktilon!
ev.er.more (evırmor') z. daima, ebediyen, ilelebet.
eve.ry (ev'ri) s. her, her bir. — four days dört günde bir. — now and then/— now and again ara sıra, arada bir. — once in a while arada bir. — one her biri. — other day iki günde bir, günaşırı. — other person her iki kişiden biri. — so often ara sıra, arada sırada. — which way k. dili her yöne, her tarafa.

eve.ry.bod.y (ev'ribadi) *zam.* herkes. — else başkaları, öbürleri.
eve.ry.day (ev'ridey) *i.* her gün. *s.* her günkü.
Eve.ry.man (ev'rimän) *i.* herhangi bir kimse, sokaktaki adam.
eve.ry.one (ev'riwʌn) *zam.* herkes.
eve.ry.thing (ev'rithing) *zam.* her şey.
eve.ry.where (ev'rihwer) *z.* her yer; her yerde; her yere.
e.vict (ivikt') *f., huk.* tahliye ettirmek.
e.vic.tion (ivik'şın) *i., huk.* tahliye ettirme.
ev.i.dence (ev'ıdıns) *i.* kanıt, delil. *f.* göstermek, açığa vurmak. be in — görünmek; görünürde olmak.
ev.i.dent (ev'ıdınt) *s.* açık, belli.
e.vil (i'vıl) *i.* şer, kötülük. *s.* çok kötü, şerir. — eye kem göz, nazar. the lesser of two —s ehvenişer.
e.vil.do.er (i'vılduwır) *i.* kötülük eden kimse, şerir.
e.vil-mind.ed (i'vılmayn'did) *s.* kötü niyetli.
e.vince (ivins') *f.* göstermek.
e.voc.a.tive (ivak'ıtiv) *s.* (of) (birtakım şeyleri) akla getiren; birtakım çağrışımlar yapan.
e.voke (ivok') *f.* aklına getirmek, çağrıştırmak.
ev.o.lu.tion (evılu'şın) *i.* evrim.
e.vo.lu.tion.ar.y (evılu'şıneri) *s.* evrimsel.
e.vo.lu.tion.ism (evılu'şınizım) *i.* evrimcilik.
e.vo.lu.tion.ist (evılu'şınist) *i.* evrimci.
e.volve (ivalv') *f.* yavaş yavaş geliştirmek; yavaş yavaş gelişmek.
ewe (yu) *i.* dişi koyun, marya.
ew.er (yu'wır) *i.* ibrik.
ex (eks) *i., k. dili* eski eş/karı/koca.
ex. *kıs.* examination, example, except.
ex.ac.er.bate (igzäs'ırbeyt) *f.* daha kötü bir duruma sokmak, (kötü durumdaki bir şeyi) artırmak.
ex.act (igzäkt') *s.* 1. tam, kesin. 2. hatasız, doğru (bir şey).
ex.act (igzäkt') *f.* zorla/tehditle almak; koparmak.
ex.act.ing (igzäk'ting) *s.* titizlik isteyen (bir iş); işin titizlikle yapılmasını isteyen (kimse).
ex.act.i.tude (igzäk'titud) *i.* eksiksizlik, kusursuzluk, kesinlik.
ex.act.ly (igzäkt'li) *z.* tam, tamamen, aynen.
ex.act.ness (igzäkt'nis) *i.* eksiksizlik, kusursuzluk, kesinlik.
ex.ag.ger.ate (igzäc'ıreyt) *f.* abartmak, mübalağa etmek.
ex.ag.ger.at.ed (igzäc'ıreytid) *s.* abartılmış, abartılı, mübalağalı.
ex.ag.ger.a.tion (igzäcırey'şın) *i.* abartma, abartı, mübalağa.
ex.alt (igzôlt') *f.* yüceltmek.
ex.al.ta.tion (egzôltey'şın) *i.* 1. yüceltme. 2. coşkunluk; vecit.

ex.alt.ed (igzôl'tid) *s.* yüce, ulu.
ex.am (igzäm') *i., k. dili* sınav, imtihan.
ex.am.i.na.tion (igzämıney'şın) *i.* 1. sınav, imtihan. 2. *huk.* sorgu. pass an — sınavı geçmek, imtihanı vermek. take an — (in) -den imtihan olmak; imtihana girmek.
ex.am.ine (igzäm'in) *f.* 1. dikkatle gözden geçirmek. 2. incelemek, tetkik etmek. 3. muayene etmek. 4. *huk.* sorguya çekmek.
ex.am.in.er (igzäm'ınır) *i.* 1. imtihan eden kimse. 2. *huk.* sorguya çeken kimse.
ex.am.ple (igzäm'pıl) *i.* örnek, misal. for — örneğin, mesela. make an — of ibret olsun diye -i cezalandırmak. set a good — iyi örnek olmak.
ex.as.per.ate (igzäs'pıreyt) *f.* çileden çıkarmak, çok kızdırmak.
ex.as.per.a.tion (igzäspırey'şın) *i.* kızgınlık.
ex.ca.vate (eks'kıveyt) *f.* 1. kazı yapmak, hafriyat yapmak. 2. kazıyıp ortaya çıkarmak.
ex.ca.va.tion (ekskıvey'şın) *i.* 1. kazı. 2. kazı yeri.
ex.ca.va.tor (eks'kıveytır) *i.* ekskavatör, kazı makinesi.
ex.ceed (iksid') *f.* geçmek, aşmak.
ex.ceed.ing.ly (iksi'dingli) *z.* fazlasıyla, çok, son derece.
ex.cel (iksel') *f.* (—led, —ling) -den üstün olmak.
Ex.cel.lence (ek'sılıns) *i., bak.* Excellency.
ex.cel.lence (ek'sılıns) *i.* üstünlük.
Ex.cel.len.cy (ek'sılınsi) *i.* Ekselans: His Excellency Ekselansları. Your Excellency Ekselans.
ex.cel.lent (ek'sılınt) *s.* üstün, mükemmel.
ex.cept (iksept') *f.* -in dışında tutmak: He excepted Faik from this. Faik'i bunun dışında tuttu.
ex.cept (iksept') *edat* -den başka, hariç, dışında. *bağ.* 1. -den başka: He can do everything except speak Chinese. Çince konuşmaktan başka her şeyi yapabilir. 2. ancak: He'd come, except he's sick. Gelirdi, ancak hasta. — for 1. olmasaydı: I'd be there, except for this. Bu olmasaydı orada olacaktım. 2. dışında, -den başka: Everyone was there except for him. Onun dışında herkes hazırdı.
ex.cept.ing (iksep'ting) *edat* -den başka, hariç, dışında. always — her zaman olduğu gibi ... hariç: Everybody came on time always excepting Kaya. Her zaman olduğu gibi Kaya hariç herkes vaktinde geldi. with/without — de dahil olmak üzere: Everybody's going to be affected by this, not excepting Fatma. Fatma da dahil olmak üzere herkes bundan etkilenecek.
ex.cep.tion (iksep'şın) *i.* istisna. take — to -e kızmak. The — proves the rule. İstisna kuralı bozmaz. with the — of dışında. without —

exceptional 144

ayrım yapmaksızın.
ex.cep.tion.al (îksep'şınıl) s. 1. olağanüstü. 2. çok iyi.
ex.cerpt (ek'sırpt) i. (bir kitaptan/yazıdan) seçilmiş parça, pasaj.
ex.cess (îkses', ek'ses) i. aşırılık, ifrat, fazlalık. s. fazla, ziyade, artan. **drink to** — içkiyi fazla kaçırmak. **in — of** -den fazla, -i geçen.
ex.ces.sive (îkses'îv) s. fazla, aşırı.
ex.ces.sive.ly (îkses'îvli) z. aşırı olarak, ziyadesiyle.
ex.change (îksçeync') i. 1. değiş tokuş, trampa, değiştirme. 2. borsa; kambiyo. 3. telefon santralı. — **rate** döviz kuru. **bill of** — poliçe; kambiyo senedi. **foreign** — döviz. **stock** — borsa.
ex.change (îksçeync') f. değiş tokuş etmek, trampa etmek, değiştirmek.
ex.change.a.ble (îksçeyn'cıbıl) s. değiştirilebilir.
ex.cheq.uer (eksçek'ır) i. **the E— İng.** Maliye Bakanlığı. **the Chancellor of the E— İng.** Maliye Bakanı.
ex.cise (ek'sayz) i., tic. tüketim vergisi.
ex.cise (îksayz') f. kesmek, kesip çıkarmak.
ex.cit.a.ble (îksay'tıbıl) s. kolay heyecanlanan; kolay telaşa kapılır.
ex.cite (îksayt') f. 1. heyecanlandırmak; telaşa vermek. 2. kışkırtmak, tahrik etmek. 3. (bir duygu/tepki) uyandırmak.
ex.cit.ed (îksay'tid) s. heyecanlı.
ex.cit.ed.ly (îksay'tidli) z. heyecanla.
ex.cite.ment (îksayt'mınt) i. heyecan.
ex.cit.ing (îksay'ting) s. heyecan verici.
ex.claim (îkskleym') f. 1. çığlık atmak. 2. ... diye bağırmak.
ex.cla.ma.tion (eksklımey'şın) i. ünlem. — **point/mark** ünlem işareti (!).
ex.clude (îksklud') f. **(from)** -in dışında bırakmak.
ex.clu.sion (îksklu'jın) i. **(from)** (bir şeyin) dışında bırakılma; (bir şeyin) dışında bırakma.
ex.clu.sive (îksklu'sîv) s. ancak özel seçilmiş bazı kişilere açık olan.
ex.com.mu.ni.cate (ekskımyu'nıkeyt) f. kiliseden aforoz etmek.
ex.com.mu.ni.ca.tion (ekskımyunıkey'şın) i. aforoz.
ex.cre.ment (eks'krımınt) i. dışkı.
ex.crete (îkskrit') f. (vücuttan) çıkarmak.
ex.cre.tion (îkskri'şın, îkskri'şın) i. 1. salgı, ifrazat. 2. salgılama.
ex.cru.ci.at.ing (îkskru'şiyeyting) s. dayanılmaz derecede acı veren.
ex.cur.sion (îkskır'jın) i. gezinti, kısa yolculuk. — **ticket** indirimli gidiş dönüş bileti.
ex.cus.a.ble (îkskyu'zıbıl) s. affedilebilir.

ex.cuse (îkskyuz') f. affetmek, mazur görmek. — **from** (birini) (bir şeyi yapmaktan) muaf tutmak. **E— me.** Özür dilerim./Affedersiniz./Beni bağışlayın. — **oneself** izin istemek.
ex.cuse (îkskyus') i. özür, mazeret.
ex.e.cute (ek'sıkyut) f. 1. idam etmek. 2. uygulamak, yerine getirmek; (bir yargıyı) infaz etmek. 3. (manevra/hareket) yapmak.
ex.e.cu.tion (eksıkyu'şın) i. 1. idam, idamın infazı. 2. uygulama, yerine getirme; infaz. 3. (manevra/hareket) yapma.
ex.e.cu.tion.er (eksıkyu'şınır) i. cellat.
ex.ec.u.tive (îgzek'yıtîv) i. yönetici, idareci. s. 1. yöneticiye ait. 2. yönetimsel, idari. — **committee** yürütme kurulu. — **power** yürütme yetkisi.
ex.ec.u.tor (ek'sıkyutır, îgzek'yıtır) i. icra eden.
ex.ec.u.to.ry (îgzek'yıtori) s. icrai.
ex.em.plar (îgzem'plır) i. örnek.
ex.em.pla.ry (îgzem'plıri) s. örnek niteliğinde olan, örnek.
ex.em.pli.fy (îgzem'plıfay) f. 1. -e örnek olmak. 2. -i örnekle göstermek.
ex.empt (îgzempt') s. **be — (from)** -den muaf olmak. f. muaf tutmak.
ex.emp.tion (îgzemp'şın) i. muafiyet, bağışıklık.
ex.er.cise (ek'sırsayz) i. 1. uygulama, yerine getirme, kullanma. 2. alıştırma. 3. egzersiz. f. 1. uygulamak, yerine getirmek, kullanmak. 2. hareket ettirmek, çalıştırmak. 3. egzersiz yapmak.
ex.ert (îgzırt') f. (güç) kullanmak, (gayret) sarf etmek. — **oneself** çabalamak, uğraşmak, gayret sarf etmek.
ex.er.tion (îgzır'şın) i. gayret, çaba, emek.
ex.hale (eks.heyl') f. 1. nefes vermek. 2. (egzoz, duman v.b.'ni) çıkarmak.
ex.haust (îgzôst') i. egzoz, egzoz dumanı. — **pipe** egzoz borusu.
ex.haust (îgzôst') f. 1. tüketmek, bitirmek. 2. bütün kuvvetini tüketmek, çok yormak.
ex.haust.ed (îgzôs'tid) s. 1. tükenmiş. 2. yorgun, bitkin.
ex.haust.ing (îgzôs'ting) s. yorucu, zahmetli.
ex.haus.tion (îgzôs'çın) i. 1. yorgunluk, bitkinlik. 2. tüketme; tükenme.
ex.haus.tive (îgzôs'tîv) s. geniş kapsamlı ve ayrıntılı.
ex.hib.it (îgzîb'ît) i. sergi. f. 1. sergilemek. 2. (bir duygu veya niteliği) göstermek. 3. huk. (dava sırasında belge/kanıt) ibraz etmek.
ex.hi.bi.tion (eksıbîş'ın) i. 1. sergi. 2. (bir duygu veya niteliği) gösterme. 3. huk. (dava sırasında belge/kanıt) ibraz etme. **make an — of oneself** kendini rezil etmek.
ex.hil.a.rate (îgzîl'ıreyt) f. çok neşelendirip zin-

deleştirmek, çok keyiflendirmek.
ex.hil.a.ra.tion (igzılirey´şın) *i.* neşe ve zindelik.
ex.hort (igzôrt´) *f.* teşvik etmek.
ex.hor.ta.tion (egzôrtey´şın) *i.* 1. teşvik etme. 2. teşvik edici söz.
ex.hume (igzum´, eks.hyum´) *f.* mezardan çıkarmak.
ex.ile (eg´zayl, ek´sayl) *i.* 1. sürgün. 2. sürgün edilen kimse. *f.* sürgüne göndermek.
ex.ist (igzist´) *f.* var olmak, mevcut olmak.
ex.is.tence (igzis´tıns) *i.* 1. varlık, varoluş. 2. hayat, yaşam.
ex.is.ten.tial (egzisten´şıl) *s., fels.* varoluşsal.
ex.is.ten.tial.ism (egzisten´şılizım) *i., fels.* varoluşçuluk, egzistansiyalizm.
ex.is.ten.tial.ist (egzisten´şılist) *i., s., fels.* varoluşçu, egzistansiyalist.
ex.it (eg´zit, ek´sit) *i.* 1. çıkış. 2. çıkış kapısı, çıkış. *f.* çıkmak, gitmek.
ex.o.dus (ek´sıdıs) *i.* çıkış.
ex.on.er.ate (igzan´ıreyt) *f.* beraat ettirmek, aklamak, temize çıkarmak.
ex.or.bi.tant (igzor´bıtınt) *s.* aşırı yüksek, fahiş (fiyat).
ex.or.cise (ek´sırsayz, eg´zırsayz) *f.* (cin, kötü ruh v.b.´ni) dualarla defetmek.
ex.ot.ic (igzat´ik) *s.* egzotik, yabancıl.
exp. *kıs.* **export, express.**
ex.pand (ikspänd´) *f.* 1. genişletmek; genişlemek; büyütmek; büyümek. 2. *fiz.* genleşmek; genleştirmek.
ex.panse (ikspäns´) *i.* 1. geniş alan. 2. enginlik.
ex.pan.sion (ikspän´şın) *i.* 1. genişletme; genişleme; büyütme; büyüme. 2. *fiz.* genleşme; genleştirme.
ex.pan.sive (ikspän´siv) *s.* 1. engin, geniş. 2. genişleyen, açılan. 3. samimi, içten.
ex.pat (eks´pät) *i., İng., k. dili, bak.* **expatriate.**
ex.pa.tri.ate (ekspey´triyit) *i.* kendi vatanından başka bir ülkede yaşayan kimse.
ex.pect (ikspekt´) *f.* 1. beklemek. 2. düşünmek; zannetmek, sanmak. 3. (birinden) (bir şeyin yapılmasını) beklemek: **He expects me to carry out the garbage.** Benden çöpleri dışarı çıkarmamı bekliyor. **be —ing** *k. dili* hamile olmak, gebe olmak.
ex.pect.an.cy (ikspek´tınsi) *i.* 1. ümit, umut. 2. beklenti, beklenen şey. **life —** ortalama ömür.
ex.pect.ant (ikspek´tınt) *s.* ümitle bekleyen. **— mother** hamile kadın.
ex.pec.ta.tion (ekspektey´şın) *i.* beklenti.
ex.pe.di.ence (ikspi´diyıns) *i.* (belki doğru olmayan fakat) elverişli bir çareye başvurma.
ex.pe.di.ent (ikspi´diyınt) *s.* (belki doğru olmayan fakat) elverişli (bir çare). *i.* (belki doğru olmayan fakat) elverişli bir çare.

ex.pe.dite (ek´spıdayt) *f.* hızlandırmak, kolaylaştırmak.
ex.pe.di.tion (ekspıdiş´ın) *i.* (özel bir amaçla yapılan) uzun yolculuk.
ex.pel (ikspel´) *f.* (**—led, —ling**) 1. kovmak, çıkarmak, atmak. 2. sınırdışı etmek.
ex.pend (ikspend´) *f.* sarf etmek, harcamak.
ex.pend.i.ture (ikspen´dıçır) *i.* masraf, harcama, gider.
ex.pense (ikspens´) *i.* masraf. **— account** gider hesabı; masraf hesabı. **at the — of** pahasına. **go to great —** (bir şeyi yapmak için) çok masraf etmek, büyük masrafa girmek.
ex.pen.sive (ikspen´siv) *s.* pahalı, masraflı.
ex.pe.ri.ence (ikspir´iyıns) *i.* deneyim, tecrübe. *f.* (bizzat) yaşamak, başından geçmek; (sıkıntı, acı v.b.´ni) çekmek.
ex.pe.ri.enced (ikspir´iyınst) *s.* deneyimli, tecrübeli.
ex.per.i.ment (iksper´ımınt) *i.* deney, tecrübe, deneme. *f.* deney yapmak.
ex.per.i.men.tal (iksperımen´tıl) *s.* deneysel.
ex.pert (ek´spırt) *s.* usta. *i.* uzman; eksper, bilirkişi.
ex.per.tise (ekspırtiz´) *i.* (belirli bir alandaki) bilgi, uzmanlık.
ex.pi.ra.tion (ekspırey´şın) *i.* sürenin dolması; sona erme, bitiş.
ex.pire (ikspayr´) *f.* 1. (süre) dolmak; süresi dolmak; sona ermek. 2. ölmek, son nefesini vermek.
ex.pi.ry (ikspayr´i) *i.* sürenin dolması; sona erme, bitiş.
ex.plain (ikspleyn´) *f.* anlatmak, açıklamak, izah etmek; açıklamada bulunmak, izahat vermek. **— away** (bahane öne sürerek bir şeyi) mazur/makul göstermek. **— oneself** 1. kendisinin ne demek istediğini anlatmak. 2. kendisinin niye öyle davrandığını anlatmak.
ex.pla.na.tion (ekspılney´şın) *i.* açıklama, izah; izahat.
ex.plan.a.to.ry (ikspılän´ıtori) *s.* açıklayıcı.
ex.pli.ca.ble (eks´plikıbıl, ekspli´kıbıl) *s.* açıklanabilir, anlatılabilir.
ex.pli.cate (eks´plıkeyt) *f.* (ayrıntılı bir şekilde) açıklamada bulunmak, izahat vermek.
ex.plic.it (ikspilis´it) *s.* açık, sarih.
ex.plic.it.ly (ikspilis´itli) *z.* açıkça, açık bir şekilde.
ex.plode (ikspılod´) *f.* 1. patlatmak; patlamak. 2. yanlış olduğunu göstermek, çürütmek.
ex.ploit (eks´ployt) *i.* kahramanlık, kahramanca davranış.
ex.ploit (ikspıloyt´) *f.* sömürmek, istismar etmek, (kendi çıkarı için) kullanmak.
ex.ploi.ta.tion (ikspıloytey´şın) *i.* kendi çıkarına kullanma, sömürme, sömürü, istismar.
ex.ploit.er (ikspıloy´tır) *i.* sömüren, sömürücü.

ex.plo.ra.tion (eksplırey´şın) *i.* 1. (keşifte bulunmak amacıyla) (bir bölgeyi) dolaşma. 2. (bir konuyu) araştırma, inceleme.
ex.plore (iksplor´) *f.* 1. (keşifte bulunmak amacıyla) (bir bölgeyi) dolaşmak. 2. (bir konuyu) araştırmak, incelemek.
ex.plor.er (iksplor´ır) *i.* (keşifte bulunmak amacıyla) (bir bölgeyi) dolaşan kimse.
ex.plo.sion (iksplo´jın) *i.* patlama, infilak. — of laughter kahkaha tufanı. population — nüfus patlaması.
ex.plo.sive (iksplo´siv) *s.* 1. patlayıcı. 2. hakkında şiddetli tartışmalar yapılan (konu), şiddetli tartışmalara yol açabilen (konu). *i.* patlayıcı madde, patlayıcı.
ex.po.nent (ikspo´nınt) *i.* 1. savunucu, taraftar. 2. *mat.* üst, üs.
ex.po.nen.tial (ekspınen´şıl) *s., mat.* üstel.
ex.port (îkspôrt´, eks´pôrt) *f.* ihraç etmek, (malı) yurtdışına satmak; dışarıya mal göndermek, ihracat yapmak.
ex.port (eks´pôrt) *i.* 1. ihracatçılık. 2. ihraç malı. — duty ihracat vergisi. — license ihracat lisansı.
ex.por.ta.tion (ekspôrtey´şın) *i.* ihraç etme, dışsatım, ihracat.
ex.port.er (ikspôr´tır) *i.* ihracatçı.
ex.pose (ikspoz´) *f.* 1. maruz bırakmak, etkisine açık bırakmak. 2. sergilemek, teşhir etmek, herkese duyurmak. 3. (satış için) sergilemek. 4. *foto.* (filmi) ışıklamak, pozlandırmak.
ex.po.sé (ekspozey´) *i.* gizli işleri açığa vuran makale/kitap.
ex.po.si.tion (ekspızîş´ın) *i.* sergi, fuar.
ex.po.sure (ikspo´jır) *i.* 1. maruz bırakma, etkisine açık bırakma; maruz kalma. 2. sergileme, herkese duyurma. 3. *foto.* ışıklama, pozlandırma, ekspozisyon. — meter *foto.* pozometre. — time *foto.* ışıklama süresi, pozlandırma süresi, poz süresi. The house has a southern —. Evin cephesi güneye bakıyor.
ex.pound (ikspaund´) *f.* açıklamak, izah etmek, yorumlamak.
ex.press (ikspres´) *s.* 1. açık, belli. 2. özel. 3. tam, tıpkı. 4. ekspres (taşıt). 5. *İng.* ekspres, özel ulak, acele. *z.* ekspresle. *i.* 1. ekspres tren. 2. *İng.* acele posta. *f.* (mektubu) ekspresle göndermek. — delivery *İng.* acele posta.
ex.press (ikspres´) *f.* ifade etmek, dışa vurmak, anlatmak, beyan etmek. — in other terms başka sözlerle anlatmak. — oneself maksadını anlatmak, meramını ifade etmek.
ex.pres.sion (ikspreş´ın) *i.* 1. deyim, tabir. 2. (yüzdeki) ifade. 3. ifade, anlatım, dışavurum. 4. *mat., man.* deyim, ifade.
ex.pres.sion.less (ikspreş´ınlîs) *s.* ifadesiz, anlamsız, manasız.
ex.pres.sive (ikspres´îv) *s.* anlamlı, manalı.
ex.press.ly (ikspres´li) *z.* 1. açıkça. 2. özellikle, bilhassa.
ex.press.way (ikspres´wey) *i.* otoyol, ekspres yol.
ex.pro.pri.ate (ekspro´priyeyt) *f.* istimlak etmek, kamulaştırmak.
ex.pro.pri.a.tion (ekspropriyey´şın) *i.* istimlak, kamulaştırma.
ex.pul.sion (ikspʌl´şın) *i.* kovma, ihraç etme; kovulma, ihraç edilme.
ex.punge (ikspʌnc´) *f.* çıkarmak, silmek.
ex.pur.gate (eks´pırgeyt) *f.* (bir kitap, oyun v.b.´nin) müstehcen/sakıncalı bölümlerini çıkarmak.
ex.qui.site (eks´kwizit, îkskwiz´ît) *s.* 1. üstün, mükemmel, süper. 2. çok büyük (acı/mutluluk). 3. ince bir güzelliğe sahip.
ex.tant (ek´stınt, îkstänt´) *s.* mevcut.
ex.tem.po.ra.ne.ous (îkstempırey´niyıs) *s.* doğaçlamayla söylenen/yapılan.
ex.tem.po.ra.ne.ous.ly (îkstempırey´niyısli) *z.* doğaçlamayla, doğaçtan, irticalen.
ex.tem.po.re (îkstem´pırı) *z.* doğaçlamayla, doğaçtan, irticalen. *s.* doğaçlamayla söylenen/yapılan.
ex.tend (îkstend´) *f.* 1. uzatmak. 2. uzamak, sürmek. 3. (yardım, kredi v.b.) vermek. —ed order *ask.* dağınık düzen.
ex.ten.sion (îksten´şın) *i.* 1. uzatma. 2. uzama. 3. (yardım, kredi v.b.) verme. 4. paralel telefon, paralel. — cord uzatma kablosu, uzatma kordonu.
ex.ten.sive (îksten´sîv) *s.* geniş, büyük, kapsamlı.
ex.tent (îkstent´) *i.* boyut. go to any — her şeye başvurmak: He'll go to any extent to get it. Onu elde etmek için her şeye başvurur. to some — bir yere kadar: I agree with you to some extent. Bir yere kadar seninle hemfikirim. to the full — of his power elinden geldiği kadar.
ex.ten.u.ate (îksten´yuweyt) *f.* extenuating circumstances *huk.* hafifletici sebepler.
ex.te.ri.or (îkstîr´îyır) *s.* dış, harici, zahiri. *i.* dış taraf, dış, hariç. — angle dış açı.
ex.ter.mi.nate (îkstır´mıneyt) *f.* yok etmek, imha etmek.
ex.ter.nal (îkstır´nıl) *s.* 1. dış, harici. 2. yüzeysel. — affairs dışişleri.
ex.ter.nals (îkstır´nılz) *i., çoğ.* judge by — görünüşe dayanarak hükme varmak.
ex.tinct (îkstîngkt´) *s.* nesli tükenmiş. — volcano sönmüş yanardağ.
ex.tin.guish (îksting´gwîş) *f.* söndürmek.
ex.tin.guish.er (îksting´gwîşır) *i.* yangın söndürme aleti.

ex.tir.pate (ek´stırpeyt) f. 1. söküp atmak, kökünü kazımak. 2. kökünden sökmek.
ex.tol (ikstol´) f. (—led, —ling) övmek.
ex.toll (ikstol´) f., bak. extol.
ex.tort (ikstôrt´) f. (para) sızdırmak, (haraç) almak; zorla almak.
ex.tor.tion (ikstôr´şın) i. para sızdırma, haraca kesme; zorla alma.
ex.tor.tion.ate (ikstôr´şınît) s. 1. çok fazla, fahiş (fiyat). 2. para sızdıran, insanı haraca kesen.
ex.tor.tion.er (ikstôr´şınır), ex.tor.tion.ist (ikstôr´şınist) i. haraççı; zorla alan kimse.
ex.tra (eks´trı) s. 1. fazla: **Do you have an extra pencil?** Fazla kalemin var mı? 2. çok çok, fevkalade: **Work extra hard!** Çok çok çalış! i. 1. ek ücrete tabi şey. 2. figüran. 3. gazet. özel baskı.
ex.tra- önek dışında: **extramarital** evlilikdışı.
ex.tract (eks´träkt) i. 1. özet. 2. öz, ruh; esans.
ex.tract (iksträkt´) f. 1. çıkarmak. 2. söyletmek, itiraf ettirmek. 3. (bilgi) almak; (para) koparmak. 4. (özünü/suyunu) çıkarmak. 5. seçmek; (bir kitap v.b.'nden bir parça) almak.
ex.trac.tion (iksträk´şın) i. 1. çıkarma. 2. (diş) çekme. 3. öz.
ex.tra.cur.ric.u.lar (eks´trıkırîk´yılır) s. ders programı dışında kalan.
ex.tra.dite (eks´trıdayt) f. (to) (suçluyu) (suç işlediği ülkeye) iade etmek/ettirmek.
ex.tra.di.tion (ekstrıdîş´ın) i. suçluların iadesi.
ex.tra.ne.ous (ikstrey´niyıs) s. 1. konudışı. 2. yabancı (madde/cisim).
ex.traor.di.nar.i.ly (ikstrôrdıner´ıli, İng. ikstrôrd´nırıli) z. fevkalade, olağanüstü: **extraordinarily beautiful** fevkalade güzel.
ex.traor.di.nar.y (ikstrôr´dıneri, İng. ikstrôrd´nıri) s. olağanüstü, fevkalade.
ex.trap.o.la.tion (iksträpıley´şın) i., mat. dışdeğerbiçim, ekstrapolasyon.
ex.trav.a.gance (iksträv´ıgıns) i. 1. israf, savurganlık. 2. aşırılık, fazlalık; abartı.
ex.trav.a.gant (iksträv´ıgınt) s. 1. savurgan, müsrif. 2. aşırı, fazla; abartılı.
ex.trav.a.gant.ly (iksträv´ıgıntli) z. 1. har vurup harman savurarak, müsrifçe. 2. aşırı.
ex.treme (ikstrim´) s. 1. uçta olan. 2. aşırı, çok. i. uç, sınır. **— case** olağanüstü bir örnek. **— point** mat. aşıt noktası, ekstrem nokta. **in the — son derece.**
ex.treme.ly (ikstrim´li) z. aşırı derecede.
ex.tremes (ikstrimz´) i. 1. aşırı uçlar; aşırı. 2. mat. dışlar. **go to —** ifrata kaçmak.
ex.trem.ist (ikstri´mist) i. ifrata kaçan kimse.
ex.trem.i.ty (ikstrem´ıti) i. uç, sınır. **the extremities** eller ve ayaklar.
ex.tri.cate (eks´trıkeyt) f. kurtarmak, çıkarmak.
ex.tro.ver.sion (ekstrıvır´jın) i., ruhb. dışadönüklük.
ex.tro.vert (eks´trıvırt) i., ruhb. dışadönük kimse. s. dışadönük.
ex.trude (ikstrud´) f. 1. uzatmak. 2. çıkarmak; çıkmak.
ex.u.ber.ance (igzu´bırıns) i. 1. canlılık ve neşelilik. 2. (bitkilerde) gürlük.
ex.u.ber.ant (igzu´bırınt) s. 1. çok canlı ve neşeli. 2. gür (bitkiler).
ex.u.da.tion (eksıydey´şın) i. dışarı sızan şey, sızıntı.
ex.ude (igzud´) f. sızmak.
ex.ult (igzʌlt´) f. (bir zaferden sonra) çok sevinmek.
ex.ul.ta.tion (egzılteyˊşın) i. sevinme.
eye (ay) i. göz. **— shadow** far, göz farı. **— socket** anat. gözyuvası, gözevi, göz çukuru. **a black — morarmış göz**. **be all —s** gözünü dört açmak. **be in something up to one's —s** (yasadışı) bir işin içinde olmak, bir işe fena halde bulaşmış olmak. **be up to one's —s in** ile çok meşgul. **catch one's —** dikkatini çekmek, gözüne çarpmak. **give one a black —** bir gözünü patlatmak. **in the —s of -in** gözünde. **keep an — on** -e göz kulak olmak, gözü -in üstünde olmak. **keep an — out for** (bir şey için) göz kulak olmak. **keep one's —s open/peeled/skinned** gözünü açmak, gözünü dört açmak, tetikte olmak. **make —s at** -e kaş göz etmek. **open someone's —s (to)** (bir konuda) birini aydınlatmak, birinin gözünü açmak. **see — to —** tamamen aynı fikirde olmak. **with an — to** -i göz önünde tutarak, -i düşünerek.
eye (ay) f. bakmak, süzmek.
eye.ball (ay´bôl) i., anat. gözyuvarı, göz yuvarlağı, göz küresi.
eye.brow (ay´brau) i. kaş. **— pencil** kaş kalemi.
eye-catch.ing (ay´käçîng) s. göz alıcı, alımlı.
eye.ful (ay´fûl) i., k. dili 1. göz alıcı şey. 2. güzel kız.
eye.glass.es (ay´gläsîz) i. gözlük.
eye.lash (ay´läş) i. kirpik.
eye.lid (ay´lîd) i. gözkapağı.
eye.lin.er (ay´laynır) i. göz kalemi.
eye-o.pen.er (ay´opınır) i. aydınlatıcı/şaşırtıcı olay/haber.
eye.sight (ay´sayt) i. görme duyusu, görüş.
eye.strain (ay´streyn) i. göz yorgunluğu.
eye.wash (ay´wôş) i. göz banyosu.
eye.wit.ness (ay´wîtnîs) i. görgü tanığı.

F

F, f (ef) *i.* F, İngiliz alfabesinin altıncı harfi.
F (ef) *i., müz.* 1. fa notası. 2. fa anahtarı.
F *kıs.* **Fahrenheit.**
F. *kıs.* **February, Fellow, France, French, Friday.**
f. *kıs.* **feminine, fine, fluid, folio, following, frequency.**
fa.ble (fey´bıl) *i.* masal, fabl.
fab.ric (fäb´rik) *i.* 1. kumaş, bez, dokuma. 2. yapı, bünye, doku.
fab.ri.cate (fäb´rıkeyt) *f.* 1. uydurmak, yalan söylemek. 2. imal etmek, yapmak, üretmek.
fab.ri.ca.tion (fäbrıkey´şın) *i.* 1. uydurmasyon, yalan. 2. imal, yapım, üretim.
fab.ri.ca.tor (fäb´rıkeytır) *i.* 1. imalatçı. 2. uydurmacı, yalancı.
fab.u.lous (fäb´yılıs) *s.* 1. harika, süper, çok güzel, enfes. 2. inanılmaz, olağanüstü. 3. efsanevi.
fab.u.lous.ly (fäb´yılısli) *z., k. dili* inanılmaz derecede, süper.
fa.çade (fısad´) *i.* 1. (yapılarda) ön yüz, ön cephe. 2. (gerçeği maskeleyen bir) dış görünüş.
face (feys) *i.* 1. yüz, surat, çehre, sima. 2. ön yüz, cephe. 3. *mad.* alın, ayna. 4. *geom.* yüz. 5. (saatte) mine, kadran. — **to** — yüz yüze. — **value** *tic.* nominal değer, itibari değer. **have the** — **to do something** bir şey yapmaya yüzü olmak/cüret etmek. **in the** — **of** karşısında. **lose** — saygınlığını yitirmek, itibarını kaybetmek. **make a** — yüzünü gözünü buruşturmak. **make** —**s** alay ederek yüzünü gözünü tuhaf şekillere sokmak. **on the** — **of it** dış görünüşe bakılırsa. **pull a long** — suratını asmak. **put a bold** — **on** (zor bir durum) karşısında cesaret göstermek. **save one's** — (itibarını zedeleyebilecek bir durumdan) yüzünün akıyla çıkmak. **show one's** — kendini göstermek. **to my** — yüzüme karşı.
face (feys) *f.* 1. karşılamak. 2. karşısında olmak/durmak. 3. (bir duruma) dayanmak, tahammül etmek. 4. kaplamak, astarlamak. 5. (taşın) yüzünü yontup düzeltmek. 6. -e bakmak, -e dönmek. — **down** (karşısındaki) sindirmek. — **the music** *argo* kendisini eleştirecek/cezalandıracak insanların önüne çıkmak. — **up to** -i cesaretle karşılamak.
face.cloth (feys´klôth) *i.* sabunlanma bezi.
face.down (feys´daun´) *z.* yüzüstü, yüzükoyun.
face.lift (feys´lift) *i.* 1. yüz germe ameliyatı. 2. *k. dili* güzelleştirme.
face-sav.ing (feys´seyving) *s.* vaziyeti kurtaran.
fac.et (fäs´it) *i.* faseta, façeta.

fa.ce.tious (fısi´şıs) *s.* şakacı.
fa.cial (fey´şıl) *s.* yüze ait. *i.* yüz masajı.
fac.ile (fäs´ıl) *s.* kolay.
fa.cil.i.tate (fısil´ıteyt) *f.* kolaylaştırmak.
fa.cil.i.ty (fısil´ıti) *i.* 1. kolaylık. 2. yetenek. 3. (özel bir) hizmet, servis. 4. (özel bir hizmet için yapılmış) tesis, yer.
fac.sim.i.le (fäksim´ıli) *i.* 1. tıpkıbasım, faksimile, kopya. 2. faks.
fact (fäkt) *i.* gerçek. **accessory after the** — *huk.* suç işlendikten sonra suç ortağı olan kimse. **in** — aslında, doğrusu.
fact-find.ing (fäkt´faynding) *s.* kanıt toplayan.
fac.tion (fäk´şın) *i.* hizip, grup.
fac.tion.al (fäk´şınıl) *s.* 1. hizipçi. 2. hizipler arası.
fac.tion.al.ism (fäk´şınılizım) *i.* hizipçilik.
fac.tious (fäk´şıs) *s.* kavgacı.
fac.ti.tious (fäktiş´ıs) *s.* sahte, uydurma.
fac.tor (fäk´tır) *i.* 1. faktör, etken, etmen. 2. *mat.* çarpan; tambölen. *f., mat.* çarpanlara ayırmak. — **cost** *tic.* faktör fiyatı.
fac.to.ry (fäk´tıri) *i.* fabrika.
fac.tu.al (fäk´çuwıl) *s.* gerçeklere dayanan.
fac.ul.ty (fäk´ılti) *i.* 1. yeti; duyu, duyum; yetenek, kabiliyet. 2. (bir öğretim kurumundaki) tüm öğretim personeli; (bir okulun) öğretmen kadrosu; (bir üniversitenin) öğretim üyeleri. 3. fakülte: **the Faculty of Law** Hukuk Fakültesi.
fad (fäd) *i.* geçici bir moda/heves.
fade (feyd) *f.* solmak, rengi atmak; soldurmak. — **away** yavaş yavaş yok olmak. — **in** *sin., TV* açılmak. — **out** *sin., TV* kararmak.
fade-in (feyd´in) *i., sin., TV* açılma.
fade-out (feyd´aut) *i., sin., TV* kararma.
fae.cal (fi´kıl) *s., İng., bak.* **fecal.**
fae.ces (fi´siz) *i., İng., bak.* **feces.**
fag (fäg) *f.* (—**ged,** —**ging**) — **someone out** birini çok yormak, birinin turşusunu çıkarmak. **be** —**ged out** çok yorgun olmak, turşu gibi olmak. *i., argo* 1. sigara. 2. homoseksüel erkek, ibne.
fag.ot (fäg´ıt) *i.* çalı çırpı demeti.
Fahr.en.heit (fer´ınhayt) *i., s.* fahrenhayt.
fa.ience (fayans´) *i.* fayans, çini.
fail (feyl) *f.* 1. başaramamak; becerememek. 2. iflas etmek. 3. kuvveti kesilmek, güçten düşmek. 4. sınıfta kalmak; sınıfta bırakmak. 5. sınavda kalmak, sınavda bırakmak. 6. boşa çıkarmak, bırakmak, ümidini kırmak. 7. ihmal etmek, yapmamak. 8. (ekinler) ürün vermemek. **He** —**ed to come.** Gelmedi. **without** — mutlaka. **Words**

th	dh	w	hw	b	c	ç	d	f	g	h	j	k	l	m	n	p	r	s	ş	t	v	y	z
thin	the	we	why	be	joy	chat	ad	if	go	he	regime	key	lid	me	no	up	or	us	she	it	via	say	is

— **me.** Söyleyecek söz bulamıyorum.
fail.ing (fey´ling) *i.* kusur, zaaf.
fail.ing (fey´ling) *edat* olmadığı takdirde. — **that** aksi takdirde.
fail.ure (feyl´yır) *i.* 1. başarısızlık; beceremeyiş; fiyasko. 2. ihmal, yapmayış. 3. iflas. 4. mesleğinde/iş hayatında hiç başarı gösteremeyen kimse. 5. arıza: **power failure** elektrik arızası.
faint (feynt) *s.* 1. donuk, belirsiz, zayıf. 2. baygın. *i.* baygınlık, bayılma. *f.* bayılmak.
faint.heart.ed (feynt´har´tid) *s.* yüreksiz; çekingen.
faint.ness (feynt´nis) *i.* baygınlık, bayılma.
fair (fer) *i.* fuar.
fair (fer) *s.* 1. adaletli, adil. 2. kurallara uygun. 3. fena olmayan, oldukça iyi. 4. güzel, açık ve güneşli (hava). 5. temiz (kopya). 6. sarışın; açık tenli. 7. güzel, alımlı. — **and square** dürüst bir şekilde, dürüstçe. — **game** kolaylıkla eleştirilebilecek veya alay konusu olabilecek kimse/durum. — **to middling** *k. dili* fena olmayan. **fair-weather friend** iyi gün dostu. — **wind** uygun rüzgâr. **All's** — **in love and war.** Aşkta ve savaşta her şey mubahtır. **by** — **means or foul** her ne pahasına olursa olsun. **the** — **sex** kadınlar, cinsi latif.
fair.ground (fer´graund) *i.* (açıkta olan) fuar yeri, fuar alanı.
fair.ly (fer´li) *z.* 1. adaletli/adil bir şekilde. 2. oldukça: **fairly big** oldukça büyük. 3. âdeta: **He fairly flew down the stairs.** Merdivenlerden âdeta uçarak indi.
fair.ness (fer´nis) *i.* 1. adaletlilik. 2. kurallara uygunluk. 3. sarışınlık; açık tenlilik. 4. güzellik, alımlılık.
fair.y (fer´i) *i.* 1. peri. 2. *argo* homoseksüel erkek, ibne. *s.* 1. peri gibi. 2. perilere ait. — **tale** peri masalı.
fait ac.com.pli (fetakônpli´) *i.* oldubitti, olupbitti, emrivaki.
faith (feyth) *i.* 1. inanç; itikat; iman. 2. din. 3. güven, itimat. **break one's** — sözünde durmamak.
faith.ful (feyth´fıl) *s.* sadık, vefakâr. — **to his word** sözüne sadık. **the** — müminler, bir dine iman edenlerin tümü.
faith.ful.ness (feyth´fılnis) *i.* sadakat, vefakârlık.
faith.less (feyth´lis) *s.* vefasız, sadık olmayan, sadakatsiz.
fake (feyk) *s.* uydurma, sahte. *f.* uydurmak. *i.* 1. sahte bir şey. 2. üçkâğıtcı, aldatıcı.
fak.er (fey´kır) *i.* üçkâğıtcı, sahtekâr, dolandırıcı.
fal.con (fäl´kın) *i.* şahin; doğan.
fall (fôl) *f.* (**fell,** —**en**) 1. düşmek. 2. dökülmek. 3. yağmak. 4. çökmek. 5. kapanmak. 6. (kale) zapt olunmak, düşmek. 7. **on** (belirli bir zamanda) olmak, -e rastlamak: **This month the twentieth fell on a Friday.** Bu ayın yirmisi cumaya rastladı. — **asleep** uykuya dalmak. — **away** çekilmek, gerilemek. — **back** geri çekilmek. — **back on** (güvenilecek bir kimseye/yere) başvurmak. — **behind** geri kalmak. — **down** düşmek. — **for** *argo* 1. aldatılmak. 2. çok beğenmek, bayılmak. — **ill** hastalanmak. — **in** dizilmek, sıraya girmek. — **in battle** *ask.* savaşırken ölmek. — **in love** âşık olmak. — **into error** hataya düşmek. — **off** 1. azalmak, düşmek. 2. bozulmak. — **on** -e hücum etmek, -e saldırmak. — **on one's feet** dört ayağının üstüne düşmek, atlatmak, sıyrılmak, başarmak. — **out** 1. kavga etmek, bozuşmak. 2. *ask.* sıradan çıkmak. — **over** yıkılmak. — **over oneself** kendini çok istekli göstermek. — **prostrate** yüzüstü düşmek, yüzükoyun kapaklanmak. — **short (of)** 1. eksik gelmek. 2. umduğu gibi çıkmamak. — **through** suya düşmek, gerçekleşmemek. — **to** yemeğe/savaşa başlamak; -e başlamak, -e koyulmak. — **upon** -e saldırmak. —**en woman** düşmüş kadın, fahişe. —**ing star** akanyıldız. **His eye fell upon me.** Gözü bana ilişti. **His face fell.** Suratı asıldı. **It fell to my lot.** Benim payıma düştü.
fall (fôl) *i.* 1. düşüş, düşme. 2. çökme. 3. yağış. 4. (fiyat, talep, ısı v.b.'nde) düşüş. 5. sonbahar, güz. 6. **güreş** düşüş. — **guy** *argo* 1. başkasının cezasını çeken kimse. 2. dolandırılan kimse. 3. keriz, enayi. — **of man/the F**— Hz. Âdem ve Havva'nın işlediği günah ve sonuçları. **He is riding for a** —. Belasını arıyor.
fal.la.cious (fıley´şıs) *s.* yanlış fikirlere dayanan, çürük, temelsiz.
fal.la.cy (fäl´ısi) *i.* yanlış düşünce/inanç. *man.* yanıltmaca, safsata, mantık kurallarına aykırı sav.
fall.en (fôl´ın) *f., bak.* **fall.**
fal.li.ble (fäl´ıbıl) *s.* yanılabilir, hataya düşebilir.
fall.out (fôl´aut) *i.* radyoaktif serpinti.
fal.low (fäl´o) *s.* nadasa bırakılmış, ekilmemiş. **lie** — boş kalmak.
fal.low (fäl´o) *s.* devetüyü rengi, devetüyü. — **deer** *zool.* alageyik, sığın.
falls (fôlz) *i.* çağlayan, şelale.
false (fôls) *s.* 1. sahte. 2. vefasız, güvenilmez. — **step** *k. dili* falso, yanlış davranış. — **teeth** takma dişler.
false.hood (fôls´hûd) *i.* 1. yalan. 2. yalan söyleme.
false.ness (fôls´nis) *i.* sahtelik.
fal.si.fy (fôl´sıfay) *f.* 1. (hesap, kayıt, belge v.b.'nde) tahrifat yapmak. 2. (gerçekleri) çarpıtmak.
fal.ter (fôl´tır) *f.* 1. tereddüt etmek. 2. azalmak, düşmek; gücünü/hızını kaybetmek. 3. sendeleyerek yürümek, sendelemek. 4. (ses) titremek; titrek bir sesle konuşmak.
fame (feym) *i.* ün, şöhret, nam.

famed (feymd) s. ünlü, meşhur.
fa.mil.ial (fımil´yıl) s. ailevi, aileye ait.
fa.mil.iar (fımil´yır) s. 1. iyi bilinen, bildik; iyi tanınan, tanıdık; aşina. 2. samimi, teklifsiz. *i.* iyi arkadaş. **be — to** -e aşina olmak. **be — with** -i iyi bilmek.
fa.mil.iar.ise (fımil´yırayz) f., *İng.*, *bak.* **familiarize**.
fa.mil.i.ar.i.ty (fımiliyer´ıti) i. 1. aşinalık. 2. samimiyet, teklifsizlik. 3. laubalilik.
fa.mil.iar.ize, *İng.* **fa.mil.iar.ise** (fımil´yırayz) f. (bir şeyi) herkese tanıtmak. **— oneself with** bir şey hakkında bilgi edinmek.
fam.i.ly (fäm´li, fäm´ıli) i. 1. aile; akrabalar; çoluk çocuk. 2. *bot.*, *zool.* familya. **— circle** aile çevresi, aile muhiti. **— man** ev bark sahibi, aile babası. **— name** soyadı. **— planning** aile planlaması. **— tree** şecere, soyağacı. **in the — way** *k. dili* gebe, hamile.
fam.ine (fäm´in) i. kıtlık, açlık.
fam.ish (fäm´iş) f. **be —ed** çok acıkmış olmak.
fa.mous (fey´mıs) s. ünlü, meşhur, tanınmış.
fa.mous.ly (fey´mısli) z., *k. dili* çok iyi.
fan (fän) i. 1. yelpaze. 2. vantilatör. 3. yelpaze biçimindeki herhangi bir şey. **— belt** *mak.* pervane kayışı. **— blade** *mak.* pervane kanadı. **electric —** vantilatör.
fan (fän) f. (**—ned**, **—ning**) yelpazelemek. **— the flames** kışkırtmak, körüklemek.
fan (fän) i., *k. dili* hayran: **She's one of your fans.** Hayranlarınızdandır. **baseball fan** beysbol meraklısı.
fa.nat.ic (fınät´ik) s., i. fanatik, bağnaz, mutaassıp.
fa.nat.i.cal (fınät´ikıl) f. fanatik, bağnaz, mutaassıp.
fan.ci.ful (fän´sifıl) s. 1. hayalperest. 2. hayali.
fan.cy (fän´si) f. 1. hayal gücü. 2. hayal, düşlem. s. 1. çok süslü; fantezi. 2. lüks. 3. üstün kaliteli (gıda maddeleri). **— dress ball** kıyafet balosu. **catch the — of** hoşuna gitmek. **take a — to** -den hoşlanmak.
fan.cy (fän´si) f. 1. hayal etmek. 2. sanmak, zannetmek, düşünmek. 3. -den hoşlanmak. 4. istemek. **— oneself** hayallerinde kendini (şöyle veya böyle) görmek.
fang (fäng) i. 1. (yırtıcı hayvanlarda) köpekdişi. 2. yılanın zehirli dişi.
fan.ny (fän´i) i., *k. dili* kıç, popo.
fan.tas.tic (fäntäs´tik) s. 1. harika, süper, enfes. 2. inanılmayacak kadar büyük (miktar). 3. akıl almaz, akıldışı, gerçekdışı. 4. fantastik, hayali, düşlemsel.
fan.ta.sy (fän´tızi) f. 1. fantezi, düşlem, sınırsız hayal veya hayal gücü. 2. *müz.* fantezi.
far (far) z. 1. -den uzak; uzağa; uzakta: **He's never journeyed far from İstanbul.** İstanbul'dan uzağa hiç seyahat etmedi. **They didn't go far.** Uzağa gitmediler. **I saw her far in the distance.** Ta uzakta onu gördüm. **How far is it to Bursa from here?** Bursa buradan ne kadar uzak? 2. çok; fazla; çok fazla: **The light's far too dim.** Işık çok fazla loş. s. 1. uzak: **a far country** uzak bir ülke. 2. öte, öbür: **at the far end of the garden** bahçenin öte ucunda. 3. *pol.* (bir kanadın) ucundaki, aşırı: **He supports the far right.** Aşırı sağı destekliyor. **— and away** (öbürlerinden) kat kat daha ...: **He's far and away the best.** Öbürlerinden kat kat daha iyi. **F— from it.** *k. dili* Ne münasebet./Bilakis./ Tersine. **as — as he is concerned** ona kalırsa, ona sorarsan. **by — (**öbürlerinden) kat kat daha ...: **They're by far the best.** Onlar kat kat daha iyi. **few and — between** çok nadir. **go —** çok başarılı olmak. **go too —** ileri gitmek, fazla olmak, çok olmak. **So —, so good.** Şimdiye/Buraya kadar her şey yolunda. **the F— East** Uzakdoğu.
far.a.way (far´ıwey) s. 1. uzak. 2. dalgın (bakış).
farce (fars) i. 1. *tiy.* fars. 2. saçmalık, maskaralık.
far.ci.cal (far´sikıl) s. gülünç.
fare (fer) i. 1. yol parası, bilet ücreti. 2. taksi müşterisi. 3. yiyecekler, yemekler. **bill of —** yemek listesi. **full —** tam bilet. **half —** yarım bilet.
fare (fer) f. **— badly** (birisi) için kötü olmak: **He fared badly.** Onun için kötüydü. **— well** (birisi) için iyi gitmek.
fare.well (ferwel´) ünlem Elveda! i. veda. **— dinner** veda yemeği. **bid someone —** birine veda etmek.
far-famed (farfeymd´) s. çok meşhur.
far.fetched (farfeçt´) s. gerçek payı çok az olan.
far-flung (farflʌng´) s. uzaklara yayılmış.
fa.ri.na (fırı´nı) i. irmik.
farm (farm) i. çiftlik. f. çiftçilik yapmak.
farm.er (far´mır) i. çiftçi.
farm.hand (farm´händ) i. rençper, ırgat.
farm.house (farm´haus) i. çiftlik evi.
farm.ing (far´ming) i. çiftçilik.
far.most (far´most) s., *bak.* **farthest**.
farm.stead (farm´sted) i. çiftlik ve içindeki binalar.
farm.yard (farm´yard) i. çiftlik avlusu, çiftlik binaları arasındaki meydan.
far-reach.ing (far´ri´çing) s. çok kişi veya şeyi etkileyen.
far.sight.ed (far´saytid) s. 1. ileri görüşlü, öngörülü. 2. *tıb.* hipermetrop.
fart (fart) i., *kaba* osuruk. f. osurmak.
far.ther (far´dhır) s. 1. daha uzak. 2. öteki, ötedeki; daha uzaktaki; daha ötedeki; daha ilerdeki.
far.ther.most (far´dhırmost) s. 1. en uzak. 2. en ötedeki.
far.thest (far´dhist) s. en uzak. z. en uzakta; en ötede; en ilerde; en uzağa.

far.thing (far´dhing) *i.* çeyrek peni (eski bir İngiliz parası). **It isn't worth a —.** Beş para etmez.
fa.scia (fey´şı, fey´şiyı), *çoğ.* **—e** (fey´şiyi)/**—s** (fey´şız, fey´şiyız) *i., İng.* 1. (bina cephesine yatay olarak takılı, dükkânı tanıtan) pano, levha, tabela. 2. *oto.* kontrol paneli, pano.
fas.cia (fäş´ı, fäş´iyı), *çoğ.* **—e** (fäş´iyi)/**—s** (fäş´ız, fäş´iyız) *i., anat.* fasya, akzar.
fas.ci.cle (fäs´ıkıl) *i.* fasikül.
fas.ci.nate (fäs´ıneyt) *f.* (birinin) ilgisini/merakını çok çekmek. **be —d by/with** -e kendini kaptırmak.
fas.ci.nat.ing (fäs´ıneyting) *s.* çok ilginç, çok enteresan.
fas.ci.na.tion (fäsıney´şın) *i.* 1. büyük merak. 2. cazibe.
fas.cism (fäş´ızım) *i.* faşizm.
fas.cist (fäş´ist) *i., s.* faşist.
fash.ion (fäş´ın) *i.* 1. moda. 2. biçim, şekil; tarz. *f.* yapmak, şekil vermek. **— designer** modacı. **— model** manken. **— show** defile. **after a —** şöyle böyle. **after the — of** gibi, tarzında. **out of —** demode, modası geçmiş. **set the —** modada öncülük etmek.
fash.ion.a.ble (fäş´ınıbıl) *s.* moda olan, şık, revaçta olan, rağbette olan.
fast (fäst) *f.* oruç tutmak. *i.* oruç. **break one's —** orucunu açmak/bozmak.
fast (fäst) *s.* 1. hızlı, süratli; seri. 2. solmaz, sabit (renk). 3. hızlı yaşayan, uçarı. 4. hafifmeşrep. *z.* çabuk, tez. **— asleep** derin uykuya dalmış. **— food** (hamburger, pizza gibi) hazır yiyecekler. **fast-food restaurant** hazır yiyecek satan lokanta. **— lane** (otoyolda) sürat şeridi. **be — (saat)** ileri gitmek/olmak. **live —** hızlı yaşamak.
fast.back (fäst´bäk) *i.* arka kaportası yatık spor araba.
fas.ten (fäs´ın) *f.* 1. bağlamak; tutturmak; bağlanmak; tutturulmak. 2. çengelle bağlamak, çengellemek. 3. **on** (gözü) (bir yere) dikmek. **— on/upon** üstünde durmak; -e takılmak; -e saplanmak; -i kafasına takmak. **— the blame on someone** suçu birine yüklemek, suçu birinin üstüne atmak.
fas.ten.er (fäs´ınır) *i.* 1. bağlayan şey, bağ. 2. kopça; çıtçıt.
fas.tid.i.ous (fästid´iyıs) *s.* titiz, zor beğenen.
fast.ness (fäst´nis) *i.* 1. (kumaş boyası için) sabitlik; sabitlik derecesi. 2. korunak; mahfuz yer. 3. ücra yer.
fat (fät) *s.* (**—ter, —test**) 1. şişman; semiz, yağlı. 2. dolgun; kalın. *i.* yağ. **— cat** *argo* zengin adam. **a — chance** *argo* çok zayıf bir ihtimal. **chew the — argo** çene çalmak. **live off the — of the land** bir eli yağda, bir eli balda yaşamak. **The — is in the fire.** Şimdi kıyamet kopacak.
fa.tal (fey´tıl) *s.* 1. öldürücü; ölümcül. 2. vahim.
fa.tal.ism (feyt´ılizım) *i.* fatalizm, kadercilik, yazgıcılık.
fa.tal.ist (feyt´ılist) *i.* fatalist, kaderci, yazgıcı.
fa.tal.is.tic (feytılis´tik) *s.* fatalist, kaderci, yazgıcı.
fa.tal.i.ty (feytäl´ıti) *i.* 1. (kaza sonucu olan) ölüm. 2. öldürücülük; ölümcüllük. 3. fatalite.
fate (feyt) *i.* kader, yazgı, alınyazısı, mukadderat.
fat.ed (fey´tid) *s.* kaderde olan.
fate.ful (feyt´fıl) *s.* vahim.
Fa.ther (fa´dhır) *i.* Peder (papazlara verilen unvan). **— Christmas** *İng.* Noel Baba.
fa.ther (fa´dhır) *i.* baba, peder.
fa.ther-in-law (fa´dhırinlô) *i.* kayınpeder.
fa.ther.land (fa´dhırländ) *i.* anavatan, anayurt.
fa.ther.less (fa´dhırlis) *s.* babasız.
fath.om (fädh´ım) *i.* kulaç (uzunluk ölçü birimi). *f.* 1. iskandil etmek. 2. anlamak, kavramak.
fa.tigue (fıtig´) *i.* yorgunluk, bitkinlik. *f.* yormak.
fat.ten (fät´ın) *f.* semirtmek, şişmanlatmak; semirmek, şişmanlamak.
fat.ty (fät´i) *s.* yağlı. *i., aşağ.* şişko, dobiş. **— acid** *kim.* yağ asidi.
fa.tu.i.ty (fıtu´wıti) *i.* hebennekalık, budalalık.
fat.u.ous (fäç´ıwıs) *s.* 1. hebenneka, kendini akıllı sanan budala. 2. budalaca.
fau.cet (fô´sit) *i.* musluk.
fault (fôlt) *i.* 1. (birinin karakterinde) kusur, noksan. 2. yanlış, kabahat. 3. *jeol.* kırık, fay. 4. *tenis* servis hatası. *f.* -de kusur bulmak. **be at —** kabahatli olmak. **find — with** -e kusur bulmak. **to a —** aşırı derecede.
fault.less (fôlt´lis) *s.* 1. kusursuz, noksansız. 2. yanlışsız.
fault.less.ness (fôlt´lisnis) *i.* 1. noksansızlık. 2. yanlışsızlık.
fault.y (fôl´ti) *s.* 1. kusurlu, defolu. 2. çürük, sağlam bir temele dayanmayan.
fau.na (fô´nı), *çoğ.* **—s** (fô´nız)/**—e** (fô´ni) *i.* fauna, direy.
faux pas (fo pa´) falso, pot. **make a — pot** kırmak, falso yapmak.
fa.vor, *İng.* **fa.vour** (fey´vır) *i.* 1. beğenme, onay; sevgi, sempati. 2. iltimas, kayırma. 3. iyilik, lütuf. 4. (bir davete katılanlara verilen) ufak hediye. *f.* 1. tarafını tutmak. 2. tercih etmek. 3. benzemek. **ask a — of** -e ricada bulunmak. **bestow —s on** -e ayrıcalık tanımak, -e iltifat etmek. **curry —** with yaltaklanarak (birinin) gözüne girmeye çalışmak. **do someone a —** birine bir iyilik etmek/yapmak. **in —** -in lehinde; -in lehine, -den yana, -nın tarafları. **out of —** gözden düşmüş.
fa.vor.a.ble, *İng.* **fa.vour.a.ble** (fey´vırıbıl) *s.* 1. uygun, müsait. 2. hoşa giden, iyi.

fa.vor.ite, *İng.* **fa.vour.ite** (fey´vırit) *i.* 1. çok sevilen kimse/şey; sevgili, gözde. 2. favori, kazanacağına inanılan yarışçı. *s.* en çok sevilen, favori, gözde.
fa.vor.it.ism, *İng.* **fa.vour.it.ism** (fey´vırîtizım) *i.* kayırıcılık.
fa.vour (fey´vır) *i., f., İng., bak.* **favor.**
fa.vour.a.ble (fey´vırıbıl) *s., İng., bak.* **favorable.**
fa.vour.ite (fey´vırit) *i., s., İng., bak.* **favorite.**
fa.vour.it.ism (fey´vırîtizım) *i., İng., bak.* **favoritism.**
fawn (fôn) *i.* alageyik yavrusu; geyik yavrusu. *s.* sarımsı kahverengi.
fawn (fôn) *f.* yaltaklanmak, dalkavukluk etmek.
fax (fäks) *i.* 1. faks makinesi, faks. 2. faksla gelen mesaj, faks. *f.* fakslamak.
faze (feyz) *f., k. dili* etkilemek: **It didn't faze him at all.** Onu hiç etkilemedi.
FBI *kıs.* **the Federal Bureau of Investigation.**
fear (fir) *i.* korku. **for — of** korkusundan, korkusuyla, -den korkarak.
fear (fir) *f.* korkmak. **Never —.** Korkma, öyle bir tehlike yok.
fear.ful (fir´fıl) *s.* 1. korku veren, korkunç. 2. korkak.
fear.less (fir´lis) *s.* korkusuz, gözü pek, yılmaz.
fear.less.ly (fir´lisli) *z.* korkusuzca, yılmadan.
fear.less.ness (fir´lisnîs) *i.* korkusuzluk.
fear.some (fir´sım) *s.* dehşetli, korkunç.
fea.si.bil.i.ty (fîzıbîl´ıti) *i.* fizibilite, yapılabilirlik. **— study** fizibilite raporu.
fea.si.ble (fi´zıbıl) *s.* 1. mümkün. 2. yapılabilir, uygulanabilir.
feast (fist) *i.* 1. ziyafet. 2. *Hırist.* yortu, bayram. *f.* 1. ziyafette yiyip içmek, doyasıya yemek. 2. ziyafet vermek. **movable — ** *Hırist.* her yıl değişik bir tarihe rastlayan yortu.
feat (fit) *i.* (cesaret veya bedensel güç isteyen) başarı.
feath.er (fedh´ır) *i.* tüy. **— bed** kuştüyü yatak. **a — in one's cap** övünülecek başarı. **birds of a —** kafadarlar.
feath.er (fedh´ır) *f.* tüy takmak, kuştüyü ile kaplamak. **— one's nest** küpünü doldurmak.
feath.er.brained (fedh´ırbreynd) *s.* kuş beyinli.
feath.ered (fedh´ırd) *s.* tüylü.
feath.er.weight (fedh´ırweyt) *i.* tüysıklet.
fea.ture (fi´çır) *i.* 1. yüzdeki organlardan biri. 2. *çoğ.* yüz, sima, çehre; yüz hatları. 3. özellik. 4. asıl film. 5. uzun makale. *f.* 1. -de önemli bir rolü olmak: **This film features Cahide Sonku.** Bu filmde Cahide Sonku'nun önemli bir rolü var. 2. -i ön plana çıkarmak, -e ağırlık vermek: **All the fashion shows are featuring mink.** Tüm defilelerde vizona ağırlık veriliyor. **This week our restaurant is featuring fried oysters.** Lokantamızın bu haftaki spesiyalitesi istiridye tava. 3. (bir şeyin) önemli bir öğesi olmak: **Acorns feature heavily in the diet of squirrels.** Sincapların beslenmesinde meşe palamudu önemli bir yer tutar.
Feb. *kıs.* **February.**
Feb.ru.ar.y (feb´ruweri) *i.* şubat.
fe.cal (fi´kıl) *s.* dışkıya ait.
fe.ces (fi´siz) *i.* dışkı.
feck.less (fek´lîs) *s.* 1. beceriksiz, elinden iş gelmeyen. 2. cansız, zayıf.
fed (fed) *f., bak.* **feed.**
fed.er.al (fed´ırıl) *s.* federal. **the F— Bureau of Investigation** *ABD* Federal Araştırma Bürosu.
fed.er.al.ise (fed´ırılayz) *f., İng., bak.* **federalize.**
fed.er.al.ism (fed´ırılîzım) *i., pol.* federalizm.
fed.er.al.ist (fed´ırılîst) *i., s.* federalist.
fed.er.al.ize, *İng.* **fed.er.al.ise** (fed´ırılayz) *f.* (devletleri) federasyon haline getirmek.
fed.er.ate (fed´ıreyt) *f.* federasyon haline getirmek.
fed.er.a.tion (fedırey´şın) *i.* federasyon.
fe.do.ra (fıdôr´ı) *i.* fötr şapka, fötr.
fee (fi) *i.* ücret; giriş ücreti; doktor ücreti, vizite. **retaining —** avukata peşin olarak ödenen ücret.
fee.ble (fi´bıl) *s.* zayıf, kuvvetsiz.
fee.ble.mind.ed (fi´bılmayn´dîd) *s.* geri zekâlı.
fee.ble.ness (fi´bılnîs) *i.* zayıflık, kuvvetsizlik.
feed (fid) *f.* **(fed)** 1. yemek vermek. 2. beslemek. 3. yedirmek; **on** ile beslemek. 4. (hayvan) beslenmek; **on** yemek, ile beslenmek. **—ing bottle** biberon. **be fed up with** *argo* -den bıkmış olmak, illallah demek.
feed (fid) *i.* yem, yemek; yiyecek, gıda. **off one's —** *k. dili* iştahsız.
feed.back (fid´bäk) *i.* 1. birinin bir şey hakkındaki düşündükleri/izlenimleri. 2. *fiz.* fidbek, geribesleme, geribildirim.
feed.bag (fid´bäg) *i.* yem torbası. **put on the — argo** yemek yemek.
feed.er (fi´dır) *i.* yemlik, yem kabı.
feel (fil) *f.* **(felt)** 1. dokunmak, el sürmek; elleri ile yoklamak. 2. hissetmek, duymak: **I feel good.** Kendimi iyi hissediyorum. 3. anlamak. 4. ... gibi gelmek: **I felt that the sea was endless.** Deniz sonsuz gibi geldi bana. **— for** -in çektiklerini anlamak. **— in one's bones** içine doğmak. **— keenly** kuvvetle hissetmek. **— like doing** canı yapmak istemek. **— like oneself** kendini iyi hissetmek. **— no pain** *k. dili* bayağı sarhoş olmak, zilzurna sarhoş olmak. **— one's oats** 1. coşmak. 2. amirane tavırlar içinde olmak. **— one's way** 1. el yordamıyla ilerlemek. 2. çok ihtiyatlı davranmak. **— up to** kendini (belirli bir şeyi) yapacak kadar güçlü hissetmek.
feel (fil) *i.* 1. (bir şeyin dokununca uyandırdığı) his. 2. dokunma. **get the — of** -e alışmak.

feel.er (fi'lır) *i., zool.* dokunaç. **put out —s** *k. dili* sondaj yapmak.
feel.ing (fi'ling) *i.* 1. his, duygu. 2. *çoğ.* his dünyası, iç âlemi. **do something with —** bir şeyi duyarak yapmak: **He plays the piano with feeling.** Piyanoyu duyarak çalıyor. **have a — for** -in dilinden anlamak: **She has a feeling for animals.** Hayvanların dilinden anlar. **have hard —s about** *k. dili* -e gücenmiş olmak. **hurt one's —s** gücendirmek, hatırını kırmak.
feet (fit) *i., çoğ., bak.* **foot.**
feign (feyn) *f.* (yapar) gibi görünmek, ... numarası yapmak. **— madness** deli numarası yapmak.
feint (feynt) *i., ask.* yanıltma hareketi, yanıltma. *f.* yanıltma hareketi yapmak.
feld.spar (feld'spar) *i., min.* feldispat.
fe.lic.i.tous (filis'ıtıs) *s.* 1. mutlu, mesut. 2. uygun, münasip, yerinde, isabetli.
fe.lic.i.ty (filis'ıti) *i.* mutluluk, saadet.
fell (fel) *f.* 1. kesip devirmek. 2. yere sermek, düşürmek.
fell (fel) *f., bak.* **fall.**
fel.low (fel'o) *i.* 1. adam, kişi; arkadaş. 2. (bir bilim kurumunda) üye. **— citizen/countryman** vatandaş, yurttaş. **— sufferer** dert ortağı. **— townsman** hemşeri, hemşehri. **old — ** *ünlem* azizim. **poor —** zavallı adam.
fel.low.ship (fel'oşip) *i.* 1. arkadaşlık; kardeşlik. 2. grup, cemaat. 3. burs. 4. (bir bilim kurumunda) üyelik.
fel.on (fel'ın) *i., huk.* suçlu.
fel.o.ny (fel'ıni) *i., huk.* ağır suç.
felt (felt) *f., bak.* **feel.**
felt (felt) *i.* keçe, fötr. **felt-tipped pen/— pen** keçeli kalem.
fem. *kıs.* **female, feminine.**
fe.male (fi'meyl) *s., i.* dişi.
fem.i.nine (fem'ınin) *s.* 1. kadına özgü; kadınsı. 2. *dilb.* dişil.
fem.i.nin.i.ty (feminin'iti) *i.* kadınlık, dişilik.
fem.i.nism (fem'ınizım) *i.* feminizm.
fem.i.nist (fem'ınist) *i., s.* feminist.
fen (fen) *i.* bataklık.
fence (fens) *i.* 1. parmaklık; tahta perde; çit. 2. çalıntı mal alıp satan kimse. **sit on the —** 1. tarafsız kalmak. 2. kararsız olmak.
fence (fens) *f.* 1. parmaklık, tahta perde veya çitle çevirmek. 2. eskrim yapmak.
fenc.er (fens'sır) *i.* eskrimci.
fenc.ing (fen'sing) *i.* 1. eskrim. 2. çit veya parmaklık malzemesi.
fend (fend) *f.* **— off** kovmak, uzaklaştırmak. **— for oneself** kendini geçindirmek, başının çaresine bakmak.
fend.er (fen'dır) *i.* 1. çamurluk. 2. şöminenin önüne konulan alçak parmaklık.
fen.nel (fen'ıl) *i.* rezene, raziyane.
fen.u.greek (fen'yûgrik) *i., bot.* çemen.
fer.ment (fır'ment) *i.* 1. maya. 2. mayalanma, ekşime. **in a —** kargaşalık içinde.
fer.ment (fırment') *f.* mayalanmak, ekşimek. **— trouble among** (birilerini) kışkırtmak.
fer.men.ta.tion (fırmıntey'şın) *i.* mayalanma, fermantasyon.
fern (fırn) *i.* eğreltiotu, aşk merdiveni, füjer.
fe.ro.cious (fıro'şıs) *s.* vahşi, yırtıcı.
fe.roc.i.ty (fıras'ıti) *i.* vahşilik, vahşet.
fer.ret (fer'it) *i.* dağgelinciği.
fer.ret (fer'it) *f.* arayıp taramak. **— out** arayıp tarayıp bulmak.
Fer.ris wheel (fer'is) dönme dolap.
fer.ro.con.crete (ferokan'krit) *i.* betonarme.
fer.ry (fer'i) *f.* 1. iki kıyı arasında araba/insan taşıyan gemi, kayık, sal v.b.; araba vapuru, feribot; vapur. 2. böyle bir taşıtın işlediği yer. *f.* böyle bir taşıtla götürmek.
fer.ry.boat (fer'ibot) *i.* iki kıyı arasında araba/insan taşıyan tekne.
fer.tile (fır'tıl) *s.* verimli, bereketli.
fer.ti.lize (fır'tılayz) *f., İng., bak.* **fertilize.**
fer.ti.lis.er (fır'tılayzır) *i., İng., bak.* **fertilizer.**
fer.til.i.ty (fırtil'ıti) *i.* verimlilik.
fer.til.ize (fır'tılayz) *f.* 1. gübrelemek. 2. döllemek.
fer.til.iz.er, İng. fer.til.is.er (fır'tılayzır) *i.* gübre.
fer.vent (fır'vınt) *s.* hararetli, ateşli.
fer.vid (fır'vid) *s.* hararetli, ateşli.
fer.vor (fır'vır) *i.* hararetlilik, hararet, ateşlilik, ateş.
fes.ter (fes'tır) *f.* irinlenmek, iltihaplanmak, azmak.
fes.ti.val (fes'tıvıl) *i.* 1. bayram; yortu. 2. festival, şenlik.
fes.tive (fes'tiv) *s.* 1. şen, neşeli. 2. bayrama ait.
fes.tiv.i.ty (festiv'ıti) *i.* kutlama: **What kind of festivities will there be?** Ne gibi kutlamalar olacak?
fes.toon (festun') *i.* 1. feston (iki noktaya bağlı sarkan süs). 2. *mim.* kırlant, askıbezek.
fe.tal (fi'tıl) *s.* cenine ait.
fetch (feç) *f.* 1. alıp getirmek, getirmek. 2. gelir sağlamak, hâsılat getirmek.
fetch.ing (feç'ing) *s., k. dili* cazibeli, çekici, alımlı.
fet.id (fet'id) *s.* kokan, kokuşmuş.
fet.ish (fet'iş) *i.* fetiş.
fet.ish.ism (fet'işizım) *i.* fetişizm.
fet.ter (fet'ır) *i.* 1. bukağı. 2. *gen. çoğ.* engel. *f.* 1. ayağına zincir vurmak; elini ayağını bağlamak. 2. bağlamak, engellemek.
fe.tle (fet'ıl) *i.* **in fine —** keyfi yerinde.
fe.tus (fi'tıs) *i.* cenin.
feud (fyud) *i.* 1. uzun süren düşmanlık. 2. kan davası. *f.* ihtilaflı olmak, kavga etmek. **blood —**

feudal   154

— **kan davası.**
feu.dal (fyud´ıl) *s.* feodal.
feu.dal.ism (fyu´dılizım) *i.* feodalizm.
feu.dal.i.ty (fyudäl´ıti) *i.* feodalite.
fe.ver (fi´vır) *i.* 1. ateş, hararet. 2. humma. 3. *Duygu yoğunluğu belirtir:* **He was shouting in a fever of excitement.** Büyük bir heyecanla bağırıyordu. **hay — saman nezlesi. scarlet — kızıl humma. typhoid — tifo. typhus — tifüs, lekelihumma. yellow — sarıhumma.**
fe.vered (fi´vırd) *s.* ateşli, hararetli olan.
fe.ver.ish (fi´vırîş) *s.* 1. ateşli, ateşi çıkmış. 2. hararetli, ateşli. 3. heyecanlı, telaşlı.
few (fyu) *s. az. i. az miktar.* **a — birkaç. a man of — words** az konuşan adam. **every — days** birkaç günde bir. **quite a —** birçok.
fez (fez) *i.* (*çoğ.* **—zes**) fes.
fi.an.cé *eril,* **fi.an.cée** dişil (fiyansey´) *i.* nişanlı.
fi.as.co (fiyäs´ko) *i.* fiyasko.
fi.at (fi´yat, fi´yıt, fay´ıt, fay´ät) *i.* 1. emir. 2. karar.
fib (fib) *f.* (**—bed, —bing**) yalan söylemek, uydurmak, atmak. *i.* küçük yalan.
fi.ber, *İng.* **fi.bre** (fay´bır) *i.* lif.
fi.ber.glass (fay´bırgläs) *i.* cam elyaf.
fi.bre (fay´bır) *i., İng., bak.* **fiber.**
fi.brous (fay´brıs) *s.* lifli.
fick.le (fîk´ıl) *s.* 1. (aşkta) vefasız, hercai. 2. fırdöndü, hercai, değişken; kaypak, dönek.
fic.tion (fîk´şın) *i.* 1. roman ve hikâye edebiyatı. 2. *huk.* kolaylık olsun diye gerçek gibi farz olunan şey, mevhume.
fic.tion.al.ize, *İng.* **fic.tion.al.ise** (fîk´şınılayz) *f.* hikâye/roman şekline sokmak.
fic.ti.tious (fîktîş´ıs) *s.* uydurma, hayali.
fid.dle (fîd´ıl) *i., k. dili* keman. *f., k. dili* 1. keman çalmak. 2. vakit geçirmek, oyalanmak.
F—! *ünlem* Hay Allah! **— around** vakit geçirmek, oyalanmak. **— away** (zamanı) boş geçirmek. **as fit as a —** turp gibi, sağlığı yerinde. **play second —** ikinci derecede rol oynamak.
fid.dle-fad.dle (fîd´ılfäd´ıl) *i.* saçma sapan sözler.
fid.dle.stick (fîd´ılstîk) *i.* **F—s!** *ünlem* Hay Allah!
fi.del.i.ty (faydel´ıti) *i.* sadakat, vefa.
fidg.et (fîc´ıt) *f.* rahat oturamamak, yerinde duramamak, durmadan kımıldamak.
fidg.et.y (fîc´ıti) *s.* rahat durmayan, kıpır kıpır.
fief (fîf) *i.* tımar, zeamet.
field (fîld) *i.* 1. tarla. 2. çayır; otlak, mera. 3. alan, saha. *f.* (bir spor takımını) sahaya çıkarmak. **— artillery** *ask.* sahra topçu sınıfı. **— day** spor bayramı. **— events** *ask.* sahra alan yarışları. **— exercise** *ask.* kıta tatbikatı. **— glasses** (çifte) dürbün. **— hospital** sahra hastanesi. **— maneuver** *ask.* kara manevrası. **— manual** *ask.* sahra talimatnamesi. **— marshal** feldmareşal. **— mouse** tarla faresi. **— officer** *ask.* üstsubay. **— trip** (öğre-

timde) gezi. **have a — day** 1. bayram etmek. 2. **with** makaraya almak, sarakaya almak. **hold the —** üstünlüğünü korumak.
field.piece (fîld´pîs) *i.* sahra topu.
field.work (fîld´wırk) *i.* (bilgi toplamak için yapılan) alan araştırması.
fiend (fînd) *i.* 1. şeytan, ifrit, zebani. 2. *k. dili* düşkün, meraklı, hasta, deli, tiryaki: **a tennis fiend** tenis hastası. **an opium fiend** afyonkeş.
fiend.ish (fîn´dîş) *s.* şeytani, şeytanca.
fierce (fîrs) *s.* 1. şiddetli. 2. sert, vahşi.
fi.er.y (fayr´i) *s.* 1. ateş gibi. 2. kızgın. 3. çabuk öfkelenen, barut gibi. 4. ateşli; coşturucu; galeyana getiren. 5. ateşli, şehvet dolu.
fi.es.ta (fîyes´tı) *i.* 1. yortu; bayram. 2. festival.
fif.teen (fîftîn´) *s.* on beş. *i.* on beş, on beş rakamı (15, XV). **—th** *s., i.* 1. on beşinci. 2. on beşte bir.
fifth (fîfth) *s., i.* 1. beşinci. 2. beşte bir. **— wheel** gereksiz şey/kimse. **a — ABD** (içki ölçüsü) galonun beşte biri, 84 santilitre.
fif.ti.eth (fîf´tiyîth) *s., i.* 1. ellinci. 2. ellide bir.
fif.ty (fîf´ti) *s.* elli. *i.* elli, elli rakamı (50, L). **fifty -fifty** *s.* yarı yarıya.
fig (fîg) *i.* 1. incir ağacı. 2. incir.
fig. *kıs.* **figurative, figure.**
fight (fayt) *i.* 1. kavga, dövüş. 2. mücadele. *f.* (**fought**) 1. kavga etmek, dövüşmek. 2. mücadele etmek, uğraşmak. 3. savaşmak.
fight.er (fay´tır) *i.* 1. savaşçı. 2. boksör. 3. avcı uçağı. **— plane** avcı uçağı.
fight.er-bomb.er (fay´tırba´mır) *i.* avcı bombardıman uçağı.
fight.ing (fay´tîng) *i.* savaş. **— cock** dövüş horozu.
fig.ment (fîg´mınt) *i.* **a — of the imagination** hayal ürünü, hayal mahsulü.
fig.ur.a.tive (fîg´yırıtîv) *s.* mecazi.
fig.ure (fîg´yır, *İng.* fîg´ır) *i.* 1. sayı, rakam, numara. 2. boy bos, endam. 3. figür. **— of speech** mecaz. **— skater** artistik patinajcı. **— skating** artistik patinaj, figür pateni. **be good/bad at —s** hesabı iyi/kötü olmak. **keep one's —** vücut hatlarını korumak.
fig.ure (fîg´yır, *İng.* fîg´ır) *f.* 1. *k. dili* sanmak, zannetmek. 2. önemli bir rol oynamak. **— on** *k. dili* 1. -i hesaba katmak. 2. -e güvenmek. 3. -i planlamak. **— out** -i anlamak, -i çözmek. **— up** (bir hesabı) toplamak.
fig.ure.head (fîg´yırhed) *i.* gemi aslanı.
Fi.ji (fî´ci) *i.* Fiji. **the — Islands** Fiji Adaları. **the —s** Fiji Adaları.
Fi.ji.an (fî´ciyın, fîci´yın) *i.* Fijili. *s.* 1. Fiji; Fiji'ye özgü; Fiji Adaları'na özgü. 2. Fijili.
fil.a.ment (fîl´ımınt) *i.* 1. tel, iplik, lif. 2. *bot.* ercik sapı. 3. *elek.* filaman.
fil.bert (fîl´bırt) *i.* fındık.

th	dh	w	hw	b	c	ç	d	f	g	h	j	k	l	m	n	p	r	s	ş	t	v	y	z
thin	the	we	why	be	joy	chat	ad	if	go	he	regime	key	lid	me	no	up	or	us	she	it	via	say	is

filch (filç) *f.* çalmak, aşırmak, yürütmek.
file (fayl) *i.* eğe; törpü. *f.* eğelemek; törpülemek.
file (fayl) *i.* 1. dosya; klasör. 2. *bilg.* dosya. 3. evrak/dosya dolabı. 4. dosya (bir şeyle/kişiyle ilgili belgeler). *f.* 1. dosyalamak, dosyaya koymak. 2. *huk.* (dilekçe) vermek; (dava) açmak; (bir şeyi) kaydettirmek. 3. **out** tek sıra halinde çıkmak. — **a complaint** yazılı olarak şikâyet etmek. — **clerk** evrakları dosyalayan görevli. **filing cabinet** evrak/dosya dolabı. **on — dosyaya** geçirilmiş (evrak). **walk —** tek sıra yürümek.
fi.let (filey´) *i.* fileto. — **mignon** fileminyon.
fil.i.al (fil´îyıl) *s.* evlada ait; evlada yakışır.
fil.ings (fay´lingz) *i., çoğ.* eğe talaşı.
fill (fil) *f.* 1. doldurmak; dolmak. 2. doyurmak. *i.* 1. dolgu maddesi, dolgu. 2. dolgu, dolguyla meydana getirilmiş yer. — **a prescription** reçetedeki ilaçları vermek. — **a tooth** dolgu yapmak. — **dirt** dolgu toprak. **F— her up!** *oto.* Depoyu doldur! — **in** 1. doldurmak. 2. geçici olarak bir işte çalışmak. — **in for** (birinin) yerine çalışmak. **F— me in on the situation.** Durumu bana açıkla. — **out** 1. (formu) doldurmak. 2. toplamak, kilo almak. — **the bill** *k. dili* ihtiyacı karşılamak. — **up** doldurmak. **eat one's —** karnını doyurmak. **have one's — of** *k. dili* -den bıkmak, -den illallah demek.
fill.er (fil´ır) *i.* 1. dolgu, katkı maddesi. 2. boyacılık filler, dolgu macunu.
fil.let (fil´ıt) *i.* 1. saç bandı. 2. kemiksiz et/balık, fileto.
fill.ing (fil´ing) *i.* 1. doldurma; dolma. 2. *dişçi.* dolgu. — **station** benzin istasyonu.
fil.ly (fil´i) *i.* kısrak.
film (film) *i.* 1. zar; ince örtü, ince tabaka. 2. *foto., sin.* film. *f.* 1. filme almak. 2. film çekmek. — **speed** film duyarlılığı. — **star** film yıldızı. **shooting of a —** filmin çevirimi.
fil.o, fil.lo (fi´lo) *i., bak.* **phyllo.**
fil.ter (fil´tır) *i.* 1. filtre. 2. *k. dili, çoğ.* filtreli sigaralar. *f.* filtreden geçirmek. — **paper** filtre kâğıdı. — **tip** 1. filtreli sigara. 2. sigara filtresi. **color —** renk filtresi. **oil —** *oto.* yağ filtresi.
fil.ter-tipped (fil´tırtipt) *s.* filtreli (sigara).
filth (filth) *i.* pislik.
filth.y (fil´thi) *s.* çok pis.
fil.trate (fil´treyt) *i.* süzüntü, filtrat.
fin (fin) *i.* yüzgeç.
fi.nal (fay´nıl) *s.* 1. son, sonuncu; kesin. 2. *spor* final: **final match** final maçı. *i.* 1. yıl sonu, sömestr sonu veya kurs sonu sınavı. 2. *spor* final, final karşılaşması. 3. *gazet.* son baskı. **get to the —s/make it to the —s** finale kalmak.
fi.na.le (fînäl´i) *i., müz.* final.
fi.nal.ise (fay´nılayz) *f., İng., bak.* **finalize.**
fi.nal.ist (fay´nılist) *i.* finalist.
fi.nal.i.ty (faynäl´ıti) *i.* kesinlik.
fi.nal.ize, *İng.* **fi.nal.ise** (fay´nılayz) *f.* bitirmek, son şeklini vermek.
fi.nal.ly (fay´nıli) *z.* nihayet, sonunda.
fi.nance (fînäns´, fay´näns) *i.* 1. maliye, finans: **ministry of finance** maliye bakanlığı. 2. finansman. *f.* finanse etmek.
fi.nan.ces (fînän´siz, fay´nänsiz) *i.* 1. para: **A lack of finances was the problem.** Problem parasızlıktı. 2. mali durum: **His finances are in good shape.** Onun mali durumu iyi.
fi.nan.cial (fînän´şıl) *s.* mali. — **year** bütçe yılı; mali yıl.
fin.an.cier (fînınsîr´) *i.* 1. finansçı. 2. yatırımcı.
fi.nanc.ing (fînän´sing, fay´nänsing) *i.* finansman.
finch (finç) *i.* ispinoz.
find (faynd) *f.* **(found)** bulmak, keşfetmek. — **fault (with)** kusur bulmak. — **guilty** suçlu çıkarmak. — **out** öğrenmek.
find.ing (fayn´ding) *i.* 1. bulunmuş/keşfedilmiş şey. 2. *huk.* (jürinin verdiği) karar.
fine (fayn) *s.* 1. güzel, ince, zarif. 2. ince. 3. saf, katışıksız, halis. 4. hassas, ince ruhlu, duygulu. 5. âlâ, mükemmel, üstün. 6. açık, güzel (hava). — **arts** güzel sanatlar. **fine-toothed comb** ince dişli tarak. **go over the matter with a fine-toothed comb** ince eleyip sık dokumak. **a — distinction** ince fark. **one — day** gününün birinde.
fine (fayn) *i.* para cezası. *f.* para cezasına çarptırmak.
fin.er.y (fay´nıri) *i.* süslü giyim.
fi.nesse (fînes´) *i.* incelik, ustalık. *f.* ustalıkla durumu idare etmek.
fin.ger (fîng´gır) *i.* parmak. *f.* parmakla dokunmak, el sürmek, ellemek. **have a — in the pie** çorbada tuzu bulunmak. **let something/someone slip through one's —s** bir şeyi/birini elinden kaçırmak. **twist someone around one's little —** birini parmağında oynatmak/çevirmek.
fin.ger.nail (fîng´gırneyl) *i.* tırnak, parmak tırnağı.
fin.ger.print (fîng´gır.print) *i.* parmak izi.
fin.ger.tip (fîng´gırtip) *i.* parmak ucu. **have something at one's —s** 1. bir şey elinin altında bulunmak. 2. bir şeyi çok iyi bilmek.
fin.ick.y (fîn´îki) *s.* titiz, kılı kırk yaran.
fin.ish (fîn´îş) *f.* 1. bitirmek; sona erdirmek; tamamlamak; bitmek; sona ermek; tamamlanmak. 2. *k. dili* öldürmek, işini bitirmek. 3. *k. dili* bitirmek, mahvetmek; bozmak; bitkin duruma getirmek. 4. (bir müsabakada) ... gelmek: **He finished first.** Birinci gel-

finite

di. *i.* 1. son, nihayet. 2. *spor* finiş, bitiş. 3. (ağaç işlerinde) cila, perdah: **This table has a lovely finish.** Bu masanın cilası güzel. — **line** *spor* finiş, bitiş. — **off/up** bitirmek. — **with** 1. ile işi bitmek: **If you've finished with that computer, I'd like to use it.** O bilgisayarla işin bittiyse onu kullanmak istiyorum. 2. ile ilişkisini kesmek/bitirmek/sona erdirmek: **Belma's finished with Burhan.** Belma, Burhan'la ilişkisini kesti.
fi.nite (fay'nayt) *s.* 1. sınırlı, mahdut. 2. *mat.* sonlu. — **verb** *dilb.* çekimli fiil.
fink (fîngk) *i., argo* 1. hain; ispiyoncu, ispiyon, gammaz, ihbarcı. 2. grev kırıcı.
Fin.land (fîn'lınd) *i.* Finlandiya.
Fin.land.er (fîn'lăndır, fîn'lındır) *i.* Finlandiyalı.
Finn (fîn) *i.* Finli. *s.* Fin. **Finnish** *i.* Fince. *s.* 1. Fin. 2. Fince.
fiord (fyôrd) *i., bak.* **fjord.**
fir (fır) *i.* köknar.
fire (fayr) *i.* 1. ateş. 2. yangın. — **alarm** yangın zili; yangın alarmı. — **brigade** *İng.* itfaiye. — **department** itfaiye teşkilatı. — **engine** itfaiye arabası. — **escape** yangın merdiveni. — **extinguisher** yangın söndürme aleti. — **hydrant** yangın musluğu. — **tower** yangın kulesi. **be on** — yanmak. **catch** — tutuşmak, ateş almak. **cease** — ateş kesmek. **hang** — geri kalmak. **set** — **to/set on** — tutuşturmak, yakmak; ateşe vermek.
fire (fayr) *f.* 1. (tüfek, top v.b.'ni) ateşlemek; (silah) ateş almak. 2. (kurşun, top, belirli bir el silah) atmak. 3. (toprak eşyayı) fırında) pişirmek. 4. *k. dili* işten kovmak, sepetlemek. — **questions at** (birini) soru yağmuruna tutmak. — **someone up** birini gayrete getirmek. — **someone with enthusiasm for** (bir iş için) birini şevke getirmek. — **something up** 1. (soba, kalorifer v.b.'ni) fayrap etmek. 2. (motoru) çalıştırmak.
fire.arms (fayr'ärmz) *i.* ateşli silahlar.
fire.boat (fayr'bot) *i.* yangın söndürme gemisi.
fire.brand (fayr'bränd) *i.* 1. yanan odun parçası. 2. ortalığı karıştıran delifişek.
fire.brick (fayr'brîk) *i.* yangın tuğlası.
fire.bug (fayr'bʌg) *i.* kundakçı.
fire.crack.er (fayr'kräkır) *i.* kestanefişeği.
fire.fly (fayr'flay) *i.* ateşböceği.
fire.man (fayr'mın), *çoğ.* **fire.men** (fayr'min) *i.* itfaiyeci.
fire.place (fayr'pleys) *i.* şömine, ocak.
fire.plug (fayr'plʌg) *i.* yangın musluğu.
fire.proof (fayr'pruf) *s.* yanmaz.
fire.side (fayr'sayd) *i.* ocak başı.
fire.wood (fayr'wûd) *i.* odun.
fire.works (fayr'wırks) *i.* havai fişekler, kestane fişekleri, çatapatlar v.b.
fir.ing (fayr'îng) *i.* 1. (tüfek, top v.b.'ni) ateşleme; ateşlenme, ateş alma. 2. (kurşun, top, belirli bir el silah) atma, atış. 3. (toprak eşyayı) pişirme; pişim. 4. *k. dili* işten kovma, sepetleme. — **line** ateş hattı. — **mechanism** ateşleme mekanizması, ateşleme tertibatı. — **pin** ateşleme iğnesi, ateşleme pimi. — **range** atış alanı, poligon. — **squad** idam mangası.
firm (fırm) *i.* firma.
firm (fırm) *s.* 1. donmuş (jöle, pelte, çikolata v.b.). 2. sağlam; sallanmayan; kaymayan. 3. sıkı. 4. fiyatı değişiklik göstermeyen (hisse senedi, tahvil v.b.). *f.* 1. **up** -i sağlamlaştırmak, -i sağlama bağlamak. 2. (jöle, pelte, çikolata v.b.) donmak. 3. (fiyatlar) istikrara kavuşmak. — **offer** *tic.* kesin teklif. **be/stand** — kararından hiç vazgeçmemek.
fir.ma.ment (fır'mımınt) *i.* gök kubbe.
fir.man (fır'mın, fırman') *i.* ferman.
firm.ness (fırm'nîs) *i.* 1. (jöle, pelte, çikolata v.b.'ne özgü) donmuşluk. 2. sağlamlık. 3. sıkılık. 4. (fiyatlarda) istikrar.
first (fırst) *s.* 1. ilk, birinci. 2. baş, en büyük. *i.* ilk, birinci. *z.* 1. ilkin, evvela, ilkönce, önce. 2. ilk: **When we first came here it was a village.** İlk geldiğimiz zaman burası bir köydü. — **aid** *tıb.* ilk yardım. — **class** (taşıtta) birinci mevki. — **floor** zemin kat; *İng.* birinci kat. — **lady** (ABD'de) cumhurbaşkanının karısı. — **lieutenant** *ask.* üsteğmen. — **name** ilk ad. — **night** gala, açılış gecesi. — **person** *dilb.* birinci tekil veya çoğul şahıs. **from the** — baştan itibaren.
first.born (fırst'bôrn') *i.* ilk çocuk. *s.* ilk doğan.
first-class (fırst'kläs') *s.* 1. birinci mevkie ait, birinci mevki. 2. üstün, mükemmel; birinci sınıf, ekstra. *z.* birinci mevkide.
first.hand (fırst'händ') *z.* doğrudan, doğrudan doğruya, ilk elden. *s.* ilk elden, ilk elden alınmış.
first.ly (fırst'li) *z.* ilkin, evvela, ilkönce, önce.
first-rate (fırst'reyt') *s.* üstün, mükemmel; birinci sınıf, ekstra.
firth (fırth) *i.* (İskoçya'da) haliç.
fis.cal (fîs'kıl) *s.* mali. — **year** mali yıl.
fish (fîş) *i.* (*çoğ.* **fish**, *değişik türler için* **fish.es**) balık. — **story** palavra, masal, hikâye. **cold** — soğuk kimse, frigo. **drink like a** — fazla içki içmek. **feel like a** — **out of water** sudan/denizden çıkmış balığa dönmek. **have other** — **to fry** başka bir işi olmak. **He's/She's not the only** — **in the sea!** Ondan başkası yok mu bu dünyada? **neither** — **nor fowl** hiçbir kategoriye girmeyen; garip bir kişi/şey. **queer** — garip bir kimse, tuhaf

157

fix

bir kimse, antika, kaşmerdikoz. That's a fine kettle of —! Ne âlâ! *(Hiç istenmeyen bir durum karşısında söylenir.).*

fish (fiş) *f.* balık tutmak, balık avlamak. **— for** dolaylı bir şekilde istemek/aramak. **— in troubled waters** bulanık suda balık avlamak. **— or cut bait** *k. dili* bir şeyi yapmak ya da ondan tamamıyla vazgeçmek: **You must either fish or cut bait!** Ya bu deveyi güdersin, ya da bu diyardan gidersin! **—ing line** olta, olta ipi, misina. **—ing pole** olta kamışı. **—ing rod** olta çubuğu. **—ing tackle** olta takımı.

fish.bone (fiş'bon) *i.* kılçık, balık kılçığı.

fish.er.man (fiş'ırmın), *çoğ.* **fish.er.men** (fiş'ırmin) *i.* balıkçı.

fish.net (fiş'net) *i.* balık ağı. **— stocking** file çorap.

fish.y (fiş'i) *s.* 1. balık kokan; içinde balık tadı olan. 2. balığı çok. 3. *k. dili* şüphe uyandıran: **There's something fishy about this.** Bu işte bir bityeniği var.

fis.sile (fis'ıl) *s.* bölünebilir, yarılabilir.

fis.sion (fiş'ın) *i., fiz.* bölünüm, yarılım.

fis.sure (fiş'ır) *i.* ince çatlak.

fist (fîst) *i.* yumruk.

fist.i.cuffs (fis'tikʌfs) *i.* yumruklaşma, dövüşme.

fit (fît) *i.* 1. nöbet, kriz: **a fit of coughing** öksürük nöbeti. **a fainting —** baygınlık nöbeti. 2. (güçlü bir duygunun patlak verdiği) an: **He threw it away in a fit of anger.** Bir hiddet anında onu çöpe attı. **by —s and starts** düzensiz bir tempo ile, rasgele çalışarak. **fall down in a —** fenalık geçirerek yere düşmek. **have a —** 1. (öfkeden) deli olmak, babaları tutmak, küplere binmek, zıvanadan çıkmak. 2. mest olmak, deli olmak, neredeyse dil takıp oynamak, çok sevinmek. 3. fenalık geçirmek.

fit (fît) *s.* 1. uygun. 2. (bedenen) formda olan, spor yapmaya hazır. **— to be tied** *k. dili* çok öfkeli, babaları tutmuş, küplere binmiş, zıvanadan çıkmış. **dressed up — to kill** *k. dili* iki dirhem bir çekirdek. **keep —** formunu korumak. **not to be — to be seen** *k. dili* insan içine çıkacak durumda olmamak. **see — (to)** -i uygun görmek.

fit (fît) *f.* **(—ted, —ting)** 1. -e göre olmak, -e yakışmak; -e uygun olmak; -i uydurmak, -i ayarlamak, -in uymasını sağlamak: **This job fits you perfectly.** Bu iş tam sana göre. **The colors don't fit.** Renkler birbirine uymuyor. **You should fit your remarks to the educational level of your listeners.** Sözlerinizi dinleyicilerinizin eğitim düzeyine göre ayarlamalısınız. 2. **in** (bir yere, çevreye, gruba v.b.'ne) uygun düşmek/olmak, uymak: **He just doesn't fit in here.** Buraya uygun biri değil o. 3. -e uymak, ölçüleri birbirini tutmak: **This coat fits you.** Bu palto senin ölçülerine uyuyor. **The key didn't fit the lock.** Anahtar kilide uymadı. 4. **-e yerleştirmek; -e takmak: He fitted the crown onto the tooth.** Kuronu dişin üstüne geçirdi. 5. **into/in** -i programına almak/sıkıştırmak: **I'll try to fit Gümüşhane into our schedule.** Gümüşhane'yi programımızın içine almaya çalışırım. 6. **(into/in)** -e yerleştirmek, -e sığdırmak, -e girmesini sağlamak; -e sığmak, -e girmek: **Can you fit this into the trunk of the car?** Bunu otomobilin bagajına yerleştirebilir misin? **No, it won't fit.** Hayır, sığmaz. 7. uymak, tutmak, çelişmemek: **The key didn't fit the lock.** Senin tarifine uyuyor o. 8. **for** (birini) -e hazırlamak, (birinin) (bir şey) için hazır/uygun olmasını sağlamak: **The education you get here will fit you for university.** Burada gördüğünüz tahsil sizi üniversiteye hazırlar. 9. **for** (bir şey) için ölçü almak: **She fitted him for a new pair of shoes.** Yeni bir çift ayakkabı için ayağının ölçüsünü aldı. 10. **with** (bir giysinin) provasını yapmak: **We'll fit you with the dress tomorrow.** Elbisenizin provasını yarın yapacağız. 11. **with** ile donatmak: **They fitted the trucks with new engines.** Kamyonlara yeni motor taktılar. **— someone out for** birine (bir şey için) gerekli şeyleri sağlamak/tedarik etmek. **How does she — into the scheme of things here?** Onun buradaki rolü ne?

fit.ful (fît'fıl) *s.* kısa aralıklarla bölünen, kesintili, düzensiz.

fit.ness (fît'nıs) *i.* 1. uygunluk, uygun olma. 2. (bedenen) formda olma, spor yapmaya hazır olma.

fit.ted (fît'ıd) *s.* ölçülere uygun olarak yapılmış; ölçülere uyan. **— sheet** lastikli çarşaf.

fit.ter (fît'ır) *i.* borucu, tesisatçı.

fit.ting (fît'îng) *i.* 1. *terz.* prova. 2. (rakor, manşon gibi) tesisat işlerinde kullanılan parça; *çoğ.* fitings. 3. (bir) aksesuar. *s.* uygun.

five (fayv) *s.* beş. *i.* 1. beş, beş rakamı (5, V). 2. *isk.* beşli. **five-and-ten-cent store/ten-cent store/dime store/five-and-ten** ucuz eşya satılan mağaza.

five.fold (fayv'fold') *s., z.* beş kat, beş misli.

fiv.er (fay'vır) *i., k. dili* beş dolarlık kâğıt para.

fix (fîks) *i.* **be in a —** zor bir duruma düşmek. **get oneself in a —** kendini zor bir duruma sokmak.

fix (fîks) *f.* 1. tamir etmek. 2. (sabitleştirecek bir şekilde) takmak, yerleştirmek. 3. (tarih, miktar v.b.'ni) kararlaştırmak, tayin etmek. 4. (kahvaltı/öğle yemeği/akşam yemeği) hazırlamak. 5. (saçını) yapmak. 6. (filmin) fiksajını yapmak. 7. *k. dili* şike yaparak (ma-

fixation

çın) sonucunu tayin etmek; rüşvet yedirerek (mahkemenin) sonucunu tayin etmek. 8. *k. dili* gününü göstermek, hakkından gelmek, çanına ot tıkamak. **— a place up bir yeri tamir etmek. — on** -i seçmek, -e karar vermek. **— one's attention on** dikkatini -e çevirmek. **— one's eyes on** gözünü -e dikmek. **— oneself up** süslenmek, kendini süslemek. **— someone up with** *k. dili* birine (bir şey) ayarlamak/sağlamak.

fix.a.tion (fiksey´şın) *i.* aşırı bağlılık, aşırı düşkünlük.

fixed (fikst) *s.* 1. sabit, değişmeyen. 2. *k. dili* şike/rüşvet yoluyla ayarlanmış. **— asset** sabit değer. **— price** sabit fiyat.

fix.ings (fik´sîngz) *i., çoğ., k. dili* (bir et yemeğini tamamlayan) diğer yemekler.

fix.ture (fiks´çır) *i.* 1. (bir yapıya/odaya ait) sabit eşya. 2. *İng., spor* müsabaka. **bathroom —s** banyoya ait sabit eşya. **light —s** (duvara/tavana yerleştirilen) lamba armatürleri. **plumbing —s** (bir yapının sıhhi tesisatını oluşturan) borular ve boru bağlama parçaları.

fizz (fiz) *f.* (gazoz, soda, şampanya v.b.) fış fış/fışır fışır köpürdemek, fışırdamak, fışıldamak. *i.* 1. (köpüren gazoz, soda v.b.'nin çıkardığı) fışırtılı ses, fışırtı, fışıltı. 2. canlılık.

fiz.zle (fiz´ıl) *f.* **out** *k. dili* iyi başlayıp sonradan suya düşmek.

fiz.zy (fi´zi) *s.* karbonatlı (içecek).

fjord (fyôrd) *i.* fiyort.

flab.ber.gast (fläb´ırgäst) *f., k. dili* çok şaşırtmak, küçük dilini yutturmak.

flab.by (fläb´i) *s.* 1. gevşemiş, gevşek (adale/doku). 2. cansız, güçsüz, ruhsuz, sönük.

flac.cid (fläk´sîd, fläs´ıd) *s., bak.* **flabby**.

flag (fläg) *i.* süsen, zambak.

flag (fläg) *i.* bayrak; sancak; bandıra; flama. *f.* **(—ged, —ging) (down)** bayrak/el sallayarak (birini/bir vasıtayı) durdurmak. **— (down) a taxi** taksi çevirmek. **strike one's —** teslim olmak, yenilgiyi kabul etmek.

flag (fläg) *f.* **(—ged, —ging)** yorulmaya başlamak, kuvveti kesilmek.

flag (fläg) *i.* büyük ve yassı kaldırım taşı. *f.* **(—ged, —ging)** bu taşlarla döşemek.

flag.pole (fläg´pol) *i.* gönder, bayrak direği.

fla.grant (fley´grınt) *s.* göze batan (kötülük/ahlaksızlık); pervasız (suç işleyen kimse).

fla.gran.te de.lic.to (flıgran´ti dîlîk´to) *z., bak.* **in flagrante delicto**.

flag.ship (fläg´şîp) *i.* 1. amiral gemisi. 2. bir şirket grubundaki en önemli şirket: **The Chicago Hilton is the flagship of the Hilton chain of hotels.** Şikago Hiltonu, Hilton otel zincirinin baş oteli.

flag.staff (fläg´stäf) *i.* gönder, bayrak direği.

flag.stone (fläg´ston) *i.* büyük ve yassı kaldırım taşı.

flair (fler) *i.* 1. yetenek, kabiliyet. 2. içgüdü.

flake (fleyk) *i.* 1. ince bir tabaka halinde olan parça. 2. ince bir tabaka halindeki kar tanesi. *f.* **(off/away)** (boya tabakaları v.b.) kabarıp dökülmek; tabaka halinde dökülmek.

flam.beau (fläm´bo) *i.* meşale.

flam.boy.ant (flämboy´ınt) *s.* 1. frapan, göze çarpan (renk). 2. aşırı davranışlarından dolayı göze çarpan (kimse).

flame (fleym) *i.* 1. alev, yalaz. 2. *k. dili* sevgili. *f.* alev alev yanmak. **burst into —s** tutuşmak, alev almak. **in —s** alevler içinde.

flame.throw.er (fleym´throwır) *i.* alev makinesi.

fla.min.go (flımîng´go) *i.* (*çoğ.* **—s/—es**) *zool.* flamingo.

flam.ma.ble (fläm´ıbıl) *s.* yanıcı.

Flan.ders (flän´dırz) *i.* Flandra.

flange (flänc) *i.* flanş.

flank (flängk) *i.* 1. böğür. 2. *ask., den.* yan. *f., ask.* 1. yandan kuşatmak. 2. yan saldırısı yapmak, yan taarruzu yapmak. **— attack** *ask.* yan saldırısı, yan taarruzu. **—ing action** *ask.* yan hareketi.

flan.nel (flän´ıl) *i.* 1. flanel. 2. pazen. 3. *İng.* elbezi; sabun bezi, sabunluk. 4. *İng.* saçma, palavra.

flan.nel.ette (flänılet´) *i.* pazen.

flap (fläp) *i.* 1. (kanat) çırpma, çırpıntı, çırpış. 2. (bayrak, yelken v.b.) dalgalanma. 3. (zarfa ait) kapak. 4. (kaskette) kulaklık. 5. (çadıra ait) etek. 6. (uçağın kanadındaki) kanatçık. 7. (masaya ait) kanat. *f.* **(—ped, —ping)** 1. (kuş) (kanatlarını) çırpmak. 2. (bayrak, yelken v.b.) (rüzgârda) dalgalanmak. **be in a — *k. dili*** telaş içinde olmak.

flare (fler) *f.* 1. parlamak, alevlenmek. 2. parlamak, ışık saçmak. 3. (etekler) kabarmak. 4. **up** parlamak, öfkelenmek. *i.* 1. *ask.* aydınlatma cephanesi. 2. *den.* işaret fişeği.

flash (fläş) *f.* 1. (şimşek) çakmak. 2. (işaret vermek için) (ışıkları) yakıp söndürmek. 3. büyük bir hızla geçmek. 4. bir an için göstermek. **— through one's mind** birden aklından geçmek.

flash (fläş) *i.* 1. ani bir parıldama. 2. flaş, kısa fakat önemli bir haber. 3. *foto.* flaş aygıtı, flaş. 4. cep feneri. **— flood** aniden gelen sel. **— in the pan** saman alevi gibi bir şey. **in a —** yıldırım hızıyla.

flash.back (fläş´bäk) *i.* geriye dönüş.

flash.bulb (fläş´bʌlb) *i., foto.* flaş ampulü.

flash.gun (fläş´gʌn) *i., foto.* flaş lambası, flaş.

flash.ing (fläş´îng) *i.* etek, yağmur sularına karşı konulan saç örtü.

flash.light (fläş'layt) *i.* el feneri.
flash.y (fläş'i) *s.* frapan, göze çarpan.
flask (fläsk) *i.* 1. cep şişesi; matara. 2. *kim.* balon (cam kap).
flat (flät) *s.* (**—ter, —test**) 1. düz; yassı. 2. yavan, tatsız. 3. *müz.* bemol. 4. gazı gitmiş (meşrubat/bira/şampanya). **— broke** *k. dili* meteliksiz, züğürt. **— rate** tek fiyat. **— tire** patlak lastik. **fall —** umulan rağbeti hiç görmemek. **in ten seconds —** tam on saniyede. **The market is —.** Piyasa durgun.
flat (flät) *i.* apartman dairesi.
flat (flät) *i.* 1. düzlük, geniş düz yer. 2. *müz.* bemol.
flat.car (flät'kar) *i., d.y.* açık yük vagonu.
flat-foot.ed (flät'fûtid) *s.* düztaban.
flat.i.ron (flät'ayırn) *i.* ütü.
flat.ness (flät'nıs) *i.* 1. düzlük; yassılık. 2. yavanlık, tatsızlık.
flat.ten (flät'ın) *f.* yassılaştırmak, yassıltmak, yassılatmak; ezmek.
flat.ter (flät'ır) *f.* pohpohlamak, koltuklamak, samimi olmayan iltifatlarda bulunmak. **You — yourself.** O senin hüsnükuruntun.
flat.ter.er (flät'ırır) *i.* pohpohçu.
flat.ter.y (flät'ıri) *i.* pohpohlama.
flat.top (flät'tap) *i.* alabros saç.
flaunt (flônt) *f.* göz önüne sermek, sergilemek.
flau.tist (flô'tist) *i., müz.* flütçü.
fla.vor, *İng.* **fla.vour** (fley'vır) *i.* 1. (duyum olarak) tat, lezzet. 2. lezzetli bir tat, çeşni. 3. çeşit: **Their ice cream comes in twenty flavors.** Onların dondurmasının yirmi çeşidi var. 4. (belirli bir) nitelik. *f.* (bir yiyeceğe) tat vermek için (bir şey) katmak: **She flavored it with vanilla.** Tat vermek için ona vanilya kattı.
fla.vor.ful (fley'vırfıl) *s.* lezzetli.
fla.vor.ing, *İng.* **fla.vour.ing** (fley'vıring) *i.* yemeğe tat veren şey, tatlandırıcı.
fla.vour (fley'vır) *i., f., İng., bak.* **flavor.**
fla.vour.ing (fley'vıring) *i., İng., bak.* **flavoring.**
fla.vour.some (fley'vırsım) *s., İng.* lezzetli.
flaw (flô) *i.* kusur; (kumaşta/giyside) defo.
flawed (flôd) *s.* kusurlu; defolu.
flaw.less (flô'lis) *s.* kusursuz; defosuz.
flax (fläks) *i., bot.* keten.
flax.en (fläk'sın) *s.* sarı, lepiska.
flax.seed (fläks'sid) *i.* ketentohumu.
flay (fley) *f.* 1. (derisini) yüzmek. 2. fena halde azarlamak, haşlamak.
flea (fli) *i.* pire. **put a — in one's ear** ihtar etmek, kulağını bükmek.
fleck (flek) *i.* 1. nokta, benek, leke. 2. çok ufak parça.
fled (fled) *f., bak.* **flee.**
fledg.ling (flec'ling) *i.* 1. tüyleri henüz bitmiş yavru kuş. 2. acemi çaylak, bir işe yeni başlayan kimse.
flee (fli) *f.* (**fled**) kaçmak; firar etmek.
fleece (flis) *i.* 1. (bir koyunun üstünde biten) yünün tümü. 2. (bir koyundan kırkılan) yünün tümü. *f.* 1. (koyunu) kırkmak. 2. *k. dili* (hile ile) soyup soğana çevirmek; kazıklamak.
fleec.y (fli'si) *s.* 1. uzun tüylü yün kümelerine benzeyen. 2. uzun tüylü yünle kaplı.
fleet (flit) *i.* filo, donanma.
fleet (flit) *s.* hızlı.
fleet.ing (fli'ting) *s.* çabuk geçen, uçup giden; geçici, fani.
Flem.ing (flem'ing) *i.* Flaman.
Flem.ish (flem'iş) *i.* Flamanca. *s.* 1. Flaman. 2. Flamanca. **the —** Flamanlar.
flesh (fleş) *i.* et. **— color** ten rengi. **in the —** bizzat. **It makes my — creep.** Tüylerimi ürpertiyor. **the —** nefis; beden.
flew (flu) *f., bak.* **fly.**
flex (fleks) *f.* (kası) bükmek.
flex.i.bil.i.ty (fleksıbıl'ıti) *i.* esneklik, elastikiyet.
flex.i.ble (flek'sıbıl) *s.* esnek, elastiki.
flick (flik) *i.* 1. çabuk bir sallama hareketi: **a flick of the fingers** bir fiske. **a flick of the wrist** çabuk ve kesik bir el sallama. 2. *k. dili* (sinema salonunda gösterilen) film. *f.* çabuk bir sallama hareketinde bulunmak. **— one's fingers** fiske atmak. **— one's wrist** çabuk ve kesik bir şekilde elini sallamak. **go to the —s** *k. dili* (film seyretmek için) sinemaya gitmek.
flick.er (flik'ır) *f.* 1. titreşim, titreme. 2. ufacık bir belirti: **He suddenly felt a flicker of hope.** Birdenbire ufacık bir umut duydu. *f.* 1. (ışık/gölge) oynamak. 2. titreyen alevlerle/bir alevle yanmak.
fli.er (flay'ır) *i.* 1. pilot. 2. el ilanı.
flight (flayt) *i.* 1. uçuş, uçma. 2. kaçış; firar. **— of fancy** hayal, hayal kurma. **— of stairs** 1. (bir kattan başka bir kata giden) merdiven. 2. (bir kattan merdiven sahanlığına kadar giden) merdiven bölümü. **put to —** kaçırmak. **take —** uçmaya başlamak. **take to —** kaçmak.
flight.y (flay'ti) *s.* hercai; havai; kaprisli.
flim.sy (flim'zi) *s.* 1. dayanıksız; çürük; derme çatma. 2. uydurma olduğu belli, uyduruk, uydurmasyon.
flinch (flinç) *f.* (darbe yememek için) (vücudunu, vücudunun bir parçasını) geri veya bir yana çekmek.
fling (fling) *f.* (**flung**) 1. fırlatmak, hızla atmak. 2. (kollarını) savurmak. **— have a —** kurtlarını dökmek. **have a — at** (bir şey yapmayı) denemek. **— back open** (pencereyi/kapıyı) hızla açmak. **— oneself into** (bir işe) dört elle sa-

rılmak, balıklama dalmak.
flint (flînt) *i.* çakmaktaşı.
flip (flîp) *f.* (**—ped, —ping**) 1. fiske atmak. 2. *k. dili* çıldırmak, keçileri kaçırmak. 3. **over** *k. dili* -e hayran olmak. *s., k. dili* saygısız, küstah. **— a coin** yazı tura atmak. **— one's lid** *k. dili* 1. çok kızmak, tepesi atmak, küplere binmek. 2. çıldırmak, keçileri kaçırmak. 3. **over** -e hayran olmak.
flip-flop (flîp´flap) *i.* tokyo.
flip.pant (flîp´ınt) *s.* saygısız, küstah.
flip.per (flîp´ır) *i.* 1. (deniz kaplumbağalarında ve yüzen memelilerde) yüzgeç. 2. (yüzmek için kullanılan) palet.
flirt (flırt) *f.* (**with**) (erkek) (kadına) âşık gibi davranmak; (kadın) (erkeğe) cilve yapmak. *i.* kadınlara âşık rolü yapmayı seven erkek; erkeklere cilve yapmayı seven kadın.
flit (flît) *f.* (**—ted, —ting**) 1. oradan oraya uçmak. 2. -den hızla geçmek.
float (flot) *i.* 1. olta mantarı. 2. şamandıra, flotör. 3. duba. *f.* 1. su yüzünde/havada yüzmek/gitmek. 2. (gemiyi) yüzdürmek. 3. (bir şeyin) su yüzünde yüzerek bir yere gitmesini sağlamak; su yüzünde götürmek; yüzdürmek. 4. hisseleri satarak (bir şirket) kurmak. 5. (döviz kurunu) dalgalanmaya bırakmak. 6. boş verip her şeyi oluruna bırakmak.
float.ing (flo´ting) *s.* su yüzünde/havada yüzen. **— assets** *tic.* cari aktifler. **— capital** *tic.* döner sermaye. **— dock** yüzer havuz. **— population** gelip geçici nüfus.
flock (flak) *i.* sürü. *f.* sürü halinde toplanmak.
floe (flo) *i.* denizde yüzen üstü düz buz kütlesi.
flog (flag) *f.* (**—ged, —ging**) kırbaçlamak.
flood (flʌd) *i.* sel; su baskını, taşkın. *f.* 1. sel basmak; su basmak. 2. sel gibi akmak. 3. *oto.* (motoru) ambale etmek. **— plain** *coğr.* taşkın yatağı. **— tide** kabarma, met. **the F—** tufan.
flood.gate (flʌd´geyt) *i.* bent kapağı.
flood.light (flʌd´layt) *i.* projektör.
floor (flôr) *i.* 1. taş/tahta döşeme, yer, zemin. 2. (binadaki) kat. *f.* 1. taş/tahta döşemek. 2. vurup yere yıkmak. 3. *k. dili* şaşırtmak, küçük dilini yutturmak. **— lamp** ayaklı lamba, abajur. **— plan** *mim.* kat planı. **— show** eğlence programı. **first —** 1. *ABD* zemin kat. 2. *İng.* birinci kat. **ground —** zemin kat. **have the —** mecliste söz söyleme hakkı olmak. **second —** 1. *ABD* birinci kat. 2. *İng.* ikinci kat. **take the —** mecliste söz almak.
floor.board (flôr´bôrd) *i.* döşeme tahtası. *f., k. dili* (motorlu taşıtın) gaz pedalına sonuna kadar basmak, alabildiğine gazlamak.
floor.ing (flôr´îng) *i.* döşemelik.
floor.walk.er (flôr´wôkır) *i.* büyük mağazalarda işi idare eden ve müşterilere yardımcı olmak üzere dolaşan görevli.
floo.zy (flu´zi) *i., k. dili* hayat kadını, fahişe.
flop (flap) *f.* (**—ped, —ping**) 1. çırpınmak. 2. *k. dili* başaramamak. 3. (bir şeyi) birden sertçe bırakıvermek. *i., k. dili* başarısızlık, fiyasko.
flop.house (flap´haus) *i.* berduşların kalabileceği yurt; berduşların kaldığı otel.
flop.py (flap´i) *s.* yumuşak ve kenarları sarkık; gevşek; esnek. **— disk** *bilg.* disket, esnek disk.
flo.ra (flor´ı), *çoğ.* **—s** (flor´ız)/**—e** (flor´i) *i.* flora, bitey, bitki örtüsü.
flo.ral (flor´ıl) *s.* çiçeklere ait.
flor.id (flôr´îd) *s.* 1. tumturaklı (yazı); fazla süslü. 2. kırmızı (yüz/yanak).
flo.rist (flôr´îst) *i.* çiçekçi, kesme çiçek satılan dükkânı işleten kimse.
floss (flôs) *i.* diş ipliği. *f.* (diş aralarını) iplikle temizlemek.
floss.y (flôs´i) *s., k. dili* şatafatlı.
flo.ta.tion (flotey´şın) *i.* 1. yüzme; yüzdürme. 2. *tic.* (senetleri) ihraç etme.
flot.sam (flat´sım) *i.* **— and jetsam** denizde yüzen veya kıyıya vuran şeyler.
flounce (flauns) *f.* 1. **into** -e bir hışımla girmek. 2. **out** bir hışımla çıkmak.
flounce (flauns) *i.* fırfır, farbala.
floun.der (flaun´dır) *i., zool.* derepisisi.
floun.der (flaun´dır) *f.* 1. debelenmek, çırpınmak. 2. bata çıka ilerlemek. 3. bocalamak.
flour (flaur, flau´wır) *i.* un.
flour.ish (flır´îş) *f.* 1. gelişmek, büyümek; ilerlemek. 2. sallamak. *i.* gösterişli bir hareket.
flout (flaut) *f.* hor görmek; reddetmek; itaat etmemek.
flow (flo) *f.* 1. akmak. 2. (saç) sarkmak. 3. (elbise/kumaş) (belirli bir şekilde) dökülmek, düşmek, durmak, oturmak. *i.* akış.
flow.er (flau´wır) *i.* çiçek. *f.* çiçeklenmek, çiçek vermek, çiçek açmak. **— bed** çiçek tarhı. **— girl** 1. çiçekçi kız. 2. nikâh töreninde çiçek taşıyan küçük kız.
flow.er-sell.er (flau´wırselır) *i.* (sokakta çiçek satan) çiçekçi.
flow.er.pot (flau´wırpat) *i.* saksı.
flow.er.y (flau´wıri) *s.* 1. çiçekli, çiçeği çok. 2. süslü (yazı/sözler/üslup).
flow.ing (flow´îng) *s.* 1. akan. 2. akıcı.
flown (flon) *f., bak.* **fly**.
fl. oz. *kıs.* **fluid ounce(s)**.
flu (flu) *i.* grip.
fluc.tu.ate (flʌk´cuweyt) *f.* 1. yükselip alçalmak; inip çıkmak. 2. değişmek. 3. *tic.* dalgalanmak.
fluc.tu.a.tion (flʌkçuwey´şın) *i.* 1. yükselip alçalma; inip çıkma. 2. değişme. 3. *tic.* dalgalanma.
flue (flu) *i.* büyük bir baca içindeki birkaç ayrı

duman yolunun her biri; duman yolu.
flu.en.cy (fluw´ınsi) *i.* (dilde) akıcılık.
flu.ent (fluw´ınt) *s.* akıcı (yazı/üslup); akıcı bir şekilde konuşan (biri). **be — in** (bir dili) akıcı bir şekilde konuşmak.
flu.ent.ly (fluw´ıntli) *z.* akıcı bir şekilde.
fluff (flʌf) *i.* (halıdan/kumaştan dökülmüş) hav. *f.* (tüylerini/saçını) kabartmak.
fluff.y (flʌf´i) *s.* tüyleri kabarık.
flu.id (flu´wid) *s.* akıcı; akışkan. *i.* sıvı; akışkan. **— ounce** *ABD* 29,57 cc.; *İng.* 28,41 cc.
fluke (fluk) *i.* (bir) şans, şans eseri.
flung (flʌng) *f., bak.* **fling.**
flunk (flʌngk) *f., k. dili* 1. (sınavda) çakmak; çaktırmak. 2. (sınıfta) kalmak; (sınıfta) bırakmak. **— out** başarısızlıktan dolayı okulu bırakmak zorunda kalmak.
flun.ky (flʌng´ki) *i.* 1. birinin emirlerine koşan, uşak, piyon. 2. dalkavuk.
flu.o.res.cent (flûres´ınt) *s.* floresan. **— light** 1. floresan lamba, floresan. 2. floresan ışık.
flu.o.ride (flû´rayd) *i., kim.* flüorür.
flur.ry (flır´i) *i.* 1. kısa süren hafif bir kar yağışı. 2. kısa süren bir heyecan/telaş. 3. *tic.* borsada kısa süren bir fiyat yükselişi/inişi.
flush (flʌş) *s.* 1. düz, aynı hizada olan. 2. *k. dili* üzerinde bol para olan. *f.* 1. (av kuşunu) ürkütüp uçurmak. 2. (yüzü) kızarmak; (yanaklarını) kızartmak. *i.* (yüzde) kızartı. **— someone out** birini saklandığı yerden çıkarmak. **— something down the toilet** bir şeyi tuvalete atıp sifonu çekmek. **— tank** (tuvalete ait) rezervuar. **— the toilet** sifonu çekmek. **be —ed with** (bir şeyin) verdiği heyecanla dolu olmak.
flus.ter (flʌs´tır) *f.* (birini) heyecanlandırıp şaşırtmak. *i.* heyecanlı ve şaşkın bir hal.
flute (flut) *i.* 1. *müz.* flüt, flavta. 2. *mim.* (sütundaki) yiv. **—d column** yivli sütun.
flut.ing (flu´ting) *i., mim.* (sütundaki) yiv/yivler.
flut.ist (flu´tist) *i., müz.* flütçü, flavtacı.
flut.ter (flʌt´ır) *f.* 1. (kanatlarını) çırpmak. 2. çırpınmak. 3. (rüzgârda) titremek veya hafifçe dalgalanmak. 4. çabuk çabuk sallamak. 5. çırpınır gibi düşmek. *i.* 1. çırpınma, çırpınış. 2. (rüzgârda) titreme veya hafifçe dalgalanma. **put someone in a —** birini heyecana düşürmek.
flux (flʌks) *i.* akış. **be in a state of —** değişmek, değişim içinde olmak.
fly (flay) *i.* 1. sinek. 2. erkek pantolonunun önündeki fermuar veya düğmelerle açılıp kapanan bölüm: **Your fly's open.** Pantolonunun önü açık. **— swatter** sineklik.
fly (flay) *f.* **(flew, flown)** 1. uçmak; uçurmak. 2. uçakla gitmek. 3. çok çabuk gitmek. 4. (zaman) akıp gitmek. 5. (bayrak) dalgalan-

mak. **— at** birdenbire üstüne saldırmak. **— at someone's throat** birine birdenbire (sözlerle) saldırmak. **— away** uçup gitmek. **— blind** 1. kör uçmak. 2. (tecrübesizlik veya birtakım eksiklikler yüzünden) sadece içgüdülerine dayanarak idare etmek. **— by the seat of one's pants** (tecrübesizlik veya birtakım eksiklikler yüzünden) sadece içgüdülerine dayanarak idare etmek. **— in the face of** -i hiçe saymak. **— into a rage** küplere binmek, hiddetlenmek. **— off** uçup gitmek. **— off the handle** küplere binmek, tepesi atmak, çok kızmak. **— the coop** *k. dili* kaçmak, sıvışmak, tüymek.
fly-by-night (flay´baynayt) *s.* güvenilmez.
fly.er (flay´ır) *i., bak.* **flier.**
fly.ing (flay´ing) *i.* 1. uçma, uçuş; uçurma. 2. havacılık; pilotaj; pilotluk. *s.* 1. uçan. 2. havacılıkla ilgili. **— buttress** *mim.* dayanma kemeri. **— saucer** uçan daire. **— with colors** çok başarılı bir şekilde.
fly.o.ver (flay´ovır) *i., İng., karayolları, d.y.* üstgeçit.
fly.pa.per (flay´peypır) *i.* sinek kâğıdı.
fly.weight (flay´weyt) *i., boks* sinekağırlık, sineksiklet.
fly.wheel (flay´hwil) *i.* volan, düzenteker.
foal (fol) *i.* tay. *f.* tay doğurmak.
foam (fom) *i.* köpük. *f.* köpürmek. **— at the mouth** 1. ağzı köpürmek. 2. çok öfkeli olmak, köpürmek. **— rubber** sünger.
foam.y (fo´mi) *s.* köpüklü.
f.o.b. *kıs.* **free on board** *tic.* fob (gemide/trende teslim).
fo.cal (fo´kıl) *s., fiz.* odaksal, mihraki. **— point** odak noktası.
fo.cus (fo´kıs), *çoğ.* **—es** (fo´kısız)/**fo.ci** (fo´say) *i.* odak. *f.* **(—ed/—sed, —ing/—sing)** odaklamak. **— one's attention on** -e dikkatini çevirmek. **in —** iyi odaklanmış. **out of —** odaklanmamış, flu.
fod.der (fad´ır) *i.* (saman/ot gibi) hayvan yemi.
foe (fo) *i.* düşman, hasım.
foe.tal (fi´tıl) *s., bak.* **fetal.**
foet.id (fet´id) *s., bak.* **fetid.**
foe.tus (fi´tıs) *i., bak.* **fetus.**
fog (fag) *i.* sis. *f.* **(—ged, —ging)** buğulanmak; buğulandırmak.
fog.gy (fag´i) *s.* sisli. **I don't have the foggiest idea.** Hiç fikrim yok.
fog.horn (fag´hôrn) *i.* sis düdüğü.
fo.gy (fo´gi) *i.* örümcek kafalı kimse.
foi.ble (foy´bıl) *i.* zaaf, zayıf yön.
foil (foyl) *f.* set çekmek, önlemek.
foil (foyl) *i.* 1. alüminyum folyo, folyo. 2. (altın, kalay v.b. madenleri döverek oluşturulan) varak, yaprak.

foil

foil (foyl) *i., eskrim* flöre.
foist (foyst) *f.* 1. **on -e** zorla kabul ettirmek, -in başına yıkmak: **foist a job (off) on someone** bir işi birinin başına yıkmak. 2. **on -e** kakalamak. 3. **in/into -e** sokuşturmak, -e kurnazlıkla koymak.
fold (fold) *f.* 1. katlamak; katlanmak. 2. sarmak. 3. yavaş yavaş katmak. 4. *k. dili* (işyeri) temelli kapanmak; iflas etmek, topu atmak. *i.* 1. kat, kıvrım. 2. *jeol.* kıvrım. — **one's arms** kollarını kavuşturmak. —**ing chair** katlanır iskemle. —**ing door** katlanır kapı; akordeon kapı, armonik kapı, körüklü kapı.
fold (fold) *i.* 1. ağıl. 2. koyun sürüsü.
-fold *sonek* kat, misil, kere: **fivefold** *s.* beş misli, beş kat.
fold.er (fol'dır) *i.* 1. dosya. 2. broşür.
fo.li.age (fo'liyîc) *i.* bitki yaprakları; yeşillik. — **plant** yapraklarının güzelliği için yetiştirilen süs bitkisi.
folk (fok) *i.* 1. halk. 2. *çoğ.* insanlar, kimseler. 3. *çoğ., k. dili* akrabalar, aile, ana baba. — **dance** halk oyunu. — **literature** halk edebiyatı. — **song** halk şarkısı.
folk.lore (fok'lor) *i.* folklor.
fol.low (fal'o) *f.* 1. takip etmek, izlemek. 2. anlamak, kavramak. — **someone's advice** birinin sözünü dinlemek. — **through** 1. (bir işin) sonunu getirmek. 2. *spor* (belirli bir beden hareketini) sonuna kadar yapmak. — **up** (başka bir şey yaparak) (bir şeyi) tamamlamak.
fol.low.er (fal'owır) *i.* taraftar, yandaş.
fol.low.ing (fal'owing) *i.* taraftarlar, yandaşlar. *s.* aşağıdaki; -den sonraki. *edat* -den sonra, -i müteakip.
fol.ly (fal'î) *i.* delilik, budalalık.
fo.ment (foment', fo'ment) *f.* 1. kışkırtmak. 2. teşvik etmek.
fo.ment.er (fomen'tır) *i.* kışkırtıcı, tahrikçi.
fond (fand) *s.* 1. fazla müsamahakâr. 2. sevgi dolu. — **memories** güzel hatıralar. **be — of -i** sevmek.
fon.dle (fan'dıl) *f.* okşamak, sevmek.
fond.ly (fand'li) *z.* sevgiyle, şefkatle.
fond.ness (fand'nıs) *i.* 1. düşkünlük. 2. fazla müsamaha.
fon.due (fôndü', fandu') *i.* fondü.
font (fant) *i.* vaftiz kurnası.
font (fant) *i., matb., bilg.* font.
food (fud) *i.* yemek, yiyecek; gıda, besin.
food.stuff (fud'stʌf) *i.* yiyecek, gıda maddesi.
fool (ful) *i.* ahmak, budala, enayi, aptal. —**'s gold** pirit. **make a — of** (birini) maskaraya çevirmek, rezil etmek.
fool (ful) *f.* 1. aldatmak. 2. şaka yapmak. — **around** *k. dili* 1. vaktini boşa geçirmek; vak-

tini çalışacağına eğlenmekle geçirmek. 2. **with** ile oynamak. 3. **with** bir hobi olarak (bir şey) ile ilgilenmek.
fool.har.dy (ful'hardi) *s.* kendini/diğerlerini boş yere tehlikeye atan.
fool.ish (fu'liş) *s.* ahmak, budala, aptal (kimse); ahmakça, budalaca, aptalca (şey).
fool.ish.ness (fu'lişnis) *i.* ahmaklık, budalalık, aptallık.
fool.proof (ful'pruf) *s.* 1. sağlam ve kullanılması kolay. 2. çok sağlam, dört dörtlük, mükemmel.
foot (fût), *çoğ.* **feet** (fit) *i.* 1. ayak. 2. (dağ/tepe için) dip. 3. (karyolanın) ayakucu. 4. fut (30,4 cm.). **I wouldn't touch that with a ten-foot pole.** Ona hiç yaklaşmam. **keep one's feet** düşmemek. **on —** yaya olarak. **one — in the grave** bir ayağı çukurda. **put one's best — forward** iyi bir tesir bırakmak için elinden geleni yapmak. **put one's — down** ayak diremek. **put one's — into it/put one's — in one's mouth** pot kırmak, gaf yapmak. **set — in -e** ayak basmak. **under —** ayak altında.
foot (fût) *f.* — **it** yaya gitmek. — **the bill** hesabı ödemek.
foot.ball (fût'bôl) *i.* 1. Amerikan futbolu. 2. *İng.* futbol.
foot.board (fût'bôrd) *i.* (karyolanın) ayakucundaki tahta.
foot.bridge (fût'bric) *i.* yaya köprüsü.
foot.ed (fût'id) *s.* ayaklı: **a four-footed animal** dört ayaklı bir hayvan.
foot.fall (fût'fôl) *i.* ayak sesi.
foot.gear (fût'gir) *i.* ayakkabılar; ayağa giyilen şeyler.
foot.hills (fût'hilz) *i., çoğ.* sıradağların veya bir dağın uzantısı olan tepeler.
foot.hold (fût'hold) *i.* ayak basacak yer.
foot.ing (fût'îng) *i.* ayak basacak yer. **be on a better — than ever** araları her zamankinden daha iyi olmak. **lose one's —** ayağı kaymak, ayağı sürçmek.
foot.lights (fût'layts) *i., tiy.* ramp ışıkları.
foot.lock.er (fût'lakır) *i.* küçük sandık.
foot.loose (fût'lus) *s.* serbest, başıboş.
foot.note (fût'not) *i.* dipnot. *f.* dipnot koymak.
foot.path (fût'päth) *i.* patika.
foot.print (fût'print) *i.* ayak izi.
foot.sore (fût'sôr) *s.* yürümekten ayakları şişmiş/yaralanmış/ağrıyan.
foot.step (fût'step) *i.* 1. adım. 2. ayak sesi. 3. ayak izi. **follow in someone's —s** bir kimsenin izinde olmak.
foot.way (fût'wey) *i., İng.* yaya kaldırımı, kaldırım.
foot.wear (fût'wer) *i.* ayakkabılar; ayağa giyi-

foresight

len şeyler.
fop (fap) *i.* züppe.
for (fôr) *edat* 1. için, -e. 2. uğruna. 3. şerefine. 4. -den dolayı. 5. -e karşı. **bağ.** çünkü, zira. — **all that** her şeye rağmen. — **ever** sonsuza kadar, ebediyen. — **good** 1. kesinlikle, resmen. 2. sonsuza dek. — **months** aylarca. — **my part** kendi hesabıma, bana kalırsa. — **my sake** hatırım için. — **once** bir kere. — **sale** satılık. **F— shame!** Ne ayıp! — **the life of me** vallahi. **as — me** bana gelince. **be hard up — money** para sıkıntısı çekmek. **fit — nothing** hiçbir işe yaramaz, beş para etmez. **go — a walk** yürüyüşe çıkmak. **Go — it!** Yallah! **He has left — India.** Hindistan'a hareket etti. **I — one do not believe it.** Kendi hesabıma ben inanmıyorum. **If it weren't — you ....** Siz olmasaydınız .... **Is he the man — the job?** O bu işin adamı mı? **It's time — school.** Okul zamanı geldi. **last — many hours** saatlerce sürmek. **long — -i** özlemek. **Now we are in — it.** Çattık belaya! **Oh, — wings!** Keşke kanatlarım olsaydı! **walk — two miles** iki mil yürümek. **What —?** Niçin?/Neden?
for.age (fôr´ic) *f.* 1. karıştırarak aramak. 2. aramak; toplamak.
for.ay (fôr´ey) *i.* 1. akın, baskın. 2. dalma, girme.
for.bade (fırbäd´) *f., bak.* **forbid.**
for.bear (fôrber´) *f.* (**for.bore, for.borne**) 1. (merhametten/şefkatten dolayı) (bir şeyi) yapmamak. 2. (**from**) kendini (bir şey yapmaktan) alıkoymak.
for.bid (fırbid´) *f.* (**for.bade, —den, —ding**) yasaklamak, yasak etmek.
for.bid.den (fırbid´ın) *s.* yasak, yasaklanmış.
for.bid.ding (fırbid´ing) *s.* 1. sert, haşin. 2. ürkütücü, korku veren.
for.bore (fôrbor´) *f., bak.* **forbear.**
for.borne (fôrborn´) *f., bak.* **forbear.**
force (fôrs) *i.* güç, kuvvet; zor. — **majeure** fors majör, zorlayıcı neden. **air —** hava kuvvetleri. **armed —s** silahlı kuvvetler. **be in —** yürürlükte olmak. **by (main) —** zorla. **come into — yürürlüğe** girmek.
force (fôrs) *f.* zorlamak; mecbur etmek. — **a smile** zorla gülümsemek. — **the door** kapıyı zorlamak. **—d labor** zorla çalıştırma, angarya. **—d landing** *hav.* mecburi iniş. **—d march** *ask.* cebri yürüyüş. **—d sale** mecburi satış.
force.ful (fôrs´fıl) *s.* güçlü, kuvvetli.
for.ceps (fôr´sıps) *i., tıb.* forseps.
for.ci.ble (fôr´sıbıl) *s.* 1. zora dayanan 2. güçlü, etkili.
for.ci.bly (fôr´sıbli) *z.* zorla.
ford (ford) *i.* ırmakta yürüyerek geçilen sığ yer, geçit. *f.* sığ yerden yürüyerek geçmek.

fore (for) *s.* öndeki. *i.* ön. **come to the — öne** geçmek, sivrilmek.
fore- *önek* ön; önceden; önceki.
fore.arm (for´arm) *i., anat.* önkol, kolun dirsekle bilek arasındaki bölümü.
fore.bear (for´ber) *i.* ata, cet.
fore.bode (forbod´) *f.* 1. önceden haber vermek. 2. (özellikle uğursuz bir şeyi) önceden hissetmek.
fore.bod.ing (forbod´ing) *i.* kötü bir şeyin meydana geleceğini önceden hissetme, önsezi.
fore.cast (for´käst) *f.* (**fore.cast/—ed**) önceden tahmin etmek. *i.* tahmin. **weather —** hava tahmin raporu, hava raporu.
fore.cas.tle (fok´sıl) *i., den.* baş kasarası.
fore.close (for.kloz´) *f., huk.* parayı ödemediği için ipotekli malı sahibinin elinden almak.
fore.fa.ther (for´fadhır) *i.* ata, cet.
fore.fin.ger (for´fing.gır) *i.* işaretparmağı.
fore.foot (for´fût), *çoğ.* **fore.feet** (for´fit) *i.* ön ayak.
fore.front (for´frʌnt) *i.* en öndeki yer; ön plan.
fore.gone (for´gôn) *s.* — **conclusion** önceden belli olan sonuç.
fore.ground (for´graund) *i.* ön plan.
fore.hand (for´händ) *i., tenis* sağ vuruş. *s.* sağ vuruşla yapılan.
fore.head (for´id) *i.* alın.
for.eign (for´in) *s.* yabancı, ecnebi; dış. — **affairs** dışişleri. — **exchange** döviz. — **minister** dışişleri bakanı. — **trade** dış ticaret. **the F— Office** *İng.* Dışişleri Bakanlığı. **the F— Secretary** *İng.* Dışişleri Bakanı.
for.eign.er (for´ınır) *i.* yabancı, ecnebi.
fore.knowl.edge (for´nalic) *i.* önceden bilme.
fore.la.dy (for´leydi) *i.* işçibaşı kadın.
fore.leg (for´leg) *i.* (hayvanlarda) ön ayak.
fore.man (for´mın), *çoğ.* **fore.men** (for´min) *i.* 1. işçibaşı; ustabaşı. 2. *huk.* jüri başkanı.
fore.most (for´most) *s.* başta gelen, en öndeki. *z.* başta. **first and — en başta.**
fore.name (for´neym) *i.* ilk isim; küçük isim.
fo.ren.sic (fıren´sik) *s.* 1. mahkemeye ait. 2. münazaraya ait, hitabetle ilgili. — **medicine** adli tıp.
fo.ren.sics (fıren´siks) *i.* münazara sanatı.
fore.play (for´pley) *i.* cinsel ilişkiden önce oynaşma, peşrev, ön oyun.
fore.run.ner (for´rʌnır) *i.* 1. haberci; önden gelen. 2. selef, öncel.
fore.saw (forsô´) *f., bak.* **foresee.**
fore.see (forsi´) *f.* (**fore.saw, —n**) önceden görmek, önceden sezmek.
fore.seen (forsin´) *f., bak.* **foresee.**
fore.shad.ow (forşä´do) *f.* (birinin/bir şeyin) habercisi olmak.
fore.sight (for´sayt) *i.* öngörü, ileri görüş; basiret, sağgörü.

fore.skin (for'skin) *i., anat.* sünnet derisi.
fore.st (fôr'ïst) *i.* orman. *f.* ağaç dikip orman haline getirmek, ağaçlandırmak, ormanlaştırmak. — **ranger** devlet ormanlarında görevli ormancı.
fore.stall (forstôl') *f.* erken davranıp önlemek.
fore.st.er (fôr'ıstır) *i.* orman mühendisi, ormancı.
fore.st.ry (fôr'ıstri) *i.* orman mühendisliği, ormancılık.
fore.taste (for'teyst) *i.* önceden alınan tat.
fore.tell (fortel') *f.* **(fore.told)** önceden haber vermek; kehanette bulunmak.
fore.thought (for'thôt) *i.* önceden düşünme.
fore.told (fortold') *f., bak.* **foretell.**
for.ev.er (fırev'ır) *z.* 1. sonsuza kadar, ebediyen. 2. hep, durmadan.
fore.warn (forwôrn') *f.* önceden uyarmak/ikaz etmek.
fore.wom.an (for'wûmın), *çoğ.* **fore.wom.en** (for'wimin) *i.* 1. işçibaşı kadın, işçibaşı. 2. *huk.* kadın jüri başkanı.
fore.word (for'wırd) *i.* önsöz.
for.feit (fôr'fit) *i.* ceza, bedel. *f.* ceza olarak kaybetmek.
for.gave (fırgeyv') *f., bak.* **forgive.**
forge (fôrc) *i.* demirci ocağı, demirhane. *f.* 1. demiri ocakta kızdırıp işlemek, dövmek. 2. oluşturmak, yapmak. 3. sahtesini yapmak.
forge (fôrc) *f.* — **ahead** 1. hızla ilerlemek. 2. öne geçmek.
forg.er (fôr'cır) *f.* 1. bir şeyin sahtesini yapıp orijinal olduğunu ileri süren kimse. 2. sahtekâr; kalpazan.
for.ger.y (fôr'cırı) *f.* 1. bir şeyin sahtesini yapıp orijinal olduğunu ileri sürme. 2. sahtekârlık; kalpazanlık. 3. sahte şey.
for.get (fırget') *f.* **(for.got, for.got.ten, —ting)** unutmak.
for.get.ful (fırget'fıl) *s.* unutkan.
for.get.ful.ness (fırget'fılnıs) *i.* unutkanlık.
for.get-me-not (fırget'minat) *i., bot.* unutmabeni.
for.give (fırgiv') *f.* **(for.gave, —n)** affetmek, bağışlamak.
for.giv.en (fırgiv'ın) *f., bak.* **forgive.**
for.giv.ing.ness (fırgiv'ing.nis) *i.* bağışlama, af.
for.go (fôrgo') *f.* **(for.went, for.gone)** vazgeçmek, bırakmak.
for.gone (fôrgôn') *f., bak.* **forgo.**
for.got (fır'gat) *f., bak.* **forget.**
for.got.ten (fırgat'ın) *f., bak.* **forget.**
fork (fôrk) *i.* 1. çatal. 2. bahç. bel. 3. yolun/nehrin çatallaşan yer veya kolu, çatal. *f.* 1. çatallaşmak. 2. bahç. bellemek.
forked (fôrkt) *s.* çatallı.
fork.lift (fôrk'lift) *i.* forklift.

for.lorn (fôrlôrn') *s.* 1. yalnız, ümitsiz ve üzgün. 2. terk edilmiş ve harap.
form (fôrm) *i.* 1. şekil, biçim. 2. *spor* form. 3. form, doldurulmak üzere hazırlanmış basılı belge. 4. *İng.* (okullarda) sınıf. *f.* 1. şekil vermek, biçim vermek, biçimlendirmek. 2. oluşturmak, teşkil etmek; oluşmak. 3. düzenlemek, tertip etmek, kurmak: **That party was unable to form a government.** O parti hükümet kuramadı. 4. yapmak: **He formed those boys into soldiers.** O çocukları alıp birer asker yaptı. **Form the dough into little balls.** Bu hamurdan ufak topaklar yap. **How do you form the plural of this noun?** Bu ismin çoğulu nasıl yapılır? — **a habit** alışkanlık edinmek, âdet edinmek. — **a line** sıra olmak, sıraya girmek. — **an opinion** fikir edinmek.
for.mal (fôr'mıl) *s.* 1. resmi. 2. biçimsel.
for.mal.ise (fôr'mılayz) *f., İng., bak.* **formalize.**
for.mal.i.ty (fôrmäl'ıti) *i.* 1. resmiyet. 2. formalite.
for.mal.ize, İng. for.mal.ise (fôr'mılayz) *f.* 1. resmileştirmek, resmiyete dökmek. 2. biçimlendirmek, biçim/şekil vermek.
for.mat (fôr'mät) *i., bilg.* biçim, format. *f.* (**—ed/—ted, —ing/—ting**) *bilg.* biçimlemek, format etmek, formatlamak. — **ed diskette** formatlı disket.
for.ma.tion (fôrmey'şın) *i.* 1. oluşma; oluşturma, teşkil. 2. şekil verme, biçim verme, biçimlendirme. 3. *ask.* düzen.
form.a.tive (fôr'mıtiv) *s.* şekil veren, biçim veren, biçimlendiren.
for.mer (fôr'mır) *s.* 1. eski, önceki. 2. **the** birinci, ilk, ilk söylenen.
for.mer.ly (fôr'mırli) *z.* eskiden.
for.mi.da.ble (fôr'midıbıl) *s.* zor, güç, müşkül; aşılması zor.
For.mo.sa (fôrmo'sı) *i.* Formoza. —**n** *i.* Formozalı. *s.* 1. Formoza, Formoza'ya özgü. 2. Formozalı.
for.mu.la (fôr'myılı), *çoğ.* —**s** (fôr'myılız)/—**e** (fôr'myıli) *i.* 1. reçete. 2. *mat., kim.* formül.
for.mu.late (fôr'myıleyt) *f.* kesin ve açık olarak belirtmek.
for.ni.cate (fôr'nıkeyt) *f.* evlilikdışı cinsel ilişkide bulunmak, zina etmek.
for.sake (fırseyk') *f.* **(for.sook, for.sak.en)** 1. vazgeçmek. 2. yüzüstü bırakmak, terk etmek.
for.sak.en (fırsey'kın) *f., bak.* **forsake.**
for.sook (fırsûk') *f., bak.* **forsake.**
for.swear (fôr.swer') *f.* **(for.swore, for.sworn)** bırakmak için yemin etmek, tövbe etmek.
for.swore (fôr.swor') *f., bak.* **forswear.**
for.sworn (fôr.sworn') *f., bak.* **forswear.**
fort (fôrt) *i.* kale, hisar.
forte (fôrt) *i.* birinin en iyi yaptığı iş; birinin asıl uzmanlık alanı.

forth (fôrth) *z.* ileri, dışarı, dışarıya doğru. **and so
— vesaire, ve başkaları. back and —** ileri geri.
bring — 1. doğurmak. 2. meydana getirmek.
forth.com.ing (fôrth´kʌming) *s.* gelecek, önümüzdeki.
forth.right (fôrth´rayt) *s.* 1. açıksözlü. 2. içten,
samimi. 3. doğrudan.
forth.with (fôrth.widh´) *z.* hemen, derhal.
for.ti.eth (fôr´tiyith) *s., i.* 1. kırkıncı. 2. kırkta bir.
for.ti.fi.ca.tion (fôrtıfıkey´şın) *i., ask.* 1. tahkimat. 2. tahkimat yapma.
for.ti.fy (fôr´tıfay) *f.* 1. -de tahkimat yapmak.
2. -e moral vermek.
for.ti.tude (fôr´tıtud) *i.* metanet.
fort.night (fôrt´nayt) *i.* iki hafta, on beş gün.
for.tress (fôr´tris) *i.* büyük kale, büyük hisar.
for.tu.i.tous (fôrtu´wıtıs) *s.* rastlantı sonucu
olan, tesadüfi.
for.tu.nate (fôr´çınit) *s.* şanslı, talihli.
for.tu.nate.ly (fôr´çınitli) *z.* iyi ki, çok şükür, Allahtan, bereket versin.
for.tune (fôr´çın) *i.* 1. kısmet, kader; şans, talih. 2. servet. **tell one's —** -in falına bakmak.
try one's — şansını denemek.
for.tune-tell.er (fôr´çıntelır) *i.* falcı.
for.ty (fôr´ti) *s.* kırk. *i.* kırk, kırk rakamı (40,
XL). **— winks** kısa süren uyku, şekerleme.
fo.rum (for´ım), *çoğ.* **—s** (for´ımz)/**fo.ra** (for´ı)
i. forum.
for.ward (fôr´wırd) *f.* 1. ilerletmek. 2. göndermek, sevk etmek, yeni adrese göndermek.
—ing agent nakliye acentesi.
for.ward (fôr´wırd) *s.* 1. ileride olan, öndeki,
ön; ileri. 2. küstah, şımarık. *i., futbol* forvet.
for.ward (fôr´wırd) *z.* ileri doğru, ileri. **backwards and —s** ileri geri. **put —** ileri sürmek.
for.wards (fôr´wırdz) *z., bak.* **forward.**
for.went (fôrwent´) *f., bak.* **forgo.**
fos.sil (fas´ıl) *i.* fosil, taşıl.
fos.sil.ize, *İng.* **fos.sil.ise** (fas´ılayz) *f.* fosilleşmek, taşıllaşmak; fosilleştirmek, taşıllaştırmak.
fos.ter (fôs´tır) *f.* beslemek, büyütmek, bakmak. **— child** evlatlık. **— parents** evlatlığı
bakan ana baba.
fought (fôt) *f., bak.* **fight.**
foul (faul) *s.* 1. kirli, pis. 2. iğrenç, tiksindirici.
3. kötü, fena. 4. birbirine karışmış (ipler, zincirler v.b.). *i., spor* faul. **— play** cinayet, suikast. **fall — of** ile çatışmak.
foul (faul) *f.* 1. kirletmek, pisletmek. 2. ile karışmak. 3. *spor* faul yapmak.
foul.mouthed (faul´mauthd) *s.* ağzı bozuk, küfürbaz.
found (faund) *f., bak.* **find.**
found (faund) *f.* kurmak.
found (faund) *f.* kalıba dökmek.

foun.da.tion (faundey´şın) *i.* 1. kurma, tesis etme. 2. temel. 3. temel, esas. 4. kurum, vakıf.
found.er (faun´dır) *i.* kurucu.
found.er (faun´dır) *i.* dökümcü, dökmeci.
found.er (faun´dır) *f.* 1. (gemi) suyla dolup
batmak. 2. (umut v.b.) boşa çıkmak. 3. **(on)**
(bir yemeği) fazla kaçırıp rahatsız olmak.
found.ling (faund´ling) *i.* buluntu, terk edilip
sokakta veya başka bir yerde bulunan bebek.
foun.dry (faun´dri) *i.* dökümhane.
fount (faunt) *i.* pınar, kaynak, çeşme.
foun.tain (faun´tın) *i.* 1. fıskıye. 2. çeşme. **—
pen** dolmakalem.
foun.tain.head (faun´tınhed) *i.* 1. pınar başı,
kaynak, memba. 2. asıl kaynak.
four (for) *s.* dört. *i.* dört, dört rakamı (4, IV).
on all —s dört ayak üzerinde.
four.square (for´skwer) *s.* cesur, güvenilir ve
inançlı.
four.teen (fôr´tin´) *s.* on dört. *i.* on dört, on
dört rakamı (14, XIV). **—th** *s., i.* 1. on dördüncü. 2. on dörtte bir.
fourth (fôrth) *s., i.* 1. dördüncü. 2. dörtte bir.
fowl (faul) *i.* (*çoğ.* **fowl/—s**) 1. kuş; kümes
hayvanı. 2. tavuk/hindi/ördek eti. **barnyard
— kümes** hayvanı. **guinea —** beçtavuğu.
—ing piece av tüfeği.
fox (faks) *i.* 1. tilki. 2. tilki kürkü. 3. kurnaz kimse, tilki. *f.* aldatmak.
fox.glove (faks´glʌv) *i., bot.* yüksükotu.
fox.y (fak´si) *s.* tilki gibi, kurnaz.
foy.er (foy´ır) *i.* fuaye.
fra.cas (frey´kıs) *i.* arbede; gürültülü kavga; dalaş.
frac.tion (fräk´şın) *i.* 1. *mat.* kesir. 2. (bir şeyden)
küçük bir parça. **common —** *mat.* bayağıkesir,
adi kesir. **decimal —** *mat.* ondalık kesir.
frac.tious (fräk´şıs) *s.* huysuz, aksi.
frac.ture (fräk´çır) *i.* 1. kırma; kırılma. 2. kırık,
bir şeyin kırılan yeri.
frag.ile (fräc´ıl) *s.* kolay kırılan, kırılgan.
fra.gil.i.ty (frıcîl´ıti) *i.* 1. kolay kırılma, kırılganlık. 2. naziklik.
frag.ment (fräg´mınt) *i.* kırık parça, kırık.
fra.grance (frey´grıns) *i.* güzel koku.
fra.grant (frey´grınt) *s.* güzel kokulu, mis kokulu.
frail (freyl) *s.* 1. ince ve zayıf nahif; ince ve güçsüz; hafif ve kırılgan. 2. zayıf (umut, şans v.b.).
frail.ty (freyl´ti) *i.* 1. ince ve zayıf nahif olma;
ince ve güçsüz olma; hafif ve kırılgan olma.
2. (umut, şans v.b.´nde) zayıflık. 3. zaaf, irade zayıflığı.
frame (freym) *f.* 1. tasarlamak; düzenlemek,
tertip etmek, yapmak. 2. çerçevelemek; çerçeveletmek. 3. *argo* suçu (aslında suçsuz
olan birine) yıkmak.
frame (freym) *i.* 1. çerçeve; (pencereye/kapıya

ait) kasa; telaro. 2. (binaya ait) iskelet, karkas. 3. (vücuda ait) bünye, yapı. 4. (otomobil, kamyon v.b.'nde) şasi. 5. *sin.* kare, resim. — **of mind** (ruhi) hal, durum: **I left him in a cheerful frame of mind.** Onu neşeli bir halde bıraktım.
frame-up (freym'ʌp) *i.*, *argo* suçu (aslında suçsuz olan birine) yıkma, kumpas kurma, kumpas, tuzak.
frame.work (freym'wırk) *i.* (binaya ait) iskelet, karkas.
fram.ing (frey'ming) *i.* (binaya ait) iskelet, karkas.
franc (frängk) *i., tar.* frank (Fransa, Belçika, İsviçre para birimi).
France (fräns) *i.* Fransa.
fran.chise (fän'çayz) *i.* 1. the oy hakkı. 2. (şirketin bayie tanıdığı) imtiyaz.
frank (frängk) *s.* açıksözlü; açıkyürekli, açıkkalpli; düşüncelerini/duygularını açıkça gösteren; içten, samimi.
frank (frängk) *f.* (posta pulunu) damgalamak; (zarfın üstüne) posta damgasını veya posta ücretinin ödenmiş olduğunu gösteren bir işareti basmak.
frank (frängk) *i., k. dili, bak.* **frankfurter.**
frank.furt.er (frängk'fırtır) *i.* bir çeşit sosis.
frank.ly (frängk'li) *z.* açıkça.
frank.ness (frängk'nis) *i.* açıksözlülük.
fran.tic (frän'tik) *s.* 1. çılgına dönmüş. 2. çok acele ve telaşlı; çılgın.
fra.ter.nal (frıtır'nıl) *s.* 1. kardeşçe. 2. kardeşlere özgü.
frat.er.nise (frät'ırnayz) *f., İng., bak.* **fraternize.**
fra.ter.ni.ty (frıtır'nıti) *i.* 1. kardeşlik. 2. erkek üniversite öğrencilerine ait birlik.
frat.er.nize, *İng.* **frat.er.nise** (frät'ırnayz) *f.* arkadaşlık etmek: **Officers are forbidden to fraternize with enlisted men.** Subayların eratla arkadaşlık etmesi yasak.
fraud (frôd) *i.* 1. dolandırıcılık, sahtekârlık, hile, aldatma, desise. 2. dolandırıcı, sahtekâr, hileci.
fraud.u.lent (frôc'ılınt) *s.* hileli. — **bankruptcy** *huk.* hileli iflas. — **transaction** *huk.* hileli muamele.
fraught (frôt) *s.* (ile) dolu: **a journey fraught with danger** tehlike dolu bir seyahat.
fray (frey) *i.* 1. arbede, boğuşma; dövüşme, savaşma. 2. münakaşa; atışma.
fray (frey) *f.* (kumaşı/ipi) yıpratmak; yıpranmak; saçaklanmak.
fraz.zle (fräz'ıl) *i.* **worn to a** — bitkin, çok yorgun.
freak (frik) *i.* 1. hilkat garibesi. 2. garabet; garip bir olay. 3. *argo* hastası, delisi: **a soccer freak** futbol hastası. *f. out argo* 1. çılgına döndürmek; çılgına dönmek. 2. küplere bindirmek; küplere binmek.

freck.le (frek'ıl) *i.* çil.
freck.led (frek'ıld) *s.* çilli.
free (fri) *s.* 1. özgür, hür; serbest. 2. bedava, parasız. 3. meşgul olmayan, boş. 4. laubali, saygısız. *z.* bedava, parasız. — **and easy** 1. rahat, sert olmayan; teklifsiz. 2. serbest, hafifmeşrep (kadın); mezhebi geniş. 3. çok hoşgörülü, çok toleranslı. — **enterprise** *ekon.* özel girişim, hür teşebbüs. — **from** -siz: **free from error** hatasız. **free from pain** ağrısız. — **kick** *spor* frikik, serbest vuruş. — **of** -den muaf: **free of tax** vergiden muaf. — **on board** *tic.* nakliyecinin aracına ücretsiz teslim, fob. — **port** serbest liman. — **will** *fels.* hür irade. **be — of** 1. (birinden) kurtulmuş olmak. 2. (bir yerden) çıkmış olmak. **be — to** -ebilmek: **She's now free to marry.** Artık evlenebilir. **You're free to go.** Gidebilirsiniz. **be — with one's advice** sorulmadan öğüt vermek. **be — with one's money** parasını cömertçe harcamak. **for —** *k. dili* bedava, parasız. **have one's hands —** 1. elleri boş olmak. 2. boş olmak, meşgul olmamak. **make — with** 1. (başkasının malı olan bir şeyi) izin almadan kullanmak. 2. (bir kadına) fazla samimi davranmak. **set —** serbest bırakmak, azat etmek. **the — Churches** *İng.* Anglikan olmayan Protestan kiliseleri.
free (fri) *f.* 1. serbest bırakmak, azat etmek. 2. kurtarmak.
freed.man (frid'mın), *çoğ.* **freed.men** (frid'men) *i.* kölelikten azat edilmiş kimse, azatlı.
free.dom (fri'dım) *i.* özgürlük, hürriyet; serbestlik.
free.hold.er (fri'holdır) *i., İng.* tapu sahibi, mülk sahibi.
free-lance (fri'läns) *s.* serbest çalışan (gazeteci/yazar/fotoğrafçı). *f.* (gazeteci/yazar/fotoğrafçı) serbest çalışmak.
free.load (fri'lod) *f., k. dili* otlamak, otlakçılık etmek.
free.load.er (fri'lodır) *i., k. dili* bedavacı kimse, otlakçı kimse.
free.ly (fri'li) *z.* serbestçe.
Free.ma.son (fri'meysın) *i.* mason, farmason.
free.si.a (fri'jı, fri'jiyı) *i., bot.* frezya.
free.style (fri'stayl) *s.* — **swimming** serbest yüzme. — **wrestling** serbest güreş.
free.way (fri'wey) *i.* otoyol, çevre yolu.
free.wheel (fri'hwil) *f.* 1. arka tekerleği zincirden güç almadan serbest dönen bisikletle gitmek; pedal çevirmeden gitmek. 2. etrafa aldırmadan hareket etmek; çok serbest veya teklifsiz davranmak. 3. sorumsuzca yaşamak.
freeze (friz) *f.* (**froze, fro.zen**) 1. donmak; buz tutmak, buz bağlamak; dondurmak. 2. çok üşümek, donmak: **I'm freezing!** Donuyorum! *i.* donma. — **one's blood** kanını dondurmak,

çok korkutmak. — **over** üstü buz tutmak.
freeze-dry (friz´dray´) *f.* dondurarak kurutmak.
freez.er (fri´zır) *i.* 1. derin dondurucu, dipfriz. 2. (buzdolabının içindeki) buzluk.
freez.ing (fri´zîng) *s.* dondurucu; çok soğuk. — **compartment** (buzdolabının içindeki) buzluk. — **point** donma noktası.
freight (freyt) *i.* 1. taşıma ücreti, nakliye; navlun. 2. ücretle taşınan mal; navlun. — **car** yük vagonu. — **train** marşandiz, yük treni.
freight.er (frey´tır) *i.* şilep.
French (frenç) *i.* Fransızca. *s.* 1. Fransız. 2. Fransızca. — **doors** camlı ve çift kanatlı kapının kanatları. — **fried** yağda kızartılmış. — **fries** kızarmış patates, patates tava. — **Guiana** Fransız Guyanası. — **horn** *müz.* korno, Fransız kornosu. — **toast** yumurtaya batırılıp tavada kızartılmış ekmek. — **windows** (balkon, teras veya bahçeye açılan) camlı ve çift kanatlı kapının kanatları. **the** — *çoğ.* Fransızlar.
French.man (frenç´mın), *çoğ.* **French.men** (frenç´min) *i.* Fransız erkek, Fransız.
French.wom.an (frenç´wûmın), *çoğ.* **Frenchwom.en** (frenç´wimin) *i.* Fransız kadın, Fransız.
fre.net.ic (frınet´îk) *s.* 1. telaşlı, çok heyecanlı. 2. çılgın (bir olay).
fren.zied (fren´zid) *s.* çılgın.
fren.zy (fren´zi) *i.* çılgın bir hal; çılgınlık.
fre.quen.cy (fri´kwınsi) *i.* 1. sık sık tekrarlanma; sıklık. 2. *fiz.* frekans.
fre.quent (fri´kwınt) *s.* sık sık tekrarlanan.
fre.quent (fri´kwınt, frikwent´) *f.* (bir yere) sık sık gitmek.
fre.quent.ly (fri´kwıntli) *z.* sık sık.
fres.co (fres´ko) *i.* fresk.
fresh (freş) *s.* 1. taze. 2. yeni; yeni yapılmış; yeniden yapılan. 3. zinde; canlı. 4. taze (hava). 5. *k. dili* fazla samimi davranan, sulu, cıvık. — **air** taze hava.
fresh.en (freş´ın) *f.* (rüzgâr) kuvvetlenmek, artmak. — **up** 1. yüzünü yıkayıp kendine bir çekidüzen vermek. 2. (bir yeri) daha güzel ve daha çekici bir hale sokmak.
fresh.man (freş´mın), *çoğ.* **fresh.men** (freş´min) *i.* (kolejde/üniversitede) birinci sınıf öğrencisi.
fresh.wa.ter (freş´wô´tır) *s.* tatlı suya ait, tatlı su. *i.* tatlı su.
fret (fret) *i. müz.* (telli çalgıların sapı üzerindeki) perde. 2. *mim.* fret, sapak. *f.* (**—ted, —ting**) *mim.* fretlemek.
fret (fret) *f.* (**—ted, —ting**) 1. (küçük şeyler için) endişe etmek; endişelendirmek, endişeye düşürmek. 2. (küçük şeyler yüzünden) sinirlenmek, kızmak, sıkılmak; sinirlendirmek, kızdırmak, sıkmak. 3. yıpratmak; aşındırmak; çürütmek. 4. dalgalandırmak.

fret.ful (fret´fıl) *s.* sinirli, huysuz, aksi, ters.
fret.saw (fret´sô) *i.* kıl testere.
fret.work (fret´wırk) *i., mim.* fretler, sapaklar, fretleme işi, fretaj.
Fri. *kıs.* Friday.
fri.ar (fray´ır) *i., Hırist.* (erkeklere özgü bazı dini tarikatlarda) frer, rahip.
fric.tion (frîk´şın) *i.* 1. sürtünme; sürtünüm. 2. *tıb.* friksiyon, ovma, ovuşturma. 3. anlaşmazlık, uyuşmazlık, sürtüşme, ihtilaf. — **tape** *elek.* izole bant.
Fri.day (fray´di, fray´dey) *i.* cuma. **Good** — *Hırist.* paskalya yortusundan önceki cuma.
fridge (fric) *i., İng., k. dili* buzdolabı.
fridge-freez.er (fricfri´zır) *i., İng.* derin donduruculu buzdolabı.
fried (frayd) *s.* yağda pişirilmiş, kızartılmış.
friend (frend) *i.* arkadaş; ahbap; dost. **be/make —s (with)** (ile) arkadaş olmak.
friend.ly (frend´li) *s.* 1. cana yakın, sıcakkanlı, kanı sıcak. 2. arkadaşça; dostça.
friend.ship (frend´şip) *i.* arkadaşlık; ahbaplık; dostluk.
fri.er (fray´ır) *i., bak.* **fryer.**
frieze (friz) *i., mim.* efriz, friz.
frig.ate (frîg´ît) *i., den.* firkateyn.
fright (frayt) *i.* korku, dehşet. **a** — *k. dili* korkunç derecede çirkin, tuhaf veya insanı şoke eden kimse: **She looked a fright in that wig.** O perukla görünümü korkunçtu. **get a** — korkmak. **give someone a** — birini korkutmak.
fright.en (frayt´ın) *f.* korkutmak.
fright.ened (frayt´ınd) *s.* korkutulmuş; korkmuş; korkuya kapılmış. **be** — (**of**) -den korkmak.
fright.en.ing (frayt´ınîng) *s.* korkutucu.
fright.ful (frayt´fıl) *s.* korkunç, müthiş.
fright.ful.ly (frayt´fıli) *z.* 1. korkunç bir şekilde. 2. *k. dili* çok.
frig.id (frîc´îd) *s.* 1. çok soğuk, buz gibi. 2. soğuk, cana yakın olmayan, içten olmayan. 3. *tıb.* frijit, soğuk.
frig.i.daire (frîc´ıder´) *i.* buzdolabı, frijider.
frill (frîl) *i.* fırfır, farbala.
fringe (frînc) *i.* 1. saçak, püsküllü saçak. 2. perçem, kâkül. 3. kenar. *f.* saçak takmak. — **benefit** (sosyal sigorta, emeklilik sigortası gibi) ücreti dışında sağlanan herhangi bir şey.
frisk (frîsk) *f.* 1. (mutlu bir şekilde) sıçrayıp oynamak. 2. (birinin) üstünü aramak.
frisk.y (frîs´ki) *s.* oynak, yerinde duramayan.
frit.ter (frît´ır) *i.* gözlemeye benzer bir çeşit börek.
frit.ter (frît´ır) *f.* **away** azar azar çarçur etmek, parça parça harcamak.
fri.vol.i.ty (frîval´ıti) *i.* 1. havailik, delişmenlik, ciddiyetten yoksun hareket/söz. 3. eğlence.
friv.o.lous (frîv´ılıs) *s.* 1. ciddi olmayan, önemsiz,

frizzle 168

boş, saçma. 2. havai (kimse); hoppa (kadın).
friz.zle (friz'ıl) f. 1. cızırdamak. 2. cızırdatarak kızartmak.
friz.zy (friz'i), friz.zly (friz'li) s. kıvırcık, kıvır kıvır (saç).
fro (fro) z. to and — ileri geri, bir ileri bir geri.
frock (frak) i. kadın elbisesi, rop. —coat redingot.
frog (frag) i. kurbağa.
frog.man (frag'män), çoğ. frog.men (frag'men) i. kurbağa adam.
frol.ic (fral'ik) i. eğlence. f. (—ked, —king) 1. gülüp geçmek. 2. sıçrayıp oynamak.
frol.ic.some (fral'iksım) s. şen, neşeli.
from (frʌm) edat 1. (bir yer)den, (bir başlangıç noktasın)dan: She's from Edirne. O Edirneli. He jumped from the branch. Daldan atladı. Her ranking rose from twelfth to first. O, on ikinci sıradan birinci sıraya yükseldi. 2. itibaren: from the first of January 1 Ocak'tan itibaren. 3. Uzaklığı gösterir: It's ten kilometers from here. Buradan on kilometre uzak. 4. Bir şeyi yapan kişiyi veya bir şeyin kaynağını gösterir: It's from Saffet. Saffet'tendir. 5. Ortalama kullanılır: from twenty to twenty-five people yirmi, yirmi beş kişi arasında. 6. Ürünün yapıldığı malzemeyi gösterir: This statue's made from human teeth. Bu heykel insan dişlerinden yapılmış. 7. Bir şeyin sebebini gösterir: He died from its side effects. Yan etkileri yüzünden öldü. 8. Bir farkı gösterir: He can't tell black from white. Akla karayı birbirinden ayıramaz.
front (frʌnt) i. 1. ön; ön cephe; ön taraf. 2. (savaşta) cephe. 3. (havaya ait) cephe. 4. (göl, deniz v.b.'ne ait) kıyı, kenar. s. ön, öndeki. f. on -e bakmak. — line ask. cephe, cephe hattı, ileri hat. — page gazet. baş sayfa. front-wheel drive oto. önden çekişli: This car's got front-wheel drive. Bu araba önden çekişli. in — önde. in — of önünde: in front of the building binanın önünde. present a bold — cesaret göstermek, yürekli gözükmek.
front.age (frʌn'tic) i. binanın cephesi; arsanın sokağa/denize/göle/nehre bakan tarafı.
fron.tal (frʌn'tıl) s. 1. ön, öne ait. 2. cepheye ait, cephe. 3. direkt. 4. alna ait. — attack cephe taarruzu.
fron.tier (frʌntir') i. hudut, sınır; hudut bölgesi.
fron.tis.piece (frʌn'tispis) i. kitabın başındaki resimli/süslü sayfa.
frost (frôst) i. ayaz, don, kırağı. f. 1. kırağı düşmek. 2. (keki) şekerli bir karışımla kaplamak.
— line yeraltı don seviyesi.
frost.bite (frôst'bayt) i. (bir uzuv) soğuktan yanma; soğuktan donma.
frost.bit.ten (frôst'bitın) s. soğuktan yanmış

(uzuv); soğuktan donmuş.
frost.ed (frôs'tıd) s. 1. kırağılı. 2. şekerli bir karışımla kaplı (kek). — glass buzlucam.
frost.ing (frôs'tîng) i. keklerin üzerine konulan şekerli karışım.
frost.y (frôs'ti) s. 1. dona çekmiş (hava). 2. kırağılı. 3. soğuk (tavır, cevap v.b.).
froth (frôth) i. köpükçük kümesi, köpükçükler. f. köpükçükler çıkmak/akmak.
froth.y (frô'thi) s. üstü köpükçüklerle kaplı.
frou.frou (fru'fru) i. 1. (eteklerin çıkardığı) hışırtılı ses, hışırtı. 2. (fırfır, tül veya aksesuarlardan oluşan) aşırı süs. 3. (evin iç dekorasyonunda) ufak süslerin oluşturduğu aşırılık.
frown (fraun) f. kaşlarını çatmak. i. kaş çatma. — on -i uygun görmemek.
frows.ty (fraus'ti) s., İng., k. dili sıcak ve havasız (oda).
froze (froz) f., bak. freeze.
fro.zen (fro'zın) f., bak. freeze. s. donmuş. — food dondurulmuş yiyecek. — prices dondurulmuş fiyatlar.
fru.gal (fru'gıl) s. 1. tutumlu. 2. küçük, sade ve ucuz.
fru.gal.i.ty (frugäl'ıti) i. tutumluluk.
fruit (frut) i. 1. meyve. 2. sonuç, netice. f. meyve vermek.
fruit.er.er (fru'tırır) i., İng. manav.
fruit.ful (frut'fıl) s. verimli.
fruit.ful.ness (frut'fılnıs) i. verimlilik.
fru.i.tion (fruwiş'ın) i. gerçekleşme. come to — gerçekleşmek.
fruit.less (frut'lıs) s. faydasız, nafile.
fruit.y (fru'ti) s. 1. meyvemsi. 2. fazla nağmeli (insan sesi).
frump (frʌmp) i. kılıksız kadın, demode giyimli kadın.
frump.ish (frʌm'piş) s., bak. frumpy.
frump.y (frʌm'pi) s. demode giyimli, gösterişsiz.
frus.trate (frʌs'treyt) f. 1. engellemek; köstek lemek, ket vurmak; set vurmak. 2. hüsrana uğratmak.
frus.trat.ed (frʌs'treytid) s. 1. engellenmiş, köstekleniş, ket vurulmuş; set çekilmiş. 2. hüsran dolu; ümitleri suya düşmüş, istekleri gerçekleşmemiş. 3. hüsranı yansıtan; hüsrandan ileri gelen.
frus.trat.ing (frʌs'treyting) s. sinir bozucu, moral bozucu: This work is very frustrating. Bu çok sinir bir iş.
frus.tra.tion (frʌstrey'şın) i. 1. engelleme; köstekleme; set çekilme. 2. hüsran.
fry (fray) i. small — 1. çocuklar, ufaklıklar. 2. önemsiz kimseler.
fry (fray) f. tavada kızartmak/kızarmak. —ing pan tava. jump out of the —ing pan into the

th dh w hw b c ç d f g h j k l m n p r s ş t v y z
thin the we why be joy chat ad if go he regime key lid me no up or us she it via say is

fire yağmurdan kaçıp doluya tutulmak.
fry.er (fray'ır) *i.* piliç.
ft. *kıs.* foot, feet.
fuch.sia (fyu'şı) *i.* küpeçiçeği.
fuck (fʌk) *f., kaba* sikmek, düzmek. **F—!** *ünlem* Allah kahretsin! **— about/around** 1. vakit geçirmek/öldürmek. 2. şakalaşmak. **F— off!** Siktir git! **— someone over** birini sikmek/düzmek, birine çok aşağılık bir şey/bir kahpelik/bir puştluk yapmak. **— something up** bir şeyin içine etmek, bir şeyin içine sıçmak, bir şeyi berbat etmek. **— up** işin içine etmek, işi berbat etmek. **F— you!/Get —ed!** Siktir git! **be —ed up** 1. kafayı yemek, kafayı yemiş olmak; kafayı üşütmüş olmak. 2. (iş/işler) berbat olmak, mahvolmak, rezil olmak.
fuck (fʌk) *i., kaba* sikişme, düzüşme. **— all** *İng.* hiçbir şey. **Just what the — do you mean?** Ne demek istiyorsun be? **not to give a — (about)** (-i) siklememek, (-e) hiç değer/önem vermemek.
fucked-up (fʌkt'ʌp') *s., kaba* 1. kafayı yemiş; kafayı üşütmüş; bayağı problemli/kompleksli. 2. berbat, rezil; kokuşmuş; yozlaşmış.
fuck.er (fʌk'ır) *i., kaba* herif.
fuck.ing (fʌk'ing) *s., kaba* 1. *Vurgulamak için kullanılır:* You're a fucking idiot! Tam bir dangalaksın! 2. kahrolası. **F— hell!** Allah kahretsin!
fuck.up (fʌk'ʌp) *i., kaba* tam bir fiyasko.
fud (fʌd) *i., k. dili* aşırı titiz ve örümcek kafalı kimse.
fud.dy-dud.dy (fʌ'didʌdi) *i., k. dili* aşırı titiz ve örümcek kafalı kimse. *s.* aşırı titiz ve örümcek kafalı.
fudge (fʌc) *i.* yumuşak ve çikolatalı şekerleme. *f.* 1. biraz uydurmak; ufak çapta bir yalan söylemek; ufak bir hile yapmak. 2. kesin bir tavır almamak. 3. -den kaçınmak. 4. sözünü tutmamak.
fu.el (fyu'wıl) *i.* yakıt. *f.* **(—ed/—led, —ing/—ling)** 1. yakmak, yanmasını sağlamak; çalıştırmak. 2. **up** yakıt almak. **— gauge** *mak.* akaryakıt göstergesi. **— oil** fuel-oil, yağyakıt. **— pump** yakıt pompası. **— tank** yakıt deposu. **add — to the flames** yangına körükle gitmek.
fug (fʌg) *i., İng., k. dili* (odadaki) sıcaklık ve havasızlık, sıcak ve havasız atmosfer.
fu.gi.tive (fyu'cıtiv) *s.* kaçak, kaçan, firari. *i.* firari, kaçak.
fugue (fyug) *i., müz.* füg.
ful.fill, *İng.* **ful.fil** (fûlfil') *f.* 1. yerine getirmek, yapmak: **fulfill an obligation** bir görevi yerine getirmek. 2. (insan) içindeki potansiyelini kendini tatmin edecek bir şekilde kullanmak.
ful.fill.ing (fûlfil'ing) *s.* tatmin edici, doyurucu: **Do you find your work fulfilling?** İşin seni tat-

min ediyor mu?
ful.fill.ment (fûlfil'mınt) *i.* 1. yerine getirme, yapma. 2. içindeki potansiyelini iyi kullanmaktan doğan memnuniyet.
ful.fil.ment (fûlfil'mınt) *i., İng., bak.* **fulfillment.**
fu.lig.i.nous (fyulic'ınıs) *s.* 1. isli; is dolu. 2. is renginde, is renkli.
full (fûl) *s.* 1. **(of)** (ile) dolu: **The glass was full.** Bardak doluydu. **The glass was full of water.** Bardak suyla doluydu. 2. tam: **full member** tam üye. **a full hour** tam bir saat. 3. doymuş, karnı tok. 4. bol (giysi). 5. dolgun. **— dress** çok resmi toplantılarda giyilen elbise. **— membership** tam üyelik. **— moon** dolunay. **— speed** tam sürat. **— stop** *İng.* nokta. **— to overflowing/— to the brim** ağzına kadar dolu, dopdolu. **at — gallop** dörtnala. **chock —** ağzına kadar dolu.
full.back (fûl'bäk) *i., futbol* bek.
full-blood.ed (fûl'blʌdıd) *s.* 1. safkan. 2. tam bir, gerçek bir.
full-blown (fûl'blon') *s.* tamamen açmış; tam gelişmiş.
full-fledged (fûl'flecd') *s.* tam, gerçek, ehliyetli.
full-grown (fûl'gron') *s.* tamamıyla büyümüş; yetişkin.
full-length (fûl'lengkth) *s.* tam boy (portre).
full-time (fûl'taym') *s.* fultaym, tamgün. **— job** tamgün bir çalışma gerektiren iş.
ful.ly (fûl'i) *z.* tamamen, tamamıyla.
ful.mi.nate (fʌl'mıneyt) *f.* **(against)** (-e) ateş püskürmek.
fum.ble (fʌm'bıl) *f.* 1. el yordamıyla aramak, yoklamak. 2. (oyunda) topu düşürmek. *i.* topu düşürme.
fume (fyum) *f.* 1. öfkeli olmak. 2. pis kokulu gazları yaymak.
fumes (fyumz) *i., çoğ.* pis kokulu gazlar.
fu.mi.gate (fyu'mıgeyt) *f.* buharla dezenfekte etmek.
fun (fʌn) *i.* eğlence, zevk. *f.* **(—ned, —ning)** *k. dili* şaka etmek. **— fair** *İng.* lunapark. **for —** 1. zevk için. 2. şakadan. **in — şakadan. make — of/poke — at** (bir kimse) ile alay etmek.
func.tion (fʌngk'şın) *i.* 1. iş, görev, vazife, işlev, fonksiyon. 2. tören, merasim. 3. *mat.* fonksiyon, işlev. *f.* işlemek, çalışmak.
func.tion.al (fʌngk'şınıl) *s.* işlevsel, fonksiyonel.
func.tion.ar.y (fʌngk'şıneri) *i.* memur, görevli.
func.tion.ing (fʌngk'şıning) *s.* faal, işler durumda.
fund (fʌnd) *i.* 1. fon. 2. *çoğ.* para. 3. *çoğ.* fonlar. *f.* (bir iş/kimse için) para sağlamak.
fun.da.men.tal (fʌndımen'tıl) *s.* temel, esaslı, asıl. *i.* esas, temel.
fun.da.men.tal.ly (fʌndımen'tıli) *z.* temelde,

özünde.
fu.ner.al (fyu´nırıl, fyun´rıl) *i.* cenaze töreni.
fu.ne.re.al (fyunir´iyıl) *s.* kasvetli; cenaze törenine yakışan.
fun.gi.cide (fʌn´cısayd, fʌn´gısayd) *i.* mantar öldürücü ilaç.
fun.gus (fʌng´gıs), *çoğ.* **fun.gi** (fʌn´cay, fʌng´gay)/—**es** (fʌng´gısız) *i., bot.* mantar veya mantar türünden bitki.
fu.nic.u.lar (fyunik´yılır) *i.* füniküler.
fun.nel (fʌn´ıl) *i.* 1. huni. 2. (vapurda) baca.
fun.nies (fʌn´iz) *i., çoğ.* **the** — (gazetede) bant-karikatürler.
fun.ny (fʌn´i) *s.* 1. komik, güldürücü, eğlendirici. 2. tuhaf, garip, acayip. 3. şüpheli, şüphe uyandıran. — **bone** *anat.* dirsekte bir şeye çarpınca kolun karıncalanmasına sebep olan sinirin geçtiği yer. — **business** yalan dolan, hilecilik, düzenbazlık. — **paper** (gazetede) bant-karikatürlerin bulunduğu sayfa.
fur (fır) *i.* 1. kürk. 2. kürklü giysi, kürk. 3. (bazı yumuşak tüylü hayvanlara ait) tüyler: **the cat's fur** kedinin tüyleri. 4. (çaydanlıkta/borularda oluşan) kireç. **make the** — **fly** *k. dili* 1. adamakıllı dövmek, dayak atmak. 2. sert bir şekilde azarlamak, haşlamak, zılgıt vermek.
fur.bish (fır´biş) *f.* 1. parlatmak. 2. yenileştirmek.
fu.ri.ous (fyûri´yıs) *s.* 1. çok öfkeli, küplere binmiş, gözü dönmüş. 2. şiddetli, sert.
furl (fırl) *f.* (yelken/bayrak) sarmak.
fur.lough (fır´lo) *i.* izin, vazifeden izinle ayrılma.
fur.nace (fır´nis) *i.* büyük ocak, kalorifer ocağı; (demirhanede) ocak.
fur.nish (fır´niş) *f.* 1. döşemek; donatmak. 2. sağlamak.
fur.nished (fır´nişt) *s.* 1. möbleli, mobilyalı. 2. **with** ile döşeli.
fur.nish.ings (fır´nişingz) *i.* mefruşat.
fur.ni.ture (fır´nıçır) *i.* mobilya, möble.
fur.ri.er (fır´iyır) *i.* kürkçü.
fur.row (fır´o) *i.* 1. sabanın açtığı iz. 2. kırışık.

f. 1. saban izi yapmak. 2. kırıştırmak.
fur.ry (fır´i) *s.* tüyleri kabarık, tüylü.
fur.ther (fır´dhır) *s.* 1. ötedeki, uzaktaki, daha uzak. 2. ilave olunan. (**Further** *çoğunlukla miktar ve derece,* **farther** *ise mesafe için kullanılır.*) *z.* 1. daha öteye; daha ötede. 2. bundan başka, ayrıca. *f.* ilerlemesini sağlamak.
fur.ther.ance (fır´dhırıns) *i.* ilerlemesini sağlama.
fur.ther.more (fır´dhırmor) *z.* bundan başka, ayrıca.
fur.ther.most (fır´dhırmost) *s.* en ötedeki.
fur.thest (fır´dhist) *s.* en çok, en uzak.
fur.tive (fır´tiv) *s.* gizli, sinsi.
fu.ry (fyûr´i) *i.* 1. büyük öfke, gazap. 2. şiddet.
fuse (fyuz) *f.* eritmek; erimek; eriyip birbiriyle kaynaşmak.
fuse (fyuz) *i.* 1. *elek.* sigorta. 2. fitil.
fu.se.lage (fyu´sılaj) *i.* uçak gövdesi.
fu.sion (fyu´jın) *i.* 1. eritme; erime; eriyip kaynaşma. 2. *fiz.* füzyon.
fuss (fʌs) *i.* 1. gereksiz telaş/heyecan/öfke. 2. yaygara. *f.* ufak meseleleri sorun yapmak; ufak şeyler yüzünden telaşa düşmek. **make a** — **about** -i mesele yapmak. **make a** — **over** -in üzerine titremek; -i baş tacı etmek.
fus.sy (fʌs´i) *s.* kılı kırk yaran, çok titiz.
fus.ty (fʌs´ti) *s.* 1. küf kokan. 2. eski, demode, küflenmiş, küflü.
fu.tile (fyu´tıl) *s.* boş, nafile, abes.
fu.til.i.ty (fyutil´iti) *i.* boşuna olma, abes olma.
fu.ture (fyu´çır) *s.* gelecek, müstakbel. *i.* gelecek, istikbal. **in** — bundan sonra, bundan böyle. **the** — **tense** *dilb.* gelecek zaman.
fuze (fyuz) *i.* (top mermisine ait) tapa.
fuzz (fʌz) *i.* 1. hav. 2. ince tüyler, ayva tüyü. 3. kıvırcık saç. 4. *argo* polis. *f.* havlanmak. **peach** — 1. şeftalinin üstündeki tüyler. 2. ayva tüyü, insan vücudundaki ince sarı tüyler.
fuzz.y (fʌz´i) *s.* 1. ince tüylerle kaplı. 2. çok tüylü (köpek v.b.). 3. hatları belirsiz, flu. 4. çok havlı (kumaş). 5. kıvırcık (saç).

G

G, g (ci) *i.* 1. G, İngiliz alfabesinin yedinci harfi. 2. *müz.* sol notası. 3. *argo* bin dolar.
gab (gäb) *f.* (—**bed**, —**bing**) *k. dili* çene çalmak. *i.* çene çalma. **the gift of the** — konuşma yeteneği, cerbeze.
gab.ar.dine (gäb'ırdin) *i.* gabardin.
gab.ble (gäb'ıl) *f.* çabuk ve anlaşılamayacak bir şekilde konuşmak. *i.* çabuk ve anlaşılmaz konuşma.
gab.er.dine (gäb'ırdin) *i.* cüppe.
gab.fest (gäb'fest) *i., k. dili* çene çalma.
ga.ble (gey'bıl) *i.* bina duvarının beşikçatı ile birleştiği yerdeki üçgen bölüm. — **roof** beşikçatı.
Ga.bon (gıbon') *i.* Gabon.
Ga.bon.ese (gäbıniz') *i.* (*çoğ.* **Ga.bon.ese**) Gabonlu. *s.* 1. Gabon, Gabon'a özgü. 2. Gabonlu.
gad (gäd) *f.* (—**ded**, —**ding**) **about/around** başıboş dolaşmak.
gad.fly (gäd'flay) *i.* atsineği.
gad.get (gäc'ît) *i.* alet, küçük aygıt.
Gael.ic (gey'lik) *i., s.* Gaelce; İrlandaca; İskoçça.
gaffe (gäf) *i.* gaf.
gag (gäg) *i.* susturmak için ağıza sokulan tıkaç. *f.* (—**ged**, —**ging**) 1. ağzını tıkamak. 2. (haberin) yayılmasına engel olmak, susturmak. — **on** (bir şey) boğazını tıkamak.
gag (gäg) *i.* şaka; gülüt.
ga.ga (ga'ga) *s., k. dili* budala, deli. **go** — **over** (bir şey için) deli olmak.
gage (geyc) *i., f., bak.* **gauge**.
gai.e.ty (gey'ıti) *i.* neşelilik, şenlik, neşe.
gain (geyn) *i.* 1. kazanç, kâr. 2. artma, artış. *f.* 1. -i elde etmek, -e sahip olmak. 2. **on** (takip eden kişi/şey) yaklaşmak, aradaki mesafeyi kapatmak. — **ground** rağbet kazanmak. — **the upper hand** avantaj (birine) geçmek, avantaj (birinde) olmak. — **time** 1. vakit kazanmak. 2. (saat) ileri gitmek. — **weight** kilo almak.
gain.said (geyn.sed') *f., bak.* **gainsay**.
gain.say (geyn.sey') *f.* (**gain.said**) inkâr etmek.
gait (geyt) *i.* yürüyüş, gidiş.
gai.ter (gey'tır) *i.* tozluk, getr.
gal (gäl) *i., k. dili* kadın.
gal. *kıs.* **gallon**.
gal.ax.y (gäl'ıksi) *i., gökb.* galaksi, gökada.
gale (geyl) *i.* kuvvetli rüzgâr, bora, fırtına.
gall (gôl) *i.* **have the** — **to** (belirli bir şeyi) yapacak kadar küstah olmak.
gall (gôl) *f.* sinir etmek, sinirlendirmek.
gal.lant (gäl'ınt) *s.* centilmen, efendi.
gal.lant.ry (gäl'ıntri) *i.* kahramanlık, yiğitlik.

gall.blad.der (gôl'blädır) *i., anat.* safra kesesi.
gall.le.on (gäl'iyın) *i.* kalyon.
gal.ler.y (gäl'ıri) *i.* 1. sanat galerisi. 2. balkon, galeri. 3. *mad.* galeri.
gal.ley (gäl'i) *i.* 1. kadırga. 2. gemi mutfağı. — **proof** *matb.* ilk tashih.
gall.ing (gô'ling) *s.* sinir edici, sinirlendirici.
gal.li.vant (gäl'ıvänt) *f.* gezip tozmak.
gal.lon (gäl'ın) *i.* galon, ABD 3,78 litre; *İng.* 4,55 litre.
gal.lop (gäl'ıp) *f.* dörtnala gitmek. *i.* dörtnala gidiş.
gal.lows (gäl'oz) *i.* darağacı.
gall.stone (gôl'ston) *i.* safra taşı.
ga.lore (gılor') *s.* çok miktarda, bol: **You can find blackberries galore there.** Orada böğürtlenden geçilmiyor.
ga.losh (gılaş') *i.* galoş, kaloş, lastik.
gal.va.nize, *İng.* **gal.va.nise** (gäl'vınayz) *f.* 1. galvanizlemek. 2. hemen harekete geçirmek.
Gam.bi.a (gäm'biyı) *i.* Gambiya. **the** — Gambiya. — **n** *i.* Gambiyalı. *s.* 1. Gambiya, Gambiya'ya özgü. 2. Gambiyalı.
gam.ble (gäm'bıl) *f.* kumar oynamak. *i., k. dili* çok riskli iş, kumar.
gam.bler (gäm'blır) *i.* kumarbaz.
gam.bling (gäm'bling) *i.* kumar, kumar oynama. — **den** kumarhane.
gam.bol (gäm'bıl) *f.* (—**ed**/—**led**, —**ing**/—**ling**) sıçrayıp oynamak. *i.* sıçrayış, zıplama.
game (geym) *i.* 1. oyun, eğlence; spor. 2. oyun, karşılaşma; (bazı oyunlarda) parti. 3. av hayvanı, av. 4. *k. dili* iş, faaliyet; meslek. — **bird** av kuşu.
game (geym) *s.* 1. yiğit, cesur. 2. İsteklilik belirtir: **We're going to play football. Are you game?** Biz futbol oynayacağız. Sen de var mısın?
game (geym) *s.* sakat (bacak).
game.keep.er (geym'kipır) *i.* avlan bekçisi.
gam.ma (gäm'ı) *i.* — **rays** gama ışınları, gamma ışınları.
gam.mon (gäm'ın) *i., İng.* (domuz budundan yapılmış) jambon.
gam.my (gäm'i) *s., İng.* sakat (bacak).
gam.ut (gäm'ıt) *i.* (**of**) her çeşit, her tür. **run the** — her çeşidi/türü olmak.
gan.der (gän'dır) *i.* 1. erkek kaz. 2. ABD, *k. dili* bakış. **have a** — **at** -e bakmak.
gang (gäng) *i.* 1. çete. 2. takım; gürüh. — **up on** 1. (birine) karşı cephe oluşturmak. 2. (birkaç kişi) toplanıp (birine) karşı saldırmaya hazırlanmak.

a	ä	e	ı	i	î	ô	o	û	u	ʌ	ıl	ım	ın	ır	ng	ngg	ngk
car	cat	met	above	heal	his	dog	so	good	do	up	couple	prism	demon	burn	ring	finger	ink

gan.gling (gäng´gling) *s.* fasulye sırığı gibi, leylek gibi.
gang.plank (gäng´plängk) *i.* iskele, iskele tahtası, sürme iskele.
gan.grene (gäng´grin) *i., tıb.* kangren.
gan.gre.nous (gäng´grınıs) *s.* kangrenli.
gang.ster (gäng´stır) *i.* gangster.
gang.way (gäng´wey) *ünlem* Destur!/Yol ver!
gant.let (gänt´lit) *i., bak.* **gauntlet.**
gaol (jeyl) *i., İng., bak.* **jail.**
gaol.er (cey´lır) *i., İng., bak.* **jailer.**
gap (gäp) *f.* 1. aralık; boşluk, gedik. 2. eksiklik.
gape (geyp) *f.* 1. ağzı açık bir şekilde hayretle/şaşkınlıkla bakmak. 2. açılmak.
ga.rage (gıraj´, gırac´, *İng.* ger´ic) *i.* garaj. *f.* garajda bırakmak. **— sale** evde istenilmeyen eşyayı satmak amacıyla garajda/bahçede düzenlenen satış.
garb (garb) *i.* kılık, kıyafet, giysiler.
gar.bage (gar´bic) *i.* 1. çöp; süprüntü. 2. pis ve değersiz şey. **— can** çöp tenekesi. **— man** çöpçü. **— truck** çöp kamyonu, çöp arabası.
gar.ban.zo (garbän´zo) *i.* nohut.
gar.ble (gar´bıl) *f.* yanlış bir şekilde anlatmak/nakletmek.
gar.den (gar´dın) *i.* bahçe; bostan. *f.* bahçede çalışmak, çiçeklerle uğraşmak. **— party** gardenparti. **market —** bostan.
gar.den.er (gar´dınır) *i.* bahçıvan.
gar.de.nia (gardin´yı) *i., bot.* gardenya.
gar.gan.tu.an (gargän´çuwın) *s.* çok büyük, kocaman.
gar.gle (gar´gıl) *f.* gargara yapmak. *i.* gargara.
gar.ish (ger´iş) *s.* 1. çiğ, cart, cırlak, parlak (renk). 2. cafcaflı.
gar.land (gar´lınd) *i.* çelenk.
gar.lic (gar´lik) *i.* sarımsak, sarmısak.
gar.ment (gar´mınt) *i.* giysi, elbise.
gar.ner (gar´nır) *f.* toplamak.
gar.net (gar´nit) *i.* grena, lal taşı.
gar.nish (gar´niş) *f.* garnitürle süslemek. *i.* garnitür.
gar.ret (ger´it) *i.* tavan arası; tavan arasındaki oda.
gar.ri.son (ger´ısın) *i.* garnizon.
gar.ru.lous (ger´ılıs) *s.* geveze, lafazan, çenebaz.
gar.ter (gar´tır) *i.* jartiyer.
gas (gäs) *i.* (*çoğ.* **—es/—ses**) 1. benzin. 2. gaz. 3. (midede) gaz. 4. havagazı; doğalgaz. *f.* (**—sed, —sing**) 1. gazla zehirlemek. 2. *k. dili* çene çalmak. **— mask** gaz maskesi. **— meter** gaz sayacı, gaz saati. **— station** benzin istasyonu. **— up** benzin deposunu doldurmak. **Step on the —!** Gazla!/Gaza bas!
gas.e.ous (gäs´ıyıs) *s.* gaz gibi; gazlı.
gash (gäş) *i.* derin yara. *f.* -de derin yara açmak; -i kesmek.

gas.ket (gäs´kit) *i.* conta.
gas.light (gäs´layt) *i.* gaz ışığı.
gas.o.line (gäsılin´) *i.* benzin.
gasp (gäsp) *f.* 1. soluk soluğa kalmak, nefesi daralmak, nefesi kesilmek. 2. solumak. 3. soluk soluğa söylemek. *i.* soluma, nefes.
gas.tric (gäs´trik) *s., tıb.* mideye ait, midevi.
gas.tri.tis (gästray´tis) *i., tıb.* gastrit.
gas.tro.nome (gäs´trınom) *i.* gastronom.
gas.tro.nom.ic (gästrınam´ik) *s.* gastronomik.
gas.tron.o.my (gästranımi´) *i.* gastronomi, iyi yemek yeme ve yemekten anlama sanatı.
gas.works (gäs´wırks) *i.* gazhane.
gate (geyt) *i.* 1. kapı (kapı aralığını kapayan kanat). 2. kanal kapağı. 3. (maç, konser, sirk v.b.´nde bilet satışından sağlanan) hâsılat; gişe hâsılatı.
gate.crash.er (geyt´kräşır) *i., k. dili* parasız/davetiyesiz giren kimse.
gate.post (geyt´post) *i.* kapı dikmesi; kapı sövesi. **between you and me and the —** söz aramızda.
gate.way (geyt´wey) *i.* 1. kapı aralığı, kapı. 2. giriş.
gath.er (gädh´ır) *f.* 1. toplamak, bir araya getirmek; toplanmak, bir araya gelmek. 2. devşirmek; toplamak. 3. anlamak, sonuç çıkarmak. 4. büzmek. 5. (irin) toplanmak. *i.* büzgü. **— speed** hız kazanmak. **A rolling stone —s no moss.** Yuvarlanan taş yosun tutmaz./İşleyen demir pas tutmaz.
gath.er.ing (gädh´ıring) *i.* toplantı.
GATT *kıs.* **General Agreement on Tariffs and Trade.**
gauche (goş) *s.* 1. pot kıran, gaf yapan. 2. uygunsuz, münasebetsiz.
gaud.y (gô´di) *s.* 1. çiğ (renk); çiğ renkli. 2. aşırı ve zevksiz bir şekilde süslü.
gauge (geyc) *i.* 1. çap; ölçü; kalınlık. 2. *d.y.* ray açıklığı. 3. geyc. 4. ölçme aleti. *f.* 1. ölçmek. 2. ölçümlemek.
gaunt (gônt) *s.* sıska, çok zayıf ve kuru.
gaunt.let (gônt´lit) *i.* iş eldiveni. **take up the —** meydan okuyanın çağrısını kabul etmek. **throw down the —** meydan okumak.
gaunt.let (gônt´lit) *i.* **run the —** sıra dayağı yemek.
gauze (gôz) *i.* gaz bezi, gazlı bez.
gave (geyv) *f., bak.* **give.**
gav.el (gäv´ıl) *i.* (toplantıda oturumun açıldığını ilan etmek için başkanın masaya vurduğu) tokmak.
gawk (gôk) *f.* aval aval bakmak, bön bön bakmak.
gawk.y (gô´ki) *s.* kolları, bacakları uzun, biçimsiz ve hantal.
gawp (gôp) *f.* **(at)** ağzı açık bir şekilde seyretmek; aval aval bakmak, bön bön bakmak.

gay (gey) *s.* 1. neşeli, şen. 2. canlı, parlak ve güzel (renk); parlak ve güzel renkli. 3. eşcinsel, homoseksüel, gey. *i.* eşcinsel, homoseksüel, gey.
gaze (geyz) *f.* **(at)** gözünü dikip bakmak, seyretmek. *i.* dik bakış.
ga.ze.bo (gızi'bo) *i.* belveder; güzel manzaralı kameriye, çardak, pavyon; bir yapının üzerindeki teras/pavyon.
ga.zelle (gızel') *i.* ceylan, ahu, gazal.
ga.zette (gızet') *i.* resmi gazete.
gaz.et.teer (gäzıtir') *i.* 1. yer adları sözlüğü. 2. (atlasta) yer adları dizini.
G.B. *kıs.* **Great Britain.**
gear (gîr) *i.* 1. (belirli bir iş için kullanılan) eşya/takım/giysi. 2. tertibat, düzen, aygıt. 3. dişli çark. 4. vites. — **down** vitesi azaltmak. — **up** vitesi yükseltmek. — **wheel** dişli çark. **shift** —**s** vites değiştirmek.
gear.box (gîr'baks) *i.* vites kutusu, şanjman, şanzıman.
gear.shift (gîr'şîft) *i.* vites. — **lever** vites kolu.
gee (ci) *ünlem (At/öküz sürerken "Sağa git!" veya "İleri git!" anlamında kullanılır.)* Deh!/Haydi!
gee (ci) *ünlem* 1. Allah Allah! 2. *Birinin veya bir şeyin beğenildiğini gösterir:* **Gee you're swell!** Sen bir harikasın!
geese (gis) *i., çoğ., bak.* **goose.**
Gei.ger (gay'gır) *i.* — **counter** Gayger sayacı.
gei.sha (gey'şı) *i.* geyşa.
gel (cel) *i.* jel, pelte.
gel.a.tin, gel.a.tine (cel'ıtin) *i.* jelatin.
geld (geld) *f.* iğdiş etmek, enemek.
geld.ing (gel'ding) *i.* iğdiş edilmiş at.
gem (cem) *i.* 1. değerli taş, mücevher. 2. değerli kişi, cevher; değerli nesne.
Gem.i.ni (cem'ınay) *i., astrol.* İkizler burcu.
gem.stone (cem'ston) *i.* yontulmamış değerli taş.
gen.darme (jan'darm, jandarm') *i.* jandarma.
gen.der (cen'dır) *i.* 1. *dilb.* cins. 2. *k. dili* cinsiyet.
gene (cin) *i., biyol.* gen.
ge.ne.al.o.gy (ciniyal'ıci) *i.* şecere, soyağacı.
gen.er.al (cen'ırıl) *s.* genel. *i., ask.* general.
G— Agreement on Tariffs and Trade Gümrük Tarifeleri ve Ticaret Genel Anlaşması. — **election** *İng.* genel seçim. — **practitioner** *tıb.* pratisyen hekim, pratisyen. — **staff** *ask.* kurmay sınıfı. — **strike** genel grev. **as a — rule** genellikle. **attorney —** başsavcı. **brigadier —** tuğgeneral. **full —** orgeneral. **in —** genellikle, genel olarak. **lieutenant —** korgeneral. **major —** tümgeneral.
gen.er.al.i.sa.tion (cenırılızey'şın) *i., İng., bak.* **generalization.**
gen.er.al.ise (cen'ırılayz, cen'rılayz) *f., İng., bak.* **generalize.**

gen.er.al.i.ty (cenıräl'ıti) *i.* 1. genellik. 2. çoğunluk. 3. genelleme; genelleme içeren söz.
gen.er.al.i.za.tion, *İng.* **gen.er.al.i.sa.tion** (cenırılızey'şın) *i.* 1. genelleştirme. 2. genelleme, genelleme içeren söz.
gen.er.al.ize, *İng.* **gen.er.al.ise** (cen'ırılayz, cen'rılayz) *f.* genelleştirmek.
gen.er.al.ly (cen'ırıli) *z.* genellikle.
gen.er.ate (cen'ıreyt) *f.* üretmek; meydana getirmek; -e yol açmak.
gen.er.a.tion (cenırey'şın) *i.* 1. kuşak, nesil. 2. üretim; meydana getirme. — **gap** kuşak farkı, kuşaklar arasındaki fark.
gen.er.a.tor (cen'ıreytır) *i.* jeneratör, dinamo.
ge.ner.ic (cîner'îk) *s., i.* ambalajında üreticinin adı/markası bulunmayan (gıda maddesi).
gen.er.os.i.ty (cenıras'ıti) *i.* cömertlik.
gen.er.ous (cen'ırıs) *s.* cömert, eli açık.
gen.e.sis (cen'ısîs), *çoğ.* **gen.e.ses** (cen'ısiz) *i.* başlangıç.
ge.net.ic (cınet'îk) *s., biyol.* genetik.
ge.net.ics (cınet'îks) *i., biyol.* genetik.
gen.ial (cin'yıl) *s.* 1. cana yakın, arkadaşça davranan, iyi huylu, güler yüzlü. 2. yumuşak (iklim).
gen.i.tal (cen'ıtıl) *s., tıb.* üreme organlarına ait, genital.
gen.i.tals (cen'ıtılz) *i., çoğ., tıb.* üreme organları, cinsel organlar.
gen.i.tive (cen'ıtiv) *s., dilb.* -in halindeki. *i.* -in halindeki sözcük. **the — (case)** -in hali, genitif.
ge.nius (cin'yıs) *i. (çoğ.* —**es)** 1. deha. 2. dâhi. 3. istidat, yetenek. 4. özellik.
gen.o.cide (cen'ısayd) *i.* soykırım, jenosit.
ge.nome (ci'nom) *i., biyol.* genom.
gen.re (jan'r, jan'rı) *i.* tarz, tür, nevi.
gent (cent) *i., k. dili* erkek, adam.
gen.teel (centil') *s.* efendilik/kibarlık taslayan.
gen.tian (cen'şın) *i., bot.* centiyana, centiyan, kantaron.
gen.tile (cen'tayl) *i.* Musevi olmayan kimse. *s.* Musevi olmayan.
gen.tle (cen'tıl) *s.* 1. yumuşak ve nazik. 2. hafif (rüzgâr/yağmur). 3. meyli çok az (yokuş).
gen.tle.man (cen'tılmın), *çoğ.* **gen.tle.men** (cen'tılmin) *i.* centilmen, efendi. **gentleman's/gentlemen's agreement** centilmenlik anlaşması.
gen.tle.man.ly (cen'tılmınli) *s.* centilmence, efendice, centilmene yakışan.
gen.tle.ness (cen'tılnıs) *i.* yumuşaklık, nezaket.
gent.ly (cent'li) *z.* 1. yumuşak ve nazik bir şekilde. 2. hafifçe (esen). 3. yavaşça (yükselen yokuş).
gen.try (cen'tri) *i., çoğ.* sosyal statüsü iyi olanlar.
gen.u.flect (cen'yuflekt) *f., Hırist.* (ibadette) diz çökmek.

gen.u.flec.tion (cenyuflek'şın) *i.* (özellikle ibadet ederken) diz çökme.
gen.u.ine (cen'yuwin) *s.* 1. gerçek, hakiki. 2. içten gelen. 3. içten, samimi.
ge.nus (ci'nıs), *çoğ.* **gen.e.ra** (cen'ırı) *i., biyol.* (birkaç türden meydana gelen) cins.
ge.o.des.ic (ciyıdes'ik) *s.* geodezik, jeodezik, geodeziyle ilgili. — **dome** geodezik kubbe.
ge.od.e.sy (ciyad'ısi) *i.* geodezi, jeodezi.
ge.og.ra.pher (ciyag'rıfır) *i.* coğrafya uzmanı, coğrafyacı.
ge.o.graph.ic (ciyıgräf'ik), **ge.o.graph.i.cal** (ciyıgräf'ikıl) *s.* coğrafi.
ge.og.ra.phy (ciyag'rıfi) *i.* coğrafya.
ge.o.log.ic (ciyılac'ik), **ge.o.log.i.cal** (ciyılac'ikıl) *s.* jeolojik, yerbilimsel.
ge.ol.o.gist (ciyal'ıcist) *i.* jeolog.
ge.ol.o.gy (ciyal'ıci) *i.* jeoloji, yerbilim.
ge.o.met.ric (ciyımet'rik) *s.* 1. geometrik, uzambilgisel: **geometric figure** geometrik şekil. 2. geometrik, eşçarpanlı: **geometric series** geometrik seri.
ge.om.e.try (ciyam'ıtri) *i.* geometri, uzambilgisi.
ge.o.phys.ics (ciyofiz'iks) *i.* jeofizik.
ge.o.pol.i.tics (ciyopal'itiks) *i.* jeopolitik.
geor.gette (côrcet') *i.* jorjet.
Geor.gia (côr'cı) *i.* Gürcistan. **—n** *i., s.* 1. Gürcü. 2. Gürcüce.
ge.ra.ni.um (cırey'niyım) *i.* sardunya.
Ger.ber (gır'bır) *i.* — **daisy** *bot.* gerbera.
ger.i.at.ric (ceriyät'rik) *s.* geriatrik, jeriyatrik.
ger.i.at.rics (ceriyät'riks) *i.* geriatri, jeriyatri.
germ (cırm) *i.* 1. mikrop. 2. tohumun özü. 3. başlangıç, tohum.
Ger.man (cır'mın) *s., i.* 1. Alman. 2. Almanca.
ger.man.der (cırmän'dır) *i.* 1. dalakotu, yermeşesi, yerpalamudu. 2. kurtluca, yerpalamudu, yermeşesi.
ger.mane (cırmeyn') *s.* (**to**) (ile) ilgili.
Ger.man.y (cır'mıni) *i.* Almanya.
ger.mi.cide (cır'mısayd) *i.* mikrop öldürücü, antiseptik.
ger.mi.nate (cır'mıneyt) *f.* (tohum) çimlenmek; (tohumu) çimlendirmek.
ger.mi.na.tion (cırminey'şın) *i.* (tohum) çimlenme; (tohumu) çimlendirme.
ger.ry.man.der (cer'imändır, ger'imändır) *f.* (seçim bölgesini) bir siyasi partinin çıkarlarına uygun düşecek şekilde ayarlamak.
ger.und (cer'ınd) *i., dilb.* fiilden türetilen isim.
ge.stalt (gıştalt') *i., ruhb.* geştalt.
ges.ta.tion (cestey'şın) *i.* 1. gebelik. 2. gebelik süresi.
ges.tic.u.late (cestik'yuleyt) *f.* el/kol/baş hareketleri yapmak, jestler yapmak.
ges.tic.u.la.tion (cestikıyley'şın) *i.* 1. jestler yapma. 2. el/kol/baş hareketi, jest.
ges.ture (ces'çır) *i.* 1. el/kol/baş hareketi, jest. 2. jest, güzel davranış. *f.* el/kol/baş hareketi yapmak, jest yapmak.
Ge.sund.heit (gızûnt'hayt) *ünlem* Çok yaşayın! *(Hapşıran bir kimseye söylenir.).*
get (get) *f.* (**got, got.ten/got, —ting**) 1. elde etmek; edinmek; kazanmak; almak; satın almak; yakalamak; ele geçirmek: **He got it with difficulty.** Zorla elde etti. **I hear they've gotten a dog.** Köpek edinmişler. **I didn't get much for it.** Ondan pek bir şey kazanmadım. **When will you get that book for me?** Bana o kitabı ne zaman alacaksın? **I've got him by the tail.** Kuyruğundan yakaladım. 2. almak; yemek: **She got a letter from Perihan.** Perihan'dan mektup aldı. **He got a blow on his jaw.** Çenesine bir yumruk yedi. 3. bulup getirmek; getirmek; götürmek: **Will you get me my walking stick?** Bastonumu getirir misin? 4. (telefona/kapıya) bakmak: **Will you get the door?** Kapıya bakar mısın? 5. *Belirli bir duruma geçişi gösterir:* **Let's get moving!** Haydi gidelim! **Get going!** Haydi yürü! **He's getting older.** Yaşlanıyor. **It's gotten hot.** Sıcak oldu. **Get her dressed!** Onu giydir! 6. *Yardımcı fiil olarak başka fiilleri ettirgen yapar:* **Get him to get it for you.** Ona aldır. 7. (bir yere) gitmek/varmak: **How will you get there?** Oraya nasıl gideceksin? **When did you get there?** Oraya ne zaman vardın? 8. *Bir yere koyma, sokma veya bir yerden çıkarmayı gösterir:* **Get that animal out of here!** O hayvanı buradan çıkar! 9. -ebilmek: **He got to go on the trip.** Seyahate katılabildi. **When will I get to see him?** Onu ne zaman görebilirim? **At last he got to go too.** Nihayet o da gidebildi. 10. (bir öğün yemek) hazırlamak: **I'm getting breakfast.** Kahvaltı hazırlıyorum. 11. (bir hastalığa) yakalanmak: **He's got a cold.** Nezle oldu. 12. *k. dili* anlamak, çakmak: **Don't get me wrong!** Beni yanlış anlama! **Got it?** Çaktın mı? 13. *k. dili* damarına basmak; sinirine dokunmak. 14. *k. dili* dokunmak, etkilemek. 15. (radyo/televizyon) (belirli bir istasyonu/kanalı) almak: **I can't get that station on my radio.** Radyom o istasyonu almıyor. 16. mat etmek, çanına ot tıkamak. 17. *k. dili* (atılan bir şeyle) (birini) öldürmek, vurmak: **Get him right between the eyes!** Alnının tam ortasından vur! — **a load of** *k. dili* 1. (çok ilginç/güzel/tuhaf birine veya bir şeye) bakmak. 2. (çok ilginç/güzel/tuhaf bir şeyi) dinlemek. — **a move on** *k. dili* acele etmek. — **a rise out of someone** *k. dili* dalga geçerek birini kızdırmak. — **about** 1. (haber/söylen-

ti) yayılmak. 2. (bir hastalıktan sonra yeniden) çıkıp dolaşmak. 3. seyahat etmek; gezmek. — across anlatmak; açıklamak: He couldn't get his point across. Ne demek istediğini anlatamadı. What he said obviously didn't get across to them. Ne demek istediğini anlamadıkları belli. — after çıkışmak, paylamak. — ahead 1. başarılı olmak. 2. tasarruf etmek, para biriktirmek. 3. of (rakibi) geçmek. — along/on 1. gitmek, ayrılıp gitmek. 2. (zaman, yaş) ilerlemek. 3. geçinmek, idare etmek. 4. (belirli bir şekilde) olmak, gitmek: I'm getting along just fine. Her şey iyi gidiyor. 5. (birbiriyle) geçinmek. — around 1. çok gezmek. 2. hareket etmek, yürümek. 3. (haber) yayılmak. 4. bir yol bulup -den kurtulmak; bir yol bulup (birini) atlatmak. — around to vakit ayırıp (bir şeyi) yapmak: When will you get around to answering my letter? Ne zaman vakit ayırıp mektubuma cevap yazacaksın? — at 1. -e ulaşmak, -e erişmek. 2. zarar vermek, kötülük etmek. 3. (bir şeyle) meşgul olmak. 4. kastetmek, demek istemek; ima etmek. — away 1. kaçmak. 2. çıkmak. — away with (something) k. dili (yapılan iş) yanına kâr kalmak: He's gotten away with it. Yaptığı yanına kâr kaldı. I won't let him get away with this. 1. Bunu yanına bırakmayacağım. 2. Bunu yapmasına izin vermeyeceğim. — back at someone for something k. dili birine bir şeyi ödetmek, birinden bir şeyin öcünü almak. — behind in 1. (bir işte) gecikmek; (bir işin) gerisinde kalmak: He's gotten behind in his payments. Ödemelerinde gecikti. They've gotten behind in their work. Çalışma programının gerisinde kaldılar. 2. k. dili arka çıkmak, desteklemek. — by k. dili 1. geçmek. 2. ile atlatmak, ile geçirmek; ile idare etmek; (bir şeyi) durumu kurtaracak kadar yapmak: I can get by this year with these shoes. Bu ayakkabılarla bu seneyi atlatabilirim. She only studies enough to get by. Ancak durumu kurtaracak kadar ders çalışır. 3. vartayı atlatmak. — (oneself/someone) couthed up k. dili süslenip püslenmek; süsleyip püslemek. — cracking k. dili (gayretle) başlamak. — (someone) down k. dili (birinin) moralini bozmak. — down off one's high horse k. dili kibiri bırakmak, kibirli davranmaktan vazgeçmek. — down to k. dili (bir işe) bakmak/başlamak. — down to brass tacks/— down to business k. dili asıl işe gelmek/bakmak, asıl işi ele almak. — even with k. dili -den öç almak. — going

k. dili 1. (gayretle) başlamak. 2. başlatmak, kızdırmak: Don't get him going! Onu başlatma! — hold of 1. -i eline geçirmek. 2. (birini) bulmak. — in one's hair k. dili -e musallat olmak, başından ayrılmayarak rahatsız etmek. — in one's way k. dili -e engel olmak, -in işlerini aksatmak. — it k. dili zılgıt yemek; gününü görmek: We're going to get it now! Şimdi çattık belaya! — off 1. inmek. 2. from (işten) izin almak. 3. paçayı kurtarmak; (birini) cezadan kurtarmak: How can we get him off? Onu cezadan nasıl kurtarabiliriz? 4. yollamak. 5. çıkarmak: Get that dirty shirt off this minute! O kirli gömleği hemen çıkar! — off easy k. dili hafif bir cezayla veya cezasız olarak kurtulmak; ucuz kurtulmak. — off on the wrong foot with someone k. dili başlangıçta birini kızdırmak. — (something) off one's chest k. dili içini boşaltmak, derdini söylemek. — off someone's back k. dili birini rahat bırakmak, birini azarlamaktan/eleştirmekten vazgeçmek. — off the ground k. dili başarılı bir şekilde başlamak. — (someone) off the hook k. dili (birini) (zor bir durumdan) kurtarmak. — on 1. azarlamak. 2. geçinmek. — They get on well. Birbiriyle iyi geçiniyorlar. — on one's nerves -i sinir etmek. — on the ball k. dili dikkat etmek, dikkatli olmak, uyanık olmak. — on the bandwagon k. dili birçok kişinin yaptığı bir şeye katılmak. — on (someone's) good side (birinin) gözüne girmek. — one's ducks in a row k. dili hazırlıklarını yapmak. — one's feet wet k. dili başlamak, denemek. — one's goat k. dili sinirlendirmek, kızdırmak. — one's hands on 1. yakalamak, eline geçirmek. 2. -e sahip olmak. — one's number k. dili birinin ne menem biri olduğunu anlamak. — one's way istediğini yaptırmak: She always gets her way. Hep onun istediği olur. — out 1. çıkmak. 2. çıkarmak, yayımlamak. G— out! Defol! — out of hand çığrından çıkmak, idare edilememek. — (someone) out of the way 1. (birini) kenara çekmek. 2. (birini) devredışı etmek, etkisiz hale getirmek. — (something) out of the way 1. (bir şeyi) kenara çekmek. 2. bitirmek. — over 1. üstünden geçmek. 2. (bir hastalık) geçmek: Have you gotten over your cold? Nezlen geçti mi? 3. (bir üzüntüyü) unutmak. 4. (şaşırtıcı bir olaya) inanmak. — (something) over bitirmek. — rid of yok etmek; ortadan kaldırmak, bertaraf etmek. — set hazırlanmak. — the ax k. dili işten/okuldan atılmak, sepetlenmek. — the ball rolling k. dili başlamak, işleri başlatmak. — the better of/— the best of 1. -i yenmek, -in sırtını yere getirmek, -i alt etmek. 2. -den kazançlı çıkmak. — **the brush off** *k. dili* **(from)** soğuk bir davranışla/sözle kovulmak; soğuk bir karşılık görmek: **I got the brush off from her.** Bana soğuk davrandı. — **the cart before the horse** *k. dili* bir işi tersinden yapmak. — **the feel of -e** alışmak. — **the goods on someone** *k. dili* biri hakkında elinde kuvvetli deliller olmak: **We've got the goods on him.** Onun hakkında elimizde kuvvetli deliller var. — **the hang of -i** anlamak, -i kavramak; -in havasına girmek. — **the jump on** *k. dili* -den önce davranmak. — **the message/— the picture** *argo* anlamak, çakmak. — **the runaround** *argo* kaçamak cevap almak. — **the sack** *k. dili* işten atılmak, sepetlenmek. — **the show on the road** *k. dili* başlamak; işleri başlatmak. — **the upper hand** dizginleri ele geçirmek; öne geçmek. — **the worst of** 1. yenilmek, sırtı yere getirilmek, alt edilmek. 2. -den kazançlı çıkmamak. — **(something) through one's head** 1. anlamak, kafası almak: **Why can't you get this through your head?** Kafan niçin bunu almıyor? 2. anlatmak, kafasına sokmak: **He can't get this through her head.** Bunu onun kafasına sokamıyor. — **through to** 1. -e bir şey anlatmak: **I can't get through to her.** Ona bir şey anlatamam. 2. kafasına girmek: **I think it's finally gotten through to him.** Nihayet anladı galiba. — **to** *k. dili* 1. başlamak *(Mastarla birlikte kullanılır.):* **They got to talking.** Konuşmaya başladılar. 2. lazım olmak, gerekmek; şart olmak: **I've got to go now!** Şimdi gitmem gerek! — **to the bottom of** (bir şeyin) asıl sebebini bulmak, (işin) kökenine inmek. — **to the point** sadede gelmek. — **together** 1. toplamak, biriktirmek. 2. bir araya gelmek, buluşmak. 3. **(on)** (üzerinde) anlaşmaya varmak, mutabık kalmak. — **under one's skin** -i kızdırmak, -i sinir etmek. — **up** 1. yataktan kalkmak. 2. ayağa kalkmak. 3. hazırlamak, düzenlemek. 4. (birini) (belirli bir kıyafete) sokmak: **She got herself up as a mouse.** Kendini fare kılığına soktu. 5. -i çıkmak; -i çıkarmak: **Can you get up these stairs?** Bu merdivenleri çıkabilir misiniz? **Can you get the piano up the stairs?** Piyanoyu merdivenlerden çıkarabilir misin? 6. -i kaldırmak: **Can they get it up with a winch?** Onu vinçle kaldırabilirler mi? 7. **to -e** varmak: **Which chapter have you gotten up to?** Hangi bölüme vardın? — **up on the wrong side of the bed** *k. dili* ters tarafından kalkmak. — **up the nerve to** (bir şey yapmak için) cesaretini toplamak. — **what's coming to one** cezasını bulmak, layığını bulmak: **She got what was coming to her!** Müstahaktır! — **wind of** -i duymak, -i öğrenmek, -den haberdar olmak. — **wise (to)** *k. dili* (-in) farkına varmak. — **with it** *k. dili* uyanmak,

kendine gelmek *(Mecazen söylenir.).*
get.up (get´∧p) *i.* kıyafet, kılık.
gey.ser (gay´zır, İng. gi´zır) *i.* 1. gayzer, kaynaç. 2. *İng.* (havagazıyla/doğalgazla çalışan) şofben.
Gha.na (ga´nı) *i.* Gana.
Gha.na.ian (ga´niyın, gän´iyın, ganey´ın) *i.* Ganalı. *s.* 1. Gana, Gana'ya özgü. 2. Ganalı.
ghast.ly (gäst´li) *s.* 1. beti benzi atmış. 2. korkunç. 3. *k. dili* berbat, çok kötü.
gha.zi (ga´zi) *i.* gazi.
gher.kin (gır´kin) *i.* kornişon.
ghet.to (get´o) *i.* *(çoğ.* **—s/—es)** getto.
ghost (gost) *i.* hayalet, hortlak. — **town** ölü kent; terk edilmiş yerleşim yeri. **give up the —** 1. ölmek, son nefesini vermek. 2. (makine/motor) bozulmak. **the Holy G—** Kutsal Ruh. **There isn't a — of a chance.** En ufak bir ihtimal bile yok.
ghost.writ.er (gost´raytır) *i.* bir diğerinin hesabına ve onun ismi altında kitap yazan kimse.
ghoul (gul) *i.* gulyabani.
G.H.Q. *kıs.* **General Headquarters** 1. *ask.* başkumandanlık karargâhı. 2. merkez, idare merkezi.
GI (ci´yay) *i., k. dili* asker, er. — **Joe** asker.
gi.ant (cay´ınt) *i.* dev. *s.* dev gibi, kocaman.
giaour (cawır) *i.* gâvur.
gib.ber (cib´ır, gib´ır) *f.* konuşmaya benzeyen anlamsız sesler çıkarmak.
gib.ber.ish (cib´ırîş, gib´ırîş) *i.* konuşmaya benzeyen anlamsız sesler.
gib.bet (cib´ıt) *i.* darağacı.
gibe (cayb) *f.* dokunaklı/incitici söz söylemek, alay etmek. *i.* dokunaklı/incitici söz.
gib.lets (cîb´lîts) *i., çoğ.* (kümes hayvanlarından elde edilen) sakatat.
Gi.bral.tar (cibrôl´tır) *i.* Cebelitarık.
Gi.bral.tar.i.an (cibrôlter´iyın) *i.* Cebelitarıklı. *s.* 1. Cebelitarık, Cebelitarık'a özgü. 2. Cebelitarıklı.
gid.di.ness (gid´inîs) *i.* 1. baş dönmesi. 2. hoppalık, havailik, terelellilik.
gid.dy (gid´i) *s.* 1. baş döndürücü (yükseklik veya dönme hareketi). 2. hoppa, havai, terelelli. **feel —** başı dönmek.
gift (gift) *i.* 1. hediye, armağan. 2. yetenek, istidat, Allah vergisi. **Don't look a — horse in the mouth.** Bahşiş atın dişine bakılmaz.
gift.ed (gif´tıd) *s.* yetenekli, istidatlı.
gi.gan.tic (caygän´tîk) *s.* dev gibi, kocaman.
gig.gle (gig´ıl) *f.* kıkırdamak, kıkır kıkır gülmek. *i.* kıkırdama.
gig.o.lo (cig´ılo) *i.* jigolo.
gild (gîld) *f.* **(—ed/gilt)** yaldızlamak.
gild (gîld) *i., bak.* **guild.**
gild.ing (gîl´dîng) *i.* yaldız.
gill (gîl) *i.* solungaç. **go green around the —s**

benzi atmak.
gilt (gilt) f., bak. gild. s. yaldızlı. i. yaldız.
gim.mick (gim'ik) i. 1. numara, trük. 2. alet.
gin (cin) i. cin (içki).
gin (cin) i. çırçır (makine). f. (—ned, —ning) (pamuğu) çırçırdan geçirmek.
gin.ger (cin'cır) i. zencefil. s. kızıl (saç). — ale zencefilli gazoz.
gin.ger.bread (cin'cırbred) i. 1. zencefilli, pekmezli kek. 2. zencefilli, pekmezli kurabiye.
gin.ger.ly (cin'cırli) z. büyük bir dikkatle.
ging.ham (ging'ım) i. çizgili/damalı pamuklu kumaş.
gink.go (ging'ko) i. ginko, kızsaçı.
gin.seng (cin'seng) i. ginseng.
Gip.sy (cip'si) i., bak. Gypsy.
gip.sy (cip'si) i., bak. gypsy.
gi.raffe (cıräf') i. zürafa.
gird (gırd) f. (—ed/girt) 1. çevrelemek, kuşatmak. 2. (on) (kılıç v.b.'ni) kuşanmak. — one's loins (zor bir işe) hazırlanmak. — oneself for kendini -e iyice hazırlamak. — oneself with -i takmak, -i takınmak, -i kuşanmak. — someone with birine (bir şeyi) vermek/bahşetmek.
gird.er (gır'dır) i. putrel, potrel.
gir.dle (gır'dıl) i. 1. korse. 2. kuşak, kemer.
girl (gırl) i. 1. kız. 2. k. dili kız arkadaş. — scout kız izci.
girl.friend (gırl'frend) i. kız arkadaş.
girl.hood (gırl'hûd) i. kızlık çağı, kızlık.
girl.ish (gır'liş) s. kız gibi; kızlara özgü.
girth (gırth) i. 1. (semere ait) kolan. 2. çevre ölçüsü, çevre: The tree's girth was ninety centimeters. Ağacın çevresi doksan santimetreydi. 3. bel ölçüsü, bel.
gis.mo (giz'mo) i., bak. gizmo.
gist (cist) i. ana fikir, esas anlam; başlıca fikirler.
give (giv) f. (gave, giv.en) 1. vermek. 2. sebep olmak: Her presence gives him pleasure. Varlığı ona mutluluk veriyor. It gave him a shock. Onu şoke etti. This noise is giving me a headache. Bu gürültü başımı ağrıtıyor. 3. göstermek: Can you give us some proof? Bize kanıt gösterebilir misiniz? 4. esnemek, açılmak, eğilmek. 5. esnek davranmak. 6. çökmek. — a good account of oneself Kendine düşen işi iyi yapmak anlamına gelir: He gave a good account of himself on the battlefield today. Bugün iyi savaştı. — a play bir piyes oynamak. — a slip sıvışarak birinin elinden kurtulmak. — away 1. hediye olarak vermek, hediye etmek: She gave her dog away. Köpeğini birine hediye etti. 2. ele vermek. — back geri vermek. — birth to -i doğurmak. — (someone) credit for (bir şeyden dolayı) birini takdir etmek. —

ear to -e kulak vermek, -i dinlemek. — in teslim olmak, razı olmak, kabul etmek. — off (koku, buhar v.b.'ni) yaymak, çıkarmak: Plants give off oxygen. Bitkiler havaya oksijen verir. — offense gücendirmek. — oneself airs burnu havada olmak. — out çok yorulmak, bitmek. — rise to -e yol açmak, -e sebebiyet vermek. — someone a piece of one's mind birinin ağzının payını vermek, birine verip veriştirmek. — someone one's illness birine hastalığının bulaştırmak/geçirmek: Don't give me your cold! Nezleni bana bulaştırma! — thanks şükretmek. — up 1. vazgeçmek. 2. pes etmek. — up the ghost 1. ölmek, son nefesini vermek. 2. (makine/motor) bozulmak. be —n to (bir şey yapmak) itiyadında olmak.
give (giv) i. esneklik.
give-and-take (giv'ınteyk') i., k. dili karşılıklı özveri, karşılıklı fedakârlık.
giv.en (giv'ın) f., bak. give. s. belirli, muayyen. i. veri. — name küçük isim.
giz.mo (giz'mo) i. aygıt; alet.
giz.zard (giz'ırd) i. 1. biyol. taşlık, katı. 2. şaka mide. stick in one's — 1. kursağında kalmak. 2. gücüne gitmek, ağırına gitmek: It stuck in my gizzard. Hazmedemedim./Gücüme gitti./Ağırıma gitti.
gla.cial (gley'şıl) s. 1. buzullara ait: glacial lake buzul gölü. 2. buz gibi, çok soğuk.
gla.cier (gley'şır) i. buzul.
glad (gläd) i., bot., k. dili, bak. gladiolus.
glad (gläd) s. (—der, —dest) mutlu, memnun: He was glad to see us. Bizi gördüğüne sevindi. I'll be glad to do it. Onu memnuniyetle yaparım. I'm glad to meet you. Tanıştığımıza memnun oldum. — rags bayramlıklar, en iyi giysiler. give someone the — eye birine pas vermek, birine davetkâr bir bakış yöneltmek. give someone the — hand sahte bir sıcaklıkla el sıkmak/selam vermek.
glad.den (gläd'ın) f. sevindirmek.
glade (gleyd) i. orman içindeki açık alan.
glad-hand (gläd'händ) f. sahte bir sıcaklıkla el sıkmak/selam vermek.
glad.i.a.tor (gläd'iyeytır) i. gladyatör.
glad.i.o.lus (glädiyo'lıs), çoğ. glad.i.o.li (glädiyo'lay) i., bot. glayöl, kuzgunkılıcı.
glad.ly (gläd'li) z. memnuniyetle.
glad.ness (gläd'nis) i. memnuniyet.
glam.or, İng. glam.our (gläm'ır) i. romantik bir çekicilik.
glam.or.ise (gläm'ırayz) f., İng., bak. glamorize.
glam.or.ize, İng. glam.or.ise/glam.our.ize/ glam.our.ise (gläm'ırayz) f. 1. romantik ve çekici bir şekilde tarif etmek. 2. romantik ve

glamorous 178

çekici bir hava vermek.
glam.or.ous (gläm´ırıs) s. romantik bir çekiciliği olan.
glam.our (gläm´ır) i., İng., bak. glamor.
glam.our.ise (gläm´ırayz) f., İng., bak. glamorize.
glam.our.ize (gläm´ırayz) f., İng., bak. glamorize.
glam.our.ous (gläm´ırıs) s., İng., bak. glamorous.
glance (gläns) f. at -e göz atmak. i. bakış. — off -i sıyırıp geçmek. at a — bir bakışta.
gland (gländ) i., anat. bez, beze, gudde.
glare (gler) f. 1. göz kamaştıracak bir şekilde parlamak. 2. at -e ters ters bakmak. i. 1. göz kamaştırıcı parıltı. 2. ters bakış.
glar.ing (gler´îng) s. 1. göz kamaştırıcı. 2. çok parlak, çiğ (renk). 3. çok göze çarpan. 4. ters ters bakan.
glass (gläs) i. 1. cam. 2. bardak: **a glass of water** bir bardak su. **a water glass** su bardağı. — **cutter** elmastıraş, elmas. — **wool** camyünü. **cut** — kesme cam. **looking** — ayna. **magnifying** — büyüteç, pertavsız. **stained** — vitray.
glass (gläs) f. cam takmak, camlamak. — **in** -i camla kapatmak.
glass.blow.er (gläs´blowır) i. üfleyerek cam ve şişe yapan kimse.
glass.es (gläs´ız) i., çoğ. gözlük. — **frames** gözlük çerçevesi.
glass.ful (gläs´fûl) i. bardak dolusu.
glass.house (gläs´haus) i. 1. cam fabrikası. 2. İng. sera.
glass.ware (gläs´wer) i. zücaciye.
glass.works (gläs´wırks) i. cam fabrikası.
glass.y (gläs´i) s. 1. cam gibi. 2. durgun ve parıldayan (deniz, göl v.b.). 3. donuk (bakış).
glau.co.ma (glôko´mı) i., tıb. glokom, karasu.
glaze (gleyz) f. 1. (pencereye) cam takmak. 2. (seramik nesneleri) sırlamak. 3. (bakış) donuklaşmak. i. (seramik nesnelerdeki) sır.
gla.zier (gley´jır) i. camcı.
gleam (glim) i. pırıltı. f. pırıldamak, parıldamak, parlamak. **a** — **of hope** bir ümit ışığı.
glean (glin) f. 1. hasattan sonra ekin toplamak; hasattan sonra (tarladaki) ekinleri toplamak. 2. azar azar (bilgi) toplamak.
glee (gli) i. neşe. — **club** koro.
glee.ful (gli´fûl) s. neşeli, neşe dolu.
glen (glen) i. küçük vadi, dere.
glib (glib) s. (—**ber**, —**best**) 1. cerbezeli. 2. kolaya kaçan ve içtenliksiz (cevap/söz).
glide (glayd) f. süzülerek gitmek, süzülmek; sessizce ve kayıyormuş gibi gitmek.
glid.er (glay´dır) i. planör.
glid.ing (glay´dîng) i. 1. süzülerek gitme, süzülme. 2. planörcülük.
glim.mer (glîm´ır) f. hafifçe pırıldamak. i. hafif pırıltı. **a** — **of hope** bir ümit ışığı.

glimpse (glîmps) i. anlık bakış, kısa bakış. f. (birini/bir şeyi) bir an için görmek.
glint (glînt) f. pırıldamak, parıldamak. i. pırıltı.
glis.ten (glîs´ın) f. pırıldamak, parıldamak. i. parıltı.
glit.ter (glît´ır) f. pırıldamak, parıldamak. i. pırıltı. **All that** —**s is not gold.** Parlayan her şey altın değildir./Görünüşe aldanmamalı.
gloat (glot) f. **over** -den şeytanca bir zevk duymak, (birinin başarısızlığını) zevkle seyretmek; "Oh olsun!" demek.
glob (glab) i. 1. damla. 2. topak.
glob.al (glo´bıl) s. küresel, global.
glob.al.i.sa.tion (globılızey´şın) i., İng., bak. **globalization**.
glob.al.ise (glo´bılayz) f., İng., bak. **globalize**.
glob.al.i.za.tion, İng. **glob.al.i.sa.tion** (globılızey´şın) i. küreselleşme, globalleşme.
glob.al.ize, İng. **glob.al.ise** (glo´bılayz) f. küreselleşmek, globalleşmek.
globe (glob) i. 1. küre, yuvarlak, yuvar. 2. yerküre, yeryuvarlağı, yeryuvarı. 3. küre, yerküreyi simgeleyen model. 4. (lamba için) karpuz.
globe-trot.ter (glob´tratır) i. sık sık dünyayı dolaşan kimse.
gloom (glum) i. 1. karanlık; loşluk. 2. kasvet, hüzün.
gloom.y (glu´mi) s. 1. karanlık; loş. 2. kasvetli, hüzünlü.
glo.ri.fi.ca.tion (glorıfîkey´şın) i. 1. hamdederek (Allahı) yüceltme. 2. yüceltme.
glo.ri.fy (glor´ıfay) f. 1. hamdederek (Allahı) yüceltmek. 2. yüceltmek.
glo.ri.ous (glor´îyıs) s. 1. çok şerefli, yüceltilmeye değer. 2. fevkalade güzel, harikulade, muhteşem.
glo.ry (glor´i) i. 1. şan ve şeref. 2. ihtişam, görkem. 3. medarı iftihar. f. **in** 1. -e çok sevinmek. 2. ile çok övünmek. **be in one's** — kendinden çok hoşnut olmak. -**go to one's** — ölmek. **send someone to his/her** — birini öldürmek.
gloss (glas) i. 1. parlaklık. 2. sahte bir dış görünüm: **Her politeness was merely a gloss.** Onun nezaketi sadece bir gösterişti. f. **over** (bir yanlışı, doğru olmayan bir şeyi) doğru/makul göstermek.
gloss (glas) i. 1. açıklama. 2. yorum. f. 1. açıklamak. 2. açıklayıcı yazı eklemek.
glos.sa.ry (glas´ıri) i. lügatçe, kitabın sonundaki sözlük bölümü.
glos.sy (glas´i) s. parlak.
glove (glʌv) i. eldiven. — **compartment** torpido gözü. **fit like a** — tıpatıp uymak. **handle someone with kid** —**s** (çok kırılgan/sinirli birine) son derece dikkatli davranmak.
glow (glo) f. 1. (kor) parlamak; kor gibi parla-

th	dh	w	hw	b	c	ç	d	f	g	h	j	k	l	m	n	p	r	s	ş	t	v	y	z
thin	the	we	why	be	joy	chat	ad	if	go	he	regime	key	lid	me	no	up	or	us	she	it	via	say	is

mak: **The cat's eyes glowed in the dark.** Kedinin gözleri karanlıkta kor gibi parlıyordu. 2. (yüzü/yanakları) kızarmak. *i.* 1. parıltı. 2. kızarıklık.
glow.er (glaw´ır) *f.* ters ters bakmak. *i.* ters bakış.
glow.worm (glo´wırm) *i.* ateşböceği.
glox.in.i.a (glaksin´iyı) *i., bot.* gloksinya.
glu.cose (glu´kos) *i.* glikoz.
glue (glu) *i.* zamk. *f.* zamklamak. **cabinetmaker's —/wood —** tutkal.
glum (glʌm) *s.* (**—mer, —mest**) 1. asık suratlı, somurtuk. 2. kasvet veren.
glut (glʌt) *i.* aşırı miktar: **There's a glut of turnips on the market.** Piyasa şalgama boğuldu. *f.* (**—ted, —ting**) — oneself with/on -i tıka basa yemek: **They glutted themselves on pears.** Armutları tıka basa yediler. **— the market with** piyasayı (aşırı miktarda mala) boğmak: **She glutted the market with bananas.** Piyasayı muza boğdu.
glu.ti.nous (glut´ınıs) *s.* tutkala benzer, yapış yapış.
glut.ton (glʌt´ın) *i.* obur.
glut.ton.ous (glʌt´ınıs) *s.* obur.
glut.ton.y (glʌt´ıni) *i.* oburluk.
glyc.er.in, glyc.er.ine (glis´ırin) *i.* gliserin.
GMT *kıs.* **Greenwich Mean Time.**
gnarled (narld) *s.* boğum boğum.
gnash (näş) *f.* (diş) gıcırdatmak.
gnat (nät) *i., zool.* 1. tatarcık. 2. titrersinek. **strain at a — and swallow a camel** *k. dili* önemsiz bir şeyi mesele yapıp önemli bir şeye hiç aldırmamak; ufak bir kabahati mesele yapıp büyük bir yanlışa aldırmamak.
gnaw (nô) *f.* kemirmek.
gnome (nom) *i.* (peri masallarında) cüce.
GNP *kıs.* **gross national product.**
go (go) *f.* (**went, gone**) 1. gitmek. 2. -e çıkmak: **She's gone shopping.** Alışverişe çıktı. **They've gone for a walk.** Onlar yürüyüşe çıktı. 3. (bir şeyin) yeri (belirli bir) yer olmak: **That book goes there.** O kitabın yeri orası. 4. (makine) işlemek, çalışmak. 5. olmak: **Mehmet's gone crazy.** Mehmet delirdi. **That bank's gone private.** O banka özel sektöre geçti. 6. (belirli bir) durumda kalmak: **Her screams went unheard.** Çığlıkları duyulmadı. **He went hungry all day.** Gün boyunca aç kaldı. 7. gitmek, satılmak: **The apartment went for a song.** Daire çok ucuza gitti. 8. **(on)** (para) gitmek, harcanmak: **One third of his salary goes on rent.** Maaşının üçte biri kiraya gidiyor. 9. yok olmak, kaybolmak; (zaman/mevsim) uçup gitmek. 10. ortadan kaldırılmak; işten çıkarılmak; yürürlükten kaldırılmak: **Tahire must go; that's certain.** Tahire gitmeli; orası kesin. 11. gitmek, ölmek: **I know they'll sell this farm once I'm gone.** Ben gittikten sonra bu çiftliği satacaklarını biliyorum. 12. (zaman/toplantı) geçmek; (hayat/işler) (herhangi bir durumda) olmak, gitmek: **How'd the meeting go?** Toplantı nasıl geçti? **How's it going?** İşler nasıl gidiyor? 13. (şiir, tekerleme v.b.'nin sözleri, müziğin nağmesi) (belirli bir biçimde) olmak: **The first line of the rhyme goes like this: "Little Miss Muffet sat on a tuffet."** Tekerlemenin ilk satırı şöyle: "Minnacık Matmazel Muffet bir ot kümesi üstünde oturuyordu." 14. **into** *mat.* (bir sayı) (başka bir sayıyı) bölmek: **Five won't go into four.** Beş dördü bölemez. 15. (belirli bir ses) çıkarmak: **Her heart went pit-a-pat.** Yüreği güm güm attı. 16. **in/into** -e sığmak: **It won't go in the box.** Kutuya sığmaz. 17. **with** -e uymak, -e uygun olmak: **That hat doesn't go with that dress.** O şapka o elbiseye uymuyor. 18. (saat) (belirli bir zamanı) göstermek: **It's gone four.** Saat dört oldu. **— a long way towards** (bir şey) çok katkıda bulunmak, çok yararlı olmak: **This'll go a long way towards making up for what you did.** Bu, yaptığını affetmeye bayağı yardımcı olur. **— about** *den.* tiramola etmek. **— about a task** bir işi ele almak, bir işe başlamak. **— abroad** yurtdışına gitmek, dışarı gitmek. **— after** (yakalamak/almak için) peşinden gitmek; kovalamak. **— against** 1. -e karşı gelmek, -e karşı olmak. 2. -e aykırı olmak. 3. (sonuç) -in aleyhinde olmak. **— ahead** 1. **(of)** -den önce gitmek. 2. **(with)** -e devam etmek. **G— ahead!** Devam et! **G— ahead and smoke!** Buyur, sigaranı iç! **— all the way (with)** 1. tamamıyla hemfikir olmak. 2. (birinin) tüm isteklerini yerine getirmek. 3. cinsel ilişkide bulunmak, sevişmek: **They've gone all the way.** Merciği fırına vermişler. **G— along!** Haydi, git! **— along with** 1. ile beraber gitmek. 2. -e razı olmak, -i kabul etmek. **— around** 1. herkese yetmek. 2. **with** ile arkadaş olmak, ile birlikte olmak. 3. (hastalık) çok kişiye bulaşmak. **— at** -e saldırmak. **— back** dönmek. **— back on one's promise/word** sözünden dönmek. **— back on someone** birine ihanet etmek. **— bad** bozulmak. **— bail for** -e kefil olmak. **— begging** istenilmemek, rağbet görmemek. **— beyond** -nin ötesine geçmek. **— by** 1. geçmek: **Several hours went by.** Birkaç saat geçti. **I've never gone by your house.** Evinin önünden hiç geçmedim. **Don't let that chance go by!** O fırsatı kaçırma! 2. (bir şeyi) kılavuz saymak; (bir şeye) riayet etmek:

go 180

Don't go by what he says! Onun dediklerine göre hareket etme! 3. -e bakarak hükme varmak, -e bakmak: **If you go only by appearances, you'd say he's poor.** Sadece görünüşüne bakarsan fakir olduğunu söylerdin. — **by the board** (iyi şeyler) yok olmak, gitmek; (fırsat) kaçırılmak; (iş, tasarı v.b.) suya düşmek. — **down** 1. (seviye/kalite) düşmek. 2. batmak. 3. (şiş/sular) inmek; (lastik) sönmek. 4. karşılanmak: **The proposal went down well.** Teklif iyi karşılandı. 5. to -e uzanmak. — **down in history** tarihe geçmek. — **down the drain** k. dili (para) boşuna harcanmak, boşa gitmek. — **far** çok başarılı olmak. — **for** 1. -e saldırmak, -in üstüne varmak. 2. -i elde etmeye çalışmak. 3. -i seçmek; -i tercih etmek. 4. -den hoşlanmak. 5. için geçerli olmak: **I'm fed up with all of you. And that goes for you too Nadide.** Hepinizden bıktım artık. Bu senin için de geçerli, Nadide. — **for a song** çok ucuza satılmak. — **for nothing** boşa gitmek, heder olmak. — **halves** k. dili paylaşmak, üleşmek. — **in** 1. girmek. 2. girmek, uymak. 3. (güneş/ay) bulutla örtülmek. — **in for** (bir şeyin) meraklısı olmak, (bir şeyi) yapmaktan hoşlanmak. — **in with someone on** (bir şeyde) biriyle ortak olmak. — **into** 1. (bir mesleğe) girmek. 2. (bir iş) için (belirli bir süre) harcanmak: **Three months of work have gone into the preparation of this project.** Bu projeyi hazırlamak için üç ay çalıştık. 3. (bir şeyi konuşmaya/tartışmaya/açıklamaya/araştırmaya) girmek. — **into details** ayrıntılara girmek. — **into effect** yürürlüğe girmek. **G— it!** 1. Koş! 2. Haydi gayret! — **it alone** kendi başına hareket etmek/yaşamak. — **native** yerliler gibi davranmaya/düşünmeye/giymeye başlamak. — **off** 1. patlamak. 2. çalmaya başlamak. 3. (ışıklar/kalorifer) sönmek; (bir aygıt) durmak, işlemez olmak, çalışmamak. 4. (yemek) bozulmak. 5. (bir olay) (belirli bir şekilde) geçmek. 6. İng., k. dili -den hoşlanmamaya başlamak. — **off the deep end** k. dili 1. kendini bir işe fazlasıyla kaptırmak. 2. çok kızmak, kudurmak, köpürmek, kendini kaybetmek. — **on** 1. olmak; devam etmek: **What's going on?** Ne oluyor? **The party went on all night.** Parti gece boyunca devam etti. 2. (ışıklar/kalorifer) yanmaya başlamak; (aygıt) çalışmaya başlamak. 3. (bir işi sürdürebilmek için) (bir söze/kanıta) dayanmak: **What are you going on?** Neye dayanıyorsun? 4. devam etmek, gitmek: **Go on; I'll wait here for the others.** Sen devam et; ben öbürlerini bekleyeceğim burada. 5. (zaman) geçmek. 6. **(with)** -e devam etmek. 7. (belirli bir şekilde) davranmaya devam etmek: **If you go on like this you'll end up in a loony bin.** Böyle devam edersen tımarhaneyi boylarsın. 8. konuşmaya devam etmek. 9. **(about)** (hakkında) fazlasıyla konuşmak, bıktıracak kadar konuşmak. 10. **(at)** -i azarlamak, -in başının etini yemek. **G— on!** Aman sen de!/Haydi canım sen de! — **on strike** grev yapmak. — **on the road** (tiyatro topluluğu) turneye çıkmak. — **on the stage** tiyatro oyuncusu olmak. — **out** 1. eğlenmek için dışarı çıkıp insanlarla buluşmak, çıkmak. 2. **(with)** ile flört etmek, ile gezmek, ile çıkmak: **Faik's started to go out with Leyla.** Faik, Leyla ile çıkmaya başladı. 3. (mektup, koli, ilan v.b.) yollanmak, gönderilmek. 4. (ateş/ışık) sönmek. 5. (deniz) çekilmek: **The tide's going out.** Deniz çekiliyor. 6. demode olmak. — **over** 1. -i incelemek, -i kontrol etmek. 2. -i tekrar anlatmak, -i tekrar açıklamak. 3. -i tekrar gözden geçirmek. 4. (belirli bir şekilde) karşılanmak: **It went over well in the meeting.** Toplantıda iyi karşılandı. 5. (bir grubu bırakarak) (başka bir gruba) girmek: **He abandoned the Anglican church and went over to Rome.** Anglikan kilisesini bırakıp Katolik oldu. — **places** başarılı olmak; mesleğinde ilerlemek. — **round** bak. **go around.** — **shares with** ile paylaşmak, ile üleşmek. — **someone one better** birinin yaptığından daha iyisini yapmak, birini geçmek. — **steady** devamlı olarak tek bir kişi ile flört etmek; **with** ancak (belirli biriyle) çıkmak/gezmek. — **(the) whole hog** (bir işi) tamamıyla yapmak, hiçbir şeyi atlamadan yapmak, esaslı bir şekilde yapmak. — **through** 1. (hastalık, sıkıntı v.b.'ni) geçirmek. 2. (parayı) harcamak. 3. (bir kanun tasarısı v.b.) onaylanmak. 4. -i gözden geçirmek, -i kontrol etmek; (cepleri) yoklamak. 5. (bir şeyi) konuşmak: **We've already gone through this once.** Bunu zaten bir kez konuştuk. — **through with** (planlanmış bir şeyi) gerçekten yapmak, gerçekleştirmek. — **to bed with** ile cinsel ilişkide bulunmak, ile sevişmek. — **to great expense** çok masrafa girmek. — **to hell** cehennemin dibine gitmek. **G— to hell!** Cehennem ol! — **to one's head** 1. kendini bir şey zannetmesine sebep olmak, başını döndürmek. 2. (içki) başına vurmak. — **to pieces** (bir olay karşısında) kendini tutamayıp ağlamaya, fenalıklar geçirmeye veya o zamana kadar gizli tuttuğu her şeyi ifşa etmeye başlamak. — **to pot** berbat olmak. — **to press** (gazete v.b.) baskıya girmek. — **to sea** denizci olmak. — **to seed** çaptan düşmek. — **to the dogs** rezil ol-

mak. — to town 1. hızlı çalışmak; büyük bir gayretle çalışmak. 2. çok başarılı olmak. — together birbirine uymak. — under 1. batmak. 2. iflas etmek, batmak. — under the name of adıyla tanınmak. — underground faaliyetlerini gizli olarak sürdürmeye başlamak, yeraltına kaymak. — up 1. çıkmak, yükselmek. 2. artmak. 3. *tiy.* (perde) kalkmak. — up in flames/smoke tamamıyla yanmak. — with 1. -e uygun olmak, -e uymak; -e yakışmak. 2. ile flört etmek. — with the crowd grubun isteğine uymak. — without 1. -den mahrum kalmak: **He's gone without food for three days.** Üç gün yemekten mahrum kaldı. 2. -siz yaşayabilmek, -siz yapabilmek: **She knows how to go without electricity.** Elektriksiz idare etmeyi biliyor. — without saying söylemeye lüzum olmamak: **It goes without saying that you must be punctual.** Vaktinde gelmenizin gerekli olduğunu söylemeye lüzum yok. **be —ing to** 1. *Niyet gösterir:* **She's going to register for that course.** O ders için kaydını yaptıracak. 2. *Zorunluluk gösterir:* **You are going to get that job, period.** O işe gireceksin, o kadar. 3. -mek üzere olmak: **Recep's going to throw up.** Recep kusmak üzere. 4. *Gelecek zaman için kullanılır:* **It's going to be sunny today.** Bugün hava güneşli olacak. **Here —es!** Başlıyoruz!/Haydi bakalım! **How's it —ing?** İşler nasıl gidiyor? **I'll — along now.** Gidiyorum artık. **Let —!** Bırak!
go (go) *i.* **at one —** bir hamlede. **be on the —** birtakım işlerle meşgul olmak. **have a — (at)** denemek: **Have a go!** Bir dene! **It's no —.** Olmuyor.: **It's no go; he won't change his mind.** Olmuyor; kararından vazgeçmiyor. **make a — of** (bir işyerini) başarılı bir şekilde idare etmek.
goad (god) *i.* üvendire. *f.* 1. üvendire ile dürtmek. 2. dürtmek; kışkırtmak; itmek.
go-a.head (go´ihed) *i.* 1. enerji ve girişim; enerji ve inisiyatif. 2. **the** izin, müsaade. *s.* 1. enerjik ve girişken; enerjik ve inisiyatifini kullanan. 2. yeni yöntem veya düşüncelere açık olan.
goal (gol) *i.* 1. amaç, gaye, hedef, erek, maksat. 2. *spor* kale. 3. *spor* gol. — **kick** kale vuruşu, aut atışı. — **line** gol çizgisi. — **posts** *spor* kale direkleri. **score a —** gol atmak.
goal.ie (go´li) *i., k. dili* kaleci.
goal.keep.er (gol´kipır) *i.* kaleci.
goat (got) *i.* keçi; teke. **get someone's —** *k. dili* birini sinir etmek/kızdırmak.
goat.ee (goti´) *i.* keçisakalı.
gob (gab) *i., k. dili* 1. parça. 2. *çoğ.* büyük miktar, çok.

gob.ble (gab´ıl) *f.* acele yemek, atıştırmak.
gob.ble (gab´ıl) *f.* hindi gibi sesler çıkarmak. *i.* hindi sesi.
gob.bler (gab´lır *i.* baba hindi.
go-be.tween (go´bitwin) *i.* aracı, arabulucu.
gob.let (gab´lit) *i.* kadeh.
gob.lin (gab´lin) *i.* cin (göze görünmeyen efsanevi yaratık).
God (gad) *i.* Allah, Tanrı. — **forbid!** Allah korusun! — **only knows!** Allah bilir! — **willing** inşallah. **Good —!** Aman yarabbi! **Thank —!** Allaha şükür!
god (gad) *i.* tanrı, ilah. **a feast for the —s** şahane bir ziyafet.
god.child (gad´çayld), *çoğ.* **god.chil.dren** (gad´çildrın) *i.* vaftiz çocuğu.
god.damn (gad´däm´) *ünlem* Kahrolsun! *s.* kahrolası.
god.dess (gad´is) *i.* tanrıça, ilahe.
god.fa.ther (gad´fadhır) *i.* vaftiz babası.
God-fear.ing (gad´firing) *s.* dindar, dini bütün, mütedeyyin.
god.for.sak.en (gad´fırseykın) *s.* 1. çok tenha, cinlerin cirit oynadığı (yer). 2. sefil.
god.head (gad´hed) *i.* tanrılık, uluhiyet. **the G—** Allah, Tanrı.
god.less (gad´lis) *s.* Allahsız, Tanrısız.
god.like (gad´layk) *s.* Tanrısal.
god.ly (gad´li) *s.* dindar.
god.moth.er (gad´mʌdhır) *i.* vaftiz anası.
god.par.ent (gad´perınt) *i.* vaftiz babası; vaftiz anası.
god.send (gad´send) *i.* Hızır gibi yetişen devlet kuşu, beklenmedik nimet.
God.speed (gad´spid) *ünlem* 1. Allah yardımcın olsun! 2. İyi yolculuklar!
go.fer (go´fır) *i., argo* (işyerinde) ayak işlerini yapan kimse, hizmetli, odacı.
go-get.ter (go´get´ır) *i.* gayretli ve tuttuğunu koparan kimse.
gog.gles (gag´ılz) *i., çoğ.* gözleri toz, su, kar veya rüzgârdan koruyan gözlük.
go.ing (go´wing) *i.* 1. gidiş, ayrılış. 2. ilerleme hızı: **That part of the road is hard going.** Yolun o bölümünden geçmek zor. **This book's heavy going.** Bu kitabı okumak zor. *s.* — **concern** kâr eden ticari kuruluş. — **price** şimdiki fiyat.
go.ings-on (go´wingz.an) *i., çoğ.* olup bitenler.
goi.ter, goi.tre (goy´tır) *i., tıb.* guatr.
gold (gold) *i.* altın. *s.* altın, altından yapılmış. — **digger** erkeklerden para sızdırmaya çalışan kadın. **She's got a heart of —.** Gönlü çok zengin. 2. Çok merhametli.
gold.brick (gold´brik) *f.* kaytarmak, işten kaçmak; işini üstünkörü yapmak; kendi işini baş-

golden 182

kalarına bırakmak.
gold.en (gol´dın) s. 1. altın, altından yapılmış. 2. altın renginde.
gold.finch (gold´finç) i. saka, sakakuşu.
gold.fish (gold´fiş) i. kırmızıbalık, havuzbalığı.
gold.smith (gold´smith) i. altın kuyumcusu.
golf (gôlf) i. golf. f. golf oynamak. **— club** 1. golf sopası. 2. golf kulübü. **— course/links** golf alanı.
golf.er (gôl´fır) i. golfçü, golf oyuncusu.
gol.ly (gal´i) ünlem Hay Allah! **By —!** Vallahi!
go.losh (gılaş´) i., bak. **galosh.**
gon.do.la (gan´dılı, gando´lı) i. gondol.
gone (gôn, gan) f., bak. **go.**
gong (gang, gông) i. gonk.
gon.or.rhe.a (ganıriy´i) i., tıb. belsoğukluğu.
goo (gu) i. yapışkan madde.
goo.ber (gu´bır) i., k. dili yerfıstığı.
good (gûd) s. **(bet.ter, best)** 1. iyi. 2. iyi, sağlam. 3. iyi, taze, çürümüş olmayan. i. 1. iyilik; hayır. 2. iyilik, menfaat, yarar. **— and** k. dili iyice, bayağı: **She was good and mad.** Bayağı kızmıştı. **G— day!** İyi günler! **G— evening!** İyi akşamlar! **— faith** 1. (birine karşı beslenen) güven, itimat. 2. niyetin ciddiliği. **G— for you!** Aferin! **G— gracious!** Allah Allah! **G— grief!** Allah Allah! **G— heavens!** Aman yarabbi! **G— morning!** Günaydın! **G— night!** 1. İyi geceler! 2. Allah Allah! **— offices** arabuluculuk. **G— riddance!** İyi ki gitti!/İyi ki gittiler! **— sense** akıllılık. **— works** hayır işleri. **a —** 1. epey, epeyi, bir hayli; birçok: **He was there a good while.** Orada epey kaldı. **A good many of the camellias were in bloom.** Birçok kamelya çiçek açmıştı. 2. en az: **They waited a good ten minutes.** En az on dakika beklediler. **a — deal** 1. çok: **That cost him a good deal.** Ona pahalıya mal oldu. **Its climate is a good deal like Cairo's.** Havası Kahire´ninkine çok benziyor. 2. k. dili kelepir. 3. k. dili iyi bir şey. **a — turn** bir iyilik: **He did me a good turn.** Bana bir iyilik etti. **as — as** gibi (olmak): **We've as good as finished.** Bitirmiş gibiyiz. **It's as good as new.** Yeni gibi oldu. **as — as gold** 1. çok sağlam, çok güvenilir. 2. çok terbiyeli. **be as — as one's word/promise** sözünü tutmak, sözünde durmak, sözünü yerine getirmek. **be — at** (belirli bir şeyi) iyi yapmak: **He's good at repairing radios.** Radyo tamirini iyi yapar. **be — enough to** bir iyilik edip de (bir yardımda bulunmak): **Will you be good enough to help me?** Bir iyilik edip de bana yardım eder misiniz? **be — for** 1. (belirli bir süre için) dayanmak: **That rug's good for another twenty years.** O halı bir yirmi yıl daha dayanır. 2. (belirli bir işe) yaramak: **It's good for a laugh.** Bizi güldürmeye yarar. **be in — with** k. dili (birinin) gözüne

girmiş olmak. **for —** temelli olarak. **get in with** k. dili (birinin) gözüne girmek. **have a — head on one's shoulders** sağduyu sahibi olmak. **have a — mind to** -eceği gelmek, -esi gelmek: **I've a good mind to tell him off right now.** Hemen gidip terbiyesini vereceğim geliyor. **He will come to no —.** Onun sonu iyi olmaz. **hold —** geçerli olmak. **How — of you!** Çok naziksiniz. **in — faith** sadece birinin sözüne güvenerek. **in — spirits** keyfi yerinde. **in — time** 1. biraz erken. 2. vaktinde, önceden belirlenen zamanda. 3. süresi gelince. **make —** başarılı olmak. **make (something) —** 1. telafi etmek; (zararını) ödemek. 2. yerine getirmek: **He made good his promise.** Sözünü yerine getirdi. **make — one's charge** iddiasını kanıtlamak. **make — one's escape** kaçmayı başarmak. **regard something as — riddance** (birinin uzaklaştırılmasını, bir şeyin yok edilmesini) hoş karşılamak. **stand someone in — stead** işine yaramak. **the —** iyi insanlar. **to the —** 1. iyi, faydalı. 2. lehinde: **That goal put us four points to the good.** O gol bize dört puan kazandırdı. **Very —!** İng. Tamam! **Very —, sir!** Tamam, efendim. **What's the — of it?** Neye yarar?
good-by, good-bye (gûdbay´) ünlem Allaha ısmarladık.
good-for-noth.ing (gûd´fır.nʌthîng) s. hiçbir işe yaramayan/yaramaz.
good-look.ing (gûd´lûk´îng) s. yakışıklı, güzel.
good.ly (gûd´li) s. 1. epey büyük (bir miktar). 2. güzel, çok hoş.
good-na.tured (gûd´ney´çırd) s. iyi huylu.
good.ness (gûd´nis) i. 1. iyilik. 2. fazilet, erdemlilik. 3. (bir yemekteki) besleyici değer/lezzet. **G— knows!** Allah bilir! **For — sake!** Allah aşkına! **Thank —!** Allaha şükür!
goods (gûdz) i., çoğ. 1. menkuller, taşınırlar; menkuller ve gayrimenkuller. 2. mallar, eşya. 3. kumaş. 4. İng. yük, kargo. **— train** İng. marşandiz, yük katarı. **deliver the —** k. dili istenilen şeyi yapmak.
good-tem.pered (gûd´tem´pırd) s. iyi huylu, yumuşak başlı.
good.will (gûd´wil´) i. 1. iyi niyet. 2. (ticari) itibar.
good.y (gûd´i) i., k. dili 1. lezzetli (özellikle tatlı) bir yiyecek. 2. güzel şey, istenilen bir şey.
goo.ey (gu´wi) s. yapışkan, vıcık vıcık, yapış yapış.
goof (guf) i., k. dili aptalca bir hata. f. **(up)** k. dili aptalca bir hata yapmak; aptalca hata yaparak her şeyi bozmak. **— off** k. dili haylazlık etmek, aylaklık etmek.
goof.y (gu´fi) s., k. dili aptal, ahmak.
gook (gûk, guk) i., k. dili çamur gibi yapışkan bir karışım.

th	dh	w	hw	b	c	ç	d	f	g	h	j	k	l	m	n	p	r	s	ş	t	v	y	z
thin	the	we	why	be	joy	chat	ad	if	go	he	regime	key	lid	me	no	up	or	us	she	it	via	say	is

goon (gun) *i., k. dili* adam, fedai, goril.
goop (gup) *i., k. dili* yapışkan madde.
goose (gus), *çoğ.* **geese** (gis) *i.* kaz. *f., k. dili* poposuna parmak atmak. **cook one's —** işini bozmak. **kill the — that lays the golden egg** altın yumurtlayan kazı kesmek.
goose.ber.ry (gus´beri) *i.* bektaşiüzümü.
goose.flesh (gus´fleş) *i.* tüyleri diken diken olmuş deri.
G.O.P. *kıs.* **Grand Old Party (Republican Party).**
go.pher (go´fır) *i.* 1. Amerikan yersincabı. 2. *argo* (işyerinde) ayak işlerini yapan kimse, hizmetli, odacı.
gore (gor) *i.* kan.
gore (gor) *f.* boynuzla yaralamak.
gorge (gôrc) *i.* iki dağ arasındaki geçit/boğaz.
gorge (gôrc) *f.* **— oneself on** midesini (bir şey) ile tıka basa doldurmak.
gor.geous (gôr´cıs) *s.* çok güzel, harika.
go.ril.la (gırîl´ı) *i.* 1. *zool.* goril. 2. *argo* goril, koruyucu.
gor.y (gor´i) *s.* kanlı.
gosh (gaş) *ünlem* Hay Allah! **By —!** Vallahi!
gos.ling (gaz´ling) *i.* kaz palazı, kaz yavrusu.
go-slow (go´slo´) *i., İng.* işi yavaşlatma grevi, işi yavaşlatma.
Gos.pel (gas´pıl) *i., Hırist.* dört İncil'den biri, İncil.
gos.pel (gas´pıl) *i.* 1. Hz. İsa'nın öğrettikleri, Hıristiyanlığın esasları. 2. bir inanç sisteminin temel ilkeleri. 3. asıl gerçek. **— music** siyah Amerikalılara özgü dini müzik türü. **— truth** asıl gerçek.
gos.sa.mer (gas´ımır) *i.* 1. havada uçan ince örümcek ağı. 2. çok ince bir tür bürümcük. *s.* incecik, hafif.
gos.sip (gas´ıp) *i.* 1. dedikodu. 2. dedikoducu kimse. *f.* 1. dedikodu yapmak. 2. **about** -in dedikodusunu yapmak.
got (gat) *f., bak.* **get.**
Goth.ic (gath´îk) *s., mim.* Gotik.
got.ten (gat´ın) *f., bak.* **get. ill-gotten gains** haksız kazanç.
gouge (gauc) *i.* iskarpela, oyma kalemi. *f.* iskarpelayla oymak.
gourd (gôrd) *i.* 1. sukabağı. 2. (sukabağından yapılmış) su kabı.
gout (gaut) *i., tıb.* gut, damla hastalığı.
gov.ern (gʌv´ırn) *f.* 1. yönetmek, idare etmek. 2. iktidarda bulunmak.
gov.ern.ance (gʌv´ırnıns) *i.* yönetim, idare.
gov.ern.ess (gʌv´ırnîs) *i.* mürebbiye.
gov.ern.ment (gʌv´ırnmınt) *i.* 1. hükümet, devlet yönetimi. 2. idare, yönetme, yönetim. **form a —** hükümet kurmak.
gov.ern.men.tal (gʌvırnmen´tıl) *s.* idari, hükümete ait.
gov.er.nor (gʌv´ırnır) *i.* 1. vali. 2. yönetici, idareci. 3. *mak.* regülatör.
gov.er.nor.ship (gʌv´ırnırşip) *i.* valilik.
gown (gaun) *i.* 1. uzun etekli kadın elbisesi. 2. gecelik. 3. sabahlık (giysi). 4. cüppe.
G.P. *kıs.* **general practitioner.**
gr. *kıs.* **grade, grain(s), gram(s), grammar, gravity, gross, group, great.**
grab (gräb) *f.* **(—bed, —bing)** 1. kapmak, çabucak ve zorla elinden almak. 2. (elle) tutmak. 3. **at** -i (elle) tutmaya çalışmak. *i.* **be up for —s** *k. dili* (boş bir kadro, kontrat v.b.) adaylara açık olmak: **This contract's up for grabs.** Bu ihale kapanın elinde kalır. **make a — for** -e elini atmak.
grace (greys) *i.* 1. zarafet, letafet, incelik. 2. (Allaha özgü) inayet. 3. *Hırist.* (yemekten önce/sonra söylenen) şükran duası. 4. ertelenme süresi: **I'll give you a week's grace.** Sana bir haftalık mühlet vereceğim. *f.* şereflendirmek, onurlandırmak.
grace.ful (greys´fıl) *s.* zarif, latif.
grace.less (greys´lîs) *s.* 1. kaba, görgüsüz. 2. çirkin. 3. zarafetten yoksun.
gra.cious (grey´şıs) *s.* kibar, ince, hoş. *ünlem* Hay Allah!/Allah Allah!
grad (gräd) *i., k. dili* mezun.
gra.da.tion (greydey´şın) *i.* 1. derece, aşama. 2. bir tondan diğer bir tona geçme; geçiş.
grade (greyd) *i.* 1. derece; rütbe; cins; sınıf, kalite. 2. (ilköğretimde/ortaöğretimde) sınıf: **He's six years old and in the first grade.** Altı yaşında ve birinci sınıfta. 3. (öğretmenin öğrenciye verdiği) not. 4. eğim, meyil. *f.* 1. (sınav kâğıdını veya ödevi okuyup) not vermek. 2. derecelere ayırmak, tasnif etmek. 3. tesviye etmek, düzlemek. **— crossing** hemzemin geçit. **— school** ilköğretim okulu. **make the —** başarmak.
grad.er (grey´dır) *i.* greyder.
gra.di.ent (grey´diyınt) *i.* eğim, meyil.
grad.u.al (gräc´uwıl) *s.* derece derece olan, yavaş yavaş olan, yavaş.
grad.u.al.ly (gräc´uwılı) *z.* yavaş yavaş, derece derece, gittikçe, giderek.
grad.u.ate (gräc´uwît) *i.* mezun kimse, mezun. **— school** (bir üniversiteye ait) lisansüstü eğitim birimi. **— student** lisansüstü öğrencisi.
grad.u.ate (gräc´uweyt) *f.* **from** -den mezun olmak; -i mezun etmek.
grad.u.a.tion (gräcuwey´şın) *i.* 1. mezun olma. 2. mezuniyet töreni. **— ceremony** mezuniyet töreni.
graf.fi.ti (grıfi´ti) *i.* duvardaki yazılar, graffiti.
graft (gräft) *i.* 1. *bahç.* aşı. 2. *tıb.* doku nakli; nakledilen doku. *f.* 1. *bahç.* aşılamak; aşılanmak. 2.

---

a ä e ı i î ô o û u ʌ ıl ım ın ır ng ngg ngk
car cat met above heal his dog so good do up couple prism demon burn ring finger ink

graft

tıb. (doku) nakletmek; (doku) nakledilmek.
graft (gräft) *i.* 1. para, makam v.b.'ni yolsuzlukla elde etme. 2. yolsuzlukla elde edilen para, makam v.b. 3. rüşvet.
grain (greyn) *i.* 1. (arpa, buğday, mısır v.b.) tane: **three grains of wheat** üç buğday tanesi. 2. tahıl, hububat. 3. zerre. 4. (bir ağaç parçasının içindeki) damarların düzeni. **go against the —** (birinin) tabiatına aykırı olmak. **take something with a — of salt** bir şeye tam olarak inanmamak.
gram, *İng.* **gramme** (gräm) *i.* gram.
gram.mar (gräm´ır) *i.* 1. dilbilgisi, gramer. 2. gramer açısından ifade. 3. dilbilgisi kitabı, gramer kitabı. **— school** 1. ilköğretim okulu. 2. *İng.* (öğrencileri üniversiteye hazırlayan) lise.
gram.mat.i.cal (grımät´ıkıl) *s.* 1. gramere ait, dilbilgisel. 2. gramatikal, gramer kurallarına uygun.
gramme (gräm) *i., İng., bak.* **gram.**
gram.o.phone (gräm´ıfon) *i., İng.* pikap; gramofon, fonograf. **— record** plak.
gramps (grämps) *i., k. dili* dede, büyükbaba.
gran (grän) *i., k. dili* nine, büyükanne.
gran.a.ry (grey´nırı, grän´ırî) *i.* tahıl ambarı.
grand (gränd) *s.* 1. muhteşem, görkemli, ihtişamlı. 2. büyük, mühim. 3. *k. dili* çok güzel, harika. *i.* 1. *k. dili* kuyruklu piyano. 2. *argo* bin dolar. **— duchess** grandüşes. **— duke** grandük. **— jury** *huk.* tahkikat heyeti. **— piano** kuyruklu piyano. **— total** (genel) toplam. **— vizier** sadrazam.
gran.dad (grän´däd) *i., k. dili, bak.* **granddad.**
gran.dad.dy (grän´dädi) *i., k. dili, bak.* **granddaddy.**
grand.ba.by (gränd´beybi) *i., k. dili* (bebek) torun.
grand.child (gränd´çayld) *çoğ.* **grand.chil.dren** (gränd´çildrın) *i.* torun.
grand.dad (gränd´däd) *i., k. dili* dede, büyükbaba.
grand.dad.dy (gränd´dädi) *i., k. dili* 1. dede, büyükbaba. 2. en eski; en büyük: **That frog was the granddaddy of them all.** O kurbağa hepsinden büyüktü.
grand.daugh.ter (gränd´dôtır) *i.* kız torun.
gran.deur (grän´cır) *i.* 1. ihtişam, görkem, heybet. 2. büyüklük, azamet.
grand.fa.ther (gränd´fadhır) *i.* dede, büyükbaba. **— clock** dolaplı saat, sandıklı saat, ayaklı duvar saati.
gran.dil.o.quent (grändil´ıkwınt) *s.* tumturaklı.
gran.di.ose (grän´diyos) *s.* fazlasıyla büyük ve görkemli, şatafatlı, cafcaflı.
grand.ma (gränd´ma) *i., k. dili* nine, büyükanne.
grand.moth.er (gränd´mʌdhır) *i.* nine, büyükanne; anneanne; babaanne.
grand.pa (gränd´pa) *i., k. dili* dede, büyükbaba.
grand.par.ent (gränd´perınt) *i.* büyükbaba; büyükanne.
grand.son (gränd´sʌn) *i.* erkek torun.
grand.stand (gränd´ständ) *i., spor* kapalı tribün.
gran.ite (grän´it) *i.* granit.
gran.ny (grän´i) *i.* nine, büyükanne.
grant (gränt) *f.* 1. kabul etmek; rıza göstermek; yerine getirmek: **She granted his request.** Ricasını yerine getirdi. **Granting the truth of what you're saying, I still don't see that there's anything we can do about it.** Dediklerinizin doğruluğunu kabul etsek bile, yine de bu işte bizim yapabileceğimiz bir şey göremiyorum. 2. vermek, lütfetmek, bahşetmek. *i.* 1. ödenek, tahsisat. 2. burs. **G—ed.** *(cevaben)* Evet.
gran.u.late (grän´yıleyt) *f.* tanelemek.
gran.u.lat.ed (grän´yıleytid) *s.* 1. taneli. 2. granüle. **— sugar** tozşeker.
gran.ule (grän´yul) *i.* tanecik, granül.
grape (greyp) *i.* üzüm.
grape.fruit (greyp´frut) *i.* greypfrut, greyfrut, greyfurt, altıntop, kızmemesi.
grape.shot (greyp´şat) *i., ask.* (bomba/şarapnel içindeki) misket.
grape.vine (greyp´vayn) *i.* asma. **I heard it on the —.** *k. dili* Kulağıma geldi.
graph (gräf) *i.* grafik, çizge. **— paper** kareli kâğıt.
graph.ic (gräf´ik) *s.* 1. grafikle ilgili. 2. canlı ve net; tüm ayrıntıları gösteren; canlı ve açık seçik bir şekilde yazan. 3. çarpıcı. 4. yazılmış/çizilmiş/kazılmış. 5. grafik sanatlarla ilgili. **— design** grafik dizayn. **— designer** grafiker. **the — arts** grafik sanatlar.
graph.ite (gräf´ayt) *i.* grafit.
grap.ple (gräp´ıl) *f.* **with** ile boğuşmak.
grasp (gräsp) *f.* 1. sıkı tutmak; kavramak; yakalamak. 2. at kapmaya çalışmak. 3. kavramak, anlamak. *i.* 1. kavrayış, anlayış. 2. pençe. **— at straws** uçan kuştan medet ummak. **— the nettle** zor bir probleme çözüm yolu bulmak. **be beyond someone's —** 1. birinin kavrayışının dışında olmak. 2. birinin elinden kurtulmuş olmak: **They're beyond his grasp now.** O artık onlara dokunamaz. 3. birinin elde edemeyeceği bir şey olmak. **be in someone's —** birinin pençesine düşmüş olmak. **be within someone's —** 1. birinin kavrayışı içinde olmak. 2. birinin elde edebileceği bir şey gibi olmak. **escape from someone's —** birinin pençesinden kurtulmak. **get a — on oneself** kendine hâkim olmak, kendine gelmek. **have a good — of** -i iyi kavramak, -e iyice vâkıf olmak.
grasp.ing (gräs´ping) *s.* açgözlü, haris, tamahkâr.

grass (gräs) *i.* 1. çimen; çim, ot. 2. *argo* (sigara halinde içilen) hintkenevirinin kurutulmuş yaprakları. *f.* 1. çimenle kaplamak. 2. çimlemek. **— widow** 1. boşanmış veya kocasından ayrı yaşayan kadın. 2. kocası geçici olarak bir yere gitmiş olan kadın. **— widower** 1. boşanmış veya karısından ayrı yaşayan adam. 2. karısı geçici olarak bir yere gitmiş olan adam. **He didn't let any — grow under his feet.** Hiç vakit kaybetmedi.
grass.hop.per (gräs'hapır) *i.* çekirge.
grass.roots (gräs'ruts) *i., k. dili* sıradan insanlar, sokaktaki kişiler, ortadirek. *s.* 1. sıradan insanlara yönelik. 2. sıradan insanlardan kaynaklanan.
grass.y (gräs'i) *s.* çimenli, çimenlik.
grate (greyt) *i.* 1. ızgara. 2. demir parmaklık.
grate (greyt) *f.* rendelemek. **— on** -e sürtünerek/çarparak ses çıkarmak. **— on one's nerves** sinirine dokunmak. **— one's teeth** dişlerini gıcırdatmak.
grate.ful (greyt'fıl) *s.* minnettar.
grate.ful.ly (greyt'fıli) *z.* minnetle.
grat.er (grey'tır) *i.* rende.
grat.i.fi.ca.tion (grätifikey'şın) *i.* 1. memnuniyet, zevk, haz. 2. zevk veren şey.
grat.i.fy (grät'ıfay) *f.* memnun etmek, hoşnut etmek, tatmin etmek.
grat.ing (grey'ting) *i.* ızgara; demir parmaklık.
gra.tis (grey'tis, grät'is) *z., s.* bedava, parasız.
grat.i.tude (grät'ıtud) *i.* minnettarlık.
gra.tu.i.tous (grıtyu'wıtıs) *s.* 1. bedava, parasız. 2. gereksiz.
gra.tu.i.ty (grıtyu'wıti) *i.* bahşiş.
grave (greyv) *i.* mezar. **have one foot in the —** bir ayağı çukurda olmak. **make someone turn in his —** (mezarında) birinin kemiklerini sızlatmak.
grave (greyv) *s.* 1. ciddi, ağır, vahim. 2. ağırbaşlı.
grave.dig.ger (greyv'digır) *i.* mezarcı.
grav.el (gräv'ıl) *i.* çakıl. *f.* (**—ed/—led, —ing/—ling**) çakıl döşemek.
grave.stone (greyv'ston) *i.* mezar taşı.
grave.yard (greyv'yard) *i.* mezarlık.
grav.i.tate (gräv'ıteyt) *f.* 1. **(towards/to)** -e yönelmek. 2. yerçekimiyle hareket etmek. 3. çökelmek, çökmek.
grav.i.ta.tion (grävıtey'şın) *i.* 1. yerçekimi. 2. yerçekimiyle hareket etme. 3. yönelme. 4. çökelme, çökme.
grav.i.ta.tion.al (grävıtey'şınıl) *s.* yerçekimiyle ilgili.
grav.i.ty (gräv'ıti) *i., fiz.* 1. yerçekimi. 2. ciddiyet, vahamet. 3. ağırbaşlılık. **center of —** ağırlık merkezi. **specific —** özgül ağırlık.
gra.vure (grıvyûr') *i., bak.* **photogravure**.

gra.vy (grey'vi) *i.* sos; et suyu.
gray (grey) *s., i.* gri. **— matter** *k. dili* beyin, akıl.
graze (greyz) *f.* otlamak; otlatmak.
graze (greyz) *f.* sıyırıp geçmek, sıyırmak; sıyrılmak. *i.* sıyrık.
grease (gris) *i.* 1. yağ, içyağı, et yağı. 2. makineyağı, gres, gresyağı. *f.* yağ sürmek, yağlamak. **— someone's palm** birine rüşvet vermek.
greas.y (gri'si) *s.* yağlı, yağlanmış.
great (greyt) *s.* 1. büyük (derece/miktar), çok. 2. büyük, muazzam; önemli. 3. *k. dili* mükemmel, fevkalade, harika. **G— Britain** Büyük Britanya. **the G— Bear** *gökb.* Büyükayı.
great-grand.child (greyt'gränd'çayld), *çoğ.* **great-grand.chil.dren** (greyt'gränd'çildrın) *i.* torun çocuğu.
great-grand.fa.ther (greyt'gränd'fa'dhır) *i.* büyük dede.
great-grand.moth.er (greyt'gränd'mʌdh'ır) *i.* büyük nine.
great-heart.ed (greyt'har'tid) *s.* 1. cesur, yiğit. 2. cömert.
great.ly (greyt'li) *z.* çok, pek çok; fazlasıyla.
great.ness (greyt'nıs) *i.* büyüklük.
Greece (gris) *i.* Yunanistan.
greed (grid) *i.* hırs, tamah, açgözlülük.
greed.y (gri'di) *s.* tamahkâr, hırslı, açgözlü. **be — for** gözünü (bir şey) hırsı bürümek.
Greek (grik) *i.* 1. Yunanlı; Rum. 2. Yunanca; Rumca. *s.* 1. Yunan; Rum. 2. Yunanca; Rumca. 3. Yunanlı. **ancient —** 1. Grekçe, Grek dili, eski Yunanca. 2. Grek, eski Yunanlı: **the ancient Greeks** Grekler. 3. Grek, eski Yunan, Greklere özgü. 4. Grekçe, eski Yunanca (yazı/söz). **It's — to me.** Hiç anlayamıyorum.
green (grin) *s.* 1. yeşil. 2. henüz olgunlaşmamış, ham (meyve). 3. *k. dili* acemi, toy. *i.* 1. yeşil renk, yeşil. 2. çimenlik. **— bean** taze fasulye. **— light** 1. (trafik lambasında) yeşil ışık. 2. *k. dili* müsaade, izin, yeşil ışık. **— onion** yeşil soğan. **— pepper** 1. dolmalık biber. 2. yeşil biber (olgunlaşmamış biber). **the G— Party** Yeşiller Partisi.
green.back (grin'bäk) *i., k. dili* papel, dolar, yeşil.
green.er.y (gri'nıri) *i.* yeşillik.
green.gro.cer (grin'grosır) *i., İng.* manav.
green.horn (grin'hôrn) *i.* acemi kimse, acemi çaylak.
green.house (grin'haus) *i.* sera, ser, limonluk.
Green.land (grin'lınd) *i.* Grönland. **—er** *i.* Grönlandlı. **—ic** *i.* Grönlandca. *s.* 1. Grönland, Grönland'a özgü. 2. Grönlandca. 3. Grönlandlı.
greens (grinz) *i., k. dili* (yaprakları çiğ/haşlanmış olarak yenilen) yeşil yapraklı sebzeler.

Green.wich (gri'nic, gre'nic, gri'niç) *i.* Greenwich. — **Mean Time** Greenwich ortalama zamanı.
greet (grit) *f.* selamlamak, selam vermek; karşılamak; selamlaşmak.
greet.ing (gri'ting) *i.* selam. — **card** tebrik kartı.
gre.gar.i.ous (grıger'iyıs) *s.* 1. başkalarıyla beraber olmayı seven, girgin. 2. sürü halinde yaşamayı seven; sürücül.
grem.lin (grem'lin) *i.* (makineleri bozduğuna inanılan) cin.
Gre.na.da (grıney'dı) *i.* Grenada.
gre.nade (grıneyd') *i.* el bombası.
Gre.na.di.an (grıney'diyın) *i.* Grenadalı. *s.* 1. Grenada'ya özgü. 2. Grenadalı.
grew (gru) *f., bak.* grow.
grew.some (gru'sım) *s., bak.* gruesome.
grey (grey) *s., i., bak.* gray.
grey.hound (grey'haund) *i.* tazı.
grid (grid) *i.* 1. ızgara. 2. grid.
grid.dle (grid'ıl) *i.* (alçak kenarlı, demir) tava.
grid.i.ron (grid'ayırn) *i.* 1. ızgara. 2. *k. dili* Amerikan futbol sahası.
grief (grif) *i.* büyük üzüntü, acı, keder. **come to** — felakete uğramak, belasını bulmak.
grief-strick.en (grif'strikın) *s.* büyük bir üzüntü içinde olan.
griev.ance (gri'vıns) *i.* 1. şikâyet, yakınma. 2. şikâyete yol açan durum.
grieve (griv) *f.* büyük bir üzüntü içinde olmak; -e büyük üzüntü vermek, -e acı vermek.
griev.ous (gri'vıs) *s.* çok büyük (yanlış/zarar/kayıp/acı); ağır (masraf).
grill (gril) *i.* 1. ızgara (alet). 2. (alçak kenarlı, demir) tava. 3. ufak lokanta. *f.* 1. ızgarada pişirmek. 2. *k. dili* sorguya çekmek.
grim (grim) *s.* (—**mer**, —**mest**) 1. korkunç. 2. aman bilmez, katı, sert. 3. amansız (mücadele).
gri.mace (gri'mıs, grimeys') *i.* yüz buruşturma/çarpıtma. *f.* yüzünü buruşturmak/çarpıtmak.
grime (graym) *i.* kir, kirlilik.
grim.y (gray'mi) *s.* kirli.
grin (grin) *f.* (—**ned**, —**ning**) sırıtmak. *i.* sırıtma. **G— and bear it!** Gülümseyip sineye çek!
grind (graynd) *f.* (**ground**) 1. (değirmen, havan, dibek v.b.'nde) öğütmek/çekmek/dövmek. 2. (kıyma makinesinde) (et) çekmek; (mutfak robotunda) (sebze v.b.'ni) çekmek. 3. (dişlerini/vitesi) gıcırdatmak. 4. (bıçak v.b.'ni) bilemek. 5. **(at)** *k. dili* (ders için) çok çalışmak, ineklemek. *i.* 1. zor ve sıkıcı iş. 2. (kahvenin) çekiliş şekli; (unun) öğütülüş şekli: **What grind of coffee do you prefer?** Kahvenizi nasıl çekelim? 3. *k. dili* çok çalışan öğrenci, inek. — **to a halt** gıcırdayarak yavaş yavaş stop etmek; stop etmek, durmak.
grind.er (grayn'dır) *i.* 1. (aletle/makineyle bir şeyi) öğüten/çeken/döven kimse. 2. öğütücü (alet/makine). 3. öğütücü diş. 4. bileyici.
grind.stone (graynd'ston) *i.* 1. (çark ile döndürülen) bileğitaşı, bileği çarkı. 2. değirmentaşı. **keep one's nose to the** — durmadan çalışmak.
grip (grip) *f.* (—**ped**, —**ping**) 1. sıkı tutmak, kavramak. 2. (birinin) dikkatini çekmek. *i.* 1. tutma/kavrama şekli. 2. kontrol, idare: **Get a grip on yourself!** Kendine hâkim ol! **Don't let the firm get into their grip.** Firma onların kontrolüne geçmesin. 3. bavul. — **someone's imagination** -i alıp götürmek. **come to** —**s (with)** (ile) kapışmak, dövüşmeye başlamak. **come to** —**s with** ile ciddi bir şekilde ilgilenmek.
gripe (grayp) *f.* 1. **(about/at)** *k. dili* şikâyet etmek, yakınmak. 2. (mide) sancımak. *i.* 1. *k. dili* şikâyet, yakınma. 2. (midede) sancı.
gris.ly (griz'li) *s.* tüyler ürpertici, korkunç, dehşet verici.
grist (grist) *i.* öğütülecek/öğütülmüş tahıl.
gris.tle (gris'ıl) *i.* kıkırdak.
grit (grit) *i.* 1. kum tanesi; kum tanesi gibi taş parçacığı. 2. metanet. *f.* (—**ted**, —**ting**) — **one's teeth** metin olmak; dişini sıkmak.
grits (grits) *i., çoğ.* kabuksuz mısır tanelerini kaba bir şekilde öğüterek yapılan ezme.
grit.ty (grit'i) *s.* 1. kumlu; kumlu gibi. 2. metin, dayanıklı.
griz.zly (griz'li) *i.* (Kuzey Amerika'ya özgü) korkunçayı. *s.* boz, gri, kurşuni. — **bear** (Kuzey Amerika'ya özgü) korkunçayı.
groan (gron) *f.* inlemek. *i.* inilti.
gro.cer (gro'sır) *i.* bakkal.
gro.cer.ies (gro'sıriz) *i., çoğ.* bakkaldan alınan gıda maddeleri.
gro.cer.y (gro'sıri) *i.* bakkal dükkânı, bakkal, bakkaliye. — **store** bakkal dükkânı, bakkal, bakkaliye.
grog.gy (grag'i) *s.* sersem, zihni karışık; mahmur; uyku sersemi; içki sersemi.
groin (groyn) *i., anat.* kasık.
groom (grum) *i.* güvey. *f.* tımar etmek.
groove (gruv) *i.* 1. yiv. 2. rutin. *f.* yiv açmak.
grope (grop) *f.* 1. el yordamıyla aramak/ilerlemek. 2. (elle) sarkıntılık etmek. — **for words** kelimeleri zor bulmak.
gros.grain (gro'greyn) *i., terz.* grogren.
gross (gros) *i.* grosa, on iki düzine.
gross (gros) *s.* 1. brüt, gayrisafi (miktar/ağırlık). 2. göze batan veya tahammül edilmez (kusur, hata v.b.). 3. kaba, görgüsüz. 4. çok şişman. *i.* brüt para toplamı. *f.* brüt olarak (belirli bir miktar para) toplamak, kazanmak. — **national product** *ekon.* gayrisafi milli hâsıla. — **weight**

brüt ağırlık. **by the** — *tic.* toptan.
gro.tesque (grotesk´) *s.* gülünç, güldürecek kadar acayip; çok garip. *i.* grotesk.
grot.ty (grat´i) *s., İng., k. dili* 1. pis, kirli, pasaklı, kırtıpil. 2. kıtıpiyoz, kıtıpiyos, kırtıpil, değersiz.
grouch (grauç) *i., k. dili* her zaman şikâyetçi olan kimse, dırdırcı.
grouch.y (grau´çi) *s., k. dili* 1. şikâyetçi, dırdırcı. 2. sinirli.
ground (graund) *i.* 1. yer (yerin yüzü): **He fell to the ground.** Yere düştü. 2. toprak. 3. zemin; fon. 4. *elek.* toprak. 5. *çoğ.* (bir binaya/kuruluşa ait) arazi/bahçeler. 6. gerekçe, sebep, temel, dayanak: **On what grounds are you making this accusation?** Bu suçlamayı neye dayanarak yapıyorsunuz? 7. *çoğ.* telve. **— crew** (havaalanında) yer mürettebatı. **— floor** zemin katı. **— forces** kara kuvvetleri. **— rule** temel kural. **— wire** *elek.* toprak teli. **be on familiar** — 1. bildiği bir yerde/yörede bulunmak. 2. bildiği bir konuyla ilgilenmek. **break** — 1. törenle temel atmak. 2. çığır açmak. **common** — ortak bir zevk, görüş, tutku v.b.: **There's no common ground between them.** Onların hiçbir ortak yanı yok. **cover** — 1. yol katetmek. 2. hızlı gitmek. 3. (belirli bir) konu hakkında bilgi vermek. **cut the — (out) from under one's feet** (birinin) dayanak noktalarını çürütmek. **gain** — 1. (askerler) ilerlemek. 2. (hastanın durumu) iyiye gitmek. 3. kazanç sağlamak. **get in on the floor** *k. dili* bir işe başlangıçta katılmak. **get off the** — 1. (uçak) havalanmak. 2. (bir iş) başlamak. **have both one's feet on the** — aklı başında olmak, gerçekçi ve pratik bir şekilde düşünmek. **learn something from the** — **up** bir şeyi her yönüyle öğrenmek. **lose** — 1. (askerler) geri çekilmek. 2. (hastanın durumu) kötüye gitmek. 3. kayıplara uğramak. **shift one's** — savunduğu konuyu başka birtakım gerekçelere dayatmak. **stand one's** — davasından vazgeçmemek.
ground (graund) *f.* 1. karaya oturmak; karaya oturtmak. 2. (uçak) (hava koşullarından dolayı) uçamamak; (uçağı) uçurtmamak. 3. (birini) (ceza olarak) (ev, okul v.b.´nden) dışarı çıkartmamak. 4. (bir sebeple) dayanmak/dayatmak. 5. *elek.* (bir cihazı) topraklamak. **— someone in** birine (bir konunun) temel ilkelerini öğretmek.
ground (graund) *f., bak.* **grind.** *s.* **— beef** sığır kıyması. **— glass** buzlucam. **— meat** kıyma.
ground.break.ing (graund´breyking) *s.* çığır açan (olay v.b.). *i.* **the** — temel atma töreni. **— ceremony** temel atma töreni.
ground.hog (graund´hôg) *i.* dağsıçanı.
ground.less (graund´lis) *s.* asılsız, temelsiz.
ground.nut (graund´nʌt) *i., İng.* yerfıstığı.

ground.work (graund´wırk) *i.* ön hazırlıklar. **lay the** — **for** (bir iş için) ön hazırlık yapmak.
group (grup) *i.* grup. *f.* gruplandırmak; gruplaşmak. **— insurance** grup sigortası. **— therapy** grup terapisi, küme sağaltımı.
group.ie (gru´pi) *i.* pop müzik topluluğu üyelerinin peşinde koşan kız.
grouse (graus) *i.* ormantavuğu.
grouse (graus) *f., k. dili* şikâyet etmek.
grove (grov) *i.* 1. koru. 2. (meyve ağaçlarından oluşan) bahçe: **orange grove** portakal bahçesi. **walnut grove** cevizlik.
grov.el (grʌv´ıl) *f.* **(—ed/—led, —ing/—ling)** 1. kendini alçaltmak, yaltaklanmak. 2. yerde sürünmek.
grow (gro) *f.* **(grew, —n)** 1. büyümek; gelişmek; artmak. 2. (bitki/sebze/meyve) yetiştirmek; yetişmek. 3. olmak: **She's grown ugly.** Çirkinleşti./Çirkin oldu. **He's grown old.** Yaşlandı. **— away from** ile ilişkileri azalmak, -den uzaklaşmak. **— into** 1. olmak. 2. zamanla büyüyüp (bir giysinin) ölçülerine uymak. 3. (bir işe) alışmak. **— on someone** zamanla birinin hoşuna gitmeye başlamak. **— out of** 1. büyüdüğü için (bir giysiyi) giyememek. 2. büyüyüp/olgunlaşıp (kötü bir şeyden) vazgeçmek. 3. -den kaynaklanmak. **— up** 1. büyümek. 2. meydana gelmek, vuku bulmak. **G— up!** Çocukluğu bırak!
grow.er (grow´ır) *i.* yetiştirici.
growl (graul) *f.* hırlamak. *i.* hırlama.
grown (gron) *f., bak.* **grow.** *s.* yetişkin.
grown-up (gron´ʌp) *s., i.* yetişkin.
growth (groth) *i.* 1. büyüme; gelişme; artma. 2. bir bitkiden süren dallar/sürgünler/yapraklar. 3. ur, tümör.
grub (grʌb) *i.* 1. kurtçuk, larva. 2. *k. dili* yiyecek.
grub (grʌb) *f.* **(—bed, —bing)** 1. **up** kazarak/belleyerek -i çıkarmak/sökmek. 2. (bir yerdeki) kökleri kazarak sökmek. 3. kazmak, bellemek.
grub.by (grʌb´i) *s.* kirli, pis.
grudge (grʌc) *f.* (bir şeyi) (birine) çok görmek; kıskanmak: **Do you grudge me this?** Bunu bana çok mu görüyorsun? *i.* kin, garaz, hınç. **carry/bear/have a** — **against** birine karşı kin beslemek.
grudg.ing.ly (grʌc´ingli) *z.* istemeyerek.
gru.el (gru´wıl) *i.* sulu yulaf v.b. lapası.
gru.el.ing, *İng.* **gru.el.ling** (gru´wıling) *s.* çok zor; zorlu.
grue.some (gru´sım) *s.* korkunç, dehşet verici.
gruff (grʌf) *s.* sert, katı, sevimsiz.
grum.ble (grʌm´bıl) *f.* şikâyet etmek. *i.* şikâyet.
grump.y (grʌm´pi) *s.* aksiliği tutmuş, hırçınlığı üstünde.
grunt (grʌnt) *f.* domuz gibi ses çıkarmak, ho-

gr. wt.

murdanmak. *i.* homurtu.
gr. wt. *kıs.* **gross weight.**
G-string (ci'strîng) *i., k. dili* (şovlarda dansçıların giydiği) minicik tanga.
guar.an.tee (gerıntî´) *i.* garanti. *f.* garanti etmek.
guar.an.tor (ger'ıntır) *i.* kefil.
guar.an.ty (ger'ıntî) *i., huk.* garanti.
guard (gard) *i.* 1. koruma görevlisi, muhafız; nöbetçi. 2. muhafızlar. 3. *basketbol* gard. 4. *boks* gard, savunma duruşu. 5. *İng.* (trende) biletçi. **— of honor** *ask.* şeref kıtası. **—'s van** *İng.* marşandizin arkasına takılan ve demiryolu görevlilerini taşıyan cumbalı vagon. **be off —** tetikte olmamak. **be on —** 1. nöbet tutmak. 2. tetikte olmak. **be under —** koruma altında olmak. **catch someone off —** birini gafil avlamak. **change the —** *ask.* nöbet değiştirmek. **have one's — down** tetikte olmamak. **have one's — up** tetikte olmak.
guard (gard) *f.* 1. korumak. 2. (bir tutukluyu) gözetim altında tutmak. **— a secret** sır tutmak. **— against** -e karşı önlem almak. **— one's tongue** ağzını sıkı tutmak, dilini tutmak.
guard.ed (gar'dîd) *s.* ihtiyatlı (söz, cevap, rapor v.b.).
guard.i.an (gar'diyın) *i.* 1. *huk.* vasi. 2. koruyucu. **— angel** koruyucu melek.
guard.i.an.ship (gar'diyınşîp) *i.* vesayet, vasilik.
guard.rail (gard'reyl) *i.* (yol kenarındaki) bariyer, korkuluk.
guards.man (gardz'mın), *çoğ.* **guards.men** (gardz'mîn) *i.* muhafız.
Gua.te.ma.la (gwatıma'lı) *i.* Guatemala. **—n** *i.* Guatemalalı. *s.* 1. Guatemala, Guatemala'ya özgü. 2. Guatemalalı.
gu.ber.na.to.ri.al (gubırnıtôr'îyıl) *s.* valiye/valiliğe ait.
gue.ril.la (gırîl'î) *i., bak.* **guerrilla.**
guer.ril.la (gırîl'î) *i.* gerilla, gerillacı, çeteci. **— warfare** gerilla savaşı.
guess (ges) *f.* 1. tahmin etmek; tahminde bulunmak. 2. zannetmek, sanmak. *i.* tahmin. **It's anybody's —.** Kesin olarak kimse bilmiyor. **keep someone —ing** birini doğru dürüst haberdar etmemek. **Your — is as good as mine.** Aslında ikimiz de bir şey bilmiyoruz.
guess.work (ges'wırk) *i.* 1. tahmini iş. 2. tahmine dayanan sonuç/sonuçlar.
guest (gest) *i.* 1. misafir, konuk; davetli. 2. otel/pansiyon müşterisi. **— artist** konuk sanatçı. **— of honor** şeref konuğu/misafiri. **— room** misafir odası. **paying —** pansiyoner.
guest.house (gest'haus) *i.* pansiyon.
guff (gʌf) *i., k. dili* boş laf, palavra, martaval.
guf.faw (gıfô´) *i.* nahoş bir kahkaha. *f.* nahoş kahkaha atmak.

Gui.an.a (giyän'ı, giya'nı, *İng.* gayän'ı) *i.* 1. Fransız Guyanası. 2. Guyana bölgesi, Guyana. **—n** *i.* 1. Fransız Guyanalı. 2. Guyana bölgesi halkından biri, Guyanalı. *s.* 1. Fransız Guyanası, Fransız Guyanası'na özgü. 2. Guyana, Guyana bölgesi veya halkına özgü. 3. Fransız Guyanalı. 4. Guyanalı, Guyana bölgesi halkından olan.
Gui.a.nese (giyınız´, *İng.* gayınîz´) *i.* (*çoğ.* **Gui.a.nese**) *s., bak.* **Guianan.**
guid.ance (gayd'ıns) *i.* 1. rehberlik, yol gösterme. 2. güdüm. **— counselor** rehber öğretmen.
guide (gayd) *f.* 1. rehberlik etmek, yol göstermek. 2. yönetmek, idare etmek. *i.* 1. rehber, kılavuz. 2. rehber kitabı, rehber. **—d missile** *ask.* güdümlü mermi.
guide.book (gayd'bûk) *i.* rehber, rehber kitabı.
guide.line (gayd'layn) *i.* (bir projedeki) ana hatlar.
guild (gîld) *i.* esnaf birliği, lonca.
guile (gayl) *i.* kurnazlık, açıkgözlük.
guile.ful (gayl'fıl) *s.* kurnaz, açıkgöz.
guile.less (gayl'lıs) *s.* saf, art niyetsiz.
guil.lo.tine (gîl'ıtîn, gi'yıtîn) *i.* giyotin. *f.* giyotin ile idam etmek.
guilt (gîlt) *i.* suçluluk.
guilt.less (gîlt'lîs) *s.* suçsuz.
guilt.y (gîl'ti) *s.* suçlu. **be — of** -in suçlusu olmak, -den suçlu olmak.
Guin.ea (gîn'î) *i.* Gine. **—n** *i.* Gineli. *s.* 1. Gine, Gine'ye özgü. 2. Gineli.
guin.ea (gîn'î) *i.* 1. yirmi bir şilin değerindeki eski İngiliz altını. 2. beçtavuğu. **— fowl** beçtavuğu. **— pig** kobay.
Guin.ea-Bis.sau (gîn'îbisau´, gîn'îbîso´) *i.* Gine-Bisav. **—an** *i.* Gine-Bisavlı. *s.* 1. Gine-Bisav, Gine-Bisav'a özgü. 2. Gine-Bisavlı.
guise (gayz) *i.* 1. kılık. 2. dış görünüş.
gui.tar (gitar´) *i.* gitar.
gui.tar.ist (gitar'îst) *i.* gitarist.
gulch (gʌlç) *i.* küçük kanyon.
gulf (gʌlf) *i.* 1. körfez. 2. çok derin kanyon. **the G— Stream** Golfstrim.
gull (gʌl) *i.* martı.
gul.let (gʌl'ît) *i.* boğaz, gırtlak.
gul.li.bil.i.ty (gʌlıbîl'îtî) *i.* kolay aldatılma, saflık.
gul.li.ble (gʌl'ıbıl) *s.* kolay aldatılabilir.
gul.ly (gʌl'î) *i.* sel yatağı.
gulp (gʌlp) *f.* yutuvermek. *i.* yutuverme. **— something down** bir şeyi yutuvermek.
gum (gʌm) *i., gen. çoğ.* dişeti.
gum (gʌm) *i.* 1. (çam reçinesinden başka herhangi bir) reçine. 2. çiklet. **— boot** lastik çizme. **— mastic** sakız. **— tree** 1. okaliptüs, sıtmaağacı. 2. (çamdan başka herhangi bir) reçineli ağaç. **— chewing —** çiklet.
gum (gʌm) *f.* (**—med, —ming**) zamk sürmek;

zamklamak.
gum.bo (gʌm´bo) i. bamyalı yahni.
gum.drop (gʌm´drap) i. jelatinli şekerleme.
gummed (gʌmd) s. zamklı.
gump.tion (gʌmp´şın) i., k. dili inisiyatif ve cesaret.
gun (gʌn) i. ateşli silah; top; tüfek; tabanca. f. (—ned, —ning) (motoru) birdenbire tam gazla çalıştırmak; (arabayı) birdenbire tam gaz sürmek. — **for 1.** (birinin) çanına ot tıkamak için fırsat kollamak. **2.** (belirli bir yeri) elde etmek için bütün gayretiyle çalışmak. — **someone down** birini (ateşli silahla) vurmak. **big** — k. dili kodaman. **blow great —s** k. dili (rüzgâr) çok sert esmek. **bring up one's big —s** en önemli dayanakları/kanıtları ileri sürmek; en önemli destekçileri getirmek. **jump the —** başlanması gereken zamandan önce başlamak. **spike someone's —s** birinin çanına ot tıkamak. **stick to one's —s** savunduklarını sürdürmek, savunduklarından vazgeçmemek.
gun.boat (gʌn´bot) i. gambot.
gun.fight (gʌn´fayt) i. (iki kişi arasındaki) silahlı çatışma.
gun.fire (gʌn´fayr) i. ateş etme, ateş.
gunge (gʌnc) i., İng., bak. **gunk**.
gung-ho (gʌng´ho´) s., k. dili fazlasıyla istekli, dünden hazır.
gunk (gʌngk) i., k. dili vıcık vıcık şey.
gun.man (gʌn´mın), çoğ. **gun.men** (gʌn´mîn) i. silahlı kimse, ateşli silah taşıyan kimse.
gun.ner (gʌn´ır) i. topçu.
gun.ner.y (gʌn´ıri) i. topçuluk; atış ilmi.
gun.ny.sack (gʌn´isäk) i. çuval.
gun.point (gʌn´poynt) i. **force someone at —** tabancayla/tüfekle birini zorlamak.
gun.pow.der (gʌn´paudır) i. barut.
gun.run.ner (gʌn´rʌnır) i. silah kaçakçısı.
gun.run.ning (gʌn´rʌnîng) i. silah kaçakçılığı.
gun.shot (gʌn´şat) **1.** silah atışı. **2.** (ateşli silaha ait) menzil, erim, atım.
gun.smith (gʌn´smîth) i. tüfekçi, tüfek ve tabanca yapan veya tamir eden kimse.
gur.gle (gır´gıl) f. **1.** çağıldamak. **2.** (bebek) agulamak. i. **1.** çağıltı. **2.** agu.
gu.ru (gu´ru) i. guru, mürşit, rehber.
gush (gʌş) f. **1.** fışkırmak. **2.** (**about**) hayranlığını abartılı bir şekilde anlatmak; yağlayıp ballamak. i. fışkırma, fışkırış; fışkırtı.
gus.set (gʌs´ît) i., terz. kuş, verev takılan kumaş parçası.
gus.sy (gʌs´i) f. **up** k. dili -i süslemek. — **oneself up** süslenip püslenmek.
gust (gʌst) i. rüzgârın ani ve sert esmesi.
gus.ta.to.ry (gʌs´tıtôri) s. tat alma duyusuyla ilgili.
gus.to (gʌs´to) i. zevk.
gut (gʌt) i. bağırsak.
gut.less (gʌt´lîs) s., k. dili yüreksiz.
guts (gʌts) i. **1.** çoğ. bağırsaklar. **2.** k. dili cesaret, yürek: **He's got guts.** Bayağı cesur o.
guts.y (gʌt´si) s., k. dili cesur, yürekli.
gut.ter (gʌt´ır) i. **1.** (çatı/dam kenarındaki) oluk. **2.** (kaldırım kenarındaki) oluk, kanivo.
gut.tur.al (gʌt´ırıl) s. gırtlaksı (ses).
guy (gay) i., k. dili adam.
Guy.a.na (gayän´ı, gaya´nı) i. **1.** Guyana, eski İngiliz Guyanası. **2.** Guyana, Guyana bölgesi.
—n i. **1.** Guyanalı, eski İngiliz Guyanasından biri. **2.** Guyanalı, Guyana bölgesi halkından biri. s. **1.** Guyana, eski İngiliz Guyanası veya halkına özgü. **2.** Guyana, Guyana bölgesi veya halkına özgü. **3.** Guyanalı, Guyana uyruklu. **4.** Guyanalı, Guyana bölgesi halkından olan.
Guy.a.nese (gayıniz´) i. (çoğ. **Guy.a.nese**) **1.** Guyanalı, eski İngiliz Guyanası halkından biri. **2.** Guyanalı, Guyana bölgesi halkından biri. s. **1.** Guyana, eski İngiliz Guyanası veya halkına özgü. **2.** Guyana, Guyana bölgesi veya halkına özgü. **3.** Guyanalı, Guyana uyruklu. **4.** Guyanalı, Guyana bölgesi halkından olan.
guz.zle (gʌz´ıl) f. (içki) çokça içmek.
gym (cîm) i. **1.** spor salonu, jimnastik salonu. **2.** (okullarda) beden eğitimi.
gym.na.si.um (cîmney´ziyım) i. spor salonu, jimnastik salonu.
gym.nast (cîm´näst) i. jimnastikçi.
gym.nas.tic (cîmnäs´tîk) s. jimnastiğe ait.
gym.nas.tics (cîmnäs´tîks) i., çoğ. jimnastik.
gy.nae.col.o.gist (gaynıkal´ıcîst) i., İng., bak. **gynecologist**.
gy.nae.col.o.gy (gaynıkal´ıci) i., İng., bak. **gynecology**.
gy.nar.chy (cîn´ırki, gay´nırki) i. devletin kadınlarca yönetimi.
gy.ne.col.o.gist (gaynıkal´ıcîst) i. jinekolog.
gy.ne.col.o.gy (gaynıkal´ıci) i. jinekoloji, nisaiye.
gyp (cîp) i., k. dili üçkâğıtçı, hileci, sahtekâr; kazıkçı. f. (—**ped,** —**ping**) aldatmak; kazık atmak.
— **joint** kazık bir yer.
gyp.sum (cîp´sım) i. alçıtaşı, jips.
Gyp.sy (cîp´si) i. Roman, Çingene.
gyp.sy (cîp´si) i. Roman gibi yaşayan kimse.
gy.rate (cay´reyt) f. dönmek, dönerek sallanmak.
gy.ra.tion (cayrey´şın) i. dönme, dönerek sallanma.
gy.ro.pi.lot (cay´ropaylıt) i., hav., bak. **automatic pilot**.
gy.ro.scope (cay´rıskop) i. cayroskop, jiroskop.

H

H, h (eyç) *i.* H, İngiliz alfabesinin sekizinci harfi (**Honor, hour, herb** gibi bazı kelimelerin başında ve herhangi bir kelime veya hecenin sonunda telaffuz edilmez. Bazı ünsüzlerden sonra başka şekillerde telaffuz edilir.).
h. *kıs.* hard, hardness, height, high, hour(s), humidity, hundred.
hab.er.dash.er (häb´ırdäşır) *i.* 1. erkek giyimi satan mağaza. 2. *İng.* tuhafiyeci.
hab.er.dash.er.y (häb´ırdäşıri) *i.* 1. şapka dükkânı. 2. *İng.* tuhafiye. 3. *İng.* tuhafiye dükkânı.
hab.it (häb´it) *i.* 1. alışkanlık, itiyat, âdet. 2. Hırist. din görevlilerine özgü kıyafet. **drug —** uyuşturucu bağımlılığı. **riding —** binici kıyafeti.
hab.it.a.ble (häb´itıbıl) *s.* içinde oturulabilir.
hab.i.tat (häb´ität) *i.* 1. habitat, hayvan veya bitkinin yetiştiği doğal ortam. 2. bir şeyin doğal yeri.
hab.it-form.ing (häb´itfôrming) *s.* alışkanlık meydana getiren.
ha.bit.u.al (hıbiç´uwıl) *s.* 1. alışılmış, mutat. 2. daimi.
ha.bit.u.al.ly (hıbiç´uwıli) *z.* alışıldığı şekilde, âdet üzere.
hack (häk) *f.* 1. çentmek, yarmak, yontmak, kıymak. 2. kuru kuru öksürmek. 3. **into** (bir bilgisayar programına/sistemine, verilere) izinsiz girmek. 4. *argo* becermek. *i.* 1. çentik. 2. kuru öksürük.
hack (häk) *i.* 1. kiralık binek atı; yaşlı at. 2. kiralık atlı araba. 3. *k. dili* taksi. **— stand** taksi durağı.
hack (häk) *i.* 1. ısmarlama yazı yazan yazar. 2. niteliksiz yazar. *s.* vasat, niteliksiz (iş).
hack.ber.ry (häk´beri) *i.* çitlembik, melengiç.
hack.er (häk´ır) *i.* bilgisayar korsanı.
hack.le (häk´ıl) *i.* **—s** *çoğ.* (hayvan dövüşmeye hazırlanınca dikleşen/kabaran) tüyler. **make someone's —s rise** birini öfkelendirmek.
hack.neyed (häk´nid) *s.* basmakalıp, klişe, bayat.
had (häd) *f., bak.* **have**.
had.dock (häd´ık) *i., zool.* mezgit.
hadj (häc) *i.* hac.
hadj.i (häc´i) *i.* hacı.
had.n't (häd´ınt) *kıs.* **had not**.
hag (häg) *i.* 1. yaşlı çirkin kadın, kocakarı. 2. büyücü kadın.
hag.gard (häg´ırd) *s.* yorgunluk ve açlıktan bitkin, bitkin, argın.
hag.gle (häg´ıl) *f.* sıkı pazarlık etmek, çekişe çekişe pazarlık etmek.

Hague (heyg) *i.* **The Hague** Lahey.
ha-ha (ha´ha) *i.* kahkaha sesi. *ünlem* Hah hah!
hail (heyl) *i.* dolu. *f.* dolu halinde yağmak.
hail (heyl) *f.* selamlamak; çağırmak; seslenmek. **— fellow well met** 1. yakın arkadaş. 2. herkesle çabuk ahbap olan kimse. **— from den.** ... limanından kalkmak. **Where do you — from?** Nerelisin?/Nereden geldin?
hail.stone (heyl´ston) *i.* dolu tanesi.
hail.storm (heyl´stôrm) *i.* dolu fırtınası.
hair (her) *i.* saç, kıl, tüy. **— curler** bigudi. **— dryer** saç kurutma makinesi, saç kurutucusu. **— net** saç filesi. **— spray** saç spreyi. **by a —'s breadth** kıl payı, az kaldı. **get in someone's —** birini rahatsız etmek. **His — stood on end.** Tüyleri ürperdi. **let one's — down** içini dökmek. **not to turn a —** kılını kıpırdatmamak.
hair.brush (her´brʌş) *i.* saç fırçası.
hair.cut (her´kʌt) *i.* 1. saç tıraşı. 2. saçın kesilme biçimi. **I want a —.** Saçımı kestirmek istiyorum.
hair.do (her´du) *i.* (*çoğ.* **—s**) saç tuvaleti, saç şekli.
hair.dress.er (her´dresır) *i.* 1. kadın kuaförü, kadın berberi. 2. *İng.* erkek berberi.
hair.grip (her´grip) *i., İng.* madeni saç tokası.
hair.less (her´lis) *s.* 1. tüysüz; kılsız. 2. saçsız.
hair.pin (her´pin) *i.* saç tokası, firkete. **s.** U şeklinde kıvrılan. **— turn** keskin viraj.
hair-rais.ing (her´reyzing) *s.* tüyler ürpertici, korkunç.
hair.split.ter (her´splitır) *i.* kılı kırk yaran kimse.
hair.split.ting (her´spliting) *i.* kılı kırk yarma. *s.* kılı kırk yaran.
hair.style (her´stayl) *i.* saç biçimi.
hair.styl.ing (her´stayling) *i.* saça şekil verme, saç yapma işi.
hair.y (her´i) *s.* 1. tüylü; kıllı. 2. *argo* tehlikeli. 3. *argo* çok zor.
Hai.ti (hey´ti) *i.* Haiti.
Hai.tian (hey´şın) *i.* Haitili. *s.* 1. Haiti, Haiti'ye özgü. 2. Haitili.
hale (heyl) *s.* **— and hearty** turp gibi, sapasağlam.
half (häf) *çoğ.* **halves** (hävz) *i.* yarım, yarı: **Two halves make a whole.** İki yarım bir bütün eder. **half an apple** yarım elma. **Half the students have come.** Öğrencilerin yarısı geldi. *s.* buçuk; yarı, yarım: **one and a half kilos** bir buçuk kilo. **a half page** yarım sayfa. *z.* yarı, yarı yarıya: **He half filled my glass.** Bardağımı yarı yarıya doldurdu. **— a dozen** yarım düzine. **— brother** üvey erkek kardeş. **— glasses** yarım gözlük. **— measures** yeterli ol-

th dh w hw b c ç d f g h j k l m n p r s ş t v y z
thin the we why be joy chat ad if go he regime key lid me no up or us she it via say is

mayan tedbirler. — **sister** üvey kız kardeş. — **sole** yarım pençe. — **time** 1. *spor* haftaym, ara. 2. yarım gün: **She works there half time.** Orada yarım gün çalışıyor. **better** — *k. dili* eş (kadın/erkek): **Where's your better half?** Eşin nerede? **by** — çok fazla. **cut in** —/**cut into halves** yarıya bölmek. **do a thing by halves** bir işi yarımyamalak yapmak. **go halves** yarı yarıya bölüşmek. **go off half-cocked** *k. dili* yeterince düşünmeden hemen harekete geçmek. **have** — **a mind to** -eceği gelmek, -esi gelmek. **It is** — **past one.** Saat bir buçuk. **not** — **bad** hiç de fena olmayan.
half.back (häf´bäk) *i., spor* hafbek.
half-baked (häf´beykt´) *s.* 1. yarı pişmiş. 2. iyi düşünülmemiş.
half-breed (häf´brid) *s., i.* melez.
half.heart.ed (häf´har´tid) *s.* isteksiz, gönülsüz.
half.heart.ed.ly (häf´har´tidli) *z.* istemeye istemeye, isteksizce, gönülsüzce; yarım ağız, yarım ağızla.
half-length (häf´length) *s.* yarım boy. *i.* vücudun yukarı kısmını gösteren resim.
half-life (häf´layf) *i., fiz.* yarılanma süresi.
half-mast (häf´mäst´) *i.* bayrağın yarıya indirilmesi.
half-moon (häf´mun´) *i.* yarımay.
half-sole (häf´sol´) *f.* (ayakkabıya) yarım pençe vurmak.
half-time (häf´taym) *s.* yarım günlük (iş/çalışma).
half.way (häf´wey´) *z.* 1. ortada, yarı yolda. 2. yetersiz olarak. *s.* 1. yarı yolda bulunan (yer). 2. yetersiz. **be** — **through** -in yarısını bitirmiş olmak. **be** — **to** -e giden yolun yarısında olmak: **We were halfway to Konya.** Konya'ya giden yolun yarısındaydık.
half-wit.ted (häf´witid) *s.* ahmak, budala.
Hal.i.car.nas.sus (hälıkarnäs´ıs) *i.* Bodrum, Halikarnas.
hall (hôl) *i.* 1. koridor. 2. hol. 3. salon. 4. okul/üniversite binası. 5. malikâne, çiftlikteki köşk.
hal.le.lu.jah (hälılu´yı) *ünlem* Allaha şükür!
hal.low (häl´o) *f.* 1. kutsamak. 2. kutsallaştırmak.
Hal.low.een (hälowin´) *i.* (eski bir inanışa göre) cadıların, hayaletlerin, hortlakların ortalığa çıktığı gece (31 Ekim).
hal.lu.ci.nate (hılu´sıneyt) *f.* sanrılamak.
hal.lu.ci.na.tion (hılusıney´şın) *i., ruhb.* sanrı.
hall.way (hôl´wey) *i.* 1. koridor. 2. hol.
ha.lo (hey´lo) *i.* (*çoğ.* —**s**/—**es**) hale, ağıl, ayla.
hal.o.gen (häl´ıcın) *i.* halojen.
halt (hôlt) *i.* 1. durma, duruş. 2. mola. *f.* durmak; durdurmak. **call a** — **to** -i durdurmak, -i kesmek, -e son vermek.
hal.ter (hôl´tır) *i.* yular.

halve (häv) *f.* 1. yarıya bölmek. 2. yarıya indirmek.
halves (hävz) *i., çoğ., bak.* **half.**
ham (häm) *i.* 1. jambon. 2. *argo* abartarak oynayan oyuncu. 3. *k. dili* amatör radyo operatörü. *f.* (—**med,** —**ming**) *argo* abartarak oynamak.
ham.burg.er (häm´bırgır) *i.* 1. sığır kıyması. 2. hamburger.
ham.let (häm´lit) *i.* mezra, ufak köy.
ham.mer (häm´ır) *i.* çekiç; tokmak. — **throw** *spor* çekiç atma. **claw** — domuz tırnağı çekiç.
ham.mer (häm´ır) *f.* 1. çekiçle çakmak; çekiçle vurmak; çekiçlemek, çekiçle dövmek. 2. çekiçle işlemek. — **an idea into someone's head** bir fikri birinin kafasına sokmak. — **away** durmadan çalışmak. — **out** -e şekil vermek.
ham.mock (häm´ık) *i.* hamak.
ham.per (häm´pır) *i.* kapaklı büyük sepet; çamaşır sepeti.
ham.per (häm´pır) *f.* engel olmak, güçleştirmek.
ham.ster (häm´stır) *i.* hamster, cırlaksıçan.
ham.string (häm´string) *i.* dizardı kirişi. *f.* (**ham.strung**) 1. köstektemek. 2. dizardı kirişini koparmak/kesmek.
ham.strung (häm´strʌng) *f., bak.* **hamstring.**
hand (händ) *i.* 1. el. 2. ırgat, rençper; işçi. 3. *den.* tayfadan biri, tayfa. 4. el yazısı. 5. (saatte) akrep/yelkovan. 6. *isk.* el. —**s down** 1. parmağını kıpırdatmadan, kolaylıkla. 2. şüphesiz, apaçık: **He was hands down the best.** Onun en iyi olduğu apaçıktı. — **grenade** el bombası. — **in** — **el.** — **organ** laterna. **H**—**s off!** Dokunma!/Elini sürme! **H**—**s up!** Eller yukarı! **be an old** — **at** (bir konuda) bayağı tecrübeli olmak. **be at** — el altında olmak; yakında olmak. **be** — **in/and glove with** ile yakın ilişki içinde olmak. **be on one's** —**s** (yük sayılan bir şey/biri) -in başında olmak, -in sorumluluğunda olmak. **by** — **elle. change** —**s** el değiştirmek, başkasının eline geçmek. **give someone a free** — birine geniş yetki vermek. **give someone a** — 1. birine yardım etmek. 2. birini alkışlamak. **have a** — **in** (bir işte) parmağı olmak. **have one's** —**s full** fazla meşgul olmak, işi başından aşkın olmak. **in** — 1. elde. 2. hazırlanmakta. 3. kontrol altında. **lay** —**s on** 1. -i bulmak; -i yakalamak. 2. (cezalandırmak/dövmek için) yakalamak, ele geçirmek. **lay one's** — **on** -i bulmak. **lay one's** —**s on** 1. (cezalandırmak/dövmek için) yakalamak, ele geçirmek. 2. -e sahip olmak, -i elde etmek. 3. -i bulmak. **lend/give a** — -e yardım etmek, -e elini uzatmak. **on** — elde; hazır. **on the one** —/**on the other** — diğer taraftan. **out of** — 1. hemen, derhal. 2. kontrolden çıkmış; çığırından çıkmış. **second** —

hand

saniye ibresi. **show one's** — niyetini açığa vurmak. **strengthen someone's** — birinin eline koz vermek. **take someone/something off someone's** —s birini (yük sayılan) birinden/bir şeyden kurtarmak. **try one's** — **at** (bir şeyi yapmayı) denemek. **upper** — üstünlük. **wash one's** —s **of** 1. ile ilişiğini kesmek. 2. -den el çekmek, -den elini eteğini çekmek.
hand (händ) *f.* elle vermek, uzatmak: **Please hand me that book.** O kitabı bana uzatır mısınız? — **down** kuşaktan kuşağa devretmek. — **in** vermek, teslim etmek. — **on** 1. babadan oğula geçirmek. 2. başkasına vermek. — **out** dağıtmak. — **over** vermek, devretmek, teslim etmek.
hand.bag (händ´bäg) *i.* el çantası.
hand.ball (händ´bôl) *i.*, *spor* hentbol, eltopu.
hand.bill (händ´bil) *i.* el ilanı.
hand.brake (händ´breyk) *i.* el freni.
hand.cuff (händ´kʌf) *i.* kelepçe. *f.* kelepçe vurmak, kelepçelemek.
hand.ful (händ´fûl) *i.* 1. avuç dolusu. 2. az miktar. 3. *k. dili* idare edilmesi zor biri; ele avuca sığmaz çocuk.
hand.gun (händ´gʌn) *i.* tabanca.
hand.i.cap (hän´dikäp) *i.* 1. engel. 2. sakatlık, özür. 3. handikap. 4. *spor* handikap. *f.* (**—ped, —ping**) engel olmak, engellemek.
hand.i.capped (hän´dikäpt) *s.* özürlü, sakat.
hand.i.craft (hän´dikräft) *i.* el sanatı.
hand.i.ly (hän´dili) *z.* kolayca, elverişli bir şekilde.
hand.i.ness (hän´dinis) *i.* becerikliliği.
hand.i.work (hän´diwırk) *i.* iş, elişi.
hand.ker.chief (häng´kırçif) *i.* mendil.
han.dle (hän´dıl) *f.* 1. el sürmek, ellemek, dokunmak. 2. ele almak. 3. kullanmak. 4. idare etmek. 5. satmak. *i.* sap, kulp, kabza, tutamaç. **fly off the** — zıvanadan çıkmak, köpürmek, tepesi atmak.
han.dle.bar (hän´dılbar) *i.* (bisiklette/motosiklette) gidon.
han.dling (hän´dling) *i.* 1. elle dokunma. 2. işleme tarzı.
hand.made (händ´meyd) *s.* elişi, el yapımı.
hand-me-down (händ´midaun) *s.* kullanılmış, elden düşme. *i.* kullanılmış elbise/eşya.
hand.rail (händ´reyl) *i.* merdiven parmaklığı, tırabzan.
hand.shake (händ´şeyk) *i.* el sıkma.
hand.some (hän´sım) *s.* 1. yakışıklı. 2. çok, bol; büyük. 3. cömert.
hand.work (händ´wırk) *i.* elişi.
hand.writ.ing (händ´rayting) *i.* el yazısı.
hand.y (hän´di) *s.* 1. hazır, yakın, el altında. 2. eli işe yatkın, becerikli, marifetli, usta. 3. elverişli, kullanışlı. **come in** — işe yaramak.

hand.y.man (hän´dimän), *çoğ.* **hand.y.men** (hän´dimen) *i.* elinden her iş gelen işçi.
hang (häng) *f.* (**—ed**) ipe çekmek, asmak, sallandırmak, idam etmek; asılmak, idam edilmek.
hang (häng) *f.* (**hung**) 1. asmak; asılmak, asılı olmak, sallanmak, sarkmak. 2. takmak. 3. (başını) eğmek. 4. kaplamak, yapıştırmak. — **around** *k. dili* başıboş gezerek beklemek. — **back** tereddüt etmek, çekinmek. — **in the balance** tehlikede olmak. **H—on.** Bekle./Bir dakika. — **on** 1. (to) (-e) sıkı tutunmak. 2. dayanmak, katlanmak. — **up** telefonu kapamak. **be hung up on** 1. -e kafasını takmak. 2. -e tutulmak, için yanıp tutuşmak. 3. -e bayılmak, -i çok beğenmek.
hang (häng) *i.* 1. duruş, döküm. 2. anlam; kullanılış tarzı. 3. sarkma, asılış. **get the** — **of** -in usulünü öğrenmek, -in esasını kavramak.
han.gar (häng´ır) *i.* hangar.
hang.dog (häng´dôg) *i.* sinsi adam. *s.* 1. alçak, habis. 2. ürkek, korkak.
hang.er (häng´ır) *i.* askı, askı kancası. 2. çengel.
hang.er-on (häng´ıran) *i.* (*çoğ.* **hang.ers-on**) beleşçi kimse.
hang.ing (häng´ing) *i.* 1. (perde, kilim gibi duvara/tavana) asılı örtü. 2. ipe çekme, asma; ipe çekilme, asılma. *s.* asılı, sarkan.
hang.man (häng´mın), *çoğ.* **hang.men** (häng´mın) *i.* cellat.
hang.nail (häng´neyl) *i.* şeytantırnağı.
hang.o.ver (häng´ovır) *i.* içki sersemliği.
hang.up (häng´ʌp) *i.* 1. güçlük, engel. 2. takınak.
hank (hängk) *i.* 1. çile, yün/ipek çilesi. 2. kangal.
han.ker (häng´kır) *f.* (**after/for**) arzulamak, özlemini çekmek.
hap.haz.ard (häp´häz´ırd) *s., z.* rasgele, gelişigüzel. *i.* rastlantı, şans.
hap.less (häp´lis) *s.* şanssız, talihsiz, bahtsız.
hap.pen (häp´ın) *f.* olmak, meydana gelmek. — **on** rast gelmek, bulmak.
hap.pen.ing (häp´ıning) *i.* olay, vaka.
hap.pi.ly (häp´ili) *z.* 1. mutlulukla, sevinçle. 2. çok şükür, Allahtan, bereket versin ki.
hap.pi.ness (häp´inis) *i.* mutluluk.
hap.py (häp´i) *s.* 1. mutlu, mesut; şen, neşeli. 2. yerinde, iyi. 3. ... delisi: **girl-happy** kız delisi. **be** — **with** -den memnun olmak.
hap.py-go-luck.y (häp´igolʌk´i) *s.* kaygısız; bir şeye aldırmaz, neşeli.
ha.rangue (hıräng´) *i.* uzun ve tumturaklı konuşma, tirat. *f.* uzun ve tumturaklı bir şekilde konuşmak, tirat söylemek.
har.ass (hıräs´, her´ıs) *f.* 1. rahat vermemek, rahatsız etmek, taciz etmek; bizar etmek, tedirgin etmek. 2. *ask.* aralıksız saldırılarla taciz etmek.

---

th	dh	w	hw	b	c	ç	d	f	g	h	j	k	l	m	n	p	r	s	ş	t	v	y	z
thin	the	we	why	be	joy	chat	ad	if	go	he	regime	key	lid	me	no	up	or	us	she	it	via	say	is

har.bor, *Ing.* **har.bour** (har´bır) *i.* 1. liman. 2. barınak, sığınak. *f.* 1. barındırmak. 2. misafir etmek. 3. beslemek.
hard (hard) *s.* 1. katı, sert, pek. 2. güç, zor, çetin. 3. katı, acımasız, sert. 4. acı, ağır, sert (söz). 5. şiddetli, kuvvetli. 6. şiddetli, sert; çok soğuk (mevsim/hava). 7. sert, kireçli, acı (su). 8. sert (içki). 9. tehlikeli ve bağımlılık yapan (madde). **— cash** nakit para. **— currency** sağlam döviz/para. **— disk** *bilg.* sabit disk. **— hat** kask, miğfer. **— labor** *huk.* ağır iş cezası. **be a — worker** çok çalışkan olmak. **be — of hearing** ağır işitmek/duymak. **be — on** *k. dili* 1. (bir şeyi) hor kullanmak. 2. (bir şeyi) çabuk eskitmek/mahvetmek. 3. (birine) sert davranmak. **be — up** *k. dili* (birinin) pek parası olmamak, (biri) züğürt olmak. **do something the — way** (daha kolay bir çözüm varken) bir şeyi zor bir şekilde yapmak. **drive a — bargain** sıkı bir pazarlık yaparak fiyatı çok indirmek.
hard (hard) *z.* 1. çok, büyük bir gayretle: **They worked hard.** Çok çalıştılar. **Try hard!** Çok gayret et! 2. şiddetle, kuvvetle: **The wind's blowing hard.** Rüzgâr kuvvetle esiyor. 3. fena halde, aşırı ölçüde: **He's hitting the bottle hard these days.** Bugünlerde fena halde içiyor. **be frozen —** donup kaskatı olmak. **be — at hand** kapıda olmak, kapıya dayanmış olmak. **be — at it** *k. dili* çok çalışmak. **be — by** -in çok yakınında olmak; -e çok yakın olmak. **be — hit by** -in çok zararını görmek: **We were hard hit by the cold weather in December.** Aralık´taki soğuk bize çok zarar verdi. **be — on the heels of** -in hemen ardından gelmek. **be — put to** (bir şeyi) zorla/çok zor yapmak: **They were hard put to finish it on time.** Onu vaktinde bitirmeleri çok zor oldu. **breathe —** solumak, sık ve kesik soluklar alıp vermek. **take something —** bir şeye pek çok üzülmek.
hard-boiled (hard´boyld´) *s.* 1. lop, katı (yumurta). 2. *k. dili* kül yutmaz, kurt.
hard-core (hard´kôr´) *s.* 1. yolundan şaşmaz, boyun eğmez, kararlı. 2. cinsel organları ve sevişme hareketlerini yakından gösteren. 3. çetin ceviz.
hard.en (har´dın) *f.* 1. sertleştirmek, katılaştırmak; sertleşmek, katılaşmak. 2. pekiştirmek, kuvvetlendirmek; pekişmek, kuvvetlenmek. 3. (çimento) donmak.
hard.head.ed (hard´hed´id) *s.* makul düşünen.
hard.heart.ed (hard´har´tid) *s.* katı yürekli, acımasız, kalpsiz.
hard-line (hard´layn´) *s.* katı, inatçı, uzlaşmaz.

hard.ly (hard´li) *z.* 1. zorla, güçlükle, güçbela. 2. hemen hemen: **Hardly anything was left.** Hemen hemen hiçbir şey kalmamıştı. **I hardly knew her.** Tanışıklığımız çok yüzeyseldi. 3. hiç: **This is hardly the time for that!** Şimdi hiç de onun zamanı değil!
hard.ness (hard´nıs) *i.* 1. (fiziksel olarak) katılık, sertlik. 2. güçlük, zorluk. 3. katılık, sertlik, acımasızlık.
hard-nosed (hard´nozd´) *s.* kendi çıkarını düşünen, çıkarcı.
hard-on (hard´an) *i.* **get a —** -in kuşu kalkmak/uyanmak, -in penisi beton olmak/dikelmek.
hard.ship (hard´şip) *i.* sıkıntı, darlık, güçlük.
hard.ware (hard´wer) *i.* 1. madeni eşya, hırdavat. 2. silah. 3. *bilg.* donanım. **— store** nalbur dükkânı.
hard.wood (hard´wûd) *i.* 1. kerestesi sert ağaç. 2. sert kereste.
har.dy (har´di) *s.* dayanıklı, dirençli.
hare (her) *i.* yabani tavşan.
hare.brained (her´breynd) *s.* kuş beyinli, kafasız.
hare.lip (her´lip) *i.* yarık dudak, tavşandudağı.
har.em (her´ım) *i.* harem.
hark (hark) *f.* dinlemek. *ünlem* Dinle!/Dur!/Sus! **— back to** (geçmişe, önceki konuya) dönmek; (geçmişten, eski olaylardan) söz etmek.
har.lot (har´lıt) *i.* fahişe, orospu.
harm (harm) *i.* 1. zarar, hasar, ziyan. 2. kötülük. *f.* zarar vermek, kötülük etmek. **out of —'s way** emniyette, emin yerde.
harm.ful (harm´fıl) *s.* zararlı.
harm.less (harm´lis) *s.* zararsız.
har.mon.ic (harman´ik) *s.* 1. uyumlu, ahenkli. 2. *müz.* armonik, armoniye ait.
har.mon.i.ca (harman´ikı) *i.* armonika, mızıka.
har.mo.ni.ous (harmo´niyıs) *s.* ahenkli, uyumlu.
har.mo.nize, *Ing.* **har.mo.nise** (har´mınayz) *f.* 1. uyum sağlamak. 2. *müz.* armonize etmek. 3. uymak.
har.mo.ny (har´mıni) *i.* 1. ahenk, uyum. 2. *müz.* armoni.
har.ness (har´nis) *i.* koşum takımı. *f.* 1. (ata) koşum takmak. 2. **to** (atı) (arabaya) koşmak; (öküzleri) (sabana) koşmak. 3. (doğal bir gücü dizginleyerek) yararlanmak, kullanmak. **in —** iş başında.
harp (harp) *i., müz.* harp, arp. *f.* harp çalmak. **— on** -in üzerinde çok durmak, (aynı şeyleri) tekrarlayıp durmak.
har.poon (harpun´) *i.* zıpkın. *f.* zıpkınlamak.
harp.si.chord (harp´sıkôrd) *i., müz.* klavsen.
har.row (her´o) *i.* 1. kesek kırma makinesi. 2. tapan. *f.* 1. tırmık çekmek, kesek kırmak. 2. tapanlamak, tapan çekmek.

har.row.ing (her´owing) s. üzücü, asap bozucu.
harsh (harş) s. 1. sert, acı. 2. kaba, haşin, ters, huysuz.
hart (hart) i. erkek geyik; kızılgeyiğin erkeği.
har.vest (har´vist) i. 1. hasat. 2. hasat zamanı, hasat, orak mevsimi. 3. ürün, mahsul, rekolte. 4. sonuç, semere. f. hasat etmek, biçmek.
has (häz) f., bak. **have**.
hash (häş) i. 1. kuşbaşı doğranarak yeniden pişirilen et yemeği. 2. karmakarışık şey. 3. bozulmuş şey. 4. argo haşiş. f. 1. kuşbaşı doğramak. 2. bozmak, altüst etmek. — **over** k. dili tartışmak. **make a — of** k. dili -i bozmak, -i iyice karıştırmak; -i yüzüne gözüne bulaştırmak.
hash.ish, hash.eesh (häş´iş) i. haşiş, hintkenevirinden çıkarılan esrar.
has.n't (häz´ınt) kıs. **has not**.
hasp (häsp) i. asma kilit köprüsü.
has.sle (häs´ıl) i. 1. tartışma. 2. zorluk, güçlük.
haste (heyst) i. 1. acele. 2. ivedilik. **H— makes waste**. Acele işe şeytan karışır. **in — aceleyle**, telaşla. **make —** acele etmek.
has.ten (hey´sın) f. acele ettirmek; acele etmek.
hast.i.ly (heys´tıli) z. aceleyle.
hast.y (heys´ti) s. 1. acele, tez, çabuk. 2. düşüncesiz. 3. aceleci, telaşçı.
hat (hät) i. şapka. **keep something under one's —** bir şeyi gizli tutmak. **pass the —** parsa toplamak. **talk through one's —** palavra atmak, kafadan atmak. **throw one's — into the ring** (politikada) yarışa girmek.
hatch (häç) i., den. ambar ağzı; ambar kapağı.
hatch (häç) f. 1. civciv çıkarmak. 2. yumurtadan çıkmak. 3. (plan) yapmak, (kumpas) kurmak.
hatch.back (häç´bäk) i., oto. arkada kapısı olan küçük araba.
hatch.et (häç´it) i. küçük balta. **bury the —** barışmak.
hatch.way (häç´wey) i., den. ambar ağzı; lombar ağzı.
hate (heyt) f. nefret etmek. i. nefret.
hate.ful (heyt´fıl) s. 1. nefret edilen. 2. nefret dolu.
ha.tred (hey´trid) i. kin, nefret, düşmanlık.
haugh.ti.ness (hô´tinis) i. kibirlilik, kendini beğenmişlik.
haugh.ty (hô´ti) s. kibirli, kendini beğenmiş, mağrur.
haul (hôl) f. 1. çekmek. 2. taşımak. 3. den. vira etmek. 4. (rüzgâr/gemi) yön değiştirmek, dönmek. i. 1. çekme, çekiş. 2. bir ağda çıkarılan balıklar. 3. taşıma uzaklığı. 4. taşınılan şey. **— someone over the coals** birini azarlamak/haşlamak. **a long —** 1. uzun taşıma mesafesi. 2. uzun süren zor bir iş.

haunch (hônç) i. 1. kalça. 2. çoğ. kıç, popo. 3. but; sağrı.
haunt (hônt) f. 1. (hortlaklar/ruhlar) sık sık uğramak. 2. usandırmak. 3. akıldan çıkmamak. 4. sık sık gitmek, dadanmak. 5. sürekli yanında bulunmak. i. sık sık gidilen yer, uğrak, uğrak yeri.
haunt.ed (hôn´tid) s. tekin olmayan, perili.
haunt.ing (hôn´ting) s. zor unutulan, akıldan çıkmayan.
hau.teur (hotır´) i. kibir, gurur.
have (häv) f. (had, hav.ing) kuraldışı çekimleri: şimdiki zaman **I, you, we, they have; he, she it has;** geçmiş zaman **had** 1. sahip olmak; -si olmak. 2. almak; elinde tutmak. 3. elde etmek, ele geçirmek. 4. yapmak, etmek; yaptırmak, ettirmek. 5. k. dili aldatmak. 6. k. dili cinsel ilişkide bulunmak. Yardımcı fiil olarak geçmiş zamanı gösterir: **I have gone**. Gittim. **— to** -meli, -malı: **I have to go**. Gitmeliyim. **had better** -se iyi olur: **I had better go**. Gitsem iyi olur. **— a mind to** -e niyeti olmak. **— done with** bitirmek, işi tamamlamak. **— had it** argo 1. bıkmak: **I've had it; I am going to divorce my husband**. Artık bıktım; kocamdan boşanacağım. 2. artık yetmek: **He's been cheating me for years, but now he's had it**. Senelerdir beni aldatıyordu, ama artık yeter. **— in mind** hatırında tutmak, aklında olmak. **— it coming** -i hak etmek. **— it in for** (birine) kin beslemek. **— it in one** yeteneği olmak. **— it out** bir davayı kavga ederek/tartışarak sonuçlandırmak. **H— it your own way**. Siz bilirsiniz./Nasıl isterseniz öyle olsun. **— no use for** -den nefret etmek/tiksinmek. **— none of** -e izin vermemek, -i kabul etmemek. **— on** 1. giyinmek. 2. şaka etmek. **— one's eyes on** 1. gözü -in üzerinde olmak. 2. -e göz koymak. **— one's hands full** çok meşgul olmak. **— something on someone** elinde suçlayıcı delil bulunmak. **— to do with** ile ilgisi olmak. **as Plato has it** Eflatun'un deyişiyle. **He will — it that ....** -i iddia ediyor. **I had him there**. O noktada onu mat ettim. **I had rather go**. Gitmeyi tercih ederdim. **I'll — his head/hide!** k. dili Kellesini uçuracağım!/Derisini yüzeceğim! **I've been had**. k. dili Üçkâğıda geldim. **let someone — it** birine dünyanın kaç bucak olduğunu göstermek; birini haşlamak. **Rumor has it that the government will fall**. Söylentiye göre hükümet düşecek. **The ayes — it**. Lehte oy kullananlar kazandı. **The boys had themselves a time**. Çocuklar eğlendiler. **We had news**. Haber aldık.
ha.ven (hey´vın) i. 1. liman. 2. sığınak.
have.n't (häv´ınt) kıs. **have not**.

haves (hävz) *i., çoğ.* **the — and the have-nots** zenginler ve fakirler, varlıklılar ve yoksullar.
hav.oc (häv'ık) *i.* hasar, tahribat, zarar ziyan. **make — of** -i harabeye çevirmek. **play — with** -i harap etmek.
haw (hô) *i.* alıç.
Ha.wai.i (hıway'i) *i.* Havai. **—an** *i.* 1. Havaili. 2. Havaice. *s.* 1. Havai, Havai'ye özgü. 2. Havaice. 3. Havaili.
hawk (hôk) *i.* 1. şahin; doğan. 2. atmaca. 3. çaylak.
hawk (hôk) *f.* işportacılık yapmak.
hawk.er (hô'kır) *i.* işportacı.
haw.thorn (hô'thôrn) *i.* alıç.
hay (hey) *i.* saman, kuru ot. *f.* 1. (kurutmak için) ot biçmek. 2. otu biçip kurutmak. **— fever** saman nezlesi. **Make — while the sun shines.** Yağmur yağarken küpünü doldur.
hay.loft (hey'lôft) *i.* otluk, samanlık.
hay.rick (hey'rîk) *i.* kuru ot yığını, otluk; tınaz.
hay.stack (hey'stäk) *i.* kuru ot yığını, otluk; tınaz.
hay.wire (hey'wayr) *s.* **go — k.** *dili* 1. sapıtmak, delirmek. 2. bozulmak.
haz.ard (häz'ırd) *i.* şans, tehlike, riziko. *f.* 1. tehlikeye atmak, şansa bırakmak. 2. -e cesaret etmek. **— a guess** tahmin etmek, kafadan atmak.
haz.ard.ous (häz'ırdıs) *s.* tehlikeli, rizikolu.
haze (heyz) *i.* hafif sis, ince duman, pus.
ha.zel (hey'zıl) *i.* 1. fındık ağacı. 2. fındık rengi, fındıkkabuğu. *s.* ela (göz).
ha.zel.nut (hey'zılnʌt) *i.* fındık.
haz.y (hey'zi) *s.* 1. sisli, dumanlı, puslu. 2. anlaşılmaz, belirsiz, bulanık.
H-bomb (eyç'bam) *i.* hidrojen bombası.
he (hi) *zam., eril o. s.* erkek: **he-goat** teke.
head (hed) *i.* 1. baş; kafa; kelle. 2. şef, baş, başkan: **the head of the math department** matematik bölümü başkanı. 3. baş yer, baş taraf, ön taraf, baş: **Go to the head of the line.** Sıranın başına geç. **She was at the head of the stairs.** Merdivenlerin başındaydı. 4. (sebzede) baş: **She bought two heads of cabbage.** İki baş lahana aldı. 5. kaynak, memba, baş. 6. baş, üst kısım: **the head of a nail** çivinin başı. 7. akıl, kafa: **Use your head.** Kafanı kullan. 8. (*çoğ.* **head**) baş: **fifty head of cattle** elli baş sığır. 9. (ses aygıtında) (manyetik) kafa, başlık. **H—s or tails?** Yazı mı, tura mı? **— over heels** tepetaklak perende atma. **— over heels in love** sırılsıklam âşık. **— wind** pruva rüzgârı. **be over one's —** 1. (su) boyunu geçmek/aşmak. 2. (birinin) bilgisi/yeteneği dışında olmak. **be/stand — and shoulders above** -den çok üstün olmak. **bring to a —** karar noktasına getirmek. **come to a —** son noktaya varmak. **enter one's —** -in aklına gelmek. **from — to foot** tepeden tırnağa (kadar), baştan aşağı. **get it into one's — that ...** -i kafasına koymak. **go to one's —** başını döndürmek. **He has a good — on his shoulders.** Onun kafası çalışıyor./Aklı başında biri. **I can't make —s or tails of it.** Ondan hiçbir şey anlayamıyorum. **keep one's —** kendine hâkim olmak. **lose one's —** kendinden geçmek, aklı başından gitmek. **off one's —/out of one's — k.** *dili* deli, çıldırmış. **put something out of one's —** bir şeyi unutmak/unutturmak. **put their —s together** baş başa verip düşünmek. **That glass of beer's got quite a — on it.** O bardaktaki biranın üstünde çok köpük var. **turn one's —** -in başını döndürmek, -i gururlandırmak.
head (hed) *s.* baş, başta olan; başa ait. *f.* 1. (bir şeyin) başkanlığını yapmak/başkanı olmak: **Who heads this outfit?** Buranın başkanı kim? 2. -in birincisi olmak: **She headed her class.** Sınıfının birincisiydi. 3. **for** -e gitmek; -in istikametini tutmak, -e doğru gitmek: **You're heading for trouble.** Bu gidişle başın belaya girecek. 4. **towards** -e doğru yöneltmek: **Head your horses towards Kangal!** Atlarınızı Kangal'a sürün! **— honcho** *argo* şef, başkan. **— someone off** 1. birinin yolunu kesmek, birinin ilerlemesini engellemek. 2. birini köstekleme. **— something off** 1. bir şeyin yolunu kesmek, bir şeyin ilerlemesini engellemek. 2. bir şeyi engellemek. **— start** *spor* avantaj. **— up k.** *dili* başkanlık etmek.
head.ache (hed'eyk) *i.* 1. baş ağrısı. 2. dert, baş belası.
head.band (hed'bänd) *i.* saç bandı, bant.
head.board (hed'bôrd) *i.* karyolanın başucundaki tahta.
head.dress (hed'dres) *i.* başlık.
head.er (hed'ır) *i.* sayfa başlığı.
head.first (hed'fırst') *z.* başı önde, balıklama (dalma).
head.gear (hed'gîr) *i.* başlık.
head.ing (hed'îng) *i.* (yazıda) başlık.
head.land (hed'lınd, hed'länd) *i., coğr.* burun.
head.light (hed'layt) *i., oto.* far.
head.line (hed'layn) *i.* başlık, manşet.
head.long (hed'lông) *z.* 1. pervasızca, sakınmadan; balıklama. 2. apar topar.
head.mas.ter (hed'mäs'tır) *i.* özel okul müdürü.
head.mis.tress (hed'mîs'trîs) *i.* özel okul müdiresi.
head-on (hed'an') *s., z.* baştan (çarpma) kafa kafaya, burun buruna (çarpışma).
head.phone (hed'fon) *i.* telefon/radyo kulaklığı.
head.quar.ters (hed'kwôrtırz) *i.* 1. karargâh. 2.

kumanda merkezi. 3. merkez büro. 4. merkezde çalışanlar.
head.rest (hed'rest) *i.* koltuk başlığı.
head.set (hed'set) *i., telekomünikasyon* 1. mikrofonlu kulaklık. 2. kulaklık.
head.strong (hed'strông) *s.* inatçı, dik başlı, bildiğini okuyan.
head.wait.er (hed'wey'tır) *i.* şef garson.
head.wa.ters (hed'wôtırz) *i., çoğ.* ırmağı besleyen kaynaklar.
head.way (hed'wey) *i.* ilerleme, yol alma. **make — ilerlemek.**
head.y (hed'i) *s.* 1. kuvvetli, sert, çarpıcı (esans/içki). 2. inatçı, kafa tutan.
heal (hil) *f.* iyileştirmek; iyileşmek.
heal.er (hil'ır) *i.* insanları iyileştirdiğini öne süren kişi; üfürükçü.
health (helth) *i.* sağlık. **— food** sağlığa yararlı, katkısız, doğal besin. **— insurance** sağlık sigortası.
health.ful (helth'fıl) *s.* 1. sağlığa yararlı. 2. sağlıklı.
health.y (hel'thi) *s.* 1. sağlıklı, sağlam. 2. sağlığa yararlı.
heap (hip) *i.* 1. yığın, küme. 2. *k. dili* çok miktar. 3. *k. dili* kalabalık. *f.* 1. yığmak, kümelemek. 2. (hediye/hakaret) yağdırmak.
hear (hir) *f.* (**heard**) 1. işitmek, duymak. 2. dinlemek, kulak vermek. 3. haber almak, mektup almak. 4. sorguya çekmek, ifadesini almak. **Hear! Hear!** *İng.* Bravo!/Yaşa! **— of/about** -den haberi olmak, -i duymak. **— out** sonuna kadar dinlemek. **I won't — of it.** Kabul etmem.
heard (hırd) *f., bak.* **hear.**
hear.ing (hir'ing) *i.* 1. işitme, işitim. 2. *huk.* celse, duruşma, oturum. **— aid** kulaklık, işitme cihazı. **out of —** işitemeyecek uzaklıkta. **within —** işitebilecek yakınlıkta.
hear.say (hir'sey) *i.* söylenti, dedikodu. **— evidence** *huk.* başkalarından işitilerek öne sürülen delil.
hearse (hırs) *i.* cenaze arabası.
heart (hart) *i.* 1. yürek, kalp. 2. *kasap.* yürek. 3. gönül, can. 4. merkez, orta. 5. (marul, enginar v.b.'nde) göbek. 6. öz, can damarı. 7. kuvvet, enerji. 8. cesaret, şevk. 9. *isk.* kupa. **— attack** kalp krizi. **— disease** kalp hastalığı. **— failure** kalp yetmezliği. **— transplant** kalp nakli. **at —** aslında, hakikatte. **by — ezbere. get to the — of** -in özüne inmek, -in esas anlamını kavramak. **have a change of —** fikir veya davranışlarını değiştirmek. **have a —** insaflı davranmak. **Have a —!** İnsaf be! **His — is in the right place.** İyi niyetlidir. **make one's — bleed** -in kalbini kırmak, -i üzmek. **set one's — on** -i çok istemek. **sick at — üzgün,** kederli. **take —** cesur olmak, cesaretlenmek. **to one's —'s content** doya doya, kana kana. **with all my —** bütün kalbimle.
heart.ache (hart'eyk) *i.* kalp ağrısı, üzüntü, acı, keder.
heart.beat (hart'bit) *i.* kalp atışı, yürek vuruşu.
heart.break (hart'breyk) *i.* 1. büyük acı/keder. 2. büyük acı veren kimse/şey.
heart.break.ing (hart'breyking) *s.* büyük acı veren.
heart.bro.ken (hart'brokın) *s.* büyük bir acı/keder içinde olan, çok kederli.
heart.burn (hart'bırn) *i., tıb.* mide ekşimesinden dolayı yemek borusunda veya midede duyulan yanma hissi.
heart.en (har'tın) *f.* yüreklendirmek, cesaretlendirmek.
heart.felt (hart'felt) *s.* yürekten, candan, içten.
hearth (harth) *i.* 1. ocak, şömine. 2. yurt, aile ocağı.
heart.less (hart'lis) *s.* kalpsiz, acımasız, merhametsiz.
heart.rend.ing (hart'rending) *s.* yürek parçalayıcı, çok acıklı, yürekler acısı.
heart.strings (hart'stringz) *i., çoğ.* **pull at/tear at/tug at one's —** -i çok duygulandırmak; -in yüreğini cız ettirmek.
heart-to-heart (hart'tıhart') *s.* samimi, açık.
heart.y (har'ti) *s.* 1. candan, yürekten, içten. 2. sağlam, kuvvetli, sağlıklı.
heat (hit) *i.* 1. sıcaklık, ısı. 2. hiddet, öfke. 3. tav. 4. kızışma, kösnü. 5. *spor* eleme, eleme koşusu/yarışı. **— conduction** ısı iletimi. **— rash** isilik. **— stroke** sıcak çarpması. **— wave** sıcak dalgası. **final —** *spor* final koşusu. **trial —** *spor* tecrübe koşusu.
heat (hit) *f.* ısıtmak; ısınmak.
heat.ed (hi'tid) *s.* 1. öfkeli. 2. kızışmış, kızışık, hararetli (tartışma).
heat.er (hi'tır) *i.* ısıtıcı, soba, ocak, fırın.
heath (hith) *i.* 1. fundalık. 2. funda, süpürge çalısı, süpürgeotu.
hea.then (hi'dhın) *i.* (*çoğ.* **hea.then/—s**) 1. kâfirler, kefere, küffar. 2. kâfir. *s.* kâfir, kâfirlere özgü.
heath.er (hedh'ır) *i.* süpürgeotuna benzer bir çalı.
heat.ing (hi'ting) *s.* ısıtıcı. *i.* ısıtma. **— coil** *elek.* rezistans.
heave (hiv) *f.* (**—d/hove**) 1. büyük bir güçle atmak/fırlatmak. 2. yükseltmek, kabartmak. 3. yukarı kaldırmak. 4. yükseltmek, kabartmak. 5. (deniz) kabarmak. 6. (göğüs) şişirmek; (göğüs) inip kalkmak. 7. (inilti) güçlükle çıkarmak. 8. kusmak. 9. *den.* ırgatı çevirmek, vira etmek. **—**

a sigh içini çekmek, ah çekmek. **H— ho!** *den.* Yisa!/Vira salpa! **— to** 1. rüzgârı başa alıp gemiyi durdurmak. 2. faça edip durmak.
heave (hiv) *i.* 1. kaldırma. 2. fırlatma.
heav.en (hev´ın) *i.* cennet. **For —'s sake!** Allah aşkına! **Good H—s!** Aman yarabbi!/Allah Allah! **in seventh —** çok mutlu. **move — and earth** mümkün olan her şeyi yapmak. **smell to high —** pis kokmak. **Where in — have you been?** Neredeydin Allah aşkına!
heav.en.ly (hev´ınli) *s.* 1. cennet gibi, çok güzel. 2. göksel, gökle ilgili, göğe ilişkin. 3. ilahi, Tanrısal.
heav.i.ly (hev´ili) *z.* 1. ağır bir şekilde. 2. şiddetle.
heav.i.ness (hev´ınıs) *i.* 1. ağırlık. 2. şiddet, yeğinlik.
heav.y (hev´i) *s.* 1. ağır. 2. şiddetli, kuvvetli (yağmur/rüzgâr/fırtına). 3. kalın (kar tabakası). 4. çok miktarda (oy kullanımı). 5. (borsada) çok miktarda (alım satım). 6. kabarmış (deniz). 7. aşırı. 8. kalın (elbise). 9. ciddi, önemli. 10. güç, zor (iş). 11. bulutlu, kapalı (gök). 12. sıkıcı, ezici, usandırıcı. 13. sıkıntılı, üzücü. 14. kederli. 15. zarafetsiz, incelikten yoksun, kaba. 16. ağır, hazmı güç (yemek). 17. ağır, boğucu (koku). 18. derin (sessizlik). 19. uyku basmış, ağırlaşmış (göz). 20. *fiz.* ağır (izotop). 21. yoğun (trafik). **— guns** ağır silahlar. **— industry** ağır sanayi. **— metals** ağır metaller. **— water** *kim.* ağır su.
heav.y-du.ty (hev´idu´ti) *s.* dayanıklı, ağır iş için elverişli.
heav.y-hand.ed (hev´ihän´did) *s.* eli ağır, beceriksiz, sakar.
heav.y-heart.ed (hev´ihar´tid) *s.* üzgün, kederli.
heav.y.weight (hev´iweyt) *i., s.* ağırsıklet.
He.brew (hi´bru) *i., s.* 1. İbrani. 2. İbranice.
heck (hek) *ünlem, argo* Kahrolası. **What the —!** Kahrolsun!
heck.le (hek´ıl) *f.* (konuşmacının) sözünü kesmek, soru yağmuruna tutmak, sıkıştırmak.
hec.tare (hek´ter) *i.* hektar.
hec.tic (hek´tik) *s.* heyecanlı, telaşlı.
he'd (hid) *kıs.* 1. **he had.** 2. **he would.**
hedge (hec) *i.* sık ağaçlardan/çalılardan oluşan çit; çalı çit. *f.* 1. etrafına çalı dikmek, çalı ile çevirmek. 2. kuşatmak, sarmak, çevirmek. 3. kaçamak cevap vermek.
hedge.hog (hec´hôg) *i., zool.* kirpi.
hedge.row (hec´ro) *i.* ekilmiş çalılardan/ağaçlardan oluşan çit.
heed (hid) *f.* dikkat etmek, dinlemek, önemsemek. *i.* dikkat, önemseme. **take — of/pay — to/give — to** -e dikkat etmek, -e kulak asmak.
heed.less (hid´lis) *s.* 1. dikkatsiz. 2. pervasız.
hee.haw (hi´hô) *i.* eşek anırması, anırma.
heel (hil) *i.* 1. topuk, ökçe. 2. *argo* alçak herif.

down at the — perişan kılıklı, hırpani, pejmürde. **drag one's —s** istemeyerek gitmek veya kabul etmek, ayakları geri geri gitmek. **head over —s** *bak.* **head. kick up one's —s** eğlenmek, hoşça vakit geçirmek. **take to one's —s** koşarak kaçmak, tabanları yağlamak.
heel (hil) *f.* ökçe takmak.
heft.y (hef´ti) *s., k. dili* 1. oldukça ağır. 2. kuvvetli. 3. iriyarı. 4. bol.
heif.er (hef´ır) *i.* düve, doğurmamış genç inek.
height (hayt) *i.* 1. yükseklik. 2. boy. 3. yükselti. 4. doruk, en yüksek nokta.
height.en (hayt´ın) *f.* 1. yükseltmek; yükselmek. 2. artırmak; artmak. 3. çoğaltmak; çoğalmak.
hei.nous (hey´nıs) *s.* tiksindirici, iğrenç, kötü, çirkin.
heir (er) *i.* vâris, mirasçı, kalıtçı.
heir.ess (er´ıs) *i.* kadın mirasçı.
heir.loom (er´lum) *i.* kuşaktan kuşağa geçen değerli şey.
held (held) *f., bak.* **hold.**
hel.i.cop.ter (hel´ıkaptır, hi´lıkaptır) *i.* helikopter.
he.li.o.trope (hi´liyıtrop) *i., bot.* bambulotu.
he.li.um (hi´liyım) *i.* helyum.
hell (hel) *i.* cehennem. *ünlem* Kahrolsun! **a — of a lot** *argo* çok fazla. **be — on** -i hor kullanmak, -i hoyratça kullanmak. **catch/get —** *k. dili* fena halde haşlanmak, adamakıllı bir zılgıt yemek. **come — or high water** ne olursa olsun, bütün zorluklara rağmen. **give someone —** *k. dili* birini fena halde haşlamak, birine adamakıllı bir zılgıt vermek. **like —** *k. dili* 1. deli gibi: **He was running like hell.** Deli gibi koşuyordu. 2. hiç; aksine. **raise —** karışıklık çıkarmak, kıyamet koparmak. **There'll be — to pay.** Kıyamet kopacak./Çekeceğimiz var. **To — with it.** Boş ver. **What the —!** 1. Boş ver!/Olsun! 2. Allah Allah! **What the — are you doing?** Ne halt ediyorsun yahu?
he'll (hil) *kıs.* **he will/shall.**
hell-bent (hel´bent) *z., k. dili* kelle götürür gibi, tam gazla, son sürat (gitmek). **be — on/to** (bir şeyi) ille/ne olursa olsun yapmak: **She's hell-bent on going.** İlle gidecek o.
hel.le.bore (hel´ıbor) *i., bot.* çöpleme.
hell.ish (hel´iş) *s.* kötü, berbat, korkunç.
hel.lo (hılo´) *ünlem* 1. Merhaba. 2. Alo.
helm (helm) *i., den.* dümen yekesi; dümen. **take the —** 1. dümen başına geçmek. 2. yönetimi üstlenmek.
hel.met (hel´mit) *i.* 1. miğfer, tolga. 2. kask.
helms.man (helmz´mın), *çoğ.* **helms.men** (helmz´min) *i.* dümenci.
help (help) *f.* 1. yardım etmek; katkıda bulunmak: **I don't see how I can help you.** Sana

nasıl yardım edeyim bilemiyorum. 2. faydası olmak, fayda etmek; rahatlatmak; (acıyı) dindirmek; (gergin/zor bir durumu) yumuşatmak: **I can lend you some money, if that'll help.** Faydası olursa sana biraz borç verebilirim. **Complaining won't help.** Şikâyet etmek fayda etmez. **A little lemon juice'll help.** Biraz limon sıksan iyi olur. *i.* 1. yardım; katkı. 2. *(çoğ.* **help)** yardımcı; hizmetçi; hizmetkâr. 3. *(çoğ.* **help)** ırgat, rençper. **H—!** *ünlem* İmdat! **— oneself to** (kendi kendine servis yaparak) (yiyeceklerden) almak: **He helped himself to a piece of the cake.** Kekten bir dilim aldı. **— out** yardımda bulunmak. **— someone out** birine yardım etmek: **Can you help her out with her French?** Fransızcasına yardım edebilir misin? **H— wanted.** Eleman aranıyor. **God — us!** Allah yardımcımız olsun! **I couldn't — smiling.** Kendimi gülümsemekten alamadım. **She can't — shouting at people; it's just the way she is.** Onun insanlara bağırması elinde değil, huyu öyle. **so — me** vallahi, yemin ediyorum: **She was also wearing, so help me, a mink coat.** Bir de, vallahi, vizon bir palto giymişti. **So — me God.** Allah şahidim olsun. **There's no — for it.** Onun çaresi yok. **We couldn't — the plane being late!** Uçağın gecikmesi bizim kabahatimiz değildi! **Zihni can't — but win.** *k. dili* Zihni'nin kazanması kesin.
help.er (hel'pır) *i.* yardımcı; muavin; çırak.
help.ful (help'fıl) *s.* 1. faydalı, yararlı; kullanışlı. 2. yardımsever, yardımcı: **You're not being helpful.** Yardımcı olmuyorsun.
help.ing (hel'ping) *i.* 1. yardım etme; katkıda bulunma. 2. ahçı. porsiyon. **give/lend someone a — hand** birine yardım elini uzatmak.
help.less (help'lis) *s.* âciz; savunmasız.
help.less.ness (help'lisnis) *i.* aciz, âcizlik; savunmasızlık.
hel.ter-skel.ter (hel'tır.skel'tır) *z.* alelacele, telaşla, apar topar. *s.* 1. karmakarışık. 2. gelişigüzel.
hem (hem) *i.* elbise kenarı, baskı. *f.* **(—med, —ming)** kıvırıp kenarını bastırmak. **— in/about** kuşatmak, içine almak, çevirmek.
hem.i.sphere (hem'îsfîr) *i.* yarıküre.
hem.line (hem'layn) *i., terz.* elbise veya paltonun etek kenarı, etek boyu, etek.
hem.lock (hem'lak) *i.* baldıran, ağıotu.
he.mo.glo.bin (hi'mıglohbin) *i.* hemoglobin.
he.mo.phil.i.a (himıfîl'îyı) *i., tıb.* hemofili.
he.mo.phil.i.ac (himıfîl'îyäk) *i., s.* hemofil.
hem.or.rhage (hem'ırîc) *i., tıb.* kanama.
hem.or.rhoid (hem'ıroyd) *i., tıb.* basur, emoroit.
hemp (hemp) *i.* kenevir, kendir.
hem.stitch (hem'stiç) *i.* ajur, antika, sıçandişi.

hen (hen) *i.* 1. tavuk. 2. dişi kuş.
hence (hens) *z.* 1. bu nedenle, bundan dolayı, dolayısıyla. 2. (belirli bir zaman) sonra. 3. buradan. **a month —** bundan bir ay sonra.
hence.forth (hens'fôrth) *z.* bundan böyle, bundan sonra.
hence.for.ward (hens.fôr'wırd) *z., bak.* **henceforth.**
hen.coop (hen'kup) *i.* kümes.
hen.peck (hen'pek) *f.* başının etini yemek, vır vır etmek, dır dır etmek.
hen.pecked (hen'pekt) *s.* kılıbık.
hep.a.ti.tis (hepıtay'tîs) *i., tıb.* hepatit, karaciğer iltihabı.
her (hır) *zam., dişil* onu; ona; ondan; onun: **He loves her.** Onu seviyor. **He looked at her.** Ona baktı. **They hated her.** Ondan nefret ettiler. **It pleased her.** Onun hoşuna gitti. *s.* onun; kendi: **It's her book.** Onun kitabı. **She gazed at her portrait.** Kendi portresini seyretti.
her.ald (her'ıld) *i.* 1. haberci, müjdeci. 2. protokol görevlisi, teşrifatçı. *f.* haber vermek, ilan etmek.
herb (ırb, hırb) *i.* 1. ot. 2. yemeklere tat vermek için kullanılan bitki. 3. şifalı bitki.
herb.al (ır'bıl, hır'bıl) *s.* otlara ait; otlardan yapılan, bitkisel.
her.bi.cide (hır'bısayd) *i.* herbisit, yabancı ot öldürücü.
her.bi.vore (hır'bıvôr) *i.* otçul hayvan.
her.biv.or.ous (hırbîv'ırıs) *s.* otçul.
Her.cu.les (hır'kyılîz) *i.* Herkül. **—' allheal** *bot.* çavşırotu, çavşır.
herd (hırd) *i.* 1. hayvan sürüsü, sürü. 2. avam, ayaktakımı. *f.* 1. gütmek. 2. sürü halinde gitmek. **— instinct** sürü içgüdüsü.
herds.man (hırdz'mın), *çoğ.* **herds.men** (hırdz'mîn) *i.* çoban.
here (hîr) *z.* burada; buraya; burası. **— and there** orada burada, şurada burada. **H— goes!** İşte başlıyorum. **H— you are.** 1. Buyur, al. 2a. Ha, geldin mi? 3. İşte! **Look —.** Buraya bak./Baksana. **That's neither — nor there.** Bunun konu ile ilgisi yok.
here.a.bouts (hîr'ıbauts) *z.* buralarda.
here.af.ter (hîräf'tır) *z.* ileride, bundan sonra. **the —** öbür dünya, ahret.
here.by (hîrbay') *z.* bu vesile ile.
he.red.i.tar.y (hıred'ıteri) *s.* 1. miras yoluyla geçen. 2. kalıtsal, kalıtımsal, irsi.
he.red.i.ty (hıred'ıti) *i.* kalıtım, soyaçekim, irsiyet.
here.in (hîrîn') *z.* bunda, bunun içinde.
her.e.sy (her'ısi) *i.* 1. dince kabul olunmuş inançlara aykırı düşünce, dalalet. 2. hâkim olan felsefi/siyasi doktrinlere karşı gelen düşünce.
her.e.tic (her'ıtîk) *i.* kabul olunmuş doktrinlere

karşı olan kimse.
he.ret.i.cal (hıret´ıkıl) s. kabul olunmuş doktrinlere karşı olan.
here.to.fore (hir´tıfor) z. şimdiye kadar, bundan önce.
here.up.on (hirıpan´) z. bunun üzerine.
here.with (hirwith´) z. 1. bununla. 2. ilişikte.
her.i.tage (her´ıtic) i. miras, kalıt.
her.mit (hır´mit) i. münzevi, topluluktan kaçan, yalnız başına yaşayan kimse.
her.ni.a (hır´niyı) i. fıtık, kavlıç.
he.ro (hir´o, hi´ro) i. (çoğ. —es) 1. kahraman, yiğit. 2. edeb. kahraman, baş karakter.
he.ro.ic (hiro´wik), **he.ro.i.cal** (hiro´wikıl) s. 1. kahraman, kahramanca, cesur. 2. güz. san. muazzam, gerçek boyutlarından çok büyük (heykel/resim). 3. edeb. kahramanlarla ilgili, destansı, epik.
her.o.in (her´owin) i. eroin.
her.o.ine (her´owin) i. kadın kahraman.
her.o.ism (her´owizım) i. kahramanlık.
her.on (her´ın) i. balıkçıl.
her.ring (her´ing) i., zool. ringa.
hers (hırz) zam., dişil onunki; onun: **Take hers.** Onunkini al. **That's hers.** O onun. **That damn goat of hers is eating my roses.** Onun o kör olası keçisi güllerimi yiyor.
her.self (hırself´) zam., dişil kendisi, kendi; bizzat. **by —** kendi başına, kendi kendine. **Did she hurt —?** Bir yerini mi incitti? **She is — again.** Kendine geldi. **She said it —.** Bizzat kendisi söyledi.
hertz (hırts) i. (çoğ. **hertz/—es**) fiz. hertz.
he's (hiz) kıs. 1. **he is.** 2. **he has.**
hes.i.tant (hez´ıtınt) s. tereddütlü, ikircikli, ikircimli, kararsız, duruksun.
hes.i.tant.ly (hez´ıtıntli) z. tereddütle, duraksayarak.
hes.i.tate (hez´ıteyt) f. tereddüt etmek, duraksamak; çekinmek.
hes.i.ta.tion (hezıtey´şın) i. tereddüt, duraksama, ikircik, ikircim.
het.er.o.ge.ne.ous (hetırıci´niyıs) s. heterojen.
het.er.o.phyte (het´ırıfayt) i. tamasalak.
het.er.o.sex.u.al (hetırısek´şuwıl) s. karşı cinse ilgi duyan, heteroseksüel.
hew (hyu) f. (**—ed, hewn**) 1. balta ile kesmek. 2. yontmak. 3. kesmek, yarmak. **— down** (ağacı) kesip devirmek. **— out** 1. yontarak şekil vermek. 2. zahmetle meydana getirmek.
hewn (hyun) f., bak. **hew.**
hex.a.gon (hek´sıgan) i., geom. altıgen.
hey (hey) ünlem 1. Hey!/Baksana! 2. Haydi! 3. A!
hey.day (hey´dey) i. altın çağ, en parlak dönem.
H.H. kıs. 1. **His/Her Highness.** 2. **His Holiness.**
hi (hay) ünlem 1. Merhaba! 2. İng. Hey!

hi.a.tus (hayey´tıs) i. (çoğ. **—es/hi.a.tus**) aralık, açıklık, ara, fasıla, boş yer.
hi.ber.nate (hay´bırneyt) f. kış uykusuna yatmak.
hi.ber.na.tion (haybırney´şın) i. kış uykusu.
hi.bis.cus (haybis´kıs, hibis´kıs) i. çingülü.
hic.cup, hic.cough (hik´ıp) i. hıçkırık. f. hıçkırmak. **the hiccups** hıçkırık tutma.
hick (hik) i., k. dili taşralı, hödük, hanzo, kıro.
hick.o.ry (hik´ıri, hik´ri) i., bot. karya.
hid (hid) f., bak. **hide.**
hid.den (hid´ın) f., bak. **hide.** s. gizli, kapalı.
hide (hayd) i. hayvan derisi, deri; post. **I haven't seen — or hair of him.** İzi tozu yok. **tan someone's —** birine dayak atmak, birini pataklamak.
hide (hayd) f. (**hid, hid.den**) saklamak, gizlemek; saklanmak, gizlenmek. **— out** (polisten) saklanmak.
hide-and-seek (hayd´ınsik´) i. saklambaç.
hide.a.way (hayd´ıwey) i. (polisten) saklanacak yer, yatak.
hide.bound (hayd´baund) s. dar görüşlü, eski kafalı.
hid.e.ous (hid´iyıs) s. çok çirkin, iğrenç, korkunç.
hide-out (hayd´aut) i., bak. **hideaway.**
hid.ing (hay´ding) i. **be in —** saklanmak, gizlenmek. **go into —** saklanmak, gizlenmek.
hid.ing (hay´ding) i., k. dili dayak. **get a —** dayak yemek. **give someone a —** birine dayak atmak.
hid.ing-place (hay´ding.pleys) i. 1. saklanacak yer, gizlenecek yer. 2. zula.
hi.er.ar.chi.cal (hayırar´kikıl) s. hiyerarşik.
hi.er.ar.chy (hay´ırarki) i. hiyerarşi.
hi.er.o.glyph (hay´ırıglif) i. hiyeroglif.
hi-fi (hay´fay) i., s., bak. **high fidelity.**
high (hay) s. 1. yüksek. 2. kibirli, kendini beğenmiş. 3. yüce. 4. müz. tiz, yüksek perdeden. 5. lüks (yaşantı). 6. kokmuş (et). 7. coğr. kutuplara yakın. 8. coşkun, taşkın (neşe). 9. yüksek, fahiş (fiyat). 10. şiddetli, sert (rüzgâr). 11. kabarık, azgın (deniz). 12. argo uyuşturucu etkisi altında. **— and low** 1. her yerde. 2. zengin fakir, herkes. **— density** bilg. yüksek yoğunluk. **— fidelity** 1. sesi çok doğal bir şekilde verme. 2. sesi çok doğal bir şekilde veren (radyo/pikap/hoparlör). **— frequency** yüksek frekans. **— gear** oto. en hızlı vites. **— jump** yüksek atlama. **— living** lüks hayat. **— point** en önemli/heyecanlı nokta. **— relief** güz. san. yüksek kabartma. **— school** lise. **— seas** enginler, açık deniz. **— tide** kabarma, kabarık deniz. **It's — time.** Tam vakti./Zamanı geldi de geçti bile. **with a — hand** amirlik taslayarak.
high.brow (hay´brau) s., i. entelektüel.

high.chair (hay´çer) *i.* yüksek mama iskemlesi.
high-class (hay´kläs´) *s., k. dili* kaliteli, birinci sınıf.
high-den.si.ty (hay´densıti) *s., bilg.* yüksek yoğunluklu.
high.er (hay´ır) *s.* daha yüksek. **— education** yükseköğrenim.
high-grade (hay´greyd´) *s.* kaliteli, üstün nitelikli, ekstra.
high.lands (hay´lındz) *i., çoğ.* dağlık yer.
high.light (hay´layt) *i.* 1. (resimde) ışıklı bölüm. 2. *foto.* parlak nokta. 3. ilgi çekici olay; en önemli bölüm. *f.* 1. -i vurgulamak, -in altını çizmek, -e dikkati çekmek. 2. *bilg.* aydınlatmak.
high.ly (hay´li) *z.* 1. çok, pek çok, son derece. 2. çok iyi; çok olumlu bir şekilde.
high-mind.ed (hay´maynˇdid) *s.* yüce gönüllü.
high.ness (hay´nîs) *i.* yücelik. **His/Your H—** Ekselansları.
high-pitched (hay´piçt´) *s.* çok tiz.
high-pres.sure (hay´preş´ır) *i.* yüksek basınç. *s.* 1. zorla yapılan (satış). 2. zorlayıcı.
high-rise (hay´rayz´) *s., i.* yüksek (bina/apartman).
high.road (hay´rod) *i.* anayol.
high-speed (hay´spid´) *s.* büyük hızla giden. **— train** hızlı tren.
high-strung (hay´strʌng´) *s.* sinirli, sinirleri gergin.
high.tech (hay´tek´) *s., k. dili* ileri teknolojinin ürünleriyle donatılmış/yapılmış.
high-wa.ter (hay´wôˇtır) *i.* 1. azami kabarma. 2. taşkın. **— mark** 1. suyun azami kabarma noktası. 2. doruk, en üstün başarı düzeyi.
high.way (hay´wey) *i.* anayol.
high.way.man (hay´weymın), *çoğ.* **high.way.men** (hay´weymin) *i.* eşkıya, haydut.
hi.jack (hay´cäk) *f.* 1. (uçak/gemi) kaçırmak. 2. (kamyon, tren v.b.'ni) soymak.
hi.jack.er (hay´cäkır) *i.* 1. uçak korsanı. 2. (kamyon, tren v.b.'ni durdurarak soyan) soyguncu.
hike (hayk) *f.* 1. uzun yürüyüş yapmak. 2. (eteğini) toplamak. 3. (fiyatı) yükseltmek, artırmak. *i.* 1. uzun ve çetin yürüyüş. 2. yükselme, artış.
hik.er (hay´kır) *i.* uzun yürüyüş yapan kimse.
hi.lar.i.ous (hiler´iyıs) *s.* gürültülü ve neşeli.
hi.lar.i.ty (hiler´ıti) *i.* neşe, kahkaha.
hill (hil) *i.* 1. tepe. 2. bayır, yokuş.
hill.bil.ly (hil´bili) *i., k. dili* ücra bir dağlık bölgede yaşayan kimse, dağlı. *s.* ücra dağlık bölgede yaşayanlara özgü.
hill.side (hil´sayd) *i.* yamaç.
hill.top (hil´tap) *i.* doruk.
hill.y hil´i) *s.* tepelik.

hilt (hilt) *i.* kabza, kılıç kabzası.
him (him) *zam., eril* onu; ona.
him.self (himself´) *zam., eril* kendisi, kendi; bizzat. **He is not —.** Kendinde değil.
hind (haynd) *i.* dişi geyik.
hind (haynd) *s.* (**—er, —most/—er.most**) arkadaki, geride olan, art. **— legs** arka ayaklar.
hin.der (hinˇdır) *f.* engellemek.
hind.er.most (hayndˇdırmost) *s., bak.* **hindmost.**
Hin.di (hinˇdi) *i., s.* Hintçe.
hind.most (hayndˇmost) *s.* en arkadaki, en gerideki, en sondaki.
hin.drance (hinˇdrıns) *i.* 1. engelleme. 2. engel.
hind.sight (hayndˇsayt) *i.* geriye bakıp geçmiş olayı/olayları anlama: **You have the advantage of hindsight.** Sen geriye bakıp işin gerçekte ne olduğunu anlama avantajına sahipsin.
Hin.du (hinˇdu) *i.* Hindu, dini Hinduizm olan kimse. *s.* Hindu; Hinduizme özgü; dini Hinduizm olan.
Hin.du.ism (hinˇduwizım) *i.* Hinduizm.
hinge (hinc) *i.* 1. menteşe, reze. 2. dayanak noktası. *f.* 1. menteşe takmak. 2. **on/upon** -e bağlı olmak, -e dayanmak.
hint (hint) *i.* ima, üstü kapalı söz. *f.* ima etmek, çıtlatmak. **— at** -i hissettirmek, -i üstü kapalı söylemek, -i dokundurmak, -i ima etmek.
hin.ter.land (hinˇtırländ) *i.* hinterlant, iç bölge.
hip (hip) *i.* kalça.
hip.bone (hipˇbon) *i., anat.* kalça kemiği.
hip.pie (hipˇi) *i.* hippi.
hip.po (hipˇo) *i., k. dili* suaygırı.
hip.po.pot.a.mus (hipıpatˇımıs), *çoğ.* **—es** (hipıpatˇımısız)/**hip.po.pot.a.mi** (hipıpatˇımay) *i.* suaygırı.
hire (hayr) *f.* kira; ücret. *f.* 1. ücretle tutmak. 2. kira ile tutmak, kiralamak. **— oneself out** ücretle çalışmak. **— out** -i kiraya vermek. **for —** kiralık.
hir.sute (hırˇsut) *s.* 1. kıllı, tüylü. 2. saçlı sakallı.
his (hiz) *zam., eril* onunki; onun: **I don't want his.** Onunkini istemiyorum. **That dog's his.** O köpek onun. **Take his outside.** Onunkini dışarıya çıkar. *s.* onun; kendi: **It's his car.** Onun arabası. **He likes his handwriting.** Kendi elyazısını beğeniyor.
hiss (his) *f.* 1. tıslamak. 2. ıslıklamak, ıslık çalarak yuhalamak. *i.* 1. tıslama. 2. ıslık. **— someone off the stage** birini ıslıklayarak sahneden kovmak.
hist. *kıs.* historian, historical, history.
his.toid (hisˇtoyd) *s.* dokusal.
his.tol.o.gy (histalˇıci) *i.* dokubilim, histoloji.
his.to.ri.an (hîstôrˇiyın) *i.* tarihçi.
his.tor.ic (histôrˇik) *s.* 1. tarihsel, tarihi. 2. önemli. **— moment** dönüm noktası, tarihi an.

---

th	dh	w	hw	b	c	ç	d	f	g	h	j	k	l	m	n	p	r	s	ş	t	v	y	z
thin	the	we	why	be	joy	chat	ad	if	go	he	regime	key	lid	me	no	up	or	us	she	it	via	say	is

his.tor.i.cal (histôr´ıkıl) *s.* tarihsel, tarihi, tarihle ilgili. — **novel** tarihi roman.
his.tor.i.cal.ly (histôr´ıkli) *z.* tarihe göre.
his.to.ry (his´tıri) *i.* tarih.
hit (hit) *f.* (**hit, —ting**) 1. vurmak, çarpmak. 2. isabet ettirmek; isabet etmek. *i.* 1. vuruş, vurma, darbe. 2. isabet. 3. başarı. 4. yerinde söz. — **below the belt** haksızlık etmek, kalleşlik etmek. — **it off** anlaşmak, uyuşmak. — **man** *k. dili* kiralık katil. — **one's stride** *k. dili* en yüksek hıza/dereceye ulaşmak. — **the books** *k. dili* ineklemek. — **the bottle** argo şişeyi devirmek. — **the ceiling** argo tepesi atmak. — **the deck** argo 1. yataktan kalkmak. 2. iki/bir seksen uzanmak. — **the jackpot** umulmadık bir anda başarı kazanmak, turnayı gözünden vurmak. — **the nail on the head** 1. taşı gediğine koymak. 2. tam bilmek. 3. tam isabet kaydetmek. — **the sack** argo yatmak. — **upon** rasgele bulmak. **make a** — 1. üstün başarı sağlamak. 2. çok beğenilmek.
hit-and-run (hit´ınrʌn) *s.* — **accident** kaza yapan sürücünün kaza yerinden kaçtığı trafik kazası. — **driver** kaza yapıp kaçan sürücü.
hitch (hiç) *f.* 1. ip ile bağlamak; bağlamak, iliştirmek, takmak. 2. topallamak. 3. çekelemek. *i.* 1. engel. 2. aksama. 3. bağlantı parçası. 4. volta, bağ, adi düğüm. — **on to** -e bağlamak. — **up** 1. **to** (atı) -e koşmak. 2. yukarı çekmek. **without a** — aksamadan, pürüzsüz.
hitch.hike (hiç´hayk) *f.* otostop yapmak.
hitch.hik.er (hiç´haykır) *i.* otostopçu.
hith.er (hidh´ır) *z.* buraya. *s.* beriki, beri yandaki. — **and thither/yon** 1. oraya buraya, şuraya buraya. 2. bir ileri bir geri.
hith.er.to (hidh´ırtu) *z.* şimdiye kadar, şimdiye dek.
hive (hayv) *i.* kovan; arı kovanı.
hives (hayvz) *i., tıb.* ürtiker, kurdeşen.
H.M.S. *kıs.* His/Her Majesty's Service, His/Her Majesty's Ship.
hoard (hôrd) *i.* biriktirilmiş şey, istif. *f.* biriktirmek, stok etmek, istiflemek.
hoard.er (hôr´dır) *i.* biriktirip saklayan kimse, istifçi.
hoard.ing (hôr´ding) *i.* istifçilik.
hoard.ing (hôr´ding) *i., İng.* 1. tahta havale, tahta perde. 2. reklam panosu.
hoar.frost (hôr´frôst´) *i.* kırağı.
hoar.hound (hor´haund) *i., bak.* horehound.
hoarse (hôrs) *s.* 1. boğuk. 2. boğuk sesli.
hoarse.ly (hôrs´li) *z.* boğuk sesle.
hoarse.ness (hôrs´nis) *i.* 1. boğukluk. 2. boğuk seslilik.
hoar.y (hôr´i) *s.* kır; ak, ağarmış.
hoax (hoks) *i.* 1. şaka, latife. 2. hile, oyun. *f.* aldatmak, oyun etmek, işletmek.
hob.ble (hab´ıl) *f.* 1. topallamak, aksayarak yürümek. 2. bukağı vurmak, kösteklemek. 3. topal etmek. *i.* 1. topallama, aksama. 2. bukağı, köstek. 3. dert. 4. ayak bağı, engel.
hob.by (hab´i) *i.* hobi, düşkü, özel zevk.
hob.by.horse (hab´ihôrs) *i.* 1. (gövdesi değnek, başı at olan) oyuncak at, tahta at. 2. her zaman ileri sürülen fikir, saplantı.
hob.gob.lin (hab´gablin) *i.* 1. ifrit, gulyabani. 2. yersiz korku; saplantı.
ho.bo (ho´bo) *i. (çoğ.* —**es/**—**s**) 1. gezici rençper. 2. serseri, aylak, boş gezenin boş kalfası.
hock (hak) *i., k. dili* rehin. *f.* rehine koymak. **in** — rehinde.
hock.ey (hak´i) *i.* hokey. **field** — çim hokeyi. **ice** — buz hokeyi.
hodge.podge (hac´pac) *i.* 1. karmakarışık şey. 2. türlü yemeği.
hoe (ho) *i.* çapa. *f.* çapalamak.
hog (hôg, hag) *i.* büyük domuz. — **wild** argo çılgın. **go (the) whole** — (bir işi) tam yapmak.
hoist (hoyst) *f.* 1. yukarı kaldırmak; yukarı çekmek. 2. (bayrak) çekmek. *i.* yük asansörü.
hold (hold) *f.* (**held**) 1. tutmak: Hold my hand. Elimi tut. 2. bırakmamak, zapt etmek. 3. içine almak: How much water will this glass hold? Bu bardak ne kadar su alır? 4. alıkoymak, salıvermemek, durdurmak. 5. sahip olmak, elinde tutmak. 6. (toplantı) düzenlemek. 7. (makam) işgal etmek. 8. (mevzi) savunmak, korumak. 9. (ağırlık) taşımak, çekmek. 10. devam ettirmek. 11. inanmak; kabul etmek; düşünmek, saymak; karar vermek. 12. devam etmek. 13. (zamk) yapışmak. 14. dayanmak, sabit olmak. 15. **to** -e sadık kalmak, -den caymamak, -den vazgeçmemek: He held to his decision. Kararından caymadı. 16. değişmemek. 17. devam etmek, arkası kesilmemek, ilerlemek. 18. durmak. *i.* 1. tutma, tutuş. 2. tutunacak yer. 3. tutamak. 4. sığınacak yer, destek, dayanak noktası. 5. nüfuz, hüküm. 6. *müz.* uzatma işareti. — **a child back a year** çocuğa (okulda) sınıf tekrarlatmak. — **a crowd back** kalabalığı zapt etmek. — **a thing over someone** birini bir şey ile durmadan tehdit etmek. — **against** 1. (suçu) -e yüklemek. 2. yüzüne vurmak. — **aloof** uzak durmak, yaklaşmamak, ilişki kurmamak. — **at bay** arada mesafe bırakmak, yaklaştırmamak. — **by** *k. dili* tutmak, inanmak. — **down** 1. *k. dili* (bir işi) yürütmek. 2. baskı altında tutmak. — **forth** 1. önermek, öne sürmek. 2. nutuk söylemek, uzun uzadıya konuşmak. — **good** geçerli olmak. — **in** tutmak, zapt etmek. — **in esteem** saymak, saygı göstermek. — **off** 1.

hold

uzakta tutmak, yaklaştırmamak. 2. ertelemek. — **on** 1. devam etmek, süregelmek. 2. tutmak. 3. dayanmak, direnmek. 4. (telefonda) beklemek. **H— on!** *k. dili* Dur!/Bekle! — **on to** -i tutmak, -e tutunmak. — **one's ground** durumunu korumak. — **one's own** eski durumunu korumak. — **one's peace/tongue** dilini tutmak, konuşmamak. — **out** 1. dayanmak. 2. ileri sürmek. 3. yetmek. 4. ayak diremek. — **out on one** birinden gizlemek. — **over** ertelemek. — **someone back** birinin ilerlemesini durdurmak/engellemek. — **still** kıpırdamamak. — **together** 1. bir arada tutmak. 2. ayrılmamak. 3. (ifade) tutarlı olmak. — **up** 1. kaldırmak. 2. tutmak, yardımda bulunmak, korumak. 3. geciktirmek; engellemek. 4. arz etmek, göstermek. 5. yolunu kesip soymak. — **water** *k. dili* geçerli olmak, makul olmak. — **with** ile aynı fikirde olmak. **H— your horses!** *k. dili* Dur!/Bekle!

hold (hold) *i.* 1. gemi ambarı. 2. geminin iç tarafı.

hold.er (hol´dır) *i.* 1. kulp, tutamak, tutamaç. 2. tutacak. 3. *huk.* hamil, sahip. 4. kiracı.

hold.ing (hol´ding) *i.* 1. tutma. 2. kira ile tutulmuş arazi. 3. *gen. çoğ.* mal, mülk ve tahvil gibi eldeki değerler, edinç. — **company** holding.

hold.o.ver (hold´ovır) *i., k. dili* süresi uzatılmış şey/kimse.

hold.up (hold´ʌp) *i.* 1. durdurma. 2. gecikme. 3. engel. 4. yolunu kesip soyma.

hole (hol) *i.* 1. delik. 2. boşluk. 3. çukur. *f.* delik açmak, delmek. — **up** saklanmak. **in the** — *k. dili* borçlu; para kaybetmiş durumda. **pick —s in** -de kusur bulmak. **square peg in a round** — mevkiine uygun olmayan kimse.

hol.i.day (hal´ıdey) *i.* 1. tatil günü; tatil. 2. bayram günü; yortu günü. **legal** — resmi tatil günü.

hol.i.day.mak.er (hal´ıdeymeykır) *i., İng.* tatile çıkmış kimse.

ho.li.ness (ho´linis) *i.* kutsallık, kutsiyet. **His All H—** *Hırist.* Patrik Cenapları. **His H—** *Hırist.* Papa Cenapları.

Hol.land (hal´ınd) *i.* Hollanda.

hol.ler (hal´ır) *f., k. dili* bağırmak, haykırmak. *i.* bağırış, haykırış.

hol.low (hal´o) *s.* 1. içi boş, oyuk. 2. çukur, derin, çökük. 3. yankı yapan, boşluktan gelen (ses). 4. yalan, sahte. *i.* oyuk, çukur. *f.* **out** oymak. — **victory** bir şeye yaramayan zafer, boş başarı.

hol.ly (hal´i) *i., bot.* çobanpüskülü.

hol.ly.hock (hal´ihak) *i., bot.* gülhatmi.

hol.o.caust (hal´ıkôst) *i.* 1. yakarak yok etme. 2. katliam. **the H—** Nazilerin yaptığı Musevi katliamı.

hol.ster (hol´stır) *i.* tabanca kılıfı.

ho.ly (ho´li) *s.* kutsal, mukaddes. **H— Scripture** Kitabı Mukaddes. **H— Week** paskalyadan önceki hafta. **the H— Father** Papa. **the H— Ghost/Spirit** Kutsal Ruh, Ruhülkudüs. **the H— Land** Kutsal Toprak, Filistin.

hom.age (ham´ic, am´ic) *i.* (hükümdara v.b.'ne gösterilen) saygı, hürmet.

home (hom) *i.* 1. ev, aile ocağı, yuva. 2. vatan, yurt, memleket. *s.* 1. ev ile ilgili, eve özgü. 2. *İng.* içişlerine ait. — **base** merkez, üs. **H— Office** *İng.* İçişleri Bakanlığı. — **office** idare merkezi. **H— Secretary** *İng.* İçişleri Bakanı. **at** — evde, kendi evinde. **at** — **in** 1. (bir konuda) bilgili: **He's at home in the business world.** İş dünyasını yakından tanır. 2. (bir yerde) kendini rahat hisseden. **at** — **with** -e aşina, -i iyi bilen: **He's at home with machines of all kinds.** Her tür makineden anlar. **come** — **to** kafasına dank etmek. **feel at** — kendini rahat hissetmek, yadırgamamak. **Make yourself at** —. 1. Kendi evinizdeymiş gibi hareket edin. 2. Rahatınıza bakın. **strike** — canevinden vurmak.

home.bod.y (hom´badi) *i.* evde oturmayı tercih eden kimse.

home.land (hom´länd) *i.* anavatan, anayurt.

home.less (hom´lis) *s.* evsiz, evsiz barksız.

home.like (hom´layk) *s.* ev gibi, rahat.

home.ly (hom´li) *s.* 1. basit, sade. 2. çirkin.

home.made (hom´meyd´) *s.* evde yapılmış.

home.mak.er (hom´meykır) *i.* ev kadını.

home.room (hom´rum) *i.* (okulda) esas dershane.

home.sick (hom´sik) *s.* vatan/ev hasreti çeken.

home.sick.ness (hom´siknis) *i.* gurbet çekme, sıla hasreti.

home.spun (hom´spʌn) *s.* 1. evde dokunmuş. 2. basit, sade.

home.stead (hom´sted) *i.* 1. ev ve eklentileri. 2. çiftlik ve eklentileri.

home.ward (hom´wırd) *z.* eve doğru. — **bound** evine/vatanına dönmekte olan.

home.work (hom´wırk) *i.* ev ödevi, ödev.

hom.i.cide (ham´ısayd) *i.* adam öldürme, cinayet, katil.

ho.mo.ge.ne.i.ty (homıcıni´yıti) *i.* homojenlik, bağdaşıklık, türdeşlik.

ho.mo.ge.ne.ous (homıci´niyıs) *s.* homojen, bağdaşık, türdeş.

ho.mog.e.nise (hımac´ınayz) *f., İng., bak.* **homogenize.**

ho.mog.e.nised (hımac´ınayzd) *s., İng., bak.* **homogenized.**

ho.mog.e.nis.er (hımac´ınayzır) *i., İng., bak.*

homogenizer.
ho.mog.e.nize, *İng.* **ho.mog.e.nise** (hımac'ınayz) *f.* 1. homojenleştirmek, bağdaşık hale getirmek. 2. dövüp kıvamına getirmek.
ho.mog.e.nized (hımac'ınayzd) *s.* homojenize: **homogenized milk** homojenize süt.
ho.mog.e.niz.er (hımac'ınayzır) *i.* homojenleştirici.
ho.mol.o.gous (homal'ıgıs) *s.* homolog.
hom.o.nym (ham'ınim, ho'mınim) *i., dilb.* eşadlı.
ho.mo.sex.u.al (homısek'şuwıl) *i., s.* homoseksüel, eşcinsel.
Hon. *kıs.* **Honorable.**
hon. *kıs.* **honorably, honorary.**
Hon.du.ran (handur'ın, handyur'ın) *i.* Honduraslı. *s.* 1. Honduras, Honduras'a özgü. 2. Honduraslı.
Hon.du.ras (handur'ıs, handyur'ıs) *i.* Honduras.
hone (hon) *i.* bileğitaşı. *f.* bilemek.
hon.est (an'ıst) *s.* 1. dürüst, namuslu. 2. hilesiz.
hon.est.ly (an'ıstli) *z.* 1. sahiden, gerçekten. 2. dürüstçe, hilesizce.
hon.es.ty (an'ısti) *i.* dürüstlük, namus. **H— is the best policy.** Dürüstlük en iyi yoldur.
hon.ey (hʌn'i) *i.* 1. bal. 2. *k. dili* sevgilim; canım. **— in the comb** petek balı.
hon.ey.bee (hʌn'ibi) *i.* balarısı.
hon.ey.comb (hʌn'ikom) *i.* (ballı/balsız) petek. *f.* **be —ed with** ile dopdolu olmak.
hon.ey.moon (hʌn'imun) *i.* balayı. *f.* balayına çıkmak.
hon.ey.suck.le (hʌn'isʌkıl) *i., bot.* hanımeli.
honk (hôngk) *i.* 1. yabankazı sesi. 2. klakson sesi. *f.* 1. kaz sesi çıkarmak. 2. klakson çalmak.
hon.ky-tonk (hông'ki.tôngk) *i., k. dili* pavyon; adi bar.
hon.or, *İng.* **hon.our** (an'ır) *i.* 1. onur, şeref. 2. şöhret, nam, ün. 3. namus, iffet. *f.* 1. şereflendirmek, şeref vermek. 2. (bono/çek) kabul edip karşılığını ödemek. **— a debt** borcunu ödemek. **— roll** iftihar listesi. **code of —** ahlak kuralları. **do — to** şereflendirmek, şeref kazandırmak. **in — of** şerefine. **word of —** şeref sözü. **Your/His H—** 1. Sayın Yargıç. 2. Sayın Başkan (belediye başkanı).
hon.or.a.ble (an'ırıbıl) *s.* şerefli. **— mention** mansiyon.
hon.o.rar.i.um (anırer'iyım), *çoğ.* **hon.o.rar.i.a** (anırer'iyı)/**—s** (anırer'iyımz) *i.* ücret, serbest meslek sahibine hizmet karşılığında verilen para.
hon.or.ar.y (an'ıreri) *s.* 1. fahri, onursal. 2. ücretsiz yapılan.
hon.our (an'ır) *i., f., İng., bak.* **honor.**
hon.our.a.ble (an'ırıbıl) *s., İng., bak.* **honorable.**

hood (hûd) *i.* 1. kukuleta, başlık. 2. *oto.* motor kapağı, kaput. 3. gangster.
hood.lum (hud'lım) *i.* serseri, kabadayı.
hood.wink (hûd'wingk) *f.* aldatmak, göz boyamak.
hoof (hûf, huf), *çoğ.* **—s** (hûfs)/**hooves** (huvz) *i.* toynak. *f.* **— it** *k. dili* 1. yaya gitmek, taban tepmek. 2. dans etmek.
hoo-ha (hu'ha) *i., İng., k. dili* şamata, patırtı.
hook (hûk) *i.* 1. kanca, çengel; kopça. 2. orak. *f.* 1. çengel ile yakalamak, tutmak, çekmek, bağlamak. 2. olta ile (balık) tutmak. 3. çengel şekline sokmak. 4. takılmak, asılmak. **— and eye** erkek ve dişi kopça. **—, line and sinker** *k. dili* tamamen, olduğu gibi: **He swallowed my story hook, line and sinker.** Masalımı olduğu gibi yuttu. **— up** 1. kancayla bağlamak. 2. birleştirmek. **— up with** *argo* 1. ile ilişki kurmak. 2. ile evlenmek. **by — or by crook** ne yapıp edip. **off the —** (sıkıntıdan/sorumluluktan) kurtulmuş.
hook.ah, hook.a (hûk'ı) *i.* nargile.
hooked (hûkt) *s.* 1. çengel şeklindeki; çengelsi. 2. çengelli. **— nose** gaga burun. **be — on** *k. dili* 1. -in tiryakisi/bağımlısı olmak. 2. -e vurgun/âşık olmak.
hook.er (hûk'ır) *i., k. dili* orospu, fahişe.
hook.y (hûk'i) *i.* **play —** *k. dili* okulu asmak.
hoo.li.gan (hu'lıgın) *i., k. dili* serseri, kabadayı; holigan.
hoop (hup) *i.* çember, kasnak. *f.* çemberlemek.
hoo.poe, hoo.poo (hu'pu) *i.* ibibik, hüthüt, çavuşkuşu.
hoot (hut) *f.* 1. (baykuş) ötmek. 2. yuhalamak, yuha çekmek. *i.* 1. baykuş sesi. 2. yuhalama. 3. *İng., k. dili* güldürücü şey.
hoo.ver (hu'vır) *f., İng.* elektrikli süpürge ile temizlemek.
hooves (huvz) *i., çoğ., bak.* **hoof.**
hop (hap) *f.* **(—ped, —ping)** sıçramak, sekmek. *i.* 1. sıçrama, sekme. 2. *k. dili* uçuş, uçak seferi. **—ping mad** *k. dili* çok öfkeli.
hop (hap) *i., bot.* şerbetçiotu.
hope (hop) *i.* ümit, umut. *f.* ümit etmek, ummak. **hoping against —** ümidini kesmeyerek. **in —s of** ümidi ile.
hope.ful (hop'fıl) *s.* ümitli, ümit verici.
hope.ful.ly (hop'fıli) *z.* 1. ümitle. 2. *k. dili* inşallah.
hope.less (hop'lıs) *s.* 1. ümitsiz, umutsuz. 2. ümit vermeyen.
hop.per (hap'ır) *i.* silo, sarpın.
hop.scotch (hap'skaç) *i.* seksek oyunu.
horde (hôrd) *i.* 1. horda. 2. kalabalık.
hore.hound (hor'haund) *i., bot.* 1. karaısırgan, köpekotu. 2. köpekayası. **black —** kara-

horizon   204

ısırgan, köpekotu. **white** — köpekayası.
ho.ri.zon (hıray'zın) *i.* ufuk, çevren.
hor.i.zon.tal (hôrızan'tıl) *s.* yatay. *i.* yatay düzlem/çizgi.
hor.mone (hôr'mon) *i.* hormon.
horn (hôrn) *i.* 1. boynuz. 2. *müz.* boru. 3. klakson, korna. **— of plenty** bereket boynuzu. **—s of a dilemma** birinin seçilmesi gereken iki güç seçenek. **blow one's own —** böbürlenmek. **French —** *müz.* korno. **take the bull by the —s** bir işe cesaretle girişmek.
horn.beam (hôrn'bim) *i.* gürgen.
hor.net (hôr'nit) *i.* büyük eşekarısı. **stir up a —'s nest** yıldırımları üstüne çekmek; arının yuvasına çöp dürtmek.
horn.y (hôr'ni) *s.* 1. boynuzlu. 2. *argo* seks yapma arzusuyla yanıp tutuşan; abaza, abazan. 3. nasırlı.
hor.o.scope (hôr'ıskop) *i.* 1. zayiçe. 2. yıldız falı. **cast a —** zayiçesine bakmak.
hor.ren.dous (hıren'dıs) *s., k. dili* korkunç.
hor.ri.ble (hôr'ıbıl) *s.* 1. müthiş, dehşetli, korkunç, iğrenç. 2. *k. dili* berbat.
hor.ri.bly (hôr'ıbli) *z.* 1. fena halde, aşırı bir şekilde. 2. *k. dili* çok kötü, çok fena; çok kaba ve kırıcı bir şekilde. 3. korkunç/dehşetli bir şekilde.
hor.rid (hôr'îd) *s.* 1. korkunç, iğrenç. 2. *k. dili* kötü, çirkin, berbat.
hor.rid.ly (hôr'îdli) *z., k. dili* çok kötü, çok fena; çok kaba ve kırıcı bir şekilde.
hor.rif.ic (hôrîf'îk) *s.* korkunç.
hor.ri.fy (hôr'ıfay) *f.* korkutmak.
hor.ror (hôr'ır) *i.* dehşet, yılgı, korku.
hors d'oeu.vre (ôr'dırv´) *Fr.* ordövr, çerez, meze.
horse (hôrs) *i.* 1. at, beygir. 2. atlama beygiri, beygir. **— chestnut** atkestanesi. **— mackerel** istavrit. **a — of another color** tamamıyla farklı bir konu. **put the cart before the —** tersine iş görmek. **ride a high —** büyüklük taslamak. **straight from the —'s mouth** en yetkili ağızdan öğrenilmiş.
horse.back (hôrs'bäk) *i.* at sırtı. *z.* at sırtında, ata binerek. **on —** ata binmiş, at sırtında.
horse.bean (hôrs'bin) *i.* bakla.
horse.hair (hôrs'her) *i.* 1. at kılı. 2. at kılından dokunmuş kumaş.
horse.man (hôrs'mın), *çoğ.* **horse.men** (hôrs'min) *i.* binici; süvari.
horse.man.ship (hôrs'mınşip) *i.* binicilik.
horse.play (hôrs'pley) *i.* eşek şakası; hoyratlık.
horse.pow.er (hôrs'pawır) *i., mak.* beygirgücü.
horse.rad.ish (hôrs'rädiş) *i., bot.* bayırturpu.
horse.shoe (hôrs'şu) *i.* 1. at nalı. 2. nal şeklinde şey. 3. *çoğ.* nal ile oynanılan oyun.
horse.whip (hôrs'hwip) *i.* kamçı, kırbaç. *f.* (**—ped, —ping**) kamçılamak.

hort. *kıs.* **horticulture.**
hor.ta.tive (hôr'tıtiv), **hor.ta.to.ry** (hôr'tıtôri) *s.* 1. öğüt veren, nasihat dolu. 2. teşvik edici, gayret verici, yüreklendirici.
hor.ti.cul.ture (hôr'tıkʌlçır) *i.* bahçıvanlık, bahçecilik, çiçekçilik.
hose (hoz) *i.* (*çoğ.* **hose**) çorap.
hose (hoz) *i.* (*çoğ.* **—s**) hortum.
ho.sier (ho'jır) *i., İng.* çorapçı.
ho.sier.y (ho'jıri) *i.* 1. çoraplar. 2. çorap fabrikası. 3. mensucat. 4. mensucat fabrikası.
hos.pice (has'pîs) *i.* 1. özellikle rahipler/rahibeler tarafından idare edilen misafirhane/yurt. 2. ölümcül hastaların ölene kadar bakıldığı bakımevi.
hos.pi.ta.ble (has'pîtıbıl, haspît'ıbıl) *s.* konuksever, misafirperver.
hos.pi.tal (has'pîtıl) *i.* hastane.
hos.pi.tal.ise (has'pîtılayz) *f., İng., bak.* **hospitalize.**
hos.pi.tal.i.ty (haspıtäl'ıti) *i.* konukseverlik, misafirperverlik.
hos.pi.tal.ize, *İng.* **hos.pi.tal.ise** (has'pîtılayz) *f.* hastaneye yatırmak.
Host (host) *i., Hırist.* (ekmek ve şarap ayinindeki) ekmek.
host (host) *i.* 1. ev sahibi. 2. otelci, hancı. *f.* ev sahipliği yapmak, ağırlamak, konuk etmek.
host (host) *i.* kalabalık, çokluk. **a —** bir sürü.
hos.tage (has'tîc) *i.* rehine, tutak. **take (someone) — -i** rehin almak.
hos.tel (has'tıl) *i.* 1. genç turistler için ucuz otel. 2. *İng.* öğrenci yurdu.
host.ess (hos'tîs) *i.* 1. ev sahibesi. 2. garson kadın. 3. konsomatris. 4. hostes.
hos.tile (has'tıl, has'tayl) *s.* düşman, düşmanca, saldırgan.
hos.til.i.ty (hastîl'ıti) *i.* 1. düşmanlık. 2. *çoğ.* savaş, çarpışmalar.
hot (hat) *s.* (**—ter, —test**) 1. sıcak, kızgın. 2. acı (biber v.b.). 3. şiddetli, sert. 4. yüksek gerilimli akım taşıyan (tel). 5. yeni, taze (haber v.b.). 6. radyoaktif. 7. kızışmış, şehvetli. 8. *argo* çalıntı/kaçak (mal). **— air** *argo* boş laf, martaval, atmasyon. **— dog** 1. bir çeşit sosis. 2. bu sosisle yapılan sandviç, sosisli sandviç. **— line** 1. direkt telefon hattı (özellikle devlet başkanları arasında). 2. her zaman cevap veren imdat telefonu. **— plate** elektrikli ocak; elektrik ocağı. **— spring** kaplıca. **hot-water bottle** sıcak su torbası, buyot. **get —** 1. ısınmak. 2. kızmak, öfkelenmek. **get (someone) into — water** (birinin) başını belaya sokmak. **sell like — cakes** kapışılmak.
hot.bed (hat'bed) *i.* 1. camekânda bulunan gübreli toprak. 2. (fesat/kötülük/huzursuz-

luk) kaynağı/yuvası.
hot-blood.ed (hat'blʌd'id) s. 1. çabuk parlayan (kimse). 2. (cinsel açıdan) ateşli.
hotch.pot (haç'pat) i., bak. **hodgepodge.**
hotch.potch (haç'paç) i., bak. **hodgepodge.**
ho.tel (hotel´) i. otel.
hot.head (hat'hed) i. öfkeli kimse, çabuk kızan kimse.
hot.house (hat'haus) i. limonluk, sera, ser.
hound (haund) i. 1. tazı, av köpeği. 2. it, alçak herif. f. 1. tazı ile ava gitmek. 2. peşini bırakmamak, izlemek.
hour (aur) i. 1. saat. 2. vakit, zaman. — **hand** (saatte) akrep. **at the eleventh —** son anda, son dakikada. **long —s** uzun çalışma saatleri. **office —s** çalışma saatleri. **on the —** saat başında. **the small —s** gece yarısından sonraki ilk saatler.
hour.glass (aur'gläs) i. kum saati.
hour.ly (aur'li) z. saatte bir, saat başı.
house (haus) i. 1. ev. 2. ev halkı, aile. 3. tiyatro. 4. hükümet meclisi. 5. gen. b.h. hanedan. 6. ticarethane. — **dog** ev köpeği. — **of cards** dayanıksız iş; derme çatma şey. **be on the — ...** işyerinin ikramı olmak, ... şirketten olmak: **Your meal tonight is on the house.** Bu geceki yemeğiniz lokantamızın ikramı. **be under — arrest** göz hapsi altında olmak. **bring down the —** 1. çok alkışlanmak, çok alkış toplamak. 2. seyircileri kırıp geçirmek/çok güldürmek. **like a — afire** 1. son süratle, son sürat. 2. gül gibi (geçinmek), ballı börekli (olmak). **put/set one's — in order** kendi işlerini/hayatını düzene koymak. **the H—** ABD Temsilciler Meclisi. **the H— of Commons** İng. Avam Kamarası. **the H— of Lords** İng. Lordlar Kamarası. **the H— of Representatives** ABD Temsilciler Meclisi. **We've got a full — tonight.** Bu gece tiyatromuzda boş yer yok.
house (hauz) f. 1. bir eve koymak, kendi evine almak. 2. barındırmak; yerleştirmek: **The government housed the refugees in tents.** Hükümet sığınmacıları çadırlara yerleştirdi.
house.bound (haus'baund) s. (hastalık v.b. nedeniyle) evde hapis olan.
house.break.er (haus'breykır) i. ev hırsızı.
house.coat (haus'kot) i. sabahlık (giysi).
house.dress (haus'dres) i. ev kıyafeti.
house.guest (haus'gest) i. gece yatısına gelen misafir.
house.hold (haus'hold) i. ev halkı, aile. s. ev, eve ait. — **word** her gün kullanılan kelime.
house.hold.er (haus'holdır) i. aile reisi, ev sahibi.
house.keep.er (haus'kipır) i. kâhya kadın.
house.keep.ing (haus'kiping) i. ev idaresi.
house.man (haus'mın), çoğ. **house.men**

(haus'min) i. 1. (evde temizlik v.b. işleri yapan erkek) hizmetkâr. 2. İng. stajyer doktor.
house.top (haus'tap) i. dam.
house.warm.ing (haus'wôrming) i. yeni eve taşınanlar tarafından dostlarına verilen ziyafet.
house.wife i. 1. (haus'wayf), çoğ. **house.wives** (haus'wayvz) ev hanımı. 2. (hʌz'îf), çoğ. **house.wives** (hʌz'îfs) İng. dikiş kutusu.
house.work (haus'wırk) i. ev işi.
hous.ing (hau'zing) i. 1. iskân. 2. evler. 3. barınacak yer. 4. mak. kutu, mahfaza. — **project** toplu konut.
hove (hov) f., bak. **heave.**
hov.el (hʌv'ıl, hav'ıl) i. 1. açık ağıl. 2. harap kulübe.
hov.er (hʌv'ır, hav'ır) f. 1. fazla hareket etmeden üzerinde ve etrafında uçmak. 2. etrafında dolaşıp durmak. 3. tereddüt etmek.
hov.er.craft, Hov.er.craft (hʌv'ır.kräft) i. hoverkraft.
how (hau) z. 1. nasıl: **How did it happen?** Nasıl oldu? **How will he do this?** Bunu nasıl yapacak? **How does it work?** Nasıl çalışıyor? 2. ne kadar: **How long must I wait?** Ne kadar beklemem gerekiyor? **How much did you pay for that?** Ona ne kadar ödedin? 3. kaç: **How old is she?** Kaç yaşında? **How many kilos of meat did you buy?** Kaç kilo et aldın? i. yapma tarzı. **H— about it?** Ne dersiniz? **H— are you?** Nasılsınız? **H— do you do?** Nasılsınız? **H— goes it?/H— is it going?** Ne var ne yok?/Ne âlemdesiniz?/İşler nasıl? **H— so?** Niçin?/Nasıl olabilir? **Show me the —s and the whys of it.** Bana işin nedenlerini anlatın.
how.dy (hau'di) ünlem, k. dili merhaba.
how.ev.er (hawev'ır) z. 1. ama, bununla birlikte, ancak, yalnız: **He, however, will not be there.** Ama kendisi orada hazır bulunmayacak. **That evening, however, she didn't appear.** Ancak o akşam gözükmedi. 2. nasıl: **You can do it however you please.** Onu nasıl istersen öyle yapabilirsin. **I'll run this country however I choose!** Bu memleketi nasıl idare edersem edeyim! **However did you get here?** Buraya nasıl geldin? 3. ne kadar: **I like this castle, however ruinous it may be.** Ne kadar harap da olsa bu şatoyu seviyorum.
howl (haul) f. ulumak; inlemek. i. uluma; inleme. **a — ing success** büyük bir başarı.
howl.er (hau'lır) i., k. dili gülünç hata, budalaca yanlışlık.
H.P., HP, h.p. kıs. **high pressure, horsepower.**
H.Q. kıs. **Headquarters.**
hr. kıs. **hour.**
hrs. kıs. **hours.**

H.S. *kıs.* **high school, Home Secretary.**
ht. *kıs.* **heat, height.**
hub (hʌb) *i.* 1. poyra, tekerlek göbeği. 2. **(of) merkez.** 3. *bilg.* kablo göbeği.
hub.ble-bub.ble (hʌb´ıl.bʌb´ıl) *i.* nargile.
hub.bub (hʌb´ʌb) *i.* gürültü.
hub.by (hʌb´i) *i., k. dili* koca, eş.
hub.cap (hʌb´käp) *i., oto.* jant kapağı.
huck.le.ber.ry (hʌk´ılberi) *i.* kamburüzüm.
huck.ster (hʌk´stır) *i.* 1. parlak reklamlarla bir şeyi satmaya/yutturmaya çalışan kimse, çığırtkan. 2. başlıca amacı para kazanmak olan kimse, tüccar. 3. seyyar satıcı.
hud.dle (hʌd´ıl) *f.* 1. bir araya sıkışmak. 2. birbirine sokulup sarılmak.
hue (hyu) *i.* 1. renk tonu. 2. renk.
hue (hyu) *i.* **— and cry** protesto, yuhalama.
huff (hʌf) *i.* öfke. **be in a —** öfkelenmek.
hug (hʌg) *f.* **(—ged, —ging)** 1. kucaklamak, sarılmak. 2. bağrına basmak, sımsıkı tutmak. 3. benimsemek. *i.* kucaklama, sarılma.
huge (hyuc) *s.* çok iri, kocaman, muazzam.
huh (hʌ) *ünlem* 1. Ne? 2. Ne olacak, ...! *(Küçümseme belirtir.).*
hulk (hʌlk) *i.* 1. hurda gemi. 2. çok büyük ve kaba gemi. 3. iri ve hantal kimse/şey. *f.* **up** hantal bir şekilde doğrulmak.
hulk.ing (hʌl´king) *s.* 1. iriyarı ve hantal. 2. lenduha gibi.
hull (hʌl) *i.* 1. fındık v.b.'nin dış kabuğu. 2. kuru tekne. *f.* kabuğunu ayıklamak.
hul.la.ba.loo (hʌl´ıbılu) *i.* gürültü; hayhuy; velvele; patırtı.
hum (hʌm) *ünlem* Hım .../Hı ... *(Düşündürücü bir durumla karşılaşınca söylenir.).*
hum (hʌm) *f.* **(—med, —ming)** 1. vızıldamak. 2. (şarkı) mırıldanmak. 3. *k. dili* faaliyette olmak: **The office was humming.** Büroda herkes arı gibi çalışıyordu.
hu.man (hyu´mın) *s.* insani, beşeri. *i.* insan. **— being** insan, insanoğlu. **— nature** insan tabiatı. **— race** insan ırkı. **— rights** insan hakları.
hu.mane (hyumeyn´) *s.* insancı, insancıl, merhametli.
hu.mane.ly (hyumeyn´li) *z.* insanca, insana yakışan bir şekilde.
hu.man.ism (hyu´mınızım) *i.* hümanizm, insancılık.
hu.man.ist (hyu´mınist) *i.* hümanist.
hu.man.i.tar.i.an (hyumäniter´ıyın) *s.* iyiliksever, insancı, insani. *i.* yardımsever kimse.
hu.man.i.ty (hyumän´ıti) *i.* insanlık. **the humanities** konusu insan olan ilimler, hümaniter bilimler.
hu.man.kind (hyu´mınkaynd) *i.* insanoğlu.
hu.man.ly (hyu´mınli) *z.* insanca, insan olarak.
It's not — possible. *k. dili* İnsanoğlu bunu yapamaz.
hum.ble (hʌm´bıl) *s.* 1. alçakgönüllü, mütevazı. 2. hakir, âciz. *f.* kibrini kırmak, burnunu kırmak. **— apology** alçakgönüllülükle özür dileme. **eat — pie** kibri kırılmak, burnu sürtülmek; kabahatini itiraf edip af dilemek, tükürdüğünü yalamak.
hum.ble.ness (hʌm´bılnıs) *i.* alçakgönüllülük, tevazu.
hum.bly (hʌm´bli) *z.* alçakgönüllükle, tevazu ile.
hum.bug (hʌm´bʌg) *i.* 1. yalan dolan; sahtekârlık; dolap, hile. 2. sahtekâr.
hum.ding.er (hʌm´ding´ır) *i.* olağanüstü bir şey; harika bir şey: **That was one humdinger of a storm!** O ne fırtınaydı öyle!
hum.drum (hʌm´drʌm) *s.* can sıkıcı, yeknesak, yavan.
hu.mid (hyu´mid) *s.* yaş, rutubetli, nemli.
hu.mid.i.fi.er (hyumid´ıfayır) *i.* nemlendirici, rutubetlendirici.
hu.mid.i.fy (hyumid´ıfay) *f.* nemlendirmek.
hu.mid.i.ty (hyumid´ıti) *i.* rutubet, nem.
hu.mid.ness (hyu´midnis) *i., bak.* **humidity.**
hu.mil.i.ate (hyumil´iyeyt) *f.* küçük düşürmek, çok utandırmak.
hu.mil.i.a.tion (hyumiliyey´şın) *i.* küçük düşürme, utandırma.
hu.mil.i.ty (hyumil´iti) *i.* alçakgönüllülük, tevazu.
hum.ming.bird (hʌm´ing.bırd) *i.* sinekkuşu.
hu.mon.gous (hyumang´gıs) *s., argo* çok büyük, kocaman.
hu.mor, *İng.* **hu.mour** (hyu´mır) *i.* 1. komiklik. 2. nüktedanlık. 3. mizah, güldürü. 4. keyif. 5. huy, tabiat. 6. kapris. *f.* ayak uydurmak, kaprisine boyun eğmek, suyuna gitmek: **You shouldn't humor that spoiled brat.** O şımarık veledin suyuna gitmemelisin. **good —** iyi huy, hoş mizaç. **ill —** ters huy, aksi mizaç. **out of —** canı sıkkın; sinirli, öfkeli. **sense of —** 1. olayların gülünç yönünü görme yeteneği. 2. şakadan anlama.
hu.mor.ist (hyu´mırist) *i.* 1. şakacı, nüktedan. 2. güldürü ustası.
hu.mor.ous (hyu´mırıs) *s.* gülünç, komik; mizahi.
hu.mour (hyu´mır) *i., f., İng., bak.* **humor.**
hump (hʌmp) *i.* 1. kambur. 2. hörgüç. 3. tümsek yer, tepe. *f.* 1. *İng.* taşımak. 2. *argo* sikişmek, vuruşmak; sikmek, binmek, üstünden/üzerinden geçmek. 3. *k. dili* acele etmek. 4. *k. dili* hızla/son sürat gitmek. **be over the —** işin en zor tarafını atlatmış olmak, düze/düzlüğe çıkmak.
hump.back (hʌmp´bäk) *i.* 1. kambur sırt. 2. kambur kimse.

---

th	dh	w	hw	b	c	ç	d	f	g	h	j	k	l	m	n	p	r	s	ş	t	v	y	z
thin	the	we	why	be	joy	chat	ad	if	go	he	regime	key	lid	me	no	up	or	us	she	it	via	say	is

hump.backed (hʌmp´bäkt) s. kambur.
humph (hʌmf) *ünlem* 1. Hım! 2. Hıh!
hu.mus (hyu´mıs) *i., bahç.* humus.
hunch (hʌnç) *f.* — **one's shoulders/back** kambur durmak; sırtını kamburlaştırmak. — **over -in** üstüne abanmak. *i., k. dili* sezinleme, sezinleyiş, sezinme, sezinti, içedoğma, içedoğuş.
hunch.back (hʌnç´bäk) *i.* 1. kambur sırt. 2. kambur kimse.
hunch.backed (hʌnç´bäkt) s. kambur.
hun.dred (hʌn´drid) *s.* yüz. *i.* yüz, yüz rakamı (100, C). **a —fold** yüz kat, yüz misli. **a — percent** yüzde yüz. **—th** *s.* yüzüncü. *i.* yüzde bir.
hun.dred.weight (hʌn´dridweyt) *i.* 1. 45,36 kilogram. 2. *İng.* 50,80 kilogram. **long** — 50,80 kilogram. **short** — 45,36 kilogram.
hung (hʌng) *f., bak.* **hang.** *s.* asılmış, asılı. — **jury** kararında oybirliğine varamayan jüri.
Hun.gar.i.an (hʌnger´iyın) *i., s.* 1. Macar. 2. Macarca.
Hun.ga.ry (hʌng´gırı) *i.* Macaristan.
hun.ger (hʌng´gır) *i.* 1. açlık. 2. **for -e** duyulan büyük özlem/hasret. *f.* **for -i** çok özlemek; **-i** çok arzu etmek, **-e** susamak. — **strike** açlık grevi.
hun.gri.ly (hʌng´grıli) *z.* 1. açlıkla. 2. büyük bir arzuyla.
hun.gry (hʌng´gri) *s.* aç, karnı aç, acıkmış. **be — 1.** aç olmak, karnı aç olmak. 2. **for -i** çok özlemek; **-i** çok arzu etmek, **-e** susamak.
hunk (hʌngk) *i., k. dili* iri parça.
hunt (hʌnt) *f.* 1. avlanmak; avlamak. 2. **for -i** aramak. — **down** yakalayıncaya kadar peşini bırakmamak. — **up** aramak, arayıp bulmak.
hunt.er (hʌn´tır) *i.* 1. avcı. 2. arayıcı. 3. av atı/köpeği.
hunt.ing (hʌn´ting) *i.* avcılık. *s.* av: **hunting dog** av köpeği. **hunting knife** av bıçağı.
hur.dle (hır´dıl) *i.* 1. (yarışlarda) engel, mânia. 2. *çoğ.* engelli yarış: **high hurdles** 1. yüksek engel. 2. yüksek engelli 110 metrelik koşu. **low hurdles** 1. alçak engel. 2. alçak engelli 200 metrelik koşu.
hur.dler (hırd´lır) *i.* engelli koşuya katılan yarışmacı, engelci, mâniacı.
hur.dy-gur.dy (hır´dıgır´di) *i.* laterna.
hurl (hırl) *f.* 1. fırlatmak, savurmak. 2. (tehdit, küfür v.b.) yağdırmak.
hur.rah (hûrô´), **hur.ray, hoo.ray** (hûrey´) *ünlem* Yaşa! *f.* "Yaşa!" diye bağırmak.
hur.ri.cane (hır´ıkeyn) *i.* kasırga. — **lamp** rüzgâr feneri, gemici feneri.
hur.ried (hır´id) *s.* 1. aceleyle yapılan. 2. acele içinde olan.
hur.ry (hır´i) *f.* 1. acele etmek; acele ettirmek. 2. aceleyle götürmek/getirmek. 3. hızlandırmak, çabuklaştırmak. *i.* acele. **H— up!** Acele et!/Çabuk ol!/Haydi! **be in a — 1.** -in acelesi olmak, acele etmek: **I'm in a hurry.** Acelem var. **Don't be in too big a hurry.** Fazla acele etme. 2. **to** (bir şeyi) çabuk/bir an evvel (yapmak) istemek. **be in no — to** (bir şey yapmaya) can atmamak. **in a —** aceleyle, çabuk çabuk.
hurt (hırt) *f.* **(hurt)** 1. (bir uzva) zarar vermek, (bir uzvu) yaralamak/incitmek/zedelemek: **Are you hurt?** Sana bir şey oldu mu? **Is your leg hurt?** Bacağına bir şey oldu mu? 2. acımak; acıtmak. 3. zarar/ziyan vermek. 4. (ruhen) kırmak/yaralamak. *i.* 1. (ruhsal) acı. 2. zarar, ziyan. — **someone's feelings** birini kırmak/yaralamak.
hurt.ful (hırt´fıl) *s.* kırıcı, yaralayıcı, acı veren.
hur.tle (hır´tıl) *f.* 1. son sürat gitmek, uçmak. 2. kuvvetle/hızla fırlatmak/atmak/uçurmak. 3. hızla düşmek/yuvarlanmak.
hus.band (hʌz´bınd) *i.* koca. *f.* (gelecek zamana kalması için) kullanmamak, idareli kullanmak.
hus.band.ry (hʌz´bındri) *i.* 1. çiftçilik. 2. idarecilik. 3. idareli kullanma.
hush (hʌş) *i.* derin sessizlik. *f.* susmak; susturmak. **H—!** *ünlem* Susun! — **money** susmalık, sus payı. — **up** örtbas etmek, kapatmak.
hush-hush (hʌş´hʌş) *s., k. dili* çok gizli. *i.* büyük gizlilik.
husk (hʌsk) *i.* 1. mısır başağının dış yaprakları. 2. (bazı tohum ve meyvelerde) dış kabuk, kapçık. 3. bir şeyin işe yaramayan dış kısmı. *f.* dış kabuğunu çıkarmak.
husk.y (hʌs´ki) *s.* 1. kabuklu. 2. boğuk, kısık (ses). 3. *k. dili* iriyarı, güçlü kuvvetli. *i.* 1. eskimoköpeği. 2. güçlü kuvvetli kimse.
hus.sy (hʌs´i, hʌz´i) *i.* 1. ahlaksız kadın. 2. civelek kız, fındıkçı.
hus.tle (hʌs´ıl) *i., k. dili* — **and bustle** hareketlilik, koşuşturma. **get a — on** acele etmek, çabuk olmak. *f., k. dili* 1. acele etmek, çabuk olmak; iki ayağını bir pabuca sokmak, acele ettirmek. 2. gözünü dört açıp çok çalışmak. 3. fahişelik yapmak. — **someone into** birini apar topar (bir yere) sokmak. — **someone off to** birini apar topar (bir yere) götürmek. — **someone out of** birini apar topar (bir yerden) çıkarmak.
hus.tler (hʌs´lır) *i., k. dili* 1. üçkâğıtçı, numaracı, dümenci, hileci. 2. fahişe. 3. gözünü dört açıp çok çalışan kimse.
hut (hʌt) *i.* 1. kulübe. 2. asker barakası.
hutch (hʌç) *i.* tavşan kafesi.
hy.a.cinth (hay´ısinth) *i.* sümbül.
hy.ae.na (hayi´nı) *i., zool., bak.* **hyena.**
hy.brid (hay´brid) *i.* melez hayvan/bitki, hibrit.

hybridisation 208

s. melez, hibrit.
hy.brid.i.sa.tion (haybridizey´şın) *i., İng., bak.* **hybridization.**
hy.brid.ise (hay´brıdayz) *f., İng., bak.* **hybridize.**
hy.brid.i.za.tion, *İng.* **hy.brid.i.sa.tion** (haybridizey´şın) *i.* melezleşme, hibritleşme.
hy.brid.ize, *İng.* **hy.brid.ise** (hay´brıdayz) *f.* melezlemek; melezleşmek.
hy.dran.gea (haydreyn´cı, haydrän´cı) *i., bot.* ortanca.
hy.drant (hay´drınt) *i.* yangın musluğu.
hy.drate (hay´dreyt) *i.* hidrat. *f.* su ile karıştırarak bileşik meydana getirmek.
hy.drau.lic (haydrô´lik) *s.* hidrolik.
hy.drau.lics (haydrô´liks) *i.* hidrolik.
hydro- *önek* suya ait, hidro-.
hy.dro.bi.ol.o.gy (haydrobayal´ıci) *i.* hidrobiyoloji.
hy.dro.car.bon (haydrıkar´bın) *i., kim.* hidrokarbon.
hy.dro.ce.phal.ic (haydrosıfäl´ik) *s., i., tıb.* hidrosefal.
hy.dro.ceph.a.lus (haydrısef´ılıs), **hy.dro.ceph.a.ly** (haydrısef´ıli) *i., tıb.* hidrosefali.
hy.dro.chlo.ric (haydrıklôr´ik) *s.* klorhidrik. — **acid** hidroklorik asit.
hy.dro.dy.nam.ic (haydrodaynäm´ik) *s.* hidrodinamik.
hy.dro.dy.nam.ics (haydrodaynäm´iks) *i.* hidrodinamik.
hy.dro.e.lec.tric (hay´drowilek´trik) *s.* hidroelektrik.
hy.dro.foil (hay´drıfoyl) *i.* deniz otobüsü.
hy.dro.gen (hay´drıcın) *i.* hidrojen. — **bomb** hidrojen bombası. — **peroxide** hidrojen peroksit; oksijenli su.
hy.drol.o.gist (haydral´ıcist) *i.* hidrolog, subilimci.
hy.drol.o.gy (haydral´ıci) *i.* hidroloji, subilim.
hy.drol.y.sis (haydral´ısis) *i.* hidroliz.
hy.dro.me.chan.ics (haydromıkän´iks) *i.* hidromekanik.
hy.drom.e.ter (haydram´ıtır) *i.* hidrometre, suölçer.
hy.dro.pho.bi.a (haydrıfo´biyı) *i.* hidrofobi, su korkusu.
hy.dro.plane (hay´drıpleyn) *i.* deniz uçağı, suya inebilen uçak.
hy.dro.pon.ics (haydrıpan´iks) *i.* su içinde bitki yetiştirme.
hy.dro.sphere (hay´drısfîr) *i.* hidrosfer, suküre, suyuvarı.
hy.dro.ther.a.py (haydrıther´ıpi) *i.* hidroterapi, su tedavisi.
hy.e.na (hayi´nı) *i., zool.* sırtlan.
hy.giene (hay´cin) *i.* hijyen, sağlık bilgisi.

hy.gien.ic (haycen´ik) *s.* hijyenik, sağlıksal.
hy.grom.e.ter (haygram´ıtır) *i.* higrometre.
hy.gro.scope (hay´grıskop) *i.* higroskop.
hy.men (hay´mın) *i., anat.* kızlık zarı.
hymn (him) *i.* ilahi. *f.* ilahi okumak; ilahi okuyarak kutlamak veya ifade etmek.
hyper- *önek* aşırı, yüksek, hiper-.
hy.per.bo.la (haypır´bılı), *çoğ.* **—e** (haypır´bıli)/**—s** (haypır´bılız) *i., geom.* hiperbol.
hy.per.bo.le (haypır´bıli) *i.* abartma, mübalağa.
hy.per.bol.ic (haypırbal´ik), **hy.per.bol.i.cal** (haypırbal´ikıl) *s., geom.* hiperbolik.
hy.per.bol.ic (haypırbal´ik), **hy.per.bol.i.cal** (haypırbal´ikıl) *s.* abartmalı.
hy.per.bo.loid (haypır´bıloyd) *i., geom.* hiperboloit.
hy.per.bo.loi.dal (haypırbıloy´dıl) *s., geom.* 1. hiperboloidal. 2. hiperboloit.
hy.per.crit.i.cal (haypırkrit´ikıl) *s.* aşırı derecede eleştiren.
hy.per.sen.si.tive (haypırsen´sıtiv) *s.* 1. aşırı duyarlı. 2. alerjik.
hy.per.ten.sion (haypırten´şın) *i., tıb.* hipertansiyon, yüksek tansiyon.
hy.per.ther.mi.a (haypır.thır´miyı) *i.* hipertermi.
hy.per.tro.phy (haypır´trıfi) *i., tıb.* hipertrofi, irileşim, irileşme. *f., tıb.* irileşmek.
hy.phen (hay´fın) *i.* tire, kısa çizgi.
hy.phen.ate (hay´fıneyt) *f.* tire ile birleştirmek/ayırmak.
hy.phen.at.ed (hay´fıneytid) *s.* tireli.
hyp.no.sis (hipno´sis) *i.* ipnoz, hipnoz.
hyp.no.ther.a.pist (hipnother´ıpist) *i.* hipnoterapist, ipnozla tedavi uzmanı.
hyp.no.ther.a.py (hipnother´ıpi) *i.* hipnoterapi, ipnozla tedavi.
hyp.not.ic (hipnat´ik) *s.* uyutucu. *i.* uyuşturucu.
hyp.no.tise (hip´nıtayz) *f., İng., bak.* **hypnotize.**
hyp.no.tism (hip´nıtizım) *i.* ipnotizma, hipnotizma.
hyp.no.tist (hip´nıtist) *i.* ipnotizmacı.
hyp.no.tize, *İng.* **hyp.no.tise** (hip´nıtayz) *f.* ipnotize etmek.
hy.po.chon.dri.a (haypıkan´driyı) *i., tıb.* hastalık hastalığı.
hy.po.chon.dri.ac (haypıkan´driyäk) *i.* hastalık hastası.
hy.poc.ri.sy (hipak´rısi) *i.* ikiyüzlülük.
hyp.o.crite (hip´ıkrit) *i.* ikiyüzlü kimse.
hyp.o.crit.i.cal (hipıkrit´ikıl) *s.* ikiyüzlü.
hy.po.der.mic (haypıdır´mik) *s.* hipodermik. — **needle** 1. enjektör iğnesi. 2. enjektör iğne. — **syringe** 1. enjektör, iğne. 2. enjektör şırıngası.
hy.po.gly.ce.mi.a (haypoglaysi´miyı) *i., tıb.* hipoglisemi.
hy.po.ten.sion (haypıten´şın) *i.* hipotansiyon.

th	dh	w	hw	b	c	ç	d	f	g	h	j	k	l	m	n	p	r	s	ş	t	v	y	z
thin	the	we	why	be	joy	chat	ad	if	go	he	regime	key	lid	me	no	up	or	us	she	it	via	say	is

hy.pot.e.nuse (haypat´ınus) *i., geom.* hipotenüs.
hy.poth.e.sis (haypath´ısis), *çoğ.* hy.poth.e.ses (haypath´ısiz) *i.* varsayım, hipotez, faraziye. working — geçici varsayım.
hy.po.thet.i.cal (haypı.thet´ikıl) *s.* varsayımlı, varsayımsal, hipotetik, farazi.
hy.po.thet.i.cal.ly (haypı.thet´ikli) *z.* varsayımlı olarak.
hys.sop (his´ıp) *i., bot.* çördükotu, zufaotu.

hys.te.ri.a (histir´iyı, hister´iyı) *i.* isteri, histeri.
hys.ter.ic (hister´ik) *s., bak.* **hysterical.**
hys.ter.i.cal (hister´ikıl) *s.* 1. isterik, histerik. 2. çok komik: **a hysterical joke** çok komik bir şaka. **become/get — (over)** (bir şey) (karşısında) çılgına dönmek, sinirleri boşanmak.
hys.ter.i.cal.ly (hister´ikli) *z.* 1. çılgınca, deli gibi. 2. isterik bir şekilde. **—funny** *k. dili* çok komik.
hys.ter.ics (hister´iks) *i.* isteri nöbeti, histeri nöbeti. **a fit of —** isteri nöbeti, histeri nöbeti.

I

I, i (ay) *i.* **I**, İngiliz alfabesinin dokuzuncu harfi.
I I, Romen rakamları dizisinde 1 sayısı.
I (ay) *zam.* ben.
ice (ays) *i.* 1. buz. 2. buzlu şerbetten yapılan tatlı. *f.* 1. dondurmak; donmak. 2. **(over/up)** buzlanmak. 3. buzda soğutmak. 4. üzerine krema sürmek. 5. *argo* öldürmek. — **bag** buz torbası. — **cream** dondurma. **ice-cream cone** 1. dondurma külahı. 2. dondurmayla dolu külah: **She was eating an ice-cream cone.** Külah içinde dondurma yiyordu. — **cube** küçük buz kalıbı. — **field** isfilt. — **hockey** buz hokeyi. — **pack** buz torbası. — **pick** buz kıracağı. — **rink** buz pateni alanı. **break the** — 1. resmiyeti gidermek, havayı yumuşatmak. 2. ilk defa bir işe girişmek. **cut no** — *k. dili* önemi/etkisi olmamak. **on** — *argo* yedekte. **on thin** — çok nazik/müşkül bir durumda; büyük bir riske girmiş. **the** — **age** buzul devri.
ice.berg (ays'bırg) *i.* aysberg, buzdağı.
ice.bound (ays'baund) *s.* 1. etrafı buzlarla çevrili (gemi). 2. buzlarla kaplı, buz tutmuş (liman).
ice.box (ays'baks) *i., k. dili* buzdolabı.
ice.break.er (ays'breykır) *i.* buzkıran.
ice.cap (ays'käp) *i.* buzul.
ice-cold (ays'kold') *s.* buz gibi.
iced (ayst) *s.* 1. buzlu: **iced tea** buzlu çay. 2. üzerine krema sürülmüş (pasta/kek).
iced-tea (ayst'ti) *s.* — **spoon** uzun saplı tatlı kaşığı.
Ice.land (ays'lınd) *i.* İzlanda. —**er** *i.* İzlandalı.
Ice.lan.dic (ayslän'dik) *i.* İzlandaca. *s.* 1. İzlanda, İzlanda'ya özgü. 2. İzlandaca. 3. İzlandalı.
i.ci.cle (ay'sîkıl) *i.* buz, saçak buzu, buz saçağı, buz salkımı, kar dişi.
ic.ing (ay'sîng) *i.* (pasta ve kek üzerine sürülen) krema v.b.
i.con (ay'kan) *i.* 1. ikona, ikon. 2. *bilg.* ikon, simge.
i.con.o.clasm (aykan'ıkläzım) *i.* 1. yerleşmiş inanç, gelenek veya kurumlara karşı çıkma/saldırma. 2. *b.h., tar.* ikonoklazm, ikon kırıcılık.
i.con.o.clast (aykan'ıkläst) *i.* 1. yerleşmiş inanç, gelenek veya kurumlara karşı çıkan/saldıran kimse. 2. *b.h., tar.* ikonoklast, ikon kırıcı.
i.con.o.clas.tic (aykanıkläs'tik) *s.* 1. yerleşmiş inanç, gelenek veya kurumlara karşı çıkan/saldıran. 2. *b.h., tar.* ikonoklast, ikon kırıcı.

i.cy (ay'si) *s.* 1. buz gibi. 2. buzlu, buz kaplı.
ID (ay'di') *kıs.* **identification.** *i.* kimlik kartı/belgesi, kimlik. — **card** kimlik kartı/belgesi, kimlik.
I'd (ayd) *kıs.* 1. **I had.** 2. **I would/should.**
i.de.a (aydi'yı) *i.* fikir, düşünce. **fixed** — saplantı. **I have no** —. Hiçbir fikrim yok. **The very** —! Ne kadar tuhaf!
i.de.al (aydi'yıl, aydil') *i.* ideal, ülkü. *s.* 1. ideal, ülküsel. 2. ideal, mükemmel.
i.de.al.ise (aydi'yılayz) *f., İng., bak.* **idealize.**
i.de.al.ism (aydi'yılızım) *i., fels.* idealizm, ülkücülük.
i.de.al.ist (aydi'yılîst) *i.* idealist, ülkücü.
i.de.al.is.tic (aydiyılîs'tik) *s.* idealist, ülkücü.
i.de.al.ize (aydi'yılayz) *İng.* **i.de.al.ise** (aydi'yılayz) *f.* idealleştirmek.
i.de.al.ly (aydi'yılî, aydil'î) *z.* ideal olarak.
i.dée fixe (idey' fiks') saplantı, sabit fikir, idefiks.
i.den.ti.cal (ayden'tîkıl) *s.* 1. **(with/to)** (ile) aynı. 2. *mat., fels.* özdeş. — **twins** tek yumurta ikizleri, özdeş ikizler.
i.den.ti.cal.ly (ayden'tîkli) *z.* aynen, aynı şekilde.
i.den.ti.fi.ca.tion (aydentîfîkey'şın) *i.* 1. tanıma, teşhis etme, kimliğini saptama. 2. tanılama, teşhis etme. 3. kimlik, hüviyet. — **card** kimlik kartı/belgesi, kimlik. — **tag** *ask.* künye.
i.den.ti.fy (ayden'tîfay) *f.* 1. tanımak, teşhis etmek, kimliğini saptamak. 2. tanılamak, teşhis etmek. — **with** 1. ile bir tutmak. 2. ile özdeşleştirmek.
i.den.ti.ty (ayden'tıtî) *i.* 1. kimlik, hüviyet. 2. özdeşlik. — **card** kimlik kartı/belgesi, kimlik. — **crisis** kimlik bunalımı. — **disk** *ask.* künye.
i.de.o.log.i.cal (aydiyılac'îkıl, îdiyılac'îkıl) *s.* ideolojik.
i.de.ol.o.gist (aydiyal'îcist, îdiyal'îcist) *i.* ideolog.
i.de.ol.o.gy (idiyal'ıci, aydiyal'ıci) *i.* ideoloji.
id.i.om (id'îyım) *i.* 1. deyim, tabir. 2. (bir gruba özgü) dil, ağız.
id.i.o.mat.ic (îdiyımät'îk) *s.* (bir dilin) ifade tarzına uygun.
id.i.o.mat.i.cal.ly (îdiyımät'îkli) *z.* (bir dilin) ifade tarzına uygun olarak.
id.i.o.syn.cra.cy (îdiyısîng'krısi) *i.* 1. kişisel özellik. 2. mizaç, huy.
id.i.ot (id'îyıt) *i.* 1. geri zekâlı. 2. ahmak, alık.
id.i.ot.ic (îdiyat'îk) *s.* ahmak.
i.dle (ay'dıl) *s.* 1. işsiz, aylak. 2. tembel. 3. boş, asılsız (söz/vaat/tehdit). 4. boşta, işlemeyen (makine). 5. boş (vakit). *f.* (motor) rölanti-

de/avarada çalışmak. — **away time** zaman öldürmek. — **hours** boş vakit.
i.dler (ayd'lır) *i.* 1. boş gezen kimse. 2. *mak.* avara dişlisi. 3. *mak.* avara kasnağı. — **gear** avara dişlisi. — **wheel** avara kasnağı.
i.dol (ay'dıl) *i.* 1. put, sanem. 2. çok sevilen kimse/şey.
i.dol.a.ter (aydal'ıtır) *i.* putperest.
i.dol.a.try (aydal'ıtri) *i.* putperestlik.
i.dol.ize, *İng.* **i.dol.ise** (ay'dılayz) *f.* 1. tapınmak. 2. putlaştırmak.
i.dyll, i.dyl (ay'dıl) *i.* idil.
i.dyl.lic (aydil'ik) *s.* idilik; sanki bir idilden alınmış; pastoral.
i.e. *kıs.* id est yani, demek ki.
if (if) *bağ.* eğer, ise, şayet. *i.* şart. **I— he hasn't done it again!** Hay Allah, yine aynı şeyi yaptı. **I— I only knew!** Keşke bilseydim! — **not** aksi takdirde, değilse, olmazsa. **as** — güya, sözde, sanki, gibi. **Find out** — **he came.** Gelip gelmediğini öğren. **She is sixty** — **a day.** En aşağı altmış yaşında olmalı. **What** — ...... farz edelim: **What if it rains?** Ya yağmur yağarsa?
if.fy (if'i) *s., k. dili* şüpheli; belirsiz.
ig.ne.ous (ig'niyıs) *s.* püskürük (kütle).
ig.nite (ignayt') *f.* tutuşturmak, yakmak, ateşlemek; tutuşmak, yanmak, ateş almak.
ig.ni.tion (igniş'ın) *i.* 1. tutuşma; tutuşturma, ateşleme. 2. *oto.* ateşleme tertibatı. — **key** *oto.* kontak anahtarı. — **switch** *oto.* kontak, ateşleme düzeninin açılıp kapanmasını sağlayan aygıt.
ig.no.ble (igno'bıl) *s.* 1. alçak, aşağılık, bayağı. 2. soysuz, şerefsiz.
ig.no.min.i.ous (ignımin'iyıs) *s.* 1. alçakça, namussuzca. 2. yüz kızartıcı.
ig.no.min.y (ig'nımini) *i.* rezalet, alçaklık.
ig.no.ra.mus (ignırey'mıs) *i.* cahil.
ig.no.rance (ig'nırıns) *i.* cehalet, cahillik, bilgisizlik.
ig.no.rant (ig'nırınt) *s.* 1. pek bilgisi olmayan, cahil, bilgisiz. 2. bilgisizlikten ileri gelen. **be** — **of** -den haberi olmamak; ... hakkında bilgisi olmamak.
ig.nore (ignor') *f.* 1. aldırmamak, boş vermek. 2. bilmezlikten gelmek.
i.gua.na (igwa'nı) *i.* iguana, hintkertenkelesi.
il.e.um (il'iyım), *çoğ.* **il.e.a** (il'iyı) *i., anat.* kıvrım bağırsak.
i.lex (ay'leks) *i.* 1. pırnal, pırnar, yeşilmeşe. 2. çobanpüskülü.
ill (il) *s.* (**worse, worst**) 1. hasta, rahatsız. 2. kötü, fena. 3. ters, uğursuz. *i.* kötülük, fenalık, zarar. — **at ease** huzursuz, içi rahat olmayan. — **will** kötü niyet. **It is an** — **wind that blows nobody good.** Her işte bir hayır vardır.

I'll (ayl) *kıs.* **I will/shall.**
ill-a.dapt.ed (ilıdäp'tid) *s.* uymayan, uygun olmayan.
ill-ad.vised (il'ıdvayzd') *s.* yanlış, sakıncalı.
ill-bred (il'bred') *s.* terbiye görmemiş.
ill-dis.posed (il'dispozd') *s.* 1. kötü huylu. 2. düzensiz.
il.le.gal (ili'gıl) *s.* 1. yasadışı, illegal. 2. yolsuz.
il.leg.i.bil.i.ty (ilecıbil'ıti) *i.* okunaksızlık.
il.leg.i.ble (ilec'ıbıl) *s.* okunaksız.
il.le.git.i.mate (ilicit'ımit) *s.* 1. gayrimeşru, evlilikdışı. 2. yasadışı, yolsuz.
ill-fat.ed (il'fey'tid) *s.* bahtsız, talihsiz.
il.lib.er.al (ilib'ırıl) *s.* 1. cimri. 2. dar görüşlü. 3. kültürsüz, bilgisiz.
il.lic.it (ilis'it) *s.* 1. yasadışı. 2. haram; caiz olmayan.
il.lit.er.ate (ilit'ırit) *s.* okumamış, kara cahil, okuma yazma bilmeyen.
ill-man.nered (il'män'ırd) *s.* terbiyesiz, kaba.
ill-na.tured (il'ney'çırd) *s.* huysuz, ters, serkeş.
ill.ness (il'nis) *i.* hastalık, rahatsızlık.
il.log.i.cal (ilac'ikıl) *s.* mantıksız, mantığa aykırı.
ill-o.mened (il'o'mınd) *s.* uğursuz.
ill-starred (il'stard') *s.* bahtı kara, talihsiz.
ill-timed (il'taymd') *s.* vakitsiz, zamansız, mevsimsiz.
ill-treat (il'trit') *f.* kötü davranmak.
il.lu.mi.nate (ilu'mıneyt) *f.* 1. aydınlatmak, ışıklandırmak. 2. (kitabı/yazıyı) tezhip etmek. 3. (birini/bir konuyu) aydınlatmak.
il.lu.mi.nat.ing (ilu'mıneyting) *s.* aydınlatıcı.
il.lu.mi.na.tion (ilumıney'şın) *i.* 1. aydınlatma. 2. tezhip.
il.lu.sion (ilu'jın) *i.* 1. yanılsama, illüzyon. 2. hayal. **optical** — gözü yanıltan görüntü.
il.lu.sive (ilu'siv) *s.* aldatıcı, asılsız.
il.lu.so.ry (ilu'sıri) *s.* aldatıcı, asılsız.
il.lus.trate (il'ıstreyt) *f.* 1. örneklemek. 2. resimlemek.
il.lus.tra.tion (ilıstrey'şın) *i.* 1. örnek. 2. resim, illüstrasyon.
il.lus.tra.tive (ilʌs'trıtiv) *s.* örnekleyen.
il.lus.tra.tor (il'ıstreytır) *i.* çizer, illüstratör.
il.lus.tri.ous (ilʌs'triyıs) *s.* 1. ünlü, meşhur. 2. şanlı, şerefli.
il.lu.vi.um (ilu'viyım), *çoğ.* **il.lu.vi.a** (ilu'viyı)**/—s** (ilu'viyımz) *i., jeol.* ilüvyon.
ILO *kıs.* **International Labor Organization** (Uluslararası Çalışma Örgütü).
I'm (aym) *kıs.* **I am.**
im.age (im'ic) *i.* 1. imaj. 2. görüntü. 3. hayal, imge. 4. put. **very** — **of/spitting** — **of** tıpkısı, benzeri, aynı, hık demiş burnundan düşmüş.
im.age.ry (im'icri) *i.* betimleme.
im.ag.i.na.ble (imäc'ınıbıl) *s.* hayal edilebilir,

göz önüne getirilebilir.
im.ag.i.nar.y (ìmäc'ıneri) *s.* imgesel, hayal ürünü, hayali.
im.ag.i.na.tion (ìmäcıney'şın) *i.* 1. hayal gücü. 2. imgelem. 3. hayal. 4. kuruntu.
im.ag.i.na.tive (ìmäc'ınıtiv) *s.* 1. hayal gücü kuvvetli, yaratıcı. 2. iyi planlanmış.
im.ag.i.na.tive.ly (ìmäc'ınıtivli) *z.* hayal gücüne dayanarak.
im.ag.ine (ìmäc'in) *f.* 1. hayal etmek, imgelemek; tasarımlamak. 2. sanmak, zannetmek.
im.ag.ism (ìm'ıcizım) *i.* imgecilik.
im.ag.ist (ìm'ıcìst) *i., s.* imgeci.
im.bal.ance (ìmbäl'ıns) *i.* dengesizlik.
im.be.cile (ìm'bısíl) *s., i.* geri zekâlı, aptal.
im.be.cil.i.ty (ìmbısíl'ıti) *i.* geri zekâlılık, aptallık.
im.bibe (ìmbayb') *f.* 1. içmek. 2. soğurmak, emmek. 3. öğrenmek, kapmak; özümsemek.
im.bue (ìmbyu') *f.* **with** (fikir) aşılamak. **be —d with** ile dolu olmak: He was imbued with a strong sense of duty. Görev aşkıyla doluydu.
IMF *kıs.* the International Monetary Fund.
im.i.tate (ìm'ıteyt) *f.* 1. taklit etmek, taklidini yapmak. 2. (birini) örnek almak.
im.i.ta.tion (ìmıtey'şın) *i.* 1. taklit. 2. taklit etme. **in — of** -i taklit ederek.
im.mac.u.late (ìmäk'yılìt) *s.* 1. lekesiz, tertemiz. 2. kusursuz.
im.mac.u.late.ly (ìmäk'yılìtli) *z.* lekesiz olarak, tertemiz bir şekilde.
im.ma.nence (ìm'ınıns) *i., fels.* içkinlik.
im.ma.nent (ìm'ınınt) *s., fels.* içkin.
im.ma.te.ri.al (ìmıtîr'îyıl) *s.* 1. önemsiz. 2. konudışı. 3. maddi olmayan.
im.ma.ture (ìmıçûr') *s.* 1. olgunlaşmamış. 2. ham, olmamış. 3. toy, gelişmemiş.
im.ma.tur.i.ty (ìmıçûr'ıti) *i.* 1. olgun olmama. 2. hamlık. 3. toyluk.
im.meas.ur.a.ble (ìmej'ırıbıl) *s.* ölçülemez; ölçülemeyecek kadar büyük/çok, tahmin edilemeyecek boyutlarda; sonsuz.
im.me.di.ate (ìmi'diyìt) *s.* 1. şimdiki. 2. acil. 3. yakın. **— cause** (bir şeye) doğrudan yol açan neden.
im.me.di.ate.ly (ìmi'diyìtli) *z.* 1. hemen, derhal. 2. doğrudan doğruya.
im.mense (ìmens') *s.* çok büyük, kocaman; uçsuz bucaksız.
im.mense.ly (ìmens'li) *z.* gayet, pek çok.
im.men.si.ty (ìmen'sıti) *i.* çok büyük olma; uçsuz bucaksız olma.
im.merse (ìmırs') *f.* daldırmak, suya batırmak. **—d in thought** dalgın, derin düşüncelere dalmış.
im.mer.sion (ìmır'jın, ìmır'şın) *i.* dalma, batma; daldırma, batırma.

im.mi.grant (ìm'ıgrınt) *i.* göçmen, muhacir.
im.mi.grate (ìm'ıgreyt) *f.* göç etmek.
im.mi.gra.tion (ìmıgrey'şın) *i.* göç etme.
im.mi.nent (ìm'ınınt) *s.* yakında olmasından korkulan, yakın.
im.mo.bile (ìmo'bıl) *s.* 1. kımıldatılamaz. 2. hareketsiz.
im.mo.bi.lise (ìmo'bılayz) *f., İng., bak.* **immobilize**.
im.mo.bil.i.ty (ìmobil'ıti) *i.* hareketsizlik.
im.mo.bi.lize, *İng.* **im.mo.bi.lise** (ìmo'bılayz) *f.* kımıldayamaz duruma getirmek, tespit etmek.
im.mod.er.ate (ìmad'ırıt) *s.* aşırı, ölçüsüz.
im.mod.est (ìmad'ìst) *s.* 1. utanmaz, arsız. 2. açık saçık. 3. haddini bilmez.
im.mor.al (ìmôr'ıl) *s.* 1. ahlaksız, edepsiz. 2. ahlaka aykırı.
im.mo.ral.i.ty (ìmôräl'ıti, ìmıräl'ıti) *i.* ahlaksızlık.
im.mor.tal (ìmôr'tıl) *s.* ölümsüz, ebedi, sonsuz. *i.* ölümsüz varlık.
im.mor.tal.ise (ìmôr'tılayz) *f., İng., bak.* **immortalize**.
im.mor.tal.i.ty (ìmôrtäl'ıti) *i.* ölümsüzlük.
im.mor.tal.ize, *İng.* **im.mor.tal.ise** (ìmôr'tılayz) *f.* ölümsüzleştirmek, ebedileştirmek.
im.mov.a.ble (ìmu'vıbıl) *s.* 1. kımıldamaz, yerinden oynamaz, sabit. 2. değişmez. 3. kolay etkilenmez. 4. *huk.* gayrimenkul, taşınmaz.
im.mune (ìmyun') *s.* **to** -e karşı bağışık; **from/to** -den muaf.
im.mu.nise (ìm'yınayz) *f., İng., bak.* **immunize**.
im.mu.ni.ty (ìmyu'nıti) *i.* 1. bağışıklık. 2. *huk.* dokunulmazlık. **diplomatic — ** diplomatik dokunulmazlık.
im.mu.nize, *İng.* **im.mu.nise** (ìm'yınayz) *f.* **(against)** (-e karşı) bağışık kılmak.
im.mu.ta.ble (ìmyu'tıbıl) *s.* değişmez, sabit.
imp (ìmp) *i.* 1. küçük şeytan. 2. afacan çocuk, şeytanın art ayağı.
im.pact (ìmpäkt') *f.* sıkıştırmak, pekiştirmek. **—ed tooth** *dişçi.* çene kemiğine kaynamış diş.
im.pact (ìm'päkt) *i.* 1. vuruş. 2. çarpışma. 3. etki.
im.pair (ìmper') *f.* bozmak, zayıflatmak.
im.pale (ìmpeyl') *f.* kazıklamak, kazığa oturtmak, kazığa vurmak.
im.part (ìmpart') *f.* 1. **(to)** (-e) bildirmek, söylemek. 2. **to** -e vermek.
im.par.tial (ìmpar'şıl) *s.* tarafsız, yansız.
im.par.ti.al.i.ty (ìmparşiyäl'ıti) *i.* tarafsızlık, yansızlık.
im.pass.a.ble (ìmpäs'ıbıl) *s.* geçilmez, aşılmaz, geçit vermez.
im.passe (ìm'päs, ìmpäs') *i.* çıkmaz, açmaz, kördüğüm.
im.pas.sion (ìmpäş'ın) *f.* 1. hırslandırmak, kız-

dırmak, çileden çıkarmak. 2. coşturmak, heyecanlandırmak.
im.pas.sioned (impäş'ınd) s. ateşli, coşkulu, heyecanlı.
im.pas.sive (impäs'iv) s. duygularını açığa vurmayan.
im.pa.tience (impey'şıns) i. sabırsızlık.
im.pa.tient (impey'şınt) s. sabırsız, tez canlı.
im.pa.tient.ly (impey'şıntli) z. sabırsızlıkla.
im.peach (impiç') f. (devlet memurunu) mahkeme önünde suçlandırmak; suçlamak.
im.pec.ca.ble (impek'ıbıl) s. kusursuz.
im.pe.cu.ni.ous (impıkyu'niyıs) s. parasız.
im.pede (impid') f. engellemek.
im.ped.i.ment (imped'ımınt) i. 1. engel, mâni. 2. özür, engel.
im.pel (impel') f. (—led, —ling) sürmek, itmek, sevk etmek.
im.pend.ing (impend'ing) s. olması yakın.
im.pen.e.tra.ble (impen'ıtrıbıl) s. 1. delinmez. 2. to (yağmur/hava) geçirmez. 3. içinden geçilmez (orman). 4. girilmesi imkânsız (kale). 5. çözülemeyen (sav, söz, sır v.b.). 6. koyu, zifiri (karanlık).
im.pen.i.tence (impen'ıtıns) i. pişman olmama, pişmanlık duymama.
im.pen.i.tent (impen'ıtınt) s. pişman olmayan, pişmanlık duymayan.
im.per.a.tive (imper'ıtiv) s. 1. zorunlu, mecburi. 2. emreden. 3. dilb. emir belirten. i. 1. zorunlu şey. 2. zorunluk, zorunluluk. 3. emir. 4. dilb. emir kipi.
im.per.cep.ti.ble (impırsep'tıbıl) s. görülmez, seçilmez, fark edilmez, hissedilmez; belli belirsiz.
im.per.fect (impır'fikt) s. 1. eksik, noksan, kusurlu. 2. defolu. 3. dilb. bitmemiş bir eylemi gösteren (zaman). i., dilb. bitmemiş bir eylemi gösteren zaman/fiil.
im.per.fec.tion (impırfek'şın) i. kusur, eksiklik.
im.pe.ri.al (impir'iyıl) s. 1. imparatora özgü; imparatorluğa ait. 2. şahane. i. keçisakalı.
im.pe.ri.al.ism (impir'iyılîzım) i. 1. imparatorluk sistemi. 2. emperyalizm, yayılımcılık.
im.pe.ri.al.ist (impir'iyılist) i. emperyalist, yayılımcı.
im.pe.ri.al.ist.ic (impiriyılis'tik) s. emperyalist, yayılımcı.
im.per.il (imper'il) f. (—ed/—led, —ing/—ling) tehlikeye atmak.
im.pe.ri.ous (impir'iyıs) s. emretmeyi seven, buyurgan; amirane.
im.per.ish.a.ble (imper'işıbıl) s. bozulmaz, çürümez, yok olmaz.
im.per.ma.nent (impır'mınınt) s. geçici, kalıcı olmayan.
im.per.me.a.ble (impır'miyıbıl) s. 1. sugeçirmez; hava geçirmez. 2. geçirimsiz (toprak).
im.per.son.al (impır'sınıl) s. kişisel olmayan, kişilikdışı.
im.per.son.ate (impır'sıneyt) f. 1. taklit etmek. 2. canlandırmak, temsil etmek.
im.per.son.a.tion (impırsıney'şın) i. 1. taklit etme. 2. canlandırma, temsil etme.
im.per.ti.nence (impır'tınıns) i. küstahlık; münasebetsizlik.
im.per.ti.nen.cy (impır'tınınsi) i., bak. **impertinence**.
im.per.ti.nent (impır'tınınt) s. terbiyesiz, küstah; münasebetsiz.
im.per.turb.a.ble (impırtır'bıbıl) s. ağırbaşlı, temkinli, istifini bozmayan, soğukkanlı.
im.per.vi.ous (impır'viyıs) s. 1. to (su, hava v.b.'ni) geçirmez. 2. nüfuz edilemeyen. 3. to (öğüt, eleştiri v.b.'ne) kulak asmayan, (öğüt, eleştiri v.b.'ni) dinlemez. 4. to (korku, acı v.b.'nden) etkilenmez.
im.pet.u.ous (impeç'uwıs) s. 1. aceleci. 2. düşünmeden yapılan. 3. sert, şiddetli. 4. çabuk, hızlı.
im.pe.tus (im'pıtıs) i. 1. güç, zor, şiddet. 2. uyarı; dürtü; güdü.
im.pi.e.ty (impay'ıti) i. Allaha karşı saygısızlık. **commit an** — Allaha karşı saygısızlık etmek.
im.pinge (impinc') f. **on/upon** -i etkilemek.
im.pi.ous (im'piyıs) s. Allaha karşı saygısız.
im.plac.a.ble (impläk'ıbıl, impley'kıbıl) s. 1. yatıştırılmaz (öfke, nefret v.b.). 2. amansız (düşman).
im.plant (implänt') f. 1. dikmek. 2. aklına sokmak, aşılamak. 3. tıb. implantasyon yoluyla aşılamak/dikmek.
im.plant (im'plänt) i., tıb. implantasyon. **do an** — tıb. implantasyon yapmak.
im.plan.ta.tion (impläntey'şın) i. 1. tıb. implantasyon. 2. mim. aplikasyon.
im.ple.ment (im'plıment) f. 1. (taahhüt, plan v.b.'ni) yerine getirmek, uygulamak. 2. (yasa, karar v.b.'ni) yürürlüğe koymak.
im.ple.ment (im'plıment) i. alet, araç.
im.ple.men.ta.tion (implımentey'şın) i. 1. yerine getirme, yürütme. 2. yürürlüğe koyma.
im.pli.cate (im'plıkeyt) f. (birini) (olumsuz bir şeye) karıştırmak.
im.pli.ca.tion (implıkey'şın) i. 1. (bir şeyin içinde) saklı olan anlam. 2. (birini) (olumsuz bir şeye) karıştırma.
im.plic.it (implis'it) s. 1. ifade edilmeyen anlaşılan, saklı. 2. ima edilen, dolaylı olarak anlaşılan. 3. tam, kesin: **implicit trust** tam güven. **be — in** -de saklı olmak, -in içinde olmak: *That's implicit in what I said.* O, dediklerimde saklı.

implicitly 214

im.plic.it.ly (implis'itli) z. 1. dolaylı olarak. 2. tamamıyla.
im.plore (implor') f. yalvarmak.
im.ply (implay') f. 1. (dolaylı olarak) göstermek, ima etmek, -e işaret etmek. 2. içermek: Smoke implies fire. Duman ateşi içerir. 3. beraberinde getirmek: Privileges imply duties. Ayrıcalıklar beraberinde görevleri getirir.
im.po.lite (impılayt') s. terbiyesiz, kaba.
im.po.lite.ly (impılayt'li) z. terbiyesizce, kaba bir şekilde.
im.po.lite.ness (impılayt'nis) i. terbiyesizlik, kabalık.
im.pol.i.tic (impal'ıtik) s. uygunsuz, isabetsiz.
im.pon.der.a.ble (impan'dırıbıl) s. tartıya gelmez, ağırlığı olmayan, ölçülemeyen. i. önceden kestirilemeyen etken.
im.port (impôrt') f. ithal etmek.
im.port (im'pôrt) i. 1. ithal malı. 2. anlam. 3. önem. —s and exports ithalat ve ihracat. — duty ithalat vergisi. — license/permit ithal izni. — quota ithalat kotası.
im.por.tance (impôr'tıns) i. 1. önem. 2. etki, nüfuz, itibar.
im.por.tant (impôr'tınt) s. 1. önemli. 2. etkili, nüfuzlu, itibarlı.
im.por.ta.tion (impôrtey'şın) i. ithalat, dışalım.
im.port.er (impôr'tır) i. ithalatçı.
im.por.tu.nate (impôr'çınit) s. isteğinde çok ısrar eden; çok ısrarlı.
im.por.tune (impôrtun') f. ısrarla istemek.
im.pose (impoz') f. on/upon 1. -e (vergi) koymak. 2. zorla kabul ettirmek, empoze etmek. 3. rahatsız etmek. 4. zahmet vermek. 5. (ceza) vermek. 6. (zorla) yüklemek. 7. hile ile kabul ettirmek. 8. etkilemek.
im.pos.ing (impo'zing) s. heybetli, görkemli.
im.po.si.tion (impızîş'ın) i. 1. (vergi) koyma. 2. zorla kabul ettirme. 3. zahmet. 4. ceza. 5. yük. 6. hile. 7. haksız talep.
im.pos.si.bil.i.ty (impasıbîl'ıti) i. olanaksızlık, imkânsızlık.
im.pos.si.ble (impas'ıbıl) s. olanaksız, imkânsız.
im.pos.si.bly (impas'ıbli) z. imkânsız bir şekilde.
im.post (im'post) i. vergi; resim, harç.
im.post (im'post) i., mim. üzengitaşı.
im.pos.tor (impas'tır) i. sahtekâr, dolandırıcı.
im.po.tence (im'pıtıns), **im.po.ten.cy** (im'pıtınsi) i. 1. güçsüzlük. 2. iktidarsızlık.
im.po.tent (im'pıtınt) s. 1. güçsüz, âciz, zayıf. 2. iktidarsız (erkek).
im.pound (impaund') f. 1. haczetmek, kanunen el koymak. 2. ağıla kapamak.
im.pov.er.ish (impav'ırîş) f. 1. yoksullaştırmak, fakirleştirmek. 2. kuvvetini kesmek.
im.prac.ti.ca.ble (impräk'tîkıbıl) s. 1. yapılamaz. 2. uygulanamaz. 3. kullanışsız, elverişsiz, pratik olmayan. 4. geçilmez, çetin (yol).
im.prac.ti.cal (impräk'tîkıl) s. 1. yapılamaz. 2. uygulanamaz. 3. elverişsiz, pratik olmayan, mantıksız. 4. beceriksiz. (for someone) to be — pratik davranmamak.
im.pre.cise (imprîsays') s. 1. kesin olmayan. 2. dikkatsiz, titiz olmayan, özensiz.
im.preg.na.ble (impreg'nıbıl) s. 1. zapt edilemez. 2. kazanılamaz.
im.preg.nate (impreg'neyt) f. 1. gebe bırakmak, döllemek. 2. kim. emdirmek, emprenye etmek. 3. with (fikir) aşılamak.
im.press (impres') f. 1. etkilemek. 2. on/upon aklına sokmak. 3. (damga) basmak.
im.pres.sion (impreş'ın) i. 1. etki. 2. izlenim. 3. damga. 4. baskı. first — ilk izlenim. I was under the — that .... Öyle zannediyordum ki .../Bana öyle geliyordu ki.... leave a good/bad — with someone/make a good/bad — on someone birinde iyi/kötü bir izlenim bırakmak.
im.pres.sion.a.ble (impreş'ınıbıl) s. 1. aşırı duyarlı, hassas. 2. kolayca etkilenen.
im.pres.sion.ism (impreş'inizım) i. izlenimcilik, empresyonizm.
im.pres.sion.ist (impreş'ınîst) i. izlenimci, empresyonist.
im.pres.sion.is.tic (impreşinîs'tîk) s. izlenimci, empresyonist.
im.pres.sive (impres'îv) s. duyguları etkileyen, etkileyici.
im.pres.sive.ly (impres'îvli) z. etkileyici bir şekilde, şaşırtıcı derecede.
im.print (im'prînt) i. 1. baskı. 2. damga. 3. iz. 4. etki. 5. izlenim. 6. (kitapta) yayınevinin adı.
im.print (imprînt') f. (on) 1. (damga/mühür) basmak. 2. (zihnine) sokmak, nakşetmek.
im.pris.on (imprîz'ın) f. hapsetmek.
im.pris.on.ment (imprîz'ınmınt) i. 1. hapsetme. 2. hapis.
im.prob.a.ble (impräb'ıbıl) s. ihtimal dışı, olmayacak.
im.promp.tu (imprampˈtu) s. hazırlıksız. z. hazırlıksız olarak, doğaçtan.
im.prop.er (imprap'ır) s. 1. uygunsuz. 2. yakışıksız, çirkin.
im.pro.pri.e.ty (imprıpray'ıti) i. uygunsuzluk.
im.prove (impruv') f. 1. düzeltmek, yoluna koymak; düzelmek, yola girmek: Elvan's health is improving. Elvan'ın sağlığı düzeliyor. 2. geliştirmek, ilerletmek; gelişmek, ilerlemek: He is trying to improve his Latin. Latincesini ilerletmeye çalışıyor. 3. değerlendirmek; değerlenmek.
im.prove.ment (impruv'mınt) i. 1. düzelme;

düzeltme. 2. geliştirme; gelişme. 3. ilerleme.
im.pro.vise (im´prıvayz) *f.* 1. anında uydurmak, uydurup yapmak. 2. doğaçtan çalmak.
im.pru.dence (impru´dıns) *i.* tedbirsizlik, ihtiyatsızlık.
im.pru.dent (impru´dınt) *s.* tedbirsiz, ihtiyatsız.
im.pu.dence (im´pyudıns) *i.* küstahlık, yüzsüzlük, arsızlık.
im.pu.dent (im´pyıdınt) *s.* küstah, yüzsüz, arsız.
im.pugn (impyun´) *f.* yalancı çıkarmak.
im.pulse (im´pʌls) *i.* 1. tepi, itki. 2. itici güç. 3. ani bir istek. **buy on —** düşünmeden satın almak.
im.pul.sive (impʌl´siv) *s.* 1. düşüncesizce davranan. 2. *ruhb.* tepisel.
im.pul.sive.ly (impʌl´sivli) *z.* düşünmeden, birdenbire.
im.pu.ni.ty (impyu´nıti) *i.* cezadan muaf olma. **with —** ceza görmeden.
im.pure (impyûr´) *s.* 1. kirli, pis, murdar. 2. karışık, katışık. 3. iffetsiz.
im.pu.ri.ty (impyûr´iti) *i.* 1. kirlilik, pislik, murdarlık. 2. katışıklık. 3. saflığı bozan şey, yabancı madde, katışkı.
im.pute (impyut´) *f.* 1. atfetmek. 2. üstüne yıkmak, yüklemek. 3. vermek.
in (in) *edat* 1. içinde, -de, -da: **in the box** kutuda. **in the envelope** zarfın içinde. 2. içine, -e, -a: **Put it in your pocket.** Cebine koy. 3. içinde, -de, -da, durumunda, halinde: **in poverty** yoksulluk içinde. **in panic** panik halinde. 4. iken, -ken: **in writing the book** kitabı yazarken. 5. ile: **in anger** öfkeyle. **in haste** aceleyle. 6. olarak: **He wrote an article in response to his critics.** Kendisini eleştirenlere cevap olarak bir makale yazdı. 7. bakımından, açısından, -ce, -ca: **In quality, his writings surpass those of his contemporaries.** Onun yazıları nitelik açısından çağdaşlarınınkinden üstün. 8. -den yapılmış: **The book was bound in leather.** Kitabın cildi deriden yapılmış. 9. ile, kullanarak: **written in pencil** kurşunkalemle yazılmış. **upholstered in blue** mavi renkle döşenmiş. 10. -li, -lı: **in a fur coat** kürk mantolu. **in uniform** üniformalı. **— all** toplam olarak, toplam. **— any case** herhalde, ne olursa olsun. **— fact** gerçekte, aslında. **— my opinion** kanımca, bana göre; bana kalırsa. **— order that** diye, ta ki. **— reply to** -e cevap olarak. **— sight** görünürde. **— so far as** -e kadar. **— that** yüzünden, -den dolayı; çünkü; mademki. **— the course of** sırasında, esnasında. **— three months** üç aya kadar. **believe — someone** birine güvenmek. **blind — one eye** bir gözü kör.
in (in) *z.* 1. içeride; içeriye; içine. 2. evde. 3. görev başında. 4. mevsimi gelmiş. 5. moda, gözde. **be — with** 1. ortağı olmak. 2. arkadaşı olmak. **have it — for** *k. dili* -e kin beslemek. **We are — for a fight.** Şimdi çattık belaya!/Muhakkak kavga çıkacak.
in (in) *s.* 1. iç. 2. iktidardaki. 3. elinde. 4. içeri doğru yönelen. 5. moda olan. **— and out** kâh içeride, kâh dışarıda.
in (in) *i.* 1. yetkili kişi. 2. *k. dili* torpil, piston. **be — with someone** birinin gözüne girmiş olmak; biriyle samimi olmak. **have an —** (bir yerde) torpili olmak. **the —s and outs** girdisi çıktısı, ayrıntılar.
in- *önek* 1. -siz, -sız, gayri-: **inconclusive** sonuçsuz. 2. içinde; içine; içeri, içeriye; -e doğru, -e: **indoors** içeride; içeri, içeriye.
ingrowing içe doğru büyüyen.
in.a.bil.i.ty (inıbil´ıti) *i.* yetersizlik, ehliyetsizlik; yeteneksizlik; güçsüzlük; beceriksizlik.
in.ac.ces.si.ble (inäkses´ıbıl) *s.* yanına varılmaz, erişilmez.
in.ac.cu.rate (inäk´yırit) *s.* yanlış, kusurlu, hatalı.
in.ac.tion (inäk´şın) *i.* hareketsizlik.
in.ac.tive (inäk´tiv) *s.* 1. hareketsiz. 2. *kim.* etkisiz. 3. *tic.* durgun.
in.ac.tiv.i.ty (inäktiv´ıti) *i.* 1. hareketsizlik. 2. *kim.* etkisizlik. 3. *tic.* durgunluk.
in.ad.e.quate (inäd´ıkwit) *s.* 1. yetersiz. 2. eksik, noksan.
in.ad.mis.si.ble (inıdmis´ıbıl) *s.* kabul olunmaz, uygun görülmez.
in.ad.ver.tent (inıdvır´tınt) *s.* kasıtsız, elde olmayan.
in.al.ien.a.ble (ineyl´yınıbıl) *s.* 1. (kişinin) elinden alınamayacak (hak). 2. satılamaz, devrolunamaz.
in.ane (ineyn´) *s.* 1. boş, anlamsız. 2. budala, aptal; budalaca, aptalca.
in.an.i.mate (inän´imit) *s.* 1. cansız, ruhsuz, ölü. 2. donuk, sönük.
in.ap.pro.pri.ate (inıpro´priyit) *s.* uygunsuz, yersiz, münasebetsiz.
in.apt (inäpt´) *s., bak.* **inept.**
in.ar.tic.u.late (inartik´yılit) *s.* 1. kendini iyi ifade edemeyen. 2. anlaşılmaz. 3. dilsiz. 4. iyi ifade edilmemiş.
in.as.much (inızmʌç´) *z.* **— as** 1. -diğine göre. 2. -diği derecede/kadar.
in.at.ten.tion (inıten´şın) *i.* dikkatsizlik.
in.at.ten.tive (inıten´tiv) *s.* dikkatsiz.
in.at.ten.tive.ness (inıten´tivnis) *i.* dikkatsizlik.
in.au.di.ble (inô´dıbıl) *s.* duyulamaz, işitilemez.
in.au.gu.ral (inô´gyırıl) *s.* açılış töreni ile ilgili.
in.au.gu.rate (inô´gyıreyt) *f.* 1. resmen işe başlatmak, (birini) törenle bir göreve getirmek. 2. törenle açmak, açılış töreniyle başlatmak. 3. başlamak; başlatmak, -in başlangıcı olmak.

in.au.gu.ra.tion (inôgıyrey'şın) *i.* 1. resmen işe başlama. 2. göreve başlama töreni. 3. açılış töreni, açılış.

in.aus.pi.cious (inôspiş'ıs) *s.* uğursuz, meşum.

in.born (in'bôrn) *s.* 1. (birinin) tabiatında olan, doğuştan gelen. 2. irsi, kalıtsal.

in.bound (in'baund) *s.* 1. limana/havaalanına giren (gemi/uçak). 2. şehir merkezine doğru giden (tren, otobüs v.b.).

in.bred (in'bred') *s.* uzun zaman boyunca edinilegelmiş.

in.built (in'bilt) *s.* 1. (bir şeyin) içinde olan, içine takılı/monte edilmiş. 2. (birinin) özünde/içinde olan.

in.cal.cu.la.ble (inkäl'kıyılıbıl) *s.* hesap edilemez, hesaplanamayan; haddi hesabı olmayan.

in.can.des.cence (inkındes'ıns) *i.* akkorluk.

in.can.des.cent (inkındes'ınt) *s.* akkor. — **lamp** elektrik ampulü.

in.ca.pa.ble (inkey'pıbıl) *s.* yeteneksiz, kabiliyetsiz; âciz, güçsüz.

in.ca.pac.i.tate (inkıpäs'ıteyt) *f.* güçsüz duruma getirmek; **for** -i yapamaz duruma getirmek.

in.ca.pac.i.ty (inkıpäs'ıti) *i.* güçsüzlük, yeteneksizlik.

in.car.cer.ate (inkar'sıreyt) *f.* hapsetmek.

in.car.nate (inkar'nit) *s.* 1. cisimlenmiş. 2. insan şekline girmiş.

in.case (inkeys') *f., bak.* **encase**.

in.cau.tious (inkô'şıs) *s.* dikkatsiz, tedbirsiz, düşüncesiz.

in.cen.di.ar.y (insen'diyeri) *s.* 1. kasten yangın çıkaran. 2. kışkırtıcı, karışıklık çıkaran. *i.* kundakçı. — **bomb** yangın bombası.

in.cense (in'sens) *i.* günlük, buhur, tütsü.

in.cense (insens') *f.* kızdırmak, öfkelendirmek.

in.cen.tive (insen'tiv) *i.* 1. isteklendiren ödül; özendirici şey. 2. dürtü, güdü. — **pay** teşvik primi.

in.cep.tion (insep'şın) *i.* başlama, başlangıç.

in.ces.sant (inses'ınt) *s.* devamlı, sürekli, ardı arkası kesilmeyen.

in.ces.sant.ly (inses'ıntli) *z.* sürekli olarak, ardı arkası kesilmeden.

in.cest (in'sest) *i.* ensest, yakın akraba ile cinsel ilişki kurma.

inch (inç) *i.* inç, parmak, 2,54 cm. — **along** 1. yavaş yavaş ilerlemek. 2. yavaş yavaş hareket ettirmek. **by —es** ağır ağır, yavaş yavaş. **every — tepeden** tırnağa. **within an — of his life** ölümüne ramak kalmış.

in.ci.dence (in'sıdıns) *i.* **of** (bir şeyin) meydana gelmesi: **The incidence of cholera has been declining.** Kolera vakaları azalmakta.

in.ci.dent (in'sıdınt) *i.* olay, hadise.

in.ci.den.tal (insıden'tıl) *s.* 1. ikinci derecede önemi olan (masraflar v.b.). 2. **to** -e eşlik eden, -in yol açabileceği: **problems incidental to divorce** boşanmanın yol açabileceği sorunlar.

in.ci.den.tal.ly (insıden'tıli) *z.* aklıma gelmişken.

in.cin.er.ate (insin'ıreyt) *f.* yakıp kül etmek.

in.cin.er.a.tor (insin'ıreytır) *i.* çöp fırını; fırın.

in.cip.i.ent (insip'iyınt) *s.* henüz başlamakta olan, yeni başlayan.

in.cise (insayz') *f.* hakketmek, oymak, kazımak.

in.ci.sion (insij'ın) *i.* 1. yarma, deşme. 2. *tıb.* ensizyon.

in.ci.sive (insay'siv) *s.* 1. keskin. 2. zeki.

in.ci.sor (insay'zır) *i.* kesicidiş.

in.cite (insayt') *f.* kışkırtmak, tahrik etmek; teşvik etmek.

in.cite.ment (insayt'mınt) *i.* kışkırtma, tahrik; teşvik.

in.ci.vil.i.ty (insıvil'ıti) *i.* 1. kabalık, nezaketsizlik. 2. kaba davranış.

in.clem.ent (inklem'ınt) *s.* sert, fırtınalı (hava).

in.cli.na.tion (inkliney'şın) *i.* 1. eğilim, meyil; istek, heves. 2. eğim, eğiklik.

in.cline (inklayn') *f.* 1. -e yöneltmek, -e sebep olmak: **It inclined him to support us.** Onu bizi desteklemeye yöneltti. 2. **to** eğiliminde olmak: **His thought inclines to the radical.** Düşüncesinde radikalliğe bir eğilim var. 3. eğilmek, meyletmek. 4. **to** (renk) -e çalmak. — **one's ear** kulak kabartmak. — **one's head** başını eğmek. —**d plane** eğri yüzey. —**d to** -e meyli olmak.

in.cline (in'klayn) *i.* meyil, eğim.

in.close (inkloz') *f., bak.* **enclose**.

in.clo.sure (inklo'jır) *i., bak.* **enclosure**.

in.clude (inklud') *f.* 1. içine almak, içermek, kapsamak. 2. dahil etmek, katmak.

in.clud.ed (inklu'did) *s.* dahil. **be — (in)** -e dahil olmak/edilmek.

in.clu.sion (inklu'jın) *i.* 1. dahil etme, katma; dahil olma, katılma. 2. içindeleme. 3. katılan şey.

in.clu.sive (inklu'siv) *s.* 1. **of** -i kapsayan, dahil: **The charge is a million liras inclusive of service.** Hesap, servis dahil bir milyon lira tuttu. 2. içlemci.

in.cog.ni.to (inkagni'to) *z.* takma adla; kılık değiştirerek.

in.co.her.ence (inkohir'ıns), **in.co.her.en.cy** (inkohir'ınsi) *i.* tutarsızlık.

in.co.her.ent (inkohir'ınt) *s.* 1. anlaşılmayan, anlaşılmaz (sözler/sesler). 2. tutarsız, rabıtasız, bağlantısız (sözler/fikirler).

in.come (in'kʌm) *i.* gelir, kazanç. — **tax** gelir vergisi. **gross —** brüt gelir. **net —** net gelir.

in.com.ing (in'kʌming) *s.* 1. giren, ele geçen. 2. yeni (hükümet/yıl).

in.com.men.su.rate (inkımen'şırıt) s. 1. oransız. 2. yetersiz.
in.com.mu.ni.ca.do (inkımyunıka'do) z. hold — kimseyle görüştürmemek, başkalarıyla görüşmesine izin vermemek.
in.com.mu.ni.ca.tive (inkımyu'nıkıtiv) s. bildiğini başkalarına söylemeyen, ketum.
in.com.pa.ra.ble (inkam'pırıbıl) s. 1. eşsiz, emsalsiz. 2. with/to ile karşılaştırılamaz, ile kıyaslanamaz.
in.com.pat.i.bil.i.ty (inkımpätıbil'ıti) i. uyuşmazlık, bağdaşmazlık.
in.com.pat.i.ble (inkımpät'ıbıl) s. 1. birbirine uymayan, birbirine zıt. 2. uyuşmaz, bağdaşmaz.
in.com.pe.tence (inkam'pıtıns), in.com.pe.ten.cy (inkam'pıtınsi) i. beceriksizlik, yetersizlik.
in.com.pe.tent (inkam'pıtınt) s. 1. yetersiz, beceriksiz. 2. huk. ehliyetsiz.
in.com.plete (inkımplit') s. eksik, noksan, bitmemiş; kusurlu.
in.com.pre.hen.si.ble (inkamprihen'sıbıl) s. anlaşılmaz, akıl almaz.
in.com.pre.hen.sion (inkamprihen'şın) i. anlayışsızlık, kavrayamama.
in.con.ceiv.a.ble (inkınsi'vıbıl) s. kavranılmaz, anlaşılmaz.
in.con.clu.sive (inkınklu'siv) s. 1. bir sonuca varmayan, sonuçsuz. 2. inandırıcı olmayan. 3. etkisiz.
in.con.gru.i.ty (inkang.gru'wıti) i. 1. uyuşmazlık, bağdaşmazlık. 2. uygunsuzluk, yersizlik. 3. uyuşmayan kısım/şey.
in.con.gru.ous (inkang'gruwıs) s. 1. uyuşmaz, bağdaşmaz. 2. uygunsuz, yersiz.
in.con.se.quent (inkan'sıkwınt) s. 1. tutarsız. 2. mantıksız. 3. konudışı.
in.con.se.quen.tial (inkansıkwen'şıl) s. 1. yersiz. 2. önemsiz.
in.con.sid.er.ate (inkınsid'ırit) s. düşüncesiz, saygısız.
in.con.sis.ten.cy (inkınsis'tınsi) i. tutarsızlık.
in.con.sis.tent (inkınsis'tınt) s. tutarsız; yaptıkları birbirini tutmayan (kimse); her zaman aynı seviyeyi tutmayan (iş). be — with ile çelişmek.
in.con.sol.a.ble (inkınso'lıbıl) s. avutulamaz.
in.con.spic.u.ous (inkınspik'yuwıs) s. 1. fark edilmeyen, göze çarpmayan. 2. önemsiz.
in.con.stant (inkan'stınt) s. 1. kararsız, değişken. 2. vefasız.
in.con.test.a.ble (inkıntes'tıbıl) s. tartışılmaz, itiraz edilemez, su götürmez.
in.con.ti.nent (inkan'tınınt) s. 1. kendini tutamayan. 2. idrarını tutamayan.
in.con.tro.vert.i.ble (inkantrıvır'tıbıl) s. yadsınamaz, inkâr edilemez.
in.con.tro.vert.i.bly (inkantrıvır'tıbli) z. yadsı-

namayacak şekilde.
in.con.ven.ience (inkınvin'yıns) i. güçlük, zahmet, rahatsızlık. f. zahmet vermek, rahatsız etmek.
in.con.ven.ient (inkınvin'yınt) s. 1. uygunsuz. 2. zahmetli, müşkül. 3. elverişsiz.
in.cor.po.rate (inkôr'pıreyt) f. 1. içermek, kapsamak. 2. into/in -e dahil etmek, -e katmak. 3. anonim şirket haline getirmek. 4. birleştirmek; birleşmek. 5. cisimlendirmek.
in.cor.po.rat.ed (inkôr'pıreytıd) s. anonim.
in.cor.rect (inkırekt') s. 1. yanlış. 2. düzeltilmemiş. 3. biçimsiz.
in.cor.ri.gi.ble (inkôr'ıcıbıl) s. adam olmaz, yola getirilemez, düzelmez (kimse).
in.cor.rupt.i.ble (inkırʌp'tıbıl) s. 1. rüşvet kabul etmez. 2. ahlakı bozulmaz. 3. bozulmaz, çürümez, kokuşmaz.
in.crease (inkris') f. 1. artmak, çoğalmak; artırmak, çoğaltmak. 2. büyümek, gelişmek; verimli olmak; büyütmek, geliştirmek.
in.crease (in'kris) i. 1. artış, artma, çoğalma. 2. ürün. 3. kâr. 4. hâsılat. on the — gittikçe artmakta.
in.creas.ing.ly (inkris'ing.li) z. gittikçe artarak: become increasingly difficult gittikçe zorlaşmak.
in.cred.i.ble (inkred'ıbıl) s. 1. inanılmaz, akıl almaz. 2. k. dili harika.
in.cre.du.li.ty (inkrıdu'lıti) i. 1. inanmazlık. 2. kuşku.
in.cred.u.lous (inkrec'ılıs) s. 1. inanmayan. 2. kuşkulu, kuşkulanan.
in.cred.u.lous.ness (inkrec'ılısnıs) i., bak. incredulity.
in.cre.ment (in'krımınt) i. artış, artma, çoğalma.
in.crim.i.nate (inkrim'ıneyt) f. suçlamak.
in.crust (inkrʌst') f., bak. encrust.
in.cu.bate (in'kyıbeyt) f. 1. kuluçkaya yatmak. 2. civciv çıkarmak. 3. kafasında (plan) kurmak.
in.cu.ba.tion (inkyıbey'şın) i. kuluçka dönemi.
in.cu.ba.tor (in'kyıbeytır) i. 1. kuluçka makinesi. 2. kuvöz.
in.cul.cate (inkʌl'keyt) f. öğretmek, tekrarlayarak kafasına sokmak, aşılamak.
in.cum.ben.cy (inkʌm'bınsi) i. 1. görev, vazife. 2. görev süresi.
in.cum.bent (inkʌm'bınt) s. be — on sorumluluğu -e ait olmak, -e düşmek: It is incumbent on you to educate your children. Çocuklarının eğitiminden sen sorumlusun. i. makamı işgal eden kimse.
in.cur (inkır') f. (—red, —ring) 1. uğramak, maruz kalmak, girmek. 2. üstüne çekmek, uyandırmak. — a debt borçlanmak, borca girmek.

in.cur.a.ble (înkyûr´ıbıl) *s.* onulmaz, amansız, şifasız.

in.cu.ri.ous (înkyûr´iyıs) *s.* 1. meraksız. 2. ilgisiz, kayıtsız.

in.cur.sion (înkır´jın) *i.* akın, hücum, saldırı.

in.debt.ed (îndet´îd) *s.* 1. borçlu. 2. teşekkür borçlu, minnettar.

in.de.cent (îndi´sınt) *s.* 1. yakışıksız, edepsiz, kaba. 2. *huk.* toplum töresine aykırı.

in.de.ci.pher.a.ble (îndîsay´fırıbıl) *s.* okunmaz, çözülmez, sökülmez.

in.de.ci.sion (îndîsîj´ın) *i.* kararsızlık.

in.de.ci.sive (îndîsay´sîv) *s.* 1. kararsız. 2. kesin olmayan.

in.de.co.rous (îndek´ırıs, îndîko´rıs) *s.* uygunsuz, münasebetsiz, yakışıksız, yakışık almayan.

in.de.co.rum (îndîko´rım) *i.* 1. uygunsuz davranış/söz, uygunsuzluk. 2. uygunsuzluk, uygunsuz olma.

in.deed (îndîd´) *z.* gerçekten, hakikaten, doğrusu. *ünlem* Öyle mi? **No, —!** Hiç de öyle değil!/Yok canım! **Yes, —!** Elbette!

in.de.fat.i.ga.ble (îndîfät´ıgıbıl) *s.* yorulmaz, yorulmak bilmez.

in.de.fen.si.ble (îndîfen´sıbıl) *s.* savunulamaz.

in.de.fin.a.ble (îndîfay´nıbıl) *s.* tanımlanamaz, açıklanması olanaksız, anlatılamaz.

in.def.i.nite (îndef´ınît) *s.* 1. belirsiz. 2. *dilb.* belgisiz. **— article** belgisiz sıfat: bir (*İngilizcede* **a, an**). **— pronoun** belgisiz zamir.

in.del.i.ble (îndel´ıbıl) *s.* 1. silinmez, çıkmaz, giderilmez (leke/iz). 2. silinmez, kalıcı (izlenim/etki/duygu). 3. sabit (boya/mürekkep). **— pencil** kopya kalemi.

in.del.i.ca.cy (îndel´ıkısi) *i.* 1. uygunsuzluk. 2. kabalık.

in.del.i.cate (îndel´ıkît) *s.* 1. uygun olmayan. 2. kaba, nezaketsiz.

in.dem.ni.fy (îndem´nıfay) *f.* 1. zararını ödemek. 2. zarar görmeyeceğine dair peşinen kefil olmak.

in.dem.ni.ty (îndem´nıti) *i.* 1. tazminat, ödence. 2. kefalet, teminat, güvence.

in.dent (îndent´) *f.* içerlek yazmak, paragraf başı yapmak.

in.dent (îndent´) *f.* çentmek.

in.den.ta.tion (îndentey´şın) *i.* 1. içerlek yazma. 2. (satır için) içerlek olma.

in.den.tion (înden´şın) *i., bak.* **indentation**.

in.den.ture (înden´çır) *i.* sözleşme. *f.* kontratla/senetle bağlamak.

in.de.pen.dence (îndîpen´dıns) *i.* bağımsızlık. **I— Day** *ABD* Bağımsızlık Günü (4 Temmuz). **the Declaration of I—** *ABD* Bağımsızlık Beyannamesi.

in.de.pen.dent (îndîpen´dınt) *s.* 1. bağımsız.

2. başına buyruk. 3. (ekonomik açıdan) bağımsız, kendi geliri ile geçinebilen. 4. *pol.* bağımsız. *i., pol.* bağımsız.

in.de.pen.dent.ly (îndîpen´dıntli) *z.* 1. bağımsız olarak. 2. birbirini etkilemeden.

in.de.scrib.a.ble (îndîskray´bıbıl) *s.* tanımlanamaz, anlatılmaz.

in.de.struc.ti.ble (îndîstrʌk´tıbıl) *s.* yıkılmaz, yok edilemez.

in.de.ter.mi.nate (îndîtır´mınît) *s.* 1. sınırsız, belirsiz, bellisiz. 2. kuşkulu.

in.dex (în´deks), *çoğ.* **—es** (în´deksîz)/**in.di.ces** (în´dısîz) *i.* 1. dizin, indeks, fihrist. 2. katalog. 3. gösterge. *f.* 1. (kitap) için dizin hazırlamak, (kitabın) indeksini yapmak. 2. işaret etmek, göstermek. **— card** fiş. **— finger** işaretparmağı. **card —** *İng.* kartotek. **cost-of-living —** geçim indeksi.

In.di.a (în´dîyı) *i.* Hindistan. **— ink** çini mürekkebi.

In.di.an (în´dîyın) *i.* 1. Hintli. 2. Kızılderili. *s.* 1. Hint; Hindistan; Hindistan'a özgü. 2. Hintli. 3. Kızılderili, Kızılderililere özgü. 4. Kızılderili. **— corn** mısır. **— file** tek sıra (yürüyüş). **— hemp** hintkeneviri. **— lotus** hintfulü. **— rice** hintpirinci. **— summer** pastırma yazı. **— yellow** hintsarısı. **the — Ocean** Hint Okyanusu. **the — Subcontinent** Hint Yarımadası.

In.di.a-rub.ber (îndîyı.rʌb´ır) *s., İng.* lastik.

in.di.cate (în´dîkeyt) *f.* işaret etmek, göstermek, imlemek.

in.di.ca.tion (îndîkey´şın) *i.* 1. bildirme, anlatma, gösterme. 2. belirti, delil, gösterge, işaret.

in.dic.a.tive (îndîk´ıtîv) *s.* **be — of** -i göstermek, -e işaret etmek. **the — mood** *dilb.* bildirme kipi.

in.di.ca.tor (în´dîkeytır) *i.* gösterge, ibre.

in.di.ces (în´dısîz) *i., çoğ., bak.* **index**.

in.dict (îndayt´) *f.* **for** ile suçlamak.

in.dict.ment (îndayt´mınt) *i.* 1. iddianame, savca. 2. suçlama. 3. dava açma.

in.dif.fer.ence (îndîf´ırıns) *i.* 1. aldırmazlık. 2. ilgisizlik. **a matter of —** ilgilenmeye değmeyen sorun.

in.dif.fer.ent (îndîf´ırınt) *s.* 1. kaygısız, aldırmaz, umursamayan. 2. duygusuz. 3. önemsiz. **be — to** -e karşı ilgisiz olmak, -e ilgi göstermemek: **He's indifferent to her.** Ona karşı ilgisiz.

in.dig.e.nous (îndîc´ınıs) *s.* 1. yerli. 2. **to** (bir yere) özgü, (bir yerde) doğal olarak bulunan/yetişen.

in.di.gent (în´dıcınt) *s.* yoksul, fakir.

in.di.gest.i.ble (îndîces´tıbıl) *s.* sindirilemeyen.

in.di.ges.tion (îndîces´çın) *i.* sindirim güçlüğü, hazımsızlık, mide fesadı.

in.dig.nant (îndîg´nınt) *s.* (haksızlıktan dolayı) kızgın, öfkeli.

in.dig.na.tion (indigney'şın) *i.* (haksızlıktan dolayı) kızgınlık, öfke.
in.dig.ni.ty (indig'niti) *i.* küçük düşürücü hareket, hakaret; onur kırıcı durum.
in.di.go (in'digo) *i.* 1. çivit rengi, çivit mavisi. 2. *bot.* çivitotu, indigo. *s.* çivit rengi, çivit mavisi, çividi. — **blue** çivit rengi, çivit mavisi. — **plant** *bot.* çivitotu, indigo.
in.di.go-blue (in'digo.blu) *s.* çivit rengi, çivit mavisi, çividi.
in.di.rect (indirekt') *s.* 1. dolaylı. 2. dolaşık, dolambaçlı. — **cost** dolaylı masraf. — **lighting** dolaylı ışıklandırma. — **object** dolaylı tümleç, -e halindeki isim. — **tax** dolaylı vergi.
in.di.rect.ly (indirekt'li) *z.* dolaylı olarak.
in.dis.cern.i.ble (indisır'nıbıl) *s.* seçilemez, ayırt edilemez, fark edilemeyecek.
in.dis.creet (indiskrit') *s.* düşüncesiz; geveze, boşboğaz, ağzı gevşek.
in.dis.crete (indiskrit') *s.* kısımlara bölünmemiş, toplu halde.
in.dis.cre.tion (indiskreş'ın) *i.* 1. düşüncesizlik; boşboğazlık. 2. düşüncesiz hareket.
in.dis.crim.i.nate (indiskrim'ınıt) *s.* gelişigüzel, rasgele; ayırt edilmemiş, karışık.
in.dis.pen.sa.ble (indispen'sıbıl) *s.* gerekli, vazgeçilmez, zorunlu.
in.dis.pose (indispoz') *f.* 1. hevesini kırmak, soğutmak. 2. rahatsız etmek.
in.dis.posed (indispozd') *s.* 1. rahatsız, hasta, keyifsiz. 2. isteksiz.
in.dis.po.si.tion (indispızış'ın) *i.* 1. rahatsızlık, keyifsizlik. 2. isteksizlik.
in.dis.put.a.ble (indispyu'tıbıl) *s.* su götürmez, kesin, tartışılmaz.
in.dis.tinct (indistingkt') *s.* belirsiz, iyice görülmeyen, bulanık.
in.dis.tin.guish.a.ble (indisting'gwişıbıl) *s.* ayırt edilmesi olanaksız, seçilemez.
in.di.vid.u.al (indıvic'uwıl) *s.* 1. her ... kendi ...: **This decision will be up to the individual agencies.** Bu konuda her acente kendi kararını verecek. **The individual tiles are each a work of art.** Her çini başlı başına bir sanat eseri. 2. bireysel, kişisel: **individual differences** kişisel farklılıklar. 3. tek kişilik. *i.* 1. birey, fert. 2. kişi, kimse, şahıs.
in.di.vid.u.al.ism (indıvic'uwılizım) *i.* bireycilik.
in.di.vid.u.al.ist (indıvic'uwılist) *i.* bireyci.
in.di.vid.u.al.i.ty (indıvicuwäl'ıti) *i.* bireysellik.
in.di.vid.u.al.ly (indıvic'uwıli) *z.* tek tek, ayrı ayrı.
in.di.vis.i.ble (indıviz'ıbıl) *s.* bölünmez.
In.do.chi.na (in'do.çay'nı) *i.* Çinhindi.
In.do-chi.nese (in'do.çayniz') *i.* (çoğ. **In.do-chi.nese**) Çinhintli. *s.* 1. Çinhindi, Çinhindi'ne özgü. 2. Çinhintli.

in.doc.tri.nate (indak'trıneyt) *f.* 1. bir düşünce sisteminin esaslarını öğretmek. 2. telkin etmek, (fikir) aşılamak.
In.do-Eu.ro.pe.an (in'do.yûrıpi'yın) *s.* Hint-Avrupa dil ailesine ait. — **languages** Hint-Avrupa dilleri.
in.do.lent (in'dılınt) *s.* 1. tembel, üşengen, üşengeç. 2. *tıb.* ağrısız.
in.dom.i.ta.ble (indam'ıtıbıl) *s.* yılmaz, boyun eğmez.
In.do.ne.sia (indıni'jı) *i.* Endonezya, İndonezya. —**n** *i.* Endonezyalı. *s.* 1. Endonezya, Endonezya'ya özgü. 2. Endonezyalı.
in.door (in'dôr) *s.* 1. iç mekânlara uygun; iç mekânlarda kullanılan: **indoor shoes** iç mekânlarda giyilen ayakkabılar. 2. kapalı: **indoor tennis court** kapalı tenis kortu. 3. iç mekânlarda yapılan: **He's got an indoor job.** Onun işi içeride çalışmasını gerektiriyor. 4. *tiy.* iç mekânda geçen (sahne).
in.doors (in'dôrz') *z.* içeride; içeri, içeriye: **Stay indoors!** İçeride kal! **She went indoors.** İçeri gitti.
in.dorse (indôrs') *f., bak.* **endorse**.
in.duce (indus') *f.* 1. neden olmak. 2. ikna etmek, kandırıp yaptırmak.
in.duce.ment (indus'mınt) *i.* 1. neden, vesile. 2. ikna, teşvik.
in.duct (indʌkt') *f.* 1. askere almak. 2. göreve getirmek, memuriyete başlatmak.
in.duc.tion (indʌk'şın) *i.* 1. göreve getirme. 2. *man.* tümevarım. 3. sonuç çıkarma. 4. *elek.* indüksiyon, indükleme.
in.duc.tive (indʌk'tiv) *s.* 1. *man.* tümevarımsal. 2. *elek.* indükleyen, indüksiyon yapan.
in.dulge (indʌlc') *f.* 1. (sakınılması gereken bir şeye) teslim olmak: **She indulged her desire for candy.** Şeker yeme arzusuna yenildi. 2. in kendine bir şey yapma izni vermek: **I haven't indulged in cigarettes for a week.** Bir haftadır sigaradan uzak duruyorum. 3. (arzu, rica v.b.'ni) yerine getirmek. 4. -e yüz vermek: **Don't indulge that naughty child.** O yaramaz çocuğa yüz verme.
in.dul.gence (indʌl'cıns) *i.* 1. düşkünlük. 2. hoşgörü.
in.dul.gent (indʌl'cınt) *s.* hoşgörülü.
in.dus.tri.al (indʌs'triyıl) *s.* endüstriyel, sınai, işleyimsel. — **action** *İng.* grev; işi yavaşlatma. — **arts** endüstriyel sanatlar. — **engineer** endüstri mühendisi. — **estate** *İng.* organize sanayi bölgesi. — **school** endüstri meslek lisesi.
in.dus.tri.al.ise (indʌs'triyılayz) *f., İng., bak.* **industrialize**.
in.dus.tri.al.ist (indʌs'triyılist) *i.* sanayici.
in.dus.tri.al.ize (indʌs'tri-

industrious 220

yılayz) f. sanayileştirmek.
in.dus.tri.ous (indʌs'triyıs) s. çalışkan, gayretli.
in.dus.try (in'dıstri) i. 1. sanayi, endüstri, işleyim. 2. çalışkanlık, gayret. **heavy** — ağır sanayi. **light** — hafif sanayi.
in.e.bri.ate (ini'briyeyt) f. sarhoş etmek, mest etmek.
in.ed.i.ble (ined'ıbıl) s. yenmez.
in.ef.fa.ble (inef'ıbıl) s. 1. sözü edilmez, ağza alınmaz (kutsal). 2. tarifsiz, anlatılmaz.
in.ef.fec.tive (inifek'tiv) s. 1. etkisiz (çare, ilaç v.b.). 2. yeteneksiz (yönetici, işçi v.b.).
in.ef.fec.tu.al (inifek'çuwıl) s. 1. etkisiz (çare, ilaç v.b.). 2. başarısız; yeteneksiz (yönetici, işçi v.b.).
in.ef.fi.cient (inifiş'ınt) s. 1. istenilen etkiyi uyandırmayan, etkisiz. 2. zaman ve enerjiyi ekonomik bir şekilde kullanmayan, verimsiz, randımansız (iş yöntemi, makine v.b.).
in.el.e.gant (inel'ıgınt) s. zarif olmayan, incelikten yoksun.
in.el.i.gi.ble (inel'ıcıbıl) s. 1. katılma hakkı olmayan. 2. bir makam için yeterli nitelikleri olmayan, yetersiz. 3. *ask.* hizmete alınamaz.
in.e.luc.ta.ble (inilʌk'tıbıl) s. kaçınılmaz.
in.ept (inept') s. 1. uygunsuz, yersiz, yakışıksız. 2. beceriksiz, hünersiz.
in.ep.ti.tude (inep'titud) i. 1. uygunsuzluk. 2. beceriksizlik. 3. gaf, pot.
in.e.qual.i.ty (inikwal'ıti) i. 1. eşitsizlik, farklılık. 2. değişebilirlik, değişkenlik.
in.eq.ui.ta.ble (inek'wıtıbıl) s. haksız, insafsız.
in.eq.ui.ty (inek'wıti) i. haksızlık, insafsızlık.
in.ert (inırt') s. 1. *fiz.* süreduran. 2. hareketsiz. 3. ağır, tembel, uyuşuk. 4. *kim.* eylemsiz.
in.er.tia (inır'şı) i. 1. *fiz.* süredurum, atalet. 2. tembellik.
in.es.cap.a.ble (iniskey'pıbıl) s. kaçınılmaz.
in.es.sen.tial (inisen'şıl) s. gereksiz.
in.es.ti.ma.ble (ines'tımıbıl) s. 1. hesaba sığmaz, hesapsız. 2. paha biçilmez, çok değerli.
in.ev.i.ta.ble (inev'ıtıbıl) s. kaçınılmaz, çaresiz.
in.ev.i.ta.bly (inev'ıtıbli) z. kaçınılmaz şekilde.
in.ex.act (inigzäkt') s. 1. kesin olmayan. 2. tam doğru olmayan, yanlış, hatalı.
in.ex.cus.a.ble (inikskyu'zıbıl) s. bağışlanamaz, affedilmez.
in.ex.cus.a.bly (inikskyu'zıbli) z. affedilmeyecek şekilde.
in.ex.haust.i.ble (inigzôs'tıbıl) s. 1. tükenmez, bitmez tükenmez. 2. yorulmaz.
in.ex.o.ra.ble (inek'sırıbıl) s. 1. amansız, insafsız, acımasız. 2. değiştirilemez.
in.ex.pe.di.ent (inikspi'diyınt) s. amaca uygun düşmeyen, elverişsiz.
in.ex.pen.sive (inikspen'siv) s. ucuz, masrafı az.
in.ex.pen.sive.ly (inikspen'sivli) z. ucuza.
in.ex.pe.ri.ence (inikspir'iyıns) i. tecrübesizlik, deneyimsizlik, acemilik.
in.ex.pe.ri.enced (inikspir'iyınst) s. tecrübesiz, deneyimsiz, acemi.
in.ex.pert (inek'spırt) s. 1. tecrübesiz, deneyimsiz, acemi. 2. beceriksiz.
in.ex.pli.ca.ble (inek'splikibıl, ineksplik'ıbıl) s. nedeni anlaşılmaz, açıklanamaz.
in.ex.pli.ca.bly (inek'splikıbli) z. açıklanamayacak şekilde.
in.ex.press.i.ble (inikspres'ıbıl) s. anlatılmaz, ifade edilemez.
in.ex.press.i.bly (inikspres'ıbli) z. anlatılamayacak derecede.
in.ex.pres.sive (inikspres'iv) s. bir anlam/düşünce ifade etmeyen.
in.ex.tri.ca.ble (ineks'trikıbıl) s. 1. içinden çıkılmaz. 2. çözülmez. 3. ayrılmaz; girift.
in.ex.tri.ca.bly (ineks'trikıbli) z. içinden çıkılamayacak şekilde.
in.fal.li.bil.i.ty (infälıbil'ıti) i. yanılmazlık.
in.fal.li.ble (infäl'ıbıl) s. yanılmaz, şaşmaz, hata yapmaz.
in.fal.li.bly (infäl'ıbli) z. yanılmadan.
in.fa.mous (in'fımıs) s. 1. adı kötüye çıkmış. 2. rezil. 3. ayıp, çok çirkin.
in.fa.my (in'fımi) i. rezalet, alçaklık.
in.fan.cy (in'fınsi) i. 1. bebeklik, çocukluk. 2. küçüklük. 3. (tasarı, iş v.b.'nin) başlangıç aşaması, emekleme dönemi.
in.fant (in'fınt) i. bebek, küçük çocuk. s. küçük.
in.fan.tile (in'fıntayl) s. 1. çocuğa özgü. 2. çocukça. 3. çocuğa benzer. — **paralysis** *tıb.* çocuk felci.
in.fan.til.ism (infän'tılizım) i., *ruhb.* bebeksilik.
in.fan.try (in'fıntri) i. piyade.
in.fat.u.ate (infäç'uweyt) f. aklını çelmek, çıldırtmak. **be —d with** -e deli gibi âşık olmak.
in.fat.u.a.tion (infäçuwey'şın) i. (**with**) (-e) hayranlık, delicesine âşık olma.
in.fect (infekt') f. bulaştırmak, geçirmek.
in.fec.tion (infek'şın) i. 1. bulaşma; bulaştırma. 2. enfeksiyon.
in.fec.tious (infek'şıs) s. 1. bulaşıcı. 2. başkalarına kolay geçen (gülme/neşe).
in.fe.lic.i.tous (infilis'ıtıs) s. hoş olmayan/nahoş (söz/davranış).
in.fe.lic.i.ty (infilis'ıti) i. hoş olmayan/nahoş söz/davranış.
in.fer (infır') f. (**—red, —ring**) (**from**) (-den) 1. anlamak, çıkarmak. 2. sonuç çıkarmak.
in.fer.ence (in'fırıns) i. sonuç çıkarma.
in.fe.ri.or (infir'iyır) s. 1. (**to**) (-den) aşağı, daha aşağı bir nitelikte olan. 2. kalitesiz.
in.fe.ri.or.i.ty (infiriyôr'iti) i. 1. daha aşağı bir

th	dh	w	hw	b	c	ç	d	f	g	h	j	k	l	m	n	p	r	s	ş	t	v	y	z
thin	the	we	why	be	joy	chat	ad	if	go	he	regime	key	lid	me	no	up	or	us	she	it	via	say	is

nitelikte olma. 2. kalitesizlik. — **complex** aşağılık kompleksi.
in.fer.nal (infır´nıl) *s.* 1. cehenneme ait. 2. iğrenç.
in.fer.no (infır´no) *i.* 1. cehennem. 2. cehennem gibi yer.
in.fer.tile (infır´til) *s.* 1. çorak, verimsiz. 2. kısır.
in.fer.til.i.ty (infırtil´ıti) *i.* 1. verimsizlik. 2. kısırlık.
in.fest (infest´) *f.* (bit/kurt/fare) istila etmek, etrafı sarmak.
in.fes.ta.tion (infestey´şın) *i.* (bit/kurt/fare) istila etme, etrafı sarma.
in.fest.ed (infes´tıd) *s.* **be — with** -in içinde/üzerinde çok olmak, ile dolu olmak: **The area's infested with bandits.** Bölge haydut dolu.
in.fi.del (in´fidıl) *i.* kâfir.
in.fi.del.i.ty (infidel´iti) *i.* 1. sadakatsizlik. 2. zina. 3. imansızlık, küfür.
in.fil.trate (infil´treyt) *f.* (örgüt, kuruluş v.b.'ne) sızmak/gerçek kimliğini gizleyerek girmek. **— someone into** birini -e sızdırmak.
in.fil.tra.tion (infiltrey´şın) *i.* (örgüt, kuruluş v.b.'ne) sızma/gerçek kimliğini gizleyerek girme.
in.fin.ite (in´finit) *s.* 1. sonsuz, sınırsız. 2. bitmez, tükenmez. 3. muazzam bir, çok büyük bir (sabır, dikkat v.b.). **— pains** sonsuz gayret.
in.fin.ite.ly (in´finitli) *z.* son derece, çok.
in.fin.i.tes.i.mal (infinites´ımıl) *s.* 1. *mat.* infinitezimal, sonsuzküçük. 2. ölçülemeyecek kadar küçük.
in.fin.i.tive (infin´ıtiv) *i., dilb.* mastar. **split — "to quickly report"** cümleciğindeki gibi zarf ile ikiye bölünmüş mastar.
in.fin.i.ty (infin´iti) *i.* sonsuzluk, sınırsızlık.
in.firm (infırm´) *s.* zayıf, kuvvetsiz, halsiz.
in.fir.ma.ry (infır´mıri) *i.* 1. (okulda/fabrikada) revir. 2. hastane. 3. klinik.
in.fir.mi.ty (infır´miti) *i.* 1. zayıflık. 2. hastalık. 3. sakatlık.
in fla.gran.te de.lic.to (in flıgrän´ti dilik´to) *z.* suçüstü, cürmü meşhut halinde.
in.flame (infleym´) *f.* 1. tutuşturmak, alevlendirmek; tutuşmak, alevlenmek. 2. kışkırtmak, tahrik etmek. 3. öfkelendirmek. 4. *tıb.* iltihaplandırmak.
in.flam.ma.ble (inflämıbıl) *s.* 1. kolay tutuşan, parlayıcı. 2. kolay kızdırılır.
in.flam.ma.tion (inflımey´şın) *i., tıb.* 1. kızarma. 2. iltihaplanma, iltihap, yangı.
in.flam.ma.to.ry (infläm´ıtori) *s.* kışkırtıcı, tahrik edici.
in.flate (infleyt´) *f.* 1. hava ile şişirmek. 2. (fiyatları) suni olarak yükseltmek, şişirmek. 3. piyasaya çok miktarda kâğıt para çıkarmak.
in.fla.tion (infley´şın) *i.* enflasyon, paraşişkinliği.
in.flect (inflekt´) *f.* 1. ses tonunu değiştirmek.

2. *dilb.* çekmek.
in.flec.tion, *İng.* **in.flex.ion** (inflek´şın) *i.* 1. sesin yükselip alçalması. 2. *dilb.* çekim. **internal — *dilb.*** içbükün.
in.flex.i.ble (inflek´sıbıl) *s.* 1. eğilmez, bükülmez. 2. inatçı.
in.flex.ion (inflek´şın) *i., İng., bak.* **inflection**.
in.flict (inflikt´) *f.* **(on/upon)** -e (ağrı/acı/ceza) vermek. **— a punishment on someone** birini cezaya çarptırmak.
in.flo.res.cence (inflıres´ıns) *i., bot.* çiçek durumu.
in.flow (in´flo) *i.* içeriye akış.
in.flu.ence (in´fluwıns) *i.* etki, tesir, nüfuz. *f.* 1. etkilemek, tesir etmek. 2. sözünü geçirmek. **under the — *k.* dili** sarhoş.
in.flu.en.tial (influwen´şıl) *s.* etkili, sözü geçen.
in.flu.en.za (influwen´zı) *i.* grip, enflüanza.
in.flux (in´flʌks) *i.* 1. içeriye akma. 2. akın.
in.form (infôrm´) *f.* 1. **(of/about/that)** -den haberdar etmek, hakkında bilgi vermek, -i bildirmek: **I informed him that I would not come tomorrow.** Ona yarın gelmeyeceğimi bildirdim. 2. bilgilendirmek. 3. **against/on** -i ihbar etmek.
in.for.mal (infôr´mıl) *s.* teklifsiz, resmi olmayan.
in.for.mal.i.ty (infôrmäl´ıti) *i.* teklifsizlik.
in.for.mal.ly (infôr´mıli) *z.* gayriresmi olarak; teklifsizce.
in.for.mant (infôr´mınt) *i.* bilgi veren kimse.
in.for.ma.tion (infırmey´şın) *i.* 1. bilgi, haber. 2. danışma. **— desk** danışma, danışılan yer.
in.form.a.tive (infôr´mıtiv) *s.* bilgilendirici, aydınlatıcı, eğitici.
in.formed (infôrmd´) *s.* bilgili, haberli.
in.form.er (infôr´mır) *i.* jurnalci, ihbarcı, muhbir.
in.frac.tion (infräk´şın) *i.* (kuralları) bozma, ihlal.
in.fra.red (infrıred´) *s.* kızılötesi, kızılaltı, enfraruj.
in.fra.struc.ture (in´frıstrʌkçır) *i.* altyapı, enfrastrüktür.
in.fre.quent (infri´kwınt) *s.* seyrek.
in.fringe (infrinc´) *f.* 1. (anlaşma, antlaşma v.b.'ni) bozmak, ihlal etmek. 2. **on/upon** -e tecavüz etmek.
in.fringe.ment (infrinc´mınt) *i.* 1. (anlaşma, antlaşma v.b.'ni) bozma. 2. **on/upon** -e tecavüz etme.
in.fu.ri.ate (infyûr´iyeyt) *f.* çıldırtmak, çileden çıkarmak, çok öfkelendirmek.
in.fuse (infyuz´) *f.* 1. **with** -i aşılamak; **into** -e aşılamak. 2. **into** içine dökmek/akıtmak. 3. (çay) demlemek, demlendirmek.
in.fu.sion (infyu´jın) *i.* 1. içine dökme/akıtma; içine dökülme. 2. demleme, demlendirme. 3. demlenmiş içecek (çay/ilaç). 4. *tıb.* damara zerk etme, içitim.
in.gen.ious (incin´yıs) *s.* çok becerikli, hü-

nerli, maharetli, mahir. 2. usta işi, mahirane.
in.gen.ious.ly (incin´yısli) *z.* ustalıkla, mahirane bir şekilde.
in.ge.nu.i.ty (incınu´wıti) *i.* ustalık, maharet, hüner.
in.gen.u.ous (incen´yuwıs) *s.* 1. saf, masum. 2. açıkyürekli, samimi, candan.
in.glo.ri.ous (in.glor´iyıs) *s.* 1. utandırıcı, yüz kızartıcı. 2. şerefsiz. 3. tanınmamış.
in.go.ing (in´gowing) *s.* 1. iktidara yeni gelen (hükümet). 2. kabaran (deniz).
in.got (îng´gıt) *i.* külçe.
in.grate (in´greyt) *i.* nankör kimse.
in.gra.ti.ate (in.grey´şiyeyt) *f.* — oneself with someone birinin gözüne girmeye çalışmak.
in.grat.i.tude (in.grät´ıtud) *i.* nankörlük.
in.gre.di.ent (in.gri´diyınt) *i.* karışımdaki madde, malzeme.
in.grow.ing (in´growing) *s.* içe doğru büyüyen.
in.gui.nal (îng´gwınıl) *s.* kasıksal, kasığa ait. — **gland** *anat.* kasık bezi.
in.hab.it (inhäb´it) *f.* içinde oturmak.
in.hab.it.a.ble (inhäb´itıbıl) *s.* içinde oturulur, oturmaya elverişli.
in.hab.i.tant (inhäb´ıtınt) *i.* (bir yerde) oturan kimse, sakin.
in.ha.la.tion (inhıley´şın) *i.* 1. nefes alma. 2. (sigara dumanı v.b.'ni) içine çekme.
in.hale (inheyl´) *f.* 1. nefes almak. 2. (sigara dumanı v.b.'ni) içine çekmek.
in.her.ence (inhir´ıns), **in.her.en.cy** (inhir´ınsi) *i.* (bir şeye/birine) özgü olma.
in.her.ent (inhir´ınt, inher´ınt) *s.* (bir şeye/birine) özgü/has; esas, asıl, öz: **inherent rights** temel haklar. **be — in something** bir şeyin aslında var olmak.
in.her.it (inher´it) *f.* -e miras kalmak; vâris olmak.
in.her.i.tance (inher´ıtıns) *i.* 1. miras, kalıt. 2. *biyol.* kalıtım, soyaçekim. — **tax** veraset vergisi.
in.her.it.ed (inher´itid) *s.* 1. irsi, kalıtsal. 2. miras kalan.
in.her.i.tor (inher´ıtır) *i.* mirasçı, vâris.
in.hib.it (inhi´bit) *f.* 1. **from** -den alıkoymak, -i engellemek. 2. yavaşlatmak. 3. *ruhb.* inhibe etmek.
in.hib.it.ed (inhi´bitid) *s.* duygularını pek dışa vuramayan.
in.hi.bi.tion (inhibiş´ın) *i.* 1. alıkoyma, engelleme. 2. yavaşlatma. 3. *ruhb.* inhibisyon, inhibe etme.
in.hos.pi.ta.ble (inhas´pitıbıl, inhaspit´ıbıl) *s.* 1. konuk sevmez. 2. barınak olmayan (yer).
in.hu.man (inhyu´mın) *s.* insanlık dışı, merhametsiz, şefkatsiz, zalim.
in.hu.mane (inhyumeyn´) *s.* zalim, merhametsiz.
in.hu.man.i.ty (inhyumän´ıti) *i.* insaniyetsizlik.

in.im.i.cal (inim´ikıl) *s.* 1. **to** -e düşman: **That village is inimical to strangers.** O köy yabancılara düşman. 2. **to** -e ters düşen, -e karşıt; -e zararlı: **His plan is inimical to our interests.** Onun planı bizim çıkarlarımıza ters düşüyor.
in.im.i.ta.ble (inim´ıtıbıl) *s.* 1. taklit edilemez. 2. eşsiz.
in.iq.ui.ty (inîk´wıti) *i.* 1. günah. 2. kötülük. 3. haksızlık, adaletsizlik.
in.i.tial (iniş´ıl) *s.* baştaki, birinci, ilk. *i.* birinin ad veya soyadının baş harfi. *f.* (**—ed/—led, —ing/—ling**) parafe etmek.
in.i.tial.ly (iniş´ıli) *z.* ilkin, başta, başlangıçta, önce.
in.i.tials (iniş´ılz) *i.* 1. birinin ad ve soyadının baş harfleri. 2. paraf.
in.i.ti.ate (iniş´iyeyt) *f.* 1. başlatmak. 2. **into** -e alıştırmak, -i göstermek. 3. **into** -i törenle üyeliğe kabul etmek.
in.i.ti.ate (iniş´iyit) *i.* üyeliğe yeni kabul edilmiş kimse.
in.i.ti.a.tion (inişiyey´şın) *i.* 1. üyeliğe kabul töreni. 2. başlatma.
in.i.tia.tive (iniş´itiv) *i.* 1. inisiyatif. 2. girişim, teşebbüs. **on one's own** — kendi inisiyatifini kullanarak. **take the** — inisiyatifini kullanmak, ilk adımı atmak, ön ayak olmak.
in.i.ti.a.tor (iniş´iyeytır) *i.* başlatan kimse.
in.ject (incekt´) *f.* şırınga etmek, enjeksiyon yapmak.
in.jec.tion (incek´şın) *i.* enjeksiyon, iğne.
in.ju.di.cious (incudiş´ıs) *s.* tedbirsiz; düşüncesiz; patavatsız.
in.junc.tion (incʌngk´şın) *i., huk.* (birinin bir şey yapmasını/yapmamasını emreden, mahkemece verilen) karar.
in.jure (in´cır) *f.* 1. incitmek, zarar vermek. 2. bozmak.
in.ju.ri.ous (incûr´iyıs) *s.* 1. zararlı, dokunur. 2. kırıcı, yerici, aşağılayıcı.
in.ju.ry (in´cıri) *i.* 1. zarar, ziyan. 2. eza, üzgü. 3. haksızlık. 4. yara.
in.jus.tice (incʌs´tîs) *i.* haksızlık, adaletsizlik. **do someone an** — birine haksızlık etmek.
ink (îngk) *i.* mürekkep. **indelible** — sabit mürekkep. **printer's** — baskı mürekkebi.
ink.ling (îngk´ling) *i.* 1. işaret, ipucu. 2. seziş.
ink.pad (îngk´päd) *i.* ıstampa.
ink.well (îngk´wel) *i.* mürekkep hokkası.
in.laid (în´leyd) *f., bak.* **inlay.** *s.* kakma, kakmalı, işlemeli.
in.land (în´lınd) *i.* ülkenin denizden uzak yerleri; ülkenin iç kısmı. *s.* denizden uzak, iç. *z.* denizden uzakta, iç kısımlarda; iç kısımlara doğru. — **revenue** *İng.* yurt içinde tahsil edilen vergi. — **sea** kapalı deniz, iç deniz. — **waters** iç sular. **the I— Revenue** (Britanya'daki

milli) vergi dairesi.
in-law (în´lô) *i., k. dili* evlilik dolayısıyla yakın akraba olan kimse.
in.lay (în´ley, înley´) *f.* **(in.laid)** içine kakmak, kakma yapmak. *i.* 1. kakma işi. 2. *dişçi.* dolgu.
in.let (în´let) *i.* 1. koy, küçük körfez. 2. giriş, giriş yeri.
in.mate (în´meyt) *i.* 1. hapishanede/akıl hastanesinde bulunan kimse. 2. sakin. 3. başkası ile aynı evde oturan kimse. 4. birlikte oturan kimse.
in.most (în´most) *s.* en içerideki, en içteki.
inn (în) *i.* han, otel.
in.nards (în´ırdz) *i., çoğ., k. dili* iç kısımlar, iç organlar.
in.nate (în´eyt, îneyt´) *s.* 1. (bir şeye/birine) özgü/has; esas, asıl, öz. 2. irsi, kalıtsal. 3. (birinin) tabiatında olan. 4. *fels.* doğuştan olan.
in.ner (în´ır) *s.* 1. iç, dahili. 2. iç, ruhsal. 3. gizli, saklı (anlam v.b.). **— city** şehrin merkezinde yoksulların oturduğu mahalle. **— significance** derin/gizli anlam. **— tube** iç lastik. **the — man** ruh, vicdan.
in.ner.most (în´ırmost) *s.* en içerideki, en içteki.
in.ning (în´îng) *i., beysbol* her iki takımdaki oyuncuların birer vuruş sırası.
in.nings (în´îngz) *i.* 1. *kriket* bir takımdaki on oyuncunun oyun dışı edilinceye kadar vuruş sıraları. 2. sıra, nöbet.
inn.keep.er (în´kîpır) *i.* hancı, otelci.
in.no.cence (în´ısıns) *i.* 1. masumluk, suçsuzluk. 2. saflık.
in.no.cent (în´ısınt) *s.* 1. masum, suçsuz. 2. zararsız. 3. saf, safdil. *i.* 1. masum kimse/çocuk. 2. aptal kimse. **— amusement** zararsız eğlence.
in.noc.u.ous (înak´yuwıs) *s.* zararsız, incitmeyen.
in.no.vate (în´ıveyt) *f.* yenilik çıkarmak, değişiklik yapmak.
in.no.va.tion (înıvey´şın) *i.* 1. değişiklik yapma; yenilik getirme. 2. yenilik; değişiklik. 3. yeni metot/alet, yeni şey.
in.no.va.tor (în´ıveytır) *i.* yenilik yapan kimse.
in.nu.en.do (înyuwen´do) *i.* olumsuz bir şey ima eden söz, taş, kinaye.
in.nu.mer.a.ble (înu´mırıbıl) *s.* sayısız, hesapsız, pek çok.
in.oc.u.late (înak´yıleyt) *f.* aşılamak.
in.oc.u.la.tion (înakyıley´şın) *i.* 1. aşı. 2. aşılama.
in.of.fen.sive (înfen´sîv) *s.* zararsız, incitmeyen.
in.op.er.a.ble (înap´ırıbıl) *s.* 1. ameliyat edilemez. 2. çalıştırılamaz; uygulanamaz.
in.op.er.a.tive (înap´ırıtîv) *s.* işlemeyen, çalışmayan.
in.op.por.tune (înapırtun´) *s.* zamansız, mevsimsiz, uygunsuz, sırasız.
in.or.di.nate (înôr´dınît) *s.* 1. aşırı. 2. düzensiz.

in.or.gan.ic (înôrgän´îk) *s.* inorganik. **— chemistry** inorganik kimya.
in.pa.tient (în´peyşınt) *i.* hastanede yatan hasta.
in.put (în´pût) *i.* 1. (birinden gelen) düşünceler/sözler. 2. *ekon., elek.* girdi. 3. *bilg.* girdi, giriş. 4. katma, verme. **— data** *bilg.* girdi, giriş verileri. **— device** *bilg.* girdi aygıtı.
in.put-out.put (în´pût.aut´pût) *s., bilg.* girdi-çıktı, giriş-çıkış.
in.quest (în´kwest) *i.* resmi soruşturma; nedeni bilinmeyen ölüm hakkında adli soruşturma.
in.quire (înkwayr´) *f.* 1. about hakkında bilgi almak. 2. into -i araştırmak. 3. into -i soruşturmak. 4. -i sormak. **— after someone** birinin hal ve hatırını sormak.
in.quir.ing (înkwayr´îng) *s.* 1. soru sorar gibi (bakış/yüz ifadesi). 2. öğrenmeye hevesli.
in.quir.y (înkwayr´i, îng´kwıri) *i.* sorgu, soruşturma, araştırma.
in.qui.si.tion (înkwızîş´ın) *i.* sorguya çekme. **the I—** Engizisyon.
in.quis.i.tive (înkwîz´ıtîv) *s.* meraklı, başkaları hakkında bilgi edinmeyi seven.
in.road (în´rod) *i., gen. çoğ.* akın, baskın. **make —s in** -de ilerleme kaydetmek. **make —s on** 1. -i azaltmak: **It's made inroads on our stock.** Stokumuzu azalttı. 2. (bir piyasanın) bir payını elde etmek. 3. (soyut bir şeye) zarar vermek, darbe indirmek.
in.sane (înseyn´) *s.* 1. deli, çıldırmış. 2. delice, anlamsız. **— person** deli.
in.san.i.tar.y (însän´ıteri) *s.* hijyenik olmayan, sağlığa zararlı.
in.san.i.ty (însän´ıti) *i.* delilik, cinnet.
in.sa.tia.bil.i.ty (înseyşıbîl´ıti) *i.* doymazlık, açgözlülük.
in.sa.tia.ble (însey´şıbıl) *s.* 1. doymak bilmez, doymaz, kanmaz. 2. açgözlü, obur.
in.sa.tia.ble.ness (însey´şıbılnıs) *i., bak.* **insatiability.**
in.scribe (înskrayb´) *f.* 1. yazmak, kaydetmek. 2. (yazıt) yazmak, hakketmek. 3. **to/for** (bir yapıtı imzalayarak) -e ithaf etmek.
in.scrip.tion (înskrîp´şın) *i.* 1. kitabe, yazıt, yazı. 2. ithaf. 3. madalya veya para üzerindeki yazı.
in.scru.ta.ble (înskru´tıbıl) *s.* anlaşılmaz, esrarlı.
in.sect (în´sekt) *i.* böcek.
in.sec.ti.cide (însek´tîsayd) *i.* böcek ilacı.
in.sec.tiv.o.rous (însektîv´ırıs) *s.* böcekçil.
in.se.cure (însıkyûr´) *s.* 1. emniyetsiz; tehlikede olan; sağlam olmayan: **He feels insecure here.** Burada kendini emniyette hissetmiyor. 2. *ruhb.* kendine güveni olmayan.
in.se.cu.ri.ty (însıkyûr´ıti) *i.* 1. emniyetsizlik; tehlikede olma; sağlam olmama. 2. *ruhb.* kendine güveni olmama. **a feeling of —** gü-

vensizlik duygusu.
in.sem.i.nate (insem'ıneyt) *f.* 1. döllemek. 2. aşılamak, telkin etmek.
in.sem.i.na.tion (inseminey'şın) *i.* dölleme.
in.sen.si.ble (însen'sıbıl) *s.* 1. **to** -i duymaz, -i hissetmez. 2. **to** -e karşı duygusuz. 3. kendinden geçmiş, baygın. 4. **of** -in farkında olmayan.
in.sen.si.tive (insen'sıtîv) *s.* düşüncesiz, başkalarını düşünmeyen. **be — to** 1. -e karşı ilgisiz olmak; -e aldırmamak. 2. -e duyarlı/hassas olmamak.
in.sep.a.ra.ble (însep'ırıbıl) *s.* ayrılmaz.
in.sep.a.ra.bles (insep'ırıbılz) *i.* ayrılmaz dostlar.
in.sert (însırt') *f.* 1. **(in)** (-e) sokmak. 2. **(into)** (-e) koymak. 3. arasına koymak.
in.sert (in'sırt) *i.* 1. araya eklenen şey. 2. kitap ortasına eklenen sayfalar. 3. dergi/gazete arasına konulan ek.
in.ser.tion (însır'şın) *i.* 1. ekleme. 2. eklenen şey. 3. bir ilanın gazeteye bir kez konması.
in.shore (in'şôr) *s.* kıyıya yakın. *z.* kıyıya doğru.
in.side (in'sayd') *i.* iç, iç taraf: **the inside of the box** kutunun içi. **— out** tersyüz.
in.side (insayd') *s.* iç, içteki. *z.* içeride; içeriye. *edat* içine, içerisine; içinde, içerisinde: **The mouse is hiding inside that piano.** Fare o piyanonun içinde saklanıyor. **— information** içeriden sızan haberler. **— of an hour** bir saate kadar. **have the — track** 1. yarış alanının en iç kısmına yakın olmak. 2. daha elverişli durumda olmak.
in.sid.er (însay'dır) *i.* içeriden biri, iç yüzünü bilen kimse.
in.sides (in'saydz') *i., k. dili* bağırsaklar; iç organlar, iç kısımlar.
in.sid.i.ous (insîd'îyıs) *s.* 1. sinsi, gizlice fırsat kollayan. 2. hain, hilekâr.
in.sight (in'sayt) *i.* 1. içgörü. 2. anlayış, bir şeyin iç yüzünü kavrama.
in.sig.ni.a (însig'niyı) *i., çoğ.* 1. nişanlar. 2. rütbe işaretleri.
in.sig.nif.i.cant (insignif'ıkınt) *s.* 1. anlamsız. 2. önemsiz. 3. pek az. 4. ufak. 5. değersiz, değmez.
in.sin.cere (însinsîr') *s.* samimiyetsiz, içtenliksiz, ikiyüzlü.
in.sin.cer.i.ty (însînser'îti) *i.* samimiyetsizlik, içtensizlik.
in.sin.u.ate (însîn'yuweyt) *f.* (kötü bir şey) demek istemek, demeye getirmek, (kötü bir şeyi) üstü kapalı söylemek: **Are you insinuating that she's a liar?** O yalancı mı demek istiyorsun?
in.sin.u.a.tion (însinyuwey'şın) *i.* 1. üstü kapalı (kötü) söz. 2. üstü kapalı söyleme.
in.sip.id (însîp'îd) *s.* 1. sönük. 2. tatsız, yavan,

lezzetsiz.
in.sist (însîst') *f.* **(on/upon)** (-de) ısrar etmek, (-de) direnmek, için diretmek, (-de) ayak diremek, -i tutturmak: **She insisted on buying the red dress.** Kırmızı elbiseyi almakta ısrar etti. **He insisted that there be an immediate investigation.** Derhal bir soruşturma açılması için diretti.
in.sist.ence (însîs'tıns) *i.* ısrar, ayak direme.
in.sist.ent (însîs'tınt) *s.* 1. ısrar edici, direngen. 2. ısrarlı.
in.so.far (însofar') *z.* **— as** -diği derecede/kadar.
in.so.lence (in'sılıns) *i.* küstahlık.
in.so.lent (in'sılınt) *s.* küstah, terbiyesiz, arsız.
in.sol.u.ble (însal'yıbıl) *s.* 1. erimez, çözünmez. 2. çözülmez, halledilmez (problem v.b.).
in.sol.ven.cy (însal'vınsi) *i., huk.* aciz hali.
in.sol.vent (însal'vınt) *s., tic.* ödeme aczine düşmüş; iflas etmiş, batkın. *i.* ödeme aczine düşmüş kişi/şirket; müflis kimse, batkın.
in.som.ni.a (însam'niyı) *i.* uykusuzluk, uyuyamazlık, uyku yitimi.
in.som.ni.ac (însam'niyäk) *i.* uykusuzluk çeken kimse.
in.so.much (însomʌç') *z.* **— as** 1. -diğine göre. 2. -diği derecede/kadar. **— that** o kadar ki.
in.spect (înspekt') *f.* teftiş etmek, denetlemek, kontrol etmek, yoklamak.
in.spec.tion (inspek'şın) *i.* teftiş, denetleme, kontrol, yoklama.
in.spec.tor (inspek'tır) *i.* 1. müfettiş, enspektör. 2. kontrol memuru.
in.spi.ra.tion (înspirey'şın) *i.* 1. ilham, esin. 2. aşılama, telkin.
in.spire (înspayr') *f.* 1. ilham etmek, esinlemek. 2. (öfke, sevgi v.b.'ni) uyandırmak. 3. solumak.
inst. *kıs.* **instant, institute, institution.**
in.sta.bil.i.ty (înstıbîl'îti) *i.* 1. dayanıksızlık, kararsızlık, sebatsızlık.
in.stall (înstôl') *f.* 1. yerine koymak. 2. kurmak, tesis etmek. 3. (memuru) makamına getirmek. 4. *bilg.* kurmak.
in.stal.la.tion (înstıley'şın) *i.* 1. tesisat, döşem; tertibat, düzen. 2. askeri üs. 3. *bilg.* kurma.
in.stall.ment, *İng.* **in.stal.ment** (înstôl'mınt) *i.* 1. taksit. 2. kısım, bölüm. **— plan** taksit usulü. **buy on —** taksitle satın almak.
in.stance (în'stıns) *i.* 1. örnek. 2. kere, defa. 3. durum. **at the — of** (birinin) isteği üzerine. **court of first —** asliye mahkemesi. **for —** örneğin, mesela.
in.stant (în'stınt) *s.* 1. ani, hemen olan, derhal olan. 2. acil, ivedi. 3. şimdiki. 4. su katılarak hemen hazırlanan (yiyecek/içecek). *i.* an, dakika: **at this instant** bu anda. **the instant I**

came ben gelir gelmez.
in.stan.ta.ne.ous (înstıntey´niyıs) s. hemen/anında meydana gelen, ani, enstantane.
in.stant.ly (în´stıntli) z. hemen, derhal.
in.stead (însted´) z. of -in yerine, -ecek yerde, -eceğine: **He came here instead.** Oraya gideceğine buraya geldi./Başkasının yerine kendisi buraya geldi.
in.step (în´step) i. ayağın üst kısmı, ağım.
in.sti.gate (în´stıgeyt) f. kışkırtmak, tahrik etmek, teşvik etmek.
in.sti.ga.tion (înstıgey´şın) i. kışkırtma.
in.sti.ga.tor (în´stıgeytır) i. kışkırtıcı.
in.still, İng. **in.stil** (înstîl´) f. 1. **in/into** -e yavaş yavaş aşılamak/telkin etmek. 2. **with** -i yavaş yavaş aşılamak/telkin etmek.
in.stil.la.tion (înstiley´şın) i. fikir aşılama.
in.stinct (în´stîngkt) i. içgüdü.
in.stinc.tive (înstîngk´tîv) s. içgüdüsel.
in.stinc.tive.ly (înstîngk´tîvli) z. içgüdüsel olarak.
in.sti.tute (în´stıtut) i. 1. kuruluş, müessese. 2. enstitü, okul. 3. bilimsel kurum. f. 1. kurmak. 2. atamak, tayin etmek.
in.sti.tu.tion (înstıtu´şın) i. 1. yerleşmiş gelenek. 2. kurum, müessese.
in.sti.tu.tion.al (înstıtu´şınıl) s. 1. kuruluşa/kuruma ait. 2. kurumsal.
in.sti.tu.tion.al.ize, İng. **in.sti.tu.tion.al.ise** (înstıtu´şınılayz) f. 1. kurum haline getirmek. 2. âdet haline getirmek. 3. akıl hastanesi, ıslahevi v.b.'ne yerleştirmek.
in.struct (înstrʌkt´) f. 1. okutmak, öğretmek, eğitmek. 2. talimat vermek, yol göstermek. **— a solicitor** İng. avukat tutmak.
in.struc.tion (înstrʌk´şın) i. 1. öğretme, eğitim. 2. öğrenim. 3. bilgi; ders.
in.struc.tions (înstrʌk´şınz) i. direktif, yönerge; açıklama.
in.struc.tive (înstrʌk´tîv) s. öğretici, eğitici.
in.struc.tor (înstrʌk´tır) i. 1. öğretmen, eğitmen. 2. asistan; okutman.
in.stru.ment (în´strımınt) i. 1. alet. 2. araç. 3. enstrüman, çalgı. 4. belge. 5. belgit, senet. **— panel** kontrol paneli, pano. **percussion —** vurma çalgı. **string —** telli müzik aleti, telli çalgı. **wind —** nefesli çalgı, üflemeli çalgı.
in.stru.men.tal (înstrımen´tıl) s. 1. yararlı, etkili. 2. yardımcı, aracı olan. 3. müz. enstrümantal.
in.stru.men.tal.ist (înstrımen´tılîst) i. çalgı çalan müzisyen.
in.sub.or.di.nate (însıbôr´dınît) s. asi, itaatsiz, kafa tutan, baş kaldıran.
in.sub.or.di.na.tion (însıbôrdıney´şın) i. baş kaldırma.
in.sub.stan.tial (însıbstän´şıl) s. 1. asılsız, temelsiz, hayali. 2. zayıf; hafif.

in.suf.fer.a.ble (însʌf´ırıbıl) s. çekilmez, katlanılmaz.
in.suf.fi.cient (însıfîş´ınt) s. eksik, yetersiz.
in.suf.fi.cient.ly (însıfîş´ıntli) z. yetersiz derecede.
in.su.lar (în´sılır) s. 1. adaya ait, adaya özgü. 2. ayrılmış, ayrı. 3. dar görüşlü.
in.su.late (în´sıleyt) f. izole etmek, yalıtmak. **insulating tape** elek. izole bant, yalıtım sargısı.
in.su.la.tion (însıley´şın) i. 1. izolasyon, yalıtım. 2. yalıtım maddesi.
in.su.la.tor (în´sıleytır) i. izolatör, yalıtkan.
in.su.lin (în´sılîn) i. ensülin.
in.sult (însʌlt´) f. hakaret etmek, aşağılamak, hor görmek.
in.sult (în´sʌlt) i. hakaret, onur kırma, aşağısama.
in.su.per.a.ble (însu´pırıbıl) s. 1. başa çıkılmaz, yenilemez. 2. geçilemez.
in.sur.ance (înşûr´ıns) i. sigorta. **— broker** sigorta simsarı. **— company** sigorta şirketi. **— policy** sigorta poliçesi. **— premium** sigorta primi. **fire —** yangın sigortası. **health —** sağlık sigortası. **life —** hayat sigortası.
in.sure (înşûr´) f. 1. **against** -e karşı sigorta etmek; sigorta olmak. 2. emin etmek; sağlamak, temin etmek: **I called the hotel to insure that I had a reservation.** Rezervasyonumun yapıldığından emin olmak için otele telefon ettim. **My investments insure that I have sufficient income.** Yatırımlarım bana yeteri kadar gelir sağlar.
in.sur.gent (însır´cınt) s. asi, baş kaldıran, kafa tutan. i. isyancı, asi.
in.sur.mount.a.ble (însırmaun´tıbıl) s. yenilmez, geçilemez, başa çıkılmaz, üstesinden gelinemez.
in.sur.rec.tion (însırek´şın) i. isyan, ayaklanma.
int. kıs. **intelligence, interest, interior, interjection, internal, international, interval, intransitive.**
in.tact (întäkt´) s. bozulmamış, dokunulmamış, el sürülmemiş; sağlam, eksiksiz.
in.take (în´teyk) i. 1. (içeri) alınan miktar, giren miktar. 2. İng. (bir kuruluşa/camiaya) yeni girenler. 3. giriş, ağız. **— valve** oto. emme supabı/valfı.
in.tan.gi.ble (întän´cıbıl) s. 1. fiziksel varlığı olmayan, elle tutulamaz, dokunulamaz. 2. kavranamaz.
in.te.ger (în´tıcır) i., mat. tamsayı.
in.te.gral (în´tıgrıl) s. 1. bir bütünün ayrılmaz bir parçası olan. 2. parçalardan oluşan. i., mat. integral. **— calculus** integral hesabı/kalkülüsü. **— equation** integral denklemi.
in.te.grate (în´tıgreyt) f. 1. tamamlamak, bütünlemek. 2. **with** ile birleştirmek. 3. **into** -e katmak: **He integrated the letters into his book.** Mektupları kitabına kattı.

in.te.gra.tion (intıgrey´şın) *i.* 1. bütünleşme, birleşme, integrasyon, entegrasyon. 2. *mat.* integrasyon.

in.teg.ri.ty (integ´rıti) *i.* 1. doğruluk, dürüstlük. 2. bütünlük.

in.tel.lect (in´tılekt) *i.* 1. akıl, zihin, idrak, anlık, entelekt, intelekt. 2. akıl sahibi.

in.tel.lec.tu.al (intılek´çuwıl) *s.* 1. akla ait, zihinsel. 2. yüksek zekâ sahibi. 3. entelektüel, aydın. *i.* entelektüel, aydın.

in.tel.lec.tu.al.ism (intılek´çuwılizım) *i., fels.* anlıkçılık, entelektüalizm, intelektüalizm.

in.tel.li.gence (intel´ıcıns) *i.* 1. akıl, zekâ, anlayış. 2. zekâ sahibi. 3. haber. 4. bilgi. 5. istihbarat. **— bureau** istihbarat bürosu. **— quotient** zekâ bölümü. **— service** istihbarat teşkilatı. **— test** zekâ testi.

in.tel.li.gent (intel´ıcınt) *s.* akıllı, zeki, anlayışlı.

in.tel.li.gi.ble (intel´ıcıbıl) *s.* anlaşılır.

in.tem.per.ate (intem´pırît) *s.* 1. taşkın, aşırı. 2. sert, fırtınalı, bozuk (hava). 3. sert, şiddetli (söz).

in.tend (intend´) *f.* 1. kastetmek, demek istemek: **That's not what she intended to say.** Demek istediği o değil. 2. niyetinde olmak, niyetlenmek; kararlı olmak: **I don't intend to speak to him ever again.** Onunla bir daha konuşmamakta kararlıyım. 3. tasarlamak, planlamak: **He intends to build a summer house in Yalova.** Yalova'da bir yazlık yapmayı tasarlıyor. **be —ed for** için amaçlanmak, için olmak: **This book is intended for children.** Bu kitap çocuklar için yazılmış.

in.tense (intens´) *s.* 1. şiddetli, kuvvetli, keskin, hararetli. 2. gergin. 3. ciddi olan (kimse).

in.tense.ly (intens´li) *z.* 1. şiddetle. 2. yoğun bir şekilde.

in.ten.si.fy (inten´sıfay) *f.* şiddetlendirmek, yoğunlaştırmak; şiddetlenmek, yoğunlaşmak: **The storm is intensifying.** Fırtına şiddetleniyor. **They intensified their search for the lost child.** Kayıp çocuğu bulmak için aramalarını yoğunlaştırdılar.

in.ten.si.ty (inten´sıtı) *i.* 1. keskinlik, şiddet. 2. yoğunluk.

in.ten.sive (inten´sîv) *s.* 1. şiddetli. 2. yoğun. **— care** *tıb.* yoğun bakım. **— care unit** *tıb.* yoğun bakım servisi.

in.tent (intent´) *i.* amaç, maksat, niyet. *s.* **on** 1. -e kararlı: **He is intent on solving the problem.** Sorunu çözmeye kararlı. 2. -e dalmış: **He was so intent on his work that he lost all track of time.** İşine öyle dalmıştı ki zamanı tamamen unuttu.

in.ten.tion (inten´şın) *i.* 1. niyet, amaç, maksat: **His intention is to help you.** Amacı size yardım etmek. **He has no intention of coming.** Gelmek niyetinde değil. 2. anlam, mana: **That's not the intention of the poem.** Şiirin anlamı öyle değil. 3. kasıt.

in.ten.tion.al (inten´şınıl) *s.* kasıtlı, kasti, maksatlı, bile bile yapılan, isteyerek yapılan.

in.ten.tion.al.ly (inten´şınıli) *z.* kasten, bile bile, isteyerek, mahsus.

in.ter (intır´) *f.* **(—red, —ring)** gömmek, defnetmek.

in.ter.act (intıräkt´) *f.* birbirini etkilemek.

in.ter.ac.tion (intıräk´şın) *i.* 1. birbirini etkileme, etkileşim. 2. *kim., fiz.* interaksiyon, etkileşim.

in.ter.cede (intırsid´) *f.* araya girmek, aracılık etmek.

in.ter.cel.lu.lar (intırsel´yılır) *s., biyol.* hücrelerarası, gözelerarası.

in.ter.cept (intırsept´) *f.* yolunu kesip durdurmak, yolunu kesip yakalamak.

in.ter.ces.sion (intırseş´ın) *i.* araya girme, aracılık.

in.ter.ces.sor (intırses´ır) *i.* aracı, arabulucu.

in.ter.change (intırçeync´) *f.* değiştirmek, değiş tokuş etmek. *i.* değiştirme, değiş tokuş etme.

in.ter.change.a.ble (intırçeyn´cıbıl) *s.* birbiriyle değiştirilebilir.

in.ter.con.nect (intırkınekt´) *f.* birbirine bağlamak. **—ing rooms** birbirine açılan odalar.

in.ter.con.nec.tion (intırkınek´şın) *i.* 1. birbirine bağlı olma. 2. *elek.* interkoneksiyon.

in.ter.con.ti.nen.tal (intırkantınen´tıl) *s.* kıtalararası.

in.ter.course (in´tırkôrs) *i.* 1. görüşme, konuşma; ilişki. 2. cinsel ilişki.

in.ter.de.pend.ence (intırdipend´ıns) *i.* karşılıklı dayanışma.

in.ter.de.pend.ent (intırdipend´ınt) *s.* birbirine bağlı olan.

in.ter.dict (in´tırdikt) *i.* yasak.

in.ter.dict (intırdikt´) *f.* yasaklamak, menetmek.

in.ter.est (in´tırist) *i.* 1. **in** -e ilgi, merak. 2. hisse, pay. 3. çıkar. 4. kâr, kazanç. 5. faiz. *f.* 1. ilgilendirmek. 2. merakını uyandırmak. **be —ed in** -e ilgi duymak, -e meraklı olmak: **She is interested in literature.** Edebiyata ilgi duyuyor. **My father is interested in birds.** Babam kuşlara meraklı. **in the — of** yararına, için. **take an — in** ile ilgilenmek, -e ilgi göstermek: **He takes an interest in his wife's work.** Eşinin işine ilgi gösteriyor.

in.ter.est.ing (in´tıristing) *s.* ilginç, enteresan.

in.ter.face (in´tırfeys) *i.* 1. arayüzey. 2. *bilg.* arabirim, arayüz.

in.ter.fere (intırfîr´) *f.* 1. **in** -e karışmak, -e burnunu sokmak, -e müdahale etmek. 2. **with** ile çatışmak. 3. **with** -i engellemek.

in.ter.fer.ence (intırfîr´ıns) *i.* 1. karışma, müdahale. 2. çatışma. 3. engel. 4. *radyo* parazit.

in.ter.im (in'tırim) *i.* aralık, ara, fasıla. *s.* geçici. in the — aradaki zamanda.
in.te.ri.or (intir'iyir) *s.* içerideki, iç, dahili. *i.* 1. iç, dahil. 2. iç yerler, iç kısım. — **decoration** içmimarlık. — **decorator** içmimar.
in.ter.ject (intircekt') *f.* arada (söz) söylemek.
in.ter.jec.tion (intircek'şın) *i.* 1. ünlem. 2. arada söyleme.
in.ter.lace (intirleys') *f.* 1. birbirine dolanmak; birbirine dolamak. 2. birbirine geçmek; birbirine geçirmek. 3. **with** -e yer yer serpiştirmek: **He interlaced his writings with aphorisms.** Yazılarına yer yer özdeyişler serpiştirdi.
in.ter.lock (intirlak') *f.* birbirine bağlamak, birbirine kenetlemek; birbirine bağlanmak, birbirine kenetlenmek.
in.ter.lope (intirlop') *f.* başkasının işine karışmak.
in.ter.lop.er (in'tirlopir) *i.* başkasının işine burnunu sokan kimse.
in.ter.lude (in'tirlud) *i.* 1. ara dönem. 2. *tiy., sin., konser* ara, antrakt. 3. *tiy.* ara oyunu.
in.ter.mar.riage (intirmer'ic) *i.* 1. çeşitli aileler/milletler arasında evlenme. 2. yakın akrabalar arasında evlenme.
in.ter.me.di.ar.y (intirmi'diyeri) *s.* arada bulunan, aracılık eden. *i.* aracı, arabulucu.
in.ter.me.di.ate (intirmi'diyit) *s.* ortadaki, aradaki, orta.
in.ter.ment (intir'mint) *i.* (ölüyü) gömme, defnetme.
in.ter.mez.zo (intirmet'so) *i., müz.* intermezzo.
in.ter.mi.na.ble (intir'minibıl) *s.* sonsuz, bitmez tükenmez.
in.ter.mis.sion (intirmiş'ın) *i.* 1. *sin., tiy., konser* ara, antrakt. 2. *futbol* ara, haftaym. 3. *voleybol, basketbol* ara, mola.
in.ter.mit.tent (intirmit'int) *s.* kesik kesik, aralıklı. — **current** *elek.* kesikli akım. — **fever** *tıb.* belirli aralıklarla gelen ateş.
in.ter.mit.tent.ly (intirmit'intli) *z.* kesik kesik, aralıklı olarak.
in.tern (intirn') *f.* 1. enterne etmek, gözaltına almak. 2. (bir gemiyi bir limanda) hapsetmek.
in.tern (in'tirn) *i.* 1. staj yapan tıp öğrencisi, intern. 2. staj yapan kimse.
in.ter.nal (intir'nıl) *s.* 1. iç, dahili. 2. içilir (ilaç). 3. içten. — **affairs** içişleri. — **combustion engine** iç yakımlı motor. — **medicine** *tıb.* dahiliye. — **migration** içgöç. — **organs** iç organlar. — **revenue** devlet geliri. — **structure** iç bünye, iç yapı.
in.ter.na.tion.al (intirnäş'ınıl) *s.* uluslararası, milletlerarası, enternasyonal. I— **Labor Organization** Uluslararası Çalışma Örgütü. — **law** uluslararası hukuk. I— **Standard Book Number** Uluslararası Standart Kitap Numarası. **the** I—

Date Line gündeğişme çizgisi. **the** I— **Monetary Fund** Uluslararası Para Fonu.
in.ter.na.tion.al.ism (intirnäş'ınılizim) *i.* enternasyonalizm, uluslararasıcılık.
in.ter.na.tion.al.ist (intirnäş'ınılist) *i.* enternasyonalist, uluslararasıcı.
In.ter.net (in'tirnet) *i.* **the** — *bilg.* İnternet.
in.ter.pen.e.trate (intirpen'itreyt) *f.* 1. tamamen içine geçmek, nüfuz etmek. 2. birbirinin içine geçmek.
in.ter.play (in'tirpley) *i.* karşılıklı etkileme.
In.ter.pol (in'tirpol) *i.* İnterpol.
in.ter.po.late (intir'pıleyt) *f.* 1. yazıya sözcük/cümle ekleyerek asıl metni değiştirmek. 2. iki şey arasına başka bir şey sokmak.
in.ter.po.la.tion (intirpıley'şın) *i.* 1. yazıya sözcük/cümle ekleyerek asıl metni değiştirme. 2. metne eklenmiş sözcük/cümle, eklenti. 3. araya bir şey sokma. 4. *mat.* interpolasyon.
in.ter.pose (intirpoz') *f.* 1. iki şeyin arasına koymak. 2. araya girmek.
in.ter.pret (intir'prit) *f.* 1. yorumlamak. 2. çevirmek, tercüme etmek. 3. çevirmenlik yapmak.
in.ter.pre.ta.tion (intirpritey'şın) *i.* yorum, açıklama.
in.ter.pret.er (intir'pritir) *i.* 1. yorumcu. 2. çevirmen, tercüman.
in.ter.ra.cial (intir.rey'şıl) *s.* ırklararası.
in.ter.re.lat.ed (intir.riley'tid) *s.* birbiriyle ilgili.
in.ter.re.la.tion (intir.riley'şın) *i.* karşılıklı ilişki.
in.ter.ro.gate (inter'igeyt) *f.* 1. sorguya çekmek. 2. soru sormak.
in.ter.ro.ga.tion (interıgey'şın) *i.* 1. sorguya çekme. 2. soru sorma.
in.ter.rog.a.tive (intirag'ıtiv) *s.* sorulu, soru ifade eden. *i.* soru zamiri; soru sözcüğü.
in.ter.ro.ga.tor (inter'igeytir) *i.* 1. sorgu yargıcı. 2. soru soran kimse.
in.ter.rupt (intirʌpt') *f.* 1. yarıda kesmek. 2. engellemek. 3. (birinin) sözünü kesmek.
in.ter.rup.tion (intirʌp'şın) *i.* ara, kesinti, kesilme.
in.ter.sect (intir.sekt') *f.* 1. kesişmek. 2. katetmek, kesmek, ikiye bölmek.
in.ter.sec.tion (intirsek'şın) *i.* 1. kesişme. 2. kavşak. 3. *geom.* arakesit.
in.ter.sperse (intirspirs') *f.* arasına serpmek, karıştırmak.
in.ter.sper.sion (intirspir'jin) *i.* serpiştirme.
in.ter.state (intirsteyt') *s., ABD* eyaletlerarası. *i., ABD* eyaletler arasından geçen otoyol.
in.ter.twine (intirtwayn') *f.* 1. birbirine sarılmak, birbirine geçmek. 2. **with** -e sarmak, -e dolamak.
in.ter.u.ni.ver.si.ty (intiryunivir'sıti) *s.* üniversitelerarası.
in.ter.val (in'tirvıl) *i.* 1. aralık, ara. 2. süre. 3.

müz. iki ses arasındaki perde farkı, enterval. at —s aralıklı, aralarla.

in.ter.vene (intırvin´) *f.* 1. araya girmek. 2. in -e karışmak.

in.ter.ven.tion (intırven´şın) *i.* 1. aracılık. 2. karışma.

in.ter.view (in´tır.vyu) *f.* 1. görüşmek. 2. röportaj yapmak. *i.* 1. görüşme. 2. röportaj.

in.ter.weave (intırwiv´) *f.* (**in.ter.wove, in.ter.wo.ven**) 1. beraber dokumak. 2. birbirine karıştırmak.

in.ter.wo.ven (intırwo´vın) *f., bak.* **interweave**.

in.tes.tin.al (intes´tinıl) *s.* bağırsaklara ait.

in.tes.tine (intes´tin) *i., anat.* bağırsak. **large** — kalınbağırsak. **small** — incebağırsak.

in.ti.ma.cy (in´tımısi) *i.* samimilik, samimiyet.

in.ti.mate (in´tımit) *s.* 1. samimi, çok yakın (arkadaş). 2. çok yakın, sıkı: **There is an intimate relationship between love and hate.** Aşk ve nefret arasında çok yakın bir ilişki var. 3. derin, ayrıntılı (bilgi). 4. özel, mahrem. *i.* 1. samimi arkadaş. 2. sırdaş. **be — with** ile samimi olmak.

in.ti.mate (in´tımeyt) *f.* üstü kapalı söylemek, ima etmek, imlemek, çıtlatmak.

in.ti.mate.ly (in´tımitli) *z.* 1. içtenlikle, samimiyetle. 2. çok yakından: **He's a distant relative; I don't know him intimately.** O uzak bir akraba; kendisini yakından tanımıyorum. **The two subjects are intimately related.** İki konu birbiriyle yakından ilgili. 3. derinlemesine, çok iyi: **She is intimately familiar with Bach's music.** Bach'ın müziğini derinlemesine biliyor.

in.ti.ma.tion (intımey´şın) *i.* üstü kapalı söyleme, ima.

in.tim.i.date (intim´ıdeyt) *f.* gözünü korkutmak, sindirmek, yıldırmak; gözdağı vermek.

in.tim.i.da.tion (intimıdey´şın) *i.* gözünü korkutma, yıldırma, sindirme; gözdağı verme.

in.to (in´tu) *edat* içine; içeri; -e, -ye. **be — k.** dili (bir işle) uğraşmak; merakı (bir şey) olmak. **Dividing two — twelve gives six.** On iki bölü iki eşittir altı.

in.tol.er.a.ble (intal´ınbıl) *s.* çekilmez, dayanılmaz.

in.tol.er.ance (intal´ırıns) *i.* hoşgörüsüzlük.

in.tol.er.ant (intal´ırınt) *s.* **of** -e karşı hoşgörüsüz.

in.to.na.tion (intıney´şın) *i.* 1. ses tonunun yükselip alçalma şekli, tonlanma, titremleme. 2. *müz.* entonasyon, tonötüm.

in.tox.i.cant (intak´sıkınt) *s.* sarhoş edici. *i.* sarhoş eden madde.

in.tox.i.cate (intak´sıkeyt) *f.* 1. sarhoş etmek. 2. mest etmek. 3. *tıb.* zehirlemek.

in.tox.i.ca.tion (intaksıkey´şın) *i.* 1. sarhoşluk. 2. mest olma. 3. *tıb.* zehirlenme.

in.trac.ta.ble (inträk´tıbıl) *s.* 1. inatçı, serkeş, yola getirilemeyen. 2. kolay kontrol edilemeyen.

in.tra.mus.cu.lar (intrımʌs´kıyılır) *s.* kasiçi.

in.tran.si.gence (inträn´sıcıns) *i.* uzlaşmazlık.

in.tran.si.gent (inträn´sıcınt) *s.* uzlaşmaz, uzlaşması olanaksız.

in.tran.si.tive (inträn´sıtiv) *s., dilb.* geçişsiz, nesnesiz (fiil).

in.tra.u.ter.ine device (intrıyu´tırin) *tıb.* spiral.

in.tra.ve.nous (intrıvi´nıs) *s.* damariçi.

in.trep.id (intrep´id) *s.* yılmaz, korkusuz, cesur.

in.tri.cate (in´trikit) *s.* karışık, çapraşık, girişik, girift.

in.trigue (intrig´) *f.* 1. merakını uyandırmak, ilgisini çekmek; şaşırtmak. 2. entrika çevirmek, dalavere çevirmek. 3. gizlice sevişmek.

in.trigue (in´trig, intrig´) *i.* 1. entrika, hile. 2. gizli aşk macerası.

in.trin.sic (intrin´sik) *s.* asıl, esas, kendine özgü. **be — to** -e özgü olmak.

in.trin.si.cal.ly (intrin´sikli) *z.* aslında, özünde.

in.tro.duce (intrıdus´) *f.* 1. **to** ile tanıştırmak: **She introduced him to her mother.** Onu annesiyle tanıştırdı. 2. **to** -i tanıtmak: **This book introduces preschool children to biology.** Bu kitap okulöncesi çocuklarına biyolojiyi tanıtıyor. 3. ortaya koymak, ileri sürmek, öne sürmek: **I'm about to introduce new evidence in support of my thesis.** Tezimi desteklemek için yeni kanıtlar ortaya koymak üzereyim. 4. **into** içine sokmak: **The nurse introduced the needle into the vein with difficulty.** Hemşire iğneyi damara sokmakta zorlandı. 5. **into** -e sunmak: **The bill was introduced into the Grand National Assembly.** Yasa tasarısı Büyük Millet Meclisine sunuldu. 6. **into** (soyut bir şeyi) -e (ilk olarak) getirmek, -e tanıtmak: **He introduced double-entry accounting into that firm.** O firmaya çift kayıt defter tutma yöntemini o tanıttı. 7. **into** (somut bir şeyi) -e (ilk olarak) getirmek/götürmek: **The English introduced rabbits into Australia.** Avustralya'ya tavşanı ilk olarak İngilizler getirdi.

in.tro.duc.tion (intrıdʌk´şın) *i.* 1. tanıtım. 2. tanıştırma, takdim. 3. başlangıç, giriş, önsöz.

in.tro.duc.to.ry (intrıdʌk´tıri) *s.* 1. tanıtıcı. 2. başlangıç ile ilgili.

in.tro.spec.tion (intrıspek´şın) *i.* içgözlem, içebakış.

in.tro.spec.tion.ism (intrıspek´şınızım) *i.* içebakışçılık.

in.tro.spec.tion.ist (intrıspek´şınist) *i., s.* içebakışçı.

in.tro.spec.tion.is.tic (intrıspekşınis´tik) *s.* içebakışçı.

in.tro.spec.tive (intrıspek´tiv) *s.* içgözlemsel.

in.tro.vert (in´trıvırt) *i.* içedönük kimse.

in.trude (intrud´) *f.* 1. zorla içeriye sokmak; zorla girmek. 2. istenilmeyen bir yere izinsiz ve davetsiz girmek.

in.trud.er (intrud´ır) *i.* 1. zorla giren kimse. 2. davetsiz misafir.

in.tru.sion (intru´jın) *i.* 1. zorla girme. 2. izinsiz ve davetsiz girme.

in.tru.sive (intru´siv) *s.* 1. zorla giren. 2. izinsiz ve davetsiz giren.

in.tu.i.tion (intuwîş´ın) *i.* sezgi, sezi, içe doğma.

in.tu.i.tion.ism (intuwîş´ınîzım) *i., fels.* sezgicilik.

in.tu.i.tion.ist (intuwîş´ınîst) *i., s., fels.* sezgici.

in.tu.i.tion.is.tic (intuwîşınîs´tîk) *s., fels.* sezgici.

in.tu.i.tive (intu´wıtîv) *s.* sezgiyle anlaşılan/öğrenilen, sezgisel.

in.tu.i.tive.ly (intu´wıtîvli) *z.* sezgiyle.

in.un.date (în´ʌndeyt) *f.* 1. su basmak, sel basmak. 2. gark etmek.

in.vade (înveyd´) *f.* 1. saldırmak, hücum etmek. 2. istila etmek.

in.vad.er (învey´dır) *i.* istilacı.

in.va.lid (în´vılid) *s.* 1. hasta. 2. yatalak. 3. sakat.

in.val.id (înväl´îd) *s.* geçersiz, hükümsüz.

in.val.i.date (înväl´ıdeyt) *f.* geçersizleştirmek, hükümsüz kılmak.

in.val.u.a.ble (înväl´yuwıbıl) *s.* çok değerli, paha biçilmez.

in.var.i.a.ble (înver´iyıbıl) *s.* değişmeyen, değişmez, sabit kalan.

in.var.i.a.bly (înver´iyıbli) *z.* 1. değişmeyerek. 2. aynı şekilde. 3. her zaman.

in.va.sion (învey´jın) *i.* istila, saldırı, akın.

in.vec.tive (învek´tîv) *i.* ağır hakaret, sövüp sayma, küfür.

in.veigh (învey´) *f.* **against** -i şiddetle eleştirmek; -i paylamak.

in.vent (învent´) *f.* 1. icat etmek, yaratmak. 2. uydurmak.

in.ven.tion (înven´şın) *i.* buluş, icat.

in.ven.tive (înven´tîv) *s.* yaratıcı.

in.ven.tor (înven´tır) *i.* icat eden, yaratıcı.

in.ven.to.ry (în´vıntori) *i.* 1. envanter. 2. deftere kayıtlı eşya, demirbaş.

in.verse (învırs´, în´vırs) *s.* ters, aksi. *i., mat.* ters sonuç.

in.ver.sion (învır´jın) *i.* 1. ters dönme, altüst olma. 2. tersine dönmüş şey. 3. ters çevirme.

in.vert (învırt´) *f.* 1. tersine çevirmek, tersyüz etmek. 2. *dilb., müz.* sırasını değiştirmek.

in.ver.te.brate (învır´tıbreyt, învır´tıbrît) *s.* omurgasız. *i.* omurgasız hayvan.

in.vest (învest´) *f.* 1. **in** -e (para) yatırmak. 2. **in** (bir proje için) (para/emek/zaman) harcamak. 3. **with** (bir makama) getirmek. 4. **with** (sorumluluk, yetki v.b.'ni) vermek. 5. **(with)** (belirli bir) hava vermek: **His voice invests what he says with authority.** Sesi söylediklerine otoriter bir hava veriyor. 6. *ask.* kuşatmak, muhasara etmek.

in.ves.ti.gate (înves´tıgeyt) *f.* 1. hakkında tahkikat/soruşturma yapmak: **The detective was investigating the murder.** Dedektif cinayet hakkında tahkikat yapıyordu. 2. araştırmak, incelemek: **They were investigating the problem.** Problemi araştırıyorlardı.

in.ves.ti.ga.tion (învestıgey´şın) *i.* 1. tahkikat, soruşturma. 2. araştırma, inceleme.

in.ves.ti.ga.tor (înves´tıgeytır) *i.* 1. dedektif. 2. araştırıcı.

in.vest.ment (învest´mınt) *i.* 1. yatırım, envestisman. 2. (sorumluluk, yetki v.b.'ni) verme.

in.ves.tor (înves´tır) *i.* yatırımcı.

in.vet.er.ate (învet´ırît) *s.* 1. kökleşmiş, yerleşmiş. 2. müzmin; düşkün, tiryaki.

in.vid.i.ous (învîd´iyıs) *s.* 1. kıskandırıcı. 2. haksız. 3. tiksindirici.

in.vig.or.ate (învîg´ıreyt) *f.* canlandırmak, güçlendirme.

in.vin.ci.ble (învîn´sıbıl) *s.* yenilmez.

in.vi.o.la.ble (învay´ılıbıl) *s.* 1. dokunulmaz. 2. bozulamaz, çiğnenemez.

in.vi.o.late (învay´îlît) *s.* bozulmamış, çiğnenmemiş.

in.vis.i.bil.i.ty (învîzîbîl´îti) *i.* görünmezlik.

in.vis.i.ble (învîz´ıbıl) *s.* 1. görülmez, görünmez, gözle seçilemez. 2. çabuk kestirilemez. 3. *mal.* resmi hesaplarda gözükmeyen.

in.vis.i.ble.ness (învîz´ıbılnıs) *i., bak.* **invisibility**.

in.vi.ta.tion (învıtey´şın) *i.* 1. davet, çağrı. 2. davetiye.

in.vite (învayt´) *f.* 1. davet etmek, çağırmak: **He invited only his close friends to the exhibit.** Sergiye sadece en yakın arkadaşlarını davet etti. 2. rica etmek: **He invited me to apply for the job.** İşe başvurmamı rica etti. 3. davet etmek, yol açmak: **Carelessness invites criticism.** Dikkatsizlik eleştiriye yol açar.

in.vit.ing (învay´tîng) *s.* çekici, cazip, hoş; davetkâr.

in.voice (în´voys) *i.* fatura. *f.* faturasını çıkarmak. **pro forma** — proforma fatura.

in.voke (învok´) *f.* 1. (yardım, koruma v.b.'ni) istemek. 2. (Allaha) yakarmak, yalvarmak. 3. (ruh) çağırmak. 4. başvurmak: **He invoked his diplomatic immunity.** Diplomatik dokunulmazlığına başvurdu. **He invoked Plato in defense of his thesis.** Tezini savunmak için Eflatun'a başvurdu.

in.vol.un.tar.y (învâl´ınteri) *s.* 1. gayriihtiyari, istemeyerek yapılan, istemsiz. 2. *ruhb.* istençsiz, iradedışı, gayriiradi.

in.volve (învalv´) *f.* 1. gerektirmek, istemek:

Expertise involves practice. Ustalık pratik ister. 2. in -e karıştırmak, -e bulaştırmak, -e sokmak: **Don't involve me in your illegal activities.** Beni yasadışı işlerinize bulaştırmayın. 3. içermek, kapsamak: **This problem involves other problems.** Bu sorun başka sorunları içeriyor. **be —d in** 1. -e karışmak: **She was once involved in a scandal.** Bir zamanlar bir skandala karışmıştı. 2. ile meşgul olmak, ile uğraşmak: **He's involved in a new project.** Yeni bir projeyle meşgul. **be —d with** *k. dili* ile aşk ilişkisi olmak.
in.volve.ment (învalv'mınt) *i.* 1. ilgi, ilişki. 2. karışma, bulaşma. 3. *k. dili* aşk ilişkisi.
in.vul.ner.a.ble (învʌl'nırıbıl) *s.* 1. zarar görmekten veya yaralanmaktan tamamen korunmuş. 2. fethedilemez; ele geçirilmez (yer). 3. gayet sağlam: **His position in the firm is invulnerable.** Firmadaki yeri gayet sağlam.
in.ward (în'wırd) *s.* 1. içeride bulunan, iç. 2. ruhsal, manevi. *i.* iç kısım.
in.ward (în'wırd), **in.wards** (în'wırdz) *z.* 1. içeriye doğru. 2. fikir veya ruhun derinliğine doğru, içe doğru.
i.od.ic (ayad'îk) *s.* iyotlu.
i.o.dine (ay'ıdayn) *i.* iyot. **tincture of —** tentürdiyot.
i.o.di.sa.tion (ayıdizey'şın) *i., İng., bak.* **iodization.**
i.o.dise (ay'ıdayz) *f., İng., bak.* **iodize.**
i.o.dised (ay'ıdayzd) *s., İng., bak.* **iodized.**
i.o.di.za.tion, *İng.* **i.o.di.sa.tion** (ayıdizey'şın) *i.* iyotlama.
i.o.dize (ay'ıdayz) *f.* iyotlamak.
i.o.dized (ay'ıdayzd) *s.* iyotlu, iyotlanmış.
i.on (ay'ın, ay'an) *i.* iyon.
i.on.ic (ayan'îk) *s.* iyonik.
i.on.i.sa.tion (ayınizey'şın) *i., İng., bak.* **ionization.**
i.on.ise (ay'ınayz) *f., İng., bak.* **ionize.**
i.on.i.za.tion, *İng.* **i.on.i.sa.tion** (ayınizey'şın) *i.* iyonlaşma, iyonlanma.
i.on.ize (ay'ınayz) *f.* iyonlaştırmak; iyonlaşmak.
i.on.o.sphere (ayan'ısfîr) *i.* iyonyuvarı.
i.ot.a (ayo'tı) *i.* zerre, nebze: **There's not an iota of truth in it.** Onda zerre kadar gerçeklik yok.
IOU (ay' o yu') *kıs.* **I owe you** size olan borcum; borç senedi.
I.ran (iran', îrän') *i.* İran.
I.ra.ni.an (iran'îyın, îrey'niyın) *i.* İranlı. *s.* 1. İran, İran'a özgü. 2. İranlı.
I.raq (irak', îräk') *i.* Irak.
I.raq.i (ira'ki, îrä'ki) *s.* Iraklı. *s.* 1. Irak, Irak'a özgü. 2. Iraklı.
i.ras.ci.ble (îräs'ıbıl) *s.* çabuk öfkelenen, sinirli, huysuz.
i.rate (ay'reyt, ayreyt') *s.* öfkeli, hiddetli, kızgın.
ire (ayr) *i.* öfke, hiddet, kızgınlık.

Ire.land (ayr'lınd) *i.* İrlanda. **the Republic of —** İrlanda Cumhuriyeti.
ir.i.des.cent (îrıdes'ınt) *s.* yanardöner.
i.ris (ay'rîs) *i.* 1. *anat.* iris. 2. *bot.* süsen.
I.rish (ay'rîş) *i.* İrlandaca. *s.* 1. İrlanda, İrlanda'ya özgü. 2. İrlandaca. 3. İrlandalı. **— coffee** üstüne kremşantiyi konulan viskili ve şekerli kahve, İrlanda kahvesi. **— Gaelic** İrlandaca. **the —** İrlandalılar. **the — Republic** İrlanda Cumhuriyeti. **the — Sea** İrlanda Denizi.
I.rish.man (ay'rîşmın), *çoğ.* **I.rish.men** (ay'rîşmîn) *i.* İrlandalı erkek, İrlandalı.
I.rish.wom.an (ay'rîşwûmın), *çoğ.* **I.rish.wom.en** (ay'rîşwîmîn) *i.* İrlandalı kadın, İrlandalı.
irk (ırk) *f.* 1. bıktırmak, usandırmak. 2. canını sıkmak, sinirlendirmek.
irk.some (ırk'sım) *s.* can sıkıcı, bıktırıcı, usandırıcı.
i.ron (ay'ırn) *i.* 1. demir. 2. ütü. 3. maden uçlu golf sopası. *s.* 1. demir, demirden yapılmış. 2. demir gibi. *f.* ütülemek. **— foundry** dökümhane, demirhane. **— gray** demirkırı. **— out** 1. ütülemek, (buruşuklukları) gidermek. 2. (pürüz, sorun v.b.'ni) gidermek. **cast —** pik. **have many —s in the fire** kırk tarakta bezi olmak. **in —s** zincire vurulmuş; eli kelepçeli. **sheet —** sac, saç. **Strike while the — is hot.** Demir tavında dövülür. **the I— Age** Demir Devri. **the I— Curtain** *tar.* demirperde. **wrought —** dövme demir, işlenmiş demir.
i.ron.ic (ayran'îk), **i.ron.i.cal** (ayran'îkıl) *s.* inceden inceye alay eden, alaylı, ironik.
i.ron.ing (ay'ırnîng) *i.* 1. ütüleme: **Have you done the ironing?** Çamaşırları ütüledin mi? 2. ütülenecek çamaşırlar: **She's got a lot of ironing to do.** Çok ütü işi var. 3. ütülenmiş/ütülü çamaşırlar. **— board** ütü tahtası/masası.
i.ron.mon.ger (ay'ırn.mang.gır) *i., İng.* nalbur.
i.ron.work (ay'ırn.wırk) *i.* (bir şeye ait) demir kısımlar, demirler.
iron.works (ay'ırn.wırks) *i.* demirhane.
i.ro.ny (ay'rıni) *i.* 1. ironi, istihza. 2. insana alay gibi gelen bir tesadüf. **— of fate** kaderin cilvesi.
ir.ra.tion.al (îräş'ınıl) *s.* 1. akılsız, mantıksız. 2. akıldışı, usdışı, irrasyonel.
ir.ra.tion.al.ism (îräş'ınılizm) *i., fels.* usdışıcılık, irrasyonalizm.
ir.ra.tion.al.ly (îräş'ınıli) *z.* mantıksızca.
ir.rec.on.cil.a.ble (îrekınsay'lıbıl) *s.* uzlaştırılamaz, bağdaştırılamaz. *i.* 1. uzlaşmaz kimse. 2. *çoğ.* uyuşmayan fikirler.
ir.re.cov.er.a.ble (îrikʌv'ırıbıl) *s.* 1. düzeltilemez. 2. geri alınamaz.
ir.re.deem.a.ble (îridi'mıbıl) *s.* 1. kurtulamaz.

2. paraya çevrilemez. 3. bedeli ödenerek kurtarılamaz. 4. çaresiz.
ir.ref.u.ta.ble (iref´yıtıbıl, irifyu´tıbıl) s. aksi iddia edilemez, su götürmez, çürütülemez.
ir.reg.u.lar (ireg´yılır) s. 1. düzensiz, kuralsız. 2. yolsuz, usulsüz. 3. çarpık, düz olmayan. 4. başıbozuk (asker). 5. *dilb.* kuraldışı. — **verbs** *dilb.* düzensiz fiiller.
ir.rel.e.vant (irel´ıvınt) s. konudışı; **to** ile ilgisi olmayan.
ir.re.me.di.a.ble (irimi´diyıbıl) s. 1. çaresiz. 2. tedavisi olanaksız.
ir.rep.a.ra.ble (irep´ırıbıl) s. onarılamaz, tamir olunamaz; onulmaz, çaresiz.
ir.re.place.a.ble (iripley´sıbıl) s. yeri doldurulamaz.
ir.re.pres.si.ble (iripres´ıbıl) s. 1. bastırılamayan, frenlenemeyen, önüne geçilemeyen. 2. zapt olunmaz, gemlenmez.
ir.re.proach.a.ble (iripro´çıbıl) s. kusur bulunamaz, aleyhinde söylenecek bir şey olmayan, kusursuz.
ir.re.sis.ti.ble (irizis´tıbıl) s. karşı konulmaz, dayanılmaz, çok çekici.
ir.res.o.lute (irez´ılut) s. kararsız, ikircimli, mütereddit.
ir.re.solv.a.ble (irizal´vıbıl) s. çözülemez.
ir.re.spec.tive (irispek´tiv) s. **of** -e bakmaksızın.
ir.re.spon.si.bil.i.ty (irispansıbil´ıti) i. sorumsuzluk.
ir.re.spon.si.ble (irispan´sıbıl) s. sorumsuz.
ir.re.triev.a.ble (iritri´vıbıl) s. 1. bir daha ele geçmez. 2. telafi edilemez.
ir.rev.er.ence (irev´ırıns) i. saygısızlık.
ir.rev.er.ent (irev´ırınt) s. saygısız.
ir.re.vers.i.ble (irivır´sıbıl) s. 1. ters çevrilemez. 2. değiştirilemez, geri alınamaz. 3. *kim., fiz.* tersinmez.
ir.rev.o.ca.ble (irev´ıkıbıl) s. geri alınamaz, değişmez, değiştirilemez.
ir.ri.gate (ir´ıgeyt) f. 1. (toprağı) sulamak. 2. *tıb.* yıkamak, lavaj yapmak.
ir.ri.ga.tion (ırıgey´şın) i. 1. (toprağı) sulama. 2. *tıb.* yıkama, lavaj.
ir.ri.ta.ble (ir´ıtıbıl) s. çabuk kızan, sinirli.
ir.ri.tant (ir´ıtınt) s. 1. sinirlendirici. 2. tahriş edici. i. 1. tahriş edici şey. 2. sinirlendirici şey.
ir.ri.tate (ir´ıteyt) f. 1. sinirlendirmek. 2. tahriş etmek.
ir.ri.tat.ing (ir´ıteyting) s. 1. sinirlendirici. 2. tahriş edici.
ir.ri.ta.tion (ırıtey´şın) i. 1. kızgınlık, öfke. 2. tahriş, kaşındırma.
is (iz) *bak.* **be. as — tic.** şimdiki haliyle, olduğu gibi.
ISBN *kıs.* International Standard Book Number.
Is.lam (islam´) i. İslam, Müslümanlık, İslamiyet.

Is.lam.ic (isla´mik) s. İslam, İslami, Müslüman.
Is.lam.ize, *İng.* **Is.lam.ise** (iz´lımayz, is´lımayz) f. İslamlaştırmak; İslamlaşmak.
is.land (ay´lınd) i. ada.
is.land.er (ay´lındır) i. adalı.
isle (ayl) i. ada. **the I— of Man** Man Adası.
is.let (ay´lit) i. adacık.
is.n't (iz´ınt) *kıs.* **is not.**
i.so.bar (ay´sıbar) i. izobar, eşbasınç.
i.so.late (ay´sıleyt) f. 1. izole etmek, ayırmak. 2. (hastayı) tecrit etmek. 3. *kim.* ayırmak.
i.so.la.tion (aysıley´şın) i. 1. izolasyon, ayırma. 2. (hastayı) tecrit etme. 3. *kim.* ayırma.
i.so.mer (ay´sımır) *i., kim.* izomer.
i.so.mer.ic (aysımer´ik) s. izomerik.
i.som.er.ism (aysam´ırizım) i. izomerizm.
i.so.morph (ay´sımôrf) i. izomorf, eşbiçim.
i.so.mor.phic (aysımôr´fik) s. izomorfik, eşbiçimli.
i.so.mor.phism (aysımôr´fizım) i. izomorfizm, eşbiçimlilik.
i.sos.ce.les (aysas´ıliz) s. ikizkenar. **— triangle** *geom.* ikizkenar üçgen.
i.so.therm (ay´sıthırm) i. izoterm, eşsıcak.
i.so.tope (ay´sıtop) i. izotop, yerdeş.
Is.ra.el (iz´riyıl) i. İsrail.
Is.rae.li (izrey´li) i. İsrailli. s. 1. İsrail, İsrail'e özgü. 2. İsrailli.
is.sue (iş´u) i. 1. yayımlama, yayım, basım. 5. konu. 3. sorun, mesele. 4. sonuç, netice. 5. sayı, nüsha. 6. boşalma yeri. 7. boşalma, çıkış. 8. dağıtım. 9. çocuklar. 10. *mal.* piyasaya sürme, emisyon. *f.* 1. yayımlamak, resmen bildirmek. 2. vermek, sağlamak, dağıtmak. 3. çıkarmak, yayımlamak. 4. *mal.* piyasaya sürmek. **— of shares** hisse senedi ihracı. **at —** üzerinde konuşulan, söz konusu olan. **face the —** bir durumu olduğu gibi kabul edip ona göre davranmak. **take — with** -e itiraz etmek.
isth.mus (is´mıs, *İng.* ist´mıs) *i., coğr.* kıstak, berzah.
it (it) *zam.* o; onu; ona. i. (oyunlarda) ebe.
I.tal.ian (itäl´yın) i., s. 1. İtalyan. 2. İtalyanca.
i.tal.ic (itäl´ik) s., *matb., bilg.* italik (harf). *i., gen. çoğ.* italik.
i.tal.i.cize, *İng.* **i.tal.i.cise** (itäl´ısayz) f. italik harflerle basmak.
It.a.ly (it´ıli) i. İtalya.
itch (iç) *f.* 1. kaşınmak. 2. **to** -i şiddetle arzu etmek. i. 1. kaşıntı, kaşınma. 2. şiddetli arzu. **— mite** uyuzböceği.
itch.y (iç´i) s. 1. insanı kaşındıran, teni dalayan (kumaş/giysi). 2. kaşınan, kaşıntısı olan.
it'd (it´ıd) *kıs.* 1. **it had.** 2. **it would.**
i.tem (ay´tım) i. 1. parça, kalem, adet. 2. madde, fıkra. 3. *gazet.* haber. 4. hesapta tek rakam.
i.tem.ize, *İng.* **i.tem.ise** (ay´tımayz) f. ayrıntılarıy-

la yazmak.
i.tin.er.ant (aytin'ırınt) s. dolaşan, gezgin, seyyar. i. gezginci, seyyar kimse.
i.tin.er.ar.y (aytin'ıreri) i. 1. yol. 2. seyahat programı. 3. yolcu rehberi. s. 1. yola ait. 2. yolculukla ilgili.
it'll (it'ıl) kıs. it will/shall.
its (its) zam. onun (it' in iyelik hali).
it's (its) kıs. 1. it is. 2. it has.
it.self (itself') zam. kendi, kendisi. by — 1. kendi başına: That cat can open the window by itself. O kedi pencereyi kendi başına açabilir. 2. kendiliğinden: The window opened by itself. Pencere kendiliğinden açıldı. in —/in and of — özünde, kendisi, bizatihi: In itself it's not a problem. Kendi başına bir problem değil.
IUD kıs. intrauterine device.
I've (ayv) kıs. I have.
I.vo.ri.an (ayvo'riyın) i. Fildişi Kıyılı. s. 1. Fildişi Kıyısı, Fildişi Kıyısı'na özgü. 2. Fildişi Kıyılı.
I.vo.ry (ay'vıri) i. the — Coast Fildişi Kıyısı, Fildişi Sahili.
i.vo.ry (ay'vıri) i. 1. fildişi. 2. fildişi rengi. — tower fildişi kule.
i.vy (ay'vi) i., bot. duvarsarmaşığı, ağaçsarmaşığı, sarmaşık, hedera.

J

J, j (cey) *i.* J, İngiliz alfabesinin onuncu harfi.
J. *kıs.* Journal, Judge, Justice.
jab (cäb) *f.* (—bed, —bing) 1. dürtmek, itmek. 2. saplamak. *i.* 1. dürtme. 2. saplama.
jab.ber (cäb´ır) *f.* 1. çabuk çabuk konuşmak. 2. anlaşılmayacak şekilde konuşmak.
jack (cäk) *i.* 1. *oto.* kriko, kaldırıcı. 2. adam; köylü. 3. gemici. 4. bocurgat. 5. *isk.* oğlan, bacak, vale. 6. (bazı oyunlarda) top. 7. *argo* para. 8. *elek.* priz. 9. *den.* cıvadra sancağı. 10. erkek eşek. 11. erkek tavşan. 12. *çoğ.* beş taş oyunu. *f. up* 1. kriko ile kaldırmak. 2. bocurgatla kaldırmak. 3. bir kimseye görevini hatırlatmak. **every man — herkes.**
jack.al (cäk´ıl) *i., zool.* çakal.
jack.ass (cäk´äs) *i.* 1. erkek eşek. 2. *k. dili* ahmak adam, eşek herif, marsıvan eşeği.
jack.boot (cäk´but) *i.* 1. kaba kuvvet. 2. kaba kuvvet kullanan kimse, zorba. *f.* kaba kuvvetle başkasını boyun eğmeye zorlamak. *s.* kaba kuvvete dayanan.
jack.daw (cäk´dô) *i., zool.* küçük karga, cücekarga.
jack.et (cäk´it) *i.* 1. ceket. 2. şömiz. 3. *mak.* silindir ceketi.
jack.knife (cäk´nayf), *çoğ.* **jack.knives** (cäk´nayvz) *i.* büyük çakı.
jack-of-all-trades (cäk´ıvôl´treydz) *i.* elinden her iş gelen kimse, on parmağında on marifet olan kimse.
jack.pot (cäk´pat) *i., isk.* pot, ortada biriken para. **hit the — *k. dili*** turnayı gözünden vurmak; büyük bir başarı kazanmak.
jade (ceyd) *i.* 1. hafifmeşrep kadın. 2. yaşlı ve işe yaramaz at, düldül. *f.* çok yormak.
jade (ceyd) *i.* yeşim.
jad.ed (cey´did) *s.* 1. çok yorgun, bitkin. 2. isteksiz, bıkkın.
Jaf.fa (cäf´ı) *i.* yafa, yafa portakalı. **— orange** yafa, yafa portakalı.
jag (cäg) *i.* 1. viraj, keskin dönüş. 2. diş, sivri uç. *f.* (—ged, —ging) diş diş etmek, çentmek.
jag.ged (cäg´id) *s.* dişli, çentikli, sivri uçlu.
jag.uar (cäg´war) *i., zool.* jaguar, jagar.
jail, *İng.* **gaol** (ceyl) *i.* cezaevi, hapishane. *f.* hapse atmak, hapsetmek.
jail.bird (ceyl´bırd) *i.* 1. hapishane gediklisi. 2. ip kaçkını. 3. pranga kaçağı.
jail.break (ceyl´breyk) *i.* firar, hapishaneden kaçma.
jail.er (cey´lır) *i.* gardiyan.
jail.house (ceyl´haus) *i.* hapishane, mahpushane.
ja.lop.y, ja.lop.py (cılap´i) *i., argo* külüstür otomobil, düldül.
jam (cäm) *f.* (—med, —ming) 1. tıkmak, sıkıştırmak. 2. hıncahınç doldurmak; tıkmak: **They are going to jam all of us into that small room.** Hepimizi o küçük odaya tıkacaklar. 3. sıkışmak, kilitlenmek, kenetlenmek; sıkıştırmak, kilitlemek, kenetlemek: **The paper keeps jamming between the rollers.** Kâğıt ha bire merdanelerin arasına sıkışıyor. **I jammed my finger in the door.** Parmağımı kapıya sıkıştırdım. 4. *radyo* parazit yapmak, yayını bozmak. *i.* 1. tıkanıklık, sıkışıklık. 2. kalabalık, izdiham, yığılışma. 3. sıkışma, kilitlenme, kenetlenme. 4. *k. dili* zor durum. 5. *radyo* parazit. **— session** cazcıların bir araya gelip doğaçtan çaldığı caz müziği. **traffic —** trafik tıkanıklığı.
jam (cäm) *i.* reçel, marmelat.
Ja.mai.ca (cımey´kı) *i.* Jamaika. **—n** *i.* Jamaikalı. *s.* 1. Jamaika, Jamaika'ya özgü. 2. Jamaikalı.
jamb (cäm) *i.* kapı veya pencerenin dik yanı veya kenar pervazı.
jam.bo.ree (cämbıri´) *i., argo* cümbüş, eğlenti, gırgır.
jam-packed (cäm´päkt´) *s., k. dili* dopdolu, hıncahınç dolu, tıklım tıklım.
Jan. *kıs.* January.
jan.gle (cäng´gıl) *f.* 1. ahenksiz ses çıkarmak. 2. kavga etmek, çekişmek. *i.* 1. ahenksiz ses. 2. gürültü.
Jan.is.sar.y (cän´ısıri), **Jan.i.zar.y** (cän´ızıri) *i.* yeniçeri.
jan.i.tor (cän´ıtır) *i.* kapıcı; odacı.
Jan.u.ar.y (cän´yuweri) *i.* ocak ayı.
Jap. *kıs.* Japan, Japanese.
Ja.pan (cıpän´) *i.* Japonya.
Jap.a.nese (cäpıniz´) *i.* 1. (*çoğ.* **Jap.a.nese**) Japon. 2. Japonca. *s.* 1. Japon. 2. Japonca. **— cedar** *bot.* kriptomerya. **— maple** japonakçaağacı. **— persimmon** trabzonhurması. **— plum** maltaeriği, yenidünya. **— quince** japonayvası.
ja.pon.i.ca (cıpan´ikı) *i.* japonayvası.
jar (car) *f.* (—red, —ring) 1. kulak tırmalayıcı bir ses çıkarmak. 2. zangırdatmak; zangırdamak. 3. (**with**) (-e) ters düşmek, (ile) çatışmak. 4. **on/upon** sinirlendirmek. 5. sarsmak; sarsılmak. *i.* 1. sarsıntı; şok. 2. zangırtı.
jar (car) *i.* kavanoz.

jar.gon (car´gın) *i.* 1. anlaşılmaz dil. 2. meslek argosu. 3. özel dil, jargon.
jas.mine (cäz´min, käs´min) *i.* yasemin.
jaun.dice (côn´dîs) *i.* 1. *tıb.* sarılık. 2. hoşnutsuzluk; karamsarlık; düşmanlık; kıskançlık; önyargı.
jaun.diced (côn´dîst) *s.* 1. sarılık olmuş. 2. hoşnutsuz; karamsar; düşmanca; kıskançlık dolu; önyargılı.
jaunt (cônt) *f.* gezmek. *i.* gezinti.
jaun.ti.ly (côn´tıli) *z.* kaygısızca, fütursuzca.
jaun.ty (côn´ti) *s.* 1. neşeli, şen, kaygısız. 2. gösterişli, şık.
Ja.va (ca´vı) *i.* Cava. **—n** *i.* Cavalı. *s., bak.* **Javanese.**
Jav.a.nese (cavıniz´) *i.* 1. (*çoğ.* **Jav.a.nese**) Cavalı. 2. Cavaca. *s.* 1. Cava, Cava'ya özgü. 2. Cavaca. 3. Cavalı.
jav.e.lin (cäv´lîn, cäv´ılîn) *i.* cirit. **— throw** cirit atma, cirit.
jaw (cô) *i.* 1. çene. 2. *çoğ.* ağız. 3. *argo* çene çalma, laflama. *f., argo* 1. çene çalmak, laflamak. 2. dırlanmak.
jaw.bone (cô´bon) *i., anat.* çenekemiği. *f., argo* tehditle baskı yapmak.
jaw.break.er (cô´breykır) *i., k. dili* 1. çok sert akide şekeri. 2. söylenişi zor sözcük.
jay (cey) *i.* alakarga, kestanekargası.
jay.walk (cey´wôk) *f., k. dili* (yaya) yaya geçidi olmayan bir yerde karşıdan karşıya geçmek; (yaya) trafik kurallarına uymadan karşıdan karşıya geçmek.
jay.walk.er (cey´wôkır) *i.* caddeyi trafik kurallarına uymadan geçen kimse.
jazz (cäz) *i., s. caz.* **— band** cazbant. **— up** *argo* canlandırmak, hareketlendirmek.
jeal.ous (cel´ıs) *s.* kıskanç. **be — of** -i kıskanmak.
jeal.ous.ly (cel´ısli) *z.* kıskançlıkla.
jeal.ou.sy (cel´ısi) *i.* kıskançlık.
jean (cin) *i.* cin kumaşı.
jeans (cinz) *i.* cin, cin pantolon; blucin.
jeep (cip) *i.* cip.
jeer (cir) *f.* **at** ile alay etmek, ile eğlenmek. *i.* alay.
jell (cel) *f.* 1. donmak, pelteleşmek. 2. *k. dili* biçimlenmek, belirginleşmek.
jel.lo (cel´o) *i.* (meyve tadında, pelteye benzeyen) jöle.
jel.ly (cel´i) *i.* jöle. *f.* pelteleştirmek; pelteleşmek. **petroleum —** vazelin.
jel.ly.bean (cel´ibin) *i.* içi jöleli fasulye biçiminde bir şeker.
jel.ly.fish (cel´ifîş) *i.* 1. denizanası, medüz. 2. *k. dili* kararsız kimse.
jem.my (cem´i) *i., f., İng., bak.* **jimmy.**
jeop.ard.ize, *İng.* **jeop.ard.ise** (cep´ırdayz) *f.* tehlikeye atmak, tehlikeye sokmak.
jeop.ard.y (cep´ırdi) *i.* 1. tehlike, nazik durum. 2. *huk.* yargılanan sanığın cezaya çarpılma olasılığı. **double —** *huk.* aynı suç için ikinci defa yargılanma. **in — of his life** 1. idam cezası tehlikesiyle karşı karşıya. 2. hayatı tehlikede.
jer.bo.a (cırbo´wı) *i.* cırboğa, çölfaresi, çölsıçanı.
jerk (cırk) *i.* 1. şiddetli ve ani çekiş. 2. silkinme; silkme. 3. büzülme, burkulma. 4. *argo* hanzo, hırbo, hıyar, ayı.
jerk (cırk) *f.* 1. birdenbire ve şiddetle çekmek. 2. silkip atmak. 3. fırlatmak. 4. sarsıla sarsıla gitmek. **— off** *argo* otuz bir çekmek, abaza çekmek, mastürbasyon yapmak. **— out** kesik kesik ve hızlı söylemek.
jerk.i.ly (cır´kıli) *z.* sarsıntılarla, sarsarak.
jerk.y (cır´ki) *s.* 1. sarsıntılı. 2. spazmodik. 3. *argo* aptal, salak.
jer.ry (cer´i) *i., İng., k. dili* lazımlık, oturak.
jer.ry-built (cer´ibilt) *s.* kötü malzemeyle yapılmış.
jer.sey (cır´zi) *i.* jarse.
Je.ru.sa.lem (cıru´sılım) *i.* Kudüs. **— artichoke** yerelması.
jes.sa.mine (ces´ımin) *i., bak.* **jasmine.**
jest (cest) *i.* şaka, latife, alay. *f.* latife etmek, şaka söylemek; şaka etmek. **in —** şaka olarak.
jest.er (ces´tır) *i.* soytarı, maskara.
Je.sus (ci´zıs) *i.* Hz. İsa. **—!** *ünlem* Allah Allah!
jet (cet) *s.* simsiyah, kapkara.
jet (cet) *f.* (**—ted, —ting**) 1. fışkırtmak; fışkırmak. 2. jetle yolculuk yapmak. *i.* 1. jet. 2. fışkırma. 3. fıskiye. **— lag** (uzun bir uçak yolculuğundan sonra) zaman farkından doğan uyku düzensizliği, yorgunluk v.b. **— plane** jet uçağı, tepkili uçak. **— propulsion** tepkili çalıştırma, jetli sürüş. **— set** jet sosyete. **— setter** jet sosyeteden bir kimse.
jet-black (cet´bläk) *s.* simsiyah.
jet-pro.pelled (cet´prıpeld) *s.* 1. tepkili (uçak). 2. jet gibi hızlı. 3. enerjik, hareketli.
jet.ti.son (cet´ısın) *f.* (tehlike anında gemiyi hafifletmek için) (yükü) denize atmak.
jet.ton (cet´ın) *i.* jeton.
jet.ty (cet´i) *i.* 1. dalgakıran, mendirek. 2. kâgir iskele.
Jew (cu) *i., s.* Musevi, Yahudi.
jew.el (cu´wıl) *i.* 1. değerli taş, cevher, mücevher. 2. cep saatinin içindeki taş. 3. değerli kimse/şey. *f.* (**—ed/—led, —ing/—ling**) değerli taşlarla süslemek.
Jew.ish (cu´wîş) *s.* Musevi, Yahudi.
jib (cîb) *i., den.* flok yelkeni. **the cut of one's — k. dili** dış görünüş; yüz ifadesi.
jibe (cayb) *f.* 1. *den.* bumba ile seren veya yelkeni rüzgâr yönünde giderken kavanço etmek. 2. **with** *k. dili* -e uymak, ile uyuşmak.
jiff (cîf) *i., bak.* **jiffy.**

jif.fy (cif´i) *i., k. dili* an, lahza. **in a** — hemen.
jig.gered (cig´ırd) *s.* **I'll be** —! *k. dili* Vay anasına!
jig.ger.y-pok.er.y (cig´iripo´kıri) *i., İng., k. dili* katakulli, oyun, hile.
jig.gle (cig´ıl) *f.* salınmak, dingildemek, ırgalanmak; sallamak. *i.* 1. titreme. 2. hafif sallantı.
jig.saw (cig´sô) *i.* motorlu oyma testeresi. — **puzzle** kesilmiş parçaları birleştirerek oynanan resimbilmece.
ji.had (cihad´) *i.* cihat.
jilt (cilt) *f.* (sevgilisini) terk etmek. *i.* sevgilisini terk eden kız.
jim.my (cim´i) *i.* (hırsızların kullandığı) ufak levye. *f.* (hırsızların kullandığı) ufak levye ile açmak.
jim.son.weed (cim´sınwid) *i., bot.* tatula, şeytanelması.
jin.gle (cing´gıl) *i.* 1. şıngırtı; çıngırtı; şıkırtı. 2. (tekerleme gibi) kısa şiir. 3. tekerlemeli şarkı. *f.* şıngırdatmak; çıngırdatmak; şıkırdatmak.
jinks (cingks) *i.* **high** — şamata, cümbüş.
jin.ni (cin´i) *i.* cin.
jinx (cingks) *i., argo* uğursuz şey/kimse, uğursuzluk. *f.* uğursuzluk getirmek.
jit.ters (cit´ırz) *i., k. dili* the aşırı sinirlilik. **get the** — sinirli olmak, korku duymak.
jit.ter.y (cit´ıri) *s., k. dili* çok sinirli.
jiu.jit.su (cucit´su) *i., bak.* **jujitsu**.
job (cab) *i.* iş, görev, vazife, memuriyet. — **work** götürü iş. **be out of a** — işsiz olmak. **by the** — götürü. **on the** — iş başında, görev başında.
job.ber (cab´ır) *i.* 1. toptancı, toptan mal satan tüccar, toptan dağıtımcı. 2. parça başına çalışan işçi.
jock.ey (cak´i) *i.* cokey.
jock.ey (cak´i) *f.* dalavere ile kandırmak. — **for position** (bir yarışta) daha avantajlı bir yere geçmeye çalışmak.
jock.strap (cak´sträp) *i.* suspansuvar.
joc.u.lar (cak´yılır) *s.* 1. şakalı, şaka yollu. 2. şakacı.
joc.u.lar.i.ty (cakyılär´iti) *i.* şakacılık.
joc.u.lar.ly (cak´yılırli) *z.* şaka olarak.
jog (cag) *f.* (—**ged**, —**ging**) 1. itmek, sarsmak, dürtmek. 2. yavaş koşmak, jogging yapmak. *i.* 1. dürtme. 2. yavaş koşma. — **someone's memory** (bir şeyi hatırlatmak için ipucu vererek) birinin belleğini canlandırmak.
jog.ging (cag´îng) *i.* yavaş koşma, jogging.
jog.gle (cag´ıl) *f.* 1. hafifçe sarsmak, yavaşça sallamak; hafifçe sarsılmak/sallanmak. 2. geçme ile tutturmak. *i.* 1. birden dürtme, sallama. 2. sarsıntı. 3. geçme.
join (coyn) *f.* 1. (kulüp, parti v.b.´ne) katılmak. 2. buluşmak. 3. birleştirmek; birleşmek. 4. bağlamak; bağlanmak. 5. *k. dili* bitişmek. 6. **in** -de yer almak, -e katılmak. *i.* 1. bitişme noktası. 2. birleşme; bitişme. — **battle** savaşa girişmek. — **hands** el ele tutuşmak. — **up** *k. dili* 1. asker yazılmak. 2. üye yazılmak.
join.er (coy´nır) *i.* 1. birleştirici şey/kimse. 2. *İng.* doğramacı; marangoz.
join.er.y (coy´nıri) *i., İng.* doğramacılık; marangozluk.
joint (coynt) *i.* 1. *anat.* eklem, mafsal. 2. ek. 3. ek yeri. 4. *kasap.* büyük et parçası. 5. *bot.* düğüm, boğum. 6. *argo* afyon çekilen veya kumar oynanan batakhane. 7. *argo* esrarlı sigara. *f.* 1. bitiştirmek, eklemek, raptetmek. 2. ek veya oynak yeri yapmak. 3. (eti) oynak yerlerinden ayırmak. **out of** — 1. çıkık, çıkmış. 2. çığırından çıkmış. **put someone's nose out of** — birinin pabucunu dama attırmak. **universal** — *oto.* kardan mafsalı.
joint (coynt) *s.* 1. birleşmiş; bitişmiş. 2. ortak, müşterek. — **account** müşterek hesap. — **creditors** müteselsil alacaklılar. — **debtors** müteselsil borçlular. — **heir** mirasta ortak. — **owner** mülkiyette/tasarrufta ortak; paydaş.
joint-stock company *tic.* anonim şirket. — **surety** müteselsil kefil.
joint.ly (coynt´li) *z.* ortaklaşa, birlikte.
joist (coyst) *i.* kiriş; putrel.
joke (cok) *i.* şaka, latife, nükte. *f.* şaka yapmak, şaka etmek. **crack a** — şaka etmek, şaka yapmak. **It's no** —. Şakaya gelmez./Şakası yok. **play a** — **on someone** birine şaka yapmak, birine oyun oynamak. **practical** — eşek şakası. **take a** — şaka kaldırmak, şakaya gelmek.
jok.er (co´kır) *i.* 1. şakacı kimse. 2. *isk.* joker.
jok.ing.ly (cok´îngli) *z.* şaka ederek, şakayla.
jol.ly (cal´i) *s.* 1. şen, neşeli. 2. neşe verici. 3. *İng., k. dili* hoş, güzel. *z., İng., k. dili* pek çok, son derece. — **good** *İng.* çok iyi. **He** — **well had to.** *İng.* Yapmaktan başka çaresi yoktu.
jolt (colt) *f.* 1. sarsmak; sarsılmak. 2. şaşkına çevirmek, şoke etmek. *i.* 1. sarsma, sarsıntı. 2. şok.
jon.quil (can´kwîl) *i.* fulya, zerrin.
Jor.dan (côr´dın) *i.* Ürdün.
Jor.da.ni.an (côrdey´niyın) *i.* Ürdünlü. *s.* 1. Ürdün, Ürdün'e özgü. 2. Ürdünlü.
josh (caş) *f., k. dili* takılmak, şaka etmek, alay etmek.
jos.tle (cas´ıl) *f.* itip kakmak, itelemek, dürtüklemek. *i.* itip kakma.
jot (cat) *f.* (—**ted**, —**ting**) **down** yazmak, not etmek. *i.* zerre, nebze: **I won't change a jot of it!** Bir noktasını bile değiştirmem! **Don't you miss a jot or a tittle!** En ufak bir noktayı kaçırma!
joule (cul, caul) *i., fiz.* jul.

jour.nal (cır´nıl) *i.* 1. günlük, günce. 2. *den.* seyir defteri. 3. *tic.* günlük defter, yevmiye defteri. 4. gazete. 5. dergi. **keep a —** günlük tutmak.
jour.nal.ism (cır´nılizım) *i.* gazetecilik.
jour.nal.ist (cır´nılist) *i.* gazeteci.
jour.ney (cır´ni) *i.* yolculuk, gezi, seyahat, sefer, yol. *f.* yolculuk etmek. **take a —** yolculuk etmek. **undertake a —** uzun bir yolculuğa hazırlanıp çıkmak.
jour.ney.man (cır´nimın), *çoğ.* **jour.ney.men** (cır´nimin) *i.* ustabaşı.
jo.vi.al (co´viyıl) *s.* şen, neşeli.
jo.vi.al.i.ty (coviyäl´ıti) *i.* şenlik, neşe.
jo.vi.al.ness (co´viyılnıs) *i., bak.* **joviality.**
jowl (caul, col) *i.* çene kemiği, alt çene. **cheek by —** sıkı fıkı; yan yana.
joy (coy) *i.* sevinç, keyif, haz, neşe.
joy.ful (coy´fıl) *s.* sevinçli, sevindirici, neşeli, neşeyle dolu.
joy.ful.ly (coy´fıli) *z.* neşeyle.
joy.ous (coy´ıs) *s.* sevinçli, keyifli, neşeli.
joy.ride (coy´rayd) *i.* otomobil gezintisi; çalıntı araba ile gezme.
joy.stick (coy´stik) *i.* 1. uçakta manevra kolu. 2. *bilg.* kumanda kolu.
J.P. *kıs.* **Justice of the Peace.**
Jr. *kıs.* **Junior.**
ju.bi.lant (cu´bılınt) *s.* sevinçli, coşkun.
ju.bi.la.tion (cubıley´şın) *i.* coşkulu sevinç, coşku.
ju.bi.lee (cu´bıli) *i.* 1. herhangi bir olayın ellinci yıldönümü. 2. evlilikte altın yıl. 3. jübile. **diamond —** altmışıncı veya yetmiş beşinci yıldönümü. **silver —** evliliğin yirmi beşinci yıldönümü.
Ju.da.ism (cu´diyizım) *i.* 1. Musevilik, Musevi dini. 2. Musevi olma, Musevilik. 3. Musevi âlemi.
Ju.das (cu´dıs) *i.* **— tree** erguvanağacı, erguvan.
Ju.de.o-Ger.man (cudey´o.cır´mın) *i., s., bak.* **Yiddish.**
Ju.de.o-Span.ish (cudey´o.spän´îş) *i., s.* Yahudi İspanyolcası.
judge (cʌc) *i.* 1. yargıç, hâkim. 2. hakem. 3. bilirkişi. *f.* 1. yargılamak. 2. hakemlik etmek. 3. hüküm vermek; hükmetmek. 4. tahmin etmek. **be a bad — of** -den anlamamak. **be a good — of** -den anlamak, -in ne olduğunu bilmek.
judg.ment, judge.ment (cʌc´mınt) *i.* hüküm, karar, yargı. **J— Day** kıyamet günü. **in my —** fikrimce, bana kalırsa. **pass — huk.** hüküm vermek. **reserve —** hüküm vermeyi uzatmak. **the Last J—** kıyamet.
ju.di.cial (cudîş´ıl) *s.* adli, hukuki, türel.
ju.di.ci.ar.y (cudîş´iyeri) *s.* adli, hukuki; yargılama ile ilgili. *i.* 1. adliye. 2. yargıçlar.

ju.di.cious (cudîş´ıs) *s.* akıllıca, tedbirli, sağgörülü, mantıklı.
ju.do (cu´do) *i.* judo.
ju.do.ist (cu´dowîst) *i.* judocu.
jug (cʌg) *i.* 1. testi. 2. *İng.* (kulplu) sürahi. 3. *argo* hapishane, kodes. **milk — İng.** (sürahi şeklinde) sütlük.
jug.gle (cʌg´ıl) *f.* 1. hokkabazlık yapmak. 2. el çabukluğu ile marifet yapmak. 3. hile yapmak. 4. aldatmak. *i.* 1. hokkabazlık. 2. hile. **— the books** aldatmak için hesap defterlerini karıştırıp hazırlamak.
jug.gler (cʌg´lır) *i.* 1. hokkabaz, jonglör. 2. hilekâr kimse.
Ju.go.slav (yu´goslav) *i., s., tar., bak.* **Yugoslav.**
Ju.go.slav.ia (yugoslav´iyı, yugoslav´yı) *i., tar., bak.* **Yugoslavia.**
Ju.go.slav.ian (yugoslav´iyın, yugoslav´yın) *i., s., tar., bak.* **Yugoslavian.**
Ju.go.slav.ic (yugoslav´îk) *s., tar., bak.* **Yugoslavic.**
jug.u.lar (cʌg´yılır) *s.* boyuna ait. **— vein** *anat.* şahdamarı.
juice (cus) *i.* 1. özsu. 2. sebze/meyve/et suyu. 3. *argo* cereyan, elektrik. 4. *argo* benzin. 5. *argo* kuvvet, enerji.
juice.less (cus´lis) *s.* özü/suyu olmayan, kuru.
juic.y (cu´si) *s.* 1. özlü, sulu. 2. *k. dili* herkesin merak ettiği (ayrıntılar); herkesin merak ettiği ayrıntılarla dolu.
ju.jit.su (cucît´su) *i., spor* jiujutsu.
ju.jube (cu´cub) *i., bot.* hünnap, çiğde.
juke.box (cuk´baks) *i.* para ile plak çalan otomatik pikap.
Jul. *kıs.* **July.**
Ju.ly (cûlay´, cılay´) *i.* temmuz.
jum.ble (cʌm´bıl) *i.* karmakarışık şey; karışıklık, düzensizlik. *f.* karmakarışık olmak; karmakarışık etmek.
jum.bo (cʌm´bo) *s.* çok büyük, kocaman.
jump (cʌmp) *i.* 1. atlama, sıçrama. 2. (fiyat) fırlama. **broad —** uzun atlama. **get the — on someone** *argo* birinden önce davranmak, üstün gelerek birini şaşırtmak. **give someone the —s** *argo* birini çok sinirlendirmek, birinin tepesini attırmak. **high —** yüksek atlama.
jump (cʌmp) *f.* 1. atlamak, sıçramak, zıplamak; sıçratmak, zıplatmak, fırlatmak, atlatmak. 2. üzerinden atlamak. 3. (fiyat) fırlamak. **— a train** trene atlamak. **— at a conclusion** acele hüküm vermek. **— on** *k. dili* -e saldırmak, -e çatmak. **— one's bail** kefalet altındayken duruşmaya gelmemek. **— out of one's skin** hayretle yerinden sıçramak; ödü kopmak, ödü patlamak. **— ship** (tayfa) gemiyi haber vermeden terk etmek. **— the gun** *k. dili* 1. işaret verilmeden başlamak. 2. (yarışta) hatalı çıkış

237
justice

yapmak. — **the track** (tren) hattan çıkmak.
jumping-off place 1. dünyanın öbür ucu. 2. başlama noktası, başlangıç noktası.
jump.er (cʌm'pır) *i.* 1. atlayan kimse. 2. delgi. 3. *elek.* geçici olarak kullanılan bağlantı teli.
jump.er (cʌm'pır) *i.* 1. bluz/kazak üzerine giyilen kolsuz elbise. 2. çocuklara giydirilen pantolonlu ceket, tulum. 3. *İng.* kazak.
jump-start (cʌmp'start) *f.* aküsü bitmiş motorun aküsünden başka bir motorun aküsüne tel bağlayarak (aküsü bitmiş olanın motorunu) çalıştırmak.
jump.y (cʌm'pi) *s.* sinirli, sinirleri gergin, diken üstünde.
Jun. *kıs.* June, Junior.
junc.tion (cʌngk'şın) *i.* 1. bitişme, birleşme. 2. birleşme yeri, kavşak. 3. *d.y.* makas. — **box** *elek.* buat, kutu.
junc.ture (cʌngk'çır) *i.* 1. bitişme, bağlantı. 2. oynak yeri. 3. dikiş yeri. 4. önemli an. 5. aralık, zaman. **at this** — bu noktada.
June (cun) *i.* haziran. — **bug** haziranböceği.
June.ber.ry (cun'beri) *i.* kayaarmudu.
jun.gle (cʌng'gıl) *i.* cengel, cangıl.
jun.ior (cun'yır) *s.* 1. yaşça küçük. 2. kıdemce aşağı, ast. 3. iki kişiden küçük olanı. 4. *b.h.* küçük (Babasıyla aynı adı taşıyan kimsenin adına eklenir.). 5. *spor* genç. *i.* 1. yaşça küçük kimse. 2. mevki veya kıdemce küçük olan kimse. 3. lise veya üniversitede sondan bir önceki sınıf öğrencisi. — **college** üniversitenin birinci ve ikinci sınıf öğretim programını uygulayan iki senelik okul. — **high school** ilkokul ile lise arasındaki 7., 8. ve 9. sınıfları kapsayan ortaokul.
ju.ni.per (cu'nıpır) *i.* ardıç.
junk (cʌngk) *i.* Çin yelkenlisi.
junk (cʌngk) *i.* 1. atılacak eşyalar; hurdalar: **That car's a piece of junk.** O arabanın hurdası çıkmış. 2. tapon mal. 3. *argo* uyuşturucu maddeler; uyuşturucu; eroin: **Get off that junk!** O zıkkımı bırak artık! *f., k. dili* çöpe atmak. — **food** tadı güzel, besin değeri az olan yiyecek. — **heap** *argo* hurdası çıkmış araba. — **mail** reklam olarak gelen posta.
junk.ie (cʌng'ki) *i., argo* keş, uyuşturucu bağımlısı; eroinman.
junk.man (cʌngk'mın), *çoğ.* **junk.men** (cʌngk'min) *i.* eskici; hurdacı.
junk.yard (cʌngk'yard) *i.* hurda deposu, hurdalık.
jun.ta (cın'tı, hûn'tı) *i.* cunta.
Ju.pi.ter (cu'pıtır) *i.* Jüpiter, Erendiz.
ju.ris.dic.tion (cûrîsdîk'şın) *i.* 1. *huk.* yargı hakkı, yargılama hakkı. 2. yetki. 3. hükümet, hükümetin nüfuz dairesi.
ju.ris.pru.dence (cûrîspru'dıns) *i.* hukuk ilmi,

hukuk.
ju.rist (cûr'îst) *i.* hukuk ilmi uzmanı; hukukçu.
ju.ror (cûr'ır) *i.* jüri üyesi.
ju.ry (cûr'i) *i.* 1. jüri, yargıcılar kurulu. 2. jüri, seçiciler kurulu, seçici kurul.
just (cʌst) *s.* 1. adaletli, adil. 2. haklı, yerinde, doğru.
just (cʌst) *z.* 1. tam: **just across from us** tam karşımızda. **just at that spot** tam o noktada. **just in time** tam vaktinde. **That's just what I've been looking for.** O tam aradığım şey. 2. hemen, şimdi, biraz önce: **She has just arrived.** Şimdi geldi. **I was just going out the door when the telephone rang.** Tam kapıdan çıkıyordum ki telefon çaldı. 3. ancak, yalnız, sadece: **There are just two new students this year.** Bu sene ancak iki yeni öğrenci var. 4. anca, ancak, zorla, güçlükle, güçbela: **From that window you can just see a bit of the Galata Tower.** O pencereden Galata Kulesi'nin azıcık bir kısmını anca görebilirsin. **Her house is just within the city limits.** Evi anca şehrin sınırları içinde kalıyor. — **about** 1. -mek üzere: **I was just about to leave.** Tam çıkmak üzereydim. 2. hemen hemen: **We're just about finished.** Hemen hemen bitirdik. **She's acted in just about every play you can think of.** Hemen hemen bildiğin her oyunda rol aldı. — **like** aynı, tıpkı: **Fehmi looks just like his father.** Fehmi tıpkı babasına benziyor. **That's just like Fettah, isn't it?** O tam Fettah'ca bir şey, değil mi? — **now** 1. şimdi. 2. biraz önce: **They were here just now.** Biraz önce buradaydılar. — **so** 1. çok düzenli bir halde: **She keeps her house just so.** Evini çok muntazam tutuyor. 2. çok dikkatli bir şekilde: **When you're with them you have to behave just so.** Onlarla beraberken çok dikkatli davranman lazım. 3. şartıyla: **Go where you will, just so you get back here by six.** Nereye gitmek istersen git, ancak her halükârda altıda burada ol. — **the same** 1. yine de, buna rağmen. 2. tıpatıp aynı. — **then** tam o sırada; tam o anda. — **there** tam orada. **I— think!** Bir düşün!/Düşünsene!: **Just think! This time tomorrow we'll be in China!** Düşünsene! Yarın bu saatte Çin'de olacağız! **I'd** — **as soon stay here.** Burada kalmayı tercih ederim. **If it's** — **the same to you, I'll go with them.** Senin için fark etmezse onlarla giderim. **It was** — **one of those things.** Ne yapalım? Kısmet! **Not** — **yet.** Yok, şimdi değil./Şimdi değil./Henüz değil./Henüz vakti değil. **That's** — **what the doctor ordered.** Çok makbule geçti. **That was** — **what the doctor ordered.** Canıma değdi.
jus.tice (cʌs'tîs) *i.* 1. adalet, hak. 2. haklılık, ye-

---
a ä e ı i î ô o û u ʌ ıl ım ın ır ng ngg ngk
car cat met above heal his dog so good do up couple prism demon burn ring finger ink

rindelik, doğruluk. — **of the peace** sulh hâkimi. **bring someone to —** (yargılanmak üzere) birini mahkemenin önüne çıkartmak. **chief —** danıştay başkanı. **do a food —** bir yemeğin hakkından gelmek. **do —** 1. adil bir şekilde davranmak; adalet dağıtmak. 2. **to** (bir şeyi) gerektiği gibi yapmak: **That painting doesn't do justice to the valley's beauty.** O tablo vadinin güzelliğini yeterince aksettirmiyor. **do oneself —** her zamanki performansı göstermek: **He didn't do himself justice in the concert last night.** Dün geceki konserde her zamanki performansını gösteremedi. **do someone —** birinin hakkını vermek, birine hakça davranmak. **jus.ti.fi.ca.tion** (cʌstıfıkey'şın) *i.* 1. haklı çıkarma/çıkma. 2. haklı neden, gerekçe. 3. *matb., bilg.* metnin sağ kenarını hizalama.
jus.ti.fy (cʌs'tıfay) *f.* 1. doğrulamak, haklı çıkarmak. 2. suçsuzluğunu kanıtlamak, temize çıkarmak. 3. *matb., bilg.* metnin sağ kenarını hizalamak.
just.ly (cʌst'li) *z.* 1. adaletle, adil bir şekilde. 2. haklı olarak.
jut (cʌt) *f.* (**—ted, —ting**) 1. **out** çıkıntı yapmak, çıkık olmak. 2. çıkmak, uzanmak.
jute (cut) *i.* jüt, mühliye.
ju.ve.nile (cu'vınıl, cu'vınayl) *s.* 1. genç; gençliğe özgü. 2. olgunlaşmamış, çocuksu. *i.* genç; çocuk. **— court** çocuk mahkemesi. **— delinquency** çocuğun suç işlemesi. **— delinquent** suçlu çocuk.
jux.ta.pose (cʌkstıpoz') *f.* birbirine yakın koymak; yan yana koymak.
jux.ta.po.si.tion (cʌkstıpızış'ın) *i.* 1. birbirine yakın koyma; yan yana koyma. 2. birbirine yakın bulunma/bulundurma; yan yana bulunma/bulundurulma. **be in —** birbirine yakın bulunmak; yan yana bulunmak.

K

K, k (key) *i.* K, İngiliz alfabesinin on birinci harfi.
k. *kıs.* kilogram, karat.
Kaa.ba (ka´bı) *i.* Kâbe.
kale (keyl) *i.* karalahana.
ka.lei.do.scope (kılay´dıskop) *i.* çiçek dürbünü, kaleydoskop.
Kam.pu.che.a (kämpu´çiyı) *i.* Kampuçya, Kamboçya, Kamboç. **—n** *i.* 1. Kampuçyalı, Kamboçyalı, Kamboçlu. 2. Kampuçça, Kamboçça. *s.* 1. Kampuçya, Kampuçya'ya özgü. 2. Kampuçça. 3. Kampuçyalı.
kan.ga.roo (käng.gıru´) *i., zool.* kanguru.
ka.put (kapût´) *s., argo* mahvolmuş.
kar.at (ker´ıt) *i.* ayar, altın ayarı.
ka.ra.te (kıra´ti) *i.* karate, karatedo.
Ka.re.li.a (kıril´yı, kıri´liyı) *i.* Karelya. **—n** *i.* 1. Karelyalı. 2. Karelyaca. *s.* 1. Karelya, Karelya'ya özgü. 2. Karelyaca. 3. Karelyalı.
kar.yo.ki.ne.sis (käriyokini´sis) *i., biyol.* karyokinez, mitoz.
Kash.mir (käşmir´, käş´mir) *i.* Keşmir.
Kash.mir.i (käşmir´i) *i., s.* Keşmirli.
Kash.mir.i.an (käşmir´iyın) *s.* 1. Keşmir, Keşmir'e özgü. 2. Keşmirli. *i.* Keşmirli.
Ka.zak (kazak´) *i., s., bak.* **Kazakh.**
Ka.zakh (kazak´) *i., s.* 1. Kazak. 2. Kazakça.
Ka.zakh.stan (kazak´stan) *i.* Kazakistan.
Ka.zak.stan (kazak´stan) *i., bak.* **Kazakhstan.**
keel (kil) *i.* gemi omurgası, karina. *f.* alabora etmek. **— over** 1. alabora olmak. 2. birden devrilip düşmek. **on an even —** 1. başta ve kıçta çektiği su aynı, dengede (gemi). 2. her şey yolunda.
keel.age (kil´ic) *i.* liman resmi.
keen (kin) *s.* 1. keskin, sivri. 2. acı. 3. sert, şiddetli, keskin. 4. kuvvetli, yoğun. 5. gözü açık, zeki. 6. doymak bilmez (iştah). **— on** *k. dili* -e çok hevesli, -e meraklı, -e düşkün. **— on acting** aktörlüğe hevesli.
keen.ly (kin´li) *z.* 1. şiddetle. 2. şevkle.
keen.ness (kin´nis) *i.* 1. keskinlik. 2. şiddet. 3. düşkünlük, merak. 4. zekâ, akıllılık.
keep (kip) *f.* (**kept**) 1. tutmak, saklamak. 2. (dükkân) sahibi olmak, işletmek. 3. beslemek. **— a secret** sır saklamak. **— away** 1. uzak durmak. 2. uzak tutmak. **K— back!** Uzak dur! **— company** 1. yalnız bırakamamak. 2. with ile arkadaşlık etmek. **— dark** saklamak, sır vermemek. **— down/under** 1. baş kaldırtmamak. 2. yükselmesine izin vermemek. **— early hours** eve erken dönmek; erken yatmak. **— from** -den korumak. **— going** 1. devam etmek. 2. ilerlemek. 3. sürdürmek, devam ettirmek. **— house** ev idare etmek. **— in** 1. içeride kalmak. 2. içeride alıkoymak, saklamak. **— in mind** akılda tutmak, unutmamak. **— in with** ile dost kalmak. **— it up** sürdürmek, devam etmek. **— off** 1. -i yaklaştırmamak, -i uzak tutmak. 2. -den uzak kalmak. **— on** devam etmek. **— one's balance** kendine hâkim olmak, dengesini kaybetmemek. **— one's counsel** sır saklamak. **— one's word** sözünü yerine getirmek, sözünü tutmak, sözünden dönmemek. **— out** 1. dışında kalmak. 2. dışarıda bırakmak. **K— out!** 1. Girilmez. 2. Yaklaşma! **— silent** sessiz kalmak, susmak. **— someone from doing something** birini bir şey yapmaktan alıkoymak. **— step with** -e ayak uydurmak. **— the ball rolling** iyi bir işi sürdürmek. **— the peace** *huk.* sulhu bozmamak. **— time** tempo tutmak. **— to** -e bağlı kalmak. **— touch with** ile ilişkiyi sürdürmek. **— track of** -i izlemek, -i takip etmek. **— up** 1. devam etmek. 2. yüksek tutmak. **— up with** -den geri kalmamak, -e yetişmek. **— watch** bekçilik etmek, nöbet beklemek, gözetlemek.
keep (kip) *i.* 1. geçim. 2. himaye. 3. içkale. **earn one's —** (biri/bir hayvan) yaptığı hizmetle kendi masrafını çıkarmak/karşılamak. **for —s** her zaman için, temelli olarak, sonuna kadar. **not to be worth one's —** (biri/bir hayvan) masrafına değmemek.
keep.er (ki´pır) *i.* 1. bekçi. 2. gardiyan. 3. bakıcı.
keep.ing (ki´ping) *i.* 1. tutma, koruma. 2. geçim, geçimini sağlama. 3. himaye. 4. uyum. **in — with** -e uygun olarak.
keep.sake (kip´seyk) *i.* andaç, anmalık, hatıra.
keg (keg) *i.* küçük fıçı, varil.
kelp (kelp) *i.* esmer suyosunu, varek.
Kelt (kelt) *i., bak.* **Celt.**
Kelt.ic (kel´tik) *i., s., bak.* **Celtic.**
ken (ken) *f.* (**—ned, —ning**) *İskoç.* bilmek, anlamak, tanımak. *i.* 1. görüş alanı; görüş açısı. 2. bilgi alanı. **beyond one's —** akıl almaz. **within my —** gözümün seçebildiği yerde. 2. bildiklerim arasında.
ken.nel (ken´ıl) *i.* 1. köpek kulübesi. 2. köpek yetiştirilen yer.
ken.nels (ken´ılz) *i., çoğ.* köpek yetiştirilen yer.
Ken.ya (ken´yı, kin´yı) *i.* Kenya. **—n** *i.* Kenyalı. *s.* 1. Kenya, Kenya'ya özgü. 2. Kenyalı.
kept (kept) *f., bak.* **keep.**

kerb (kırb) *i., İng.* kaldırım taşı, bordür.
ker.chief (kır´çif) *i.* 1. başörtüsü, eşarp. 2. boyun atkısı. 3. mendil.
ker.fuf.fle (kırfʌf´ıl) *i., İng., k. dili* şamata; gürültü patırtı; telaş.
ker.mes (kır´miz) *i.* kırmız. — **mineral** madenkırmız, kırmız madeni. — **oak** kırmızmeşesi.
ker.nel (kır´nıl) *i.* 1. tahıl tanesi. 2. çekirdek içi. 3. iç. 4. öz, cevher, esas, ruh.
ker.o.sene (kerısin´) *i.* gazyağı, gaz. — **lamp** gaz lambası.
ketch.up (keç´ıp) *i.* ketçap.
ket.tle (ket´ıl) *i.* 1. çaydanlık. 2. güğüm. **That's a fine — of fish.** *k. dili* Ayvayı yedik!/Hapı yuttuk!
ket.tle.drum (ket´ıldrʌm) *i., müz.* timbal.
key (ki) *i.* 1. anahtar. 2. kurgu, zemberek kurgusu. 3. çözüm yolu. 4. cevap anahtarı, şifre cetveli. 5. (klavyede) tuş. 6. *müz.* anahtar. 7. ses perdesi. *s.* baş, ana, en önemli. — **position** önemli yer; yetkili mevki. — **ring** anahtar halkası. — **word** (sözlükte/ansiklopedide) madde, madde başı sözcük. **master** — ana anahtar.
key (ki) *f.* 1. kilitlemek. 2. **to** -e göre ayarlamak, -e uygun duruma getirmek, -e uydurmak. 3. akort etmek. — **up** 1. heyecanlandırmak, coşturmak. 2. *müz.* perdesini yükseltmek.
key.board (ki´bôrd) *i.* klavye.
key.hole (ki´hol) *i.* anahtar deliği.
key.note (ki´not) *i.* 1. *müz.* ana nota. 2. temel düşünce, ilke, dayanak. — **address** toplantıyı açış konuşması.
key.stone (ki´ston) *i.* 1. anahtar taşı, kilit taşı. 2. temel taşı, ana ilke, temel.
kg. *kıs.* **keg(s), kilogram(s).**
khak.i (käk´i) *s., i.* (koyu) bej.
khak.is (käk´iz) *i.* 1. (koyu) bej pantolon. 2. (koyu) bej üniforma.
Khy.ber (kay´bır) *i.* Hayber. **the — Pass** Hayber Geçidi. **the — Pass** Hayber Geçidi.
kib.la (kib´lı) *i., bak.* **qibla.**
kib.lah (kib´li) *i., bak.* **qibla.**
kick (kik) *f.* 1. tekmelemek, tekme atmak; çifte atmak. 2. (silah) geri tepmek, seğirdim yapmak. 3. *k. dili* karşı durmak. 4. tekmeleyerek kovmak. — **a goal** topa vurup gol atmak. — **around** *k. dili* 1. kötüye kullanmak. 2. ihmal etmek. 3. diyar diyar dolaşmak. 4. düşünüp taşınmak. — **ass** *k. dili* bazılarına dünyanın kaç bucak olduğunu göstermek. — **at** tekme vurmak. — **back** 1. (tüfek) geri tepmek. 2. *argo* rüşvet vermek. — **off** 1. *futbol* oyuna başlamak. 2. *argo* nalları dikmek, mortoyu çekmek, ölmek. — **out** kapı dışarı etmek; işten çıkarmak. — **the bucket** *argo* nalları dikmek, mortoyu çekmek, ölmek. — **the habit** *k. dili* uyuşturucu bağımlılığından veya sigara tiryakiliğinden kurtulmak. — **up a row/fuss** *k. dili* kavga çıkarmak, hır çıkarmak. — **up one's heels** kendini zevke vermek, eğlenceye dalmak.
kick (kik) *i.* 1. tekme. 2. *k. dili* karşı gelme. 3. *argo* (içkide) kuvvet, sertlik; (uyuşturucu maddenin) kamçılama etkisi: **This drink's got a kick to it.** Bu içki bayağı sert. 4. *argo* heyecan, zevk, keyif: **That's a real kick!** Büyük bir zevk o! 5. *argo* kuvvet, enerji, çeviklik, şevk. 6. *argo* merak, heves. 7. geri tepme, seğirdim. 8. topa vurma. **free** — frikik, serbest vuruş. **get a — out of** -den zevk almak. **It gives me a —.** Bana zevk veriyor./Hoşuma gidiyor.
kick.back (kik´bäk) *i., argo* rüşvet, komisyon.
kick.er (kik´ır) *i.* 1. vuran şey/kimse. 2. *k. dili* şikâyetçi, yakınan kimse. 3. *argo* konuyu/tartışmayı etkileyecek gizli nokta.
kick.off (kik´ôf) *i.* 1. *futbol* oyuna başlama vuruşu. 2. *k. dili* başlama.
kid (kid) *i.* 1. oğlak, keçi yavrusu. 2. *k. dili* çocuk. *f.* (**—ded, —ding**) 1. *k. dili* takılmak, işletmek, dalga geçmek. 2. oğlak doğurmak. **the —s** *k. dili* 1. çocuklar. 2. bizimkiler. 3. arkadaşlar. **with — gloves** tatlılıkla, yumuşak bir şekilde. **kid-glove** (kid´glʌv) *s.* fazla nazik.
kid.dy, kid.die (kid´i) *i., k. dili* çocuk.
kid-glove (kid´glʌv) *s.* fazla nazik.
kid-gloved (kid´glʌvd) *s., bak.* **kid-glove.**
kid.nap (kid´näp) *f.* (**—ped/—ed, —ping/—ing**) (fidye için) (birini) kaçırmak.
kid.ney (kid´ni) *i.* böbrek. — **bean** bir tür barbunya fasulyesi, barbunya. — **machine** böbrek makinesi, diyaliz makinesi. — **stone** böbrek taşı.
kill (kil) *f.* 1. öldürmek, katletmek. 2. mahvetmek, yok etmek. 3. *argo* çok heyecanlandırmak. 4. etkisiz hale getirmek. 5. (zamanı) boşa geçirmek, öldürmek. 6. veto etmek, reddetmek. *i.* 1. öldürme. 2. avda öldürülmüş hayvan, av. — **off** hepsini öldürmek, kılıçtan geçirmek. — **time** zaman öldürmek. — **two birds with one stone** bir taşla iki kuş vurmak, iki işi birden görmek. **dressed up fit to —** herkesin dikkatini çekecek şekilde giyinmiş.
kill.er (kil´ır) *i.* 1. öldüren şey/kimse. 2. *argo* çok çekici kimse.
kill.ing (kil´îng) *i.* 1. öldürme, katil. 2. vurgun (av). 3. *k. dili* vurgun, büyük kazanç. *s.* 1. öldürücü. 2. *k. dili* çok komik. 3. yorucu, yıpratıcı.
kiln (kil, kiln) *i.* tuğla/kireç ocağı, fırın.
kiln-dried (kil´drayd, kiln´drayd) *f., bak.* **kiln-dry.**
kiln-dry (kil´dray, kiln´dray) *f.* (**kiln-dried**) ocakta kurutmak.
ki.lo (ki´lo) *i.* kilo, kilogram.
kil.o.cal.o.ry (kil´ıkäliri) *i.* kilokalori.

kil.o.cy.cle (kil'ısaykıl) *i.* kilosikl.
kil.o.gram, *İng.* **kil.o.gramme** (kil'ıgräm) *i.* kilogram, kilo.
kil.o.gram-force (kil'ıgrämfôrs') *i., fiz.* kilogramkuvvet.
kil.o.gramme (kil'ıgräm) *i., İng., bak.* **kilogram.**
kil.o.gram-me.ter (kil'ıgräm.mi'tır) *i., fiz.* kilogrammetre.
kil.o.hertz (kil'ıhırts) *i., fiz.* kilohertz.
kil.o.joule (kil'ıcul) *i., fiz.* kilojul.
kil.o.li.ter, *İng.* **kil.o.li.tre** (kil'ılitır) *i.* kilolitre.
kil.o.me.ter, *İng.* **kil.o.me.tre** (kilam'ıtır) *i.* kilometre.
kil.o.watt (kil'ıwat) *i.* kilovat.
kilt (kilt) *i.* fistan, İskoç erkeklerinin giydiği eteklik.
kin (kin) *i.* (*çoğ.* **kin**) akraba. **next of — huk.** en yakın akraba.
kind (kaynd) *i.* çeşit, cins, tür, nevi. **a — of millionaire** milyoner gibi bir şey. **coffee of a — kahveye** benzer bir şey. **I — of expected it.** Bunu biraz da bekliyordum. **Nothing of the —.** Hiç de öyle değil. **of a different —** başka tür. **pay in —** ayni olarak ödemek. **They differ in —.** Çeşitleri ayrı.
kind (kaynd) *s.* iyi, iyiliksever, iyilikçi; sevecen; merhametli.
kin.der.gar.ten (kin'dırgartın) *i.* anaokulu.
kind.heart.ed (kaynd'har'tid) *s.* iyi kalpli.
kin.dle (kin'dıl) *f.* 1. tutuşturmak, yakmak; tutuşmak, yanmak, ateş almak. 2. uyandırmak; uyanmak. **kindling (wood)** çıra.
kind.ly (kaynd'li) *s.* 1. iyi niyetli, iyilikten kaynaklanan. 2. iyi, iyiliksever; sevecen; merhametli. *z.* 1. iyi; müşfik/merhametli bir şekilde. 2. lütfen: **Will you kindly open the door?** Kapıyı lütfen açar mısınız? **look — upon** -i hoş görmek/karşılamak. **Merve doesn't take — to people asking her for money.** İnsanların kendisinden para istemesi Merve'nin pek hoşuna gitmiyor. **Zafer didn't take it —.** Zafer'in hoşuna gitmedi.
kind.ness (kaynd'nis) *i.* 1. iyilik, iyilikseverlik, iyilikçilik; sevecenlik; merhametlilik. 2. iyilik, lütuf.
kin.dred (kin'drid) *i.* 1. akraba. 2. soy. 3. akrabalık. *s.* akraba olan; birbirine benzer; aynı soydan; aynı türden.
ki.net.ic (kinet'ik) *s.* kinetik. **— art** kinetik sanat. **— energy** kinetik enerji.
ki.net.ics (kinet'iks) *i., fiz., kim.* kinetik, hızbilim.
king (king) *i.* 1. kral. 2. başta olan kimse. 3. bir konuda en usta kimse. 4. **satranç** şah. 5. *isk.* papaz. **— orange** king, kink.
king.dom (king'dım) *i.* 1. krallık. 2. *biyol.* âlem.
king.fish.er (king'fişır) *i., zool.* yalıçapkını, iskelekuşu.
king.pin (king'pin) *i., k. dili* en nüfuzlu kişi, en önemli kişi; kilit noktasında bulunan kimse.
king-size (king'sayz) *s., k. dili* olağandan daha büyük; çok büyük.
king-sized (king'sayzd) *s., k. dili, bak.* **king-size.**
kink (kingk) *i.* 1. halat, tel veya ipin dolaşması. 2. garip fikir, kapris.
kink.y (king'ki) *s.* 1. kıvırcık (saç). 2. dolaşık, karışık. 3. *İng., k. dili* seksle ilgili garip eğilimleri/fikirleri olan.
kin.ship (kin'şip) *i.* 1. akrabalık, yakınlık. 2. birbirine benzerlik.
ki.osk (ki'yask) *i.* 1. kulübe: **newspaper kiosk** gazete kulübesi. **telephone kiosk** telefon kulübesi. 2. (parkta bulunan ve büyük bir kameriyeye benzeyen) pavyon.
kip (kip) *i., İng., k. dili* 1. (birinin kaldığı) yer/ev/oda; (birinin yattığı) yatak. 2. uyku. *f.* (**—ped, —ping**) *İng., k. dili* (**down**) (**on**) (bir yere) yatıp uyumak; (bir yerde) yatıp uyumak. **have a —** *İng., k. dili* uyumak.
kip.per (kip'ır) *i.* çiroz. *f.* (balığı) tuzlayıp tütsülemek/kurutmak.
Kir.ghiz (kirgiz') *i.* 1. (*çoğ.* **Kir.ghiz**) Kırgız. 2. Kırgızca. *s.* 1. Kırgız. 2. Kırgızca.
Kir.ghi.zia (kirgi'jı, kirgi'jıy, kirgi'ziyı) *i., tar.* Kırgızistan.
Kir.ghiz.i.stan (kirgiz'istän, kirgiz'istan) *i., bak.* **Kyrgyzstan.**
Kir.giz (kirgiz') *i., s., bak.* **Kirghiz.**
Kir.gi.zia (kirgi'jı, kirgi'jıy, kirgi'ziyı) *i., bak.* **Kirghizia.**
Kir.giz.i.stan (kirgiz'istän, kirgiz'istan) *i., bak.* **Kirghizistan.**
kiss (kis) *f.* 1. öpmek. 2. hafifçe dokunmak. *i.* 1. öpüş, öpücük, buse. 2. hafif temas. 3. şeker, şekerleme. **— and be friends** barışmak. **— away the hurt** ağrıyı öpücükle geçirmek. **— the dust** 1. boyun eğmek, mağlup olmak. 2. vurulup ölmek. **the —ing disease** öpüşme hastalığı, intani mononükleoz.
kit (kit) *i.* 1. takım. 2. alet takımı, avadanlık. 3. monte edilmemiş takım. 4. takım çantası. **the whole — and caboodle** *k. dili* takım taklavat, topu, hepsi birden.
kitch.en (kiç'ın) *i.* mutfak. **— cabinet** mutfak dolabı. **— garden** sebze bahçesi. **— sink** evi- ye, bulaşık teknesi.
kitch.en.ette (kiçınet') *i.* ufak mutfak.
kite (kayt) *i.* 1. uçurtma. 2. *zool.* çaylak. **fly a — uçurtma** uçurmak. **Go fly a —!** *argo* Çek arabanı!
kit.ten (kit'ın) *i.* 1. yavru kedi, enik, encik. 2. tavşan yavrusu. **have —s** *argo* içini kurt kemirmek, dokuz doğurmak.
kit.ty (kit'i) *i.* pisi, pisipisi, kedi.
kit.ty.cat (kit'ikät) *i., bak.* **kitty.**

ki.wi (ki´wi) *i.* 1. *zool.* kivi. 2. *bot.* kivi.
ki.wi.fruit (ki´wifrut) *i.* kivi (meyve).
klep.to.ma.ni.a (kleptımey´niyı) *i.* kleptomani.
klep.to.ma.ni.ac (kleptımey´niyäk) *i.* kleptoman.
klutz (klʌts) *i., argo* saloz, dangalak.
km. *kıs.* **kilometer(s).**
knack (näk) *i.* 1. ustalık, marifet, hüner. 2. ustalıklı iş.
knack.ered (näk´ırd) *s., İng., k. dili* bitkin, hoşaf gibi, çok yorgun.
knap.sack (näp´säk) *i.* sırt çantası.
knave (neyv) *i.* 1. hilekâr kimse. 2. *isk.* bacak, vale, oğlan.
knead (nid) *f.* 1. yoğurmak. 2. masaj yapmak.
knee (ni) *i.* diz. **— joint** diz eklemi. **bring someone to his/her —s** birini yola getirmek, birine boyun eğdirmek, birine diz çöktürmek.
knee-deep (ni´dip) *s.* diz boyu derinliğinde.
knee-high (ni´hay) *s.* dize kadar yükselen, diz boyunda. **— to a grasshopper** *k. dili* çok kısa boylu.
knee-jerk (ni´cırk) *s.* düşünmeden yapılan, tepke olarak yapılan.
kneel (nil) *f.* **(knelt/—ed)** 1. diz çökmek. 2. diz üstü oturmak. 3. diz büküp selamlamak.
knell (nel) *i.* 1. matem çanı. 2. ölüm haberi, kara haber. 3. herhangi bir şeyin yok olacağı haberi.
knelt (nelt) *f., bak.* **kneel.**
knew (nu) *f., bak.* **know.**
knick.er.bock.ers (nik´ırbakırz) *i., çoğ.* diz altından büzgülü bol pantolon, golf pantolonu.
knick.ers (nik´ırz) *i.* 1. golf pantolonu. 2. *İng.* dizde büzülen kadın donu.
knick.knack (nik´näk) *i.* biblo, süs eşyası.
knife (nayf) *i.* (*çoğ.* **knives**) bıçak, çakı *f.* 1. bıçakla kesmek. 2. bıçaklamak. 3. *argo* arkadan vurmak. **— grinder** bıçak bileyici. **— sharpener** bıçak bileyici alet, bileği. **carving —** sofrada et kesmeye özgü iri bıçak. **pocket —** çakı.
knight (nayt) *i.* 1. şövalye. 2. *satranç* at.
knit (nit) *f.* **(—ted/knit)** 1. örmek. 2. sıkı sıkıya bağlamak, birleştirmek. 3. (kaşları) çatmak: **He knit his brows.** Kaşlarını çattı. 4. (kemik) kaynamak: **The bone has knit.** Kemik kaynamış. **— goods** örme eşya; triko eşya.
knit.ted (nit´ıd) *s.* örme, örülmüş.
knit.ting (nit´ing) *i.* 1. örme. 2. örgü. **— machine** örgü makinesi. **— needle** örgü şişi. **— work** örgü işi.
knit.wear (nit´wer) *i.* örme eşya/giysiler.
knives (nayvz) *i., çoğ., bak.* **knife.**
knob (nab) *i.* 1. top, yumru. 2. topuz, tokmak. 3. tepecik, yuvarlak tepe. *f.* **(—bed, —bing)** yumrulaştırmak.
knob.by (nab´i) *s.* 1. yumrulu, yumru yumru.

2. tokmak gibi.
knock (nak) *f.* 1. vurmak, çarpmak. 2. tokuşmak. 3. **at/on** -i çalmak, -e vurmak. 4. *mak., oto.* vuruntu/detonasyon yapmak. 5. **against/into** -e çarpmak. 6. *argo* kusur bulmak, eleştirmek. *i.* 1. vurma, vuruş. 2. kapı çalınması. 3. *oto., mak.* vuruntu, detonasyon. **— about** 1. tekrar tekrar vurmak, şiddetle sarsmak, tartaklamak. 2. *k. dili* oradan oraya dolaşmak. **— down** 1. yumrukla yere devirmek. 2. mezatta çekici vurup malı son fiyatı verenin üzerine bırakmak. 3. (fiyatı) indirmek. **— off** 1. *k. dili* işi bırakmak, paydos etmek, tatil etmek. 2. şıpınişi yapıvermek. 3. *argo* öldürmek. 4. *argo* soymak. **— on/at the door** kapıyı çalmak. **— out** 1. vurup yıkmak. 2. nakavt etmek, oyun dışı etmek. **— over** devirmek. **— together** birbirine çarpmak. **— up** 1. bir araya toplamak. 2. *kriket* puan yapmak. 3. *İng.* kapıya vurup uyandırmak. 4. *argo* hamile bırakmak.
knock-down-drag-out (nak´daun.dräg´aut) *s., k. dili* kıran kırana (dövüş). *i., k. dili* kıran kırana dövüş.
knock.er (nak´ır) *i.* 1. kapı tokmağı, tokmak. 2. *argo* (kadında) göğüs, meme, far, ampul, çıngırak, çan.
knock-kneed (nak´nid) *s.* çarpık bacaklı, yürürken dizleri birbirine çarpan.
knock.out (nak´aut) *i., boks* nakavt. *s.* 1. sersemletici. 2. *ask.* düşmana çok zarar veren (saldırı). 3. *k. dili* çok güzel, muhteşem. **a — k. dili** çok güzel/fevkalade biri/bir şey.
knoll (nol) *i.* tepecik.
knot (nat) *i.* 1. düğüm. 2. güçlük, zorluk. 3. rabıta, bağ. 4. küme. 5. budak, boğum. 6. *den.* deniz mili: **twenty knots** saatte yirmi mil. *f.* **(—ted, —ting)** 1. düğümlemek; düğümlenmek, düğüm olmak. 2. karmakarışık etmek. 3. budaklanmak. **tie the — k. dili** nikâhla bağlanmak.
knot.hole (nat´hol) *i.* budak deliği.
knot.ty (nat´i) *s.* 1. düğümlü, düğüm düğüm. 2. karışık, dolaşık. 3. budaklı. 4. boğum boğum.
know (no) *f.* **(knew, —n)** 1. bilmek. 2. tanımak. 3. seçmek, fark etmek. 4. haberi olmak, haberdar olmak. **— how to** -in usulünü bilmek: **Do you know how to swim?** Yüzmeyi biliyor musun? **— one's own mind** emin olmak, kararlı olmak. **— the ropes** usulünü bilmek, çaresini bilmek. **— what's what** uyanık olmak, dünyada olup bitenleri bilmek. **get to —** -i tanımak. **He should have — better than to do it.** O işi yapmayacak kadar aklı olmalıydı. **Not that I — of.** Bildiğime göre, değil/yok.
know (no) *i.* bilgi, malumat. **be in the —** bilgi-

si olmak, gizli bir şeyden haberi olmak.
know-how (no´hau) *i.* 1. teknik ustalık. 2. beceri.
know.ing (now´ing) *s.* 1. bilgisi olan. 2. çok bilmiş, şeytan. 3. kurnaz, açıkgöz. 4. bir şeyleri bildiğini ima eden (bakış).
know.ing.ly (now´ingli) *z.* bilerek, bile bile, kasten.
knowl.edge (nal´ic) *i.* 1. bilgi, malumat. 2. haber. **intuitive** — sezgiyle edinilen bilgi. **this branch of** — ilmin bu dalı. **to my** — bildiğim kadarıyla, bildiğime göre.
knowl.edge.a.ble (nal´ıcıbıl) *s.* bilgili, zeki.
known (non) *f., bak.* **know.** *s.* bilinen. *i.* **the** — *mat.* bilinen.
knuck.le (nʌk´ıl) *i.* parmağın oynak yeri, boğum. — **down** işe koyulmak. — **under** teslim olmak, boyun eğmek.
knuck.le-dust.ers (nʌk´ıl.dʌstırs) *i., k. dili* demir muşta.
kohl.rabi (kolra´bi, kol´rabi, kolrä´bi) *i.* (*çoğ.* —**es**) alabaş.
kook (kûk) *i., argo* antika kimse.
kook.y (kû´ki) *s., k. dili* antika.

Ko.ran (korän´) *i.* Kuran.
Ko.ran.ic (korän´ik) *s.* Kuran'a ait; Kuran'da bulunan; Kuran'ın buyurduklarına göre/uygun.
Ko.re.a (kıri´yı, kori´yı) *i.* Kore. —**n** *i.* 1. Koreli. 2. Korece. *s.* 1. Kore, Kore'ye özgü. 2. Korece. 3. Koreli.
Kos (kôs) *i.* İstanköy.
ko.sher (ko´şır) *s.* 1. turfa olmayan, kaşer. 2. *k. dili* dürüst.
kow.tow (kau´tau´) *f.* **to** -e yaltaklanmak.
kraut (kraut) *i.* bir çeşit lahana turşusu.
Krem.lin (krem´lin) *i.* **the** — Kremlin.
ku.dos (kyu´dos, ku´dos) *i.* övgü, övücü sözler.
kud.zu (kûd´zu) *i., bot.* japonsarmaşığı.
kum.quat (kʌm´kwat) *i., bot.* kumkat.
kung fu (kʌng fu) *spor* kung fu.
Kurd (kırd, kûrd) *i.* Kürt.
Kurd.ish (kır´diş, kûr´diş) *s., i.* 1. Kürt. 2. Kürtçe.
Ku.wait (kuweyt´) *i.* Kuveyt. —**i** *i.* Kuveytli. *s.* 1. Kuveyt, Kuveyt'e özgü. 2. Kuveytli.
Kyr.gyz (kır´gız) *i.* 1. (*çoğ.* **Kyr.gyz**) Kırgız. 2. Kırgızca. *s.* 1. Kırgız. 2. Kırgızca.
Kyr.gyz.stan (kır´gız.stan) *i.* Kırgızistan.

L

L, l (el) *i.* L, İngiliz alfabesinin on ikinci harfi.
L L, Romen rakamları dizisinde 50 sayısı.
L. *kıs.* **Latin.**
l. *kıs.* **latitude, law, league, left, length, line, lira, liter(s).**
la (la) *i., müz.* la notası, müzik gamında altıncı nota.
lab (läb) *i., k. dili* laboratuvar.
lab. *kıs.* **laboratory.**
lab.da.num (läb'dınım) *i.* laden reçinesi.
la.bel (ley'bıl) *i.* 1. etiket. 2. nitelendirici isim/cümlecik. *f.* (—**ed/—led,** —**ing/—ling**) 1. etiket yapıştırmak, etiketlemek. 2. sınıflandırmak. 3. nitelendirmek, ... damgasını vurmak.
la.bor, *İng.* **la.bour** (ley'bır) *i.* 1. çalışma, iş, emek. 2. işçi sınıfı. 3. doğum sancısı. 4. zahmet. 5. *den.* fırtınada geminin şiddetle çalkalanması. *f.* 1. çalışmak, çabalamak. 2. uğraşmak, emek vermek. 3. güçlükle ilerlemek. 4. *den.* denizlerde çalkalanmak, çok hırpalanmak. 5. doğurma halinde olmak. 6. ağrı çekmek. 7. emekle meydana getirmek. — **dispute** iş anlaşmazlığı. — **exchange** iş ve işçi bulma kurumu. — **relations** 1. iş ilişkileri. 2. işçi ve işveren ilişkileri. — **union** işçi sendikası. **a — of love** hatır/zevk için yapılan iş, gönüllü yapılan iş. **be in —** doğurmakta olmak. **forced —** angarya. **hand —** el ile yapılan iş. **hard —** ağır iş cezası. **I will not — the point.** İşin ayrıntılarına girmeyeceğim. **the L— Party** *İng.* İşçi Partisi. **the Ministry of L—** *İng.* Çalışma Bakanlığı.
lab.o.ra.to.ry (läb'rıtôri, *İng.* lıbar'ıtri) *i.* laboratuvar.
la.bored (ley'bird) *s.* rahat/tabii olmayan. — **breathing** zor nefes alma.
la.bor.er, *İng.* **la.bour.er** (ley'bınır) *i.* işçi, rençper.
la.bor-in.ten.sive (ley'bırinten'siv) *s.* yoğun işgücü gerektiren.
la.bo.ri.ous (lıbôr'iyıs) *s.* 1. zahmetli, emekli, yorucu. 2. çalışkan.
la.bo.ri.ous.ly (lıbôr'iyısli) *z.* zahmetle, emek vererek.
la.bor.sav.ing (ley'bırseyving) *s.* zahmeti azaltan, kolaylaştırıcı, daha az emek isteyen.
la.bour (ley'bır) *i., f., İng., bak.* **labor.**
Lab.ra.dor (läb'rıdor) *i. coğr.* Labrador. 2. labradorköpeği. — **retriever** labradorköpeği. —**ean** *i.* Labradorlu. *s.* 1. Labrador, Labrador'a özgü. 2. Labradorlu. —**ian** *i., s., bak.* **Labradorean.**
la.bur.num (lıbır'nım) *i., bot.* sarısalkım.

lab.y.rinth (läb'ırinth) *i.* labirent.
lace (leys) *i.* 1. dantel. 2. şerit. 3. kaytan. 4. kordon. 5. bağ, bağcık. **point —** iğne oyası.
lace (leys) *f.* 1. kaytan geçirip bağlamak. 2. dantelle süslemek. 3. *k. dili* dövmek. 4. renklerle çizgilemek. 5. (içkiye) hafif alkol katmak. — **into** *k. dili* 1. -e yumrukla saldırmak. 2. -i fena halde haşlamak, -e fırça çekmek, -i şiddetle azarlamak. — **up** (ayakkabı, bot v.b.'ni) bağlamak.
lac.er.ate (läs'ıreyt) *f.* 1. yırtmak, yaralamak. 2. (kalbini) kırmak, (duygularını) incitmek, üzmek.
lac.er.a.tion (läsırey'şın) *i.* 1. yırtma, yaralama. 2. incitme.
lach.ry.mal (läk'rımıl) *s., bak.* **lacrimal.**
lach.ry.ma.to.ry (läk'rımıtori) *i., bak.* **lacrimatory.**
lack (läk) *i.* 1. **of** -sizlik; yokluk; yoksunluk: **lack of water** susuzluk. **lack of money** parasızlık. **lack of love** sevgisizlik. 2. eksiklik. *f.* bulunmamak; -e sahip olmamak; -den yoksun kalmak.
lack.a.dai.si.cal (läkıdey'zıkıl) *s.* 1. canından bezmiş gibi, cansız. 2. uyuşuk, tembel.
lack.ey (läk'i) *i.* uşak.
lack.ing (läk'ing) *s.* **be —** 1. ... olmamak, ... eksik olmak: **Something's lacking here.** Burada bir eksiklik var. 2. **in** -de ... olmamak: **He's lacking in intelligence.** Onda akıl yok.
lack.lus.ter, *İng.* **lack.lus.tre** (läk'lʌstır) *i.* donukluk, cansızlık. *s. bak.* **lusterless.**
la.con.ic (lıkan'îk) *s.* az ve öz, özlü, veciz.
lac.quer (läk'ır) *i.* vernik, laka. *f.* verniklemek.
lac.ri.mal (läk'rımıl) *s.* gözyaşı ile ilgili, lakrimal. — **gland** gözyaşı bezi. — **sac** gözyaşı kesesi.
lac.ri.ma.to.ry (läk'rımıtori) *i.* gözyaşı testisi.
lac.tate (läk'teyt) *i.* laktik asidin tuzu/esteri. *f.* süt salgılamak. 2. meme vermek, emzirmek.
lac.ta.tion (läktey'şın) *i.* 1. süt salgılama. 2. meme verme, emzirme.
lac.tic (läk'tik) *s.* — **acid** laktik asit.
lac.tose (läk'tos) *i.* laktoz, süt şekeri.
la.cu.na (lıkyu'nı), *çoğ.* —**e** (lıkyu'ni)/—**s** (lıkyu'nız) *i.* boşluk, aralık, boş yer, eksiklik.
la.cus.trine (lıkıs'trin) *s.* 1. gölsel. 2. gölcül.
lac.y (ley'si) *s.* 1. dantel gibi. 2. dantelli. 3. dantelden yapılmış.
lad (läd) *i.* 1. erkek çocuk; delikanlı, genç. 2. *çoğ., İng.* (erkekleri kastederek) arkadaşlar: **Tell the lads!** Arkadaşlara söyle! **Come on, lads!** Haydi beyler!
lad.a.num (läd'ınım) *i., bak.* **labdanum.**

th	dh	w	hw	b	c	ç	d	f	g	h	j	k	l	m	n	p	r	s	ş	t	v	y	z
thin	the	we	why	be	joy	chat	ad	if	go	he	regime	key	lid	me	no	up	or	us	she	it	via	say	is

lad.der (läd´ır) *i.* 1. merdiven, portatif merdiven. 2. çorap kaçığı. — **stitch** iğneardı teyel, çapraz teyel. **accommodation** — **den.** borda iskelesi.
lade (leyd) *f.* (**—d, —d/—n**) yüklemek.
lad.en (ley´dın) *f., bak.* **lade.** *s.* yüklü.
lad.ing (ley´ding) *i.* yükleme. **bill of** — konşimento.
La.di.no (lıdi´no) *i., s.* Yahudi İspanyolcası, Yahudice.
la.dle (ley´dıl) *i.* kepçe. *f.* kepçe ile doldurmak/boşaltmak.
la.dle.ful (ley´dılfıl) *i.* kepçe dolusu.
la.dy (ley´di) *i.* 1. bayan, hanım, hanımefendi. 2. *b.h.* Leydi. 3. sevilen kadın, sevgili. — **in waiting** kraliçenin/prensesin nedimesi. — **of the house** evi idare eden kadın.
la.dy.bird (ley´dibird) *i., bak.* **ladybug.**
la.dy.bug (ley´dibʌg) *i.* hanımböceği, gelinböceği.
la.dy-kill.er (ley´dikilır) *i.* kadın avcısı.
la.dy.like (ley´dilayk) *s.* hanımca, hanıma yakışır, hanım gibi, zarif.
lag (läg) *f.* (**—ged, —ging**) 1. **behind** -den geri kalmak. 2. oyalanmak. *i.* geri kalma, gerilik. *s.* ağır, geri. — **end** geç kalan, son.
la.ger (la´gır) *i.* hafif bir Alman birası.
lag.gard (läg´ırd) *s.* 1. tembel, ağır. 2. geri kalan. *i.* ağır hareket eden kimse.
la.goon (lı´gun) *i.* lagün, denizkulağı, kıyı gölü.
la.ic (ley´ik) *s.* laik.
la.i.cize, *İng.* **la.i.cise** (ley´ısayz) *f.* laikleştirmek.
laid (leyd) *f., bak.* **lay.** — **up** 1. biriktirilmiş, ilerisi için saklanmış. 2. hastalık nedeniyle evde/yatakta.
lain (leyn) *f., bak.* **lie.**
lair (ler) *i.* 1. in. 2. gizli barınak, yatak.
lais.sez-pas.ser (le´seypasey´) *i.* lesepase, bir sınırdan geçebilmek için verilmiş izin.
la.i.ty (ley´ıti) *i.* 1. papazdan başka bütün halk. 2. meslekten olmayanlar.
lake (leyk) *i.* göl.
lamb (läm) *i.* 1. kuzu. 2. kuzu eti. 3. kuzu gibi masum ve zayıf kimse. — **chop** kuzu pirzolası. —**'s wool** kuzu yünü. **leg of** — *kasap.* kuzu budu.
lamb.like (läm´layk) *s.* kuzu gibi, iyi huylu, yumuşak başlı.
lamb.skin (läm´skin) *i.* kuzu derisi.
lame (leym) *s.* 1. topal, ayağı sakat. 2. eksik, kusurlu. *f.* topal etmek. — **excuse** sudan bahane, kabul edilmez özür.
lame.brain (leym´breyn) *i., k. dili* aptal, kuş beyinli, beyinsiz.
la.ment (lıment´) *f.* 1. ağlamak, dövünmek.
la.men.ta.ble (lımen´tıbıl, lä´mıntıbıl) *s.* acınacak, esef edilecek.
la.men.ta.tion (lämıntey´şın) *i.* ağlama, dövünme.
lam.i.na (läm´ını), *çoğ.* —**e** (läm´ıni)/—**s** (läm´ınız) *i.* 1. ince tabaka, yaprak. 2. *bot.* yaprak ayası.
lam.i.nate (läm´ıneyt) *f.* 1. ince tabakalara ayırmak. 2. lamine etmek.
lam.i.na.tion (lämıney´şın) *i.* tabaka, varak, yaprak.
lamp (lämp) *i.* lamba. — **chimney** lamba şişesi. — **shade** abajur. **incandescent** — ampul.
safety — madenci feneri.
lamp.black (lämp´bläk) *i.* lamba isi.
lamp.light (lämp´layt) *i.* lamba ışığı.
lam.poon (lämpun´) *f.* taşlamak, yermek. *i.* taşlama, yergi.
lamp.post (lämp´post) *i.* sokak lambası direği. **between you and me and the** — *k. dili* söz aramızda.
lance (läns) *i.* mızrak.
land (länd) *i.* 1. kara. 2. toprak, yer, arsa. 3. ülke, memleket. 4. emlak, arazi. *f.* 1. karaya çıkarmak/çıkmak. 2. yere indirmek/inmek: *That airplane is about to land.* O uçak inmek üzere. 3. (gemiden yük, yolcu v.b.´ni) indirmek. 4. (balık) tutup karaya çıkarmak. 5. elde etmek, kazanmak. 6. (yumruk) indirmek. — **agent** emlakçı, *k. dili* emlakçı. — **bank** emlak bankası. — **breeze** kara meltemi. — **force** *ask.* kara kuvveti. — **grant** hükümet tarafından okul binası yapımı gibi işler için verilen toprak. — **mine** kara mayını. **in the** — **of the living** sağ, hayatta. **see how the** — **lies** işlerin ne durumda olduğuna bakmak, nabız yoklamak.
land.ed (län´did) *s.* arazisi olan, arazi sahibi.
land.ing (län´ding) *i.* 1. *hav.* iniş. 2. iskele. 3. karaya çıkma/çıkarma. — **craft** çıkartma gemisi. — **field** havaalanı. — **gear** *hav.* iniş takımı. — **place/stage** iskele.
land.la.dy (länd´leydi) *i.* 1. pansiyoncu kadın. 2. evini kiraya veren mal sahibi kadın, ev sahibesi.
land.locked (länd´lakt) *s.* kara ile kuşatılmış.
land.lord (länd´lôrd) *i.* evini kiraya veren mal sahibi, ev sahibi.
land.mark (länd´mark) *i.* 1. sınır işareti. 2. herhangi bir şeyin yerini gösteren işaret. 3. dönüm noktası.
land.mass (länd´mäs) *i.* kıta, büyük kara parçası.
land.own.er (länd´onır) *i.* emlak ve arazi sahibi.
land.scape (länd´skeyp) *i.* kır manzarası, peyzaj. — **architect** bahçe mimarı. — **architecture** bahçe mimarlığı; peyzaj mimarlığı. — **garden** manzara bahçesi. — **gardener** bahçeyi düzenleyen kimse.

land.slide (länd´slayd) *i.* 1. toprak kayması, yer göçmesi, kayşa, heyelan. 2. seçimde oyların çoğunu kazanma.
land.slip (länd´slip) *i.* toprak kayması, yer göçmesi, kayşa, heyelan.
lane (leyn) *i.* 1. dar yol, dar sokak, dar geçit. 2. *oto.* şerit. 3. *spor* kulvar. 4. *den., hav.* rota.
lang. *kıs.* **language.**
lan.guage (läng´gwic) *i.* dil, lisan. — **laboratory** dil laboratuvarı. **strong** — küfür, ağır söz, sert dil.
lan.guid (läng´gwid) *s.* 1. ruhsuz, gevşek, yavaş, ağır. 2. isteksiz.
lan.guish (läng´gwiş) *f.* zayıf düşmek, takatı kesilmek. — **in prison** hapishanede çürümek.
lan.guor (läng´gır) *i.* bitkinlik, dermansızlık, kuvvetsizlik.
lan.guor.ous (läng´gırıs) *s.* bitkin, dermansız, kuvvetsiz.
lank.y (läng´ki) *s.* leylek gibi, sırık gibi.
lan.o.lin (län´ilin) *i.* lanolin.
lan.ta.na (läntä´nı, länta´nı) *i., bot.* ağaçminesi.
lan.tern (län´tırn) *i.* fener.
lan.tern-jawed (län´tırn.côd´) *s.* çene kemiği ince ve uzun olan.
Lao (lau) *i., s.* 1. Lao. 2. Laoca.
La.os (la´os, ley´ıs) *i.* Laos.
La.o.tian (leyo´şın) *i.* Laoslu. *s.* 1. Laos, Laos'a özgü. 2. Laoslu.
lap (läp) *i.* 1. kucak. 2. etek. — **dog** kucağa alınan ufak köpek, fino. — **of luxury** servet ve konfor.
lap (läp) *f.* (**—ped, —ping**) (yarışta) (rakibini) bir devirlik mesafe ile geçmek. *i., spor* tur.
lap (läp) *f.* (**—ped, —ping**) 1. yalayarak içmek. 2. (dalga) hafif hafif çarpmak.
la.pel (lıpel´) *i.* klapa.
lap.ful (läp´fıl) *i.* kucak dolusu.
lap.i.dar.y (läp´ıderi) *i.* kıymetli taş kesicisi. *s.* 1. kıymetli taş kesme sanatına ait. 2. taşlara ait. 3. özlü. 4. yazıta elverişli.
Lap.land (läp´länd) *i.* Laponya.
Lap.land.er (läp´ländır) *i.* Laponyalı.
Lapp (läp) *i., s.* 1. Lapon. 2. Laponca.
lapse (läps) *i.* 1. (zaman) geçme. 2. yanılma. 3. yanlış (söz/yazı). 4. sapma. 5. (adalette) kusur. 6. kullanılmaz duruma gelme. *f.* 1. geçmek. 2. kullanılmaz durumda olmak. 3. sapmak. 4. yanılmak, hata etmek, kusur etmek. 5. bir süre için inanç ve prensiplerinden vazgeçmek. — **into silence** sessizliğe gömülmek.
lap.wing (läp´wing) *i., zool.* kızkuşu.
lar.ce.ny (lar´sıni) *i.* hırsızlık.
larch (larç) *i., bot.* melezçam, melez.
lard (lard) *i.* domuz yağı. *f.* 1. domuz yağı ile yağlamak. 2. **with** (yazıyı/sözü) (tumturaklı kelimelerle) süslemek.
lard.er (lar´dır) *i.* kiler.
large (larc) *s.* 1. büyük. 2. geniş. 3. iri. 4. bol. **at** — 1. serbest, ortada dolaşan. 2. genellikle. 3. bütün ayrıntılarıyla. **in the** — bütün kapsamı ile.
large.heart.ed (larc´har´tid) *s.* iyi kalpli, cömert ruhlu.
large.ly (larc´li) *z.* 1. büyük bir ölçüde. 2. çoğunlukla.
large-mind.ed (larc´maynd´did) *s.* geniş fikirli, geniş görüşlü.
large.ness (larc´nis) *i.* 1. büyüklük. 2. genişlik. 3. bolluk. 4. irilik.
larg.er-than-life (larc´ır.dhänlayf) *s.* epik ve efsanevi özellikleri olan.
lar.gess (larjes´, larces´) *i., bak.* **largesse.**
lar.gesse (larjes´, larces´) *i.* 1. bahşiş, büyük hediye. 2. cömertlik.
larg.ish (lar´ciş) *s.* irice, büyücek.
lar.i.at (ler´iyit) *i.* kement.
lark (lark) *i.* tarlakuşu.
lark (lark) *i.* 1. şaka, muziplik. 2. eğlence, eğlenti, cümbüş.
lark.spur (lark´spır) *i.* hezaren çiçeği.
lar.va (lar´vı), *çoğ.* **lar.vae** (lar´vi) *i., zool.* tırtıl, kurtçuk.
lar.val (lar´vıl) *s.* tırtıla ait.
lar.vi.phag.ic (lar´vıfäc´ik) *s., bak.* **larvivorous.**
lar.viv.o.rous (larviv´ırıs) *s.* kurtçul.
lar.yn.gi.tis (lerıncay´tis) *i., tıb.* larenjit.
lar.ynx (ler´ingks), *çoğ.* **lar.ynx.es** (ler´ingksiz)/**la.ryn.ges** (lerin´ciz) *i., anat.* gırtlak.
la.sa.gna (lızan´yı) *i., ahçı.* lasanya.
las.civ.i.ous (lısiv´iyıs) *s.* 1. şehvetli. 2. şehvete düşkün. 3. şehvet uyandırıcı.
las.civ.i.ous.ly (lısiv´iyisli) *z.* şehvetle.
las.civ.i.ous.ness (lısiv´iyisnis) *i.* şehvet.
la.ser (ley´zır) *i., fiz.* lazer. — **printer** *bilg.* lazer yazıcı/printer.
lash (läş) *i.* 1. kamçı darbesi. 2. acı söz. 3. vuruş, vurma. 4. kirpik. *f.* 1. kamçı ile vurmak, kamçılamak. 2. kınamak, ayıplamak. 3. azarlamak. 4. taşlamak, yermek. 5. (dalga) şiddetle çarpmak. 6. sözle/yazıyla saldırmak. 7. vurmak, çarpmak. — **out at** -e sert ve ani çıkış yapmak. — **someone into a fury** birini galeyana getirmek.
lash (läş) *f.* bağlamak. — **together** iple birbirine bağlamak.
lass (läs) *i.* 1. kız, genç kadın. 2. sevgili.
las.si.tude (läs´itud) *i.* dermansızlık, halsizlik, bitkinlik, yorgunluk.
las.so (lä´so) *i.* kement. *f.* kementle tutmak.
last (läst) *s.* 1. son, en sonraki, en gerideki, so-

nuncu: **When does the last boat leave?** Son vapur ne zaman kalkıyor? 2. geçen, önceki, evvelki: **last week** geçen hafta. 3. sabık. **z.** en son, son olarak: **When did you last see Muhittin?** Muhittin'i en son ne zaman gördün? *i.* son, en son. **— but not least** son fakat aynı derecede önemli. **— ditch** son çare. **— mentioned** en son olarak söylenen. **— night** dün gece. **— rites** cenaze töreni. **— straw** bardağı taşıran damla. **— word** 1. son söz. 2. son model. 3. en mükemmel şey. **at —** sonunda. **at long —** en sonunda. **breathe one's —** son nefesini vermek, ölmek. **the — day** mahşer günü, kıyamet günü. **the — two** son ve sondan önceki. **the — word on the matter** konu hakkında son ve kesin söz. **to the —** sonuna kadar. **When did you see him —?** Onu son kez ne zaman gördünüz?
last (läst) *f.* 1. sürmek, devam etmek. 2. dayanmak. 3. bitmemek, yetmek.
last.ing (läs'ting) *s.* 1. uzun süren. 2. dayanıklı. **a — impression** derin bir iz; büyük bir etki.
last.ly (läst'li) *z.* son olarak.
latch (läç) *i.* kapı mandalı. *f.* mandallamak; mandallanmak. **—key child** anne ve babası çalışan çocuk. **— on to** *argo* -i elde etmek.
late (leyt) *s.* 1. geç. 2. gecikmiş. 3. sabık, eski. 4. ölü, merhum, rahmetli, müteveffa. **at the —st** en geç. **be — (for)** (-e) geç kalmak, (-e) gecikmek. **of —** son zamanlarda, yakın zamanlarda.
late (leyt) *z.* 1. geç. 2. son zamanlarda. **— in the day** 1. günün sonuna doğru. 2. geç kalınmış. **—r on** daha sonra. **Better — than never.** Hiç olmamaktansa varsın geç olsun. **sooner or —r** er geç, erken veya geç. **too —** fazla geç. **very —** çok geç.
late.com.er (leyt'kʌmır) *i.* geç gelen, geç kalan.
late.ly (leyt'li) *z.* son zamanlarda.
la.tent (ley'tınt) *s.* gelişmemiş, belirti göstermeyen, gizli, potansiyel.
lat.er.al (lät'ırıl) *s.* 1. yana ait. 2. yanal. 3. yandan gelen. 4. yana doğru. **— thinking** etraflıca düşünme.
la.tex (ley'teks) *i.* lateks.
lath (läth) *i.* lata, tiriz.
lathe (leydh) *i.* torna tezgâhı.
lath.er (lädh'ır) *i.* sabun köpüğü. *f.* 1. sabunlamak. 2. köpürmek. **in a —** *k. dili* heyecanlı.
lath.er.y (lädh'ıri) *s.* köpüklü.
Lat.in (lät'în) *s., i.* 1. Latince. 2. Latin. **— alphabet** Latin alfabesi.
lat.i.tude (lät'ıtud) *i.* 1. enlem. 2. serbestlik, tolerans, hoşgörü. **high —s** kutuplara yakın yerler.
lat.ter (lät'ır) *s.* 1. ikisinden sonuncusu, ikincisi. 2. son.
lat.tice (lät'îs) *i.* pencere kafesi, kafes.
Lat.vi.a (lät'vîyı) *i.* Letonya. **—n** *i.* 1. Leton; Letonyalı. 2. Letonca. *s.* 1. Leton. 2. Letonca. 3. Letonyalı.
laud (lôd) *i.* 1. övme, yüceltme. 2. övgü, methiye. *f.* övmek, yüceltmek.
laud.a.ble (lô'dıbıl) *s.* övgüye değer.
lau.da.to.ry (lô'dıtori), **laud.a.tive** (lô'dıtîv) *s.* övücü, övgü dolu.
laugh (läf) *f.* gülmek. *i.* gülme, gülüş. **— at -e** gülmek. **— away** gülerek konuyu kapatmak, gülerek geçiştirmek. **— down** gülerek susturmak. **— off** gülerek geçiştirmek. **— on the other side of the mouth** burnu sürtülmek. **— up one's sleeve** içinden gülmek, için için gülmek, bıyık altından gülmek. **have the last — sonunda** başarmak.
laugh.a.ble (läf'ıbıl) *s.* 1. gülünç, gülünecek, gülünür. 2. tuhaf, acayip.
laugh.ing (läf'îng) *s.* gülen; güldüren. *i.* gülme, gülüş. **— gas** güldürücü gaz. **no — matter** şakaya gelmez durum, gülmeyecek şey.
laugh.ing.stock (läf'îng.stak) *i.* gülünecek kişi, alay konusu, maskara.
laugh.ter (läf'tır) *i.* gülüş, gülme, kahkaha.
launch (lônç) *f.* 1. (gemiyi) kızaktan suya indirmek. 2. (roket) fırlatmak. 3. (yeni işi) başlatmak. 4. mızrak gibi atmak. *i.* 1. (gemiyi) kızaktan suya indirme. 2. (roketi) uzaya fırlatma. 3. *den.* işkampaviye. **— forth/out** işe başlamak, işe atılmak. **—/—ing pad** fırlatma rampası, atış rampası. **motor —** motorlu sandal, motorbot, motor.
laun.der (lôn'dır) *f.* 1. (çamaşır) yıkamak. 2. yıkayıp ütülemek. 3. çamaşır yıkamak.
laun.der.ette (lôndıret') *i.* (selfservis) çamaşırhane.
laun.dro.mat (lôn'drımät) *i.* çamaşırhane.
laun.dry (lôn'dri) *i.* 1. çamaşır, kirli çamaşır. 2. çamaşırhane (ticari kuruluş). **— room** (evde) çamaşırlık, çamaşırhane.
lau.rel (lôr'ıl) *i.* 1. defne. 2. *çoğ.* şeref, şan, şöhret.
la.va (la'vı) *i.* lav, püskürtü.
lav.a.to.ry (läv'ıtôri) *i.* 1. lavabo (el ve yüz yıkamaya yarayan tekne). 2. tuvalet, lavabo, hela.
lav.en.der (läv'ındır) *i.* lavanta.
lav.ish (läv'îş) *s.* 1. savurgan. 2. bol, pek çok. *f.* bol bol harcamak, savurmak. **— gifts on someone** birine bol bol hediye vermek, birini hediyelere boğmak.
lav.ish.ness (läv'îşnîs) *i.* savurganlık.
law (lô) *i.* 1. kanun, yasa. 2. kural. 3. hukuk. **— and order** yasa ve düzen. **— court** mahkeme. **— school** hukuk fakültesi. **civil —** medeni hu-

law-abiding

kuk. **commercial** — ticaret hukuku. **common** — örf ve âdet hukuku. **international** — uluslararası hukuk. **lay down the** — direktif vermek, zart zurt etmek. **martial** — sıkıyönetim, örfi idare. **take the** — **into one's own hands** hakkını kendi eliyle almak, intikamını almak. **the** — **k.** dili polis.
law-a.bid.ing (lô'ıbayding) s. yasalara uyan, kanuna itaat eden.
law.break.er (lô'breykır) i. yasaya aykırı hareket eden kimse.
law.ful (lô'fıl) s. yasal, yasalara uygun, kanuni.
law.ful.ly (lô'fıli) z. yasalara uygun bir şekilde.
law.giv.er (lô'givır) i. yasa yapan kimse.
law.less (lô'lis) s. 1. yasalara aykırı, kanunsuz. 2. serkeş.
law.less.ness (lô'lisnis) i. kanunsuzluk, kanun tanımazlık.
law.mak.er (lô'meykır) i. meclis üyesi.
lawn (lôn) i. çimen, çimenlik, çayır. — **mower** çimen biçme makinesi.
law.suit (lô'sut) i. dava.
law.yer (lô'yır) i. avukat.
lax (läks) s. 1. gevşek, zayıf. 2. savsak, ihmalci.
lax.a.tive (läk'sıtiv) i. müshil, laksatif. s. ishal edici.
lax.i.ty (läk'sıti), **lax.ness** (läks'nis) i. gevşeklik.
lay (ley) s. 1. belirli meslekten olmayan; alaylı. 2. laik.
lay (ley) f. (**laid**) 1. yatırmak; sermek. 2. yatıştırmak. 3. koymak. 4. yumurtlamak. 5. (suç) yüklemek. 6. yaymak. 7. (sofra) kurmak, hazırlamak. 8. (tuğla) örmek. 9. (plan, tuzak v.b.'ni) kurmak. 10. den. (bir yöne) gitmek. — **about one** sağına soluna vurmak. — **aside** 1. bir yana koymak. 2. terk etmek, vazgeçmek. 3. biriktirmek. — **at one's door** -in üstüne atmak, -e yüklemek. — **awake** gözüne uyku girmemek. — **away** 1. bir yana koymak. 2. ayırmak, saklamak. — **bare** açmak, açıkça ortaya koymak. — **down one's arms** silahlarını bırakmak, teslim olmak. — **for** -e pusu kurmak, -i pusuda beklemek. — **great store on** -e çok değer vermek. — **hands on** 1. -i yakalamak. 2. -e el sürmek, -e dokunmak, -e zor kullanmak. — **hold of** 1. -i ele geçirmek. 2. -in yakasına yapışmak. — **into** 1. argo -i dövmek, -e dayak atmak. 2. -i azarlamak, -i haşlamak. — **it on thick** çok pohpohlamak. — **low** 1. yatağa düşürmek. 2. argo gizlenmek. — **off** 1. (işçiye) geçici olarak yol vermek. 2. argo -i rahat bırakmak. — **on** 1. üzerine atılmak, saldırmak. 2. üstüne sürmek. — **open** 1. açmak, açıklamak. 2. kesip içini açmak. — **out** 1. sermek. 2. sergilemek. 3. ölüyü gömülmeye hazırlamak. 4. harcamak. 5. tasarlamak. — **siege to** -i kuşatmak. — **someone up** k. dili birini yatağa düşürmek/yatağa mahkûm etmek. — **to rest** 1. gömmek, defnetmek. 2. gidermek, son vermek. — **up** biriktirmek, toplamak, saklamak. — **waste to** -i yakıp yıkmak, -i yerle bir etmek.
lay (ley) 1. arazi yapısı. 2. durum, vaziyet.
lay (ley) f., bak. **lie**.
lay.er (ley'ır) i. 1. kat, tabaka. 2. bot. daldırma, daldırma yöntemiyle daldırılan dal. — **cake** kat kat kremalı pasta.
lay.er.ing (ley'ıring) i., bot. daldırma.
lay.man (ley'mın), çoğ. **lay.men** (ley'min) i. 1. papaz/rahip sınıfından olmayan erkek. 2. bir mesleğin/ilmin yabancısı.
lay.off (ley'ôf) i. işçilerin geçici olarak işten çıkarılması.
lay.o.ver (ley'ovır) i. (uçak, otobüs, gemi veya trenle yolculuk ederken) (bir yerde) bekleme; konaklama.
lay.per.son (ley'pırsın), çoğ. **lay.peo.ple** (ley'pipıl) i. 1. papaz/rahip/rahibe sınıfından olmayan Hıristiyan. 2. bir mesleğin/ilmin yabancısı.
lay.wom.an (ley'wûmın), çoğ. **lay.wom.en** (ley'wimin) i. 1. papaz/rahip/rahibe sınıfından olmayan kadın. 2. bir mesleğin/ilmin yabancısı olan kadın.
la.zi.ness (ley'zinis) i. tembellik, haylazlık; miskinlik, uyuşukluk.
la.zy (ley'zi) s. tembel, haylaz; miskin, uyuşuk. — **Susan** döner tepsi.
la.zy.bones (ley'zibonz) i. tembel kimse.
lb. kıs. **pound** (libre).
lbs. kıs., çoğ. **pounds** (libre).
lead (led) i. 1. kurşun. 2. den. iskandil. 3. grafit. — **pencil** kurşunkalem. — **poisoning** kurşun zehirlenmesi.
lead (lid) f. (**led**) 1. yol göstermek, rehberlik etmek, götürmek. 2. yönetmek, idare etmek. 3. -e önderlik etmek, -e liderlik etmek; -in başında olmak, -in başını çekmek: **Gandhi led the resistance to British rule in India.** Gandi, Hindistan'daki İngiliz yönetimine karşı direnişe önderlik etti. 4. **to** -e yol açmak. 5. (yaşam) sürmek. 6. **to** -e gitmek: **This road leads to the university.** Bu yol üniversiteye gidiyor. — **a happy life** mutlu bir yaşam sürmek. — **off** başlamak. — **someone a dance/— someone a (merry) chase** birini çok uğraştırmak; birini çok zahmete sokmak; birini çok yormak. — **someone astray** birini baştan çıkarmak/ayartmak. — **someone by the nose** birini parmağında oynatmak/çevirmek, birinin yuları elinde olmak. — **someone on** birini kandırmak/ayartmak. — **the way** yol göstermek, kılavuzluk etmek, öne düşmek. — **up to** 1. -in kapısını yap-

mak, -e zemin hazırlamak. 2. -e yol açmak.
lead (lid) *i.* 1. kılavuzluk, rehberlik. 2. önde bulunma. 3. önde gelme, başta olma, ileride bulunma. 4. *tiy.* başrol. 5. *tiy.* başrol oyuncusu, başoyuncu. 6. *elek.* bağlama teli. **follow the —** of someone birinin ardından gitmek. **have a big —** çok önde olmak. **take the —** başa geçmek.
lead.en (led´ın) *s.* 1. kurşundan, kurşun. 2. kurşun renginde, kurşuni. 3. ağır, kurşun gibi. 4. kasvetli.
lead.er (li´dır) *i.* 1. kılavuz, rehber. 2. önder, lider, baş. 3. orkestra/bando/koro şefi.
lead.er.ship (li´dırşip) *i.* 1. başkanlık; öncülük, önderlik, liderlik. 2. lidere yakışan vasıflar. 3. liderler, önde gelenler.
lead-free (led´fri) *s.* kurşunsuz (benzin).
lead.ing (li´ding) *s.* önde olan, yol gösteren, kılavuzluk eden. **— article** *Ing.* başmakale. **— lady** başrol oyuncusu kadın. **— man** başrol oyuncusu erkek. **— question** belirli bir cevaba yönelten soru.
leaf (lif) *i.* (*çoğ.* **leaves**) 1. yaprak. 2. ince madeni tabaka. 3. (masada) kanat. *f.* yaprak vermek, yapraklanmak. **— through** (kitaba) göz gezdirmek. **in —** yapraklanmış. **take a — out of someone's book** birini örnek almak, birinin izinden yürümek. **turn over a new —** hayatını daha iyi bir yola koymak, yeniden başlamak.
leaf.let (lif´lit) *i.* 1. broşür, kitapçık; bildiri; el ilanı. 2. ufak yaprak, yaprakçık.
leaf.stalk (lif´stôk) *i.* yaprak sapı.
league (lig) *i.* 1. birlik, cemiyet. 2. *spor* lig. **be in — with** -in müttefiki olmak.
leak (lik) *i.* 1. su sızdıran delik/çatlak. 2. sızıntı. *f.* 1. sızdırmak, kaçırmak; sızmak: **The tire is leaking air.** Lastik hava kaçırıyor. 2. **out** (sır) dışarı sızmak, ifşa olunmak.
leak.age (li´kic) *i.* sızıntı, sızma.
leak.y (li´ki) *s.* akan (dam, kova v.b.).
lean (lin) *s.* 1. zayıf, sıska. 2. yağsız.
lean (lin) *f.* (**—ed/leant**) 1. **on/against** -e dayanmak. 2. eğri durmak, yana yatmak, eğilmek. 3. **on/upon** -e güvenmek.
lean.ing (li´ning) *i.* eğilim.
lean.ness (lin´nis) *i.* 1. zayıflık. 2. yağsızlık.
leant (lent) *f., bak.* **lean.**
leap (lip) *f.* (**—ed/leapt**) sıçramak, atlamak, fırlamak, hoplamak; sıçratmak. *i.* 1. atlama, sıçrama. 2. atlanılan yer. 3. atlanılan uzaklık. **— in the dark** sonu belirsiz iş. **— year** artıkyıl. **by —s and bounds** büyük bir hızla.
leap.frog (lip´frag) *i.* birdirbir oyunu.
leapt (lept, lipt) *f., bak.* **leap.**
learn (lırn) *f.* (**—ed/learnt**) 1. öğrenmek. 2. haber almak, öğrenmek. **— by heart** ezbere

öğrenmek, ezberlemek. **— by rote** tekrarlaya tekrarlaya ezberlemek.
learn.ed (lır´nid) *s.* bilgili.
learn.ing (lır´ning) *i.* ilim, irfan.
learnt (lırnt) *f., bak.* **learn.**
lease (lis) *i.* 1. kira sözleşmesi. 2. kiralama. *f.* 1. kiralamak. 2. kiraya vermek. **a new — on life** (hastalıktan/üzüntüden sonra) yeniden hayata başlama.
lease.hold.er (lis´holdır) *i.* kiracı.
leash (liş) *i.* tasma kayışı. **hold in —** yularını elden bırakmamak.
least (list) *s.* en ufak, en küçük, en az, asgari. *z.* en az derecede. *i.* 1. en az derece. 2. en az miktar. 3. en önemsiz kimse/şey. **— common denominator** 1. *mat.* en küçük ortak payda. 2. ortalama seviye. 3. asgari müşterek. **— common multiple** *mat.* en küçük ortakkat. **at —** 1. hiç olmazsa, bari. 2. en azından. **at the very —** en aşağı, en az. **line of — resistance** en kolay yol. **not give the — sign** en küçük bir işaret vermemek. **not in the —** hiç. **to say the —** en azından.
leath.er (ledh´ır) *i.* deri; kösele; meşin. *s.* deriden yapılmış, deri.
leath.er.ette (ledhıret´) *i.* suni deri.
leave (liv) *i.* 1. izin. 2. veda, ayrılma. **— of absence** izin. **by your —** izninizle. **on —** izinli. **take —** ayrılmak, veda etmek. **take — of one's senses** delirmek, aklını kaçırmak.
leave (liv) *f.* (**left**) 1. bırakmak, terk etmek. 2. (taşıt) kalkmak. 3. ayrılmak. 4. (miras olarak) bırakmak. 5. vazgeçmek. **— in the lurch** yarı yolda bırakmak, yüzüstü bırakmak. **L— it alone!** Elleme!/Bırak! **L— me alone!** Beni rahat bırak! **— off** 1. -i giymemek. 2. -i takmamak. 3. -den vazgeçmek, -i bırakmak. **— out** -i atlamak. **— over** ertelemek. **L— the house!** Defol! **The train —s at four o'clock.** Tren saat dörtte kalkar. **Two from ten —s eight.** Ondan iki çıkarsa sekiz kalır.
leav.en (lev´ın) *i.* hamur mayası. *f.* mayalandırmak.
leaves (livz) *i., çoğ., bak.* **leaf.**
leave-tak.ing (liv´teyking) *i.* ayrılma, veda.
leav.ings (li´vingz) *i., çoğ.* artıklar.
Leb.a.nese (lebıniz´) *i.* (*çoğ.* **Leb.a.nese**) Lübnanlı. *s.* 1. Lübnan. Lübnan'a özgü. 2. Lübnanlı.
Leb.a.non (leb´ının) *i.* Lübnan.
lech.er (leç´ır) *i.* zampara.
lech.er.ous (leç´ırıs) *s.* şehvet düşkünü, zampara.
lec.tern (lek´tırn) *i.* kürsü.
lec.ture (lek´çır) *i.* 1. konferans, konuşma. 2. (üniversitede) ders. 3. azarlama. *f.* 1. konferans vermek. 2. (üniversitede) ders vermek. 3. azarlamak.

lec.tur.er (lek'çırır) *i.* 1. konferans veren kimse, konferansçı, konuşmacı. 2. okutman, lektör.
led (led) *f., bak.* **lead.**
ledge (lec) *i.* 1. düz çıkıntı. 2. resif.
ledg.er (lec'ır) *i.* ana hesap defteri, defteri kebir.
lee (li) *i., den.* rüzgâr altı, boca, poca.
leech (liç) *i.* 1. sülük. 2. çanak yalayıcı kimse, sülük. **stick like a —** sülük gibi yapışmak.
leek (lik) *i.* pırasa.
leer (lir) *f.* yan bakmak, yan gözle bakmak. *i.* yan bakma.
leer.y (lir'i) *s.* **be — of** -den çekinmek.
lee.ward (li'wırd) *s.* boca yönündeki. *z.* boca yönüne.
lee.way (li'wey) *i.* 1. rahatça kımıldanacak yer, bol yer. 2. *den.* rüzgâr altına düşme.
left (left) *s.* sol, soldaki. *i.* sol, sol taraf. *z.* sola. **— hand** 1. sol el. 2. sol taraf. **— wing** *pol.* sol kanat. **be way out in — field** fena halde yanılmak, ıskalamak.
left (left) *f., bak.* **leave.**
left-hand.ed (left'händid) *s.* solak. **— compliment** acemice veya samimi olmayan kompliman.
left-hand.ed.ness (left'händid.nis) *i.* 1. solaklık. 2. gizli anlamı olma.
left.ist (lef'tist) *i., pol.* solcu.
left.o.ver (left'ovır) *s.* artan, artık.
left.o.vers (left'ovırz) *i.* artan yemekler.
left.y (lef'ti) *s.* 1. solak. 2. *İng., k. dili* solcu.
leg (leg) *i.* 1. bacak. 2. (mobilyada/pergelde) ayak. 3. (pantolonda) bacak. **— of mutton** koyun budu. **be on one's last —s** ömrü/miadı dolmak üzere olmak. **give no — to stand on** tutunacak bir dal bırakmamak. **pull someone's —** birine takılmak, birini işletmek, biriyle dalga geçmek. **shake a —** acele etmek, pergelleri açmak.
leg.a.cy (leg'ısi) *i.* kalıt, miras.
le.gal (li'gıl) *s.* 1. yasal, legal, kanuni, meşru. 2. hukuksal, hukuki. **— error** adli hata. **— holiday** resmi tatil günü. **— science** hukuk ilmi. **— separation** evli bir çiftin ayrı yaşaması.
le.gal.ise (li'gılayz) *f., İng., bak.* **legalize.**
le.gal.i.ty (ligäl'ıti) *i.* yasallık, kanunilik, yasaya uygunluk, meşruluk.
le.gal.ize, *İng.* **le.gal.ise** (li'gılayz) *f.* yasallaştırmak, kanunlaştırmak.
le.gal.ly (li'gıli) *z.* 1. yasal olarak, kanunen. 2. hukuken.
le.ga.tion (ligey'şın) *i.* ortaelçilik.
leg.end (lec'ınd) *i.* 1. efsane, söylence. 2. sikke/harita üzerindeki yazı.
leg.end.ar.y (lec'ınderi) *s.* efsanevi, söylencesel.
leg.ging (leg'îng) *i., gen. çoğ.* tozluk, getr.
leg.gy (leg'i) *s.* uzun bacaklı.
leg.i.bil.i.ty (lecıbil'ıti) *i.* okunaklılık, açıklık.

leg.i.ble (lec'ıbıl) *s.* okunur, açık, okunaklı.
leg.i.ble.ness (lec'ıbılnis) *i., bak.* **legibility.**
leg.i.bly (lec'ıbli) *z.* okunaklı olarak.
le.gion (li'cın) *i.* 1. lejyon. 2. kalabalık, alay.
leg.is.late (lec'îsleyt) *f.* kanun yapmak, yasa çıkarmak, yasamak.
leg.is.la.tion (lecîsley'şın) *i.* 1. kanun yapma, yasama. 2. yasa, kanunlar.
leg.is.la.tive (lec'îsleytiv) *s.* kanun koyan, yasamalı. **— immunity** milletvekilliği dokunulmazlığı. **— power** yasama gücü.
leg.is.la.tor (lec'îsleytır) *i.* millet meclisi üyesi.
leg.is.la.ture (lec'îsleyçır) *i.* yasama kurulu.
le.git.i.mate (lıcît'ımit) *s.* 1. yasal, türel. 2. meşru olarak doğmuş, meşru. 3. kabul edilmiş kurallara uygun.
le.git.i.mate (lıcît'ımeyt) *f.* 1. yasallaştırmak. 2. (çocuğun) nesebini tashih etmek.
le.git.i.mize, *İng.* **le.git.i.mise** (lıcît'ımayz), **le.git.i.ma.tize**, *İng.* **le.git.i.ma.tise** (lıcît'ımıtayz) *f.* 1. yasallaştırmak. 2. haklı göstermek, mazur göstermek. 3. (çocuğun) nesebini tashih etmek.
leg.ume (leg'yum, lıgyum') *i.* 1. baklagiller familyasından bitkinin tanesi/tohumu. 2. baklagiller familyasından bitki.
lei.sure (li'jır, lej'ır) *i.* boş zaman. **at —** 1. boş zamanı olan. 2. boş zamanlarda. **at one's —** boş zamanlarında.
lei.sure.ly (li'jırli, lej'ırli) *s.* 1. acelesiz iş yapan. 2. acelesiz yapılan. *z.* acele etmeden.
lem.on (lem'ın) *i.* 1. limon. 2. limon ağacı. 3. *argo* değersiz kimse/şey, moloz, gazoz. **— balm** oğulotu, kovanotu, melisa. **— peel** limon kabuğu.
lem.on.ade (lemıneyd') *i.* limonata.
lend (lend) *f.* **(lent)** 1. ödünç vermek. 2. borç vermek. **— a hand** yardım etmek. **— an ear** kulak vermek, dinlemek. **— itself to** -e uygun olmak, -e elverişli olmak. **— oneself to** -e yardım etmek.
length (lengkth, length) *i.* 1. uzunluk, boy. 2. süre. **at great —** ayrıntılarıyla, detaylarıyla. **at —** 1. uzun uzadıya. 2. en sonunda. **at full —** 1. ayrıntılarıyla. 2. boylu boyunca. **go to all —s/go to any —/go to great —s** her çareyi kullanmak, her çareye başvurmak. **keep someone at arm's —** birini pek yaklaştırmamak, birinin samimi olmasına izin vermemek. **race won by a —** bir at/kayık boyu ile kazanılan yarış.
length.en (lengk'thın, leng'thın) *f.* uzatmak; uzamak.
length.wise (lengkth'wayz), **length.ways** (lengkth'weyz) *z.* uzunlamasına.
length.y (lengk'thi, leng'thi) *s.* uzun, fazlası-

leukocyte

la uzun.
le.ni.en.cy (li´niyınsi, lin´yınsi), **le.ni.ence** (li´niyıns, lin´yıns) *i.* yumuşaklık, müsamaha.
le.ni.ent (li´niyınt, lin´yınt) *s.* yumuşak davranan, müsamahakâr.
le.ni.ent.ly (li´niyıntli, lin´yıntli) *z.* yumuşaklıkla.
lens (lenz) *i.* 1. mercek. 2. göz merceği. 3. objektif. **contact —** kontakt lens, lens. **normal-angle — foto.** olağan açılı mercek. **telephoto —** foto. ırak merceği, teleobjektif. **wide-angle —** foto. geniş açılı mercek. **zoom —** foto. değişir odaklı mercek, zoom objektifi.
Lent (lent) *i.* paskalyadan önce gelen büyük perhiz.
lent (lent) *f., bak.* **lend.**
len.ti.cel (len´tısel) *i., bot.* kovucuk.
len.til (len´tıl) *i.* mercimek.
Le.o (li´yo) *i., astrol.* Aslan burcu.
leop.ard (lep´ırd) *i.* leopar, pars. **American —** jaguar. **black —** siyah pars. **The — cannot change its spots.** Huylu huyundan vazgeçmez./Huy canın altındadır./Can çıkmayınca huy çıkmaz.
leop.ard.ess (lep´ırdis) *i.* dişi leopar.
le.o.tard (liy´ıtard) *i., gen. çoğ.* dansçıların giydiği mayo.
lep.er (lep´ır) *i.* cüzamlı kimse.
lep.ro.sy (lep´rısi) *i.* cüzam, lepra.
lep.rous (lep´rıs) *s.* 1. cüzamlı. 2. cüzam gibi.
Les.bi.an (lez´biyın) *i.* Midillili. *s.* 1. Midilli, Midilli'ye özgü. 2. Midillili.
les.bi.an (lez´biyın) *i., s.* lezbiyen, sevici.
les.bi.an.ism (lez´biyınîzım) *i.* lezbiyenlik, sevicilik.
Les.bos (lez´bıs, lez´bas) *i.* Midilli.
le.sion (li´jın) *i., tıb.* 1. doku bozukluğu, lezyon. 2. yara, bere.
Le.so.tho (lısu´tu, lıso´to) *i.* Lesoto.
less (les) *s.* daha küçük, daha az. *z.* aşağı bir derecede, bir derece aşağı. *i.* 1. eksik bir miktar, daha az bir şey. 2. daha küçük kimse/şey. *edat* eksi.
-less *sonek* -siz.
less.en (les´ın) *f.* küçültmek, eksiltmek, azaltmak; küçülmek, azalmak.
less.er (les´ır) *s.* 1. daha küçük, daha az. 2. **of** (iki kimse veya şeyin) küçüğü. **the — of two evils** ehvenişer.
les.son (les´ın) *i.* 1. ders. 2. ibret **Let it be a lesson to you.** Size ibret olsun.
lest (lest) *bağ.* 1. -mesin diye. 2. korkusu ile.
let (let) *f.* **(let, —ting)** 1. izin vermek. 2. **by/through/in —mesine** izin vermek: **Let him through.** Geçmesine izin verin. 3. kiraya vermek. 4. -elim, -sin, -sinler *(birinci/üçüncü şahıs emir kipi):* **Let's go.** Gidelim. **Honesty, — alone honor, was not in him.** Şeref şöyle dursun, onda dürüstlük namına bir şey yoktu. **— alone/be** karışmamak, kendi haline bırakmak. **L— be!** Bırak!/Öyle kalsın!/Dokunma!/Bozma! **— down** 1. indirmek. 2. boşa çıkarmak, hayal kırıklığına uğratmak. **— down one's hair** samimi davranmak. **— fall** düşürmek. **— fly** 1. salıverip uçurmak. 2. fırlatmak. 3. ateş etmek. **— go** 1. bırakmak, koyuvermek. 2. serbest bırakmak. **— in** kapıyı açıp içeriye almak. **— loose** serbest bırakmak. **— off** 1. cezasını affetmek, cezasını hafifletmek. 2. dışarı vermek. **— on** sırrı başkasına söylemek, sırrı ifşa etmek. **— oneself go** 1. kendini bırakıp coşmak. 2. kendini kapıp koyuvermek, kendini bırakmak, kendine özen göstermemek. **— oneself in** kapıyı anahtarla açıp içeriye girmek. **— out** 1. dışarıya bırakmak, koyuvermek, kaçmasına izin vermek. 2. (ip, kablo v.b.'ni) gevşetmek, genişletmek. 3. (elbiseyi) genişletmek. 4. *İng.* kiraya vermek. **— slide** vazgeçmek. **— slip** 1. ağzından kaçırmak. 2. (fırsatı) elinden kaçırmak. **— someone down gently** birini yavaş yavaş alıştırarak hayal kırıklığına uğratmak. **— the cat out of the bag** baklayı ağzından çıkarmak. **— up** 1. yumuşamak, sertliğini kaybetmek. 2. (yağmur) kesilmek/dinmek. **— well enough alone** olanla yetinmek. **L— x equal 2y.** X'in 2y'ye eşit olduğunu farz edelim. **to —** *İng.* kiralık: **Do you have a room to let?** Kiralık odanız var mı?
le.thal (li´thıl) *s.* öldürücü.
le.thar.gic (lıthar´cîk) *s.* 1. uyuşuk. 2. *tıb.* letarjik.
leth.ar.gy (leth´ırci) *i.* 1. uyuşukluk. 2. *tıb.* letarji.
Lett (let) *i.* 1. Let. 2. Letonca.
let.ter (let´ır) *i.* 1. harf. 2. mektup. 3. *çoğ.* bilim; edebiyat. 4. *spor* takım üyelerine verilen şeref arması. *f.* kitap harfiyle yazmak. **— box** mektup kutusu. **— carrier** *İng.* postacı. **— of credit** akreditif, kredi mektubu. **— opener** mektup açacağı. **capital —** büyük harf, majüskül. **man of —s** 1. yazar; edebiyatçı, yazıncı. 2. bilim adamı. **small —** küçük harf, minüskül. **to the —** harfi harfine.
let.tered (let´ırd) *s.* okumuş, tahsilli.
let.ter.head (let´ırhed) *i.* antet. **— stationery** antetli kâğıt.
let.ter.ing (let´ırîng) *i.* harfle belirtme.
Let.tic (let´îk) *s., bak.* **Lettish.**
Lett.ish (let´îş) *i.* Letonca. *s.* 1. Let. 2. Letonca.
let.tuce (let´îs) *i.* yeşil salata; kıvırcık salata. **cos/romaine —** marul.
let.up (let´ʌp) *i.* 1. azalma. 2. sakinleşme. 3. ara.
leu.ke.mi.a (luki´miyı) *i., tıb.* lösemi, kan kanseri.
leu.ko.cyte, leu.co.cyte (lu´kısayt) *i., biyol.* akyuvar, lökosit.

Levant 252

Le.vant (lıvänt´) *i.* **the —** Doğu Akdeniz bölgesi.
Le.van.tine (lev´ıntayn, lev´ıntin, lıvän´tayn) *s.* 1. Levanten. 2. Doğu Akdeniz bölgesine/halkına özgü. *i.* 1. Levanten. 2. Doğu Akdenizli.
lev.el (lev´ıl) *i.* 1. düzlük, düz yer. 2. düzey, seviye. 3. düzeç, kabarcıklı düzeç, su terazisi. *s.* 1. düzlem, yatay. 2. bir seviyede. 3. ölçülü, dengeli. *f.* (**—ed/—led, —ing/—ling**) 1. düzeltmek, düzlemek. 2. yıkmak, yerle bir etmek. 3. eşit düzeye getirmek. 4. **with** *argo* **-e** doğruyu söylemek. **— at** 1. (silahı) -e doğrultmak. 2. (suçu) -e yüklemek. **be on the —** doğruyu söylemek. **I'll do my — best.** Elimden geleni yaparım. **on a — with** 1. ile aynı düzeyde. 2. ile aynı hizada. **spirit —** düzeç.
lev.el.head.ed (lev´ılhed´id) *s.* aklı başında, dengeli.
le.ver (lev´ır, li´vır) *i.* manivela, kaldıraç.
le.ver.age (lev´ıric, li´vıric) *i.* manivela gücü.
lev.i.tate (lev´ıteyt) *f.* 1. havada durmak. 2. ispritizma gücü ile veya rüyada havaya yükselmek/yükseltmek.
lev.i.ty (lev´iti) *i.* şakalaşma, gülüşme.
lev.u.lose (lev´yılos) *i., kim.* levüloz, meyve şekeri.
lev.y (lev´i) *i.* 1. zorla (asker) toplama. 2. zorla toplanan asker. 3. (vergi) toplama. *f.* zorla toplamak. **— war on** (birine karşı) savaş açmak.
lewd (lud) *s.* kaba bir şekilde cinsel hareketleri/organları akla getiren, kaba bir şekilde seksi akla getiren.
lex.i.cog.ra.pher (leksıkag´rıfır) *i.* sözlükçü, leksikograf.
lex.i.cog.ra.phy (leksıkag´rıfi) *i.* sözlükçülük, leksikografi.
lex.i.col.o.gist (leksıkal´ıcist) *i.* sözlükbilimci, leksikolog.
lex.i.col.o.gy (leksıkal´ıci) *i.* sözlükbilim, leksikoloji.
lex.i.con (lek´sıkan) *i.* sözlük.
li.a.bil.i.ty (layıbil´ıti) *i.* sorumluluk, yükümlülük.
li.a.ble (lay´ıbıl) *s.* 1. **for** -den sorumlu. 2. **to** -e maruz.
li.ai.son (liyey´zan, li´yızan) *i.* 1. bağlantı, irtibat, liyezon. 2. gizli (cinsel) ilişki. **— officer** irtibat subayı.
li.ar (lay´ır) *i.* yalancı.
lib. *kıs.* **liberal, librarian, library.**
lib (lib) *i., k. dili* özgürlük, kurtuluş. **women's —** kadınların özgürlük hareketi.
li.bel (lay´bıl) *i.* 1. onur kırıcı yayın. 2. iftira. *f.* (**—ed/—led, —ing/—ling**) iftira etmek.
lib.er.al (lib´ırıl, lib´rıl) *s.* 1. liberal, erkinci. 2. açık fikirli, geniş gönüllü. 3. cömert, eli açık. *i.* liberal.
lib.er.al.ism (lib´ırılizım, lib´rılizım) *i.* liberalizm, erkincilik.

lib.er.al.i.ty (libıräl´ıti) *i.* 1. cömertlik. 2. liberallik.
lib.er.ate (lib´ıreyt) *f.* 1. özgürlüğünü sağlamak, serbest bırakmak, salıvermek. 2. *argo* çalmak.
lib.er.a.tion (libırey´şın) *i.* 1. kurtarma, serbest bırakma. 2. kurtuluş, özgürlük.
lib.er.a.tor (lib´ıreytır) *i.* kurtarıcı.
Li.ber.i.a (laybir´iyı) *i.* Liberya. **—n** *i.* Liberyalı. *s.* 1. Liberya, Liberya'ya özgü. 2. Liberyalı.
lib.er.ty (lib´ırti) *i.* özgürlük, hürriyet. **— of conscience** vicdan özgürlüğü. **— of speech** konuşma özgürlüğü. **— of the press** basın ve yayın özgürlüğü. **at —** özgür. **set at —** serbest bırakmak. **take liberties** cüret etmek, küstahlık etmek. **take the —** cesaret etmek.
Li.bra (li´brı) *i., astrol.* Terazi burcu.
li.brar.i.an (laybrer´iyın) *i.* kütüphaneci.
li.brar.y (lay´breri, lay´brıri) *i.* kütüphane, kitaplık. **walking —** ayaklı kütüphane.
Lib.y.a (lib´iyı) *i.* Libya. **—n** *i.* Libyalı. *s.* 1. Libya, Libya'ya özgü. 2. Libyalı.
lice (lays) *i., çoğ., bak.* **louse.**
li.cense, *İng.* **li.cence** (lay´sıns) *i.* 1. izin, ruhsat. 2. izin belgesi, ruhsatname, lisans. 3. ehliyet. *f.* 1. izin vermek. 2. izin belgesi vermek. 3. yetkilendirmek.
li.cen.tious (laysen´şıs) *s.* ahlaksız, şehvet düşkünü.
li.cen.tious.ness (laysen´şısnis) *i.* ahlaksızlık.
li.chen (lay´kın) *i., bot.* liken.
lick (lik) *f.* 1. yalamak. 2. alev gibi yalayıp geçmek. 3. *argo* dayak atmak. 4. *argo* üstün gelmek, yenmek. *i.* yalama, yalayış. **— clean** yalayıp temizlemek. **— into shape** biçim vermek. **— one's chops** düşündükçe ağzı sulanmak. **— someone's boots** birinin elini eteğini öpmek, birine dalkavukluk etmek. **— the dust** 1. öldürülmek. 2. yere serilmek, yeri öpmek, iki seksen uzanmak. 3. el etek öpmek, çanak yalamak. **give something a — and a promise** bir şeyi yalapşap/yalap şalap yapmak.
lic.o.rice, *İng.* **liq.uo.rice** (lik´ıris, lik´ıriş) *i.* meyan, meyankökü.
lid (lid) *i.* 1. kapak. 2. gözkapağı. **blow the — off** açığa vurmak. **flip one's —** *argo* tepesi atmak. **keep the — on** *k. dili* 1. -i gizli tutmak, -i gizlemek. 2. (çığırından çıkmaması için) -i denetim altında tutmak.
lie (lay) *i.* 1. yalan. 2. yalan söyleme. *f.* (**—d, ly.ing**) yalan söylemek. **— in one's teeth** korkunç yalanlar söylemek. **— like a trooper** çok yalan söylemek. **— one's way out of something** yalan söyleyerek bir işten sıyrılıvermek. **a white —** zararsız yalan. **give the — to** -in yalan/yanlış olduğunu göstermek.
lie (lay) *f.* (**lay, lain, ly.ing**) 1. yatmak, uzanmak.

---

th dh w hw b c ç d f g h   j   k l m n p r s ş t v y z
thin the we why be joy chat ad if go he regime key lid me no up or us she it via say is

lighten

2. durmak, kalmak, olmak. *i.* 1. yatış. 2. duruş. 3. mevki. — **behind** -in ardında yatmak, -in ardında gizli olmak. — **down** yatmak, uzanmak. — **in ruins** harap olmak. — **in wait** pusuda beklemek. — **low** gizlenmek, saklanmak. — **off** den. alargada yatmak. — **sick** hasta yatmak. **as far as in me —s** elimden geldiği kadar, tüm gücümle. **take something lying down** bir şeyi alttan almak; bir şeyin altında kalmak. **the — of the land** *İng.* arazinin dış görünümü; arazinin engebeleri.
Liech.ten.stein (lik´tınştayn) *i.* Lihtenştayn. *s.* Lihtenştayn, Lihtenştayn'a özgü. **—er** *i.* Lihtenştaynlı.
lieu (lu) *i.* **in — of** -in yerine, -e bedel olarak.
lieu.ten.ant (luten´ınt, *İng.* leften´ınt) *i.* 1. *ask.* teğmen. 2. *den.* yüzbaşı. 3. vekil. — **colonel** yarbay. — **commander** ön yüzbaşı, kıdemli yüzbaşı. — **general** korgeneral. — **governor** vali vekili. —, **junior grade** *den.* teğmen. —, **senior grade** yüzbaşı. **first** — üsteğmen. **second** — teğmen.
life (layf) *i.* (*çoğ.* **lives**) 1. yaşam, hayat, dirim; ömür. 2. canlılık. 3. can. 4. yaşam tarzı. — **assurance** *İng.* hayat sigortası. — **belt** cankurtaran kemeri. — **buoy** cankurtaran simidi. — **expectancy** ortalama ömür uzunluğu, beklenimli yaşam süresi. — **imprisonment** ömür boyu hapis cezası. — **insurance** hayat sigortası. — **jacket** cankurtaran yeleği. — **line** 1. cankurtaran halatı. 2. avuç içinde görülen yaşam çizgisi. — **preserver** cankurtaran. — **sentence** ömür boyu hapis cezası. — **span** ömür. **come to** — ayılmak. **for dear** — var gücüyle. **for** — ömür boyu. **for the — of me** hiç, ne yaptıysam. **have the time of one's** — eğlenceli vakit geçirmek. **He was the — of the party.** Toplantıyı canlandıran o idi. **large as** — ta kendisi. **lay down one's** — canını feda etmek. **lead a dog's** — çok sıkıntı çekmek, sürünmek. **lead a — of pleasure** zevk ve sefa sürmek. **manner of** — yaşam biçimi, yaşayış tarzı. **married** — evlilik yaşamı. **matter of** — **and death** ölüm kalım meselesi. **prime of** — hayatın en verimli dönemi. **station in** — sosyal durum. **time of** — yaş. **true to** — gerçek hayatta olduğu gibi. **Upon my —!** Allah aşkına!
life.boat (layf´bot) *i.* cankurtaran sandalı.
life.guard (layf´gard) *i.* (plajlarda) can kurtaran görevli, cankurtaran.
life.less (layf´lis) *s.* cansız, ölü.
life.like (layf´layk) *s.* canlı gibi görünen.
life.long (layf´lông) *s.* ömür boyu.
life.sav.er (layf´seyvır) *i.* 1. (plajlarda) can kurtaran görevli, cankurtaran. 2. imdada yeti-

şen şey.
life-size (layf´sayz), **life-sized** (layf´sayzd) *s.* doğal büyüklükte (resim/heykel).
life.style (layf´stayl) *i., k. dili* yaşam biçimi.
life.time (layf´taym) *i.* ömür.
lift (lift) *f.* 1. kaldırmak, yükseltmek. 2. *k. dili* çalmak, yürütmek, aşırmak. 3. (sis/duman) dağılmak. 4. (kulakları) dikmek. *i.* 1. kaldırma, yükseltme; yükselme. 2. *İng.* asansör. — **off** (roket) havalanmak, kalkmak. — **up one's voice** bağırmak, sesini yükseltmek. **give someone a** — birini arabasına almak. **not to — a hand** parmağını kıpırdatmamak, en ufak bir gayret göstermemek.
lift.off (lift´ôf) *i.* (roket) havalanma, kalkma.
lig.a.ment (lig´ımınt) *i., anat.* bağ.
li.gate (lay´geyt) *f., tıb.* (kan damarını) bağlamak.
li.ga.tion (laygey´şın) *i.* bağlama; bağlanma.
lig.a.ture (lig´ıçûr, lig´ıçır) *i.* 1. bağ. 2. bağlama, raptetme. 3. *tıb.* kan damarını bağlamak için kullanılan iplik. 4. *müz.* bağ.
light (layt) *i.* 1. ışık, aydınlık. 2. ışık veren şey: **Turn off the lights.** Lambaları kapatın. 3. (sigara v.b. için) ateş: **Do you have a light?** Ateşiniz var mı? 4. dünyaya ışık saçan kimse. 5. anlama. 6. bir resmin aydınlık kısmı. 7. gün ışığı, gündüz. — **meter** ışıkölçer. **bring to** — meydana çıkarmak, aydınlatmak, gün ışığına çıkarmak. **in a good** — (bir şeyi) iyimser olarak (görmek). **in the** — **of the facts** olayların gelişmesine göre, olayların ışığı altında. **see the** — **of day** 1. doğmak, dünyaya gelmek. 2. gerçekleşmek, meydana gelmek. **shed/throw** — **on** -i aydınlatmak, -i açıklamak.
light (layt) *f.* (**—ed/lit**) 1. yakmak, tutuşturmak; yanmak, tutuşmak. 2. aydınlatmak, ışık vermek. 3. neşelendirmek, canlandırmak. — **up** 1. -i aydınlatmak; aydınlanmak. 2. (sigara/puro/pipo) yakmak.
light (layt) *f.* (**—ed/lit**) 1. konmak. 2. üzerine düşmek. 3. (attan/arabadan) inmek. — **into** *k. dili* -e saldırmak. — **out** aceleyle yola çıkmak, yola düzülmek.
light (layt) *s.* 1. hafif. 2. eksik. 3. önemsiz. 4. ince. 5. yüksüz, yükü hafif. 6. az, ufak. 7. iyi mayalanmış. 8. endişesiz. 9. çevik, ayağına tez. 10. açık (renk). *z.* 1. hafif bir şekilde. 2. az eşya ile, az yükle, az bagajla. — **comedy** hafif komedi. — **in the head** 1. başı dönmüş, sersemlemiş. 2. budala, ahmak. 3. deli. — **literature** eğlendirici, kolay okunan hafif kitaplar. — **meal** hafif yemek. — **opera** operet. — **sleeper** uykusu hafif kimse. **make** — **of** -e önem vermemek, -i hafife almak.
light.en (layt´ın) *f.* aydınlatmak, ışık saçmak.
light.en (layt´ın) *f.* 1. hafifletmek, yükünü

lighter 254

azaltmak; hafiflemek, yükü azalmak. 2. neşelendirmek; neşelenmek.
light.er (lay'tır) *i.* 1. yakan kimse. 2. yakıcı alet; tutuşturucu şey. **cigarette** — çakmak.
light.er (lay'tır) *i.* mavna, salapurya, layter.
light-fin.gered (layt'fîng.gırd) *s.* hırsızlığı benimsemiş, eli uzun.
light-foot.ed (layt'fûtid) *s.* çevik, zarif.
light.head.ed (layt'hedid) *s.* başı dönen, sersemlemiş.
light.heart.ed (layt'hartid) *s.* kaygısız, endişesiz, tasasız, neşeli, şen.
light.house (layt'haus) *i.* fener kulesi.
light.ing (layt'îng) *i.* aydınlatma, ışıklandırma.
light.ly (layt'li) *z.* 1. hafifçe. 2. kolayca, kolaylıkla. 3. ciddiye almadan, umursamazca. 4. neşeyle.
light.ness (layt'nîs) *i.* hafiflik.
light.ning (layt'ning) *i.* şimşek; yıldırım. — **bug** ateşböceği, yıldızböceği. — **conductor** *İng.* yıldırımsavar, paratoner. — **rod** yıldırımsavar, paratoner. **like** — şimşek gibi, yıldırım gibi, çok çabuk. **with** — **speed** yıldırım hızı ile.
light.weight (layt'weyt) *s.* 1. hafif. 2. önemsiz. *i.* 1. *spor* tüysıklet, hafifsıklet. 2. yeteneksiz kimse.
light-year (layt'yîr) *i., gökb.* ışık yılı.
lig.nite (lig'nayt) *i.* linyit.
lig.num vi.tae (lîg'nım vay'ti) peygamberağacı.
li.gus.trum (lîgıs'trım) *i., bot.* kurtbağrı.
lik.a.ble (lay'kıbıl) *s.* hoşa giden, hoş.
like (layk) *edat* gibi, -e benzer. *s.* 1. benzer. 2. aynı. *i.* benzeri. **L— father,** — **son!** Tıpkı babası!/Babasına çekmiş! — **mad** çılgınca, çılgın gibi. **I feel** — **resting.** Canım dinlenmek istiyor. **It looks** — **rain.** Yağmur yağacağa benziyor. **I've never seen the** — **of it./I never saw the** —**s of it.** Benzerini hiç görmedim.
like (layk) *f.* hoşlanmak, sevmek; beğenmek.
-like *sonek* -imsi, gibi, benzer: **lifelike, workmanlike.**
like.a.ble (layk'ıbıl) *s., bak.* **likable.**
like.li.hood (layk'lihûd) *i.* olasılık, ihtimal.
like.ly (layk'li) *s.* 1. olası, muhtemel. 2. uygun: **a likely day for a picnic** pikniğe uygun bir gün. 3. geleceği parlak: **a likely candidate** geleceği parlak bir aday. 4. inanılır: **a likely story** inanılır bir hikâye. *z.* muhtemelen.
like-mind.ed (layk'mayn'dîd) *s.* hemfikir.
lik.en (lay'kın) *f.* **to** -e benzetmek.
like.ness (layk'nîs) *i.* 1. suret, kılık. 2. resim, portre. 3. benzerlik, benzeşme.
likes (layks) *i., çoğ.* sevilen şeyler. — **and dislikes** (bir kimsenin) sevdiği ve sevmediği şeyler.
like.wise (layk'wayz) *z.* 1. aynı biçimde, aynen; keza. 2. ayrıca, ve de.
lik.ing (lay'kîng) *i.* 1. hoşlanma, sevme; be-

ğenme. 2. sevgi. 3. ilgi; eğilim.
li.lac (lay'läk, lay'lık) *i.* 1. leylak. 2. leylak rengi, açık mor, lila. *s.* leylak rengindeki, açık mor, lila.
lilt (lilt) *i.* (ses tonunda) hoş bir iniş çıkış.
lil.y (lîl'i) *i.* zambak. — **of the valley** müge, inciçiçeği. **pond** — nilüfer, gölotu. **tiger** — pars zambağı, kaplan postu. **water** — nilüfer.
lil.y-liv.ered (lîl'îlîv'ırd) *s.* korkak, ödlek, yüreksiz.
lil.y-white (lîl'î.hwayt') *s.* bembeyaz, zambak gibi beyaz.
li.ma (lay'mı) *i.* — **bean** limafasulyesi.
limb (lîm) *i.* 1. kol ve bacak gibi vücuda eklemle bağlı organ. 2. ağacın ana dalı. 3. kol, dal. **be out on the end of a** — desteksiz kalmak. **tear** — **from** — paramparça etmek.
lim.ber (lîm'bır) *f.* **up** *spor* bedeni ısıtmak, ısınma hareketleri yapmak. *s.* eğilir bükülür, oynak (özellikle kol ve bacaklar).
lim.bo (lîm'bo) *i., b.h.* Araf. **be in** — iki cami arasında kalmış beynamaza dönmek.
lime (laym) *i.* kireç.
lime (laym) *i., İng.* ıhlamur ağacı, ıhlamur.
lime (laym) *i.* misket limonu.
lime.kiln (laym'kîl, laym'kîln) *i.* kireç ocağı.
lime.light (laym'layt) *i.* 1. kireç lambası. 2. *İng., tiy.* spot, spotlu lamba. 3. ilgi merkezi, ilgi odağı. **in the** — 1. genel ilgiyi üzerinde toplamış, revaçta, gözde. 2. herkes tarafından bilinen.
lime.stone (laym'ston) *i.* kireçtaşı.
lim.it (lîm'ît) *i.* 1. limit, sınır, had, uç. *f.* sınırlandırmak, sınırlamak, kısıtlamak. **age** — yaş haddi. **off** —**s** yasak bölge. **That's the** —**!** *argo* Çekilir şey değil!/Bu kadarı da fazla! **within** —**s** belli bir dereceye kadar, belli sınırlar içinde.
lim.i.ta.tion (lîmıtey'şın) *i.* sınırlama, kısıtlama. **This machine also has its** —**s.** Bu makinenin yapamayacağı şeyler de var.
lim.it.ed (lîm'îtîd) *s.* 1. sınırlı, kısıtlı; az, sayılı. 2. çevrili. 3. ekspres (tren). 4. *İng.* sınırlı sorumlu (şirket).
lim.it.less (lîm'îtlîs) *s.* sınırsız, sonsuz.
lim.ou.sine (lîm'ızîn) *i.* limuzin.
limp (lîmp) *f.* topallamak, aksamak. *i.* topallama. *s.* yumuşak, bükülgen, gevşek.
lim.pid (lîm'pîd) *s.* berrak, şeffaf, duru.
linch.pin (lînç'pîn) *i.* tekerleğin dingil çivisi.
lin.den (lîn'dın) *i.* ıhlamur ağacı, ıhlamur. — **tea** ıhlamur.
line (layn) *i.* 1. çizgi. 2. yol, hat. 3. ip, sicim. 4. satır; dize, mısra: **There are fifty-six lines on this page.** Bu sayfada elli altı satır var. **a line of poetry** bir şiir dizesi. 5. dizi, sıra; saf: **a line of oaks** bir sıra meşe. **Stay in line!** Sıradan çıkma-

yın! **The worshipers were arrayed in lines.** Müminler saf bağlamışlardı. 6. kuyruk: **We stood in that line for hours.** O kuyrukta saatlerce bekledik. 7. kısa mektup, pusula, not. 8. hiza. 9. *k. dili* iş, meslek. 10. (telefon, telgraf, tren, gemi v.b. için) hat. 11. olta. 12. seri, dizi. 13. belirli bir cins/marka mal. 14. *çoğ., tiy.* rol. 15. soy. 16. *argo* kandırıcı sözler, martaval, masal. 17. *çoğ.* ana hatlar. 18. *ask.* hat; saf: **line of retreat** ricat hattı. **front line** cephe hattı. **line of communications** ulaşım hattı. *f.* 1. çizgilerle göstermek. 2. çizgi çekmek. 3. **up** dizmek, sıralamak. 4. **up** sıraya girmek. **— of defense** 1. *ask.* savunma hattı. 2. savunma tezi. **— of vision** görüş hattı. **all along the —** sıra boyunca. **be in — with** 1. **-e** uymak. 2. ile bir hizada olmak. **bring into —** sıraya sokmak. **draw — at** -i reddetmek, -i yapmamak. **have a — on** hakkında bilgi almak/bilgisi olmak. **hold the —** 1. değişikliğe karşı olmak. 2. telefonu kapatmamak. **in — for** -e aday, için sırada. **on a —** aynı hizada, bir sırada. **on the — peşin** (ödeme). **out of —** 1. **with** -e uymayan. 2. itaatsiz (kimse). 3. uygunsuz (söz/davranış). **read between the —s** bir yazıdaki kapalı anlamı keşfetmek. **stand in —** kuyrukta beklemek. **the —** 1. ekvator. 2. ordu; donanma. **toe the — bir** kanuna/kurala itaat etmek/ettirmek. **What's your —?** Ne işle uğraşıyorsunuz?
line (layn) *f.* astarlamak.
lin.e.age (lin´iyic) *i.* soy, nesil, silsile.
lin.e.a.ment (lin´iyımınt) *i., çoğ.* yüz hatları.
lin.e.ar (lin´iyır) *s.* 1. çizgisel. 2. doğrusal. **— measure** uzunluk ölçüsü.
line.man (layn´mın), *çoğ.* **line.men** (layn´min) *i.* hat bekçisi; hat döşeyicisi.
lin.en (lin´ın) *s.* keten. *i.* 1. keten kumaş, keten. 2. masa örtüleri ve yatak çarşafları. 3. iç çamaşırı, çamaşır. **wash one's dirty — in public** kirli çamaşırlarını ortaya dökmek.
lin.er (lay´nır) *i.* 1. yolcu gemisi. 2. yolcu uçağı.
line.up (layn´ʌp) *i., spor* oyun başlamadan oyuncuların yerini alması.
lin.ger (ling´gır) *f.* 1. (gitmesi gerekirken) kalmak, ayrılamamak. 2. **on** kolay kolay geçmemek.
lin.ge.rie (lanjıri´, lanjırey´) *i.* kadın iç çamaşırı ve gecelik.
lin.go (ling´go) *i.* (*çoğ.* **—es**) dil; yabancı dil.
lin.gua fran.ca (ling´gwı fräng´kı) anadili farklı insanların konuştuğu ortak dil.
lin.guist (ling´gwist) *i.* dilbilimci, dilci, lengüist.
lin.guis.tic (ling.gwis´tik), **lin.guis.ti.cal** (ling.gwis´tikıl) *s.* 1. dile ait. 2. dilbilimsel.
lin.guis.tics (ling.gwis´tiks) *i.* dilbilim, lengüistik. **comparative —** karşılaştırmalı dilbilim.
lin.ing (lay´ning) *i.* astar.

link (lingk) *i.* 1. halka, zincir baklası. 2. bağ, bağlantı. *f.* birbirine bağlamak, birleştirmek, zincirlemek; birbirine bağlanmak, birleşmek, zincirlenmek. **— up** bağlamak, birleştirmek; bağlanmak, birleşmek.
link.age (ling´kic) *i.* 1. bağlama, bağlayış. 2. *mak.* bağlantı.
lin.net (lin´it) *i.* ketenkuşu.
li.no.le.um (linol´yım, lino´liyım) *i.* muşamba, linolyum.
li.no.type (lay´nıtayp) *i., matb.* linotip.
lin.seed (lin´sid) *i.* ketentohumu. **— oil** bezir yağı.
lint (lint) *i.* 1. keten tiftiği. 2. yaraları sarmak için kullanılan yumuşak bir madde.
li.on (lay´ın) *i.* 1. aslan. 2. cesur kişi, aslan yürekli adam. 3. ünlü kişi, şöhret. **put one's head in the —'s mouth** tehlikeye atılmak, kellesini koltuğuna almak. **the —'s share** aslan payı.
li.on.ess (lay´ınis) *i.* dişi aslan.
li.on.heart.ed (lay´ın.hartid) *s.* aslan yürekli, cesur.
lip (lip) *i.* 1. dudak. 2. kenar, uç. 3. *argo* küstahlık, yüzsüzlük. **— service** sahte bağlılık. **bite one's —** (öfkeyi/üzüntüyü belli etmemek için) dudağını ısırmak. **keep a stiff upper —** cesaretini kaybetmemek, metin olmak. **smack one's —s** dudaklarını şapırdatmak.
lip.id (lip´id), **lip.ide** (lip´ayd) *i., biyokim.* lipit.
li.po.ma (laypo´mı), *çoğ.* **—s** (laypo´mız)/**—ta** (laypo´mıtı) *i., tıb.* lipom, yağ uru.
lip.stick (lip´stik) *i.* ruj, dudak boyası.
liq.ue.fac.tion (likwıfäk´şın) *i.* sıvılaştırma; sıvılaşma.
liq.ue.fy (lik´wıfay) *f.* eritmek, sıvılaştırmak; erimek, sıvılaşmak.
li.queur (likır´) *i.* likör.
liq.uid (lik´wid) *s.* 1. sıvı, akıcı, akışkan. 2. şeffaf, berrak. 3. hemen paraya çevrilebilir; likit. *i.* sıvı. **— measure** sıvı ölçeği.
liq.ui.date (lik´wıdeyt) *f.* 1. (borcu) ödeyip kapatmak, tediye etmek. 2. (bir ticaret kuruluşunu) kapatmak, tasfiye etmek, likide etmek. 3. *argo* öldürmek, temizlemek.
liq.ui.da.tion (likwıdey´şın) *i.* tasfiye, işi kapatma, likidasyon.
liq.uid.i.ty (likwid´iti) *i.* 1. sıvılık. 2. *ekon.* likidite.
liq.uor (lik´ır) *i.* 1. içki; sert içki. 2. et suyu. **the worse for —** oldukça sarhoş.
liq.uo.rice (lik´ıris, lik´iriş) *i., İng., bak.* **licorice.**
li.ra (lir´ı) *i.* 1. lira. 2. liret.
lisp (lisp) *f.* peltek konuşmak. *i.* pelteklik.
list (list) *i.* liste, cetvel, dizin, fihrist. *f.* listeye geçirmek, deftere yazmak. **— price** katalog fiyatı; liste fiyatı. **black —** kara liste.
list (list) *f.* yan yatmak. *i.* yan yatma.

lis.ten (lis'ın) *f.* **to** -i dinlemek, -e kulak vermek. **— in** başkasının konuşmasını dinlemek, kulak misafiri olmak.
list.less (list'lis) *s.* neşesiz, halsiz.
list.less.ness (list'lis.nis) *i.* neşesizlik, halsizlik.
lit (lit) *f., bak.* **light.** *s.* 1. yanmış, tutuşturulmuş. 2. aydınlatılmış.
lit. *kıs.* **literally, literary, literature.**
li.ter, *İng.* **li.tre** (li'tır) *i.* litre.
lit.er.a.cy (lit'ırisi) *i.* okuryazarlık.
lit.er.al (lit'ırıl) *s.* 1. kelimesi kelimesine, harfi harfine. 2. gerçek.
lit.er.al.ly (lit'ırıli) *z.* 1. harfi harfine. 2. gerçekten.
lit.er.ar.y (lit'ıreri) *s.* yazınsal, edebi.
lit.er.ate (lit'ırit) *s., i.* okuryazar.
lit.er.a.ture (lit'ırıçûr, lit'ırıçır, lit'rıçır) *i.* yazın, edebiyat.
lithe (laydh) *s.* kolay eğilip bükülebilen, kıvrak.
lith.i.um (lith'iyım) *i., kim.* lityum.
lith.o.graph (lith'ıgräf) *i.* taşbasması resim, taşbasması, taşbaskı, litografya, litografi.
li.thog.ra.pher (lithag'rıfır) *i.* litografyacı, taşbaskıcı.
li.thog.ra.phy (lithag'rıfi) *i.* litografya, litografi, taşbaskı, taşbasması.
li.thol.o.gy (lithal'ıci) *i.* taşbilim, litoloji.
lith.o.sphere (lith'ısfir) *i.* taşyuvarı, taşküre, litosfer.
Lith.u.a.ni.a (lithıwey'niyı, lithuwey'niyı) *i.* Litvanya. **—n** *i.* 1. Litvanyalı. 2. Litvanyaca, Litovca. *s.* 1. Litvanya, Litvanya'ya özgü. 2. Litvanyaca, Litovca. 3. Litvanyalı.
lit.i.gant (lit'ıgınt) *i.* davacı/davalı.
lit.i.gate (lit'ıgeyt) *f.* 1. mahkemeye başvurmak. 2. dava etmek, dava açmak.
lit.i.ga.tion (litigey'şın) *i.* 1. dava etme. 2. dava.
lit.mus (lit'mıs) *i.* turnusol. **— paper** turnusol kâğıdı.
li.tre (li'tır) *i., İng., bak.* **liter.**
lit.ter (lit'ır) *i.* 1. döküntü, çerçöp, süprüntü. 2. bir defada doğan yavrular. 3. tahtırevan. 4. sedye. 5. hayvanları yatırmak için serilen saman veya kuru ot. *f.* 1. darmadağın etmek. 2. saçmak, dağıtmak. 3. doğurmak, birden çok yavru doğurmak. 4. ahırda hayvanın altına yataklık ot sermek. **— bag** çöp torbası. **— up** karmakarışık etmek.
lit.ter.bin (lit'ırbin) *i., İng.* (umumi yerlerde) çöp kutusu.
lit.ter.bug (lit'ırbʌg) *i., k. dili* yere çöp atan kimse.
lit.tle (lit'ıl) *s.* **(—r, —st)** 1. küçük, ufak. 2. kısa, az, biraz. 3. cici. 4. önemsiz, değersiz. *z.* **(less, least)** 1. az miktarda. 2. hemen hiç. *i.* 1. az miktar. 2. ufak şey. 3. az zaman. **L— Bear/Dipper** Küçükayı. **— by** azar azar, yavaş yavaş.

L— did I think. Aklımdan geçirmedim. **— or nothing** hiç denecek kadar az, hemen hemen hiç. **Give me a — time.** Bana biraz zaman verin. **He did what — he could.** Elinden geleni yaptı. **He — knows ....** Bilmiyor ki .... **make — of** -i küçümsemek, -i önemsememek. **think — of** 1. -e değer vermemek, -i önemsiz saymak. 2. duraksamamak, tereddüt etmemek. **Wait a —.** Biraz bekle.
lit.to.ral (lit'ırıl) *s.* sahile yakın. *i.* sahil boyu.
li.tur.gi.cal (lıtır'cikıl) *s.* 1. liturjiye ait, liturjik. 2. liturjisi olan, liturjik (kilise). 3. liturjiye göre yapılan, liturjik (ayin).
lit.ur.gy (lit'ırci) *i.* 1. liturji, liturya. 2. Hırist. ekmek ve şarap ayini, kudas.
live (liv) *f.* 1. yaşamak. 2. oturmak, ikamet etmek. 3. (yaşam/ömür) sürmek, geçirmek, (hayat) yaşamak. 4. **on** ile beslenmek. 5. **on** ile geçinmek. 6. **off** ile geçinmek, geçimini -den sağlamak. **— a double life** ikiyüzlü bir hayat yaşamak. **— a lie** sahte hayat geçirmek. **— among** -in içinde/arasında yaşamak. **— and learn** yaşadıkça öğrenmek. **— fast** hızlı yaşamak. **— out** sonuna kadar yaşamak. **— up to one's reputation** şöhretini doğrulayacak bir yaşam sürmek. **— with** ile birlikte yaşamak.
live (layv) *s.* 1. canlı, diri. 2. zinde, hayat dolu. 3. yanan. 4. elektrik yüklü, cereyanlı (tel, ray v.b.). 5. patlamamış (bomba). 6. *radyo, TV* canlı (yayın). **— embers** sönmemiş ateş korları. **— wire** 1. cereyanlı tel. 2. *k. dili* başkalarını harekete getirme yeteneği olan çok enerjik kimse. **a — issue** günün önemli sorunu.
live-in (liv'în) *s.* 1. işyerinde oturan. 2. işyerinde oturmayı gerektiren (iş).
live.li.hood (layv'lihûd) *i.* 1. geçim, geçinme. 2. geçim yolu. 3. rızk.
live.long (liv'lông) *s.* bitmez tükenmez, bütün. **all the — night** hiç bitmeyecekmiş gibi gelen bir gece boyunca.
live.ly (layv'li) *s.* 1. canlı, neşeli. 2. parlak (renk). **— hope** güçlü umut. **make things — for someone** birinin başına iş açmak.
liv.en (lay'vın) *f.* **(up)** -i neşelendirmek, -i canlandırmak; neşelenmek, canlanmak.
liv.er (liv'ır) *i.* karaciğer, ciğer.
liv.er.y (liv'ıri) *i.* 1. özel üniforma. 2. hizmetçi sınıfı. 3. kılık, kıyafet.
lives (layvz) *i., çoğ., bak.* **life.**
live.stock (layv'stak) *i.* çiftlik hayvanları.
liv.id (liv'îd) *s.* 1. sinirden mosmor kesilmiş. 2. kurşuni. 3. *k. dili* çok öfkeli, kanı beynine sıçramış.
liv.ing (liv'îng) *i.* 1. yaşam. 2. yaşam tarzı. 3. geçim. **— room** oturma odası. **— wage** geçindirebilecek maaş. **cost of —** yaşam maliyeti. **make one's —** hayatını kazanmak, ge-

çinmek. **standard of** — yaşam standardı, yaşam düzeyi.
liv.ing (liv'îng) s. 1. yaşayan, canlı, diri, sağ. 2. yaşayanlara özgü. — **image of** -in tıpkısı. — **language** yaşayan dil. — **picture** canlı tablo. **the** — yaşayanlar.
liz.ard (lîz'ırd) i. kertenkele.
lla.ma (la'mı) i. lama.
LL.D. kıs. Doctor of Laws.
loach (loç) i. çoprabalığı.
load (lod) i. 1. yük. 2. ağırlık. 3. endişe, üzüntü, kaygı. 4. mak. direnç. 5. elek. yük, şarj. **get a** — **of** argo -e göz atmak. **take a** — **off one's mind** endişesini gidermek.
load (lod) f. 1. yükletmek; yüklemek. 2. **with** (hediye) yağdırmak. 3. (zar) doldurmak. 4. (silah) doldurmak. 5. (fotoğraf makinesine) film koymak. — **up** -i yükletmek.
load.ed (lo'did) s. 1. dolu. 2. hileli (zar). 3. argo sarhoş, yüklü. 4. argo zengin, yüklü. — **question** şaşırtıcı soru.
load.er (lo'dır) i., mak. loder, yükleyici.
load.ing (lo'dîng) i. 1. yükleme. 2. yük.
loads (lodz) i., k. dili çok miktar, yığın: **loads of love** pek çok sevgiler, kucak dolusu sevgiler.
load.star (lod'star) i., bak. **lodestar**.
loaf (lof), çoğ. **loaves** (lovz) i. ekmek somunu, somun.
loaf (lof) f. aylakça vakit geçirmek, aylaklık etmek, boş gezmek; haylazlık etmek.
loaf.er (lo'fır) i. 1. aylak, boş gezen; haylaz kimse. 2. mokasen.
loam (lom) i. 1. kil, kum ve çürümüş bitkisel maddelerden oluşan toprak. 2. pahsa, samanlı balçık, kerpiç çamuru. 3. killi toprak.
loan (lon) i. 1. ödünç verme. 2. ödünç alma, borçlanma. 3. ödünç verilen şey. f. 1. özellikle faiz karşılığında ödünç para vermek. 2. ödünç vermek. — **shark** k. dili tefeci. **on** — ödünç olarak.
loan.word (lon'wırd) i. başka bir dilden alınan sözcük.
loath (loth) s. **be** — **to do something** bir şeyi yapmaya gönlü olmamak. **nothing** — seve seve.
loathe (lodh) f. 1. nefret etmek, hiç sevmemek. 2. tiksinmek, iğrenmek.
loath.ing (lo'dhîng) i. hiç sevmeme, hiç hoşlanmama; nefret.
loath.some (lodh'sım) s. tiksindirici, iğrenç.
loaves (lovz) i., çoğ., bak. **loaf**.
lob (lab) f. (—**bed**, —**bing**) havaya atmak, havaya doğru vurmak. i. havaya atılmış top, havaya doğru vurulmuş top.
lob.by (lab'î) i. 1. dehliz, koridor, geçit. 2. antre. 3. bekleme salonu, lobi. 4. kulis yapanlar, lobi. 5. kulis faaliyeti. f. kulis yapmak.

lobe (lob) i. 1. yuvarlakça kısım. 2. anat. lop. 3. kulakmemesi. —**d leaf** bot. oymalı yaprak.
lo.be.lia (lobîl'yı) i., bot. lobelya.
lob.ster (lab'stır) i. ıstakoz.
lo.cal (lo'kıl) s. 1. yerel, yöresel, mahalli. 2. dar, sınırlı. 3. tıb. lokal. — **color** güz. san., edeb. yöresel özellikler. — **government** yerel yönetim.
lo.cale (lokäl') i. (bir olayın geçtiği) yer.
lo.cal.i.sa.tion (lokılizey'şın) i., İng., bak. **localization**.
lo.cal.ise (lo'kılayz) f., İng., bak. **localize**.
lo.cal.i.ty (lokäl'ıti) i. yer, mevki, mahal.
lo.cal.i.za.tion, İng. lo.cal.i.sa.tion (lokılizey'şın) i. 1. lokalizasyon, -in (belirli bir yerden) çıkmasını önleme. 2. lokalizasyon, -in yerini tayin etme/saptama.
lo.cal.ize, İng. lo.cal.ise (lo'kılayz) f. 1. -i lokalize etmek, -in (belirli bir yerden) çıkmasını önlemek. 2. -in yerini tayin etmek/saptamak, -i lokalize etmek.
lo.cate (lo'keyt) f. 1. (bir yerde) iskân etmek, yerleştirmek. 2. yerini saptamak, yerini keşfetmek. **be** —**d in** -de bulunmak/olmak.
lo.ca.tion (lokey'şın) i. 1. yer, mahal, konum, mevki. 2. yerini saptama. **on** — sin., TV stüdyo dışında yapılan (çekim).
loc.a.tive (lak'ıtîv) s., dilb. -de halindeki. i. -de halindeki sözcük. **the** — **(case)** -de hali, bulunma durumu, kalma durumu, lokatif.
loch (lak, lah) i., İskoç. 1. göl. 2. körfez, haliç.
lock (lak) i. 1. saç lülesi. 2. çoğ. saçlar.
lock (lak) i. 1. kilit. 2. silah çakmağı. 3. güreş birkaç çeşit yakalama yöntemi. 4. kilitlenme. 5. yükseltme havuzu, lok. —, **stock and barrel** baştan başa, tamamen. **safety** — 1. emniyet kilidi. 2. (silahta) emniyet tertibatı. **under** — **and key** kilit altında.
lock (lak) f. 1. kilitlemek; kilitlenmek. 2. birbirine geçmek, kenetlenmek. 3. bilg. kilitlenmek. — **in** kilitlemek, üzerine kapıyı kilitlemek. — **out** 1. dışarıda bırakmak. 2. lokavt yapmak. — **up** 1. kilit altında saklamak. 2. hapsetmek. 3. (parayı) bağlamak, yatırmak. 4. bilg. kilitlenmek.
lock.er (lak'ır) i. 1. (soyunma odasında/okul koridorunda) kilitli dolap. 2. den. dolap, ambar. — **room** (sporcuların elbiselerini bıraktığı) dolaplı oda, soyunma odası.
lock.et (lak'ît) i. madalyon.
lock.jaw (lak'cô) i., k. dili tetanos, kazıklıhumma.
lock.nut (lak'nʌt) i. emniyet somunu, kontrsomunu.
lock.out (lak'aut) i. lokavt.
lock.smith (lak'smîth) i. çilingir.
lock.up (lak'ʌp) i., k. dili tutukevi, dam.
lo.co (lo'ko) s., argo deli, çılgın.

lo.co.mo.bile (lokımobil´) *i.* lokomobil.
lo.co.mo.tion (lokımo´şın) *i.* hareket.
lo.co.mo.tive (lokımo´tiv) *s.* 1. harekete ait. 2. hareket edebilen. 3. hareket ettiren. *i.* lokomotif.
lo.cus (lo´kıs), *çoğ.* **lo.ci** (lo´say) *i.* yer, mahal, konum, mevki.
lo.cust (lo´kıst) *i.* 1. çekirge. 2. ağustosböceği. 3. akasya, yalancı akasya, salkımağacı.
lo.cu.tion (lokyu´şın) *i.* 1. anlatış tarzı. 2. deyim, tabir.
lode (lod) *i.* maden damarı.
lode.star (lod´star) *i.* 1. Çobanyıldızı. 2. Kutupyıldızı. 3. yol gösterici rehber/ilke.
lodge (lac) *i.* 1. tekke. 2. mason locası. 3. ufak ev. 4. kapıcı/bahçıvan kulübesi. 5. tatil evi. 6. hayvan ini.
lodge (lac) *f.* 1. misafir etmek; misafir olmak. 2. yerleştirmek; yerleşmek. 3. arz etmek, sunmak. 4. emaneten vermek. 5. (bir yerde) kiracı olmak. 6. (bir yerde) geçici olarak kalmak. 7. içine gömülmek.
lodg.er (lac´ır) *i., İng.* pansiyoner, kiracı.
lodg.ing (lac´ing) *i.* 1. geçici konut. 2. *çoğ.* pansiyon. 3. kiralık oda. — **house** kiralık odaları olan ev, pansiyon.
lo.ess (low´es, les) *i., jeol.* lös.
loft (lôft) *i.* 1. tavan arası. 2. tavan arası odası. 3. güvercinlik. 4. samanlık. 5. kilise balkonu.
loft.y (lôf´ti) *s.* 1. yüksek, yüce. 2. azametli, çalımlı.
log (lôg) *i.* logaritma.
log (lôg) *i.* 1. kütük, ağaç gövdesi. 2. *den.* parakete. 3. *den.* jurnal, seyir jurnali. — **cabin** kütüklerden yapılmış kulübe.
log (lôg) *f.* (—**ged**, —**ging**) 1. *den.* seyir jurnaline kaydetmek. 2. belirli bir mesafe katetmek. — **in/on (to)** *bilg.* (-e) girmek. — **off** *bilg.* -i sonlandırmak.
log.a.rithm (lag´ırıdhım, lôg´ırıdhım) *i., mat.* logaritma.
log.book (lôg´bûk) *i., den.* seyir jurnali/defteri.
loge (lojj) *i.* loca, tiyatro locası.
log.ger.head (lôg´ırhed) *i.* Atlantik Okyanusu'na özgü çok iri denizkaplumbağası. **be at** —**s with someone** biri ile kavgalı olmak.
log.ic (lac´ik) *i.* mantık ilmi, mantık, eseme. **the — of events** olayların gerektirdiği.
log.ic.al (lac´ikıl) *s.* 1. mantıki, mantıksal. 2. mantıki, mantıksal, mantıklı, mantığa uygun. 3. mantıklı (kimse).
log.ic.al.ly (lac´ikıli) *z.* mantığa göre, mantıklı olarak.
lo.gi.cian (lociş´ın) *i.* mantıkçı.
lo.gis.tics (locis´tiks) *i.* lojistik.
lo.go (lo´go) *i.* logo.
lo.gos (lo´gas, lo´gos) *i.* logos, deyi. **the L—**

Hırist. Logos.
loin (loyn) *i.* 1. bel. 2. fileto. **gird one's —s** paçaları sıvamak, kolları sıvamak.
loin.cloth (loyn´klôth) *i.* peştemal.
loi.ter (loy´tır) *f.* yolda oyalanmak, aylakça dolaşmak.
loi.ter.er (loy´tırır) *i.* aylakça dolaşan kimse.
loi.ter.ing (loy´tıring) *i.* aylak aylak dolaşma.
loll (lal) *f.* 1. iş yapmadan dolaşmak, sallanmak. 2. **out** (dil) ağzından dışarı sarkmak; (dilini) ağzından dışarı sarkıtmak. 3. **away** (zamanı) tembelce geçirmek.
lol.li.pop (lal´ipap) *i.* lolipop; saplı şeker.
Lom.bar.dy (lam´bardi) *i.* Lombardiya. — **poplar** karakavak.
Lon.don (lʌn´dın) *i.* Londra. — **pride** *bot.* taşkıran.
lone (lon) *s.* tek, yalnız. — **wolf** yalnızlığı seven kimse.
lone.li.ness (lon´linis) *i.* yalnızlık.
lone.ly (lon´li) *s.* 1. yalnız, kimsesiz. 2. ıssız, tenha.
lon.er (lo´nır) *i.* yalnızlığı seven kimse.
lone.some (lon´sım) *s.* yalnız, yapayalnız.
long (lông) *s.* 1. uzun: **a long corridor** uzun bir koridor. 2. uzun süren, yorucu: **What a long speech!** Ne uzun bir konuşma! *z.* çok, uzun zaman: **The meeting won't last long.** Toplantı uzun sürmez. **She left here long ago.** Buradan çok zaman önce gitti. — **johns** *k. dili* uzun paçalı don. — **jump** uzun atlama. — **since** çoktan beri, epey zamandır. **a — face** ekşi yüz. **a — shot** ufak bir ihtimal. **as/so — as** 1. sürece, -dikçe. 2. -mek şartıyla, -mek koşuluyla. **at — last** en sonunda. **be — on** -in fazlası olmak. **before —** yakında, çabuk. **in the — run** uzun vadede; eninde sonunda. **not by a — shot** *k. dili* hiç. **of — standing** çok eski. **take —** uzun sürmek. **the — and the short of it** uzun lafın kısası, eni sonu.
long (lông) *f.* 1. çok istemek, arzulamak, hasretini çekmek: **I long to go.** Gitmeyi çok istiyorum. **He longs for freedom.** Özgürlük hasreti çekiyor. 2. **for** -i özlemek. — **after a friend** bir dostun özlemini çekmek.
long-dis.tance (lông´dis´tıns) *s.* 1. uzun mesafeli. 2. şehirlerarası, uluslararası (telefon konuşması).
long-drawn-out (lông´drôn´aut) *s.* çok uzun süren.
lon.gev.i.ty (lôncev´ıti) *i.* uzun ömürlülük.
long.hand (lông´händ) *i.* el yazısı.
long.ing (lông´ing) *i.* özlem, hasret.
long-lived (lông´layvd´, lông´livd´) *s.* uzun ömürlü.

long-play.ing (lông'pley'îng) s. uzun devirli (plak). — **record** uzunçalar, longpley.
long-range (lông'reync') s. uzun menzilli (top). — **plans** uzun vadeli planlar.
long-sight.ed (lông'saytid) s. uzağı gören.
long-suf.fer.ing (lông'sʌf'ırîng) s. sabırlı.
long-term (lông'tırm') s. uzun vadeli.
long-wind.ed (lông'wîn'dîd) s. sözü bitmez.
loo (lu) i. yüznumara, hela.
look (lûk) f. 1. bakmak. 2. görünmek, gözükmek: He looks ill. Hasta görünüyor. i. 1. bakış, bakma, nazar. 2. görünüş. 3. ifade, yüz ifadesi. — **about** etrafına bakmak, bakınmak. — **after** -e bakmak, -i gözetmek, ile ilgilenmek. — **ahead** ileriye bakmak. — **alive** acele etmek. — **around (for)** -i araştırmak. — **back** 1. geriye bakmak. 2. geçmişe bakmak, geçmişi düşünmek. **L— before you leap.** Düşüncesizce iş görmeyin. — **daggers** kötü kötü bakmak; kaşlarını çatmak. — **down on** -i hor görmek, -e tepeden bakmak. — **for** 1. -i aramak. 2. -i beklemek. — **forward to** -i dört gözle beklemek, -i sabırsızlıkla beklemek, -i iple çekmek; -e can atmak. **L— here!** Bana bak! — **in on** kısa bir ziyaret yapmak. — **into** -i araştırmak, -i soruşturmak, -i incelemek. — **like** -e benzemek, -cek gibi olmak: **It looks like rain.** Yağmur yağacağa benziyor. **L— lively!** Acele et!/Çabuk ol! — **on** 1. bakıp durmak, seyretmek. 2. başkası ile aynı kitaptan okumak. — **onto** -e bakmak, -e nazır olmak. — **out** 1. -den dışarı bakmak. 2. sakınmak. 3. **for** -e dikkat etmek, -i gözetmek. — **over** -i incelemek, -e göz gezdirmek, -i yoklamak. — **sharp** dikkat etmek. — **someone in the face** utanmayarak/cesaretle birinin yüzüne bakmak. — **the other way** görmezlikten gelmek. — **through** 1. -den bakmak. 2. -i gözden geçirmek, -i incelemek. **L— to your manners!** Davranışlarına dikkat et!/Kendine gel! — **up** 1. gözleri yukarı dikmek. 2. -i aramak, -e bakmak. 3. -i ziyaret etmek, -i yoklamak. 4. iyileşmek, düzelmek. — **up to** 1. -e saygı göstermek. 2. -e hayranlık duymak; -i örnek almak. — **ing glass** ayna. **good** — **s** güzellik. **He —ed me through and through.** Beni iyice inceledi./Beni süzdü. **Things — bad for you.** İşiniz kötü./Yandınız.
look.ing-glass (lûk'îng.gläs) s. 1. ters yönde olan. 2. karmakarışık.
look.out (lûk'aut) i. 1. gözetleme yeri, gözleği. 2. gözetleme; gözleme.
look-see (lûk'si) i., k. dili bakma.
loom (lum) i. dokuma tezgâhı.
loom (lum) f. hayal gibi belirmek. — **large in** -de çok önem taşımak.
loop (lup) i. 1. ilmik; ilik halkası. 2. hav. takla. 3. bilg. döngü. 4. elek. kapalı devre.
loop.hole (lup'hol) i. 1. kaçamak, kaçamak noktası. 2. mazgal deliği, mazgal.
loose (lus) s. 1. gevşek. 2. dağınık, seyrek. 3. serbest, aslından uzak (çeviri, yorum v.b.). 4. bol, dökümlü (giysi). 5. sallanan (diş). 6. yumuşak (öksürük). 7. serbest, hafifmeşrep. — **ends** yarım kalmış işler. **at — ends** boşta. **break —** 1. ipini koparıp başıboş kalmak. 2. kaçıp kurtulmak. **cast —** çözmek, ayırmak. **cut —** ilişkiyi kesmek. **get —** kurtulmak. **have a screw —** aklından zoru olmak. **let —** salıvermek, çözüp koyvermek. **on the —** serbest. **play fast and — with** 1. -i aldatmak. 2. -i çarpıtmak. **set/turn —** serbest bırakmak, salıvermek.
loose-leaf (lus'lif) s. sayfaları çıkarılıp tekrar takılabilen (kitap/defter).
loose.ly (lus'li) z. gevşek, gevşek bir biçimde.
loot (lut) i. 1. ganimet. 2. yağma. 3. argo para. f. yağma etmek.
lop (lap) f. (—**ped**, —**ping**) 1. (ağacın dallarını) kesmek, budamak. 2. **off** -i kesip düşürmek; -i kaldırmak.
lope (lop) f. (hayvan) uzun adımlarla koşmak. i. uzun adımlarla koşma.
lop.sid.ed (lap'say'dîd) s. 1. bir yana eğik. 2. orantısız.
lo.qua.cious (lokwey'şıs) s. konuşkan, dilli.
lo.quat (lo'kwat) i. maltaeriği, yenidünya.
Lord (lôrd) i. 1. Hırist. Rab, Allah, Tanrı. 2. Hırist. Rab, Hz. İsa. **the L—s** İng. Lordlar Kamarası. **the —'s Day** Hırist. pazar günü. **The — knows how.** Nasıl olduğunu ancak Allah bilir. **the —'s Prayer** İsa'nın öğrettiği dua. **the —'s Supper** Hırist. ekmek ve şarap ayini, kudas.
lord (lôrd) i. 1. lord, lort. 2. efendi, sahip, mal sahibi. 3. hâkim, hükümdar. f. lord payesi vermek. — **it over someone** birine amir gibi davranmak. **live like a —** k. dili lord gibi lüks içinde yaşamak. **my —** efendim.
lord.ly (lôrd'li) s. 1. amirane, lordvari, lorda yaraşır. 2. gururlu.
lore (lôr) i. ilim, bilgi, irfan (özellikle eski zaman bilgileri).
lor.ry (lôr'i) i. 1. İng. kamyon. 2. alçak, yanları açık ve dört tekerlekli yük arabası.
lose (luz) f. (**lost**) 1. yitirmek, kaybetmek. 2. kaçırmak, elden kaçırmak. 3. şaşırmak. 4. (saat) geri kalmak. 5. yenilmek, kaybetmek: "Did your team win?" "No, it lost." "Sizin takım kazandı mı?" "Hayır, kaybetti." — **face** itibarını kaybetmek. — **ground** çekilmek. — **one's life** hayatını kaybetmek. — **one's temper** tepesi atmak. — **one's way** yolunu şaşırmak. — **oneself** kendini kaybetmek, kendinden geçmek. — **oneself in** -e

dalmak. — out on -i kaybetmek. **— sight of**
1. -i gözden kaybetmek. 2. -i unutmak.
los.er (lu´zır) *i.* 1. kaybeden kimse. 2. zarar eden kimse. **a good —** oyunu kaybedince kızmayan kimse.
los.ing (lu´zing) *s.* kazançlı olmayan, zarar gören.
loss (lôs) *i.* 1. zarar, ziyan, hasar. 2. kayıp. **a dead —** bir işe yaramayan nesne/kimse. **at a —** 1. ne yapacağını bilmez, şaşırmış bir durumda. 2. zararına (satış). **be at a — for words** ne diyeceğini şaşırmak/bilememek. **bear a —** zarara katlanmak.
löss (les, lıs) *i., bak.* **loess.**
lost (lôst) *f., bak.* **lose.** *s.* 1. kaybolmuş, kayıp; kaybedilmiş. 2. boşa gitmiş (zaman). 3. harap olmuş. 4. yolunu şaşırmış, kaybolmuş. **— cause** kaybedilmiş dava, ümitsiz dava. **— in** -e tamamen dalmış, -e dalıp gitmiş. **be — on** -i etkilememek. **get —** yolunu kaybetmek.
lot (lat) *i.* 1. arsa. 2. grup; parti (mal). 3. nasip, kısmet. 4. *tic.* (mal) parti. **a bad —** sağlam ayakkabı değil, sütü bozuk; it kopuk. **a — çok: They like him a lot.** Ondan çok hoşlanıyorlar. **a — of** çok/pek çok (şey): **He bought a lot of books.** Çok kitap aldı. **cast in one's — with** -in kaderine bağlanmak. **draw —s** kura çekmek. **He has —s of friends.** Pek çok dostu var. **the — (of)** (-in) hepsi/tümü.
lo.tion (lo´şın) *i.* losyon.
lot.ter.y (lat´ıri) *i.* piyango.
lo.tus (lo´tıs) *i.* nilüfer, lotus.
loud (laud) *s.* 1. yüksek (ses). 2. gürültülü, patırtılı. 3. çok parlak, çiğ, cart (renk). *z.* 1. yüksek sesle. 2. gürültüyle. **out —** sesli; yüksek sesle.
loud.ly (laud´li) *z.* 1. yüksek sesle. 2. gürültüyle.
loud.mouthed (laud´maudhd) *s.* ağzı kalabalık.
loud.speak.er (laud´spikır) *i.* hoparlör.
loud-voiced (laud´voyst) *s.* yüksek sesli.
lounge (launc) *f.* 1. tembelce uzanmak, yayılıp oturmak. 2. aylaklık etmek, aylakça vakit geçirmek. *i.* 1. lobi; fuaye. 2. (okulda/işyerinde) oturma salonu. 3. *İng.* (evde) oturma odası/salonu. 4. *İng.* kanepe. **— away** (zamanı) tembelce geçirmek. **— suit** *İng.* takım elbise.
loung.er (laun´cır) *i.* tembelce yaşayan kimse, aylak.
louse (laus), *çoğ.* **lice** (lays) *i.* bit. **crab —** kasıkbiti, kılbiti. **plant —** fidanbiti.
lous.y (lau´zi) *s.* 1. bitli. 2. *argo* kötü. 3. *argo* alçak, iğrenç. **He is — with money.** *argo* Onun parası çok.
lout (laut) *i.* kaba adam, hırbo, kıro.
love (lʌv) *f.* sevmek, âşık olmak. *i.* 1. sevgi. 2. sevi, aşk. 3. sevgili. 4. *tenis* sıfır. **— affair** aşk macerası. **— letter** aşk mektubu. **— potion** aşk iksiri. **— seat** iki kişilik kanepe. **— story** aşk hikâyesi. **— vine** *bot.* küsküt, şeytansaçı. **a labor of —** hatır için yapılan iş. **fall/be in — with** -e âşık olmak. **for the — of ...** aşkına, ... hatırı için. **Give her my —!** Ona sevgilerimi söyle! **make —** sevişmek, aşk yapmak. **not for — or money** asla, ölsem, dünyada, hayatta. **There is no — lost between them.** Birbirlerini hiç sevmezler./Birbirlerinden nefret ederler.
love.bird (lʌv´bırd) *i.* muhabbetkuşu.
love.ly (lʌv´li) *s.* güzel, hoş, sevimli.
lov.er (lʌv´ır) *i.* âşık, sevgili, yâr, dost. **— of art** sanat âşığı.
love.sick (lʌv´sik) *s.* aşk hastası, sevdalı.
lov.ing (lʌv´ing) *s.* 1. seven. 2. sevecen, müşfik.
lov.ing-kind.ness (lʌv´ing.kaynd´nis) *i.* şefkat.
lov.ing.ly (lʌv´ing.li) *z.* sevgi ile.
low (lo) *f.* böğürmek. *i.* böğürme.
low (lo) *s.* 1. alçak. 2. düşük (fiyat, miktar v.b.). 3. aşağıdaki, alt. 4. alçakgönüllü. 5. hakir, hor. 6. az. 7. ucuz, adi. 8. yavaş, alçak (ses). 9. *müz.* pes. 10. güçsüz, zayıf. 11. alçak, rezil. 12. kısa, bodur. 13. karamsar. 14. neşesiz, üzgün. *z.* 1. alçak sesle. 2. alçaktan. 3. ucuza. 4. *müz.* pes olarak. **— frequency** alçak frekans. **— gear** birinci vites. **— life** yoksulluk. **— pressure** alçak basınç. **— relief** hafif kabartma. **— tide** cezir, inik deniz. **keep a — profile** dikkati çekmemeye çalışmak, sivri olmamaya çalışmak, göze batmamaya çalışmak. **the L— Countries** Hollanda, Belçika ve Lüksemburg.
low.brow (lo´brau) *i.* hiç entelektüel olmayan kimse. *s.* hiç entelektüel olmayanlara hitap eden; hiç entelektüel olmayan birine uygun.
low-down (lo´daun´) *s., k. dili* 1. alçak, ahlaksız. 2. alçakça yapılan.
low.down (lo´daun) *i., k. dili* hakikat, işin içyüzü.
low.er (lo´wır) *f.* 1. indirmek; inmek. 2. azaltmak, eksiltmek, alçaltmak; azalmak, eksilmek, alçalmak. 3. (gurur) kırmak; alçaltmak. 4. zayıflatmak. 5. (güneş) batmak. *s., z.* 1. daha aşağı. 2. daha alçak. **— case** minüskül, küçük harf. **— class** alt tabaka. **— deck** ikinci güverte, tavlun.
low.er.most (lo´wırmost) *s.* en aşağı, en alt, en aşağıdaki.
low.land (lo´lınd, lo´länd) *s.* alçak (bölge).
low.lands (lo´lındz, lo´ländz) *i., çoğ.* alçak bölgeler.
low.li.ness (lo´linis) *i.* alçakgönüllülük.
low.ly (lo´li) *s.* 1. rütbece/mevkice aşağı. 2. alçakgönüllü. *z.* ikinci derecede, aşağı.
low.necked (lo´nekt´) *s.* açık yakalı (elbise), dekolte.
low.pitched (lo´piçt´) *s.* 1. pes sesli. 2. heye-

cansız. 3. az eğimli (çatı).
low-pres.sure (lo'preş'ır) s. alçak basınçlı, alçak basınç.
low-rise (lo'rayz) s. asansörsüz ve alçak (bina).
low-spir.it.ed (lo'spîr'îtîd) s. neşesiz, keyifsiz, üzgün.
low-wa.ter mark (lo'wôtır) 1. alçak su seviyesi işareti. 2. bir şeyin en alçak/düşük noktası.
loy.al (loy'ıl) s. sadık, vefalı.
loy.al.ly (loy'ıli) z. sadakatle.
loy.al.ty (loy'ılti) i. sadakat, vefa, bağlılık.
loz.enge (laz'înc) i. 1. pastil. 2. eşkenar dörtgen.
LP kıs. **long-playing record.**
LP (el' pi') i., k. dili uzunçalar, longpley.
lube (lub) i. — **oil** bak. **lubricating oil.**
lu.bri.cant (lu'brıkınt) i. yağlayıcı madde.
lu.bri.cate (lu'brıkeyt) f. yağlamak. **lubricating oil** makine yağı, motor yağı.
lu.bri.ca.tion (lubrıkey'şın) i. yağlama.
lu.bri.ca.tor (lu'brıkeytır) i. 1. yağ pompası, gresör. 2. yağlayıcı madde. 3. yağlama işi yapan kimse.
lu.cid (lu'sid) s. 1. kolay anlaşılır, açık. 2. aklı başında. 3. duru, berrak. 4. şeffaf.
lu.cid.i.ty (lusid'iti), **lu.cid.ness** (lu'sidnis) i. 1. açıklık. 2. berraklık. 3. sağduyu.
luck (lʌk) i. 1. talih, şans, baht. 2. uğur, yom. **as — would have it** şansıma. **bad —** şanssızlık. **Don't push your —.** Şansına fazla güvenme./Şansını zorlama. **down on one's —** talihsiz, bahtsız. **for —** uğur getirsin diye. **hard —** şanssızlık. **in —** talihli, şansı açık. **just my —** tam benim şansıma. **out of —** talihsiz. **try one's —** şansını denemek.
luck.i.ly (lʌk'ıli) z. çok şükür, talihine, bereket versin ki.
luck.less (lʌk'lis) s. talihsiz, şanssız.
luck.y (lʌk'i) s. 1. talihli, şanslı. 2. uğurlu. **— day** uğurlu gün. **— dog** talihli adam. **L— dog!** Şanslı kerata!
lu.cra.tive (lu'krıtiv) s. kârlı, kazançlı, yararlı.
lu.di.crous (lu'dıkrıs) s. 1. gülünç, güldürücü, komik. 2. saçma.
lug (lʌg) f. (**—ged**, **—ging**) 1. çekmek, sürüklemek. 2. güçlükle taşımak.
lug.gage (lʌg'îc) i. bagaj, eşya. **— rack** bagaj rafı. **— van** İng. eşya vagonu.
lu.gu.bri.ous (lûgu'briyıs) s. mahzun, kederli.
luke.warm (luk'wôrm') s. 1. ılık. 2. soğuk, kayıtsız.
luke.warm.ness (luk'wôrm'nis) i. 1. ılıklık. 2. kayıtsızlık.
lull (lʌl) f. 1. yatıştırmak. 2. (fırtına, rüzgâr v.b.) dinmek. 3. (konuşmada) geçici bir sessizlik olmak. i. 1. geçici bir durulma/dinme. 2. durgunluk, kesatlık. **— someone into a false sense of security** birine sahte bir güven duygusu vermek. **— someone to sleep** ninni söyleyerek birini uyutmak.
lull.a.by (lʌl'ıbay) i. ninni.
lu.lu (lu'lu) i., k. dili 1. fevkalade bir gaf/falso. 2. facia, felaket, püsküllü bela: **She's a real lulu.** Tam bir facia.
lum.ba.go (lʌmbey'go) i., tıb. bel ağrısı, lumbago.
lum.ber (lʌm'bır) f. hantal hantal yürümek.
lum.ber (lʌm'bır) i. kereste. f. 1. kereste kesmek. 2. ormana ağaç kesmek. **— mill** kereste kesme yeri.
lum.ber.jack (lʌm'bırcäk) i. ormana ağaç kesen kimse.
lum.ber.room (lʌm'bır.rum) i., İng. hurdası çıkmış eşyanın depolandığı oda.
lum.ber.yard (lʌm'bıryard) i. kereste deposu.
lu.mi.nar.y (lu'mıneri) i. 1. ışık veren cisim (özellikle güneş ve ay). 2. (belirli bir meslekte) şöhret, önde gelen kişi.
lu.mi.nes.cence (lumınes'ıns) i. gazışı, lüminesans; ışıldama, ışıltı.
lu.mi.nes.cent (lumınes'ınt) s. gazışıl; ışıldayan. **— paint** fosforlu boya.
lu.mi.nous (lu'mınıs) s. 1. (fosforlu boya gibi) karanlıkta ışık saçan/ışıldayan. 2. çok aydınlık, ışık dolu. **— paint** fosforlu boya.
lump (lʌmp) i. 1. parça, topak, yumru. 2. küme, öbek. 3. şiş. 4. yığın, toptan şey. 5. hantal kimse; abullabut kimse. f. 1. yığmak. 2. bir araya toplamak. 3. hantal hantal dolaşmak. **— sugar** kesmeşeker. **— sum** bir defada yapılan ödeme, toptan ödenen para. **have a — in one's throat** üzüntüden boğazı tıkanmak. **in the —** bütünüyle, bütün olarak.
lump (lʌmp) f., k. dili kahrını çekmek. **If you don't like it you can — it.** k. dili Beğensen de bir, beğenmesen de.
lum.pen (lûm'pın) s. lümpen. **— proletarian** lümpen proleter. **— proletariat** lümpen proletarya.
lump.y (lʌm'pi) s. yumrulu, yumru yumru, topak topak.
lu.na.cy (lu'nısi) i. delilik, cinnet.
lu.nar (lu'nır) s. aya ait, ay. **— month** kameri ay. **— year** ay yılı.
lu.na.tic (lu'nıtîk) s. 1. deli, çılgın. 2. delice, çılgınca. i. deli. **— fringe** (siyasal/toplumsal/dinsel bir gruptaki) fanatikler.
lunch (lʌnç) i. öğle yemeği. f. öğle yemeği yemek/yedirmek. **— counter** büfe. **— hour** öğle tatili.
lunch.eon (lʌn'çın) i. öğle yemeği. f. öğle yemeği yemek.
lung (lʌng) i. akciğer, ciğer.

lunge (lʌnc) *i.* **at** -in üzerine hücum/saldırı. *f.* **at** -in üzerine hücum etmek/saldırmak.
lungs (lʌngz) *i., çoğ.* akciğer. **at the top of his** — avazı çıktığı kadar.
lu.pine (lu′pin) *i.* acıbakla, yahudibaklası.
lu.pus (lu′pıs) *i.* deri veremi.
lurch (lırç) *i.* 1. sallantı, sarsıntı. 2. birdenbire sallanma. *f.* 1. sallanmak. 2. yalpalamak, sendelemek.
lurch (lırç) *i.* **leave in the** — yüzüstü bırakmak, yarı yolda bırakmak.
lure (lûr) *i.* 1. yem. 2. cazibe; tuzak. *f.* cezbetmek, çekmek, ayartmak.
lu.rid (lûr′id) *s.* 1. korkunç, dehşetli, heyecan uyandıran. 2. cart, fazlasıyla parlak (renk). 3. donuk, uçuk renkli.
lurk (lırk) *f.* 1. in -de gizlenmek. 2. in -de saklı olmak, -de gizli olmak. 3. **about/around** gizli gizli dolaşmak.
lus.cious (lʌş′ıs) *s.* 1. pek tatlı, çok lezzetli. 2. fazla tatlı. 3. zevki okşayan.
lush (lʌş) *s.* 1. gür (ot/çayır/bitki). 2. *k. dili* lüks.
lush (lʌş) *i., argo* ayyaş. *f.* 1. içki içmek. 2. (içki) içmek.
lust (lʌst) *i.* 1. şehvet. 2. çok güçlü ve karşı konulmaz arzu. *f.* **for/after** -i şehvetle arzu etmek.
lus.ter, *İng.* **lus.tre** (lʌs′tır) *i.* 1. parlaklık, parıltı. 2. cila. 3. şaşaa, göz alıcılık. 4. şöhret.
lust.ful (lʌst′fıl) *s.* şehvet dolu, şehvetli.
lus.tre (lʌs′tır) *i., İng., bak.* **luster.**
lus.trous (lʌs′trıs) *s.* parlak.
lust.y (lʌs′ti) *s.* 1. sağlam, dinç, canlı, gürbüz. 2. kuvvetli.
lu.ta.nist (lu′tınîst) *i.* lavtacı, lavta çalan kimse.
lute (lut) *i., müz.* lavta.
lute (lut) *i.* lök, lökün.
Lu.ther.an (lu′thırın) *s., i.* Lüteriyen.
lut.ing (lu′tîng) *i.* lök, lökün.
lut.ist (lu′tîst) *i.* 1. lavtacı, lavta çalan kimse. 2. lavtacı, lavta yapan kimse.
lux.ate (lʌk′seyt) *f.* eklemden çıkarmak; yerinden çıkarmak; burkmak.
Lux.em.bourg (lʌk′sımbırg) *i.* Lüksemburg. **—er** *i.* Lüksemburglu.
Lux.em.bourg.i.an (lʌk′sımbır′giyın) *s.* Lüksemburg, Lüksemburg'a özgü.
Lux.em.burg (lʌk′sımbırg) *i., bak.* **Luxembourg.**
Lux.em.burg.i.an (lʌk′sımbır′giyın) *s., bak.* **Luxembourgian.**
lux.me.ter (lʌks′mitır), **lux.om.e.ter** (lıksam′ıtır) *i.* lüksmetre, aydınlıkölçer.
lux.u.ri.ant (lʌgjûr′iyınt, lʌkşûr′iyınt) *s.* 1. bereketli, çok bol. 2. çok süslü.
lux.u.ri.ate (lʌgjûr′iyeyt, lʌkşûr′iyeyt) *f.* 1. lüks içinde yaşamak. 2. **in** -den pek çok zevk almak, -den tat almak. 3. **in** -in zevkini çıkarmak, -in tadını çıkarmak. 4. iyi yetişmek/gelişmek.
lux.u.ri.ous (lʌgjûr′iyıs, lʌkşûr′iyıs) *s.* 1. lüks. 2. zevk verici, çok rahat.
lux.u.ry (lʌk′şıri, lʌg′jıri) *i.* lüks şey, lüks. *s.* lüks.
lye (lay) *i.* küllü su, boğada suyu.
ly.ing (lay′ing) *i.* yalan söyleme, yalancılık.
lymph (limf) *i.* lenf, lenfa, akkan. **— node** lenf boğumu, akkan düğümü.
lym.phat.ic (limfät′ik) *s.* 1. lenfatik. 2. ağır kanlı, uyuşuk.
lym.pha.tism (lim′fıtızım) *i., tıb.* lenfatizm.
lym.pho.cyte (lim′fısayt) *i., biyol.* lenfosit.
lym.pho.duct (lim′fıdʌkt) *i., anat.* lenf damarı.
lynch (linç) *f.* linç etmek. **— law** linç kanunu.
lynx (lingks) *i., zool.* vaşak.
lyre (layr) *i., müz.* lir.
lyr.ic (lir′ik) *s.* lirik. *i.* lirik şiir.
lyr.i.cal (lir′ikıl) *s.* lirik.
lyr.i.cism (lir′isizım) *i.* lirizm.
lyr.i.cist (lir′isist) *i.* şarkı sözü yazarı.
lyr.ics (lir′iks) *i., çoğ.* (şarkıya ait) sözler.

M

M, m (em) *i.* M, İngiliz alfabesinin on üçüncü harfi.
M M, Romen rakamları dizisinde 1000 sayısı.
m, m. *kıs.* **meter(s).**
M.A. *kıs.* **Master of Arts.**
ma (ma) *i., k. dili* anne.
ma'am (mäm) *i.* madam, efendim, hanımefendi *(Bir cevap/cümle sonunda kullanılır.).*
mac (mäk) *i., İng., k. dili* yağmurluk.
ma.ca.bre, ma.ca.ber (mıka´bır) *s.* 1. ölümü hatırlatan. 2. dehşetli, korkunç.
mac.ad.am (mıkäd´ım) *i.* makadam, şose.
mac.ad.am.ize, *İng.* **mac.ad.am.ise** (mıkäd´ımayz) *f.* makadam yöntemi ile şose yapmak.
mac.a.ro.ni (mäkıro´ni) *i.* düdük makarnası. **— and cheese** fırında makarna.
mac.a.roon (mäkırun´) *i.* 1. koko. 2. acıbadem kurabiyesi.
Mace (meys) *i.* yüze püskürtülünce insanı sersemleten bir kimyasal madde.
mace (meys) *f.* (birinin) yüzüne **Mace** püskürtmek.
mace (meys) *i.* 1. ortaçağda kullanılan ağır topuz. 2. süslü asa.
mace (meys) *i.* küçükhindistancevizi meyvesinin toz haline getirilmiş kabuk içi.
Mac.e.do.ni.a (mäsıdo´niyı) *i.* Makedonya. **—n** *i.* 1. Makedonyalı. 2. Makedonca. *s.* 1. Makedonya, Makedonya'ya özgü. 2. Makedonca. 3. Makedonyalı.
mac.far.lane (mıkfar´lin) *i.* makferlan.
ma.chet.e (mışet´i) *i.* büyük bir çeşit bıçak.
mach.i.nate (mäk´ıneyt) *f.* düzenbazlık etmek, dolap çevirmek, entrika çevirmek.
mach.i.na.tion (mäkiney´şın) *i., gen. çoğ.* entrika, dolap.
ma.chine (mışin´) *i.* 1. makine. 2. motorlu araç. 3. mekanizma. 4. politika çarkı. *s.* 1. makineyle ilgili. 2. makine ile yapılmış. *f.* makine ile yapmak veya şekil vermek. **— gun** makineli tüfek, makineli, mitralyöz. **— oil** makine yağı. **— shop** 1. makine atölyesi. 2. tornacı dükkânı. **sewing —** dikiş makinesi.
ma.chine-made (mışin´meyd) *s.* makine işi.
ma.chin.er.y (mışi´nıri, mışin´ri) *i.* 1. makineler. 2. makine aksamı. 3. mekanizma, sistem, düzenek.
ma.chin.ist (mışi´nist) *i.* makinist.
mack (mäk) *i., İng., k. dili* yağmurluk.
mack.er.el (mäk´ırıl) *i.* uskumru.
mack.in.tosh (mäk´ıntaş) *i.* yağmurluk.
mac.ra.mé (mäk´rımey) *i.* makrame.

macro- *önek* makro-, büyük.
mac.ro.ce.phal.ic (mäkrosıfäl´ik) *s., bak.* **macrocephalous.**
mac.ro.ceph.a.lous (mäkrosef´ılıs) *s.* makrosefal.
mac.ro.ceph.a.lus (mäkrosef´ılıs), *çoğ.* **mac.ro.ceph.a.li** (mäkrosef´ılay) *i.* makrosefal.
mac.ro.ceph.a.ly (mäkrosef´ıli) *i.* makrosefali.
mac.ro.e.co.nom.ics (mäkro.ikınam´iks) *i.* makroiktisat.
mad (mäd) *s.* **(—der, —dest)** 1. deli. 2. çılgın. 3. *k. dili* çok kızmış, kudurmuş. 4. kuduz. 5. delice, deli gibi. **— as a hatter/— as a March hare** zırdeli. **be — about** *k. dili* 1. -i deli gibi sevmek, -e çılgınca âşık olmak. 2. -e bayılmak. **hopping —** *k. dili* çok kızmış, köpürmüş. **like —** deli gibi, çılgınca.
Mad.a.gas.can (mädıgäs´kın) *i.* Madagaskarlı. *s.* 1. Madagaskar, Madagaskar'a özgü. 2. Madagaskarlı.
Mad.a.gas.car (mädıgäs´kır) *i.* Madagaskar.
Mad.a.gas.car.i.an (mädıgäsker´iyın) *s.* 1. Madagaskar, Madagaskar'a özgü. 2. Madagaskarlı.
mad.am (mäd´ım) *i.* 1. bayan, madam. 2. hanımefendi. 3. genelev işleten kadın, mama, çaça.
Ma.dame (mıdäm´), *çoğ.* **Mes.dames** (meydam´) *i.* Madam.
mad.cap (mäd´käp) *s.* delişmen, ele avuca sığmaz.
mad.den (mäd´ın) *f.* 1. delirtmek; delirmek. 2. sinirlendirmek.
mad.den.ing (mäd´ıning) *s.* 1. çıldırtıcı, delirtici. 2. sinirlendirici, can sıkıcı.
mad.der (mäd´ır) *i.* 1. *bot.* kökboyası, kökboya, kızılkök. 2. kökboyası, kökboya, kökkırmızısı, alizarin.
made (meyd) *f., bak.* **make.** *s.* yapılmış: **made of wood** ağaçtan yapılmış. **have it —** 1. ısmarlamak. 2. *argo* işi iş olmak, işleri tıkırında olmak. **loosely —** bol yapılmış, gevşek örülmüş (elbise). **well —** biçimli, iyi yapılı.
made-to-or.der (meyd´tuwôr´dır) *s.* ısmarlama.
made-up (meyd´ʌp´) *s.* 1. uydurma. 2. makyajlı.
mad.house (mäd´haus) *i.* tımarhane.
mad.ly (mäd´li) *z.* delice.
mad.man (mäd´män), *çoğ.* **mad.men** (mäd´men) *i.* deli.
mad.ness (mäd´nis) *i.* delilik.
mad.ri.gal (mäd´rıgıl) *i., müz.* madrigal.
ma.dro.na (mıdro´nı) *i.* kocayemiş ağacı. **— apple** kocayemiş.
mag.a.zine (mägızin´) *i.* 1. dergi, magazin,

maggot 264

mecmua. 2. depo. 3. cephanelik. 4. şarjör.
mag.got (mäg´ıt) i. kurt, kurtçuk, larva.
mag.got.y (mäg´ıti) s. kurtlu.
mag.ic (mäc´ik) i. 1. sihirbazlık. 2. sihir, büyü. 3. gözbağcılık, hokkabazlık. s. 1. sihirle ilgili, büyücülükte kullanılan. 2. sihirli, büyülü. — **wand** sihirli değnek.
mag.i.cal (mäc´ikıl) s. fevkalade, çok güzel.
mag.i.cal.ly (mäc´ikıli) z. büyülü bir şekilde, büyüleyerek.
ma.gi.cian (mıciş´ın) i. 1. sihirbaz, büyücü. 2. gözbağcı, hokkabaz.
mag.is.tra.cy (mäc´istrısi) i. 1. yargıçlık, hâkimlik. 2. yargıçlar, hâkimler. 3. bir yargıcın nüfuz bölgesi.
mag.is.trate (mäc´istreyt) i. sulh yargıcı.
mag.ma (mäg´mı) i., jeol. magma.
mag.na.nim.i.ty (mägnınim´ıti) i. yüce gönüllülük.
mag.nan.i.mous (mägnän´ımıs) s. yüksek ruhlu, yüce gönüllü.
mag.nan.i.mous.ly (mägnän´ımıslı) z. cömertçe.
mag.nate (mäg´neyt, mäg´nit) i. 1. nüfuzlu kimse. 2. gazet. patron. 3. büyük işadamı.
mag.ne.si.um (mägni´ziyım, mägni´jım) i. magnezyum.
mag.net (mäg´nit) i. mıknatıs.
mag.net.ic (mägnet´ik) s. manyetik. — **field** manyetik alan.
mag.net.ise (mäg´nıtayz) f., İng., bak. **magnetize**.
mag.net.ism (mäg´nıtizım) i. manyetizma.
mag.net.ize, İng. **mag.net.ise** (mäg´nıtayz) f. mıknatıslamak.
mag.ne.to (mägni´to) i. (çoğ. —s) manyeto.
mag.ni.fi.ca.tion (mägnıfikey´şın) i. büyütme, büyütüm.
mag.nif.i.cence (mägnif´ısıns) i. ihtişam, görkem.
mag.nif.i.cent (mägnif´ısınt) s. 1. görkemli, ihtişamlı. 2. harika, nefis, fevkalade.
mag.ni.fy (mäg´nıfay) f. 1. büyütmek, büyük göstermek. 2. abartmak, büyütmek. —**ing glass** büyüteç.
mag.ni.tude (mäg´nıtud) i. 1. büyüklük, boy. 2. önem. 3. gökb. kadir.
mag.no.li.a (mägno´liyı) i. manolya.
mag.num opus (mäg´nım) i., edeb., güz. san. başyapıt, şaheser.
mag.pie (mäg´pay) i. saksağan.
ma.ha.leb (ma´hıleb) i. mahlep, kokulukiraz. — **cherry** mahlep, kokulukiraz.
ma.hog.a.ny (mıhag´ıni) i. 1. maun, akaju (ağaç/kereste): **a mahogany table** maun bir masa. 2. maun/akaju rengi.
ma.ho.nia (mıhon´yı, mıho´niyı) i., bot. mahunya, mahonya.
maid (meyd) i. 1. hizmetçi, hizmetçi kadın. 2. evlenmemiş genç kız. — **of honor** baş nedime. **old** — evde kalmış kız; yaşlı kız, kız kurusu; evlenmemiş yaşlı kadın.
maid.en (meyd´ın) i. evlenmemiş genç kız. s. 1. evlenmemiş (kadın). 2. ilk: **maiden effort** ilk girişim. **maiden voyage** (gemi için) ilk sefer. — **name** bekârlık soyadı, kızlık adı.
maid.en.hair (meyd´ınher) i. baldırıkara. — **fern** baldırıkara. — **tree** kızsaçı, ginko.
maid.en.head (meyd´ınhed) i. bekâret, kızlık.
maid.en.hood (meyd´ınhûd) i. genç kızlık çağı.
maid.ser.vant (meyd´sırvınt) i. hizmetçi, hizmetçi kadın.
mai.gre (mey´gır) i., zool. 1. sarıağız. 2. işkine.
mail (meyl) i. zırh. —**ed fist** saldırı tehdidi, baskı.
mail (meyl) i. 1. posta. 2. posta arabası. f. postalamak, postaya vermek, posta ile göndermek. — **carrier** postacı. — **order** posta ile sipariş. — **train** posta treni.
mail.bag (meyl´bäg) i. 1. postacı çantası. 2. posta torbası.
mail.box (meyl´baks) i. posta kutusu.
mail.man (meyl´män), çoğ. **mail.men** (meyl´men) i. postacı.
mail-or.der (meyl´ôrdır) s. posta siparişiyle alınan. — **house** posta ile sipariş alan mağaza.
maim (meym) f. sakat etmek, sakatlamak.
main (meyn) i. ana boru. **in the** — çoğunlukla, çoğu.
main (meyn) s. asıl, esas, başlıca, ana, temel. — **body** ask. asıl kuvvet. — **deck** den. baş güverte. — **dish** baş yemek. — **road** anayol. **M— Street** 1. ana cadde. 2. taşra gelenekleri. **by** — **force** var gücüyle. **the** — **chance** kişisel çıkar.
main.land (meyn´länd) i. anakara.
main.ly (meyn´li) z. en çok: **His support comes mainly from the provinces.** Onu destekleyenlerin çoğu taşralı.
main.spring (meyn´spring) i. 1. büyük zemberek, ana yay. 2. asıl neden, baş etken.
main.stay (meyn´stey) i. başlıca dayanak.
main.tain (meyn.teyn´) f. 1. sürdürmek, devam ettirmek. 2. korumak: **maintain one's reputation** şöhretini korumak, adını bozmamak. 3. beslemek, bakmak, geçindirmek: **maintain a family** aile geçindirmek. 4. mak. bakımını sağlamak. 5. iddia etmek: **maintain that it is so** böyledir diye iddia etmek.
main.te.nance (meyn´tınıns) i. 1. mak. bakım. 2. koruma. 3. sürdürme. 4. geçim. 5. nafaka. 6. iddia.
maize (meyz) i., İng. mısır.
ma.jes.tic (mıces´tik) s. görkemli, şahane, muhteşem, heybetli.
ma.jes.ti.cal.ly (mıces´tikıli) z. görkemli bir şekilde.
maj.es.ty (mäc´isti) i. 1. görkem, haşmet, heybet. 2.

b.h. kral veya eşine verilen unvan: **Your/His/Her Majesty** Majesteleri, Majeste, Haşmetmeap.
ma.jor (mey´cır) *i.* 1. binbaşı. 2. *müz.* majör. 3. (üniversitede) asıl branş. — **general** tümgeneral. **chemistry** — asıl branşı kimya olan öğrenci.
ma.jor (mey´cır) *f.*, **ABD in** (üniversitede) -i asıl branş olarak almak.
ma.jor (mey´cır) *s.* 1. büyük. 2. başlıca, asıl. 3. *müz.* (gam) majör. 4. ergin, reşit. — **key** majör perdesi. — **offense** büyük suç. — **premise** *man.* büyük önerme. — **term** *man.* büyük terim.
Ma.jor.ca (mıcôr´kı) *i.* Mayorka. —**n** *i.* Mayorkalı. *s.* 1. Mayorka, Mayorka'ya özgü. 2. Mayorkalı.
ma.jor.i.ty (mıcôr´ıti) *i.* 1. çoğunluk. 2. oy çoğunluğu. 3. erginlik, rüşt. **absolute** — salt çoğunluk.
ma.jus.cule (mıcʌs´kyul, mäc´ıskyul) *i.* büyük harf, majüskül. *s.* 1. büyük (harf), majüskül. 2. büyük harfle yazılmış.
make (meyk) *i.* 1. yapılış, yapı, biçim. 2. marka. 3. verim, randıman. **be on the** — *k. dili* 1. kendi kazancı peşinde olmak. 2. cinsel ilişki için eş aramak.
make (meyk) *f.* **(made)** 1. yapmak, etmek. 2. yaratmak. 3. olarak atamak, yapmak: **The board made him president of the company.** Yönetim kurulu onu şirketin başına getirdi. 4. anlamak, anlam çıkarmak: **I can't make anything of this poem.** Bu şiirden hiçbir anlam çıkaramıyorum. 5. göstermek. 6. girişmek. 7. kazanmak, elde etmek: **make money** para kazanmak. 8. etmek, tutmak: **Two plus three makes five.** İki artı üç, beş eder. 9. hesap etmek. 10. hazırlamak, düzenlemek, yapmak: **Who made this plan?** Bu planı kim yaptı? 11. zorlamak, mecbur etmek, yaptırmak: **They made me do it.** Onu bana yaptırdılar. 12. sağlamak. 13. olmak. 14. başarıya ulaştırmak: **This will either make you or break you.** Bu seni ya başarıya ulaştıracak, ya da batıracak. 15. (yol) almak, katetmek. 16. varmak, ulaşmak: **The bus driver hopes he can make Adana by nine o'clock tonight.** Otobüs şoförü Adana'ya bu gece saat dokuzda varabileceğini umuyor. 17. yetişmek: **I wasn't able to make the eight-thirty boat.** Sekiz otuz vapuruna yetişemedim. 18. erişmek. 19. *elek.* (devreyi) kapatmak, tamamlamak. 20. inşa etmek. — **a clean breast of** itiraf etmek, içini boşaltmak. — **a difference** fark etmek. — **a face** suratını buruşturmak, somurtmak. — **a fire** ateş yakmak. — **a night of it** sabaha kadar eğlenmek. — **a point** mim koymak. — **a point of** (bir şey yapmaya) dikkat etmek; (bir şey yapmayı) ihmal etmemek. — **after** takip etmek, kovalamak. — **an example of someone** birini ibret olsun diye cezalandırmak. — **as if** ya-
par gibi görünmek. — **away with** -i alıp götürmek, -i yürütmek. — **believe** -i (bir şey) olarak düşünmek/hayal etmek: **Make believe you're a king.** Kendini kral olarak düşün. — **bold** cüret göstermek, cesaret etmek. — **both ends meet** kazancı masrafına yetişmek, idare etmek. — **do with** ile yetinmek, ile idare etmek. — **eyes at** gözle flört etmek. — **for home** evin yolunu tutmak, eve koşmak. — **friends with** ile arkadaş olmak. — **fun of** ile eğlenmek, ile alay etmek. — **good** 1. **on** (sözü) yerine getirmek. 2. (zararı) ödemek. 3. başarılı etmek. — **into** -e dönüştürmek, ... durumuna getirmek. — **it** *k. dili* 1. yetişmek, zamanında varmak. 2. başarmak. 3. hayatta başarılı olmak; köşeyi dönmek. — **like** *argo* taklidini yapmak. — **love** sevişmek. — **no bones of it** 1. bir işi duraksamadan hemen yapmak, duraksamamak, tereddüt etmemek. 2. saklamamak, açıkça itiraf etmek. — **of** 1. -den anlamak: **What do you make of this?** Bundan ne anlıyorsunuz? 2. -e anlam vermek: **I couldn't make anything of his behavior.** Onun davranışına hiçbir anlam veremedim. — **off** sıvışmak, kaçmak. — **off with** -i aşırmak, -i çalıp kaçmak. — **one's point** ne demek istediğini yeterince anlatmak: **You've made your point; now sit down!** Ne demek istediğini anladık; otur artık! — **or break** ya kazanmak ya da batırmak. — **out** 1. (ne olduğunu) kestirmek, çıkarmak; seçmek, fark etmek. 2. anlam çıkarmak, anlamak. 3. okumak, çözmek. 4. yazmak. 5. başarmak. 6. geçinmek, idare etmek. — **over** 1. yenilemek. 2. **to** -e devretmek. — **peace** barışmak. — **room for** -e yer açmak. — **sure** 1. emin olmak. 2. kontrol etmek, bakmak. — **the best of** -den en iyi şekilde yararlanmak; -in tadını çıkarmak. — **up** 1. düzenlemek, hazırlamak. 2. oluşturmak. 3. uydurmak, icat etmek. 4. bir araya getirmek, toplamak, tamamlamak. 5. **for** -i telafi etmek. 6. makyaj yapmak, boyanmak. — **up for lost time** kaybedilen zamanı telafi etmek. — **up one's mind** 1. karara varmak. 2. **to** -i aklına koymak, -e karar vermek. — **up to/with** *k. dili* -in gözüne girmeye çalışmak, ile barışmak. — **way** 1. yol vermek, yol açmak. 2. ilerlemek. **I can't** — **head or tail of it.** Hiçbir şey anlayamıyorum./İşin içinden çıkamıyorum. **to** — **matters worse** işin daha da kötüsü, üstüne üstlük.
make-be.lieve (meyk´biliv) *i.* hayal, hayal ürünü. *s.* hayali, hayal ürünü olan.
make.shift (meyk´şift) *i.* geçici çare. *s.* geçici, eğreti.
make.up (meyk´ʌp) *i.* 1. yapılış. 2. makyaj. 3. *matb.* mizanpaj, sayfa düzeni. 4. bütünleme sınavı.

mak.ing (mey'king) *i.* 1. yapma, etme. 2. yapı. 3. başarı nedeni: **This will be the making of him.** Bu, onun başarısına neden olacak. 4. *çoğ.* malzeme. 5. *çoğ.* nitelikler: **He has the makings of a man.** Adam olacağa benziyor. **in the — olmakta, yapılmakta.**
mal.ab.sorp.tion (mälıbsôrp'şın) *i.* kötü emilim.
mal.ad.just.ed (mälıcʌs'tid) *s.* uyumsuz, intibaksız.
mal.ad.just.ment (mälıcʌst'mınt) *i.* uyumsuzluk, intibaksızlık.
mal.ad.min.is.tra.tion (mälıdmínistrey'şın) *i.* kötü yönetim.
mal.a.droit (mälıdroyt') *s.* beceriksiz, eli işe yakışmaz, sakar.
mal.a.dy (mäl'ıdi) *i.* hastalık.
Mal.a.gas.y (mälıgäs'i) *i.* (*çoğ.* **Mal.a.gas.y**), *s.* 1. Malgaş. 2. Malgaşça. **the — Malgaş halkı, Malgaşlar. the — Republic** Malgaş Cumhuriyeti.
mal.aise (mäleyz') *i.* kırıklık, keyifsizlik.
ma.lar.i.a (mıler'iyı) *i.* sıtma, malarya.
Ma.la.wi (mıla'wi) *i.* Malavi. **—an** *i.* Malavili. *s.* 1. Malavi, Malavi'ye özgü. 2. Malavili.
Ma.lay (mey'ley, mıley') *i., s.* 1. Malay. 2. Malayca. **the — Peninsula** Malakka Yarımadası.
Ma.lay.sia (mıley'jı) *i.* Malezya. **—n** *i.* Malezyalı. *s.* 1. Malezya, Malezya'ya özgü. 2. Malezyalı.
mal.con.tent (mäl'kıntent) *s.* hoşnutsuz, memnun olmayan, tatmin olmayan. *i.* hoşnutsuz kimse.
Mal.dive (mäl'dayv) *i.* **the —s** *çoğ.* Maldiv Adaları.
Mal.div.i.an (mäldiv'iyın) *i.* Maldivli. *s.* 1. Maldiv, Maldiv Adaları'na özgü. 2. Maldivli.
male (meyl) *s., i.* erkek.
mal.e.dic.tion (mälıdik'şın) *i.* lanet, beddua.
mal.e.fac.tor (mäl'ıfäktır) *i.* 1. suçlu kimse. 2. kötülük eden kimse.
ma.lev.o.lence (mılev'ılıns) *i.* kötü niyet.
ma.lev.o.lent (mılev'ılınt) *s.* kötü niyetli, hain.
ma.lev.o.lent.ly (mılev'ılıntli) *z.* kötü niyetle.
mal.for.ma.tion (mälfôrmey'şın) *i.* kusurlu oluşum, sakatlık.
Ma.li (ma'li) *i.* Mali. **—an** *i.* Malili. *s.* 1. Mali, Mali'ye özgü. 2. Malili.
mal.ice (mäl'îs) *i.* kötü niyet.
ma.li.cious (mılîş'ıs) *s.* kötü niyetli.
ma.li.cious.ly (mılîş'ıslı) *z.* kötü niyetle.
ma.lign (mılayn') *s.* 1. kötü, zararlı. 2. kötücül (kimse). 3. kötücül, habis (ur/hastalık). *f.* iftira etmek, kötülemek, yermek.
ma.lig.nant (mılig'nınt) *s.* 1. kötücül, kötü yürekli. 2. uğursuz. 3. *tıb.* kötücül, habis. **— tumor** kötücül ur.
mall (môl, mal, mäl) *i.* 1. kapalı alışveriş merkezi, kapalı çarşı. 2. ağaçlık yol.

mal.lard (mäl'ırd) *i., zool.* yeşilbaş.
mal.le.a.ble (mäl'iyıbıl) *s.* 1. dövülgen (maden). 2. yumuşak başlı, uysal.
mal.let (mäl'ît) *i.* 1. tokmak. 2. *spor* sopa.
mal.low (mäl'o) *i.* ebegümeci.
mal.nu.tri.tion (mälnutriş'ın) *i.* 1. yetersiz beslenme. 2. kötü beslenme, dengesiz beslenme.
mal.o.dor.ous (mälo'dırıs) *s.* pis kokulu.
mal.prac.tice (mälpräk'tîs) *i.* 1. yolsuzluk, görevi kötüye kullanma. 2. yanlış tedavi.
malt (môlt) *i.* çimlendirilmiş arpa, malt. *f.* 1. (arpa veya başka tahıldan) malt yapmak. 2. malt haline gelmek.
Mal.ta (môl'tı) *i.* Malta. **— fever** maltahumması.
Mal.tese (môltiz') *i.* 1. (*çoğ.* **Mal.tese**) Maltalı. 2. Maltaca. *s.* 1. Malta, Malta'ya özgü. 2. Maltaca. 3. Maltalı.
malt.ose (môl'tos) *i.* maltoz.
mal.treat (mältrit') *f.* kötü davranmak, eziyet etmek.
mal.treat.ment (mältrit'mınt) *i.* kötü davranma.
ma.ma, mam.ma (ma'mı) *i., ç. dili* anne.
mam.ma (ma'mı) *i., bak.* **mama**.
mam.mal (mäm'ıl) *i.* memeli hayvan.
mam.moth (mäm'ıth) *i.* mamut. *s.* dev gibi, muazzam.
man (män), *çoğ.* **men** (men) *i.* 1. adam, erkek. 2. insan, insanoğlu. 3. uşak, erkek işçi. 4. biri, kimse, şahıs, kişi. 5. *satranç, dama* taş. **— about town** tiyatro ve gece kulübüne sıkça giden adam. **M— alive!** Yahu!/Be adam! **— and wife** karı koca. **— in the street** sokaktaki adam, sıradan kimse. **— of letters** 1. yazar; edebiyatçı, yazıncı. 2. bilim adamı. **— of the world** görmüş geçirmiş adam. **— to —** erkek erkeğe, samimi olarak, açıkça. **as one —** hep birlikte. **be one's own —** bağımsız olmak, kendini idare edebilmek. **to a —** hepsi, hepsi birden; herkes.
man (män) *ünlem, k. dili* 1. *Bir erkeğe hitap ederken bir sözü vurgulamak için kullanılır:* **Man, what a game!** Aman Allahım, ne harika bir maç! 2. *Hitap edilen erkeğin ismi yerine kullanılır:* **Look man, you can't do that!** Bak oğlum, onu yapamazsın! **Hey man, what's happening?** Ne oluyor lan?
man (män) *f.* (**—ned, —ning**) bir işe adam atamak; bir işe adam koymak.
man.a.cle (män'ıkıl) *i., gen. çoğ.* kelepçe. *f.* kelepçe takmak, kelepçelemek.
man.age (män'îc) *f.* 1. yönetmek, idare etmek. 2. -meyi becermek. 3. kullanmak. 4. (ev, insan v.b.'ni) çekip çevirmek. 5. (hayvan) terbiye etmek. 6. düzenlemek. 7. kontrol etmek. 8. işini uydurmak, işini çevirmek. 9. geçinmek.
man.age.a.ble (män'îcıbıl) *s.* 1. yönetilebilir,

idare edilebilir. 2. kontrol edilebilir. 3. kullanışlı. 4. gerçekleştirilebilen, yerine getirilebilen. 5. şekle girebilen (saç).
man.age.ment (män'icmınt) i. 1. yönetim, idare. 2. yönetim kurulu.
man.ag.er (män'icır) i. 1. yönetmen, müdür, direktör. 2. yönetici, idareci. 3. menajer, bir sanatçı veya spor takımının işlerini yöneten kimse. board of —s yönetim kurulu. She's an excellent —. İşleri çok iyi çekip çeviriyor.
man.a.ge.ri.al (mänıcir'iyıl) s. yönetimsel. — decision yönetim kararı. — position yönetim mevkii. — staff yönetim kadrosu.
Man.chu (mänçu') i., s. 1. Mançu. 2. Mançuca.
Man.chu.ri.a (mänçur'iyı) i. Mançurya. —n i. Mançuryalı. s. 1. Mançurya, Mançurya'ya özgü. 2. Mançuryalı.
man.da.rin (män'dırîn) 1. mandalina. 2. king, kink. — duck çinördeği. — orange 1. mandalina. 2. king, kink.
man.date (män'deyt) i. 1. manda. 2. emir, ferman.
man.da.to.ry (män'dıtori) s. zorunlu, gerekli. i. 1. mandater, mandacı. 2. vekil.
man.do.lin (män'dılîn) i. mandolin.
man.drake (män'dreyk) i. adamotu, kankurutan, adamkökü, abdüsselamotu, hacılarotu, köpekelması.
mane (meyn) i. yele.
ma.neu.ver, İng. ma.noeu.vre (mınu'vır) i. 1. manevra. 2. hile, dolap. f. 1. manevra yapmak. 2. dolap çevirmek.
man.ful (män'fıl) s. erkekçe, mert, yiğit.
man.ful.ly (män'fıli) f. cesaretle, mertçe, yiğitçe, erkekçe.
man.ga.nese (mäng'gınîz) i. manganez, mangan.
mange (meync) i. (hayvanlarda) uyuz hastalığı.
man.ger (meyn'cır) i. (ahırda) yemlik.
man.gle (mäng'gıl) f. 1. parçalamak. 2. bozmak.
man.go (mäng'go) i. (çoğ. —es/—s) hintkirazı, mango.
man.go.steen (mäng'gıstin) i., bot. mangostan.
man.grove (mäng'grov) i., bot. mangrov, rizofora, hindistansakızağacı.
man.gy (meyn'ci) s. 1. uyuz (hayvan). 2. pis, iğrenç, tiksinti veren.
man.han.dle (män'händıl) f. hırpalamak, itip kakmak.
man.hole (män'hol) i. rögar, baca, kontrol deliği, bakmalık. — cover rögar kapağı.
ma.ni.a (mey'niyı) i. 1. ruhb. mani. 2. for -e aşırı düşkünlük, -e tutku.
ma.ni.ac (mey'niyäk) s., i. manyak, çılgın, deli.
ma.ni.cal (mınay'ıkıl) s. 1. çılgın. 2. manyakça.
man.ic-de.pres.sive (män'îkdipres'îv) s., i.,

ruhb. manik-depresif.
man.i.cure (män'ıkyûr) i. manikür. f. manikür yapmak.
man.i.cur.ist (män'ıkyûrist) i. manikürcü.
man.i.fest (män'ıfest) i. manifesto, gümrük bildirgesi.
man.i.fest (män'ıfest) s. belli, açık. f. açıkça göstermek, belirtmek. — itself kendini belli etmek, kendini göstermek.
man.i.fes.ta.tion (mänıfestey'şın) i. 1. alamet, belirti, gösterge. 2. açıkça gösterme. 3. gösteri.
man.i.fest.ly (män'ıfestli) z. açıkça.
man.i.fes.to (mänıfes'to) i. (çoğ. —es) 1. bildiri, tebliğ, beyanname. 2. pol. parti programı.
man.i.fold (män'ıfold) s. türlü türlü, pek çok, çeşit çeşit.
man.i.kin (män'ıkin) i. manken.
ma.nip.u.late (mınip'yıleyt) f. 1. elle hareket ettirmek. 2. kullanmak, hareket ettirmek, çalıştırmak, işletmek. 3. kendi çıkarları için kullanmak. 4. hile yaparak (fiyatları) istediği şekilde değiştirmek.
ma.nip.u.la.tion (mınıpyıley'şın) i. 1. elle hareket ettirme. 2. kullanma, hareket ettirme, çalıştırma, işletme. 3. kendi çıkarları için kullanma. 4. hile yaparak (fiyatları) istediği şekilde değiştirme.
ma.nip.u.la.tive (mınip'yılıtîv) s. 1. kendi çıkarları için başkalarını kullanan, çıkarcı (kimse). 2. çıkarcı (davranış). 3. hileli. 4. el becerisine ait. 5. elle hareket ettirmeye özgü.
man.kind (män'kaynd') i. insanlık, beşeriyet, insanoğulları.
man.ly (män'li) s. 1. erkekçe. 2. mert, yiğit.
man.made (män'meyd) s. insan tarafından yapılan, yapay, suni.
man.ne.quin (män'ıkin) i. manken.
man.ner (män'ır) i. 1. tavır. 2. usul. 3. çeşit. 4. çoğ. görgü, terbiye. 5. çoğ. örf, töre. all — of her çeşit. Don't you have any —s? Sende hiç terbiye yok mu? in a — of speaking bir anlamda.
man.nered (män'ırd) s. yapmacıklı, yapma tavırlı. ill-mannered s. terbiyesiz. well-mannered s. terbiyeli.
man.ner.ism (män'ırîzım) i. bir kişiye özgü hareket, tavır veya ifade tarzı.
man.ner.ly (män'ırli) s. terbiyeli.
ma.noeu.vre (mınu'vır) i., f., İng., bak. maneuver.
man-of-war (män'ıvwôr') i., çoğ. men-of-war (men'ıvwôr') i. 1. iri bir tür denizanası. 2. tar. savaş gemisi.
man.or (män'ır) i. malikâne. — house malikâne.
man.pow.er (män'pawır) i. 1. insan gücü. 2. işgücü. 3. işçi sayısı, personel.
man.sard (män'sard) i. — roof mansart çatı,

mansart.
manse (mäns) *i.* papaz lojmanı, papaz evi.
man.ser.vant (män´sırvınt), *çoğ.* **men.ser.vants** (men´sırvınts) *i.* uşak; hizmetkâr.
man.sion (män´şın) *i.* konak; kâşane; köşk; malikâne.
man.slaugh.ter (män´slôtır) *i.* önceden tasarlamadan adam öldürme, kasıtsız cinayet.
man.tle (män´tıl) *i.* 1. kolsuz manto. 2. örtü, örten şey. 3. lüks gömleği. 4. *jeol.* çekirdek kabuğu. 5. *anat.* örtenek.
man.u.al (män´yuwıl) *s.* 1. ele ait. 2. elle yapılan; elle çalıştırılan. *i.* 1. elkitabı, kılavuz. 2. *müz.* (orgda) klavye. — **labor** 1. amelelik. 2. ağır iş.
man.u.al.ly (män´yuwıli) *z.* el ile.
man.u.fac.ture (mänyıfäk´çır) *i.* 1. imal, yapım. 2. mamul, yapılmış eşya/yiyecek. *f.* 1. imal etmek, yapmak. 2. (bahane) uydurmak.
ma.nure (mınûr´, mınyûr´) *i.* gübre. *f.* gübrelemek.
man.u.script (män´yıskript) *i.* 1. yazma, el yazması. 2. müsvedde.
Manx (mängks) *i.* Manca. *s.* 1. Man, Man Adası'na özgü. 2. Manca. — **cat** mankedisi. **the —** Manlılar, Man halkı.
Manx.man (mängks´mın), *çoğ.* **Manx.men** (mängks´min) *i.* Manlı erkek, Manlı.
Manx.wom.an (mängks´wûmın), *çoğ.* **Manx.wom.en** (mängks´wimin) *i.* Manlı kadın, Manlı.
man.y (men´i) *s.* **(more, most)** çok, bir hayli. *i.* birçoğu. — **a time** çok kere. **a good —** birçok, hayli. **a great —** pek çok.
man.y-col.ored (men´ikʌl´ırd) *s.* çok renkli, rengârenk.
man.y.plies (men´iplayz) *i., zool.* kırkbayır.
man.y-sid.ed (men´isay´did) *s.* 1. *mat.* çokyüzlü; çokkenar. 2. çok yönlü.
map (mäp) *i.* harita, plan. *f.* **(—ped, —ping)** haritasını yapmak. 2. **out** ayrıntılarıyla planlamak. **off the —** ortadan kaybolmuş. **put on the —** *k. dili* meşhur etmek, ismini duyurmak.
ma.ple (mey´pıl) *i.* akçaağaç, isfendan. — **sugar** akçaağaç şekeri. — **syrup** akçaağaç pekmezi.
ma.quis (maki´) *i., bot.* maki.
Mar. *kıs.* **March.**
mar (mar) *f.* **(—red, —ring)** bozmak, mahvetmek.
mar.a.bou (mär´ıbu) *i. (çoğ.* **—s/mar.a.bou)** murabutkuşu, murabut, marabut. — **stork** murabutkuşu, murabut, marabut.
mar.a.bout (mär´ıbut) *i.* 1. murabıt, murabut. 2. murabutkuşu, murabut, marabut.
mar.a.schi.no (mänski´no) *i.* 1. maraskino, marasken (likör). 2. maraska, marask, maraska kirazı. — **cherry** maraska, marask, maraska kirazı.
mar.a.thon (mer´ıthan) *i.* maraton.

ma.raud (mırôd´) *f.* çapulculuk amacıyla akın etmek, çapulculuk etmek.
ma.raud.er (mırôd´ır) *i.* çapulcu, yağmacı.
mar.ble (mar´bıl) *i.* 1. mermer. 2. bilye, misket. 3. *çoğ.* misket oyunu. *s.* mermer, mermerden yapılmış. *f.* ebrulamak. **lose one's —s** *argo* aklını kaçırmak.
mar.bled (mar´bıld) *s.* 1. ebrulu. 2. mermer döşeli.
March (març) *i.* mart ayı.
march (març) *i.* 1. (topluca) yürüyüş. 2. ilerleme, gidiş. 2. *müz.* marş. *f.* 1. (topluca) yürüyüş yapmak. 2. ilerlemek. **funeral —** cenaze marşı. **the — of events** olayların seyri. **wedding —** düğün marşı.
mar.chio.ness (mar´şınis) *i.* markiz, markinin karısı.
march-past (març´päst) *i.* geçit töreni.
mare (mer) *i.* kısrak.
mar.ga.rine (mar´cırin) *i.* margarin.
mar.gin (mar´cin) *i.* 1. kenar, sınır. 2. *tic.* maliyet fiyatı ile satış fiyatı arasındaki fark. 3. *tic.* ihtiyat akçesi, marj. 4. sayfa kenarındaki boşluk, marj. — **of safety** emniyet payı, hava payı. **buy on —** yalnız ihtiyat akçesi yatırarak satın almak.
mar.gi.nal (mar´cınıl) *s.* 1. kenarda olan. 2. kenarda yazılı, marjinal. 3. pek az: **It is of marginal importance.** Pek az önemi var. 4. *ekon., sosyol., ruhb.* marjinal.
mar.i.gold (mer´ıgold) *i.* kadifeçiçeği.
mar.i.jua.na (merıwan´ı) *i.* 1. marihuana. 2. *bot.* hintkeneviri, kenevir, kendir.
ma.ri.na (mıri´nı) *i.* yat limanı, marina.
mar.i.nate (mer´ineyt) *f.* (eti yumuşatmak için) zeytinyağlı salamurada bırakmak.
ma.rine (mırin´) *s.* 1. denize ait, denizle ilgili. 2. denizciliğe ait. 3. deniz kuvvetlerine ait. *i.* 1. denizcilik. 2. denizci, deniz askeri.
mar.i.ner (mer´ınır) *i.* 1. gemici. 2. denizci. —**'s compass** gemici pusulası.
mar.i.tal (mer´ıtıl) *s.* evlenmeye ait, evlilikle ilgili. — **rights** evlilikte karı kocaya tanınan haklar.
mar.i.time (mer´ıtaym) *s.* 1. deniz kıyısında olan; denize yakın. 2. denizle ilgili; denizcilikle ilgili. 3. denizciye özgü. — **law** deniz hukuku.
mar.jo.ram (mar´cırım) *i.* mercanköşk, merzengûş, şile.
mark (mark) *i.* 1. işaret, marka, alamet. 2. damga. 3. iz. 4. nişan, hedef. 5. norm, standart. 6. ün, şöhret. 7. (derste) not, numara. 8. leke; çizik. 9. yara yeri, iz. 10. *spor* başlama çizgisi. 11. *k. dili* av, saf kimse. **a bad —** kırık not, kötü not. **beside the —** konu dışı. **hit the —** 1. hedefi vurmak. 2. tahmini doğru olmak. **make one's —** ün kazanmak, isim yapmak. **miss one's —** 1. hedefi tutturamamak. 2. tahmini yanlış

çıkmak. **up to the** — istenilen derecede. **wide of the** — hedeften uzak.
mark (mark) f. 1. işaretlemek. 2. damga vurmak, damgalamak. 3. göstermek, belirtmek. 4. çizmek, yazmak. 5. not vermek. 6. dikkat etmek, dikkate almak, hesaba katmak. 7. etiketlemek. **— down** 1. -in fiyatını indirmek. 2. not etmek, kaydetmek. **— off** sınırlarını çizmek. **— out** 1. sınırlarını çizmek. 2. planını yapmak. 3. seçip ayırmak. **— time** yerinde saymak. **— up** 1. çizmek. 2. -in fiyatını yükseltmek/artırmak.
mark (mark) i., tar. mark, Alman markı.
marked (markt) s. 1. göze çarpan, belirgin. 2. işaretli. **a — difference** belirgin bir fark. **a — man** mimli adam, mimlenmiş adam.
mark.ed.ly (mar´kıdli) z. önemli derecede.
mark.er (mar´kır) i. 1. markacı. 2. işaret, damga. **magic —** keçeli kalem.
mar.ket (mar´kit) i. 1. pazar, çarşı. 2. piyasa. 3. **for** -e talep, -e rağbet. f. 1. pazarlamak. 2. satışa çıkarmak. 3. çarşıda alışveriş etmek. **— value** piyasa değeri, piyasa fiyatı. **be in the — for** -i satın alma niyetinde olmak. **put on the —** satışa çıkarmak.
mar.ket.a.ble (mar´kitıbıl) s. 1. pazarlanabilir. 2. kolaylıkla satılabilir.
mar.ket.ing (mar´kiting) i. 1. pazarlama. 2. alışveriş.
mar.ket.place (mar´kitpleys) i. pazaryeri.
marks.man (marks´mın), çoğ. **marks.men** (marks´min) i. nişancı.
marks.man.ship (marks´mınşip) i. nişancılık.
mark.up (mark´ʌp) i. 1. alış ve satış fiyatları arasındaki fark. 2. fiyat artışı.
marl (marl) i., jeol. marn, pekmez toprağı.
mar.ma.lade (marmıleyd´) i. marmelat.
Mar.ma.ra (mar´mırı) i. Marmara. **the Sea of —** Marmara Denizi.
mar.mot (mar´mıt) i., zool. dağsıçanı, marmot.
ma.roon (mırun´) i., s. kestane rengi, maron.
ma.roon (mırun´) f. (birini) ıssız bir adaya/kıyıya bırakmak. **be —ed (on)** (-de) mahsur kalmak.
mar.quee (marki´) i. 1. (kapı önündeki) markiz. 2. büyük çadır, otağ.
mar.quis (mar´kwis, marki´), **mar.quess** (mar´kwis) i. marki.
mar.quise (markiz´) i. markiz.
mar.riage (mer´ic) i. 1. evlenme. 2. evlenme töreni. 3. evlilik. 4. birleşme. **— certificate** evlenme cüzdanı. **— licence** nikâh kâğıdı, evlenme izni. **civil —** medeni nikâh.
mar.riage.a.ble (mer´icıbıl) s. evlenecek yaşta, yetişmiş.
mar.ried (mer´id) s. 1. evli. 2. **to** ile evli. 3. evliliğe/evlilere özgü.
mar.row (mär´o) i. 1. anat. ilik. 2. öz. 3. İng. sakızkabağı, kabak. **chilled to the —** soğuk iliğine geçmiş, iliğine kadar üşümüş. **spinal —** omurilik. **vegetable —** sakızkabağı, kabak.
mar.row.bone (mär´obon) i. iliği çok olan kemik.
mar.ry (mer´i) f. 1. evlenmek; evlendirmek. 2. evermek. 3. birleşmek; birleştirmek.
Mars (marz) i., gökb. Mars, Merih.
marsh (marş) i. bataklık. **— crocodile** hinttimsahı.
mar.shal (mar´şıl) i. 1. ask. mareşal. 2. teşrifatçı, protokol görevlisi. 3. polis müdürü. f. (**—ed/ —led, —ing/—ling**) 1. sıraya koymak, sıralamak, dizmek. 2. önüne düşüp götürmek.
marsh.mal.low (marş´melo) i. 1. hatmi. 2. lokuma benzer şekerleme.
marsh.y (mar´şi) s. 1. bataklığa özgü. 2. bataklık gibi. 3. bataklı.
mar.su.pi.al (marsu´piyıl) s., zool. keseli. i. keseli hayvan.
mart (mart) i. çarşı, pazar.
mar.ten (mar´tın) i. 1. ağaçsansarı, zerdeva. 2. zerdeva kürkü.
mar.tial (mar´şıl) s. 1. savaşa özgü. 2. askeri. 3. savaşçı, savaşkan. **— law** sıkıyönetim.
mar.tin (mar´tin) i. kırlangıç. **house —** evkırlangıcı, pencerekırlangıcı. **sand —** kumkırlangıcı.
mar.ti.net (martinet´) i. sert amir.
mar.ti.ni (marti´ni) i. martini.
mar.tyr (mar´tır) i. şehit. f. şehit etmek.
mar.vel (mar´vıl) i. harika, mucize. f. (**—ed/—led, —ing/—ling**) hayret etmek, şaşmak.
mar.vel.ous (mar´vılıs) s. olağanüstü; harika.
Marx.ism (mark´sizım) i. Marksizm.
Marx.ist (mark´sist) i., s. Marksist.
masc. kıs. masculine.
mas.car.a (mäsker´i) i. rimel, maskara.
mas.cot (mäs´kat, mäs´kıt) i. maskot.
mas.cu.line (mäs´kyılin) s. 1. erkeğe özgü, erkeksi. 2. dilb. eril. i., dilb. 1. eril cins. 2. eril sözcük.
mas.cu.lin.i.ty (mäskyılin´iti) i. erkeklik.
mash (mäş) i. 1. lapa. 2. bira yapmak için ezilmiş arpa ile su karışımı. f. ezmek, püre yapmak. **—ed potatoes** patates püresi.
mash.er (mäş´ır) i., argo askıntı, kadınlara askıntı olan erkek.
mask (mäsk) i. maske. f. maskelemek, gizlemek. **—ed ball** maskeli balo. **put on a —** maske takmak. **throw off one's —** maskesini atmak, gerçek yüzünü açığa vurmak.
mas.och.ism (mäz´ıkizım) i. mazoşizm.
mas.och.ist (mäz´ıkist) i. mazoşist.
mas.och.is.tic (mäzıkis´tik) s. mazoşist.
Ma.son (mey´sın) i. mason, farmason.
Ma.son.ry (mey´sınri) i. masonluk, farmasonluk.
ma.son (mey´sın) i. duvarcı; taşçı.
ma.son.ry (mey´sınri) i. duvarcılık; taşçılık.
masque (mäsk) i. maskeli balo.

mas.quer.ade (mäskıreyd´) *i.* 1. maskeli balo. 2. maskeli balo kostümü. 3. (sahte bir) gösteri. *f.* as kendini ... gibi göstermek, kendini ... olarak tanıtmak.
mass (mäs) *i.* 1. ekmek ve şarap ayini, kudas. 2. bu ayine özgü müzik.
mass (mäs) *i.* 1. kütle, kitle, parça, yığın, küme. 2. *fiz.* kütle. — **media** medya, kitle iletişim araçları. — **meeting** kitlesel miting. — **movement** kitle hareketi. — **production** toptan/seri üretim. **the —es** halk kitleleri.
mas.sa.cre (mäs´ıkır) *i.* katliam, kırım, toplukıyım. *f.* katletmek, kırıp geçirmek.
mas.sage (mısaj´) *i.* masaj. *f.* masaj yapmak.
mas.seur (mäsır´) *i.* masajcı, masör.
mas.seuse (mäsız´) *i.* kadın masajcı, masöz.
mas.sif (mäsif´) *i.* dağ kitlesi.
mas.sive (mäs´iv) *s.* 1. büyük ve ağır. 2. çok büyük, kocaman, koca; heybetli; büyük çapta, muazzam. 3. iriyarı, irikıyım. 4. şiddetli (deprem, kalp krizi v.b.).
mass-pro.duce (mäs´prıdus´) *f.* seri olarak üretmek.
mast (mäst) *i.* direk, gemi direği.
mas.ter (mäs´tır) *i.* 1. efendi, sahip, patron, amir. 2. üstat. 3. *İng.* erkek öğretmen. 4. yönetici. 5. örnek. 6. kopya edilecek şey. 7. küçük bey. 8. kaptan. **M— of Arts** hümaniter bilimlerde master derecesi/yüksek lisans. **— of ceremonies** protokol görevlisi, teşrifatçı. **M— of Science** fen bilimlerinde master derecesi/yüksek lisans. **be — of** -in ustası olmak. **be one's own —** başına buyruk olmak.
mas.ter (mäs´tır) *s.* ana, temel, esas, asıl, baş. **— builder** mimar; kalfa. **— copy** orijinal, orijinal kopya, asıl. **— key** ana anahtar. **— plan** ana plan. **— switch** *elek.* ana anahtar. **— touch** 1. usta eli. 2. yerinde söz/davranış.
mas.ter (mäs´tır) *f.* 1. yenmek, üstesinden gelmek. 2. hükmetmek. 3. iyice öğrenmek, uzmanlaşmak: **Faruk's mastered French.** Faruk Fransızcayı çok iyi öğrendi.
mas.ter.ful (mäs´tırfıl) *s.* 1. amirane, buyurucu. 2. ustaca, ustalıklı.
mas.ter.ly (mäs´tırli) *s.* ustaca, ustalıklı.
mas.ter.mind (mäs´tırmaynd) *i.* bir işin beyni. *f.* (bir işin) beyni olmak.
mas.ter.piece (mäs´tırpis) *i.* 1. şaheser, başyapıt. 2. harika.
mas.ter.stroke (mäs´tır.strok) *i.* 1. mükemmel bir çözüm; (tartışmada) çok etkileyici bir cevap. 2. kesin başarı.
mas.ter.y (mäs´tıri, mäs´tri) *i.* 1. üstünlük, hâkim olma, hâkimiyet. 2. ustalık.
mas.tic (mäs´tik) *i.* 1. damlasakızı, sakız, mastika, sakızağacından çıkarılan reçine. 2. mastika,

sakız rakısı. 3. damlasakızağacı, sakızağacı. **— tree** damlasakızağacı, sakızağacı.
mas.ti.cate (mäs´tıkeyt) *f.* çiğnemek.
mas.ti.ca.tion (mästıkey´şın) *i.* çiğneme.
mas.tiff (mäs´tif) *i.* mastı (köpek).
mas.tur.bate (mäs´tırbeyt) *f.* mastürbasyon yapmak.
mas.tur.ba.tion (mästırbey´şın) *i.* mastürbasyon.
mat (mät) *i.* 1. hasır. 2. paspas. 3. altlık. 4. keçeleşmiş saç, kıllar, lifler v.b. 5. (saç, kıl, lif v.b.'nde) düğüm. *f.* (**—ted, —ting**) 1. hasır ile örtmek. 2. keçeleştirmek; keçeleşmek. 3. düğümlenmek, birbirine dolaşmak.
mat (mät) *i.* paspartu, resim ve çerçeve arasındaki karton kenar. *f.* (**—ted, —ting**) (resmin etrafına) paspartu geçirmek. *s.* mat, donuk.
mat.a.dor (mät´ıdôr) *i.* matador, boğa güreşçisi.
match (mäç) *i.* 1. eş, benzer, akran, denk. 2. uygun eş. 3. evlenme. 4. maç, karşılaşma. *f.* 1. (birbirine) uymak; (birbirine) uydurmak: **That tie doesn't match your suit.** O kravat elbisene uymuyor. 2. *bilg.* eşlemek, eşleştirmek, eşlendirmek. 3. karşılaştırmak. 4. (birinden/bir şeyden) aşağı kalmamak, (biriyle) at başı gitmek. 5. evlenmek; evlendirmek. **be a — for** (birinin) dengi olmak. **meet one's —** hakkından gelebilecek birine rastlamak.
match (mäç) *i.* kibrit.
match.box (mäç´baks) *i.* kibrit kutusu.
match.less (mäç´lis) *s.* eşsiz, emsalsiz, rakipsiz.
match.mak.er (mäç´meykır) *i.* çöpçatan.
match.mak.ing (mäç´meyking) *i.* çöpçatanlık.
mate (meyt) *i.* 1. eş, misil. 2. karı, koca, eş. 3. arkadaş. 4. ikinci kaptan, muavin. *f.* 1. eşlemek. 2. evlendirmek; evlenmek. 3. çiftleştirmek; çiftleşmek. 4. uymak. 5. *satranç* mat etmek.
ma.té (ma´tey) *i.* mate, Paraguay çayı.
ma.te.ri.al (mıtır´iyıl) *s.* 1. maddi, özdeksel. 2. bedensel. 3. önemli. 4. **to** -e değgin. *i.* 1. madde, özdek. 2. materyal, gereç, malzeme. 3. bez, dokuma, kumaş. **— well-being** maddi refah. **raw —** hammadde. **writing —s** yazı gereçleri/malzemesi.
ma.te.ri.al.ise (mıtır´iyılayz) *f., İng., bak.* **materialize.**
ma.te.ri.al.ism (mıtır´iyılîzım) *i.* materyalizm, maddecilik, özdekçilik.
ma.te.ri.al.ist (mıtır´iyılist) *i.* materyalist, maddeci, özdekçi.
ma.te.ri.al.is.tic (mıtıriyılîs´tik) *s.* materyalist, maddeci, özdekçi.
ma.te.ri.al.ize (mıtır´iyılayz) *f.* 1. maddileşmek; maddileştirmek. 2. gerçekleşmek. 3. (hortlak/ruh) görünmek, peydahlanmak.
ma.ter.nal (mıtır´nıl) *s.* 1. anneliğe özgü. 2. anneye yakışır. 3. anne tarafından. **— aunt** teyze.

— grandmother anneanne. **— uncle** dayı.
ma.ter.ni.ty (mıtır'nıti) *i.* analık, annelik. **— dress** hamile elbisesi. **— hospital** doğumevi, doğum hastanesi.
math. *kıs.* **mathematical, mathematician, mathematics.**
math (mäth) *i., k. dili* matematik.
math.e.mat.i.cal (mäthımät'ikıl) *s.* 1. matematiksel, matematikle ilgili. 2. kesin, tam.
math.e.ma.ti.cian (mäthımıtiş'ın) *i.* matematikçi.
math.e.mat.ics (mäthımät'iks) *i.* matematik.
maths (mäths) *i., İng., k. dili* matematik.
mat.i.née (mätıney') *i.* matine.
mat.ing (mey'ting) *i.* çiftleşme; çiftleştirme. **— season** çiftleşme mevsimi.
ma.tri.arch (mey'triyark) *i.* aile reisi sayılan kadın.
ma.tri.ar.chal (meytriyar'kıl) *s.* anaerkil, matriarkal, maderşahi.
ma.tri.ar.chy (mey'triyarki) *i.* anaerki, maderşahilik.
ma.tric.u.late (mıtrik'yıleyt) *f.* 1. kaydetmek. 2. (özellikle üniversiteye) öğrenci olarak kaydedilmek.
ma.tric.u.la.tion (mıtrıkıyley'şın) *i.* 1. öğrenci kaydı. 2. üniversite giriş sınavı.
mat.ri.mo.ny (mät'rımoni) *i.* evlenme, evlilik.
ma.trix (mey'triks), *çoğ.* **ma.tri.ces** (mey'trisiz)/**—es** (mey'triksız) 1. bir nesneye biçim veren veya dayanak olan şey. 2. *anat.* dölyatağı, rahim. 3. *mat., bilg., matb.* matris. 4. dişi kalıp. **— printer** *bilg.* matrisli yazıcı.
ma.tron (mey'trın) *i.* 1. (özellikle çocuğu olan) orta yaşlı evli kadın. 2. (hapishanede/yetimhanede) kadın yöneticisi. 3. başhemşire.
ma.tron.ly (mey'trınli) *s.* 1. ana gibi, anaç. 2. toplu, dolgun. 3. ağırbaşlı (kadın).
mat.ter (mät'ır) *i.* 1. özdek, madde. 2. konu, sorun, iş. 3. önem. 4. **of/for** neden. **a — of life and death** ölüm kalım meselesi. **a — of two dollars** iki dolar meselesi. **as a — of course** doğal olarak. **as a — of fact** aslında. **for that —** 1. ona gelince. 2. hatta. **in the — of** konusunda. **It's no laughing —.** İşin şakası yok./Şakaya gelmez. **No —.** Önemi yok./Zararı yok. **no — how difficult ....** ne kadar güç olursa olsun .... **printed —** basma, matbua. **reading —** okunacak şey. **What's the —?** Ne var?/Ne oldu?
mat.ter (mät'ır) *f.* önemi olmak, önem taşımak, fark etmek. **It doesn't —.** Önemi yok./Fark etmez. **What does it —?** Ne önemi var?/Ne olur ki?/Ne fark eder?
mat.ter-of-fact (mät'ırıvfäkt') *s.* 1. gerçekçi. 2. tabii, heyecansız.
mat.tress (mät'rıs) *i.* döşek, yatak, şilte.
ma.ture (mıçûr', mıtyûr') *f.* 1. olgunlaşmak; olgunlaştırmak. 2. erginleşmek. *s.* 1. olgun, ergin. 2. iyi hazırlanmış (plan, eser v.b.). 3. vadesi gelmiş, vadesi dolmuş.
ma.tur.i.ty (mıçûr'ıti, mıtyûr'ıti) *i.* 1. olgunluk, erginlik. 2. vade.
maud.lin (môd'lin) *s.* aşırı duygusal.
maul (môl) *f.* dövmek; berelemek; hırpalamak.
Mau.ri.ta.ni.a (môrıtey'niyı) *i.* Moritanya. **—n** *i.* Moritanyalı. *s.* 1. Moritanya, Moritanya'ya özgü. 2. Moritanyalı.
Mau.ri.tian (môriş'ın) *i.* Morityuslu. *s.* 1. Morityus, Morityus'a özgü. 2. Morityuslu.
Mau.ri.tius (môriş'ıs) *i.* Morityus.
mau.so.le.um (môsılî'yım) *i.* mozole, anıtmezar.
mauve (mov) *i.* leylak rengi. *s.* leylak renginde olan.
mav.er.ick (mäv'ırik) *i.* 1. damgalanmamış ve sahipsiz dana. 2. *k. dili* toplum kurallarına uymayan kimse. 3. parti disiplinine uymayan politikacı.
maw (mô) *i.* 1. mide; boğaz; ağız. 2. (korkunç bir yere açılan) ağız.
mawk.ish (mô'kiş) *s.* 1. tiksindirici. 2. aşırı dokunaklı.
max. *kıs.* **maximum.**
max.i (mäk'si) *i.* 1. maksi etek. 2. maksi palto.
max.im (mäk'sim) *i.* özdeyiş, özlü söz, vecize.
max.i.mal (mäk'sımıl) *s.* maksimal.
max.i.mum (mäk'sımım), *çoğ.* **—s** (mäk'sımımz)/**max.i.ma** (mäk'sımı) *i.* maksimum, azami derece, en yüksek düzey. *s.* maksimum, maksimal, azami.
May (mey) *i.* mayıs (ay). **— Day** 1 Mayıs.
may (mey) *yardımcı f.* **(might)** -ebilmek, -meli, -malı *(İzin, olanak, olasılık belirtir.):* **May I have a drink of water?** Bana bir bardak su verir misin? **He may or may not come tomorrow.** Yarın gelebilir de, gelmeyebilir de.
may.be (mey'bi) *z.* belki, olabilir.
May.day (mey'dey) *i.* Mayday (telsizle yapılan uluslararası imdat çağrısı).
may.hem (mey'hem) *i.* kargaşa.
may.on.naise (meyıneyz') *i.* mayonez.
may.or (mey'ır) *i.* belediye başkanı.
may.or.ess (mey'ıris) *i.* kadın belediye başkanı.
May.pole (mey'pol) *i.* 1 Mayıs'ta kızların etrafında dans ettiği çiçeklerle süslü direk.
may.pop (mey'pap) *i., bot.* çarkıfelek.
maze (meyz) *i.* 1. labirent. 2. şaşkınlık, hayret.
ma.zur.ka, ma.zour.ka (mızır'kı, mızûr'kı) *i.* mazurka.
M.C. *kıs.* **Master of Ceremonies.**
MC (em'si') *i.* protokol görevlisi, teşrifatçı.
Mc.Coy (mıkoy') *i.* **the real —** orijinal, gerçek.
M.D. *kıs.* **Doctor of Medicine.**
mdse. *kıs.* **merchandise.**
me (mi) *zam.* beni; bana. **Dear —!** Olur şey değil!

mead (mid) *i.* mayalandırılmış bal ve sudan yapılan alkollü bir içki.
mead.ow (med´o) *i.* çayır.
mea.ger, /ng. mea.gre (mi´gır) *s.* 1. yetersiz, eksik, az. 2. yavan, tatsız. 3. zayıf.
meal (mil) *i.* 1. elenmemiş kaba un. 2. una benzer şey.
meal (mil) *i.* yemek.
meal.time (mil´taym) *i.* yemek zamanı.
meal.y-mouthed (mi´limautht´, mi´limaudhd´) *s.* samimiyetsiz.
mean (min) *f.* **(—t)** 1. ... anlamına gelmek: **Does that mean she'll be late?** Yani geç mi gelecek? *To the egress means to the exit.* Mahrece demek çıkışa demek. 2. amaçlamak, niyet etmek, niyetlenmek: **He had meant to come early.** Erken gelmeyi amaçlamıştı. **He really means to do it.** Onu yapmaya azmetti. 3. demek istemek, kastetmek: **What do you mean?** Ne demek istiyorsun yani? 4. **for** (sözü) (birine) yöneltmek: **Did you mean that for me?** O sözü bana mı yönelttin? 5. **for** (bir şeyi) (biri) için yapmak/hazırlamak. **— business** çok ciddi olmak, şaka yapmamak: **This time she means business.** Bu kez ciddidir. **— little** -in değeri/önemi az olmak: **That prize means little to her.** Onun gözünde o ödülün pek az önemi var. **— well** -in niyeti iyi olmak. **You — everything to me.** Sen benim her şeyimsin.
mean (min) *s.* 1. adi, aşağı, bayağı. 2. alçak. 3. cimri, pinti. 4. *k. dili* huysuz. 5. *k. dili* zor, güç. 6. *argo* şahane, nefis. **no — cook** çok iyi bir aşçı.
mean (min) *s.* orta, vasat; ortalama. *i.* orta; ortalama. **— daily temperature** günlük ortalama sıcaklık. **— distance** ortalama uzaklık. **— pressure** ortalama basınç. **— solar time** ortalama güneş zamanı. **Greenwich M— Time** Greenwich ortalama zamanı.
me.an.der (miyän´dır) *f.* 1. dolambaçlı yoldan gitmek. 2. avare dolaşmak, gezinmek.
mean.ing (mi´ning) *i.* anlam, mana.
mean.ing.ful (mi´ningfıl) *s.* anlamlı, manalı.
mean.ing.less (mi´ninglıs) *s.* 1. anlamsız, manasız. 2. boş, abes.
means (minz) *i.* 1. araç, vasıta. 2. servet, varlık. 3. gelir, para. **— of transport** ulaşım araçları, taşıtlar. **— to an end** araç, vasıta. **by all** -elbette. **by any —** 1. ne şekilde olursa olsun, ne pahasına olursa olsun. 2. hiç. **by — of** aracılığıyla, vasıtasıyla. **by no —** asla, katiyen.
meant (ment) *f., bak.* **mean.**
mean.time (min´taym) *i.* **in the —** o/bu arada, o/bu süre içinde.
mean.while (min´hwayl) *z.* bu arada.
mea.sles (mi´zılz) *i.* kızamık. **German —** kızamıkçık.
mea.sly (miz´li) *s.* 1. kızamıklı. 2. *argo* adi, değersiz.
meas.ure (mej´ır) *i.* 1. ölçü, miktar. 2. ölçüm, ölçme. 3. önlem, tedbir. 4. derece. 5. *şiir* ölçü, vezin. 6. *müz.* ölçü. 7. ölçüt, kriter. **beyond —** son derece. **for good —** fazladan, ek olarak. **full —** tam ölçü. **in some —** bir dereceye kadar, kısmen. **liquid —** sıvı oylum ölçüsü. **made to —** ısmarlama yapılmış (elbise). **short —** eksik ölçü. **take —s** önlem almak, hazırlıklı bulunmak. **take someone's —** birinin karakterini/yeteneğini sınamak. **tape —** mezura, mezür, şerit metre.
meas.ure (mej´ır) *f.* 1. ölçmek; ölçüsünü almak: **Measure the height of that door right now!** O kapının yüksekliğini hemen ölç! **The tailor is measuring me for a new suit.** Terzi yeni bir elbise için ölçümü alıyor. **They're going to measure Zeki's intelligence.** Zeki'nin zekâsını ölçecekler. 2. -in ölçüleri ... olmak: **That piece of paper measures ten centimeters by twelve centimeters.** O kâğıdın ölçüleri on çarpı on iki santimetre. **— out** ölçüp ayırmak. **— up** 1. istenilen ölçülere göre/uygun olmak. 2. **to** kadar iyi olmak: **Gül doesn't measure up to Derya.** Gül, Derya kadar iyi değil. **Her performance that day didn't measure up to her ability.** O günkü performansı asıl yeteneğinin gerisinde kaldı. **How did he — up?** Diğerlerine göre nasıldı o?
meas.ured (mej´ırd) *s.* 1. ölçülü. 2. düzgün, düzenli. 3. hesaplı, ölçülü.
meas.ure.less (mej´ırlıs) *s.* ölçüsüz, sınırsız, hesapsız.
meas.ure.ment (mej´ırmınt) *i.* 1. ölçü. 2. ölçme, ölçüm.
meas.ur.ing (mej´ıring) *i.* ölçme, ölçüm. **— cup** ölçü kabı. **— spoon** ölçü kaşığı.
meat (mit) *i.* 1. yenecek et, et. 2. öz. **— loaf** rulo köfte. **— packing** toptan kasap işi. **— pie** etli börek.
meat.y (mit´i) *s.* 1. etli. 2. özlü, dolgun.
Mec.ca (mek´ı) *i.* Mekke.
mech. *kıs.* **mechanical, mechanics, mechanism.**
me.chan.ic (mıkän´ik) *i.* makinist, makine ustası.
me.chan.i.cal (mıkän´ıkıl) *s.* 1. mekanik. 2. makineye ait. **— drawing** teknik resim. **— engineer** makine mühendisi.
me.chan.i.cal.ly (mıkän´ıkıli) *z.* mekanik olarak.
me.chan.ics (mıkän´iks) *i., fiz.* mekanik.
mech.a.nise (mek´ınayz) *f., İng., bak.* **mechanize.**
mech.a.nism (mek´ınizım) *i.* 1. mekanizma. 2. işleyiş. 3. *fels.* mekanikçilik, mekanizm.
mech.a.ni.za.tion (mekınizey´şın) *i.* makineleştirme; makineleşme.

mech.a.nize, *İng.* **mech.a.nise** (mek´ınayz) *f.* 1. makineleştirmek. 2. *ask.* mekanize etmek.
mech.a.nized (mek´ınayzd) *s.* 1. makineleştirilmiş. 2. *ask.* mekanize.
me.co.ni.um (mıko´niyım) *i.* ilkdışkı, mekonyum.
med. *kıs.* **medicine, medieval, medium.**
med.al (med´ıl) *i.* madalya.
med.al.ist (med´ılist) *i.* 1. madalya yapan kimse. 2. madalya kazanan kimse.
me.dal.lion (mıdäl´yın) *i.* madalyon.
med.dle (med´ıl) *f.* karışmak, burnunu sokmak.
med.dler (med´lır) *i.* herkesin işine karışan kimse, her şeye burnunu sokan kimse, işgüzar.
med.dle.some (med´ılsım) *s.* her şeye burnunu sokan, her işe karışan, işgüzar.
med.fly (med´flay) *i.* akdenizmeyvesineği.
me.di.a (mi´diyı) *i., çoğ.* araçlar, vasıtalar. **the —** medya, kitle iletişim araçları.
me.di.ae.val (mi´diyi´vıl) *s., bak.* **medieval.**
me.di.al (mi´diyıl) *s.* 1. orta. 2. ortada olan.
me.di.an (mi´diyın) *s.* orta. *i.* 1. orta. 2. medyan. 3. *geom.* kenarortay.
me.di.ate (mi´diyeyt) *f.* 1. aracılık etmek, arabuluculuk etmek, aracı olmak, araya girmek. 2. ara bulmak.
me.di.ate (mi´diyıt) *s.* 1. dolaylı ilgisi olan, doğrudan doğruya olmayan. 2. ortada olan, ikisi ortası.
me.di.a.tion (midiyey´şın) *i.* aracılık, arabuluculuk.
me.di.a.tor (mi´diyeytır) *i.* arabulucu, aracı.
med.i.cal (med´ıkıl) *s.* 1. tıbba ait, tıbbi. 2. iyileştirici.
Med.i.care (med´iker) *i., ABD* (yaşlılar için) devlet sağlık sigortası.
med.i.cate (med´ıkeyt) *f.* 1. ilaçla tedavi etmek. 2. ilaçlamak; içine ilaç katmak.
med.i.cat.ed (med´ıkeytid) *s., tıb.* ilaçlı.
med.i.ca.tion (medikey´şın) *i., tıb.* 1. ilaç. 2. ilaçla tedavi.
me.dic.i.nal (mıdis´ınıl) *s.* ilaç özelliği olan, iyileştirici, tedavi edici, tıbbi.
med.i.cine (med´ısın) *i.* 1. ilaç. 2. tıp, hekimlik. **patent —** hazır ilaç, müstahzar. **take one's —** hak ettiği cezaya boyun eğmek.
me.di.e.val (midi´vıl) *s.* ortaçağa ait, ortaçağa özgü.
Me.di.na (mıdi´nı) *i.* Medine.
me.di.o.cre (midiyo´kır) *s.* alelade, olağan, sıradan, ne iyi ne kötü, orta karar.
me.di.oc.ri.ty (midiyak´nti) *i.* aleladelik, sıradanlık.
med.i.tate (med´ıteyt) *f.* 1. **(on)** (-i) derin derin düşünmek. 2. meditasyon yapmak.
med.i.ta.tion (medıtey´şın) *i.* 1. derin derin düşünme. 2. meditasyon. 3. derin düşüncelerin ürünü olan yazı.
Med.i.ter.ra.ne.an (medıtırey´niyın) *s.* Akdeniz, Akdeniz'e veya Akdeniz bölgesine özgü. **— fruit fly** akdenizmeyvesineği. **the —** Akdeniz. **the — Sea** Akdeniz.
me.di.um (mi´diyım), *çoğ.* **—s** (mi´diyımz)/**me.di.a** (mi´diyı) *i.* 1. orta. 2. çevre, ortam. 3. araç, vasıta. *s.* 1. orta. 2. ortalama. **— frequency** *radyo* orta dalga. **through the — of** aracılığıyla, vasıtasıyla.
me.di.um (mi´diyım) *i.* (*çoğ.* **—s**) medyum.
me.di.um-sized (mi´diyımsayzd´) *s.* orta boy.
med.lar (med´lır) *i.* muşmula, döngel, beybıyık.
med.ley (med´li) *i.* 1. karmakarışık şey. 2. *müz.* potpuri.
me.dul.la ob.lon.ga.ta (midʌl´ı ablông.ga´tı), *çoğ.* **me.dul.la ob.lon.ga.tas** (midʌl´ı ablông.ga´tız)/**me.dul.lae ob.lon.ga.tae** (midʌl´i ablông.ga´ti) *anat.* soğancık.
meek (mik) *s.* 1. fazla uysal, hiç sesini çıkarmayan. 2. alçakgönüllü. **as — as a lamb** kuzu gibi, uysal.
meek.ly (mik´li) *z.* uysalca.
meek.ness (mik´nis) *i.* uysallık.
meek-spir.it.ed (mik´spiritid) *s.* alçakgönüllü.
meer.schaum (mir´şım) *i.* 1. eskişehirtaşı, lületaşı, denizköpüğü, manyezit. 2. lületaşı pipo.
meet (mit) *f.* **(met)** 1. -e rastlamak, -e rast gelmek, ile karşılaşmak: **I met Deniz by chance on my way to work.** İşe giderken Deniz'e rastladım. 2. karşılamak: **They plan to meet him at the bus stop.** Onu otobüs durağında karşılamayı tasarlıyorlar. 3. tanışmak: **I met him for the first time last year.** Onunla geçen yıl tanıştım. 4. (masraf, borç v.b.'ni) ödemek, karşılamak. 5. *spor* karşılaşmak: **The two teams will meet again on Saturday.** İki takım cumartesi günü yeniden karşılaşacak. 6. buluşmak: **Let's meet in front of the restaurant at nine o'clock.** Saat dokuzda lokantanın önünde buluşalım. 7. toplanmak: **The staff will meet in the conference room.** Personel toplantı odasına toplanacak. 8. **with** ile karşılaşmak: **He met with several problems.** Birkaç sorunla karşılaştı. 9. **with** ile görüşmek: **I met with him over lunch.** Onunla öğle yemeğinde görüştüm. 10. **with -e** uğramak: **He met with an accident.** Kazaya uğradı.
meet (mit) *i.* karşılaşma, atletizm yarışması.
meet.ing (mi´ting) *i.* 1. toplantı. 2. birleşme, bitişme. 3. miting. **— place** 1. toplantı yeri. 2. buluşma yeri. **summit —** *pol.* zirve toplantısı.
meg.a.hertz (meg´ıhırts) *i., fiz.* megahertz.
meg.a.lo.ma.ni.a (megılomey´niyı) *i., ruhb.* megalomani, büyüklük hastalığı.
meg.a.lo.ma.ni.ac (megılomey´niyäk) *i., s., ruhb.* megaloman.
meg.a.phone (meg´ıfon) *i.* megafon.

meg.a.ton (meg´ıtʌn) *i.* megaton.
meg.a.watt (meg´ıwat) *i.* megavat.
mel.an.chol.y (mel´ınkali) *i.* melankoli, karasevda. *s.* 1. melankolik. 2. kasvetli.
Mel.a.ne.sia (melıni´jı) *i.* Melanezya. **—n** *i.* Melanezyalı. *s.* 1. Melanezya, Melanezya'ya özgü. 2. Melanezyalı.
mé.lange (melanj´) *i.* karışık şey, karışım.
mel.ba (mel´bı) *i.* **— toast** bir çeşit gevrek.
meld (meld) *f.* birbirine karışmak.
me.lee (mey´ley) *i.* meydan kavgası.
mel.io.rate (mil´yıreyt) *f.* düzeltmek, iyileştirmek; düzelmek, iyileşmek.
mel.low (mel´o) *s.* 1. olgun. 2. yıllanmış (şarap). 3. yumuşak, tatlı (ses/renk). 4. iyi huylu. 5. keyifli. 6. yumuşak (toprak). *f.* 1. olgunlaşmak. 2. yumuşatmak; yumuşamak.
me.lo.di.ous (mılo´diyıs) *s.* 1. ahenkli. 2. melodik, ezgili.
mel.o.dra.ma (mel´ıdramı) *i.* melodram.
mel.o.dra.mat.ic (melıdrımät´ik) *s.* 1. melodram türünden. 2. aşırı duygusal.
mel.o.dy (mel´ıdi) *i.* melodi, ezgi.
mel.on (mel´ın) *i.* 1. kavun; karpuz. 2. *argo* havadan gelen kâr. **cut the —** *argo* kân paylaşmak.
melt (melt) *f.* (**—ed**, **—ed/*eski* mol.ten**) 1. eritmek; erimek. 2. yumuşatmak; yumuşamak. 3. **away** yok etmek; yok olmak, kaybolmak. 4. **into** -in içine karışmak. **— into tears** gözyaşlarına boğulmak. **—ing point** erime noktası. **—ing pot** 1. pota. 2. çeşitli ırk ve ulustan insanların kaynaştığı yer.
mem.ber (mem´bır) *i.* 1. üye. 2. organ. **— of parliament** milletvekili.
mem.ber.ship (mem´bırşip) *i.* 1. üyelik. 2. üyeler.
mem.brane (mem´breyn) *i.* zar, örtenek.
me.men.to (mımen´to) *i.* (*çoğ.* **—s/—es**) hatıra, andaç, yadigâr.
mem.o (mem´o) *i., k. dili* kısa not.
mem.oir (mem´war) *i.* 1. biyografi. 2. inceleme yazısı, rapor.
mem.oirs (mem´warz) *i.* anılar, hatırat.
mem.o.ra.bil.i.a (memırıbil´iyı) *i., çoğ.* hatırlanmaya değer şeyler.
mem.o.ra.ble (mem´ırıbıl) *s.* anmaya değer, hatırlanmaya değer.
mem.o.ran.dum (memırän´dım), *çoğ.* **—s** (mıräm´dımz)/**mem.o.ran.da** (memırän´dı) *i.* 1. muhtıra. 2. not. 3. *huk.* layiha.
me.mo.ri.al (mımôr´iyıl) *s.* hatırlatıcı. *i.* 1. anıt. 2. muhtıra, önerge.
me.mo.ri.al.ize, *İng.* **me.mo.ri.al.ise** (mımôr´iyılayz) *f.* 1. takdirle anmak. 2. anma töreni yapmak.
mem.o.rize, *İng.* **mem.o.rise** (mem´ırayz) *f.* ezberlemek, ezbere öğrenmek.

mem.o.ry (mem´ıri) *i.* 1. bellek, hafıza. 2. hatır. 3. hatıra, anı. **in — of** -in anısına, -in hatırasına.
men.ace (men´is) *i.* 1. tehdit, gözdağı. 2. tehdit eden şey. *f.* tehdit etmek, gözdağı vermek.
me.nag.er.ie (mınäc´ıri) *i.* 1. yabanıl hayvanlar koleksiyonu. 2. yabanıl hayvanların sergilendiği yer.
mend (mend) *f.* 1. onarmak, tamir etmek. 2. düzeltmek. 3. iyileşmek. **M— your ways.** Davranışlarına dikkat et. **the —ing** onarılacak çamaşırlar.
mend (mend) *i.* onarım, tamir. **on the —** iyileşmekte, gelişen, düzelen.
men.da.cious (mendey´şıs) *s.* 1. yalancı. 2. yalan.
men.dac.i.ty (mendäs´iti) *i.* yalancılık.
men.di.cant (men´dıkınt) *s.* 1. dilencilik eden, dilenen. 2. dilenciye özgü. *i.* dilenci.
me.ni.al (mi´niyıl) *s.* 1. hizmetçiye ait. 2. köleye yakışır. 3. bayağı, adi, aşağılık. *i.* hizmetçi.
men.in.gi.tis (menıncay´tis) *i., tıb.* menenjit.
men.o.pause (men´ıpôz) *i.* menopoz.
men.stru.al (men´struwıl) *s.* âdetle ilgili, aybaşına ait, menstrüel.
men.stru.ate (men´struweyt, men´streyt) *f.* âdet görmek, aybaşı olmak.
men.stru.a.tion (menstruwey´şın) *i.* menstrüasyon, âdet, aybaşı.
men.tal (men´tıl) *s.* 1. zihinsel, zihni, akıl ile ilgili. 2. *argo* deli, kaçık. **— age** akıl yaşı. **— arithmetic** akıldan yapılan hesap. **— deficiency/retardation** geri zekâlılık, zekâ geriliği, zihinsel özür. **— hospital** akıl hastanesi.
men.tal.i.ty (mentäl´iti) *i.* 1. zihniyet, düşünüş. 2. anlak, zekâ.
men.tal.ly (men´tıli) *z.* aklen, zihnen. **— deficient** geri zekâlı, zihinsel özürlü.
men.thol (men´thôl) *i.* mentol.
men.tho.lat.ed (men´thıleytid) *s.* mentollü.
men.tion (men´şın) *i.* 1. söyleme. 2. bahsetme, anma. *f.* anmak, sözünü etmek, -den söz etmek, -den bahsetmek. **Don't — it.** Bir şey değil./Estağfurullah. **honorable —** mansiyon. **make — of** -i anmak, -in sözünü etmek.
men.tor (men´tır) *i.* rehber, danışman; akıl hocası, yol gösterici.
men.u (men´yu) *i.* 1. yemek listesi, menü. 2. *bilg.* menü.
me.ow (miyau´, myau´) *i.* miyav. *f.* miyavlamak.
mer.can.tile (mır´kıntil, mır´kıntayl) *s.* ticarete ait, ticari.
mer.ce.nar.y (mır´sıneri) *s.* 1. kâr gözeten, çıkarcı, paragöz. 2. (yabancı orduda hizmet eden) paralı (asker). *i.* (yabancı orduda hizmet eden) paralı asker.
mer.cer (mır´sır) *i., İng.* kumaşçı, kumaş satıcısı.
mer.cer.ise (mır´sırayz) *f., İng., bak.* **mercerize.**

mer.cer.ised (mır'sırayzd) s., İng., bak. **mercerized**.
mer.cer.ize, İng. **mer.cer.ise** (mır'sırayz) f. merserizelemek.
mer.cer.ized, İng. **mer.cer.ised** (mır'sırayzd) s. merserize.
mer.chan.dise (mır'çındayz) i. ticari eşya, emtia, mal. f. alıp satmak, -in ticaretini yapmak.
mer.chant (mır'çınt) i. tüccar. s. ticari. **— marine** ticaret filosu. **— prince** çok zengin tüccar.
mer.chant.man (mır'çıntmın), çoğ. **mer.chant.men** (mır'çıntmin) i. ticaret gemisi.
mer.ci.ful (mır'sıfıl) s. 1. merhametli. 2. acı çektirmeyen.
mer.ci.less (mır'sılis) s. merhametsiz, amansız, acımasız.
mer.cu.ri.al (mırkyûr'iyıl) s. 1. cıvalı. 2. canlı, cıva gibi. 3. değişken.
Mer.cu.ry (mır'kyıri) i., gökb. Merkür.
mer.cu.ry (mır'kyıri) i., kim. cıva.
mer.cy (mır'si) i. 1. merhamet. 2. insaf. **M—!** ünlem Aman!/Allah aşkına! **be at the — of** -in insafına kalmış olmak. **For —'s sake!** Aman!/Allah aşkına!
mere (mir) s. 1. katkısız, saf. 2. önemsiz.
mere.ly (mir'li) z. yalnızca, yalnız, sadece, ancak.
mer.est (mir'ıst) s. en az, en ufak.
merge (mırc) f. 1. birleşmek; birleştirmek. 2. içine karışıp kaybolmak.
merg.er (mır'cır) i. iki veya daha çok şirketin birleşmesi.
me.rid.i.an (mırîd'iyın) i. 1. meridyen. 2. doruk, zirve. s. meridyen.
me.ringue (mıräng') i., ahçı. 1. beze. 2. (turtanın üzerine konulduktan sonra pişirilen) çırpılmış yumurta akı, şeker v.b. karışımı, mereng.
me.ri.no (mıri'no) i. merinos. **— wool** merinos yünü, merinos.
mer.it (mer'it) s. 1. değer. 2. erdem, fazilet. f. -i hak etmek, -e layık olmak; -e değmek. **— system** devlet memurluğunda başarıya göre atama ve terfi sistemi. **evaluate someone/ something on his/its own —s** birini/bir şeyi kendi yeteneklerine/özelliklerine göre değerlendirmek. **on his —s** değerine göre.
mer.i.to.ri.ous (merıtôr'iyıs) s. övgüye değer, saygıya değer.
mer.lon (mır'lın) i. mazgal dişi/siperi.
mer.maid (mır'meyd) i. denizkızı.
mer.ri.ly (mer'ıli) z. neşeyle.
mer.ri.ment (mer'imınt) i. 1. eğlence, keyif. 2. şenlik, neşe, keyif.
mer.ry (mer'i) s. 1. şen, neşeli, keyifli. 2. neşe verici, keyiflendirici. **make —** eğlenmek.
mer.ry-go-round (mer'igoraund) i. atlıkarınca.
mer.ry.mak.ing (mer'imeyking) i. cümbüş, eğlence.

me.sa (mey'sı) i. mesa, masatepe.
mesh (meş) i. 1. ağ gözü. 2. ağ, şebeke. 3. çark dişlerinin birbirine girmesi. f. 1. ağ ile tutmak. 2. (çark dişlerini) birbirine geçirmek; birbirine geçmek. **in —** birbirine girmiş.
mes.mer.ize, İng. **mes.mer.ise** (mez'mırayz) f. 1. ipnotizmayla uyutmak. 2. büyülemek, gözünü bağlamak.
Mes.o.po.ta.mi.a (mesıpıtey'miyı) i. Mezopotamya.
mess (mes) i. 1. karışıklık, düzensizlik, dağınıklık. 2. karışık durum, güç/utandırıcı durum. 3. pislik, kirlilik. f. 1. yüzüne gözüne bulaştırmak, berbat etmek. 2. kirletmek, bozmak. 3. altüst etmek. **— around with** argo ile uğraşmak/ilgilenmek. **— up** 1. yüzüne gözüne bulaştırmak. 2. kirletmek, bozmak. 3. altüst etmek. **make a — of** 1. -i altüst etmek. 2. -i berbat etmek.
mes.sage (mes'îc) i. 1. mesaj, haber. 2. resmi bildiri.
mes.sen.ger (mes'ıncır) i. 1. haberci, ulak. 2. kurye.
Mes.si.ah (mısay'ı) i. **the —** Mesih, Hz. İsa.
mes.si.ah (mısay'ı) i. kurtarıcı.
met (met) f., bak. **meet**.
met.a.bol.ic (metıbal'îk) s. metabolik.
me.tab.o.lism (mıtäb'ılizm) i., biyol. metabolizma.
met.al (met'ıl) i. metal, maden. s. metal, metalik, madeni.
me.tal.lic (mıtäl'îk) s. metalik, madeni.
met.al.lur.gi.cal (metılır'cikıl) s. metalurjik, metalbilimsel.
met.al.lur.gy (met'ılırci) i. metalurji, metalbilim.
met.a.mor.phic (metımôr'fik) s. başkalaşmış, metamorfik.
met.a.mor.phose (metımôr'foz) f. başkalaştırmak; başkalaşmak.
met.a.mor.pho.sis (metımôr'fısis), çoğ. **met.a.mor.pho.ses** (metımôr'fısiz) i. başkalaşma, başkalaşım, metamorfoz.
met.a.phor (met'ıfôr) i. mecaz.
met.a.phor.ic (metıfôr'îk) s., bak. **metaphorical**.
met.a.phor.i.cal (metıfôr'îkıl) s. mecazi.
met.a.phor.i.cal.ly (metıfôr'îkli) z. mecazen.
met.a.phys.i.cal (metıfîz'îkıl) s. metafizik, doğaötesi, fizikötesi.
met.a.phys.ics (metıfîz'îks) i. metafizik, doğaötesi, fizikötesi.
met.a.pla.sia (metıpley'jı) i., biyol. dönüşüm, metaplazi.
met.a.psy.chic (metısay'kik) s. ruhötesi, metapsişik.
met.a.psy.chics (metısay'kiks) i. ruhötesi, metapsişik.
me.tas.ta.sis (mıtäs'tısis), çoğ. **me.tas.ta.ses** (mıtäs'tısiz) i. metastaz.

me.tath.e.sis (mıtäth´ısis), *çoğ.* **me.tath.e.ses** (mıtäth´ısiz) *i., dilb.* göçüşme, yer değiştirme, metatez.
mete (mit) *f.* out vermek.
me.tem.psy.cho.sis (mıtemsıko´sis), *çoğ.* **me.tempsy.cho.ses** (mıtemsıko´siz) *i.* ruhgöçü, tenasüh.
me.te.or (mi´tiyır) *i.* akanyıldız, meteor.
me.te.or.ic (mitiyôr´ik) *s.* 1. akanyıldıza ait. 2. akanyıldıza benzer. 3. parlak, göz kamaştırıcı. 4. çok hızlı.
me.te.or.ite (mi´tiyırayt) *i.* göktaşı, meteortaşı, meteorit.
me.te.or.o.log.i.cal (mitiyırılac´ıkıl) *s.* meteorolojik.
me.te.or.ol.o.gist (mitiyıral´ıcist) *i.* meteoroloji uzmanı.
me.te.or.ol.o.gy (mitiyıral´ıci) *i.* meteoroloji.
me.ter (mi´tır) *i.* sayaç, saat. *f.* saat ile ölçmek. **gas —** havagazı/doğalgaz sayacı. **water —** su sayacı.
me.ter, *İng.* **me.tre** (mi´tır) *i.* metre.
me.ter, *İng.* **me.tre** (mi´tır) *i.* 1. *şiir* vezin, ölçü. 2. *müz.* ölçü.
meth.ane (meth´eyn) *i., kim.* metan.
meth.od (meth´ıd) *i.* 1. yöntem, metot, usul, yol. 2. düzen.
me.thod.i.cal (mıthad´ıkıl) *s.* 1. yöntemli, metotlu. 2. düzenli, sistemli.
me.thod.i.cal.ly (mıthad´ıkli) *z.* düzenli olarak.
meth.od.o.log.i.cal (methıdılac´ıkıl) *s.* metodolojik, yöntembilimsel.
meth.od.ol.o.gy (methıdal´ıci) *i.* metodoloji, yöntembilim.
meth.yl (meth´ıl) *i.* metil. **— alcohol** metil alkol.
me.tic.u.lous (mıtik´yılıs) *s.* çok titiz, çok dikkatli.
me.tic.u.lous.ness (mıtik´yılısnis) *i.* titizlik.
me.tre (mi´tır) *i., İng., bak.* **meter.**
met.ric (met´rik), **met.ri.cal** (met´rikıl) *s.* 1. metrik, metre ile ilgili. 2. metrik, metre sistemini kullanan. 3. *şiir* vezinli, ölçülü. **— system** metre sistemi, metrik sistem.
met.ro (met´ro) *s., k. dili* anakente ait, metropoliten. *i.* (İngiltere hariç, Avrupa'da bulunan) metro.
met.ro.nome (met´rınom) *i., müz.* metronom.
me.trop.o.lis (mıtrap´ılis) *i.* anakent, büyükşehir, metropol.
met.ro.pol.i.tan (metrıpal´ıtın) *s.* 1. anakente ait, metropoliten. 2. *Hırist.* metropolite ait. *i., Hırist.* metropolit.
met.tle (met´ıl) *i.* 1. huy, mizaç. 2. yüreklilik, atılganlık. **be on one's —** elinden geleni yapmaya hazır olmak. **test someone's —** birinin cesaretini ve atakılığını sınamak.
mew (myu) *f.* 1. miyavlamak. 2. (martı) miyavlar gibi ses çıkarmak. *i.* miyav.
Mex.i.co (mek´sıko) *i.* Meksika. **Mexican** *i.*

Meksikalı. *s.* 1. Meksika, Meksika'ya özgü. 2. Meksikalı.
mez.za.nine (mez´ınin) *i.* asmakat.
mi.aow (mi´yav) *i., f., bak.* **meow.**
mi.ca (may´kı) *i.* mika, evrenpulu.
mice (mays) *i., çoğ., bak.* **mouse.**
Mich.ael.mas (mik´ılmıs) *i., Hırist.* başmeleklerden Mikâil'in 29 Eylül'de kutlanan yortusu. **— daisy** saraypatı, aster.
micro- *önek* mikro-, küçük.
mi.crobe (may´krob) *i.* mikrop.
mi.cro.bi.al (maykro´biyıl) *s.* mikrobik.
mi.cro.bic (maykro´bik) *s.* mikrobik.
mi.cro.bi.ol.o.gist (maykrobayal´ıcist) *i.* mikrobiyolog.
mi.cro.bi.ol.o.gy (maykrobayal´ıci) *i.* mikrobiyoloji.
mi.cro.ce.phal.ic (maykrosıfäl´ik) *s.* mikrosefal. **bak.** microcephalic.
mi.cro.ceph.a.lous (maykrosef´ılıs) *s., bak.* **microcephalic.**
mi.cro.ceph.a.lus (maykrosef´ılıs), *çoğ.* **mi.cro.ceph.a.li** (maykrosef´ilay) *i.* mikrosefal.
mi.cro.ceph.a.ly (maykrosef´ili) *i.* mikrosefali.
mi.cro.chip (may´krıçip) *i., bilg.* yongacık.
mi.cro.coc.cus (maykrokak´ıs), *çoğ.* **mi.cro.coc.ci** (maykrokak´say) *i.* mikrokok.
mi.cro.cop.y (may´krıkapi) *i.* mikrokopya.
mi.cro.e.co.nom.ics (maykro.ikınam´iks) *i.* mikroiktisat.
mi.cro.fiche (may´krıfiş) *i.* mikrofiş.
mi.cro.film (may´krıfilm) *i.* mikrofilm.
mi.crom.e.ter (maykram´ıtır) *i.* mikrometre.
mi.cron (may´kran) *i.* mikron.
Mi.cro.ne.sia (maykrıni´ji) *i.* Mikronezya. **—n** *i.* Mikronezyalı. *s.* 1. Mikronezya, Mikronezya'ya özgü. 2. Mikronezyalı.
mi.cro.or.gan.ism (maykrowôr´gınizım) *i.* mikroorganizma.
mi.cro.phone (may´krıfon) *i.* mikrofon.
mi.cro.scope (may´krıskop) *i.* mikroskop.
mi.cro.scop.ic (maykrıskap´ik) *s.* 1. mikroskobik. 2. çok ufak.
mi.cro.sec.ond (may´krosekınd) *i.* mikrosaniye.
mi.cro.sur.ger.y (may´krosırcıri) *i.* mikrocerrahi.
mi.cro.wave (may´krıweyv) *i.* mikrodalga. **— oven** mikrodalga fırın.
mid (mid) *s.* orta, ortadaki.
mid- *önek* orta, ortadaki.
mid-air (mid´er´) *s.* havadaki.
mid.day (mid´dey) *i.* öğle, gün ortası.
mid.dle (mid´ıl) *s.* 1. orta, vasat. 2. ortadaki, aradaki. *i.* orta yer, orta. **— age** orta yaş. **— C** *müz.* do. **— class** orta sınıf, burjuva. **the M— East** Ortadoğu. **the M— West** ABD'nin orta bölgesi.
mid.dle-aged (mid´ıleycd´) *s.* orta yaşlı.

mid.dle-class (mid´ılkläs) s. orta sınıftan, burjuva; orta sınıfa özgü.
mid.dle.man (mid´ılmän), çoğ. **mid.dle.men** (mid´ılmen) i. komisyoncu, aracı.
mid.dle.most (mid´ılmost) s. en ortadaki.
mid.dle-of-the-road (mid´ılıvdhırod´) s. ılımlı bir yol/politika izleyen, ılımlı.
mid.dle-sized (mid´ılsayzd) s. orta boy.
mid.dle.weight (mid´ılweyt) i. ortasıklet, ortaağırlık.
mid.dling (mid´ling) s. 1. orta, iyice. 2. orta sınıfa özgü. z., k. dili şöyle böyle.
midg.et (mic´it) i. cüce.
mid.i (mid´i) i. 1. midi etek. 2. midi palto.
mid.land (mid´lınd) s. ülkenin iç kısmında bulunan. i. bir ülkenin iç kısmı.
mid.most (mid´most) s. en orta yerdeki, tam ortadaki.
mid.night (mid´nayt) i. gece yarısı. **burn the — oil** gece yarısına kadar çalışmak.
mid.point (mid´poynt) i. orta, göbek, orta yer.
mid.riff (mid´rif) i. 1. göğüsle karın arasındaki kısım. 2. anat. diyafram.
midst (midst) i. orta, orta yer. edat ortasında. **in our —** aramızda. **in the — of** -in ortasında, -in arasında.
mid.stream (mid´strim) i. nehrin orta yeri.
mid.sum.mer (mid´sʌmır) i. yaz ortası.
mid.term (mid´tırm) i. 1. sömestr ortası. 2. sömestr ortasında yapılan sınav.
mid.way (mid´wey) s. yarı yolda olan. z. yarı yolda.
mid.week (mid´wik) i. hafta ortası.
Mid.west (mid´west´) i. **the —** ABD'nin orta bölgesi.
mid.wife (mid´wayf), çoğ. **mid.wives** (mid´wayvz) i. ebe.
mid.wife.ry (mid´wayfıri, mid´wayfri, İng. mid´wifıri, mid´wifri) i. ebelik.
mid.win.ter (mid´win´tır) i. kış ortası, karakış.
mid.year (mid´yir) s. sene ortasındaki. i. sene ortasında yapılan sınav.
mien (min) i. 1. surat, çehre. 2. eda, tavır.
miff (mif) f. küstürmek, darıltmak.
might (mayt) i. güç, kuvvet, kudret. **with — and main** var gücüyle, elinden geldiği kadar.
might (mayt) f., bak. **may**.
might.y (may´ti) s. 1. güçlü, kuvvetli, kudretli. 2. güçlü, büyük. z., k. dili bayağı, çok.
mi.gnon.ette (minyınet´) i. muhabbetçiçeği.
mi.graine (may´greyn, İng. mi´greyn) i. migren.
mi.grant (may´grınt) i. göçmen.
mi.grate (may´greyt) f. göç etmek.
mi.gra.tion (maygrey´şın) i. göç.
mi.gra.to.ry (may´grıtôri) s. 1. göçmen, göçebe, göçer. 2. göçle ilgili. — **bird** göçmen kuş.

mih.rab (mi´rıb) i. mihrap.
mike (mayk) i., k. dili mikrofon.
mil. kıs. military.
mil.age (may´lic) i., bak. **mileage**.
milch (milç) s. süt veren, sağmal.
mild (mayld) s. 1. yumuşak başlı, ılımlı. 2. hafif. 3. ılıman (iklim).
mil.dew (mil´du) i. 1. küf. 2. mildiyu. f. küflendirmek; küflenmek.
mild.ly (mayld´li) z. 1. kibarca. 2. biraz.
mile (mayl) i. mil (uzaklık ölçü birimi).
mile.age (may´lic) i. mil hesabı ile uzaklık. **get a lot of — out of** k. dili (bir şeyden) uzun süre yararlanmak. **get good —** (otomobil/kamyon) (nispeten) az benzin yakmak.
mile.om.e.ter (maylam´ıtır) i., İng. mil sayacı.
mile.stone (mayl´ston) i. 1. kilometre taşı. 2. önemli bir olay, dönüm noktası.
mil.foil (mil´foyl) i., bot. 1. binyaprak. 2. civanperçemi, kandilçiçeği.
mi.lieu (milyö´) i. (çoğ. **—s/—x**) ortam, çevre.
mil.i.tant (mil´ıtınt) s. 1. kavgacı. 2. militan. i. militan.
mil.i.tar.y (mil´ıteri) s. askeri. i. **the —** silahlı kuvvetler, ordu. — **police** askeri inzibat.
mil.i.tate (mil´ıteyt) f. — **against** -in aleyhine olmak, -e engel olmak. — **in favor of** -in lehine olmak, -e yararlı olmak.
mi.li.tia (mılişı´) i. milis.
milk (milk) i. süt. f. 1. sağmak. 2. faydalanmak, kötüye kullanmak, sömürmek. — **shake** milkşeyk. — **sugar** laktoz, süt şekeri. — **teeth** sütdişleri. — **thistle** meryemanadikeni.
milk.er (mil´kır) i. 1. süt sağan kimse, sağıcı. 2. sağma makinesi. 3. sağmal hayvan, sağmal.
milk.ing (mil´king) i. sağma, sağım. — **machine** sağma makinesi.
milk.maid (milk´meyd) i. sütçü kız.
milk.man (milk´män), çoğ. **milk.men** (milk´men) i. (erkek) sütçü.
milk.weed (milk´wid) i. ipekotu.
milk.y (mil´ki) s. 1. süt gibi, süte benzer. 2. sütlü. **the M— Way** gökb. Samanyolu.
mill (mil) i. 1. değirmen. 2. el değirmeni. 3. fabrika, yapımevi, imalathane. f. 1. değirmende öğütmek, çekmek. 2. değirmenden geçirmek. 3. (paranın kenarını) diş diş yapmak. 4. **around** k. dili dolanıp durmak. — **wheel** değirmen çarkı/dolabı. **go through the —** 1. büyük zorluklar atlatmak. 2. feleğin çemberinden geçmek.
mil.len.ni.um (mılen´iyım), çoğ. **—s** (milen´iyımz)/**mil.len.ni.a** (milen´iyı) i. 1. bin yıllık devre. 2. bininci yıldönümü. 3. mutluluk çağı.
mill.er (mil´ır) i. değirmenci.
mil.let (mil´it) i. darı.
mil.li.gram, İng. **mil.li.gramme** (mil´ıgräm) i.

milliliter 278

miligram.
mil.li.li.ter, *İng.* **mil.li.li.tre** (mil'ılıtır) *i.* mililitre.
mil.li.me.ter, *İng.* **mil.li.me.tre** (mil'ımitır) *i.* milimetre.
mil.lion (mil'yın) *i.* milyon. **—th** *s., i.* 1. milyonda bir. 2. milyonuncu.
mil.lion.aire (milyıner') *i.* milyoner.
mil.li.pede (mil'ıpid) *i.* kırkayak.
mim.bar (mim'bar) *i., bak.* **minbar**.
mime (maym) *i., tiy.* mim.
mim.ic (mim'ik) *s.* taklit eden. *i.* 1. taklitçi. 2. taklit. *f.* **(—ked, —king)** 1. taklidini yapmak. 2. taklit etmek, kopya etmek. 3. *zool.* benzemek.
mim.ic.ry (mim'ikri) *i.* 1. taklitçilik. 2. *biyol.* benzeme.
min.a.ret (minıret') *i.* minare.
min.bar (min'bar) *i.* minber.
mince (mins) *f.* kıymak, ince ince doğramak. **make —meat of** -i paramparça etmek. **without mincing words/matters** dobra dobra, sakınmadan, açıkça.
mind (maynd) *i.* 1. akıl, zihin, bellek. 2. hatır. 3. fikir, düşünce. 4. zekâ, anlak. 5. istek, arzu. **be in one's right —** aklı başında olmak. **be of/in two —s about** -in hakkında kesin bir karara varamamak. **be of one —** hemfikir olmak, aynı düşüncede olmak. **be of the same —** hemfikir olmak, aynı düşüncede olmak. **be out of one's —** 1. aklı yerinde olmamak, aklını kaçırmış olmak. 2. çok öfkeli olmak. **bear/keep in —** 1. aklında tutmak, unutmamak. 2. dikkate almak, hesaba katmak. **blow someone's —** *k. dili* birini hayrete düşürmek/şaşkına çevirmek, birinin aklını başından almak. **bring to —** hatırlatmak, akla getirmek; hatırlamak. **call to —** hatırlatmak; hatırlatmak, akla getirmek. **change one's —** caymak, fikrini/kararını değiştirmek. **come to —** aklına gelmek, hatırlamak. **get/put someone/something out of one's —** birini/bir şeyi aklından çıkarmak/unutmak. **have a — to** -eceği gelmek, -esi gelmek: I **have a mind to go there this instant.** Oraya hemen gidesim geliyor. **have half a — to** bir taraftan -eceği/-esi gelmek: I've **half a mind to shoot him.** Bir yandan onu vuracağım geliyor. **have someone/something in —** birini/bir şeyi düşünmek, biri/bir şey aklında olmak. **have someone/something on one's —** biri/bir şey kafasını meşgul etmek, aklı birine/bir şeye takılmak. **in one's —'s eye** hayalinde, kafasında. **know one's own —** kendi fikrini bilmek, ne istediğini bilmek. **lose one's —** aklını kaçırmak/oynatmak. **make up one's —** 1. karara varmak. 2. **to** -i aklına koymak, -e karar vermek. **on one's —** aklında, hatırında. **presence of —** aklı başında olma. **set one's —**
on -i çok arzu etmek, -i kafasına koymak. **speak one's —** ne düşündüğünü açıkça söylemek. **state of —** ruhsal durum. **to my —** kanımca, benim düşünceme göre.
mind (maynd) *f.* 1. dikkat etmek: **Mind you don't step on those rotten boards!** Sakın o çürük tahtalara basma! 2. -e bakmak, ile meşgul olmak: **She can't come to the phone right now. She's minding the baby.** Kendisi şimdi telefona gelemez. Bebekle meşgul. 3. -in sözünü dinlemek, -e kulak asmak: **He won't mind me.** Benim sözümü dinlemez o. 4. itiraz etmek: **Do you mind if I shut the door?** Kapıyı kaparsam olur mu? **I don't mind.** İtirazım yok. **M— you, ...** Aslında, ...: **Mind you, I don't for a minute think he'll agree.** Doğrusunu istersen kabul edeceğini hiç sanmıyorum. **M— your own business!** Sen kendi işine bak! **M— your p's and q's.** Söz ve hareketlerine dikkat et. **M— your step!** Dikkat et! *(Yürüyen birine söylenir.).* **If you don't —, ...** Müsaade ederseniz .../İzin verirseniz .../İzninizle .... **Never —**. Zararı yok./Boş ver.
mind.ful (maynd'fıl) *s.* dikkatli, dikkat eden. **be — of** 1. -i hatırında tutmak. 2. -e dikkat etmek.
mind.less (maynd'lis) *s.* 1. akılsız. 2. dikkatsiz. 3. **of** -e aldırış etmeyen.
mine (mayn) *i.* 1. maden, maden ocağı. 2. hazine, kaynak. 3. *ask.* mayın. *f.* 1. *mad.* kazıp çıkarmak. 2. yeraltında (lağım/yol) kazmak. 3. araştırıp bulmak. 4. *ask.* mayın dökmek, mayınlamak. **— detector** mayın dedektörü.
mine (mayn) *zam.* benim; benimki: **It's mine.** O benim./Benim. **a friend of —** bir dostum.
mine.field (mayn'fild) *i.* mayın tarlası.
min.er (may'nır) *i.* madenci.
min.er.al (min'ırıl, min'rıl) *s.* 1. madensel, madeni. 2. mineral. *i.* 1. maden, mineral. 2. maden filizi. 3. *çoğ., İng., k. dili* madensuyu. **— oil** madeni yağ, mineral yağ. **— water** madensuyu.
min.er.al.o.gist (minırıl'ıcist) *i.* mineralog.
min.er.al.o.gy (minıral'ıci) *i.* mineralbilim, mineraloji.
mine.sweep.er (mayn'swipır) *i.* mayın tarama gemisi.
min.gle (ming'gıl) *f.* 1. katıp karıştırmak. 2. birbirine karıştırmak; katmak; katılmak.
min.i (min'i) *i.* mini giysi. *s.* mini.
mini- önek mini-, küçük.
min.i.a.ture (min'iyıçır) *i.* minyatür. *s.* minyatür, çok ufak. **— camera** 35 mm.'lik veya daha dar bir film kullanan fotoğraf makinesi. **in —** ufak çapta, minyatür.
min.i.a.tur.ise (min'iyıçırayz) *f., İng., bak.* **miniaturize**.
min.i.a.tur.ist (min'iyıçırist) *i.* minyatürcü.

th dh w hw b c ç d f g h j k l m n p r s ş t v y z
thin the we why be joy chat ad if go he regime key lid me no up or us she it via say is

min.i.a.tur.ize, *İng.* **min.i.a.tur.ise** (mîn´iyıçırayz) *f.* (bir şeyin) daha küçüğünü yapmak; -i minyatürleştirmek.
min.i.bus (mîn´îbʌs) *i.* minibüs.
min.i.mal (mîn´ımıl) *s.* en az, asgari, minimal, minimum.
min.i.mize, *İng.* **min.i.mise** (mîn´ımayz) *f.* 1. mümkün olduğu kadar azaltmak/ufaltmak. 2. önemsememek, küçümsemek.
min.i.mum (mîn´ımım), *çoğ.* **—s** (mîn´ımımz)/ **min.i.ma** (mîn´ımı) *i.* en az miktar, en ufak derece, minimum. *s.* asgari, minimum, en az, en küçük, en aşağı. **— wage** asgari ücret.
min.ing (may´nîng) *i.* 1. madencilik. 2. maden kazma. 3. *ask.* mayın dökme, mayınlama.
min.ion (mîn´yın) *i.* 1. yardakçı. 2. buyruk altında olan biri.
min.i.skirt (mîn´îskırt) *i.* mini etek.
min.is.ter (mîn´îstır) *i.* 1. bakan. 2. papaz. 3. ortaelçi.
min.is.ter (mîn´îstır) *f.* **to** -e bakmak, -e yardım etmek, -e hizmet etmek.
min.is.tra.tion (mînîstrey´şın) *i.* özenli bakım, ihtimam.
min.is.try (mîn´îstri) *i.* 1. bakanlık: **the Ministry of Agriculture** Tarım Bakanlığı. **the Ministry of Finance** Maliye Bakanlığı. 2. (Protestanlıkta) papazlık. **study for the —** papaz olmak için okumak, papazlık eğitimi görmek.
mink (mîngk) *i.* vizon, mink.
min.now (mîn´o) *i.* 1. (yem olarak kullanılabilen) ufak balık. 2. golyan balığı.
mi.nor (may´nır) *s.* 1. küçük. 2. ikincil, önemi az. 3. *müz.* minör. *i.* 1. ergin olmayan kimse, rüştünü ispat etmemiş kimse. 2. (üniversitede) yardımcı branş. 3. *müz.* minör. *f.* **in** (üniversitede) -i yardımcı branş olarak almak. **— league** *spor* ikinci lig. **— premise** *man.* küçük önerme. **— term** *man.* küçük terim.
Mi.nor.ca (mînôr´kı) *i.* Minorka. **—n** *i.* Minorkalı. *s.* 1. Minorka, Minorka'ya özgü. 2. Minorkalı.
mi.nor.i.ty (mınôr´ıti, maynôr´ıti) *i.* 1. azınlık. 2. ergin olmama, reşit olmama.
min.ster (mîn´stır) *i., İng.* 1. manastır kilisesi. 2. büyük kilise, katedral.
min.strel (mîn´strıl) *i.* ozan, âşık, halk şairi.
mint (mînt) *i.* nane.
mint (mînt) *i.* 1. darphane. 2. büyük miktar (özellikle para). *f.* (para) basmak.
min.u.et (mînyuwet´) *i.* menuet.
mi.nus (may´nıs) *s., mat.* eksi. **a — quantity** sıfırdan aşağı miktar. **— seven degrees Centigrade** sıfırın altında yedi derece. **— sign** eksi işareti.
mi.nus (may´nıs) *edat* eksi, çıkarsa. **He is — his hat.** Şapkası yok./Şapkasız. **Three — one equals two.** Üçten bir çıkarsa iki kalır./Üç eksi bir iki eder.

mi.nus.cule (mîn´ıskyul) *i.* küçük harf, minüskül. *s.* 1. küçük harfle yazılı. 2. küçük, ufacık, önemsiz.
min.ute (mîn´ît) *i.* 1. dakika. 2. an. 3. tutanak, zabıt. **— book** tutanak defteri. **— hand** saat yelkovanı. **official — book** kararname defteri.
mi.nute (maynut´) *s.* 1. çok ufak. 2. önemsiz. 3. titiz, çok ince. 4. sıkı.
mi.nu.ti.ae (mînu´şîyi), *tek.* **mi.nu.ti.a** (mînu´şîyı) *i., çoğ.* önemsiz ayrıntılar.
mir.a.cle (mîr´ıkıl) *i.* mucize, harika.
mi.rac.u.lous (mîräk´yılıs) *s.* mucize türünden, harikulade, hayret verici.
mi.rage (mîraj´) *i.* serap, ılgım, yalgın.
mire (mayr) *i.* 1. çamur, batak. 2. kir, pislik. *f.* 1. çamura saplamak; çamura saplanmak. 2. çamur bulaştırmak. **— down** yarıda kalmak, başarısızlığa uğramak.
mir.ror (mîr´ır) *i.* ayna. *f.* yansıtmak, aksettirmek.
mirth (mırth) *i.* neşe, sevinç.
mirth.ful (mırth´fîl) *s.* şen, neşe dolu, neşeli, sevinçli.
mirth.less (mırth´lîs) *s.* neşesiz.
mir.y (may´ri) *s.* 1. çamurlu. 2. kirli, pis.
mis- *önek* yanlış, kötü, hatalı.
mis.ad.ven.ture (mîsıdven´çır) *i.* başa gelen olay; talihsizlik.
mis.ad.vise (mîsädvayz´) *f.* yanlış öğüt veya bilgi vermek.
mis.an.thrope (mîs´ınthrop), **mis.an.thro.pist** (mîsän´thrıpîst) *i.* 1. insanlardan nefret eden veya insanlara güvenmeyen kimse. 2. insanlardan kaçan kimse, merdümgiriz kimse.
mis.ap.ply (mîsıplay´) *f.* yanlış uygulamak.
mis.ap.pre.hend (mîsäprîhend´) *f.* yanlış anlamak.
mis.ap.pre.hen.sion (mîsäprîhen´şın) *i.* yanlış anlama.
mis.ap.pro.pri.ate (mîsıpro´priyeyt) *f.* haksız olarak almak/kullanmak.
mis.be.have (mîsbîheyv´) *f.* 1. yaramazlık etmek; terbiyesizlik etmek. 2. kötü davranmak.
mis.be.ha.vior (mîsbîheyv´yır) *i.* 1. yaramazlık. 2. kötü davranış.
misc. *kıs.* **miscellaneous, miscellany.**
mis.cal.cu.late (mîskäl´kıyleyt) *f.* yanlış hesap etmek.
mis.cal.cu.la.tion (mîskälkıyley´şın) *i.* yanlış hesaplama.
mis.car.riage (mîsker´îc) *i.* 1. çocuk düşürme, düşük. 2. işin boşa çıkması, işin ters gitmesi, başarısızlık. 3. yanlış yere sevk etme. **— of justice** adli hata.
mis.car.ry (mîsker´i) *f.* 1. başaramamak. 2. boşa çıkmak, ters gitmek. 3. çocuk düşürmek. 4. yanlış yere götürülmek.
mis.cast (mîskäst´) *f.* (**mis.cast**) tiyatroda yanlış rol vermek.

mis.cel.la.ne.ous (mîsıley´niyıs) s. 1. çeşitli, muhtelif, karışık. 2. çok yönlü.
mis.cel.la.ny (mîs´ıleyni) i. derleme.
mis.chance (mîsçäns´) i. talihsizlik, kaza.
mis.chief (mîs´çif) i. 1. yaramazlık, haylazlık. 2. fesat, kötülük. 3. zarar. 4. haylaz kimse. 5. fesatçı. **get into** — yaramazlık etmek. **keep out of** — yaramazlıktan kaçınmak.
mis.chief-mak.er (mîs´çîfmeykır) i. fitneci, fitçi, arabozucu, fesatçı, fesat kumkuması.
mis.chie.vous (mîs´çîvıs) s. 1. yaramaz, haylaz. 2. zarar verici.
mis.con.ceive (mîskınsiv´) f. yanlış kavramak; yanlış yorumlamak; yanlış anlamak.
mis.con.cep.tion (mîskınsep´şın) i. yanlış kavram; yanlış yorum; yanlış kanı. **labor under a** — yanlış kanıda olmak.
mis.con.duct (mîskan´dʌkt) i. 1. yetkisini kötüye kullanma. 2. zina; ahlaksızca davranma.
mis.con.strue (mîskınstru´) f. yanlış yorumlamak; yanlış anlamak.
mis.count (mîskaunt´) f. yanlış saymak, yanlış hesap etmek. i. yanlış hesap.
mis.date (mîsdeyt´) f. yanlış tarihlendirmek, yanlış tarih koymak.
mis.deed (mîsdid´) i. kötü ve ahlaksızca hareket, kötülük, günah.
mis.di.rect (mîsdîrekt´) f. 1. yanıltmak. 2. yanlış yere/adrese göndermek. 3. yanlış yön göstermek.
mi.ser (may´zır) i. cimri kimse, pinti kimse.
mis.er.a.ble (mîz´ırıbıl) s. 1. çok kötü, berbat; çok mutsuz, insanı mutsuz eden, insanın keyfini kaçıran: **I feel miserable.** Kendimi çok kötü hissediyorum. **What a miserable winter that was!** O kış herkesi perişan etti. **The weather is miserable.** Hava berbat. **Sahir turned into a miserable old man.** Sahir huysuz ve mutsuz bir ihtiyar oldu. **What a miserable life this is!** Ne çekilmez bir hayat bu böyle! **You'll die miserable.** Büyük bir mutsuzluk içinde öleceksin. 2. aşağılık, çok kötü, alçakça (davranış). 3. cüzi, çok az (bir miktar). 4. sefil; sefalet çeken; sefalet kokan. **make life — for** (birine) çok çektirmek, (birinin) ensesinde boza pişirmek.
mi.ser.ly (may´zırli) s. cimri, pinti.
mis.er.y (mîz´ıri, mîz´ri) i. 1. çok acı bir durum, çok kötü bir durum, perişanlık. 2. sefalet. 3. *İng.* hep şikâyet eden kimse. **put an animal out of its** — hayvanı öldürerek acılarına son vermek. **put someone out of his/her** — 1. birini öldürerek acılarına son vermek. 2. birinin çaresine bakmak, birini öldürmek. 3. birini sıkıntılı bir durumdan kurtarmak.
mis.fire (mîsfayr´) f. 1. (silah) ateş almamak. 2. (içten yanmalı motor) iyi çalışmamak. 3. he-
defe isabet ettirememek.
mis.fire (mîsfayr´, mîs´fayr) i. ateş almama.
mis.fit (mîs´fît) i. 1. uygun gelmeyiş. 2. iyi uymayan şey. 3. uyumsuz kimse.
mis.for.tune (mîsfôr´çın) i. 1. talihsizlik, aksilik. 2. kaza, bela, felaket.
mis.giv.ing (mîsgîv´îng) i., *gen. çoğ.* 1. endişe, kuşku, şüphe. 2. korku.
mis.guide (mîsgayd´) f. 1. saptırmak, azdırmak, baştan çıkarmak. 2. yanıltmak.
mis.guid.ed (mîsgay´dîd) s. yanlış (fikir/plan).
be — 1. (insan) yanılmak. 2. yanlış olmak.
mis.han.dle (mîshän´dıl) f. 1. kötü kullanmak. 2. kötü yönetmek.
mis.hap (mîs´häp) i. aksilik, talihsizlik.
mish.mash (mîş´mäş) i. nahoş karışım.
mis.in.form (mîsînfôrm´) f. yanlış bilgi vermek.
mis.in.for.ma.tion (mîsînfırmey´şın) i. yanlış bilgi/haber.
mis.in.ter.pret (mîsîntır´prît) f. yanlış yorumlamak, yanlış anlamak.
mis.in.ter.pre.ta.tion (mîsîntırprîtey´şın) i. yanlış yorum.
mis.judge (mîscʌc´) f. 1. yanlış hüküm vermek. 2. yanlış anlamak. 3. yanlış fikir edinmek.
mis.laid (mîsleyd´) f., *bak.* mislay.
mis.lay (mîsley´) f. **(mis.laid)** yanlış yere koymak, kaybetmek.
mis.lead (mîslid´) f. **(mis.led)** 1. yanlış yoldan götürmek. 2. yanıltmak.
mis.lead.ing (mîsli´dîng) s. yanıltıcı.
mis.led (mîsled´) f., *bak.* mislead.
mis.man.age (mîsmän´îc) f. kötü yönetmek, kötü idare etmek.
mis.man.age.ment (mîsmän´îcmınt) i. kötü yönetim, kötü idare.
mis.place (mîspleys´) f. yanlış yere koymak, kaybetmek. **— one's confidence** yanlış kimseye güvenmek.
mis.print (mîsprînt´) f. yanlış basmak.
mis.print (mîs´prînt) i. baskı hatası.
mis.pro.nounce (mîsprınauns´) f. yanlış telaffuz etmek, yanlış söylemek.
mis.pro.nun.ci.a.tion (mîsprınʌnsiyey´şın) i. yanlış söyleyiş, yanlış söyleniş, yanlış telaffuz.
mis.quo.ta.tion (mîskwotey´şın) i. yanlış aktarma.
mis.quote (mîskwot´) f. yanlış aktarmak, (birinin sözünü) yanlış tekrarlamak.
mis.read (mîsrid´) f. **(mis.read)** (mîsred´) 1. yanlış okumak. 2. yanlış yorumlamak.
mis.rep.re.sent (mîsreprîzent´) f. bile bile yanlış bir şekilde tanıtmak.
mis.rep.re.sen.ta.tion (mîsreprîzentey´şın) i. bile bile yanlış bir şekilde tanıtma.
Miss (mîs) i. Bayan, Matmazel, Mis *(Evlenmemiş kadınların soyadından önce kullanılır.):*

Miss Joy Bayan Joy.
miss (mîs) *i., k. dili* genç kız.
miss (mîs) *f.* 1. isabet ettirememek, ıskalamak, vuramamak; isabet etmemek, vurmamak: **You missed the target.** Hedefi ıskaladın. **By some miracle the bullet missed me.** Mucize eseri kurşun bana isabet etmedi. 2. (fırsat, tren v.b.'ni) kaçırmak. 3. gözden kaçırmak, kaçırmak, yanlışlıkla atlamak: **You've missed a number of mistakes.** Birçok hatayı gözden kaçırmışsın. 4. kaçırmak, duymamak. 5. özlemek, aramak: **They're going to miss him greatly.** Onu çok özleyecekler. *i.* 1. hedefi vuramama, isabet ettirememe, karavana, ıska. 2. başarısızlık. **— fire** ateş almamak. **— the point** sorunu kavramamak. **He just —ed being run over.** Ezilmekten zor kurtuldu.
mis.shape (mîs.şeyp´) *f.* kötü biçim vermek.
mis.shap.en (mîs.şey´pın) *s.* deforme olmuş, biçimsiz.
mis.sile (mîs´ıl, *İng.* mîs´ayl) *i.* 1. füze. 2. mermi. 3. atılan şey.
miss.ing (mîs´îng) *s.* eksik, olmayan, kayıp: **There is a page missing.** Bir sayfa eksik. **the —** savaşta kayıp askerler.
mis.sion (mîş´ın) *i.* 1. özel görev. 2. *ask.* uçuş. 3. *pol.* misyon. 4. misyoner heyeti, misyon. 5. elçilik; sefarethane.
mis.sion.ar.y (mîş´ıneri) *i.* 1. misyoner, dinyayar, dinyayıcı. 2. misyoner, misyon sahibi kimse. *s.* misyoner.
mis.sive (mî´sîv) *i.* uzun mektup.
mis.spell (mîs.spel´) *f.* **(—ed/mis.spelt)** imlasını yanlış yazmak.
mis.spelled (mîs.speld´) *s.* imlası bozuk, yanlış yazılmış.
mis.spelt (mîs.spelt´) *f., bak.* **misspell.**
mist (mîst) *i.* 1. sis, duman, pus. 2. buhar, buğu. 3. karartı. *f.* 1. sisle kaplamak, sis basmak. 2. buğulamak; buğulanmak. 3. çiselemek.
mis.take (mîsteyk´) *i.* yanlış, hata, yanlışlık. **make a —** yanlış yapmak, hata etmek/işlemek.
mis.take (mîsteyk´) *f.* **(mis.took, mis.tak.en)** 1. yanlış anlamak. 2. **for** yanlışlıkla -e benzetmek, ile karıştırmak: **I mistook them for students.** Onları öğrencilerle karıştırdım.
mis.tak.en (mîstey´kın) *f., bak.* **mistake.** *s.* yanlış, yanlış fikre dayanan, hatalı. **be —** yanılmak.
mis.tak.en.ly (mîstey´kınlı) *z.* yanlışlıkla.
Mis.ter (mîs´tır) *i.* Bay, Mösyö *(Soyadından önce gelir.).*
mis.tle.toe (mîs´ılto) *i.* ökseotu, burç, göğce.
mis.took (mîstûk´) *f., bak.* **mistake.**
mis.trans.late (mîstränsleyt´) *f.* yanlış çevirmek, yanlış tercüme etmek.
mis.trans.la.tion (mîstränsley´şın) *i.* yanlış çeviri.

mis.treat (mîstrit´) *f.* 1. kötü kullanmak. 2. kötü davranmak.
mis.tress (mîs´trîs) *i.* 1. hanım, sahibe. 2. metres. 3. *İng.* kadın öğretmen.
mis.trust (mîstrʌst´) *i.* güvensizlik, kuşku, şüphe. *f.* güvenmemek, hakkında kuşkulanmak/şüphe etmek.
mis.trust.ful (mîstrʌst´fıl) *s.* güvensiz, kuşkulu, şüpheli.
mist.y (mîs´ti) *s.* 1. sisli, dumanlı. 2. bulanık.
mis.un.der.stand (mîsʌndırständ´) *f.* **(mis.un.der.stood)** yanlış anlamak, ters anlamak.
mis.un.der.stand.ing (mîsʌndırstän´dîng) *i.* 1. yanlış anlama. 2. anlaşmazlık.
mis.un.der.stood (mîsʌndırstûd´) *f., bak.* **misunderstand.** *s.* yanlış anlaşılmış.
mis.use (mîsyuz´) *f.* 1. yanlış kullanmak. 2. kötüye kullanmak.
mis.use (mîsyus´) *i.* 1. yanlış kullanma. 2. kötüye kullanma.
mite (mayt) *i., zool.* akar.
mi.ter, *İng.* **mi.tre** (may´tır) *i.* piskoposluk tacı.
mit.i.gate (mît´ıgeyt) *f.* 1. yatıştırmak. 2. hafifletmek, azaltmak.
mit.i.ga.tion (mîtıgey´şın) *i.* hafifletme, azaltma.
mi.to.sis (mayto´sîs) *i., biyol.* mitoz, karyokinez.
mi.tral (may´trıl) *s., anat.* mitral. **— insufficiency** *tıb.* mitral yetersizlik. **— valve** *anat.* mitral kapakçık, ikili kapacık.
mi.tre (may´tır) *i., İng., bak.* **miter.**
mitt (mît) *i.* 1. beysbol eldiveni. 2. tek parmaklı eldiven, kolçak. 3. *argo* el. 4. *argo* boks eldiveni.
mit.ten (mît´ın) *i.* tek parmaklı eldiven, kolçak.
mix (mîks) *f.* 1. karıştırmak, birbirine karıştırmak; karışmak: **Oil and water won't mix.** Yağ, su ile karışmaz. 2. karmak. 3. **into** -e katmak. 4. melez elde etmek için çiftleştirmek. 5. kaynaşmak, uyuşmak, bağdaşmak: **They do not mix well.** Anlaşamıyorlar./Uyuşamıyorlar. **— up** karıştırmak. **be —ed up** zihni karışmak. **be —ed up in** -e karışmak, -e bulaşmak. **be —ed up with** ile ilişkisi olmak.
mixed (mîkst) *s.* 1. karışık. 2. karma. **— doubles** *tenis* karışık çiftler. **— economy** karma ekonomi. **— group** karma grup. **— marriage** değişik ırktan kişilerin evlenmesi.
mix.er (mîk´sır) *i.* 1. karıştırıcı. 2. mikser.
mix.ture (mîks´çır) *i.* 1. karıştırma; karışma. 2. karma. 3. katma. 4. karışım: **a mixture of salt and flour** tuz ve un karışımı.
mix-up (mîks´ʌp) *i.* karışıklık, karışık durum, anlaşmazlık.
miz.zen.mast (mîz´ınmäst) *i., den.* mizana direği, mizana.
mm. *kıs.* **millimeter(s).**
mne.mon.ic (nîman´îk) *s.* hatırlamaya yardımcı

olan, belletici, bellemsel. *i.* belleteç.
mne.mon.ics (niman´iks) *i.* mnemotekni.
mne.mo.tech.nics (nimotek´niks) *i.* mnemotekni, belletmece.
moan (mon) *f.* inlemek. *i.* inilti.
moat (mot) *i.* kale hendeği.
mob (mab) *i.* 1. kalabalık, izdiham. 2. ayaktakımı, avam. 3. *k. dili* gangster çetesi. *f.* (**—bed, —bing**) güruh halinde saldırmak.
mo.bile (mo´bıl, *İng.* mo´bayl) *s.* 1. devingen, hareket eden. 2. kolay değişen (çehre). 3. değişken (fikir). 4. *ask.* seyyar (ordu). *i., İng., k. dili* cep telefonu. **— phone/telephone** *İng.* cep telefonu.
mo.bi.lise (mo´bılayz) *f., İng., bak.* **mobilize.**
mo.bil.i.ty (mobil´ıti) *i.* 1. devingenlik. 2. değişkenlik.
mo.bi.lize, *İng.* **mo.bi.lise** (mo´bılayz) *f.* seferber etmek, harekete geçirmek; seferber olmak, harekete geçmek.
mob.ster (mab´stır) *i., k. dili* mafya üyesi.
moc.ca.sin (mak´ısin) *i.* mokasen.
mo.cha (mo´kı) *i.* moka, Yemen kahvesi.
mock (mak) *i.* 1. alay, eğlenme. 2. taklit, sahte şey. *s.* sahte, kalp, taklit. *f.* 1. alay etmek, alaya almak, eğlenmek. 2. küçümsemek. 3. aldatmak. 4. taklidini yapmak. **— orange** *bot.* filbahri, filbahar.
mock.er.y (mak´ıri) *i.* 1. alay. 2. taklit. 3. alay konusu.
mock-up (mak´ʌp) *i.* maket.
mod. *kıs.* **moderate, modern.**
mode (mod) *i.* 1. *müz.* makam. 2. *dilb.* kip. 3. usul, tarz, üslup, şekil.
mod.el (mad´ıl) *i.* 1. örnek, model. 2. kalıp. 3. resim, plan. 4. örnek tutulacak kimse. 5. model; manken. *s.* 1. model. 2. örnek. 3. örnek tutulmaya uygun. *f.* (**—ed/—led, —ing/—ling**) 1. modelini yapmak. 2. biçimlendirmek. 3. modellik yapmak; mankenlik yapmak.
mod.er.ate (mad´ırit) *s.* 1. ılımlı. 2. orta, ikisi ortası. *i.* ılımlı kimse.
mod.er.ate (mad´ıreyt) *f.* 1. yatıştırmak, yumuşatmak, azaltmak, hafifletmek; yatışmak, yumuşamak, azalmak, hafiflemek. 2. başkanlık etmek. 3. *fiz.* ılımlamak.
mod.er.a.tion (madırey´şın) *i.* 1. yatıştırma, yumuşatma, azaltma, hafifletme; yatışma, yumuşama, azalma, hafifleme. 2. ılımlılık.
mod.er.a.tor (mad´ıreytır) *i.* 1. toplantı başkanı. 2. *fiz.* ılımlayıcı.
mod.ern (mad´ırn) *s.* modern, çağcıl; çağdaş. *i.* modern kimse, çağcıl kimse.
mod.ern.ise (mad´ırnayz) *f., İng., bak.* **modernize.**
mod.ern.is.tic (madırnis´tik) *s.* sözümona modern.

mo.der.ni.ty (madır´nıti) *i.* modernlik, çağcıllık.
mod.ern.ize, *İng.* **mod.ern.ise** (mad´ırnayz) *f.* modernleştirmek, modernize etmek, çağcıllaştırmak, yenileştirmek.
mod.est (mad´ist) *s.* 1. alçakgönüllü. 2. gösterişsiz. 3. ılımlı. 4. namuslu, iffetli.
mod.es.ty (mad´isti) *i.* 1. alçakgönüllülük, tevazu. 2. ılımlılık. 3. iffet.
mod.i.cum (mad´ıkım) *i.* **a — of** 1. zerre kadar, bir nebze: **There's not a modicum of truth in it.** Onda zerre kadar hakikat yok. 2. az bir miktar; pek az: **He drank only a modicum of wine.** Pek az şarap içti.
mod.i.fi.ca.tion (madıfıkey´şın) *i.* 1. değiştirme. 2. değişiklik.
mod.i.fi.er (mad´ıfayır) *i.* 1. değiştiren şey. 2. *dilb.* niteleyen sözcük/cümlecik.
mod.i.fy (mad´ıfay) *f.* 1. biraz değiştirmek. 2. azaltmak, hafifletmek. 3. *dilb.* nitelemek.
mod.u.late (mac´ûleyt) *f.* 1. (konuşma ve şarkı söylemede) ses perdesini gereğine göre değiştirmek, bir tondan başka bir tona geçmek. 2. (sesi) yumuşatmak, hafifleştirmek, tatlılaştırmak. 3. *radyo* modüle etmek.
mod.ule (mac´ul) *i.* 1. modül. 2. ölçü birimi.
mog.gy (mag´i) *i., İng., k. dili* kedi.
mo.hair (mo´her) *i.* 1. tiftik. 2. tiftik kumaş.
Mo.ham.med (mohäm´id) *i., bak.* **Muhammad.**
moist (moyst) *s.* 1. nemli, rutubetli. 2. ıslak. 3. yaşlı (göz).
mois.ten (moys´ın) *f.* nemlendirmek, ıslatmak; nemlenmek, ıslanmak.
mois.ture (moys´çır) *i.* nem, rutubet.
mo.lar (mo´lır) *i.* azıdişi.
mo.las.ses (mıläs´iz) *i.* 1. pekmez. 2. melas.
mold, *İng.* **mould** (mold) *i.* kalıp. *f.* şekil vermek, biçimlendirmek. **— public opinion** kamuoyu oluşturmak.
mold, *İng.* **mould** (mold) *i.* küf. *f.* küflendirmek; küflenmek, küf bağlamak.
Mol.da.vi.a (maldey´viyı, maldeyv´yı) *i., tar.* Moldavya. **—n** *i., tar.* Moldavyalı. *s., tar.* 1. Moldavya, Moldavya'ya özgü. 2. Moldavyalı.
mold.i.ness (mol´dinis) *i.* küf, küflülük.
mold.ing, *İng.* **mould.ing** (mol´ding) *i.* tiriz; pervaz; kornış; silme.
Mol.do.va (môldo´vı) *i.* Moldova. **—n** *i.* Moldovalı. *s.* 1. Moldova, Moldova'ya özgü. 2. Moldovalı.
mole (mol) *i.* ben, leke.
mole (mol) *i.* 1. köstebek, körsıçan. 2. *argo* casus. **— bean** 1. hintyağıbitkisinin tohumu. 2. hintyağıbitkisi, keneotu. **— cricket** danaburnu, kökkurdu.
mole (mol) *i.* dalgakıran, mendirek.
mo.lec.u.lar (mılek´yılır) *s.* moleküler, özdeciksel.

mol.e.cule (mal'ıkyul) *i.* molekül, özdecik, tozan, zerre.
mole.hill (mol'hil) *i.* make a mountain out of a — habbeyi kubbe yapmak, pireyi deve yapmak.
mo.lest (mılest') *f.* -e cinsel tacizde bulunmak.
mo.les.ta.tion (molestey'şın) *i.* 1. cinsel taciz. 2. engelleme.
mo.lest.er (mıles'tır) *i.* cinsel tacizde bulunan kimse.
mol.li.fy (mal'ıfay) *f.* yumuşatmak, yatıştırmak.
mol.ly.cod.dle (mal'ikadıl) *i.* muhallebi çocuğu, hanım evladı. *f.* üstüne titremek.
Mo.lo.tov (ma'lıtôf) *i.* — **cocktail** molotofkokteyli.
molt, *İng.* **moult** (molt) *f.* 1. tüylerini dökmek. 2. deri değiştirmek.
mol.ten (mol'tın) *f., eski, bak.* **melt**. *s.* 1. erimiş. 2. dökme.
Mo.luc.ca (mılʌk'ı) *s.* Molük, Molük Adaları'na özgü. **the —s** Molük Adaları. **the — Islands** Molük Adaları. **—n** *i.* Molüklü. *s.* 1. Molük, Molük Adaları'na özgü. 2. Molüklü.
mom (mam) *i., k. dili* anne.
mo.ment (mo'mınt) *i.* 1. an. 2. önem. 3. *fiz.* moment. **— of truth** karar anı, kritik an.
mo.men.tar.y (mo'mınteri) *s.* 1. bir an süren, bir anlık. 2. geçici, çok az süren.
mo.men.tous (momen'tıs) *s.* önemli, ciddi.
mo.men.tum (momen'tım), *çoğ.* **—s** (momen'tımz)/**mo.men.ta** (momen'tı) *i., fiz.* moment.
mom.ma (mam'ı) *i., k. dili* anne.
mom.my (mam'i) *i., k. dili* anne, anneciğim.
Mon.a.can (man'ıkın, mınak'ın) *i.* Monakolu. *s.* 1. Monako, Monako'ya özgü. 2. Monakolu.
Mon.a.co (man'ıko, mına'ko) *i.* Monako.
mon.arch (man'ırk) *i.* kral, hükümdar.
mon.ar.chy (man'ırki) *i.* monarşi, tekerklik.
mon.as.ter.y (man'ısteri) *i.* manastır.
mo.nas.tic (mınäs'tik) *s.* manastıra veya manastır hayatına özgü. *i.* keşiş.
mo.nas.ti.cism (mınäs'tisizım) *i.* manastır hayatı/sistemi.
Mon.day (mʌn'di, mʌn'dey) *i.* pazartesi.
Mon.e.gasque (manıgäsk') *i.* Monakolu. *s.* 1. Monako, Monako'ya özgü. 2. Monakolu.
mon.e.tar.y (man'ıteri, mʌn'ıteri) *s.* paraya ilgili, parasal, para ....
mon.ey (mʌn'i) *i.* para. **— belt** para taşımaya elverişli kuşak. **— market** para piyasası. **— order** posta havalesi. **— plant** denizlahanası, ayotu. **easy —** kolay kazanılmış para. **ready —** nakit, hazır para; peşin para.
mon.ey.bags (mʌn'ibägz) *i., argo* zengin kimse, para babası.
mon.ey.chang.er (mʌn'içeyncır) *i.* dövizci, döviz alıp satan kimse, sarraf.

mon.eyed (mʌn'id) *s.* paralı.
mon.ey.lend.er (mʌn'ilendır) *i.* faizci, tefeci.
mon.ey.less (mʌn'ilis) *s.* parasız.
mon.ey.mak.er (mʌn'imeykır) *i., k. dili* para getiren iş.
mon.ey.mak.ing (mʌn'imeyking) *s., k. dili* para getiren/kazandıran.
mon.ger (mang'gır) *i., İng.* satıcı. **-monger** *sonek* satıcı: **ironmonger, fishmonger. -monger** *sonek, aşağ.* yapan kimse, karışan kimse: **scandalmonger, warmonger.**
Mon.gol (mang'gıl) *i.* Moğol, Moğol halkından biri. *s.* Moğol, Moğollara özgü.
Mon.go.li.a (mang.go'liyı, mang.gol'yı) *i.* Moğolistan. **Inner —** İç Moğolistan. **Outer —** Dış Moğolistan.
Mon.go.li.an (mang.go'liyın, mang.gol'yın) *i.* 1. Moğol, Moğolistan halkından biri. *s.* 2. Moğolca. *s.* 1. Moğol. 2. Moğolca.
mon.gol.ism (man'gılizım) *i., tıb.* mongolizm.
mon.grel (mang'grıl) *i.* melez köpek; melez hayvan. *s.* melez (köpek/hayvan).
mon.ism (man'ızım, mo'nizım) *i., fels.* monizm, tekçilik.
mon.ist (man'ist, mo'nist) *i., fels.* monist, tekçi.
mon.i.tor (man'ıtır) *i.* 1. *bilg.*, TV monitör. 2. sınıf başkanı. 3. izleme/gözlem sistemi.
monk (mʌngk) *i.* keşiş.
mon.key (mʌng'ki) *i.* maymun. **— business** dalavere, dolap, düzenbazlık. **— puzzle** *bot.* şiliarokaryası. **— wrench** ingilizanahtarı. **throw a — wrench in the works** *k. dili* işi bozmak.
mon.key (mʌng'ki) *f., k. dili* **— about/around** oynamak, oyalanmak. **— (about/around) with** ile oynamak, -i ellemek.
monk.fish (mʌngk'fiş) *i.* kelerbalığı.
monks.hood (mʌngks'hûd) *i., bot.* kurtboğan, fırtınakülahı.
mon.o (man'o) *i., k. dili* intani mononükleoz, monositli anjin.
mono- *önek* tek, bir.
mon.o.bloc (man'ıblak) *i.* tekgövde, monoblok.
mon.o.chro.mat.ic (manıkromät'ik) *s.* tekrenkli, monokrom.
mon.o.chrome (man'ıkrom) *i.* tekrenkli resim. *s.* tekrenkli, monokrom. **— monitor** *bilg.* tekrenkli monitör.
mon.o.chro.mous (manıkro'mıs) *s., bak.* **monochromatic.**
mon.o.cle (man'ıkıl) *i.* tekgözlük, monokl.
mo.nog.a.mous (mınag'ımıs) *i.* tekeşli, monogam.
mo.nog.a.my (mınag'ımi) *i.* tekeşlilik, monogami.
mon.o.gen.e.sis (manıcen'ısis) *i.* tekkaynakçılık.
mon.o.gram (man'ıgräm) *i.* monogram.
mon.o.graph (man'ıgräf) *i.* monografi, tekyazı.

mon.o.log, *İng.* **mon.o.logue** (man´ılôg, man´ı-lag) *i.* monolog.
mon.o.nu.cle.ar (manınu´kliyır) *s.* tekçekirdekli.
mon.o.nu.cle.o.sis (manonukliyo´sis, manınukliyo´sis), *çoğ.* **mon.o.nu.cle.o.ses** (manonukliyo´siz, manınukliyo´siz) *i.* 1. intani mononükleoz, monositli anjin. 2. mononükleoz.
mo.nop.o.lise (mınap´ılayz) *f., İng., bak.* **monopolize**.
mo.nop.o.list (mınap´ılist) *i.* tekelci.
mo.nop.o.lis.tic (mınapılis´tik) *s.* tekelci.
mo.nop.o.lize, *İng.* **mo.nop.o.lise** (mınap´ılayz) *f.* tekeline almak. — **the conversation** başka kimseyi konuşturmamak.
mo.nop.o.ly (mınap´ıli) *i.* tekel, inhisar, monopol.
mon.o.the.ism (man´ıthiyizım) *i.* tektanrıcılık, monoteizm.
mon.o.the.ist (man´ıthiyist) *i.* tektanrıcı, monoteist.
mon.o.the.is.tic (manıthiyis´tik) *s.* tektanrıcılıkla ilgili.
mon.o.tone (man´ıton) *i.* **in a** — monoton bir şekilde, sesini alçaltıp yükseltmeden.
mo.not.o.nous (mınat´ınıs) *s.* tekdüze, monoton.
mo.not.o.ny (mınat´ıni) *i.* tekdüzelik, monotonluk.
mon.o.type (man´ıtayp) *i.* monotip.
mon.soon (mansun´) *i.* muson.
mon.ster (man´stır) *i.* 1. canavar. 2. ucube. 3. dev gibi şey/kimse. *s.* çok büyük, koskoca, muazzam; dev gibi.
mon.stros.i.ty (manstras´ıti) *i.* ucube, devasa ve çok çirkin şey.
mon.strous (man´strıs) *s.* 1. acayip/korkunç derecede büyük; devasa ve çok çirkin, ucube gibi. 2. çok korkunç, korkunç derecede kötü.
mon.tage (mantaj´) *i.* 1. fotomontaj. 2. *sin., TV* montaj.
Mon.te.ne.grin (mantıni´grin) *i.* Karadağlı. *s.* 1. Karadağ, Karadağ'a özgü. 2. Karadağlı.
Mon.te.ne.gro (mantıni´gro) *i.* Karadağ.
month (mʌnth) *i.* ay. **a** — **of Sundays** çok uzun zaman.
month.ly (mʌnth´li) *s.* 1. ayda bir olan. 2. aylık. *i.* aylık dergi. *z.* ayda bir.
mon.u.ment (man´yımınt) *i.* 1. anıt, abide. 2. eser.
mon.u.men.tal (manyımen´tıl) *s.* 1. anıtsal. 2. muazzam, koskoca. 3. *güz. san.* aslından büyük.
moo (mu) *f.* böğürmek. *i.* böğürme.
mood (mud) *i., dilb.* kip.
mood (mud) *i.* 1. ruh durumu, hal. 2. *çoğ.* terslik, huysuzluk, karamsarlık. **be in a bad** — sinirleri tepesinde/üstünde olmak. **be in a good** — keyfi yerinde olmak. **be in a/the** — **(for)** (-i) istemek: **I'm not in the mood for company.** Kimseyle görüşmek istemiyorum. **I'm in no mood for that right now.** Şu an ona tahammülüm yok. **I'm not in the mood.** Canım istemiyor.
mood.y (mu´di) *s.* birdenbire canı sıkılabilen.
moon (mun) *i.* ay. *f.* **about/around** *k. dili* dalgın dalgın gezinmek.
moon.beam (mun´bim) *i.* ay ışını.
moon.light (mun´layt) *i.* ay ışığı, mehtap.
moon.light.ing (mun´layting) *i., argo* asıl işinden başka bir işte de çalışma.
moon.rise (mun´rayz) *i.* ayın doğması.
moon.shine (mun´şayn) *i., k. dili* 1. ruhsatsız yapılıp satılan viski. 2. *İng.* saçma, zırva.
moon.struck (mun´strʌk) *s.* aysar, çılgın, deli.
moon.walk (mun´wôk) *i.* ayda yürüyüş.
moor (mûr) *i., İng.* engebeli ve ağaçsız arazi.
moor (mûr) *f.* demir atmak, palamarla bağlamak; palamarla bağlanmak.
moor.ings (mûr´ingz) *i.* 1. palamar takımı. 2. geminin bağlanacağı yer.
moose (mus) *i.* (*çoğ.* **moose**) *zool.* mus.
moot (mut) *s.* tartışmalı. **a** — **point/question** tartışmalı bir sorun.
mop (map) *i.* 1. saplı tahta bezi, paspas. 2. karışık ve taranmamış saç. *f.* **(—ped, —ping)** paspas yapmak, paspaslamak, bezle silmek. — **one's brow** alnının terini silmek. — **the floor with** *argo* (bir tartışmada/oyunda) -i bozguna uğratmak. — **up** 1. paspaslamak. 2. *ask.* düşmanı temizlemek.
mope (mop) *f.* 1. üzüntülü olmak. 2. üzmek.
mo.ped (mo´ped) *i.* mopet, motorlu bisiklet.
mo.raine (mıreyn´) *i., jeol.* moren, buzultaş.
mor.al (môr´ıl) *i.* 1. ahlaksal, ahlaki, törel. 2. ahlak prensiplerine bağlı, namuslu. 3. ahlak kurallarına uyan. 4. (cinsel açıdan) namuslu. — **defeat** manevi yenilgi. — **principle** ahlak kuralı. — **support** manevi destek. — **victory** manevi zafer.
mo.rale (mıral´, môral´) *i.* moral, içgücü.
mor.al.ize, *İng.* **mor.al.ise** (môr´ılayz) *f.* 1. ahlaki yönlerini açıklamak, -den ahlak dersi çıkarmak. 2. ahlakını düzeltmek.
mo.rass (mıras´, môräs´) *i.* 1. bataklık, batak. 2. güçlük, engel.
mor.a.to.ri.um (môrıtor´iyım) *i.* moratoryum.
mo.ray (mo´rey, mırey´) *i., zool.* murana. — **eel** murana.
mor.bid (môr´bid) *s.* 1. ürkütücü ve marazi konulara aşırı ilgi duyan. 2. hastalıklı, marazi.
mor.dant (môr´dınt) *s.* acıtıcı, acı veren, keskin.
more (môr) *s.* (**many** ve **much**'ın üstünlük derecesi) 1. daha çok, daha fazla: **He needs more money.** Daha çok paraya ihtiyacı var. 2. daha: **one more time** bir kez daha. **five more bananas** beş muz daha. *z.* (**than**) 1. (-den) daha. 2. (-den) daha çok. — **or less** 1. oldukça, az çok. 2. aşağı yukarı. — **than one** birden fazla.

neither — nor less ne fazla ne eksik, tam öyle, tam o kadar. **no — than** -den daha çok değil. **nothing — than** yalnız, sadece. **once — bir kez daha.**
Mo.re.a (môri´yı) *i.* **the —** Mora, Mora Yarımadası.
Mo.re.an (môri´yın) *i.* Moralı. *s.* 1. Mora, Mora'ya özgü. 2. Moralı.
more.o.ver (môro´vır) *z.* bundan başka, ayrıca, üstelik.
morgue (môrg) *i.* morg.
mor.i.bund (môr´ıbınd) *s.* 1. ölmek üzere olan, can çekişen. 2. çok sönük, zayıf.
morn.ing (môr´ning) *i.* sabah. **— coat** jaketatay, ceketatay. **— dress** jaketatay ve çizgili pantolon. **— glory** kahkahaçiçeği, gündüzsefası. **— sickness** hamilelikte sabah bulantısı. **— star** sabah yıldızı. **in the —** sabahleyin.
morn.ings (môr´ningz) *z., k. dili* sabahları.
Mo.roc.can (mırak´ın) *i.* Faslı. *s.* 1. Fas, Fas'a özgü. 2. Faslı.
Mo.roc.co (mırak´o) *i.* Fas.
mo.ron (môr´an) *i.* 1. kısmen geri zekâlı kimse. 2. *k. dili* gerzek, salak.
mo.ron.ic (mıran´ik) *s., k. dili* çok aptalca, salakça.
mo.rose (mıros´) *s.* marazi, somurtkan, suratsız.
mor.pheme (môr´fim) *i., dilb.* morfem, biçimbirim.
mor.phine (môr´fin) *i., kim.* morfin.
mor.pho.log.i.cal (môrfılac´îkıl) *s.* morfolojik.
mor.phol.o.gy (môrfal´ıci) *i., biyol., dilb.* biçimbilim, yapıbilim, morfoloji.
Morse (môrs) *i.* **— code** mors alfabesi.
mor.sel (môr´sıl) *i.* lokma, parça.
mor.tal (môr´tıl) *s.* 1. ölümlü, fani. 2. öldürücü. 3. ölümcül. *i.* insan, insanoğlu. **— enemies** birbirinin can düşmanı.
mor.tal.i.ty (môrtäl´ıti) *i.* 1. ölümlülük, fanilik. 2. büyük ölçüde can kaybı. 3. ölüm oranı.
mor.tar (môr´tır) *i.* kireçli harç. *f.* harç ile sıvamak.
mor.tar (môr´tır) *i.* 1. havan. 2. *ask.* havan topu. **— shell** havan mermisi.
mort.gage (môr´gic) *f.* ipotek. *f.* ipotek etmek.
mor.tice (môr´tis) *i., bak.* **mortise.**
mor.ti.cian (môrtiş´ın) *i.* cenaze levazımatçısı.
mor.ti.fi.ca.tion (môrtıfıkey´şın) *i.* 1. küçük düşme. 2. çile. 3. *tıb.* kangren.
mor.ti.fy (môr´tıfay) *f.* 1. küçük düşürmek, mahcup etmek. 2. *tıb.* kangrenleştirmek; kangren olmak. **— the flesh** nefsin isteklerini kırmak. **be mortified** mahcup olmak, rezil olmak.
mor.tise (môr´tis) *i.* zıvana, yuva.
mor.tu.ar.y (môr´çuweri) *i.* morg.
mo.sa.ic (mozey´ik) *i., s.* mozaik.
Mos.lem (maz´lım, mas´lım) *s., i., bak.* **Muslim.**
mosque (mask) *i.* cami, mescit.
mos.qui.to (mıski´to) *i.* sivrisinek. **— net** cibinlik.

— netting cibinlik kumaşı.
moss (môs, mas) *i.* yosun.
moss.y (mô´si, ma´si) *s.* yosunlu.
most (most) *s.* (**many** ve **much**'ın enüstünlük derecesi) 1. çoğu, pek çok: **Most of these people spend their evenings watching television.** Bu insanların çoğu gece televizyon izler. 2. en çok, en fazla: **Who's got the most money?** En çok para kimde? *z.* 1. en çok: **Which one did you like most?** En çok hangisini beğendin? 2. en: **That's the most beautiful one I've ever seen.** Şimdiye kadar gördüklerimin en güzeli o. 3. *k. dili* çok. *i.* en fazla miktar, en büyük kısım. **M— of it is true.** Büyük bir kısmı doğru./Çoğu doğru. **M— people think so.** Çoğu kimse böyle düşünüyor. **at —** olsa olsa, en fazla. **for the — part** genellikle. **make the — of something** bir şeyden azami derecede faydalanmak. **the M— Reverend** Hırist. Pek Muhterem *(başpiskoposun isminden önce kullanılan unvan)*: **the Most Reverend Michael Ramsey** Pek Muhterem Michael Ramsey.
most.ly (most´li) *z.* 1. çoğunlukla, çoğu kez. 2. genellikle. 3. en çok.
mote (mot) *i.* zerre, tanecik, parçacık.
mo.tel (motel´) *i.* motel.
moth (môth, math) *i.* 1. güve. 2. pervane. **clothes —** güve.
moth.ball (môth´bôl) *i.* naftalin topu. *f.* (gemiyi) kullanımdan çıkarıp tekrar kullanılıncaya kadar muhafaza altında tutmak; (fabrikanın) faaliyetine son verip tekrar kullanılıncaya kadar muhafaza altında tutmak.
moth-eat.en (môth´itın) *s.* güve yemiş.
moth.er (mʌdh´ır) *i.* anne, ana. *f.* annelik etmek. **— country** anayurt, anavatan. **M—'s Day** Anneler Günü. **— tongue** anadili.
moth.er.board (mʌdh´ırbôrd) *i., bilg.* ana levha.
moth.er.hood (mʌdh´ırhûd) *i.* annelik, analık.
moth.er-in-law (mʌdh´ırinlô) *i.* kayınvalide, kaynana.
moth.er.ly (mʌdh´ırli) *s.* 1. ana gibi. 2. anaya yakışır.
moth.er-of-pearl (mʌdh´ırıvpırl´) *i.* sedef.
moth.proof (môth´pruf) *s.* güve yemez.
mo.tif (motif´) *i.* motif.
mo.tion (mo´şın) *i.* 1. hareket, devinim. 2. teklif, önerge. *f.* el ile işaret etmek. **— picture** (sinemada gösterilen) film. **in —** hareket halinde. **make a —** önerge vermek, teklifte bulunmak. **perpetual —** devamlı hareket. **set someone in —** birini harekete geçirmek. **set something in —** bir şeyi başlatmak.
mo.tion.less (mo´şınlis) *s.* hareketsiz.
mo.ti.vate (mo´tıveyt) *f.* harekete geçirmek, sevk etmek.

mo.ti.va.tion (motıvey´şın) *i.* 1. harekete getirme. 2. motivasyon, güdülenme. 3. güdü.
mo.tive (mo´tiv) *i.* 1. güdü, neden. 2. *müz.* motif. *s.* 1. hareket ettirici, devindirici, itici. 2. güdüsel.
mot.ley (mat´li) *s.* 1. çeşitli kısımlardan oluşmuş, birbirine benzemez, karmakarışık. 2. karışık renkli, alaca, rengârenk.
mo.tor (mo´tır) *i.* 1. motor. 2. *İng.* otomobil. *s.* 1. hareket ettirici. 2. motorlu. 3. *tıb.* hareket kaslarına ait. 4. devimsel, hareki. *f.* otomobille gitmek; otomobille götürmek.
mo.tor.bike (mo´tırbayk) *i.* motosiklet.
mo.tor.boat (mo´tırbot) *i.* motorbot, deniz motoru, motor.
mo.tor.cade (mo´tırkeyd) *i.* araba konvoyu.
mo.tor.car (mo´tırkar) *i., İng.* otomobil.
mo.tor.cy.cle (mo´tırsaykıl) *i.* motosiklet.
mo.tor.ise (mo´tırayz) *f., İng., bak.* **motorize.**
mo.tor.ist (mo´tırist) *i., oto.* sürücü.
mo.tor.ize, *İng.* **mo.tor.ise** (mo´tırayz) *f.* motor ile donatmak, motorize etmek.
mo.tor.man (mo´tırmın), *çoğ.* **mo.tor.men** (mo´tırmin) *i.* vatman.
mo.tor.way (mo´tırwey) *i.* karayolu, otoban, otoyol.
mot.tle (mat´ıl) *f.* beneklemek, alacalamak.
mot.tled (mat´ıld) *s.* değişik renklerdeki; değişik renk tonlarındaki; abraş; alaca, benekli; ebruli.
mot.to (mat´o) *i.* (*çoğ.* **—s/—es**) özdeyiş, özlü söz, vecize.
mould (mold) *i., f., İng., bak.* **mold.**
moult (molt) *f., İng., bak.* **molt.**
mound (maund) *i.* 1. tümsek, tepecik, küme. 2. höyük. 3. yığın.
mount (maunt) *i.* dağ, tepe.
mount (maunt) *i.* 1. binek hayvanı. 2. kaide, taban, duraç, ayaklık, ayak; yuva. 3. çerçeve. *f.* 1. tırmanmak, çıkmak. 2. üzerine çıkmak. 3. (at, bisiklet v.b.´ne) binmek; bindirmek. 4. asmak. 5. takmak. 6. monte etmek, kurmak. 7. üzerine koymak, oturtmak. 8. üzerine yapıştırmak, çerçeveye geçirmek. 9. başlatmak. 10. yükselmek, artmak, çoğalmak. **— a production of** (oyunu) sahneye koymak. **— guard** nöbet tutmak.
moun.tain (maun´tın) *i.* 1. dağ. 2. yığın. **— chain** sıradağ, sıradağlar. **make a — out of a molehill** habbeyi kubbe yapmak, pireyi deve yapmak.
moun.tain.eer (mauntınir´) *i.* 1. dağcı. 2. dağlı kimse.
moun.tain.eer.ing (mauntınir´îng) *i.* dağcılık.
moun.tain.ous (maun´tınıs) *s.* 1. dağlık. 2. dağ gibi, çok büyük, çok iri.
mount.ed (maun´tid) *s.* 1. ata binmiş, atlı. 2. takılı, hazır. 3. kakılmış, kakma. **— gem** kakma taş. **— police** atlı polis. **— troops** süvari, atlı asker.

mourn (môrn) *f.* 1. yas tutmak, matem tutmak. 2. kederlenmek.
mourn.er (môr´nır) *i.* yaslı kimse.
mourn.ful (môrn´fıl) *s.* 1. kederli, üzgün. 2. yaslı. 3. acıklı, dokunaklı.
mourn.ing (môr´ning) *i.* 1. yas tutma. 2. yas, matem. 3. matem elbisesi. 4. yas süresi.
mouse (maus), *çoğ.* **mice** (mays) *i.* 1. fare, sıçan. 2. *bilg.* fare. **white —** beyaz fare.
mouse.trap (maus´träp) *i.* 1. fare kapanı. 2. tuzak.
mouth (mauth) *i.* 1. ağız. 2. ağız, akarsuyun denize/göle döküldüğü yer. 3. giriş yeri. **— organ** mızıka, armonika. **down in the —** cesareti kırılmış, karamsar. **from — to —** dilden dile, ağızdan ağıza. **laugh on the wrong side of one's —** gülerken ağlamak. **live from hand to —** elden ağıza yaşamak, kıt kanaat geçinmek. **make one's — water** ağzını sulandırmak, imrendirmek. **put words into someone's —** uydurup birinin ağzından konuşmak.
mouth (maudh) *f.* 1. söylemek. 2. dudaklarını oynatarak (bir şey) söyler gibi yapmak.
mouth.ful (mauth´fûl) *i.* 1. ağız dolusu. 2. lokma. 3. *k. dili* söylenişi güç sözcük. **say a — *k. dili*** taşı gediğine koymak.
mouth.piece (mauth´pis) *i.* 1. ağızlık. 2. sözcü.
mouth.wash (mauth´wôş) *i.* gargara.
mov.a.ble (mu´vıbıl) *s.* 1. kımıldayabilen, hareket edebilen. 2. taşınabilir. 3. tarihi değişen (yortu). 4. *huk.* taşınır, menkul. *i., çoğ., huk.* taşınır mallar, menkuller.
move (muv) *f.* 1. kımıldatmak, oynatmak, hareket ettirmek; kımıldamak, oynamak, hareket etmek: **My right leg is paralyzed; I can't move it.** Sağ bacağım felç oldu; hareket ettiremiyorum. **Don't move!** Kımıldama! 2. taşımak, nakletmek; taşınmak: **She plans to move this table into the kitchen.** Bu masayı mutfağa taşımayı düşünüyor. **Fatma has moved to her summer place in Gümüşköy.** Fatma, Gümüşköy'deki yazlığına taşındı. 3. önermek, teklif etmek: **I move that the meeting be adjourned.** Toplantının sona erdirilmesini öneriyorum. 4. etkilemek, dokunmak: **His story deeply moved me.** Onun öyküsü beni derinden etkiledi. 5. gayrete getirmek. 6. harekete getirmek. 7. (satranç/dama taşını) yürütmek, sürmek. 8. (bağırsaklar) işlemek; (bağırsakları) işletmek. 9. satmak; sattırmak: **It's difficult to move these high-priced books.** Bu pahalı kitapları satmak zor. 10. kalkmak, ilerlemek, ileri gitmek. *i.* 1. hareket, kımıldanma. 2. taşınma. 3. *satranç, dama* taş sürme. 4. *satranç, dama* oynama sırası. **— down** (öğrenciyi) bir alt sınıfa indirmek; bir alt sınıfa inmek. **— heaven and earth** her çareye başvurmak. **— in** 1. eve taşınmak.

2. içeri girmek. — **on** ileri gitmek. — **out** 1. evden taşınmak. 2. dışarı çıkmak. — **up** (öğrenciyi) bir üst sınıfa yükseltmek; bir üst sınıfa yükselmek. **get a — on** 1. başlamak. 2. acele etmek. **on the —** hareket halinde.
move.a.ble (mu´vıbıl) *s., i., bak.* **movable.**
move.ment (muv´mınt) *i.* 1. hareket, kımıldanma. 2. akım, hareket: **the women's liberation movement** kadınların özgürlüğü hareketi. 3. *ask.* manevra. 4. saatin makinesi/parçaları. 5. *müz.* bölüm. 6. bağırsakların işlemesi.
mov.ie (mu´vi) *i.* (sinemada gösterilen) film. — **camera** 1. *sin.* kamera. 2. kamera, film makinesi. — **house/theater** sinema, sinema salonu. **go to the —s** sinemaya gitmek. **the —s** sinema, sinema sanatı.
mov.ing (mu´ving) *s.* 1. hareket eden, devingen, oynak. 2. ilerleyen. 3. harekete geçiren. 4. etkileyici, dokunaklı. — **day** taşınma günü. — **platform** hareket eden platform.
mov.ing.ly (mu´vingli) *z.* etkileyici bir şekilde, dokunaklı olarak.
mow (mo) *f.* (**—ed, —n**) 1. biçmek. 2. **down** (top/tüfek ateşiyle) toptan öldürmek/biçmek.
mown (mon) *f., bak.* **mow.**
Mo.zam.bi.can (mozımbi´kın, mozämbi´kın) *i.* Mozambikli. *s.* 1. Mozambik, Mozambik'e özgü. 2. Mozambikli.
Mo.zam.bique (mozämbik´) *i.* Mozambik. **—an** *i.* Mozambikli. *s.* 1. Mozambik, Mozambik'e özgü. 2. Mozambikli.
MP (empi´) *i.* 1. *ask.* inzibat, inzibat eri. 2. askeri inzibat. 3. *İng.* milletvekili, parlamenter, mebus.
MP *kıs.* **Military Police.**
M.P. *kıs.* **Member of Parliament.**
Mr. (mis´tır) *i.* Bay *(Soyadından önce kullanılır.):* **Mr. Green** Bay Green.
Mrs. (mis´iz) *i.* Bayan *(Evli kadının soyadından önce kullanılır.):* **Mrs. Murphy** Bayan Murphy.
Ms. (miz) *i.* Bayan *(Evli veya evli olmayan kadının soyadından önce kullanılır.):* **Ms. Pembroke** Bayan Pembroke.
M.S., *İng.* **MSc** *kıs.* **Master of Science.**
MS., ms. *kıs.* **manuscript.**
Mt., mt. *kıs.* **mount, mountain.**
much (mʌç) *s.* (**more, most**) çok, epey, hayli: **There's much work still to be done.** Hâlâ yapacak epey iş var. *z.* 1. çok, epey, hayli, pek: **I'm feeling much better.** Kendimi çok daha iyi hissediyorum. **She is much admired.** Çok beğeniliyor. **I didn't much like that play.** O oyunu pek beğenmedim. 2. aşağı yukarı, hemen hemen. *i.* 1. çok şey, çok miktarda şey. 2. önemli şey. — **as** her ne kadar ... ise de, ise de: **Much as I would like to I can't go.** Gitmek istesem de gidemem. — **less** şöyle dursun: **I can't walk, much less run.** Koşmak şöyle dursun, yürüyemiyorum. **as — as one can** elinden geldiği kadar, gücü yettiği kadar, yapabildiği kadar: **I'll help as much as I can.** Elimden geldiği kadar yardım edeceğim. **be — sought after** çok aranılan/istenilen bir şey/biri olmak, çok rağbette olmak, çok rağbet görmek. **be too — for** için çok zor olmak, -in gücünü aşmak: **These stairs are too much for an old man.** Yaşlı bir adamın bu merdivenleri çıkması çok zor. **how —** 1. ne kadar: **No matter how much I try, I just can't do it.** Ne kadar uğraşırsam uğraşayım, yine de yapamam. **How much money do you need?** Ne kadar para lazım sana? 2. kaça, ne kadar: **How much is that computer?** O bilgisayar kaça? **I thought as —.** Zaten bunu bekliyordum./Hiç şaşırmadım. **make — of** -e çok önem vermek.
muck (mʌk) *i.* 1. pislik. 2. çamur. 3. gübre, yaş gübre. *f.* 1. gübrelemek. 2. **up** *k. dili* kirletmek, pisletmek.
muck.rake (mʌk´reyk) *f.* (önemli birine) çamur atmak.
mu.cous (myu´kıs) *s.* sümüksel; sümüksü. — **membrane** *anat.* sümükdoku, mukoza.
mu.cus (myu´kıs) *i.* 1. sümük. 2. balgam.
mud (mʌd) *i.* 1. çamur. 2. kötü söz veya iftira. **throw — at** (birine) çamur atmak/sıçratmak.
mud.dle (mʌd´ıl) *f.* 1. karmakarışık etmek. 2. sersemletmek. 3. **up** yüzüne gözüne bulaştırmak. *i.* 1. karışıklık. 2. sersemlik. 3. karmakarışık iş. — **along/on** 1. iyi kötü geçinip gitmek. 2. yanılmalara karşın bir işten sıyrılıp çıkmak. — **through** *İng.* her şeye karşın gemisini kurtarmak.
mud.dle.head.ed (mʌd´ılhedid) *s.* sersem.
mud.dy (mʌd´i) *s.* 1. çamurlu. 2. bulanık, kirli, pis. 3. karışık. *f.* 1. çamurlamak, çamura bulamak. 2. bulandırmak.
mud.guard (mʌd´gard) *i.* çamurluk.
mud.sling.er (mʌd´slingır) *i., pol.* rakibine çamur atan kimse.
mu.ez.zin (myuwez´in) *i.* müezzin.
muff (mʌf) *i.* manşon, el kürkü.
muff (mʌf) *f.* 1. becerememek, yüzüne gözüne bulaştırmak. 2. *spor* (topu) kaçırmak.
muf.fin (mʌf´in) *i.* şamkurabiyesine benzeyen ufak, yuvarlak ve tatlı bir ekmek türü. **corn —** mısır ununda yapılan ufak, yuvarlak ve tuzlu bir ekmek türü.
muf.fle (mʌf´ıl) *f.* 1. **in/with** -e sarınmak. 2. **up** sarınıp sarmalanmak; sarıp sarmalamak. 3. (bir şeyi) ses çıkarmayacak şekilde örtmek/sarmak. — **oneself up** sarınıp sarmalanmak.
muf.fler (mʌf´lır) *i.* 1. susturucu. 2. boyun atkısı.
muf.ti (mʌf´ti) *i.* müftü.

mug (mʌg) *i.* 1. kulplu büyük bardak, kupa. 2. bardak dolusu.
mug (mʌg) *i., argo* surat.
mug (mʌg) *f.* (**—ged, —ging**) saldırıp soymak.
mug.ger (mʌg´ır) *i.* soyguncu, saldırıp soyan kimse.
mug.ger (mʌg´ır) *i.* hinttimsahı.
mug.gy (mʌg´i) *s.* sıcak ve rutubetli, kapalı, sıkıntılı (hava).
Mu.ham.mad (mûhäm´ıd) *i.* Hz. Muhammed.
mu.lat.to (mılät´o, myûlät´o) *i.* beyaz ile zenci melezi kimse.
mul.ber.ry (mʌl´beri, mʌl´bırî) *i.* dut. **black —** karadut. **red —** kırmızı dut. **white —** beyaz dut.
mule (myul) *i.* 1. katır. 2. *k. dili* çok inatçı kimse.
mul.ish (myu´liş) *s.* inatçı, katır gibi.
mul.ish.ly (myu´lişli) *z.* inatla.
mull (mʌl) *i.* ince muslin kumaş.
mull (mʌl) *f.* **over** -i iyice düşünmek, -i düşünüp taşınmak.
mul.lah (mʌl´ı, mûl´ı) *i.* molla.
mul.lein (mʌl´ın) *i., bot.* sığırkuyruğu.
mul.lion (mʌl´yın) *i.* pencere tirizi. *f.* tirizlerle ayırmak.
multi- *önek* çok, mülti-.
mul.ti.cel.lu.lar (mʌltîsel´yılır) *s.* çokgözeli, çokhücreli.
mul.ti.di.men.sion.al (mʌltîdîmen´şınıl) *s.* çokboyutlu.
mul.ti.far.i.ous (mʌltıfer´iyıs) *s.* çok çeşitli, türlü türlü.
mul.ti.form (mʌl´tıfôrm) *s.* çokbiçimli, çokşekilli.
mul.ti.lat.er.al (mʌltîlät´ırıl) *s.* 1. çok yanlı, çok taraflı. 2. *huk.* çok taraflı.
mul.ti.lin.gual (mʌltîling´gwıl) *s.* çokdilli, çok dil bilen.
mul.ti.mil.lion.aire (mʌltîmîlyıner´) *i.* mültimilyoner.
mul.ti.na.tion.al (mʌltînäş´ınıl) *s.* çokuluslu.
mul.ti.ple (mʌl´tıpıl) *s.* 1. birçok, çok yönlü. 2. katmerli. *i., mat.* katsayı.
mul.ti.pli.cand (mʌltıplîkänd´) *i., mat.* çarpılan.
mul.ti.pli.ca.tion (mʌltıplîkey´şın) *i.* 1. çoğaltma; çoğalma. 2. *mat.* çarpma, çarpım. **— table** çarpım tablosu.
mul.ti.plic.i.ty (mʌltıplîs´ıti) *i.* çokluk, çeşitlilik.
mul.ti.pli.er (mʌl´tıplayır) *i., mat.* çarpan.
mul.ti.ply (mʌl´tıplay) *f.* 1. çoğaltmak, artırmak; çoğalmak, artmak. 2. *mat.* çarpmak. 3. *biyol.* üremek.
mul.ti.tude (mʌl´tıtud) *i.* 1. kalabalık, halk yığını. 2. çokluk.
mul.ti.tu.di.nous (mʌltıtudı´dınıs) *s.* çok, pek çok.
mul.ti-us.er (mʌl´tıyuzır) *i., bilg.* çoklu kullanıcı.
mum (mʌm) *s.* susmuş, suskun. *ünlem* Sus! **M—'s the word.** Sakın kimseye söyleme.

mum (mʌm) *i., İng., k. dili* anne.
mum.ble (mʌm´bıl) *f.* mırıldanmak. *i.* mırıltı.
mum.mi.fi.ca.tion (mʌmıfîkey´şın) *i.* 1. mumyalama, mumya yapma. 2. mumyalaşma.
mum.mi.fy (mʌm´ıfay) *f.* 1. mumyalamak. 2. mumyalaşmak.
mum.my (mʌm´i) *i.* mumya.
mum.my (mʌm´i) *i., İng., k. dili* anne.
mumps (mʌmps) *i., çoğ., tıb.* kabakulak.
munch (mʌnç) *f.* kıtır kıtır yemek, hapır hupur yemek.
mun.dane (mʌn´deyn´) *s.* 1. günlük, olağan, sıradan. 2. dünyaya ait, dünyevi.
mu.nic.i.pal (myunîs´ıpıl) *s.* belediyeye ait, belediye.
mu.nic.i.pal.i.ty (myunîsıpäl´ıti) *i.* belediye.
mu.nif.i.cence (myunîf´ısıns) *i.* cömertlik.
mu.nif.i.cent (myunîf´ısınt) *s.* cömert, eliaçık.
mu.ni.tions (myunîş´ınz) *i., çoğ.* savaş gereçleri.
mu.ral (myûr´ıl) *s.* 1. duvara ait. 2. duvara asılan. 3. duvar gibi. *i.* duvar resmi.
mur.der (mır´dır) *i.* 1. cinayet, adam öldürme. 2. *k. dili* baş belası, işkence. *f.* 1. katletmek, öldürmek. 2. *k. dili* bozmak, berbat etmek: **murder a piece of music** bir müzik parçasını berbat etmek. **— in the first degree** kasten adam öldürme. **— mystery** cinai roman. **get away with —** *k. dili* bir kötülüğün cezasını çekmemek.
mur.der.er (mır´dırır) *i.* katil.
mur.der.ess (mır´dırîs) *i.* kadın katil.
mur.der.ous (mır´dırıs) *s.* 1. öldürücü, ölüm saçan, kanlı. 2. tehlikeli.
murk (mırk) *i.* karanlık, kasvet.
murk.y (mır´ki) *s.* 1. karanlık, kasvetli. 2. bulutlu, bulanık. 3. belirsiz, anlaşılması güç.
mur.mur (mır´mır) *i.* 1. mırıldanma, mırıltı. 2. söylenme, şikâyet. 3. çağıltı; uğultu. 4. hırıltı, üfürüm. *f.* 1. mırıldanmak. 2. söylenmek, homurdanmak. 3. çağıldamak; uğuldamak.
mus.cle (mʌs´ıl) *i.* kas, adale. **Don't move a —!** Kıpırdama!/Kımıldama!
mus.cu.lar (mʌs´kyulır) *s.* 1. kaslı, adaleli. 2. kasa ait.
muse (myuz) *i.* 1. esin perisi, ilham perisi. 2. *b.h.* Müzlerden biri.
muse (myuz) *f.* düşünceye dalmak, derin derin düşünmek.
mu.se.um (myuzi´yım) *i.* müze.
mush (mʌş) *i.* 1. mısır unu lapası. 2. lapa gibi şey. 3. *k. dili* aşırı duygusallık.
mush.room (mʌş´rum, mʌş´rûm) *i.* mantar. *s.* mantarımsı. *f.* hızla büyümek, mantar gibi büyümek; (yapılar) mantar gibi bitmek. **— cloud** (özellikle nükleer patlama sonucunda) mantar şeklinde yükselen bulut. **— growth** birdenbire büyüyüp yayılma, mantar gibi büyüme.

mush.y (mʌş´i) *s.* 1. lapa gibi. 2. *k. dili* aşırı duygusal.

mu.sic (myu´zik) *i.* müzik; musiki. — **box** müzik kutusu. — **hall** 1. müzikhol. 2. *İng., tiy.* vodvil. — **stand** nota sehpası. **book of** — nota kitabı. **chamber** — oda müziği. **electronic** — elektronik müzik. **instrumental** — enstrümantal müzik. **set a poem to** — bir şiiri bestelemek. **vocal** — vokal müzik.

mu.si.cal (myu´zikıl) *s.* 1. müziğe ait; müzikle ilgili, müzikal. 2. ahenkli, uyumlu. 3. müziksever. 4. bestelenmiş. *i.* müzikal.

mu.si.cian (myuziş´ın) *i.* 1. müzisyen. 2. çalgıcı.

mu.si.col.o.gist (myuzikal´ıcist) *i.* müzikbilimci, müzikolog.

mu.si.col.o.gy (myuzikal´ıci) *i.* müzikbilim, müzikoloji.

musk (mʌsk) *i.* 1. misk. 2. misk kokusu. — **ox** misköküzü, misksığırı.

mus.ket (mʌs´kit) *i.* (eski model) tüfek.

musk.mel.on (mʌsk´melın) *i.* şamama, miskkavunu.

musk.rat (mʌsk´rät) *i.* misksıçanı, miskfaresi.

Mus.lim (mʌz´lim) *i., s.* Müslüman.

mus.lin (mʌz´lin) *i.* muslin.

muss (mʌs) *i.* karışıklık. *f.* **up** 1. -i buruşturmak. 2. -i karıştırmak, -i altüst etmek, -i bozmak.

mus.sel (mʌs´ıl) *i.* midye.

must (mʌst) *i.* küf; küflülük.

must (mʌst) *yardımcı f.* 1. *Şart belirtir:* **You must do it.** Onu yapman şart. 2. *Gereklilik belirtir:* **You must do it.** Onu yapman lazım. 3. *Kuvvetli bir tahmin belirtir:* **You must be freezing.** Dondun herhalde. **Ahmet must have done it.** Herhalde Ahmet yaptı./Ahmet yaptı demek. 4. *Kızgınlık/yakınma/istihza belirtir:* **Despite being warned she must go and try it.** İhtar edilmesine rağmen yine de gidip onu denedi. 5. *Kararlılık belirtir:* **If you must go, do so after the children have gone to bed.** Gitmeyi kafana koyduna bari çocuklar yattıktan sonra git. 6. -meli, -malı: **You must come to see us.** Bizi ziyaret etmelisin. *i., k. dili* şart, zaruri bir şey: **In the summer a mosquito net is a must.** Yazın cibinlik şart.

mus.tache (mıstäş´, mʌs´täş) *i.* bıyık.

mus.tang (mʌs´täng) *i.* (ABD'nin batısına özgü) yabani at.

mus.tard (mʌs´tırd) *i.* hardal. — **greens** hardal yaprakları. **dry** — toz hardal, hardal tozu.

mus.ter (mʌs´tır) *f.* 1. toplamak; toplanmak. 2. *ask.* içtima yapmak. *i., ask.* içtima.

must.n't (mʌs´ınt) *kıs.* must not.

must.y (mʌs´ti) *s.* küflü; küf kokulu.

mu.ta.ble (myu´tıbıl) *s.* 1. değişebilir, değişken. 2. dönek, kararsız.

mu.tant (myu´tınt) *s., biyol.* mutasyona uğramış. *i.* mutasyona uğramış hayvan/bitki.

mu.tate (myu´teyt) *f., biyol.* mutasyona uğramak; mutasyona uğratmak.

mu.ta.tion (myutey´şın) *i.* 1. değişme, dönüşme. 2. *biyol.* değişinim, mutasyon.

mu.ta.tion.ism (myutey´şınizım) *i., biyol.* değişinimcilik, değşinimcilik, mutasyonizm.

mute (myut) *s.* 1. sessiz, suskun. 2. dilsiz. *i.* dilsiz kimse. *f.* sesini kısmak. **deaf** — sağır ve dilsiz kimse.

mu.ti.late (myu´tıleyt) *f.* 1. sakatlamak, kötürüm etmek. 2. önemli kısımları çıkararak bozmak.

mu.ti.la.tion (myutıley´şın) *i.* 1. (vücudun bir uzvunu) (bütünüyle) kesme. 2. kötürüm etme. 3. bozma.

mu.ti.neer (myutınîr´) *i.* isyancı, asi.

mu.ti.nous (myu´tınıs) *s.* isyankâr, asi.

mu.ti.ny (myu´tıni) *i.* (özellikle askerler/gemiciler için) isyan, başkaldırma, ayaklanma. *f.* isyan etmek, başkaldırmak, ayaklanmak.

mutt (mʌt) *i., argo* it, köpek.

mut.ter (mʌt´ır) *f.* 1. mırıldanmak. 2. söylenmek, homurdanmak. *i.* mırıltı.

mut.ton (mʌt´ın) *i.* koyun eti, koyun. — **chop** koyun pirzolası.

mu.tu.al (myu´çuwıl) *s.* 1. iki taraflı, karşılıklı: **mutual love** karşılıklı sevgi. 2. ortak, müşterek: **mutual friend** ortak dost.

muz.zle (mʌz´ıl) *i.* 1. hayvan burnu. 2. burunsalık. 3. top/tüfek ağzı. *f.* 1. burunsalık takmak. 2. susturmak.

my (may) *zam.* benim. *ünlem* O, ...! *(Hayret belirtmek için kullanılır.):* **My, my, how nice you look!** O, bu ne güzellik böyle!

my.al.gi.a (mayäl´cı, mayäl´ciyı) *i., tıb.* kas ağrısı.

Myan.mar (myan´mar) *i.* Myanmar.

my.col.o.gy (maykal´ıci) *i.* mantarbilim, mikoloji.

my.e.loid (may´iloyd) *s., anat.* iliksel.

my.o.car.di.al (maykar´diyıl) *s.* — **infarction** miyokard enfarktüsü.

my.o.car.di.tis (mayıkarday´tîs) *i., tıb.* miyokardit, kalp kası iltihabı/yangısı.

my.o.car.di.um (mayıkar´diyım) *i., anat.* miyokard, kalp kası.

my.ol.o.gy (mayal´ıci) *i.* kasbilim.

my.o.ma (mayo´mı), *çoğ.* —**s** (mayo´mız)/—**ta** (mayo´mıtı) *i., tıb.* miyom, kas uru.

my.o.pi.a (mayo´piyı) *i.* miyopluk.

my.op.ic (mayap´îk) *s.* miyop.

myr.i.ad (mîr´iyıd) *s.* çok büyük sayıda, sayısız. *i.* çok.

myrrh (mır) *i.* 1. (reçine olarak) mürrüsafi. 2. laden reçinesi; laden reçinesiyle mürrüsafiden oluşan bir karışım.

myr.tle (mır´tıl) *i.* mersin.

my.self (mayself´) *zam.* kendim, bizzat, ben: **I will come myself.** Kendim geleceğim./Bizzat geleceğim. **I do not regard myself as a mathematician.** Kendimi matematikçi saymıyorum. **I don't feel like —.** İyi değilim./Keyfim yok. **I — am doubtful.** Ben bile kuşkulanıyorum.
mys.te.ri.ous (mîstîr´îyıs) *s.* 1. gizemli, esrarengiz, esrarlı. 2. akıl ermez, anlaşılmaz. 3. garip.
mys.te.ri.ous.ly (mîstîr´îyısli) *z.* esrarengiz bir şekilde, gizemli bir şekilde.
mys.ter.y (mîs´tıri) *i.* gizem, sır, esrar.
mys.tic (mîs´tîk) *s.* 1. mistik, mistisizmle ilgili. 2. gizemli, esrarengiz. *i.* mistik, gizemci.
mys.ti.cal (mîs´tîkıl) *s.* mistik, gizemsel.

mys.ti.cism (mîs´tısîzım) *i.* mistisizm, gizemcilik, tasavvuf.
mys.ti.fy (mîs´tıfay) *f.* 1. şaşırtmak, hayrete düşürmek. 2. anlaşılmasını güçleştirmek.
myth (mîth) *i.* 1. mit, söylence, efsane, mitos. 2. hayali kimse/şey.
myth.i.cal (mîth´îkıl), **myth.ic** (mîth´îk) *s.* 1. mitlere özgü, söylencesel, efsanevi. 2. uydurma; hayali.
myth.o.log.i.cal (mîthılac´îkıl) *s.* mitolojik, söylencebilimsel.
my.thol.o.gy (mîthal´ıci) *i.* mitoloji, söylencebilim.
Myt.i.le.ne (mîtıli´ni) *i., bak.* **Lesbos.**

N

N, n (en) *i.* N, İngiliz alfabesinin on dördüncü harfi.
N *kıs.* **nitrogen, north, northern.**
N. *kıs.* **Nationalist, Navy, New, Noon, Norse, North, Northern, November.**
n (en) *i., mat.* n, belirsiz bir sayı.
n. *kıs.* **name, nephew, net, neuter, new, nominative, noon, north, northern, note, noun, number.**
nab (näb´) *f.* (**—bed, —bing**) *k. dili* 1. yakalamak, ele geçirmek, tutuklamak. 2. kapmak.
na.cre (ney´kır) *i.* sedef.
na.dir (ney´dır) *i.* 1. *gökb.* ayakucu. 2. en aşağı nokta.
nag (näg) *i., k. dili* yaşlı ve güçsüz at.
nag (näg) *f.* (**—ged, —ging**) 1. dırdır etmek, başının etini yemek. 2. rahatsız etmek.
nail (neyl) *i.* 1. çivi, mıh. 2. tırnak. 3. (hayvanlarda) pençe, toynak. *f.* 1. **to** -e çivilemek, -e mıhlamak. 2. sıkı sıkı bağlamak, kavramak. 3. *argo* tutmak; yakalamak. 4. *argo* (bir yalanı) meydana çıkarmak. 5. *argo* çalmak. 6. *argo* vurmak. **— brush** tırnak fırçası. **— down** 1. -i çivilerle sabitleştirmek. 2. -i garantiye almak. **— file** tırnak törpüsü. **— polish** oje, tırnak cilası. **— scissors** tırnak makası. **— up** -i çivileyerek kapatmak. **on the —** 1. hemen, derhal. 2. söz konusu.
na.ïve, na.ive (na.iv´) *s.* 1. toy, tecrübesiz. 2. saf. 3. naif (resim).
na.ïve.ly, na.ive.ly (na.iv´li) *z.* safça.
na.ïve.té (na.ivtey´), **na.ive.ty** (na.i´vıti, na.iv´ti) *i.* 1. toyluk. 2. saflık.
na.ked (ney´kid) *s.* 1. çıplak. 2. yalın, açık. 3. çaresiz, savunmasız. **stark —** çırılçıplak, anadan doğma. **the — eye** çıplak göz. **the — truth** salt gerçek.
na.ked.ness (ney´kidnis) *i.* 1. çıplaklık. 2. yalınlık. 3. çaresizlik.
name (neym) *i.* 1. ad, isim. 2. şöhret, ün. **N— your price.** Düşündüğünüz fiyatı söyleyin. **by —** 1. adıyla, ismiyle: **He called me by name.** Bana ismimle hitap etti. 2. ismen: **I know him by name only.** Onu ancak ismen tanıyorum. **call someone —s** birine/biri için (yalancı, korkak, köpek gibi) kötü sözler söylemek: **He's calling her names.** Ona kötü şeyler söylüyor. **Christian —** ad, isim: **Her Christian name is Fanny, and her family name is Burney.** Adı Fanny, soyadı Burney. **family —** soyadı, aile adı. **He has a bad —.** Adı kötüye çıkmış./Kötü şöhreti var. **I haven't a penny to my —.** Hiç param yok. **in — sözde,** ismen. **in the — of** 1. adına, namına, yerine. 2. başı için, hakkı için, aşkına. **make a — for oneself** ad yapmak. **the — of the game** asıl sorun. **to one's —** kendine özgü.
name-drop.ping (neym´draping) *i., k. dili* kendine paye vermek için ünlü isimlerden söz etme.
name.less (neym´lis) *s.* adsız, isimsiz.
name.ly (neym´li) *z.* yani, şöyle ki.
name.sake (neym´seyk) *i.* adaş.
Na.mib.i.a (nımib´iyı) *i.* Namibya. **—n** *i.* Namibyalı. *s.* 1. Namibya, Namibya'ya özgü. 2. Namibyalı.
nan.ny (nän´i) *i.* 1. *İng.* dadı. 2. dişi keçi. **— goat** dişi keçi.
nap (näp) *f.* (**—ped, —ping**) uyuklamak, hafif uykuya dalmak, kestirmek, şekerleme yapmak. *i.* hafif kısa uyku, şekerleme. **catch someone —ping** birini gafil avlamak, birini hazırlıksız yakalamak.
nap (näp) *i.* hav.
nape (neyp) *i.* ense.
naph.tha.lene (näf´thılin), **naph.tha.line** (näf´thılin) *i., kim.* naftalin.
nap.kin (näp´kin) *i.* 1. peçete, peşkir. 2. *İng.* çocuk bezi. **— ring** peçete halkası.
nap.py (näp´i) *i., İng., k. dili* çocuk bezi.
nar.cis.sism (narsis´izım) *i.* narsisizm, narsistlik, narsislik, özseverlik.
nar.cis.sist (narsis´ist) *i.* narsist, narsis, özseven.
nar.cis.sus (narsis´ıs), *çoğ.* **nar.cis.sus/nar.cis.si** (narsis´ay) *i.* sim; nergis, zerrin.
nar.co.sis (narko´sis) *i.* narkoz.
nar.cot.ic (narkat´ik) *s., i.* uyuşturucu, narkotik. **— drug** uyuşturucu ilaç.
nar.rate (nereyt´, ner´eyt) *f.* hikâye etmek, öykülemek, anlatmak.
nar.ra.tion (nerey´şın) *i.* 1. anlatım, anlatış. 2. hikâye, öykü.
nar.ra.tive (ner´ıtiv) *z.* hikâye, öykü. *s.* hikâye türünden.
nar.ra.tor (nerey´tır) *i.* anlatıcı, anlatan.
nar.row (ner´o) *s.* 1. dar, ensiz. 2. sınırlı, kısıtlı. 3. dar görüşlü. 4. darlık içinde olan. 5. cüzi, az. 6. sıkı, dikkatli. *i.* 1. dar geçit. 2. *çoğ.* dar boğaz. *f.* 1. daraltmak; daralmak, çekmek, ensizleşmek. 2. sınırlamak. 3. kısmak. **— circumstances** fakirlik, parasızlık, darlık. **— escape** dan danına kurtulma, ucuz kurtulma. **by a — majority** az bir çoğunlukla.

---

a ä e ı i î ô o û u ʌ ıl ım ın ır ng ngg ngk
car cat met above heal his dog so good do up couple prism demon burn ring finger ink

nar.row.ly (ner´oli) z. dar, güçbela, darı darına.
nar.row-mind.ed (ner´omayn´did) s. dar görüşlü.
na.sal (ney´zıl) s. 1. buruna ait. 2. dilb. genizsi, genzel. i., dilb. genizsi ses, genizsil. — cavity burun boşluğu.
nas.cent (ney´sınt) s. gelişmeye başlayan, yeni oluşan.
nas.tur.tium (nästır´şım) i. latinçiçeği.
nas.ty (näs´ti) s. 1. tiksindirici, iğrenç. 2. kötü, çirkin. 3. ayıp, müstehcen. 4. pis, çok kirli. — blow ağır darbe, tehlikeli vuruş. — sea fırtınalı deniz. — story müstehcen hikâye.
nat. kıs. national, natural.
na.tal (ney´tıl) s. 1. doğuma ait; doğumla ilgili. 2. doğuştan olan/gelen, doğumda var olan, doğumsal.
na.tion (ney´şın) i. ulus, millet.
na.tion.al (näş´ınıl) s. ulusal, milli. i. vatandaş, yurttaş, uyruk. — anthem milli marş. — bank ulusal banka. — debt devlet borcu. — monument ulusal anıt. — park milli park. the Grand N— Assembly of Turkey Türkiye Büyük Millet Meclisi.
na.tion.al.ise (näş´ınılayz) f., İng., bak. nationalize.
na.tion.al.ism (näş´ınılızım) i. ulusçuluk, milliyetçilik.
na.tion.al.ist (näş´ınılîst) i. ulusçu, milliyetçi.
na.tion.al.ist.ic (näşınılîs´tîk) s. ulusçu, milliyetçi.
na.tion.al.i.ty (näşınäl´ıti) i. milliyet, uyrukluk, tabiiyet.
na.tion.al.ize, İng. na.tion.al.ise (näş´ınılayz) f. ulusallaştırmak, devletleştirmek, millileştirmek.
na.tion-wide (ney´şınwayd) s. ülke çapında olan.
na.tive (ney´tîv) s. 1. yerli. 2. doğal. 3. doğuştan olan. i. yerli. — ability Allah vergisi yetenek. — citizen doğuştan uyrukluk hakkı olan kimse. — land anayurt, anavatan. — language anadili.
na.tive-born (ney´tîvbôrn´) s. doğma büyüme, yerli.
na.tiv.i.ty (neytîv´ıti) i. doğuş, doğum. the N— Hz. İsa´nın doğuşu.
nat.u.ral (näç´ırıl) s. 1. doğal, tabii. 2. doğuştan olan. i., k. dili doğuştan yetenekli kimse. — child evlilikdışı çocuk. — color doğal renk, asıl renk. — gas doğalgaz. — selection doğal ayıklama/ayıklanma.
nat.u.ral.ise (näç´ırılayz) f., İng., bak. naturalize.
nat.u.ral.ist (näç´ırılîst) i. doğabilimci.
nat.u.ral.ize, İng. nat.u.ral.ise (näç´ırılayz) f. 1. vatandaşlığa kabul etmek. 2. (yabancı bir sözcüğü) dile almak. 3. (bir bitkiyi/hayvanı) yeni iklime alıştırmak.
nat.u.ral.ly (näç´ırıli) z. 1. doğal bir biçimde. 2. doğuştan. 3. doğal olarak, tabii, kuşkusuz, şüphesiz.
nat.u.ral.ness (näç´ırılnîs) i. doğallık, tabiilik.
na.ture (ney´çır) i. 1. doğa, tabiat. 2. huy, mizaç,

tabiat. against — doğaya aykırı. by — yaradılıştan, doğuştan. human — insan tabiatı. in the — of things doğal olarak, tabiatıyla. second — alışkanlık, alışkı, âdet.
naught (nôt) i. 1. hiç, hiçbir şey. 2. sıfır. come to — boşa çıkmak. set at — hiçe saymak, önem vermemek.
naugh.ti.ly (nô´tıli) z. yaramazca, haylazca.
naugh.ti.ness (nô´tinîs) i. yaramazlık.
naugh.ty (nô´ti) s. 1. yaramaz, haylaz. 2. açık saçık.
Na.u.ru (na.u´ru) i. Nauru. —an i. Naurulu. s. 1. Nauru, Nauru´ya özgü. 2. Naurulu.
nau.se.a (nô´zıyı) i. 1. bulantı, mide bulantısı. 2. tiksinme, iğrenme.
nau.se.ate (nô´ziyeyt) f. 1. midesini bulandırmak. 2. iğrendirmek, tiksindirmek. be —d midesi bulanmak.
nau.seous (nô´şıs, nô´zıyıs) s. mide bulandırıcı, tiksindirici. be/feel — midesi bulanmak.
nau.ti.cal (nô´tîkıl) s. denizcilikle ilgili, deniz; gemicilikle ilgili. — mile deniz mili (1852 metre).
na.val (ney´vıl) s. 1. deniz kuvvetlerine ait, deniz. 2. savaş gemilerine ait. — academy deniz harp akademisi. — base deniz üssü. — forces deniz kuvvetleri. — officer deniz subayı.
nave (neyv) i. dingil başlığı, tekerlek poyrası.
nave (neyv) i. (kilisede) nef.
na.vel (ney´vıl) i. 1. göbek. 2. merkez. — cord tıb. göbek kordonu. — orange vaşington (portakal).
nav.i.ga.ble (näv´ıgıbıl) s. seyredilebilir, deniz taşıtlarının seyrine elverişli.
nav.i.gate (näv´ıgeyt) f. 1. (kaptanlık ederek) gemiyi/tekneyi götürmek, dümen tutmak. 2. (gemi/tekne) seyretmek.
nav.i.ga.tion (nävıgey´şın) i. 1. gemi seferi, gemi yolculuğu. 2. gemicilik; denizcilik.
nav.i.ga.tor (näv´ıgeytır) i. rotacı; deniz subayı.
na.vy (ney´vi) i. 1. donanma. 2. deniz kuvvetleri. — blue lacivert, koyu mavi.
nay (ney) z. hayır, yok. i. 1. ret. 2. olumsuz oy. 3. olumsuz oy veren kimse. He will not take —. "Yok" sözünden anlamaz. The —s have it. Reddedildi.
Na.zi (na´tsi) i., s. Nazi.
Na.zism (nat´sizim) i. Nazizm.
n.d. kıs. no date.
N.E. kıs. Near East, Northeast.
near (nîr) z. 1. yakın, yakında. 2. hemen hemen, az daha, az kaldı, az kalsın, neredeyse: He came near to falling. Az daha düşecekti. 3. aşağı yukarı, yaklaşık olarak: The soldiers number near a thousand. Yaklaşık bin tane asker var. s. 1. yakın. 2. samimi, yakın. 3. sadık (çeviri). 4. soldaki (araba/at). 5. cimri, elisıkı. edat -e bitişik, -e

yakın, -in yakınında. *f.* yaklaşmak, yakınlaşmak. **— at hand** yakın.
near.by (nir´bay´) *s.* yakın. *z.* yakında.
near.ly (nir´li) *z.* 1. az daha, neredeyse, hemen hemen. 2. yakından. **as — as I can tell** yaklaşık olarak, bildiğim kadarıyla.
near.ness (nir´nis) *i.* yakınlık.
near.sight.ed (nir´saytid) *s.* miyop.
neat (nit) *s.* 1. temiz, derli toplu, düzgün. 2. sek (içki). 3. *argo* harika.
neat.ly (nit´li) *z.* temizce.
neat.ness (nit´nis) *i.* temizlik, düzgünlük.
neb.u.la (neb´yılı), *çoğ.* **—s** (neb´yılız)/**—e** (neb´yıli) *i., gökb.* bulutsu, nebülöz.
neb.u.lous (neb´yılıs) *s.* 1. bulutlu, dumanlı. 2. belirsiz, bulanık.
nec.es.sar.i.ly (nesıser´ili) *z.* 1. ister istemez. 2. muhakkak.
nec.es.sar.y (nes´ıseri) *s.* 1. gerekli, lüzumlu, lazım; zorunlu, zaruri. 2. kaçınılmaz.
ne.ces.si.tate (nıses´ıteyt) *f.* gerektirmek; zorunlu kılmak.
ne.ces.si.ty (nıses´iti) *i.* 1. gerekli şey. 2. gereksinim, ihtiyaç. 3. zorunluluk. **of —** zaruri olarak.
neck (nek) *i.* 1. boyun. 2. *coğr.* kıstak. 3. (telli çalgılarda) sap. 4. elbise yakası. 5. (şişede) boyun, boğaz. *f., argo* sevişirken kucaklaşıp öpüşmek. **— and —** yarışta at başı beraber. **break one's —** 1. boynu kırılmak. 2. kendini paralamak, paralanmak, dişini tırnağına takmak. **get it in the —** *k. dili* 1. ağır bir darbe yemek. 2. alabandayı yemek, fırçayı yemek. **risk one's —** hayatını tehlikeye koymak. **stiff —** tutulmuş boyun.
neck.band (nek´bänd) *i.* (giyside) dik yaka.
neck.er.chief (nek´ırçif) *i.* boyun atkısı.
neck.ing (nek´ing) *i., argo* sevişirken kucaklaşıp öpüşme.
neck.lace (nek´lis) *i.* kolye, gerdanlık.
neck.tie (nek´tay) *i.* kravat, boyunbağı.
nec.ro.man.cer (nek´rımänsır) *i.* büyücü, sihirbaz.
nec.ro.man.cy (nek´rımänsi) *i.* 1. ölülerle haberleşerek fala bakma. 2. büyücülük, sihirbazlık.
nec.tar (nek´tır) *i.* 1. *mit.* nektar. 2. balözü, nektar.
nec.tar.ine (nektırin´) *i.* tüysüzşeftali, nektarin.
need (nid) *i.* 1. gereksinim, gereksinme, ihtiyaç; gerek, gereklik, gereklilik, lüzum: **a need for money** para gereksinimi. **There's no need to hurry.** Acele etmeye gerek yok. 2. yoksulluk. *f.* 1. -e ihtiyacı olmak, -i gereksemek, -e muhtaç olmak; gerekmek, gerekli olmak: **I need a better computer.** Daha iyi bir bilgisayara ihtiyacım var. 2. istemek, gerektirmek: **That plant needs water.** O bitki su ister. **This work needs time.** Bu iş zaman gerektiriyor. **— to** gerekmek, lazım olmak; zorunda olmak, -e mecbur olmak: **I need to leave soon.** Yakında gitmem gerekiyor. **I don't need to obey his orders.** Emirlerine itaat etmek zorunda değilim. **if — be** gerekirse.
need.ful (nid´fıl) *s.* gerekli, lüzumlu, lazım olan.
nee.dle (nid´ıl) *i.* 1. iğne, dikiş iğnesi. 2. örgü şişi. 3. tığ. 4. ibre. 5. iğneyaprak. *f.* 1. iğne ile dikmek. 2. *k. dili* iğnelemek, sataşmak. **crochet — tığ. hypodermic —** enjeksiyon iğnesi, aşı iğnesi. **knitting —** örgü şişi, şiş. **look for a — in a haystack** saman yığınında iğne aramak, olanaksız şeyi bulmaya çalışmak. **magnetic —** pusula iğnesi.
nee.dle.fish (nid´ılfiş) *i.* (*çoğ.* **nee.dle.fish/—es**) zargana.
need.less (nid´lis) *s.* gereksiz, lüzumsuz.
need.less.ly (nid´lisli) *z.* gereksizce, gereksiz yere.
need.n't (ni´dınt) *kıs.* **need not.**
need.y (ni´di) *s.* yoksul, fakir. **the —** yoksullar.
ne'er-do-well (ner´duwel) *s., i.* hiçbir işi beceremeyen (kimse).
ne.far.i.ous (nifer´iyıs) *s.* kötü, alçakça.
ne.gate (nigeyt´) *f.* 1. reddetmek, inkâr etmek. 2. çürütmek, boşa çıkarmak.
ne.ga.tion (nigey´şın) *i.* 1. ret, inkâr. 2. doğru olmadığını kanıtlama. 3. boşa çıkarma. 4. yokluk.
neg.a.tive (neg´ıtiv) *s.* 1. olumsuz, negatif. 2. aksi, ters. *i.* 1. olumsuz söz/yanıt. 2. *foto.* negatif. **— evidence** olumsuz kanıt. **— sign** eksi işareti, eksi. **— vote** aleyhte verilen oy.
neg.a.tiv.ism (neg´ıtivizım) *i., fels.* yadsımacılık.
ne.glect (niglekt´) *f.* 1. ihmal etmek, savsaklamak, boşlamak. 2. bakmamak, aldırmamak. *i.* 1. ihmal, savsaklama, boşlama 2. bakmama, aldırmama.
ne.glect.ful (niglekt´fıl) *s.* ihmalci, ihmalkâr, savsak.
neg.li.gee, neg.li.gée (neglijey´) *i.* (uzun ve süslü) sabahlık.
neg.li.gence (neg´lıcıns) *i.* ihmal, savsaklama; ihmalkârlık.
neg.li.gent (neg´lıcınt) *i.* ihmalci, ihmalkâr, savsak.
neg.li.gi.ble (neg´lıcıbıl) *s.* önemsemeye değmez, önemsiz.
ne.go.ti.ate (nigo´şiyeyt) *f.* 1. (anlaşmayı) görüşmek. 2. (çek/bono) ciro etmek. 3. (senet) kırdırmak. 4. (engel) aşmak.
ne.go.ti.a.tion (nigoşiyey´şın) *i.* 1. görüşme. 2. (çek/bono) ciro etme. 3. (senet) kırdırma. 4. (engel) aşma.
ne.go.ti.a.tor (nigo´şiyeytır) *i.* 1. delege. 2. arabulucu.
Ne.gro, ne.gro (ni´gro) *i., s., aşağ.* zenci.
neigh (ney) *f.* kişnemek. *i.* kişneme.
neigh.bor, *İng.* **neigh.bour** (ney´bır) *i.* komşu.

—ing on -e komşu, -e yakın. **next-door —** kapı komşu.
neigh.bor.hood, *İng.* **neigh.bour.hood** (ney´bırhûd) *i.* 1. civar, yöre. 2. semt, mahalle. **in the — of** yaklaşık olarak, civarında.
neigh.bor.ly, *İng.* **neigh.bour.ly** (ney´bırli) *s.* komşuya yakışır, dostça.
neigh.bour (ney´bır) *i., İng., bak.* **neighbor**.
neigh.bour.hood (ney´bırhûd) *i., İng., bak.* **neighborhood**.
neigh.bour.ly (ney´bırli) *s., İng., bak.* **neighborly**.
nei.ther (ni´dhır, nay´dhır) *s.* ikisinden hiçbiri, ne bu ne öteki: **Neither of them knows**. Hiçbirinin haberi yok. *bağ.* ne, ne de: **neither white nor red nor black** ne beyaz, ne kırmızı, ne de siyah. **It is — here nor there**. Onun önemi yok./Mesele onda değil.
nem.e.sis (nem´ısis) *i.* 1. hak edilen ve kaçınılmaz ceza. 2. güçlü rakip.
ne.o.lith.ic (niyılith´ik) *s.* neolitik. **the — period** cilalı taş devri.
ne.ol.o.gism (niyal´ıcizım), **ne.ol.o.gy** (niyal´ıci) *i.* yeni sözcük.
ne.on (ni´yan) *i., kim.* neon. **— lamp/light** neon lambası.
Ne.pal (nıpôl´) *i.* Nepal.
Nep.a.lese (nepıliz´) *i.* (*çoğ.* **Nep.a.lese**) Nepalli. *s.* 1. Nepal, Nepal'e özgü. 2. Nepalli.
Ne.pa.li (nıpô´li, nıpa´li, nıpä´li) *i.* 1. Nepalli. 2. Nepalce. *s.* 1. Nepal, Nepal'e özgü. 2. Nepalce. 3. Nepalli.
neph.ew (nef´yu) *i.* erkek yeğen.
ne.phri.tis (nifray´tis) *i., tıb.* böbrek iltihabı, nefrit.
nep.o.tism (nep´ıtizım) *i.* akrabalara yapılan iltimas, akraba kayırma.
Nep.tune (nep´tun) *i., gökb.* Neptün.
nerve (nırv) *i.* 1. sinir. 2. soğukkanlılık, cesaret. 3. küstahlık. *f.* cesaret vermek. **— center** kalp, merkez: **Istanbul is the economic nerve center of Turkey**. Türk ekonomisinin kalbi İstanbul'da atıyor. **— gas** sinir gazı. **— oneself** cesaretini toplamak. **a fit of —s** sinir krizi. **get on one's —s** birinin sinirine dokunmak. **lose one's —** cesaretini kaybetmek. **strain every —** elinden geleni yapmak, büyük bir çaba göstermek.
nerve-rack.ing, **nerve-wrack.ing** (nırv´räking) *s.* sinir bozucu.
ner.vous (nır´vıs) *s.* 1. heyecanlı. 2. endişeli, kaygılı. 3. sinirleri gergin. 4. sinirsel. **— breakdown/prostration** sinir argınlığı, nevrasteni. **— system** sinir sistemi.
-ness *sonek* -lik, -lık: **fulness** *i.* doluluk. **kindheartedness** *i.* iyi kalplilik.
nest (nest) *i.* yuva. *f.* yuva yapmak.
nes.tle (nes´ıl) *f.* 1. birbirine sokulmak. 2. gömülmek, yerleşmek; gömmek, koymak. 3. bağrına basmak.
net (net) *i.* 1. ağ. 2. tuzak. 3. ağ, şebeke. *f.* (**—ted, —ting**) 1. ağ ile tutmak. 2. ağ ile örtmek. **tennis —** tenis ağı.
net (net) *s.* net, kesintisiz. *f.* (**—ted, —ting**) 1. kazanmak, kâr etmek. 2. kazanç getirmek, kâr getirmek.
neth.er (nedh´ır) *s.* alt, alttaki.
Neth.er.lands (nedh´ırlındz) *i.* **the —** Hollanda.
net.ting (net´ing) *i.* 1. örme, ağ örme. 2. ağ. 3. cibinlik.
net.tle (net´ıl) *i.* ısırgan, ısırganotu. *f.* kızdırmak, sinirlendirmek. **— tree** çitlembik.
net.work (net´wırk) *i.* ağ, şebeke.
neu.ral (nur´ıl) *s.* sinirsel, sinire ait, sinirle ilgili. **— tissue** *anat.* sinirdoku.
neu.ral.gia (nüräl´cı) *i., tıb.* nevralji, sinir ağrısı.
neu.ras.the.ni.a (nûrısthi´niyı) *i., tıb.* nevrasteni, sinir argınlığı.
neu.ro.gen.ic (nûrıcen´ik) *s., tıb.* sinir kökenli.
neu.rol.o.gist (nûral´ıcist) *i.* nörolog, sinir hastalıkları uzmanı.
neu.rol.o.gy (nûral´ıci) *i.* nöroloji, sinirbilim.
neu.ro.path (nûr´ıpäth) *i.* nevropat.
neu.ro.path.ic (nûrıpä´thik) *s.* nevropatik.
neu.rop.a.thy (nûrap´ıthi) *i., tıb.* nevropati.
neu.ro.sis (nûro´sis) *i.* nevroz, sinirce.
neu.rot.ic (nûrat´ik) *s.* 1. nevrotik, nevrozla ilgili. 2. nevrozlu, nevrotik, sinir hastası. *i.* nevrotik kimse, sinir hastası.
neu.ter (nu´tır) *s.* 1. *dilb.* yansız, cinssiz. 2. *dilb.* geçişsiz (fiil). 3. *biyol.* cinsliksiz, cinsiyetsiz, eşeysiz. *i.* 1. cinssiz sözcük. 2. iğdiş edilmiş hayvan. 3. cinsiyetsiz hayvan/bitki.
neu.tral (nu´trıl) *s.* 1. tarafsız, yansız. 2. nötr. *i.* 1. tarafsız kimse/ülke. 2. *oto.* boş vites.
neu.tral.ise (nu´trılayz) *f., İng., bak.* **neutralize**.
neu.tral.i.ty (nuträl´ıti) *i.* tarafsızlık, yansızlık.
neu.tral.ize, *İng.* **neu.tral.ise** (nu´trılayz) *f.* 1. etkisiz duruma getirmek. 2. tarafsız kılmak, yansızlaştırmak. 3. *kim.* nötrleştirmek, nötralize etmek.
neu.tron (nu´tran) *i.* nötron.
nev.er (nev´ır) *z.* hiç, hiçbir zaman, asla, katiyen. **N— mind**. Zararı yok./Boş ver.
nev.er-end.ing (nev´ıren´ding) *s.* hiç bitmeyen, bitmez tükenmez.
nev.er.more (nev´ırmôr´) *z.* asla, hiçbir zaman.
nev.er.the.less (nevırdhıles´) *z.* yine de, bununla birlikte.
new (nu) *s.* 1. yeni. 2. taze. **N— Guinea** Yeni Gine. **N— Guinean** 1. Yeni Gineli. 2. Yeni Gine, Yeni Gine'ye özgü. **— moon** yeniay, ayça, hilal. **N— Year** yeni yıl. **N— Year's Day** 1 Ocak, Yılbaşı. **N— Year's Eve** 31 Aralık; 31 Aralık ge-

cesi; Yılbaşı gecesi. N— Zealand 1. Yeni Zelanda. 2. Yeni Zelanda, Yeni Zelanda'ya özgü. 3. Yeni Zelandalı. N— Zealander Yeni Zelandalı. the N— Testament *Hırist*. Yeni Ahit. the N— World Yeni Dünya.
new- *önek* yeni.
new.born (nu´bôrn) *s.* yeni doğmuş.
new.com.er (nu´kʌmır) *i.* yeni gelen.
new-fan.gled (nu´fäng´gıld) *s., k. dili* yeni çıkmış, yeni model.
New.found.land (nu´fınlınd) *i.* 1. *coğr.* Ternöv. 2. Ternöv köpeği, Ternöv. *s.* 1. Ternöv, Ternöv'e özgü. 2. Ternövlü. —er *i.* Ternövlü.
new.ly (nu´li) *z.* 1. yakın zamanlarda, geçenlerde, yeni. 2. yeniden.
news (nuz) *i.* haber. — agency haber ajansı. break the — to (birine) (kötü) haber vermek.
news.a.gent (nuz´eycınt) *i., İng.* gazete bayii.
news.boy (nuz´boy) *i.* gazete satıcısı, gazeteci.
news.cast (nuz´käst) *i.* haber yayını.
news.pa.per (nuz´peypır) *i.* gazete.
news.pa.per.man (nuz´peypırmän), *çoğ.* newspa.per.men (nuz´peypırmen) *i.* 1. gazeteci. 2. gazete sahibi.
news.print (nuz´print) *i.* gazete kâğıdı.
news.stand (nuz´ständ) *i.* gazete satış yeri.
news.wor.thy (nuz´wırdhi) *s.* bahsedilmeye değer.
next (nekst) *s.* 1. bir sonraki, sonraki: the next day street bir sonraki sokak. 2. ertesi: the next day ertesi gün. 3. gelecek: next year gelecek yıl. *z.* sonra, ondan sonra, daha sonra, hemen sonra. *edat* en yakın. — door yandaki evde, bitişikte. — of kin en yakın akraba. — to 1. -in yanında, -e bitişik; -in yakınındaki. 2. hemen hemen. — to nothing hiç denecek kadar az, hemen hemen hiç.
next-door (neks´dor´, nekst´dor´) *s.* 1. yandaki evde oturan. 2. yandaki, bitişikteki, bitişik.
nib (nib) *i.* kalem ucu.
nib.ble (nib´ıl) *f.* 1. azar azar yemek, çöplenmek. 2. kemirmek. *i.* 1. kemirme. 2. ufak lokma. — at -i dişlemek.
Nic.a.ra.gua (nikıra´gwı, *İng.* nikıräg´yuwı) *i.* Nikaragua. —n *i.* Nikaragualı. *s.* 1. Nikaragua, Nikaragua'ya özgü. 2. Nikaragualı.
nice (nays) *s.* 1. hoş, güzel, cazip, iyi. 2. nazik. 3. latif, tatlı.
nice.ly (nays´li) *z.* güzel bir şekilde, güzelce, iyi.
ni.ce.ties (nay´sıtiz) *i., çoğ.* the — ince noktalar, incelikler.
ni.ce.ty (nay´sıti) *i.* incelik, hassaslık, titizlik.
niche (niç) *i.* 1. (heykel v.b. için) duvarda oyuk. 2. niş. 3. mevki, uygun yer.
nick (nik) *i.* 1. diş, çentik, kertik. 2. *İng., k. dili* hapishane, kodes, delik. *f.* 1. çentmek, kertik yapmak. 2. *İng., argo* tutuklamak. 3. *İng., k. dili* çalmak, yürütmek. in the — of time tam zamanında.
nick.el (nik´ıl) *i.* 1. nikel. 2. *ABD* beş sentlik para.
nick.name (nik´neym) *i.* lakap, takma ad. *f.* lakap takmak.
nic.o.tine (nik´ıtin) *i.* nikotin.
niece (nis) *i.* kız yeğen.
nif.ty (nif´ti) *s., argo* 1. şık. 2. hoş. 3. kullanışlı.
Ni.ger (nay´cır, nijer´, ni´jır) *i.* Nijer.
Ni.ge.ri.a (naycir´iyı) *i.* Nijerya. —n *i.* Nijeryalı. *s.* 1. Nijerya, Nijerya'ya özgü. 2. Nijeryalı.
Ni.ger.i.en (nijeryen´, nijer´iyın) *i.* Nijerli. *s.* 1. Nijer, Nijer'e özgü. 2. Nijerli.
Ni.ge.rois (nijerwa´) *i.* (*çoğ.* Ni.ge.rois) Nijerli. *s.* 1. Nijer, Nijer'e özgü. 2. Nijerli.
nig.gard (nig´ırd) *i.* cimri kimse.
nig.gard.ly (nig´ırdli) *s.* 1. cimri, eli sıkı. 2. çok az.
nig.gle (nig´ıl) *f.* 1. about/over (cüzi şeyler, ufak kusurlar) üzerinde durmak/ile uğraşmak. 2. at (bir şey) -in kafasını hep kurcalamak.
nig.gling (nig´ling) *s.* 1. çok önemsiz. 2. ufak ayrıntıları insanı çok uğraştıran (iş). 3. insanın kafasını hep kurcalayan.
night (nayt) *i.* 1. gece. 2. akşam. — and day gece gündüz. — blindness gece körlüğü. — owl geceleri geç yatmayı âdet edinen kimse, gece kuşu. — school gece okulu. all — long bütün gece, sabaha kadar. by — geceleyin. make a — of it *k. dili* felekten bir gece çalmak.
night.cap (nayt´käp) *i.* 1. gece başlığı, takke. 2. yatmadan önce içilen içki.
night.club (nayt´klʌb) *i.* gece kulübü.
night.fall (nayt´fôl) *i.* akşam vakti, akşam karanlığı.
night.gown (nayt´gaun) *i.* gecelik (kadın giysisi).
night.in.gale (nay´tın.geyl) *i.* bülbül.
night-light (nayt´layt) *i.* gece açık bırakılan loş ışık.
night.long (nayt´lông) *i., s.* gece boyunca (süren).
night.ly (nayt´li) *z.* 1. geceleyin. 2. her gece.
night.mare (nayt´mer) *i.* kâbus, karabasan.
night.shirt (nayt´şırt) *i.* gecelik entarisi (erkek giysisi).
night.spot (nayt´spat) *i., k. dili* gece kulübü.
night.stick (nayt´stik) *i.* cop.
night.time (nayt´taym) *i.* gece vakti, gece.
night.y (nay´ti) *i., k. dili* gecelik (kadın giysisi).
ni.hil.ism (nay´ılızım, ni´yılızım) *i.* nihilizm, hiççilik, yokçuluk.
ni.hil.ist (nay´ılist, ni´yılist) *i.* nihilist, hiççi, yokçu.
nil (nil) *i.* hiç.
nim.ble (nim´bıl) *s.* 1. çevik, atik. 2. uyanık, zeki, açıkgöz.
nim.bus (nim´bıs), *çoğ.* nim.bi (nim´bay)/—es

a	ä	e	ı	i	î	ô	o	û	u	ʌ	ıl	ım	ın	ır	ng	ngg	ngk
car	cat	met	above	heal	his	dog	so	good	do	up	couple	prism	demon	burn	ring	finger	ink

(nim'bısız) *i.* 1. nimbus, karabulut. 2. hale, ayla.
nin.com.poop (nin'kımpup) *i.* dangalak, kuş beyinli.
nine (nayn) *s.* dokuz. *i.* dokuz, dokuz rakamı (9, IX).
nine.teen (nayn'tin') *s.* on dokuz. *i.* on dokuz, on dokuz rakamı (19, XIX). **—th** *s., i.* 1. on dokuzuncu. 2. on dokuzda bir.
nine.ty (nayn'ti) *s.* doksan. *i.* doksan, doksan rakamı (90, XC). **ninetieth** *s., i.* 1. doksanıncı. 2. doksanda bir.
nin.ny (nin'i) *i.* ahmak, budala, sersem.
ninth (naynth) *s., i.* 1. dokuzuncu. 2. dokuzda bir.
nip (nip) *f.* **(—ped, —ping)** 1. ısırmak. 2. çimdiklemek, kıstırmak. 3. kırpmak, kesmek. 4. (soğuk) sızlatmak. 5. (don/kırağı) (bitkileri) yakmak, kavurmak, haşlamak. 6. *argo* çalmak, aşırmak. 7. *argo* yakalamak. 8. *İng., k. dili* hızlı gitmek; bir koşu gitmek. *i.* 1. ısırık. 2. çimdik. 3. kesip koparma. 4. ayaz. 5. soğuktan yanma/kavrulma. 6. iğneli söz. **— in the bud** başlangıçta durdurmak/bastırmak.
nip (nip) *i.* azıcık içki. *f.* **(—ped, —ping)** azıcık içki içmek.
nip.per (nip'ır) *i.* 1. *çoğ.* kıskaç. 2. yengeç veya ıstakozun kıskacı. 3. *İng., k. dili* erkek çocuk, oğlan. 4. *çoğ., argo* kelepçe.
nip.ple (nip'ıl) *i.* 1. meme başı. 2. (biberon için) emzik. 3. (boru için) nipel.
nit (nit) *i.* bit yumurtası, sirke.
ni.ter (nay'tır) *i.* güherçile.
nit.pick (nit'pik) *f., k. dili* ufak kusurlar aramak.
ni.trate (nay'treyt) *i.* nitrat.
ni.tro.gen (nay'trıcın) *i.* nitrojen, azot.
ni.tro.glyc.er.in(e) (naytroglis'ırin) *i.* nitrogliserin.
nit.ty-grit.ty (nit'i.grit'i) *i.* bir konunun özü; asıl mesele.
nit.wit (nit'wit) *i.* kuş beyinli, beyinsiz.
N.N.E. *kıs.* **north-northeast.**
N.N.W. *kıs.* **north-northwest.**
no. (*çoğ.* **nos.**) *kıs.* **number.**
no (no) *z.* hayır, yok, değil, olmaz: "Would you like some tea?" "No, thank you." "Çay içer misiniz?" "Hayır, teşekkür ederim." "Is there any film in the camera?" "No, there isn't." "Fotoğraf makinesinde film var mı?" "Yok." "It's a beautiful day, isn't it?" "No, it isn't." "Güzel bir gün, değil mi?" "Değil." "Can you finish the work in an hour?" "No, I can't." "İşi bir saat içinde bitirebilir misiniz?" "Olmaz, bitiremem." *s.* hiç, hiçbir. *i.* 1. (*çoğ.* **—es/—s**) yok cevabı. 2. olumsuz oy/karar. 3. olumsuz oy veren kimse: **The noes have it.** Aleyhte oy verenler kazandı. **— better than** -den daha iyi olmayan.

N— dice. *argo* Olmaz./Olmayacak. **— end of talk** sonu gelmez laf. **— man's land** 1. iki cephe arasındaki sahipsiz toprak. 2. çok tehlikeli bölge. **N— sooner said than done.** Söz ağızdan çıkar çıkmaz yapılır. **— wonder** hiç garip değil, pek tabii, tabii ki. **at — time** hiçbir zaman. **He — longer comes here.** Artık buraya gelmiyor. **I want — more of it.** Bu kadarı yeter./Sözü uzatma. **in — time** hemen, derhal. **It's — joke.** Kolay iş değil./Şakaya gelmez.
No.ah (no'wı) *i.* Nuh peygamber. **—'s ark** Nuh'un gemisi.
no.bil.i.ty (nobil'iti) *i.* soyluluk, asalet.
no.ble (no'bıl) *s.* 1. soylu, asil. 2. âlicenap, yüce gönüllü. 3. yüce, ulu. *i.* soylu, asilzade.
no.ble.man (no'bılmın), *çoğ.* **no.ble.men** (no'bılmin) *i.* asilzade.
no.ble.wom.an (no'bılwımın), *çoğ.* **no.ble.wom.en** (no'bılwimin) *i.* soylu kadın.
no.bod.y (no'bʌdi) *zam.* hiç kimse. *i.* önemsiz biri, hiç.
noc.tur.nal (naktır'nıl) *s.* geceye özgü; geceleyin olan.
nod (nad) *f.* **(—ded, —ding)** 1. baş sallamak. 2. **off** uyuklamak, kestirmek. *i.* baş sallama. **get the — argo** 1. izin almak. 2. seçilmek.
node (nod) *i.* 1. düğüm. 2. *bot.* düğüm, nod. 3. *tıb.* nod, yumru, şiş. 4. *fiz.* boğum. 5. *bilg.* düğüm.
nod.ule (nac'ul, nad'yul) *i., tıb., bot.* nodül, yumrucuk, düğümcük.
nog.gin (nag'in) *i.* 1. *k. dili* kafa. 2. ufak bardak. 3. ufak bir içki ölçüsü.
noise (noyz) *i.* ses, gürültü, patırtı, şamata. *f.* **about/around/abroad** etrafa yaymak, ilan etmek. **make —s about** -den bahsetmek.
noise.less (noyz'lis) *s.* sessiz, gürültüsüz.
noise.less.ly (noyz'lisli) *z.* sessizce.
noi.some (noy'sım) *s.* 1. iğrenç, pis kokulu. 2. zararlı.
nois.y (noy'zi) *s.* 1. sesli, gürültülü. 2. gürültücü, yaygaracı.
no.mad (no'mäd) *s., i.* göçebe.
no.mad.ic (nomäd'ik) *s.* göçebe, göçerkonar, göçer.
no.men.cla.ture (no'mınkleyçır) *i.* 1. adlar dizgisi, adlandırma. 2. terminoloji.
nom.i.nal (nam'ınıl) *s.* 1. saymaca, itibari, nominal. 2. ismen var olan, sözde. 3. önemsiz (fark, derece v.b.), çok düşük (fiyat, rakam v.b.). **— value** nominal değer.
nom.i.nal.ism (nam'ınılizım) *i.* nominalizm, adcılık.
nom.i.nal.ist (nam'ınılist) *i., s.* nominalist, adcı.
nom.i.nal.ly (nam'ınıli) *z.* ismen.

nom.i.nate (nam'ıneyt) f. 1. aday göstermek. 2. atamak, görevlendirmek.
nom.i.na.tion (namıney'şın) i. aday gösterme.
nom.i.na.tive (nam'ınıtiv) s., dilb. yalın, nominatif.
nom.i.nee (namıni') i. aday.
non- önek gayri-, -siz.
non.al.co.hol.ic (nan'älkıhôl'îk) s. alkolsüz.
non.cha.lance (nanşılans', nan'şılıns) i. lakaytlık, kayıtsızlık, umursamazlık.
non.cha.lant (nan'şılınt, nanşılant') s. kayıtsız, ilgisiz, soğukkanlı.
non.com.bat.ant (nankımbät'ınt, nankam'bıtınt) i., ask. 1. geri hizmetlerde görevli kimse. 2. savaş zamanında sivil olan kimse.
non.com.mis.sioned (nankımiş'ınd) s. resmen görevli olmayan. — **officer** astsubay.
non.com.mit.tal (nankımit'ıl) s. 1. tarafsız, yansız. 2. ne olumlu, ne de olumsuz (cevap, söz v.b.).
non.com.pli.ance (nankımplay'ıns) i. karşı gelme, emredilen bir şeye uymama.
non.con.form.ist (nankınfôr'mîst) i. 1. topluma ayak uydurmayan kimse. 2. b.h., İng. Anglikan kilisesine bağlı olmayan kimse.
non.con.form.i.ty (nankınfôr'mıti) i. 1. uymayı reddetme. 2. b.h., İng. resmi kiliseye uymama.
non.de.script (nan'dîskript) s. kolay tanımlanamaz, sınıflandırılamaz.
none (nʌn) zam. hiçbiri, hiç kimse. z. hiç, asla, hiçbir biçimde.
non.en.ti.ty (nanen'tıti) i. 1. önemsiz kimse. 2. değersiz şey. 3. hiçlik, yokluk.
none.the.less (nʌn'dhıles') z. bununla birlikte, her şeye karşın, gene de, yine de.
non.ex.is.tence (nanîgzîs'tıns) i. yokluk, varolmama.
non.ex.is.tent (nanîgzîs'tınt) s. varolmayan.
non.fic.tion (nanfîk'şın) i. kurgusal olmayan düzyazı.
non.fig.ur.a.tive (nanfîg'yırıtîv) s. nonfigüratif.
non.in.ter.ven.tion (nanîntırven'şın) i. başka devletlerin işine karışmama politikası.
non.lead.ed (nanled'îd) s. kurşunsuz (benzin).
no-no (no'no) i., argo yapılmaması gereken şey.
non.par.ti.san (nanpar'tızın) s. 1. partiye bağlı olmayan. 2. tarafsız, yansız.
non.plus (nan'plʌs) i. şaşkınlık, hayret. f. (—**sed**/—**ed**, —**sing**/—**ing**) şaşırtmak, hayrete düşürmek. **be —sed** şaşkına dönmüş olmak.
non.pro.duc.tive (nanprıdʌk'tîv) s. verimsiz.
non.prof.it (nanpraf'ît) s. kâr amacı gütmeyen.
non.res.i.dent (nanrez'ıdınt) s., i. 1. görevli bulunduğu yerde oturmayan (kimse). 2. ülkesi dışında yaşayan (kimse).
non.re.stric.tive (nanrîstrîk'tîv) s. kısıtlamayan.

non.sec.tar.i.an (nansekter'îyın) s. bir mezhebe bağlı olmayan.
non.sense (nan'sens) i. 1. saçma, zırva, boş laf. 2. saçmalık. **talk —** saçmalamak.
non.sen.si.cal (nansen'sîkıl) s. saçma, saçma sapan, anlamsız, abuk sabuk, ipe sapa gelmez.
non.stop (nan'stap') s. 1. direkt giden, hiçbir yerde durmayan, direkt. 2. aralıksız, sürekli. z. 1. duraklamadan, direkt. 2. durmadan, sürekli, aralıksız.
non.un.ion (nanyun'yın) s. sendikaya bağlı olmayan, sendikasız.
noo.dle (nud'ıl) i. 1. erişte, şerit halindeki makarna. 2. k. dili kafa.
nook (nûk) i. kuytu yer, köşe.
noon (nun) i. öğle.
noose (nus) i. ilmik, bağ. f. ilmiklemek.
nope (nop) z., k. dili Yok./Hayır.
nor (nôr) bağ. ne de, ne: His answer was neither positive nor negative. Cevabı ne olumlu, ne de olumsuzdu.
norm (nôrm) i. norm, düzgü, standart, örnek.
nor.mal (nôr'mıl) s. normal, düzgülü.
nor.mal.ize, İng. **nor.mal.ise** (nôr'mılayz) f. normalleştirmek; normalleşmek.
nor.mal.ly (nôr'mıli) z. normal olarak; genellikle, çoğunlukla.
north (nôrth) i. kuzey. s. 1. kuzey. 2. kuzeyden esen/gelen. 3. kuzeye bakan. z. 1. kuzeye doğru. 2. kuzeyde, kuzey tarafta. **the N— Pole** Kuzey Kutbu. **the N— Sea** Kuzey Denizi. **the N— Star** Kutupyıldızı.
north.east (nôrthîst') i., s. kuzeydoğu.
north.east.ern (nôrthîs'tırn) s. 1. kuzeydoğuda olan. 2. kuzeydoğudan esen/gelen.
north.ern (nôr'dhırn) s. kuzeye ait, kuzey. **N— Ireland** Kuzey İrlanda. **the N— Hemisphere** Kuzey Yarıküre.
north.ern.er (nôr'dhırnır) i. kuzeyli kimse, kuzeyli.
north.ward (nôrth'wırd) z. kuzeye doğru.
north.west (nôrthwest') i., s. kuzeybatı.
north.west.ern (nôrthwes'tırn) s. 1. kuzeybatıda olan. 2. kuzeybatıdan esen/gelen.
Nor.way (nôr'wey) i. Norveç. **— maple** bot. çınar yapraklı akçaağaç, sivriakçaağaç. **— spruce** bot. avrupaladini.
Nor.we.gian (nôrwî'cın) i. 1. Norveçli. 2. Norveççe. s. 1. Norveç, Norveç'e özgü. 2. Norveççe. 3. Norveçli.
nose (noz) i. 1. burun. 2. koklama duyusu. 3. burun gibi çıkıntı. 4. (uçakta) burun. **— dive** 1. pike. 2. ani düşüş. **— out** -i kıl payı farkla yenmek, -i az bir farkla yenmek. **as plain as the — on your face** besbelli, apaçık. **bite someone's — off** birine ters cevap vermek. **count —s** k. dili bir yerde hazır bulunanları saymak. **follow**

one's — 1. dosdoğru gitmek. 2. düşünmeden hareket etmek. **I paid through the — for it.** Bana çok pahalıya mal oldu. **keep one's — to the grindstone** durup dinlenmeden çalışmak. **look down one's —** at -i hor görmek. **poke one's — in/into** -e burnunu sokmak. **put someone's — out of joint** birinin pabucunu dama atmak. **turn up one's — at** 1. -i hor görmek, -e burun bükmek, -e burun kıvırmak, -i beğenmemek. 2. -i reddetmek. **under one's —** burnunun dibinde.
nose.bleed (noz´blid) *i.* burun kanaması.
nose-dive (noz´dayv) *f.* 1. pike yapmak. 2. aniden düşmek.
nos.tal.gia (nastäl´cı, nastäl´ciyı) *i.* 1. nostalji, geçmişe duyulan özlem. 2. vatan özlemi.
nos.tal.gic (nastäl´cik) *s.* nostaljik, özlem dolu.
nos.tril (nas´trıl) *i.* burun deliği.
nos.y (no´zi) *s., k. dili* başkasının işine burnunu sokan, meraklı.
not (nat) *z.* değil, olmayan. **— a little** epey. **— at all** hiç, asla, katiyen. **N— at all.** Bir şey değil./Rica ederim. **N— half bad.** Çok iyi./Hiç fena değil. **— only this** yalnız bu değil. **N— that it matters but ....** Önemli değil ama .... **whether he goes or —** gitse de gitmese de.
no.ta.ble (no´tıbıl) *s.* 1. dikkate değer. 2. belli. 3. tanınmış, ünlü. 4. unutulmaz. *i.* 1. tanınmış/ünlü kimse. 2. *çoğ.* ileri gelenler.
no.ta.bly (no´tıbli) *z.* 1. özellikle, başta ... olmak üzere. 2. bayağı, epey, bir hayli. 3. dikkati çekecek bir şekilde.
no.ta.rize, *İng.* **no.ta.rise** (no´tırayz) *f.* 1. notere onaylatmak, notere tasdik ettirmek. 2. (noter) onaylamak, tasdik etmek.
no.ta.ry (no´tıri) *i.* noter. **— public** noter.
no.ta.tion (notey´şın) *i.* 1. bir sistemi oluşturan işaretler: **musical notation** nota sistemi. 2. simgelenim, notasyon. 3. not etme, kayıt.
notch (naç) *i.* 1. çentik, kertik, diş. 2. dar ve derin dağ geçidi. 3. *k. dili* derece. *f.* 1. çentmek, kertiklemek, diş diş etmek. 2. (oku) yaya yerleştirmek.
note (not) *i.* 1. not, pusula, betik. 2. *müz.* nota; ses. 3. piyano tuşlarından biri. 4. *pol.* nota. 5. senet. 6. ün, şöhret, itibar. 7. *İng.* (okulda) not, numara. 8. belirti. 9. banknot, kâğıt para. **— paper** *i.* mektup kâğıdı. **circular —** 1. genelge, sirküler. 2. bir tür kredi mektubu. **compare —s** fikir alışverişinde bulunmak, görüş alışverişinde bulunmak. **person of —** önemli biri. **strike the right —** yerinde söz söylemek, lafı gediğine oturtmak. **take — of** -e önem vermek, -e dikkat etmek. **take —s** not almak.
note (not) *f.* 1. dikkat etmek, önem vermek. 2. işaretlemek, işaret etmek. 3. -den söz etmek,

anmak. **— down** not etmek, kaydetmek.
note.book (not´bûk) *i.* defter.
not.ed (no´tıd) *s.* meşhur, ünlü, tanınmış. **be — for** ile tanınmak, ile meşhur olmak; ... için önemli sayılmak.
note.pad (not´päd) *i.* bloknot.
note.wor.thy (not´wırdhi) *s.* dikkate değer, önemli.
noth.ing (nʌth´îng) *i.* 1. hiçbir şey. 2. sıfır. 3. önemsiz şey/kimse, hiç: **Your problems are nothing compared to mine.** Senin sorunların benimkilerin yanında hiç kalır. 4. hiçlik, yokluk. *z.* hiç, hiçbir biçimde, asla, katiyen. **— but** 1. sırf, yalnız. 2. -den başka bir şey. **N— doing.** *k. dili* Olmaz./Ben karışmam. **— else** başka hiçbir şey: **He said nothing else.** Başka hiçbir şey söylemedi. **— like** benzemez, hiç de değil. **short of** -den başka hiçbir şey: **He will accept nothing short of an apology.** Kendisinden özür dilenilmesinden başka hiçbir şeyi kabul etmez. **come to —** suya düşmek. **for —** 1. parasız, bedava. 2. boş yere, boşuna. **have — to do with** ile hiçbir ilgisi olmamak: **This has nothing to do with you.** Bunun seninle hiçbir ilgisi yok. **in — flat** *argo* bir an evvel, hemen. **It's — special.** Ahım şahım bir şey değil. **make — of** 1. -e önem vermemek. 2. -i anlayamamak. **next to — hemen hemen hiç. There is — like ....** -den iyisi yok./-in üstüne yok./-in yerini hiçbir şey tutamaz.
noth.ing.ness (nʌth´îng.nis) *i.* yokluk, hiçlik.
no.tice (no´tis) *i.* 1. ilan, duyuru, bildiri. 2. ihbarname. 3. uyarma, ikaz. 4. dikkat, önemseme. *f.* 1. dikkat etmek. 2. farkına varmak. 3. saygı göstermek. 4. -den söz etmek, anmak. **give — işten çıkacağını önceden haber vermek. give short —** (bir işin yapılması için) çok az zaman vermek. **serve —** uyarmak. **take — of** -i dikkate almak, -e aldırmak. **till further —** yeni bir talimat verilene kadar, yeni bir duyuruya kadar.
no.tice.a.ble (no´tisıbıl) *s.* belli, açık.
no.ti.fi.ca.tion (notîfikey´şın) *i.* bildirme, haber verme.
no.ti.fy (no´tıfay) *f.* bildirmek, haber vermek.
no.tion (no´şın) *i.* 1. düşünce, fikir, inanç. 2. heves; ani fikir: **She goes whenever she takes a notion.** Aklına estiği zaman gidiyor. 3. delice fikir: **Don't you go getting any such notions!** Sen sakın öyle delice fikirleri kafana koyma! **I've half a — to give you a hiding!** Sana dayak atasım geliyor!
no.tions (no´şınz) *i., çoğ.* tuhafiye.
no.to.ri.e.ty (notıray´ıti) *i.* şöhret, ün *(kötü anlamda).*
no.to.ri.ous (notôr´ıyıs) *s.* adı çıkmış, kötülüğüyle ün salmış, dile düşmüş.
not.with.stand.ing (natwith.stän´dîng) *z.* gene

de, yine de. *edat* -e karşın, -e rağmen.
nought (nôt) *i., İng.* sıfır.
nou.me.non (nu´mınan), *çoğ.* **nou.me.na** (nu´-mını) *i., fels.* numen.
noun (naun) *i.* isim. **collective** — topluluk ismi. **common** — cins isim. **proper** — özel isim.
nour.ish (nır´îş) *f.* 1. beslemek, gıda vermek. 2. (duygu, umut v.b.'ni) beslemek. — **false hopes** gerçekleşemeyecek umutlar beslemek.
nour.ish.ing (nır´îşing) *s.* besleyici.
nour.ish.ment (nır´îşmınt) *i.* 1. besin, gıda, yemek. 2. besleme, beslenme.
nous (naus) *i., İng., k. dili* sağduyu, akıl, kafa.
Nov. *kıs.* **November.**
no.va (no´vı) *i., gökb.* nova.
nov.el (nav´ıl) *i.* roman.
nov.el (nav´ıl) *s.* 1. yeni, yeni çıkmış. 2. orijinal, tuhaf, garip.
nov.el.ist (nav´ılist) *i.* romancı.
nov.el.ties (nav´ıltiz) *i., çoğ.* (turistik yerlerde satılan) hediyelik eşya.
nov.el.ty (nav´ılti) *i.* 1. yenilik. 2. yeni çıkmış şey. 3. orijinallik, orijinalite, değişiklik.
No.vem.ber (novem´bır) *i.* kasım.
nov.ice (nav´îs) *i.* 1. acemi, toy. 2. çırak. 3. rahip/rahibe adayı. 4. kiliseye yeni giren kimse.
now (nau) *z.* şimdi. *i.* şimdiki zaman. — **and again**/— **and then** ara sıra, zaman zaman. **N**— ... **now** .... Bazen/Kâh ... bazen/kâh .... — **that** mademki. — **then** şu halde, öyle ise.
now.a.days (nau´wıdeyz) *z.* bugünlerde, günümüzde.
no.where (no´hwer) *z.* hiçbir yerde; hiçbir yere.
nox.ious (nak´şıs) *s.* zararlı.
noz.zle (naz´ıl) *i.* (hortum için) ağızlık, meme.
N.P. *kıs.* **notary public.**
N.T. *kıs.* **New Testament.**
nth (enth) *s.* 1. *mat.* n derecesinde olan. 2. *k. dili* son, sonuncu. **to the** — **degree** son derece.
nt. wt. *kıs.* **net weight.**
nu.ance (nuwans´) *i.* ince fark, ayırtı, nüans.
nub (nʌb) *i.* 1. yumru. 2. *k. dili* öz, nüve: **nub of the story** hikâyenin özü, hikâyenin nüvesi.
nu.bile (nu´bîl) *s.* evlenecek yaşa gelmiş, gelinlik.
nu.cle.ar (nu´klıyır) *s.* nükleer, çekirdeksel. — **energy** nükleer enerji. — **family** çekirdek aile. — **medicine** nükleer tıp. — **physics** nükleer fizik. — **power plant** nükleer santral. — **reactor** nükleer reaktör. — **warhead** nükleer harp başlığı. — **waste** nükleer atık. — **weapons** nükleer silahlar.
nu.cle.on (nu´klıyan) *i., fiz.* nükleon.
nu.cle.us (nu´klıyıs), *çoğ.* **nu.cle.i** (nu´klıyay) *i.* çekirdek, öz, nüve.
nude (nud) *s.* çıplak. *i., güz. san.* nü, çıplak. **in the** — çıplak.
nudge (nʌc) *f.* dirsek ile dürtmek. *i.* dürtme.

nud.ist (nu´dîst) *i.* çıplaklık yanlısı, nüdist. — **colony** çıplaklar kampı.
nu.di.ty (nu´dıti) *i.* çıplaklık.
nug.get (nʌg´ît) *i.* (altın) külçe.
nui.sance (nu´sıns) *i.* baş belası. **be a** — **to** -in başının belası olmak. **make a** — **of oneself** baş belası olmak.
nuke (nuk) *i., k. dili* atom bombası. *f.* -e atom bombası atmak.
null (nʌl) *s.* 1. geçersiz, hükümsüz. 2. değersiz, önemsiz. — **and void** hükümsüz, geçersiz.
nul.li.fy (nʌl´ıfay) *f.* 1. hükümsüz kılmak. 2. etkisiz bırakmak.
num. *kıs.* **number, numeral.**
numb (nʌm) *s.* 1. hissiz, duygusuz. 2. uyuşuk, uyuşmuş. *f.* uyuşturmak.
num.ber (nʌm´bır) *i.* 1. sayı, rakam: **fractional number** kesirli sayı. **Add up these numbers.** Bu sayıları topla. 2. numara: **room number** oda numarası. **telephone number** telefon numarası. 3. sayı, miktar: **a large number of books** çok sayıda kitap. **the number of pages** sayfa sayısı. 4. *çoğ.* çokluk. 5. müzik parçası. **a** — **of** birtakım, birkaç. **back** — bir derginin eski sayılarından bir. **beyond** — sayısız, sayılamaz. **get/have someone's** — birinin ne mal olduğunu öğrenmek/anlamak. **his opposite** — karşı tarafta aynı yeri işgal eden kimse. **Look out for** — **one.** Kendi çıkarına bak. **without** — sayısız, hesapsız.
num.ber (nʌm´bır) *f.* 1. numaralamak, numara koymak. 2. sayısını sınırlandırmak. — **someone/something among** 1. birini/bir şeyi -den saymak: **He doesn't number Galip among his friends.** Galip'i arkadaşlarından saymıyor. 2. birini/bir şeyi -in arasına katmak: **Most critics number Halit Ziya among the greatest writers of this century.** Çoğu eleştirmen Halit Ziya'yı bu yüzyılın en büyük yazarları arasına katıyor. **He** —**s eighty years.** Seksen yaşında. **We** — **fifty men.** Elli kişiyiz.
num.ber.less (nʌm´bırlis) *s.* sayısız, hesapsız.
numb.ness (nʌm´nîs) *i.* uyuşukluk, uyuşma.
numb.skull (nʌm´skʌl) *i., bak.* **numskull.**
nu.mer.al (nu´mırıl) *s.* sayısal, sayı. *i.* sayı, rakam.
nu.mer.a.tor (nu´mıreytır) *i.* 1. *mat.* pay. 2. sayıcı.
nu.mer.i.cal (numer´îkıl) *s.* sayısal.
nu.mer.ol.o.gy (numıral´ıci) *i.* nümeroloji.
nu.mer.ous (nu´mırıs) *s.* çok, pek çok.
nu.mis.mat.ics (numîzmät´îks) *i.* nümismatik.
nu.mis.ma.tist (numîz´mıtîst) *i.* nümismat.
num.skull (nʌm´skʌl) *i.* mankafa, dangalak.
nun (nʌn) *i.* rahibe.
nun.ner.y (nʌn´ıri) *i.* rahibe manastırı.

a	ä	e	ı	i	î	ô	o	û	u	ʌ	ıl	ım	ın	ır	ng	ngg	ngk
car	cat	met	above	heal	his	dog	so	good	do	up	couple	prism	demon	burn	ring	finger	ink

nup.tial (nʌp´şıl) s. evlenmeye/düğüne ait. i., çoğ. nikâh; düğün.
nurse (nırs) i. 1. hemşire, hastabakıcı. 2. sütnine, sütanne, sütana. 3. dadı. f. 1. (hastaya) bakmak. 2. emzirmek. — **a grudge** kin beslemek. **nursing bottle** biberon. **nursing home** şifa yurdu, huzurevi. **night** — gece hemşiresi. **wet** — sütnine, sütanne, sütana.
nurse.maid (nırs´meyd) i. dadı.
nurs.er.y (nır´sıri) i. 1. çocuk odası. 2. çocuk yuvası, kreş. 3. fidanlık. — **rhyme** çocuk şiiri; çocuk şarkısı. — **school** anaokulu.
nurs.ing (nırs´îng) i. hemşirelik, hastabakıcılık.
nur.ture (nır´çır) i. 1. besleyen şey, gıda. 2. terbiye, yetişme. 3. eğitim. f. 1. beslemek. 2. yetiştirmek. 3. eğitmek.
nut (nʌt) i. 1. fındık, fıstık, ceviz gibi kabuklu yemiş. 2. bot. kapçık meyve. 3. mak. somun. 4. argo çatlak kimse. 5. argo kafa, baş. **be off one's** — aklını kaçırmış olmak, aklını oynatmış olmak. **hard** — **to crack** çetin ceviz.
nut.crack.er (nʌt´kräkır) i. fındıkkıran.
nut.meg (nʌt´meg) i. küçükhindistancevizi.
nu.tri.ent (nu´triyınt) s. besleyici. i. besleyici madde; besin, gıda.
nu.tri.ment (nu´trımınt) i. besin, gıda.
nu.tri.tion (nutriş´ın) i. besi, besleme; beslenme.
nu.tri.tious (nutriş´ıs), **nu.tri.tive** (nu´trıtiv) s. besleyici.
nuts (nʌts) s., argo **be** — aklını oynatmış olmak, kafadan kontak olmak. **be** — **about** 1. -in delisi olmak. 2. -in hayranı olmak, -e deli olmak.
nut.shell (nʌt´şel) i. fındık, fıstık, ceviz gibi yemişlerin kabuğu. **in a** — az ve öz olarak.
nut.ter (nʌt´ır) i., İng., k. dili çatlak kimse, kafadan kontak kimse.
nut.ty (nʌt´i) s. 1. k. dili deli, çatlak. 2. fındık, fıstık, ceviz v.b. tadında olan. 3. fındık, fıstık, ceviz v.b. ile dolu.
nux vom.i.ca (nʌks vam´îkı) bot. kargabüken.
nuz.zle (nʌz´ıl) f. 1. burunla eşmek/eşelemek; burun sürtmek. 2. kucağına sokulmak.
ny.lon (nay´lan) i. naylon.
ny.lons (nay´lanz) i., çoğ., k. dili naylon çorap.
nymph (nimf) i. su perisi; orman perisi.
nym.pho.ma.ni.a (nîmfımey´niyı) i. nemfomani.
nym.pho.ma.ni.ac (nîmfımey´niyäk) i. nemfoman, nemfomanyak. s. nemfomanyak.

O

O, o (o) *i.* 1. O, İngiliz alfabesinin on beşinci harfi. 2. sıfır.
O (o) *ünlem* Ey: **O poet!** Ey şair!
O *kıs.* **ohm, Old.**
O. *kıs.* **Ocean, October.**
oaf (of) *i.* hödük, hırbo.
oaf.ish (o´fiş) *s.* hödük gibi; kaba saba.
oak (ok) *i.* meşe.
oa.kum (o´kım) *i.* üstüpü, kalafat üstüpüsü.
oar (or) *i.* kürek. *f.* kürek çekmek.
oars.man (orz´mın), *çoğ.* **oars.men** (orz´min) *i., den.* kürekçi.
o.a.sis (owey´sis), *çoğ.* **o.a.ses** (owey´siz) *i.* vaha.
oat (ot) *i., gen. çoğ.* yulaf.
oath (oth) *i.* 1. yemin, ant. 2. küfür, lanet. **administer an** — yemin ettirmek, ant içirmek. **take an** — yemin etmek, ant içmek.
oat.meal (ot´mil) *i.* yulaf ezmesi.
oats (ots) *i., çoğ.* yulaf. **feel one's** — *k. dili* 1. kıpır kıpır olmak, yerinde duramamak. 2. kendini beğenmek. **rolled** — yulaf ezmesi. **sow one's wild** — *k. dili* (gençliğinde) çılgınlıklar yapmak, çılgınca yaşamak.
ob.bli.ga.to (abliga´to) *i., müz.* obligato.
ob.du.rate (ab´dyırit) *s.* 1. inatçı, boyun eğmez, dik başlı. 2. sert, katı, kırıcı.
o.be.di.ence (obi´diyıns) *i.* itaat, söz dinleme; boyun eğme.
o.be.di.ent (obi´diyınt) *s.* itaatli, söz dinleyen.
o.bei.sance (obey´sıns, obi´sıns) *i.* 1. saygıyla eğilme. 2. saygı, hürmet. **pay/do** — **to** -e saygı göstermek.
ob.e.lisk (ab´ılisk) *i.* dikilitaş, obelisk.
o.bese (obis´) *s.* çok şişman.
o.be.si.ty (obi´sıti, obes´ıti) *i.* şişmanlık.
o.bey (obey´) *f.* itaat etmek, söz dinlemek; boyun eğmek.
ob.fus.cate (ab´fıskeyt, abfʌs´keyt) *f.* 1. örtmek, gizlemek, perde çekmek. 2. şaşırtmak.
ob.fus.ca.tion (abfıskey´şın) *i.* 1. örtme, gizleme, perde çekme. 2. şaşırtma.
o.bit.u.ar.y (obiç´uweri) *i.* 1. bir ölü hakkında yazılan kısa biyografi. 2. ölüm ilanı. *s.* birinin ölümüne ait.
obj. *kıs.* **object, objection, objective.**
ob.ject (ab´cikt, ab´cekt) *i.* 1. nesne, obje, şey, cisim. 2. amaç, gaye, maksat, hedef: **Money's her object.** Onun amacı para. 3. *dilb.* nesne. — **at issue** 1. anlaşmazlık konusu. 2. iddia olunan şey. — **lesson** ibret. **direct** — *dilb.* nesne. **He's an** — **of scorn.** Herkes onu hor görüyor.

indirect — *dilb.* dolaylı tümleç. **Money is no** —. İş parada değil./Para önemli değil.
ob.ject (ıbcekt´) *f.* **(to)** (-e) itiraz etmek, (-e) karşı çıkmak.
ob.jec.tion (ıbcek´şın) *i.* 1. itiraz; itiraz etme. 2. itiraz nedeni.
ob.jec.tion.a.ble (ıbcek´şınıbıl) *s.* itiraz edilebilir, nahoş, uygunsuz, münasebetsiz: **His actions were objectionable.** Terbiyesizce davrandı.
ob.jec.tive (ıbcek´tiv) *s.* nesnel, objektif. *i.* 1. amaç, gaye, maksat, hedef. 2. objektif, mercek. **the** — **case** *dilb.* belirtme durumu, ismin -i hali.
ob.jec.tive.ly (ıbcek´tivli) *z.* nesnel olarak.
ob.jec.tiv.i.ty (abcektiv´iti) *i.* nesnellik, objektiflik.
ob.li.gate (ab´lıgeyt) *f.* zorlamak, mecbur etmek.
ob.li.ga.tion (abligey´şın) *i.* 1. zorunluluk, zorunluk, mecburiyet; yüküm, yükümlülük; farz. 2. senet, borç.
ob.lig.a.to.ry (ıblig´ıtôri) *s.* mecburi, gerekli, zorunlu.
o.blige (ıblayc´) *f.* 1. mecbur etmek, zorlamak. 2. -e iyilik etmek, -e yardım etmek. **be** —**d memnun olmak: I'd be obliged if you'd come early.** Erken gelirsen memnun olurum. **be** —**d to do something bir şeyi yapmaya mecbur olmak. feel oneself** —**d** to kendini (bir şeyi yapmaya) mecbur hissetmek. **Much** —**d.** *k. dili* Teşekkür ederim.
o.blig.ing (ıblay´cing) *s.* yardım etmeye hazır.
ob.lique (ıblik´) *s.* 1. eğik, yatık, meyilli. 2. dolaylı. — **angle** *geom.* yatık açı.
ob.lit.er.ate (ıblit´ıreyt) *f.* yok etmek, silmek.
ob.lit.er.a.tion (ıblitırey´şın) *i.* yok etme, silme.
ob.liv.i.on (ıbliv´iyın) *i.* 1. unutma; unutulma. 2. etrafında olup bitenlerin farkında olmama. **fall into** — unutulmak.
ob.liv.i.ous (ıblıv´iyıs) *s.* unutkan. **be** — **to/be** — **of** -in farkında olmamak, -den habersiz olmak.
ob.long (ab´lông) *s.* 1. dikdörtgen biçiminde olan, boyu eninden fazla. 2. *bot.* oblong, yumurta biçiminde (yaprak).
ob.nox.ious (ıbnak´şıs) *s.* iğrenç, tiksindirici.
o.boe (o´bo) *i., müz.* obua.
o.bo.ist (o´bowist) *i., müz.* obuacı.
obs. *kıs.* **observation, observatory, obsolete.**
ob.scene (ıbsin´) *s.* 1. müstehcen, açık saçık. 2. ağza alınmaz (söz). 3. *k. dili* tiksindirici, iğrenç.
ob.scen.i.ty (ıbsen´iti) *i.* 1. açık saçıklık, müstehcenlik. 2. açık saçık laf.
ob.scure (ıbskyûr´) *s.* 1. pek az tanınan, pek ta-

a	ä	e	ı	i	î	ô	o	û	u	ʌ	ıl	ım	ın	ır	ng	ngg	ngk
car	cat	met	above	heal	his	dog	so	good	do	up	couple	prism	demon	burn	ring	finger	ink

nınmayan. 2. sıradan, hiç dikkati çekmeyen; mütevazı. 3. az kişinin anlayacağı, anlaşılması zor. 4. bulutlu, karanlık. *f.* 1. örtmek; saklamak. 2. karartmak.
ob.scur.i.ty (ıbskyûr´ıti) *i.* 1. az tanınmışlık. 2. belirsizlik. 3. karanlık.
ob.se.qui.ous (ıbsi´kwiyıs) *s.* 1. aşırı derecede itaatli. 2. dalkavukluk eden.
ob.ser.vance (ıbzır´vıns) *i.* 1. **of** -i yerine getirme; -e uyma. 2. âdet, örf. 3. tören.
ob.ser.vant (ıbzır´vınt) *s.* 1. dikkatli. 2. itaatli.
ob.ser.va.tion (abzırvey´şın) *i.* 1. inceleme. 2. gözlem. 3. izlem. 4. düşünce. 5. gözetleme.
ob.ser.va.to.ry (ıbzır´vıtôri) *i.* gözlemevi, rasathane, observatuar.
ob.serve (ıbzırv´) *f.* 1. gözlemlemek, gözlemek. 2. fark etmek, görmek. 3. (kural, yasa, v.b.'ne) uymak; (âdeti) yerine getirmek. 4. (bayramı) kutlamak. 5. (oruç) tutmak. 6. ileri sürmek.
ob.serv.er (ıbzır´vır) *i.* gözlemci.
ob.sess (ıbses´) *f.* -in aklına takılmak, -in kafasına takılmak. **be —ed by/with** -i aklına takmak, aklı -e takılmak.
ob.ses.sion (ıbses´ın) *i.* 1. akla takılan düşünce, takınak, tasıntı. 2. sürekli endişe.
ob.ses.sive (ıbses´îv) *s.* takınaklı, takıntılı. *i.* takınaklı/takıntılı kimse.
ob.so.les.cence (absıles´ıns) *i.* eskime.
ob.so.les.cent (absıles´ınt) *s.* modası geçmekte olan (sözcük/makine).
ob.so.lete (ab´sılit, absılit´) *s.* kullanılmayan, modası geçmiş (sözcük, makine, görenek v.b.).
ob.sta.cle (ab´stıkıl) *i.* engel, mâni. **— race** engelli koşu.
ob.ste.tri.cian (abstıtriş´ın) *i.* doğum uzmanı.
ob.sti.na.cy (ab´stınısı) *i.* inatçılık, dik başlılık.
ob.sti.nate (ab´stınit) *s.* inatçı, direngen, dik kafalı.
ob.sti.nate.ly (ab´stınitli) *z.* inatla.
ob.strep.er.ous (ıbstrep´ırıs) *s.* 1. gürültücü, yaygaracı. 2. ele avuca sığmaz, haylaz.
ob.struct (ıbstrʌkt´) *f.* 1. engellemek, engel olmak, mâni olmak. 2. tıkamak, kapamak.
ob.struc.tive (ıbstrʌk´tiv) *s.* engelleyici.
ob.struc.tion (ıbstrʌk´şın) *i.* 1. engelleme. 2. engel, mâni, set.
ob.tain (ıbteyn´) *f.* 1. elde etmek, almak, edinmek, sağlamak, ele geçirmek. 2. geçerli olmak.
ob.tain.a.ble (ıbtey´nıbıl) *s.* elde edilebilir, bulunabilir, mevcut.
ob.trude (ıbtrud´) *f.* **upon** -e empoze etmek.
ob.tru.sive (ıbtru´siv) *s.* göze batan; kendini fazlasıyla hissettiren/belli eden.
ob.tuse (ıbtus´) *s.* 1. kalın kafalı. 2. *geom.* geniş. **— angle** *geom.* geniş açı.
ob.vi.ate (ab´viyeyt) *f.* önünü almak, önüne geçmek, önlemek.
ob.vi.ous (ab´viyıs) *s.* aşikâr, açık, apaçık, belli.
ob.vi.ous.ly (ab´viyısli) *z.* besbelli, apaçık: **This one's obviously the best.** En iyisinin bu olduğu apaçık.
oc.ca.sion (ıkey´jın) *i.* 1. fırsat, vesile, elverişli durum. 2. neden, sebep. 3. gerek, lüzum. *f.* neden olmak, sebep olmak. **I would like to take this — to thank you all.** Bu vesileyle hepinize teşekkür etmek istiyorum. **on the — of** nedeniyle, dolayısıyla.
oc.ca.sion.al (ıkey´jınıl) *s.* ara sıra meydana gelen.
oc.ca.sion.al.ly (ıkey´jınıli) *z.* ara sıra, zaman zaman.
Oc.ci.dent (ak´sıdınt) *i.* **the —** Batı.
Oc.ci.den.tal (aksıden´tıl) *s.* 1. Batı'ya özgü. 2. Batılı. *i.* Batılı.
oc.cult (ıkʌlt´) *s.* 1. büyücülükle ilgili; medyumlukla ilgili. 2. esrarlı, gizli, bilinmez.
oc.cu.pant (ak´yıpınt) *i.* 1. (ev, bina, oda v.b.'nde) oturan kimse. 2. (koltuk, masa v.b.'nde) oturan kimse. **The —s of these beds are heart patients.** Bu yataklardakiler kalp hastaları.
oc.cu.pa.tion (akyıpey´şın) *i.* 1. iş. 2. uğraş, meşguliyet. 3. meslek, sanat. 4. işgal, zorla alma. **army of —** işgal ordusu.
oc.cu.pa.tion.al (akyıpey´şınıl) *s.* 1. mesleki, meslek dolayısıyla meydana gelen: **occupational disease** mesleki hastalık. **occupational hazard** mesleki tehlike. 2. işgal kuvvetleriyle ilgili.
oc.cu.py (ak´yıpay) *f.* 1. (ev, bina, oda v.b.'nde) oturmak. 2. (koltuk, masa v.b.'nde) oturmak. 3. (belirli bir yerde) bulunmak: **A fountain occupies the center of the garden.** Bahçenin ortasında fıskiyeli bir havuz var. 4. (yer) işgal etmek, tutmak: **Your firm occupies a lot of this building's space.** Firmanız bu binada epey yer işgal ediyor. **Which bed do you occupy?** Hangi yatak senin? **You're occupying my seat.** Benim yerime oturmuşsunuz. **The hotel is fully occupied.** Otel tamamen dolu. 5. işgal etmek, ele geçirmek; işgal altında tutmak: **The army occupied the city for three years.** Ordu şehri üç yıl boyunca işgal altında tuttu. 6. meşgul etmek; (zamanını) almak.
oc.cur (ıkır´) *f.* **(—red, —ring)** 1. olmak, meydana gelmek. 2. bulunmak. **— to someone** birinin aklına gelmek.
oc.cur.rence (ıkır´ıns) *i.* 1. oluş, meydana gelme. 2. olay.
o.cean (o´şın) *i.* okyanus. **— current** okyanus akıntısı. **— sunfish** aybalığı, pervanebalığı.
O.ce.an.i.a (oşiyän´iyı) *i.* Okyanusya. **—n** *i.* Okyanusyalı. *s.* 1. Okyanusya, Okyanusya'ya özgü. 2. Okyanusyalı.

o.cean.og.ra.phy (oşınag´rıfi) *i.* oşinografi, denizbilim.
o'clock (ıklak´) *z.* saate göre. **It's one —.** Saat bir.
OCR *kıs.* **optical character recognition.**
oc.re.a (ak´riyı) *i., bot.* kın.
Oct. *kıs.* **October.**
oc.ta.gon (ak´tıgan) *i., geom.* sekizgen.
oc.ta.he.dron (aktıhi´drın), *çoğ.* **—s** (aktıhi´drınz)/**oc.ta.he.dra** (aktıhi´drı) *i., geom.* sekizyüzlü.
oc.tane (ak´teyn) *i.* oktan. **high — gasoline** yüksek oktanlı benzin.
oc.tave (ak´tiv, ak´teyv) *i., müz.* oktav.
Oc.to.ber (akto´bır) *i.* ekim.
oc.to.pus (ak´tıpıs) *i.* ahtapot.
oc.u.lar (ak´yılır) *s.* göze ait, gözle ilgili, göz. *i.* oküler.
oc.u.list (ak´yılist) *i.* göz doktoru.
odd (ad) *s.* 1. garip, tuhaf, acayip, bambaşka. 2. tek: **odd number** tek sayı. **odd sock** tek çorap. 3. küsur: **ten thousand odd dollars** on bin küsur dolar. 4. ara sıra meydana gelen. **— or even** tek mi çift mi oyunu. **an — fish** tuhaf bir adam. **at — moments** zaman buldukça.
odd.ball (ad´bôl) *i.* tuhaf biri. *s.* tuhaf.
odd.i.ty (ad´ıti) *i.* 1. tuhaflık, acayiplik. 2. garip özellik. 3. garip kimse/şey.
odds (adz) *i., çoğ.* ihtimal: **The odds are very much in our favor.** Başarı ihtimalimiz yüksek. **The odds are against us.** Başarı ihtimalimiz düşük. **— and ends** ufak tefek şeyler, ıvır zıvır. **at — araları** açık.
ode (od) *i.* od; kaside; gazel.
o.di.ous (o´diyıs) *s.* tiksindirici, iğrenç, nefret uyandıran.
o.dom.e.ter (odam´ıtır) *i.* yol sayacı, kilometre sayacı.
o.dor, *İng.* **o.dour** (o´dır) *i.* koku. **be in bad — with** -in gözünden düşmek.
o.dor.if.er.ous (odırif´ırıs) *s.* 1. hoş kokulu. 2. kötü kokan.
o.dor.less, *İng.* **o.dour.less** (o´dırlis) *s.* kokusuz.
o.dour (o´dır) *i., İng., bak.* **odor.**
o.dour.less (o´dırlis) *s., İng., bak.* **odorless.**
oeil-de-boeuf (öydıböf´), *çoğ.* **oeils-de-boeuf** (öydıböf´) *i., mim.* gözpencere.
of (^v, ıv) *edat* 1. -in: **the properties of light** ışığın özellikleri. 2. -li: **a man of talent** hünerli bir adam. 3. -den: **make mention of** -den söz etmek. **be afraid of** -den korkmak. **made of** -den yapılmış. 4. hakkında, ile ilgili: **speak of** hakkında konuşmak. **write of** ile ilgili yazı yazmak. **— course** tabii. **— late** son zamanlarda. **a citizen — Turkey** Türk vatandaşı. **a kilo — apples** bir kilo elma.

off (ôf) *z.* 1. uzağa; uzakta. 2. ileriye; ileride. 3. öteye; ötede. *s.* 1. uzak. 2. kapalı. 3. kesat (iş). 4. yanlış (ölçü). 5. uzak, zayıf, az (bir olasılık). 6. sağdaki. *edat* 1. -den, -dan. 2. -den uzak: **It's two kilometers off the main road.** Anayoldan iki kilometre uzakta. **— and on** ara sıra. **— chance** zayıf bir ihtimal. **O— with you!** Defol! **an — street** sapa bir sokak. **a week —** 1. bir haftalık izin. 2. bir hafta sonra. **be —** 1. ayrılmak, terk etmek. 2. yanılmak. 3. (tatil/izin dolayısıyla) işe gelmemek. 4. iptal edilmek/olunmak. **be — in one's calculations** hesabında yanılmış olmak. **beat — the attack** saldırıyı tamamen püskürtmek. **call the game —** oyunu iptal etmek. **far —** çok uzak. **my — day** 1. izin günüm. 2. fena günüm. **put — an appointment** bir randevuyu ertelemek. **show —** gösteriş yapmak. **The deal is —.** 1. Anlaşmadan vazgeçtiler. 2. Anlaşmadan vazgeçtik. **The electricity is —.** Elektrik kesildi. **The milk's a bit —.** Süt biraz bozulmuş. **We're — now!** 1. Haydi gidiyoruz!/Haydi çıkıyoruz! 2. Artık yola çıktık.
of.fal (ô´fıl) *i.* 1. kasaplık hayvanların yenilmeyen kısımları. 2. *İng.* sakatat. 3. çerçöp, süprüntü.
off.beat (ôf´bit´) *s., k. dili* olağandışı.
off-col.or (ôf´k^l´ır) *s.* 1. doğal renkte olmayan. 2. açık saçık.
of.fence (ıfens´) *i., İng., bak.* **offense.**
of.fend (ıfend´) *f.* 1. gücendirmek, darıltmak, incitmek. 2. -e itici gelmek. 3. **against** -e aykırı davranmak/olmak. **be —ed** gücenmiş/alınmış olmak.
of.fend.er (ıfend´ır) *i., huk.* suçlu.
of.fense, *İng.* **of.fence** (ıfens´) *i.* 1. kusur, kabahat, suç. 2. saldırı, hücum, tecavüz. 3. gücenme, küsme, darılma. 4. *spor* hücum, ofans. **commit an —** suç işlemek. **give —** gücendirmek, darıltmak, kırmak. **No —!** Gücenmek yok!/Alınmak yok! **take —** gücenmek, küsmek, darılmak, kırılmak.
of.fen.sive (ıfen´siv) *s.* 1. çirkin, iğrenç, itici. 2. saldırıya özgü, hücuma ait. 3. yakışmaz. 4. hakaret edici. 5. *spor* ofansif. *i.* saldırı, hücum.
of.fer (ô´fır) *f.* 1. sunmak, takdim etmek, arz etmek. 2. teklif etmek, önermek. 3. (fiyat) vermek. 4. vermek, sağlamak. *i.* 1. teklif. 2. fiyat teklifi. **— battle** savaş açmak. **— for sale** satılığa çıkarmak. **— resistance** karşı koymak.
of.fer.ing (ô´fırîng) *i.* 1. sunma. 2. teklif, öneri. 3. sunulan şey. 4. *Hırist.* (ayin sırasında cemaatten toplanan) para, bağışlar.
off.hand (ôf´händ´) *s.* düşünmeden yapılmış, rasgele yapılmış. *z.* düşünmeden, rasgele.
of.fice (ô´fis) *i.* 1. yazıhane, işyeri, daire, ofis. 2. iş, memuriyet. 3. görev, vazife. **— hours** çalış-

ma saatleri.
of.fice.hold.er (ô′fìsholdır) *i.* devlet memuru.
of.fi.cer (ô′fisır) *i.* 1. memur. 2. subay. 3. polis memuru. field — üstsubay. health — sağlık memuru. petty — deniz astsubayı. staff — kurmay subay. warrant — gedikli subay.
of.fi.cial (ıfìş′ıl) *s.* 1. resmi. 2. memuriyete ait; memura yakışır. *i.* memur.
of.fi.cial.ly (ıfìş′ıli) *z.* resmen.
of.fi.ci.ate (ıfìş′iyeyt) *f.* 1. ayin yönetmek. 2. resmi bir görevi yerine getirmek.
of.fi.cious (ıfìş′ıs) *s.* işgüzar.
of.fi.cious.ly (ıfìş′ısli) *z.* işgüzarlık ederek.
off.ing (ô′fìng) *i.* in the — yakında, pek uzak olmayan (olay).
off-li.cence (ôf′laysıns) *i., İng.* içki dükkânı.
off-line (ôf′layn) *s., bilg.* çevrimdışı.
off.print (ôf′prìnt) *i.* ayrıbasım.
off.set (ôfset′) *f.* (off.set, —ting) 1. karşılamak; dengelemek. 2. ofset basmak. *i., matb.* ofset.
off.shoot (ôf′şut) *i.* 1. dal. 2. yan kuruluş. 3. yan çalışma; yan ürün.
off.shore (ôf′şôr′) *s.* 1. kıyıdan uzak. 2. kıyıdan esen.
off.side (ôf′sayd′) *s., spor* ofsayt.
off.spring (ôf′sprìng) *i.* 1. döl, evlat. 2. ürün.
of.ten (ô′fın) *z.* sık sık, çoğu kez.
o.gle (o′gıl, ag′ıl) *f.* göz süzerek bakmak. *i.* göz süzme.
o.gre (o′gır) *i.* 1. insan yiyen dev. 2. canavara benzer kimse.
Oh (o) *ünlem* 1. Ay! *(Korku/şaşkınlık belirtir.).* 2. Ay!/Ah!/Of! *(Ağrı/acı belirtir.).* 3. Ah! *(Pişmanlık/özlem belirtir.).* 4. Oh!/O! *(Beğenme/sevinç/hayranlık belirtir.).* 5. Of!/Öf! *(Kızgınlık/hoşnutsuzluk belirtir.).* 6. Birine seslenirken kullanılır: **Oh, waiter! Will you bring us the bill?** Garson, bize hesabı getirir misin?
ohm (om) *i., elek.* om, ohm.
o.ho (oho′) *ünlem* Ooo! *(Biraz şaşırtıcı bir haber ilk kez öğrenildiğinde söylenir.).*
oil (oyl) *i.* 1. yağ, sıvıyağ: **olive oil** zeytinyağı. **corn oil** mısıryağı. 2. petrol. 3. yağlıboya. *f.* 1. yağlamak. 2. yağ çekmek, pohpohlamak. — **field** petrol sahası. — **gauge** yağ basınçölçeri, yağ basınç manometresi. — **lamp** kandil. — **painting** yağlıboya resim. — **pan** yağ deposu. — **slick** (göl, deniz v.b. üzerinde yüzen) yağ tabakası. — **someone's hand/palm** birine rüşvet vermek. — **tanker** akaryakıt tankeri. — **well** petrol kuyusu.
oil.can (oyl′kän) *i.* yağdanlık.
oil.cloth (oyl′klôth) *i.* muşamba.
oil.stone (oyl′ston) *i.* yağtaşı.
oil.y (oy′li) *s.* yağlı.
oint.ment (oynt′mınt) *i.* merhem.

OK, O.K. (okey′) *ünlem* Peki!/Tamam!/Olur!/Oldu! *s.* 1. geçer. 2. iyi. 3. doğru. *i.* onay, tasdik. *f.* (OK'd/O.K.'d, OK'ing/O.K.'ing) peki demek, onaylamak, tasdik etmek, kabul etmek. be — iyi olmak.
o.kay (okey′) *ünlem, s., i., f., bak.* OK.
o.kra (o′krı) *i.* bamya.
old (old) *s.* 1. eski. 2. yaşlı, ihtiyar. 3. deneyimli, tecrübeli. 4. modası geçmiş. 5. sevgili (dost). — **age** yaşlılık, ihtiyarlık. **O— Church Slavonic** Slavonca. — **fogy** eski kafalı kimse. **O— Glory** Amerikan bayrağı, ABD bayrağı. — **hand** tecrübeli kimse, usta. — **hat** modası geçmiş. — **lady** *argo* 1. anne, kocakarı. 2. karı, kocakarı. — **maid** 1. evlenmemiş yaşlı kız. 2. *argo* fazla titiz kimse. — **salt** tecrübeli denizci, deniz kurdu. — **timer** yaşlı adam. — **wives' tale** batıl itikat. **any** — **thing** ne olursa olsun, herhangi bir şey. **grow** — 1. yaşlanmak, ihtiyarlamak. 2. eskimek. **the** — **country** göçmenin anayurdu. **the O— Testament** Hırist. Eski Ahit. **the O— World** Eski Dünya. **young and** — herkes. "**How old will Emre, who was born on 1 January 2000, be on 1 January 2050?**" "**He will be fifty years old.**" "1 Ocak 2000'de doğan Emre, 1 Ocak 2050'de kaç yaşında olacak?" "Elli yaşına basmış olacak."
old-clothes.man (old′kloz′män), *çoğ.* **old -clothes.men** (old′kloz′men) *i.* eskici.
old.en (ol′dın) *s., eski* eski zamana ait, eski.
old-fash.ioned (old′fäş′ınd) *s.* eski moda, modası geçmiş.
old.ish (ol′dìş) *s.* 1. oldukça yaşlı. 2. eskice.
old.ster (old′stır) *i., k. dili* yaşlı kimse, yaşlı.
o.le.an.der (oliyän′dır) *i.* zakkum, ağıağacı.
o.le.as.ter (oliyäs′tır) *i.* iğde.
ol.fac.to.ry (alfäk′tıri) *s.* koklama duyusuna ait.
ol.i.gar.chy (al′ıgarki) *i.* takımerki, oligarşi.
ol.ive (al′ìv) *i.* zeytin. — **branch** 1. (barış sembolü olan) zeytin dalı. 2. barış sembolü olarak kullanılan herhangi bir şey. — **oil** zeytinyağı. — **tree** zeytin ağacı.
O.lym.pic (olìm′pik) *s.* **the —s** *çoğ.* olimpiyat oyunları, olimpiyatlar. **the — Games** olimpiyat oyunları, olimpiyatlar.
O.man (oman′) *i.* Umman. —**i** *i.* Ummanlı. *s.* 1. Umman, Umman'a özgü. 2. Ummanlı.
o.ma.sum (omey′sım), *çoğ.* **o.ma.sa** (omey′sı) *i., zool.* kırkbayır.
om.e.let, om.e.lette (am′lìt, am′ılìt) *i.* omlet.
o.men (o′mın) *i.* (bir olayın gerçekleşeceğini önceden belirten) alamet, işaret.
om.i.nous (am′ınıs) *s.* uğursuz, meşum.
o.mis.sion (omìş′ın) *i.* 1. ihmal, boşlama, savsama. 2. atlama, dışarıda bırakma. **sin of** — ihmal suçu.

o.mit (omit´) f. (**—ted, —ting**) 1. ihmal etmek, yapmamak. 2. atlamak, dışarıda bırakmak.
om.nip.o.tence (amnip´ıtıns) i. her şeye gücü yetme.
om.nip.o.tent (amnip´ıtınt) s. her şeye gücü yeten.
om.ni.pres.ent (amniprez´ınt) s. her yerde ve her zaman hazır.
om.nis.cience (amniş´ıns) i. her şeyi bilme.
om.nis.cient (amniş´ınt) s. her şeyi bilen.
om.niv.o.rous (amniv´ırıs) s. 1. her şeyi yiyen. 2. zool. hepçil. **— reader** ne bulursa okuyan kimse.
on (an) edat 1. üzerinde, üstünde; üzerine, üstüne: **on the end table** sehpanın üstünde. **on the wall** duvarın üstünde. **Don't write on the wall.** Duvarın üzerine yazma. 2. -de: **on the bus** otobüste. **on the list** listede. **on the first of March** bir martta. **on the governing board** yönetim kurulunda. 3. hakkında, konusunda, üstünde, üzerinde, üstüne, üzerine, ile ilgili: **a talk on friendship** arkadaşlık hakkında bir konuşma. **research on the Battle of Manzikert** Malazgirt Savaşı üzerine araştırmalar. 4. durumunda, halinde: **on the defensive** savunma durumunda. **on the move** hareket halinde. **on the offensive** hücum halinde. 5. ile: **live on five dollars a day** günde beş dolarla geçinmek. **buy on credit** taksitle satın almak. 6. kenarında; kıyısında: **a house on the river** nehrin kıyısında bir ev. z. 1. ileri, ileriye; ilerde, ilerde: **walk on** ileri gitmek. **The next gas station is five kilometers on.** Bundan sonraki benzin istasyonu beş kilometre ilerde. 2. durmadan, aralıksız: **She sang on.** Durmadan şarkı söyledi. 3. -ince: **on receiving the gift** hediyeyi alınca. **on hearing this** bunu duyunca. 4. üstüne, üzerine; üstünde, üzerinde, giyilmiş: **have a coat on** üzerinde bir palto olmak. **— and —** ara vermeden, biteviye. **— the contrary** tersine, aksine, bilakis. **— Thursday** perşembe günü. **and so —** filan, v.s., v.b. **be —** 1. (ışık) açık olmak. 2. mak. açılmış durumda olmak, çalışmak, açık olmak. **be — to** k. dili -den haberdar olmak. **off and —** 1. kesintili. 2. arada sırada, zaman zaman.
once (wʌns) z. 1. bir kez, bir defa. 2. bir zamanlar, eskiden. bağ. 1. bir -se: **Once he starts he will be obliged to continue.** Bir başlarsa devam etmek zorunda kalır. 2. -ir -mez: **We can start once he arrives.** Gelir gelmez başlayabiliriz. i. bir kez, bir kere. **— again** bir kez daha, tekrar. **— for all** 1. son olarak. 2. ilk ve son olarak. **— in a while** ara sıra, arada bir. **— or twice** bir iki kere. **— upon a time** bir varmış bir yokmuş. **all at —** birden, birdenbire. **at —** 1. hemen, derhal. 2. aynı anda. **for —** bir kerelik, bu sefer.

once-o.ver (wʌns´ovır) i. **give someone the —** birini tepeden tırnağa süzmek. **give something the —** 1. bir şeyi gözden geçirmek. 2. etrafı şöyle bir düzeltmek.
on.col.o.gy (ang.kal´ıci) i. onkoloji.
on.com.ing (an´kʌming) s. yaklaşmakta olan. i. yaklaşma.
one (wʌn) s. 1. bir: **Give me one loquat.** Bana bir maltaeriği ver. **One hundred and twenty people came.** Yüz yirmi kişi geldi. **One half of them were crazy.** Onların yarısı deliydi. **She came here one day in January.** Ocak ayında bir gün buraya geldi. 2. tek: **It's the one lake that's not polluted.** Suları kirlenmemiş tek göl o. 3. adında biri: **While you were out one Melahat Gözüpek called.** Siz dışardayken Melahat Gözüpek adında biri telefon etti. 4. aynı, bir, tek: **The writer of the play and his main character are one.** Oyunun yazarı ve başkişisi aynı. **They shouted with one voice.** Hep bir ağızdan bağırdılar. zam. 1. biri; bir tane: **One of them must have been you.** Onlardan biri herhalde sendin. **I'd like one of those flowers.** O çiçeklerden bir tane istiyorum. 2. Genellemelerde kullanılır: **One doesn't go there alone.** Oraya tek başına gidilmez. 3. insan (Kibar konuşmalarda bazen ben veya biz zamirleri yerine kullanılır.): **One dislikes having to talk with such persons.** Öyle insanlarla konuşmak zorunda olmak insanın hiç hoşuna gitmiyor. i. 1. (belirli) biri/bir tane: **Which one?** Hangisi? **I'd like the one with the variegated flowers.** Çiçekleri ebruli olanı istiyorum. **That's the one I want.** Benim istediğim o. **That's a lovely one.** Çok güzel o. **Give me just one.** Bana sadece bir tane ver. 2. (sayı olarak) bir: **Put a one to the left of that zero.** O sıfırın soluna bir bir koy. 3. saat bir; saat on üç: **Let's meet here at one.** Birde burada buluşalım. **— after another/the other** birbiri ardından, birbiri peşi sıra, peş peşe, arka arkaya. **— and all** hepsi; herkes; her biri. **— and only** tek: **It was her one and only desire.** Onun tek arzusuydu. **— and the same** aynı, bir, tek: **They're one and the same person.** Onlar aynı kişi. **— another** birbiri, birbirleri (Hep çekimli bir şekilde kullanılır.): **You must get along with one another.** Birbirinizle iyi geçinmeniz lazım. **Don't kill one another.** Birbirinizi öldürmeyin. **— by —** birer birer, teker teker. **— or two** birkaç. **all in —** hem ... hem de ...: **He's the Minister of Defense and the Minister of Education all in one.** Hem Savunma Bakanı, hem de Eğitim Bakanıdır. **be — with** ile aynı fikirde olmak.
o.nei.ric (onay´rik) s. düşsel.
o.nei.rol.o.gy (onayral´ıci) i. düşbilim.

one-man (wʌn´män´) s. — **show** tek kişilik sergi.
on.er.ous (an´ırıs, o´nırıs) s. zahmetli, meşakkatli, külfetli, eziyetli.
one.self (wʌnself´) zam. 1. kendi, kendisi, bizzat. 2. kendi kendini; kendi kendine.
one-sid.ed (wʌn´saydid) s. tek taraflı.
one-track (wʌn´träk) s. **have a — mind** bir konuyu tutturmak: **You've got a one-track mind.** Aklın fikrin hep onda.
one-way (wʌn´wey) s. tek yönlü.
on.go.ing (an´gowing) s. devam eden.
on.ion (ʌn´yın) i. soğan. **green —** taze soğan.
on-line (an´layn) s., bilg. çevrimiçi.
on.look.er (an´lûkır) i. seyirci.
on.ly (on´li) s. bir tek, eşsiz, biricik, yegâne. z. 1. yalnız, ancak. 2. daha: **She was here only yesterday.** Daha dün buradaydı. bağ. yalnız, ancak. **if —** keşke: **If only I had known.** Keşke bilseydim.
on.o.mat.o.poe.ia (anımätıpi´yı) i., dilb. yansıma, onomatope.
on.rush (an´rʌş) i. üşüşme, saldırı.
on.set (an´set) i. 1. saldırı, hücum. 2. başlama, başlangıç.
on.shore (an´şor) s. kıyıya doğru. z. kıyıda.
on.slaught (an´slôt) i. şiddetli saldırı, hücum.
on-the-job (an.dhı.cab´) s. hizmetiçi, işbaşında (eğitim).
on.to (an´tu) edat üstüne, -e. **be — a good thing** k. dili yağlı bir iş bulmuş olmak. **get —** k. dili 1. (bir işe) bakmak, (bir işi) ele almak, (bir işle) meşgul olmak. 2. (bir konuya) girmek, (bir konudan) bahsetmeye başlamak. 3. (biriyle) temasa geçmek. 4. (bir kurula) seçilmek, seçim yoluyla girmek. 5. (birinin) suç işlediğini keşfetmek.
on.tol.o.gy (antal´ıci) i. varlıkbilim, ontoloji.
o.nus (o´nıs) i. sorumluluk, yükümlülük.
on.ward (an´wırd) s. ileriye doğru giden, ilerleyen.
on.ward (an´wırd), **on.wards** (an´wırdz) z. ileriye doğru, ileri; ileride.
on.yx (an´iks) i. oniks.
oops (ups) ünlem Ay!
ooze (uz) i. 1. sulu çamur, balçık; batak. 2. sızma. 3. sızıntı. f. sızmak; sızdırmak.
o.pal (o´pıl) i. opal, panzehirtaşı.
o.paque (opeyk´) s. ışık geçirmez, donuk, saydam olmayan.
o.pen (o´pın) s. 1. açık. 2. serbest. 3. aşikâr, meydanda olan. 4. kapanmamış, ödenmemiş (borç). 5. çözülmemiş (sorun). i. **in the —** açık havada. f. 1. açmak; açılmak. 2. başlamak; başlatmak. 3. yaymak, sermek. 4. açığa vurmak. **— air** açık hava. **— end wrench** somun anahtarı. **— fire** ateş açmak. **open-heart surgery** açık kalp ameliyatı. **— into/out on/onto** -e açılmak. **— sea** açık deniz. **— someone's eyes** birinin gözünü açmak, birini uyarmak, birini haberdar etmek. **an — question** çözülmemiş sorun. **welcome someone with — arms** birini çok sıcak bir şekilde karşılamak.
o.pen-end.ed (o´pınend´id) s. sonuca bağlanmamış, açık bırakılmış.
o.pen.hand.ed (o´pınhän´did) s. eliaçık, cömert.
o.pen.heart.ed (o´pınhar´tid) s. açık yürekli, açık kalpli, samimi.
o.pen.ing (o´pıning) i. 1. açıklık, delik. 2. açılış: **opening day** açılış günü. 3. açma; açılma. 4. (kadroda) boşalan yer. 5. fırsat.
o.pen.ly (o´pınli) z. açıkça, açıktan açığa.
o.pen-mind.ed (o´pınmayn´did) s. açık fikirli.
o.pen.ness (o´pın.nis) i. açıklık, gizlilikten kaçınma.
op.er.a (ap´ın) i. opera. **— glasses** opera dürbünü.
op.er.ate (ap´ıreyt) f. 1. mak. işlemek, çalışmak; işletmek, çalıştırmak. 2. (ticari/sınai bir kuruluşu) işletmek, yönetmek, idare etmek. 3. ameliyat yapmak. 4. (borsada) alışveriş yapmak. 5. etkilemek. **— on someone** birini ameliyat etmek. **be —d on** ameliyat olmak.
op.er.a.tion (apırey´şın) i. 1. mak. işleme, çalışma. 2. (ticari/sınai bir kuruluşu) işletme, yönetme. 3. iş, çalışma. 4. ameliyat. 5. (borsada) alışveriş. 6. etki. 7. ask. harekât; tatbikat. 8. mat. işlem. **go into —** yürürlüğe girmek. **in —** yürürlükte.
op.er.a.tion.al (apırey´şınıl) s. 1. işlemsel; işletimsel. 2. kullanılmaya hazır.
op.er.a.tive (ap´ırıtiv) s. 1. işleyen, çalışan, faal. 2. yürürlükte olan. 3. etkin, etkili. 4. ameliyata ait. 5. ameliyat edilebilir. i. 1. usta işçi. 2. teknisyen. 3. casus, ajan. 4. dedektif.
op.er.a.tor (ap´ıreytır) i. 1. operatör. 2. teknisyen. 3. ticari/sınai bir kuruluşun sahibi/yöneticisi. 4. santral memuru. 5. argo lüpçü.
op.e.ret.ta (apıret´ı) i. operet.
oph.thal.mi.a (af.thäl´mıyı) i., tıb. göz iltihabı/yangısı.
oph.thal.mol.o.gist (af.thälmal´icist) i. göz doktoru/hekimi, oftalmolog.
oph.thal.mol.o.gy (af.thälmal´ıci) i. oftalmoloji, gözbilim.
oph.thal.mo.scope (af.thäl´mıskop) i. oftalmoskop, göz aynası.
o.pi.ate (o´piyit, o´piyeyt) s. 1. afyonlu. 2. uyuşturucu, uyku getirici, sersemletici. i. afyonlu ilaç.
o.pin.ion (ıpin´yın) i. görüş, fikir, düşünce. **in my —** bence, bana göre, kanımca.
o.pin.ion.at.ed (ıpin´yıneytid) s. inatçı, fikrinden dönmeyen, dik kafalı.
o.pi.um (o´piyım) i. afyon.

o.pop.a.nax, o.pop.o.nax (ıpap´ınäks) *i.* (reçine olarak) çavşır.
o.pos.sum (ıpas´ım, opas´ım) *i., zool.* keselısıçan, opossum, sarig.
opp. *kıs.* opposed, opposite.
op.po.nent (ıpo´nınt) *i.* 1. düşman. 2. rakip.
op.por.tune (apırtun´) *s.* 1. elverişli, uygun. 2. tam zamanında olan, vakitli.
op.por.tune.ly (apırtun´li) *z.* tam zamanında.
op.por.tun.ism (apırtu´nizım) *i.* fırsatçılık, oportünizm.
op.por.tun.ist (apırtu´nist) *i.* fırsatçı, oportünist.
op.por.tu.ni.ty (apırtu´nıti) *i.* fırsat, elverişli durum.
op.pose (ıpoz´) *f.* 1. karşı koymak, karşı çıkmak, direnmek. 2. karşılaştırmak. **be —d to something** bir şeye karşı olmak, bir şeyin aleyhinde olmak.
op.po.site (ap´ızit) *s.* 1. karşıki, karşı. 2. karşıt, ters, zıt, aksi. *i.* 1. karşıt olan şey/kimse. 2. karşıda olan şey/kimse. *z., edat* 1. karşı karşıya. 2. karşılıklı. 3. karşısında. **— angle** *geom.* tersaçı. **— leaves** *bot.* karşılıklı yapraklar.
op.po.si.tion (apızîş´ın) *i.* 1. *pol.* muhalefet. 2. karşıtlık, zıtlık. 3. karşı koyma, karşı çıkma.
op.press (ıpres´) *f.* 1. sıkmak, sıkıştırmak, baskı yapmak. 2. eziyet etmek, zulmetmek. 3. bunaltmak, sıkıntı vermek.
op.pres.sion (ıpreş´ın) *i.* 1. baskı. 2. eziyet, zulüm. 3. sıkıntı, ağırlık.
op.pres.sive (ıpres´îv) *s.* 1. ezici, zulmedici. 2. bunaltıcı, sıkıcı, ağır.
op.pres.sor (ıpre´sır) *i.* zalim kimse.
opt (apt) *f.* **— for** -i seçmek. **— out (of)** (-den) çekilmek, (-den) vazgeçmek, (-i) yapmamaya karar vermek. **— to** -e karar vermek.
op.ta.tive (ap´tıtîv) *s.* istek belirten. *i., dilb.* istek kipi.
op.tic (ap´tik) *s.* optik, görsel. **— nerve** görme siniri.
op.ti.cal (ap´tîkıl) *s.* 1. optikle ilgili. 2. görsel. **— character reader** *bilg.* optik karakter okuyucu. **— character recognition** *bilg.* optik karakter tanıma. **— illusion** görsel yanılsama. **— scanner** *bilg.* optik tarayıcı.
op.ti.cian (aptîş´ın) *i.* gözlükçü.
op.tics (ap´tiks) *i.* optik.
op.ti.mise (ap´tımayz) *f., İng., bak.* optimize.
op.ti.mism (ap´tımizım) *i.* iyimserlik, optimizm.
op.ti.mist (ap´tımist) *i.* iyimser, optimist.
op.ti.mis.tic (aptımîs´tîk) *s.* iyimser.
op.ti.mis.ti.cal.ly (aptımîs´tîkıli) *z.* iyimserlikle.
op.ti.mize, *İng.* op.ti.mise (ap´tımayz) *f.* en iyi şekilde kullanmak.
op.ti.mum (ap´tımım) *i.* en uygun durum, optimum. *s.* en uygun, optimum.
op.tion (ap´şın) *i.* 1. seçme. 2. seçme hakkı, tercih. 3. seçenek, şık. 4. *tic.* opsiyon. **— key** *bilg.* seçme tuşu. **— to purchase** satın alma opsiyonu. **have an — on something** bir şeyi belirli bir süre içinde alma/reddetme hakkı olmak.
op.tion.al (ap´şınıl) *s.* zorunlu olmayan, isteğe bağlı, seçmeli.
op.u.lence (ap´yılıns), op.u.len.cy (ap´yılınsi) *i.* 1. servet, zenginlik. 2. bolluk.
op.u.lent (ap´yılınt) *s.* 1. zengin. 2. bol.
op.u.lent.ly (ap´yılıntli) *z.* bolca.
o.pus (o´pıs) *i.* 1. yapıt, eser. 2. *müz.* opus.
or (ôr) *bağ.* veya, ya da, yahut; yoksa: **one or two** bir veya iki. **Are you joking, or have you really taken offense?** Şaka mı söylüyorsun, yoksa gerçekten gücendin mi? **either this — that** ya bu ya o.
or.a.cle (ôr´ıkıl) *i.* 1. kehanet. 2. kâhin.
o.rac.u.lar (ôräk´yılır) *s.* 1. kehanetle ilgili. 2. gizli anlamlı.
o.ral (ôr´ıl) *s.* 1. sözlü, ağızdan söylenen. 2. ağıza ait. 3. oral, ağızdan alınan (ilaç). 4. *ruhb.* oral.
o.ral.ly (ôr´ili) *z.* 1. ağızdan. 2. sözlü olarak.
or.ange (ôr´înc) *i.* 1. portakal. 2. portakal rengi, turuncu. *s.* portakal renginde olan, turuncu. **— blossom** portakal çiçeği. **— marmalade** turunç/portakal marmeladı. **sour/bitter/Seville —** turunç.
o.rang-u.tan, o.rang.ou.tan (oräng´itän), o.rang -ou.tang (oräng´itäng) *i.* orangutan.
o.rate (oreyt´) *f.* nutuk çekmek.
o.ra.tion (ôrey´şın) *i.* söylev, nutuk, hitabe.
or.a.tor (ôr´ıtır) *i.* hatip, nutuk çeken kimse.
or.a.tor.i.cal (ôrıtôr´îkıl) *s.* hatipliğe ait.
or.a.to.ry (ôr´ıtôri) *i.* 1. hatiplik, hitabet. 2. belagat, dil uzluğu.
or.bit (ôr´bit) *i.* yörünge. *f.* -in etrafında bir yörüngede dönmek. **put something into —** bir şeyi yörüngeye oturtmak.
or.chard (ôr´çırd) *i.* meyve bahçesi.
or.ches.tra (ôr´kıstrı) *i.* 1. *müz.* orkestra. 2. *tiy.* orkestra. 3. *tiy.* parter.
or.ches.trate (ôr´kistreyt) *f.* 1. orkestra için müzik parçası yazmak. 2. planlamak, düzenlemek.
or.chid (ôr´kid) *i.* orkide.
or.dain (ôrdeyn´) *f.* 1. emretmek, buyurmak; (Tanrı) takdir etmek. 2. (birine) törenle papaz unvanını vermek.
or.deal (ôrdil´) *i.* insana çok sıkıntı çektiren iş, ateşten gömlek.
or.der (ôr´dır) *i.* 1. düzen, tertip. 2. sıra, dizi. 3. yöntem, usul. 4. emir, buyruk. 5. ısmarlama, sipariş. 6. tarikat. 7. şeref rütbesi. 8. cins, çeşit, tür. 9. mimari üslup. 10. *biyol.* takım. *f.* 1. emretmek, emir vermek: **Who ordered you to shoot that cat?** O kediyi vurmanı kim emretti? 2. ısmarlamak, sipariş etmek: **The tea that I ordered still hasn't come.** Ismarladığım çay

hâlâ gelmedi. **That company ordered one thousand pairs of snakeskin boots from South Africa.** O firma Güney Afrika'dan bin çift yılan derisi çizme sipariş etti. 3. düzenlemek, sıraya koymak, tertip etmek: **We have ordered the words alphabetically.** Sözcükleri alfabetik sıraya göre dizdik. **be in good working —** iyi işler durumda olmak. **by — of** -in emrine göre, -in emri gereğince. **call to —** (toplantıyı) açmak. **in alphabetical —** 1. alfabetik olarak dizilmiş. 2. alfabetik sıraya göre. **in —** 1. düzenli. 2. sıra ile. 3. yolunda, usule göre. **in — that** -sin diye: **in order that he may see** görsün diye. **in — to** için: **in order to see** görmek için. **in short —** çabuk. **keep —** disiplini korumak. **make to —** ısmarlama yapmak. **money —** para havalesi. **on the — of** tarzında. **out of —** 1. bozuk. 2. düzensiz. 3. usule aykırı. 4. uygunsuz. **rush —** acele sipariş. **take an —** 1. birinden emir almak. 2. birinden sipariş almak. **till further —s** başka emir gelinceye kadar.

or.der.ly (ôr´dırli) *s.* düzenli, derli toplu, düzgün. *i.* 1. emir eri. 2. hastane hademesi.

or.di.nal (ôr´dınıl) *s.* 1. sıra/derece gösteren. 2. *biyol.* takıma ait. **— numbers** *mat.* sıra sayıları.

or.di.nance (ôr´dınıns) *i.* 1. düzen, kural. 2. emir. 3. yasa; yönetmelik.

or.di.nar.i.ly (ôrdıner´ili) *z.* genellikle, normal olarak.

or.di.nar.i.ness (ôrdıner´inis) *i.* sıradanlık.

or.di.nar.y (ôr´dıneri) *s.* 1. sıradan, alelade: **an ordinary house** sıradan bir ev. 2. olağan, alışılmış, her zamanki, normal, tipik: **his ordinary way of speaking** her zamanki konuşma biçimi. 3. *huk.* (doğal) hak. *i.* alışılmış şey. **out of the —** olağandışı.

ord.nance (ôrd´nıns) *i.* 1. savaş gereçleri. 2. ordonat.

ore (or) *i.* maden cevheri.

o.reg.a.no (ıreg´ıno) *i.* keklikotu, güveyotu, güveyiotu.

org. *kıs.* **organic, organization, organized.**

or.gan (ôr´gın) *i.* 1. org, erganun. 2. örgen, organ, uzuv. 3. organ, kuruluş; yayın organı. **— bank** organ bankası. **— grinder** laternacı. **— party** — parti organı.

or.gan.dy, or.gan.die (ôr´gındi) *i.* organze.

or.gan.ic (ôrgän´ik) *s.* örgensel, organik. **— chemistry** organik kimya. **— disease** organik hastalık. **— substance** organik madde.

or.gan.i.cal.ly (ôrgän´ikıli) *z.* organik olarak.

or.gan.i.sa.tion (ôrgınızey´şın) *i., İng., bak.* **organization.**

or.gan.ise (ôr´gınayz) *f., İng., bak.* **organize.**

or.gan.ism (ôr´gınızım) *i.* organizma, örgenlik.

or.gan.ist (ôr´gınîst) *i.* orgcu.

or.gan.i.za.tion, *İng.* **or.gan.i.sa.tion** (ôrgınızey´şın) *i.* 1. örgüt, kuruluş. 2. düzen. 3. örgütleme. 4. düzenleme, organizasyon.

or.gan.ize, *İng.* **or.gan.ise** (ôr´gınayz) *f.* 1. düzenlemek, organize etmek. 2. örgütlemek.

or.gasm (ôr´gäzım) *i.* orgazm.

or.gy (ôr´ci) *i.* 1. sefahat. 2. aşırı düşkünlük.

o.ri.ent (ôr´iyınt) *i.* doğu, şark. *f.* **— oneself** (kendinin) tam olarak nerede bulunduğunu saptamak. **be —ed towards** -e yönelmiş olmak. **get —ed** bir yere/çevreye alışmak/intibak etmek. **the O—** Doğu (genellikle Asya ülkeleri).

O.ri.en.tal (ôriyen´tıl) *s.* 1. Doğulu. 2. Doğu'ya özgü. *i.* Doğulu. **— rug** Şark halısı.

O.ri.en.tal.ist (ôriyen´tılîst) *i.* doğubilimci, şarkiyatçı, oryantalist.

o.ri.en.tate (ô´riyenteyt) *f., İng., bak.* **orient.**

o.ri.en.ta.tion (ôriyentey´şın) *i.* bir yere/çevreye alışma/intibak.

or.i.fice (ô´rıfîs) *i.* delik, ağız.

orig. *kıs.* **origin, original, originally.**

o.rig.a.num (ırıg´ınım) *i., bak.* **oregano.**

or.i.gin (ôr´ıcîn) *i.* 1. köken, kaynak, asıl. 2. nesil, soy.

o.rig.i.nal (ırîc´ınıl) *s.* 1. ilk, asıl: **Who was the original owner of this car?** Bu arabanın ilk sahibi kimdi? 2. orijinal, asıl, kopya olmayan: **Is this an original painting?** Bu resim orijinal mi? 3. özgün, orijinal. *i.* orijinal, asıl. **She read** *Crime and Punishment* **in the —.** Suç ve Ceza'yı yazıldığı dilde okudu.

o.rig.i.nal.i.ty (ırîcınäl´ıti) *i.* orijinallik, özgünlük.

o.rig.i.nal.ly (ırîc´ınıli) *z.* 1. ilk başta; başlangıçta. 2. özgün bir biçimde, orijinal bir şekilde. 3. aslen: **She's originally from Edirne.** O aslen Edirneli.

o.rig.i.nate (ırîc´ıneyt) *f.* icat etmek, meydana getirmek, çıkarmak, yaratmak; meydana gelmek, çıkmak, kaynaklanmak.

o.rig.i.nat.or (ırîc´ıneytır) *i.* yaratan kimse, icat eden kimse.

or.na.ment (ôr´nımınt) *i.* süs.

or.na.ment (ôr´nıment) *f.* süslemek, donatmak.

or.na.men.tal (ôrnımen´tıl) *s.* 1. süs olarak kullanılan. 2. süsleyici; dekoratif. **— plants** süs bitkileri.

or.na.men.ta.tion (ôrnımentey´şın) *i.* 1. süs. 2. süsleme.

or.nate (ôrneyt´) *s.* çok süslü, şatafatlı, gösterişli.

or.nate.ly (ôrneyt´li) *z.* çok süslü bir biçimde.

or.ner.y (ôr´nıri, ôrn´ri) *s.* 1. huysuz, aksi. 2. inatçı. 3. alçak, aşağılık.

or.ni.thol.o.gist (ôrnıthal´ıcîst) *i.* kuşbilimci, ornitolog.

or.ni.thol.o.gy (ôrnıthal´ıci) *i.* kuşbilim, ornitoloji.

o.rog.e.ny (ôrac´ıni), **o.ro.gen.e.sis** (ôrıcen´ısîs) *i.* dağoluş, orojeni.

o.rog.ra.phy (ôrag´rıfi) *i.* dağbilgisi.

o.rol.o.gy (ôral´ıci) *i.* dağbilgisi.
or.phan (ôr´fın) *i., s.* öksüz. *f.* öksüz bırakmak.
or.phan.age (ôr´fınic) *i.* yetimhane, öksüzler yurdu.
or.tho.don.tics (ôrthıdan´tîks) *i.* ortodonti.
Or.tho.dox (ôr´thıdaks) *i.* (*çoğ.* **Or.tho.dox**) Ortodoks. *s.* Ortodoks.
or.tho.dox (ôr´thıdaks) *s.* 1. ortodoks. 2. geleneksel, göreneksel.
or.tho.pe.dic (ôrthıpi´dîk) *s.* ortopedik.
or.tho.pe.dics (ôrthıpi´dîks) *i., tıb.* ortopedi.
or.tho.pe.dist (ôrthıpi´dîst) *i.* ortopedist, ortopedi uzmanı.
os.cil.late (as´ıleyt) *f.* 1. salınmak. 2. kararsız olmak, tereddüt etmek, bocalamak.
os.mo.sis (azmo´sîs, asmo´sîs) *i., kim.* geçişme, geçişim, ozmos.
os.prey (as´pri) *i.* balıkkartalı, deniztavşancılı.
Os.set (as´ît) *i., bak.* **Ossete.**
Os.sete (a´sit) *i.* Oset.
Os.se.tia (ısi´şı) *i.* Osetya, Osetiya.
Os.se.tian (ısi´şın) *i., s.* Oset.
Os.set.ic (ıset´îk) *i.* Osetçe. *s.* 1. Oset. 2. Osetçe.
os.si.cle (as´îkıl) *i., anat.* kemikçik, küçük kemik.
os.si.fi.ca.tion (asıfıkey´şın) *i.* 1. kemikleşme; kemikleştirme. 2. katılaşma; katılaştırma.
os.si.fy (as´ıfay) *f.* 1. kemikleşmek; kemikleştirmek. 2. katılaşmak; katılaştırmak.
os.te.i.tis (astiyay´tîs) *i., tıb.* kemik iltihabı/yangısı.
os.ten.si.ble (asten´sıbıl) *s.* görünüşteki, görünen.
os.ten.si.bly (asten´sıblı) *z.* görünüşte, görünürde.
os.ten.sive (asten´sîv) *s.* görünüşte olan.
os.ten.ta.tion (astıntey´şın) *i.* gösteriş, gereksiz gösteriş.
os.ten.ta.tious (astıntey´şıs) *s.* dikkati çeken, gösterişli, fiyakalı, cakalı.
os.ten.ta.tious.ly (astıntey´şıslı) *z.* gösterişli bir biçimde.
os.te.o.gen.e.sis (astiyıcen´ısîs) *i.* kemik oluşumu.
os.te.oid (as´tiyoyd) *s.* kemiksi. *i.* kemiksi doku.
os.te.o.l.o.gy (astiyal´ıci) *i.* osteoloji, kemikbilim.
os.te.ol.y.sis (astiyal´ısis) *i., tıb.* kemik erimesi.
os.te.o.po.ro.sis (astiyopıro´sîs), *çoğ.* **os.te.o.po.ro.ses** (astiyopıro´siz) *i., tıb.* osteoporoz.
os.tra.cise (as´trısayz) *f., İng., bak.* **ostracize.**
os.tra.cism (as´trısîzım) *i.* 1. toplum dışına itme; dışlama. 2. sürme, sürgüne gönderme.
os.tra.cize, *İng.* **os.tra.cise** (as´trısayz) *f.* 1. toplum dışına itmek; dışlamak. 2. sürmek, sürgüne göndermek.
os.trich (ôs´trîç) *i.* devekuşu.
os.trich.like (ôs´triçlayk) *s.* devekuşu gibi.
O.T. *kıs.* **Old Testament.**
oth.er (^dh´ır) *s.* başka, diğer, öbür. *zam.* başkası, diğeri, öbürü. **every — day** günaşırı.

some day or — gününde birinde, bir gün. the — day geçen gün.
oth.er.wise (^dh´ırwayz) *z.* 1. başka türlü. 2. yoksa, olmazsa, aksi takdirde.
ot.ter (at´ır) *i., zool.* susamuru.
Ot.to.man (at´ımın) *s., i.* (*çoğ.* **—s**) Osmanlı.
ot.to.man (at´ımın) *i.* 1. otoman, koltuklu sedir; sedir, kanepe. 2. (büyük) ayak iskemlesi. 3. otoman (kumaş).
ouch (auç) *ünlem* Ah!/Of!/Aman!
ought (ôt) *yardımcı f.* -meli, -malı *(Gereklilik ve zorunluluk belirtir.):* **I ought to go.** Gitmeliyim. **It ought not to be allowed.** Buna izin verilmemeli. **You ought to know better.** Bu hareketin fena olduğunu bilmeniz gerekir. **I ought to have gone.** Gitmeliydim.
ought.n't (ôt´ınt) *kıs.* **ought not.**
ounce (auns) *i.* ons, 28,3 gram.
our (aur) *zam., s.* bizim.
ours (aurz) *zam.* bizimki. **a friend of —** dostlarımızdan biri, bir dostumuz.
our.selves (aurselvz´) *zam., çoğ.* kendimiz, bizler: **We ourselves will help.** Biz kendimiz yardım edeceğiz.
oust (aust) *f.* **— someone from** birini (bir yerden) çıkarmak/ekarte etmek.
oust.er (aus´tır) *i.* **of** birini (bir yerden) çıkarma/ekarte etme.
out (aut) *z.* 1. Belirli bir yerden gitme veya gönderme anlamındaki fiillerle birlikte kullanılır: **They started out at dawn.** Şafak sökerken yola çıktılar. **Take him out!** Onu dışarı çıkar! **She's gone out for lunch.** Öğle yemeği için dışarı çıktı. **She was sent out to India.** Hindistan'a gönderildi. **The tide's going out.** Deniz alçalıyor. 2. dışarı; dışarıda; dışarıya: **No sooner had she hung out the laundry than it began to rain.** Çamaşırı dışarıya asar asmaz yağmur yağmaya başlamıştı. **His shirttails were hanging out.** Gömleğinin etekleri pantolonunun üzerinden sarkıyordu. **Don't stick your tongue out!** Dilini çıkarma! **He took out his checkbook.** Çek defterini çıkardı. **We'll smoke him out.** Onu dumanla dışarı çıkarırız. **It's nice out today.** Dışarısı güzel bugün./Bugün hava güzel. **Let's sit out.** Dışarıda oturalım. 3. *Birinin/Bir şeyin merkez sayılan bir yerden uzak olduğunu göstermek için kullanılır:* **They live way out in Maltepe.** Onlar ta Maltepe'de oturuyor. 4. *Bazı fiilleri pekiştirmek için kullanılır:* **Write it all out!** Hepsini yaz! **Sing out!** Yüksek sesle söyle! **I'm tuckered out.** Pestilim çıktı. 5. *k. dili (Birinin belirli bir şey yapmaktan yorulduğunu göstermek için kullanılır.):* **I'm meetinged out.** Toplantılara gitmekten yoruldum artık. *edat* -den (dışarıya/öteye): **He looked out the window.** Pence-

reden baktı. **Don't throw him out the door!** Onu kapı dışarı etme! **Drive out that road for twenty kilometers.** O yoldan yirmi kilometre git. *i., k. dili* çare; bahane; mazeret. *f.* (bir şey) kendini belli etmek, ortaya çıkmak, meydana çıkmak: **Sooner or later the truth will out.** Hakikat ergeç meydana çıkar. **O—! Çık dışarı! — back** *k. dili* binanın/bir yerin arkasındaki yer, arka: **I'll meet you out back in five minutes.** Seni beş dakika sonra binanın arka tarafında bulurum. **— front** *k. dili* binanın/bir yerin önündeki yer, ön: **He's standing out front.** Binanın önünde duruyor. **— loud** yüksek sesle; duyulacak bir şekilde. **— of** 1. -den *(Yeri değişen birinin/bir nesnenin çıkış yerini bildirir.):* **Take your hands out of your pockets!** Ellerini ceplerinden çıkar! 2. dışında: **It's out of range.** Menzil dışında. **That's out of my sphere.** Bilgi alanımın dışında o. 3. -den uzak, dışında: **It's twenty kilometers out of town.** Şehirden yirmi kilometre uzakta. 4. -den dolayı, için, -den: **He did it out of love.** Sevdiği için yaptı. **She did it out of necessity.** Mecbur kaldığı için yaptı. **He went to them out of desperation.** Çaresizlikten onlara gitti. 5. arasından: **Out of three hundred candidates they selected her.** Üç yüz aday arasından onu seçtiler. **— of the blue** birdenbire. **— of the corner of one's eye** gözünün ucuyla (bakmak). **O— with it!** Söylesene! **O— you go!** Haydi çık! **be on its way** -in devri kapanmak üzere olmak. **be on one's way —** çıkmak: **We were just on our way out.** Biz şimdi çıkıyorduk. **be —** 1. dışarıda olmak: **He's out at the moment.** Şu an burada değil. 2. (belirli bir miktar para) gitmek; (para) açığı olmak: **I had to buy them lunch, and now I'm out a million liras.** Onlara öğle yemeği ısmarlamak zorunda kaldım; bir milyon liram gitti. **Your total is two thousand liras out.** Senin toplamda iki bin liralık bir eksik var. 3. (kitap) kütüphaneden alınmış olmak: **That book's out.** O kitap alınmış. 4. (kitap/gazete/resmi ilan) çıkmak, yayımlanmak. 5. (ay/güneş) çıkmak. 6. (çiçek/yaprak) açmak; (ağaç/bitki) yapraklanmak, yeşillenmek, yeşermek. 7. (ateş) sönmüş olmak. 8. (hafta/ay) bitmiş olmak, sona ermek. 9. nakavt olmak. 10. sızmış olmak; bayılmış olmak. 11. demode olmak. 12. düşünülmemek, uygun sayılmamak, söz konusu olmamak: **That's definitely out.** O kesinlikle düşünülmüyor. 13. (makine) bozulmuş olmak. 14. (deniz) alçalmış olmak. 15. *spor* (top) aut olmak, auta çıkmak. 16. (çocuk oyunlarında) yanmak: **You're out!** Yandın! **be — and about** (nekahetten sonra) dışarı/sokağa çıkıp gezmek. **be — for someone's blood** *k. dili* birinin hakkından gelmek istemek. **be —**
in force *k. dili* ortalıkta çok olmak. **be — in left field** *argo* çok yanılmış olmak. **be — of** 1. (bir şey) tükenmiş olmak, kalmamak: **We're out of gas.** Benzinimiz bitti. **By the time he reached the top of the hill he was out of breath.** Yokuşun başına vardığında nefesi kesilmişti. **— of character** (bir davranış) birinin her zamanki davranışlarına uymamak. **be — of commission/kilter/whack** *k. dili* bozulmuş olmak. **be — of control** 1. kontrolden çıkmış olmak, frenlenemez olmak. 2. (biri) dizginlenemez olmak. **be — of favor (with)** (birinin) gözünden düşmüş olmak. **be — of it** *argo* başka bir dünyada yaşamak, hayal dünyası içinde olmak. **be — of line** 1. yersiz/uygunsuz/yakışıksız olmak, yakışık almamak. 2. sıradan çıkmış olmak. **be — of luck** şansı olmamak, şansı yaver gitmemek. **be — of one's mind** *k. dili* aklını kaçırmış olmak, delirmiş olmak, keçileri kaçırmış olmak. **be — of place** 1. (her zamanki) yerinde olmamak. 2. yersiz/uygunsuz/yakışıksız olmak, yakışık almamak. **be — of practice** (uzun zamandan beri bir şeyi yapmadığı için) (onu) iyi yapamamak. **be — of print** (kitabın) baskısı tükenmiş olmak. **be — of reach** 1. el altında olmamak. 2. erişilemez olmak. **be — of season** -in mevsimi bitmiş olmak. **be — of shape** formunda olmamak. **be — of sorts** *k. dili* sinirleri ayakta olmak. **be — of stock** stokta bulunmamak. **be — of the hole** *k. dili* borçtan kurtulmuş olmak. **be — of the question** *k. dili* söz konusu olmamak, düşünülmemek, uygun sayılmamak. **be — of the running** (yarışmadan) elenmiş olmak. **be — of the woods** (hasta) hayati tehlikeyi atlatmış olmak. **be — of this world** *argo* çok güzel/harika/süper olmak. **be — of touch** **(with)** (biriyle) iletişim içinde olmamak. 2. dünyada olup bitenlerden haberi olmamak. 3. **with** (bir konuya) ait yeni gelişmeler hakkında bilgisi olmamak. **be — of work** işsiz olmak. **be — on strike** grevde olmak. **be — on the town** şehirde yiyip içip eğlenmek. **be — to** (bir amaç) peşinde olmak; (bir şey) için fırsat kollamak: **They're out to win the championship.** Onlar şampiyonluğu oynuyorlar. **He's out to get him.** Onun hakkından gelmek için fırsat kolluyor. **be — to lunch** 1. öğle yemeği yemeye çıkmış olmak. 2. *argo* kafası izinli olmak. 3. *argo* kafası pek çalışmamak. **hunt — of season** av mevsimi dışında avlanmak.

out-and-out (aut´ınaut´) *s., k. dili* tam, düpedüz: **He's an out-and-out fraud.** O tam bir sahtekâr.

out.bid (autbid´) *f.* **(out.bid, —ding)** (açık artır-

mada) (-den) daha fazla fiyat vermek.
out.board (aut´bôrd) *s., den.* takma motorlu, dıştan motorlu. — **motor** takma motor.
out.break (aut´breyk) *i.* 1. (istenmeyen bir olay) ortaya çıkma, çıkma, baş gösterme, patlama. 2. salgın.
out.burst (aut´bırst) *i.* patlak verme, patlama.
out.cast (aut´käst) *i.* toplum dışına itilmiş kimse. *s.* toplum dışına itilmiş.
out.class (autkläs´) *f.* üstün olmak, üstün gelmek.
out.come (aut´kʌm) *i.* sonuç.
out.crop (aut´krap) *i.* 1. (istenmeyen bir olay) ortaya çıkma, çıkma, baş gösterme, patlama. 2. *jeol.* bir kayacın yeryüzüne çıkmış uzantısı, çıkma, çıkıntı.
out.crop.ping (aut´kraping) *i., jeol.* bir kayacın yeryüzüne çıkmış uzantısı, çıkma, çıkıntı.
out.cry (aut´kray) *i.* 1. haykırış, çığlık, bağırış. 2. protesto.
out.dat.ed (autdeyt´id) *s.* 1. modası geçmiş. 2. günün şartlarına uymayan, zamana uymayan, köhne. 3. eski (teknoloji, makine v.b.).
out.did (autdid´) *f., bak.* **outdo**.
out.dis.tance (autdis´tıns) *f.* geçmek, geride bırakmak.
out.do (autdu´) *f.* (**out.did, out.done**) geçmek, geride bırakmak, bastırmak.
out.done (autdʌn´) *f., bak.* **outdo**.
out.door (aut´dôr) *s.* dışarıda yapılan.
out.doors (autdôrz´) *z.* 1. dışarıya. 2. dışarıda, açık havada. *i.* açık hava.
out.er (au´tır) *s.* 1. dıştaki, dış. 2. dışarıdaki.
out.er.most (au´tırmost) *s.* en dıştaki.
out.fit (aut´fit) *i.* 1. takım, donatı. 2. gereçler. 3. *k. dili* askeri birlik. 4. *k. dili* ekip. 5. *k. dili* kuruluş. *f.* (**—ted, —ting**) donatmak, gereçlerini sağlamak.
out.fit.ter (aut´fitır) *f.* 1. teçhizatçı. 2. giyim eşyası satıcısı.
out.flank (autflängk´) *f., ask.* (düşmanın) yanından dolanıp arkasına geçmek.
out.go.ing (aut´gowing) *s.* 1. sempatik, cana yakın. 2. giden, çıkan. 3. ayrılan, kalkan. *i.* gidiş, çıkış.
out.grew (autgru´) *f., bak.* **outgrow**.
out.grow (autgro´) *f.* (**out.grew, —n**) 1. küçük gelmek: **The child has outgrown his clothes.** Giysileri çocuğa artık küçük geliyor. 2. (büyüyünce) -den vazgeçmek.
out.grown (autgron´) *f., bak.* **outgrow**.
out.growth (aut´groth) *i.* 1. bir başka şeyden gelişerek büyüyen şey. 2. fazlalık. 3. doğal bir sonuç/gelişme.
out.ing (au´ting) *i.* gezinti.
out.land.ish (autlän´diş) *s.* 1. tuhaf, acayip, garip. 2. yabancı. 3. uzak.
out.last (autläst´) *f.* -den çok dayanmak.

out.law (aut´lô) *i.* 1. haydut, yasaya karşı gelen kimse. 2. yasal haklardan yoksun bırakılmış kimse. *f.* 1. yasaklamak. 2. yasadışı ilan etmek. 3. yasal haklardan yoksun bırakmak.
out.lay (aut´ley) *i.* masraf, giderler, harcama.
out.let (aut´let) *i.* 1. dışarı çıkacak yer, çıkış yeri, çıkış, kapı, çıkak, çıkıt. 2. yol, çıkış yolu. 3. satış yeri; pazaryeri, pazar. 4. *elek.* priz.
out.line (aut´layn) *i.* 1. kontur. 2. ana hatlar. 3. taslak, kroki. *f.* taslağını çizmek.
out.look (aut´lûk) *i.* 1. görüş açısı. 2. gelecek: **The outlook for the company is good.** Şirketin geleceği olumlu. 3. manzara.
out.ly.ing (aut´laying) *s.* uzakta bulunan, uzak.
out.mod.ed (autmo´did) *s.* 1. demode, modası geçmiş. 2. eski (teknoloji/makine).
out.num.ber (autnʌm´bır) *f.* sayıca üstün olmak; sayıca geçmek.
out-of-date (aut´ıvdeyt´) *s.* modası geçmiş, demode.
out-of-doors (autıvdôrz´) *z.* dışarıda, açık havada. *i.* açık hava.
out-of-the-box (autıv.dhıbaks´) *s.* 1. hemen kullanıma hazır (yazılım). 2. sıra dışı, yaratıcı.
out-of-the-way (autıv.dhıwey´) *s.* sapa.
out.pa.tient (aut´peyşınt) *i.* ayakta tedavi edilen hasta.
out.post (aut´post) *i.* ileri karakol.
out.pour (aut´pôr) *i.* dökülme, taşma, akma.
out.put (aut´pût) *i.* 1. *tic.* üretim; ürün, çıktı. 2. *mak., fiz.* çıktı. 3. *bilg.* çıkış, çıktı. 4. randıman, verim.
out.rage (aut´reyc) *i.* 1. hakların açıkça çiğnenmesi; büyük hakaret; büyük ayıp. 2. (büyük bir haksızlıktan/hakaretten kaynaklanan) öfke. *f.* çok öfkelendirmek.
out.ra.geous (autrey´cıs) *s.* 1. korkunç, çok fazla, ölçüyü aşan, şoke edici. 2. fazlasıyla frapan; acayip. — **price** fahiş fiyat.
out.ran (aut´rän) *f., bak.* **outrun**.
out.rank (aut´rängk) *f.* -den daha yüksek rütbede olmak.
out.reach (aut´riç) *f.* aşmak, geçmek. *i.* sosyal yardım. — **program** sosyal yardım programı.
out.right (aut´rayt´) *z.* 1. açıkça, kesin olarak. 2. tamamen, resmen. 3. hemen, derhal. 4. peşin olarak, bir ödemede: **He bought the house outright.** Parayı bastırıp evi aldı. *s.* 1. kesin; tam, resmen, düpedüz. 2. yalnızca, karşılıksız (bir hediye/bağış/yardım).
out.run (aut´rʌn) *f.* (**out.ran, out.run, —ning**) 1. -den daha hızlı koşmak. 2 -i geçmek, -i aşmak: **This year income outran expenses.** Bu yıl gelir gideri aştı.
out.set (aut´set) *i.* başlangıç.
out.shine (autşayn´) *f.* (**out.shone**) (başkasını) gölgede bırakmak, -den daha fazla parlamak.

out.shone (autşon´) *f., bak.* **outshine.**
out.side (aut´sayd) *i.* 1. dış, dış taraf. 2. dış görünüş. *s.* 1. dış. 2. en fazla, en yüksek, azami. *z.* 1. dışarıda; dışarıya. 2. açık havada. 3. dıştan. *edat* -in dışında. **— of** *k. dili* -den başka. **at the —** *k. dili* en fazla, olsa olsa, azami.
out.sid.er (autsay´dır) *i.* yabancı, bir grubun dışında olan kimse.
out.size (aut´sayz) *i.* büyük boy. *s.* büyük boyda olan, büyük.
out.skirts (aut´skırts) *i.* varoşlar, dış mahalleler.
out.smart (autsmart´) *f., k. dili* kurnazlıkla yenmek.
out.spo.ken (aut´spo´kın) *s.* sözünü sakınmayan, açıksözlü.
out.stand.ing (autstän´ding) *s.* 1. üstün, seçkin. 2. göze çarpan. 3. ödenmemiş; kalmış (borç).
out.stay (aut´stey´) *f.* fazla kalmak. **— one's welcome** (misafir) fazla kalmak.
out.stretch (autstreç´) *f.* aşmak, geçmek. **—ed hand** uzatılan el.
out.strip (autstrip´) *f.* (**—ped, —ping**) 1. (yarışta) geçmek. 2. -den üstün çıkmak.
out.ward (aut´wırd) *s.* dış. *z.* 1. dışarıya doğru. 2. görünüşte, dıştan.
out.ward.ly (aut´wırdli) *z.* 1. dıştan. 2. dışa doğru. 3. dış görünüşe göre, görünüşte.
out.wards (aut´wırdz) *z.* dışarıya doğru.
out.weigh (autwey´) *f.* 1. -den daha ağır gelmek. 2. daha ağır basmak, daha önemli olmak.
out.wit (autwit´) *f.* (**—ted, —ting**) kurnazlıkla yenmek.
out.worn (autwôrn´) *s.* fazla eskimiş.
o.val (o´vıl) *s.* oval. *i.* oval şey.
o.va.ry (o´vıri) *i., anat.* yumurtalık.
o.va.tion (ovey´şın) *i.* coşkunca alkış.
ov.en (ʌv´ın) *i.* fırın.
o.ver (o´vır) *z.* 1. -e, -e doğru *(Bir yerden başka bir yere/tarafa doğru yapılan/olan bir hareketi belirtir.):* **He ran over to the tree.** Ağaca doğru koştu. **Let's swim over to the other side.** Karşı tarafa yüzelim. **He suddenly fell over.** Birdenbire yere düştü. **He knocked the table over.** Masayı devirdi. 2. *Birinin/Bir şeyin başka bir yerde bulunduğunu gösterir:* **She lives over in Kozyatağı.** Kozyatağı'nda oturuyor. **It's only two blocks over from here.** Buradan ancak iki blok ötede. 3. *Misafir olarak bir yere gidişi/çağrılmayı gösterir:* **Come over this evening!** Bu akşam bize gel! 4. üzerinde, üstünde: **Only those who are twenty-one years of age or over will be admitted.** Ancak yirmi bir yaşındakiler veya yirmi bir yaşın üzerindekiler girebilir. **You're one second over.** Gereken zamanı bir saniye aştın. 5. tekrar, yeniden, bir daha, yine: **You'll have to do it over.** Onu tekrar yapman lazım. 6. iyice, dikkatli bir şekilde: **We need to talk this over.** Bunu iyice konuşmamız gerek. **Think it over.** Bunu iyice düşün. *edat* 1. üstünde, üzerinde; üstünden, üzerinden; üstüne, üzerine: **It was suspended over the heads of the audience.** Dinleyicilerin üstünde asılı duruyordu. **We're now flying over the Sea of Marmara.** Şu an Marmara Denizi'nin üzerinden uçuyoruz. **Don't lean over the railing!** Korkuluktan aşağı sarkma! 2. -den fazla, -den çok, -in üstünde, -i aşkın: **It costs over a million liras.** Fiyatı bir milyon liradan fazla. **He's lived there for over sixty years.** Orada altmış yılı aşkın bir süre oturdu. 3. üzerine, üstüne: **She threw a shawl over her shoulders.** Omzuna bir şal attı. **He pulled the quilt over his head.** Yorganı başının üstüne çekti. 4. -in (her) yerinde/tarafında; -in (her) yerine/tarafına: **They're found all over France.** Fransa'nın her yerinde bulunur. 5. aracılığıyla, -de, -den: **We talked over the telephone for an hour.** Bir saat telefonda konuştuk. **I heard it over the radio.** Onu radyodan duydum. 6. -in öte tarafında: **The village lies over that hill.** Köy o tepenin ötesinde. 7. boyunca, süresince: **A lot has happened over the past ten years.** Son on yıl içinde epey şeyler oldu. 8. (bir sürenin) sonuna kadar: **Stay with us over Sunday and then leave on Monday.** Pazar günü bizde kal; pazartesi sabahı gidersin. 9. hakkında, ile ilgili: **They fell out over that piece of land.** O toprak parçası yüzünden anlaşmazlığa düştüler. 10. (belirli bir şeyi yapar) iken: **We'll talk about it over lunch.** Onu öğle yemeğinde konuşuruz. *s.* fazla, fazladan: **After paying her rent she was left with nothing over.** Kirasını ödedikten sonra kendisine hiçbir şey kalmadı. **— again** tekrar, yeniden, baştan, bir daha. **— and above** *k. dili* -den ayrı olarak, -den başka. **— and —** defalarca, tekrar tekrar. **be —** bitmiş olmak, bitmek, sona ermek: **The concert's over.** Konser bitti. **It's over between us.** Aramızda her şey bitti. **be — and done with** *k. dili* tamamıyla bitmiş olmak. **be — someone** birinin amiri olmak; birinden daha yüksek bir görev/makam/rütbe sahibi olmak. **get someone — a barrel** *k. dili* birini köşeye sıkıştırmak. **get something — with** bir şeyi yapıp bitirmek; bir şeyi bitirmek. **put/set someone/something — against** birini/bir şeyi (başkasıyla) karşılaştırmak/mukayese etmek.
over- *önek* 1. aşırı, fazla. 2. üstüne, üzerine; üstünde; üzerinde; üstünden, üzerinden. 3. öteye, ötesine. 4. üst-.
o.ver.act (ovıräkt´) *f.* (rolü) abartmalı bir şekilde oynamak.

o.ver.all (o´vırôl) s. 1. baştan başa olan, bir uçtan bir uca olan. 2. kapsamlı, ayrıntılı. *i.* 1. *İng.* iş önlüğü. 2. *ABD* iş tulumu. —*s i.* iş tulumu.
o.ver.arch (ovırarç´) f. üzerinde kemer meydana getirmek.
o.ver.ate (ovıreyt´) f., *bak.* **overeat**.
o.ver.awe (ovırô´) f. korkutup hareketsiz bırakmak.
o.ver.bal.ance (ovırbäl´ıns) f. 1. ağır basmak. 2. dengesini bozmak, devirmek; dengesini kaybetmek.
o.ver.bear.ing (ovırber´îng) s. 1. zorba tavırlı, otoriter. 2. ezici.
o.ver.blown (ovırblon´) s. abartmalı, şişirilmiş.
o.ver.board (o´vırbôrd) z. gemiden denize. **go —for/about** k. *dili* -e fazla tutkun olmak. **Man —!** Yetişin! Adam denize düştü.
o.ver.book (o´vırbûk´) f. fazla rezervasyon yapmak.
o.ver.bur.den (ovırbır´dın) f. 1. taşıyabileceğinden fazla yük yüklemek. 2. fazla sıkıntı vermek, fazla sorumluluk yüklemek.
o.ver.came (ovırkeym´) f., *bak.* **overcome**.
o.ver.cast (o´vırkäst) s. bulutlu, kapalı (hava).
o.ver.charge (ovırçarc´) f. 1. fazla fiyat istemek. 2. *elek.*, *mak.* fazla yüklemek, fazla doldurmak. *i.* 1. fazla fiyat. 2. fazla yük.
o.ver.coat (o´vırkot) *i.* palto.
o.ver.come (ovırkʌm´) f. (**o.ver.came, o.ver.come**) -i yenmek; -in üstesinden gelmek. **be — by/with** -den fena halde etkilenmek: **She was overcome by the smoke.** Dumandan dolayı kendinden geçti. **He was overcome with emotion.** Öyle duygulandı ki dili tutuldu.
o.ver.com.pen.sate (ovırkam´pınseyt) f. fazlasıyla karşılamak.
o.ver.con.fi.dent (ovırkan´fîdınt) s. kendine fazla güvenen.
o.ver.crowd (ovırkraud´) f. fazla kalabalık etmek.
o.ver.crowd.ed (ovırkraud´îd) s. fazla kalabalık.
o.ver.did (ovırdîd´) f., *bak.* **overdo**.
o.ver.do (ovırdu´) f. (**o.ver.did, —ne**) 1. fazla yapmak, aşırıya kaçmak. 2. fazla -mek. 3. fazla kullanmak. 4. gereğinden fazla pişirmek.
o.ver.done (ovırdʌn´) f., *bak.* **overdo**.
o.ver.dose (o´vırdos) *i.* 1. belirli bir ölçüden fazla ilaç verme, dozu aşma. 2. aşırı doz.
o.ver.draft (o´vırdräft) *i.* 1. hesaptan çekilen fazla para. 2. hesaptan fazla para çekme.
o.ver.draw (ovırdrô´) f. (**o.ver.drew, —n**) 1. abartmak. 2. hesaptan fazla para çekmek.
o.ver.drawn (ovırdrôn´) f., *bak.* **overdraw. be —** 1. borç bakiyesi göstermek. 2. hesabından fazla para çekmiş olmak; (hesaptan) fazla para çekilmiş olmak.
o.ver.drew (ovırdru´) f., *bak.* **overdraw**.
o.ver.drive (o´vırdrayv) *i., oto.* overdrayv, fazla hızlandırma mekanizması.
o.ver.due (ovırdu´) s. 1. gecikmiş. 2. vadesi geçmiş.
o.ver.eat (ovırît´) f. (**o.ver.ate, o.ver.eat.en**) 1. fazla yemek yemek. 2. tıka basa yemek.
o.ver.eat.en (ovırît´ın) f., *bak.* **overeat**.
o.ver.es.ti.mate (ovıres´tımeyt) f. fazla tahmin etmek.
o.ver.ex.pose (ovırîkspoz´) f., *foto.* (filme) aşırı poz vermek.
o.ver.ex.po.sure (ovırîkspo´jır) *i., foto.* aşırı poz verme, aşırı ışıklama.
o.ver.flow (ovırflo´) f. (**—ed, —n**) 1. taşmak. 2. çok bol olmak. *i.* 1. taşma. 2. fazlalık. 3. taşma borusu. **— pipe** taşma borusu.
o.ver.flown (ovırflon´) f., *bak.* **overflow**.
o.ver.grew (ovırgru´) f., *bak.* **overgrow**.
o.ver.grow (ovırgro´) f. (**o.ver.grew, —n**) (bitkiler) birbirini örtecek derecede büyümek.
o.ver.grown (ovırgron´) f., *bak.* **overgrow**. s. yaşına göre fazla büyümüş. **be — with** (yabani bitkiler v.b.) ile kaplı/örtülü olmak.
o.ver.hang (o´vırhäng) f. (**o.ver.hung**) 1. üzerine süslü şeyler asmak. 2. üzerine sarkmak. 3. (tehlike v.b.) tehdit etmek. *i.* 1. çıkıntı. 2. çıkıntı derecesi.
o.ver.haul (ovırhôl´) f. 1. gereken onarımı yapmak için elden geçirmek. 2. arkasından yetişip önüne geçmek.
o.ver.head (o´vırhed) *i.* genel giderler. s. 1. baştan yukarıda olan. 2. yukarıdan geçen. 3. genel giderlerle ilgili. z. baştan yukarı, yukarıda, üstte.
o.ver.hear (ovırhîr´) f. (**o.ver.heard**) kulak misafiri olmak.
o.ver.heard (ovırhırd´) f., *bak.* **overhear**.
o.ver.hung (o´vırhʌng) f., *bak.* **overhang**.
o.ver.joy (ovırcoy´) f. fazlasıyla sevindirmek.
o.ver.kill (o´vırkil) *i.* 1. gereğinden fazla silah. 2. fazlalık, aşırılık.
o.ver.lad.en (ovırley´dın) s. fazlasıyla yüklenmiş.
o.ver.laid (ovırleyd´) f., *bak.* **overlay**.
o.ver.land (o´vırländ) s. karayolu ile yapılan. z. karada; karadan.
o.ver.lap (ovırläp´) f. (**—ped, —ping**) üst üste bindirmek; üst üste binmek, binişmek.
o.ver.lay (ovırley´) f. (**o.ver.laid**) kaplamak.
o.ver.lay (o´vırley) *i.* 1. örten tabaka, örtü. 2. kaplama.
o.ver.load (ovırlod´) f. fazla yüklemek, fazla doldurmak.
o.ver.look (ovırlûk´) f. 1. gözünden kaçmak: **I overlooked that.** O gözümden kaçtı. 2. -e göz yummak, -i görmezlikten gelmek. 3. -e nazır olmak, -e hâkim olmak, -e bakmak.
o.ver.much (o´vırmʌç´) z. gereğinden fazla.
o.ver.night (o´vırnayt´) z. 1. geceleyin, bir gece

içinde. 2. birdenbire. s. bir gecelik.
o.ver.paid (ovırpeyd´) f., bak. overpay.
o.ver.pass (o´vırpäs) i. üstgeçit.
o.ver.pay (ovırpey´) f. (o.ver.paid) fazla ödemek.
o.ver.play (ovırpley´) f. büyütmek, abartmak. — one's hand kendi olanaklarına fazla güvenmek.
o.ver.plus (o´vırplʌs) i. fazlalık.
o.ver.pop.u.la.tion (ovırpapyıley´şın) i. nüfus fazlalığı.
o.ver.pow.er (ovırpau´wır) f. 1. kaba kuvvet kullanarak (birini) etkisiz hale getirmek. 2. (bir duyguya) hâkim olamamak. 3. çok etkilemek.
o.ver.pow.er.ing (ovırpau´wıring) s. 1. zapt edilemeyen (duygu). 2. çok kuvvetli (bir neden/sanı). 3. iç bayıltan, bayıltıcı (koku). 4. insanı bunaltan, bunaltıcı, bayıltıcı (sıcak).
o.ver.price (ovırprays´) f. fazla yüksek fiyat koymak.
o.ver.pro.duce (ovırprıdus´) f. gereğinden fazla üretmek.
o.ver.pro.duc.tion (ovırprıdʌk´şın) i. aşırı üretim.
o.ver.pro.tect (ovırprıtekt´) f. gereğinden fazla korumak.
o.ver.ran (ovır.rän´) f., bak. overrun.
o.ver.rate (ovır.reyt´) f. fazla önemsemek.
o.ver.reach (ovır.riç´) f. 1. yetişip geçmek. 2. ötesine geçmek. 3. aldatmak, dolandırmak. — oneself altından kalkamayacak kadar çok iş üstlenmek.
o.ver.rid.den (ovır.rid´ın) f., bak. override.
o.ver.ride (ovır.rayd´) f. (o.ver.rode, o.ver.rid.den) 1. (bir sorun) (hepsinden) önemli olmak. 2. yetkisini kullanarak (başka birinin kararını) geçersiz kılmak. 3. -i bastırmak, -e üstün gelmek, -e engel olmak: His emotions overrode his judgment. Duyguları aklını kullanmasına engel oldu. 4. (atı) fazla binerek yormak.
o.ver.rid.ing (ovır.ray´ding) s. her şeyden önemli olan (neden/amaç).
o.ver.rode (ovır.rod´) f., bak. override.
o.ver.rule (ovır.rul´) f. yetkisini kullanarak (başka birinin kararını) geçersiz kılmak/iptal etmek.
o.ver.run (ovır.rʌn´) f. (o.ver.ran, o.ver.run, —ning) 1. istila etmek; kaplamak. 2. geçmek, aşmak.
o.ver.saw (ovırsô´) f., bak. oversee.
o.ver.seas (ovırsiz´) s., z. denizaşırı.
o.ver.see (ovırsi´) f. (o.ver.saw, —n) yönetmek, denetlemek.
o.ver.seen (ovırsin´) f., bak. oversee.
o.ver.seer (o´vırsir) i. 1. (fabrikada/inşaatta) şef; ustabaşı, çavuş. 2. çiftlik kâhyası. 3. denetçi, nezaretçi.
o.ver.shad.ow (ovırşäd´o) f. gölgelemek, gölge düşürmek, gölgede bırakmak.
o.ver.shoe (o´vırşu) i. şoson, lastik.
o.ver.shoot (ovırşut´) f. (o.ver.shot) 1. hedeften öteye atmak. 2. geçmek. 3. aşırılığa kaçmak.
o.ver.shot (ovırşat´) f., bak. overshoot.
o.ver.sight (o´vırsayt) i. 1. yanlış, kusur. 2. gözetim, bakım; yönetim.
o.ver.sim.pli.fi.ca.tion (ovırsimplıfikey´şın) i. fazla basitleştirme.
o.ver.sim.pli.fy (ovırsim´plifay) f. fazla basitleştirmek.
o.ver.size (o´vırsayz) s. fazla büyük.
o.ver.sleep (ovırslip´) f. (o.ver.slept) fazla uyumak; uyuyakalıp gecikmek.
o.ver.slept (ovırslept´) f., bak. oversleep.
o.ver.spend (ovırspend´) f. (o.ver.spent) fazla masraf yapmak, bütçeyi aşmak.
o.ver.spent (ovırspent´) f., bak. overspend.
o.ver.state (ovırsteyt´) f. abartmak.
o.ver.state.ment (o´vırsteytmınt) i. abartma, abartı.
o.ver.stay (ovırstey´) f. fazla kalmak. — one's welcome (misafir) fazla kalmak.
o.ver.step (ovırstep´) f. (—ped, —ping) geçmek, aşmak.
o.ver.sup.ply (o´vırsıplay) i. fazlalık.
o.vert (o´vırt, ovırt´) s. açık olarak yapılan, açıktan açığa olan, ortada olan.
o.ver.take (ovırteyk´) f. (o.ver.took, —n) 1. yetişmek, yakalamak. 2. İng. (taşıtı) sollamak, geçmek. 3. birden karşısına çıkmak.
o.ver.tak.en (ovırtey´kın) f., bak. overtake.
o.ver.tax (ovırtäks´) f. 1. ağır vergi koymak. 2. aşırı yüklenmek.
o.ver.threw (ovır.thru´) f., bak. overthrow.
o.ver.throw (ovır.thro´) f. (o.ver.threw, —n) devirmek, yıkmak, düşürmek. i. devirme, yıkma. — the government hükümeti devirmek.
o.ver.thrown (ovır.thron´) f., bak. overthrow.
o.ver.time (o´vırtaym) i. fazla mesai. be on — fazla mesai yapmak, mesaiye kalmak. work/do — fazla mesai yapmak.
o.vert.ly (ovırt´li) z. açık bir biçimde, açıkça.
o.ver.tone (o´vırton) i. ima edilen fikir.
o.ver.took (ovırtûk´) f., bak. overtake.
o.ver.ture (o´vırçır) i. 1. öneri, teklif. 2. müz. uvertür.
o.ver.turn (ovırtırn´) f. devirmek, altüst etmek, bozmak.
o.ver.ween.ing (ovırwi´ning) s. kendinden fazla emin.
o.ver.weight (o´vırweyt) i. 1. fazla ağırlık. 2. fazla kilo. 3. fazla kilolu olma.
o.ver.weight (ovırweyt´) s. fazla kilolu (kimse).
o.ver.whelm (ovırhwelm´) f. 1. akın ederek (düşmanı) yenmek. 2. (su, sel v.b.) basmak, kaplamak. 3. with (iltifat, iyilik, hediye v.b.'ne) boğmak, gark etmek. be —ed by/with 1. (duygulara) yenik düşmek, yenilmek. 2. (sorumluluk,

ağır bir iş v.b.) altında ezilmek. **be —ed with -e** boğulmak, -e gark olmak.
o.ver.work (ovırwırk´) *f.* fazla çalıştırmak; fazla çalışmak. *i.* fazla çalışma.
o.ver.wrought (ovır.rôt´) *s.* 1. sinirleri bozuk. 2. aşırı heyecanlı.
o.vu.late (ov´yıleyt) *f., biyol.* yumurtlamak.
o.vu.la.tion (ovyıley´şın) *i., biyol.* yumurtlama.
owe (o) *f.* borcu olmak, borçlu olmak: **How much do I owe you?** Sana ne kadar borcum var? **That company owes us a billion liras.** O şirketin bize bir milyar lira borcu var. **owing to** nedeniyle, -in sayesinde, yüzünden, -den dolayı.
owl (aul) *i.* baykuş.
own (on) *s.* kendine özgü, özel, kendinin, kendi: **Eda's own book** Eda'nın kendi kitabı. **a character of its own** kendine özgü bir şahsiyet. **be one's — man** yerini korumak. **hold one's — yerini** korumak. **on one's —** kendi hesabına, kendi başına.
own (on) *f.* 1. sahip olmak, -si olmak. 2. kabul etmek, itiraf etmek. **— up to** *k. dili* (bir suçu) itiraf etmek, kabul etmek.
own.er (o´nır) *i.* sahip, iye, malik.
own.er.ship (o´nırşip) *i.* 1. (arazi/bina için) mülkiyet: **The ownership of this vineyard is in dispute.** Bu bağın mülkiyeti ihtilaf konusu oldu. 2. sahip olma, sahiplik, iyelik: **The ownership of that railroad has been transferred to the state.** O demiryolu devletleştirildi.
ox (aks), *çoğ.* **ox.en** (ak´sın) *i.* öküz.
ox.al.is (aksäl´is) *i., bot.* ekşiyonca.
ox.cart (aks´kart) *i.* öküz arabası, kağnı.
ox.eye (aks´ay) *i., mim.* gözpencere.
ox.i.da.tion (aksıdey´şın) *i.* oksitlenme, oksidasyon.
ox.ide (ak´sayd) *i., kim.* oksit.
ox.i.dize, Ing. ox.i.dise (ak´sıdayz) *f.* oksitlemek; oksitlenmek.
ox.y.gen (ak´sıcın) *i.* oksijen.
oys.ter (oys´tır) *i.* istiridye. **— bed** istiridye yatağı.
oz. *kıs.* **ounce(s).**
o.zone (o´zon) *i.* ozon. **the — layer** ozon tabakası.
o.zo.no.sphere (ozo´nısfir) *i.* ozonyuvarı.

P

P, p (pi) *i.* P, İngiliz alfabesinin on altıncı harfi. **Mind your p's and q's.** Davranışlarına dikkat et.
p *kıs.* piano.
p. *kıs.* page, participle, past, penny, population.
P.A. *kıs.* power of attorney.
p.a. *kıs.* per annum.
pa (pa) *i., k. dili* baba.
pace (peys) *i.* 1. adım. 2. bir adımda alınan yol. 3. gidiş, yürüyüş. 4. yürüyüş hızı. 5. hız. *f.* 1. adımlamak. 2. arşınlamak, bir aşağı bir yukarı yürümek, volta atmak. 3. (yarışçının) hızını ayarlamak. **— back and forth/— up and down** bir aşağı bir yukarı yürümek, volta atmak. **keep — with** -e ayak uydurmak. **put someone through his —s** bir kimsenin yeteneğini denemek. **set the —** örnek olmak.
pace.mak.er (peys'meykır) *i.* 1. örnek alınan kimse. 2. kalbin atış hızını ayarlayan aygıt, geçici kalp pili.
Pa.cif.ic (pısif'ik) *i.* **the —** Büyük Okyanus. **the — Ocean** Büyük Okyanus.
pa.cif.ic (pısif'ik) *s.* 1. uzlaştırıcı, barıştırıcı. 2. sakin.
pac.i.fi.ca.tion (päsıfıkey'şın) *i.* 1. barışı sağlama. 2. kontrol altına alma. 3. barıştırma, uzlaştırma; barışma, uzlaşma.
pac.i.fi.er (päs'ıfayır) *i.* emzik (kauçuk meme).
pac.i.fism (päs'ıfîzım) *i.* barışseverlik, barışçılık.
pac.i.fist (päs'ıfist) *i.* barışçı kimse.
pac.i.fy (päs'ıfay) *f.* 1. barıştırmak, uzlaştırmak. 2. yatıştırmak, sakinleştirmek.
pack (päk) *i.* 1. bohça, çıkın. 2. denk. 3. (sigara için) paket. 4. sürü. 5. *isk.* deste. 6. *tıb.* kompres, tampon. **— animal** yük hayvanı. **a — of cards** iskambil destesi. **a — of lies** bir sürü yalan.
pack (päk) *f.* 1. bohçalamak. 2. denk etmek, denklemek. 3. (bavul) hazırlamak, toplamak. 4. ambalajlamak, ambalaj yapmak; paketlemek. 5. sıkı sıkıya doldurmak. 6. (silah) taşımak. **— a wallop** *argo* bomba gibi patlamak. **— off** göndermek, defetmek, kovmak. **— up** 1. bavula/sandığa koymak. 2. (makine) durmak. **send someone —ing** birini sepetlemek, pılısını pırtısını toplatıp birini defetmek.
pack.age (päk'îc) *i.* 1. paket. 2. bohça. 3. ambalaj. **— deal** *tic.* paket teklif. **— store** içki dükkânı. **— tour** paket tur, grup turu.
packed (päkt) *s.* 1. paketlenmiş. 2. ağzına kadar dolu.
pack.er (päk'ır) *i.* paketçi; ambalajcı.
pack.et (päk'ît) *i.* 1. paket. 2. bohça, çıkın.
pack.horse (päk'hôrs) *i.* yük beygiri.

pack.ing (päk'îng) *i.* 1. paketleme, paket etme; ambalajlama. 2. ambalaj. 3. salmastra, tıkaç, conta. **— box/case** eşya sandığı.
pack.ing.house (päk'îng.haus) *i.* büyük mezbaha.
pack.sad.dle (päk'sädıl) *i.* semer.
pact (päkt) *i.* pakt, antlaşma; sözleşme.
pad (päd) *i.* 1. yumuşak bir maddeden yapılmış koruyucu şey: **kneepad** dizlik. **saddle pad** semer yastığı. **desk pad** sumen. 2. bloknot, kâğıt destesi. 3. bazı hayvanların yumuşak tabanı. *f.* (**—ded, —ding**) 1. (yumuşak bir madde ile) doldurmak. 2. (konuşma, yazı v.b.'ni) şişirmek.
pad (päd) *f.* (**—ded, —ding**) sessizce yürümek.
pad.ding (päd'îng) *i.* 1. dolgu maddesi. 2. vatka. 3. fodra. 4. abartma.
pad.dle (päd'ıl) *i.* 1. (kanoya ait) kürek. 2. (masatenisi için) raket. 3. (çocukları dövmek için kullanılan ucu yassı ve yayvan) sopa. 4. tokaç. *f.* 1. kürekle (kanoyu) ileri/geri götürmek; kürekle kanoyu ileri/geri götürmek. 2. (çocuğa) dayak atmak. **— steamer** yandan çarklı vapur; kıçtan çarklı vapur. **— wheel** vapur çarkı, çark.
pad.dle (päd'ıl) *f.* 1. sığ suda gezinmek. 2. suda oynamak. 3. (çocuk/ihtiyar) sendeleyerek yürümek.
pad.dle-wheel.er (päd'ıl.hwi'lır) *i.* yandan çarklı vapur; kıçtan çarklı vapur.
pad.dock (päd'ık) *i.* 1. *İng.* (atlar için etrafı çevrili, küçük) çayır. 2. padok.
pad.dy (päd'i) *i.* çeltik tarlası.
pa.di.shah (pa'dişa) *i.* padişah.
pad.lock (päd'lak) *i.* asma kilit. *f.* asma kilitle kilitlemek, asma kilit vurmak.
pae.o.ny (pi'yıni) *i., İng., bak.* **peony.**
pa.gan (pey'gın) *i., s.* 1. pagan; putperest. 2. dinsiz.
pa.gan.ism (pey'gınîzım) *i.* 1. paganizm; putperestlik. 2. dinsizlik.
page (peyc) *i.* sayfa. *f.* (bir yazının) sayfalarını numaralamak. **— through** sayfalarını çevirmek; sayfalarını çevirip göz atmak.
page (peyc) *i.* 1. (otelde) komi. 2. içoğlanı. 3. uşak. *f.* hoparlör ile çağırmak.
pag.eant (päc'ınt) *i.* 1. alay, tören. 2. gösteri.
pag.eant.ry (päc'ıntri) *i.* şatafat, tantana, debdebe.
pag.i.nate (päc'ıneyt) *f.* (bir yazının) sayfalarını numaralamak.
pag.i.na.tion (päcıney'şın) *i.* (bir yazının) sayfalarını numaralama.
paid (peyd) *f., bak.* **pay.**
pail (peyl) *i.* kova.

---

th	dh	w	hw	b	c	ç	d	f	g	h	j	k	l	m	n	p	r	s	ş	t	v	y	z
thin	the	we	why	be	joy	chat	ad	if	go	he	regime	key	lid	me	no	up	or	us	she	it	via	say	Is

pail.ful (peyl´fûl) *i.* bir kova dolusu.
pain (peyn) *i.* 1. ağrı, acı, sızı. 2. acı, ıstırap. 3. dert, keder. 4. *çoğ.* özen, ihtimam, itina. 5. *çoğ.* doğum sancıları. *f.* 1. canını yakmak, eziyet etmek. 2. üzmek. — **in the neck** baş belası. **feel no** — *argo* sarhoş olmak. **take —s** özen göstermek, özenmek.
pain.ful (peyn´fûl) *s.* 1. ağrılı. 2. zahmetli, güç. 3. acıklı, üzücü.
pain.kill.er (peyn´kılır) *i., k. dili* ağrı kesici ilaç, ağrı kesici.
pain.less (peyn´lis) *s.* 1. acısız, ağrısız. 2. zahmetsiz.
pains.tak.ing (peynz´teyking) *s.* 1. titiz, özenli, itinalı. 2. zahmetli.
paint (peynt) *i.* 1. boya. 2. allık. 3. makyaj. *f.* 1. boyamak. 2. tasvir etmek, betimlemek, resmetmek. 3. makyaj yapmak.
paint.box (peynt´baks) *i.* boya kutusu.
paint.brush (peynt´brʌş) *i.* boya fırçası.
paint.er (peyn´tır) *i.* 1. ressam. 2. boyacı, badanacı.
paint.ing (peyn´ting) *i.* 1. resim, tablo. 2. ressamlık. 3. boyacılık, badanacılık. 4. resim sanatı.
pair (per) *i. (çoğ. —s)* çift. *f.* eşleştirmek, çiftleştirmek. — **of compasses** pergel. — **of pajamas** pijama. — **of pants** pantolon. — **of scissors** makas. — **of trousers** pantolon. — **off** eşleşmek; eşleştirmek.
pa.ja.mas, *İng.* **py.ja.mas** (pıca´mız) *i.* pijama.
Pak.i.stan (päk´istän) *i.* Pakistan.
Pak.i.sta.ni (päkistän´i) *i.* Pakistanlı. *s.* 1. Pakistan, Pakistan'a özgü. 2. Pakistanlı.
pal (päl) *i., k. dili* arkadaş, dost.
pal.ace (päl´is) *i.* saray.
pal.at.a.ble (päl´ıtıbıl) *s.* 1. lezzetli. 2. yenebilir. 3. içilebilir. 4. hoşa giden, hoş.
pal.ate (päl´it) *i.* 1. damak. 2. tat alma duyusu. 3. **(for)** damak zevki.
pa.la.tial (pıley´şıl) *s.* saray gibi.
pa.lav.er (pılav´ır) *i.* 1. boş laf, palavra. 2. pohpohlama. *f.* 1. boş laf etmek, palavra atmak. 2. pohpohlamak.
pale (peyl) *i.* 1. kazık, parmaklık çubuğu. 2. sınır, limit. **beyond the —** 1. yetkisi dışında. 2. hoş görülmez.
pale (peyl) *s.* 1. soluk, solgun, renksiz. 2. açık, uçuk (renk). 3. donuk. *f.* beti benzi atmak, sararmak; sarartmak.
pale.ness (peyl´nis) *i.* 1. solgunluk. 2. (renkte) açıklık, uçukluk. 3. donukluk.
pa.le.og.ra.phy (peyliyag´rıfi) *i.* paleografi.
pa.le.on.tol.o.gist (peyliyantal´ıcist) *i.* paleontolojist, taşılbilimci.
pa.le.on.tol.o.gy (peyliyantal´ıci) *i.* paleontoloji, taşılbilim.

Pal.es.tine (päl´istayn) *i.* Filistin.
Pal.es.tin.i.an (pälistin´iyın) *i.* Filistinli. *s.* 1. Filistin, Filistin'e özgü. 2. Filistinli.
pal.ette (päl´it) *i.* 1. palet. 2. bir ressama özgü renkler, palet.
Pa.li (pa´li) *i.* Pali dili.
pal.ing (pey´ling) *i.* 1. çit yapmaya özgü kazık. 2. kazık çit, çit.
pal.i.sade (pälıseyd´) *i.* 1. savunmada kullanılan ve sivri kazıklardan yapılmış çit; kazık çit. 2. *çoğ.* (ırmak boyunca uzanan) kayalık uçurum dizisi. *f.* etrafına sivri kazıklar dikerek çit çevirmek.
pall (pôl) *i.* 1. (siyah çuha veya kadifeden) tabut örtüsü. 2. örtü, tabaka: **A pall of thick mist covered the city.** Kenti koyu bir sis tabakası örtmüştü.
pal.let (päl´it) *i.* 1. çömlekçi spatulası. 2. (yük kaldırmada/taşımada kullanılan) palet.
pal.li.ate (päl´iyeyt) *f.* 1. (hastalık, zorluk v.b.'ni) hafifletmek. 2. (kabahat, hakaret v.b.'ni) önemsizmiş gibi göstermek.
pal.lid (päl´id) *s.* solgun, soluk.
pal.lor (päl´ır) *i.* solgunluk, beniz sarılığı.
palm (pam) *i.* 1. avuç içi, aya. 2. hurma ağacı. 3. palmiye. *f.* avuç içinde saklamak. — **branch** zafer simgesi olan hurma dalı. — **oil** hurma yağı. — **something off on someone** birine bir şeyi hile ile kabul ettirmek. **P— Sunday** paskalyadan önceki pazar günü. **coconut —** hindistancevizi ağacı. **date —** hurma ağacı. **grease someone's —** rüşvet vermek. **have an itching —** para hırsı olmak.
pal.met.to (pälmet´o) *i. (çoğ. —s/ —es) bot.* sabal.
palm.ist (pa´mist) *i.* el falına bakan kimse.
palm.ist.ry (pa´mistri) *i.* el falı.
pal.pa.ble (päl´pıbıl) *s.* 1. hissedilir, dokunulabilir. 2. aşikâr, açık.
pal.pa.bly (päl´pıbli) *z.* 1. el ile hissedilerek. 2. aşikâr olarak, açıkça.
pal.pi.tate (päl´pıteyt) *f.* (kalp) hızlı atmak, çarpmak.
pal.pi.ta.tion (pälpıtey´şın) *i.* çarpıntı.
pal.sy (pôl´zi) *i.* inme, felç, nüzul. *f.* felce uğratmak.
pal.tri.ness (pôl´trinis) *i.* değersizlik, önemsizlik.
pal.try (pôl´tri) *s.* değersiz, önemsiz.
pam.pa (päm´pı, pam´pı) *i.* pampa. **—s grass** pampaotu, tüykamışı.
pam.per (päm´pır) *f.* 1. şımartmak. 2. pohpohlamak.
pam.phlet (päm´flit) *i.* broşür, risale.
pan (pän) *i.* 1. tepsi. 2. tava. 3. kefe, terazi gözü. *f.* **(—ned, —ning)** 1. toprağı yıkayarak altın çıkarmak. 2. *k. dili* eleştirmek. — **out** *k. dili* 1. sonuç vermek. 2. başarıya ulaşmak.
pan- *önek* bütün, tüm.

pan.a.ce.a (pänısı'yı) i. her derde deva.
Pan.a.ma (pän'ıma, pän'ımô) i. Panama. the — Canal Panama Kanalı.
Pan.a.ma.ni.an (pänımey'niyın) i. Panamalı. s. 1. Panama, Panama'ya özgü. 2. Panamalı.
pan.cake (pän'keyk) i. krep; gözleme.
pan.cre.as (pän'kriyıs) i., anat. pankreas.
pan.da (pän'dı) i., zool. panda.
pan.de.mo.ni.um (pändımo'niyım) i. kargaşa, velvele, kıyamet.
pan.der (pän'dır) i. pezevenk. f. 1. to (çıkar amacıyla) (birinin olumsuz bir eğilimini) tatmin etmeye çalışmak: He is pandering to their reactionary tendencies. Onların gerici eğilimlerini tatmin etmeye çalışıyor. 2. pezevenklik etmek.
pan.der.er (pän'dırır) i. pezevenk.
pane (peyn) i. pencere camı.
pan.e.gyr.ic (pänıcîr'îk) i. birini/bir şeyi göklere çıkaran yazı/söylev, övgü.
pan.el (pän'ıl) i. 1. mim. panel. 2. kapı aynası. 3. pano, duvar panosu. 4. (dinleyiciler önünde belirli bir konuyu tartışmak için seçilen) tartışmacı grubu. 5. jüri heyetinin isim listesi. 6. jüri heyeti. f. (—ed/—led, —ing/—ling) 1. mim. panellerle kaplamak. 2. panolarla süslemek. — discussion (dinleyiciler önünde yapılan) panel.
pang (päng) i. ani ve şiddetli ağrı, sancı, spazm.
pan.han.dle (pän'händıl) i. 1. tava sapı. 2. ileri doğru uzanan dar kara parçası. f., k. dili dilenmek.
pan.ic (pän'îk) i. panik, ürkü. f. (—ked, —king) paniğe kapılmak; paniğe kaptırmak.
pan.ick.y (pän'îki) s. 1. paniğe kapılmış. 2. kolayca paniğe kapılan.
pan.ic-strick.en (pän'îk.strîkın) s. paniğe kapılmış.
Pan.jab (pʌncab', pʌn'cab) i. the — bak. the Punjab. —i i. 1. Pencapça. 2. Pencaplı. s. 1. Pencapça. 2. Pencap, Pencap'a özgü. 3. Pencaplı.
pan.o.ram.a (pänırä'mı) i. panorama.
pan.o.ram.ic (pänırä'mîk) s. panoramik.
pan.sy (pän'zi) i. hercaimenekşe, alacamenekşe.
pant (pänt) f. 1. nefes nefese kalmak, solumak. 2. after/for -e can atmak, -e içi gitmek, için yanıp tutuşmak. 3. (kalp) şiddetle çarpmak, hızla atmak.
pan.tech.ni.con (päntek'nikın) i. (taşınırken kullanılan büyük) kamyon.
pan.the.ism (pän'thiyîzım) i. panteizm, tümtanrıcılık, kamutanrıcılık.
pan.the.ist (pän'thiyîst) i. panteist, tümtanrıcı, kamutanrıcı.
pan.ther (pän'thır) i. 1. panter, pars, leopar. 2. puma, yenidünyaaslanı.

pant.ies (pän'tiz) i., çoğ. kadın külotu.
pant.to.graph (pän'tıgräf) i. pantograf, leylekgagası.
pan.to.mime (pän'tımaym) i. pantomim. f. pantomim oynamak.
pan.try (pän'tri) i. kiler.
pants (pänts) i., çoğ. 1. pantolon. 2. İng. külot, don.
pant.y.hose (pän'tihoz) i. külotlu çorap.
pant.y.waist (pän'tiweyst) i. 1. pantolonu ve bluzu birbirine düğmelenen çocuk tulumu. 2. argo kadınsı adam, efemine erkek.
pap (päp) i. lapa; papara; mama.
pa.pa (pa'pı) i. (özellikle çocuk dilinde) baba.
pa.pa.cy (pey'pısi) i. papalık.
pa.pal (pey'pıl) s. papaya/papalığa ait.
pa.paw (pôpô´, pıpô´) i. 1. şişeağacının meyvesi. 2. şişeağacı. 3. kavunağacının meyvesi. 4. kavunağacı.
pa.pa.ya (pıpa'yı) i. 1. kavunağacının meyvesi. 2. kavunağacı.
pa.per (pey'pır) i. 1. kâğıt. 2. gazete. 3. herhangi bir yazı, tez, bildiri, tebliğ. 4. duvar kâğıdı. 5. yazılı ödev. 6. sınav kâğıdı. 7. mal. değerli kâğıt. 8. çoğ. bir kimsenin toplu mektup, günce ve diğer yazıları. 9. çoğ. kimlik. s. 1. kâğıt, kâğıttan yapılmış. 2. kâğıt üzerinde kalan. f. 1. üzerine kâğıt kaplamak, kâğıtlamak; kâğıt yapıştırmak. 2. duvar kâğıdı ile kaplamak. — clip ataş, kâğıt maşası. — credit vadeli senet ile kredi. — mill kâğıt fabrikası. — money kâğıt para, banknot. — mulberry kâğıtdutu, kâğıtağacı. — profits kâğıt üzerindeki kâr. — tiger güçlüymüş gibi görünen ama aslında zayıf kimse/kuruluş/ülke. blotting — kurutma kâğıdı. filter — filtre kâğıdı. litmus — turnusol kâğıdı. on — kâğıt üzerinde kalan.
pa.per.back (pey'pırbäk) s., i. karton kapaklı (kitap).
pa.per.bag (pey'pırbäg) i. kesekâğıdı.
pa.per.hang.er (pey'pırhängır) i. duvar kâğıdı yapıştıran kimse.
pa.per.knife (pey'pırnayf) i., İng. kitap açacağı; mektup açacağı.
pa.per-mâ.ché (peypırmı.şey´) i., bak. papier-mâché.
pa.per.weight (pey'pırweyt) i. prespapye.
pa.pier-mâ.ché (peypırmışey´) i. ezilmiş kâğıt, tutkal v.b.'nden oluşan ve kalıplara dökülerek çeşitli eşya yapılan madde, kâğıt ezmesi; kartonpiyer.
pa.pist (pey'pîst) i., aşağ. Katolik.
pa.poose (päpus´) i. (Kızılderili) bebek.
pap.py (päp'i) i., k. dili baba.
pa.pri.ka (päpri'kı, päp'rıkı) i. tatlı bir tür kırmızı biberin tozuyla yapılan baharat.
Pap.u.a (päp'yıwı) i. Papua. — New Guinea Pa-

pua Yeni Gine. —n *i.* Papualı. *s.* 1. Papua, Papua'ya özgü. 2. Papualı.
pa.py.rus (pıpay´rıs), *çoğ.* —es (pıpay´rısiz)/pa.py.ri (pıpay´ri) *i.* papirüs.
par (par) *i.* — value *değer,* saymaca değer. above — *tic.* yazılı değerin üstünde. at — *tic.* başabaş. be on a — with ile aynı/eşit derecede/değerde olmak. be — for the course *k. dili* normal sayılmak. be up to — 1. *tic.* saymaca değerini bulmak. 2. her zamanki seviyede olmak. below — *tic.* saymaca değerinin altında. feel up to — *k. dili* kendini iyi hissetmek.
par.a.ble (per´ıbıl) *i.* içinde gerçek payı olan kısa alegorik hikâye, mesel.
pa.rab.o.la (pıräb´ılı) *i., geom.* parabol.
par.a.bol.ic (perıbal´ik), par.a.bol.i.cal (perıbal´ikıl) *s.* 1. alegorik. 2. *geom.* parabolik.
pa.rab.o.loid (pıräb´ıloyd) *i., geom.* paraboloit.
par.a.chute (per´ışut) *i.* paraşüt. *f.* 1. paraşütle atlamak. 2. paraşütle indirmek.
par.a.chut.ist (per´ışutist) *i.* paraşütçü.
pa.rade (pıreyd´) *i.* 1. geçit töreni, alay. 2. gösteriş. 3. gezinti yeri, gezi. *f.* 1. geçit töreni yapmak. 2. gösteriş yapmak. 3. övünerek sergilemek. — ground tören alanı.
par.a.digm (per´ıdim) *i.* 1. örnek, numune. 2. *dilb.* çekim örneği. 3. paradigma, dizi.
par.a.dise (per´ıdays) *i.* cennet. fool's — hayaller üzerine kurulmuş mutluluk.
par.a.dox (per´ıdaks) *i.* paradoks.
par.a.dox.i.cal (perıdak´sikıl) *s.* paradoksal.
par.a.dox.i.cal.ly (perıdak´sikıli) *z.* paradoksal olarak.
par.af.fin (per´ıfin) *i.* 1. parafin mumu, petrol mumu. 2. *İng.* gazyağı, gaz. 3. *kim.* parafin. — wax parafin mumu.
par.a.glid.ing (per´ıglayding) *i., spor* yamaç paraşütüyle uçma.
par.a.gon (per´ıgan) *i.* mükemmel olduğu kabul edilen örnek, numune.
par.a.graph (per´ıgräf) *i.* 1. paragraf. 2. *huk.* paragraf, fıkra; bent, madde.
Par.a.guay (pär´ıgwey, pär´ıgway) *i.* Paraguay. —an *i.* Paraguaylı. *s.* 1. Paraguay, Paraguay'a özgü. 2. Paraguaylı. — tea Paraguay çayı, mate.
par.a.keet (per´ıkit) *i.* muhabbetkuşu.
par.al.lax (pär´ıläks) *i.* paralaks, ıraklık açısı.
par.al.lel (per´ılel) *s.* 1. paralel, koşut. 2. aynı, benzer. 3. aynı doğrultuda olan. *f.* 1. paralel olmak. 2. paralel olarak koymak. 3. -e benzetmek, ile karşılaştırmak. — bars *spor* paralel bar, paralel. — port *bilg.* paralel kapı, paralel port. be — with/to 1. -e paralel olmak. 2. -e benzemek. draw a — between -i benzetmek, -i karşılaştırmak.
par.al.lel.e.pi.ped (perılelıpay´pid) *i., geom.*

paralelyüz.
par.al.lel.o.gram (perılel´ıgräm) *i., geom.* paralelkenar.
par.a.lyse (per´ılayz) *f., İng., bak.* paralyze.
pa.ral.y.sis (pıräl´ısıs) *i.* felç, inme.
par.a.lyt.ic (perılit´ik) *s.* felçli, inmeli. *i.* felçli kimse.
par.a.lyze, *İng.* par.a.lyse (per´ılayz) *f.* 1. felç etmek; kötürüm etmek. 2. felce uğratmak. become —d 1. felç olmak; kötürüm olmak. 2. felce uğramak.
pa.ram.e.ter (pıräm´ıtır) *i.* parametre.
par.a.mount (per´ımaunt) *s.* 1. üstün, en önemli, başlıca. 2. rütbece üstün olan.
par.a.noi.a (perınoy´ı) *i.* paranoya.
par.a.noi.ac (perınoy´äk) *s., i.* paranoyak.
par.a.noid (per´ınoyd) *s., i.* paranoit.
par.a.pet (per´ıpit) *i.* 1. siper. 2. korkuluk. 3. parmaklık.
par.a.pha.sia (perıfey´jı) *i., tıb.* söz karışıklığı, kelime karışıklığı, parafazi.
par.a.pher.na.li.a (perıfırney´liyı) *i., çoğ.* 1. kişisel eşyalar. 2. donatı, teçhizat.
par.a.phrase (per´ıfreyz) *i.* başka sözcüklerle anlatma. *f.* başka sözcüklerle anlatmak.
par.a.psy.chol.o.gy (perısaykal´ıci) *i.* parapsikoloji, ruhbilimötesi.
par.a.site (per´ısayt) *i.* asalak, parazit.
par.a.sit.ic (perısit´ik), par.a.sit.i.cal (perısit´ikıl) *s.* 1. asalak, parazit. 2. asalaksal.
par.a.si.tol.o.gy (perısital´ıci) *i.* asalakbilim, parazitoloji.
par.a.sol (per´ısôl) *i.* güneş şemsiyesi.
par.a.thy.roid (perıthay´royd) *i., anat.* paratiroit bezi. *s.* paratiroit.
par.a.troop.er (per´ıtrupır) *i.* paraşütçü asker.
par.a.troops (per´ıtrups) *i., çoğ., ask.* paraşüt birlikleri.
par.a.ty.phoid (perıtay´foyd) *i., tıb.* paratifo.
par.boil (par´boyl) *f.* yarı kaynatmak.
par.cel (par´sıl) *i.* 1. paket. 2. bohça, çıkın. 3. parsel. *f.* 1. out -i parsellemek. 2. out -i eşit kısımlara ayırıp dağıtmak, -i üleştirmek. 2. up -i paketlemek.
parch (parç) *f.* kavurmak, yakmak.
parch.ment (parç´mınt) *i.* 1. parşömen, tirşe. 2. parşömen kâğıdı.
par.don (par´dın) *f.* affetmek, bağışlamak. *i.* af, bağışlama. P— me. Pardon. I beg your —. Affedersiniz.
par.don.a.ble (par´dınıbıl) *s.* affedilebilir, bağışlanabilir.
pare (per) *f.* 1. (kabuğunu) soymak. 2. (tırnak, peynir kabuğu v.b.'ni) kesmek. 3. down azaltmak, kısmak.
pa.ren.chy.ma (pıreng´kımı) *i., biyol.* özekdo-

ku, parenkima.
par.ent (per´ınt) *i.* 1. anne/baba. 2. ata, cet. 3. *çoğ.* ana baba, ebeveyn: **My parents and your parents are old friends.** Bizim ana babalarımız eski dost. **the parents of the children** çocukların ana babaları.
par.ent.age (per´ıntic) *i.* 1. ana babalık. 2. soy, nesil.
pa.ren.tal (pıren´tıl) *s.* ana babaya ait.
pa.ren.the.sis (pıren´thısis), *çoğ.* **pa.ren.the.ses** (pıren´thısiz) *i.* parantez, ayraç. **put in parentheses** parantez içine almak.
par.en.thet.i.cal (perınthet´ıkıl) *s.* parantez içi.
pa.ri.ah (pıray´ı, per´ıyı) *i.* 1. parya. 2. toplum dışı bırakılmış kimse.
par.ing (per´îng) *i.* 1. kabuğunu soyma. 2. kabuk, soyuntu.
par.ish (per´îş) *i., Hırist.* 1. (bir kilise ve papazının sorumlu olduğu) mahalle/semt. 2. bu mahallede/semtte oturanlar.
par.ish.ion.er (pırîş´ınır) *i.* **parish**'te oturan kimse.
par.i.ty (per´ıti) *i.* 1. eşitlik. 2. *tic.* parite.
park (park) *i.* park. *f.* park etmek. **—ing lot** park yeri, otopark. **—ing meter** park saati.
par.ka (par´kı) *i.* parka.
park.way (park´wey) *i.* bulvar.
parl. *kıs.* parliament, parliamentary.
par.lance (par´lıns) *i.* 1. deyiş, dil. 2. deyim.
par.lay (par´ley, par´li) *f.* (kazanılan parayı) bir sonraki yarışa yatırmak.
par.ley (par´li) *i.* görüşme, müzakere. *f.* barış görüşmeleri yapmak.
par.lia.ment (par´lımınt) *i.* parlamento.
par.lia.men.tar.i.an (parlımenter´iyın) *i.* parlamenter.
par.lia.men.tar.i.an.ism (parlımenter´iyınizım) *i., bak.* parliamentarism.
par.lia.men.ta.rism (parlımen´tırizım) *i.* parlamentarizm.
par.lia.men.ta.ry (parlımen´tırî) *s.* parlamentoya ait. **— procedure** parlamento usulleri.
par.lor, *İng.* **par.lour** (par´lır) *i.* oturma odası, salon.
Par.me.san (par´mızän) *i.* **— cheese** parmıcan.
pa.ro.chi.al (pıro´kiyıl) *s.* 1. (bir kilise ve papazının sorumlu olduğu) mahalleye/semte ait. 2. dar görüşlü; dar (görüş). **— school** dini bir kuruluşun/grubun yönetimindeki özel okul.
par.o.dy (per´ıdî) *i.* 1. parodi. 2. gülünç bir taklit. *f.* 1. parodisini yazmak. 2. gülünç bir taklidini yapmak.
pa.role (pırol´) *i.* şartlı tahliye. *f.* (mahkûmu) şartlı olarak serbest bırakmak. **on —** şartlı olarak tahliye edilmiş.
par.quet (parkey´) *i.* parke. *f.* parke döşemek.

par.rot (per´ıt) *i.* papağan. *f.* papağan gibi tekrarlamak.
par.ry (per´î) *f.* 1. (darbeyi) bertaraf etmek. 2. kaçamak cevap vermek.
par.si.mo.ni.ous (parsımo´niyıs) *s.* cimri, pinti, hasis, eli sıkı.
par.si.mo.ny (par´sımoni) *i.* cimrilik, pintilik, hasislik.
pars.ley (pars´li) *i.* maydanoz.
pars.nip (pars´nip) *i.* yabanhavucu, yabanihavuç, karakavza.
par.son (par´sın) *i.* papaz.
par.son.age (par´sınic) *i.* papaz evi.
part (part) *i.* 1. parça, bölüm, kısım. 2. hisse, pay. 3. rol. 4. görev. 5. semt, taraf. 6. saç ayrımı. 7. katkı. *z.* kısmen. **— owner** hissedar. **—s of speech** *dilb.* sözbölükleri. **be a — and parcel of** (bir şeyin) önemli bir öğesi olmak: **These words are now part and parcel of the language.** Bu sözcükler artık dilin önemli bir parçası oldu. **for my —** bana kalırsa, bence. **for the most —** çoğunlukla. **foreign —s** dış ülkeler, yabancı ülkeler. **in —** kısmen. **in —s** parça parça, kısım kısım. **on the — of** -in tarafından. **play a —** bir rolü oynamak. **spare —s** yedek parçalar. **the greater —** çoğunlukla.
part (part) *f.* 1. parçalamak, ayırmak; bölmek. 2. parçalanmak, ayrılmak; bölünmek. **— company** 1. birbirinden ayrılmak. 2. **with** ile ilişkisini kesmek. **— from** -den ayrılmak. **— with** -i bırakmak. **Let us — friends.** Dost olarak ayrılalım./Dost kalalım.
part. *kıs.* participle, particular.
par.take (parteyk´) *f.* (**par.took, par.tak.en**) 1. **in** -e katılmak. 2. paylaşmak. **— of** 1. -i yemek; -i içmek. 2. -in niteliğinde olmak, -i andırmak.
par.tak.en (partey´kın) *f., bak.* partake.
par.the.no.gen.e.sis (parthınocen´ısis) *i., biyol.* kendiliğinden türeme/üreme, partenogenez.
par.tial (par´şıl) *s.* 1. kısmi; kısmen etkili. 2. taraf tutan, tarafgir. 3. **to** -e meyilli.
par.ti.al.i.ty (parşiyäl´ıti) *i.* 1. taraf tutma, tarafgirlik. 2. tarafgirlikten ileri gelen haksızlık. 3. yeğleme. 4. düşkünlük, özel sevgi.
par.tial.ly (par´şılî) *z.* 1. kısmen. 2. tarafgirlikle, bir tarafı tutarak.
par.tic.i.pant (partis´ıpınt) *i.* katılan, iştirakçi. *s.* paylaşan, katılan.
par.tic.i.pate (partis´ıpeyt) *f.* **in** -e katılmak.
par.tic.i.pa.tion (partisıpey´şın) *i.* 1. katılma. 2. ortaklık.
par.ti.ci.ple (par´tisipıl) *i., dilb.* sıfatfiil, sıfateylem, ortaç, partisip. **past —** geçmiş zaman ortacı. **present —** şimdiki zaman ortacı.
par.ti.cle (par´tikıl) *i.* 1. zerre, parçacık, partikül. 2. *dilb.* edat; ek, takı.

par.tic.u.lar (pırtik'yılır) s. 1. belirli; özel. 2. -e özgü: **his particular style** ona özgü biçem. 3. titiz, meraklı. 4. ayrıntılı. *i.* 1. madde, husus. 2. *çoğ.* ayrıntılar. — **to** -e özgü. **in** — özellikle.
par.tic.u.lar.ly (pırtik'yılırli) z. özellikle.
part.ing (par'ting) *i.* 1. ayrılma. 2. veda. *s.* ayrılırken yapılan. — **of the ways** ayrılma noktası; yol ayrımı. — **shot** giderayak atılan taş (söz).
par.ti.san (par'tizın) *i.* 1. partizan, tarafgir. 2. *ask.* gerillacı, partizan. *s.* partizan.
par.ti.san.ship (par'tizınşip) *i.* partizanlık.
par.ti.tion (partiş'ın) *i.* 1. bölme; bölünme. 2. bölme, perde. 3. *bilg.* bölüntü. 4. *müz.* partisyon. *f.* 1. bölmek, ayırmak. 2. *bilg.* bölüntülemek.
par.ti.tur (par'tıtûr), **par.ti.tu.ra** (partıtû'rı) *i., müz.* partisyon.
par.ti.zan (par'tizın) *i., s., bak.* **partisan.**
part.ly (part'li) z. kısmen, bir dereceye kadar.
part.ner (part'nır) *i.* 1. ortak; arkadaş. 2. eş, partner. 3. dans arkadaşı, kavalye/dam.
part.ner.ship (part'nırşip) *i.* ortaklık.
par.took (partûk') *f., bak.* **partake.**
par.tridge (par'tric) *i., zool.* keklik.
part-time (part'taym) *s.* parttaym.
par.tu.ri.tion (parçırîş'ın, partyûrîş'ın) *i.* doğurma.
par.ty (par'ti) *i.* 1. parti, eğlence. 2. *pol.* parti. 3. grup, takım. 4. *huk.* taraf. 5. katılan. 6. *k. dili* kişi, şahıs. — **line** partinin/grubun benimsediği fikirler.
pa.sha (pa'şı, pa'şı) *i.* paşa.
Pash.to (pʌş'to), **Pash.tu** (pʌş'tu) *i., s.* Peştuca, Afganca.
pass (päs) *i.* 1. geçiş, geçme. 2. paso, şebeke. 3. sınavda geçme. 4. boğaz, geçit. 5. *ask.* hatlardan geçme izni. 6. durum, hal. 7. *spor* pas. **bring to** — sonuçlandırmak. **come to** — olmak, meydana gelmek. **free** — parasız giriş kartı. **hold the** — geçidi tutmak. **make a** — **at** (birine) duyulan erotik hisleri belli etmek, pas vermek.
pass (päs) *f.* 1. geçmek; geçirmek: **When the car passed us we were doing one hundred and eighty kilometers an hour.** Araba bizi geçtiğinde biz saatte yüz seksen kilometre yapıyorduk. **We passed through Germany on our way to France.** Fransa'ya giderken Almanya'dan geçtik. **Time passes quickly when you're having fun.** Eğlenceli saatler çabuk geçer. 2. ileri gitmek, aşmak. 3. onaylamak; onaylattırmak: **When will the Grand National Assembly pass this new tax law?** Büyük Millet Meclisi bu yeni vergi yasasını ne zaman onaylayacak? 4. sınavda geçmek. 5. (birine) (sahte para, karşılıksız çek) vermek. 6. bitmek, sona ermek, geçmek: **You should stay inside until the storm passes.** Fırtına geçene kadar içeride kalmalısın. 7. **to** -e miras kalmak. 8. *spor* pas vermek; paslaşmak. 9. *briç* "pas" demek. 10. sırasını atlatmak. 11. vermek, uzatmak: **Would you please pass the salt?** Tuzu verir misiniz lütfen? — **away** 1. ölmek. 2. sona ermek. — **by** yanından geçmek. — **for** ... gözüyle bakılmak, ... diye kabul edilmek. — **judgment** 1. *huk.* hüküm vermek. 2. **on** hakkında yargıya varmak. — **muster** yeterli olmak, geçmek. — **on** 1. vefat etmek. 2. **to** (başka bir konuya) geçmek. — **oneself off as** ... diye geçinmek, kendini ... diye satmak. — **out** 1. bayılmak, kendinden geçmek. 2. dağıtmak. — **over** 1. atlayıp geçmek, üstünden geçmek. 2. öbür tarafa geçmek. 3. ihmal etmek, görmemek. 4. göz yummak. — **something on to** bir şeyi (başkasına) vermek/geçirmek. — **the ball (to)** *spor* (-e) pas vermek. — **the buck** sorumluluğu başkasının üzerine atmak. — **the hat** yardım toplamak. — **the time of day** 1. muhabbet/hasbıhal etmek. 2. selamlaşıp hoşbeş etmek. — **through** 1. içinden geçmek. 2. nüfuz etmek. — **up** *k. dili* yararlanmamak, fırsatı kaçırmak.
pass.a.ble (päs'ıbıl) *s.* 1. geçirilebilir, geçer. 2. kabul edilir, geçerli. 3. geçit verir (yol).
pas.sage (päs'ic) *i.* 1. geçme, gitme. 2. yol; boğaz, geçit. 3. pasaj. 4. yolculuk. 5. koridor, dehliz. 6. metin parçası, parça, pasaj. 7. (tasarı) kabul edilip yürürlüğe girme. **a stormy** — fırtınalı deniz yolculuğu. **bird of** — 1. göçmen kuş. 2. göçebe kimse.
pas.sage.way (päs'icwey) *i.* pasaj, geçit.
pass.book (päs'bûk) *i.* hesap cüzdanı.
pas.sen.ger (päs'ıncır) *i.* yolcu.
passe-par.tout (päspırtu', paspartu'), *çoğ.* —**s** (päspırtuz', paspartuz') *i.* paspartu.
pass.er.by (päs'ırbay), *çoğ.* **pass.ers.by** (päs'ırzbay) *i.* yoldan geçen kimse.
pass.ing (päs'ing) *s.* geçen: **I heard the sound of a passing train.** Geçen bir trenin sesini duydum. **It was but a passing fancy.** Gelip geçici bir hayalden başka bir şey değildi. *i.* 1. geçme. 2. vefat. — **grade** geçer not. **in** — 1. geçerken. 2. tesadüfen.
pas.sion (päş'ın) *i.* 1. güçlü duygu; tutku; hırs. 2. sevda, aşk. 3. şehvet. 4. hiddet, öfke.
pas.sion.ate (päş'ınît) *s.* 1. aşırı tutkulu. 2. heyecanlı, hararetli, ateşli. 3. çabuk öfkelenen, hiddetli.
pas.sion.ate.ly (päş'ınıtli) *z.* 1. tutkuyla. 2. hararetle.
pas.sion.flow.er (päş'ın.flauwır) *i., bot.* çarkıfelek, fırıldakçiçeği.
pas.sion.less (päş'ınlîs) *s.* tutkusuz, ruhsuz.
pas.sive (päs'îv) *s.* 1. pasif, eylemsiz, edilgin. 2. *dilb.* edilgen. — **resistance** pasif direniş, eylemsiz direniş.

pas.sive.ly (päs´ĭvli) z. pasif olarak.
pas.sive.ness (päs´ĭvnĭs) i. pasiflik, edilginlik.
pas.siv.i.ty (päsĭv´ĭti) i. pasiflik, edilginlik.
pass.port (päs´pôrt) i. pasaport.
pass.word (pas´wırd) i. parola.
past (päst) s. geçmiş, geçen, olmuş, sabık. i. 1. geçmiş, mazi. 2. bir kimsenin geçmişi. 3. dilb. geçmiş zaman kipi. z. geçerek. edat 1. -den daha ötede/öteye. 2. ötesinde. — **perfect tense** dilb. -miş'li geçmiş zaman. **be a — master at** (bir konuda) çok usta olmak. **He is — hope.** Ümitsiz durumda. **ten — three** üçü on geçe. **the — tense** dilb. geçmiş zaman.
pas.ta (pas´tı) i. makarna.
paste (peyst) i. 1. beyaz tutkal. 2. kola. 3. macun. 4. lapa, ezme. f. 1. yapıştırmak. 2. argo yumruk atmak.
paste.board (peyst´bôrd) i. mukavva. s. mukavva, mukavvadan yapılmış.
pas.tel (pästel´) i. 1. pastel boya. 2. pastel resim.
pas.teur.i.sa.tion (päsçırizey´şın) i., İng., bak. **pasteurization.**
pas.teur.ise (päs´çırayz) f., İng., bak. **pasteurize.**
pas.teur.i.za.tion (päsçırızey´şın) i. pastörizasyon.
pas.teur.ize, İng. **pas.teur.ise** (päs´çırayz) f. pastörize etmek. **—d milk** pastörize süt.
pas.tille (pästil´) i., tıb. pastil.
pas.time (päs´taym) i. eğlence.
pas.tor (päs´tır) i. (Protestanlıkta) papaz.
pas.tor.al (päs´tırıl) s. 1. pastoral, çobanlara/kır hayatına ait. 2. papazlığa ait. i., edeb. pastoral.
pas.to.rale (pästıral´) i., müz. pastoral.
pas.tra.mi (pıstra´mi) i. sığır pastırması.
pas.try (peys´tri) i. 1. hamur; yufka. 2. hamur tatlısı/tatlıları. **— shop** pastane.
pas.tur.age (päs´çırĭc) i. otlak, mera.
pas.ture (päs´çır) i. otlak, mera. f. otlamak; otlatmak. **put someone out to —** birini emekliye ayırmak.
past.y (peys´ti) s. 1. hamur gibi, macun kıvamında. 2. solgun.
pat (pät) f. (**—ted, —ting**) (takdir/sevgi belirtisi olarak) elle hafifçe/yumuşakça vurmak; okşamak, sıvazlamak. i. (takdir/sevgi belirtisi olarak) elle hafifçe/yumuşakça vurma; okşama, sıvazlama. **— on the back** tebrik etmek.
pat (pät) s. basmakalıp: **a pat answer** basmakalıp bir cevap.
patch (päç) i. 1. yama. 2. benek. 3. toprak parçası. f. 1. yamamak, yamalamak, yama vurmak. 2. eğreti bir şekilde tamir etmek. **— someone up** birinin yaralarını tedavi etmek. **— something up/together** bir şeyi eğreti bir şekilde tamir etmek. **— things up** aradaki anlaşmazlığı gidermek. **in —es** kıs-

men, yer yer.
patch.work (päç´wırk) i. 1. kumaş artıklarından dikilmiş yorgan. 2. uydurma iş. 3. yama işi. 4. kırkyama.
pate (peyt) i., alay baş, kafa.
pat.ent (pät´ınt, İng. peyt´ınt) i. 1. patent, imtiyaz. 2. imtiyazlı arazi. s. patentli. f. patentini almak. **— leather** rugan (deri). **— medicine** hazır ilaç, müstahzar. **— rights** patent hakkı.
pat.ent (peyt´ınt) s. açık, aşikâr.
pat.ent.ee (pätıntĭ´) i. patent sahibi.
pat.ent.ly (peyt´ıntli) z. açıkça, aşikâr olarak.
pa.ter.nal (pıtır´nıl) s. 1. babaya ait. 2. babacan. 3. baba tarafından olan. 4. babadan kalma.
pa.ter.nal.ism (pıtır´nılızım) i. (devletin/hükümetin/bir kuruluşun/patronun) kendine bağlı bireylere karşı babanın çocuğuna davrandığı gibi davranması.
pa.ter.nal.ly (pıtır´nıli) z. baba gibi.
pa.ter.ni.ty (pıtır´nıti) i. babalık. **— suit** huk. babalık davası. **— test** babalık testi.
path (päth) i. 1. yol. 2. patika. **the beaten —** herkesin geçtiği yol, işlek yol.
path. kıs. **pathological, pathology.**
pa.thet.ic (pıthet´ĭk) s. 1. acıklı, dokunaklı, etkili, patetik. 2. k. dili gülünç: **What you've written is so bad it's pathetic!** Yazdıkların o kadar berbat ki ... gülünç buluyorum!
path.find.er (päth´fayndır) i. çığır açan kimse, kâşif.
path.o.gen (päth´ıcın) i., tıb. patojen mikrop.
path.o.log.i.cal (päthılac´ĭkıl) s. patolojik.
pa.thol.o.gist (pıthal´ıcĭst) i. patolog.
pa.thol.o.gy (pıthal´ıci) i. patoloji.
pa.thos (pey´thas) i. acınma duygusu uyandıran nitelik.
path.way (päth´wey) i. yol: **the pathway to success** başarıya giden yol.
pa.tience (pey´şıns) i. 1. sabır, dayanç, tahammül. 2. bot. labada. **— dock** bot. labada.
pa.tient (pey´şınt) s. sabırlı. i. hasta.
pa.tient.ly (pey´şıntli) z. sabırla.
pa.ti.o (pät´iyo) i. 1. avlu, hayat. 2. taraça, teras, veranda.
Pat.mi.an (pät´miyın) i. Patmoslu. s. 1. Patmos, Patmos'a özgü. 2. Patmoslu.
Pat.mos (pät´mıs, pat´môs) i. Patmos.
pa.tri.arch (pey´triyark) i. 1. aile reisi sayılan adam. 2. yaşlı ve saygıdeğer adam. 3. patrik.
pa.tri.ar.chal (peytriyar´kıl) s. 1. ataerkil, patriarkal, pederşahi. 2. yaşlı ve saygıdeğer (adam). 3. patriğe ait.
pa.tri.arch.ate (pey´triyarkĭt, pey´triyarkeyt) i. 1. patrikhane. 2. patriklik.
pa.tri.ar.chy (pey´triyarki) i. ataerki, pederşahilik.
pa.tri.cian (pıtrĭş´ın) i. en yüksek sınıftan adam, aristokrat.

pat.ri.cide (pät'rısayd) *i.* 1. babayı öldürme. 2. baba katili.
pa.tri.ot (pey'triyıt) *i.* yurtsever, vatansever, ulussever.
pa.tri.ot.ic (peytriyat'ik) *s.* yurtsever, vatansever, ulussever.
pa.tri.ot.ism (pey'triyıtizım) *i.* yurtseverlik, vatanseverlik, ulusseverlik.
pa.trol (pıtrol') *i.* 1. karakol, askeri devriye. 2. devriye gezme. *f.* (—**led**, —**ling**) devriye gezmek. — **car** devriye arabası.
pa.trol.man (pıtrol'mın), *çoğ.* **pa.trol.men** (pıtrol'min) *i.* devriye polis.
pa.tron (pey'trın) *i.* 1. hami, koruyucu. 2. devamlı müşteri.
pa.tron.age (pey'trınîc) *i.* koruma, himaye, yardım.
pa.tron.ize, *İng.* **pa.tron.ise** (pey'trınayz) *f.* 1. korumak, himaye etmek. 2. -in müşterisi olmak, -den alışveriş etmek.
pat.ter (pät'ır) *f.* 1. bıcır bıcır konuşmak. 2. durmaksızın ve monoton bir biçimde konuşmak.
pat.ter (pät'ır) *f.* pıtırdamak, tıpırdamak. *i.* pıtırtı, tıpırtı.
pat.tern (pät'ırn) *i.* 1. örnek, model; patron. 2. biçim düzeni. 3. şablon. *f.* 1. modele göre yapmak. 2. şekillerle süslemek. — **oneself on/after someone** birini örnek almak.
pat.ty (pät'i) *i.* 1. yassı köfte. 2. küçük börek.
pau.ci.ty (pô'sıti) *i.* azlık, kıtlık, yetersizlik.
paunch (pônç) *i.* (şişman) göbek.
paunch.y (pôn'çi) *s.* göbekli.
pau.per (pô'pır) *i.* yoksul, fakir.
pau.per.ize, *İng.* **pau.per.ise** (pô'pırayz) *f.* dilenecek duruma getirmek, dilenci durumuna getirmek.
pause (pôz) *i.* 1. durma; durgu. 2. fasıla, ara. *f.* 1. durmak, duraklamak. 2. duraksamak, tereddüt etmek.
pave (peyv) *f.* asfaltlamak; taşla döşemek. — **the way for** -in yolunu açmak.
pave.ment (peyv'mınt) *i.* 1. döşenmiş yolun yüzeyi; asfalt; döşeme taşları, parke taşları. 2. *İng.* kaldırım, yaya kaldırımı, trotuar.
pa.vil.ion (pıvil'yın) *i.* 1. (parklarda) büyük kameriye. 2. (fuarda) pavyon. 3. (hastanede) pavyon.
pav.ing (pey'ving) *i.* 1. yol döşeme. 2. yol yüzeyi, kaldırım. — **stone** kaldırım taşı.
paw (pô) *i.* 1. hayvanın pençeli ayağı. 2. *k. dili* el. *f.* 1. (at/boğa) (yeri) eşelemek; eşinmek. 2. (hayvan) patisiyle (bir yeri) tırmalamak. 3. pençe atmak. 4. *k. dili* (kadına) el atmak, (kadını) ellemek.
pawn (pôn) *i.* 1. satranç piyon, piyade, paytak. 2. maşa, kukla, piyon, alet.

pawn (pôn) *i.* 1. rehin, rehine. 2. rehine koyma. *f.* 1. rehine koymak. 2. tehlikeye atmak. — **broker** rehin karşılığı borç para veren kimse; tefeci. — **shop** tefeci dükkânı. — **ticket** rehin makbuzu. **in** — rehinde.
paw.paw (pôpô') *i., bak.* **papaw.**
pay (pey) *i.* ücret, maaş. *f.* (**paid**) 1. (birine) (para, borç v.b.'ni) ödemek: **Haven't you paid him yet?** Parasını daha ödemedin mi? **You have to pay your taxes next month.** Gelecek ay vergilerini ödemen lazım. 2. (hatanın/suçun) bedelini ödemek, cezasını çekmek: **You'll pay heavily for this.** Bunu ağır ödersin. 3. -in yararına olmak: **Who says crime doesn't pay?** Suç işlemenin faydasını kim inkâr edebilir ki? **It'll pay you to listen to this.** Buna kulak asarsan iyi olur. 4. (bir iş) birine para getirmek; (bir işin) maaşı (belirli bir nitelikte) olmak: **This job pays well.** Dolgun maaşlı bir iş bu. — **a visit to** -i ziyaret etmek. — **an arm and a leg for** -e çok pahalıya patlamak: **You'll pay an arm and a leg for it.** Sana çok pahalıya patlayacak. — **as one goes** peşin parayla alışveriş etmek. — **attention** dikkat etmek. — **for** 1. -in parasını ödemek; -in masrafını/hesabını ödemek/çekmek, -in faturasını ödemek. 2. (hatanın/suçun) bedelini ödemek, cezasını çekmek. — **for itself** kendi masrafını çıkarmak. — **in advance** peşin ödemek, teslim almadan önce parasını ödemek. — **interest** (hesap, bono v.b.) faiz getirmek. — **lip service to** -e inanır gibi yapmak. — **off** 1. (borcu) tamamıyla ödemek. 2. *k. dili* faydalı olmak. — **one's dues** 1. aidatını ödemek. 2. *argo* (stajyerlik/çıraklık dönemlerine özgü) sıkıcı işler yapmak. 3. *argo* bir şeyin cezasını çekmek. — **one's respects** 1. **(to)** (-e) ziyarette bulunmak. 2. (-e) saygı ziyaretinde bulunmak. — **out** 1. (parayı) ödemek. 2. (ip, zincir v.b.'ni) vermek; *den.* kaloma etmek. — **phone** *k. dili* umumi/ankesörlü telefon. — **someone a call** birini ziyaret etmek. — **someone a compliment** birine iltifat etmek. — **someone back** 1. birine olan borcu ödemek: **I'll pay you back on Monday.** Bu borcumu size pazartesi ödeyeceğim. 2. (güzel bir şeye karşı) birine karşılıkta bulunmak: **How can I pay you back for such a wonderful meal?** Böyle güzel bir yemeğe karşı size ne yapabilirim? 3. (kötülük yapan birinden) intikam almak; (kötülük yapan birinin) hakkından gelmek. — **someone off** 1. birine ücretini/maaşını verip işine son vermek. 2. birine rüşvet vermek. — **someone's way** birinin masraflarını karşılamak/ödemek. — **station** *bak.* **pay telephone.** — **telephone** umumi/ankesörlü telefon. — **the piper** *k. dili* yaptığının/yaptıklarının so-

nuçlarına katlanmak: **He did it, but it's me who's going to have to pay the piper.** O yaptı, fakat ceremesini çekecek olan benim. — **through the nose** *k. dili* -e çok pahalıya patlamak: **You'll pay through the nose.** Sana çok pahalıya patlayacak. — **up** (borcunu) ödemek; borcunu ödemek. **hit — dirt** *k. dili* (bir şeyi arayan biri) aradığını bulmak/kendisini çok umutlandıran bir şey bulmak.
pay.a.ble (pey´ıbıl) *s.* 1. ödenebilir. 2. ödenmesi gereken, ödenecek. — **at sight** görüldüğünde ödenecek. — **on demand** ibrazında ödenecek. — **to bearer** hamiline ödenecek. — **to order** emre ödenecek.
pay.day (pey´dey) *i.* maaş günü; ödeme günü.
pay.ee (peyi´) *i.* alacaklı.
pay.mas.ter (pey´mästır) *i.* mutemet.
pay.ment (pey´mınt) *i.* 1. ödeme. 2. ücret, maaş. 3. taksit.
pay.off (pey´ôf) *i.* 1. ücret ödeme. 2. *k. dili* ödül. 3. *k. dili* ceza. 4. *k. dili* sonuç, netice. 5. çıkış noktası. 6. *argo* rüşvet.
pay.roll (pey´rol) *i.* 1. maaş/ücret bordrosu. 2. maaşların/ücretlerin toplamı.
PC *kıs.* personal computer.
pd. *kıs.* paid.
pea (pi) *i.* bezelye. — **green** bezelye yeşili, açık yeşil. — **soup** bezelye çorbası. — **souper** *k. dili* koyu sis. **as like as two —s** tıpkı birbirine benzer, bir elmanın iki yarısı. **black-eyed —, cow —** *i.* börülce. **green —** bezelye. **split —** kurutulup kendiliğinden ikiye ayrılmış bezelye tanesi: **She bought some split peas.** Kuru bezelye aldı.
peace (pis) *i.* 1. huzur, sükûn, rahat, asayiş. 2. barış. **P— be with you.** Selamünaleyküm. — **offering** barış ve uzlaşma amacıyla verilen hediye. **at —** 1. barış halinde. 2. huzur içinde. **hold one's —** susmak, bir şey söylememek. **justice of the —** sulh hâkimi. **make — with** ile barışmak.
peace.a.ble (pi´sıbıl) *s.* 1. barışsever. 2. sakin.
peace.ful (pis´fıl) *s.* huzurlu, sakin.
peace.mak.er (pis´meykır) *i.* barıştırıcı, uzlaştırıcı.
peace.time (pis´taym) *i.* barış zamanı.
peach (piç) *i.* şeftali. — **blossom** şeftali baharı. — **Melba** peşmelba. — **tree** şeftali ağacı.
pea.cock (pi´kak) *i.* tavus.
pea.hen (pi´hen) *i.* dişi tavus.
peak (pik) *i.* 1. tepe, doruk, zirve. 2. (kaskette) siper, siperlik. — **load** en büyük yük. — **traffic hours** trafiğin en sıkışık olduğu saatler. **work at — capacity** tam kapasiteyle çalışmak.
peak.ed (pi´kid, pikt) *s.* 1. zayıf, bitkin. 2. tepeli. 3. siperli (kasket).
peal (pil) *i.* 1. birkaç çanın birlikte/art arda çalınması. 2. yüksek ve devamlı ses. 3. top/gök gürlemesi gibi ses. *f.* (çan) çalınmak.
pea.nut (pi´nʌt) *i.* 1. yerfıstığı. 2. *çoğ., k. dili* önemsiz miktarda para. — **brittle** yerfıstığıyla yapılan bir şekerleme. — **butter** yerfıstığı ezmesi, fıstık ezmesi. — **gallery** *k. dili* (tiyatrodaki) en üst balkon.
pear (per) *i.* armut.
pearl (pırl) *i., s.* inci. — **onion** çok ufak arpacıksoğanı.
peas.ant (pez´ınt) *i.* 1. köylü. 2. *k. dili* köylü, çemiş.
peas.ant.ry (pez´ıntri) *i.* köylüler, köylü sınıfı.
peat (pit) *i.* turba. — **bog** turbalık.
peb.ble (peb´ıl) *i.* çakıl taşı, çakıl.
peb.bly (peb´ıli, peb´li) *s.* çakıllı.
pêche mel.ba (peş mel´bı) peşmelba.
peck (pek) *i.* 1. hacim ölçüsü birimi (0,009 metre küp). 2. büyük bir miktar.
peck (pek) *f.* 1. gagalamak. 2. gaga ile toplamak. *i.* gagalama. — **at** kuş gibi az yemek.
pec.tin (pek´tin) *i.* pektin.
pec.to.ral (pek´tırıl) *s.* göğüs boşluğuna ait; göğse ait, pektoral. — **fin** göğüs yüzgeci. — **muscle** göğüs kası.
pe.cu.liar (pikyul´yır) *s.* 1. **to** -e özgü: **a disease peculiar to children** çocuklara özgü bir hastalık. 2. özel: **a peculiar circumstance** özel bir durum. 3. acayip, garip, tuhaf.
pe.cu.li.ar.i.ty (pikyuliyer´iti) *i.* 1. özellik. 2. acayiplik.
pe.cu.liar.ly (pikyul´yırli) *z.* 1. özel olarak. 2. alışılmışın dışında. 3. acayip bir şekilde.
pe.cu.ni.ar.y (pikyu´niyeri) *s.* parayla ilgili, parasal, para.
ped.a.gog.ic (pedıgac´ik), **ped.a.gog.i.cal** (pedıgac´ıkıl) *s.* eğitimsel, pedagojik.
ped.a.gogue, ped.a.gog (ped´ıgag) *i.* 1. eğitimbilimci, eğitimci, pedagog. 2. dar görüşlü öğretmen.
ped.a.go.gy (ped´ıgaci) *i.* eğitimbilim, eğitbilim, pedagoji.
ped.al (ped´ıl) *i.* pedal, ayaklık. *f.* (**—ed/—led, —ing/—ling**) 1. pedalla işletmek. 2. pedal çevirmek.
ped.ant (ped´ınt) *i.* 1. bilgiçlik taslayan kimse. 2. gereksiz ayrıntılar üzerinde ısrarla duran bilim adamı.
pe.dan.tic (pıdän´tik) *s.* bilgiçlik taslayan.
ped.ant.ry (ped´ıntri) *i.* bilgiçlik taslama.
ped.dle (ped´ıl) *f.* kapı kapı/sokak sokak dolaşarak satmak.
ped.dler, *İng.* **ped.lar** (ped´lır) *i.* seyyar satıcı.
ped.er.ast (ped´ıräst) *i.* oğlancı.
ped.er.as.ty (ped´ırästi) *i.* oğlancılık.
ped.es.tal (ped´ıstıl) *i.* 1. heykel/sütun tabanı,

kaide. 2. esas, temel. **set on a —** idealize etmek, yüksek paye vermek.
pe.des.tri.an (pıdes´triyın) *i.* yaya. *s.* 1. yürümeye ait. 2. yaya giden, piyade. 3. ağır, sıkıcı. **— crossing** yaya geçidi.
pe.di.at.ric (pidiyät´rik) *s., tıb.* pediatrik, pediyatrik.
pe.di.a.tri.cian (pidiyıtriş´ın) *i.* çocuk doktoru.
pe.di.at.rics (pidiyät´riks) *i., tıb.* pediatri, pediyatri.
ped.i.cel (ped´ısel) *i., bot.* sapçık.
ped.i.cure (ped´ikyûr) *i.* pedikür.
ped.i.gree (ped´ıgri) *i.* 1. soy. 2. soyağacı, şecere.
ped.i.greed (ped´ıgrid) *s.* şecereli (hayvan).
ped.lar (ped´lır) *i., İng., bak.* **peddler.**
pe.dol.o.gy (pidal´ıci) *i.* çocukbilim, pedoloji.
pe.dol.o.gy (pidal´ıci) *i.* toprakbilim, pedoloji.
pe.do.phile (pi´dıfayl) *i.* pedofil, sübyancı.
pe.do.phil.ia (pidıfil´iyı) *i.* pedofili, sübyancılık.
pe.dun.cle (pidʌng´kıl) *i., bot., anat.* sapçık.
pe.dun.cu.lus (pidʌng´kyılıs) *i., anat.* sapçık.
pee (pi) *i., k. dili* çiş. *f.* işemek.
peek (pik) *f.* gizlice bakmak, gözetlemek, dikizlemek. *i.* gizlice bakma, gözetleme, dikiz.
peel (pil) *f.* 1. (meyvenin/sebzenin) kabuğunu soymak, (meyveyi/sebzeyi) soymak. 2. (karidesin) kabuğunu çıkarmak. 3. (ağacın kabuğu, insanın derisi, boya v.b.) sıyrılmak. *i.* meyve/sebze kabuğu: **Pick up those banana peels!** O muz kabuklarını topla! **— off one's clothes** soyunmak, elbiselerini çıkarmak. **keep one's eyes —ed** tetikte olmak.
peel.ing (pi´ling) *i.* (soyulmuş) meyve/sebze kabuğu: **Throw those apple peelings out the window!** O elma kabuklarını pencereden at!
peep (pip) *f.* "cik cik" diye ses çıkarmak. *i.* civciv sesi. **not to make a —** *k. dili* gık dememek, gıkı çıkmamak.
peep (pip) *f.* gizlice bakmak, gözetlemek, dikizlemek, röntgencilik etmek. *i.* gizlice bakma. **— of day** gün ağarması. **—ing Tom** röntgenci.
pee-pee (pi´pi) *i., ç. dili* çiş. *f., ç. dili* çiş yapmak.
peep.hole (pip´hol) *i.* gözetleme deliği.
peer (pir) *i.* 1. akran, emsal. 2. *İng.* dük/marki/kont/vikont/baron unvanlı kimse.
peer (pir) *f.* 1. **into/at** -e dikkatle bakmak. 2. **out** aralıktan dışarı bakmak.
peer.less (pir´lis) *s.* eşsiz, emsalsiz.
peeve (piv) *f., k. dili* sinirlendirmek. *i.* **pet —** başlıca şikâyet konusu. **be —d at** -e sinirlenmek, -e sinir olmak.
pee.vish (pi´viş) *s.* sinirli, huysuzluğu üstünde.
peg (peg) *i.* 1. ağaç çivi. 2. askı, kanca. 3. gerekçe; bahane. 4. *k. dili* derece. 5. *müz.* mandal. *f.* **(—ged, —ging)** 1. ağaç çiviyle çivilemek. 2. **up** *İng.* (çamaşırı) mandallayarak asmak. 3. (fiyat, ücret v.b.'ni) sabit tutmak. 4.

k. dili atmak. **— away (at)** (bir işte) sebatla çalışmak. **a round — in a square hole** bulunduğu yere yakışmayan kimse. **take someone down a —** bir kimseyi küçük düşürmek.
pe.jo.ra.tive (picôr´itiv) *s.* aşağılayıcı, yermeli, pejoratif. *i.* aşağılayıcı sözcük, yermeli sözcük.
pel.i.can (pel´ıkın) *i.* kaşıkçıkuşu, pelikan.
pel.let (pel´ît) *i.* 1. küçük topak. 2. saçma tanesi. 3. hap.
pell-mell, pell.mell (pel´mel´) *z.* paldır küldür, aceleyle.
pel.met (pel´mit) *i., İng.* (perde rayını gizleyen) korniş/sayvan.
Pel.o.pon.nese (pelıpıniz´, pelıpınis´) *i.* **the —** Peloponez.
Pel.o.pon.ne.sian (pelıpini´jın) *i.* Peloponezli. *s.* 1. Peloponez, Peloponez'e özgü. 2. Peloponezli.
Pel.o.pon.ne.sus (pelıpini´sıs) *i.* **the —** Peloponez.
pelt (pelt) *i.* post.
pelt (pelt) *f.* 1. **with —** yağmuruna tutmak: **They pelted him with rotten tomatoes.** Onu çürük domates yağmuruna tuttular. **They pelted her with questions.** Onu soru yağmuruna tuttular. 2. **down** (yağmur) bardaktan boşanırcasına yağmak.
pel.vis (pel´vis) *i., anat.* pelvis, leğen.
pen (pen) *i.* 1. (çevresi çit veya tel örgüyle çevrili, üstü açık) ağıl. 2. *k. dili* cezaevi. *f.* **(—ned/pent, —ning)** 1. kapatmak, hapsetmek. 2. ağıla koymak.
pen (pen) *i.* 1. dolmakalem. 2. tükenmez kalem. 3. tüy kalem. *f.* **(—ned, —ning)** dolmakalemle yazmak. **— name** *edeb.* takma ad. **— point** kalem ucu. **fountain —** dolmakalem, stilo.
pe.nal (pi´nıl) *s.* ceza ile ilgili, cezai. **— code** ceza kanunları. **— colony** mahkûmların gönderildiği sürgün yeri. **— servitude** ağır hapis cezası.
pe.nal.ize, *İng.* **pe.nal.ise** (pi´nılayz) *f.* cezalandırmak.
pen.al.ty (pen´ılti) *i.* 1. ceza. 2. *spor* penaltı.
pen.ance (pen´ıns) *i., Hırist.* 1. günah çıkarma ve papazın önerdiği kefareti yerine getirme. 2. bir günahı bağışlatmak için papazın önerdiği kefaret. **do —** bir günahı bağışlatmak için papazın önerdiği kefareti yerine getirmek.
pen-and-ink (pen´änd.ingk´) *s.* dolmakalemle yazılmış/çizilmiş. **— drawing** mürekkeple yapılan resim/lavi.
pence (pens) *i., İng., çoğ., bak.* **penny.**
pen.chant (pen´çınt, pan´şan´) *i.* **have a — for** -e meraklı olmak; -e düşkün olmak: **He has a penchant for fixing things.** Eşyaları tamir etmeye meraklı.
pen.cil (pen´sıl) *i.* kurşunkalem. *f.* **(—ed/—led, —ing/—ling)** kurşunkalemle yazmak/çizmek. **— box** kalem kutusu, kalemlik. **— sharpener**

kalemtıraş.
pend (pend) *f.* askıda kalmak, muallakta olmak.
pen.dant (pen'dınt) *i.* 1. asılı şey. 2. pandantif. 3. küpe ucundaki süs.
pend.ing (pen'ding) *s.* kararlaştırılmamış, bir karara bağlanmamış, askıda. *edat* 1. sırasında, esnasında. 2. -e kadar.
pen.du.line (pen'cılin) *s.* — **titmouse** çulhakuşu.
pen.du.lous (pen'cûlıs) *s.* sarkan, asılı.
pen.du.lum (pen'cûlım) *i.* 1. sarkaç, rakkas. 2. sürekli değişen şey.
pe.ne.plain (pi'nıpleyn) *i., jeol.* peneplen, yontukdüz.
pen.e.trate (pen'ıtreyt) *f.* 1. girmek; delmek; içine işlemek, nüfuz etmek. 2. etkilemek. 3. delip geçmek. 4. iyice kavramak/anlamak. 5. sızmak, gizlice girmek. **It still hasn't —d.** *k. dili* Jeton hâlâ düşmedi. **The cold has —d my bones.** Soğuk iliğime işledi.
pen.e.trat.ing (pen'ıtreyting) *s.* 1. içe işleyen, nüfuz eden. 2. keskin (zekâ/koku/ses). 3. anlayışlı.
pen.e.tra.tion (penıtrey'şın) *i.* 1. girme; delme; içine işleme, nüfuz etme. 2. etki. 3. delip geçme. 4. sızma, gizlice girme. 5. iyice kavrama/anlama.
pen.guin (pen'gwin) *i., zool.* penguen.
pen.hold.er (pen'holdır) *i.* 1. kalem sapı. 2. kalemlik, kalem koyacağı.
pen.i.cil.lin (penısil'in) *i.* penisilin.
pen.in.su.la (pınin'sılı, pınin'syılı) *i.* yarımada.
pen.in.su.lar (pınin'sılır, pınin'syılır) *s.* yarımadaya ait.
pe.nis (pi'nis), *çoğ.* **—es** (pi'nisız)/**pe.nes** (pi'niz) *i.* penis, erkeklik organı.
pen.i.tence (pen'ıtıns) *i.* tövbekârlık, tövbekâr olma.
pen.i.tent (pen'ıtınt) *s.* tövbekâr. *i., Hırist.* bir günahı bağışlatmak için papazın önerdiği kefareti yerine getiren kimse.
pen.i.ten.tia.ry (penıten'şırı) *i.* hapishane, cezaevi.
pen.knife (pen'nayf), *çoğ.* **pen.knives** (pen'nayvz) *i.* çakı.
pen.man.ship (pen'mınşip) *i.* el yazısı; kalemle yazı yazma.
pen.nant (pen'ınt) *i.* flama, flandra.
pen.ni.less (pen'ilis) *s.* parasız, meteliksiz, cebi delik.
pen.non (pen'ın) *i.* 1. flandra, flama. 2. kanat.
pen.ny (pen'i), *çoğ.* **pen.nies** (pen'iz)/*İng.* **pence** (pens) *i.* 1. *İng.* peni; *ABD sent.* 2. az miktarda para. **—** **pincher** cimri kimse. **penny-wise and pound-foolish** ufak şeylerde tutumlu, büyük şeylerde müsrif (kimse). **A — for your thoughts.** *k. dili* Ne düşünüyorsunuz? **a pretty —** *k. dili* epeyce para, külliyetli miktarda para. **turn an honest —** dürüstçe ve alın teri ile para kazanmak.

pen.ny.roy.al (pen'iroy'ıl) *i., bot.* yarpuz, habak.
pen.ny.weight (pen'iweyt) *i.* yirmi dört buğday ağırlığında ölçü birimi (1,56 gram).
pen.sion (pen'şın) *i.* emekli aylığı. *f.* emekli aylığı vermek, aylık bağlamak. **— off** emekliye ayırmak.
pen.sion.er (pen'şınır) *i., İng.* emekli kimse.
pen.sive (pen'siv) *s.* dalgın, düşünceli.
pent (pent) *s.* **— up** 1. bir yere kapatılmış, hapsedilmiş. 2. bastırılmış (duygu).
pen.ta.gon (pen'tıgan) *i., geom.* beşgen. **the P— ABD** 1. Milli Savunma Bakanlığı. 2. Milli Savunma Bakanlığı binası.
pen.tag.o.nal (pentäg'ınıl) *s.* beş köşeli.
pen.tath.lon (pentäth'lın) *i., spor* pentatlon.
Pen.te.cost (pen'tıkôst) *i. Hırist.* Hamsin yortusu, Hamsin, Gül Paskalyası. 2. *Musevilik* Hamsin bayramı.
pent.house (pent'haus) *i.* çatı katı, çekmekat.
pe.nul.ti.mate (pinʌl'tımit) *s.* sondan önceki, sondan bir evvelki.
pe.nu.ri.ous (pinûr'iyıs) *s.* aşırı yoksul.
pen.u.ry (pen'yırı) *i.* aşırı yoksulluk.
pe.o.ny (pi'yıni) *i.* şakayık.
peo.ple (pi'pıl) *i.* 1. birileri: **Be quiet! There are people in the next room.** Sus! Yandaki odada birileri var. **Are there people in the next room?** Bitişikteki odada kimse var mı? **Do those people really believe that?** Onlar gerçekten ona inanıyor mu? **Most people from that area are like that.** Oraliların çoğu öyle. **All the people in the village came.** Tüm köy halkı geldi. 2. insanlar, insanoğlu: **People are like that.** İnsanlar öyle. 3. *Bazı genellemelerde kullanılır:* **People will say she did it on purpose.** Mahsus yaptığını söyleyecekler. 4. (belirli bir ülkede yaşayan/belirli bir soydan gelen) halk: **He wishes to serve his people.** Halkına hizmet etmek istiyor. 5. aile, bir kimsenin yakınları. 6. *çoğ.* uluslar, milletler, kavimler. *f.* (insanlar) (bir yere) yerleşmek; insanları (bir yere) yerleştirmek; (bir yeri) iskân etmek. **be —d by/with** (bir yerin) halkı/personeli -den oluşmak/ibaret olmak. **the common —** halk.
pep (pep) *i.* 1. kuvvet, enerji. 2. canlılık. *f.* **(—ped, —ping) up** canlandırmak, hareketlendirmek. **— pill** amfetaminli hap. **— talk** *k. dili* moral verici kısa konuşma.
pep.per (pep'ır) *i.* biber; karabiber; kırmızıbiber. *f.* -e (toz/pul) biber koymak; üzerine biber ekmek, biberlemek. **— mill** biber değirmeni. **— someone with buckshot** birinin üzerine kurşun yağdırmak. **— someone with questions** birini soru yağmuruna tutmak. **— something with** bir şeye ... serpiştirmek. **banana —** çarliston,

çarliston biber. **bell** — dolmalık biber. **black** — karabiber. **green** — 1. dolmalık biber. 2. yeşil biber (olgunlaşmamış biber). **hot** — acı biber. **red** — kırmızıbiber. **sweet** — tatlı biber.
pep.per-and-salt (pep´ırınsôlt´) s. karyağdı (kumaş); ak düşmüş (saç/sakal).
pep.per.corn (pep´ırkôrn) i. karabiber tanesi.
pep.per.mint (pep´ırmint) i. 1. nane. 2. naneşekeri. **essence/spirit of** — naneruhu.
pep.per.y (pep´ıri) s. 1. biberli. 2. hemen parlayan (kimse). 3. iğneli, iğneleyici (sözler).
pep.py (pep´i) s. canlı, enerjik.
pep.sin (pep´sin) i., biyokim. pepsin.
per (pır) edat 1. ... başına, her bir ... için: **two per person** kişi başına iki tane. 2. vasıtasıyla, eliyle; tarafından. — **annum** (än´ım) yıllık, her yıl için; yılda. — **capita** (käp´ıtı) kişi başına. — **diem** (di´yım) günlük; günde. — **se** (sey´) kendi başına, aslında, haddi zatında.
Pe.ra (pe´rı) i., tar. Beyoğlu, Pera.
per.am.bu.late (pıräm´byıleyt) f. 1. (bir yerde) gezinmek, gezmek, dolaşmak. 2. çevresini dolaşmak.
per.am.bu.la.tor (pıräm´byıleytır) i., İng. çocuk arabası.
per.ceive (pırsiv´) f. 1. algılamak. 2. fark etmek, anlamak; kavramak; sezmek.
per.cent (pırsent´) i., s. yüzde: **ten percent of his salary** maaşının yüzde onu. **a two percent price hike** yüzde iki oranında bir zam.
per.cent.age (pırsen´tic) i. 1. yüzde, yüzde oranı. 2. pay, hisse, yüzdelik. 3. k. dili yarar, avantaj, kâr.
per.cep.ti.ble (pırsep´tıbıl) s. 1. algılanabilir. 2. fark edilebilir, anlaşılır.
per.cep.tion (pırsep´şın) i. 1. algılama. 2. fark etme, anlama; kavrama; sezme. 3. algı, idrak. 4. anlayış; kavrayış; sezgi.
per.cep.tive (pırsep´tiv) s. anlayışlı; kavrayışlı; sezgili.
perch (pırç) i. tatlısulevreği.
perch (pırç) i. 1. tünek. 2. oturulacak yüksek yer. f. **(on)** (-e) 1. tünemek, tüneklemek, konmak. 2. oturmak, tünemek.
per.chance (pırçäns´) z. if — eğer, şayet.
per.co.late (pır´kıleyt) f. süzmek, filtreden geçirmek; süzülmek, sızmak.
per.co.la.tion (pırkıley´şın) i. süzme; süzülme.
per.co.la.tor (pır´kıleytır) i. filtreli kahve makinesi.
per.cus.sion (pırkʌş´ın) i. 1. vurma, çarpma. 2. müz. vurma çalgılar, vurmalı çalgılar, perküsyon. 3. tıb. perküsyon. — **instrument** müz. vurma çalgı, vurmalı çalgı.
per.e.gri.nate (per´ıgrineyt) f. 1. yolculuk etmek, seyahat etmek. 2. katetmek, aşmak.
per.e.gri.na.tion (perıgriney´şın) i. yolculuk,

seyahat.
per.emp.to.ri.ly (pıremp´tırili) z. kesin olarak, tartışmaya yer bırakmayacak şekilde.
per.emp.to.ry (pıremp´tıri, per´ımptôri) s. 1. kesin, mutlak. 2. otoriter, buyurucu, diktatörce.
per.en.ni.al (pıren´iyıl) s. 1. yıllarca süren, sürekli, daimi. 2. çokyıllık (bitki). i. çokyıllık bitki.
per.fect (pır´fikt) s. 1. tam, mükemmel; kusursuz: **perfect circle** tam daire. **perfect specimen** kusursuz örnek. 2. k. dili tam, sapına kadar: **perfect nonsense** tam bir saçmalık. **the — tense** dilb. görülen geçmiş zaman.
per.fect (pırfekt´) f. 1. mükemmelleştirmek. 2. geliştirmek. 3. bitirmek, tamamlamak.
per.fec.tion (pırfek´şın) i. 1. mükemmellik, kusursuzluk. 2. bitirme, tamamlama.
per.fect.ly (pır´fiktli) z. 1. tamamen. 2. mükemmelen, kusursuz bir biçimde.
per.fid.i.ous (pırfid´iyıs) s. hain; vefasız; kalleş.
per.fid.i.ous.ly (pırfid´iyısli) z. haince; vefasızca; kalleşçe.
per.fi.dy (pır´fidi) i. hıyanet, hainlik; vefasızlık; kalleşlik.
per.fo.rate (pır´fıreyt) f. 1. delmek. 2. bir dizi delik açmak. 3. içine işlemek, nüfuz etmek.
per.fo.ra.tion (pırfırey´şın) i. 1. delik, bir dizi delikten biri. 2. delme, perforaj. 3. bir dizi delik açma. 4. tıb. perforasyon.
per.force (pırfôrs´) z. mecburen.
per.form (pırfôrm´) f. 1. -in performansı ... olmak: **The car performed well.** Arabanın performansı iyiydi. 2. (oyuncu/sanatçı) oynamak. 3. (oyunu) oynamak; (müzik eserini) çalmak, icra etmek. 4. yapmak: **You've performed a miracle.** Bir mucize yarattınız. **Who's performing the marriage?** Nikâhı kim kıyacak? **He performs his duties well.** Görevlerini iyi bir şekilde yerine getiriyor.
per.form.ance (pırfôr´mıns) i. 1. performans. 2. temsil, gösteri. 3. (oyunu) oynama; (oyun) oynanma. 4. çalma, icra etme; (müzik eseri) çalınma, icra edilme. 5. yapma, icra.
per.form.er (pırfôr´mır) i. 1. yerine getiren kimse. 2. oyuncu; sanatçı.
per.fume (pır´fyum) i. parfüm, esans; güzel koku. f. parfüm sürmek.
per.func.to.ri.ly (pırfʌngk´tırili) z. 1. formalite gereği. 2. dikkatsizce, baştan savma.
per.func.to.ry (pırfʌngk´tıri) s. 1. mekanik olarak yapılan. 2. dikkatsiz, baştan savma. 3. sıkıcı, formalite gereği yapılan.
per.fu.sion (pırfyu´jın) i., tıb. sıvı içitimi.
per.go.la (pır´gılı) i. çardak.
per.haps (pırhäps´) z. belki, muhtemelen.
pe.ri (pir´i) i. peri.
per.i.car.di.um (perikar´diyım), çoğ. **per.i.car.di.a**

(perıkar´diyı) i., anat. perikard.
per.i.gee (per´ıci) i., gökb. yerberi.
per.i.gon (per´ıgan) i., geom. tam açı.
per.il (per´ıl) i. tehlike; tehlikeye uğrama. f. (**—ed/—led, —ing/—ling**) tehlikeye atmak. **at one's —** başına gelebileceklerden kendisi sorumlu olarak.
per.il.ous (per´ılıs) s. çok tehlikeli.
pe.rim.e.ter (pırim´ıtır) i. çevre.
pe.ri.od (pir´iyıd) i. 1. devir: **the Ottoman period** Osmanlı devri. 2. dönem, devre: **a period of political unrest** siyasi kargaşaların olduğu bir dönem. 3. süre, müddet: **for a brief period** kısa bir süre için. 4. jeol. devir, çağ. 5. âdet, aybaşı. 6. dilb. nokta.
pe.ri.od.ic (piriyad´ik) s. süreli, periyodik. **— table** kim. öğeler çizelgesi, periyodik cetvel.
pe.ri.od.i.cal (piriyad´ikıl) i. süreli yayın. s. süreli, periyodik.
pe.ri.od.i.cal.ly (piriyad´ikıli) z. 1. belirli aralıklarla. 2. belirli zamanlarda.
pe.riph.er.y (pırif´ıri) i. dış sınır çizgisi, çevre.
per.i.scope (per´ıskop) i. periskop.
per.ish (per´iş) f. 1. ölmek; (hayvan) helak olmak. 2. yok olmak. 3. İng. çürütmek; çürümek.
per.ish.a.ble (per´işıbıl) s. 1. kolay bozulur, dayanıksız (yiyecekler). 2. ölümlü, fani. i., çoğ. çabuk/kolay bozulabilen gıda maddeleri.
per.ish.ing (per´işing) s., İng. be — 1. çok üşümek. 2. (hava) çok soğuk olmak.
per.i.to.ne.um (perıtıni´yım), çoğ. **—s** (perıtıni´yımz)/**per.i.to.ne.a** (perıtıni´yı) i., anat. karınzarı, periton.
per.i.to.ni.tis (perıtınay´tis) i., tıb. karınzarı yangısı/iltihabı, peritonit.
per.i.win.kle (per´iwing.kıl) i. cezayirmenekşesi.
per.jure (pır´cır) f. yalan yere yemin ettirmek; yalancı tanıklık etmek. **— oneself** yalan yere yemin etmek.
per.ju.ry (pır´cırı) i. yeminli yalan; yalancı tanıklık.
perk (pırk) f. **— up** neşelenmek, canlanmak; neşelendirmek, canlandırmak.
perk.y (pır´ki) s. neşeli, canlı.
perm (pırm) i. perma, permanant. f. perma yapmak.
per.ma.nence (pır´mınıns), **per.ma.nen.cy** (pır´mınınsi) i. kalıcılık, daimilik; süreklilik, devamlılık.
per.ma.nent (pır´mınınt) s. kalıcı, daimi; sürekli, devamlı: **permanent scar** kalıcı iz. **permanent solution** kalıcı çözüm. **permanent chairman** daimi başkan. **permanent job** sürekli iş. **She seems to have a permanent smile on her face.** Sanki yüzündeki tebessüm hiç eksilmiyor. **— press** ütü istemez. **— wave** perma, permanant.

per.ma.nent.ly (pır´mınıntli) z. kalıcı bir şekilde; sürekli olarak, devamlı olarak.
per.man.ga.nate (pırmäng´gıneyt) i., kim. permanganat.
per.me.a.bil.i.ty (pırmiyıbil´ıti) i. geçirgenlik, geçirimlilik, permeabilite.
per.me.a.ble (pır´miyıbıl) s. geçirgen, geçirimli, permeabl.
per.me.ate (pır´miyeyt) f. nüfuz etmek, içine işlemek.
per.mis.si.ble (pırmis´ıbıl) s. izin verilebilir, hoş görülebilir.
per.mis.sion (pırmiş´ın) i. 1. izin, müsaade. 2. ruhsat.
per.mis.sive (pırmis´iv) s. aşırı hoşgörülü, fazla müsamahakâr.
per.mit (pırmit´) f. (**—ted, —ting**) 1. izin vermek, müsaade etmek. 2. ruhsat vermek. 3. fırsat vermek, olanak tanımak, imkân vermek, bırakmak. 4. kabul etmek.
per.mit (pır´mit) i. izin belgesi, tezkere; izin; ruhsat; permi. **building —** inşaat ruhsatı. **import —** permi, ithalat izni. **residence —** ikamet tezkeresi. **work —** çalışma izni.
per.mu.ta.tion (pırmıytey´şın) i. 1. permütasyon; değişim; değiştirim. 2. mat. permütasyon, devşirim.
per.ni.cious (pırniş´ıs) s. 1. zararlı, tehlikeli. 2. öldürücü. **— anemia** tıb. kötücül kansızlık.
per.ni.o.sis (pırniyo´sis), çoğ. **per.ni.o.ses** (pırniyo´siz) i., tıb. soğuk ısırması.
per.ox.ide (pırak´sayd) i., kim. peroksit.
per.pen.dic.u.lar (pırpındik´yılır) s. düşey, dikey. i., mat. dikme.
per.pe.trate (pır´pıtreyt) f. (suç v.b.´ni) işlemek.
per.pe.tra.tor (pır´pıtreytır) i. (suç) işleyen kimse.
per.pet.u.al (pırpeç´uwıl) s. 1. sürekli, devamlı, daimi, aralıksız. 2. ebedi, ölümsüz. **— motion** fiz. sürgit devinim.
per.pet.u.al.ly (pırpeç´uwıli) z. sürekli olarak, daima.
per.pet.u.ate (pırpeç´uweyt) f. sürekli kılmak, sürdürmek, devam ettirmek.
per.pe.tu.i.ty (pırpıtu´wıti) i. **in —** ebediyen, her zaman için, daima.
per.plex (pırpleks´) f. 1. zihnini karıştırmak, şaşırtmak, allak bullak etmek. 2. karıştırmak, çapraşık duruma getirmek.
per.plexed (pırplekst´) s. kafası bulandırılmış/bulanmış, şaşkın, şaşırmış.
per.plex.ing (pırplek´sing) s. insanın kafasını bulandıran, şaşırtıcı.
per.plex.i.ty (pırplek´siti) i. 1. kafa bulanıklığı, şaşkınlık. 2. insanın kafasını bulandıran durum. 3. karışıklık, çapraşıklık.
per.se.cute (pır´sıkyut) f. zulmetmek, eziyet etmek.

per.se.cu.tion (pırsıkyu´şın) *i.* zulüm, eziyet, eziyet etme, canını yakma.
per.se.ver.ance (pırsıvir´ıns) *i.* sebat, direşme.
per.se.vere (pırsıvir´) *f.* sebat etmek, direşmek.
per.se.ver.ing (pırsıvir´ing) *s.* sebatlı, direşken.
Per.sia (pır´jı) *i.* İran.
Per.sian (pır´jın) *i.* 1. İranlı. 2. *tar.* Pers. 3. Farsça. *s.* 1. İran, İran'a özgü. 2. *tar.* Pers. 3. Farsça. 4. İranlı. — **carpet/rug** İran halısı. — **cat** irankedisi. **the — Gulf** Basra Körfezi.
per.sim.mon (pırsim´ın) *i.* trabzonhurması, japonhurması.
per.sist (pırsist´, pırzist´) *f.* 1. **in** -de ısrar etmek, -de ayak diremek, -de inat etmek. 2. devam etmek, sürüp gitmek.
per.sist.ence (pırsis´tıns, pırzis´tıns) *i.* 1. ısrar, inat. 2. devam etme, sürüp gitme.
per.sist.ent (pırsis´tınt, pırzis´tınt) *s.* 1. ısrarlı, inatçı. 2. devamlı, sürekli, sürüp giden.
per.sist.ent.ly (pırsis´tıntli, pırzis´tıntli) *z.* 1. ısrarla, üzerinde durarak, inatla. 2. devamlı olarak, sürekli.
per.son (pır´sın) *i.* kimse, kişi, şahıs. **first — ** *dilb.* birinci şahıs. **in — şahsen,** bizzat.
per.so.na (pırso´nı) *i.* **— non grata** *Lat.* istenmeyen kişi.
per.son.a.ble (pır´sınıbıl) *s.* hoş, çekici, cana yakın.
per.son.age (pır´sınic) *i.* şahsiyet, önemli kişi.
per.son.al (pır´sınıl) *s.* kişisel, özel. **— computer** kişisel bilgisayar. **— effects** özel eşya. **— pronoun** *dilb.* şahıs zamiri.
per.son.al.i.ty (pırsınäl´ıti) *i.* 1. kişilik, şahsiyet. 2. önemli kişi, şahsiyet.
per.son.al.ly (pır´sınıli) *z.* 1. şahsen, bizzat. 2. kendine gelince.
per.son.i.fi.ca.tion (pırsanıfıkey´şın) *i., edeb.* kişileştirme.
per.son.i.fy (pırsan´ıfay) *f.* 1. kişilik vermek, kişileştirmek, canlandırmak. 2. -i somut bir şekilde temsil etmek/yansıtmak, -in somut temsilcisi olmak, -in ta kendisi olmak: **He personifies courage.** O cesaretin ta kendisi.
per.son.nel (pırsınel´) *i.* personel, kadro.
per.spec.tive (pırspek´tiv) *i.* 1. (resimde) perspektif. 2. bakış açısı, açı. 3. uzaklık duygusu veren manzara resmi. **keep something in —** bir şeye bir bütün olarak bakmak, bir şeyi bir bütünsellik içinde ele almak. **look at something in —** bir şeye geniş bir açıdan bakmak.
per.spi.ca.cious (pırspıkey´şıs) *s.* keskin zekâlı, anlayışlı.
per.spi.ra.tion (pırspırey´şın) *i.* 1. ter. 2. terleme.
per.spire (pırspayr´) *f.* terlemek, ter dökmek.
per.suade (pırsweyd´) *f.* 1. ikna etmek, inandırmak: **I persuaded him that he was wrong.**

Onu yanıldığına inandırdım. 2. ikna etmek, razı etmek: **I persuaded him to go.** Onu gitmeye razı ettim.
per.sua.sion (pırswey´jın) *i.* 1. ikna etme, inandırma. 2. ikna etme, razı etme. 3. kanaat, inanç.
per.sua.sive (pırswey´siv) *s.* ikna edici.
per.sua.sive.ly (pırswey´sivli) *z.* ikna edici şekilde.
per.sua.sive.ness (pırswey´sivnis) *i.* ikna edici olma.
pert (pırt) *s.* arsız, şımarık, yılışık; küstah.
per.tain (pırteyn´) *f.* **to** 1. -e ait olmak; ile ilgili olmak, -e ilişkin olmak; ile ilgisi olmak: **This forest doesn't pertain to that estate.** Bu orman o malikâneye ait değil. **His remarks pertained only to legal matters.** Sözleri yalnızca yasal sorunlarla ilgiliydi. **This privilege doesn't pertain to you.** Bu ayrıcalığın seninle ilgisi yok. 2. -e özgü olmak, -e has olmak: **That characteristic pertains only to vertebrates.** O özellik yalnızca omurgalılara özgüdür.
per.ti.na.cious (pırtıney´şıs) *s.* direngen; kararlı, azimli.
per.ti.na.cious.ly (pırtıney´şısli) *z.* kararlılıkla, azimle.
per.ti.nac.i.ty (pırtınäs´ıti) *i.* direngenlik; kararlılık, azim.
per.ti.nent (pır´tınınt) *s.* 1. yerinde: **a pertinent remark** yerinde bir söz. 2. geçerli: **This book is still pertinent.** Bu kitap hâlâ geçerli. **be — to** ile ilgisi olmak, ile ilgili olmak.
per.turb (pırtırb´) *f.* 1. zihnini karıştırmak, rahatsız etmek. 2. altüst etmek.
Pe.ru (pıru´) *i.* Peru.
pe.rus.al (pıru´zıl) *i.* 1. inceleme, tetkik etme. 2. okuma.
pe.ruse (pıruz´) *f.* 1. incelemek, tetkik etmek. 2. okumak.
Pe.ru.vi.an (pıru´viyın) *i.* Perulu. *s.* 1. Peru, Peru'ya özgü. 2. Perulu.
per.vade (pırveyd´) *f.* istila etmek, kaplamak, yayılmak, sarmak, bürümek.
per.va.sive (pırvey´siv) *s.* yayılmış, kaplayan.
per.verse (pırvırs´) *s.* 1. ters, aksi. 2. huysuz. 3. sapık; sapkın.
per.ver.sion (pırvır´jın) *i.* 1. sapıklık. 2. sapkınlık, sapınç, dalalet. 3. baştan çıkarma, ayartma. 4. (anlamı) saptırma; (gerçeği) çarpıtma.
per.ver.si.ty (pırvır´sıti) *i.* 1. aksilik, terslik, huysuzluk. 2. sapıklık.
per.vert (pırvırt´) *f.* 1. -i yanlış yola saptırmak, -i yoldan çıkarmak, -i doğru yoldan ayırmak. 2. (sözü/anlamı) çarpıtmak.
per.vert (pır´vırt) *i.* (cinsel) sapık.
pes.ky (pes´ki) *s., k. dili* belalı, sinir bozucu.
pes.si.mism (pes´ımizım) *i.* kötümserlik, karamsarlık.
pes.si.mist (pes´ımist) *i.* kötümser, karamsar.

pes.si.mis.tic (pesımis´tik) *s.* kötümser, karamsar.
pes.si.mis.ti.cal.ly (pesımis´tikıli) *z.* karamsarlıkla.
pest (pest) *i.* 1. baş belası, püsküllü bela, musibet. 2. bitkilere zarar veren küçük hayvan, böcek, mantar v.b.
pes.ter (pes´tır) *f.* sıkmak, sıkıntı vermek, başını ağrıtmak; sıkboğaz etmek.
pes.ti.cide (pes´tısayd) *i.* böcek ilacı.
pes.ti.lence (pes´tılıns) *i.* 1. salgın ve öldürücü hastalık, kıran. 2. veba.
pes.ti.lent (pes´tılınt) 1. bulaşıcı hastalık getiren. 2. tehlikeli, öldürücü. 3. ahlaka zararlı. 4. *k. dili* sıkıcı.
pes.tle (pes´ıl) *i.* havaneli.
pet (pet) *i.* 1. evde beslenen hayvan. 2. gözde: **teacher's pet** öğretmenin gözdesi. *s.* 1. evcil. 2. gözde, en çok sevilen. *f.* (**—ted, —ting**) sevmek, okşamak. **— aversion/hate** en çok nefret edilen şey/kimse.
pet.al (pet´ıl) *i., bot.* taçyaprağı, petal.
pet.i.ole (pet´iyol) *i., bot.* yaprak sapı.
pe.tit (pet´i) *s.* küçük, ufak. **— bourgeois** küçük burjuva. **— four** pötifur.
pe.tite (pıtit´) *s.* ufak, ince, narin, minyon.
pe.ti.tion (pitiş´ın) *i.* 1. rica. 2. dilek, dua. 3. dilekçe. *f.* 1. **for** için rica etmek, için ricada bulunmak. 2. dilekçe vermek.
pet.ri.fy (pet´rıfay) *f.* 1. taşlaştırmak; taşlaşmak. 2. ödünü koparmak. 3. aklını başından almak. **be petrified** donakalmak, donup kalmak, donmak, taş kesilmek, taşlaşmak.
pet.ro.chem.is.try (petrokem´istri) *i.* petrokimya.
pe.trog.ra.phy (pıtrag´rıfi) *i.* taşbilgisi, petrografi.
pet.rol (pet´rıl) *i., İng.* benzin. **— bomb** *İng.* molotofkokteyli. **— station** *İng.* benzin istasyonu.
pet.ro.la.tum (petrıley´tım) *i.* petrolatum.
pe.tro.le.um (pıtro´liyım) *i.* petrol. **— jelly** petrolatum.
pe.trol.o.gy (pıtral´ıci) *i.* taşbilim, petroloji.
pet.ti.coat (pet´ikot) *i.* jüpon, iç eteklği.
pet.ti.ness (pet´inis) *i.* 1. küçük şeylerle uğraşma. 2. küçüklük.
pet.tish (pet´iş) *s.* hırçın, huysuz.
pet.ty (pet´i) *s.* küçük, önemsiz, ufak tefek. **— cash** küçük kasa. **— larceny** adi hırsızlık. **— officer** *den.* astsubay, erbaş.
pet.u.lance (peç´ılıns) **pet.u.lan.cy** (peç´ılınsi) *i.* huysuzluk, aksilik.
pet.u.lant (peç´ılınt) *s.* huysuz, aksi.
pet.u.lant.ly (peç´ılıntli) *z.* huysuzca, aksice.
pe.tu.nia (pıtun´yı) *i., bot.* petunya.
pew (pyu) *i.* kilisede oturacak sıra.
pew (pyu) *ünlem* Öf!/Püf!
pe.wit (pi´wit) *i., zool.* kızkuşu.
pew.ter (pyu´tır) *i.* 1. kurşun ve kalay alaşımı. 2. bu alaşımdan yapılan kap.

pf. *kıs.* **pfennig, preferred.**
pfen.nig (fen´ig) *i., tar.* fenik (Alman markının yüzde biri).
pH (pi.eyç´) *i., kim.* pH.
phag.o.cyte (fäg´ısayt) *i., biyol.* yutargöze, fagosit.
phag.o.cy.to.sis (fägısayto´sis) *i., biyol.* gözeyutarlığı, fagositoz.
phan.tom (fän´tım) *i.* 1. hayal. 2. hayalet. 3. görüntü, aldanış.
Phar.aoh (fer´o) *i.* firavun.
phar.ma.ceu.tic (farmısu´tik) *s., bak.* **pharmaceutical.**
phar.ma.ceu.ti.cal (farmısu´tikıl) *s.* 1. eczacılığa ait. 2. ilaç kullanımına ait. **— company** ilaç şirketi.
phar.ma.ceu.tics (farmısu´tiks) *i.* eczacılık.
phar.ma.cist (far´mısist) *i.* eczacı.
phar.ma.col.o.gist (farmıkal´ıcist) *i.* farmakolog.
phar.ma.col.o.gy (farmıkal´ıci) *i.* farmakoloji, ilaçbilim.
phar.ma.cy (far´mısi) *i.* 1. eczacılık. 2. eczane.
phar.yn.gi.tis (ferincay´tis) *i., tıb.* farenjit, yutak iltihabı.
phar.ynx (fer´ingks) *i., anat.* yutak.
phase (feyz) *i.* 1. evre, safha. 2. *elek.* faz. *f.* (bir şeyi) evreler halinde hazırlamak/sunmak. **— something in** bir şeyi yavaş yavaş kullanıma sokmak/uygulamaya geçirmek. **— something out** bir şeyi yavaş yavaş kullanımdan/uygulamadan kaldırmak. **the —s of the moon** ayın evreleri.
Ph.D. *kıs.* **Doctor of Philosophy.**
pheas.ant (fez´ınt) *i., zool.* sülün.
phe.nom.e.nal (finam´ınıl) *s.* 1. doğal olaylarla ilgili. 2. olağanüstü, fevkalade, harikulade.
phe.nom.e.nal.ism (finam´ınılizım) *i., fels.* olaycılık, fenomenizm.
phe.nom.e.nol.o.gy (finamınal´ıci) *i., fels.* olaybilim, fenomenoloji.
phe.nom.e.non (finam´ınan), *çoğ.* **phe.nom.e.na** (finam´ına) *i.* fenomen, olay, olgu, görüngü.
phi.lan.der (filän´dır) *f.* kadın peşinde koşmak, zamparalık etmek.
phi.lan.der.er (filän´dırır) *i.* zampara, çapkın erkek.
phil.an.throp.ic (filınthrap´ik), **phil.an.thropi.cal** (filınthrap´ikıl) *s.* iyilikçi, iyiliksever, hayırsever, yardımsever.
phi.lan.thro.pist (filän´thrıpist) *i.* hayırsever, yardımsever.
phi.lan.thro.py (filän´thrıpi) *i.* hayırseverlik, yardımseverlik.
phi.lat.e.list (filät´ilist) *i.* filatelist, pul koleksiyoncusu.
phi.lat.e.ly (filät´ili) *i.* filateli, pul koleksiyonculuğu.
phil.har.mon.ic (filharman´ik) *s.* filarmonik. **—**

orchestra filarmoni orkestrası.
Phil.ip.pine (fil'ıpin) s. 1. Filipin, Filipin Adaları'na özgü. 2. Filipinli. **the — Islands** Filipin Adaları. **the —s** Filipinler. **the Republic of the —s** Filipinler Cumhuriyeti.
phil.o.den.dron (filıden'drın), çoğ. **—s** (filıden'drınz)/**phil.o.den.dra** (filıden'drı) i., bot. filodendron.
phi.lol.o.gist (filal'ıcist) i. filolog, dil bilgini, dilci.
phi.lol.o.gy (filal'ıci) i. 1. filoloji. 2. dilbilim.
phi.los.o.pher (filas'ıfır) i. filozof, felsefeci.
phil.o.soph.ic (filısaf'ik), **phil.o.soph.i.cal** (filısaf'ikıl) s. 1. felsefi. 2. filozofça.
phi.los.o.phize, Ing. **phi.los.o.phise** (filas'ıfayz) f. 1. filozofça konuşmak/düşünmek. 2. felsefeyle meşgul olmak.
phi.los.o.phy (filas'ıfi) i. felsefe.
phle.bi.tis (flibay'tis) i., tıb. flebit, filibit, toplardamar yangısı.
phlegm (flem) i. 1. balgam. 2. kayıtsızlık, ilgisizlik. 3. soğukkanlılık.
phleg.mat.ic (flegmät'ik) s. soğukkanlı, sakin, kendine hâkim.
phlox (flaks) i., bot. alevçiçeği.
pho.bi.a (fo'biyı) i. fobi, yılgı, korku.
phoe.nix (fi'niks) i. Anka, Zümrüdüanka.
phone (fon) i., k. dili telefon. f., k. dili telefon etmek.
pho.neme (fo'nim) i. fonem, sesbirim.
pho.net.ic (fınet'ik) s. fonetik, sesçil. **— alphabet** fonetik alfabe, sesçil abece. **— spelling** fonetik yazım.
pho.net.i.cal.ly (fınet'ikıli) z. fonetik olarak.
pho.net.ics (fınet'iks) i. fonetik, sesbilgisi.
pho.no.graph (fo'nıgräf) i. fonograf.
pho.nol.o.gy (fonal'ıci) i. sesbilim, fonoloji.
pho.ny (fo'ni) s., argo 1. sahte, düzme, düzmece. 2. yapmacık. i. 1. sahte şey. 2. düzenbaz.
phos.phate (fas'feyt) i., kim. fosfat.
phos.pho.res.cent (fasfıres'ınt) s. fosfor gibi ışıldayan.
phos.pho.rous (fas'fırıs) s., kim. fosforlu.
phos.pho.rus (fas'fırıs) i. fosfor.
phot. kıs. **photograph, photography.**
pho.to (fo'to) i., k. dili fotoğraf. **— finish** fotofiniş.
pho.to.cell (fo'tosel) i. ışıkgözü.
pho.to.chem.is.try (fotokem'istri) i. fotokimya, ışılkimya, fotoşimi.
pho.to.cop.i.er (fo'tokapiyır) i. 1. fotokopi makinesi. 2. fotokopici.
pho.to.cop.y (fo'tokapi) i. fotokopi, tıpkıçekim.
pho.to.cop.y.ist (fo'tokapiyist) i. fotokopici.
pho.to.e.lec.tric (fotowîlek'trik) s. fotoelektrik. **— cell** ışıkgözü.
pho.to.e.lec.tric.i.ty (fotowîlektris'iti) i. fotoelektrik, ışılelektrik.

pho.to.gen.ic (fotocen'ik) s. fotojenik.
pho.to.graph (fo'tıgräf) i. fotoğraf. f. fotoğrafını çekmek: **He is photographing his daughter.** Kızının fotoğrafını çekiyor. **color —** renkli fotoğraf.
pho.tog.ra.pher (fıtag'rıfır) i. fotoğrafçı.
pho.tog.ra.phy (fıtag'rıfi) i. fotoğrafçılık.
pho.to.gra.vure (fotogrıvyûr') i. fotogravür.
pho.tom.e.ter (fotam'ıtır) i. fotometre, ışıkölçer.
pho.tom.e.try (fotam'ıtri) i. fotometri, ışıkölçümü.
pho.ton (fo'tan) i. foton.
pho.to.sphere (fo'tısfir) i. fotosfer, ışıkküre, ışıkyuvarı.
pho.to.syn.the.sis (fotosin'thısis) i., biyokim. fotosentez, ışılbireşim.
pho.to.tax.is (fotitäk'sis), **pho.to.tax.y** (fo'tıtäksi) i., biyol. fototaksi, ışığagöçüm.
pho.tot.ro.pism (fotat'rıpizım) i., biyol. fototropizm, ışığayönelim, ışığadoğrulum.
phrase (freyz) i. 1. ibare. 2. deyim, tabir. 3. müz. cümle. f. 1. cümle veya sözcüklerle anlatmak. 2. müz. (bir parçayı) cümlelemek. **— book** yabancı dil kılavuzu. **prepositional —** edat ve isimden oluşan söz öbeği.
phra.se.ol.o.gy (freyziyal'ıci) i. söyleniş; söyleyiş.
phre.nol.o.gy (frinal'ıci) i. frenoloji.
phyl.lo (fi'lo, fay'lo) i. 1. yufka. 2. yufka hamuru. **— dough** 1. yufka. 2. yufka hamuru.
phy.log.e.ny (filac'ıni) i., biyol. filogenez, filojenez, soyoluş.
phy.lum (fay'lım), çoğ. **phy.la** (fay'lı) i., biyol. filum.
phys.ic (fiz'ik) i., eski müshil. **— nut** hintfıstığı, kürkas.
phys.i.cal (fiz'ikıl) s. 1. fiziksel, fiziki. 2. maddi. 3. bedensel. i., k. dili sağlık muayenesi, çekap. **— education** beden eğitimi. **— examination** sağlık muayenesi, çekap. **— therapy** fizik tedavisi, fizyoterapi.
phy.si.cian (fiziş'ın) i. doktor, hekim.
phys.i.cist (fiz'ısist) i. fizikçi.
phys.ics (fiz'iks) i. fizik.
phys.i.og.no.my (fiziyag'nımi) i. fizyonomi.
phys.i.o.log.ic (fiziyılac'ik), **phys.i.o.log.i.cal** (fiziyılac'ikıl) s. fizyolojik, işlevbilimsel.
phys.i.ol.o.gy (fiziyal'ıci) i. fizyoloji, işlevbilim.
phys.i.o.ther.a.py (fiziyother'ıpi) i. fizyoterapi, fizik tedavisi.
phy.sique (fizik') i. bünye, fizik yapısı.
pi (pay) i., mat. pi.
pi.a.nis.si.mo (piyınis'imo) s., z., müz. pianissimo, çok hafif (sesle).
pi.an.ist (piyän'ist, pi'yınist) i. piyanist.
pi.an.o (piyän'o) i. piyano.
pi.a.no (piya'no) s., z., müz. piano, hafif (sesle).
pi.an.o.for.te (piyänıfôr'ti) i. piyano.

piazza 332

pi.az.za (piyäz´ı, piyät´sı) *i.* 1. (İtalyan şehirlerinde) meydan; pazar yeri. 2. balkon, veranda.
pic.a.rel (pikırel´) *i., zool.* istrongilos.
pic.a.yune (pikiyun´) *s.* çok önemsiz, çok değersiz.
pic.co.lo (pik´ılo) *i., müz.* pikolo, küçük flüt.
pick (pik) *i.* 1. (sivri) kazma. 2. kürdan. 3. mızrap. *f.* 1. seçmek. 2. (meyve, çiçek v.b.'ni) toplamak, koparmak; (meyveyi) devşirmek. 3. delmek, kazmak. 4. (sivri aletle/tırnaklarla) çıkartmak. 5. (kilidi) anahtarsız açmak. 6. *müz.* (telli çalgıyı) mızrapla/parmaklarla çalmak. — **a fight** kavga çıkarmak. — **and choose** titizlikle seçmek. — **apart** 1. çekiştirmek, insafsızca eleştirmek. 2. (savı) çürütmek. — **at** 1. -i çekelemek. 2. -i iştahsızca yemek. 3. *k. dili* -i kızdırmak, ile uğraşmak. — **off** 1. -i koparmak. 2. (tabanca ile) -i birer birer vurup düşürmek. — **on** 1. seçmek. 2. *k. dili* durmadan kusur bulup azarlamak; ile uğraşmak. — **one's nose** burnunu karıştırmak. — **one's teeth** kürdanla dişlerini temizlemek. — **one's way** engelleri yenerek kendine yol açmak. — **out** 1. seçmek, ayırmak. 2. *müz.* ağır ağır nota çıkarmaya çalışmak. — **over** ayıklamak. — **someone's pocket** birinin cebindekileri yürütmek. — **to pieces** 1. çekiştirmek, insafsızca eleştirmek. 2. (savı) çürütmek. — **up** 1. kaldırmak, toplamak. 2. devşirmek. 3. rasgele bulmak. 4. pratik olarak öğrenmek, (dili) kulaktan öğrenmek. 5. almak. 6. toplanmak. 7. *k. dili* iyileşmek. 8. ilerlemek, gelişmek. 9. hızlanmak. — **up speed** hızlanmak. **have a bone to — with** ile paylaşılacak kozu olmak.
pick.a.back (pik´ıbäk) *z.* omuzda, sırtta.
pick.ax (pik´äks) *i.* kazma.
pick.et (pik´it) *i.* 1. çit kazığı. 2. nöbetçi asker, nöbetçi; bir grup nöbetçi asker. 3. grev gözcüsü; bir grup grev gözcüsü. *f.* 1. kazıklarla etrafını çevirmek. 2. nöbetçi/karakol koymak. 3. grev gözcülüğü yapmak. — **fence** kazık çit.
pick.ings (pik´ingz) *i., çoğ.* toplanılacak artıklar. **slim** — *k. dili* kıtlık, darlık, imkânsızlık.
pick.le (pik´ıl) *i.* 1. salatalık/hıyar turşusu; kornişon. 2. turşu: **She bought a jar of tomato pickles.** Bir kavanoz domates turşusu aldı. 3. dekapaj solüsyonu. *f.* 1. -den turşu yapmak. 2. (metal bir nesneyi) dekape etmek. **be in a — *k. dili*** zor bir durumda olmak.
pick.led (pik´ıld) *s.* 1. turşu haline getirilmiş (sebze/meyve): **pickled beets** pancar turşusu. 2. *k. dili* zilzurna sarhoş, fitil gibi.
pick.ling (pik´ling) *i.* 1. -den turşu yapma. 2. dekapaj. *s.* turşuluk. — **tank** dekapaj teknesi.
pick.lock (pik´lak) *i.* 1. hırsız. 2. maymuncuk.
pick-me-up (pik´mi.ʌp) *i., k. dili* kuvvet verici ve canlandırıcı içecek/yiyecek.
pick.pock.et (pik´pakit) *i.* yankesici.

pick.up (pik´ʌp) *i.* 1. *oto.* hızlanma kapasitesi, çabuk hızlanma kapasitesi: **This car's got no pickup.** Bu arabanın hızlanma gücü sıfır. 2. kamyonet, pikap. 3. *k. dili* bir gecelik aşk için eve alınan veya otele götürülen kimse. 4. (pikap kolundaki) kafa, pikap kafası. 5. (ticarette) canlanma. 6. (çöpü/postayı/yollanan malları) toplama: **They only make one garbage pickup a week here.** Burada çöpü ancak haftada bir kez topluyorlar. — **arm** pikap kolu. — **truck** kamyonet, pikap.
pick.y (pik´i) *s., k. dili* çok seçen (biri).
pic.nic (pik´nik) *i.* 1. piknik. 2. kolay veya hoşa giden iş. *f.* (—**ked,** —**king**) pikniğe gitmek, piknik yapmak.
pic.to.ri.al (piktôr´iyıl) *s.* 1. resimle ilgili. 2. resimli. 3. resim gibi. *i.* resimli dergi.
pic.ture (pik´çır) *i.* 1. resim. 2. betimleme. 3. -in tıpatıp benzeri, kopya. 4. *çoğ.* sinema. 5. görüntü. *f.* 1. betimlemek, resmetmek. 2. canlandırmak, hayal etmek. — **book** resimli kitap. — **frame** resim çerçevesi. — **gallery** resim galerisi. — **postcard** kartpostal. — **tube** *TV* resim tüpü, resim lambası. **be a — of health** turp gibi olmak. **come into the —** ortaya çıkmak. **moving —** *sin.* film. **the —s** *İng.* sinema.
pic.tur.esque (pikçıresk´) *s.* pitoresk, resim konusu olmaya elverişli.
pie (pay) *i.* 1. ahçı. turta. 2. *argo* kolay şey. 3. *argo* rüşvet. **as easy as —** çok kolay.
pie.bald (pay´bald) *s.* alacalı (at, kuş v.b.).
piece (pis) *i.* 1. parça, kısım, bölüm. 2. dama taşı. 3. *satranç* piyadeden yüksek taş. 4. tüfek, top. 5. *müz.* parça. 6. oyun, piyes. 7. resim. 8. örnek. — **goods** *tic.* metreyle satılan kumaş. **break to —s** 1. parça parça etmek. 2. parçalanmak. **by the —** parça başına. **give someone a — of one's mind** birine ağzına geleni söylemek, birine verip veriştirmek. **go to —s** 1. parçalanmak. 2. *k. dili* (kendini) dağıtmak. **of a — with** ile aynı, -in tıpkısı. **speak one's —** kendi fikrini belirtmek.
piece (pis) *f.* — **on** eklemek. — **out** parça ekleyerek tamamlamak. — **together** parçaları bir araya getirmek.
piece.meal (pis´mil) *z.* parça parça, yavaş yavaş. *s.* parça parça yapılan, kademeli.
piece.work (pis´wırk) *i.* parça başı iş.
pie.crust (pay´krʌst) *i., ahçı.* turta hamuru.
pied (payd) *s.* benekli, alaca.
pied.mont (pid´mant) *i., coğr.* sıradağların eteklerindeki bölge. *s., coğr.* sıradağların eteklerindeki.
pie.plant (pay´plänt) *i., bot., k. dili* ravent.
pier (pir) *i.* 1. iskele, rıhtım. 2. kemer/köprü payandası.
pierce (pirs) *f.* 1. delmek. 2. delip geçmek. 3.

---

th dh w hw b c ç d f g h j k l m n p r s ş t v y z
thin the we why be joy chat ad if go he regime key lid me no up or us she it via say is

içine işlemek, nüfuz etmek.
pi.e.ty (pay'ıti) *i.* 1. Tanrıya hürmet. 2. dindarlık.
pig (pig) *i.* 1. domuz. 2. *argo* pis herif. 3. *argo* şırfıntı, yelloz. — **iron** pik, dökme demir, font. — **Latin** kuşdili *(Birinci ses kelimenin sonuna getirilir ve ay eklenir:* **igpay atinlay.**). **buy a — in a poke** malı görmeden satın almak; körü körüne alışveriş etmek.
pi.geon (pic'ın) *i.* güvercin.
pi.geon.hole (pic'ınhol) *i.* 1. güvercin yuvası. 2. yazı masasında kâğıt gözü. *f.* 1. yazı masasının kâğıt gözüne yerleştirmek. 2. sınıflandırmak. 3. bir kenara bırakmak, rafa kaldırmak.
pig.gy.back (pig'ibäk) *z.* omuzda, sırtta.
pig.head.ed (pig'hedid) *s.* inatçı, dik kafalı.
pig.ment (pig'mınt) *i.* 1. renk maddesi, boya maddesi. 2. toz boya. 3. *biyol.* pigment.
pig.men.ta.tion (pigmıntey'şın) *i., biyol.* pigmentasyon.
Pig.my (pig'mi) *i., s., bak.* **Pygmy.**
pig.my (pig'mi) *i., s., bak.* **pygmy.**
pig.pen (pig'pen) *i.* domuz ağılı.
pig.skin (pig'skin) *i.* 1. domuz derisi. 2. *k. dili* Amerikan futbol topu.
pig.sty (pig'stay) *i.* 1. domuz ağılı. 2. domuz ağılı gibi pis ev/oda, mezbele.
pike (payk) *i.* 1. kargı, mızrak. 2. anayol. 3. paralı yol.
pike (payk) *i.* turnabalığı. — **perch** uzunlevrek.
pi.laf (pilaf') *i.* pilav.
Pi.la.tes (pıla'tiz) *i., spor* Pilates.
pile (payl) *i.* temel direği, kazık. — **driver** şahmerdan.
pile (payl) *i.* 1. yığın, küme. 2. *fiz.* atom reaktörü. 3. tüy, hav. 4. *argo* servet, dünyalık. 5. *çoğ.* emoroit. *f.* yığmak, kümelemek. — **in** doluşmak. — **off/out** inmek, hep birlikte inmek. — **on** 1. üşüşmek. 2. tepeleme doldurmak. — **up** 1. yığmak, biriktirmek; yığılmak, birikmek. 2. *k. dili* kazada çarpıp ezmek.
pil.fer (pil'fır) *f.* çalmak, aşırmak, yürütmek.
pil.grim (pil'grim) *i.* hacı.
pil.grim.age (pil'grimic) *i.* hac.
pil.ing (pay'ling) *i.* 1. temel kazıkları. 2. kazık çakma.
pill (pil) *i.* hap. **a bitter —** acı bir reçete/ilaç, beraberinde zorluklar getiren bir çözüm yolu. **the —** doğum kontrol hapı.
pil.lage (pil'íc) *i.* 1. yağma, talan. 2. ganimet. *f.* yağma etmek.
pil.lar (pil'ır) *i., mim.* sütun, kolon; direk; dikme. — **box** *İng.* posta kutusu. **a — of society** topluma dayanak olan kimse, nüfuzlu kimse. **from — to post** 1. bir güçlükten diğer bir güçlüğe. 2. kapı kapı (dolaşma).
pil.lo.ry (pil'ıri) *f.* elâleme rezil etmek.

pil.low (pil'o) *i.* yastık.
pil.low.case (pil'okeys) *i.* yastık yüzü.
pi.lot (pay'lıt) *i.* 1. pilot. 2. kılavuz, rehber. 3. dümenci. *f.* 1. (uçak) kullanmak. 2. kılavuzluk etmek, yol göstermek. — **film** deneme filmi. — **light** 1. (şofbende) pilot alevi, tutuşturma alevi. 2. işaret lambası. — **project** deneme projesi.
pi.lot.house (pay'lıt.haus) *i.* kaptan köşkü.
pi.men.to (pimen'to) *i.* bir tür tatlı kırmızıbiber. — **cheese** içine bu tür biber katılmış çok yumuşak bir peynir.
pi.mien.to (pimen'to, pimyen'to) *i., bak.* **pimento.**
pimp (pimp) *i.* pezevenk. *f.* pezevenklik etmek.
pim.ple (pim'pıl) *i.* sivilce.
PIN *kıs.* **personal identification number.**
pin (pin) *i.* 1. topluiğne. 2. broş, iğne. 3. *müz.* (telli çalgılarda) akort mandalı. *f.* **(—ned, —ning)** 1. topluiğne ile tutturmak. 2. iliştirmek. 3. kıpırdayamaz hale sokmak. — **down** *k. dili* saptamak. — **someone down on something** *k. dili* birini (bir konudaki niyetini) açıklamak zorunda bırakmak. — **someone's ears back** *k. dili* birini haşlamak/azarlamak. — **something on someone** *k. dili* 1. bir şeyi birinin üstüne atmak, birini bir şeyle suçlamak. 2. birinin bir suçu işlediğini kanıtlamak. **—s and needles** karıncalanma, uyuşma. **be on —s and needles** *k. dili* diken üstünde olmak, endişe içinde olmak.
pin.a.fore (pin'ifôr) *i.* çocuk önlüğü, göğüslük.
pin.ball (pin'bôl) *i.* langırt. — **machine** langırt makinesi.
pin.cers (pin'sırz) *i., çoğ.* kerpeten, kıskaç.
pinch (pinç) *f.* 1. çimdiklemek. 2. kıstırmak. 3. (ayakkabı) vurmak, sıkmak. 4. *argo* çalmak, aşırmak. *i.* 1. çimdik. 2. tutam. 3. sıkıntı, darlık. **a — of salt** bir tutam tuz. **in/at a —** gerektiğinde, gereğinde; sıkışınca. **take it with a — of salt** ihtiyatla dinlemek.
pinch.bug (pinç'bʌg) *i.* makaslıböcek, yereşeği.
PIN code (pin) PIN kodu.
pin.cush.ion (pin'kûşın) *i.* iğnedenlik, iğnelik.
pine (payn) *i.* çam. — **cone** çam kozalağı. — **needle** çam iğnesi. — **nut** çamfıstığı.
pine (payn) *f.* 1. **away** erim erim erimek, eriyip solmak. 2. **for** -in özlemiyle yanıp tutuşmak, -in hasretini çekmek.
pin.e.al (pin'iyıl, payn'iyıl) *s.* kozalaksı. — **body/gland** *anat.* kozalaksı bez.
pine.ap.ple (payn'äpıl) *i.* ananas.
ping (ping) *f.* (motor) detonasyon yapmak. *i.* detonasyon.
ping-pong (ping'pang) *i.* pingpong, masatenisi.
pin.ion (pin'yın) *i.* 1. *zool.* kanat. 2. iri kanat tüyü. *f.* 1. (kuşun uçmasını engellemek için) kanatlarının ucunu kesmek. 2. (bir kimsenin)

elini kolunu bağlamak. 3. bağlamak.
pin.ion (pin´yın) *i., mak.* küçük dişli çark, pinyon.
pink (pingk) *i.* 1. pembe renk. 2. (bir çeşit ufak) karanfil. *s.* pembe. **be in the — of condition** sapasağlam olmak, turp gibi olmak.
pink (pingk) *f.* 1. sürfile yapmak. 2. *İng.* (motor) detonasyon yapmak. **—ing shears** sürfile makası.
pin.na (pin´ı), *çoğ.* **—s** (pin´ız)/**—e** (pin´i) *i., zool.* pines.
pin.na.cle (pin´ıkıl) *i.* 1. *mim.* bina üzerindeki sivri tepeli kule. 2. doruk, tepe, zirve.
pin.point (pin´poynt) *i.* 1. iğne ucu. 2. ufak şey. *f.* kesin olarak yerini belirtmek.
pin.prick (pin´prik) *i.* 1. iğne batması. 2. sinir bozucu ufak bir şey.
pin.stripe (pin´strayp) *i.* (kumaşta) ince çizgi. **— suit** ince çizgili takım elbise.
pin.striped (pin´straypt) *s.* ince çizgili (kumaş/giysi).
pint (paynt) *i.* yarım litrelik sıvı ölçü birimi, bir galonun sekizde biri, *ABD* 0,473 litre, *İng.* 0,550 litre.
pin.tail (pin´teyl) *i., zool.* kılkuyruk.
pin.wheel (pin´hwil) *i.* fırıldak; çarkıfelek.
pi.o.neer (payınir´) *i.* öncü. *f.* yol açmak, öncülük etmek.
pi.ous (pay´ıs) *s.* dindar.
pip (pip) *i.* (elma, portakal v.b.'nde) çekirdek.
pip (pip) *i., İng.* bip, bip sesi.
pip (pip) *i.* **give someone the — İng.** 1. birinin sinirine dokunmak. 2. birinin canını sıkmak.
pipe (payp) *i.* 1. boru. 2. kaval, düdük. 3. pipo. *f.* 1. düdük çalmak. 2. düdük çalarak emretmek/çağırmak. 3. borularla iletmek. 4. (radyo/televizyon programı v.b.'ni) kablo ile iletmek. 5. (elbiseyi) şeritle süslemek. **P— down!** Sus!/Kes sesini! **— dream** boş hayal, hulya. **— organ** borulu org. **— up** *k. dili* birden sesini çıkarmak, birden konuşmak.
pipe.line (payp´layn) *i.* 1. boru hattı/yolu, payplayn. 2. iletişim hattı. **be in the — k. dili** hazırlanmakta olmak.
pip.er (pay´pır) *i.* 1. gayda çalan kimse, gaydacı. 2. kavalcı. **Pay the — and call the tune.** Parayı veren düdüğü çalar.
pipe.stem (payp´stem) *i.* pipo sapı.
pi.pette, pi.pet (paypet´, pipet´) *i.* pipet.
pip.ing (pay´ping) *i.* 1. boru sistemi; (boru sistemine ait) borular. 2. kordone, kordon. **a length of —** (belirli uzunlukta) bir boru parçası.
pip.ing (pay´ping) *s.* **— hot** çok sıcak, dumanı üstünde.
pi.quant (pi´kınt) *s.* 1. hoş bir acılığı olan (tat, koku). 2. insanın kafasını çalıştıran (yazı v.b.).
pique (pik) *i.* gücenme. *f.* 1. gücendirmek. 2. uyandırmak: **You've piqued my curiosity.**
Beni meraklandırdın.
pi.ra.cy (pay´rısi) *i.* korsanlık.
pi.rate (pay´rit) *i.* 1. korsan. 2. korsan gemisi. **— publisher** korsan yayımcı. **— radio station** korsan radyo istasyonu. **— ship** korsan gemisi.
pir.ou.ette (piruwet´) *i.* parmak uçlarında/topuk üzerinde dönüş yapma. *f.* parmak uçlarında/topuk üzerinde dönüş yapmak.
Pis.ces (pis´iz, pay´siz) *i., astrol.* Balık burcu.
piss (pis) *i., kaba* sidik. *f., kaba* işemek. **— down** *İng., kaba* (yağmur) bardaktan boşanırcasına yağmak. **P— off!** *İng., kaba* Defol! **— someone off** *kaba* birini sinirlendirmek/sinir etmek/kızdırmak. **take a — kaba** işemek.
pissed (pist) *s., kaba* **be — 1. off** kızmış/sinirlenmiş olmak. 2. *İng.* fitil/çok sarhoş olmak.
pis.ta.chi.o (pista´şiyo, pistäş´iyo) *i.* 1. fıstık, antepfıstığı, şamfıstığı. 2. fıstıkağacı, antepfıstığıağacı.
pis.til (pis´til) *i., bot.* pistil, dişiorgan.
pis.tol (pis´tıl) *i.* tabanca.
pis.ton (pis´tın) *i.* piston. **— ring** piston yayı. **— rod** piston kolu.
pit (pit) *i.* 1. çukur: **rifle pit** avcı çukuru. **target pit** hedef çukuru. **orchestra pit** orkestra çukuru. 2. kısmen yere gömülü sera. 3. (ciltte kalan çiçek izi gibi) iz. 4. *İng.* maden kuyusu. *f.* (**—ted, —ting**) 1. (bir yerde) çukurlar açmak. 2. (hastalık) (birinin yüzünü) çopurlaştırmak. **— one person/thing against another person/thing** 1. iki kişiyi/şeyi karşı karşıya getirip dövüştürmek/yarıştırmak. 2. (iki şey) birbiriyle yarışmak/boy ölçüşmek: **Zeki's pitted his brains against Yavuz's brawn.** Zeki'nin zekâsıyla Yavuz'un kuvvetli cüssesi çarpışıyor.
pit (pit) *i.* şeftali gibi etli meyvelerin çekirdeği. *f.* (**—ted, —ting**) çekirdeğini çıkarmak.
pi.ta (pi´dı, pi´tı) *i.* pide.
pitch (piç) *i.* zift. **as black as —** simsiyah, zift gibi.
pitch (piç) *f.* 1. atmak, fırlatmak. 2. (çadır) kurmak. 3. *müz.* tam perdesini vermek. 4. düşmek, birdenbire düşmek. 5. *den.* (gemi) baş kıç vurmak. 6. *beysbol* atıcılık yapmak. 7. aşağıya meyletmek. *i.* 1. atış, atım. 2. eğim. 3. *müz.* perde. 4. *den.* geminin baş kıç vurması. 5. *k. dili* satış için önceden hazırlanan sözler. **— in** *k. dili* (bir grup çalışana) yardım etmek; (yardım etmek üzere) gelmek: **Why don't you pitch in and help?** Neden gelip yardım etmiyorsun? **—ed battle** 1. meydan savaşı. 2. yakın muharebe.
pitch-black (piç´bläk´) *s.* simsiyah, zifiri karanlık.
pitch-dark (piç´dark´) *s.* zifiri karanlık.
pitch.er (piç´ır) *i.* (kulplu) sürahi. **cream —** (ufak sürahi biçiminde) sütlük. **Little —s have big ears.** Çocukların kulağı delik olur.

pitch.er (piç´ır) *i.*, **beysbol** topu atan oyuncu. **—'s mound** *beysbol* atıcının durduğu tümsek yer.
pitch.fork (piç´fôrk) *i.* yaba.
pit.e.ous (pit´iyıs) *s.* merhamet uyandıran, yürekler acısı.
pit.fall (pit´fôl) *i.* 1. tuzak. 2. gizli tehlike.
pith (pith) *i.* 1. *bot.* süngerdoku. 2. öz.
pith.y (pith´i) *s.* 1. özlü. 2. kuvvetli, etkileyici, az ve öz.
pit.i.a.ble (pit´iyıbıl) *s.* acınacak, acıklı.
pit.i.ful (pit´ifıl) *s.* 1. acınacak, acıklı. 2. (acınacak ve horlanacak kadar) gülünç, acınası, zavallı.
pit.i.ful.ly (pit´ifıli) *z.* 1. acıklı bir şekilde. 2. acınacak kadar. 3. gülünç derecede.
pit.i.ful.ness (pit´ifılnıs) *i.* acınacak durum.
pit.i.less (pit´ilis) *s.* acımasız, merhametsiz, taşyürekli.
pit.i.less.ly (pit´ilisli) *z.* acımasızca, merhametsizce.
pit.i.less.ness (pit´ilisnis) *i.* acımasızlık, merhametsizlik.
pit.tance (pit´ıns) *i.* çok düşük ücret.
pi.tu.i.tar.y (pitu´wıteri) *s.*, *biyol.* 1. balgam salgılayan. 2. sümüksü. *i.*, *anat.* hipofiz. **— gland** *anat.* hipofiz.
pit.y (pit´i) *i.* acıma, merhamet. **feel — for** -e acımak. **for —'s sake** Allah aşkına. **It's a real —!** Çok yazık! **out of —** merhameten, acıyarak. **take — on** -e merhamet etmek. **What a —!** Ne yazık!
pi.u.ri (pi´yuri) *i.* hintsarısı.
piv.ot (piv´ıt) *i.* mil, eksen, mihver. *f.* 1. mil üzerine yerleştirmek. 2. **on** mil/eksen üzerinde dönmek.
piv.ot.al (piv´ıtıl) *s.* 1. mile ait. 2. çok önemli.
piz.za (pit´sı) *i.* pizza.
pkg. *kıs.* **package.**
pl. *kıs.* **place, plural.**
plac.a.ble (pläk´ıbıl, pley´kıbıl) *s.* kolay yatışır, kolay affeder.
plac.ard (pläk´ırd) *i.* afiş; döviz.
pla.cate (pley´keyt, pläk´eyt) *f.* yatıştırmak, teskin etmek.
place (pleys) *i.* 1. yer, konum, mevki. 2. küçük sokak/meydan. 3. semt, şehir, kasaba. 4. ev. 5. koltuk, yer. 6. görev, vazife. 7. memuriyet, mevki. **— card** davetlilerin sofradaki yerlerini gösteren kart. **— in the sun** iyi durum. **— of delivery** *tic.* teslim yeri. **go —s** *k. dili* başarıya ulaşmak. **high —s** yüksek mertebeler. **in —** yerinde. **in — of** -in yerine. **in the second —** ikinci olarak, ondan sonra. **out of —** yersiz, uygunsuz. **take —** olmak, meydana gelmek.
place (pleys) *f.* 1. koymak, bir yere koymak, yerleştirmek. 2. iş bulmak. 3. atamak, tayin etmek. 4. (para) vermek, yatırmak. 5. çıkarmak, tanı-

mak: *Although we had met before I couldn't place him.* Daha önce tanışmamıza karşın kim olduğunu çıkaramadım. 6. *spor* (birinci/ikinci/üçüncü) gelmek. **— a bet** bahse girmek. **— an order** sipariş vermek, siparişte bulunmak.
place.ment (pleys´mınt) *i.* koyma, yerleştirme.
pla.cen.ta (plısen´tı) *i.*, *anat.* son, plasenta, etene.
plac.id (pläs´id) *s.* sakin, yumuşak, uysal.
pla.gia.rise (pley´cırayz) *f.*, *İng.*, *bak.* **plagiarize.**
pla.gia.rism (pley´cırizım) *i.* aşırma, aşırmacılık.
pla.gia.rist (pley´cırist) *i.* aşırmacı.
pla.gia.rize, *İng.* **pla.gia.rise** (pley´cırayz) *f.* (başkasının sözlerini/fikrini) aşırmak.
pla.gia.ry (pley´cıri) *i.* aşırma, aşırmacılık.
plague (pleyg) *i.* 1. (hastalıktan/haşarattan kaynaklanan) salgın. 2. veba. 3. *k. dili* baş belası, dert. *f.* 1. (dert) (birini) rahatsız etmek. 2. eziyet vermek. **— someone with** (belirli bir şey yaparak) birini sürekli rahatsız etmek. **P— take it!/P— on it!** Allah belasını versin! **black —** kara veba. **white —** verem.
plaice (pleys) *i.* (*çoğ.* **plaice**) pisibalığı.
plaid (pläd) *s.* ekose. *i.* 1. ekose kumaş. 2. ekose desen.
plain (pleyn) *s.* 1. düz: *I want a plain rather than a patterned cloth.* Desenli değil, düz bir kumaş istiyorum. 2. sade, süssüz, basit: *The ceremony was not elaborate; it was plain.* Tören görkemli değildi, sadeydi. 3. açık: *Its meaning is plain.* Anlamı açık. 4. baharatsız, sade (yiyecek). *z.* 1. sadece. 2. açıkça. *i.* düzlük, ova, geniş ve düz yer. **— dealing** 1. dürüstlük. 2. dürüst. **— living** sade yaşam. **in — words** 1. açıkça. 2. açıkçası. **It's — sailing from here on.** *k. dili* Bundan sonrası kolay.
plain-deal.ing (pleyn´di´ling) *s.* açık, açık davranan.
plain.spo.ken (pleyn´spokın) *s.* açıksözlü.
plain.tiff (pleyn´tif) *i.*, *huk.* davacı.
plain.tive (pleyn´tiv) *s.* yakınan, sızlanan, inleyen, kederli.
plait (pleyt, plät) *i.* 1. örgü. 2. pli, kırma. *f.* örmek.
plan (plän) *i.* 1. plan. 2. kroki, taslak. 3. plan, düşünce, niyet, maksat. *f.* (**—ned, —ning**) 1. planını çizmek. 2. tasarlamak, planlamak. 3. düzenlemek.
plane (pleyn) *i.* çınar. **— tree** çınar.
plane (pleyn) *i.* 1. *geom.* düzlem. 2. düzey: *on an intellectual plane* entelektüel bir düzeyde. 3. uçak. *s.* 1. düz. 2. düzlem: **plane figure** *geom.* düzlem şekil. **plane geometry** düzlem geometri. *f.* 1. uçmak. 2. (suyun yüzünde) uçar gibi gitmek.
plane (pleyn) *i.* rende, el planyası, planya. *f.* rendelemek; planyalamak.
plan.er (pley´nır) *i.* 1. planya makinesi, planya.

2. planyacı; rendeleyici.
plan.et (plän'it) *i.* gezegen.
plan.e.tar.i.um (plänıter'iyım) *i.* planetaryum, gökevi, yıldızlık.
plan.e.tar.y (plän'iteri) *s.* gezegenlere özgü; gezegenlerle ilgili.
plan.et.oid (plän'ıtoyd) *i., gökb.* küçük gezegen.
plan.ing (pley'ning) *i.* planyalama; rendeleme. — **mill** planyalama atölyesi.
plan.i.sphere (plän'ısfir) *i.* düzlemküre.
plank (plängk) *i.* 1. (enli) tahta. 2. *pol.* (parti programında) ana madde.
plank.ton (plängk'tın) *i.* plankton.
plan.ner (plän'ır) *i.* plan yapan kimse, plancı.
plant (plänt) *i.* 1. bitki, ot. 2. fabrika. 3. demirbaş. 4. teçhizat. 5. *argo* hile, oyun, tuzak. 6. şakşakçı. 7. seyircilerin arasında oturup rol yapan oyuncu. *f.* 1. dikmek, ekmek: **Villagers planted those plane trees.** O çınarları köylüler dikti. **He planted the stake in the ground.** Kazığı yere dikti. 2. kurmak: **The English planted colonies in North America.** İngilizler Kuzey Amerika'da sömürgeler kurdu. 3. yerleştirmek: **They planted spies in the intelligence organization.** İstihbarat örgütüne ajanlar yerleştirdiler. **He planted his foot on the second step.** Ayağını ikinci basamağa yerleştirdi. 4. **in** -e (fikir) aşılamak, (kafasına) (fikir) sokmak. 5. *argo* **in/on** -e (tokat) indirmek, -e (tokadı) yapıştırmak.
plan.tain (plän'tin) *i., bot.* sinirotu.
plan.tain (plän'tin) *i.* bir tür muz.
plan.ta.tion (pläntey'şın) *i.* plantasyon.
plant.er (plän'tır) *i.* 1. ekici. 2. tohum serpme makinesi. 3. plantasyon sahibi; plantasyon işletmecisi.
plaque (pläk) *i.* 1. süs tabağı. 2. plaka, plaket, madeni levha. 3. diş taşı, diş kiri.
plash (pläş) *f.* su sıçratmak.
plas.ma (pläz'mı) *i.* plazma.
plas.mol.y.sis (pläzmal'ısis) *i.* plazma bozulumu.
plas.ter (pläs'tır) *i.* 1. *mim.* sıva. 2. alçı. 3. *tıb.* yakı. *f.* 1. sıvamak. 2. yakı yapıştırmak. 3. yapıştırmak. 4. *k. dili* yumruk indirmek. — **cast** *tıb.* alçı. — **of Paris** alçı. **porous** — yakı.
plas.tered (pläs'tırd) *s., argo* sarhoş, küfelik.
plas.tic (pläs'tik) *s.* 1. plastik, naylon. 2. plastik, biçimlenebilir, esnek. *i.* plastik. — **arts** plastik sanatlar. — **surgery** plastik ameliyat.
plate (pleyt) *i.* 1. tabak. 2. plak, plaka, madeni levha. 3. kupa, şilt. 4. *dişçi.* damak, takma diş, protez. 5. *beysbol* kale işareti. *f.* madenle kaplamak. — **glass** dökme cam.
pla.teau (pläto'), *çoğ.* —**s/—x** (plätoz') *i.* plato.
plat.ed (pley'tid) *s.* kaplamalı, kaplama, kaplı.
plate.ful (pleyt'fıl) *i.* bir tabak dolusu.
plat.form (plät'fôrm) *i.* 1. kürsü: **The speaker used a crate as his platform.** Konuşmacı kürsü olarak bir sandık kullandı. 2. platform, yüksekçe yer. 3. peron. 4. *pol.* platform, parti programı. 5. plan, tasarı.
plat.i.num (plät'ınım) *i., kim.* platin. — **blonde** platin saçlı kadın.
plat.i.tude (plät'itud) *i.* 1. yavan söz, basmakalıp söz. 2. yavanlık, tatsızlık.
Pla.to (pley'to) *i.* Eflatun, Platon.
Pla.ton.ic (plıtan'ik) *s.* Eflatun veya felsefesine ait, Platonik.
pla.ton.ic (plıtan'ik) *s.* — **love** platonik sevgi.
Pla.to.nism (pley'tınizım) *i.* Eflatunculuk, Platonculuk.
pla.toon (plıtun') *i.* müfreze, takım.
plat.ter (plät'ır) *i.* servis tabağı.
plau.si.ble (plô'zıbıl) *s.* akla yakın, makul.
play (pley) *f.* 1. oynamak; oynatmak. 2. (çalgı, müzik) çalmak. 3. *tiy.* oynamak, canlandırmak. *i.* 1. oyun. 2. sahne oyunu, piyes. 3. şaka. 4. hareket serbestliği. — **at** (çocuklar) -cilik oynamak. — **back** (kaydı) yeniden göstermek/dinlemek. — **ball** 1. oyuna başlamak. 2. **with** *k. dili* ile işbirliği yapmak. — **both ends against the middle** kendi çıkarı için başkalarını birbirine düşürmek. — **down** hafifsemek, önemsememek. — **fair** hilesiz oynamak, doğru oynamak. — **fast and loose with** ile oynamak, -i hafife almak. — **havoc with** -i mahvetmek. — **house** evcilik oynamak. — **into the hands of** -in ekmeğine yağ sürmek. — **off** berabere kalan bir oyunu sonradan tamamlamak. — **on** durmadan çalmak, çalmaya devam etmek. — **on someone's feelings** birinin duygularını sömürmek/istismar etmek. —**ed out** 1. bitkin. 2. modası geçmiş. 3. işe yaramaz. — **politics** siyasi çıkarlarına göre davranmak. — **possum** 1. uyur gibi yapmak. 2. ölü numarası yapmak. — **second fiddle** ikinci derecede rol oynamak. — **someone false** birini aldatmak, birine oyun oynamak. — **something down** bir şeyi önemsizmiş gibi göstermek. — **the field** *k. dili* birden fazla kimseyle aynı zamanda flört etmek. — **the fool** ahmakça davranmak. — **the game** dürüstçe hareket etmek. — **the market** spekülasyon yapmak. — **up** -in üzerinde durmak, -i vurgulamak. — **up to** -e yaltaklanmak. — **with** oynamak. **a** — **on words** kelime oyunu. **child's** — çocuk oyuncağı, çok kolay iş. **come into** — meydana çıkmak, kullanılmaya başlamak, etkili olmak. **in** — şaka olarak. **make a** — **for** *k. dili* 1. -i ayartmaya çalışmak. 2. -i kazanmaya çalışmak.
play.bill (pley'bil) *i.* 1. tiyatro afişi. 2. oyun programı.
play.boy (pley'boy) *i.* zevk peşinde koşan zen-

gin erkek.
play-by-play (pley´baypley´) s. 1. dakikası dakikasına veren. 2. ayrıntılı.
play.er (pley´ır) i. 1. oyuncu. 2. aktör. 3. çalgı çalan kimse, çalgıcı. 4. eğlenceyle vakit geçiren kimse.
play.fel.low (pley´felo) i. oyun arkadaşı.
play.ful (pley´fıl) s. şen, neşeli, oyuncu.
play.go.er (pley´gowır) i. tiyatro meraklısı.
play.ground (pley´graund) i. oyun alanı.
play.house (pley´haus) i. 1. tiyatro. 2. çocukların içinde oynadıkları küçük ev.
play.ing card (pley´îng) oyun kâğıdı, iskambil kâğıdı.
play.mate (pley´meyt) i. oyun arkadaşı.
play.off (pley´ôf) i., spor rövanş maçı, rövanş.
play.pen (pley´pen) i. portatif çocuk parkı.
play.thing (pley´thîng) i. oyuncak.
play.wright (pley´rayt) i. oyun yazarı.
pla.za (pla´zı, pläz´ı) i. meydan, çarşı yeri.
plea (pli) i. 1. yalvarma, rica. 2. huk. iddia, ifade. 3. huk. dava. 4. huk. itiraz. 5. bahane, mazeret, özür.
plead (plid) f. (—ed/pled) 1. yalvarmak, rica etmek. 2. huk. dava açmak. 3. iddia etmek. 4. mazeret olarak göstermek, bahane etmek. — **guilty** huk. suçu kabul etmek. — **not guilty** huk. suçu reddetmek.
pleas.ant (plez´ınt) s. hoş, güzel, tatlı, latif.
pleas.ant.ry (plez´ıntri) i. latife; hoş söz. **exchange pleasantries** hoşbeş etmek.
please (pliz) f. 1. sevindirmek, hoşnut etmek, memnun etmek. 2. hoşuna gitmek. z. lütfen: **Please give me the salt./Please pass the salt.** Lütfen tuzu verir misiniz? — **oneself** canının istediği gibi hareket etmek, hoşuna gideni yapmak. — **the eye** göze hoş görünmek, gözü okşamak. **as you** — nasıl isterseniz. **be —d to do something** (bir şeyi) memnuniyetle yapmak: **I'd be pleased to do it.** Memnuniyetle yaparım. **be —d with** -den memnun olmak. **be —d with oneself** kendinden memnun olmak. **if you** — 1. lütfen, rica ederim. 2. isterseniz. **I'm —d to meet you.** Tanıştığımıza memnun oldum. **when you** — ne zaman isterseniz.
pleased (plizd) s. memnun.
pleas.ing (pli´zîng) s. hoş, sevimli, tatlı.
pleas.ure (plej´ır) i. 1. zevk, sevinç, keyif, memnuniyet. 2. lütuf, şeref: **May I have the pleasure of this dance?** Bu dansı bana lütfeder misiniz? **Will you do me the pleasure of accepting this invitation?** Bu daveti kabul buyurur musunuz? **Fahrettin Bey requests the pleasure of your company at the wedding of his daughter.** Fahrettin Bey kızının nikâhını onurlandırmanızı rica ediyor. **at one's** — 1. is-

tediği zaman. 2. isteğine göre. **It's a —.** Benim için bir zevktir. **take — in** -den zevk almak. **with —** memnuniyetle.
pleat (plit) i. pli, plise. f. pli yapmak.
pleb.i.scite (pleb´ısayt) i. plebisit.
plec.trum (plek´trım), çoğ. **plec.tra** (plek´trı) i., müz. mızrap, çalgıç.
pled (pled) f., bak. **plead.**
pledge (plec) i. 1. ant, söz, vaat. 2. işaret: **It was a pledge of their friendship.** Arkadaşlıklarının bir işaretiydi. 3. teminat; rehin. 4. bağışlanacağına dair söz verilmiş olan para. f. 1. ant içmek, söz vermek, vaat etmek. 2. (belirli bir miktar para) bağışlamaya söz vermek. 3. -i teminat/rehin olarak vermek; -i rehine koymak. **hold in —** rehin olarak tutmak. **put in —** rehine koymak. **take the —** yemin etmek, söz vermek.
ple.na.ry (pli´nıri, plen´ıri) s. 1. tam; sınırsız: **plenary authority** tam yetki. 2. bütün üyelerin hazır bulunduğu (toplantı/kurul).
plen.i.po.ten.ti.ar.y (plenîpıten´şiyeri, plenîpıten´şıri) s. tam yetkisi olan. i. tam yetkili elçi.
plen.te.ous (plen´tiyıs) s. çok, bol, bereketli.
plen.ti.ful (plen´tîfıl) s. 1. çok, bol. 2. bereketli, verimli.
plen.ty (plen´ti) i. bolluk. — **of** bol miktarda, bol.
pleu.ra (plûr´ı), çoğ. **—e** (plûr´i)/**—s** (plûr´ız) i., anat. plevra, göğüs zarı.
pli.a.ble (play´ıbıl) s. 1. esnek, bükülgen. 2. uysal, yumuşak.
pli.ant (play´ınt) s. 1. esnek, bükülgen. 2. uysal, yumuşak.
pli.ers (play´ırz) i., çoğ. kerpeten, pense, kıskaç.
plight (playt) i. kötü durum.
plod (plad) f. (—ded, —ding) (along) ayaklarını sürümek, ağır adımlarla yürümek. — **away at** (bir işte) şevksiz bir şekilde çalışmak; (bir işi) hevessizce sürdürmek.
plop (plap) f. (—ped, —ping) **into** -e cup diye düşmek, -e cumbadak düşmek. i. cumburtu, suya düşen ağır bir cismin çıkardığı ses. z. cup diye, cumburlop, cumbadak. — **oneself down on** (bir yere) lop diye oturmak. — **something down** (bir şeyi) -in üzerine pat diye koyuvermek.
plot (plat) i. 1. arsa, parsel. 2. hikâyenin konusu. 3. komplo, entrika, gizli plan. f. (—ted, —ting) 1. planını çizmek; haritasını çıkarmak. 2. komplo kurmak, entrika çevirmek.
plot.ter (plat´ır) i. komplocu, entrikacı.
plough (plau) i., f., İng., bak. **plow.**
plow, İng. **plough** (plau) i. saban, pulluk. f. 1. (toprağı/tarlayı) sabanla/pullukla sürmek. 2. **through** -i yarıp geçmek, yol açıp arasından geçmek. — **into** k. dili 1. -e hızla çarpmak. 2. -e girişmek. — **money back into** k. dili para-

yı tekrar (bir işe) yatırmak. — **money into** *k. dili* parayı (bir işe) yatırmak. — **through a book** bir kitabı güçlükle okuyup bitirmek.
plow.share (plau´şer) *i.* saban demiri, pulluk demiri.
ploy (ploy) *i.* manevra, hile, taktik.
pluck (plʌk) *f.* 1. yolmak. 2. (telli çalgıyı) parmaklarla çalmak. 3. (çiçek, meyve v.b.'ni) koparmak. — **one's eyebrows** kaşlarını almak. — **out one's gray hairs** beyaz saç tellerini koparmak. — **up one's courage** cesaretini toplamak.
pluck (plʌk) *i.* yürek, cesaret.
pluck.y (plʌk´i) *s.* yürekli, cesur.
plug (plʌg) *i.* 1. tapa, tıkaç, tampon. 2. *elek.* fiş. 3. *oto.* buji. 4. tütün parçası. 5. *k. dili* reklam. *f.* (**—ged, —ging**) 1. tıkamak, tıkaçla kapamak. 2. *k. dili* durmadan reklamını yapmak. — **away at** üzerinde sebatla çalışmak. — **for** *k. dili* (birini) desteklemek, (birinin) tarafını tutmak. — **in** fişi prize sokmak: **Plug in the television.** Televizyonun fişini prize sok.
plum (plʌm) *i.* 1. erik. 2. arzulanacak şey; kıyak iş.
plu.mage (plu´mic) *i.* kuşun tüyleri.
plumb (plʌm) *i.* 1. çekülün ucuna bağlı olan kurşun. 2. iskandil kurşunu. *s.* **be** — şakulünde olmak. *z., k. dili* gerçekten, düpedüz. *f.* 1. iskandil etmek. 2. şakullemek. 3. şakulüne getirmek. — **bob** çekülün ucuna bağlı olan kurşun. — **line** çekül, şakul. — **the depths** son raddeye varmak. **be out of** — şakulünde olmamak, şakulden kaçmak.
plumb.er (plʌm´ır) *i.* (sıhhi) tesisatçı.
plumb.ing (plʌm´ing) *i.* 1. (binadaki) (sıhhi) tesisat. 2. (sıhhi) tesisatçılık.
plume (plum) *i.* tüy, kuş tüyü. *f.* 1. tüylerle süslemek. 2. (kuş) tüylerini düzeltmek. — **oneself on** ile övünmek.
plum.met (plʌm´it) *i.* 1. iskandil kurşunu. 2. çekülün ucuna bağlı olan kurşun. 3. çekül, şakul. *f.* (dikine ve büyük bir hızla) düşmek, düşüvermek.
plump (plʌmp) *s.* dolgun, tombul; balıketi, balıketinde.
plump (plʌmp) *f.* 1. **down** oturuvermek. 2. **in** girivermek. 3. **out** çıkıvermek. 4. **for** -i desteklemek. 5. (**up**) (yastık v.b.'ni) vurarak kabartmak. — **down on one's knees** dizlerinin üzerine çöküvermek. — **oneself down on** (bir yere) lop diye oturmak. — **someone into** birini pat diye -e oturturmak. — **something down on** bir şeyi pat diye -in üzerine koyuvermek.
plun.der (plʌn´dır) *f.* yağmalamak, yağma etmek. *i.* yağma.
plunge (plʌnc) *f.* 1. **into** -e dalmak; -e daldırmak. 2. sokmak. 3. saplamak. 4. **into** içine atılmak. 5. **forward** ileriye atılmak. *i.* 1. dalış, dalma. 2. suya atlama. 3. *k. dili* tehlikeli girişim. **take the** — cesur bir adım atmak.
plung.er (plʌn´cır) *i.* 1. lavabo pompası. 2. plançer, hareketli göbek, dalıcı piston.
plunk (plʌngk) *f., k. dili* 1. (telli bir çalgıyı) tıngırdatmak, zımbırdatmak. 2. pat diye düşmek; düşüvermek. 3. pat diye koymak/bırakmak; koyuvermek, bırakıvermek. 4. **for** -i desteklemeye karar vermek. — **down money** parayı bastırmak. — **oneself down on** (bir yere) oturuvermek, kendini (bir yere) atıvermek/bırakıvermek. — **something/someone down on** bir şeyi/birini pat diye (bir yere) bırakmak/koymak; bir şeyi/birini (bir yere) bırakıvermek/koyuvermek.
plu.per.fect (plu´pırfıkt) *s., dilb.* -miş´li geçmiş.
plu.ral (plûr´ıl) *s., i., dilb.* çoğul.
plu.ral.ism (plûr´ılizım) *i.* çoğulculuk, plüralizm.
plu.ral.ist (plûr´ilist) *i., s.* çoğulcu, plüralist.
plu.ral.i.ty (plûräl´ıti) *i.* 1. adaylar arasında en fazla oy alma. 2. seçimi kazanan kimsenin ikinci gelen kişiden fazla olarak aldığı oy sayısı. 3. çokluk.
plus (plʌs) *edat* 1. artı. 2. ve ayrıca, ve ve de. *s.* 1. fazla. 2. artı, pozitif. *i.* artı işareti (+). — **fours** golf pantolon. — **sign** artı işareti (+). **the —es and minuses of something** bir şeyin olumlu ve olumsuz tarafları. **Two — three is five.** İki artı üç beş eder.
plush (plʌş) *i.* pelüş. *s.* 1. pelüşten yapılmış. 2. lüks.
Plu.to (plu´to) *i., gökb.* Plüton.
plu.toc.ra.cy (plutak´rısi) *i.* plütokrasi, zenginerki, varsılerki.
plu.to.ni.um (pluto´niyım) *i., kim.* plutonyum.
ply (play) *i.* 1. kat, tabaka. 2. eğilim.
ply (play) *f.* 1. işletmek, kullanmak. 2. etmek, yapmak. 3. (**between**) (arasında) düzenli seferler yapmak, gidip gelmek, işlemek. — **someone with liquor** birine durmadan içki içirmek. — **ply between New York and London** New York ile Londra arasında işleyen (gemi/uçak).
ply.wood (play´wûd) *i.* kontrplak.
P.M., p.m. *kıs.* **post meridiem** öğleden sonra *(12.00-24.00 arasındaki saatler için kullanılır.):* **2:30 P.M.** saat 14.30.
pneu.mat.ic (numät´ik) *s., mak.* havalı, pnömatik.
pneu.mo.nia (numon´yı) *i.* zatürree. **double** — iki taraflı zatürree.
P.O. *kıs.* **Post Office.**
poach (poç) *f.* 1. (bir şeyi) (kaynama derecesinin biraz altındaki bir sıvıda) pişirmek. 2. (bir şeyi) (bir tür benmaride) pişirmek.
poach (poç) *f.* yasak bölgede avlanmak.

poach.er (po'çır) *i.* bir tür benmari.
poach.er (po'çır) *i.* kaçak avlanan kimse.
pock (pak) *i.* çiçek hastalığının kabarcığı.
pock.et (pak'it) *i.* 1. cep. 2. çukur. *f.* 1. cebe yerleştirmek, cebe koymak. 2. iç etmek. 3. gizlemek, saklamak. — **calculator** cep hesap makinesi. — **money** cep harçlığı. **in one's** — nüfuzu altında, avucunun içinde.
pock.et.book (pak'itbûk) *i.* 1. cüzdan. 2. el çantası. 3. cep defteri.
pock.et.knife (pak'itnayf) *i.* çakı.
pock.mark (pak'mark) *i.* çiçek hastalığının kabarcığı.
pock.marked (pak'markt) *s.* çiçekbozuğu, çopur.
pod (pad) *i., bot.* 1. (baklagillerde) tohum zarfı. 2. baklamsı meyve.
po.di.um (po'diyım), *çoğ.* —**s** (po'diyımz)/**po.di.a** (po'diyı) *i.* podyum.
po.em (po'wım) *i.* şiir, koşuk.
po.et (po'wit) *i.* şair, ozan.
po.et.as.ter (po'witästır) *i.* şair bozuntusu.
po.et.ess (po'witîs) *i.* kadın şair.
po.et.ic (powet'ik), **po.et.i.cal** (powet'ikıl) *s.* 1. şairliğe özgü: **poetic talent** şiir yazma yeteneği. 2. manzum: **I like his poetic works.** Onun şiirlerini beğeniyorum. 3. şiirsel, şairane: **a poetic turn of phrase** şiirsel bir ifade tarzı.
po.et.i.cal.ly (powet'ikıli) *z.* şiirsel bir biçimde, şairane.
po.et.ry (po'witri) *i.* 1. şiir, koşuk, nazım. 2. şiir sanatı. 3. şiirler. 4. şiirsellik.
po.grom (po'grım) *i.* soykırım; Yahudi soykırımı.
poign.an.cy (poyn'yınsi, poy'nınsi) *i.* 1. acılık, keskinlik. 2. dokunaklılık; acılık.
poign.ant (poyn'yınt, poyn'ınt) *s.* 1. acı, keskin. 2. şiddetli. 3. dokunaklı.
poi.kil.o.ther.mal (poykil'ithırmıl) *s., zool.* soğukkanlı.
poin.ci.an.a (poynsiyän'ı) *i., bot.* cennetağacı, cennetçiçeği.
poin.set.ti.a (poynsed'ı, poynset'ı, poynset'iyı) *i., bot.* Atatürkçiçeği.
point (poynt) *i.* 1. uç, sivri uç. 2. nokta: **boiling point** kaynama noktası. **freezing point** donma noktası. **point of intersection** kesişme noktası. 3. nokta, noktalama işareti. 4. amaç, anlam, yarar: **There's not much point in going there personally.** Oraya bizzat gitmenin pek anlamı yok. 5. anlatmak istenilen şey: **That's not my point.** Demek istediğim o değil. **the point of the story** hikâyenin anlatmak istediği şey. 6. *coğr.* burun. 7. sayı, puan: **win/lose on points** sayı ile kazanmak/kaybetmek. 8. pusula kertesi. 9. *mat.* tamsayı ile kesiri ayırmak için aralarına konulan nokta [Türkiye'de bunun yerine virgül kullanılır: **four point six (4.6)** dört virgül altı (4,6)]. 10. *matb.* punto. 11. *borsa* puan. 12. ferma. *f.* 1. **at** -e doğrultmak, -e çevirmek: **He pointed his telescope at the moon.** Teleskopunu aya çevirdi. 2. **at/out/to** -i işaret etmek, -i göstermek: **She pointed at her left foot.** Sol ayağını işaret etti. 3. **out** -e dikkati çekmek: **He pointed out the problem to us.** Soruna dikkatimizi çekti. 4. ucunu sivriltmek. 5. (av köpeği) ferma yapmak, fermaya oturmak. — **of honor** şeref meselesi. — **of no return** dönüşü olmayan nokta. — **of view** bakış açısı, görüş açısı. **at that** — 1. o sırada: **At that point I left.** O sırada çıktım. 2. o noktaya gelince, o aşamaya gelince: **At that point add the eggs.** O aşamaya gelince yumurtaları ilave edin. **at the** — **of death** ölüm halinde. **beside the** — konudışı. **carry one's** — amacına ulaşmak, istediğini elde etmek. **come to a** —/**make a** — (av köpeği) ferma yapmak, fermaya oturmak. **come to the** — sadede gelmek. **critical** — nazik nokta, kritik nokta. **his strong** — onun kuvvetli tarafı. **in** — **of** bakımından. **in** — **of fact** aslında, gerçekte. **make a** — **of** -e özen göstermek, -e özenmek. **on the** — **of** -mek üzere: **He was on the point of going.** Gitmek üzereydi. **Possession is nine** —**s of the law.** *huk.* Zilyetlik mülkiyet hakkının en büyük delilidir. **The** — **is that ....** Mesele şöyle .... **to the** — tam yerinde, isabetli.
point.ed (poyn'tid) *s.* 1. sivri uçlu. 2. anlamlı.
point.ed.ly (poyn'tidli) *z.* anlamlı olarak.
point.er (poyn'tır) *i.* 1. işaret eden kimse/şey. 2. işaret değneği. 3. ibre, gösterge. 4. puanter (bir tür av köpeği).
poin.til.lism, poin.til.lisme (pwän'tiyızm) *i., resim* noktacılık.
poin.til.list, poin.til.liste (pwän'tiyist) *i., resim* noktacı.
point.less (poynt'lis) *s.* 1. uçsuz. 2. anlamsız. 3. amaçsız. 4. puansız.
poise (poyz) *f.* 1. dengelemek; dengelenmek. 2. hazırlamak; hazırlanmak: **The general poised his army for battle.** General askerlerini savaşa hazırladı. 3. hareketsiz tutmak; hareketsiz durmak: **The gull hung poised in the air.** Martı havada hareketsiz duruyordu. 4. belirli bir şekilde tutmak: **The dancer poised her arm gracefully over her head.** Balerin kolunu zarif bir şekilde başının üzerinde tuttu.
poi.son (poy'zın) *i.* zehir. *f.* zehirlemek. — **gas** zehirli gaz. — **hemlock** baldıran, ağıotu. — **ivy** bir tür zehirli sumak. — **oak** bir tür zehirli sumak. — **sumach** bir tür zehirli sumak.
poi.son.ous (poy'zınıs) *s.* zehirli.
poke (pok) *i., k. dili* kesekâğıdı. **buy a pig in a** — bir şeyi görmeden satın almak.
poke (pok) *i., bot.* 1. şekerciboyasının yeni çı-

poke 340

kan yaprakları. 2. şekerciboyası. **— sallet** *k. dili* 1. şekerciboyasının yeni çıkan yaprakları. 2. bu yapraklarla yapılan bir yemek.
poke (pok) *i.* dürtme. *f.* 1. dürtmek. 2. yavaş gitmek. 3. *İng., kaba* sikmek. **— about/around in** (bir yerde) (bir şeyi aramak veya merakını gidermek için) etrafı karıştırmak: **What are you doing poking around in here?** Etrafı ne karıştırıyorsun? **— along** aylak aylak dolaşmak. **— one's nose into something** bir işe burnunu sokmak. **— out of** -den çıkmak. **— something at** bir şeyi -e uzatmak. **— something out** bir şeyi -den dışarı uzatmak/çıkarmak.
poke.ber.ry (pok'beri) *i.* 1. şekerciboyasının meyvesi. 2. *bot.* şekerciboyası.
pok.er (po'kır) *i.* ölçer, ocak süngüsü.
pok.er (po'kır) *i., isk.* poker.
poke.weed (pok'wid) *i., bot.* şekerciboyası.
pok.ey (po'ki) *i., argo* hapishane, kodes.
pok.y (po'ki) *s.* 1. delirtecek kadar yavaş. 2. *İng.* daracık, fazla küçük.
Po.land (po'lınd) *i.* Polonya.
po.lar (po'lır) *s.* kutupsal, kutup: **polar lights** kutup ışıkları. **— bear** kutupayısı.
Po.lar.is (pılär'is) *i., gökb.* Kutupyıldızı.
po.lar.i.sa.tion (polırızey'şın) *i., İng., bak.* **polarization.**
po.lar.ise (po'lırayz) *f., İng., bak.* **polarize.**
po.lar.i.ty (polär'ıti) *i., fiz.* polarite.
po.lar.i.za.tion, *İng.* **po.lar.i.sa.tion** (polırızey'şın) *i.* polarizasyon, polarma, ucaylanma.
po.lar.ize, *İng.* **po.lar.ise** (po'lırayz) *f.* 1. polarmak, kutuplanmak. 2. kutuplaştırmak; kutuplaşmak. **become —d** kutuplaşmak.
Po.lar.oid (po'lıroyd) *i.* polaroit. **— camera** polaroit, polaroit fotoğraf makinesi. **— photograph** polaroit fotoğraf.
Pole (pol) *i.* Polonyalı; Leh.
pole (pol) *i.* sırık, direk, kazık. **— vault** sırıkla (yüksek) atlama.
pole (pol) *i.* 1. *coğr.* kutup. 2. *fiz.* kutup, ucay. **be —s apart** birbirine zıt olmak. **celestial —** gökkutbu. **the North P—** Kuzey Kutbu. **the South P—** Güney Kutbu.
pole.cat (pol'kät) *i.* kokarca, kırsansarı.
po.lem.ic (pılem'ik) *s.* tartışmalı. *i.* polemik, sert tartışma.
po.lem.i.cal (pılem'ikıl) *s.* tartışmalı.
po.lem.ics (pılem'iks) *i.* tartışma sanatı, polemik.
pole.star (pol'star) *i., gökb.* Kutupyıldızı, Demirkazık.
pole-vault (pol'vôlt) *f., spor* sırıkla atlamak.
po.lice (pılis') *i.* (*çoğ.* **po.lice**) polis. *f.* polis kuvvetiyle güvenliği sağlamak. **— commissioner** komiser, polis komiseri. **— officer** polis. **— squad** polis müfrezesi. **— station** karakol. **motor —**
motosikletli polis. **mounted —** atlı polis.
po.lice.man (pılis'mın), *çoğ.* **po.lice.men** (pılis'min) *i.* polis.
po.lice.wom.an (pılis'wûmın), *çoğ.* **po.lice.wom.en** (pılis'wimin) *i.* kadın polis.
pol.i.clin.ic (paliklin'ik) *i.* poliklinik.
pol.i.cy (pal'ısi) *i.* siyaset, politika.
pol.i.cy (pal'ısi) *i.* poliçe: **life insurance policy** hayat sigortası poliçesi.
po.li.o (po'liyo) *i.* çocuk felci.
po.li.o.my.e.li.tis (poliyomayılay'tis) *i.* çocuk felci.
Po.lish (po'liş) *i.* Lehçe, Polca. *s.* 1. Polonya, Polonya'ya özgü; Leh. 2. Lehçe, Polca. 3. Polonyalı; Leh.
pol.ish (pal'iş) *f.* 1. cilalamak, parlatmak; cilalanmak, parlamak. 2. (ayakkabı) boyamak. 3. terbiye etmek. *i.* 1. cila. 2. incelik, nezaket, terbiye. **— off** 1. (işi) çabucak bitirmek. 2. (yemeği) silip süpürmek, bir çırpıda temizlemek. **— up** 1. iyice parlatmak. 2. çalışarak ilerletmek.
po.lite (pılayt') *s.* kibar, nazik, terbiyeli.
po.lite.ness (pılayt'nis) *i.* kibarlık, nezaket, terbiye.
pol.i.tic (pal'ıtik) *s.* 1. kurnaz, becerikli. 2. sağgörülü; tedbirli, ihtiyatlı. 3. politik, siyasal.
po.lit.i.cal (pılit'ikıl) *s.* 1. devlete/hükümete ait. 2. politik, siyasal, siyasi. **— science** siyasal bilgiler.
pol.i.ti.cian (palıtiş'ın) *i.* politikacı.
pol.i.tics (pal'ıtiks) *i.* 1. politika, siyaset. 2. politikacılık. 3. entrikalar.
pol.i.ty (pal'ıti) *i.* yönetim biçimi, hükümet şekli.
pol.ka (pol'kı) *i.* polka (dans/müzik). **— dot** (kumaşta) puan.
poll (pol) *i.* 1. oylama. 2. oy sayısı. 3. anket. *f.* 1. oy vermek, oyunu kullanmak. 2. oy toplamak. 3. anket yapmak. **the —s** 1. seçim. 2. seçim sandığı. 3. anketler.
polled (pold) *s.* boynuzsuz (hayvan).
pol.len (pal'ın) *i.* çiçektozu, polen.
pol.li.nate (pal'ıneyt) *f., bot.* tozlaşmak.
pol.li.na.tion (palıney'şın) *i., bot.* tozlaşma.
poll.ster (pol'stır) *i.* anketçi.
pol.lut.ant (pılu'tınt) *i.* kirletici madde.
pol.lute (pılut') *f.* kirletmek. **be —d** kirli olmak. **The air is very —d.** Hava çok kirli.
pol.lu.tion (pılu'şın) *i.* 1. kirletme; kirlenme. 2. kirlilik.
po.lo (po'lo) *i.* polo, çevgen.
poly- *önek* çok.
pol.y.an.drous (paliyän'drıs) *s.* çokkocalı.
pol.y.an.dry (paliyän'dri) *i.* çokkocalılık, poliandri.
pol.y.es.ter (pal'iyestır, paliyes'tır) *i.* polyester.
pol.y.eth.yl.ene (paliyeth'ılin) *i., kim.* polietilen.
po.lyg.a.mist (pılig'ımist) *i.* çokeşli erkek, poligam erkek.

th	dh	w	hw	b	c	ç	d	f	g	h	j	k	l	m	n	p	r	s	ş	t	v	y	z
thin	the	we	why	be	joy	chat	ad	if	go	he	regime	key	lid	me	no	up	or	us	she	it	via	say	is

po.lyg.a.mous (pılig´ımıs) *s.* çokeşli, poligam.
po.lyg.a.my (pılig´ımi) *i.* çokeşlilik, poligami.
pol.y.glot (pal´iglat) *s.* 1. çok dil bilen, poliglot. 2. birçok dili kapsayan. *i.* çok dil bilen kimse.
pol.y.gon (pal´igan) *i., geom.* çokgen, poligon.
po.lyg.y.nous (pılic´ınıs) *s.* çokkarılı.
po.lyg.y.ny (pılic´ıni) *i.* çokkarılılık.
pol.y.he.dral (palihi´drıl) *s., geom.* çokyüzlü.
pol.y.he.dron (palihi´drın) *i., geom.* çokyüzlü.
Pol.y.ne.sia (palıni´ji) *i.* Polinezya. **—n** *i.* Polinezyalı. *s.* 1. Polinezya, Polinezya'ya özgü. 2. Polinezyalı.
pol.y.no.mi.al (palino´miyıl) *i., mat.* çokterimli.
pol.yp (pal´ip) *i., zool., tıb.* polip.
pol.y.phas.al (pal´ifeyzıl) *s., elek.* çokfazlı.
pol.y.phase (pal´ifeyz) *s., elek.* çokfazlı.
pol.y.phon.ic (palifan´ik) *s., müz.* çoksesli, polifonik.
po.lyph.o.ny (pılif´ıni) *i., müz.* çokseslilik, polifoni.
pol.y.pore (pal´ipor) *i., bot.* katranköpüğü.
po.ly.se.mous (palisi´mıs) *s.* çokanlamlı.
po.ly.se.my (pıli´sımi) *i.* çokanlamlılık.
pol.y.the.ism (pal´ithiyizım) *i.* çoktanrıcılık, politeizm.
pol.y.the.ist (pal´ithiyist) *i.* çoktanrıcı, politeist.
pol.y.ur.e.thane (paliyur´itheyn) *i.* poliüretan.
pol.y.u.ri.a (paliyu´riyı) *i., tıb.* sıkişeme.
po.made (pomeyd´, pımad´) *i.* briyantin; pomat, merhem.
pome.gran.ate (pam´gränit) *i.* nar.
pom.mel (pʌm´ıl) *f.* **(—ed/—led, —ing/—ling)** yumruklamak, dövmek.
pomp (pamp) *i.* tantana, debdebe, görkem.
pom.pos.i.ty (pampas´iti) *i.* 1. tantana, debdebe. 2. azamet, kurum.
pom.pous (pam´pıs) *s.* 1. azametli, kurumlu, gururlu. 2. gösterişli, görkemli, saltanatlı. 3. süslü.
pond (pand) *i.* gölcük, gölet; havuz. **— lily** nilüfer, gölotu.
pon.der (pan´dır) *f.* düşünüp taşınmak, zihninde tartmak, uzun uzun düşünmek.
pon.der.ous (pan´dırıs) *s.* 1. ağır, hantal. 2. sıkıcı, tatsız.
pon.der.ous.ly (pan´dırıslı) *z.* 1. ağır ağır. 2. sıkıcı bir şekilde.
pong (pang) *i., İng., k. dili* (pis) koku. *f., İng., k. dili* (pis) kokmak.
pong.y (pan´gi) *s., İng., k. dili* (pis) kokan.
pon.tiff (pan´tif) *i.* 1. papa. 2. piskopos.
pon.toon (pantun´) *i.* duba, tombaz. **— bridge** dubalı köprü.
po.ny (po´ni) *i.* midilli.
pooch (puç) *i., argo* it.
poo.dle (pu´dıl) *i.* kaniş.
pooh-pooh (pu´pu´) *f., k. dili* hafife almak.
pool (pul) *i.* 1. gölcük; havuz. 2. su birikintisi. 3. yüzme havuzu.
pool (pul) *i.* 1. *isk.* ortaya konulan para. 2. on beş top ile oynanan bir çeşit bilardo. 3. *tic.* rekabeti önlemek için fiyatları kontrol altında tutan tüccarlar birliği. 4. çalışma grubu, ekip. *f.* 1. *tic.* ortak fona koymak, havuzda toplamak. 2. bir araya getirmek, birleştirmek. **— hall** bilardo salonu. **the —s** *İng.* sportoto; sporloto.
pool.room (pul´rum) *i.* bilardo salonu.
poop (pup) *i., den.* pupa, kıç. **— deck** kıç kasarası.
poop (pup) *i., ç. dili* kaka. *f.* 1. *ç. dili* kaka yapmak; **on** -i kakalamak, -e kaka yapmak. 2. *k. dili* pırt yapmak, osurmak.
poop (pup) *f., argo* yormak, takatını kesmek.
poop (pup) *i., argo* haber, bilgi, malumat.
pooped (pupt) *s., argo* bitkin, bitap, takatı kesilmiş.
poo-poo (pu´pu´) *i., ç. dili* kaka. *f., ç. dili* kaka yapmak; **on** -i kakalamak, -e kaka yapmak.
poor (pûr) *s.* 1. yoksul, fakir. 2. zayıf. 3. az. 4. kuvvetsiz. 5. verimsiz, kısır. 6. zavallı, biçare. 7. kötü, adi. *i.* **the —** yoksullar, fakir fukara. **P— fellow!** Vah zavallı!
poor.ly (pûr´li) *z.* kötü bir şekilde; başarısızlıkla.
pop (pap) *i.* 1. patlama sesi. 2. gazoz. *f.* **(—ped, —ping)** 1. patlamak; patlatmak. 2. (mısır) patlatmak. **— in** uğramak. **— out** 1. ağızdan kaçmak. 2. fırlamak. **— the question** *k. dili* evlenme teklif etmek.
pop (pap) *i.* pop müzik. *s.* pop: **pop concert** pop konseri. **pop music** pop müzik. **pop singer** pop şarkıcısı.
pop.corn (pap´kôrn) *i.* 1. patlamış mısır. 2. cinmısırı.
pope (pop) *i.* papa.
pop.eyed (pap´ayd) *s.* patlak gözlü.
pop.lar (pap´lır) *i.* kavak.
pop.lin (pap´lin) *i.* poplin.
pop.per (pap´ır) *i., İng., k. dili* çıtçıt, fermejüp.
pop.py (pap´i) *i., bot.* gelincik; haşhaş. **— seed** haşhaş tohumu. **opium —** haşhaş. **Oriental —** *bot.* doğuhaşhaşı.
pop.py.cock (pap´ikak) *i., k. dili* saçma, saçmalık, zırva.
pop.u.lace (pap´yılis) *i.* halk, kitle.
pop.u.lar (pap´yılır) *s.* 1. popüler, herkesçe sevilen. 2. halka özgü; halk: **the popular vote** halkoyu. 3. genel, yaygın. 4. herkesçe anlaşılabilir. 5. halkın kesesine elverişli, ucuz.
pop.u.lar.ise (pap´yılırayz) *f., İng., bak.* **popularize**.
pop.u.lar.i.ty (papyılır´iti) *i.* popülerlik, popülarite.
pop.u.lar.ize, *İng.* **pop.u.lar.ise** (pap´yılırayz) *f.* 1. popülerleştirmek. 2. herkesin anlayacağı

şekle sokmak.
pop.u.late (pap'yıleyt) *f.* 1. nüfuslandırmak, şeneltmek. 2. yaşamak, oturmak.
pop.u.la.tion (papyıley'şın) *i.* nüfus.
pop.u.lous (pap'yılıs) *s.* yoğun nüfuslu, kalabalık.
por.ce.lain (pôr'sılin, pôrs'lin) *i.* porselen.
porch (pôrç) *i.* 1. sundurma. 2. veranda.
por.cu.pine (pôr'kıypayn) *i., zool.* oklukirpi.
pore (pôr) *i.* gözenek. — **fungus/mushroom** *bot.* katranköpüğü.
pore (pôr) *f.* over 1. dikkatle okumak. 2. derinliğine incelemek. 3. derinlemesine düşünmek.
pork (pôrk) *i.* domuz eti. — **sausage** domuz sosisi.
porn (pôrn), **por.no** (pôr'nô) *i., k. dili* pornografi.
por.no.graph.ic (pôrnıgräf'ik) *s.* pornografik, müstehcen.
por.nog.ra.phy (pôrnag'rıfi) *i.* pornografi.
po.ros.i.ty (pôras'ıti) *i.* gözeneklilik, porozite.
po.rous (pôr'ıs) *s.* gözenekli.
por.phy.ry (pôr'fıri) *i.* porfir, somaki.
por.poise (pôr'pıs) *i.* 1. domuzbalığı. 2. yunusbalığı.
por.ridge (pôr'ic) *i., İng.* suyla/sütle pişirilen lapa.
port (pôrt) *i.* liman; liman kenti. — **authority** liman idaresi. — **of call** *den.* uğranılacak liman. — **of entry** 1. giriş limanı. 2. gümrük kapısı. **free** — serbest liman, açık liman. **home** — demirleme limanı.
port (pôrt) *i., den.* 1. lombar. 2. lomboz.
port (pôrt) *i., den.* iskele, geminin sol yanı.
port (pôrt) *i.* porto şarabı.
port (pôrt) *i., bilg.* port, kapı.
port.a.ble (pôr'tıbıl) *s.* taşınabilir, portatif.
por.tal (pôr'tıl) *i.* ana kapı.
por.tend (pôrtend') *f.* (kötü bir olayı) önceden haber vermek, (olumsuz bir şeyin) habercisi olmak.
por.tent (pôr'tent) *i.* 1. belirti, işaret, haberci. 2. mucize, harika.
por.ter (pôr'tır) *i.* kapıcı.
por.ter (pôr'tır) *i.* hamal, taşıyıcı, yükçü.
por.ter.age (pôr'tıric) *i.* 1. hamallık. 2. hamal ücreti, hamaliye.
port.fo.li.o (pôrtfo'liyo) *i.* 1. evrak çantası. 2. makam, görev. 3. *borsa* portföy.
port.hole (pôrt'hol) *i.* 1. *den.* lomboz. 2. kale mazgalı.
por.tion (pôr'şın) *i.* 1. kısım, parça, bölüm, cüz. 2. porsiyon, bir tabak yemek. 3. pay, hisse. 4. kader, nasip. *f.* out -i bölüştürmek.
port.ly (pôrt'li) *s.* iri yapılı, cüsseli, şişman.
Por.to Ri.can (pôr'tı ri'kın) *bak.* **Puerto Rican.**
Por.to Ri.co (pôr'tı ri'ko) *bak.* **Puerto Rico.**

por.trait (pôr'trit) *i.* portre. — **painter** portre ressamı.
por.tray (pôrtrey') *f.* 1. resmetmek, resmini yapmak. 2. betimlemek, tanımlamak.
por.tray.al (pôrtrey'ıl) *i.* 1. resmetme. 2. betimleme. 3. rolünü oynama.
Por.tu.gal (pôr'çıgıl) *i.* Portekiz.
Por.tu.guese (pôr'çıgız) *i.* 1. (*çoğ.* **Por.tu.guese**) Portekizli. 2. Portekizce. *s.* 1. Portekiz, Portekiz'e özgü. 2. Portekizce. 3. Portekizli. — **man-of-war** *zool.* (birkaç tür) renkli ve büyük medüz/denizanası.
pos. *kıs.* **position, positive, possessive.**
pose (poz) *i.* 1. poz, duruş. 2. tavır; yapmacık tavır. *f.* 1. poz vermek. 2. ortaya (bir soru) atmak. 3. (sorun) yaratmak. 4. yerleşmek; yerleştirmek. — **as** kendine ... süsü vermek, ... kılığına girmek: **The burglar, posing as a policeman, knocked on the door.** Hırsız kendine polis süsü vererek kapıyı çaldı.
po.seur (pozır') *i.* pozcu.
posh (paş) *s., İng., k. dili* lüks; şık, modaya uygun.
po.si.tion (pızış'ın) *i.* 1. yer, mevki. 2. durum, vaziyet, pozisyon. 3. tutum, görüş. 4. konum. 5. toplumsal durum, sosyal pozisyon. 6. duruş. 7. *ask.* mevzi. 8. iş, görev, memuriyet. *f.* 1. yerleştirmek. 2. (bir yerde) durmak: **He positioned himself next to the window.** Pencerenin önünde durdu. — **oneself (to do something)** 1. -e uygun pozisyona girmek: **The football player positioned himself for a goal.** Futbolcu gol pozisyonuna girdi. 2. (bir şey yapabilmek için) zemin hazırlamak: **He is positioning himself to become president.** Cumhurbaşkanı seçilebilmek için kendine zemin hazırlıyor. **a man in my** — benim durumumda olan bir adam. **be in a** — **to do something (about)** (bir konuda) bir şeyler yapabilecek durumda olmak. **in** — tam yerinde. **out of** — yerinden çıkmış.
pos.i.tive (paz'ıtiv) *s.* 1. kesin, mutlak: **positive proof** kesin delil. 2. olumlu, pozitif: **a positive development** olumlu bir gelişme. 3. gerçek: **a positive difference** gerçek bir fark. 4. belli, açık: **It's positive that she was mistaken.** Yanıldığı belli. 5. emin: **Are you positive?** Emin misin? 6. tam: **a positive nuisance** tam bir bela. 7. *mat., elek., foto.* pozitif. 8. *elek.* artı, pozitif. 9. *dilb.* olumlu. *i.* 1. pozitif resim. 2. kesin şey, katı şey. — **sign** toplama işareti, artı işareti (+).
pos.i.tiv.ism (paz'ıtivizım) *i., fels.* pozitivizm, olguculuk.
pos.i.tiv.ist (paz'ıtivist) *i., s., fels.* pozitivist, olgucu.
pos.sess (pızes') *f.* 1. sahip olmak, -si olmak: **He possesses two cars.** İki arabası var. 2. hük-

metmek.
pos.sessed (pızest´) s. 1. deli; mecnun. 2. çılgın. 3. sahipli. 4. soğukkanlı. **be — of** -e sahip olmak. **be — with ...** tutkusuyla yanıp tutuşmak: **He was possessed with a desire to see Africa.** Afrika'yı görme tutkusuyla yanıp tutuşuyordu.
pos.ses.sion (pızeş´ın) i. 1. iyelik, sahip olma. 2. çoğ. servet, mal mülk. 3. cin çarpması, cinnet, delilik. **be in — of** -e sahip olmak, -si olmak. **be in — of oneself** kendine hâkim olmak, kendine sahip olmak. **take — of** 1. -i zapt etmek, -i almak. 2. -e el koymak.
pos.ses.sive (pızes´iv) s. 1. iyelik gösteren, iyelik .... 2. paylaşmak istemeyen. **the — (case)** dilb. -in hali, tamlayan durumu, genitif.
pos.ses.sor (pızes´ır) i. mal sahibi.
pos.si.bil.i.ty (pasıbil´ıti) i. 1. olanak, imkân. 2. gerçekleşmesi mümkün olan olay.
pos.si.ble (pas´ıbıl) s. olası, mümkün, imkân dahilinde, muhtemel.
pos.si.bly (pas´ıbli) z. belki, olabilir.
pos.sum (pas´ım) i., k. dili opossum, sarig. f., k. dili 1. uyur gibi yapmak. 2. ölü numarası yapmak.
post (post) i. kazık, destek, direk. f. 1. (ilan) yapıştırmak. 2. afişle ilan etmek.
post (post) i. 1. memuriyet, görev. 2. ordugâh. 3. kol, karakol. 4. polis noktası. 5. yabancıların kurduğu alışveriş yeri. f. 1. koymak, yerleştirmek. 2. görevlendirmek, vazifelendirmek.
post (post) i., İng. 1. posta. 2. posta servisi. 3. posta kutusu. 4. postane. f. 1. İng. postalamak, postaya vermek. 2. (kayıtları) günlük defterden ana deftere geçirmek. **— office** postane. **post-office box** posta kutusu. **by return —** ilk posta ile, acele.
post- önek sonra.
post.age (pos´tic) i. posta ücreti. **— due** taksa. **postage-due stamp** taksa pulu. **— stamp** posta pulu.
post.al (pos´tıl) s. postayla ilgili. **— clerk** postane memuru. **— money/order** posta havalesi.
post.card (post´kard) i. kartpostal.
post.date (post´deyt) f. üzerine ileri bir tarih atmak. **—d check** tic. vadeli çek.
post.er (pos´tır) i. poster, afiş.
pos.te.ri.or (pastir´iyır) s. 1. sonra gelen, sonraki. 2. gerideki. 3. anat. kıça yakın. i. kıç, popo, kaba etler.
pos.ter.i.ty (paster´ıti) i. 1. döl, soy. 2. gelecek kuşaklar.
post-free (post´fri) s. 1. posta ücretine tabi olmayan. 2. İng. posta ücreti ödenmiş.
post.grad.u.ate (postgräc´uwit) s. üniversite sonrası öğrenimle ilgili. i. master/doktora öğrencisi.

post.haste (post´heyst´) z. büyük bir hızla, çok acele.
post.hu.mous (pas´çımıs) s. 1. babasının ölümünden sonra doğmuş. 2. yazarın ölümünden sonra yayımlanmış. 3. bir kimsenin ölümünden sonra olan.
post.hu.mous.ly (pas´çımıslı) z. ölümden sonra.
post.man (post´mın), çoğ. **post.men** (post´min) i. postacı.
post.mark (post´mark) i. posta damgası.
post.mas.ter (post´mästır) i. postane müdürü.
post.mis.tress (post´mistrıs) i. postane müdiresi.
post.mor.tem (postmôr´tım) s. öldükten sonraki, ölüm sonrası. i. otopsi.
post.na.tal (post´ney´tıl) s. doğum sonrası.
post.paid (post´peyd´) s., z. posta ücreti ödenmiş (olarak).
post.par.tum (post´par´tım) s. doğum sonrası.
post.pone (postpon´) f. ertelemek.
post.pone.ment (postpon´mınt) i. erteleme.
post.script (post´skript) i. (mektubun altındaki) not; dipnot.
pos.tu.late (pas´çıleyt) f. farz etmek, varsaymak.
pos.tu.late (pas´çılit) i., man., mat. postulat, konut, koyut.
pos.ture (pas´çır) i. 1. duruş, poz. 2. durum, hal. 3. tutum, tavır.
po.sy (po´zi) i. 1. çiçek. 2. çiçek demeti.
pot (pat) i. 1. toprak kap, çömlek. 2. tencere. 3. argo haşiş. 4. göbek. 5. bir kap dolusu: **a pot of tea** bir çaydanlık dolusu çay. **a pot of soup** bir tencere çorba. 6. (kumarda ortaya konan) toplam para. 7. argo klozet. **— holder** tutacak; fırın eldiveni. **go to —** k. dili bozulmak, mahvolmak.
po.ta.ble (po´tıbıl) s. içilebilir.
po.tas.si.um (pıtäs´iyım) i., kim. potasyum.
po.ta.to (pıtey´to) i. (çoğ. **—es**) patates. **— chip** cips.
pot.bel.lied (pat´belid) s. şişman göbekli, göbekli.
pot.bel.ly (pat´beli) i. 1. k. dili şişman göbek, göbek. 2. bir tür soba.
po.ten.cy (po´tınsi) i. 1. kuvvet, güç. 2. etki. 3. yetki. 4. nüfuz. 5. cinsel güç, iktidar.
po.tent (po´tınt) s. 1. kuvvetli, güçlü. 2. etkili. 3. yetkili. 4. nüfuzlu. 5. cinsel iktidarı olan.
po.ten.tate (po´tınteyt) i. 1. hükümdar, kral. 2. büyük yetki sahibi, otorite.
po.ten.tial (pıten´şıl) s. 1. olası, muhtemel. 2. fiz. gizil, potansiyel. i. potansiyel. **— energy** fiz. gizilgüç.
po.ten.tial.ly (pıten´şıli) z. potansiyel olarak: **That man is potentially dangerous.** O adam tehlikeli olabilir.
pot.hole (pat´hol) i. (yol yüzeyinde arabaların yol açtığı) çukur.

po.tion (po'şın) *i.* 1. ilaç dozu. 2. iksir.
pot.pour.ri (po'pıri') *i.* 1. çeşitli çiçeklerin güzel kokulu yapraklarıyla baharattan oluşan ve kavanozda saklanan bir karışım. 2. birbirinden epey farklı şeylerden oluşan karışım. 3. *müz.* potpuri.
pot.sherd (pat'şırd) *i.* kırık çömlek parçası.
pot.shot (pat'şat) *i.* (ateşli silahla yapılan) rasgele vuruş.
pot.ter (pat'ır) *i.* çömlekçi. —'s wheel çömlekçi çarkı.
pot.ter (pat'ır) *f., bak.* putter.
pot.ter.y (pat'ıri) *i.* 1. çanak çömlek. 2. çömlek imalathanesi. 3. çömlekçilik.
pot.ty (pat'i) *i., ç. dili* 1. lazımlık. 2. klozet. *s., İng., k. dili* deli, çatlak. — chair lazımlıklı iskemle.
pouch (pauç) *i.* 1. kese, torba. 2. göz altında oluşan torbamsı şişlik. 3. *zool.* kese. 4. *zool.* avurt.
poul.ter (pol'tır) *i., İng., bak.* poulterer.
poul.ter.er (pol'tırır) *i., İng.* 1. kümes hayvanlarının etini satan kasap. 2. kümes hayvanlarını yetiştirip satan kimse.
poul.tice (pol'tis) *i.* yara lapası.
poul.try (pol'tri) *i.* 1. kümes hayvanları. 2. kümes hayvanlarının eti.
poul.try.man (pol'trimın), *çoğ.* **poul.try.men** (pol'trimin) *i.* 1. kümes hayvanlarının etini satan kasap. 2. kümes hayvanlarını yetiştirip satan adam.
pounce (pauns) *i.* saldırma, atılma. *f.* **at/on/upon** birden üstüne atılmak.
pound (paund) *i.* 1. libre. 2. *İng.* sterlin, pound. — **sterling** *İng.* sterlin, pound. **apothecaries'/troy — (12 ounces)** 373 gram. **avoirdupois — (16 ounces)** 453 gram.
pound (paund) *i.* 1. başıboş hayvanların muhafaza edildiği yer. 2. yasak yere park eden araçların çekildiği otopark. 3. *k. dili* cezaevi.
pound (paund) *f.* 1. vurmak, dövmek. 2. yumruklamak. 3. (gemi) dalgaya çarpmak. 4. (kalp) küt küt atmak. 5. ağır adımlarla yürümek.
pour (pôr) *f.* 1. dökmek, akıtmak; dökülmek, akmak. 2. bardaktan boşanırcasına yağmak. — **cold water on** ... umudunu söndürmeye çalışmak, ... hevesini kırmaya çalışmak. — **oil on troubled waters** heyecanı yatıştırmak.
pout (paut) *f.* surat asmak, somurtmak. *i.* surat asma, somurtma.
pov.er.ty (pav'ırti) *i.* 1. yoksulluk, fakirlik, ihtiyaç. 2. yetersizlik, eksiklik.
pov.er.ty-strick.en (pav'ırti.strikın) *s.* çok fakir, yoksul.
POW *kıs.* **Prisoner of War.**
pow.der (pau'dır) *i.* 1. toz. 2. pudra. 3. barut. *f.* 1. pudralamak. 2. toz haline getirmek; toz haline gelmek. — **horn/flask** barutluk. —

puff pudra ponponu. — **room** bayanlara ait tuvalet. —**ed milk** süttozu. —**ed sugar** pudraşeker. **take a** — *argo* toz olmak, tüymek.
pow.der.y (pau'dıri) *s.* 1. toz gibi. 2. tozlu.
pow.er (pau'wır) *i.* 1. güç, kuvvet: **physical power** fiziksel güç. 2. yetenek: **the power to learn** öğrenme yeteneği. 3. etki: **The medicine has lost its power.** İlaç etkisini kaybetti. 4. nüfuz: **His power in political circles is limited.** Siyasi çevrelerdeki nüfuzu sınırlı. 5. yetki: **the power to hire and fire** işe alma ve işten çıkarma yetkisi. 6. *mat.* üs, üst: **raise to the tenth power** onuncu üse çıkarmak. — **of attorney** vekâletname. — **of life and death** idam etme veya af yetkisi. — **plant/station** elektrik santrali. — **politics** kuvvet politikası. **come into** — 1. iş başına geçmek. 2. iktidar mevkiine geçmek. **electric** — elektrik kuvveti. **It is beyond my** —. Elimde değil. **More** — **to him!** Allah gücünü artırsın!/Tebrikler! **party in** — iktidar partisi. **the** —**s that be** başta olanlar. **water** — su kuvveti.
pow.er.ful (pau'wırfıl) *s.* 1. güçlü, kuvvetli. 2. etkili. 3. nüfuzlu.
pow.er.less (pau'wırlis) *s.* 1. güçsüz, kuvvetsiz. 2. çaresiz. 3. beceriksiz. 4. nüfuzsuz.
pow.wow (pau'wau) *i., k. dili* toplantı; görüşme. *f.* görüşmek, konuşmak.
pp. *kıs.* **pages, pianissimo.**
PR *kıs.* **public relations.**
prac.ti.ca.bil.i.ty (präktikıbil'ıti) *i.* yapılabilirlik, uygulanabilirlik.
prac.ti.ca.ble (präk'tikıbıl) *s.* 1. yapılabilir, uygulanabilir. 2. kullanışlı, elverişli.
prac.ti.cal (präk'tikıl) *s.* 1. pratik, kullanışlı, elverişli. 2. pratik, uygulamalı, tatbiki. 3. pratik (kimse). — **joke** eşek şakası.
prac.ti.cal.i.ty (präktikäl'ıti) *i.* pratiklik.
prac.ti.cal.ly (präk'tikıli) *z.* 1. gerçekte. 2. hemen hemen. 3. pratik bir şekilde.
prac.tice, *İng.* **prac.tise** (präk'tis) *i.* 1. uygulama, tatbikat. 2. pratik, egzersiz, alıştırma. 3. egzersiz, idman, antrenman. 4. alışkanlık, âdet. 5. *tiy.* prova. **P— makes perfect.** Meşk kemale erdirir. **Doctor Brown has a large** —. Doktor Brown'ın çok hastası var. **in** — uygulamada. **make a** — **of doing something** bir şeyi âdet edinmek. **out of** — yeteneği körelmiş, pratiğini kaybetmiş. **put into** — uygulamaya koymak. **sharp** —**s** hileli işler, dalavere. **target** — atış talimi. **the regular** — alışkanlık, âdet.
prac.tice, *İng.* **prac.tise** (präk'tis) *f.* 1. pratik yapmak, egzersiz yapmak: **to practice the piano** piyanoda egzersiz yapmak. 2. -i geliştirmek için pratik yapmak; -de ilerlemek için egzersiz yapmak: **He is practicing his English.** İngilizcesini ilerletmek için egzersiz yapıyor. 3. *spor* id-

man yapmak, antrenman yapmak, egzersiz yapmak. 4. -lik yapmak: **He is practicing law.** Avukatlık yapıyor. **She is practicing medicine.** Hekimlik yapıyor. **P— what you preach.** Davranışlarınız sözlerinize uysun.
prac.ticed (präk´tist) *s.* deneyimli, tecrübeli.
prac.ti.tion.er (präktiş´ınır) *i.* pratisyen. **general — pratisyen doktor.**
prag.mat.ic (prägmät´ik) *s.* pragmatik.
prag.ma.tism (präg´mıtizım) *i.* pragmacılık, pragmatizm.
prag.ma.tist (präg´mıtist) *i.* pragmacı, pragmatist.
prai.rie (prer´i) *i.* (ağaçsız, otlarla kaplı, geniş) düzlük, ova.
praise (preyz) *f.* 1. övmek, methetmek. 2. hamdetmek, şükretmek. *i.* övgü.
praise.wor.thy (preyz´wırdhi) *s.* övülmeye değer.
pram (präm) *i.* çocuk arabası.
prance (präns) *f.* (at) sıçrayıp oynamak; (atı) sıçratıp oynatmak.
prank (prängk) *i.* eşek şakası; oyun.
prate (preyt) *f.* gevezelik etmek. *i.* gevezelik.
prat.tle (prät´ıl) *f.* 1. çocukça konuşmak. 2. gevezelik etmek. *i.* çocukça konuşma.
prawn (prôn) *i., İng.* karides.
pray (prey) *f.* 1. dua etmek. 2. namaz kılmak. **—ing mantis** *zool.* peygamberdevesi.
prayer (prer) *i.* 1. dua. 2. namaz. **— beads** tespih. **— book** dua kitabı. **— meeting** dua meclisi. **— rug** seccade.
pre- *önek* önce, ön.
preach (priç) *f.* vaaz vermek. **— against** aleyhinde va'zetmek. **— to** -e va'zetmek.
preach.er (pri´çır) *i.* vaiz.
pre.am.ble (pri´yämbıl) *i.* başlangıç, önsöz.
pre.an.i.mism (priyän´ımizım) *i.* preanimizm.
pre.ar.range (priyıreync´) *f.* önceden düzenlemek.
pre.car.i.ous (priker´iyıs) *s.* 1. güvenilmez. 2. kararsız, şüpheli. 3. nazik, tehlikeli, rizikolu.
pre.car.i.ous.ly (priker´iyısli) *z.* tehlikeli bir şekilde.
pre.cau.tion (prikô´şın) *i.* önlem, tedbir. **take —s** önlem almak, tedbir almak.
pre.cede (prisid´) *f.* -den önde olmak, -den önce gelmek.
prec.e.dence (pres´ıdıns, prisid´ıns) *i.* 1. önce gelme. 2. üstünlük. 3. önce olma. **order of —** kıdem sırası. **take —** başta olmak.
prec.e.dent (pres´ıdınt) *i.* örnek.
pre.ced.ing (prisi´ding) *s.* -den önceki; önde bulunan. **the —** bundan önceki, yukarıda gösterilen.
pre.cept (pri´sept) *i.* 1. emir. 2. ahlaki kural, ilke. 3. yönerge.
pre.cinct (pri´singkt) *i.* 1. bölge, yöre. 2. çevre. 3. seçim bölgesi.
pre.cious (preş´ıs) *s.* 1. değerli, kıymetli. 2. çok pahalı. 3. aziz. 4. fazla nazik. 5. *k. dili* rezil. *z., k. dili* çok, pek: **There is precious little time left.** Çok az zaman kaldı. **— metals** (altın, gümüş, platin gibi) kıymetli madenler. **— stone** kıymetli taş, mücevher.
prec.i.pice (pres´îpis) *i.* 1. uçurum. 2. sarp kayalık.
pre.cip.i.tant (prisip´ıtınt) *i., kim.* çökeltici, çöktürücü. *s., bak.* **precipitate.**
pre.cip.i.tate (prisip´ıtit, prisip´ıteyt) *i., kim.* çökelti, çökel. *s.* 1. aceleci. 2. düşüncesiz. 3. aceleyle yapılan. 4. ani.
pre.cip.i.tate (prisip´ıteyt) *f.* 1. neden olmak, başlatmak. 2. *kim.* çökeltmek; çökelmek. 3. (yağmur/kar şeklinde) yere düşmek, yağmak.
pre.cip.i.ta.tion (prisipıtey´şın) *i.* 1. yağış. 2. *kim.* çökelme; çökeltme.
pre.cip.i.tous (prisip´ıtıs) *s.* 1. dik, sarp. 2. atılgan, aceleci.
pré.cis (prey´si) *i.* özet.
pre.cise (prisays´) *s.* 1. tam, kesin: **a precise definition of the word** sözcüğün tam karşılığı. **at the precise moment of his arrival** tam geldiği anda. 2. çok dikkatli, titiz (kimse). 3. titizlikle yapılmış (iş). 4. dakik (saat). 5. hassas (alet).
pre.ci.sion (prisij´ın) *i.* 1. kesinlik. 2. doğruluk. 3. dikkat, dikkatlilik. 4. (saatte) dakiklik. 5. (alette) hassasiyet. *s.* hassas: **a precision instrument** hassas bir alet.
pre.clude (priklud´) *f.* 1. olanaksızlaştırmak, imkânsızlaştırmak, engellemek. 2. dışarıda bırakmak.
pre.co.cious (priko´şıs) *s.* erken gelişmiş.
pre.con.ceived (prikınsivd´) *s.* önyargılı.
pre.con.cep.tion (prikınsep´şın) *i.* önyargı.
pre.con.di.tion (prikındiş´ın) *i.* önkoşul.
pre.cur.sor (prikır´sır) *i.* haberci, müjdeci.
pre.date (prideyt´) *f.* 1. erken tarih atmak. 2. daha önce gelmek.
pred.a.tor (pred´ıtır) *i.* yırtıcı hayvan.
pred.a.to.ry (pred´ıtôri) *s.* 1. yırtıcı: **predatory animal** yırtıcı hayvan. 2. çapulcu, yağmacı: **a predatory tribe** çapulcu bir kabile.
pred.e.ces.sor (pred´ısesır) *i.* 1. öncel, selef. 2. ata, cet.
pre.des.ti.na.tion (pridestiney´şın) *i.* 1. Allahın, kişinin cennete/cehenneme gideceğini doğmadan önce tayin etmesi. 2. Allahın, kişinin hayatıyla ilgili her şeyi önceden tayin etmesi, öncel belirleme. 3. takdiri ilahi.
pre.des.tine (prides´tin) *f.* 1. **(for)** (birinin) (cennete/cehenneme gideceğini) önceden tayin etmek. 2. (birinin) (yaşarken başına gelecekleri) önceden tayin etmek.
pre.de.ter.mine (priditır´min) *f.* 1. önceden belirtmek. 2. önceden kararlaştırmak.

pre.dic.a.ment (pridik'ımınt) *i.* 1. kötü durum, bela. 2. durum, hal, vaziyet. **get into a —** sıkıya gelmek.
pred.i.cate (pred'ikit) *i., dilb., man.* yüklem. *s.* yüklemle ilgili.
pred.i.cate (pred'ikeyt) *f.* 1. doğrulamak. 2. belirtmek. **— on** -e dayandırmak.
pre.dict (pridikt') *f.* 1. önceden söylemek: **That economist predicted the present recession.** O ekonomist şimdiki durgunluğun olacağını önceden söylemişti. 2. -e dair/hakkında kehanette bulunmak: **The fortune-teller predicted that she would marry young.** Falcı genç yaşta evleneceğine dair kehanette bulundu.
pre.di.lec.tion (predilek'şın, pridilek'şın) *i.* yeğleme, tercih.
pre.dis.pose (pridispoz') *f.* **to** 1. -e önceden hazırlamak. 2. -e yatkınlaştırmak.
pre.dis.po.si.tion (pridispızîş'ın) *i.* to/towards -e yatkınlık, -e eğilim.
pre.dom.i.nant (pridam'ınınt) *s.* 1. çoğunlukta olan. 2. ağır basan, hâkim olan: **the predominant color** hâkim olan renk. 3. en nüfuzlu: **the predominant group in the meeting** toplantıdaki en nüfuzlu grup. 4. en etkili.
pre.dom.i.nant.ly (pridam'ınıntli) *z.* genelde, çoğu: **The representatives were predominantly European.** Temsilcilerin çoğu Avrupalıydı.
pre.dom.i.nate (pridam'ıneyt) *f.* 1. (sayı/nüfuz/kuvvet/etki/derece açısından) üstün olmak. 2. hâkim olmak. 3. galip gelmek.
pre.em.i.nence (priyem'ınıns) *i.* üstünlük.
pre.em.i.nent (priyem'ınınt) *s.* en önde gelen, rakipsiz, üstün.
pre.empt (priyempt') *f.* 1. önceden ayırmak. 2. herkesten önce satın almak.
pre.emp.tion (priyemp'şın) *i.* herkesten önce satın alma hakkı, önalım hakkı; önalım.
pre.emp.tive (priyemp'tiv) *s.* önceden satın alma hakkı olan. **— strike** karşı tarafın muhtemel saldırısına karşı önceden yapılan saldırı.
preen (prin) *f.* 1. (kuş) gagasıyla (tüylerini) düzeltmek; gagasıyla tüylerini düzeltmek. 2. (kedi, köpek v.b.) (tüylerini) yalamak; tüylerini yalamak. 3. saçını başını özenle düzeltmek. **— oneself** saçını başını özenle düzeltmek.
pre.ex.ist (priyîgzist') *f.* önceden var olmak.
pref. *kıs.* preface, prefix.
pre.fab (prifäb') *i., k. dili* prefabrik yapı.
pre.fab.ri.cate (prifäb'rikeyt) *f.* parçalarını önceden hazırlamak.
pre.fab.ri.cat.ed (prifäb'rikeytîd) *s.* prefabrik, prefabrike.
pre.fab.ri.ca.tion (prifäbrikey'şın) *i.* prefabrikasyon.
pref.ace (pref'îs) *i.* önsöz. *f.* 1. önsöz ile başlamak. 2. önsözünü yazmak. 3. -e ile başlamak.
pref.a.to.ry (pref'ıtôri) *s.* önsöz niteliğindeki.
pre.fer (prifır') *f.* **(—red, —ring)** 1. yeğlemek, tercih etmek. 2. *huk.* sunmak, arz etmek. **—red stock** *tic.* tercihli hisse senedi.
pref.er.a.ble (pref'ırıbıl) *s.* tercih edilir, daha iyi.
pref.er.a.bly (pref'ırıbli) *z.* tercihen.
pref.er.ence (pref'ırıns) *i.* 1. yeğleme, tercih. 2. tercih edilen şey. **give — to** -i tercih etmek. **have —** tercih hakkına sahip olmak.
pref.er.en.tial (prefıren'şıl) *s.* tercihli; ayrıcalıklı.
pre.fix (prifiks') *f.* (sözcük başına) önek koymak.
pre.fix (pri'fiks) *i.* önek.
preg.nan.cy (preg'nınsi) *i.* hamilelik, gebelik.
preg.nant (preg'nınt) *s.* 1. hamile, gebe. 2. **with** ile dolu. 3. anlamlı.
pre.heat (prihit') *f.* önceden ısıtmak.
pre.his.tor.ic (prihistôr'ik) *s.* tarihöncesi, tarihten önceki, prehistorik.
pre.his.to.ry (prihis'tıri) *i.* tarihöncesi, prehistorya.
pre.judge (pricʌc') *f.* önceden hüküm vermek.
prej.u.dice (prec'ıdîs) *i.* 1. önyargı. 2. kayırma, taraf tutma, tarafgirlik. 3. zarar, ziyan. *f.* 1. haksız hüküm verdirmek. 2. zarara uğratmak. **— someone against** birini -in aleyhine çevirmek, birine -e karşı olumsuz fikirler aşılamak. **— someone in favor of** birini -in lehine çevirmek, birine -in lehine olumlu fikirler aşılamak. **— someone's chances** birinin şansını azaltmak.
prej.u.di.cial (precıdîş'ıl) *s.* **be — to** -e zararlı olmak.
pre.lim.i.nar.y (prilim'ıneri) *s.* hazırlayıcı, ilk, ön. *i., çoğ.* 1. başlangıç, ön hazırlık. 2. eleme maçı. 3. ön sınav, yeterlik sınavı.
prel.ude (prel'yud, pri'lud) *i.* 1. başlangıç, giriş. 2. *müz.* prelüd.
pre.ma.ture (primıtûr', primıçûr') *s.* 1. zamanından önce olan/gelişen, erken. 2. mevsimsiz, zamansız. 3. erken doğmuş, prematüre (bebek).
pre.ma.ture.ly (primıtûr'li, primıçûr'li) *z.* zamanından önce, mevsimsiz olarak, erken.
pre.med.i.tate (primed'ıteyt) *f.* önceden tasarlamak.
pre.med.i.tat.ed (primed'ıteytîd) *s.* önceden tasarlanmış.
pre.mier (primir', primyir', *İng.* prem'yır) *s.* 1. birinci, ilk. 2. baş, asıl. *i.* başbakan.
pre.miere (primir') *i.* gala.
pre.mier.ship (primir'şip, primyir'şip, *İng.* prem'yırşip) *i.* başbakanlık.
prem.ise (prem'îs) *i., man.* öncül; terim. **major — *man.*** büyük terim. **minor — *man.*** küçük terim.
prem.is.es (prem'îsiz) *i.* (bir kuruma/kişiye ait)

bina/arazi.
prem.iss (prem'is) *i., man., bak.* **premise.**
pre.mi.um (pri'miyım) *i.* 1. prim. 2. ödül. 3. ikramiye. 4. sigorta primi. 5. *tic.* acyo, prim. **pay a — for** -i pahalıya almak.
pre.mo.ni.tion (primınîş'ın, premınîş'ın) *i.* 1. önsezi. 2. uyarma.
pre.na.tal (priney'tıl) *s.* doğum öncesi.
pre.oc.cu.pa.tion (priyakyıpey'şın) *i.* **with** zihni ... ile meşgul olma.
pre.oc.cu.py (priyak'yıpay) *f.* zihnini meşgul etmek. **be preoccupied with** zihni ... ile meşgul olmak.
prep (prep) *s., k. dili* hazırlayıcı, hazırlık. *i., İng.* ev ödevi. **— school** 1. kolej, özel ortaokul ve lise. 2. *İng.* koleje hazırlayan özel okul.
prep. *kıs.* **preparatory, preposition.**
pre.paid (pripeyd') *f., bak.* **prepay.**
prep.a.ra.tion (prepırey'şın) *i.* 1. hazırlama. 2. hazırlık. 3. preparat, hazır ilaç.
pre.par.a.tive (priper'ıtiv) *s.* hazırlayıcı. *i.* hazırlayıcı şey.
pre.par.a.to.ry (priper'ıtôri) *s.* hazırlayıcı, hazırlık. *z.* **to** -den önce: **preparatory to leaving the country** ülkeden çıkmadan önce. **preparatory to sending it** gönderilmesi için hazırlık olarak. **— school** kolej, özel ortaokul ve lise.
pre.pare (priper') *f.* 1. hazırlamak; hazırlanmak. 2. düzenlemek. 3. donatmak. 4. yapmak.
pre.pared (priperd') *s.* hazır, önceden hazırlanmış. **be —** 1. hazır/hazırlıklı olmak. 2. **to** -e razı olmak.
pre.par.ed.ness (priper'idnis, priperd'nis) *i.* hazırlık, hazır olma.
pre.pay (pripey') *f.* **(pre.paid)** parasını önceden vermek, peşin ödemek.
pre.pay.ment (pripey'mınt) *i.* peşin ödeme.
pre.pon.der.ance (pripan'dırıns) *i.* 1. çoğunluk, üstünlük. 2. ağır basma; hâkim olma.
pre.pon.der.ant (pripan'dırınt) *s.* ağır basan, üstün gelen; hâkim olan.
pre.pon.der.ate (pripan'dıreyt) *f.* 1. ağır basmak, üstün gelmek, baskın çıkmak. 2. hâkim olmak.
prep.o.si.tion (prepızîş'ın) *i.* edat, ilgeç.
pre.pos.sess (pripızes') *f.* 1. olumlu bir şekilde etkilemek. 2. zihnini meşgul etmek. **be —ed by** 1. -den olumlu bir şekilde etkilenmek. 2. -e kendini kaptırmak.
pre.pos.sess.ing (pripızes'îng) *s.* çekici, alımlı.
pre.pos.ter.ous (pripas'tırıs) *s.* akıl almaz, inanılmaz, saçma, abes.
pre.pos.ter.ous.ly (pripas'tırıslî) *z.* mantıksızca.
pre.puce (pri'pyus) *i., anat.* sünnet derisi.
pre.re.li.gion (prirîlîc'ın) *i.* dinöncesi.
pre.req.ui.site (prirek'wızît) *s.* önceden gerekli olan. *i.* önceden gerekli olan şey.
pre.rog.a.tive (prirag'ıtiv) *i.* ayrıcalık, yetki, hak.
pres.age (pres'îc) *i.* alamet, işaret. *f.* -e alamet olmak, -e işaret etmek.
pres.by.ope (prez'biyop, pres'biyop) *i., tıb.* presbit.
pres.by.o.pi.a (prezbiyo'pîyı, presbiyo'pîyı) *i., tıb.* presbitlik.
pres.by.op.ic (prezbîyap'îk, presbîyap'îk) *s.* presbit.
Pres.by.te.ri.an (prezbîtir'îyın) *i., s.* Presbiteryen.
pre.school (pri'skul') *s.* okulöncesi.
pre.sci.ence (pri'şiyıns, preş'iyıns) *i.* ileri görüş.
pre.sci.ent (pri'şiyınt, preş'iyınt) *s.* ileri görüşlü.
pre.scribe (priskrayb') *f.* 1. emretmek. 2. (ilaç) vermek. 3. reçete yazmak.
pre.scrip.tion (priskrîp'şın) *i.* 1. emir. 2. *tıb.* reçete.
pres.ence (prez'ıns) *i.* huzur, hazır bulunma, varlık. **— of mind** soğukkanlılık. **in the — of a large company** büyük bir topluluk önünde. **Your — is requested.** Hazır bulunmanız rica olunur.
pres.ent (prez'ınt) *s.* 1. şimdiki: **the present worth of** -in şimdiki değeri. 2. bulunan, hazır, mevcut: **the animals present in this region** bu bölgede bulunan hayvanlar. 3. *dilb.* şimdiki zamanı gösteren. *i.* **at —** 1. şu an. 2. şu ara, halihazırda. **for the —** şimdilik. **the —** 1. bugün, içinde bulunduğumuz zaman. 2. *dilb.* şimdiki zaman. **— company excepted** söz meclisten dışarı, hâşâ huzurdan/huzurunuzdan.
pres.ent (prez'ınt) *i.* hediye, armağan.
pre.sent (prizent') *f.* 1. sunmak, takdim etmek: **present a petition** dilekçe sunmak. 2. takdim etmek, tanıtmak: **He presented me to the queen.** Beni kraliçeye takdim etti. 3. göstermek, sergilemek, teşhir etmek. 4. bildirmek, sunmak. **— arms** *ask.* selam durmak. **— itself** (fırsat) olmak/çıkmak/düşmek. **— one's compliments** selam söylemek. **— oneself** bulunmak, hazır bulunmak, gelmek. **— someone with** birine -i sunmak/takdim etmek. **— someone with a problem** birini bir problemle karşı karşıya bırakmak.
pre.sent.a.ble (prîzen'tıbıl) *s.* prezantabl: **I went upstairs to make myself presentable before the guests arrived.** Misafirler gelmeden önce yukarı çıkıp kendime çekidüzen verdim.
pres.en.ta.tion (prezıntey'şın, prîzıntey'şın) *i.* 1. sunma, sunuş, takdim; sunulma, sunuluş. 2. takdim etme; takdim edilme. 3. gösterme; gösterilme. 4. temsil, oyun.
pres.ent-day (prez'ıntdey') *s.* şimdiki, günümüzün.
pre.sen.ti.ment (prîzen'tımınt) *i.* önsezi.

pres.ent.ly (prez´ıntli) *z*. 1. birazdan, yakında. 2. şimdi, şu anda.
pres.er.va.tion (prezırvey´şın) *i*. 1. saklama; saklanma. 2. koruma; korunma.
pre.serv.a.tive (prizır´vıtiv) *s*. saklayan, koruyan, koruyucu. *i*. koruyucu madde.
pre.serve (prizırv´) *i*. 1. *gen. çoğ.* reçel; şekerleme. 2. av hayvanları için ayrılmış koru.
pre.serve (prizırv´) *f*. 1. korumak, esirgemek. 2. saklamak. 3. sürdürmek. 4. reçelini yapmak. 5. konservesini yapmak.
pre.side (prizayd´) *f*. **at/over** -e başkanlık etmek.
pres.i.den.cy (prez´ıdınsi) *i*. başkanlık.
pres.i.dent (prez´ıdınt) *i*. 1. başkan. 2. cumhurbaşkanı. 3. rektör.
pres.i.den.tial (prezıden´şıl) *s*. başkanlığa ait.
press (pres) *i*. 1. basın, medya. 2. yayınevi. 3. basın mensupları. 4. matbaa, basımevi. 5. baskı/matbaa makinesi. 6. pres, cendere, mengene. 7. sıkıştırma. 8. kalabalık. 9. (elbise/çamaşır için) dolap/yüklük. 10. (giyside) ütü. **— agent** basın sözcüsü. **— association** basın kurumu. **— conference** basın toplantısı. **— release** basın bildirisi. **freedom of the —** basın özgürlüğü. **get/have a good —** basında/medyada iyi bir şekilde yansıtılmak. **give something a —** bir şeyi çabucak/şöyle bir ütülemek. **go to —** baskıya girmek. **hat —** şapka kalıbı. **in —** baskıda, basılmakta. **off the —** baskıdan çıkmış.
press (pres) *f*. 1. basmak: **Press the button.** Düğmeye bas. 2. sıkmak, suyunu çıkarmak; ezmek. 3. sıkıştırmak: **The soldiers pressed the crowd into the small square.** Askerler kalabalığı küçük meydana sıkıştırdı. 4. sıkıştırmak, baskı yapmak: **He is pressing me to accompany him to Ankara.** Onunla birlikte Ankara'ya gitmem için beni sıkıştırıyor. **They are pressing for more time.** Onlara daha çok zaman verilmesi için baskı yapıyorlar. 5. **on** -e zorla kabul ettirmek: **He pressed the money on me.** Parayı bana zorla kabul ettirdi. 6. **in upon** -in sınırına dayanmak, -in sınırını zorlamak: **The enemy pressed in upon the city.** Düşman kentin sınırına dayandı. 7. ütülemek. **— forward** hızla ilerlemek. **Don't — your luck.** Şansına güvenme./Şansını zorlama. **Time is —ing.** Vakit dar.
press (pres) *f*. **into** -i (hizmete) zorlamak; -i zorla (askere) almak: **The government pressed the villagers into military service.** Hükümet köylüleri zorla askere aldı. **— someone into service** birini seferber etmek, birini işe koşmak. **— something into service** bir şeyi hizmete sokmak.
pressed (prest) *s*. prese, preste sıkıştırılmış: **pressed steel** prese çelik. **be —** sıkışık bir durumda olmak, sıkışık olmak. **be — for time** zamanı dar olmak.
press.ing (pres´ing) *s*. 1. acil, ivedi, ivedili. 2. ısrarlı; sıkboğaz eden.
press-stud (pres´stʌd) *i., İng.* çıtçıt, fermejüp.
pres.sure (preş´ır) *i*. 1. basınç: **atmospheric pressure** hava basıncı. **high pressure** yüksek basınç. **low pressure** alçak basınç. 2. baskı: **work under pressure** baskı altında çalışmak. **— cooker** düdüklü tencere. **— gauge** basıölçer, manometre. **— group** baskı grubu. **blood —** tansiyon, kan basıncı. **bring — to bear on** -i sıkıştırmak, -i zorlamak. **financial —** para sıkıntısı.
pres.sur.ize, *İng.* **pres.sur.ise** (preş´ırayz) *f*. 1. basınç altında tutmak. 2. *hav.* (uçağın içindeki havayı) yeterli basınçta tutmak.
pres.tige (prestij´) *i*. prestij, saygınlık, itibar.
pres.to (pres´to) *z., müz.* presto.
pre.stressed (pri´strest) *s*. öngerilmeli: **prestressed concrete** öngerilmeli beton.
pre.sum.a.bly (prizum´ıbli) *z*. herhalde, zannedersem.
pre.sume (prizum´) *f*. 1. sanmak, tahmin etmek: **I am presuming that it will cost around one million liras.** Yaklaşık bir milyon liraya mal olacağını tahmin ediyorum. 2. varsaymak, farz etmek: **We should presume his innocence.** Onun suçsuz olduğunu varsaymalıyız. 3. kalkmak, yeltenmek: **She presumed to correct her teacher.** Öğretmeninin yanlışını düzeltmeye kalktı.
pre.sump.tion (prizʌmp´şın) *i*. 1. cüret, küstahlık. 2. zan, tahmin. 3. farz, varsayım.
pre.sump.tive (prizʌmp´tiv) *s*. 1. olası, muhtemel. 2. varsayımsal.
pre.sump.tu.ous (prizʌmp´çuwıs) *s*. küstah, haddini bilmez.
pre.sup.pose (prisıpoz´) *f*. 1. (bir şey) mantıken (başka bir şeyi) gerektirmek: **Prayer presupposes God.** Dua için Allahın varlığı gerek. **This course presupposes a knowledge of Latin.** Bu ders için Latince bilmek gerek. 2. farz etmek, varsaymak.
pre.sup.po.si.tion (prisʌpızış´ın) *i*. önceden farz edilen şey.
pre.tence (pri´tens, pritens´) *i., İng., bak.* **pretense.**
pre.tend (pritend´) *f*. 1. rolüne girmek, olmak: **You pretend to be the cat and I'll be the mouse.** Sen kedi ol, ben de fare olayım. 2. -miş gibi davranmak, -mezlikten gelmek: **He is pretending that he doesn't know.** Bilmiyormuş gibi davranıyor. 3. yalandan yapmak, ... numarası yapmak: **He's pretending to be sick.** Hasta numarası yapıyor. 4. taslamak: **He's pretending**

to be a scholar. Bilginlik taslıyor. **— to the throne** tahtta hak iddia etmek.
pre.tense, *İng.* **pre.tence** (pri´tens, prîtens´) *i.* 1. rolüne girme. 2. oyun, numara, yalan: **make a pretense of illness** hasta numarası yapmak. 3. bahane: **on the slightest pretense** en ufak bahane ile. 4. **to** ... iddiası.
pre.ten.sion (priten´şın) *i.* 1. iddia. 2. hak iddiası. 3. gösteriş, kurum.
pre.ten.tious (priten´şıs) *s.* 1. iddialı, gösterişli. 2. gösterişçi, kurumlu.
pre.ten.tious.ly (priten´şısli) *z.* gösterişle.
pre.ten.tious.ness (priten´şısnıs) *i.* gösterişçilik.
pre.text (pri´tekst) *i.* bahane.
pret.ty (prît´i) *s.* 1. güzel, hoş, sevimli. 2. iyi. *z.* oldukça, epeyce, hayli. **— difficult** epey zor, hayli güç. **— much the same** hemen hemen aynı, yine öyle. **be — well suited to** -e iyi uymak. **be sitting — k.** *dili* iyi durumda olmak. **cost a — penny** epey pahalıya mal olmak.
pre.vail (prîveyl´) *f.* 1. üstün gelmek; **over/against** -i yenmek. 2. hüküm sürmek, yaygın olmak. 3. hâkim olmak. 4. başarmak. 5. **on/upon** -i ikna etmek, -i razı etmek.
pre.vail.ing (prîvey´ling) *s.* 1. galip gelen, üstün gelen. 2. hüküm süren. 3. hâkim olan. 4. geçerli, yaygın. **There the — winds are from the north.** Orada rüzgâr genellikle kuzeyden eser.
prev.a.lence (prev´ılıns) *i.* 1. hüküm sürme. 2. hâkim olma. 3. yaygınlık.
prev.a.lent (prev´ılınt) *s.* olagelen, hüküm süren, yaygın.
pre.var.i.cate (prîver´ıkeyt) *f.* 1. yalan söylemek. 2. kaçamak cevaplar vermek.
pre.var.i.ca.tion (prîverıkey´şın) *i.* 1. kaçamak cevaplar verme. 2. *k. dili* yalan; yalan söyleme.
pre.vent (prîvent´) *f.* 1. önlemek, engellemek. 2. -den alıkoymak.
pre.vent.a.ble (prîven´tıbıl) *s.* önlenebilir, önüne geçilebilir.
pre.ven.tion (prîven´şın) *i.* önleme, engelleme.
pre.ven.tive (prîven´tîv) *s.* önleyici, engelleyici. *i.* 1. önleyici şey. 2. önlem, önleyici tedbir. **— measures** önleyici tedbirler. **— medicine** koruyucu hekimlik.
pre.ven.to.ri.um (privıntor´iyım), *çoğ.* **—s** (privıntor´iyımz)/**pre.ven.to.ri.a** (privıntor´iyı) *i.* prevantoryum.
pre.view (pri´vyu) *i., sin.* ilk oynatım.
pre.vi.ous (pri´viyıs) *s.* 1. önceki, evvelki: **the previous day** evvelki gün. 2. eski, sabık: **a previous husband of hers** eski kocalarından biri. **— knowledge of** hakkında önbilgi. **— to** -den önce.
pre.vi.ous.ly (pri´viyısli) *z.* önceden, evvelce.
pre.war (pri´wôr´) *s.* savaş öncesi: **prewar politics** savaş öncesi politika.
prey (prey) *i. av. f.* **on** 1. -i avlamak. 2. -i sıkmak, -e sıkıntı vermek. **bird of —** yırtıcı kuş.
prez.zie, prez.zy (prez´i) *i., İng., k. dili* hediye.
price (prays) *i.* 1. fiyat, eder, paha. 2. karşılık, bedel. *f.* 1. fiyat koymak, paha biçmek. 2. *k. dili* fiyatını sormak. **— ceiling** fiyat tavanı. **— cutting** fiyat kırma. **— list** fiyat listesi, tarife. **— oneself/something out of the market** bir malın fiyatını fazla yüksek tutarak ona ait piyasayı kaybetmek: **You've priced yourself out of the market in that line.** O serinin fiyatlarını fazla yüksek tutmakla piyasayı kaybettin. **— range** fiyat dağılımı. **— tag** 1. fiyat etiketi. 2. fiyat. **at any —** her ne pahasına olursa olsun. **beyond —** paha biçilmez. **cost —** maliyet fiyatı. **current —** cari fiyat, piyasa fiyatı. **high —** yüksek fiyat. **low —** düşük fiyat. **normal —** normal fiyat. **reduced —** indirimli fiyat. **without —** paha biçilmez.
price.less (prays´lîs) *s.* 1. değer biçilmez. 2. *k. dili* çok komik, gülünç.
pric.ey (prays´i) *s., İng., k. dili* pahalı.
prick (prîk) *i.* 1. sivri bir şeyin batmasından ileri gelen acı. 2. sivri bir şeyin açtığı delik. 3. *argo* penis, yarak. 4. *k. dili* pis herif. *f.* 1. batmak; batırmak. 2. (delik) açmak. **— of conscience** vicdan azabı. **— up its ears** (hayvan) kulaklarını dikmek. **— up one's ears** kulak kabartmak. **Her conscience —ed her.** Vicdanı kendisini rahatsız etti.
prick.le (prîk´ıl) *i.* 1. diken. 2. iğnelenme; karıncalanma. 3. dalama; batma. *f.* 1. iğnelenmek; karıncalanmak. 2. dalamak; batmak.
prick.ly (prîk´li) *s.* 1. dikenli. 2. dalayan; batan. 3. huysuz, çabuk öfkelenen. 4. çapraşık. **— juniper** katranardıcı. **— pear** frenkinciri, hintinciri, firavuninciri. **prickly-pear cactus** (bitki olarak) frenkinciri, hintinciri, firavuninciri.
pride (prayd) *i.* 1. gurur, iftihar, övünç: **take pride in one's work** işinden gurur duymak. 2. kibir: **His pride prevents him from admitting his mistake.** Kibri, yanlışını kabul etmesine engel oluyor. *f.* (kuş) tüylerini kabartmak. **— of place** en yüksek mevki. **— oneself on something** bir şey ile övünmek. **false —** boş gurur. **humble someone's —** birinin kibrini kırmak. **take — in** -den gurur duymak.
priest (prist) *i.* papaz.
prig (prîg) *i.* ahlakçı kendini üstün gören kuralcı kişi, herkese ahlak hocalığı yapan kimse.
prim (prîm) *s.* fazla resmi, biçimci, çok ciddi.
pri.ma.cy (pray´mısi) *i.* öncelik, üstünlük.
pri.ma don.na (pri´mı dan´ı) 1. primadonna. 2. *k. dili* hep ön planda olmak isteyen kişi.
pri.mar.i.ly (praymer´ıli) *z.* aslında, esasen: **It's**

primarily an exporting firm. O firmanın asıl işi ihracat.
pri.ma.ry (pray´meri, pray´mırı) *s.* 1. ilk, birinci, birincil: **primary stage of development** gelişmenin ilk aşaması. **primary school** ilkokul. 2. en önemli, başlıca: **primary problem** en önemli sorun. **primary aim** başlıca amaç. 3. temel, ana, birincil: **the primary elements of a just peace** adil bir barışın temel öğeleri.
pri.mate (pray´meyt) *i.* 1. başpiskopos. 2. *zool.* primat.
prime (praym) *i.* 1. hayatın olgunluk dönemi. 2. bir şeyin en mükemmel olduğu dönem. **the — of life** hayatın en dinç ve güzel devresi.
prime (praym) *s.* 1. önemli; başlıca: **This has become a prime concern.** Önemli bir mesele oldu bu. **That's the prime reason why she's come.** Onun gelmesinin başlıca nedeni o. 2. en iyi, birinci kalite: **prime beef** en iyi sığır eti. **— cost** üretim maliyeti. **— meridian** başlangıç meridyeni. **— minister** başbakan. **— number** asal sayı. **be of — importance** çok önemli olmak.
prime (praym) *f.* 1. hazırlamak. 2. (topa/tüfeğe) ağızotu koymak. 3. astar vurmak, astar sürmek. 4. (tanığa) ne söyleyeceğini öğretmek.
prim.er (pray´mır) *i.* 1. astar; astar boya. 2. ağızotu.
prim.er (prim´ır) *i.* okuma kitabı.
pri.me.val (praymi´vıl) *s.* tarihöncesi çağlara ait.
prim.i.tive (prim´ıtiv) *s.* ilkel, primitif.
prim.i.tive.ly (prim´ıtivli) *z.* ilkelce.
prim.i.tive.ness (prim´ıtivnis) *i.* ilkellik.
prim.i.tiv.ism (prim´ıtivizım) *i.* ilkelcilik, primitivizm.
prim.i.tiv.ist (prim´ıtivist) *i.* ilkelci, primitivist.
pri.mor.di.al (praymôr´diyıl) *s.* başlangıçta var olan.
prim.rose (prim´roz), **prim.u.la** (prim´yılı) *i., bot.* çuhaçiçeği.
prince (prins) *i.* prens. **the P—s' Islands** Adalar, Prens Adaları, Kızıl Adalar.
prince.ly (prins´li) *s.* 1. prense yakışır. 2. cömert, asil. 3. şahane.
prin.cess (prin´sis) *i.* prenses.
prin.ci.pal (prin´sıpıl) *s.* baş, ana, başlıca, en önemli, belli başlı. *i.* 1. müdür, okul müdürü. 2. *huk.* müvekkil. 3. *tic.* sermaye, anamal, anapara.
prin.ci.pal.i.ty (prinsipäl´ıti) *i.* prenslik.
prin.ci.pal.ly (prin´sıpıli) *z.* 1. en çok, çoğunlukla. 2. aslında, esasen.
prin.ci.ple (prin´sıpıl) *i.* prensip, ilke. **He's a man of —.** Prensip sahibi bir adam. **refuse on —** prensiplerine aykırı olduğu için reddetmek.
prin.ci.pled (prin´sıpıld) *s.* prensip sahibi.

Prin.ki.po (pring.kipo´) *i., tar.* (Kızıl Adalardan) Büyükada.
print (print) *i.* 1. bası, tabı. 2. basma, matbua. 3. iz: **footprint** ayak izi. 4. basma (kumaş). 5. basma kalıbı. 6. *foto.* negatiften yapılmış resim. *f.* 1. basmak. 2. yayımlamak. 3. matbaa harfleriyle yazmak. 4. *foto.* negatiften resim çıkarmak. **in —** basılmış, satılmakta. **out of —** baskısı tükenmiş.
print.ed (prin´tid) *s.* basılı, matbu. **— matter** matbua, basma.
print.er (prin´tır) *i.* 1. basımcı, matbaacı. 2. *bilg.* yazıcı, printer.
print.ing (prin´ting) *i.* 1. basma, tabetme. 2. baskı sayısı. **— press** matbaa makinesi, baskı makinesi.
print-out (print´aut) *i., bilg.* yazılı çıkış/çıktı.
pri.or (pray´ır) *s.* önceki, evvelki, sabık. **— to his death** ölümünden önce.
pri.or.i.tize, *İng.* **pri.or.i.tise** (prayôr´ıtayz) *f.* -e öncelik tanımak.
pri.or.i.ty (prayôr´ıti) *i.* öncelik. **give — to** -e öncelik tanımak. **in order of priorities** önem sırasına göre.
prism (priz´ım) *i.* prizma.
pris.on (priz´ın) *i.* hapishane, cezaevi. **— breaker** hapishane kaçağı. **put in —** hapsetmek.
pris.on.er (priz´ınır) *i.* 1. tutuklu, hükümlü, mahkûm: **political prisoner** siyasi tutuklu. 2. tutsak, esir: **prisoner of war** savaş esiri.
pris.sy (pris´i) *s., k. dili* resmi, müşkülpesent ve burnu havada.
pris.tine (pris´tin, pris´tin, *İng.* pris´tayn) *s.* bozulmamış, saf.
pri.va.cy (pray´vısi) *i.* 1. mahremiyet: **The English value their privacy.** İngilizler mahremiyetlerine çok önem verir. 2. gizlilik. **in absolute —** tamamen aralarında kalmak üzere.
pri.vate (pray´vit) *s.* 1. özel, hususi, kişisel: **private car** özel araba. **private life** özel yaşam. **private ownership** özel iyelik. **private property** özel mülk. **private school** özel okul. 2. gizli: **a private telephone conversation** gizli telefon konuşması. *i.* 1. *ask.* er, asker. 2. *çoğ.* edep yerleri. **a — person** kendinden bahsetmekten kaçınan kimse. **in —** 1. özel olarak. 2. gizlice.
pri.va.tion (prayvey´şın) *i.* yoksunluk, sıkıntı.
pri.vat.i.sa.tion (prayvıtızey´şın) *i., İng., bak.* **privatization.**
pri.vat.ise (pray´vıtayz) *f., İng., bak.* **privatize.**
pri.vat.i.za.tion, *İng.* **pri.vat.i.sa.tion** (prayvıtızey´şın) *i.* özelleştirme.
pri.vat.ize, *İng.* **pri.vat.ise** (pray´vıtayz) *f.* özelleştirmek.
priv.i.lege (priv´ılic) *i.* ayrıcalık, imtiyaz.
priv.i.leged (priv´ılicd) *s.* ayrıcalıklı, imtiyazlı.

priv.y (priv´i) *i.* 1. (su tesisatı olmayan kulübe içindeki) ayakyolu, apteshane. 2. tuvalet. *s.* **be — to someone's secrets** birinin sırdaşı olmak. **— council** 1. özel meclis. 2. *b.h.* (İngiltere'de) danışma meclisi.
prize (prayz) *i.* 1. ödül. 2. çok istenilen şey. 3. ikramiye. *f.* 1. çok değer vermek. 2. paha biçmek. *s.* 1. ödül olarak verilen. 2. ödül kazanan. 3. tam: **a prize idiot/fool** tam bir enayi. **— possession** en değerli şey, en gözde şey.
prize (prayz) *f.* manivela ile kaldırmak/açmak, kanırtmak. *i.* ganimet.
pro (pro) *i.* (bir meseleye ait) olumlu/yararlı bir yan: **Every issue has its pros and its cons.** Her meselenin olumlu ve olumsuz yanları vardır. *z.* lehte. *s.* lehine olan.
pro (pro) *i., s., k. dili* profesyonel.
pro- *önek* ... taraftarı, ... yanlısı, -in tarafını tutan: **He's pro-French.** 1. O, Fransızların tarafını tutuyor. 2. O, Fransızcadan yanadır.
prob. *kıs.* probable, probably, problem.
prob.a.bil.i.ty (prabıbıl´ıti) *i.* olasılık, ihtimal. **in all —** büyük bir olasılıkla.
prob.a.ble (prab´ıbıl) *s.* olası, olasılı, muhtemel. **It is more than — that ....** Büyük bir olasılıkla ....
prob.a.bly (prab´ıbli) *z.* herhalde, büyük bir ihtimalle/olasılıkla.
pro.ba.tion (probey´şın) *i.* 1. şartlı tahliye, meşruten tahliye. 2. deneme süresi. **— officer** şartlı tahliye edilmiş kimseyle ilgilenen memur. **be on —** şartlı tahliyeden sonra gözetim altında olmak.
pro.ba.tion.er (probey´şınır) *i.* şartlı tahliye edilmiş kimse.
probe (prob) *f.* 1. araştırmak, incelemek. 2. sondalamak, sondaj yapmak. *i.* 1. sonda, mil. 2. araştırma. 3. insansız uzay roketi.
pro.bi.ty (pro´bıti) *i.* doğruluk, dürüstlük.
prob.lem (prab´lım) *i.* 1. sorun, mesele, problem. 2. *mat.* problem. *s.* problemli, problem: **problem child** problem çocuk.
prob.lem.at.ic (prablımät´ik), **prob.lem.at.i.cal** (prablımät´ikıl) *s.* 1. şüpheli, tartışmalı. 2. sorunsal, problematik.
pro.ce.dure (prısi´cır) *i.* 1. yol, yöntem, metot, prosedür. 2. işlem: **There are a number of steps to be followed in this procedure.** Bu işlemde izlenecek birkaç basamak var.
pro.ceed (prısid´) *f.* 1. **to** -e gitmek; ilerlemek. 2. **with** -e devam etmek. 3. başlamak: **When I asked them to lower their voices they proceeded to speak even more loudly.** Seslerini kısmalarını istediğim zaman daha da yüksek sesle konuşmaya başladılar. 4. **from** -den kaynaklanmak; -den ileri gelmek. 5. **to** -e geçmek.
pro.ceed.ings (prısi´dingz) *i.* 1. tutanak, zabıt.

2. *huk.* yargılama yöntemleri.
pro.ceeds (pro´sidz) *i., çoğ.* gelir, hâsılat, kazanç.
proc.ess (pras´es, *İng.* pro´ses) *i.* 1. yöntem, metot, yol: **a production process** bir üretim yöntemi. 2. süreç, proses: **growth process** büyüme süreci. 3. işlem; tretman: **the steps in the production process** üretim işlemindeki aşamalar. *f.* işlemden/işlemlerden geçirmek. **be in the —** of sürecinde olmak, -mekte olmak. **in — of construction** inşa halinde, yapılmakta. **in the — of time** zamanla, zaman geçtikçe.
pro.ces.sion (prıseş´ın) *i.* alay; dizi; sıra: **funeral procession** cenaze alayı.
pro.claim (prokleym´) *f.* 1. ilan etmek. 2. açığa vurmak.
proc.la.ma.tion (praklımey´şın) *i.* 1. ilan. 2. bildiri.
pro.cliv.i.ty (prokliv´ıti) *i.* eğilim, meyil.
pro.cras.ti.nate (prokräs´tıneyt) *f.* 1. sürüncemede bırakmak, ağırdan almak, geciktirmek. 2. ertelemek.
pro.cre.ate (pro´kriyeyt) *f.* üretmek; üremek; yaratmak.
pro.cure (prokyûr´) *f.* 1. elde etmek, edinmek, sağlamak. 2. (birine) seks için (birini) bulmak.
prod (prad) *f.* **(—ded, —ding)** 1. dürtmek. 2. teşvik etmek. *i.* 1. dürtme. 2. üvendire.
prod.i.gal (prad´ıgıl) *s.* 1. savurgan. 2. çok bol. *i.* savurgan kimse.
pro.di.gious (prıdic´ıs) *s.* 1. çok büyük, kocaman. 2. şaşılacak, müthiş.
prod.i.gy (prad´ıci) *i.* 1. dâhi, deha, harika: **child prodigy** dâhi çocuk, harika çocuk. **musical prodigy** müzik dehası. 2. harika, olağanüstü şey.
pro.duce (prıdus´) *f.* 1. meydana getirmek, -e neden olmak, -e yol açmak. 2. göstermek. 3. (hayvan) doğurmak. 4. yapmak, üretmek. 5. (faiz) getirmek. 6. (film) yapmak. 7. (oyunu) sahneye koymak.
pro.duce (pro´dus) *i.* 1. ürün. 2. zerzevat, sebze ve meyve; tarım ürünleri.
pro.duc.er (prıdu´sır) *i.* 1. üretici. 2. *sin.* yapımcı, prodüktör. **— goods** *tic.* sermaye malları.
prod.uct (prad´ıkt) *i.* 1. ürün. 2. sonuç. 3. *mat.* çarpım.
pro.duc.tion (prıdʌk´şın) *i.* 1. üretim; imalat. 2. ürün. 3. eser, yapıt. 4. *sin.* yapım, prodüksiyon. 5. *tiy.* sahneye koyma. **— line** üretim/imalat hattı.
pro.duc.tive (prıdʌk´tiv) *s.* verimli, bereketli; üretken. **— capacity** üretim kapasitesi.
pro.duc.tiv.i.ty (prodʌktiv´ıti) *i.* verimlilik; üretkenlik; prodüktivite.
prof (praf) *i., k. dili* profesör.
prof. *kıs.* professor.
pro.fane (prıfeyn´) *f.* (kutsal bir şeye) saygısız-

profanity

lık etmek. *s.* 1. zındık. 2. kutsal olmayan. 3. adi, bayağı. 4. laik.
pro.fan.i.ty (prıfän'ıti) *i.* 1. kutsal şeylere saygısızlık. 2. ağız bozukluğu, küfür.
pro.fess (prıfes') *f.* 1. itiraf etmek, açıkça söylemek; ilan etmek. 2. iddia etmek, savlamak, taslamak. 3. (inancını) ikrar etmek, açıkça söylemek.
pro.fessed (prıfesd') *s.* 1. itiraf edilmiş. 2. iddia edilen. 3. sözde.
pro.fes.sion (prıfeş'ın) *i.* 1. meslek; sanat; işkolu. 2. iddia. 3. itiraf. 4. inancın açıklanması.
pro.fes.sion.al (prıfeş'ınıl) *s.* 1. mesleğe ait, mesleki. 2. profesyonel. *i.* profesyonel.
pro.fes.sion.al.ism (prıfeş'ınılizım) *i.* profesyonellik.
pro.fes.sor (prıfes'ır) *i.* profesör.
prof.fer (praf'ır) *f.* teklif etmek, önermek. *i.* teklif, önerme.
pro.fi.cien.cy (prıfiş'ınsi) *i.* ustalık, beceri.
pro.fi.cient (prıfiş'ınt) *s.* yetenekli, usta.
pro.file (pro'fayl) *i.* 1. profil. 2. kısa biyografi, karakter portresi. 3. grafik, çizge. *f.* profilini yapmak.
prof.it (praf'ît) *i.* 1. kâr, kazanç. 2. yarar, fayda. *f.* — **by/from** -den yararlanmak/faydalanmak/istifade etmek. — **and loss account** kâr ve zarar hesabı. — **motive** kâr güdüsü. — **sharing** kâr dağıtımı. **gross** — brüt kâr. **make a** — **(on)** (-den) kâr etmek. **net** — net kâr. **sell something at a** — bir şeyin satışından kâr etmek.
prof.it.a.ble (praf'îtıbıl) *s.* 1. kârlı, kazançlı; *ekon.* rantabl. 2. yararlı, faydalı.
prof.i.teer (prafıtîr') *f.* vurgunculuk yapmak. *i.* vurguncu.
prof.it.less (praf'îtlîs) *s.* 1. kârsız. 2. yararsız, faydasız.
prof.li.gate (praf'lıgît, praf'lıgeyt) *s.* 1. savurgan, müsrif; hovarda. 2. sefih, ahlaksız.
pro for.ma (pro fôr'mı) *s.* — **invoice** *tic.* proforma fatura.
pro.found (prıfaund', profaund') *s.* 1. derin. 2. büyük: **a profound mystery** büyük bir sır. **I feel a profound sympathy for her.** Onu çok iyi anlıyorum.
pro.fuse (prıfyus', profyus') *s.* 1. çok, bol. 2. savurgan. 3. cömert.
pro.fu.sion (prıfyu'jın, profyu'jın) *i.* çok büyük miktar, çokluk, bolluk.
pro.gen.i.tor (procen'ıtır) *i.* cet, ata, dede.
prog.e.ny (prac'ıni) *i.* 1. soy; torunlar. 2. *zool.* yavrular.
prog.no.sis (pragno'sîs), *çoğ.* **prog.no.ses** (pragno'siz) *i.* 1. *tıb.* prognoz. 2. tahmin.
prog.nos.ti.cate (pragnas'tıkeyt) *f.* 1. (gelecekte bir şey olacağı) tahmininde bulunmak. 2.

352

(gelecek hakkında bir şeye) işaret etmek.
prog.nos.ti.ca.tion (pragnastıkey'şın) *i.* 1. (gelecekte bir şey olacağı) tahmininde bulunma. 2. (gelecek hakkında) işaret, belirti.
pro.gram, *İng.* **pro.gramme** (pro'gräm) *i.* program, izlence. *f.* programlamak, programa bağlamak.
pro.gram (pro'gräm) *i.*, *bilg.* program. *f.* (—**med/** —**ed**) *bilg.* programlamak.
pro.gram.er, *İng.* **pro.gram.mer** (pro'grämır) *i.*, *bilg.* programcı.
prog.ress (prag'res, *İng.* pro'gres) *i.* ilerleme, gelişme.
prog.ress (prıgres') *f.* ilerlemek, gelişmek.
pro.gres.sion (prıgreş'ın) *i.* 1. ilerleme. 2. *mat.* dizi: **arithmetical progression** aritmetik dizi. **geometrical progression** geometrik dizi.
pro.gres.sive (prıgres'îv) *s.* 1. ilerleyen. 2. ilerici. *i.*, *pol.* ilerici kimse. — **assimilation** *dilb.* ilerleyici benzeşme. — **paralysis** *tıb.* ilerleyici felç.
pro.hib.it (prohib'ît) *f.* yasaklamak, menetmek.
pro.hi.bi.tion (prowıbîş'ın) *i.* 1. yasak. 2. yasak emri. 3. içki yasağı.
pro.hi.bi.tion.ist (prowıbîş'ınîst) *i.* içki yasağı taraftarı.
pro.hib.i.tive (prohib'ıtiv), **pro.hib.i.to.ry** (prohib'ıtôri) *s.* 1. yasaklayıcı. 2. engelleyici. 3. fahiş (fiyat).
pro.ject (prıcekt') *f.* 1. fırlatmak, atmak. 2. tasarlamak, düşünmek. 3. **(onto)** (filmi/saydam resmi) perdede göstermek, perdeye yansıtmak. 4. (sesini) başkalarının duyabileceği kadar yükseltmek. 5. çıkıntı oluşturmak, dışarı çıkmak. 6. *ruhb.* **(on/onto)** (kendi olumsuz duygularını/düşüncelerini) (başkasına) yüklemek.
proj.ect (prac'ekt) *i.* plan, proje, tasarı.
pro.jec.tile (prıcek'tıl, *İng.* prıcek'tayl) *i.* mermi, atılan cisim.
pro.jec.tion (prıcek'şın) *i.* 1. fırlatma, atma. 2. çıkıntı, sundurma. 3. *foto.*, *sin.* projeksiyon, gösterim. 4. *geom.* izdüşüm, izdüşümü. — **booth** *sin.* makine dairesi.
pro.jec.tion.al (prıcek'şınıl) *s.*, *geom.* izdüşümsel.
pro.jec.tion.ist (prıcek'şınîst) *i.*, *sin.* makinist.
pro.jec.tor (prıcek'tır) *i.* 1. gösterici, projektör, sinema makinesi. 2. ışıldak, projektör.
pro.le.tar.i.an (prolıter'iyın) *i.* proleter, emekçi. *s.* proleter, proletaryaya özgü, emekçi.
pro.le.tar.i.at (prolıter'îyıt) *i.* proletarya, emekçi sınıf.
pro.lif.ic (prolîf'îk) *s.* 1. doğurgan. 2. bereketli, verimli. 3. üretken.
pro.lif.i.ca.cy (prolîf'ıkısi) *i.* doğurganlık.
pro.lix (pro'lîks) *s.* 1. uzun, ayrıntılı. 2. yorucu, sıkıcı.

pro.log, *İng.* **pro.logue** (pro'lôg) *i.* 1. prolog, öndeyiş. 2. **to** (başka bir olayın) habercisi/provası.
pro.long (prılông') *f.* uzatmak, sürdürmek.
pro.lon.ga.tion (prolông.gey'şın) *i.* uzatma, sürdürme.
prom (pram) *i.* 1. öğrenci balosu. 2. *İng., k. dili* (deniz kenarındaki) gezinti yeri, kordon. 3. *İng., k. dili, bak.* **promenade concert.**
prom.e.nade (pramıneyd', pramınad') *f.* piyasa etmek; gezinmek. *i.* 1. piyasa; gezinti, gezinme. 2. gezi, gezinti yeri; *İng.* (deniz kenarındaki) gezinti yeri, kordon. **— concert** *İng.* dinleyicilerin müziği ayakta dinledikleri konser. **— deck** gezinti güvertesi, üst güverte.
prom.i.nence (pram'ınıns) *i.* 1. herkesçe tanınma, ün. 2. göze çarpan şey. 3. çıkıntı; uzantı. **come into —** herkesin dikkatini çekmeye başlamak; ön plana çıkmak. **give something —** bir şeyi ön plana çıkarmak.
prom.i.nent (pram'ınınt) *s.* 1. ünlü, önemli. 2. göze çarpan. 3. çıkıntılı, çıkık.
prom.is.cu.i.ty (pramiskyu'wıti) *i.* rasgele cinsel ilişki.
pro.mis.cu.ous (prımis'kyuwıs) *s.* rasgele cinsel ilişkide bulunan.
prom.ise (pram'is) *i.* 1. söz, vaat. 2. umut verici şey. *f.* 1. söz vermek, vaat etmek. 2. (belirli bir duruma) işaret etmek: **This weather promises rain.** Yağmur yağacağa benziyor. **This promises to be a good game.** İyi bir maç olacağa benziyor. **keep one's —** sözünü tutmak.
prom.is.ing (pram'ising) *s.* umut verici, geleceği parlak.
prom.is.so.ry (pram'ısôri) *s.* **— note** bono.
prom.on.to.ry (pram'ıntôri) *i., coğr.* burun.
pro.mote (prımot') *f.* 1. ilerletmek. 2. terfi ettirmek. 3. sınıf geçirmek. 4. reklamını yaparak tanıtmak, tanıtımını yapmak. 5. geliştirmek, desteklemek.
pro.mot.er (prımo'tır) *i.* 1. destekleyen kimse. 2. girişimci, kurucu. 3. tanıtımcı. 4. *spor* organizatör.
pro.mo.tion (prımo'şın) *i.* 1. terfi. 2. sınıf geçirme; sınıfını geçme. 3. *tic.* reklam, tanıtım.
prompt (prampt) *s.* 1. çabuk, acele. 2. hazır. *i.* sahnede oyuncuya hatırlatılan söz. *f.* 1. **to** (birini) (bir şey yapmaya) sevk etmek/itmek/yöneltmek, (birinin) (bir şey yapmasına) yol açmak: **His curiosity prompted him to open the red box.** Merakı onu kırmızı kutuyu açmaya itti. 2. bir şey hatırlatmak; *tiy.* suflörlük etmek.
prompt.er (pramp'tır) *i., tiy.* suflör.
prompt.ly (prampt'li) *z.* 1. zamanında, vaktinde; gecikmeden; hemen. 2. *(zaman için)* tam: **It ended promptly at ten.** Tam onda bitti.

prom.ul.gate (pram'ılgeyt) *f.* 1. resmen ilan etmek, duyurmak. 2. *huk.* (yasayı) yürürlüğe koymak. 3. (inanç, düşünce v.b.'ni) yaymak.
pron. *kıs.* **pronoun, pronunciation.**
prone (pron) *s.* 1. yüzükoyun yatmış. 2. eğilimli. **be — to** -e eğilimi olmak.
prong (prông) *i.* 1. çatal dişi. 2. sivri uçlu alet. 3. sivri uç.
pro.noun (pro'naun) *i. zamir, adıl.* **demonstrative —** işaret zamiri. **indefinite —** belirsizlik zamiri. **interrogative —** soru zamiri. **personal —** şahıs zamiri. **possessive —** iyelik zamiri. **reflexive —** dönüşlü zamir. **relative —** ilgi zamiri.
pro.nounce (prınauns') *f.* 1. telaffuz etmek, söylemek. 2. *huk.* kararı bildirmek.
pro.nounced (prınaunst') *s.* 1. belirgin. 2. kesin.
pro.nounce.ment (prınauns'mınt) *i.* 1. resmi açıklama; resmi bildiri. 2. *huk.* (kararı) bildirme.
pron.to (pran'to) *z., k. dili* hemen, derhal.
pro.nun.ci.a.tion (prınʌnsiyey'şın) *i.* telaffuz, söyleniş, söyleyiş.
proof (pruf) *i.* 1. delil, kanıt, tanıt. 2. *matb.* prova. 3. *foto.* ayar. 4. alkol derecesi. 5. *mat.* sağlama. *s.* **against** -e karşı dirençli, -e karşı dayanıklı. **— positive** kesin bir delil; kesin deliller. **— sheet** *matb.* prova. **be — against** -e karşı koyabilme gücü vermek. **burden of —** *huk.* tartışılan şeyi kanıtlama zorunluğu.
-proof *sonek* geçirmez: **soundproof** sesgeçirmez. **waterproof** sugeçirmez.
proof.read (pruf'rid) *f.* **(proof.read)** (pruf'red) provasını okumak.
proof.read.er (pruf'ridır) *i.* düzeltmen.
prop (prap) *f.* **(—ped, —ping)** 1. desteklemek. 2. **against** -e dayamak, -e yaslamak. *i.* destek.
prop (prap) *i., k. dili* sahne donatımı.
prop (prap) *i., k. dili* uçak pervanesi.
prop.a.gan.da (prapıgän'dı) *i.* propaganda.
prop.a.gan.dise (prapıgän'dayz) *f., İng., bak.* **propagandize.**
prop.a.gan.dist (prapıgän'dist) *i.* propagandacı.
prop.a.gan.dize, İng. prop.a.gan.dise (prapıgän'dayz) *f.* propaganda yapmak.
prop.a.gate (prap'ıgeyt) *f.* 1. üretmek, çoğaltmak; üremek. 2. yaymak.
pro.pane (pro'peyn) *i., kim.* propan.
pro.pel (prıpel') *f.* **(—led, —ling)** 1. ileriye doğru sürmek. 2. itmek, sevk etmek.
pro.pel.ler (prıpel'ır) *i.* pervane.
pro.pen.si.ty (prıpen'sıti) *i.* **(for/to)** (-e) eğilim.
prop.er (prap'ır) *s.* 1. uygun, münasip, yakışır: **the proper time** uygun zaman. 2. özel: **proper name** özel ad. 3. doğru. 4. gerçek. 5. tam. **— fraction** basit kesir. **— noun** *dilb.* özel ad.
prop.er.ly (prap'ırli) *z.* 1. esaslı bir şekilde. 2. doğru dürüst; gerektiği gibi, layıkıyla; doğ-

property 354

ru/uygun bir şekilde; kurallara uygun bir şekilde. 3. *İng., k. dili* adamakıllı, bayağı. — **speaking** aslında, gerçekte.
prop.er.ty (prap'ırti) *i.* 1. mal. 2. mülk, emlak, arazi: **property tax** emlak vergisi. 3. özellik.
proph.e.cy (praf'ısi) *i.* 1. kehanet. 2. tahmin.
proph.e.sy (praf'ısay) *f.* 1. (bir olayın gerçekleşeceğini) önceden haber vermek. 2. kehanette bulunmak, gaipten haber vermek. 3. tahminde bulunmak.
proph.et (praf'ît) *i.* 1. peygamber, yalvaç. 2. kâhin. **the P**— Hz. Muhammed.
proph.et.ess (praf'îtis) *i.* kadın peygamber.
pro.phet.ic (prıfet'îk) *s.* 1. kehanetle ilgili; kehanet gibi. 2. (olacakları) önceden bildiren. 3. kâhince. 4. isabetli (tahmin). 5. peygambere özgü.
pro.phy.lac.tic (profıläk'tîk) *s., tıb.* hastalıktan koruyan, koruyucu, profilaktik. *i.* 1. *tıb.* koruyucu ilaç. 2. prezervatif.
pro.phy.lax.is (profıläk'sîs), *çoğ.* **pro.phy.lax.es** (profıläk'siz) *i., tıb.* profilaksi.
pro.pi.ti.ate (propîş'iyeyt) *f.* 1. yatıştırmak. 2. gönlünü almak.
pro.pi.tious (propîş'ıs) *s.* 1. uygun, elverişli. 2. hayırlı.
prop.man (prap'män), *çoğ.* **prop.men** (prap'men) *i., tiy.* aksesuarcı.
pro.po.nent (prıpo'nınt) *i.* taraftar, destekçi.
pro.por.tion (prıpôr'şın) *i.* 1. oran, orantı: **the proportion of births to population** nüfusa göre doğum oranı. 2. hisse, pay. 3. uygunluk. 4. *çoğ.* boyutlar. *f.* oranlamak. **a large — of the profits** kârın büyük bir bölümü. **in — to** -e oranla, -e göre. **out of —** oransız, orantısız.
pro.por.tion.al (prıpôr'şınıl) *s.* orantılı.
pro.por.tion.ate (prıpôr'şînît) *s.* orantılı.
pro.pos.al (prıpo'zıl) *i.* 1. öneri, teklif. 2. evlenme teklifi.
pro.pose (prıpoz') *f.* 1. önermek, teklif etmek. 2. niyet etmek. 3. evlenme teklif etmek.
prop.o.si.tion (prapızîş'ın) *i.* 1. öneri, teklif. 2. *k. dili* girişim, girişme. 3. *k. dili* uygunsuz teklif. *f., k. dili* uygunsuz bir teklifte bulunmak.
pro.pound (prıpaund') *f.* ileri sürmek, ortaya atmak, önermek.
pro.pri.e.tar.y (prıpray'ıteri) *s.* 1. birinin mülkü olan, özel. 2. mal sahibine ait. 3. sicilli, tescilli, patentli. 4. sahip çıkan, sahiplik taslayan.
pro.pri.e.tor (prıpray'ıtır) *i.* mal sahibi.
pro.pri.e.ty (prıpray'ıti) *i.* 1. uygunluk. 2. görgü kurallarına uyma. **the proprieties** görgü kuralları, adap.
pro.pul.sion (prıpʌl'şın) *i.* 1. ileriye doğru sürme. 2. itici güç.
pro.rate (proreyt', pro'reyt) *f.* belirli bir oranda bölüştürmek/paylaştırmak.
pro.sa.ic (prozey'îk), **pro.sa.i.cal** (prozey'îkıl) *s.* 1. sıkıcı. 2. yavan, basit. 3. şiirsellikten yoksun.
pro.scribe (proskrayb') *f.* 1. yasaklamak. 2. medeni haklarını elinden almak.
prose (proz) *i.* düzyazı, nesir. *s.* düzyazı şeklinde yazılmış.
pros.e.cute (pras'ıkyut) *f.* 1. sürdürmek, -e devam etmek. 2. *huk.* aleyhine dava açmak. **prosecuting attorney** savcı.
pros.e.cu.tion (prasıkyu'şın) *i.* 1. sürdürme, devam. 2. *huk.* dava. 3. davacı.
pros.e.cu.tor (pras'ıkyutır) *i.* 1. davacı. 2. savcı. **public —** savcı.
pros.e.lyte (pras'ılayt) *i.* dinini değiştiren kimse. *f.* başkasını kendi dinine çevirmek/çevirmeye çalışmak; (başkasını) kendi dinine çevirmek/çevirmeye çalışmak.
pros.e.lyt.ise (pras'ılîtayz) *f., İng., bak.* **proselytize.**
pros.e.lyt.ism (pras'ılîtizım) *i.* başkalarını kendi dinine çevirme/çevirmeye çalışma.
pros.e.lyt.ize, *İng.* **pros.e.lyt.ise** (pras'ılîtayz) *f.* başkasını kendi dinine çevirmek/çevirmeye çalışmak; (başkasını) kendi dinine çevirmek/çevirmeye çalışmak.
pros.o.dy (pras'ıdi) *i.* prosodi, ölçübilim.
pros.pect (pras'pekt) *i.* 1. ihtimal, olasılık: **The prospect of his finding a job is poor.** İş bulma ihtimali az. 2. *çoğ.* başarı şansı: **His prospects are excellent.** Onun geleceği parlak. 3. olası müşteri. *f.* **for** (maden) aramak.
pro.spec.tive (prıspek'tîv) *s.* 1. beklenen, umulan. 2. muhtemel, olası.
pros.pect.or (pras'pektır) *i.* maden arayıcısı.
pro.spec.tus (prıspek'tıs) *i.* prospektüs, tanıtmalık.
pros.per (pras'pır) *f.* 1. başarılı olmak. 2. gelişmek, büyümek, zenginleşmek.
pros.per.i.ty (prasper'ıti) *i.* 1. başarı. 2. gönenç, refah.
pros.per.ous (pras'pırıs) *s.* 1. işi yolunda. 2. başarılı. 3. gönençli.
pros.tate (pras'teyt) *i.* prostat. **— gland** prostat.
pros.the.sis (pras.thi'sis), *çoğ.* **pros.the.ses** (prasthi'siz) *i.* protez.
pros.ti.tute (pras'tıtut) *i.* fahişe, orospu. *f.* kötü bir amaçla kullanmak. **male —** erkek fahişe.
pros.ti.tu.tion (prastıtu'şın) *i.* 1. fahişelik. 2. (yeteneğini v.b.'ni) kendine layık olmayan bir işte kullanma.
pros.trate (pras'treyt) *s.* 1. yüzükoyun yatan. 2. yere kapanmış. 3. halsiz, bitkin, güçsüz. *f.* 1. yere sermek, yere yıkmak. 2. halsiz bırakmak, güçsüz düşürmek. **— oneself** secde etmek. **— oneself before** -in ayağına kapanmak.
pros.tra.tion (prastrey'şın) *i.* 1. yere kapanma,

secde. 2. bitkinlik.
pros.y (pro'zi) s. 1. düzyazı türünden; düzyazı gibi. 2. can sıkıcı, ağır; sıradan, yavan.
pro.tag.o.nist (protäg'ınist) i. 1. öncü, önder. 2. edeb. başkişi, başkahraman. 3. başoyuncu.
prot.a.sis (prat'ısis), çoğ. prot.a.ses (prat'ısiz) i., dilb. koşullu yantümce.
pro.tect (prıtekt´) f. korumak, muhafaza etmek.
pro.tect.ing (prıtek'ting) s. koruyan.
pro.tec.tion (prıtek'şın) i. koruma, muhafaza.
pro.tec.tion.ism (prıtek'şınizım) i. yerli sanayii koruma politikası.
pro.tec.tive (prıtek'tiv) s. koruyucu.
pro.tec.tor (prıtek'tır) i. koruyucu.
pro.tec.tor.ate (prıtek'tırît) i. güçlü bir devletin koruma ve denetimi altında olan devlet.
pro.té.gé (pro'tıjey) i. birinin koruması altında olan kimse.
pro.té.gée (pro'tıjey) i., dişil, bak. protégé.
pro.tein (pro'tin, pro'tiyin) i. protein.
pro.test (pro'test) i. protesto, karşı çıkma; itiraz. in — against -e protesto olarak. pay under — itiraz ederek ödemek. under — protesto ederek. without — itiraz etmeden.
pro.test (prıtest´) f. 1. protesto etmek, karşı çıkmak; itiraz etmek. 2. iddia etmek.
Prot.es.tant (prat'ıstınt) i., s. Protestan.
prot.es.tant (prat'ıstınt) i. itiraz eden kimse. s. itiraz eden.
Prot.es.tant.ism (prat'ıstıntızım) i. Protestanlık.
prot.es.ta.tion (pratistey'şın) i. 1. protesto etme. 2. itiraz.
proto-, prot- önek birinci, ilk, baş.
pro.to.col (pro'tıkôl) i. 1. protokol. 2. tutanak.
pro.ton (pro'tan) i., kim., fiz. proton.
pro.to.plasm (pro'tıplazım) i. protoplazma.
pro.to.type (pro'tıtayp) i. prototip, ilkörnek.
pro.to.zo.an (protızo'wın) i., zool. birgözeli hayvan, birgözeli. s., zool. birgözeli (hayvan).
pro.tract (proträkt´) f. 1. uzatmak. 2. anat., zool. dışarıya uzatmak.
pro.trac.tor (proträk´tır) i. iletki.
pro.trude (protrud´) f. çıkıntı yapmak, dışarı çıkmak; pırtlamak; dışarı çıkarmak.
pro.tru.sion (protru'jın) i. çıkıntı.
pro.tu.ber.ance (protu'bırıns) i. şiş, çıkıntı, yumru, tümsek.
pro.tu.ber.ant (protu'bırınt) s. şiş, dışarı çıkmış/uzanmış/fırlamış, fırlak, yumru gibi, tümsek, çıkık.
proud (praud) s. 1. kibirli: He's too proud to apologize. O kadar kibirli ki özür bile dilemez. 2. gururlu. a — day for us bizim için iftihar edilecek bir gün. be — of -den gurur/kıvanç/övünç duymak, ile iftihar etmek, ile övünmek. do someone — k. dili 1. birini çok iyi ağırlamak. 2. birine gurur vermek. I am — to know him. Onu tanımakla iftihar ediyorum.
proud.ly (praud'li) z. gururla, iftiharla.
prove (pruv) f. (—d, —d/—n) 1. ispatlamak, kanıtlamak, tanıtlamak. 2. denemek. 3. çıkmak: This car has proved to be more reliable than I had expected. Bu araba umduğumdan daha sağlam çıktı.
prov.e.nance (prav'ınıns) i. kaynak, köken.
prov.erb (prav'ırb) i. atasözü.
pro.ver.bi.al (prıvır'biyıl) s. 1. atasözü türünden; atasözü gibi. 2. herkesçe bilinen, ünlü, meşhur.
pro.vide (prıvayd´) f. 1. sağlamak, temin etmek, tedarik etmek; getirmek: Oğuz provided the drinks. Meşrubatı Oğuz getirdi. 2. -i şart koşmak. — against -e karşı hazırlıklı olmak. — for 1. -i geçindirmek, -in geçimini sağlamak, -in rızkını temin etmek. 2. -i hesaba almak/katmak, -i düşünmek: She's provided for that as well. Onu da hesaba kattı. The will provides for that. Vasiyetnamede var o. — someone with birine -i sağlamak/getirmek. —d that koşuluyla, şartıyla: I will lend you the money provided that you pay me back tomorrow. Yarın bana iade etmeniz şartıyla size parayı veririm.
Prov.i.dence (prav'ıdıns) i. Allah, Tanrı.
prov.i.dence (prav'ıdıns) i. 1. Tanrının inayeti, takdiri ilahi, ilahi takdir. 2. vaktinde gerekli tedbirleri almayı bilme, tedbirlilik.
prov.i.dent (prav'ıdınt) s. vaktinde gerekli tedbirleri almayı bilen, tedbirli.
prov.i.den.tial (pravıden'şıl) s. 1. Allahın inayetiyle olan/meydana gelen. 2. talihli.
prov.i.den.tial.ism (pravıden'şılızım) i. kayracılık, providansiyalizm.
prov.i.den.tial.ist (pravıden'şılist) i. kayracı, providansiyalist.
prov.i.den.tial.ly (pravıden'şıli) z. 1. Allahın inayetiyle. 2. şans eseri.
pro.vid.er (prıvay'dır) i. 1. sağlayan kimse. 2. aile geçindiren kimse. a good — ailesine iyi bakan kimse.
prov.ince (prav'ıns) i. 1. il, vilayet; eyalet. 2. bilgi alanı. 3. yetki alanı. the —s taşra, dışarlık. within one's — yetkisi içinde, yetki alanında.
pro.vin.cial (prıvın'şıl) s. 1. vilayete ait. 2. taşralı. 3. görgüsüz.
pro.vin.cial.ism (prıvın'şılızım) i. taşraya özgü âdet veya deyiş özelliği.
prov.ing (pru'ving) i. — ground deneme yeri.
pro.vi.sion (prıvij'ın) i. 1. hazırlık. 2. koşul, şart. 3. çoğ. erzak; azık. f. yiyecek veya gerekli şeyleri sağlamak.
pro.vi.sion.al (prıvij'ınıl) s. geçici, muvakkat; nihai olmayan.
pro.vi.so (prıvay'zo) i. (çoğ. —s/—es) huk.

provocation 356

(sözleşmeye konulan) kayıt, koşul, şart.
prov.o.ca.tion (pravıkey'şın) *i.* 1. kışkırtma, tahrik, dürtme. 2. provokasyon, kışkırtma. 3. kızdırma, sinirlendirme.
pro.voc.a.tive (prıvak'ıtiv) *s.* 1. kışkırtıcı, tahrik edici. 2. kızdırıcı, sinirlendirici. 3. çekici, cazip.
pro.voke (prıvok') *f.* 1. kışkırtmak, tahrik etmek, dürtmek. 2. kızdırmak, sinirlendirmek. 3. -e yol açmak, -e neden olmak. **be —d (at)** 1. -e kızmak. 2. -e küsmek.
pro.vost (pro'vost, prav'ıst) *i.* 1. resmi amir. 2. dekan. 3. (İskoçya'da) belediye başkanı. **— guard** askeri polis karakolu. **— marshal** inzibat amiri, adli subay.
prow (prau) *i., den.* pruva, baş.
prow.ess (prau'wis) *i.* 1. yiğitlik, cesaret. 2. beceri; yetenek.
prowl (praul) *f.* 1. sinsi sinsi dolaşmak. 2. etrafı kolaçan etmek. *i.* 1. sinsi sinsi dolaşma. 2. etrafı kolaçan etme. **— car** *k. dili* polis arabası.
prox.im.i.ty (praksim'ıti) *i.* yakınlık.
prox.y (prak'si) *i.* 1. vekil. 2. vekillik, vekâlet. 3. vekâletname.
prude (prud) *i.* aşırı derecede erdemlilik taslayan kimse.
pru.dence (pru'dıns) *i.* 1. tedbirlilik, sağgörü. 2. tutumluluk.
pru.dent (pru'dınt) *s.* 1. tedbirli, sağgörülü. 2. tutumlu, hesabını bilir.
prud.er.y (pru'dırı) *i.* aşırı derecede erdemlilik taslama.
prud.ish (pru'diş) *s.* aşırı derecede erdemlilik taslayan.
prune (prun) *i.* kurutulmuş erik, kuru erik.
prune (prun) *f.* 1. budamak. 2. fazla kısımları atmak; kısaltmak; azaltmak.
prun.ing (pru'ning) *i.* budama. **— knife** budama bıçağı. **— shears** bahçıvan makası, bahçe makası.
pru.ri.ent (prûr'iyınt) *s.* 1. şehvet düşkünü. 2. istekli, arzulu.
pru.rit.ic (prûrit'ik) *s.* kaşıntılı.
pru.ri.tus (prûray'tis) *i., tıb.* kaşıntı.
Prus.sia (prʌş'ı) *i., tar.* Prusya. **—n** *i.* Prusyalı. *s.* 1. Prusya, Prusya'ya özgü. 2. Prusyalı.
pry (pray) *f.* **into** -in gizlisini saklısını araştırmak. **— into someone's affairs** birinin işlerine burnunu sokmak.
pry (pray) *i.* manivela, kaldıraç. *f.* manivela ile açmak.
P.S. *kıs.* postscript.
psalm (sam) *i.* 1. mezmur. 2. ilahi. **the Book of P—s** (Kitabı Mukaddes'teki) Mezmurlar Kitabı. **the P—s** (Kitabı Mukaddes'teki) Mezmurlar.
pseu.do (su'do) *s.* sahte, yalancı, kalp.
pseudo-, pseud- *önek* sahte, yalancı.

pseu.do.nym (su'dınîm) *i.* takma ad.
pso.ri.a.sis (sıray'ısîs), *çoğ.* **pso.ri.a.ses** (sıray'ısiz) *i., tıb.* sedef hastalığı.
psych. *kıs.* **psychological, psychologist, psychology.**
psy.chas.the.ni.a (saykästhi'niyı) *i., ruhb.* psikasteni.
psy.che (say'ki) *i., ruhb.* ruh.
psy.chi.a.trist (saykay'ıtrîst) *i.* psikiyatr, psikiyatri uzmanı.
psy.chi.a.try (saykay'ıtri) *i.* psikiyatri.
psy.chic (say'kik), **psy.chi.cal** (say'kikıl) *s.* ruhsal, psişik.
psy.cho (say'ko) *i., argo* kafadan çatlak kimse.
psycho-, psych- *önek* 1. akıl. 2. ruh.
psy.cho.an.a.lyse (saykowän'ılayz) *f., İng., bak.* **psychoanalyze.**
psy.cho.a.nal.y.sis (saykownäl'ısîs) *i.* psikanaliz.
psy.cho.an.a.lyst (saykowän'ılîst) *i.* psikanalist.
psy.cho.an.a.lyze, psy.cho.an.a.lyse (saykowän'ılayz) *f.* psikanaliz yapmak.
psy.cho.log.ic (saykılac'îk), **psy.cho.log.i.cal** (saykılac'îkıl) *s.* psikolojik, ruhbilimsel.
psy.cho.log.i.cal.ly (saykılac'îkli) *z.* psikolojik bakımdan, psikolojikman.
psy.chol.o.gist (saykal'ıcîst) *i.* psikolog, ruhbilimci.
psy.chol.o.gy (saykal'ıci) *i.* psikoloji, ruhbilim.
psy.cho.path (say'kopäth) *i.* ruh hastası, psikopat.
psy.cho.path.o.log.i.cal (saykopäthılac'îkıl), **psy.cho.path.o.log.ic** (saykopäthılac'îk) *s.* psikopatolojik.
psy.cho.pa.thol.o.gy (saykopıthal'ıci) *i.* psikopatoloji.
psy.chop.a.thy (saykap'ıthi) *i.* psikopati.
psy.cho.sis (sayko'sîs), *çoğ.* **psy.cho.ses** (sayko'siz) *i.* akıl hastalığı, psikoz.
psy.cho.so.mat.ic (saykosomät'îk) *s.* psikosomatik.
psy.cho.ther.a.pist (saykother'ıpîst) *i.* psikoterapist.
psy.cho.ther.a.py (saykother'ıpi) *i.* psikoterapi.
psy.chot.ic (saykat'îk) *s.* 1. psikozdan ileri gelen. 2. psikoza dönüşmüş. 3. psikoza girmiş.
pt. *kıs.* **part, past tense, payment, pint, point, port.**
PTA *kıs.* **Parent-Teacher Association.**
pto.sis (to'sîs), *çoğ.* **pto.ses** (to'siz) *i., tıb.* kıpıklık.
pub (pʌb) *i., k. dili* meyhane, birahane.
pub. *kıs.* **public, publication, publisher.**
pu.ber.ty (pyu'bırti) *i.* ergenlik çağı, buluğ çağı.
pu.bic (pyu'bîk) *s.* kasık kemiğine ait.
pub.lic (pʌb'lîk) *s.* 1. halka ait, umumi. 2. herkese ait. 3. açık, aleni. *i.* 1. halk, ahali, kamu, umum. 2. seyirciler. **public-address system**

th	dh	w	hw	b	c	ç	d	f	g	h	j	k	l	m	n	p	r	s	ş	t	v	y	z
thin	the	we	why	be	joy	chat	ad	if	go	he	regime	key	lid	me	no	up	or	us	she	it	via	say	is

(havaalanı, alışveriş merkezi v.b.'nde) hoparlör sistemi. — **debt** devlet borçları. — **domain** 1. kamu arazisi. 2. halkın malı. — **enemy** halk düşmanı. — **health** halk sağlığı. — **holiday** resmi tatil günü. — **house** 1. han, otel. 2. *İng.* meyhane, birahane. — **law** kamu hukuku, amme hukuku. — **library** halk kütüphanesi. — **nuisance** kamu için zararlı olan davranış. — **opinion** kamuoyu. — **relations** halkla ilişkiler. — **revenues** devlet geliri. — **school** 1. devlet okulu. 2. *İng.* özel okul. — **sector** kamu kesimi/sektörü. — **servant** devlet memuru. — **service** kamu hizmeti. — **utilities** (elektrik, su gibi) kamu hizmeti kuruluşları. — **works** bayındırlık işleri. **in** — alenen, açıkça, herkesin önünde. **make something** — bir şeyi herkese/halka/kamuya bildirmek. **open to the** — halka açık, umuma açık.

pub.li.ca.tion (pʌblıkey´şın) *i.* 1. yayımlama, yayım. 2. yayın.

pub.li.cise (pʌb´lısayz) *f., İng., bak.* **publicize.**

pub.lic.i.ty (pʌblis´ıti) *i.* 1. umuma açık olma. 2. açıklık, alenilik. 3. şöhret. 4. reklam, tanıtım; ilan.

pub.li.cize, *İng.* **pub.li.cise** (pʌb´lısayz) *f.* ilan etmek.

pub.lic.ly (pʌb´lìkli) *z.* alenen, açıkça, herkesin önünde.

pub.lic-spir.it.ed (pʌb´lik.spir´itid) *s.* yardımsever.

pub.lish (pʌb´liş) *f.* 1. yayımlamak; yayımlatmak. 2. (kitap, dergi v.b.'ni) basmak/bastırmak. 3. ilan etmek, açıklamak.

pub.lish.er (pʌb´lişır) *i.* yayımcı.

pub.lish.ing (pʌb´lişing) *i.* 1. yayımlama. 2. yayımcılık. — **house** yayınevi.

puce (pyus) *s., i.* patlıcan rengi.

puck.er (pʌk´ır) *f.* 1. buruşturmak, kırıştırmak; buruşmak, kırışmak. 2. (dudaklarını) büzmek; (dudakları) büzülmek.

pud (pûd) *i., İng., k. dili* (yemeğin sonunda yenilen) tatlı.

pud.ding (pûd´ing) *i.* muhallebi, puding. **The proof of the — is in the eating.** Bir şeyin değeri kullanıldığında anlaşılır.

pud.dle (pʌd´ıl) *i.* su birikintisi, gölcük.

pudg.y (pʌc´i) *s.* tıknaz, bodur.

pu.er.ile (pyu´wırıl, pyu´rıl) *s.* çocukça, çocuksu.

Puer.to Ri.can (pôr´tı ri´kın) 1. Porto Riko, Porto Riko'ya özgü. 2. Porto Rikolu.

Puer.to Ri.co (pôr´tı ri´ko) Porto Riko.

puff (pʌf) *i.* 1. ani bir esinti. 2. küme: **a puff of smoke** duman kümesi. 3. nefes: **He took a puff on his cigarette.** Sigarasından bir nefes çekti. 4. beze, yumurta akıyla yapılan kurabiye. 5. pudra ponponu. 6. saç lülesi. 7. yorgan. *f.* püflemek. — **on** -i tüttürmek, -i tüttürerek içmek.

— **out/up** 1. şişinmek. 2. abartarak övünmek. 3. (saç) kabartmak. 4. şişirmek.

puff.ball (pʌf´bôl) *i.* 1. *bot.* kurtmantarı. 2. olgunlaşmış karahindiba tohumlarının çiçek sapından kopmadan önceki beyaz ve tüy gibi top hali.

puf.fin (pʌf´in) *i., zool.* kutupmartısı.

puf.fy (pʌf´i) *s.* şiş, şişmiş, şişkin.

pug (pʌg) *i.* buldoğa benzeyen ufak bir cins köpek. — **nose** ucu kalkık basık burun.

pu.gi.lism (pyu´cılizım) *i.* boksörlük.

pu.gi.list (pyu´cılist) *i.* boksör.

pug.na.cious (pʌgney´şıs) *s.* kavgacı, hırçın.

pug.na.cious.ly (pʌgney´şıslı) *z.* hırçınlıkla.

pug.na.cious.ness (pʌgney´şısnıs) *i.* kavgacılık.

pug.nac.i.ty (pʌgnäs´ıti) *i.* kavgacılık.

puke (pyuk) *f., argo* kusmak; kusturmak. *i.* kusma.

pull (pûl) *f.* 1. çekmek: **Six dogs were pulling the sled.** Kızağı altı köpek çekiyordu. **Who pulled the trigger?** Tetiği çeken kimdi? **Don't pull that rope!** O ipi çekme! 2. *k. dili* becermek, başarmak. *i.* 1. çekiş, çekme. 2. tutamaç. 3. dayanıklılık. 4. *k. dili* torpil, arka, piston, iltimas, kayırma. 5. uğraşma, gayret. — **a fast one** *k. dili* oyun oynamak, katakulli yapmak; numara yapmak. — **a gun on** -e silah çekmek. — **a long face** surat asmak. — **a muscle** adaleyi fazla çekerek incitmek. — **a tooth** diş çekmek. — **at** 1. -i çekmek/çekelemek. 2. (pipodan) nefes çekmek. — **away** 1. hareket etmek, yola çıkmak. 2. (bir yerden) uzaklaşmak: **Pull away from the curb a little.** Arabayı kaldırımdan azıcık uzaklaştır. 3. geri çekilmek. — **down** 1. aşağıya/aşağı çekmek. 2. *İng.* (binayı) yıkmak. — **for someone** *k. dili* 1. birinin arkasında olmak, birinin iyiliğini istemek. 2. (yarışan) birini/bir grubu tutmak. — **in** 1. (motorlu taşıt) (bir yere) gelmek/girmek; (sürücü) arabasını (bir yere) sürmek. **Pull in over there.** Arabayı oraya çek./Oraya gir. 2. (dizginleri, ipi v.b.'ni) çekmek. 3. *k. dili* (belirli bir miktarda parayı/maaşı) kazanmak. 4. *k. dili* (müşteri) çekmek. — **in one's horns** *k. dili* 1. (çalımından vazgeçerek) hizaya gelmek. 2. kemerini sıkmak, tasarruf etmeye başlamak. — **off** 1. çekip çıkarmak. 2. (giysiyi) çıkarmak; (ağacın kabuğunu) soymak. 3. çekip indirmek. 4. *k. dili* (bir işeyi) başarmak/başarmak. — **on** 1. -i çekmek/çekelemek. 2. (pipodan) nefes çekmek. — **one's leg** biriyle dalga geçmek, birini işletmek. — **one's rank** üstünlüğünü kabul ettirmek. — **one's weight** kendi işini başkasının/başkalarının sırtına yüklememek. — **oneself away** kendini (bir yerden) (zor) ayırmak/koparmak. — **oneself together** kendini toparlamak/toplamak, toparlanmak.

— out 1. çıkarmak; çekip çıkarmak. 2. (motorlu taşıt) (bir yere) çıkmak; (sürücü) arabasını (bir yere) sürmek: **He suddenly pulled out in front of me.** Aniden önüme çıktı. 3. hareket etmek, yola çıkmak. 4. **of** (bir işten) çıkmak, (bir işi) bırakmak. **— out all the stops** *k. dili* (bir işte) hiçbir fedakârlıktan kaçınmamak/kaçmamak. **— over** (sürücü) arabayı yolun kenarına çekmek. **— rank on** *k. dili* (birine) kendisinden üstün bir unvana/makama sahip olduğunu hatırlatmak. **— someone in** 1. birini (bir yerin içine) çekmek: **Don't pull her in the water!** Onu suya çekme! 2. *k. dili* (polis) sorgulamak üzere birini karakola götürmek. **— someone over** 1. birini kendine doğru çekerek yere yıkmak/düşürmek. 2. (polis) (arabayı sürmekte olan) birini yolun kenarına çekmek. **— someone/something away** birini/bir şeyi (bir yerden) çekerek uzaklaştırmak. **— someone through** *k. dili* birini (zor/vahim bir durumdan) kurtarmak. **— someone up** *k. dili* birini azarlamak. **— someone's leg** biriyle dalga geçmek, birini işletmek. **— something apart** 1. bir şeyi (çekerek) parçalara ayırmak. 2. bir şeyi (çekerek) aralamak. **— something (on)** *k. dili* (birine) oyun oynamak, katakulli yapmak. **— something over** 1. bir şeyi çekerek yaklaştırmak; bir şeyi yaklaştırmak: **Pull that chair over here.** O iskemleyi buraya çek. 2. bir şeyi kendine doğru çekerek devirmek. **— something over one's head** (kazak/tişört gibi) bir giysiyi başından geçirmek. **— something to** bir şeyi çekmek, bir şeyi çekerek kapamak: **Pull the door to.** Kapıyı çek. **— something to pieces** bir şeyi parçalara ayırmak. **— strings** *k. dili* (bir şeyi yapmak için) nüfuzunu/nüfuzlu tanıdıklarını kullanmak; nüfuzlu birine/birilerine işini yaptırmak. **— the rug out from under someone** *k. dili* birini desteklemekten vazgeçerek işini bozmak; birinin işini bozmak. **— the wool over someone's eyes** *k. dili* birini (yalan dolanla) kandırmak/oyuna getirmek. **— through** *k. dili* 1. (ağır hasta olan biri) iyileşmek: **Will he pull through?** Bunu atlatacak mı? 2. (tehlikeyi atlatarak) düze/düzlüğe çıkmak. **— together** birlik içinde çalışmak/hareket etmek. **— two people apart** iki kişiyi (zorla) ayırmak. **— up** 1. (bitkiyi) kökünden sökmek. 2. durmak. **P— up a chair and sit down!** Bir iskemle çekip otur! **— up at** (sürücü) arabasını (bir yerde) durdurmak: **Pull up at that gas station over there.** Arabayı şu benzin istasyonuna çekiver. **— up stakes** (başka yere taşınmak üzere) pılıyı pırtıyı toplayıp gitmek. **— votes** oy toplamak.
pul.ley (pûl´i) *i., mak.* makara; kasnak.
pull.o.ver (pûl´ovır) *i.* süveter, kazak.

pul.mo.nar.y (pʌl´mıneri) *s.* 1. akciğere ait; akciğeri etkileyen. 2. akciğeri olan.
pulp (pʌlp) *i.* 1. meyve eti. 2. kâğıt hamuru. *f.* hamur haline getirmek.
pul.pit (pûl´pit) *i.* minber; kürsü.
pulp.y (pʌl´pi) *s.* etli, özlü.
pul.sate (pʌl´seyt) *f.* (nabız) atmak, (yürek) çarpmak.
pulse (pʌls) *i.* 1. nabız, nabız atışı. 2. genel eğilim. *f.* (nabız) atmak, (yürek) çarpmak.
pul.ver.ize, *İng.* **pul.ver.ise** (pʌl´vırayz) *f.* ezmek, ezip toz haline koymak; ezilip toz haline gelmek.
pu.ma (pyu´mı) *i.* puma, yenidünyaaslanı.
pum.ice (pʌm´îs) *i.* süngertaşı, ponza. *f.* süngertaşıyla temizlemek/parlatmak, ponzalamak.
pum.mel (pʌm´ıl) *f., bak.* pommel.
pump (pʌmp) *i.* 1. pompa. 2. tulumba. *f.* 1. pompalamak. 2. tulumbayla çekmek. 3. **out** (bir yerdeki) suyu boşaltmak. 4. ağzını aramak. **— handle** pompa kolu. **— up** -i pompayla şişirmek.
pump.kin (pʌmp´kin) *i.* balkabağı, helvacıkabağı, kestanekabağı. **— pie** balkabağı turtası, balkabaklı turta.
pun (pʌn) *i.* sözcük oyunu, cinas. *f.* **(—ned, —ning)** sözcük oyunu yapmak.
punch (pʌnç) *i.* zımba, delgi, matkap. *f.* zımbalamak; zımba ile (delik) açmak.
punch (pʌnç) *f.* yumruklamak, yumruk atmak. *i.* 1. yumruk. 2. kuvvet, etki. **—ing bag** boks armuttop.
punch (pʌnç) *i.* punç. **— bowl** punç kâsesi.
punc.til.i.ous (pʌngk.til´ıyıs) *s.* (ayrıntılar ve resmiyette) fazla titiz.
punc.til.i.ous.ly (pʌngk.til´ıyıslı) *z.* titizlikle.
punc.tu.al (pʌngk´çuwıl) *s.* dakik.
punc.tu.al.i.ty (pʌngk.çuwäl´ıti) *i.* dakiklik.
punc.tu.ate (pʌngk´çuweyt) *f.* noktalamak, noktalama işaretleri koymak.
punc.tu.a.tion (pʌngk.çuwey´şın) *i., dilb.* 1. noktalama. 2. noktalama işareti. **— marks** noktalama işaretleri.
punc.ture (pʌngk´çır) *i.* 1. delme. 2. göz, ufak delik. 3. patlak. *f.* 1. delmek. 2. patlatmak. 3. söndürmek, değersizliğini/anlamsızlığını ortaya koymak. **We had a —.** Lastiğimiz patladı.
pun.dit (pʌn´dît) *i.* uzman.
pun.gent (pʌn´cınt) *s.* 1. sert, acı, keskin. 2. iğneleyici.
pun.ish (pʌn´îş) *f.* cezalandırmak.
pun.ish.a.ble (pʌn´îşıbıl) *s.* cezalandırılabilir.
pun.ish.ment (pʌn´îşmınt) *i.* 1. ceza. 2. cezalandırma.
pu.ni.tive (pyu´nıtîv) *s.* cezalandırıcı, cezai.
Pun.jab (pʌncab´, pʌn´cab) *i.* **the —** Pencap.

—i *i.* 1. Pencaplı. 2. Pencapça. *s.* 1. Pencap, Pencap'a özgü. 2. Pencaplı. 3. Pencapça.
punk (pʌngk) *i., argo* 1. serseri. 2. çeteci, gangster.
pu.ny (pyu´ni) *s.* 1. çelimsiz, sıska, cılız, zayıf. 2. önemsiz, ufak.
pup (pʌp) *i.* 1. köpek yavrusu, enik, encik. 2. kurt yavrusu. 3. fok yavrusu. *f.* (**—ped, —ping**) (köpek, kurt, fok v.b.) yavrulamak. **— tent** iki kişilik ufak çadır.
pu.pa (pyu´pı), *çoğ.* **pu.pae** (pyu´pi)/**—s** (pyu´pız) *i., zool.* pupa.
pu.pil (pyu´pıl) *i.* öğrenci.
pu.pil (pyu´pıl) *i., anat.* gözbebeği.
pup.pet (pʌp´it) *i.* kukla. **— government** kukla hükümet. **— show/play** kukla oyunu, kukla.
pup.pet.eer (pʌpitir´) *i.* kuklacı.
pup.pet.ry (pʌp´itri) *i.* kuklacılık.
pup.py (pʌp´i) *i.* köpek yavrusu.
pur.chase (pır´çıs) *f.* 1. satın alma, alım. 2. satın alınan şey. 3. sıkı tutma, kavrama. *f.* 1. satın almak. 2. ele geçirmek, kazanmak. 3. manivela ile kaldırmak/çekmek. **purchasing power** satın alma gücü.
pur.chas.er (pır´çısır) *i.* müşteri, alıcı.
pure (pyûr) *s.* 1. saf, arı; som, has. 2. kötülükten uzak. 3. masum. **— and simple** sadece, yalnızca.
pure.bred (pyûr´bred) *s., i.* safkan.
pu.rée (pyûrey´, pyûr´ey) *i.* püre. *f.* -i püre haline getirmek.
pure.ly (pyûr´li) *z.* 1. sadece, yalnızca. 2. tamamen, bütünüyle.
pur.ga.tive (pır´gıtiv) *i., s.* müshil, pürgatif.
pur.ga.to.ry (pır´gıtôri) *i.* Araf.
purge (pırc) *f.* 1. temizlemek, arındırmak. 2. *pol.* tasfiye etmek.
pu.ri.fi.ca.tion (pyûrıfikey´şın) *i.* arındırma; arınma.
pu.ri.fy (pyûr´ıfay) *f.* 1. temizlemek, arındırmak; arınmak. 2. temize çıkarmak. 3. sadeleştirmek.
pu.ri.tan (pyûr´ıtın) *i., s.* püriten.
pu.ri.tan.i.cal (pyûrıtän´ikıl) *s.* püriten.
pu.ri.ty (pyûr´ıti) *i.* 1. temizlik, saflık, arılık. 2. masumluk.
purl (pırl) *i.* 1. (yün örgüsünde) ters örme. 2. sırma; sim iplik. *f.* ters örmek. **knit one, — one** bir düz, bir ters örmek.
purl (pırl) *f.* çağıldayarak akmak.
pur.loin (pırloyn´) *f.* çalmak, aşırmak.
pur.ple (pır´pıl) *i., s.* mor, erguvani, eflatun. **— language** küfür. **— passage** süslü yazı. **born to the —** asil bir aileden gelen. **His face became —.** Öfkeden mosmor kesildi.
pur.port (pır´pôrt) *i.* anlamı, mana. *f.* ... görünümünde olmak, gibi görünmek; ... iddiasında olmak.
pur.pose (pır´pıs) *i.* 1. niyet, maksat, amaç. 2. karar. **at cross —s** birbirinin maksadına aykırı. **for the — of** -mek amacıyla. **on —** mahsus, bile bile, kasten. **serve someone's —** birinin ihtiyacını görmek. **serve the same —** aynı işi görmek. **to good —** iyi sonuç vererek, yararlı biçimde. **to no —** boşuna, boş yere. **to the —** isabetli, yerinde.
pur.pose.ful (pır´pısfıl) *s.* 1. maksatlı. 2. anlamlı.
pur.pose.less (pır´pıslis) *s.* 1. maksatsız. 2. anlamsız.
pur.pose.ly (pır´pısli) *z.* kasten, bile bile.
purr (pır) *f.* 1. (kedi) mırlamak. 2. (motor) hırıldamak.
purse (pırs) *i.* 1. para kesesi; para çantası. 2. el çantası. 3. hazine: **public purse** devlet hazinesi. 4. para ödülü. 5. para bağışı. *f.* 1. (dudaklarını) büzmek. 2. keseye koymak. **— snatcher** kapkaççı. **hold the — strings of** kasanın anahtarı (birinde) olmak, para (birinin) elinde olmak.
purs.lane (pırs´leyn) *i.* semizotu.
pur.su.ance (pırsu´wıns) *i.* **in — of** yerine getirirken, peşinde koşarken, gerçekleştirmeye çalışırken: **He sacrificed his wealth in pursuance of his ideals.** İdeallerinin peşinde koşarken servetini feda etti.
pur.su.ant (pırsu´wınt) *z.* **to** -e göre.
pur.sue (pırsu´) *f.* 1. kovalamak, peşine düşmek, izlemek, takip etmek. 2. sürdürmek: **She is pursuing her studies at the university.** Öğrenimini üniversitede sürdürüyor. 3. peşinde olmak, gerçekleştirmeye çalışmak.
pur.suit (pırsut´) *i.* 1. kovalama, izleme, takip. 2. uğraş, iş. 3. peşinde olma, gerçekleştirmeye çalışma.
pu.ru.lence (pyûr´ılıns) *i.* cerahat toplama, irinlenme.
pu.ru.lent (pyûr´ılınt) *s.* cerahatli, irinli.
pur.vey (pırvey´) *f.* sağlamak, tedarik etmek.
pur.vey.or (pırvey´ır) *i.* satıcı; sağlayan kimse.
pur.view (pır´vyu) *i.* 1. alan *(Soyut anlamda kullanılır.)*: **That's not within the purview of the Tax Office.** Vergi Dairesi'nin yetki alanına girmiyor o. **Does that come within your purview?** O senin bilgi alanına giriyor mu? 2. (bir yasanın) hüküm alanı.
pus (pʌs) *i.* cerahat, irin.
push (pûş) *f.* 1. itmek, dürtmek. 2. sürmek, sevk etmek, yürütmek. 3. (düğme v.b.'ne) basmak. 4. sıkıştırmak, zorlamak. 5. özellikle -i sattırmaya/kabul ettirmeye çalışmak. 6. *k. dili* yasadışı yoldan (uyuşturucu) satmak. *i.* 1. itiş, itme, sürme. 2. hücum. 3. gayret, çaba.

pushchair 360

4. kampanya. **— ahead** *k. dili* 1. ilerlemek, ilerlemeye devam etmek. 2. devam etmek. **— away** itip defetmek. **— back** geriye itmek. **— down** aşağı itmek. **— for** -i ısrarla istemek. **— forward** *k. dili, bak.* **push ahead. — in** itip içeri sokmak. **P— off!** *İng., k. dili* Defol! **— off** 1. *den.* avara etmek. 2. *k. dili* gitmek, kaçmak. **— on** *k. dili, bak.* **push ahead. — one's luck** *k. dili* şansını zorlamak, şansına fazla güvenmek. **— one's way** *k. dili* ite kaka ilerlemek. **— someone around** *k. dili* birine amir gibi davranmak. **— someone out** 1. of birini iterek -den çıkarmak. 2. birini safdışı/bertaraf etmek. **— something on someone** bir şeyi birine zorla kabul ettirmek. **— something through** bir şeyi kabul ettirmek. **— the panic button** *k. dili* paniğe kapılmak. **— up** artırmak, yükseltmek. **— up daisies** *argo* gebermek. **be —ed for money** *k. dili* para sıkıntısı çekmek. **be —ed for time** *k. dili* -in az vakti olmak, -in vakti çok daralmış olmak. **get the —** *k. dili* sepetlenmek/işten atılmak. **give someone the —** *k. dili* birini sepetlemek/işten atmak. **if — comes to shove/if it comes to the —** *k. dili* çok gerekirse. **She's —ing seventy.** *k. dili* Yaşı yetmişe dayandı.
push.chair (pûş'çer) *i., İng.* puset.
push.o.ver (pûş'ovır) *i., k. dili* 1. kolay aldanan kimse, yemlik. 2. kolay iş.
Push.tu (pʌş'tu), **Push.to** (pʌş'to) *i., s.* Peştuca, Afganca.
pu.sil.lan.i.mous (pyusılän'ımıs) *s.* korkak, ödlek, yüreksiz.
puss (pûs) *i., k. dili* kedi.
puss (pûs) *i., argo* yüz, surat, faça.
pus.sy (pûs'i) *i., k. dili* kedi.
pus.sy (pûs'i) *i., kaba* 1. **am.* 2. cinsel ilişki.
pus.sy.foot (pûs'îfût) *f.* kendi fikrini belirtmemek.
pus.sy.foot.er (pûs'îfûtır) *i.* fikrini belirtmeyen kimse.
pus.tule (pʌs'çul, pʌs'tyul) *i.* sivilce; irinli kesecik.
put (pût) *f.* (**put, —ting**) koymak, yerleştirmek. **— a stop to** -e son vermek, -i kesmek. **— about** 1. (gemi) yön değiştirmek. 2. (geminin) başını çevirmek. **— all one's eggs in one basket** *k. dili* tüm umutlarını bir kişiye/şeye bağlamak. **— an animal away** bir hayvanı merhametten dolayı öldürmek. **— an animal down** bir hayvanı hayatına son vermek. **— an end to** -e son vermek. **— back** 1. geri koymak. 2. eski yerine koymak. 3. ilerlemesine engel olmak. 4. (saati) geri almak. 5. reddetmek. 6. *den.* yoldan geri dönmek. **— down at/in/on** (uçak) -e inmek. **— forth** 1. (yaprak, çiçek, filiz v.b.'ni) vermek. 2. ileri sürmek. 3. çıkarmak, yayımlamak. **— forward** 1. önermek. 2. (saati) ileri almak. **— in** 1. içeri koymak, sokmak. 2. arz etmek. 3. takmak. 4. limana girmek. 5. (bir iş için) (zaman) harcamak. **— in an appearance** boy göstermek, çok kısa bir süre kalmak. **— in for ...** için başvurmak/müracaat etmek. **— in time on** (bir iş için) belirli bir zaman harcamak. **P— it down, please!** *İng.* Hesabıma yazın lütfen! *(Veresiye alınan bir şey için söylenir.).* **— money on** (bir konuda) bahse girmek: **Will you put a million on that?** Bir milyona bahse girer misin? **— off** *den.* -den ayrılmak. **— on** 1. giymek. 2. (ışığı, radyoyu v.b.'ni) açmak. 3. atfetmek, üzerine yüklemek. 4. (oyunu) sahneye koymak; (oyunu) oynamak. 5. (kilo) almak. 6. *k. dili* poz yapmak/kesmek. **— on airs** caka satmak. **— one's cards on the table** *k. dili* düşüncelerini/durumunu açıkça belirtmek. **— one's feet up** *k. dili* dinlenmek. **— one's finger on** *k. dili* -in üstüne/üzerine basmak, en doğru olanı söylemek. **— one's foot down** *k. dili* artık hiç taviz vermemeye kararlı olmak. **— one's foot in it** *k. dili* pot kırmak, gaf yapmak. **— one's hand/hands on** *k. dili* -i bulmak. **— one's house in order** *k. dili* işlerini düzene sokmak. **— one's nose to the grindstone** *k. dili* gerektiği gibi çalışmak; görevini layıkıyla yapmak. **— oneself in another's place** kendini başkasının yerine koymak. **— out** 1. söndürmek. 2. (ışığı) kapamak. 3. çıkarmak, yaymak: **That chimney's putting out a lot of smoke.** O bacadan çok duman çıkıyor. 4. (ısı) vermek. 5. üretmek, çıkarmak: **Do they also put out a newspaper?** Gazete de mi çıkarıyorlar? **— out feelers** *k. dili* (bir durumu anlamak için) sondaj yapmak. **— pen to paper** yazmaya başlamak. **— someone away** *k. dili* 1. birini tımarhaneye kapamak. 2. birini içeri/hapse atmak. **— someone down** 1. birini indirmek/yere koymak; birini daha aşağı bir yere koymak. 2. *k. dili* birini küçümsemek; birini tenkit etmek. 3. **as** birinin ... olduğunu zannetmek. 4. **for** (bir listede) birinin adının yanına ... yazmak: **I put you down for two tickets.** Adının yanına iki bilet yazdım. 5. **for** (okul, üniversite v.b.'ne) kaydetmek/yazmak/kaydettirmek/yazdırmak. **— someone in his/her place** *k. dili* birine göstermek, birine dünyanın kaç bucak olduğunu göstermek, birine Hanya'yı Konya'yı göstermek, birine haddini bildirmek. **— someone in mind of** *k. dili* -i birini hatırlatmak, birini aklına getirmek: **She put him in mind of his aunt.** Ona teyzesini hatırlattı. **— someone off** 1. birini bahanelerle atlatmak/başından savmak. 2. birini şaşırtmak. 3. birini (bir şeyden) vazgeçirmek; birinin hevesini kırmak. 4. birinin (başkasından) hoşlanmamasına yol açmak. **— someone on** 1. birini (bir işle) görevlendirmek. 2. *k. dili* birini işletmek, biriyle

dalga geçmek; birine numara yapmak. — **someone on the spot** *k. dili* birini zor bir duruma sokmak. — **someone onto** *k. dili* 1. birini (birine) yollamak/göndermek. 2. birine (bir şeyi) tavsiye etmek/salık vermek. — **someone out** *k. dili* 1. birini zahmete sokmak; birini rahatsız etmek. 2. birini kızdırmak. — **someone out of the way** *k. dili* birini öldürmek, birini ortadan kaldırmak. — **someone/something to the test** birini/bir şeyi denemek/sınamak; birinin/bir şeyin nasıl/ne mene biri/bir şey olduğunu göstermek/meydana çıkarmak. — **someone/something to use** birinden/bir şeyden yararlanmak/istifade etmek. — **someone straight (about something)** *k. dili* (yanlış düşünen) birine işin doğrusunu anlatmak/söylemek. — **someone through (to)** (santral memuru) birini (telefonla) (-e) bağlamak. — **someone to bed** birini yatırmak. — **someone to death** birini idam etmek. — **someone to shame** *k. dili* 1. birini gölgede bırakmak. 2. birini utandırmak/mahcup etmek; birini rezil etmek. — **someone up** birini misafir etmek. — **someone up to** *k. dili* birini (kötü bir işe) azmettirmek/koşmak. — **something about** *k. dili* bir haberi etrafa yaymak. — **something across** *k. dili* 1. bir şeyi etkili bir şekilde iletmek/anlatmak/açıklamak/söylemek. 2. bir şeyi yutturmak. 3. bir şeyi kabul ettirmek. — **something away** 1. bir şeyi ortadan kaldırmak/saklamak. 2. bir kenara para koymak. 3. *k. dili* çok yemek yemek; yemeği midesine/gövdeye indirmek. — **something back** 1. bir şeyi eski yerine koymak. 2. bir şeyi geciktirmek. 3. **to** toplantıyı/randevuyu (önceki bir tarihe/saate) almak; toplantı/randevu tarihini/saatini öne almak. — **something by** bir kenara para koymak. — **something down** 1. bir şeyi (indirerek) bırakmak/yere koymak; bir şeyi (aşağı bir yere) koymak. 2. bir şeyi kaydetmek/not etmek/yazmak. 3. kaparo vermek/bırakmak. 4. **to** bir şeyi -e vermek/yormak: **I put it down to his being old.** Onu yaşlılığına verdim. 5. *k. dili* bir şeyi küçümsemek; bir şeyi tenkit etmek. — **something forward** **to** toplantıyı/randevuyu (daha ileri bir tarihe/saate) almak; toplantı/randevu tarihini/saatini ileri almak/ertelemek. — **something in someone's mind** bir şeyi birinin aklına koymak. — **something into someone's head** *k. dili* bir fikri birinin aklına/kafasına koymak, bir fikri birine aşılamak. — **something off** bir şeyi ertelemek. — **something on** 1. bir şeyi giymek. 2. -e bir fiyat koymak; -e bir değer biçmek. 3. (bir toplamı, maliyeti) belirli bir miktar artırmak. — **something on paper** bir şeyi kâğıda/yazıya dökmek. —

something out of the way *k. dili* (uygunsuz bir yerde duran) bir şeyi başka bir yere kaldırmak. — **something over** 1. bir şeyi etkili bir şekilde iletmek/anlatmak/açıklamak/söylemek. 2. **to** bir şeyi -e ertelemek/bırakmak. — **something over on someone** *k. dili* birine bir şey yutturmak, birine bir oyun oynamak. — **something plainly** bir şeyi açıkça söylemek. — **something/someone out of one's mind** bir şeyi/birini aklından çıkarmak/unutmak. — **something through** bir şeyin onaylanmasını/kabul edilmesini sağlamak; bir yasa tasarısını (meclisten) geçirmek. — **something to a vote** bir şeyi oylamaya/oya koymak, bir şeyi oya sunmak. — **something to rights** bir durumu düzeltmek/yoluna koymak. — **something to shame** *k. dili* bir şeyi gölgede bırakmak. — **something to someone** *k. dili* birine bir şey teklif etmek/sormak. — **something together** *k. dili* 1. bir şeyi hazırlamak. 2. bir ekibi oluşturmak. 3. bir şeyi monte etmek/kurmak. — **something up for sale** bir şeyi satışa çıkarmak. — **the blame on** kabahati/suçu (birinin) üzerine atmak. — **the finger on** -i ihbar etmek, -i gammazlamak, -i ele vermek. — **through a call to** -e telefon etmek. — **two and two together** *k. dili* (olaylar arasında bağlantı kurarak) durumun ne olduğunu anlamak. — **up** 1. inşa etmek, yapmak. 2. (çadır) kurmak. 3. (birini) misafir etmek. 4. **at** (otel v.b.'nde) kalmak. 5. (fiyat, kira v.b.'ni) yükseltmek, artırmak. 6. konservesini/reçelini/kompostosunu yapmak. 7. (bir işi finanse etmek için) para vermek. 8. **for** -e adaylığını koymak. — **up a fight** mücadele etmek. — **up with** -i çekmek, -e katlanmak/tahammül etmek. **P— up your hands!** Eller yukarı! — **upon** -i sömürmek, -i kullanmak.
pu.ta.tive (pyu´titîv) *s.* farz edilen, varsayılan.
pu.tre.fy (pyu´trıfay) *f.* 1. çürümek, bozulmak; çürütmek. 2. kokmak, kokuşmak; kokutmak. 3. kangren olmak.
pu.trid (pyu´trid) *s.* çürüyüp kokan, taaffün eden, kokuşmuş, kokuşuk.
pu.trid.i.ty (pyutridˆîti), **pu.trid.ness** (pyu´tridnîs) *i.* 1. çürüklük. 2. kokuşma.
putt (pʌt) *i., golf* topu deliğe sokmak için hafif vuruş. *f.* (topa) hafifçe vurmak.
put.ter (pʌt´ır) *f.* **about** ufak tefek işlerle meşgul olmak, oyalanmak.
put.ty (pʌt´î) *i.* camcı macunu. *f.* macunlamak. — **knife** macun ıspatulası.
put-up (pût´ʌp) *s.* danışıklı. — **job** danışıklı dövüş.
puz.zle (pʌz´ıl) *i.* 1. bilmece; bulmaca. 2. mesele, sorun. 3. şaşkınlık, hayret. 4. anlaşılmaz kimse. *f.* şaşırtmak, hayrete düşürmek; şaşır-

mak, hayrete düşmek. — **out** kafa yorarak çözmek. — **over** -i çok düşünmek. **be —d** şaşırmak, afallamak. **crossword** — bulmaca.
puz.zling (pʌz'ling) s. 1. şaşırtıcı. 2. üzücü.
Pyg.my (pig'mi) i. Pigme. s. Pigme, Pigmelere özgü.
pyg.my (pig'mi) i., s. cüce.
py.ja.mas (pıca'mız) i., İng., bak. **pajamas.**
py.lon (pay'lan) i. çelik direk, pilon.
py.o.der.ma (payodır'mı) i., tıb. irinli deri, piyodermit.
py.o.gen.e.sis (payıcen'ısis) i., tıb. irinlenim, irinlenme, piyogeni, piyogenez.
py.o.gen.ic (payıcen'ik) s., tıb. irinyapan, piyogenik.
py.o.poi.e.sis (payıpoyi'sis) i., tıb. irinlenim, irinlenme.
py.or.rhe.a (payırı'yı) i., tıb. piyore, dişeti iltihabı.

pyr.a.can.tha (payrıkän'thı) i., bot. ateşdikeni.
pyr.a.mid (pir'ımid) i. piramit.
pyre (payr) i. ölüyü yakmaya özgü odun yığını.
py.re.thrum (payri'thrım) i., bot. pireotu, pirekapan, nezleotu.
Py.rex (pay'reks) i. payreks.
py.rite (pay'rayt) i., min. pirit.
py.rog.ra.phy (payrag'rıfi), **py.ro.gra.vure** (payrıgrıvyür') i. dağlama resmi, yakma resim, pirogravür.
py.ro.sis (payro'sis) i., tıb. mide ekşimesi.
py.ro.tech.nic (payrıtek'nik) s. piroteknik.
py.ro.tech.nics (payrıtek'niks) i. 1. piroteknik, pirotekni. 2. ask. piroteknik mühimmat. 3. piroteknik gösteri.
Pyr.rhic (pir'ik) s. — **victory** fazla pahalıya mal olan zafer; büyük kayıplarla kazanılan başarı.
py.thon (pay'than) i., zool. piton.

Q

Q, q (kyu) *i.* İngiliz alfabesinin on yedinci harfi.
Q. *kıs.* quarto, queen, question.
q. *kıs.* quart(s), quarter, quarterly, queen, query, question.
Qa.tar (kʌtar´, ka´tar) *i.* Katar. —**i** *i.* Katarlı. *s.* 1. Katar, Katar'a özgü. 2. Katarlı.
qib.la (kib´lı) *i.* kıble, namazda yönelinen yön.
qib.lah (kib´lı) *i., bak.* **qibla.**
qt. *kıs.* quantity, quart(s).
qu. *kıs.* question.
quack (kwäk) *f.* vaklamak, vakvaklamak, ördek sesi çıkarmak. *i.* ördek sesi, vak vak.
quack (kwäk) *i., s.* şarlatan. — **doctor** şarlatan hekim.
quad.ran.gle (kwad´räng.gıl) *i.* 1. avlu. 2. *geom.* dörtgen.
quad.ri.lat.er.al (kwadrılät´ırıl) *s., geom.* dört kenarlı.
quad.ru.ped (kwad´rûped) *s.* dört ayaklı. *i.* dört ayaklı hayvan.
quad.ru.ple (kwad´rûpıl, kwadru´pıl) *s.* dört kat: **I want quadruple this amount.** Bu miktarın dört katını istiyorum.
quaff (kwaf, kwäf) *f.* içmek, kana kana içmek. *i.* içim.
quag.mire (kwäg´mayr) *i.* batak, bataklık.
quail (kweyl) *i., zool.* bıldırcın.
quail (kweyl) *f.* yılmak; sinmek, ürkmek.
quaint (kweynt) *s.* antika, yabansı, acayip, tuhaf.
quaint.ly (kweynt´li) *z.* acayip bir şekilde.
quaint.ness (kweynt´nis) *i.* antikalık, acayiplik, tuhaflık.
quake (kweyk) *f.* 1. titremek. 2. sarsılmak.
Quak.er (kwey´kır) *i.* bir Protestan tarikatı üyesi, Kuveykır.
qual.i.fi.ca.tion (kwalıfıkey´şın) *i.* 1. nitelik, özellik: **He has all the qualifications.** Bütün niteliklere sahip. 2. şart, kayıt: **with many qualifications** birçok şartlarla. 3. *dilb.* niteleme. **It requires —.** Kısmen doğru.
qual.i.fied (kwal´ıfayd) *s.* 1. kalifiye, nitelikli, vasıflı, ehliyetli: **a qualified worker** kalifiye bir işçi. 2. ehliyetli, ehliyeti olan: **a qualified driver** ehliyetli bir şoför. 3. şartlı, kısıtlı, sınırlı.
qual.i.fy (kwal´ıfay) *f.* 1. hak kazanmak, ehliyet kazanmak; hak kazandırmak. 2. kısıtlamak, sınırlandırmak. 3. nitelendirmek. 4. hafifletmek. 5. *dilb.* nitelemek.
qual.i.ta.tive (kwal´ıteytıv) *s.* niteliksel, nitel.
qual.i.ty (kwal´ıti) *i.* 1. nitelik, vasıf. 2. kalite, nitelik: **average quality** orta nitelik. **high quality** yüksek kalite. **poor quality** düşük kalite. **quality control** kalite kontrolü. 3. özellik: **a person's good qualities** bir kimsenin iyi özellikleri. 4. üstünlük. 5. meziyet.
qualm (kwam) *i.* vicdan azabı. —**s of conscience** vicdan azabı.
quan.da.ry (kwan´dırı, kwan´dri) *i.* 1. şüphe, ikircim; hayret, şaşkınlık. 2. ikilem. **be in a —** ne yapacağını bilememek.
quan.ti.fy (kwan´tıfay) *f.* miktarını belirtmek; miktarını belirlemek, ölçmek.
quan.ti.ta.tive (kwan´tıteytıv) *s.* nicel.
quan.ti.ta.tive.ly (kwan´tıteytıvli) *z.* nicel olarak.
quan.ti.ty (kwan´tıti) *i.* 1. nicelik: **Quality is more important than quantity.** Nitelik nicelikten daha önemlidir. 2. miktar: **a negligible quantity** önemsiz bir miktar. 3. *çoğ.* miktar: **in small quantities** az miktarda. **He buys in large quantities.** Külliyetli miktarda satın alır.
quan.tum (kwan´tım), *çoğ.* **quan.ta** (kwan´tı) *i.* 1. miktar, tutar. 2. pay, hisse. 3. *fiz.* kuantum, nicem. — **leap** önemli bir atılım.
quar.an.tine (kwôr´ıntin) *i.* karantina. *f.* karantinaya almak.
quar.rel (kwôr´ıl) *i.* kavga, çekişme; bozuşma. *f.* (—**ed/**—**led,** —**ing/**—**ling**) kavga etmek, çekişmek; bozuşmak. **pick a —** kavga çıkarmak. **take up a —** kavgaya katılmak.
quar.rel.some (kwôr´ılsım) *s.* kavgacı; ters, huysuz.
quar.ry (kwôr´i) *i.* av.
quar.ry (kwôr´i) *i.* taşocağı. *f.* 1. (**from**) taşocağından çıkarmak. 2. taşocağı açmak.
quart (kwôrt) *i.* galonun dörtte biri, kuart. **dry —** ABD 1,101 litre. **liquid —** ABD 0,946 litre; *İng.* 1,136 litre.
quar.ter (kwôr´tır) *i.* 1. dörtte bir, çeyrek: **a quarter of the amount** miktarın dörtte biri. 2. çeyrek: **It's quarter to two.** İkiye çeyrek var. 3. ABD 25 sent. 4. yılın dörtte biri, üç aylık süre. 5. öğretim yılının dörtte biri. 6. mahalle, semt. 7. yön, taraf. 8. *çoğ.* kışla. 9. *çoğ.* konut, mesken, ikametgâh. *f.* 1. dörde ayırmak, dörde bölmek. 2. (**in/with**) (birini) (bir yere/birinin yanına) yerleştirmek: **They quartered him with an engineer's family.** Onu bir mühendis ailesinin yanına yerleştirdiler. — **hour** çeyrek saat. — **note** *müz.* dörtlük. **at close —s** çok yakından. **come to close —s** göğüs göğüse dövüşmek, cenkleşmek. **divide into —s** dört kısma ayırmak, dörde bölmek. **give someone no —** birine aman vermemek. **hind —** but (et).

quar.ter.back (kwôr´tırbäk) *i., Amerikan futbolu oyunu idare eden oyuncu. f., k. dili* -i idare etmek.
quar.ter.deck (kwôr´tırdek) *i., den.* kıç güverte.
quar.ter.fi.nal (kwôrtırfay´nıl) *i.* çeyrek final.
quar.ter.ly (kwôr´tırli) *s.* üç ayda bir verilen/olan. *i.* üç ayda bir yayımlanan süreli yayın. *z.* üç ayda bir.
quar.ter.mas.ter (kwôr´tırmästır) *i., ask.* levazım subayı.
quar.tet, *İng.* **quar.tette** (kwôrtet´) *i., müz.* dörtlü, kuartet.
quartz (kwôrts) *i.* kuvars. **— crystal** kuvars kristali.
quash (kwaş) *f.* 1. *huk.* iptal etmek, feshetmek, kaldırmak, bozmak. 2. (isyan v.b.´ni) bastırmak; (duygu, umut v.b.´ni) yok etmek: **We shall quash those hopes of his.** O umutlarının kökünü kazıyacağız.
qua.si (kwa´zi, kwey´zay) *z.* 1. güya, sanki. 2. hemen hemen. *s.* gibi, -e benzer.
quasi- önek benzeri.
quas.sia (kwaş´ıyı, kwas´iyı) *i.* 1. *bot.* acıağaç, kavasya. 2. acıağaç/kavasya tentürü.
quat.rain (kwat´reyn) *i., edeb.* dörtlük, kıta.
qua.ver (kwey´vır) *f.* 1. titremek. 2. titrek sesle şarkı söylemek veya konuşmak. *i.* 1. titreme. 2. ses titremesi.
quay (ki) *i.* rıhtım, iskele.
quea.sy (kwi´zi) *s.* 1. midesi bulanmış. 2. mide bulandırıcı. 3. midesi kolayca bulanan. **He feels —.** Midesi bulanıyor.
Queen (kwin) *i.* **— Anne's lace** (*çoğ.* **Queen Anne's lace**) kırlarda yetişen beyaz çiçekli bir havuç türü.
queen (kwin) *i.* 1. kraliçe. 2. arıbeyi, anaarı. 3. *satranç* vezir. 4. *isk.* kız. 5. *argo* ibne. **— bee** arıbeyi, anaarı. **— consort** kralın karısı olan kraliçe. **— dowager** dul kraliçe. **— mother** ana kraliçe.
queen.like (kwin´layk) *s.* kraliçe gibi.
queen.ly (kwin´li) *s.* 1. kraliçe gibi. 2. kraliçeye yakışır.
queer (kwir) *s.* 1. acayip, tuhaf, garip. 2. *argo* homoseksüel. *f.* **— someone's pitch** *İng., k. dili* birinin işini/planlarını bozmak.
quell (kwel) *f.* 1. (isyan v.b.´ni) bastırmak. 2. (korku, endişe v.b.´ni) gidermek/yatıştırmak.
quench (kwenç) *f.* 1. (susuzluğu) gidermek. 2. (ateş, yangın v.b.´ni) söndürmek. 3. (isyan v.b.´ni) bastırmak; (duygu, umut v.b.´ni) yok etmek. 4. (çeliğe) su vermek.
quer.u.lous (kwer´ılıs) *s.* şikâyetçi, titiz, aksi.
que.ry (kwir´i) *i.* 1. soru. 2. kuşku, şüphe. *f.* 1. (birine) soru sormak. 2. -in doğruluğunu sormak.
quest (kwest) *i.* arama, araştırma. *f.* **for** -i aramak, -i araştırmak.

ques.tion (kwes´çın) *i.* 1. soru. 2. sorun, mesele. 3. kuşku, şüphe. *f.* 1. soru sormak. 2. sorguya çekmek: **The police are questioning the suspect.** Polisler sanığı sorguya çekiyorlar. 3. -den şüphe etmek: **I question his honesty.** Dürüstlüğünden şüphe ediyorum. **— mark** soru işareti, soru imi. **a leading —** verilecek cevabı belirleyen soru. **an open —** çözümlenmemiş sorun. **beside the —** konudışı. **beyond —** 1. şüphe götürmez. 2. kuşkusuz, şüphesiz, tartışmasız. **call in —** 1. -in doğruluğundan şüphe etmek. 2. -e gölge düşürmek. **It is only a — of time.** Sadece bir zaman meselesi. **out of the —** imkânsız, olamaz, söz konusu olamaz. **pop the —** *k. dili* evlenme teklif etmek. **rhetorical —** cevabı beklenmeyen soru. **the point in —** söz konusu. **without —** kuşkusuz, şüphesiz, tartışmasız, muhakkak.
ques.tion.a.ble (kwes´çınıbıl) *s.* 1. kuşkulu, şüpheli. 2. kesin olmayan.
ques.tion.naire (kwesçıner´) *i.* 1. anket, sormaca. 2. form, belge.
queue (kyu) *i.* sıra, kuyruk. *f.* 1. kuyruğa girmek. 2. kuyruk olmak. **— up** kuyruğa girmek.
quib.ble (kwib´ıl) *i.* baştan savma cevap, kaçamaklı söz. *f.* 1. kaçamaklı cevap vermek. 2. önemsiz şeyler üzerinde durmak. 3. tartışma konusu yapmak.
quick (kwik) *s.* 1. çabuk, hızlı: **as quick as I can** elimden geldiği kadar çabuk. **quick returns** çabuk gelen kazanç. 2. anlayışlı, kavrayışlı, zeki. *i.* tırnağın altındaki hassas et. **a — one** *k. dili* çabuk içilen/içilmiş bir içki. **cut one's nails to the —** tırnaklarını dibine kadar kesmek. **cut someone to the —** birini (acı sözlerle) derinden yaralamak. **the — and the dead** diriler ve ölüler.
quick.en (kwik´ın) *f.* 1. çabuklaştırmak, hızlandırmak; çabuklaşmak, hızlanmak. 2. canlandırmak, diriltmek; canlanmak, dirilmek.
quick.ie (kwik´i) *i., k. dili* 1. çabuk içilen/içilmiş içki. 2. çarçabuk sevişme/aşk yapma. 3. çabuk yapılan/yapılmış şey. *s.* çabuk yapılan/yapılmış.
quick.lime (kwik´laym) *i.* sönmemiş kireç.
quick.ly (kwik´li) *z.* çabuk, çabucak, süratle, hızla.
quick.ness (kwik´nis) *i.* çabukluk, sürat, hız.
quick.sand (kwik´sänd) *i.* bataklık kumu.
quick-tem.pered (kwik´tempırd) *s.* çabuk kızan.
quick-wit.ted (kwik´wit´id) *s.* zeki, kavrayışlı.
quid (kwid) *i., İng., k. dili* bir sterlin.
quid (kwid) *i.* bir çiğnemlik tütün.
quid pro quo (kwid´ pro kwo´) *i.* (verilen bir şeye) karşılık: **If we give this to them we must insist on a quid pro quo.** Bunu onlara verirsek, karşılığını istememiz şart.
qui.es.cent (kwayes´ınt) *s.* hareketsiz, sakin.

qui.et (kway'ît) s. 1. sessiz, sakin. 2. hareketsiz, dingin. 3. rahat. 4. yumuşak huylu, sessiz, uslu. 5. gösterişsiz. *i.* 1. sessizlik, sükût. 2. rahat, huzur, sükûnet, asayiş. *f.* 1. susturmak. 2. yatıştırmak, sakinleştirmek. — **down** 1. susmak. 2. yatışmak, sakinleşmek.
qui.et.ly (kway'îtli) *z.* yavaşça, sessizce, hareketsizce.
qui.et.ism (kway'ıtizım) *i.* dingincilik.
quill (kwil) *i.* 1. kuş kanadının büyük tüyü, yelek, telek, teleke; kuyruk teleği. 2. içi boş olan tüy sapı. 3. tüy kalem. 4. kirpi dikeni/oku. — **pen** tüy kalem.
quilt (kwilt) *i.* yorgan.
quilt.ed (kwil'tid) *s.* kapitone.
quince (kwins) *i.* ayva.
qui.nine (kway'nayn, *İng.* kwinin') *i.* kinin.
quin.tal (kwîn'tıl) *i.* kental, 100 kilogramlık ağırlık birimi.
quin.tes.sence (kwintes'ıns) *i.* 1. öz, cevher. 2. mükemmel bir örnek; tipik bir örnek.
quin.tes.sen.tial (kwintîsen'şıl) *s.* özbeöz; su katılmamış; tam bir: **That is quintessential mediocrity.** Sıradanlığın ta kendisi *i.*
quin.tet, *İng.* **quin.tette** (kwintet') *i., müz.* kuintet, beşli.
quin.til.lion (kwîntil'yın) *i.* kentilyon.
quin.tu.ple (kwîn'tûpıl, kwîntu'pıl) *s.* beş kat, beş misli.
quin.tu.plet (kwîntûp'lit, kwîntu'plit) *i.* 1. beş şeyden meydana gelen takım, beşli. 2. beşizlerden biri.
quip (kwîp) *i.* 1. espri, nükte, latife. 2. taş, şakayla karışık iğneli söz. *f.* (—**ped**, —**ping**) 1. espri yapmak. 2. taş atmak, şakayla karışık iğneli söz söylemek.
quirk (kwırk) *i.* 1. acayiplik. 2. tuhaf davranış. 3. *mim.* kabartmalı süslemede girinti.
quit (kwît) *f.* (**quit/—ted, —ting**) 1. bırakmak, vazgeçmek: **He quit smoking cigarettes.** Sigara içmekten vazgeçti./Sigarayı bıraktı. 2. kesilmek, durmak, dinmek: **The motor suddenly quit.** Motor duruverdi. **It's quit raining.** Yağmur dindi. 3. -i terk etmek, -den çekip gitmek: **They quit the town.** Kasabadan çekip gittiler. 4. ayrılmak: **She quit her job.** İşinden ayrıldı. **be —s** *k. dili* hesaplaşmış olmak. **cry —s** yeter artık demek. **Let's call it —s!** Haydi bırakalım artık!/Paydos edelim!/Haydi vazgeçelim!
quite (kwayt) *z.* 1. tam, tamamen: **I'm not quite through yet.** Henüz tam bitirmiş değilim. **I don't quite know what to say.** Ne diyeceğimi bilemiyorum. **"Is it ready?" "Not quite." "Hazır mı?" "Az kaldı."** **I'd quite forgotten it.** Onu tamamen unuttum. **Quite right, sir!** Çok haklısınız beyefendi! **He's not quite the man for the job.** Tam o işin adamı değil. **Not quite all of them have come yet.** Henüz hepsi gelmedi. 2. bayağı, pek: **She's quite good at her job.** İşinde bayağı iyidir o. — **a/an** 1. Ne ...! *(Beğeni ve şaşkınlık belirtir.):* **She's quite a woman!** Ne kadındır o! **That was quite a party!** Ne partiydi ama! 2. epey (bir miktar): **I saw quite a few parrots there.** Orada epey papağan gördüm. 3. bayağı: **He's developed into quite a hunter.** Bayağı iyi bir avcı oldu. **Q— (so).** *İng.* Tabii. — **a bit** 1. epey: **You've grown quite a bit.** Epey büyüdün. **I haven't seen her for quite a bit.** Epeydir görmedim onu. 2. sık sık: **They go there quite a bit.** Oraya sık sık gidiyorlar. **be — something** 1. herkese nasip olmamak; çok iyi bir şey olmak. 2. olağanüstü bir şey olmak: **It is quite something to be made a countess these days.** Günümüzde kontes olmak olağanüstü bir şey.
quit.ter (kwît'ır) *i., k. dili* işleri hep yarıda bırakan kimse.
quiv.er (kwîv'ır) *i.* ok kılıfı, sadak.
quiv.er (kwîv'ır) *f.* titremek; titretmek. *i.* titreme.
quix.ot.ic (kwiksat'îk), **quix.ot.i.cal** (kwiksat'îkıl) *s.* donkişotça, donkişotvari.
quix.o.tism (kwik'sıtizım) *i.* donkişotluk.
quiz (kwîz) *i.* 1. kısa sınav, küçük imtihan. 2. sorgu. *f.* (—**zed**, —**zing**) (birine) çok soru sormak, (birini) sorguya çekmek. — **program** *radyo, TV* bilgi yarışması.
quiz.zi.cal (kwîz'îkıl) *s.* 1. sorgulayıcı (bakış, tavır v.b.). 2. alaylı ve keyifli (gülüş, bakış v.b.).
quo.rum (kwôr'ım) *i.* yetersayı.
quo.ta (kwo'tı) *i.* 1. hisse, pay. 2. kontenjan. 3. kota.
quo.ta.tion (kwotey'şın) *i.* 1. alıntı, iktibas. 2. alıntılama, aktarma. 3. (teklif olarak verilen) fiyat. — **marks** tırnak işaretleri.
quote (kwot) *f.* 1. alıntılamak, alıntı yapmak, aktarmak, iktibas etmek. 2. (birinin) söylediklerini tekrarlamak. 3. -e (teklif olarak) fiyat vermek. *i., k. dili* 1. alıntı, iktibas. 2. (teklif olarak verilen) fiyat. **be in —s** tırnak işaretleri/tırnaklar içinde olmak.
quoth (kwoth) *f., eski* dedim; dedi *(Bu fiilin başka kipi yoktur. Özne daima fiilden sonra gelir:* **quoth I, quoth he**).
quo.tient (kwo'şınt) *i., mat.* bölüm.

R

R, r (ar) *i.* R, İngiliz alfabesinin on sekizinci harfi.
r. *kıs.* **rabbi, radius, rare, right.**
rab.bet (räb´it) *i.* 1. yiv, oluk. 2. lambalı geçme.
rab.bi (räb´ay) *i.* haham. **chief —** hahambaşı.
rab.bin.ate (räb´init) *i.* 1. hahamlık. 2. hahamhane. 3. hahamlar.
rab.bit (räb´it) *i.* tavşan.
rab.bit.fish (räb´itfiş) *i.* denizkedisi.
rab.ble (räb´ıl) *i.* insan kalabalığı, insan sürüsü, güruh, derinti. **the —** ayaktakımı.
rab.id (räb´id) *s.* 1. kudurmuş, kuduz. 2. öfkeden kudurmuş. 3. fanatik.
ra.bies (rey´biz) *i.* kuduz.
rac.coon (räkun´) *i., zool.* rakun.
race (reys) *i.* 1. yarış, koşu. 2. akıntı. *f.* 1. yarışmak; yarıştırmak. 2. hızlı gitmek; koşmak. 3. (atı) dörtnala koşturmak; (aracı) hızlı sürmek. 4. (avaradaki motoru) hızlı çalıştırmak.
race (reys) *i.* 1. ırk. 2. soy. 3. döl, nesil.
race.course (reys´kôrs) *i.* 1. *İng.* (at için) parkur. 2. *İng.* hipodrom. 3. parkur. 4. yarış pisti.
race.horse (reys´hôrs) *i.* yarış atı, koşu atı.
rac.er (rey´sır) *i.* 1. koşucu. 2. yarış atı. 3. yarış arabası. 4. yarış yatı.
race.track (reys´träk) *i.* 1. yarış pisti. 2. (at için) parkur. 3. hipodrom.
ra.chit.ic (rıkit´ik) *s., tıb.* raşitik.
ra.chi.tis (rıkay´tis) *i., tıb.* raşitizm.
ra.cial (rey´şıl) *s.* ırksal.
ra.cial.ism (rey´şılizım) *i., İng.* ırkçılık.
ra.cial.ist (rey´şılist) *i., s., İng.* ırkçı.
rac.ism (rey´sizım) *i.* ırkçılık.
rac.ist (rey´sist) *i., s.* ırkçı.
rack (räk) *i.* 1. (otobüste/trende/vapurda) (çubuklardan oluşan) raf; (otomobilin üstünde) portbagaj. 2. bir çift geyik boynuzu. 3. *mak.* dişli çubuk. *f.* işkence etmek/yapmak. **— one's brains** çok düşünmek, kafa patlatmak. **cake —** üstüne sıcak kek konulan çubuklu altlık. **coat —** portmanto, askılık. **dish —** bulaşıklık. **drying —** çamaşır askısı. **gun —** tüfeklik. **hay —** otluk, kuru ot konulan parmaklıklı raf/tekne. **magazine —** mecmualık. **newspaper —** gazetelik. **plate —** tabaklık. **towel —** havluluk.
rack (räk) *i.* **— and ruin** yıkım, harabiyet. **go to — and ruin** harabeye dönmek, harap olmak; mahvolmak.
rack.et, rac.quet (räk´it) *i.* raket.
rack.et (räk´it) *i.* 1. gürültü, patırtı, şamata. 2. *k. dili* hileli iş, düzenbazlık. 3. *k. dili* haraççılık. 4. *argo* meslek, iş.

rack.et.eer (räkıtîr´) *i.* 1. sahtekâr, düzenbaz. 2. haraççı; mafya üyesi.
rac.quet (räk´it) *i., bak.* **racket.**
rac.y (rey´si) *s.* 1. komik ve biraz açık saçık. 2. canlı, renkli (üslup).
ra.dar (rey´dar) *i.* radar.
ra.di.al (rey´diyıl) *s.* radyal, ışınsal.
ra.di.an (rey´diyın) *i., geom.* radyan.
ra.di.ance (rey´diyıns), **ra.di.an.cy** (rey´diyınsi) *i.* parlaklık, aydınlık.
ra.di.ant (rey´diyınt) *s.* 1. ışın yayan, parlak. 2. neşe saçan.
ra.di.ate (rey´diyeyt) *f.* 1. ışın yaymak. 2. ışın halinde yayılmak. 3. yaymak, saçmak.
ra.di.a.tion (reydiyey´şın) *i.* yayılma, radyasyon, ışınım.
ra.di.a.tion.al (reydiyey´şınıl) *s.* ışınsal.
ra.di.a.tor (rey´diyeytır) *i.* radyatör.
rad.i.cal (räd´îkıl) *s.* 1. köke ait, köksel. 2. esaslı, köklü, kökten, radikal. 3. köktenci, radikal. *i.* köktenci, radikal.
rad.i.cal.ism (räd´îkılizım) *i.* köktencilik, radikalizm.
rad.i.cel (räd´îsel) *i., bot.* kökçük.
rad.i.cic.o.lous (rädîsik´ılıs) *s.* köklerin üzerinde yaşayan.
rad.i.civ.o.rous (rädîsîv´ırıs) *s., zool.* kökçül, köklerle beslenen.
ra.dic.u.lar (rädîk´yılır) *s.* köksel.
ra.di.o (rey´diyo) *i.* 1. radyo. 2. telsiz telgraf/telefon. *f.* 1. -i radyo ile yayımlamak. 2. -i telsizle haber vermek: **We radioed for help.** Telsizle yardım istedik. 3. telsizle haberleşmek. *s.* radyo. **— frequency** radyo frekansı. **— link** radyolink. **— operator** telsizci. **— station** radyo istasyonu. **— transmitter** radyo vericisi. **— wave** radyo dalgası.
ra.di.o.ac.tive (reydiyowäk´tiv) *s.* radyoaktif, ışınetkin.
ra.di.o.ac.tiv.i.ty (reydiyowäktiv´iti) *i., fiz.* radyoaktivite, ışınetki, ışınetkinlik.
ra.di.o.gram (rey´diyogräm) *i.* radyogram.
ra.di.og.ra.phy (reydiyag´rıfi) *i.* radyografi, ışınçekim.
ra.di.ol.o.gist (reydiyal´ıcîst) *i.* radyolog, ışınbilimci.
ra.di.ol.o.gy (reydiyal´ıci) *i.* radyoloji, ışınbilim.
ra.di.om.e.ter (reydiyam´ıtır) *i.* radyometre, ışınölçer.
ra.di.o.pho.to (reydiyofo´to) *i., bak.* **radiophotograph.**
ra.di.o.pho.to.graph (reydiyofo´tıgräf) *i.* radyo-

foto.
ra.di.os.co.py (reydiyas´kıpi) *i.* radyoskopi.
ra.di.o.tel.e.graph (reydiyotel´ıgräf) *i.* telsiz telgraf, radyotelgraf.
ra.di.o.tel.e.phone (reydiyotel´ıfon) *i.* telsiz telefon, telsiz, radyotelefon.
ra.di.o.ther.a.py (reydiyother´ıpi) *i.* radyoterapi.
rad.ish (räd´îş) *i.* kırmızıturp.
ra.di.um (rey´diyım) *i., kim.* radyum.
ra.di.us (rey´diyıs), *çoğ.* **ra.di.i** (rey´diyay)/—**es** (rey´diyısız) *i.* 1. yarıçap. 2. *anat.* önkol kemiği, döner kemik.
raf.fle (räf´ıl) *i.* piyango, çekiliş. *f.* **(off)** piyangoda (hediye olarak) dağıtmak, piyangoda vermek.
raft (räft) *i.* sal. *f.* 1. salla gitmek. 2. sal kullanmak. 3. -i salla taşımak.
raft (räft) *i., k. dili* yığın, büyük miktar. **a — of** bir yığın, bir sürü, pek çok.
raft.er (räf´tır) *i.* çatı kirişi, kiriş.
raft.ing (räf´ting) *i., spor* rafting.
rafts.man (räfts´mın), *çoğ.* **rafts.men** (räfts´men) *i.* salcı.
rag (räg) *i.* 1. paçavra, çaput, eski bez parçası. 2. *çoğ.* yırtık pırtık giysi. 3. *k. dili* adi gazete. — **doll/baby** bez bebek. — **rug** pala. **be in —s** (birinin) giysileri yırtık pırtık olmak. **glad —s** *k. dili* süslü giysiler.
rag (räg) *f.* (—**ged**, —**ging**) *k. dili* 1. (şaka yaparak) -e takılmak. 2. azarlamak, paylamak. 3. *İng.* eşek şakası yapmak. *i., İng.* 1. gürültü, şamata. 2. eşek şakası. 3. üniversite öğrencilerinin bağış toplamak amacıyla yaptığı komik gösteriler.
rag.a.muf.fin (räg´ımʌfîn) *i.* üstü başı perişan çocuk.
rag-and-bone (räginbon´) *s.* — **man** *İng.* eskici.
rage (reyc) *i.* 1. öfke, gazap, hiddet, köpürme; hırs; hışım. 2. coşku, heyecan. 3. moda, çok rağbet gören şey. *f.* 1. öfkelenmek, hiddetlenmek, köpürmek; hırsla veryansın etmek/verip veriştirmek. 2. (bir olay) şiddetle devam etmek: **The storm was raging without.** Dışarıda fırtına tüm şiddetiyle devam ediyordu. **It's the — these days!** O şimdi çok moda!
rag.ged (räg´îd) *s.* 1. yırtık pırtık. 2. hırpani, perişan kılıklı, giysileri yırtık pırtık; pejmürde: **with a ragged appearance** pejmürde kılıklı. 3. kenarları eğri büğrü kesilmiş, tırtıklı; pürüzlü, pürtüklü: **The pages of the book have ragged edges.** Kitabın sayfa kenarları tırtıklı.
rag.man (räg´män, räg´mın), *çoğ.* **rag.men** (räg´men, räg´mîn) *i.* eskici.
raid (reyd) *i.* 1. baskın; polis baskını. 2. akın. *f.* 1. baskın yapmak. 2. akın etmek.
raid.er (rey´dır) *i.* 1. baskıncı. 2. akıncı.
rail (reyl) *i.* 1. tahta parmaklıktaki yatay sırık. 2. küpeşte; tırabzan küpeştesi, merdiven küpeştesi; parmaklık küpeştesi. 3. *den.* küpeşte. 4. *d.y.* ray. 5. demiryolu. *f.* **off** -i parmaklıkla çevirmek. **go off the —s** 1. raydan çıkmak. 2. aklını kaçırmak, aklını oynatmak.
rail (reyl) *f.* sövüp saymak. — **at/against** -e sövüp saymak.
rail.ing (rey´ling) *i.* 1. küpeşte; tırabzan küpeştesi; parmaklık küpeştesi. 2. parmaklık, korkuluk; tırabzan. 3. tahta parmaklıktaki yatay sırık.
rail.road (reyl´rod), *İng.* **rail.way** (reyl´wey) *i.* demiryolu. — **station** tren istasyonu. — **system** demiryolu şebekesi.
rain (reyn) *i.* yağmur. *f.* 1. yağmur yağmak. 2. yağmur gibi boşanmak. 3. yağmur gibi yağdırmak. — **cats and dogs** bardaktan boşanırcasına yağmak, gök delinmek, yağmur boşanmak. — **check** 1. yağmur yüzünden iptal edilen maç, gösteri, konser v.b. yerine ilerisi için verilen bilet. 2. Çekici bulunan bir davet reddedildiği zaman kullanılır: **I'll take a rain check./Give me a rain check.** Alacağım olsun. — **forest** yağmur ormanı. — **gauge** yağışölçer, yağmurölçer. — **or shine** ne olursa olsun. **It never —s but it pours.** 1. Aksilikler hep üst üste gelir. 2. Allah verince yağdırır. **the —s** (tropikal ülkelerde) yağmur mevsimi.
rain.bow (reyn´bo) *i.* gökkuşağı. — **chaser** hayal peşinde koşan kimse. — **trout** çelikbaş alabalık.
rain.coat (reyn´kot) *i.* yağmurluk.
rain.drop (reyn´drap) *i.* yağmur damlası.
rain.fall (reyn´fôl) *i.* yağış miktarı.
rain.storm (reyn´stôrm) *i.* sağanak.
rain.wa.ter (reyn´wôtır) *i.* yağmur suyu.
rain.y (rey´ni) *s.* yağmurlu. — **day** sıkıntılı zaman, dar gün.
raise (reyz) *f.* 1. (yukarı) kaldırmak: **raise a hand** el kaldırmak. 2. yükseltmek, artırmak: **raise prices** fiyatları yükseltmek. **raise one's voice** sesini yükseltmek. 3. inşa etmek; dikmek: **raise a building** bir bina inşa etmek. **raise a telephone pole** telefon direği dikmek. 4. (para) toplamak. 5. (hayvan/ekin) yetiştirmek; (çocuk) büyütmek, yetiştirmek. 6. -e neden olmak: **It raised a laugh among them.** Onları güldürdü. **Don't raise a dust!** Etrafı tozutma! **You've raised our hopes.** Bizi umutlandırdınız. **raise a problem** sorun çıkarmak. 7. ileri/öne sürmek, söylemek: **Don't raise any objections!** Hiçbir itirazda bulunma! **raise a question** soru sormak. — **Cain/hell/the devil** *k. dili* 1. kıyameti koparmak. 2. küplere binmek. — **the roof** çok gürültü yapmak.
rai.sin (rey´zın) *i.* kuru üzüm.
ra.jah (ra´cı) *i.* raca.
rake (reyk) *i.* tarak, tırmık. *f.* 1. taraklamak, tırmık-

lamak. 2. **through** -i taramak, -i dikkatle gözden geçirmek. 3. *ask.* (ateşle) taramak. — **in money** çok para kazanmak. — **someone over the coals** birini şiddetle azarlamak, birini haşlamak. — **up the past** eski defterleri karıştırmak.
rake.off (reyk´ôf) *i.* 1. kazançtan alınan (yasadışı) pay, (yasadışı) komisyon, anut; avanta. 2. kazançtan alınan pay, kâr payı.
rak.ish (rey´kiş) *s.* rahat ve alışılmışın dışında olan.
ral.ly (räl´i) *f.* 1. (birilerini) toplamak; toplanmak. 2. harekete geçirmek; canlandırmak. 3. moral vermek, cesaretlendirmek. 4. (düştükten sonra) (fiyatları) artırmak; (fiyatlar) artmaya başlamak. 5. **to/around** (birinin) yardımına koşmak; (bir davayı) desteklemek. 6. (hasta/yorgun kişi) kendini toparlamak. *i.* 1. (birilerini) toplama; toplanma. 2. (düşüşten sonra) (fiyatlarda) artış. 3. (hasta/yorgun kişi) kendini toparlama. 4. (birini/bir davayı desteklemek için yapılan) toplantı; miting. 5. *oto.* ralli.
RAM (räm) *i., kıs.* Random-Access Memory.
Ram (räm) *i., astrol.* Koç burcu.
ram (räm) *i.* 1. *zool.* koç. 2. *mak.* şahmerdan. *f.* (—**med**, —**ming**) 1. çok kuvvetle vurmak. 2. toslamak. — **someone/something down someone's throat** birine birini/bir şeyi zorla kabul ettirmek.
Ram.a.dan (rämıdan´), **Ram.a.zan** (rämızan´) *i.* Ramazan.
ram.ble (räm´bıl) *f.* 1. gezinmek, dolaşmak, dolanmak. 2. konuyu dağıtmak. 3. (bitki) gelişigüzel yayılıp büyümek. *i.* 1. gezinme, gezinti. 2. dolambaçlı yol.
ram.bler (räm´blır) *i.* 1. gezen kimse. 2. sarmaşık gülü.
ram.bunc.tious (rämbʌnk´şıs) *s., k. dili* 1. neşeli, gürültülü. 2. delişmen; ele avuca sığmaz.
ram.i.fi.ca.tion (rämıfıkey´şın) *i.* 1. *bot.* dallanma. 2. kol, şube, dal.
ram.i.fy (räm´ıfay) *f.* 1. dallanmak, dal budak salmak. 2. dallanıp budaklanmak. 3. kollara ayrılmak.
ramp (rämp) *i.* rampa.
ram.page (räm´peyc) *i.* yakıp yıkma. **go on the — (through)** (-i) yakıp yıkmak, (-i) kasıp kavurmak.
ram.pant (räm´pınt) *s.* 1. dal budak salmış, her tarafa yayılmış; fışkırmış; azgın (bitki): **This trumpet vine's gotten quite rampant.** Bu acemborusu bayağı azdı. 2. aşırı boyutlara varmış, alıp yürümüş, gemi azıya almış, kol gezen: **Theft is rampant here.** Burada hırsızlık kol geziyor. **run** — 1. (kötü bir durum) aşırı boyutlara varmak, kol gezmek. 2. (bitki) dal budak salmak, her tarafa yayılmış; fışkırmak; azmak.
ram.part (räm´part, räm´pırt) *i.* kale duvarı, sur; siper. *f.* sur ile çevirmek.

ram.shack.le (räm´şäkıl) *s.* harap, yıkık.
ran (rän) *f., bak.* **run**.
ranch (ränç) *i.* büyük çiftlik. — **house** çiftlik evi.
ranch.er (rän´çır) *i.* çiftlik sahibi.
ran.cid (rän´sid) *s.* ekşimiş, kokmuş, küflü (yağ).
ran.cor, *İng.* **ran.cour** (räng´kır) *i.* kin, garaz.
ran.cor.ous, *İng.* **ran.cour.ous** (räng´kırıs) *s.* garazlı; garaz dolu.
ran.cour (räng´kır) *i., İng., bak.* **rancor**.
ran.cour.ous (räng´kırıs) *s., İng., bak.* **rancorous**.
ran.dom (rän´dım) *s.* rasgele, gelişigüzel, tesadüfi. — **shot** rasgele ateş. **at** — rasgele, tesadüfen.
Ran.dom-Ac.cess Memory (rän´dım.äk´ses) *bilg.* rasgele erişimli bellek.
rang (räng) *f., bak.* **ring**.
range (reync) *f.* 1. dizmek, sıralamak; dizilmek. 2. dolaşmak, gezinmek. 3. otlatmak. 4. **over** *bot.* (bir yerde) yetişmek; *zool.* (bir yerde) bulunmak. 5. dağılmak. — **far** geniş kapsamlı olmak. **The samples — from bad to excellent.** Örnekler kötü ile mükemmel arasında değişiyor.
range (reync) *i.* 1. alan, saha. 2. mera, otlak. 3. (bitkinin/hayvanın doğal olarak yetiştiği) alan/alanlar: **Its range is confined to the mountainous regions of northeast Turkey.** Yalnız kuzeydoğu Türkiye'nin dağlık yörelerinde bulunur. 4. sıra, dizi. 5. erim, menzil: **The deer was now within the range of his gun.** Geyik artık tüfeğinin menzili içindeydi. 6. (yemek pişirmeye yarayan üstü ocaklı) fırın; kuzine, kuzina. 7. *istatistik* dağılım. — **finder** telemetre. **at close** — yakından, yakın mesafeden. **mountain** — dağ silsilesi. **That's outside my** —. O benim bilgi alanım dışında./Ben o işten anlamam. **They have a small number of books which cover a wide — of topics, whereas Esma has a large number of books which cover a narrow — of topics.** Onlardaki kitapların sayısı az ama çeşitli konular üstüne yazılmış. Esma'nın kitapları ise sayıca çok, ancak belirli birkaç konuyu kapsıyor.
rank (rängk) *i.* 1. sıra, dizi, saf. 2. *ask.* rütbe. 3. derece, mertebe, mevki, aşama; makam. *f.* 1. derecelendirmek, sıraya koymak: **The teacher ranks her students according to their grades.** Öğretmen öğrencilerini notlarına göre derecelendiriyor. 2. (belirli bir grubun) içinde olmak, (belirli bir gruptan) biri sayılmak: **He ranks among the greatest scientists in the world today.** Dünyanın en büyük bilim adamlarından biri sayılıyor. — **above** -den daha yüksek rütbede olmak, rütbece -den üstün olmak. — **below** (birinden) aşağı bir rütbede olmak. — **next to** rütbece/mevkice ikinci gelmek. **pull** — (birinin üzerinde) otoritesini kullanmak. **the — and file** 1. erler, erat. 2. yönetilenler; alt tabaka. **Where does**

he — in the hierarchy? Hiyerarşideki yeri ne?
rank.ing (räng´king) s. 1. ask. en yüksek rütbeli. 2. en yüksek mevkide/makamda olan.
ran.kle (räng´kıl) f. acısı unutulmamak.
ran.sack (rän´säk) f. 1. iyice araştırmak, altını üstüne getirmek. 2. yağma etmek.
ran.som (rän´sım) i. 1. fidye, kurtulmalık. 2. fidye ile kurtarma. f. 1. fidye ile kurtarmak. 2. fidye alarak serbest bırakmak.
rant (ränt) f. 1. heyecanlı bir şekilde bağırarak konuşmak. 2. bağırarak atıp tutmak/yüksekten atmak, yüksek perdeden konuşmak. **— and rave** 1. heyecanla bağıra çağıra konuşmak. 2. bağırıp çağırarak atıp tutmak/yüksekten atmak.
rap (räp) i. 1. hafif vuruş; tıklatma. 2. argo suç, kabahat. 3. argo ceza. f. (**—ped, —ping**) hafifçe vurmak; tıklatmak. **beat the** — argo 1. cezadan kurtulmak. 2. temize çıkmak, aklanmak. **take the —** argo suçu üstüne almak.
ra.pa.cious (rıpey´şıs) s. 1. yırtıcı. 2. açgözlü, doymak bilmez.
ra.pa.cious.ness (rıpey´şısnıs) i. açgözlülük.
rape (reyp) f. -in ırzına geçmek, -e tecavüz etmek. i. 1. ırza geçme, tecavüz. 2. yağmalayıp yakıp yıkma. 3. yağmalama.
rape (reyp) i. kolza; küçükşalgam.
rap.id (räp´íd) s. çabuk, hızlı, tez, süratli.
ra.pid.i.ty (rıpid´iti) i. hız, sürat.
rap.id.ly (räp´ídli) z. hızla, süratle.
rap.id.ness (räp´ídnis) i., bak. **rapidity**.
rap.ids (räp´ídz) i., çoğ. bir akarsuyun hızla akan türbülanslı kısımları.
ra.pi.er (rey´piyır) i. meç, düz ve uzun kılıç.
rap.ine (räp´ín) i. yağmacılık, çapulculuk.
rap.ist (rey´pist) i. tecavüz eden adam.
rap.proche.ment (räpröşman´) i. uzlaşma.
rapt (räpt) s. 1. kendinden geçmiş. 2. çok dalmış.
rap.ture (räp´çır) i. kendinden geçme, aşırı sevinç.
rap.tur.ous (räp´çırıs) s. kendinden geçmiş.
rare (rer) s. 1. nadir, seyrek, az bulunur. 2. yoğun olmayan (hava/gaz).
rar.e.fy (rer´ıfay) f. 1. yoğunluğunu azaltmak. 2. seyrekleştirmek; seyrekleşmek. 3. inceltmek. 4. kalitesini yükseltmek. 5. arıtmak, tasfiye etmek.
rare.ly (rer´li) z. nadiren, seyrek olarak.
rar.i.ty (rer´iti) i. 1. nadirlik, seyreklik. 2. nadir şey.
ras.cal (räs´kıl) i. yaramaz; maskara; kerata. **You — you!** Seni gidi seni!/Ah seni seni!
rase (reyz) f., bak. **raze**.
rash (räş) i., tıb. döküntü; kurdeşen. **heat —** isilik.
rash (räş) s. fazla aceleci, atılgan, telaşçı, düşüncesiz.
rasp (räsp) f. 1. raspalamak, eğelemek, törpülemek. 2. (törpü sesine benzeyen) kulak tırmalayıcı bir sesle söylemek/konuşmak. 3. (ses) -in kulaklarını tırmalamak, -i rahatsız etmek. i. 1.

raspa, eğe, (iri dişli) törpü. 2. (törpü sesine benzeyen) kulak tırmalayıcı ses.
rasp.ber.ry (räz´beri) i. ahududu, ağaççileği, frambuaz.
rasp.ing (räs´ping), **rasp.y** (räs´pi) s. kulak tırmalayıcı, rahatsız eden (ses).
rat (rät) i. sıçan. f. (**—ted, —ting**) 1. fare tutmak. 2. **on** argo -i gammazlamak. 3. argo oyunbozanlık etmek. **— race** argo keşmekeş, koşuşturma. **like a drowned —** sırsıklam, sırılsıklam.
smell a — kuşkulanmak, bir hile sezmek.
ratch.et (räç´ît) i. 1. (mandallı çark için) mandal, cırcır. 2. mandallı çark, cırcırlı makara. **— wheel** mandallı çark, cırcırlı makara.
rate (reyt) i. 1. oran, nispet; sıklık: **death rate** ölüm oranı, ölüm sıklığı. **rate of interest** faiz oranı. 2. değer, fiyat, ücret: **hourly rate** saat başına ücret. 3. hız, sürat: **at a slow rate** yavaş bir hızla. 4. sınıf, çeşit. 5. İng. emlak vergisi oranı. 6. İng. emlak vergisi. f. 1. değer biçmek. 2. saymak, farz etmek, olarak görmek: **I rate him a friend.** Onu arkadaş sayıyorum. 3. **among** -den biri sayılmak: **He rates among the best composers of our time.** Günümüzün en iyi bestecilerinden biri sayılıyor. 4. değerlendirmek: **How do you rate him as an athlete?** Onu sporcu olarak nasıl değerlendiriyorsun? 5. sınıflandırmak: **The company rates its employees according to their productivity.** Şirket işçilerini randımanlarına göre sınıflandırıyor. 6. k. dili hak etmek: **She rates a promotion.** Terfii hak ediyor. **— of exchange** döviz kuru, kambiyo kuru. **— of interest** faiz oranı. **at any —** her ne ise, her neyse, neyse, her ne hal ise: **At any rate, we enjoyed your party immensely.** Her neyse, sizin parti çok hoşumuza gitti. **Most of the food we ordered hasn't come. At any rate, we've got the fish.** Ismarladığımız yemeklerin çoğu gelmedi. Her neyse, balıklarımız geldi. **At any rate, the important thing is that she's succeeded.** Her neyse, önemli olan onun bunu başarmış olması. **at the — of** ... hızla: **at the rate of one hundred meters per second** saniyede yüz metre hızla. **current market — rayiç**, sürüm değeri.
rath.er (rädh´ır, ra´dhır) z. 1. -mektense: **I decided to visit a friend rather than go home.** Eve gitmektense bir arkadaşı ziyaret etmeye karar verdim. 2. -den ziyade, -den çok: **This place is like a museum rather than a house.** Burası, evden ziyade müzeye benziyor. 3. oldukça, epeyce, bir hayli: **He's getting along rather well with his fellow workers.** İş arkadaşlarıyla oldukça iyi geçiniyor. 4. daha doğrusu. **R—! ünlem**, İng., k. dili Hem de nasıl! **had/would — go.** Gitmeyi tercih ederim./Ba-

na kalırsa giderim. **I had — not do it.** Yapmamayı tercih ederim./Yapmasam daha iyi. **I think he would — die!** Bence ölmeyi tercih eder!
rat.i.fi.ca.tion (rätıfıkey´şın) *i.* onaylama; onaylanma.
rat.i.fy (rät´ıfay) *f.* onaylamak, tasdik etmek.
rat.ing (rey´tîng) *i.* 1. sınıflama. 2. sınıf, kategori.
ra.tio (rey´şo, rey´şiyo) *i.* oran, nispet.
ra.tion (räş´ın, rey´şın) *i.* 1. pay, hisse. 2. vesika ile verilen miktar. 3. tayın, er azığı. *f.* vesika ile dağıtmak; karneye bağlamak.
ra.tion.al (räş´ınıl) *s.* 1. akıl sahibi, mantıklı, makul. 2. ussal, rasyonel. 3. *mat.* rasyonel. — **number** *mat.* rasyonel sayı, oranlı sayı.
ra.tion.al.i.sa.tion (räşınılızey´şın) *i., İng., bak.* **rationalization.**
ra.tion.al.ise (räş´ınılayz) *f., İng., bak.* **rationalize.**
ra.tion.al.ism (räş´ınılîzım) *i.* usçuluk, akılcılık, rasyonalizm.
ra.tion.al.ist (räş´ınılîst) *i.* usçu, akılcı, rasyonalist.
ra.tion.al.i.ty (räşınäl´ıti) *i.* 1. ussallık, rasyonalite. 2. mantıklılık.
ra.tion.al.i.za.tion, *İng.* **ra.tion.al.i.sa.tion** (räşınılızey´şın) *i.* 1. bahane. 2. ussallaştırma, rasyonalizasyon. 3. modernleşme. 4. *mat.* rasyonelleştirme.
ra.tion.al.ize, *İng.* **ra.tion.al.ise** (räş´ınılayz) *f.* 1. bahane bulmak. 2. mantığa göre açıklamak. 3. ussallaştırmak, mantıklı kılmak. 4. *İng.* modernleştirmek. 5. *mat.* rasyonel sayıya çevirmek.
ra.tion.al.ly (räş´ınıli) *z.* mantıkla.
rat.line, rat.lin (rät´lîn) *i., den.* iskalarya.
rat.tan (rätän´, rıtän´) *i.* hezaren, hintkamışı.
rat.tle (rät´ıl) *f.* takırdamak, tıkırdamak; takırdatmak, tıkırdatmak. *i.* 1. takırtı, tıkırtı. 2. çıngırak, çıngırdak. — **off** ezbere söylemek. — **on** cır cır ötmek, durmadan konuşmak.
rat.tle.brain (rät´ılbreyn) *i.* kuş beyinli kimse.
rat.tle.brained (rät´ılbreynd) *s.* kuş beyinli, tın tın.
rat.tle.snake (rät´ılsneyk) *i., zool.* çıngıraklıyılan.
rat.tling (rät´lîng) *s.* 1. takırdayan, tıkırdayan. 2. *k. dili* canlı. *z., k. dili* son derece, çok.
rat.trap (rät´träp) *i.* fare kapanı.
rau.cous (rô´kıs) *s.* yüksek ve bet/nahoş (ses).
rav.age (räv´îc) *f.* yakıp yıkmak, kasıp kavurmak, harap etmek.
rave (reyv) *f.* 1. çıldırmak, çılgınca bağırıp çağırmak, hezeyan etmek. 2. **about** -e bayılmak; -i göklere çıkarmak. *i.* 1. çılgınca bağırma. 2. çılgınlık. *s.* övgü dolu. — **review** (kitap, film v.b. hakkında) övgü dolu yazı.
rav.el (räv´ıl) *f.* (**—ed/—led, —ing/—ling**) açmak, çözmek, sökmek. — **out** açmak, çözmek, sökmek; açılmak, çözülmek, sökülmek.
ra.ven (rey´vın) *i., zool.* kuzgun.
rav.en.ous (räv´ınıs) *s.* 1. çok aç. 2. yırtıcı hale gelmiş.
rav.en.ous.ly (räv´ınısli) *z.* aç kurt gibi.
ra.vine (rıvin´) *i.* dar ve derin vadi.
rav.ing (rey´vîng) *s.* çılgın, gözü dönmüş, kudurmuş. *i.* deli saçması, abuk sabuk söz. **stark — mad** kudurmuş, delirmiş.
ra.vi.o.li (räviyo´li, raviyo´li, ravyo´li) *i.* İtalyan usulü mantı.
rav.ish (räv´îş) *f.* 1. esritmek; çok sevindirmek, kendinden geçirmek, büyülemek. 2. ırzına geçmek, tecavüz etmek.
rav.ish.ing (räv´îşîng) *s.* enfes, müthiş güzel; büyüleyici.
rav.ish.ing.ly (räv´îşîng.li) *z.* büyüleyici bir şekilde.
raw (rô) *s.* 1. çiğ, pişmemiş; **raw meat** çiğ et. 2. ham, işlenmemiş; **raw material** hammadde. **raw silk** ham ipek. 3. terbiye edilmemiş. 4. olgunlaşmamış. 5. soğuk. 6. acemi, toy, tecrübesiz. — **spirits** saf ispirto. **give someone a — deal** birine haksızlık etmek. **in the —** 1. doğal halde, işlenmemiş. 2. *k. dili* çıplak.
raw.boned (rô´bond´) *s.* bir deri bir kemik kalmış, kaburgaları çıkmış, çok zayıf.
raw.hide (rô´hayd) *i.* ham deri.
ray (rey) *i.* ışın, şua. **a — of hope** umut ışığı.
ray (rey) *i., zool.* vatoz; tırpana, rina.
ray.on (rey´an) *i.* suni ipek.
raze (reyz) *f.* yıkıp yerle bir etmek.
ra.zor (rey´zır) *i.* 1. tıraş makinesi. 2. ustura. — **blade** jilet. — **strop** ustura kayışı. **be/live on the —'s edge** ölümle kalım arasında olmak; iki ateş arasında kalmak. **safety —** tıraş makinesi. **straight —** ustura.
ra.zor.back (rey´zırbäk) *i., zool.* bir domuz türü.
ra.zor-sharp (rey´zır.şarp) *s.* çok keskin, jilet gibi.
rcd. *kıs.* received.
rd. *kıs.* road, rod(s), round.
R.E. *kıs.* Right Excellent.
re- *önek* 1. geri, geriye doğru: **recall, retrace.** 2. tekrar, yeniden: **readdress, rearm, restate.**
reach (riç) *f.* 1. **out** (elini/kolunu) uzatmak; uzanmak: **He reached out and took my hand.** Uzanıp elimi tuttu. 2. **out for** (almak üzere) -e uzanmak. 3. -e yetişmek: **I'm not tall enough to reach that shelf.** Boyum o rafa yetişmez. **I wasn't able to reach the ferryboat on time.** Vapura zamanında yetişemedim. 4. uzanmak, erişmek: **The new road will reach all the way from İstanbul to Ankara.** Yeni yol İstanbul'dan ta Ankara'ya kadar uzanacak. 5. varmak, ulaşmak, gelmek: **We'll reach Muğla before nightfall.** Hava kararmadan Muğla'ya varacağız. *i.* 1. uzatma. 2. uzanma, erişme. 3. erim. — **ahead** ileriye uzanmak. — **down** elini aşağıya uzatmak. — **for** (almak/dokunmak üzere) uzanmak/elini uzatmak. — **for one's gun** silahına davranmak.

beyond/out of — erişilmez, yetişilmez. **within —** erişilebilir.
re.act (riyäkt´) f. **(to)** (-e) tepki göstermek, tepkimek.
re.ac.tion (riyäk´şın) i. 1. tepki, reaksiyon. 2. *kim.* reaksiyon, tepkime. 3. *pol.* gericilik.
re.ac.tion.ar.y (riyäk´şıneri) s., i. gerici.
re.ac.tion.ism (riyäk´şınizım) i. gericilik.
re.ac.ti.vate (riyäk´tıveyt) f. tekrar yürürlüğe koymak, tekrar çalıştırmak.
re.ac.tive (riyäk´tîv) s. 1. tepkisel. 2. *kim., fiz.* tepkin.
re.ac.tor (riyäk´tır) i. reaktör. **nuclear —** nükleer reaktör.
read (rid) f. **(read)** (red) 1. okumak: **read a book** kitap okumak. 2. *İng.* okumak, ... eğitimi görmek: **read law** hukuk okumak. 3. anlamak, yorumlamak: **I read his reply as a refusal.** Cevabını ret olarak yorumladım. **Do you read me?** Beni anlıyor musun? 4. -de yazılı olmak: **How does that article of the contract read?** Sözleşmenin o maddesinde ne yazılı? 5. -i göstermek: **The thermometer reads zero degrees.** Termometre sıfır dereceyi gösteriyor. 6. çözmek: **I can't read that coded message.** O şifreli mesajı çözemiyorum. *i., k. dili* 1. okuma. 2. okuma süresi. **— between the lines** kapalı anlamını keşfetmek. **— over** 1. baştan başa okumak. 2. tekrar okumak. **— someone to sleep** kitap okuyarak birini uyutmak. **— someone's mind** birinin ne düşündüğünü yüzünden okumak.
read (red) f., *bak.* **read.** s. **well —** çok okumuş, çok bilgili.
read.a.bil.i.ty (ridıbîl´ıti) i. 1. okunaklılık. 2. okunmaya değer olma.
read.a.ble (ri´dıbıl) s. 1. okunaklı. 2. okunmaya değer, ilginç.
read.er (ri´dır) i. 1. okuyucu, okur. 2. yayımlanacak eserleri eleştiren kimse. 3. düzeltmen. 4. okuma kitabı.
read.er.ship (ri´dırşîp) i. okurlar, okuyucular; okur sayısı.
read.i.ly (red´ıli) z. 1. seve seve, isteyerek. 2. kolayca, kolaylıkla.
read.ing (ri´dîng) i. 1. okuma; okunma. 2. okunuş. 3. okunacak metin. 4. göstergenin kaydettiği ölçüm. 5. yorum. s. okumaya elverişli. **— desk** kitap sehpası; kürsü. **— lamp** masa lambası. **— room** okuma salonu.
re.ad.just (riyıcʌst´) f. 1. tekrar düzeltmek, yeniden düzenlemek/ayarlamak. 2. yeniden alışmak.
re.ad.just.ment (riyıcʌst´mınt) i. 1. yeni şartlara alışma. 2. alıştırma. 3. yeniden düzenleme/ayarlama.
re.ad.mit (riyıdmît´) f. **(—ted, —ting)** tekrar (üyeliğe/öğrenciliğe) kabul etmek.

Read-On.ly Memory (rid´onli) *bilg.* salt okunur bellek.
read.y (red´i) s. 1. hazır. 2. istekli. 3. yetenekli. **— money** hazır para, nakit. **a — pen** iyi yazı yazma yeteneği. **get — for** için/-e hazırlanmak. **make — for** (bir şey için) hazırlamak.
read.y-made (redimeyd´) s. hazır.
read.y-to-wear (reditıwer´) s. hazır (giyim eşyası). *i.* hazır giyim eşyası, konfeksiyon.
re.af.firm (riyıfırm´) f. tekrar doğrulamak, tekrar teyit etmek.
re.a.gent (riyey´cınt) i., *kim.* ayıraç, miyar.
real (ril, ri´yıl) s. 1. gerçek, hakiki: **real image** gerçek görüntü. **real number** gerçek sayı. 2. asıl: **the real problem** asıl sorun. **his real aim** onun asıl amacı. 3. samimi, içten: **His concern is real.** Gösterdiği ilgi içten. **— estate** *huk.* taşınmaz mal, gayrimenkul mal, mülk. **— property** *huk.* mülk. **— wages** reel ücret. **the — thing** orijinal, gerçek şey.
re.al.i.sa.tion (riyılizey´şın, riyılayzey´şın) i., *İng., bak.* **realization.**
re.al.ise (ri´yılayz) f., *İng., bak.* **realize.**
re.al.ism (ri´yılizım) i. gerçekçilik, realizm.
re.al.ist (ri´yılist) i. gerçekçi, realist.
re.al.is.tic (riyılîs´tîk) s. gerçekçi; gerçeğe uygun.
re.al.is.ti.cal.ly (riyılîs´tîkıli) z. gerçekçi bir şekilde; gerçeğe uygun olarak.
re.al.i.ty (riyäl´ıti) i. 1. gerçeklik, hakikat, realite. 2. gerçek, realite.
re.al.i.za.tion (riyılizey´şın, riyılayzey´şın) i. 1. farkında olma; farkına varma, fark etme, anlama. 2. **of** gerçekleştirme. 3. *tic.* paraya çevirme.
re.al.ize (ri´yılayz) f. 1. farkında olmak; farkına varmak, fark etmek, anlamak: **I didn't realize that you were a doctor.** Doktor olduğunuzun farkında değildim. **Some day you will realize that you're mistaken.** Bir gün yanıldığını anlayacaksın. 2. gerçekleştirmek: **realize a plan** bir planı gerçekleştirmek. 3. *tic.* paraya çevirme.
re.al.ly (ri´yıli, ri´li) z. gerçekten. **R—?** Öyle mi?/Ciddi mi?/Cidden mi? **R—!** *ünlem* Hay Allah!
realm (relm) i. 1. krallık. 2. ülke, memleket. 3. alan: **This is not within the realm of possibility.** Bunun imkânı yok. **realm of authority** yetki alanı. 4. dünya, âlem: **the realm of the imaginary** hayal âlemi.
re.al.tor (ri´yıltır, ri´yıltôr) i. emlakçi, *k. dili* emlakçı.
re.al.ty (ri´yılti) i., *huk., bak.* **real estate.**
ream (rim) i. 1. 480/500 tabakalık kâğıt topu. 2. *çoğ., k. dili* çok miktar.
ream (rim) f. -i raybayla genişletmek.
ream.er (ri´mır) i. rayba, pürüzalır.

re.an.i.mate (riyän'ımeyt) *f.* yeniden canlandırmak.
re.an.i.ma.tion (riyänımey'şın) *i., tıb.* reanimasyon.
reap (rip) *f.* 1. (ekin) biçmek. 2. semeresini almak.
reap.er (ri'pır) *i.* 1. orakçı. 2. biçerdöver.
re.ap.pear (riyıpir´) *f.* yeniden görünmek, yeniden ortaya çıkmak.
rear (rir) *i.* 1. arka, geri. 2. kıç. 3. *ask.* artçı. *s.* arkadaki, arka, geri. **— admiral** *den.* tuğamiral. **— guard** *ask.* artçı. **—view mirror** *oto.* dikiz aynası.
rear (rir) *f.* 1. yetiştirmek, büyütmek. 2. kaldırmak, yükseltmek, dikmek; yükselmek. 3. inşa etmek. 4. şahlanmak.
re.arm (riyarm´) *f.* yeniden silahlandırmak; yeniden silahlanmak.
re.ar.ma.ment (riyar'mımınt) *i.* yeniden silahlandırma; yeniden silahlanma.
rear.most (rir'most) *s.* en geri, en sonraki.
re.ar.range (rıyıreync´) *f.* yeniden düzenlemek.
re.ar.range.ment (rıyıreync'mınt) *i.* 1. yeniden düzenleme. 2. yeni düzenleme; yeni düzen.
rea.son (ri'zın) *i.* 1. neden, sebep: **There are several reasons why I'm not going.** Gitmemem için birkaç neden var. **The reasons you've given won't do.** Sebep gösterdiğiniz şeyler kâfi değil. **That's the reason he's not here.** O yüzden burada değil. 2. akıl, us, muhakeme, mantık: **Reason will be of no use to you.** Akıl sana fayda etmez. *f.* 1. (mantıklı bir şekilde) düşünmek, muhakeme etmek. 2. **with** (mantık yoluyla) -i ikna etmeye çalışmak. **— something out** bir şeyi akıl yoluyla çözmek/çözmeye çalışmak. **bring someone to —** birinin aklını başına getirmek. **by — of** nedeniyle, sebebiyle. **go beyond —** makul sınırların dışına çıkmak. **It stands to — that ....** Mantık diyor ki ..., -e göre tabii ki ...: **Unless you pay him a decent salary, it stands to reason he won't work hard.** Ona makul bir maaş vermedikçe tabii ki gayretle çalışmaz. **listen to —** mantığa kulak vermek. **lose one's —** aklı başından gitmek. **make someone see —** birinin aklını başına getirmek. **within —** makul düzeyde, makul ölçüde; makul bir sınırı aşmadan. **You've every — to be mad.** Kızmakta çok haklısın.
rea.son.a.ble (ri'zınıbıl) *s.* 1. makul. 2. makul ölçüleri aşmayan. 3. orta derecede, çok da fena olmayan: **You've a reasonable chance of being accepted by that university.** O üniversiteye kabul edilme şansın fena sayılmaz.
rea.son.a.bly (ri'zınıbli) *z.* 1. makul bir şekilde. 2. orta derecede: **It was reasonably entertaining.** Canımızı sıkmadı.
rea.soned (ri'zınd) *s.* iyice düşünülmüş ve mantıklı.
rea.son.ing (ri'zınîng) *i.* 1. düşünme, muhakeme; mantık: **I like your reasoning.** Mantığını beğeniyorum. 2. *fels.* uslamlama, usavurma, muhakeme. **deductive —** tümdengelimli usavurma. **inductive —** tümevarımlı usavurma.
re.as.sur.ance (riyışûr'ıns) *i.* 1. (birinin) şüphelerini/endişelerini tekrar giderme veya gidermeye çalışma. 2. *bak.* reinsurance.
re.as.sure (rıyışûr´) *f.* 1. (birinin) şüphelerini/endişelerini tekrar gidermek; (birinin) şüphelerini/endişelerini tekrar gidermeye çalışmak. 2. *bak.* reinsure.
re.bate (ri'beyt) *i.* indirim, ıskonto, geri ödenen kısım.
reb.el (reb'ıl) *s.* ayaklanan, baş kaldıran. *i.* isyancı, asi.
re.bel (rîbel´) *f.* (**—led, —ling**) isyan etmek, ayaklanmak; karşı gelmek.
re.bel.lion (rîbel'yın) *i.* isyan, ayaklanma.
re.bel.lious (rîbel'yıs) *s.* isyankâr, asi, serkeş.
re.birth (rıbırth´) *i.* yeniden doğma.
re.born (rîbôrn´) *s.* yeniden doğmuş.
re.bound (rîbaund´) *f.* geri sekmek.
re.bound (ri'baund) *i.* 1. geri sekme. 2. *spor* ribaunt. 3. *k. dili* hayal kırıklığından sonraki tepki.
re.broad.cast (rîbrôd´käst) *s.* tekrarlanan (radyo/televizyon programı).
re.buff (rîbʌf´) *i.* 1. ret. 2. ters cevap. 3. (saldırıyı) püskürtme. *f.* 1. reddetmek. 2. ters cevap vermek. 3. (saldırıyı) püskürtmek.
re.buke (rîbyuk´) *f.* azarlamak, paylamak. *i.* azar, paylama.
re.but (rîbʌt´) *f.* (**—ted, —ting**) çürütmek, boşa çıkarmak.
re.but.tal (rîbʌt'ıl) *i.* delillerle çürütme.
rec. *kıs.* receipt, record, recorder.
re.cal.ci.trant (rîkäl'sıtrınt) *s.* inatçı, serkeş.
re.call (rîkôl´) *f.* 1. geri çağırmak. 2. hatırlamak, anımsamak; hatırlatmak, anımsatmak. 3. geri almak.
re.call (ri'kôl, rîkôl´) *i.* 1. geri çağırma. 2. hatırlama, anımsama. 3. geri gelme işareti/emri.
re.cant (rîkänt´) *f.* sözünü geri almak, vazgeçmek, caymak.
re.cap (ri'käp) *f.* (**—ped, —ping**) (lastik) kaplamak. *i.* kaplanmış lastik.
re.cap (ri'käp) *f.* (**—ped, —ping**) *k. dili* özetlemek. *i.* özet.
re.ca.pit.u.late (rikıpiç'ûleyt) *f.* özetlemek.
re.ca.pit.u.la.tion (rikıpiçüley'şın) *i.* özet.
re.cap.ture (rikäp'çır) *f.* 1. geri almak, yeniden ele geçirmek. 2. hatırlatmak.
re.cast (rîkäst´) *f.* (**re.cast**) 1. yeniden dökmek. 2. yeni bir biçime sokmak.
recd. *kıs.* received.
re.cede (risid´) *f.* geri çekilmek.
re.ceipt (risit´) *i.* 1. makbuz, alındı; fiş. 2. reçete.

re.ceive (risiv´) *f.* 1. almak: **He received the report on time.** Raporu zamanında aldı. 2. kabul etmek: **He is not receiving visitors today.** Bugün ziyaretçi kabul etmiyor. 3. anlamak, kavramak. 4. taşımak, kaldırmak: **This table will not receive that heavy a load.** Bu masa o kadar ağır bir yükü kaldıramaz. 5. uğramak, yemek: **The film received much criticism.** Film çok eleştiriye uğradı. **He received a punishment.** Ceza yedi. 6. görmek: **The book received much attention.** Kitap çok ilgi gördü.
re.ceiv.er (risi´vır) *i.* 1. alıcı, reseptör. 2. ahize.
re.cent (ri´sınt) *s.* yeni, yakında olmuş, son.
re.cent.ly (ri´sıntli) *z.* geçenlerde, son zamanlarda, yakınlarda.
re.cep.ta.cle (risep´tıkıl) *i.* 1. kap, koyacak. 2. depo; hazne.
re.cep.tion (risep´şın) *i.* 1. alma; alınma. 2. kabul. 3. kabul töreni, resepsiyon. 4. *radyo, TV* yayını alma. — **desk** resepsiyon. — **room** 1. *İng.* (mutfak, banyo ve yatak odası dışındaki) misafir kabul edilebilen oda/salon. 2. bekleme odası.
re.cep.tion.ist (risep´şınist) *i.* resepsiyon memuru.
re.cep.tive (risep´tiv) *s.* 1. alır, kabul eder. 2. yeni düşüncelere açık.
re.cep.tor (risep´tır) *i., anat.* reseptör.
re.cess *i.* 1. (ri´ses) teneffüs, ara; paydos; tatil. 2. (rises´) girinti, oyuk. 3. (rises´) *gen. çoğ.* gizli yer, iç taraf.
re.cess *f.* 1. (ri´ses) (toplantıya) ara vermek. 2. (rises´) girinti yapmak, oymak.
re.ces.sion (riseş´ın) *i.* 1. geri çekilme. 2. *ekon.* durgunluk.
rec.i.pe (res´ıpi) *i.* 1. yemek tarifi. 2. formül, yöntem.
re.cip.i.ent (risip´iyınt) *i.* alan kimse, alıcı.
re.cip.ro.cal (risip´rıkıl) *s.* karşılıklı, iki taraflı.
re.cip.ro.cate (risip´rıkeyt) *f.* 1. -e karşılık vermek, -e karşılıkta bulunmak: **reciprocate a kindness** iyiliğe karşılık vermek. 2. misillemede bulunmak. 3. *mak.* ileri geri çalışmak. 4. karşılıklı açıp vermek.
rec.i.proc.i.ty (resıpras´ıti) *i.* karşılıklılık.
re.cit.al (risayt´ıl) *i.* 1. ezberden okuma. 2. anlatma. 3. *müz.* resital.
rec.i.ta.tion (resıtey´şın) *i.* 1. ezberden okuma. 2. ezberden okunacak parça.
re.cite (risayt´) *f.* 1. ezberden okumak. 2. (öğrenci) ders anlatmak. 3. sayıp dökmek, anlatmak.
reck.less (rek´lis) *s.* 1. dünyayı umursamayan, pervasız, gözü kara. 2. dikkatsiz, aldırışsız, kayıtsız.
reck.on (rek´ın) *f.* 1. saymak, hesaplamak. 2. saymak, gözüyle bakmak. 3. sanmak. — **on/upon** -e güvenmek. — **with** -i hesaba katmak, -i dikkate almak.
reck.on.ing (rek´ınîng) *i.* 1. hesap, sayma. 2. sayma, gözüyle bakma. 3. sanma. **be out in one's** — hesabında yanılmak. **day of** — hesap günü, kıyamet günü.
re.claim *f.* 1. (rikleym´) geri istemek, iadesini istemek. 2. (rikleym´) (araziyi/ormanı) ıslah etmek. 3. (rikleym´) (bataklığı kurutarak, denizi doldurarak) arazi kazanmak. 4. (rikleym´) (nehri) temizlemek. 5. (rikleym´) (birini) ıslah etmek, yola getirmek.
re.cline (riklayn´) *f.* 1. boylu boyunca uzanmak. 2. arkaya dayanmak, yaslanmak.
rec.luse (rek´lus, riklus´) *s.* dünyadan elini eteğini çekmiş; münzevi. *i.* dünyadan elini eteğini çekmiş kimse; münzevi kimse.
rec.og.nise (rek´ıgnayz) *f., İng., bak.* **recognize**.
rec.og.ni.tion (rekıgniş´ın) *i.* 1. tanıma; tanınma. 2. farkında olma; farkına varma. 3. haklı olarak kabul edilme. 4. onay. 5. takdir.
rec.og.nize, İng. rec.og.nise (rek´ıgnayz) *f.* 1. tanımak: **recognize an old friend** eski bir arkadaşı tanımak. 2. farkında olmak; farkına varmak: **recognize the facts** gerçeklerin farkında olmak. **come to recognize that one is wrong** yanıldığının farkına varmak. 3. kabul etmek, haklı bulmak: **recognize a claim** bir iddiayı haklı bulmak. 4. onaylamak, tanımak: **recognize a new government** yeni bir hükümeti onaylamak. 5. takdir etmek, (önemini/gerçekliğini/değerini) anlamak. 6. söz hakkı vermek.
re.coil (rikoyl´) *f.* 1. geri çekilmek. 2. (silah) geri tepmek. 3. geri gelmek.
re.coil (ri´koyl, rikoyl´) *i.* 1. geri çekilme. 2. (silah) geri tepme.
rec.ol.lect (rekılekt´) *f.* hatırlamak.
rec.ol.lec.tion (rekılek´şın) *i.* 1. hatırlama. 2. hatıra.
rec.om.mend (rekımend´) *f.* tavsiye etmek, salık vermek: **recommend a good doctor** iyi bir doktor tavsiye etmek. **I recommended that she stay home.** Evde kalmasını tavsiye ettim.
rec.om.men.da.tion (rekımendey´şın) *i.* 1. tavsiye; övme. 2. tavsiye mektubu; bonservis, iyi iş belgesi, iş başarı belgesi.
rec.om.pense (rek´ımpens) *f.* karşılığını vermek; ödüllendirmek; cezalandırmak; tazminat vermek. *i.* karşılık; ödül; ceza; tazminat.
rec.on.cile (rek´ınsayl) *f.* 1. uzlaştırmak, barıştırmak, aralarını bulmak. 2. razı etmek.
rec.on.cil.i.a.tion (rekınsiliyey´şın) *i.* uzlaşma, barışma.
rec.on.dite (rek´ındayt), **re.con.dite** (rikan´dayt) *s.* 1. derin olan. 2. anlaşılması güç, anlaşılmaz, muğlak.
re.con.di.tion (rikındîş´ın) *f.* tamir edip yenilemek.
re.con.nais.sance, re.con.nois.sance (rikan´sıns, rikan´ızıns) *i., ask.* keşif. — **plane** *ask.* ke-

şif/gözcü uçağı.
re.con.noi.ter, *İng.* **re.con.noi.tre** (rıkınoy´tır, rekınoy´tır) *f.*, *ask.* keşif yapmak, incelemek.
re.con.sid.er (rıkınsid´ır) *f.* yeniden incelemek, yeniden düşünmek.
re.con.sti.tute (rikan´stıtut) *f.* yeniden kurmak, yeniden oluşturmak.
re.con.struct (rıkınstrʌkt´) *f.* 1. yeniden yapmak, yeniden düzenlemek. 2. kalıntılarından eski durumunu anlamaya çalışmak.
re.cord (rikôrd´) *f.* 1. yazmak, kaydetmek. 2. banda almak. 3. kaydını yapmak.
rec.ord (rek´ırd) *i.* 1. kayıt, vesika. 2. sicil, defter. 3. plak. 4. tutanak. 5. rekor. *s.* rekor kıran, rekor yapan, en yüksek, en çok. — **player** pikap; fonograf. — **prices** rekor fiyatlar. **beat/break the** — rekoru kırmak. **off the** — 1. gizli. 2. açıklanmamak şartıyla. **on** — kaydedilen, kayıtlı, kaydı olan.
rec.ord-break.ing (rek´ırd.breyking) *s.* rekor kıran.
re.cord.er (rikôr´dır) *i.* 1. blok flüt. 2. teyp. 3. kayıt tutan kimse, yazıcı.
re.cord.ing (rikôr´ding) *i.* (kaset, plak v.b.'ne ait) kayıt.
re.count (rikaunt´) *f.* anlatmak, hikâye etmek.
re.count (rikaunt´) *f.* yeniden saymak.
re.count (ri´kaunt) *i.* yeniden sayma.
re.coup (rikup´) *f.* 1. telafi etmek. 2. zararını ödemek. — **one's losses** zararını telafi etmek.
re.course (ri´kôrs, rikôrs´) *i.* 1. başvuru, yardım dileme. 2. başvurulacak yer/kimse. **have** — **to** -e başvurmak.
re.cov.er (rikʌv´ır) *f.* 1. yeniden ele geçirmek, geri almak. 2. yeniden bulmak. 3. telafi etmek. 4. iyileşmek. 5. kendine gelmek. — **damages** tazminat almak. — **lost time** kaybolan vakti telafi etmek. — **one's voice** eski sesine kavuşmak, sesi düzelmek.
re-cov.er (rikʌv´ır) *f.* 1. yeniden döşemek. 2. tekrar kapatmak. 3. döşemesini yenilemek.
re.cov.er.y (rikʌv´ıri) *i.* 1. geri alma. 2. yeniden bulma. 3. telafi. 4. iyileşme.
rec.re.ate (rek´riyeyt) *f.* 1. canlandırmak, dinlendirmek, eğlendirmek. 2. eğlenmek.
re-cre.ate (ri´kriyeyt) *f.* yeniden yaratmak.
rec.re.a.tion (rekriyey´şın) *i.* eğlence.
re.crim.i.nate (rikrim´ıneyt) *f.* (birbirini) suçlamak.
re.crim.i.na.tion (rikrımıney´şın) *i.* karşılıklı şikâyet.
re.cruit (rikrut´) *f.* 1. asker toplamak; askere almak. 2. iyileşmek, düzelmek. *i.* 1. acemi er. 2. yeni üye.
rec.tan.gle (rek´täng.gıl) *i.*, *geom.* dikdörtgen.
rec.tan.gu.lar (rektäng´gyulır) *s.* dikdörtgen şeklinde, dikdörtgen.
rec.ti.fi.er (rek´tıfayır) *i.*, *elek.* doğrultmaç.
rec.ti.fy (rek´tıfay) *f.* 1. düzeltmek, doğrultmak.

2. tasfiye etmek. 3. *elek.* (dalgalı akımı) doğru akıma çevirmek.
rec.ti.tude (rek´titud) *i.* dürüstlük, doğruluk.
rec.tor (rek´tır) *i.* 1. papaz. 2. rektör.
rec.tum (rek´tım) *i.*, *anat.* rektum.
re.cum.bent (rikʌm´bınt) *s.* 1. boylu boyunca uzanmış, yatan. 2. yan yatan. 3. yaslanan.
re.cu.per.ate (riku´pıreyt) *f.* iyileşmek.
re.cur (rikır´) *f.* (—**red**, —**ring**) (olay, hastalık v.b.) tekrar olmak, tekrarlamak, yinelemek.
re.cur.rence (rikır´ıns) *i.* (hastalık) depreşme, nüksetme; (olay) tekrar olma, tekrarlama, yineleme.
re.cur.rent (rikır´ınt) *s.* depreşen, nükseden (hastalık); tekrar tekrar olan, tekrarlanan, yinelenen (olay).
re.cy.cle (risay´kıl) *f.* (kullanılmış maddeleri) yeniden işleyip kullanılır duruma getirmek, geri kazanmak. —**d paper** geri kazanılmış kâğıt.
red (red) *s.* (—**der**, —**dest**) *i.* 1. kırmızı, kızıl, al. 2. *gen. b.h.* kızıl, komünist. — **deer** kızılgeyik. — **flag** 1. kızıl bayrak. 2. isyan bayrağı. 3. tehlike işareti. — **herring** ilgiyi başka yöne çekmek için öne sürülen konu. — **light** (trafik lambasında) kırmızı ışık. — **pepper** kırmızıbiber. — **tape** kırtasiyecilik, bürokrasi. **be in the** — borçlu olmak. **get the** — **carpet treatment** *k. dili* şatafatlı bir şekilde karşılanıp ağırlanmak. **give someone the** — **carpet treatment** *k. dili* birini şatafatlı bir şekilde karşılayıp ağırlamak. **not worth a** — **cent** 1. beş para etmez, değersiz. 2. meteliksiz. **roll out the** — **carpet for** *k. dili* -i şatafatlı bir şekilde karşılayıp ağırlamak. **see** — son derece öfkelenmek, gözü dönmek, gözü dumanlanmak, gözünü kan bürümek. **the R— Crescent** Kızılay. **the R— Cross** Kızılhaç. **the R— Sea** Kızıldeniz.
red-blood.ed (red´blʌd´id) *s.* 1. güçlü kuvvetli. 2. mert, erkekçe.
red.bud (red´bʌd) *i.*, *bot.* erguvan.
red.den (red´ın) *f.* kırmızılaştırmak; kırmızılaşmak.
red.dish (red´iş) *s.* kırmızımsı, kırmızımtırak.
re.deem (ridim´) *f.* 1. bedelini verip geri almak, rehinden kurtarmak. 2. fidye vererek kurtarmak. 3. (borcunu) ödemek. **one of his —ing features** iyi taraflarından biri.
re.deem.er (ridi´mır) *i.* kurtarıcı kimse.
re.demp.tion (ridemp´şın) *i.* 1. kurtarma; kurtarılma. 2. rehinden kurtarma. 3. paraya çevrilme. **beyond/past** — kurtarılamaz.
re.demp.tive (ridemp´tiv) *s.* kurtarıcı, kurtaran.
red-hand.ed (red´hän´did) *s.* suçüstü.
red.head (red´hed) *i.* kızıl saçlı kimse.
red-hot (red´hat´) *s.* 1. kızgın. 2. yepyeni, taze (haber). 3. son derece öfkelenmiş, ateş saçan.
re.did (ridid´) *f.*, *bak.* **redo**.
re.dis.count (ridis´kaunt) *f.* tekrar ıskonto etmek,

reeskont etmek. *i.* reeskont.
red-let.ter (red'let'ır) *s.* çok önemli, unutulmaz.
red-light (red'layt') *s.* — **district** genelevlerin bulunduğu semt, genelevler.
re.do (ridu') *f.* **(re.did, —ne)** yeniden yapmak.
red.o.lent (red'ılınt) *s.* 1. güzel/keskin kokulu. 2. **of/with** ... kokan. 3. **of/with** -i anımsatan, -i hatırlatan, ... kokan.
re.done (ridʌn') *f., bak.* **redo.**
re.dou.ble (ridʌb'ıl) *f.* 1. iki misline çıkarmak. 2. tekrarlamak; tekrarlanmak. — **one's efforts** daha fazla gayret sarf etmek.
re.doubt.a.ble (ridau'tıbıl) *s.* yaman, çetin, yavuz; güçlü ve gözü pek.
re.dound (ridaund') *f.* 1. **to** -i artırmak: **This will redound to your credit.** Herkesin gözünde senin kıymetini artırır. 2. **on/upon** -i etkilemek, -e dokunmak, -e yansımak: **Whatever Doğan does will eventually redound on you.** Doğan'ın her yaptığı eninde sonunda sana dokunur.
re.dress (ridres') *f.* 1. düzeltmek, doğrultmak. 2. telafi etmek. *i.* 1. düzeltme. 2. tazminat.
red.skin (red'skin) *i., aşağ.* Kızılderili.
re.duce (ridus') *f.* 1. azaltmak, indirmek, düşürmek; küçültmek. 2. **to** (belli bir duruma) getirmek, sokmak, düşürmek: **reduce to poverty** yoksulluğa düşürmek. **reduce to despair** umutsuzluğa düşürmek. 3. **to** -e çevirmek, -e döndürmek: **reduce someone to a laughingstock** birini maskaraya çevirmek. 4. kilo vermek, zayıflamak. 5. *kim., mat.* indirgemek.
re.duc.er (ridu'sır) *i., kim.* redüktör, indirgen.
re.duc.ing (ridus'ing) *i., bak.* **reduction.** *s., kim.* indirgeyici. — **agent** *kim.* redüktör, indirgen.
re.duc.tion (ridʌk'şın) *i.* 1. azaltma, indirme; küçültme; azalma. 2. indirim, ıskonto. 3. küçültülmüş şey; azaltılmış şey. 4. *kim., mat.* redüksiyon, indirgeme.
re.dun.dant (ridʌn'dınt) *s.* 1. gerekenden fazla olan. 2. fazla sözle ifade edilmiş, ağdalı. 3. *İng.* işinden çıkarılan. **make —** 1. işten çıkarmak. 2. gereksiz kılmak.
reed (rid) *i.* 1. kamış. 2. saz. 3. kamış düdük; kaval. 4. (üflemeli çalgılarda) dil. **a broken —** güvenilmez kimse/şey.
re.ed.u.cate (riyec'ûkeyt) *f.* 1. yeniden eğitmek. 2. eğiterek ıslah etmek.
reef (rif) *i.* resif.
reef.er (ri'fır) *i.* kruvaze kalın ceket.
reef.er (ri'fır) *i., argo* esrarlı sigara.
reek (rik) *f.* **(of)** (fena koku) yaymak: **reek of carrion** leş kokmak. *i.* fena koku.
reel (ril) *i.* makara. *f.* makaraya sarmak. — **off** *k. dili* ezbere anlatmak; peş peşe sıralamak.
reel (ril) *f.* 1. dönmek, çabuk dönmek. 2. (başı) dönmek. 3. bozguna uğramak. 4. yalpalamak, sendelemek.
re.e.lect (riyilekt') *f., pol.* yeniden seçmek.
re.e.lec.tion (riyilek'şın) *i.* yeniden seçilme.
reel-to-reel (ril'tıril') *s.* iki makaralı (teyp).
re.en.force (riyinfôrs') *f., bak.* **reinforce.**
re.en.ter (riyen'tır) *f.* 1. yeniden girmek. 2. yeniden katılmak. 3. yeniden kaydetmek.
re.e.val.u.ate (riyivälˈyuweyt) *f.* 1. yeniden değerlendirmek. 2. yeniden göz önüne almak.
re.ex.am.ine (riyîgzäm'în) *f.* 1. yeniden imtihan etmek. 2. yeniden değerlendirmek. 3. tekrar sorguya çekmek.
ref. *kıs.* **referee, reference.**
re.fec.to.ry (rifek'tıri) *i.* 1. manastır yemekhanesi. 2. üniversite yemekhanesi.
re.fer (rıfır') *f.* **(—red, —ring) to** 1. -e göndermek, -e havale etmek: **He referred me to a specialist.** Beni bir uzman hekime gönderdi. 2. -e başvurmak, -e bakmak: **When he doesn't know a word he refers to the dictionary.** Bir sözcüğü bilmediğinde sözlüğe bakıyor. 3. -den söz etmek, -den bahsetmek: **She did not refer to her husband's illness.** Kocasının hastalığından söz etmedi. 4. -e gönderme yapmak.
ref.er.ee (refıri') *i.* hakem.
ref.er.ence (ref'ırıns, ref'rıns) *i.* 1. gönderme, havale etme. 2. başvurma. 3. söz etme, bahsetme. 4. referans. — **library** araştırma kütüphanesi. **make — to** -den söz etmek, -den bahsetmek. **with — to** -e ilişkin olarak, ile ilgili olarak, -e gelince. **without —** -i hesaba katmayarak.
ref.er.en.dum (refıren'dım), *çoğ.* **—s** (refıren'dımz)/**ref.er.en.da** (refıren'dı) *i.* referandum, halkoylaması.
re.fill (ri'fîl) *i.* 1. yedek. 2. yedek kalem içi, kartuş.
re.fill (rifîl') *f.* yeniden doldurmak.
re.fine (rifayn') *f.* 1. arıtmak, tasfiye etmek, rafine etmek: **refine sugar** şekeri rafine etmek. 2. rötuş etmek: **refine a piece of writing** bir yazıyı rötuş etmek. 3. incelik vermek, incelik kazandırmak: **refine one's manners** tavırlarına incelik vermek.
re.fined (rifaynd') *s.* 1. arıtılmış, rafine edilmiş. 2. kibar, ince, zarif.
re.fine.ment (rifayn'mınt) *i.* 1. arıtma, rafine etme. 2. rötuş etme. 3. kibarlık, incelik, zariflik.
re.fin.er.y (rifay'nıri) *i.* 1. rafineri, arıtımevi. 2. dökümhane.
re.fit (rifît') *f.* **(—ted, —ting)** (gemiyi) yeniden donatmak.
re.flect (riflekt') *f.* 1. yansıtmak, aksettirmek; yansımak, aksetmek. 2. **on/upon** -i iyice düşünmek, -i ölçüp biçmek. — **poorly on** -e leke sürmek.
re.flec.tion (riflek'şın) *i.* 1. yansıma, aksetme. 2. iyice düşünme. 3. düşünce, fikir.

re.flec.tive (riflek'tiv) s. 1. yansıtan; yansıyan. 2. düşünceli.
re.flec.tor (riflek'tır) i. yansıtaç, reflektör.
re.flex (ri'fleks) s. tepkesel, tepkeli, refleks. i. tepke, yansı, refleks.
re.flex.ion (riflek'şın) i., İng. yansıma, aksetme.
re.flex.ive (riflek'siv) s., dilb. dönüşlü. i. 1. dönüşlü fiil. 2. dönüşlü zamir. — pronoun dönüşlü zamir. — verb dönüşlü fiil.
re.for.est.a.tion (rifôristey'şın) i. yeniden orman haline getirme, yeniden ağaçlandırma.
re.form (rifôrm') f. ıslah etmek, iyileştirmek, düzeltmek; ıslah olmak, iyileşmek, düzelmek; reform yapmak. i. reform, ıslah, düzeltme.
re-form (rifôrm') f. 1. yeniden kurmak. 2. yeniden sıraya dizmek. 3. yeni bir biçime sokmak.
Ref.or.ma.tion (refırmey'şın) i. the — Reformasyon.
ref.or.ma.tion (refırmey'şın) i. ıslah, düzeltme, iyileştirme; ıslah, düzelme, iyileşme.
re.form.a.to.ry (rifôr'mıtôri) s. düzeltici, iyileştirici. i. ıslahevi.
re.form.er (rifôr'mır) i. reformcu, ıslahatçı.
re.form.ism (rifôr'mızım) i. reformculuk, ıslahatçılık.
re.form.ist (rifôr'mist) i. reformcu, ıslahatçı.
re.fract (rifräkt') f. (ışınları) kırmak.
re.frac.tion (rifräk'şın) i., fiz. kırılma, kırılım, refraksiyon.
re.frac.tor (rifräk'tır) i. ışıkkıran, refraktör.
re.frac.to.ry (rifräk'tıri) s. 1. inatçı, itaatsiz. 2. kolay işlenemez, erimez. 3. tıb. tedavisi güç, tedaviye cevap vermeyen.
re.frain (rifreyn') i., müz. nakarat.
re.frain (rifreyn') f. from -den çekinmek, -den sakınmak; kendini tutmak.
re.fresh (rifreş') f. 1. tazelemek: Can I refresh your drink? İçkini tazeleyeyim mi? 2. (güç verip) canlandırmak, diriltmek, ihya etmek. 3. mutlulandırmak, mutlandırmak. — someone's memory of ... hakkında birinin bilgisini tazelemek; ... hakkında birine bir şeyler hatırlatmak. —er course takviye kursu. I feel —ed. Kendime geldim.
re.fresh.ing (rifreş'ing) s. 1. (canı sıkkın veya oldukça umutsuz birine) çok hoş gelen veya umut veren. 2. canlandırıcı, diriltici, ihya edici.
re.fresh.ments (rifreş'mınts) i., çoğ. (misafirlere ikram edilen kurabiye, çay gibi) hafif yiyecek ve içecekler.
re.frig.er.ate (rifric'ıreyt) f. soğutmak, dondurmak.
re.frig.er.a.tion (rifrıcırey'şın) i. soğutma, dondurma.
re.frig.er.a.tor (rifric'ıreytır) i. buzdolabı, soğutucu. — car frigorifik vagon.
re.fu.el (rifyu'wıl) f. (—ed/—led, —ing/—ling) yeniden yakıt almak.
ref.uge (ref'yuc) i. sığınacak yer, sığınak, barı-

nak. **take — in** -e sığınmak.
ref.u.gee (ref'yûci, refyûci') i. mülteci, sığınmacı. — **camp** mülteci kampı.
re.fund (rifʌnd') f. (alınmış parayı) geri vermek, geri ödemek.
re.fund (ri'fʌnd) i. 1. geri ödeme. 2. geri ödenen para.
re.fur.bish (ri'fırbiş) f. 1. yeniden cilalamak, yeniden perdahlamak, yeniden parlatmak. 2. yeniden döşemek, yeniden tefriş etmek.
re.fus.al (rifyu'zıl) i. 1. ret, kabul etmeme. 2. kabul etmeme veya reddetme hakkı.
re.fuse (rifyuz') f. kabul etmemek, reddetmek, geri çevirmek: **He refused to see me.** Beni görmeyi reddetti. **The company refused our offer.** Şirket teklifimizi geri çevirdi.
ref.use (ref'yus) i. döküntü; artıklar; çöp, atık. — **collector** İng. çöpçü. — **container** çöp kutusu. — **tip** İng. çöplük.
re.fute (rifyut') f. yalanlamak, çürütmek. — **an argument** bir savı çürütmek.
reg. kıs. **regent, region, register, regular.**
re.gain (rigeyn') f. tekrar ele geçirmek, yeniden kazanmak.
re.gal (ri'gıl) s. 1. krala ait; krala yakışır. 2. şahane, muhteşem.
re.gale (rigeyl') f. 1. eğlendirmek. 2. ziyafetle ağırlamak; ziyafet çekmek.
re.ga.li.a (rigey'liyı) i. (belirli bir durumda/zamanda giyilen) kıyafet, kılık.
re.gal.ly (ri'gıli) z. kral gibi.
re.gard (rigard') f. 1. dikkatle bakmak. 2. saymak, gözüyle bakmak: **I regard him as a friend.** Onu arkadaş sayıyorum. 3. ilgilendirmek; ile ilgili olmak: **This problem regards all of us.** Bu sorun hepimizi ilgilendiriyor. **This criticism regards Hasan.** Bu eleştiri Hasan'la ilgili. 4. dikkate almak, hesaba katmak: **He failed to regard these problems.** Bu sorunları dikkate almadı. 5. dikkat etmek, kulak vermek, aldırmak: **She failed to regard the warning.** Uyarıya aldırmadı. i. 1. bakış, nazar. 2. saygı, hürmet. **as —s** ile ilgili olarak, konusunda, hakkında, -e gelince. **Give my —s.** Selam söyleyin. **hold someone/something in high —** birine/bir şeye saygı duymak. **in/with —** to -e gelince. **out of —** for/to -in hatırı için. **pay — to** -i dikkate almak. **without — to** -e bakmadan, -e aldırmadan.
re.gard.ing (rigar'ding) edat ... hakkında; -e ilişkin.
re.gard.less (rigard'lis) z. 1. her şeye rağmen; ne olursa olsun. 2. **of** -e aldırmayarak, -e bakmayarak.
re.gen.er.ate (ricen'ıreyt) f. 1. yeniden oluşturmak; yeniden oluşmak. 2. ıslah etmek, düzeltmek, iyileştirmek; ıslah olmak, düzelmek, iyi-

leşmek. 3. yeniden canlandırmak, yeniden hayat vermek. 4. manen yeniden doğmak.
re.gent (ri'cınt) *i.* kral naibi.
re.gime (rijim') *i.* rejim, yönetim, sistem.
reg.i.men (rec'ımın) *i.* 1. *tıb.* perhiz, rejim. 2. yönetim, idare.
reg.i.ment (rec'ımınt) *i., ask.* alay.
reg.i.ment (rec'ıment) *f.* 1. *ask.* alay oluşturmak. 2. (toplum, kurum v.b.'ni) sıkı bir düzene sokmak.
re.gion (ri'cın) *i.* 1. yöre, bölge. 2. alan, çevre. 3. tabaka: **in the upper regions of the atmosphere** havanın üst tabakalarında.
re.gion.al (ri'cınıl) *s.* bölgesel.
re.gion.al.ly (ri'cınıli) *z.* bölgeye göre.
reg.is.ter (rec'istır) *i.* 1. kütük, kayıt defteri: **register of births** doğum kütüğü. 2. sicil: **register office** sicil dairesi. *f.* 1. kaydetmek, deftere geçirmek. 2. göstermek: **The thermometer registers ten degrees.** Termometre on dereceyi gösteriyor. 3. (mektubu) taahhütlü olarak göndermek. 4. kaydolmak, yazılmak.
reg.is.tered (rec'ístırd) *s.* 1. taahhütlü: **registered letter** taahhütlü mektup. 2. kayıtlı: **registered nurse** kayıtlı hemşire.
reg.is.trar (rec'ístrar) *i.* 1. (üniversitede) kayıt memuru. 2. sicil memuru.
reg.is.tra.tion (recístrey'şın) *i.* 1. kayıt; tescil. 2. *oto.* ruhsat.
reg.is.try (rec'ístri) *i.* 1. kayıt; tescil. 2. sicil dairesi.
re.gress (rigres') *f.* gerilemek.
re.gres.sion (rigreş'ın) *i.* gerileme.
re.gres.sive (rigres'ív) *s.* gerileyen, gerileyici, regresif. **— assimilation** *dilb.* gerileyici benzeşme.
re.gret (rigret') *f.* (**—ted, —ting**) 1. üzülmek, hayıflanmak, yerinmek: **I regret the disappearance of trees in our neighborhood.** Mahallemizdeki ağaçların yok oluşuna üzülüyorum. 2. yerinmek: **She regrets having sold her home.** Evini sattığına pişman. *i.* 1. esef, üzüntü. 2. pişmanlık. **send one's —s** davete gidemeyeceğini bildiren mesaj yollamak.
re.gret.ful (rigret'fıl) *s.* 1. pişman. 2. üzüntülü.
re.gret.ta.ble (rigret'ıbıl) *s.* üzücü, acınacak.
reg.u.lar (reg'yılır) *s.* 1. düzenli, muntazam; kurallı, kurallara uygun. 2. düzgün. 3. normal; her zamanki. 4. devamlı (müşteri). *5. k. dili* tam: **a regular lie** tam bir yalan. 6. *k. dili* -in teki: **a regular idiot** salağın teki. **— verb** *dilb.* kurallı fiil. **on a — basis** düzenli olarak, muntazaman.
reg.u.lar.ise (reg'yılırayz) *f., İng., bak.* **regularize**.
reg.u.lar.i.ty (regyılır'ıti) *i.* 1. düzen. 2. düzgünlük. 3. kurala uygunluk.
reg.u.lar.ize (reg'yılırayz) *İng.* **reg.u.lar.ise** (reg'yılırayz) *f.* 1. düzene koymak. 2. resmileştirmek, yasallaştırmak.
reg.u.lar.ly (reg'yılırli) *z.* düzenli olarak, muntazaman.

reg.u.late (reg'yıleyt) *f.* -in işleyişini/çalışmasını düzenlemek/regüle etmek/ayarlamak/denetlemek.
reg.u.la.tion (regyıley'şın) *i.* 1. kural, kaide. 2. **of** -in işleyişini/çalışmasını düzenleme/regüle etme/ayarlama/denetleme. 3. *çoğ.* tüzük; yönetmelik.
reg.u.la.tor (reg'yıleytır) *i.* düzenleyici, regülatör.
re.gur.gi.tate (rigûr'cıteyt) *f.* 1. (kusarak) çıkarmak: **She regurgitated the contents of her noontime repast onto my shoulder.** Öğle yemeğinde yediklerini omzuma çıkardı. 2. *tıb.* (sıvı) geri akmak.
re.gur.gi.ta.tion (rigûrcıtey'şın) *i.* 1. kusarak çıkarma. 2. *tıb.* (sıvı) geri akma.
re.ha.bil.i.tate (rihıbil'ıteyt) *f.* 1. ıslah etmek, iyileştirmek. 2. onarmak. 3. namus veya itibarını iade etmek, eski haklarını iade etmek.
re.ha.bil.i.ta.tion (rihıbılıtey'şın) *i.* rehabilitasyon.
re.hash (rihäş') *f.* (başka birinin yazdıklarını/söylediklerini) farklı bir biçimde yazmak/söylemek. *i.* **of** (yazılı/söylenen bir şeyin) az çok tekrarı.
re.hears.al (rihır'sıl) *i.* 1. *tiy., müz.* prova. 2. tekrarlama.
re.hearse (rihırs') *f.* 1. (oyun, müzik v.b.'ni) prova etmek. 2. tekrarlamak.
reign (reyn) *i.* 1. saltanat. 2. devir. *f.* 1. saltanat sürmek. 2. hüküm sürmek.
re.im.burse (riyimbırs') *f.* (birine) (harcadığı parayı) ödemek.
re.im.burse.ment (riyimbırs'mınt) *i.* 1. (birinin masraflarını karşılayan) ödeme/para. 2. **for** (masrafları) ödeme.
rein (reyn) *i., gen. çoğ.* dizgin, yular. *f.* **in/up** dizginini çekip durdurmak. **give — to** dizginini salıvermek, başıboş bırakmak.
re.in.car.nate (riyinkar'neyt) *f.* yeni bedene girmek; (ruhu) yeni bedene sokmak.
re.in.car.na.tion (riyinkarney'şın) *i.* ruhun bir bedenden diğerine geçmesi, reenkarnasyon.
rein.deer (reyn'dir) *i.* (*çoğ.* **rein.deer**) rengeyiği.
re.in.force (riyinfôrs') *f.* 1. takviye etmek, desteklemek. 2. kuvvetlendirmek, sağlamlaştırmak, pekiştirmek.
re.in.forced (riyinfôrst') *s.* 1. takviye edilmiş, desteklenmiş. 2. kuvvetlendirilmiş, sağlamlaştırılmış, pekiştirilmiş. **— concrete** betonarme.
re.in.force.ment (riyinfôrs'mınt) *i.* 1. takviye, destek. 2. kuvvetlendirme, sağlamlaştırma, pekiştirme.
re.in.state (riyinsteyt') *f.* 1. **in** (birini) tekrar (bir makama) getirmek. 2. -i geri getirmek, -i yeniden sağlamak.
re.in.sur.ance (riyinşûr'ıns) *i.* reasürans.
re.in.sure (riyinşûr') *f.* reasürans yapmak/yaptırmak.
re.in.vest (riyinvest') *f.* (parayı/geliri) yeniden

yatırmak.
re.is.sue (riyiş´u) *f.* 1. yeniden basmak. 2. yeniden çıkarmak; yeniden çıkmak. *i.* yeni baskı.
re.it.er.ate (riyit´ıreyt) *f.* tekrarlamak.
re.ject (ricekt´) *f.* 1. kabul etmemek, reddetmek. 2. ıskartaya çıkarmak, atmak.
re.jec.tion (ricek´şın) *i.* kabul etmeme, ret; kabul olunmama.
re.joice (ricoys´) *f.* **(at/over)** (-e) çok sevinmek, (-den dolayı) sevinçten uçmak, dünyalar onun olmak, düğün bayram etmek. **He —s in the name of Uçuk.** Ona Uçuk diye hitap ediyorlar.
re.join *f.* 1. (ricoyn´) tekrar/yeniden birleştirmek. 2. (ricoyn´) tekrar/yeniden katılmak/iştirak etmek. 3. (ricoyn´) cevap vermek.
re.join.der (ricoyn´dır) *i.* cevap.
re.ju.ve.nate (ricu´vıneyt) *f.* 1. gençleştirmek; gençleşmek. 2. canlandırmak, ihya etmek.
re.ju.ve.na.tion (ricuvıney´şın) *i.* 1. gençleştirme; gençleşme. 2. canlandırma, ihya etme.
re.laid (rileyd´) *f., bak.* **relay.**
re.lapse (riläps´) *f.* 1. kötü duruma dönmek. 2. tekrar kötü yola sapmak. 3. depreşmek.
re.late (rileyt´) *f.* 1. anlatmak, nakletmek. 2. (olaylar/durumlar/insanlar) arasında bağlantı kurmak: **I can't relate those two events.** O iki olay arasında bağlantı kuramıyorum. 3. **to** ile ilgili olmak, ile ilgisi olmak: **That doesn't relate to the matter in hand.** Onun konumuzla ilgisi yok. 4. **to** ile iyi ilişki kurmak: **They don't relate very well to other people.** Diğer kişilerle pek iyi ilişkiler kuramıyorlar. 5. **to** *k. dili* -i iyi anlamak: **I can relate to his art.** Onun sanatını iyi anlıyorum.
re.lat.ed (riley´tid) *s.* (onunla) ilgili; (ona) benzeyen; o türden. **be —** 1. **(to)** (ile) akrabalık bağı olmak: **He's not related to them.** Onlarla akrabalık bağı yok. 2. **(to)** (ile) ilgili olmak, (ile) ilgisi olmak. 3. **to** -e anlatılmak.
re.la.tion (riley´şın) *i.* 1. ilgi, alaka, bağlantı, rabıta, ilişki, münasebet. 2. akraba, hısım. 3. *fels.* bağıntı, izafet. 4. *man.* bağıntı, münasebet. 5. anlatma, anlatış, nakletme, nakledış. **in — to** hakkında: **She said nothing in relation to that matter.** O mesele hakkında hiçbir şey söylemedi.
re.la.tion.ship (riley´şınşip) *i.* 1. akrabalık bağı, akrabalık. 2. ilişki, bağlantı. 3. (insanlar arasındaki) ilişki; arkadaşlık; dostluk.
rel.a.tive (rel´ıtiv) *i.* akraba, hısım. *s.* 1. göreli, görece, göreceli, izafi, bağıl, rölatif, nispi. 2. *fiz., kim., mat.* bağıl, nispi, izafi: **relative humidity** bağıl nem. **relative density** bağıl yoğunluk. **— clause (who, which** veya **that** gibi ilgi zamirini içeren) ilgileme cümlesi. **— pronoun (who, which** veya **that** gibi) ilgi zamiri, bağlama zamiri, ki bağlacı. **— to** ile ilgili olarak: **She wrote to him relative to Nedim's retirement.** Nedim'in

emekli oluşuna izafeten ona mektup yazdı.
rel.a.tive.ly (rel´ıtivli) *z.* diğerlerine göre/nazaran; her şey göz önünde tutulursa, nispeten: **Their casualties were relatively few.** Her şey göz önünde tutulursa zayiatları azdı.
rel.a.tiv.ism (rel´ıtivizım) *i., fels.* bağıntıcılık, görecilik, rölativizm.
rel.a.tiv.ist (rel´ıtivist) *i., fels.* bağıntıcı, göreci, rölativist.
rel.a.tiv.i.ty (relıtiv´ıti) *i.* görelilik, izafiyet, bağıllık, rölativite. **the theory of —** görelilik kuramı, izafiyet teorisi.
re.lax (riläks´) *f.* 1. gevşetmek; gevşemek. 2. yumuşatmak, hafifletmek; yumuşamak, hafiflemek. 3. dinlenmek.
re.lay (ri´ley) *i.* 1. vardiya. 2. *spor* bayrak koşusu. 3. *elek.* röle. **— station** röle istasyonu.
re.lay (riley´) *f.* 1. (birinden alınan haberi) iletmek, bildirmek, aktarmak. 2. rölelerle iletmek/aktarmak.
re.lay (riley´) *f.* **(re.laid)** yeniden sermek/döşemek.
re.lease (rilis´) *f.* 1. serbest bırakmak, salıvermek; *huk.* tahliye etmek. 2. kurtarmak. 3. duyurmak. 4. (yeni film, plak v.b.'ni) piyasaya çıkarmak. *i.* 1. salıverme; *huk.* tahliye. 2. kurtarma. 3. af. 4. duyurma. 5. (yeni film, plak v.b.'ni) piyasaya çıkarma.
rel.e.gate (rel´ıgeyt) *f.* **— someone/something to** birini/bir şeyi (daha aşağı bir kategoriye) koymak.
re.lent (rilent´) *f.* 1. yumuşamak. 2. acıyıp merhamet göstermek.
re.lent.less (rilent´lis) *s.* 1. devamlı, aralıksız. 2. acımasız, amansız.
rel.e.vance (rel´ıvıns) *i.* (belirli bir konuyla olan) ilgi.
rel.e.vant (rel´ıvınt) *s.* 1. **to** ile ilgili. 2. konuyla ilgili, yerinde. 3. güncel konularla ilgili; yararlı.
re.li.a.bil.i.ty (rılayıbil´ıti) *i.* güvenirlik.
re.li.a.ble (rılay´ıbıl) *s.* güvenilir, emin, sağlam.
re.li.a.ble.ness (rılay´ıbılnis) *i., bak.* **reliability.**
re.li.ance (rılay´ıns) *i.* **on** -e güven, -e itimat, -e bel bağlama.
rel.ic (rel´ik) *i.* 1. bir peygamberin/azizin bedeninden artakalan parça veya özel eşyası, rölik. 2. kalıntı. 3. yadigâr.
re.lief (rilif´) *i.* 1. iç rahatlaması, ferahlama. 2. kurtarma. 3. yardım, imdat. 4. avuntu. 5. nöbeti devralan kimse. 6. *heyk.* kabartma, rölyef. 7. rölöve. **— map** kabartma harita. **bring into —** açığa çıkarmak.
re.lieve (riliv´) *f.* 1. gönlünü ferahlatmak 2. kurtarmak. 3. nöbetini devralmak.
re.li.gion (rılic´ın) *i.* din.
re.li.gious (rılic´ıs) *s.* 1. dindar, mütedeyyin. 2. dini, dinsel. 3. çok dikkatli.
re.lin.quish (riling´kwiş) *f.* -den feragat etmek,

-den vazgeçmek; -i bırakmak.
rel.ish (rel'îş) *i.* 1. güzel tat, lezzet, çeşni. 2. zevk, keyif. *f.* -den zevk/keyif almak. **with great** — büyük bir zevkle/keyifle.
re.luc.tance (rilʌk'tıns) *i.* gönülsüzlük, isteksizlik; tereddüt.
re.luc.tant (rilʌk'tınt) *s.* gönülsüz, isteksiz; tereddütlü.
re.luc.tant.ly (rilʌk'tıntli) *z.* istemeyerek, gönülsüzce; tereddüt içinde.
re.ly (rilay´) *f.* **on** -e güvenmek, -e itimat etmek, -e bel bağlamak.
re.made (rimeyd´) *f., bak.* **remake.**
re.main (rimeyn´) *f.* 1. kalmak, durmak. 2. artakalmak. 3. olduğu gibi kalmak.
re.main.der (rimeyn'dır) *i.* kalıntı, artan; bakiye. *f.* (elde kalan kitapları) ucuza elden çıkarmak.
re.mains (rimeynz´) *i.* 1. kalıntılar. 2. ceset.
re.make (rimeyk´) *f.* **(re.made)** yeniden yapmak.
re.mand (rimänd´) *f.* 1. geri göndermek, iade etmek. 2. (cezaevine/ıslahevine) iade etmek.
re.mark (rimark´) *f.* 1. söylemek, demek. 2. fark etmek. *i.* 1. söz. 2. dikkat etme. — **on/upon** hakkında bir şey söylemek/yazmak.
re.mark.a.ble (rimar'kıbıl) *s.* 1. dikkate değer. 2. olağanüstü.
re.mar.ry (rimer'i) *f.* yeniden evlenmek.
re.me.di.al (rimi'diyıl) *s.* 1. iyileştirici, tedavi edici. 2. düzeltici.
rem.e.dy (rem'ıdi) *i.* 1. çare. 2. ilaç, deva. *f.* 1. çaresini bulmak. 2. düzeltmek.
re.mem.ber (rimem'bır) *f.* hatırlamak, anımsamak, anmak. **R— me to him.** Ona benden selam söyleyin.
re.mind (rimaynd´) *f.* hatırlatmak, anımsatmak.
re.mind.er (rimayn'dır) *i.* 1. hatırlatma. 2. hatırlatıcı şey.
rem.i.nisce (reminîs´) *f.* **about** 1. -i hatırlamak. 2. hakkındaki anılarını anlatmak.
rem.i.nis.cence (reminîs'ıns) *i.* 1. hatırlama, anımsama. 2. hatıra, anı.
rem.i.nis.cent (reminîs'ınt) *s.* **of** -i anımsatan, -i andıran.
re.miss (rimîs´) *s.* 1. ihmalci. 2. dikkatsiz. 3. üşengeç, tembel.
re.mis.sion (rimîş'ın) *i.* 1. af. 2. hafifletme, azaltma; hafifleme, azalma.
re.mit (rimit´) *f.* **(—ted, —ting)** 1. (para) havale etmek. 2. (ceza v.b.'nden) vazgeçmek. 3. (günah, suç v.b.'ni) affetmek, bağışlamak. 4. hafifletmek, azaltmak; hafiflemek, azalmak. 5. *huk.* (davayı) (üst mahkemeden alt mahkemeye) iade etmek.
re.mit.tance (rimit'ıns) *i.* 1. gönderilen para. 2. **of** (para) gönderme/gönderilme; havale. 3. (ceza v.b.'nden) vazgeçme. 4. (günah, suç

v.b.'ni) affetme, bağışlama. 5. hafifletme, azaltma; hafifleme, azalma.
rem.nant (rem'nınt) *i.* 1. kalıntı, artık; bakiye. 2. parça kumaş.
re.mod.el (rimad'ıl) *f.* (ev, apartman v.b.'nin) biçimini değiştirmek.
re.mon.strance (rimän'strıns) *i.* itiraz; şikâyet.
re.mon.strate (rimän'streyt) *f.* — **with someone about something** birine bir şey hakkındaki itirazlarını/şikâyetlerini söylemek: **I remonstrated with the judge about his decision.** Hâkime kararı hakkındaki itirazlarımı söyledim. — **against** -i protesto etmek.
re.morse (rimôrs´) *i.* vicdan azabı, pişmanlık.
re.morse.ful (rimôrs'fıl) *s.* çok pişman.
re.morse.less (rimôrs'lîs) *s.* merhametsiz, amansız; acımasız.
re.mote (rimot´) *s.* 1. uzak. 2. ücra, sapa. 3. pek az. — **control** uzaktan kontrol, uzaktan kumanda. **a** — **chance/possibility** uzak bir ihtimal, ufak bir olasılık.
re.mote-con.trol (rimot'kıntrol´) *s.* — **switch** kumanda cihazı, kumanda.
re.mote.ly (rimot'li) *z.* 1. uzaktan. 2. hiç *(Olumsuz bir fiille birlikte kullanılır.).*
re.mote.ness (rimot'nîs) *i.* uzaklık.
re.mov.al (rimuv'ıl) *i.* 1. kaldırılma; kaldırma. 2. taşınma, nakil. 3. yol verme, işinden çıkarma.
re.move (rimuv´) *f.* 1. kaldırmak; **Remove the flowers from the table.** Çiçekleri masadan kaldır. 2. çıkarmak: **He removed his shoes.** Ayakkabılarını çıkardı. 3. çıkarmak, gidermek: **She was unable to remove the stain in her dress.** Elbisesindeki lekeyi çıkaramadı. 4. ortadan kaldırmak, yok etmek: **We have been unable to remove the causes of poverty.** Yoksulluğun nedenlerini ortadan kaldıramadık. 5. işten çıkarmak. 6. **to** -e taşınma; -i -e taşımak: **We have removed to Bursa for the summer.** Yaz mevsimi için Bursa'ya taşındık.
re.mu.ner.ate (rimyu'nıreyt) *f.* 1. **(for)** (birine) (yaptığının karşılığını) vermek/ödemek. 2. **(with)** (birini) (bir şeyle) ödüllendirmek.
re.mu.ner.a.tive (rimyu'nırıtîv) *s.* kârlı, kazançlı.
Ren.ais.sance (ren'ısans, ren'ızans, *İng.* riney'sıns) *i.* Rönesans.
re.nas.cence (rinäs'ıns) *i.* yeniden doğma.
re.nas.cent (rinäs'ınt) *s.* 1. yeniden oluşmaya başlayan, yeniden uyanan. 2. yeniden doğan.
rend (rend) *f.* **(rent)** 1. yırtmak; yırtılmak. 2. parçalamak; parçalanmak. 3. yarmak; yarılmak.
ren.der (ren'dır) *f.* 1. kılmak, ... duruma getirmek, -leştirmek: **render possible** mümkün kılmak. **render unnecessary** gereksiz kılmak. **render defenseless** savunmasız duruma getirmek. **render helpless** çaresiz bırakmak. **render**

someone unable to do something birini bir şeyi yapamayacak duruma getirmek. 2. yapmak, icra etmek: **She rendered that sonata beautifully.** O sonatı güzel icra etti. 3. (iyilik/hizmet/yardım/teşekkür) etmek: **You've rendered me a service.** Bana iyilik ettin. 4. (yağı) eritip saf bir hale getirmek/saflaştırmak. 5. (hesap, bir şeyin dökümü v.b.'ni) sunmak, vermek. — **a verdict** (hâkim/jüri) karar vermek, karara varmak. — **accounts** (müşterilere) hesap ekstresi göndermek. — **payment** ödeme yapmak. — **thanks** şükretmek.
ren.dez.vous (ran´dıvu), *çoğ.* **ren.dez.vous** (ran´dıvuz) *i.* buluşma (yeri), randevu (yeri). *f.* sözleşip buluşmak.
ren.di.tion (rendiş´ın) *i.* 1. icra, yorumlama. 2. çeviri, tercüme.
ren.e.gade (ren´ıgeyd) *i.* 1. dininden dönen kimse. 2. kaçak kimse. *s.* 1. dininden dönen. 2. kaçan. 3. hain.
re.nege (rineg´, rinig´) *f.* 1. sözünden dönmek. 2. **on** -den caymak. — **on a/one's promise** sözünden dönmek.
re.new (rinu´) *f.* 1. yenilemek, onarmak. 2. canlandırmak, gençleştirmek. 3. (pasaport v.b.'nin) süresini uzatmak.
re.new.al (rinu´wıl) *i.* 1. yenileme; yenilenme. 2. of süresini uzatma; süresinin uzatılması.
re.nounce (rinauns´) *f.* 1. (bir iddiadan) vazgeçmek; (bir imtiyazdan) vazgeçmek/feragat etmek. 2. terk etmek. 3. reddetmek, tanımamak.
ren.o.vate (ren´ıveyt) *f.* yenilemek: **renovate a building** bir binayı yenilemek.
re.nown (rinaun´) *i.* ün, şöhret.
re.nowned (rinaund´) *s.* ünlü, meşhur, şöhretli.
rent (rent) *i.* kira, kira bedeli. *f.* 1. kiralamak, kiraya vermek: **She is going to rent her apartment to a foreigner.** Dairesini bir yabancıya kiralayacak. 2. kiralamak, kira ile tutmak: **I rented the car from a car rental agency.** Arabayı kiralık oto acentesinden kiraladım.
rent (rent) *f., bak.* **rend**.
rent.al (ren´tıl) *i.* 1. kira, kira bedeli. 2. kiralama. *s.* 1. kiralık. 2. kira ile ilgili. — **agency** emlak acentesi.
rent.er (ren´tır) *i.* kiracı.
rent-free (rent´fri´) *s.* kirasız, bedava.
ren.tier (ran´tyey) *i., ekon.* rantiye.
re.nun.ci.a.tion (rinʌnsiyey´şın) *i.* 1. vazgeçme, feragat. 2. terk etme. 3. ret, tanımama.
re.or.der (riyôr´dır) *f.* 1. yeniden ısmarlamak. 2. yeniden düzenlemek.
re.or.gan.ize, *İng.* **re.or.gan.ise** (riyôr´gınayz) *f.* yeniden düzenlemek.
rep. *kıs.* **report, representative.**
re.paid (ripeyd´) *f., bak.* **repay.**

re.pair (riper´) *f.* 1. onarmak, tamir etmek. 2. düzeltmek. *i.* 1. tamir, onarma. 2. *çoğ.* tamirat, onarım. — **shop** tamirci dükkânı. **in bad/ill** — kötü durumda. **in good** — iyi durumda.
re.pair.man (riper´män), *çoğ.* **re.pair.men** (riper´men) *i.* tamirci.
rep.a.ra.tions (repırey´şınz) *i.* savaş tazminatı.
rep.ar.tee (repırti´) *i.* hazırcevap sözlerle dolu konuşma.
re.pa.tri.ate (ripey´triyeyt) *f.* (birini) uyruğunda olduğu ülkeye geri göndermek/iade etmek.
re.pay (ripey´) *f.* (**re.paid**) 1. geri vermek, ödemek. 2. karşılığını vermek.
re.peal (ripil´) *f.* (yasa, emir v.b.'ni) kaldırmak, iptal etmek.
re.peat (ripit´) *f.* 1. tekrarlamak, yinelemek; tekrarlanmak, yinelenmek. 2. ezberden söylemek. *i.* 1. tekrarlama; tekrarlanma. 2. *müz.* tekrar.
re.peat.ed (ripi´tid) *s.* tekrarlanan, tekrar edilen, yinelenen.
re.peat.ed.ly (ripi´tidli) *z.* tekrar tekrar; defalarca.
re.pel (ripel´) *f.* (**—led, —ling**) 1. itmek, itelemek. 2. (düşmanı) püskürtmek. 3. reddetmek 4. tiksindirmek.
re.pent (ripent´) *f.* 1. pişman olmak. 2. tövbe etmek.
re.pen.tance (ripen´tıns) *i.* 1. pişmanlık. 2. tövbe.
re.pen.tant (ripen´tınt) *s.* 1. pişman. 2. tövbekâr.
re.per.cus.sion (ripırkʌş´ın) *i.* 1. geri tepme. 2. yankı.
rep.er.toire (rep´ırtwar) *i.* repertuar.
rep.er.to.ry (rep´ırtôri) *i.* 1. *tiy.* repertuar. 2. zengin kaynak.
rep.e.ti.tion (repıtiş´ın) *i.* 1. tekrarlama, tekrar etme, yineleme; tekrarlanma, tekerrür, yinelenme. 2. ezberden okuma.
rep.e.ti.tious (repıtiş´ıs) *s.* 1. tekrarlarla dolu. 2. hep kendini tekrar eden.
re.pet.i.tive (ripet´ıtiv) *s.* yinelemeli, tekrarlamalı.
re.phrase (rifreyz´) *f.* başka bir şekilde ifade etmek.
re.place (ripleys´) *f.* 1. yenilemek, yenisiyle değiştirmek: **We need to replace all this old machinery.** Bu eski makinelerin hepsini yenilememiz lazım. 2. başkasıyla değiştirmek, sağlamıyla değiştirmek. **The vase you sold me has a fault in it. Will you replace it?** Bana sattığınız vazo defolu çıktı. Bir başkasıyla değiştirir misiniz? 3. -in yerine yenisini almak: **I will replace the broken statue.** Kırılan heykelin yerine yenisini alacağım. 4. yerini doldurmak; yerine geçmek, yerini almak: **Nothing can ever replace books.** Kitapların yerini hiçbir şey dolduramaz. **He has replaced the salesman who was fired.** İşten atılan satıcının yerine geçti. 5. iade etmek, ödemek: **He is going to replace the money he stole.** Çaldığı parayı ia-

de edecek. 6. geri koymak: **Replace the book on its shelf.** Kitabı raftaki yerine koy.
re.plen.ish (riplen´iş) f. tekrar doldurmak.
re.plen.ish.ment (riplen´işmınt) i. tekrar dolma; tekrar doldurma.
re.plete (riplit´) s. 1. doymuş. 2. **with** ile dopdolu.
re.ple.tion (ripli´şın) i. 1. aşırı tokluk; doygunluk. 2. dolgunluk.
rep.li.ca (rep´lıkı) i. ikinci nüsha, kopya.
re.ply (riplay´) f. (**to**) (-e) cevap/yanıt/karşılık vermek; **to** -i cevaplamak/yanıtlamak. i. cevap, yanıt, karşılık.
re.port (ripôrt´) f. 1. bildirmek, haber vermek: **Today's paper reports that workers in Berlin have gone on strike.** Bugünkü gazete Berlin'deki işçilerin greve gittiğini bildiriyor. 2. anlatmak, söylemek: **She reported what she had seen.** Gördüklerini anlattı. 3. (birini) şikâyet etmek. 4. **to** -e gitmek/gelmek: **Report to your boss for new instructions.** Yeni talimatı almak için amirinize gidin. 5. -de hazır bulunmak: **You're to report here at ten o'clock sharp!** Tam onda burada olacaksın! i. 1. rapor. 2. bildiri. 3. haber. 4. söylenti, rivayet. 5. top sesi; patlama sesi. — **card** karne, öğrenci karnesi. **It is —ed that ....** -diği söyleniyor.
re.port.er (ripôr´tır) i., gazet., radyo, TV muhabir.
re.pose (ripoz´) f. 1. dinlenmek. 2. **on** -in üstünde durmak/bulunmak/yatmak; **in** -de bulunmak. i. 1. dinlenme, istirahat. 2. sükûn, huzur.
re.pos.i.to.ry (ripaz´ıtori) i. 1. kap. 2. depo, ambar. 3. sırdaş.
rep.re.hend (reprihend´) f. azarlamak, paylamak.
rep.re.hen.si.ble (reprihen´sıbıl) s. menfur; ayıp, ayıplanacak.
rep.re.sent (reprizent´) f. 1. göstermek, betimlemek, tasvir etmek: **This painting represents a village in Anatolia.** Bu tablo Anadolu'daki bir köyü betimliyor. 2. -i simgelemek, -i temsil etmek: **The Greek letter omega represents infinity.** Yunan alfabesindeki omega harfi sonsuzluğu temsil ediyor. 3. -i temsil etmek, -in temsilcisi olmak: **Which company do you represent?** Hangi şirketi temsil ediyorsunuz? 4. -in sonucu olmak, -in ürünü olmak: **This book represents two years of work.** Bu kitap iki yıllık bir çalışmanın ürünü. 5. ... rolüne çıkmak; ... rolünde oynamak, -i oynamak. 6. anlatmak, açıklamak, belirtmek: **He was unable to represent his plan clearly.** Planını açıkça anlatamadı. — **oneself as ...** kendini ... olarak tanıtmak: **He represented himself as a genius.** Kendini bir dâhi olarak tanıttı.
rep.re.sent.a.tion (reprizentey´şın) i. 1. gösterme, betimleme, tasvir etme. 2. simgeleme, temsil etme; temsil edilme. 3. temsil etme, temsilcisi olma. 4. (rolünü) oynama. 5. anlatma, açıklama. — **of oneself as ...** kendini ... olarak tanıtma.
rep.re.sent.a.tive (reprizen´tıtiv) s. tipik, örnek. i. temsilci, mümessil.
re.press (ripres´) f. baskı altında tutmak, bastırmak.
re.pres.sion (ripreş´ın) i. 1. baskı altında tutma, bastırma. 2. pol. baskı. 3. ruhb. baskı; itilim, itilme.
re.pres.sive (ripres´iv) s. baskıcı; baskı uygulayan.
re.prieve (ripriv´) f. 1. (birinin) cezasını ertelemek. 2. (kötü bir şeyi) geciktirmek, ertelemek. i. 1. (cezayı) erteleme, tecil etme. 2. (cezayı) erteleme kararı. 3. (kötü bir şeyi) geciktirme, erteleme.
rep.ri.mand (rep´rimänd) i. azar, paylama.
rep.ri.mand (reprimänd´) f. azarlamak, paylamak.
re.print (riprint´) f. tekrar basmak.
re.print (ri´print) i. yeni baskı.
re.pris.al (ripray´zıl) i. misilleme. **carry out/take —s** misilleme yapmak.
re.proach (riproç´) f. sitem etmek: **She reproached me for being late.** Geciktiğim için bana sitem etti. i. 1. sitem. 2. leke, yüzkarası. 3. sitemli söz.
re.proach.ful (riproç´fıl) s. sitem dolu, sitemli.
re.pro.bate (rep´rıbeyt) s. namussuz, ahlaksız. i. namussuz/ahlaksız kimse.
re.proc.ess (ripras´es) f. tekrar işlemek.
re.pro.duce (riprıdus´) f. 1. doğurmak, yavrulamak. 2. çoğalmak, üremek; çoğaltmak, üretmek. 3. aynını/kopyasını yapmak, taklit etmek. 4. yeniden oluşturmak.
re.pro.duc.tion (riprıdʌk´şın) i. 1. üreme, çoğalma; üretme, çoğaltma. 2. röprodüksiyon, kopya. 3. aynını/kopyasını yapma. 4. yeniden oluşturma.
re.proof (ripruf´) i. azar, paylama.
re.prove (ripruv´) f. azarlamak, paylamak.
rep.tile (rep´tayl, rep´til) i., zool. sürüngen.
rep.til.i.an (reptil´iyın) s. 1. zool. sürüngenlere özgü. 2. sürüngensi; donuk; soğuk. 3. aşağılık, pis (kimse). i., zool. sürüngen.
re.pub.lic (ripʌb´lik) i. cumhuriyet.
Re.pub.li.can (ripʌb´likın) i., ABD Cumhuriyetçi, Cumhuriyetçi Parti üyesi/taraftarı. s., ABD Cumhuriyetçi. **the — Party** ABD Cumhuriyetçi Parti.
re.pub.li.can (ripʌb´likın) i. cumhuriyetçi. s. 1. cumhuriyete ait. 2. cumhuriyetçi.
re.pu.di.ate (ripyu´diyeyt) f. 1. reddetmek, tanımamak. 2. kabul etmemek, geri çevirmek.
re.pug.nant (ripʌg´nınt) s. 1. iğrenç, tiksindirici, çirkin. 2. **to** -e zıt, -e karşıt.
re.pulse (ripʌls´) f. 1. püskürtmek. 2. (suçlama v.b.'nin) haksız olduğunu kanıtlamak. 3. reddetmek, geri çevirmek. i. 1. püskürtme. 2. ret,

repulsion 382

geri çevirme.
re.pul.sion (rip^l'şın) *i.* 1. iğrenme, tiksinme. 2. *fiz.* geritepki.
re.pul.sive (rip^l'siv) *s.* iğrenç, tiksindirici, itici.
re.pul.sive.ness (rip^l'sivnis) *i.* iğrençlik, iticilik.
rep.u.ta.ble (rep'yıtıbıl) *s.* saygın.
rep.u.ta.tion (repyıtey'şın) *i.* ad, ün; itibar.
re.pute (ripyut') *i.* ad, şöhret.
re.put.ed (ripyu'tid) *s.* 1. varsayılan, farz olunan; sözde. 2. saygın. **be — to be** olduğu sanılmak; olduğu söylenmek: **He is reputed to be an honest person.** Onun dürüst bir insan olduğu söyleniyor.
re.quest (rikwest') *i.* istek, rica, dilek. *f.* rica etmek, dilemek. **a — for help** yardım dileme. **by — rica** üzerine. **grant a —** bir ricayı kabul etmek. **in great —** çok aranan, çok rağbette. **on — istek** üzerine, istenildiği zaman.
re.quire (rikwayr') *f.* 1. gerektirmek, istemek: **work requiring patience** sabır isteyen iş. 2. -e ihtiyacı olmak, -e gereksinimi olmak: **We require help.** Yardıma ihtiyacımız var. 3. istemek, talep etmek: **My boss required me to work overtime.** Amirim fazla mesai yapmamı istedi.
re.quire.ment (rikwayr'mınt) *i.* 1. gereksinim, ihtiyaç. 2. talep. 3. gerek, icap. **meet the —s of** -in gerekli gördüğü şartlara uymak; -in gerekli gördüğü niteliklere sahip olmak.
req.ui.site (rek'wızit) *s.* gerekli. *i.* gerekli şey.
req.ui.si.tion (rekwızış'ın) *i.* talep. *f.* talep etmek.
re.quite (rikwayt') *f.* karşılığını vermek.
re.scind (risind') *f.* 1. (yasa, anlaşma v.b.'ni) iptal etmek, feshetmek. 2. (yasayı) ortadan kaldırmak, yürürlükten kaldırmak.
res.cue (res'kyu) *f.* kurtarmak. *i.* kurtarma; kurtuluş. **come to someone's —** birinin imdadına yetişmek.
re.search (risırç', ri'sırç) *i.* araştırma. *f.* araştırmak.
re.search.er (risır'çır) *i.* araştırmacı.
re.sec.tion (risek'şın) *i., tıb.* rezeksiyon.
re.sem.blance (rizem'blıns) *i.* benzerlik.
re.sem.ble (rizem'bıl) *f.* benzemek, andırmak: **He resembles his father.** Babasına benziyor. **This basket resembles those made in North Africa.** Bu sepet Kuzey Afrika'da yapılanları andırıyor.
re.sent (rizent') *f.* -e kızmak/sinirlenmek.
re.sent.ful (rizent'fıl) *s.* kızgın.
re.sent.ment (rizent'mınt) *i.* kızgınlık.
res.er.va.tion (rezırvey'şın) *i.* 1. yer ayırtma, rezervasyon: **Did you make a reservation at this hotel?** Bu otelde rezervasyon yaptırmış mıydınız? 2. tereddüt; kuşku, şüphe: **I have some reservations about this plan.** Bu planla ilgili bazı kuşkularım var. 3. *huk.* ihtiraz kaydı. 4. Kızılderililer için ayrılmış arazi. **without —** tamamen.

re.serve (rizırv') *f.* 1. ayırtmak: **I reserved a table for four at the restaurant.** Lokantada dört kişilik bir masa ayırttım. 2. saklamak, ayırmak: **I will reserve this book for you until tomorrow.** Bu kitabı sizin için yarına kadar saklayacağım. 3. ertelemek: **She will reserve her decision until after the meeting next week.** Kararını gelecek haftaki toplantıdan sonraya erteledi. *i.* 1. ihtiyat olarak saklanan şey, yedek. 2. ağız sıkılığı. 3. *spor* yedek oyuncu. **— officer** yedek subay. **have/hold/keep in —** ihtiyat olarak saklamak.
re.served (rizırvd') *s.* 1. ayrılmış, saklanılmış. 2. rezerve edilmiş. 3. ağzı sıkı.
re.serves (rizırvz') *i.* 1. yedek kuvvet. 2. ihtiyat akçesi. 3. yedek askerler. 4. *ask.* yedek ikmal maddeleri.
res.er.voir (rez'ırvwar) *i.* 1. baraj gölü, baraj. 2. depo, hazne, birikim.
re.side (rizayd') *f.* 1. oturmak, ikamet etmek. 2. **in -e ait olmak: The authority resides in him.** Yetki ona aittir. 3. **in** -e bağlı olmak, -e dayanmak: **The ability to plan resides in the imagination.** Tasarlama yeteneği hayal gücüne bağlıdır.
res.i.dence (rez'ıdıns) *i.* 1. oturma, ikamet. 2. ev, konut, mesken, ikametgâh. **— permit** ikamet tezkeresi, oturma belgesi/izni. **declaration of —** ikamet beyannamesi.
res.i.den.cy (rez'ıdınsi) *i., tıb.* ihtisas dönemi.
res.i.dent (rez'ıdınt) *s.* 1. oturan, sakin. 2. aslında bulunan. 3. yerli (kuş). *i.* bir yerde oturan kimse, sakin.
res.i.den.tial (rezıden'şıl) *s.* 1. oturmaya ayrılmış (alan/mahalle/semt). 2. özel konutların bulunduğu (mahalle/semt). 3. ikametgâh ile ilgili.
re.sid.u.al (rizic'uwıl) *s.* artan, artakalan, artık. *i.* artık, artan şey.
res.i.due (rez'ıdu, rez'ıdyu) *i., kim.* çözünmez artık; tortu, çökelti.
re.sign (rizayn') *f.* 1. istifa etmek, (işten) ayrılmak, çekilmek: **resign one's post** görevinden istifa etmek. 2. feragat etmek, vazgeçmek, terk etmek, bırakmak: **resign a claim** iddiadan vazgeçmek. 3. **to** -e teslim etmek, -e vermek; -e emanet etmek: **I resign my children to your care.** Çocuklarımı sana emanet ediyorum. **— oneself to** (boyun eğerek) -e katlanmak: **We have resigned ourselves to the government's new policy.** Hükümetin yeni politikasına boyun eğdik. **be —ed to** *bak.* **resign oneself to.**
res.ig.na.tion (rezigney'şın) *i.* 1. istifa, çekilme. 2. istifa mektubu. 3. feragat, vazgeçme, terk etme, bırakma. 4. (boyun eğerek) katlanma; tevekkül.
re.sil.ience (rizil'yıns), **re.sil.ien.cy** (rizil'yınsi) *i.* 1. direnç, dirençlilik. 2. çabuk iyileşme gücü; zorlukları yenme gücü. 3. esneklik.

th	dh	w	hw	b	c	ç	d	f	g	h	j	k	l	m	n	p	r	s	ş	t	v	y	z
thin	the	we	why	be	joy	chat	ad	if	go	he	regime	key	lid	me	no	up	or	us	she	it	via	say	is

re.sil.ient (rizil'yınt) s. 1. dirençli. 2. çabuk iyileşen; kendini çabuk toparlayan; güçlükleri yenme yeteneği olan. 3. esnek, elastiki.

res.in (rez'în) i. reçine.

re.sist (rizist') f. 1. direnmek, karşı durmak, karşı koymak: **resist an enemy** düşmana karşı koymak. 2. dayanmak: **resist pain** acıya dayanmak.

re.sist.ance (rizis'tıns) i. 1. direnme, direniş, karşı durma, karşı koyma. 2. fiz. direnç, rezistans. **passive —** pasif direniş. **the line of least —** en kolay yol.

re.sist.ant (rizis'tınt) s. 1. direnen, karşı koyan. 2. dirençli. **fire-resistant** s. ateşe dayanıklı. **water-resistant** s. suya dayanıklı.

re.sis.tiv.i.ty (rîzistiv'ıti) i., fiz. özdirenç.

re.sole (risol') f. (ayakkabıya) pençe vurmak.

res.o.lute (rez'ılut) s. kararlı, azimli.

res.o.lute.ly (rez'ılutli) z. kararlı olarak, kararlılık içinde, azimle.

res.o.lu.tion (rezılu'şın) i. 1. kararlılık, azim. 2. karar. 3. çözüm. 4. fiz., kim. çözme. 5. teklif, önerge.

re.solve (rizalv') f. 1. karar vermek: **She resolved to give up cigarettes.** Sigarayı bırakmaya karar verdi. 2. çözmek, halletmek; ortadan kaldırmak: **resolve the problem** sorunu çözmek. **resolve a doubt** bir kuşkuyu ortadan kaldırmak. 3. karar vermek, kararlaştırmak: **The committee resolved to write a letter to the President.** Komite, Cumhurbaşkanına mektup yazmayı kararlaştırdı. 4. fiz., kim. çözmek. i. 1. karar, niyet. 2. kararlılık. **— on** -e karar vermek, -i kafasına koymak.

re.solved (rizalvd') s. 1. kararlı, azimli. 2. karar vermiş; kararlaştırılmış.

res.o.nance (rez'ınıns) i. 1. tını. 2. ses gürlüğü. 3. fiz. rezonans, seselim. 4. çınlama, yankılanma.

res.o.nant (rez'ınınt) s. 1. çınlayan, yankılanan. 2. tınlayan.

res.o.nate (rez'ıneyt) f. 1. çınlamak, yankılanmak. 2. tınlamak.

res.o.na.tor (rez'ıneytır) i., fiz. rezonatör, çınlaç.

re.sort (rizôrt') f. **to** 1. -e gitmek. 2. -e başvurmak. i. 1. uğrak. 2. dinlenme yeri. 3. çare. **last — son çare. summer —** sayfiye, yazlık.

re.sound (rizaund') f. 1. çınlamak, yankılanmak. 2. dillere destan olmak.

re.source (ri'sôrs, risôrs') i. 1. kaynak: **natural resources** doğal kaynaklar. 2. olanak. 3. çare. 4. yetenek; beceriklilik; kuvvet, güç. 5. eğlence. **inner —s** manevi kuvvet.

re.source.ful (risôrs'fıl) s. becerikli.

resp. kıs. respective, respectively, respondent.

re.spect (rispekt') i. 1. saygı, hürmet: **have respect for** -e saygı duymak. **pay one's respects to** -e saygılarını sunmak. 2. bakım, yön, açı, husus: **This plan is flawed in two respects.** Bu plan iki bakımdan hatalı. f. 1. saygı göstermek. 2. **-e uymak: respect a law** bir yasaya uymak. **in — of** 1. -e gelince. 2. ile ilgili olarak. **in — to** ile ilgili olarak. **no —er of persons** kişilere rütbesine göre değer vermeyen kimse. **with — to** 1. -e gelince. 2. ile ilgili olarak. 3. ile ilgili.

re.spect.a.ble (rispek'tıbıl) s. 1. saygıdeğer. 2. saygın. 3. namuslu. 4. epeyce, hayli.

re.spect.ful (rîspekt'fıl) s. saygılı.

re.spec.tive (rispek'tîv) s. kendi: **They went to their respective homes.** Her biri kendi evine gitti.

re.spec.tive.ly (rispek'tîvli) z. sırasıyla: **Ayşe, Neşe, and Tuğçe are five, six, and seven years of age respectively.** Ayşe, Neşe ve Tuğçe sırasıyla beş, altı ve yedi yaşında.

res.pi.ra.tion (respırey'şın) i. nefes alma, solunum.

res.pi.ra.to.ry (res'pırıtôri) s. solunumla ilgili. **— system/tract** anat. solunum sistemi/aygıtı.

re.spire (rispayr') f. nefes almak, solumak.

res.pite (res'pît) i. 1. mühlet, süre. 2. erteleme. 3. ara; tatil, paydos. 4. dinlenme, soluk alma.

re.splen.dent (risplen'dınt) s. parlak, şaşaalı, göz kamaştırıcı.

re.spond (rispand') f. 1. cevap vermek, yanıt vermek. 2. (**to**) (-e) tepki göstermek.

re.sponse (rispans') i. 1. cevap, yanıt. 2. tepki; karşılık. **in — to** -e karşılık; -e karşılık olarak.

re.spon.si.bil.i.ty (rîspansıbîl'ıti) i. sorumluluk, mesuliyet. **a sense of —** sorumluluk duygusu. **accept/assume — for** -in sorumluluğunu üzerine almak. **be on one's own —** (yaptığı şeyden) kendisi sorumlu olmak. **take — for** -in sorumluluğunu üstlenmek.

re.spon.si.ble (rîspan'sıbıl) s. 1. sorumlu, mesul: **They are — to me for the results.** Onlar sonuçlardan bana karşı sorumludur. 2. güvenilir.

re.spon.sive (rispan'sîv) s. **be — 1. to** -e duyarlı/hassas olmak. 2. **to** tıb. (tedaviye) cevap vermek. 3. cevap vermeye istekli olmak.

rest (rest) i. 1. dinlenme. 2. rahat, huzur, sükûn. 3. dinginlik, hareketsizlik. 4. uyku. 5. müz. es. 6. dayanak. f. 1. dinlenmek, nefes almak; dinlendirmek: **We have been working for ten hours without resting at all.** On saattir hiç dinlenmeden çalışıyoruz. 2. rahat etmek. 3. **on** -e dayanmak, -e dayalı olmak; dayamak, yaslamak: **The ladder was resting against that wall.** Merdiven o duvara dayalıydı. 4. **with** -e kalmak, -in elinde olmak: **The final decision rests with you.** Son karar size kaldı. 5. **on** -e koymak: **Don't rest your elbows on the table.** Dirseklerinizi masaya koymayın. **R— assured**

.... Emin ol/olun/olunuz .... — **room** tuvalet.
be at — hareketsiz olmak, hareket etmemek.
come to — durmak. **His eyes —ed on it.** Gözleri ona dikildi. **lay someone to** — birini gömmek/defnetmek. **put/lay something to** — (nahoş bir olayı) unutmak (ve sanki olmamış gibi davranmak). **set someone's mind at** — birinin kuşkularını ortadan kaldırmak; birini rahatlatmak. **We cannot allow the matter to — here.** Bu meseleyi burada bırakamayız.
rest (rest) *i.* **the** — kalan miktar, kalanlar, geri kalan, artan. **all the** — kalanların hepsi. **as for the** — geri kalanına gelince.
re.start (ristart´) *f.* yeniden başlamak; yeniden başlatmak. *i.* yeniden başlama.
res.tau.rant (res´tırınt) *i.* lokanta, restoran. **— car** *İng., d.y.* yemekli vagon, vagon restoran.
res.tau.ra.teur (restırıtûr´) *i.* lokantacı.
rest.ful (rest´fıl) *s.* 1. rahat, sakin, huzurlu. 2. dinlendirici, rahatlatıcı, huzur verici.
res.ti.tu.tion (restitu´şın) *i., huk.* 1. istirdat, geri alma/alınma. 2. sahibine iade etme. 3. zararı ödeme.
res.tive (res´tiv) *s.* 1. inatçı. 2. sabırsızlanan, yerinde duramayan, huzursuz.
rest.less (rest´lis) *s.* 1. kıpırdak. 2. huzursuz, rahatsız. 3. vesveseli. 4. uykusuz (gece).
res.to.ra.tion (restırey´şın) *i.* 1. restorasyon, onarım. 2. restore etme, onarma. 3. yeniden kurma; yeniden yürürlüğe koyma; geri getirme. 4. iade, geri verme. 5. eski görevine iade etme. 6. bir şeyin asıl şeklini gösteren model.
re.stor.a.tive (rıstor´ıtiv) *s.* 1. (sağlık, güç v.b.´ni) yeniden kazandıran. 2. eski durumuna getiren. *i.* insana güç verip canlandıran/insanı dirilten madde.
re.store (rıstor´) *f.* 1. yeniden kurmak; yeniden yürürlüğe koymak; geri getirmek. 2. iade etmek, geri vermek. 3. restore etmek, onarmak, yenilemek. 4. yeniden canlandırmak. **— someone/something to** birini/bir şeyi yeniden (belirli bir duruma) getirmek. **— something to its owner** bir şeyi sahibine iade etmek.
re.strain (ristreyn´) *f.* 1. tutmak, zapt etmek, dizginlemek. 2. sınırlamak, kısıtlamak. **— someone from** birinin (bir şey yapmasını) engellemek, birini (bir şey yapmaktan) alıkoymak.
re.strained (ristreynd´) *s.* 1. sakin, soğukkanlı, ılımlı, ölçülü, itidalli. 2. gösterişsiz, sade.
re.straint (ristreynt´) *i.* 1. kendini tutma/zapt etme, itidal. 2. sınırlama, kısıtlama. 3. sıkılma, çekinme.
re.strict (ristrikt´) *f.* kısıtlamak, sınırlamak.
re.stric.tion (ristrik´şın) *i.* 1. koşul, şart. 2. kısıtlama, sınırlama.
re.stric.tive (ristrik´tiv) *s.* kısıtlayıcı, sınırlayıcı.
re.sult (rızʌlt´) *f.* 1. **in** -e yol açmak, -e sebep olmak. 2. **from** -den kaynaklanmak, -den meydana gelmek, -den çıkmak, -den doğmak. 3. meydana gelmek, olmak, vuku bulmak. *i.* 1. sonuç, netice. 2. son, akıbet. 3. semere, ürün.
re.sult.ant (rızʌl´tınt) *s.* meydana gelen, -den çıkan, -den doğan, -in sonucu olan.
re.sume (rizum´) *f.* 1. kaldığı yerden -e devam etmek. 2. -e yeniden başlamak. 3. geri almak.
ré.su.mé (rez´ûmey) *i.* özet.
re.sump.tion (rızʌmp´şın) *i.* **of** 1. -in kaldığı yerden devam etmesi. 2. -in yeniden başlaması. 3. -in geri alınması.
re.surge (rısırc´) *f.* 1. tekrar çıkmak, tekrar baş göstermek. 2. yeniden dirilmek.
re.sur.gence (rısır´cıns) *i.* 1. **of** -in tekrar meydana gelmesi, -in yeniden başlaması. 2. yeniden dirilme.
re.sur.gent (rısır´cınt) *s.* yeniden dirilen.
res.ur.rect (rezırekt´) *f.* 1. yeniden diriltmek. 2. yeniden canlandırmak. 3. yeniden ortaya çıkarmak, hortlatmak.
res.ur.rec.tion (rezırek´şın) *i.* 1. diriliş, yeniden dirilme. 2. yeni hayat bulma, yeniden canlanma. 3. yeniden ortaya çıkarma, hortlatma. **the R—** Hırist. Diriliş.
re.sus.ci.tate (rısʌs´iteyt) *f.* 1. dirilmek, yeniden canlanmak; diriltmek, yeniden canlandırmak. 2. yaşama döndürmek. 3. çıkarmak, hortlatmak.
re.tail (ri´teyl) *i.* perakende satış. *s.* perakende. *f.* perakende satmak; perakende satılmak.
re.tail.er (ri´teylır) *i.* perakendeci.
re.tain (riteyn´) *f.* 1. (ısı, su v.b.´ni) tutmak; (sıvıyı) sızdırmamak/dışarıya vermemek. 2. korumak; sürdürmek, devam ettirmek: **They've retained that custom.** O âdeti devam ettiriyorlar. 3. (avukat, danışman v.b.´ni) ücretle tutmak. 4. aklında tutmak, unutmamak. **—ing fee** avukata peşin olarak ödenen ücret. **—ing wall** istinat duvarı.
re.tal.i.ate (ritäl´iyeyt) *f.* 1. dengiyle karşılamak, misilleme yapmak. 2. öç almak, intikam almak.
re.tal.i.a.tion (ritäliyey´şın) *i.* 1. misilleme, kısas. 2. öç, intikam.
re.tard (ritard´) *f.* geciktirmek, yavaşlatmak.
re.tard.ed (ritar´did) *s., ruhb.* geri zekâlı. **mentally —** geri zekâlı.
retch (reç) *f.* kusmaya çalışmak, öğürmek.
re.tell (ritel´) *f.* **(re.told)** 1. tekrar/yeniden anlatmak. 2. tekrar/yeniden saymak.
re.ten.tion (riten´şın) *i.* 1. (ısı, su v.b.´ni) tutma; (ısı, su v.b.) tutulma; (sıvıyı) sızdırmama/dışarıya vermeme; (sıvı) sızdırılmama. 2. aklında tutma, unutmama; akılda tutulma, unutulmama. **— of urine** *tıb.* idrar tutulması.
re.ten.tive (riten´tiv) *s.* 1. (sıvıyı) sızdırmayan. 2. (sıvıyı) tutan. 3. hatırda iyi tutan. **— memory** güçlü bellek, kuvvetli hafıza.

re.think (rithingk´) *f.* (**re.thought**) -i yeniden düşünmek, -i yeniden düşünüp taşınmak.
re.thought (rithôt´) *f., bak.* **rethink.**
ret.i.cent (ret´ısınt) *s.* 1. sır saklayan, ağzı sıkı. 2. çok konuşmaz, suskun.
ret.i.na (ret´ını), *çoğ.* **-s** (ret´ınız)/**-e** (ret´ıni) *i., anat.* ağtabaka, retina.
ret.i.nue (ret´ınu) *i.* maiyet.
re.tire (ritayr´) *f.* 1. emekliye ayrılmak, emekli/tekaüt olmak; emekliye ayırmak. 2. çekilmek, bir köşeye çekilmek. 3. yatmaya gitmek.
re.tired (ritayrd´) *s.* 1. emekli. 2. bir köşeye çekilmiş. **be — emekli/tekaüt olmak.**
re.tire.ment (ritayr´mınt) *i.* 1. emeklilik. 2. geri çekilme. 3. bir köşeye çekilme. **— pension** emekli aylığı/maaşı.
re.tir.ing (ritayr´îng) *s.* çekingen, utangaç, sıkılgan, mahcup.
re.told (ritold´) *f., bak.* **retell.**
re.tort (ritôrt´) *f.* 1. sert cevap vermek. 2. çabuk cevap vermek. 3. karşılık vermek. *i.* 1. sert cevap. 2. çabuk verilen cevap. 3. karşılık.
re.tort (ritôrt´) *i., kim.* karni.
re.touch (ritʌç´) *f.* rötuş etmek.
re.trace (ritreys´) *f.* 1. (bir çizginin üstünü) tekrar çizmek. 2. izini takip ederek kaynağına gitmek. **— one's steps** aynı yoldan geri gitmek.
re.tract (riträkt´) *f.* 1. sözünü geri almak. 2. geri çekmek; geri çekilmek.
re.trac.tion (riträk´şın) *i.* 1. sözünü geri alma. 2. geri çekme; geri çekilme.
re.treat (ritrit´) *f.* 1. *ask.* ricat etmek. 2. geri çekilmek. 3. geri adım atmak. *i.* 1. *ask.* ricat. 2. geri çekilme. 3. kalabalıklardan uzak dinlenme yeri. **beat a — geri çekilmek, kaçmak. in full —** tam çekilme durumunda.
re.trench (ritrenç´) *f.* (masrafları) kısmak/azaltmak.
re.trench.ment (ritrenç´mınt) *i.* (masrafları) kısma/azaltma.
ret.ri.bu.tion (retrıbyu´şın) *i.* 1. cezalandırma. 2. ceza.
re.triev.al (ritri´vıl) *i.* 1. tekrar ele geçirme, kurtarma. 2. yeniden kazanma. 3. yeniden düzeltme. 4. telafi etme. 5. bulup getirme.
re.trieve (ritriv´) *f.* 1. almak; tekrar ele geçirmek; kurtarmak. 2. yeniden kazanmak. 3. yeniden düzeltmek. 4. telafi etmek. 5. bulup getirmek.
re.triev.er (ritri´vır) *i.* vurulan avı bulup getiren köpek.
ret.ro.ac.tive (retrowäk´tiv) *s.* geçmişi kapsayan (yeni yasa); öncesini kapsayan.
ret.ro.grade (ret´rıgreyd) *s.* 1. geriye doğru giden, gerileyen. 2. kötüye giden; yozlaşan.
ret.ro.gress (ret´rıgres) *f.* 1. gerilemek, geriye gitmek. 2. bozulmak, yozlaşmak.
ret.ro.gres.sion (retrıgres´ın) *i.* 1. gerileme, geri-

ye gitme. 2. bozulma, yozlaşma.
ret.ro.gres.sive (retrıgres´iv) *s.* 1. gerileyen, gerileyici. 2. kötüye giden; yozlaşan.
ret.ro.spect (ret´rıspekt) *i.* geçmişe bakış. **in —** geçmişe bakarak.
ret.ro.spec.tive (retrıspek´tiv) *s.* 1. geçmişle ilgili. 2. geçmişi hatırlayan. 3. *huk.* geçmişi kapsayan. *i.* retrospektif sergi, retrospektif.
re.try (ritray´) *f.* yeniden yargılamak.
re.turn (ritırn´) *f.* 1. geri dönmek, geri gelmek, geri gitmek: **return home** eve dönmek. **return to normal** normale dönmek. 2. geri vermek, iade etmek: **Have you returned the pencil you borrowed?** Ödünç aldığınız kalemi iade ettiniz mi? 3. geri göndermek; geri getirmek: **The company returned my check.** Şirket çekimi geri gönderdi. 4. (kâr) sağlamak, getirmek. 5. *pol.* (milletvekilini) seçmek. 6. *tenis* (topu) geri vurmak. 7. resmen bildirmek. *i.* 1. dönüş. 2. geri verme, iade. 3. geri gönderme; geri getirme. 4. kâr, kazanç; faiz. 5. *çoğ.* kâr, kazanç. 6. *çoğ.* istatistik cetveli. 7. vergi beyannamesi, bildirge. **— a verdict of innocent/guilty** suçsuz/suçlu olduğuna karar vermek. **— address** gönderenin adresi. **— game/match** rövanş maçı. **— ticket** 1. dönüş bileti. 2. *İng.* gidiş dönüş bileti. **by — mail,** *İng.* **by — of post** ilk posta ile (cevap). **in — for** -e karşılık olarak, -in karşılığında.
re.turn.a.ble (ritır´nıbıl) *s.* iade edilebilir: **returnable bottle** depozitolu şişe.
re.un.ion (riyun´yın) *i.* yeniden bir araya gelme.
rev (rev) *f.* (**—ved, —ving**) **up** (motorun) hızını artırıvermek.
Rev. *kıs.* **Revelation, the Reverend.**
rev. *kıs.* **revenue, reverse, review, revised, revision, revolution.**
re.val.u.a.tion (rivälyuwey´şın) *i.* 1. yeniden değer biçme. 2. değer yükseltimi, revalüasyon.
re.val.ue (riväl´yu) *f.* 1. yeniden -e değer biçmek/biçtirmek. 2. değerini yükseltmek, revalüe etmek.
re.vamp (riwämp´) *f.* 1. yenilemek, revizyondan geçirmek. 2. ayakkabının yüzünü değiştirmek.
re.veal (rivil´) *f.* 1. açıklamak, açığa vurmak: **reveal one's plans** planlarını açıklamak. **reveal corruption** yolsuzluğu açığa vurmak. **reveal one's secret** sırrını açmak. 2. göstermek: **reveal oneself** kendini göstermek. 3. ilham yoluyla bildirmek.
re.veal.ing (rivil´îng) *s.* 1. (belirli bir durumu) açığa vuran/belli eden (söz). 2. kadın vücudunun genelde örtülü olan kısımlarını sergileyen (giysi).
rev.eil.le (rev´ıli) *i., ask.* kalk borusu.
rev.el (rev´ıl) *f.* (**—ed/—led, —ing/—ling**) 1. cümbüş yapmak, eğlenmek. 2. **in** -den zevk almak. *i.* cümbüş, eğlence, şenlik.

rev.e.la.tion (revıley'şın) *i.* 1. açığa çıkma; açığa çıkarma, keşif. 2. vahiy.
rev.el.ry (rev'ılri) *i.* cümbüş, âlem, eğlenti, şenlik.
re.venge (rivenc') *f.* — **oneself on** -den öç almak, -den intikam almak. *i.* öç, intikam. **in — for** -den öç almak için. **take — on** -den öç almak.
rev.e.nue (rev'ınu) *i.* 1. gelir. 2. devletin geliri. — **stamp** damga pulu. **public —** devlet geliri.
re.ver.ber.ate (rivır'bıreyt) *f.* 1. yankılanmak, yankı yapmak. 2. yansıtmak, aksettirmek; yansımak, aksetmek.
re.vere (rivir') *f.* -e büyük saygı duymak; -i saymak, -e saygı göstermek.
rev.er.ence (rev'ırıns) *i.* 1. büyük saygı, ihtiram. 2. huşu. 3. saygı gösteren bir hareket. 4. papaz efendi *(İrlanda'da* **his, your** *veya* **their** *ile kullanılan bir unvan):* **Bring their reverences some tea!** Papaz efendilere çay getir! *f.* 1. -e büyük saygı duymak. 2. -e saygı gösteren bir hareket yapmak.
rev.er.end (rev'ırınd) *s.* **the — Hırist.** Sayın *(papazın isminden önce kullanılan unvan):* **the Reverend John Donne** Sayın John Donne. *i., k. dili* papaz efendi.
rev.er.ent (rev'ırınt) *s.* saygılı.
rev.er.en.tial (revıren'şıl) *s.* 1. saygıdan ileri gelen. 2. saygı uyandıran. 3. saygılı, saygı dolu.
rev.er.ent.ly (rev'ırıntli) *z.* çok saygılı bir şekilde.
rev.er.ie (rev'ıri) *i.* hayale dalma.
re.ver.sal (rivır'sıl) *i.* 1. tersine çevirme. 2. *huk.* kararın bozulması.
re.verse (rivırs') *s.* 1. aksi, arka, ters: **reverse side** ters taraf. 2. tersine dönmüş. *f.* 1. ters çevirmek; tersyüz etmek. 2. tersine dönmek. 3. yerlerini değiştirmek. 4. *oto.* geri gitmek. 5. **oneself on** (bir konudaki) fikrini değiştirmek. 6. *huk.* (kararı) iptal etmek, feshetmek. *i.* 1. ters taraf, ters, arka taraf, arka. 2. ters, aksi. 3. zıt olan şey. 4. terslik, aksilik. 5. *oto.* geri vites. — **gear** *oto.* geri vites.
re.vers.i.ble (rivır'sıbıl) *s.* 1. tersine çevrilebilir. 2. *kim., fiz.* tersinir.
re.ver.sion (rivır'jın) *i.* 1. (eski durum, alışkanlık, inanç v.b.'ne) dönme. 2. *biyol.* birkaç kuşak boyunca görünmeyen birtakım özelliklerin yeniden ortaya çıkması, atavizm. 3. *huk.* yeniden intikal; eski sahibine intikal.
re.vert (rivırt') *f.* **to** -e geri gitmek, -e dönmek.
re.view (rivyu') *i.* 1. yeniden inceleme, tekrar gözden geçirme. 2. eleştiri. 3. teftiş. 4. edebiyat ve fikir dergisi. *f.* 1. yeniden incelemek, tekrar gözden geçirmek. 2. (kitap, film v.b.'nin) eleştirisini yazmak. 3. (askeri kuvvetleri) teftiş etmek. **pass in —** geçit töreni yapmak. **subject to —** ileride değiştirme şartıyla.
re.view.er (rivyu'wır) *i.* eleştirmen.

re.vile (rivayl') *f.* sövmek, yermek; küfür savurmak.
re.vise (rivayz') *f.* 1. gözden geçirip düzeltmek. 2. (dersi) tekrarlamak. 3. değiştirmek: **He has revised his opinion of me.** Hakkımdaki fikrini değiştirdi.
re.vi.sion (rivij'ın) *i.* 1. gözden geçirip düzeltme. 2. düzeltilmiş baskı.
re.vi.sion.ism (rivij'ınizım) *i.* revizyonizm.
re.vi.sion.ist (rivij'ınist) *i., s.* revizyonist.
re.vi.tal.ize, *İng.* **re.vi.tal.ise** (rivay'tılayz) *f.* yeniden canlandırmak, diriltmek.
re.viv.al (rivay'vıl) *i.* 1. yeniden canlanma, dirilme; yeniden canlandırma, diriltme. 2. uyanma, uyanış. 3. **Hırist.** inancı pekiştirmek ve yaymak için düzenlenen bir dizi toplantı.
re.vive (rivayv') *f.* yeniden canlanmak, dirilmek; yeniden canlandırmak, diriltmek.
re.voke (rivok') *f.* 1. geri almak. 2. hükümsüz kılmak, feshetmek.
re.volt (rivolt') *f.* 1. **(at/against)** (-e karşı) isyan etmek, ayaklanmak. 2. tiksindirmek. *i.* isyan, ayaklanma. **be —ed by** -den tiksinmek.
re.volt.ing (rivol'ting) *s.* tiksindirici, iğrenç.
rev.o.lu.tion (revılu'şın) *i.* 1. dönme, devir: **revolution of a wheel** tekerleğin devri. 2. devrim: **industrial revolution** sanayi devrimi.
rev.o.lu.tion.ar.y (revılu'şıneri) *i., s.* devrimci; ihtilalci.
rev.o.lu.tion.ize, *İng.* **rev.o.lu.tion.ise** (revılu'şınayz) *f.* -de devrim yapmak, -i kökten değiştirmek.
re.volve (rivalv') *f.* 1. **(about/around)** (etrafında) döndürmek, çevirmek; dönmek. 2. **around** hakkında olmak, ile ilgili olmak: **Our conversation revolved around her.** Konuşmamız onunla ilgiliydi.
re.volv.er (rival'vır) *i.* revolver, tabanca.
re.volv.ing (rival'ving) *s.* döner: **revolving door** döner kapı. **revolving fund** döner sermaye. **revolving light** döner fener.
re.vue (rivyu') *i.* revü.
re.vul.sion (rivʌl'şın) *i.* tiksinme.
re.ward (riwôrd') *f.* 1. ödüllendirmek. 2. karşılığını vermek. *i.* 1. ödül, mükâfat. 2. karşılık.
re.word (riwırd') *f.* yeni kelimelerle söylemek/yazmak.
re.write (rirayt') *f.* **(re.wrote, re.writ.ten)** yeniden yazmak.
re.writ.ten (ririt'ın) *f., bak.* **rewrite.**
re.wrote (rirot') *f., bak.* **rewrite.**
Rhae.to-Ro.man.ic (ri'to.romän'ik) *i., s.* Reto-Romanca.
rhap.so.dy (räp'sıdi) *i.* 1. *müz.* rapsodi. 2. heyecanlı ve duygusal konuşma.
rhe.o.stat (ri'yıstät) *i., elek.* reosta.
rhet.o.ric (ret'ırik) *f.* 1. söz sanatı, belagat, reto-

rik. 2. abartmalı dil/yazı.
rhe.tor.i.cal (ritôr´ikıl) *s.* 1. söz sanatına özgü. 2. etkileyici bir şekilde söylenen. 3. tumturaklı. — **question** cevabı beklenmeyen ve etkili olmak için sorulan soru.
rheu.ma.tism (ru´mıtizım) *i.* romatizma.
rhine.stone (rayn´ston) *i.* suni elmas.
rhi.no (ray´no) *i.* (*çoğ.* **—s/rhi.no**) *k. dili* gergedan.
rhi.noc.er.os (raynas´ırıs), *çoğ.* **—es** (raynas´ırısız)/**rhi.noc.er.os/rhi.noc.eri** (raynas´ıray) *i.* gergedan.
rhi.zome (ray´zom) *i., bot.* köksap.
Rhodes (rodz) *i.* Rodos.
Rho.di.an (ro´diyın) *i.* Rodoslu. *s.* 1. Rodos, Rodos'a özgü. 2. Rodoslu.
rho.do.den.dron (rodıden´drın) *i., bot.* ormangülü, komar.
rhom.bus (ram´bıs), *çoğ.* **—es** (ram´bısız)/**rhombi** (ram´bay) *i., geom.* eşkenar dörtgen.
rhu.barb (ru´barb) *i.* ravent.
rhyme (raym) *i.* uyak, kafiye. *f.* 1. **(with)** (ile) kafiyeli olmak. 2. kafiyeli şiir yazmak. **without — or reason** mantıksız.
rhythm (ridh´ım) *i.* ritim, tartım, dizem.
rhyth.mi.cal (ridh´mikıl) *s.* ritmik, tartımlı, dizemli; tartımsal, dizemsel.
rib (rib) *i.* 1. kaburga, eğe. 2. pirzola, kotlet. 3. *bot.* yaprak damarı. *f.* **(—bed, —bing)** *k. dili* (kendisini kızdırmayacak bir şekilde) -e takılmak, -i gırgıra almak. **—bed vault** *mim.* kaburgalı tonoz.
rib.ald (rib´ıld) *s.* ağzı bozuk, küfürbaz, bayağı.
rib.bon (rib´ın) *i.* 1. kurdele; şerit. 2. şerit: **printer ribbon** yazıcı şeridi. **torn to —s** lime lime olmuş.
rice (rays) *i.* 1. pirinç. 2. çeltik. 3. pilav. **— flour** pirinç unu. **— plant** çeltik. **— pudding** üzümlü bir çeşit sütlaç. **cooked —** pilav. **uncooked —** pirinç.
rich (riç) *s.* 1. zengin, varlıklı: **a rich man** zengin bir adam. **a rich source of protein** zengin protein kaynağı. 2. pahalı ve güzel. 3. bitek, verimli: **rich soil** verimli toprak. 4. bol, çok: **That man is rich in knowledge.** O adam çok bilgili. 5. kalorisi yüksek, ağır (yiyecek). 6. gür, tok (ses). 7. koyu ve güzel (renk). **That's —!** *k. dili* Çok komik! **the —** zenginler.
rich.es (riç´îz) *i.* zenginlik, servet.
rick.ets (rik´îts) *i., tıb.* raşitizm.
rick.et.y (rik´iti) *s.* 1. çürük, köhne (sandalye, masa v.b.). 2. sarsak, titrek (kimse).
ric.o.chet (rîkışey´) *i.* sekme, sekerek sıçrama. *f.* sekmek, sekerek sıçramak. **— fire** sekme atışı.
rid (rid) *f.* **(rid/—ded, —ding) of** -den kurtarmak. **be — of** -den kurtulmak: **We're rid of them now!** Onlardan kurtulduk artık! **get — of** -i defetmek, -i savmak; -den kurtulmak: **How did you get rid of them?** Onları nasıl başından savdın?
rid.dance (rid´ıns) *i.* **Good —!** Hele şükür kurtulduk!/Oh olsun!
rid.den (rid´ın) *f., bak.* **ride.** *s.* **be — with** ile dolu olmak: **This building is ridden with rats.** Bu binada fareler kaynıyor.
rid.dle (rid´ıl) *i.* bilmece.
rid.dle (rid´ıl) *i.* kalbur. *f.* 1. kalburdan geçirmek. 2. kalbura çevirmek.
ride (rayd) *f.* **(rode, rid.den)** 1. binmek: **ride a horse** ata binmek. **ride a bicycle** bisiklete binmek. **ride in a car** arabaya binmek. **ride on a train/bus** trene/otobüse binmek. 2. sürmek: **He rode on his motorcycle to Bursa.** Motosikletini Bursa'ya sürdü. *i.* 1. binme, biniş. 2. atla gezinti. 3. gezinti yolu. **— a wave** dalga üzerine binerek sürüklenmek. **— for a fall** felakete sürüklenmek. **give someone a —** birini (at, araba v.b. ile) götürmek. **He is riding high.** İşleri yolunda/tıkırında.
rid.er (ray´dır) *i.* 1. binici. 2. *huk.* (evrak veya yasaya) ek, ilave, zeyil.
ridge (rîc) *i.* 1. *coğr.* (iki vadiyi birbirinden ayıran yayvan) sırt. 2. dağ sırtı. 3. çatı sırtı.
ridge.pole (ric´pol) *i.* mahya kirişi.
rid.i.cule (rid´ıkyul) *i.* alay, eğlenme. *f.* ile alay etmek, ile eğlenmek.
ri.dic.u.lous (rîdîk´yılıs) *s.* 1. gülünç. 2. tuhaf, saçma: **Don't be ridiculous!** Saçmalama! **That's ridiculous!** Çok saçma!
rid.ing (ray´dîng) *i.* 1. biniş. 2. binicilik: **riding school** binicilik okulu. *s.* binek.
rife (rayf) *s.* 1. yaygın. 2. bol, çok sayıda. **— with** ile dolu.
riff.raff (rif´räf) *i.* ayaktakımı.
ri.fle (ray´fıl) *i.* tüfek.
ri.fle (ray´fıl) *f.* 1. **through** (bir şeyi ararken) -i altüst/karmakarışık etmek. 2. içindeki şeyleri altüst ederek -i talan etmek.
rift (rift) *i.* 1. yarık, gedik, çatlak. 2. ara bozukluğu, ara açılması: **There's a growing rift in their relationship.** Araları gittikçe açılıyor.
rig (rîg) *f.* **(—ged, —ging)** 1. donatmak. 2. **up** uyduruvermek, yapıvermek. *i.* 1. donanım, arma. 2. takım. 3. kıyafet, kılık.
rig (rîg) *f.* **(—ged, —ging)** (bir şeyi) (yasalara aykırı olarak) kendi çıkarına göre ayarlamak; (seçime) hile karıştırmak/katmak; (maçta) şike yapmak. **— the market** belirli bir hisse senedini büyük miktarlarda satın alarak piyasanın kontrolünü geçici olarak ele geçirmek.
rig.ging (rîg´îng) *i., den.* donanım, arma.
right (rayt) *s.* 1. (ahlakça) doğru: **Do what's right!** Doğru olanı yap! 2. doğru, yanlış olmayan: **That's not the right answer.** O cevap doğru değil. **What you said is right.** Dediğiniz doğ-

ru. 3. haklı: **You're right.** Haklısın. 4. uygun; istenildiği gibi olan: **He's not the right man for this job.** O, bu işin adamı değil. **It's still not right; move it a little to the left.** Hâlâ olmadı; biraz sola kaydır. 5. sağ: **on the right side of the road** yolun sağ tarafında. 6. *geom.* dik. *z.* 1. sağa, sağa doğru: **Turn right on the next street.** Sağdan bir sonraki sokağa sap. 2. doğru, doğru olarak: **You guessed right.** Doğru tahmin ettin. **Are we going right?** Doğru yolda mıyız? 3. tam: **right in the middle** tam ortada. **Go right to the end of the road.** Yolun tam sonuna kadar gidin. 4. (ahlakça) doğru: **Don't worry; you did right.** Onu dert etme; doğru yaptın. 5. doğru, doğruca, dosdoğru: **She went right home.** Doğru evine gitti. 6. doğru; düzgün; uygun bir şekilde: **Tie it right!** Onu doğru dürüst bağla! 7. hemen: **We left right after breakfast.** Kahvaltıdan hemen sonra çıktık. **I'll be right back.** Hemen dönerim./Hemen gelirim. **The clerk said to the customer, "I'll be right with you."** Tezgâhtar müşteriye "Size hemen bakarım," dedi. 8. tamamen, tamamıyla, büsbütün: **The apple was rotten right through.** Elma tamamen çürüktü. *i.* 1. (ahlakça) doğru olan şey: **He's old enough to know the difference between right and wrong.** Doğru ile yanlışı ayırt edebilecek bir yaşta. 2. doğruluk, doğru olma, yanlış olmama. 3. hak: **He has a right to vote.** Oy kullanma hakkı var. **legal right** yasal hak. 4. yetki: **She has the right to hire and to fire.** İşe alma ve işten çıkarma yetkisi var. *f.* düzeltmek, doğrultmak; düzelmek, doğrulmak. **R—!** *ünlem* Haklısınız!/Doğrudur! **— angle** *geom.* dik açı. **— away** hemen, derhal. **R— face!** *ask.* Sağa dön! **— of assembly** toplanma hakkı. **— of asylum** sığınma hakkı, iltica hakkı. **— of way** 1. *huk.* geçit hakkı. 2. trafik geçiş hakkı. **— off** hemen, derhal. **R— on.** Tam isabet. Devam et. **— triangle** *geom.* dik üçgen. **— wing** sağ kanat, sağcılar. **R— you are!** *İng., k. dili* Hay hay!/Tamam! **get something — —** bir şeyi tam istenilen şekilde yapmak: **I can't get this right.** Bunu tam istediğim gibi yapamıyorum. **You've got it right this time!** Bu kez başardın!/Bu kez doğru yaptın! **human —s** insan hakları. **It serves him —!** Müstahaktır!/Oh olsun! **put/set someone — (about)** (yanılmış olan) birine (bir şeyin) gerçekten nasıl olduğunu söylemek: **I'm going to go over there this minute and set him right!** Oraya hemen gidip ona neyin ne olduğunu anlatacağım. **put/set something to —s** bir şeyi düzene sokmak/koymak; bir şeyi yoluna koymak. **That's all —.** Ziyanı yok./Önemi yok. *(Özür dileyen birine söylenir.).* **the —** 1. sağ taraf, sağ. 2. *pol.* sağ. **the R—** Reverend Hırist. Çok Muhterem *(piskoposun isminden önce kullanı-*

lan unvanı): **the Right Reverend J. B. Lightfoot** Çok Muhterem J. B. Lightfoot.
right.eous (ray´çıs) *s.* 1. dürüst, erdemli, doğru. 2. adil.
right.ful (rayt´fıl) *s.* 1. haklı. 2. yasal. 3. gerçek.
right.ful.ly (rayt´fıli) *z.* haklı olarak: **This is rightfully yours.** Bu senin doğal hakkın.
right-hand (rayt.händ´) *s.* 1. sağdaki, sağ. 2. güvenilen: **right-hand man** en çok güvenilen kimse, sağ kol.
right.ist (ray´tist) *s., i., pol.* sağcı.
right.ly (rayt´li) *z.* 1. haklı olarak. 2. doğru olarak. **..., and — so** ... ve haklıydı da, ... ve iyi de etti: **He scolded him for his negligence, and rightly so.** İhmalkârlığından dolayı onu azarladı ve haklıydı da.
right.mind.ed (raytmayn´did) *s.* 1. iyi niyetli. 2. kafası normal bir şekilde çalışan, normal; aklı başında; sağduyulu.
right.o (rayt´o) *ünlem, İng., k. dili* Hay hay!/Tamam!
rig.id (ric´id) *s.* 1. eğilmez, bükülmez, katı, dimdik. 2. sert, şiddetli.
rig.id.i.ty (ricid´iti) *s.* katılık, sertlik.
rig.or (rig´ır) *i.* 1. sertlik, katılık. 2. titizlik, özen, ihtimam, dikkat. 3. *çoğ.* güçlükler, zorluklar. **— mortis** *tıb.* ölü katılığı.
rig.or.ous (rig´ırıs) *s.* 1. sert, şiddetli. 2. titiz, özenli, ihtimamlı, dikkatli.
rile (rayl) *f., k. dili* 1. sinirlendirmek, kızdırmak. 2. bulandırmak.
rim (rim) *i.* 1. kenar: **the rim of a circle** bir çemberin kenarı. 2. jant, ispit: **rim of a wheel** jant.
rime (raym) *i.* kırağı.
rime (raym) *i., f., bak.* **rhyme.**
rind (raynd) *i.* kabuk: **lemon rind** limon kabuğu. **cheese rind** peynir kabuğu.
ring (ring) *f.* kuşatmak, çember içine almak, etrafını çevirmek. *i.* 1. halka, daire, çember. 2. yüzük: **engagement ring** nişan yüzüğü. **ring finger** yüzük parmağı. 3. *boks* ring. **— binder** klasör. **— mold** ahçı. halka şeklindeki kalıp. **run —s/circles around someone** birini cebinden çıkarmak, birine taş çıkarmak; birini gölgede bırakmak, birinin pabucunu dama atmak. **wedding —** alyans.
ring (ring) *f.* (**rang, rung**) 1. (zili/çanı) çalmak; (zil/çan) çalmak/çalınmak. 2. *İng.* telefon etmek. 3. çınlamak. *i.* 1. çan sesi, zil sesi. 2. çınlama sesi. **— for a servant** hizmetçiyi çağırmak. **— in** *İng.* (dışarıdan) (işyerini/evi) (telefonla) aramak. **— off** *İng.* telefonu kapamak/kapatmak. **— someone up** *İng.* birine telefon etmek. **— something up** (kasaya) bir şeyi yazmak/kaydetmek. **— the changes on** (aynı şeyi) tekrar tekrar söylemek. **— true** doğru

gibi gelmek. **give someone a** — birine telefon etmek. **It —s a bell (with me).** Tanıdık gibi geliyor./Bana bir şey hatırlatıyor.
ring.lead.er (ring'lidır) *i.* çete başı, elebaşı.
ring.let (ring'lit) *i.* 1. saç lülesi. 2. ufak halka.
ring.mas.ter (ring'mästır) *i.* sirk yöneticisi.
ring.side (ring'sayd) *s., i.* ringe veya sirk sahnesine yakın (yer).
ring.worm (ring'wırm) *i.* mantar hastalığı.
rink (ringk) *i.* paten sahası.
rinse (rins) *f.* 1. çalkamak, çalkalamak, durulamak. 2. suyla yıkayarak -i temizlemek: **Rinse the soap off your hands.** Ellerindeki sabunu suyla çıkar. *i.* 1. çalkama, çalkalama, durulama. 2. (saçı hafifçe boyamak için kullanılan) boya.
ri.ot (ray'ıt) *i.* 1. kargaşa. 2. ayaklanma, isyan. 3. cümbüş, eğlenti. *f.* 1. kargaşa çıkarmak. 2. ayaklanmak, isyan etmek. **read the — act to** -i azarlamak. **run** — 1. gemi azıya almak. 2. (bitki) dal budak salıp her yeri sarmak.
rip (rip) *f.* **(—ped, —ping)** 1. yırtmak; yırtılmak. 2. yarmak; yarılmak. *i.* 1. yırtık. 2. yarık. 3. dikiş söküğü. **— cord** paraşütü açan ip. **— someone off** *k. dili* birine kazık atmak, birinden fazla para almak. **— something off** 1. (iplikle dikilmiş) bir şeyi çekip koparmak/söküp atmak. 2. *k. dili* bir şeyi aşırmak/yürütmek/çalmak. **— something open** bir şeyi yırtarak açmak. **— something up** bir şeyi yırtmak.
ripe (rayp) *s.* 1. olmuş, olgun. 2. tam vakti gelmiş.
rip.en (ray'pın) *f.* olgunlaştırmak; olgunlaşmak.
rip.off (rip'ôf) *i., argo* hile, üçkâğıtçılık.
rip.ple (rip'ıl) *i.* 1. dalgacık. 2. hafifçe dalgalanma. *f.* hafifçe dalgalanmak; hafifçe dalgalandırmak. **a — of conversation** dalga gibi yükselip alçalan konuşma sesi.
rise (rayz) *f.* **(rose, —n)** 1. yukarı çıkmak, yükselmek. 2. yükselmek, artmak: **Prices are rising.** Fiyatlar artıyor. 3. kalkmak, ayağa kalkmak: **The students rose when the teacher entered the room.** Öğretmen odaya girince öğrenciler ayağa kalktı. 4. kalkmak, yataktan kalkmak: **He rises early.** Sabahları erken kalkar. 5. (ekmek, hamur v.b.) kabarmak. 6. (güneş/ay) doğmak. 7. ortaya çıkmak, gözükmek, belirmek: **The mountains rose up before him.** Önünde dağlar belirdi. 8. (nehir) doğmak, çıkmak. 9. (rüzgâr) kuvvetlenmek. 10. **up** ayaklanmak, isyan etmek. *i.* 1. artış, yükseliş. 2. yükselme. 3. doğuş. 4. bayır, tepe. 5. *İng.* (maaşta) zam. 6. meydana çıkış. **— to the occasion** zoru başarabileceğini göstermek. **get a — out of** birinin bamteline basıp çileden çıkarmak. **give to** -e neden olmak, -e yol açmak, -i meydana getirmek. **on the —** artmakta, yükselmekte.
ris.en (riz'ın) *f., bak.* **rise.**

ris.ing (ray'zing) *i.* ayaklanma, isyan.
risk (risk) *i.* 1. tehlike, risk, riziko. 2. sigorta edilen kimse/şey. *f.* 1. tehlikeye atmak. 2. göze almak. **at your —** ziyan olduğu takdirde sizin hesabınıza, tehlike sorumluluğu size ait olmak üzere.
risk.y (ris'ki) *s.* tehlikeli, rizikolu.
rite (rayt) *i.* ayin, dinsel tören.
rit.u.al (riç'uwıl) *s.* 1. ayine ait, dinsel törene ait. 2. âdet edinilmiş. *i.* 1. ayin. 2. âdet, alışkı.
ri.val (ray'vıl) *i.* rakip. *s.* rakip olan; birbiriyle rekabet eden. *f.* **(—ed/—led, —ing/—ling)** ... kadar ... olmak, ile rekabet etmek, ile aşık atmak: **Its winters rival those of Erzurum.** Oranın kışları Erzurum'unki kadar soğuk. **No one can rival her for speed.** Kimse onun kadar hızlı değil.
riv.er (riv'ır) *i.* ırmak, nehir. **— bed** ırmak yatağı.
riv.et (riv'it) *i.* perçin. *f.* perçinlemek. **— one's eyes on** -e gözünü dikmek.
Riv.i.er.a (riviyer'ı) *i.* **the —** Riviera.
ri.vu.let (riv'yılit) *i.* çay, dere.
roach (roç) *i., zool.* hamamböceği.
road (rod) *i.* yol. **be on the —** 1. yolda olmak, yola çıkmış olmak. 2. **to** -e doğru gitmek.
road.block (rod'blak) *i.* barikat.
road.side (rod'sayd) *i.* yol kenarı.
road.way (rod'wey) *i.* yol.
roam (rom) *f.* dolaşmak, gezinmek.
roar (rôr) *f.* 1. gümbürdemek. 2. (aslan) kükremek. 3. gürlemek. 4. kahkaha ile gülmek. *i.* 1. gümbürdeme. 2. kükreme. 3. gürleme. 4. kahkaha.
roast (rost) *f.* 1. (fırında/ateşte) kızarmak. 2. (kahve v.b.'ni) kavurmak. *i.* 1. rosto, kızarmış et parçası. 2. rostoluk/kızartmalık et parçası. *s.* 1. kızarmış, kızartılmış. 2. kavrulmuş (kahve v.b.).
roast.er (ros'tır) *i.* (et kızartmaya yarayan kapaklı) rosto tenceresi.
rob (rab) *f.* **(—bed, —bing)** 1. soymak. 2. yağmalamak, talan etmek. **— Peter to pay Paul** birine olan borcu ödemek için başkasının hakkını yemek.
rob.ber (rab'ır) *i.* soyguncu, hırsız; haydut.
rob.ber.y (rab'ıri) *i.* soygun, hırsızlık.
robe (rob) *i.* 1. cüppe, biniş. 2. kaftan. 3. sabahlık.
ro.bot (ro'bıt, ro'bat) *i.* robot.
ro.bust (robʌst') *s.* sağlam, gürbüz, güçlü, dinç.
rock (rak) *i.* 1. kaya. 2. kaya parçası. 3. kaya gibi kuvvetli şey. 4. *argo* büyük mücevher, elmas. 5. *İng.* akide şekeri. **— bottom** 1. kaya tabakası. 2. en aşağı (fiyat). **— candy** akide şekeri. **— crusher** konkasör. **— crystal** necefताşı. **— garden** 1. kayalık yerde bulunan bahçe. 2. dağ çiçekleri yetiştirmek için düzenlenen kayalık bahçe. **— partridge** kınalıkeklik. **— pigeon/dove** kayagüvercini. **— reef** kaya döküntülü kıyı. **— salt** kayatuzu. **the —s** 1. kayalara çarpmış. 2.

iflas etmiş; meteliksiz. 3. buzlu (fakat soda/su katılmamış) (viski).
rock (rak) *f.* sallamak, sarsmak; sallanmak, sarsılmak. — **the boat** işleri karıştırmak. **—ing chair** salıncaklı iskemle/koltuk/sandalye. **—ing horse** salıncaklı at.
rock (rak) *i.* rock, rock müziği.
rock.er (rak´ır) *i.* 1. (beşik veya salıncaklı sandalye altındaki) kavisli ayak. 2. salıncaklı iskemle/koltuk/sandalye. — **arm** külbütör. **off one's** — **argo** çatlak, dengesiz, deli.
rock.et (rak´it) *i.* 1. roket, füze. 2. havai fişek.
rock.et (rak´it) *i., bot.* roka.
rock.rose (rak´roz) *i., bot.* laden.
rock.y (rak´i) *s.* 1. kayalık. 2. kaya gibi.
rod (rad) *i.* çubuk, değnek. **connecting** — oto. piston kolu.
rode (rod) *f., bak.* **ride**.
ro.dent (rod´ınt) *i.* kemirgen hayvan.
ro.de.o (ro´diyo, rodey´o) *i.* rodeo.
roe (ro) *i.* — **deer** karaca.
roe (ro) *i.* balık yumurtası.
rogue (rog) *i.* 1. hilekâr, düzenbaz, dolandırıcı. 2. çapkın, kerata. 3. yaramaz kimse. 4. azgın fil.
ro.guish (ro´giş) *s.* 1. düzenbaz. 2. çapkın. 3. yaramaz.
role, rôle (rol) *i.* rol.
roll (rol) *f.* 1. yuvarlamak; yuvarlanmak: **rolling ball** yuvarlanan top. 2. **up** -i sarmak; sarılmak: **Roll up the hose.** Hortumu sar. 3. **up** -i dürmek: **Roll up the carpet.** Halıyı dür. 4. **out** -i açmak, -i sermek: **Roll out the carpet on the floor.** Halıyı yere ser. 5. (gök) gürlemek. 6. (gözlerini) devirmek. 7. silindirle düzlemek. 8. **on/by** (zaman) geçip gitmek. 9. dalgalanmak. *i.* 1. yuvarlama; yuvarlanma. 2. tomar: **roll of paper** kâğıt tomarı. 3. top, rulo: **roll of cloth** kumaş topu. 4. liste, sicil, kayıt: **call the roll** yoklama yapmak, listedeki isimleri okumak. 5. gök gürlemesi. 6. yalpa: **the roll of a ship** geminin yalpası. 7. argo para tomarı, para. — **call** yoklama. **—ed oats** yulaf ezmesi.
roll.er (ro´lır) *i.* 1. silindir. 2. merdane. 3. büyük dalga. 4. bigudi. — **skate** tekerlekli paten.
roll.er-skate (ro´lır.skeyt) *f.* tekerlekli patenle kaymak.
roll.er-skat.ing (ro´lır.skeyting) *i.* tekerlekli patenle kayma.
rol.lick (ral´ik) *f.* neşeli ve gürültülü bir biçimde davranmak.
rol.lick.ing (ral´iking) *s.* gürültülü, şamatalı.
roll.ing (ro´ling) *s.* 1. yuvarlanan. 2. inişli yokuşlu (arazi). 3. dalgalı (deniz). — **pin** oklava, merdane.
roll-neck (rol´nek) *s., İng.* balıkçı yakalı (giysi).
ro.ly-po.ly (ro´lipo´li) *s.* tıknaz, bodur.

ROM (rom, ram) *i., bilg.* **Read-Only Memory**.
Ro.ma.ic (romey´ik) *i., s.* (halkın konuştuğu) Rumca.
ro.maine (romeyn´) *i.* marul. — **lettuce** marul.
Ro.man (ro´mın) *i.* 1. Romalı. 2. *tar.* (eski) Romalı, Romen. *s.* 1. Roma, Roma'ya özgü. 2. *tar.* (eski) Roma, (eski) Roma'ya özgü, Romen. — **alphabet** Latin alfabesi. — **candle** bir tür havai fişek. — **Catholic** Katolik. — **Catholicism** Katoliklik. — **law** Roma hukuku. — **nose** kemerli burun. — **numeral** Romen rakamı. **the** — **Catholic church** Katolik kilisesi. **the** — **Empire** Roma İmparatorluğu.
Ro.mance (romäns´) *s.* — **languages** Romen dilleri, Latince kökenli diller.
ro.mance (romäns´) *i.* 1. aşk üstüne kurulmuş ilişki; aşk. 2. romantiklik. 3. aşk ve macera dolu hikâye/roman.
Ro.man.esque (rominesk´) *s.* Roman, Romanesk.
Ro.ma.ni.a (romey´niyı, romeyn´yı) *i.* Romanya. **—n** *i.* 1. Rumen; Romanyalı. 2. Rumence. *s.* 1. Rumen; Romanya, Romanya'ya özgü. 2. Rumence. 3. Romanyalı.
Ro.mansh (romänş´, romäns´) *i., s.* Romanşça.
ro.man.tic (romän´tik) *s.* 1. romantik; aşki; duygusal. 2. romantik, romanesk, aşk ve macera dolu. 3. fantastik. 4. *edeb.* romantik, romantizme özgü. *i., edeb.* romantik.
ro.man.ti.cise (romän´tısayz) *f., İng., bak.* **romanticize**.
ro.man.ti.cism (romän´tısizım) *i.* romantizm.
ro.man.ti.cize (romän´tısayz) *f.* -i romantik bir şekle sokmak, -i romantikleştirmek.
Rom.a.ny (ram´ıni, ro´mıni) *i., s.* 1. Romanca, Çingenece. 2. Roman, Çingene. **the** — Romanlar, Çingeneler.
Rome (rom) *i.* Roma.
romp (ramp) *f.* (**about/around**) sıçrayıp oynamak. *i.* 1. hoyratça ve gürültülü oyun. 2. *k. dili* kolayca kazanılan şey.
romp.ers (ram´pırz) *i.* (kısa paçalı) çocuk tulumu.
roof (ruf, rûf) *i.* dam, çatı. — **garden** çatı bahçesi. — **of the mouth** damak. **hit the** — küplere binmek, tepesi atmak.
roof.ing (ru´fing) *i.* 1. çatı yapma. 2. çatı örtüsü.
rook (rûk) *i., zool.* ekinkargası. *f.* 1. hile ile kapmak. 2. dolandırmak, aldatmak; kazıklamak.
rook (rûk) *i.* satranç kale.
rook.ie (rûk´i) *i., argo* 1. acemi er. 2. yeni polis. 3. acemi oyuncu.
room (rum, rûm) *i.* 1. oda. 2. yer. *f.* oturmak.
room.er (ru´mır) *i.* pansiyoner.
room.mate (rum´meyt) *i.* oda arkadaşı.
room.y (ru´mi) *s.* geniş.
roost (rust) *i.* tünek. *f.* tünemek.
roost.er (rus´tır) *i.* horoz.

root (rut, rût) *i.* kök. *f.* kökleştirmek, tutturmak; kökleşmek, tutmak. — **and branch** tamamıyla, kökten, toptan, hepsi. — **directory** *bilg.* kök rehber, kök dizin. — **for** *k. dili* -i desteklemek. — **out/up** kökünden sökmek. **pluck up by the** — kökünden sökmek. **square** — *mat.* karekök. **take** — kök salmak; tutunmak.
root.less (rut´lis) *s.* köksüz.
root.let (rut´lit) *i.* kökçük.
root.stalk (rut´stôk) *i., bot.* köksap.
rope (rop) *i.* 1. ip. 2. halat. 3. idam. 4. kement. *f.* 1. iple bağlamak. 2. kementle tutmak. — **in** *k. dili* kandırmak. — **ladder** ip merdiven. — **off** iple çevirerek sınırlamak. **be at the end of one's** — çaresiz kalmak. **give someone** — birini serbest bırakmak, birini kendi haline bırakmak. **know the** —**s** *k. dili* bir işi iyi bilmek.
rop.y (ro´pi) *s., İng., k. dili* kötü, berbat.
Roque.fort cheese (rok´fırt, rôk´fôr) Rokfor peyniri.
ro.sa.ry (ro´zıri) *i.* 1. tespih ile okunan dualar. 2. tespih.
rose (roz) *f., bak.* **rise.**
rose (roz) *i.* 1. gül. 2. gül rengi, açık pembe. 3. hortum süzgeci. — **acacia** kırmızı akasya, kırmızı yalancı akasya, kırmızı salkımağacı. — **geranium** *bot.* ıtır. — **hip** kuşburnu. — **jam** gül reçeli. — **of Sharon** 1. ağaçhatmi. 2. kılıçotu. — **petal** gül yaprağı. — **water** gülsuyu.
rose.bud (roz´bʌd) *i.* gül goncası.
rose.bush (roz´bûş) *i.* gül ağacı.
rose-col.ored (roz´kʌlırd) *s.* gül rengi, gül renkli. **see the world through** — **glasses** dünyayı toz-pembe görmek.
rose.mar.y (roz´meri) *i., bot.* biberiye.
ro.sette (rozet´) *i.* rozet.
ros.in (raz´în) *i.* (katı) reçine, kolofan.
ros.ter (ras´tır) *i.* 1. *ask.* subayların nöbet sırasını gösteren liste/defter. 2. isim listesi.
ros.trum (ras´trım), *çoğ.* —**s** (ras´trımz)/**ros.tra** (ras´trı) *i.* kürsü.
ros.y (ro´zi) *s.* 1. gül gibi. 2. gül rengi, gül renkli; kırmızı, al. 3. ümit verici. 4. şen.
rot (rat) *f.* (—**ted,** —**ting**) çürümek; çürütmek. *i.* 1. çürüme. 2. çürük. 3. *İng.* saçma, zırva.
ro.ta (ro´tı) *i., İng.* nöbet listesi. **by** — nöbetleşe, nöbetle.
ro.ta.ry (ro´tıri) *s.* dönen, döner, dönel: **rotary harrow** döner tapan. **rotary engine** dönel devimli motor. — **press** rotatif, dönerbasar.
ro.tate (ro´teyt) *f.* 1. dönmek; döndürmek. 2. sırayla çalışmak; sırayla çalıştırmak: **rotate the watch** sırayla nöbet tutmak. 3. dönüşümlü olarak ekmek: **rotate crops** sırayla farklı ekinler yetiştirmek.
ro.ta.tion (rotey´şın) *i.* 1. dönme. 2. devir. 3. rotasyon.

rote (rot) *i.* **by** — mekanik olarak, düşünmeden, ezberden.
ro.tor (ro´tır) *i.* 1. rotor, döneç. 2. helikopter pervanesi.
rot.ten (rat´ın) *s.* çürük, bozuk, çürümüş, kokmuş; cılk (yumurta). **feel** — 1. keyfi olmamak. 2. kendini turşu gibi hissetmek.
ro.tund (rotʌnd´) *s.* 1. yuvarlak, toparlak. 2. tombul. 3. dolgun ve kuvvetli (ses).
ro.tun.da (rotʌn´dı) *i.* üstü kubbeli yuvarlak bina/oda, rotond.
rouge (ruj) *i.* allık. *f.* allık sürmek.
rough (rʌf) *s.* 1. pürtüklü, pütür pütür; tırtıklı, tırtık tırtık: **This lemon has a rough skin.** Bu limonun kabuğu pürtüklü. **The cliffs are rough.** Kayalıklar pütür pütür. **rough boards** üstü tırtıklı tahtalar. 2. kaba: **rough paper** kaba kâğıt. **rough wool** kaba yün. 3. kaba biçilmiş (çimen). 4. bozuk (yol/kaldırım). 5. engebeli (arazi). 6. dalgalı (deniz/su). 7. fırtınalı (hava); şiddetli (rüzgâr). 8. kaba, görgüsüz (kimse). 9. kaba, incelikten yoksun. 10. zor, sıkıntılı: **He's had a rough day.** Zor bir gün geçirdi. 11. kaba, son şekini henüz almamış: **rough draft** müsvedde. **rough outline** kaba taslak. **rough estimate** kaba hesap. 12. kulağa hoş gelmeyen, kulağı rahatsız eden. *i.* külhanbeyi. — **it** (bir süre için) ilkel şartlar içinde yaşamak. — **up** -i hırpalamak. **in the** — 1. kaba taslak durumda. 2. işlenmemiş durumda.
rough.age (rʌf´îc) *i.* çok selülozlu yiyecek.
rough-and-tum.ble (rʌf´ıntʌm´bıl) *i.* boğuşma: **He dislikes the rough-and-tumble of politics.** Siyasi hayatın boğuşmalarından hiç hoşlanmıyor.
rough.cast (rʌf´käst) *i.* kaba sıva. *f.* (**rough.cast**) 1. taslağını yapmak. 2. kaba sıva ile sıvamak.
rough.en (rʌf´ın) *f.* 1. pürüzlendirmek; pürüzlenmek. 2. kabartmak; kabarmak.
rough-hewn (rʌf´hyun) *s.* kaba yontulmuş.
rough.house (rʌf´haus) *i., argo* gürültü patırtı. *f., argo* gürültülü patırtı çıkarmak.
rough.ly (rʌf´li) *z.* 1. kabaca, 2. aşağı yukarı, yaklaşık olarak.
rough.neck (rʌf´nek) *i., argo* külhanbeyi.
rough.shod (rʌf´şad) *s.* **ride** — **over** (birini) hiçe saymak.
rou.lette (rulet´) *i.* rulet.
Rou.ma.ni.a (rumey´niyı, rumeyn´yı) *i., bak.* **Romania.** —**n** *i., s., bak.* **Romanian.**
Ru.me.li.a (rumi´liyı, rumil´yı) *i., tar., bak.* **Rumelia.** —**n** *i., s., bak.* **Rumelian.**
round (raund) *s.* 1. yuvarlak: **round shape** yuvarlak şekil. 2. yuvarlak, toparlak: **a calculation given in round figures** yuvarlak hesap. 3. tam: **a round dozen** tam bir düzine. 4. tombul: **a round person** tombul kimse. *z.* etrafta; etrafın-

da: **Don't go through the building; go round it.** Binanın içinden geçme, etrafından dolaş. *edat* -in etrafına; -in etrafında. *i.* 1. yuvarlak şey, daire. 2. vizite: **The doctor is making his rounds.** Doktor viziteye çıktı. 3. tur: **The chess player was defeated in the second round.** Satranç oyuncusu ikinci turda yenildi. **She was only elected in the fourth round of voting.** Ancak dördüncü turda seçildi. 4. devriye: **The watchman is making his rounds.** Bekçi devriye geziyor. 5. birkaç sesin belirli aralıklarla birbirini izleyerek söylediği şarkı. 6. **boks** raunt. 7. sıra: **It's your round.** Sıra sende. *f.* 1. yuvarlaklaştırmak; yuvarlaklaşmak. 2. dönmek, etrafını dolaşmak. 3. **off** (sayıyı) yuvarlak yapmak. 4. **off/out** -i tamamlamak. 5. **up** (hayvanları/insanları) toplamak; (suçluları) yakalamak: **The police rounded up all the members of the gang.** Polis çetenin tüm üyelerini yakaladı. 6. toplamak, şişmanlamak. — **number** *mat.* yuvarlak sayı. — **of applause** alkış tufanı. — **table conference** yuvarlak masa toplantısı. — **the clock** gece gündüz. — **trip** gidiş dönüş. **all the year** — tüm yıl boyunca. **go the** — ağızdan ağıza dolaşmak. **Have a** — **of drinks on me.** Herkese benden birer bardak içki.
round.a.bout (raund´ıbaut) *s.* dolambaçlı: **roundabout way** dolambaçlı yol. **in a** — **way** 1. dolambaçlı yoldan. 2. dolaylı yoldan, dolaylı olarak.
round.er (raun´dır) *i., k. dili* sefa pezevengi, sefih.
round.ly (raund´li) *z.* 1. adamakıllı. 2. sakınmadan, dobra dobra. 3. azarlayıcı bir şekilde.
round-the-clock (raund´dhıklak´) *s.* gece gündüz yapılan.
round-trip (raund´trip) *s.* gidiş dönüş (bileti).
round.up (raund´ʌp) *i.* (hayvanları/insanları) toplama; (suçluları) yakalama. **give a** — **of the news** önemli haberleri özet halinde vermek.
rouse (rauz) *f.* 1. uyandırmak; uyanmak. 2. canlandırmak. 3. kışkırtmak.
rous.ing (rauz´îng) *s.* 1. uyandırıcı. 2. heyecan verici. 3. canlı. 4. büyük.
rout (raut) *i.* bozgun, hezimet. *f.* bozguna uğratmak, hezimete uğratmak.
route (rut, raut) *i.* 1. yol. 2. rota. *f.* (belirli bir yolla) göndermek. **en** — (an rut´) yolda. **mail** — postacının güzergâhı.
rou.tine (rutin´) *i.* 1. âdet, usul. 2. iş programı. *s.* alışılmış, her zamanki.
roux (ru), *çoğ.* **roux** (ruz) *i.* unla tereyağını karıştırıp pişirerek yapılan bir karışım.
rove (rov) *f.* avare dolaşmak.
rov.er (ro´vır) *i.* 1. serseri kimse. 2. korsan.
rov.ing (ro´vîng) *s.* gezici, dolaşan.
row (ro) *i.* 1. sıra, saf, dizi. 2. sıra evler. 3. sıra evleri olan sokak. **hard** — **to hoe** zor iş.

row (ro) *f.* kürek çekmek. *i.* sandal gezintisi. — **against the tide** akıntıya karşı kürek çekmek, güçlüklere karşı çabalamak.
row (rau) *i.* gürültülü kavga, çıngar, hırgür. *f.* gürültülü bir şekilde kavga etmek. **kick up a** —/**make a** — kıyameti koparmak, çıngar çıkarmak.
row.boat (ro´bot) *i.* kayık, sandal.
row.dy (rau´di) *i.* külhanbeyi. *s.* 1. gürültülü ve kavgalı. 2. gürültücü ve kavgacı.
row.er (ro´wır) *i.* kürekçi.
row.lock (ra´lık, ro´lak) *i., İng.* kürek ıskarmozu, ıskarmoz.
roy.al (roy´ıl) *s.* krala ait, krala yakışır.
roy.al.ist (roy´ılist) *i.* kralcı.
roy.al.ty (roy´ılti) *i.* 1. kraliyet ailesi bireyleri. 2. imtiyaz ücreti; patent ücreti; telif hakkı ücreti.
r.p.m., rpm *kıs.* **revolutions per minute** dakikada devir.
r.p.s., rps *kıs.* **revolutions per second** saniyede devir.
R.R. *kıs.* **Railroad, the Right Reverend.**
R.S.V.P. *kıs.* **Répondez s'il vous plaît.** Lütfen cevap veriniz.
Rt. Hon. *kıs.* **the Right Honorable.**
Rt. Rev. *kıs.* **the Right Reverend.**
Ru.an.da (rûwan´di) *i., bak.* **Rwanda.**
rub (rʌb) *f.* (—**bed,** —**bing**) 1. ovmak, ovalamak. 2. **against/on** -e sürtünmek. *i.* 1. ovma, ovalama; ovunma. 2. sürtme. 3. sürtünme. 4. *k. dili* problem. — **away** 1. aşındırmak, yemek. 2. aşınmak. — **down** masajı yapmak. — **in** 1. (merhem v.b.'ni) ovarak yedirmek. 2. *k. dili* yüzüne vurmak. — **it in** *k. dili* yüzüne vurmak. — **off/out** 1. silip çıkarmak. 2. sürtünmeyle çıkmak, dökülmek. — **out** *argo* öldürmek. — **shoulders with** bir arada bulunmak. — **someone the wrong way** *k. dili* birini kızdırmak/sinirlendirmek. — **something against** bir şeyi -e sürtmek. — **something on** bir şeyi -e sürmek. — **bing alcohol** tuvalet ispirtosu.
rub.ber (rʌb´ır) *i.* 1. kauçuk, lastik. 2. silgi. 3. şoson, galoş. 4. *İng.* lastik ayakkabı. — **band** lastik bant. — **check** *argo* karşılıksız banka çeki. — **stamp** 1. lastik mühür, ıstampa. 2. şahsiyetsiz kimse. — **tree** kauçuk ağacı, kauçuk.
rub.ber.ize, *İng.* **rub.ber.ise** (rʌb´ırayz) *f.* 1. lastik kaplamak. 2. kumaşı su geçirmez hale koymak.
rub.ber-stamp (rʌbırstämp´) *f., k. dili* düşünmeden onaylamak.
rub.bish (rʌb´îş) *i.* 1. çerçöp, süprüntü, döküntü. 2. saçma, saçmalık. — **bin** *İng.* çöp kutusu.
rub.ble (rʌb´ıl) *i.* 1. moloz. 2. blokaj için kullanılan taşlar, blokaj taşları.
ru.bel.la (rubel´ı) *i., tıb.* kızamıkçık.
Ru.bi.con (ru´bikan) *i.* **cross the** — dönülmeyecek bir karar vermek.

ru.bric (ru´brik) *i.* 1. eski kitaplarda kırmızı harflerle basılan kısım. 2. yasa tasarısı başlığı. 3. bölüm başlığı. 4. bölüm. 5. kırmızı renk.

ru.by (ru´bi) *i.* 1. yakut. 2. yakut rengi. *s.* kırmızı, lal.

ruck (rʌk) *i.* kabarıklık; kırışıklık; buruşukluk. *f.* — **up** kırışmak; buruşmak; kırıştırmak; buruşturmak.

ruck.sack (rʌk´säk, rûk´säk) *i.* sırt çantası.

ruck.us (rʌk´ıs) *i., k. dili* çıngar; arbede.

ruc.tion (rʌk´şın) *i., k. dili* çıngar, gürültülü kavga: **There'll be ructions if that shipment doesn't get here today.** O parti buraya bugün gelmezse çıngar çıkacak.

rudd (rʌd) *i., zool.* kızılkanat.

rud.der (rʌd´ır) *i.* dümen.

rud.dy (rʌd´i) *s.* 1. kırmızı, al. 2. al yanaklı.

rude (rud) *s.* 1. kaba. 2. terbiyesiz, edepsiz. 3. kaba saba. 4. ilkel. 5. sert, şiddetli.

ru.di.men.ta.ry (rudımen´tıri) *s.* 1. temel. 2. gelişmemiş.

ru.di.ments (ru´dımınts) *i.* esaslar, ilkeler, temel bilgiler.

rue (ru) *f.* esef etmek; esefle anmak. — **the day one was born** doğduğuna pişman olmak.

rue (ru) *i., bot.* sedefotu.

rue.ful (ru´fıl) *s.* 1. yalandan hüzünlü. 2. üzücü; hazin; hüzünlü.

ruf.fi.an (rʌf´iyın, rʌf´yın) *i.* kabadayı, külhanbeyi.

ruf.fle (rʌf´ıl) *f.* 1. buruşturmak. 2. kabartmak. 3. karıştırmak. 4. büzmek. 5. rahatını bozmak, rahatsız etmek. *i.* fırfır, farbala. — **someone's feathers** birini kızdırmak.

rug (rʌg) *i.* 1. halı. 2. yaygı (kilim, cicim v.b.). **bearskin** — (yaygı olarak kullanılan) ayı postu. **Oriental** — Şark halısı, Ortadoğu veya Orta Asya'da dokunan halı. **Persian** — İran halısı, Acem halısı. **prayer** — seccade.

rug.by (rʌg´bi) *i., spor* rugbi.

rug.ged (rʌg´id) *s.* 1. engebeli, arızalı. 2. düzensiz. 3. sert, haşin. 4. kaba. 5. sağlıklı, kuvvetli. 6. dayanıklı, sağlam. 7. fırtınalı, sert.

rug.ger (rʌg´ır) *i., spor, k. dili* rugbi.

ru.in (ru´win) *i.* 1. yıkılma; yıkım. 2. iflas, batkı. 3. yıkıntı, harabe, kalıntı, ören. *f.* 1. harap etmek, yıkmak. 2. mahvetmek, perişan etmek. 3. bozmak. 4. iflas ettirmek, batırmak. **be the** — **of someone** birini mahvetmek.

ru.in.ous (ru´winıs) *s.* 1. çok zarar veren, mahvedici, tahrip edici. 2. harap, yıkık; viran. 3. fahiş: **ruinous interest** fahiş faiz.

ru.ins (ru´winz) *i., çoğ.* harabeler, yıkıntılar: **We walked among the ruins of Ephesus.** Efes harabelerini gezdik. **in** — harap, viran, yıkkın.

rule (rul) *f.* 1. yönetmek. 2. -e hükmetmek. 3. egemen olmak, hâkim olmak. 4. cetvelle çizmek. *i.* 1. yönetim, idare; hükümet; saltanat. 2. kural: **Everyone should follow these rules.** Herkes bu kurallara uymalı. 3. âdet, usul: **As a rule he works for one hour before breakfast.** Genellikle kahvaltıdan önce bir saat çalışıyor. **One of my rules is to have breakfast at seven.** Âdetlerimden biri saat yedide kahvaltı etmek. — **of thumb** yaklaşık hesap, göz kararı, pratik iş görme usulü.

rul.er (ru´lır) *i.* 1. hükümdar. 2. cetvel.

rul.ing (ru´ling) *i.* 1. yönetim. 2. yargı, hüküm. 3. iktidar: **ruling party** iktidar partisi.

rum (rʌm) *i.* 1. rom. 2. içki.

Ru.ma.ni.a (rumey´niyı, rumeyn´yı) *i., bak.* **Romania.** —**n** *i., s., bak.* **Romanian.**

rum.ble (rʌm´bıl) *f.* 1. gürlemek, gümbürdemek. 2. gurlamak, guruldamak.

Ru.me.li.a (rumi´liyı, rumil´yı) *i., tar.* Rumeli. —**n** *i.* Rumelili. *s.* 1. Rumeli, Rumeli'ye özgü. 2. Rumelili.

ru.mi.nant (ru´mınınt) *s.* 1. gevişgetiren. 2. düşünceli. *i.* gevişgetiren hayvan.

ru.mi.nate (ru´mıneyt) *f.* 1. geviş getirmek. 2. **over/about/on** üzerinde derin derin düşünmek.

rum.mage (rʌm´ic) *f.* altüst edip aramak. — **out** araştırarak bulmak. — **sale** 1. yardım dernekleri yararına yapılan kullanılmış eşya satışı. 2. elde kalan malların satışı.

ru.mor, *İng.* **ru.mour** (ru´mır) *i.* söylenti; dedikodu. **be** —**ed** söylenilmek, ağızdan ağıza dolaşmak. **It is** —**ed that ..../R**— **has it that ....** Söylentiye göre .... **spread** —**s** dedikodu çıkarmak.

rump (rʌmp) *i.* 1. but. 2. bakiye, geri kalan parça. — **roast** *kasap. but.* — **session** bir toplantının dağılmasından sonra çoğunluğun olmadığı gayriresmi devamı.

rum.ple (rʌm´pıl) *f.* 1. buruşturmak. 2. karmakarışık etmek. *i.* kırışık, buruşukluk.

rum.pus (rʌm´pıs) *i., k. dili* çıngar; arbede. — **room** evde oyun salonu.

run (rʌn) *f.* **(ran, run,** —**ning)** 1. koşmak: **He can run very fast.** Çok hızlı koşabilir. 2. işlemek, çalışmak; işletmek, çalıştırmak: **Who is running this machine?** Bu makineyi kim işletiyor? 3. uzanmak, gitmek: **The road runs from here to İzmir.** Yol buradan İzmir'e kadar uzanıyor. 4. akmak, dökülmek; akıtmak, dökmek: **The river runs into the sea.** Nehir denize dökülüyor. 5. gidip gelmek, işlemek: **This bus runs between Hisarüstü and Taksim.** Bu otobüs Hisarüstü ile Taksim arasında işliyor. 6. (çorap) kaçmak. 7. yarışmak; yarıştırmak: **Are the horses running today?** Bugün atlar yarışıyor mu? 8. yönetmek, idare etmek: **He runs a small engineering firm.**

Küçük bir mühendislik firmasını yönetiyor. 9. (balık) akın etmek. 10. kaçırmak: **run drugs** esrar kaçırmak. 11. adaylığını koymak; aday göstermek: **She will be running in these elections.** Bu seçimlerde adaylığını koyacak. 12. -e yönelmek. 13. (yağ) erimek. 14. (renk) akmak. 15. (makyaj) akmak. 16. (yaradan) irin akmak. 17. *tiy.* (oyun) (belirli bir süre boyunca) oynanmak: **The play only ran for two weeks.** Piyes ancak iki hafta boyunca oynandı. 18. *bilg.* (programı) yürütmek. **— a blockade** ablukayı yarmak. **— a boundary** sınırı geçmek. **— a risk** riske girmek. **— a temperature** ateşi çıkmak. **— about** koşuşturmak, öteye beriye koşmak. **— across** -e rastlamak, -e rast gelmek. **— after** -in peşinden koşmak. **— against** 1. -e çatmak. 2. -e çarpmak. **— aground** karaya oturmak. **— along** *k. dili* gitmek: **I'd better run along.** Artık gitmeliyim. **Run along now!** Haydi, şimdi git! *(Çocuklara söylenir.).* **— away** kaçmak, firar etmek: **Upon seeing me the burglars ran.** Hırsız beni görünce kaçtı. **— away with** 1. -i alıp kaçmak. 2. (âşığı) ile kaçmak. 3. (bir konuda) en çok başarı kazanan biri olmak. **— counter to** -in aksine gitmek. **— down** 1. çarpıp yere düşürmek, çarpmak: **That taxi ran down an old man.** O taksi yaşlı bir adama çarpıp yere düşürdü. 2. (bir tekne) (başka bir tekneye) çarpıp batırmak. 3. yermek, kötülemek. 4. arkasından koşup yakalamak. 5. (saat) (kurgusu bittiği için) durmak. 6. (konuşma) yavaşlayıp dinmek. 7. kuvvetten düşmek. 8. arayıp bulmak. **— dry** kurumak. **— for one's life** kaçıp kurtulmak. **— hard** hızlı koşmak. **— into** 1. -e rast gelmek. 2. -e çarpmak. **— into debt** borca girmek. **— low** azalmak. **— off** 1. kaçmak. 2. *matb.* basmak. 3. (yarışta/oyunda) beraberliği çözmek. 4. **with** -i çalmak, -i aşırmak. 5. **with** (âşığı) ile kaçmak. **— on** 1. devam etmek. 2. devamlı konuşmak. **— on the rocks** 1. (gemi) kayalara oturmak. 2. iflas etmek, batmak. **— out** 1. dışarı koşmak. 2. (süre) bitmek. 3. tükenmek. 4. **of** -den dışarı atmak, -den kovmak. **— out on** (birini) terk etmek. **— over** 1. çarpıp üstünden geçmek; ezmek, çiğnemek: **The truck ran over the turtle.** Kamyon kaplumbağayı ezdi. 2. **to** (bir yere) gidivermek. 3. tekrarlamak. 4. gözden geçirmek. 5. taşmak. **— short of** (malzemesi) tükenmek, kıtlaşmak. **— through** 1. israf etmek. 2. içinden geçirmek. 3. çabucak gözden geçirmek. **— true to form** kendisinden beklenildiği gibi davranmak. **— up** 1. (ödenecek bir faturayı) yüklü bir hale getirmek: **You've run up quite a bill this month.** Bu ayki faturan epey yüklü. 2. artırmak. 3. (bayrak) çekmek. 4. dikivermek. **— upon** -e rastlamak. **They ran out of money.** Parasız kaldılar. **We are —ning out of time.** Fazla zamanımız kalmadı.

run (rʌn) *i.* 1. koşuş, koşma. 2. (çorapta) kaçık. 3. *tic.* talep, istem, rağbet: **There's a run on foreign novels.** Yabancı romanları çok rağbette. 4. gezi, gezinti. 5. yol, rota. 6. akış. 7. *spor* koşu. 8. *sin.* gösterim süresi. 9. balık akını; akın. **a — of luck** şans zinciri. **have the — of** (bir yere) rahatça girip çıkabilmek; (bir yeri) serbestçe kullanabilmek. **have the —s** *k. dili* ishal olmak: **He's got the runs.** İshal olmuş. **in the long —** zamanla, eninde sonunda. **in the short —** kısa vadede. **on the —** 1. kaçmakta. 2. geri çekilmekte. 3. koşarken. **the general — of** -in çoğunluğu, -in büyük kısmı.

run.a.way (rʌnˊıwey) *i., s.* kaçak.
run-down (rʌnˊdaun) *s.* 1. köhne, harap. 2. yorgun, hastalıklı, zayıf.
run.down (rʌnˊdaun) *i.* özet.
rung (rʌng) *f., bak.* **ring.**
rung (rʌng) *i.* 1. portatif merdiven basamağı. 2. iskemlenin basamak değneği. 3. tekerlek parmağı. 4. kademe, basamak.
run-in (rʌnˊîn) *i.* atışma, anlaşmazlık. **have a — with someone** biriyle atışmak.
run.ner (rʌnˊır) *i.* 1. koşucu. 2. yol halısı. 3. ayak işlerini yapan kimse, ayakçı. 4. *bot.* sürüngen sap. 5. *İng., k. dili* çalıfasulyesi. **— bean** *İng.* çalıfasulyesi.
run.ner-up (rʌnˊırʌpˊ) *i., spor* ikinci gelen yarışmacı/takım.
run.ning (rʌnˊîng) *i.* 1. koşuş, koşma. 2. yönetim, idare. 3. *spor* koşu. *s.* 1. koşan. 2. koşuya ait. 3. sarılgan, sürüngen (bitki). 4. sürekli, devamlı, aralıksız. 5. akan, akar: **running water** akar su. 6. kolay geçen. 7. üst üste. 8. art arda. 9. işleyen. 10. bitişik (elyazısı). 11. *tıb.* akıntılı, sızıntılı. 12. düz. 13. cari, geçer. 14. tekrarlanmış. 15. koşarak yapılan. **— account** 1. cari hesap. 2. anında verilen haber. **— light** seyir feneri. **— mate** 1. aynı takımda yarışan at. 2. aynı partiden seçime katılan aday. **be in the —** kazanma şansı olmak. **be out of —** kazanma şansı olmamak.
run-of-the-mill (rʌnˊıvdhımilˊ) *s.* olağan, bayağı, alelade, sıradan.
run-time (rʌnˊtaym) *i., bilg.* yürütme süresi.
run.way (rʌnˊwey) *i.* (havaalanında) pist.
rup.ture (rʌpˊçır) *i.* 1. kopma, kırılma. 2. (ilişkilerde) kopma, kopukluk. *f.* 1. koparmak, kırmak; kopmak, kırılmak. 2. (ilişkiyi) koparmak, bozmak.
ru.ral (rûrˊıl) *s.* 1. kırsal, köye ait. 2. tarımsal.
ruse (ruz, rus) *i.* hile, oyun.
rush (rʌş) *i., bot.* saz, hasırotu.

rush (rʌş) *f.* 1. koşmak, acele etmek; koşturmak, acele ettirmek. 2. saldırmak. 3. hızla akmak. 4. aceleyle yapmak. *i.* 1. koşma, acele etme. 2. hücum, hamle. 3. koşuşturma. 4. üşüşme. — **a bill through** bir kanun tasarısını acele ile meclisten geçirmek. — **hour** (iş gününde) trafiğin en yoğun olduğu zaman. — **order** acele sipariş. — **out of the room** odadan fırlayıp çıkmak. **give someone the bum's** — birini yaka paça etmek/götürmek.
Rus.sia (rʌş´ı) *i.* Rusya. — **turnip** şalgam.
Rus.sian (rʌş´ın) *i., s.* 1. Rus. 2. Rusça. — **roulette** Rus ruleti. — **turnip** şalgam.
rust (rʌst) *i.* 1. pas. 2. pas rengi. *f.* paslanmak; paslandırmak.
rus.tic (rʌs´tik) *s.* 1. köye/kıra özgü. 2. kaba, yontulmamış. 3. rüstik, sade, basit. *i.* basit ve kaba kimse.
rus.tle (rʌs´ıl) *f.* 1. hışırdamak; hışırdatmak. 2. *k. dili* (davar/at) çalmak. *i.* hışırtı.

rus.tler (rʌs´lır) *i., k. dili* davar/at hırsızı.
rust.y (rʌs´ti) *s.* 1. paslı, paslanmış. 2. körelmiş, paslanmış: **My English is rusty.** İngilizcem kullanılmaya kullanılmaya epey zayıfladı.
rut (rʌt) *i.* 1. tekerlek izi. 2. rutin; monoton ve sıkıcı bir yaşam/çalışma tarzı: **You've gotten into a rut.** Hayatın çok monotonlaştı. *f.* (**—ted, —ting**) tekerleklerle iz yapmak.
rut (rʌt) *i.* (hayvan) kızışma, kösnüme. **be in** — (hayvan) kızışmak, kösnümek.
ru.ta.ba.ga (rutıbey´gı) *i.* şalgam.
ruth.less (ruth´lis) *s.* merhametsiz, acımasız, insafsız.
ruth.less.ly (ruth´lisli) *z.* insafsızca.
ruth.less.ness (ruth´lisnis) *i.* insafsızlık.
Rwan.da (rûwan´dı) *i.* Ruanda. **—n** *i.* Ruandalı. *s.* 1. Ruanda, Ruanda'ya özgü. 2. Ruandalı.
rye (ray) *i.* çavdar. — **bread** çavdar ekmeği. — **whisky** çavdar viskisi.
rye.grass (ray´gräs) *i., bot.* 1. delice. 2. karaçayır.

S

S, s (es) *i.* S, İngiliz alfabesinin on dokuzuncu harfi.
S. *kıs.* Saint, School, Sea, September, Society, South, Southern.
s. *kıs.* second, section, see, series, solo, son, south, southern, substantive.
Sab.bath (säb´ıth) *i.* the — 1. *Musevilik* çalışılmaması gereken gün, cumartesi günü. 2. *Hırist.* çalışılmaması gereken gün; (çoğu Hıristiyan için) pazar günü; (bazı Hıristiyanlar için) cumartesi günü.
sab.bat.i.cal (sıbät´îkıl) *i.* üniversitedeki öğretim üyesine tanınan uzun ve maaşlı izin.
sa.ber, *İng.* **sa.bre** (sey´bır) *i.* süvari kılıcı. — **rattling** savaş tehdidi.
sa.ble (sey´bıl) *i.* 1. samur. 2. samur kürk. 3. siyah. *s.* siyah.
sa.bot (säb´o) *i.* sabo.
sab.o.tage (säb´ıtaj) *i.* sabotaj, baltalama. *f.* sabotaj yapmak, sabote etmek, baltalamak.
sab.o.teur (säbıtır´) *i.* sabotajcı.
sa.bre (sey´bır) *i., İng., bak.* **saber**.
sac.cha.rin (säk´ırin) *i.* sakarin.
sac.cule (säk´yul) *i., anat.* kesecik.
sa.chet (säşey´) *i.* saşe, (çamaşırların arasına konulan) içi hoş kokulu kuru bitki v.b. ile dolu bez kese.
sack (säk) *i.* torba, çuval. *f.* 1. çuvala koymak. 2. *k. dili* kovmak, işten atmak, sepetlemek. **be left holding the** — *k. dili* 1. kabak başına patlamak. 2. avucunu yalamak. **get the** — *k. dili* işten kovulmak, sepetlenmek. **give someone the** — *k. dili* birini işten atmak, birini sepetlemek. **hit the —/— out** *k. dili* yatmak.
sack (säk) *f.* 1. yağmalamak. 2. soyup soğana çevirmek. *i.* yağma.
sack.ing (säk´îng) *i.* çuval bezi, çul.
sac.ra.ment (säk´rımınt) *i., Hırist.* Hz. İsa'dan kaynaklanan ve papaz aracılığıyla yapılan kutsal bir işlem. **the Blessed S—/the S—** (komünyonda kullanılan) kutsanmış ekmek.
sa.cred (sey´krid) *s.* 1. kutsal. 2. dinsel, dini. — **ibis** *zool.* mısırturnası.
sac.ri.fice (säk´rıfays) *i.* 1. kurban. 2. fedakârlık, özveri. 3. feda etme, kurban etme. *f.* 1. kurban etmek, kurban olarak kesmek: **sacrifice a sheep** koyun kurban etmek. 2. feda etmek: **sacrifice one's fortune** servetini feda etmek. — **sale** zararına satış.
sac.ri.lege (säk´rılic) *i.* kutsal bir şeye karşı saygısızlık.
sac.ri.le.gious (säkrılic´ıs) *s.* kutsal bir şeye karşı saygısız.
sac.ro.sanct (säk´rosängkt) *s.* 1. çok kutsal. 2. dokunulmaz.
sad (säd) *s.* 1. kederli, üzgün: **sad person** kederli kimse. 2. üzücü, acıklı: **sad news** üzücü haber. 3. çok kötü: **a sad state of affairs** çok kötü bir durum. 4. donuk (renk).
sad.den (säd´ın) *f.* kederlendirmek, üzmek; kederlenmek, üzülmek.
sad.dle (säd´ıl) *i.* 1. eyer. 2. semer. 3. (bisiklette) sele. *f.* eyerlemek. — **someone with a task** birine zor bir iş yüklemek.
sad.dler (säd´lır) *i.* saraç.
sad.ism (sey´dizım, säd´îzım) *i.* sadizm.
sad.ist (sey´dîst, säd´îst) *i.* sadist.
sa.dis.tic (sıdîs´tîk) *s.* sadist.
sa.dis.ti.cal.ly (sıdîs´tîkıli) *z.* sadistçe.
sad.o.mas.o.chism (sädomäz´ıkizım) *i.* sadomazoşizm.
sad.o.mas.o.chist (sädomäz´ıkîst) *i., s.* sadomazoşist.
sa.fa.ri (sıfa´ri) *i.* safari.
safe (seyf) *s.* emin, emniyetli, güvenli, sağlam; güvenilir; tehlikesiz: **in safe hands** emin ellerde. **a safe neighborhood** emniyetli bir mahalle. **a safe building** sağlam bir bina. **a safe politician** güvenilir bir politikacı. *i.* kasa. — **and sound** sağ salim, sapasağlam. **a** — **bet** elde bir. **be on the** — **side** ihtiyatlı davranmak. **The burglar has gone; we're** — **now.** Hırsız gitti; artık kurtulduk.
safe-con.duct (seyf´kan´dʌkt) *i., ask.* yasak bölge izin belgesi.
safe-de.pos.it (seyf´dîpazît) *s.* — **box** (bankadaki) kiralık kasa.
safe.guard (seyf´gard) *i.* 1. koruma. 2. **against** -e karşı koruyucu şey. *f.* **against** -e karşı korumak.
safe.keep.ing (seyf´ki´pîng) *i.* saklama, koruma.
safe.ty (seyf´ti) *i.* güvenlik, emniyet. — **belt** emniyet kemeri. — **lamp** madenci emniyet lambası. — **lock** emniyet kilidi. — **pin** çengelliiğne. — **razor** tıraş makinesi. — **valve** emniyet valfi, emniyet supabı.
safe.ty-de.pos.it (seyf´ti.dîpazît) *s., bak.* **safe-deposit**.
saf.flow.er (säf´lauwır) *i.* yalancısafran, aspur, papağanyemi.
saf.fron (säf´rın) *i.* safran.
sag (säg) *f.* (—ged, —ging) 1. eğilmek, bükülmek, çökmek, bel vermek; sarkmak. 2. (kıymet/fiyat) yavaş yavaş düşmek.

sa.ga (sa´gı) *i.* destan.
sa.ga.cious (sıgey´şıs) *s.* ferasetli; zeki.
sa.gac.i.ty (sıgäs´ıti) *i.* feraset, zekâvet, zekâ.
sage (seyc) *i.* adaçayı.
sage (seyc) *s.* bilge; ferasetli; bilgece. *i.* bilge.
Sag.it.ta.ri.us (säcıter´iyıs) *i., astrol.* Yay burcu.
sa.go (sey´go) *i.* sagu, hintirmiği. — **palm** *bot.* sikas, sagu palmiyesi.
Sa.ha.ra (sıhä´rı) *i.* the — Sahra. **—n** *s.* Sahra, Sahra'ya özgü.
said (sed) *f., bak.* say.
sail (seyl) *i.* 1. yelken. 2. yelkenli. 3. deniz yolculuğu. *f.* 1. gemi ile yola çıkmak. 2. gemi ile gitmek. 3. (gemi) kullanmak. 4. havada uçurmak. 5. süzülmek. — **into** *k. dili* 1. -e büyük bir şevkle girişmek. 2. -i fena halde azarlamak, -i haşlamak. — **under false colors** olduğundan başka türlü görünmek. **make —** sefere çıkmak. **set —** yelken açmak. **strike —** yelkenleri mayna etmek. **under —** yelkenleri fora edilmiş olarak, seyir halinde.
sail.boat (seyl´bot) *i.* yelkenli tekne, yelkenli.
sail.cloth (seyl´klôth) *i.* yelken bezi.
sail.er (sey´lır) *i.* yelkenli gemi; yelkenli.
sail.ing (sey´ling) *i.* 1. yelkencilik. 2. gemi ile yolculuk. 3. gemicilik. 4. *den.* kalkış saati. — **boat** yelkenli tekne, yelkenli. — **orders** sefer talimatı.
sail.or (sey´lır) *i.* gemici. **a bad —** deniz tutan kimse.
saint (seynt) *s.* aziz. *i.* aziz, evliya, eren. *f.* azizler mertebesine çıkarmak.
Saint-John's-wort (seynt.canz´wırt) *i., bot.* binbirdelikotu, kılıçotu.
saint.ly (seynt´li) *s.* 1. aziz gibi. 2. azizlere yakışır. 3. kutsal.
sake (seyk) *i.* hatır, uğur: **for my sake** hatırım için. **for the sake of peace** barış uğruna. **for heaven's —** Allah aşkına. **for the — of argument** varsayalım ki, farz edelim ki. **for the — of clarity** anlaşılsın diye.
sal.a.bil.i.ty (seylıbîl´ıti) *i.* satılabilme, satılma şansı.
sal.a.ble (sey´lıbıl) *s.* satılabilir.
sal.a.ble.ness (sey´lıbılnîs) *i., bak.* **salability.**
sa.la.cious (sıley´şıs) *s.* 1. şehvetli. 2. müstehcen.
sal.ad (säl´ıd) *i.* salata. — **days** gençlik/acemilik günleri. — **dressing** salata sosu.
sal.a.man.der (säl´ımändır) *i., zool.* semender.
sa.la.mi (sıla´mi) *i.* salam.
sal.an.gane (säl´ıngän) *i., zool.* salangan.
sal.a.ried (säl´ırid) *s.* maaşlı, aylıklı, ücretli.
sal.a.ry (säl´ıri) *i.* maaş, aylık, ücret. *f.* maaş vermek, ücret ödemek, aylık bağlamak.
sale (seyl) *i.* 1. satış. 2. indirimli satış, ucuzluk, tenzilatlı satış. **—s clerk** tezgâhtar, satış elemanı. **for/on —** satılık. **put up for —** satılığa çıkarmak.
sale.a.ble (sey´lıbıl) *s., bak.* **salable.**

sales.man (seylz´mın), *çoğ.* **sales.men** (seylz´min) *i.* satıcı, satış elemanı; tezgâhtar.
sales.man.ship (seylz´mınşip) *i.* satıcılık.
sales.room (seylz´rum) *i.* satış yeri.
sales.wom.an (seylz´wûmın), *çoğ.* **sales.wom.en** (seylz´wimin) *i.* satıcı kadın; kadın tezgâhtar.
sa.li.ent (sey´liyınt) *s.* 1. göze çarpan, dikkati çeken. 2. çıkıntılı.
sa.line (sey´lin, sey´layn) *s.* 1. tuzlu. 2. tuz gibi.
sa.lin.i.ty (sılîn´ıti) *i.* tuzluluk.
sa.li.va (sılay´vı) *i.* salya, tükürük.
sal.i.vate (säl´ıveyt) *f.* 1. salya akıtmak. 2. ağzı sulanmak.
sal.low (säl´o) *s.* benzi sararmış, soluk yüzlü; soluk, solgun (beniz).
sal.ly (säl´i) *i.* 1. kuşatma sırasında askerin hücuma geçmesi. 2. ani hareket/hamle. 3. gezinti. 4. espri, nükteli söz. *f.* **forth/out** 1. dışarı fırlamak. 2. hücuma geçmek. 3. geziye çıkmak.
salm.on (säm´ın) *i.* sombalığı, som, somon. — **trout** Dağalası.
sa.lon (sılan´) *i.* salon, dükkân: **beauty salon** kuaför salonu.
sa.loon (sılun´) *i.* 1. bar, meyhane. 2. *İng.* (körüksüz) binek arabası. 3. *İng.* salon, dükkân: **billiards saloon** bilardo salonu. 4. (yolcu gemisinde) salon.
sa.loon.keep.er (sılun´kipır) *i.* meyhaneci.
salt (sôlt) *i.* 1. tuz. 2. lezzet, tat. *s.* 1. tuzlu. 2. tuzlama, tuzlanmış: **salt fish** tuzlu balık, tuzlama balık. **salt beef** tuzlanmış sığır eti. — **away/down** 1. -i tuzlamak, -i tuza yatırmak. 2. (para) biriktirmek, istif etmek. — **flat** (deniz/göl kenarındaki) tuzla. — **lake** tuzlu göl, tuz gölü. — **mine** (kayatuzu çıkarılan) tuzla. — **pan** tuzla tavası. **Epsom —s** İngiliz tuzu. **not worth his —** masrafını karşılamaz, beş para etmez. **old —** *k. dili* deniz kurdu. **table —** sofra tuzu. **with a grain of —** ihtiyat kaydıyla.
salt.cel.lar (sôlt´selır) *i.* (kapağı deliksiz) tuzluk.
salt.pe.ter, salt.pe.tre (sôltpi´tır) *i.* güherçile.
salt.shak.er (sôlt´şeykır) *i.* (kapağı delikli) tuzluk.
salt.wa.ter (sôlt´wôtır) *s.* tuzlu suya özgü; tuzlu suda yaşayan.
salt.works (sôlt´wırks) *i.* tuzla.
salt.y (sôl´ti) *s.* tuzlu.
sa.lu.bri.ous (sılu´briyıs) *s.* sağlığa yararlı.
sal.u.tar.y (säl´yıteri) *s.* 1. sağlığa yararlı. 2. yararlı, hayırlı.
sal.u.ta.tion (sälyıtey´şın) *i.* 1. selamlama. 2. selam.
sa.lute (sılut´) *f.* selam vermek, selamlamak. *i.* 1. selamlama. 2. selam. **fire a —** top atışıyla selamlamak.
sal.vage (säl´vîc) *i.* kurtarılan mal. *f.* (eşya) kurtarmak.
sal.va.tion (sälvey´şın) *i.* 1. kurtuluş. 2. kurtarıl-

ma; kurtarma.
salve (säv, sav) *i.* 1. merhem. 2. övme. *f.* 1. merhem sürmek. 2. acısını dindirmek, acısına merhem olmak. — **one's conscience** vicdanını rahatlatmak.
sal.vo (säl'vo) *i.* (*çoğ.* —**s/**—**es**) 1. yaylım ateşi; salvo, topçu bombardımanı. 2. selam topu. 3. alkış tufanı.
same (seym) *s.* 1. aynı, tıpkı: **the same thing** aynı şey. **John speaks in the same way as his father.** John tıpkı babası gibi konuşuyor. 2. eşit: **Both amounts are the same.** Her iki miktar eşit. **S— here.** Ben de.: **"I want a cup of coffee." "Same here."** "Bir kahve istiyorum." "Ben de." **all the — bununla birlikte. It comes to the — thing.** Aynı kapıya çıkar. **just the —** 1. gene de, yine de: **She described the apartment's condition, but just the same I would like to see it for myself.** Dairenin durumu hakkında bilgi verdi ama yine de kendim görmek istiyorum. **Thanks just the same.** Gene de teşekkür ederim. 2. tıpkı eskisi gibi: **"Has the town changed?" "No, it looks just the same."** "Kasaba değişti mi?" "Hayır, tıpkı eskisi gibi gözüküyor." **much the —** hemen hemen aynı.
Sam Hill (säm hil´) **the —** *k. dili* Allah aşkına: **What in the Sam Hill do you think you're doing?** Sen ne yaptığını zannediyorsun Allah aşkına? **Just who the Sam Hill do you think you are?** Kendini ne zannediyorsun Allah aşkına?
Sa.mi.an (sey'miyın) *i.* Sisamlı. *s.* 1. Sisam, Sisam'a özgü. 2. Sisamlı.
Sa.mo.a (sımo'wı) *i.* Samoa. **the — Islands** Samoa Adaları.
Sa.mo.an (sımo'wın) *i.* 1. Samoalı. 2. Samoaca. *s.* 1. Samoa, Samoa'ya özgü. 2. Samoaca. 3. Samoalı.
Sa.mos (sey'mıs, sä'mıs, sa'môs) *i.* Sisam.
Sam.o.thrace (säm'ıthreys, säm'othreys) *i.* Semadirek, Semendirek.
Sam.o.thra.cian (sämıthrey'şın, sämıthrey'şiyın) *i.* Semadirekli. *s.* 1. Semadirek, Semadirek'e özgü. 2. Semadirekli.
sam.ple (säm'pıl) *i.* örnek, numune; model; mostra; eşantiyon. *f.* örnek olarak denemek.
san.a.to.ri.um (sänıtôr'iyım), *çoğ.* —**s** (sänıtôr'iyımz)/**san.a.to.ri.a** (sänıtôr'iyı) *i.* sanatoryum.
sanc.ti.fy (sängk'tıfay) *f.* 1. kutsallaştırmak. 2. kutsamak.
sanc.ti.mo.ni.ous (sängktımo'niyıs) *s.* dindarlık taslayan, sahte sofu.
sanc.ti.mo.ni.ous.ly (sängktımo'niyısli) *z.* dindarlık taslayarak.
sanc.tion (sängk'şın) *i.* 1. onay, tasdik. 2. hukuku ihlal nedeniyle verilen ceza. 3. yaptı-

rım, müeyyide. *f.* onaylamak, tasdik etmek.
sanc.ti.ty (sängk'tıti) *i.* kutsallık.
sanc.tu.ar.y (sängk'çuweri) *i.* 1. tapınak, mabet. 2. kutsal yer. 3. sığınak. **right of —** sığınma hakkı, iltica hakkı. **take —** sığınmak, iltica etmek. **wild life —** yabanıl hayvanların korunduğu alan.
sand (sänd) *i.* 1. kum. 2. *çoğ.* kumluk, kumsal. *3. çoğ.* ömrün dakikaları. — **dune** kumul.
san.dal (sän'dıl) *i.* sandal, sandalet.
san.dal.wood (sän'dılwûd) *i.* 1. sandalağacının odunu/kerestesi. 2. sandalağacı, sandal.
sand.bag (sänd'bäg) *i.* kum torbası.
sand.bar (sänd'bar) *i.* kıyı dili, sahil kordonu.
sand.blast (sänd'bläst) *f.* kum püskürterek temizlemek.
sand.man (sänd'män), *çoğ.* **sand.men** (sänd'men) *i.* çocukların gözlerine kum serperek uykularını getirdiği varsayılan peri.
sand.pa.per (sänd'peypır) *i.* zımpara kâğıdı. *f.* (zımpara kâğıdı ile) zımparalamak.
sand.stone (sänd'ston) *i.* kumtaşı.
sand.storm (sänd'stôrm) *i.* kum fırtınası.
sand.wich (sänd'wiç) *i.* sandviç. *f.* (**between**) (iki şeyin) arasına sıkıştırmak.
sand.y (sän'di) *s.* 1. kumlu. 2. saman sarısı (saç).
sane (seyn) *s.* 1. aklı başında. 2. mantıklı.
sang (säng) *f., bak.* **sing**.
san.gui.nar.y (säng'gwıneri) *s.* 1. kanlı. 2. kana susamış, kan dökücü.
san.guine (säng'gwin) *s.* 1. umutlu; iyimser. 2. neşeli. 3. kan gibi kırmızı, kan renginde (beniz).
san.i.tar.i.um (sänıter'iyım), *çoğ.* —**s** (sänıter'iyımz)/**san.i.tar.i.a** (sänıter'iyı) *i., bak.* **sanatorium**.
san.i.tar.y (sän'ıteri) *s.* 1. sağlıkla ilgili. 2. sağlıklı, temiz. — **napkin** hijyenik kadın bağı.
san.i.ta.tion (sänıtey'şın) *i.* 1. sağlığa uygun bir duruma getirme. 2. sağlık önlemleri. — **system** sıhhi tesisat.
san.i.ty (sän'ıti) *i.* aklı başında olma.
sank (sängk) *f., bak.* **sink**.
San Mar.i.nese (sän märıniz´) 1. *çoğ.* **San Mar.i.nese** (sän märıniz´)/**San Mar.i.ne.si** (sän märıney'zi) San Marinolu. 2. San Marino, San Marino'ya özgü.
San Ma.ri.no (sän mıri'no) San Marino.
San.skrit (sän'skrit) *i., s.* Sanskrit.
San.ta (sän'tı) *i., k. dili* Noel Baba.
San.ta Claus (sän'tı klôz) Noel Baba.
sap (säp) *i.* 1. özsu, usare. 2. canlılık, enerji, dirilik. 3. *argo* aptal, avanak. *f.* (—**ped**, —**ping**) azaltmak: **sap one's strength** takatını kesmek, kuvvetini azaltmak.
sap (säp) *f.* (—**ped**, —**ping**) *ask.* temelini kazıp yıkmak; altına sıçanyolu kazarak ilerlemek.

sap.ling (säp'ling) *i.* 1. fidan. 2. delikanlı, genç çocuk.
sa.pon.i.fi.ca.tion (sıpanıfikey'şın) *i.* sabunlaşma.
sa.pon.i.fy (sıpan'ıfay) *f.* sabunlaşmak; sabunlaştırmak.
sap.per (säp'ır) *i., İng., ask.* istihkâmcı.
sap.phire (säf'ayr) *i.* gökyakut, safir.
sap.py (säp'i) *s.* 1. özlü. 2. canlı. 3. *argo* ahmak, budala. 4. toy, acemi.
sap.ro.phyte (säp'rıfayt) *i.* çürükçül, saprofit.
sap.ro.phyt.ic (säprıfît'ik) *s.* çürükçül, saprofit.
Sa.ra.wak (sıra'wak) *i.* Saravak.
Sa.ra.wa.kese (sıra'wakiz) *i. (çoğ.* **Sa.ra.wa.kese**) Saravaklı. *s.* 1. Saravak'a özgü. 2. Saravaklı.
sar.casm (sar'käzım) *i.* istihza.
sar.cas.tic (sarkäs'tik), **sar.cas.ti.cal** (sarkäs'tikıl) *s.* iğneleyici, alaylı, müstehzi.
sar.cas.ti.cal.ly (sarkäs'tikıli) *z.* alay ederek.
sar.co.lem.ma (sarkılem'ı) *i., anat.* kas zarı.
sar.co.ma (sarko'mı), *çoğ.* **—s** (sarko'mız)/**—ta** (sarko'mıtı) *i., tıb.* sarkom.
sar.coph.a.gus (sarkaf'ıgıs), *çoğ.* **sar.coph.a.gi** (sarkaf'ıgi)/**—es** (sarkaf'ıgısız) *i.* lahit.
sar.dine (sardin') *i.* sardalye, ateşbalığı. **packed like —s** sardalye gibi istif edilmiş.
Sar.din.i.a (sardin'iyı, sardin'yı) *i.* Sardinya. **—n** *i.* 1. Sardinyalı. 2. Sardinyaca. *s.* 1. Sardinya, Sardinya'ya özgü. 2. Sardinyaca. 3. Sardinyalı.
sar.don.ic (sardan'ik) *s.* küçümseyen, küçümseyici, alaylı, alaycı.
sar.sa.pa.ril.la (sarsıpıril'ı) *i., bot.* saparna.
sash (säş) *i.* kuşak.
sash (säş) *i.* pencere çerçevesi. *f.* pencere çerçevesi takmak. **— window** sürme pencere.
sass (säs) *i., k. dili* küstahlık.
sas.sy (säs'i) *s.* arsız, küstah, haddini bilmez.
sat (sät) *f., bak.* **sit**.
Sa.tan (sey'tın) *i.* Şeytan.
satch.el (säç'ıl) *i.* okul çantası.
sate (seyt) *f.* doyurmak.
sa.teen (sätin') *i.* saten taklidi pamuklu kumaş.
sat.el.lite (sät'ılayt) *i.* uydu.
sa.ti.ate (sey'şiyeyt) *f.* doyurmak.
sa.ti.a.tion (seyşiyey'şın) *i.* doyma; doyum, doygunluk.
sa.ti.e.ty (sıtay'ıti, sey'şıti) *i.* doyma, doygunluk.
sat.in (sät'ın) *i.* saten, atlas.
sat.ire (sät'ayr) *i.* hiciv, taşlama, yergi, yerme.
sa.tir.ic (sıtir'ik), **sa.tir.i.cal** (sıtir'ikıl) *s.* hicivli, hicivsel.
sat.i.rize, *İng.* **sat.i.rise** (sät'ırayz) *f.* hicvetmek, yermek, taşlamak.
sat.is.fac.tion (sätisfäk'şın) *i.* 1. hoşnutluk, memnuniyet. 2. tatmin, doyum. 3. doygunluk.
sat.is.fac.to.ry (sätisfäk'tırı) *s.* 1. hoşnut edici, memnun edici. 2. tatmin edici, doyurucu, yeterli.

sat.is.fy (sät'isfay) *f.* 1. hoşnut etmek, memnun etmek: **Nothing satisfies him; he is always complaining.** Hiçbir şeyden hoşnut değil; hep şikâyet ediyor. **He is not satisfied with the quality of the goods which we sold to him.** Kendisine sattığımız malların kalitesinden memnun değil. 2. tatmin etmek, doyurmak. 3. gidermek: **That bread did not satisfy my hunger.** O ekmek açlığımı gidermedi. 4. inandırmak, ikna etmek: **He has satisfied me that he can do the job.** İşi yapabileceğine ikna oldum. **be satisfied with** -den hoşnut olmak.
sat.u.rate (säç'ıreyt) *f.* doyurmak.
sat.u.rat.ed (säç'ıreytıd) *s.* doymuş, doygun.
sat.u.ra.tion (säçırey'şın) *i.* doyma, doygunluk.
Sat.ur.day (sät'ırdi, sät'ırdey) *i.* cumartesi.
Sat.urn (sät'ırn) *i., gökb.* Satürn, Zühal.
sat.ur.nine (sät'ırnayn) *s.* asık suratlı, somurtkan.
sauce (sôs) *i.* 1. salça, sos, terbiye. 2. tat, lezzet. 3. *k. dili* terbiyesizce söylenmiş söz; küstahlık. *f.* 1. salça ilave etmek, sos koymak. 2. *k. dili* terbiyesizlik etmek, küstahlık etmek. **What's — for the goose is — for the gander.** Birine yakışan diğerine de yakışır.
sauce.boat (sôs'bot) *i.* salçalık, sos kabı.
sauce.pan (sôs'pän) *i.* uzun saplı tencere.
sau.cer (sô'sır) *i.* çay tabağı, fincan tabağı.
sau.cy (sô'si) *s.* arsız, sulu, sırnaşık; küstah.
Sa.u.di (sawu'di) *i., s.* Suudi. **— Arabia** Suudi Arabistan. **— Arabian** 1. Suudi Arabistanlı, Suudi. 2. Suudi Arabistan, Suudi, Suudi Arabistan'a özgü.
saun.ter (sôn'tır) *f.* aylak aylak dolaşmak, avare avare dolaşmak. *i.* aylak aylak dolaşma.
sau.sage (sô'sic) *i.* sosis; sucuk.
sav.age (säv'ic) *s.* 1. vahşi, yabanıl, yabani. 2. acımasız, zalim. *i.* 1. vahşi adam. 2. zalim ve canavar ruhlu kimse. *f.* (hayvan) vahşice ısırmak/tepelemek/parçalamak.
sav.age.ry (säv'icri), **sav.age.ness** (säv'icnis) *i.* vahşilik, yabanıllık, yabanilik, vahşet.
save (seyv) *f.* 1. kurtarmak: **save someone's life** birinin hayatını kurtarmak. 2. korumak: **He fought to save his homeland.** Anavatanını korumak için savaştı. 3. saklamak, ayırmak: **I am saving these books for my children.** Bu kitapları çocuklarına saklıyorum. 4. biriktirmek: **She is saving money for her vacation.** Tatili için para biriktiriyor. 5. **on** -i idareli kullanmak, -den tasarruf etmek: **We are trying to save on electricity.** Elektrikten tasarruf etmeye çalışıyoruz. 6. *bilg.* kaydetmek. **— face** görünüşü kurtarmak. **He walks home to — carfare.** Yol parası harcamamak için eve yürür. **Turn on the lights to — your eyes.** Gözlerinizi yormamak için ışığı açın.
save (seyv) *edat, bağ.* -den başka, ... dışında, ... hariç. **— for** ... hariç. **— that** ancak, yalnız.

sav.ing (sey'ving) *edat, bağ.* -den başka, ... dışında, ... hariç. — **your presence** hâşâ huzurdan, sözüm yabana, sözüm meclisten dışarı.
sav.ings (sey'vingz) *i.* biriktirilmiş para; tasarruflar. — **account** tasarruf hesabı. — **bank** tasarruf bankası; tasarruf sandığı.
sav.ior, *İng.* **sav.iour** (seyv'yır) *i.* kurtarıcı.
sa.vor, *İng.* **sa.vour** (sey'vır) *i.* 1. tat, lezzet, çeşni. 2. zevk, tat. *f.* 1. **of** tadı olmak, lezzeti olmak. 2. çeşni vermek; lezzet vermek. 3. kokusu olmak. 4. zevk almak, tadına varmak.
sa.vor.i.ness, *İng.* **sa.vour.i.ness** (sey'vırinis) *i.* lezzetlilik.
sa.vor.y, *İng.* **sa.vour.y** (sey'vırı) *s.* 1. lezzetli. 2. hoş kokulu. *i.* 1. ballıbabagillerden, yaprakları bahar olarak kullanılan) sater, zater. 2. *İng.* yemeğin başında/sonunda yenen bir yemek.
sa.vour (sey'vır) *i., f., İng., bak.* **savor.**
sa.vour.i.ness (sey'vırinis) *i., İng., bak.* **savoriness.**
sa.vour.y (sey'vırı) *s., i., İng., bak.* **savory.**
saw (sô) *i.* testere, bıçkı. *f.* **(—ed, —ed/—n)** testere ile kesmek. **circular —** yuvarlak testere.
saw (sô) *i.* atasözü, darbımesel.
saw (sô) *f., bak.* **see.**
saw.dust (sô'dʌst) *i.* bıçkı tozu, testere talaşı.
saw.fish (sô'fiş) *i.* testerebalığı.
saw.mill (sô'mil) *i.* bıçkıhane, bıçkıevi.
sax (säks) *i., k. dili* saksofon.
sax.o.phone (säk'sıfon) *i.* saksofon.
sax.o.phon.ist (säk'sıfonist) *i.* saksofoncu.
say (sey) *f.* **(said)** demek, söylemek. *i.* 1. denilen şey, söz. 2. söz sırası. **S—!** ünlem, *k. dili* Hey, bana bak! **— one's —** söyleyeceğini söylemek. **S— uncle!** Teslim ol! **have some — in** -de söz sahibi olmak. **He had, —, a thousand dollars.** Diyelim ki bin doları vardı. **I dare —** belki, diyebilirim ki. **I —!** *İng., k. dili* 1. Fevkalade!/Harika! 2. Hayret! **I — ....** *İng., k. dili* Dinle ...!/Bak ...!/Baksana ...! **It —s here that ....** Burada (gazete, kitap v.b.'nde) diyor ki .... **Let him have his —.** Bırak, diyeceğini desin. **not to — hem de .... that is to —** yani, demek ki. **to — nothing of ...** de caba. **What do you have to — for yourself?** Şimdi kendini savun bakalım! **You don't —!** *k. dili* Yok canım!
say.ing (sey'ing) *i.* 1. söz, laf. 2. atasözü; özdeyiş.
say-so (sey'so) *i., k. dili* 1. keyfi karar, dayanaksız hüküm. 2. karar verme hakkı.
sc. *kıs.* **scale, scene, science, scientific.**
scab (skäb) *i.* 1. yara kabuğu. 2. *k. dili* greve katılmayan veya grevcilerin yerine çalışan işçi. *f.* **(—bed, —bing)** 1. (yara) kabuk bağlamak. 2. *k. dili* grevcilerin yerine çalışmak.
scab.bard (skäb'ırd) *i.* kılıç kını.
scads (skädz) *i., çoğ., k. dili* büyük miktar.
scaf.fold (skäf'ıld) *i.* 1. yapı iskelesi. 2. darağacı. *f.* yapı iskelesi kurmak.
scaf.fold.ing (skäf'ılding) *i.* 1. yapı iskelesi kurmak için kullanılan kereste. 2. yapı iskelesi.
scald (skôld) *f.* 1. haşlamak, kaynar su veya buhardan geçirmek. 2. (kaynar sıvı veya buhar ile) yakmak, haşlamak. *i.* (kaynar sıvı veya buhardan ileri gelen) yanık, yara.
scale (skeyl) *i.* (balık, sürüngen v.b.'nde) pul. *f.* pullarını ayıklamak.
scale (skeyl) *i.* 1. terazi gözü, kefe. 2. *çoğ.* terazi. *f.* tartmak. **a pair of —s** terazi. **Both your lives are in the —s.** Her ikinizin de hayatı tartışılıyor. **The boxer —d in at 87 kilos.** Boksör 87 kilo geldi. **turn the —s** sonuca bağlamak, durumu değiştirmek.
scale (skeyl) *i.* 1. derece. 2. ölçek, ölçü. 3. dereceli cetvel. 4. *müz.* gam. *f.* 1. tırmanmak: **scale a wall** duvara tırmanmak. 2. (bir ölçeğe göre) ayarlamak: **Their wages were scaled according to their productivity.** Maaşları randımanlarına göre ayarlandı. 3. *bilg.* ölçeklendirmek. **— down** küçültmek; indirmek. **— up** büyütmek; yükseltmek. **decimal —** ondalık hesap cetveli. **major —** *müz.* majör gam. **minor —** *müz.* minör gam. **on a vast —** geniş ölçüde.
scal.lion (skäl'yın) *i.* 1. yeşil soğan, taze soğan. 2. yabanisarımsak, yabanisarımsak. 3. pırasa.
scal.lop (skäl'ıp) *i., zool.* tarak, deniztarağı. *f.* 1. tarak kabuğu şeklinde kesmek/süslemek. 2. üstüne ekmek kırıntıları serpip sos içinde pişirmek.
scalp (skälp) *i.* 1. kafa derisi. 2. zafer simgesi. *f.* 1. kafa derisini yüzmek. 2. *k. dili* karaborsadan (bilet) satmak. 3. *k. dili* (kâr amacı ile) (hisse senedi v.b.'ni) alıp satmak. 4. *k. dili* bozguna uğratmak.
scal.pel (skäl'pıl) *i., tıb.* neşter, bisturi.
scal.y (skey'li) *s.* pul pul, pullarla kaplı, pullu.
scam.mo.ny (skäm'ıni) *i., bot.* mahmude.
scamp (skämp) *i.* haylaz, yaramaz.
scamp (skämp) *f.* baştan savma yapmak.
scam.per (skäm'pır) *f.* 1. **about/around** koşuşturmak. 2. koşmak, kaçmak. *i.* acele kaçış.
scan (skän) *f.* **(—ned, —ning)** 1. inceden inceye gözden geçirmek. 2. üstünkörü gözden geçirmek. 3. vezne göre okumak. 4. vezin kurallarına uymak. 5. *bilg.* taramak.
scan.dal (skän'dıl) *i.* 1. skandal, rezalet. 2. iftira, dedikodu. 3. rezil, kepaze, yüzkarası.
scan.dal.ize, *İng.* **scan.dal.ise** (skän'dılayz) *f.* rezalet çıkararak (birini) utandırmak.
scan.dal.mon.ger (skän'dılmang.gır) *i.* dedikoducu kimse.
scan.dal.ous (skän'dılıs) *s.* rezil, kepaze, lekeleyici, utandırıcı, çok ayıp.
Scan.di.na.vi.a (skändıney'viyı, skändıneyv'yı) *i.* İskandinavya. **—n** *i.* İskandinavyalı, İskandinav. *s.* 1. İskandinav, İskandinavya'ya özgü. 2. İskandi-

navyalı, İskandinav. 3. İskandinav dillerine özgü.
scan.ner (skän´ır) *i., bilg.* tarayıcı.
scant (skänt) *s.* 1. az, kıt, dar. 2. yetersiz. 3. sınırlı.
scant.i.ly (skän´tıli) *z.* kıt olarak, eksik olarak.
scant.y (skän´ti) *s.* 1. pek az, kıt, dar. 2. yetersiz, eksik.
scape.goat (skeyp´got) *i.* günah keçisi; şamar oğlanı.
scar (skar) *i.* yara izi. *f.* (—red, —ring) yara izi bırakmak.
scarce (skers) *s.* 1. seyrek, nadir, az bulunur. 2. kıt. make oneself — *k. dili* ortadan kaybolmak.
scarce.ly (skers´li) *z.* hemen hemen, neredeyse, ancak; pek: **He scarcely knows a word of Italian.** Hemen hemen hiç İtalyanca bilmiyor. **It's scarcely more than a kilometer from here.** Buradan orası bir kilometreyi pek geçmez. **I scarcely know her.** Onu pek tanımıyorum. **It's scarcely nine o'clock.** Saat ancak dokuz daha. **He'd scarcely entered the room when she flung a plate at him.** Odaya henüz girmişti ki ona bir tabak fırlattı. **I could scarcely have said such a thing to him, could I?** Hiç ona öyle bir şey söyleyebilir miyim? **You could scarcely have hoped for a better result than that.** Ondan daha iyi bir sonuç bekleyemezsin herhalde.
scare (sker) *f.* korkutmak; ürkütmek. *i.* ani korku, panik. **— away/off** -i korkutup kaçırmak. **— up** *k. dili* bulup buluşturmak; yoktan var etmek. **be —d (of)** (-den) korkmak: **I'm scared of spiders.** Örümceklerden korkuyorum. **give someone a — birini** korkutmak.
scare.crow (sker´kro) *i.* korkuluk, bostan korkuluğu.
scarf (skarf), *çoğ.* **—s** (skarfs)/**scarves** (skarvz) *i.* eşarp; boyun atkısı, kaşkol.
scarf (skarf) *f.* **down/up** *k. dili* hapır hupur yemek.
scar.let (skar´lit) *i., s.* al, kırmızı. **— fever** *tıb.* kızıl.
scar.y (sker´i) *s.* 1. korku veren, korkunç. 2. korkak, ürkek, ödlek.
scat (skät) *f.* (—ted, —ting) *k. dili* çekilmek, gitmek. **S—!** *ünlem* Pist!
scath.ing (skey´dhing) *s.* sert, kırıcı.
scat.ter (skät´ır) *f.* dağıtmak, yaymak; serpmek; saçmak; dağılmak, yayılmak.
scat.ter.brain (skät´ırbreyn) *i.* kafası dağınık.
scat.tered (skät´ırd) *s.* dağınık.
scav.enge (skäv´inc) *f.* **for** çöpleri karıştırarak (yiyecek, işe yarayacak şey) aramak.
scav.en.ger (skäv´incır) *i.* 1. leşle beslenen hayvan, leşçil. 2. çöpleri karıştırarak işe yarayacak şeyler arayan kimse. 3. *İng.* çöpçü.
sce.nar.i.o (sıner´iyo) *i.* senaryo.
sce.nar.ist (sıner´ist) *i.* senarist, senaryocu, senaryo yazarı.

scene (sin) *i.* 1. *tiy., sin., TV* sahne: **the second scene of a play** bir oyunun ikinci sahnesi. 2. sahne, manzara, görünüm, görüntü: **The picture depicts a hunting scene.** Resim bir av sahnesini canlandırıyor. 3. olay yeri: **the scene of a crime** bir suçun işlendiği yer. 4. *tiy.* dekor. 5. olay, hadise: **Don't make a scene!** Hadise çıkarma!/Olay çıkarma! **behind the —s** 1. perde arkasında. 2. gizlice. **put on a —** olay çıkarmak, kıyameti koparmak. **quit the —** sahneden veya olay yerinden çekilmek.
scen.er.y (si´nıri) *i.* 1. doğal manzara. 2. *tiy.* dekor.
sce.nic (si´nik) *s.* manzaralı.
scent (sent) *f.* 1. kokusunu almak, sezmek. 2. güzel koku saçmak. 3. koklayarak izini aramak; koklayarak bulmak. *i.* 1. koku; güzel koku, esans. 2. iz kokusu. 3. (hayvanın) koklama duyusu.
scep.ter (skep´tır), *İng.* scep.tre (sep´tır) *i.* asa, kral asası.
scep.tic (skep´tik) *i., bak.* skeptic.
scep.tre (sep´tır) *i., İng., bak.* scepter.
sched.ule (skec´ul, *İng.* şed´yul) *i.* 1. program: **I have a very busy schedule at the office today.** Bugün ofisteki iş programım çok dolu. 2. liste: **His name is not on today's schedule of appointments.** Adı bugünkü randevu listesinde yok. **We are drawing up a new schedule of prices.** Yeni bir fiyat listesi yapıyoruz. 3. tarife: **boat schedule** vapur tarifesi. *f.* 1. programa koymak, programlamak. 2. listesini yapmak. **be —d** programa göre (belirli bir zamanda) olmak; tarifeye göre (belirli bir zamanda) olmak: **His flight is scheduled to arrive at three o'clock in the morning.** Tarifeye göre uçağı sabah saat üçte varacak. **on —** tam zamanında, vaktinde, tarifede belirtilen zamanda.
sche.ma.tize, *İng.* sche.ma.tise (ski´mıtayz) *f.* sistemli bir biçimde düzenlemek.
scheme (skim) *i.* 1. plan, proje. 2. gizli düzen, entrika, dolap. 3. düzen, tertip, uyum. *f.* 1. plan yapmak. 2. dolap çevirmek, entrika çevirmek.
schem.er (ski´mır) *i.* entrikacı, dolap çeviren kimse, düzenbaz.
schism (siz´ım, skiz´ım) *i.* 1. hizipleşme, klikleşme. 2. hizip, klik.
schis.mat.ic (sizmät´ik) *s., i.* hizipçi, klikçi.
schis.mat.i.cal (sizmät´ikıl) *s.* hizipçi, klikçi.
schist (şist) *i., jeol.* şist.
schiz.o.phrene (skit´sıfrin) *i., ruhb.* şizofren.
schiz.o.phre.ni.a (skitsıfri´niyı) *i., ruhb.* şizofreni.
schiz.o.phren.ic (skitsıfren´ik) *s., ruhb.* şizofrenik. *i.* şizofren.
schnit.zel (şnit´sıl) *i.* şnitzel.
schol.ar (skal´ır) *i.* bilgin, âlim.
schol.ar.ly (skal´ırli) *s.* bilimsel, ilmi, bilgine yakışır.
schol.ar.ship (skal´ırşip) *i.* 1. bilim, ilim, irfan. 2. burs. **— holder** bursiyer.

scho.las.tic (skılâs´tik) s. 1. okulla ilgili; eğitsel. 2. skolastik.
school (skul) i. 1. okul. 2. (üniversitede) fakülte: **school of business administration** işletme fakültesi. 3. ekol: **school of philosophy** felsefe ekolü. **— age** okul çağı. **— board** okul yönetim kurulu. **— year** ders yılı, öğretim yılı. **boarding —** yatılı okul. **day —** gündüzlü okul. **graduate —** (bir üniversiteye ait) lisansüstü eğitim birimi. **grammar —** 1. ilkokul. 2. İng. (öğrencileri üniversiteye hazırlayan) lise. **high —** lise. **night —** 1. akşam okulu. 2. gece bölümü. **of the old —** eski kafalı. **parochial —** dini bir kuruluş veya grubun yönetimindeki özel okul. **private —** özel okul. **public —** 1. devlet okulu. 2. İng. özel okul. **reform —** ıslahevi. **trade —** meslek okulu. **vacation —** yaz okulu.
school (skul) i. (balık, balina v.b. için) sürü. f. (balık) sürü halinde yüzmek.
school.book (skul´bûk) i. ders kitabı.
school.boy (skul´boy) i. erkek öğrenci.
school.girl (skul´gırl) i. kız öğrenci.
school.house (skul´haus) i. okul binası.
school.ing (sku´ling) i. eğitim, öğretim.
school.leav.er (skul´livır) i., İng. lise mezunu.
school.mate (skul´meyt) i. okul arkadaşı.
school.mis.tress (skul´mistris) i. kadın öğretmen.
school.room (skul´rum) i. sınıf, dershane.
school.teach.er (skul´tiçır) i. öğretmen.
school.work (skul´wırk) i. okul ödevi.
school.yard (skul´yard) i. okulda oyun sahası.
schoon.er (sku´nır) i. 1. den. ıskuna. 2. k. dili büyük bira bardağı. 3. İng. büyük şarap bardağı.
sci.at.ic (sayät´îk) s. siyatik, siyatik sinirine ait. **— nerve** anat. siyatik, siyatik siniri.
sci.at.i.ca (sayät´îkı) i., tıb. siyatik, siyatik hastalığı.
sci.ence (say´ıns) i. 1. fen, ilim, bilim. 2. bilim dalı. **— fiction** bilimkurgu. **the social —s** toplumsal bilimler.
sci.en.tif.ic (sayıntif´îk) s. 1. bilimsel. 2. sistematik, sistemli.
sci.en.tist (say´ıntist) i. bilim adamı.
scil.la (sil´ı) i., bot. maviyıldız.
scim.i.tar (sim´ıtır) i. enli kılıç, pala.
scin.til.la (sintil´ı) i. 1. çakım, kıvılcım. 2. zerre. **There's not a — of truth in it.** Gerçek payı yok./Tamamen yalan.
scin.til.late (sin´tıleyt) f. parıldamak, ışıldamak.
sci.on (say´ın) i. 1. çocuk, evlat. 2. bot. aşı kalemi.
scis.sors (siz´ırz) i. (kesmek için kullanılan) makas. **— kick** makaslama (yüzüş). **a pair of —** makas.
scle.ro.sis (sklıro´sis), çoğ. **scle.ro.ses** (sklıro´siz) i., tıb. skleroz, sertleşim, sertleşme.
scoff (skôf, skaf) f. **(at)** (ile) alay etmek. i. 1. alay. 2. küçümseme.

scoff (skôf, skaf) f., İng., k. dili hapır hupur yemek. i., İng., k. dili yiyecek.
scold (skold) f. azarlamak, paylamak. i. herkesi azarlayan şirret kadın.
scol.lop (skal´ıp) i., f., bak. **scallop.**
sconce (skans) i. aplik, duvar lambası/şamdanı.
scone (skon, skan) i. küçük ekmek.
scoop (skup) i. 1. kepçe: **ice-cream scoop** dondurma kepçesi. 2. k. dili, gazet. atlatma. f. 1. kepçe ile çıkarmak. 2. k. dili, gazet. (haber) atlatmak. **at one —** bir vuruşta, bir darbede.
scoot.er (sku´tır) i. 1. trotinet. 2. skuter, küçük motosiklet.
scope (skop) i. 1. saha, alan; faaliyet alanı. 2. olanak, fırsat. 3. kapsam. 4. k. dili teleskop; mikroskop.
scorch (skôrç) f. 1. yakmak, kavurmak; yanmak, kavrulmak. 2. acı sözlerle incitmek.
score (skôr) i. 1. (oyunda) sayı, puan, skor: **What's the score?** Kaça kaç?/Durum nedir? 2. yirmi sayısı. 3. çizgi, çentik, kertik. 4. müz. partisyon. 5. çoğ. çok sayıda: **scores of people** çok sayıda insan, birçok insan. 6. konu: **I have nothing to say on that score.** O konuda diyeceğim bir şey yok. 7. hınç: **settle a score with someone** birinden hıncını almak. **pay off/settle old scores** eski bir acının hıncını çıkarmak, hesaplaşmak. f. 1. (puan) saymak. 2. spor (sayı) yapmak, (gol) atmak. 3. çentmek. 4. değerlendirmek. 5. başarı kazanmak. 6. müz. orkestralamak. 7. k. dili şiddetle eleştirmek. 8. argo esrar almayı başarmak. **— out** üstünü karalamak, üzerine çizgi çizmek. **keep —** (puan) saymak. **know the —** k. dili dünyada olup bitenleri bilmek. **on that —** 1. o nedenle. 2. o konuda.
scorn (skôrn) i. tepeden bakma, hor görme, küçük görme. f. küçümsemek, hor görmek.
scorn.ful (skôrn´fıl) s. küçümseyen.
Scor.pi.o (skôr´piyo) i., astrol. Akrep burcu.
scor.pi.on (skôr´piyın) i. akrep. **— fish** iskorpit.
Scot (skat) i. İskoç.
Scotch (skaç) i. 1. İskoç viskisi, İskoç. 2. bir bardak İskoç viskisi. 3. İskoç İngilizcesi. s. 1. İskoç. 2. çok tutumlu; pinti. **— fir** sarıçam. **— pine** sarıçam. **— plaid** ekose. **— tape** seloteyp. **— terrier** İskoç teriye. **— tweed** İskoç tüvidi. **the —** İskoçlar, İskoçya halkı.
scotch (skaç) f. (tekerlek için) takoz. f. 1. takozlamak. 2. engellemek.
Scotch-I.rish (skaçay´riş) s. Kuzey İrlanda'ya yerleşmiş İskoç kökenli insanlara özgü. **the —** Kuzey İrlanda'ya yerleşmiş İskoç kökenliler.
Scotch.man (skaç´mın), çoğ. **Scotch.men** (skaç´-min) i., bak. **Scotsman.**
Scotch.wom.an (skaç´wûmın), çoğ. **Scotch.wom.en** (skaç´wimin) i., bak. **Scotswoman.**

scot-free (skat´fri´) s. **go/get off** — k. dili (sanık) hiçbir ceza yemeden serbest bırakılmak.
Scot.land (skat´lınd) i. İskoçya. — **Yard** Londra Emniyet Müdürlüğünün Dedektif Masası.
Scots (skats) i. İskoç İngilizcesi. s. İskoç. **the** — İskoçlar, İskoçya halkı.
Scots.man (skats´mın), çoğ. **Scots.men** (skats´min) i. İskoçyalı erkek, İskoçyalı.
Scots.wom.an (skats´wûmın), çoğ. **Scots.wom.en** (skats´wimin) i. İskoçyalı kadın, İskoçyalı.
scot.tie (skat´i) i. İskoç teriye.
Scot.tish (skat´iş) s. İskoç. — **Gaelic** i., s. İskoçça.
scoun.drel (skaun´drıl) i. hergele, dürzü.
scour (skaur) f. 1. ovalayarak temizlemek. 2. süpürüp götürmek.
scour (skaur) f. arayarak dolaşmak, taramak.
scourge (skırc) f. 1. kırbaçlamak, kamçılamak. 2. şiddetle cezalandırmak. i. 1. kırbaç, kamçı. 2. bela, felaket.
scout (skaut) i. 1. izci, gözcü, keşif kolu. 2. casus (asker/gemi/uçak). f. keşif yapmak, keşfe çıkmak. — **around** arayıp taramak. — **plane** keşif uçağı. **boy** — erkek izci. **girl** — kız izci. **on the** — keşif görevi yapmakta, keşfe çıkmış.
scout.ing (skau´ting) i. izcilik.
scowl (skaul) f. kaşlarını çatmak; **at** -e kaşlarını çatıp bakmak. i. kaş çatma.
scrab.ble (skräb´ıl) f. 1. eşelemek; tırmalamak. 2. karalamak, çiziktirmek.
scrag (skräg) i. 1. çok zayıf kimse, iskelet, teneşir kargası. 2. koyun etinin yavan gerdan kısmı.
scrag.gly (skräg´li) s. düzensiz, çarpık çurpuk.
scrag.gy (skräg´i) s., İng., k. dili sıska, cılız.
scram (skräm) f. (—**med**, —**ming**) argo sıvışmak, tüymek. **S**—! ünlem Defol!
scram.ble (skräm´bıl) f. 1. **up** -e tırmanmak. 2. **for** için kapışmak. 3. karıştırmak. 4. ask. (düşman uçaklarının yolunu kesmek için) acele havalanmak. 5. radyo (konuşmayı gizli tutmak için) sinyali değiştirmek. i. 1. sürünerek tırmanma. 2. kapış, kapma. —**d eggs** çırpılıp yağda pişirilmiş yumurta.
scrap (skräp) i. 1. ufak parça. 2. artık, kırıntı, kırpıntı, hurda. 3. çoğ. artık. f. (—**ped**, —**ping**) ıskartaya çıkarmak, atmak. — **heap** kırpıntı yığını, hurda yığını. — **iron** hurda demir. —**s of news** bölük pörçük haberler. **a** — **of evidence** çok ufak bir delil.
scrap.book (skräp´bûk) i. gazete kupürleri veya resim yapıştırmaya özgü defter.
scrape (skreyp) f. 1. kazımak: **scrape a surface** bir yüzeyi kazımak. 2. sıyırmak: **scrape one's knee** dizini sıyırmak. 3. (ayak) sürtmek. 4. raspa etmek. i. sıyrık. — **along** zar zor geçinmek/idare etmek. — **away/off** 1. kazıyarak silmek. 2. kazıyarak çıkarmak; raspa etmek. —

through güçbela atlatmak. — **together/up** güçlükle bir araya getirmek. **get into a** — belaya çatmak. **get out of a** — beladan kurtulmak, yakayı kurtarmak. **We're in a pretty** —. Ayıkla şimdi pirincin taşını.
scrap.er (skrey´pır) i. 1. raspa; (boya kazımakta kullanılan) ıspatula. 2. greyder. 3. skreyper. 4. ahçı. ıspatula. 5. raspacı.
scratch (skräç) f. 1. tırmalamak: **That cat scratched me.** O kedi beni tırmaladı. 2. kazımak: **He ruined its surface by scratching it with a sharp object.** Keskin bir şeyle kazıyarak yüzeyini bozdu. 3. kaşımak; kaşınmak: **The dog is scratching itself.** Köpek kaşınıyor. 4. yarış listesinden çıkarmak. 5. eşelemek; eşelenmek, eşinmek: **The chicken is scratching and scrabbling.** Tavuk eşeleniyor. 6. **together** zar zor (para) biriktirmek. 7. cızırdamak: **make a scratching sound** cızırdamak. i. 1. tırmık, çizik, sıyrık. 2. spor başlama çizgisi. 3. cızırtı. — **out** 1. üstünü çizmek, karalamak. 2. oymak, içini kazımak. — **paper** karalama kâğıdı, müsvedde kâğıdı. — **someone's back** birine yağcılık etmek. — **test** tıb. cilt üzerinde alerji testi. — **the surface** ilk adımı atmak. **old** — şeytan. **start from** — hiçten başlamak, sıfırdan başlamak. **up to** — k. dili iyi durumda. **You** — **my back and I'll** — **yours.** k. dili Al gülüm, ver gülüm./Sen bana yardım et, ben de sana ederim.
scrawl (skrôl) f. baştan savma yazmak, karalamak, çiziktirmek. i. karalanmış yazı.
scrawn.y (skrô´ni) s. zayıf, sıska, cılız.
scream (skrim) f. 1. **at** -e bağırmak. 2. feryat etmek, acı acı haykırmak, çığlık atmak. i. feryat, çığlık.
screech (skriç) f. acı ve ince bir çığlık atmak. i. 1. acı ve ince çığlık. 2. tiz gıcırtı.
screen (skrin) i. 1. perde. 2. kafes. 3. paravana, bölme. 4. ekran. 5. sinema. 6. elek, kalbur. f. 1. **off** önüne perde çekmek. 2. **from** -den korumak. 3. gizlemek, saklamak. 4. elemek, kalburdan geçirmek. 5. (filmi) perdeye yansıtmak. 6. elemek, yoklamak.
screen.play (skrin´pley) i., sin. senaryo.
screw (skru) i. 1. vida. 2. uskur, pervane. f. 1. vidalamak. 2. argo düzmek; düzüşmek. 3. argo kazıklamak. — **around/off** argo vakit öldürmek; aylaklık etmek. — **nut** cıvata somunu. — **on** vidalamak. — **up** argo bir işin içine etmek, bir işi berbat etmek; (bir işin) içine etmek, (bir işi) berbat etmek. — **up one's courage** cesaretini toplamak. **S**— **you!** argo Siktir! **have a** — **loose** k. dili bir tahtası eksik olmak, deli olmak. **have one's head** —**ed on** (**right/the right way**) aklı başında biri olmak. **put the** —**s on** k. dili (birini) sıkıştırmak. **There's a** — **loose somewhere.** k. di-

screwball   404

li Bir yerde bir bozukluk var.
screw.ball (skru´bôl) *i., argo* kafadan kontak kimse, üşütük.
screw.driv.er (skru´drayvır) *i.* 1. tornavida. 2. portakal suyu ve votkayla yapılan kokteyl.
screwed-up (skrud´ʌp) *s., argo* kompleksli, manyak, çok problemli.
scrib.ble (skrib´ıl) *f.* karalamak, çiziktirmek. *i.* karalama, çiziktirme.
scribe (skrayb) *i.* yazıcı, kâtip.
scrimp (skrimp) *f.* 1. fazla veya dar kesmek. 2. aşırı tutumlu olmak, cimrilik etmek.
scrimp.y (skrim´pi) *s.* 1. çok kıt, eksik. 2. cimri.
script (skript) *i.* 1. el yazısı. 2. *matb.* el yazısı biçiminde harf. 3. konuşmacının elindeki notlar. 4. *sin., TV* senaryo. 5. yazı.
Scrip.ture (skrip´çır) *i.* **the —/—s** Kitabı Mukaddes.
scrip.ture (skrip´çır) *i.* kutsal yazılar.
scrof.u.la (skrôf´yılı) *i., tıb.* sıraca.
scroll (skrol) *i.* parşömen tomarı.
scro.tum (skro´tım), *çoğ.* **scro.ta** (skro´tı)/—s (skro´tımz) *i.* haya torbası.
scrub (skrʌb) *i.* 1. çalılık, fundalık, maki. 2. bodur insan/hayvan/bitki. 3. *spor* birinci takıma alınmayan oyuncu.
scrub (skrʌb) *f.* (**—bed, —bing**) 1. ovmak, fırçalayarak temizlemek. 2. *argo* iptal etmek. *i.* ovma, fırçalama. **— brush** tahta fırçası.
scruff (skrʌf) *i.* **the — of the neck** ense.
scruff.y (skrʌf´i) *s., İng., k. dili* 1. kirli ve üstü başı perişan; pasaklı; kılıksız. 2. kirli ve pejmürde (giysiler). 3. kirli ve dağınık (yer).
scrump.tious (skrʌmp´şıs) *s., k. dili* çok güzel, harikulade, şahane, enfes.
scru.ple (skru´pıl) *i.* 1. vicdani elvermeme. 2. şüphe, tereddüt. *f.* 1. vicdanı elvermemek. 2. tereddüt etmek. **have —s about doing something** vicdani nedenle bir şeyi yapmaktan çekinmek.
scru.pu.lous (skru´pyılıs) *s.* 1. vicdanının sesini dinleyen, vicdanlı. 2. dürüst. 3. dikkatli, titiz.
scru.ti.nize, *İng.* **scru.ti.nise** (skru´tınayz) *f.* dikkatle bakmak, incelemek.
scru.ti.ny (skru´tıni) *i.* dikkatle bakma, inceleme.
scu.ba (sku´bı) *i.* skuba. **— diver** aletli dalış yapan dalgıç.
scuff (skʌf) *f.* 1. ayaklarını sürümek. 2. ayaklarını sürüyerek aşındırmak.
scuf.fle (skʌf´ıl) *f.* itişmek, çekişmek. *i.* itişme, çekişme.
scull (skʌl) *i.* 1. küçük sandal. 2. kıçtan kullanılan tek kürek, boyna. *f.* boyna etmek.
scul.ler.y (skʌl´ıri) *i.* mutfak yanındaki bulaşık yıkanan ve kap kacak konulan oda.
sculpt (skʌlpt) *f., bak.* **sculpture**.
sculp.tor (skʌlp´tır) *i.* heykeltıraş.
sculp.tress (skʌlp´tris) *i.* kadın heykeltıraş.

sculp.ture (skʌlp´çır) *i.* 1. heykel. 2. heykeltıraşlık. *f.* oymak; heykel yapmak.
scum (skʌm) *i.* 1. (kaynayan/mayalanan sıvının yüzeyinde oluşan) köpük. 2. maden cürufu. 3. pislik. **— of the earth** baş belası, ayaktakımı.
scum.bag (skʌm´bäg) *i., argo* çok aşağılık kimse, çok kötü kimse, pislik.
scurf (skırf) *i.* kepek; konak.
scurf.y (skır´fi) *s.* kepekli (baş/saç).
scur.ri.lous (skır´ılıs) *s.* 1. kaba, küfürlü. 2. ağzı bozuk, küfürbaz.
scur.ry (skır´i) *f.* 1. acele etmek, koşmak. 2. **about** koşuşturmak.
scur.vy (skır´vi) *i., tıb.* iskorbüt.
Scu.ta.ri (sku´tıri) *i., tar.* (İstanbul´daki) Üsküdar.
scut.tle (skʌt´ıl) *i.* kömür kovası.
scut.tle (skʌt´ıl) *f.* hızla koşmak, seğirtmek. *i.* seğirtme, hızla gitme.
scythe (saydh) *i.* tırpan. *f.* tırpanla biçmek, tırpanlamak.
S.E. *kıs.* **Southeast.**
sea (si) *i.* 1. deniz, derya. 2. dalga. **— anemone** denizşakayığı. **— bream** 1. mercanbalığı. 2. izmarit. **— breeze** denizden esen rüzgâr, imbat. **— captain** kaptan, süvari. **— cucumber** denizhıyarı. **— dog** deniz kurdu. **— foam** denizköpüğü, lületaşı. **— food** deniz ürünü. **— green** mavimsi yeşil, camgöbeği. **— gull** martı. **— horse** denizatı. **— legs** fırtınalı havalarda güvertede dolaşabilme becerisi. **— level** deniz seviyesi. **— monster** deniz canavarı. **— nettle** denizısırganı. **— power** donanması güçlü devlet. **— salt** deniz tuzu. **— snake** denizyılanı. **— urchin** denizkestanesi. **a heavy —** dalgalı deniz. **a — of faces** insan kalabalığı. **arm of the —** körfez. **at — 1.** denizde. 2. şaşkına dönmüş. **go to —** 1. denizci olmak. 2. deniz yolculuğuna çıkmak. **inland —** içdeniz. **on the high —s** açık denizlerde, enginlerde. **put to —** denize açılmak.
sea.board (si´bôrd) *i.* sahil, kıyı, yalı boyu. *s.* kıyıya yakın.
sea.coast (si´kost) *i.* deniz kıyısı, sahil.
sea.far.er (si´ferır) *i.* gemici.
sea.far.ing (si´fering) *s.* 1. denizcilikle uğraşan. 2. deniz yoluyla seyahat eden. *i.* 1. deniz yolculuğu. 2. denizcilik.
sea.front (si´frʌnt) *i.* sahil.
sea.go.ing (si´gowing) *s.* açık denize çıkmaya elverişli (gemi).
seal (sil) *i.* fok, ayıbalığı. *f.* fok avlamak.
seal (sil) *i.* 1. mühür, damga. 2. onay. *f.* 1. mühürlemek, mühür basmak, damga basmak. 2. onaylamak, tasdik etmek. 3. **off/up** -i kapamak. **— one's fate** yazgısını önceden tayin etmek. **—ed orders** denize çıktıktan sonra açılmak üzere kaptana verilen kapalı zarf içindeki

emir. — **ring** mühür yüzüğü. —**ing wax** mühür mumu, kırmızı balmumu. **under** — mühürlenmiş, mühürlü. **under the** — **of secrecy** gizli tutmak kaydıyla.
seam (sim) *i.* 1. dikiş yeri. 2. iki tahtanın yan yana birleştiği çizgi, bağlantı yeri. 3. *den.* armuz. 4. *jeol.* damar, tabaka, yatak. — **together** birbirine dikmek. —**ed with** ... izleriyle kaplı, ile çizili (yüz).
sea.man (si'mın), *çoğ.* **sea.men** (si'men) *i.* 1. denizci, gemici. 2. deniz eri.
sea.man.ship (si'mınşîp) *i.* gemicilik.
seam.stress (sim'stris) *i.* kadın terzi.
seam.y (si'mi) *s.* 1. dikişli. 2. çirkin görünüşlü, biçimsiz. **the** — **side of life** hayatın güçlükleriyle dolu tarafı.
sé.ance (sey'ans) *i.* seans.
sea.plane (si'pleyn) *i.* deniz uçağı.
sea.port (si'pôrt) *i.* liman.
sear (sîr) *f.* 1. (kızgın demir gibi bir şey) (başka bir şeyi) yakmak. 2. (bir et parçasının yüzeyini) şöyle bir kızartmak.
search (sırç) *f.* 1. araştırmak, aramak: **We are searching for an inexpensive apartment.** Ucuz bir daire arıyoruz. **They searched the house from top to bottom but could not find the missing book.** Evi baştan aşağı aradılar, ama kayıp kitabı bulamadılar. **The customs officials searched all of our suitcases.** Gümrük memurları bavullarımızın hepsini aradı. 2. yoklamak, üstünü aramak: **That guard searches everyone who enters this building.** O bekçi, bu binaya giren herkesin üstünü arar. 3. taramak, gözlemek: **search the horizon** ufku taramak. **S**— **me!** *k. dili* Ne bileyim ben! — **out** araştırıp öğrenmek. — **party** kayıp arama ekibi. — **warrant** *huk.* arama emri. **in** — **of** ... aramaya; ... aramakta, ... peşinde. **right of** — *huk.* arama hakkı.
search.ing (sır'çîng) *s.* 1. araştırıcı, inceden inceye araştıran. 2. nüfuz eden. 3. keskin.
search.light (sırç'layt) *i.* projektör.
sea.scape (si'skeyp) *i.* deniz manzarası.
sea.shell (si'şel) *i.* deniz kabuğu.
sea.shore (si'şôr) *i.* deniz kıyısı.
sea.sick.ness (si'siknîs) *i.* deniz tutması.
sea.side (si'sayd) *i.* sahil.
sea.son (si'zın) *i.* 1. mevsim: **summer season** yaz mevsimi. 2. zaman, mevsim: **Apples are in season now.** Şimdi elma mevsimi. 3. mevsim, sezon, etkinlik dönemi: **tourist season** turizm sezonu. *f.* 1. baharat katmak; çeşnilendirmek. 2. alıştırmak; alışmak. **hunting** — av mevsimi. **in good** — tam zamanında.
sea.son.a.ble (si'zınıbıl) *s.* 1. mevsime uygun; tam zamanında olan. 2. tam yerinde/zamanında yapılan.
sea.son.a.bly (si'zınıbli) *z.* mevsimine göre,

mevsiminde, zamanında.
sea.son.al (si'zınıl) *s.* bir mevsime özgü, mevsimlik.
sea.son.ing (si'zınîng) *i.* çeşnilik, baharat.
seat (sit) *i.* 1. oturacak yer, iskemle, sandalye. 2. *tiy., sin.* koltuk. 3. kıç. 4. pantolon kıçı. 5. koltuk, mevki, makam, yer: **He lost his seat in the Grand National Assembly.** Büyük Millet Meclisi üyeliğini kaybetti. 6. merkez: **Ankara is the seat of Turkey's national government.** Ankara, Türkiye'nin hükümet merkezidir. 7. *mak.* yatak. *f.* oturtmak, yerleştirmek. — **belt** emniyet kemeri. **Be** —**ed.** Oturunuz. **keep one's** — 1. oturduğu yerden kalkmamak. 2. parlamentodaki yerini korumak. **lose one's** — yerini kaybetmek. **take a** — oturmak. **The hall will** — **fifty people.** Salon elli kişiliktir.
sea.ward (si'wırd) *s.* 1. denize doğru giden. 2. denizden esen. *z.* denize doğru.
sea.weed (si'wid) *i.* yosun.
sea.wor.thy (si'wırdhi) *s.* denize elverişli, denize açılabilir.
se.ba.ceous (sîbey'şıs) *s.* — **cyst** yağ kisti. — **gland** *anat.* yağbezi.
sec (sek) *i., k. dili* saniye. **Just a** —**!** *k. dili* Bir saniye!
sec. *kıs.* **second, secondary, secretary, section.**
se.cede (sîsid') *f.* (siyasal/dinsel bir örgütten) ayrılmak.
se.ces.sion (sîses'ın) *i.* (siyasal/dinsel bir örgütten) ayrılma.
se.ces.sion.ist (sîses'înîst) *i.* (siyasal/dinsel bir örgütten, bir devletten/federasyondan) ayrılma yanlısı.
se.clude (sîklud') *f.* ayrı tutmak, ayırmak. **He has** —**d himself in his study.** Çalışma odasına kapandı.
se.clud.ed (sîklu'dîd) *s.* 1. sapa, tenha, kuytu: **a secluded spot in the forest** ormanda tenha bir yer. 2. kaçınık: **live a secluded life** kaçınık yaşamak.
se.clu.sion (sîklu'jın) *i.* inziva.
sec.ond (sek'ınd) *i.* saniye. — **hand** (saat kadranında) saniye ibresi.
sec.ond (sek'ınd) *s.* 1. ikinci: **a second time** ikinci defa. 2. bir daha: **Please give him a second helping of soup.** Ona bir porsiyon daha çorba verir misiniz? *i.* 1. ikinci kimse/şey. 2. düelloda şahit/yardımcı. 3. *oto.* ikinci vites. 4. *çoğ.* ikinci kalite mal. *f.* (bir öneriyi) desteklemek. *z.* ikinci olarak. — **best** ikinci en iyi. — **childhood** bunaklık. — **class** 1. ikinci sınıf/derece. 2. ikinci mevki. — **lieutenant** *ask.* teğmen. — **nature** kökleşmiş huy. — **sight** önsezi. — **thoughts** sonradan akla gelen düşünceler. — **wind** yeniden kazanılan güç/enerji. **on** — **thought** iyice

düşündükten sonra. sec.ond.ar.i.ly (sekınder'ıli) z. ikinci derecede, ikinci olarak.
sec.ond.ar.y (sek'ınderi) s. ikincil, ikinci derecede olan. — education ortaöğretim. — road tali yol. — school orta ve lise seviyesinde okul.
sec.ond.hand (sek'ındhänd') s. 1. ikinci el, kullanılmış, elden düşme: secondhand car ikinci el araba. 2. dolaylı. z. dolaylı olarak: learn about something secondhand bir şey hakkında dolaylı olarak haber almak.
sec.ond.ly (sek'ındli) z. ikinci olarak, saniyen.
sec.ond-rate (sek'ındreyt') s. 1. ikinci derecede olan. 2. ikinci sınıf.
sec.ond-string (sek'ınd.string') s., k. dili yedek (oyuncu).
se.cre.cy (si'krısi) i. 1. sır saklama, sır tutma. 2. gizlilik.
se.cret (si'krit) s. gizli, saklı. i. sır. — police gizli polis teşkilatı. — service gizli haber alma teşkilatı. — society gizli cemiyet. an open — herkesçe bilinen bir sır. be in on the — sırra ortak olmak. do something in — bir şeyi gizlice yapmak. keep a — sır saklamak. keep something a — from someone bir şeyi birinden saklamak.
sec.re.tar.i.al (sekrıter'iyıl) s. sekreterliğe ait.
sec.re.tar.y (sek'rıteri) i. sekreter, yazman. S— of State ABD Dışişleri Bakanı. private — özel sekreter.
se.crete (sikrit') f. gizlemek, saklamak.
se.crete (sikrit') f., biyol. salgılamak.
se.cre.tion (sikri'şın) i. gizleme, saklama.
se.cre.tion (sikri'şın) i., biyol. 1. salgılama. 2. salgı.
se.cre.tive (si'krıtiv) s. ağzı sıkı, kapalı kutu.
se.cret.ly (si'kritli) z. gizlice, el altından.
sect (sekt) i. mezhep.
sec.tion (sek'şın) i. 1. kısım, parça, bölüm. 2. şube, dal, kol. 3. tıb. operasyon. 4. (yataklı vagonda) kompartıman. 5. kesme, kesiş. 6. geom. kesit. 7. bölge. 8. huk. paragraf. f. 1. kısımlara ayırmak/bölmek, kesimlemek. 2. kesmek.
sec.tor (sek'tır) i. 1. bölüm, kesim, sektör: private sector özel sektör. 2. geom. kesme. 3. ask. bölge, mıntıka. 4. bilg. dilim, sektör.
sec.u.lar (sek'yılır) s. 1. dünyasal, dünyevi. 2. laik.
sec.u.lar.ise (sek'yılırayz) f., İng., bak. secularize.
sec.u.lar.ism (sek'yılırızım) i. laiklik.
sec.u.lar.ize, İng. sec.u.lar.ise (sek'yılırayz) f. 1. dünyevileştirmek. 2. laikleştirmek.
se.cure (sikyûr') s. emin, güvenli, sağlam. f. 1. korumak. 2. sağlamlaştırmak. 3. bağlamak. 4. iyice kapamak. 5. ele geçirmek, elde etmek.
se.cure.ly (sikyûr'li) z. 1. emniyetle. 2. sımsıkı.
se.cu.ri.ty (sikyûr'ıti) i. 1. güvenlik. 2. güvence, teminat. 3. rehin, emanet. 4. tic. menkul kıymet, taşınır değer. the United Nations' S—

Council Birleşmiş Milletler Güvenlik Konseyi.
se.dan (sidän') i. büyük araba, limuzin. — chair tahtırevan.
se.date (sideyt') s. sakin, ağırbaşlı.
se.da.tion (sidey'şın) i. (ilaçla) yatıştırma.
sed.a.tive (sed'ıtiv) s. yatıştırıcı. i. yatıştırıcı ilaç.
sed.en.tar.y (sed'ınteri) s. 1. oturarak yapılan; oturarak geçirilen. 2. bir yere yerleşmiş, yerleşik.
sed.i.ment (sed'ımınt) i. 1. tortu, çökelti, posa. 2. çökel.
sed.i.men.ta.ry (sedımen'tıri) s. tortul.
sed.i.men.ta.tion (sedımentey'şın) i. 1. çökelme, sedimantasyon. 2. tortulaşma, tortullaşma, sedimantasyon.
se.di.tion (sidiş'ın) i. 1. fesat, fitne. 2. kargaşalık. 3. isyana teşvik, kışkırtma. 4. ayaklanma, isyan.
se.di.tious (sidiş'ıs) s. fitneci, kışkırtıcı, isyana teşvik eden.
se.duce (sidus') f. 1. ayartmak, azdırmak, baştan çıkarmak. 2. iğfal etmek.
se.duc.er (sidu'sır) i. iğfal eden adam.
se.duc.tion (sidʌk'şın) i. 1. ayartma, baştan çıkarma. 2. iğfal.
se.duc.tive (sidʌk'tiv) s. ayartıcı, baştan çıkaran, çekici.
se.duc.tress (sidʌk'tris) i. ayartıcı kadın.
sed.u.lous (sec'ûlıs) s. gayretli, sebatlı.
see (si) f. (saw, —n) 1. görmek: If you shut your eyes you won't see anything. Gözlerini kaparsan hiçbir şey görmezsin. 2. anlamak: Do you see what I mean? Ne demek istediğimi anlıyor musun? 3. bakmak. 4. görüşmek, kabul etmek: He went to see his boss. Amiriyle görüşmeye gitti. 5. geçirmek: We have seen some hard times. Zor günler geçirdik. — a thing through bir işi başarmak, tuttuğunu koparmak. — about icabına bakmak, bir yolunu bulmaya çalışmak. — double şeşi beş görmek, biri iki görmek. — eye to eye aynı fikirde olmak, her konuda anlaşmak. — in the New Year yeni yılı karşılamak. — one through yetmek, idare etmek: This money will see us through until next month. Bu para bizi önümüzdeki aya kadar idare eder. This much food will see us through this journey. Bu kadar yemekle bu yolculuğu çıkarırız. — one's way çaresini bulmak. — red öfkelenmek, gözünü kan bürümek. — someone home birini evine bırakmak. — someone off birini geçirmek, birini uğurlamak, birini yolcu etmek. — someone out/to the door birini kapıya kadar geçirmek. — something through/out bir işin sonunu getirmek, bir işi bitirmek. — the light anlamak: You've finally seen the light! Nihayet anladın! — to ile ilgilenmek, -in icabına bakmak. S— ya! argo Bay-bay! S— you later. Görüşürüz./Hoşça kal. As far as I can — .... Ba-

na kalırsa .... **It has —n better days.** Artık eskidi.
Let me —. Bakayım./Dur bakalım./Düşüneyim.
You — .... 1. Yani .../İşte .... 2. Gördün mü?
see (si) *i.* piskoposluk. **the Holy S—** papalık.
seed (sid) *i.* 1. tohum: **flower seeds** çiçek tohumları. 2. çekirdek: **the seeds of a fruit** bir meyvenin çekirdekleri. 3. asıl, kaynak. 4. döl, zürriyet, evlatlar. 5. meni, sperma. *s.* tohumluk. *f.* 1. tohum ekmek. 2. tohumu/çekirdeği çıkarmak. **go to —** tohuma kaçmak.
seed.bed (sid´bed) *i.* fidelik.
seed.less (sid´lis) *s.* çekirdeksiz.
seed.ling (sid´ling) *i.* fide.
seed.y (si´di) *s.* 1. yırtık pırtık, pejmürde, kılıksız. 2. keyifsiz.
see.ing (si´ying) *bağ.* (that) -eceğine göre; -diğine göre; hazır ...; madem, mademki: **Seeing you're going to get her mail, would you mind getting mine too, please?** Onun postasını alacağına göre, benimkini de alır mısın lütfen? *s.* **S— Eye Dog** rehber köpek, gözleri görmeyen birine rehberlik eden köpek. **— as** *k. dili, bak.* **seeing** *bağ.*
seek (sik) *f.* **(sought)** 1. aramak; araştırmak. 2. çabalamak.
seem (sim) *f.* 1. görünmek, gözükmek, benzemek: **He seems well.** İyi gibi görünüyor. **She seems like an honest person.** Dürüst bir insana benziyor. 2. gibi gelmek: **It seems impossible to me.** Olmaz gibime geliyor. **I can't — to solve this problem.** Bu sorunu çözebileceğimi sanmıyorum. **I — to hear ....** ... işitir gibi oluyorum. **It —s as if/as though ....** Sanki .../Galiba .../... imiş gibi. **It would — that ....** ... gibi görünüyor.
seem.ly (sim´li) *s.* yakışık alır, uygun. *z.* yakışık alır bir biçimde.
seen (sin) *f., bak.* **see.**
seep (sip) *f.* sızmak, sızıntı yapmak.
seep.age (si´pic) *i.* sızıntı.
seer (si´yır) *i.* gaipten haber veren kimse.
see.saw (si´sô) *i.* 1. tahterevalli. 2. iniş çıkış. *s.* aşağı yukarı (hareket). *f.* 1. aşağı yukarı sallanmak, çöğünmek. 2. kararsız olmak.
seethe (sidh) *f.* 1. haşlamak, kaynatmak; haşlanmak, kaynamak. 2. öfkelenmek, köpürmek. **a seething crowd** karınca gibi kaynaşan bir kalabalık.
seg.ment (seg´mınt) *i.* 1. parça, bölüm, kısım, dilim. 2. *geom.* parça. 3. *zool.* bölüt.
seg.ment (segment´) *f.* kesimlemek.
seg.men.ta.tion (segmıntey´şın) *i.* kesimleme.
seg.re.gate (seg´rıgeyt) *f.* ayırmak, tecrit etmek.
seg.re.gate (seg´rıgît) *s.* ayrılmış.
seg.re.ga.tion (segrıgey´şın) *i.* fark gözetme, ayrı tutma, ayrım: **racial segregation** ırk ayrımı.
seg.re.ga.tion.ist (segrıgey´şınîst) *i.* ırk ayrımı yanlısı.
seis.mal (sayz´mıl) *s., bak.* **seismic.**
seis.mic (sayz´mîk) *s.* sismik, depremsel, depremle ilgili. **— wave** deprem dalgası. **— zone** deprem bölgesi.
seis.mo.graph (sayz´mıgräf) *i.* sismograf, depremyazar, depremçizer.
seis.mol.o.gist (sayzmal´ıcîst) *i.* sismolog, deprembilim uzmanı.
seis.mol.o.gy (sayzmal´ıci) *i.* sismoloji, deprembilim.
seis.mom.e.ter (sayzmam´ıtır) *i.* depremölçer.
seize (siz) *f.* 1. tutmak, yakalamak. 2. el koymak, zapt etmek, müsadere etmek, gasp etmek. 3. kavramak, anlamak.
sei.zure (si´jır) *i.* 1. tutma, yakalama. 2. el koyma, haciz; müsadere. 3. *tıb.* inme, felç; nöbet; kriz.
sel.dom (sel´dım) *z.* nadiren, pek az, seyrek.
se.lect (silekt´) *s.* seçme, seçkin. *f.* seçmek, ayırmak.
se.lec.tion (silek´şın) *i.* 1. seçme, ayırma. 2. seçme şey.
se.lec.tive (silek´tiv) *s.* seçici, ayıran.
se.lect.man (silekt´mın), *çoğ.* **se.lect.men** (silekt´mîn) *i.* belediye meclisi üyesi.
self (self), *çoğ.* **selves** (selvz) *i.* 1. öz, kendi. 2. taraf, yön: **his better self** onun iyi tarafı. 3. *ruhb.* kişilik, şahsiyet. 4. kişisel çıkarlar, kendi: **He has no thought of self.** Kendini hiç düşünmez.
self- *önek* 1. kendi, kendine, kendinden, kendini. 2. öz, özün. 3. otomatik.
-self *sonek* kendi: **He is not in control of himself.** Kendine sahip değil. **I will speak with him myself.** Onunla kendim konuşacağım. **We are supporting ourselves.** Kendi kendimizi geçindiriyoruz.
self-ad.dressed (self´ıdrest´) *s.* gönderenin adına.
self-ap.point.ed (self´ıpoyn´tıd) *s.* kendi kendini tayin etmiş.
self-as.sured (self´ışûrd´) *s.* kendinden emin.
self-cen.tered, *İng.* **self-cen.tred** (self´sen´tırd) *s.* hep kendini düşünen, bencil.
self-con.fi.dence (self´kan´fîdıns) *i.* özgüven, kendine güven.
self-con.fi.dent (self´kan´fîdınt) *s.* kendine güvenen, özgüven sahibi.
self-con.scious (self´kan´şıs) *s.* 1. utangaç, sıkılgan. 2. kendi halini çok düşünen.
self-con.tained (self´kınteynd´) *s.* 1. kendine güvenen ve başkalarına pek ihtiyaç duymayan. 2. işlemesi başka makineleri gerektirmeyen.
self-con.trol (self´kıntrol´) *i.* kendine hâkim olma, özdenetim.
self-de.fense, *İng.* **self-de.fence** (self´difens´) *i.* kendini savunmak. **in —** kendini korumak için.
self-de.ni.al (self´dînay´ıl) *i.* özveri, feragat.
self-de.ny.ing (self´dînay´îng) *s.* özverili.

self-de.ter.mi.na.tion (self´dîtırmıney´şın) *i.* 1. hür irade. 2. kendi geleceğini saptama.
self-ed.u.cat.ed (self´ec´ûkeytîd) *s.* kendi kendini yetiştirmiş, özöğrenimli.
self-ed.u.ca.tion (self´ecûkey´şın) *i.* özöğrenim.
self-ef.fac.ing (self´îfey´sîng) *s.* kendini geri planda tutan.
self-em.ployed (self´îmployd´) *s.* serbest çalışan.
self-es.teem (self´ıstim´) *i.* özsaygı, izzetinefis, onur.
self-ev.i.dent (self´ev´ıdınt) *s.* aşikâr, açık, belli.
self-ex.am.i.na.tion (self´îgzämıney´şın) *i.* kendi kendini inceleme.
self-gov.ern.ing (self´gʌv´ırnîng) *s.* özerk, kendi kendini yöneten.
self-gov.ern.ment (self´gʌv´ırnmınt) *i.* özerklik.
self-help (self´help´) *i.* kendi kendine yetme, kendi başına yapabilme.
self-in.duc.tion (self´îndʌk´şın) *i., fiz.* özindükleme.
self-in.dul.gence (self´îndʌl´cıns) *i.* kendi isteklerini frenlememe.
self-in.dul.gent (self´îndʌl´cınt) *s.* kendi isteklerini hiç frenlemeyen.
self-in.ter.est (self´în´tırıst, self´în´trîst) *i.* kişisel çıkar, bencillik.
self.ish (sel´fîş) *s.* bencil.
self.ish.ly (sel´fîşli) *z.* bencilce.
self.ish.ness (sel´fîşnîs) *i.* bencillik.
self.less (self´lîs) *s.* özgecil, özgeci.
self-pit.y (self´pît´î) *i.* kendini zavallı hissetme, kendi kendine acıma.
self-por.trait (self´pôr´trît) *i.* bir ressamın çizdiği kendi portresi.
self-pos.ses.sion (self´pızes´ın) *i.* kendine hâkim olma.
self-pres.er.va.tion (self´prezırvey´şın) *i.* kendini koruma.
self-pro.pelled (self´prıpeld´) *s., fiz.* özitmeli.
self-pro.pel.ling (self´prıpel´îng) *s., fiz., bak.* **self-propelled.**
self-pro.pul.sion (self´prıpʌl´şın) *i., fiz.* özitme.
self-re.li.ance (self´rilay´ıns) *i.* kendine güven.
self-re.li.ant (self´rilay´ınt) *s.* kendine güvenen.
self-re.spect (self´rispekt´) *i.* özsaygı, izzetinefis.
self-right.eous (self´ray´çıs) *s.* kendini üstün gören.
self-rule (self´rul´) *i.* özerklik, otonomi.
self-sac.ri.fice (self´säk´rıfays) *i.* özveri, fedakârlık.
self-sac.ri.fic.ing (self´säk´rıfaysîng) *s.* özverili.
self-sat.is.fied (self´sät´îsfayd) *s.* kendi halinden memnun.
self-seek.ing (self´si´king) *s.* yalnız kendi çıkarını gözeten.
self-ser.vice (self´sır´vîs) *s.* selfservis.
self-suf.fi.cient (self´sıfîş´ınt) *s.* 1. kendine güvenen. 2. kendi kendine yeten.
self-sup.port (self´sıpôrt´) *i.* kendini geçindirme.
self-sus.tain.ing (self´sıstey´nîng) *s.* kendi kendini geçindiren.
self-taught (self´tôt´) *s.* kendi kendini eğitmiş.
self-will (self´wîl´) *i.* inatçılık, benlikçilik.
self-wind.ing (self´wayn´dîng) *s.* otomatik olarak kurulan (saat).
sell (sel) *f.* **(sold)** 1. satmak; satılmak. 2. satışta rağbet görmek. 3. beğendirmek; beğenilmek: **sell oneself** kendini beğendirmek. 4. kabul ettirmek: **He succeeded in selling this idea to the board of directors.** Bu fikri yönetim kuruluna kabul ettirmeyi başardı. **— like wildfire** çok satılmak, kapışılmak. **— off** hepsini satıp bitirmek, elden çıkarmak. **— out** 1. bütün malını satmak. 2. *argo* kişisel çıkar için ele vermek, satmak. **— short** 1. henüz elde olmayan malı ileride teslim etmek üzere satmak. 2. küçümsemek. 3. desteklemek.
sell.er (sel´ır) *i.* 1. satıcı. 2. satılan şey: **best seller** çoksatar.
Sel.lo.tape (sel´ıteyp) *i., İng.* seloteyp. *f., İng.* bantlamak, seloteyple yapıştırmak/tutturmak/tamir etmek.
sell.out (sel´aut) *i.* 1. elden çıkarma, elde bulunanı satma. 2. *k. dili* kapalı gişe. 3. *k. dili* ihanet.
selves (selvz) *i., çoğ., bak.* **self.**
se.man.tic (sîmän´tîk) *s.* anlamsal.
se.man.tics (sîmän´tîks) *i.* anlambilim, semantik.
sem.blance (sem´blıns) *i.* 1. biçim. 2. benzerlik. 3. dış görünüş.
se.mei.ol.o.gy (simayal´ıci) *i.* semiyoloji, imbilim, göstergebilim.
se.mes.ter (sîmes´tır) *i.* sömestr, yarıyıl, dönem.
semi- *önek* 1. yarı, yarım. 2. kısmi.
sem.i.an.nu.al (semi.än´yuwıl) *s.* altı aylık, altı ayda bir olan.
sem.i.cir.cle (sem´îsırkıl) *i.* yarım daire.
sem.i.civ.i.lized (semisiv´ılayzd) *s.* yarı uygar.
sem.i.co.lon (sem´îkolın) *i.* noktalı virgül.
sem.i.con.duc.tor (semikındʌk´tır) *i., fiz.* yarıiletken.
sem.i.con.scious (semikan´şıs) *s.* yarı uyanık, yarı bilinçli.
sem.i.de.tached (semidität´ç) *s., İng.* yarı müstakil (ev). *i., İng.* yarı müstakil ev.
sem.i.fi.nal (semîfay´nıl) *i.* yarıfinal.
sem.i.nal (sem´ınıl) *s.* yeni ufuklar açan (fikir).
sem.i.nar (sem´ınar) *i.* seminer.
sem.i.nar.y (sem´ıneri) *i.* ilahiyat fakültesi.
sem.i.of.fi.cial (semi.ıfîş´ıl) *s.* yarı resmi.
se.mi.ol.o.gy (simayal´ıci) *i., bak.* **semeiology.**
se.mi.ot.ic (simayat´îk) *s.* semiyotik, imbilimsel, göstergebilimsel.
se.mi.ot.ics (simayat´îks) *i.* semiyotik, imbilim, göstergebilim.
sem.i.per.me.a.ble (semipîr´miyıbıl) *s.* yarıge-

çirgen.
sem.i.pre.cious (semipreş'ıs) s. ikinci derecede değerli (taş).
sem.i.pri.vate (semipray'vît) s. yarı özel. — **room** (hastanede) iki yataklı oda.
sem.i.skilled (semiskild') s. az maharetli.
sem.i.sphere (sem'îsfîr) s. yarıküre.
sem.i.trans.par.ent (semitränsper'ınt) s. yarısaydam.
sem.i.week.ly (semiwik'li) s. haftada iki defa çıkan (yayın).
sem.o.li.na (semıli'nı) i. irmik.
sen. kıs. senate, senator, senior.
sen.ate (sen'ît) i. senato.
sen.a.tor (sen'ıtır) i. senatör.
sen.a.to.ri.al (senıtôr'îyıl) s. 1. senatoya ait. 2. senatörce. 3. senatörlerden oluşan.
sen.a.tor.ship (sen'ıtırşip) i. senatörlük.
send (send) f. **(sent)** 1. göndermek, yollamak. 2. fırlatmak, atmak. 3. argo coşturmak, kendinden geçirmek. — **about one's business** yol vermek, kovmak. — **away** kovmak, uzaklaştırmak. — **back** geri göndermek, iade etmek. — **down** İng. üniversiteden ihraç etmek. — **for** -i çağırtmak; -i getirtmek. — **forth** yaymak, neşretmek, çıkartmak. — **in** 1. içeri göndermek. 2. sunmak, arz etmek. — **off** 1. yollamak. 2. uğurlamak, yolcu etmek. — **out** 1. göndermek, dışarı göndermek. 2. dağıtmak, neşretmek. — **packing** pılıyı pırtıyı toplatıp kovmak. — **up** k. dili hapis cezası vermek. — **word** haber göndermek. **The telegram sent the household into a dither.** Telgraf evdekileri şaşkına çevirdi.
send.er (sen'dır) i. gönderen, gönderici.
Sen.e.gal (senigôl') i. Senegal.
Sen.e.gal.ese (senigıliz') i. (çoğ. **Sen.e.gal.ese**) Senegalli. s. 1. Senegal, Senegal'e özgü. 2. Senegalli.
se.nile (si'nayl) s. bunak.
se.nil.i.ty (sinil'ıti) i. bunaklık.
sen.ior (sin'yır) s. 1. yaşça büyük. 2. kıdemli. 3. son sınıfla ilgili. 4. üst. i. 1. yaşça büyük kimse. 2. kıdemli kimse. 3. son sınıf öğrencisi. — **citizen** yaşlı kimse. — **high school** on, on bir ve on ikinci sınıfların karşılığı olan okul, lise.
sen.ior.i.ty (sinyôr'ıti) i. 1. yaşça büyüklük, kıdemlilik. 2. kıdem.
sen.na (sen'ı) i. sinameki (bitki veya meyvesi).
sen.sa.tion (sensey'şın) i. 1. duyu, duyum, duygu, his; duyarlık. 2. heyecan uyandıran olay, sansasyon.
sen.sa.tion.al (sensey'şınıl) s. 1. duygusal. 2. heyecan verici, sansasyonel.
sen.sa.tion.al.ism (sensey'şınılîzım) i., fels., ruhb. duyumculuk.
sen.sa.tion.al.ist (sensey'şınılist) i., fels., ruhb.

duyumcu.
sense (sens) i. 1. duyu, his: **the five senses** beş duyu. 2. akıl, zekâ: **bring someone to his senses** bir kimsenin aklını başına getirmek. 3. fikir, düşünce: **What is your sense of yesterday's meeting?** Dünkü toplantı hakkındaki fikriniz ne? 4. anlam, mana: **In what sense is he using this word?** Bu sözcüğü hangi anlamda kullanıyor? **Does this poem make sense?** Bu şiirin anlamı var mı? 5. perception duyum. **common** — sağduyu, aklıselim. **in a** — bir anlamda, yani. **in one** — bir anlamda, bir taraftan. **make** — 1. anlamı olmak. 2. mantıklı olmak. **make** — **out of** -den anlam çıkarmak. **out of his** — aklı başından gitmiş, çıldırmış. **sixth** — altıncı his.
sense.less (sens'lis) s. 1. baygın, kendinden geçmiş. 2. akılsız. 3. saçma, anlamsız, manasız. 4. mantıksız.
sense.less.ly (sens'lisli) z. anlamsız olarak, anlamsızca.
sense.less.ness (sens'lisnis) i. 1. baygınlık. 2. saçmalık, anlamsızlık.
sen.si.bil.i.ty (sensıbil'ıti) i. 1. duyarlık, hassasiyet. 2. ayırt etme yetisi. 3. çoğ. anlayış.
sen.si.ble (sen'sıbıl) s. 1. mantıklı, akla uygun: **a sensible decision** mantıklı bir karar. 2. aklı başında: **a sensible person** aklı başında bir kişi. 3. hissedilir, sezilir, farkına varılır. 4. hisseden. 5. duyarlı, hassas, etkilenebilir. 6. anlayışlı, akıllı.
sen.si.tive (sen'sıtîv) s. 1. **to** -e duyarlı, -e hassas. 2. duygulu, duyar, duygun. 3. içli; alıngan. 4. duygusal. — **plant** küstümotu.
sen.si.tiv.i.ty (sensîtiv'ıti) i. **(to)** (-e) duyarlılık, (-e) hassaslık, (-e) hassasiyet.
sen.so.ry (sen'sıri) s. duyusal; duyumsal.
sen.su.al (sen'şuwıl) s. 1. tensel. 2. tensel/erotik zevklere düşkün.
sen.su.al.ism (sen'şuwılîzım) i. tensel zevklere fazlasıyla düşkün olma.
sen.su.al.ist (sen'şuwılist) i. tensel zevklere fazlasıyla düşkün kimse.
sen.su.ous (sen'şuwıs) s. 1. duyulara hitap eden. 2. tensel; erotik düşünceler/hisler uyandıran.
sent (sent) f., bak. **send**.
sen.tence (sen'tıns) i. 1. cümle, tümce. 2. huk. karar, hüküm. f. mahkûm etmek. **complex** — girişik cümle. **compound** — birleşik cümle. **serve one's** — cezasını (hapiste) doldurmak. **simple** — yalın cümle.
sen.ten.tious (senten'şıs) s. 1. tumturaklı (söz/yazı/konuşma). 2. anlamlı sözlerle dolu.
sen.tient (sen'şınt, sen'şiyınt) s. sezgili, hisseden.
sen.ti.ment (sen'tımınt) i. 1. duygu, his; seziş. 2. aşırı duyarlık. 3. fikir, düşünce.
sen.ti.men.tal (sentımen'tıl) s. duygusal.
sen.ti.men.tal.ise (sentımen'tılayz) f., İng.,

bak. **sentimentalize.**
sen.ti.men.tal.i.ty (sentımentäl´ıti) *i.* aşırı duygusallık.
sen.ti.men.tal.ize, *İng.* **sen.ti.men.tal.ise** (sentimen´tılayz) *f.* aşırı hassasiyet göstermek.
sen.ti.nel (sen´tınıl) *i.* nöbetçi, gözcü.
sen.try (sen´tri) *i.* nöbetçi, nöbetçi asker. — **box** nöbetçi kulübesi.
Sep. *kıs.* **September.**
se.pal (si´pıl) *i., bot.* çanakyaprak, sepal.
sep.a.ra.ble (sep´ırıbıl, sep´rıbıl) *s.* ayrılabilir.
sep.a.rate (sep´ıreyt) *f.* 1. ayırmak; ayrılmak. 2. bölmek. **be —d** *huk.* ayrı yaşamak, ayrılmak.
sep.a.rate (sep´ırit, sep´rit) *s.* ayrı, ayrılmış.
sep.a.rate.ly (sep´ıritli) *z.* ayrı ayrı, başka başka, bağlantısız olarak, bağımsız olarak.
sep.a.ra.tion (sepırey´şın) *i.* 1. ayrılma; ayırma. 2. *huk.* ayrı yaşama.
sep.a.ra.tism (sep´ırıtizım) *i.* ayrılıkçılık.
sep.a.ra.tist (sep´ırıtist) *i.* ayrılıkçı.
Sept. *kıs.* **September.**
Sep.tem.ber (septem´bır) *i.* eylül.
sep.tic (sep´tik) *s.* mikroplu. — **tank** fosseptik, lağım çukuru, septik çukur.
sep.ti.ce.mi.a (septısi´miyı) *i., tıb.* septisemi.
sep.ul.cher, *İng.* **sep.ul.chre** (sep´ılkır) *i.* mezar, kabir.
se.quel (si´kwıl) *i.* 1. devam: **He is writing a sequel to this book.** Bu kitabın devamını yazıyor. 2. son, sonuç.
se.quence (si´kwıns) *i.* 1. ardışıklık, birbiri ardından gelme, birbirini izleme. 2. sıra, düzen; seri, dizi. **in** — 1. sırayla. 2. art arda.
se.ques.ter (sikwes´tır) *f.* 1. ayırmak. 2. haczetmek, el koymak. — **oneself** tenha bir yere çekilmek.
se.ques.trate (sikwes´treyt) *f.* haczetmek, el koymak.
se.quin (si´kwin) *i.* pul, payet.
se.quoi.a (sikwôy´ı) *i., bot.* sekoya.
se.ra.glio (siräl´yo) *i.* 1. saray. 2. harem dairesi.
Serb (sırb) *i.* Sırp.
Ser.bi.a (sır´biyı) *i.* Sırbistan. **—n** *i.* 1. Sırpça. 2. Sırp. *s.* 1. Sırp. 2. Sırpça.
Ser.bo-Cro.at (sır´bo.kro´wät) *i., s., bak.* **Ser.bo-Croatian.**
Ser.bo-Cro.a.tian (sır´bo.krowey´şın) *i.* 1. Sırp-Hırvat dili. 2. Sırp-Hırvat dilini konuşan kimse. *s.* 1. Sırp-Hırvat dilinde yazılan/konuşulan. 2. Sırp-Hırvat dilini konuşan. 3. Sırp-Hırvat dilini konuşanlara özgü.
ser.e.nade (serıneyd´) *i.* serenat. *f.* serenat çalmak/söylemek, serenat yapmak.
se.rene (sirin´) *s.* 1. sakin. 2. yüce.
se.ren.i.ty (siren´ıti) *i.* sükûnet, dinginlik, huzur.
serf (sırf) *i.* serf.
ser.geant (sar´cınt) *i.* 1. çavuş. 2. komiser muavini. — **at arms** parlamentoda güvenlik görevlisi. — **major** başçavuş.
se.ri.al (sir´iyıl) *s.* 1. seri halinde olan. 2. tefrika halinde yayımlanan, devamı olan. *i.* tefrika. — **number** seri numarası. — **port** *bilg.* seri kapı, seri port.
se.ri.al.ize, *İng.* **se.ri.al.ise** (sir´iyılayz) *f.* tefrika halinde yayımlamak.
se.ri.ci.cul.ture (sıri´sıkʌlçır) *i., bak.* **sericulture.**
ser.i.cul.ture (ser´ıkʌlçır) *i.* ipekböcekçiliği, ipekçilik.
se.ries (sir´iz) *i.* (*çoğ.* **se.ries**) 1. sıra: **a series of shops** bir sıra dükkân. 2. seri, dizi: **a series of events** bir dizi olay.
se.ri.ous (sir´iyıs) *s.* 1. ciddi, ağırbaşlı: **serious person** ağırbaşlı kimse. 2. önemli, ciddi: **a serious problem** önemli bir sorun. 3. tehlikeli, ağır, ciddi: **a serious disease** tehlikeli bir hastalık. **Are you —?** Ciddi misin? **You can't be —!** Ciddi olamazsın!
ser.mon (sır´mın) *i.* 1. vaaz. 2. diskur, nutuk, vaaz.
ser.mon.ette (sırmınet´) *i.* kısa vaaz.
ser.mon.ize, *İng.* **ser.mon.ise** (sır´mınayz) *f.* diskur/nutuk çekmek, vaaz vermek.
ser.pent (sır´pınt) *i.* yılan.
ser.pen.tine (sır´pıntin, sır´pıntayn) *s.* yılankavi. *i.* 1. serpantin (kâğıt şerit). 2. yılantaşı, serpantin.
ser.rate (ser´eyt), **ser.rat.ed** (ser´eytid) *s.* testere dişli (yaprak/bıçak).
se.rum (sir´ım), *çoğ.* **—s** (sir´ımz)/**se.ra** (sir´ı) *i.* serum.
ser.vant (sır´vınt) *i.* hizmetçi, uşak. — **boy** uşak. — **girl** hizmetçi kız. **public** — memur, devlet memuru.
serve (sırv) *f.* 1. hizmet etmek: **serve one's homeland** vatanına hizmet etmek. 2. **as ...** vazifesini görmek: **Turkey serves as a bridge between Europe and Asia.** Türkiye Avrupa'yla Asya arasında köprü vazifesi görüyor. 3. yardım etmek: **He is serving in the kitchen.** O mutfakta yardım ediyor. 4. üye olmak: **serve on a committee** komite üyesi olmak. 5. servis yapmak: **When should I serve the salad?** Salata servisini ne zaman yapayım? 6. işe yaramak: **Will this book serve your purpose?** Bu kitap işinize yarar mı? 7. (hapis cezası) çekmek. 8. *spor* servis atmak. — **a summons** celpnameyi eline vermek. — **notice** hizmetinden çıkacağını bildirmek. — **out** dağıtmak, taksim etmek. — **time** hapis cezasını çekmek. — **up** (yemeği) sofraya koymak, servis yapmak. **He —s him right!** Müstahaktır!/Oh olsun!/Ettiğini buldu!
Ser.vi.a (sır´viyı) *i., bak.* **Serbia. —n** *i., s., bak.* **Serbian.**
ser.vice (sır´vis) *i.* 1. hizmet, görev. 2. iş. 3. ayin, ibadet. 4. askerlik. 5. yarar, yardım. 6. memuri-

yet. 7. *spor* servis. — **book** dua kitabı. — **station** benzin istasyonu. **active** — askerlik hizmeti. **be at someone's** — birinin hizmetinde olmak. **be of** — **to** -e yardımı dokunmak, -e yardım etmek. **civil** — devlet memurluğu. **public** — kamu hizmeti. **secret** — gizli polis teşkilatı. **see** — hizmet görmek. **take** — **with** -in hizmetine girmek.
ser.vice (sır´vis) *f.* 1. bakımını sağlamak, onarmak. 2. yardım etmek. 3. (erkek hayvan) -e aşmak, (dişisiyle) çiftleşmek.
ser.vice (sır´vis) *i.* 1. kayaarmudu. 2. üvez.
ser.vice.a.ble (sır´visıbıl) *s.* 1. işe yarar, elverişli. 2. dayanıklı.
ser.vice.ber.ry (sır´visberi) *i.* kayaarmudu.
ser.vice.man (sır´vismän), *çoğ.* **ser.vice.men** (sır´vismen) *i.* 1. asker. 2. tamirci.
ser.vi.ette (sırviyet´, sırvyet´) *i., İng.* peçete.
ser.vile (sır´vayl, sır´vil) *s.* 1. köle gibi; kul köle olan. 2. köleye yakışır. 3. aşağılık.
serv.ing (sır´ving) *i., ahçı.* porsiyon. *s.* — **fork** servis çatalı. — **spoon** servis kaşığı.
ser.vi.tude (sır´vıtud) *i.* kölelik.
ses.a.me (ses´ımi) *i.* susam. — **oil** susam yağı, şırlağan.
ses.sion (seş´ın) *i.* oturum, celse. **be in** — (mahkeme/toplantı/kongre/parlamento) toplantı halinde olmak; (okul/üniversite) öğretim yılına girmiş olmak: **Court's in session right now.** Şu anda mahkeme var. — **man** sesi kaydedilen bir şarkıcıya eşlik eden kayıt stüdyosunda görevli çalgıcı. **bull** — yarenlik, söyleşi. **jam** — cazcıların bir araya gelip doğaçtan çaldığı caz müziği. **recording** — plak/bant kaydı için yapılan toplantı.
set (set) *f.* (**set**, —**ting**) 1. koymak, komak: **Set it over there!** Oraya koy! 2. tayin etmek, tespit etmek, saptamak: **Have you set a date?** Bir tarih tayin ettin mi? 3. (birine) (bir ödev) vermek. 4. (saati) ayarlamak. 5. (sofrayı) kurmak. 6. (kırık bir kemiğin uçlarını) yerine koyup sarmak; (kırık bir kemiğin uçlarını) (birbirine) kaynamak: **Have you set the bone yet?** Kemiğin uçlarını yerine koyup sardınız mı? **The bone has set.** Kemik kaynadı. 7. -e yol açmak: **His remark set her to thinking.** Onun lafı düşünmesine yol açtı. **The tremor set the clock running.** Sarsıntı saatin işlemesine yol açtı. 8. (reçel, pelte, muhallebi v.b.'ni) jöle kıvamına getirmek, koyulaştırmak; (reçel, pelte, muhallebi v.b.) jöle kıvamına gelmek, koyulaşmak. 9. (rengi) sabitleştirmek; (renk) sabitleşmek. 10. (dişi kuşu) kuluçkaya oturtmak; (dişi kuş) kuluçkaya yatmak. 11. (gökcismi) batmak. 12. *matb.* (harfleri) dizmek. 13. (ıslak saçı) bir şekle sokmak, sarmak; (saça) fön çekmek; (saç) şekle girmek. 14. **in** (kıymetli bir taşı) (bir yüzük v.b.'ne) takmak, oturtmak. 15. (meyve/tohum) vermek; (meyve/tohum) oluşup gelişmek. 16. (bir hikâye v.b.'ni) (belirli bir mekân ve zaman içinde) geçirmek. 17. (av köpeği) fermaya geçmek. — **a clock/a watch back** saati geriye almak. — **a clock/a watch forward** saati ileriye almak. — **a high value on** -e çok kıymet vermek. — **a match to** -i yakmak. — **a place in order** bir yeri düzene sokmak, bir yeri derleyip toplamak. — **a price on someone's head** aranılan bir kimsenin kellesine fiyat biçmek. — **about** başlamak, girişmek, koyulmak. — **an animal loose** bir hayvanı salıvermek/serbest bırakmak. — **an animal on** bir hayvanı (birine) saldırtmak/salmak. — **at** -ün üstüne saldırmak, -e hücum etmek. — **back from** (bir yerden) içerlek bir yerde bulunmak: **The house sets back from the street.** Ev caddeden içerlek. — **eyes on** -i görmek. — **fire to** -i tutuşturmak/yakmak; -i ateşe vermek. — **foot in** (bir yere) ayak basmak. — **forth** 1. ileri sürmek; izah etmek. 2. yola çıkmak. — **in** başlamak. — **off** 1. yola çıkmak. 2. patlatmak. 3. başlatmak. 4. (bir şeyin) güzelliğini ortaya çıkarmak: **That dress really sets off her red hair.** O elbise kızıl saçlarını bayağı ortaya çıkarıyor. — **someone against something** birini bir şeyin aleyhine çevirmek. — **someone an example** birine örnek olmak. — **someone apart** (belirli bir şey) birini başkalarından ayırmak/sivriltmek. — **someone at ease** birini rahatlatmak. — **someone at large** bir mahpusu serbest bırakmak. — **someone back** 1. bir oyuncuya puan kaybettirmek. 2. *k. dili* birine (belirli bir miktar para) kaybettirmek. 3. birini (belirli bir zaman için) geciktirmek. — **someone/something beside** birini/bir şeyi (başka biriyle/bir şeyle) karşılaştırmak. — **someone down** birini (bir yere) indirmek. — **someone/an animal free** birini/bir hayvanı azat etmek/serbest bırakmak. — **someone right** birinin yanlış bilgisini düzeltmek, birini düzeltmek. — **someone to work** birini işe koşmak. — **someone up** 1. **in** birinin (bir iş) yapmaya başlamasını sağlamak. 2. **on a throne** birini bir tahta geçirmek. — **something afloat** bir şeyi yüzdürmek. — **something apart** bir şeyi bir tarafa ayırmak. — **something aside** 1. bir şeyi bir tarafa ayırmak. 2. bir şeyi bir kenara/yana bırakmak. 3. bir şeyi kale almamak, bir şeyi önemsememek. 4. *huk.* (kararı) bozmak, feshetmek. — **something at naught** bir şeyi hiçe saymak. — **something back** 1. bir şeyi aksatmak; bir şeyi engellemek; bir işi (bir süre için) geciktirmek. 2. **from** bir şeyi (başka bir şeyden) (belirli bir mesafe) geriye koymak. — **something down** 1. bir şeyi (bir yere) bırakmak/koymak. 2. bir şeyi yazmak/kaydetmek. — **something on end** bir şeyi dikine koymak. — **something on fire** bir şeyi

tutuşturmak/yakmak; bir şeyi ateşe vermek. — **something on foot** 1. bir şeyi başlatmak. 2. (plan) yapmak. — **something right** bir şeyi düzeltmek. — **something to music** -i bestelemek.
set (set) *i.* 1. takım. 2. *mat.* küme. 3. grup, küçük topluluk. 4. duruş, oturuş: **Change the set of your hat!** Şapkanın duruşunu değiştir! 5. eğilim, meyil. 6. (rüzgârın estiği veya akıntının aktığı) yön. 7. (sıvı veya plastik madde için) katılaşma, sertleşme, donma. 8. *tiy.*, *sin.* dekor. 9. *sin.* plato. 10. *tenis, voleybol* set. 11. fide, soğan. — **theory** *mat.* kümeler kuramı. **television** — televizyon, televizyon alıcısı.
set (set) *s.* 1. belirli, muayyen; önceden belirtilmiş, önceden tayin edilmiş. 2. değişmeyen; sabit. **be** — 1. bulunmak: **The village was set deep in the mountains.** Köy dağların ortasında bulunuyordu. 2. **on** -i aklına koymak: **He's set on going.** Gitmeyi aklına koydu. 3. hazır olmak, hazırlanmış olmak: **Are you all set?** Hazır mısın? **be** — **in one's ways** kendi kurduğu düzenden pek şaşmayan biri olmak.
set.back (set´bäk) *i.* 1. aksama. 2. başarısızlık, yenilgi.
set.square (set´skwer) *i.*, *İng.* gönye.
set.tee (seti´) *i.* kanepe.
set.ter (set´ır) *i.* seter (av köpeği).
set.ting (set´îng) *i.* 1. ortam. 2. *edeb.* zaman ve mekân. 3. *tiy.* (oyunun bir sahnesine ait) dekor. 4. (mücevher için) yuva ve tırnakları. 5. beste. 6. (bir kişilik) yemek takımı veya çatal bıçak takımı; (bir yemek masasına ait) tabak çanak ve çatal bıçak. 7. ayar. 8. *gökb.* gurup, batma.
set.tle (set´ıl) *f.* 1. (insanları) (bir yere) yerleştirmek; (insanları) (boş bir yere) iskân etmek; -e yerleşmek. 2. (bir şeyi) (bir yere) oturtmak; -e oturmak: **He settled himself in his armchair.** Koltuğuna oturdu. 3. (kuş) konmak. 4. (sinirleri) yatıştırmak; (mideyi) rahatlatmak; yatışmak; rahatlamak. 5. (binada) tasman meydana gelmek: **This building has settled a little.** Bu binada ufak çapta bir tasman meydana geldi. 6. (kahveyi) berraklaştırmak. 7. (sıvının içindeki katı maddeleri) çökeltmek. 8. (sıvının içindeki katı maddeler) çökelmek. 9. (kuru bir maddeyi) çökertip sıkıştırmak. 10. (kuru bir madde) çöküp daha sıkışık olmak. 11. karar vermek, kararlaştırmak. 12. (bir anlaşmazlığı/davayı) halletmek, çözmek: **He settled with her for five hundred million liras.** Beş yüz milyon lira için onunla olan anlaşmazlığı halletti. — **accounts** hesaplaşmak, hesap görmek. — **a score with someone** biriyle kozunu paylaşmak, biriyle hesaplaşmak; birinden (bir şeyin) acısını çıkarmak. — **an account** bir hesabı kapatmak. — **down** 1. uslanmak, yola gelmek. 2. sakin olmak. 3. rahat bir şekilde oturmak. 4. **to** kendini (bir işe) vermek, (bir işi) cidden yapmaya başlamak. 5. **in** (bir işe) alışmak. — **for** -e razı olmak, -i kabul etmek. — **on/upon** -e karar vermek. — **one's affairs** bütün işlerini halletmek. — **someone down** 1. birini uslandırmak, birini yola getirmek. 2. birini sakinleştirmek. 3. **in** birini (rahat bir yere) oturtmak. — **someone in a place** birini bir yere yerleştirmek/iskân etmek. — **someone's hash** birinin hakkından gelmek. — **something on someone** bir şeyi birine bırakmak/bağışlamak. — **the dust** tozu bastırmak, tozu gidermek. — **up with someone** birine karşı olan borcu ödemek. **after the dust has** —**d** 1. toz dağıldıktan sonra. 2. ortalık sakinleşip herkes kendine geldikten sonra, ortalık yatıştıktan sonra. **Dust has** —**d on everything.** Her şey tozlandı. **That** —**s it!** Tamam! *(Genellikle kızınca söylenir.):* **That settles it! I'm going to give him a piece of my mind!** Tamam! Şimdi ağzının payını vereceğim.
set.tle.ment (set´ılmınt) *i.* 1. yerleştirme; iskân; yerleşme. 2. köy. 3. çökelme. 4. (binada oluşan) tasman, oturma. 5. (anlaşmazlığı/davayı) halletme. 6. hesabı kapatma; hesabı kapatmak için ödenen para. 7. (birine) (bir şeyi) bırakma/bağışlama; (birine) (bir şeyi) bırakma/bağışlama belgesi; bırakılan/bağışlanan şey/şeyler.
set.tler (set´lır) *i.* bir yere yerleşen/yerleştirilen kimse.
set-to (set´tu) *i.* kavga; ağız kavgası; dövüşme.
set.up (set´ʌp) *i., k. dili* 1. düzen; sistem: **What's the setup like there?** Oradaki düzen nasıl? 2. tuzak: **It's a setup by the police.** Polisin kurduğu bir tuzak o.
sev.en (sev´ın) *s.* yedi. *i.* 1. yedi, yedi rakamı (7, VII). 2. *isk.* yedili. —**th** *s., i.* 1. yedinci. 2. yedide bir.
sev.en.fold (sev´ınfold) *s., z.* yedi kat, yedi misli.
sev.en.teen (sev´ıntin´) *s.* on yedi. *i.* on yedi, on yedi rakamı (17, XVII). —**th** *s., i.* 1. on yedinci. 2. on yedide bir.
sev.en.ty (sev´ınti) *s.* yetmiş. *i.* yetmiş, yetmiş rakamı (70, LXX). **seventieth** *s., i.* 1. yetmişinci. 2. yetmişte bir.
sev.er (sev´ır) *f.* 1. kesmek. 2. ayırmak. 3. kopmak, ikiye ayrılmak.
sev.er.al (sev´ırıl) *s.* 1. birkaç. 2. ayrı, tek.
sev.er.ance (sev´ırıns) *i.* 1. kesme. 2. ayırma, ayırım. 3. kopma, ikiye ayrılma. — **of relations** ilişkileri kesme. — **pay** işten ayrılana ödenen tazminat.
se.vere (sivîr´) *s.* 1. sert; haşin; katı. 2. çok acıtan, şiddetli. 3. büyük (zarar). 4. zor, güç (bir şey). 5. çok sade, yalın.
se.ver.i.ty (sivêr´ıti) *i.* 1. sertlik; haşinlik; katılık. 2.

(ağrıya ait) şiddet. 3. (zarara ait) büyüklük. 4. zorluk, güçlük. 5. sadelik, yalınlık.
Se.ville (sıvıl´, *İng.* se´vıl) *i.* Sevil. — **orange** turunç.
sew (so) *f.* (—**ed**, —**n**/—**ed**) dikmek; dikiş dikmek. — **something on** (bir giysiye) bir şey dikmek. — **something up** 1. bir şeyi dikip kapatmak; kesik yeri dikmek. 2. bir işi sağlam kazığa bağlamak.
sew.age (su´wic) *i.* pissu, lağım suyu. **raw** — arıtılmamış pissu. **treated** — arıtılmış pissu. **untreated** — arıtılmamış pissu.
sew.er (so´wır) *i.* dikici.
sew.er (su´wır) *i.* lağım. — **system** kanalizasyon.
sew.er.age (su´wiric) *i.* 1. pissu, lağım suyu. 2. kanalizasyon.
sew.ing (so´wing) *i.* 1. dikme, dikim. 2. dikiş; dikilecek şey. — **machine** dikiş makinesi.
sewn (son) *f., bak.* **sew.**
sex (seks) *i.* 1. cinsiyet, cins. 2. seks, cinsel ilişki. — **appeal** seksapel, cinsel cazibe. — **film** seks filmi. — **life** seks hayatı, cinsel yaşam. **have** — seks yapmak, sevişmek. **He's always thinking about** —. Aklı fikri sekste.
sex.ol.o.gy (seksal´ici) *i.* seksoloji, cinslikbilim.
sex.tant (seks´tınt) *i.* sekstant.
sex.ton (seks´tın) *i.* zangoç.
sex.u.al (sek´şuwıl) *s.* cinsel, cinsi. — **harassment** cinsel taciz. — **intercourse** cinsel ilişki. — **organs** cinsel organlar.
sex.u.al.i.ty (sekşuwäl´ıti) *i.* cinsiyet, cinsellik.
sex.y (sek´si) *s., k. dili* seksi.
Sey.chelles *s.* (seyşel´) Seyşel, Seyşeller'e özgü: **the Seychelles Islands** Seyşel Adaları. *i.* (seyşelz´) **the** — Seyşeller, Seyşel Adaları.
Sey.chel.lois (seyşelwa´) *i.* (*çoğ.* **Sey.chel.lois**) Seyşelli erkek, Seyşelli. *s.* 1. Seyşel, Seyşeller'e özgü. 2. Seyşelli.
Sey.chel.loise (seyşelwaz´), *çoğ.* —**s** (seyşelwaz´) *i.* Seyşelli kadın, Seyşelli.
shab.by (şäb´i) *s.* 1. eski püskü, yırtık pırtık, pejmürde. 2. hırpani, üstü başı eski püskü olan. 3. aşağılık, adi; pespaye; seviyesiz. 4. çok az, cüzi.
shack (şäk) *i.* baraka. *f.* — **up (with)** *k. dili* (ile) evli olmadan beraber yaşamaya başlamak.
shack.le (şäk´ıl) *i.* 1. engel, mânia, zincir, boyunduruk, insanı engelleyen/hapseden şey. 2. pranga. *f.* 1. hapsetmek, tutsak etmek: **She was shackled by her prejudices.** Kendi önyargılarının tutsağıydı. 2. prangaya vurmak.
shad.ber.ry (şäd´beri) *i.* kayaarmudu.
shad.blow (şäd´blo) *i.* kayaarmudu.
shad.bush (şäd´bûş) *i.* kayaarmudu.
shade (şeyd) *i.* 1. gölgelik, gölge, gölgeli yer. 2. abajur. 3. stor. 4. göz siperi. 5. (resimde) gölge: **In this painting the artist has used shade to good effect.** Bu tabloda ressam gölgeyi iyi kul-

lanmış. 6. (renge ait) ton. 7. nüans, ince fark, ayırtı. 8. *çoğ., k. dili* güneş gözlüğü. *f.* 1. siper etmek; güneşten korumak; gölge etmek: **He shaded his eyes with his hand.** Elini gözlerine siper etti. **Shade those plants!** O bitkileri güneşten koru! **Don't shade me with that umbrella!** O şemsiyeyle bana gölge etme! 2. (resimde) gölgelemek. — **into**/— **off into** (bir şey) (başka bir şeyden) farksız olmaya başlamak: **The real shades into the unreal.** Gerçek hayalden farksız olmaya başlıyor. — **tree** geniş gölgesiyle altındakileri güneşten koruyan ağaç. **a** — biraz, azıcık: **Lower your voice a shade.** Sesini biraz alçalt. **leave/put someone/something in the** — birini/bir şeyi gölgede bırakmak.
shad.ow (şäd´o) *i.* 1. gölge: **The shadows of the trees had begun to lengthen.** Ağaçların gölgeleri uzamaya başlamıştı. 2. (**of**) zerre kadar, en ufak bir ...: **There's not a shadow of justification for what he's doing.** Yaptığını haklı çıkaracak en ufak bir sebep yok. *f.* 1. gölgelemek, gölge etmek, gölgelendirmek. 2. gölgelendirmek, bozmak. 3. gizlice takip etmek. — **cabinet** *İng.* gölge kabine, muhalefet kabinesi. — **play** gölge oyunu. **be a** — **of one's former self** 1. (biri) epeyce çökmüş olmak. 2. (biri) epeyce çaptan düşmüş olmak. 3. eski halinden çok düşmüş olmak. **be afraid of one's own** — kendi gölgesinden korkmak. **be beyond/without a** — **of a doubt** zerre kadar şüphe kalmamak. **be someone's** — birinin gölgesi olmak, birinin yanından ayrılmamak. **have** —**s around one's eyes** gözleri mor halkalarla çevrili olmak. **live in someone's** — daha güçlü/ünlü birinin gölgesinde kaybolup gitmek. **wear oneself down to a** — kendini helak etmek, erim erim erimek.
shad.ow.box (şäd´obaks) *f.* (boksör) gölge çalışması yapmak.
shad.ow.y (şäd´owi) *s.* 1. belli belirsiz, belirsiz, müphem. 2. tayin edilmesi zor olan. 3. gölgeler içinde olan. — **figure** kim olduğu belli olmayan, hayatı hakkında az şey bilinen kimse.
shad.y (şey´di) *s.* 1. gölgeli, gölgeler içinde. 2. gölge veren. 3. şüpheli; kanunsuz, kanuna aykırı; üçkâğıtçı, hilebaz, sahtekâr: **He's got a shady reputation.** Adı kötüye çıktı.
shaft (şäft) *i.* 1. şaft, mil. 2. gövde, sütun başlığıyla kaide arasındaki kısım. 3. (mızrak, ok v.b.'ne ait) sap. 4. (teleğe ait) eksen. 5. (atlı arabaya ait). ok. 6. ışın, şua. *f., argo* (birinin) canını yakmak. **air** — hava boşluğu, aydınlık. **elevator** — asansör boşluğu. **get the** — *argo* (birinin) canı yanmak. **give someone the** — *argo* birinin canını yakmak. **mine** — maden kuyusu.
shag.gy (şäg´i) *s.* kaba tüylü (tekstil); kaba (sa-

shah   414

kal v.b.).
shah (şa) *i.* şah.
shake (şeyk) *f.* **(shook, —n)** 1. sarsmak: **The explosion shook my house.** Patlama evimi sarstı. **The news shook them.** Haberler onları sarstı. **Nothing can shake her faith.** İnancını hiçbir şey sarsamaz. **She took him by the shoulders and shook him hard.** Onu omuzlarından tutup sert bir şekilde sarstı. 2. (sıvıyı) çalkalamak; (katı maddeleri) sallamak: **Shake the contents well.** İçindekileri iyice çalkalayın. 3. (başı/yumruğu) sallamak; (memeleri) hoplatmak; (kalçaları) çalkalamak. 4. titremek: **She was shaking with anger.** Öfkeden tir tir titriyordu. 5. silkelemek: **Don't shake that rug while my window's open!** Pencerem açıkken o halıyı silkeleme! **Shake the scorpions out of those boots!** O çizmelerdeki akrepleri silkele! 6. serpmek: **She was shaking flour onto the heads of the passersby.** Geçenlerin başına un serpiyordu. 7. **off** -den kurtulmak. **S— a leg!** *k. dili* Çabuk ol! **— down** *k. dili* alışmak, uyum sağlamak. **— hands** el sıkışmak. **— oneself** silkinmek, silkelenmek. **— someone down** *argo* birinden para sızdırmak. **— someone off** birinden kurtulmak. **— someone up** birini sarsmak. **— something down** bir şeyi silkeleyip düşürmek: **Shake those persimmons down!** O hurmaları düşürsene! **— something off** bir şeyden silkinmek/kurtulmak. **— something out** bir şeyi silkmek. **— something up** sıvıyı çalkalamak; katı maddeyi sallamak.
shake (şeyk) *i.* 1. sarsıntı. 2. (sıvıyı) çalkalama; (katı maddeyi) sallama. 3. (başı/yumruğu) sallama. 4. silkeleme. 5. serpme. **be no great —s** *k. dili* üstün biri olmamak. **get the —s** *k. dili* titremeye başlamak, titreme nöbetine tutulmak. **give someone a fair —** birine adaletli/dürüst bir şekilde davranmak. **in two —s** *k. dili* bir lahzada. **milk —** milkşeyk (süt ve dondurma karışımı bir içecek).
shake.down (şeyk´daun) *i., argo* birinden para sızdırma. **— flight** deneme uçuşu.
shak.en (şey´kın) *f., bak.* **shake.**
shak.er (şey´kır) *i.* çalkalama kabı.
shake.up (şeyk´ʌp) *i.* reorganizasyon.
shak.y (şey´ki) *s.* 1. titrek; sarsak. 2. sağlam olmayan, sakat.
shale (şeyl) *i.* killi şist, killi yapraktaşı. **— oil** killi şistten elde edilen petrol.
shall (şäl) *yardımcı f.* **(should)** 1. *Gelecek zaman kipinde kullanılır:* **I shall bolt the door.** Kapıyı sürgüleyeceğim. 2. *Kararlılık belirtir:* **I pledge my life that they shall be free.** Hür bırakılacaklarına hayatım üzerine ant içerim. 3. *Söz verme durumunda kullanılır:* **You shall**

have what you need. Size ne gerekirse vereceğim. 4. *Emir belirtir:* **You shall not kill.** Öldürmeyeceksin. 5. *Kaçınılmazlık belirtir:* **Whatever shall be ....** Ne olacaksa ....
shal.lot (şılat´, şäl´ıt) *i.* 1. yabanisarımsak, yabanisarmısak. 2. yeşil soğan, taze soğan.
shal.low (şäl´o) *s.* 1. sığ, sığlık. 2. yüzeysel, derine inmeyen, basit. *i.* sığ yer.
sham (şäm) *i.* 1. yapmacık, sahtelik. 2. oyun, hile; danışıklı dövüş. *s.* sahte, suni; yalandan. *f.* **(—med, —ming)** (bir şey) yapar gibi yapmak; yalandan yapmak.
sham.ble (şäm´bıl) *f.* ayaklarını sürüyerek yürümek.
sham.bles (şäm´bılz) *i.* 1. darmadağın bir yer, karmakarışık bir yer; yıkıntı. 2. hercümerç, karışıklık. 3. mezbaha. **leave a place (in) a —** bir yeri darmadağınık bir halde bırakmak.
shame (şeym) *i.* utanç, hicap: **Are they devoid of shame?** Utançtan yoksun mu onlar? **Shame on you!** Utan! *f.* 1. rezil etmek. 2. gölgede bırakmak. 3. (birini) utandırarak (bir şey yapmaya) mecbur etmek: **She'll shame him into going there.** Onu utandırarak oraya gitmeye mecbur eder. **bring — on** -i rezil etmek. **feel — (for)** -den utanç duymak. **It's a crying —!** Yazıklar olsun! **put someone to —** 1. birini utandırmak/mahcup etmek; birini rezil etmek. 2. birini gölgede bırakmak. **put something to —** bir şeyi gölgede bırakmak. **What a —!** Ne yazık!
shame.faced (şeym´feyst) *s.* 1. utangaç, mahcup, çekingen. 2. utanç içinde.
shame.ful (şeym´fıl) *s.* utanç verici, yüz kızartıcı, utandırıcı, utanılacak, ayıp; rezil.
shame.less (şeym´lis) *s.* utanmaz; yüzsüz; utançtan yoksun.
sham.my (şäm´i) *i.* (madeni yüzeyleri parlatmak için kullanılan) güderi parçası.
sham.poo (şämpu´) *i.* şampuan. *f.* şampuanla yıkamak. **give someone a —** birinin saçını şampuanla yıkamak.
sham.rock (şäm´rak) *i.* yonca.
Shan.gri-la (şäng.grila´) *i.* 1. hayal ülkesi; ütopya. 2. cennet, çok güzel ve rahat bir yer.
shank (şängk) *i.* 1. baldır; incik. 2. *kasap.* incik.
shan't (şänt) *kıs.* **shall not.**
shan.ty (şän´ti) *i.* baraka.
shape (şeyp) *i.* 1. biçim, şekil. 2. hal: **All things considered he's in excellent shape.** Her şey göz önünde tutulursa sıhhati çok iyi. **That firm's in bad shape.** O firmanın durumu kötü. *f.* 1. -i bir şekle sokmak, -e bir şekil vermek. 2. **into** -den (bir şey) yapmak: **He shaped the clay into a pot.** Çamurdan bir çömlek yaptı. **— up** (biri)´ iyi bir yolda olmak; (iş v.b.) iyi gitmek: **Things are shaping up well.** İşler iyi gidiyor. **be in —**

(for) (-e) hazır olmak; formda olmak, kondisyonu iyi olmak: **The players are in shape.** Oyuncular formda. **be out of** — 1. formda olmamak, formdan düşmüş olmak. 2. şeklini kaybetmiş olmak, kalıpsız olmak. **get someone/something in — (for)** birini/bir şeyi hazırlamak. **in any — or form** hiçbir şekilde. **take —** (bir şeyin) çizgileri belli olmaya başlamak, biçimlenmeye başlamak.
shaped (şeypt) s. **(like)** şeklinde, biçiminde: **heart-shaped** kalp şeklinde. **It's shaped like a pyramid.** Şekli piramide benziyor.
shape.less (şeyp'lis) s. biçimsiz, şekilsiz; kalıpsız.
shape.ly (şeyp'li) s. biçimli, biçimi güzel olan.
share (şer) i. 1. pay, hisse, parça. 2. hisse senedi, aksiyon. f. 1. paylaşmak. 2. anlatmak, söylemek. 3. (bir fikre) katılmak. **— and — alike** eşit bir şekilde paylaşmak. **— in** -de payı olmak. **go —s** paylaşmak: **I'll go shares with you in this.** Bunu seninle paylaşırım. **have a — in** -de payı olmak.
share.crop.per (şer'krapır) i. ortakçı, maraba.
share.hold.er (şer'holdır) i. hissedar, paydaş.
Sha.ri'.a (şıri'yı) i. **the** — şeriat.
shark (şark) i. 1. köpekbalığı. 2. k. dili açgözlünün teki. 3. k. dili dolandırıcı.
sharp (şarp) s. 1. keskin. 2. sivri uçlu. 3. keskin (gözler, görme duyusu). 4. zehir gibi, çok üstün (zekâ); zekâsı zehir gibi. 5. keskin, sert, acı. 6. ani (yükseliş/düşüş/dönüş). 7. çok net. 8. şiddetli (sancı). 9. sert (vuruş/itiş). 10. sert, ters (sözler/söz). 11. kurnaz; kurt. 12. şık, zarif, güzel. 13. tiz (ses). 14. müz. diyez: **F sharp** Fa diyez. i., müz. diyez: **Pay attention to the sharps!** Diyezlere dikkat et! **— practice** hileli bir iş. **at four o'clock —** saat tam dörtte. **look —** 1. dikkat etmek, gözünü dört açmak. 2. şık olmak: **You're looking sharp today.** Bugün şıksın.
sharp.en (şar'pın) f. 1. (bıçağı) bilemek. 2. (kalemi) sivriltmek, açmak. 3. (ağrıyı) şiddetlendirmek. 4. (zekâyı) geliştirmek. 5. (sesi) tizleştirmek. **pencil —er** kalemtıraş.
sharp.er (şar'pır) i. dolandırıcı, üçkâğıtçı.
sharp-eyed (şarp'ayd') s. keskin gözlü.
sharp.ie (şar'pi) i. dolandırıcı, üçkâğıtçı.
sharp.shoot.er (şarp'şutır) i. keskin nişancı.
sharp-wit.ted (şarp'wit'id) s. zekâsı zehir gibi.
Shas.ta (şäs'tı) i. **— daisy** bot. margarit.
shat.ter (şät'ır) f. 1. paramparça etmek, tuzla buz etmek. 2. mahvetmek; bozmak.
shat.tered (şät'ırd) s. 1. paramparça. 2. mahvolmuş; bozulmuş. 3. İng. çok yorgun, canı çıkmış, bitkin.
shave (şeyv) f. **(—d, —d/—n)** 1. **(off)** (sakalı/kılları) tıraş etmek: **He won't shave off his beard.** Sakalını tıraş etmez. **She shaved her legs and under her arms.** Bacaklarındaki ve koltuk altlarındaki kılları tıraş etti. 2. sakal tıraşı olmak:

He hasn't shaved for three days. Üç gündür tıraş olmadı. 3. (buz kalıbından) buz kazımak. 4. sıyırmak. 5. rendelemek. i. tıraş: **Give me a shave!** Beni tıraş et! **close —** sinekkaydı tıraş. **That was a close —!** Kıl payı kurtulduk!
shav.en (şey'vın) f., bak. shave.
shav.er (şey'vır) i. elektrikli tıraş makinesi.
shav.ing (şey'ving) i. 1. tıraş etme; tıraş olma. 2. (bir) rende talaşı. 3. çoğ. rende talaşı. **— brush** tıraş fırçası. **— cream** tıraş kremi. **— lotion** tıraş losyonu.
shawl (şôl) i. şal, atkı.
she (şi) zam., dişil o. s. dişi: **she-goat** keçi.
sheaf (şif), çoğ. **sheaves** (şivz) i. bağlam, demet; deste.
shear (şir) f. **(—ed, —ed/shorn)** 1. (hayvanın tüylerini) çok kısa kesmek, kırkmak, kırpmak. 2. (bir çitin dallarını) kısa budamak. 3. of -den mahrum etmek. 4. off kopmak, iki parçaya ayrılmak.
shears (şirz) i., çoğ. 1. kırkı (kırkmaya yarayan alet). 2. bahçıvan makası; çit makası.
shear.wa.ter (şir'wôtır) i., zool. yelkovan.
sheath (şith) i. 1. (bıçak, kılıç için) kın. 2. bot. kın. 3. anat. kılıf.
sheathe (sidh) f. 1. kınına sokmak, kınlamak. 2. **with** ile kaplamak.
she.bang (şıbäng') i., k. dili **the whole —** hepsi, tümü, bütünü.
shed (şed) f. **(shed, —ding)** 1. (yaprak/gözyaşı/tüy) dökmek. 2. (su) geçirmemek. 3. (yılan) (gömlek) değiştirmek. **— blood** kan dökmek. **— light on** (konuyu) aydınlatmak.
shed (şed) i. (odun, kömür, bahçe aletleri v.b. konulan ufak) kulübe. **bicycle —** (kapalı) bisiklet park yeri.
she'd (şid) kıs. 1. she had. 2. she would.
sheen (şin) i. parlaklık.
sheep (şip) i. (çoğ. **sheep**) koyun. **— dog** çoban köpeği. **—/—'s sorrel** bot. kuzukulağı.
sheep.fold (şip'fold) i. ağıl.
sheep.ish (şi'piş) s. gülünç bir şekilde utangaç; kabahatinden dolayı utangaç.
sheep.skin (şip'skin) i. 1. pösteki, koyun postu. 2. k. dili üniversite diploması. **— coat** napa palto/ceket.
sheer (şir) s. 1. şeffaf ve ince (kumaş). 2. sırf; bütünüyle: **It was sheer luck.** Şanstan başka bir şey değildi. **That's sheer nonsense!** Bütünüyle saçma o! 3. sarp, dik.
sheet (şit) i. 1. yatak çarşafı, çarşaf. 2. (kâğıt/yufka için) yaprak. 3. (buz için) tabaka: **The lake was covered with a sheet of ice.** Göl bir buz tabakasıyla kaplıydı. **— metal** sac.
sheet.ing (şi'ting) i. çarşaflık, yatak çarşafı yapmaya uygun kumaş.
sheik, sheikh (şik, İng. şeyk) i. şeyh, kabile reisi.

shelf (şelf), *çoğ.* **shelves** (şelvz) *i.* 1. raf. 2. *coğr.* şelf. **be on the —** 1. kızağa çekilmiş olmak; emekliye ayrılmış olmak. 2. (kadın) evde kalmış olmak. **put someone on the —** birini kızağa çekmek; birini emekliye ayırmak.
shell (şel) *i.* 1. (sert) kabuk; kavkı: **sea shell** deniz kabuğu. **walnut shell** ceviz kabuğu. **egg shell** yumurta kabuğu. **tortoise shell** kaplumbağa kabuğu, bağa. 2. mermi. 3. (fişeğe ait) kovan. 4. içi yok olmuş bir şeyin dışı: **I saw only the burned shells of buildings.** Ancak yanık binaların dış duvarlarını gördüm. 5. (kürekli) yarış teknesi. **come out of one's —** açılmak, suskunluğu bırakmak. **go into one's —** kabuğuna çekilmek, susup insanlarla konuşmamak.
shell (şel) *f.* 1. kabuğunu soymak, kabuğunu çıkarmak. 2. (kurumuş mısır tanelerini) koçanından ayırmak. 3. -i top ateşine tutmak. 4. **out** *k. dili* (para) vermek.
she'll (şil) *kıs.* **she will/shall.**
shel.lac (şıläk´) *i.* gomalak.
shell.fish (şel´fîş) *i.* kabuklu deniz ürünleri.
shel.ter (şel´tır) *i.* 1. sığınak; barınak; korunak. 2. siper: **They took shelter under a tree.** Bir ağacın siperine sığındılar. *f.* 1. korumak. 2. barındırmak; barınmak. 3. saklanmak; sığınmak; siperlenmek. **give someone —** birini korumak. **take —** sığınmak; siperlenmek. **take — behind** -i siper almak: **He took shelter behind the wall.** Duvarı siper aldı.
shel.tered (şel´tırd) *s.* 1. mahfuz; kuytu, siper. 2. kötü ve tatsız şeylerden korunmuş, kötü ve tatsız şeylerden uzak.
shelve (şelv) *f.* 1. rafa koymak/kaldırmak. 2. rafa koymak/kaldırmak, şimdilik vazgeçmek.
shelves (şelvz) *i., çoğ., bak.* **shelf.**
she.nan.i.gan (şınän´ıgın) *i., k. dili* 1. maskaralık, saçmalık, saçma şey, komik şey. 2. yaramazlık, yaramaz davranış. 3. oyun, hile, numara.
shep.herd (şep´ırd) *i.* çoban. *f.* (rehber/refakatçi olarak) (birini) getirmek/götürmek, (birine) refakat etmek.
sher.bet (şır´bît) *i.* bir çeşit meyveli dondurma.
sher.iff (şer´îf) *i.* şerif (bir polis amiri).
sher.ry (şer´î) *i.* bir çeşit beyaz İspanyol şarabı.
she's (şiz) *kıs.* 1. **she is.** 2. **she has.**
Shet.land (şet´lınd) *i.* **— pony** midilli.
shet.land (şet´lınd) *i.* şetlant. **— wool** şetlant.
Shi'.a (şi´yı) *f.* **the —** Şia, Şiiler.
shield (şild) *i.* 1. kalkan. 2. siper; koruyucu şey. *f.* korumak; siper etmek: **He shielded his eyes with his hand.** Elini gözlerine siper etti.
shift (şîft) *f.* 1. kımıldanmak: **He shifted about uneasily in the doorway.** Kapının eşiğinde endişeyle kımıldandı. 2. (rüzgâr) yön değiştirmek, (rüzgârın) yönü değişmek. 3. (araçtaki yük) bir tarafa kaymak. 4. (bir şeyi) (bir yerden başka bir yere) geçirmek; -in yerini değiştirmek: **He shifted the suitcase from his right hand to his left.** Bavulu sağ elinden sol eline geçirdi. **Let's shift the furniture around.** Mobilyaların yerlerini değiştirelim. **— down into** (belirli bir vitese) almak. **— for oneself** kendi hayatını kazanmak. **— gears** vites değiştirmek. **— one's attention** dikkatini çevirmek. **— the blame onto** suçu (birinin) üstüne atmak, (suçu) (birine) yüklemek. **— up into** (belirli bir vitese) geçmek.
shift (şîft) *i.* 1. (rüzgâr için) yönünü değiştirme. 2. vardiya. 3. çok sade bir çeşit kadın elbisesi. **make —** varolanla idare etmek. **make — with** ile idare etmek.
shift.less (şîft´lîs) *s.* haylaz, tembel, miskin.
shift.y (şîf´ti) *s.* dalavereci, hilekâr.
Shi'.i (şi´yi) *i., s., bak.* **Shi'ite.**
Shi'.ism (şi´yîzım) *i.* Şiilik.
Shi'.ite (şi´yayt) *i., s.* Şii.
shil.ling (şîl´îng) *i.* şilin, eski İngiliz gümüş parası.
shil.ly-shal.ly (şîl´îşäl´î) *f.* 1. tereddütten dolayı harekete geçmemek; kararsızlık içinde dönüp dolaşmak. 2. vakit öldürmek.
shim.mer (şîm´ır) *f.* yumuşak ve titrek bir ışıkla parıldamak. *i.* titrek ışık.
shin (şîn) *i.* incik kemiği, incik. *f.* **(—ned, —ning) — down** (ağaç, direk v.b.´ne) (sarılıp bedenini kaydırarak) inmek. **— up** (ağaç, direk v.b.´ne) (sarılıp bedenini yukarı çekerek) tırmanmak.
shin.bone (şîn´bon) *i., anat.* incik kemiği.
shin.dig (şîn´dîg) *i., k. dili* şatafatlı bir parti.
shine (şayn) *f.* (**shone**/*eski* **—d**) 1. parlamak, ışık saçmak. 2. parlatmak. 3. (bir ışığı) (bir yere) çevirmek. 4. (biri) (belirli bir konuda) çok başarılı olmak. *i.* parlaklık. **— shoes** ayakkabı boyamak. **take a — to** *k. dili* (birinden) hoşlanmak.
shin.gle (şîng´gıl) *i.* tahta çatı kiremidi, padavra, hartama, yarma *(Çatıyı örtmek veya bina duvarını kaplamak için kullanılır.). f.* (çatıyı/duvarı) padavrayla kaplamak. **hang out/up one's — ** *k. dili* (tıp doktoru) özel muayenehanesini açmak; (avukat) kendi yazıhanesini açmak.
shin.gles (şîng´gılz) *i., çoğ., tıb.* zona.
shin.ny (şîn´î) *f., k. dili* **— down** *bak.* **shin down. — up** *bak.* **shin up.**
shin.y (şay´ni) *s.* parlak.
ship (şîp) *i.* gemi; vapur. *f.* **(—ped, —ping)** 1. (bir şeyi) (bir nakliyat aracıyla) göndermek, yollamak: **Haven't you shipped that order yet?** O siparişi daha göndermedin mi? 2. (bir şeyi) gemiyle yollamak. 3. (kürekleri) fora edip teknenin içine koymak. **— out** 1. yola çıkmak. 2. gemiyle gitmek. **— water** (teknenin) içine su girmek:

We're shipping water. Teknenin içine su giriyor.
ship.ment (şip´mınt) *i.* 1. gönderilen mal/sipariş. 2. (bir şeyi) (bir nakliyat aracıyla) yollama. 3. nakliyat, nakliye, taşıma. **be damaged in —** (mal) yoldayken hasar görmek.
ship.own.er (şip´onır) *i.* gemi sahibi.
ship.per (şip´ır) *i.* 1. siparişi alıp gönderen. 2. nakliyatçı, nakliyeci, taşımacı.
ship.ping (şip´îng) *i.* 1. gemiler. 2. siparişi alıp gönderme. 3. nakliyat, nakliye, taşıma. **— agent** nakliyeci, nakliyatçı. **— charge** nakliye, nakliye ücreti; navlun. **— clerk** bir şirketin ambalaj ve nakliyat işlerine bakan kimse. **— company** nakliyat şirketi.
ship.shape (şip´şeyp) *s.* düzgün, muntazam.
ship.wreck (şip´rek) *i.* 1. gemi enkazı. 2. geminin kazaya uğraması.
ship.wrecked (şip´rekt) *s.* 1. gemi kazası geçirmiş, kazazede. 2. yıkılmış, tuzla buz olmuş (ümitler v.b.).
ship.yard (şip´yard) *i.* tersane.
shire (şayr) *i.* İngiltere'de kontluk (idare bölgesi).
shirk (şırk) *f.* yan çizmek; kaytarmak.
shirt (şırt) *i.* gömlek. **give someone the — off one's back** çok cömert olmak. **keep one's — on** *k. dili* 1. sinirlenmemek, patlamamak. 2. sabırsızlanmamak. 3. telaşa kapılmamak. **lose one's — k.** *dili* meteliksiz kalmak.
shirt.ing (şır´tîng) *i.* gömleklik kumaş, gömleklik.
shirt.tail (şırt´teyl) *i.* gömlek eteği.
shirt.waist (şırt´weyst) *i.* erkek gömleği biçiminde kadın bluzu.
shirt.y (şır´ti) *s., İng., k. dili* kızgın, öfkeli.
shish ke.bab (şiş´ kıbab) şiş kebap.
shit (şit) *i., kaba* 1. bok. 2. aşağılık herif. **S—!** *ünlem* Kahrolsun! **have a —** sıçmak. **have the —s** ishal olmak. **not to be worth a —** beş para etmemek; değersiz bir şey olmak, boktan bir şey olmak; aşağılık bir şey olmak. **not to give a —** (birinin) umurunda olmamak.
shit.ty (şit´i) *s., kaba* aşağılık, pis, alçak.
shiv.er (şiv´ır) *f.* ürpermek. *i.* ürperti: **It sent shivers down my spine.** Tüylerimi diken diken etti. **give someone the —s** birinin tüylerini ürpertmek/diken diken etmek.
shoal (şol) *i.* büyük balık sürüsü.
shock (şak) *f.* 1. şoke etmek, çok şaşırtmak, sarsmak, dehşete düşürmek. 2. (elektrik) çarpmak. 3. elektrik şoku vermek. *i.* 1. şok: **The news of their victory came as a shock to me.** Onların zafer haberi bende şok etkisi yarattı. 2. *ruhb.* şok, sarsıntı. 3. sarsıntı: **The shock of the earthquake cracked the wall.** Zelzeleden ileri gelen sarsıntı duvarı çatlattı. 4. sadme, çarpma, çarpış: **The shock of the waves crashing against the cliffs could be heard for miles.** Dalgaların kayalara şiddetle çarpışı kilometrelerce öteden duyuluyordu. 5. elektrik çarpması: **The current gave me a shock.** Beni elektrik çarptı. 6. *k. dili* amortisör. **— absorber** amortisör (cihaz). **— therapy** şok tedavisi.
shock (şak) *i.* ekin yığını (dikey duran bağlanmış birçok ekin demeti).
shock (şak) *i.* çalı gibi gür saç.
shock.er (şak´ır) *i.* insanı şoke eden şey.
shock.ing (şak´îng) *s.* 1. insanı çok şaşırtan, şoke eden, sarsıcı. 2. frapan (renk): **shocking pink** çingenepembesi.
shod (şad) *f., bak.* **shoe.**
shod.dy (şad´i) *s.* kalitesiz, tapon; kavaf işi, gelişigüzel yapılmış.
shoe (şu) *i.* 1. ayakkabı, pabuç. 2. nal. *f.* **(shod/—d, —ing)** nallamak, nal çakmak. **— polish** ayakkabı boyası. **— repairer** ayakkabı tamircisi. **be in someone's —s** birinin bulunduğu durumda olmak. **brake —** fren pabucu. **fill someone's —s** birinin yerini doldurmak.
shoe.bill (şu´bil) *i., zool.* pabuçgagalı.
shoe.horn (şu´hôrn) *i.* ayakkabı çekeceği, çekecek.
shoe.lace (şu´leys) *i.* ayakkabı bağı, bağcık.
shoe.mak.er (şu´meykır) *i.* ayakkabı yapan, ayakkabıcı.
shoe.shine (şu´şayn) *i.* ayakkabı boyama, lostra. **— boy** ayakkabı boyacısı. **— parlor** lostra salonu.
shoe.string (şu´strîng) *i.* 1. ayakkabı bağı, bağcık. **on a —** az paralya.
shoe.tree (şu´tri) *i.* ayakkabı kalıbı.
shone (şon) *f., bak.* **shine.**
shoo (şu) *ünlem* Defol!/Kışt!/Hoşt!/Pist! *f.* away kovmak.
shook (şûk) *f., bak.* **shake.**
shoot (şut) *f.* **(shot)** 1. (kurşun/ok/top) atmak. 2. (bir hedefi) (silahla) vurmak. 3. **from** -den fışkırmak. 4. (bir şeyi) tükürüvermek. 5. (ağrı) (belirli bir yer boyunca) yayılıvermek: **The pain shot through my arm.** Ağrı bütün koluma yayılıverdi. 6. (sinema kamerasıyla) (film) çekmek. 7. (misket/bilardo) oynamak: **Let's shoot some pool.** Bilardo oynayalım. 8. (kapının sürgüsünü) çekmek; (kilidin dilini) çevirmek. *i.* 1. filiz, sürgün. 2. av, avlama: **duck shoot** ördek avı. **S—!** *k. dili* Haydi anlat! **— a glance at** -e bakıvermek, -e göz atmak. **— ahead** hızla öne geçmek. **— at** 1. -e ateş etmek. 2. *k. dili* -i amaçlamak. **— back at someone** 1. birinin ateşine karşılık vermek. 2. birine cevap yetiştirmek. **— by** yıldırım hızıyla geçmek. **— down** (uçağa) ateş edip düşürmek. **— for** *k. dili* -i amaçlamak. **— heroin** damardan eroin almak. **— it out** (bir meseleyi halletmek için) karşılıklı ateş etmek. **— one's mouth off** *k. dili* patavatsızca konuşmak. **— one's wad** *k. dili* parasının

shooting

hepsini harcamak. — **out** fırlamak. — **past** yıldırım gibi geçmek. — **someone a question** birine soru soruvermek. — **someone down** birine ateş edip öldürmek. — **the ball** *spor* şut atmak, şut çekmek, topu şutlamak. — **the breeze/bull** *k. dili* çene çalmak, kaynatmak; yarenlik etmek. — **up** 1. (birinin boyu) hızla uzamak. 2. hızla yükselmek. 3. (alev) parlamak. 4. damardan uyuşturucu almak. 5. her tarafa ateş etmek; her tarafa rasgele ateş etmek. **the whole** — hepsi, tümü, bütünü.
shoot.ing (şu´ting) *i.* 1. ateş, ateşli silahların atılması: **The shooting stopped.** Ateş kesildi. 2. (ateşli silahla) birinin yaralanması/öldürülmesi. 3. (hedefi) (silahla) vurma. 4. *sin.* çevirim. — **brake** *İng.* steyşın. — **range** atış poligonu, poligon. — **script** *sin.* çevirim senaryosu. — **star** akanyıldız. — **war** gerçek savaş. **the whole** — **match** hepsi, sürü sepet.
shoot-out (şut´aut) *i.* silahlı çatışma.
shop (şap) *i.* 1. (perakende satış yapılan) dükkân: **flower shop** çiçekevi. 2. (zanaatçıya ait) atölye; tamirhane: **carpenter's shop** marangozhane. **automobile repair shop** otomobil tamirhanesi. 3. (ortaokul ve liselerde) zanaat dersi. *f.* (**—ped,** **—ping**) (**for**) (belirli şeylerin peşinde) çarşı pazar dolaşmak. — **around** en uygun fiyatların peşinde çarşı pazar dolaşmak. — **assistant** *İng.* tezgâhtar. **close up** — 1. (iş gününün bitiminde) işyerini kapatmak. 2. *k. dili* paydos etmek. **set up** — dükkân açmak; yazıhane açmak. **talk** — mesleki işleri konuşmak.
shop.keep.er (şap´kipır) *i.* çarşı esnafı, esnaf, dükkâncı.
shop.lift (şap´lift) *f.* dükkânlardan (mal) aşırmak; dükkânlardan mal aşırmak.
shop.lift.er (şap´liftır) *i.* dükkânlardan mal aşıran kimse.
shop.lift.ing (şap´lifting) *i.* dükkânlardan mal aşırma.
shoppe (şap) *i.* (perakende satış yapılan) dükkân.
shop.per (şap´ır) *i.* alışveriş eden kimse.
shop.ping (şap´ing) *i.* (belirli şeylerin peşinde) çarşı pazar dolaşma. — **center** alışveriş merkezi, çarşı. — **list** alışveriş listesi. **do one's** — alışverişini yapmak. **go** — çarşıya çıkmak, alışverişe çıkmak.
shop.win.dow (şap´wîndo) *i.* vitrin.
shop.worn (şap´wôrn) *s.* (rafta satılmadan uzun zaman kalıp) eskimiş (mal).
shore (şôr) *i.* sahil, kıyı. **in** — kıyıya yakın. **off** — **den.** açıkta. **on** — kıyıda.
shore (şôr) *f.* **up** 1. (bir şeyin çökmesini önlemek için) bir tarafına destek koymak, desteklemek, payanda vurmak. 2. (fiyatları) desteklemek.
shore.line (şôr´layn) *i.* kıyı şeridi.

shorn (şôrn) *f., bak.* **shear.**
short (şôrt) *s.* 1. kısa. 2. kısa boylu, kısa. 3. ters, sert, gönül kırıcı. *i., elek.* kısa devre. — **and sweet** az ve öz. — **circuit** *elek.* kısa devre. — **of** -den başka: **She tried everything short of firing him.** Onu sepetlemekten başka her şeyi denedi. — **story** hikâye, öykü. — **wave** radyo kısa dalga. **be caught** — 1. parası çıkışmamak. 2. of yanında yeterli miktarda (bir şey) olmamak. 3. *İng.* sıkışmak, aptesi gelmek. **be in** — **supply** az olmak; az bulunmak. **be** — (**something**) (birinde) (bir şey) (belirli bir miktarda) eksik olmak; (belirli bir miktarı) çıkıştıramamak: **I'm short four books.** Bende dört kitap eksik. **He's one man short.** Bir adamı eksik. **She's five thousand liras short.** Beş bin lirayı çıkıştıramıyor. **be** — **for** (bir şeyin) kısaltması/kısası olmak. **be** — **of** 1. (varolan şeyler/birileri) kâfi gelmemek, yetmemek, eksik olmak: **We're short of cups.** Fincanlarımız kâfi değil. 2. (bir yerden) belirli bir uzaklıkta) bulunmak: **We were ten kilometers short of the coast.** Sahilden on kilometre uzaktaydık. **be** — **on** 1. (bir giysi) (birine) kısa gelmek. 2. (belirli bir konuda) birinin eksikliği olmak: **He's short on smarts.** Onda pek kafa yok. **call someone (a name) for** — birine kısaca ... demek: **They call him "İbo" for short.** Ona kısaca İbo diyorlar. **cut someone** — birinin lafını kesmek. **fall** — (**of**) yeterli olmamak, yetmemek. **get the** — **end of the stick/of it** en az beğenilen şey birine düşmek: **I got the short end of the stick.** En kötü pay bana düştü. **go** — (**of**) (birine) yeterli miktarda (bir şey) olmamak: **They won't go short of bread.** Onlara yetecek kadar ekmek var. **have a** — **memory** çabuk unutmak, hafızası zayıf olmak. **in** — kısaca, sözün kısası. **in** — **order** çarçabuk. **in the** — **haul/term** kısa vadede. **leave someone** — birini -siz bırakmak: **The factory owner'll hire her and leave me short a maid.** Fabrikatör onu işe alıp beni hizmetçisiz bırakacak. **That leaves me two thousand liras short.** Ondan dolayı hesabımda iki bin liralık bir eksiklik var. **make** — **work of** 1. -i çabucak bitirmek. 2. -i bir çırpıda yemek. 3. -i çabucak yenmek, -i bir hamlede alt etmek. 4. (birinin) problemini çabucak halletmek. **run** — (**of**) tükenmek: **We're running short of time.** Vaktimiz tükeniyor. **sell someone** — (birinin ismini) deyip de geçmek: **Don't sell Saim short!** Saim deyip de geçme! **stop** — aniden durmak. **stop** — **at** 1. (bir yerde) birdenbire durmak. 2. işi (belirli bir yere) vardırmamak: **He stopped short at betrayal.** İşi ihanete vardırmadı. **stop** — **of** işi (belirli bir yere) vardırmamak: **She stopped short of murdering him.** İşi onu öldürmeye vardırmadı.

The long and the — of it is this! İşin gerçeği bu!
short.age (şôr'tic) i. eksiklik; kıtlık.
short.bread (şôrt'bred) i. bir çeşit kurabiye.
short.cake (şôrt'keyk) i. 1. gevrek, yassı bir tür hamur işi. 2. bu hamur işiyle yapılan meyveli ve tatlı bir yiyecek.
short.change (şôrt'çeync) f. 1. (birine) paranın üstünü eksik olarak vermek. 2. (birini) (bir şeyden) mahrum bırakmak; (birine) (bir şeyi) gerekli miktarda vermemek.
short-cir.cuit (şôrtsır'kit) f. 1. kısa devre yapmak. 2. (aradaki şeyleri) atlayıp geçmek.
short-com.ing (şôrt'kʌming) i. kusur, eksik, noksan.
short.cut (şôrt'kʌt) i. kestirme, kestirme yol. take the — kestirmeden gitmek.
short.en (şôr'tın) f. kısaltmak; kısalmak.
short.en.ing (şôr'tıning) i. (hamur yapımında kullanılan) katı yağ.
short.fall (şôrt'fôl) i. açık, eksik.
short.hand (şôrt'händ) i. stenografi, steno.
short.hand.ed (şôrt'händid) s. be — -de personel eksikliği olmak.
short.lived (şôrt'layvd, şôrt'livd) s. kısa ömürlü.
short.ly (şôrt'li) z. 1. kısa bir zamanda. 2. az bir mesafeden sonra: **It's shortly beyond that house.** O evin biraz ötesinde. 3. kısaca, az ve öz bir şekilde. 4. ters bir şekilde.
short.ness (şôrt'nis) i. 1. kısalık. 2. kısa boyluluk. 3. terslik, sertlik. 4. eksiklik. — of breath nefesin çabuk kesilmesi.
short-range (şôrt'reync') s. 1. kısa vadeli. 2. kısa menzilli.
shorts (şôrts) i., çoğ. 1. şort. 2. (erkek için) külot.
short.sight.ed (şôrt'say'tid) s. 1. miyop. 2. öngörüsü olmayan.
short-tem.pered (şôrt'tem'pırd) s. çabuk kızan; hemen parlayan.
short-term (şôrt'tırm') s. kısa vadeli.
short.wave (şôrt'weyv') i. kısa dalga.
short-wind.ed (şôrt'win'did) s. nefesi çabuk kesilen.
shot (şat) i. 1. (mermi/roket için) atım, atış; (top için) vuruş; (top için) şut. 2. (çifte namlulu av tüfeği için) saçma. 3. *spor* gülle. 4. *k. dili* fırsat. 5. *sin.* çekim. 6. *k. dili* fotoğraf. 7. iğne, iğne yoluyla verilen ilaç: **He got a shot.** İğne oldu. **Give her a shot of penicillin.** Ona bir penisilin iğnesi yap. **They don't like shots.** İğne sevmezler. — put *spor* 1. gülle atma. 2. gülle atışı. a crack — keskin nişancı. a long — başarı ihtimali az olup gerçekleşince kazancı çok olan bir iş. a poor — nişancı olmayan kimse, hedefi iyi vuramayan kimse. a — in the arm birine birdenbire moral veren bir şey. a — in the dark körü körüne bir deneme. big — *k. dili* koda-

man. call the —s *k. dili* borusu ötmek, sözü geçmek, (bir yerin) amiri olmak: **He calls the shots around here.** Buranın şefi o. exchange —s karşılıklı olarak birer el silah atmak. fire a — bir el silah atmak. fire the first — ilk silah atan olmak. give it one's best — elinden geleni yapmak. hear a — silah sesi işitmek. like a — 1. derhal, hemen, hiç tereddüt etmeden. 2. şimşek gibi, yıldırım gibi, çabucak. **Not by a long —!** *Bir işte birinin başarıdan çok uzak kaldığını belirtir:* "**Did she pass the test?**" "**Not by a long shot!**" "İmtihanı verdi mi?" "Fena halde çaktı." parting — giderayak söylenen iğneli laf, son taş. put the — *spor* gülle atmak. take a — at -e (bir el) ateş etmek.
shot (şat) s. 1. yanardöner, şanjan, janjan (kumaş). 2. *k. dili* kullanılmaz hale gelmiş, tamamıyla bozulmuş: **This motor's shot.** Bu motorda iş yok. 3. kötü bir halde: **His nerves are shot.** Sinirleri altüst oldu. be — of *İng.* -den kurtulmak. be — through with (bir şeyde) (bir öğe) yer yer bulunmak: **Her poetry is shot through with humor.** Şiirlerinde yer yer mizah var. get — of *k. dili* -den kurtulmak.
shot (şat) *f., bak.* shoot.
shot.gun (şat'gʌn) *i.* 1. çifte, çifte namlulu av tüfeği. 2. tek bir oda genişliğinde bütün odaları arka arkaya sıralanan ev. — wedding *k. dili* (kadın hamile kaldığı için yapılan) mecburi nikâh.
shot-put.ter (şat'pûtır) *i., spor* gülleci.
should (şûd) *yardımcı f.* 1. *Manevi zorunluluk gösterir:* **I think I should go.** Gitsem iyi olur galiba. **Why shouldn't I go?** Niçin gitmeyeyim? **You should apologize.** Özür dilemelisin. **You should have said "No!"** "Hayır!" demeliydin. **How should she have known he was a rogue?** Serseri olduğunu ne bilsindi. 2. *İhtimal gösterir:* **The weather should be nice.** Herhalde hava güzel olur. **She should easily get that prize.** O ödülü kolaylıkla kazanması lazım. 3. *Bazı şartlı cümlelerde kullanılır:* **You can use the house should the weather turn bad.** Hava bozarsa evden yararlanabilirsiniz. **If I were a polite person I should invite you to stay for dinner.** Nazik bir kişi olsaydım akşam yemeğine buyurun derdim. **If he were here now I'd kill him.** Şimdi karşımda olsa öldürürdüm. 4. *Şaşkınlık belirtir:* **At that moment who should telephone but Mehmet himself!** O an kim telefon etse beğenirsin? Mehmet'in te kendisi! 5. *Gelecek zamanı göstermek için kullanılır:* **He said he should go.** Gideceğini söyledi. 6. *Olumluyken olumsuz bir anlam gösterir:* **She should worry, with her good looks!** O güzelliğiyle endişe etmesine hiç gerek yok aslında! **I — have liked ...: I should have liked you to have known her.** Onu

shoulder 420

tanımış olmanızı isterdim. **I — have thought ...: I should have thought her to be older.** Daha yaşlı olduğunu zannederdim. **I — like ...: I should like to tell you I'm sorry.** Senden özür dilemek istiyorum. **I'd like to buy a novel.** Roman almak istiyorum. **I — say so.** Öyle zannediyorum./Herhalde. **I — say so!** Hem de nasıl! **I — think so.** Öyle zannediyorum./Herhalde. **I —n't think so.** Zannetmiyorum.
shoul.der (şol´dır) *i.* 1. omuz. 2. dağ yamacının üst bölümü. 3. *kasap.* kürek, kürek eti. 4. banket. *f.* 1. omzuna almak, omzuna vurmak, omuzlamak. 2. (bir işi/görevi) yüklenmek, omuzlamak. 3. omuzlamak, omzuyla itmek: **He shouldered his way through the crowd.** Kalabalığı omuzlayarak ilerledi. **— arm** dipçikli silah. **— bag** omuz çantası. **— blade** *anat.* kürekkemiği. **— strap** (kadın giysisinde) askı, omuz askısı. **— to —** 1. omuz omuza, yan yana. 2. omuz omuza, dayanışma içinde. **— weapon** dipçikli silah. **cry on someone's —** birine dert yanmak. **get the cold —** soğuk bir şekilde karşılanmak, soğuk bir karşılık almak. **give someone the cold —** birine soğuk davranmak. **have a chip on one's —** çok alıngan olmak. **have a good head on one's —s** aklı başında biri olmak. **put one's — to the wheel** gayretle çalışmaya başlamak. **rub —s with** ile görüşmek, -e rastlamak. **soft —s** düşük banket. **stand head and —s above** -den çok daha iyi olmak, -den çok üstün olmak. **straight from the —** dobra dobra, hiçbir şey saklamadan (konuşmak).
should.n't (sûd´ınt) *kıs.* **should not.**
shout (şaut) *f.* bağırmak; haykırmak. *i.* bağırtı, bağırış; haykırı, haykırış. **— someone down** bağırarak birini konuşturtmamak.
shove (şʌv) *f.* (sert bir şekilde) itmek: **He shoved the man to one side.** Adamı bir kenara itti. *i.* itiş. **— off** 1. *den.* avara etmek. 2. gitmek, çıkmak, palamarı çözmek. **— something into** bir şeyi (bir yere) sokmak.
shov.el (şʌv´ıl) *i.* kürek. *f.* **(—ed/—led, —ing/—ling)** kürekle atmak, küreklemek; küremek, kürümek. **— food into one's mouth** yemeği hapır hupur yemek/atıştırmak.
shov.el.bill (şʌv´ılbil) *i., zool., bak.* **shoveler.**
shov.el.er (şʌv´ılır) *i., zool.* kaşıkçın, kaşıkgaga.
show (şo) *f.* **(—ed, —n)** 1. göstermek. 2. görünmek, gözükmek. *i.* 1. *radyo, TV* program, izlence: **talk show** konuşma programı. 2. şov, revü. 3. sergi. 4. gösteri: **air show** uçuş gösterisi. 5. müsamere. 6. gösteriş, sahte davranış. 7. *k. dili* iş; kuruluş: **Who's running this show?** Burasını kim yönetiyor? **— business/biz** oyunculuk; artistlik. **— dirt** kir tutmak. **— of strength** kuvvet gösterisi. **— off** 1. gösteriş yapmak, fiyaka sat-

mak, caka satmak. 2. gururla göstermek. **— one's face** gözükmek, görünmek. **— one's hand** niyetini açıklamak. **— one's teeth** diş göstermek. **— signs of** (birinde) (belirli bir şeyin) belirtileri gözükmek. **— someone around** birini gezdirmek, birine rehberlik etmek. **— someone in** birini içeri almak, birini buyur etmek, birini içeriye buyur etmek. **— someone out** birini kapıya kadar uğurlamak. **— someone the door** birine kapıyı göstermek, birini kapı dışarı etmek. **— someone the way to do something** birine bir şeyin nasıl yapıldığını göstermek. **— someone up** 1. birinin foyasını ortaya çıkarmak. 2. birini utandırmak. **— something up** bir şeyi açıkça göstermek. **— up** *k. dili* 1. gelmek. 2. çıkagelmek. **be on —** sergilenmekte olmak. **Good —!** *İng.* Aferin! **have nothing to — for it** elinde ne yaptığını gösterecek hiçbir şey olmamak. **Let's get this — on the road!** Haydi başlayalım! **make a — of** gibi yapmak, -mişçesine davranmak: **They made a show of resistance.** Karşı koyar gibi yaptılar. **put up a poor —** başarılı olmamak, yaptığı iyi olmamak.
show.case (şo´keys) *i.* vitrin, camekân.
show.down (şo´daun) *i.* bir kavganın galibini belirleyecek olay: **This debate will turn into a showdown between Aydın and Turgut.** Bu tartışma Aydın ile Turgut arasında bir kavgaya dönüşecek.
show.er (şau´wır) *i.* 1. kısa süren yağmur. 2. duş, duş yapma. 3. duş, duş yapma yeri. 4. duş, duş yapmayı sağlayan aygıt. 5. geline/bebeğe hediye verilen parti. *f.* 1. yağmur yağmak. 2. yağmak. 3. yağdırmak. 4. duş yapmak/almak. **— bath** 1. duş, duş yapma. 2. duş, duş yeri. **get —ed on** *k. dili* yağmura yakalanmak. **take a —** duş yapmak/almak.
shown (şon) *f., bak.* **show.**
show-off (şo´wôf) *i.* gösteriş yapan kimse, fiyakacı, cakacı.
show.room (şo´rum) *i.* galeri (bir malın sergilendiği salon).
show.y (şo´wi) *s.* gösterişli; göz boyayan.
shrank (şrängk) *f., bak.* **shrink.**
shrap.nel (şräp´nıl) *i., ask.* şarapnel.
shred (şred) *i.* 1. ince şerit. 2. ufak parça, parçacık: **We haven't a shred of evidence.** En ufak bir delilimiz yok. *f.* **(—ded, —ding)** 1. dilmek; ditmek. 2. lime lime etmek.
shrew (şru) *i.* 1. *zool.* sivrifare. 2. şirret kadın, şirret.
shrewd (şrud) *s.* kurnaz; açıkgöz, hinoğlu.
shrew.ish (şru´wiş) *s.* şirret.
shriek (şrik) *f.* çığlık atmak; feryat etmek. *i.* çığlık, feryat. **— with laughter** gülmekten katılmak.
shrill (şril) *s.* tiz (ses), tiz sesli; kulak tırmalayıcı.
shrimp (şrimp) *i.* 1. karides. 2. *argo* bücür kim-

th	dh	w	hw	b	c	ç	d	f	g	h	j	k	l	m	n	p	r	s	ş	t	v	y	z
thin	the	we	why	be	joy	chat	ad	if	go	he	regime	key	lid	me	no	up	or	us	she	it	via	say	is

se, bücür, bızdık.
shrine (şrayn) *i.* tapınak, mabet.
shrink (şrîngk) *f.* **(shrank/shrunk, shrunk/shrunk.en)** 1. (kumaş) çekmek, daralıp kısalmak; (kumaşı) çektirmek. 2. (bir şeyin) suyu çekilmek; (bir şeyin) suyunu çektirmek. 3. azalmak; azaltmak. 4. (bir şeyin) değeri azalmak; (bir şeyin) değerini azaltmak. 5. sinmek, pusmak. *i., k. dili* psikiyatr, ruh doktoru. — **from** (korkudan) -den çekinmek.
shrink.age (şrîng'kic) *i.* 1. (kumaşta) çekme. 2. fire.
shriv.el (şriv'ıl) *f.* (**—ed/—led, —ing/—ling**) kuruyup buruş buruş olmak; büzüşmek.
shroud (şraud) *i.* 1. kefen. 2. örtü; tabaka. *f.* kaplamak; örtmek; gizlemek.
Shrove.tide (şrov'tayd) *i., Hırist.* apukurya, etkesimi.
Shrove Tuesday (şrov) *Hırist.* büyük perhizin arife günü.
shrub (şrʌb) *i.* çalı.
shrub.ber.y (şrʌb'iri) *i.* 1. çalılar. 2. çalılık.
shrug (şrʌg) *f.* (**—ged, —ging**) omuz silkmek. *i.* omuz silkme.
shrunk (şrʌngk), **shrunk.en** (şrʌngk'ın) *f., bak.* **shrink.**
shuck (şʌk) *i.* mısır koçanını saran yapraklar. *f.* (mısır) soymak, (mısır koçanı) soymak. **S—s!** *ünlem, k. dili* Hay Allah!
shud.der (şʌd'ır) *f.* ürpermek; titremek. *i.* ürperti; titreme, titreyiş.
shuf.fle (şʌf'ıl) *f.* 1. (iskambil kâğıtlarını) karıştırmak, karmak. 2. (bir şeyleri) bir yerden alıp başka yere koymak. 3. (ayaklarını) sürümek, sürüklemek; ayaklarını sürüyerek yürümek. *i.* 1. iskambil kâğıtlarını karıştırma. 2. ayaklarını sürüyerek yürüme. — **one person/thing in among/with others** birini/bir şeyi başkalarına katmak.
shun (şʌn) *f.* (**—ned, —ning**) -den uzak durmak, -e yaklaşmamak.
shunt (şʌnt) *f.* 1. *d.y.* (vagonu/katarı) bir hattan başka hatta geçirmek; (vagonu/katarı) barınma hattına veya manevra hattına almak. 2. (önemli bir yerden) (önemsiz bir yere/makama) tayin etmek. *i., elek.* şönt.
shush (şʌş) *f.* susmak; susturmak.
shut (şʌt) *f.* **(shut, —ting)** kapatmak, kapamak; kapanmak: **The door won't shut.** Kapı kapanmıyor. **The schools have been shut for a month.** Okullar bir aydır kapalı. — **down** kapatmak; kapanmak. — **off** 1. (ışık, gaz, makine v.b.'ni) kapatmak, kapamak; (ışık, makine v.b.) kapanmak. 2. **from** -den uzak tutmak; -den ayırmak; -den yoksun bırakmak. — **one's ears to** -e kulaklarını tıkamak. — **one's eyes to** -e göz yummak, -i görmezlikten gelmek. — **one-**

self (up/away) in (bir yere) kapanmak. — **out** kapatmak; kesmek, girmesini engellemek: **The trees shut out the sun.** Ağaçlar güneşi kapattı. — **someone up** *k. dili* birini susturmak, birinin çenesini kapatmak. — **someone up in** birini (bir yere) kapatmak. — **something in/on** bir şeyi (bir yere) sıkıştırmak: **She shut the door on her finger.** Parmağını kapıya sıkıştırdı. — **up** 1. *k. dili* susmak. 2. (bir yeri) kapatmak. **get — of** *k. dili* -den kurtulmak. **keep one's mouth —** ağzını sıkı tutmak, çenesini tutmak.
shut.down (şʌt'daun) *i.* fabrikayı kapatma.
shut.eye (şʌt'ay) *i., k. dili* uyku.
shut-in (şʌt'în) *s., i.* evinden çıkamayan hasta/yaşlı (kimse).
shut.out (şʌt'aut) *i.* 1. taraflardan birinin hiç puan kazanmadığı oyun. 2. lokavt.
shut.ter (şʌt'ır) *i.* 1. panjur. 2. kepenk. 3. *foto.* obtüratör, örtücü. — **speed** *foto.* poz süresi. **press the —** *foto.* deklanşöre basmak.
shut.tle (şʌt'ıl) *i.* 1. iki yer arasında sürekli sefer yapan yolcu aracı. 2. *dokumacılık* mekik. *f.* iki/birkaç yer arasında getirip götürmek; iki/birkaç yer arasında gidip gelmek, mekik dokumak. — **diplomacy** mekik diplomasisi. **space —** uzay mekiği.
shut.tle.cock (şʌt'ılkak) *i., badminton* uçucu, paraşütlü top.
shy (şay) *s.* 1. çekingen, sıkılgan, tutuk, utangaç, mahcup, ürkek. 2. insanlardan kaçan, insanlara pek yaklaşmayan, ürkek (hayvan). **be — about** -den çekinmek. **be — of** -den bahsetmekten çekinmek. **be ... —** (birinin) (belirli bir miktarda) eksiği olmak: **We're only six dollars shy of a million.** Bir milyona varabilmek için yalnızca altı dolar eksiğimiz var.
shy (şay) *f.* (at) ürkmek. — **away from** -den çekinmek, -den kaçınmak.
shy.ness (şay'nîs) *i.* çekingenlik, sıkılganlık, tutukluk, utangaçlık, mahcubiyet, ürkeklik.
shy.ster (şays'tır) *i., k. dili* 1. üçkâğıtçı avukat/politikacı. 2. üçkâğıtçı, sahtekâr.
si (si) *i., müz.* si notası, gamın yedinci notası.
Si.am (sayäm') *i., tar.* Siyam.
Si.a.mese (saymiz', sayımiz') *i.* 1. *(çoğ.* **Si.a.mese**) *tar.* Siyamlı. 2. Siyamca, Tayca. 3. *(çoğ.* **Si.a.mese**) siyamkedisi. *s.* 1. Siyam, Siyam'a özgü. 2. Siyamca, Tayca. 3. *tar.* Siyamlı. — **cat** siyamkedisi. — **twins** yapışık ikizler.
Si.be.ri.a (saybîr'îyı) *i.* Sibirya. **—n** *i.* Sibiryalı. *s.* 1. Sibirya, Sibirya'ya özgü. 2. Sibiryalı.
sib.i.lant (sîb'ılînt) *s., dilb.* ıslıklı. *i., dilb.* ıslıklı ünsüz.
sib.ling (sîb'lîng) *i.* kardeş.
sic (sîk) *f.* (**—ced, —cing**) **on** (köpeği/birini) (birine) saldırtmak: **He sicced his lawyers on me.**

Avukatlarını bana saldırttı. **Sic'em!** Saldır! *(Köpeğe söylenir.).*
Si.cil.ian (sîsîl´yın) *i.* Sicilyalı. *s.* 1. Sicilya, Sicilya'ya özgü. 2. Sicilyalı.
Sic.i.ly (sîs´ili) *i.* Sicilya.
sick (sîk) *s.* 1. hasta, rahatsız. 2. ruhen hasta. *i., İng.* kusmuk. *f.* **up** *İng., k. dili* kusmak. **— bay** revir. **— leave** hastalık izni. **be off** — hastalık nedeniyle işe gelmemiş olmak. **be** — 1. hasta olmak. 2. *İng.* kusmak. **be** — **and tired of** *k. dili* -den illallah demek: **I'm sick and tired of this!** Bundan illallah! **be** — **at one's stomach** midesi bulanmak. **be** — **for** -i çok özlemek. **be** — **of** -den bıkmış olmak. **be worried** — çok endişeli olmak. **fall** — hastalanmak. **feel** — **at/about** -e çok üzgün olmak. **make someone look** — birini gölgede bırakmak, birini çok geride bırakmak, birinin pabucu dama atılmak. **make someone** — 1. birini hasta etmek. 2. birinin midesini bulandırmak. 3. birini kızdırmak. 4. birini tiksindirmek, birinin midesini bulandırmak. **take** — hastalanmak.
sick (sîk) *f., bak* sic.
sick.bed (sîk´bed) *i.* hasta yatağı.
sick.en (sîk´ın) *f.* 1. tiksindirmek, midesini bulandırmak. 2. hastalanmak. 3. midesi bulanmak; midesini bulandırmak. 4. **of** -den illallah demek.
sick.en.ing (sîk´ınîng) *s.* 1. mide bulandırıcı. 2. iğrenç, mide bulandırıcı, tiksindirici. 3. korkunç.
sick.le (sîk´ıl) *i.* orak. *f.* orakla biçmek.
sick.ly (sîk´li) *s.* 1. hastalıklı. 2. solgun ve nahoş (renk/tebessüm). 3. mide bulandırıcı. 4. sağlıklı olmayan (iklim).
sick.ness (sîk´nîs) *i.* 1. hastalık. 2. mide bulantısı.
sick.room (sîk´rum) *i.* hasta odası.
side (sayd) *i.* 1. yan, taraf: **Which side of the box has a label on it?** Kutunun hangi tarafı etiketli? **The house was on the side of a hill.** Ev bir tepenin yamacındaydı. **We entered the building from the side.** Binaya yan tarafından girdik. **On the right side of the street you'll see a grocery store.** Sokağın sağ kolunda bir bakkal göreceksin. **One side of the sheet was blank.** Sayfanın bir yüzü boştu. **Look at the matter from all sides.** Meseleye her yönden bak. **Only the front side of the building has been restored.** Yalnız binanın ön cephesi restore edildi. **I've got a pain in my right side.** Sağ yanımda bir ağrı var. **He's Turkish on his father's side.** Baba tarafından Türktür. 2. *den.* borda. 3. kenar: **He was standing by the side of the road.** Yolun kenarında duruyordu. 4. taraf: **Which side are you for?** Hangi tarafı tutuyorsun? *s.* 1. yan, ikinci derecede olan, ikincil: **side issue** ikincil mesele. 2. bir yanda bulunan, yan: **side door** yan kapı. **— by** — **yan yana. — effect** yan etki, yan tesir. **— street** yan sokak. **be on someone's** — 1. birin-

den yana olmak, birinin tarafını tutmak. 2. birinin lehinde olmak, birine yararlı olmak: **Youth is on your side.** Genç olman lehinedir. **be on the high (low)** — oldukça pahalı (ucuz) olmak. **get on the wrong** — **of someone** *k. dili* birini kızdırmak. **let the** — **down** beklenени yapmayarak arkadaşlarını büyük bir hayal kırıklığına uğratmak. **look on the bright** — iyimser olmaya çalışmak. **on the** — ikinci bir iş olarak: **He's a grocer, but he fixes radios on the side.** Bakkal, ama ikinci bir iş olarak radyo tamiratı yapıyor. **put something to one** — bir şeyi bir kenara bırakmak. **split one's** —**s laughing** gülmekten katılmak/kırılmak. **take** —**s** taraf tutmak. **take someone to one** — birini bir yana çekmek.
side (sayd) *f.* 1. **against** -e karşı olmak. 2. **with** -in tarafını tutmak.
side.board (sayd´bôrd) *i.* büfe (bir mobilya).
side.burns (sayd´bırnz) *i., çoğ.* favori (sakal/saç).
side.car (sayd´kar) *i.* (motosiklete ait) sepet.
sid.ed (say´dîd) *s.* yanlı, taraflı: **an eight-sided figure** sekiz yanlı bir şekil. **a many-sided person** çok yönlü bir kişi.
side.kick (sayd´kîk) *i., k. dili* arkadaş, yardımcı.
side.line (sayd´layn) *i.* 1. *futbol, basketbol* yan çizgi. 2. asıl işten farklı ikinci bir gelir kaynağı olan iş.
side.long (sayd´lông) *z.* yandan: **He looked sidelong at her.** Ona yan gözle baktı. *s.* yandan olan: **a sidelong glance** yan yan bakma.
side.step (sayd´step) *f.* (**—ped, —ping**) 1. -den kaçmak, -e yan çizmek. 2. *boks* (birine karşı) ayak oyunları yapmak, saydsteps yapmak.
side.swipe (sayd´swayp) *i.* 1. yandan çarpma. 2. eleştiri, eleştirici söz. *f.* (bir şeye) yandan çarpmak.
side.track (sayd´träk) *i., d.y.* barınma hattı; rampa hattı. *f.* 1. (birini) asıl amacından saptırmak; (birini) lafa boğmak. 2. *d.y.* -i barınma hattına almak.
side.walk (sayd´wôk) *i.* yaya kaldırımı, kaldırım, trotuar.
side.wall (sayd´wôl) *i.* (otomobil lastiğine ait) yanak.
side.ways (sayd´weyz) *z.* 1. yandan. 2. yan yan: **Move sideways!** Yan yan git! 3. yanlamasına, yan. 4. yana.
side-wheel.er (sayd´hwîlır) *i.* yandan çarklı vapur, yandan çarklı.
sid.ing (say´dîng) *i.* 1. *d.y.* kör hat; barınma hattı; rampa hattı. 2. (binanın dış yüzünü oluşturan) (ahşap/metal) kaplama.
si.dle (sayd´ıl) *f.* 1. yan yan gitmek. 2. (biri) yanaşmak. 3. yan yan getirmek; (gemiyi) yanaştırmak. **— up to** (birinin) yanına yaklaşmak, (birine) yanaşmak.
siege (sîc) *i.* kuşatma, muhasara. **lay** — **to** (bir

yeri) kuşatma altına almak. **Si.er.ra Le.o.ne** (sīyer´ı liyon´, sīyer´ı liyo´ni, *İng.* sir´ı liyon´) Sierra Leone. **—an** 1. Sierra Leoneli. 2. Sierra Leone, Sierra Leone'ye özgü. **sieve** (siv) *i.* elek; kalbur. *f.* elekten geçirmek, elemek; kalburdan geçirmek, kalburlamak. **sift** (sift) *f.* 1. elekten geçirmek, elemek; kalburdan geçirmek, kalburlamak. 2. **(through)** incelemek, tetkik etmek, inceleyerek okumak. 3. **(out) from** inceleyerek (bir grubu) (başka bir gruptan) ayırmak: **It's been hard to sift out the truth from the lies.** Doğruyu yalandan ayırmak zor oldu.
sift.er (sift´ır) *i.* (mutfakta kullanılan) un eleği.
sigh (say) *f.* 1. iç çekmek, içini çekmek, iç geçirmek, ahlamak, göğüs geçirmek. 2. (rüzgâr) hafifçe inlemek. *i.* iç çekme, göğüs geçirme. **— for** -in hasretini çekmek.
sight (sayt) *i.* 1. görüş, görme yetisi. 2. görünüş, manzara: **What a lovely sight you are!** Bu ne güzellik böyle! 3. *çoğ.* görülecek yerler, turistik yerler. **a — k.** *dili* çok daha: **It's a sight dirtier than I thought it'd be.** Tahmin ettiğimden çok daha kirli. **at first —** ilk bakışta. **at the — of** -i görünce, -i görür görmez. **be in —** 1. yakın olmak, ufukta olmak: **Victory is in sight.** Ufukta zafer görünüyor. 2. görülmek, gözle seçilmek. **be unable to bear/stand the — of** -i hiç çekememek, -e hiç tahammül edememek. **buy something — unseen** bir şeyi hiç görmeden satın almak. **catch — of** gözüne ilişmek: **At that moment I caught sight of her.** O anda gözüme ilişti. **come into —** görünmeye başlamak. **front — (**tüfekte) arpacık. **go out of —** gözden kaybolmak. **keep out of —** hiç görünmemek, hiç gözükmemek. **keep someone/something in —** (izlerken) gözünü/gözlerini birinden/bir şeyden ayırmamak. **know someone by — only** birini sadece yüzünden tanımak. **lose — of** 1. (birini/bir hayvanı) gözden kaybetmek: **At that moment I lost sight of her.** O an gözden kaybettim. 2. -i unutmak. **not to let someone/an animal out of one's —** birini/bir hayvanı gözünden hiç kaçırmamak. **rear —** (tüfekte) gez. **set one's —s on** -i amaçlamak. **wait for a — of** -i görmek için beklemek. **You're a —!** 1. Ah, seni seni! 2. Aman, bu ne hal böyle? **You're a — for sore eyes!** Ah, seni görmek ne kadar güzel! **You look a —!** Aman, bu ne hal böyle?
sight (sayt) *f.* (aranan birini/bir şeyi) görmek.
sight.ed (say´tid) *s.* gözleri gören.
sight.less (sayt´lis) *s.* gözleri görmeyen, kör, görmez.
sight.see (sayt´si) *f.* **(sight.saw)** turistik yerleri gezmek.
sight.see.ing (sayt´siying) *i.* turistik yerleri gezme.
sight.se.er (sayt´siyır) *i.* turist.

sign (sayn) *i.* 1. işaret: **plus sign** artı işareti. **minus sign** eksi işareti. **the signs of the zodiac** burç işaretleri. **the sign of the cross** haç işareti. 2. levha; tabela: **road sign** trafik işareti. **I saw a sign with that firm's name written on it.** Üstünde o firmanın ismi yazılı bir tabela gördüm. 3. belirti, alamet, emare: **This is a sign that he's improving.** Bu, onun iyileştiğine alamet. **There was no sign of his having stayed here.** Burada kalmış olduğuna dair hiçbir emare yoktu. **speak in — language** el kol hareketleriyle konuşmak.
sign (sayn) *f.* 1. imzalamak, imza etmek, imza atmak. 2. *spor* (yeni bir oyuncuyla) kontrat yapmak. **— away** kendi imzasıyla (bir şeyi) (başkasına) devretmek. **— for** 1. (başka birinin) namına imza atmak. 2. (bir şeyi) alabilmek için imza atmak: **You must sign for this parcel.** Bu paketi alabilmeniz için buraya imza atmanız lazım. **— in** (bir yere girerken) deftere imza atmak. **— off** 1. (radyo spikeri) programının bittiğini söylemek. 2. *k. dili* mektubu bitirmek, mektubu noktalamak. **— on** 1. ekibe (sözleşmeli olarak) katılmak: **He signed on as a cook.** Ekibe ahçı olarak katıldı. 2. ekibe (sözleşmeli olarak) almak: **Let's sign him on!** Onu ekibimize alalım! **— one's name** imzasını atmak. **— out** (bir yerden çıkarken) deftere imza atmak. **— over** kendi imzasıyla (bir şeyi) (başkasına) devretmek. **— someone on** (birini) kontratla takıma almak. **— someone up (for)** (-e) (birinin) kaydını yapmak/yaptırmak, birini kaydetmek/kaydettirmek. **— up (for)** (-e) kendi kaydını yapmak/yaptırmak, kaydolmak, yazılmak.
sig.nal (sig´nıl) *i.* işaret; sinyal: **signal flag** işaret flaması. **signal flare** işaret fişeği. *f.* **(—ed/—led, —ing/—ling)** işaret etmek; işaret vermek: **With a nod of his head he signaled them to come in.** Başıyla işaret ederek onların girmesini istedi. **— tower** *d.y.* manevra kulesi, kumanda kulesi. **busy —** telefon meşgul sesi. **radar —** radar sinyali. **start —** *spor* start. **turn —** (otomobilin hangi yöne döneceğini gösteren) işaret lambası/sinyal lambası.
sig.nal (sig´nıl) *s.* büyük, üstün, göze çarpan, dikkati çeken.
sig.nal.ize, *İng.* **sig.nal.ise** (sig´nılayz) *f.* -i göstermek, -e işaret etmek.
sig.nal.man (sig´nılmın), *çoğ.* **sig.nal.men** (sig´nılmin) *i., d.y.* işaret memuru, işaretçi.
sig.na.to.ry (sig´nıtôri) *i.* (anlaşma) imzalayan devlet.
sig.na.ture (sig´nıçır) *i.* 1. imza. 2. imzalama, imza atma. 3. *matb.* forma. **— tune** radyo sinyal müziği.
sign.board (sayn´bôrd) *i.* tabela.
sign.er (sayn´ır) *i.* imza eden, imza atan.

sig.net (sig´nit) *i.* mühür, kaşe, damga. — **ring** mühür yüzüğü.
sig.nif.i.cance (signif´ıkıns) *i.* 1. önem. 2. anlam.
sig.nif.i.cant (signif´ıkınt) *s.* 1. kayda değer, önemli, mühim; dikkate değer. 2. anlamlı, manalı.
sig.ni.fi.ca.tion (signıfıkey´şın) *i.* anlam, mana.
sig.ni.fy (sig´nıfay) *f.* 1. anlamına gelmek, göstermek: **What does this signify?** Bu ne anlama geliyor? 2. (bir hareketle) işaret etmek, belirtmek.
sign.post (sayn´pôst) *i.* yol gösteren levha; işaret direği.
si.lence (say´lıns) *i.* sessizlik, sükût: **They sat in silence.** Sessizlik içinde oturdular. *f.* susturmak. **reduce someone to** — birini susturmak, birinin sesini kestirmek.
si.lenc.er (say´lınsır) *i.* 1. (tabanca/tüfek için) susturucu. 2. *İng.* susturucu, egzoz.
si.lent (say´lınt) *s.* sessiz. — **movie** sessiz film. — **partner** kuruluşun idaresine karışmayan ortak. **be** — **on** hakkında hiçbir şey dememek/söylememek/yazmamak: **The law is silent on this point.** Bu konuda kanunda yazılı bir şey yok.
Si.le.sia (sayli´jı, sayli´jiyı) *i.* Silezya. —**n** *i.* Silezyalı. *s.* 1. Silezya, Silezya'ya özgü. 2. Silezyalı.
sil.hou.ette (siluwet´) *i.* siluet, gölge görüntü.
sil.i.ca (sil´ikı) *i.* silis.
sil.i.con (sil´ıkın) *i., kim.* silisyum.
sil.i.cone (sil´ıkon) *i., kim.* silikon.
silk (silk) *i.* ipek. — **tree** *bot.* gülibrişim.
silk.en (sil´kın) *s.* 1. ipek gibi. 2. ipekten yapılmış, ipekli.
silk.worm (silk´wırm) *i., zool.* ipekböceği.
silk.y (sil´ki) *s.* 1. ipek gibi. 2. kadife gibi (ses/ten).
sill (sil) *i.* 1. (pencere için) denizlik. 2. (kapı için) eşik.
sil.ly (sil´i) *s.* 1. aptal, ahmak. 2. gülünç, saçma.
si.lo (say´lo) *i.* silo.
silt (silt) *i.* çökelme sonucu oluşan çamur ve kum tabakası. *f.* **up** kum ve çamurla doldurmak/dolmak.
sil.ver (sil´vır) *i.* 1. gümüş. 2. gümüş eşya. 3. (sofrada kullanılan) çatal, bıçak ve kaşıklar. 4. gümüş para. *s.* 1. gümüşten yapılmış, gümüş. 2. gümüş gibi parlayan. — **fox** gümüş tilki, renar arjante. **be born with a** — **spoon in one's mouth** zengin bir ailenin çocuğu olmak.
sil.ver (sil´vır) *f.* 1. gümüşle kaplamak. 2. gümüş renge dönüştürmek.
sil.ver-plate (sil´vır.pleyt) *f.* gümüşle kaplamak.
sil.ver-plat.ed (sil´vır.pleytid) *s.* gümüş kaplama.
sil.ver.ware (sil´vırwer) *i.* (sofrada kullanılan) çatal, bıçak ve kaşıklar.
sil.ver.y (sil´vıri) *s.* 1. gümüşi. 2. berrak (ses).
sim.i.lar (sim´ılır) *s.* 1. benzer, benzeş: **It's similar to that.** Ona benzer bir şey. **These two things are similar.** Bu iki şey birbirine benziyor. **Emre and Feyhan are similar to each other in certain ways.** Emre ve Feyhan'ın benzer tarafları var. 2. *geom.* benzer.
sim.i.lar.i.ty (simıler´ıti) *i.* benzerlik, benzeyiş, benzeşlik.
sim.i.lar.ly (sim´ılırli) *z.* 1. birbirine benzer bir şekilde. 2. aynı şekilde.
sim.i.le (sim´ili) *i.* benzetme, benzeti, teşbih.
si.mil.i.tude (simil´ıtud) *i.* benzerlik.
sim.mer (sim´ır) *f.* 1. (kaynama noktasının biraz altında bir derecede) pişmek/pişirmek. 2. (gizli bir iş) kaynamak. 3. **with** (öfke v.b. duygularla) (için için) kaynamak, dolu olmak. **S— down!** *k. dili* Sakin ol!
sim.mon (sim´ın) *i., k. dili* trabzonhurması.
sim.pa.ti.co (simpä´tiko) *s.* sempatik.
sim.per (sim´pır) *f.* aptal aptal sırıtmak, pişmiş kelle gibi sırıtmak. *i.* aptalca sırıtış.
sim.ple (sim´pıl) *s.* 1. sade, süssüz: **a simple style** sade bir stil. 2. anlaması/yapılması kolay, kolay, basit: **a simple solution** kolay bir çözüm. 3. kendi halinde, sıradan (kimse). 4. saf, kolayca aldatılabilen. 5. geri zekâlı; bunak. 6. *Bir şeyin tekliğini vurgulamak için kullanılır:* **It's a desire for revenge, pure and simple.** Bir intikam alma hırsından başka bir şey değil.
sim.ple.mind.ed (sim´pılmayn´did) *s.* 1. basit, saf, kurnaz olmayan (kimse). 2. fazla basit (çare, cevap v.b.). 3. geri zekâlı.
sim.ple.ton (sim´pıltın) *i.* aptal, avanak.
sim.plic.i.ty (simplis´ıti) *i.* 1. sadelik, süssüzlük. 2. basitlik. 3. sıradanlık. 4. saflık, kolayca aldatılabilme.
sim.pli.fi.ca.tion (simplıfikey´şın) *i.* 1. basitleştirme, yalınlaştırma; basitleşme, yalınlaşma 2. kolaylaştırma.
sim.pli.fy (sim´plıfay) *f.* 1. basitleştirmek, yalınlaştırmak. 2. kolaylaştırmak.
sim.ply (sim´pli) *z.* 1. sade bir şekilde, gösterişsiz bir şekilde. 2. açık ve samimi bir şekilde. 3. *Bir şeyin tekliğini vurgulamak için kullanılır:* **He writes simply because he likes to.** Yazı yazmasının tek sebebi hoşuna gitmesi. **I simply can't!** Bunu yapamam! 4. basit bir şekilde, kolay bir şekilde: **Can't you put it more simply?** Onu daha basit bir şekilde anlatamaz mısın? 5. *k. dili* çok, tek kelimeyle: **They're simply magnificent!** Bunlar tek kelimeyle muhteşem.
sim.u.late (sim´yıleyt) *f.* 1. taklidini yapmak; gibi yapmak: **She simulated concern.** İlgi gösterir gibi yaptı. 2. -in benzerini yapmak. 3. benzemek.
si.mul.ta.ne.ous (saymıltey´niyıs) *s.* aynı zamanda olan, aynı zamanda meydana gelen, simültane, eşzamanlı, eşanlı. — **equations** *mat.*

eşanlı denklemler. — **translation** simültane çeviri, anında çeviri.
sin (sîn) *i.* 1. günah. 2. büyük hata: **It's a sin for you to throw that bread away!** O ekmeği atma, günah! **live in** — nikâhsız olarak beraber yaşamak.
sin (sîn) *f.* (**—ned, —ning**) günah işlemek; günaha girmek. **cause someone to** — birini günaha sokmak.
Si.nai (say´nay, say´niyay) *i.* Sina. **Mount** — Sina Dağı. **the** — **Peninsula** Sina Yarımadası.
since (sîns) *z.* o zamandan beri, ondan sonra: **He left Saturday, and I haven't seen him since.** Cumartesi gitti; o zamandan beri görmedim. **They started the work then and have been at it ever since.** İşe o zaman başladılar ve o zamandan bu yana yapıyorlar. *edat* -den beri, -den itibaren. *bağ.* 1. -eli, -eli beri, -eliden beri: **Since she's come we've seen nothing of you.** O geleli seni hiç görmedik. **They've grown a lot since I saw them.** Ben görmeyeli onlar çok büyümüş. **I haven't written poetry since I left high school.** Liseden çıktım çıkalı şiir yazmadım. 2. -diğine göre, mademki, madem: **Since you're so wealthy why don't you just buy the whole building?** Mademki bu kadar zenginsin, neden binanın hepsini almıyorsun? **long** — çoktan: **I've long since forgotten his name.** İsmini çoktan unuttum.
sin.cere (sînsîr´) *s.* içten, samimi, candan.
sin.cere.ly (sînsîr´li) *z.* içtenlikle, samimiyetle. **S— yours,** Saygılarımla.
sin.cer.i.ty (sînser´ıti) *i.* içtenlik, samimiyet.
Sind (sînd) *i.* Sint.
Sin.dhi (sîn´di) *i.* 1. (*çoğ.* **—s/Sin.dhi**) Sintli. 2. Sintçe. *s.* 1. Sint, Sint'e özgü. 2. Sintçe. 3. Sintli.
sine (sayn) *i., mat.* sinüs.
si.ne.cure (say´nıkyûr, sîn´ıkyûr) *i.* kolay ve iyi maaşlı bir iş.
sin.ew (sîn´yu) *i.* 1. kas kirişi, sinir. 2. kuvvet, güç.
sin.ew.y (sîn´yuwi) *s.* 1. adaleli. 2. kuvvetli, güçlü. 3. sinirli (et).
sin.ful (sîn´fıl) *s.* günahkâr, günahlı (kimse); günah olan (bir şey).
sing (sîng) *f.* (**sang, sung**) 1. (şarkı) söylemek. 2. (kuş/böcek) ötmek; (kuş) şakımak. — **a baby to sleep** bebeği ninni söyleyerek uyutmak.
Sin.ga.pore (sîng´ıpor) *i.* Singapur.
Sin.ga.po.re.an (sîngıpor´iyın) *i.* Singapurlu. *s.* 1. Singapur, Singapur'a özgü. 2. Singapurlu.
singe (sînc) *f.* (**—ing**) azıcık yakmak. *i.* hafif yanık.
sing.er (sîng´ır) *i.* şarkıcı.
sing.ing (sîng´îng) *i.* 1. şarkı söyleme. 2. ötme; şakıma.
sin.gle (sîng´gıl) *s.* 1. tek: **She hasn't a single enemy.** Onun tek bir düşmanı yok. **I can't think of a single example.** Tek bir örnek gelmiyor aklıma. 2. bekâr, evlenmemiş. 3. tek kişilik. 4. yalınkat (çiçek); çiçekleri yalınkat olan (bitki). *i., İng.* gidiş bileti; dönüş bileti. — **file** tek sıra halinde. **every** — her: **She remembers every single mistake they made.** Yaptıkları her hatayı hatırlıyor. **form a** — **file** tek sıra olmak, birbiri ardınca sıralanmak. **in** — **file** tek sıra halinde. **not a** — **one of them** onlardan bir kişi/tane bile, onlardan bir tek bile: **Not a single one of them came to her aid.** Onlardan bir tek kişi bile yardımına koşmadı.
sin.gle (sîng´gıl) *f.* **out** (diğerlerinden) (birini) seçmek, ayırmak.
sin.gle-breast.ed (sîng´gılbres´tîd) *s.* tek sıra düğmeli (ceket).
sin.gle-hand.ed (sîng´gılhän´dîd) *s.* tek başına yapılan. *z.* tek başına, kendi başına, yalnız başına, yardımcısız.
sin.gle-hand.ed.ly (sîng´gılhän´dîdli) *z.* tek başına, kendi başına, yalnız başına, yardımcısız.
sin.gle-mind.ed (sîng´gılmayn´dîd) *s.* tek bir amaç güden.
sin.gle.ness (sîng´gılnîs) *i.* — **of purpose** kendini tek bir amaca verme.
sin.glet (sîng´glît) *i., İng.* atlet fanilası, atlet.
sin.gly (sîng´gli) *z.* 1. tek tek, teker teker, bir bir. 2. tek başına, kendi başına, yalnız başına.
sin.gu.lar (sîng´gyulır) *s.* 1. *dilb.* tekil. 2. büyük, fevkalade. 3. nadir. 4. tuhaf.
sin.gu.lar.i.ty (sîngıgyuler´ıti) *i.* 1. tuhaflık. 2. *dilb.* tekillik.
Sin.ha.lese (sînhıliz´) *i.* 1. (*çoğ.* **Sin.ha.lese**) Singala. 2. Singalaca. *s.* 1. Singala. 2. Singalaca.
sin.is.ter (sîn´îstır) *s.* netameli; kötü.
sink (sîngk) *f.* (**sank/sunk, sunk/sunk.en**) 1. batmak; batırmak. 2. batmak, mahvolmak; batırmak, mahvetmek. 3. azalmak; (bir şeyin) değeri azalmak. 4. (kötü bir şey yapmaya) tenezzül etmek. 5. (kuyu, maden ocağı v.b.´ni) açmak. 6. **into** gitgide (kötü bir şeyin) pençesine düşmek: **The country was sinking into anarchy.** Ülke gitgide anarşinin pençesine düşüyordu. 7. **in** *k. dili* -e (para) harcamak/yatırmak/koymak; -e (emek) harcamak. 8. **in (on)** kafasına dank etmek: **Hasn't it sunk in on you yet?** Hâlâ kafana dank etmedi mi? — **fast** (ağır hasta) son günlerini yaşamak, günleri sayılı olmak, günlerini saymak. — **into a chair** bir koltuğa çökmek. — **into a deep sleep** derin bir uykuya dalmak. — **into a depression** depresyona girmek. — **one's troubles in drink** içkiyle dertlerini unutmak. — **their differences** aralarındaki anlaşmazlıkları bertaraf etmek. — **to one's knees** diz çökmek, dizlerinin üzerine çökmek.

— without a trace sırra kadem basmak. **Her heart sank.** Birdenbire umutsuzluğa düştü. **I've a —ing feeling you're right.** Korkarım haklısın. **She entered the director's office with a —ing feeling.** Müdürün odasına endişe içinde girdi. **Their spirits sank.** Neşeleri kayboldu. **They left him to — or swim.** Onu kendi kaderine terk ettiler. **We're going to do it, — or swim!** Ya herrü, ya merrü, onu yapacağız!
sink (sîngk) *i.* 1. eviye. 2. lavabo. **kitchen —** eviye.
sink.er (sîngk'ır) *i.* (olta için) kurşun.
sin.less (sîn'lîs) *s.* günahsız.
sin.ner (sîn'ır) *i.* günahkâr, günahlı.
sin.u.ous (sîn'yuwıs) *s.* yılankavi, dolambaçlı.
si.nus (say'nıs) *i., anat.* sinüs.
si.nus.i.tis (saynısay'tîs) *i., tıb.* sinüzit.
sip (sîp) *f.* (**—ped, —ping**) yudumlamak, yudum yudum içmek. *i.* yudum.
si.phon (say'fın) *i.* sifon borusu. *f.* 1. sifon borusuyla (bir şeyi) çekmek/boşaltmak. 2. (**off**) çekmek, almak.
Sir (sır) *i., İng.* Sör ... *(birinin ilk adından veya ilk adıyla soyadından önce kullanılan bir asalet unvanı):* **Sir Walter Raleigh** Sör Walter Raleigh.
sir (sır) *i.* efendim, beyefendi.
sire (sayr) *i.* 1. baba, peder. 2. bir hayvanın babası: **Arap's sire was Karabaş.** Arap'ın babası Karabaş'tı. 3. *eski* Majesteleri *(Krala hitap ederken kullanılırdı.). f.* -in babası olmak: **He's sired twenty children.** Yirmi çocuğun babası.
si.ren (say'rın) *i.* 1. siren, canavar düdüğü. 2. *Yunan mit.* siren. 3. büyüleyici güzellikte bir kadın.
sir.loin (sır'loyn) *i.* sığır filetosu.
sir.up (sır'ıp) *i., bak.* syrup.
sis (sîs) *i., k. dili* kızkardeş.
sis.sy (sîs'î) *i.* hanım evladı.
Sis.ter (sîs'tır) *i.* 1. Sör *(rahibelerin ilk adından önce kullanılan unvan):* **Sister Agnes** Sör Agnes. 2. *İng.* Sör *(hastalara bakan hemşirenin ilk adından veya ilk adıyla soyadından önce kullanılan unvan):* **Sister Wiseman.**
sis.ter (sîs'tır) *i.* kızkardeş. **elder —** abla. **half —** üvey kızkardeş. **nursing —** *İng.* hemşire.
sis.ter.hood (sîs'tırhûd) *i.* kızkardeşlik.
sis.ter-in-law (sîs'tırînlô) *i.* görümce; yenge; baldız.
sis.ter.ly (sîs'tırlî) *s.* kızkardeşe yakışır.
sit (sît) *f.* (**sat, —ting**) 1. oturmak. 2. (bir yerde) kalmak, durmak; bulunmak: **The statue's been sitting in that corner for years.** Heykel yıllardır o köşede duruyor. **Their house sits well above the village.** Onların evi köyden epey yukarı bir yerde. 3. **on** (heyete) üye olmak. 4. (resmi bir meclis, kurul v.b.) toplantı halinde olmak: **The court sat for three weeks.** Mahkeme üç hafta boyunca sürdü. 5. *İng.* (imtihan) olmak, (sınava) girmek; (sınavda) olmak: **When will she sit her exams?** Sınavlarına ne zaman girecek? **I can't come then; I'll be sitting my exams.** O zaman gelemem; sınavda olacağım. 6. (tavuk) kuluçkaya oturmak/yatmak. **— down** oturmak. **— in for** (birine) vekâlet etmek. **— in on** dinleyici olarak (bir toplantıya) katılmak. **— on** 1. (bir şeyi) alıp hiçbir şey yapmamak: **He's been sitting on our report for months.** Raporumuzu aldı ama aylardır onunla ilgili hiçbir şey yapmadı. 2. -i azarlamak, -i haşlamak. **— someone down** birini oturtmak. **— someone up** yatan birini oturtmak. **— tight** sıkı durmak. **— up** 1. dik oturmak. 2. (gece) yatmamak; **for** (gece) yatmayıp (birini) beklemek: **Don't sit up for me!** Beni bekleme! **— up straight** dik oturmak. **— well with** (birinin) hoşuna gitmek; (bir şeyi) uygun bulmak: **That doesn't sit very well with me.** Onu pek uygun bulmuyorum. **be —ting pretty** (birinin) her şeyi tıkırında olmak. **Can he — a horse?** Ata binmeyi biliyor mu?
sit.com (sît'kam) *i., k. dili,* TV, radyo komedi programı.
sit-down strike (sît'daun) oturma grevi.
site (sayt) *i.* yer: **picnic site** piknik yeri. **lakefront building sites** göl kenarındaki arsalar. **archaeological site** arkeolojik kazı yeri.
sit-in (sît'în) *i.* (protesto amacıyla) bir yerde yapılan oturma eylemi.
sit.ter (sît'ır) *i.* çocuk bakıcısı.
sit.ting (sît'îng) *i.* 1. oturma, oturuş. 2. oturum, celse. **— duck** kolaylıkla aldatılabilen kimse; kolaylıkla saldırılabilecek kimse. **— room** *İng.* oturma odası, salon.
sit.u.at.ed (sîç'uweytîd) *s.* be **—** (bir yerde) bulunmak: **The town's situated on a river.** Şehir bir nehrin kenarında bulunuyor.
sit.u.a.tion (sîçuwey'şın) *i.* 1. durum, vaziyet: **How long can this situation continue?** Bu durum ne kadar devam edebilir? 2. yer: **The situation of the garden should not be an inaccessible one.** Bahçe ulaşılması zor bir yerde olmamalı. 3. iş; görev: **ekmek kapısı.**
six (sîks) *s.* altı. *i.* altı, altı rakamı (6, VI). **It's — of one and half a dozen of the other.** Aralarında hiç fark yok aslında./İkisi aynı kapıya çıkar./Ha Ali Hoca, ha Hoca Ali.
six.fold (sîks'fold) *s., z.* altı kat, altı misli.
six.gun (sîks'gʌn) *i., bak.* sixshooter.
six-pack (sîks'päk) *i.* altı kutuluk paket; altı kutuluk karton: **He bought a six-pack of beer.** Altı kutuluk bir paket bira aldı.
six-shoot.er (sîks'şutır) *i.* altıpatlar.
six.teen (sîks'tîn´) *s.* on altı. *i.* on altı, on altı rakamı (16, XVI). **—th** *s., i.* 1. on altıncı. 2. on altıda bir.
sixth (sîksth) *s., i.* 1. altıncı. 2. altıda bir. **—**

sense altıncı his.
six.ty (siks'ti) s. altmış. i. altmış, altmış rakamı (60, LX). **sixtieth** s., i. 1. altmışıncı. 2. altmışta bir.
siz.a.ble (say'zıbıl) s. oldukça büyük.
size (sayz) i. 1. büyüklük. 2. (ayakkabı için) numara; (elbise için) beden; (şişe/kutu için) boy: **What size shoe do you want?** Kaç numara ayakkabı istiyorsun? **These shoes are a size too big.** Bu ayakkabılar bir numara büyük. f. **up** -i anlamaya çalışmak, -i ölçüp biçmek, -i tartmak; -in nasıl bir şey/biri olduğunu anlamak.
size.a.ble (say'zıbıl) s., bak. **sizable**.
siz.zle (siz'ıl) f. cızırdamak, cızıldamak. i. cızırtı, cızıltı.
siz.zler (siz'lır) i., k. dili çok sıcak bir gün; çok sıcak bir şey.
skate (skeyt) i. paten. f. patinaj yapmak. — **on thin ice** çok nazik bir durumda bulunmak; çok rizikolu bir işin içinde bulunmak.
skat.er (skey'tır) i. patinajcı.
skat.ing (skey'ting) i. patinaj. — **rink** patinaj alanı.
ske.dad.dle (skidäd'ıl) f., k. dili koşup gitmek, tüyüp gitmek.
skein (skeyn) i. (yün, ip v.b. için) çile, kangal.
skel.e.ton (skel'ıtın) i. 1. iskelet. 2. iskelet, karkas. — **crew** çekirdek kadro. — **in the closet** utanılacak bir sır. — **key** (kilit açmak için) maymuncuk.
skep.tic (skep'tik) i. şüpheci kimse.
skep.ti.cal (skep'tikıl) s. 1. kuşkulu, şüphe içinde: **I'm skeptical about this.** Bu konuda birtakım şüphelerim var. 2. şüpheci, kuşkucu, septik.
skep.ti.cism (skep'tisizım) i. 1. şüpheci yaklaşım, şüpheci tavır. 2. şüphecilik, kuşkuculuk, septisizm. — **treat something with** — bir şeye şüpheli bir gözle bakmak.
sketch (skeç) i. 1. taslak; kroki. 2. skeç. f. -i taslak halinde çizmek; taslak çizmek. **biographical** — hayat hikâyesinin özeti.
sketch.y (skeç'i) s. yarım yamalak, oldukça eksik.
skew (skyu) s. 1. eğri, çarpık. 2. birbirine paralel olmayan. i. 1. eğrilik, çarpıklık. 2. bükülme. f. 1. eğriltmek, çarpıtmak. 2. (bir şeyin anlamını) çarpıtmak.
skew.er (skyu'wır) i. (şiş kebap v.b. için kullanılan) şiş. f. -i şişe geçirmek.
ski (ski) i. kayak, ski. f. kayak yapmak. — **boot** kayak ayakkabısı. — **jump** 1. kayakçının yaptığı sıçrama/atlama. 2. atlama tepesi. — **jumping** kayakla atlama. — **lift** kayakçıları tepeye çıkaran teleferik. — **pole** kayak sopası.
skid (skid) i. 1. (araba için) kayma, patinaj. 2. tersane kızak, kızak ızgarası. 3. tekerlek pabucu. f. (—**ded**, —**ding**) (araba) kaymak, patinaj yapmak; kaydırmak, patinaj yaptırmak. — **chain** patinaj zinciri. — **mark** patinaj izi. — **to a halt**

(araba) kayarak durmak; (arabayı) kaydırarak durdurmak. **be on** — **row** k. dili serseri ve sefil bir hale düşmüş olmak. **be on the** —**s** k. dili kötü bir durumda olmak, kötüye gitmek. **go into a** — (araba) kaymaya başlamak.
skid.doo (skidu') f., k. dili gitmek, tüymek.
ski.er (ski'yır) i. kayakçı.
skiff (skif) i., den. skif.
ski.ing (ski'ying) i. kayak, ski, kayak yapma; kayakçılık. **cross-country** — kros kayağı, kayak krosu.
skill (skil) i. beceri, maharet, ustalık, hüner, marifet.
skilled (skild) s. teknik bilgisi iyi olan; işini iyi yapan. — **worker** kalifiye işçi. **be** — **in** (bir şeyi) iyi yapmak; (bir işin) ustası olmak.
skil.let (skil'it) i. tava.
skill.ful, İng. **skil.ful** (skil'fıl) s. becerikli, marifetli.
skim (skim) f. (—**med**, —**ming**) 1. (**off**) (bir sıvının yüzeyinden) (kaymak, yağ v.b.'ni) almak: **Skim the cream off the milk!** Sütün kaymağını al! 2. **through/over** (bir şeyi) çabuk ve üstünkörü okumak, -e göz gezdirmek. 3. (bir şeyin) üstüne dokunurmuşçasına alçaktan uçmak. 4. **across** (taş) (suyun) üstünde seke seke gitmek; (taşı) (suyun) üstünde sektirmek. —/—**med milk** yağsız süt, az yağlı süt.
skim.mer (skim'ır) i. kevgir.
skimp (skimp) f. 1. **on** gerekenden az bir miktarı kullanmak/vermek, -i esirgemek. 2. lüks olmayan bazı masraflardan kaçınarak tasarruf yapmak.
skimp.y (skim'pi) s. 1. yemeği az olan (sofra). 2. eksik, yetersiz. 3. dar ve kısa, düttürü.
skin (skin) i. 1. cilt, deri, ten. 2. (hayvana ait) deri; post: **bearskin** ayı postu. 3. kabuk: **banana skin** muz kabuğu. 4. (süt, yoğurt v.b.'nin üstünde oluşan) kaymak. — **diver** aletsiz dalgıç. — **diving** aletsiz dalış. **be nothing but** — **and bones** bir deri bir kemik kalmak. **be soaked to the** — iliklerine kadar ıslanmak. **by the** — **of one's teeth** kıl payı. **get under someone's** — birinin sinirine dokunmak. **It's no** — **off my nose!** Bana ne! **save one's** — postunu kurtarmak.
skin (skin) f. (—**ned**, —**ning**) 1. -in derisini yüzmek. 2. sıyırmak; hafif yaralamak: **He fell and skinned his knee.** Düştü ve dizi sıyrıldı. 3. (kabuğunu, dış zarını) soymak, çıkarmak. 4. (**alive**) k. dili azarlamak, haşlamak; cezalandırmak; dövmek: **If you do that again I'll skin you alive!** Bir daha yaparsan seni öldürürüm! 5. k. dili kazıklamak, dolandırmak. 6. **up** (ağaç, direk v.b.'ne) tırmanmak, tırmanarak çıkmak. 7. **down** (ağaç, direk v.b.'nden) inmek. 8. **through** (dar bir yerden) güçbela/ancak geçmek. — **through** güçbela başarmak/becermek.
skin-deep (skin'dip') s. derine gitmeyen, yüzey-

sel, sathi.
skin.flint (skîn´flînt) *i.* pinti, cimri.
skin.ny (skîn´î) *s.* sıska.
skin.ny-dip (skîn´idîp) *f.* (**—ped, —ping**) çıplak yüzmek: **They went skinny-dipping in the lake last night.** Dün gece gölde çıplak yüzdüler.
skin.tight (skîn´tayt) *s.* vücuda âdeta yapışan, çok dar (giysi).
skip (skîp) *f.* (**—ped, —ping**) 1. hoplaya zıplaya yürümek. 2. bir şeyleri atlayarak (başka bir konuya) geçmek; (bir konudan) (başka bir konuya) atlayarak geçmek; -i atlayarak geçmek, atlamak. 3. (gidilmesi gereken bir toplantıya/yere) gitmemek. 4. aniden (bir yerden) gitmek. 5. **off/out** *k. dili* kaçıp gitmek, tüymek. **— lunch** öğle yemeğini yememek. **— rope** ip atlamak. **The needle —s a lot on this record.** Bu plakta iğne sık sık atlıyor.
skip (skîp) *i., İng.* çöp konteyneri.
skip.per (skîp´ır) *i., den.* kaptan.
skir.mish (skır´mîş) *i., ask.* çarpışma, çatışma. *f., ask.* kısa bir süre çarpışmak.
skirt (skırt) *i.* 1. etek. 2. *çoğ.* (yer için) sınırlar; (şehir için) varoşlar, banliyöler, (dağ için) etekler. *f.* 1. (bir yerin) etrafından geçmek. 2. -den uzak durmak, -e dokunmamak.
skirt.ing (skır´tîng) *i.* 1. *İng.* süpürgelik, sıvadibi. 2. eteklik kumaş. **— board** *İng.* süpürgelik, sıvadibi.
skit (skît) *i.* skeç.
skit.tish (skît´îş) *s.* 1. havai, delişmen, hoppa. 2. ürkek (at).
skit.tles (skît´ılz) *i., çoğ.* dokuz kuka oyunu.
skive (skayv) *f., İng., k. dili* **(off)** kaytarmak, işten kaçmak.
skiv.vy (skîv´î) *i., İng., k. dili* hizmetçi. *f.* hizmetçilik yapmak.
skul.dug.ger.y (skʌldʌg´ıri) *i.* dalavere, numara, entrika.
skulk (skʌlk) *f.* gizlice gitmek; hırsız gibi dolanmak. **— away** gizlice uzaklaşmak.
skull (skʌl) *i.* 1. kafatası. 2. kurukafa, baş iskeleti.
skull.cap (skʌl´käp) *i.* takke.
skull.dug.ger.y (skʌldʌg´ıri) *i., bak.* **skulduggery.**
skunk (skʌngk) *i.* 1. kokarca. 2. *k. dili* yaramaz kimse: **You're a little skunk!** Seni gidi seni! 3. *k. dili* pis herif, ipe gelesi herif. *f., k. dili* (bir oyunda) bozguna uğratmak, fena halde bastırmak.
sky (skay) *i.* gökyüzü, gök, sema. **— blue** gök mavisi. **praise someone to the skies** birini göklere çıkarmak, birini aşırı derecede övmek. **under the open —** açık havada, gök kubbe altında.
sky-blue (skay´blu´) *s.* gök mavisi.
sky.jack (skay´cäk) *f.* (hava korsanı) (uçağı) ele geçirmek.
sky.jack.er (skay´cäkır) *i.* hava korsanı.

sky.lark (skay´lark) *i.* tarlakuşu, toygar, çayırkuşu.
sky.light (skay´layt) *i.* çatı penceresi.
sky.line (skay´layn) *i.* (binalar, dağlar v.b.'nin ufukta çizdiği) siluet: **New York's skyline is famous.** New York şehrinin silueti meşhur.
sky.rock.et (skay´rakît) *i.* havai fişek. *f.* birdenbire yükselmek/artmak, fırlamak; birdenbire yükseltmek.
sky.scrap.er (skay´skreypır) *i.* gökdelen.
sky.ward (skay´wırd), **sky.wards** (skay´wırdz) *z.* göğe doğru.
slab (släb) *i.* 1. (bina, kat, dans pisti, taraça, beton yol v.b.'nin döşemesini oluşturan) beton parçası, plak. 2. taş levha. 3. (masaya ait) tabla; (kasabın üstünde et kestiği kalın tahta) tezgâh. 4. (ekmek/kek için) kalın dilim.
slack (släk) *s.* 1. gevşek. 2. laçka; özensiz, gelişigüzel. 3. durgun, kesat: **Business is slack.** İşler kesat. *i.* **take up the —** halatın boşunu almak. *f.* 1. azaltmak; azalmak. 2. (halatı) boşaltmak, laçka etmek, gevşetmek. **— off** 1. (işler) durgunlaşmak, kesatlaşmak. 2. işi gevşetmek.
slack.en (släk´ın) *f.* 1. yavaşlatmak; azaltmak; yavaşlamak; azalmak. 2. (halatı) boşaltmak, laçka etmek, gevşetmek. 3. hızını kaybetmek.
slack.er (släk´ır) *i.* kaytarıcı.
slacks (släks) *i.* pantolon.
slag (släg) *i.* cüruf, dışık. *f.* (**—ged, —ging**) **— someone off** *İng., k. dili* birini (olumsuz bir şekilde) tenkit etmek.
slain (sleyn) *f., bak.* **slay.**
slake (sleyk) *f.* 1. (susuzluğunu) gidermek. 2. (kireci) söndürmek. **—d lime** sönmüş kireç.
sla.lom (sla´lım) *i., spor* slalom.
slam (släm) *f.* (**—med, —ming**) 1. (kapıyı/kapağı) çarparak kapatmak, çarpmak. 2. **(down)** (hızlı ve gürültülü bir şekilde) indirmek: **He got angry and slammed the money on the table.** Kızıp parayı masanın üstüne çaldı. **He slammed down the receiver.** Ahizeyi hızla çarptı. 3. ağır bir şekilde eleştirmek. **— the door in one's face** kaba bir şekilde reddetmek.
slan.der (slän´dır) *i.* iftira. *f.* -e iftira etmek, -e kara çalmak, -i karalamak.
slan.der.ous (slän´dırıs) *s.* iftira niteliğinde.
slang (släng) *i.* argo.
slant (slänt) *f.* yana yatmak, yana eğilmek, meyletmek, meyilli olmak, eğik olmak, eğimli olmak. *i.* 1. eğim, meyil. 2. taksim işareti, taksim, eğik çizgi. 3. bakış açısı, görüş açısı: **What's your slant on this matter?** Bu mesele hakkındaki görüşün ne? **Let's look at this from a new slant.** Buna yeni bir açıdan bakalım. **— line** taksim işareti, taksim, eğik çizgi. **be —ed towards** -den yana olmak, -in tarafını tutmak.
slant-eyed (slänt´ayd) *s.* çekik gözlü.

slap (släp) *f.* (**—ped, —ping**) 1. sille atmak, tokat atmak, tokatlamak; şamar atmak, şamarlamak. 2. çarpmak, vurmak: **The waves were slapping against the dock.** Dalgalar rıhtıma çarpıyordu. 3. **on** (bir şeyi) gürültülü bir şekilde (bir yere) koyuvermek. 4. (gelişigüzel) koyuvermek: **He slapped a piece of cheese between the two slices of bread.** İki dilim ekmeğin arasına bir parça peynir koyuverdi. *i.* sille, tokat; şamar. **— paint on** -e gelişigüzel boya vurmak.
slap.dash (släp´däş´) *s., i.* **in a — manner** gelişigüzel, baştan savma.
slap.stick (släp´stik) *i.* abartılı hareketler, düşüp kalkmalar v.b.'yle oynanan komedi.
slash (släş) *f.* 1. (kesici bir aleti kuvvetle savurarak) kesmek: **He slashed the bushes with his machete.** Palasını savurarak çalıları kesti. 2. kamçılamak. 3. (fiyatları, bütçeyi v.b.'ni) çok indirmek. 4. **across/against** (yağmur) -e kuvvetle vurmak. *i.* 1. (kılıç, bıçak v.b. ile indirilen) kuvvetli darbe. 2. uzun kesik, uzun yara. 3. yırtmaç. 4. (fiyat v.b.'nde yapılan) büyük indirim. 5. taksim işareti, taksim, eğik çizgi. **— mark** taksim işareti, taksim, eğik çizgi.
slat (slät) *i.* (pencere kafesini oluşturan) ahşap çubuk; lata; bağdadi çıtası; çıta, tiriz.
slate (sleyt) *i.* 1. kayağantaş, arduvaz. 2. kayağantaş levhası, arduvaz levhası, arduvaz. 3. taş tahta. 4. (seçim için) aday listesi. *f.* **be —d** 1. programda olmak, planda olmak: **Construction is slated to start on Monday.** Plana göre inşaat pazartesi günü başlayacak. 2. büyük bir ihtimalle (bir şey) olmak/meydana gelmek: **He's slated for success in life.** Her şey onun hayatta başarılı olacağına işaret ediyor.
slat.tern (slät´ırn) *i.* pasaklı kadın, bitli kokuş.
slat.tern.ly (slät´ırnli) *s.* pasaklı (kimse); kirli ve düzensiz (yer).
slaugh.ter (slô´tır) *i.* 1. (kasaplık hayvanı) kesme, kesim. 2. öldürme, katil. *f.* 1. (kasaplık hayvanı) kesmek. 2. katletmek. 3. *k. dili* (rakip takımı) büyük bir yenilgiye uğratmak, mahvetmek.
slaugh.ter.house (slô´tırhaus) *i.* mezbaha, kesimevi.
Slav (slav, släv) *i.* İslav. **—ic** *s.* İslav.
slave (sleyv) *i.* köle, esir. *f.* (**away**) köle gibi çalışmak.
slav.er (släv´ır) *f.* 1. salya akıtmak, salyası akmak. 2. **over** -i büyük bir zevkle dinlemek/okumak. 3. **after** -i şehvetle arzulamak, -e ağzının suyu akmak. *i.* ağızdan akan salya.
slav.er.y (sley´vırı, sleyv´ri) *i.* kölelik, esirlik, esaret.
slav.ish (sley´viş) *s.* köle gibi, köleye yakışır. **— imitation** körü körüne taklit etme.
Sla.vo.ni.a (slıvon´yı, slıvo´niyı) *i.* Slavonya.
slay (sley) *f.* (**slew, slain**) öldürmek.
sleaze (sliz) *i.* 1. adilik, bayağılık; pespayelik. 2.

hırpanilik, derbederlik.
slea.zy (sli´zi) *s.* 1. ucuz ve pis (yer). 2. adi, bayağı; pespaye. 3. derme çatma, çürük, çerden çöpten.
sled (sled) *i.* kızak. *f.* (**—ded, —ding**) 1. kızakla gitmek. 2. -i kızakla taşımak.
sledge (slec) *i.* 1. yük kızağı. 2. *İng.* kızak. *f.* 1. -i yük kızağıyla taşımak. 2. *İng.* -i kızakla taşımak. 3. *İng.* kızakla gitmek.
sledge (slec) *i., bak.* **sledgehammer.**
sledge.ham.mer (slec´hämır) *i.* balyoz, varyos; şahmerdan.
sleek (slik) *s.* 1. parlak (saç/tüy); saçı/tüyleri parlak olan. 2. hatları ince ve zarif olan.
sleep (slip) *i.* uyku. **get/go to —** uyumak. **put an animal to —** hayvanı iğneyle verilen ilaçla öldürmek. **put someone to —** birini uyutmak; birine uyku vermek. **talk in one's —** uykuda sayıklamak. **walk in one's —** uykuda gezmek.
sleep (slip) *f.* (**slept**) uyumak. **— around** *k. dili* dilediği kişiyle düşüp kalkmak, çeşitli insanlarla yatmak. **— in** (uykudan) geç kalkmak. **— like a log** derin derin uyumak. **— (something) off** (bir şeyin etkisini/bir duyguyu) uyuyarak geçtirmek. **— with** (biriyle) düşüp kalkmak, yatmak.
sleep.er (sli´pır) *i.* 1. uyuyan kimse. 2. *d.y.* yataklı vagon. 3. *İng., d.y.* travers.
sleep.ing (sli´ping) *i.* uyuma. *s.* uyuyan. **— bag** uyku tulumu. **S— Beauty** Uyuyan Güzel. **— car** yataklı vagon. **— pill** uyku hapı.
sleep.less (slip´lis) *s.* uykusuz.
sleep.walk (slip´wôk) *f.* uykuda gezmek.
sleep.walk.er (slip´wôkır) *i.* uyurgezer.
sleep.walk.ing (slip´wôking) *i.* uyurgezerlik.
sleep.y (sli´pi) *s.* 1. uykusu gelmiş, uykulu. 2. çok sakin, çok hareketsiz (yer).
sleet (slit) *i.* sulusepken kar. *f.* sulusepken kar yağmak/düşmek.
sleeve (sliv) *i.* 1. (giysi için) kol. 2. (boru için) manşon, ek bileziği; rakor. 3. *İng.* (plak için) karton. **— coupling** (boru için) manşon, ek bileziği; rakor. **— link** *İng.* kol düğmesi. **roll up one's —s** kollarını sıvamak.
sleeve.board (sliv´bord) *i.* kol tahtası.
sleeved (slivd) *s.* kollu.
sleeve.less (sliv´lis) *s.* kolsuz.
sleigh (sley) *i.* (atla çekilen) yolcu kızağı.
sleight (slayt) *i.* **— of hand** 1. el çabukluğu, hokkabazlık. 2. kurnazlıkla yapılan hile.
slen.der (slen´dır) *s.* 1. ince, narin; hatları ince ve güzel. 2. az. 3. yetersiz.
slept (slept) *f., bak.* **sleep.**
sleuth (sluth) *i.* dedektif.
slew (slu) *f., bak.* **slay.**
slew (slu) *i., k. dili* büyük miktar: **She's got a slew of children.** Onun bir sürü çocuğu var. **We picked**

slews of loquats this year. Bu sene yığınla maltaeriği topladık.
slice (slays) *i.* dilim. *f.* (ekmek, kek, peynir v.b.'ni) dilimlemek; (havuç, patates v.b. sebzeyi) doğramak: **Will you slice me a piece of bread?** Bana bir dilim ekmek keser misin? **cut something into —s** bir şeyi dilimlemek, bir şeyi dilim dilim kesmek.
slick (slik) *s.* 1. kaygan. 2. kurnaz; cerbezeli. 3. görünümü çekici, içi kof. 4. usta işi (şey). *i.* su yüzündeki yağ tabakası. **— one's hair back/down (with)** briyantin/su sürerek saçlarını arkaya/yana tarayıp yatırmak: **He slicked his hair back with water.** Su sürerek saçlarını arkaya tarayıp yatırdı. **— oneself up** iki dirhem bir çekirdek giyinmek.
slick.er (slik´ır) *i.* yağmurluk.
slid (slid) *f., bak.* **slide.**
slide (slayd) *f.* **(slid)** 1. kaymak; kaydırmak. 2. sessizce gitmek/geçmek. 3. **into** (bir şeyi) belli etmeden (bir yere) koymak. 4. **over/around** (bir meseleyi) ustalıkla atlatmak/geçiştirmek. 5. **along** karnı üzerinde sürünmek. **sliding door** sürme kapı. **let something —** işi oluruna bırakmak.
slide (slayd) *i.* 1. kayma, kayış; (araba için) patinaj. 2. düşüş. 3. kaydırak (çocuklar için oyun aracı). 4. dia, diyapozitif, slayt. 5. (mikroskopta kullanılan) lam. 6. heyelan, toprak kayması. **— projector** diyapozitif projeksiyon makinesi, slayt göstericisi. **— rule** hesap cetveli.
slight (slayt) *s.* 1. az; küçük. 2. ufak (bir bahane). 3. önemsiz; yüzeysel. 4. ufak ve ince yapılı; ince.
slight (slayt) *f.* adam yerine koymamak; önemsememek. *i.* adam yerine koymama; önemsememe.
slim (slim) *s.* **(—mer, —mest)** 1. ince. 2. zayıf, az (ihtimal/ümit).
slim (slim) *f.* **(—med, —ming)** 1. kilo vermek. 2. inceltmek; ince bir görünüm vermek.
slime (slaym) *i.* 1. suyun yüzeyinde duran alg/bakteri tabakası. 2. sümük.
slim.y (slay´mi) *s.* 1. sümükle kaplı, sümük bulaşmış. 2. sümük gibi, sümüksü. 3. alçak, pis, iğrenç.
sling (sling) *i.* 1. (taş atmak için) sapan. 2. (yük kaldırmak için) izbiro, sapan. 3. (kırık kol v.b. için) askı. *f.* **(slung)** 1. (ağ) atmak. 2. sapanla (taş) atmak. 3. (giysiyi) (omzuna) atmak.
sling.shot (sling´şat) *i.* sapan.
slink (slingk) *f.* **(slunk)** sinsi sinsi gitmek/yürümek.
slink.y (sling´ki) *s.* 1. sinsi (hareket). 2. vücuda çok hoş bir şekilde oturan (rop).
slip (slip) *f.* **(—ped, —ping)** 1. kaymak: **My foot slipped.** Ayağım kaydı. 2. **away/out** dikkati çekmeden sessizce gitmek; **in** dikkati çekmeden sessizce girmek. 3. **off** (giysiyi) çıkarmak; **on/in-to** (giysiyi) giymek. 4. (değer) düşmek: **They've slipped in my opinion.** Gözümden düştüler. 5. **up** hata yapmak, yanlış yapmak. 6. belli etmeden (bir şeyi) (bir yere) koymak, sıkıştırmak, tutuşturmak. 7. **out of** (bir yerden) belli etmeden çıkmak, sıvışmak. 8. (hayvan) (kendini bağlayan bir şeyden) kurtulmak. 9. (durum) kötüye gitmek. 10. **by** (zaman) akıp gitmek. **— from someone's mouth** birinin ağzından kaçmak. **— one's mind** unutmak, aklından çıkmak: **It slipped my mind.** Onu unuttum. **— one's shoulder** omzu çıkmak. **— someone's notice** birinin gözünden kaçmak. **let something —** 1. bir şeyi ağzından kaçırıvermek. 2. fırsatı kaçırmak.
slip (slip) *i.* 1. kayma, kayış. 2. ufak yanlış; falso. 3. kombinezon (kadın iç çamaşırı). 4. *den.* kızak; inşaat kızağı; onarım kızağı. 5. *den.* iki uzun iskele arasındaki yanaşma yeri. **— of the tongue** dil sürçmesi. **give someone the —** sıvışarak birinden kaçmak/kurtulmak.
slip (slip) *i.* 1. (köklendirilmek üzere kesilen) çelik. 2. uzunca kâğıt parçası.
slip.cov.er (slip´kʌvır) *i.* koltuk/kanepe kılıfı.
slip.knot (slip´nat) *i.* ilmik, bağlandığı yerde aşağı yukarı inip çıkan düğüm.
slip.per (slip´ır) *i.* terlik; pantufla.
slip.per.y (slip´ıri) *s.* 1. kaygan. 2. hiç sağlam olmayan (durum). 3. güvenilmez, kaypak, hilebaz.
slip.shod (slip´şad) *s.* yarımyamalak, üstünkörü.
slip.stream (slip´strim) *i., hav.* pervane arkasındaki hava akımı.
slip.up (slip´ʌp) *i.* hata, yanlış, falso.
slit (slit) *f.* **(slit, —ting)** yarmak, yarık açmak; uzunluğuna kesmek. *i.* yarık; uzun ve dar bir kesik/delik; yırtmaç.
slith.er (slidh´ır) *f.* 1. dengesini kaybetmişçesine kaymak; düşe kalka ilerlemek. 2. sürünerek gitmek; yılan gibi sürünüp gitmek.
sliv.er (sliv´ır) *i.* 1. kıymık. 2. ince dilim. 3. dar ve uzunca şey.
slob (slab) *i.* kaba saba kimse, hödük.
slob.ber (slab´ır) *f.* ağzından salya akmak. *i.* ağızdan akan salya.
sloe (slo) *i.* çakaleriği.
slog (slag) *f.* **(—ged, —ging)** 1. (çamurda yürür gibi) bata çıka ilerlemek. 2. durmadan çalışmak, harıl harıl çalışmak. *i.* 1. zor yürüyüş. 2. uzun ve zor çalışma.
slo.gan (slo´gın) *i.* slogan.
slop (slap) *i.* 1. (hayvana verilen) yemek artıklarından oluşan sulu yiyecek. 2. dışkı ve sidik. 3. tadı yavan olan sulu yemek. 4. aşırı duygusal söz/yazı. *f.* **(—ped, —ping)** 1. (bir sıvıyı) kazara dökmek: **You've slopped your drink all over the bar.** İçkini tezgâhın hemen her tarafına

döktün. 2. (hayvanlara) sulu bir hale getirilmiş yemek artıkları vermek.
slope (slop) *i.* 1. bayır, yokuş, rampa. 2. eğim. *f.* meyletmek, eğimli olmak. **— down** inmek, aşağıya doğru meyletmek. **— up** çıkmak, yukarıya doğru meyletmek.
slop.py (slap´i) *s.* 1. yarım yamalak, baştan savma yapılmış. 2. hiç titiz olmayan, son derece dikkatsiz. 3. şapşal (giysi). 4. çok dalgalı (deniz). 5. aşırı duygusal (söz).
slosh (slaş) *f.* 1. çalkalanmak, çalkanmak; çalkalamak, çalkamak. 2. dökmek; sıçratmak.
sloshed (slaşt) *s., k. dili* sarhoş.
slot (slat) *i.* 1. dar ve uzun yiv/açıklık; delik. 2. *k. dili* yer. **— machine** 1. kumar makinesi. 2. meşrubat otomatı; yiyecek otomatı.
sloth (slôth) *i.* 1. tembellik. 2. *zool.* tembelhayvan.
sloth.ful (slôth´fıl) *s.* tembel.
slouch (slauç) *f.* 1. yorgun argın ve tembel tembel yürümek, oturmak veya bir yere yaslanarak durmak. 2. (omuzlarını) çökertmek. 3. sarkmak. *i.* 1. aylak, haylaz. 2. yorgun ve tembel yürüyüş/oturuş/duruş tarzı. **— hat** geniş kenarlı fötr şapka. **be no — at/as a** (belirli bir konuda) hiç fena olmamak, bayağı iyi olmak: **He's no slouch as an artist.** Ressam olarak bayağı iyi.
slough (slu, slau) *i.* 1. bataklık; batak; çamurluk. 2. durgun, batak gibi koy. 3. bataklık çayı/deresi.
slough (slʌf) *f.* **off** 1. (yılan) (gömleğini) değiştirmek. 2. -i bir tarafa atmak; -i gidermek.
Slo.vak (slo´vak, slo´väk) *i., s.* 1. Slovak. 2. Slovakça.
Slo.vak.i.a (slova´kiyı, slovak´yı, slovä´kiyı, sloväk´yı) *i.* Slovakya.
Slo.vak.i.an (slova´kiyın, slovak´yın, slovä´kiyın, slovak´yın) *i.* 1. Slovakyalı. 2. Slovak. *s.* 1. Slovakya'ya özgü. 2. Slovakyalı. 3. Slovak.
slov.en (slʌv´ın) *i.* 1. pasaklı kimse, çapaçul kimse; bitli kokuş. 2. tembel, haylaz, aylak.
Slo.vene (slo´vin) *i., s.* 1. Sloven; Slovenyalı. 2. Slovence.
Slo.ve.ni.a (slovin´yı, slovi´niyı) *i.* Slovenya. **—n** *i., s.* 1. Sloven; Slovenyalı. 2. Slovence.
slov.en.ly (slʌv´ınli) *s.* 1. pasaklı ve tembel. 2. dikkatsizlik yüzünden hatalı (bir şey). 3. hiç titiz olmayan, savruk, çok dikkatsiz, savsak, çok ihmalkâr. 4. pasaklı, çapaçul (giyiniş/kılık).
slow (slo) *s.* 1. yavaş; ağır, yavaş giden; uzun süren; yavaş yavaş etkileyen: **a slow train** yavaş giden bir tren. **a slow convalescence** uzun süren bir nekahet. **a slow poison** yavaş yavaş etkileyen zehir. 2. geç anlayan, zor anlayan. 3. kesat, durgun. 4. geri (saat). *z.* yavaş, yavaş yavaş; ağır. *f.* **(down/up)** yavaşlamak; yavaşlatmak.
slow.down (slo´daun) *i.* 1. yavaşlama; (işlerde) durgunluk, durgunlaşma. 2. yavaşlatma grevi, yavaşlatma.

slow.ly (slo´li) *z.* yavaş yavaş; ağır ağır.
slow.ness (slo´nis) *i.* 1. yavaşlık; ağırlık. 2. kesatlık, durgunluk. 3. (saat için) geri kalma.
slow.poke (slo´pok) *i., k. dili* işi ağırdan alan kimse, yavaş giden kimse.
slow.wit.ted (slo´witıd) *s.* zor anlayan, kalın kafalı.
slow.worm (slo´wırm) *i., zool.* köryılan.
sludge (slʌc) *i.* 1. (motorda oluşan) tortulaşmış yağ. 2. (su/pissu arıtma işleminde oluşan) tortul atık. 3. (kuyu açarken çıkarılan) çamur. 4. (akarsu/deniz yatağındaki) tortu, çamur.
slue (slu) *i., bak.* **slew.**
slug (slʌg) *i., zool.* sümüklüböcek.
slug (slʌg) *i.* 1. kurşun. 2. sahte jeton. 3. *k. dili* (içkiden) yudum.
slug (slʌg) *i.* yumruk, yumruk darbesi. *f.* **(—ged, —ging)** 1. (birine) okkalı bir yumruk atmak/indirmek. 2. (beysbol topuna) kuvvetle vurmak. 3. yumruklaşmak. 4. **on** (zorluklara rağmen) gayret etmek, çaba göstermek.
slug.gard (slʌg´ırd) *i.* miskin, uyuşuk.
slug.gish (slʌg´iş) *s.* 1. yavaş giden, yavaş, durgun. 2. kesat, durgun. 3. ağır kanlı. 4. ağır işleyen.
sluice (slus) *i.* 1. oluk; savak; üstü açık büyük boru. 2. bent kapağı; oluk kapağı; savak kapağı. **— gate** savak kapağı.
sluice.way (slus´wey) *i.* savak yatağı.
slum (slʌm) *i.* halkı yoksul, binaları derme çatma olan mahalle/semt.
slum.ber (slʌm´bır) *f.* uyumak; hafif uyumak. *i.* uyku; hafif uyku.
slump (slʌmp) *i.* 1. (fiyat, oy, müşteri sayısı v.b.'nde) düşüş, düşme. 2. iktisadi bunalım. *f.* 1. **onto/to/over** -in üstüne çöküvermek. 2. **into** -e çöküvermek. 3. -e yığılmak: **He slumped to the floor.** Yere yığıldı. 4. (fiyat, oy, müşteri sayısı v.b.) düşmek. **be —ed to one side** bir yana kaykılmış/yaslanmış olmak: **He was sitting slumped to one side.** Bir yana kaykılmış oturuyordu.
slung (slʌng) *f., bak.* **sling.**
slunk (slʌngk) *f., bak.* **slink.**
slur (slır) *f.* **(—red, —ring)** 1. **over** -i geçiştirmek, üstünde durmadan geçivermek. 2. (tane tane söyleyeceğine) hecelerini karıştırmak; -in hecelerini karıştırmak. *i.* hakaret; iftira. **cast a — on** -e leke sürmek, -i lekelemek.
slurp (slırp) *f.* höpürdetmek, höpür höpür içmek.
slush (slʌş) *i.* 1. erimeye başlamış kar, eriyen kar. 2. aşırı duygusallık. **— fund** rüşvet fonu, rüşvet olarak dağıtılmak üzere ayrılan fon.
slut (slʌt) *i.* 1. kaltak, paçoz, orospu. 2. pasaklı kadın, bitli kokuş.
sly (slay) *s.* **(—er/slier, —est/sliest)** sinsi. **on the —** gizli gizli, gizlice.
smack (smäk) *i.* 1. şapırtı, şapırdama, öpme sesi. 2. şap sesi. 3. şaplak, sille, tokat. 4. küt sesi. *f.* 1.

şapırdatarak öpmek/içmek, şapır şupur/şapır şapır öpmek/içmek. 2. on -e şaplak atmak, -e tokat şaplatmak: **She smacked him on the mouth.** Ağzına bir şaplak attı. 3. **down on** küt diye (bir yere) vurmak: **He smacked the book down on the table.** Kitabı masaya küt diye vurdu. — **in/in-to/on/onto** 1. tam: **He was sitting smack in the middle of the row.** Sıranın tam ortasında oturuyordu. 2. kuvvetle: **The truck ran smack into the wall.** Kamyon büyük bir hızla duvara çarptı. — **one's lips** dudaklarını şapırdatmak.
smack (smäk) f. of 1. (soyut bir şey) kokmak, -in kokusu olmak: **This smacks of treachery.** Bu ihanet kokuyor. 2. (bir yiyecekte/içecekte) (belirli bir şeyin) hafif bir tadı olmak: **This coffee smacks of cardamom.** Bu kahvede hafif bir kakule tadı var.
smack-dab (smäk´däb´) z. tam: **The statue was smack-dab in the middle of the square.** Heykel meydanın tam ortasındaydı.
small (smôl) s. 1. küçük; ufak. 2. cömertlikten yoksun, yalnızca kendi çıkarlarını düşünen, çok bencil. — **arms** hafif silahlar. — **change** bozuk para, bozukluk. — **hours** gece yarısından sonraki üç dört saat. — **letter** küçük harf. — **of the back** sırtın en dar kısmı. — **talk** havadan sudan konuşma, hoşbeş. **feel** — utanmak, mahcup olmak. **in a** — **way** karınca kararınca; azıcık.
small-mind.ed (smôl´mayn´did) s. 1. cömertlikten yoksun, yalnızca kendi çıkarlarını düşünen, çok bencil. 2. dar kafalı.
small.pox (smôl´paks) i., tıb. çiçek hastalığı, çiçek.
small-time (smôl´taym´) s. küçük, ufak çapta.
smarm.y (smar´mi) s., İng., k. dili yağcı, pohpohlayıcı.
smart (smart) f. 1. acımak; acıtmak: **My finger's smarting.** Parmağım acıyor. **That medicine smarts.** O ilaç canımı acıtıyor. 2. (bir şeyin) acısını çekmek. i. acıma, acı.
smart (smart) s. 1. zeki, akıllı. 2. şık; zarif. 3. hızlı (bir şey). 4. kuvvetli (bir şey). 5. inciticı, kırıcı, acı (söz). 6. arsızca ve zekâ dolu (bir şey). — **aleck** ukala, bilgiç; kendini bir şey zanneden kimse. — **answer** arsızca cevap. **play it** — k. dili akıllı olmak, akıllıca davranmak.
smart.ass (smart´äs) i., s., argo ukala, bilgiç.
smart.en (smar´tın) f. — **someone/a place up** birine/bir yere çekidüzen vermek. — **up** kendine çekidüzen vermek.
smash (smäş) f. 1. paramparça etmek; paramparça olmak, tuzla buz olmak. 2. **(in)** (kuvvetli bir darbeyle) kırmak: **He smashed the door in.** Kapıyı kırdı. 3. **through** (bir şeyi) (kuvvetli) atarak (başka bir şeyi) kırmak: **She smashed a stone through the window.** Taş atıp camı kırdı. 4. **(up)** mahvetmek; dağıtmak; tarumar etmek. 5. **spor** smaçlamak, smaç vurmak, smaç yapmak. 6. (birinin bir yerine) yumruk atmak: **He smashed him one in the jaw.** Çenesine bir tane patlattı. i. 1. kuvvetli bir yumruk/darbe. 2. küt sesi. 3. paramparça olma. 4. şangırtı. 5. (iki taşıt arasındaki) çarpışma. 6. iflas. 7. büyük hit, büyük sükse yapan film/müzik parçası. 8. spor smaç. — **someone's face in** birinin façasını almak, birinin çenesini dağıtmak: **I'll smash your face in!** Façanı alırım ha!
smash.er (smäş´ır) i. 1. harika bir şey, süper bir şey. 2. spor smaçör.
smash.ing (smäş´ing) s. harika, süper.
smash.up (smäş´ʌp) i. 1. (iki taşıt arasındaki) çarpışma. 2. çöküş; iflas.
smat.ter.ing (smät´ıring) i. (belirli bir konuda) azıcık bir bilgi: **She has a smattering of Greek.** Azıcık Rumcası var.
smear (smir) f. 1. **on/with** (yağlı, kolayca dağılan veya yapışkan bir şeyi) (bir yere) sürmek: **He's smeared paint on me!** Üstüme boya sürdü! **She smeared the bread with honey.** Ekmeğe bal sürdü. 2. bulaştırmak: **You've smeared these lines so much I can't read them.** Bu satırlara elini o kadar sürüp kurşunu bulaştırmışsın ki okuyamıyorum. 3. bulaşmak: **Don't touch that wall; the paint'll smear.** O duvara dokunma; boyası bulaşır. 4. -e leke sürmek, -i lekelemek, -i karalamak, (birinin elinde delil yokken) (başkasına) suç yüklemek. 5. tamamıyla yenmek, ezmek, işini bitirmek. i. 1. (yağlı/yapışkan bir şeyin yaptığı) leke. 2. karalama, delile dayanmayan suçlama. 3. tıb. mikroskop altında incelemek için alınmış organik doku.
smell (smel) f. (—**ed/smelt**) 1. koklamak; -in kokusunu duymak/almak: **Bend down and smell those roses!** Eğilip o gülleri kokla! **I smell coffee.** Kahve kokusu duyuyorum. **She can no longer smell.** Artık burnu koku almıyor. 2. -in kokusundan (bir şeyi) anlamak: **I could smell that they had gone bad.** Kokusundan onların bozuk olduğunu anladım. 3. -i sezmek, -in kokusunu almak. 4. **(of)** (belirli bir şeyin) kokusu olmak; kokmak: **You smell of whisky.** Sen viski kokuyorsun. **This place smells of the sea.** Burası deniz kokuyor. **Those flowers smell good.** O çiçekler güzel kokuyor. 5. (kötü) kokmak: **That toilet smells to high heaven.** O tuvalet çok kötü kokuyor. — **a place up** bir yeri kokutmak. — **a rat** bir katakullinin kokusunu almak. — **ing salts** amonyum tuzu, amonyum karbonat, amonyak tuzu, nışadır.
smell.y (smel´i) s. pis kokan.
smelt (smelt) f., bak. **smell.**
smelt (smelt) f. (maden külçesini) kaletmek, (maden külçesini) ergiterek (madeni) yabancı maddelerden ayırmak.
smid.gen (smic´ın) i., k. dili azıcık bir miktar.

smile (smayl) *f.* 1. gülümsemek, tebessüm etmek. 2. gülümseyerek (bir şeyi) göstermek: **He smiled his pleasure.** Gülümseyerek memnuniyetini gösterdi. 3. **on** (talih, doğa v.b.) -e gülmek: **Fate has finally smiled on us.** Nihayet talih bize güldü. *i.* gülümseme, tebessüm.
smirch (smırç) *f.* 1. -e leke sürmek, -i lekelemek, -i karalamak. 2. kirletmek; bulaştırmak. *i.* leke.
smirk (smırk) *f.* (kendinden memnun bir şekilde) sırıtmak. *i.* (birinin kendinden memnun olduğunu gösteren) sırıtış.
smite (smayt) *f.* (**smote, smit.ten**) 1. sert bir şekilde vurmak. 2. öldürmek; mahvetmek, batırmak; cezaya çarptırmak. **be smitten** 1. **with** birdenbire (birine) vurulmak, -e gönlünü kaptırmak, -e âşık olmak. 2. **with/by** (güzel bir şeye) kapılıvermek, (güzel bir şeyden) çok hoşlanmak. 3. **with** birdenbire (bir hisse) kapılmak: **He was smitten with terror.** Dehşete kapıldı. **At that moment she was smitten with remorse.** O an pişmanlık duydu.
smith (smith) *i.* 1. nalbant. 2. demirci, demir eşya yapan/onaran kimse.
smith.er.eens (smidhırinz´) *i., çoğ.* ufacık parçalar. **be broken to** — paramparça olmak. **blow something/someone to** — bir şeyi/birini paramparça etmek.
smith.y (smith´î) *i.* 1. nalbant dükkânı, nalbandın işyeri. 2. demirci dükkânı, demircinin işyeri.
smit.ten (smit´ın) *f., bak.* **smite.**
smock (smak) *i.* (ilikli ve kollu) önlük, iş önlüğü.
smog (smag) *i.* kirli hava, kirli hava kütlesi; dumanlı sis.
smoke (smok) *i.* 1. duman. 2. *k. dili* sigara. 3. duman rengi, füme. *f.* 1. sigara içmek; (sigara, pipo, puro, afyon v.b.'ni) içmek. 2. tütmek; duman çıkarmak; dumanı geri vermek. 3. (eti/balığı) füme etmek, tütsülemek, dumana tutmak, dumanlamak. 4. (arıları) dumanla sersemletmek. 5. (bir yeri) dumanlandırmak, sislendirmek, sislemek. **— bomb** sis bombası. **— screen** sis perdesi. **— someone/an animal out** içinde bulunduğu yeri dumanla doldurarak birini/bir hayvanı dışarı çıkarmak. **— something out** bir şeyi meydana çıkarmak. **— tree** boyacısumağı, kotinus. **smoking jacket** erkeklerin evde giydiği rahat ve zarif ceket. **smoking tobacco** sigaralık/puroluk/pipoluk tütün. **go up in** — 1. yanıp kül olmak. 2. yok olmak. **No smoking.** Sigara içilmez.
smoke-col.ored (smok´kʌlırd) *s.* duman rengi, füme.
smoked (smokt) *s.* füme, tütsülenmiş (et/balık): **smoked tongue** füme dil. **smoked salmon** füme som, somon füme.
smoke.less (smok´lis) *s.* dumansız; duman çıkarmayan.

smok.er (smo´kır) *i.* 1. sigara/puro/pipo içen kimse. 2. *d.y.* sigara içilebilen vagon. 3. arıcı körüğü.
smoke.stack (smok´stäk) *i.* (vapura/fabrikaya ait) baca.
smok.y (smo´ki) *s.* 1. tüten, duman çıkaran. 2. duman gibi, dumana benzeyen. 3. dumanlı. 4. duman rengi, füme.
smol.der (smol´dır) *f.* 1. için için yanmak; alev çıkarmadan yanmak. 2. (birinin) gözleri yuvalarından fırlamak, için için kızmak. 3. (kavga, kızgınlık v.b.) dışa vurulmadan devam etmek.
smooch (smuç) *f., k. dili* öpüşmek; sarılıp öpüşmek.
smooth (smudh) *s.* 1. pürüzsüz, düzgün, düz, yüzeyinde girinti çıkıntı olmayan: **smooth road** düzgün yol. **smooth skin** pürüzsüz cilt. 2. içinde katı parçalar bulunmayan (sıvı). 3. rahat, sarsıntısız. 4. çalkantısız (deniz). 5. rahat, problemsiz, sorunsuz. 6. tadı hoş olan, acı/kekre olmayan (içki). 7. hoş fakat aldatıcı. 8. hoş tavırlarıyla insanları kandıran; cerbezeli. 9. çok hoş ve insanı rahatlatan. *f.* 1. düz bir hale getirmek, düzlemek, tesviye etmek; -in buruşukluklarını gidermek, düzeltmek: **They're smoothing the road.** Yolu tesviye ediyorlar. **Smooth that bedspread!** O yatak örtüsünü düzelt! 2. **over** (bir şeyi) (bir yere) sürmek. **— away** -i gidermek. **— down one's hair** saçlarını yatırmak. **— the way for someone** birinin işini kolaylaştırmak. **— things over between (people)** -in aralarını bulmak/düzeltmek; -i barıştırmak.
smooth.bore (smudh´bôr) *s.* namlusu yivsiz (silah). *i.* namlusu yivsiz silah.
smooth.ie (smu´dhi) *i., k. dili* 1. kadınları kolaylıkla tavlayan adam. 2. hoş tavırlarıyla insanları kandıran kimse; cerbezeli kimse. 3. çok hoş ve insanı rahatlatan kimse.
smooth.ly (smudh´li) *z.* problem çıkarmadan, güzel bir şekilde: **You handled that very smoothly.** Onu çok güzel bir şekilde idare ettin.
smooth.y (smu´dhi) *i., k. dili, bak.* **smoothie.**
smote (smot) *f., bak.* **smite.**
smoth.er (smʌdh´ır) *f.* 1. (duman/havasızlık) boğmak, bunaltmak veya boğarak öldürmek; (dumandan/havasızlıktan) boğulmak, bunalmak veya boğularak ölmek. 2. (yastık, battaniye v.b. ile) (birini) boğmak, boğularak öldürmek. 3. **in/with** (birini) -e boğmak, -e gark etmek: **She smothered him in kisses.** Onu öpücüklere boğdu. 4. (birinin/bir şeyin) gelişmesini engellemek; -i bastırmak: **He smothered his rage.** Öfkesini zapt etti. 5. (yangını) havasız bırakarak söndürmek.
smoul.der (smol´dır) *f., bak.* **smolder.**
smudge (smʌc) *i.* (bulaşmış) leke. *f.* (üstüne) le-

ke bulaşmak/bulaştırmak; lekelenmek: **Don't rub it; you'll smudge it!** Elini üstüne sürme; leke yaparsın!
smug (smʌg) s. (**—ger, —gest**) kendinden memnun, kendini beğenmiş.
smug.gle (smʌg´ıl) f. (birini/bir şeyi) (bir ülkeye veya yurtdışına) kaçırmak; kaçakçılık yapmak.
smug.gler (smʌg´lır) i. kaçakçı.
smut (smʌt) i. 1. kurum tanesi, is tanesi. 2. müstehcen söz/resimler. 3. sürme, rastık, is (ekin hastalığı).
smut.ty (smʌt´i) s. 1. müstehcen, açık saçık. 2. sürmeli, rastıklı, isli (ekin).
snack (snäk) i. (yemek aralarında yenilen) tatlı, çerez, meyve v.b. f. hafif şeyler yemek, çerezlenmek; **on** (tatlı, çerez, meyve v.b.'ni) yemek. **— bar** (müşterilerinin bar gibi bir tezgâhın önünde oturduğu) ufak lokanta; büfe.
sna.fu (snä´fu) i., k. dili problem, sorun, pürüz.
snag (snäg) i. 1. problem, sorun, pürüz. 2. koparılmış/kırılmış bir şeyin çıkık, pürüzlü ve keskin ucu. f. (**—ged, —ging**) -e takılmak: **My fishing line's gotten snagged on that bush.** Oltam o çalıya takıldı.
snail (sneyl) i., zool. salyangoz.
snake (sneyk) i. 1. zool. yılan. 2. sinsi ve hain kimse. f. 1. yılan gibi sessizce ilerlemek. 2. yılan gibi kıvrılmak. **— in the grass** sinsi ve hain kimse. **— plant** bot. kaynanadili, tavşankulağı, sansevieria.
snake.bit (sneyk´bit) s. yılanın soktuğu (kimse). **get** — yılan sokmak.
snake.bite (sneyk´bayt) i. yılan sokması.
snake.bit.ten (sneyk´bitın) s., bak. **snakebit.**
snak.y, snak.ey (sney´ki) s. 1. yılan gibi, yılana benzeyen. 2. yılankavi. 3. yılan dolu.
snap (snäp) f. (**—ped, —ping**) 1. at -i ağzıyla kapmaya çalışmak. 2. **at** (köpek) -i ısırmaya çalışmak. 3. kopmak; koparmak. 4. (kırbacı) şaklatmak; (sert bir rüzgârda dalgalanan bayrak gibi) şap diye ses çıkarmak. 5. **up** (alıcı) (satılan malı) kapmak, hemen satın almak. 6. çat diye kapanmak. 7. (bir şeyi) ters/kızgın bir şekilde söylemek; **at** (birini) terslemek. 8. k. dili (fotoğraf) çekmek. 9. (göz) parlamak. 10. (parmaklarını) şakırdatmak. 11. k. dili aklını oynatmak. 12. çıtırdamak; çatırdamak. i. 1. çıtçıt, fermejüp. 2. gevrek bir bisküvi. 3. k. dili gayret, şevk. 4. çok kolay iş. 5. k. dili enstantane, enstantane fotoğraf. 6. çıtırtı, çıtırdama, çıt. 7. şak sesi, şak. 8. ağzıyla kapmaya çalışma. 9. (köpek) ısırmaya çalışma. s. ani, aniden yapılan: **snap decision** ani karar. **— into action** hemen harekete geçmek. **— one's fingers at** -i hiç önemsememek, -i takmamak. **— out of it** kötü bir ruhsal durumdan kurtulmak: **When he began whining about that to me I told him to snap out of it.** Bana ondan yakınmaya başladığında, kendisine bundan vazgeçmesini söyledim. **— someone's head off** birine çok ters bir cevap vermek. **— to** k. dili 1. acele etmek, çabuk olmak: **Snap to!** Haydi kımılda! 2. işe başlamak: **Snap to it!** Haydi iş başına! **— up an offer** bir teklifi hemen kabul etmek. **cold —** aniden gelen soğuk hava.
snap.drag.on (snäp´drägın) i., bot. aslanağzı.
snap.pish (snäp´îş) s. aksi, ters.
snap.py (snäp´i) s. 1. çok canlı. 2. kuru ve soğuk (hava). 3. şık. **Make it —!** k. dili Çabuk ol!
snap.shot (snäp´şat) i. enstantane, enstantane fotoğraf.
snare (sner) i. tuzak. f. 1. tuzağa düşürmek. 2. (çok istenilen bir şeyi) elde etmek, kapmak. **— drum** trampet.
snarl (snarl) f. (**up**) karmakarışık hale gelmek, arapsaçına dönmek; karmakarışık bir hale getirmek. i. karmakarışık hal, arapsaçı. **traffic —** trafik tıkanıklığı.
snatch (snäç) f. kapmak; **at** kapmaya çalışmak. i. 1. kapış. 2. kısa süre; kısa parça: **He only heard snatches of their conversation.** Konuştuklarının ancak bazı bölümlerini duydu.
sneak (snik) f. 1. sinsice ve sessizce ilerlemek/gitmek. 2. **in/on/into/onto** -e gizlice sokmak; -e gizlice girmek. 3. **off/out of** -den gizlice çıkarmak; -den gizlice çıkmak. 4. (bir şeyi) gizlice yapmak: **She sneaked a glance at the book.** Kitaba kaçamakla baktı. 5. aşırmak, yürütmek, çalmak. 6. İng., k. dili gammazlık etmek; **on** -i ihbar etmek. i., k. dili sinsi kimse. **— attack** ask. baskın taarruzu. **— up on** -e gizlice yaklaşmak.
sneak.er (sni´kır) i. tenis ayakkabısı.
sneak.y (sni´ki) s., k. dili sinsi; sinsice.
sneer (snir) f. 1. dudağını bükmek. 2. **at** -e dudak bükmek, -i küçümsemek.
sneeze (sniz) f. 1. aksırmak, hapşırmak. 2. **at** -i hor görmek, -i küçümsemek: **Don't sneeze at Begüm's paintings; she makes millions from them.** Begüm'ün resimlerine gülüp geçme; onlardan milyonlar kazanıyor. i. aksırık, hapşırık.
snick.er (snîk´ır) f. kıs kıs gülmek. i. kıs kıs gülüş.
snide (snayd) s. şaka gibi görünen iğneli/kırıcı (söz).
sniff (snîf) f. 1. koklamak. 2. **at** -e burun kıvırmak. 3. **around** (bir yerde) dolanmak. 4. burun bükerek söylemek. i. 1. nefes, içe çekilen hava. 2. burun kıvırma. **— out** 1. bulmak. 2. (birinin/bir şeyin) ne olduğunu öğrenmek. **get a — of** -den bir nefes çekmek.
snif.fle (snîf´ıl) f. burnunu çekmek. **the —s** k. dili hafif nezle.
snig.ger (snîg´ır) f., i., bak. **snicker.**
snip (snîp) f. (**—ped, —ping**) makasla kırpmak/kesmek. i. 1. makasla kırpma/kesme. 2.

kırpılmış parça, kırpıntı.
snipe (snayp) *i., zool.* batakçulluğu.
snipe (snayp) *f.* 1. **at** -e gizli bir mevziden ateş açmak. 2. üstü kapalı bir şekilde eleştirmek, laf atmak, taş atmak.
snip.er (snay'pır) *i.* pusu nişancısı.
snip.pet (snip'it) *i.* ufak parça.
sniv.el (sniv'ıl) *f.* 1. burnu akmak. 2. burnunu çekmek. 3. burnunu çekerek ağlamak. 4. yakınmak, sızlanmak, ağlamak.
snob (snab) *i.* snop.
snob.ber.y (snab'ıri) *i.* snopluk.
snob.bish (snab'iş) *s.* snop.
snob.bism (snab'izım) *i.* snopluk, snobizm.
snob.by (snab'i) *s.* snop.
snook.er (snuk'ır) *i.* bir çeşit bilardo. **be —ed** *İng.* çok zor bir durumda kalmak/bulunmak, köşeye sıkışmak.
snoop (snup) *f., k. dili* casusluk yapmak; gizlice gözetlemek; gizlice bilgi toplamaya çalışmak.
snoot (snut) *i., k. dili* burun.
snoot.y (snu'ti) *s., k. dili* snop.
snooze (snuz) *f.* şekerleme yapmak, kestirmek. *i.* şekerleme, kısa uyku.
snore (snôr) *f.* horlamak. *i.* horultu, horlama.
snor.kel (snôr'kıl) *i.* şnorkel.
snort (snôrt) *f.* 1. (at) kuvvetle burnundan hava çıkarmak. 2. kızgınlıkla/küçümseyerek söylemek.
snot (snat) *i.* 1. *kaba* sümük. 2. *k. dili* alçak herif. 3. *k. dili* pis snop.
snot.ty (sna'ti) *s.* 1. *kaba* sümüklü. 2. *k. dili* pis, alçak. 3. *k. dili* snop.
snout (snaut) *i.* hayvanın uzun burnu.
snow (sno) *i.* kar. *f.* kar yağmak. **— bunting** *zool.* karkuşu. **— goggles** kar gözlüğü. **S— White** Pamuk Prenses. **be —ed in** kardan mahsur kalmak. **be —ed under** işten başını kaldıramamak, başını kaşıyacak vakti olmamak.
snow.ball (sno'bôl) *i.* 1. kar topu. 2. *bot.* kartopu.
snow.bird (sno'bırd) *i., zool.* karkuşu.
snow.bound (sno'baund) *s.* kar yüzünden mahsur kalmış.
snow-capped (sno'käpt) *s.* kar kaplı (dağ/tepe).
snow.drift (sno'drift) *i.* kar yığıntısı, kürtün.
snow.drop (sno'drap) *i., bot.* kardelen.
snow.flake (sno'fleyk) *i.* 1. kar tanesi. 2. *zool.* karkuşu.
snow.man (sno'män), *çoğ.* **snow.men** (sno'men) *i.* kardan adam.
snow.plow (sno'plau) *i.* kar temizleme makinesi.
snow.shoe (sno'şu) *i.* kar ayakkabısı, kar raketi, raket, leken.
snow.storm (sno'stôrm) *i.* kar fırtınası, tipi.
snow-white (sno'hwayt') *s.* bembeyaz, kar gibi.
snow.y (sno'wi) *s.* 1. karlı. 2. bembeyaz, kar gibi. 3. **with** kar yağmış gibi (bir şeyle) dolu.

snub (snʌb) *f.* **(—bed, —bing)** hiçe saymak, hakir görmek, küçümsemek, adam yerine koymamak. *i.* hiçe sayma, hakir görme.
snub-nosed (snʌb'nozd) *s.* küçük ve kalkık burunlu.
snuff (snʌf) *i.* enfiye. **up to —** iyi; makbul.
snuf.fle (snʌf'ıl) *f.* burnunu çekmek.
snug (snʌg) *s.* **(—ger, —gest)** 1. rahat ve sıcacık. 2. üste iyi oturan (giysi).
snug.gle (snʌg'ıl) *f.* sokulmak, yanına sokulmak: She snuggled up to him. Ona sokuldu.
so (so) *z.* 1. böyle, böylece; şöyle, şöylece; öyle, öylece: While I was so doing the doorbell rang. Böyle yaparken kapı zili çaldı. Hold the knife just so. Bıçağı şöyle tut. So she says. Öyle diyor. 2. bu kadar; şu kadar; o kadar: "The table's so long," he said. "Masa şu kadar uzun," dedi. Did you ever see a tree so lovely as this one? Hiç bu kadar güzel bir ağaç gördünüz mü? It was so big it wouldn't fit in the box. Kutuya sığmayacak kadar büyüktü. Give me only so much. Bana ancak o kadar ver. 3. de, da: "I hope they'll win." "I hope so too." "Onların kazanacağını umuyorum." "Ben de." "They have a dog." "So do we." "Onların köpeği var." "Bizim de." 4. *k. dili* çok, o kadar ki: You've been so kind. Çok nezaket gösterdin. She's so beautiful! O kadar güzel ki! 5. Başkasının iddiasını yalanlamak için kullanılır: "I didn't do it." "You did so." "Yapmadım." "Yaptın." **— as to** -mek için: He did this so as to prevent theft. Bunu, hırsızlığı önlemek için yaptı. **— far** 1. şimdiye kadar. 2. belirli bir yere kadar; belirli bir mesafe: They can only go so far before they run out of gas. Benzin tükeninceye kadar ancak belirli bir mesafe gidebilirler. **S— long!** Hoşça kal! **— many/much** belirli bir miktar. **and — on/forth** vesaire, ve benzerleri. **as ... — ... 1.** -dikçe ...: As the time grew shorter so his excitement mounted. Zaman azaldıkça heyecanı arttı. 2. ne kadar ... o kadar ...: As she loves cats, so he loves birds. O ne kadar kedi severse o da aynı şekilde kuş sever. As she is beautiful so also is she intelligent. Güzel olduğu kadar akıllıdır da. 3. nasıl ... öyle ...; nitekim: As you think, so will you behave. Nasıl düşünürsen öyle davranırsın. Just as I refused to go yesterday, so I shall refuse to do so today. Dün gitmeyi reddettim, nitekim bugün de reddedeceğim. **even —** yine de, gene de: "That book contains some mistakes." "Even so, it's still worth buying." "O kitapta bazı yanlışlar var." "Olsun, yine de almaya değer." **I hope —.** İnşallah./Umarım öyle olur. **I think —.** Öyle zannediyorum. **or —** kadar, civarında, yaklaşık: It's fifteen miles or so from here. Buradan on beş mil kadar uzak-

ta. or — I think zannedersem.
so (so) *bağ.* 1. bu/o yüzden, bundan/ondan dolayı; bunun/onun sonucunda: **I was sitting in the back, so I couldn't see the stage well.** Arkada oturuyordum; bu yüzden sahneyi iyi göremedim. **He told me to go, so I did.** Bana git dedi. Bu yüzden gittim. 2. için: **I gave him an apple so he wouldn't go hungry.** Aç kalmaması için ona bir elma verdim. 3. E?/Ne olacak?: **He's made a mistake. So?** Bir hata yaptı. Ne olacak? 4. *Bir keşifte bulununca kullanılır*: **So now I know what you were up to!** Şimdi ne yaptığını biliyorum! **S— what?** E?/Ne olacak?
so (so) *s.* böyle; şöyle; öyle: **That's just not so!** Öyle değil, efendim! **If that's so, I'll have to go.** Öyleyse gitmeye mecburum. **just —** belirli bir şekilde/bir sisteme göre düzenlenmiş. **Of all their loyal servants none was more — than he.** Onların sadık hizmetkârlarından hiçbiri ondan daha sadık olamazdı.
soak (sok) *f.* 1. suya bastırmak, suda bırakmak, ıslatmak; suda kalmak. 2. suya girmek, suda kalmak; suya sokmak, suda tutmak: **He was soaking in the bathtub.** Küvetteki suyun içine uzanmıştı. 3. **through** -den sızmak: **Blood was soaking through the bandage.** Sargıdan kan sızıyordu. 4. **into** (bir sıvı) (bir yere) derinlemesine girmek/süzülmek. 5. sırsıklam etmek; sırsıklam olmak. 6. *k. dili* (birinden) çok fazla para istemek, (birini) kazıklamak. **— in** (bir şey) kafaya dank etmek. **— out** suya bastırarak (bir şeyi) çıkarmak. **— up** emmek, soğurmak, içine çekmek. **—ing rain** toprağı derinlemesine ıslatan yağmur. **—ing wet** sırsıklam, sırılsıklam. **be —ed in** ile dolu olmak.
so-and-so (so´wınso) *i.* 1. filan kişi; bilmem kim. 2. herif; aşağılık adam/kadın, pis yaratık.
soap (sop) *i.* 1. sabun. 2. *TV, radyo* melodram dizisi. *f.* sabunlamak. **— bubble** sabun köpüğü. **— dish** sabunluk, sabun tası. **— opera** *TV, radyo* melodram dizisi. **— powder** toz sabun, sabun tozu. **no — ** *k. dili* imkânsız, imkânı yok.
soap.box (sop´baks) *i.* sokakta nutuk çeken birinin üstüne çıktığı sandık; nutuk çekmek için kullanılan kürsü v.b. **get up on one's —** nutuk çekmeye başlamak.
soap.stone (sop´ston) *i.* sabuntaşı.
soap.suds (sop´sʌdz) *i., çoğ.* sabun köpüğü.
soap.wort (sop´wırt) *i.* çöven, sabunotu, helvacıkökü.
soap.y (so´pi) *s.* 1. sabunlu. 2. sabun gibi. 3. yaldızlı (söz); pohpohlamalarla dolu. 4. *TV, radyo* melodram dizilerine yakışan.
soar (sôr) *f.* 1. hızla yükselmek. 2. hızla uçmak. 3. havada süzülmek. 4. **beyond** -i aşmak; -in ötesine gitmek: **His imagination soared beyond the mountains that enclosed his village on every side.** Hayal gücü köyünü çevreleyen dağların ta ötesine gitti. 5. (bir yer üzerinde/bir yere) yükselmek: **The mountain soared above the valley.** Dağ vadi üzerinde yükseliyordu.
S.O.B. (es´obi) *i., k. dili* alçak herif, şey ettiğim herif.
sob (sab) *f.* (**—bed, —bing**) hıçkıra hıçkıra ağlamak, hıçkırmak; hüngür hüngür ağlamak, hüngürdemek. *i.* hıçkırık; hüngürtü.
so.ber (so´bır) *s.* 1. ciddi, ağırbaşlı. 2. süssüz, gösterişsiz. 3. içkinin etkisi altında olmayan; ayık. *f.* 1. ayıltmak. 2. durgunlaştırmak, düşünceli bir hale sokmak. **— someone up** birini ayıltmak. **— up** ayılmak.
so.bri.e.ty (sobray´iti) *i.* 1. ciddiyet, ağırbaşlılık. 2. süssüzlük, gösterişsizlik. 3. içkinin etkisi altında olmama; ayıklık.
so.bri.quet (so´kôld´) *i.* lakap, takma ad.
so-called (so´kôld´) *s.* sözde: **so-called painters** sözde ressamlar.
soc.cer (sak´ır) *i.* futbol, ayaktopu.
so.cia.ble (so´şıbıl) *s.* girgin, sokulgan.
so.cial (so´şıl) *s.* 1. toplumsal, sosyal. 2. başka insanlarla beraber olmayı seven (kimse); kendi türünden başka hayvanlarla beraber olmayı seven (hayvan). 3. girgin, sokulgan. 4. sosyetik. *i.* parti, eğlence. **— security** sosyal sigorta. **— service** toplumsal hizmet, sosyal hizmet. **the — sciences** toplumsal bilimler, sosyal ilimler.
so.cial.i.sa.tion (soşılizey´şın) *i., İng., bak.* **socialization**.
so.cial.ise (so´şılayz) *f., İng., bak.* **socialize**.
so.cial.ism (so´şılizım) *i.* sosyalizm, toplumculuk.
so.cial.ist (so´şılist) *i.* sosyalist, toplumcu. *s.* sosyalist, toplumcu, sosyalizme özgü.
so.cial.ite (so´şılayt) *i.* sosyetik kimse, sosyeteden biri.
so.cial.i.za.tion, *İng.* **so.cial.i.sa.tion** (soşılizey´şın) *i.* 1. sosyalizasyon, kamulaştırma, devletleştirme; toplumsallaştırma, sosyalleştirme. 2. *ruhb.* sosyalleşme, toplumsallaşma; sosyalleştirme, toplumsallaştırma.
so.cial.ize, *İng.* **so.cial.ise** (so´şılayz) *f.* 1. kamulaştırmak, devletleştirmek; toplumsallaştırmak, sosyalleştirmek. 2. *ruhb.* sosyalleştirmek, toplumsallaştırmak.
so.ci.e.ty (sısay´iti) *i.* 1. toplum; topluluk. 2. dernek, cemiyet. 3. sosyete. **spend time in the — of one's friends** arkadaşlarıyla vakit geçirmek.
so.ci.o.log.i.cal (sosiyılac´ikıl) *s.* sosyolojik, toplumbilimsel.
so.ci.ol.o.gist (sosiyal´ıcist) *i.* sosyolog, toplumbilimci.
so.ci.ol.o.gy (sosiyal´ıci) *i.* sosyoloji, toplumbilim.
sock (sak) *i.* kısa çorap, şoset.

sock (sak) *i., k. dili* yumruk, yumruk darbesi. *f.* yumruk atmak/indirmek, yumruklamak. **— away** *k. dili* bir kenara (para) koymak: **He's socked a little money away.** Bir kenara biraz para koymuş.
sock.et (sak'ît) *i.* 1. *anat.* oyuk, yuva: **eye socket** gözyuvası. 2. *elek.* duy. 3. içine bir şey geçirilen delik/oyuk.
sod (sad) *i.* 1. (bir alanı kaplayan) çim. 2. (bir alandan toprağıyla birlikte alınan) çim parçası. *f.* **(—ded, —ding)** (bir alanı) (böyle) çim parçalarıyla kaplamak.
so.da (so'dı) *i.* 1. kabartma tozu, sodyum bikarbonat. 2. soda, maden sodası. 3. üstüne soda dökülmüş dondurma. 4. gazoz. **— cracker** tuzlu bisküvi. **— fountain** (mağazanın/eczanenin bir köşesinde bulunan, dondurma, gazoz v.b. satılan) büfe. **— pop** gazoz. **— water** soda, maden sodası. **baking —** kabartma tozu, sodyum bikarbonat. **ice-cream —** üstüne soda dökülmüş dondurma. **washing —** çamaşır sodası, soda.
sod.den (sad'ın) *s.* 1. iyice ıslanmış; sırılsıklam. 2. içi iyi pişmemiş (ekmek, hamur, kek, tart v.b.).
so.di.um (so'diyım) *i., kim.* sodyum.
so.fa (so'fı) *i.* kanepe.
soft (sôft) *s.* 1. yumuşak. 2. alçak (ses). 3. ılık, yumuşak (hava). 4. fazla parlak olmayan (ışık). 5. hafif (rüzgâr/yağmur). 6. yumuşak, tatlı, hoş, gönül okşayıcı (söz). 7. *k. dili* kolay. 8. hamlamış, hamlaşmış, ham (vücut); formunda olmayan, formunu korumamış (sporcu). 9. hatları net görünmeyen. 10. saf, kolayca aldatılan. **— drink** 1. kola; gazoz; soda. 2. alkolsüz içecek. **— lens** yumuşak lens. **— palate** *anat.* yumuşak damak. **— soap** *k. dili* yağcılık, iltifat. **— spot** zayıf nokta. **— water** yumuşak su, az kireçli su. **be — on** -e fazla yumuşak davranmak. **go — in the head** aklını oynatmak, oynatmak. **have a — heart** yumuşak kalpli olmak, müşfik olmak. **have a — spot for** (birine) zaafı olmak.
soft.ball (sôft'bôl) *i.* 1. bir çeşit beysbol. 2. bu oyunda kullanılan top.
soft-boiled (sôft'boyld') *s.* rafadan, alakok (yumurta).
soft-cov.er (sôft'kʌvır) *s., i.* karton kapaklı (kitap).
soft.en (sôf'ın) *f.* 1. yumuşatmak; yumuşamak. **— water** suyu yumuşatmak.
soft.heart.ed (sôft'har'tid) *s.* yumuşak kalpli, müşfik.
soft.ie (sôf'ti) *i., k. dili, bak.* **softy**.
soft-soap (sôft'sop) *f., k. dili* yağcılık ederek (birini) kandırmaya çalışmak; **into** tatlı sözlerle (birini) (bir şey yapmaya) ikna etmek.
soft-spo.ken (sôft'spo'kın) *s.* yumuşak sesli (kimse).
soft.ware (sôft'wer) *i., bilg.* yazılım. **— package**

yazılım paketi. **— system** yazılım sistemi.
soft.y (sôf'ti) *i., k. dili* yufka yürekli kimse.
sog.gy (sag'i) *s.* iyice ıslanmış, ıpıslak.
soil (soyl) *i.* toprak. **— erosion** toprak aşınması, erozyon. **one's native —** anavatan.
soil (soyl) *f.* kirletmek; kirlenmek.
so.journ (so'cırn) *i.* (bir yerde) kalma; ikamet. *f.* **(in)** (bir yerde) kalmak; ikamet etmek.
sol.ace (sal'îs) *i.* teselli. *f.* 1. teselli etmek. 2. (bir üzüntüyü) hafifletmek, azaltmak. **give — to** -i teselli etmek, -e teselli vermek. **seek — in** teselliyi (bir şeyde) aramak. **take — in** -de teselli bulmak.
so.lar (so'lır) *s.* 1. güneşle ilgili, güneşsel. 2. güneşe göre hesaplanan. 3. güneşin etkisiyle meydana gelen. **— calendar** güneş takvimi. **— eclipse** *gökb.* güneş tutulması, gün tutulması. **— system** *gökb.* güneş sistemi. **— year** güneş yılı.
so.lar.i.um (soler'iyım) *i.* evin bir yanında bulunan ve üç yanı camla çevrili çok güneşli oda, solaryum.
sold (sold) *f., bak.* **sell**.
sol.der (sad'ır) *i.* lehim. *f.* lehimlemek. **—ing iron** havya.
sol.dier (sol'cır) *i.* asker; er. *f.* 1. askerlik yapmak. 2. on metanetle devam etmek.
sol.dier.like (sol'cırlayk) *s.* asker gibi; askere yakışır.
sol.dier.ly (sol'cırli) *s.* asker gibi; askere yakışır.
sole (sol) *i.* 1. (ayağa ait) taban. 2. (ayakkabıya ait) taban; pençe. *f.* (ayakkabıya) pençe vurmak, (ayakkabıyı) pençelemek. **half —** yarım pençe.
sole (sol) *i.* dilbalığı.
sole (sol) *s.* tek, yegâne.
sol.emn (sal'ım) *s.* 1. çok ciddi; ağırbaşlı. 2. görkemli bir şekilde yapılan (dini tören/devlet töreni). 3. *huk.* resmi bir şekilde yapılan.
sol.em.nise (sal'ımnayz) *f., İng., bak.* **solemnize**.
so.lem.ni.ty (sılem'nıti) *i.* 1. büyük ciddiyet; ağırbaşlılık. 2. görkemli tören. 3. görkem, ihtişam. 4. *huk.* resmi işlem, formalite.
sol.em.nize, *İng.* **sol.em.nise** (sal'ımnayz) *f.* 1. (nikâh) kıymak. 2. törenle kutlamak.
so.lic.it (sılîs'ît) *f.* 1. (para, yardım, bir iyilik v.b.'ni) istemek. 2. (fahişe) sokakta müşteri aramak.
so.lic.i.tor (sılîs'ıtır) *i., İng.* avukat.
so.lic.i.tous (sılîs'ıtıs) *s.* **be —** 1. **about** -e ilgi göstermek, -i merak etmek. 2. **to** (bir şey) yapmak istemek.
so.lic.i.tude (sılîs'ıtud) *i.* ilgi, merak: **Your solicitude for my health amazes me.** Sağlığıma gösterdiğiniz ilgi beni hayrete düşürüyor.
sol.id (sal'îd) *s.* 1. katı, sıvı olmayan. 2. som (metal); masif (ağaç/tahta); yekpare ve içi dolu (madde). 3. tam, kesintisiz, aralıksız, fasılasız. 4. sağlam, dayanıklı. 5. sağlam, güvenilir; muteber. 6. *geom.* katı. *i.* katı, katı madde. **— fuel**

solidarism 438

katı yakıt. — **geometry** katı geometri. — **state** *fiz.* katı hal. **solid-state physics** katı hal fiziği.
sol.i.da.rism (sal'ıdırizım) *i., sosyol.* dayanışmacılık, solidarizm.
sol.i.da.rist (sal'ıdırist) *i., sosyol.* dayanışmacı, solidarist.
sol.i.dar.i.ty (salıder'ıti) *i.* dayanışma, solidarite.
so.lid.i.fy (sılid'ıfay) *f.* katılaşmak; katılaştırmak.
so.lid.i.ty (sılid'ıti) *i.* 1. katılık. 2. sağlamlık, dayanıklılık. 3. sağlam olma, güvenirlik; muteber olma.
sol.id.ly (sal'ıdli) *z.* **be — for** *Görüşlerin tamamen birleştiğini belirtir:* **Alibeyköy is solidly for our man.** Alibeyköy'de herkes bizim adamı tutuyor.
so.lil.o.quy (sılil'ıkwi) *i.* monolog, oyuncunun kendi kendine yaptığı konuşma.
sol.ip.sism (sal'ıpsizım) *i., fels.* tekbencilik, solipsizm.
sol.ip.sist (sal'ıpsist) *i., s.* tekbenci, solipsist.
sol.i.taire (sal'ıter) *i.* 1. mücevheri süsleyen tek taş. 2. tek taşlı mücevher: **Her earrings were diamond solitaires.** Küpeleri birer pırlantaydı. 3. tek kişilik iskambil oyunu.
sol.i.tar.y (sal'ıteri) *s.* 1. yalnız, kendi başına. 2. tek bir: **Can you give me a solitary example?** Tek bir örnek verebilir misin? 3. tenha, ıssız. — **confinement** *huk.* hücreye kapatma.
sol.i.tude (sal'ıtud) *i.* 1. yalnızlık, kendi başına olma. 2. tenha yer, tenhalık.
so.lo (so'lo) *i.* 1. *müz.* solo. 2. *dans* tek başına yapılan gösteri. — **flight** tek başına yapılan uçuş.
so.lo.ist (so'lowist) *i., müz.* solist, solocu.
sol.stice (sal'stis) *i., gökb.* gündönümü.
sol.u.bil.i.ty (salyıbil'ıti) *i., kim.* çözünürlük.
sol.u.ble (sal'yıbıl) *s., kim.* çözünür, çözülebilir.
sol.ute (sal'yut) *i., kim.* çözünen.
so.lu.tion (sılu'şın) *i.* 1. çözüm, çözüm yolu, çare. 2. *mat.* çözüm. 3. *kim.* çözelti, solüsyon, eriyik. 4. *kim.* çözünme, çözülme. 5. çözme, halletme, hal.
solve (salv) *f.* çözmek, halletmek.
sol.vent (sal'vınt) *i., kim.* çözücü, solvent. *s.* 1. *kim.* çözücü. 2. bütün borçlarını ödeyebilen (kimse/kuruluş).
So.ma.li.a (somal'yı, soma'liyı, sımal'yı, sımal'iyı) *i.* Somali. **—n** *i.* Somalili. *s.* 1. Somali, Somali'ye özgü. 2. Somalili.
som.ber, *İng.* **som.bre** (sam'bır) *s.* 1. kasvetli. 2. çok ciddi, ağırbaşlı.
some (sʌm) *s.* 1. (belirsiz) bir miktar: **He owns some apartment buildings.** Onun apartmanları var. **Make us some coffee.** Bize kahve yapsana. 2. bazı, kimi: **Some roses have no scent.** Bazı güllerin kokusu yoktur. 3. bir: **Just think up some good excuse.** İyi bir bahane uydur. **Let's do it some other time.** Bunu başka bir zaman yapalım. **Some woman telephoned.** Bir kadın telefon etti. 4. epey, bir hayli, oldukça çok: **The flowers lasted for some time.** Çiçekler epey zaman canlılığını korudu. 5. *k. dili* Ne biçim ...?: **Some friend you are!** Ne biçim arkadaşsın böyle? 6. *k. dili* hiç unutulmayacak bir (kimse/şey): **That was some lecture!** Hiç unutulmayacak bir konferanstı o. 7. *k. dili* harika, süper, olağanüstü. *zam.* (belirsiz) bir miktar; bazı: **Some of those fabrics are very expensive.** O kumaşlardan bazıları çok pahalı. **She wanted some apples, so I gave her some.** Elma istedi; bu yüzden ona bir miktar verdim. **There are some who won't approve of this.** Bunu onaylamayacak bazı kişiler var. **Some of you will become generals.** Bazılarınız general olacak. *z.* 1. aşağı yukarı, kadar: **There were twenty some people present.** Yirmi kadar kişi vardı. 2. biraz: **He's feeling some better.** Kendini biraz daha iyi hissediyor.
some.bod.y (sʌm'badi, sʌm'bıdi) *zam.* biri, birisi, bir kimse: **Somebody telephoned you.** Biri sana telefon etti. *i., k. dili* önemli biri, hatırı sayılır biri.
some.day (sʌm'dey) *z.* bir gün.
some.how (sʌm'hau) *z.* nasılsa, her nasılsa, bir yolunu bulup: **We'll do it somehow.** Bir yolunu bulup yaparız.
some.one (sʌm'wʌn) *zam.* biri, birisi, bir kimse.
some.place (sʌm'pleys) *z., k. dili* bir yerde; bir yere; bir yer: **Do you have someplace to stay?** Kalacak bir yerin var mı? **We're someplace south of Şebinkarahisar.** Şebinkarahisar'ın güneyinde bir yerdeyiz.
som.er.sault (sʌm'ırsôlt) *i.* takla, taklak; perende. *f.* takla atmak. **turn a —** takla atmak.
some.thing (sʌm'thing) *i.* 1. bir şey: **She wants something brighter.** Daha frapan renkli bir şey istiyor. **Can I get you something to drink?** Size içecek bir şey getirebilir miyim? 2. *k. dili* insanı hayrete düşüren kimse: **You're really something!** Vallahi harikasın! 3. *k. dili* önemli bir şey, yabana atılmayacak bir şey. **be — of a ... ...** gibi bir şey olmak: **She's something of a philosopher.** Filozof gibi bir şey o.
some.time (sʌm'taym) *z.* bir zaman; bir gün: **It was sometime last year.** Geçen sene içinde bir zamandı. **Come see us sometime!** Bir gün bize gel!
some.times (sʌm'taymz) *z.* bazen.
some.way (sʌm'wey) *z., k. dili* nasılsa, her nasılsa, bir yolunu bulup.
some.what (sʌm'hwʌt) *z.* oldukça; biraz. **be — of a ... ...** gibi bir şey olmak: **He's somewhat of a poet.** Şair gibi bir şey o.
some.where (sʌm'hwer) *z.* bir yerde; bir yere;

th	dh	w	hw	b	c	ç	d	f	g	h		j		k	l	m	n	p	r	s	ş	t	v	y	z
thin	the	we	why	be	joy	chat	ad	if	go	he	regime	key	lid	me	no	up	or	us	she	it	via	say	is

bir yer: **Let's go somewhere.** Bir yere gidelim. **That's somewhere in Thrace, isn't it?** Trakya'da bir yerde, değil mi?
som.nam.bu.lism (samnäm´byılîzım) *i.* uyurgezerlik.
som.nam.bu.list (samnäm´byıllîst) *i.* uyurgezer.
som.nam.bu.lis.tic (samnämbyıllîs´tîk) *s.* uyurgezer.
som.no.lent (sam´nılınt) *s.* 1. uykusu gelmiş, uyku basmış, uykulu. 2. uyku getiren.
son (sʌn) *i.* oğul, erkek evlat. — **of a bitch** *kaba* it oğlu it, it herif, it, eşşoğlu eşek. — **of a gun** *k. dili* 1. Hay Allah! 2. Seni pezevenk seni!
so.nar (so´nar) *i.* sonar.
so.na.ta (sına´ta) *i., müz.* sonat.
song (sông) *i.* şarkı. **for a —** çok ucuza, yok pahasına.
song.bird (sông´bırd) *i.* ötücü kuş.
song.ster (sông´stır) *i.* 1. şarkıcı. 2. ötücü kuş.
song.stress (sông´strîs) *i.* şantöz.
son.ic (san´îk) *s.* ses dalgalarıyla ilgili, sonik. — **boom** ses duvarını aşan bir uçağın yol açtığı patlama sesi.
son.ics (san´îks) *i.* akustik, ses bilgisi.
son-in-law (sʌn´înlô) *i.* damat.
son.net (san´ît) *i., edeb.* sone.
so.no.rous (sınôr´ıs, san´ırıs) *s.* 1. gür (ses). 2. tumturaklı.
soon (sun) *z.* biraz sonra, birazdan, çok geçmeden, az zaman içinde. **—er or later** er geç. **as — as** -er -mez: **I'll call you as soon as I reach Istanbul.** İstanbul'a varır varmaz sana telefon edeceğim. **as — as possible** en kısa zamanda; bir an önce. **I'd —er die!** Ölmeyi tercih ederim! **no —er ... than ...** -er -mez: **He'd no sooner begun to speak than the lights went out.** Konuşmaya başlar başlamaz ışıklar söndü. **"Will you come with us?" "I'd just as — not."** "Bizimle gelir misin?" "Gelmeyeyim."
soot (sût) *i.* is; kurum.
soothe (sudh) *f.* 1. sakinleştirmek, yatıştırmak. 2. teselli etmek. 3. (ağrıyı) hafifletmek, azaltmak; (ağrıyan bir yeri) rahatlatmak.
sooth.ing (su´dhîng) *s.* 1. sakinleştirici, yatıştırıcı. 2. teselli edici. 3. (ağrıyı) hafifletici; (ağrıyan bir yeri) rahatlatıcı.
sooth.say.er (suth´seyır) *i.* kâhin; falcı.
soot.y (sût´î) *s.* isli; kurumlu.
sop (sap) *f.* (**—ped, —ping**) **in** (bir şeyi) (bir sıvıya) batırmak. *i.* 1. birini hoşnut edecek şey. 2. (süt, yemeğin salçası v.b.'ne) banılmış ekmek lokması. — **something up with** (bir şeyi) (bir sıvıya) banarak o şeyi soğurmak: **Sop up that gravy with some bread!** O salçaya ekmek banıp ye! **Sop up that water with this sponge!** O suyu bu süngerle temizle! **—ping wet** sırılsıklam, sırsıklam.
soph.ism (saf´îzım) *i.* sofizm, bilgicilik.

soph.ist (saf´îst) *i.* sofist, bilgici.
so.phis.ti.cat.ed (sıfîs´tıkeytîd) *s.* 1. dünya/hayat hakkında çok şey bilen (kimse). 2. ince zevkli kişilere hitap eden.
so.phis.ti.ca.tion (sıfîstıkey´şın) *i.* 1. dünya/hayat hakkında çok şey bilme. 2. ince zevk.
soph.is.try (saf´îstri) *i.* safsata.
soph.o.more (saf´ımôr, saf´môr) *i.* lisede/üniversitede ikinci sınıf öğrencisi.
so.po.rif.ic (sopırîf´îk) *s.* uyku getiren, uyutucu. *i.* uyku veren ilaç.
sop.py (sap´î) *s.* 1. sırılsıklam, sırsıklam; ıpıslak. 2. çok yağmurlu. 3. *İng.* aşırı duygusal.
so.pran.o (sıprän´o) *i., müz.* soprano. *s.* sopranoya ait.
sor.bet (sôr´bey) *i., İng.* 1. (kar pekmezi kıvamında) dondurulmuş şerbet. 2. meyveyle yapılan bir tür dondurma.
sor.cer.er (sôr´sırır) *i.* büyücü, sihirbaz.
sor.cer.ess (sôr´sırîs) *i.* büyücü kadın.
sor.cer.y (sôr´sıri) *i.* büyücülük.
sor.did (sôr´dîd) *s.* 1. alçak, iğrenç, menfur. 2. pis, çok kirli.
sore (sôr) *s.* 1. ağrıyan; ağrılı; acıyan. 2. hassas (bir nokta/konu). 3. *k. dili* kızgın; gücenik, küs, dargın, küskün. *i.* yara. **be — about —e** kızgın/gücenik olmak. **have a — throat** anjin olmak, boğazı yanmak.
sor.ghum (sôr´gım, sô´gım) *i.* 1. sorgum. 2. sorgum pekmezi.
so.ror.i.ty (sırôr´îti) *i.* (üniversite öğrencisi kızlara özgü) sosyal kulüp.
sor.rel (sôr´ıl) *i., bot.* kuzukulağı.
sor.rel (sôr´ıl) *i.* al donlu at.
sor.row (sar´o) *i.* keder, acı. *f.* keder çekmek.
sor.row.ful (sar´ıfıl) *s.* 1. kederli. 2. keder veren.
sor.ry (sar´î) *s.* 1. üzgün. 2. pişman. 3. kötü, berbat, kepaze. **S—!** 1. Affedersiniz!/Pardon! 2. Üzgünüm! **be —** 1. üzülmek, üzgün olmak: **"Utku died." "I'm sorry."** "Utku öldü." "Üzüldüm." **I was sorry to see her go.** Gittiğine üzüldüm. **I'm sorry I've broken your heart.** Kalbini kırdığıma üzgünüm. **I'm sorry to say that it didn't work out.** Maalesef olmadı. 2. pişman olmak: **I'm sorry I asked.** Sorduğuma pişmanım. **I was sorry I hadn't read it.** Okumadığıma pişman olmuştum. 3. özür dilemek: **Say you're sorry!** Özür dile! **Okay, I'm sorry.** Peki, özür dilerim. **be/feel — for** -e acımak: **I feel sorry for those who work there.** Orada çalışanlara acıyorum.
sort (sôrt) *i.* çeşit, tür, nevi. **be out of —s** canı sıkkın olmak, keyfi kaçmak/bozulmak. **of —s** bir çeşit: **It's a game of sorts.** Bir Çeşit oyun.
sort (sôrt) *f.* (bir şeyleri) (başka şeylerden) ayırmak; tasnif etmek, bölümlemek, sınıflamak. — **something out** bir şeye çözüm bulmak, bir

şeyi halletmek.
sor.tie (sôr'ti) i., ask. 1. ani bir saldırıda bulunmak üzere tahkimattan çıkma. 2. (uçağın yaptığı) çıkış, sorti, sefer.
SOS (es'o.es') i. SOS (tehlike halinde verilen imdat sinyali).
so-so (so'so') s. şöyle böyle, ne iyi ne kötü.
sot (sat) i. ayyaş.
souf.flé (sufley') i., ahçı. sufle.
sough (sʌf, sau) i. (rüzgârın yaptığı) uğultu. f. (rüzgâr) uğuldamak.
sought (sôt) f., bak. seek.
soul (sol) i. 1. ruh. 2. gerçek duygu, içtenlik. 3. kimse, biri: **He's a good old soul.** İyi kalpli bir ihtiyardır o. 4. (bir şeyin) ta kendisi: **He's the soul of generosity.** Cömertliğin ta kendisidir. 5. Amerikalı zencilerin yarattığı bir müzik türü. — **music** Amerikalı zencilerin yarattığı bir müzik türü.
soul.ful (sol'fıl) s. duygulu; duyguları yansıtan.
soul.less (sol'lis) s. ruhsuz; duygusuz.
soul-search.ing (sol'sırçing) i. iç değerlendirme, kendini motive eden şeyleri gözden geçirme.
sound (saund) s. 1. sağlam; esaslı. 2. derin ve rahat (uyku). 3. sağlıklı, sıhhatli. 4. akıllıca (bir davranış). 5. sağlam, güvenilir.
sound (saund) i. ses. — **barrier** ses duvarı. — **effects** efektler. — **track** ses bandı. — **wave** ses dalgası. **From the — of it things are pretty bad.** k. dili Anladığım kadarıyla durum vahim. **I don't like the — of it.** k. dili Bana iyi bir şey gibi gelmiyor.
sound (saund) f. 1. çalmak: **Sound your horn!** Kornayı çal! **The wake-up bell sounded at six.** Uyandırma zili saat altıda çaldı. 2. gibi gelmek: **That sounds good to me.** Bana iyi gibi geliyor. 3. iskandil etmek, (suyun) derinliğini ölçmek.
sound.ing (saun'ding) i., k. dili iskandil etme, iskandil. **take a —** iskandil etmek.
sound.proof (saund'pruf') s. sesgeçirmez.
soup (sup) i. çorba. — **kitchen** yoksullara parasız yemek verilen yer, aşevi, aşhane. — **up** k. dili, oto. (motorun) gücünü artırmak. **be in the —** k. dili başı dertte olmak.
soup.y (su'pi) s. 1. çorba gibi. 2. k. dili aşırı duygusal.
sour (saur) s. ekşi. f. ekşitmek; ekşimek. — **cherry** vişne. — **cream** smetana. — **orange** turunç. **go — 1.** ekşimek. 2. bozulmak, kötüye gitmek. **What a — face he's wearing today!** Bugün ne kadar suratsız o!
source (sôrs) i. kaynak; köken.
sour.sop (saur'sap) i. tarçınelması.
souse (saus) f. 1. suyun içine batırmak/daldırmak. 2. sırılsıklam etmek. 3. -e (su) dökmek, (suyu) üstüne boca etmek: **He soused a bucket of water in his face.** Yüzüne bir kova su attı. 4. salamuraya yatırmak. i. salamura domuz kafası/paçası/kulağı. **be —d** k. dili sarhoş olmak.

south (sauth) i. güney. s. güney, güneyden gelen. **S— Africa** Güney Afrika. **S— African** 1. Güney Afrikalı, Güney Afrikalı kimse. 2. Güney Afrika, Güney Afrika'ya özgü. 3. Güney Afrikalı (kimse). **S— America** Güney Amerika. **S— American** 1. Güney Amerikalı, Güney Amerikalı kimse. 2. Güney Amerika, Güney Amerika'ya özgü. 3. Güney Amerikalı (kimse). **S— Sea** Büyük Okyanus'un güney kısmına özgü. **the S— Pole** Güney Kutbu. **the S— Sea** tar. Büyük Okyanus. **the S— Sea Islands** Büyük Okyanus'un güney kısmındaki adalar.
south.bound (sauth'baund) s. güneye giden.
south.east (sauth.ist') i. güneydoğu. s. güneydoğu, güneydoğudan gelen.
south.east.er (sauth.is'tir) i. keşişleme, akçayel.
south.east.ern (sauth.is'tırn) s. güneydoğu ile ilgili.
south.er.ly (sʌdh'ırli) s. 1. güney, güneyden gelen. 2. güney, güney tarafında bulunan.
south.ern (sʌdh'ırn) s. güney, güneye ait. **the S— Cross** gökb. Güneyhaçı. **the S— Hemisphere** Güney Yarıküre.
south.ern.er (sʌdh'ırnır) i. güneyli.
south.ern.most (sʌdh'ırnmost) s. en güneydeki.
south.ern.wood (sʌdh'ırnwûd) i., bot. karapelin.
south.wards (sauth'wırdz) z. güneye doğru.
south.west (sauth.west') i. güneybatı. s. güneybatı, güneybatıdan gelen.
south.west.er (sauth.wes'tir) i. lodos, akyel, bozyel.
south.west.ern (sauth.wes'tırn) s. güneybatı ile ilgili.
sou.ve.nir (suvınir') i. hatıra, andaç, yadigâr.
sov.er.eign (sav'rın, sav'ırın) s. 1. özerk (devlet). 2. en büyük siyasi iktidara sahip, egemen. 3. mutlak, sınırsız. i. 1. hükümdar. 2. bir çeşit İngiliz altını (para).
sov.er.eign.ty (sav'rınti, sav'ırınti) i. 1. egemenlik. 2. özerklik. 3. hükümdarlık.
So.vi.et (so'viyet, so'viyıt, soviyet') s., tar. Sovyet, Sovyetler Birliği'ne özgü. — **Russia** Sovyet Rusya. **the —s** Sovyetler, Sovyetler Birliği'nin halkı/liderleri/silahlı kuvvetleri. **the — Union** Sovyetler Birliği.
sow (so) f. (—**ed, sown/—ed**) (tohum) ekmek; (bir yere) tohum ekmek. — **one's wild oats** (genç bir insan) çılgınca yaşamak.
sow (sau) i. dişi domuz.
sox (saks) i., çoğ. şosetler.
soy (soy) i. — **sauce** soya sosu.
soy.bean (soy'bin) i. soya.
spa (spa) i. kaplıca.
space (speys) i. 1. yer, alan: **parking space** park yeri. **Is there space for our display?** Sergimize

yer var mı? 2. mesafe: **in the space of ten miles** on millik bir mesafe içinde. 3. boşluk: **He was gazing into space.** Boşluğa bakıyordu. 4. uzay, feza. 5. süre, müddet. 6. aralık, espas: **Leave a space between each word and each line.** Her sözcük ve her satır arasında bir aralık bırak. 7. *mat.* uzam. — **age** uzay çağı. — **capsule** uzay kapsülü. — **shuttle** uzay mekiği. — **station** uzay istasyonu. — **travel** uzay yolculuğu. — **walk** uzayda yürüyüş.
space.craft (speys´kräft) *i.* uzay gemisi.
space.flight (speys´flayt) *i.* uzay uçuşu.
space.ship (speys´şip) *i.* uzay gemisi.
spa.cious (spey´şıs) *s.* geniş.
spade (speyd) *i., bahç.* bel. *f.* bellemek, bel ile kazmak. **call a — a —** *k. dili* doğruya doğru, eğriye eğri demek, gerçekleri sakınmadan söylemek, dobra dobra konuşmak.
spade (speyd) *i., isk.* maça.
spade.work (speyd´wırk) *i.* 1. ön hazırlık, ön çalışma. 2. zor ve sıkıcı hazırlıklar.
spa.ghet.ti (spıget´i) *i.* uzun ve ince makarna, spagetti.
Spain (speyn) *i.* İspanya.
span (spän) *i.* 1. süre, müddet: **a span of ten years** on yıllık bir süre. 2. (kemer/köprü ayakları arasındaki) açıklık. 3. genişlik: **the span of the road** yolun genişliği. **the span of his knowledge** bilgisinin kapsadığı alanlar. **the span of the deer's antlers** geyiğin boynuzlarının genişliği. 4. karış. *f.* (—ned, —ning) 1. (kemer) (yolun) üstünden geçmek; (köprü) (bir yerin) üstünden geçmek. 2. kapsamak. 3. (bir çağın belirli bir dönemini) yaşamak: **His life spanned the entire Victorian era.** O, Viktorya çağının tümünü yaşadı. **attention —** dikkat genişliği.
span.gle (späng´gıl) *i.* pul, payet. *f.* 1. pullarla süslemek, pullamak. 2. **with** (pırıltılı şeylerle) süslemek.
Span.iard (spän´yırd) *i.* İspanyol.
span.iel (spän´yıl) *i.* spanyel.
Span.ish (spän´iş) *i.* İspanyolca. *s.* 1. İspanyol; İspanya, İspanya'ya özgü. 2. İspanyolca. — **America** Kuzey, Orta ve Güney Amerika'daki İspanyolca konuşan ülkeler. — **bayonet** *bot.* avizeağacı. — **fly** 1. *zool.* kuduzböceği. 2. afrodizyak olarak kullanılan kurutulmuş kuduzböceği tozu. — **moss** *bot.* bir tür tillandsia. **the —** İspanyollar, İspanya halkı.
spank (spängk) *f.* (birinin) kıçına şaplak atmak. *i.* kıça atılan şaplak.
spank.er (späng´kır) *i., den.* randa.
spank.ing (spängk´ing) *s.* şiddetli (rüzgâr). *i.* kıçına şaplak atma. **brand — new** gıcır gıcır, yepyeni. **give someone a —** birinin kıçına şap-

lak atmak.
span.ner (spän´ır) *i., İng.* somun anahtarı; ingilizanahtarı.
spar (spar) *i., den.* seren; direk.
spar (spar) *f.* (**—red, —ring**) 1. boks yapmak. 2. ağız kavgası etmek, atışmak, dalaşmak.
spare (sper) *s.* 1. yedek. 2. boş (zaman). 3. boş, kullanılmayan (oda). 4. zayıf; ince. 5. yemekleri az ve basit olan (beslenme tarzı). 6. fazla (para): **Do you have any spare cash?** Fazla paran var mı? *i.* yedek. — **parts** yedek parçalar. — **tire** 1. yedek lastik, stepne. 2. *k. dili* hafif (şişman) göbek.
spare (sper) *f.* 1. kıymamak, canını bağışlamak. 2. (sıkıcı bir şeyden) kurtarmak: **Spare yourself the trouble.** Kendini o zahmetten kurtar. 3. (tatsız bir şeyi) söylememek. 4. (birine) (zamanını, yardımcı, para v.b.'ni) vermek: **I haven't enough money to spare you.** Sana verebilecek kadar param yok. **S— no expense!** Masraftan hiç kaçınma! **to — fazla: I had only fifty liras to spare.** Bende ancak elli lira kalmıştı.
spare.rib (sper´rib) *i.* az etli domuz pirzolası.
spar.ing (sper´ing) *s.* **be — in/with** (bir şeyi) çok az yapmak/kullanmak, esirgemek: **Don't be sparing with the butter!** Tereyağını esirgeme! **He's sparing in his praise.** Çok az över.
spark (spark) *i.* kıvılcım. *f.* 1. kıvılcım saçmak. 2. **off** -e neden olmak, -e yol açmak: **What sparked it off?** Ona yol açan neydi? 3. (birini) (bir şeye) teşvik etmek, sevk etmek: **What sparked your interest in painting?** Seni resim yapmaya yönelten şey neydi? — **plug** *oto.* buji.
spar.kle (spar´kıl) *f.* 1. pırıldamak. 2. (şarap) köpürmek. *i.* 1. pırıldama. 2. (şaraptaki) köpürme.
spar.kler (spar´klır) *i.* maytap.
spar.kling (spar´kling) *s.* 1. pırıldayan. 2. köpüklü (şarap).
spar.row (sper´o) *i.* serçe. — **hawk** atmaca.
sparse (spars) *s.* seyrek.
spasm (späz´ım) *i., tıb.* spazm, kasınç, kasılım, kasılma.
spas.mod.ic (späzmad´ik) *s.* 1. spazmodik, kasınçlı, kasımlı. 2. spazmı andıran. 3. istikrarsız.
spas.tic (späs´tik) *s.* spastik. *i.* spastik kimse.
spat (spät) *f., bak.* **spit.**
spat (spät) *i.* getr, tozluk.
spat (spät) *i.* (kısa süren) ağız kavgası, atışma, dalaş, dalaşma.
spate (speyt) *i.* büyük miktar. **a — of** pek çok, bir sürü.
spa.tial (spey´şıl) *s.* 1. uzamla ilgili, uzamsal; 2. uzayla ilgili, uzaysal.
spat.ter (spät´ır) *f.* 1. sıçratmak, damlatmak: **Don't spatter paint on the floor!** Yere boya damlatma! 2. sıçramak: **The grease was spattering on the**

wall. Yağ duvara sıçrıyordu.
spat.u.la (späç´ûlı) *i.* ıspatula.
spawn (spôn) *f.* 1. (balık) yumurtlamak. 2. üretmek, yaratmak, doğurmak.
spay (spey) *f.* (dişi hayvanı) kısırlaştırmak.
speak (spik) *f.* **(spoke, spo.ken)** 1. konuşmak. 2. (gerçeği/sözü) söylemek: **He couldn't speak a word.** Hiçbir söz söyleyemedi. **— about** (bir konu) hakkında konuşmak. **— for** 1. (birinin) lehinde konuşmak. 2. (birinin) yerine konuşmak. **— for itself/themselves** (bir şeyin/şeylerin) ne olduğu meydanda/ortada/aşikâr olmak: **The sound job of restoration that's been done here speaks for itself.** Burada yapılan restorasyonun ne kadar iyi olduğu meydanda. **It speaks for itself.** Ne menem bir şey olduğu belli. **— ill of** hakkında kötü konuşmak. **— of** 1. -den söz etmek, -den bahsetmek. 2. -i göstermek, -e işaret etmek: **It speaks of careful planning.** Dikkatli bir ön çalışma yapıldığını gösteriyor. **— on** (bir konu) hakkında konuşmak. **— one's mind** ne düşündüğünü açıkça söylemek. **— out against** -in aleyhinde konuşmak. **— out/up** 1. açıkça söylemek. 2. daha yüksek sesle konuşmak. **— up for** -in lehinde konuşmak. **— well/ill for** (biri/bir şey) için olumlu/olumsuz bir puan olmak. **be spoken for** (bir şey) biri için ayrılmak: **Those books have already been spoken for.** O kitaplar biri için ayrıldı. **so to — tabir caizse. to — of** bahsetmeye değer, önemli: **We've had no snow to speak of all winter.** Kış boyunca hiç doğru dürüst kar yağmadı.
speak.er (spi´kır) *i.* 1. konuşmacı. 2. sözcü. 3. *pol.* meclis başkanı. 4. *radyo, TV* spiker. 5. hoparlör.
spear (spir) *i.* mızrak, kargı; zıpkın. *f.* mızrakla vurmak, kargılamak; zıpkınlamak. **asparagus — kuşkonmaz filizi.**
spear.mint (spir´mint) *i., bot.* kıvırcıknane, yeşilnane.
spe.cial (speş´ıl) *s.* özel, normal olmayan. *i.* 1. özel bir program. 2. (normal tarifede bulunmayan) özel bir tren. 3. (fiyatta) özel bir indirim. 4. (lokantada her zaman yapılmayan) yemek: **Today's special is potato soup.** Bugünkü özel yemeğimiz patates çorbası. **— case** özel durum. **— delivery** ekspres mektup. **— edition** özel baskı.
spe.cial.i.sa.tion (speşılizey´şın) *i., İng., bak.* **specialization.**
spe.cial.ise (speş´ılayz) *f., İng., bak.* **specialize.**
spe.cial.ist (speş´ılist) *i.* mütehassıs, uzman.
spe.ci.al.i.ty (speşiyäl´ıti) *i.* 1. özel nitelik. 2. *İng., bak.* **specialty.**
spe.cial.i.za.tion, *İng.* **spe.cial.i.sa.tion** (speşılizey´şın) *i.* 1. (birçok alan/iş yerine) tek bir alanda çalışma/tek bir iş yapma; uzmanlaşma. 2. *biyol.* özelleşme.

spe.cial.ize, *İng.* **spe.cial.ise** (speş´ılayz) *f.* **in** 1. -in uzmanlık alanı/özel ilgi alanı (belirli bir şey) olmak: **That firm specializes in tax law.** O firmanın uzmanlık alanı vergi hukuku. 2. ihtisas yapmak: **She is specializing in pediatrics.** Pediyatri ihtisası yapıyor. **He is specializing in Ottoman history.** Osmanlı tarihi üzerinde ihtisas yapıyor.
spe.cial.ty (speş´ılti) *i.* 1. uzmanlık alanı, özel ilgi alanı, ihtisas, branş. 2. (lokantada) spesiyalite.
spe.cies (spi´şiz) *i.* (*çoğ.* **spe.cies**) *biyol.* tür.
spe.cif.ic (spısif´ik) *s.* 1. belirli. 2. kesin ve apaçık. 3. *fiz., kim.* özgül. **— gravity** *fiz.* özgül ağırlık. **— heat** *fiz.* özgül ısı.
spec.i.fi.ca.tion (spesıfıkey´şın) *i.* 1. şartname. 2. patent almak için yazılan ayrıntılı açıklama. 3. (şartnamedeki) madde. 4. *çoğ.* (teknik şartnamedeki) maddeler/ayrıntılar.
spec.i.fy (spes´ıfay) *f.* belirtmek.
spec.i.men (spes´ımın) *i.* örnek, numune.
spe.cious (spi´şıs) *s.* aldatıcı, sahte.
speck (spek) *i.* benek, ufak leke, nokta.
speck.le (spek´ıl) *i.* ufak benek.
speck.led (spek´ıld) *s.* benekli.
specs (speks) *i., çoğ., k. dili* gözlük.
spec.ta.cle (spek´tıkıl) *i.* 1. (genellikle açık havada yapılan) büyük gösteri/tören. 2. görülecek şey: **Her return was a real spectacle.** Onun dönüşü görülecek şeydi. 3. gülünç bir manzara: **Don't make a spectacle of yourself!** Kendini rezil etme! 4. *çoğ.* gözlük.
spec.tac.u.lar (spektäk´yılır) *s.* 1. muhteşem, harikulade, görkemli. 2. çok büyük (fiyat artışı/düşüşü).
spec.ta.tor (spek´teytır) *i.* seyirci.
spec.ter, *İng.* **spec.tre** (spek´tır) *i.* hayalet; hortlak.
spec.tral (spek´trıl) *s.* hayalete benzeyen; hortlak gibi.
spec.tre (spek´tır) *i., İng., bak.* **specter.**
spec.tro.scope (spek´trıskop) *i.* spektroskop, tayfölçer.
spec.tros.co.py (spektras´kıpi) *i.* spektroskopi, tayfölçümü.
spec.trum (spek´trım) *çoğ.* **spec.tra** (spek´trı) *i., fiz.* tayf, spektrum.
spec.u.late (spek´yıleyt) *f.* 1. (**about**) (hakkında) tahminlerde bulunmak. 2. *fels., tic.* spekülasyon yapmak.
spec.u.la.tion (spekyıley´şın) *i., fels., tic.* spekülasyon.
spec.u.la.tive (spek´yıleytiv) *s., fels., tic.* spekülatif.
spec.u.la.tor (spek´yıleytır) *i., tic.* spekülasyon yapan, spekülatör.
sped (sped) *f., bak.* **speed.**
speech (spiç) *i.* 1. konuşma, söz söyleme. 2. konuşma tarzı. 3. konuşma, nutuk, söylev. **figure of —** *mecaz.* **give/make a —** bir konuşma

yapmak.
speech.less (spiç'lis) *s.* dili tutulmuş.
speed (spid) *i.* hız, sürat; çabukluk. *f.* **(sped/—ed)** çabuk gitmek, hızla gitmek, süratle gitmek. — **limit** azami hız/sürat; asgari hız/sürat. — **up** hızlandırmak; hızlanmak. **at full** — son süratle, son sürat.
speed.boat (spid'bot) *i.* sürat motoru.
speed.om.e.ter (spidam'ıtır) *i.* hızölçer, kilometre saati, hız saati.
speed.way (spid'wey) *i.* yarış pisti.
speed.well (spid'wel) *i., bot.* yavşanotu, veronika.
speed.y (spi'di) *s.* hızlı, süratli, çabuk.
spe.le.ol.o.gist (spiliyal'ıcist) *i.* mağarabilimci.
spe.le.ol.o.gy (spiliyal'ıci) *i.* mağarabilim.
spell (spel) *f.* **(—ed/spelt)** 1. (imla kurallarına göre) (kelimeyi) doğru yazmak. 2. (kelimenin) harflerini söylemek. — **something out (for)** *k. dili* (birine) bir şeyi ayrıntılarıyla açıklamak.
spell (spel) *i.* büyü. **cast a — on** -i büyülemek, -e büyü yapmak.
spell (spel) *i.* 1. süre, müddet. 2. nöbet. *f.* kendisiyle nöbet değiştirerek (birini) serbest bırakmak.
spell.bind (spel'baynd) *f.* **(spell.bound)** büyülemek.
spell.bound (spel'baund) *f., bak.* **spellbind.** *s.* büyülenmiş.
spell.er (spel'ır) *i.* imla öğreten kitap. **He's a good —.** Onun imlası iyi.
spell.ing (spel'îng) *i.* imla, yazım.
spelt (spelt) *i.* kılçıksız buğday.
spelt (spelt) *f., bak.* **spell.**
spend (spend) *f.* **(spent)** 1. harcamak, sarf etmek. 2. (vakit) geçirmek. — **itself** (fırtına) hızını kaybetmek. — **oneself** bütün gücünü tüketmek. — **ing money** cep harçlığı.
spend.thrift (spend'thrîft) *s., i.* müsrif, savurgan, tutumsuz.
spent (spent) *f., bak.* **spend.** *s.* 1. çok yorgun, bitkin. 2. kullanılmış (kurşun).
sperm (spırm) *i.* 1. *biyol.* sperma. 2. bel, atmık, sperma.
sper.ma.to.zo.on (spırmıtızo'wan), *çoğ.* **sper.ma.to.zo.a** (spırmıtızo'wı) *i.* spermatozoit, sperma hayvancığı.
spew (spyu) *f.* 1. **(out)** şiddetli bir şekilde fışkırtmak, püskürtmek; fışkırmak, püskürmek. 2. *k. dili* kusmak.
sphag.num (sfäg'nım) *i., bot.* sfagnum.
sphe.noid (sfi'noyd) *s., anat.* sfenoit. *i., anat.* temel kemiği. — **bone** *anat.* temel kemiği.
sphere (sfîr) *i.* 1. küre. 2. alan. — **of influence** etki alanı.
spher.i.cal (sfer'îkıl, sfîr'îkıl) *s.* küresel.
sphinc.ter (sfîngk'tır) *i., anat.* büzgen.
sphinx (sfîngks) *i.* sfenks, isfenks.
spice (spays) *i.* bahar, baharat. *f.* — **a food up**
baharat katarak bir yemeği daha lezzetli yapmak. — **something up** ilginç bir şeyler katarak bir şeyi canlandırmak. **add — to** -i canlandırmak, -i ilginçleştirmek. **the S— Islands** *bak.* **the Molucca Islands.**
spice.bush (spays'bûş) *i., bot.* 1. kadehçiçeği, kalikant. 2. lindera.
spic.es (spay'sız) *i., çoğ.* baharat, baharlar.
spick-and-span (spîk'ınspän') *s.* tertemiz, pırıl pırıl.
spic.y (spay'si) *s.* 1. baharatlı. 2. açık saçık.
spi.der (spay'dır) *i.* örümcek. — **crab** denizörümceği.
spiel (spil, şpil) *i., k. dili* (satış için) önceden hazırlanmış ikna edici konuşma/sözler.
spiff.y (spîf'i) *s., k. dili* zarif, şık, iki dirhem bir çekirdek.
spig.ot (spîg'ıt) *i.* musluk.
spike (spayk) *i.* 1. sivri uç; sivri uçlu çubuk. 2. (spor ayakkabısının tabanındaki) kabara. 3. başak. 4. büyük çivi. — **heel** sivri ökçe.
spike (spayk) *f.* — **someone's guns** *k. dili* birinin çanına ot tıkamak.
spill (spîl) *f.* **(—ed/spilt)** 1. kazara dökmek. 2. **over into** (bir yere) kadar yayılmak. 3. *k. dili* (bir sırrı) söylemek, ifşa etmek, açığa vurmak. 4. (at) (biniciyi) sırtından yere atmak. *i.* kazara dökülen sıvı. — **blood** kan dökmek. — **the beans** *k. dili* her şeyi ifşa etmek, her şeyi ortaya dökmek; baklayı ağzından çıkarmak. **have/take a —** atın sırtından düşmek.
spill.way (spîl'wey) *i.* taşma savağı.
spilt (spîlt) *f., bak.* **spill.**
spin (spîn) *f.* **(spun, —ning)** 1. (yün, pamuk v.b.'ni) eğirmek. 2. (örümcek) (ağ) örmek; (ipekböceği) (koza) örmek. 3. (topaç v.b.'ni) döndürmek; (topaç v.b.) dönmek. 4. **along** hızla gitmek. 5. kafadan atmak, uydurmak. **His head is —ning.** Başı dönüyor.
spin.ach (spîn'îç) *i.* ıspanak.
spi.nal (spay'nıl) *s.* belkemiğine ait. — **column** *anat.* belkemiği, omurga. — **cord** *anat.* omurilik.
spin.dle (spîn'dıl) *i.* iğ, kirmen.
spin.dly (spînd'li) *s.* 1. sağlıksız ve boyu fazla uzun (bitki). 2. uzun ve zayıf (bacak). — **legged** *k. dili* leylek gibi, leylek bacaklı.
spin-dry.er (spîn'drayır) *i.* santrifüjlü çamaşır kurutma makinesi.
spine (spayn) *i.* 1. *anat.* omurga, belkemiği. 2. diken. 3. (kitapta) sırt.
spine.less (spayn'lîs) *s.* 1. karaktersiz ve tabansız. 2. omurgasız, belkemiği olmayan. 3. dikensiz.
spin.ning (spîn'îng) *i.* eğirme. — **mill** iplikhane. — **wheel** çıkrık.
spin.ster (spîn'stır) *i.* 1. *huk.* hiç evlenmemiş kadın. 2. hiç evlenmemiş yaşlı veya yaşlanmaya

yüz tutmuş kadın.
spin.y (spay´ni) s. dikenli.
spi.rae.a (spayri´yı) i., bot. keçisakalı, erkeçsakalı, ispirya.
spi.ral (spay´rıl) s. helezoni, helisel, sarmal, spiral. i. helis, helezon, sarmal. f. (**—ed/—led, —ing/—ling**) döne döne gitmek/hareket etmek. **— downwards** hızla inmek. **— staircase** döner merdiven. **— upwards** hızla yükselmek.
spire (spayr) i. kulenin sivri uçlu tepesi, kule ucu, kule külahı.
spir.it (spir´it) i. 1. ruh. 2. peri; cin; hayalet. 3. gayret, şevk, heves, canlılık. 4. niyet: **I hope you understand the spirit which underlies what I said.** Dediklerimin ardındaki niyeti anladığını ümit ediyorum. 5. fels. ruh, tin. 6. ecza. ruh: **spirit of peppermint** naneruhu. 7. damıtılarak elde edilen alkollü sıvı. **— lamp** ispirtoluk, ispirto ocağı, kamineto. **— level** kabarcıklı düzeç, tesviyeruhu. **take something in the right —** bir şeyin ardındaki iyi niyeti kavrayarak kızmamak.
spir.it (spir´it) f. **away/off** dikkati çekmeden çabucak kaldırıp götürmek; gizlice kaçırmak.
spir.it.ed (spir´itid) s. canlı, heyecanlı.
spir.it.less (spir´itlis) s. 1. cansız, ruhsuz, miskin. 2. keyifsiz.
spir.its (spir´its) i., çoğ., ecza. damıtılarak elde edilen alkollü/alkolsüz sıvı: **methylated spirits** mavi ispirto. **be in high —** keyifli olmak, keyfi yerinde olmak. **be in low —** keyifsiz olmak.
spir.i.tu.al (spir´içuwıl) s. 1. ruhsal, ruhi, ruhani, ruhla ilgili. 2. dinsel, dini. 3. fels. manevi, tinsel. 4. dini değerlere önem veren. i. Amerikalı zencilerin yarattığı bir ilahi türü.
spir.i.tu.al.ism (spir´içuwılizım) i. 1. ispiritizma. 2. fels. spiritüalizm, tinselcilik.
spir.i.tu.al.ist (spir´içuwılist) i. 1. ispiritizmacı. 2. fels. spiritüalist, tinselci.
spir.i.tu.al.i.ty (spiriçuwäl´ıti) i. 1. ruhilik, ruhanilik. 2. dini değerlere önem verme.
spir.i.tu.ous (spir´içuwıs) s. alkollü.
spirt (spırt) f., bak. **spurt.**
spit (spit) i. 1. şiş. 2. coğr. dil. f. (**—ted, —ting**) 1. (eti) şişe geçirmek. 2. (birini) şişle öldürmek, şişlemek; süngüyle öldürmek, süngülemek.
spit (spit) f. (**spit/spat, —ting**) 1. tükürmek. 2. (kar) serpelemek, serpiştirmek, atıştırmak. 3. (kedi) tıslamak. i. tükürük. **— cotton** k. dili 1. çok susamak. 2. küplere binmek, çok kızmak. **S— it out!** Haydi söylesene! **— up** kusmak. **be the —ting image of/be the — and image of** hık demiş (birinin) burnundan düşmüş olmak.
spite (spayt) i. garaz, garez, kin; nispet. f. nispet yapmak/vermek. **cut off one's nose to — one's face** gâvura kızıp oruç bozmak. **in — of** -e rağmen, -e karşın: **He's carrying on in spite of the difficulties.** Zorluklara rağmen devam ediyor. **just to — -e** inat: **He's doing this just to spite them.** Onlara inat bunu yapıyor. **out of —** inadına: **She did it out of spite.** Onu inadına yaptı.
spite.ful (spayt´fıl) s. garazlı, kinci; nispetçi.
spit.fire (spit´fayr) i. çabuk öfkelenen kimse.
spit.tle (spit´ıl) i. tükürük.
spit.toon (spitun´) i. tükürük hokkası.
splash (spläş) f. 1. **on/with** -e (su, çamur v.b.´ni) sıçratmak: **You've splashed me with water./You've splashed water on me.** Bana su sıçrattın. 2. (yüzüne) su çarpmak. 3. (fıskıyeden püskürtülen su) şırıldayarak dökülmek. i. sıçratılan suyun sesi. **— down** (uzay gemisi) denize düşmek. **make a big —** büyük bir sükse yapmak; dikkatleri üzerine çekmek.
splash.down (spläş´daun) i. uzay gemisinin denize inmesi.
splat.ter (splät´ır) f. **on/with** -e (su, çamur v.b.´ni) sıçratmak; -e (su) çarpmak; -e (boya) damlatmak.
splay (spley) f. **out** açmak; yaymak; yayılmak.
spleen (splin) i., anat. dalak.
splen.did (splen´did) s. 1. şahane, fevkalade, mükemmel. 2. muhteşem, görkemli, şatafatlı.
splen.dor, İng. **splen.dour** (splen´dır) i. ihtişam, görkem.
splice (splays) f. (iki ucu) birbirine bağlamak; (bant/film uçlarını) birbirine yapıştırmak.
splint (splint) i., tıb. cebire, süyek, koaptör.
splin.ter (splin´tır) f. 1. paramparça etmek; paramparça olmak. 2. ufak gruplara bölmek; ufak gruplara bölünmek. i. kıymık.
split (split) f. (**split, —ting**) 1. kırmak; yarmak; çatlatmak; kırılmak; yarılmak; çatlamak. 2. **into** -e ayırmak; -e ayrılmak. 3. bölmek. 4. paylaşmak, üleşmek. 5. k. dili sıvışmak, tüymek. **— hairs** kılı kırk yarmak. **— one's sides** gülmekten çatlamak, kahkahadan yerlere yıkmak. **— up** (bir çift) birbirinden ayrılmak; beraber yaşamaktan vazgeçmek; birbiriyle flört etmekten vazgeçip ayrılmak.
split (split) i. 1. çatlak; yarık; kırık. 2. ayrılık: **split in opinion** görüş ayrılığı. 3. bölünme. 4. (dikiş yeri üzerindeki) sökük, sökük yer. **split-level house** odaları değişik seviyelerde olan ev. **— peas** kırık bezelye. **— second** an, lahza.
split-sec.ond (split´sek´ınd) s. bir anlık.
split.ting (split´ing) s. şiddetli: **splitting headache** şiddetli baş ağrısı.
splotch (splaç) i. leke, benek. f. lekelemek, bulaştırmak.
splurge (splırc) i. (bir şeyi almak için) epey para harcama. f. (epey para) harcamak; **on** -e epey para harcamak.
splut.ter (splʌt´ır) f. (öfkeden/şaşkınlıktan) tükürür

gibi konuşmak/tükürür gibi (bir şeyler) söylemek.
spoil (spoyl) f. (**—ed/—t**) 1. bozmak. 2. (süt v.b.) bozulmak. 3. (birini) şımartmak. **—ed child** şımarık çocuk. **be —ing for** kaşınmak: **He is spoiling for a fight.** Dövüşmek için kaşınıyor.
spoils (spoylz) i., çoğ. ganimet.
spoil.sport (spoyl'spôrt) i. başkalarının keyfini kaçıran; mızıkçı, oyunbozan.
spoilt (spoylt) f., bak. **spoil.**
spoke (spok) i. tekerlek parmağı. **put a — in someone's wheel** birini engellemek, birinin tekerine çomak/taş koymak.
spoke (spok) f., bak. **speak.**
spo.ken (spo'kın) f., bak. **speak.** s. 1. sözlü: **spoken message** sözlü mesaj. 2. konuşulan.
spokes.man (spoks'mın), çoğ. **spokes.men** (spoks'mîn) i. sözcü.
spokes.wom.an (spoks'wûmın), çoğ. **spokes.wom.en** (spoks'wimin) i. kadın sözcü.
sponge (spʌnc) i. 1. sünger. 2. k. dili otlakçı, beleşci, bedavacı. 3. İng. pandispanya. f. 1. süngerle temizlemek/ıslatmak/sürmek; **up** süngerle temizlemek. 2. k. dili (bir şeyi) otlakçılıkla elde etmek; **on** (birinin) sırtından geçinmek. **— cake** pandispanya. **— something dry** bir şeyi süngerle kurulamak.
spong.er (spʌn'cır) i., k. dili otlakçı, beleşci.
spong.y (spʌn'ci) s. sünger gibi, süngersi.
spon.sor (span'sır) i. 1. radyo/televizyon programının veya bir sanat faaliyetinin karşılayan firma, sponsor. 2. Hırist. vaftiz babası; vaftiz annesi. 3. kefil. f. 1. (radyo/televizyon programının veya bir sanat faaliyetinin) maliyetini karşılamak, sponsorluğunu yapmak. 2. Hırist. (çocuğa) vaftiz babalığı/anneliği yapmak. 3. -e kefil olmak.
spon.sor.ship (span'sırşîp) i. 1. sponsorluk. 2. kefillik, kefalet.
spon.ta.ne.i.ty (spantıni'yıti) i. 1. kendiliğinden olma, kendiliğindenlik. 2. anında yapılma.
spon.ta.ne.ous (spantey'niyıs) s. 1. kendiliğinden olan, spontane. 2. spontane, anında yapılan.
spon.ta.ne.ous.ly (spantey'niyıslı) z. 1. kendiliğinden, spontane. 2. spontane, anında.
spoof (spuf) i. (**of/on**) k. dili (birini/bir şeyi) hafif tertip alaya alan parodi. f. 1. (birini/bir şeyi) hafif tertip bir parodiyle alaya almak. 2. k. dili ile dalga geçmek, -i gırgıra almak.
spook (spuk) i. 1. hayalet. 2. k. dili ajan, casus. f. ürkütmek, korkutmak.
spook.y (spu'ki) s. 1. ürkütücü, ürkünç, perili. 2. acayip, garip, tuhaf (kimse). 3. ürkek, kolay ürkütülen.
spool (spul) i. makara.
spoon (spun) i. kaşık. f. 1. **into** kaşıkla -e dökmek/aktarmak. 2. **out** -i kaşıkla dağıtmak. 3. **(up)** kaşıklamak, kaşıkla yemek.
spoon.bill (spun'bil) i., zool. kaşıkçın, kaşıkgaga.
spoon.feed (spun'fid) f. **(spoon.fed)** 1. (bebek, hasta v.b.'ni) kaşıkla beslemek. 2. (birinin) düşünmesini gerektirmeyecek bir şekilde ders vermek; birinin düşünmesini gerektirmeyecek bir şekilde ders vermek.
spoon.ful (spun'fûl) i. kaşık dolusu.
spoor (spûr) i. vahşi hayvanın izi.
spo.rad.ic (spôräd'ik) s. ara sıra meydana gelen; ara sıra gözüken.
spo.ran.gi.um (spırän'ciyım), çoğ. **spo.ran.gi.a** (spırän'ciyı) i., bot. sporkesesi.
spore (spôr) i., bot. spor.
sport (spôrt) i. spor. **—s car** spor araba. **— coat** (erkek için) spor ceket. **— shirt** spor gömlek. **good — şaka** kaldırabilen kimse. **poor —** mızıkçı.
sport.ing (spôr'ting) s. sporla ilgili, spor. **give someone a — chance** k. dili birine kazanma imkânı tanımak.
sports.man (spôrts'mın), çoğ. **sports.men** (spôrts'mîn) i. sporcu, sportmen.
sports.man.like (spôrts'mınlayk) s. sportmence.
sports.man.ship (spôrts'mınşîp) i. sportmenlik.
sports.wear (spôrts'wer) i. spor giysi.
sports.wom.an (spôrts'wûmın), çoğ. **sports.wom.en** (spôrts'wîmîn) i. kadın sporcu.
spot (spat) i. 1. benek, nokta, puan. 2. leke. 3. yer: **We chose a shady spot.** Gölgeli bir yer seçtik. **That city has long been a trouble spot.** O şehir uzun zamandan beri karışıklıklara sahne oluyor. 4. sivilce. 5. İng. az bir miktar: **a spot of** azıcık, biraz. 6. projektör, ışıldak; spot, spot lamba. **be in a (tight) —** zor bir durumda olmak. **be on the —** olayın geçtiği yerde bulunmak. **have a soft — for** (birine/bir şeye) (birinin) zaafı olmak. **hit the high —s** 1. ancak en önemli noktalara değinmek. 2. ancak en önemli şeyleri görmek. **hit the —** (yiyecek/içecek) çok makbule geçmek. **on the —** hemen, derhal. **put someone on the —** birini zor bir duruma sokmak/düşürmek, birini zor bir durumda bırakmak. **sore —** hassas nokta: **You've touched a sore spot.** Hassas bir noktaya dokundun.
spot (spat) f. (**—ted, —ting**) 1. görmek; seçmek; fark etmek, ayırt etmek. 2. lekelemek; leke yapmak.
spot-check (spat'çek) f. rasgele kontrol etmek; rasgele kontrolde bulunmak.
spot.less (spat'lîs) s. tertemiz, lekesiz.
spot.light (spat'layt) i. projektör, ışıldak; spot, spot lamba.
spot.ted (spat'îd) s. 1. benekli, noktalı. 2. lekeli.
spot.ter (spat'ır) i. gözcü, gözleyici; gözetleyici.
spot.ty (spat'i) s. 1. ancak ara sıra iyi olan; ancak yer yer iyi olan: **Her performance was spotty.**

Performansı ancak yer yer iyiydi. 2. sivilceli.
spot-weld (spat'weld) *f.* nokta/punta kaynağı yapmak. *i.* nokta/punta kaynağı.
spouse (spauz, spaus) *i.* eş, koca/karı.
spout (spaut) *f.* 1. fışkırtmak; fışkırmak. 2. cafcaflı bir şekilde (bir şeyler) söylemek. 3. (bir şeyler) döktürmek, kolaylıkla söyleyivermek. *i.* 1. (çaydanlık v.b.'nde) emzik, ibik. 2. fıskıye.
sprain (spreyn) *f.* burkmak. *i.* burkulma. — **one's ankle** ayağı burkulmak, ayağını burkmak: **She's sprained her ankle.** Ayağı burkulmuş. **—ed ankle** burkulan ayak.
sprang (spräng) *f., bak.* **spring.**
sprat (sprät) *i., zool.* çaçabalığı.
sprawl (sprôl) *f.* 1. yayılıp yatmak, sere serpe uzanmak; yayılarak oturmak. 2. çok geniş bir alana yayılmak: **The city sprawls along the river.** Şehir nehir boyunca yayılıyor.
spray (sprey) *i.* 1. incecik damlacıklar halindeki su serpintisi. 2. (serpinti halindeki) sprey. *f.* (püskürteçle/boya tabancasıyla/spreyle) püskürtmek, sıkmak: **Spray those roses with an insecticide!** O güllere böcek ilacı sık! **He sprayed paint on the wall.** Duvara boya püskürttü. — **gun** pistole, tabanca.
spray.er (sprey'ır) *i.* 1. püskürteç, pülverizatör; pistole, tabanca. 2. sıvı püskürten kimse.
spread (spred) *f.* **(spread)** 1. yaymak; sermek; yayılmak: **Spread that rug on the ground.** O halıyı yere yay. **The news is spreading.** Haber yayılıyor. 2. (gübre v.b.'ni) (tarlaya) dökmek. 3. (bir şeyi) (başka bir şeyin üstüne) sürmek. 4. (sofrayı) kurmak. — **its wings** (kuş) kanatlarını açmak/germek. — **one's arms wide** kollarını alabildiğine açmak.
spread (spred) *i.* 1. yayılma. 2. iki uç arasındaki genişlik/uzunluk: **What's the spread of this tree?** Bu ağacın dallarının yayıldığı alan ne kadar? **What is the spread of this eagle's wings?** Bu kartalın kanat uzunluğu ne kadar? **These grades show a wide spread.** Bu notların en küçüğüyle en büyüğü arasında epey fark var. 3. çiftlik. 4. *k. dili* zengin bir sofra. 5. (gazetede bir konu veya ilana ayrılan) yer. 6. (ekmek v.b.'ne kolayca sürülen) spred, ezme. 7. yatak örtüsü.
spread-ea.gle (spred'igıl) *f.* kol ve bacaklarını yana açarak yatmak/yatırmak. **be —d** kol ve bacakları yana açılmış durumda yatmak.
spread.sheet (spred'şit) *i., bilg.* 1. (tablolama programıyla hazırlanan) tablo. 2. tablolama programı. — **program** tablolama programı.
spree (spri) *i.* çılgınca/aşırı derecede yapılan bir şey: **While she was on a shopping spree he went on a drinking spree.** O çılgınca alışveriş yaparken kendisi de deli gibi içmeye başladı.
sprig (sprig) *i.* ufacık dal parçası; filizcik: **She decorated the salad with sprigs of parsley.** Salatayı maydanoz parçalarıyla süsledi.
spright.ly (sprayt'li) *s.* canlı, hareketli.
spring (spring) *f.* **(sprang/sprung; sprung)** 1. **over/across** bir sıçrayışta (bir şeyin) üstünden geçmek, (bir engeli) sıçrayarak aşmak: **He sprang over the wall.** Bir sıçrayışta duvarı aştı. 2. **up** birdenbire meydana gelmek, türemek. 3. **from** -den kaynaklanmak, -den gelmek. 4. **from** -den fışkırmak. 5. **up** (bitki) bitmek. 6. çatlatmak; çatlamak. 7. birdenbire açılmak/kapanmak; birdenbire açmak/kapatmak. 8. **from** (belirli bir aileden/sınıftan) doğmak, gelmek: **He sprang from a family of earls.** Bir kont ailesinden geliyordu. 9. (bir his) ortaya çıkmak, belirmek: **Hope springs eternal in the human breast.** İnsanın yüreğinde her zaman bir umut filizlenir. 10. (adaleyi) burkmak. 11. **on** (birine) (bir şeyi) pat diye söyleyivermek. 12. *k. dili* (hapishaneden) (birinin) salıverilmesini sağlamak; (hapishaneden) (birini) kaçırmak. 13. **up** (rüzgâr) esmeye başlamak. — **a leak** akmaya başlamak: **The barrel's sprung a leak.** Fıçı akmaya başladı. — **into life** birdenbire canlanıp harekete geçmek. — **to one's feet** ayağa fırlamak. — **towards the door** kapıya fırlamak.
spring (spring) *i.* 1. pınar; kaynak, memba. 2. bahar, ilkbahar. 3. yay; zemberek. 4. esneklik, elastikiyet. 5. sıçrayış: **He cleared the ditch in one spring.** Bir sıçrayışta hendeği atladı. 6. canlılık. — **mattress** yaylı yatak. — **onion** *İng.* yeşil soğan, taze soğan.
spring.board (spring'bôrd) *i.* tramplen, atlama/sıçrama tahtası.
spring.time (spring'taym) *i.* ilkbahar, bahar mevsimi.
sprin.kle (spring'kıl) *f.* 1. serpmek; ekmek; serpiştirmek. 2. (yağmur) serpmek, çiselemek. *i.* 1. serpme. 2. (yağmur için) serpinti, çisenti.
sprin.kler (spring'klır) *i.* su serpme aleti; arozöz, arazöz. — **system** yağmurlama tesisatı, yangına karşı su serpme tesisatı.
sprin.kling (spring'kling) *i.* 1. serpme. 2. azıcık bir miktar, bir nebze. 3. serpinti, çisenti. — **can** süzgeçli kova.
sprint (sprint) *f.* tam hızla koşmak. *i.* 1. tam hızla koşma. 2. sürat koşusu, sprint.
sprint.er (sprin'tır) *i., spor* sürat koşucusu.
sprite (sprayt) *i.* peri; cin.
sprout (spraut) *f.* filizlenmek, sürmek; (tohum/tüy/sakal/saç) bitmek. *i.* 1. filiz, tomurcuk, sürgün. 2. *İng.* brükselahanası.
spruce (sprus) *i.* ladin.
spruce (sprus) *s.* temiz ve zarif. *f.* — **oneself up** kendine çekidüzen vermek.
sprung (sprʌng) *f., bak.* **spring.**

squeeze

spry (spray) s. (—**er/sprier,** —**est/spriest**) çevik, faal.
spue (spyu) f., bak. **spew.**
spume (spyum) i. köpük.
spun (spʌn) f., bak. **spin.**
spunk (spʌngk) i. cesaret, yürek.
spunk.y (spʌng´ki) s. cesur, yürekli.
spur (spır) i. 1. mahmuz. 2. teşvik eden bir şey. 3. d.y. kör hat; barınma hattı; rampa hattı. 4. (iki koyak arasındaki) çıkıntı. f. (—**red,** —**ring**) mahmuzlamak. — **someone on** birini teşvik etmek. **on the** — **of the moment** anında, o anda.
spurge (spırc) i., bot. sütleğen.
spu.ri.ous (spyûr´iyıs) s. sahte.
spurn (spırn) f. reddetmek.
spur-of-the-mo.ment (spır´ıv.dhımo´mınt) s., k. dili anında yapılan.
spurt (spırt) f. fışkırmak; püskürmek; fışkırtmak; püskürtmek. i. 1. fışkırma; püskürme. 2. parlama.
spurt (spırt) i. atılım, hamle, atak. f. atılım yapmak, hamle yapmak; spor finişe geçmek/kalkmak.
sput.ter (spʌt´ır) f. 1. heyecanla söylemek. 2. (motor) öksürmek, öksürüğe benzeyen ses çıkarmak. 3. (alev) sönecek gibi titremek. — **out** 1. (motor) öksürüp stop etmek. 2. (alev) titreyip sönmek.
spu.tum (spyu´tım), çoğ. **spu.ta** (spyu´tı) i. balgam, tükürük.
spy (spay) i. casus, ajan. f. casusluk etmek.
spy.glass (spay´gläs) i. küçük dürbün.
squab.ble (skwab´ıl) f. çekişmek, didişmek, atışmak, ağız kavgası yapmak. i. çekişme, didişme, atışma, ağız kavgası.
squad (skwad) i. 1. takım, ekip. 2. ask. manga. — **car** (polise ait) devriye arabası. **firing** — ask. atış mangası.
squad.ron (skwad´rın) i. 1. (yüz yirmi ile iki yüz kişiden oluşan) süvari birliği. 2. ufak gemi filosu. 3. hava filosu.
squal.id (skwal´îd) s. 1. pis, çok kirli. 2. (ahlak açısından) iğrenç.
squall (skwôl) i. bora; ani fırtına.
squall (skwôl) f. (bebek) çok yüksek sesle ağlamak; cıyaklamak, cıyak cıyak bağırmak.
squal.or (skwal´ır) i. 1. pislik. 2. (ahlak açısından) iğrençlik, iğrenç olma.
squan.der (skwan´dır) f. israf etmek, çarçur etmek.
square (skwer) i. 1. kare. 2. geom. kare, dördül. 3. (şehirdeki bina veya sokakların oluşturduğu) meydan. 4. mat. (bir sayının) karesi. 5. k. dili örümcek kafalı kimse; çok tutucu/resmi davranan kimse.
square (skwer) f. 1. mat. (bir sayının) karesini almak. 2. **with** ile bağdaşmak, -e uymak; -i ile bağdaştırmak. 3. (hesabı) görmek, kapatmak. 4. rüşvet vererek (birini) yola getirmek; rüşvet vererek (bir durumu) (istenilen şekilde) hallet-

mek. 5. spor (puanları) eşitlemek. 6. karelemek, karelere ayırmak. 7. **off** (bir şeyin kenarlarını) dört köşeli hale getirmek. — **accounts (with)** hesaplaşmak, kozlarını paylaşmak; kuyruk acısını çıkarmak. — **one's jaw** (birine meydan okumaya hazırlanıyormuş gibi) çenesini gerip uzatmak. — **one's shoulders** omuzlarını dikleştirmek. — **someone away** 1. birini hizaya getirmek, birini yola getirmek. 2. gereken her şeyi birine anlatmak. — **something away** bir şeyi yoluna koymak; bir şeyi düzene sokmak.
square (skwer) s. 1. kare, kare şeklinde olan. 2. (metre) kare: **four square meters** dört metre kare. 3. k. dili örümcek kafalı; çok tutucu/resmi davranan. — **dance** dörder çiftten oluşan grupların yaptığı bir dans. — **deal** adil bir anlaşma. — **meal** k. dili doyurucu bir öğün yemek. **be** — 1. **with** (biriyle) açık konuşmak; (birine) dürüstçe davranmak. 2. (bir hesap) görülmüş olmak; (iki kişi) fit olmak; (iki kişi) hesaplaşmış olmak. 3. spor (iki rakip) (puan açısından) eşitlenmiş olmak.
squash (skwaş) f. 1. ezmek, ezilmek. 2. (isyan v.b.'ni) bastırmak. 3. **into** (dar bir yere) sıkışmak. 4. susturmak. i. 1. bir odada oynanan tenise benzer bir oyun. 2. İng. şekerli meyveli bir içecek. 3. kalabalık, izdiham.
squash (skwaş) i. kabak.
squat (skwat) f. (—**ted,** —**ting**) 1. çömelmek. 2. (kendi malı olmayan bir mülkte) kanuna aykırı olarak oturmak. i. 1. çömelme; çömeliş. 2. İng. kanuna aykırı olarak mesken tutulan bina.
squat.ter (skwat´ır) i. kendi malı olmayan bir mülkte kanuna aykırı olarak oturan kimse.
squat.ty (skwat´i) s. 1. çömelmiş. 2. bodur, kısa ve tıknaz (kimse). 3. alçak, basık ve çirkin (bina).
squawk (skwôk) f. 1. cıyaklamak, cıyak cıyak bağırmak. 2. k. dili şikâyet etmek, bağırmak. i. 1. cıyaklama. 2. k. dili şikâyet.
squeak (skwik) f. 1. gıcırdamak. 2. (fare) cik cik ötmek. i. 1. gıcırtı, gıcırdama. 2. (farenin çıkardığı) cik sesi. — **through** kıl payı farkla kazanmak/atlatmak.
squeak.y (skwi´ki) s. gıcırtılı.
squeal (skwil) f. 1. çok tiz bir ses çıkarmak: **The pig began to squeal.** Domuz acı acı bağırmaya başladı. 2. k. dili ötmek, sır vermek; **on** -i ihbar etmek, -i ele vermek. i. çok tiz bir ses: **The girl let out a squeal.** Kız çığlık kopardı.
squeal.er (skwi´lır) i., k. dili ihbarcı.
squeam.ish (skwi´miş) s. 1. kolayca tiksinen, çok titiz; ahlak açısından çok titiz. 2. midesi kolayca bulanan. 3. midesi bulanmış.
squee.gee (skwi´ci) i. lastik şeritli ve saplı silecek.
squeeze (skwiz) f. 1. (meyve, ıslak bez v.b.'ni) sıkmak: **Squeeze me a glass of orange juice.** Ba-

a	ä	e	ı	i	î	ô	o	û	u	ʌ	ıl	ım	ın	ır	ng	ngg	ngk
car	cat	met	above	heal	his	dog	so	good	do	up	couple	prism	demon	burn	ring	finger	ink

squeezer   **448**

na bir bardak portakal suyu sık. **She squeezed some toothpaste out of the tube.** Tüpten biraz diş macunu sıktı. 2. **into/in** -e sıkıştırmak: **Can you squeeze this into your schedule?** Bunu programınıza sıkıştırabilir misiniz? **I squeezed myself with difficulty into the crowded car.** Kendimi kalabalık vagonun içine zor sıkıştırdım. 3. sıkıştırmak, zor bir duruma sokmak: **Inflation's squeezing us.** Enflasyon bizi sıkıştırıyor. *i.* 1. sıkma, sıkış. 2. sıkım, bir defada sıkılan miktar. 3. kıtlık; kısıtlama. 4. kıtlıktan/kısıtlamadan ileri gelen zor durum.
squeez.er (skwi´zır) *i.* sıkacak, pres.
squelch (skwelç) *f.* 1. (muhalefet v.b.'ni) bastırmak/susturmak. 2. vıcık vıcık bir yerden yürürken ayak sesi çıkarmak.
squid (skwid) *i.* kalamar; mürekkepbalığı, supya.
squill (skwil) *i., bot.* 1. adasoğanı. 2. maviyıldız.
squinch (skwinç) *i., mim.* tonoz bingi, tromp.
squint (skwint) *f.* gözlerini kısarak bakmak, kısık gözlerle bakmak; (gözlerini) kısmak.
squire (skwayr) *i., İng.* (bir köyün/kırsal bir bölgenin) toprak ağası.
squirm (skwırm) *f.* kıpırdanmak; kıpır kıpır kıpırdanmak. *i.* kıpırdanma.
squir.rel (skwır´ıl) *i.* sincap.
squirt (skwırt) *f.* fışkırtmak; fışkırmak. *i.* 1. fışkırtılan sıvı: **He sent a squirt of tobacco juice all the way across the room.** Tütünlü tükürüğünü odanın ta öte tarafına püskürttü. 2. küçük çocuk, küçük. — **gun** su tabancası. **have the —s** *k. dili* içi sürmek, içi gitmek, ishal olmak.
squirt.ing cucumber (skwırt´ing) *bot.* eşekhıyarı, cırtatan.
Sri Lan.ka (sri läng´kı) Sri Lanka. **—n** 1. Sri Lankalı. 2. Sri Lanka, Sri Lanka'ya özgü. 3. Sri Lankalı (kimse).
stab (stäb) *f.* (**—bed, —bing**) 1. bıçaklamak. 2. batırmak; saplamak; delmek: **He stabbed the meat with his fork.** Çatalını ete sapladı. *i.* **make a — at** -i denemek: **He made a stab at conversation.** Sohbet etmeyi denedi. **— someone in the back** birini arkadan vurmak, birine kalleşlik etmek.
sta.bi.li.sa.tion (steybılızey´şın) *i., İng., bak.* **stabilization.**
sta.bi.lise (stey´bılayz) *f., İng., bak.* **stabilize.**
sta.bil.is.er (stey´bılayzır) *i., İng., bak.* **stabilizer.**
sta.bil.i.ty (stıbıl´ıti) *i.* 1. istikrar. 2. sağlamlık. 3. stabilite, sabitlik. 4. denge.
sta.bi.li.za.tion, *İng.* **sta.bi.li.sa.tion** (steybılızey´şın) *i.* stabilizasyon.
sta.bi.lize, *İng.* **sta.bi.lise** (stey´bılayz) *f.* stabilize etmek. **—d road** stabilize yol.
sta.bil.iz.er, *İng.* **sta.bil.is.er** (stey´bılayzır) *i.* stabilizatör; stabilizör.
sta.ble (stey´bıl) *s.* 1. sağlam, kolayca sarsılmaz;

güvenilir. 2. dengeli (kimse). 3. *fiz.* stabil, kararlı. 4. istikrarlı. — **equilibrium** kararlı denge.
sta.ble (stey´bıl) *i.* ahır.
stac.ca.to (stıka´to) *z., s., müz.* staccato, stakkato.
stack (stäk) *i.* 1. tınaz, ekin yığını. 2. çatılmış bir grup (silah), çatı: **a stack of rifles** bir tüfek çatısı. 3. (üst üste konulmuş şeylerin oluşturduğu) yığın. *f.* 1. yığmak; istif etmek. 2. (silah) çatmak. — **up** *k. dili* 1. (trafik) tıkanıp durmak. 2. yığılmak; birikmek. 3. (işler) ... gitmek: **That's how things stack up today.** Bugün işler böyle. 3. **against** ile karşılaştırıp sonuç çıkarmak: **How does this brand of soap stack up against that one?** Bu marka sabun o markaya göre nasıl? **—ing swivel** (tüfekteki) çatı kancası. **the —s** (kütüphanedeki) kitaplıklar.
sta.di.a (stey´diyı) *i.* stadya.
sta.di.um (stey´diyım), *çoğ.* **—s** (stey´diyımz)/**sta.di.a** (stey´diyı) *i.* stadyum, stat.
staff (stäf) *i.* 1. (*çoğ.* **—s/staves**) değnek. 2. (*çoğ.* **—s/staves**) (bayrak için) gönder, direk. 3. (*çoğ.* **—s/staves**) asa. 4. (*çoğ.* **—s/staves**) *müz.* porte. 5. (*çoğ.* **—s**) (kuruluştaki) personel; (devlet kuruluşundaki) kadro. — **officer** *ask.* kurmay subay, kurmay. **the — of life** ekmek.
stag (stäg) *i.* erkek geyik. — **beetle** makaslıböcek, yereşeği. — **party** erkekler için düzenlenen eğlence/parti. **go —** (bir erkek) (bir eğlenceye/partiye) damsız gitmek.
stage (steyc) *i.* 1. sahne. 2. aşama, safha, mertebe, evre, basamak, merhale. *f.* sahneye koymak, sahnelemek. **— fright** sanatçıda sahneye çıkmadan hemen önce başlayan korku ve heyecan. **— manager** sahne amiri. **go on the —** oyuncu olmak, tiyatrocu olmak.
stage.coach (steyc´koç) *i.* posta arabası, menzil arabası (atlı bir taşıt).
stage.hand (steyc´händ) *i.* sahne görevlisi.
stage.struck (steyc´strʌk) *s.* oyuncu olma hevesine kapılmış.
stag.fla.tion (stägfley´şın) *i.* stagflasyon, durgunluk içinde enflasyon.
stag.ger (stäg´ır) *f.* 1. sendelemek. 2. hayrete düşürmek; şoke etmek. 3. (bir işi) posta posta yaptırmak. *i.* sendeleme.
stag.ing (stey´cing) *i.* sahneye koyma, sahneleme.
stag.nant (stäg´nınt) *s.* 1. durgun ve pis (su). 2. durgun, hiç ilerlemeyen/gelişmeyen.
stag.nate (stäg´neyt) *f.* durgunlaşmak, hiç ilerlememek/gelişmemek.
stag.na.tion (stägney´şın) *i.* durgunluk.
staid (steyd) *s.* ciddi, ağırbaşlı.
stain (steyn) *f.* 1. lekelemek. 2. (kimyasal maddeyle) koyulaştırmak. *i.* 1. leke. 2. koyulaştırıcı kimyasal madde. **—ed glass** vitray.
stained-glass (steynd´gläs´) *s.* vitray.

stain.less (steyn'lis) *s.* lekesiz. — **steel** paslanmaz çelik.
stair (ster) *i.* 1. (merdivene ait) basamak. 2. *çoğ.* merdiven. **a flight of —s** bir kat merdiven.
stair.case (ster'keys) *i.* (iki katı birbirine bağlayan) merdiven.
stair.way (ster'wey) *i.* (iki katı birbirine bağlayan) merdiven.
stake (steyk) *i.* 1. kazık; (bitki için) ispalya, sırık, herek. 2. *tic.* pay, hisse: **You'll have a stake in this company.** Bu şirkette senin payın olacak. *f.* 1. kazığa bağlamak; sırığa/ispalyaya bağlamak. 2. **off** kazıklarla (bir yerin) sınırlarını belirtmek. 3. **on** (kumarda) (birine/bir şeye) (para) koymak. 4. **on** (umudu/geleceği/hayatı) (birine/bir şeye) bağlamak. **gamble for high —s** büyük para için kumar oynamak. **lose one's —** (kumarda) koyduğu parayı kaybetmek. **pull up —s** (başka yere taşınmak üzere) pılıyı pırtıyı toplayıp gitmek. **What's at —?** Bu işten ne kazanırız?/Bu işte ne kaybederiz?
sta.lac.tite (stıläk'tayt) *i.* sarkıt, damlataş, stalaktit, istalaktit.
sta.lag.mite (stılăg'mayt) *i.* dikit, stalagmit, istalagmit.
stale (steyl) *s.* bayat.
stale.mate (steyl'meyt) *i.* kazanan veya kaybedenin olmadığı durum, yenişememe.
stalk (stôk) *i.* (bitkiye ait) sap.
stalk (stôk) *f.* 1. sezdirmeden (ava) yaklaşmak. 2. uzun adımlarla yürümek. 3. ava yaklaşır gibi yürümek. 4. uzun bacaklı su kuşu gibi yürümek.
stalk.let (stôk'lit) *i., bot.* sapçık.
stall (stôl) *i.* 1. (ahırda tek bir büyükbaş hayvana ait) bölme. 2. (umumi yerlerde bölmelerle ayrılmış) duş/tuvalet yeri. 3. *İng.* (pazarda/sergide) tezgâh, stand.
stall (stôl) *f.* 1. (hayvanı) ahırdaki bölmeye kapatmak. 2. (motor) arızalanarak stop etmek. 3. işleri mahsus yavaşlatmak/engellemek. — **someone off** birini uydurma bahanelerle başından savmak.
stal.lion (stäl'yın) *i.* aygır.
stal.wart (stôl'wırt) *s.* 1. sağlam, güvenilir, sadık, davadan dönmeyen. 2. güçlü kuvvetli (kimse). 3. yürekli, cesur.
sta.men (stey'mın) *i., bot.* erkekorgan, ercik, stamen.
stam.i.na (stäm'ını) *i.* dayanma gücü.
stam.mer (stäm'ır) *f.* pepelemek; kekelemek. *i.* pepemelik; kekemelik.
stam.mer.er (stäm'ırır) *i.* pepeme, pepe; kekeme.
stamp (stämp) *f.* 1. (ayağını) hızla yere vurmak; tepinmek, ayaklarını hızla yere vurmak. 2. damga vurmak, damgalamak. 3. pul yapıştırmak. 4. preste kesmek. *i.* 1. posta pulu; damga pulu; pul. 2. damga; mühür; kaşe (alet veya bu aletle basılan işaret). 3. ıstampa (alet veya bu aletle basılan işaret). 4. ayak vuruşu. 5. tür, çeşit, nevi, tip. 6. iz, damga: **This poem bears the stamp of genius.** Bu şiirde deha izi var. — **collecting** pul toplama, filateli. — **collector** pul koleksiyoncusu, filatelist. — **pad** ıstampa. — **someone as** (bir şey) (birinin) (belirli bir gruba ait olduğunu) göstermek. **—ing ground** *k. dili* uğrak yeri, sıkça gidilen yer: **Beyoğlu is his principal stamping ground.** Beyoğlu onun başlıca uğrak yeri.
stam.pede (stämpid´) *i.* çılgınca koşuşma/kaçışma. *f.* (bir grubun) çılgınca koşuşmasına/kaçışmasına yol açmak.
stance (stäns) *i.* 1. *spor* duruş (biçimi). 2. tutum.
stanch (stänç) *f.* (kanı) durdurmak; -den akan kanı durdurmak.
stanch (stänç) *s., bak.* **staunch.**
stand (ständ) *f.* (**stood**) 1. ayakta durmak, durmak; ayakta kalmak. 2. (**up**) ayağa kalkmak. 3. -in boyu/yüksekliği (belirli bir miktar) olmak: **He stands five feet eleven inches.** Boyu beş fit on bir inç. 4. (belirli bir durumda) olmak/bulunmak: **As things now stand, I'm to leave tomorrow.** Şimdiki duruma göre yarın gitmem gerekiyor. **He stands accused of larceny.** Hırsızlıkla itham ediliyor. **On this subject he stands alone.** Bu konuda yalnız kaldı. 5. (belirli bir yerde) olmak: **Where does Beşiktaş stand in the rankings?** Beşiktaş klasmanda kaçıncı sırada yer alıyor? **The church stood at the top of the hill.** Kilise tepenin başında duruyordu. 6. (bir şey) (belirli yerde) durmak: **That statue's stood there for years.** O heykel orada yıllardır duruyor. 7. (su) (bir yerde) kalmak, durmak: **Water stood in the low places for days.** Su, alçak yerlerde günlerce kaldı. 8. çekmek; tahammül etmek, katlanmak, dayanmak: **I can't stand this.** Bunu çekemem. **She can't stand to see that area now.** Artık o semti görmeye tahammül edemiyor. 9. yürürlükte kalmak; geçerli olmak: **My offer still stands.** Teklifim hâlâ geçerli. 10. ısmarlamak, (birine) (verilecek bir şeyin) parasını ödemek: **I'll stand you a dinner.** Sana bir akşam yemeği ısmarlarım. 11. **(for)** *İng.* (-e) aday olmak; (-e) adaylığını koymak: **He's standing for the presidency.** Başkanlığa adaylığını koydu. 12. koymak; dayamak: **Stand that statue by the door.** O heykeli kapının yanına koy. **Stand those paintings against the wall.** O tabloları duvara daya. **She stood the child on her shoulders.** Çocuğu ayakları üzerinde omzuna aldı. — **a chance (of)** -in şansı olmak: **Does he stand a chance of winning?** Kazanma şansı var mı? — **as it is/was** olduğu gibi kalmak/durmak: **Everything stands as it was.** Her

stand 450

şey eskisi gibi. — **aside** kenara çekilmek, yol vermek. — **at** (ısı v.b.) (belirli bir derecede) olmak: **The thermometer stood at 40°C.** Termometre 40°C'ı gösteriyordu. — **at attention** esas duruşta olmak. — **back** çekilmek, kenara çekilmek. — **behind** 1. -in arkasında durmak. 2. (bir şeyin) iddia edildiği gibi olduğuna dair garanti vermek. 3. (birini) bütünüyle desteklemek. — **by** 1. beklemek; hazır beklemek. 2. (birini) bırakmamak, terk etmemek, (birine) destek olmak; (birine/bir şeye) sadık kalmak. 3. (kötü bir olaya) seyirci kalmak. 4. (birinin yakınında) hazır bulunmak. — **by one's guns** amacından hiç şaşmamak; inancından/fikrinden vazgeçmemek; kararından caymamak. — **by one's word** sözünden dönmemek. — **clear (of)** (bir şeyden) zarar görmeyecek kadar bir mesafede durmak, uzak durmak. — **close examination** yakından incelemeye gelmek, kurcalamaya gelmek: **His past won't stand close examination.** Geçmişini kurcalamaya gelmez. — **corrected** yanıldığını kabul etmek. — **down** *İng.* (bulunduğu makama) bir daha aday olmamak. — **fast/firm** 1. geri çekilmemek; teslim olmamak; pes etmemek. 2. inancından/fikrinden vazgeçmemek; kararından caymamak. — **for** 1. -i simgelemek. 2. (bir ülkünün) savunucusu olmak. 3. (tahammül edilemeyecek bir şeye) müsaade etmek, izin vermek. — **guard** (korumak/gözetmek için) nöbet tutmak. — **high with** (birinin) gözüne girmiş olmak. — **idle** 1. (makine) kullanılmamak. 2. (biri) hiçbir şey yapmadan durmak: **Don't just stand there idle; help us!** Orada öyle boş durma; bize yardım et! — **in for** (birine) vekâlet etmek. — **in line** kuyrukta beklemek. — **in someone's way** 1. birine mâni olmak, birine engel olmak, birini engellemek. 2. birinin yolunu kapamak: **As she was standing in my way I couldn't get out the door.** Yolumu kapadığı için kapıdan dışarı çıkamadım. — **on ceremony** resmi kurallara göre davranmak, protokolcü olmak. — **on one's own two feet** kendi yağıyla kavrulmak, kimseye muhtaç olmamak. — **one's ground** 1. *ask.* üstünde bulunduğu yeri başarıyla savunmak. 2. savunduğundan vazgeçmemek. — **out** göze çarpmak. — **over** (birinin) başında durmak. — **pat** *k. dili* 1. kararını değiştirmeyi reddetmek. 2. yerinde saymak, hiç değişmemek, hiç ilerlememek. — **someone in good stead** birinin işine yaramak, faydasını görmek: **This'll stand you in good stead later on.** Sonradan bunun faydasını göreceksin. — **someone up** randevuya gelmeyerek birini boşuna bekletmek. — **still** kıpırdamadan/kımıldamadan/hareket etmeden durmak. — **to gain** (muhtemelen) kazanabilmek: **What do we stand to gain from this?** Bunun sonucunda ne kazanacağız? — **to lose** (muhtemelen) kaybedebilmek: **What does she stand to lose?** Ne kaybedebilir? — **trial** yargılanmak. — **up for** -i savunmak, -i desteklemek. — **up to** 1. (birine) karşı gelmek, kafa tutmak. 2. (bir şeye) dayanmak, (bir şeye karşı) dayanıklı olmak. **It —s to reason (that)....** Kuvvetle tahmin edilen bir şey için kullanılır: "**Will he come?**" "**It stands to reason he will.**" "Gelecek mi?" "Tabii, neden gelmesin?" **Let the water — for three days.** Suyu üç gün dinlendir. **Let things — for now.** Şimdilik her şey olduğu gibi kalsın. **Tears stood in her eyes.** Gözleri yaşla dolmuştu. **The sweat stood out on his brow.** Alnında boncuk boncuk terler birikmişti.
stand (ständ) *i.* 1. (mahkeme salonundaki) kürsü. 2. (açık havada bulunan geçici) sahne. 3. stand (sergi yeri). 4. (taksilere ait) durak. 5. sehpa; dayanak: **music stand** nota sehpası. **umbrella stand** şemsiyelik. 6. ağaç topluluğu: **That's a nice stand of pines.** O güzel bir çamlık. 7. *çoğ., spor* tribün. **make a — (against)** (düşmana karşı) direnmek, direnerek savaşmak. **take a —** bir görüşü benimseyip savunmak. **take the —** *huk.* (sanık/şahit) mahkemede avukatların sorularına cevap vermek.
stan.dard (stän´dırd) *i.* 1. standart: **standard of living** hayat standardı, yaşam düzeyi. 2. ahlaki değer: **She has high standards.** Onun ahlaki değerleri yüksek. 3. standart, ölçün. 4. sancak, bayrak. 5. *ekon.* para standardı. — **lamp** *İng.* ayaklı lamba, abajur.
stan.dard (stän´dırd) *s.* 1. standart. 2. normal. — **deviation** standart sapma.
stan.dard-bear.er (stän´dırd.berır) *i.* 1. bayraktar, sancaktar, alemdar. 2. bayraktar, önder.
stan.dard.i.sa.tion (ständırdizey´şın) *i., İng., bak.* **standardization.**
stan.dard.ise (stän´dırdayz) *f., İng., bak.* **standardize.**
stan.dard.i.za.tion, *İng.* **stan.dard.i.sa.tion** (ständırdizey´şın) *i.* standartlaştırma, standardizasyon.
stan.dard.ize, *İng.* **stan.dard.ise** (stän´dırdayz) *f.* standartlaştırmak, standardize etmek.
stand.by (ständ´bay) *i.* (*çoğ.* **—s**) 1. yedek. 2. *ekon.* stand-by, her an kullanılabilecek kredi. **old —** eskiden beri kullanılıp popüler olan şey.
stand-in (ständ´în) *i.* dublör.
stand.ing (stän´dîng) *s.* her zaman geçerli olan. *i.* durum, pozisyon; statü. — **committee** daimi komisyon. — **order** 1. *çoğ.* içtüzüğün kuralları. 2. *çoğ.* hastanedeki hastalar için geçerli olan kurallar. 3. belirli aralıklarla gönderilen sipariş, süreli sipariş. 4. henüz gönderilmemiş sipariş. — **ovation** ayakta yapılan alkışlama. — **room** ayakta duracak yer. — **start** *spor* ayaktayken yapılan

th	dh	w	hw	b	c	ç	d	f	g	h	j	k	l	m	n	o	p	r	s	ş	t	v	y	z
thin	the	we	why	be	joy	chat	ad	if	go	he	regime	key	lid	me	no	o	up	or	us	she	it	via	say	is

depar. — water durgun ve akmayan su. **of high — çok** itibarlı. **of long — çok** eski.
stand.off.ish (ständôf´iş) s. soğuk, sıcak davranmayan.
stand.out (ständ´aut) i. üstünlüğünden dolayı göze çarpan.
stand.point (ständ´poynt) i. açı: Let's look at the matter from his standpoint. Konuya onun açısından bakalım.
stand.still (ständ´stil) i. be at a — durmak, durmuş vaziyette olmak; kesilmek, kesilmiş vaziyette olmak.
stank (stänk) f., bak. **stink**.
stan.za (stän´zı) i. şiir kıtası.
sta.ple (stey´pıl) i. 1. başlıca ürün. 2. temel gıda maddesi. 3. (birinin/bir hayvanın) temel yiyeceği: Grass is a staple of a zebra's diet. Ot zebranın temel yiyeceklerinden biridir.
sta.ple (stey´pıl) i. zımba teli, tel. f. (telle) zımbalamak.
sta.pler (stey´plır) i. tel zımba.
star (star) i. 1. yıldız. 2. yıldız, star: She's become a movie star. Sinema yıldızı oldu. **have —s in one's eyes** ortalığı toz pembe görmek; çok sevinçli olmak. **make someone see —s** k. dili birini bir yumrukla sersemletmek. **shooting — gökb.** akanyıldız, ağma. **thank one's (lucky) —s** kendini çok şanslı saymak, şükretmek: You can thank your lucky stars you didn't go. Gitmediğine şükretmelisin.
star (star) f. (**—red, —ring**) 1. -in yanına yıldız işareti koymak. 2. (belirli bir filmin) yıldızı olmak: This film stars Charlie Chaplin. Bu filmin yıldızı Şarlo. Charlie Chaplin starred in many movies. Şarlo birçok filmin yıldızıydı.
star (star) s. en iyi; üstün: **star role** en önemli rol. **— system** sin., tiy. star sistemi.
star.board (star´bırd) i. (geminin) sancak tarafı, sancak. s. sancağa ait.
starch (starç) i. 1. kola. 2. nişasta. 3. resmiyet, resmilik, resmi tavırlar. f. kolalamak.
starched (starçt) s. kolalı, kolalanmış.
stare (ster) f. (**at**) (dikkatle) bakmak. i. (uzun ve dikkatli) bakış.
star.fish (star´fiş) i. (çoğ. **star.fish/—es**) denizyıldızı.
stark (stark) s. 1. ıssız; boş; çıplak: **stark mountain peaks** çıplak dağ zirveleri. 2. çok sade (üslup); gerçekleri hiç yumuşatmayan (anlatım). 3. katıksız, saf, tam: **stark madness** tam delilik. z. büsbütün, tamamen: **stark raving mad** zırdeli. **stark naked** çırılçıplak, çırçıplak.
star.let (star´lit) i., sin. yıldız adayı, yıldızcık; yıldız olmayı uman genç aktris.
star.light (star´layt) i. yıldız ışığı.
star.ling (star´ling) i. sığırcık, çekirgekuşu.
star.lit (star´lit) s. yıldızlarla aydınlanmış, yıldızlı.

star-of-Beth.le.hem (star´ıvbeth´lihem), çoğ. **stars-of-Beth.le.hem** (starz´ıvbeth´lihem) i. tükürükotu.
starred (stard) s. yıldız işaretli, yıldızlı.
star.ry (star´i) s. yıldızı çok olan, çok yıldızlı.
star.ry-eyed (star´i.ayd) s. hiç olmayacak bir şeye kapılıp gitmiş; hiç olmayacak bir şeyin peşinde koşan.
start (start) f. 1. başlamak; başlatmak: It started to rain. Yağmur yağmaya başladı. They've started fighting. Dövüşmeye başladılar. Prices start at ten thousand liras. Fiyatlar on bin liradan başlıyor. The E 5 superhighway starts in Edirne. E 5 karayolu Edirne'de başlıyor. **We'll start with you.** Seninle başlayacağız. **Who started this?** Bunu kim başlattı? 2. **(out/off)** yola çıkmak/koyulmak: **We set out for Amasya.** Amasya'ya hareket ettik. 3. **(back)** irkilmek, ürkerek geri çekilir gibi olmak. 4. **from** (bir yerden) birdenbire ayağa sıçramak. 5. **from** (bir yerden) fışkırmak. 6. **(at)** spor (maçın başlangıcında) (takımda) yer almak: He's starting for Beşiktaş at forward. Bu maçta Beşiktaş takımında forvet olarak yer alacak. **— a car** oto. motoru çalıştırmak. **— a fire** 1. yangın çıkarmak: Do you think an arsonist started this fire? Sence bu yangını bir kundakçı mı çıkardı? 2. in -i yakmak; ateş yakmak: They've started a fire in the fireplace. Şömineyi yaktılar. **Let's start a fire.** Ateş yakalım. **— a meeting** toplantıyı açmak. **— (on) a new bottle of wine** yeni bir şişe şaraba başlamak. **— back** geri dönmek, dönmek. **— from one's sleep** uykusundan sıçrarak uyanmak. **— off** başlamak: We started off fine, but after a month things began to go wrong between us. İyi başladık, fakat bir ay sonra aramız bozulmaya yüz tuttu. **— out as** ... olarak çalışmaya başlamak: He started out as a cabin boy and now he's a captain. Miço olarak çalışmaya başlayıp şimdi kaptan oldu. **— out to do something** belirli bir amaç güderek yola çıkmak: He started out to be a doctor but ended up as a writer. Hekim olacağım diye işe başladı, fakat sonunda yazar olup çıktı. **— someone in business** birinin iş hayatına atılmasına yardım etmek. **— someone out/in (as ...)** birini (belirli bir işte) çalışmaya başlatmak: We'll start you out in the packing department. Seni ambalaj bölümünde işe başlatacağız. **— something** kavga çıkarmak: Are you trying to start something? Kavga mı çıkarmaya çalışıyorsun? **— something going/up** 1. bir makineyi çalıştırmak. 2. bir şeyi başlatmak. **— the ball rolling** işi başlatmak. **— to one's feet** birdenbire ayağa sıçramak. **— (to) work** işe başlamak. **—ing line** spor çıkış çizgisi. **—ing point** başlangıç/çıkış/hareket noktası. **The car won't —.** Arabanın motorunu çalıştıramıyo-

rum. **to — with 1.** başlangıçta. **2.** ilkin, evvela.
start (start) *i.* **1.** başlangıç. **2.** yola çıkma: **Let's get an early start.** Erken yola çıkalım. **3.** *spor* start, depar, çıkış. **4.** *spor* çıkış çizgisi. **5.** irkilme: **He awoke with a start.** İrkilerek uyandı. **by fits and —s** gayet düzensiz bir şekilde: **I've worked on this by fits and starts for twenty years.** Bunun üzerinde gayet düzensiz bir şekilde yirmi yıl çalıştım. **give someone a —** (birinin) arabasının motorunu çalıştırmak. **give someone a — in life** birinin hayata atılmasını sağlamak. **give the — signal** *spor* start vermek.
start.er (star'tır) *i.* **1.** yarışa katılan kimse/at. **2.** başlayan kimse. **3.** *spor* starter, çıkışçı, başlama hakemi. **4.** *oto.* marş. **5.** *k. dili* başlangıç. **6.** *İng.* ordövr, meze. **7.** maya. **for —s** *k. dili* ilkin, evvela. **—'s pistol** *spor* yarış tabancası.
star.tle (star'tıl) *f.* irkiltmek.
star.tling (start'ling) *s.* çok şaşırtıcı.
star.va.tion (starvey'şın) *i.* açlık çekme; açlıktan ölme.
starve (starv) *f.* **1.** açlık çekmek; açlıktan ölmek. **2.** (birini) aç bırakmak. **3.** *k. dili* çok acıkmak. **4. for** (bir şeyin) eksikliğini/yokluğunu çok duymak. **— someone/an animal to death** birini/bir hayvanı açlıktan öldürmek. **— someone out** birini aç bırakarak teslim olmaya zorlamak. **be —d for** (bir şeyin) eksikliğini/yokluğunu çok duymak: **He's starved for affection.** Sevgiden yoksun kalmış.
stash (stäş) *i., k. dili* **1.** zula. **2.** zulada saklanan şey. **3.** bıyık. *f.* **(away) (in)** (bir yere) saklamak: **He stashed it away in a cupboard.** Onu bir dolaba sakladı.
stat. *kıs.* **immediately, static, stationary, statistics, statute.**
state (steyt) *i.* **1.** durum, vaziyet, hal: **state of war** savaş hali. **the state of his health** onun sağlık durumu. **a state of emergency** acil bir durum. **in an unconscious state** baygın bir halde. **state of mind** ruhsal durum/ruh haleti. **This state of affairs can not go on.** Bu durum devam edemez. **The roads here are in a bad state of repair.** Buradaki yollar tamire muhtaç. **2.** devlet: **a state secret** bir devlet sırrı. **state affairs** devlet işleri. **a self-governing state** özerk bir devlet. **3.** eyalet: **The U.S.A. is made up of fifty states.** ABD elli eyaletten ibaret. *s.* devlet tarafından yapılan (tören, ziyafet v.b.). **— school** *İng.* devlet okulu. **get in a —** *İng., k. dili* çok endişeli/heyecanlı/sinirli bir hale girmek. **the Department of S—/the S— Department** *ABD* Dışişleri Bakanlığı. **the S—s** *k. dili* Amerika (Amerika Birleşik Devletleri).
state (steyt) *f.* ifade etmek, söylemek, bildirmek, beyan etmek; belirtmek.

state.less (steyt'lis) *s.* uyruksuz, tabiiyetsiz.
state.ly (steyt'li) *s.* haşmetli, görkemli. **— home** *İng.* büyük bir çiftlikte bulunan malikâne.
state.ment (steyt'mınt) *i.* **1.** ifade; demeç, beyanat. **2.** hesap özeti: **bank statement** bankanın müşterisine verdiği hesap özeti.
state.side (steyt'sayd) *s.* ABD'de olan; ABD'ye ait; ABD'den gelen. *z.* **1.** ABD'ye. **2.** ABD'de.
states.man (steyts'mın), *çoğ.* **states.men** (steyts'min) *i.* **1.** devlet adamı. **2.** kendi partisinden çok devletin yararını düşünen siyaset adamı.
states.man.like (steyts'mınlayk) *s.* devlet adamına yakışır.
stat.ic (stät'ik) *s.* **1.** ilerleme/gelişme göstermeyen, statik. **2.** *fiz.* statik, duruk. *i.* **1.** *radyo* parazit. **2.** statik elektrik. **3.** *çoğ.* statik (bilim dalı).
sta.tion (stey'şın) *i.* **1.** *d.y.* istasyon/gar; otogar, garaj; (metroya ait) durak. **2.** *radyo, TV* istasyon. **3.** istasyon (araştırma kuruluşu): **agricultural experiment station** tarım istasyonu. **4.** yer, mahal, mevki. *f.* **in 1.** (birini) (bir yere) tayin etmek, atamak. **2.** (birini) (bir yere) (geçici bir süre için) yerleştirmek, koymak. **— wagon** steyşın. **fire —** itfaiye, itfaiye binası. **gas —** benzin istasyonu. **police —** karakol. **pumping —** pompalama istasyonu.
sta.tion.ar.y (stey'şıneri) *s.* **1.** hareket etmeyen, hareketsiz. **2.** işlemeyen, çalışmayan (makine). **3.** sabit, durağan.
sta.tion.er (stey'şınır) *i.* kırtasiyeci.
sta.tion.er.y (stey'şıneri) *i.* **1.** mektup kâğıdı ve zarf. **2.** kırtasiye.
sta.tion.mas.ter (stey'şınmästır) *i.* istasyon şefi.
sta.tis.ti.cal (stıtis'tikıl) *s.* istatistiksel.
stat.is.ti.cian (stätistiş'ın) *i.* istatistik uzmanı, istatistikçi.
sta.tis.tics (stıtis'tiks) *i.* istatistik, sayımbilim.
stat.u.ar.y (stäç'uweri) *i.* heykeller.
stat.ue (stäç'u) *i.* heykel.
stat.u.esque (stäçuwesk') *s.* **1.** heykel gibi. **2.** endamlı ve güzel, heykel gibi (kimse).
stat.ure (stäç'ır) *i.* **1.** boy, endam, uzunluk. **2.** itibar, prestij.
sta.tus (stey'tıs, stät'is) *i.* **1.** statü, durum, hal, vaziyet; pozisyon. **2.** statü, itibar, prestij. **marital —** medeni hal. **the — quo** statüko.
stat.ute (stäç'ut) *i.* kanun, yasa.
stat.u.to.ry (stäç'ıtôri) *s.* yasaya uygun, yasal, kanuni. **— rape** *huk.* reşit olmayan bir kızla cinsel ilişkide bulunma.
staunch (stônç) *s.* sadakatli, sadık.
staunch (stônç) *f., İng., bak.* **stanch.**
stave (steyv) *f.* **(—d/stove) (in)** kırarak delik açmak; çökertmek. **— off** (geçici olarak) savmak, atlatmak; uzaklaştırmak, defetmek.
stay (stey) *f.* **1.** kalmak: **I can't stay here any longer.**

Burada daha fazla kalamam. **Stay where you are!** Bulunduğun yerde kal! **How long are interest rates going to stay up?** Faiz oranları ne kadar zaman böyle yüksek kalacak? **It's stayed cold for weeks.** Hava haftalardır soğuk. **Stay as you are!** Olduğun gibi kal! **Can't you stay sober for just one day?** Tek bir gün ayık kalamaz mısın? 2. (misafir olarak) kalmak: **He stayed with them for months.** Aylarca onlarda kaldı. **She's staying at a hotel.** Otelde kalıyor. 3. yavaşlatmak; durdurmak. 4. (açlığı) bastırmak. **— an order** *huk.* kararı durdurmak. **— away (from)** (-den) uzak durmak. **— for/to dinner** akşam/öğle yemeğine kalmak. **— in** 1. içeride kalmak, dışarı çıkmamak; evin içinde kalmak. 2. (bir yerde/bir işte) çalışmaya devam etmek: **He's going to stay in teaching.** Öğretmenliğe devam edecek. **— late** geç saate kadar kalmak. **— out** 1. of -den uzak durmak. 2. dışarıda kalmak; dışarıda gezip tozmak. **— put** *k. dili* bulunduğu/istenilen yerde kalmak: **This picture won't stay put; it keeps falling.** Bu resim taktığım yerde durmuyor; hep düşüyor. **— the course** yarışın veya zor bir olayın sonuna kadar dayanmak. **— up until** (belirli bir saate) kadar yatmamak. **be here to —** kalıcı olmak, vazgeçilmez olmak: **Computers are here to stay.** Bilgisayar artık hayatımızın vazgeçilmez bir parçası oldu. **come to —** (bir yere) devamlı yaşamak amacıyla gelmek: **He's come to stay.** Artık burada kalacak. **—ing power** dayanma gücü, metanet.

stay (stey) *i.* 1. kalma süresi; ziyaret süresi, ziyaret: **a three-week stay** üç haftalık bir ziyaret. 2. balina: **collar stay** yaka balinası. **corset stay** korse balinası.

stead (sted) *i.* **in someone's —** birinin yerine, birinin namına: **Çetin can go in her stead.** Onun yerine Çetin gidebilir.

stead.fast (sted´fäst) *s.* 1. sadakatli, sadık. 2. sabit, değişmeyen. 3. sözünden dönmeyen.

stead.y (sted´i) *s.* 1. titremeyen; sağlam. 2. değişmeyen; durmayan, devamlı. 3. durmadan aynı şekilde akan (su). 4. sabit (bakış). 5. sağlam, pusulayı şaşırmayan (kimse). 6. tutarlı, istikrarlı, güvenilir. 7. sağlam (sinirler): **He's got steady nerves.** Sinirleri sağlam. 8. bir başkasıyla çıkmayan/flört etmeyen (erkek/kız arkadaş). *f.* 1. (bir şeyin) titremesini durdurmak. 2. sakinleştirmek. 3. istikrar bulmak. 4. doğru yola getirmek; (birini) doğru yolda tutmak. **go —** birbirinden başka kimseyle çıkmamak/flört etmemek. **go — with** sadece (belirli biriyle) çıkmak/flört etmek.

steak (steyk) *i.* biftek.

steal (stil) *f.* **(stole, sto.len)** 1. çalmak, aşırmak; hırsızlık etmek: **He stole all the money.** Paranın hepsini çaldı. 2. (bir şeyi) gizlice veya dikkati çekmeden yapmak: **He stole into the room.** Hırsızlama odaya girdi. **She stole a glance at them.** Onlara hırsızlama bir bakış attı. *i., k. dili* kelepir. **— a kiss from** (birinin) itiraz etmesine hiç vakit bırakmadan öpüvermek.

stealth (stelth) *i.* gizli tutma; dikkati çekmeden yapma. **by —** hırsızlama; gizlice; dikkati çekmeden.

stealth.y (stel´thi) *s.* hırsızlama yapılan.

steam (stim) *i.* 1. buhar: **Steam was coming out of the kettle.** Çaydanlıktan buhar çıkıyordu. 2. islim, istim: **The locomotive is powered by steam.** Lokomotif islimle çalışıyor. 3. buğu: **The windowpane was covered with steam.** Pencerenin camı buğulanmıştı. **— bath** buhar banyosu. **— engine** buhar makinesi. **— heating** buharlı kalorifer. **— iron** buharlı ütü. **— shovel** ekskavatör, kazı makinesi. **let off —** *k. dili* deşarj olmak, içini dökerek rahatlamak.

steam (stim) *f.* 1. buharda pişirmek. 2. (bir şeyden) buhar çıkmak; (bir şeyden) buhar halinde çıkmak: **The soup was steaming.** Çorbadan buhar çıkıyordu. **Our breath steamed in the cold.** Soğukta nefeslerimiz buhar halinde çıkıyordu. 3. istimbotla veya buharlı lokomotifin çektiği trenle gitmek. **— something off** bir şeyi buhara tutarak çıkarmak. **— something open** bir şeyi buhara tutarak açmak. **— up** (cam v.b.) buğulanmak. **get —ed up about** (bir şeye) kızmak, sinirlenmek.

steam.boat (stim´bot) *i.* istimbot.

steam.er (sti´mır) *i.* vapur.

steam.roll.er (stim´rolır) *i.* (motorlu araç olarak) silindir.

steam.ship (stim´şip) *i.* vapur.

steam.y (sti´mi) *s.* 1. buharlı; buharla dolu. 2. buğulu. 3. şehvet dolu, şehvetli.

sted.fast (sted´fäst) *s., bak.* **steadfast.**

steed (stid) *i., edeb.* at, küheylan.

steel (stil) *i.* çelik. *s.* 1. çelikten yapılmış, çelik. 2. çelik üretimine ait, çelik. 3. çok güçlü. *f.* **— oneself** metin olmak. **— wool** çelikpamuğu, çelik tel yumağı.

steel.works (stil´wırks) *i.* çelik fabrikası, çelikhane.

steel.y (sti´li) *s.* 1. çelikten yapılmış, çelik; içinde çelik bulunan. 2. çelik gibi, sert.

steel.yard (stil´yard) *i.* kantar, el kantarı.

steep (stip) *s.* 1. dik, sarp. 2. yüksek (fiyat).

steep (stip) *f.* 1. (çayı) demlemek; (çay) demlenmek. 2. **(in)** (sıvıya) bastırıp bekletmek; (sıvıya) bastırılıp bekletilmek. **— oneself in** bir konuda derinleşmek.

stee.ple (sti´pıl) *i.* (kiliseye ait) sivri uçlu kule.

stee.ple.chase (sti´pılçeys) *i.* engelli koşu, engelli.

steer (stir) *f.* 1. direksiyonda olmak, direksiyon kullanmak. 2. *den.* dümende olmak, dümen

kullanmak. 3. **into** -e yöneltmek: *What steered you into medicine?* Sizi tıbba yönelten neydi? 4. **through** -i (bir yerden) geçirmek: *He steered the ship through the strait.* Gemiyi boğazdan geçirdi. 5. **for** *den.* (belirli bir yere) giden rotayı izlemek, (belirli bir yere) doğru gitmek. — **clear of** 1. -i (bir yerlere) çarpmadan götürmek. 2. *k. dili* -den uzak durmak. — **someone/something away from** birini/bir şeyi -den başka tarafa çekmek/yöneltmek. —**ing column** direksiyon mili. —**ing wheel** 1. direksiyon. 2. *den.* dümen dolabı tekerleği.
steer (stir) *i.* iğdiş edilmiş boğa.
stein (stayn) *i.* büyük bira bardağı.
stel.lar (stel´ır) *s.* 1. yıldızlarla ilgili. 2. yıldız gibi.
stem (stem) *i.* 1. (bitkide) sap/gövde. 2. (kadehte) sap. 3. (pipoda) beden. *f.* (—**med**, —**ming**) 1. (akışı) durdurmak/yavaşlatmak. 2. **from** -den kaynaklanmak.
stem.let (stem´lit) *i., bot.* sapçık.
stench (stenç) *i.* pis koku.
sten.cil (sten´sıl) *i.* 1. şablon: *lettering stencil* yazı şablonu. 2. şablonla yazılan yazı; şablonla çizilen desen. *f.* şablonla (yazı) yazmak; şablonla (desen) çizmek. — **paper** mumlu kâğıt.
ste.nog.ra.pher (stınag´rıfır) *i.* stenograf.
ste.nog.ra.phy (stınag´rıfi) *i.* stenografi.
sten.o.type (sten´ıtayp) *i.* stenotip.
step (step) *f.* (—**ped**, —**ping**) 1. adım atmak: *Step twelve paces to the right!* Sağa on iki adım at! 2. teraslamak, sekilemek. — **down** 1. inmek. 2. istifa etmek; emekliye ayrılmak. — **forward** 1. bir adım öne çıkmak. 2. öne doğru adım atmak. — **in** 1. içeri gelmek/girmek; içeri gitmek. 2. araya girmek, müdahale etmek. — **off** -den inmek: *He stepped off the train.* Trenden indi. — **on** -e ayak basmak; -e (ayakla) basmak; -i (ayakla) ezmek. **S— on it!** 1. Gaza bas! 2. *k. dili* Çabuk ol!/Çabuk! — **on someone's toes/corns** *k. dili* birinin nasırına basmak; birinin kuyruğuna basmak. — **over** 1. (yürüyerek) -in üzerinden geçmek. 2. -e gelmek/gitmek: *Will you step over here for a minute?* Bir dakika buraya gelir misin? — **something off** bir yeri adımlamak/adımla ölçmek. — **up** 1. **on/onto** -e çıkmak: *He stepped up onto the stage.* Sahneye çıktı. 2. artırmak; hızlandırmak; hızlanmak. 3. terfi ettirmek; terfi etmek.
step (step) *i.* 1. adım, ayak atışı: *It's about three steps away from you.* Senden üç adım kadar ötede. 2. ayak sesi. 3. çok kısa bir mesafe: *It's just a few steps away.* Sadece iki adım ötede. 4. basamak: *How many steps does this staircase have?* Bu merdivende kaç basamak var? 5. basamak, etap, aşama. — **by** — adım adım, basamak basamak. **be in** — 1. **(with)** (başkalarına)

adım uydurmak. 2. **with** -e ayak uydurmak: *We're in step with the times.* Biz çağa ayak uydurduk. **be out of** — 1. **(with)** (başkalarına) adım uydurmamak. 2. **with** -e ayak uydurmamak. **take** —**s** girişimlerde bulunmak, önlem almak: *We must take steps to see that justice is done.* Adaletin yerine gelebilmesi için bazı girişimlerde bulunmamız lazım. **watch one's** — 1. (yürüyen biri) (adımlarına/bastığı yere) dikkat etmek. 2. dikkatli olmak, ayağını denk almak.
step.broth.er (step´brʌdhır) *i.* üvey erkek kardeş.
step.child (step´çayld), *çoğ.* **step.chil.dren** (step´çildrın) *i.* üvey çocuk/evlat.
step.daugh.ter (step´dôtır) *i.* üvey kız.
step.fa.ther (step´fadhır) *i.* üvey baba.
step.lad.der (step´lädır) *i.* seyyar merdiven.
step.moth.er (step´mʌdhır) *i.* üvey anne.
steppe (step) *i.* step, bozkır.
step.ping.stone (step´ing.ston) *i.* 1. atlama taşı. 2. atlama tahtası, meslekte bir ilerleme aracı.
step.sis.ter (step´sistır) *i.* üvey kızkardeş.
step.son (step´sʌn) *i.* üvey oğul.
ster.e.o (ster´iyo) *s.* stereo, stereofonik. *i.* stereo, stereofonik ses sistemi.
ster.e.o.bate (ster´iyıbeyt) *i., mim.* oturtmalık.
ster.e.o.phon.ic (steriyıfan´ik) *s.* stereofonik.
ster.e.oph.o.ny (stınag´rıfi) *i.* stereofoni.
ster.e.o.scope (ster´iyıskop) *i.* stereoskop.
ster.e.o.type (ster´iyıtayp) *i.* şablon, basmakalıp örnek, stereotip. *f.* -i basmakalıp bir kategoriye sokmak.
ster.e.o.typed (ster´iyıtaypt) *s.* basmakalıp.
ster.ile (ster´ıl, *İng.* ster´ayl) *s.* 1. steril. 2. verimsiz.
ster.i.li.sa.tion (sterılizey´şın) *i., İng., bak.* **sterilization**.
ster.i.lise (ster´ılayz) *f., İng., bak.* **sterilize**.
ster.i.lis.er (ster´ılayzır) *i., İng., bak.* **sterilizer**.
ste.ril.i.ty (stril´ıti) *i.* 1. sterillik. 2. verimsizlik.
ster.i.li.za.tion, *İng.* **ster.i.li.sa.tion** (sterılizey´şın) *i.* sterilizasyon.
ster.i.lize, *İng.* **ster.i.lise** (ster´ılayz) *f.* sterilize etmek.
ster.i.liz.er, *İng.* **ster.i.lis.er** (ster´ılayzır) *i.* (sterilizasyonda kullanılan) otoklav.
ster.ling (stır´ling) *i.* 1. sterlin, İngiliz lirası. 2. som gümüş. — **silver** som gümüş. **pound** — sterlin, İngiliz lirası.
stern (stırn) *s.* 1. müsamahasız, sert (kimse). 2. sert (bakış/yüz).
stern (stırn) *i.* (gemide/teknede) kıç.
ster.num (stır´nım), *çoğ.* —**s** (stır´nımz)/**ster.na** (stır´nı) *i.* göğüs kemiği.
stern-wheel.er (stırn´hwilır) *i.* arkadan çarklı istimbot, arkadan çarklı.
ster.oid (ster´oyd) *i., biyokim.* steroit.
steth.o.scope (steth´ıskop) *i., tıb.* stetoskop.

Stet.son (stet´sın) *i.* geniş kenarlı fötr şapka.
ste.ve.dore (sti´vıdor) *i., den.* yükleme/boşaltma işçisi.
stew (stu) *f.* 1. hafif ateşte kaynatmak; kaynamak. 2. **over** *k. dili* hakkında endişe etmek, -i dert etmek; -in yüzünden telaşa düşmek. *i.* etli/sebzeli sulu yemek; yahni; güveç; buğulama; türlü. **be in a** — *k. dili* telaş/endişe içinde olmak. **get in a** — *k. dili* telaşa/endişeye düşmek. **He/She can** — **in his/her own juice!** Ne hali varsa görsün!
stew.ard (stu´wırd) *i.* 1. *den.* kamarot. 2. (uçakta) (erkek) kabin görevlisi.
stew.ard.ess (stu´wırdîs) *i.* (uçakta) hostes, (kadın) kabin görevlisi.
stick (stîk) *i.* 1. (ağaçtan/çalıdan koparılmış) ince dal. 2. baston. 3. değnek, sopa. 4. (şerit halindeki çiklet/tebeşir/mobilya için) parça: **Give me a stick of gum.** Bana bir çiklet ver. **He hasn't got a stick of furniture.** Bir tek mobilyası yok. **Get on the —!** 1. Dikkat et!/Aklını başına topla!/Kendine gel!/Uyan! 2. Çabuk ol! **get the short end of the —** payına pek az bir şey düşmek. **the —s** *k. dili* taşra, dağ başı gibi yer: **She lives out in the sticks.** Dağ başı gibi bir yerde oturuyor.
stick (stîk) *f.* **(stuck)** 1. in/into -e batırmak; -e saplamak; -e saplanmak: **She stuck the needle in the cloth.** İğneyi kumaşa batırdı. **The splinter stuck in her finger.** Kıymık parmağına saplandı. 2. **in** -e dikmek, -e dikine saplamak: **He stuck the stakes in the ground.** Sırıkları toprağa dikti. 3. -e sokmak; -e koymak: **Stick this under your arm.** Bunu koltuğunun altına sok. **Just stick it in the trunk.** Onu bagaja koyuver. 4. **(on)** (-e) yapıştırmak; (-e) yapışmak: **She stuck the stamps on the package.** Pulları pakete yapıştırdı. 5. sıkışmak; takılmak: **This drawer always sticks.** Bu çekmece her zaman sıkışıyor. 6. **out** -den dışarı çıkmak/uzanmak; -i (dışarı) çıkarmak/uzatmak: **The board was sticking out of the car's window.** Tahta, arabanın penceresinden dışarı çıkıyordu. **Don't stick your arm out the window!** Kolunu pencereden çıkarma! **She stuck her tongue out at me.** Bana dilini çıkardı. 7. **in through** -den içeri girmek/uzanmak; -den içeri sokmak/uzatmak: **The bowsprit was sticking in through the window.** Cıvadra pencereden içeri girmişti. **She stuck her arm in through the window.** Kolunu pencereden içeri soktu. 8. **up through** -den yukarı çıkmak/uzanmak; -den yukarı çıkarmak/uzatmak: **The fig's branches had begun to stick up through the bars of the grating.** İncirin dalları ızgaranın aralıklarından yukarı doğru çıkmaya başlamıştı. **Stick it up through the chimney!** Onu bacadan yukarı uzat! 9. *İng.* -e dayanmak, -e tahammül etmek. — **around** *k. dili* gitmemek, kalmak. — **at** (bir iş) üzerinde sebatla çalışmaya devam etmek, (bir işi) bırakmamak. — **by** 1. (birini) terk etmemek, (birine) sadık kalmak. 2. (inanca) sadık kalmak. — **in one's craw** (bir şey) birini gücendirmek, (bir şeyin) yutulması/hazmedilmesi zor olmak. — **in one's mind** (bir şey) birinin aklından çıkmamak. — **one's neck out** kendini tehlikeye atmak, kendini zor bir duruma sokmak. — **someone with** *k. dili* (külfet sayılan bir işi) birine yüklemek, birinin başına bırakmak; (istenilmeyen birini) birinin başına bırakmak. — **to** 1. (bir şeye) sadık kalmak. 2. (birine) sadık kalmak, (birini) terk etmemek. 3. -e yapışmak. — **to one's guns** savunduklarından vazgeçmemek. — **to one's ribs** (yemek) doyurucu olmak. — **together** 1. dayanışarak tek bir cephe oluşturmak. 2. birbirine yapışmak. — **up for** -i savunmak. — **with** 1. (biriyle) beraber kalmak. 2. (bir iş) üzerinde sebatla çalışmaya devam etmek, (bir işi) bırakmamak. **get stuck** 1. **in** (çamur, kum v.b.'ne) saplanıp kalmak. 2. **in** (bir yerde) sıkışıp kalmak. 3. **on** -e yapışıp kalmak. 4. bir problemin içinden çıkamamak, çıkmaza girmek. 5. **with** (külfet sayılan bir iş/istenilmeyen biri) (birinin) başına kalmak. 6. **on** (birine) tutulmak, âşık olmak.
stick.er (stîk´ır) *i.* etiket; çıkartma.
stick.ing (stîk´îng) *s.* — **plaster** *İng.* yara bandı.
stick-in-the-mud (stîk´în.dhımʌd´) *i., k. dili* inatçı ve geri kafalı kimse.
stick.ler (stîk´lır) *i.* **for** (belirli bir konuda) titizlik gösteren kimse.
stick.up (stîk´ʌp) *i., k. dili* soygun.
stick.y (stîk´î) *s.* 1. yapışkan. 2. nemli, rutubetli (hava). 3. zor ve hassas (iş/problem). — **tape** *İng.* (yapıştırıcı) bant. **be —** 1. (yüzey) yapış yapış olmak, yapışkan olmak. 2. (hava) yapış yapış olmak, nemli olmak. 3. **about** (bir konuda) zorluk çıkarmak.
stiff (stîf) *s.* 1. katı, sert (bir şey). 2. kaskatı, gergin (kas). 3. koyu, koyu kıvamda olan. 4. zor, güç, müşkül. 5. resmi, soğuk (davranış). *i., argo* morto, ceset. — **breeze** sert esen rüzgâr. — **dose of** kuvvetli dozda (bir ilaç). — **drink** büyük miktarda ve hiç sulandırılmamış içki. — **price** yüksek fiyat. **be bored** — sıkıntıdan patlamak/çatlamak. **have a** — **neck** boynu tutulmak. **keep a** — **upper lip** şikâyet etmeden soğukkanlılıkla karşılamak; metanet göstermek.
stiff.en (stîf´ın) *f.* 1. sertleşmek, katılaşmak; sertleştirmek, katılaştırmak. 2. (kıvamı) koyulaşmak; (kıvamını) koyulaştırmak. 3. (bir duygu)

stiff-necked 456

pekişmek, kuvvetlenmek; (bir duyguyu) pekiştirmek, kuvvetlendirmek. 4. (rüzgâr) artmak.
stiff-necked (stif´nekt´) s. dik başlı, çok inatçı.
sti.fle (stay´fıl) f. 1. boğmak, (birinin) soluk almasını zorlaştırmak/engellemek; boğulmak. 2. (bir duyguyu/isyanı) bastırmak. 3. boğmak, (bir şeyin) gelişmesini engellemek. **stifling heat** boğucu sıcaklık.
stig.ma (stig´mı), *çoğ.* **stig.ma.ta** (stigma´tı)/**—s** (stig´mız) *i.* 1. utanç verici bir şeyin başkaları üzerinde yarattığı etki: **He couldn't escape the stigma of his crime.** İşlediği suçun başkaları üzerinde yarattığı etkiden kurtulamıyordu. 2. *bot.* tepecik.
stig.ma.tize, *İng.* **stig.ma.tise** (stig´mıtayz) *f.* as -e (belirli bir şeyin) damgasını vurmak, -i (belirli bir şekilde) damgalamak: **They stigmatized their protest as disobedience.** Onların protestosuna itaatsizlik damgasını vurdular.
stile (stayl) *i.* (çit gibi bir bölmenin üstünden geçmek için yapılmış) çifte merdiven.
sti.let.to (stilet´o) *i.* küçük hançer. **— heel** (kadın ayakkabısında) ince ve sivri uçlu ökçe.
still (stil) s. 1. hareketsiz. 2. dingin. 3. rüzgârsız; esintisiz. 4. durgun (su). 5. sessiz. 6. köpüksüz (şarap). *i.* 1. sessizlik, sükût; dinginlik. 2. fotoğraf. *f.* 1. (fırtına v.b.´ni) dindirmek. 2. durdurmak. 3. susturmak. **— life** *güz. san.* natürmort.
still (stil) *z.* 1. hâlâ, daha: **Is he still here?** O hâlâ burada mı? 2. daha da: **The next day it grew hotter still.** Ertesi gün daha da sıcak oldu. **— another** bir ... daha: **Here is still another example of this monotonous rhythm.** İşte bu monoton ritimden bir örnek daha.
still (stil) *bağ.* bununla beraber, bununla birlikte: **I'm sorry about this. Still, I'm sure that in the end it's for the best.** Üzgünüm. Bununla beraber bundan iyi bir sonuç çıkacağına inanıyorum.
still (stil) *i.* imbik.
still.born (stil´bôrn) s. ölü doğmuş.
still.ness (stil´nis) *i.* 1. hareketsizlik. 2. dinginlik. 3. sessizlik. 4. (sularda) durgunluk. 5. sessiz yer.
stilt (stilt) *i.* eşas.
stilt.ed (stil´tid) s. çok resmi, doğallıktan yoksun.
stim.u.lant (stim´yılınt) *i.* 1. *ecza.* uyarıcı madde, uyarıcı. 2. teşvik unsuru, teşvik edici unsur.
stim.u.late (stim´yıleyt) *f.* 1. uyarmak. 2. teşvik etmek.
stim.u.la.tion (stimyıley´şın) *i.* 1. uyarma. 2. teşvik.
stim.u.lus (stim´yılıs), *çoğ.* **stim.u.li** (stim´yılay) *i.* uyarıcı unsur, uyarıcı.
sting (sting) *f.* **(stung)** 1. (arı v.b.) sokmak: **The bee stung him.** Arı onu soktu. 2. (bitki) ısırmak. 3. (biber/duman) yakmak. 4. (söz) (birinin) yüreğini cızlatmak. *i.* 1. (arının) soktuğu yer. 2. yanma, arı sokmasına benzeyen acı. 3.

acı, acılık, yakıcılık.
sting.er (sting´ır) *i.* arı iğnesi.
stin.gi.ness (stin´cinis) *i.* cimrilik.
stin.gy (stin´ci) s. cimri, eli sıkı, hasis, pinti.
stink (stingk) *f.* **(stank/stunk, stunk)** pis kokmak; kokuşmak, taaffün etmek. *i.* pis koku. **— of** fena halde (bir şey) kokmak: **You stink of raki.** Sen fena halde rakı kokuyorsun. **— up** kokutmak.
stink.ing (sting´king) s. pis kokan. *z., k. dili* çok (zengin/sarhoş): **He came home stinking drunk.** Eve zilzurna sarhoş geldi.
stint (stint) *f.* masraftan kaçınmak. *i.* (belirli bir işe ait) süre, müddet: **He did a stint as a postman.** Bir süre postacılık yaptı. **— on** (bir konuda) cimrilik etmek. **— oneself** masraftan kaçınmak için kendini mahrum bırakmak. **without —** 1. sınır koymadan. 2. pek çok.
sti.pend (stay´pend) *i.* 1. (papaz için) maaş. 2. (bursiyer için) yaşamsal gereksinmelerini karşılayacak para; aylık.
stip.u.late (stip´yıleyt) *f.* şart koşmak.
stip.u.la.tion (stipyıley´şın) *i.* 1. şart. 2. şart koşma.
stip.ule (stip´yul) *i., bot.* kın.
stir (stır) *f.* **(—red, —ring)** 1. karıştırmak: **If you don't stir it, it'll burn.** Onu karıştırmazsan dibi yanar. 2. kımıldamak. 3. heyecanlandırmak. 4. -i uyandırmak: **It stirred his conscience.** Vicdanını uyandırdı. 5. harekete geçirmek; harekete geçmek; hareketlenmek: **It stirred him to action.** Onu harekete geçirdi. **The hens began to stir.** Tavuklar hareketlenmeye başladı. **—** 1. karıştırma. 2. hareketlenme, hareket, çalkantı. 3. heyecan. **— oneself** kalkıp bir şeyler yapmaya başlamak. **— something in** bir şeyi (başka bir şeye) katmak/karıştırmak. **— up** 1. uyandırmak; sebep olmak: **Are you trying to stir up a fight?** Kavga mı çıkarmaya çalışıyorsun? **He was trying to stir up a rebellion.** Halkı ayaklandırmaya çalışıyordu. 2. heyecanlandırmak; coşturmak, galeyana getirmek. **— up trouble** fesat karıştırmak, olay çıkarmak, ortalığı karıştırmak. **cause/create a —** 1. heyecan yaratmak; sansasyon yaratmak. 2. herkesin ilgisini çekmek. **give something a —** bir şeyi karıştırmak: **Give that stew a stir!** O güveci bir karıştır!
stir (stır) *i., k. dili* **be — crazy** bir yerde uzun süre kapalı kaldıktan sonra bunalmış olmak.
stir.ring (stır´ing) s. heyecanlandırıcı, heyecan verici.
stir.rup (stır´ıp) *i.* üzengi.
stitch (stiç) *i.* 1. dikiş. 2. (örgüde) ilmik. 3. (böğürde) ani sancı. *f.* (iplikle) dikmek: **Stitch the ends together.** Uçları birbirine dik. **She stitched up the rent.** Kesik yeri dikti. **be in —es** *k. dili* gülmekten kasıkları çatlamak. **not to have a — on** çırılçıplak olmak.
St. Lu.cie (seynt lu´si) **— cherry** mahlep, ko-

kulukiraz.
stock (stak) *i.* 1. stok, depodaki mallar. 2. envanter: **We don't have that in our stock.** Envanterimizde yok o. 3. miktar: **You'd better lay in a good stock of wood.** Epey odun alıp depona koymalısın. **He's added nothing to our stock of knowledge.** Bilgi dağarcığımıza hiçbir katkısı olmadı. 4. *ekon.* hisselerin tümü: **That's a good stock.** O hisselerin değeri hep artıyor. 5. soy, nesep. 6. (hayvan/bitki için) cins. 7. *bahç.* (aşı yapılan) gövde. 8. *bahç.* kendinden devamlı çelik kesilen bitki. 9. çiftlikte yetiştirilen hayvanların tümü. 10. bağ kütüğü, kütük, omça. 11. (tüfekte) kundak. 12. şebboy. 13. et suyu. *s.* her zamanki, (birinin) her zaman söylediği (cevap/şaka). — **exchange/market** menkul kıymetler borsası, borsa. **in** — *tic.* mevcut. **out of** — *tic.* elde kalmamış, mevcudu tükenmiş. **take** — 1. envanter yapmak, sayım yapmak. 2. durumu/kendini değerlendirmek; **of** (durumu/kendini) değerlendirmek.
stock (stak) *f.* 1. stokta bulundurmak: **Do you stock compact discs?** Sizde kompakt disk bulunur mu? **We don't stock pornography.** Pornografik yayınlar bulundurmuyoruz. 2. üremesi için (bir yere) koymak: **We've stocked this lake with trout.** Üreyip çoğalması için bu göle alabalık koyduk. 3. (bir yerde) -i bulundurmak: **She always stocks her bar with whiskey.** Barında her zaman viski bulundurur. 4. **up on** -i oldukça çok miktarda satın almak.
stock.ade (stakeyd´) *i., ask.* 1. (genellikle savunma için yapılan) kazık çit. 2. etrafı kazık çitle çevrili yer.
stock.breed.er (stak´bridır) *i.* büyükbaş yetiştiren çiftçi.
stock.bro.ker (stak´brokır) *i.* borsacı.
stock.hold.er (stak´holdır) *i.* hissedar.
stock.ing (stak´îng) *i.* çorap.
stock.pile (stak´payl) *f.* stoklamak, çok miktarda biriktirmek; stokçuluk yapmak, istifçilik yapmak.
stock.room (stak´rum) *i.* depo.
stock-still (stak´stil) *z.* hiç kımıldamadan.
stock.y (stak´i) *s.* tıknaz, bodur.
stock.yard (stak´yard) *i.* satılacak/kesilecek hayvanların geçici olarak muhafaza edildiği yer.
stodg.y (stac´i) *s.* 1. geri kafalı. 2. sıkıcı; monoton. 3. yavaş hareket eden, hareketleri ağır olan.
Sto.ic (stow´îk) *s., i., fels.* stoacı.
sto.ic (stow´îk) *s., i.* başına gelenler karşısında itidalini kaybetmeyen/metanet gösteren (kimse).
sto.i.cal (stow´îkıl) *s.* başına gelenler karşısında itidalini kaybetmeyen/metanet gösteren.
Sto.i.cism (sto´wîsizım) *i., fels.* stoacılık.
sto.i.cism (sto´wîsizım) *i.* itidalini kaybetmeme, itidal; sabır, metanet.

stoke (stok) *f.* (ateşe/fırına) kömür/odun atmak; **with** (ateşe/fırına) (kömür/odun) atmak.
stok.er (sto´kır) *i.* 1. ateşçi. 2. fırına kömürü otomatikman atan cihaz.
stole (stol) *f., bak.* **steal.**
stole (stol) *i.* etol.
sto.len (sto´lın) *f., bak.* **steal.** *s.* çalınmış, çalıntı.
stol.id (stal´îd) *s.* hiçbir şeyden heyecanlanmayan, vurdumduymaz.
stom.ach (stʌm´ık) *i.* 1. mide: **He's sick at his stomach.** Midesi bulanıyor. 2. karın: **She was lying on her stomach.** Yüzükoyun yatıyordu. *f.* dayanmak, tahammül etmek. **have no — for** (belirli bir şey için) (birinde) hiç istek/arzu olmamak.
stom.ach.ache (stʌm´ıkeyk) *i.* mide ağrısı. **have a —** (birinin) midesi ağrımak.
stomp (stamp) *f.* 1. ayağını yere vurmak; tepinmek. 2. ayakla ezmek. 3. *k. dili* (bir maçta) (bir takımı) ağır bir yenilgiye uğratmak, ezmek. — **on** 1. ayakla ezmek. 2. üzerinde tepinmek.
stone (ston) *i.* 1. taş. 2. (mücevhere ait) taş. 3. (etli meyvelerde) çekirdek. 4. (böbrekte/safrada oluşan) taş. 5. mezar taşı. *s.* taştan yapılmış, taş, kâgir. — **crusher** konkasör. — **pine** fıstıkçamı. — **quarry** taşocağı. — **wall** taş duvar. **be** — **broke** *k. dili* meteliksiz olmak, beş parasız olmak. **be** — **cold** *k. dili* tamamıyla soğumuş olmak, buz gibi olmak. **be** — **deaf** *k. dili* tamamen sağır olmak, duvar gibi olmak. **leave no** — **unturned** her çareye başvurmak. **the S— Age** taş devri.
stone (ston) *f.* 1. taşlamak, taşa tutmak. 2. (etli meyvenin) çekirdeğini çıkarmak. — **someone/an animal to death** birini/bir hayvanı taşlayarak öldürmek; birini recmetmek.
stone.crop (ston´krap) *i., bot.* damkoruğu.
stone.cut.ter (ston´kʌtır) *i.* taşçı.
stoned (stond) *s., k. dili* 1. çok sarhoş, zilzurna sarhoş, zom. 2. uyuşturucu etkisinde olan, zom.
stone.ma.son (ston´meysın) *i.* duvarcı, taş duvar ören kalifiye işçi.
stone.ware (ston´wer) *i.* 1. çok dayanıklı bir seramikten yapılan tabak, çanak. 2. çok dayanıklı bir seramik türü.
ston.y (sto´ni) *s.* 1. taşı çok olan; taşlık. 2. sert, katı, duygusuz.
ston.y.heart.ed (sto´nihartid) *s.* taş yürekli.
stood (stûd) *f., bak.* **stand.**
stool (stul) *i.* 1. tabure. 2. dışkı, kazurat; gaita. — **pigeon** *k. dili* ispiyon, ispiyoncu, gammaz, muhbir.
stoop (stup) *f.* 1. (öne) eğilmek; öne eğmek; **over** -in üstüne eğilmek/abanmak. 2. omuzları çökük/düşük olmak/durmak, hafif kambur olmak: **He stoops.** Omuzları çökük. 3. **to** -e tenezzül etmek: **I didn't think she'd stoop to doing that.** Onu yapmaya tenezzül edeceğini zannetmez-

stoop 458

dim. *i.* hafif kambur.
stoop (stup) *i.* (binanın dışında, birkaç basamakla çıkılan üstü kapalı) sahanlık.
stop (stap) *f.* (**—ped, —ping**) 1. durmak; stop/istop etmek; durdurmak; stop/istop ettirmek: **The train has stopped.** Tren durdu. **My watch has stopped.** Saatim durdu. **It's stopped snowing.** Kar durdu. **Stop the train!** Treni durdur! **He stopped the machine.** Makineyi istop ettirdi. **It'll stop the bleeding.** Kanamayı durdurur. 2. (bir şeyi yapmaktan) vazgeçmek, -i bırakmak, -i kesmek: **Stop going there.** Oraya gitmekten vazgeç. **I do wish he'd stop complaining.** Şikâyeti bir bıraksa. **He's stopped smoking.** Sigarayı bıraktı. 3. engellemek: **It'll stop the wind from coming in.** Rüzgârın girmesini engeller. 4. *İng.* kalmak: **Will you stop with us for supper?** Akşam yemeğine kalır mısın? 5. (çekin) ödenmesini durdurmak. **— at nothing** (istediğini elde etmek için) hiçbir şeyden çekinmemek. **— by** (bir yere) uğramak. **— in** 1. uğramak: **Stop in on your way home.** Eve giderken uğra. 2. *İng.* dışarı çıkmamak, evde kalmak. **— off (in)** (bir yerde) durmak; mola vermek. **— over in** (bir yerde) mola vermek, durmak. **— round** uğramak. **— short** birdenbire/ansızın durmak, duruvermek. **— someone from** 1. birini (bir şey yapmaktan) vazgeçirmek. 2. birinin (bir şey yapmasını) engellemek. **— up** 1. tıkamak; tıkanmak. 2. *İng.* (belirli bir saate kadar) yatmamak. **— work** mola vermek; paydos etmek.
stop (stap) *i.* 1. mola; duraklama. 2. durak. **come to a — durmak**; stop/istop etmek. **full — *İng.*** nokta (noktalama işareti). **pull out all the —s** elinden geleni yapmak. **put a — to** -e son vermek.
stop.cock (stap´kak) *i.* vana.
stop.gap (stap´gäp) *i.* geçici tedbir.
stop.light (stap´layt) *i.* trafik lambası.
stop.o.ver (stap´ovır) *i.* 1. mola; yolculuğu kesip bir yerde geçici olarak kalma. 2. konaklama yeri.
stop.page (stap´ic) *i.* 1. durdurma. 2. (maaştan yapılan) kesinti. 3. (grev yüzünden meydana gelen) kesinti, işlerin durması; grev. 4. tıkanma, tıkanıklık. **— at source** stopaj, vergilerin kaynağında kesilmesi.
stop.per (stap´ır) *i.* tıkaç, tapa, tıpa. *f.* tıkaçlamak, tapalamak, tıpalamak.
stop.watch (stap´waç) *i.* kronometre, süreölçer.
stor.age (stôr´ic) *i.* 1. depoya koyma, depolama. 2. ardiye, depo ücreti. 3. *bilg.* bellek. **— battery** akümülatör, akü. **put something in —** bir şeyi depoya koymak.
sto.rax (stô´räks, sto´räks) *i.* 1. *bot.* ayıfındığı. 2. ayıfındığı balsamı. 3. sığla balsamı.
store (stôr) *i.* 1. dükkân; mağaza. 2. stok, hazne.

f. 1. (bir şeyi) (bir yerde) saklamak; (bir şeyi) bir depoya koymak. 2. **up** içine atmak, biriktirmek: **Don't store up grudges!** Hıncını içine atıp biriktirme! **be in — for** (bir şey) (birini) beklemek: **A surprise is in store for you.** Seni bir sürpriz bekliyor. **lay/put/set — by/on** -i önemsemek, -e önem vermek.
store.house (stôr´haus) *i.* hazne, kaynak.
store.keep.er (stôr´kipır) *i.* dükkâncı, dükkân işleten kimse.
store.room (stôr´rum) *i.* sandık odası; depo, ardiye.
sto.rey (stôr´i) *i., İng.* (binada) kat.
sto.ried, *İng.* sto.reyed (stôr´id) *s.* katlı: **a two-storied house** iki katlı bir ev.
stork (stôrk) *i.* leylek.
storm (stôrm) *i.* fırtına; sağanak. *f.* 1. şiddetli bir şekilde hücum ederek (bir yeri) fethetmek; şiddetli bir şekilde hücum etmek. 2. çok öfkeli bir halde gitmek/hareket etmek. 3. bağırıp çağırmak. 4. fırtına esmek: **It's storming outside.** Dışarıda fırtına var. **— of applause** alkış tufanı. **— petrel** *zool.* fırtınakuşu, denizördeği.
storm.y (stôr´mi) *s.* 1. fırtınalı; sağanak yağışlı. 2. fırtınalı, kavgalı, çekişmeli.
sto.ry (stôr´i) *i.* 1. hikâye, öykü. 2. makale. 3. *k. dili* yalan, maval.
sto.ry, *İng.* sto.rey (stôr´i) *i.* (binada) kat.
sto.ry.book (stôr´ibûk) *i.* (çocuklar için) hikâye kitabı.
sto.ry.tell.er (stôr´itelır) *i.* 1. hikâye anlatan kimse, masalcı. 2. *k. dili* yalancı.
stout (staut) *s.* 1. tombul, toplu, şişman. 2. dayanıklı, sağlam. 3. cesur, yürekli. 4. sadık, sağlam (destekçi). *i.* koyu renkli bir çeşit bira.
stove (stov) *i.* 1. fırın (üstü ocak, altı fırın olan mutfak aleti). 2. soba.
stove (stov) *f., bak.* **stave**.
stove.pipe (stov´payp) *i.* soba borusu.
stow (sto) *f.* 1. **(away) in** (bir şeyi) düzenli bir şekilde (bir yere) koymak. 2. **away** çok (yemek) yemek. 3. **away in/on** (bir taşıtta) kaçak yolcu olarak saklanmak: **In order to get to England he decided to stow away on a freighter.** İngiltere'ye gitmek için şilepte kaçak yolcu olarak saklanmaya karar verdi.
stow.a.way (sto´wıwey) *i.* saklanarak kaçak yolculuk yapan kimse, kaçak yolcu.
strad.dle (sträd´ıl) *f.* 1. (ata biner gibi) bacaklarını açarak (bir şeyin) üstüne binmek; (bir şeyin) üstünde ata binmiş gibi oturmak. 2. (bir yer) (her iki tarafında) bulunmak. 3. (biri) (her iki tarafı) desteklemek.
strafe (streyf, sträf, straf) *f.* yalama uçuş yaparak makineli tüfekle taramak.
strag.gle (sträg´ıl) *f.* 1. **in/back** (gruptaki çoğu kimse veya sürüdeki çoğu hayvan geldikten son-

th	dh	w	hw	b	c	ç	d	f	g	h	j	k	l	m	n	p	r	s	ş	t	v	y	z
thin	the	we	why	be	joy	chat	ad	if	go	he	regime	key	lid	me	no	up	or	us	she	it	via	say	is

stratify

ra) ayrı ayrı gelmek/dönmek. 2. (bir dal) (diğerlerinden ayrı ve biçimsiz bir şekilde) büyümek. 3. düzensiz bir şekilde etrafa dağılmış olmak.
strag.gler (sträg´lır) *i.* 1. gruptan/sürüden ayrılarak kendi başına kalmış kimse/hayvan. 2. ask. döküntü.
straight (streyt) *s.* 1. doğru; düz: **straight road** düz yol. **straight line** düz çizgi. 2. doğru, yalan olmayan: **a straight answer** doğru bir cevap. 3. peş peşe, arka arkaya: **five straight wins** peş peşe beş galibiyet. 4. aralıksız, fasılasız, ara vermeden: **They've been working for six hours straight.** Altı saattir aralıksız çalışıyorlar. 5. sek (içki). 6. ciddi (bakış). 7. *k. dili* eşcinsel olmayan. *z.* 1. tam; doğru, düz: **Look straight in front of you!** Tam önüne bak! **Go straight ahead.** Dümdüz git. 2. doğru, hiçbir yere sapmadan: **He went straight to his office.** Doğru bürosuna gitti. 3. hemen: **He got straight to the point.** Hemen konuya girdi. 4. doğru dürüst, doğru, iyi: **I can't think straight right now.** Şimdi doğru dürüst düşünemiyorum. **— from the shoulder** *k. dili* dobra dobra, hiçbir şeyi örtbas etmeden (konuşmak/söylemek). **— off** *k. dili* hemen, derhal. **— out** *k. dili* sakınmadan. **— razor** ustura. **be — with** (biriyle) doğru/yalansız konuşmak; (birine) doğru söylemek. **drink something —** (içkiyi) sek içmek. **get something —** 1. bir şeyi doğru anlamak: **Have you got this straight now?** Şimdi bunu doğru anladın mı? 2. (bir yeri) bir düzene/düzenli bir hale sokmak. **go —** 1. düz/doğru gitmek. 2. doğru yoldan ayrılmamak, ahlaklı bir şekilde yaşamak. **keep a — face** hiç gülmemek, ciddiyetini korumak, istifini bozmamak. **keep to the — and narrow** doğru yoldan ayrılmamak, ahlaklı bir şekilde yaşamak. **put/set the record —** herhangi bir yanılgıyı gidermek için olayı doğru bir şekilde anlatmak. **set someone —** (birinin) yanlışını gidermek için kendisine gerçeği anlatmak. **tell something to someone —** birine bir şeyi hiç sakınmadan söylemek.
straight.a.way (streyt´ıwey) *z.* hemen, derhal.
straight.edge (streyt´ec) *i.* cetvel, çizgilik.
straight.en (streyt´ın) *f.* doğrultmak. **— out** düzeltmek; düzelmek. **— someone out** *k. dili* birini doğru yola getirmek. **— up** 1. (bir yeri) bir düzene sokmak. 2. doğrulmak, dik bir duruma gelmek.
straight.for.ward (streytfôr´wırd) *s.* 1. apaçık, hiçbir şeyi gizlemeyen. 2. açıksözlü.
strain (streyn) *f.* 1. kendini zorlamak; (kaslar) gerilerek zorlanmak; ıkınmak. 2. (kası) zorlayarak incitmek. 3. (bir şey yapmaya) kendini zorlamak/çok gayret etmek: **She strained to reach the high notes.** Tiz notaları söylemek için sesini zorladı. **They strained to hear what was being said.** Söylenenleri duymak için çok gayret ettiler. 4. -i süzgeçten geçirmek, süzmek. **— at a gnat and swallow a camel** oldukça küçük bir yanlış/hata/kusur üzerinde durup çok daha önemli bir yanlışa/hataya/kusura itiraz etmemek. **— one's ears** duymaya/dinlemeye çalışmak. **— one's eyes** gözlerine zarar vermek. **— something out of** (bir sıvıyı) süzgeçten geçirip ondan bir şey çıkarmak: **I'll strain them out.** Onları süzme yoluyla çıkaracağım.
strain (streyn) *i.* 1. (bitki için) tür; (hayvan için) cins, soy. 2. *müz.* ses; nağme. 3. özellik; ırsi özellik. 4. tarz.
strain.er (strey´nır) *i.* süzgeç.
strait (streyt) *i.* (denizde) boğaz. **be in dire/desperate —s** çok zor bir durumda olmak. **the —s** *coğ.* (denizde) boğaz.
strait.ened (streyt´ınd) *s.* **be in — circumstances** yoksulluk içinde yaşamak, darlık içinde olmak.
strait.jack.et (streyt´cäkit) *i.* deli gömleği.
strait.laced (streyt´leyst) *s.* ahlak kurallarını çiğneyenleri sert bir dille eleştiren, ahlak konusunda çok katı davranan.
strand (stränd) *i.* kıyı, sahil, kenar. *f.* **be —ed** 1. mahsur kalmak: **We were stranded at the airport for twelve hours.** On iki saat boyunca havaalanında mahsur kaldık. 2. (gemi) karaya oturmuş olmak. **be left —ed** *bak.* **be stranded.**
strand (stränd) *i.* halatın bir kolu; ipliğin bir teli.
strange (streync) *s.* 1. tuhaf, garip, acayip. 2. yabancı. **be — to** 1. (bir yer) (birine) yabancı olmak. 2. (bir şeyin) yabancısı olmak. **find someone/something —** biri/bir şey (birinin) tuhafına gitmek: **I find her strange.** O benim tuhafıma gidiyor.
stran.ger (streyn´cır) *i.* yabancı. **be a — to** -in yabancısı olmak.
stran.gle (sträng´gıl) *f.* boğmak; boğulmak.
stran.gu.la.tion (sträng.gıyley´şın) *i.* boğma; boğulma.
strap (sträp) *i.* 1. kayış. 2. (kadın elbisesini omuza tutturan) askı. *f.* **(—ped, —ping)** (birini) kayışla dövmek. **— someone in/down** birini kayışla bağlamak. **— something on/to** bir şeyi -e kayışla bağlamak.
strap.less (sträp´lis) *s.* askısız (kadın elbisesi/mayo).
strap.ping (sträp´îng) *s., k. dili* sağlıklı ve iriyarı.
stra.ta (strey´tı, strät´ı) *i., çoğ., bak.* **stratum.**
strat.a.gem (strät´ıcım) *i.* taktik, manevra, oyun.
stra.te.gic (stıriti´cîk) *s.* stratejik, gengüdümsel.
strat.e.gist (strät´icist) *i.* strateji uzmanı.
strat.e.gy (strät´ici) *i.* strateji.
strat.i.fi.ca.tion (strätıfîkey´şın) *i., jeol.* katmanlaşma.
strat.i.fy (strät´ıfay) *f., jeol.* katmanlaşmak; katmanlaştırmak.

stra.to.cu.mu.lus (strätokyu´myılıs, streytokyu´myılıs) *i.* yığınbulut.
strat.o.sphere (strät´ısfîr) *i.* stratosfer, katyuvarı.
stra.tum (strät´ım, strey´tım), *çoğ.* **stra.ta** (strät´ı, strey´tı)/**—s** (strät´ımz, strey´tımz) *i.* tabaka, katman.
stra.tus (strät´ıs, strey´tıs), *çoğ.* **stra.ti** (strät´ay, strey´tay) *i.* katmanbulut, stratus.
straw (strô) *i.* saman. **— color** saman rengi. **— hat** hasır şapka. **clutch at —s** *k. dili* ümitsizlik içinde her çareye başvurmak. **drinking —** kamış. **That's the last —!** *k. dili* Yeter artık! **the — that broke the camel's back** *k. dili* bardağı taşıran son damla.
straw.ber.ry (strô´beri) *i.* çilek. **— bush/shrub** *bot.* kadehçiçeği, kalikant. **— tree** *bot.* kocayemiş ağacı.
stray (strey) *f.* **from** 1. dolaşarak (bulunması gereken yerden) ayrılmak. 2. (konuşurken) (asıl konudan) ayrılmak. *i.* yolunu şaşırmış hayvan/çocuk. **— bullet** serseri kurşun.
streak (strik) *i.* 1. çevresinden farklı renkte olan ince çizgi: **Her hair has streaks of gray in it.** Saçında gri çizgiler var. **It made a streak of light in the sky.** Gökte çizgi halinde bir ışık bıraktı. 2. özellik, taraf, yön: **He's got a stubborn streak.** Onun inatçı bir yönü var. *f.* 1. yıldırım gibi geçmek/koşmak. 2. (bir yüzeyde) renkli çizgiler yapmak: **I shall streak this painting with yellow.** Bu tabloya sarı çizgiler koyacağım. 3. (saça) meç yapmak. **have a losing —** *k. dili* (birinin) şansı rast gitmemek. **have a lucky/winning —** *k. dili* (birinin) şansı rast gitmek. **like a — of lightning** *k. dili* yıldırım gibi.
stream (strim) *i.* 1. dere; çay. 2. sel: **Streams of water ran down the steps.** Sular merdivenlerden aşağı sel gibi akıyordu. **People were coming and going in streams.** İnsanlar akın halinde gelip gidiyordu. **All I got was a stream of abuse.** Bir sürü küfürden başka bir cevap alamadım. 3. (akarsuda) akıntı: **They were rowing against the stream.** Akıntıya karşı kürek çekiyorlardı. *f.* 1. akmak. 2. akın halinde gitmek, sel gibi akmak. 3. (saç/bayrak) dalgalanmak. **— with perspiration** çok terlemek.
stream.er (stri´mır) *i.* 1. ince uzun bayrak, flama. 2. (renkli kâğıttan yapılmış) serpantin.
street (strit) *i.* sokak; cadde; yol. **— door** sokak kapısı. **— sweeper** sokakları süpüren kimse/makine.
street.car (strit´kar) *i.* tramvay.
street.walk.er (strit´wôkır) *i.* fahişe, orospu.
strength (strengkth) *i.* kuvvet, güç. **bring a unit up to —** bir grubun mevcudunu tamamlamak. **on the — of** -e dayanarak; -in yüzünden.
strength.en (strengk´thın) *f.* kuvvetlendirmek, güçlendirmek; sağlamlaştırmak; takviye etmek; pekiştirmek, artırmak; kuvvetlenmek, kuvvet bulmak: **It will strengthen him.** Onu kuvvetlendirir. **It only strengthened their resistance.** Sadece onların direnişini pekiştirdi.
stren.u.ous (stren´yuwıs) *s.* 1. yorucu, ağır, zor (iş). 2. gayretli.
strep.to.coc.cus (streptıkak´ıs), *çoğ.* **strep.to.coc.ci** (streptıkak´say) *i.* streptokok.
strep.to.my.cin (streptımay´sin) *i.* streptomisin.
stress (stres) *i.* 1. gerilim. 2. stres. *f.* vurgulamak. **be under —** 1. stres içinde olmak. 2. (yapı) fazla yük altında bulunmak. **lay — on** -i vurgulamak. **put too much — on** 1. -i fazlasıyla vurgulamak. 2. (bir yapıdaki eleman) -e fazla yük olmak/bindirmek.
stretch (streç) *f.* 1. germek: **They stretched a wire between the two houses.** İki evin arasına bir tel gerdiler. 2. esnetmek; esnemek: **My sweater has stretched.** Kazağım esnedi. **Rubber will stretch.** Kauçuk esner. 3. uzanmak: **The wire stretches from here to there.** Tel buradan oraya kadar uzanıyor. **The lake stretched to the horizon.** Göl ufka doğru uzanıyordu. 4. gerinmek. 5. **(out)** (uzuvlarını) alabildiğine uzatmak: **She stretched her arms.** Kollarını alabildiğine uzattı. 6. **out** uzanmak: **He stretched out on the couch.** Kanepenin üstüne uzandı. 7. (belirli bir süre) boyunca devam etmek: **The work stretched over a period of three years.** İş üç yıl boyunca devam etti. *i.* 1. gerinme. 2. esneklik, elastikiyet. 3. bölüm, kısım, parça: **It's somewhere in that stretch of woods.** Ormanın o kısmında bir yerde. **— a rule** kuralı harfi harfine uygulamamak, kuralın bir kısmını görmezlikten gelmek. **— the truth** abartmak. **Sometimes they had to stand for three hours at a —.** Bazen üç saat boyunca ayakta kalmak zorundaydılar.
stretch.er (streç´ır) *i.* sedye.
stretch.er-bear.er (streç´ırberır) *i.* sedyeci, sedye taşıyan kimse, teskereci.
stretch.pants (streç´pänts) *i.* streç pantolon, streç.
strew (stru) *f.* **(—ed, —ed/—n)** saçmak, yaymak.
strewn (strun) *f., bak.* **strew.**
stri.at.ed (stray´eytıd) *s.* **— muscle** *anat.* çizgili kas. **— rock** *jeol.* çizgili/çizikli taş.
strick.en (strik´ın) *f., bak.* **strike.** *s.* **with/by** -e uğramış, -e yakalanmış, -e tutulmuş: **stricken by poverty** fakir bir hale düşmüş.
strict (strikt) *s.* 1. sert, katı, çok kuralcı, kurallara çok bağlı: **He's a strict teacher.** O sert bir öğretmen. 2. tam; sıkı: **strict secrecy** tam bir gizlilik. **strict control** sıkı bir kontrol.
strict.ly (strikt´li) *z.* **— speaking** kurallara bakılırsa. **interpret something —** bir şeyi tam yazıldığı/söylendiği gibi yorumlamak, hayal gücünü

kullanarak (bir şeye) başka bir anlam yüklemeye kalkmamak.
strid.den (strĭd´ın) *f., bak.* **stride**.
stride (strayd) *f.* **(strode, strid.den)** 1. uzun adımlarla yürümek. 2. **over** bir adımda -in üstünden geçmek. *i.* uzun adım. — **out of** uzun adımlarla yürüyerek -den çıkmak. **get into one's —/hit one's —** *k. dili* bir işin havasına girmek. **make great —s** *k. dili* (bir işte) hızla ilerlemek, çok yol katetmek. **take something in one's —** *k. dili* bir şeyin üstünde durmamak, bir şeyi mesele yapmamak.
stri.dent (strayd´ınt) *s.* 1. gürültülü; tiz, rahatsız edici (ses). 2. rahatsız edici (renk). 3. katı, sert (ifade).
strife (strayf) *i.* 1. savaş; çatışma. 2. kavga; çekişme; arbede.
strike (strayk) *f.* **(struck, struck/strick.en)** 1. vurmak. 2. çarpmak: **The ship struck the iceberg.** Gemi aysberge çarptı. 3. (yıldırım) düşmek. 4. (kibriti) çakmak, yakmak: **Strike a match!** Kibrit çak! **He struck the match on the rock.** Kibriti taşa sürterek yaktı. 5. (piyanonun/daktilonun tuşlarına) basmak. 6. (saat) (belirli bir zamanı) çalmak: **The clock's struck one.** Saat biri çaldı. 7. (birinde) izlenim bırakmak: **How does this idea strike you?** Bu fikir sende nasıl bir izlenim bıraktı? 8. (madeni parayı) basmak. 9. grev yapmak. 10. birdenbire (birinin) aklına gelmek; birdenbire anlamak: **It suddenly struck me that I was right.** Birdenbire haklı olduğumu anladım. 11. **into** (bir şeyi) (başka bir şeye) saplamak, vurmak. — **a bargain** (pazarlıkta) anlaşmaya varmak, mutabık kalmak. — **camp** çadırı bozarak/sökerek gitmeye hazırlanmak. — **it rich** *k. dili* birdenbire zengin olmak. — **on** (bir şeyi) keşfetmek. — **out** 1. **for** -e doğru gitmek. 2. sağa sola vurmak, sağa sola yumruk yağdırmak. — **out on one's own** *k. dili* kendi yoluna gitmek. — **someone a blow** birine bir yumruk indirmek. — **someone down** 1. birini yere yıkmak. 2. birini öldürmek. — **something off** bir darbeyle bir şeyi kesmek. — **something out** (iptal etmek için) bir şeyi çizmek. — **terror into** (birini) dehşete düşürmek. — **the colors** bayrağı indirmek. — **up a conversation** sohbet etmeye başlamak. — **up a friendship** arkadaşlık kurmak. — **up a tune** (bando, orkestra v.b.) bir parça çalmaya başlamak. — **while the iron is hot** *k. dili* fırsatı yakalamışken ondan istifade etmek.
strike (strayk) *i.* 1. grev. 2. *ask.* saldırı, vuruş: **air strike** havadan vuruş. 3. keşif, keşfetme. **be on — grev** yapmak. **go on —** greve gitmek.
strike.break.er (strayk´breykır) *i.* grev kırıcı.
strike.break.ing (strayk´breyking) *i.* grev kırıcılığı.
strik.er (stray´kır) *i.* 1. grevci. 2. ofansif oynayan futbolcu.
strik.ing (stray´king) *s.* göze çarpan, dikkati çeken; frapan.
string (string) *i.* 1. ip; sicim. 2. (telli çalgılarda) tel/kiriş; (piyanoda) tel. 3. *bilg.* dizgi. — **bag** file. — **bean** çalıfasulyesi. **have someone on a —** *k. dili* birini parmağında oynatmak: **Ceyda has Ceyhun on a string.** Ceyda, Ceyhun'u parmağında oynatıyor. **play second — to** *k. dili* (birinin) gölgesinde kalmak. **pull —s** *k. dili* perde arkasında nüfuzlu birinin etkisini/iltimasını sağlamak. **the —s** telli çalgılar. **with no —s attached** *k. dili* kayıtsız şartsız.
string (string) *f.* **(strung)** 1. (telli çalgıya/piyanoya) tel takmak. 2. (boncuk v.b.´ni) ipe dizmek. 3. (fasulyenin kılçığını) çıkarmak. — **along (with)** *k. dili* (ile) beraber gitmek/gelmek. — **out** -i ipe asmak. — **someone along** *k. dili* 1. birine umut vererek aldatmak, birini oyalamak. 2. (vakit kazanmak için) birini oyalamak. — **someone up** *k. dili* birini ipe çekmek.
string.course (string´kôrs) *i., mim.* sarak.
stringed (stringd) *s.* telli: **stringed instrument** telli çalgı.
strin.gent (strin´cınt) *s.* 1. sert/sıkı/zor (şey). 2. buruk.
string.y (string´i) *s.* 1. tel gibi. 2. tel tel.
strip (strip) *f.* **(—ped, —ping)** 1. **(off)** soymak; çıkarmak; kazımak: **Don't strip the bark off that branch.** O dalın kabuğunu soyma. **He stripped the paint off the door.** Kapının boyasını kazıdı. 2. soymak, giysilerini çıkarmak; soyunmak: **They stripped the suspects.** Sanıkları soydular. **The women didn't strip.** Kadınlar soyunmadılar. 3. (motoru/tüfeği/makineyi/otomobili) söküp parçalara ayırmak. 4. (vitesin) dişlerini koparmak/kırmak; (vidanın) burmalarını ezmek/yok etmek. — **mine** açık kömür ocağı. — **someone of** birinden (bir şeyi) almak, birini (bir şeyden) mahrum etmek. — **tobacco** kurutulmuş tütün yapraklarını saplarından koparmak.
strip (strip) *i.* şerit. **landing —** (uçaklar için) iniş pisti.
stripe (strayp) *i.* 1. (renkli) çizgi, yol: **This cloth has red stripes in it.** Bu kumaşta kırmızı çizgiler var. **It resembles a zebra which has no stripes.** Çizgileri olmayan bir zebraya benziyor. 2. *ask.* (üniformanın koluna dikili, rütbe gösteren) şerit, sırma. 3. tür: **I don't like dogmatists of any stripe.** Hangi türden olursa olsun, dogmacıları sevmem ben.
striped (straypt) *s.* çizgili: **striped pajamas** çizgili pijama.
strip.ling (strip´ling) *i.* genç delikanlı.
strip.per (strip´ır) *i.* 1. verniği/boyayı çıkaran madde. 2. *k. dili* striptizci.

strip.tease (strĭp´tīz) *i.* striptiz.
strive (strayv) *f.* (**strove, —n**) çabalamak, gayret etmek, uğraşmak.
striv.en (strĭv´ın) *f., bak.* **strive**.
strode (strod) *f., bak.* **stride**.
stroke (strok) *i.* 1. vuruş, darbe: **He cut it with two strokes of his ax.** İki balta vuruşuyla onu kesti. **With a few strokes of his brush he changed the mood of the painting.** Birkaç fırça darbesiyle tablonun havasını değiştirdi. 2. felç, inme: **She's had a stroke.** Ona inme inmiş. *f.* okşamak, sıvazlamak. **at a — bir anda. He came at the — of ten.** Saat onu çalarken geldi. **Şenay can't swim a —.** Şenay hiç yüzme bilmiyor. **She's had a — of luck.** Talih ona güldü.
stroll (strol) *f.* **(around)** dolaşmak, gezmek; gezinmek: **Have you strolled around the garden?** Bahçeyi dolaştın mı? *i.* dolaşma, gezme; gezinti.
stroll.er (stro´lır) *i.* puset.
strong (strông) *s.* 1. kuvvetli, güçlü. 2. dayanıklı; sağlam. 3. şiddetli (rüzgâr/darbe). 4. sert (içki); koyu (kahve); demli, koyu (çay). 5. kesin (görüş); sert (söz); derinden gelen, şiddetli (duygu). 6. çok inandırıcı, kuvvetli (kanıt). 7. kesif, kuvvetli, ağır (koku). 8. (borsadaki değerler için) yüksek. 9. *Belirli bir sayı için kullanılır:* **The army was ten thousand strong.** Ordu on bin askerden ibaretti. *z.* **be going — enerjik bir şekilde çalışmak. be — for** -i çok desteklemek. **be — in** (belirli bir konuda) iyi/yetenekli olmak. **be — on** *k. dili* -i çok sevmek, -i çok beğenmek. **have a — stomach** 1. (birinin) midesi kolaylıkla bulanmamak/bozulmamak, midesi sağlam olmak. 2. korkunç görüntülere karşı dayanıklı olmak.
strong.box (strông´baks) *i.* ufak kasa.
strong.hold (strông´hold) *i.* kale.
strong-mind.ed (strông´mayndĭd) *s.* bildiğinden şaşmaz, düşüncesinde kararlı, iradesi kuvvetli.
strong-willed (strông´wĭld) *s.* iradesi kuvvetli; inatçı.
strop (strap) *i.* ustura kayışı, berber kayışı.
strove (strov) *f., bak.* **strive**.
struck (strʌk) *f., bak.* **strike**.
struc.tur.al (strʌk´çırıl) *s.* yapısal, strüktürel.
struc.tur.al.ism (strʌk´çırılĭzım) *i.* yapısalcılık, strüktüralizm.
struc.tur.al.ist (strʌk´çırılĭst) *i., s.* yapısalcı, strüktüralist.
struc.ture (strʌk´çır) *i.* yapı. *f.* düzenlemek, biçimlendirmek, şekillendirmek.
strug.gle (strʌg´ıl) *f.* çabalamak, uğraşmak, mücadele etmek. *i.* çabalama, uğraşma, mücadele.
strum (strʌm) *f.* (**—med, —ming**) (telli çalgıyı) tıngırdatmak.

strum.pet (strʌm´pĭt) *i.* fahişe, orospu.
strung (strʌng) *f., bak.* **string**.
strut (strʌt) *f.* (**—ted, —ting**) kasılarak yürümek. *i.* 1. (çatıda) göğüsleme. 2. kasılarak yürüme.
stub (stʌb) *i.* 1. kullanılmış bir şeyden kalan parça: **cigarette stub** sigara izmariti. **candle stub** kısacık mum parçası. **pencil stub** kısacık kurşunkalem. 2. koçan: **check stub** çek koçanı. **ticket stub** bilet koçanı; (tiyatro, sinema v.b.'ne girdikten sonra müşterinin elinde kalan) bilet parçası. *f.* (**—bed, —bing**) (ayak parmağını) (sert bir şeye) çarparak incitmek. **— a cigarette out (on)** sigarayı (bir şeye) bastırarak söndürmek.
stub.ble (stʌb´ıl) *i.* 1. anız (biçilmiş ekinin yerde kalan sapları). 2. bir/iki günlük tıraş, tıraştan sonraki bir iki gün içinde uzayan sakal.
stub.born (stʌb´ırn) *s.* inatçı, dik başlı.
stub.born.ness (stʌb´ırn.nĭs) *i.* inatçılık.
stuck (stʌk) *f., bak.* **stick**.
stuck-up (stʌk´ʌp) *s., k. dili* burnu havada olan, kendini beğenmiş.
stud (stʌd) *i.* 1. (bina duvarlarının iskeletinde kullanılan) dikme, direk. 2. iri başlı çivi. **collar — yakalık düğmesi. shirt —** plastron düğmesi.
stud (stʌd) *f.* (**—ded, —ding**) **be —ded with** 1. (bir şey) çok bulunmak. 2. yer yer bulunmak.
stud (stʌd) *i.* 1. bir grup damızlık at. 2. hara. 3. aygır. 4. *k. dili* seksi erkek; iyi seks yapan erkek.
stu.dent (stu´dınt) *i.* öğrenci, talebe.
stud.horse (stʌd´hôrs) *i.* aygır.
stud.ied (stʌd´id) *s.* 1. iyice düşünülmüş. 2. önceden prova edilmiş gibi.
stu.di.o (stu´diyo) *i.* stüdyo.
stu.di.ous (stu´diyıs) *s.* 1. ders çalışmayı seven; bir konu üzerinde araştırma yapmayı seven. 2. dikkatli, özenli.
stud.y (stʌd´i) *i.* 1. ders çalışma; araştırma. 2. *çoğ.* dersler; araştırmalar. 3. çalışma odası. 4. eskiz, taslak. 5. *müz.* etüt. **— hall** (okullarda) çalışma salonu. **be in a brown —** dalıp gitmek.
stud.y (stʌd´i) *f.* 1. (ders) çalışmak: **I've got to study math tonight.** Bu gece matematik çalışmam gerek. 2. okumak, ... öğrenimi görmek: **She's studying Latin.** Latince okuyor. 3. **at** (bir yerde) eğitim görmek; **under** (belirli bir hocanın) nezaretinde çalışmak/okumak. 4. *about k. dili* -i iyice düşünmek: **Let me study about it a little.** Bunu biraz düşüneyim.
stuff (stʌf) *i.* 1. madde: **What do you call that oily stuff?** O yağlı maddenin adı ne? 2. (belirli bir tipe özgü) karakteristikler: **She's the stuff of which dictators are made.** Onun hamurundan pekâlâ bir diktatör çıkar. 3. eşya; bagaj: **He carried all his stuff downstairs.** Pılısını pırtısını aşağıya götürdü. 4. *k. dili* içki, alkollü içecek. 5. *k. dili* ilaç.

6. *argo* uyuşturucu, uyuşturucu madde. 7. *k. dili* yazılar: **I like the stuff you write.** Senin yazdıklarının hoşuma gidiyor. 8. *argo* (belirli bir) davranış: **I don't want any funny stuff out of you!** Sakın bir tilkilik yapmaya kalkma! **No rough stuff!** Metazori yok! *f.* 1. **(with)** (ile) doldurmak: **She stuffed it with feathers.** Onu kuştüyüyle doldurdu. 2. tahnit etmek. 3. **in** -e (bir şey) tıkıştırmak: **Don't stuff anything else in that bag!** O bavula başka bir şey tıkıştırma! 4. **up** (birinin burnunu) tıkamak; (bir deliği) doldurarak kapatmak, tıkamak. **S— and nonsense!** *k. dili* Ne saçma! **S— it!** *k. dili* Haydi oradan!/Zırvalama! **— oneself** *k. dili* tıkınmak, tıka basa yemek yemek. **do one's —** *k. dili* marifetini göstermek. **know one's —** *k. dili* ilgilendiği konuyu iyi bilmek. **That's the —!** *k. dili* Aferin!
stuff.ing (stʌf´îng) *i.* 1. dolgu maddesi, dolgu. 2. (bir yiyeceğe doldurulan) malzeme; dolma içi.
stuff.y (stʌf´i) *s.* 1. havasız. 2. tıkalı (burun). 3. fazla resmi davranan; fazla resmi, ağır.
stul.ti.fy (stʌl´tıfay) *f.* 1. (şevk, heves, inisiyatif v.b.´ni) yavaş yavaş yok etmek. 2. -i çıkmaza sokmak.
stul.ti.fy.ing (stʌl´tıfayîng) *s.* insanın inisiyatifini yavaş yavaş yok eden; boğucu.
stum.ble (stʌm´bıl) *f.* 1. **(on)** (birinin) ayağı takılmak/sürçmek; tökezlemek: **He stumbled on her foot and fell.** Onun ayağına takılıp düştü. 2. (yüksek sesle) okurken/söylerken yanlış yapmak; dili sürçmek. 3. sendelemek. 4. **across/on/upon** rasgele bulmak, tesadüfen bulmak; tesadüf etmek. *i.* sürçme.
stumbling block engel.
stump (stʌmp) *i.* 1. kütük, kesilmiş ağacın toprakta kalan bölümü. 2. kesilmiş bir uzvun bedende kalan bölümü. 3. aşınmış/ucu kopmuş bir dişin ağızda kalan bölümü. *f.* 1. gürültülü bir şekilde yürümek; paldır küldür yürümek. 2. (oy toplamak/destek sağlamak için) her yerde bir nutuk çekerek (bir bölgeyi) dolaşmak. 3. (birine) cevap veremeyeceği bir soru sormak; hiç cevap bulamamak. 4. (ayak parmağını) bir şeye çarparak incitmek.
stun (stʌn) *f.* **(—ned, —ning)** 1. sersemletmek. 2. -i şoke etmek, (birinde) şok etkisi yaratmak, -i çok şaşırtmak.
stung (stʌng) *f., bak.* **sting.**
stunk (stʌngk) *f., bak.* **stink.**
stun.ning (stʌn´îng) *s., k. dili* çok güzel, harika, enfes.
stunt (stʌnt) *f.* -in büyümesini/gelişmesini önlemek.
stunt (stʌnt) *i.* 1. hüner gösterisi. 2. (para/reklam için yapılan) dikkat çekici gösteri/faaliyet. **— man** *sin.* tehlikeli sahnelerde aktörün yerine oynayan dublör.

stunt.ed (stʌn´tıd) *s.* bodur, gelişmesi önlenmiş.
stu.pe.fy (stu´pıfay) *f.* 1. sersemletmek, serseme çevirmek. 2. şoke etmek, çok şaşırtmak.
stu.pen.dous (stupen´dıs) *s.* 1. dehşet verici, müthiş, hayrete düşüren. 2. muazzam, çok büyük.
stu.pid (stu´pîd) *s.* 1. aptal, kalın kafalı, ahmak, budala, enayi, dangalak. 2. saçma, aptalca.
stu.pid.i.ty (stupîd´ıti) *i.* aptallık.
stu.por (stu´pır) *i.* uyuşuk hal, uyuşukluk; sarhoş hal, sarhoşluk.
stur.dy (stır´di) *s.* 1. sağlam, dayanıklı. 2. gürbüz, sağlıklı.
stur.geon (stır´cın) *i.* (çoğ. **stur.geon/—s**) *zool.* mersin, mersinbalığı.
stut.ter (stʌt´ır) *f.* pepelemek; kekelemek. *i.* pepeleme; kekeleme.
sty (stay) *i.* 1. domuz ahırı. 2. çok pis ve düzensiz yer.
sty, stye (stay) *i.* (gözkapağında) arpacık, itdirseği.
style (stayl) *i.* 1. üslup, biçem; stil; tarz, biçim: **style of writing** yazı üslubu. **the Empire style** ampir stili. **his style of acting** onun oyunculuk tarzı. 2. zarif ve özgün bir tarz; lüks bir tarz: **She dresses with style.** Zarif ve özgün bir tarzda giyiniyor. **They always travel in style.** Hep lüks içinde seyahat ediyorlar. 3. moda: **Styles come and go.** Modalar gelip geçer. 4. model, tip; çeşit: **We carry ladies' shoes in three styles.** Bizde üç model kadın ayakkabısı var. *f.* 1. (bir şeye) (belirli bir) stil vermek. 2. (birine) (belirli bir ad) takmak/vermek: **They styled him "the Bear."** Ona Ayı ismini taktılar.
sty.li.form (stay´lıfôrm) *s.* iğnemsi.
styl.ise (stay´layz) *f., İng., bak.* **stylize.**
styl.ish (stay´lîş) *s.* şık.
styl.ism (stay´lîzım) *i.* üslupçuluk, biçemcilik.
styl.ist (stay´lîst) *i.* 1. (bir şeye) (belirli bir) stil veren kimse, stilist: **hair stylist** saç modelleri yaratan kimse. 2. belirli bir üslubu olan yazar; üslupçu, biçemci.
sty.lis.tics (staylîs´tîks) *i.* 1. üslupbilim, biçembilim. 2. *dilb.* anlatıbilim, deyişbilim, stilistik.
styl.ize, *İng.* **styl.ise** (stay´layz) *f.* üsluplaştırmak, biçemlemek, stilize etmek.
sty.loid (stay´loyd) *s., bak.* **styliform.**
styp.tic (stîp´tîk) *s.* stiptik, kanın akmasını durduran (madde). *i.* stiptik, stiptik madde.
suave (swav) *s.* 1. hoş tavırlı ve rahat; rahat ve kendinden emin. 2. hoş tavırlarıyla insanları kandıran. 3. hoş fakat aldatıcı.
sub (sʌb) *i., k. dili* **sub-** önekiyle başlayan bazı sözcüklerin kısası: **subaltern, submarine, subordinate, subscription, substitute.**
sub- önek 1. alt: **submarine** denizaltı. 2. ikincil, alt: **subcommittee** altkurul. 3. yakın: **subtropical** astropikal.

sub.al.tern (sʌbôl´tırn) *i.*, *İng.*, *ask.* teğmen.
sub.class (sʌb´kläs) *i.*, *biyol.* altsınıf.
sub.com.mit.tee (sʌb´kımîti) *i.* altkurul.
sub.con.scious (sʌbkan´şıs) *s.* bilinçaltı, şuuraltı. *i.* **the —** bilinçaltı, şuuraltı.
sub.con.ti.nent (sʌbkan´tınınt) *i.* kıtaya yakın büyüklükte bir yer: **the Indian subcontinent** Hindistan Yarımadası.
sub.con.tract (sʌbkınträkt´) *f.* 1. (işi) taşerona vermek. 2. taşeron olarak (işi) almak. 3. taşeronluk etmek.
sub.con.trac.tor (sʌbkın´träktır) *i.* taşeron, ikinci üstenci.
sub.di.vide (sʌbdivayd´) *f.* 1. tekrar bölmek. 2. (araziyi) parselleyip üzerine ev yapmak/yaptırmak. 3. parsellemek; parsellenmek.
sub.di.vi.sion (sʌbdivîj´ın) *i.* parsellenip üzerine evler yapılmış/yapılacak olan yer.
sub.due (sʌbdu´) *f.* 1. (bir yeri/halkı) zor kullanarak kontrol altına almak. 2. (birini) hizaya getirmek. 3. (bir isteği/korkuyu) bastırmak.
sub.group (sʌb´grup) *i.* alt grup.
sub.head (sʌb´hed) *i.* 1. altbaşlık; sürmanşet. 2. bölüm başlığı. 3. ikinci müdür.
sub.head.ing (sʌb´heding) *i.* 1. altbaşlık; sürmanşet. 2. bölüm başlığı.
sub.ject (sʌb´cîkt) *i.* 1. (hükümdarlığa tabi olan) vatandaş: **a British subject** Britanya vatandaşı. 2. konu, mevzu. 3. (okul, lise veya üniversitede belirli bir bilim dalına ait) ders: **I'm taking three subjects this fall: English, math, and chemistry.** Bu sonbahar üç derse gireceğim: İngilizce, matematik ve kimya. 4. hedef; kurban; kobay: **He was the subject of her vindictiveness.** Kinciliğinin hedefiydi. **Whom are you going to make the subject of your experiment?** Kimi, deneyinizin kobayı yapacaksınız? 5. *dilb.* özne. **be a — of/for** ... konusu olmak: **She was a subject of gossip throughout the village.** Köydeki herkesin dedikodu konusu idi.
sub.ject (sʌb´cîkt) *s.* hür olmayan, hürriyetsiz. **be — to** 1. -e tabi/bağlı olmak: **This income is subject to taxation.** Bu gelir vergiye tabidir. **This is subject to confirmation by the assembly.** Bu meclisin onayına bağlı. 2. *Arasıra tekrarlanan bir durumu belirtmek için kullanılır*: **He's subject to gout.** Arasıra gut oluyor. **This river is subject to floods.** Bu nehir arasıra taşar. **That side of the hill is subject to high winds.** Tepenin o tarafı şiddetli rüzgarlara maruz kalıyor.
sub.ject (sıbcekt´) *f.* **to** 1. (birini) (olumsuz bir şeye) maruz bırakmak: **Don't subject yourself to this.** Kendini buna maruz bırakma. 2. (birine) (olumsuz bir şey) yapmak: **They subjected him to torture.** Ona işkence ettiler. 3. -i buyruğu altına almak; -in buyruğu altına girmek:

The Romans subjected the Greeks to their rule. Romalılar, Yunanlıları kendi buyruğu altına aldılar. **Don't subject yourself to them!** Onların buyruğu altına girme!
sub.jec.tion (sıbcek´şın) *i.* 1. buyruğu altına alma; kontrolü altına alma. 2. bağımlılık, özgürlükten yoksunluk.
sub.jec.tive (sıbcek´tîv) *s.* 1. öznel, sübjektif. 2. hayali.
sub.jec.tiv.i.ty (sıbcektîv´iti) *i.* öznellik, sübjektiflik.
sub.ju.gate (sʌb´cûgeyt) *f.* 1. (bir halkı) buyruğu altına almak; (bir yeri) kontrolü altına almak. 2. boyun eğdirmek, ram etmek.
sub.junc.tive (sıbcʌngk´tîv) *i.*, *dilb.* istek kipi. *s.*, *dilb.* istek kipine ait.
sub.lease (sʌblis´) *f.* kiracının kiracısı olmak; **to** (asıl kiracı) (kiraladığı yeri) (bir başkasına) kiralamak; **from** (bir yeri) (asıl kiracıdan) kiralamak, kira ile tutmak.
sub.let (sʌblet´) *f.* (**sub.let, —ting**) *bak.* **sublease.**
sub.let (sʌb´let) *i.* asıl kiracı tarafından kiraya verilen yer.
sub.li.mate (sʌb´lımeyt) *f.* 1. *kim.* süblimleştirmek; süblimleşmek. 2. *ruhb.* (eğilimi/isteği) yüceltmek.
sub.li.mate (sʌb´lımît) *i.*, *kim.* süblime.
sub.lime (sıblaym´) *s.* yüce, ulu.
sub.ma.chine gun (sʌbmışin´) makineli tabanca.
sub.ma.rine (sʌbmırin´) *s.* 1. denizaltı. 2. denizaltında yetişen.
sub.ma.rine (sʌb´mırin) *i.* denizaltı (gemi).
sub.merge (sıbmırc´) *f.* 1. -i suyun içine batırmak/daldırmak; suyun içine batmak/dalmak. 2. sular (bir yeri) kaplamak; sular altında kalmak.
sub.merse (sıbmırs´) *f.*, *bak.* **submerge.**
sub.mis.sion (sıbmîş´ın) *i.* 1. arz, arz ediş, sunuş, bildirme. 2. arz edilen şey, sunulan şey, maruzat; bildirilen görüş. 3. teslimiyet, boyun eğme.
sub.mis.sive (sıbmîs´îv) *s.* uysal, itaatli, itaatkâr.
sub.mis.sive.ness (sıbmîs´îvnîs) *i.* uysallık.
sub.mit (sıbmît´) *f.* (**—ted, —ting**) 1. teslim olmak, boyun eğmek. 2. arz etmek, sunmak, bildirmek, göndermek, vermek. 3. (fikir) ileri sürmek.
sub.nor.mal (sʌbnôr´mıl) *s.* normalden aşağı, normalin altında.
sub.or.der (sʌb´ôrdır) *i.*, *biyol.* alttakım.
sub.or.di.nate (sıbôr´dınît) *s.* -den aşağı kalan; -den sonra gelen; (başka bir şeye göre) daha az önemli olan; başkasının emrinde olan (kimse). *i.* başkasının emrinde olan kimse. **be — to** (bir şeyden) aşağı kalmak, -den sonra gelmek, -den daha az önemli olmak; (başkasının) emrinde olmak. **— clause** *dilb.* yancümle.
sub.or.di.nate (sıbôr´dıneyt) *f.* **to** 1. (bir şeyi) (baş-

ka bir şeyin) hâkimiyetine sokmak: **She subordinated her passion to her reason.** Tutkusunu yenerek aklının dediklerine göre hareket etti. 2. (birini/bir şeyi) (başkasından) daha önemli saymak. 3. (birini) (başkasının) emri altına koymak.
sub.poe.na, sub.pe.na (sıpi´nı, sıbpi´nı) *i., huk.* çağrı, birini mahkemeye çağıran resmi yazı. *f., huk.* (birini) mahkemeye çağırmak, (birine) mahkeme çağrısı yollamak.
sub.scribe (sıbskrayb´) *f.* **to** 1. (dergi, gazete v.b.'ne) abone olmak. 2. (bir görüşü) paylaşmak, (bir görüşe) taraftar olmak. 3. -e bağışta bulunmak; -e bağışta bulunmayı vaat etmek.
sub.scrib.er (sıbskray´bır) *i.* 1. (dergi/gazete/telefon için) abone. 2. bağışçı, bağış yapan kimse; bağış yapmayı vaat eden kimse.
sub.scrip.tion (sıbskrip´şın) *i.* 1. abonman, abone olma. 2. abonman, abonman ücreti. 3. bağışta bulunma.
sub.se.quent (sʌb´sıkwınt) *s.* sonraki, sonra gelen, (belirli bir olayı) takip eden. **be — to** (belirli bir olayı) takip etmek, (belirli bir olaydan) sonra olmak/vuku bulmak.
sub.se.quent.ly (sʌb´sıkwıntli) *z.* sonradan.
sub.ser.vi.ent (sıbsır´viyınt) *s.* uşakvari, uşak gibi davranan, fazlasıyla itaatli. **be — to** -in hizmetinde olmak: **Should faith be subservient to reason?** İnanç aklın hizmetinde olmalı mı?
sub.side (sıbsayd´) *f.* 1. (fırtına/rüzgâr/yağmur) dinmeye başlamak/dinmek; (dalgalı deniz) durgunlaşmaya başlamak/durgunlaşmak. 2. (öfke, kavga v.b.) bitmeye yüz tutmak/bitmek. 3. (talep) azalmak. 4. (ateş) düşmek. 5. (selle gelen sular) çekilmeye başlamak/çekilmek. 6. (toprak) çökmek. 7. (bina) oturmak, (binada) tasman olmak.
sub.sid.i.ar.y (sıbsid´iyeri) *s.* 1. yardımcı, ek; ikincil, yan: **subsidiary company** yan şirket. 2. tamamlayıcı, bütünleyici: **subsidiary details** tamamlayıcı ayrıntılar. *i.* yan kuruluş.
sub.si.dize, *İng.* **sub.si.dise** (sʌb´sıdayz) *f.* 1. -i sübvansiyonla desteklemek. 2. -e para yardımında bulunmak.
sub.si.dy (sʌb´sıdi) *i.* 1. sübvansiyon; (devlet bütçesinde) tahsisat. 2. para yardımı.
sub.sist (sıbsist´) *f.* **on** ile geçinmek; ile yaşamak.
sub.sist.ence (sıbsis´tıns) *i.* 1. kendini geçindirme. 2. birini geçindiren şey; ekmek kapısı; birini kıt kanaat geçindiren şey. 3. nafaka, geçimlik.
sub.soil (sʌb´soyl) *i.* toprakaltı.
sub.stance (sʌb´stıns) *i.* 1. madde. 2. gerçek, hakikat. 3. esas, asıl, öz. 4. asıl anlam. 5. esaslılık, önem: **The speech lacked substance.** Konuşmada önemli hiçbir şey yoktu. **man of —** zengin adam.
sub.stan.dard (sʌbstän´dırd) *s.* standardın altında olan.
sub.stan.tial (sıbstän´şıl) *s.* 1. çok doyurucu (yemek). 2. çok tatmin edici (maaş). 3. sağlam ve dayanıklı. 4. büyük. 5. sağlam, önemli (sebep, kanıt v.b.). 6. oldukça zengin. 7. *fels.* tözel. **be in — agreement** temelde anlaşmak, temel noktalarda hemfikir olmak.
sub.stan.ti.ate (sıbstän´şiyeyt) *f.* ispat etmek, kanıtlamak.
sub.stan.tive (sʌb´stıntiv) *i., dilb.* isim.
sub.sti.tute (sʌb´stıtut) *i.* 1. (geçici bir süre için) başkasının yerine geçen/konuşan kimse; başkasının görevini yapan kimse; başkasına vekâlet eden kimse, vekil; başkasının yerine geçirilen kimse. 2. başka bir şeyin yerine kullanılan/kullanılabilen şey. 3. yedek öğretmen. 4. yedek oyuncu. *s.* 1. (geçici bir süre için) başkasının yerine geçen/çalışan, başkasının görevini yapan; başkasına vekâlet eden; başkasının yerine geçirilmiş. 2. başka bir şeyin yerine kullanılan/kullanılabilen. *f.* **for** 1. (geçici bir süre için) (başkasının) yerine çalışmak; (başkasına) vekâlet etmek; -i (başkasının) yerine çalıştırmak; -i (başkasına) vekâlet ettirmek; -i (başkasının) yerine geçirmek. 2. -i (başka bir şeyin) yerine kullanmak. 3. *spor* (yedek oyuncuyu) (başka bir oyuncunun) yerine oynatmak. **— player** yedek oyuncu. **— teacher** vekil öğretmen.
sub.sti.tu.tion (sʌbstıtu´şın) *i.* 1. (geçici bir süre için) (birini) (başkasının) yerine çalıştırma. 2. (geçici bir süre için) (bir şeyi) (başka bir şeyin) yerine kullanma. 3. *spor* (yedek oyuncuyu) (başka bir oyuncunun) yerine oynatma. 4. *kim.* sübstitüsyon, ornatma, yerdeğiştirme. 5. *biyol., mat., fiz.* ornatma, ikame.
sub.ter.fuge (sʌb´tırfyuc) *i.* 1. hile, manevra. 2. hileye başvurma.
sub.ter.ra.ne.an (sʌbtırey´niyın) *s.* yeraltı.
sub.ti.tle (sʌb´taytıl) *i.* 1. altbaşlık. 2. *sin.* altyazı.
sub.tle (sʌt´ıl) *s.* 1. ince, hafif, hemen göze çarpmayan: **a subtle difference** ince bir fark. 2. meselenin ince taraflarını kavrayabilen/anlayabilen: **He has a subtle mind.** İnce bir zekâya sahip. 3. ince bir şekilde hazırlanmış, ince bir zekâyı yansıtan (plan v.b.).
sub.tle.ty (sʌt´ılti) *i.* 1. incelik: **There's a subtlety in his work.** Onun eserlerinde hemen göze çarpmayan birtakım incelikler var. 2. (bir meseleye/düşünceye ait) ince taraf, incelik. 3. ince fark. 4. meselenin ince taraflarını kavrayabilme yeteneği.
sub.tract (sıbträkt´) *f., mat.* çıkarma işlemi yapmak; **from** (bir sayıyı) (başka bir sayıdan) çıkarmak.
sub.trac.tion (sıbträk´şın) *i., mat.* çıkarma.
sub.trop.i.cal (sʌbtrap´îkıl), **sub.trop.ic** (sʌbtrap´îk)

subtropics 466

s. astropikal.
sub.trop.ics (sʌbtrap´ıks) *i., çoğ.* **the** — astropika.
sub.urb (sʌb´ırb) *i.* varoş, dış mahalle. **the —s** banliyö.
sub.ur.ban (sıbır´bın) *s.* 1. banliyöye ait. 2. banliyöde oturanlara özgü.
sub.ur.ban.ite (sıbır´bınayt) *i.* banliyöde oturan kimse.
sub.ur.bi.a (sıbır´biyı) *i.* banliyö.
sub.ven.tion (sıbven´şın) *i.* 1. sübvansiyon. 2. tahsisat; para bağışı.
sub.ver.sion (sıbvır´jın) *i.* (insanların güvenini/inancını sarsarak) (devleti/bir kurumu) çökertme/yıkma.
sub.ver.sive (sıbvır´siv) *s.* (insanların güvenini/inancını sarsarak) (devleti/bir kurumu) çökerten/yıkan.
sub.vert (sıbvırt´) *f.* (insanların güvenini/inancını sarsarak) (devleti/bir kurumu) çökertmek/yıkmak.
sub.way (sʌb´wey) *i.* 1. metro (treni): **When's the next subway?** Gelecek metro kaçta? 2. metro, metro şebekesi. 3. (yayalar için) altgeçit. — **platform** metro peronu. — **station** metro istasyonu. **pedestrian** — (yayalar için) altgeçit.
suc.ceed (sıksid´) *f.* 1. başarılı olmak, başarmak; **in** (bir şeyi yapmayı) başarmak, becermek: **Did you succeed in getting it back?** Onu geri almayı başardın mı? 2. takip etmek, izlemek, -den sonra gelmek: **Spring succeeded winter.** Kışı bahar izledi. 3. (birinin) yerine geçmek; (birinin) halefi olmak; **to** (birinin yerine/bir şeye) halef/vâris olarak sahip olmak: **Will he succeed his uncle?** Amcasının yerine geçecek mi? **Will he succeed to the family's property?** Ailenin mülkü ona mı kalacak?
suc.cess (sıkses´) *i.* 1. başarı, başarılmış iş. 2. başarma, başarı. 3. başarılı olan kimse.
suc.cess.ful (sıkses´fıl) *s.* başarılı, muvaffak.
suc.ces.sion (sıkseş´ın) *i.* 1. **of** (birbirini takip eden) bir sürü (kimse); (birbirini takip eden) bir dizi (şey): **This place has had a succession of owners.** Bu yerin bir sürü sahibi oldu. **He experienced a succession of victories.** Bir dizi zafer kazandı. 2. birbirini takip etme: **The events took place in rapid succession.** Olaylar hızla birbirini takip etti. 3. (birinin yerine/bir şeye) halef/vâris olarak sahip olma. 4. *huk.* halef olma. 5. halef olma hakkı. 6. halefler.
suc.ces.sive (sıkses´iv) *s.* peş peşe, arka arkaya, üst üste: **They've won three successive games.** Arka arkaya üç maç kazandılar.
suc.ces.sor (sıkses´ır) *i.* halef; vâris.
suc.cinct (sıksingkt´, sısingkt´) *s.* veciz, kısa ve öz, az ve öz.
suc.cor, *İng.* **suc.cour** (sʌk´ır) *f.* imdat etmek, imdadına yetişmek. *i.* imdat, yardım.

suc.co.tash (sʌk´ıtäş) *i.* birlikte haşlanmış fasulye ve mısır taneleri.
suc.cour (sʌk´ır) *f., i., İng., bak.* succor.
suc.cu.lent (sʌk´yılınt) *s.* 1. taze ve sulu (meyve/sebze). 2. lezzetli, kart olmayan (et).
suc.cumb (sıkʌm´) *f.* **(to)** 1. dayanamamak, direnememek, yenilmek; dayanamayarak karşı gelmekten vazgeçmek: **He succumbed to her entreaties.** Yalvarmalarına dayanamadı. 2. (bir hastalığa) karşı direnemeyip ölmek, yenik düşmek: **He succumbed to the fever.** Hummaya yenik düştü.
such (sʌç) *zam.* 1. öyle/şöyle/böyle bir kişi/şey; öyle/şöyle/böyle kişiler/şeyler: **It's his philosophy, if it may be called such.** Onun felsefesidir, eğer ona felsefe demek doğruysa. **His request was such that it couldn't be refused.** Onun ricası geri çevrilecek cinsten değildi. **Such is life.** İşte hayat böyle. **Such was not my intention.** Niyetim öyle değildi. 2. ... **gibi: Fruits such as raspberries and blackberries don't keep for long.** Ağaççileği ve böğürtlen gibi meyveler çabuk bozulur. *s.* 1. öyle; şöyle; böyle: **Such things are easy for her.** Böyle şeyler ona kolay geliyor. **I haven't heard such music in years.** Yıllardır böyle müzik dinlemedim. **It appears to be such.** Öyle görünüyor. **I haven't heard such a funny story for a long time.** Çoktandır böyle komik bir hikâye duymadım. **Don't be such an ass!** Budalalık etme! 2. öyle, o kadar; şöyle, şu kadar; böyle, bu kadar: **He wrote with such speed that he finished it in three days.** O kadar çabuk yazdı ki üç gün içinde onu bitirdi. **It wasn't such a hard test.** O kadar zor bir sınav değildi. 3. -e benzeyen, -e benzer: **It's a muskrat or some such thing.** Miskfaresi veya ona benzer bir şey. **He's got twenty such roses.** Onda bunun gibi yirmi gül var. **You'll do no such thing!** Öyle bir şey yapamazsın!/Hayır, yapamazsın! **You can consult me about such matters.** Bu gibi meselelerde bana danışabilirsiniz. 4. Ne ...!/Ne kadar ...!: **It's such beautiful weather!** Bu ne güzel hava böyle! **Such vulgarity!** Ne adilik! **He's such a dodo!** Ne gerzektir o! **Such nice people!** Ne hoş insanlar! **It was such a sweet little house!** Ne kadar şirin bir evcikti! — **a one** böyle biri; öyle biri. — **and** — 1. filan şey, filan, falan şey, falan. 2. filan, falan. — **as he/she/it is** Küçümseme belirtir: **The doctors, such as they were, had never heard of ether.** Hekim geçinenlerin lokmanruhundan haberi bile yoktu. **My ideas, such as they are, are sometimes deemed worthy of application.** Benim naçiz fikirlerim bazen tatbike lâyık görülüyor. **and** — ve benzerleri: **Orange trees, palms, and such should be kept under glass in winter.** Kışın portakal

th	dh	w	hw	b	c	ç	d	f	g	h	j	k	l	m	n	p	r	s	ş	t	v	y	z
thin	the	we	why	be	joy	chat	ad	if	go	he	regime	key	lid	me	no	up	or	us	she	it	via	say	is

ağaçları, palmiyeler ve benzeri ağaçlar serada tutulmalı. **as —** 1. öyle/şöyle/böyle: **He's a teacher and is known as such.** O öğretmendir ve herkes onu öyle tanıyor. 2. aslında: **It's not a medicine as such.** Aslında ilaç değil.
such.like (sʌçˊlayk) s. benzer. *zam.* buna benzeyenler, benzerler; benzer bir kişi, benzer; benzer bir şey, benzer.
suck (sʌk) *f.* 1. emmek: **The baby was sucking its mother's breast.** Bebek annesinin memesini emiyordu. **Don't suck your thumb!** Başparmağını emme! **She was sucking a rooster-shaped lollipop.** Horoz şekeri emiyordu. **Suck it through a straw!** Onu kamışla em! 2. *k. dili* (bir şey) berbat olmak. **— someone/something down** birini/bir şeyi aşağı çekmek. **— up to** *k. dili* (birine) yağcılık etmek.
suck.er (sʌkˊır) *i.* 1. *k. dili* enayi, aptal. 2. (horoz şekeri gibi emilerek yenen) çubuklu şeker. 3. (bitkinin dibinden çıkan) sürgün, fışkın, piç. 4. *zool.* çekmen, vantuz. 5. (lastik) vantuz.
suck.le (sʌkˊıl) *f.* -i emzirmek, -e meme vermek.
suc.tion (sʌkˊşın) *i.* emme. **— fan** emici vantilatör.
Su.dan (sudänˊ) *i.* 1. Sudan, Sudan Cumhuriyeti. 2. *coğr.* Sudan. **the Republic of the —** Sudan Cumhuriyeti.
Su.da.nese (sudıniz´) *i.* (*çoğ.* **Su.da.nese**) Sudanlı; Sudan Cumhuriyeti vatandaşı. *s.* 1. Sudan, Sudan Cumhuriyeti'ne özgü. 2. *coğr.* Sudan, Sudan'a özgü. 3. Sudanlı; Sudan Cumhuriyeti uyruklu.
sud.den (sʌdˊın) *s.* ani. **all of a —** birdenbire, aniden, ansızın.
sud.den.ly (sʌdˊınli) *z.* birdenbire, aniden, ansızın.
su.do.rif.ic (sudırifˊik) *s., ecza.* terletici.
suds (sʌdz) *i., çoğ.* 1. (sabunlu suyun üstündeki) köpükler. 2. *argo* bira.
suds.y (sʌdˊzi) *s.* köpüklü.
sue (su) *f.* 1. (birini/bir kurumu) dava etmek, (birine/bir kuruma) dava açmak. 2. **for** -i talep etmek.
suede (sweyd) *i.* podüsüet, süet. *s.* podüsüetten yapılmış, podüsüet, süet.
su.et (suˊwit) *i.* (sığır/koyun) içyağı.
Su.ez (suwezˊ, suˊwez) *i.* Süveyş. **the — Canal** Süveyş Kanalı.
suf.fer (sʌfˊır) *f.* 1. ıstırap çekmek, acı çekmek; -i çekmek; **from** (belirli bir hastalıktan) mustarip olmak; **from** -in sıkıntısını çekmek; **for** -in acısını çekmek: **She's suffered a lot of sadness.** Çok üzüntü çekti. **He's suffered a lot of difficulties.** Çok sıkıntı çekti. **Şengül suffers from migraine headaches.** Şengül migrenden mustarip. **This student is suffering from a lack of self-confidence.** Bu öğrenci kendine güvensizliğin sıkıntısını çekiyor. **She's suffered a lot.** Çok acı çekti. **They'll suffer for this.** Bunun acısını çekerler. 2. (kötü bir şe-

ye) uğramak: **The firm suffered big losses.** Firma büyük zararlara uğradı. 3. eski seviyesinden aşağı düşmek: **His work has suffered as a result of this.** Bunun sonucunda işi eski seviyesinden aşağı düştü.
suf.fer.ance (sʌfˊırıns) *i.* be in a place on **—** (aslında istenilmeyen/orada bulunması yasak olan biri) (başkasının) müsamahası/görmezlikten gelmesi sayesinde bir yerde bulunmak: **You ought to know that you're here only on sufferance.** Burada kalışını müsamahakârlığıma borçlu olduğunu bilmelisin.
suf.fer.er (sʌfˊırır) *i.* (bir hastalıktan) mustarip olan kimse, (bir illetin) hastası olan kimse.
suf.fer.ing (sʌfˊırîng, sʌfˊring) *i.* ıstırap, acı; dert; kahır; mihnet; eziyet, cefa; çile. *s.* ıstırap çeken; dert/sıkıntı içinde olan.
suf.fice (sıfaysˊ) *f.* kâfi gelmek, yetmek: **Two cases of champagne should suffice.** İki kasa şampanya kâfi gelmeli. **There's enough food here to suffice an army.** Burada bir orduyu doyuracak kadar yemek var. **Suffice it to say that I was not pleased.** Sadece memnun olmadığımı söylemek yeter herhalde.
suf.fi.cien.cy (sıfîşˊınsi) *i.* 1. yeterlilik, yeterli olma. 2. yeterli bir miktar.
suf.fi.cient (sıfîşˊınt) *s.* yeterli, kâfi. **be —** yeterli olmak, yetmek.
suf.fix (sʌfˊîks) *i., dilb.* sonek.
suf.fo.cate (sʌfˊıkeyt) *f.* boğmak; boğulmak.
suf.fo.cat.ing (sʌfˊıkeyting) *s.* boğucu.
suf.fo.ca.tion (sʌfıkeyˊşın) *i.* boğma; boğulma.
suf.frage (sʌfˊrîc) *i.* oy hakkı.
suf.fuse (sıfyuzˊ) *f.* kaplamak; doldurmak; yayılarak (belirli bir renge) boyamak: **Happiness suffused her face.** Yüzünden mutluluk akıyordu. **The light suffused the room with red.** Işık odayı kırmızıya boyadı. **be —d with** ile kaplamak; ile dolu olmak; (belirli bir renge) boyanmak: **Her eyes were suffused with tears.** Gözleri yaşla doluydu.
Su.fi (suˊfi) *i.* mutasavvıf, sofi.
Su.fism (suˊfizım) *i.* tasavvuf.
sug.ar (şûgˊır) *i.* şeker. *f.* şeker katmak. **— basin** *İng.* şekerlik, şeker kabı. **— beet** şekerpancarı. **— bowl** şekerlik, şeker kabı. **— refinery** şeker fabrikası. **— tongs** şeker maşası. **brown —** esmerşeker. **caster/castor —** *İng.* pudraşeker, pudraşekeri. **confectioners' —** pudraşeker, pudraşekeri. **cube —** küpşeker; kesmeşeker. **go to —** (reçel, bal v.b.) şekerlenmek. **granulated —** tozşeker. **powdered —** pudraşeker, pudraşekeri.
sug.ar.cane (şûgˊırkeyn) *i.* şekerkamışı.
sug.ar.coat (şûgˊırkot) *f.* 1. şekerle kaplamak. 2. (kötü bir şeyi) güzel ve masum bir kisve altında saklamak. 3. (zor/tatsız bir şeyi) daha çeki-

lir bir hale sokmak.
sug.ar.y (şûg'ıri) *s.* 1. şekerli; tatlı. 2. abartılı/sahte bir tatlılığı/şirinliği olan. **go —** (reçel, bal v.b.) şekerlenmek.
sug.gest (sıgcest', sıcest') *f.* 1. (fikir) ileri sürmek, öne sürmek; teklif etmek, önermek. 2. (bir şey) (başka bir şeyi) akla getirmek. 3. (belirli bir) izlenim bırakmak, ... hissini vermek: **His manner suggested haughtiness.** Tavrı kendisinin kibirli biri olduğu izlenimini uyandırdı.
sug.ges.tion (sıgces'çın, sıces'çın) *i.* 1. ileri sürülen fikir; teklif, öneri. 2. belli belirsiz bir şey: **There was a suggestion of malice in her tone.** Onun ses tonunda belli belirsiz bir garaz vardı. 3. (fikir) ileri sürme; teklif etme. 4. (bir şey) (başka bir şeyi) akla getirme. 5. *ruhb.* telkin.
sug.ges.tive (sıgces'tiv, sıces'tiv) *s.* açık saçık; açık saçık şeyleri ima eden. **be — of** 1. (bir şey) (başka bir şeyi) akla getirmek. 2. (belirli bir) izlenim bırakmak, ... hissini vermek.
su.i.ci.dal (suwısayd'ıl) *s.* 1. intihar etme isteğinden kaynaklanan. 2. intihara doğru giden. 3. intiharla eşanlamlı. 4. kendini/kurumu yok edecek (bir karar, bir hareket v.b.). **be —** intihar etmeyi düşünmek. **feel —** intihar etme arzusu duymak.
su.i.cide (su'wısayd) *i.* intihar. **commit —** intihar etmek.
suit (sut) *i.* 1. (erkek için) takım elbise; (kadın için) döpiyes. 2. tek, iki veya daha fazla parçadan oluşan giysi: **track suit** eşofman. **bathing suit** mayo. **suit of armor** zırh takımı. 3. *isk.* takım. 4. *huk.* dava. *f.* 1. uygun gelmek; (birinin) zevkine/ihtiyacına göre olmak: **It suits his needs.** İhtiyaçlarını karşılar. **Will it suit her?** Onun zevkine göre mi? 2. (birine) yakışmak, (birine) göre olmak: **That jacket doesn't suit you.** O ceket sana göre değil. 3. (bir şeyin) adamı olmak: **He's not suited to this job.** O, bu işin adamı değil. 4. **to** (bir şeyi) (başka bir şeye) uygun bir hale getirmek. **— oneself** kendi istediği gibi yapmak. **S— yourself!** Nasıl istersen! **bring/file — against** -i dava etmek. **follow —** aynı şeyi yapmak: **When Günce got herself a telephone, Gökçe followed suit.** Günce kendine telefon alınca Gökçe de aynı şeyi yaptı. **This doesn't — his stomach.** Bu midesine dokunur.
suit.a.bil.i.ty (sutibil'ıti) *i.* uygunluk.
suit.a.ble (su'tıbıl) *s.* uygun; münasip, müsait; yerinde; elverişli. **be — for** -e uygun olmak.
suit.case (sut'keys) *i.* bavul.
suite (swit) *i.* 1. (mobilya için) takım: **bedroom suite** yatak odası takımı. 2. birkaç odalı daire: **honeymoon suite** balayı dairesi. 3. *müz.* süit. 4. maiyet.
suit.ing (su'ting) *i.* takım elbiselik/döpiyeslik kumaş.
suit.or (su'tır) *i.* talip, kadınla evlenmek isteyen erkek: **Mediha has three suitors.** Mediha'nın üç talibi var.
Suk.koth (sûk'oth) *i., Musevilik* Çardaklar Bayramı.
sul.fate (sʌl'feyt) *i., kim.* sülfat.
sul.fur, *İng.* **sul.phur** (sʌl'fır) *i., kim.* kükürt. **flowers of —** kükürtçiçeği.
sul.fu.ric (sʌlfyûr'ik) *s., kim.* sülfürik. **— acid** sülfürik asit, zaçyağı, karaboya.
sulk (sʌlk) *f.* somurtmak, surat asmak. *i.* **be in a —/be in the —s/have a fit of the —s** somurtup durmak.
sulk.y (sʌl'ki) *s.* somurtkan, somurtuk, asık suratlı.
sul.len (sʌl'ın) *s.* 1. öfke dolu fakat sessiz. 2. (fırtınaya gebe bir havaya özgü) kurşuni, karanlık (gök/bulutlar).
sul.ly (sʌl'i) *f.* kirletmek, lekelemek; gölge düşürmek: **This carnival atmosphere sullies the charm of the town.** Bu panayır havası şehrin o güzelim atmosferine gölge düşürüyor.
sul.phur (sʌl'fır) *i., İng., bak.* **sulfur.**
sul.tan (sʌl'tın) *i.* sultan (erkek hükümdar).
sul.tan.a (sʌltän'ı, sʌlta'nı) *i.* 1. *İng.* sultani kuru üzüm. 2. *bot.* camgüzeli. 3. sultan (sultanın karısı/annesi/kızkardeşi/kızı).
sul.try (sʌl'tri) *s.* 1. sıcak ve nemli (hava). 2. şehvet uyandıran; şehvetli; şehvet dolu.
sum (sʌm) *i.* 1. toplam, yekûn, mecmu. 2. para miktarı, meblağ, tutar. 3. *çoğ.* aritmetik: **She was good at sums.** Aritmetikte iyiydi. 4. zirve, doruk: **It was the very sum of folly.** Aptallığın son raddesiydi. *f.* **(—med, —ming) — something up** 1. bir şeyi özetlemek: **That sums it up.** O söz durumu gerçekten özetliyor. 2. bir durumu anlamak/kavramak: **She summed up the situation immediately.** Durumu hemen anladı. **in a lump —** peşin ve taksitsiz olarak: **I can pay for it in a lump sum.** Parasının hepsini peşinen ödeyebilirim. **in —** sözün kısası, kısaca. **the — total of** -in toplamı: **The sum total of their debts amounted to fifty million liras.** Borçlarının toplamı elli milyon lira.
su.mac, su.mach (su'mäk, şu'mäk, su'mak, şu'mak) *i.* 1. sumak; boyacısumağı; sepicisumağı. 2. sumak, somak (baharat olarak kullanılan dövülmüş sepicisumağı meyvesi).
Su.ma.tra (sımat'rı) *i.* Sumatra. **—n** *i.* Sumatralı. *s.* 1. Sumatra, Sumatra'ya özgü. 2. Sumatralı.
sum.ma.rize, *İng.* **sum.ma.rise** (sʌm'ırayz) *f.* özetlemek.
sum.ma.ry (sʌm'ıri) *i.* özet. *s.* 1. özet halinde olan; çok kısa, detaylı olmayan. 2. fazlasıyla çabuk yapılan.
sum.mer (sʌm'ır) *i.* yaz, yaz mevsimi. *f.* yazı geçirmek. **— house** yazlık, sayfiye. **— savory** (balıbabagillerden, yaprakları bahar olarak kullanılan) sater, zater. **Indian —** pastırma yazı.

sum.mer.house (sʌm´ırhaus) *i.* kameriye; çardak.
sum.mer.sault (sʌm´ırsôlt) *i., f., bak.* **somersault.**
sum.mer.time (sʌm´ırtaym) *i.* yaz, yaz mevsimi.
sum.mer-weight (sʌm´ırweyt) *s.* yazlık (kumaş/giysi).
sum.mer.y (sʌm´iri) *s.* yaz gibi; yazı akla getiren.
sum.mit (sʌm´it) *i.* 1. zirve, doruk. 2. *pol.* zirve, zirve toplantısı. — **meeting** zirve toplantısı.
sum.mon (sʌm´ın) *f.* 1. (birini) resmen emirle çağırmak; (birini) çağırtmak. 2. (toplantının) yapılması için emir vermek. 3. **(up)** (gücünü/cesaretini) toplamak.
sum.mons (sʌm´ınz) *i.* (*çoğ.* **—es**) 1. *huk.* celpname, celp, çağrı. 2. çağrı. **serve a — on** (birinin eline) celpname vermek.
sump (sʌmp) *i., İng., oto.* karter.
sump.tu.ous (sʌmp´çuwıs) *s.* 1. çok görkemli; çok şatafatlı; lüks. 2. çok masraflı.
sun (sʌn) *i.* 1. güneş. 2. güneş ışığı. *f.* (**—ned, —ning**) güneşlenmek; güneşletmek, güneşlendirmek. — **oneself** güneşlenmek.
sun.baked (sʌn´beykt) *s.* güneşte kurutulup sertleştirilmiş.
sun.bath (sʌn´bäth) *i.* güneş banyosu.
sun.bathe (sʌn´beydh) *f.* güneş banyosu yapmak.
sun.beam (sʌn´bim) *i.* güneş ışını.
sun.burn (sʌn´bırn) *i.* (ciltteki) güneş yanığı. *f.* (**—ed/—t**) (birinin) cildi güneşten yanmak: **She sunburns easily.** Onun cildi güneşten kolayca yanar.
sun.burned (sʌn´bırnd), **sun.burnt** (sʌn´bırnt) *f., bak.* **sunburn.** *s.* güneşten yanmış.
sun.dae (sʌn´di, sʌn´dey) *i.* üstü şurup, krema, ceviz v.b.'yle kaplı dondurma.
Sun.day (sʌn´di, sʌn´dey) *i.* pazar günü, pazar.
sun.di.al (sʌn´dayıl) *i.* güneş saati.
sun.down (sʌn´daun) *i.* güneş battığı zaman: **He came at sundown.** Güneş batınca geldi.
sun-dried (sʌn´drayd) *f., bak.* **sun-dry.** *s.* güneşte kurutulmuş.
sun.dries (sʌn´driz) *i., çoğ.* çeşitli ufak şeyler.
sun-dry (sʌn´dray) *f.* **(sun-dried)** güneşte kurutmak.
sun.dry (sʌn´dri) *s.* 1. çeşitli. 2. birkaç.
sun.fish (sʌn´fiş) *i., zool.* güneşbalığı.
sun.flow.er (sʌn´flauwır) *i.* ayçiçeği, günebakan.
sung (sʌng) *f., bak.* **sing.**
sun.glass.es (sʌn´gläsiz) *i., çoğ.* güneş gözlüğü.
sunk (sʌngk) *f., bak.* **sink.**
sunk.en (sʌng´kın) *f., bak.* **sink.** *s.* 1. batık, suya gömülmüş. 2. çökük (gözler/yanaklar).
sun.lamp (sʌn´lämp) *i.* ultraviyole lambası.
sun.light (sʌn´layt) *i.* güneş ışığı.
sun.lit (sʌn´lit) *s.* güneşli.
Sun.na, Sun.nah (sûn´i) *i.* **the — İslam** sünnet (Hz. Muhammed'in Müslümanlarca uyulması gereken davranış ve sözleri).
Sun.ni (sûn´i) *i.* 1. Sünniler, Sünni. 2. Sünni.
Sun.nite (sûn´ayt) *i.* Sünni.
sun.ny (sʌn´i) *s.* 1. güneşli. 2. neşeli.
sun.rise (sʌn´rayz) *i.* 1. güneş doğduğu zaman. 2. güneşin doğması.
sun.screen (sʌn´skrin) *i.* güneş losyonu; güneş kremi.
sun.set (sʌn´set) *i.* 1. güneş battığı zaman. 2. güneşin batması, gurup.
sun.shine (sʌn´şayn) *i.* güneş ışığı.
sun.stroke (sʌn´strok) *i.* güneş çarpması.
sun.tan (sʌn´tän) *i.* (güneşin ciltte meydana getirdiği) bronzlaşma: **You've got a good suntan.** Çok güzel bronzlaşmışsın.
sun.up (sʌn´ʌp) *i.* güneş doğduğu zaman: **We started out at sunup.** Güneş doğduğu zaman yola çıktık.
sup (sʌp) *i.* yudum.
su.per (su´pır) *s.* 1. *k. dili* harika, çok güzel, süper. 2. fazlasıyla, aşırı derecede: **super secrecy** aşırı gizlilik.
su.per.a.bun.dant (supırıbʌn´dınt) *s.* çok bol.
su.per.an.nu.at.ed (supırän´yuweytid) *s.* yaş haddinden dolayı emekliye ayrılmış.
su.perb (sûpırb´) *s.* enfes, fevkalade, çok güzel.
su.per.cede (supırsid´) *f., bak.* **supersede.**
su.per.charg.er (su´pırçarcır) *i.* aşırı doldurma kompresörü.
su.per.cil.i.ous (supırsil´iyıs) *s.* başkalarına tepeden bakan; (birinin/bir şeyin) ne kadar hor görüldüğünü belirten.
su.per.cool (supırkul´) *f., kim.* aşırı soğutmak.
su.per.du.per, su.per.doo.per (su´pırdu´pır) *s., k. dili* süper, harika.
su.per.e.go (supıri´go) *i., ruhb.* üstben, üstbenlik.
su.per.fi.cial (supırfiş´ıl) *s.* 1. derin olmayan, yüzeysel: **superficial wound** yüzeysel yara. 2. esaslı olmayan, yüzeysel, sathi; üstünkörü, gelişigüzel. 3. hiç derinlemesine düşünmeyen.
su.per.flu.i.ty (sûpırflu´wıti) *i.* lüzumundan fazla bir miktar.
su.per.flu.ous (sûpır´fluwıs) *s.* lüzumsuz, gereksiz.
su.per.heat (supırhit´) *f., kim.* aşırı derecede ısıtmak.
su.per.high.way (supırhay´wey) *i.* otoyol, otoban.
su.per.hu.man (supır.hyu´mın) *s.* insanüstü.
su.per.im.pose (supırımpoz´) *f.* **on/over** (bir şeyi) (başka bir şeyin) üstüne koymak/bindirmek, -e uygulamak.
su.per.in.tend.ent (supırinten´dınt, suprınten´dınt) *i.* 1. şef, amir; nezaretçi. 2. kapıcı.
su.pe.ri.or (sıpır´iyır, sûpir´iyır) *s.* 1. daha yüksek rütbeli; yüksek (rütbe/sınıf). 2. üstün nitelikli, üstün kaliteli, üstün. 3. daha kuvvetli. 4. daha çok. 5. kendini bir şey zannettiğini gösteren: **He wore**

a superior smile. Yüzünde, kendini bir şey zannettiğini gösteren bir tebessüm vardı. *i. amir.*
su.pe.ri.or.i.ty (sıpiriyôr´iti) *i.* üstünlük.
su.per.la.tive (sıpır´lıtiv, sûpır´lıtiv) *s.* en iyi, mükemmel. **the — (degree)** *dilb.* üstünlük derecesi.
su.per.man (su´pırmän), *çoğ.* **su.per.men** (su´pırmen) *i.* 1. süpermen. 2. üstinsan.
su.per.mar.ket (su´pırmarkit) *i.* süpermarket.
su.per.nat.u.ral (supırnäç´ırıl) *s.* doğaüstü, tabiatüstü. *i.* **the —** doğaüstü olaylar.
su.per.pow.er (supırpau´wır) *i.* süper devlet.
su.per.sede (supırsid´) *f.* (yeni bir şey) (eski bir şeyin) yerini almak: **The computer has superseded the typewriter.** Bilgisayar daktilonun yerini aldı.
su.per.son.ic (supırsan´ik) *s.* süpersonik, sesüstü.
su.per.star (su´pırstar) *i., sin., müz., tiy.* büyük yıldız, süperstar.
su.per.sti.tion (supırstiş´ın) *i.* boş inanç, batıl itikat, hurafe.
su.per.sti.tious (supırstiş´ıs) *s.* 1. boş inançtan kaynaklanan. 2. boş inançlara inanan; boş inançların etkisinde olan.
su.per.struc.tur.al (supırstrʌk´çırıl) *s.* üstyapısal.
su.per.struc.ture (su´pırstrʌkçır) *i.* üstyapı, süperstrüktür.
su.per.tank.er (su´pırtängkır) *i.* çok büyük tanker (gemi).
su.per.tax (su´pırtäks) *i.* (başka verginin üstüne) bindirilen vergi.
su.per.vene (supırvin´) *f.* (bir olay/bir durum sürerken) (başka bir şey) meydana gelmek; (bir olay/bir durum meydana geldikten sonra) (başka bir şey) meydana gelmek.
su.per.vise (su´pırvayz) *f.* gözetip denetleyerek idare etmek, gözetip denetlemek.
su.per.vi.sion (supırvij´ın) *i.* gözetip denetleyerek idare etme, gözetim ve denetim.
su.per.vi.sor (su´pırvayzır) *i.* şef, amir; nezaretçi.
su.pine (supayn´) *s.* 1. sırtüstü yatan. 2. miskin, pasif, inisiyatiften yoksun.
supp. *kıs.* **supplement.**
sup.per (sʌp´ır) *i.* akşam yemeği.
sup.plant (sıplänt´) *f.* 1. (birinin) ayağını kaydırıp yerine geçmek. 2. (yeni bir şey) (eski bir şeyin) yerini almak.
sup.ple (sʌp´ıl) *s.* 1. çeviklikle hareket edebilen, çevik. 2. yumuşak ve esnek. 3. yeni durumları çabuk kavrayıp onlara alışabilen (zekâ). 4. akıcı ve hoş (üslup).
sup.ple.ment (sʌp´lımınt) *i.* ilave, ek.
sup.ple.ment (sʌp´lıment) *f.* **by** (belirli bir şey yaparak) (bir şeyin) eksikliklerini gidermek; **by** (belirli bir şey yaparak) (bir şeyi) artırmak; **with** (belirli bir şeyle) (bir şeyi) artırmak: **He supplements his income by giving private lessons.** Özel ders vererek gelirini artırıyor.
sup.ple.men.ta.ry (sʌplımen´tıri) *s.* ek olan, ek. **— angles** *mat.* bütünler açılar.
sup.pli.ant (sʌp´liyınt) *i., bak.* **supplicant.**
sup.pli.cant (sʌp´lıkınt) *i.* yalvaran kimse.
sup.pli.cate (sʌp´lıkeyt) *f.* yalvarmak.
sup.pli.ca.tion (sʌplıkey´şın) *i.* yalvarma, yalvarış.
sup.pli.er (sıplay´ır) *i.* mal sağlayan kimse/firma.
sup.ply (sıplay´) *f.* **with** (birinin ihtiyacını) karşılamak; (bir şeyi) bulup (müşteriye) ulaştırmak: **He supplies us with tobacco.** Tütün ihtiyacımızı karşılıyor. **Can you supply us with it by Monday?** Onu bulup bize pazartesiye kadar ulaştırabilir misiniz? (ileride kullanılmak üzere hazır olan) miktar: **We've got a good supply of sugar.** Stokta yeterli miktarda şeker var. 2. *çoğ.* gereçler, malzeme, materyal. **— and demand** *ekon.* arz ve talep, sunu ve istem. **be in short —** az miktarda bulunmak.
sup.port (sıpôrt´) *f.* 1. desteklemek, arka olmak: **He doesn't support that party.** O partiyi desteklemiyor. **They supported him throughout that period.** O müddet boyunca ona destek oldular. 2. (birini) geçindirmek. 3. taşımak; payandalamak; (-in ağırlığını) kaldırmak: **The arches support the bridge.** Kemerler köprüyü taşıyor. 4. pekiştirmek: **Does the evidence support his claim?** Deliller iddiasını pekiştiriyor mu? 5. beslemek; ayakta tutmak: **Can these pastures support three hundred sheep?** Bu meralar üç yüz baş koyunu besleyebilir mi? **What supports this town?** Bu şehri ayakta tutan ne? 6. (birini) (manen) ayakta tutmak. 7. (bir şeyin) masraflarını çekmek/karşılamak. 8. tahammül etmek, çekmek. *i.* 1. destekleme, destek: **She needs your support.** Senin desteğine muhtaç. **He gave it his full support.** Ona tüm desteğini verdi. **He wrote an article in support of the proposal.** Teklifi destekleyen bir makale yazdı. 2. *ask.* destek. 3. destek, dayanak, yapıda destek unsuru. 4. (maddi/manevi) destek: **He was a great support to her.** Ona büyük bir destekti. **— unit** *ask.* destek birliği. **—ing cast** *sin.* yardımcı oyuncular. **—ing fire** *ask.* destek ateşi. **means of —** birini geçindiren iş/para.
sup.port.er (sıpôr´tır) *i.* (birini/bir şeyi) destekleyen kimse, destekçi; taraftar.
sup.por.tive (sıpôr´tiv) *s.* destekleyici, destek verici. **be —** destek vermek.
sup.pose (sıpoz´) *f.* 1. zannetmek, sanmak: **I suppose they're in Paris by now.** Şimdi Paris'te olduklarını zannediyorum. **I suppose so.** Galiba öyle. **They supposed themselves to be defending democracy.** Kendilerinin demokrasiyi savunduklarını zannettiler. 2. farz etmek, varsaymak: **Let's**

suppose that the monarchy has been abolished. Krallığın lağvedilmiş olduğunu farz edelim. **be —d to 1.** beklenmek: **You're supposed to stand up when he walks in.** O girdiğinde ayağa kalkmanız bekleniyor. **2.** gerekmek, lazım olmak: **You're not supposed to be here.** Burada bulunmaman gerek. **3.** zannedilmek, farz edilmek: **We're supposed to be rich.** Bizi zengin zannediyorlar./Güya zenginmişiz. **4.** -e yaramak: **What's this machine supposed to do?** Bu makine neye yarar? **5.** izin verilmek: **You're not supposed to leave the campus this weekend.** Bu hafta sonu kampustan ayrılmana izin yok.
sup.posed (sıpozd´) s. zannedilen, farz edilen.
sup.pos.ed.ly (sıpo´zidli) z. güya, sözümona: **He's supposedly a great scholar.** Güya büyük bir âlim.
sup.po.si.tion (sʌpızîş´ın) i. zan, tahmin, varsayım, faraziye.
sup.pos.i.to.ry (sıpaz´ıtôri) i., tıb. supozituvar, fitil.
sup.press (sıpres´) f. 1. bastırmak, durdurmak; yok etmek. 2. gizli tutmak. 3. (bir haberin/yayının) çıkmasını yasaklamak. 4. ruhb. (bilinçli olarak) (duyguyu/isteği) bastırmak/bilinçinden uzaklaştırmak/zapt etmek.
sup.pres.sion (sıpreş´ın) i. 1. bastırma, durdurma; yok etme. 2. gizli tutma. 3. (bir haberin/yayının) çıkmasını yasaklama. 4. ruhb. (bilinçli olarak) (duyguyu/isteği) bastırma.
sup.pu.rate (sʌp´yıreyt) f. 1. (yaradan) irin/cerahat akmak: **The wound was suppurating.** Yaradan cerahat akıyordu. 2. (yara) irin/cerahat toplamak, irinlenmek.
su.prem.a.cy (sıprem´ısi) i. üstünlük; egemenlik.
su.preme (sıprim´, sûprim´) s. 1. en büyük, üstün; üstün derecedeki. 2. en yüksek rütbeli. 3. en önemli. **make the — sacrifice** canını feda etmek. **the S— Being** Allah. **the S— Court** Yargıtay (en yüksek mahkeme).
supt. kıs. **superintendent.**
su.ra, su.rah (sûr´i) i. (Kuran'da) sure.
sur.charge (sır´çarc) i. 1. ek ücret. 2. fazla yük. 3. (pula yapılan) sürşarj.
sur.charge (sırçarc´) f. 1. (birinden) ek bir ücret istemek. 2. fazlasıyla yüklemek. 3. (pula) sürşarj yapmak. **be —d with** ile dopdolu olmak.
sure (şûr) s. 1. emin: **Are you sure?** Emin misin? **I'm sure they'll stay.** Kalacaklarından eminim. **She's sure of this.** Bundan emin. 2. kesin, muhakkak: **It's sure to happen.** Onun olacağı kesin. **One thing is sure: he won't appoint Fatma.** Kesin olan şu: Fatma'yı tayin etmez. **It's a sure thing.** Kesin bir şey. z., k. dili 1. Tabii!/Hayhay!: **Sure!** Tabii! **"Will you come?" "I sure will."** "Gelecek misin?" "Tabii ki geleceğim." 2. bayağı, epey: **They sure are hardworking!** Onlar bayağı çalışkan!/Onlar ne kadar çalışkan! **— enough** gerçekten: **There he was, sure enough.** Gerçekten oradaydı. **S— thing!** k. dili Tabii!/Hayhay! **be — of oneself** kendinden emin olmak. **for —** kesin: **That's for sure!** Orası kesin! **make — of 1.** (bir şeyin) doğru olup olmadığından emin olmak. **2.** Emri pekiştirmek için kullanılır: **Make sure she's here at eight!** Ne yapıp edip onun saat sekizde burada olmasını sağla! **Make sure the door is locked before you go to bed!** Yatmadan önce kapının kilitli olduğundan emin ol! **not to be —** emin olmamak, tam olarak bilmemek: **I'm not sure how to do this.** Bunun nasıl yapılacağını tam olarak bilmiyorum. **She's not sure where he is.** Onun nerede olduğunu tam olarak bilmiyor.
sure.fire (şûr´fayr) s., k. dili kesin.
sure.foot.ed (şûr´fûtid) s. ayağı hiç kaymaz, sürçmez.
sure.ly (şûr´li) z. muhakkak: **Surely you know each other, don't you?** Muhakkak birbirinizi tanıyorsunuz, değil mi?
sure.ty (şûr´ti, şûr´ıti) i. 1. kefil. 2. (para olarak) kefalet.
surf (sırf) i. 1. kıyıya çarpıp çatlayan dalgalar. 2. kıyıya çarpıp çatlayan dalgaların sesi. 3. kıyıya çarpıp çatlayan dalgalarda oluşan beyaz köpükler. f. 1. spor sörf yapmak. 2. bilg. (İnternet üzerinde) sörf yapmak.
sur.face (sır´fis) i. 1. yüzey, satıh. 2. (suya/sıvıya ait) yüz: **on the surface of the water** suyun yüzünde. 3. dış yüz, dış görünüş. f. 1. (balık/denizaltı) suyun yüzüne çıkmak. 2. (yolu) (bir maddeyle) kaplamak. 3. k. dili görünmek, gözükmek, ortaya çıkmak. **— features** coğr. yüzey şekilleri, yer biçimleri. **— mail** kara veya denizden giden posta.
surf.board (sırf´bôrd) i. sörf tahtası.
sur.feit (sır´fit) i. 1. fazlalık. 2. fazlasıyla (yemek) yeme/içme. f. fazlasıyla yedirmek/içirmek/doldurmak.
surf.er (sır´fır) i. sörfçü.
surf.ing (sırf´îng) i. 1. spor sörf. 2. bilg. (İnternet üzerinde) sörf yapma.
surge (sırc) f. 1. (deniz) kabarmak, kaynamak. 2. **against** (dalga) yükselip -e çarpmak. 3. **up** (dalga) şiddetle yükselmek. 4. (elektrik cereyanı, fiyatlar, satışlar v.b.) aniden yükselmek. 5. hürya etmek, akın akın gitmek. 6. dalgalar halinde yayılmak. 7. **up** birdenbire (birinin) içini (bir his) kaplamak/doldurmak: **Anger surged up within her.** Birdenbire içini öfke kapladı. i. 1. (bir his) aniden ve şiddetle belirme. 2. dalgalar halinde yayılma. 3. (elektrik cereyanı, fiyatlar, satışlar v.b.) aniden yükselme. 4. (insanlar/hayvanlar için) akın, akın halinde gitme.

sur.geon (sır'cın) *i.* cerrah, operatör.
sur.ger.y (sır'cırı) *i.* 1. cerrahi; cerrahlık, operatörlük. 2. *İng.* muayenehane. 3. *İng.* (milletvekilinin seçim bölgesinde kendi seçmenleriyle yaptığı) görüşme. **— hours** *İng.* muayenehanenin açık olduğu saatler.
sur.gi.cal (sır'cikıl) *s.* 1. cerrahi, cerrahiye ait. 2. ameliyatlarda kullanılan. 3. ameliyatla yapılan. **— spirit** *İng.* tuvalet ispirtosu.
Su.ri.nam (sûr'ınäm, sûr'ınam) *i.* Surinam.
Su.ri.nam.ese (sûrınä'miz) *i.* (*çoğ.* **Su.ri.nam.ese**) Surinamlı. *s.* 1. Surinam, Surinam'a özgü. 2. Surinamlı.
sur.ly (sır'li) *s.* sinirli ve nobran, aksi ve kavgacı.
sur.mise (sırmayz') *i.* tahmin, zan, sanı. *f.* tahmin etmek, zannetmek, sanmak; sanısına kapılmak: **I surmised that she was unhappy.** Mutsuz olduğu sanısına kapıldım.
sur.mount (sırmaunt') *f.* 1. üstesinden gelmek, hakkından gelmek. 2. -in üstünden yükselmek. 3. -in üstünde durmak.
sur.name (sır'neym) *i.* soyadı.
sur.pass (sırpäs') *f.* (üstünlük açısından) geçmek; geride bırakmak: **He surpassed all the other students in Latin.** Latincede diğer öğrencilerin hepsini geçti. **This job —es my ability.** Bu iş benim yeteneğimin dışında.
sur.pass.ing (sırpäs'ing) *s.* eşsiz, emsalsiz.
sur.pass.ing.ly (sırpäs'ingli) *z.* son derece: **She's surpassingly lovely.** O son derece güzel.
sur.plus (sır'plıs) *i.* artakalan miktar; üretim fazlası: **The U.S. has a surplus of wheat this year.** Bu sene ABD'nde fazla buğday üretildi. *s.* fazla, fazla miktarda: **surplus military supplies** levazım fazlası.
sur.prise (sırprayz') *i.* sürpriz; şaşkınlık; hayret. *f.* 1. (birine) sürpriz yapmak; (birini) şaşırtmak. 2. (birini) gafil avlamak; (bir yere) baskın yapmak. **— attack** *ask.* baskın taarruzu. **I'm —d at you.** 1. Yaptığına şaşırıyorum. 2. Aşkolsun!
sur.pris.ing (sırpray'zing) *s.* şaşırtıcı.
sur.re.al (sırı'yıl) *s.* gerçeküstü.
sur.re.al.ism (sırı'yılizım) *i.* gerçeküstücülük, sürrealizm.
sur.re.al.ist (sırı'yılist) *s.*, *i.* gerçeküstücü, sürrealist.
sur.ren.der (sıren'dır) *f.* 1. teslim etmek; teslim olmak. 2. -den feragat etmek; vermek, bırakmak. *i.* 1. teslim. 2. feragat; verme, bırakma, terk. **— oneself to** kendini (bir şeye) vermek.
sur.rep.ti.tious (sıreptiş'ıs) *s.* 1. hırsızlama yapılan. 2. gizlice ve kanunsuzca yapılan.
sur.rey (sır'i) *i.* fayton, payton.
sur.ro.gate (sır'ıgeyt) *i.* 1. vekil. 2. başkasının yerini tutan/başkasının yerine kullanılan kimse/şey. *s.* başkasının yerini tutan/başkasının yerine kullanılan (kimse/şey).

sur.round (sıraund') *f.* 1. çevrelemek, çevirmek, -in etrafını çevirmek/sarmak. 2. *ask.* kuşatmak, sarmak. **be —ed by/with** etrafı (bir şey/birileri) ile çevrili olmak.
sur.round.ing (sıraun'ding) *s.* çevredeki, etraftaki: **There are many vineyards in the surrounding area.** Etrafında çok bağ var.
sur.round.ings (sıraun'dingz) *i., çoğ.* çevre, muhit; ortam.
sur.tax (sır'täks) *i.* ek vergi.
sur.veil.lance (sırvey'lıns) *i.* (birinin faaliyetlerini) gizlice izleme. **keep someone under —** birini sürekli olarak gizlice izlemek.
sur.vey (sırvey') *f.* 1. gözden geçirmek, incelemek. 2. göz gezdirmek, şöyle bir bakmak. 3. (bir yeri) ölçmek, mesaha etmek. 4. anket yapmak için soru sormak.
sur.vey (sır'vey) *i.* 1. anket. 2. gözden geçirme, inceleme. 3. genel bakış. 4. ölçüleme; yerölçme.
sur.vey.or (sırvey'ır) *i.* yeri ölçen/mesaha eden kimse, yerölçmeci.
sur.viv.al (sırvay'vıl) *i.* 1. hayatta kalma: **They're fighting for their survival.** Yok olmamak için savaşım veriyorlar. 2. kalıntı, artakalan şey.
sur.vive (sırvayv') *f.* 1. hayatta kalmak; sağ kalmak. 2. ayakta kalmak: **It's survived for five hundred years.** Beş yüz yıl boyunca ayakta kaldı. 3. (birinden) uzun yaşamak. 4. (afet, kaza veya zor bir durumu) atlatmak.
sur.vi.vor (sırvay'vır) *i.* 1. sağ kalan kimse. 2. ayakta kalan şey. 3. *k. dili* zor durumları göğüsleyip atlatabilen kimse.
sus.cep.ti.ble (sısep'tıbıl) *s.* çevresindekilerden kolaylıkla etkilenen; duygularına kolaylıkla kapılan (biri). **be — to** 1. (bir hastalığa) karşı direnci olmamak. 2. (bir şey için) kolay bir hedef olmak: **This place is susceptible to naval attacks.** Burası denizden gelebilecek saldırılara açık. 3. -e kapılabilmek: **I think he'll be susceptible to her charm.** Bence onun cazibesine kapılabilir.
sus.pect (sıspekt') *f.* 1. kuşku duymak, şüphe etmek: **I suspect his motives.** Onun niyetlerinden kuşku duyuyorum. **All of us suspected him.** Hepimiz ondan şüphe ediyorduk. 2. (bir şeyin olacağını) tahmin etmek: **I suspected something like this would happen.** Böyle bir şeyin olacağını tahmin ediyordum. 3. zannetmek, sanmak: **She's smarter than we suspected.** Zannettiğimizden daha akıllı. **I suspect you're right, actually.** Aslında senin haklı olduğunu sanıyorum.
sus.pect (sʌs'pekt) *s.* kuşkulu, şüpheli, şüphe uyandıran; sakıncalı; mimli. *i.* sanık, zanlı.
sus.pend (sıspend') *f.* 1. asmak; sarkıtmak: **They suspended the chandelier from the ceiling.** Avizeyi tavana astılar. 2. **(from)** geçici olarak

uzaklaştırmak, tardetmek. 3. (cezayı) ertelemek, tecil etmek. 4. geçici olarak durdurmak, kesmek; ara vermek; tatil etmek. 5. geçici olarak yürürlükten kaldırmak; askıya almak. 6. *kim.* süspansiyon halinde tutmak.
sus.pend.er (sıspen´dır) *i.* 1. (pantolonun düşmesini önlemek için) askı: **I want a pair of suspenders.** Bir tane pantolon askısı istiyorum. 2. *Ing.* jartiyer.
sus.pense (sıspens´) *i., sin.* süspans, geciktirim.
sus.pense.ful (sıspens´fıl) *s., sin.* süspans dolu.
sus.pen.sion (sıspen´şın) *i.* 1. asma, sarkıtma; asılma, sarkıtılma. 2. geçici olarak uzaklaştırma/uzaklaştırılma. 3. (cezayı) erteleme; (ceza) ertelenme. 4. geçici olarak durdurma/durdurulma. 5. geçici olarak yürürlükten kaldırma/kaldırılma; askıya alma/alınma. 6. *kim.* süspansiyon, asıltı. 7. *oto.* süspansiyon. — **bridge** asma köprü.
sus.pi.cion (sıspiş´ın) *i.* 1. kuşku, şüphe. 2. ipucu. 3. ufak bir belirti. **be above** — her türlü şüpheden uzak olmak. **be under** — zan altında bulunmak. **on** — **of** zannıyla: **He was arrested on suspicion of murder.** Cinayetten tutuklandı.
sus.pi.cious (sıspiş´ıs) *s.* 1. kuşku dolu; şüphe içinde; kuşku duyan: **You seem suspicious.** Şüphe ediyor gibisin. **He's suspicious by nature.** Şüpheci biri o. 2. şüpheli, şüphe uyandıran. **be of** -den kuşku duymak, -den şüphe etmek. **become/get** — kuşkulanmak, şüphelenmek.
sus.tain (sısteyn´) *f.* 1. ayakta tutmak; -in yaşamasını sağlamak; -in çökmesine engel olmak; devam ettirmek, sürdürmek. 2. (ağırlığı) çekmek. 3. doğrulamak, tasdik etmek. 4. kaldırmak, katlanmak. 5. *huk.* (hâkim) (bir şeyin) doğru olduğunu kabul etmek. 6. (kötü bir şeye) uğramak: **That army had sustained two defeats.** O ordu iki yenilgiye uğramıştı. **—ing wall** istinat duvarı.
sus.tained (sısteynd´) *s.* 1. başından sonuna kadar aynı güçle sürdürülen. 2. başından sonuna kadar aynı kalitede/seviyede sürdürülen.
sus.te.nance (sʌs´tınıns) *i.* 1. yiyecek bir şey/şeyler, yiyecek/yiyecekler. 2. (bir yiyeceğin içindeki) besleyici maddeler. 3. ayakta tutma; yaşamasını sağlama; çökmesine engel olma. 4. ayakta tutan şey.
su.ture (su´çır) *i., tıb.* 1. dikiş yeri, dikiş. 2. dikişte kullanılan iplik/tel. 3. dikiş atma.
svelte, svelt (svelt) *s.* ince ve zarif, narin.
S.W. *kıs.* **southwest.**
swab (swab) *i.* 1. ufak bir çubuğun ucuna takılı hidrofil pamuk/bez parçası. 2. *ask.* harbinin ucuna takılan çaput. 3. *den.* sopanın ucuna takılı tahta bezi, paspas. *f.* (**—bed, —bing**) 1. (pamuklu çubukla) temizlemek. 2. (çaputlu harbi ile) temizlemek. 3. *den.* paspaslamak.
swad.dle (swad´ıl) *f.* (bebeği) kundağa sarmak, kundaklamak. **swaddling clothes** kundak bezleri.
swag.ger (swäg´ır) *f.* 1. kasıla kasıla yürümek. 2. sallana sallana yürümek.
swal.low (swal´o) *f.* 1. yutmak. 2. yutmak, sesini çıkarmadan sineye çekmek. 3. *k. dili* yutmak, kanmak, aldanmak, inanmak. 4. yutkunmak. *i.* yudum. — **one's pride** gururunu bir yana bırakmak. — **one's words** 1. kelimeleri yutmak, kelimeleri net bir şekilde telaffuz etmemek. 2. yanılmış olduğunu itiraf etmek; tükürdüğünü yalamak. — **something hook, line, and sinker** *k. dili* bir yalanı tamamen yutmak, bir yalana tamamen inanmak. — **something up** bir şeyi yok etmek.
swal.low (swal´o) *i., zool.* kırlangıç.
swam (swäm) *f., bak.* **swim.**
swamp (swamp) *i.* bataklık. *f.* 1. suyla doldurmak: **The high waves were swamping the boat.** Yüksek dalgalar yüzünden tekne suyla doluyordu. 2. (bir şeylerin aşırı miktarda olması) sıkışık/zor bir duruma sokmak: **They're swamping us with orders.** Bizi siparişlere boğuyorlar. **Such buildings are swamping the suburbs.** Böyle binalar banliyöleri âdeta istila ediyor. 3. *k. dili* (spor yarışmasında) ezmek, ezici bir yenilgiye uğratmak. **be** **—ed with** aşırı miktarda olmak; ... içinde boğulmak: **He's swamped with work.** Çok fazla işi var. **They're swamped with guests.** Onların evi misafirlerle dolup taşıyor.
swamp.y (swam´pi) *s.* bataklık, batak.
swan (swan) *i.* kuğu. — **song** 1. efsaneye göre kuğunun ölmeden önceki son ve güzel ötüşü. 2. bir sanatçının son eseri/gösterisi.
swank.y (swäng´ki), **swank** (swängk) *s., k. dili* şık ve lüks.
swap (swap) *f.* (**—ped, —ping**) *k. dili* değiş tokuş etmek, trampa etmek, değiştirmek, takas etmek: **We swapped coats.** Paltolarımızı değiş tokuş ettik. **I'll swap you twenty marbles for that canary.** Yirmi misketimi senin kanaryanla trampa ederim. **I'll swap with you.** Değiş tokuş edebiliriz. *i.* değiş tokuş, trampa, takas.
swarm (swôrm) *i.* 1. oğul, toplu haldeki arılar. 2. sürü: **A swarm of people gathered around the well.** Kuyunun etrafında bir sürü insan toplandı. *f.* 1. (arılar) oğul halinde kovandan ayrılmak. 2. akın etmek, akın halinde gitmek. 3. (**with**) kaynamak, çok miktarda toplanmak/birikmek, yığılmak, yığışmak: **The place was swarming with cops.** Orada polis kaynıyordu.
swarth.y (swôr´dhi) *s.* esmer (kişi/ten).
swash.buck.ler (swaş´bʌklır) *i.* afili kabadayı.

swash.buck.ling (swaş´bʌkling) *s.* 1. afili bir kabadayı gibi. 2. macera dolu ve heyecan verici (hikâye, roman v.b.).
swas.ti.ka (swas´tıkı) *i.* gamalı haç.
swat (swat) *f.* (**—ted, —ting**) (sineklik, dürülmüş gazete, beysbol sopası veya elle) vurmak.
swatch (swaç) *i.* 1. numunelik kumaş/deri/kâğıt parçası, eşantiyon, numune. 2. parça, yer: Here and there you could see swatches of red. Yer yer kırmızılıklar görünüyordu.
swath (swath) *i.* 1. (şerit halinde uzanan) alan, şerit. 2. tırpan, biçme makinesi v.b.'nin bir geçişte kestiği yer. **cut a big/wide —** 1. çok nüfuzlu olmak. 2. çok dikkat çekmek.
swathe (sweydh) *f.* **in** (sargı/giysi/örtü/kumaş) ile sarmalamak, ile sarıp sarmalamak, ile sarmak.
swat.ter (swat´ır) *i.* sineklik, sinek öldürmeye yarayan saplı alet.
sway (swey) *f.* 1. (dik duran bir şey/biri) (bir yandan öbür yana) sallanmak; sallamak: She was swaying to the music. Kendini müziğin etkisine bırakarak sallanıyordu. The wind was swaying the palms. Rüzgâr palmiyeleri sallıyordu. 2. (birini) etkileyerek yönlendirmek; (birini) (bir karara) yöneltmek: In the end it was Emine's greed for money that swayed İsmet. Eninde sonunda İsmet'in kararını belirleyen şey Emine'nin para hırsıydı. Can he be swayed by a pretty face? Güzel bir çehre onu bir karara yöneltebilir mi? *i.* 1. sallanma. 2. nüfuz. 3. egemenlik, hâkimiyet, hükümranlık. **be under the — of** 1. -in nüfuzu altında olmak. 2. -in egemenliği altında olmak. **hold —** egemen olmak.
Swa.zi (swa´zi) *i.* 1. (*çoğ.* **—s/Swa.zi**) Swazi, Svazi. 2. Swazice, Svazice. *s.* 1. Swazi, Svazi, Swazi halkına özgü. 2. Swazice, Svazice. **the —** Swaziler, Swazi halkı.
Swa.zi.land (swa´ziländ) *i.* Swaziland, Svaziland.
swear (swer) *f.* (**swore, sworn**) 1. küfretmek, sövmek. 2. yemin etmek, ant içmek; (birine) yemin verdirmek, ant içirmek. **— at** (birine) küfretmek. **— by** -e çok güvenmek. **— off** (bir şeyi yapmamak için) tövbe etmek. **— someone in** 1. birine ant içirerek bir makama geçirmek. 2. birine ant içirmek. **— someone to** (belirli bir konu) hakkında (birine) yemin ettirmek: We've sworn him to silence. Hiçbir şey söylemeyeceğine dair yemin ettirdik. **I — ....** Bir sözü pekiştirmek için kullanılır: I swear I didn't do it! Vallahi yapmadım!
swear.word (swer´wırd) *i.* küfür, sövgü.
sweat (swet) *i.* 1. ter. 2. (soğuk bir yüzeyin üstünde oluşan) damlalar, ter. 3. ter dökme. *f.* 1. terlemek. 2. (cam, bardak v.b.) terlemek, buğulanmak. 3. *k. dili* endişe etmek. 4. (içindeki su) ter şeklinde sızmak, terlemek. **— blood** *k. dili* 1. çok çalışmak, epey ter dökmek. 2. çok endişe etmek. **— it out** *k. dili* 1. (zor bir duruma) dayanmak: You'll just have to sweat it out! Ona dayanmaktan başka çaren yok! 2. endişe içinde beklemek: We sweated it out for a week. Bir hafta boyunca endişe içinde bekledik. **— something out** ter dökerek bir şeyi vücudundan atmak. **— suit** eşofman. **be in a —** *k. dili* endişe içinde olmak. **by the — of one's brow** *k. dili* alnının teriyle. **It's no sweat!/No sweat!** *k. dili* 1. Hiç problem değil!/Çok kolay! 2. Hiç de zahmet değil!
sweat.er (swet´ır) *i.* kazak, hırka, süveter, pulover.
sweat.y (swet´i) *s.* 1. terli. 2. ter kokan. 3. terleten, terletici (hava).
Swede (swid) *i.* İsveçli.
swede (swid) *i., İng.* şalgam. **— turnip** şalgam.
Swe.den (swid´ın) *i.* İsveç.
Swed.ish (swi´diş) *i.* İsveçce. *s.* 1. İsveç, İsveç'e özgü. 2. İsveçce. **the —** İsveçliler, İsveç halkı.
sweep (swip) *f.* (**swept**) 1. süpürmek: Sweep the kitchen! Mutfağı süpür! She swept the kitchen floor clean. Mutfağın yerini süpürerek temizledi. 2. **away** yok etmek; silip süpürmek; alıp götürmek; sürüklemek: The wind has swept all the leaves away. Rüzgâr yaprakların hepsini silip süpürdü. 3. (bir yerin) üzerinden geçmek; istila etmek: Fire swept the area. Yangın bölgeyi kasıp kavurdu. 4. kendinden emin bir şekilde hızla/hışımla yürümek. 5. taramak: His eyes swept over the crowd. Gözleri kalabalığı taradı. 6. akın etmek: The crowd swept down the road. Kalabalık yoldan akın etti. 7. uzanmak: The mountains sweep down to the sea. Dağlar denize kadar uzanıyor. The river sweeps around one side of the city in a long arc. Nehir uzun bir yay çizerek şehrin bir tarafından geçiyor. 8. bir el hareketiyle (bir yere) itmek/çekmek: He swept the papers into a drawer. Kâğıtları eliyle çekerek çekmeceye koydu. She swept the curtains aside. Perdeleri bir yana çekiverdi. *i.* 1. süpürme. 2. tek bir (el, kol v.b.) hareketi: With a sweep of his hand he dismissed them. Bir el hareketiyle onlara gitmelerini işaret etti. 3. çok geniş bir alan: a vast sweep of olive groves zeytinliklerle kaplı çok geniş bir alan. 4. geniş kıvrım/kavis/dönemeç: the sweep of the river nehrin çizdiği geniş kıvrım. 5. kapsam: the broad sweep of his argument iddiasının kapsamlılığı. 6. tarama, sıkı arama. **— someone off his/her feet** birini kendine sırsıklam âşık etmek. **— up** (bir yeri) süpürmek.
sweep.er (swip´ır) *i.* 1. elektrik süpürgesi. 2. süpürme makinesi/aracı. 3. süpürücü.
sweep.ing (swi´ping) *s.* 1. çok kapsamlı, çok ge-

niş, büyük çapta. 2. fazla genel, yeterince fark gözetmeyen. 3. geniş, panoramik (manzara).
sweep.ings (swi'pingz) *i., çoğ.* süprüntü.
sweep.stakes (swip'steyks) *i.* ödenen paraların tümünü bir/birkaç kişinin kazanabileceği bir bahis türü/piyango.
sweet (swit) *s.* 1. tatlı; şekerli: **sweet wine** tatlı şarap. **sweet orange** tatlı portakal. **Do you take your coffee sweet?** Kahvenizi şekerli mi içersiniz? **This jam's too sweet.** Bu reçel fazla tatlı. 2. tatlı, hoş; sevimli, şirin: **sweet sounds** hoş sesler. **a sweet lady** tatlı bir hanım. **a sweet little village** şirin bir köycük. *i.* 1. *İng.* tatlı. 2. *İng.* şeker. 3. *çoğ.* şekerli yiyecekler. **— alyssum/alison** *bot.* beyaz deliotu, beyaz kuduzotu. **— basil** *bot.* fesleğen, reyhan. **— bay** *bot.* defne. **— corn** tatlı bir mısır türü. **— gum** 1. *bot.* amerikansığlası. 2. *bot.* anadolusığlası. 3. sığla balsamı. **— marjoram** *bot.* mercanköşk, merzengûş. **— pea** *bot.* ıtrışahi, ıtırşahi. **— pepper** dolmalık biber; çarliston biberi. **— potato** tatlıpatates, sarmaşıkpatatesi. **— shop** *İng.* şekerci dükkânı, şekerci. **— shrub** *bot.* kadehçiçeği, kalikant. **— water** tatlı su. **— william** *bot.* hüsnüyusuf. **— woodruff** *bot.* kokulu asperula. **be — on** *k. dili* (birine) âşık olmak. **have a — tooth** *k. dili* tatlı sevmek, tatlı yiyecekleri sevmek.
sweet.bread (swit'bred) *i., kasap.* uykuluk.
sweet.bri.ar, sweet.bri.er (swit'brayır) *i., bot.* kokulu bir gül türü.
sweet.en (swit'ın) *f.* 1. tatlılaştırmak, tatlı yapmak, şeker tadı vermek. 2. daha hoş yapmak; daha hoş bir hale getirmek, tatlılaştırmak, daha çekici yapmak; iticiliğini azaltmak.
sweet.en.er (swit'ınır) *i.* (yiyeceği/içeceği) tatlı yapan madde, tatlandırıcı.
sweet.en.ing (swit'ıning) *i.* 1. tatlılaştırma, tatlı yapma. 2. daha hoş yapma; tatlılaştırma, daha çekici yapma; iticiliğini azaltma. 3. (yiyeceği/içeceği) tatlı yapan madde, tatlandırıcı.
sweet.heart (swit'hart) *i.* sevgili.
sweet.ie (swi'ti) *i., k. dili* 1. sevgili. 2. çok şeker biri/hayvan; çok hoş bir şey. 3. *İng.* (akide şekeri gibi) şeker.
sweet.meat (swit'mit) *i.* şekerleme.
sweet.sop (swit'sap) *i.* 1. *bot.* kaymakağacı, hintayvaağacı. 2. hintayvası (meyve).
sweet-talk (swit'tôk) *f.* (birini) tatlı sözlerle ikna etmek/kandırmak.
swell (swel) *f.* (**—ed; —ed/swol.len**) 1. şişmek, kabarmak; şişirmek: **Her ankle's swollen.** Ayak bileği şişti. **The rain has swelled the door.** Yağmur kapının tahtalarını şişirdi. 2. artmak; artırmak: **It'll swell our tax revenues.** Vergi gelirlerimizi artırır. **It swelled the flood of protests.** Protesto yağmurunu şiddetlendirdi. 3. den.

(yelken) (rüzgârla) dolmak/şişmek; (rüzgâr) (yelkeni) doldurmak/şişirmek. 4. (öfke v.b.) kabarmak: **He swelled with anger.** Öfkesi kabardı. **Pride swelled within her.** Göğsü kabardı. *i.* 1. ölü dalga. 2. dalgalanma. 3. artma, artış. *s., k. dili* harika, çok güzel. **get a —ed head** *k. dili* kendini bir şey zannetmek, başı dönmek, şımarmak. **give someone a —ed head** *k. dili* birinin başını döndürmek, birini şımartmak.
swell.ing (swel'ing) *i.* 1. şişkinlik, şişlik, şiş, şişmiş yer. 2. şişme; şişirme.
swel.ter (swel'tır) *f.* (sıcaktan) terleyerek bunalmak: **We sat there sweltering for two hours.** Orada iki saat boyunca ter içinde oturduk. *i.* **be in a —** telaş içinde olmak.
swel.ter.ing (swel'tıring) *s.* 1. (sıcaklığıyla) insanı çok terletip bunaltan. 2. bunaltıcı, boğucu (sıcak).
swept (swept) *f., bak.* **sweep.**
swerve (swırv) *f.* 1. birdenbire başka bir tarafa yönelmek; (taşıtı) birdenbire başka bir yöne sürmek: **At that point the road swerves to the west.** O noktada yol batıya yöneliyor. **He swerved the car to the right to avoid hitting the dog.** Köpeğe çarpmamak için direksiyonu birden sağa kırdı. 2. (hedeften/fikirden/inançtan) ayrılmak, sapmak. *i.* 1. birdenbire başka bir tarafa yönelme/yöneliş; (taşıtı) başka bir yöne sürme. 2. (hedeften/fikirden/inançtan) ayrılma, sapma.
swift (swift) *s.* 1. çabuk, hızlı, süratli. 2. *k. dili* akıllı; makul; zeki.
swift (swift) *i., zool.* 1. karasağan. 2. *k. dili* kırlangıç.
swift.ness (swift'nis) *i.* çabukluk, hız, sürat.
swig (swig) *f.* (**—ged, —ging**) *k. dili* içmek. *i.* yudum.
swill (swil) *f.* 1. çok içmek. 2. (domuza) sulandırılmış yemek artıkları vermek. 3. üstüne su dökerek (bir yeri) temizlemek. *i.* (domuza yedirilen) sulandırılmış yemek artıkları. **— a liquid around/about in** (bir kabı) (bir sıvıyla) çalkalamak/çalkalayarak temizlemek.
swim (swim) *f.* (**swam, swum, —ming**) 1. (suda) yüzmek: **They were swimming in the creek.** Çayda yüzüyorlardı. 2. (akarsu, göl v.b.'ni) yüzerek geçmek. 3. (bir şey içinde) (bir şeyle) dolu olmak; (bir şeye) bol miktarda sahip olmak: **These beans are swimming in grease.** Bu fasulye yağ içinde yüzüyor. **She was swimming in money.** Para içinde yüzüyordu. 4. (birinin başı) dönmek: **His head was swimming.** Başı dönüyordu. 5. yüzdürmek; -in yüzmesine yardım etmek: **He swam the horse across the river.** Atı yüzdürerek nehirden geçirdi. *i.* yüzüş, yüzme: **Where do you take your morning swim?** Sabahları nerede yüzüyorsun? *s.* yüzmekle ilgili; yüzerken kullanılan/giyilen.

be in the — (**of things**) *k. dili* faal bir hayat sürmek; faal bir sosyal hayatı olmak.
swim.ming (swîm'îng) *i.* yüzme. **— costume** mayo. **— pool** yüzme havuzu. **— trunks** (erkekler için) mayo: **He bought a pair of swimming trunks.** Mayo aldı.
swim.ming.ly (swîm'îng.li) *z.* go **—** *k. dili* (işler) çok iyi/tıkırında gitmek.
swim.suit (swîm'sut) *i.* mayo.
swin.dle (swîn'dıl) *f.* dolandırmak, dolandırıcılık etmek. *i.* dolandırma; dolandırıcılık.
swin.dler (swîn'dlır) *i.* dolandırıcı.
swine (swayn) *i.* (*çoğ.* **swine**) 1. domuz. 2. *k. dili* pis herif.
swing (swîng) *f.* (**swung**) 1. (sarkaç gibi) sallanmak; sallamak: **The lamp was swinging in the wind.** Lamba rüzgârda sallanıyordu. **She was swinging in the hammock.** Hamakta sallanıyordu. **Swing her in the swing.** Onu salıncakta salla. **He swung his arms as he walked.** Yürürken kollarını sallıyordu. 2. (bir yöne) çevirivermek: **He swung his gun towards me.** Tüfeğini bana doğru çeviriverdi. 3. asmak: **They swung the hammock between two oaks.** Hamağı iki meşe arasına astılar. 4. (beysbol veya golf sopası, tenis raketi, orak v.b.'ni) sallamak; (baltayı) indirmek; (sopayı/bastonu) savurmak. 5. (bir şeyin) sonucunu tayin etmek. 6. başarmak, becermek: **Can you swing a new car on your present salary?** Şimdiki maaşınla yeni bir araba satın alabilir misin? 7. **around** dönüvermek: **He swung around and found himself face to face with his oppressor.** Dönüverince karşısında kendisine zorbalık edeni buldu. **The car swung around the corner.** Araba köşeyi dönüverdi. 8. (geniş bir yay çizerek) (bir yöne doğru) dönmek: **At that point the army swung north.** Orada ordu kuzeye doğru dönmeye başladı. 9. (bir şeye tutunarak) (bir yerden) (başka bir yere) atlamak/sıçramak: **Tarzan was swinging on vines from one tree to the other.** Tarzan sarmaşıklara tutunarak ağaçtan ağaca atlıyordu. **He swung himself into the saddle.** Hafif bir sıçrayışla ata bindi. **He swung himself down from the wall.** Ellerinin yardımıyla duvarın üstünden indi. 10. (bir durumdan) (başka bir duruma) geçivermek: **She swung from pessimism to optimism.** Kötümserlikten iyimserliğe geçiverdi. 11. salına salına yürümek/gitmek. 12. **at** (birine) yumruk savurmak: **He swung at me.** Yumruğunu bana doğru savurdu. 13. (kapı, köprü v.b.) (bir eksen üzerinde) dönmek; -i döndürmek: **She was swinging on the gate.** Kapının üzerinde bir ileri bir geri sallanıyordu. **The door swung to.** Kapı kendiliğinden kapandı. 14. asılarak idam edilmek, asılmak: **You'll swing for this.** Bunun için seni sallandırırlar. *i.* 1. (beysbol sopası, tenis raketi, orak v.b.'ni) sallama, sallayış; (baltayı) indirme, indiriş; (sopayı/bastonu/yumruğu) savurma, savuruş. 2. (sarkaç gibi) sallanma, sallanış; sallama, sallayış. 3. (bir durumdan) (başka bir duruma) geçiverme. 4. salıncak. **— into action** *k. dili* harekete geçivermek. **be in full —** *k. dili* (bir şey) en hareketli zamanında olmak, hızını almak; yoluna girmek. **get into the — of things** *k. dili* işlere alışmak. **make a — through** *k. dili* (bir bölgede) küçük bir tur yapmak. **take a — at** *k. dili* (birine) bir yumruk savurmak.
swing.ing (swîng'îng) *s., k. dili* çok hareketli ve neşeli. **— door** çarpma kapı.
swin.ish (sway'nîş) *s.* çok kaba; hayvani, hayvanca.
swipe (swayp) *f.* 1. *k. dili* çalmak, aşırmak, araklamak, yürütmek. 2. çarpmak, vurmak. 3. **at** (birine) yumruk savurmak; (bir şeyi) -e doğru şöyle bir sallamak: **He swiped at the bee with his book.** Kitabını arıya doğru şöyle bir salladı. *i.* vurmak amacıyla yapılan hareket; yumruk savurma; (bir şeyi) sallama: **She made a swipe at the fly with the rolled newspaper.** Dürülmüş gazeteyi karasineğe doğru şöyle bir salladı. **take a — at** 1. (birine) (sözle) çatmak. 2. (birine) yumruk savurmak; (bir şeyi) -e doğru şöyle bir sallamak.
swirl (swırl) *f.* dönmek; girdap gibi dönmek, helezonlaşarak dönmek; döndürmek; girdap gibi döndürmek; helezonlaştırarak döndürmek. *i.* dönme; girdap gibi dönme, helezoni dönüş; girdap, helezon; helezoni kıvrım. **give something a —** bir şeyi çalkalayarak döndürmek.
swish (swîş) *f.* 1. (havada hareket ederken) ıslık gibi ses çıkarmak. 2. (yapraklar, ipek v.b.) hışırdamak. *i.* 1. ıslık gibi keskin bir ses. 2. hışırtı.
Swiss (swis) *i.* (*çoğ.* **Swiss**) İsviçreli. *s.* 1. İsviçre, İsviçre'ye özgü. 2. İsviçreli. **— cheese** İsviçre peyniri. **— steak** biftek ile yapılan sebzeli, salçalı bir yemek. **the —** İsviçreliler, İsviçre halkı.
switch (swîç) *i.* 1. elektrik anahtarı/düğmesi, anahtar, düğme, komütatör; şalter. 2. *d.y.* makas. 3. (uzun bir) postiş. 4. değiştirme, değişiklik. 5. (kesilmiş) çok ince dal. *f.* 1. değişmek; değiştirmek: **Let's switch places.** Yerlerimizi değiştirelim. **He's switched to another brand.** Artık başka bir marka kullanıyor. 2. -i ince bir dalla dövmek. 3. (hayvan) (kuyruğunu) bir yandan öbür yana) sallamak; (hayvanın kuyruğu) (bir yandan öbür yana) sallanmak. **— off** (düğmesini çevirerek) (elektrikli bir aygıtı) kapatmak. **— on** (düğmesini çevirerek) (elektrikli bir aygıtı) açmak.
switch.blade (swîç'bleyd) *i.* sustalı bıçak, sustalı.
switch.board (swîç'bôrd) *i.* telefon santralı. **— operator** santralcı, santral; santral memu-

ru/memuresi.
Swit.zer.land (swit´sırlınd) *i.* İsviçre.
swiv.el (swiv´ıl) *i.* 1. fırdöndü, serbest bir eksenle bağlanmış çift halka. 2. (tüfek) çatı kancası. *f.* (**—ed/—led, —ing/—ling**) **around** dönüvermek; döndürüvermek. **— chair** döner sandalye; döner koltuk.
swiv.et (swiv´it) *i.* **be in a — k.** *dili* telaş içinde olmak.
swob (swab) *i., f., bak.* **swab.**
swol.len (swo´lın) *f., bak.* **swell.** *s.* şişmiş, şiş.
swoon (swun) *f.* bayılmak. *i.* bayılma, baygınlık, baygın hal.
swoop (swup) *f.* **(down)** (kuş) birdenbire inmek. **— down on** 1. birdenbire (birinin) üstüne çullanmak. 2. birdenbire inip/çıkıp (birini) yakalamak. *i.* 1. ani iniş. 2. baskın, polis baskını. **at/in one fell —** bir çırpıda.
swop (swap) *f., i., bak.* **swap.**
sword (sôrd) *i.* kılıç. **cross —s (with)** (biriyle) atışmak, ağız kavgası etmek.
sword.fish (sôrd´fiş) *i. (çoğ.* **sword.fish/—es**) *zool.* kılıçbalığı.
sword.play (sôrd´pley) *i.* kılıç kullanma.
swords.man (sôrdz´mın), *çoğ.* **swords.men** (sôrdz´min) *i.* iyi kılıç kullanan kimse.
swords.man.ship (sôrdz´mınşip) *i.* kılıç kullanmakta ustalık.
sword.tail (sôrd´teyl) *i., zool.* kılıçkuyruk.
swore (swôr) *f., bak.* **swear.**
sworn (swôrn) *f., bak.* **swear.**
swot (swat) *f.* (**—ted, —ting**) *İng., k. dili* çok ders çalışmak, ineklemek. **— up** *İng., k. dili* (dersi) çok çalışmak, inek gibi çalışmak. *i., İng., k. dili* 1. inek, çok ders çalışan öğrenci. 2. çok çalışma, çok çabalama.
swum (swʌm) *f., bak.* **swim.**
swung (swʌng) *f., bak.* **swing.**
syc.a.more (sik´ımôr) *i., bot.* amerikançınarı. **— maple** *bot.* dağakçaağacı.
syc.o.phan.cy (sik´ıfınsi) *i.* dalkavukluk.
syc.o.phant (sik´ıfınt) *i.* dalkavuk.
syl.lab.i.ca.tion (silâbıkey´şın), **syl.lab.i.fi.ca.tion** (silâbıfikey´şın) *i.* 1. hecelere ayırma. 2. heceleme.
syl.lab.i.fy (silâb´ıfay) *f.* 1. hecelere ayırmak. 2. hecelemek.
syl.la.ble (sil´ıbıl) *i.* hece, seslem.
syl.la.bus (sil´ıbıs), *çoğ.* **—es** (sil´ıbısız)/**syl.la.bi** (sil´ıbay) *i.* özet.
syl.lo.gism (sil´ıcızım) *i., man.* tasım, kıyas.
sylph (silf) *i.* 1. havada yaşayan peri, hava perisi. 2. ince ve güzel kız.
sylph.like (silf´layk) *s.* ince güzel, güzel ve ince (kız/kadın).
syl.van (sil´vın) *s.* 1. ormanda yaşayan/bulunan. 2. ormana özgü. 3. ormanlık; ormanla kaplı; orman gibi.
sym.bi.ont (sim´bayant, sim´biyınt) *i., biyol.* ortakyaşar.
sym.bi.o.sis (simbayo´sis, simbiyo´sis) *i., biyol.* sembiyoz, ortakyaşama, ortakyaşarlık.
sym.bi.ot.ic (simbiyo´tik, simbayo´tik) *s.* sembiyotik, ortakyaşar.
sym.bol (sim´bıl) *i.* sembol, simge.
sym.bol.ic (simbal´ik) *s.* sembolik, simgesel. **— logic** simgesel mantık.
sym.bol.ise (sim´bılayz) *f., İng., bak.* **symbolize.**
sym.bol.ism (sim´bılizım) *i.* sembolizm, simgecilik.
sym.bol.ist (sim´bılist) *i.* sembolist, sembolizm yanlısı, simgeci. *s.* sembolist, sembolizmle ilgili, simgeci.
sym.bol.ize, İng. sym.bol.ise (sim´bılayz) *f.* 1. -in sembolü/simgesi olmak, -i simgelemek. 2. sembolleştirmek, simgeleştirmek.
sym.met.ri.cal (simet´rikıl), **sym.met.ric** (simet´rik) *s.* 1. simetrik, simetrili. 2. *mat.* simetrik, bakışımlı, bakışık.
sym.me.try (sim´itri) *i.* simetri, bakışım.
sym.pa.thet.ic (simpıthet´ik) *s.* 1. birinin duygularını anlayıp paylaşan, anlayışlı, halden anlayan. 2. sempatik, sıcakkanlı. 3. olumlu, iyi. **— strike** sempati grevi, destek grevi. **be — to/towards** (görüşü/fikri) anlayıp paylaşmak/desteklemek. **find something —** bir şey birinin hoşuna gitmek: *She didn't find his ways sympathetic.* Onun davranışları hoşuna gitmedi.
sym.pa.thise (sim´pıthayz) *f., İng., bak.* **sympathize.**
sym.pa.this.er (sim´pıthayzır) *i., İng., bak.* **sympathizer.**
sym.pa.thize, İng. sym.pa.thise (sim´pıthayz) *f.* **with** 1. (birinin) duygularını anlayıp paylaşmak, halini anlamak. 2. (görüşü/fikri) anlayıp paylaşmak/desteklemek.
sym.pa.thiz.er, İng. sym.pa.this.er (sim´pıthayzır) *i.* sempatizan.
sym.pa.thy (sim´pıthi) *i.* 1. anlayış, halden anlama: *He's gone there to get sympathy from her.* Oraya onun anlayışına sığınmaya gitti. *Don't look for any sympathy from her!* Ondan hiç anlayış bekleme! *You won't get any sympathy from them!* Haline hiç anlayış göstermezler! 2. duygudaşlık, sempati. 3. *çoğ.* (belirli bir şeyden yana olan) görüşler: *His sympathies are definitely with the monarchy.* Görüşleri monarşiden yana. **— strike** sempati grevi, destek grevi. **arouse someone's sympathies for** birinin (birinden/bir şeyden) yana olan duygularını uyandırmak. **be in — with** (görüşü/fikri) anlayıp paylaşmak/desteklemek. **express one's —** 1. **for** (görüşü/fikri) anlayıp paylaşmak. 2. **to** (birine) taziyede bulunmak; (birinin) acısını

symphonic 478

paylaştığını belirtmek. **have — for** 1. (görüşü/fikri) anlayıp paylaşmak/desteklemek. 2. (birinin) halini anlamak.
sym.phon.ic (sĭmfan´ĭk) *s., müz*. senfonik.
sym.pho.ny (sĭm´fını) *i., müz*. senfoni. **— orchestra** senfoni orkestrası.
sym.po.si.um (sĭmpo´ziyım), *çoğ*. **sym.po.si.a** (sĭmpo´ziyı)/**—s** (sĭmpo´ziyımz) *i*. sempozyum.
symp.tom (sĭmp´tım) *i*. 1. *tıb*. semptom, bulgu, belirti. 2. işaret, alamet, belirti.
symp.to.mat.ic (sĭmptımät´ĭk) *s*. of 1. *tıb*. -in semptomu olan, -in belirtisi olan. 2. -e işaret olan, -in belirtisi olan.
syn.a.gogue (sĭn´ıgag) *i*. sinagog, havra.
sync, synch (sĭngk) *f., k. dili, bak*. **synchronize**. *i., k. dili* **be in —** senkronik olmak, senkronize edilmiş olmak. **be out of —** senkronik olmamak, senkronize edilmemiş olmak.
syn.chro.mesh (sĭng´krımeş) *i*. senkronizör tertibatı.
syn.chron.ic (sĭng.kran´ĭk) *s*. eşzamanlı, senkronik.
syn.chro.ni.sa.tion (sĭng.krınizey´şın) *i., İng., bak.* **synchronization**.
syn.chro.nise (sĭng´krınayz) *f., İng., bak.* **synchronize**.
syn.chro.nis.er (sĭng´krınayzır) *i., İng., bak.* **synchronizer**.
syn.chro.nism (sĭng´krınĭzım) *i*. eşzamanlılık, senkronizm.
syn.chro.ni.za.tion, *İng*. **syn.chro.ni.sa.tion** (sĭng.krınizey´şın) *i*. 1. senkronize etme, senkronik/eşzamanlı bir hale getirme. 2. *sin*. senkronizasyon, eşleme.
syn.chro.nize, *İng*. **syn.chro.nise** (sĭng´krınayz) *f*. 1. senkronize etmek, senkronik/eşzamanlı bir hale getirmek. 2. *sin*. senkronize etmek, eşlemek.
syn.chro.niz.er, *İng*. **syn.chro.nis.er** (sĭng´krınayzır) *i*. senkronizör.
syn.cline (sĭn´klayn) *i., jeol*. ineç, tekne.
syn.co.pate (sĭng´kıpeyt) *f., müz*. senkoplamak.
syn.co.pat.ed (sĭng´kıpeytıd) *s., müz*. senkoplu.
syn.co.pa.tion (sĭng.kıpey´şın) *i., müz*. senkop.
syn.co.pe (sĭng´kıpi) *i*. 1. *tıb*. senkop, bayılma, baygınlık geçirme. 2. *dilb*. içses düşmesi.
syn.cre.tism (sĭng´krıtĭzım) *i*. 1. *dilb*. ikili çatı. 2. *fels*. senkretizm.
syn.di.cate (sĭn´dıkĭt) *i*. 1. gazetelere bant-karikatür/karikatür/makale/haber satan ajans. 2. bir yönetim altında bulunan aynı türden bir grup ticari kuruluş: **a newspaper syndicate** aynı yönetim altında bulunan gazeteler grubu. 3. yasadışı işler çeviren örgüt.
syn.di.cate (sĭn´dıkeyt) *f*. 1. bir ajans aracılığıyla (bant-karikatür, karikatür, makale veya haberi) birçok gazeteye satarak gazetelerde sürekli yayımlanmasını sağlamak. 2. (aynı türden birkaç

ticari kuruluşu) grup haline getirmek, aynı yönetim altında birleştirmek.
syn.drome (sĭn´drom) *i., tıb*. sendrom.
syn.er.gy (sĭn´ırci), **syn.er.gism** (sĭn´ırcĭzım) *i*. görevdeşlik, sinerji.
syn.es.the.sia (sĭnĭsthi´jı, sĭnĭsthi´jiyı) *i*. duyum ikiliği, sineztezi.
syn.od (sĭn´ıd) *i., Hırist.* 1. sinod, toplantı. 2. sinod, seçilmiş üyelerden oluşan topluluk/kurul.
syn.o.nym (sĭn´ınĭm) *i*. eşanlamlı sözcük, eşanlamlı, sinonim.
syn.on.y.mous (sĭnan´ımıs) *s*. eşanlamlı, anlamdaş, sinonim.
syn.op.sis (sĭnap´sĭs), *çoğ*. **syn.op.ses** (sĭnap´siz) *i*. özet.
syn.tac.tic (sĭntäk´tĭk), **syn.tac.ti.cal** (sĭntäk´tĭkıl) *s., dilb*. sözdizimsel, sentaktik.
syn.tagm (sĭn´täm), **syn.tag.ma** (sĭntäg´mı) *i., dilb*. dizim, sentagma.
syn.tax (sĭn´täks) *i., dilb*. sözdizimi, sentaks.
syn.the.sis (sĭn´thısis), *çoğ*. **syn.the.ses** (sĭn´thısiz) *i., fels., kim.* sentez, bireşim.
syn.the.size, *İng*. **syn.the.sise** (sĭn´thısayz) *f*. 1. sentez haline getirmek. 2. *kim*. sentez yoluyla yapmak/meydana getirmek.
syn.thet.ic (sĭnthet´ĭk) *s*. 1. sentetik, sentez yoluyla yapılan. 2. suni, yapay.
syph.i.lis (sĭf´ılis) *i., tıb*. frengi, sifilis.
sy.phon (say´fın) *i., f., bak.* **siphon**.
Syr.i.a (sĭr´iyı) *i*. Suriye. **—n** *i*. 1. Suriyeli. 2. Süryani. *s*. 1. Suriye, Suriye'ye özgü. 2. Süryani. 3. Suriyeli. **the —n Orthodox church** Süryani Ortodoks kilisesi.
Syr.i.ac (sĭr´iyäk) *i., s*. Süryanice.
sy.ringe (sırĭnc´) *i*. 1. şırınga, iğne, enjektör. 2. şırınga, bir yere sıvı doldurmaya yarayan pompa. 3. püskürteç, pülverizatör. *f*. 1. şırıngayla içine su fışkırtarak (kulağı) temizlemek. 2. (bitkinin) üstüne su püskürtmek.
syr.up (sır´ıp, *İng*. sir´ıp) *i*. 1. pekmez kıvamındaki tatlı sıvı, şurup, melas: **beet syrup** pancar melası. **lemon syrup** limon şurubu. **chocolate syrup** çikolatalı sos. 2. (ilaç olarak) şurup: **cough syrup** öksürük şurubu.
sys.tem (sĭs´tım) *i*. 1. sistem, dizge: **solar system** güneş sistemi. **philosophical system** felsefe dizgesi. **digestive system** sindirim sistemi. **nervous system** sinir sistemi. 2. sistem, düzen: **political system** siyasi düzen. **system of education** eğitim sistemi. **electoral system** seçim sistemi. 3. sistem, tertibat, düzen: **heating system** ısıtma sistemi. **cooling system** soğutma tertibatı. **electrical system** elektrik sistemi. **computer system** bilgisayar sistemi. 4. sistem, şebeke, ağ: **railroad system** demiryolu şebekesi. **river system** akarsu ağı/şebekesi. **telephone system** te-

lefon sistemi. 5. vücut, bünye: **Too much sugar is bad for your system.** Fazla şeker yemek bünyeye zararlı. 6. düzenlilik, düzen. **—s analysis** sistem analizi. **—s analyst** sistem analisti. **get something out of one's —** 1. (birinin) vücudu bir şeyi atmak: **You'll get this poison out of your system in twenty-four hours.** Yirmi dört saat içinde vücudun bu zehri atar. 2. (biri) çok arzuladığı bir şeyi arzulamaz olmak; bir şeyden hevesini almak. **the —** kurulu düzen.
sys.tem.at.ic (sîstımät´îk) *s.* 1. sistemli, dizgeli. 2. *fels.* sistematik, dizgesel.

sys.tem.a.ti.sa.tion (sîstımıtîzey´şın) *i., İng.,* bak. systematization.
sys.tem.a.tise (sîs´tımıtayz) *f., İng., bak.* systematize.
sys.tem.a.ti.za.tion, *İng.* **sys.tem.a.ti.sa.tion** (sîstımıtîzey´şın) *i.* sistemleştirme, dizgeleştirme.
sys.tem.a.tize, *İng.* **sys.tem.a.tise** (sîs´tımıtayz) *f.* sistemli bir hale getirmek, sistemleştirmek, dizgeleştirmek.
sys.tem.ic (sîstem´îk) *s.* sistemik (ilaç).
sys.to.le (sîs´tıli) *i., tıb.* kasım, sistol.
sys.tol.ic (sîstal´îk) *s., tıb.* kasımlı, sistolik.

T

T, t (ti) *i.* T, İngiliz alfabesinin yirminci harfi. **to a T tam bir şekilde, tam: It suits you to a T.** Tam sana göre bir şey.
T. *kıs.* **tablespoon(s), Territory, Testament.**
t. *kıs.* **teaspoon(s), temperature,** *dilb.* **tense, time, ton(s).**
Ta (ta) *ünlem, İng., k. dili* Sağ ol!
tab (täb) *i.* 1. (dosyanın uzun kenarındaki tasnif numarası/yazısı yazılı) çıkıntı. 2. (sayfa kenarına yapıştırılan) indeks etiketi. 3. (bir ucu giysiye dikili öbür ucu çıtçıtla/düğmeyle tutturulan dar ve kısa) bez bant: **This shirt has a tab collar.** Bu gömleğin yaka uçları çıtçıtlı bir bantla birbirine tutturuluyor. 4. alüminyum kutunun/pet şişenin kapağını açmaya yarayan kulp/halka. 5. *k. dili* fatura, hesap: **Let me pick up the tab this time.** Bu defa hesabı ben ödeyeyim. **Can you foot the tab for this?** Bunun masrafını ödeyebilir misin? **keep —s on/keep a — on** -i takip etmek, -i izlemek; -i gözetlemek.
tab.by (täb´i) *s.* **— cat** tekir kedi.
ta.ble (tey´bıl) *i.* 1. masa. 2. masa, masadakiler, aynı masada oturanların hepsi, sofra, sofradakiler. 3. çizelge, cetvel, tablo, liste: **periodic table** elementler çizelgesi. **multiplication table** çarpım tablosu. **chronological table** kronoloji tablosu. **table of logarithms** logaritma tablosu. *f.* (bir tasarı/mesele) hakkındaki görüşmeyi/tartışmayı ileri bir tarihe bırakmak. **— linen** (bezden yapılmış) sofra örtüleri ve peçeteler. **— of contents** (kitabın başında bulunan ve alfabetik dizin olmayan) içindekiler. **— tennis** masatenisi, masatopu, pingpong. **be on the —** 1. teklif edilmiş olmak. 2. (tasarının/meselenin) görüşülmesi/tartışılması ileri bir tarihe bırakılmış olmak. **clear the —** sofrayı kaldırmak. **drink someone under the —** sarhoş olmadan içki içebilme konusunda birini gölgede bırakmak. **give someone money under the —** birine rüşvet vermek. **lay/put one's cards on the —** ne düşündüğünü açıkça söylemek. **set the —** sofrayı kurmak. **turn the —s (on)** durumu tersine çevirmek: **They really turned the tables on him!** Durumu bayağı tersine çevirdiler! **under the —** el altından, gizlice.
ta.ble.cloth (tey´bıl.klôth) *i.* sofra örtüsü, masa örtüsü.
ta.ble d'hôte (täb´ıl dot´), *çoğ.* **ta.bles d'hôte** (täb´ılz dot´) (lokantada) tabldot.
ta.ble.land (tey´bıl.länd) *i., coğr.* plato.
ta.ble.spoon (tey´bılspun) *i.* 1. büyük kaşık, servis kaşığı. 2. (ölçü birimi olarak) çorba kaşığı.
tab.let (täb´lit) *i.* 1. bloknot. 2. tablet, hap, komprime. 3. (taştan) levha.
ta.ble.ware (tey´bılwer) *i.* (sofrada kullanılan) tabak çanak, çatal bıçak gibi eşya.
tab.loid (täb´loyd) *i.* 1. tabloit gazete; tabloit ek. 2. sansasyonel gazete. *s.* 1. tabloit. 2. sansasyonel; boyalı basına özgü. **the — press** boyalı basın.
ta.boo, ta.bu (tıbu´) *i.* tabu. *s.* tabu olan, tabu.
tab.u.lar (täb´yılır) *s.* çizelge/tablo/liste halinde olan.
tab.u.late (täb´yıleyt) *f.* cetvel haline koymak, tablo haline getirmek.
ta.chom.e.ter (tıkam´ıtır) *i.* takimetre, dönüşölçer.
tach.y.car.di.a (täkikar´diyı) *i., tıb.* taşikardi.
tac.it (täs´it) *s.* 1. sözsüz. 2. sözle/yazıyla belirtilmeden ifade olunan, açıkça söylenmemiş/yazılmamış.
tac.i.turn (täs´ıtırn) *s.* suskun, çok az konuşan.
tack (täk) *i.* 1. ufak çivi; raptiye, pünez. 2. (bir yelkenlinin/bir hareketin/bir düşüncenin takip ettiği) yön: **The ship was on a port tack.** Gemi iskeleden gidiyordu. **He suddenly set the conversation on a different tack.** Birdenbire sohbetin mecrasını değiştirdi. **You ought to try a new tack with her.** Ona başka bir tarzda yaklaşmalısın. 3. (yelkenlinin, seyrini değiştirmek için yaptığı) tiramola: **We can get there in two tacks.** İki tiramolayla oraya varırız. 4. teyel. *f.* 1. (yelkenli) volta vurmak, tiramolayla yükselmek, tiramola ederek gitmek. 2. teyellemele, teyelle tutturmak. **— something down** bir şeyi çiviyelerek/raptiyeleyerek açılmaz/hareket etmez bir duruma getirmek. **— something on** 1. bir şeyi çiviyle/raptiyeyle (bir yere) asmak. 2. **(to)** bir şeyi sonradan gelişigüzel bir şekilde (bir şeye) eklemek. **get down to brass —s** asıl konuya geçmek.
tack.le (täk´ıl) *i.* 1. *den.* palanga. 2. (birini) sıkıca yakalama. *f.* 1. (bir problemi) ele almak, çözmeye çalışmak: **How are we going to tackle this problem?** Bu problemi nasıl çözeceğiz? 2. (birini) sıkıca yakalamak/tutmak. **— someone about something** zor/hassas bir konu hakkında biriyle konuşmak.
tack.y (täk´i) *s.* yapışkan.
tack.y (täk´i) *s., k. dili* 1. adi, bayağı. 2. çok zevksiz; çok rüküş.
tact (täkt) *i.* takt, ince bir anlayış, ince bir nezaket.
tact.ful (täkt´fıl) *s.* takt sahibi, nazik ve çok anlayışlı, ince.
tac.tic (täk´tik) *i.* 1. *ask.* (belirli bir amaç için baş-

vurulan) taktik. 2. taktik, manevra, başvurulan yol ve yöntem.
tac.ti.cal (täk′tıkıl) s. taktiğe ait, taktik.
tac.ti.cian (täktiş′ın) i. taktikçi.
tac.tics (täk′tıks) i. taktik.
tac.tile (täk′til, *İng.* täk′tayl) s. 1. dokunma duyusuyla algılanabilen. 2. dokunma duyusuyla ilgili, dokunsal.
tact.less (täkt′lis) s. taktttan yoksun, patavatsız, inceliksiz.
tad (täd) i., k. dili azıcık bir miktar.
tad.pole (täd′pol) i., zool. iribaş.
Ta.dzhik (tacik′, tacik′) i., s., bak. Tajik. —i i., s., bak. Tajiki.
Ta.dzhik.i.stan (tacikistän′, tacikistan′) i., bak. Tajikistan.
taf.fe.ta (täf′ıtı) i. tafta; canfes.
taf.fy (täf′i) i. kaynamış şekerle tereyağından yapılan şekerleme.
tag (täg) i. 1. etiket, yafta. 2. kovalamaca. f. (—ged, —ging) 1. etiketlemek, yafta koymak. 2. (kovalamaca oyununda) (ebe) (başka oyuncuya) dokunmak. 3. (after/behind) -in arkasından gitmek/gelmek, peşine takılmak. — along 1. (after/behind) -in arkasından gitmek/gelmek, peşine takılmak. 2. (after/with) (sırf meraktan dolayı veya bir çıkar elde etme umuduyla) (biriyle) beraber gitmek/gelmek, (birinin) peşine takılmak. — someone as ... birine (belirli bir) damga vurmak, birine ... damgası vurmak. — someone with (bir şeyi) birine yüklemek, birinin üstüne atmak. identification — ask. künye. license — oto. plaka. name — isim kartı.
Ta.hi.ti (tıhi′ti) i. Tahiti.
Ta.hi.tian (tıhi′şın) i. 1. Tahitili. 2. Tahitice. s. 1. Tahiti, Tahiti'ye özgü. 2. Tahitice. 3. Tahitili.
tail (teyl) i. 1. (hayvana ait) kuyruk. 2. arka kısım, kuyruk; son bölüm: in the tail of the procession kafilenin son bölümünde. the tail of the airplane uçağın arka kısmı. the tail of a kite uçurtmanın kuyruğu. 3. k. dili kıç, makat. 4. k. dili sivil polis, birini izlemekle görevli kimse. 5. çoğ. yazı, madeni bir paranın resimsiz yüzü. 6. çoğ. frak. 7. (giysiye ait) etek: You're standing on the tail of my coat. Paltomun eteğine basıyorsun. f., k. dili yakından izlemek/takip etmek. — away bak. tail off. — end k. dili 1. en son kısım. 2. kıç. — lamp bak. taillight. — off azalmak; azalarak kaybolmak; azalarak sona ermek; yavaş yavaş kaybolmak: The sound of their voices tailed off in the woods around them. Sesleri kendilerini çevreleyen ormanın içinde yavaş yavaş kayboldu. — wind hav. arka rüzgârı; den. pupa rüzgârı. get off someone's — k. dili birini rahat bırakmak. not to be able to make heads or —s of something/someone k.

dili bir şeyi/birini hiç anlayamamak. turn — cesaretini yitirip kaçmak. turn — and run cesaretini yitirip gerisin geriye kaçmak. with one's — between one's legs süklüm püklüm.
tail.gate (teyl′geyt) i. (yük arabasına/steyşına ait menteşeli) arka kapak. f., k. dili başka bir arabanın arkasından çok az bir mesafe bırakarak gitmek/gelmek, başka bir arabanın hemen arkasından gitmek/gelmek; (başka bir arabanın) arkasından çok az bir mesafe bırakarak gitmek/gelmek: He's tailgating me. Üstüme çıkacakmış gibi hemen arkamdan geliyor.
tail.light (teyl′layt) i., oto. stop lambası, stop, kuyruk lambası, arka lamba.
tai.lor (tey′lır) i. terzi. f. (belirli bir amaca göre) (bir şeyi) yapmak/değiştirmek.
tai.lor-made (tey′lırmeyd) s. terzinin yaptığı (giysi). be — for 1. (biri/bir şey) için özel yapılmış olmak. 2. (biri) için biçilmiş kaftan olmak.
tail.spin (teyl′spin) i. 1. (uçağın girdiği) vril. 2. k. dili bunalım: It almost put him in a tailspin. Onu az kaldı bunalıma düşürecekti. This will send the economy into a tailspin. Bu, ekonomiyi bunalıma sokar.
taint (teynt) i. (ahlakça kötü bir şeyin bıraktığı) leke. f. 1. lekelemek. 2. (yemeği) bozmak.
Tai.wan (taywan′) i. Tayvan.
Tai.wan.ese (taywaniz′) i. (çoğ. Tai.wan.ese) Tayvanlı. s. 1. Tayvan, Tayvan'a özgü. 2. Tayvanlı.
Ta.jik (tacik′, tacik′) i., s. Tacik. —i i., s. Tacikçe, Taciki.
Ta.jik.i.stan (tacikistän′, tacikistan′) i. Tacikistan.
take (teyk) f. (took, tak.en) 1. almak; götürmek: Be sure to take a sweater! Yanına kazak almayı ihmal etme! Will you take the dog to the vet? Köpeği veterinere götürür müsün? 2. (bir sayıyı) çıkarmak: Take five from ten. Ondan beşi çıkar. 3. almak, çalmak, aşırmak. 4. almak, fethetmek, ele geçirmek. 5. almak, elde etmek, -e sahip olmak: They took first prize. Birinci ödülü aldılar. 6. (elle/ellerle) almak: Take these glasses! Bu bardakları al! He took her by the hand. Onu elinden tuttu. She took the dog in her arms. Köpeği kucağına aldı. 7. almak, kabul etmek: We don't take traveler's checks. Seyahat çeki almıyoruz. She took the blame for it. Suçu üzerine aldı. Go on and take it! Alsana! Will you take a salary cut? Maaşınızın azaltılmasını kabul eder misiniz? 8. katlanmak, tahammül etmek; dayanmak: She's taken a lot from him. Ondan çok çekti. Can it take such rough treatment? Böyle hor kullanıma dayanabilir mi? 9. karşılamak: How will he take this news? Bu haberi nasıl karşılayacak? 10. (bir şeyi/birini) dinleyip ona göre hareket etmek: Take her advice! Onun sözünü dinle! She can't take a hint. Do-

laylı sözden bir şey anlamaz. 11. almak, içine sığmak: **The canal won't take a ship that big.** O kadar büyük bir gemi kanala sığmaz. 12. (iş/yolculuk) (belirli bir zaman) sürmek: **This job will take us one day.** Bu iş bir gün ister. **The trip'll take you three hours.** Yolu üç saatte alırsın. 13. (bir şeyin çalıştırılması/tamamlanması için) (belirli bir şey) gerekmek: **Will that telephone take coins?** O telefon madeni parayla çalışır mı? **What size shoe does she take?** Ona kaç numara ayakkabı lazım? **This verb takes a direct object.** Bu fiil nesne alır. 14. istemek, gerekmek: **That'll take a lot of work.** O çok iş ister. **How many men will it take to do it?** O iş kaç adam ister? 15. (ders) almak: **"What are you taking this semester?" "I'm taking French."** "Bu sömestr hangi dersleri alıyorsun?" "Fransızca alıyorum." 16. (bir yemeğe) (tat verebilecek bir madde) koymak/katmak/ekmek/sıkmak; kullanmak: **Do you take sugar in your coffee?** Kahveyi şekerli mi içiyorsun? **She doesn't take milk.** Süt kullanmıyor. 17. (bir taşıtı) kullanmak: **She takes the train to work.** İşe gitmek için trene biniyor. **Take a taxi!** Taksiyle git! 18. (belirli bir yöne) sapmak: **Take a right at the corner.** Köşeden sağa sapın. 19. ölçmek; ölçerek elde etmek: **They took my temperature.** Derecemi aldılar. **The tailor took his measurements.** Terzi onun ölçülerini aldı. **Let's take a vote.** Oylama yapalım. 20. **(down)** almak, yazmak, not etmek: **Take his name and address!** Onun adını ve adresini al! **I'll take notes for you.** Senin için not alırım. 21. gibi anlamak, -e almak: **She doesn't take me seriously.** Beni ciddiye almıyor. **I took your silence to mean approval.** Sessizliğinizi bir onay olarak anladım. **What do you take me for?** Beni ne zannediyorsun? **I take it you're moving.** Bundan taşınma niyetinde olduğunu anlıyorum. 22. (bir köşeyi) dönmek; (bir virajı) almak; (bir engelin üstünden) geçmek: **This car takes the curves well.** Bu araba virajları güzel alıyor. 23. (aşı) tutmak: **Did the vaccination take?** Aşı tuttu mu? **— a break** mola vermek. **— a chance** riske girmek; rizikoyu göze almak. **— a dim view of** -i doğru bulmamak. **— a fancy to** -den hoşlanmaya başlamak. **— a gander at** k. dili -e bir göz atmak, -e bir bakmak. **— a hard line with** -e sert davranmak. **— a hint** dolaylı bir sözden anlam çıkarıp ona göre hareket etmek. **— a liking to** -den hoşlanmaya başlamak. **— a look at** -e göz atmak, -e bir bakmak. **— a picture** fotoğraf çekmek. **— a place by storm** ask. şiddetli bir hücum yaparak bir yeri almak/ele geçirmek. **— a place by surprise** beklenmedik bir saldırı/baskın ile bir yeri ele geçirmek. **— a punch at** -e bir yumruk atmak. **— a rain check** 1. kötü hava şartlarından dolayı (birinin davetini kabul etmeyince) daha ileri bir tarihte tekrar davet edilmek istemek. 2. iptal edilmiş bir maç, konser v.b.'nin daha ileri bir tarihteki tekrarı için verilen bileti almak. **— a shine to** -den hoşlanmak. **— a shot at** 1. (tüfekle) -e bir el ateş etmek. 2. k. dili -i bir denemek. **— a stand** durum almak, (bir olay karşısında) belirli bir tavır almak. **— a walk** yürüyüş yapmak, gezmek: **Let's take a walk.** Yürüyüşe çıkalım. **— advantage of** 1. -den faydalanmak/yararlanmak/istifade etmek. 2. (birini) istismar etmek, (birinin) iyi niyetini kötüye kullanmak. **— after** (fiziki olarak) (birine) benzemek; (biri) gibi davranmak. **— aim (at)** (-e) nişan almak. **— away** 1. (birini/bir şeyi) (başka bir yere) götürmek. 2. **from** (birini/bir şeyi) (başka birinden/başka bir yerden) ayırmak. 3. **from** (bir sayıyı) (başka bir sayıdan) çıkarmak. 4. (desteği) çekmek. 5. (bir hakkı) elinden almak. 6. önе e gölge düşürmek. **— back** 1. geri götürmek. 2. geri almak: **Take back what you said!** Söylediğini geri al! **The store refuses to take back the coat.** Mağaza paltoyu geri almıyor. 3. **(to)** (birinin) düşüncelerini (geçmişte bir zamana) götürmek: **That song takes me back.** O şarkı beni geçmişe götürüyor. **T— care!** 1. Dikkat et!/Dikkatli ol! 2. Ayağını denk al! **— care of** 1. -e bakmak, -in bakımıyla meşgul olmak: **She's taking care of her daughter.** Kızına bakıyor. 2. -i karşılamak: **This money should take care of your expenses.** Bu para masrafınızı karşılamalı. 3. (bir meseleyi) halletmek. 4. k. dili (kanuna aykırı bir şekilde) (bir işin) çaresine bakmak. 5. k. dili -i ayarlamak, memnun etmek. 5. k. dili -i öldürmek, -in işini bitirmek, -i temizlemek. **— charge** 1. idareyi ele geçirmek; hükmetmeye başlamak. 2. sorumluluğu üstüne almak. **— effect** yürürlüğe girmek. **— exception** to -e itiraz etmek. **— heart** morali yükselmek; cesaret almak; kendine güveni artmak. **— hold** 1. **(of)** (-i) (elle) tutmak, kavramak; yakalamak. 2. **of** (birini) etkisi altına almak: **This feeling took hold of him.** Bu his onu etkisi altına aldı. **— in a garment** bir giysiyi daraltmak. **— in money** para tahsil etmek. **— issue with** -e itiraz etmek. **T— it easy!** 1. Ağır ol!/Sakin ol! 2. Ağır ol!/Yavaş ol!/Acele etme! **— it easy** 1. keyif çatmak, keyfine bakmak. 2. **on** -i hor kullanmamak. 3. **on** (biriyle) uğraşmamak. 4. **on** (biriyle) sert bir şekilde oynamamak. 5. **on** -i az kullanmak. **— kindly to** -den hoşlanmak, -i memnuniyetle karşılamak, -i hoş karşılamak. **— leave of one's senses** delirmek. **— note of** -e dikkat etmek. —

notice of -i dikkate almak; -e aldırmak, ile ilgilenmek, -i umursamak. — off 1. (uçak/kuş) havalanmak. 2. *k. dili* birdenbire çıkıp gitmek; yola çıkmak. — off from work izin alarak işe gitmemek. — offense at -e kızmak, -e gücenmek. — office (yüksek bir görevli/memur) resmi olarak göreve başlamak. — on 1. (taşıt) (kargoyu/yolcuyu) almak. 2. (birini) işe almak. 3. (biriyle) uğraşmak/meşgul olmak. 4. (biriyle) dövüşmek/vuruşmak. 5. (biriyle) boy ölçüşmek. 6. (biriyle/bir takımla) yarışmak; (biriyle/bir takımla) oynamak/karşılaşmak. 7. (işi) kabul etmek; (sorumluluğu) üstüne almak. 8. edinmek; benimsemek. 9. bağırıp çağırmak; ağlayıp sızlamak. — one's time (on) (bir iş için) istediği kadar zaman harcamak: Take your time! Acele etme! — out 1. (sigorta poliçesini) satın almak. 2. yola çıkmak. 3. after -i kovalamaya başlamak. 4. after -in peşinden gitmek, -i takip etmek. — over 1. yönetimi ele almak; yönetimi ele geçirmek; yönetimi üstlenmek: Will you take over for me here while I'm in Amasya? Ben Amasya'dayken buranın yönetimini üstlenir misin? 2. (biri/bir şey) (başkasının/başka bir şeyin) yerine geçmek; (nöbeti) devralmak. 3. egemen olmak. 4. kendine mal etmek, benimsemek. — pains çok özen göstermek; çok uğraşmak; çok zahmete girmek. — part in -e katılmak, -e iştirak etmek. — pity on -e acımak, -e merhamet etmek. — place olmak, meydana gelmek, vuku bulmak; geçmek: Their marriage took place on a Sunday. Onların nikâhı bir pazar günü kıyıldı. The story takes place in Çanakkale. Hikâye Çanakkale'de geçiyor. — root 1. (bitki) kök salmak. 2. (bir şey) iyice yerleşmek, kök salmak. — shape esas şeklini almaya başlamak; esas şeklini almak; (işler) yoluna girmek. — sick hastalanmak. — sides taraf tutmak. — someone by storm birinin kalbini fethetmek, birini büyülemek. — someone by surprise 1. birini gafil avlamak. 2. birini çok şaşırtmak. 3. baskın yaparak birini yakalamak. — someone/an animal in birini/bir hayvanı almak, barındırmak: She's always taking in stray cats. Sokak kedilerini hep evine alıyor. They've started to take in lodgers. Eve pansiyoner almaya başladılar. — someone down a peg or two birine dünyanın kaç bucak olduğunu göstermek. — someone for granted birinin varlığını kendisine verilmiş bir hak gibi görmek. — someone in 1. (polis) birini karakola götürmek; birini tutuklamak. 2. birini içeriye götürmek; birini içeriye almak: He took her in to dinner. Onu içeriye yemeğe götürdü. He took her in. Onu içeriye aldı. 3. birini kapsamak/içermek/ihtiva etmek. 4. birini aldatmak/dolandırmak. — someone out (flört ettiği) birini gezmeye/bir yere götürmek. — someone over birini tekeline almak: You've just taken Mesadet over this evening, haven't you? Mesadet'i bu akşam tekeline aldın değil mi? — someone/something for (birini/bir şeyi) (başka biri/başka bir şey) sanmak/zannetmek. — someone/something into account birini/bir şeyi hesaba katmak. — someone/something wrong birini/bir şeyi yanlış anlamak, birini/bir şeyi yanlış bir şekilde yorumlamak. — someone to task birini azarlamak/paylamak. — someone to the cleaners *k. dili* birini soyup soğana çevirmek. — someone under one's wing birini kanadı altına almak, birinin üstüne kanat germek; birine kılavuzluk etmek. — someone up on his/her offer birinin teklifini kabul etmek: I'll take you up on that. O teklifini kabul ediyorum. — someone's breath away (çok güzel biri/bir şey) birini büyülemek, birini çok etkilemek: The view took my breath away. Manzara beni büyüledi. — something for granted 1. otomatikman bir şeyin (belirli bir şekilde) olduğunu düşünmek: I took it for granted that she'd be with you. Seninle beraber olacak sanmıştım. 2. bir şeyi bir hak gibi görmek: He takes for granted everything I do for him. Kendisi için yaptığım her şeyi bir hak gibi görüyor. — something in 1. bir şeyi içeri almak/çekmek: The boat's taking in water. Tekne su alıyor. Take in that rope! O ipi çek! 2. bir şeyi kapsamak/içermek/ihtiva etmek. 3. (konser, oyun, turistik yer, müze v.b.'ne) gitmek, (oyun, turistik yer, müze v.b.'ni) görmek. 4. bir şeyi anlamak/kavramak. 5. bir şeyi fark etmek/görmek. — something in stride bir şeyin üzerinde durmamak, bir şeyi mesele yapmamak. — something lying down hiç karşı gelmeden bir şeyi kabul etmek. — something off 1. (bir sayıyı) (belirli bir miktarda) indirmek: I'll take ten percent off the total. Toplamdan yüzde on indiririm. 2. (oyunu/bir taşıtın seferini/vergiyi/sınırlamayı) kaldırmak: We're going to take that train off. Trenin o seferini kaldıracağız. They've taken the tax off radios. Radyolardan vergiyi kaldırmışlar. 3. (belirli bir süre için) izin almak; mola/ara vermek: You can take a month off if you like. İsterseniz bir ay izin alabilirsiniz. Let's take fifteen minutes off. On beş dakika mola verelim. Take some time off and travel! İzin alıp seyahat et! — something on faith kanıt olmadan bir şeye inanmak. — something out (of) bir şeyi (bir yerden) çıkarmak: Take the milk out of the fridge. Sütü buzdolabından çıkar. — something out on öcünü/hıncını (birinden) almak: Don't

take   **484**

take it out on him! Hıncını ondan çıkarma! **— something/someone off** 1. bir şeyi/birini çıkarmak/indirmek: **He took off his hat.** Şapkasını çıkardı. **They took the elephant off the stage.** Fili sahneden çıkardılar. **Take her off the wall!** Onu duvardan indir! 2. (bir yere) götürmek: **They handcuffed him and took him off to jail.** Ellerine kelepçe vurup hapishaneye götürdüler. **— something to heart** bir şeyi ciddiye almak. **— something up** 1. giysiyi kısaltmak/daraltmak. 2. sıvıyı emmek. 3. **with** bir meseleyi (biriyle) konuşmak. **— something upon/on oneself** bir işi kendiliğinden yapmak. **— something with a grain of salt** bir şeye pek inanmamak. **— steps** (bir şeyi önlemek için) tedbir almak. **— the bull by the horns** meseleyi pervasızca ele almak. **— the liberty of doing something** izin istemeden bir şeyi yapmak: **I took the liberty of ordering you a coffee.** Sormadan sana bir kahve söyledim. **— the trouble to do something** zahmet edip bir şey yapmak: **You've taken the trouble to come here for her birthday.** Zahmet edip onun doğum günü için buraya geldiniz. **— the wind out of someone's sails** birinin fiyakasını bozmak. **— to** 1. (bir yere) gitmek: **She took to her bed and stayed there all week.** Yatağına girip bütün hafta orada yattı. 2. (bir şeyi yapmaya) başlamak: **Their dog's taken to biting visitors.** Onların köpeği ziyaretçileri ısırmaya başladı. **He's taken to drink.** Kendini içkiye verdi. 3. -den hoşlanmaya başlamak: **That cat's really taken to you.** O kedi senden bayağı hoşlanmaya başladı. **— to one's heels** koşarak kaçmaya başlamak, tabanları yağlamak. **— turns (at)** (bir şeyi) sırayla yapmak: **Take turns riding the pony!** Midilliye sırayla bininiz! **— up arms** silaha sarılmak. **— up room/space** yer işgal etmek/tutmak/kaplamak: **That wardrobe takes up too much room.** O gardrop fazla yer kaplıyor. **— up time** vakit/zaman almak. **— up with** (biriyle) arkadaş olmak.
take (teyk) *i.* 1. *sin.* çekim. 2. (para olarak) hâsılat. 3. *k. dili* (hırsızların çalarak elde ettiği) kazanç.
take.a.way (teyk´ıwey) *i., İng.* başka yerde yenilmek üzere sıcak yemekleri paketlenmiş olarak satan dükkân. *s.* 1. paketlenmiş olarak hazırlanan (sıcak yemek). 2. sıcak yemeklerin paket halinde satıldığı (dükkân/tezgâh).
take-home (teyk´hom) *i.* **— pay** net maaş.
tak.en (tey´kın) *f., bak.* **take. be — ill** hastalanmak. **be — up with** ile meşgul olmak. **be — with** -den hoşlanmak, -den etkilenmek.
take.off (teyk´ôf) *i.* 1. havalanma. 2. (komik) taklit; parodi.
take-out (teyk´aut) *s.* 1. paketlenmiş olarak hazırlanan (sıcak yemek). 2. sıcak yemeklerin paket halinde satıldığı (dükkân).
take.o.ver (teyk´ovır) *i.* ele geçirme.
tak.ing (tey´king) *i.* **the —s** (para olarak) hâsılat.
talc (tälk) *i.* 1. talk. 2. talk pudrası.
tal.cum powder (täl´kım) talk pudrası.
tale (teyl) *i.* 1. masal; hikâye. 2. yalan.
tale.bear.er (teyl´berır) *i.* dedikoducu kimse.
tal.ent (täl´ınt) *i.* kabiliyet, yetenek; hüner; Allah vergisi.
tal.ent.ed (täl´ıntıd) *s.* kabiliyetli; hünerli.
tal.is.man (täl´ısmın) *i.* (*çoğ.* **—s**) tılsım.
talk (tôk) *f.* 1. konuşmak: **She taught her parrot how to talk.** Papağanına konuşmayı öğretti. **Be quiet when I'm talking to you!** Seninle konuştuğum zaman sus! 2. -den söz etmek, hakkında konuşmak, -i konuşmak: **We talked history until midnight.** Gece yarısına kadar tarih konuştuk. 3. (bir dili) konuşmak: **She can talk Italian.** İtalyanca konuşabiliyor. *i.* 1. konuşma: **That was a nice talk you gave us.** Bize yaptığınız konuşma güzeldi. 2. sohbet, konuşma. 3. lakırdı, söz, laf: **It's just a lot of idle talk.** Bir sürü boş laftan başka bir şey değil. **— a period of time away** belirli bir süreyi konuşarak geçirmek. **— about** -den bahsetmek, -i konuşmak: **They're talking about you.** Seni konuşuyorlar. **— away** durmadan konuşmak. **— back (to)** (-e) sert karşılık vermek. **— big** yüksekten atmak, fart furt etmek, böbürlenmek. **— down** to yüksekten bakan bir tavırla (biriyle) konuşmak; (birine karşı) fazlasıyla basit bir dil kullanmak. **— nonsense** saçmalamak. **— sense** makul konuşmak. **— someone into something** birini bir şeyi yapmaya ikna etmek. **— someone's head off** birinin kafasını şişirmek/ütülemek. **— something out** bir şeyi bütün ayrıntılarıyla konuşmak/görüşmek. **— something over** bir şeyi konuşmak/görüşmek. **be — through one's hat** atmak, kafadan atmak. **be —ed** out söyleyecek sözü kalmamak. **make small —** havadan sudan konuşmak, hoşbeş etmek. **the — of the town** herkesin diline dolanan konu.
talk.a.tive (tô´kıtîv) *s.* konuşkan, çeneli.
talk.ing-to (tô´king.tu) *i., k. dili* azarlama, azar, paylama.
tall (tôl) *s.* uzun boylu, uzun: **He's 1.7 meters tall.** Boyu 1,70.
tal.low (täl´o) *i.* donyağı.
tal.ly (täl´i) *i.* hesap; skor: **You must keep a tally of how many trucks come in.** Gelen kamyonların sayısını tutman lazım. *f.* 1. (**up**) saymak. 2. birbirine uymak; birbirine uydurmak; **with** (bir şey) (başka bir şeye) uymak; **with** (bir şeyi) (başka bir şeye) uydurmak: **What she says**

doesn't tally with the evidence we have. Söyledikleri, elimizdeki kanıtlara uymuyor.
tal.ly.ho (täliho´) *ünlem* Haydi!/Yallah! *(tilkiyi görünce avcının köpekleri koşturmak için söylediği söz).*
tal.on (täl´ın) *i.* pençe.
ta.ma.le (tıma´li) *i.* mısır unu ile kıyma ve kırmızıbiberle yapılan Meksika yemeği.
tam.a.rind (täm´ırind) *i.* demirhindi.
tam.a.risk (täm´ırisk) *i., bot.* ılgın.
tam.bou.rine (tämbırın´) *i.* tef.
tame (teym) *s.* 1. evcilleştirilmiş, evcil. 2. uysal, munis. 3. heyecan vermeyen, heyecansız, sıkıcı; yavan. *f.* 1. evcilleştirmek. 2. uysallaştırmak, uslandırmak.
tam.er (tey´mır) *i.* terbiyeci: **lion tamer** aslan terbiyecisi.
Tam.il (täm´il) *i., s.* 1. Tamil. 2. Tamilce.
tamp (tämp) *f.* **down** bastırıp sıkıştırmak.
tam.per (täm´pır) *f.* **with** 1. kanuna aykırı olarak (bir şeyi) değiştirmek/(birini) etkilemeye çalışmak. 2. -i değiştirerek bozulmasına yol açmak. 3. -i karıştırmak, -i ellemek, -e dokunmak; ile oynamak, -i kurcalamak.
tam.pon (täm´pan) *i., tıb.* tampon. *f.* tamponlamak, tampon koymak.
tam-tam (täm´täm) *i., bak.* **tom-tom.**
tan (tän) *f.* (**—ned, —ning**) 1. tabaklamak. 2. (cilt) (güneşte) bronzlaşmak/kararmak; (cildi) bronzlaştırmak/karartmak. *i.* 1. sarımsı kahverengi. 2. (ciltte) bronzlaşma: **What a nice tan you have!** Ne güzel yanmışsın! *s.* sarımsı kahverengi. **— someone's hide** *k. dili* birine dayak atmak, birini dövmek.
tan.dem (tän´dım) *i.* **— bicycle** ikili bisiklet, tandem, çifte. **in —** 1. art arda dizilmiş bir şekilde. 2. koordinasyon içinde, birbirine bağlı olarak; ortaklaşa, birlikte, beraber.
tang (täng) *i.* keskin bir tat/koku.
Tan.gan.yi.ka (tängınyi´kı) *i.* Tanganika, Tanganyika. **—n** *i.* Tanganikalı, Tanganyikalı. *s.* 1. Tanganika, Tanganyika, Tanganika'ya özgü. 2. Tanganikalı, Tanganyikalı.
tan.gent (tän´cınt) *i., s.* teğet, tanjant. **be — to** -e teğet geçmek. **fly/go off on a —** (önemsiz/ilgisiz bir şeye takılarak) asıl konudan ayrılmak/uzaklaşmak, amaçtan sapmak.
tan.ger.ine (täncırin´) *i.* mandalina.
tan.gi.ble (tän´cıbıl) *s.* 1. elle dokunulur/tutulur. 2. somut. **— assests** maddi aktifler.
tan.gle (täng´gıl) *f.* 1. (ip, iplik, tel, zincir, saç v.b.'ni) karıştırmak, dolaştırmak, karmakarışık etmek; (ip, iplik, tel, zincir, saç v.b.) karışmak, dolaşmak, dolanmak. 2. **with** ile kavga etmek. *i.* 1. karışıklık, dolaşıklık. 2. kavga; münakaşa; ihtilaf. **be/get —d** 1. **up** (karmaşık bir durumun) içinden çıkamamak: **He's all tangled up in those intrigues of his own devising.** Kendi entrikalarının içinden çıkamaz oldu. 2. **with** (iyi olmayan bir işe/kimseye) bulaşmak.
tan.gled (täng´gıld) *s.* karışık, dolaşık, girift, girişik, karmaşık.
tan.go (täng´go) *i.* tango.
tang.y (täng´i) *s.* keskin (tat/koku).
tank (tängk) *i.* 1. depo; tank: **gas tank** benzin deposu. **water tank** su deposu. **fish tank** akvaryum. 2. *ask.* tank. *f.* **up (with)** (taşıtın benzin deposunu) doldurmak. **— car** *d.y.* sarnıç vagonu. **—ed up** *k. dili* istimini almış, sarhoş.
tank.er (täng´kır) *i.* 1. tanker. 2. *ask.* tankçı.
tan.ner (tän´ır) *i.* tabak, sepici. **—'s sumac** *bot.* sepicisumağı.
tan.ner.y (tän´ıri) *i.* tabakhane.
Tan.noy (tän´oy) *i.* **the —** *İng.* (anons yapmak için kullanılan) hoparlör sistemi.
tan.ta.lize, *İng.* **tan.ta.lise** (tän´tılayz) *f.* (birinde) boş ümitler uyandırmak: **The belly dancer was tantalizing all the men in the group.** Dansöz gruptaki tüm erkekleri tahrik ediyordu.
tan.ta.mount (tän´tımaunt) *s.* **be — to** ile aynı olmak, ile eşanlamlı olmak.
tan.trum (tän´trım) *i.* (hiddetten) bağırıp çağırıp tepinme. **fly into a —** (hiddetten) bağırıp çağırıp tepinmeye başlamak.
Tan.za.ni.a (tänzıni´yı) *i.* Tanzanya. **—n** *i.* Tanzanyalı. *s.* 1. Tanzanya, Tanzanya'ya özgü. 2. Tanzanyalı.
Tao (dau, tau) *i.* Tao.
Tao.ism (dau´wizım, tau´wizım) *i.* Taoizm.
Tao.ist (dau´wist, tau´wist) *s., i.* Taoist.
tap (täp) *i.* musluk. *f.* (**—ped, —ping**) 1. (bir şeyi) delerek içindeki sıvıyı akıtmak. 2. fıçının tapasını çekerek (içindeki sıvıyı) akıtmak. 3. -i kullanmaya/işletmeye başlamak: **They haven't yet tapped those oil reserves.** O petrol rezervlerini henüz işletmeye başlamadılar. 4. (dinlemek amacıyla) (birinin telefon hattına) bir bağlamak. **be on —** 1. *k. dili* hazır bulunmak. 2. (bira) fıçıdan alınıp satılmak.
tap (täp) *f.* (**—ped, —ping**) hafifçe vurmak; tıkırdatmak. *i.* hafif vuruş; tıkırtı.
tape (teyp) *i.* 1. bant: **magnetic tape** manyetik bant. **adhesive tape** (yapıştırıcı) bant. 2. (dolu) bant, bant kaydı: **Do you have a tape of her last concert?** Onun son konserinin bant kaydı var mı sende? *f.* 1. bantlamak, bantla tutturmak. 2. banda almak/kaydetmek; bant doldurmak. **— deck** teyp; kasetçalar. **— measure** çelik metre; mezura, şerit metre. **— player** teyp; kasetçalar. **— recorder** teyp. **— recording** 1. bant, bant kaydı. 2. banda alma/kaydetme.
ta.per (tey´pır) *i.* çok ince mum. *f.* 1. gittikçe in-

tape-record 486

celmek; gittikçe inceltmek. 2. **off** gitgide azalıp son bulmak. 3. **off** gitgide azaltmak.
tape-re.cord (teyp´rikôrd) *f.* banda almak/kaydetmek.
tap.es.try (täp´ístri) *i.* (genellikle duvara asılan, halıya/kilime benzeyen) resimli örtü, goblen.
tape.worm (teyp´wırm) *i.* tenya, şerit.
tap.i.o.ca (täpiyo´kı) *i.* tapyoka.
tap.root (täp´rut) *i., bot.* kazık kök.
taps (täps) *i., çoğ., ask.* yat borusu.
tar (tar) *i.* katran. *f.* (**—red, —ring**) katranlamak, katran sürmek, katranla kaplamak.
ta.ran.tu.la (tırän´çılı), *çoğ.* **—s** (tırän´çılız)/**—e** (tırän´çıli) *i., zool.* tarantula.
tar.boosh (tarbuş´) *i.* fes.
tar.dy (tar´di) *s.* 1. geç, geç gelen/olan. 2. yavaş olan; yavaş hareket eden.
tare (ter) *i.* dara.
tar.get (tar´git) *i.* 1. hedef, nişan. 2. hedef, amaç, gaye, maksat. *f.* 1. -i amaçlamak. 2. -i hedef almak. **— date** amaçlanan tarih. **— disk** *bilg.* hedef disk. **— practice** atış talimi. **— range** poligon, atış yeri. **be on —** 1. (bir tahmin) doğru çıkmak. 2. (bir iş) belirlenen süreye uygun olarak ilerlemek.
tar.iff (ter´if) *i.* 1. (ithalat/ihracat üzerine konulan) vergi. 2. (otel/motel/pansiyon için) tarife.
tar.mac (tar´mäk) *i.* 1. *İng.* asfalt. 2. *İng.* asfalt yol; asfalt pist. 3. (madde olarak) katranlı makadam. 4. katranlı makadamdan yapılmış kaldırım/yol.
tar.nish (tar´niş) *f.* 1. (madeni bir yüzeyi) karartmak; (madeni bir yüzey) kararmak. 2. (birinin adını v.b.´ni) lekelemek, kirletmek. *i.* (madeni yüzeyde) kararma.
tarp (tarp) *i., k. dili* (branda bezinden yapılmış) tente, branda.
tar.pa.per (tar´peypır) *i.* katranlı karton/mukavva.
tar.pau.lin (tarpô´lin) *i.* (branda bezinden yapılmış) tente, branda.
tar.ra.gon (ter´ıgan) *i., bot.* tarhun.
tar.ry (tar´i) *s.* 1. katrana ait; katran gibi, katrana benzeyen: **The room had a tarry smell.** Oda katran kokuyordu. 2. katranlı.
tar.ry (ter´i) *f.* 1. vakit kaybetmek, oyalanmak. 2. beklemek. 3. (bir yerde) kalmak.
tart (tart) *s.* 1. ekşi; mayhoş. 2. acı, keskin, iğneli (söz).
tart (tart) *i.* 1. *ahçı.* tart. 2. *k. dili* fahişe, orospu, paçoz. **— someone/something up** *İng., k. dili* birini/bir şeyi allayıp pullamak.
tar.tan (tar´tın) *i.* ekose kumaş/desen. *s.* ekose.
tar.tar (tar´tır) *i.* 1. tartar. 2. kefeki, pesek. **cream of —** krem tartar, beyaz tartar.
tar.trate (tar´treyt) *i., kim.* tartarat.
task (täsk) *i.* iş, görev, vazife; ödev. **— force** 1.

ask. özel görev kuvveti. 2. geçici bir süre için işbirliği yapanlardan oluşan grup. **take someone to —** birini azarlamak/paylamak.
task.mas.ter (täsk´mästır) *i.* amir, başkan.
Tas.ma.ni.a (täzmey´niyı, täzmeyn´yı) *i.* Tasmanya. **—n** *i.* Tasmanyalı. *s.* 1. Tasmanya, Tasmanya'ya özgü. 2. Tasmanyalı.
tas.sel (täs´ıl) *i.* püskül.
taste (teyst) *f.* 1. -i tatmak, -in tadına bakmak; -in tadını almak: **Will you taste the soup?** Çorbayı tadar mısın? **I can't taste the mint.** Nanenin tadını alamıyorum. 2. (bir şeyin) (belli bir) tadı olmak: **This lemonade tastes great.** Bu limonatanın tadı çok güzel. 3. -i yaşamak, -i tatmak: **She'd never before tasted such freedom.** Daha önce böyle bir hürriyeti hiç yaşamamıştı.
taste (teyst) *i.* 1. tat: **I liked the taste of that tea.** O çayın tadı hoşuma gitti. **It had a bitter taste.** Acı bir tadı vardı. 2. tat alma duyusu. 3. tadımlık: **Give me just a taste!** Sadece bir tadımlık ver! 4. zevk, beğeni: **He's really got no taste.** O gerçekten zevkten yoksun. 5. zevk, merak, düşkünlük: **She's got some expensive tastes.** Pahalı zevkleri var. 6. deneme, tecrübe: **That day he had his first taste of battle.** O gün savaşı ilk kez tattı. **be in good —** (bir şey) uygun düşmek, yakışık almak, yerinde olmak: **That remark was not in good taste.** O laf yakışıksızdı.
taste.ful (teyst´fıl) *s.* zevkli, güzel bir zevki yansıtan.
taste.less (teyst´lis) *s.* 1. tadı olmayan, tatsız, yavan (yemek). 2. zevksiz.
tast.y (teys´ti) *s.* tadı güzel, lezzetli.
tat.ter (tät´ır) *i.* **be dressed in —s** (birinin) üstü başı yırtık pırtık olmak, yırtık pırtık giysiler içinde olmak. **be in —s** 1. lime lime olmak, yırtık pırtık olmak. 2. (ad, şöhret v.b.) mahvolmak.
tat.tered (tät´ırd) *s.* 1. yırtık pırtık, lime lime. 2. üstü başı yırtık pırtık.
tat.tle (tät´ıl) *f.* **on** (birinin) ortaya dökülmesini istemediği bir şeyi söylemek: **Don't you tattle on me!** Beni gammazlama!
tat.tler (tät´lır) *i., bak.* tattletale.
tat.tle.tale (tät´ılteyl) *i.* birinin ortaya dökülmesini istemediği bir şeyi başkasına söyleyen kimse, gammaz.
tat.too (tätu´) *i., ask.* ışık söndür borusu/trampeti.
tat.too (tätu´) *i.* dövme. *f.* (birinin) vücuduna dövme yapmak; **on** (vücuduna) (belirli bir şeyin) dövmesini yapmak.
tat.ty (tät´i) *s., İng., k. dili* eski püskü, eskimiş.
taught (tôt) *f., bak.* **teach.**
taunt (tônt) *f.* alay ederek sataşmak. *i.* (sataşmak için söylenen) alaylı laf.
Tau.rus (tôr´ıs) *i., astrol.* Boğa burcu.
taut (tôt) *s.* 1. gergin, iyice gerilmiş (ip, tel v.b.).

th dh w hw b c ç d f g h j k l m n p r s ş t v y z
thin the we why be joy chat ad if go he regime key lid me no up or us she it via say is

2. gergin (sinirler).
tav.ern (täv'ırn) *i.* meyhane, bar.
taw.dry (tô'dri) *s.* adi bir şekilde gösterişli, cafcaflı.
taw.ny (tô'ni) *s.* sarımsı kahverengi.
tax (täks) *i.* 1. (tahsil edilen/koyulan) vergi. 2. (birinin takatını, sabrını v.b.'ni) zorlayan şey: This is a real tax on my patience. Sabrımı zorlayan bir şey bu. *f.* 1. -den vergi almak; -e vergi koymak; -i vergilendirmek: They're going to tax us heavily this year. Bu sene bizden çok vergi alacaklar. This government won't tax books. Bu hükümet kitaba vergi koymayacak. Will they really tax the queen? Kraliçeyi gerçekten vergilendirecekler mi? 2. (takat, sabır v.b.'ni) zorlamak: This will tax your strength. Bu takatını zorlayacak. **direct** — dolaysız vergi. **income** — gelir vergisi. **indirect** — dolaylı vergi. **inheritance** — veraset vergisi. **land** — arazi vergisi. **property** — emlak vergisi. **value-added** — katma değer vergisi.
tax.a.ble (täks'ıbıl) *s.* vergiye tabi.
tax.a.tion (täksey'şın) *i.* 1. **of** -den vergi alma; -e vergi koyma; -i vergilendirme. 2. vergi tahsilatı, vergi.
tax-de.duct.i.ble (täks'didʌk'tıbıl) *s.* vergiden düşülebilen.
tax-ex.empt (täks'igzempt') *s.* vergiden muaf.
tax-free (täks'fri') *s.* vergiden muaf.
tax.i (täk'si) *i.* taksi. *f.* 1. taksiyle gitmek; (birini) taksiyle götürmek. 2. (uçak) pist üzerinde ilerlemek; (uçağı) pist üzerinde ilerletmek. — **driver** taksi şoförü. — **rank** *İng.* taksi durağı. — **stand** taksi durağı.
tax.i.cab (täk'sikäb) *i.* taksi.
tax.i.me.ter (täk'simitır) *i.* taksimetre, taksi saati.
tax.is (täk'sis), *çoğ.* **tax.es** (täk'siz) *i., biyol.* göçüm.
tax.pay.er (täks'peyır) *i.* vergi veren kimse, vergi mükellefi.
TB, tb. *kıs.* tuberculosis.
tea (ti) *i.* 1. çay. 2. çay partisi; çay: She's giving a tea tomorrow. Yarın bir çay partisi verecek. Will you come for tea this afternoon? Bu öğleden sonra çaya gelir misin? It's not my cup of —. *k. dili* O bana göre değil.
teach (tiç) *f.* (**taught**) 1. öğretmek. 2. öğretmenlik yapmak; ders vermek.
teach.er (ti'çır) *i.* öğretmen, hoca.
teach.ing (ti'çing) *i.* 1. öğretme, öğretim. 2. öğreti, ilke.
tea.cup (ti'kʌp) *i.* çay fincanı.
tea.house (ti'haus) *i.* çayevi, çayhane.
teak (tik) *i.* 1. tikağacı, tik. 2. (kereste olarak) tik.
tea.ket.tle (ti'ketıl) *i.* çaydanlık.
team (tim) *i.* 1. takım; ekip; *ask.* tim: Their soccer team's doing well this year. Bu sene onların futbol takımı iyi oynuyor. They're a good team of workers. Onlar iyi bir işçi ekibi. 2. çift; birlikte koşulan birkaç hayvan: a team of mules bir çift katır. a team of four oxen dört öküzden oluşan bir takım. *f.* **up** bir birlik oluşturmak, birlik olmak. — **spirit** takım ruhu, ekip ruhu, ekip halinde çalışma ruhu.
team.work (tim'wırk) *i.* takım çalışması, ekip çalışması.
tea.pot (ti'pat) *i.* çay demliği, demlik.
tear (ter) *f.* (**tore, torn**) 1. yırtmak; yırtılmak: She tore the paper in two. Kâğıdı yırtarak ikiye ayırdı. You've torn a hole in one of your trouser legs. Pantolonunun paçalarından biri bir şeye takılıp yırtılmış. 2. yarmak: It tore a gash in her leg. Bacağını yardı. 3. büyük bir hızla koşmak: He tore down the hall. Koridordan büyük bir hızla koşarak geçti. *i.* yırtık, yırtık yer. — **a place apart** bir yerin birliğini mahvetmek, bir yerdeki birlik duygusunu mahvetmek. — **down** yıkmak. — **into** 1. birdenbire (birine) sözlerle saldırmak. 2. birdenbire (birine) saldırmak. — **off** büyük bir aceleyle gitmek, birdenbire koşmaya başlamak. *f.* **one's hair** 1. çok endişeli olmak, endişe içinde olmak. 2. saçını başını yolmak. — **someone apart** 1. birini çok üzmek; birinin kalbini paramparça etmek. 2. birini paralamak/parçalamak. — **someone (away) from** birini (birinden/bir yerden) ayırmak/zorla ayırmak: It was time to tear myself away from that lovely view. Ne kadar zor da olsa o güzelim manzaradan ayrılmamın zamanı gelmişti. — **someone/something down** birini/bir şeyi şiddetle tenkit etmek/eleştirmek. — **someone up** birini çok üzmek; birinin kalbini paramparça etmek. — **something (away) from** bir şeyi (birinden/bir hayvandan) almak/kapmak. — **something off/out** bir şeyi (bir yerden) (yırtarak) koparmak. — **something open** bir şeyi yırtarak açmak. — **something up** bir şeyi yırtarak parça parça etmek/parçalara ayırmak. **be torn between two choices** iki cami arasında kalmış beynamaza dönmek. **be torn by conflicting emotions** zıt duygular içinde olmak.
tear (tir) *i.* gözyaşı. — **gas** göz yaşartıcı gaz. **be in —s** ağlamak.
tear.ful (tir'fıl) *s.* 1. gözyaşları içinde olan/yapılan, yaşlı gözlerle yapılan. 2. ağlayan, gözyaşı döken. 3. ağlamaklı.
tease (tiz) *f.* 1. şaka yollu takılmak. 2. alay ederek sataşmak. 3. (saçı) (taraklarla) kabartmak. *i.* başkalarına takılmayı seven kimse, takılgan kimse. — **something apart** bir şeyin tellerini lif lif ayırmak.
tea.sel, tea.sle (ti'zıl) *i., bot.* tarakotu.
tea.spoon (ti'spun) *i.* çay kaşığı.
tea.spoon.ful (ti'spunfûl) *i.* çay kaşığı dolusu.

teat (tit, tit) *i.* meme.
tea.zel, tea.zle (ti´zıl) *i., bak.* **teasel.**
tech. *kıs.* **technical, technology.**
tech.ni.cal (tek´nikıl) *s.* 1. teknik. 2. teknik detaylarla dolu (yazı/konuşma). 3. sadece kurallara dayanan; sadece kuralların ayrıntılarına dayanan: **Theirs was only a technical victory.** Onlarınki sadece kurallara dayanan bir zaferdi.
tech.ni.cal.i.ty (teknikäl´iti) *i.* 1. teknik detaylara dayanma. 2. teknik detay. 3. ayrıntı, detay.
tech.ni.cian (tekniş´ın) *i.* tekniker, teknisyen, teknikçi, uygulayımcı.
tech.nique (teknik´) *i.* teknik, yöntem, uygulayım.
tech.noc.ra.cy (teknak´rısi) *i.* teknokrasi.
tech.no.crat (tek´nıkrät) *i.* teknokrat.
tech.nol.o.gy (teknal´ıci) *i.* teknoloji, uygulayımbilim.
ted.dy bear (ted´i) oyuncak ayı.
te.di.ous (ti´diyıs) *s.* sıkıcı, can sıkan; usandırıcı.
te.di.um (ti´diyım) *i.* can sıkıntısı, sıkıntı.
teem (tim) *f.* **with** ile dolu olmak: **This lake's teeming with fish.** Bu gölde balıklar kaynıyor.
teen.age (tin´eyc) *s.* on üç ile on dokuz yaşlar arasındaki devreye ait, gençlere ait.
teen.ag.er (tin´eycır) *i.* on üç ile on dokuz yaşlar arasındaki kimse; genç, delikanlı; genç kız.
teens (tinz) *i., çoğ.* on üç ile on dokuz arasındaki yaşlar.
tee.ny (ti´ni) *s., k. dili* ufacık, minicik.
tee.ny-wee.ny (ti´ni.wi´ni) *s.* minimini, minnacık.
tee.ter (ti´tır) *f.* sendelemek; sallanmak.
tee.ter-tot.ter (ti´tırtatır) *i.* tahterevalli.
teeth (tith) *i., çoğ., bak.* **tooth.**
teethe (tidh) *f.* diş çıkarmak. **teething ring** (bebeklerin dişlerini kaşıması için plastik) halka.
tee.to.tal.er, *İng.* **tee.to.tal.ler** (tito´tılır) *i.* ağzına içki almayan kimse, yeşilaycı.
tel. *kıs.* **telegram, telegraph, telephone.**
tel.a.mon (tel´ıman) *i., mim.* heykelsütun, telamon, atlant.
tel.e.cast (tel´ıkäst) *f.* **(tel.e.cast/—ed)** televizyonla yayımlamak. *i.* televizyon yayını.
tel.e.com.mu.ni.ca.tion (tel´ıkımyunıkey´şın) *i.* telekomünikasyon, uziletişim.
tel.e.gram (tel´ıgräm) *i.* telgraf, telgrafla gönderilen mesaj.
tel.e.graph (tel´ıgräf) *i.* telgraf, telgraf cihazı. *f.* telgraf çekmek; -e (bir mesajı) telgrafla göndermek.
te.leg.ra.pher (tıleg´rıfır), **te.leg.ra.phist** (tıleg´rıfist) *i.* telgrafçı.
tel.e.graph.ic (telıgräf´ik) *s.* 1. telgrafla ilgili; telgraf sistemine ait. 2. çok kısa, veciz.
te.leg.ra.phy (tıleg´rıfi) *i.* telgrafçılık.
tel.e.lens (tel´ılenz) *i.* teleobjektif, uzakçeker.
tel.e.me.ter (tel´ımitır) *i.* telemetre, uzaklıkölçer.

tel.e.ob.jec.tive (teliyıbcek´tiv) *i.* teleobjektif, uzakçeker.
tel.e.ol.o.gy (tiliyal´ıci, teliyal´ıci) *i.* teleoloji, erekbilim.
tel.e.path.ic (telıpäth´ik) *s.* telepatik.
te.lep.a.thy (tılep´ıthi) *i.* telepati, uzaduyum.
tel.e.phone (tel´ıfon) *i.* telefon. *f.* telefon etmek. — **book/directory** telefon rehberi. — **booth** telefon kulübesi. — **central/exchange** santral. — **line** telefon hattı. — **pole** telefon direği. — **switchboard** santral. **be on the** — telefonda olmak/konuşmak. **pay** — jetonlu telefon.
tel.e.pho.to (tel´ıfoto) *i.* — **lens** teleobjektif, uzakçeker.
tel.e.proc.ess.ing (telıpras´esing) *i., bilg.* teleişlem.
tel.e.scope (tel´ıskop) *i.* teleskop, ırakgörür. *f.* 1. (teleskopun elemanları gibi) iç içe geçmek; (bir elemanı) (başka bir elemanın) içine geçirmek. 2. ezilip iç içe geçmek; ezip iç içe geçmek.
tel.e.type (tel´ıtayp) *i.* teletip, teletayp, telem, uzyazar.
tel.e.vise (tel´ıvayz) *f.* televizyonla yayımlamak.
tel.e.vi.sion (tel´ıvijın) *i.* televizyon. — **screen** televizyon ekranı. — **set** televizyon, televizyon alıcısı. — **tube** televizyon tüpü. **be on** — televizyonda olmak; televizyona çıkmak. **watch** — televizyon seyretmek.
tel.ex (tel´eks) *i.* 1. teleks makinesi, teleks. 2. teleksle gönderilen mesaj, teleks. *f.* -e teleksle mesaj göndermek; -e (bir mesajı) teleksle göndermek.
tell (tel) *f.* **(told)** 1. söylemek; anlatmak: **I told her the news.** Ona haberi söyledim. **I told her he was here.** Onun burada olduğunu kendisine söyledim. **Tell me what happened.** Neler olduğunu bana anlat. **She doesn't tell lies.** Yalan söylemez. **Tell me a story!** Bana bir masal anlat! **I told you he'd botch things up, didn't I?** İşleri berbat edeceğini söylemiştim, değil mi? **I can't tell you how vile it was.** Onun ne kadar kötü olduğunu sana anlatamam. **Don't tell me you're now a doctor!** Gerçekten hekim olduğuna inanamam! **To tell you the truth, I can't stand the guy.** Doğrusunu istersen heriften nefret ediyorum. **I won't tell a soul.** Kimseye söylemem. **You can't tell her anything.** Ona hiçbir şey dinletemezsin. **Something tells me we're lost.** Yolumuzu kaybettiğimizi hissediyorum. 2. göstermek; anlatmak: **This book tells you how to fix clocks.** Bu kitap sana saatlerin tamirini öğretir. **The firing of the cannon tells you the fast has ended.** Topun atılması orucun bittiğine işaret ediyor. 3. söylemek, anlamak: **Can you tell whether or not it's malaria?** Sıtma olup olmadığını anlayabildiniz mi? **I can't tell which is which.** Hangisinin hangisi olduğunu kestiremiyorum. 4. söylemek, em-

retmek: **Are you asking me or telling me?** Benden rica mı ediyorsun, yoksa bana emir mi veriyorsun? **I told them to wait.** Beklemelerini söyledim. 5. (bir şey) etkisini göstermek: **Quality always tells.** İyi kalite her zaman kendini belli eder. **The strain was beginning to tell on her.** Sıkıntının izleri onda belirmeye başlıyordu. 6. (bir şey hakkında) emin olmak: **On the other hand he just might win. You never can tell!** Gene de bakarsın galip gelir. Hiç belli olmaz! — **against** (bir şey) (birinin) aleyhinde olmak. — **fortunes** fal açmak/bakmak. — **in someone's favor** (bir şey) birinin lehine olmak. **T— me another one!** k. dili Haydi oradan!/Hadi hadi!/Hadi canım sen de!/Külahıma anlat! — **of** 1. -i anlatmak, -den bahsetmek: **The book tells of his adventures in Albania.** Kitap onun Arnavutluk'taki maceralarından bahsediyor. 2. (bir şeyin) belirtisi olmak: **That garden tells of much thought and care.** O bahçenin epey düşünce ve özenin ürünü olduğu belli. — **on someone** k. dili birinin yaptığı olumsuz bir şeyi (başkasına) söylemek: **He's gone to tell the teacher on me.** Hocaya ne yaptığımı söylemeye gitti. **Don't you tell on me!** Ne yaptığımı kimseye söyleme! — **one to one's face** birinin yüzüne karşı söylemek: **Tell him what you think of him to his face.** Kendisi hakkında ne düşündüğünü yüzüne karşı söyle. — **people/things apart** — insanları/nesneleri birbirinden ayırt etmek. — **someone a thing or two**/— **someone where to get off** k. dili birini haşlamak, birine dünyanın kaç bucak olduğunu göstermek. — **someone off** k. dili birini azarlamak/haşlamak. — **someone's fortune** birinin falına bakmak: **Will you tell her fortune?** Onun falına bakar mısın? — **(the) time** 1. saatin kaç olduğunu anlamak: **Can Sırrı tell the time yet?** Sırrı şimdi saatin kaç olduğunu anlayabiliyor mu? 2. (saat) zamanı göstermek: **This clock doesn't tell the time very well.** Bu saat pek iyi çalışmıyor. **I told you so!** Sana demedim mi? **There's no —ing!** k. dili Hiç belli olmaz!: "**Do you think she'll do it?**" "**There's no telling!**" "Onu yapar mı dersin?" "Hiç belli olmaz!"
tell.er (tel´ır) i. 1. (bankada) veznedar. 2. anlatan/söyleyen kimse, anlatıcı.
tell.ing (tel´ing) s. etkili; etkileyici; çarpıcı.
tell.tale (tel´teyl) i. başkalarının sırlarını açığa vuran kimse. s. durumu/gerçeği açığa vuran (şey): **There was a telltale smudge of lipstick on his collar.** Yakasında durumu açığa vuran bir ruj lekesi vardı.
tel.ly (tel´i) i., İng., k. dili televizyon.
te.mer.i.ty (tımer´ıti) i. cüret, ataklık.

tem.per (tem´pır) f. 1. yumuşatmak, hafifletmek, azaltmak, etkisini azaltmak: **The breeze tempered the sun a bit.** Rüzgâr güneşin etkisini biraz azalttı. 2. **to** -e göre ayarlamak; -e alıştırmak. 3. **with** (bir şeyi katarak) kıvama getirmek. 4. (çeliği) menevişleme işlemine tabi tutmak. 5. (zor bir olay) (birine) güç kazandırmak.
tem.per (tem´pır) i. 1. mizaç, huy, tabiat, yaradılış. 2. menevişleme sonucunda çelikte oluşan sertlik. 3. (bir maddeyi kıvamına getirmek için eklenen) katkı maddesi. **be in a** — öfkesi burnunda olmak. **fly into a** — hemen öfkelenmek. **have a** — çabuk öfkelenen biri olmak: **He's got a temper.** Çabuk öfkelenir. **keep one's** — öfkeye kapılmamak; öfkesini yenmek; itidalini muhafaza etmek. **lose one's** — tepesi atmak, öfkeye kapılmak; itidalini kaybetmek.
tem.per.a.ment (tem´pırımınt, tem´prımınt) i. mizaç, huy, tabiat, yaradılış.
tem.per.a.men.tal (tempırımen´tıl, tempırımen´tıl) s. 1. kaprisli; saati saatine uymayan. 2. yaradılıştan gelen: **He has a temperamental aversion to such people.** Yaradılışı gereği öyle insanlardan hoşlanmaz.
tem.per.ance (tem´pırıns) i. 1. aşırıya gitmeme, aşırılığa kaçmama, ölçüyü aşmama. 2. hiç içki kullanmama.
tem.per.ate (tem´pırit) s. 1. ılımlı, aşırılığa kaçmayan. 2. ılıman. **T— Zone** coğr. Ilıman Kuşak/Bölge.
tem.per.a.ture (tem´pırıçır, tem´prıçır) i. 1. ısı derecesi, derece: **Yesterday Istanbul had a high temperature of 30°C.** Dün İstanbul'daki en yüksek sıcaklık 30°C idi. 2. ısı, sıcaklık, hararet: **What's the temperature of the water?** Suyun ısısı ne? 3. ateş, yüksek vücut ısısı: **You've got a temperature.** Ateşin var. — **inversion** sıcaklık inversiyonu, sıcaklık evrilmesi. **run a** — (birinin) ateşi olmak, vücut ısısı fazla olmak.
tem.pest (tem´pist) i. fırtına; bora.
tem.pes.tu.ous (tempes´çuwıs) s. fırtınalı.
tem.ple (tem´pıl) i. şakak.
tem.ple (tem´pıl) i. tapınak, mabet, ibadethane.
tem.po (tem´po), çoğ. —**s** (tem´poz)/**tem.pi** (tem´pi) i. 1. müz. tempo. 2. tempo, gidiş.
tem.po.ral (tem´pırıl) s. 1. dünyevi, dini olmayan. 2. zamana ait.
tem.po.rar.y (tem´pıreri) s. geçici, muvakkat.
tem.po.rize, İng. **tem.po.rise** (tem´pırayz) f. karar vermeyerek vakit kazanmaya çalışmak, savsaklamak.
tempt (tempt) f. 1. (birini) ayartmaya çalışmak, doğru yoldan saptırmaya çalışmak: **He tempted me with the promise of an earldom.** Bir kontluk vaat ederek beni ayartmaya çalıştı. 2. birinin kendi nefsiyle mücadele etmesine yol açmak:

temptation

The beautiful weather tempted me not even to go to the office. Hava öyle güzeldi ki işe gitmemeyi bile düşündüm. The smell of that cake really tempts me. O kekin kokusu beni gerçekten imrendiriyor. I'm tempted not to go at all. Şeytan diyor ki hiç gitme./Hiç gitmeyesim geliyor. They were tempted to take the money. Akıllarından parayı almak geçti.

temp.ta.tion (temptey´şın) *i.* 1. birinin ayartılmasına yol açabilen şey/kimse, birinin doğru yoldan sapmasına sebep olabilen şey/kimse. 2. birini ayartmaya çalışma; birinin ayartılmasına çalışılma. **give in to —/yield to —** şeytana uymak.
tempt.ing (temp´ting) *s.* çok çekici, çok cazip.
ten (ten) *s.* on. *i.* 1. on, on rakamı (10, X). 2. *isk.* onlu. **the T— Commandments** (Hz. Musa'ya Allah tarafından verilen) On Emir.
ten.a.ble (ten´ıbıl) *s.* savunulabilir; makul.
te.na.cious (tiney´şıs) *s.* 1. bir işin arkasını bırakmayan, bir işten vazgeçmeyen. 2. çok kuvvetli (bağ).
te.nac.i.ty (tinäs´ıti) *i.* bir işin arkasını bırakmama, bir işten vazgeçmeme, kararlılık.
ten.an.cy (ten´ınsi) *i.* 1. (bir yerde) kiracı olma, kiracılık; kiracılık süresi. 2. (bir makamda) memur olma, memurluk; memurluk süresi.
ten.ant (ten´ınt) *i.* kiracı.
tench (tenç) *i.* (*çoğ.* **tench/—es**) *zool.* kilizbalığı.
tend (tend) *f.* 1. **(to)** (birine) bakmak, (birinin) bakımıyla meşgul olmak. 2. **(to)** (hayvana/bitkiye) bakmak. 3. (belirli bir yere) ait işlerle meşgul olmak: **He tends bar in a hotel.** Bir otelde barmenlik yapıyor.
tend (tend) *f.* 1. eğiliminde olmak: **She tends to do the washing on Mondays.** Genellikle çamaşırı pazartesileri yıkıyor. **He tends to exaggerate.** Onun mübalağa etme eğilimi var. 2. -e yol açmak, -e neden olmak: **Such measures tend to promote inflation.** Genellikle böyle önlemler enflasyonu artırır.
ten.den.cy (ten´dınsi) *i.* eğilim, meyil.
ten.der (ten´dır) *s.* 1. kolaylıkla incinen, hassas, duyarlı: **The skin around the wound is very tender.** Yarayı çevreleyen cilt çok hassas. 2. şefkatli, müşfik, sevecen. 3. yumuşak, sert olmayan (et, sebze, meyve v.b.).
ten.der (ten´dır) *i.* müteahhidin sunduğu iş teklifi. *f.* 1. arz etmek. 2. ödemek üzere (para) vermek.
tend.er (ten´dır) *i., d.y.* tender.
ten.der.foot (ten´dırfût), *çoğ.* **—s** (ten´dırfûts)/**ten.der.feet** (ten´dırfit) *i.* acemi çaylak, acemi kimse.
ten.der.heart.ed (ten´dırhar´tid) *s.* yufka yürekli.
ten.der.ize, *İng.* **ten.der.ise** (ten´dırayz) *f.* (eti) yumuşatmak.
ten.der.loin (ten´dırloyn) *i.* fileto.

ten.der.ness (ten´dırnis) *i.* 1. şefkat, sevecenlik. 2. kolaylıkla incinme, hassaslık, duyarlılık, duyarlık. 3. (et, sebze, meyve v.b. için) yumuşaklık, sert olmama.
ten.don (ten´dın) *i., anat.* kiriş.
ten.dril (ten´dril) *i.* asma bıyığı, sülük.
Ten.e.dos (ten´idıs, ten´idôs) *i., tar.* Bozcaada.
ten.e.ment (ten´ımınt) *i.* büyük ve harap apartman.
ten.et (ten´it, *İng.* ti´nit) *i.* prensip, ilke; öğreti.
ten.fold (ten´fold) *s., z.* on kat, on misli.
ten.nis (ten´is) *i.* tenis. **— ball** tenis topu. **— court** tenis kortu. **— player** tenisçi.
ten.on (ten´ın) *i.* zıvana dişi.
ten.or (ten´ır) *i.* 1. genel anlam. 2. gidiş, gidişat, akış: **the tenor of events** olayların akışı. **the tenor of the times** çağın gidişi. 3. *müz.* tenor.
tense (tens) *i., dilb.* fiil zamanı, zaman.
tense (tens) *s.* 1. gergin, gerilmiş. 2. endişeli, stres içinde. 3. stresli, gerilimli. 4. gergin, elektrikli.
ten.sion (ten´şın) *i.* gerilim.
tent (tent) *i.* çadır. **— peg** çadır kazığı. **— pole** çadır direği. **oxygen —** oksijen çadırı.
ten.ta.cle (ten´tıbıl) *i.* dokunaç.
ten.ta.tive (ten´titiv) *s.* 1. kesin olmayan. 2. farazi, deneysel. 3. mütereddit/çekingen/kararsız (bir hareket).
ten.ter.hook (ten´tırhûk) *i.* **be on —s** endişe içinde olmak.
tenth (tenth) *s., i.* 1. onuncu. 2. onda bir.
ten.u.ous (ten´yuwıs) *s.* 1. çok ince (şey). 2. sağlam olmayan, temelleri sağlıksız. 3. müphem, belli belirsiz.
ten.ure (ten´yır) *i.* 1. (toprağa ait) mülkiyet. 2. (belirli bir makamda) bulunma: **I see no reason why there cannot be a joint tenure of the throne.** Tahtın iki hükümdar tarafından paylaşılmasını engelleyebilecek bir neden görmüyorum. 3. memuriyet süresi, memuriyet. 4. (öğretim görevlisinin) kontratı yenilemeden makamında kalma hakkı.
tep.id (tep´id) *s.* ılık.
ter.e.binth (ter´ıbinth) *i., bot.* menengiç, melengiç, terebentinsakızağacı.
term (tırm) *i.* 1. dönem, devre. 2. süre, müddet. 3. terim, ıstılah. 4. *mat.* terim. 5. *çoğ.* (kontrata ait) şartlar, koşullar. *f.* -e ... demek, -e ... adını vermek: **They can't term it stupidity.** Ona aptallık diyemezler. **be on good —s (with)** (biriyle) arası iyi olmak: **Ece's on good terms with Ayşen.** Ece'nin Ayşen'le arası iyi. **be on speaking —s (with)** (biriyle) selamlaşıp konuşmak. **come to —s** mutabık kalmak, anlaşmak. **come to —s with** (kabul edilmesi zor olan bir şeyi) kabul etmek/kabullenmek. **in no uncertain —s** sert bir şekilde/açıkça (söylemek). **in**

—s of 1. ... açıdan: **Don't look at the situation in those terms!** Duruma o açıdan bakma! 2. *k. dili* -e gelince, -ce/-çe: **In terms of money she's well fixed.** Paraca iyi durumda. **in the long —** uzun vadede. **in the short —** kısa vadede. **think in —s of** *k. dili* -i tasarlamak: **You seem to be thinking in terms of a palace.** Sen galiba bir saray yapmayı planlıyorsun. **think of someone/something in —s of** birini/bir şeyi (belirli bir şekilde) düşünmek/görmek: **He only thinks of Fatma in terms of her beautiful body.** Fatma'yı sadece güzel bir vücut olarak görüyor.
ter.mi.nal (tır´mınıl) *s.* 1. ölümcül (hastalık). 2. son veya uçta bulunan. *i.* terminal.
ter.mi.nate (tır´mıneyt) *f.* -e son vermek, -i bitirmek; sona ermek, bitmek.
ter.mi.nol.o.gy (tırmınal´ıci) *i.* terminoloji.
ter.mi.nus (tır´mınıs), *çoğ.* **ter.mi.ni** (tır´mınay)/**—es** (tır´mınısız) *i.* (ulaşım, boru v.b. hattına ait) uç, bitiş veya başlangıç noktası/yeri.
ter.mite (tır´mayt) *i., zool.* akkarınca, termit.
tern (tırn) *i., zool.* denizkırlangıcı.
ter.race (ter´îs) *i.* 1. (evin bitişiğindeki/yakınındaki tabanı döşeli) taraça, teras. 2. (damdaki) taraça, teras. 3. seki, set, taraça, teras. 4. *İng.* sıraevler. 5. *İng.* sıraevlerin bulunduğu sokak. *f.* (bir yamaçta) sekiler yapmak, (yamacı) sekilemek, teraslamak.
ter.rain (tıreyn´, ter´eyn) *i.* arazi, yerey; bölge, mıntıka.
ter.ra.pin (ter´ıpîn) *i.* (bir çeşit) su kaplumbağası.
ter.rar.i.um (tırer´îyım) *i.* teraryum.
ter.res.tri.al (tıres´triyıl) *s.* 1. yeryuvarlağına ait. 2. karasal; karada yaşayan.
ter.ri.ble (ter´ıbıl) *s.* 1. korkunç: **The side effects of this drug are terrible.** Bu ilacın yan etkileri korkunç. 2. çok kötü; berbat: **He's got a terrible cough.** Çok kötü öksürüyor. **His poems are terrible.** Şiirleri berbat. **What terrible weather!** Ne berbat bir hava! **The food was terrible.** Yemekler berbattı.
ter.ri.er (ter´îyır) *i.* terye, teriye.
ter.rif.ic (tırîf´îk) *s.* 1. *k. dili* fevkalade, harika, müthiş, çok güzel. 2. çok sert, çok şiddetli. 3. büyük (hız).
ter.ri.fy (ter´ıfay) *f.* çok korkutmak, dehşete düşürmek.
ter.ri.to.ri.al (terıtôr´îyıl) *s.* belirli bir bölgeye ait. **— waters** karasuları.
ter.ri.to.ry (ter´ıtôri) *i.* (belirli bir devlet, grup, kişi, hayvan v.b.'ne ait) toprak/alan/bölge.
ter.ror (ter´ır) *i.* 1. terör, tedhiş, korku salma. 2. dehşet: **They looked on in terror.** Dehşet içinde seyrettiler. 3. dehşet saçan kimse. **a little —** *k. dili* çok yaramaz/haşarı çocuk, canavar.

ter.ror.ise (ter´ırayz) *f., İng., bak.* **terrorize**.
ter.ror.ism (ter´ırızım) *i.* terörizm, tedhişçilik.
ter.ror.ist (ter´ırîst) *i.* terörist, tedhişçi.
ter.ror.ize, *İng.* **ter.ror.ise** (ter´ırayz) *f.* şiddet kullanarak yıldırmak.
ter.ry (ter´î) *i.* **— cloth** havlu kumaş.
terse (tırs) *s.* kısa ve özlü (söz).
ter.ti.ar.y (tır´şiyeri, tır´şıri) *s.* 1. üçüncü. 2. *kim.* üçüncül, tersiyer. 3. *tıb.* üçüncül, üçüncü derecede olan.
test (test) *i.* 1. sınav, imtihan, test: **French test** Fransızca sınavı. **Rorschach test** Rorschach testi. 2. *tıb.* test, laboratuvar araştırması: **blood test** kan tahlili. 3. *tıb.* (belirli bir) muayene: **eye test** göz muayenesi. 4. deneme, deney: **nuclear tests** nükleer denemeler. **test flight** deneme uçuşu. 5. (bir kanunun) geçerli olup olmadığını öğrenmek için yapılan deneme. *f.* 1. denemek, denemeden geçirmek. 2. sınava sokmak, imtihana tabi tutmak, sınamak. 3. tahlil etmek; ölçmek. 4. (bir kanunun) geçerli olup olmadığını deneme yoluyla öğrenmek. **— match** uluslararası kriket maçı. **— pilot** deneme pilotu. **— someone's patience** birinin sabrını sınamak, birinin sabrının sınırlarını zorlamak. **— tube** deney tüpü. **test-tube baby** tüp bebek. **put someone to the —** birini zora koşmak.
tes.ta.ment (tes´tımınt) *i., huk.* vasiyetname. **the New T—** Hırist. Yeni Ahit. **the Old T—** Hırist. Eski Ahit.
tes.ti.cle (tes´tîkıl) *i., anat.* erbezi, testis, husye, haya.
tes.ti.fy (tes´tıfay) *f.* 1. tanıklık/şahadet/şahitlik etmek; tanıklıkta/şahadette/şahitlikte bulunmak. 2. ispatlamak, kanıtlamak; to -i göstermek.
tes.ti.mo.ni.al (testımo´niyıl) *i.* 1. birinin/birilerinin şükranını simgeleyen şey. 2. referans, bonservis. 3. kanıt, delil. 4. tanıklık, şahadet.
tes.ti.mo.ny (tes´tımoni) *i.* 1. tanıklık, şahadet, ifade. 2. kanıt, delil.
tes.tis (tes´tîs), *çoğ.* **tes.tes** (tes´tiz) *i., anat.* erbezi, testis, husye, haya.
tes.ty (tes´ti) *s.* 1. (ufak şeylere) çabuk kızan, hırçın. 2. sinirlilikten kaynaklanan, hırçın.
tet.a.nus (tet´ınıs) *i., tıb.* tetanos, kazıklıhumma.
tetch.y (teç´i) *s.* alıngan, kırılgan.
tête-à-tête (teyt´îteyt´) *i.* sadece iki kişi arasında geçen sohbet/konuşma. *z.* baş başa. **find oneself — with** kendini (biriyle) baş başa bulmak.
teth.er (tedh´ır) *i.* hayvanın sınırlı bir alan içinde serbestçe hareket etmesini sağlayan ip. *f.* (hayvana) böyle bir ip bağlamak. **be at the end of one's —** çok zor bir durumda olmak, ne yapacağını şaşırmış olmak.
text (tekst) *i.* metin, tekst.
text.book (tekst´bûk) *i.* ders kitabı.

a	ä	e	ı	i	î	ô	o	û	u	ʌ	ıl	ım	ın	ır	ng	ngg	ngk
car	cat	met	above	heal	his	dog	so	good	do	up	couple	prism	demon	burn	ring	finger	ink

textile 492

tex.tile (teks´til, teks´tayl) *i.* dokuma, tekstil. — **industry** tekstil/mensucat sanayii.
tex.tu.al (teks´çuwıl) *s.* 1. metne ait. 2. kelimesi kelimesine.
tex.ture (teks´çır) *i.* 1. doku. 2. özyapı, karakter. 3. (belirli bir) nitelik, özellik. 4. (sıvı için) kıvam.
Thai (tay) *i.* 1. (*çoğ.* **—s/Thai**) Tay. 2. Tayca. *s.* 1. Tay. 2. Tayca.
Thai.land (tay´länd) *i.* Tayland. **—er** *i.* Taylandlı.
than (dhän, dhın) *bağ.* 1. -den ...: **She likes him better than you.** Onu senden daha fazla seviyor. **Kumru's more beautiful than she.** Kumru ondan güzel. **Can you work faster than Elmas?** Elmas'tan hızlı çalışabilir misin? **I know no one more talkative than you.** Senden daha konuşkan bir kimse tanımıyorum. **That's easier said than done.** Onu söylemek, yapmaktan daha kolay./Onu söylemek başka, yapmak başka. **We've more than doubled our output.** Üretimimizi iki katın üstüne çıkardık. **It's better than nothing.** Hiç yoktan iyi. **Have you seen anyone other than him?** Ondan başkasını gördün mü? **There's no more than three left.** Üç taneden fazla kalmadı. 2. -mektense: **I'd rather die than go there.** Oraya gitmektense ölmeyi tercih ederim.
thank (thängk) *f.* teşekkür etmek. **T— God!** Allaha şükür!/Şükür Allaha! **T— goodness!** Çok şükür!/Şükürler olsun! **T— heaven!** Çok şükür! **T— you.** Teşekkür ederim./Sağ olun./Mersi. **have oneself to — for** (bir şeyin) suçlusu olmak: **If she didn't — succeed, she's only got herself to thank for it!** Başarılı olamadıysa suçlu olan sadece kendisi! **have someone to — for** (bir şey için) (birine) borçlu olmak: **We've him to thank for this.** Bunun için ona borçluyuz. **I'll — you to keep out of this!** Bu işe burnunu sokmazsan iyi olur! **You can — your lucky star it wasn't you!** Sen olmadığın için talihine şükret!
thank.ful (thängk´fıl) *s.* 1. minnet dolu, şükran dolu; minnettar, müteşekkir. 2. memnun: **I'm thankful she wasn't there then.** İyi ki o zaman orada değildi o.
thank.less (thängk´lis) *s.* 1. kimsenin takdir etmediği, takdire layık görülmeyen (iş): **That's a thankless task.** Öyle bir iş ki onu yapana teşekkür etmek kimsenin aklından geçmez. 2. nankör (kimse).
thanks (thängks) *i., çoğ.* **T—!** *k. dili* Teşekkürler!/Mersi! **T— a lot!/Many —!** Çok teşekkürler!/Çok mersi! **— to** sayesinde: **Thanks to you we've gotten this done.** Sayende bunu bitirdik. **express one's — (to)** (birine) minnettar/müteşekkir olduğunu belirtmek, şükranlarını ifade etmek. **offer/return —** Allaha şükretmek, Allaha şükranlarını sunmak.
thanks.giv.ing (thängks.giv´ing) *i.* şükran, şükür,

şükretme. **T— Day** Şükran günü.
Tha.si.an (they´şın, they´şiyın) *i.* Taşozlu. *s.* 1. Taşoz, Taşoz'a özgü. 2. Taşozlu.
Tha.sos (they´sıs, tha´sôs) *i.* Taşoz.
that (dhät, dhıt) *zam.* (*çoğ.* **those**) 1. o, şu: **Did you see that?** Onu gördün mü? **This is a verbena and that's a lantana.** Bu mineçiçeği, o da ağaçminesi. **After that he went to bed.** Ondan sonra yatağa girdi. **The best yarn is that spun by hand.** En iyi iplik elle bükülendir. **He's one of those who think that they know everything.** Her şeyi bildiğini zannedenlerden biri o. 2. öyle: **"Is he clever?" "That he is."** "Zeki mi?" "Öyledir." 3. ki: **I'd like to see the cow that jumped over the moon, please.** Ayın üzerinden atlayan ineği görmek istiyorum, lütfen. **Are you the man that invented the cotton gin?** Çırçırı icat eden adam siz misiniz? *s.* (*çoğ.* **those**) o: **Where's that cat?** O kedi nerede? **I like those houses.** O evler hoşuma gidiyor. *bağ.* ki: **He's drunk so much that he can't see straight.** O kadar içti ki doğru dürüst göremiyor. **He made it clear that he wouldn't come.** Gelmeyeceğini açık seçik belirtti. **She can come provided that she doesn't make trouble.** Mesele çıkartmaması şartıyla gelebilir. **I am sorry that you should think so.** Böyle düşündüğünüzden dolayı üzgünüm. **T— is to say ....:** **That is to say you're not coming?** Yani gelmiyorsun, öyle mi? **T—'s life!** İşte hayat böyle! **T—'s that!** Mesele kapandı!/Bitti bu iş!/Tamam, bitti!
thatch (thäç) *i.* 1. (dam örtüsü olarak kullanılan) saz/saman. 2. *k. dili* gür saçlar.
thaw (thô) *f.* (donmuş şey) erimek, çözülmek.
the (ünsüzlerden önce dhı, ünlülerden önce dhi/dhî) *Belirli durumlarda isimden önce kullanılır:* **The mail hasn't come yet.** Posta henüz gelmedi. **Where's the school?** Okul nerede? **Which of you's the boss?** Hanginiz patron? **The more I get to know them the better I like them.** Onları tanıdıkça daha çok seviyorum.
the.a.ter, *İng.* **the.a.tre** (thi´yıtır) *i.* tiyatro.
the.at.ri.cal (thiyät´rikıl) *s.* 1. tiyatroya ait. 2. doğal olmayan, abartılı, teatral.
theft (theft) *i.* hırsızlık, çalma.
the.ine (thi´yin, thi´yin) *i.* tein.
their (dher) *s.* onların.
theirs (dherz) *zam.* onlarınki.
the.ism (thi´yizım) *i.* teizm, Tanrıcılık.
them (dhem, dhım) *zam.* onları; onlara.
theme (thim) *i.* tema, tem.
them.selves (dhemselvz´, dhımselvz´) *zam.* kendileri; kendilerini; kendilerine.
then (dhen) *z.* 1. o zaman: **We were young then.** O zaman gençtik. **They'll have come by**

th	dh	w	hw	b	c	ç	d	f	g	h		j		k	l	m	n	p	r	s	ş	t	v	y	z
thin	the	we	why	be	joy	chat	ad	if	go	he	regime	key	lid	me	no	up	or	us	she	it	via	say	is

then. O zamana kadar gelmiş olacaklar. **What'll happen then?** O zaman ne olacak? 2. ondan sonra, sonra: **Finish your homework and then you can go to the movie.** Ev ödevini bitir, sonra sinemaya gidebilirsin. 3. o halde, o durumda, o zaman: **Go to the party yourself; then you won't have to worry.** Partiye kendin git; o zaman endişe etmene gerek kalmayacak. **If he didn't do it then who did?** Kendisi yapmadıysa o halde kim yaptı?
thence (dhens) z. 1. oradan, o yerden. 2. o yüzden, ona dayanarak.
the.oc.ra.cy (thiyak´rısi) i. teokrasi, dinerki.
the.o.crat.ic (thiyıkrät´ik) s. teokratik, dinerkil.
the.o.lo.gian (thiyılo´cın) i. ilahiyatçı, Tanrıbilimci, teolog.
the.ol.o.gy (thiyal´ıci) i. ilahiyat, Tanrıbilim, teoloji.
the.o.rem (thi´yırım, thir´ım) i., mat., man. teorem, kanıtsav.
the.o.ret.ic (thiyıret´ik), **the.o.ret.i.cal** (thiyıret´ikıl) s. teorik, kuramsal.
the.o.rise (thi´yırayz) f., İng., bak. **theorize.**
the.o.rist (thi´yırist) i. kuramcı.
the.o.rize, İng. **the.o.rise** (thi´yırayz) f. kuram ortaya koyma.
the.o.ry (thi´yırı, thir´i) i. teori, kuram.
ther.a.peu.tic (therıpyu´tik) s. tedavi edici, sağaltıcı.
ther.a.pist (ther´ıpist) i. terapist, sağaltımcı.
ther.a.py (ther´ıpi) i. tedavi, terapi, sağaltım: **shock therapy** şok tedavisi.
there (dher) z. 1. orada; oraya: **They're staying over there tonight.** Bu gece orada kalacaklar. **Why'd you go there?** Niçin oraya gittin? 2. İşte ...: **There she goes!** İşte gidiyor! zam. 1. Öznesi fiilden sonra gelen cümlenin başında kullanılır: **There's a fly in the ointment.** Merhemde sinek var. **There's no telling when they'll be back.** Onların ne zaman döneceği hiç belli olmaz. 2. Birinin ismi yerine kullanılır: **Hi there!** Merhaba! i. ora (Edatla birlikte kullanılır.): **Are you from there?** Siz oralı mısınız? s. oradaki: **Those there are not for sale.** Oradakiler satılık değil. ünlem 1. Tamam!: **There now, it's done.** Tamam, bitti. 2. İşte!: **There, I told you so, didn't I?** İşte, sana demedim mi? **T—, there.** Üzülme böyle. **T— you are!** k. dili İşte!: **There you are! A new mink coat!** İşte sana yeni bir vizon palto! **There you are! Didn't I tell you you were wrong?** İşte! Sana yanıldığını söylemedim mi? **T— you go!** k. dili 1. İşte!: **There you go, meddling in other people's business again!** İşte gene işgüzarlık yapıyorsun. 2. Buyur! (Birine bir şey verirken söylenir.): **There you go!** I hope you enjoy it! Buyur! Afiyet olsun! **be — var** olmak: **Two hours later the pain was still there.** İki saat sonra hâlâ ağrı vardı. **She's always there when you need her.** Ne zaman ihtiyacın olsa yardıma hazırdır. **I don't think he's all —.** k. dili Bence bir tahtası eksik. **So —! k. dili ... işte!** (Kızgınlıkla söylenen bir sözü pekiştirmek için kullanılır.): **Furthermore, I shall have your electricity cut off. So there!** Elektriğini de kestireceğim işte! **We'll eat whatever — is.** Ne varsa onu yiyeceğiz.
there.a.bouts (dher´ıbauts), **there.a.bout** (dher´ıbaut) z. 1. o civarda; o civardaki: **The mountains thereabouts are beautiful.** O civardaki dağlar güzel. 2. ona yakın bir zamanda/tarihte: **She came at six o'clock or thereabouts.** Saat altıda veya altı sularında geldi. 3. ona yakın bir miktarda.
there.af.ter (dheräf´tır) z. sonra; ondan sonra.
there.by (dherbay´) z. 1. öylece, öylelikle, o suretle. 2. onunla ilgili: **Thereby hangs a tale.** Onunla ilgili bir hikâye var.
there.fore (dher´fôr) z. o yüzden, o nedenle.
there.up.on (dherıpan´) z. 1. onun üzerine. 2. hemen, derhal.
ther.mal (thır´mıl) s. ısıl, termik. **— spring** (sıcak) kaynarca. **— waters** termal sular.
ther.mo.chem.is.try (thırmokem´istri) i. termokimya.
ther.mo.dy.nam.ics (thırmodaynäm´iks) i. termodinamik.
ther.mo.e.lec.tric (thırmo.ilek´trik) s. termoelektrik.
ther.mo.e.lec.tric.i.ty (thırmo.ilektris´iti) i. termoelektrik.
ther.mom.e.ter (thırmam´ıtır) i. termometre, sıcaklıkölçer, sıcakölçer.
ther.mo.nu.cle.ar (thırmonu´kliyır) s. termonükleer.
ther.mos (thır´mıs) i. termos. **— bottle** termos.
ther.mo.sphere (thır´mısfir) i. ısıyuvarı, termosfer.
ther.mo.stat (thır´mıstät) i. termostat, ısıdenetir.
the.sau.rus (thısôr´ıs), çoğ. **the.sau.ri** (thısôr´ay)/**—es** (thısôr´ısız) i. eşanlamlılar sözlüğü; kavramlar dizini.
these (dhiz) (tek. **this**) zam. bunlar. s. bu: **These apples aren't ripe.** Bu elmalar olgun değil.
the.sis (thi´sis), çoğ. **the.ses** (thi´siz) i. 1. (yazılı eser olarak) tez. 2. fels. tez, sav.
they (dhey) zam. onlar: **So they're saying "If only he were here!"** Demek "Keşke burada olsaydı," diyorlar.
they'd (dheyd) kıs. 1. they had. 2. they would.
they'll (dheyl) kıs. they will/shall.
they're (dher) kıs. they are.
they've (dheyv) kıs. they have.
thick (thik) s. 1. kalın: **a thick layer** kalın bir tabaka. **This stratum's two meters thick.** Bu tabaka iki metre kalınlığında. **—.** koyu; yoğun, kesif: **thick yogurt** koyu yoğurt. **thick fog** yoğun sis. 3. sık olan, sık; ağaçları/çalıları sık olan (orman). 4. çok, dolu: **On that beach the shells were thick.** O sahilde deniz kabukları çoktu. 5.

k. dili kalın kafalı, gabi. 6. *k. dili* sıkı fıkı, canciğer, samimi. 7. boğuk, kısık (ses). 8. *k. dili* (içkiden dolayı) serseme dönmüş ve ağrılar içinde olan (kafa). *z.* 1. kalın bir halde, kalınca. 2. çok miktarda, çok. **— accent** koyu şive. **be as — as thieves** *k. dili* sıkı fıkı olmak, canciğer kuzu sarması olmak. **be — with** 1. ile kaplı olmak: This table's thick with dust. Bu masa toz içinde. The courtyard was thick with smoke. Avlu duman içindeydi. 2. çok miktarda bulunmak, kaynamak: The house was thick with fleas. Ev pire kaynıyordu. **in the — of** the battle muharebenin en şiddetli yerinde. **It's a bit — of you to ask me to do this, isn't it?** Benden bunu istemen biraz fazla, değil mi? **lay/spread/pour it on —** 1. fazlasıyla övmek. 2. fazlasıyla eleştirmek, (birinde) fazlasıyla kabahat bulmak. 3. fazlasıyla bahane ileri sürmek. **through — and thin** iyi günde kötü günde, iyi günde kara günde, olumlu olumsuz her durumda.

thick.en (thik´ın) *f.* 1. kalınlaştırmak; kalınlaşmak. 2. koyulaştırmak; yoğunlaştırmak; koyulaşmak; yoğunlaşmak.

thick.et (thik´it) *i.* sık çalılık.

thick.ness (thik´nis) *i.* 1. kalınlık. 2. koyuluk; yoğunluk. 3. tabaka, katman.

thick.set (thik´set´) *s.* 1. kalın yapılı (kimse). 2. sık dikilmiş, birbirine çok yakın dikilmiş (bitkiler).

thick-skinned (thik´skind´) *s.* vurdumduymaz.

thief (thif), *çoğ.* **thieves** (thivz) *i.* hırsız.

thieve (thiv) *f.* hırsızlık yapmak.

thiev.er.y (thi´vıri) *i.* hırsızlık.

thiev.ish (thi´viş) *s.* 1. hırsızlık yapan; hırsızlık yapmaya eğilimli. 2. hırsızvari; hırsız gibi.

thigh (thay) *i.* but; uyluk.

thim.ble (thim´bıl) *i.* 1. yüksük. 2. *den.* radansa.

thim.ble.flow.er (thim´bıl.flauwır) *i., bot.* yüksükotu.

thin (thin) *s.* 1. ince, kalın olmayan. 2. zayıf, kuru; sıska. 3. fazlasıyla ince, içine su katılmış gibi (sıvı). 4. az, seyrek (bir topluluk): **a thin crowd** az bir kalabalık. 5. hafif (sis/duman/toz). 6. zayıf, yetersiz; inandırıcı olmayan: **a thin excuse** zayıf bir bahane. **a thin possibility** zayıf bir ihtimal. **appear out of — air** birdenbire ortaya çıkmak, birdenbire peyda olmak, peydahlanıvermek, peydahlayıvermek. **be/skate on — ice** tehlikeli/çok rizikolu bir durumda bulunmak. **spread oneself —** bir sürü işle meşgul olmak, kırk tarakta bezi olmak. **spread something —** bir şeyi ince bir tabaka halinde sürmek. **vanish into — air** sırra kadem basmak. **wear —** 1. aşınıp incelmek, aşınmak, incelmek. 2. (sabır) tükenmek, azalmak. 3. (şaka v.b.) sıkıcı olmaya başlamak.

thin (thin) *f.* **(—ned, —ning)** 1. (sıvıyı) inceltmek. 2. (bitkileri) seyreltmek. 3. (saç) seyrelmek. **— down/out** (kalabalık) azalmak.

thine (dhayn) *s., eski* senin. *zam., eski* seninki.

thing (thing) *i.* 1. şey, nesne: **What's that thing?** O ne? **How do you start the thing?** Bunu nasıl çalıştırıyorsun? **Get that thing out of here this minute!** Onu buradan hemen çıkar! 2. şey, olay: **A funny thing happened to me this morning.** Bu sabah bana tuhaf bir şey oldu. 3. (soyut) şey: **What a nice thing to say!** Ne nazik bir söz! 4. şey, konu, mevzu: **I only want to talk about two things.** Sadece iki şeyden söz etmek istiyorum. 5. insan, kişi: **Poor little thing!** Zavallıcık! 6. giysi: **Where have you put your winter things?** Kışlık giysilerini nereye koydun? 7. *çoğ.* işler: **How are things going at the office?** Ofisteki işler nasıl? 8. *çoğ.* ilişkiler: **How are things between you and Meltem?** Meltem'le aranız nasıl? 9. *çoğ.* eşya: **Where can I store all these things?** Tüm bu eşyaları nerede saklayabilirim? **be a — of the past** (bir şey) artık geçmişte bir şey olmak. **do one's own —** *k. dili* başkalarına pek aldırış etmeden kendi seçtiği bir yolda gitmek. **For one — ..., and for another ...:** Sebepler sıralanırken kullanılır: I don't want to go. For one thing it's too cold, and for another I'm tired. Gitmek istemiyorum. Evvela dışarısı fazla soğuk, ayrıca yorgunum. **have a — about** 1. -i hiç sevmemek, -den nefret etmek. 2. -i çok sevmek. **It's a sure —!** *k. dili* Yüzde yüz olacak bir şey!/Sağlam bir iş bu! **It's just the —!** *k. dili* Tam aradığımız şey! **see — s** hayal görmek. **Sure —!** *k. dili* Tabii!/Hay hay! **tell someone a — or two** *k. dili* birine çıkışmak.

thing.a.ma.bob (thing´ımıbab), **thing.a.ma.jig** (thing´ımıcig) *i., k. dili* şey, zımbırtı, zırıltı.

think (thingk) *f.* **(thought)** 1. düşünmek: **Shut up! I'm thinking.** Sus! Düşünüyorum. **What are you thinking?** Neyi düşünüyorsun? **I'm thinking how ridiculous this is.** Bunun ne kadar gülünç olduğunu düşünüyorum. **I don't think it'll happen.** Bence olmayacak. **I think I'll get some fresh air.** Biraz hava alsam iyi olur. **I think I'll take a walk.** Ben bir yürüyüşe çıkayım. 2. zannetmek, sanmak, beklemek, ummak: **He thinks he's something.** Kendini bir şey zannediyor. **Who would have thought they'd choose that novel?** O romanı seçeceklerini kim beklerdi? **You'd think he was the priest.** Onun papaz olduğunu zannederdin. 3. inanmak, aklına sığdırmak, aklı almak: **I can't think they're building their house there.** Onların orada ev yapmasını aklıma sığdıramıyorum. 4. saymak, addetmek: **Do as you think fit.** Nasıl uygun görüyorsanız öyle yapın. **If you think it's worth doing then do it!** Yapmaya değer diye

düşünüyorsan yap. **— about** 1. -i düşünmek, -i aklına getirmek: **Do you ever think about me?** Beni hiç düşünüyor musun? 2. -i uzun uzun düşünmek, -i iyice düşünmek. 3. aklına gelmek; (bir şey yapmayı) düşünmek, tasarlamak: **We thought about doing that.** Onu yapmayı düşündük. 4. hakkında düşünmek: **What does Gani think about it?** Gani onun hakkında ne düşünüyor? **— back on** -i aklına getirmek, -i hatırlamak. **— better of** (bir şeyin akıl kârı olmadığını düşünerek) -den vazgeçmek. **— highly of** -e saygı duymak/beslemek. **— much of** -e göre pek iyi/değerli olmak: **I don't think much of him.** Benim gözümde pek değerli biri değil. **— nothing of** 1. (bir şey) -in gözünde büyük bir iş olmamak, -e göre mesele olmamak: **He thinks nothing of running five kilometers a day.** Onun için günde beş kilometre koşmak işten bile değil. 2. (birini) hiçe saymak. **T— nothing of it!** *k. dili* Bir şey değil!/Önemli değil! **— of** 1. aklına gelmek; (bir şey yapmayı) düşünmek, tasarlamak: **We're thinking of moving to Rize.** Rize'ye taşınmayı düşünüyoruz. 2. hakkında düşünmek: **What do you think of him?** Onun hakkında ne düşünüyorsun? 3. -i hesaba katmak, -i düşünmek: **You must think of your family as well.** Aileni de düşünmen lazım. 4. -i düşünmek, -i aklına getirmek: **Just think of it!** Onu bir düşün! **— of someone/something as** birini/bir şeyi ... olarak düşünmek: **She never thought of herself as an artist.** Kendini hiç ressam olarak düşünmedi.
think.er (thîngk´ır) *i.* düşünür.
think.ing (thîngk´îng) *i.* düşünme; düşünüş. *s.* düşünen. **to my way of —** bence, bana göre.
thin.ner (thîn´ır) *i.* tiner; inceltici.
thin-skinned (thîn´skînd´) *s.* alıngan, kırılgan.
third (thırd) *s., i.* 1. üçüncü. 2. üçte bir. *z.* üçüncü olarak. **give someone the — degree** 1. birini konuşturmak için işkence yapmak. 2. birini sıkı bir sorguya çekmek. **the T— World/the — world** Üçüncü Dünya.
third-rate (thırd´reyt´) *s.* kalitesi çok düşük, tapon, üçüncü sınıf.
Third-World, third-world (thırd´wırld´) *s.* Üçüncü Dünya'ya ait: **Third-World Countries** Üçüncü Dünya Ülkeleri.
thirst (thırst) *i.* 1. susuzluk hissi, susuzluk hissetme. 2. arzu, istek. *f.* **for** -i çok arzu etmek, -i çok istemek, -e susamak. **quench one's —** susuzluğunu gidermek.
thirst.i.ly (thırs´tıli) *z.* kana kana.
thirst.y (thırs´ti) *s.* 1. susamış. 2. kurak. **be — susamak: I'm thirsty.** Susadım. **be — for** -i çok istemek, -e susamak. **make someone —** birini susatmak.

thir.teen (thır´tin´) *s.* on üç. *i.* on üç, on üç rakamı (13, XIII). **—th** *s., i.* 1. on üçüncü. 2. on üçte bir.
thir.ty (thır´ti) *s.* otuz. *i.* otuz, otuz rakamı (30, XXX). **thirtieth** *s., i.* 1. otuzuncu. 2. otuzda bir.
this (dhîs) *zam., s.* (*çoğ.* **these**) bu. **It was like —.** Böyleydi.
this.tle (thîs´ıl) *i., bot.* eşekdikeni; devedikeni.
thith.er (thîdh´ır, dhîdh´ır) *z.* oraya.
thole (thol), **thole.pin** (thol´pîn) *i.* (kürek takılan) ıskarmoz.
thong (thông, thang) *i.* 1. sırım. 2. tokyo; (tokyo biçimindeki) terlik: **Where are my thongs?** Tokyolarım nerede?
tho.rax (thor´äks), *çoğ.* **—es** (thor´äksiz)/**tho.ra.ces** (thor´ısiz) *i., anat.* göğüs, toraks.
thorn (thôrn) *i.* 1. diken. 2. alıç. 3. (hakiki) akasya. 4. çok dikenli çalı/ağaç. **— apple** 1. tatula, şeytanelması. 2. alıç.
thorn.y (thôr´ni) *s.* 1. dikenli. 2. çok zor, çok sıkıntılı.
thor.ough (thır´o, thır´ı) *s.* 1. tam, esaslı: **a thorough piece of research** esaslı bir araştırma. 2. esaslı iş yapan (kimse). 3. tam: **He's a thorough idiot.** Tam bir dangalak.
thor.ough.bred (thır´obred) *s.* safkan. *i.* safkan at, safkan.
thor.ough.fare (thır´ofer) *i.* yol, geçit.
thor.ough.go.ing (thır´ogowîng) *s.* 1. tam, esaslı. 2. tam: **a thoroughgoing aristocrat** tam bir aristokrat.
those (dhoz) *zam., s., çoğ., bak.* **that.**
thou (dhau), *çoğ.* **ye** (yi) *zam., eski* sen (*-in hali* **thy, thine;** *-i hali* **thee;** *çoğ., -in hali* **your;** *çoğ., -i hali* **you**).
though (dho) *bağ.* 1. -diği halde, ise de; -e rağmen/karşın: **Though they know he's a fool, they still like him.** Aptal olduğunu bilmelerine rağmen onu seviyorlar. 2. fakat: **It's a beautiful, though unimaginative, building.** Güzel fakat özgünlükten yoksun bir bina. *z.* yine de, gene de, bununla beraber: **That's no excuse, though, for violence.** Yine de şiddete başvurmaya bir mazeret değil. **They praise him for it though.** Yine de onun için kendisini övüyorlar. **as —** sanki, ... gibi, -cesine: **We behaved as though we'd known each other for years.** Yıllardır tanışırmış gibi davrandık. **It was as though he'd never seen me before.** Sanki daha önce beni hiç görmemişti. **It's as though we're in a jungle.** Sanki cengeldeyiz.
thought (thôt) *f., bak.* **think.**
thought (thôt) *i.* 1. düşünme: **He was lost in thought.** Düşünceye dalıp gitmişti. 2. düşünce, fikir. 3. felsefe: **French thought** Fransız felsefesi. **give something some —** bir şeyi iyice

düşünmek. give up — of -i aklından çıkarmak. **have no — of** ... hiç aklından geçmemek, -e hiç niyeti olmamak: **He'd had no thought of becoming a teacher.** Öğretmen olmak hiç aklından geçmemişti. **have second —s (about)** (daha önce verilen bir karar hakkında) tereddüt etmeye başlamak. **on second — 1.** Yok, ... *(Az önce verilmiş bir karardan vazgeçince söylenir.):* **On second thought, let's not go.** Yok, gitmeyelim. **2.** Düşündüm de ...: **On second thought, maybe you should buy that house.** Düşündüm de, o evi alsan iyi olur galiba. **read someone's —s** birinin düşüncesini okumak.
thought.ful (thôt´fıl) *s.* **1.** düşünceli, anlayışlı, başkalarını düşünen, nazik. **2.** düşünceli, düşünceye dalmış.
thought.less (thôt´lis) *s.* düşüncesiz, başkalarını düşünmeyen, nezaketsiz. **be — of/for** -i hiç düşünmemek: **Don't be thoughtless of the future!** Geleceği düşün!/Geleceği düşünmezlik etme!
thou.sand (thau´zınd) *s.* bin. *i.* bin, bin rakamı (1000, M). **—fold** *s., z.* bin kat, bin misli. **—th** *s., i.* **1.** bininci. **2.** binde bir.
Thrace (threys) *i.* Trakya.
Thra.cian (threy´şın) *i.* Trakyalı. *s.* **1.** Trakya, Trakya'ya özgü. **2.** Trakyalı.
thrash (thräş) *f.* **1.** (birini) dövmek. **2.** büyük bir yenilgiye uğratmak. **— about** (hummalı bir hasta gibi) çırpınıp durmak. **— something out** bir şeyi tartışarak halletmek.
thrash.ing (thräş´ing) *i.* **1.** dayak, dövme. **2.** büyük yenilgi/mağlubiyet.
thread (thred) *i.* **1.** iplik. **2.** (vidada) yiv. *f.* **1.** -e iplik geçirmek: **Will you thread this needle, please?** Lütfen bu iğneye iplik geçirir misiniz? **2.** film şeridini (projeksiyon makinesine) takmak. **— one's way through** (bir yerden) zorla/dikkatle geçmek.
thread.bare (thred´ber) *s.* **1.** (yıpranarak) tel tel olmuş/havı dökülmüş (kumaş, halı v.b.). **2.** yıpranmış giysiler içinde olan.
thread.worm (thred´wırm) *i., zool.* sivrikuyruk, oksiyür.
threat (thret) *i.* **1.** tehdit, korkutma, gözdağı. **2.** tehlike: **This poses a threat to our silk industry.** İpek sanayimiz için bir tehlike bu.
threat.en (thret´ın) *f.* **1.** tehdit etmek, korkutmak, gözdağı vermek. **2.** -e işaret etmek, -in habercisi olmak: **These clouds are threatening rain.** Bu bulutlar yağmura işaret ediyor.
three (thri) *s.* üç. *i.* **1.** üç, üç rakamı (3, III). **2.** *isk.* üçlü. **—fold** *s.* **1.** üç bölümden oluşan. **2.** üç kat, üç misli. *z.* üç kat, üç misli.
three-di.men.sion.al (thri´dîmen´şınıl) *s.* üç boyutlu.
three.some (thri´sım) *i.* üçlü.

thresh (threş) *f.* (harman) dövmek. **—ing floor** harman yeri. **—ing machine** harman dövme makinesi.
thresh.er (threş´ır) *i.* **1.** harmanı döven kimse. **2.** harman dövme makinesi.
thresh.old (threş´old, threş´hold) *i.* (kapıya ait) eşik.
threw (thru) *f., bak.* **throw.**
thrice (thrays) *z., eski* üç kere.
thrift (thrift) *i.* tutum, ekonomi, idare.
thrift.y (thrif´ti) *s.* tutumlu, idareli.
thrill (thril) *f.* çok heyecanlandırmak; büyük heyecan duymak. *i.* büyük heyecan.
thrill.er (thril´ır) *i., k. dili* çok heyecan verici ve süspans dolu kitap/film/piyes.
thrill.ing (thril´ing) *s.* çok heyecan verici, nefes kesici.
thrips (thrips) *i. (çoğ.* **thrips)** *zool.* kirpikkanatlı böcek, kirpikkanatlı.
thrive (thrayv) *f.* **(throve/—d, —d/—n) 1.** çok iyi gelişmek/büyümek: **These geraniums are thriving.** Bu sardunyalar çok iyi gelişiyor. **2.** (işler) çok iyi gitmek, tıkırında olmak. **— on** (bir şey) (birine/bir şeye) iyi gelmek: **She seems to thrive on hard work.** Çok çalışmak ona iyi geliyor galiba.
throat (throt) *i.* boğaz, gırtlak. **bring a lump to someone's — 1.** birini çok duygulandırmak. **2.** birinin yüreğini burkmak. **cut one's own — *k. dili*** kendi kendine zarar vermek, bindiği dalı kesmek. **get a lump in one's — 1.** çok duygulanmak. **2.** boğazı düğümlenmek. **have a sore —** boğazı ağrımak/yanmak, anjin olmak. **jump down someone's —** *k. dili* birini sert bir şekilde azarlamak, birini haşlamak, birine sapartayı vermek. **ram someone/something down someone's —** *k. dili* birini/bir şeyi birine zorla kabul ettirmek, birinin gırtlağına basarak birini/bir şeyi kabul ettirmek.
throb (thrab) *f.* **(—bed, —bing) 1.** zonklamak. **2.** (kalp) çarpmak, hızla vurmak. **3.** (makine) hafif bir hırıltıyla durmadan işlemek/çalışmak. *i.* **1.** zonklama. **2.** (kalbe ait) çarpıntı.
throes (throz) *i., çoğ.* çalkantılar, keşmekeş, kargaşa: **The country's in the throes of a revolution.** Ülke bir devrimin çalkantılarını yaşıyor. **be in the — of death** can çekişmek.
throm.bo.sis (thrambo´sis), *çoğ.* **throm.bo.ses** (thrambo´siz) *i., tıb.* tromboz.
throne (thron) *i.* taht. **accede to the —** tahta çıkmak.
throng (thrông) *i.* kalabalık. *f.* kalabalık bir halde ilerlemek/gitmek/gelmek/toplanmak/beklemek: **People were thronging the streets.** Sokaklar insanlarla dolup taşıyordu.
throt.tle (thrat´ıl) *i.* (motorda) klape, kelebek. *f.* **1.** boğmak. **2.** klapeyle (bir şeyin) akışını kısmak. **3. down** klapeyle (aracın) hızını azaltmak.

through (thru) *edat* 1. -den, içinden, bir yanından öbür yanına: **He walked through the building.** Binanın içinden yürüdü. **He came in through the chimney.** Bacadan içeriye girdi. 2. arasından: **I peered out through the leaves but could see nothing.** Yaprakların arasından dışarıya baktım fakat hiçbir şey göremedim. 3. aracılığıyla, vasıtasıyla: **I purchased it through a real estate agent.** Bir emlakçi vasıtasıyla aldım onu. **He spoke through an interpreter.** Tercüman aracılığıyla konuştu. 4. yüzünden; sayesinde: **It was through no fault of yours.** Sizin yüzünüzden değildi. **They got this place through hard work.** Çok çalışarak buraya sahip oldular. 5. boyunca: **He studied French all through the summer.** Bütün yaz boyunca Fransızca çalıştı. 6. (bir öğenin) içinden: **He could fly through the air.** Havada uçabilirdi. 7. arasında: **I found this while I was looking through some old letters.** Bazı eski mektuplara göz atarken bunu buldum. 8. -den -in sonuna kadar: **We're open from ten to six Monday through Saturday.** Pazartesi ile Pazar günleri arasında saat ondan altıya kadar açığız. 9. (bir gürültünün) arasında, (bir gürültüye) rağmen: **He could hear her voice through the roar of the waterfall.** Çağlayanın gürültüsü arasında onun sesini duyabiliyordu. **— and —** 1. baştan aşağı, tepeden tırnağa; sapına kadar: **He's a monarchist through and through.** Sapına kadar monarşist o. 2. tamamen: **We were drenched through and through.** İliklerimize kadar ıslandık. **— thick and thin** iyi günde kötü günde, iyi günde kara günde, olumlu olumsuz her durumda. **be —** 1. **(with)** bitirmiş olmak: **Are you through?** Bitirdin mi? 2. (biri) işe yaramaz olmak. 3. **(with)** iki kişi arasındaki ilişki bitmiş olmak: **Fatma and Fazıl are through.** Fatma'yla Fazıl'ın ilişkisi bitti. **carry —** 1. **(on)** yerine getirmek; bitirmek: **He carried through on his promise.** Sözünü yerine getirdi. 2. (bir şeyin) sayesinde (bir işi) yapmak/başarmak: **Their optimism will carry them through.** İyimserlikleri sayesinde bu zor dönemi atlatacaklar. **Two tons of wood are enough to carry us through the winter.** Kışı geçirmek için iki ton odun yeter bize. **come —** 1. kendini göstermek, belli olmak. 2. kendinden beklenen yapmak, başkalarını hayal kırıklığına uğratmamak. 3. (zor bir durumdan) sağ olarak çıkmak. 4. (bir haber) gelmek. **fall —** suya düşmek, gerçekleşememek: **The plan fell through.** Plan suya düştü. **follow —** 1. on (bir işin) sonuna kadar gitmek. 2. *ask.* harekete geçerek düşmanı sıkı bir şekilde takip etmek. **get —** 1. **(to)** -e varmak, -e ulaşmak: **Owing to the snow no buses have gotten through today.** Bugün kar yüzünden buraya hiçbir otobüs varamadı. 2. (tasarı, teklif v.b.) (meclisten) geçmek, onaylanmak. 3. (sınav, sınıf, kurs v.b.'ni) geçmek; (okulu) bitirmek. 4. **to** (birine) (bir şeyi) anlatmak, (bir şeyi) (birinin) kafasına sokmak. 5. **(to)** (biriyle) telefon bağlantısı kurmak; (birinin numarasını) telefonda çıkarmak. 6. **(with)** -i bitirmek. 7. -i tüketmek. 8. (zor bir durumu) atlatmak; (zor bir zamanı) geçirmek. **go —** 1. (tasarı, teklif v.b.) (meclisten) geçmek, onaylanmak. 2. (bir taşıt) (durulması gereken bir yerden) durmadan geçmek. 3. -i incelemek, -i araştırmak, -i arayıp taramak. 4. (zor bir durumu) atlatmak; (zor bir zamanı) geçirmek. 5. (sınav, sınıf, kurs v.b.'ni) geçmek; (okulu) bitirmek. 6. **with** (bir şeyi) yapmak: **Are you really going to go through with this?** Bunu gerçekten yapacak mısın? 7. olmak, gerçekleşmek. **go — the roof** *k. dili* çok kızmak, küplere binmek. **leaf —** (kitap, dergi v.b.'nin) sayfalarına göz atmak. **live —** 1. (bir zamanı/olayı) yaşamak. 2. (zor bir durumdan) sağ olarak çıkmak, sağ salim çıkmak. **pass — one's mind** aklından geçmek. **pull someone —** birini ağır bir hastalıktan sağ salim kurtarmak. **pull someone/something —** 1. birini/bir şeyi zor bir durumdan kurtarmak. 2. birini/bir şeyi (bir yerden) çekmek. **pull —** 1. (ağır bir hastalıktan) sağ salim kurtulmak. 2. (zor bir durumdan) kurtulmak. **read something —** bir şeyin tamamını okumak. **run —** 1. (bir şeyi) çabucak tüketmek; (bir şeyi) israf etmek. 2. (bir taşıt) (durulması gereken bir yerden) durmadan hızla geçmek: **He ran through the red light.** Kırmızı yanarken hızla geçti. 3. (kılıç, süngü v.b.'ni) (bir vuruşta (birinin) gövdesinden geçirmek. **see something —** bir şeyin sonunu getirmek. **see someone/something —** birinin/bir şeyin kim/ne olduğunu anlamak. **sit — something** bir şeyi sonuna kadar oturarak izlemek. **sleep — something** bir şey olup biterken uyumak: **She slept through the explosion.** Patlama oldu bitti ve o hiç uyanmadı.

through.out (thruwaut´) *edat* 1. boyunca: **throughout the night** gece boyunca. 2. her tarafına; her tarafında: **You can see it throughout the state.** Onu eyaletin her tarafında görebilirsiniz. *z.* 1. tamamıyla; tamamen: **Its petals are a pale blue throughout.** Taçyaprakları tamamıyla açık mavi. 2. başından sonuna kadar: **He was there throughout.** Başından sonuna kadar oradaydı.

through.way (thru´wey) *i., bak.* **thruway.**

throve (throv) *f., bak.* **thrive.**

throw (thro) *f.* **(threw, —n)** 1. atmak; fırlatmak: **Throw me the ball!** Bana topu at! 2. uzatıvermek: **He threw his arm out in front of her at once.** Hemen kolunu onun önüne uzatıverdi.

throw 498

3. (sözü/bakışı) (birine) çevirmek, yöneltmek. 4. (güreşçi/at) (birini) yere atmak. 5. across (nehrin) üzerinde (köprü) yapmak; (nehrin) içinde (baraj) yapmak. 6. (birine) (yumruk) atmak. 7. *k. dili* çok şaşırtmak. *i.* atma, atış; fırlatma, fırlatış. — a fit *k. dili* küplere binmek, köpürmek, tepesi atmak. — a game *spor* şike yapmak. — a party *k. dili* parti vermek, davet vermek. — a vehicle into gear arabanın motorunu vitese almak: Throw her into second! İkinciye al! — away 1. (istenilmeyen bir şeyi) atmak: Throw away those old shoes! O eski ayakkabıları at! 2. israf etmek. 3. (bir fırsatı) boş vererek değerlendirmemek. — dice zar atmak. — in *k. dili* -i katmak, -i eklemek, -i ilave etmek. — in one's lot with *k. dili* -e katılmak: He decided to throw in his lot with their party. Onların partisine katılmaya karar verdi. — in the towel/sponge *k. dili* (bir işten) vazgeçmek; pes demek. — light on (bir konuyu) aydınlatmak. — off 1. -den kurtulmak, -i başından atmak. 2. (giysiyi) çıkarıvermek. 3. -den vazgeçmek: He threw off all caution. İhtiyatı büsbütün elden bıraktı. 4. (duman) çıkarmak. 5. (birinin) yanlışlık yapmasına neden olmak; (makinenin) hata yapmasına yol açmak; (hesabın) doğru çıkmamasına yol açmak. 6. -i şaşırtmak. 7. on (biri/bir şey) için küçümseyici laflar söylemek. — on (giysiyi) giyivermek. — one's voice (vantrilok gibi) karnından konuşmak. — one's weight around amirane davranmak; zart zurt etmek. — oneself kendini (bir yere) atmak: She threw herself off the cliff. Kendini kayalıktan aşağı attı. They threw themselves onto the sofa. Kendilerini kanepeye attılar. He threw himself on his knees. Dizüstü çöküverdi. — oneself at (birine) apaçık bir şekilde kendinden hoşlandığını belirtmek: It's disgusting the way Nimet is throwing herself at Sudiye's husband. Nimet'in Sudiye'nin kocasıyla açıkça flört etmesi iğrenç bir şey. — oneself into (bir işe) büyük bir gayretle girişmek, büyük bir hevesle atılmak. — open 1. -i açıvermek. 2. to (bir yeri) (birine) açmak; (bir kuruluşa) (birini) kabul etmek/almak. — out 1. (birini/bir şeyi) (bir yerden) atmak: Throw that nincompoop out! O dangalağı at dışarı! 2. (bir şeyi) rahatlıkla söyleyivermek/ortaya atmak. 3. -i geçerli saymamak. — someone a smile birine tebessüm etmek. — someone into a panic/tizzy birini telaşa düşürmek. — someone into jail birini hapse atmak. — someone out of work birinin işsiz kalmasına sebep olmak. — someone over biriyle olan duygusal ilişkiyi/flörtü sona erdirmek, birini sepetlemek. — together 1. (bir şeyi) gelişigüzel yapmak. 2. (birilerini) bir araya getirmek. — up 1. *k. dili* kusmak. 2. bırakmak. 3. (pen-

cere, stor v.b.'ni) kaldırıvermek. 4. (binayı) gelişigüzel yapmak. 5. (önemli biri) (bir yerden/aileden) çıkmak: Once in a blue moon this university throws up a real scholar. Kırk yılda bir bu üniversiteden gerçek bir bilim adamı çıkar. 6. to (birinin hatasını/zaafını) yüzüne vurmak/çarpmak. be —n back on one's own resources yalnızca kendi yetenekleriyle idare etmek zorunda kalmak.
thru (thru) *edat, bak.* through.
thrush (thr∧ş) *i., zool.* ardıçkuşu.
thrust (thr∧st) *f.* (thrust) 1. into (bir şeyi) (başka bir şeyin içine) sokmak: He thrust his right hand into his pocket. Sağ elini cebine soktu. 2. into -e saplamak, -e batırmak: She thrust the knife into his chest. Bıçağı göğsüne sapladı. 3. -i itmek: They thrust him aside. Onu bir kenara ittiler. He thrust his way through the crowd. İte kaka kalabalığı yardı. 4. (birini) zorla (bir duruma) sokmak: They thrust him into the presidency. Onu zorla başkan yaptılar. *i.* 1. sokma. 2. saplama, batırma. 3. iğneli laf. 4. *ask.* saldırı. 5. itme kuvveti. 6. *eskrim* dürtüş, vuruş. 7. *mim.* itki. — oneself forward kendini öne çıkarmak. — oneself on (birine) kendini ısrarla kabul ettirmek.
thru.way (thru'wey) *i.* otoyol, otoban.
thud (th∧d) *i.* ağır bir şeyin yere düşünce çıkardığı ses.
thug (th∧g) *i.* gangster; cani.
thumb (th∧m) *i.* 1. başparmak. 2. (eldivende) başparmak. f. through (kitap, dergi v.b.'nin) sayfalarını karıştırmak. — a lift/ride otostop yapmak. — index sayfa kenarlarındaki girintilerde harf etiketi bulunan bir indeks türü, harf indeksi. — notch harf indeksine ait girinti. — one's nose at 1. -e nanik yapmak. 2. -i küçümsemek, -i hor görmek, -e burun kıvırmak. be all —s *k. dili* 1. elleriyle iş yapmaya gelince beceriksiz olmak. 2. at (belirli bir konuda) beceriksiz olmak. be under someone's — *k. dili* birinin kontrolü altında olmak. sit and twiddle one's —s oturup hiçbir şey yapmamak. stick out like a sore — *k. dili* kötü bir şekilde göze çarpmak.
thumb-in.dex (th∧m´îndeks) *f.* (kitapta) sayfa kenarlarına başparmağın girebileceği büyüklükte girintiler açarak indeks yapmak.
thumb.tack (th∧m´täk) *i.* raptiye, pünez.
thump (th∧mp) *f.* 1. (ağır ve gürültülü bir şekilde) vurmak/indirmek; -e yumruk indirmek/patlatmak. 2. gümbür gümbür hareket etmek: The boys thumped down the stairs. Oğlanlar merdivenden gümbür gümbür indiler. 3. (kalp) güm güm vurmak. *i.* 1. ağır ve sesli bir vuruş/indiriş; yumrukla yapılan vuruş.

2. ağır bir vuruşun çıkardığı ses, güm.
thun.der (thʌn´dır) *i.* 1. gök gürlemesi/gürültüsü: **I heard thunder.** Gök gürültüsü duydum. 2. gümbürtü. *f.* 1. (gök) gürlemek: **That dog gets scared when it thunders.** Gök gürlediğinde o köpek korkar. 2. gümbür gümbür hareket etmek: **The horsemen thundered down the road.** Atlılar yoldan gümbür gümbür geçtiler. 3. (sözle) gürlemek, kalın ve gür ses çıkarmak: **"Down with the monarchy!" he thundered.** "Monarşiye son!" diye gürledi. 4. gümbürdemek; gürlemek: **The guns thundered away all night.** Toplar bütün gece gümbürdedi. 5. **at/on** -e güm güm vurmak, -i gümletmek: **He was thundering at the door.** Kapıya güm güm vuruyordu. **His fist thundered on the table.** Yumruğu masayı gümletti. **steal someone's —** (kazara/kasten) (birinden) önce davranarak onun beklediği ilgi, övgü v.b.'ni kendisinden çalmış gibi olmak/çalmak.
thun.der.bolt (thʌn´dırbolt) *i.* yıldırım.
thun.der.clap (thʌn´dırkläp) *i.* gök gürlemesi/gürültüsü.
thun.der.cloud (thʌn´dırklaud) *i.* fırtına bulutu.
thun.der.ous (thʌn´dırıs) *s.* 1. gümbürtülü: **The thunderous applause with which that speech was greeted still rings in her ears.** O nutkun yol açtığı alkış tufanı hâlâ kulaklarında çınlıyor. 2. gök gürültülü: **It was a thunderous evening.** Gök gürültülü bir akşamdı.
thun.der.storm (thʌn´dırstôrm) *i.* gök gürültülü sağanak.
thun.der.struck (thʌn´dırstrʌk) *s.* **be —** şaşırıp kalmak; donakalmak; hayretler içinde kalmak.
Thurs.day (thırz´di, thırz´dey) *i.* perşembe.
thus (dhʌs) *z.* 1. bu şekilde, böyle, böylece; şu şekilde, şöyle, şöylece; o şekilde, öyle, öylece: **Things continued thus for twenty years.** Yirmi yıl boyunca işler böyle gitti. 2. bu yüzden; o yüzden: **There's no electricity; thus we can't use the organ.** Elektrik yok; bu yüzden orgu kullanamıyoruz. **— and so/thus** 1. filan şey. 2. bu şekilde, böyle, böylece; şu şekilde, şöyle, şöylece; o şekilde, öyle, öylece. **— far** şimdiye kadar; bu zamana kadar; o zamana kadar; buraya kadar; oraya kadar.
thwack (thwäk) *f.* küt diye vurmak. *i.* 1. küt diye ses çıkaran vuruş. 2. küt.
thwart (thwôrt) *f.* engellemek; köstekleme; karşı gelmek.
thy (dhay) *s., eski* senin.
thyme (taym) *i.* kekik.
thy.mus (thay´mıs) *i., anat.* timüs.
thy.roid (thay´royd) *i., anat.* tiroit.
Ti.bet (tibet´) *i.* Tibet. **—an** *i.* 1. Tibetli. 2. Tibetçe. *s.* 1. Tibet, Tibet'e özgü. 2. Tibetçe. 3. Tibetli.

tic (tik) *i., tıb.* tik.
tick (tik) *f.* 1. (saat) tik tak etmek, işlemek, çalışmak. 2. **off** (listede bulunan bir maddenin) yanına işaret koymak: **I need to tick off his name.** Onun ismini işaretlemem lazım. 3. **along** (işler) iyi gitmek; (biri) mutlu bir şekilde yaşamak, hayatından memnun olmak: **"How's Mahir?" "He's ticking right along."** "Mahir nasıl?" "Yuvarlanıp gidiyor." *i.* 1. (işleyen saatin çıkardığı) tik tak sesi, tik tak. 2. listede bulunan maddenin yanına konulan işaret (✓). **— someone off** *k. dili* birini sinirlendirmek/kızdırmak. **What makes him —?** *k. dili* Onu ayakta tutan şey ne?
tick (tik) *i., İng.* **on —** *k. dili* veresiye.
tick (tik) *i., zool.* kene.
tick (tik) *i.* 1. (şilte, yatak veya yastığı kaplayan) yüz. 2. şilte; (şilte olarak kullanılan) yatak.
tick.er (tik´ır) *i.* 1. *argo* kalp, yürek. 2. borsa fiyatlarını kâğıt şeride kaydeden cihaz. 3. *argo* saat. **— tape** (borsa fiyatlarını kaydeden cihazda kullanılan) kâğıt şerit.
tick.et (tik´it) *i.* 1. bilet. 2. fiyat etiketi. 3. trafik cezası verilen kimseye cezasının mahiyetini bildiren resmi kâğıt. 4. (seçimde) bir partinin aday listesi. *f.* 1. etiketlemek, etiket koymak. 2. (birine) trafik cezası yazmak. **be —ed for** 1. (bir şeyin) (belirli bir şeye/yere) verilmesi planlanmak. 2. (birinin) (belirli bir yere) aday gösterilmesi planlanmak; (birinin) (belirli bir yere) uygun bir aday olduğu söylenmek. **one-way — gidiş bileti; dönüş bileti. return —** *İng.* gidiş dönüş bileti. **round-trip —** gidiş dönüş bileti. **season —** abonman kartı. **That's the —!** *k. dili* 1. Gereken o! 2. Aferin!
tick.ing (tik´îng) *i.* şilte, yatak veya yastığın yüzünü yapmaya elverişli kumaş.
tick.le (tik´ıl) *f.* gıdıklamak: **She tickled the baby's feet.** Bebeğin ayaklarını gıdıkladı. **That feather tickles.** O tüy beni gıdıklıyor. **be —d** *k. dili* 1. son derece memnun olmak: **I'm tickled to hear they're coming.** Geleceklerini duymak beni son derece memnun etti. 2. çok eğlenmek, çok gülmek. **give one a — in one's throat** -e gıcık vermek, -i gıcıklamak. **give someone a —** birini gıdıklamak. **have a — in one's throat** (birinin) boğazı gıcıklanmak, gıcık duymak.
tick.lish (tik´lîş) *s.* 1. kolayca gıdıklanan (kimse). 2. gıdıklanınca hemen ürperen (yer). 3. çok dikkat isteyen, nazik (mesele).
tid.al (tayd´ıl) *s.* 1. gelgite/meddücezre ait. 2. gelgitten/meddücezirden ileri gelen. 3. gelgitten/meddücezirden etkilenen. **— wave** deprem dalgası, tsunami.
tid.bit (tid´bit) *i.* 1. lezzetli bir lokma (yiyecek).

2. birinin ilgisini çekecek bir haber.
tide (tayd) *i.* gelgit, meddücezir. *f.* **over** (birini) (bir zaman boyunca/bir zamana kadar) geçindirmek/idare etmek. **high —** 1. met zamanı. 2. met hareketi, denizin kabarması; met hali. **low —** 1. cezir zamanı. 2. cezir hareketi, denizin alçalması; cezir hali. **stem the — of** ile baş etmek, -i engellemek, -i durdurmak. **swim against the —** egemen olan görüşe karşı gelmek. **swim with the —** egemen olan görüşe uymak. **The —'s coming in.** Deniz kabarıyor. **The —'s going out.** Deniz alçalıyor. **turn the —** olayların gidişini yüzde yüz/bütünüyle değiştirmek.
ti.dings (tay´dingz) *i.*, *çoğ.* haberler.
ti.dy (tay´di) *s.* 1. düzenli, derli toplu, muntazam. 2. oldukça büyük, hatırı sayılır (bir miktar). *f.* **(up)** (dağınık bir yeri veya eşyayı) toplamak, bir düzene sokmak, -e bir çekidüzen vermek: **Let's tidy up this room.** Bu odayı toplayalım. **She tidied up her papers.** Kâğıtlarını bir düzene soktu. **— oneself up** kendine bir çekidüzen vermek, üstünü başını düzeltmek.
tie (tay) *f.* (**—d, ty.ing**) 1. bağlamak: **They tied him to a tree.** Onu bir ağaca bağladılar. 2. (düğüm) atmak; (kravat) bağlamak; (ayakkabının bağını) bağlamak: **They've learned how to tie their shoelaces.** Ayakkabılarını bağlamayı öğrendiler. **Let me tie my tie.** Kravatımı bağlayayım. **That's a hard knot to tie.** Atması zor bir düğüm o. 3. bağlanmak: **An apron ties at the back.** Önlükler arkadan bağlanır. 4. berabere kalmak; (bir takım/biri) puan kazanarak (başka takımla/başkasıyla) berabere kalmak: **Beşiktaş tied Galatasaray.** Beşiktaş, puan kazanarak Galatasaray'la berabere kaldı. **— in (with/to)** (-e) uymak; (ile) bağlantısı olmak; (-e) uydurmak; (ile) bağlantı kurmak: **It ties in with what he said earlier.** Daha önce dediklerine uyuyor. **How does that tie in with this?** Onunla bunun arasında ne gibi bir bağlantı var? **How can I tie this in to what I said earlier?** Daha önce söylediklerime bunu nasıl bağlayabilirim? **— someone down** 1. (şartlar) birini bir yerde kalmaya mecbur etmek, birini (bir yere) mıhlamak; (şartlar) birinin başka bir şey yapmasına izin vermemek: **His job has tied him down.** İşi yüzünden bir yere gidemez oldu. 2. **to** (bir şey) hakkında (birinden) söz almak: **They've tied him down to a rent of three hundred dollars.** Kiranın üç yüz dolar olacağına dair söz aldılar ondan. **— someone up** 1. birini iple bağlayarak etkisiz hale getirmek. 2. (bir iş) birini başka bir şey yapamayacak kadar meşgul etmek. **— the knot** evlenmek. **— up** 1. (trafiği) aksatmak. 2. (telefonu) meşgul etmek. **be —d to** -e bağlı olmak;

-e tabi olmak: **The value of the pound is tied to the value of the euro.** Sterlinin değeri avronunkine bağlı. **be —d up** 1. meşgul olmak. 2. **in** (para) (belli bir şeye) yatırılmış olmak. 3. (para) (hukuki yönden) ancak belirli birkaç amaç için kullanılabilmek; (mülk) (hukuki yönden) satılamamak/intikal edememek.
tie (tay) *i.* 1. kravat, boyunbağı. 2. bağ, bir şeyi başka bir şeye tutturmak için kullanılan nesne. 3. bağ, rabıta, bağlantı: **The ties that had bound them together began to loosen.** Onları birbirine bağlayan bağlar çözülmeye başladı. 4. beraberlik, eşitlik: **The game ended in a tie.** Maç berabere bitti. 5. *müz.* bağ. 6. *d.y.* travers.
tie-in (tay´in) *i.* bağlantı, rabıta.
tie.pin (tay´pin) *i.* kravat iğnesi.
tier (tir) *i.* 1. (üst üste dizilmiş şeylerde) dizi, sıra: **He selected a cask from the topmost tier.** En üst sıradaki bir fıçıyı seçti. **The amphitheater has forty tiers of seats.** Açık hava tiyatrosunda basamak basamak yükselen kırk sıra var. 2. katman, tabaka.
tie-up (tay´ʌp) *i.* 1. (işte/trafikte) aksama. 2. bağlantı, rabıta.
tiff (tif) *i.* ufak bir kavga/anlaşmazlık.
ti.ger (tay´gır) *i.* kaplan.
tight (tayt) *s.* 1. sıkışmış: **The lid of the jar is so tight I can't open it.** Kavanozun kapağı öyle sıkışmış ki açamıyorum. 2. iyice gerilmiş, gergin: **The drumhead was quite tight.** Davulun derisi çok gergindi. 3. dar/sıkı (giysi): **a tight collar** sıkı bir yaka. **What tight pants!** Ne dar bir pantolon! **This sport coat's too tight.** Bu ceket beni sıkıyor. 4. aralarında az aralık bulunan, sık (saflar). 5. *k. dili* sıkı, cimri. 6. *k. dili* sarhoş. 7. temin edilmesi zor (bir malzeme). *z.* sıkı, sıkı bir şekilde: **Hold on tight!** Sıkı tutun/sarıl!
tight.en (tayt´ın) *f.* (vida v.b.'ni) sıkıştırmak; (kemer v.b.'ni) sıkmak; (adale, ip v.b.'ni) germek; gerilmek, gerginleşmek. **— one's belt** kemerini sıkmak, daha tutumlu davranmak. **— up on** (kanunu) daha etkili bir hale getirmek, sertleştirmek.
tight.fist.ed (tayt´fis´tid) *s.* eli sıkı, cimri.
tight.lipped (tayt´lipt´) *s.* ağzı sıkı, ağzı pek, ağzı kilitli, sır saklayan, ketum.
tight.rope (tayt´rop) *i.* cambazların üzerinde yürüdüğü sıkı gerilmiş ip. **— walker** ip cambazı.
tights (tayts) *i.*, *çoğ.* 1. leotar. 2. *İng.* külotlu çorap.
tight.wad (tayt´wad) *i.*, *k. dili* cimri.
ti.gress (tay´gris) *i.* dişi kaplan.
Ti.gris (tay´gris) *i.* **the —** Dicle.
tile (tayl) *i.* 1. kiremit. 2. karo; karo fayans, fayans; karo seramik, seramik; karo mozaik; çini.

3. künk. *f.* 1. (damı) kiremitle kaplamak. 2. (duvarı/yeri) karoyla kaplamak.
till (til) *edat, bağ.* -e kadar: **till Monday** pazartesiye kadar. **till Ankara** Ankara'ya kadar.
till (til) *i.* para çekmecesi, kasa.
till.er (til´ır) *i.* (dümene takılan) yeke.
tilt (tilt) *f.* 1. (bir şeyi) (bir yöne) yatırmak/eğmek: **He tilted his chair back.** Sandalyesini arkaya doğru yatırdı. **She tilted her head to one side.** Başını bir yana eğdi. 2. yan yatmak, bir yöne doğru eğilmek: **The rowboat tilted to one side as soon as he got in it.** O biner binmez sandal bir yana doğru eğildi. *i.* meyil, eğim: **I don't like the tilt of your hat.** Şapkanın meyli bence güzel değil. **— over** yan yatarak devrilmek. **— something over** bir şeyi yan yatırarak devirmek. **— the balance** (bir şey) (başka bir şeyin) sonucunu etkilemek: **Your vote has tilted the balance in our favor.** Oyunuz sayesinde sonuç bizim lehimize oldu. **at full —** son süratle. **He —ed back in his chair.** Kaykılarak sandalyesini arkaya doğru yatırdı.
tim.ber (tim´bır) *i.* 1. kereste. 2. kalas; kadron; kiriş. 3. *den.* (ağaç teknedeki) kaburga, eğri. 4. yetişmekte olan kerestelik ağaçlar. **T—! Ağaca dikkat!** *(Çevredekilere yeni kesilen bir ağacın düşeceğini haber vermek için söylenir.).*
tim.ber.land (tim´bırländ) *i.* kerestelik ağaçların yetiştiği arazi.
tim.ber.line (tim´bırlayn) *i.* ağaç sınırı.
tim.bre (tim´bır, täm´bır) *i.* tını, tınnet, özel ses tonu.
time (taym) *i.* zaman, vakit: **It'll take a long time.** Çok zaman ister. **It's time for bed.** Artık yatma zamanı geldi. **Now's exactly the right time!** Şimdi tam zamanı! **We had a good time.** İyi vakit geçirdik. **What time're they coming?** Ne zaman geliyorlar? **What time is it?** Saat kaç? **I don't have the time to do it.** Onu yapacak zamanım yok. **Life was simpler back in their time.** Onların zamanında hayat daha basitti. **— after time/— and again** defalarca. **— bomb** saatli bomba. **— deposit** vadeli mevduat. **— exposure** *foto.* 1. uzun süre poz verme. 2. uzun süre poz verilmiş fotoğraf. **T— is money.** Vakit nakittir. **— signature** *müz.* zaman işareti. **T—'s up!** Zaman bitti! **— zone** saat dilimi. **ahead of —** erken. **all the —** her zaman, daima, hep. **at the same —** aynı zamanda. **at —s** bazen, ara sıra. **be behind the —s** çağın gerisinde kalmak. **bide one's —** bir şeyin zamanını beklemek; sabretmek. **for the — being** şimdilik. **from — to —** zaman zaman, arada sırada. **give someone a hard —** 1. (alay/tenkit etmek için) biriyle uğraşmak, birine çullanmak. 2. birini çok uğraştırmak. **hard-**

ly to have — to breathe (birinin) nefes alacak zamanı bile olmamak, çok meşgul olmak. **have a rough —** zor/sıkıntılı bir dönem geçirmek, zor/sıkıntılı bir dönemden geçmek; zor bir hayat geçirmek: **They're having a rough time right now.** Şimdi zor bir dönem geçiriyorlar. **He's had a rough time in life.** Zor bir hayat geçirdi. **have a whale of a —** çok eğlenmek. **have no — for** 1. -den hiç hoşlanmamak, -i hiç sevmemek. 2. (birinin) -e harcayacak vakti olmamak, (birinin) (biri/bir şey) için vakti olmamak. **have the — of one's life** çok eğlenmek, çok güzel bir vakit geçirmek. **in less than no —/in no —/in no — at all** çok çabuk, çabucak, çabucacık. **in one's spare —** boş vaktinde: **Do it in your spare time!** Onu boş vaktinde yap! **in the nick of —** tam zamanında *(Gecikmeye hiç yer olmayan durumlar için kullanılır.):* **Reinforcements arrived in the nick of time.** Takviyeler tam zamanında vardı. **in —** 1. vaktinde, zamanında (yetişmek/yetiştirmek): **Can you finish this in time?** Bunu vaktinde yetiştirebilir misiniz? **We can't get there in time.** Yetişemeyiz. 2. zamanla: **In time you too will become a general.** Zamanla sen de general olursun. **keep good —** (saat) her zaman zamanı doğru göstermek: **My watch keeps good time.** Kol saatim zamanı hep doğru gösterir. **keep —** 1. tempo tutmak. 2. *spor* (bir yarış, maç v.b.'nde) zaman tutmak. 3. (saat) her zaman zamanı doğru göstermek. **keep up with the —s** çağın gerisinde kalmamak, çağa ayak uydurmak. **Long — no see!** Epeydir görüşemedik! **make good —** (yolu) hızla katetmek: **We made good time between Bor and Niğde.** Bor'la Niğde arasındaki yolu hızla katettik. **make — (with)** (biriyle) flört etmek. **make up for lost —** kayıp zamanı telafi etmek. **Many's the — ....** Çok kez ...: **Many's the time I've wanted to call you.** Çok kez sana telefon etmek istedim. **on —** zamanında, vaktinde, vakitli: **She's always on time.** Her zaman vaktinde gelir. **Once upon a — ....** Bir varmış bir yokmuş ... *(Masal anlatmaya başlarken söylenir.).* **pass the —** vakit geçirmek. **race against —** zamanla yarışmak. **right on —** tam zamanında, tam vaktinde, tam belirlenen zamanda: **You're right on time.** Tam anlaştığımız zamanda geldin. **run out of —** (birinin) vakti kalmamak: **We've run out of time.** Vaktimiz kalmadı. **take one's —** acele etmemek. **take someone's —** birinin vaktini almak. **take — / vakit almak; vakit istemek: This'll take a long time.** Bu çok vakit ister. **It took a lot of time.** Çok zaman aldı. **take — off** izin almak, izne çıkmak: **Take some time off!** Bir müddet izne

çık! **take up someone's** — birinin vaktini almak. **when the** — **is ripe** zamanı gelince. **while away the** — vakit geçirmek.
time (taym) *f.* 1. zamanlamak, (belirli bir zamana) denk getirmek, rastlatmak, (belirli bir zamana göre) ayarlamak, planlamak: **He timed it so that he'd arrive just as they were leaving.** Kendi varışını onların çıkışına rastlattı. **They'd time their visits to coincide with suppertime.** Ziyaretlerini akşam yemeğine denk getirirlerdi. 2. -in zamanını ölçmek. 3. -in hızını ölçmek.
time-con.sum.ing (taym´kınsuming) *s.* vakit alan.
time.keep.er (taym´kipır) *i.* zaman hakemi; saat hakemi.
time.less (taym´lis) *s.* 1. belirli bir zamana/çağa ait olmayan. 2. ebedi, hiç bitmeyen.
time.ly (taym´li) *s.* 1. zaman açısından yerinde, zamanına uygun: **That was a timely remark.** Zaman açısından yerinde bir sözdü o. 2. zamanında yapılan; belirtilen zaman içinde teslim edilmiş/verilmiş: **a timely tax return** vaktinde gönderilmiş vergi beyannamesi.
time-out (taym´aut´) *i., spor* (oyun sırasında özel bir nedenle verilen) mola.
time.piece (taym´pis) *i.* saat.
times (taymz) *edat* kere, çarpı: **Four times five equals twenty.** Dört kere beş yirmi eder. — **table** çarpım tablosu.
time.ta.ble (taym´teybıl) *i.* 1. *İng.* (tren, otobüs, vapur, uçağa ait) tarife. 2. belli zaman dilimlerine ayrılmış program.
tim.id (tim´id) *s.* ürkek, korkak.
ti.mid.i.ty (timid´iti) *i.* ürkeklik, korkaklık.
tim.ing (tay´ming) *i.* 1. zamanlama, (bir şeyi) en uygun zamanda yapma. 2. zamanlama, ayarlama, rastlatma. 3. (motorda) avans ayarı. 4. zamanını ölçme. 5. hızını ölçme. **That player's got a good sense of** —. O oyuncu iyi zamanlama yapıyor.
Ti.mor (ti´môr) *i.* Timor.
tim.or.ous (tim´ırıs) *s.* ürkek, korkak.
tim.pa.ni (tim´pıni) *i., müz.* timpani.
tim.pa.nist (tim´pınist) *i., müz.* timpanist.
tin (tin) *i.* 1. kalay. 2. teneke. 3. *İng.* teneke kutu, teneke. *f.* (—**ned**, —**ning**) 1. kalaylamak, kalay tabakasıyla kaplamak. 2. *İng.* (bir şeyi) teneke kutu içine koymak, kutulamak. *s.* teneke, tenekeden yapılmış.
tinc.ture (tingk´çır) *i.* tentür. — **of iodine** tentürdiyot.
tin.der (tin´dır) *i.* (kav gibi) kuru ve çabuk tutuşan madde.
tine (tayn) *i.* (çatala ait) diş.
tin.foil (tin´foyl) *i.* folyo.
ting (ting) *i.* çınlama sesi. *f.* çınlamak; çınlatmak.
tinge (tinc) *f.* 1. **with** -i hafif bir şekilde (bir renge) boyamak: **The dawn was tingeing the eastern horizon with pink.** Şafak ufkun doğusunu pembeye boyuyordu. 2. **with** (-in kokusu) hafifçe (havaya) yayılmak; (-in tadı) (bir yemekte) azıcık bulunmak: **The magnolias tinged the air with their fragrance.** Manolyaların kokusu hafifçe havaya yayılıyordu. 3. **with** -e biraz ... katmak: **He tinged his strictures with humor.** Tenkitlerine biraz da mizah kattı. *i.* (bir şeyden) azıcık bir miktar: **That gray has a tinge of blue in it.** O gride azıcık bir mavi var.
tin.gle (ting´gıl) *f.* 1. tatlı bir şekilde ürpermek; (vücutta bir yer) karıncalanmak: **Her cheeks were tingling in the cold air.** Soğuk, yanaklarını ısırıyordu. 2. çınlamak. *i.* 1. tatlı bir ürperti; (vücudun bir yerinde) karıncalanma. 2. çınlayış, çınlama. **make something** — 1. bir şeyi tatlı bir şekilde ürpertmek: **Such music makes one's flesh tingle.** Bu tür müzik insana tatlı bir ürperti veriyor. 2. bir şeyi çınlatmak.
tink.er (tingk´ır) *i.* (gezici) tenekeci. *f.* 1. (tamirci olmayan biri) bir şeyi tamir etmeye çalışmak; bir şeyi düzeltmeye çalışmak. 2. denemeler yaparak bir sonuca varmaya çalışmak. 3. **with** (bir şeyi) tamir etmeye çalışmak; (bir şeyi) düzeltmeye çalışmak. 4. **with** (tamir/düzeltme amacıyla) -i kurcalamak, -i ellemek: **Don't go tinkering with my car!** Arabamı kurcalamasana!
tin.kle (ting´kıl) *f.* çıngırdamak; çıngırdatmak. *i.* çıngırtı.
tin.ner (tin´ır) *i.* kalaycı.
tin.ny (tin´i) *s.* 1. teneke gibi. 2. tiz ve çirkin (madeni ses).
tin.sel (tin´sıl) *i.* (kısa kesilmiş) gümüşi şeritler.
tint (tint) *i.* 1. (renkte) açık bir ton: **lavender tints** açık morlar. 2. renk: **a reddish tint** kırmızımsı bir renk. *f.* (bir şeyi) (bir rengin açık bir tonuna) boyamak: **Gülşen tints her hair blue.** Gülşen saçına mavi bir ton veriyor.
ti.ny (tay´ni) *s.* ufacık, küçücük, minicik, minnacık, minimini.
tip (tip) *i.* 1. uç: **Buds were forming on the tips of the branches.** Dalların uçlarında goncalar çıkıyordu. **She looked at the tips of her fingers.** Parmaklarının uçlarına baktı. 2. (bir şeyin ucuna takılan) başlık; uç: **I need to put a rubber tip on my walking stick.** Bastonumun ucuna lastik takmam lazım. **This pen has a felt tip.** Bu kalemin ucu keçeden yapılmış. **be on the** — **of one's tongue** dilinin ucunda olmak.
tip (tip) *f.* (—**ped**, —**ping**) 1. bir yana yatırmak/eğmek; bir yana yatmak/eğilmek. 2. **over** devirmek; devrilmek: **Did you tip that over?** Onu sen mi devirdin? 3. *İng.* boca etmek, dökmek, boşaltmak. *i., İng.* 1. çöplük. 2. çok

dağınık yer. — **one's hat** (saygıyla/nezaketle) şapkasını kaldırıp tekrar başına koymak. — **the scales against someone's favor** durumu birinin aleyhine çevirmek. — **the scales at** (tartılınca) (belirli bir ağırlık) çekmek: **He tipped the scales at one hundred kilos.** Yüz kilo çekiyor. — **the scales in someone's favor** durumu birinin lehine çevirmek: **This event tipped the scales in our favor.** Bu olay durumu lehimize çevirdi.

tip (tip) *i.* bahşiş. *f.* (**—ped, —ping**) bahşiş vermek.

tip (tip) *i.* 1. tavsiye, nasihat, öğüt. 2. tüyo, herkesin bilmediği bir haber/bilgi. *f.* (**—ped, —ping**) **(off)** tüyo vermek, herkesin bilmediği bir haber/bilgi vermek: **He's tipped her off about the inspection.** Teftiş hakkında ona tüyo verdi.

tip (tip) *f.* (**—ped, —ping**) hafif hafif vurmak. *i.* çok hafif vuruş.

tip-off (tip´ôf) *i., k. dili* tüyo, herkesin bilmediği bir haber/bilgi.

tip.sy (tip´si) *s.* çakırkeyif, yarı sarhoş.

tip.toe (tip´to) *f.* ayaklarının ucuna basarak ilerlemek. *i.* **on —/—s** ayaklarının ucuna basarak.

tip.top (tip´tap) *s., k. dili* çok iyi, harika; en kaliteli, birinci sınıf.

ti.rade (tay´reyd, tıreyd´) *i.* atıp tutma, verip veriştirme, ver yansın etme.

tire (tayr) *f.* 1. yormak; yorulmak. 2. bıktırmak; **of** -den bıkmak, -den usanmak. — **someone out** birini çok yormak.

tire, *İng.* **tyre** (tayr) *i., oto.* lastik; dışlastik. — **chain** lastik zinciri.

tired (tayrd) *s.* yorgun. **be — of** -den bıkmak, -den usanmak.

tire.less (tayr´lis) *s.* 1. yorulmak bilmez (kimse). 2. bitmez tükenmez (enerji).

tire.less.ly (tayr´lisli) *z.* yorulmadan, bıkmadan, usanmadan.

tire.some (tayr´sım) *s.* can sıkıcı, sıkıcı, bezdirici, bıktırıcı.

tis.sue (tiş´u) *i.* 1. *biyol.* doku. 2. bir tür ince ambalaj kâğıdı. 3. kâğıt mendil. **a — of lies** bir sürü yalan.

tit (tit) *i., zool.* baştankara.

tit (tit) *i.* **— for tat** misilleme, (birbirine) aynı biçimde karşılık verme. **give someone — for tat** birine misilleme yapmak, birine aynı biçimde karşılık vermek.

tit (tit) *i., kaba* 1. meme. 2. meme başı.

tit.bit (tit´bit) *i., bak.* **tidbit.**

tithe (taydh) *i.* bir Hıristiyanın kiliseye vermek üzere gelirinden ayırdığı yüzde onluk pay. *f.* gelirinin yüzde onunu kiliseye vermek.

tit.il.late (tit´ıleyt), **tit.i.vate** (tit´ıveyt) *f.* içini gıcıklamak; zevkini okşamak.

ti.tle (tayt´ıl) *i.* 1. (kitap, piyes, film v.b.'ne ait) isim, ad; (bir yazı, kitap bölümü v.b. için) başlık. 2. unvan. 3. şampiyonluk, şampiyon unvanı: **He now holds the world tennis title.** Şimdi dünya tenis şampiyonu unvanına sahip. 4. tapu senedi, tapu. — **deed** tapu senedi, tapu. — **page** başlık sayfası. **have — to** 1. (bir mülkün) tapusunun sahibi olmak. 2. (bir yerde) (birinin) mülkiyet hakkı olmak.

tit.mouse (tit´maus), *çoğ.* **tit.mice** (tit´mays) *i., zool.* baştankara.

ti.trate (tay´treyt, tit´reyt) *f., kim.* titre etmek; titrasyon yapmak.

ti.tra.tion (taytrey´şın, titrey´şın) *i., kim.* titrasyon.

tit.ter (tit´ır) *f.* kıkır kıkır gülmek, kıkırdamak. *i.* kıkırdayış, kıkırdama.

tit.tle (tit´ıl) *i.* **every jot and —** en ufak her şey: **He's particular about every jot and tittle.** En ufak noktaya dikkat eder. **not one —** en ufak hiçbir şey: **Not one tittle of it will be changed.** En ufak bir noktası bile değiştirilmeyecek.

tit.tle-tat.tle (tit´ıl.tät´ıl) *i.* ufak dedikodu, laklak, laklakıyat.

tit.u.lar (tiç´ılır, tit´yılır) *s.* 1. sadece unvanı/adı olan. 2. adı var kendisi yok, ismi var cismi yok.

tiz.zy (tiz´i) *i., k. dili* gereksiz telaş/heyecan. **get in a —** gereksiz yere telaşlanmak/heyecanlanmak, eli ayağı dolaşmak, eteği ayağına dolaşmak.

to (tu) *edat* 1. -e; -e doğru: **They went to Ankara.** Ankara'ya gittiler. **Give the money to her!** Parayı ona ver! 2. -e, -e kadar: **The snow came up to our knees.** Kar dizlerimize kadardı. **He stayed here from June to September.** Hazirandan eylüle kadar burada kaldı. **from beginning to end** başından sonuna kadar. **How far is it from here to Sarıyer?** Burası Sarıyer'den ne kadar uzak? 3. -e göre: **To my knowledge she's never had measles.** Bildiğim kadarıyla hiç kızamık olmadı. **His story sounds fishy to me.** Anlattıkları bana yalan gibi geliyor. 4. *(zamanla ilgili)* -e kala; -e: **Come at a quarter to six.** Altıya çeyrek kala gel. **It's a quarter to six.** Altıya çeyrek var. 5. ... başına, ... sayılığında *(Belirli bir miktarı belirtmek için kullanılır.)*: **The current exchange rate's two hundred thousand liras to the dollar.** Şimdiki kura göre doların değeri iki yüz bin lira. **This car gets forty kilometers to the liter.** Bu araba litre başına kırk kilometre yapar. 6. ila, arasında: **That cistern's six to seven meters deep.** O sarnıcın derinliği altı ila yedi metre. 7. -e *(Maçlarda kazanılan puanları söylemek için kullanılır.)*: **"What's the score?" "Beşiktaş is leading, six to nothing."** "Kaça kaç?" "Beşiktaş önde, altıya sıfır." 8. -mek, -mak *(mastarın bir öğesi)*: **to go** gitmek. *z.* **— and fro** bir yandan öbür yana; bir aşağı bir yukarı: **We walked to and fro**

along the platform. Peron boyunca volta attık. **— a man/woman** onların hepsi: **To a man they were for it.** Onların hepsi onu destekliyordu. **bring someone —** birini ayıltmak. **come —** ayılmak, kendine gelmek. **pull the door —** kapıyı kapamak/kapatmak.
toad (tod) *i., zool.* karakurbağası, otlubağa.
toad.stool (tod´stul) *i., bot.* 1. şapkalımantar. 2. *k. dili* zehirli mantar.
toad.y (to´di) *i.* dalkavuk, kuyruk sallayıcı, yağcı. *f.* **(to)** (-e) dalkavukluk etmek, kuyruk sallamak, yağ çekmek.
toast (tost) *i.* (dilim halinde) kızarmış ekmek: **He ate two pieces of toast.** İki dilim kızarmış ekmek yedi. *f.* 1. (ekmek dilimi v.b.'ni) kızartmak; (ekmek dilimi v.b.) kızarmak. 2. (el, ayak v.b.'ni) (ateş v.b.'nin önünde) ısıtmak; ısınmak.
toast (tost) *i.* (birinin) sıhhatine/şerefine içme. *f.* (birinin) sıhhatine/şerefine içmek: **They toasted the queen.** Kraliçenin sıhhatine içtiler. **drink a — to** (birinin) sıhhatine/şerefine içmek.
toast.er (tos´tır) *i.* (elektrikli) ekmek kızartıcısı.
to.bac.co (tıbäk´o) *i.* tütün.
to.bac.co.nist (tıbäk´ınist) *i.* tütüncü (sigara, puro, tütün v.b.'ni perakende olarak satan kimse).
To.ba.gan (tıbey´gın, tobey´gın) *i.* Tobagolu. *s.* 1. Tobago, Tobago'ya özgü. 2. Tobagolu.
To.ba.go (tıbey´go, tobey´go) *i.* Tobago.
To.ba.go.ni.an (tobıgo´niyın) *i., bak.* **Tobagan.**
to.bog.gan (tıbag´ın) *i.* bir tür alçak kızak. *f.* kızakla kaymak/gitmek.
to.day (tıdey´) *z.* 1. bugün. 2. bu günlerde, şimdi. *i.* 1. bugün. 2. bugün, içinde bulunduğumuz çağ/zaman.
tod.dle (tad´ıl) *f.* (yeni yürümeye başlayan çocuk) sendeleye sendeleye yürümek/ilerlemek.
tod.dler (tad´lır) *i.* yeni yürümeye başlayan çocuk.
tod.dy (tad´i) *i.* bir tür sıcak içki.
to-do (tıdu´) *i.* şamata, curcuna, hayhuy, gürültü.
toe (to) *i.* 1. ayak parmağı. 2. (ayakkabıda) burun. 3. (çorapta) uç. **— the line/mark** kendisinden istenilenleri/beklenilenleri yapmak, kurallara uymak. **be on one's —s** uyanık/dikkatli olmak. **from top to —** tepeden tırnağa, baştan ayağa, baştan aşağı, bütünüyle. **step/tread on someone's —s** birinin kuyruğuna basmak, birini gücendirmek/kızdırmak.
toe.hold (to´hold) *i.* ayak basacak yer.
toe.nail (to´neyl) *i.* ayak tırnağı.
tof.fee (taf´i) *i.* bir tür şekerleme.
tog (tag) *i., çoğ.* (belirli bir kullanım için) giysiler: **beach togs** plaj giysileri.
to.geth.er (tûgedh´ır, tıgedh´ır) *z.* beraber, birlikte: **Shall we go together?** Beraber gidelim mi? *s., k. dili* dengeli ve aklı başında (kimse). **get it —** 1. ne yapmak istediğine karar verip ona göre yaşamak. 2. hayatın ne olduğunu kavramak.
toil (toyl) *f.* 1. **(at/over)** ıkına sıkına/ıklaya sıklaya çalışmak. 2. ıkıl ıkıl ilerlemek/yürümek. *i.* ıkına sıkına/ıklaya sıklaya çalışma.
toi.let (toy´lit) *i.* 1. klozet, alafranga hela taşı; hela taşı, alaturka hela. 2. tuvalet, apteshane, ayakyolu, hela. 3. tuvalet, yıkanıp giyinip taranma işi. **— bowl** klozet, alafranga hela taşı. **— paper** tuvalet kâğıdı. **— seat** klozet üstüne tutturulan oturma yeri. **— table** tuvalet masası. **make one's —** tuvaletini yapmak.
toi.let.ries (toy´litriz) *i.* (sabun, diş macunu, kolonya gibi) tuvalet malzemeleri.
to.ken (to´kın) *i.* 1. simge, sembol, işaret. 2. hatıra, yadigâr. 3. jeton; marka. 4. bir şeyin satın alınmasında para yerine geçen belge: **gift token** hediye çeki. *s.* 1. simgesel, sembolik. 2. göstermelik, mostralık, yapmacık: **Hiring her was only a token gesture.** Onun işe alınması göstermelikten başka bir şey değildi. **by the same — to** aynı şekilde, aynen: **He hasn't been friendly to us, but by the same token we haven't been very friendly to him.** O bize sıcak davranmadı, fakat biz de ona pek sıcak davranmadık.
told (told) *f., bak.* **tell.**
tol.er.a.ble (tal´ırıbıl) *s.* 1. tahammül olunabilir. 2. kabul olunabilir. 3. ne iyi ne kötü, orta derecede olan.
tol.er.ance (tal´ırıns) *i.* 1. hoşgörü, müsamaha, tolerans. 2. (organizma v.b.'ne özgü) tahammül, dayanma. 3. tolerans, özür payı.
tol.er.ant (tal´ırınt) *s.* hoşgörülü, müsamahakâr, müsamahalı, toleranslı. **be —** 1. **(of)** (-e karşı) hoşgörülü olmak. 2. **of** (organizma v.b.) -e tahammül etmek, -e dayanmak.
tol.er.ate (tal´ıreyt) *f.* 1. izin vermek, müsaade etmek. 2. hoş görmek, müsamaha etmek; göz yummak. 3. (organizma v.b.) -e tahammül etmek, -e dayanmak.
tol.er.a.tion (talırey´şın) *i.* 1. izin verme, müsaade etme. 2. tahammül, dayanma.
toll (tol) *i.* 1. geçiş ücreti: **The toll for this bridge is five hundred thousand liras.** Bu köprünün geçiş ücreti beş yüz bin lira. 2. şehirlerarası/milletlerarası telefon ücreti. **— road** paralı yol. **— death —** ölü sayısı. **take a heavy — (of)** (bir şey) (-e) çok zarar vermek; büyük bir kayba sebep olmak: **This last campaign's taken a heavy toll of our men.** Bu son seferde çok adam kaybettik. **take it's — on someone** birine zarar vermek.
toll (tol) *f.* (çan) ağır ağır çalmak; (çanı) ağır ağır çalmak.
tom (tam) *i., k. dili* erkek kedi.

to.ma.to (tımey´to) *i.* (*çoğ.* **—es**) domates. **— juice** domates suyu. **— paste** (koyu) domates salçası.
tomb (tum) *i.* 1. lahit; türbe. 2. mezar, kabir.
tom.boy (tam´boy) *i.* erkeksi kız, erkek Fatma, erkek Ayşe.
tomb.stone (tum´ston) *i.* mezar taşı.
tom.cat (tam´kät) *i.* erkek kedi.
tome (tom) *i.* büyük kitap.
tom.fool.er.y (tamfu´lıri) *i.* ahmaklık, saçmalık, aptallık, aptalca davranış/söz.
to.mor.row (tımar´o) *z., i.* yarın.
tom-tom (tam´tam) *i.* tamtam.
ton (tʌn) *i.* ton (1000 kg.).
tone (ton) *i.* 1. (ses veya renge ait) ton. 2. *müz.* aralık, iki nota arasında ses farkı. 3. form, istenilen ve olması gereken durum. 4. (bir yere özgü manevi) hava, atmosfer.
tone (ton) *f.* **— something down** bir şeyin rengini/ifade tarzını yumuşatmak.
ton.er (to´nır) *i.* (yazıcıda/fotokopi makinesinde kullanılan) toner, tonlandırıcı. **— cartridge** toner kartuşu.
Ton.ga (tông´gı) *i.* Tonga. **the — Islands** Tonga Adaları.
Ton.gan (tông´gın) *i.* 1. Tongalı. 2. Tongaca. *s.* 1. Tonga, Tonga'ya özgü. 2. Tongaca. 3. Tongalı.
tongs (tôngz, tangz) *i., çoğ.* maşa: **Use a pair of tongs instead of your fingers!** Parmaklarını kullanacağına maşa kullan!
tongue (tʌng) *i.* 1. *anat.* dil. 2. dil, lisan. **— depressor** *tıb.* dil basacağı, abeyslang. **— in cheek** bıyık altından gülerek. **— twister** söylenmesi dile zor gelen uzun sözcük/cümle. **be on the tip of one's —** dilinin ucunda olmak: **It was on the tip of my tongue.** Dilimin ucundaydı. **hold one's —** dilini tutmak, konuşmamak. **keep a civil — in one's head** terbiyeli bir şekilde konuşmak: **I'll thank you to keep a civil tongue in your head!** Terbiyeni takın! **slip of the —** dil sürçmesi, sürçü lisan. **When this becomes known it'll really set —s wagging.** *k. dili* Etrafa yayılınca herkesin diline pelesenk olacak.
tongue-and-groove joint (tʌng´ıngruv´) zıvana lambalı geçme.
tongue-in-cheek (tʌng´inçik´) *s.* bıyık altından gülerek söylenen.
tongue-lash (tʌng´läş) *f., k. dili* azarlamak, haşlamak.
tongue-tied (tʌng´tayd) *s.* (utanç, heyecan, korku v.b.'nden) dili tutulmuş.
ton.ic (tan´ik) *i.* 1. tonik, kuvvet verici ilaç. 2. (bazı içkilere katılan) tonik. 3. *müz.* tonik.
to.night (tınayt´) *z., i.* bu gece.
ton.ka bean (tông´kı) hintbaklası, çinbaklası.
ton.nage (tʌn´ic) *i.* tonaj.

ton.sil (tan´sıl) *i., anat.* bademcik.
ton.sil.li.tis (tansılay´tis) *i., tıb.* bademcik iltihabı.
too (tu) *z.* 1. fazla, gereğinden çok: **It's too early to go.** Gitmek için fazla erken. 2. de: **You too can learn Arabic.** Sen de Arapça öğrenebilirsin. **You have to get rid of that house and the Mercedes too!** O evi, bir de Mercedes'i elden çıkarman şart! 3. *k. dili* (Cümleyi vurgulamak için kullanılır.): **"I didn't sock him!" "You did too!"** "Ona yumruk atmadım." "Attın!" **— much** fazla: **You've given me too much change.** Bana fazla para verdin. **Don't eat too much.** Fazla yeme. **They praise her too much.** Onu fazla övüyorlar.
took (tûk) *f., bak.* **take.**
tool (tul) *i.* 1. alet, el aleti. 2. araç, vasıta. 3. piyon, başkasının istediği gibi kullandığı kimse. 4. *kaba* penis, alet, babafingo. *f.* arabada gitmek; (arabayı) sürmek; (birini) (arabada) (bir yere) götürmek.
toot (tut) *f.* (kornayı/düdüğü/boruyu) çalmak; (korna/düdük/boru) çalmak. *i.* korna/düdük/boru sesi. **— one's own horn** kendi reklamını kendi yapmak, kendini övmek. **I don't give a —!** *k. dili* Bana ne!/Bana vız gelir!
tooth (tuth), *çoğ.* **teeth** (tith) *i.* diş. **— and nail** kıyasıya, var gücüyle, çok şiddetli bir şekilde. **by the skin of one's teeth** ancak, güçbela. **cut a —** diş çıkarmak. **It set my teeth on edge.** Dişlerimi kamaştırdı. **long in the —** *k. dili* yaşlanmış. **show one's teeth** dişlerini göstermek, tehdit etmek.
tooth.ache (tuth´eyk) *i.* diş ağrısı.
tooth.brush (tuth´brʌş) *i.* diş fırçası.
tooth.paste (tuth´peyst) *i.* diş macunu.
tooth.pick (tuth´pik) *i.* kürdan.
tooth.some (tuth´sım) *s.* lezzetli.
toots (tûts) *i., k. dili* güzelim, tatlım (*Kadına hitap ederken kullanılır.*): **Hi, toots!** Merhaba güzelim!
toot.sie, toot.sy (tût´si) *i., k. dili* 1. güzelim, tatlım (*Kadına hitap ederken kullanılır.*). 2. ayak.
top (tap) *i.* 1. en üst bölüm, tepe, baş, üst: **on the top of the hill** tepenin başında. **He stood on tiptoe and peered over the top of the wall.** Ayaklarının ucuna basıp duvarın üstünden baktı. **It's at the top of the page.** Sayfanın başında. 2. en üst kat: **He lives at the top of the house.** Evin en üst katında oturuyor. 3. üst yüzey, üst: **Dust the top of that table!** O masanın üstündeki tozu al! 4. kapak: **Where's the top of this jar?** Bu kavanozun kapağı nerede? 5. en yetkili makam. *s.* 1. en üst: **the top floor** en üst kat. 2. en iyi: **He was among the top ten students in his class.** Sınıfının en iyi on öğrencisinden biriydi. 3. üstün, en iyi: **top quality**

top 506

en iyi kalite. 4. en büyük; çok büyük: **top speed** azami hız. **top prices** en yüksek fiyatlar. **— boot** uzun çizme, uzun konçlu çizme. **— brass** *k. dili* en yüksek rütbeliler; en üst makamdakiler; kodamanlar. **— dog** *k. dili* zirvedeki kimse. **— hat** silindir şapka. **— secret** çok gizli. **at the — of one's lungs/voice** avazı çıktığı kadar. **be on — of** (duruma) hâkim olmak. **be on — of the world** çok mutlu olmak, sevinçten uçmak. **be on — of things/the news** olup bitenlerden haberdar olmak. **blow one's — tepesi** atmak, çok kızmak. **come out on —** 1. muzaffer çıkmak. 2. birinci olmak. 3. başarılı bir sonuç almak; başarılı olmak; dört ayak üstüne düşmek. **from — to bottom** baştan başa. **from — to toe** tepeden tırnağa. **go over the —** amaçlanan sınırı aşmak: **We went over the top by ten million liras.** Amaçladığımızdan on milyon lira fazla elde ettik. **off the — of one's head** *k. dili* hiç düşünmeden, hemen. **on — of** -e ek olarak, -in yanı sıra, ile beraber: **He's doing this on top of his regular job.** Bunu asıl işinden ayrı olarak yapıyor. **She asked for a promotion, and on top of that she wanted a raise.** Terfiini istedi; bir de üstüne üstlük bir maaş artışı talep etti.
top (tap) *f.* (**—ped, —ping**) 1. (bir yerin) tepesine/başına varmak; (bir şeyin) tepesinde/başında/üstünde bulunmak: **That song has topped the charts for weeks.** O şarkı haftalarca listelerin başında kaldı. 2. (bir yerin) üstünden geçmek. 3. (bir şeyin) üstüne sürmek: **She topped the cake with whipped cream.** Kekin üstüne çırpılmış krema sürdü. 4. (bir bitkinin) üst kısmını kesmek/koparmak. 5. -den fazla olmak, -i aşmak; -den iyisini yapmak; -i gölgede bırakmak: **You've topped his record.** Onun rekorunu aştın. **Do you know a story that can top his?** Onunkine taş çıkartacak bir hikâye biliyor musun? **— something off (with)** bir şeyi (... ile) noktalamak/tamamlamak: **They topped off the evening with a walk through the park.** Parkta bir gezintiyle geceyi noktaladılar. **— something/someone up** *İng.* (birinin kısmen boşalmış kabını) (bir sıvıyla) doldurmak: **Will you top up her glass with lemonade?** Boşalan bardağının limonatayla doldurur musun? **to — it (all) off** üstüne üstlük.
top (tap) *i.* topaç. **sleep like a —** çok iyi uyumak.
to.paz (to΄päz) *i.* topaz.
top.coat (tap΄kot) *i.* 1. hafif palto. 2. (boyanmış yüzeyde) son kat boya, son kat.
top-draw.er (tap΄drôr) *s., k. dili* çok şık, çok kibar, en seçkin zümreye ait/yakışan.
top-heav.y (tap΄hevi) *s.* 1. havaleli, yıkılacak gibi. 2. gerekenden fazla yönetici bulunan (bir yönetim).
top.ic (tap΄ik) *i.* konu, mevzu.
top.i.cal (tap΄ikıl) *s.* güncel, aktüel.
top.less (tap΄lis) *s.* 1. üstsüz, göğsü/memeleri örtülü olmayan (kadın). 2. kadının göğsünü/memelerini örtmeyen (giysi).
top.most (tap΄most) *s.* en üstteki.
top-notch (tap΄naç) *s.* en iyi kalite, birinci sınıf, üstün.
to.pog.ra.pher (tıpag΄rıfır) *i.* topograf.
to.pog.ra.phy (tıpag΄rıfi) *i.* topografya.
top.ple (tap΄ıl) *f.* (**over/down**) (havaleli bir şey) devrilmek/yıkılmak; (havaleli bir şeyi) devirmek/yıkmak.
top.sy-tur.vy (tap΄si.tır΄vi) *z.* 1. altüst, baş aşağı. 2. karmakarışık bir durumda. *s.* 1. altüst olmuş. 2. karmakarışık, karman çorman.
torch (tôrç) *i.* 1. meşale. 2. *İng.* el feneri, fener.
tore (tôr) *f., bak.* **tear.**
tor.e.a.dor (tôr΄iyıdôr) *i.* boğa güreşçisi, toreador, torero.
tor.ment (tôr΄ment) *i.* 1. ıstırap, azap. 2. işkence. 3. eziyet çektiren kimse; eziyet veren şey.
tor.ment (tôrment΄) *f.* 1. canını yakmak, eziyet etmek, azap çektirmek. 2. işkence etmek.
tor.men.tor, tor.ment.er (tôrmen΄tır) *i.* 1. eziyet eden kimse. 2. işkenceci.
torn (tôrn) *f., bak.* **tear.**
tor.na.do (tôrney΄do) *i.* (*çoğ.* **—es/—s**) tornado.
tor.pe.do (tôrpi΄do) *i.* (*çoğ.* **—es**) *ask.* torpil. *f.* 1. torpillemek, torpil ile tahrip etmek/batırmak. 2. baltalamak; mahvetmek; ziyan etmek. **— boat** 1. hücumbot. 2. torpidobot, torpido. **motor — boat** hücumbot.
tor.pid (tôr΄pid) *s.* uyuşuk.
tor.por (tôr΄pır) *i.* uyuşukluk.
torque (tôrk) *i.* eğilme momenti, moment.
tor.rent (tôr΄ınt) *i.* 1. sel, taşkınca akan su.
tor.ren.tial (tôren΄şıl) *s.* çok şiddetli yağan (yağmur).
tor.rid (tôr΄id) *s.* 1. çok sıcak. 2. sevda dolu, ihtiras dolu. **the T— Zone** *coğr.* Sıcak Kuşak.
tor.sion (tôr΄şın) *i.* burulma, torsiyon. **— bar** torsiyon çubuğu.
tor.so (tôr΄so) *i.* 1. (insana ait) gövde. 2. gövde heykeli.
tort (tôrt) *i., huk.* haksız fiil.
tor.toise (tôr΄tıs) *i., zool.* karakaplumbağası, kaplumbağa.
tor.toise.shell (tôr΄tıs.şel) *i.* bağa, kaplumbağa kabuğu veya bunu andıran bir madde. *s.* bağadan yapılmış, bağa.
tor.tu.ous (tôr΄çuwıs) *s.* 1. yılankavi, çok dolambaçlı. 2. dolaşık, çapraşık (yöntem/hareket). 3. dalavereli. 4. fazlasıyla komplike, çetrefil.
tor.ture (tôr΄çır) *i.* 1. işkence, işkence etme/yap-

th	dh	w	hw	b	c	ç	d	f	g	h	j	k	l	m	n	p	r	s	ş	t	v	y	z
thin	the	we	why	be	joy	chat	ad	if	go	he	regime	key	lid	me	no	up	or	us	she	it	via	say	is

ma. 2. ıstırap, azap, işkence. f. işkence etmek/yapmak.
tor.tur.er (tôr'çırır) i. işkenceci.
toss (tôs) f. 1. (yavaşça/rasgele) atmak/fırlatmak/saçmak: **He tossed the children peppermints.** Çocuklara naneşekeri saçtı. 2. on çabucak ve gelişigüzel giymek, sırtına geçirivermek. 3. bir yandan öbür yana şiddetle sallamak: **The waves were really tossing our small rowboat.** Dalgalar küçük sandalımızı bir yandan öbür yana bayağı sallıyordu. 4. in (bir yiyeceği) (bir sıvıyla) hafifçe karıştırmak: **She tossed the Brussels sprouts in butter.** Brüksellahanasını tereyağıyla hafifçe karıştırdı. 5. (bir tepki olarak) (başını) birdenbire arkaya doğru savurmak/(burnunu) kıvırmak: **She tossed her head angrily and walked out of the room.** Başını öfkeyle arkaya doğru savurup odadan çıktı. 6. (at) (biniciyi) sırtından atmak. 7. off (sanki işten bile değilmiş gibi) (bir şeyi) yaratıvermek. 8. (uzanmışken/uykudayken) bir yandan öbür yana dönmek. 9. k. dili (bir şeyi) çöpe atmak. i. 1. spor (top, gülle v.b. için) atma, atış: **That was a good toss.** İyi bir atıştı o. 2. (bir tepki olarak) (başını) birdenbire arkaya doğru savurma. 3. (yazı tura) atma, (yazı turada) atış: **He won the first toss.** İlk atışta o kazandı. — **a coin** yazı tura atmak. — **a salad** salatanın malzemelerini hafifçe karıştırmak. — **and turn** (uzanmışken/uykudayken) bir yandan öbür yana dönmek. — **for** yazı tura atarak (bir şeyi) karara bağlamak. — **one's hat into the ring** adaylığını ilan etmek. — **someone for something** bir şeyi kazanmak için biriyle yazı tura atmak. — **someone out** 1. birini dışarı atmak, birini kapı dışarı etmek. 2. birini işten atmak/çıkarmak. — **something about/around** (birkaç kişi) bir konuyu tartışıp konuşmak. — **something in** bir fikri ortaya atmak. — **something off** 1. bir içkiyi yuvarlayıvermek. 2. bir şeyi çapıvermek. 3. bir şeyi döktürüvermek, bir şeyi söyleyivermek/yazıvermek. 4. bir giysiyi çıkarıvermek/fora etmek. — **something out** bir şeyi çöpe atmak. — **something/someone up in the air** bir şeyi/birini havaya atmak/fırlatmak. **lose the —** yazı turada kaybetmek. **win the —** yazı turada kazanmak.
toss-up (tôs'ʌp) i. 1. kimin kazanacağı hiç belli olmayan bir durum. 2. hangi seçeneğin daha iyi olduğu hiç belli olmayan bir durum. 3. yazı tura atma.
tot (tat) i. 1. küçük çocuk. 2. (içki için) azıcık miktar, azıcık, damla.
tot (tat) f. (—**ted**, —**ting**) **up** toplamak.
to.tal (tot'ıl) s. tam, eksiksiz; ilgili olan her şeyi içeren: **total darkness** zifiri karanlık. **total harmony** tam bir uyum. **total cost** toplam maliyet. **total loss** tam hasar. **total amount** toplam. i. toplam; bütün; tutar. f. (—**ed**/—**led**, —**ing**/—**ling**) 1. toplamak, toplamını bulmak. 2. -in toplamı (belirli bir miktar) olmak: **Their value totaled one million dollar.** Onların toplam değeri bir milyon dolardı. 3. k. dili çok hasar vererek kullanılmaz hale getirmek. **in —** 1. toplam olarak. 2. bütünüyle, tamamıyla.
to.tal.i.tar.i.an (totälıter'iyın) s. totaliter.
to.tal.i.tar.i.an.ism (totälıter'iyınizım) i. totalitarizm.
to.tal.i.ty (totäl'ıti) i. bütün, toplam: **in its totality** bütünüyle.
to.tal.ly (tot'ıli) z. tamamen.
tote (tot) f., k. dili taşımak.
to.tem (to'tım) i. totem, ongun.
to.tem.ism (to'tımizım) i. totemcilik.
tot.ter (tat'ır) f. sallanmak; sendelemek.
tou.can (tu'kın, tu'kän) i., zool. tukan.
touch (tʌç) f. 1. dokunmak; değmek; temas etmek: **Don't touch the paintings!** Tablolara dokunma! **My head's touching the ceiling.** Başım tavana değiyor. 2. (içki/sigara/uyuşturucu) kullanmak: **He never touches alcohol.** Hiç içki içmez. 3. yemek/içmek: **He didn't touch his food.** Yemeğini ağzına sürmedi. 4. kıyaslanmak, ... kadar iyi olmak: **Their book can't touch hers.** Onların kitabı onunki kadar iyi olamaz./Nerede onların kitabı, nerede onunki! 5. duygulandırmak, dokunmak. 6. hafifçe vurmak: **He touched the horse with the whip.** Kırbaçla ata hafifçe vurdu. 7. ellemek, el sürmek, elle karıştırmak: **Don't you touch that radio while I'm gone!** Ben yokken o radyoya elini sürme! 8. ile ilgilenmek, ile meşgul olmak: **I wouldn't touch that job if I were you.** Yerinde olsam o işle hiç meşgul olmazdım. 9. dokunmak; istifade etmek: **He can't touch that money until he's twenty-one years old.** Yirmi bir yaşına basana kadar o paraya dokunamaz. 10. **for** (birinden) (belirli bir miktar para) istemek: **She touched them for three million liras.** Onlardan üç milyon lira istedi. 11. ilgilendirmek: **This is a matter that touches your honor.** Şerefini ilgilendiren bir mesele bu. 12. **on/upon** -e değinmek, -e dokunmak, -e temas etmek. 13. **at** (gemi) (bir yere) uğramak. 14. **in** (bir resimdeki detayı) hafif dokunuşlarla çizmek. — **a sore spot/point** hassas bir konuya/noktaya dokunmak. — **base (with)** k. dili (biriyle) görüşmek, konuşmak: **I need to touch base with her on that matter.** O mesele hakkında onunla görüşmem lazım. — **bottom** 1. ayaklarını suyun dibine değdirmek: **I can't touch bottom.** Ayaklarımı dibe değdiremiyorum. 2. (fiyat) en

alt düzeye inmek. 3. en kötü aşamaya gelmek/varmak: **They've touched bottom as far as their professional life is concerned.** Onların mesleki hayatına gelince durum bundan kötü olamaz. — **down** (uçak) (yere/denize) inmek. — **something off** bir şeyi başlatmak, bir şeye sebep olmak. — **something up** 1. sadece gereken yerlere boya vurarak bir şeyin görünümünü düzeltmek, bir şeyi boyayla rötuş etmek: **Just touch up the scratches and it'll look O.K.** Sadece çiziklere boya vurursan yeter. 2. bir şeyi rötuş etmek.
touch (tʌç) *i.* 1. dokunma, dokunuş, temas. 2. hafifçe vurma, hafif vuruş. 3. az bir derece/miktar: **He has a touch of fever.** Azıcık ateşi var. **There's a touch of spring in the air today.** Bugün havada baharı akla getiren bir şey var. 4. (birine) özgü davranma/çalışma tarzı: **The décor showed her touch.** Dekor onun zevkini yansıtıyordu. 5. ayrıntı, detay: **It's done apart from the finishing touches.** Tamamlayıcı detaylar hariç, bitti. **be out of — with** 1. ile temasta bulunmamak. 2. -den habersiz olmak.
touch-and-go (tʌç'ıngo') *s.* belirsiz, sonucu belli olmayan/şüpheli.
touch.down (tʌç'daun) *i.* (Amerikan futbolunda) gol.
touched (tʌçt) *s., k. dili* kafadan kontak, kafası bir hoş.
touch.ing (tʌç'ing) *s.* insanı duygulandıran, insanın içine işleyen, dokunaklı; insanın yüreğine dokunan.
touch-me-not (tʌç'minat) *i., bot.* kınaçiçeği.
touch.stone (tʌç'ston) *i.* mihenk, denektaşı.
touch.tone (tʌç'ton) *i.* — **telephone** tuşlu telefon.
touch.type (tʌç'tayp) *f.* tuşlara bakmadan daktiloda/bilgisayarda yazı yazmak.
touch.y (tʌç'i) *s.* 1. alıngan, kırılgan. 2. hassas (durum/konu).
tough (tʌf) *s.* 1. dayanıklı. 2. kart (et); sert (kösele v.b.). 3. sert; ödün vermeyen; müsamaha etmeyen: **You need to take a tough stance when it comes to murderers.** Katillere karşı sert bir tutum göstermen lazım. 4. zor (iş/kimse). 5. kanunları hiçe sayan insanların çok olduğu ve sık sık suç işlenen (yer). 6. saldırgan ve sık sık kaba kuvvete başvuran (kimse). *i.* kabadayı. *f.* **out** dişini sıkıp -e karşı dayanmak: **You have to tough it out for another year.** Bir yıl daha dişini sıkıp dayanmak zorundasın.
tough.en (tʌf'ın) *f.* 1. -i (zor durumlara alıştırarak) daha dayanıklı/güçlü yapmak; (zor durumlara alışarak) daha dayanıklı/güçlü olmak. 2. sertleştirmek; sertleşmek.

tour (tûr) *i.* 1. tur; dolaşma. 2. turne. *f.* dolaşmak. — **of duty** *ask.* (belirli bir yerdeki) görev süresi. **go on** — turneye çıkmak.
tour.ism (tûr'izım) *i.* turizm.
tour.ist (tûr'ist) *i.* turist.
tour.is.tic (tûris'tik) *s.* turistik.
tour.na.ment (tır'nımınt) *i.* turnuva.
tour.ni.quet (tır'nıkit) *i.* turnike, kanamayı durdurmaya yarayan bir tür sargı.
tou.sle (tau'zıl) *f.* (saçı) karıştırmak, dağınık bir hale getirmek: **He tousled his son's hair.** Oğlunun saçını karıştırdı.
tout (taut) *f., İng.* reklamını yapmak; pazarlamak; reklam yaparak müşteri aramak. *i., İng.* karaborsa bilet satan kimse. — **for business** *İng.* reklam yaparak müşteri aramak.
tow (to) *f.* 1. (halatla/zincirle) çekmek; yedeğe almak, yedekte çekmek, yedeklemek. 2. (gemi) (bir/birkaç mavnayı) itmek. *i.* 1. halatla/zincirle çekilen şey. 2. itilen birkaç mavna. 3. çekme halatı/zinciri; yedekleme halatı. — **truck/car** *oto.* çekici, kurtarıcı. **in** — *k. dili* beraberinde: **He had his girl friend in tow as well.** Beraberinde kız arkadaşı da vardı. **take someone in** — birini himayesine almak.
to.ward (tôrd), **to.wards** (tôrdz) *edat* 1. -e doğru, -in yanına doğru: **towards the river** nehre doğru. 2. -e doğru, -e yakın (bir zaman): **towards noon** öğleye doğru. 3. -e karşı, için, hakkında: **What's her attitude towards him?** Ona karşı tavrı ne? 4. doğrultusunda, yönünde: **Some progress has been made toward the establishment of a new grading system.** Yeni bir not verme sisteminin kurulmasında biraz ilerleme kaydedildi. 5. (bir şeyin) ödenmesi için: **That money can go towards what you owe me.** O para senin bana olan borcunu ödemek için kullanılabilir.
tow.el (tau'wıl) *i.* havlu. — **rack** havluluk, havlu asacağı. **throw in the** — *k. dili* pes demek.
tow.el.ing, tow.el.ling (tau'wıling) *i.* havluluk kumaş, havluluk.
tow.er (tau'wır) *i.* kule. *f.* 1. (**up**) yükselmek. 2. over/above -in üstünden yükselmek. — **block** *İng.* yüksek apartman; yüksek büro binası.
tow.er.ing (tau'wıring) *s.* 1. çok yüksek: **towering pines** çok yüksek çamlar. 2. büyük: **towering financial strength** büyük mali güç. 3. şiddetli, aşırı: **He flew into a towering rage.** Çok öfkelendi.
town (taun) *i.* şehir, kent. — **council** belediye meclisi. — **hall** belediye binası. — **house** (sıraevlere ait) ev, sıraev. **be in** — şehirde olmak. **be out on the** — *k. dili* şehirde zevk peşinde koşmak. **go to** — 1. şehre gitmek. 2. hız ve gayretle çalışmak. 3. çok başarılı olmak.

towns.peo.ple (taunz'pipıl) *i.* şehir halkı.
tox.ic (tak'sik) *s.* zehirli, toksik.
tox.i.col.o.gist (taksıkal'ıcist) *i.* toksikolog.
tox.i.col.o.gy (taksıkal'ıci) *i.* toksikoloji.
tox.i.co.ma.ni.a (taksikomey'niyı) *i.* toksikomani.
tox.i.co.ma.ni.ac (taksikomey'niyäk) *s.* toksikoman.
tox.in (tak'sin) *i.* toksin.
toy (toy) *i.* oyuncak. *f.* **with** 1. -i yarı ciddi bir şekilde düşünmek. 2. ile oynamak, -i elinde evirip çevirmek. — **shop** oyuncakçı dükkânı.
tr. *kıs.* **transitive, translated, translation, translator, treasurer, troop.**
trace (treys) *i.* 1. iz, eser. 2. ufacık bir miktar. *f.* 1. (bir şeyin) üzerine şeffaf bir kâğıt koyup kopyasını çıkarmak. 2. to bazı izleri/ipuçlarını takip ederek (birinin/bir şeyin) (nerede) olduğunu keşfetmek/saptamak; bazı ipuçlarını takip ederek (bir olayı) (belirli bir sebebe) bağlamak; bırakılan ipuçları (birini) (belirli bir yere) kadar götürmek: **They traced him to Cairo.** Bıraktığı ipuçları onları Kahire'ye kadar götürdü. **They traced the Nile to its source.** Nil'i izleyerek kaynağını buldular. 3. (bir olayın tarihini) (belirli bir süre boyunca) safha safha vermek: **This book traces the history of the Ottoman sultanate from its beginning to 1566.** Bu kitap Osmanlı saltanatının tarihini başlangıcından 1566'ya kadar safha safha veriyor. 4. **to** (silsileyi) (geçmişte belirli bir zamana kadar) saptamak; (bir ailenin silsilesi) (geçmişte belirli bir zamana kadar) uzanmak: **They've been able to trace their family tree back to the Tanzimat era.** Şecerelerini Tanzimat devrine kadar saptayabildiler. **vanish without a** — sırra kadem basmak.
trace (treys) *i.* **kick over the —s** *k. dili* dizginleri koparmak.
tra.che.a (trey'kıyı), *çoğ.* **tra.che.ae** (trey'kiyi)/**—s** (trey'kiyız) *i., anat.* nefes borusu, soluk borusu.
tra.che.ot.o.my (treykiyat'ımi) *i., tıb.* trakeotomi, soluk borusu açımı.
tra.cho.ma (trıko'mı) *i., tıb.* trahom.
trac.ing (trey'sing) *i.* şeffaf kâğıt üzerine çıkarılan kopya. — **paper** aydınger kâğıdı; şeffaf kopya kâğıdı.
track (träk) *i.* 1. iz: **He followed the bear's tracks.** Ayının ayak izlerini takip etti. 2. ray, hat. 3. *spor* (yarışların yapıldığı) pist. 4. patika. 5. takip edilen yol: **the track of a hurricane** urağanın takip ettiği yol. 6. (plaktaki belirli bir) parti. 7. (tank v.b. tırtıllı araçlara ait) tırtıl, palet. *f.* 1. -in izlerini takip etmek. 2. **down** -in izlerini takip edip yakalamak: **They tracked down the murderer.** Katili izleyip yakaladılar. 3. (**up**) ayak izlerini (bir yerde) bırakmak: **You've tracked mud all over the house.** Evin her tarafında çamurlu ayak izlerini bıraktın. **Don't track up my kitchen floor!** Mutfağımda ayak izi bırakma! **Your muddy boots are tracking.** Çamurlu botların iz bırakıyor. 4. (hareket eden birini/bir şeyi) takip etmek, izlemek. — **and field** atletizm. — **events** *spor* pist yarışları. — **light** raya monte edilen lamba. — **lighting** raylara monte edilen lambalarla aydınlatma. — **record** *k. dili* (bir işte belirli bir süre boyunca gösterilen) performans. — **suit** eşofman. **cover one's —s** 1. kendini ele verebilecek şeyleri gizlemek. 2. ne yaptığını/ne yapacağını gizlemek. **jump the** — (tren) raydan çıkmak. **keep — of** 1. (bir şeyi) aklında tutmak. 2. (bir şeye) dikkat etmek, (bir şeyi) takip etmek; (birinin) izini kaybetmemek: **You ought to keep track of what's going on.** Neler olup bittiğine dikkat etmelisin. **lose — of** 1. (bir şeyi) aklında tutmamak. 2. (bir şeye) dikkat etmemek, (bir şeyi) takip etmemek; (birinin) izini kaybetmek. **make —s** *k. dili* 1. çıkıp gitmek. 2. hızla gitmek.
tract (träkt) *i.* 1. geniş arazi. 2. *tıb.* sistem, aygıt, cihaz. **the digestive** — *anat.* sindirim sistemi/aygıtı.
tract (träkt) *i.* (özellikle din/siyaset konusunda bir) makale/kitapçık.
trac.ta.ble (träk'tıbıl) *s.* söz dinler, yumuşak başlı, uysal.
trac.tion (träk'şın) *i.* 1. çekme; çekilme. 2. çekme/çekiş gücü; sabit bir yüzeye temas ederek harekete geçen bir cismin o yüzeye temasında oluşan sürtünüm kuvveti/direnç. 3. *tıb.* traksiyon, çekme gücüyle yaratılan gerginlik: **His broken leg's in traction.** Bacağı traksiyona alındı.
trac.tor (träk'tır) *i.* traktör.
trade (treyd) *i.* 1. ticaret. 2. zanaat, iş. *f.* 1. ticaret yapmak. 2. (**for**) trampa etmek, değiş tokuş etmek: **I'll trade you this horse for that pony of yours.** Bu atı senin midilliyle trampa ederim. 3. **with** (birinden) alışveriş etmek; at (bir yerden) alışveriş etmek: **She always trades with Rahmi.** Hep Rahmi'den alışveriş ediyor. — **deficit/gap** ticaret açığı. — **on** (bir şeyi) kendi yararına kullanmak. — **route** ticaret yolu. — **school** meslek okulu; teknik okul; sanat enstitüsü. — **secret** mesleki sır, meslek sırrı. — **something in (for/on)** bir şeyi verip onun değerini başka bir şeyin bedelinden düşürerek (o şeyi) satın almak. — **union** *İng.* işçi sendikası, sendika.
trade (treyd) *i., k. dili* alize. — **wind** alize.
trade.mark (treyd'mark) *i.* ticari marka, alameti farika.
trade-off (treyd'ôf) *i.* bir şeyi elde etmek için başka bir şeyden vazgeçme.

trades.man (treydz'mın), *çoğ.* **trades.men** (treydz'min) *i.* (bir) esnaf; dükkâncı; zanaatçı. **—'s entrance** servis girişi/kapısı.
tra.di.tion (trıdîş'ın) *i.* gelenek, anane.
tra.di.tion.al (trıdîş'ınıl) *s.* geleneksel, ananevi.
traf.fic (träf'îk) *i.* 1. trafik: **The traffic's heavy right now.** Şu an trafik yoğun. 2. ticaret: **narcotics traffic** uyuşturucu ticareti. *f.* (**—ked, —king**) **in** (yasalara aykırı bir şekilde) (bir şeyin) ticaretini yapmak. **— accident** trafik kazası. **— circle** göbekli kavşak, dönel kavşak. **— jam** trafik tıkanıklığı. **— light/signal** trafik lambası.
trag.a.canth (träg'ıkänth, träc'ıkänth) *i.* kitre, kestere.
trag.e.dy (träc'ıdi) *i.* 1. *tiy.* trajedi, tragedya, facia, ağlatı. 2. facia, çok üzüntü veren acıklı olay.
trag.ic (träc'îk) *s.* 1. feci, çok üzücü ve acıklı, trajik. 2. *tiy.* trajik, trajediye ait.
trag.i.com.e.dy (träcıkam'ıdi) *i.* trajikomedi.
trag.i.com.ic (träcıkam'îk) *s.* trajikomik.
trail (treyl) *f.* 1. (hafif şeyleri) sürümek, sürüklemek; sürünmek, sürüklenmek: **He trailed his leg as he walked.** Yürürken bacağını sürüklüyordu. **Her skirt was trailing along the ground.** Eteğinin uçları yerlerde sürünüyordu. 2. yavaşça gezdirmek: **They trailed their fingertips through the water.** Parmak uçlarını suyun yüzeyinde yavaşça gezdirdiler. 3. gelişigüzel uzanıp gitmek: **The honeysuckle was trailing over the rotten log.** Hanımeli çürük kütüğün üstünde uzanıp gidiyordu. 4. izlemek, takip etmek. 5. (başkalarının) gerisinde olmak: **Their son was trailing all the others.** Onların oğlu hepsinin gerisindeydi. 6. **along after** (birinin) peşine takılmak. 7. **along** yavaş yavaş/yorgun argın gitmek/yürümek. 8. **off** (ses) azalmak; (bir şey) canlılığını yitirmek: **His voice trailed off to a whisper.** Sesi azalarak fısıltıya dönüştü. **Our discussion trailed off into trivialities.** Asıl konumuzdan ayrılarak birtakım önemsiz konulara takıldık. 9. sarkmak, uzanmak, düşmek: **A curl trailed across her forehead.** Alnına bir perçem düşmüştü. 10. süzülmek: **The smoke from their chimney was trailing up towards the head of the cove.** Bacalarından çıkan duman derin vadinin başına doğru süzülüyordu. *i.* 1. patika, keçiyolu. 2. (birinin ardında bıraktığı) izler: **The wounded lion left a trail of blood behind him.** Yaralı aslan ardında kan izleri bıraktı. 3. (birinin peşinde/arkasında bıraktığı) şey: **They left a trail of dust behind them.** Arkalarında bir toz bulutu bıraktılar. **A thin blue trail of smoke was coming from the chimney.** Bacadan, ince, mavi bir helise benzeyen bir duman geliyordu. **be on someone's —** birinin izini takip etmek; birini aramak. **be on some-**

thing's — 1. (av köpeği) avın izini takip etmek: **The dogs're on the trail.** Köpekler iz sürüyor. 2. bir şeyi takip etmek; bir şeyi aramak. **blaze a —** 1. çığır açmak. 2. ağaçların gövdelerinde çentikler açarak yeni bir yolun geçiş yerini işaretlemek. **hit the —** yola koyulmak.
trail.er (trey'lır) *i.* 1. römork; (kamyona/traktöre takılan) treyler. 2. karavan. 3. fragman, tanıtma filmi. 4. yere yatay olarak uzanan bitki; sürüngen bitki.
train (treyn) *i.* 1. tren. 2. katar; kafile. 3. çok uzun bir eteğin yerde sürünen kısmı. 4. dizi, silsile, zincir: **A long train of events has brought us to this juncture.** Bu vardığımız noktanın ardında uzun bir olaylar zinciri var. **lose one's —** of thought ne dediğini/düşündüğünü unutmak.
train (treyn) *f.* 1. eğitmek, terbiye etmek, yetiştirmek. 2. antrenman/idman yapmak. 3. **on** (ateşli silah, fotoğraf makinesi, projektör v.b.'ni) -e çevirmek, -e yöneltmek. 4. (bir bitkiyi) (belirli bir yöne doğru/belirli bir biçimde) büyütmek: **You ought to train a magnolia against that wall.** O duvarı bir manolyayla kaplamalısın.
train.er (trey'nır) *i.* 1. terbiyeci, hayvan terbiyecisi. 2. antrenör. 3. *İng.* tenis ayakkabısı.
train.ing (trey'ning) *i.* 1. eğitim, terbiye, yetiştirim. 2. antrenman, idman.
traipse (treyps) *f., k. dili* yürümek.
trait (treyt) *i.* özellik, hususiyet.
trai.tor (trey'tır) *i.* hain, hıyanet eden kimse.
trai.tor.ous (trey'tırıs) *s.* hain; haince; hıyanet içeren.
tra.jec.to.ry (trıcek'tıri) *i.* 1. mermi yolu. 2. yörünge.
tram (träm) *i., İng.* 1. tramvay. 2. tramvay vagonu. **— driver** *İng.* vatman.
tram.line (träm'layn) *i., İng.* tramvay hattı.
tram.lines (träm'laynz) *i., çoğ., İng.* tramvay rayları.
tramp (trämp) *f.* 1. kuvvetli adımlarla yürümek. 2. **down** (bir şeyi) ayak altında çiğnemek. 3. yürümek, dolaşmak; (bir yeri) dolaşmak. *i.* 1. berduş, serseri, kopuk. 2. *k. dili* sürtük, orospu. 3. kuvvetle atılan adımların sesi; rap rap. 4. yürüyüş. **— ship/steamer** tramp gemi.
tram.ple (träm'pıl) *f.* (**down/on**) ayak altında çiğnemek. **— someone to death** ayak altında çiğneyerek birini öldürmek.
tram.po.line (trämpılin') *i.* trampolin.
trance (träns) *i.* 1. kendinden geçme hali, vecit hali. 2. hipnoz, ipnoz.
tran.quil (träng'kwil) *s.* sakin, huzurlu, sükûnetli.
tran.quil.i.ty, *İng.* **tran.quil.li.ty** (träng.kwil'ıti) *i.* sakinlik, sükûnet, sükûn.

tran.quil.ize, *İng.* **tran.quil.lise** (träng'kwılayz) *f.* sakinleştirmek, yatıştırmak.

tran.quil.iz.er, *İng.* **tran.quil.lis.er** (träng'kwılayzır) *i., tıb.* sakinleştirici, yatıştırıcı, müsekkin.

tran.quil.lise (träng'kwılayz) *f., İng., bak.* **tranquilize**.

tran.quil.lis.er (träng'kwılayzır) *i., İng., tıb., bak.* **tranquilizer**.

tran.quil.li.ty (träng.kwîl'iti) *i., İng., bak.* **tranquility**.

trans.act (tränsäkt', tränzäkt') *f.* — **business** iş görmek.

trans.ac.tion (tränsäk'şın, tränzäk'şın) *i.* — **of business** iş görme. **business** — (ticari) iş.

trans.ac.tions (tränsäk'şınz, tränzäk'şınz) *i.* (kuruma/derneğe ait) tutanak, zabıt.

trans.at.lan.tic (tränsıtlän'tîk, tränzıtlän'tîk) *s.* 1. Atlas Okyanusu'nun ötesindeki. 2. Atlantik'i aşan/geçen, transatlantik.

tran.scend (tränsend') *f.* -in sınırını aşmak/geçmek; -den büyük/üstün olmak: **It transcends human understanding.** İnsanların kavrama yetisi dışında. **This error transcends all of your previous ones.** Bu hata daha önce yaptıklarının hepsini geçiyor.

tran.scen.dent (tränsen'dınt) *s.* 1. hepsini/başka her şeyi geçen/aşan: **The poem's transcendent beauty can scarcely be felt in that translation.** Şiirin üstün güzelliği o çeviride pek hissedilmiyor. 2. kozmosun dışında ve üstünde olan. 3. deneyüstü, transandantal, deneyin/insan bilincinin sınırını aşan.

tran.scen.den.tal (tränsenden'tıl) *s.* 1. deneyüstü, transandantal, deneyin/insan bilincinin sınırını aşan; doğaüstü. 2. *mat.* transandantal, aşkın. — **meditation** transandantal meditasyon.

tran.scen.den.tal.ism (tränsenden'tılizım) *i.* deneyüstücülük, transandantalizm.

tran.scribe (tränskrayb') *f.* 1. (bir şeyin) kopyasını yazmak. 2. yazmak, kaydetmek, zapt etmek. 3. **(for)** *müz.* (bir eseri) (bir çalgıya) uyarlamak/adapte etmek.

tran.script (trän'skrîpt) *i.* kopya, suret, nüsha.

tran.scrip.tion (tränskrîp'şın) *i.* çevriyazı, transkripsiyon.

tran.sept (trän'sept) *i.* transept, çapraz sahın.

trans.fer (tränsfır') *f.* (—**red**, —**ring**) 1. -i nakletmek; -i (bir yerden) (başka bir yere) geçirmek/tayin etmek; (başka bir yere) geçmek: **The company's going to transfer him to Kars.** Şirket onu Kars'a tayin edecek. **She decided to transfer to the University of Istanbul.** İstanbul Üniversitesine geçmeye karar verdi. 2. (bir mal) üzerindeki hakkı (başkasına) geçirmek/devretmek; temlik etmek. 3. *spor* transfer etmek; transfer olmak.

trans.fer (träns'fır) *i.* 1. (bir mal) üzerindeki hakkı (başkasına) geçirme/devretme/devir; temlik. 2. nakil; (bir yerden) (başka bir yere) geçirme/tayin etme. 3. (bir yerden) (başka bir yere) geçen/tayin edilen kimse. 4. *spor* transfer olan kimse. 5. aktarma bileti. 6. (zamklı kâğıt/resim olarak) çıkartma. 7. *ruhb.* transfer, geçişim, intikal.

trans.fer.ence (tränsfır'ıns) *i., ruhb.* transfer, aktarma, duyguların psikolojik olarak bir başkasına yönelmesi.

trans.fig.u.ra.tion (tränsfîgyırey'şın) *i.* **the T**— *Hırist.* Hz. İsa'nın başkalaşımı.

trans.fig.ure (tränsfîg'yır) *f.* **(into)** -e yüce bir nitelik kazandırmak, -e bir yücelik vermek: **Pain and suffering had transfigured her.** Acı ve ıstırap ona bir yücelik vermişti.

trans.fix (tränsfîks') *f.* 1. -i (sivri uçlu bir silahla/aletle) (delerek) yere mıhlamak. 2. mıhlamak, dondurmak, -i kıpırdayamaz hale getirmek: **Her eyes had transfixed him.** Gözleri onu mıhlamıştı. 3. delmek.

trans.form (tränsfôrm') *f.* 1. (biçimini) değiştirmek. 2. **into** (bir şeyi) (başka bir şeye) dönüştürmek.

trans.for.ma.tion (tränsfırmey'şın) *i.* 1. (şeklen) değiştirim; değiştirilme; değişim, transformasyon. 2. dönüştürüm; dönüştürülme; dönüşüm, transformasyon.

trans.form.er (tränsfôr'mır) *i.* transformatör, dönüştürücü.

trans.form.ism (tränsfôr'mîzım) *i.* transformizm, dönüşümcülük.

trans.form.ist (tränsfôr'mîst) *i., s.* transformist, dönüşümcü.

trans.fu.sion (tränsfyu'jın) *i., tıb.* transfüzyon, aktarım, nakil. **blood** — kan nakli.

trans.gress (tränsgres', tränzgres') *f.* 1. ihlal etmek, bozmak. 2. (sınırını) aşmak/geçmek.

trans.gres.sion (tränsgreş'ın, tränzgreş'ın) *i.* 1. günah işleme, günah. 2. ihlal, bozma. 3. (sınırını) aşma/geçme.

trans.hu.mance (träns.hyu'mıns) *i.* hayvanları ilkyaz yaylaya çıkarıp sonbaharda yayladan indirme, yaylacılık.

trans.hu.mant (träns.hyu'mınt) *s., i.* yaylacı.

tran.sient (trän'şınt) *s.* 1. çabuk geçen; fani, gelip geçici, ölümlü. 2. kısa bir süre kalan, çabuk gelip geçen (kimse). *i.* kısa bir süre kalan kimse.

tran.sis.tor (tränzîs'tır, tränsîs'tır) *i., elek.* transistor. — **radio** transistorlu radyo.

tran.sit (trän'sît, trän'zît) *i.* 1. ulaşım, (birini/bir şeyi) (bir yerden) (başka bir yere) aktarma. 2. toplu taşıma; toplu taşıma araçları. 3. *gökb.* geçiş, geçme. 4. teodolit, takeometre. — **lounge** (havaalanında) transit yolcu salonu. — **system** toplu taşıma sistemi. — **visa** transit vi-

transition 512

zesi. **be in** — (insanlar/mallar) yolda olmak; (insanlar) bir yerden başka bir yere geçmekte olmak; (mallar) bir yerden başka bir yere taşınmakta olmak.
tran.si.tion (tränziş'ın) *i.* geçiş, geçme; değişim. **— period** geçiş dönemi.
tran.si.tive (trän'sıtiv) *s., dilb.* geçişli. **— verb** geçişli fiil.
tran.si.to.ry (trän'sıtori) *s.* geçici; fani, ölümlü.
trans.late (tränsleyt', tränzleyt', träns'leyt, tränz'leyt) *f.* 1. **(into)** (-e) çevirmek, tercüme etmek; (-e) çevrilmek, tercüme edilmek: **Can you translate this from French into Turkish?** Bunu Fransızcadan Türkçeye çevirebilir misiniz? **That word doesn't translate easily.** O kelime kolay kolay çevrilmez./O kelimenin çevirisi kolay değil. 2. çevirmenlik/tercümanlık yapmak. 3. **into** -e dönüştürmek.
trans.la.tion (tränsley'şın, tränzley'şın) *i.* 1. çeviri, çevirme, tercüme. 2. çeviri, tercüme, çevrilmiş yazı/söz. 3. dönüştürüm.
trans.la.tor (tränsley'tır, tränzley'tır) *i.* tercüman, çevirici, sözlü/yazılı çeviri yapan kimse; çevirmen, mütercim, yazılı çeviri yapan kimse.
trans.lit.er.ate (tränslit'ıreyt, tränzlit'ıreyt) *f.* **into** (bir dile ait bir yazıyı) (başka bir dilin harfleriyle) yazmak: **Can you transliterate this Turkish word into Arabic characters?** Bu Türkçe kelimeyi Arap harfleriyle yazabilir misiniz?
trans.lit.er.a.tion (tränslitırey'şın) *i.* transliterasyon, harf çevirisi.
trans.lu.cent (tränslu'sınt, tränzlu'sınt) *s.* yarışeffaf, yarısaydam.
trans.mi.grate (tränsmay'greyt, tränzmay'greyt) *f.* (ölümden sonra) (ruh) (bir bedenden başka bir bedene) göç etmek/geçmek.
trans.mi.gra.tion (tränsmaygrey'şın, tränsmıgrey'şın, tränzmaygrey'şın) *i.* **— of the soul** ruhgöçü, ölümden sonra ruhun bir bedenden başka bir bedene göç etmesi/geçmesi.
trans.mis.si.ble (tränsmis'ıbıl, tränzmis'ıbıl) *s.* 1. geçirilebilir, geçirilmesi mümkün. 2. bulaşıcı, sirayet edici (hastalık).
trans.mis.sion (tränsmiş'ın, tränzmiş'ın) *i.* 1. (motordaki) şanzıman, şanjman, transmisyon sistemi: **There's something wrong with my car's transmission.** Arabamın şanzımanında bir bozukluk var. 2. transmisyon, motor içinde bir hareketin iletilmesi. 3. (radyo dalgaları, telgraf sinyalleri v.b.'ni) yayma, yayım; yayılma. 4. iletme; götürme; iletilme; götürülme. 5. (hastalık) bulaştırma/bulaşma. 6. (radyo, telgraf v.b.'nden) yayılan dalga, sinyal v.b. **automatic — otomatik vites, otomatik transmisyon.**
trans.mit (tränsmit', tränzmit') *f.* (**—ted, —ting**) 1. (radyo dalgaları, telgraf sinyalleri v.b.'ni)

yaymak. 2. iletmek; götürmek. 3. **to** -e geçirmek; -e aktarmak. 4. (hastalığı) (birine) bulaştırmak. **—ting station** verici istasyon.
trans.mit.ter (tränsmit'ır, tränzmit'ır) *i.* 1. *radyo, TV* verici. 2. (telgrafa ait) iletici.
trans.mog.ri.fy (tränsmag'rıfay, tränzmag'rıfay). *f.* **into** -i (acayip/gülünç bir şekle) sokmak: **Only a brief association with them sufficed to transmogrify her into a hippie.** Onlarla kısa bir temas bile onu hippiye dönüştürmeye yetti.
trans.mute (tränsmyut', tränzmyut') *f.* **into** -e dönüştürmek; tamamen değiştirmek.
tran.som (trän'sım) *i.* vasistas.
trans.par.en.cy (tränsper'ınsi) *i.* 1. şeffaflık, saydamlık. 2. dia, diyapozitif, slayt.
trans.par.ent (tränsper'ınt) *s.* 1. şeffaf, saydam. 2. açık, belli.
tran.spire (tränspayr') *f.* 1. ortaya çıkmak, belli olmak: **It later transpired that there was no bridge at all.** Hiçbir köprünün olmadığı sonradan ortaya çıktı. 2. **through** (su/nem) (belirli bir yerden) çıkmak; (bitki) yapraklarından buhar halinde nem vermek, terlemek: **Plants transpire moisture through their leaves.** Bitkiler yapraklarından buhar halinde nem çıkarır. 3. *k. dili* olmak, meydana gelmek, vuku bulmak.
trans.plant (tränsplänt') *f.* 1. (bitkiyi) bir yerden çıkararak başka bir yere dikmek; (bitkiyi) (bir yerden) çıkarıp (başka bir yere) dikmek: **Transplant these geraniums from their pots into the bed in front of the pool.** Bu sardunyaları saksılarından çıkarıp havuzun önündeki tarha dik. 2. (bitki) bir yerden çıkarılıp başka bir yere dikilmeye elverişli olmak. 3. *tıb.* (doku/organ) nakletmek. 4. -i (bir yerden) başka bir yere) temelli olarak götürmek: **He transplanted his family to Fethiye.** Ailesini temelli olarak Fethiye'ye götürdü.
trans.plant (träns'plänt) *i.* 1. *tıb.* (doku/organ ile ilgili) nakil, transplantasyon: **cornea transplant** kornea nakli. **kidney transplant** böbrek nakli. 2. başka bir yere yerleştirilen kimse/şey.
trans.port (tränspôrt') *f.* (bir yerden) (başka bir yere) götürmek, taşımak, nakletmek.
trans.port (träns'pôrt) *i.* 1. *ask.* nakliye gemisi. 2. nakliye aracı. 3. taşıma, nakliye; taşınma, nakledilme: **public transport** toplu taşıma. 4. *çoğ.* kuvvetli bir duyguya kapılma, kendinden geçme: **The news sent her into transports of joy.** Haber ona göbek attırdı.
trans.por.ta.tion (tränspırtey'şın) *i.* 1. taşıma, nakliye; taşınma, nakledilme. 2. nakliye aracı.
trans.pose (tränspoz') *f.* 1. (bir şeylerin) sırasını değiştirmek: **If you transpose the letters in the word "on" you get "no."** On kelimesindeki harflerin sırasını değiştirirseniz sonuç **no** olur. 2.

th	dh	w	hw	b	c	ç	d	f	g	h	j	k	l	m	n	p	r	s	ş	t	v	y	z
thin	the	we	why	be	joy	chat	ad	if	go	he	regime	key	lid	me	no	up	or	us	she	it	via	say	is

to (bir şeyi) (başka bir yere) koymak/aktarmak.
trans.verse (tränsvırs´, tränzvırs´) s. enine, çapraz. i. çapraz şey.
trans.ves.tite (tränsves´tayt) i. travesti, diğer cinsin giysilerini giyip o cinsten biri gibi davranan kimse.
Tran.syl.va.ni.a (tränsilveyn´yı, tränsilvey´niyı) i. Transilvanya. **—n** i. Transilvanyalı. s. 1. Transilvanya, Transilvanya'ya özgü. 2. Transilvanyalı.
trap (träp) i. 1. tuzak, kapan, kapanca. 2. hile, desise, dolap, tuzak. 3. argo ağız, gaga. f. **(—ped, —ping)** 1. tuzağa düşürmek. 2. kapan ile tutmak/yakalamak. 3. engel olmak, set çekmek. **fall into a —** tuzağa düşmek. **keep one's — shut** k. dili çenesini tutmak, gagasını kısmak. **set a — for** -e tuzak kurmak. **Shut your —!** k. dili Kapat çeneni!/Kıs gaganı!
trap (träp) f. **(—ped, —ping)** 1. süslemek, bezemek. 2. (ata) süslü koşum takımı geçirmek; (ata) süslü çul örtmek.
trap.door (träp´dor´) i. (tavanda/çatıda/yerde) kapak şeklinde kapı.
tra.peze (träpiz´, trıpiz´) i. trapez.
trap.e.zoid (träp´ızoyd) i., geom. yamuk.
trap.per (träp´ır) i. tuzakçı, kürklü hayvanları tuzakla yakalayan avcı.
trap.pings (träp´ingz) i., çoğ. 1. süslü koşum takımı. 2. süs.
trap.shoot.ing (träp´şuting) i., spor trap.
trash (träş) i. 1. çerçöp, süprüntü. 2. çalı çırpı. 3. çöp. 4. avam, ayaktakımı. 5. değersiz şey. 6. saçma, boş laf, zırva. f., argo yıkmak, kırıp dökmek, tahrip etmek.
trash.y (träş´i) s., k. dili adi, değersiz.
trau.ma (trô´mı, trau´mı), çoğ. **trau.ma.ta** (trô´mıtı, trau´mıtı)/**—s** (trô´mız, trau´mız) i. 1. tıb. yara, incinme, travma. 2. ruhb. travma, sarsıntı.
trau.mat.ic (trômät´ik) s. 1. sarsıntı doğuran, sarsıcı, travmatik. 2. tıb. yaraya ait, yaradan ileri gelen.
trau.ma.tol.o.gy (trômıtal´ıci) i. travmatoloji.
trav.el (träv´ıl) f. **(—ed/—led, —ing/—ling)** 1. yolculuk etmek, seyahat etmek. 2. gezmek, dolaşmak. 3. k. dili hızlı gitmek. i. 1. seyahat etme. 2. çoğ. yolculuk, seyahat, gezi. 3. çoğ. seyahatname. **—agency** seyahat acentesi. **—ing salesman** (gezici) satış temsilcisi.
trav.eled, İng. **trav.elled** (träv´ıld) s. 1. çok seyahat etmiş. 2. seyahat konusunda deneyimli. **well — (road)** işlek (yol).
trav.el.er, İng. **trav.el.ler** (träv´ılır, träv´lır) i. 1. yolcu, seyyah, gezgin, gezmen. 2. (gezici) satış temsilcisi. **—'s check** seyahat çeki.
trav.el.er's-joy (träv´ılırzcoy´), çoğ. **trav.el.er's-joys** (träv´ılırzcoyz´) i., bot. akasma, filbahar, filbahri.
trav.el.er's-tree (träv´ılırztri´), çoğ. **trav.el.er's-trees**
(träv´ılırztriz´) i., bot. yolcuağacı, ravenala.
trav.elled (träv´ıld) s., İng., bak. traveled.
trav.el.ler (träv´ılır, träv´lır) i., İng., bak. traveler. **commercial —** İng. (gezici) satış temsilcisi.
trav.e.log, İng. **trav.e.logue** (träv´ılôg) i. bir seyahat hakkında konferans/film.
tra.verse (trä´vırs) f. 1. travers. 2. çapraz duran şey. 3. karşıdan karşıya geçme. s. çapraz.
tra.verse (trıvırs´) f. 1. bir yandan öbür yana geçirmek; bir yandan öbür yana geçmek: **He traversed the desert in a single day.** Tek bir günde çölün bir ucundan öbür ucuna geçti. 2. bir yandan öbür yana uzanmak: **The railway traverses the country.** Demiryolu, ülkenin bir yanından öbür yanına uzanıyor. 3. üstünden geçmek: **The Galata Bridge traverses the Golden Horn.** Galata Köprüsü Haliç'in üstünden geçiyor.
trav.er.tine, trav.er.tin (träv´ırtin, träv´ırtin) i. traverten.
trav.es.ty (träv´isti) i. son derece beceriksizce yapılmış bir taklit, karikatür, parodi, travesti. f. gülünç/rezil bir hale sokmak. **make a — of** -i gülünç/rezil bir hale sokmak.
trawl (trôl) f. 1. trol ile balık avlamak. 2. trol ile denizin dibini taramak. 3. oltayla balık avlamak. i. 1. trol. 2. kayık arkasından çekilen çok çengelli olta.
tray (trey) i. tepsi, sini; tabla.
treach.er.ous (treç´ırıs) s. 1. hain. 2. arkadan vuran, kalleş. 3. korkulur, tehlikeli.
treach.er.y (treç´ıri) i. hainlik, ihanet.
trea.cle (tri´kıl) i., İng. şeker pekmezi.
tread (tred) f. **(trod, trod.den/trod)** 1. on -e basmak, -in üzerine basmak: **tread on a nail** çiviye basmak. 2. on -e basmak, -i çiğnemek: **Don't tread on the flowers.** Çiçekleri çiğneme. 3. yürümek. i. 1. ayak basışı. 2. yürüyüş. 3. merdiven basamağının döşeme tahtası. 4. oto. lastik tırtılı. **— down** -i ayak altında çiğnemek. **— in someone's footsteps** birini örnek almak, birinin izinden yürümek. **— on air** k. dili sevinçten ayakları yere değmemek. **— on eggs** k. dili fazlasıyla ölçülü davranmak. **— on someone's heels** k. dili birinin peşine düşmek, birini yakından takip etmek. **— on someone's toes/corns** k. dili, bak. **step on someone's toes/corns. — under foot** ayak altında çiğnemek. **— water** el ve ayakların hafif hareketiyle su içinde dik durmak.
trea.dle (tred´ıl) i. pedal, ayaklık.
tread.mill (tred´mil) i. 1. ayak değirmeni. 2. sıkıcı ve monoton iş.
trea.son (tri´zın) i. 1. vatana ihanet. 2. ihanet, hıyanet, hainlik.
trea.son.a.ble (tri´zınıbıl) s. vatana ihanet türün-

den.
treas.ure (trej´ır) *i.* 1. hazine. 2. define. 3. değerli şey. *f.* çok değerli saymak, üzerine titremek. **— hunt** saklanmış bir şeyi bulma oyunu. **— trove** sahipsiz hazine/define. **— up** biriktirmek.
treas.ur.er (trej´ırır) *i.* haznedar, veznedar.
treas.ur.y (trej´ıri) *i.* 1. hazine. 2. bilgi hazinesi (kitap). **— bill** (kısa vadeli) hazine bonosu. **the T—** Maliye, Maliye Bakanlığı.
treat (trit) *f.* 1. davranmak, muamele etmek: **treat someone generously** birine cömert davranmak. 2. tedavi etmek: **treat a patient** hastayı tedavi etmek. 3. (konuyu) işlemek, ele almak. 4. (ham ya da ara malları) işlemden geçirmek, fiziksel, kimyasal değişikliklerle daha uygun, kullanılır duruma getirmek. **— of** -den söz etmek, -den bahsetmek. **— something as a joke** işi şakaya vurmak. **— something seriously** işi ciddiye almak. **— with** ile görüşmek. **He —ed me to a beer.** Bana bir bira ısmarladı. **I —ed myself to a new dress.** Paraya kıyıp kendime yeni bir elbise aldım. **It's my —.** Ben ısmarlıyorum. **They —ed me to a movie.** Beni sinemaya götürdüler.
trea.tise (tri´tis) *i.* bilimsel inceleme, tez.
treat.ment (trit´mınt) *i.* 1. davranış, muamele. 2. tedavi. 3. (konuyu) ele alış biçimi, işleyiş. 4. *kim.* işlem.
trea.ty (tri´ti) *i.* antlaşma.
tre.ble (treb´ıl) *s.* 1. üç misli, üç kat. 2. *müz. tiz. i., müz.* 1. soprano ses. 2. soprano sesli çalgı/kimse, soprano. *f.* üç misli artırmak; üç misli artmak, üç kat olmak. **— clef** *müz.* sol anahtarı.
tree (tri) *i.* ağaç. **— creeper** *zool.* ormantırmaşıkkuşu. **— fern** *bot.* çanakeğrelti. **— frog/toad** *zool.* ağaçkurbağası, yeşilbağa. **— of heaven** *bot.* aylandız, kokarağaç. **— of life** 1. *bot.* hayatağacı. 2. Tubaağacı. **— sparrow** *zool.* dağserçesi. **be up a gum — ***İng., k. dili* zor durumda olmak, ne yapacağını şaşırmak.
tre.foil (tri´foyl) *i.* 1. *bot.* yonca, korunga. 2. *mim.* üçlü yonca.
trek (trek) *i.* uzun ve zorlu bir yolculuk; seyahat, yolculuk.
trel.lis (trel´îs) *i.* kafes işi. *f.* 1. kafes işi yapmak. 2. dallarını kafese sarmak.
trem.ble (trem´bıl) *f.* 1. titremek. 2. ürpermek. *i.* 1. titreme. 2. ürperme. **— for** *k. dili* ... için endişe etmek, ... için kaygılanmak. **in fear and trembling** korkudan titreyerek.
tre.men.dous (trimen´dıs) *s.* 1. çok büyük, kocaman, muazzam. 2. *k. dili* çok iyi, şahane, harika.
tre.men.dous.ly (trimen´dıslı) *z.* çok, son derece.
trem.or (trem´ır) *i.* 1. titreme. 2. ürperme. 3. sarsıntı.
trem.u.lous (trem´yılıs) *s.* 1. titrek. 2. ürkek.

trench (trenç) *i.* 1. çukur, hendek. 2. *ask.* siper. **— coat** trençkot. **— warfare** siper harbi.
trench.ant (tren´çınt) *s.* 1. keskin: **a trenchant mind** keskin zekâ. 2. etkili, kuvvetli, ikna edici: **a trenchant argument** kuvvetli sav. 3. sert, dokunaklı, acı: **trenchant words** sert sözler.
trend (trend) *f.* yönelmek, eğilim göstermek. *i.* eğilim; akım: **an upward trend in sales** satışlarda artış eğilimi.
trep.i.da.tion (trepıdey´şın) *i.* 1. korku. 2. endişe, heyecan.
tres.pass (tres´pıs, tres´päs) *f.* 1. **(on/upon)** (başkasının arazisine) izinsiz girmek, tecavüz etmek. 2. **on/upon** -i kötüye kullanmak, -i istismar etmek: **trespass on someone's hospitality** birinin konukseverliğini istismar etmek. **— on someone's time** birinin zamanını almak. **No —ing.** Girilmez./Girmek yasak.
tress (tres) *i.* saç lülesi, belik, bukle.
tres.tle (tres´ıl) *i.* 1. masa ayaklığı, sehpa. 2. demir iskeletli köprü.
tri.al (tray´ıl) *i., huk.* 1. duruşma, yargılama, muhakeme. 2. deneme; denenme. 3. dert, baş belası: **He is a trial to his mother.** Annesi için bir baş belası. *s.* deneme: **trial period** deneme devresi. **— and error** çeşitli yolları deneme, sınama ve yanılma. **— balloon** halkın tepkisini öğrenmek için bir plan hakkında verilen ön haber. **— jury** yargıçlar kurulu, jüri. **be on —** 1. yargılanmak. 2. denenmek. **give someone/something a —** birini/bir şeyi denemek.
tri.an.gle (tray´äng.gıl) *i.* üçgen.
tri.an.gu.lar (trayäng´gyılır) *s.* 1. üçgen, üçgen biçiminde. 2. üçlü.
trib.al (tray´bıl) *s.* kabileye ait.
tribe (trayb) *i.* 1. kabile, boy; aşiret, oymak. 2. aynı sınıftan kimseler, grup. 3. *biyol.* takım; sınıf; familya.
tribes.man (traybz´mın), *çoğ.* **tribes.men** (traybz´min) *i.* kabile/aşiret üyesi erkek.
trib.u.la.tion (tribyılıy´şın) *i.* 1. felaket, musibet. 2. dert, keder, büyük sıkıntı.
tri.bu.nal (tribyu´nıl, traybyu´nıl) *i.* 1. mahkeme. 2. yargıç kürsüsü.
trib.une (trib´yun) *i.* kürsü, platform; tribün.
trib.u.tar.y (trib´yıteri) *s.* 1. vergi veren. 2. bağımlı. 3. haraç olarak verilen. 4. bir ırmağa karışan (ayak). *i.* ırmak ayağı.
trib.ute (trib´yut) *i.* 1. övme, sitayiş, takdir. 2. hediye. 3. vergi. 4. haraç.
trice (trays) *i.* **in a —** bir anda, çabucak, bir çırpıda.
tri.chro.mat.ic (tray´kromätik) *s.* üçrenkli.
trick (trik) *i.* 1. hile, oyun, dolap, numara: **She uses tears as a trick to gain sympathy.** Kendini acındırmak için ağlama numarası yapıyor. **play**

a trick on someone birine oyun oynamak, birine azizlik etmek. 2. sır: **The trick to being on time is to set one's watch ahead.** Bir yere vaktinde gitmenin sırrı saati ileri almakta yatar. **trick of the trade** meslek sırrı. 3. âdet: **Turks have an interesting trick; they raise their eyebrows to express disagreement.** Türklerin ilginç bir âdeti var; bir şeyi onaylamadıklarını belirtmek için kaşlarını kaldırırlar. 4. şaka: **He played a trick on me.** Bana şaka yaptı. *f.* 1. aldatmak, kandırmak, hile yapmak. 2. **out/up** -i süslemek. **bag of —s** 1. bir sürü yalan dolan. 2. eldeki imkânlar. **That'll do the —.** O işimizi görür. **That child knows a — or two.** O çocuk ne kurnazdır! **That cat has been up to her old —s.** O kedi yine marifetini göstermiş.

trick.er.y (trîk'ıri) *i.* 1. hile. 2. hilekârlık.

trick.le (trîk'ıl) *f.* 1. damla damla akmak; damla damla akıtmak. 2. azar azar gelmek. *i.* damla damla akan şey.

trick.ster (trîk'stır) *i.* hilekâr, düzenbaz, üçkâğıtçı.

trick.y (trîk'i) *s.* 1. hileli. 2. ustalık isteyen. 3. becerikli, usta, hünerli.

tri.cy.cle (tray'sîkıl) *i.* üç tekerlekli bisiklet, üçteker.

tri.dent (tray'dınt) *i.* 1. üç dişli gladyatör mızrağı. 2. üç çatallı zıpkın. *s.* üç çatallı.

tried (trayd) *f., bak.* **try.** *s.* güvenilir, güvene layık.

tri.fle (tray'fıl) *i.* 1. önemsiz şey. 2. az miktar, cüzi şey. 3. ucuz ve adi süs eşyası. 4. *İng.* pandispanya, kremşantiyi ve meyve ile yapılan bir tatlı. *f.* 1. **with/over** ile oynamak: **Don't trifle with your health.** Sağlığınızla oynamayın. 2. **away** (para, zaman v.b.'ni) boşuna harcamak, çarçur etmek. 3. **with** -i ciddiye almamak, -i hafife almak: **He is not a man to trifle with.** O hafife alınacak bir kimse değildir. 4. boş şeyler konuşmak. 5. oyalamak; oyalanmak. **a —** biraz, azıcık.

tri.fling (tray'flîng) *s.* 1. önemsiz, ufak, cüzi, az. 2. değersiz, işe yaramaz.

trig (trîg) *i., k. dili* trigonometri.

trig.ger (trîg'ır) *i.* 1. tetik. 2. *foto.* deklanşör. *f.* 1. başlatmak; -e neden olmak, -e yol açmak. 2. infilak ettirmek, patlatmak. 3. tetiği çekip (silahı) ateşlemek. **quick on the —** *k. dili* 1. eli tetikte. 2. hazırcevap, kafası çabuk işler.

trig.ger.fish (trîg'ırfîş) *i., zool.* çotira.

trig.ger.man (trîg'ırmän, trîg'ırmın), *çoğ.* **trig.ger.men** (trîg'ırmen) *i., argo* tetikçi.

trig.o.no.met.ric (trîgınımet'rîk), **trig.o.no.met.ri.cal** (trîgınımet'rîkıl) *s.* trigonometrik.

trig.o.nom.e.try (trîgınım'ıtri) *i.* trigonometri.

tri.he.dral (trayhi'drıl) *s., geom.* üçdüzlemli. **— angle** üçdüzlemli açı.

trill (trîl) *f.* 1. sesi titremek; sesi titretmek. 2. titrek sesle söylemek. 3. titrek sesle şakımak. *i.* 1. ses titremesi. 2. *müz.* titrek ses. 3. "r" sesinin titretilerek söylenmesi.

tril.lion (trîl'yın) *i.* 1. *ABD* trilyon, 10^{12}. 2. *İng.* 10^{18}.

tril.o.gy (trîl'ıci) *i.* üçlü eser, üçlü, triloji.

trim (trîm) *s.* (**—mer, —mest**) temiz ve yakışıklı, biçimli, şık. *f.* (**—med, —ming**) 1. (daha düzgün bir biçim vermek amacıyla bitkiyi) budamak. 2. (saç, sakal v.b.'ni) kırkmak, kesip düzeltmek. 3. (dantel, perde v.b.'ni) süslemek, donatmak. 4. *den.* yükü düzgün istif ederek (gemiyi) denklemek. 5. (yelkeni) rüzgâra göre düzeltmek. 6. *hav.* ayarlamak. 7. *k. dili* yenmek, mağlup etmek. 8. aldatmak. 9. azarlamak. 10. *den.* denk olmak. *i.* 1. düzen, tertip. 2. durum, hal, vaziyet. 3. süs. 4. artık. 5. *den.* (gemide) denge. 6. kıyafet, kılık. **in good —** *k. dili* iyi durumda/vaziyette, formda. **out of —** *k. dili* 1. kötü durumda, fena vaziyette. 2. idmansız.

trim.ming (trîm'îng) *i.* 1. süs, süsleyici şey. 2. *çoğ.* garnitür. 3. *çoğ.* kırpıntı. 4. *k. dili* yenilgi, mağlubiyet.

tri.month.ly (traymʌnth'li) *s.* üç ayda bir olan/yapılan/çıkan.

Trin.i.dad (trî'nîdäd, trî'nîdäd) *i.* Trinidad. **— and Tobago** Trinidad ve Tobago.

Trin.i.dad.i.an (trînidäd'iyın, trînidäd'iyın) *i.* Trinidadlı. *s.* 1. Trinidad, Trinidad'a özgü. 2. Trinidadlı.

Trin.i.ty (trîn'ıti) *i.* **the —** *Hırist.* teslis.

trin.ket (trîng'kît) *i.* 1. (yüzük/düğme gibi) değersiz şey. 2. biblo. 3. ufak oyuncak.

tri.o (tri'yo) *i.* üçlü.

trip (trîp) *f.* (**—ped, —ping**) 1. **(on/over)** ayağı (bir şeye) takılıp düşmek; tökezlemek. 2. **(up)** -e çelme takmak/atmak; -i çelmelemek: **The wrestler tripped his opponent.** Güreşçi rakibine çelme taktı. 3. **up** şaşırtmak, yanıltmak, yanlışını/yalanını yakalamak: **The clever interrogator tripped up the suspect.** Zeki sorgu yargıcı sanığı tongaya bastırdı. 4. yanlış yapmak, yanılmak, hata etmek. 5. hafif adımlarla dans etmek/koşmak. 6. *argo* uyuşturucu madde etkisinde olmak, uçmak. *i.* 1. kısa yolculuk; gezi, gezinti. 2. hata, yanlış. 3. ayağı (bir şeye) takılıp düşme; tökezleme. 4. *argo* uyuşturucu madde etkisi, uçuş. **round —** gidiş dönüş. **take a —** 1. yolculuk etmek, seyahat etmek. 2. *argo* uyuşturucu madde kullanmak.

tri.par.tite (traypar'tayt) *s.* üç bölümden oluşan, üçlü.

tripe (trayp) *i.* 1. işkembe. 2. *k. dili* saçma, saçmalık.

tri.phase (tray'feyz) *s., elek.* üç fazlı.

trip.le (trîp'ıl) *s.* 1. üç kat, üç misli. 2. üçlü. *f.* üç misli yapmak; üç misli olmak. *i., beysbol* üç

triplet 516

kalelik bir top vuruşu.
trip.let (trip'lit) *i.* 1. üç şeyden oluşan takım, üçlü. 2. üçüzlerden biri.
trip.li.cate (trip'likit) *s.* 1. üç kat, üç misli. 2. üç kopyadan oluşan. *i.* üçüncü kopya, üçüncü nüsha. **in** — üç kopya olarak.
tri.pod (tray'pad) *i.* üç ayaklı sehpa, fotoğraf sehpası.
trite (trayt) *s.* basmakalıp, klişe, bayat.
tri.umph (tray'ımf) *i.* 1. zafer, utku, yengi; parlak başarı. 2. zafer alayı. *f.* 1. zafer kazanmak, galip gelmek, yenmek. 2. zaferi kutlamak.
tri.um.phal (trayʌm'fıl) *s.* zafere ait, zafer. — **arch** zafer takı. — **column** zafer abidesi, zafer sütunu.
tri.um.phant (trayʌm'fınt) *s.* 1. galip, utkulu, muzaffer; başarılı. 2. zaferiyle övünen.
triv.et (triv'it) *i.* 1. nihale. 2. sacayağı, sacayak.
triv.i.a (triv'iyı) *i., çoğ.* önemsiz şeyler; fasa fiso; ıvır zıvır.
triv.i.al (triv'iyıl) *s.* 1. saçma, abes. 2. bayağı, sıradan. 3. cüzi, önemsiz.
triv.i.al.i.ty (triviyäl'ıti) *i.* 1. saçmalık. 2. fasa fiso.
trod (trad) *f., bak.* **tread**.
trod.den (trad'ın) *f., bak.* **tread**.
Tro.jan (tro'cın) *i.* Truvalı. *s.* 1. Truva, Truva'ya özgü. 2. Truvalı. **the** — **horse** Truva atı. **work like a** — *k. dili* ırgat gibi çalışmak, var gücüyle çalışmak.
troll (trol) *f.* oltayı suda sürükleyerek balık tutmak.
troll (trol) *i.* mağaralarda/tepelerde bulunduğu farz olunan dev/cüce.
trol.ley (tral'i) *i.* 1. tramvay. 2. *İng.* el arabası, yük arabası. 3. *İng.* drezin. 4. *İng.* tekerlekli servis masası. — **bus** troleybüs. — **car** tramvay. **be off one's** — *k. dili* kafadan kontak olmak.
trol.ley.man (tral'imın), *çoğ.* **trol.ley.men** (tral'imin) *i.* 1. vatman. 2. tramvay biletçisi.
trom.bone (tram'bon) *i., müz.* trombon.
troop (trup) *i.* 1. kıta, birlik. 2. grup, takım. 3. (izcilikte) oymak. 4. *çoğ.* kıtalar, birlikler, askerler.
troop.er (tru'pır) *i.* (şehirlerarası karayollarını denetleyen) (motorize) polis. **swear like a** — *k. dili* sövüp saymak, kalayı basmak.
troop.ship (trup'şip) *i.* asker gemisi.
tro.phy (tro'fi) *i.* 1. hatıra, andaç. 2. kupa, ödül. 3. ganimet.
trop.ic (trap'ik) *i.* dönence, tropika. *s.* tropikal. **the T— of Cancer** Yengeç Dönencesi. **the T— of Capricorn** Oğlak Dönencesi. **the —s** tropika, tropikal kuşak, dönencelerarası kuşak.
trop.i.cal (trap'ikıl) *s.* tropikal. — **year** *gökb.* dönencel yıl.
tro.pism (tro'pizım) *i., biyol.* doğrulum, yönelim, tropizm.
tro.po.sphere (tro'pısfir, tra'pısfir) *i.* troposfer.

trot (trat) *f.* (**—ted, —ting**) 1. tırıs gitmek. 2. koşmak. *i.* 1. tırıs. 2. koşuş. — **out** *k. dili* ileri sürmek, öne sürmek: **You always trot out the same old excuses.** Hep aynı bahaneleri ileri sürüyorsun. **have the —s** *k. dili* ishal olmak, dibi tutmamak.
trot.ter (trat'ır) *i.* paça: **sheep's trotter** koyun paçası.
trou.ble (trʌ'bıl) *f.* 1. rahatsız etmek, tedirgin etmek: **The approaching storm troubled the ship's crew.** Yaklaşan fırtına geminin tayfasını tedirgin etti. 2. üzmek: **The news of his illness has greatly troubled me.** Hastalığı hakkındaki haber beni çok üzdü. 3. sıkmak, başını ağrıtmak: **Her deafness troubles her.** Sağırlığı canını sıkıyor. 4. rahatsız etmek, zahmete sokmak, zahmet vermek: **Sorry to trouble you.** Size zahmet verdiğim için özür dilerim./Size zahmet oldu. *i.* 1. sıkıntı, üzgü, üzüntü, ıstırap. 2. dert, mesele, aksilik, iş, bela: **What's the trouble?** Derdin ne?/Mesele ne?/Ne var? **in trouble** başı belada. 3. karışıklık: **Trouble in the neighboring country closed the border.** Komşu ülkede çıkan karışıklık sınırın kapanmasına neden oldu. 4. zahmet: **Don't go to any trouble on my account.** Benim için zahmete girmeyin. 5. *mak.* bozukluk, arıza. 6. rahatsızlık, hastalık. — **spot** 1. *pol.* karışıklıklara/çatışmalara sahne olan yer. 2. sorun yaratan/zayıf nokta, sık sık arızalanan yer. **ask for** — bela aramak, belayı satın almak. **be in** — başı belada olmak. **digestive —s** sindirim bozukluğu, hazımsızlık. **Don't** — **yourself.** Zahmet etmeyin./Zahmete girmeyin. **feel/be —d** üzülmek, merak etmek. **get a woman into** — bir kadını hamile bırakmak. **get into** — belaya çatmak, başı belaya girmek. **get someone into** — birinin başını belaya sokmak. **May I — you for the salt?** Tuzu verebilir misiniz? **take** — 1. zahmete katlanmak, zahmet etmek. 2. dikkat etmek. **The principal can't be —d with all the petty problems.** Müdür ufak tefek meselelerle meşgul olamaz.
trou.ble.mak.er (trʌ'bılmeykır) *i.* ortalık karıştırıcı, fitneci, mesele çıkaran kimse.
trou.ble.shoot.er (trʌ'bılşutır) *i.* aksaklıkları saptayıp çözümleyen kimse.
trou.ble.some (trʌ'bılsım) *s.* 1. zahmetli, sıkıntılı, belalı. 2. üzüntülü. 3. baş belası, can sıkıcı.
trou.blous (trʌ'blıs) *s.* karışık, güç, sıkıntılı.
trough (trôf) *i.* 1. tekne, yalak. 2. oluk. 3. iki dalga sırtı arasındaki çukur. **low pressure** — alçak basınçlı dar ve uzun hava sahası.
trounce (trauns) *f.* dövmek, pataklamak.
troupe (trup) *i.* trup.
troup.er (tru'pır) *i.* trup üyesi.

trou.ser (trau´zır) s. pantolona ait: **trouser buttons** pantolon düğmeleri.

trou.sers (trau´zırz) i., çoğ. pantolon. **pair of —** pantolon.

trous.seau (tru´so, truso´), çoğ. **—x/—s** (tru´soz, trusoz´) i. çeyiz.

trout (traut) i. (çoğ. **trout/—s**) alabalık.

trow.el (trau´wıl) i. mala. f. (**—ed/—led, —ing/—ling**) mala ile sıvamak, malalamak.

trows.ers (trau´zırz) i., çoğ., bak. **trousers**.

Troy (troy) i. Truva.

troy (troy) i. kuyumcuların kullandığı tartı sistemi. **— weight** kuyumcu tartısı.

tru.ant (tru´wınt) i. okul kaçağı. **be/play —** 1. dersi asmak; okulu kırmak. 2. vazifeden kaçmak.

truce (trus) i. ateşkes, mütareke.

Tru.cial (tru´şıl) s., tar. Birleşik Arap Emirlikleri´ne özgü. **— Oman** bak. **the United Arab Emirates. the — States** bak. **the United Arab Emirates**.

truck (trʌk) i. 1. kamyon. 2. iki tekerlekli el arabası. 3. yük vagonu. f. 1. kamyon ile yük taşımak. 2. el arabası ile yük taşımak. 3. argo yürümek, gitmek.

truck (trʌk) f. değiş tokuş etmek, takas etmek, trampa etmek. i. 1. değiş tokuş, takas, trampa. 2. (satmak için yetiştirilen) sebzeler. **— farm** bostan. **— farming** bostancılık.

truck.ing (trʌk´îng) i. kamyonculuk, kamyonla taşıyıcılık.

truck.ing (trʌk´îng) i. 1. değiş tokuş. 2. bostancılık.

truck.le (trʌk´ıl) f. **to** -e yaltaklanmak; -e boyun eğmek, -e baş eğmek.

truc.u.lent (trʌk´yılınt) s. 1. kavgacı, saldırgan. 2. vahşi, gaddar.

trudge (trʌc) f. güçlükle yürümek; yorgun argın yürümek. i. güçlükle yürüme; yorgun argın yürüme.

true (tru) s. 1. doğru, gerçek: **Is what he said true?** Onun söylediği doğru mu? 2. hakiki, som: **Is this true or imitation leather?** Bu deri hakiki mi, yoksa taklit mi? 3. sadık, samimi: **a true friend** sadık arkadaş. 4. asıl, gerçek: **the true meaning of a word** bir sözcüğün asıl anlamı. 5. tam, aslına uygun: **a true copy** aslına uygun bir kopya. 6. meşru, asıl: **the true heirs** asıl mirasçılar. 7. samimi, içten: **true concern** içten merak. **— to life** yaşanmış. **be — to** -e sadık kalmak. **come —** doğru çıkmak, gerçekleşmek. **remain — to** (**one's word/friends**) (sözüne/arkadaşlarına) sadık kalmak. **ring —** k. dili doğru gibi gelmek. **too good to be —** inanılmayacak kadar iyi.

true-blue (tru´blu´) s. pek sadık, sözünün eri.

true.love (tru´lʌv) i. sevgili.

truf.fle (trʌf´ıl, tru´fıl) i., bot. domalan, yermantarı.

tru.ism (tru´wizım) i. herkesçe bilinen gerçek.

tru.ly (tru´li) z. 1. gerçekten, hakikaten. 2. doğrulukla. 3. sadakatle. 4. samimiyetle. 5. tamamen, doğru olarak. **Yours —**, Saygılarımla, (mektubun sonunda).

trump (trʌmp) i. 1. isk. koz. 2. k. dili iyi adam. f., isk. 1. koz kırmak, koz oynamak. 2. koz oynayarak almak. **— card** isk. koz. **— up** uydurmak, icat etmek. **play one's — card** kozunu oynamak.

trum.pet (trʌm´pit) i. 1. boru. 2. borazan. 3. boru sesi. f. 1. boru çalarak ilan etmek. 2. ilan etmek, yaymak. 3. boru gibi ses çıkarmak. **— vine/creeper** bot. acemborusu. **blow one's own — k.** dili kendi borusunu çalmak, kendi reklamını yapmak, övünmek.

trun.cate (trʌng´keyt) f. ucunu/tepesini kesmek.

trun.cheon (trʌn´çın) i. 1. kısa ve kalın sopa. 2. İng. cop.

trun.dle (trʌn´dıl) f. 1. (tekerlekli taşıt) gelmek/gitmek. 2. (tekerlekli taşıtı) itmek/çekmek.

trunk (trʌngk) i. 1. gövde, beden. 2. (seyahat ederken kullanılan) sandık. 3. oto. bagaj. 4. zool. hortum. 5. ağaç gövdesi, gövde. **— call** İng. şehirlerarası/uluslararası telefon konuşması. **— room** sandık odası.

trunks (trʌngks) i., çoğ. erkek mayosu, şort.

truss (trʌs) i. 1. tıb. kasık/fıtık bağı. 2. (köprü/çatı için) makas (kiriş sistemi). 3. kuru ot/saman demeti. 4. bağlam, demet. f. 1. sıkıca bağlamak. 2. destek koymak. **— bridge** (üçgen) kirişli köprü. **— up** bağlamak, iple bağlamak.

trust (trʌst) i. 1. güven, itimat. 2. umut. 3. emanet. 4. sorumluluk; görev. 5. mütevellilik; mutemetlik. 6. tröst. f. 1. güvenmek, itimat etmek: **The child trusts its mother.** Çocuk annesine güveniyor. **She trusts her husband to do the shopping.** Alışveriş için kocasına itimat ediyor. 2. emanet etmek: **trust something to someone/trust someone with something** bir şeyi birine emanet etmek. 3. inanmak: **I trust his statement.** İfadesine inanıyorum. 4. **in** -e güveni olmak: **He trusts in his own abilities.** Kendi yeteneklerine güveni var. **— in God** Allaha tevekkül etmek, tevekkül etmek. **We'll see you soon, we —.** İnşallah yakında görüşürüz.

trus.tee (trʌsti´) i. mütevelli.

trust.ful (trʌst´fıl), **trust.ing** (trʌs´tîng) s. başkalarına güvenen/inanan.

trust.wor.thi.ness (trʌst´wırdhinîs) i. güvenirlik.

trust.wor.thy (trʌst´wırdhi) s. güvenilir.

truth (truth) i. 1. gerçek, doğru, hakikat: **What he said is the truth.** Onun söylediği doğrudur. 2. doğruluk, gerçeklik: **Truth is relative.** Doğruluk görelidir. 3. dürüstlük, doğruluk. **in —**

hakikaten, gerçekten.
try (tray) *f.* 1. çalışmak, uğraşmak: **They are trying to finish the project on time.** Projeyi zamanında bitirmeye çalışıyorlar. 2. kalkışmak, girişmek: **Don't you dare try to reprogram that computer.** Sakın o bilgisayarı yeniden programlamaya kalkışma. 3. denemek, sınamak: **Try this new medicine.** Bu yeni ilacı dene. 4. yormak: **Small print tries the eyes.** Küçük harfler gözleri yorar. 5. *huk.* yargılamak. 6. gayret etmek: **He is trying very hard.** Çok gayret ediyor. *i.* 1. çalışma, uğraşma. 2. deneme: **He succeeded on the second try.** İkinci denemede başardı. **— for** -i elde etmeye çalışmak. **— on** prova etmek, giyip denemek. **— one's hand at** -i denemek, -e el atmak. **— out** (birini/bir şeyi) denemek. **— someone's patience** birinin sabrını taşırmak. **Just — and catch me!** *k. dili* Haydi, yakala bakalım!
try.ing (tray'ing) *s.* 1. yorucu, zor, sıkıntılı. 2. bıktırıcı, sıkıcı.
try.out (tray'aut) *i.* deneme, sınama.
tsar (zar) *i., bak.* **czar.**
tsar.dom (zar'dım) *i., bak.* **czardom.**
tsa.ri.na (zari'nı) *i., bak.* **czarina.**
tset.se fly (tset'si) çeçe.
T-shirt (ti'şırt) *i.* tişört.
T square (ti) T cetveli.
tsu.na.mi (tsuna'mi) *i.* tsunami, denizaltı depremlerinin ortaya çıkardığı büyük dalga.
tub (tʌb) *i.* 1. tekne, leğen. 2. banyo küveti. 3. *k. dili* tekne.
tu.ba (tu'bı) *i., müz.* tuba.
tub.by (tʌb'i) *s.* şişman ve bodur, fıçı gibi, bıdık.
tube (tub) *i.* 1. ince boru. 2. tüp: **a tube of toothpaste** bir tüp diş macunu. 3. *TV* tüp; *radyo* lamba. 4. *oto.* iç lastik, şambriyel. 5. *İng.* metro. **bronchial —s** *anat.* bronşlar. **the —** *k. dili* televizyon.
tube.less (tub'lis) *s., oto.* iç lastiği olmayan.
tu.ber (tu'bır) *i., bot.* yumrukök, yumru.
tu.ber.cu.lo.sis (tubırkyılo'sis) *i.* tüberküloz, verem.
tube.rose (tub'roz, tyub'roz) *i., bot.* sümbülteber.
tub.ing (tu'bing) *i.* (bir bütün olarak) boru/borular: **I'll take two rolls of that plastic tubing.** O plastik borudan iki kangal alacağım. **We need to replace the still's tubing.** İmbiğin borularını yenilememiz gerek.
tu.bu.lar (tu'byılır) *s.* 1. boru şeklindeki. 2. borulu. 3. boru sesi gibi.
tuck (tʌk) *f.* 1. -in içine tıkmak, içine sokmak. 2. **under** altına koymak. *i.* kırma, pli. **— in** *İng., k. dili* yemek yemeye başlamak. **— someone in** (gece uykusuna yatırılan) çocuğun üstünü örtmek. **— something away** bir şeyi saklamak/gizlemek.

tuck.ered (tʌk'ırd) *s.* **be — out** pestili çıkmak, turşuya dönmek, çok yorulmuş olmak.
Tues.day (tuz'di, tuz'dey, tyuz'di) *i.* salı.
tuft (tʌft) *i.* 1. (bir) tutam (saç); (bir) öbek (ot). 2. (kuşun tepesindeki) sorguç.
tuft.ed (tʌf'tid) *s.* 1. sorguçlu (kuş). 2. tüfte (halı).
tuft.ing (tʌf'ting) *i.* tafting. **— machine** tafting makinesi.
tug (tʌg) *f.* (**—ged, —ging**) kuvvetle çekmek. *i.* 1. kuvvetli çekiş. 2. römorkör. **— of war** 1. halat çekme oyunu. 2. şiddetli rekabet.
tug.boat (tʌg'bot) *i.* römorkör.
tu.i.tion (tuwiş'ın) *i.* 1. okul ücreti. 2. öğretim.
tu.lip (tu'lip) *i., bot.* lale. **— tree/poplar** *bot.* laleağacı.
tulle (tul) *i.* tül.
tum.ble (tʌm'bıl) *f.* 1. düşmek, yıkılmak; düşürmek, yıkmak. 2. yuvarlanmak; yuvarlamak. 3. takla atmak. 4. karıştırmak, altüst etmek. 5. örselemek. 6. **(to)** *İng., k. dili* (-i) çakmak, anlamak, kavramak. *i.* 1. düşüş. 2. takla. **— about** yuvarlanmak. **— down** düşmek; düşürmek. **— out of bed** yataktan fırlamak. **all in a —** altüst, karmakarışık.
tum.ble.down (tʌm'bıldaun') *s.* yıkılacak gibi, yıkılmak üzere, yarı yıkık.
tum.bler (tʌm'blır) *i.* 1. (sapsız, kısa ve genişçe) bardak. 2. hacıyatmaz.
tum.my (tʌm'i) *i., k. dili* karın, mide.
tu.mor, *İng.* tu.mour (tu'mır) *i.* tümör, ur.
tu.mult (tu'mılt) *i.* gürültü, karışıklık, kargaşalık, kargaşa.
tu.mul.tu.ous (tumʌl'çuwıs) *s.* 1. düzensiz. 2. gürültülü, kargaşalı. 3. fırtınalı, çalkantılı. 4. coşkun.
tu.na (tu'nı) *i.* (*çoğ.* **tu.na/—s**) 1. *zool.* tonbalığı, orkinos. 2. (konserve) tonbalığı. **— fish** (konserve) tonbalığı.
tun.dra (tʌn'drı) *i.* tundra.
tune (tun, tyun) *i.* melodi, ezgi, nağme. *f.* 1. çalgıyı akort etmek. 2. (motoru) ayar etmek, ayarlamak. **— in** *radyo* 1. dalgayı ayarlamak. 2. (belirli bir istasyonu) açmak. **change one's —** ağız değiştirmek. **in —** akortlu. **out of —** 1. akortsuz. 2. ahenksiz, uyumsuz. **sing a different —** ağız değiştirmek. **to the — of** 1. melodisiyle. 2. tutarında.
tune.ful (tun'fıl, tyun'fıl) *s.* ahenkli, hoş sesli, nağmeli.
tune.less (tun'lis, tyun'lis) *s.* 1. ahenksiz, nağmesiz. 2. sessiz, müziksiz.
tun.er (tu'nır, tyu'nır) *i.* akortçu.
tune-up (tun'ʌp) *i.* (motoru) ayarlama.
tung.sten (tʌng'stın) *i.* tungsten, volfram.
tun.ing (tu'ning) *i.* akort. **— fork** diyapazon.
Tu.ni.sia (tuni'jı, tunij'iyı) *i.* Tunus. **—n** *i.* Tunus-

lu. s. 1. Tunus, Tunus'a özgü. 2. Tunuslu.
tun.nel (tʌnʹıl) i. tünel. f. (—ed/—led, —ing/—ling) tünel açmak.
tun.ny (tʌnʹi) i., zool. orkinos, tonbalığı.
tur.ban (tırʹbın) i. 1. sarık. 2. türban.
tur.baned (tırʹbınd) s. 1. sarıklı. 2. türbanlı.
tur.bid (tırʹbid) s. 1. bulanık, çamurlu. 2. karışık, düzensiz.
tur.bid.i.ty (tırbidʹıti) i. türbidite, bulanıklık.
tur.bine (tırʹbîn, tırʹbayn) i. türbin.
tur.bot (tırʹbıt) i. (çoğ. **tur.bot/—s**) zool. kalkan.
tur.bu.lence (tırʹbyılıns) i. 1. karışıklık, kargaşalık. 2. (suda/havada) türbülans.
tur.bu.lent (tırʹbyılınt) s. 1. gürültülü patırtılı, çok çalkantılı. 2. kavgacı; karışıklık çıkaran. 3. türbülanslı (su/hava). 4. kaynayan (duygular).
Tur.co.man (tırʹkımın) i., s., bak. **Turkoman.**
turd (tırd) i. 1. kaka, bok. 2. argo it herif; kaltak karı.
tu.reen (turinʹ) i. büyük çorba kâsesi.
turf (tırf) i. (çoğ. **—s/turves**) 1. çimenlik, çim. 2. kesek. 3. argo bir çetenin sahip çıktığı mahalle. f. çimlendirmek. **the —** 1. at yarışçılığı. 2. hipodrom, koşu alanı.
tur.gid (tırʹcid) s. 1. şişmiş, şişkin. 2. abartmalı, şişirilmiş, tumturaklı.
tur.gor (tırʹgır) i., biyol. turgor.
Turk (tırk) i. Türk.
Tur.ke.stan (tırkistänʹ) i., bak. **Turkistan.**
Tur.key (tırʹki) i. Türkiye. — **carpet** 1. Türk halısı. 2. Şark halısı. — **oak** bot. saçlımeşe, anadolumeşesi. — **red** kökkırmızısı, kökboyası.
tur.key (tırʹki) i. (çoğ. **—s/tur.key**) 1. zool. hindi. 2. argo aptal/tuhaf görünümlü kimse, şaban. 3. argo beceriksizin teki, işleri yüzüne gözüne bulaştıran kimse. — **buzzard** zool. bir tür akbaba. — **talk** — k. dili ciddi bir şekilde iş konuşmak; ciddi bir şekilde konuşmak.
Tur.ki (tırʹki) s. Türki, Orta Asyalı Türklere veya dillerine özgü. i. Türki, Orta Asyalı Türk.
Tur.kic (tırʹkik) s. 1. Türk dillerine ait, Türk. 2. Türk dillerinden birini konuşanlara ait, Türk.
Turk.ish (tırʹkiş) s. 1. Türk: **Turkish carpet** Türk halısı. **Turkish tobacco** Türk tütünü. 2. Türkçe: **Turkish lesson** Türkçe dersi. — **bath** (alaturka) hamam. — **coffee** Türk kahvesi. — **delight** lokum.
Tur.ki.stan (tırkistänʹ) i. Türkistan.
Turk.man (tırkʹmın), çoğ. **Turk.men** (tırkʹmîn) i. Türkmen.
Turk.men (tırkʹmın) i. 1. (çoğ. **Turk.men**) Türkmen. 2. Türkmence. s. 1. Türkmen. 2. Türkmence. **the —** Türkmenler, Türkmen halkı.
Turk.me.ni.an (tırkmîʹniyın) s. Türkmen.
Turk.me.ni.stan (tırkmenistänʹ) i. Türkmenistan.
Tur.ko.man (tırʹkımın) i., s. 1. Türkmen. 2. Türkmence.
tur.mer.ic (tırʹmırik) i. zerdeçal, hintsafranı.
tur.moil (tırʹmoyl) i. karışıklık, kargaşa.
turn (tırn) f. 1. döndürmek, çevirmek: **What turns the wheels?** Tekerlekleri ne döndürüyor? **He turned the telescope towards the stars.** Teleskopu yıldızlara doğru çevirdi. 2. dönmek: **The wheel is turning.** Tekerlek dönüyor. **My head is turning.** Başım dönüyor. 3. saptırmak; sapmak, dönmek: **We'll turn the river into a new channel.** Nehri yeni bir mecraya saptırırız. **Don't turn left at the bakery; go straight.** Fırına gelince sola dönmeyin; düz gidin. 4. yönünü değiştirmek: **Upon reaching the village he turned and headed towards the mountains.** Köye ulaşınca yönünü değiştirip dağlara doğru yöneldi. 5. aklını çelmek; caydırmak. 6. ekşitmek, bozmak; ekşimek, bozulmak: **The milk has turned.** Süt bozuldu. 7. bulandırmak; bulanmak: **His stomach turns at the sight of blood.** Kan görünce midesi bulanıyor. — **a deaf ear to** -i işitmezlikten gelmek, -e kulak asmamak. — **a neat phrase** hoş bir üslupla yazmak. — **a somersault** takla atmak. — **about** 1. öbür tarafa dönmek. 2. evirip çevirmek. — **adrift** başıboş bırakmak. — **against** aleyhine dönmek; aleyhine döndürmek. — **an honest penny** namusu ile ekmeğini kazanmak. — **aside** 1. bir yana dönmek. 2. saptırmak, vazgeçirmek. — **away** 1. başka tarafa yöneltmek. 2. kovmak. 3. dönüp gitmek, sapmak. 4. vazgeçmek. — **back** 1. geri çevirmek. 2. geri dönmek. — **bad** 1. (hava) bozmak. 2. (süt, et, yumurta v.b.) bozulmak. — **color** renk değiştirmek. — **down** 1. kıvırmak, bükmek. 2. reddetmek, geri çevirmek. 3. (iskambil kâğıdının) yüzünü aşağı çevirmek. 4. kısmak. — **in** 1. içine kıvırmak, içeriye doğru çevirmek. 2. teslim etmek. 3. k. dili yatmak. — **inside out** içini dışına çevirmek, tersyüz etmek. — **into** 1. olmak, kesilmek, -e dönmek, -e dönüşmek. 2. -e çevirmek, -e dönüştürmek, -e değiştirmek. 3. -e tercüme etmek, -e çevirmek. — **loose** salıvermek, serbest bırakmak. — **off** 1. kapamak. 2. kesmek. 3. lafa boğmak, sözü çevirip cevapsız bırakmak. 4. -den sapmak. 5. İng. işine son vermek, yol vermek. 6. argo canını sıkmak. — **on** 1. açmak. 2. çevirmek. 3. argo heyecanlandırmak, esritmek; merakını/ilgisini uyandırmak. 4. bağlı olmak, bakmak. 5.— düşman olmak. 6. saldırmak. 7. cinsel istek uyandırmak. — **one's ankle** ayak bileğini burkmak. — **one's back on** -e sırt çevirmek. — **one's/a hand** (fiziki) iş yapmak: **He won't turn his hand.** Parmağını bile kıpırdatmaz. — **one's/a hand to** (bir işle uğraşmaya) başlamak, (bir işe) el atmak:

He's turned his hand to journalism. Gazeteciliğe el attı. **— out** 1. tersyüz etmek. 2. dışarı atmak, kovmak. 3. otlatmak için dışarıya çıkarmak. 4. dışına dönmek. 5. yapmak, çıkarmak, üretmek, meydana getirmek. 6. söndürmek. 7. katılmak. 8. *k. dili* yataktan kalkmak. 9. olmak, çıkmak. **— over** 1. çevirmek, devirmek. 2. havale etmek, teslim etmek. 3. devretmek. 4. zihninde evirip çevirmek. 5. altüst olmak, devrilmek, dönmek. 6. (mal) alıp satmak. **— over a new leaf** yeni bir hayata başlamak. **— pale** sapsarı kesilmek. **— round** çevirmek; çevrilmek, dönmek. **— someone around one's little finger** birini parmağında oynatmak. **— someone's head** birinin başını döndürmek. **— something to one's purpose** bir şeyden yararlanmak. **— tail** kaçmak, tüymek, toz olmak. **— the corner** 1. köşeyi dönmek. 2. krizi geçirmek, tehlikeyi atlatmak. **— the tables (on)** durumu tersine çevirmek. **— the trick** işi halletmek. **— thumbs down on** -i reddetmek. **— to** 1. -e başvurmak, -in yardımını istemek. 2. (aklını/dikkatini) -e vermek. 3. (belirli bir sayfayı) açmak. **— traitor** hain olmak, hainlik etmek. **— turtle** *den.* alabora olmak, altüst olmak, ters dönmek. **— up** 1. yukarı çevirmek, çevirip kaldırmak. 2. açmak, çevirmek. 3. ortaya çıkmak. 4. gelmek. 5. bulunmak. **— upside down** 1. altüst etmek; altüst olmak. 2. devrilmek. **He has —ed sixty.** Yaşı altmışı geçti./Altmış yaşına bastı. **not to — a hair** kılını bile kıpırdatmamak, aldırış etmemek.
turn (tırn) *i.* 1. dönüş, devir, dönme. 2. sapma, sapış. 3. viraj, dönemeç. 4. kıvrım, dirsek. 5. *k. dili* korkutma, ödünü koparma. 6. gezme, dolaşma. 7. sıra. 8. değişim, nöbet. 9. yetenek. 10. biçim. 11. yön. 12. *k. dili* sarsıntı, şok. 13. değişiklik, değişim. **— about/— and — about** nöbetleşe, nöbetle, sıra ile. **— of mind** zihniyet, düşünce tarzı. **— of phrase** anlatım tarzı, üslup. **a bad —** kötülük. **a good —** iyilik. **at every —** her keresinde, her defasında. **by —s** nöbetleşe, nöbetle, sıra ile. **done to a —** tam kararında pişmiş. **in —** 1. sıra ile; sırasıyla; nöbetleşe: **Each charge was mowed down in turn by their deadly fire.** Hücuma kalkan her grup onların öldürücü ateşiyle helak oldu. 2. kâh ... kâh ...: **She was cutting and tender in turn.** Kâh kırıcı, kâh şefkatliydi. **It's your —.** Sıra sende. **out of —** sıra beklemeden, sırası gelmeden. **take a —** for the better/worse (-in) durumu iyiye/kötüye doğru gitmeye başlamak. **take —s** nöbetleşe yapmak, sıra ile yapmak. **This will serve my —.** Bu benim işimi görür.
turn.a.bout (tırn´ıbaut) *i.* 1. atlıkarınca. 2. aksi yöne/fikre dönüş.

turn.coat (tırn´kot) *i.* dönek adam, prensip değiştiren kimse.
turn.ing (tır´nîng) *i.* 1. dönüş, dönme. 2. yoldan sapma/çıkma. 3. dönemeç, dönüş yeri. **— point** dönüm noktası.
tur.nip (tır´nîp) *i.* şalgam.
turn.out (tırn´aut) *i.* katılanlar, toplantı mevcudu.
turn.o.ver (tırn´ovır) *i.* 1. devrilme. 2. *tic.* sermaye devri. 3. *tic.* iş hacmi. 4. meyveli turta.
turn.pike (tırn´payk) *i.* paralı otoyol.
turn.stile (tırn´stayl) *i.* turnike.
turn-up (tırn´^p) *i., İng.* (pantolonda) kıvrık paça, paçanın kıvrık kısmı.
tur.pen.tine (tır´pıntayn) *i.* terebentin. **— tree** *bot.* menengiç, melengiç, terebentinsakızağacı.
tur.quoise (tır´koyz, tır´kwoyz) *i.* firuze, türkuvaz. *s.* türkuvaz, yeşile çalan mavi.
tur.ret (tır´ît) *i.* 1. *mim.* ufak kule. 2. *ask.* döner taret.
tur.tle (tır´tıl) *i.* kaplumbağa.
tur.tle.dove (tır´tıldʌv) *i.* kumru.
tur.tle.neck (tır´tılnek) *i.* 1. balıkçı yaka. 2. balıkçı kazağı.
tusk (tʌsk) *i.* 1. fildişi. 2. mors veya yabandomuzunun uzun azıdişi.
tus.sle (tʌs´ıl) *f.* **(with)** 1. (ile) dövüşmek. 2. (ile) mücadele etmek, cebelleşmek, uğraşmak. *i.* 1. dövüşme, dövüş. 2. mücadele, uğraşma.
tut (tʌt) *ünlem* **T—, —!** Bir şeyin onaylanmadığını vurgulamak için söylenir: **Tut, tut, you shouldn't be reading other people's mail!** A, başkalarının mektuplarını okumamalısın böyle!
tu.te.lage (tu´tilic) *i.* 1. vasilik, vesayet. 2. koruma, himaye. 3. vesayet altında olma.
tu.tor (tu´tır) *i.* 1. özel öğretmen. 2. *İng.* öğretmen. *f.* 1. özel ders vermek. 2. ders vermek.
tux (tʌks) *i., k. dili* smokin.
tux.e.do (tʌksi´do) *i.* smokin.
TV (tivi´) *i.* televizyon, TV.
twad.dle (twad´ıl) *f.* boş laf etmek, saçmalamak, zırvalamak. *i.* boş laf, saçma, zırva.
twang (twäng) *f.* 1. tıngırdamak; tıngırdatmak. 2. genizden konuşmak/ses çıkarmak. *i.* 1. tıngırtı. 2. genizden çıkan ses.
tweak (twik) *f.* 1. (elle) büküvermek, çekivermek. 2. -den makas almak, -den kesme alma. *i.* 1. (elle) büküverme, çekiverme. 2. makas alma, kesme alma.
twee (twi) *s., İng., k. dili* şirin ama yapmacık.
tweed (twid) *i.* tüvit.
tweez.ers (twi´zırz) *i., çoğ.* cımbız.
twelfth (twelfth) *s., i.* 1. on ikinci. 2. on ikide bir.
twelve (twelv) *s.* on iki. *i.* on iki, on iki rakamı (12, XII).
twen.ti.eth (twen´tiyith) *s., i.* 1. yirminci. 2. yirmide bir.

twen.ty (twen'ti) s. yirmi. i. yirmi, yirmi rakamı (20, XX).
twice (tways) z. 1. iki kez, iki kere, iki defa. 2. iki kat, iki misli.
twid.dle (twid'ıl) f. — **one's thumbs** 1. başparmaklarını birbirinin etrafında çevirmek. 2. vakit öldürmek.
twig (twig) i. ince dal, sürgün.
twig (twig) f. (—**ged**, —**ging**) k. dili çakmak, anlamak, kavramak.
twi.light (tway'layt) i. alacakaranlık.
twin (twin) s. 1. ikiz: **twin brother/sister** ikiz kardeş. 2. çift: **twin beds** çift yatak. i. ikiz: **She gave birth to twins.** İkiz doğurdu. **Siamese —s** Siyam ikizleri, yapışık ikizler. **the T—s** astrol. İkizler burcu.
twine (twayn) i. 1. sicim. 2. sarma, bükme. f. sarmak, dolamak, bükmek; sarılmak, dolanmak.
twinge (twinc) f. birdenbire sancı vermek; birdenbire sancılanmak. i. 1. (birden saplanan) şiddetli sancı. 2. azap, üzüntü, sızı.
twin.kle (twing'kıl) f. 1. pırıldamak, ışıldamak. 2. (gözler) parlamak. 3. göz kırpıştırmak. i. 1. pırıldama. 2. pırıltı, ışıltı. 3. göz kırpıştırma. **in the twinkling of an eye** göz açıp kapayıncaya kadar; kaşla göz arasında.
twirl (twırl) f. hızla dönmek, fırıldanmak; hızla döndürmek, fırıldatmak, hızla çevirmek.
twist (twist) f. 1. bükmek, sarmak, burmak; bükülmek, sarılmak, burulmak. 2. ters anlam vermek, çarpıtmak. i. 1. bükülme, sarılma, burulma. 2. ibrişim; sicim. 3. düğüm. 4. dönme, dönüş. 5. tvist dansı. 6. değişiklik. — **off** büküp koparmak. — **someone around one's little finger** birini parmağında oynatmak. — **someone's arm** birini zorlamak/mecbur etmek. — **someone's words** birinin sözlerini çarpıtmak. — **the lion's tail** İngilizlerin damarına basmak. — **up** büküp bırakmak. **a — of the wrist** hüner, ustalık.
twist.ed (twis'tıd) s. 1. bükülmüş. 2. çarpık, sapkın.
twist.er (twis'tır) i. 1. büken şey/kimse. 2. döne döne giden top. 3. k. dili kasırga; hortum.
twit (twit) f. (—**ted**, —**ting**) İng. takılmak, sataşmak. i., İng. 1. takılma, sataşma. 2. k. dili salak, dangalak.
twitch (twiç) f. 1. kapıp çekmek. 2. seğirmek; seğirtmek.
twit.ter (twit'ır) f. cıvıldamak. i. cıvıltı. **in a —/all in a —** heyecan içinde.
two (tu) s. 1. iki. 2. çift. i. 1. iki, iki rakamı (2, II). 2. isk. ikili. — **cents worth** k. dili görüş, fikir: **get/put in one's two cents worth** fikrini söylemek. **by —s** ikişer ikişer. **I'll come in a minute or —.** Bir iki dakikaya kadar geleceğim. **in — iki**

kısma, ikiye (kesmek/bölmek/ayırmak). **put — and — together** düşünerek bir sonuç çıkarmak.
two-bit (tu'bit) s., k. dili iki paralık, beş para etmez, beş paralık.
two-cy.cle (tu'saykıl) s. iki zamanlı.
two-di.men.sion.al (tu'dimen'şınıl) s. iki boyutlu.
two-edged (tu'ecd') s. 1. iki ağızlı, iki yüzü keskin. 2. iki anlamlı. 3. iki etkili.
two-faced (tu'feyst') s. 1. iki yüzlü. 2. ikiyüzlü, riyakâr.
two-fist.ed (tu'fis'tid) s., k. dili kuvvetli ve saldırgan.
two.fold (tu'fold') s., z. iki kat, iki misli.
two-phase (tu'feyz') s., elek. iki fazlı.
two-piece (tu'pis') s. iki parçalı: **two-piece bathing suit** bikini. **two-piece dress** döpiyes.
two-seat.er (tu'si'tır) i. iki kişilik araba/uçak.
two.some (tu'sım) i. çift, ikili, iki kişi.
two-way (tu'wey') s. 1. iki yönlü: **two-way traffic** iki yönlü trafik. 2. iki doğrultuda.
-ty sonek -lik, -lık.
ty.coon (taykun') i., k. dili çok zengin ve nüfuzlu işadamı, kral.
tym.pan.ic (tımpän'ik) s. kulakzarına/ortakulağa ait. — **membrane** anat. kulakzarı.
tym.pa.ni.tes (tımpınay'tiz), **tym.pa.ni.tis** (tımpınay'tis) i., tıb. mide genişlemesi, timpanizm.
type (tayp) i. 1. çeşit, cins, tür, tip: **The three of them are different types of people.** Üçü de üç ayrı tip insan. **of the classic type** klasik türden. 2. numune, örnek. 3. sınıf, kategori. 4. ideal örnek. 5. matb. basma harf/harfler; hurufat. f. 1. daktilo etmek; bilgisayarda yazmak: **She can type one hundred words a minute.** Dakikada yüz sözcük daktilo edebiliyor. 2. daktiloda/bilgisayarda yazmak: **He has been typing since this morning.** Bu sabahtan beri daktiloda yazıyor. 3. tipini/türünü saptamak; belirli bir kategoriye ayırmak. — **up** daktilo etmek; bilgisayarda yazmak: **He was going to type up his notes on his computer.** Notlarını bilgisayarında yazacaktı.
type.script (tayp'skript) i. daktilo ile yazılmış yazı.
type.set.ter (tayp'setır) i. dizgici, mürettip.
type.writ.er (tayp'raytır) i. daktilo.
ty.phoid (tay'foyd) i., tıb. tifo, karahumma. — **fever** tifo, karahumma.
ty.phoon (tay'fun) i. tayfun.
ty.phus (tay'fıs) i., tıb. tifüs, lekelihumma.
typ.i.cal (tip'ıkıl) s. 1. tipik. 2. tipine özgü.
typ.i.cal.ly (tip'ıklı) z. 1. tipik olarak. 2. tipik derecede. 3. genellikle.
typ.i.fy (tip'ıfay) f. 1. -in tipik örneği olmak: **His attitude typifies the problem.** Onun tutumu sorunun tipik bir örneğidir. 2. -in simgesi olmak, -i simgelemek: **National flags typify the**

patriotic spirit. Milli bayraklar vatanseverlik ruhunu simgeler.
typ.ist (tay´pist) *i.* daktilograf.
ty.po (tay´po) *i., k. dili* baskı hatası; dizgi yanlışı/hatası.
ty.po.graph.ic (taypıgräf´ik), **ty.po.graph.i.cal** (taypıgräf´ikıl) *s.* basımla ilgili, tipografik. — **error** baskı hatası; dizgi yanlışı/hatası.
ty.pog.ra.phy (taypag´rıfi) *i.* 1. baskı, basılı şeyin biçimi/görünümü. 2. basımcılık, tipografya.
ty.ran.nic (tirän´ik), **ty.ran.ni.cal** (tirän´ikıl) *s.* zalim, zorba, gaddar.

tyr.an.nize, *İng.* **tyr.an.nise** (tir´ınayz) *f.* **(over)** -e zulmetmek, -i ezmek.
tyr.an.nous (tir´ınıs) *s.* zalimce, zorbaca.
tyr.an.ny (tir´ıni) *i.* 1. zulüm, zorbalık, gaddarlık, despotluk. 2. zorbalık yönetimi; zorba hükümet.
ty.rant (tay´rınt) *i.* 1. zorba, zalim. 2. tiran, zorba hükümdar, despot.
tyre (tayr) *i., İng., bak.* **tire.**
tzar (zar) *i., bak.* **czar.**
tzar.dom (zar´dım) *i., bak.* **czardom.**
tza.ri.na (zari´nı) *i., bak.* **czarina.**
tzet.ze (tset´si) *i., bak.* **tsetse.**

U

U, u (yu) *i.* 1. U, İngiliz alfabesinin yirmi birinci harfi. 2. U şeklinde şey.
u.biq.ui.tous (yubik´wıtıs) *s.* aynı zamanda her yerde bulunan.
U-boat (yu´bot) *i.* Alman denizaltısı.
U-bolt (yu´bolt) *i.* U harfi biçiminde iki ucu yivli cıvata.
ud.der (ʌd´ır) *i.* inek memesi.
UFO *kıs.* **unidentified flying object.**
U.gan.da (yugän´dı) *i.* Uganda. **—n** *i.* Ugandalı. *s.* 1. Uganda, Uganda'ya özgü. 2. Ugandalı.
ugh (ʌh, ʌg) *ünlem* Of!/Öf! *(Nefret/tiksinme belirtir.).*
ug.li.ness (ʌg´linis) *i.* 1. çirkinlik. 2. çirkin şey.
ug.ly (ʌg´li) *s.* 1. çirkin. 2. iğrenç. 3. kötü, tatsız, nahoş. 4. *k. dili* ters, huysuz. 5. fırtınalı.
U.K., UK *kıs.* **the United Kingdom (of Great Britain and Northern Ireland)** Birleşik Krallık (Büyük Britanya ve Kuzey İrlanda Birleşik Krallığı). **the —** Birleşik Krallık.
U.kraine (yukreyn´) *i.* **the —** Ukrayna.
U.krain.i.a (yukrey´niyı) *i.* Ukrayna. **—n** *i.* 1. Ukraynalı. 2. Ukraynaca. *s.* 1. Ukrayna, Ukrayna'ya özgü. 2. Ukraynaca. 3. Ukraynalı.
u.la.ma (ulima´) *i.* ulema.
ul.cer (ʌl´sır) *i.* 1. ülser. 2. irinli yara.
ul.cer.ate (ʌl´sıreyt) *f.* ülsere dönüşmek, ülserleşmek; ülsere dönüştürmek, ülserleştirmek.
ul.cer.ous (ʌl´sırıs) *s.* 1. ülserli. 2. ülser türünden. 3. ülsere dönüşmüş, ülserleşmiş.
u.le.ma (ulima´) *i., bak.* **ulama.**
ul.te.ri.or (ʌltir´iyır) *s.* 1. gizli, açığa vurulmamış, itiraf edilmemiş; **ulterior motive** gizli amaç. 2. sonraki. 3. öte yandaki, ötedeki.
ul.ti.mate (ʌl´tımit) *s.* 1. son, nihai, en son: **ultimate reality** son gerçek. 2. esas, temel: **ultimate principles** temel ilkeler. 3. en büyük, en yüksek: **the ultimate good** en büyük iyilik. **the — deterrent** nükleer silah; hidrojen bombası.
ul.ti.mate.ly (ʌl´tımitli) *z.* eninde sonunda.
ul.ti.ma.tum (ʌltımey´tım), *çoğ.* **—s** (ʌltımey´tımz)/**ul.ti.ma.ta** (ʌltımey´tı) *i.* ültimatom.
ul.tra (ʌl´trı) *s.* aşırı, son derece. *i.* aşırıcı, aşırıcılık yanlısı.
ul.tra.con.ser.va.tive (ʌltrıkınsır´vıtiv) *s.* aşırı derecede tutucu/muhafazakâr.
ul.tra.mod.ern (ʌltrımad´ırn) *s.* son derece modern, ültramodern, çağüstü.
ul.tra.red (ʌltrıred´) *s.* kızılötesi, enfraruj.
ul.tra.son.ic (ʌltrısan´ik) *s.* ultrasonik.
ul.tra.sound (ʌl´trısaund) *i.* ültrason.
ul.tra.vi.o.let (ʌltrıvay´ılit) *s.* ültraviyole, morötesi.

um.ber (ʌm´bır) *i.* ombra.
um.bil.i.cal (ʌmbil´ikıl) *s.* 1. göbeğe ait. 2. göbeğe yakın. **— cord** *anat.* göbek kordonu.
um.bra (ʌm´brı), *çoğ.* **—s** (ʌm´brız)/**—e** (ʌm´bri) *i.* 1. gölge. 2. *gökb.* tam gölge. 3. *zool.* minakop, taşlevreği, gölgebalığı.
um.brage (ʌm´bric) *i.* 1. gücenme, alınma. 2. gölge. 3. gölge yapan şey (ağaç). **give — to** -i gücendirmek. **take — at** -e gücenmek.
um.brel.la (ʌmbrel´ı) *i.* şemsiye. *s.* bütünü kapsayan. **— pine** *bot.* fıstıkçamı. **— stand** şemsiyelik.
um.brine (ʌm´brayn) *i., zool.* minakop, taşlevreği, gölgebalığı.
um.laut (ûm´laut) *i.* ünlü harf üzerine konulan çift nokta.
um.pire (ʌm´payr) *i.* hakem. *f.* hakemlik yapmak.
ump.teen (ʌm´tin´, ʌmp´tin´) *s.* sayısız, pek çok.
UN, U.N. *kıs.* **the United Nations** BM (Birleşmiş Milletler).
un- *önek* -siz, -sız, gayri.
un.a.ble (ʌney´bıl) *s.* 1. yapamaz, elinden gelmez. 2. beceriksiz. **be — to** -ememek, -amamak, -den âciz olmak: **She was unable to come.** Gelemedi. **I am unable to make the decision by myself.** Kararı yalnız başıma vermekten âcizim.
un.a.bridged (ʌnıbricd´) *s.* kısaltılmamış, tam.
un.ac.cept.a.ble (ʌnıksep´tıbıl) *s.* kabul edilemez.
un.ac.com.mo.dat.ing (ʌnıkam´ıdeyting) *s.* kendi rahatını feda edemeyen.
un.ac.com.pa.nied (ʌnıkʌm´pınid) *s.* 1. yanında kimse olmayan, eşlik edilmeyen, yalnız. 2. *müz.* eşlik edilmeyen, refakatsiz.
un.ac.count.a.ble (ʌnıkaun´tıbıl) *s.* 1. anlaşılmaz, garip. 2. sorumsuz, hesabı verilmeyen. 3. olağanüstü.
un.ac.cus.tomed (ʌnıkʌs´tımd) *s.* alışılmamış, alışılmadık. **be — to** -e alışık olmamak: **He is unaccustomed to getting up early in the morning.** Sabah erken kalkmaya alışık değil.
un.af.fect.ed (ʌnıfek´tid) *s.* 1. yapmacıksız, doğal, tabii. 2. etkilenmemiş.
un.aid.ed (ʌneyd´id) *s.* yardımsız, kendi başına, yalnız başına.
un.al.ter.a.ble (ʌnôl´tırıbıl) *s.* değiştirilmesi imkânsız, değiştirilemez.
u.na.nim.i.ty (yunınîm´iti) *i.* oybirliği, ittifak.
u.nan.i.mous (yunän´ımıs) *s.* aynı fikirde, müttefik.
u.nan.i.mous.ly (yunän´ımıslı) *z.* oybirliğiyle, ittifakla.
un.an.swer.a.ble (ʌnän´sırıbıl) *s.* 1. cevaplandırılamaz, yanıtlanamaz. 2. çürütülemez; itiraz edilemez. 3. sorumlu tutulamaz.

a	ä	e	ı	i	î	ô	o	û	u	ʌ	ıl	ım	ın	ır	ng	ngg	ngk
car	cat	met	above	heal	his	dog	so	good	do	up	couple	prism	demon	burn	ring	finger	ink

un.ap.peal.ing (ʌnıpi'ling) s. zevksiz, çekici olmayan, nahoş.

un.ap.proach.a.ble (ʌnıpro'çıbıl) s. 1. yaklaşılmaz. 2. eşsiz, emsalsiz.

un.armed (ʌnarmd') s. silahsız.

un.a.shamed (ʌnışeymd') s. utanmayan, utanmaz.

un.as.sail.a.ble (ʌnıseyl'ıbıl) s. doğruluğundan şüphe edilemez; su götürmez, çürütülemez.

un.as.sist.ed (ʌnısis'tid) s. yardımcısız; yardımsız. z. yalnız başına, yardım görmeden.

un.as.sum.ing (ʌnısu'ming) s. alçakgönüllü, mütevazı, gösterişsiz.

un.at.tached (ʌnıtäçt') s. 1. bağlı olmayan. 2. eşi/nişanlısı olmayan, bekâr.

un.at.tain.a.ble (ʌnıtey'nıbıl) s. elde edilemez, ulaşılmaz.

un.at.tend.ed (ʌnıten'did) s. 1. bakılmamış, yapılmamış (iş). 2. ihmal edilmiş. 3. yalnız, refakatsiz. 4. başıboş.

un.at.trac.tive (ʌnıträk'tiv) s. çekici olmayan, sevimsiz, cazibesiz.

un.au.thor.ized (ʌnô'thırayzd) s. 1. yetkisiz. 2. izinsiz. 3. resmi olmayan.

un.a.vail.a.ble (ʌnıvey'lıbıl) s. mevcut olmayan, bulunmayan.

un.a.vail.ing (ʌnıvey'ling) s. boş, nafile, beyhude, yararsız, faydasız.

un.a.void.a.ble (ʌnıvoy'dıbıl) s. kaçınılmaz, önüne geçilmez.

un.a.ware (ʌnıwer') s. be — of -in farkında olmamak, -den haberi olmamak, -den habersiz olmak: **He is unaware of his surroundings.** Çevresindekilerin farkında değil. **They are unaware of our change in plans.** Planlarda yaptığımız değişiklikten haberleri yok.

un.a.wares (ʌnıwerz') z. **catch/take someone** — birini gafil avlamak.

un.bal.ance (ʌnbäl'ıns) f. dengesini bozmak.

un.bal.anced (ʌnbäl'ınst) s. 1. dengesiz. 2. akli dengesi bozuk.

un.bear.a.ble (ʌnber'ıbıl) s. çekilmez, dayanılmaz.

un.beat.en (ʌnbi'tın) s. 1. yenilmemiş. 2. kırılmamış (rekor). 3. ayak basılmamış.

un.be.com.ing (ʌnbikʌm'ing) s. 1. yakışıksız, uygunsuz, yakışık almayan: unbecoming behavior uygunsuz davranış. 2. yakışmayan: **Her new dress is unbecoming.** Yeni elbisesi ona yakışmamış.

un.be.known (ʌnbinon'), **un.be.knownst** (ʌnbinonst') s. to 1. -in haberi olmadan, -den habersiz. 2. -ce bilinmeyen, -ce meçhul. **Unbeknownst to us, they had already bought the house.** Bizim haberimiz olmadan evi almışlardı bile. **do something unbeknown to someone** birinin haberi olmadan bir şey yapmak.

un.be.liev.a.ble (ʌnbili'vıbıl) s. inanılmaz.

un.be.liev.er (ʌnbili'vır) i. 1. Allaha inanmayan kimse, imansız, inançsız. 2. (bir şeye/birine) inanmayan kimse.

un.be.liev.ing (ʌnbili'ving) s. 1. inanmayan, şüpheci. 2. iman etmeyen, imansız, inançsız.

un.bend.ing (ʌnben'ding) s. kararından dönmez, boyun eğmez.

un.bi.ased (ʌnbay'ıst) s. taraf tutmayan, tarafsız, yansız.

un.bid.den (ʌnbid'ın) s. 1. davetsiz. 2. kendiliğinden gelen (fikir).

un.bleached (ʌnbliçt') s. ağartılmamış. — **muslin** amerikanbezi.

un.blem.ished (ʌnblem'işt) s. lekesiz, kusursuz.

un.blush.ing (ʌnblʌş'ing) s. utanmaz, yüzsüz.

un.blush.ing.ly (ʌnblʌş'ing.li) z. utanmadan.

un.born (ʌnbôrn') s. 1. doğmamış, henüz dünyaya gelmemiş. 2. gelecek, müstakbel.

un.bound (ʌnbaund') s. ciltlenmemiş, ciltsiz.

un.bowed (ʌnbaud') s. eğilmemiş, baş eğmemiş, boyun eğmemiş.

un.bri.dled (ʌnbray'dıld) s. 1. dizginsiz, dizgin vurulmamış (at). 2. aşırı, dizginsiz, ölçüsüz.

un.bro.ken (ʌnbro'kın) s. 1. kırılmamış, bütün. 2. sürekli, aralıksız. 3. boyun eğmemiş. 4. yarıda kesilmemiş 5. terbiye edilmemiş, alıştırılmamış (at).

un.buck.le (ʌnbʌk'ıl) f. tokasını açmak.

un.bur.den (ʌnbır'dın) f. 1. yükten kurtarmak. 2. derdini dökmek.

un.busi.ness.like (ʌnbiz'nıslayk) s. iş düzenine aykırı.

un.but.ton (ʌnbʌt'ın) f. düğmelerini çözmek.

un.called-for (ʌnkôld'fôr) s. 1. gereksiz, lüzumsuz, istenilmeyen. 2. yersiz, yerinde olmayan. 3. haksız.

un.can.ny (ʌnkän'i) s. 1. acayip. 2. esrarengiz, olağanüstü. 3. tekin olmayan.

un.cap (ʌnkäp') f. (—**ped**, —**ping**) kapağını açmak.

un.cared-for (ʌnkerd'fôr) s. bakımsız.

un.ceas.ing (ʌnsi'sing) s. 1. sürekli, aralıksız. 2. sonsuz, bitmez tükenmez.

un.cer.e.mo.ni.ous (ʌnsermo'niyıs) s. 1. nezaketsizce yapılan, kaba. 2. teklifsiz. 3. resmi olmayan.

un.cer.tain (ʌnsır'tın) s. 1. şüpheli. 2. belirsiz. 3. kesin olmayan. 4. güvenilmez. 5. kararsız. 6. değişken, dönek.

un.cer.tain.ty (ʌnsır'tınti) i. 1. kuşku, şüphe, tereddüt. 2. belirsizlik. 3. kesinsizlik.

un.change.a.ble (ʌnçeyn'cıbıl) s. değişmez.

un.changed (ʌnçeyncd') s. değişmemiş.

un.chang.ing (ʌnçeyn'cing) s. değişmez, değişmeyen.

un.char.i.ta.ble (ʌnçer'ıtıbıl) s. 1. acımasız, sert, katı yürekli. 2. bağışlamaz, affetmeyen. 3. kusur bulan.

un.chart.ed (ʌnçar'tid) s. 1. haritası yapılmamış.

2. bilinmeyen, meçhul.
un.checked (ʌnçekt´) s. 1. kontrol edilmemiş; önü alınmamış. 2. başıboş bırakılmış, kontrolsüz.
un.chris.tian (ʌnkris´çın) s. 1. Hıristiyan olmayan. 2. Hıristiyanlığa aykırı, Hıristiyana yakışmaz. 3. acımasız, merhametsiz. 4. nazik olmayan, kaba.
un.cir.cum.cised (ʌnsır´kımsayzd) s. sünnetsiz.
un.civ.il (ʌnsiv´ıl) s. kaba, nezaketsiz.
un.civ.i.lized, *İng.* **un.civ.i.lised** (ʌnsiv´ılayzd) s. 1. medeniyetsiz. 2. vahşi.
un.claimed (ʌnkleymd´) s. sahibi çıkmamış.
un.clasp (ʌnkläsp´) f. 1. (sıkılan eli) bırakmak. 2. (tokayı) açmak.
un.cle (ʌng´kıl) *i.* 1. amca: **paternal uncle** amca. 2. dayı: **maternal uncle** dayı. 3. enişte: **Aunt Helen's husband is one of my uncles.** Helen Teyze'nin kocası enişelerimden biri. 4. amca, yaşlı adam. 5. *argo* tefeci. **U— Sam** *k. dili* Sam Amca (ABD için bir ad). **Say U—!** *argo* Pes de! **talk to someone like a Dutch —** *k. dili* birini paylamak/azarlamak.
un.clean (ʌnklin´) s. 1. kirli, pis. 2. murdar. 3. ahlaksız, günahkâr.
un.clear (ʌnklir´) s. 1. bulanık. 2. zor anlaşılır. 3. karışık.
un.clench (ʌnklenç´), **un.clinch** (ʌnklinç´) *ı.* (sıkılmış eli) açmak/açtırmak; (sıkılmış el) açılmak.
un.cloak (ʌnklok´) f. 1. örtüsünü kaldırmak. 2. meydana çıkarmak, açığa vurmak, ortaya dökmek.
un.clog (ʌnklag´) f. **(—ged, —ging)** (tıkanık bir şeyi) açmak: **This substance will unclog the bathtub drain.** Bu madde banyo küvetindeki tıkanıklığı giderir.
un.close (ʌnkloz´) f. açmak; açılmak.
un.coil (ʌnkoyl´) f. (halka şeklinde sarılı bir şeyi) açmak/çözmek; açılmak/çözülmek.
un.com.fort.a.ble (ʌnkʌm´fırtıbıl, ʌnkʌmf´ıtıl) s. 1. rahatsız. 2. rahatsız edici, nahoş.
un.com.mit.ted (ʌnkımit´id) s. 1. taahhüt altına girmemiş. 2. bağımsız. 3. fikrini söylememiş.
un.com.mon (ʌnkam´ın) s. 1. nadir, seyrek. 2. olağanüstü, fevkalade.
un.com.mon.ly (ʌnkam´ınli) z. 1. olağanüstü bir şekilde. 2. nadiren.
un.com.mu.ni.ca.tive (ʌnkımyu´nıkeytiv, ʌnkımyu´nıkıtiv) s. ketum, ağzı sıkı, az konuşan.
un.com.plain.ing (ʌnkımpleyn´ing) s. şikâyet etmeyen, sabırlı.
un.com.pro.mis.ing (ʌnkam´prımayzing) s. 1. düşünce, ilke veya kararlarından vazgeçmez. 2. uzlaşmaz, uyuşmaz. 3. sözünden dönmez. 4. katı, sert.
un.con.cealed (ʌnkınsild´) s. açıkta olan, açık, gizlenmemiş.
un.con.cern (ʌnkınsırn´) *i.* ilgisizlik, kayıtsızlık.
un.con.cerned (ʌnkınsırnd´) s. umursamaz,

lakayt, kayıtsız, ilgisiz.
un.con.di.tion.al (ʌnkındiş´ınıl) s. kayıtsız şartsız.
un.con.di.tion.al.ly (ʌnkındiş´ınıli) z. kayıtsız şartsız olarak.
un.con.firmed (ʌnkınfırmd´) s. doğrulanmamış.
un.con.gen.ial (ʌnkıncin´yıl) s. 1. uyuşamayan. 2. sıkıcı, tatsız.
un.con.nect.ed (ʌnkınek´tid) s. 1. birbirine bağlı olmayan, ayrı. 2. tutarsız.
un.con.scion.a.ble (ʌnkan´şınıbıl) s. 1. mantıksız, makul olmayan, aşırı; fahiş (fiyat). 2. vicdansız; insafsız.
un.con.scious (ʌnkan´şıs) s. 1. farkında olmayan, habersiz: **He is unconscious of the seriousness of our environmental problems.** Çevresel sorunlarımızın ne kadar ciddi olduğunun farkında değil. 2. baygın: **The patient is unconscious.** Hasta baygın. 3. bilinçsiz, şuursuz. *i.* **the — ruhb.** bilinçdışı.
un.con.sti.tu.tion.al (ʌnkanstitu´şınıl) s. anayasaya aykırı.
un.con.sti.tu.tion.al.i.ty (ʌnkanstitusınäl´iti) *i.* anayasaya aykırılık.
un.con.strained (ʌnkınstreynd´) s. zorlanmamış, serbest.
un.con.trol.la.ble (ʌnkıntrol´ıbıl) s. zapt edilemeyen, frenlenemeyen.
un.con.trolled (ʌnkıntrold´) s. kontrol altına alınmamış, kontrolsüz, denetimsiz: **uncontrolled population growth** kontrol altına alınmamış nüfus artışı.
un.con.ven.tion.al (ʌnkınven´şınıl) s. geleneklere uymayan.
un.cork (ʌnkôrk´) f. tapasını çıkarmak.
un.cor.rect.ed (ʌnkırek´tid) s. düzeltilmemiş.
un.cor.rob.o.rat.ed (ʌnkırab´ıreytid) s. doğruluğu kanıtlanmamış.
un.couth (ʌnkuth´) s. 1. kaba, inceliksiz. 2. tuhaf.
un.cov.er (ʌnkʌv´ır) f. 1. örtüsünü kaldırmak, açmak: **He removed the bandage in order to uncover the wound.** Yarayı açmak için sargıyı çıkardı. 2. meydana çıkarmak, ortaya çıkarmak, açığa çıkarmak: **A police investigation uncovered his crime.** Polis soruşturması suçunu ortaya çıkardı.
un.crit.i.cal (ʌnkrit´ıkıl) s. eleştirmeyen, tenkit etmeyen, değerlendirici olmayan.
un.cul.ti.vat.ed (ʌnkʌl´tıveytid) s. 1. işlenmemiş (toprak). 2. kültürsüz, yontulmamış.
un.cut (ʌnkʌt´) s. 1. kesilmemiş. 2. kenarları açılmamış (sayfalar). 3. kısaltılmamış, kesilmemiş, hiçbir bölümü çıkarılmamış (kitap/oyun/film).
un.dam.aged (ʌndäm´icd) s. zarar görmemiş.
un.damped (ʌndämpt´) s. 1. azaltılmamış, söndürülmemiş (duygu): **undamped enthusiasm** söndürülmemiş şevk. 2. ıslatılmamış.
un.dat.ed (ʌndey´tid) s. tarihsiz.

un.daunt.ed (ʌndôn´tid) s. korkusuz, yılmaz, cesur. **be — by** 1. -den yılmamak. 2. -den dolayı cesareti kırılmamak: *He was undaunted by the difficulty of the task.* İşin zorluğu cesaretini kırmadı.

un.de.cid.ed (ʌndisay´did) s. 1. karar verilmemiş, sallantıda, askıda. 2. kararsız, karar vermemiş, tereddüt içinde.

un.de.ci.pher.a.ble (ʌndisay´fırıbıl) s. okunamayan, çözülemeyen, deşifre edilemeyen.

un.de.clared (ʌndiklerd´) s. 1. açığa vurulmamış. 2. bildirilmemiş, beyan edilmemiş.

un.de.fined (ʌndifaynd´) s. 1. belirsiz, belli olmayan. 2. tanımlanmamış, tarif edilmemiş.

un.de.ni.a.ble (ʌndinay´ıbıl) s. inkâr edilemez, su götürmez.

un.de.ni.a.bly (ʌndinay´ibli) z. inkâr edilemeyecek bir şekilde: *That's undeniably true.* Onun doğruluğu inkâr edilemez.

un.der (ʌn´dır) edat 1. altına; altında; altından: *They hid under the table.* Masanın altına saklandılar. *They were sitting under the umbrella.* Şemsiyenin altında oturuyorlardı. **under an oppressive regime** zorba bir yönetim altında. *Go around the ladder, not under it.* Merdivenin etrafından dolan, altından geçme. 2. -den aşağı, -den eksik, -den az, -den küçük: *He can run that distance in under ten seconds.* O mesafeyi on saniyeden az bir zamanda koşabilir. *All of the children are under twelve years of age.* Çocukların hepsi on iki yaşından küçük. 3. yönetimi altında, yönetiminde, idaresinde: *Iraq prospered under Ottoman rule.* Irak Osmanlıların yönetimi altında bayındırlaştı. z. 1. daha aşağı: *Every book on this table sells for fifty liras and under.* Bu masadaki her kitap elli liraya veya daha aşağıya satılıyor. 2. daha küçük, altında: *This school is for children who are five years old and under.* Bu okul beş yaş ve altındaki çocuklar için. s. alt, aşağıdaki: **the under layers** alt tabakalar. **— cultivation** işlenmiş (toprak). **— one's nose** burnunun dibinde. **— one's very eyes** gözünün önünde. **— the circumstances** öyle ise, o halde, bu durumda, bu şartlar altında. **be — a cloud (of suspicion)** şüphe altında olmak. **be — attack** saldırılara maruz kalmak; topa tutulmak. **be — construction** inşaat halinde olmak. **be — discussion** görüşülmekte olmak. **be — oath** yeminli olmak. **be — repair** tamir edilmek, tamirde olmak. **be — the influence** içkili olmak, alkollü olmak. **be/feel — the weather** (kendini) bir hoş/tuhaf hissetmek. **get/have someone — one's thumb** birini istediği gibi idare etmek/kullanmak. **go —** 1. batmak. 2. iflas etmek, batmak. **keep something — one's hat** bir şeyi gizli tutmak. **say something — one's breath** bir şeyi alçak sesle söylemek, bir şeyi fısıldamak.

under- önek 1. altında, altındaki. 2. yetersiz, eksik, az. 3. aşağısında. 4. ikinci, muavin, yardımcı.

un.der.age (ʌndıreyc´) s. **be —** (belirli bir şey yapabilmek için) yaşı tutmamak.

un.der.arm (ʌn´dırarm) s. koltuk altında olan, koltuk altı.

un.der.bid (ʌndırbid´) f. **(un.der.bid, —ding)** (başka bir kimse veya firmadan) daha aşağı fiyat teklif etmek.

un.der.brush (ʌn´dırbrʌş) i. (ormandaki/korudaki büyük ağaçların altında yetişen) çalılar ve ağaççıklar, çalılık.

un.der.car.riage (ʌndırker´ic) i. 1. oto. şasi. 2. hav. iniş takımı.

un.der.charge (ʌndırcarc´) f. gerekenden düşük fiyat vermek/teklif etmek; gerekenden az/eksik para istemek/almak.

un.der.charge (ʌn´dırcarc) i. gerekenden düşük fiyat.

un.der.clothes (ʌn´dırkloz, ʌn´dırklodhz) i., çoğ. iç çamaşırlar.

un.der.coat (ʌn´dırkot) i. astar, astar boyası.

un.der.cov.er (ʌndırkʌv´ır) s. 1. gizli yapılan, gizli. 2. gizli çalışan.

un.der.cur.rent (ʌn´dırkırınt) i. 1. altakıntı. 2. gizli eğilim.

un.der.cut (ʌndırkʌt´) f. **(un.der.cut, —ting)** 1. (başkasının önerdiği fiyattan) ucuza satmak. 2. (başkasının önerdiği fiyattan) düşük fiyat vermek/teklif etmek.

un.der.de.vel.op (ʌndırdivel´ıp) f., foto. eksik develope etmek, düşük açındırmak.

un.der.de.vel.oped (ʌndırdivel´ıpt) s. 1. azgelişmiş (ülke). 2. foto. eksik develope edilmiş, düşük açındırılmış (film). **— country** azgelişmiş ülke.

un.der.dog (ʌn´dırdôg) i. 1. kazanma şansı az olan kimse/takım. 2. güçsüz/zayıf durumda olan kimse/grup/ülke.

un.der.done (ʌn´dırdʌn´) s. yeterince pişmemiş.

un.der.em.ployed (ʌndırimployd´) s. yeterli derecede çalıştırılmayan.

un.der.es.ti.mate (ʌndıres´tımeyt) f. gerçek değerinin altında paha biçmek: *The jeweler has underestimated the value of your ring.* Kuyumcu yüzüğüne gerçek değerinin altında paha biçmiş.

un.der.es.ti.mate (ʌndıres´tımit) i. gerçek değerinin altında paha biçme.

un.der.ex.pose (ʌndırikspoz´) f. (filmi) düşük ışıklamak, az ışıklamak.

un.der.ex.posed (ʌndırikspozd´) s. düşük ışıklı (film).

un.der.ex.po.sure (ʌndırikspo´jır) i. 1. (filmi) düşük ışıklama, az ışıklama. 2. düşük ışıklılık.

un.der.foot (ʌndırfût´) z. ayaklar altında.

un.der.gar.ment (ʌnˈdırgarmınt) i. iç çamaşırı.
un.der.gird (ʌndırgırdˈ) f. alttan desteklemek.
un.der.go (ʌndırgoˈ) f. (un.der.went, —ne) 1. (sıkıntı) çekmek; (katlanılması zor bir şeye) maruz kalmak: She's undergone a lot of suffering. Çok sıkıntı çekti. 2. geçirmek; görmek; -e uğramak: She underwent surgery last month. Geçen ay ameliyat geçirdi. This building's now undergoing repair. Bu bina şimdi tamirat görüyor. It must be bottled before it's undergone fermentation. Fermantasyona uğramadan önce şişelenmesi gerek. Right now she's undergoing a physical examination. Şu anda doktor muayenesinden geçiyor.
un.der.gone (ʌndırgônˈ) f., bak. undergo.
un.der.grad (ʌnˈdırgräd) i., s., k. dili, bak. undergraduate.
un.der.grad.u.ate (ʌndırgräcˈuwit) i. üniversite öğrencisi. s. üniversite öğrencisine ait.
un.der.ground (ʌnˈdırgraundˈ) z. 1. yeraltında. 2. gizli olarak.
un.der.ground (ʌnˈdırgraund) s. 1. yeraltı. 2. gizli. i. 1. yeraltı. 2. İng. metro.
un.der.growth (ʌnˈdırgroth) i. (ormandaki/korudaki büyük ağaçların altında yetişen) çalı, ağaççık v.b.'nden oluşan bitki örtüsü.
un.der.hand (ʌnˈdırhänd) z. el altından, gizlice, sinsice, hile ile.
un.der.hand.ed (ʌnˈdırhändid) s. el altından yapılan, hileli.
un.der.lain (ʌndırleynˈ) f., bak. underlie.
un.der.lay (ʌndırleyˈ) f., bak. underlie.
un.der.lie (ʌndırlayˈ) f. (un.der.lay, un.der.lain, un.der.ly.ing) -in altında bulunmak/yatmak, -in temelinde yatmak, -in asıl nedeni olmak, -in temelini oluşturmak.
un.der.line (ʌnˈdırlayn) f. altını çizmek.
un.der.mine (ʌndırmaynˈ) 1. (yavaş yavaş/sinsice) zarar vermek: Years of dissipation had undermined his health. Yıllarca süren sefahat sağlığına zarar vermişti. Their activities are undermining the authority of the state. Onların faaliyetleri devletin otoritesini sarsıyor. 2. (bir şeyin) altındaki toprağı kazarak çıkarmak; (bir şeyin) altındaki toprağı oymak.
un.der.most (ʌnˈdırmost) s. en alttaki. z. 1. en altta; altta. 2. en alta; alta.
un.der.neath (ʌndırnithˈ) z., edat altına; altında.
un.der.nour.ished (ʌndımırˈişt) s. iyi beslenmemiş.
un.der.paid (ʌndırpeydˈ) f., bak. underpay. s. hak ettiğinden az para alan.
un.der.pants (ʌnˈdırpänts) i., çoğ. don, külot.
un.der.pass (ʌnˈdırpäs) i. altgeçit.
un.der.pay (ʌndırpeyˈ) f. hak ettiği maaştan az vermek.
un.der.pin (ʌndırpinˈ) f. (—ned, —ning) 1. (bir şeyin) temelini oluşturmak: Logic underpins this thesis. Bu tez mantık üzerine kurulu. 2. payanda vurmak, payandalamak, desteklemek.
un.der.priv.i.leged (ʌnˈdırprivˈilicd) s. başkalarına sağlanan imkânları olmayan. the — imkânları kıt olanlar.
un.der.rate (ʌndır.reytˈ) f. gerçek değerinden az değer vermek, küçümsemek.
un.der.score (ʌndırskôrˈ) f. 1. altını çizmek. 2. vurgulamak, üstünde durmak, altını çizmek. i. bir sözcüğün altına çizilmiş çizgi.
un.der.sec.re.tar.y (ʌnˈdırsekˈrıteri) i. müsteşar.
un.der.sell (ʌndırselˈ) f. (un.der.sold) fiyat kırarak satmak; -den ucuza satmak.
un.der.shirt (ʌnˈdırşırt) i. atlet fanilası, atlet, fanila.
un.der.shoot (ʌnˈdırşutˈ) f. (un.der.shot) hedefe isabet ettirememek; hedefe erişememek.
un.der.shot (ʌnˈdırşat) f., bak. undershoot.
un.der.side (ʌnˈdırsayd) i. alt taraf, alt.
un.der.signed (ʌnˈdırsaynd) s. altında imza bulunan. i. the — imza sahibi; imza sahipleri.
un.der.skirt (ʌnˈdırskırt) i. jüpon.
un.der.sold (ʌndırsoldˈ) f., bak. undersell.
un.der.staffed (ʌnˈdırstäftˈ) s. personel eksikliği olan: We are understaffed. Bizde bir personel eksikliği var.
un.der.stand (ʌndırständˈ) f. (un.der.stood) 1. anlamak, kavramak: I understand what they are saying. Söylediklerini anlıyorum. I cannot understand the meaning of infinity. Sonsuzluğun anlamını kavrayamıyorum. 2. iyice bilmek, -den anlamak: He understands machines. Makinelerden anlıyor. 3. işitmek, duymak: I understand that he has changed his plans. Planlarını değiştirdiğini duydum. 4. anlam vermek, yorumlamak: They understood his message to mean that he did not wish to see them. Mesajını, onları görmek istemediği şeklinde yorumladılar. 5. anlayış göstermek: When people come to pour out their problems to him he tries to understand them. İnsanlar ona dertlerini dökmeye geldikleri zaman onlara anlayış göstermeye çalışıyor. give someone to — something birine bir şeyi ima etmek.
un.der.stand.a.ble (ʌndırständˈıbıl) s. anlaşılır, anlaşılması mümkün, kavranılır.
un.der.stand.ing (ʌndırstänˈding) i. 1. anlayış, anlama, kavrayış; kavrama gücü. 2. anlaşma: We have come to an understanding. Bir anlaşmaya vardık. She attends the meetings on the understanding that she may neither speak nor vote. Konuşmaması ve oy kullanmaması şartıyla toplantılara katılıyor. 3. bilgi: My understanding of physics is limited. Fizik bilgim sınırlı. 4. anlayış, halden anlama; birbirini anlama: It's an organization that works to promote international understanding. Ülkelerin birbirini daha iyi anlamaları için çalışan bir kuruluştur.

un.der.state (ʌndırsteyt´) f. olduğundan eksik/hafif göstermek.
un.der.state.ment (ʌndırsteyt´mınt) i. bir şeyi olduğundan hafif gösteren ifade.
un.der.stood (ʌndırstûd´) bak. understand. s. söylenilmeden anlaşılan, farz edilen.
un.der.stud.y (ʌn´dırstʌdi) i., tiy. yedek oyuncu.
un.der.take (ʌndırteyk´) f. (un.der.took, —n) 1. üzerine almak, üstlenmek. 2. girişmek.
un.der.tak.en (ʌndırtey´kın) f., bak. undertake.
un.der.tak.er (ʌndırtey´kır, ʌn´dırteykır) i. 1. müteahhit, üstenci. 2. girişimci.
un.der.tak.er (ʌn´dırteykır) i. cenaze levazımatçısı, para karşılığı cenaze işlerini üstlenen kimse.
un.der.tak.ing (ʌndırtey´king) i. 1. iş. 2. proje, girişim. 3. üzerine alma, üstlenme.
un.der.tone (ʌn´dırton) i. 1. alçak ses tonu, fısıltı. 2. bir söz, yazı veya eylemde sezilen duygu: There was an undertone of sadness in her remarks. Söylediklerinde hüzün vardı.
un.der.took (ʌndırtûk´) f., bak. undertake.
un.der.tow (ʌn´dırto) i. deniz yüzündeki akıntıya ters giden dip akıntısı.
un.der.val.ue (ʌndırväl´yu) f. 1. gerçek değerinden az değer vermek. 2. küçümsemek.
un.der.wa.ter (ʌn´dırwô´tır) s. su altında olan/kullanılan, sualtı.
un.der.wear (ʌn´dırwer) i. iç çamaşırı.
un.der.weight (ʌn´dırweyt) s. zayıf.
un.der.world (ʌn´dırwırld) i. 1. ölüler diyarı. 2. yeraltı dünyası, yeraltı.
un.der.write (ʌn´dır.rayt) f. (un.der.wrote, un.der.writ.ten) 1. sigorta etmek. 2. (bir girişimi) finanse etmeyi üstlenmek.
un.der.writ.ten (ʌn´dır.ritın) f., bak. underwrite.
un.der.wrote (ʌn´dır.rot) f., bak. underwrite.
un.de.served (ʌndizırvd´) s. hak edilmemiş.
un.de.sir.a.ble (ʌndizayr´ıbıl) s. 1. istenilmeyen. 2. sakıncalı. i. istenilmeyen kişi.
un.de.tect.ed (ʌnditek´tid) s. fark edilmemiş.
un.de.terred (ʌnditırd´) s. yılmayan, azimli.
un.de.vel.oped (ʌndivel´ıpt) s. 1. gelişmemiş. 2. işlenmemiş (toprak). 3. foto. banyo edilmemiş.
un.de.vi.at.ing (ʌndi´viyeyting) s. yolundan sapmayan.
un.did (ʌndid´) f., bak. undo.
un.dis.ci.plined (ʌndis´ıplind) s. 1. disiplinsiz. 2. ele avuca sığmaz, zapt edilmez.
un.dis.closed (ʌndisklozd´) s. açığa vurulmamış, gizli.
un.dis.guised (ʌndisgayzd´) s. gizlenmemiş, açık.
un.dis.put.ed (ʌndispyut´id) s. karşı gelinmez, tartışılmaz.
un.do (ʌndu´) f. (un.did, —ne) 1. çözmek, açmak: undo a knot düğümü çözmek. 2. bozmak, iptal etmek: The opposition party plans to undo the reforms made by the party in power.

Muhalefet partisi iktidar partisinin yaptığı reformları iptal etmeyi planlıyor. 3. mahvetmek, felakete sürüklemek: It was his own stubbornness which undid him. Onu mahveden kendi inatçılığıydı. — the harm that has been done yapılan zararı telafi etmek.
un.do.ing (ʌndu´wing) i. mahvolma nedeni: Drink was his undoing. Mahvolmasının nedeni içkiydi.
un.done (ʌndʌn´) f., bak. undo. s. 1. yapılmamış. 2. açılmış, çözülmüş. come — açılmak, çözülmek. leave nothing — yapılmamış hiçbir şey bırakmamak. leave something — bir şeyi yarıda bırakmak. What's done can't be —. Olan oldu.
un.doubt.ed (ʌndau´tid) s. kesin, şüphesiz.
un.doubt.ed.ly (ʌndau´tidli) z. hiç kuşkusuz, hiç şüphesiz, kesinlikle; hiç kuşku yok.
un.dreamed-of (ʌndrimd´ʌv) s. akla hayale gelmez.
un.dress (ʌndres´) f. 1. giysilerini çıkarmak, soymak; soyunmak. 2. sargısını açmak. i. in a state of — çıplak.
un.dressed (ʌndrest´) s. 1. çıplak. 2. işlenmemiş (deri). 3. sosu/terbiyesi olmayan (yemek).
un.due (ʌndu´) s. 1. aşırı: undue strictness aşırı sertlik. 2. yasaya aykırı, usule aykırı: undue seizure yasaya aykırı el koyma. 3. uygunsuz, yakışıksız, yersiz: undue criticism yersiz eleştiri. 4. vadesi gelmemiş.
un.du.late (ʌn´dyıleyt) f. dalgalandırmak; dalgalanmak.
un.du.late (ʌn´dyılit) s. dalgalı.
un.du.la.tion (ʌndyıley´şın) i. 1. dalgalanma. 2. dalga.
un.du.ly (ʌndu´li) z. 1. aşırı derecede. 2. boş yere, gereksiz yere. 3. haksız yere. 4. yersiz olarak.
un.dy.ing (ʌnday´ing) s. ölmez, ölümsüz, sonsuz.
un.earth (ʌnırth´) f. 1. toprağı kazıp çıkarmak. 2. meydana çıkarmak, keşfetmek.
un.earth.ly (ʌnırth´li) s. 1. doğaüstü. 2. k. dili acayip, garip, uygunsuz.
un.ease (ʌniz´) i. tedirginlik; huzursuzluk.
un.eas.i.ness (ʌni´zinis) i. tedirginlik; huzursuzluk; endişe, kaygı.
un.eas.y (ʌni´zi) s. 1. tedirgin; huzursuz; endişeli, kaygılı. 2. rahatsız eden. 3. endişelendirici, kaygılandırıcı. 4. her an bozulabilecek (bir barış/koalisyon). be — about -den endişe duymak.
un.ed.u.cat.ed (ʌnec´ûkeytid) s. eğitimsiz, okumamış, tahsil görmemiş.
un.e.mo.tion.al (ʌnimo´şınıl) s. duygusuz.
un.em.ploy.a.ble (ʌnimploy´ıbıl) s. çalıştırılması için gerekli vasıfları olmayan.
un.em.ployed (ʌnimployd´) s. 1. işsiz, boşta. 2. kullanılmayan. i. the — işsizler.
un.em.ploy.ment (ʌnimploy´mınt) i. işsizlik.

un.end.ing (Anend'ing) s. bitmez tükenmez, sonsuz.
un.en.dur.a.ble (Anindûr'ıbıl) s. dayanılmaz, çekilmez.
un.e.qual (Ani'kwıl) s. 1. eşit olmayan. 2. düzensiz. 3. **to** için yetersiz: **In the end he proved unequal to the job.** Sonunda işin üstesinden gelemeyeceği belli oldu. **be — to a task** bir işi becerememek.
un.e.qualed, *İng.* **un.e.qualled** (Ani'kwıld) s. eşsiz, eşi bulunmaz, emsalsiz.
un.err.ing (Anır'ing, Aner'ing) s. 1. yanılmaz, şaşmaz. 2. tam.
un.e.ven (Ani'vın) s. 1. düz olmayan, inişli yokuşlu, engebeli; pürüzlü: **uneven ground** düz olmayan toprak. **steep and uneven piece of land** engebeli arazi parçası. **uneven surface** pürüzlü yüzey. 2. eşit olmayan: **The legs of the chair are uneven.** Sandalyenin ayakları eşit değil. 3. tek: **uneven number** tek sayı.
un.e.ven.ly (Ani'vınli) z. 1. düz olmayan/engebeli bir biçimde. 2. eşit olmayan bir biçimde.
un.e.vent.ful (Anivent'fıl) s. olaysız, hadisesiz, sakin.
un.ex.am.pled (Anigzäm'pıld) s. eşi görülmemiş, benzeri olmayan, eşsiz.
un.ex.cep.tion.al (Aniksep'şınıl) s. sıradan, olağan.
un.ex.pect.ed (Anikspek'tid) s. beklenmedik, umulmadık.
un.ex.pect.ed.ly (Anikspek'tidli) z. beklenmedik bir biçimde, umulmadık bir biçimde.
un.ex.plained (Anikspleynd') s. açıklanmamış.
un.ex.plored (Aniksplord') s. keşfedilmemiş.
un.ex.pur.gat.ed (Aneks'pırgeytid) s. müstehcen/sakıncalı bölümleri çıkarılmamış (kitap, oyun v.b.).
un.fad.ing (Anfeyd'ing) s. solmaz.
un.fail.ing (Anfey'ling) s. 1. hiç eksilmeyen, her zaman var olan (bir nitelik): **He embarked upon the task with his unfailing enthusiasm.** Hiç eksilmeyen şevkiyle işe girişti. 2. (birinin) hiç bıkmadığı (bir şey): **For her reading is an unfailing source of pleasure.** Onun için okumak hiç bıkmadığı bir zevktir. 3. her zaman güvenilebilen: **It's an unfailing test.** Yüzde yüz güvenilir bir test. 4. çok sadık: **She's an unfailing supporter of reform.** Reformun sadık bir destekçisidir.
un.fair (Anfer') s. 1. haksız, adaletsiz. 2. hileli.
un.faith.ful (Anfeyth'fıl) s. 1. vefasız, hakikatsiz; sadakatsiz: **unfaithful friend** vefasız arkadaş. **unfaithful spouse** sadakatsiz eş. 2. güvenilmez, yanlış: **unfaithful translation** güvenilmez çeviri.
un.fa.mil.iar (Anfımîl'yır) s. alışılmadık; bilinmedik, yabancı. **be — with** -i bilmemek.
un.fash.ion.a.ble (Anfäş'ınıbıl) s. modaya uymayan, moda olmayan, rağbet görmeyen.
un.fas.ten (Anfäs'ın) f. çözmek, gevşetmek, açmak; çözülmek, gevşemek, açılmak.
un.fath.om.a.ble (Anfädh'ımıbıl) s. 1. kavranılamaz, sırrına varılamaz. 2. ölçülemez.
un.fa.vor.a.ble (Anfey'vırıbıl) s. 1. olumsuz: **His reaction was unfavorable.** Gösterdiği tepki olumsuzdu. 2. uygun olmayan, elverişsiz: **unfavorable weather** elverişsiz hava.
un.feel.ing (Anfi'ling) s. 1. duygusuz. 2. zalim, katı kalpli.
un.feigned (Anfeynd') s. 1. yapmacıksız, samimi. 2. gerçek, hakiki.
un.fer.tile (Anfır'tıl) s. verimsiz.
un.fin.ished (Anfîn'işt) s. bitmemiş, tamamlanmamış.
un.fit (Anfît') s. uygun olmayan: **He is unfit for this job.** Bu işe uygun biri değil.
un.flag.ging (Anfläg'ing) s. yorulmaz.
un.flap.pa.ble (Anfläp'ıbıl) s., *k. dili* soğukkanlılığını/itidalini kaybetmeyen, sinirleri kuvvetli.
un.flinch.ing (Anflîn'çing) s. cesur, korkusuz, gözü yılmaz.
un.fold (Anfold') f. 1. (katlanmış bir şeyi) açmak; (katlanmış bir şey) açılmak. 2. açıklamak, belirtmek. 3. (yavaş yavaş) görünmek/baş göstermek.
un.fore.seen (Anfôrsin') s. beklenmedik, umulmadık.
un.for.get.ta.ble (Anfırget'ıbıl) s. unutulmaz.
un.for.giv.en (Anfırgiv'ın) s. affedilmemiş; affedilmeyen.
un.for.got.ten (Anfırgat'ın) s. unutulmamış; unutulmayan.
un.for.tu.nate (Anfôr'çınit) s. 1. şanssız, talihsiz, bedbaht; zavallı. 2. kötü, olumsuzluk getiren. 3. kötü, uygun olmayan.
un.for.tu.nate.ly (Anfôr'çınitli) z. ne yazık ki, maalesef.
un.found.ed (Anfaun'did) s. temelsiz, asılsız, boş.
un.friend.ly (Anfrend'li) s. dostça olmayan, düşmanca.
un.furl (Anfırl') f. (yelken, bayrak gibi sarılı bir şeyi) açmak.
un.fur.nished (Anfır'nîşt) s. mobilyasız, möblesiz, döşenmemiş.
un.gain.ly (An.geyn'li) s. 1. kaba, biçimsiz, hantal. 2. çirkin.
un.gen.er.ous (Ancen'ırıs) s. cömert olmayan, cimri.
un.gen.tle.man.ly (Ancen'tılmınli) s. nezaketsiz, centilmence olmayan.
un.glued (An.glud') s. **come —** *k. dili* telaşa kapılmak, etekleri tutuşmak, itidalini kaybetmek.
un.god.ly (An.gad'li) s. 1. *k. dili* korkunç, ürkütücü. 2. *k. dili* acayip, olmayacak: **Why are you calling me at such an ungodly hour?** Gece yarısı ne diye telefon ediyorsun bana? **What an**

ungovernable 530

un.god.ly combination! Ne acayip bir karışım! 3. Allahı inkâr eden; Allahın buyruklarını çiğneyen.
un.gov.ern.a.ble (ʌn.gʌvˈırnıbıl) s. zapt olunamaz; zapt olunamayan; frenlenemez; frenlenemeyen.
un.grace.ful (ʌn.greysˈfıl) s. zarif olmayan, inceliksiz, kaba.
un.gra.cious (ʌn.greyˈşıs) s. 1. nazik olmayan, kaba, nezaketsiz. 2. sevimsiz. 3. nahoş.
un.gram.mat.i.cal (ʌn.grımätˈîkıl) s. dilbilgisi kurallarına aykırı.
un.grate.ful (ʌn.greytˈfıl) s. 1. nankör. 2. nahoş, tatsız.
un.grate.ful.ly (ʌn.greytˈfıli) z. nankörce.
un.grate.ful.ness (ʌn.greytˈfılnis) i. nankörlük.
un.guard.ed (ʌn.garˈdîd) s. 1. muhafazasız, koruyucusuz, korumasız. 2. tedbirsiz, ihtiyatsız, gafil. 3. patavatsızca söylenen (söz). **He said it in an — moment.** Boş bulunup ağzından kaçırdı.
un.hap.py (ʌnhäpˈi) s. 1. mutsuz. 2. şanssız: **unhappy event** şanssız olay. 3. uğursuz, meşum. 4. uygun düşmeyen: **unhappy remark** uygun düşmeyen laf. 5. beceriksiz.
un.health.y (ʌnhelˈthi) s. 1. sağlığı bozuk, sağlıksız. 2. sağlığa zararlı.
un.heard-of (ʌnhırdˈʌv) s. duyulmadık, duyulmamış, işitilmemiş.
un.heed.ed (ʌnhidˈîd) s. önemsenmeyen, aldırış edilmemiş, ihmal edilmiş.
un.heed.ing (ʌnhidˈîng) s. önemsemeyen, aldırışsız.
un.ho.ly (ʌnhoˈli) s., k. dili 1. korkunç, insanı dehşete düşüren. 2. acayip, olmayacak: **What are you doing here at this unholy hour?** Gecenin bu saatinde burada işin ne? 3. hiç hayır getirmeyecek, kötü, pis, korkunç, şeytani.
un.hook (ʌnhûkˈ) f. 1. çengelden çıkarmak; çengelden çıkmak. 2. çengelini çıkarmak.
un.hoped-for (ʌnhoptˈfôr) s. umulmadık, beklenmedik.
un.hur.ried (ʌnhırˈîd) s. telaşsız, acelesiz, rahat, sakin.
un.hurt (ʌnhırtˈ) s. zarar görmemiş, incinmemiş.
uni- önek bir, tek.
u.ni.cel.lu.lar (yunısel'yılır) s. tekgözeli, birgözeli, tekhücreli.
u.ni.corn (yuˈnıkôrn) i. tek boynuzlu at şeklinde hayali bir hayvan.
un.i.den.ti.fied (ʌnaydenˈtifayd) s. ne olduğu saptanamamış. **— flying object** UFO.
u.ni.fi.ca.tion (yunıfıkeyˈşın) i. birleşme; birleştirme.
u.ni.fied (yuˈnıfayd) s. birleştirilmiş; birleşmiş.
u.ni.form (yuˈnıfôrm) s. 1. birörnek, tekbiçimli, tekşekilli, aynı: **All the boxes are of a uniform size, shape and weight.** Bütün kutuların boyu, biçimi ve ağırlığı aynı./Kutuların hepsi birörnek. 2. değişmez, aynı: **How can we maintain a uniform temperature in this room?** Bu odanın ısısını nasıl hep aynı derecede tutabiliriz? i. üniforma. **military —** asker üniforması, üniforma.
u.ni.form.i.ty (yunıfôrˈmiti) i. aynılık, birbirine benzerlik.
u.ni.fy (yuˈnıfay) f. birleştirmek.
u.ni.lat.er.al (yunılätˈırıl) s. tekyanlı.
un.im.ag.i.na.tive (ʌnimäcˈınıtiv) s. hayal gücü olmayan; hayal gücü kıt; hiçbir hayal gücü belirtisi göstermeyen.
un.im.paired (ʌnimperdˈ) s. zarar görmemiş.
un.im.ped.ed (ʌnimpidˈîd) s. engellenmemiş.
un.im.por.tant (ʌnimpôrˈtınt) s. önemsiz.
un.im.proved (ʌnimpruvdˈ) s. 1. geliştirilmemiş. 2. sürülmemiş (toprak). 3. iyileştirilmemiş. **— road** toprak yol.
un.in.formed (ʌninfôrmdˈ) s. haberdar edilmemiş, habersiz.
un.in.hab.it.ed (ʌninhäbˈitîd) s. ıssız, boş, tenha.
un.in.jured (ʌninˈcird) s. 1. yaralanmamış, incinmemiş. 2. zarar görmemiş.
un.in.spired (ʌninspayrdˈ) s. hayal gücünden yoksun.
un.in.spir.ing (ʌninspayrˈîng) s. 1. ilham vermeyen, insanın hayal gücünü çalıştırmayan, insanın hayal gücünü harekete geçirmeyen. 2. insanda (belirli bir) heves/istek uyandırmayan: **He's an uninspiring teacher.** Öğrencilerinde öğrenme hevesi uyandırmayan bir hoca o.
un.in.sured (ʌninşûrdˈ) s. sigortasız.
un.in.tel.li.gent (ʌnintelˈıcınt) s. akılsız.
un.in.tel.li.gi.ble (ʌnintelˈıcıbıl) s. anlaşılmaz.
un.in.ten.tion.al (ʌnintenˈşınıl) s. istemeyerek yapılan, kasıtsız.
un.in.ten.tion.al.ly (ʌnintenˈşınıli) z. istemeyerek, kazara.
un.in.ter.est.ed (ʌninˈtirîstîd) s. ilgisiz, lakayt.
un.in.ter.est.ing (ʌninˈtırısting) s. ilginç olmayan, çekici olmayan.
un.in.ter.rupt.ed (ʌnintırʌpˈtid) s. aralıksız, kesintisiz.
un.in.vit.ed (ʌninvayˈtîd) s. davetsiz, davet edilmemiş.
un.ion (yunˈyın) i. 1. birleşme; birleştirme. 2. pol. birlik. 3. sendika: **trade union** sendika. **U— Jack** İngiliz bayrağı. **the U— of Soviet Socialist Republics** tar. Sovyet Sosyalist Cumhuriyetleri Birliği.
un.ion.ize, İng. **un.ion.ise** (yunˈyınayz) f. sendikalaştırmak; sendikalaşmak.
u.nique (yunikˈ) s. 1. tek, yegâne. 2. eşsiz, benzersiz, emsalsiz.
u.ni.sex (yuˈnıseks) s., i. üniseks.
u.ni.son (yuˈnısın) i. birlik, ahenk, uyum. **act in — birlikte hareket etmek. in —** birlikte, beraber, bir ağızdan.

u.nit (yu´nit) *i.* 1. birim: **unit of measurement** ölçü birimi. 2. tertibat: **heating unit** ısıtma tertibatı. 3. *ask.* birlik. 4. (üniversitede) puan. — **price** birim fiyatı.
u.nite (yunayt´) *f.* 1. birleştirmek; birleşmek. 2. evlenmek, nikâhlanmak; evlendirmek.
u.nit.ed (yunay´tid) *s.* birleşmiş, birleşik. **the U— Arab Emirates** Birleşik Arap Emirlikleri. **the U— Kingdom** Birleşik Krallık (Büyük Britanya ve Kuzey İrlanda Birleşik Krallığı). **the U— Kingdom of Great Britain and Northern Ireland** Büyük Britanya ve Kuzey İrlanda Birleşik Krallığı. **the U— Nations** Birleşmiş Milletler. **the U— States** Amerika Birleşik Devletleri. **the U— States of America** Amerika Birleşik Devletleri.
u.ni.ty (yu´nıti) *i.* 1. birlik. 2. bütünlük. 3. uyum, ahenk, dayanışma.
univ. *kıs.* **university.**
u.ni.va.lent (yunıvey´lınt) *s., kim.* tekdeğerli, tekdeğerlikli.
u.ni.ver.sal (yunıvır´sıl) *s.* 1. evrensel: **universal language** evrensel dil. 2. genel, umumi: **universal suffrage** genel oy hakkı. 3. *man.* tümel: **universal proposition** tümel önerme. 4. üniversal: **universal joint** kardan mafsalı/kavraması.
u.ni.verse (yu´nıvırs) *i.* evren, kâinat, âlem, cihan.
u.ni.ver.si.ty (yunıvır´sıti) *i.* üniversite.
u.niv.o.cal (yuniv´ıkıl) *s., i.* tekanlamlı (sözcük).
un.just (ʌncʌst´) *s.* haksız, adaletsiz.
un.just.ly (ʌncʌst´li) *z.* haksız olarak.
un.kempt (ʌnkempt´) *s.* 1. taranmamış, dağınık (saç). 2. derbeder, hırpani.
un.kind (ʌnkaynd´) *s.* kırıcı, incitici, sert: **unkind words** kırıcı sözler. **unkind treatment** sert davranış.
un.know.a.ble (ʌn.no´wıbıl) *s.* bilinemez; bilinemeyen.
un.know.ing (ʌn.no´wing) *s.* habersiz; farkında olmayan.
un.known (ʌn.non´) *s.* bilinmeyen, meçhul, yabancı.
un.lace (ʌnleys´) *f.* bağlarını/bağcıklarını çözmek/açmak.
un.la.dy.like (ʌnley´dilayk) *s.* bir hanıma yakışmaz.
un.latch (ʌnläç´) *f.* mandalını açmak, açmak.
un.law.ful (ʌnlô´fıl) *s.* kanunsuz, yolsuz.
un.law.ful.ly (ʌnlô´fıli) *z.* kanunsuzca.
un.lead.ed (ʌnled´id) *s.* kurşunsuz: **unleaded gasoline/petrol** kurşunsuz benzin.
un.leash (ʌnliş´) *f.* serbest bırakmak, salıvermek.
un.leav.ened (ʌnlev´ınd) *s.* mayasız (hamur/ekmek). **— bread** hamursuz.
un.less (ʌnles´) *bağ.* -mezse, -medikçe, meğerki: **We cannot go unless he comes.** Gelmezse gidemeyiz. **Unless the government makes cuts in its expenditures inflation will increase.** Devlet harcamalarında kesinti yapmadıkça enflasyon yükselecek. **You can't catch the bus unless you run.** Otobüse yetişemeyeceksin, meğerki koşasın.
un.like (ʌnlayk´) *s.* birbirine benzemeyen, farklı. *edat* -den farklı olarak: **This painting is unlike his others.** Bu resim onun diğer resimlerinden farklı. **His Turkish, unlike mine, is excellent.** Benimkinin tersine, onun Türkçesi mükemmel.
un.like.ly (ʌnlayk´li) *s.* 1. olası olmayan. 2. başarı olasılığı olmayan.
un.lim.it.ed (ʌnlim´itid) *s.* sınırsız, sonsuz.
un.list.ed (ʌnlis´tid) *s.* 1. listeye girmemiş, listede olmayan. 2. rehberde olmayan (telefon numarası).
un.load (ʌnlod´) *f.* 1. yükünü boşaltmak; (yük) boşaltmak. 2. (derdini) dökmek. 3. (silahı) boşaltmak. 4. (eldeki malı) satarak elden çıkarmak.
un.lock (ʌnlak´) *f.* 1. kilidini açmak: **She unlocked the door.** Kapıyı açtı./Kapının kilidini açtı. 2. ortaya çıkarmak: **His translations have unlocked for us a treasure trove.** Çevirileri bize bir hazinenin kapılarını açtı.
un.looked-for (ʌnlûkt´fôr) *s.* beklenmedik.
un.loose (ʌnlus´) *f.* 1. çözmek. 2. serbest bırakmak.
un.loos.en (ʌnlu´sın) *f.* 1. çözmek. 2. gevşetmek. 3. serbest bırakmak.
un.love.ly (ʌnlʌv´li) *s.* sevimsiz; nahoş.
un.luck.i.ly (ʌnlʌk´ıli) *z.* şanssızlık eseri.
un.luck.i.ness (ʌnlʌk´inis) *i.* şanssızlık, talihsizlik.
un.luck.y (ʌnlʌk´i) *s.* 1. şanssız, talihsiz, bahtsız. 2. uğursuz. **be —** şansı olmamak.
un.man.age.a.ble (ʌnmän´ıcıbıl) *s.* idaresi güç, idare edilemez.
un.manned (ʌnmänd´) *s.* 1. mürettebatsız. 2. insansız çalışan.
un.man.ner.ly (ʌnmän´ırli) *s.* nezaketsiz, saygısız, kaba.
un.mar.ried (ʌnmer´id) *s.* evlenmemiş, bekâr.
un.mask (ʌnmäsk´) *f.* 1. maskesini çıkartmak. 2. gerçek kişiliğini/kimliğini ortaya çıkarmak, maskesini kaldırmak.
un.matched (ʌnmäçt´) *s.* eşsiz, emsalsiz.
un.meant (ʌnment´) *s.* istenmeden yapılmış, kasıtsız.
un.men.tion.a.ble (ʌnmen´şınıbıl) *s.* ağza alınmaz, sözü edilmez.
un.mer.it.ed (ʌnmer´itid) *s.* haksız, hak edilmeyen.
un.mind.ful (ʌnmaynd´fıl) *s.* **be — of** -e aldırmamak, -i göz önüne almamak.
un.mis.tak.a.ble (ʌnmistey´kıbıl) *s.* yanlış anlaşılmaz, açık.
un.mis.tak.a.bly (ʌnmistey´kıbli) *z.* şüphe götürmez bir şekilde.
un.mit.i.gat.ed (ʌnmit´ıgeytid) *s.* tam: **an unmitigated liar** tam bir yalancı.
un.mo.lest.ed (ʌnmıles´tid) *s.* rahatsız edilmemiş.

un.mount.ed (ʌnmaun'tid) s. 1. atsız, ata binmemiş. 2. çerçevelenmemiş. 3. oturtulmamış. 4. monte edilmemiş, takılmamış.
un.moved (ʌnmuvd') s. etkilenmemiş.
un.named (ʌn.neymd') s. 1. isimsiz, adsız. 2. adı geçmeyen, bahsedilmeyen.
un.nat.u.ral (ʌn.näç'ırıl) s. 1. doğal olmayan, doğaya aykırı, anormal. 2. tuhaf, garip, anormal. 3. yapmacık.
un.nec.es.sar.i.ly (ʌn.nes'ıserili) z. boş yere, gereksiz yere, boşu boşuna.
un.nec.es.sar.y (ʌn.nes'ıseri) s. gereksiz, lüzumsuz.
un.need.ed (ʌn.nid'id) s. gereksiz.
un.nerve (ʌn.nırv') f. cesaretini kırmak, güvenini sarsmak.
un.ob.jec.tion.a.ble (ʌnıbcek'şınıbıl) s. 1. nahoş olmayan. 2. aleyhinde bir şey denilemez.
un.ob.struct.ed (ʌnıbstrʌk'tid) s. 1. engellenmemiş. 2. açık, tam. 3. tıkanmamış.
un.ob.tru.sive (ʌnıbtru'siv) s. 1. dikkati çekmeyen, göze çarpmayan. 2. alçakgönüllü.
un.oc.cu.pied (ʌnak'yıpayd) s. 1. boş, işgal edilmemiş. 2. işsiz, boşta gezen.
un.of.fi.cial (ʌnıfiş'ıl) s. gayriresmi.
un.op.posed (ʌnıpozd') s. 1. karşı gelinmemiş. 2. muhalefetsiz. 3. rakipsiz.
un.or.tho.dox (ʌnôr'thıdaks) s. 1. ortodoks olmayan. 2. geleneklere karşı, âdetlere aykırı.
un.os.ten.ta.tious (ʌnastıntey'şıs) s. gösterişsiz, dikkati çekmeyen.
un.pack (ʌnpäk') f. (bavul v.b.'ni) açıp boşaltmak.
un.paid (ʌnpeyd') s. 1. ödenmemiş: **unpaid bill** ödenmemiş fatura. 2. ücretsiz: **We are seeking volunteers willing to do the unpaid jobs.** Ücretsiz işleri yapmaya razı olan gönüllüler arıyoruz. 3. ücreti ödenmemiş: **The unpaid workers are on strike.** Ücretleri ödenmeyen işçiler grev yapıyor.
un.pal.at.a.ble (ʌnpäl'ıtıbıl) s. 1. yenilmez/içilmez; yenilmesi/içilmesi zor. 2. nahoş, tatsız.
un.par.al.leled (ʌnper'ıleld) s. eşsiz, emsalsiz, benzeri olmayan.
un.par.don.a.ble (ʌnpar'dınıbıl) s. affedilemez.
un.pleas.ant (ʌnplez'ınt) s. nahoş, hoşa gitmeyen, tatsız.
un.pleas.ant.ly (ʌnplez'ıntli) z. nahoşça.
un.pleas.ant.ness (ʌnplez'ıntnis) i. nahoşluk, tatsızlık.
un.plug (ʌnplʌg') f. (—ged, —ging). (fişi) prizden çekmek. 2. (elektrikli aygıtın) fişini prizden çekmek. 3. (tıkanmış lavabo v.b.'ni) açmak.
un.pop.u.lar (ʌnpap'yılır) s. popüler olmayan, rağbet görmeyen, tutulmayan.
un.prec.e.dent.ed (ʌnpres'identid) s. (daha önce) görülmemiş, o zamana kadar karşılaşılmamış, benzeri görülmemiş.
un.prej.u.diced (ʌnprec'idist) s. önyargısız, yansız, tarafsız.
un.pre.med.i.tat.ed (ʌnprimed'iteytid) s. 1. kasıtsız. 2. önceden tasarlanmamış.
un.pre.pared (ʌnpriperd') s. 1. hazırlıksız. 2. önceden hazırlanmamış.
un.pre.ten.tious (ʌnpriten'şıs) s. alçakgönüllü, iddiasız, yapmacıksız.
un.prin.ci.pled (ʌnprin'sıpıld) s. ahlak kurallarını hiçe sayan, ahlaksız, karaktersiz, prensipsiz.
un.pro.duc.tive (ʌnprıdʌk'tiv) s. verimsiz.
un.pro.fes.sion.al (ʌnprıfeş'ınıl) s. 1. meslek ahlakına ters düşen; meslek ahlakına göre hareket etmeyen. 2. profesyonel olmayan. 3. amatörce.
un.prof.it.a.ble (ʌnpraf'ıtıbıl) s. 1. kârsız, kazanç getirmez. 2. yararsız, faydasız.
un.pro.vid.ed (ʌnprıvay'did) s. 1. **with** -den yoksun. 2. **for** gereksinimleri karşılanmamış.
un.pro.voked (ʌnprıvokt') s. kışkırtılmamış.
un.pub.lished (ʌnpʌb'lişt) s. basılmamış, yayımlanmamış.
un.qual.i.fied (ʌnkwal'ıfayd) s. 1. niteliksiz, vasıfsız, ehliyetsiz: **unqualified worker** vasıfsız işçi. **unqualified driver** ehliyetsiz şoför. 2. tam, mutlak: **an unqualified success** tam bir başarı. **be — for a job** bir işe uygun niteliklere sahip olmamak. **be — to do something** bir şeyi yapmak için gereken niteliklere sahip olmamak.
un.quench.a.ble (ʌnkwenç'ıbıl) s. söndürülmez, bastırılamaz.
un.ques.tion.a.ble (ʌnkwes'çınıbıl) s. tartışılmaz, şüphe götürmez, kesin.
un.ques.tion.a.bly (ʌnkwes'çınıbli) z. şüphesiz olarak.
un.rav.el (ʌnräv'ıl) f. (—ed/—led, —ing/—ling) çözmek, sökmek; çözülmek, sökülmek.
un.read (ʌnred') s. 1. cahil, okumamış. 2. okunmamış (kitap, mektup v.b.).
un.re.al (ʌnril', ʌnri'yıl) s. gerçekdışı, hayali.
un.re.al.is.tic (ʌnriyilis'tik) s. gerçekçi olmayan, hayali.
un.rea.son.a.ble (ʌnri'zınıbıl) s. 1. mantıksız, akılsız, makul olmayan. 2. aşırı, fahiş (fiyat).
un.re.fined (ʌnrifaynd') s. 1. arıtılmamış. 2. kaba.
un.re.flect.ing (ʌnriflek'ting) s. 1. yansımasız. 2. derin düşünmeyen.
un.re.lent.ing (ʌnrilen'ting) s. 1. acımasız, amansız. 2. boyun eğmez. 3. gevşemeyen.
un.re.li.a.ble (ʌnrilay'ıbıl) s. güvenilmez, inanılmaz.
un.re.mit.ting (ʌnrimit'ing) s. durmadan devam eden, sürekli, aralıksız.
un.re.quit.ed (ʌnrikway'tid) s. karşılık görmeyen, karşılıksız.
un.re.spon.sive (ʌnrispan'siv) s. tepki göstermeyen.
un.rest (ʌnrest') i. 1. tedirginlik, rahatsızlık. 2.

(ülkede/kuruluşta/örgütte) huzursuzluk, çalkantı.
un.re.strained (ʌnrı́streynd΄) s. zapt edilmemiş, zapt edilmeyen, frenlenmemiş, frenlenmeyen, denetimsiz, serbest.
un.re.strict.ed (ʌnrıstrik΄tid) s. sınırsız, kısıtsız.
un.right.eous (ʌnray΄çıs) s. haksız, adaletsiz.
un.ripe (ʌnrayp΄) s. ham, olmamış.
un.ri.valed, *İng*. **un.ri.valled** (ʌnray΄vıld) s. rakipsiz; eşsiz, emsalsiz.
un.roll (ʌnrol΄) f. açmak, yaymak, sermek; açılmak, yayılmak, serilmek.
un.ruf.fled (ʌnrʌf΄ıld) s. 1. buruşuksuz. 2. sakin, telaşsız, soğukkanlı.
un.ru.ly (ʌnru΄li) s. 1. ele avuca sığmaz, idaresi zor, zapt edilmez. 2. serkeş, azılı.
un.said (ʌnsed΄) s. söylenmemiş, bahsedilmemiş.
un.sal.a.ble, **un.sale.a.ble** (ʌnsey΄lıbıl) s. satılamaz.
un.sat.is.fac.to.ry (ʌnsätisfäk΄tıri) s. 1. istenilen düzeyde olmayan; istenildiği gibi olmayan; yetersiz, tatmin etmeyen. 2. umulan sonuçları vermeyen; umulduğu gibi olmayan.
un.sat.is.fied (ʌnsät΄isfayd) s. 1. ödenmemiş. 2. memnun edilmemiş; memnun kalmamış; hoşnutsuz. 3. tatminsiz kalmış. 4. giderilmemiş (şüphe/merak). 5. yerine getirilmemiş (şart).
un.sa.vor.y, *İng*. **un.sa.vour.y** (ʌnsey΄vıri) s. 1. tatsız, lezzetsiz, yavan. 2. nahoş, kötü; dürüst olmayan.
un.scathed (ʌnskeydhd΄) s. yaralanmamış, yarasız beresiz, sağ salim.
un.sci.en.tif.ic (ʌnsayıntif΄ik) s. bilimsel olmayan.
un.screw (ʌnskru΄) f. 1. vidalarını çıkarmak. 2. çevirerek açmak.
un.scru.pu.lous (ʌnskru΄pyılıs) s. 1. prensip sahibi olmayan, ahlaki değerleri hiçe sayan; vicdansız. 2. ahlaka aykırı.
un.sea.son.a.ble (ʌnsi΄zınıbıl) s. 1. (mevsim için) normal olmayan (hava). 2. mevsimsiz, zamansız, vakitsiz.
un.sea.soned (ʌnsi΄zınd) s. 1. baharatsız. 2. acemi, tecrübesiz: **unseasoned worker** acemi işçi. 3. yaş (tahta).
un.seat (ʌnsit΄) f. 1. *İng*. (eski bir milletvekilini) seçimde yenerek makamına sahip olmak. 2. (önemli bir yerde olan birini) yerinden etmek. 3. attan düşürmek.
un.sea.wor.thy (ʌnsi΄wırdhi) s. denize çıkmaya elverişsiz.
un.seem.ly (ʌnsim΄li) s. yersiz, münasebetsiz, yakışıksız, uygunsuz, nahoş, çirkin.
un.seen (ʌnsin΄) s. 1. göze görünmeyen. 2. görülmemiş. 3. gizli.
un.self.ish (ʌnsel΄fiş) s. cömert, kendi çıkarını düşünmeyen.
un.set.tle (ʌnset΄ıl) f. 1. (inanç, ekonomi v.b.'ni) sarsmak: **It had unsettled him.** Onu ruhen sarsmıştı. 2. tedirgin etmek, huzurunu kaçırmak: **The news of the uprising unsettled us.** Ayaklanma hakkındaki haber huzurumuzu kaçırdı. 3. yerinden çıkarmak: **The earthquake unsettled the statue in the park.** Deprem parktaki heykeli yerinden çıkardı. 4. bozmak: **The war has unsettled our travel plans.** Savaş seyahat planlarımızı bozdu.
un.set.tled (ʌnset΄ıld) s. 1. tedirgin, huzursuz. 2. karışıklık içinde, çalkantılı; karışık: **The situation's still unsettled.** Durum hâlâ karışık. **unsettled political situation** karışık siyasal durum. 3. kararlaştırılmamış, halledilmemiş, askıda: **an unsettled matter** halledilmemiş bir sorun. 4. ödenmemiş, kapanmamış: **unsettled debt** ödenmemiş borç. 5. değişken: **unsettled weather** değişken hava. 6. yerleşik olmayan. 7. meskûn olmayan: **unsettled land** meskûn olmayan arazi. **be — about/as to ...** hakkında kararsız olmak, ... hakkında tereddüt içinde olmak.
un.shak.a.ble, **un.shake.a.ble** (ʌnşeyk΄ıbıl) s. sarsılmaz, sağlam.
un.sheathe (ʌnşidh΄) f. kınından çıkarmak.
un.ship (ʌnşip΄) f. (**—ped, —ping**) gemiden indirmek, gemiden çıkarmak.
un.shrink.ing (ʌnşring΄king) s. geri çekilmez.
un.sight.li.ness (ʌnsayt΄linis) *i*. çirkinlik.
un.sight.ly (ʌnsayt΄li) s. göze hoş görünmeyen, nahoş, çirkin.
un.skil.ful (ʌnskil΄fıl) s., *İng*., *bak*. **unskillful**.
un.skil.ful.ly (ʌnskil΄fıli) z., *İng*., *bak*. **unskillfully**.
un.skilled (ʌnskild΄) s. 1. maharetsiz. 2. özel maharet istemeyen, kaba. **— worker** vasıfsız işçi. **be — in/at** -de iyi/usta olmamak.
un.skill.ful, *İng*. **un.skil.ful** (ʌnskil΄fıl) s. maharetsiz, beceriksiz, acemi.
un.skill.ful.ly, *İng*. **un.skil.ful.ly** (ʌnskil΄fıli) z. beceriksizce, acemice.
un.snap (ʌnsnäp΄) f. (**—ped, —ping**) -in çıtçıtını açmak.
un.so.cia.ble (ʌnso΄şıbıl) s. girgin olmayan, insanlardan uzak duran.
un.so.cial (ʌnso΄şıl) s. 1. girgin olmayan, insanlardan uzak duran. 2. toplumsal ilişkileri engelleyen.
un.so.phis.ti.cat.ed (ʌnsıfis΄tikeytid) s. 1. dünyadan pek haberi olmayan, saf ve tecrübesiz. 2. sade (bir üslup). 3. basit (aygıt).
un.sound (ʌnsaund΄) s. 1. sağlam olmayan: **unsound body** sağlam olmayan vücut. **unsound investment** sağlam olmayan yatırım. 2. çürük: **unsound argument** çürük sav. 3. derme çatma, çürük: **unsound structure** derme çatma yapı. 4. bölük pörçük, hafif (uyku).
un.spar.ing (ʌnsper΄ing) s. 1. esirgemeyen. 2. çok, bol: **with unsparing energy** büyük bir gayretle. 3. sert, amansız.

un.spar.ing.ly (ʌnsper´ing.li) z. esirgemeden.
un.speak.a.ble (ʌnspi´kıbıl) s. 1. ifade edilemez, tarifsiz; tarif edilemeyecek kadar korkunç. 2. ağza alınmaz, çok kötü.
un.spoiled (ʌnspoyld´) s. 1. bozulmamış. 2. şımarmamış (çocuk).
un.spo.ken (ʌnspo´kın) s. söylenmemiş; zımni.
un.sta.ble (ʌnstey´bıl) s. 1. sağlam olmayan; dengesiz; oynak. 2. istikrarsız; dengesiz. 3. *kim.* instabil, kararsız.
un.stead.y (ʌnsted´i) s. 1. (sağlam olmadığı için) sallanan, oynak: **unsteady table** sallanan masa. 2. titrek: **unsteady hand** titrek el. 3. istikrarlı olmayan, istikrarsız; değişken, güvenilmez: **The economy's growth has been unsteady.** Ekonomi istikrarlı bir şekilde büyümedi. **unsteady temperament** değişken huy.
un.stint.ing (ʌnstin´ting) s. bol, cömert.
un.stint.ing.ly (ʌnstin´ting.li) z. esirgemeden.
un.stop (ʌnstap´) f. (—ped, —ping) 1. (tıkanmış yeri) açmak. 2. tıkaç veya kapağını çıkarmak.
un.strap (ʌnsträp´) f. (—ped, —ping) kayışını çıkarmak/gevşetmek.
un.string (ʌnstring´) f. (un.strung) tellerini çıkarmak/gevşetmek.
un.strung (ʌnstrʌng´) f., *bak.* unstring. s. 1. telleri gevşetilmiş. 2. sinirleri bozuk, sinirli.
un.sub.stan.tial (ʌnsıbstän´şıl) s. 1. temelsiz, asılsız, çürük. 2. sağlam olmayan. 3. hayali.
un.suc.cess.ful (ʌnsıkses´fıl) s. başarısız.
un.suit.a.ble (ʌnsu´tıbıl) s. uygunsuz, uygun olmayan.
un.sur.passed (ʌnsırpäst´) s. eşsiz, emsalsiz.
un.sus.pect.ed (ʌnsıspek´tid) s. 1. kuşkulanılmayan, şüphelenilmeyen. 2. var olduğu bilinmeyen.
un.sus.pect.ing (ʌnsıspek´ting) s. bir şeyden kuşkulanmayan.
un.sys.tem.at.ic (ʌnsistimät´ik) s. sistemsiz.
un.tan.gle (ʌntäng´gıl) f. (karışık bir şeyi) açmak, çözmek.
un.tapped (ʌntäpt´) s. kullanılmamış (tabii kaynaklar v.b.).
un.ten.a.ble (ʌnten´ıbıl) s. savunulamaz (sav, teori v.b.).
un.think.a.ble (ʌnthingk´ıbıl) s. düşünülemez, imkânsız.
un.think.ing (ʌnthingk´ing) s. 1. düşüncesiz. 2. düşüncesizce yapılan.
un.think.ing.ly (ʌnthingk´ing.li) z. düşünmeden.
un.ti.di.ly (ʌntay´dıli) z. düzensizce.
un.ti.di.ness (ʌntay´dinis) i. düzensizlik, dağınıklık; tertipsizlik.
un.ti.dy (ʌntay´di) s. düzensiz, dağınık; tertipsiz.
un.tie (ʌntay´) f. çözmek, açmak. **come —d** çözülmek, açılmak.
un.til (ʌntil´) *edat, bağ.* -e kadar, -e değin, -e dek.

un.time.ly (ʌntaym´li) s. 1. yerinde olmayan, münasebetsiz. 2. zamansız, vakitsiz, mevsimsiz. z. mevsimsizce, uygunsuz zamanda.
un.tir.ing (ʌntay´ring) s. yorulmak bilmez. **— efforts** büyük gayretler.
un.told (ʌntold´) s. 1. tahmin edilemeyecek kadar çok, hesapsız, sayısız. 2. anlatılmamış.
un.to.ward (ʌntôrd´) s. 1. tatsız, nahoş. 2. aksi, ters. 3. uygunsuz, münasebetsiz. 4. huysuz.
un.tried (ʌntrayd´) s. 1. denenmemiş. 2. muhakeme edilmemiş, yargılanmamış.
un.trou.bled (ʌntrʌb´ıld) s. 1. sakin, durgun. 2. sıkıntısız, dertsiz. **be — by** 1. -den şikâyetçi olmamak. 2. -i dert etmemek.
un.true (ʌntru´) s. 1. doğru olmayan, yanlış. 2. yalan, uydurma, sahte. 3. vefasız, sadakatsiz. 4. eğri.
un.trust.wor.thy (ʌntrʌst´wırdhi) s. güvenilmez, dönek.
un.truth.ful (ʌntruth´fıl) s. 1. yalan, uydurma, sahte. 2. yalancı.
un.used (ʌnyuzd´) s. kullanılmamış.
un.used (ʌnyust´) s. **to** -e alışık/alışkın olmayan. **be — to** -e alışık/alışkın olmamak.
un.u.su.al (ʌnyu´juwıl) s. 1. görülmedik, nadir, ender. 2. değişik, farklı. 3. acayip, tuhaf, anormal. 4. alışılmamış, olağandışı. 5. olağanüstü, fevkalade, müstesna.
un.ut.ter.a.ble (ʌnʌt´ırıbıl) s. tarifsiz, ifade edilemez, anlatılmaz.
un.ut.ter.a.bly (ʌnʌt´ırıbli) z. anlatılamayacak derecede.
un.var.nished (ʌnvar´nişt) s. 1. cilasız. 2. süssüz.
un.veil (ʌnveyl´) f. 1. örtüsünü kaldırmak/açmak. 2. (ilk kez olarak) göstermek. 3. ortaya çıkarmak.
un.voiced (ʌnvoyst´) s. 1. ifade edilmemiş. 2. ünsüz, sessiz.
un.want.ed (ʌnwʌn´tid) s. istenilmeyen.
un.war.rant.ed (ʌnwôr´ıntid) s. 1. kanunsuz, kanuni dayanağı olmayan; haksız. 2. sağlam bir temele dayanmayan.
un.war.y (ʌnwer´i) s. uyanık olmayan, gafil, dikkatsiz, tedbirsiz.
un.wel.come (ʌnwel´kım) s. 1. hoş karşılanmayan, istenmeyen (kimse): **unwelcome guest** istenmeyen misafir. 2. nahoş, tatsız: **unwelcome news** tatsız haber.
un.well (ʌnwel´) s. rahatsız, hasta: **I feel unwell today.** Bugün kendimi iyi hissetmiyorum.
un.whole.some (ʌnhol´sım) s. (ahlaki/sağlıksal/ruhsal açıdan) zararlı, zarar verici.
un.wield.y (ʌnwil´di) s. 1. taşınması zor; lenduha gibi; hantal. 2. uygulanması zor. 3. yönetilmesi zor.
un.will.ing (ʌnwil´ing) s. 1. hevessiz, isteksiz, gönülsüz. 2. boyun eğmeyen, inatçı, kafasının

dikine giden. **be — razı olmamak; istememek:** *He was unwilling to go.* Gitmeye razı değildi. *He's unwilling to learn how to dance.* Dans etmeyi öğrenmek istemiyor.
un.will.ing.ly (ʌnwil´ĭng.li) *z.* istemeyerek.
un.will.ing.ness (ʌnwil´ĭng.nĭs) *i.* razı olmama; istememe, isteksizlik.
un.wind (ʌnwaynd´) *f.* **(un.wound)** 1. (sarılı bir şeyi) çözmek/açmak; (sarılı bir şey) çözülmek/açılmak. 2. dinlenmek, yorgunluğunu gidermek.
un.wise (ʌnwayz´) *s.* 1. akıl işi/kârı olmayan, akılsızca. 2. akıllıca davranmayan, akılsız.
un.wise.ly (ʌnwayz´li) *z.* akılsızca.
un.wit.ting (ʌnwit´ĭng) *s.* 1. ne yaptığının farkında olmayan: *an unwitting helper* yardımcı olduğunun farkında olmayan bir yardımcı. 2. isteyerek/mahsus yapılmamış/yaratılmamış; kasıtsız.
un.wit.ting.ly (ʌnwit´ĭng.li) *z.* bilmeyerek, farkında olmadan.
un.wound (ʌnwaund´) *f., bak.* **unwind.**
un.wrap (ʌnräp´) *f.* **(—ped, —ping)** (sarılı bir şeyi) açmak; (sarılı bir şey) açılmak.
un.writ.ten (ʌnrĭt´ın) *s.* yazılmamış. **— law** örf ve âdet hukuku.
un.yield.ing (ʌnyil´dĭng) *s.* 1. sert. 2. direngen, boyun eğmez, inatçı; yılmaz. 3. yol vermez.
un.zip (ʌnzip´) *f.* **(—ped, —ping)** (fermuarı) açmak; -in fermuarını açmak; fermuarı açılmak.
un.zipped (ʌnzĭpt´) *s.* 1. fermuarı açılmış. 2. *k. dili* posta kodu olmayan.
up (ʌp) *z.* 1. yukarı, yukarıya; yukarıda: **go up** yukarı/yukarıya gitmek. **Hold your hand up.** Elini yukarıda tut. 2. **to** -e kadar *(Azami bir miktarı belirtir.):* **This plant can turn out up to three hundred cars a month.** Bu fabrikanın aylık üretim kapasitesi üç yüz otomobil. **The school will accept up to one hundred new students this year.** Bu yıl okul yüz kadar yeni öğrenci kabul edecek. 3. *Belirli bir yeri, özellikle yukarıda/kuzeyde olan bir yeri gösteren edatlı söz öbeğini niteler:* **Bring them up to my place.** Onları benim eve getir. **He's gone up to Sinop.** Sinop'a gitti. **Many Americans go up to Canada to shop.** Birçok Amerikalı alışveriş etmek için Kanada'ya gidiyor. **He's up in the attic.** O tavan arasında. **He's living up in the center of town.** O kasabanın merkezinde yaşıyor. **She works up at the Ministry of Justice.** O Adalet Bakanlığında çalışıyor. **He's an American working up in Canada.** O Kanada'da çalışan bir Amerikalı. 4. dik: **Hold your head up.** Kafanı dik tut. 5. sonuna kadar, tamamen: **Don't use up all the water!** Suyun hepsini kullanma! **dry up** tamamen kurumak. **Fill it up!** Tamamen doldur! 6. Fiilleri pekiştirir: **They di-**vided up the estate among themselves. Mirası aralarında paylaştılar. **Have you locked the house up?** Evi kilitledin mi? **Wrap up!** İyice sarınıp sarmalan! **clean up** temizlemek. **wash up** yıkanmak. 7. **to** yanına; önüne: **go up to** someone birinin yanına gitmek. **Move it up to the window!** Onu pencerenin önüne çek! **Move the chair up to the table.** Sandalyeyi masaya yaklaştır.
up (ʌp) *edat* 1. yukarısına; yukarısında: **He was climbing up the tree.** Ağaca tırmanıyordu. **They went up the hill.** Tepeye çıktılar. **It's farther up the hill.** Onu yokuşun daha yukarısında bir yere dik. **It's further up the river.** Nehrin daha yukarısında bir yerde o. 2. **from** -in ilerisinde: **We live up from the mosque.** Caminin ilerisinde oturuyoruz.
up (ʌp) *s.* **be —** 1. yataktan kalkmış olmak; (uykuya) yatmamış olmak: **He's never up before seven.** Saat yediden önce hiç yataktan kalkmaz. **She's never up after ten at night.** Gece saat ondan önce yatar hep. 2. (güneş/ay) doğmuş olmak. 3. ayakta olmak. 4. (seviyesi/derecesi) yükselmiş olmak: **His fever is up.** Ateşi yükseldi. 5. kaldırılmış/kapalı olmak: **The car's windows were up.** Otomobilin camları kapalıydı. 6. artmış olmak: **Our enrollment is up this year.** Bu sene bize kayıt yaptıranların sayısı arttı. 7. bitmiş olmak, sona ermiş olmak: **Time's up.** Vakit doldu. **be — against** *k. dili* ile karşı karşıya olmak/kalmak, -e çatmak. **be — all night** sabahlamak. **be — and about/around** *k. dili* hastalıktan kurtulmuş olmak, ayağa kalkmış olmak. **be — for** *k. dili* 1. (bir şey yapmayı) istemek: **Who's up for a movie?** Sinemaya gitmek isteyen var mı? 2. -e aday olmak: **He is up for mayor.** Belediye başkanlığına aday. 3. -den yargılanmak: **He is up for murder.** Cinayet suçundan yargılanıyor. **be — in arms** *k. dili* ayaklanmış olmak, isyan halinde olmak. **be — on** *k. dili* 1. -i iyi bilmek. 2. -den haberi olmak. **be — to** 1. -i yapabilmek, -in üstesinden gelebilmek: **Are you up to this?** Bunu yapabilir misin? **I'm not up to talking to him today.** Bugün onunla görüşecek gücüm yok. **He's still not up to seeing people.** Hâlâ insanlarla görüşebilecek durumda değil. **I don't think he's up to doing a job like that.** Bence öyle bir işin üstesinden gelemez o. **Is he up to playing that rôle?** O rolü becerebilir mi? 2. *k. dili* (bir halt) karıştırmak/etmek: **Just what are you up to?** Ne halt karıştırıyorsun? 3. *k. dili* (bir şeyi) yapmak: **What are you up to these days?** Bugünlerde ne yapıyorsun? 4. (karar) (birine) kalmış olmak/düşmek; (birinin) seçimine kalmak, (birine) bağlı olmak; (birinin) sorumluluğunda olmak: **It's up to you to finish it.** Onu bitirme

işi sana kaldı. **be — to date** 1. en son olaylardan/gelişmelerden haberdar olmak. 2. en son teknolojiye sahip olmak; son modaya uymak. 3. en son değişiklikleri kapsamak. **be — to snuff/the mark** *k. dili* istenilen düzeyde/nitelikte olmak. **bring someone — to date** birini en son olaylardan/gelişmelerden haberdar etmek. **Something's —.** Bir şeyler dönüyor. **We're — against it now!** *k. dili* Çattık belaya! **What's —?** *k. dili* 1. Ne var?/Ne oldu?/Ne oluyor? 2. Ne haber?
up (^p) *i.* **—s and downs** hayattaki iniş çıkışlar.
up (^p) *f.* (**—ped, —ping**) 1. yükseltmek: **up the price** fiyatı yükseltmek. 2. *k. dili* -vermek: **The girl upped and slapped him.** Kız onu tokatlayıverdi.
up-and-com.ing (^p'ınk^m'ing) *s.* faal ve geleceği parlak.
up-and-up (^p'ın^p') *i.* **be on the —** *k. dili* yalansız konuşmak; dürüst bir şekilde davranmak: **I think he's on the up-and-up.** Bence numara yapmıyor.
up.beat (^p'bit) *s., k. dili* iyimser.
up.braid (^pbreyd') *f.* azarlamak.
up.bring.ing (^p'bringing) *i.* yetişme, terbiye.
up.coun.try (^p'k^ntri) *s., k. dili* sahilden uzak.
up.coun.try (^p'k^n'tri) *z.* iç kesimlere doğru.
up.date (^pdeyt') *f.* 1. -i en son olaylardan/gelişmelerden haberdar etmek. 2. -i en son teknolojiyle donatmak; -de en son teknikleri uygulamaya geçmek; -i son modaya uygun bir duruma getirmek. 3. -i güncelleştirmek, -de en son değişiklikleri yansıtmak.
up.end (^pend') *f.* 1. dikine çevirmek. 2. baş aşağı etmek.
up.grade (^p'greyd) *i.* 1. yokuş. 2. bir ürünü daha yüksek performans özelliklerine sahip yeni bir ürün ile değiştirerek bir sistemin performansını artırma.
up.grade (^p'greyd) *z.* yokuş yukarı.
up.grade (^pgreyd') *f.* geliştirmek.
up.heav.al (^phi'vıl) *i.* 1. karışıklık, kargaşa; ayaklanma; devrim. 2. büyük ve ani değişiklik. 3. *jeol.* yerkabuğunun kabarması.
up.held (^pheld') *f., bak.* **uphold.**
up.hill (^p'hil') *z.* yokuş yukarı. *s.* 1. yukarıya giden. 2. güç, çetin, zahmetli: **uphill struggle** güç bir mücadele.
up.hold (^phold') *f.* (**up.held**) 1. yukarı kaldırmak. 2. (bir hakkı/prensibi) savunmak. 3. tutmak, tarafını tutmak, desteklemek. 4. onaylamak, tasdik etmek.
up.hol.ster (^phol'stır) *f.* 1. (koltuk v.b.'ni) sünger v.b. ile doldurup kumaşla kaplamak. 2. döşemek. 3. donatmak.
up.hol.ster.er (^phol'stırır) *i.* döşemeci.
up.hol.ster.y (^phol'stırı) *i.* 1. döşemecilik. 2.

döşemelik kumaş; döşeme.
up.keep (^p'kip) *i.* 1. bakım. 2. bakım masrafı.
up.lift (^plift') *f.* 1. yükseltmek, yukarı kaldırmak. 2. moralini yükseltmek; yüceltmek. 3. daha iyi bir duruma getirmek, kalkındırmak.
up.lift (^p'lift) *i.* 1. yükseltme, yukarı kaldırma. 2. moralini yükseltme; yüceltme. 3. daha iyi bir duruma getirme, kalkındırma.
up.most (^p'most) *s.* en yukarı, en yukarıki, en üst.
up.on (ıpan') *edat, bak.* **on.**
up.per (^p'ır) *s.* üst, üstteki, yukarıdaki: **upper berth** (trende/vapurda) üst yatak. **upper deck** üst güverte. *i.* ayakkabı yüzü. **— case** majüskül, büyük harf. **— class** 1. zenginler sınıfı. 2. sosyoekonomik üstünlüğü olan sınıf. **— crust** *k. dili* üst tabaka, yukarı sınıf, yüksek tabaka. **U — Volta** *bak.* **Burkina Faso. get the — hand** galip gelmek, üstün çıkmak.
up.per.cut (^p'ırk^t) *i., boks* aşağıdan yukarıya doğru vuruş.
up.per.most (^p'ırmost) *s.* 1. en üst, en yukarıdaki. 2. ilk sırada olan, en başta gelen.
up.pi.ty (^p'ıti) *s., k. dili* (kendini bir şey zannettiğinden dolayı) küstah; haddini bilmez.
up.right (^p'rayt) *s.* 1. dikey, dik. 2. dürüst, doğru. *z.* dik, dimdik. *i.* direk.
up.roar (^p'rôr) *i.* gürültü, velvele, şamata, curcuna.
up.roar.i.ous (^prôr'ıyıs) *s.* gürültülü, curcunalı.
up.root (^prut') *f.* 1. kökünden sökmek. 2. (birini) oturduğu yerden/çevresinden ayırmak. 3. yok etmek.
up.set (^pset') *f.* (**up.set, —ting**) 1. devirmek: **upset a vase** vazoyu devirmek. 2. bozmak, altüst etmek: **upset a plan** planı bozmak. 3. (favori rakibi) yenmek. 4. (mideyi) bozmak. 5. üzmek; sinirlendirmek: **News of the accident has upset him.** Kaza hakkındaki haber onu üzdü. 6. alabora etmek: **The storm upset the boat.** Fırtına sandalı alabora etti.
up.set (^pset') *s.* 1. devrilmiş. 2. altüst olmuş, bozulmuş. 3. üzüntülü, üzgün; sinirli. 4. bozulmuş, bozuk (mide). **be —** 1. altüst olmak. 2. (favori rakip) yenmek. 3. (mide) bozuk olmak. 4. üzgün olmak; sinirli olmak. 5. alabora olmak.
up.set (^p'set) *i.* 1. devrilme. 2. altüst olma. 3. beklenmedik yenilgi. **a stomach —** mide bozukluğu.
up.shot (^p'şat) *i., k. dili* sonuç, netice.
up.side-down (^psayd.daun') *s.* 1. tepetaklak duran, baş aşağı duran. 2. altüst. *z.* tepetaklak, baş aşağı.
up.stairs (^p'sterz') *z.* yukarıya, üst kata; yukarıda, üst katta. *s.* 1. yukarıdaki, üst kattaki 2. üst kata ait. *i.* üst kat.
up.stand.ing (^pstän'ding) *s.* 1. doğru, dürüst. 2. dik.

up.start (Λp´start) *i., s.* türedi, sonradan görme, zıpçıktı.
up.stream (Λp´strim´) *z.* 1. akıntıya karşı, akış yukarı. 2. ırmağın yukarı kısmına doğru. *s.* ırmağın yukarısındaki.
up.surge (Λp´sırc) *i.* (ani ve hızlı) artış.
up.swing (Λp´swing) *i.* artış, artma.
up.take (Λp´teyk) *i.* **quick on the** — *k. dili* 1. hazırcevap. 2. uyanık.
up.tight (Λp´tayt´) *s.* 1. sinirli. 2. telaşlı. 3. biçimci, tutucu.
up-to-date (Λp´tıdeyt´) *s.* 1. en son teknolojiyi/teknikleri kullanan; son modayı yansıtan. 2. en son değişiklikleri kapsayan: **This is an up-to-date dictionary.** Dildeki en son değişiklikleri kapsayan bir sözlük bu.
up.town (Λp´taun´) *z.* kent merkezinin dışında. *s.* kent merkezinin dışındaki. *i.* kent merkezinin dışı.
up.turn (Λp´tırn) *i.* yükselme, iyiye doğru gitme, düzelme: **an upturn in the economy** ekonomide bir düzelme.
up.ward (Λp´wırd) *z.* yukarı doğru, yukarı, yukarıya. — **of** *k. dili, bak.* **upwards of.**
up.ward (Λp´wırd) *s.* 1. yukarıya doğru giden. 2. yukarıya dönük/yönelik.
up.wards (Λp´wırdz) *z., bak.* **upward.** — **of** *k. dili* 1. -den daha fazla, -den yukarı, -in üstünde. 2. yaklaşık olarak, -e yakın, civarında.
u.ra.ni.um (yûrey´niyım) *i., kim.* uranyum.
ur.ban (ır´bın) *s.* kentsel, kente ait; kentte bulunan; kentte oturan. — **renewal** kent yenileme. — **sociology** kent toplumbilimi. — **sprawl** kentin düzensiz yayılması.
ur.bane (ırbeyn´) *s.* nazik, ince, kibar, görgülü.
ur.ban.i.sa.tion (ırbınizey´şın) *i., İng., bak.* **urbanization.**
ur.ban.ise (ır´bınayz) *f., İng., bak.* **urbanize.**
ur.ban.ism (ır´bınizım) *i.* urbanizm.
ur.ban.ist (ır´bınist) *i.* urbanist, kentçilik uzmanı.
ur.ban.i.ty (ırbän´ıti) *i.* nezaket, naziklik, incelik, kibarlık.
ur.ban.i.za.tion, *İng.* **ur.ban.i.sa.tion** (ırbınizey´şın) *i.* kentleşme, şehirleşme.
ur.ban.ize, *İng.* **ur.ban.ise** (ır´bınayz) *f.* kentleştirmek, şehirleştirmek.
ur.ban.ol.o.gist (ırbınal´ıcist) *i.* kentbilimci.
ur.ban.ol.o.gy (ırbınal´ıci) *i.* kentbilim.
ur.chin (ır´çin) *i.* afacan.
Ur.du (ûr´du) *i., s.* Urduca.
u.re.a (yûri´yı) *i., biyokim.* üre.
u.re.mi.a (yûri´miyı) *i., tıb.* üremi.
u.re.ter (yûri´tır) *i., anat.* sidik borusu.
u.re.thra (yûri´thrı) *çoğ.* —**s** (yûri´thrız)/—**e** (yûri´thri) *i., anat.* idrar yolu, sidikyolu, siyek.
u.re.thri.tis (yûrıthray´tis), *çoğ.* **u.re.thrit.i.des** (yûnthrit´ıdiz) *i., tıb.* sidikyolu yangısı, idrar

yolu iltihabı.
urge (ırc) *f.* 1. (sözlerle) (birine/bir hayvana) (bir şey) yaptırmaya çalışmak: **She urged them not to go to Konya.** Onları Konya'ya gitmekten vazgeçirmeye çalıştı. **Do not urge him to stay!** Ona sakın kalması için ısrar etme! **She then began to urge them to stay.** O zaman onlara kalın diye tutturdu. 2. **on** (bir aletle) (bir hayvanı) harekete geçirmek/hızlandırmak: **Urge it on with your whip.** Kırbacınla onu hızlandır. 3. **(on/upon)** vurgulamak, üzerinde durmak: **Fikret urged on them the need for economy.** Fikret onlara tasarruf etme gereğini vurguladı. *i.* şiddetli arzu, tutku; itki. **feel/get/have an/the — to** (bir şey yapmayı) çok istemek: **He suddenly got the urge to make money.** Birdenbire içinde para kazanma tutkusu uyandı.
ur.gen.cy (ır´cınsi) *i.* 1. acele, ivedilik. 2. önem.
ur.gent (ır´cınt) *s.* 1. acil, ivedi. 2. ısrar eden.
ur.gent.ly (ır´cıntli) *z.* 1. aceleyle, ivedilikle. 2. ısrarla.
u.ric (yûr´ik) *s.* idrara ait, ürik. — **acid** ürik asit.
u.ri.nal (yûr´ınıl) *i.* 1. pisuar. 2. idrar kabı, ördek.
u.ri.nar.y (yûr´ıneri) *s.* idrara ait. *i.* idrar kabı, ördek. — **bladder** *anat.* sidiktorbası, idrar torbası. — **disease** sidikyolu hastalığı.
u.ri.nate (yûr´ıneyt) *f.* işemek.
u.rine (yûr´în) *i.* idrar, sidik.
urn (ırn) *i.* 1. ayaklı vazo. 2. kupa. 3. ölünün küllerinin saklandığı kap. 4. semaver.
u.rol.o.gist (yûral´ıcist) *i., tıb.* ürolog.
u.rol.o.gy (yûral´ıci) *i., tıb.* üroloji.
U.ru.guay (yûr´ıgway, yûr´ıgwey) *i.* Uruguay. —**an** *i.* Uruguaylı. *s.* 1. Uruguay, Uruguay'a özgü. 2. Uruguaylı.
us (Λs) *zam.* bize; bizi.
U.S., US *kıs.* **the United States (of America)** ABD (Amerika Birleşik Devletleri). **the** — Amerika (Amerika Birleşik Devletleri).
USA, U.S.A. *kıs.* **the United States of America** ABD (Amerika Birleşik Devletleri). **the** — Amerika (Amerika Birleşik Devletleri).
us.a.ble (yu´zıbıl) *s.* kullanılabilir, elverişli.
U.S.A.F. *kıs.* **the United States Air Force** ABD Hv. Kuv. (Amerika Birleşik Devletleri Hava Kuvvetleri).
us.age (yu´sic) *i.* 1. kullanış, kullanım, kullanma. 2. (bir sözcüğün) kullanılış biçimi. 3. görenek, âdet. **correct** — doğru kullanış, yerinde kullanma. **customary** — âdet. **rough** — hoyratça kullanma.
use (yuz) *f.* 1. kullanmak: **He used the money to buy a new car.** Parayı yeni bir otomobil almak için kullandı. 2. tüketmek, kullanmak: **We used two bars of soap last week.** Geçen hafta iki kalıp sabun tükettik. 3. (birini) kullanmak, sömürmek, istismar etmek: **They used her for their own ends.** Onu kendi amaçlarına ulaş-

mak için kullandılar. 4. davranmak: **He uses people badly.** İnsanlara kötü davranıyor. 5. (sigara, içki v.b.'ni) içmek, kullanmak: **He's using drugs.** Uyuşturucu kullanıyor. 6. **up** tüketmek, harcamak. 7. **to** Geçmiş zaman ekiyle kullanılır. Geniş zamanın hikâyesini gösterir: **He used to go there every week.** Eskiden her hafta oraya giderdi. **He used to be a farmer.** Eskiden çiftçiydi. — **bad language** küfür etmek.
use (yus) i. 1. kullanma, kullanım. 2. kullanma hakkı: **She has the use of a helicopter belonging to her company.** Şirketine ait helikopteri kullanma hakkı var. 3. yarar, fayda: **There is no use in your arguing with him; he won't change his mind.** Onunla tartışmanın yararı yok; fikrini değiştirmeyecek. 4. alışkı, âdet. **be of** — yardım etmek. **be of** — **for something** bir şeye yaramak. **come into** — kullanılmaya başlamak. **have no** — **for** 1. -e ihtiyacı olmamak, -i gereksememek. 2. -den hoşlanmamak. **make** — **of** -i kullanmak, -den yararlanmak. **out of** — geçersiz, kullanılmayan. **put to** — kullanmak.
used (yuzd) s. kullanılmış; elden düşme, eski: **He sells used books.** Eski kitap satıyor. **I don't want a used car.** Kullanılmış araba istemem. **be** — **up** 1. tükenmek, harcanmak. 2. bitkin düşmek, bitmek, tükenmek.
used (yust) s. **to** -e alışık, -e alışkın: **I'm used to it.** Ona alışığım.
use.ful (yus´fıl) s. yararlı, faydalı.
use.less (yus´lis) s. yararsız, faydasız.
us.er (yu´zır) i. kullanıcı.
us.er-friend.ly (yu´zır.frendli) s., k. dili kullanılması kolay: **a user-friendly computer program** kullanılması kolay olan bir bilgisayar programı.
ush.er (Aş´ır) i. 1. teşrifatçı. 2. (kilisede/tiyatroda) yer gösteren kimse. f. 1. **in** içeri getirmek. 2. yerini göstermek: **The waiter ushered them to their seats.** Garson onlara yerlerini gösterdi. 3. başlatmak, açmak: **usher in a new age** yeni bir çağ açmak.
U.S.S.R. kıs., tar. **the Union of Soviet Socialist Republics** SSCB (Sovyet Sosyalist Cumhuriyetleri Birliği). **the** — tar. Sovyetler Birliği.
u.su.al (yu´juwıl) s. 1. alışılmış, mutat. 2. olağan,

her zamanki. **as** — her zamanki gibi. **It is** — **to do so.** Böyle yapmak âdettir.
u.su.rer (yu´jırır) i. tefeci.
u.surp (yuzırp´, yusırp´) f. gasp etmek, zorla almak, el koymak.
u.surp.er (yuzır´pır, yusır´pır) i. gasp eden kimse.
u.su.ry (yu´jıri) i. 1. aşırı yüksek faiz. 2. tefecilik.
u.ten.sil (yuten´sıl) i. 1. kap. 2. alet.
u.ter.us (yu´tırıs), çoğ. **u.ter.i** (yu´tıray) i. rahim, dölyatağı.
u.til.i.tar.i.an (yutiliter´iyın) s. faydacı, yararcı. i. faydacı kimse.
u.til.i.tar.i.an.ism (yutiliter´iyınizım) i., fels. faydacılık, yararcılık.
u.til.i.ty (yutil´iti) i. 1. yarar, fayda, işe yararlık. 2. kamu hizmet kuruluşu (elektrik şirketi, telefon şirketi v.b.). 3. fels. çoğunluğun mutluluk ve çıkarı. — **pole** elektrik direği. — **room** kalorifer dairesi; çamaşır odası; sandık odası. **public utilities** kamu hizmet kuruluşları.
u.ti.li.za.tion, İng. **u.ti.li.sa.tion** (yutilızey´şın) i. kullanım, yararlanma.
u.til.ize, İng. **u.til.ise** (yu´tılayz) f. kullanmak, yararlanmak, istifade etmek.
ut.most (ʌt´most) s. 1. en uzak, en son. 2. en büyük, en yüksek, en fazla. **at the** — en çok, olsa olsa. **do one's** — elinden geleni yapmak. **to the** — alabildiğine, son derece.
u.to.pi.a (yuto´piyı) i. 1. ideal yer/durum. 2. ütopya.
u.to.pi.an (yuto´piyın) s. ülküsel, hayali, ütopik. i. ütopyacı, ütopist.
ut.ter (ʌt´ır) s. 1. bütün bütün, tam. 2. kesin, mutlak.
ut.ter (ʌt´ır) f. 1. söylemek, dile getirmek. 2. (çığlık v.b.'ni) atmak, basmak, koparmak. 3. (inilti/ses) çıkarmak.
ut.ter.ance (ʌt´ırıns) i. 1. söz söyleme. 2. ifade, söyleyiş. 3. (inilti/ses) çıkarma. 4. söz; ses.
U-turn (yu´tırn) i. 1. U dönüşü. 2. geriye dönüş.
u.vu.la (yu´vyılı), çoğ. —**s** (yu´vyılız)/—**e** (yu´vyıli) i., anat. küçükdil.
Uz.beg (ûz´beg) i., s., bak. **Uzbek.**
Uz.bek (ûz´bek) i. 1. (çoğ. —**s/Uz.bek**) Özbek. 2. Özbekçe. s. 1. Özbek. 2. Özbekçe. **the** — Özbekler, Özbek halkı.
Uz.bek.i.stan (ûzbek´istän) i. Özbekistan.

V

V, v (vi) *i.* V, İngiliz alfabesinin yirmi ikinci harfi.
V V, Romen rakamlar dizisinde 5 sayısı.
kıs. velocity, volt.
kıs. verb, verse, versus, volt(s), volume.
V-8 (vi´yeyt´) *oto.* V şeklinde sekiz silindirli motor.
va.can.cy (vey´kınsi) *i.* 1. boşluk. 2. boş yer. 3. (otel, pansiyon v.b.'nde) boş oda. 4. boş olan memuriyet v.b.; boş/açık kadro.
va.cant (vey´kınt) *s.* 1. boş: **a vacant apartment** boş bir daire. 2. açık (iş). 3. dalgın, boş (bakış). 4. boş, yapılacak iş olmayan: **vacant hours** boş saatler. — **lot** (şehirde) boş arsa.
va.cate (vey´keyt) *f.* 1. terk etmek. 2. boşaltmak. 3. feshetmek.
va.ca.tion (veykey´şın) *i.* tatil: **summer vacation** yaz tatili. **be on** — tatilde olmak, tatil olmak: **Schools are on vacation.** Okullar tatil. **take a —** tatil yapmak.
vac.ci.nate (väk´sıneyt) *f.* aşılamak, aşı yapmak.
vac.ci.na.tion (väksıney´şın) *i.* 1. aşı. 2. aşılama.
vac.cine (väk´sîn, väksin´) *i.* aşı.
vac.il.late (väs´ıleyt) *f.* tereddüt etmek, bocalamak, kararsız olmak.
vac.u.ous (väk´yuwıs) *s.* 1. boş. 2. aptal. 3. anlamsız.
vac.u.um (väk´yum, väk´yuwım) *çoğ.* **—s** (väk´yumz)/**vac.u.a** (väk´yuwı) *i.* boşluk, vakum. *f., k. dili* elektrik süpürgesiyle temizlemek. — **bottle** termos. — **cleaner** elektrik süpürgesi. — **concrete** vakumlu beton. — **flask** *İng.* termos. — **pump** boşluk pompası, boşaltaç. — **tube** *elek.* radyo lambası.
vac.u.um-packed (väk´yumpäkt´, väk´yuwımpäkt´) *s.* vakumlanıp paketlenmiş.
va.de me.cum (vey´di mi´kım, va´di mey´kım) *i.* elkitabı, kılavuz.
vag.a.bond (väg´ıband) *s., i.* serseri, avare.
va.gar.ies (vey´gırîz) *i., çoğ.* **the** — önceden tahmin edilemeyen/kestirilemeyen şeyler/davranışlar/olaylar.
va.gar.y (vıger´î, vey´gırî) *i.* kapris, garip davranış.
va.gi.na (vıcay´nı), *çoğ.* **—s** (vıcay´nız)/**—e** (vıcay´ni) *i., anat.* dölyolu, vajina.
vag.i.nal (väc´ınıl) *s.* dölyoluna ait, vajinal.
va.grant (vey´grınt) *s., i.* 1. yersiz yurtsuz, serseri. 2. boşta gezen.
vague (veyg) *s.* belirsiz, müphem, muğlak; bulanık.
vague.ly (veyg´li) *z.* belirsiz bir şekilde; belli belirsiz; hayal meyal: **I vaguely remember him.** Onu hayal meyal hatırlıyorum.

vague.ness (veyg´nîs) *i.* belirsizlik, müphemlik, müphemiyet.
vain (veyn) *s.* 1. kibirli, kendini beğenmiş. 2. boş, nafile: **a vain hope** boş umut. **in —** boş yere, boşuna.
vain.glo.ry (veyn.glôr´i) *i.* aşırı derecede kendini beğenmişlik, boş gurur.
vain.ly (veyn´li) *z.* boşuna, boş yere.
vale (veyl) *i.* vadi. **the V— of Kashmir** Keşmir Vadisi.
va.lence (vey´lıns) *i., kim.* valans, değerlik.
Va.len.cia (vılen´şı) *i.* valensiya, valensiya portakalı. — **orange** valensiya portakalı.
va.len.cy (vey´lınsi) *i., kim., bak.* **valence.**
val.en.tine (väl´ıntayn) *i.* 1. on dört şubatta kendisine kart gönderilen veya hediye verilen sevgili. 2. on dört şubatta sevgiliye gönderilen kart/hediye. **V—'s Day/St. V—'s Day** (on dört şubata rastlayan) Sevgililer Günü.
va.le.ri.an (vılîr´îyın) *i., bot.* kediotu.
val.et (väl´ît, väl´ey) *i.* uşak, erkek oda hizmetçisi.
val.iant (väl´yınt) *s.* yiğit, cesur.
val.id (väl´îd) *s.* 1. geçerli: **valid passport** geçerli pasaport. 2. doğru, sağlam: **valid evidence** sağlam kanıt. 3. yasal, meşru: **valid heir** yasal mirasçı.
val.i.date (väl´ıdeyt) *f.* 1. geçerli kılmak. 2. onaylamak, tasdik etmek.
va.lid.i.ty (vılîd´îti), **val.id.ness** (väl´îdnîs) *i.* 1. geçerlilik, geçerlik. 2. sağlamlık, doğruluk. 3. yasallık, yasaya uygunluk.
va.lise (vılîs´) *i.* valiz, küçük bavul.
val.ley (väl´î) *i.* vadi.
va.lo.ni.a, va.lo.ne.a (vılo´niyı) *i.* (palamutmeşesinin) kurutulmuş palamut yüksükleri/kadehleri, palamut. — **oak** palamutmeşesi.
val.or, *İng.* **val.our** (väl´ır) *i.* yiğitlik, cesaret, mertlik.
val.or.ous (väl´ırıs) *s.* yiğit, cesur.
val.our (väl´ır) *i., İng., bak.* **valor.**
val.u.a.ble (väl´yıbıl, väl´yuwıbıl) *s.* değerli, kıymetli. *i., çoğ.* kıymetli şeyler; mücevherat.
val.ue (väl´yu) *i.* 1. değer, kıymet: **the value of money** paranın değeri. 2. önem: **the value of rest** dinlenmenin önemi. 3. değer: **ethical values** ahlaki değerler. *f.* 1. değer biçmek. 2. değer vermek. — **judgment** değer yargısı. — **system** değer dizgesi/sistemi. **at —** piyasa fiyatına göre değerlendirilmiş. **be of —** değerli olmak. **He gives you good — for your money.** Ödediğin para karşılığında sana iyi mal verir.

---

a	ä	e	ı	i	î	ô	o	û	u	ʌ	ıl	ım	ın	ır	ng	ngg	ngk
car	cat	met	above	heal	his	dog	so	good	do	up	couple	prism	demon	burn	ring	finger	ink

market — piyasa fiyatı. **You get good — for your money there.** Orada ödediğin para karşılığında iyi mal alırsın.
val.ue-add.ed (väl′yu.ädid) *s.* **— tax** katma değer vergisi.
valve (välv) *i.* 1. supap; valf; vana; klape. 2. *anat.* kapakçık, kapacık. 3. *İng.* (radyodaki) tüp.
va.moose (vämus′), **va.mose** (vämos′) *f.*, *argo* defolmak. *ünlem* Çek arabanı!/Toz ol!/Defol!
vamp (vämp) *i.* saya.
vamp (vämp) *i.* vamp.
vam.pire (väm′payr) *i.* vampir.
van (vän) *i.* 1. minibüs. 2. karavan. 3. (arkası kapalı) kamyon. 4. *İng.* kamyonet. 5. *İng., d.y.* yük vagonu; furgon; marşandizin sonuna takılan cumbalı vagon.
van.dal (vän′dıl) *i.* vandal.
van.dal.ism (vän′dılizım) *i.* vandallık, vandalizm.
vane (veyn) *i.* 1. yelkovan, rüzgâr fırıldağı, fırıldak. 2. yeldeğirmeni kanadı. 3. pervane kanadı.
van.guard (vän′gard) *i.*, *ask.* öncü kıta, öncü.
va.nil.la (vınil′ı) *i.* vanilya. **— bean** vanilya tohumu. **— extract** vanilya esansı.
va.nil.lin (vınil′în) *i.* vanilin.
van.ish (vän′îş) *f.* 1. gözden kaybolmak. 2. ortadan kaybolmak, kayıplara karışmak. 3. yok olmak, tarihe karışmak.
van.i.ty (vän′ıti) *i.* 1. kendi görünüşünü çok beğenme; kibir, kendini beğenmişlik; aşırı gurur/övünç. 2. boş şey, abes şey, beyhudelik. **— case** makyaj çantası.
van.quish (väng′kwîş) *f.* yenmek, mağlup etmek, yenilgiye/mağlubiyete uğratmak, hakkından gelmek.
van.tage (vän′tîc) *i.* 1. (iyi bir) seyretme yeri/bakış noktası. 2. avantajlı durum/mevki. 3. avantaj. **— point** (iyi bir) seyretme yeri/bakış noktası.
vap.id (väp′îd, vey′pîd) *s.* 1. canlılıktan yoksun, cansız, sönük, donuk, ruhsuz; boş, anlamsız. 2. tatsız, yavan.
va.por, *İng.* **va.pour** (vey′pır) *i.* buhar, buğu; duman.
va.por.i.sa.tion (veypırızey′şın) *i.*, *İng., bak.* **vaporization**.
va.por.ise (vey′pırayz) *f.*, *İng., bak.* **vaporize**.
va.por.is.er (vey′pırayzır) *i.*, *İng., bak.* **vaporizer**.
va.por.i.za.tion, *İng.* **va.por.i.sa.tion** (veypırızey′şın) *i.* buharlaştırma; buharlaşma.
va.por.ize, *İng.* **va.por.ise** (vey′pırayz) *f.* buharlaştırmak; buharlaşmak.
va.por.iz.er, *İng.* **va.por.is.er** (vey′pırayzır) *i.* buharlaştırıcı, buğulaştırıcı.
va.pour (vey′pır) *i.*, *İng., bak.* **vapor**.
va.pour.i.sa.tion (veypırızey′şın) *i.*, *İng., bak.* **vaporization**.
va.pour.ise (vey′pırayz) *f.*, *İng., bak.* **vaporize**.
va.pour.is.er (vey′pırayzır) *i.*, *İng., bak.* **vaporizer**.
va.pour.i.za.tion (veypırızey′şın) *i.*, *İng., bak.* **vaporization**.
va.pour.ize (vey′pırayz) *f.*, *İng., bak.* **vaporize**.
va.pour.iz.er (vey′pırayzır) *i.*, *İng., bak.* **vaporizer**.
var.i.a.bil.i.ty (veriyıbil′ıti) *i.* değişkenlik.
var.i.a.ble (ver′iyıbıl) *s.* 1. değişken. 2. kararsız. *i.* 1. değişken şey. 2. *mat.* değişken.
var.i.ance (ver′iyıns) *i.* 1. değişme, değişiklik. 2. uyuşmazlık. 3. çelişki, ayrılık. **be at — with** 1. ile uyuşmamak, ile araları bozuk olmak. 2.-e ters düşmek, ile çelişmek.
var.i.ant (ver′iyınt) *s.* farklı, değişik. *i.* değişik biçim, başka şekil.
var.i.a.tion (veriyey′şın) *i.* 1. değişme; değişiklik. 2. değişim; fark. 3. *müz.* çeşitleme, varyasyon.
var.i.cose (ver′ıkos) *s.* varisli (damar).
var.i.co.sis (verıko′sis), *çoğ.* **var.i.co.ses** (verıko′siz) *i.*, *tıb.* varis.
var.ied (ver′id) *s.* 1. çeşitli, türlü. 2. değişik.
var.i.e.gat.ed (ver′iyıgeytîd, ver′ıgeytîd) *s.* 1. renk renk, ebruli, alaca. 2. çeşitli.
va.ri.e.ty (vıray′ıti) *i.* 1. değişiklik, farklılık. 2. çeşit, tür. **— show** varyete. **— store** tuhafiye dükkânı. **for a — of reasons** çeşitli nedenlerden dolayı. **There are a — of theories about ....** ... hakkında çeşitli teoriler var.
var.i.ous (ver′iyıs) *s.* çeşitli, türlü, muhtelif: **for various reasons** çeşitli nedenlerden dolayı.
var.mint (var′mînt) *i.*, *k. dili* 1. hayvan. 2. herif.
var.nish (var′nîş) *i.* vernik. *f.* verniklemek.
var.si.ty (var′sıti) *i.*, *spor* (okulda/üniversitede) birinci takım, en iyi takım: **He's made the varsity.** Birinci takıma girdi.
var.y (ver′î) *f.* 1. değişmek; değiştirmek: **The temperature of the house varies between eighteen and twenty degrees.** Evin sıcaklığı on sekiz ile yirmi derece arasında değişiyor. **He never varies his habits.** Alışkanlıklarını hiç değiştirmez. 2. **from** -den ayrılmak, -den farklı olmak. 3. çeşitlemek, çeşitlendirmek.
vase (veys, veyz, *İng.* vaz) *i.* vazo.
Vas.e.line (väs′ılin) *i.*, *tic. mark.* vazelin.
vas.sal (väs′ıl) *i.* 1. vasal. 2. tebaa. 3. kul, köle. *s.* köle gibi.
vast (väst) *s.* 1. çok geniş; engin. 2. çok büyük, muazzam; çok büyük miktarda.
vast.ly (väst′li) *z.* çok.
vast.ness (väst′nis) *i.* 1. büyük genişlik; enginlik. 2. büyüklük; çokluk. 3. çok geniş/uçsuz bucaksız arazi/bölge; (denizde) enginlik.
VAT *kıs.*, *İng.* **value-added tax** KDV (katma değer vergisi).
vat (vät) *i.* (sıvı için) tekne; fıçı. *f.* (**—ted**, **—ting**) tekneye koymak; fıçılamak, fıçıya koymak.

th	dh	w	hw	b	c	ç	d	f	g	h	j	k	l	m	n	p	r	s	ş	t	v	y	z
thin	the	we	why	be	joy	chat	ad	if	go	he	regime	key	lid	me	no	up	or	us	she	it	via	say	is

Vat.i.can (vät′ıkın, väd′ıkın) *i.* — **City** Vatikan Devleti. **the** — 1. Vatikan, papalık. 2. (papanın resmi konutu olan) Vatikan sarayı.
vaude.ville (vod′vil) *i.* vodvil.
vault (vôlt) *i.* 1. tonoz. 2. mahzen. 3. kasa. 4. (yeraltında) kemerli mezar odası. *f.* 1. tonozla örtmek. 2. kemer yapmak. **bank** — banka kasası. **the** — **of heaven** gök kubbe.
vault (vôlt) *i.* atlama, atlayış. *f.* atlamak, sıçramak. **—ing horse** *spor* atlama beygiri.
vaunt (vônt) *f.* övünmek; övmek.
veal (vil) *i.* 1. süt danası; dana eti, dana. 2. buzağı; dana.
vec.tor (vek′tır) *i.* 1. *mat.* vektör. 2. *biyol.* taşıyıcı.
veer (vir) *f.* sapmak, dönmek, yön değiştirmek; döndürmek. — **round** *den.* dönüp aksi yöne gitmek.
veg (vec) *i.* (*çoğ.* **veg**) *İng., k. dili* sebze: **For lunch they give you meat and two veg.** Öğle yemeği olarak et ve iki çeşit sebze veriyorlar.
veg.e.ta.ble (vec′ıtıbıl, vec′tıbıl) *i.* 1. sebze. 2. bitki, nebat. *s.* bitkisel, nebati. — **dye** bitkisel boya. — **garden** bostan, sebze bahçesi. — **kingdom** bitkiler âlemi. — **marrow** kabak, sakızkabağı. — **oil** bitkisel yağ, nebati yağ.
veg.e.tar.i.an (veciter′iyın) *i., s.* vejetaryen, etyemez.
veg.e.tar.i.an.ism (veciter′iyınîzım) *i.* vejetaryenlik, etyemezlik.
veg.e.tate (vec′ıteyt) *f.* ot gibi yaşamak, kuru ve anlamsız bir hayat sürmek.
veg.e.ta.tion (vecıtey′şın) *i.* bitkiler, yeşillik.
veg.gie, veg.ie (vec′i) *i., k. dili* sebze.
ve.he.mence (vi′yımıns) *i.* hararetlilik, ateşlilik; şiddet.
ve.he.ment (vi′yımınt, vi′hımınt) *s.* hararetli, ateşli; şiddetli: **a vehement speaker** ateşli konuşmacı. **a vehement protest** şiddetli protesto.
ve.hi.cle (vi′yıkıl) *i.* araç, taşıt, vasıta.
veil (veyl) *i.* 1. peçe, yaşmak: **She raised her veil.** Peçesini açtı. 2. örtü, perde: **a veil of dust** toz perdesi. **a veil of secrecy** gizlilik perdesi. 3. maske: **He pursues his self-interests behind a veil of charity.** Hayırseverlik maskesi altında kendi çıkarlarını kolluyor. *f.* 1. peçe ile örtmek. 2. gizlemek, saklamak, maskelemek. **beyond the** — öbür dünyada. **bridal** — duvak.
vein (veyn) *i.* 1. *anat.* damar, toplardamar. 2. tarz, şekil: **He continued in this vein for at least an hour.** En az bir saat boyunca bu şekilde konuşmaya devam etti. 3. öğe, unsur: **There's a vein of pessimism in that book.** O kitapta bir kötümserlik var.
vel.le.i.ty (vıli′yıti) *i.* istemseme.
ve.loc.i.ty (vılas′ıti) *i.* hız, sürat.
ve.lour (vılûr′) *i.* velur.

vel.vet (vel′vit) *i.* kadife. *s.* 1. kadife; kadife kaplı. 2. kadifemsi, kadife gibi.
vel.vet.een (velvıtin′) *i.* velveten.
ve.nal (vi′nıl) *s.* rüşvet yiyen, satın alınır.
vend (vend) *f.* satmak. **—ing machine** (para ile çalışan) satış otomatı.
vend.er (ven′dır) *i., bak.* **vendor.**
ven.det.ta (vendet′ı) *i.* kan davası.
ven.dor (ven′dır) *i.* satıcı. **street** — işportacı.
ve.neer (vınir′) *i.* 1. (ahşap) kaplama. 2. kisve, maske, sahte bir görünüm: **beneath that veneer of politeness** o kibar görünüm altında. *f.* ahşap kaplama ile kaplamak.
ve.neer.ing (vınir′îng) *i.* kaplama.
ven.er.a.ble (ven′ırıbıl) *s.* 1. yaşlı ve saygıdeğer, muhterem. 2. saygı uyandıran; ulu. 3. evladiyelik, çok eski. **the** — **Hırist.** Saygıdeğer (*başdiyakozun isminden önce kullanılan unvan*): **the Venerable William Paley** Saygıdeğer William Paley.
ven.er.ate (ven′ıreyt) *f.* 1. çok saygı duymak/beslemek. 2. kutsal saymak. 3. (bir hareketle) -e saygısını göstermek.
ve.ne.re.al (vınîr′iyıl) *s.* zührevi: **venereal disease** zührevi hastalık.
Ve.ne.tian (vınî′şın) *s.* — **blind** jaluzi. — **sumac** boyacısumağı, kotinus.
Ven.e.zu.e.la (venızwey′lı) *i.* Venezuela. **—n** *i.* Venezuelalı. *s.* 1. Venezuela, Venezuela'ya özgü. 2. Venezuelalı.
ven.geance (ven′cıns) *i.* intikam, öç. **take** — **on** -den öç almak. **with a** — 1. büyük bir şiddetle. 2. son derece, ziyadesiyle, alabildiğine.
venge.ful (venc′fıl) *s.* 1. intikamcı, intikam peşinde olan. 2. intikam isteğinden kaynaklanan.
ve.ni.al (vi′niyıl, vin′yıl) *s.* büyük sayılmayan (hata/günah).
ven.i.son (ven′ısın, ven′ızın, *İng.* ven′zın) *i.* geyik eti.
ven.om (ven′ım) *i.* (yılan, akrep, arı v.b.'ne özgü) zehir, ağı.
ven.om.ous (ven′ımıs) *s.* 1. zehirli (yılan, akrep, arı v.b.). 2. çok zararlı, zehirli, zehir saçan. 3. zehir saçan; kin dolu; nefret dolu.
vent (vent) *i.* 1. hava menfezi. 2. (gaz veya sıvının giriş çıkışını sağlayan) delik. 3. yırtmaç. *f.* 1.-de hava menfezi açmak. 2. (gaz veya sıvının giriş çıkışını sağlamak için) delik açmak. 3. **on** (öfke, hınç v.b.'ni) -den çıkarmak: **Don't vent your anger on me!** Öfkeni benden çıkarma! 4. dışa vurmak, belli etmek, göstermek: **He never vents his anger in public.** Öfkesini herkesin içinde asla belli etmez. — **stack** (sıhhi tesisata ait) havalık, hava borusu. **give** — **to** -i belli etmek, -i göstermek.
ven.ti.late (ven′tıleyt) *f.* havalandırmak. **venti-**

lating brick delikli tuğla.
ven.ti.la.tion (ventıley´şın) *i.* havalandırma, vantilasyon. **— shaft** havalandırma kuyusu.
ven.ti.la.tor (ven´tıleytır) *i.* vantilatör, havalandırma aygıtı.
ven.tri.cle (ven´trıkıl) *i., anat.* karıncık.
ven.tril.o.quism (ventril´ıkwizım) *i.* vantriloluk.
ven.tril.o.quist (ventril´ıkwist) *i.* vantrilok.
ven.ture (ven´çır) *i.* 1. tehlikeli iş, tehlikeli girişim. 2. şans işi. 3. *tic.* teşebbüs, girişim: **joint venture** ortak girişim. *f.* 1. tehlikeye atmak: **venture one's life** hayatını tehlikeye atmak. 2. göze almak: **venture a beating** dayağı göze almak. 3. cüret etmek: **venture an objection** itiraza cüret etmek. **May I — a suggestion?** Bir teklifte bulunabilir miyim?
ven.ture.some (ven´çırsım) *s.* 1. cüretli, atak, atılgan. 2. rizikolu, riskli.
ven.ue (ven´yu) *i.* 1. toplantı yeri. 2. mahkeme yeri. 3. olay yeri/mahalli.
Ve.nus (vi´nıs) *i.* 1. *mit.* Venüs. 2. *gökb.* Çobanyıldızı, Çulpan, Zühre.
Ve.nus's-fly.trap (vi´nısız.flay´träp), *çoğ.* **Venus's-fly.traps** (vi´nısız.flay´träps) *i., bot.* sinekkapan.
ve.rac.i.ty (vıräs´ıti) *i.* 1. dürüstlük, doğruluk. 2. gerçeklik, doğruluk.
ve.ran.da (vırän´dı) *i.* veranda, hayat (üstü kapalı, üç yanı açık ve evin bir cephesinde boydan boya uzanan balkon).
verb (vırb) *i., dilb.* fiil, eylem. **auxiliary —** yardımcı fiil. **intransitive —** geçişsiz fiil. **transitive — ** geçişli fiil.
ver.bal (vır´bıl) *s.* 1. sözlü: **verbal contract** sözlü anlaşma. 2. kelimesi kelimesine, harfi harfine: **verbal translation** harfi harfine çeviri. 3. *dilb.* fiile ait, fiil türünden. **— noun** isimfiil.
ver.bal.ize, *İng.* **ver.bal.ise** (vır´bılayz) *f.* dile getirmek, ifade etmek.
ver.bal.ly (vır´bıli) *z.* sözlü olarak, şifahen, ağızdan.
ver.ba.tim (vırbey´tim) *z.* kelimesi kelimesine, aynen, harfi harfine. *s.* kelimesi kelimesine yapılmış, tam.
ver.be.na (vırbi´nı) *i., bot.* mineçiçeği, mine.
ver.bi.age (vır´biyic) *i.* laf kalabalığı.
ver.bose (vırbos´) *s.* 1. fazlasıyla uzun konuşan/yazan. 2. gerekenden çok fazla sözle ifade edilen.
ver.bos.i.ty (vırbas´ıti) *i.* fazlasıyla uzun ifade/konuşma/yazma; laf kalabalığı.
ver.dant (vır´dınt) *s.* 1. yemyeşil (tarla, orman v.b.). 2. yeşil, taze. 3. toy, pişmemiş.
ver.dict (vır´dikt) *i.* 1. jüri kararı. 2. hüküm, karar. 3. fikir, kanı.
ver.di.gris (vır´dıgrıs, vır´dıgrîs) *i.* 1. bakır pası. 2. bakır yeşili.

verge (vırc) *i.* 1. sınır, kenar: **on the verge of a cliff** uçurumun kenarında. 2. eşik: **on the verge of war** savaşın eşiğinde. **on the verge of insanity** deliliğin eşiğinde. **I was on the — of leaving when he arrived.** O geldiğinde ben gitmek üzereydim. **She is on the — of accepting our job offer.** İş teklifimizi kabul etmek üzere. **We were on the — of colliding.** Az daha çarpışacaktık.
ver.i.fi.a.ble (verıfay´ıbıl) *s.* gerçekliği kanıtlanabilir.
ver.i.fi.ca.tion (verıfıkey´şın) *i.* doğrulama, gerçekleme, teyit etme, tasdik etme.
ver.i.fy (ver´ıfay) *f.* doğrulamak, gerçeklemek, teyit etmek, tasdik etmek.
ver.i.ta.ble (ver´ıtıbıl) *s.* gerçek, hakiki; ... gibi bir şey: **This place is a veritable museum.** Burası müze gibi bir yer.
ver.mi.cel.li (vırmısel´i, vırmıçel´i) *i.* tel şehriye.
ver.mil.ion (vırmil´yın) *i.* 1. al renk, kızıl. 2. sülüğen. *s.* al, kızıl. *f.* sülüğen sürmek.
ver.min (vır´min) *i., çoğ.* 1. haşarat. 2. fareler; sıçanlar. 3. haşarat, aşağılık ve zararlı kimseler.
ver.mouth (vırmuth´) *i.* vermut.
ver.nac.u.lar (vırnäk´yılır) *i.* **the —** 1. konuşulan dil. 2. anadili. 3. yaşayan dil. 4. ağız, lehçe, dil. *s.* 1. konuşulan dile ait; konuşulan (dil). 2. anadilinin kullanıldığı; anadilinde yazılan/söylenen. 3. konuşulan dilde kullanılan.
ver.nal (vır´nıl) *s.* 1. ilkbahara ait. 2. ilkbaharda olan. **— equinox** *gökb.* bahar noktası, ilkbahar noktası (21 Mart'a rastlayan ekinoks).
ver.sa.tile (vır´sitil) *s.* 1. çok yönlü, birçok iş yapabilen, elinden her iş gelen. 2. birçok işe uygun (alet/makine).
verse (vırs) *i.* 1. dize, mısra: **the first three verses of the poem** şiirin ilk üç dizesi. 2. koşuk, nazım: **in verse rather than in prose** düzyazıdan ziyade koşuk olarak. 3. ayet: **a verse from the Koran** Kuran'dan bir ayet.
ver.si.fy (vır´sıfay) *f.* 1. şiir haline koymak. 2. şiir ile ifade etmek. 3. şiir yazmak.
ver.sion (vır´jın, vır´şın) *i.* 1. tür, çeşit, biçim, versiyon. 2. versiyon, sürüm: **A new version of this word-processing program recently came on the market.** Son zamanlarda bu kelime işlem programının yeni bir versiyonu piyasaya çıktı. 3. yorum, anlatış: **This version of what was said in the meeting is incorrect.** Toplantıda söylenenlerin bu yorumu yanlış. 4. edisyon. 5. çeviri, tercüme: **the English version of that book** o kitabın İngilizce çevirisi.
ver.te.bra (vır´tıbrı), *çoğ.* **—e** (vır´tıbri)/**—s** (vır´tıbrız) *i., anat.* omur, vertebra.
ver.te.brate (vır´tıbreyt, vır´tıbrît) *s.* omurgalı. *i.* omurgalı hayvan.
ver.ti.cal (vır´tikıl) *s.* düşey, dikey. *i.* 1. düşey

doğru. 2. düşey düzlem.
ver.ti.go (vır´tıgo), *çoğ.* **—es** (vır´tıgoz)/**ver.tig.i.nes** (vırtic´ıniz) *i.* baş dönmesi.
verve (vırv) *i.* canlılık.
ver.y (ver´i) *z.* 1. çok, pek, gayet: **very good** çok iyi. **very warm** pek sıcak. **He speaks English very well.** İngilizceyi gayet iyi konuşuyor. 2. tam: **You just said the very opposite.** Demin bunun tam tersini söyledin. **We have the very same table.** Bizde o masanın aynı var. **He used the very same words.** Aynı sözcükleri kullandı. 3. en: **Give me the very best!** Bana en iyisini ver! **I did my very best.** Elimden gelen her şeyi yaptım. *s. Nitelediği sözcüğü vurgulamak için kullanılır:* **He lives in the very center of the town.** Şehrin tam göbeğinde oturuyor. **That's the very thing I'm looking for.** Tam aradığım şey o. **At that very moment she was preparing to leave.** Tam o anda gitmeye hazırlanıyordu. **That day he sat in this very chair!** O gün işte bu sandalyede oturdu! **The very idea of it thrilled them.** Düşüncesi bile yüreklerini hoplatıyordu. **V— truly yours,** Saygılarımla,/Hürmetlerimle, *(İş mektubunun sonunda imzadan hemen önce yazılır.).* **The — idea!** Olacak şey mi?/Olacak şey değil!/Ne biçim şey bu! **the V— Reverend** Hırist. Muhterem *(katedral dekanının isminden önce kullanılan unvan):* **the Very Reverend Jonathan Swift** Muhterem Jonathan Swift.
ves.sel (ves´ıl) *i.* 1. tekne, gemi. 2. kap, tas. 3. *anat.* damar: **blood vessel** kan damarı.
vest (vest) *i.* 1. yelek. 2. *İng.* atlet fanilası, atlet. *f.* 1. **with** (yetki, hak v.b.'ni) vermek. 2. **in** -e vermek: **The Constitution vests legislative power in the Grand National Assembly.** Anayasa yasama yetkisini Büyük Millet Meclisi'ne veriyor. **—ed interest** 1. çıkar, menfaat. 2. kazanılmış hak. 3. çıkar grubu. **be —ed in** (yetki, hak v.b.) -e verilmiş olmak.
ves.ti.bule (ves´tıbyul) *i.* 1. giriş, antre. 2. vagonlar arasındaki kapalı geçit.
ves.tige (ves´tic) *i.* kalıntı, iz, eser, işaret.
vest.ment (vest´mınt) *i.* 1. resmi elbise. 2. cüppe.
ves.try (ves´tri) *i.* 1. giyinme odası. 2. (bazı kiliselerde) yönetim kurulu.
vet (vet) *i., k. dili* 1. veteriner, baytar. 2. eski asker, eski muharip, gazi. *f.* **(—ted, —ting)** *İng.* dikkatle incelemek, kontrol etmek.
vet. *kıs.* **veteran, veterinarian, veterinary.**
vet.er.an (vet´ırın) *i.* 1. eski asker, eski muharip, gazi. 2. (belirli bir alanda) çok tecrübeli kimse. *s.* çok tecrübeli.
vet.er.i.nar.i.an (vetırıner´iyın) *i.* veteriner, baytar.
ve.to (vi´to) *i.* veto. *f.* veto etmek. **— power** veto hakkı.
vex (veks) *f.* canını sıkmak, sinirlendirmek, kızdırmak. **be —ed at something** bir şeye canı sıkılmak. **be —ed with someone** birine kızmak.
vex.a.tion (veksey´şın) *i.* 1. sinirlenme, kızma. 2. sinirlendirici şey, aksilik, sıkıntı.
vex.a.tious (veksey´şıs) *s.* sinirlendirici, can sıkıcı.
vi.a (vay´ı, viy´ı) *edat* 1. ... yolu ile, -den geçerek, ... üzerinden: **We came via Çanakkale.** Çanakkale yoluyla geldik. 2. ... vasıtasıyla, ... aracılığıyla, ... ile: **via air mail** uçakla.
vi.a.ble (vay´ıbıl) *s.* 1. yaşayabilecek durumda olan (yaratık/organizma). 2. (toplumsal/siyasal/ekonomik açıdan) kendi ayakları üzerinde durabilen, varlığını bağımsız olarak sürdürebilen. 3. gelişip yeni bir organizmaya dönüşebilecek (tohum, yumurta v.b.). 4. *k. dili* pratik, uygulanabilir.
vi.a.duct (vay´ıdʌkt) *i.* viyadük.
vi.al (vay´ıl) *i.* ufak şişe.
vi.brant (vay´brınt) *s.* 1. titrek, titreşimli. 2. canlı, hayat dolu, enerjik. 3. ateşli, coşkun. 4. **with** ... ile dolu. 5. canlı (renk). 6. gür, dolgun (ses).
vi.brate (vay´breyt) *f.* titremek; titretmek.
vi.bra.tion (vaybrey´şın) *i.* titreme, titreşim.
vi.bur.num (vaybır´nım) *i., bot.* kartopu.
vic.ar (vik´ır) *i.,* Hırist. 1. (Anglikan kilisesinde) papaz. 2. vekil.
vic.ar.age (vik´iric) *i.* (Anglikan kilisesinde) papaza tahsis edilen ev/lojman.
vi.car.i.ous (vayker´iyıs) *s.* 1. hayal ederek/hayalen yapılan; başkasının yaşantısına katıldığını hayal ederek duyulan. 2. başkasının yerine yapılan.
vice (vays) *i.* 1. kötü alışkanlık: **Cigarette smoking is a vice.** Sigara içmek kötü bir alışkanlıktır. 2. ahlaksızlık (özellikle fuhuş ve uyuşturucu ticareti). **— squad** ahlak zabıtası ekibi.
vice (vays) *i., İng., bak.* **vise.**
vice- (vays) *önek* yardımcı, muavin, ikinci: **vice-chairman** yardımcı başkan. **vice-consul** ikinci konsolos, konsolos yardımcısı, viskonsül. **vice-president** başkan yardımcısı, ikinci başkan.
vice.roy (vays´roy) *i.* (krallığı temsil eden) genel vali.
vi.ce ver.sa (vay´sı vır´sı) **and** — ve tersine, ve aksine: **The bigger the fish, the blander its taste, and vice versa.** Balık büyüdükçe tadı yavanlaşır ve tersine.
vi.cin.i.ty (visin´iti) *i.* dolay, civar, etraf, çevre, yöre, havali. **in the — of** 1. dolaylarında, civarında: **She lives in the vicinity of Taksim.** Taksim civarında oturuyor. 2. *k. dili* aşağı yukarı, yaklaşık olarak: **His salary is in the vicinity of two thousand dollars a month.** Ayda aşağı yukarı iki bin dolar maaş alıyor.
vi.cious (viş´ıs) *s.* 1. çok saldırgan, tehlikeli. 2. çok kötü. 3. korkunç. 4. şiddetli, sert. 5. kusur-

lu, bozuk. 6. ahlakı bozuk. 7. kötü niyetli. — circle kısırdöngü, fasit daire.
vic.tim (vik'tim) i. kurban: **victims of war** savaş kurbanları. **accident —s** kazaya uğrayanlar. **be the — of** -in kurbanı olmak. **fall — to** -e kurban gitmek.
vic.tim.ize, *İng.* vic.tim.ise (vik'timayz) *f.* 1. (haksız yere) kurban etmek. 2. gadretmek, zulmetmek. 3. hile ile soymak, aldatmak.
vic.tor (vik'tır) *i.* galip, fatih.
vic.to.ri.ous (viktôr'iyıs) *s.* muzaffer, utkulu, zafer kazanmış/kazanan, galip gelen; muzafferane. **be — galip gelmek.**
vic.to.ry (vik'tırı) *i.* 1. zafer, utku, yengi. 2. başarı.
vict.ual (vit'ıl) *i.* 1. yiyecek. 2. *çoğ.* erzak; yemek; kumanya. *f.* (**—ed/—led, —ing/—ling**) erzak sağlamak.
vid.e.o (vid'iyo) *i., s.* video.
vid.e.o.tape (vid'iyoteyp) *i.* videoteyp.
vie (vay) *f.* (**—d, vy.ing**) **with** ile yarışmak, ile rekabet etmek: **They were vying with each other for the championship.** Şampiyonluk için birbirleriyle yarışıyorlardı.
Vi.et.nam (viyetnam', viyetnäm') *i.* Vietnam.
Vi.et.nam.ese (viyetnımiz') *i.* 1. (*çoğ.* **Vi.et.namese**) Vietnamlı. 2. Vietnamca. *s.* 1. Vietnam, Vietnam'a özgü. 2. Vietnamca. 3. Vietnamlı.
view (vyu) *i.* 1. bakış: **point of view** bakış açısı. 2. görüş, fikir, düşünce: **exchange of views** fikir alışverişi. 3. görünüm, manzara: **This house has a wonderful view of the Bosporus.** Bu evin harika bir Boğaz manzarası var. 4. maksat, amaç: **It was done with a view to establishing closer business ties.** Daha yakın iş ilişkileri kurmak amacıyla yapıldı. **come into —** ortaya çıkmak, görünmek. **in full —** tam göz önünde. **in — of** -den dolayı, ... yüzünden, -i göz önünde tutarak. **keep in —** 1. gözden kaybetmemek; gözden uzak tutmamak. 2. göz önünde tutmak.
view.point (vyu'poynt) *i.* bakış açısı, görüş açısı.
vig.il (vic'ıl) *i.* 1. uyanık kalma. 2. gece nöbet tutma. 3. *çoğ.* arife gecesi yerine getirilen ibadetler.
vig.i.lance (vic'ılıns) *i.* uyanıklık, tetiklik, dikkat, ihtiyat.
vig.i.lant (vic'ılınt) *s.* uyanık, tetikte, dikkatli, ihtiyatlı, tedbirli.
vig.or, *İng.* vig.our (vig'ır) *i.* kuvvet, enerji, zindelik; dinçlik.
vig.or.ous (vig'ırıs) *s.* kuvvetli, enerjik, zinde; dinç.
vig.our (vig'ır) *i., İng., bak.* vigor.
vile (vayl) *s.* 1. iğrenç, berbat, pis. 2. aşağılık, alçak, rezil. 3. *k. dili* kötü, berbat: **vile weather** berbat hava.
vil.i.fy (vil'ıfay) *f.* 1. -e alenen iftira etmek, -i açıktan açığa karalamak. 2. -in saygınlığına zarar vermek; -in saygınlığını azaltmak.
vil.la (vil'ı) *i.* yazlık köşk, villa.
vil.lage (vil'ic) *i.* 1. köy. 2. köy halkı.
vil.lain (vil'ın) *i.* 1. kötü adam; hain. 2. *edeb.* kötü adam. 3. problem yaratan şey/durum.
vil.lain.ous (vil'ınıs) *s.* 1. alçak, hain. 2. çok kötü, berbat.
vil.lain.y (vil'ıni) *i.* alçaklık, hainlik.
vin.di.cate (vin'dıkeyt) *f.* 1. haklı çıkarmak, temize çıkarmak. 2. kanıtlamak.
vin.di.ca.tion (vindıkey'şın) *i.* 1. haklı çıkarma, temize çıkarma. 2. kanıtlama.
vin.dic.tive (vindik'tiv) *s.* kinci; intikamcı.
vine (vayn) *i., bot.* asma, üzüm asması.
vin.e.gar (vin'ıgır) *i.* sirke.
vin.e.gar.y (vin'ıgırı) *s.* sirke gibi.
vine.yard (vin'yırd) *i.* bağ, üzüm bağı.
vin.tage (vin'tic) *i.* 1. bağbozumu. 2. yaş; devir. *s.* 1. belirli bir yılın ürünü olan (şarap). 2. kaliteli. 3. iyi, seçkin. 4. klasik, klasikleşmiş. **a — year** 1. kaliteli şarabın elde edildiği yıl. 2. başarılı bir yıl.
vi.o.la (viyo'lı) *i., müz.* viyola.
vi.o.late (vay'ıleyt) *f.* 1. bozmak, çiğnemek: **violate an agreement** bir anlaşmayı bozmak. 2. -in ırzına geçmek, -i kirletmek, -e tecavüz etmek: **violate a woman** bir kadının ırzına geçmek. 3. -in kutsallığını bozmak: **violate an altar** bir sunağın kutsallığını bozmak.
vi.o.la.tion (vayıley'şın) *i.* 1. bozma, ihlal. 2. tecavüz, ırzına geçme.
vi.o.lence (vay'ılıns) *i.* 1. şiddet, sertlik. 2. zor, cebir. 3. zorbalık. **do — to** -i bozmak. **resort to —** şiddete başvurmak.
vi.o.lent (vay'ılınt) *s.* 1. şiddetli, sert, zorlu. 2. hemen şiddete başvurabilen. **He resorted to — measures.** Şiddete başvurdu. **He suffered a — death.** Ölümü korkunçtu.
vi.o.let (vay'ılit) *i.* 1. *bot.* menekşe. 2. menekşe rengi. *s.* menekşe renkli, menekşe rengi, menekşe.
vi.o.lin (vayılin') *i.* keman.
vi.o.lin.ist (vayılin'ist) *i.* kemancı, viyolonist.
vi.o.list (viyol'ist) *i.* viyolacı.
VIP *kıs.* **very important person.**
VIP (vi.ay.pi') *i., k. dili* çok önemli kimse.
vi.per (vay'pır) *i.* 1. *zool.* engerek. 2. yılan gibi hain kimse.
vi.ral (vay'rıl) *s., tıb.* viral, virüsün yol açtığı.
vir.gin (vır'cin) *i.* 1. bakire, kız. 2. bakir (erkek). *s.* 1. bakire. 2. bakireye özgü. 3. bakir (erkek). 4. kullanılmamış, dokunulmamış. 5. hiç işlenmemiş: **virgin soil** hiç işlenmemiş toprak/topraklar. 6. el değmemiş, bakir: **virgin forest** bakir orman, birilmemiş orman. **the V—**

Hazreti Meryem.
vir.gin.al (vır'cinıl) *s.* 1. bakireye özgü. 2. el değmemiş, bakir.
vir.gin.i.ty (vırcin'ıti) *i.* bakirelik; bakirlik; bekâret.
Vir.go (vır'go) *i.* 1. *gökb.* Başak takımyıldızı. 2. *astrol.* Başak burcu.
vir.gule (vır'gyul) *i.* taksim işareti, taksim, eğik çizgi.
vir.ile (vir'ıl) *s.* 1. erkekçe, erkeğe yakışan; güçlü, kuvvetli. 2. erkeklik görevini yerine getirebilen.
vi.ril.i.ty (vıril'ıti) *i.* 1. erkekçe bir özellik; güçlülük, kuvvetlilik. 2. erkeklik, cinsel güç, iktidar.
vir.tu.al (vır'çuwıl) *s.* 1. gerçekte etkili olan, fiili, gerçek, asıl; gayriresmi *(Resmen kabul edilmemiş fakat fiilen olmuş bir şeyi niteler):* This is a virtual abandonment of the city to the enemy. Aslında bu, şehri düşmana terk etmek demek. 2. sanal. — memory *bilg.* sanal bellek. — reality sanal gerçek/gerçeklik.
vir.tu.al.ly (vır'çuwıli) *z.* 1. neredeyse, hemen hemen. 2. aslında, esas itibarıyla; âdeta: We're virtually done. Bitirdik sayılır. We had entered what was virtually a treasure house. Âdeta bir hazineye girmiştik.
vir.tue (vır'çu) *i.* 1. erdem, fazilet: Humility is the essence of virtue. Alçakgönüllülük erdemin özüdür. 2. meziyet: One of the virtues of this type of printer is its speed. Bu tip yazıcının meziyetlerinden biri hızıdır. 3. yarar, fayda, avantaj: There's virtue in knowing a second language in today's world. Günümüzde ikinci bir dil bilmekte yarar var. 4. yararlı özellik, değerli özellik, önemli özellik: One of the virtues of married life is companionship. Evlilik yaşamının önemli özelliklerinden biri arkadaşlıktır. 5. güç. 6. iffet. by — of -den dolayı, ... nedeniyle, ... yüzünden.
vir.tu.o.so (vırçuwo'so), *çoğ.* —s (vırçuwo'soz)/**vir.tu.o.si** (vırçuwo'si) *i.* virtüöz.
vir.tu.ous (vır'çuwıs) *s.* 1. erdemli, faziletli. 2. iffetli, namuslu.
vir.tu.ous.ly (vır'çuwısli) *z.* erdemli bir şekilde.
vir.tu.ous.ness (vır'çuwısnîs) *i.* erdemlilik.
vir.u.lent (vir'yılınt) *s.* 1. çok tehlikeli, öldürücü (mikrop, zehir v.b.). 2. kötücül. 3. çok derin/büyük (nefret, husumet v.b.).
vi.rus (vay'rıs) *i.* virüs.
vi.sa (vi'zı) *i.* vize.
vis-à-vis (vizıvi') *z.* karşı karşıya. *edat* 1. -e göre, ... açısından; ile karşılaştırıldığında. 2. -in karşısında.
vis.cos.i.ty (vîskas'ıti) *i.* viskozite.
vis.cous (vîs'kıs) *s.* yapışkan, ağdalı.
vise, *İng.* **vice** (vays) *i.* mengene.
vi.sé (vi'zey, vizey') *i., bak.* **visa**.
vis.i.bil.i.ty (vizıbil'ıti) *i.* 1. görünürlük. 2. görüş uzaklığı.
vis.i.ble (vîz'ıbıl) *s.* 1. görülebilir, görünür. 2. açık, belli, gözle görülebilir.
vis.i.bly (vîz'ıbli) *z.* gözle görülür bir şekilde, fark edilir bir şekilde.
vi.sion (vîj'ın) *i.* 1. görme; görüş: The operation restored his vision. Ameliyat yeniden görmesini sağladı. field of vision görüş alanı. 2. öngörü. 3. önsezi. 4. hayal gücü, imgelem. 5. hayal, düş, rüya. 6. çok güzel kimse/şey: That woman is a vision. O kadın çok güzel.
vi.sion.ar.y (vîj'ıneri) *s.* 1. hayali, düşsel. 2. hayalci, hayalperest. 3. öngörülü. 4. önsezili. *i.* 1. hayalci, hayalperest. 2. öngörülü kimse. 3. önsezili kimse.
vis.it (vîz'ît) *f.* 1. -i ziyaret etmek, -i görmeye gitmek. 2. -e misafir olmak: I'm going to visit my friends in Florence for a day or two. Bir iki gün Floransa'daki arkadaşlarıma misafir olacağım. 3. -e uğramak, -e gitmek/gelmek. 4. (doktor) (hastayı) muayeneye gitmek, yoklamak. 5. sık sık gitmek, dadanmak: The mayor is known to visit bars and gambling houses. Belediye başkanının meyhanelere ve kumarhanelere sık sık gittiği bilinir. 6. (with) *k. dili* (ile) sohbet/muhabbet etmek. *i.* 1. ziyaret. 2. misafirlik. 3. *tıb.* vizite. 4. *k. dili* sohbet, muhabbet. pay someone a — birini ziyaret etmek.
vis.i.ta.tion (vızıtey'şın) *i.* 1. ziyaret. 2. felaket, bela.
vis.it.ing (vîz'îtîng) *s.* ziyaret eden. — card kartvizit. — day kabul günü. — hours ziyaret saatleri.
vis.i.tor (vîz'îtır) *i.* 1. ziyaretçi. 2. misafir, konuk.
vi.sor (vay'zır, vîz'ır) *i.* siperlik, siper, güneşlik.
vis.ta (vîs'tı) *i.* manzara, görünüm.
vis.u.al (vîj'uwıl) *s.* 1. görmeye ait, görsel. 2. görülebilir. — arts görsel sanatlar.
vis.u.al.ize, *İng.* **vis.u.al.ise** (vîj'uwılayz) *f.* hayalinde canlandırmak, gözünün önüne getirmek.
vi.tal (vay'tıl) *s.* 1. çok önemli; hayati, hayati önem taşıyan. 2. hayati, yaşamsal. 3. yaşam için gerekli. 4. canlı. 5. dirimsel. — signs *tıb.* hayati belirtiler. — statistics doğum ve ölüm istatistikleri.
vi.tal.ise (vay'tılayz) *f., İng., bak.* **vitalize**.
vi.tal.i.ty (vaytäl'ıti) *i.* 1. canlılık, dirilik, zindelik, enerji. 2. yaşama/dayanma gücü.
vi.tal.ize, *İng.* **vi.tal.ise** (vay'tılayz) *f.* canlandırmak, güç vermek.
vi.tal.ly (vay'tıli) *z.* hayati derecede, son derece.
vi.ta.min (vay'tımin) *i.* vitamin.
vi.ti.ate (vîş'iyeyt) *f.* 1. gücünü/etkisini azaltmak; halel getirmek/vermek, bozmak. 2. yozlaştırmak. 3. (tamamen/kısmen) hükümsüz/geçersiz kılmak.
vit.i.cul.ture (vît'ıkılçır, vay'tıkılçır) *i.* bağcılık.

vit.i.cul.tur.ist (vîtıkʌl´çırîst) *i.* bağcı.
vit.re.ous (vit´riyıs) *s.* 1. cam türünden. 2. camdan yapılmış. 3. camsı, cama benzer.
vit.ri.ol (vit´riyıl) *i.* 1. *kim.* sülfürik asit; zaç. 2. *kim.* herhangi bir maden sülfatı. 3. iğneleyici söz/yazı.
vi.tu.per.ate (vaytu´pıreyt) *f.* sövüp saymak, şiddetle azarlamak; şiddetle kötülemek.
vi.tu.per.a.tion (vaytupıreyˊşın) *i.* sövüp sayma, şiddetle azarlama; şiddetli kötüleme.
vi.va (vi´vı, vi´va) *ünlem* Yaşa!/Çok yaşa!
vi.va.cious (vivey´şıs, vayvey´şıs) *s.* hayat dolu, capcanlı.
vi.va.cious.ness (vîvey´şısnıs, vayvey´şısnıs) *i.*, *bak.* **vivacity.**
vi.vac.i.ty (vîväs´iti) *i.* canlılık.
viv.id (vîv´îd) *s.* 1. parlak: **a vivid color** parlak bir renk. 2. etkili, canlı: **a vivid description** etkili bir anlatım. 3. kuvvetli, canlı: **a vivid imagination** kuvvetli bir hayal gücü.
viv.i.fy (vîv´ıfay) *f.* canlandırmak.
vix.en (vîk´sın) *i.* 1. dişi tilki. 2. şirret kadın, huysuz kadın.
vi.zier (vîzîr´, vîz´yır) *i.* vezir. **Grand V**— sadrazam.
vi.zier.i.al (vîzîr´iyıl) *s.* 1. vezire ait. 2. vezir tarafından verilen.
vi.zor (vay´zır, viz´ır) *i., bak.* **visor.**
Vlach (vlak) *i.* Valak, Vlak.
V neck (vi´ nek) V şeklindeki yaka, V yaka.
V-necked (vi´nekt) *s.* V yakalı, V yaka.
vo.cab.u.lar.y (vokäb´yıleri) *i.* 1. sözcük hazinesi, söz dağarcığı, kelime hazinesi, bir kimsenin kullandığı sözcükler. 2. (bir dilde bulunan) bütün sözcükler/kelimeler. 3. ek sözlük, lügatçe.
vo.cal (vo´kıl) *s.* 1. insan sesine ait. 2. sesini çıkarmaktan hiç çekinmeyen; sesi hep çıkan, düşüncesini hep duyuran. 3. *dilb., müz.* vokal. — **cords** *anat.* ses telleri/kirişleri. — **music** vokal müzik, ses müziği.
vo.cal.i.sa.tion (vokılızeyˊşın) *i., İng., bak.* **vocalization.**
vo.cal.ise (voˊkılayz) *f., İng., bak.* **vocalize.**
vo.cal.ist (voˊkılîst) *i.* şarkıcı, okuyucu; şantöz; şantör; vokalist.
vo.cal.i.za.tion, *İng.* **vo.cal.i.sa.tion** (vokılızeyˊşın) *i.* 1. seslendirme. 2. *dilb.* ünlüleşme.
vo.cal.ize, *İng.* **vo.cal.ise** (voˊkılayz) *f.* 1. seslendirmek, sesli duruma getirmek. 2. *dilb.* ünlüye dönüştürmek.
vo.ca.tion (vokeyˊşın) *i.* 1. ilahi (bir göreve/misyona) çağrı; ilahi bir görev, misyon: **He has a vocation to the priesthood.** Allah onu papaz olmaya çağırdı. 2. (belirli bir işe yönelik) eğilim, istidat, yetenek: **He's no vocation for that job.** O işe hiç istidadı yok. 3. iş; görev; meslek. **Those teachers have a sense of** —. O öğret-
menlerde görev aşkı var.
vo.ca.tion.al (vokeyˊşınıl) *s.* mesleki, mesleğe ilişkin. — **guidance** meslek rehberliği. — **school** meslek okulu.
vo.cif.er.ous (vosif´ırıs) *s.* 1. çok gürültülü bir şekilde konuşan, çok yüksek sesle konuşan: **He was vociferous in his complaints.** Şikâyetlerini bağırarak söyledi. 2. bağırarak söylenen.
vod.ka (vad´kı) *i.* votka.
vogue (vog) *i.* 1. moda. 2. rağbet. **be in** — 1. moda olmak. 2. rağbette olmak.
voice (voys) *i.* 1. ses, seda: **the human voice** insan sesi. 2. söz hakkı, konuşma yetkisi: **The workers want a voice in the company's management.** İşçiler şirketin yönetiminde söz sahibi olmak istiyorlar. 3. *dilb.* çatı: **active voice** etken çatı. **passive voice** edilgen çatı. 4. sözcü. *f.* 1. anlatmak, ifade etmek, dile getirmek. 2. ses tellerini titreştirerek oluşturmak; ötümlüleştirmek. **give** — **to** -i anlatmak, -i ifade etmek, -i dile getirmek. **have a** — **in** -de sözü geçmek, -de söz sahibi olmak. **with one** — hep bir ağızdan.
voiced (voyst) *s.* 1. sesli. 2. sesle ifade edilmiş, dile getirilmiş. 3. ötümlü, titreşimli.
voice.less (voysˊlis) *s.* 1. sessiz. 2. ötümsüz, titreşimsiz. 3. söz hakkı olmayan. 4. dilsiz.
void (voyd) *s.* 1. **of** -siz, -den yoksun, -den mahrum: **His ideas were void of common sense.** Fikirleri sağduyudan yoksundu. 2. geçersiz, hükümsüz. 3. boş, hali, ıssız. 4. yararsız, faydasız. *i.* 1. boşluk. 2. boş yer. *f.* 1. geçersiz/hükümsüz kılmak. 2. feshetmek; iptal etmek. 3. boşaltmak. 4. bırakmak, terk etmek. 5. çıkarmak, atmak.
Voi.vo.di.na (voyˊvıdını) *i.* Voyvodina.
vol. *kıs.* **volcano, volume, volunteer.**
vol.a.tile (val´ıtıl) *s.* 1. uçucu (madde). 2. patlamaya hazır (durum). 3. havai, değişken; istikrarsız; çabuk etkilenip aniden değişebilen.
vol.can.ic (valkän´ik) *s.* yanardağa özgü; yanardağ gibi; volkanik. — **cone** yanardağ konisi.
vol.ca.no (valkeyˊno) *i.* (*çoğ.* **—es/—s**) yanardağ, volkan.
vo.li.tion (volîşˊın) *i.* irade. **of one's own** — kendi iradesiyle, isteyerek, gönüllü olarak.
vol.ley (val´i) *i.* 1. yaylım ateşi. 2. yağmur: **a volley of questions** soru yağmuru. **a volley of protests** protesto yağmuru. 3. *tenis, futbol, kriket* vole.
vol.ley.ball (val´îbôl) *i.* voleybol.
volt (volt) *i.* volt.
volt.age (volˊtîc) *i.* voltaj.
volt.me.ter (voltˊmitır) *i.* voltölçer, voltmetre.
vol.u.ble (val´yıbıl) *s.* 1. uzun uzadıya konuşan. 2. cerbezeli. 3. hararetle konuşan.
vol.ume (val´yum, val´yım) *i.* 1. hacim, oylum: **volume of a sphere** kürenin hacmi. 2. ses, ses

gücü: Turn down the volume of your radio! Radyonun sesini kıs! 3. miktar, sayı: **Our accounts show that the volume of our sales has increased.** Hesaplarımız satışlarımızın yükseldiğini gösteriyor. 4. cilt: **The complete set consists of twelve volumes.** Tam takım on iki ciltten oluşuyor. **That speaks —s.** O çok şey ifade ediyor.
vol.u.met.ric (valyımet´rik) s. hacim ölçümüyle ilgili; hacim ölçmeye yarayan. **— flask** balonjoje, ölçü toparı.
vo.lu.mi.nous (vılu´mınıs) s. 1. hacimli, pek büyük, muazzam: **a voluminous building** muazzam bir bina. 2. çok miktarda, pek çok: **voluminous records** çok miktarda kayıt. 3. bol, çok geniş.
vol.un.tar.i.ly (val´ınterıli) z. isteyerek, kendi iradesiyle, gönüllü olarak.
vol.un.tar.y (val´ınteri) s. 1. isteyerek yapılan, isteğe bağlı, kendiliğinden yapılan; ihtiyari: **He made a voluntary confession of his crime.** Suçunu kendiliğinden itiraf etti. **voluntary effort** isteyerek gösterilen çaba. **In some countries military service is voluntary, not compulsory.** Bazı ülkelerde askerlik isteğe bağlı, zorunlu değil. 2. gönüllü: **voluntary service** gönüllü hizmet. 3. istemli: **voluntary and involuntary bodily movements** istemli ve istemsiz bedensel hareketler. 4. gönüllülerin emek ve bağışlarıyla desteklenen (kurum). 5. bile bile yapılan: **His rudeness was voluntary.** Bile bile kabalık etti.
vol.un.teer (valıntir´) i. 1. gönüllü, bir işi gönüllü olarak üstlenen kimse. 2. gönüllü asker. s. gönüllülerden oluşan, gönüllü. f. 1. **to/for** (bir işi yapmayı) kendiliğinden teklif etmek. 2. **for** -e gönüllü olarak katılmak. 3. kendiliğinden söylemek.
vo.lup.tu.ous (vılʌp´çuwıs) s. 1. cinsel istek uyandıran; buram buram cinsiyet kokan. 2. bedensel istekleri tatmin eden. 3. çok haz/keyif veren; haz/sefa/keyif dolu. 4. keyfine son derece düşkün; zevküsefaya düşkün.
vom.it (vam´it) f. 1. kusmak, çıkarmak. 2. (yanardağ) (magma v.b.´ni) püskürtmek. i. 1. kusma. 2. kusmuk.
voo.doo (vu´du) i. vodu.
vo.ra.cious (vôrey´şıs) s. doymaz, doymak bilmez, obur: **He has a voracious appetite for chocolate.** Çikolataya doyamıyor. **— reader** kitap okumaya doymayan okuyucu.
vor.tex (vôr´teks), çoğ. **—es** (vôr´teksiz)/**vor.ti.ces** (vôr´tisiz) i. anafor, burgaç, çevri.
vote (vot) i. 1. oy, rey. 2. oy hakkı. f. oy vermek: **Everyone is obliged to vote in these elections.** Bu seçimlerde herkes oy vermek zorunda. **— against** -in aleyhinde oy vermek. **— for** -in le-

hinde oy vermek. **— of confidence** güvenoyu. **— of no confidence** güvensizlik oyu. **— someone in** birine oy vererek göreve getirmek. **— someone out** birine oy vermeyerek görevden uzaklaştırmak. **— something down** aleyhinde oy kullanarak bir şeye engel olmak. **by a — of thirteen to twelve** on ikiye karşı on üç oyla. **lose a — of confidence** güvenoyu almamak. **put something to a —** bir şeyi oya/oylamaya koymak. **receive/win a — of confidence** güvenoyu almak. **take a —** oylama yapmak. **take a — of confidence** güvenoyu için oylama yapmak.
vot.er (vo´tır) i. seçmen.
vouch (vauç) f. **for** 1. (bir şeyin) doğru, güvenilir v.b. olduğunu temin etmek. 2. (birinin) doğru, güvenilir v.b. biri olduğunu temin etmek. 3. -i doğrulamak, -i teyit etmek. 4. -i garanti etmek. 5. -e kefil olmak.
vouch.er (vau´çır) i. 1. makbuz; fiş; belge. 2. kefil.
vouch.safe (vauçseyf´) f. lütfedip yapmak/vermek.
vow (vau) i. 1. yemin, ant; vaat. 2. adak. f. yemin etmek, ant içmek; vaat etmek. **make/take a — to do something** bir şey yapmaya ant içmek. **marriage —s** evlilik sözü. **take —s** rahibe olmak.
vow.el (vau´wıl) i. 1. ünlü, sesli. 2. sesli harf. **— harmony** ünlü uyumu.
voy.age (voy´ic) i. deniz yolculuğu; sefer.
v.p. kıs. **vice-president.**
V-shaped (vi´şeypt) s. V şeklinde.
vul.can.ise (vʌl´kınayz) f., İng., bak. **vulcanize.**
vul.can.ised (vʌl´kınayzd) s., İng., bak. **vulcanized.**
vul.can.ize, İng. **vul.can.ise** (vʌl´kınayz) f. (kauçuğu) vulkanize etmek.
vul.can.ized, İng. **vul.can.ised** (vʌl´kınayzd) s. vulkanize.
vulg. kıs. **vulgar.**
vul.gar (vʌl´gır) s. 1. müstehcen, edebe aykırı. 2. adi, bayağı; görgüsüz. **— fraction** mat. bayağıkesir, adi kesir.
vul.gar.ism (vʌl´gırizım) i. 1. amiyane söz. 2. müstehcen söz.
vul.gar.i.ty (vʌlger´ıti) i. 1. müstehcenlik. 2. adilik, bayağılık; görgüsüzlük.
vul.ner.a.bil.i.ty (vʌlnırıbil´ıti) i. saldırıya/tenkide açık/maruz olma.
vul.ner.a.ble (vʌl´nırıbıl) s. saldırıya/tenkide açık/maruz olan. **— point** zayıf nokta. **be — to** (kötü bir şeye) açık/maruz olmak.
vul.ture (vʌl´çır) i., zool. akbaba.
vul.va (vʌl´vı), çoğ. **—e** (vʌl´vi)/**—s** (vʌl´vız) i., anat. ferç, vulva.
vv., vv kıs. **verses.**
v.v. kıs. **vice versa.**

W

W, w (dʌb´ılyu) *i.* W, İngiliz alfabesinin yirmi üçüncü harfi.
W *kıs.* watt(s), wolfram.
W. *kıs.* Wednesday, West, Western.
w *kıs.* watt(s).
w. *kıs.* watt(s), week(s), weight, west, wide, width, word.
wack.o (wäk´o) *s., k. dili* kaçık, çılgın, çatlak. *i., k. dili* kaçık/çılgın/çatlak kimse.
wack.y (wäk´i) *s., k. dili* kaçık, çılgın, çatlak.
wad (wad) *i.* 1. tomar: **a wad of money** bir tomar para. 2. *k. dili* çok/bir deste para. 3. topak. 4. tıkaç, tapa. 5. tüfek sıkısı. *f.* (**—ded, —ding**) 1. tıkaç koymak. 2. tomar haline getirmek. **a — of gum** pabuç kadar çiklet.
wad.dle (wad´ıl) *f.* badi badi yürümek, paytak paytak yürümek. *i.* badi badi yürüyüş.
wade (weyd) *f.* 1. sığ suda/çamurda yürümek. 2. sığ suda oynamak. **— into** *k. dili* -e hemen girişmek. **— through** 1. (sığ su/çamur) içinden yürüyerek geçmek. 2. ağır ağır ve güçlükle ilerlemek. 3. zorla tamamlamak.
wa.fer (wey´fır) *i.* ince bisküvi.
waf.fle (waf´ıl) *i.* gofre (bir çeşit gözleme). **— iron** gofre ızgarası.
waf.fle (waf´ıl) *f., k. dili* 1. **(on)** abuk sabuk/saçma sapan konuşmak. 2. kem küm ederek görüşünü açıkça belirtmekten kaçınmak; kem küm ederek belirli bir tarafı desteklemekten kaçınmak. *i., k. dili* abuk sabuk laflar.
waft (wäft, waft) *f.* (rüzgâr/dalga) sürüklemek; (rüzgârla/dalgayla) sürüklenmek. *i.* 1. hafif koku. 2. hafif esinti.
wag (wäg) *f.* (**—ged, —ging**) sallamak; sallanmak. *i.* sallama.
wage (weyc) *i.* ücret. **— earner** ücretli. **— freeze** ücretlerin dondurulması. **— rise** ücret artışı. **minimum —** asgari ücret.
wage (weyc) *f.* 1. sürdürmek: **wage a feud** kan davasını sürdürmek. 2. (savaş v.b.'ni) açmak: **They have decided to wage war on/against their enemies.** Düşmanlarına savaş açmaya karar verdiler. **— (a) war/a battle/a fight** savaşmak.
wa.ger (wey´cır) *i.* bahis. *f.* bahse girmek.
wag.es (wey´cız) *i.* ücret: **daily wages** yevmiye, gündelik. **weekly wages** haftalık, haftalık ücret.
wage.work.er (weyc´wırkır) *i.* ücretli.
wag.gle (wäg´ıl) *f.* sallanmak; sallamak. *i.* sallayış; sallanış.
wag.on, *İng.* **wag.gon** (wäg´ın) *i.* 1. dört tekerlekli yük arabası. 2. dört tekerlekli, üstü açık oyuncak araba. 3. *İng.* yük vagonu. **fix someone's —** *k. dili* 1. birini mahvetmek. 2. birinin hakkından gelmek. **on the —** *k. dili* içkiyi bırakmış durumda.
waif (weyf) *i.* 1. kimsesiz çocuk. 2. sahipsiz hayvan/eşya.
wail (weyl) *f.* 1. feryat etmek. 2. (rüzgâr) uğuldamak, inlemek. *i.* 1. feryat. 2. inilti.
wain.scot (weyn´skıt) *i., mim.* 1. tahta lambri. 2. lambri. 3. eteklik, yarım lambri, alçak lambri. *f.* 1. lambri kaplamak. 2. eteklik/yarım lambri kaplamak.
wain.scot.ing (weyn´skoting) *i., mim.* 1. eteklik, yarım lambri, alçak lambri. 2. lambri.
waist (weyst) *i.* 1. bel. 2. bir şeyin orta kısmındaki girinti. 3. kadın elbisesinin üst kısmı. 4. bluz. 5. geminin orta kısmı, bel.
waist.band (weyst´bänd) *i.* (etek, pantolon v.b.'nde) bel, kemer.
waist.coat (weyst´kot, wes´kıt) *i., İng.* yelek.
waist.line (weyst´layn) *i.* 1. bel. 2. bel genişliği.
wait (weyt) *f.* 1. **(for)** -i beklemek: **I am waiting for my friend.** Arkadaşımı bekliyorum. **Wait your turn.** Sıranı bekle. **Wait here. I'll be right back.** Burada bekle. Hemen döneceğim. 2. durmak, kalmak: **Wait! Let's go together.** Dur! Birlikte gidelim. 3. bekletmek: **Don't wait supper for me.** Yemek için benim gelmemi bekleme. *i.* bekleme, bekleyiş. **W— a minute!** Bir dakika! **— at table** *İng.* servis yapmak. **— on** 1. -e hizmet etmek. 2. -e servis yapmak. 3. -in ziyaretine gitmek. **— on someone hand and foot** birinin etrafında dört dönmek. **— on table** servis yapmak. **— tables** garsonluk yapmak. **— up for someone** yatmayıp birini beklemek. **—ing list** yedek liste, bekleyenler listesi. **—ing room** bekleme odası/salonu. **keep someone —ing** birini bekletmek. **lie in —** pusuya yatmak.
wait.er (wey´tır) *i.* garson.
wait.ress (weyt´ris) *i.* kadın garson.
waive (weyv) *f.* 1. (belirli bir durumda, yetkisini kullanarak) (kural, yasa v.b.'ni) uygulatmamak/(birini) (kural, yasa v.b.'ne) tabi tutmamak/(birini) (kural, yasa v.b.'nden) muaf tutmak: **In your case I'm going to waive this requirement.** Sizi bu şarta tabi tutmayacağım. 2. *huk.* -den feragat etmek, -den vazgeçmek.
waiv.er (wey´vır) *i.* 1. *huk.* feragat belgesi. 2. **of** *huk.* -den feragat etme. 3. **of** (belirli bir durumda, yetkisini kullanarak) (kural, yasa v.b.'ni) uygulatmama/(birini) (kural, yasa

v.b.'ne) tabi tutmama/(birini) (kural, yasa v.b.'nden) muaf tutma.
wake (weyk) *f.* **(woke/—d, —d/wok.en)** 1. **(up)** uyanmak. 2. **(up)** -i uyandırmak. 3. canlandırmak: **wake painful memories** acı anıları canlandırmak.
wake (weyk) *i.* dümen suyu. **in the — of** 1. -in ardında, -in peşinde. 2. -in ardından, -den sonra; ... sonucunda.
wake.ful (weyk´fıl) *s.* 1. uyanık, tetikte olan. 2. uykusuz.
wake.ful.ness (weyk´fılnîs) *i.* uyanıklık.
wak.en (wey´kın) *f.* 1. uyandırmak; uyanmak. 2. uyarmak, ikaz etmek.
Wal.ach (wal´ık) *i.*, *bak.* **Vlach.**
Wa.la.chi.a (wıley´kıyı) *i.*, *bak.* **Wallachia.**
Wales (weylz) *i.* Galler Ülkesi.
walk (wôk) *f.* 1. yürümek, yürüyerek gitmek: **I walked all the way from Beşiktaş to Bebek.** Beşiktaş'tan ta Bebek'e kadar yürüdüm. **I didn't come by car; I walked.** Arabayla gelmedim; yürüyerek geldim. 2. dolaşmak, gezmek: **She went out to walk in the park.** Parkta dolaşmaya çıktı. 3. dolaştırmak, gezdirmek: **He is walking the dog in the garden.** Köpeği bahçede gezdiriyor. **He is walking the visitors through the factory.** Konuklara fabrikayı gezdiriyor. *i.* 1. yürüme, gezme. 2. yürüyüş, gezinti. 3. yürüyüş (tarzı). 4. yol: **I came by foot; it was a long walk.** Yürüyerek geldim; yol uzundu. 5. (bahçede taş/beton) yol. **— away from** 1. -i rahatlıkla yenmek, -i kolayca geçmek. 2. (kazadan) ucuz kurtulmak. **— away with** 1. -i kazanmak. 2. -i yürütmek, -i çalmak. **— in** içeri girmek. **W— in.** İçeri buyurun. **— of life** (toplumsal) sınıf, kesim: **People from every walk of life were there.** Orada her kesimden insan vardı. **— off** çekip gitmek. **— off with** 1. -i kazanmak. 2. -i yürütmek, -i çalmak. **— out** 1. çekip gitmek. 2. greve gitmek. **— out on** -i terk etmek. **— over** -i kolayca yenmek. **— the streets** 1. sokaklarda sürtmek. 2. sokak sokak dolaşmak. **— the wards** viziteye çıkmak. **go for a —/take a —** yürüyüşe çıkmak, gezmeye gitmek. **win in a —** kolayca kazanmak.
walk.er (wô´kır) *i.* yürüteç.
walk.ie-talk.ie (wô´kitô´ki) *i.* telsiz telefon.
walk.ing (wô´king) *i.* 1. gezme, yürüme. 2. yürüyüş (tarzı). **— dictionary** canlı sözlük. **— papers** *k. dili* işten kovulma kâğıdı. **— stick** baston.
walk-on (wôk´an) *i.*, *tiy.* önemsiz rol.
walk.out (wôk´aut) *i.*, *k. dili* grev.
walk.o.ver (wôk´ovır) *i.* kolay kazanılan yarış.
walk.up (wôk´ʌp) *s.*, *k. dili* asansörsüz. *i.*, *k. dili* asansörsüz bina/daire.
walk.y-talk.y (wô´kitô´ki) *i.*, *bak.* **walkie-talkie.**

wall (wôl) *i.* 1. duvar. 2. sur: **the walls of the old city** eski kentin surları. *f.* etrafına duvar çekmek. **— plug** *elek.* duvar prizi. **be up against the —** 1. iflasın eşiğinde olmak, iflasla karşı karşıya olmak. 2. köşeye sıkışmak, çok sıkışık bir durumda olmak. **beat/bang/hit one's head against a stone —** boşuna uğraşmak, haybeye kürek çekmek. **drive someone to the —/drive someone up against the —** 1. birini iflas ettirmek; birini iflasa sürüklemek; birini iflasın eşiğine getirmek. 2. birini çok zor bir duruma sokmak, birini köşeye sıkıştırmak. **drive someone up the —** birini deliye döndürmek, birini zıvanadan çıkarmak. **go to the —** iflas etmek; iflasın eşiğinde olmak. **The —s have ears.** *k. dili* Yerin kulağı var.
Wal.lach (wal´ık) *i.*, *bak.* **Vlach.**
Wal.la.chia (wıley´kıyı) *i.* (bölge olarak) Eflak. **—n** *i.* 1. Eflak, Eflak halkından bir kimse. 2. *bak.* **Vlach.** *s.* Eflak.
wal.let (wal´ît) *i.* cüzdan, para cüzdanı.
wall.flow.er (wôl´flauwır) *i.* 1. *bot.* sarışebboy. 2. *k. dili* dansa kaldırılmadığı için bir kenarda kalan kadın.
wal.lop (wal´ıp) *f.*, *k. dili* dayak atmak, dövmek, pataklamak. *i.* dayak. **pack a —** *k. dili* çok etkili olmak.
wal.lop.ing (wal´ıping) *s.*, *k. dili* çok büyük, muazzam.
wal.low (wal´o) *f.* 1. **(in)** (çamur, su v.b.'nde) ağnamak, yuvarlanmak. 2. **in ...** içinde yüzmek: **wallow in wealth** servet içinde yüzmek. *i.* 1. (çamur, su v.b.'nde) ağnama, yuvarlanma. 2. hayvanın ağnadığı/yuvarlandığı çamurlu yer, ağnak.
wall.pa.per (wôl´peypır) *i.* duvar kâğıdı.
wall-to-wall (wôl´tıwôl´) *s.* duvardan duvara.
wal.nut (wôl´nʌt) *i.* 1. ceviz. 2. ceviz ağacı. 3. cevizin keresteši. 4. ceviz rengi.
wal.rus (wôl´rıs) *i.* (*çoğ.* **wal.rus/—es**) *zool.* mors.
waltz (wôlts) *i.* vals. *f.* vals yapmak. **— through** *k. dili* -i kolayca başarmak.
wan (wan) *s.* solgun, benzi sararmış.
wand (wand) *i.* 1. değnek. 2. asa.
wan.der (wan´dır) *f.* 1. dolaşmak, gezinmek. 2. **(from)** -den ayrılmak: **wander from the subject at hand** ele alınan konudan ayrılmak. **— around** 1. dolaşmak. 2. başıboş dolaşmak. **— off** (başkalarından ayrılarak) kendi başına dolaşmak.
wan.der.er (wan´dırır) *i.* başıboş dolaşan kimse.
wan.der.ing (wan´dıring) *s.* başıboş dolaşan/gezen. **— Jew** *bot.* telgrafçiçeği.
wan.der.lust (wan´dırlʌst) *i.* yolculuk tutkusu.
wane (weyn) *f.* 1. azalmak, eksilmek, zayıflamak. 2. batmak, sönmek. 3. sonuna yaklaşmak. *i.* **be on the —** azalmakta/batmakta/sön-

mekte/sonuna yaklaşmakta olmak.
wan.gle (wäng´gıl) *f., k. dili* hileyle elde etmek, sızdırmak, koparmak: **He's trying to wangle money out of me.** Benden para sızdırmaya çalışıyor.
wank (wängk) *f., İng., kaba* otuz bir çekmek, mastürbasyon yapmak. *i., İng., kaba* otuz bir, otuz bir çekme, mastürbasyon.
want (want, wônt) *i.* 1. yokluk, -sizlik: **want of good manners** terbiyesizlik. **We were unable to take a vacation for want of money.** Parasızlıktan tatil yapamadık. 2. eksiklik, noksan. 3. istek: **a man of few wants** pek az isteği olan bir adam. **We can supply all your wants.** Bütün isteklerinizi karşılayabiliriz. 4. arzu edilen gerekli şey: **We can supply all your wants.** Size gerekli olan her şeyi sağlayabiliriz. 5. ihtiyaç, gereksinim: **This roof is in want of repair.** Bu damın tamire ihtiyacı var. 6. yoksulluk, fakirlik: **live in want** yoksulluk içinde yaşamak. — **ad** *k. dili* (gazetede/dergide) küçük ilan.
want (want, wônt) *f.* 1. istemek, arzu etmek: **What do you want?** Ne istiyorsunuz? 2. istemek, -e ihtiyacı olmak: **This house wants looking after.** Bu evin bakıma ihtiyacı var. 3. gerekmek, lazım olmak: **You want to see a doctor as soon as possible.** Bir an önce doktora gitmen gerek. **It wants no investigation.** Hiçbir araştırma yapmaya gerek yok. **This work wants to be done with care.** Bu işin özenle yapılması gerekiyor. — **for** -e ihtiyacı olmak, -e ihtiyaç duymak. **be found —ing** kusurlu bulunmak. **be —ed by the police** polis tarafından aranmak. **be —ing** 1. eksik olmak, noksan olmak: **A few pages of this book are wanting.** Bu kitabın birkaç sayfası eksik. **in** -den yoksun olmak: **That man is wanting in common sense.** O adam sağduyudan yoksun. **Call it what you —.** Ne derseniz deyin.
wan.ton (wan´tın) *s.* 1. ahlaksız, iffetsiz: **a wanton woman** ahlaksız bir kadın. 2. nedensiz: **a wanton attack** nedensiz bir saldırı. *i.* 1. ahlaksız kimse. 2. serkeş.
war (wôr) *i.* 1. savaş, harp, muharebe. 2. mücadele. *f.* **(—red, —ring) (against/with)** 1. (ile) savaş halinde olmak. 2. (ile) savaşmak, mücadele etmek. **— clouds** savaş bulutları. **— correspondent** savaş muhabiri. **— crime** savaş suçu. **— criminal** savaş suçlusu. **— cry** savaş narası. **— game** *ask.* savaş oyunu. **— god** savaş tanrısı. **— of nerves** sinir harbi. **be at —** savaş halinde olmak. **declare — on** -e savaş açmak/ilan etmek. **wage — against/on/with** -e karşı savaşmak, ... ile savaşmak.
war.ble (wôr´bıl) *f.* ötmek, şakımak. *i.* 1. kuş ötüşü. 2. nağme, ezgi.

ward (wôrd) *i.* 1. servis, koğuş: **maternity ward** doğum servisi. **hospital ward** hastane koğuşu. 2. bölge, semt: **city ward** kentin semtlerinden biri. 3. *huk.* vesayet altında bulunan kimse. *f.* **— off** 1. (darbeyi) engellemek, savuşturmak, etkisiz hale getirmek, (darbenin) etkisini azaltmak; (darbeden) korunmak. 2. (kötü bir şeyi) defetmek, savmak.
-ward *sonek* -e doğru, ... yönünde.
war.den (wôr´dın) *i.* 1. hapishane müdürü. 2. memur; görevli: **game warden** (resmi) av bekçisi. **air-raid warden** hava alarm görevlisi.
ward.er (wôr´dır) *i., İng.* gardiyan.
ward.robe (wôrd´rob) *i.* 1. bir kimsenin tüm giysileri, gardırop. 2. gardırop, giysi dolabı. 3. tiyatro kostümleri.
-wards *sonek, bak.* **-ward.**
ward.ship (wôrd´şip) *i., huk.* vasilik, vesayet.
ware.house (wer´haus) *i.* depo, ambar. *f.* -i depolamak, -i ambarlamak, -i depoya/ambara koymak.
wares (werz) *i., çoğ.* satılık mallar.
war.fare (wôr´fer) *i.* savaş, savaşma, savaşım.
war.head (wôr´hed) *i.* (büyük bir mermiye ait) başlık: **nuclear warhead** nükleer başlık.
war-horse (wôr´hôrs) *i.* 1. savaş atı. 2. çok tecrübeli biri, eski kurt, eski tüfek. 3. (sık sık/fazlasıyla icra edildiği için) artık eskisi gibi etki uyandırmayan bir sanat eseri.
war.like (wôr´layk) *s.* 1. savaşkan, savaşçı, cengâver. 2. savaşa ait, askeri. 3. savaşla tehdit eden.
warm (wôrm) *s.* 1. ılık. 2. sıcak (hava): **warm front** sıcak hava kütlesi. 3. ısıtan, sıcak tutan (giysi, battaniye v.b.). 4. candan, hararetli, sıcak: **a warm welcome** sıcak bir karşılama. 5. yüreği sıcak, sevgi dolu; cana yakın, samimi (kimse). 6. sıcakkanlı. 7. sıcak (renk). *f.* 1. **(up)** ısıtmak, kızdırmak; ısınmak: **Please warm this milk.** Lütfen bu sütü ısıtın. **The weather is warming up.** Hava ısınıyor. 2. **to/towards** ısınmak, -e alışmak: **He is warming to the work.** İşe ısınıyor. 3. **up** (yarışmadan önce) hafif idman yapmak. 4. **up** (konserden/temsilden önce) son bir hazırlık yapmak. 5. **up** canlanmak, kızışmak, coşmak: **The discussion is warming up.** Tartışma canlanıyor.
warm-blood.ed (wôrm´blʌd´id) *s.* 1. *zool.* sıcakkanlı. 2. enerjik. 3. tutkulu.
warm.heart.ed (wôrm´har´tid) *s.* 1. yüreği sıcak, sevgi dolu. 2. sıcak, dostça.
war.mon.ger (wôr´mʌng.gır) *i.* savaş çığırtkanlığı yapan kimse.
warmth (wôrmth) *i.* 1. sıcaklık, ılıklık. 2. hararet, coşkunluk. 3. içtenlik, samimiyet.
warn (wôrn) *f.* 1. uyarmak, ikaz etmek; tembih etmek: **He warned us not to touch the wet**

paint. Islak boyaya elimizi sürmememiz için bizi uyardı. **The doctor warned him against overeating.** Doktor onu fazla yemek yememesi için uyardı. 2. haber vermek: **He warned us of the approaching storm.** Fırtınanın yaklaştığını bize haber verdi.
warn.ing (wôr´ning) *i.* 1. uyarma, ikaz; tembih. 2. uyarı. 3. ibret: **Let this be a warning to you.** Bu sana ibret olsun. **early — system** erken uyarı sistemi.
warp (wôrp) *f.* 1. eğrilmek, çarpılmak; eğriltmek, çarpıtmak. 2. doğru yoldan saptırmak. *i.* 1. eğrilik, çarpıklık. 2. çözgü, arış.
warped (wôrpt) *s.* 1. eğrilmiş, eğri, çarpık. 2. sapık, sapkın.
war.plane (wôr´pleyn) *i.* savaş uçağı.
war.rant (wôr´ınt) *i.* 1. gerekçe; haklı neden; yetki: **The army cited civil unrest as its warrant for declaring martial law.** Ordu sıkıyönetime gerekçe olarak toplumdaki huzursuzluğu gösterdi. 2. garanti, garanti belgesi. 3. kefalet. *f.* 1. gerektirmek, icap ettirmek. 2. izin vermek, yetki vermek: **The law warrants the government's intervention.** Yasa hükümete müdahale yetkisini veriyor. **The law doesn't warrant this.** Kanunlar buna izin vermez. 3. mazur göstermek: **No excuse can warrant this misbehavior.** Hiçbir özür bu kötü davranışı mazur gösteremez. 4. haklı çıkarmak, desteklemek: **The evidence does not warrant your claim.** Kanıtlar iddianızı desteklemiyor. 5. garanti etmek. 6. *k. dili* (sözlerle) temin etmek: **I warrant she'll be there tomorrow.** Seni temin ederim ki o yarın orada olacak. 7. kefil olmak. **— officer** *ask.* gedikli subay.
war.ran.ty (wôr´ınti) *i.* 1. garanti, garanti belgesi. 2. *huk.* kefalet. 3. kefaletname. 4. yetki; hak; haklı neden.
war.ren (wôr´ın) *i.* 1. çok tavşan bulunan yer. 2. kalabalık mahalle.
war.ri.or (wôr´iyır) *i.* savaşçı, muharip, asker.
war.ship (wôr´şip) *i.* savaş gemisi.
wart (wôrt) *i.* siğil. **—s and all** *k. dili* olduğu gibi, olumsuz yanlarını saklamadan.
wart.hog (wôrt´hôg) *i., zool.* afrikadomuzu.
war.time (wôr´taym) *i.* savaş zamanı.
wart.y (wôr´ti) *s.* siğilli.
war.y (wer´i) *s.* sakıngan, ihtiyatlı; tedbirli. **be — of** 1. -den sakınmak. 2. -e dikkat etmek.
was (wʌz, waz, wız) *f., bak.* **be.**
wash (waş) *f.* 1. yıkamak; yıkanmak. 2. temizlemek. 3. ıslatmak. 4. (dalga) yalamak. 5. ince maden/boya tabakasıyla kaplamak; yaldızlamak. 6. (kumaş) yıkanmaya dayanmak. *i.* 1. yıkama; yıkanma. 2. (yıkanmış/kirli) çamaşır. 3. dalga sesi. 4. dalgaların kıyıya attığı süprüntü. 5. losyon. 6. ince maden/boya tabakası. **— away** 1. (su/dalga) alıp götürmek. 2. -i temizlemek. 3. -i aşındırmak. **— one's hands of** *k. dili* 1. ile ilişiğini kesmek. 2. -den el çekmek, -den elini eteğini çekmek. **— out** 1. yıkayarak çıkarmak. 2. içini yıkamak. 3. *k. dili* başarısızlığa uğramak. **— up** 1. elini yüzünü yıkamak. 2. *İng.* bulaşıkları yıkamak. **be —ed up** *k. dili* mahvolmuş olmak, işi bitmiş olmak. **That story won't —.** *İng., k. dili* O masalı kimse yutmaz.
wash.a.ble (waş´ıbıl) *s.* yıkanabilir.
wash-and-wear (waş´ınwer´) *s.* ütü istemeyen (hazır giysi).
wash.a.te.ri.a (waşıtir´iyı) *i., bak.* **washeteria.**
wash.ba.sin (waş´beysın) *i.* 1. lavabo (el ve yüz yıkamaya yarayan tekne). 2. (el ve yüz yıkamaya yarayan) leğen.
wash.bowl (waş´bol) *i.* (el ve yüz yıkamaya yarayan) leğen.
wash.cloth (waş´klôth) *i.* sabun bezi.
washed-out (waşt´aut´) *s.* 1. solmuş, solgun, soluk. 2. *k. dili* çok yorgun, bitkin. 3. batkın, müflis.
washed-up (waşt´ʌp´) *s., k. dili* 1. yıldızı sönmüş, bitmiş. 2. bitkin düşmüş.
wash.er (waş´ır) *i.* 1. yıkayıcı. 2. *mak.* conta; rondela, pul. 3. çamaşır makinesi.
wash.e.te.ri.a (waşıtir´iyı) *i.* (selfservis yöntemiyle çalışan) çamaşırhane.
wash.ing (waş´ing) *i.* 1. yıkama; yıkanma. 2. (kirli/yıkanmış) çamaşır. **— machine** çamaşır makinesi. **— powder** tozsabun; toz deterjan. **— soda** çamaşır sodası, soda.
wash.ing-up (waşing.ʌp´) *i., İng.* bulaşıklar. **— bowl** *İng.* bulaşık tası. **— cloth** *İng.* bulaşık bezi. **— liquid** *İng.* (sıvı) bulaşık deterjanı. **do the — **İng.* bulaşık/bulaşıkları yıkamak.
wash.out (waş´aut) *i., k. dili* fiyasko.
wash.rag (waş´räg) *i.* sabun bezi.
wash.room (waş´rum) *i.* lavabo, tuvalet.
wash.tub (waş´tʌb) *i.* leğen, çamaşır leğeni.
was.n't (wʌz´ınt) *kıs.* **was not.**
WASP, Wasp (wasp) *i., ABD, k. dili* beyaz ırktan, Anglosakson soyundan ve Protestan mezhebinden olan kimse.
wasp (wasp) *i., zool.* eşekarısı, yabanarısı. **— waist** ince bel.
wasp.ish (was´piş) *s.* kırıcı; kusur bulan/arayan; tenkitçi; sinirliliği üstünde olan.
waste (weyst) *s.* 1. artık, işe yaramaz. 2. kullanılmış, atılacak (kâğıt). 3. boş, ıssız, hali. 4. viran, harap. *i.* 1. ziyan etme, heder etme; ziyan, heder, heba; boşa harcama; israf, çarçur. 2. döküntü, artık; fire; çöp; atık. 3. boş arazi. 4. ıssız yer. 5. harabe, virane. *f.* 1. ziyan etmek, heder etmek, heba etmek; boşa harcamak; israf

etmek, çarçur etmek: **He has wasted the money.** Parayı israf etti. **I have wasted my whole day.** Bütün günümü heba ettim. 2. harap etmek, viraneye çevirmek: **The invaders wasted the city.** İstilacılar kenti harap etti. 3. iyi kullanmamak, boşa harcamak: **The company is wasting his talents.** Şirket onun yeteneklerini boşa harcıyor. — **away** 1. (hastalıktan/açlıktan) eriyip bitmek. 2. ağır ağır azalmak. — **bin** *İng.* çöp sepeti/kutusu. — **one's breath** *k. dili* çenesini boş yere yormak, boşuna nefes tüketmek. **go to** — ziyan olmak, heder olmak, boşa gitmek. **lay** — **to** -i yakıp yıkmak, -i yerle bir etmek.
waste.bas.ket (weyst'bäskit) *i.* (kâğıt v.b. atılan) çöp sepeti/kutusu.
wast.ed (weys'tid) *s.* 1. ziyan edilmiş, heba olmuş, boşa gitmiş; israf edilmiş, çarçur edilmiş. 2. (hastalıktan/açlıktan) eriyip bitmiş.
waste.ful (weyst'fıl) *s.* savurgan, tutumsuz; boşuna ziyan eden, ziyankâr.
waste.pa.per (weyst'peypır) *i.* atılacak kâğıt, atık kâğıt. — **basket** (kâğıt v.b. atılan) çöp sepeti/kutusu.
wast.rel (weys'trıl) *i.* 1. işe yaramaz kimse, hayta, serseri. 2. çok müsrif kimse.
watch (waç) *i.* 1. kol saati; cep saati. 2. nöbet; vardiya. 3. nöbet yeri/süresi. 4. nöbetçi. 5. nöbetçilik, nöbet tutma. 6. gözetleme, tarassut. *f.* 1. bakmak, izlemek, seyretmek: **watch television** televizyon seyretmek. 2. dikkat etmek, bakmak: **Watch what he does and learn.** Yaptığına dikkat et ve öğren. 3. **for** -i beklemek, -i kollamak, -i gözlemek. 4. gözetlemek: **The police are watching him.** Polisler onu gözetliyor. 5. bakmak, gözetmek: **Who watches her children while she's at the office?** O bürodayken çocuklarına kim bakıyor? 6. -de bekçilik etmek, -de nöbet tutmak, -e göz kulak olmak: **The guard is watching the gate.** Bekçi kapıda nöbet tutuyor. — **chain** saat kösteği. — **glass** kol saati camı. — **out** dikkat etmek. **W— out/it!** Dikkat et!/Dikkatli ol! **W— your step!** 1. Dikkat et! *(Yürüyen birine söylenir.)* 2. Dikkatli ol!/Kendine mukayyet ol!/Ayağını denk al! **be on the —** 1. tetikte olmak, kulak kesilmek. 2. nöbette olmak. **first —** gecenin ilk nöbeti. **set a —** 1. saati ayarlamak. 2. bekçi koymak.
watch.band (waç'bänd) *i.* saat kayışı.
watch.dog (waç'dôg) *i.* 1. bekçi köpeği. 2. (yolsuzluklara karşı) bekçilik eden kimse. *f.* (—**ged**, —**ging**) (yolsuzluklara karşı) -e bekçilik etmek.
watch.ful (waç'fıl) *s.* tetik, uyanık.
watch.mak.er (waç'meykır) *i.* saatçi.
watch.man (waç'mın), *çoğ.* **watch.men** (waç'min) *i.* bekçi.

watch.tow.er (waç'tauwır) *i.* gözetleme kulesi.
watch.word (waç'wırd) *i.* 1. parola. 2. düstur.
wa.ter (wô'tır) *i.* su. *f.* 1. sulamak: **water the flowers** çiçekleri sulamak. 2. (koyun, inek v.b.'ne) su vermek, -i suvarmak. *s.* suda yetişen; suda yaşayan. — **ballet** su balesi. — **bed** su yatağı. — **blister** içi su dolu kabarcık. — **buffalo** *zool.* manda. — **chestnut** *bot.* sukestanesi. — **closet** tuvalet, hela, yüznumara, apteshane (*kıs.* **WC**). — **down** 1. sulandırmak. 2. hafifletmek, yumuşatmak. — **heater** su ısıtıcısı; termosifon; şofben. — **hyacinth** *bot.* susümbülü. — **level** su seviyesi/düzeyi. — **lily** *bot.* nilüfer. — **main** (su şebekesine ait) isale hattı/anaboru. — **meter** su saati/sayacı. — **mill** su değirmeni. — **pick** basınçlı su ile dişleri temizleme aygıtı. — **pipe** 1. su borusu. 2. nargile. — **pistol** su tabancası. — **rights** su kullanma hakkı. — **ski** su kayağı (araç). — **snake** *zool.* suyılanı. — **softener** su yumuşatıcı. — **table** *jeol.* tabansuyu düzeyi, yeraltı suyu düzeyi. — **tower** su kulesi. — **vapor** su buharı. **be in hot —** *k. dili* başı dertte olmak, güç durumda olmak. **in deep —** *k. dili* başı dertte, zor durumda. **make one's eyes —** gözlerini yaşartmak. **make one's mouth —** ağzını sulandırmak. **make —** *k. dili* su dökmek, işemek. **of the first —** çok iyi, birinci sınıf: **She's a poet of the first water.** O çok iyi bir şair. **He's an idiot of the first water.** Dangalağın teki o. **on the —** denizde. **spend money like —** *k. dili* su gibi para harcamak.
wa.ter-bear.er (wô'tırbenır) *i.* sucu, saka.
wa.ter.borne (wô'tırbôrn) *s.* 1. yüzen. 2. su yoluyla taşınan. 3. su yoluyla bulaşan.
wa.ter.col.or (wô'tırkʌlır) *i.* 1. suluboya. 2. suluboya resim.
wa.ter.cooled (wô'tırkuld) *s.* suyla soğutmalı (motor).
wa.ter.course (wô'tırkôrs) *i.* 1. akarsu mecrası. 2. (ark/kanal gibi üstü açık) suyolu. 3. akarsu.
wa.ter.cress (wô'tırkres) *i., bot.* suteresi.
wa.tered (wô'tırd) *s.* hareli, muare. — **silk** hareli ipek kumaş, ipekli hare.
wa.ter.fall (wô'tırfôl) *i.* çağlayan, şelale.
wa.ter.fowl (wô'tırfaul) *i.* 1. su kuşu. 2. *çoğ.* su kuşları.
wa.ter.front (wô'tırfrʌnt) *i.* yalı boyu, yalı, kıyı. *s.* yalı boyundaki, kıyıdaki.
wa.ter.ing (wô'tıring) *i.* 1. sulama. 2. suvarma. 3. (kumaşta) hare. — **can/pot** süzgeçli kova. — **hole** 1. hayvanların su içmesine elverişli yer, suvat. 2. doğal bir su kaynağı. 3. *k. dili* bar; meyhane. — **place** 1. hayvanların su içmesine elverişli yer, suvat. 2. kaplıca, termal. 3. kıyıda bulunan tatil yeri. 4. doğal bir su kaynağı. —

th	dh	w	hw	b	c	ç	d	f	g	h	j	k	l	m	n	p	r	s	ş	t	v	y	z
thin	the	we	why	be	joy	chat	ad	if	go	he	regime	key	lid	me	no	up	or	us	she	it	via	say	is

trough yalak.
wa.ter.less (wô´tırlıs) s. susuz.
wa.ter.line (wô´tırlayn) i. 1. (yeraltında) su borusu. 2. den. su kesimi/hattı.
wa.ter.logged (wô´tırlôgd) s. fazla su çekmiş (tahta, toprak v.b.); fazla su almış (gemi).
Wa.ter.loo (wô´tırlu) i., k. dili büyük yenilgi/mağlubiyet. meet one's — k. dili büyük yenilgiye uğramak.
wa.ter.mark (wô´tırmark) i. 1. karada suyun yükseldiği düzeyi gösteren çizgi/işaret. 2. filigran. f. filigran basmak.
wa.ter.mel.on (wô´tırmelın) i. karpuz.
wa.ter.pow.er (wô´tırpauwır) i. su gücü.
wa.ter.proof (wô´tırpruf) s. sugeçirmez. f. -i sugeçirmez hale getirmek.
wa.ter-re.pel.lent (wô´tır.ripelınt) s. su çekmez.
wa.ter.shed (wô´tırşed) i. 1. iki nehir havzası arasındaki set. 2. boşaltma havzası.
wa.ter.side (wô´tırsayd) i. sahil, kıyı, yalı. s. 1. sahilde yaşayan. 2. su kenarında biten. 3. sahile özgü; sahilde bulunan. 4. sahilde çalışan.
wa.ter-ski (wô´tırski) f. su kayağı yapmak.
wa.ter-ski.ing (wô´tırskiying) i. su kayağı (spor).
wa.ter-sol.u.ble (wô´tırsalyıbıl) s. suda eriyen.
wa.ter.spout (wô´tırspaut) i. 1. deniz hortumu. 2. oluk.
wa.ter.tight (wô´tırtayt) s. 1. sugeçirmez. 2. k. dili zayıf noktası olmayan, sapasağlam (plan/sözleşme/sav).
wa.ter.way (wô´tırwey) i., den. (seyre elverişli) suyolu.
wa.ter.wheel (wô´tır.hwil) i. sudolabı.
wa.ter.works (wô´tırwırks) i. 1. su arıtma ve dağıtma tesisi. 2. pompa istasyonu.
wa.ter.y (wô´tıri) s. 1. sulu. 2. fazla su katılmış, fazla sulu. 3. sulak, suyu bol. 4. su gibi. 5. tatsız, lezzetsiz. 6. solgun (renk/ışık). 7. zayıf, sudan.
watt (wat) i. vat.
watt-hour (wat´aur) i. vat saat.
wat.tle (wat´ıl) i. 1. bot. (hakiki) akasya. 2. (bazı kuşlarda) gerdandaki kırmızı uzantı.
watt.me.ter (wat´mıtır) i. vatmetre, vatölçer.
wave (weyv) i. 1. dalga. 2. el sallama. 3. of (el, mendil v.b. için) sallayış, sallama. 4. (saçta) dalga. f. 1. el sallamak. 2. (mendil, kılıç, tabanca v.b.'ni) sallamak. 3. (rüzgârda) dalgalanmak; (rüzgâr) dalgalandırmak: The flag is waving in the wind. Bayrak rüzgârda dalgalanıyor. 4. (saçlarda) dalga yapmak. — band radyo dalga. — someone away el sallayarak birine git demek. — someone/a vehicle down el sallayarak birini/bir taşıtı durdurmak. — someone on el sallayarak birine geç demek. cold — soğuk dalgası. heat — sıcak dalgası. make —s k. dili problem yaratmak.

wave.length (weyv´length) i. dalga uzunluğu, dalga boyu.
wa.ver (wey´vır) f. 1. (karara vardıktan sonra) tereddüde düşmek. 2. (iki seçenek/durum arasında) bocalamak. 3. (alev) titremek. 4. sallanmak, sendelemek. i. 1. tereddüde düşme. 2. bocalama. 3. (alev için) titreme. 4. sallanma, sendeleme.
wav.y (wey´vi) s. dalgalı, dalga dalga.
wax (wäks) i. 1. mum; parafin mumu, petrol mumu; balmumu. 2. (parlatma işlerinde kullanılan bir tür) cila; mum cilası. 3. kulak kiri. f. 1. cilalamak, cila sürmek; mum cilası sürmek. 2. mumlamak. — paper parafinli kâğıt. — plant bot. mumçiçeği, hoya.
wax (wäks) f. 1. büyümek; gelişmek. 2. artmak; gelişmek; uzamak. 3. (gittikçe) ... olmak: It was waxing late. Vakit geç olmuştu. 4. birden ... olmak, -lenmek, -leşmek: He waxed angry at that remark. O laf üstüne hiddetlendi.
waxed (wäkst) s. 1. mumlanmış; parafinli. 2. cilalı, cilalanmış. — paper parafinli kâğıt.
wax.en (wäk´sın) s. 1. beti benzi kalmamış, çok solgun. 2. mum gibi, muma benzeyen. 3. mumdan yapılmış.
way (wey) i. 1. yol: on the way to Bolu Bolu yolu üzerinde. 2. yön, yan, taraf: Let's go that way. O tarafa gidelim. 3. tarz, biçim, şekil: in a polite way terbiyeli bir biçimde. 4. mesafe, uzaklık: That place is a long way from here. Orası buradan çok uzakta. 5. çare, yol, usul: find a way to do something bir şeye çare bulmak. look for a way to do something bir şeyin çaresine bakmak. do something the right way bir şeyi usulüne göre yapmak. 6. yön, bakım: He resembles his father in two ways. İki bakımdan babasına benziyor. 7. durum, hal: Hakan is in a bad way. Hakan çok hasta. 8. âdet: the ways of the Turks Türklerin âdetleri. — back k. dili çok eskiden, uzun zaman önce. — in giriş, girilecek yol. — station d.y. ara istasyon. a good — k. dili 1. hayli mesafe. 2. iyi bir çare/yol. a long — off çok uzakta. across the — yolun öte tarafında, karşı tarafta. all the — 1. başından sonuna kadar. 2. tamamen. be in the — engel olmak, ayak altında olmak. be under — hareket halinde/ilerlemekte/devam etmekte olmak. by the — sırası gelmişken, aklıma gelmişken. by — of yolu ile, -den. come one's — k. dili (fırsat) eline geçmek. get/have one's — kendi istediğini yaptırmak. go all the — 1. son haddine varmak. 2. her naneyi yemek. go one's — kendi yoluna gitmek, bildiğini okumak. go out of one's — to do something k. dili özel bir çaba sarf ederek bir şeyi yapmak. have a — with someone k. dili biriy-

le kolaylıkla arkadaş olabilmek/iletişim kurabilmek. **have a — with something** *k. dili* bir şeyden anlamak. **Have it your —!** Nasıl istersen öyle yap! **in a bad —** *k. dili* 1. kötü bir durumda. 2. tehlikede. 3. çok hasta. **in a big —** *k. dili* büyük çapta. **in a small —** *k. dili* küçük çapta. **in a —** bir bakıma. **in no —** hiç, kesinlikle: **He was in no way responsible.** O hiçbir şekilde sorumlu değildi. **in some —s** bazı bakımlardan. **know one's — around a place** *k. dili* bir yerin girdisini çıktısını bilmek. **make one's —** ileri gitmek, ilerlemek. **make — for** -e yol açmak, -e yol vermek. **No —!** *k. dili* Asla!/Katiyen! **no —** *k. dili, bak.* **in no way. out of the —** 1. sapa, yol üstü olmayan. 2. alışılmışın dışında. **pay one's —** kendi masraflarını kendi ödemek. **right of —** 1. *huk.* geçit hakkı, irtifak hakkı. 2. *oto.* yol hakkı.
way.far.er (wey'ferır) *i.* yolcu, yaya yolcu.
way.far.ing (wey'fering) *s.* yolculuk eden. *i.* yolculuk.
way.laid (wey'leyd) *f., bak.* **waylay.**
way.lay (wey'ley) *f.* (**way.laid**) yolunu kesmek; pusuya yatıp yolunu kesmek.
way-out (wey'aut') *s., k. dili* aşırı bir uçta bulunan; çok eksantrik, çok garip.
way.side (wey'sayd) *i.* yol kenarı. *s.* yol kenarındaki. **fall by the —** *k. dili* işi bırakmak, işten vazgeçmek.
way.ward (wey'wırd) *s.* hep kafasının dikine giden, hep kendi bildiğini okumak isteyen; dik başlı, inatçı, ters.
WC (dʌb'ılyusi') *kıs.* **water closet.** *i.* WC, tuvalet.
we (wi) *zam.* biz.
weak (wik) *s.* 1. zayıf, güçsüz, kuvvetsiz: **weak nerves** zayıf sinirler. **a weak nation** güçsüz bir millet. 2. dayanıksız, sağlam olmayan, zayıf: **a weak structure** dayanıksız bir yapı. 3. etkileyici ve inandırıcı olmayan, zayıf. 4. yetersiz, zayıf: **His French is weak.** Fransızcası zayıf. 5. açık (çay/kahve). 6. sulu, yavan (çorba v.b.).
weak.en (wi'kın) *f.* 1. zayıflatmak, zayıf düşürmek; zayıflamak, zayıf düşmek. 2. hafifletmek; hafiflemek: **The storm is weakening as it moves inland.** Fırtına ülke içlerine doğru ilerlerken hafifliyor.
weak.heart.ed (wik'hartid) *s.* yüreksiz, korkak, ödlek.
weak-kneed (wik'nid) *s.* 1. dizleri zayıf. 2. zayıf karakterli. 3. yüreksiz, tabansız.
weak.ling (wik'ling) *i.* 1. cılız kimse. 2. iradesi/karakteri zayıf kimse. *s.* cılız, güçsüz.
weak-mind.ed (wik'maynˈdid) *s.* 1. iradesiz. 2. aklı zayıf.
weak.ness (wik'nis) *i.* 1. zayıflık. 2. zaaf.
weal (wil) *i., eski* refah. **for the public —** 1. umumun refahı için. 2. kamu yararına.
wealth (welth) *i.* 1. zenginlik, servet, varlık. 2. bolluk.
wealth.y (welˈthi) *s.* zengin, varlıklı, servet sahibi.
wean (win) *f.* 1. sütten kesmek. 2. **from/of** *k. dili* -den vazgeçirmek.
weap.on (wep'ın) *i.* silah.
weap.on.ry (wep'ınri) *i.* silahlar: **nuclear weaponry** nükleer silahlar.
wear (wer) *f.* (**wore, worn**) 1. giymek: **wear a dress** elbise giymek. **He isn't wearing any socks.** Ayağında çorap yok. 2. (gözlük, kolye, küpe v.b.'ni) takmak. 3. göstermek; -i olmak: **He wears his age well.** Yaşını göstermiyor. **I don't think the meeting went well; she isn't wearing a smile on her face.** Toplantının iyi gittiğini sanmıyorum; yüzü gülmüyor. 4. taşımak: **If he isn't wearing a gun, he's not a real cowboy.** Tabanca taşımıyorsa gerçek kovboy değil. 5. **(out)** eskitmek, yıpratmak, aşındırmak; eskimek, yıpranmak, aşınmak: **The child has worn out its pants.** Çocuk pantolonunu eskitti. **When a machine wears out it should be replaced.** Bir makine yıprandığında yenilenmeli. 6. **out** yormak, tüketmek; tükenmek: **This work is wearing me out.** Bu iş beni yoruyor. **My patience is wearing out.** Sabrım tükeniyor. 7. dayanmak: **These shoes will wear for another month or two.** Bu ayakkabılar bir iki ay daha dayanır. *i.* 1. dayanıklılık, dayanma. 2. eskime, yıpranma, aşınma. 3. giyim eşyası, giysi, elbise. **— and tear** normal kullanılma sonucu eskime; aşınma ve yıpranma. **— away** 1. aşındırmak; aşınmak. 2. yıpratmak; yıpranmak. 3. tükenmek. **— down** 1. azar azar gücünü tüketmek, yavaş yavaş yıpratmak/yıpranmak. 2. aşındırmak; aşınmak. **— off** yavaş yavaş azalmak, yavaş yavaş yok olmak. **— on** 1. yavaş ilerlemek/geçmek. 2. can sıkmak. **— the trousers** *k. dili* reislik etmek. **— well** 1. iyi dayanmak. 2. iyi uymak. 3. uygun gelmek. 4. süregelmek.
wear.a.ble (wer'ıbıl) *s.* giyilebilir.
wea.ri.some (wîr'ısım) *s.* bıktırıcı, usandırıcı, sıkıcı; yorucu.
wea.ry (wîr'i) *s.* 1. bitkin, çok yorgun. 2. yorucu, yoran. 3. bıkkın, bıkmış, usanmış. *f.* 1. çok yormak; çok yorulmak. 2. bıkmak, usanmak, bezmek; bıktırmak, usandırmak, bezdirmek. **be — of** -den bıkmış/usanmış olmak.
wea.sel (wi'zıl) *f.* 1. *zool.* gelincik. 2. *k. dili* sinsi kimse, kurnaz kimse, çakal. *f.* **— out of** *k. dili* -den kurnazlıkla sıyrılmak.
weath.er (wedh'ır) *i.* hava, hava durumu. *f.* 1. (güçlük, tehlike v.b.'ni) atlatmak/savuşturmak. 2. (güneş, yağmur v.b.) soldurmak/aşın-

dırmak. 3. (güneş, yağmur v.b. nedenlerle) solmak/aşınmak. — **bureau** meteoroloji bürosu. — **forecast** hava raporu. — **map** hava haritası, meteoroloji haritası. — **station** meteoroloji istasyonu. — **strip/stripping** pencere bandı, tecrit şeridi. — **vane** yelkovan, fırıldak. **be under the —** k. dili hasta/rahatsız olmak. **make heavy — of** k. dili (bir işi) fazlasıyla büyütüp bin bir güçlükle yapmak.
weath.er-beat.en (wedh´ırbitın) s. 1. her türlü kötü hava şartlarına maruz kalmış, fırtına yemiş. 2. yanık ve kırış kırış (yüz).
weath.er-bound (wedh´ırbaund) s. kötü hava şartlarından dolayı limanda mahsur kalmış (gemi).
weath.er.cock (wedh´ırkak) i. (horoz şeklinde) yelkovan, fırıldak.
weath.er.ize, İng. **weath.er.ise** (wedh´ırayz) f., k. dili (binayı) soğuğa karşı izole etmek.
weath.er.man (wedh´ırmän), çoğ. **weath.er.men** (wedh´ırmen), k. dili 1. meteoroloji uzmanı. 2. radyo, TV hava durumu sunucusu.
weath.er.proof (wedh´ırpruf) s. her türlü hava şartlarına karşı dayanıklı, rüzgâr/yağmur/soğuk geçirmez.
weath.er-strip (wedh´ırstrip) f. pencere bandı yapıştırmak.
weath.er.worn (wedh´ırwôrn) s. hava etkisiyle bozulmuş/aşınmış.
weave (wiv) f. **(wove, wo.ven)** 1. dokumak. 2. örmek. 3. kurmak, yapmak, icat etmek. i. 1. dokuma: This carpet has a loose weave. Bu halının dokuması seyrek. 2. örgü.
weav.er (wi´vır) i. dokumacı, çulha.
web (web) i. 1. örümcek ağı. 2. ağ, şebeke. 3. dokuma. 4. anat., zool. zar, perde.
web.bing (web´îng) i. kalın dokuma kayış.
wed (wed) f. **(—ded/wed, —ding)** 1. ile evlenmek; ile evlendirmek. 2. birleştirmek. 3. bağlanmak; bağlamak.
we'd (wid) kıs. 1. **we had.** 2. **we would/should.**
wed.ded (wed´îd) f., bak. **wed.** s. 1. nikâhlı. 2. **to** (bir fikri) iyice benimsemiş; kendini (bir şeye) adamış.
wed.ding (wed´îng) i. nikâh, düğün. **— cake** düğün pastası. **— ring** alyans.
wedge (wec) i. kıskı, kama, takoz. f. 1. sıkıştırmak: He wedged himself into the back seat. Kendini arka koltuğa sıkıştırdı. 2. (kıskı, takoz v.b. ile) sıkıştırmak: Wedge the door open with that piece of wood. Kapının altına o tahta parçasını sıkıştır ve açık kalsın.
wed.lock (wed´lak) i. nikâh, evlilik. **out of —** evlilik dışı, gayrimeşru.
Wednes.day (wenz´di, wenz´dey) i. çarşamba.
wee (wi) s. **(we.er, we.est)** ufacık, minicik, küçücük. **a — bit** k. dili 1. azıcık, birazcık. 2. olduk-

ça. **the — hours** gece yarısından sonraki zaman, sabahın erken saatleri.
wee (wi) f., ç. dili çiş etmek, işemek. i., ç. dili çiş.
weed (wid) i. 1. (bahçede/tarlada) yabani ot, istenmeyen bitki. 2. argo haşiş. f. yabani otları ayıklamak, istenmeyen otları/bitkileri çıkarıp temizlemek. **— out** k. dili ayıklamak, çıkarmak, elemek.
week (wik) i. hafta. **— in — out** haftalarca. **—s ago** haftalarca önce. **a full —** 1. tam bir hafta. 2. olaylarla dolu bir hafta. **by the —** haftalığına, hafta hesabına göre. **for —s** haftalarca. **rent something by the —** bir şeyi haftalığına kiralamak.
week.day (wik´dey) i. hafta arasındaki gün, hafta içindeki gün, cumartesi ve pazar dışında herhangi bir gün, işgünü. **on a —** hafta arasında/içinde, hafta arasında/içinde bir gün: Let's meet on a weekday. Hafta içinde buluşalım.
week.end (wik´end) i. hafta sonu.
week.ly (wik´li) s. haftalık. z. haftada bir; her hafta. i. haftalık yayın.
weep (wip) f. **(wept)** 1. ağlamak, gözyaşı dökmek. 2. sızmak, damlamak. **—ing willow** bot. salkımsöğüt.
wee.vil (wi´vıl) i., zool. buğdaybiti.
wee-wee (wi´wi) f., ç. dili çiş etmek, işemek. i., ç. dili çiş.
weft (weft) i. atkı, argaç.
weigh (wey) f. 1. tartmak: Please weigh these pears. Bu armutları tartar mısınız? 2. **(up)** iyice tartmak/düşünmek, ölçüp biçmek, teraziye vurmak. 3. (belirli bir ağırlıkta) olmak, (belirli bir ağırlık) çekmek/gelmek: How much do you weigh? Kaç kilosun? That suitcase weighed thirty kilos. O bavul otuz kilo çekti. How much do you think it'll weigh? Sence kaç kilo gelir? **— against** -in aleyhine olmak. **— anchor** den. demir almak. **— in** 1. (uçağa binmeden önce) (bagajı) tarttırmak. 2. (cokey) yarış sonunda tartılmak. 3. önce tartılmak. **— in at** (tartıldığında) (belirli bir ağırlıkta) olmak. **— in someone's/something's favor** birinin/bir şeyin lehine olmak. **— on** 1. -in içine dert olmak. 2. -e ağır gelmek, -e yük olmak. **— one thing against another** (karar vermeye çalışırken) bir şeyi başka bir şeyle karşılaştırmak. **— one's words** sözlerini tartarak konuşmak. **— out** 1. (paketlemek/satmak üzere) (bir şeyden belirli bir miktar) tartmak: Weigh me out two kilos of apples. Bana iki kilo elma ver. 2. (cokey) yarıştan önce tartılmak. **—ing machine** kantar; baskül; tartı. **be —ed down** 1. with/by (dert/keder) yüklü olmak: He was weighed down by his sorrow. Yüreği acı doluydu. 2. **with/by** (bir görev, sorumluluk v.b.) belini

weigh

bükmek: **The people were weighed down by this oppressive taxation.** Bu insafsız vergiler halkın belini bükmüştü. 3. **with** (belirli bir şeyle) çok yüklü olmak: **She was weighed down with packages.** Eli kolu paket doluydu. **The branches of the trees were weighed down with ice.** Ağaçların dalları buzların ağırlığıyla yere doğru eğilmişti. **This won't — very heavily with her.** Onun gözünde pek önemli bir şey değil bu.

weigh (wey) *i.* yol. **under —** hareket halinde, yolda.

weight (weyt) *i.* 1. ağırlık, sıklet. 2. tartı. 3. yük, sıkıntı. 4. etki, önem. 5. nüfuz, itibar. **— lifter** halterci. **— lifting** halter kaldırma, halter. **by —** tartı ile. **carry —** etkili/önemli olmak: **It'll carry no weight with them.** Onları etkilemez o. **gain —/put on —** kilo almak, şişmanlamak. **lose —** kilo vermek, zayıflamak. **men of —** nüfuzlu adamlar, kodamanlar.

weight.less (weyt´lıs) *s.* ağırlıksız.

weight.y (wey´ti) *s.* 1. ağır. 2. çok önemli (konu/karar). 3. nüfuzlu, itibarlı.

weir (wir) *i.* su seddi, bent.

weird (wird) *s.* 1. garip, acayip, tuhaf. 2. esrarengiz.

weird.o (wir´do) *i., argo* çok eksantrik kimse, çok tuhaf bir kimse.

wel.come (wel´kım) *f.* 1. hoş karşılamak, memnuniyetle karşılamak: **He welcomed the news of his son's marriage.** Oğlunun nikâh haberini hoş karşıladı. 2. (misafiri) nezaketle karşılamak. *i.* 1. hoş karşılama. 2. nezaketle karşılama. *s.* 1. hoş karşılanan. 2. hoşa giden. **give someone a cold —** birini soğuk karşılamak. **give someone a warm —** 1. birini nezaket ve içtenlikle karşılamak. 2. birini pişman ettirmek. **He is — to come and go at his pleasure.** İstediği zaman gelip gidebilir. **overstay/wear out one's —** fazla kalıp tadını kaçırmak, ziyareti uzatıp bıktırmak. **roll out the — mat** ağırlamak. **You're —.** Bir şey değil./Rica ederim./Estağfurullah. **You're — to try.** Bir deneyin isterseniz./Buyrun deneyin.

weld (weld) *f.* 1. kaynak yapmak, kaynak yaparak birleştirmek, kaynatmak; kaynamak. 2. sıkıca birleştirmek. *i.* 1. kaynak yeri. 2. kaynak.

weld.er (wel´dır) *i.* kaynakçı.

wel.fare (wel´fer) *i.* 1. refah, mutluluk ve sağlık içinde yaşama. 2. yoksullara yardım. **— state** refah/gönenç devleti. **— worker** sosyal yardım görevlisi. **on —** ihtiyaç dolayısıyla resmi kuruluştan yardım alan.

well (wel) *i.* 1. kuyu: **artesian well** artezyen kuyusu, artezyen. **oil well** petrol kuyusu. 2. kaynak, pınar, memba. 3. merdiven boşluğu/evi/yuvası; asansör boşluğu/kuyusu/yuvası. *f.* 1. **(out)**

(sıvı) (bir yerden) fışkırmak, kaynamak. 2. **up in/within** (gözyaşı/bir duygu) ile dolmak: **Tears welled up in her eyes.** Gözleri doldu. **Anger suddenly welled up within him.** Birden öfkesi kabardı.

well (wel) *z.* (**bet.ter, best**) 1. iyi; yolunda: **The new computer is working well.** Yeni bilgisayar iyi çalışıyor. **Everything is going well.** Her şey yolunda gidiyor. 2. iyice: **Shake it well before using it.** Kullanmadan önce iyice çalkalayın. 3. hayli: **He is well on in life.** Yaşı hayli ilerlemiş. **All of the administrators are well past forty.** Yöneticilerin hepsi kırkını hayli geçmiş. **well up on the list** listenin başlarında. 4. pekâlâ: **He understood me (very) well.** Beni pekâlâ anladı. 5. haklı olarak: **You may well ask that question.** O soruyu sormakta haklısın. *s.* (**bet.ter, best**) 1. iyi; yolunda: **I don't feel well.** Kendimi iyi hissetmiyorum. **All is well.** Her şey yolunda. 2. iyi, uygun, yerinde; elverişli (**Would** ile kullanılır.): **It would be well to make an appointment before you go to see him.** Onu görmeye gitmeden önce randevu alsanız iyi olur. **— and good** kabul, tamam, peki; iyi hoş (ama). **W— done!** Aferin!/Bravo! **as —** 1. de, da, dahi: **I'm going as well.** Ben de gidiyorum. 2. ayrıca. **as — as** 1. ... kadar iyi: **He writes well, but not as well as Shakespeare.** İyi yazıyor, ama Shakespeare kadar iyi değil. 2. hem ... hem de ...: **He gave me money as well as advice.** Bana hem para verdi, hem de öğüt. **It's all very — but ....** Hepsi iyi hoş ama .../Her şey iyi güzel de .... **We might as — stop.** Dursak iyi olur./Bıraksak iyi olur.

well (wel) *ünlem* Pekâlâ!/Ya!/Hayret!/Olur değil!/Sahi!/Eh!/Haydi! **W—, as I was saying ....** Ha! Diyordum ki .... **W—, —!** Aman efendim!/Hayret!

we'll (wil) *kıs.* we will/shall.

well-bal.anced (wel´bäl´ınst) *s.* dengeli (biri/beslenme).

well-be.haved (wel´biheyvd´) *s.* uslu, terbiyeli.

well-be.ing (wel´bi´ying) *i.* refah, iyilik, mutluluk.

well-bred (wel´bred´) *s.* iyi terbiye görmüş, terbiyeli, kibar.

well-built (wel´bilt) *s.* boyu bosu yerinde.

well-con.nect.ed (wel´kınek´tid) *s.* nüfuzlu arkadaşları olan.

well-done (wel´dʌn´) *s.* 1. başarılı, iyi yapılmış. 2. iyi pişmiş.

well-fixed (wel´fikst´) *s., k. dili* paralı, zengin, hali vakti yerinde.

well-found.ed (wel´faun´did) *s.* sağlam bir nedene/nedenlere dayalı: **Your suspicions are well-founded.** Şüphelerinde haklısın.

well-groomed (wel´grumd´) *s.* bakımlı (kimse).

well-heeled (wel´hild´) *s., k. dili* zengin, para ba-

bası.
wel.lie (wel´i) *i., İng., k. dili* lastik çizme.
well-in.formed (wel´înfôrmd´) *s.* epey bilgi sahibi olan: **I'm well-informed about him.** Onun hakkında epey bilgim var.
wel.ling.ton (wel´îng.tın) *i., İng.* lastik çizme.
well-in.ten.tioned (wel´înten´şınd) *s.* iyi niyetli.
well-known (wel´non´) *s.* ünlü, tanınmış, meşhur.
well-man.nered (wel´män´ırd) *s.* terbiyeli.
well-mean.ing (wel´mi´nîng) *s.* iyi niyetli.
well-nigh (wel´nay´) *z.* hemen hemen, neredeyse.
well-off (wel´ôf) *s.* hali vakti yerinde, zengin.
well-read (wel´red´) *s.* (bir konuda/çeşitli konularda epey kitap okuduğu için) bilgili.
well-round.ed (wel´raun´did) *s.* 1. çok yönlü, geniş kapsamlı. 2. dolgun, balık etinde.
well-said (wel´sed´) *s.* yerinde söylenmiş.
well-spring (wel´spring) *i.* kaynak.
well-thumbed (wel´thʌmd´) *s.* kullanıla kullanıla sayfa kenarları yıpranmış.
well-timed (wel´taymd´) *s.* iyi zamanlanmış, zamanlı.
well-to-do (wel´tıdu´) *s.* hali vakti yerinde, zengin.
well-wish.er (wel´wîş´ır) *i.* başkasının iyiliğini isteyen kimse.
well-worn (wel´wôrn´) *s.* 1. iyice eskimiş, çok giyilmiş. 2. basmakalıp: **a well-worn expression** basmakalıp bir deyim.
wel.ly (wel´i) *i., İng., k. dili, bak.* **wellie.**
Welsh (welş) *i.* Galce. *s.* 1. Gal, Galler Ülkesi'ne özgü. 2. Galce. 3. Galli. **the — Galliler,** Galler Ülkesi halkı.
welsh (welş) *f., argo* 1. borcunu ödememek, dolandırmak. 2. sözünü tutmamak. **— on one's promise** sözünü tutmamak.
Welsh.man (welş´mın), *çoğ.* **Welsh.men** (welş´min) *i.* Galli erkek, Galli.
Welsh.wom.an (welş´wûmın), *çoğ.* **Welsh.wom.en** (welş´wimin) *i.* Galli kadın, Galli.
welt (welt) *i.* 1. kösele şerit. 2. (vurulan kamçının/değneğin bıraktığı) iz. *f.* 1. şerit koymak. 2. *k. dili* vurup iz bırakmak.
wel.ter (wel´tır) *f.* 1. ağnamak, yatıp yuvarlanmak. 2. dalga gibi kabarıp yuvarlanmak. *i.* 1. yuvarlanma. 2. karmakarışık bir sürü (şey): **a welter of details** bir sürü ayrıntı.
wel.ter.weight (wel´tırweyt) *i., boks* yarı ortasıklet.
wench (wenç) *i.* 1. genç kız. 2. hizmetçi kız.
wend (wend) *f.* **— one's way** gitmek; yol almak.
went (went) *f., bak.* **go.**
wept (wept) *f., bak.* **weep.**
were (wır) *f., bak.* **be.**
we're (wir) *kıs.* **we are.**
were.n't (wır´ınt, wırnt) *kıs.* **were not.**
were.wolf (wir´wûlf), *çoğ.* **were.wolves** (wir´wûlvz) *i., mit.* 1. kurt şekline girmiş insan.

2. kurt şekline girebilen kimse.
west (west) *i.* batı, garp. *s.* batı. *z.* batıya doğru: **go west** batıya doğru gitmek. **W— Indian** 1. Batı Hint Adalı, Batı Hint Adalı kimse. 2. Batı Hint Adaları'na özgü. 3. Batı Hint Adalı (kimse). **the W—** Batı. **the W— Indies** Batı Hint Adaları.
west.bound (west´baund) *s.* batıya doğru giden.
west.er.ly (wes´tırli) *z.* 1. batıdan. 2. batıya doğru. *s.* 1. batıya bakan. 2. batıdan esen (rüzgâr).
west.ern (wes´tırn) *s.* batı, batısal, batıya ait. *i.* batılı. **W— Samoa** Batı Samoa. **the W— Hemisphere** Batı Yarıküre.
west.ern.ize, *İng.* **west.ern.ise** (wes´tırnayz) *f.* batılılaştırmak.
west.ward (west´wırd) *s.* 1. batıya yönelen. 2. batıya bakan. *z.* batıya doğru, batı yönünde.
west.ward.ly (west´wırdli) *z.* 1. batıya doğru. 2. batıdan. *s.* 1. batıya yönelen. 2. batıdan esen (rüzgâr).
west.wards (west´wırdz) *z.* batıya doğru, batı yönünde.
wet (wet) *s.* (**—ter, —test**) 1. yaş, ıslak. 2. yağmurlu: **a wet day** yağmurlu bir gün. 3. *k. dili* içki yasağı olmayan (yer). *f.* (**wet/—ted, —ting**) 1. ıslatmak; ıslanmak. 2. -e işemek, -i ıslatmak: **Small children sometimes wet the bed.** Küçük çocuklar bazen yatağını ıslatır. *i.* yaşlık, nem, rutubet. **— behind the ears** *k. dili* toy, acemi, acemi çaylak. **— blanket** *k. dili* neşeyi kaçıran/şevki kıran kimse. **— nurse** sütnine. **— to the skin** iliklerine kadar ıslanmış. **be all —** *k. dili* 1. tamamen yanlış olmak. 2. yanılmak, yanılgıya düşmek. **the —** yağmur: **Don't stand out there in the —!** Orada yağmurun altında durma!
wet.ness (wet´nîs) *i.* ıslaklık, nem, rutubet.
wet-nurse (wet´nırs) *f.* 1. -e sütninelik etmek. 2. -e özenle bakmak.
we've (wiv) *kıs.* **we have.**
whack (hwäk) *f., k. dili* 1. pat/küt diye vurmak; tokat atmak. 2. (**off**) kesmek. *i., k. dili* 1. kuvvetli darbe/vuruş; kuvvetli tokat. 2. kuvvetli bir darbe/tokat sesi; pat; küt. **at one —** *İng., k. dili* bir defada, bir kalemde, birden. **Let me have a — at it!** *İng., k. dili* Bir deneyeyim bakalım! **out of —** *k. dili* bozuk, çalışamaz/işleyemez durumda. **pay one's —** *İng., k. dili* payına düşeni ödemek.
whacked (hwäkt) *s.* (**out**) *İng., k. dili* çok yorgun, bitkin, pestil gibi.
whack.ing (hwäk´îng) *s., İng., k. dili* 1. çok büyük, kocaman. 2. çok: **That's a whacking big car!** Kocaman bir araba o!
whale (hweyl) *i.* (*çoğ.* **—s/whale**) *zool.* balina. **a — of a** *k. dili* 1. çok büyük: **a whale of a difference** çok büyük bir fark. 2. müthiş, dehşet,

whale

çok güzel: **a whale of a novel** müthiş bir roman. **have a — of a time** *k. dili* çok eğlenmek.
whale (hweyl) *f., k. dili* 1. dövmek. 2. kuvvetli bir şekilde vurmak. 3. **out** kuvvetli bir şekilde vurarak çıkarmak: **She was whaling the dust out of the carpets.** Halılara pat pat vurarak tozunu çıkarıyordu. **— in and ...** gayretle (bir işe) başlamak: **She whaled in and fixed supper for the whole push of 'em.** Kalkıp onların hepsine akşam yemeği hazırladı.
wham (hwäm) *i.* 1. kuvvetli darbe/vuruş. 2. kuvvetli bir darbenin sesi; pat; küt. *f.* **(—med, —ming)** 1. pat/küt diye vurmak. 2. pat/küt diye çarpmak; pat diye patlamak. *z.* pat diye: **I was sitting at my desk writing when wham, in walks Fatma!** Ben çalışma masamın başında yazı yazarken pat diye Fatma giriyor içeri!
wham.my (hwäm´i) *i.* **put a — on someone** *k. dili* birine uğursuzluk getiren bir büyü yapmak.
whap (hwäp, hwap) *f.* **(—ped, —ping)** *bak.* **whop.**
whap.per (hwäp´ır, hwap´ır) *i., bak.* **whopper.**
whap.ping (hwäp´îng, hwap´îng) *s., bak.* **whopping.**
wharf (hwôrf), *çoğ.* **wharves** (hwôrvz) *i.* iskele; rıhtım.
what (hwʌt, hwat) *zam.* 1. ne: **What's this?** Bu ne? **Tell me what she said.** Bana ne dediğini söyle. **What do you think I am?** Beni ne zannediyorsun? **Don't forget what she said!** Onun dediğini unutma! **I've no money but what you see here.** Burada gördüğünden başka param yok. **Their production today is not what it was.** Onların şimdiki üretimi eskisi gibi değil. 2. *Şaşkınlık belirtir:* **What, no lunch?** Ne diyorsun? Öğle yemeği yok mu?/Ne, öğle yemeği yok mu? *s.* 1. ne; hangi: **What news have you had from them?** Onlardan ne haber? **What time is it?** Saat kaç? **What books have you read this summer?** Bu yaz hangi kitapları okudun? **What money I have is in the safe.** Ne kadar param varsa kasada. 2. ne; ne kadar çok; ne kadar büyük *(Şaşkınlık, hoşnutluk, öfke v.b. duyguları pekiştirmek için kullanılır.):* **What beautiful trees!** Ne güzel ağaçlar! **What a delightful spot!** Ne güzel bir yer! **With what joy did I hand her over to them!** Kendisini onlara ne büyük bir sevinçle teslim ettim, bir bilsen! **He remembered what great sadness he'd felt then.** O zamanki hüznünün ne kadar büyük olduğunu hatırladı. **What a mess!** Şu karışıklığa bak! **— about ...** 1. ya ...: **You've given her some money, but what about me?** Ona para verdiniz. Ya bana? 2. *Tekliflerde kullanılır:* **What about a walk?** Yürüyüşe çıkmaya ne dersin? **W— about it?** *k. dili, bak.* **What of it? W— ever ...?** *k. dili (Şaşkınlık belirtir.):* **What ever can**

558

she mean? Ne demek istiyor Allah aşkına? **W— for?** *k. dili* Niye?/Niçin? **— if ...?** ya ... ise?: **What if it rains?** Ya yağmur yağarsa? **W— of it?** *k. dili* E, ne olacak?/Ne önemi var?/Ne çıkar?/Ne zararı var? **W—'s it to you?** Sana ne? **—'s what** 1. neyin ne olduğu: **I can't tell what's what.** Neyin ne olduğunu seçemiyorum/göremiyorum. 2. gerekli olan bilgiler: **As she's just begun working here she's not yet had time to learn what's what.** Burada yeni çalışmaya başladığı için henüz her şeyi öğrenmeye vakti olmadı. **W—'s with her?** *k. dili* Nesi var onun?/Niye bozuk çalıyor?/Niye kızgın o? **— the hell/heck!** 1. Boş ver!: **Let's go, what the hell!** Boş ver, gidelim! 2. Neden/Niye olmasın?: **What the hell, let's do it.** Niye olmasın? Haydi yapalım! 3. Allah kahretsin! 4. *Kızgınlık belirtir:* **What the hell do you think you're doing?** Ne halt ettiğini zannediyorsun? **— with** *k. dili* -in yüzünden, -den dolayı: **What with this, that and the other I haven't managed to get it done.** Çeşitli şeyler yüzünden onu yapamadım. **and — have you/and — not** *k. dili* vesaire. **and —'s more** bir de, hem de, üstelik, ayrıca: **She was wearing a pink cape and, what's more, she was carrying a pink poodle.** Pembe bir pelerin giymişti ve kucağında da pembe bir kaniş taşıyordu. **come — may** ne olursa olsun. **get —'s coming to one** müstahakkını bulmak, hak ettiği cezayı yemek. **give someone — for** *k. dili* 1. birini haşlamak, birine zılgıt vermek. 2. birine dayak atmak. **have — it takes** *k. dili* gereken niteliklere sahip olmak: **She's got what it takes to be number one in her class.** Sınıfının birincisi olmak için gerekli niteliklere sahip. **no matter —** *k. dili* ne olursa olsun.
what-do-you-call-him/her/it/them (hwʌt´dı-yukôlim/ır/it/dhem) *i.* şey *(İsmi akla gelmeyen bir kimse veya şeyi belirtmek için kullanılır.):* **What-do-you-call-him ... Fettah ... what's he doing now?** Şey ... Fettah ... o şimdi ne yapıyor?
what.ev.er (hwʌtev´ır) *zam.* 1. her ne, ne: **Take whatever you want.** Ne istersen al. **Whatever happens, don't panic!** Ne olursa olsun paniğe kapılma! **Whatever's been done before may be done again.** Önceden ne yapıldıysa tekrar yapılabilir. 2. *k. dili* Benim için fark etmez./Fark etmez. 3. *k. dili, bak.* **What ever ...?** *s.* 1. ne; hangi: **Take whatever documents you want.** Belgelerden hangisini istersen al. **Use whatever means are necessary.** Ne gerekirse onu yap. 2. herhangi bir: **If there is any problem whatever, telephone me.** Herhangi bir problem olursa bana telefon edin. **At no time whatever are you to leave the base.** Hiçbir zaman üsten çıkmayacaksın. **or —** *k. dili* veya öyle bir şey, veya onun gibi bir şey.

what.not (hwʌtˈnat) *i.* etajer.
what's-his/her/its/their-name (whʌtsˈiz/ır/its/dherneym) *i., bak.* **what-do-you-call-him/her/it/them**.
what.so.ev.er (hwʌtsowevˈır) *zam.* her ne, ne: **Do whatsoever you please!** Ne dilersen onu yap! *s.* 1. ne; hangi: **Use it for whatsoever purpose you see fit.** Sana göre hangi amaç uygunsa onun için kullan. 2. herhangi bir: **If you've any doubts whatsoever, don't do it.** Herhangi bir şüphen varsa onu yapma. **In no case whatsoever are you to tell her.** Ne olursa olsun ona söylemeyeceksin.
what-you-call-him/her/it/them (waçˈıkôlim/ır/it/dhem) *i., bak.* **what-do-you-call-him/her/it/them.**
what-you-may-call-him/her/it/them (waçˈımıkôlim/ır/it/dhem) *i., bak.* **what-do-you-call-him/her/it/them.**
wheat (hwit) *i.* buğday. — **germ** buğday tohumunun embriyon kısmı. **cracked —** yarma buğday.
whee.dle (hwiˈdıl) *f.* — **one's way into** dil dökerek (bir yere, bir işe v.b.'ne) girmek. — **someone into** dil dökerek birini (bir şey yapmaya) ikna etmek. — **something out of someone** dil dökerek birinden bir şey koparmak.
wheel (hwil) *i.* 1. tekerlek. 2. direksiyon, direksiyon simidi/volanı. 3. *den.* dümen dolabı. 4. *ask.* çark. — **alignment** (motorlu taşıta ait) tekerleklerin ayarlanması. **big —** argo kodaman.
wheel (hwil) *f.* 1. daireler çizerek dönmek: **Gulls wheeled above us.** Üzerimizde martılar dönüyordu. 2. **(around/round/about)** birdenbire dönmek, dönüvermek: **She wheeled round and looked him in the eye.** Birdenbire dönüp gözlerinin içine baktı. 3. (tekerlekli bir araçla) gitmek; (tekerlekli bir araç) gitmek, ilerlemek; (tekerlekli bir aracı) sürmek: **He wheeled the taxi right up to the front door.** Taksiyi ta ön kapıya kadar sürdü. **They wheeled around the city all day in the black Mercedes.** Bütün gün siyah Mercedes'le şehri dolaştılar. 4. *ask.* çark etmek; çark ettirmek. — **and deal** *k. dili* 1. (bir işi gerçekleştirmek için) görüşmeler ve pazarlıklar yapmak. 2. iş çevirmek. — **out** ileri sürmek, öne sürmek: **He always wheels that example out in order to support his case.** Kendi iddiasını desteklemek için hep o örneği öne sürüyor. — **someone in/out** (tekerlekli sandalye, bebek arabası v.b.'ndeki) birini içeri getirmek/dışarı çıkarmak: **As he slowly wheeled him in everyone in the room fell silent.** Onu tekerlekli sandalyesiyle yavaş yavaş içeri sokarken odadakilerin hepsi sustu.
wheel.bar.row (hwilˈbero) *i.* el arabası.
wheel.base (hwilˈbeys) *i., oto.* dingil açıklı-
ğı/mesafesi.
wheel.chair (hwilˈçer) *i.* tekerlekli sandalye/koltuk.
wheel.er-deal.er (hwiˈlırdiˈlır) *i., k. dili* 1. (bir işi gerçekleştirmek için) kurnazca görüşmeler ve pazarlıklar yapan kimse. 2. iş çeviren kimse.
wheeze (hwiz) *f.* hırıldamak, hırlamak, hırıltılı bir ses çıkarmak. *i.* hırıltı, hırıltılı ses.
wheez.y (hwiˈzi) *s.* hırıltılı, hırıldayan.
whelp (hwelp) *i.* 1. enik, encik, yavru. 2. küstah bir genç. *f.* eniklemek, enciklemek, yavrulamak.
when (hwen) *z.* ne zaman: **When will they return?** Ne zaman dönecekler? *bağ.* 1. -diğinde; -diği zaman; -ince; -diği (gün, saat v.b.): **You have to get up when the bugle blows.** Boru çaldığında kalkman lazım. **Start when you please.** İstediğin zaman başla. **When Ali arrived she was still dressing.** Ali vardığında hâlâ giyiniyordu. **You shouldn't be thinking of such things when you're about to kick the bucket.** İnsan nalları dikeceği zaman böyle şeyleri düşünmemeli. **There were times when she felt like killing him.** Onu öldüresi geldiği zamanlar olurdu. **We'll hit the road when the sun goes down.** Güneş batınca yola çıkarız. **I wonder when she'll come.** Ne zaman gelecek acaba? **May's when the roses are at their best.** Mayıs ayı tam gül zamanıdır. 2. -diği zaman, iken, -ken: **When prince regent he ruled the country well.** Naip prensken ülkeyi iyi yönetti. **We saw them when we were in Venice.** Venedik'teyken onları gördük. 3. -diğine göre: **How can she buy a yacht when all she makes is five hundred dollars a month?** Ayda sadece beş yüz dolar kazandığına göre nasıl yat alabilir? 4. (-mesi gerektiği) halde, iken, -ken: **When he should have gotten at least five hundred million, he only got two hundred million.** En az beş yüz milyon lira alması gerekirken sadece iki yüz milyon aldı. 5. (-mesi mümkün olduğu) halde, iken, -ken: **He paid, when he could have gone in free.** İçeri bedava girebileceği halde para ödedi. *zam.* ne zaman: **Don't ask me when!** Bana zamanını sorma! **I don't know when.** Ne zaman olacağını bilmiyorum. **W— ever …?** *k. dili* (Soruyu vurgulamak için kullanılır.): **When ever will you be on time?** Sen ne zaman vaktinde geleceksin? **Say —.** *k. dili* Kâfi gelince söyle. **Since —?** Ne zamandan beri? **Since — …?** Ne zamandan beri …?: **Since when have you been doing this?** Bunu ne zamandan beri yapıyorsun? **since —** o zamandan beri: **He suffered a fall last May, since when he's been confined to a wheelchair.** Geçen Mayıs ayında düştü ve o zamandan beri tekerlekli sandalyeye mahkûm oldu. **Till —?** *k. dili, bak.* **Until when?** **till —** *k. dili, bak.* **until when. Until —?** Ne zamana ka-

whence 560

dar? **Until — ...?** Ne zamana kadar ...? **until —** o zamana kadar: **He will come on 1 January, until when I advise you just to be patient.** O 1 Ocak'ta gelecek. O zamana kadar sadece sabretmeni tavsiye ederim.
whence (hwens) *bağ.* 1. nereden: **Send it back to the place whence it came.** Onu geldiği yere geri gönder. 2. bu yüzden, bundan dolayı: **She couldn't answer any of my questions correctly; whence I concluded she was an impostor.** Hiçbir sorumu doğru cevaplayamadı. Bu yüzden sahtekâr olduğuna karar verdim. *z., eski* nereden: **Whence come you?** Nereden geliyorsunuz?
when.ev.er (hwenev´ır) *bağ.* ne zaman ... ise, her ... -diğinde: **Whenever I see her I think of that day.** Kendisini ne zaman görsem o günü düşünürüm.
when.so.ev.er (hwensıwev´ır) *bağ., bak.* **whenever.**
where (hwer) *z.* nerede; nereye; nereden: **Where do you live?** Nerede oturuyorsun? **Where are you going?** Nereye gidiyorsun? **Where'd you get that shirt?** O gömleği nereden aldın? *bağ.* 1. *İsim olarak kullanılan yancümlenin başında bulunur:* **That's where she sits.** Oturduğu yer orası. **That's where you're wrong.** O noktada yanılıyorsun. **I told her where it came from.** Ona onun nereden geldiğini söyledim. **You haven't yet taken me where I want to go.** Beni gitmek istediğim yere henüz götürmedin. 2. *Sıfat olarak kullanılan yancümlenin başında bulunur:* **I saw many plantations where sugarcane is grown.** Şekerkamışı yetiştirilen çok plantasyon gördüm. 3. *Zarf olarak kullanılan yancümlenin başında bulunur:* **I have to go where she goes.** Onun gittiği yere ben de gitmek zorundayım. **Put it back where you found it.** Onu bulduğun yere bırak. **He planted acacias where he should have planted black locusts.** Akasya dikilmesi gereken yere mimoza dikti. **Where she's concerned, I won't give an inch.** Ona gelince, hiç taviz vermeyeceğim. **Where she once owned ten factories, now she only owns one.** Vaktiyle on fabrikaya sahipken şimdi ancak bir fabrikası var. **You can go where you please.** İstediğin yere gidebilirsin. *zam.* nere: **He's from God knows where.** O nereli, Allah bilir./Nereli olduğunu Allah bilir. **W— ever ...?** Nerede/Nereye/Nereden ... Allah aşkına? **Where ever has she gotten to?** O nereye gitti Allah aşkına? **— it's at** *argo* çok şık/moda olan bir yer/şey, çok rağbet edilen bir yer/şey.
where.a.bouts (hwer´ıbauts) *z.* nerede; nerelerde; nereden; nerelerden; nereye; nerelere: **Whereabouts is he from?** Nereli o? *i.* (birinin/bir şeyin) bulunduğu/olduğu yer: **His whereabouts remain unknown.** Onun nerede olduğu hâla bilinmiyor.

where.as (hweräz´) *bağ.* 1. oysa; iken, -ken: **She loves his novels, whereas her husband loathes them.** Kendisi onun romanlarını seviyor, oysa kocası onlardan nefret ediyor. **He speaks no English, whereas she speaks no French.** O hiç İngilizce bilmezken öbürü de hiç Fransızca bilmiyor. 2. -diği için; -diğine göre: **Whereas she is no longer legally competent, I have appointed you her guardian.** Artık kanunen yetki sahibi olmadığı için sizi ona vasi tayin ettim.
where.by (hwerbay´) *bağ.* onunla, onun vasıtasıyla *(Sıfat olarak kullanılan yancümlenin başında bulunur.):* **This is a plan whereby we can reduce inflation.** Bu planla enflasyonu azaltabiliriz.
where.fore (hwer´fôr) *z.* niye, neden. *bağ.* bu yüzden, bundan dolayı, bu nedenle.
where.in (hwerin´) *bağ. (Sıfat olarak kullanılan yancümlenin başında bulunur.):* **He looked at the window wherein she sat.** Oturduğu pencereye baktı. **Show me the paragraph wherein this point is mentioned.** Bu noktanın bahsedildiği paragrafı göster.
where.of (hwerʌv´) *bağ. (Sıfat olarak kullanılan yancümlenin başında bulunur.):* **The wine whereof they drank had been poisoned.** İçtikleri şaraba zehir katılmıştı. **The man whereof you speak is dead.** Bahsettiğin adam öldü. **He knows whereof he speaks.** Bahsettiği konu hakkında gerçekten bilgi sahibi.
where.up.on (hwerıpan´) *bağ.* bunun üzerine: **Six months later the duke died, whereupon the dukedom went to his nephew.** Altı ay sonra dük vefat etti. Bunun üzerine düklük yeğenine geçti.
wher.ev.er (hwerev´ır) *bağ. (Zarf olarak kullanılan yancümlenin başında bulunur.):* **Go wherever you like.** Nereye istersen git. **Wherever possible he tries to help.** Şartlar elverdiğince yardımda bulunmaya çalışıyor. *z., k. dili, bak.* **Where ever ...?**
where.with (hwerwith´) *bağ.* onunla, onun vasıtasıyla *(Sıfat olarak kullanılan yancümlenin başında bulunur.):* **We lacked the tools wherewith to do the job.** İşin gerektirdiği aletler bizde yoktu.
where.with.al (hwer´widhôl) *i., k. dili* **the —** para: **Just how do I get the wherewithal to do all this?** Bütün bu işleri yapacak parayı nasıl bulayım?
whet (hwet) *f.* **(—ted, —ting)** 1. bilemek, keskin bir hale getirmek: **He was whetting his knife.** Bıçağını biliyordu. 2. (istek, heves, gayret v.b.'ni) artırmak: **Their lust for gold has whetted their exertions.** Altın hırsı gayretlerini artırdı. **— someone's appetite** birinin iştahını açmak.
wheth.er (hweth´ır) *bağ.* 1. "-mek veya -memek," "-ip -mediğini," "-ip -meyeceğini" gibi fiil şekillerinin kullanıldığı durumlarda kullanılır: **The only question facing us is whether**

th	dh	w	hw	b	c	ç	d	f	g	h	j	k	l	m	n	p	r	s	ş	t	v	y	z
thin the we why be joy chat ad if go he regime key lid me no up or us she it via say is

we're to stay or to go. Önümüzdeki tek sorun kalmak ya da gitmek. **She couldn't decide whether to sign or not.** İmza atıp atmayacağına karar veremedi. **They asked me whether they could bring her.** Bana onu getirip getiremeyeceklerini sordular. **I wonder whether I should go now.** Şimdi mi gitsem acaba? **I don't care a fig whether you love her or not.** Onu sevip sevmediğin bana vız gelir. 2. *"-se de -mese de" gibi fiil şekilleriyle kullanılır:* **I'm going, whether you come or not.** Sen gelsen de gelmesen de ben gidiyorum. 3. *"... ya da, " "... olsun ... olsun, " "ister ... ister ..." şekillerinde kullanılır:* **All governments, whether autocratic or democratic, must deal with this problem.** Her hükümet, otokratik ya da demokratik, bu problemle uğraşmak zorunda. **I'll get it done, whether at the office or at home.** Büroda olsun, evde olsun, bunu bitireceğim.
whet.rock (hwet'rak) *i., bak.* **whetstone.**
whet.stone (hwet'ston) *i.* bileğitaşı.
whew (hwyu) *ünlem* 1. *Rahatsızlık belirtir:* Of!/Aman! 2. *Rahatlayınca söylenir:* Oh! 3. *Şaşkınlık belirtir:* Hayret!/Uf be!
whey (hwey) *i.* kesilmiş sütün suyu.
which (hwiç) *s.* hangi: **Which dictionary do you want?** Hangi sözlüğü istiyorsun? **Which ones did you select?** Hangilerini seçtiniz? **Which trees did they cut down?** Hangi ağaçları kestiler? **She'll return at nine, by which time I should be finished with this.** Saat dokuzda önecek ki o zamana kadar bu işi bitirmiş olmalıyım. *zam.* 1. hangi: **Which of those houses are yours?** O evlerden hangileri sizin? **Which of those girls is your daughter?** O kızlardan hangisi senin kızın? **Which of you have had some of this tea?** Hanginiz bu çaydan içtiniz? **Which of you wants tea?** Kimler çay istiyor? 2. *Sıfat olarak kullanılan yancümlenin başında bulunur:* **From there we went to the museum, which is located in Harbiye.** Oradan Harbiye'de bulunan müzeye gittik. **It's not just meat which is expensive.** Pahalı olan sadece et değil. **They're talking of making both of them empress, which is nonsense.** Her ikisini de imparatoriçe yapmaktan bahsediyorlar ki, bu tamamıyla saçma. **tell — is —** hangisinin hangisi olduğunu ayırt etmek: **I couldn't tell which was which.** Hangisinin hangisi olduğunu ayırt edemedim.
which.ev.er (hwiçev'ır) *zam.* hangisi ... ise: **I'll take a kilo of either the apples or the pears, whichever is cheaper.** Elma ya da armut fark etmez, hangisi ucuzsa ondan bir kilo alacağım. *s.* hangi ... ise: **You can have whichever camellia you want.** Hangi kamelyayı istersen onu alabilirsin.

whiff (hwif) *i.* 1. esinti. 2. koku. **get/catch a — of -in** kokusunu duymak.
while (hwayl) *i.* müddet, süre: **She listened to them for a while, but then she got bored.** Onları bir müddet dinledi, fakat sonra sıkılmaya başladı. **You've been away quite a while.** Epey zamandır burada yoktun. **He left just a little while ago.** Ancak biraz evvel çıktı. *f.* **— away** (vakti) geçirmek: **They whiled away the afternoon playing bridge.** Öğleden sonrayı briç oynayarak geçirdiler. **all the —** belirli bir müddetin başından sonuna kadar: **She wasn't surprised because she'd known it all the while.** Baştan bildiği için şaşırmamıştı. **be worth someone's —** birinin vaktini ayırmasına değmek: **It's worth your while to learn Italian.** İtalyanca öğrenmeye değer. **once in a —** arada bir.
while (hwayl), *İng.* **whilst** (hwaylst) *bağ.* 1. iken, -ken: **Esra stayed with her mother while he was in Ankara.** O Ankara'dayken Esra annesinde kaldı. **Every morning while running in the park I see one particular deer.** Her sabah parkta koşarken bir geyiği görüyorum. 2. iken, -ken, -diği halde, -mekle birlikte; oysa: **While what you say is true of Fatma, it's not true of Fazilet.** Dedikleriniz Fatma için geçerli olmakla birlikte Fazilet için geçerli değil. **She's a blonde, while her sister's a brunette.** O sarışın, oysa kız kardeşi esmer.
whim (hwim) *i.* birinin aklına esen şey; kapris, geçici heves.
whim.per (hwim'pır) *f.* 1. hafifçe/yavaşça inlemek, hafif iniltiler çıkarmak. 2. sızlanmak, sızlamak, hafif hafif yakınmak. *i.* 1. hafif inilti, inleme. 2. sızıltı, sızlanma.
whim.si.cal (hwim'zikıl) *s.* 1. garip, tuhaf. 2. garip şeyler yapmaktan hoşlanan. 3. değişken, birdenbire değişen.
whim.sy (hwim'zi) *i.* 1. garip şeylerden hoşlanma huyu. 2. garip şey. 3. garip fikir/heves.
whine (hwayn) *f.* 1. inlemek, ağlamak, iniltiler çıkarmak. 2. sızlanmak, sızlamak, yakınmak. 3. (kurşun) vınlamak. 4. (sivrisinek) vızıldamak. *i.* 1. inilti, inleme. 2. sızıltı, sızlanma. 3. (kurşuna ait) vınlama. 4. (sivrisineğin çıkardığı) vızıltı.
whinge (hwinc) *f., İng.* sızlanmak, sızlamak, ağlamak, vızıldamak, vızlamak.
whin.ny (hwin'i) *f.* hafifçe kişnemek. *i.* hafif bir kişneme.
whip (hwip) *f.* (**—ped, —ping**) 1. (kamçı, kayış, baston v.b. ile) vurmak; kamçılamak; kırbaçlamak; (birinin kıçına) şaplak indirmek; dayak atmak. 2. **out** çıkarıvermek, birdenbire çıkarmak: **He whipped out his knife.** Birdenbire bıçağını çıkardı. 3. **around/round/across/off/over** çabucak/bir koşu gitmek: **He'll whip round to the**

whip

grocer's and get it. Bir koşu bakkala gidip alır. **4. around/round/across/over** (rüzgâr) şiddetle esmek. **5.** (sütün yüzünde toplanan kremayı, yumurtayı v.b.'ni) çırpmak. **6.** tamamıyla mağlup etmek, bozguna uğratmak. **7. up** (bir duyguyu) uyandırmak/kışkırtmak; kamçılamak. **8. up** yapıvermek/yaratıvermek: **She can whip up a cake in no time flat.** Bir çırpıda bir kek yapabilir. **9. in** girivermek. **10. out** çabucak çıkmak, çıkıvermek. **11. back** çabucak dönmek. **— someone away/off** birini götürüvermek. **— someone/something into shape** birini/bir şeyi istenilen şekle/duruma getirivermek: **In two weeks he'd whipped his team into shape.** İki hafta içinde takımını oynamaya hazır bir duruma getirivermişti. **— something away** bir şeyi kapıvermek. **— something off** bir giysiyi çıkarıvermek. **— something on** bir giysiyi giyivermek.
whip (hwip) *i.* 1. kamçı, kırbaç. 2. (yumurta v.b. için) çırpacak.
whip.lash (hwip´läş) *i.* 1. kamçı vuruşu/darbesi. 2. kamçı ipi. 3. araba kazasında kafa ve omurganın şiddetle sarsılmasından ileri gelen travma.
whip.per.snap.per (hwip´ır.snäpır) *i., k. dili* kendini bir şey zanneden genç.
whip.ping (hwip´îng) *i.* 1. kırbaçlama, kamçılama. 2. birinin kıçına şaplak indirme; dayak. **— boy** şamar oğlanı. **get a —** dayak yemek.
whip.poor.will (hwip´ırwîl) *i., zool.* Kuzey Amerika'ya özgü bir tür çobanaldatan.
whip-round (hwip´raund) *i., İng., k. dili* **have a — para** toplamak.
whip.stitch (hwip´stiç) *i., k. dili* an, lahza.
whir (hwır) *f.* **(—red, —ring)** 1. (kuş) pır diye uçmak, pır pır uçmak. 2. vınlamak. *i.* 1. pır sesi. 2. vın sesi, vınlama.
whirl (hwırl) *f.* 1. fırıl fırıl dönmek, hızla dönmek; fırıl fırıl döndürmek, hızla döndürmek. 2. **(about/around)** dönüvermek: **She whirled around and gave me a slap on the face.** Birden dönüp yüzüme bir tokat attı. 3. büyük bir hızla geçmek; vızır vızır geçmek. *i.* 1. fırıl fırıl dönme, hızlı dönüş; fırıl fırıl döndürme, hızlı döndürüş. 2. küçük çevrinti: **Trout can be found near the whirls in the stream.** Alabalık, çaydaki küçük çevrintilerin yakınında bulunabilir. 3. koşuşturma. 4. heyecan. 5. hızlı geçiş; vızır vızır geçiş. **— someone away/off** birini hızla götürmek; birini kapıp hızla götürmek. **give something a — k. dili** bir şeyi denemek: **Give it a whirl!** Onu bir dene!
whirl.pool (hwırl´pul) *i.* (suda oluşan) girdap, anafor, burgaç, çevrinti.
whirl.wind (hwırl´wînd) *i.* (hava akıntısının oluşturduğu) çevrinti.
whirl.y.bird (hwır´lîbırd) *i., k. dili* helikopter.

whirr (hwır) *f., i., İng., bak.* **whir.**
whish (hwîş) *f.* 1. (su) fışıldamak, fışırdamak. 2. (rüzgâr) uğuldamak. 3. (kumaş) hışırdamak. 4. hızla geçmek. *i.* 1. fışıltı, fışırtı. 2. uğultu. 3. hışırtı.
whisk (hwîsk) *f.* 1. (kuyruğu) sallamak: **The horse whisked its tail a few times.** At, kuyruğunu birkaç kez salladı. 2. **(away/off)** götürüvermek: **The airplane whisked them to Paris in only a few hours.** Uçak onları yalnızca birkaç saat içinde Paris'e götürüverdi. 3. (yumurta v.b.'ni) çırpmak. 4. **off** süpürüvermek: **She whisked the crumbs off the tablecloth with a brush.** Ekmek kırıntılarını bir fırçayla masa örtüsünden alıverdi. **— broom** ufak süpürge; elbise fırçası.
whisk.er (hwîs´kır) *i.* 1. sakal teli. 2. *çoğ.* sakal. 3. *çoğ.* (kedi v.b. hayvanlara ait) bıyık.
whis.ky, whis.key (hwîs´ki) *i.* viski.
whis.per (hwîs´pır) *f.* fısıldamak; fısıldaşmak: **She whispered to him that she was going to resign.** Ona istifa edeceğini fısıldadı. **What are you whispering about?** Ne hakkında fısıldaşıyorsunuz? *i.* fısıltı.
whist (hwîst) *i.* vist (bir iskambil oyunu).
whis.tle (hwîs´ıl) *i.* 1. düdük. 2. düdük sesi. 3. ıslık. *f.* 1. düdük çalmak. 2. ıslık çalmak. 3. **to -i** ıslıkla çağırmak; ıslıkla -in dikkatini çekmeye çalışmak: **He whistled to a passing taxi.** Yoldan geçen bir taksiyi ıslıkla çağırdı. 4. **at** (birinin) arkasından ıslık çalmak: **Did you just whistle at Ece?** Demin Ece'nin arkasından ıslık mı çaldın?
whit (hwît) *i.* zerre, parçacık. **not to care a —** (birinin) hiç umurunda olmamak.
white (hwayt) *s.* 1. beyaz, ak. 2. beyaz ırktan olan, beyaz. 3. beyaz ırktan olanlara ait, beyazlara ait: **a white neighborhood** beyazların oturduğu bir semt. *i.* 1. beyaz renk, beyaz, ak. 2. beyaz ırktan olan kimse, beyaz. **— ant** *zool.* akkarınca, termit. **— elephant** artık sahibinin işine yaramayan bir şey; vaktiyle işe yarayan fakat şimdi dert olan bir şey. **— goods** beyaz eşya. **— heat** 1. *fiz.* beyazın ısısı. 2. (bir olayda) en ileri safha, en kızışık an, zirve: **while the battle was at white heat** muharebe en şiddetli safhasındayken. **— lead** üstübeç. **— lie** zararsız yalan. **— meat** beyaz et. **— poplar** *bot.* akkavak. **W— Russia** Beyaz Rusya. **— sauce** ahçı. beyaz sos. **— tie** frakla birlikte takılan beyaz papyon. **— wine** beyaz şarap. **egg —** yumurta akı. **go — as a sheet** *k. dili* sapsarı/bembeyaz kesilmek, benzi atmak/uçmak, beti benzi atmak. **the W— House** Beyaz Saray. **the — of an egg** yumurta akı. **the — of the eye** gözakı.
white-col.lar (hwayt´kal´ır) *s.* 1. beyaz yakalı, kol gücü yerine kafa gücünü kullanarak çalışan (kimse). 2. beyaz yakalılar grubuna ait.
white-hot (hwayt´hat´) *s.* akkor.

whit.en (hwayt´ın) f. beyazlatmak, ağartmak; beyazlaşmak, ağarmak.
white.ness (hwayt´nıs) i. beyazlık, aklık.
white.thorn (hwayt´thorn) i. alıç.
white.wash (whayt´wôş) i. 1. beyaz renkli kireç badana. 2. k. dili hileyle suçlu birini suçsuz gibi gösterme. f. 1. -i kireç badanayla beyaza boyamak. 2. k. dili hileyle (suçlu birini) suçsuz gibi göstermek.
whith.er (hwidh´ır) z., eski nereye: **Whither are you going?** Nereye gidiyorsun? bağ., eski 1. İsim olarak kullanılan yancümlenin başında bulunur: **She knows whither you go.** Nereye gittiğini biliyor. 2. Sıfat olarak kullanılan yancümlenin başında bulunur: **The place whither they've gone is not far from here.** Gittikleri yer buradan uzak değil. 3. Zarf olarak kullanılan yancümlenin başında bulunur: **Go whither you will.** İstediğin yere git.
Whit.sun.day (hwit´sʌn´di) i., Hırist. paskalyadan sonraki yedinci pazar gününe rastlayan bir yortu.
whit.tle (hwit´ıl) f. 1. (ağaç/tahta parçasını) yonta yonta ufaltmak. 2. (ağaç/tahta parçasını) yontmak. 3. **away (at)** azaltmak. **— something down** bir şeyi azaltmak/ufaltmak.
whiz, İng. **whizz** (hwiz) f. (**—zed**, **—zing**) (**by/past**) 1. çok hızlı geçmek, vızır vızır geçmek. 2. vınlamak: **Bullets whizzed past.** Kurşunlar vın diye geçiyordu. i. hızla geçen bir şeyin çıkardığı ses, vın sesi. **— kid** k. dili çok genç yaşta belirli bir konuda uzmanlaşmış kimse. **be a — at** (bir konuda) çok becerikli olmak, (bir işin) ustası olmak.
WHO kıs. **World Health Organization** Dünya Sağlık Teşkilatı.
who (hu) zam. 1. kim: **Who are you?** Kimsiniz? "**Who went to the party?**" "**Naciye and Nadide went to the party.**" "Partiye kimler gitti?" "Partiye Naciye ve Nadide gitti." "**Who lives there?**" "**Şirin lives there.**" "Orada kim oturuyor?" "Orada Şirin oturuyor." 2. Sıfat olarak kullanılan yancümlenin başında bulunur: **Emel, who is from İzmir, wants to be a doctor.** İzmirli olan Emel doktor olmak istiyor. **Feraset spoke for women, who, she claimed, hated the system.** Kadınların sözcülüğünü üstlenen Feraset, onların sistemden nefret ettiklerini iddia etti. **To me, who have a knowledge of it, it seems trivial.** Bana sorarsanız, ki onun hakkında bilgi sahibiyim, bu önemsiz bir şey gibi geliyor. 3. İsim olarak kullanılan yancümlenin başında bulunur: **I know who you are.** Sizin kim olduğunuzu biliyorum. **W— ever ...?** Şaşkınlık belirtir: **Who ever can this be?** Bu kim olabilir Allah aşkına?
whoa (hwo) ünlem Dur!/Çüş! (Binek hayvanını durdurmak için söylenir.).
who'd (hud) kıs. 1. **who had.** 2. **who would.**
who.dun.it (hudʌn´it) i., k. dili polisiye roman; dedektif romanı.
who.ev.er (huwev´ır) zam. 1. kim/her kim ... ise: **Come out at once whoever you are!** Her kim isen hemen ortaya çık! **The same punishment will be meted out to whoever else infringes these laws.** Bu kanunları başka kim bozarsa aynı cezaya tabi olacak. 2. k. dili, bak. **Who ever ...?**
whole (hol) s. 1. tam; bütün, tüm: **He stayed there for a whole week.** Tam bir hafta orada kaldı. **She talked the whole time.** Hep konuştu. **Give me your whole attention!** Tüm dikkatini bana ver! **The whole group came.** Gruptakilerin tümü geldi. 2. bütün, tam: **Can you knock back a whole bottle?** Bütün bir şişeyi devirebilir misin? i. bütün: **Two halves make a whole.** İki yarım bir bütünü oluşturur. **— number** mat. tamsayı. **a — lot of** k. dili pek çok: **A whole lot of people don't approve of this.** Pek çok kişi bunu hoş görmüyor. **on the —** 1. her şeyi düşünürsek, her şey hesaba katılırsa: **It is, on the whole, a good job.** Her şeyi düşünürsek iyi bir iş. 2. genellikle. **the — lot** hepsi. **the — of** -in bütünü: **That sentence sums up the whole of their philosophy.** O cümle felsefelerinin bütününü özetliyor.
whole.heart.ed (hol´har´tid) s. samimi, içten, candan.
whole.sale (hol´seyl) s. 1. toptancı (tüccar). 2. büyük çapta olan. z. toptan. f. toptan satmak. **— price** toptan fiyat. **— trade** toptan satışlar.
whole.sal.er (hol´seylır) i. toptancı.
whole.some (hol´sım) s. 1. ahlak açısından hiçbir sakıncası olmayan. 2. erdemli, faziletli. 3. sağlığa yararlı.
whole-wheat (hol´hwit´) s. tam buğday, tam buğdayla yapılan. **— bread** tam buğday ekmeği. **— flour** tam buğday unu.
who'll (hul) kıs. **who will/shall.**
whol.ly (ho´li, hol´li) z. tamamıyla, bütünüyle.
whom (hum) zam. 1. kimi; kime; kimden; kimde: **Whom do you mean?** Kimi kastediyorsun? **To whom did you give it?** Onu kime verdiniz? **From whom did you take it?** Onu kimden aldın? **In whom do you see that quality?** O niteliği kimde görüyorsunuz? 2. Sıfat olarak kullanılan yancümlenin başında bulunur: **Doğan, whom you know as Dodo, will not be there.** Dodo diye tanıdığınız Doğan orada bulunmayacak. **Do you know the person to whom I sent it?** Onu yolladığım kişiyi tanıyor musunuz? 3. İsim olarak kullanılan yancümlenin başında bulunur: **I know whom you mean.** Kimi kastettiğini anlıyorum/biliyorum.

whoop 564

whoop (hwup) *f.* haykırmak. *i.* haykırı, haykırış. — **it up** *k. dili* gürültülü patırtılı bir şekilde eğlenmek. —**ing cough** boğmaca.
whop (hwap) *f.* (—**ped,** —**ping**) *k. dili* kuvvetle vurmak. *i.* kuvvetli darbe/vuruş.
whop.per (hwap´ır) *i., k. dili* 1. kocaman bir şey: I've caught a whopper. Kocaman bir tane yakaladım. That's a whopper! Kocaman bir şey o! 2. kuyruklu yalan.
whop.ping (hwap´îng) *s., k. dili* çok büyük. z. çok: **They got whopping drunk last night.** Dün gece zilzurna oldular.
whore (hôr) *i.* orospu, fahişe. *f.* orospuluk yapmak.
whore.house (hôr´haus) *i.* genelev.
whose (huz) *zam.* 1. kimin: **Whose house is that?** O ev kimin? **Whose shoes are those?** Onlar kimin ayakkabıları? 2. *Sıfat olarak kullanılan yancümlenin başında bulunur:* **Füsun, whose sad end I have already related to you, was not present.** Hazin sonunu size daha önce anlattığım Füsun orada bulunmuyordu. 3. *İsim olarak kullanılan yancümlenin başında bulunur:* **I think I know whose woods these are.** Bu ormanların kimin olduğunu bildiğimi sanıyorum.
who.so.ev.er (husowev´ır) *zam., bak.* **whoever.**
why (hway) *z.* 1. niye, niçin: **Why did you say that?** Onu niçin söyledin? 2. *İsim olarak kullanılan yancümlenin başında bulunur:* **I don't know why she said it.** Onu niye söylediğini bilmiyorum. **Can you give me just one reason why you did it?** Niye yaptığına dair tek bir neden söyleyebilir misin bana?
wick (wîk) *i.* (mum, kandil v.b.´nde) fitil.
wick.ed (wîk´îd) *s.* 1. kötü ruhlu, ruhunda kötülük besleyen, kötülük peşinde olan. 2. çok kötü/fena (şey).
wick.er (wîk´ır) *s.* ince dallardan örülmüş.
wide (wayd) *s.* 1. geniş; engin: **a wide road** geniş bir yol. **This road's twelve meters wide.** Bu yolun genişliği on iki metre. 2. geniş, kapsamlı.
wide-an.gle (wayd´äng´gıl) *s.* geniş açılı (mercek).
wide-a.wake (wayd´ıweyk´) *s.* tamamen uyanık.
wid.en (way´dın) *f.* genişletmek; genişlemek.
wide.spread (wayd´spred´) *s.* yaygın.
wid.ow (wîd´o) *i.* dul kadın, dul.
wid.ow.er (wîd´owır) *i.* dul erkek.
width (wîdth) *i.* genişlik; en.
wield (wîld) *f.* kullanmak.
Wie.ner (vi´nır, wi´nır) *s.* — **schnitzel** Viyana şnitzeli, şnitzel.
wie.ner (wi´nır) *i.* sosis.
wie.nie (wi´ni) *i., k. dili* sosis.
wife (wayf) *i.* (*çoğ.* **wives**) karı, eş: **She's my wife.** O benim eşim.
wig (wîg) *i.* peruk. *f.* (—**ged,** —**ging**) *İng., k. dili* sertçe azarlamak, haşlamak.

wig.ging (wîg´îng) *i., İng., k. dili* haşlama, azarlama. **get a** — *İng., k. dili* zılgıt yemek, azar işitmek.
wig.gle (wîg´ıl) *f.* oynamak, hareket etmek; kımıldamak; oynatmak, hareket ettirmek; kımıldatmak. *i.* oynama; kımıldama; oynatma; kımıldatma.
wild (wayld) *s.* 1. vahşi. 2. yabani, yabanıl, yaban. 3. çılgın. 4. asi, serkeş. 5. *k. dili* harika, süper, çok güzel. — **boar** *zool.* yabandomuzu. — **card** *argo* kendisinden ne beklenceği kestirilemeyen kimse/şey. — **flower** kır çiçeği, yabani çiçek. — **goose** *zool.* yabankazı, sakarmeke. **wild-goose chase** *k. dili* boşuna koşuşma; beyhude bir arayış. **W**— **horses couldn't drag me there!** Dünyada oraya gitmem! — **pear** ahlat. **be** — **about** *k. dili* -e hayran olmak, -e bayılmak. **drive someone** — 1. birini çıldırtmak. 2. birini çılgına çevirmek, birini çok kızdırmak. **go hog** — *k. dili* çılgınlaşmak, çılgınca davranmak, iyice azmak. **go** — çıldırmak. **run** — 1. (çocuk) taşkınca davranmak, azmak. 2. (bitki) azıp çok yayılmak. **sow one's** — **oats** *k. dili* (gençliğinde) çılgınlıklar yapmak, çılgınca yaşamak. **the** — ıssız yer, dağ başı, kır.
wild.cat (wayld´kät) *i., zool.* amerikayabankedisi; yabankedisi.
wil.der.ness (wîl´dırnîs) *i.* ıssız yer/bölge, kırlar.
wild.fire (wayld´fayr) *i.* **spread like** — büyük bir hızla yayılmak.
wild.flow.er (wayld´flauwır) *i., bak.* **wild flower.**
wild.life (wayld´layf) *i.* yabanıl hayat.
wile (wayl) *i.* 1. kurnazlık; oyun. 2. *çoğ.* naz, cilve: **She used her wiles to ensnare him.** Onu elde etmek için tüm cazibesini kullandı.
wil.ful (wîl´fîl) *s., İng., bak.* **willful.**
will (wîl) *yardımcı f.* (**would**) 1. *Gelecek zaman kipinde kullanılır:* **They will leave tomorrow.** Yarın gidecekler. 2. *İkramda bulunurken kullanılır:* **Will you have an apple?** Elma alır mısınız? 3. *Tercih/rıza/teklif/rica/vaat belirtir:* **I won't go.** Gitmeyeceğim. **If you do this job well, I'll give you a raise.** Bu işi iyi yaparsanız maaşınızı artıracağım. 4. *Tekrarlanan durumları belirtir:* **She would sit there for hours.** Orada saatlerce otururdu. 5. *Yeterlik belirtir:* **Those shoes will no longer fit you.** O ayakkabılar artık ayağına olmaz. **It'll suit my needs.** İhtiyaçlarımı karşılar. 6. *Kuvvetli bir tahmin veya zannı belirtir:* **This'll be Saim.** Bu Saim olmalı. **You will have heard this piece of news.** Bu haberi duymuşsundur. 7. *Kaçınılmazlık belirtir:* **Accidents will happen!** Kaza herkesin başına gelir. **What God wills will come to pass.** Allahın dediği olur. **What will be, will be.** Ne olacaksa o olur./İş olacağına varır. 8. *Emir belirtir:* **The ceremony will be carried out**

in accordance with his Majesty's orders. Tören, majestelerinin emirlerine göre yapılacak. 9. *Kararlılık/ısrar/inat belirtir:* "You won't do that, will you?" "Indeed I will!" "Onu yapmayacaksın, değil mi?" "Gör bak, nasıl yapacağım!" **You will be rude to our guests!** Misafirlerimize karşı ille bir kabalık yapacaksın! *f.* istemek: **Call it what you will.** Ona ne demek istersen de. **Let him do what he will.** Ne yapmak isterse yapsın.
will (wil) *i.* 1. irade, istenç. 2. vasiyetname, vasiyet. *f.* 1. to (bir şeyin) (birine) bırakılmasını vasiyet etmek, vasiyet yoluyla (bir şeyi) (birine) bırakmak: **She willed them her house.** Evini onlara vasiyet etti. 2. iradesini kullanmak; iradesini kullanarak (bir şeyi) gerçekleştirmek/gerçekleştirmeye çalışmak. 3. amaçlamak. 4. (Allah) buyurmak. **against someone's —** birinin isteğine karşı. **at —** 1. istediği gibi; istenilen şekilde: **The aerial can be rotated at will.** Anten istenilen yöne çevrilebilir. 2. istediğinde; istenilen zamanda. **free — fels.** hür irade. **ill —** husumet. **make one's —** vasiyetini yazmak/yazdırmak. **of one's own free —** kendiliğinden: **She did it of her own free will.** Kendiliğinden yaptı. **with a —** gayretle.
will.ful, *İng.* **wil.ful** (wil'fıl) *s.* 1. isteğinde inat eden; düşüncesinde inat eden; çok bencil bir şekilde inatçı. 2. kasıtlı, mahsus yapılan.
wil.lies (wil'iz) *i., çoğ., k. dili* **give someone the —** birinin tüylerini ürpertmek, birinin tüylerini diken diken etmek.
will.ing (wil'ing) *s.* 1. rıza gösteren; istekli; hevesli: **He was a very willing accomplice.** Suç ortağı olmaya dünden razıydı. **She was a willing source of information for them.** Onlara seve seve bilgi verdi. **Are they willing workers?** Onlar çalışmaya hevesli mi? 2. içten/gönülden gelen: **He served him with a willing obedience.** Gönülden gelen bir itaatle ona hizmet etti. **be — to** -e razı olmak.
will.ing.ly (wil'ing.li) *z.* isteyerek.
will-o'-the-wisp (wil'ıdhıwisp') *i.* 1. bataklıklarda gece görülen ve yakamoza benzeyen bir parıltı. 2. ham hayal, gerçekleşmesi imkânsız bir şey.
wil.low (wil'o) *i.* söğüt.
wil.low.y (wil'owi) *s.* fidan gibi, fidan boylu (kadın).
wil.pow.er (wil'pauwır) *i.* irade, istenç.
wil.ly-nil.ly (wil'inil'i) *z.* ister istemez.
wilt (wilt) *f.* (bitki/çiçek) boynunu bükmek, solmak; (bitkiyi/çiçeği) soldurmak.
wil.y (way'li) *s.* kurnaz.
wimp (wimp) *i., argo* çok pısırık kimse, pısırığın teki.
win (win) *f.* (**won, —ning**) 1. kazanmak; (yarışma veya başka bir uğraşı sonucunda) elde etmek: **Who won the contest?** Yarışmayı kim kazandı?
Utku's won the prize. Ödülü Utku kazandı. **They've finally won his support.** Nihayet onun desteğini sağladılar. 2. (muharebede) galip gelmek: **Austria won the war.** Savaşta Avusturya galip geldi. *i.* galibiyet. **— hands down** *k. dili* kolaylıkla kazanmak/galip gelmek. **— out (over)** sonuçta galip çıkmak. **— someone over/round** birini ikna ederek kendi tarafına çekmek; birini ikna ederek desteğini sağlamak: **We also won him round to our point of view.** Kendisini ikna edip davamıza onun da desteğini sağladık. **— someone/something back** birini/bir şeyi yeniden kazanmak. **— the toss** yazı turada kazanmak. **— through** sonuçta galip çıkmak.
wince (wins) *f.* (korkunç bir manzara karşısında veya acıyla) biraz geri çekilmek/irkilmek/yüzünü buruşturmak.
winch (winç) *i.* vinç. *f.* vinçle çekmek.
wind (wind) *i.* rüzgâr. **— instrument** *müz.* nefesli çalgı. **be in the —** *k. dili* (bir şeyin) (gerçekleştirilmeden önce) sözü edilmek: **It's been in the wind for some time now.** Epey zamandır sözü ediliyordu. **break —** gaz çıkarmak, yellenmek. **get one's second —** 1. (koşucu v.b.) (ilk kez yorulup soluğu kesildikten sonra) solukanıp tekrar eski formunu kazanmak. 2. *k. dili* (birinin hızı kesildikten sonra) gayrete gelmek, canlanmak. **get one's — up** *k. dili* 1. korkuya kapılmak, korkmak. 2. sinirlenmek. **get — of** *k. dili* -den haber almak, -i duymak. **put the — up someone** *k. dili* 1. birini korkutmak. 2. birini sinirlendirmek. **sail close to the —** *k. dili* 1. tehlikeli bir yolda gitmek, tehlikeli bir şekilde hareket etmek. 2. (yazının/sözün) açık saçık olmasına ramak kalmak. **see which way the — is blowing** *k. dili* gidişatın nasıl olduğunu görmek, gidişatı görmek; gidişata bakmak. **take the — out of someone's sails** *k. dili* birinin fiyakasını/süksesini bozmak. **throw caution to the —** *k. dili* ihtiyatı elden bırakmak, tedbirli davranmaktan vazgeçmek.
wind (waynd) *f.* (**wound**) 1. (**up**) (zemberek v.b.'ni çevirerek) (saati, gramofonu v.b.'ni) kurmak: **Will you wind the grandfather clock?** Sandıklı saati kurar mısın? 2. sarmak: **Wind the thread onto the spool.** İpliği makaraya sar. **The trumpet vine was winding up the pole.** Acemborusu direğe sarılıp yukarı doğru yükseliyordu. **She wound the scarf around her neck.** Eşarbı boynuna sardı. 3. (yol, nehir, kafile v.b.) kıvrıla kıvrıla/döne döne gitmek: **The procession wound through the streets to the harbor.** Kafile, dolambaçlı sokaklardan kıvrılarak limana vardı. **The road wound up through olive groves.** Yol, zeytinliklerin arasından kıvrıla kıvrıla yukarı doğru gidiyordu. 4. **up** (kol, manivela v.b.'ni çe-

windbag 566

virerek) (bir şeyi) çekmek/kaldırmak: **Wind up the bucket from the well.** Çıkrığı çevirip kovayı kuyudan çek. 5. (kol, manivela v.b.'ni) çevirmek. *i.* 1. (kol, manivela v.b.'ni) çevirme. 2. dönemeç, viraj; (nehirdeki) kıvrım. — **its way** (yol, nehir, kafile v.b.) kıvrıla kıvrıla/döne döne gitmek. — **one's way into someone's affections** *k. dili* birinin gönlüne girmek. — **someone round one's little finger** *k. dili* birini parmağında oynatmak. — **something into a ball** bir şeyi yumak yapmak, bir şeyi sarmak. — **something up** 1. saat/gramofon gibi zemberekli bir şeyi kurmak. 2. *k. dili* bir şeyi bitirmek/tamamlamak: **They wound up the meeting with a song.** Toplantıyı bir şarkıyla bitirdiler. **You need to wind up your personal affairs this week.** Şahsi işlerinizi bu hafta bitirmeniz lazım. — **up** *k. dili* 1. bitmek, sona ermek: **The show wound up with Fehmi reciting "Han Duvarları."** Müsamere, Fehmi'nin Han Duvarları'nı okumasıyla sona erdi. 2. (sonuçta) (belirli bir yerde/durumda) bulunmak: **The pair of them wound up in jail.** Onların her ikisi hapsi boyladı. **If you keep on like this you'll wind up bankrupt.** Böyle devam edersen iflas edersin.
wind.bag (wind´bäg) *i., k. dili* fart furt eden lafebesi.
wind.break (wind´breyk) *i.* rüzgâr siperi, bir yeri rüzgârdan koruyan engel.
wind.break.er (wind´breykır) *i.* (giysi olarak) rüzgârlık.
wind.cheat.er (wind´çitır) *i., İng., bak.* **windbreaker.**
wind.ed (win´did) *s.* **be** — nefes nefese kalmış olmak, nefesi kesilmiş olmak.
wind.fall (wind´fôl) *i.* beklenmedik bir para/hediye/yardım.
wind.flow.er (wind´flauwır) *i., bot.* anemon, dağlalesi.
wind.ing (wayn´ding) *s.* dolambaçlı, yılankavi. — **sheet** kefen.
wind.lass (wind´lıs) *i.* çıkrık, bocurgat, ırgat.
wind.less (wind´lis) *s.* rüzgârsız; esintisiz.
wind.mill (wind´mil) *i.* yeldeğirmeni.
win.dow (win´do) *i.* pencere. — **dressing** 1. vitrin dekoru. 2. vitrin dekorasyonu. 3. göz boyamak için yapılan bir şey. — **frame** pencere kasası. — **shade** stor.
win.dow.pane (win´dopeyn) *i.* pencere camı.
win.dow-shop (win´doşap) *f.* (—**ped**, —**ping**) vitrin gezmek.
win.dow.sill (win´dosil) *i., mim.* denizlik.
wind.pipe (wind´payp) *i., anat.* nefes borusu.
wind.screen (wind´skrin) *i., İng., oto., bak.* **windshield.**

wind.shield (wind´şild) *i., oto.* ön cam. — **wiper** *oto.* silecek.
wind.storm (wind´stôrm) *i.* fırtına.
wind.surf.ing (wind´sırfing) *i.* rüzgâr sörfü.
wind.swept (wind´swept) *s.* rüzgârlı; rüzgâra açık.
wind.ward (wind´wırd) *s.* 1. rüzgârın estiği yöne doğru giden. 2. rüzgârın estiği (taraf). *i.* rüzgârın estiği taraf/yön.
wind.y (win´di) *s.* 1. rüzgârlı. 2. uzun ve boş laf eden; uzun ve boş laf dolu.
wine (wayn) *i.* şarap. *f.* — **and dine** yedirip içirmek. — **cellar** şarap mahzeni.
wine.glass (wayn´gläs) *i.* şarap kadehi.
wine.grow.er (wayn´growır) *i.* üzüm yetiştirip şarap yapan kimse; bağcı.
wine.press (wayn´pres) *i.* üzüm cenderesi.
wing (wing) *i.* 1. (kuş, uçak, bina, ordu, futbol veya siyasi partiye ait) kanat. 2. *çoğ., tiy.* kulis. 3. *futbol* açık (oyuncu). 4. *İng., oto.* çamurluk. *f.* 1. uçmak. 2. (kuşu) kanadından vurmak. 3. yaralamak, vurmak. — **commander** *İng., ask.* yarbay. — **it** *k. dili* 1. durumu idare etmeye çalışmak; (eldeki imkânlarla) idare etmek. 2. bir konuşmayı irticalen/doğaçtan yapmak. — **nut** kelebek somun. **be on the** — uçmakta olmak, uçmak. **clip someone's** —**s** (ceza olarak) birinin hareket alanını sınırlamak. **take** — kanatlanmak, uçmaya başlamak. **try one's** —**s** öğrendiklerini denemek: **Let me have the wheel! I'd like to try my wings.** Direksiyonu bana ver! Öğrendiklerimi denemek istiyorum.
wing.er (wing´ır) *i., futbol* açık (oyuncu). **left** — solaçık. **right** — sağaçık.
wink (wingk) *f.* 1. (**at**) (-e) göz kırpmak, (-e) göz kırparak işaret etmek. 2. **at** (bir şeyi) görmezlikten gelmek, (bir şeye) göz yummak. 3. *İng.* (farları) çabuk açıp kapamak. 4. (ışık) biteviye sönüp parlamak, çakmak. 5. (ışık) ışıldamak, parıldamak. *i.* 1. göz kırpma. 2. lahza. 3. ışıltı, parıltı. **as quick as a** — *k. dili* bir lahzada, göz açıp kapayıncaya kadar; bir çırpıda. **catch forty** —**s** *k. dili* kestirmek, kısa bir süre uyumak. **not to sleep a** — *k. dili* hiç uyumamak, göz kırpmamak.
win.less (win´lıs) *s.* galibiyetsiz, hiçbir galibiyet olmayan.
win.ner (win´ır) *i.* 1. galip; kazanan: **Who was the winner of the match?** Maçı kim kazandı?/Maçın galibi kim? **She was the winner of the Nobel Prize in 1928.** 1928 yılında Nobel ödülünü kazanan oydu. 2. *k. dili* çok iyi/üstün kimse/şey.
win.ning (win´ing) *s.* 1. galip, kazanan. 2. hoş, tatlı. *i.* 1. galip gelme, kazanma. 2. *çoğ.* (para olarak) kazanç.
win.now (win´o) *f.* 1. (samandan ayırmak için)

(tahıl tanelerini) havaya savurmak; harman savurmak. 2. **out** (istenmeyeni) ayıklamak, elemek, çıkarmak.

win.some (wîn'sım) s. sevimli, tatlı, hoş.

win.ter (wîn'tır) i. kış. f. **in** kışı (bir yerde) geçirmek, kışlamak; kışlatmak. — **savory** bot. (ballıbabagillerden, yaprakları bahar olarak kullanılan) bir geyikotu türü. — **sports** kış sporları.

win.ter.time (wîn'tırtaym) i. kış zamanı, kış.

win.try (wîn'tri) s. kış gibi, kışa yakışan.

wipe (wayp) f. 1. silmek: **Wipe your nose!** Burnunu sil! **He wiped his shoes on the doormat.** Ayakkabılarını paspasa sildi. 2. **away/up** silerek yok etmek, silmek. 3. **off** silerek temizlemek. 4. **out** yok etmek, silmek. 5. **out** k. dili iflas ettirmek, topu attırmak. i. silme: **Give the table a wipe.** Masayı bir sil. — **something clean** bir şeyi silerek temizlemek. — **something dry** bir şeyi silerek kurulamak. — **the floor with** k. dili 1. (birini) adamakıllı dövmek, yerden yere vurmak/çalmak. 2. (birini) ağır bir mağlubiyete uğratmak, hezimete uğratmak. **be —d off the face of the earth** yeryüzünden silinmek. **be —d off the map** haritadan silinmek.

wip.er (way'pır) i., bak. **windshield wiper**.

wire (wayr) i. 1. (metal) tel: **barbed wire** dikenli tel. **telephone wire** telefon teli. 2. telgraf; telgraf sistemi; telgrafla gönderilen mesaj. f. 1. (bir binanın) elektrik tesisatını kurmak; (bir binanın) elektrik kablolarını/hatlarını döşemek; (bir aygıtın) elektrik tellerini takmak. 2. (birine) telgrafla (bir haberi) bildirmek: **Wire him the news.** Haberi ona telgrafla bildir. — **brush** tel fırça. — **service** haber ajansı. — **something together** bir şeyi telle bağlamak. **be down to the —** k. dili (bir şeyi yapmak için tanınan mühlet) bitmek üzere olmak; (bir işin) sonuna yaklaşmış olmak: **We're down to the wire.** Bu işin sonuna yaklaştık. **down to the —** k. dili son ana kadar: **They worked right down to the wire.** Son ana kadar çalıştılar. **just under the —** k. dili son anda, ucu ucuna.

wire.less (wayr'lis) i. 1. telsiz; telsiz telefon; telsiz telgraf. 2. İng. radyo. s. 1. telsiz, teli olmayan. 2. telsiz, telsiz telefona/telgrafa ait. 3. İng. radyoya ait.

wire.tap (wayr'täp) i. 1. konuşmaları gizlice dinlemek için telefon hattına tel bağlama. 2. konuşmaları gizlice dinlemek için telefon hattına takılan aygıt. f. (**—ped, —ping**) telefon hattına tel bağlayarak (birinin konuşmalarını) gizlice dinlemek; (birinin telefon hattına) tel bağlayarak konuşmalarını gizlice dinlemek; konuşmaları gizlice dinlemek için telefon hattına tel bağlamak.

wir.ing (wayr'îng) i. 1. (bir binadaki) elektrik tesisatı; (bir binadaki) elektrik kabloları/hatları; (bir aygıttaki) elektrik telleri. 2. (bir binanın) elektrik tesisatını kurma; (bir binanın) elektrik kablolarını/hatlarını döşeme; (bir aygıtın) elektrik tellerini takma.

wir.y (wayr'î) s. sırım gibi.

wis.dom (wîz'dım) i. irfan; hikmet, bilgelik. — **tooth** akıldişi, yirmi yaş dişi.

wise (wayz) s. arif, irfan sahibi; bilge, hikmet sahibi. — **guy** k. dili ukala. **be — to** k. dili (birinin) ne yaptığının farkında olmak; (durumun) ne olduğunun farkında olmak. **get — to** k. dili (birinin) ne yaptığının farkında varmak, (birinin) ne yaptığını çakmak; (bir durumun) ne olduğunun farkına varmak, (bir durumun) ne olduğunu çakmak. **Let's do it; nobody'll be any the —r.** Onu yapalım. Kimsenin haberi olmaz. **put someone — (to)** k. dili birini (birinden/bir şeyden) haberdar etmek; birine (bir şeyi) çaktırmak. **When he finished the course he was none the —r than he was when he began it.** Kurs bittiğinde hiçbir şey öğrenmemişti. **wise** (wayz) f. — **someone up to** k. dili birine (birinin) ne yaptığını bildirmek; birine (durumun) ne olduğunu bildirmek. — **up** k. dili 1. gözünü açıp gerçeği görmek. 2. **to** (birinin) ne yaptığının farkına varmak, (birinin) ne yaptığını çakmak; (durumun) ne olduğunun farkına varmak, (bir durumun) ne olduğunu çakmak. 3. **on** (bir şey) hakkında bilgi edinmek, (bir konuda) bilgilenmek.

wise.a.cre (wayz'eykır) i. ukala.

wise.crack (wayz'kräk) i., k. dili şakayla karışık iğneli laf; taş. f. şakayla karışık iğneli laflar söylemek; taş atmak.

wish (wîş) f. 1. Dilek belirtir: **I wish you'd shut up.** Sen bir sussan. **I wish they'd come today.** Bugün bir gelseler. **I wish they were coming today.** Gönül ister ki bugün gelsinler. **I wish I were president.** Keşke başkan olsaydım. **She wishes she were queen.** Kendisi kraliçe olmak isterdi. 2. (birine) (iyi bir şey) dilemek, temenni etmek: **We wish you a happy birthday.** Size mutlu bir doğum günü diliyoruz. **They wished him good health.** Ona sağlık dilediler. 3. istemek, arzu etmek: **Do you wish to be left alone?** Yalnız kalmak ister misiniz?/Ben çıkayım mı? **Do you still wish them to go?** Hâlâ gitmelerini istiyor musunuz? **I'll do it now, if you wish.** Arzu ederseniz onu şimdi yaparım. **At that moment she wished them anywhere but there with her.** O an onların oradan başka herhangi bir yerde olmalarını istedi. **Do as you wish.** İstediğin gibi yap. **Take whatever you wish.** Canın neyi isterse onu al. i. istek, arzu; dilek; temenni. — **a** — dilekte bulunmak; niyet tutmak. — **for** istemek, arzu etmek, arzulamak. — **on/upon a star** yıldıza bakarak ni-

wishbone 568

yet tutmak. **— someone/something (off) on/upon** istenmeyen birini/bir şeyi (başkasının) başına bırakmak. **—ing well** dilek kuyusu. **make a —** dilekte bulunmak; niyet tutmak.
wish.bone (wiş´bon) *i.* lades kemiği.
wish.ful (wiş´fıl) *s.* **— thinking** hüsnükuruntu.
wish.y-wash.y (wiş´iwaşi, wiş´iwôşi) *s., k. dili* 1. kararsız, kararlılıktan yoksun. 2. zayıf, güçsüz, yavan. 3. yavan; tatsız; fazla sulu (yemek).
wisp (wisp) *i.* 1. uzunca birkaç tel (saç). 2. belli belirsiz bir şey: **Every now and then a wisp of smoke blew past the window.** Arada sırada ince bir duman pencerenin önünden esip gidiyordu. **the wisp of a smile** belli belirsiz bir tebessüm. **a little wisp of an old lady** ufak tefek ihtiyar bir kadın.
wis.ter.i.a, wis.tar.i.a (wistir´iyı) *i., bot.* morsalkım.
wist.ful (wist´fıl) *s.* özlem dolu, hasret dolu.
wit (wit) *i.* 1. esprituellik, nüktedanlık, nüktecilik. 2. esprituel kimse, nüktedan kimse. **be at one's —s'/—'s end** *k. dili* ne yapacağını şaşırmak. **frighten someone out of his —s/frighten the —s out of someone** birinin ödünü koparmak/patlatmak. **get one's —s about one** aklını başına toplamak. **have one's —s about one** kafası yerinde olmak, doğru dürüst düşünebilmek. **live by one's —s** (geçinmek için) uyanık ve kurnaz olmak. **scare someone out of his —s/scare the —s out of someone** birinin ödünü koparmak/patlatmak.
wit (wit) *f.* **to —** yani, demek ki.
witch (wiç) *i.* 1. büyücü kadın; cadı. 2. cadaloz kadın, cadı. **— doctor** büyücü hekim. **— hazel** *bot.* güvercinağacı, hamamelis.
witch.craft (wiç´kräft) *i.* (kötü amaçla yapılan) büyücülük.
witch-hunt (wiç´hʌnt) *i.* (iktidardakilerin farklı düşünenlere karşı yürüttüğü) karalama ve sindirme kampanyası.
witch.ing (wiç´ing) *s.* 1. büyücülük yapmaya uygun. 2. büyüleyici.
with (with, widh) *edat* 1. ile beraber/birlikte, ile: **She's living with her aunt.** Teyzesiyle beraber oturuyor. **Will you come with us?** Bizimle gelir misin? **Wisdom can sometimes come with age.** İnsan bazen yaşlanınca akıllanır. **Heat the milk with the honey.** Sütü balla beraber ısıt. 2. ile, aracılığıyla, vasıtasıyla: **Cut it with a knife.** Onu bıçakla kes. **You can't buy much with five million liras.** Beş milyon lirayla pek bir şey alamazsın. 3. -li; -i olan: **Where's the woman with the green parrot?** Yeşil papağanlı kadın nerede? **They don't want someone with no experience.** Tecrübesiz birini istemiyorlar. **She's a woman with a past.** Geçmişi şüpheli bir kadın o. 4. -den yana: **Are you with us?** Bizden

yana mısın? **I'm with you.** Seni destekliyorum. 5. -e rağmen/karşın: **With all his faults, she still likes him.** Bütün kusurlarına rağmen onu hâlâ seviyor. 6. yüzünden: **How can I go to a movie with all this work I've got to do?** Yapmam gereken bu kadar iş varken ben nasıl sinemaya gideyim? **With winter almost here you'd better get your roof fixed.** Kış kapıya dayanmışken damını tamir ettirmelisin. **— it** *argo* çok moda. **— that** onu söyledikten sonra; onu yaptıktan sonra. **— the best of them** (bir alanın) en iyi olanlarıyla: **He can fence with the best of them.** En iyi eskrimcilerle eskrim yapabilir. **be in — k. dili** (biriyle) çok iyi geçinmek; (birinin) gözüne girmiş olmak. **be — it** *argo* çağın hiç gerisinde kalmamak; çağı yakalamak. **be — someone** birinin ne demek istediğini anlamak. **do —** 1. -i yapmak: **What have you done with my book?** Kitabımı ne yaptın? 2. (biriyle) baş etmek: **What are we going to do with you?** Seninle nasıl baş edeceğiz? **I don't know what we're going to do with that child!** O çocuğu ne yapacağız, bilemiyorum. 3. Arzu edilen bir şeyi belirtir: **I sure could do with a drink.** Şimdi bir içki çok makbule geçer. **get in — k. dili** (birinin) arkadaşlığını kazanmak; (birinin) gözüne girmek. **What's — him?** *k. dili* Nesi var?/Derdi ne?
with.draw (widh.drô´, with.drô´) *f.* **(with.drew, —n)** 1. geri çekmek, çekmek: **He withdrew his hand.** Elini geri çekti. 2. **from** (parayı) (hesaptan/bankadan) çekmek. 3. **from** (bir şeyi) (bir yerden) çıkarmak: **He withdrew the papers from his briefcase.** Kâğıtları evrak çantasından çıkardı. 4. **from** (birini) (bir yerden) almak: **He withdrew his daughter from that school.** Kızını o okuldan aldı. 5. çekilmek, uzaklaşmak: **Every evening he would withdraw to his study.** Her akşam çalışma odasına çekilirdi. **The cavalrymen withdrew from the battlefield.** Süvariler savaş alanından çekildi. 6. **(from)** (-den) çekilmek, (-e) katılmaktan vazgeçmek: **She withdrew from the contest.** Yarışmadan çekildi. 7. **(from)** (-den) ayrılmak, (-i) bırakmak: **Don't withdraw from college!** Üniversiteden ayrılma! 8. içine kapanmak/çekilmek, kabuğuna çekilmek. **— one's eyes from** gözlerini (birinden/bir şeyden) başka tarafa çevirmek. **— one's objection** itirazını geri almak. **— one's support** desteğini çekmek.
with.draw.al (widh.drô´wıl) *i.* 1. geri çekme, çekme. 2. **from** (birini) (bir yerden) alma. 3. çekilme. 4. (hesaptan/bankadan) para çekme. 5. (hesaptan/bankadan) çekilen para. **— symptoms** uyuşturucudan kesilince oluşan belirtiler.
with.drawn (widh.drôn´) *f., bak.* withdraw. *s.* içine kapanık.

with.drew (widh.dru´) *f., bak.* **withdraw.**
with.er (widh´ır) *f.* 1. solmak; soldurmak. 2. susturmak, sindirmek.
with.held (with.held´) *f., bak.* **withhold.**
with.hold (with.hold´) *f.* **(with.held)** 1. -den saklamak, -e vermemek: **Don't withhold any information from me.** Benden hiçbir şey saklama. 2. **for** (bir şeyi) (birine) ayırmak: **She withheld nothing for herself.** Kendine bir şey ayırmadı. 3. **from** -den kesmek: **I'll withhold this from your salary.** Bunu maaşından keseceğim. — **judgment** yargıda bulunmamak: **I'm withholding judgment for the time being.** Şimdilik bir yargıda bulunmuyorum. — **one's consent** onaylamayı reddetmek: **He withheld his consent until the last minute.** Son dakikaya kadar onaylamayı reddetti. — **payment** ödeme yapmamak; ödemeyi durdurmak: **They're withholding payment until further notice.** Başka bir talimat gelinceye kadar ödeme yapmayacaklar.
with.in (widhin´) *z.* 1. içeride; içeriye: **They painted the house within and without.** Evin hem içerisini, hem dışarısını boyadılar. **Inquire within.** İçeriye müracaat edin. 2. içinde; içinden: **He was calm without but cursing within.** Dıştan sakin görünüyordu, fakat içinden küfrediyordu. **from** — içten; içinden; içeriden: **We'll take the city from within.** Şehri içten fethedeceğiz. *edat* 1. (belirli bir zaman) içinde: **They'll be here within an hour.** Bir saat içinde burada olacaklar. 2. (belirli bir mesafe) yakınlıkta, içinde: **We're within a kilometer of the river.** Nehre bir kilometre yakınlıktayız. 3. (belirli sınırlar/belirli bir bünye) içinde: **You have to work within these conditions.** Bu şartlar içinde çalışmaya mecbursun. **They don't live within their income.** Gelirleriyle orantılı bir şekilde yaşamıyorlar. **It's like an empire within an empire.** İmparatorluk içinde bir imparatorluğa benziyor. **be — reason** akıl kân olmak. **It's not — her capacity.** Kapasitesi ona yetmez. **It's not — reach.** El altında değil. **The city's not yet — sight.** Şehir henüz görünmüyor./Şehri henüz göremiyoruz.
with.out (widhaut´) *edat* 1. -siz: **You can't live without money.** Parasız yaşanmaz. **He won't go without her.** Onsuz gitmez. **It's merely sound without sense.** Sadece anlamsız sesler. 2. -meden: **Don't act without thinking.** Düşünmeden harekete geçme. **He was fired without explanation.** Hiçbir açıklama yapılmadan işinden çıkarıldı. **Can we get in without being seen?** Kimse görmeden içeri girebilir miyiz? 3. dışında: **They had encamped without the city.** Şehrin dışında ordugâh kurmuşlardı. *z.* 1. dıştan. 2. dışarı, dışarıda: **It was raining**

without. Dışarıda yağmur yağıyordu. — **number** sayısız, sayılamayacak kadar çok. **do/go —** onsuz yapabilmek. **do/go — someone/something** biri/bir şey olmadan idare etmek/yapmak: **Can you do without meat?** Et yemeden yapabilir misin? **If you don't have the money to buy a parrot, you'll just have to do without.** Papağan alacak kadar paran yoksa papağansız yapmak zorundasın.
with.stand (with.ständ´) *f.* **(with.stood)** -e dayanmak: **The city withstood the siege.** Şehir kuşatmaya dayandı.
with.stood (with.stûd´) *f., bak.* **withstand.**
wit.less (wit´lis) *s.* akılsız; aptal.
wit.ness (wit´nis) *i.* tanık, şahit. *f.* 1. bizzat görmek, -e tanık/şahit olmak: **Did you witness that event?** O olayı bizzat gördün mü? **These walls have witnessed a lot of history.** Bu surlar birçok tarihi olaya tanık oldu. 2. **to** -e tanıklık/şahitlik etmek: **He witnessed to having seen the murder.** Tanıklık ederek cinayeti gördüğünü söyledi. 3. **(to)** (bir şeyin) kanıtı/delili olmak, (bir şeye) delalet etmek, (bir şeye) işaret etmek: **Her absence at the ceremony witnessed her disapproval.** Törende hazır bulunmaması, onaylamadığına işaret ediyordu. 4. hazır bulunarak (bir şeye) resmen şahit olmak, tanıklık etmek: **Can you witness Nazmiye's will?** Nazmiye'nin vasiyetnamesine tanıklık eder misin? — **stand** (mahkemede) tanığın ifade verdiği yer, tanık/şahit kürsüsü. **bear/give** — tanıklık/şahitlik etmek. **bear — to** (bir şeyin) kanıtı/delili olmak, (bir şeye) delalet etmek. **take the — stand** (tanıklık etmek üzere) tanık kürsüsüne çıkmak.
wit.ter (wit´ır) *f., İng., k. dili* **(on)** durmadan konuşmak.
wit.ti.cism (wit´ısizım) *i.* espri, nükte.
wit.ting.ly (wit´ing.li) *z.* bilerek, bile bile.
wit.ty (wit´i) *s.* 1. espritüel, nükteden, nükteci. 2. esprili, nükteli.
wives (wayvz) *i., çoğ., bak.* **wife.**
wiz (wiz) *i., k. dili* çok usta kimse.
wiz.ard (wiz´ırd) *i.* 1. büyücü, sihirbaz. 2. çok usta kimse: **He's a wizard at math.** Matematikte çok usta.
wiz.ened (wiz´ınd) *s.* pörsük, pörsümüş.
wob.ble (wab´ıl) *f.* 1. dingildemek, sallanmak, oynamak; dingildetmek, sallamak, oynatmak. 2. (ses) titremek. *i.* 1. dingildeme, sallanma, oynama. 2. (seste) titreme.
wob.bly (wab´li) *s.* 1. dingildeyen, sallanan, oynayan. 2. titrek (ses). 3. sağlam olmayan. 4. kararsız, istikrarsız.
wodge (wac) *i., İng., k. dili* **a — of** 1. bir yığın, bir sürü: **He laid a wodge of papers on the table.** Masaya bir sürü evrak koydu. 2. koca/iri bir par-

ça: a wodge of chocolate koca bir parça çikolata.
woe (wo) *i.* acı, ıstırap. **O woe is me!** Vay başıma gelenler vay!
woe.be.gone (wo´bigôn) *s.* acıklı, kederli.
woe.ful (wo´fıl) *s.* 1. keder dolu. 2. keder verici, acıklı. 3. korkunç, feci: **What woeful ignorance!** Ne korkunç bir cehalet!
woke (wok) *f., bak.* **wake.**
wok.en (wo´kın) *f., bak.* **wake.**
wolf (wûlf) *i.* (*çoğ.* **wolves**) *zool.* kurt. *f.* **down** aç kurt gibi (yemek) yemek, hapır hupur yemek, atıştırmak.
wolf.ram (wûl´frım) *i., kim.* volfram, tungsten.
wolves (wûlvz) *i., çoğ., bak.* **wolf.**
wom.an (wûm´ın), *çoğ.* **wom.en** (wîm´in) *i.* kadın.
wom.an.ish (wûm´inîş) *s.* kadınsı.
wom.an.ize, *İng.* **wom.an.ise** (wûm´ınayz) *f.* zamparalık etmek.
wom.an.kind (wûm´ınkaynd) *i.* kadınlar.
wom.an.ly (wûm´ınli) *s.* kadınca, kadına yakışır.
womb (wum) *i., anat.* rahim, dölyatağı, karın.
wom.en (wîm´in) *i., çoğ., bak.* **woman. —'s lib** *k. dili, bak.* **women's liberation. —'s liberation** Kadınların Özgürlüğü Hareketi. **—'s liberation movement** Kadınların Özgürlüğü Hareketi. **—'s rights** kadın hakları.
won (wʌn) *f., bak.* **win.**
won.der (wʌn´dır) *i.* 1. hayret, şaşırma. 2. harika: **the seven wonders of the world** dünyanın yedi harikası. **She's a wonder.** O harika bir insan. *f.* 1. **(at)** (-e) hayret etmek, şaşırmak. 2. **(about/ if)** (-i) merak etmek, anlamak/öğrenmek istemek: **I wondered what it meant.** Ne anlama geldiğini merak ettim. **I wonder who she really is.** Onun gerçek kimliği nedir acaba? **I wonder what she's doing right now.** Şu anda ne yapıyor acaba? **"He'll win the prize." "I wonder."** "Ödülü kazanır." "Acaba?" 3. **(about/if)** (-den) şüphe etmek: **I wonder about her intentions.** Niyetlerinden şüphe ediyorum. 4. düşünmek: **He wondered what to do.** Ne yapacağını düşündü. **do/work —s for** (birine) çok yaramak, çok iyi gelmek. **It's a — she's still alive.** Onun hayatta kalması bir mucize. **It's no — he took to drink.** Kendini içkiye vermesi şaşılacak bir şey değil.
won.der.ful (wʌn´dırfıl) *s.* çok iyi, şahane, harika.
wont (wʌnt, wont) *i.* âdet, alışkanlık, itiyat. **be — to** genellikle (belirli bir şekilde davranmak/hareket etmek): **He is wont to come early.** O genellikle erken gelir.
won't (wont) *kıs.* **will not.**
wont.ed (wʌn´tid, won´tid) *s.* her zamanki, alışılmış, mutat.
woo (wu) *f.* kur yapmak.
wood (wûd) *i.* 1. odun. 2. orman; koru. 3. ağaç;
tahta: **That table's made of wood.** O masa ağaçtan yapılmış. **The staircase is made of wood.** Merdivenler tahtadan. **The house is made of wood.** Ev ahşap. *s.* tahta; ahşap. **— glue** tutkal.
wood.cut (wûd´kʌt) *i.* tahta kalıpla basılmış estamp.
wood.ed (wûd´id) *s.* ağaçlarla kaplı, ağaçlık; ormanlık.
wood.en (wûd´ın) *s.* 1. ağaçtan yapılmış, ağaç; tahtadan yapılmış, tahta; ahşap: **wooden bed** ağaç karyola. **wooden spoon** tahta kaşık. **wooden house** ahşap ev. 2. cansız, ruhsuz.
wood.land (wûd´lınd) *i.* ağaçlık arazi/alan, ağaçları bol olan yer. *s.* ağaçlık alanlara özgü.
wood.peck.er (wûd´pekır) *i., zool.* ağaçkakan.
woods (wûdz) *i., çoğ.* orman; koru. **be out of the —** *k. dili* tehlikeyi atlatmış olmak. **He can't see the — for the trees.** Ayrıntılara takılıp kaldığı için durumu bir bütün olarak göremiyor.
woods.y (wûd´zi) *s.* ormansı; korumsu.
wood.wind (wûd´wind) *i., müz.* ağaçtan yapılmış nefesli çalgı.
wood.work (wûd´wırk) *i.* (binanın iç tarafındaki) kapı ve pencere çerçeveleri; ahşap doğrama/doğramalar.
wood.y (wûd´i) *s.* odunsu.
woof (wûf) *i.* hav hav (havlama sesi). *f.* havlamak.
wool (wûl) *i.* yün. **pull the — over someone's eyes** *k. dili* birini aldatmak, birine oyun oynamak.
wool.en, *İng.* **wool.len** (wûl´ın) *s.* 1. yünden yapılmış, yün. 2. *çoğ.* yünlüler, yünlü giysiler. **— mill** yün fabrikası.
wool.gath.er (wûl´gädhır) *f.* hayale dalmak.
wool.gath.er.ing (wûl´gädhıring) *i.* hayale dalma.
wool.len (wûl´ın) *s., İng., bak.* **woolen.**
wool.ly, wool.y (wûl´i) *s.* 1. yün gibi, yüne benzeyen. 2. çok tüylü. 3. net olmayan, belirsiz. *i.* 1. *İng.* kazak, süveter. 2. yün fanila; yün iç çamaşırı.
wooz.y (wu´zi) *s., k. dili* sersem, tam ayık bir halde olmayan. **feel —** 1. başı dönmek; sersemlemek. 2. midesi bulanmak.
word (wırd) *i.* 1. kelime, sözcük. 2. söz, laf: **I'm sick of your fine words.** Güzel sözlerinden bıktım artık. **Do you know the words to this song?** Bu şarkının sözlerini biliyor musun? **Put your feelings into words.** Duygularını söze dök. **Don't expect a word of praise from him.** Ondan hiçbir aferin bekleme. **— for —** kelimesi kelimesine, harfi harfine, harfiyen, motamo. **— processing** *bilg.* kelime işlem. **— processor** bilgisayar. **W—s failed her.** Ne diyeceğini şaşırdı. **be as good as one's —** sözünü tutmak, sözünü yerine getirmek. **be at a loss for —s** ne diyeceğini şaşırmak, söyleyecek söz bulama-

mak. **be true to one's** — sözünü tutmak, sözünü yerine getirmek. **break one's** — sözünü tutmamak. **bring someone** — **of** ... hakkında birine haber getirmek. **doubt someone's** — birinin dediklerinden şüphe etmek. **eat one's** —**s** sözünü geri almak. **from the** — go ta başından beri. **give someone one's** — birine söz vermek. **go back on one's** — sözünden dönmek. **hang on someone's every** — birinin her dediğini can kulağıyla dinlemek. **have a** — **with someone** biriyle konuşmak. **have the last** — 1. (bir tartışmanın/ağız kavgasının sonunda) son söz birinin olmak: **He always has the last word.** Son söz hep onun. 2. **in** (bir konuda) nihai karar/son söz birinin olmak. **have** —**s** kavga etmek, atışmak. **He's a man of few** —**s.** Az konuşan biri o. **in a** — sözün kısası. **in other** —**s** yani, demek. **in so many** —**s** açık seçik bir şekilde, açıkça. **keep one's** — sözünü tutmak. **leave** — **with someone** birine haber bırakmak. **Mum's the** —**!** Hiç kimseye söyleme! **not to have a good** — **to say for** -i hiç beğenmemek, -i hep tenkit etmek. **put in a good** — **for someone** biri için iyi şeyler söylemek. **put** —**s into someone's mouth** birinden izin almadan onun adına konuşmak. **say a** — **about** -den bahsetmek/konuşmak. **say the** — (bir şeyin yapılması için) haber vermek: **If you ever need a ticket, just say the word and I'll get you one.** Bilete ihtiyacın olursa bana bildirmen yeter. **When I say the word you'll all stand up.** Ben söyleyince hepiniz ayağa kalkacaksınız. **send** — **to** (birine) haber göndermek/yollamak. **take someone at his/her** — birine inanmak. **take someone's** — **for it** birinin sözüne inanmak. **the last** — **in** *k. dili* (bir şeyin) en çağdaş, en geliştirilmiş veya son model örneği: **It's the last word in computers.** Bilgisayarların en modern olanı. **They both talk so much you can't get a** — **in edgewise.** *k. dili* Her ikisi o kadar çok konuşuyor ki senin konuşmana hiç fırsat kalmıyor. **They won't come on time; you mark my** —**s.** Vaktinde gelmezler, gör bak! **weigh one's** —**s** sözü tartmak, düşünerek konuşmak.
word.ing (wır'ding) *i.* ifade; ifade tarzı.
word.y (wır'di) *s.* fazla uzun (yazı/ifade); fazlasıyla uzun konuşan (kimse).
wore (wôr) *f., bak.* **wear.**
work (wırk) *i.* iş; emek: **He's gone to work.** İşe gitti. **Do you like your work?** İşini seviyor musun? **They're at work now.** Onlar şimdi işte. **That's going to take a lot of work.** O çok iş ister. **She's put a lot of work into this.** Buna çok emek harcadı. **They're not afraid of hard work.** Zor işlerden geri durmazlar. **Is this your own work?** Bu işi kendin mi yaptın? — **camp** çalışma kampı. — **force** çalışanlar: **He's now part of the mill's work force.** Artık fabrikada çalışanlardan biri o. — **load** iş miktarı. — **of art** sanat eseri. **be at** — işte olmak, iş başında olmak. **be in** — çalışmak, işi olmak, iş sahibi olmak: **He's been in work since June.** Hazirandan beri çalışıyor. **be out of** — işsiz olmak. **get to** — işe başlamak: **Get to work!** Haydi, iş başına! **have one's** — **cut out for one** (birinin) önünde zor bir iş olmak. **knock off** — (geçici olarak) işi bırakmak; paydos etmek; mola vermek. **make short** — **of** 1. (bir şeyi) yiyivermek, çabucak yemek, silip süpürmek. 2. çabuk bitirmek. 3. (biri) (biriyle) olan işini çabucak bitirmek/halletmek: **He made short work of those salesmen.** O pazarlamacılarla olan görüşmesini çabuk bitirdi. 4. (birini) kolaylıkla pes ettirmek/yenmek. **set to** — işe girişmek, işe koyulmak. **take off from** — (geçici olarak) işi bırakmak: **He took off from work for an hour in order to go to the dentist.** Dişçiye gitmek için bir saatliğine işi bıraktı.
work (wırk) *f.* 1. çalışmak; (birini) çalıştırmak: **He works hard.** Çok çalışıyor. **Don't work them too hard.** Onları çok fazla çalıştırma. 2. işlemek, çalışmak; (bir şeyi) işletmek, çalıştırmak: **This machine's working fine.** Bu makine iyi işliyor. **How do you work this machine?** Bu makineyi nasıl çalıştırıyorsun? 3. (plan/fikir) başarılı olmak, iyi sonuç vermek: **This plan won't work.** Bu plan yürümez. **Your idea's worked.** Senin fikrin sayesinde istediğimiz oldu. **Do you think it's going to work?** Sence bu iş olacak mı? 4. (matematik problemini) çözmek. 5. (hamur v.b.'ni) yoğurmak. 6. (bir yeri) işletmek: **They're no longer working that quarry.** O taşocağını artık işletmiyorlar. 7. (bir şeyin üzerine) işleme yapmak; **on** (bir şeyin üzerine) (bir şeyi) işlemek, nakışlamak. 8. *k. dili* ayarlamak, düzenlemek: **I can work it for you.** Sana onu ayarlayabilirim. 9. (sıvı) mayalanmak, tahammür etmek. — **a buttonhole** iliğin kenarlarını dikmek. — **a miracle** bir mucize yaratmak. — **at** (bir şey) için emek harcamak, için çaba göstermek. — **loose** gevşemek. — **off** (çalışarak/hareket ederek) (bir şeyi) gidermek: **He worked off his anger by running in the park for a couple of hours.** İki saat parkta koşarak öfkesini giderdi. — **on** 1. -i etkilemek, -e tesir etmek. 2. (birini) ikna etmeye çalışmak. 3. -i yapmak; -i hazırlamak; -in üzerinde çalışmak; -sın yapımıyla uğraşmak/meşgul olmak: **He's still working on that map.** Hâlâ o harita üzerinde çalışıyor. **They're working on our new house today.** Bugün yeni evimizin yapımıyla uğraşıyorlar. 4. -in tamiriyle uğraşmak: **They're working on the car.** Arabanın tamiriy-

le uğraşıyorlar. 5. -e ağırlık vermek: **You need to work on your French.** Fransızcaya ağırlık vermen gerek. — **one's fingers to the bone** *k. dili* çok çalışmak, paralanmak, yırtınmak. — **one's way** 1. (öğrenci) çalışarak (okul/üniversite) ücretlerini karşılamak. 2. **into** yavaş yavaş (bir yere/gruba) girmek: **She worked her way into their club.** Yavaş yavaş kendini onların kulübüne kabul ettirdi. 3. **up** çalışmalarıyla kendini ispatlayarak derece derece terfi etmek. — **oneself into** 1. giderek (belirli bir hale) girmek: **You're working yourself into a rage.** Öfken kabara kabara galeyana geliyorsun. 2. (biri) çalışmalarıyla kendini ispatlayarak (bir işe) girmek veya (bir mevkie) gelmek: **She's worked herself into a job.** Çalışmalarıyla kendini ispatlayarak kendine bir iş edindi. — **oneself out of a job** (bilerek/bilmeyerek) kendi çabalarıyla kendi işini lüzumsuz hale getirmek; (bilerek/bilmeyerek) kendi çabalarıyla kendini işinden etmek. — **out** 1. antrenman/idman yapmak. 2. (plan, proje v.b.) başarılı olmak veya iyi bir şekilde sonuçlanmak. 3. **at/to** (belirli bir miktara) gelmek: **Your share works out at ten million liras.** Senin payına on milyon lira düşüyor. 4. (bir plan v.b.'ni) hazırlamak/düzenlemek: **They worked out a compromise.** Bir uzlaşmaya vardılar. 5. (problemi/sorunu) çözmek, halletmek. 6. (bir aygıtın/makinenin parçası) yerinden/yuvasından çıkmak. — **someone over** *k. dili* 1. birini çok dövmek, birinin pestilini çıkarmak. 2. birini iyice tartaklamak. — **someone/something in** birini/bir şeyi zaten dolu olan programına sokmak. — **something in** 1. bir şeyi yer yer katmak. 2. bir şeyi ovarak sürmek. — **something loose** bir şeyi yavaş yavaş gevşetmek. — **something out (of)** bir şeyi (bir yerden) çıkarmak. — **up** 1. (ilgi, heves, heyecan v.b.'ni) uyandırmak. 2. (birinin) duygularını giderek doruğa çıkarmak: **She worked the crowd up into a frenzy.** Kalabalığı giderek çılgın bir hale getirdi. 3. hareket ede ede (susamış/acıkmış/terlemiş) bir hale gelmek: **You've worked up a sweat.** Hareket ede ede terledin. **They had worked up an appetite.** Hareket ede ede iştahları açılmıştı. 4. **into** (bir şeyi) geliştirerek (başka bir şey) yapmak: **Maybe they can work it up into a book.** Belki onu geliştirip kitap haline getirebilirler. 5. **to** giderek (bir yere) varmak: **The symphony's last movement works up to a magnificent conclusion.** Senfoninin son bölümü yavaş yavaş muhteşem bir bitişe dönüşüyor. **be —ed up** 1. heyecanlı olmak. 2. kızgın/öfkeli olmak.

work.a.ble (wır´kıbıl) *s.* uygulanabilir.
work.a.day (wırk´ıdey) *s.* sıradan, olağan.

work.a.hol.ic (wırkıhô´lik) *i., k. dili* işkolik.
work.bench (wırk´benç) *i.* (üzerinde iş görülen) tezgâh: **carpenter's workbench** marangoz tezgâhı.
work.book (wırk´bûk) *i.* (öğrenciler için) alıştırma kitabı.
work-brit.tle (wırk´britıl) *s., k. dili* işine alışıp iyi iş yapar duruma gelmiş (kimse).
work.day (wırk´dey) *i.* işgünü.
work.er (wır´kır) *i.* 1. işçi; emekçi. 2. *k. dili* çalışkan kimse: **She's a real worker!** Çok çalışkan biri o.
work.horse (wırk´hôrs) *i., k. dili* çok çalışan kimse; ırgat gibi çalışan kimse.
work.house (wırk´haus) *i.* ıslahevi, ıslahhane.
work.ing (wır´king) *i.* 1. işleme tarzı. 2. *çoğ.* kazılar, hafriyat, kazılmış yerler. — **agreement** geçici anlaşma. — **breakfast** iş görüşmesi yapılan kahvaltı. — **capital** döner sermaye. — **class** işçi sınıfı. — **day** işgünü. — **draft** (yazılı) taslak. — **hours** iş/mesai saatleri. — **lunch** iş görüşmesi yapılan öğle yemeği. — **majority** yeterli çoğunluk. **have a — knowledge of** (bir şeyi) iyi kötü kullanabilecek kadar bilmek: **They have a working knowledge of Russian.** Bir Rusla iyi kötü anlaşabilecek kadar Rusça biliyorlar.
work.ing-class (wır´king.kläs) *s.* işçi sınıfına ait.
work.ing.man (wır´king.män), *çoğ.* **work.ing.men** (wır´king.men) *i.* işçi; emekçi.
work.man (wırk´mın), *çoğ.* **work.men** (wırk´min) *i.* işçi. **workmen's compensation insurance** iş kazası sigortası, iş yerindeki kaza yüzünden işçinin uğradığı zararın tazminatını karşılayan sigorta.
work.man.like (wırk´mınlayk) *s.* ustalıkla/ustaca yapılmış, ustalıklı.
work.man.ship (wırk´mınşip) *i.* işçilik, bir işe verilen emeğin niteliği: **The workmanship in this snuffbox is excellent.** Bu enfiye kutusunun işçiliği çok iyi.
work.out (wırk´aut) *i.* antrenman, idman.
work.shop (wırk´şap) *i.* 1. (zanaatçıya ait) atölye, işlik. 2. (üniversite dışında yapılan) seminer.
work-shy (wırk´şay) *s., k. dili* çalışmaya pek yanaşmayan, işten kaçan.
work.sta.tion (wırk´steysın) *i., bilg.* iş istasyonu.
work.week (wırk´wik) *i.* bir haftadaki toplam işgünü veya çalışma saati: **We have a five-day workweek here.** Burada haftada beş gün çalışıyoruz. **He has a forty-hour workweek.** Haftada kırk saat çalışır.
world (wırld) *i.* dünya, âlem, cihan. — **view** dünya görüşü, hayat felsefesi. — **war** dünya savaşı. **be/live in a — of one's own** kendi dünyasında yaşamak. **be on top of the —** *k. dili* sevinçten uçmak, ayakları yere değmemek, bastığı yeri bilmemek. **be out of this —** *k. dili* süper/fevka-

worsen

lade güzel/fevkalade/harika/harikulade olmak. **bring (a child) into the —** (anne) (çocuğu) dünyaya getirmek, doğurmak; (doktor/ebe) (çocuğu) doğurtmak. **come into the —** dünyaya gelmek, doğmak. **for (all) the —** *k. dili* dünyayı verseler: **She wouldn't do that for the world.** Dünyayı verseler onu yapmaz. **for all the — like** *k. dili* gerçekten/hakikaten ... gibi: **She looks for all the world like her grandmother.** Tıpkı büyükannesine benziyor. **in the —** *k.* Allah aşkına, Allahı/Allahını seversen *(Soru zamirleriyle kullanılır.):* **What in the world is that?** O ne, Allahını seversen? **How in the world did you do that?** Onu nasıl yaptın Allah aşkına? **never in the —** *k. dili* dünyada, asla, hiçbir zaman: **I'd never in the world think of doing something like that.** Öyle bir şey yapmayı dünyada düşünmem. **not to be long for this —** *k. dili* yakında bu dünyadan gitmek, yakında ölmek: **He's not long for this world.** Yakında bu dünyadan göçecek. **not to have a care in the —** *k. dili* (birinin) hiç derdi olmamak. **set the — on fire** *k. dili* harikalar yaratıp şan ve şöhrete kavuşmak. **the W— Bank** Dünya Bankası. **think the — of** *k. dili* (birine) çok değer vermek, (birini) çok sevmek.
world-class (wırld´kläs) *s., k. dili* 1. üstün nitelikli, üstün, çok iyi. 2. dünyadaki en iyilerden sayılan.
world.li.ness (wırld´linis) *i.* maddecilik.
world.ly (wırld´li) *s.* dünyevi, maddi; maddeci.
world.ly-wise (wırld´liwayz) *s.* dünyayı anlayan, dünyanın kaç bucak olduğunu anlayan.
world.wide (wırld´wayd´) *s.* dünya çapındaki, dünyadaki herkesi/her ulusu kapsayan. *z.* bütün dünyada, dünyanın her tarafında.
World Wide Web *bilg.* Dünya Çapındaki Ağ.
worm (wırm) *i.* 1. kurt; solucan. 2. *k. dili* aşağılık kimse. **a can of —s** *k. dili* içinden çıkılması zor bir durum; çözümlenmesi güç bir problem.
worm (wırm) *f.* 1. (bir hayvanın) bağırsaklarındaki kurtları düşürmek. 2. **through** kıvrıla kıvrıla veya döne dolaşa -den geçmek. 3. **into** *k. dili* sinsice/kurnazlıkla -e girmek. 4. **out of** *k. dili* kurnazlıkla -den sıyrılmak. **— one's way into/— oneself into** *k. dili* sinsice/kurnazlıkla -e girmek. **— one's way out of/— oneself out of** *k. dili* kurnazlıkla -den sıyrılmak. **— one's way through** kıvrıla kıvrıla veya döne dolaşa -den geçmek. **— something out of someone** *k. dili* 1. sabır ve kurnazlıkla birinden bir şey öğrenmek, bir şeyi birinin ağzından kapmak; birinin ağzından laf almak/çekmek. 2. (zamanla) birini kandırarak/ikna ederek bir şeyi elde etmek.
worm-eat.en (wırm´itın) *s.* kurt yemişi.
worm.wood (wırm´wûd) *i.* pelin.
worm.y (wır´mi) *s.* 1. kurtlu, kurtlanmış. 2. kurt yemiş.

worn (wôrn) *f., bak.* **wear.** *s.* 1. aşınmış. 2. yorgun, yorulmuş.
worn-out (wôrn´aut) *s.* 1. çok kullanılmaktan işe yaramaz duruma gelmiş; yıpranmış; eskimiş; partal; köhne. 2. *k. dili* çok yorgun, bitkin, pestil gibi.
wor.ried (wır´id) *s.* merak içinde olan, tasalı, kaygılı. **be — sick** *k. dili* çok endişeli olmak.
wor.ri.er (wır´iyır) *i.* kolaylıkla kaygılanan kimse; evhamlı kimse.
wor.ri.some (wır´isım) *s.* kaygı verici, kaygılandırıcı.
wor.ry (wır´i) *f.* 1. (**about**) merak/kaygı içinde olmak, merak etmek; kaygılanmak, üzülmek; **-i** merak içinde bırakmak, **-i** kaygılandırmak, **-i** rahatsız etmek: **Don't worry about it!** Onu merak etme! **What's worrying you?** Seni kaygılandıran ne? **That doesn't worry me at all.** O beni hiç rahatsız etmiyor. **Don't worry!** Merak etme!/Üzme canını! 2. **-e** musallat olmak, **-e** tebelleş olmak. *i.* 1. kaygı, tasa, merak. 2. dert, sorun. **— beads** tespih.
wor.ry.ing (wır´iyîng) *s., bak.* **worrisome.**
wor.ry.wart (wır´iwôrt) *i., k. dili* kolaylıkla kaygılanan kimse; evhamlı kimse.
worse (wırs) *s.* (**bad** *'in üstünlük derecesi)* daha kötü, daha fena, beter: **He's worse today.** Bugün durumu daha kötü. *i.* daha kötü, daha fena, beter: **That was bad enough, but worse was to follow.** O yeterince kötüydü. Fakat ondan kötüsü gelecekti. *z.* daha kötü, daha fena: **She thought far worse of him than Ayşe did.** Onun hakkında Ayşe'den çok daha kötü düşünüyordu. **Akif's worse educated than Zeki.** Akif, Zeki'den de kötü bir öğrenim görmüş. **— still** daha kötüsü, işin daha kötüsü: **The electricity's off and, worse still, the heating's not working.** Cereyan kesik ve daha kötüsü kalorifer çalışmıyor. **— than ever** 1. her zamankinden çok: **It's dripping worse than ever now.** Şimdi her zamankinden kötü damlıyor. 2. her zamankinden kötü: **He's behaving worse than ever.** Her zamankinden kötü davranıyor. **be none the — for** (bir şeyden) (birine) hiç zarar/halel gelmemek: **They were none the worse for it.** Onlara hiç zararı olmadı. **get —** daha kötü olmak. **go from bad to —** gittikçe/giderek kötüleşmek, kötüye gitmek. **look the — for wear** *k. dili* pek iyi bir halde olmamak, pek iyi gözükmemek: **You look the worse for wear today.** Bugün seni pek iyi görmüyorum. **take a turn for the —** (işler) kötüye gitmeye başlamak, kötü olmak, kötüleşmek; (hasta) kötüleşmek. **to make matters —** üstüne üstlük: **To make matters worse, she's bringing Mesude with her.** Üstüne üstlük beraberinde Mesude'yi getiriyor.
wors.en (wır´sın) *f.* daha kötü olmak, kötüleş-

mek, kötüye gitmek; (hasta) kötüleşmek; daha kötü bir hale getirmek, kötüleştirmek.
wor.ship (wır'şip) *f.* (—ed/—ped, —ing/—ping) 1. tapmak; ibadet etmek; tapınmak: **His father worshiped God; he worships money.** Babası Allaha tapardı; kendisi paraya tapıyor. **They've worshiped there for years.** Yıllarca orada ibadet ettiler. 2. tapınmak, taparcasına sevmek: **He worships her.** Ona tapınıyor. *i.* ibadet; tapma; tapınma.
wor.ship.er, wor.ship.per (wır'şipır) *i.* ibadet eden kimse, Allaha tapınan kimse; tapan kimse; tapınan kimse.
worst (wırst) *s.* (**bad** *'in enüstünlük derecesi*) en kötü, en fena. *i.* **the —** en kötüsü, en fenası: **This is the worst I've seen.** Gördüklerimin en kötüsü bu. **I think we're through the worst of it.** En kötüsünü atlattık galiba. *z.* en kötü şekilde: **Who played worst?** En kötü oynayan kimdi? **She's the worst dressed woman here.** Buradaki en kötü giyinmiş kadın o. **at —** en kötü ihtimal: **At worst, all he'll get is a year in jail.** En kötü ihtimal, bir yıl hapis yer. **come off —/get the — of it** *k. dili* 1. yenilmek, altta kalmak. 2. en çok zarara uğramak. **expect the —** en kötü ihtimalin gerçekleşeceğini ummak. **fear the —** en kötü ihtimalin gerçekleşmesinden korkmak. **if — comes to —** en kötü ihtimal gerçekleşecek olursa/gerçekleşirse: **If worst comes to worst, we can always live in the cave.** En kötü ihtimal gerçekleşecek olursa mağarada yaşayabiliriz. **prepare for the —** en kötü ihtimale karşı hazırlanmak.
wor.sted (wûs'tid, wır'stid) *i.* 1. kamgarn iplik, kamgarn. 2. kamgarn kumaş, kamgarn.
worth (wırth) *i.* kıymet, değer: **It's of very little worth.** Kıymeti pek az. **Give me fifty liras' worth of cheese.** Bana elli liralık peynir ver. *edat* **be —** 1. -in kıymeti/değeri (belirli bir miktar) olmak; (belirli bir miktar) değerinde olmak: **This candlestick's worth approximately two thousand liras.** Bu şamdanın değeri aşağı yukarı iki bin lira. **This house is worth sixty billion liras.** Bu evin değeri altmış milyar lira. 2. (birinin) mal varlığı (belirli bir miktar) olmak: **He's worth around ten billion liras.** Onun mal varlığı on milyar kadar. 3. -e değmek: **Is it worth this much trouble?** Bu kadar zahmete değer mi? **Yes, it's worth the effort.** Evet, zahmete değer. **It's worth seeing.** Görülmeye değer. **be — one's keep** *k. dili* aldığı maaşın karşılığını vermek. **be — one's/its weight in gold** *k. dili* çok değerli olmak, ağırlığınca altın değmek/etmek; çok işe yaramak. **be — one's salt** *k. dili* aldığı maaşın karşılığını vermek; işinin ehli olmak. **be — one's while** *k. dili* birinin harcadığı

zamana değmek. **for all one is —** *k. dili* var kuvvetiyle/gücüyle: **He was running for all he was worth.** Var kuvvetiyle koşuyordu. **for what/whatever it's —** *k. dili* işinize yarar mı, bilmiyorum: **Here's what I heard, for whatever it's worth.** İşinize yarar mı, bilmiyorum, ama duyduğum bu. **get one's money's —** *k. dili* ödenen paranın karşılığında iyi mal almak: **You get your money's worth in that store.** O dükkânda ödediğin paranın karşılığında iyi mal alırsın. **not to be —** **a hill of beans/a toot/a damn/a tinker's damn** beş para bile etmemek. **put/get in one's two cents —** fikrini söylemek, görüşünü belirtmek.
worth.less (wırth'lis) *s.* 1. kıymetsiz, değersiz. 2. işe yaramaz. 3. (ahlakça) beş para etmez.
worth.while (wırth'hwayl´) *s.* zaman harcamaya değer; zahmete değer; yararlı, faydalı.
wor.thy (wır'dhi) *s.* 1. kıymetli, değerli; saygıdeğer. 2. uygun, münasip. *i.* ileri gelenlerden biri: **We talked with the town's worthies.** Şehrin ileri gelenleriyle konuştuk. **be — of** -e değmek, -e layık olmak.
would (wûd) *yardımcı f.* 1. Geçmişe ait bir gelecek zamanı belirtir: **The day when he would depart was drawing near.** Gideceği gün yaklaşıyordu. **They told us they would resign.** Bize istifa edeceklerini söylediler. **He would learn the truth much later.** Gerçeği çok daha sonra öğrenecekti. **We plied him with lots of wine so that he'd forget about his troubles.** Dertlerini unutsun diye şarap kadehini hiç boş bırakmadık. **He selected music that would cheer everyone up.** Herkesi neşelendirecek bir müzik seçti. 2. *Bazı ifadeleri yumuşatmak için kullanılır:* **Would you please hand me that book?** Lütfen o kitabı bana verir misiniz? **Would you like me to leave the room?** Odadan çıkmamı ister misiniz? **Wouldn't you say so?** Hemfikir değil misiniz? **He was, it would seem, a charlatan.** Meğer şarlatanmış. 3. *Niyet belirtir:* **He said he'd inform me by Thursday.** Perşembeye kadar bana bildireceğini söyledi. **He decided he'd do it.** Onu yapmaya karar verdi. 4. *İstek/seçim/tercih belirtir:* **I was hoping she'd come.** Geleceğini umuyordum. **I'd hate to have to do that.** Onu hiç yapmak istemezdim. **If only you'd help me!** Ah bana bir yardım etsen! **He'd have fired them last year if he could have.** Elinde olsa onları geçen sene işten atardı. **They'd have the whole section done away with!** Bütün bölümü lağvederler! **If he'd do his part, we'd get this done.** Kendine düşen işi yapsa bunu bitirebiliriz. **She'd prefer not to go.** Gitmemeyi tercih eder. **I'd be glad to!** Memnuniyetle! 5. *İnat/ısrar/kararlılık belirtir:*

She would keep correcting me! Yanlışlarımı düzeltip dururdu. You would go and tell her, wouldn't you? Yine de gidip ona söyledin, değil mi? Mürüvvet really got everybody's dander up. But then she would, wouldn't she? Mürüvvet herkesi çileden çıkardı. Fakat hep öyle yapar, değil mi? He would go, say what I might. Ne dediysem olmadı, ille gidecekti. I would not answer her. Ona cevap vermeyi reddettim. 6. *Âdet edinilen bir durumu belirtir:* Every night he would spend an hour looking at the stars. Her gece bir saatini yıldızlara bakarak geçirirdi. 7. *İmkân belirtir:* That space would have contained no more than two playing fields. O alanda en fazla iki oyun sahası bulunabilirdi. They would not have sold for two million liras each. Tanesi iki milyon liraya satılamazdı. The handle wouldn't turn. Kol çevrilmiyordu. The motor wouldn't start. Motor çalışmıyordu. The piano wouldn't stay in tune. Piyanonun akordu ha bire bozuluyordu. 8. *Beklenti/ihtimal belirtir:* I expected she would behave like that. Onun öyle davranacağını bekliyordum. He was convinced he wouldn't come. Onun gelmeyeceğine kanaat getirdi. That wouldn't be Fevzi, would it? O Fevzi olmasın? That would have been our Memiş. O herhalde bizim Memiş'ti. I think they'd now be playing tennis. Bence şimdi tenis oynuyorlardır. They left early for fear they would meet him. Onunla karşılaşacaklarından korkarak erken çıktılar. 9. *Bazı şartlı cümlelerde kullanılır:* If you were in my position what would you do? Benim yerimde olsan ne yaparsın? If he were to come you'd tell us, wouldn't you? Gelecek olursa bize söylersin değil mi? If he were here right now she would kill him. Şu an burada olsa onu öldürecek. If they hadn't been there, would you have told us? Orada olmasaydılar bize söyler miydin? A minute more and we would have missed the train. Bir dakika daha geçseydi treni kaçıracaktık. If you pulled that switch down the electricity would be cut. O şalteri indirirsen cereyan kesilir. It'd be impossible to determine the exact extent of the damage. Zararın boyutlarını kesin bir şekilde saptamak imkânsız olurdu. It would take too long. Fazla zaman isterdi. *f.* arzu etmek, çok istemek: Would that they were here! Ah, burada olsalar! Are they saying of me, "Would that he had croaked!"? Gebere miymişim? W— you rather go? Gitmeyi mi tercih edersin? I — not know! Ne bileyim ben! I —n't know. Hiçbir bilgim yok./Bilmiyorum. You — tell her, —n't you? 1. Gidip ona yetiştirirsin, değil mi? 2. İlle ona söylersin, değil mi?

would-be (wûd´bi) *s.* 1. (bir şeye) özenen, (bir şey) taslağı, (bir şey) olmak isteyip beceremeyen: It was a haunt of would-be poets. Şairliğe özenenlerin uğrak yeriydi. 2. muhtemel: would-be aggressors muhtemel saldırganlar.
would.n't (wûd´ınt) *kıs.* would not.
wound (wund) *i.* yara. *f.* yaralamak.
wound (waund) *f., bak.* wind.
wound.ed (wun´dıd) *s.* yaralı, yaralanmış. the — çoğ. yaralılar.
wove (wov) *f., bak.* weave.
wo.ven (wo´vın) *f., bak.* weave.
wow (wau) *ünlem* 1. Oh, ...!/O, ...!/Harika! *(Hayranlık belirtir.).* 2. Vay!/Hayret bir şey!/Vay anasını! *(Hayret belirtir.). f., k. dili* (birini) hayran etmek, mest etmek.
wrack (räk) *i.* go to — and ruin bakımsızlıktan harabeye dönüşmek. *f.* be —ed by/with (ağrılar, hastalık v.b.) yüzünden çok çekmek: His body had been wracked by malaria. Vücudu sıtmadan çok çekmişti.
wraith (reyth) *i.* hayalet.
wran.gle (räng´gıl) *f.* 1. ağız kavgası yapmak. 2. münakaşa etmek. 3. münakaşa ederek (bir şey) elde etmek. 4. (kovboy) sığır veya atlara bakmak. *i.* ağız kavgası; ağız kavgası yapma.
wran.gler (räng´glır) *i.* kovboy.
wrap (räp) *f.* (—ped/—t, —ping) (paket v.b.'ni) sarmak: Do you want me to wrap this? Bunu sarayım mı? — up 1. (paket v.b.'ni) sarmak. 2. (soğuğa karşı) kalın giyinmek, sarınıp sarmalanmak. 3. *k. dili* (toplantıyı/işi) bitirmek. be —ped up in 1. kendini (bir işe) kaptırmış olmak. 2. (düşüncelere) dalmış olmak. 3. (birine) sırılsıklam âşık olmak.
wrap (räp) *i.* 1. (palto/ceket/şal gibi) soğuğa karşı dış giysi/örtü. 2. ambalaj kâğıdı. keep something under —s bir şeyi gizli tutmak.
wrap.per (räp´ır) *i.* 1. (bir nesneye sarılmış) ambalaj kâğıdı. 2. (kitap için) ceket, şömiz. 3. (giysi olarak) sabahlık.
wrap.ping (räp´îng) *i.* ambalaj kâğıdı. — paper ambalaj kâğıdı.
wrath (räth, *İng.* rath/rôth) *i.* gazap, büyük öfke.
wrath.ful (räth´fıl, *İng.* rath´fıl/rôth´fıl) *s.* gazaba gelmiş; gazaplı; gazap dolu.
wreak (rik) *f.* — damage on -e hasar vermek. — havoc on -e çok zarar vermek; -i kasıp kavurmak, -i mahvetmek. — havoc with -i altüst etmek. — one's anger on öfkesini -den çıkarmak, hıncını -den almak. — vengeance on -den öç/intikam almak.
wreath (rith) *i.* çelenk.
wreathe (ridh) *f.* 1. (bir şeyin) üstünü örtmek; sarmak: Mist wreathed the peaks. Dağların tepeleri sisle sarılıydı. 2. (duman) döne döne

wreck 576

yükselmek. His face was —d in smiles. Tebessüm ediyordu.
wreck (rek) *i.* 1. trafik kazası. 2. gemi kazası. 3. gemi enkazı. 4. enkaz haline gelmiş şey, enkaz, harabe. 5. kazaya uğrama. *f.* 1. kaza geçirmek; kazaya uğratmak. 2. yıkmak. 3. bozmak; mahvetmek. **be a nervous —** sinirleri bozulmuş olmak. **be a physical —** sağlığı bozulmuş olmak. **have a —** trafik kazası geçirmek.
wreck.age (rek´ic) *i.* kazadan geri kalan parçalar, enkaz.
wreck.er (rek´ır) 1. yıkmacı, yıkıcı. 2. *oto.* kurtarıcı, çekici.
wren (ren) *i., zool.* çalıkuşu.
wrench (renç) *i.* 1. (somun veya vidaların sıkıştırılıp gevşetilmesi için kullanılan) anahtar. 2. sert bir çekiş. *f.* 1. sert bir şekilde çekmek. 2. (bir uzvu) burkmak, (bir uzuv) burkulmak; (adaleyi) fazla çekerek incitmek: **She's wrenched her ankle.** Ayağını burktu./Ayağı burkuldu. **— something away from someone** bir şeyi birinden zorla çekip almak.
wrest (rest) *f.* **from** 1. (bir şeyi) (birinden) zorla çekip almak. 2. (bir şeyi) -den zorlukla elde etmek.
wres.tle (res´ıl) *f.* güreşmek.
wres.tler (res´lır) *i.* güreşçi.
wres.tling (res´ling) *i.* güreş.
wretch (reç) *i.* 1. biçare kimse, zavallı kimse. 2. alçak herif, pis alçak.
wretch.ed (reç´id) *s.* 1. çok kötü, çok rahatsız: **She feels wretched.** Kendini çok kötü hissediyor. 2. perişan, zavallı, acınacak durumda olan. 3. berbat bir halde olan, son derece sefil/yoksul. 4. berbat, çok kötü. 5. kör olası, lanet.
wrig.gle (rig´ıl) *f.* 1. kıpırdamak, kıpırdanmak, (bir yerde) rahat durmamak. 2. eğilip bükülerek geçmek; kıvrıla kıvrıla gitmek. 3. oynatmak: **Wriggle your toes.** Ayak parmaklarını oynat. *i.* 1. kıpırdama, kıpırdanma; kıpırtı. 2. kıvrılma, kıvrılış. 3. oynatma, oynatış. **— out of** kurnazlıkla kendini -den kurtarmak/sıyırmak: **He wriggled out of that boring dinner.** Kurnazlıkla kendini o sıkıcı yemeğe gitmekten kurtardı.
wring (ring) *f.* **(wrung)** 1. (çamaşırı) sıkmak/burmak. 2. (boynunu) burarak (bir hayvanı) öldürmek. 3. (birinin elini) kuvvetlice sıkmak. **— one's hands** (acı, üzüntü veya çaresizlikten) ellerini ovuşturmak. **— something out of/from** bir şeyi -den zorla almak. **—ing wet** sırılsıklam, sırsıklam. **Such stories — the heart.** Öyle hikâyeler insanın kalbini burar.
wring.er (ring´ır) *i.* (çamaşır sıkmak için) mengene. **put someone through the —** *k. dili* anasından emdiği sütü burnundan getirmek, birine güçlük/sıkıntı çektirmek; birinin imanını gevretmek; birini cendereye sokmak/koymak, birini çok sıkıştırmak.
wrin.kle (ring´kıl) *i.* 1. buruşukluk, kırışıklık, kırışık. 2. *k. dili* yöntem. *f.* buruşturmak, kırıştırmak; buruşmak, kırışmak. **know all the —s** *k. dili* işin bütün yönlerini bilmek.
wrin.kled (ring´kıld) *s.* buruşuk, kırışık.
wrist (rist) *i.* bilek, el bileği.
wrist.watch (rist´waç) *i.* kol saati.
writ (rit) *i.* (adli bir merciden gelen) yazılı emir.
write (rayt) *f.* **(wrote, writ.ten)** 1. yazı yazmak: **She's learning to write.** Yazı yazmayı öğreniyor. 2. (bir şeyi) yazmak: **Can you write your name?** İsmini yazabilir misin? 3. *k. dili* (birine) mektup yazıp göndermek, mektup yazmak: **She writes him every day.** Her gün ona mektup yazıyor. 4. *k. dili* (birine) mektup yazmak. 5. yazmak, yazarlık yapmak: **He writes for a living.** Hayatını yazarak kazanıyor. **— off for** mektup göndererek (bir şey) istemek. **— someone back** *k. dili* 1. birinin mektubuna cevap yazıp göndermek, birinin mektubuna cevap yazmak. **— someone off** birinin işe yaramaz olduğuna karar vermek. **— something down** bir şeyi yazmak/kaydetmek. **— something off** 1. *tic.* tahsil edilmesi imkânsız borcu veya telafi edilmesi imkânsız mali zararı defterden silmek. 2. bir şeyin işe yaramaz olduğuna karar vermek. **— something out** bir şeyi yazıya dökmek. **— something up** 1. notları rapor, kitap v.b. haline sokmak: **I'll write up these notes later.** Bu notları daha sonra esaslı bir şekle sokarım. 2. bir fikri hikâye, kitap v.b.'ne dönüştürmek. 3. birini/bir olayı makale konusu yapmak. **be nothing to — home about** tamah edilecek bir matah/mal olmamak. **be written all over** yüzünden akmak: **His innocence was written all over his face.** Suçsuzluğu yüzünden akıyordu.
write-off (rayt´ôf) *i.* tahsil edilmesi imkânsız borç; telafi edilmesi imkânsız mali zarar.
write-pro.tect (rayt´prıtekt) *f., bilg.* yazmayı engellemek.
write-pro.tect.ed (rayt´prıtektid) *s., bilg.* yazma engelli.
writ.er (ray´tır) *i.* yazar; müellif.
write-up (rayt´ʌp) *i., k. dili* (gazete veya dergide eleştiri, makale gibi) yazı.
writhe (raydh) *f.* (ağrı, sancı veya manevi bir ıstıraptan) kıvranmak.
writ.ing (ray´ting) *i.* 1. el yazısı. 2. yazılı eser, yazı. 3. yazı yazma. **Will you give that to me in —?** Onu bana yazılı olarak verir misiniz?
writ.ten (rit´ın) *f., bak.* **write.** *s.* yazılı, yazılmış.
wrong (rông) *s.* 1. yanlış: **He gave the wrong answer.** Yanlış cevap verdi. **We're on the wrong road.** Yanlış yoldayız. **You're wrong about that.** Onda yanılıyorsun. **We boarded**

th	dh	w	hw	b	c	ç	d	f	g	h	j	k	l	m	n	p	r	s	ş	t	v	y	z
thin	the	we	why	be	joy	chat	ad	if	go	he	regime	key	lid	me	no	up	or	us	she	it	via	say	is

the wrong train. Yanlış trene bindik. **I've dialed the wrong number.** Yanlış numara çevirdim. 2. dince/ahlakça suç sayılan: **Stealing is wrong.** Hırsızlık günah. 3. *Yakışıksızca davranan/ayıp eden bir kimse veya yakışıksız/ayıp sayılan bir davranış için söylenir:* **You were wrong not to have gone.** Gitmemekle ayıp ettin. 4. uygun olmayan, yanlış; ters, münasebetsiz: **That was the wrong way to broach that subject.** O konuyu o şekilde açmak yanlıştı. **This is the wrong time.** Şimdi zamanı değil. **This is the wrong job for you.** Bu sana göre bir iş değil. 5. sakıncalı, mahzurlu: **There's nothing wrong with that.** Onun hiçbir sakıncası yok. **I see nothing wrong with it.** Onda bir sakınca görmüyorum. **Do you see anything wrong with it?** Onda bir sakınca görüyor musun? *z.* yanlış bir şekilde, yanlış: **You've done it wrong again.** Onu gene yanlış yaptın. *i.* suç; günah; kötü: **He's old enough to know the difference between right and wrong.** İyiyi kötüyü ayırt edebilecek bir yaşa geldi. **be in the —** kabahatli olmak: **You were in the wrong.** Kabahat sendeydi. **get someone/something —** birini/bir şeyi yanlış anlamak. **go —** 1. yanılmak, yanlış yapmak. 2. bozulmak; aksamak: **After that everything began to go wrong.** Ondan sonra her şey aksamaya başladı. **I hope nothing's —.** İnşallah kötü bir şey yok/yoktur. **What's —.** Nesi var? **What's — with it?** Nesi var? **What's — with you?** Nen var? **You don't have anything — with you.** Bir şeyin yok senin./Sağlığın yerinde.
wrong.do.er (rông´duwır) *i.* 1. suç işleyen kimse. 2. günahkâr.
wrong.do.ing (rông´duwîng) *i.* suç/günah işleme.
wrong.ful (rông´fıl) *s.* 1. haksız. 2. kanuna aykırı.
wrong.head.ed (rông´hedîd) *s.* 1. yanlış bir fikre inatla bağlı olan, yanlış bir fikirde direnen. 2. yanlış.
wrong.ly (rông´li) *z.* 1. haksız bir şekilde. 2. uygun olmayan/yanlış bir şekilde. 3. yanlış/hatalı bir şekilde.
wrote (rot) *f., bak.* **write.**
wrought (rôt) *s.* yapılmış. **— iron** dövme demir, ferforje.
wrung (rʌng) *f., bak.* **wring.**
wry (ray) *s.* eğri, çarpık. **make a — face** yüzünü ekşitmek/buruşturmak.
wt. *kıs.* **weight.**
www *kıs.* **World Wide Web.**

X

X, x (eks) *i.* 1. X, İngiliz alfabesinin yirmi dördüncü harfi. 2. yanlış işareti. 3. öpücük işareti.
X X, Romen rakamlar dizisinde 10 sayısı.
X *mat.* x.
X-C *kıs.* **cross-country.**
X chromosome *biyol.* X kromozomu.
x-co.or.di.nate (eks.kowôrd´nıt) *i., mat.* yatay konaç.
xe.non (zi´nan) *i., kim.* ksenon.
xen.o.pho.bi.a (zenıfo´biyı) *i.* 1. yabancı korkusu; yabancılardan nefret etme; yabancı düşmanlığı. 2. yabancı olandan korkma/nefret etme.
xen.o.pho.bic (zenıfo´bik) *s.* 1. yabancılardan korkan; yabancılardan nefret eden. 2. yabancı olandan korkan; yabancı olandan nefret eden. 3. yabancı düşmanlığı güden (yazı, yasa v.b.).
xe.ro.phyte (zir´ıfayt) *i.* kurakçıl bitki.
xe.ro.phyt.ic (zirıfit´ik) *s.* kurakçıl.
Xer.ox (zir´aks) *i.* fotokopi, fotokopiyle yapılmış kopya. *f.* -in fotokopisini çekmek. **— machine** fotokopi makinesi.
XL *kıs.* **extra large.**
Xmas (kris´mıs) *i., bak.* **Christmas.**
X-rat.ed (eks´rey´tid) *s.* on yedi yaşından küçüklerin seyretmesi yasak olan (film).
X-ray (eks´rey) *i.* 1. X ışını, röntgen ışını. 2. röntgen filmi, röntgen. *f.* -in röntgenini çekmek.
XS *kıs.* **extra small.**
xy.lo.phone (zay´lıfon) *i.* ksilofon.

Y

Y, y (way) *i.* Y, İngiliz alfabesinin yirmi beşinci harfi.
yacht (yat) *i.* yat.
yak (yäk) *i., zool.* yak.
yak (yäk) *f.* (**—ked, —king**) *k. dili* çan çan etmek, çene çalmak.
yam (yäm) *i.* tatlı patates.
yam.mer (yäm´ır) *f., k. dili* yakınıp durmak, sızlanıp durmak.
Yank (yängk) *i., bak.* **Yankee.**
yank (yängk) *f.* birden ve kuvvetle çekmek, kuvvetle çekivermek. *i.* kuvvetli çekiş. **— someone out of** birini (bir yerden) alıvermek/çıkarıvermek. **— something out of** bir şeyi -den kapmak/çekivermek.
Yan.kee (yäng´ki) *i.* 1. Amerikalı. 2. Amerika Birleşik Devletlerinin kuzey eyaletlerinde doğup büyüyen/yaşayan biri, kuzeyli.
yap (yäp) *f.* (**—ped, —ping**) (ufak köpek) (kesik ve tiz bir sesle) havlamak. *i.* kesik ve tiz bir havlama.
yard (yard) *i.* 1. yarda. 2. *den.* seren.
yard (yard) *i.* 1. (binaya ait) bahçe. 2. avlu. **— sale** evin bahçesinde yapılan istenmeyen eşya satışı.
yard.stick (yard´stik) *i.* 1. bir yarda uzunluğundaki ölçü aracı. 2. ölçü, ölçüt, mihenk, denektaşı, miyar.
yarn (yarn) *i.* 1. yün ipliği. 2. *tekstil* iplik. 3. *k. dili* (uydurulmuş) hikâye. **spin a —** hikâye uydurup anlatmak.
yar.row (yä´ro, yä´rı) *i., bot.* civanperçemi.
yawn (yôn) *f.* 1. esnemek. 2. derin bir çukur gibi bir boşluk/açıklık bulunmak/belirmek/açılmak: **If he hadn't stopped right then, he wouldn't have seen the chasm yawning before him.** Tam o anda durmasaydı önündeki uçurumu görmeyecekti. *i.* esneme.
yawp (yôp) *f.* bağırmak. *i.* bağırtı, bağırma, bağırış.
yaws (yôz) *i., tıb.* piyan.
Y chromosome *biyol.* Y kromozomu.
yd. *kıs.* **yard.**
yea (yey) *ünlem* 1. Yaşa!/Aferin! 2. Cim bom bom!
yeah (ye´ı, yä´ı) *z., k. dili* evet. **Oh —?** 1. *Bir sözün küçümsendiğini belirtir:* "**I'm going to beat you.**" "**Oh yeah?**" "Sana pes dedirteceğim." "Yap da görelim!" 2. *Söylenen şeyin doğruluğundan şüphe edildiğini belirtir:* "**She was at the concert.**" "**Oh yeah?**" "O konserdeydi." "Öyle mi?"/"Sahi mi?"
year (yir) *i.* yıl, sene. **— in — out** her yıl; yıllar yılı. **advanced in —s** yaşlı. **calendar —** takvim yılı. **fiscal —** mali yıl. **get along/on in —s** yaşlanmak. **leap —** artıkyıl. **light —** ışık yılı. **school —** ders yılı, öğretim yılı.
year.book (yir´bûk) *i.* yıllık.
year.ling (yir´ling) *i.* bir yaşında hayvan yavrusu.
year.long (yir´lông´) *s.* yıl boyunca devam eden.
year.ly (yir´li) *s.* yılda bir olan, yıllık, senelik. *z.* yılda bir.
yearn (yırn) *f.* çok arzu etmek.
yearn.ing (yır´ning) *i.* arzu. **have a — to/for** -i arzu etmek.
year-round (yir´raund´) *s.* bütün yıl devam eden.
yeast (yist) *i.* maya.
yell (yel) *f.* bağırmak; nara atmak. *i.* bağırma, bağırış; nara.
yel.low (yel´o) *s.* 1. sarı, sarı renkli. 2. *k. dili* ödlek, korkak. *i.* 1. sarı, sarı renk. 2. yumurta sarısı. *f.* sararmak; sarartmak. **— fever** *tıb.* sarıhumma. **— jacket** *zool.* gövdesi sarı ve siyah renkli bir tür yabanarısı. **— journalism** sansasyonel gazetecilik. **— poplar** *bot.* laleağacı.
yel.low-bel.lied (yel´obelid) *s., k. dili* ödlek, korkak.
yel.low.ish (yel´owiş) *s.* sarımtırak, sarımsı.
yelp (yelp) *f.* kesik ve acı bir sesle havlamak. *i.* kesik ve acı bir havlama.
Yem.en (yem´ın) *i.* Yemen. **the —** Yemen.
Yem.e.ni (yem´ini) *i.* Yemenli. *s.* 1. Yemen, Yemen'e özgü. 2. Yemenli.
Yem.en.ite (yem´inayt) *i., s., bak.* **Yemeni.**
yen (yen) *i.* (*çoğ.* **yen**) yen (Japon para birimi).
yen (yen) *i., k. dili* arzu. *f.* (**—ned, —ning**) arzu etmek, arzulamak. **have a — to** (bir şey yapmayı) arzu etmek.
yeo.man (yo´mın), *çoğ.* **yeo.men** (yo´min) *i.* 1. küçük çiftlik sahibi çiftçi. 2. *den.* bazı astsubaylara verilen bir unvan. **do — service** çok yardım etmek, çok yardımı dokunmak.
yes (yes) *z.* evet. *i.* (*çoğ.* **—es/—ses**) olumlu cevap/oy.
yes-man (yes´män), *çoğ.* **yes-men** (yes´men) *i., k. dili* evet efendimci.
yes.ter.day (yes´tırdi, yes´ırdey) *i., z.* dün: **yesterday morning** dün sabah. **yesterday's newspaper** dünkü gazete. **the day before yesterday** önceki gün. **She wasn't born —!** *k. dili* O kaçın kurası!/Onu kolay kolay kandıramazsın!
yet (yet) *z.* 1. daha; henüz; hâlâ: **They haven't come yet.** Daha gelmediler. "**Can I come in?**" "**Not yet.**" "Girebilir miyim?" "Henüz değil." **I have yet to receive them.** Onları hâlâ alma-

dım. **They haven't done anything yet.** Daha bir şey yapmadılar. 2. şimdi: **Are they here yet?** Geldiler mi? 3. hâlâ, gene de, yine de: **They may yet bring it off.** Onu hâlâ becerebilirler. 4. daha da: **Make it yet lighter!** Onu daha da açık yap! **He had yet another book to show us.** Bize göstermek istediği bir kitabı daha vardı. **bağ.** fakat, buna rağmen: **It looks edible, yet it isn't.** Yenilebilir gibi görünüyor fakat yenilmez. **as —** daha, henüz.

yew (yu) *i., bot.* porsukağacı.

Y-fronts (way´frʌnts) *i., çoğ., İng., k. dili* slip (erkek çamaşırı).

Yid.dish (yîd´îş) *i., s.* Yahudi Almancası, Yahudice.

yield (yîld) *f.* 1. (ürün/vergi/sonuç) vermek; (kâr/kazanç) getirmek: **That tree always yielded a lot of fruit.** O ağaç hep çok meyve verirdi. **This new levy will yield us a lot of revenue.** Bu yeni vergi bize çok para getirir. 2. teslim etmek; teslim olmak. 3. **to** (başkasına) vermek, bırakmak. 4. (bir şeyin doğru olduğunu) kabul etmek. *i.* 1. ürün, mahsul; verim. 2. hâsılat, gelir. **— the right of way** (trafikte) yol vermek. **— to temptation** şeytana uymak.

yip (yîp) *f.* **(—ped, —ping)** (ufak köpek) kesik ve tiz bir sesle havlamak. *i.* kesik ve tiz bir havlama.

yipe (yayp) *ünlem, k. dili* Ay!/Of!

yip.pee (yîp´i) *ünlem, k. dili* Ah, ne güzel!/Ah, ne iyi!/Yaşasın! *(Sevinince söylenir.).*

yob (yab) *i., İng., k. dili* hödük, maganda, hanzo.

yob.bo (yab´o) *i.* (*çoğ.* **—s/—es**) *İng., k. dili, bak.* **yob.**

yo.ga (yo´gı) *i.* yoga.

yo.gurt, yo.ghurt (yo´gırt) *i.* yoğurt.

yoke (yok) *i.* 1. boyunduruk. 2. **of** boyundurukla bağlanmış bir çift (hayvan): **three yoke of oxen** üç çift öküz. 3. (sırık hamallarının kullandığı) sırık. 4. *terz.* (gömlekte) roba; (etekte) üst kısım, basen kısmı. *f.* (hayvanlara) boyunduruk geçirmek; **with** (bir hayvanla) (başka bir hayvanı) aynı boyunduruğa koşmak; **to** (bir hayvanı) bir boyundurukla (bir araca) koşmak.

yo.kel (yo´kıl) *i.* (taşradan gelen) hödük.

yolk (yok, yolk) *i.* yumurta sarısı.

yon (yan) *s.* oradaki; şuradaki. *z.* orada; şurada.

yon.der (yan´dır) *s.* oradaki; şuradaki; ötedeki. *z.* orada; şurada; ötede; oraya; şuraya; öteye. *zam.* ora; şura; öte.

yoo-hoo (yu´hu) *ünlem, k. dili* Hey! Buraya bak!

yore (yor) *i.* **in days of —** çok eskiden. **of —** 1. çok eskiden: **Here lived of yore an archduchess.** Çok eskiden burada bir arşidüşes yaşardı. 2. eski zaman, eski: **I miss those Bairams of yore.** O eski bayramları özlüyorum.

you (yu) *zam.* 1. sen; siz; sizler; seni; sizi; sana; size: **Hey you! Come here!** Hey sen, buraya gel! **You children don't be late!** Çocuklar, siz geç kalmayın! **What's it to you?** Sana ne? 2. *Genellemelerde kullanılır:* **You don't go there alone.** Oraya tek başına gidilmez.

you-all (yu´wôl, yôl) *zam., k. dili* sizi; size *(Birden fazla kişiye hitap ederken kullanılır.).*

you'd (yud) *kıs.* 1. **you had.** 2. **you would.**

you'll (yul) *kıs.* **you will/shall.**

young (yʌng) *s.* 1. genç. 2. körpe. *i.* **the —** gençler.

young.ster (yʌng´stır) *i.* çocuk; genç.

your (yûr, yôr) *s.* senin; sizin.

you're (yûr) *kıs.* **you are.**

yours (yûrz, yôrz) *zam.* seninki; sizinki. **Y— truly,** Saygılarımla.

your.self (yûrself´, yôrself´), *çoğ.* **your.selves** (yûrselvz´, yôrselvz´) *zam.* kendin; kendiniz: **Don't kill yourself!** Kendini öldürme! **Do it yourself!** Onu kendin yap! **Pull yourself together!** Kendine gel! **You yourself know this is true.** Bunun doğru olduğunu kendin biliyorsun. **You don't seem to be yourself today.** Bugün her zamanki gibi değilsin. **by —** kendi kendine; kendi kendinize.

youth (yuth) *i.* 1. delikanlı, genç, genç adam. 2. gençlik. **— hostel** gençlik yurdu (gençler için ucuz otel). **the —** gençler, gençlik.

youth.ful (yuth´fıl) *s.* 1. gençlere/gençliğe özgü. 2. genç. 3. genç bir havaya sahip, genç bir insanı andıran (yaşlıca/yaşlı kimse). 4. taze.

you've (yuv) *kıs.* **you have.**

yowl (yaul) *f.* ulumak. *i.* uluma.

yo-yo (yo´yo) *i.* 1. yoyo. 2. *k. dili* aptal kimse, dangalak.

yr. *kıs.* **year, your.**

yuc.ca (yʌk´ı) *i., bot.* avizeağacı.

yuck (yʌk) *ünlem, k. dili* Öf! *(Tiksinti belirtir.). f.* **— it up** *k. dili* şakalaşmak, gülüşüp eğlenmek.

yuck.y (yʌk´i) *s., k. dili* iğrenç.

Yu.go.slav (yu´goslav) *i., s., tar.* Yugoslav; Yugoslavyalı.

Yu.go.slav.ia (yugoslav´iyı) *i., tar.* Yugoslavya. **—n** *i., s., tar.* Yugoslav; Yugoslavyalı.

Yu.go.slav.ic (yugoslâv´îk) *s., tar., bak.* **Yugoslav.**

yuk (yʌk) *ünlem, f.* **(—ked, —king)** *k. dili, bak.* **yuck.**

Yule (yul) *i.* Noel yortusu.

Yule.tide (yul´tayd) *i.* Noel mevsimi.

yum.my (yʌm´i) *s., k. dili* lezzetli.

yup.pie, yup.py (yʌp´i) *i., argo* yupi, hırslı ve maddi şeylere önem veren meslek sahibi genç.

Z

Z, z (zi, *İng.* zed) *i.* Z, İngiliz alfabesinin yirmi altıncı harfi.
Za.ire (za.ir´) *i.* Zaire.
Za.ir.e.an (za.ir´iyın) *i.* Zaireli. *s.* 1. Zaire, Zaire'ye özgü. 2. Zaireli.
Za.ir.i.an (za.ir´iyın) *i., s., bak.* **Zairean.**
Zam.bi.a (zäm´biyı) *i.* Zambiya. —**n** *i.* Zambiyalı. *s.* 1. Zambiya, Zambiya'ya özgü. 2. Zambiyalı.
za.ny (zey´ni) *s.* delidolu.
Zan.zi.bar (zän´zıbar´) *i.* Zengibar. —**i** *i.* Zengibarlı. *s.* 1. Zengibar, Zengibar'a özgü. 2. Zengibarlı.
zap (zäp) *f.* (—**ped,** —**ping**) *k. dili* 1. vurmak. 2. ateş ederek öldürmek, öldürmek. 3. *TV* kanal değiştirmek, zapping/zaping yapmak, zaplamak.
Zar.a.thus.tra (zarathus´tra, zärıthus´trı) *i., bak.* **Zoroaster.**
zeal (zil) *i.* 1. gayret, şevk. 2. coşkunluk, ateşlilik.
zeal.ot (zel´ıt) *i.* 1. gayretkeş kimse. 2. fanatik.
zeal.ot.ry (zel´ıtri) *i.* 1. gayretkeşlik. 2. fanatizm.
zeal.ous (zel´ıs) *s.* 1. gayretli. 2. ateşli, hararetli.
ze.bra (zi´brı) *i.* (*çoğ.* **ze.bra/—s**) *zool.* zebra. — **crossing** *İng.* (çizgili) yaya geçidi.
zed (zed) *i., İng.* Z harfi.
zee (zi) *i.* Z harfi.
ze.nith (zi´nîth) *i.* 1. *gökb.* başucu noktası. 2. doruk, zirve. **at its** — doruğunda, zirvesinde.
zeph.yr (zef´ır) *i.* hafif rüzgâr, esinti.
zep.pe.lin (zep´ılîn) *i.* zeplin.
ze.ro (zir´o) *i.* sıfır. *f.* — **in on** *k. dili* dikkatini (bir şeyin) üstüne çevirmek; tüm dikkatini (bir şeyin) üzerinde toplamak.
zest (zest) *i.* 1. zevk, haz, keyif, lezzet: **They still have a zest for living.** Onlar hâlâ hayattan zevk alabiliyor. **That it was illicit only added to its zest.** Kurallara aykırı oluşu zevkini daha da artırdı. 2. şevk: **She works with zest.** Şevkle çalışıyor. 3. azıcık keskin/acı bir çeşni: **The cinnamon adds zest to it.** Tarçın ona azıcık keskin bir çeşni katar. 4. renklilik; canlılık; çeşni, lezzet: **Zeliha's presence always adds zest to the proceedings.** Zeliha'nın varlığı, toplantıya hep bir renk katar.
zest.ful (zest´fıl) *s.* 1. keyifli, zevkli, lezzetli. 2. şevkli. 3. renkli; canlı.
zig.zag (zig´zäg) *i.* zikzak. *f.* (—**ged,** —**ging**) 1. zikzak çizmek/yapmak. 2. zikzaklar çizerek gitmek.
zilch (zîlç) *i., k. dili* sıfır.
zil.lion (zîl´yın) *i.* —**s of** *k. dili* kıyamet kadar/gibi, milyonlarca.
Zim.bab.we (zimbab´wey) *i.* Zimbabve. —**an** *i.*
Zimbabveli. *s.* 1. Zimbabve, Zimbabve'ye özgü. 2. Zimbabveli.
zinc (zîngk) *i.* çinko.
zing (zîng) *i.* 1. vınlama, vızıltı. 2. *k. dili* canlılık, zindelik; şevk. 3. *k. dili* renklilik, çeşni. 4. *k. dili* azıcık keskin/acı bir çeşni. *f.* vınlamak, vızıldamak.
zing.er (zîng´ır) *i., k. dili* çok şaşırtıcı bir şey.
zing.y (zîng´i) *s., k. dili* 1. canlı, hayat dolu. 2. frapan. 3. renkli, çarpıcı. 4. tadı azıcık keskin/acı (yiyecek/içecek).
zin.ni.a (zîn´iyı) *i., bot.* zinya, zenya.
Zi.on.ism (zay´ınîzım) *i.* Siyonizm.
Zi.on.ist (zay´ınîst) *i., s.* Siyonist.
zip (zîp) *i.* 1. *k. dili* canlılık, zindelik; şevk. 2. vınlama, vızıltı. *f.* (—**ped,** —**ping**) 1. *k. dili* çabucak gitmek/geçmek; çabucak geçirmek. 2. vınlamak, vızıldamak. — **along** *k. dili* çabucak gitmek/ilerlemek. — **something up** *k. dili* 1. bir hareketi hızlandırmak. 2. bir şeyi daha neşeli/hareketli/oynak bir hale getirmek.
zip (zîp) *i., İng., bak.* **zipper.** *f.* (—**ped,** —**ping**) *İng., bak.* **zipper.**
zip (zîp) *i., k. dili* posta kodu. — **code** posta kodu.
zip.per (zîp´ır) *i.* fermuar. *f.* — **one thing into another** bir şeyi başka bir şeye fermuarla takmak. — **something open** bir şeyin fermuarını açmak. — **something up** bir şeyin fermuarını kapamak/çekmek.
zip.py (zîp´i) *s., k. dili* 1. canlı, hayat dolu, zinde. 2. frapan. 3. spor, sportif bir havaya sahip (şey).
zit (zît) *i., k. dili* sivilce.
zizz (zîz) *i., İng., k. dili* şekerleme, kestirme, kısa uyku. **have/take a** — şekerleme yapmak, kestirmek, kısa bir uyku çekmek.
zo.di.ac (zo´diyäk) *i., astrol.* zodyak, burçlar kuşağı. **the signs of the** — *astrol.* burçlar, on iki burç.
zone (zon) *i.* 1. bölge, mıntıka: **zone of fire** ateş bölgesi. **zone of operations** harekât bölgesi. 2. *coğr.* kuşak: **temperate zone** ılıman kuşak. **frigid zone** kutup kuşağı. 3. *kentbilim* bölge, zon. *f.* (bir bölgede) ancak (belirli bir faaliyete/birtakım faaliyetlere) izin vermek, (bir bölgeyi) (belirli bir faaliyet/birtakım faaliyetler) için ayırmak: **They've zoned it for a commercial area.** Orayı ticari bölge ilan ettiler. — **defense** *spor* bölge savunması. **combat** — savaş alanı. **free** — *tic.* serbest bölge. **time** — saat dilimi.
zon.ing (zon´îng) *i., kentbilim* (bir bölgede) ancak (belirli bir faaliyete/birtakım faaliyet-

lere) izin verme, (bir bölgeyi) (belirli bir faaliyet/birtakım faaliyetler) için ayırma, zoning.
zonked (zôngkt) *s.* **(out)** *k. dili* 1. çok yorgun, pestil gibi. 2. sarhoş, başı dumanlı.
zoo (zu) *i.* 1. hayvanat bahçesi. 2. *k. dili* çok farklı mizaçtaki insanların bulunduğu yer; birtakım tuhaf insanların bulunduğu yer.
zo.o.log.i.cal (zowılac´ikıl) *s.* zoolojik. — **garden** hayvanat bahçesi.
zo.ol.o.gist (zowal´ıcist) *i.* zoolog, hayvanbilimci.
zo.ol.o.gy (zowal´ıci) *i.* zooloji, hayvanbilim.
zoom (zum) *f.* 1. *k. dili* büyük bir hızla gitmek, tam gazla gitmek. 2. *k. dili* büyük bir hızla artmak. 3. **in on** *sin.* zum/kaydırma yaparak -i birden çok yakından göstermek. 4. **away from** *sin.* zum/kaydırma yaparak -i birden uzaktan göstermek. — **lens** zum merceği.
Zo.ro.as.ter (zorowäs´tır) *i.* Zerdüşt.
Zo.ro.as.tri.an (zorowäs´triyın) *i., s.* Zerdüşti.
Zo.ro.as.tri.an.ism (zorowäs´triyınizım) *i.* Zerdüştçülük, Zerdüştlük.
zos.ter (zas´tır) *i., tıb.* zona.
zuc.chi.ni (zûki´ni) *i.* bir tür sakızkabağı.
zwie.back (zway´bäk) *i.* bir çeşit peksimet.
zy.gote (zay´got, zi´got) *i., biyol.* zigot.
zzz (zz) Horrr! *(Karikatürlerde birinin uyuduğunu/horladığını göstermek için kullanılır.).*

Düzensiz Fiiller / Irregular Verbs

Fiil Verb	Geçmiş zaman Past tense	Geçmiş zaman ortacı Past participle	Fiil Verb	Geçmiş zaman Past tense	Geçmiş zaman ortacı Past participle
abide	abode/abided	abode/abided	drink	drank	drunk
arise	arose	arisen	drive	drove	driven
awake	awoke	awaked/awoken	dwell	dwelt/dwelled	dwelt/dwelled
backbite	backbit	backbitten	eat	ate	eaten
backslide	backslid	backslid/backslidden	fall	fell	fallen
be	was/were	been	feed	fed	fed
bear	bore	borne	feel	felt	felt
beat	beat	beaten	fight	fought	fought
become	became	become	find	found	found
befall	befell	befallen	flee	fled	fled
beget	begot	begotten/begot	fling	flung	flung
begin	began	begun	fly	flew	flown
behold	beheld	beheld	forbear	forbore	forborne
bend	bent	bent	forbid	forbade	forbidden
beseech	besought/beseeched	besought/beseeched	forecast	forecast/forecasted	forecast/forecasted
beset	beset	beset	foresee	foresaw	foreseen
bestride	bestrode	bestridden/bestrid	foretell	foretold	foretold
			forget	forgot	forgotten
bet	bet/betted	bet/betted	forgive	forgave	forgiven
bid	bid	bid	forsake	forsook	forsaken
bid	bade/bid	bidden/bid	forswear	forswore	forsworn
bind	bound	bound	freeze	froze	frozen
bite	bit	bitten	gainsay	gainsaid	gainsaid
bleed	bled	bled	get	got	gotten/got
blow	blew	blown	gild	gilded/gilt	gilded/gilt
break	broke	broken	give	gave	given
breed	bred	bred	go	went	gone
bring	brought	brought	grind	ground	ground
broadcast	broadcast	broadcast	grow	grew	grown
browbeat	browbeat	browbeaten	hamstring	hamstrung	hamstrung
build	built	built	hang	hung/hanged	hung/hanged
burn	burned/burnt	burned/burnt	have	had	had
burst	burst	burst	hear	heard	heard
buy	bought	bought	heave	heaved/hove	heaved/hove
cast	cast	cast	hew	hewed	hewn
catch	caught	caught	hide	hid	hidden
chide	chid/chided	chidden/chided	hit	hit	hit
choose	chose	chosen	hold	held	held
cling	clung	clung	hurt	hurt	hurt
clothe	clothed/clad	clothed/clad	inlay	inlaid	inlaid
come	came	come	interweave	interwove	interwoven
cost	cost	cost	keep	kept	kept
creep	crept	crept	kneel	knelt/kneeled	knelt/kneeled
crossbreed	crossbred	crossbred	knit	knitted/knit	knitted/knit
cut	cut	cut	know	knew	known
deal	dealt	dealt	lade	laded	laded/laden
dig	dug	dug	lay	laid	laid
dive	dived/dove	dived/dove	lead	led	led
do	did	done	lean	leaned/leant	leaned/leant
draw	drew	drawn	leap	leaped/leapt	leaped/leapt
dream	dreamed/dreamt	dreamed/dreamt	learn	learned/learnt	learned/learnt

Fiil / Verb	Geçmiş zaman / Past tense	Geçmiş zaman ortacı / Past participle	Fiil / Verb	Geçmiş zaman / Past tense	Geçmiş zaman ortacı / Past participle
leave	left	left	retell	retold	retold
lend	lent	lent	rethink	rethought	rethought
let	let	let	rewrite	rewrote	rewritten
lie	lay	lain	rid	rid/ridded	rid/ridded
light	lighted/lit	lighted/lit	ride	rode	ridden
lose	lost	lost	ring	rang	rung
make	made	made	rise	rose	risen
mean	meant	meant	roughcast	roughcast	roughcast
meet	met	met	run	ran	run
melt	melted	melted/molten	saw	sawed	sawed/sawn
miscast	miscast	miscast	say	said	said
mislay	mislaid	mislaid	see	saw	seen
mislead	misled	misled	seek	sought	sought
misread	misread	misread	sell	sold	sold
misspell	misspelled/misspelt	misspelled/misspelt	send	sent	sent
			set	set	set
mistake	mistook	mistaken	sew	sewed	sewn/sewed
misunderstand	misunderstood	misunderstood	shake	shook	shaken
			shave	shaved	shaved/shaven
mow	mowed	mown	shear	sheared	sheared/shorn
offset	offset	offset	shed	shed	shed
outbid	outbid	outbid	shine	shone/shined	shone/shined
outdo	outdid	outdone	shoe	shod/shoed	shod/shoed
outgrow	outgrew	outgrown	shoot	shot	shot
outrun	outran	outrun	show	showed	shown
outshine	outshone	outshone	shrink	shrank/shrunk	shrunk/shrunken
overcome	overcame	overcome	shut	shut	shut
overdo	overdid	overdone	sing	sang	sung
overeat	overate	overeaten	sink	sank/sunk	sunk/sunken
overhang	overhung	overhung	sit	sat	sat
overhear	overheard	overheard	slay	slew	slain
overlay	overlaid	overlaid	sleep	slept	slept
overpay	overpaid	overpaid	slide	slid	slid
override	overrode	overridden	sling	slung	slung
overrun	overran	overrun	slink	slunk	slunk
oversee	oversaw	overseen	slit	slit	slit
overshoot	overshot	overshot	smell	smelled/smelt	smelled/smelt
oversleep	overslept	overslept	smite	smote	smitten
overspend	overspent	overspent	sow	sowed	sown/sowed
overtake	overtook	overtaken	speak	spoke	spoken
overthrow	overthrew	overthrown	speed	sped/speeded	sped/speeded
partake	partook	partaken	spell	spelled/spelt	spelled/spelt
pay	paid	paid	spend	spent	spent
plead	pleaded/pled	pleaded/pled	spill	spilled/spilt	spilled/spilt
prepay	prepaid	prepaid	spin	spun	spun
proofread	proofread	proofread	spit	spit/spat	spit/spat
prove	proved	proved/proven	split	split	split
put	put	put	spoil	spoiled/spoilt	spoiled/spoilt
read	read	read	spoonfeed	spoonfed	spoonfed
recast	recast	recast	spread	spread	spread
redo	redid	redone	spring	sprang/sprung	sprung
relay	relaid	relaid	stand	stood	stood
remake	remade	remade	stave	staved/stove	staved/stove
rend	rent	rent	steal	stole	stolen
repay	repaid	repaid	stick	stuck	stuck

Fiil Verb	Geçmiş zaman Past tense	Geçmiş zaman ortacı Past participle	Fiil Verb	Geçmiş zaman Past tense	Geçmiş zaman ortacı Past participle
sting	stung	stung	tread	trod	trodden/trod
stink	stank/stunk	stunk	underbid	underbid	underbid
strew	strewed	strewed/strewn	undergo	underwent	undergone
stride	strode	stridden	underlie	underlay	underlain
strike	struck	struck/stricken	undershoot	undershot	undershot
string	strung	strung	understand	understood	understood
strive	strove	striven	undertake	undertook	undertaken
sublet	sublet	sublet	underwrite	underwrote	underwritten
sunburn	sunburned/ sunburnt	sunburned/ sunburnt	undo	undid	undone
			unstring	unstrung	unstrung
swear	swore	sworn	unwind	unwound	unwound
sweep	swept	swept	uphold	upheld	upheld
swell	swelled	swelled/swollen	upset	upset	upset
swim	swam	swum	wake	woke/waked	waked/woken
swing	swung	swung	waylay	waylaid	waylaid
take	took	taken	wear	wore	worn
teach	taught	taught	weave	wove	woven
tear	tore	torn	wed	wedded/wed	wedded/wed
telecast	telecasted/ telecast	telecasted/ telecast	weep	wept	wept
			wet	wet/wetted	wet/wetted
tell	told	told	win	won	won
think	thought	thought	wind	wound	wound
thrive	throve/thrived	thrived/thriven	withdraw	withdrew	withdrawn
throw	threw	thrown	withhold	withheld	withheld
thrust	thrust	thrust	withstand	withstood	withstood
thunder- strike	thunderstruck	thunderstruck/ thunderstricken	wring	wrung	wrung
			write	wrote	written

Türkçe - İngilizce
Turkish - English

Türkçe - İngilizce Bölümüne Ait Açıklamalar

1. Deyimler, atasözleri, özdeyişler ve iki veya daha çok sözcükten oluşan tamlamalar hangi sözcükle başlıyorsa o sözcüğün altında altbölüm olarak gösterilmiştir. Örneğin **bir ağızdan** veya **o saat** deyimlerini bulmak için **ağız** veya **saat** sözcükleri yerine **bir** veya **o** sözcüklerinin altına bakılmalıdır.

2. Türkçe sözcüklerin yazımıyla ilgili bazı önemli noktalar aşağıda belirtilmiştir:

    a) Çekimi kurallara uymayan isimler -i halleriyle birlikte verilmiştir. Örneğin **hukuk, -ku; cami, -ii; nevi, -v'i; ağız, -ğzı; dikkat, -ti; hak, -kkı.**

    b) Düzeltme işaretinin kullanılışında şu kurallara uyulmuştur:

    (1) G ve k ünsüzlerinden sonra gelen a ve u ünlüleri üzerine konulan düzeltme işareti, g ve k ünsüzlerinin ince okunacağını gösterir: **güzergâh, kâğıt, Kûfi.**

    (2) Diğer durumlarda, bir ünlü üzerine konulan düzeltme işareti o ünlünün uzun okunacağını gösterir: **yâr, nâr, hâk.**

    c) Kesme işaretinin kullanılışında şu kurallar göz önünde tutulmuştur:

    (1) Kesme işareti genellikle, özel isimleri, kısaltmaları, rakamları, alfabedeki harfleri ve sonekleri takılardan ya da kendilerine eklenen **ile** bağlacından ayırmak için kullanılır: **Ferit'ten; SEKA'ya; 2'nin; d'si; Şule'ye; Bu fiilin eki -di'dir; Sedat'la; Müdür sınıftaki Mehmet'leri çağırdı.**

    (2) Önemli bir kişiye duyulan saygıyı belirtmek amacıyla büyük harfle yazılan **o** zamiri, takılardan kesme işaretiyle ayrılır. Örneğin **O'nun** veya **O'na**.

    (3) Kesme işareti bazen gırtlaksı bir kesintiye işaret eder. Örneğin **mer'i, nev'i, ye'se.**

3. Ettirgen ve edilgen fiillerle ilgili şu noktalar dikkate alınmalıdır:

    a) Türkçe fiillerin ettirgen ve edilgen şekilleri belirli kalıplara göre kurulduğu için çoğu zaman bu sözlükte gösterilmemiştir.

    b) Sözlükte yer alan ettirgen fiiller genellikle İngilizceye *to have (someone) do (something)* şeklindeki kalıba göre çevrilmiştir. Ancak bu tür fiillerin ayrıca kullanıldığı bağlama göre İngilizceye şu kalıplara dayanarak çevrilebileceği de göz önünde tutulmalıdır: *to have (something) done, to let (someone) do (something), to allow (someone) to do (something), to let (something) be done, to allow (something) to be done* veya *to make (someone) do (something)*.

c) Edilgen hale giren geçişsiz fiiller genellikle *impersonal passive* (özne almayan fiil) adı altında açıklanmıştır. Bu tür fiiller "one," "you" veya "people" gibi belgisiz bir özne ile kullanılırlar: Örneğin **Oraya tek başına gidilmez.** 'One doesn't go there alone.'

4. Tanımlanan Türkçe sözcüklerin işlev veya anlamının iyice anlaşılması için şu noktalara dikkat edilmelidir:

   a) Sıfat olarak kullanılan bazı Türkçe sözcükler parantezler içindeki bir sözcüğü niteleyen bir sözcük grubuyla tanımlanmıştır. Örneğin **nemelazımcı** '(someone) who has an I-don't-give-a-damn attitude.' Parantezler içindeki *someone* sözcüğü parantezsiz yazılsaydı **nemelazımcı** sözcüğünün isim olduğu anlaşılırdı.

   b) Parantezler içinde yazılan belgisiz sıfat *a*, nitelediği sözcüğün isim olduğunu göstermektedir. Örneğin **seksenlik** sözcüğünün dördüncü karşılığı '(an) octogenarian.' **Seksenlik** sözcüğünün ikinci karşılığı olan 'octogenarian' sözcüğünden önce belgisiz bir sıfatın bulunmaması bu sözcüğün sıfat olduğuna işaret etmektedir.

5. Sonunda *-ing* eki olan bir ya da birkaç isimfiil ile tanımlanan sözcükler genellikle isim olarak kullanılmaktadır. Örneğin **ardışma** 'coming in succession,' **engelleme** 'hindering' veya **sepicilik** 'tanning.'

6. Bazı durumlarda parantezler içinde yazılan belgisiz sıfat *a*, kendisinden sonra gelen sözcüğün sayılabilir nitelikte bir isim olduğunu göstermektedir. Örneğin **yiyecek** '(a) food.'

7. Genellikle sıfat olarak tanımlanan sözcükler isim olarak da kullanılabilir.

8. Sıfat olarak tanımlanan birçok sözcük, zarf olarak da kullanılabilir. Örneğin **İtalyancayı güzel konuşuyor.** 'He speaks Italian well.' **Cesur davrandı.** 'He acted bravely.'

9. Hem sıfat, hem de isim olarak kullanılabilen önemli bir grup sözcük de *-ci* sonekiyle bitmekte ve bir şeyle uğraşmayı meslek edinen ya da bir

şeyi alışkanlık haline getiren kimseleri (**dişçi, röntgenci, beleşçi** gibi) veya bir kişi ya da şeye kendini adayan kimseleri (**Atatürkçü, halkçı, milliyetçi** gibi) belirtmek için kullanılmaktadır. Bu sözcükler genellikle isim olarak kullanıldığı için İngilizce karşılıkları da çoğu zaman isim olarak verilmiştir. Ancak, bu tür sözcükler bazen sıfat olarak da kullanılırlar. Örneğin **temizlikçi kadın** 'cleaning woman.'

10. Maddelerin altbölümlerinde maddebaşı olan sözcükten daha sonra gelen ve parantezler içinde yazılan bazı sözcüklerin kullanımı, kullanacak olanın isteğine bırakılmıştır. Örneğin **kaşıkla yedirip/aş verip sapıyla (gözünü) çıkartmak** deyimindeki **çıkartmak** fiilinin nesnesi olan parantezler içindeki **gözünü** sözcüğü kullanılmasa da olur.

11. Maddelerin altbölümlerinde, maddebaşı sözcükten önce parantezler içinde yazılan sözcüklerin deyimle birlikte kullanılmaları gerekmektedir. Örneğin **yol** sözcüğü altında verilen **(aynı/bir) yola çıkmak** deyimindeki **aynı** veya **bir** sözcüklerinin **yol** sözcüğünü nitelemesi gerekiyor. Bunun gibi **iş** sözcüğü **şaka götürmemek** deyiminden önce parantezler içinde yazılmıştır, çünkü bu deyim her zaman öznesi olan **iş** sözcüğüyle birlikte kullanılır.

12. Türkçe isim çekim ekleri şu şekillerde belirtilmiştir:

DURUM	EK	ÖRNEK
Yükleme durumu	/ı/	**yaymak** /ı/ (*örneğin* **Masa örtüsünü yaydı.** She spread out the tablecloth.)
Tamlayan durumu	/ın/	**hakkından gelmek** /ın/ (*örneğin* **Onun hakkından geleceğim.** I'm going to take care of him.)
Yönelme durumu	/a/	**aykırı** /a/ (*örneğin* **Ona**

Bulunma durumu	/da/	aykırı gelmedi. It didn't seem strange to her.) yıllanmak /da/ (örneğin Burada yıllandım. I've been here a long time.)
Çıkma durumu	/dan/	korkmak /dan/ (örneğin Onlardan kork! Be on your guard against them!)

13. **İle** edatı şu şekilde belirtilmiştir:

EK	ÖRNEK
/la/	beraber /la/ (örneğin Onunla beraber geldiler. They came with him.)

14. Türkçe sözcüklerin yalnızca en çok kullanılan türevleri gösterilmiştir. Örneğin **sütçü, patlatmak, birlik** ve **işsiz** sözcüklerine yer verilmiş, **viskici, körükletmek, altılık** ve **kaktüssüz** sözcükleri gösterilmemiştir.

Notes to the User of the Turkish - English Section

1. Idioms, expressions, proverbs, sayings, and compounds usually written as two or more words are listed as run-on entries (i.e. entries run on at the end of main entries) under the word with which they begin. Thus, to find **bir ağızdan** or **o saat**, look under **bir** or **o**, not **ağız** or **saat**.
2. The following points concerning the spelling of Turkish words should be noted:
    a) Nouns the final letter or syllable of which is irregularly inflected are followed by an abbreviation that exemplifies this inflection for the accusative case, e.g. **hukuk, -ku; cami, -ii; nevi, -v'i; ağız, -ğzı; dikkat, -ti; hak, -kkı**.
    b) The circumflex accent is used as follows:
        (1) A circumflex over an **a** or a **u** that follows a **g** or a **k** indicates that the **g** or **k** is palatalized, e.g. **güzergâh, kâğıt, Kûfi**.
        (2) In other instances a circumflex over a vowel indicates that it is long, e.g. **yâr, nâr, hâk**.
    c) The apostrophe is used as follows:
        (1) It is commonly used to set off proper names, acronyms, numerals, letters of an alphabet, or suffixes from grammatical endings or from the postposition **ile**, e.g. **Ferit'ten; SEKA'ya; 2'nin; d'si; Şule'ye; Bu fiilin eki -di'dir; Sedat'la; Müdür sınıftaki Mehmet'leri çağırdı**.
        (2) It is used to set off the pronoun **o** when, as a sign of respect for a great person, it is written with a capital letter, e.g. **O'nun, O'na**.
        (3) It can indicate a glottal stop, e.g. **mer'i, nev'i, ye'se**.
3. The following points concerning causative and passive verbs should be noted:
    a) As the causative and passive forms of Turkish verbs are formed according to regular patterns, they have, in most instances, not been entered for the verbs included in this dictionary.
    b) Those causative forms that have been entered are often only ren-

dered into English according to the pattern *to have (someone) do (something)*. It should, however, be kept in mind that in the appropriate context such forms can also be translated according to any of the following patterns: *to have (something) done, to let (someone) do (something), to allow (someone) to do (something), to let (something) be done, to allow (something) to be done,* or *to make (someone) do (something)*.

  c) Intransitive verbs that have been made passive are usually given the label *impersonal passive*. Such verbs are used with an impersonal subject such as "one," "you," or "people," e.g. **Oraya tek başına gidilmez.** 'One doesn't go there alone.'

4. The following notes should clarify some points relating to the meaning and grammatical function of certain entries:

  a) An adjectival meaning is often rendered by a dependent clause immediately following a word in parentheses: **nemelazımcı** '(someone) who has an I-don't-give-a-damn attitude.' If the parentheses enclosing 'someone' are removed, **nemelazımcı** would then be rendered as a noun, i.e. 'someone who has an I-don't-give-a-damn attitude.'

  b) An indefinite article enclosed in parentheses indicates that the word which follows is a noun, e.g. '(an) octogenarian,' the fourth sense given for **seksenlik**. Conversely, the lack of an indefinite article before such a word means that it is an adjective, e.g. 'octogenarian,' the second sense given for **seksenlik**.

5. Words translated using only one or several verbals that end in '-ing' are usually used as nouns, e.g. **ardışma** 'coming in succession,' **engelleme** 'hindering,' or **sepicilik** 'tanning.'

6. In some cases an indefinite article enclosed in parentheses shows that the word which follows it is used as a count noun, e.g. **yiyecek** '(a) food.'

7. Generally speaking, any Turkish word rendered only as an adjective is also capable of being used as a noun.

8. An etymologically Turkish word that is rendered only as an adjective is, in many cases, also capable of being used as an adverb, e.g. **İtalyancayı güzel konuşuyor.** 'She speaks Italian well.' **Cesur davrandı.** 'He

acted bravely.'
9. Words that end in the suffix **-ci** are used to denote people who are either professional or habitual doers of something (e.g. **dişçi, röntgenci, beleşçi**) or who are devotees of someone or something (e.g. **Atatürkçü, halkçı, milliyetçi**). As these words are usually used as nouns, this dictionary, in most instances, translates them only as such. They are, however, occasionally used as adjectives, e.g. **temizlikçi kadın** 'cleaning woman.'
10. A boldfaced word in parentheses that appears at some point after the headword of a run-on entry is optional, e.g. the direct object **(gözünü)** found in **kaşıkla yedirip/aş verip sapıyla (gözünü) çıkartmak**.
11. A boldfaced word placed in parentheses before the headword of a run-un entry is not an optional word or an alternative. For example, when the expression **(aynı/bir) yola çıkmak** (listed under **yol**) is used, **yol** must be modified by either **aynı** or **bir**. Similarly, the word **iş** has been put in parentheses before **şaka götürmemek** because the latter is always used with **iş** as its subject.
12. The case endings of Turkish nouns are shown as follows:

CASE	ENDING	EXAMPLE
Accusative	/ı/	**yaymak** /ı/ (e.g. **Masa örtüsünü yaydı.** She spread out the tablecloth.)
Genitive	/ın/	**hakkından gelmek** /ın/ (e.g. **Onun hakkından geleceğim.** I'm going to take care of him.)
Dative	/a/	**aykırı** /a/ (e.g. **Ona aykırı gelmedi.** It didn't seem strange to her.)

Locative	/da/	yıllanmak /da/ (e.g. **Burada yıllandım.** I've been here a long time.)
Ablative	/dan/	korkmak /dan/ (e.g. **Onlardan kork!** Be on your guard against them!)

13. The postposition **ile** is shown as follows:

ENDING	EXAMPLE
/la/	beraber /la/ (e.g. **Onunla beraber geldiler.** They came with him.)

14. As a rule, only the more frequently used derived forms of a Turkish word are listed, i.e. **sütçü**, **patlatmak**, **birlik**, and **işsiz** have been entered, but not **viskici**, **körükletmek**, **altılık**, or **kaktüssüz**.

Kısaltmalar / Abbreviations

abbr.	abbreviation	kısaltma
anat.	anatomy	anatomi
arch.	architecture	mimarlık
archaeol.	archaeology	arkeoloji
astr.	astronomy	gökbilim
auto.	automotive	otomobil v.b.'ne ait
biochem.	biochemistry	biyokimya
biol.	biology	biyoloji
bot.	botany	botanik
Brit.	British	İngiliz İngilizcesine özgü
chem.	chemistry	kimya
cin.	cinema	sinema
colloq.	colloquial	konuşma diline özgü
com.	commerce	ticaret
comp.	computer	bilgisayar
dent.	dentistry	dişçilik
econ.	economics	ekonomi
elec.	electricity	elektrik
fin.	finance	mali işler
geog.	geography	coğrafya
geol.	geology	jeoloji
geom.	geometry	geometri
gram.	grammar	dilbilgisi
hist.	history	tarih
hort.	horticulture	bahçıvanlık
ins.	insurance	sigorta
joc.	jocular	şaka yollu
ling.	linguistics	dilbilim
lit.	literature	edebiyat
log.	logic	mantık
mar.	maritime	denizcilikle ilgili
math.	mathematics	matematik
mech.	mechanics	mekanik

med.	medical	tıbbi
mil.	military	askeri
mus.	music	müzik
naut.	nautical	denizcilikle ilgili
obs.	obsolete	artık kullanılmayan
path.	pathology	patoloji
pej.	pejorative	yermeli
pharm.	pharmacology	eczacılık
phil.	philosophy	felsefe
phot.	photography	fotoğrafçılık
phys.	physics	fizik
physiol.	physiology	fizyoloji
poet.	poetry; poetic	şiir; şiirsel
pol.	politics	politika
print.	printing	matbaacılık
prov.	provincial	taşrada kullanılan
psych.	psychology	ruhbilim
rail.	railroad	demiryolu
sociol.	sociology	sosyoloji
surg.	surgery	cerrahlık
tailor.	tailoring	terzilik
tech.	technology	teknoloji
text.	textile industry	dokumacılık
theat.	theater	tiyatro
TV	television	televizyon
U.S.	American usage	Amerikan İngilizcesine özgü
vulg.	vulgar	kaba konuşmada kullanılan
zool.	zoology	zooloji

A

A 1. the letter A. 2. *chem.* A (argon). 3. *mus.* A (the sixth note in the scale of C major or the key based on this note). 4. *used repeatedly at the beginning of a sentence to show astonishment*: **A a a! Bu ne böyle?** What on earth is this? 5. *used at the beginning of a sentence to show affection or pleasure*: **A canım, söyle!** What is it, honey? **A ne güzel!** How nice! 6. *used at the beginning of a sentence to show exasperation*: **A dostum, beni iflasa sürükleyeceksin!** Look here my friend, you're going to reduce me to bankruptcy. 7. *used to show resignation or pity*: **A birader, felek hiç bize güler mi?** Ah brother, will fortune ever smile on us? **A zavallı, ne olacak hali?** Poor man, what's going to become of him? **—'dan Z'ye kadar** from A to Z, completely, every single one of ...: **Bu dosyadakileri A'dan Z'ye kadar biliyorum.** I know what's in this file from A to Z. **A köse, sayılmadık kaç tel sakalın var?** *colloq.* Come on now, who do you think you are? (*said to someone who has a very exaggerated idea of his own importance*).

A 1. Heavens! What the devil ...? (*used to show astonishment*): **A! Bu ne?** What the devil is this? 2. Ah, ...! (*used to show affection or pleasure*): **A! Ne güzel!** Ah, how nice! 3. Look, ...! Look here, ...! (*used to show mild anger or exasperation*): **A! Fazla ileri gittin artık!** Look, now you've gone too far! **A! Beni sinirlendiriyorsun artık!** Look here, you're beginning to make me angry now!

a *used to reinforce the meaning of a verb*: **"Sen sus!" "Sustum a!"** "Shut up!" "I have!"; **Oyunculuğu seviyorsun a, en mühimi o!** You really love acting. That's the most important thing! **Malum a!** It's well known!

AA (*abbr. for* **Anadolu Ajansı**) a wire service.

aa *prov.* no (*a negative reply*).

aah *prov., see* **aa**.

AB (*abbr. for* **Avrupa Birliği**) EU/EC (the European Union/Community).

ab *poet.* water.

aba 1. strong coarse wool cloth. 2. cloak or coat made of this cloth, aba. 3. cloak (worn by dervishes). 4. made of coarse wool cloth. **— altından değnek göstermek** to show the iron hand beneath the velvet glove, speak softly but carry a big stick. **— gibi** coarse (cloth). **—yı sermek** /a/ to make oneself at home (in), move in on (somebody). **— terlik** slippers made of coarse cloth. **—yı yakmak** /a/ *colloq.* to fall desperately in love, be infatuated (with). **—sı yanık** 1. man who is head over heels in love. 2. besotted (lover).

abacı maker or seller of coarse wool cloth or garments.

abacılık the business of making heavy cloth cloaks.

abadi Manila paper.

abajur 1. lampshade, shade. 2. floor lamp; table lamp.

abajurcu 1. maker or seller of lampshades. 2. maker or seller of floor or table lamps.

abaküs abacus.

abalı 1. wearing a coarse homespun coat. 2. poor, wretched: **Vur abalıya!** Jump on him while he's down! (*a reproach*).

abandırmak 1. /ı, a/ to have (someone) lean down on; to have (someone) lean down over; to have (one person) stand right over (another). 2. /ı, a/ to have (one person) lean against (another); to have (someone) lean on (something) hard. 3. /ı/ to make (an animal) kneel down. 4. /ı, a/ *colloq.* to set (one person) on (another).

abandon *boxing* victory declared when one of the boxers gives up the fight before the match is over.

abandone 1. *boxing* victory declared when one of the boxers gives up the fight before the match is over. 2. *sports* contest that is canceled at some point after it has begun. **— etmek** 1. /ı/ to cause (a boxer) to leave the ring before the match is over, cause (a boxer) to give up the fight before the match is over. 2. /ı/ to cancel (a contest) (at some point after it has begun). 3. (for a boxer) to leave the ring before the match is over, give up the fight before the match is over. **— olmak** (for a boxer) to leave the ring before the match is over, give up the fight before the match is over. **— yarış** *sports* contest that is canceled at some point after it has begun.

abani 1. a fine cotton material embroidered with yellow silk, formerly used for turbans and jackets. 2. made of this cloth.

abanmak 1. /a/ to lean down on; to lean down over; to stand right over (someone). 2. /a/ to lean against; to lean on; to lean into; to lean against (something) hard. 3. /a/ *colloq.* to try to overpower (someone) physically; to set upon, fall upon, jump (someone).

abanoz ebony. **— gibi** (something) which is as black and as hard as ebony, ebony-like. **— kesilmek** to become as hard and as black as

ebony, become like ebony.
abartı exaggeration.
abartıcı 1. habitually exaggerating. 2. exaggerator.
abartılı exaggerated.
abartılmak to be exaggerated.
abartma exaggeration, overstatement.
abartmacı 1. habitually exaggerating. 2. exaggerator.
abartmacılık the habit of exaggerating.
abartmak /ı/ to exaggerate.
abartmalı exaggerated.
abazan *slang* 1. horny, randy, filled with lust (because he has not had sexual intercourse for a long time). 2. very hungry, famished, starving.
abazanlık *slang* 1. horniness, randiness, lust. 2. great hunger.
Abbasi 1. (an) Abbasid. 2. Abbasid, of the Abbasids.
Abbas yolcu. *colloq.* 1. I'm taking off and that's that! 2. He's about to die.
ABD (*abbr. for* **Amerika Birleşik Devletleri**) USA, U.S.A. (the United States of America).
abdal 1. a rank in some dervish orders. 2. *formerly* begging dervish. 3. *formerly* dervish saint. **—a malum olur.** *proverb* Some people are good at guessing the truth.
abdest, -ti *see* **aptes.**
abdesthane *see* **apteshane.**
abe *prov.* Hey!
abece 1. alphabet, alphabet book. 2. the ABC's.
abecesel alphabetical.
abeci *slang* 1. foolish. 2. fool, idiot, dope.
abes 1. useless. 2. absurd, unreasonable. 3. nonsense, absurdity. **— kaçmak** to be improper. **—le uğraşmak** to busy oneself with trifles, fool around.
Abhaz 1. (an) Abkhaz, (an) Abkhas, (an) Abkhazian, (an) Abkhasian. 2. Abkhazian, Abkhasian, of the Abkhazians, of the Abkhasians.
Abhazya Abkhazia, Abkhasia.
abıhayat, -tı 1. water of life, elixir. 2. *colloq.* liquor, raki. **— içmiş** healthy and young looking in spite of his age.
abi (*colloq. for* **ağabey**) older brother.
abide monument.
abideleşmek 1. to become a monument. 2. to be memorialized, become sacred, become an honored symbol.
abideleştirmek /ı/ to make (someone/something) a lasting symbol.
abidevi monumental.
abis *geol.* abyss.
abiye 1. dressy, smart (piece of wearing apparel). 2. smartly, stylishly.
abla 1. older sister. 2. ma'am (*a respectful term of address for a woman*).
ablacı *slang* lesbian.

ablak *pej.* 1. round, chubby (face). 2. round-faced, chubby-faced. **— yüzlü** round-faced, chubby-faced.
ablalık role of serving as an older sister. **— etmek** /a/ to behave as an older sister (toward).
ablatif *gram.* 1. ablative, pertaining to the ablative case. 2. the ablative case, the ablative.
ablatya seine.
abli *naut.* vang. **—yi kaçırmak/bırakmak** *slang* to get flustered, lose one's cool.
abluka blockade. **—ya almak** /ı/ to blockade. **— altında tutmak** /ı/ to blockade. **—yı bozmak** to break the blockade. **— etmek** /ı/ to blockade. **— kaçağı** blockade runner. **—yı kaldırmak** to raise the blockade. **—yı yarmak** to run the blockade.
abo *prov.* Ah! Oh! (*expression of surprise or dismay*).
abone 1. subscriber. 2. holder of a season ticket. 3. person who has contracted with a public utility for its services, user, consumer. 4. *colloq.* (a) regular, (a) habitué. **—yi kesmek** 1. to cancel a subscription. 2. to cancel a contract (with a public utility). **— olmak** /a/ 1. to subscribe to. 2. to have a season ticket for. 3. to contract with (a public utility) for its services. 4. *colloq.* to become a regular at, become a habitué of (a place). **— ücreti** 1. subscription fee. 2. price of a season ticket. **—yi yenilemek** to renew one's subscription.
abonelik 1. subscription, being a subscriber. 2. subscription fee. 3. (telephone exchange) capable of handling (a given number) of numbers; (a gas, water, or electric line) capable of serving (a given number) of customers: **beş yüz abonelik bir telefon santralı** a telephone exchange which can handle five hundred numbers. 4. (a publication) which is sold by subscription (as opposed to being sold on the open market).
abonman 1. subscription. 2. season ticket. 3. contract with a public utility for its services. **— bileti** season ticket; ticket good for a specified period. **— sigortası** floating insurance policy, floating policy.
aborda *naut.* alongside. **— etmek/olmak** /a/ to come alongside (another ship, a pier).
abosa *naut.* Avast! **— etmek** 1. /ı/ to moor (a ship). 2. *colloq.* to stop, cease, leave off.
abrakadabra abracadabra.
abraş 1. speckled; dappled; spotted; piebald; (animal) which has a blaze. 2. mottled (leaf) (owing to chlorosis); variegated. 3. change of hue, faint dappling (in a textile) (owing to the thread's having been unevenly dyed). 4. pale and blotchy (face); (face) disfigured by white spots. 5. speckling; dapple; piebaldness. 6. mottling, mottle (in a chlorotic leaf); variega-

tion. 7. (part of a textile) which exhibits a change of hue (owing to the uneven dyeing of the threads). 8. mangy.
absorban 1. absorbent. 2. (an) absorbent.
absorbe *used in:* — **etmek** /ı/ to absorb.
absorplayıcı 1. absorbent. 2. (an) absorbent.
absorpsiyon *phys.* absorption.
abstraksiyonizm abstractionism.
abstrakt *fine arts, see* **abstre**.
abstre abstract (as opposed to *concrete*). — **bilimler** the pure sciences. — **sayı** *math.* abstract number.
absürd absurd.
abu *prov.* Ah!/Oh! *(expression of surprise or dismay).*
abuk sabuk *colloq.* 1. nonsensical, incoherent. 2. (to talk) incoherently, without making sense. — **konuşmak** to talk nonsense.
abullabut *colloq.* stupid, rude, coarse.
abur cubur 1. food eaten in casual snacks. 2. haphazard, confused, incoherent (speech). 3. ordinary, commonplace (person).
abus frowning, scowling, glowering (person, face).
Abuzettinbey *slang* dandy.
acaba 1. I wonder ..., I wonder whether ..., Do you think ...? 2. *colloq.* Is that so?
acar 1. bold, fearless; hardy. 2. clever, cunning. 3. *prov.* new.
acayip 1. strange, peculiar, queer, curious, odd. 2. How strange! How odd! 3. strange things, wonders. —**ine gitmek** /ın/ to seem strange (to one). — **olmak** to become odd.
acayipleşmek to become strange.
acayiplik strangeness, peculiarity, queerness, oddness.
acele 1. hurry, haste, undue haste. 2. urgent. 3. hurried, hasty (action). 4. in a hurry, hastily; urgently. — **acele** in a hurry. —**ye boğmak** /ı/ to do (something) hastily and carelessly. — **etmek** to be in a hurry. —**ye gelememek** (for someone) to refuse to do something hastily. —**ye gelmek** (for a job) to be done hastily and carelessly. —**ye getirmek** /ı/ 1. to act or do (something) quickly (in order to deceive someone). 2. to do (something) hastily and carelessly. — **ile** in a hurry, hastily. — **işe şeytan karışır.** *proverb* Haste makes waste. —**si yok.** *colloq.* There is no hurry about it.
aceleci impetuous, always in a hurry.
acelecilik the habit of hurrying, hastiness.
aceleleştirmek /ı/ to hurry (something).
acelesiz unhurried, slow.
Acem *(a word to be avoided as it is resented by Iranians)* 1. (an) Iranian, (a) Persian. 2. Persian, pertaining to Iran, the Persians, or the Persian language. 3. Iran, Persia. — **halısı** Persian carpet. — **kılıcı** a two-edged sword. —

kılıcı gibi two-faced, double-dealing. — **kılıcı gibi iki tarafı/taraflı kesmek** to treat two opposing parties equally.
Acemce 1. Persian, the Persian language. 2. (speaking, writing) in Persian, Persian. 3. Persian (speech, writing); spoken in Persian; written in Persian.
acemi 1. inexperienced, unskilled. 2. beginner, novice, tyro, rookie. 3. one who does not have knowledge or experience (of something). — **çaylak** *colloq.* clumsy person, awkward person. — **er** raw recruit. — **öğretmeye vaktim yok.** *colloq.* I have no time to argue with fools.
acemice clumsily, awkwardly, ineptly.
acemileşmek to make careless mistakes, blunder.
acemilik lack of experience, awkwardness, clumsiness. — **çekmek** to suffer from inexperience. — **etmek** to make a careless mistake, blunder.
acemioğlan a Christian conscript boy selected and brought up to join the Janissaries.
acenta *see* **acente**.
acentalık *see* **acentelik**.
acente 1. (a) mercantile agency, agency: **sigorta acentesi** insurance agency. **seyahat acentesi** travel agency. 2. mercantile agent, agent, factor, broker, head of a mercantile agency.
acentelik 1. *law* agency, the relationship between a principal and an agent. 2. agency, the business of an agent.
acep *colloq.* I wonder ....
aceze the destitute, the needy, the helpless.
acı 1. bitter (to the taste). 2. hot, peppery (to the taste). 3. rancid (butter); sour (wine). 4. bitter, penetrating (cold, wind). 5. poignant, very moving, sad. 6. caustic, hurtful, acerb, acerbic, biting (words). 7. harsh, severe (action). 8. painful, very disagreeable or difficult: **acı bir hatıra** a painful memory. **acı bir tecrübe** a painful experience. 9. (a color) of a somewhat glaring shade, that is almost garish. — **acı** 1. poignantly, very movingly. 2. (aching) painfully. 3. harshly, bitterly, caustically. — **dil** harsh words, biting words; reproach. — **kahve** coffee made without sugar. — **kuvvet** brute force. — **kuvvetli** very strong. — **patlıcanı kırağı çalmaz.** *proverb* A worthless person does not suffer hardship. — **son** tragic end; tragic ending. — **su** water which has a bitter taste (owing to the presence of minerals). — **tatlı** 1. bittersweet, (something) which is a mixture of pain and pleasure: **Acı tatlı birçok hatıramız var.** We've a lot of memories, good and bad. 2. whatever (food): **Acı tatlı ne varsa paylaşırız.** We'll share whatever food there is.
acı 1. pain, ache. 2. bitterness, sharpness. 3. grief, sorrow (at someone's death): **Allah bu**

acıyı unutturmasın! May God spare you more grief! 4. mental pain, anguish, suffering, sorrow. **—sını almak** /ın/ 1. to take the hot, bitter, or biting taste out of (a food). 2. to stop the pain in (a wound or hurt). 3. to assuage, soothe (a sorrow). **—sını bağrına basmak/içine gömmek** to hide one's distress or sorrow. **— çekmek/duymak** to suffer (physically or mentally). **—sını çekmek** /ın/ to pay the penalty of, pay for, suffer for. **—sını çıkarmak** /ın/ 1. to take away the hot, bitter, or biting taste of (a food). 2. to make up for, compensate for. 3. to make (someone) suffer for, make (someone) pay for (a wrong). **—sı çıkmak** /ın/ to suffer the consequences of, suffer for, pay for (an action) (at a given time): **Bunun acısı er geç çıkar.** Sooner or later you'll have to suffer for this. **— dil** harsh words, biting words; reproach. **— gelmek** /a/ to hurt, distress. **—sını görmek** /ın/ to suffer the death of (someone one loves). **—sı içine/yüreğine çökmek/işlemek** /ın/ 1. to feel acutely the (mental) pain of (something). 2. to be tormented by (a possibility). **— katmak/koymak** /a/ to add a peppery seasoning to (a food). **—sı tepesine çıkmak** to suffer acutely (physically or mentally). **— yitimi** analgesia.

acıbadem 1. bitter almond. 2. *slang* tricky, shrewd, cunning; hard-boiled. **— kurabiyesi** macaroon, almond cookie.

acıca somewhat bitter.

acıdaş fellow sufferer.

acık 1. bitterness. 2. mourning.

acıkılmak *impersonal passive* to feel hungry.

acıklı 1. touching, pathetic, sad, tragic. 2. mourning, grieving.

acıkmak to feel hungry.

acıktırmak /ı/ to make (someone) hungry.

acılandırmak /ı/ 1. to make (something) bitter, embitter. 2. to make (something) hot (to the taste), make (something) peppery. 3. to make (butter) rancid; to sour (wine). 4. to cause (someone) to grieve.

acılanmak 1. to grieve. 2. *see* **acılaşmak**.

acılaşmak 1. to go bitter, develop a bitter taste. 2. to get a bitter taste (in one's mouth): **Ağzı acılandı.** She got a bitter taste in her mouth. 3. (for butter) to become rancid; (for wine) to go sour. 4. (for a cry, a sound) to become poignant. 5. (for words) to become caustic.

acılaştırmak /ı/ 1. to make (something) bitter, embitter. 2. to make (something) hot (to the taste), make (something) peppery. 3. to make (butter) rancid; to sour (wine). 4. to cause (a color) to become rather glaring. 5. to cause (a cry, a sound) to become poignant. 6. to cause (words) to become caustic.

acılatmak /ı/ 1. to make (something) bitter, embitter. 2. to make (something) hot (to the taste), make (something) peppery. 3. to make (butter) rancid; to sour (wine). 4. to cause (a color) to become rather glaring.

acılı 1. (food) to which something bitter has been added, bitter. 2. (food) to which something peppery has been added, hot, peppery. 3. (someone) who is mourning; grief-stricken; mournful. 4. mournfully.

acılık 1. bitterness, bitter taste. 2. hotness, pepperiness (in the taste of something). 3. rancidness (of butter); sourness (of wine). 4. bitterness, penetrating nature (of cold or wind). 5. poignancy; pain; sadness. 6. causticity, hurtfulness, acerbity, bitingness (of words). 7. harshness, severity (of an action). 8. painfulness, extreme disagreeableness. 9. rather glaring nature (of a color).

acıma 1. pity, compassion. 2. ache, aching, painfulness.

acımak 1. to hurt, give pain, feel sore, ache. 2. /a/ to pity, feel compassion for. 3. /a/ to be unable to give up (something); to feel sorrow for (the loss or waste of something), regret. 4. (for butter, oil) to become bitter, turn rancid.

acımarul *bot.* endive.

acımasız merciless.

acımasızca mercilessly.

acımasızlık mercilessness.

acımış rancid.

acımsı, acımtırak somewhat bitter.

acınacak pitiable, deplorable; miserable.

acınası miserable, wretched.

acındırmak /ı, a/ to arouse (someone's) compassion (for), make (someone) sorry (for), arouse (someone's) pity (for).

acınılmak /a/ *impersonal passive* to feel sorry for.

acın kabadayısı, -nı *slang* a penniless but generous person.

acınmak /a/ 1. to feel sorrow for, pity. 2. *impersonal passive* to pity.

acırak somewhat bitter.

acısız 1. painless. 2. lacking in peppery seasoning, not hot, mild. 3. (something) that is free of worries, carefree.

acıtıcı hurtful, wounding.

acıtmak /ı/ 1. to hurt, cause (someone) pain. 2. to give (something) a bitter taste, embitter. 3. to give (something) a peppery taste, make (something) hot.

acıyıcı compassionate.

acibe strange thing, curiosity.

acil 1. urgent. 2. swift, quick. **— durum** emergency. **— servis** emergency room (in a hospital). **— şifalar dilemek** /a/ to wish (someone) a speedy recovery (from an illness or injury). **— vaka** emergency.

acilen without delay, hastily; urgently.

âciz 1. unable, incapable. 2. helpless, weak, powerless; destitute. — **bırakmak** /ı/ to leave (someone) helpless or powerless to do something. — **kalmak** /dan/ to find oneself unable (to do something).
aciz, -czi 1. inability. 2. weakness, helplessness. 3. *law* insolvency.
âcizane humbly, modestly, unworthily.
acul, -lü impetuous, always in a hurry.
acun cosmos, universe.
acunsal cosmic.
acur *bot.* gherkin.
acur *colloq. see* **ajur.**
acurlu *colloq. see* **ajurlu.**
acuze spiteful hag; shrew, vixen.
acyo *fin.* agio; premium.
acyocu *fin., pej.* stockjobber.
acyoculuk *fin., pej.* stockjobbing.
acyotaj *fin.* agiotage.
aç, -çı 1. hungry. 2. greedy, covetous, insatiable. 3. hungry person. 4. hunger. — **açına** on an empty stomach. — **açık** hungry and homeless. — **açık kalmak** to be hungry and homeless, be utterly destitute. — **ayı oynamaz.** *proverb* If you want a man to work well, feed him first. — **bırakmak** /ı/ to starve (a person), let (him) go hungry. — **biilaç/çıplak** altogether destitute. — **doyurmak** to feed the poor. — **durmak** to be without food. — **kalmak** 1. to be left hungry. 2. to be poor. — **karnına** on an empty stomach, while hungry. — **kurt gibi** hungry as a wolf. — **kurt gibi saldırmak** /a/ to attack (a meal) like a ravenous wolf; to seize voraciously. **acından ölmek** 1. to starve to death. 2. to be dying of hunger. 3. to be very poor. — **susuz** without food or water. — **susuz kalmak** to be poverty-stricken, be destitute.
açacak 1. any tool used for opening things, opener. 2. key. 3. pencil sharpener.
açalya *bot.* azalea.
açan 1. opener. 2. *anat.* extensor, tensor.
açar 1. key. 2. hors d'oeuvre, appetizer.
açelya *bot., see* **açalya.**
açgözlü greedy, insatiable, covetous.
açgözlülük greed. — **etmek** to act greedily.
açı 1. angle. 2. point of view. — **çekimi** *cin.* angle shot. — **uzaklığı** *astr.* visual angle.
açık 1. open. 2. unobstructed, free. 3. uncovered; naked, bare, exposed. 4. empty, clear, unoccupied. 5. spaced far apart, separated. 6. open for business, open. 7. clear, easy to understand; not in cipher. 8. not secret, in the open. 9. light (shade of color). 10. fortunate, promising. 11. obscene; suggestive. 12. open, defenseless, unprotected (city). 13. not roofed; not enclosed. 14. clear, cloudless, fine. 15. the open. 16. vacancy, job opening. 17. deficit, shortage. 18. excess of expense over income. 19. distance, space between. 20. outskirts; nearby place. 21. *soccer* wing, winger, player in a wing position. 22. open sea. 23. frank, open. 24. frankly, openly. **—ında/—larında** *naut.* off ..., offshore. **—ta** 1. outdoors, in the open air. 2. obvious, apparent. 3. *naut.* in the offing, offshore. 4. unemployed. — **açık** openly, frankly. **—tan açığa** openly. — **adım** big step, wide step. — **ağızlı** stupid, dim-witted. — **alınla** with a clear conscience. **—a almak** /ı/ to lay off (a government employee) temporarily. — **arazi** *mil.* exposed terrain, unprotected terrain, open country. — **artırma** sale by public auction. — **ateş** *mil.* direct fire. **—ta bırakmak** /ı/ 1. to leave (something) outdoors. 2. to leave out, exclude (a person from a privilege). 3. to leave (someone) without a home or a job. — **bono vermek** /a/ 1. *com.* to give (someone) a blank check. 2. to give (someone) carte blanche, give (someone) freedom of action or complete control. **—ını bulmak** to find something amiss. — **celse** *law* public hearing. — **ciro** blank endorsement, general endorsement. — **çek** signed blank check. **—a çıkanılmak** to be dismissed from work, be fired. **—a çıkarmak** /ı/ 1. to fire (a government employee). 2. to bring (a matter) out into the open. **—a çıkmak** 1. to be fired. 2. to become known, come out. **—ı çıkmak** 1. (for one's accounts) to show a shortage. 2. (for the inventory of property for which one is responsible) to show a shortage. — **deniz** 1. *law* high seas. 2. the open sea. — **devre** *elec.* open circuit, interrupted circuit. — **durmak** to stand aside, not to interfere. — **duruşma** *law* public hearing. **—ta eğlenmek** to wait offshore without anchoring. — **eksiltme** public bidding for a contract. — **elbise** (a) revealing dress; (a) décolleté dress. — **elli** open-handed, generous. — **ellilik** open-handedness, generosity. — **fikirli** broad-minded, enlightened, liberal-minded. — **gel!** *slang* 1. Stay clear! 2. Come on, out with it! — **gelmek** *slang* to stay away, not to come near. — **giyinmek** to wear revealing clothes; to wear décolleté dresses. — **hava** 1. open air, outdoor; fresh air. 2. clear weather. — **hava sineması** open-air movie theater, open-air cinema. — **hava tiyatrosu** open-air theater. — **hava toplantısı** public protest meeting. — **hece** *gram.* open syllable. — **imza** signature on blank paper. **—ta kalmak/olmak** to have lost one's home or job, *Brit.* be up a gum tree. — **kalp ameliyatı** open-heart surgery. — **kalpli** open-hearted, candid. **—ı kapatmak** to meet the deficit. — **kapı** open door. — **kapı bırakmak** /a/ to leave (someone) with some room

for choice, leave (someone) with some leeway, not to tie (someone's) hands. — **kapı politikası** open-door policy. — **kart vermek** /a/ to give (someone) carte blanche. — **konuşmak** to be frank, talk frankly. — **kredi** open credit, blank credit. — **liman** 1. port unprotected from storms. 2. port without excessive formalities. 3. *mil.* unprotected port. —**lar livası** *colloq.* the unemployed. — **maaşı** half pay (while an employee is temporarily suspended). — **mektup** 1. open letter. 2. unsealed letter. — **mevzi** *mil.* exposed position. — **olmak** /a/ 1. to be accessible (to). 2. to be receptive (to). — **ordugâh** bivouac, temporary encampment. — **oturum** panel discussion. — **oy** open vote. — **oylama** open voting. — **öğretim** education modeled after that of an open university. — **ını örtmek** to cover up one's fraud. — **pazar** open market. — **poliçe** certificate of indebtedness issued before all the details are settled. — **saçık** 1. off-color, risqué; bawdy. 2. indecent, immodest (clothing). 3. bawdily, lewdly. 4. (dressing) indecently, immodestly. — **saçık yayın** pornography. — **seçik** 1. definitely, clearly. 2. definite, clear. — **söylemek** to speak openly. — **şehir** *mil.* open city. — **taşıt** open vehicle. — **teşekkür** public acknowledgment of thanks. — **üniversite** open university. — **vagon** *rail.* flatcar. — **vermek** 1. to have a deficit or shortage. 2. to lay oneself open to criticism. —**a vermek** /ı/ to bring (a matter) out into the open, reveal, disclose. —**a vurmak** 1. /ı/ to bring (a matter) out into the open, reveal, disclose. 2. (for a situation) to become apparent, become evident, become clear. —**ını yakalamak** /ın/ to uncover (someone's) fraud. — **yara** open sore, open wound. — **yer** vacancy. — **yürekle** candidly, frankly.
açıkça frankly, clearly, openly, plainly.
açıkçası in plain words, in short, frankly speaking.
açıkçı bear, short seller.
açıkgöz shrewd and alert, canny (when it comes to promoting his/her own interests).
açıkgözlük shrewdness, canniness (in promoting his/her own interests). — **etmek** to be quick to take advantage of an opportunity.
açıkgözlülük *see* **açıkgözlük**.
açıklama 1. explanation, statement. 2. disclosure. 3. commentary. — **yapmak/—da bulunmak** to make a statement.
açıklamak /ı/ 1. to explain, clarify. 2. to disclose, make public, reveal. 3. to comment on.
açıklanmak to be explained, be announced, be disclosed.
açıklaştırmak /ı/ to lighten (a color).
açıklayıcı explanatory.
açıklık 1. openness. 2. opening, gap. 3. space, open space, blank space. 4. aperture. 5. not being covered. 6. not being enclosed. 7. being without a roof. 8. clearness, cloudlessness. 9. lightness (shade of a color). 10. indecency. 11. clarity, unambiguity. 12. distinctness (in articulation). 13. *astr.* azimuth. — **getirmek/kazandırmak** /a/ to throw light on, shed light on (a matter).
açıklıkölçer apertometer, device for measuring the aperture of the objective lens of a microscope.
açıksözlü frank, outspoken.
açıksözlülük frankness, outspokenness.
açıktan 1. (getting something) without working for it, for nothing. 2. (promoting someone, assigning someone to a position) over people who are both older and of a higher rank than himself. 3. (money) gained with no work. — **açığa** openly, publicly, without any attempt at secrecy. — **gitmek** *naut.* (for a ship) to sail at a great distance from the land. — **(para) kazanmak** to get money without working for it.
açıkyürekli candid, frank.
açıkyüreklilik candor, frankness.
açılama *cin.* shooting a scene from several angles.
açılım expansion, opening out.
açılış 1. opening, being opened. 2. opening (ceremony). — **bilançosu** opening balance. — **töreni** opening ceremony.
açılma 1. being opened, opening. 2. *cin.* fade-in. 3. *bot.* dehiscence. 4. *sports* extended formation.
açılmak 1. to be opened; to open. 2. to come open, open of its own accord. 3. /a/ to open out (as a window) into (a garden). 4. (for darkness, sleep) to vanish. 5. to be cleaned. 6. (for weather) to clear. 7. to clear up, be refreshed; to recover. 8. to relax, be at ease. 9. /a/ to confide (in), share a secret (with). 10. to become more spacious, open up. 11. /a/ to put out (to sea). 12. /dan/ to come up (in conversation). 13. (for a job or post) to open up. 14. to be extravagant, overspend. 15. to dehisce. **açılır kapanır** collapsible, folding. **açılıp saçılmak** 1. (for a woman) to start to wear revealing clothes, start to dress immodestly. 2. (for a woman) to become dissolute, get tarty. 3. to spend money lavishly.
açım 1. revelation, divine inspiration. 2. *med.* incision.
açımlama 1. commentary, commenting. 2. paraphrase, paraphrasis.
açımlamak /ı/ 1. to comment (on). 2. to paraphrase.
açındırma *geom.*, *biol.* development.
açındırmak /ı/ *geom.*, *biol.* to develop.
açınım *geom.*, *biol.* development.

açınlama revelation, inspiration.
açınma 1. development. 2. admission, confession.
açınmak 1. to develop. 2. to admit, confess.
açınsama exploration.
açınsamak /ı/ to explore.
açıortay *geom.* bisector. **— düzlemi** bisecting plane.
açıölçer protractor.
açısal angular. **— hız** angular velocity. **— ivme** angular acceleration.
açış 1. opening, act of opening. 2. way of opening. **— konuşması** opening speech.
açıt, -tı opening (for a door or window).
açkı 1. burnishing. 2. smith's tool for widening a hole. 3. key. 4. opener. **— makinesi** burnishing machine.
açkıcı 1. burnisher, one who burnishes. 2. key maker.
açkılamak /ı/ to burnish.
açlık 1. hunger. 2. starvation; famine. 3. poverty. **— çekmek** to be hungry; to be poor. **—tan göbeğine taş bağlamak** to be hungry and in a hopeless state. **—tan gözü/gözleri kararmak/dönmek** to be very hungry, be starving, be famished. **— grevi** hunger strike. **—tan imanı gevremek** to be very hungry, be famished. **—tan nefesi kokmak** to be half-starved. **—tan ölmek** to die of hunger, starve. **—tan ölmeyecek kadar** enough to stave off starvation, very little.
açma 1. opening. 2. (a) clearing. 3. a savory bun.
açmak 1. /ı/ to open. 2. /ı/ to open up, cut through (and make a door or window in a wall). 3. /ı/ to construct and open (a road). 4. /ı/ to clear away, break through (an obstruction) and open. 5. /ı/ to draw aside, lift, drop (a veil, a covering). 6. /ı/ to clear (land), break up (ground). 7. /ı/ to uncover. 8. /ı/ to open out, spread out, unfold. 9. /ı/ to set, spread (a sail); to unfurl (a flag). 10. /ı/ to roll out (dough). 11. /ı/ to untie, undo (a knot). 12. /ı/ to unlock; to unbar, unlatch. 13. /ı/ to turn on, switch on. 14. /ı/ to widen (an interval, the space between). 15. /ı/ to explain more fully. 16. /ı/ to begin (war, a meeting, a conversation). 17. /ı/ to disclose. 18. /ı/ to lighten (a color or the general effect of a room). 19. /ı/ to suit, go well with (a person); to lighten (a person's complexion). 20. /ı/ to sharpen (a pencil). 21. /ı/ to whet, sharpen (one's appetite). 22. /ı/ to relieve, free (one) from embarrassment or shyness. 23. (for a flower or leaf) to open. 24. (for weather) to clear up, become good. 25. *slang* to go away, clear out. 26. /ı/ *slang* to appeal (to). **Açtı ağzını, yumdu gözünü.** *colloq.* He lost his temper and hollered./He flew off the handle.
açmalık detergent; soap; cleanser.

açmaz 1. *chess, checkers* difficult position. 2. dilemma, impasse, difficult matter. 3. line delivered by a straight man as a setup for a joke. 4. *slang* trick. **—a düşmek** to get into an impossible situation. **—a gelmek** *slang* to be duped. **—a getirmek/düşürmek** /ı/ *slang* to fool, deceive. **— oynamak** *slang* to pull a fast one (in a game). **— yapmak** *slang* 1. to invite criticism. 2. to play a trick.
açmazlık 1. difficulty. 2. secretiveness.
açtırmak /ı, a/ to have (someone) open (something). **Açtırma kutuyu, söyletme kötüyü.** *proverb* Don't bring up the subject or you will hear unpleasant truths.
ad 1. name. 2. first name. 3. *gram.* noun. 4. reputation, fame, name, repute. **—ına** /ın/ in the name of. **—ını ağzına almamak** /ın/ never to speak (someone's) name, never to mention (someone's) name. **— almak** 1. to become famous; to get a reputation. 2. to choose a name for oneself. **—ını almak** to take for oneself the name ..., take the name ...: **Raif adını aldı.** He took the name Raif. **—ı anılmamak** /ın/ to be completely forgotten. **—ını anmak** /ın/ to mention. **—ını (bile) anmamak** /ın/ to avoid mentioning (one's) name. **—ını bağışlamak** to tell one's name (when asked): **Adınızı bağışlar mısınız?** May I know your name, please? **—ı batası/batasıca** damn. **—ı batmak** to be forgotten, not to be mentioned any more. **—ı belirsiz** unknown, of obscure origin. **—ı bile okunmamak** to be insignificant, be without influence. **— çekimi** *gram.* the suffixing of possessive endings to nouns. **— çekmek** to draw lots. **—ını ...a çıkarmak** to present oneself as. **—ı çıkmak** to be talked about, get a bad reputation. **—ı ...a çıkmak** /ın/ to become known as, get a reputation as a: **Adı obura çıktı.** He's gotten a reputation for being a glutton. **—ı deliye çıkmak** to get the reputation of being crazy. **— durumu** *gram.* case. **—ı duyulmak** to become prominent. **—ı geçen/anılan** previously mentioned. **—ı geçmek** 1. for someone's name to be mentioned. 2. /a/ for one's name to become a part of. **— gezmek** /ın/ 1. for someone to be well known. 2. for someone to be a force to be reckoned with. **—ı gibi bilmek** /ı/ to know (something) like the back of one's hand. **—ına gölge/leke düşürmek** to besmirch one's name, tarnish one's reputation. **— gövdesi** *gram.* nominal stem. **—ı kale alınmamak** /ın/ for someone to be forgotten, not to be spoken of anymore. **—ı kalmak** 1. to be remembered after one is dead. 2. to be remembered after it has gone. **—ı karışmak** /a/ to be rumored to be involved in (some doubtful affair). **— kazanmak** to make a name for oneself. **—ını kirletmek/lekelemek** /ın/ to

besmirch (someone's) name, tarnish (someone's) reputation. — **koymak** /a/ to name, give a name. —**ını koymak** /ın/ *colloq.* to put a price on, decide how much one will pay (for something). — **kökü** *gram.* nominal root. —**ı kötüye çıkmak** to get a bad reputation. —**ı okunmamak/okunmaz olmak** /ın/ for someone to be completely forgotten. —**ı olmak** to get an undeserved reputation. —**ı sanı** (one's) identity: **Adı sanı belli olmayanları içeri sokma!** Don't let in anyone if you're not sure who they are! —**ıyla sanıyla** (calling someone) by his full appellation: **Ona adıyla sanıyla Şeker Ahmet Paşa derlerdi.** His full appellation was "Sugar" Ahmet Paşa. —**ı sanı belirsiz** of doubtful reputation. —**ına sunmak** /ı, ın/ to dedicate (something) to (someone). — **takmak** /a/ to nickname. — **tamlaması** *gram.* two adjacent related nouns, as possessor-possessed or modifier-modified. —**ını taşımak** /ın/ to be the bearer of (someone's) name; to be responsible for upholding the honor of (someone's) name. — **tümcesi** *gram.* sentence with a copulative verb. —**ı üstünde** true to his/her/its name: **Adı üstünde melek gibiydi.** True to her name she was like an angel. —**ı var** 1. existing only in name, imaginary. 2. famous. — **verilmek** to be named. —**ı verilmek** to be given the name of, be named after. — **vermek** 1. /a/ to name, give a name. 2. to reveal the name (of the person who did it). —**ını vermek** /ın/ 1. to tell on (someone), inform on (someone). 2. to give the name of (the person who sent you). — **yapmak** to become famous; to get a reputation.

ad, -ddi being regarded, regarding, deeming.

ada 1. island. 2. city block. **A—lar** the Princes' Islands (near Istanbul). — **gibi** very large (ship).

adabımuaşeret, -ti the rules of good manners, etiquette.

adacık islet.

adaçayı, -nı 1. garden sage, sage. 2. sage tea. 3. sage leaves.

adadiyoz *slang* tough, swaggering.

adak 1. vow. 2. votive offering. — **adamak** to vow to make an offering. — **taşı** altar.

adaklanmak to become engaged (to be married).

adaklı 1. fiancé; fiancée; betrothed. 2. (someone) who has taken a vow to do something.

adaklık 1. (animal) to be sacrificed. 2. place of sacrifice.

adale muscle.

adaleli muscular, brawny, muscled.

adalesiz muscleless.

adalet, -ti 1. justice. 2. the courts. 3. equity. **A— Bakanı** the Minister of Justice. **A— Bakanlığı** the Ministry of Justice. — **dağıtmak** to administer justice. **A— Divanı** the International Court of Justice, World Court. — **göstermek** to act justly, show justice. —**ten kaçmak** to be a fugitive from justice. — **komisyonu** a committee of five judges appointed by the Ministry of Justice. — **sarayı** courthouse. —**e teslim etmek** /ı/ to bring (someone) to justice. —**e teslim olmak** to submit oneself to justice.

adaletli just, equitable.

adaletsiz unjust, inequitable.

adaletsizlik injustice, inequity.

Adalı (a) resident of one of the Princes' Islands (near Istanbul).

adalı islander.

adali muscular.

adam 1. man. 2. human being. 3. person, individual. 4. a good person. 5. employee; servant; retainer; helper. 6. agent, representative. 7. follower, supporter, man. 8. one, a person. 9. *prov.* husband, man. **Adamım!** *colloq.* My friend! — **adama savunma/defans** *sports* man-to-man defense. — **almamak** (for streets) to be very crowded with people, be teeming with people. — **azmanı** enormously large person. — **başına** apiece, each, for each person. — **beğenmemek** to be overcritical of people. — **boyu** the height of a man. —**ını bulmak** /ın/ to find the right person to do (a job). —**a çevirmek** /ı/ to put (something) in good repair, put (something) in good shape. — **değilim!** *colloq.* I'll be damned. —**a dönmek/benzemek** to look presentable; to look like somebody; to look like something. —**ına düşmek** (for a job) to come the way of someone who is really suited to do it. — **etmek** /ı/ 1. to be the making of (someone); to mature, make a man/a woman of. 2. to put (something) in good repair, rejuvenate. 3. to set (a place, an organization) to rights, put (a place, an organization) on its feet; to make (a place, an organization) into something, make (a place, an organization) thrive. — **evladı** a person of good family and upbringing. — **gibi** 1. properly, suitably, in the right way. 2. worthy, genuine, real. —**a göre** (adapting one's approach) to suit the individual. — **içine çıkmak/karışmak** to mix with people. — **istemek** (for a project, for someone) to require a good man, need a person who's really worth his salt. — **kaldırmak** to kidnap someone, abduct someone. — **kıtlığı/yokluğu** shortage of qualified and capable people. — **kullanmak** 1. to know how to use someone for one's own benefit. 2. to know how to get someone to work, know how to get work out of someone, know how to work someone. — **olmak** 1. to grow up and become a responsible member of society. 2. (for something in disre-

pair) to be given a new lease on life, be put in good repair. —ı olmak /ın/ 1. to be very good at, be highly skilled in (a job). 2. to be the right person for (a job). 3. to be (someone's) man, be one of (someone's) men, be in the employ of; to be a retainer of. 4. to be someone whom one can rely on, be someone whom one can trust. — öldürmek to murder someone, commit murder. — sağmak to trick a man out of his money, milk people. — sarrafı a good judge of people. —dan saymak /ı/ see — yerine koymak. — seçmek to show favor, play favorites, not to give a fair chance to everyone. — sen de! colloq. Don't worry!/Take it easy!/Never mind! — sırasına geçmek/girmek to win a place of respect and responsibility. — vurmak to commit murder. — yerine koymak /ı/ to treat (someone) decently, be kind and respectful to (someone).
adamak /ı, a/ 1. to devote, vow, make a conditional vow. 2. to dedicate (oneself) to.
adamakıllı thoroughly, fully.
adamca 1. as a human being should, in the right way, properly. 2. numerically, in numbers: Onlar adamca sizden fazla değil. They aren't numerically greater than you. 3. as for human beings, as for people: Adamca kayıp çoktu. There was great loss of human life.
adamcağız 1. little man. 2. poor fellow.
adamcasına as a human being should, in the right way, properly.
adamcık little man, guy.
adamcıl 1. tame (animal). 2. very shy, reclusive (person). 3. wild, not tame (animal). 4. man-eating (animal); vicious, savage (animal).
adamkökü, -nü bot. mandrake.
adamlık 1. humaneness; humanness, humanity. 2. (something) worthy of a human being, befitting a human being. — sende/bende kalsın. colloq. 1. You are going to have to do it anyway, so do it now willingly and it will be to your credit. 2. He has treated you badly, but anyhow treat him well.
adamotu, -nu bot. mandrake.
adamsendeci 1. person who neglects his work or his duty because he doesn't give a damn about anything. 2. (someone) who neglects his work or his duty because he doesn't give a damn about anything.
adamsendecilik neglecting one's work or responsibility because one doesn't give a damn about anything.
adamsı like an island.
adamsı like a real man.
adamsız 1. (someone) who is without help; (someone) who is without a servant; (someone) who is without servants; (someone) who is without workers. 2. prov. husbandless.

adamsızlık 1. lack of help, lack of servants; lack of workers. 2. lack of qualified people, lack of qualified personnel.
adanılmak, adanmak /a/ to be pledged or dedicated (to).
adap 1. regular customs and observances, rules of good manners. 2. accepted ways. —a aykırı contrary to rules of socially acceptable behavior. — erkân customary observances or practices.
adaptasyon 1. adaptation. 2. (an) adaptation, composition which is an adaptation.
adapte 1. /dan/ (a composition) which is an adaptation of (another). 2. (an) adaptation, composition which is an adaptation. — etmek /ı, a/ 1. to adapt (one composition) for (a particular medium). 2. to adapt (one thing) to fit (another), alter (one thing) to fit (another). 3. to adapt (someone) to (something). — olmak /a/ to become adapted to. — yapıt (an) adaptation.
adaptör adapter.
adaş namesake.
adatavşanı, -nı European rabbit, cony.
adatmak /ı, a/ to have (someone) make a vow (to).
aday candidate, nominee. — adayı candidate for nomination. — göstermek 1. to present candidates. 2. /ı/ to present (someone) as a candidate. — olmak /a/ to become a candidate (for). — yoklaması primary election.
adaylık candidacy, being a candidate. —ını koymak to run for office. — süresi probationary period.
adcı 1. nominalistic. 2. (a) nominalist.
adcılık nominalism.
adçekimi, -ni, adçekme 1. drawing of lots. 2. drawing straws.
adçekmek 1. to draw lots. 2. to draw straws.
addedilmek to be counted as, be deemed.
addeğişimi, -ni figure of speech, trope.
addetmek /ı/ to count (someone/something as being), deem, esteem.
addolunmak to be counted as, be deemed.
Âdem Adam. — evladı humankind.
adem 1. nonexistence, nothingness; death. 2. lack, absence. —i iktidar impotence. —i merkeziyet usulü decentralization. —i tecavüz nonaggression.
Âdembaba slang 1. bedraggled tramp. 2. prisoner who is completely penniless. 3. trampish-looking tourist. 4. drug addict.
âdemelması, -nı anat. Adam's apple.
âdemoğlu, -nu 1. person. 2. mankind, man; men, people.
adenit, -ti path. adenitis.
adenoid med. adenoidal, adenoid.
adenom path. adenoma.

adese 1. lens. 2. lenticel.
âdet, -ti 1. custom, usage, practice. 2. habit. 3. period, menstrual period. — **çıkarmak** to innovate something, start a new custom. — **edinmek/etmek** /ı/ to get into the habit (of). — **görmek** to have one's period, menstruate. —**ten kesilmek** to reach menopause. — **olmak** to become customary. — **üzere** according to custom. — **yerini bulsun diye** for the sake of custom.
adet 1. number. 2. unit: **yedi adet kitap** seven books.
âdeta virtually, all but ..., as good as; as it were; a veritable ...: **Âdeta evet demişti.** He had all but assented. **Saçları âdeta bir yele idi.** Her hair was a veritable mane.
adetçe in number.
adıl *gram.* pronoun.
adım 1. step (in walking). 2. pace, length of one stride (measure). 3. step (in carrying out a plan). 4. the clearance between two meshing gears. —**larını açmak** to walk faster. — **adım** 1. step by step. 2. completely, all over. 3. a little at a time; slowly. — **adım gezmek** /ı/ to cover thoroughly (in walking). — **atmak** 1. to take a step. 2. to make progress. — **atmamak** /a/ not to visit, not to step inside. —**ını attırmamak** /a/ to keep (one) from going out. — **başı/başında/başına** frequently; at frequent intervals; at close intervals. —**ını denk/tek almak** to act with care. —**ını geri almak** to withdraw from an enterprise. —**larını seyrekleştirmek** to slow down one's pace (in walking). —**larını sıklaştırmak** to quicken one's steps. — **uydurmak** /a/ to fall in with, follow the example (of).
adımlamak /ı/ 1. to pace. 2. to pace (a place) off, measure (a place) by pacing it off.
adımlık (an area) which is (a specified number) of paces in length: **On adımlık boyu var.** It's ten paces long.
adi 1. devoid of nobility of character, common, mean, low-minded, vulgar; ignoble. 2. of inferior quality, inferior. 3. customary, habitual, usual, ordinary, everyday. — **adım** not in cadence, without keeping step. — **alacaklar** unsecured accounts due. — **çek** ordinary check, *Brit.* uncrossed check. — **gün** weekday, working day. — **iflas** nonfraudulent bankruptcy. — **kesir** *math.* common fraction, vulgar fraction. — **mektup** letter sent by first-class mail. — **suç** ordinary crime (without political overtones). — **şirket** unincorporated company.
adidas *slang* AIDS (a disease).
adil just, dealing justly.
adilane 1. justly, equitably. 2. equitable (act).
adileşmek 1. to become common, become vulgar. 2. to decline in quality.

adilik commonness, inferior quality.
adisyon bill, check, tab (in a restaurant or hotel).
adiş *slang* AIDS (a disease).
adlandırma 1. naming. 2. classification, categorization. 3. nomenclature.
adlandırmak /ı/ 1. to name. 2. to call, rate, classify.
adlanmak 1. to be named. 2. to get a bad reputation.
adlaşmak to be used as a noun.
adlı 1. called by, named: **Anıl adlı bir çocuk** a boy named Anıl. 2. famous, celebrated. — **adı ile** by its right name. — **sanlı** famed, celebrated.
adlık nomenclature. — **dizgesi** system of nomenclature.
adli judicial, juridical. — **amir** president of a court-martial. — **hata** legal error. — **karar** judicial decision, (a) judgment. — **muamele** judicial proceeding. — **sicil** record of previous convictions. — **subay** provost marshal, prosecuting officer. — **takibat** prosecution. — **tatil** period when the courts are closed. — **tebligat** communication sent by a court. — **tıp** forensic medicine, medical jurisprudence. — **yıl** court year.
adliye 1. courthouse. 2. court system. 3. the activities of the courts. — **encümeni** a committee of five judges appointed by the Ministry of Justice. **A— Vekâleti** *formerly* the Ministry of Justice.
adliyeci specialist in judicial affairs.
adrenalin adrenaline.
adres address. — **bırakmak/göstermek/vermek** to give one's address. — **defteri** address book. —**ini değiştirmek** /ın/ *slang* to bump (someone) off, kill. — **sahibi** addressee.
Adriya *used in:* — **Denizi** the Adriatic Sea.
Adriyatik 1. Adriatic, of the Adriatic. 2. the Adriatic. — **Denizi** the Adriatic Sea.
adsız 1. nameless. 2. unknown, undistinguished.
adsızparmak ring finger.
adsorban *chem.* 1. (an) adsorbent. 2. adsorbent.
adsorbe *chem., used in:* — **etmek** /ı/ to adsorb.
adsorpsiyon *chem.* adsorption.
aerobik 1. aerobics. 2. aerobic, pertaining to aerobics.
aerodinamik 1. aerodynamics. 2. aerodynamic.
aerosol, -lü aerosol.
AET (*abbr. for* **Avrupa Ekonomik Topluluğu**) EEC (the European Economic Community).
af, -ffı 1. forgiveness; pardon. 2. exemption. 3. dismissal, discharge. — **buyurun!** Pardon me!/Excuse me! — **dilemek** /dan/ to apologize to, beg (someone's) pardon. —**ını dilemek/istemek** /dan, ın/ to ask (someone) to

relieve or exempt (one) from (a job); to ask to be relieved or exempted from (a job): **Veznedarlıktan affını istedi.** He asked to be relieved of the treasurership. **Müdür beyden affını diledi.** She has asked the principal to exempt her. **— kapsamına girmek** to fall within the purview of a pardon, be affected by a pardon. **—ına sığınmak /ın/** to trust that (someone) will pardon one *(a polite formula).* **—a uğramak** to be pardoned.
afacan 1. bright and naughty (child). 2. impish child.
afacanlaşmak to get naughty.
afacanlık impishness.
afak, -kı horizons, skylines.
afakan *see* **hafakan.**
afaki 1. random (conversation). 2. *obs., phil.* objective.
afakileştirmek /ı/ *obs., phil.* to objectivize.
afakilik 1. randomness (in the topics of a conversation). 2. *obs., phil.* objectivity.
afal afal *colloq.* with a bewildered expression. **— bakmak** to stare stupidly.
afallamak, afallaşmak *colloq.* to be bewildered, be dumbfounded, be taken aback.
afallaştırmak, afallatmak /ı/ *colloq.* to astonish, bewilder, confuse.
afatlamak *colloq.* to curse a blue streak.
aferin *formerly* a certificate of commendation (given to a student). **A—!** *colloq.* Bravo!/Well done! **— almak** to be commended for one's performance at school. **— budalası** *colloq.* person who constantly seeks to win the praise of others.
afet, -ti 1. calamity, disaster, catastrophe. 2. *colloq.* a raving beauty. 3. tissue damage caused by a disease. 4. (someone) who will lead one to catastrophe. 5. *colloq.* ravishingly beautiful (woman).
afetzede victim of a disaster.
affedilmek to be pardoned, be forgiven.
affetmek 1. **/ı/** to forgive (an act). 2. **/ı/** to excuse (a person). 3. **/ı/** to pardon (a convict). 4. **/ı/** to excuse, give leave. 5. **/ı, dan/** to dismiss, discharge (someone) from (his job or a duty). **Affedersiniz.** I beg your pardon./Excuse me./I'm sorry. **Affetmişsin sen onu!** *colloq.* Excuse me but you are wrong! **Affetmişsiniz ....** *colloq.* Excuse me but you are wrong.: **Affetmişsiniz, öyle bir şey demedim.** Excuse me but I didn't say that.
affetmez incurable (disease).
affolunmak to be pardoned, be forgiven.
affolunmaz unpardonable, inexcusable.
Afgan 1. (an) Afghan. 2. Afghan, of the Afghans. **— tazısı** Afghan hound, Afghan.
Afganca 1. Afghan, Afghani, Pashto, Pushtu. 2. in Afghan, Afghan; written in Afghan; spoken in Afghan. 3. Afghan (writings, speech).
Afganistan 1. Afghanistan. 2. Afghan, Afghanistan, of Afghanistan.
Afganlı 1. (an) Afghan. 2. Afghan (person).
afi *slang* pretension, ostentation, swagger. **— kesmek/satmak/yapmak** *slang* to give oneself airs, swagger, show off.
afif chaste, uncorrupted.
afili *slang* swaggering, ostentatious, showy.
afiş 1. poster, placard, bill. 2. *slang* trick, deceit, trickery. **—te kalmak** (for a play) to have a long run. **— yutmak** *slang* to bite, be fooled.
afişe *used in:* **— etmek /ı/** to expose, reveal; to advertise. **— fiyat** price at which a product is advertised for sale, advertised price.
afiyet, -ti health. **—le** (eating or drinking) with real pleasure: **O çardağın altında yemeklerimizi afiyetle yerdik.** We really enjoyed the meals we had under that arbor. **—te** in good health. **— bulmak** to regain one's health, get well. **—te bulunmak** to be in good health. **— (şeker) olsun.** I hope you enjoy(ed) it *(said to a person eating or drinking).*
aforoz 1. excommunication, anathema. 2. *slang* driving away, banishment. **— etmek /ı/** 1. to excommunicate. 2. *slang* to freeze (someone) out of one's social group.
aforozlamak /ı/ 1. to excommunicate. 2. *slang* to freeze (someone) out of one's social group.
aforozlu excommunicated.
aforozname *slang* walking papers.
afralı tafralı pompous.
afra tafra pompously.
Afrika 1. Africa. 2. African, of Africa.
afrikadomuzu, -nu *zool.* wart hog.
Afrikalı 1. (an) African. 2. African (person).
afrikamenekşesi, -ni *bot.* African violet.
Afrikanca 1. Afrikaans, the Afrikaans language. 2. (speaking, writing) in Afrikaans, Afrikaans. 3. Afrikaans (speech, writing); spoken in Afrikaans; written in Afrikaans.
Afro Afro.
afrodizyak 1. (an) aphrodisiac. 2. aphrodisiac, aphrodisiacal.
afsun charm, spell, enchantment.
afsuncu sorcerer, enchanter, conjurer.
afsunculuk sorcery, enchantment.
afsunlamak /ı/ to bewitch, enchant.
afsunlu bewitched, enchanted.
aft, -tı *path.* aphtha, aptha.
aftos *slang* sweetheart, mistress.
aftospiyos *slang* 1. worthless, unimportant. 2. And who are you? **— iki tavuk bir horoz!** Hocus-pocus!
afur tafur *colloq.* pompously. **—a gelmemek** to resent pomposity.
afyon opium. **—u/baharı başına vurmak** to go into a frenzy of rage, blow one's top. **— çek-**

afyonkeş   12

mek to smoke opium. —**unu patlatmak** /ın/ slang 1. to put an end to (someone's) pleasure, spoil (someone's) happy mood. 2. to get rid of (one's) loginess. — **ruhu** laudanum. — **yutmak** to take opium.
afyonkeş opium addict.
afyonkeşlik opium addiction.
afyonlamak /ı/ 1. to narcotize (someone) with opium, opiate. 2. to lead astray by subtle suggestions.
afyonlanmak 1. to be narcotized with opium, be opiated. 2. to be led astray.
afyonlu 1. opiated; (drug) which contains opium, opiate. 2. (someone) who has taken opium. 3. (someone) who is as lazy and lethargic as a user of opium.
aganta naut. Hold on!/Avast! — **burina burinata!** Haul out the bowlines! — **etmek** /ı/ to hold fast, haul taut.
agat, -tı geol. agate.
agave bot. agave.
agel the wool band that holds a kaffiyeh on the head.
agnostik 1. (an) agnostic. 2. agnostic, agnostical.
agnostisizm agnosticism.
Agop used in: —'**un kazı gibi bakmak** to gaze stupidly. —'**un kazı gibi yutmak** (for a gullible person) to be deceived, swallow something hook, line, and sinker.
agora agora.
agorafobi agoraphobia.
agraf 1. tailor. hook and eye (used as a fastener for clothing). 2. agrafe, agraffe; cramp; clamp.
agrandise phot., used in: — **etmek** /ı/ to enlarge (a photograph).
agrandisman phot. 1. enlargement, enlarging (a photograph). 2. (an) enlargement, enlarged photograph. —**ını yapmak** /ın/ to enlarge (a photograph).
agrandisör phot. enlarger.
agrega aggregate.
agreman diplomacy agrément. — **istemek** to ask that agréation be carried out (for a diplomatic representative).
agu gurgle, gurgling sound (of a baby). — **bebek** big baby (used jocularly or sarcastically of someone who behaves like a baby).
agucuk 1. a baby that has not yet been weaned from its mother's milk, suckling. 2. gurgle, gurgling sound.
agulamak (for a baby) to gurgle, make gurgling sounds.
aguş embrace, arms.
ağ 1. net. 2. crotch (of trousers). 3. diffraction grating. 4. network. — **atmak/bırakmak** to cast a net. —**ı çekmek** to draw the net. —**ına düşürmek** /ı/ to trap, entrap. — **iğnesi** netting needle. — **örmek** to make a net. — **yatak** hammock.
ağa 1. lord, master. 2. local big landowner, aga, agha. 3. Mister (used in addressing an illiterate person). 4. elder brother. 5. hist. person in charge, chief (of an organization).
ağababa 1. grandfather; oldest man in the family. 2. father (used by a child if his father has the title of aga). 3. man whose word carries a lot of weight.
ağabey older brother (also used in addressing a respected man a little older than the speaker).
ağabeylik state of being an older brother. — **etmek** /a/ to act as an older brother (toward).
ağaç 1. tree. 2. wood, timber. 3. wooden. 4. post; pole. — **balı** the sweet resin of certain fruit trees. — **çivi** treenail, wooden peg. — **hamuru** wood pulp. — **işi** woodwork. — **kabuğu** bark. — **kaplama** wooden wainscoting. — **kömürü** wood charcoal, charcoal. — **kurdu** a wood-boring maggot. — **olmak** slang to stand and wait a long time. — **oyma** wood carving. — **yaş/taze iken eğilir.** proverb Train a child while his mind is pliant.
ağaççık shrub.
ağaççılık forestry.
ağaççileği, -ni raspberry.
ağaçkakan zool. woodpecker.
ağaçkavunu, -nu citron.
ağaçkurbağası, -nı zool. tree frog, tree toad.
ağaçlamak /ı/ to afforest, forest; to plant trees in.
ağaçlandırma afforestation.
ağaçlandırmak /ı/ to afforest, forest; to plant trees in.
ağaçlanmak to become forested; to be planted with trees.
ağaçlı (place) which contains trees; wooded.
ağaçlık 1. grove; coppice, copse; group of trees, clump of trees. 2. wooded (place).
ağaçminesi, -ni bot. lantana.
ağaçsı 1. treelike, shrubby. 2. related to trees, arborous.
ağaçsıl 1. related to trees. 2. made up of trees. 3. botanically related to trees.
ağalanmak to play the aga, become proud and assuming, lord it over people.
ağalık 1. being an aga. 2. generosity, bigheartedness, munificence. 3. gentlemanliness. — **etmek** to be generous, be bighearted.
ağan meteor, shooting star.
ağanlar ancestors, forefathers.
ağarmak 1. (for hair) to turn white, turn gray, gray. 2. (for a patch of sky, a horizon) to grow light, pale (at dawn). 3. (for soiled white laundry) to come out white (after being washed).
ağartı 1. whiteness, paleness (in a patch of sky, in a horizon, at dawn). 2. prov. dairy products, milk products.

ağartmak /ı/ 1. to cause (hair) to turn white, cause (hair) to turn gray. 2. to cause (a patch of sky, a horizon) to grow light (at dawn). 3. to cause (soiled white laundry) to come out white (in the course of a wash).

ağda 1. lemon and sugar syrup or grape molasses after it has been boiled to a taffy-like consistency. 2. epilating wax, epilator. — **kıvamı** taffy-like state to which lemon and sugar syrup or grape molasses is brought by boiling. — **yapıştırmak** /a/ to apply epilating wax to. — **yapmak** 1. to make **ağda**. 2. to use epilating wax; /a/ to apply epilating wax to.

ağdacı 1. maker of **ağda**. 2. person who for a fee will use **ağda** to remove unwanted bodily hair.

ağdalanmak 1. (for a substance) to reach a taffy-like consistency. 2. (for someone/something) to get soiled, smeared, or daubed with **ağda**.

ağdalaşmak (for a substance) to reach a taffy-like consistency.

ağdalı 1. (something) which is taffy-like in consistency; very thick. 2. ornate and involuted (style of writing); pompous, bombastic (word). 3. viscous.

ağdırmak /ı/ 1. to lift up, raise up, elevate. 2. to cause (something) to hang down.

ağı poison, venom. — **gibi** 1. very bitter. 2. very strong.

ağıağacı, -nı *bot.* oleander.

ağıkeser antivenin.

ağıl 1. sheepfold. 2. halo. 3. halation.

ağılamak /ı/ to poison.

ağılanım toxication, poisoning.

ağılı poisonous, venomous.

ağıllamak /ı/ to herd (animals) into a fold, herd (animals) into an enclosure.

ağıllanmak 1. (for animals) to gather into a tight group, press close together in a group, huddle. 2. (for animals) to be herded into a fold, be herded into an enclosure. 3. (for the moon) to become ringed with a halo, be haloed.

ağım instep.

ağımlı high in the instep.

ağınmak (for an animal) to roll on the ground.

ağıotu, -nu *bot.* hemlock, poison hemlock.

ağır 1. heavy; *mil.* heavy. 2. heavy, difficult (work). 3. serious, difficult (problem). 4. serious, grave (sickness, wound). 5. stuffy, oppressive; smelly. 6. cutting, hurtful, offensive. 7. slow; ponderous. 8. slowly; ponderously. 9. thick, viscous. 10. valuable, precious. 11. indigestible, rich, heavy (food). — **adam** 1. man who acts slowly. 2. man who is slow to respond, lazy man. 3. serious-minded man. — **ağır** 1. slowly. 2. (to weigh) at the very most. — **aksak** very slowly and irregularly. —

almak /ı/ to proceed slowly (with). —**dan almak** /ı/ not to show any interest in, appear uninterested in, appear reluctant to do (something). — **basmak** 1. to be heavy. 2. to have a strong influence, be influential, have weight. 3. to be important, be given weight, have priority. 4. /ı/ to oppress (as a nightmare). — **canlı** lazy, inactive, sluggish. — **ceza** a major punishment. — **ceza mahkemesi** criminal court for major cases. — **çekmek** to be heavy; to show a heavy weight (on a scale). — **davranmak** to act slowly, move slowly. — **ezgi, fıstıki makam** *colloq.* slowly, taking one's time, ponderously. — **gelmek** /a/ 1. to offend, hurt, touch (one's) honor. 2. to seem or be too difficult (for). —**ına gitmek** /ın/ to offend, hurt (one's) feelings. — **hapis cezası** imprisonment for five years or more. — **hastalık** serious disease. — **ihmal** *law* gross negligence. — **iş** hard work. — **işçi** *slang* prostitute, whore. — **işitmek/duymak** to be hard of hearing. — **kaçmak** (for a joke, remark) to be unkind. — **kanlı** 1. slow, inactive, sluggish. 2. repulsive, unattractive. — **kayıp** heavy casualties. — **konuşmak** to say some hard things, speak harsh words. — **ol.** 1. Go slowly. 2. Take it easy./Calm down./Keep your cool. — **oturmak** to behave with dignity. — **para cezası** *law* fine. — **sanayi** heavy industry. — **söz** hard word, harsh word; hard words, harsh words. — **su** *chem.* heavy water. — **top** big gun, important person, powerful person. — **uyku** deep sleep. — **yaralı** seriously wounded, gravely injured.

ağırayak pregnant, nearing childbirth.

ağırbaşlı serious-minded, sedate, sober.

ağırbaşlılık serious-mindedness, sedateness.

ağırca somewhat heavy.

ağırlama 1. the serving of food and drink to a guest. 2. respect shown to a guest. 3. music played to greet a bride or a groom. 4. lines of homage at the end of a poem.

ağırlamak 1. /ı/ to entertain, treat (a guest) with respect. 2. to slow down.

ağırlanmak to be entertained, be shown hospitality.

ağırlaşmak 1. to get heavy. 2. (for an illness) to become grave. 3. to be seriously sick. 4. to slow down. 5. to get to be serious-minded. 6. (for food) to spoil. 7. to get harder, become more difficult.

ağırlaştırmak /ı/ 1. to aggravate. 2. to make heavier; to weigh down. 3. to make more difficult, make harder. 4. to slow (something) down.

ağırlatmak 1. /ı, a/ to have (one person) entertain (another). 2. /ı/ to slow (something) down.

ağırlık 1. weight, heaviness, weightiness. 2. a weight used in weighing. 3. slowness of motion or action. 4. indigestibility. 5. foulness, stench; oppressiveness (of the weather). 6. costliness. 7. sedateness, gravity, serious-mindedness. 8. drowsiness, lethargy. 9. burden, responsibility. 10. severity (of a disease). 11. baggage, luggage. 12. *mil.* munitions, supplies. 13. *prov.* money presented to the bride by the bridegroom according to previous agreement. 14. jewelry. 15. nightmare. —**ınca altın değmek** to be worth its weight in gold. — **basmak/çökmek** /a/ 1. to have a nightmare. 2. to be overcome by sleepiness. —**ını koymak** to bring one's power into play; to exert one's authority. — **merkezi** 1. center of gravity. 2. the heart of the matter. — **olmak** /a/ to be a burden on (one). —**ını ortaya koymak** to bring one's power into play; to exert one's authority. — **vermek** /a/ to concentrate on, focus one's attention or energy on.
ağırlıklı (something) which has (a certain) emphasis: **Bu din ağırlıklı bir kitap.** This is a book which is largely about religion.
ağırsamak /ı/ 1. to make (someone) unwelcome, treat (someone) coldly. 2. to do (a job) slowly, show a lack of interest (in).
ağırsıklet, -ti *sports* heavyweight.
ağırşak 1. spindle whorl. 2. disk.
ağırşaklanmak (for a boil) to swell; to protrude.
ağıryağ oil, lubricating oil.
ağısız nontoxic.
ağısızlaştırma detoxication.
ağış ascending movement, rise (of water vapor and other atmospheric gases).
ağıt 1. dirge, lament, funeral song. 2. wailing, keening, lamentation. — **yakmak** to wail, lament for the dead.
ağıtçı wailer, mourner, wailing woman.
ağıtlama elegy, dirge.
ağıtsal elegiac.
ağız, -ğzı 1. mouth. 2. rim, brim (of a cup or an opening). 3. muzzle (of a gun). 4. intersection, corner (of roads). 5. cutting edge, blade (of a knife). 6. dialect; regional accent. 7. persuasive talk, forceful way of speaking. 8. *mus.* regional form. 9. time: **iki ağız** twice. **üç ağız** three times. 10. brink. —**dan** 1. orally, verbally. 2. by mouth. —**ından** 1. as heard directly from. 2. in the name of. —**ıyla** (to tell) personally. —**ını açacağına gözünü aç.** Don't stand gaping, open your eyes. —**ını açıp gözünü yummak** to swear a blue streak, rant and rave. —**ı açık** 1. open, uncovered (receptacle). 2. idiotic, moronic. —**ı açık ayran delisi** half-wit, simpleton. —**ı (bir karış) açık kalmak** to gape with astonishment. —**ını açmak** 1. to open one's mouth. 2. to speak up. 3. to give vent to one's feelings. 4. to gape with astonishment. —/—**ını açmamak** not to open one's mouth; to be silent, hold one's tongue. — **açtırmamak** /a/ to give (someone) no opportunity to talk. — **ağıza** to the brim. — **ağıza dolu** brimful, brimming. — **ağıza vermek** to whisper privately to each other. —**dan ağıza** by word of mouth, by rumor. —**dan ağıza yayılmak** (for a rumor) to be spread by word of mouth. —**a alınmaz/alınmayacak** obscene, very vulgar, unmentionable. — **alışkanlığı** the habit of using a certain expression. —**ına almamak** /ı/ not to mention, not to let pass one's lips. —/—**ını aramak** /ın/ to sound out (a person). — **armonikası** harmonica, mouth organ. —**ına atmak** /ı/ to put (something) in one's mouth. —**ı aya, gözü çaya bakmak** to be absentminded, be inclined not to pay attention to one's work. —**ına bakakalmak** /ın/ to be spellbound by (one's) words. —**ından baklayı çıkarmak** to put aside considerations and speak out, let the cat out of the bag. —**ında bakla ıslanmamak** not to be able to keep a secret. —**ına bakmak** /ın/ 1. to wait for (someone's) words. 2. to obey blindly. —**ına/—ının içine baktırmak** to have great charm in talking. —**ından bal akmak** to talk sweetly. —**ını bıçak açmamak** to be too distressed to talk, have one's mouth sealed with grief. —**ı bir** in agreement on what to say. —**ına bir kemik atmak** /ın/ to throw (someone) a bone, give (someone) money to keep him quiet. —**ına bir parmak bal çalmak** /ın/ to try to put (someone) off by promises or petty gains. —**ına bir şey/çöp koymamak** not to eat a thing. —**ına bir zeytin verip altına/ardına bir tulum tutmak** to do a small favor and expect a big return. —**ını bozmak** to swear, use bad language. —**ı bozuk** foulmouthed, scurrilous. — **bozukluğu** abusiveness. — **burun birbirine karışmak** 1. (for one's anger, sadness, or fatigue) to show in one's face. 2. (for one's face) to be battered and bruised. —**ına burnuna bulaştırmak** /ı/ to mess up (a job). —**ını burnunu dağıtmak** /ın/ to pound (one's) face, beat (someone) up. —**ı burnu yerinde** good-looking, attractive, handsome. —**ı büyük** boastful. —**ında büyümek** (for food) to be hard to swallow. —**ından çıkanı/çıkan sözü kulağı duymamak/işitmemek** not to realize what one is saying, to (get angry and) explode. —**ından çıkmak** to slip out without being intended. —**ından çıt çıkmamak** not to divulge a word, (for someone's mouth) to be sealed. —**ı çiriş çanağına dönmek** to have one's mouth get dry and bitter. —**da dağılmak** (for pastry) to be delicious, be delectable. —**ını dağıtmak** /ın/ *colloq.* to hit (someone) in the mouth, sock (someone) in

the kisser. — **dalaşı/dalaşması** quarrel, row. **—ına değin** up to the brim. — **değişikliği** variety in food. **—ı değişmek** to change one's tune. **—/—ını değiştirmek** to change one's tune. **—ı dili bağlanmak** not to open one's mouth, be silent. — **dil vermemek** to be too sick to talk. **—ı dili yok.** He submits meekly./He doesn't protest. **—ından dirhemle laf/söz/lakırdı çıkmak** to be someone of few words, be tight-lipped: Şadan'ın ağzından dirhemle laf çıkar. Şadan is a man of few words. **—dan dolma** muzzle-loading. — **dolusu küfür** unrestrained swearing. **—ından dökülmek** 1. to be said unconvincingly or half-heartedly. 2. to be evident from one's words. **—ı dört köşe olmak** slang to be all smiles. **—a düşmek** to be in everybody's mouth, be a subject of common gossip. **—ından düşürmemek** /ı/ to talk about (someone/something) constantly. — **eğmek** to plead, insist, beg. **—ına geldiği gibi** (to speak) without careful consideration. **—ına geleni söylemek** 1. to talk without thinking, rattle on. 2. to scold or swear unreservedly. **—ına gem vurmak** /ın/ to silence, not to let (another) speak. **—ında gevelemek** 1. /ı/ to withhold (pertinent information). 2. to hem and haw, avoid giving a clear answer, beat around the bush. **—ı gevşek** garrulous, indiscreet. **—ından girip burnundan çıkmak** /ın/ to get around (someone) with persuasive words. **—ı havada** 1. stupid, perpetually bewildered and confused. 2. always talking about exalted things. **—ını havaya/poyraza açmak** to be left out in the cold, not to get what one hoped for. **—ını hayra aç!** colloq. Don't say such an ill-omened thing!/Heaven forbid!/Don't say it! **—ını ıslatmak** slang to drink, have a drink. **—ının içine bakmak** /ın/ to listen eagerly to (one). **—ının içine baktırmak** to be someone one listens to eagerly, be someone one really wants to listen to. **—ı ile kuş tutsa** no matter how well he does. **—ından kaçırmak** /ı/ to let (something) slip out. **—ına kadar** up to the brim. — **kâhyası** one who tries to interfere in another's expression of his thoughts. — **kalabalığı** confused flow of words. — **kalabalığı etmek** to be verbose, wander off the subject. — **kalabalığına getirmek** /ı/ to confuse (the issue) by a flow of words. **—ı kalabalık** 1. garrulous, full of chatter. 2. charlatan, quack, humbug. **—ının kalayını vermek** /ın/ to scold, tell (someone) off. **—ını kapamak** 1. to close one's mouth, shut up, be silent. 2. /ın/ to silence (another) with a bribe. **—dan kapmak** to learn by ear. **—ından kapmak/almak** /ı, ın/ to anticipate what (someone) is going to say and say (it) first. **—ı kara** 1. (one) who enjoys giving bad news.

2. (one) whom others want to exclude from their associations. **—ının kaşığı/kalıbı olmamak** to be too exalted for (one) to be worthy of mentioning (him/her/it). — **kavafı** one who overinsists or overpersuades with much talking. — **kavgası** hot argument, quarrel, battle of words. **—ının kaytanını çekmek** slang to stop making gloomy predictions. **—ı kilitli/kenetli** 1. secretive, close-lipped. 2. unable to speak. 3. white-lipped (horse). **—ına kilit vurmak** 1. to say nothing, keep silent. 2. /ın/ to keep (someone) from speaking. **—ına kira istemek** not to talk without being urged. **—ını kiraya vermek** to prefer not to talk. **—ı kokmak** to have bad breath. — **kokusu** 1. bad breath. 2. willful caprices, whims. **—ının kokusunu çekmek** /ın/ to put up with (someone's) caprices. **—a koyacak bir şey** something to eat. **—ına koymamak** /ı/ not to eat. **—ı köpürmek** to foam at the mouth. **—ı kulaklarında** very happy. **—ı kulaklarına varmak** to grin from ear to ear, be extremely pleased. — **kullanmak** to suit one's speech to the situation. **—ını kullanmak** /ın/ to quote the ideas of (another) as one's own. **—ı kurusun.** May he suffer for predicting evil. **—ıyla kuş tutsa ....** Even if he works miracles .... **—ından laf almak** /ın/ to wangle information out of (someone). **—ı laf/lakırdı yapmak** to be able to speak effectively and to the point. **—ına/—lara layık** delicious. **—ından lokmasını al!** colloq. He's a real pushover! **—ından lokmasını almak** /ın/ to take from (someone) that which is rightfully his/hers. **—ının mührü ile** 1. while fasting. 2. /ın/ without being opened. **—ı oynamak** 1. to nibble, snack. 2. to talk. **—ının ölçüsünü almak** to be reproved for saying something. **—ının ölçüsünü vermek** /a/ to scold (someone) and make him ashamed of what he has said. **—ını öpeyim/seveyim!** I should like to kiss your mouth for saying such nice things! **—ı paça** slang on top of the world. **—ı paça olmak** slang to be foolishly happy; to be all smiles. **—ının payını almak** to have a bitter experience, be greatly disappointed, get bitten. **—ının payını vermek** /a/ to scold (someone) and make him ashamed of what he has said. **—ı pek** secretive, discreet. **—ını pek tutmak** to be able to keep a secret, be able to keep one's mouth shut. **—ının perhizi yok.** colloq. He says whatever comes to his mind. **—ı pis** foulmouthed. **—ı sağlıklı** colloq. Well said! **—da sakız gibi çiğnemek** /ı/ to keep saying (something) over and over. **—ına sakız olmak** /ın/ to be the subject of (one's) gossiping. — **satmak** to brag, boast. **—ına sıçayım!** vulg. Shit on you!/Fuck you! (usually used by women). **—ına sıçmak** /ın/ vulg. 1. to put

ağız 16

(someone) in the shit, put (someone) in a bad situation. 2. to make a balls-up of, mess (something) up, ball (something) up. —ı **sıkı** secretive, discreet. —**ını sıkı tutmak** to be able to keep a secret, be able to keep one's mouth shut. —**ıyla söylemek** to say it oneself. —ı **sulanmak** /a/ to have one's mouth water (for). —**ının suyu akmak** to long hungrily for something. —**ının suyunu akıtmak** /ın/ to make (one's) mouth water. —**ına sürmemek** /ı/ not to touch (a food). —ı **süt kokmak** to be naïve, be innocent. — **şakası** joke. —**ını şapırdatmak** to smack one's lips. — **tadı** harmony; peace and tranquillity. — **tadı ile** 1. enjoying the flavor. 2. enjoying the occasion. 3. with everything going well. —**ının tadını almak** /dan/ to have had a bitter experience (with). —**ının tadını bilmek** 1. to be a gourmet. 2. to be a connoisseur of beautiful things, be a person of taste, be someone who appreciates nice things. —**ının tadını bozmak/kaçırmak** /ın/ to throw (someone's) tranquil way of life into disarray, shatter (someone's) tranquillity. —**ının tadı bozulmak/kaçmak** to have one's tranquil life thrown into disarray; to have one's tranquillity shattered. — **tamburası çalmak** 1. to try to console one. 2. to have one's teeth chatter from the cold. —**ına taş almış.** *colloq.* He won't talk. —**a tat, boğaza feryat.** *colloq.* 1. The food was good but there was not enough. 2. What was done was good but it was not enough. —**ına tat bulaşmak** to get the taste of something and want to do it again. — **tatsızlığı** unpleasant atmosphere in a group. —ı **teneke/tenekeyle kaplı** (someone) who has a cast-iron stomach, who can eat or drink anything with relative ease. —**ını tıkamak** /ın/ to stop (someone) from talking. —**ını topla!** Watch your language! (*said to someone who is cursing or using foul language*). —ı **torba değil ki büzesin!** *colloq.* /ın/ You can't stop (someone) talking! —**ını tutmak** to hold one's tongue. — **tüfeği** blowgun. —**ına tükürdüğümün** damn, despicable. — **tütünü** chewing tobacco. —**ları uymak** to agree in what they say. — **ünlüsü** *phonetics* oral vowel. — **ünsüzü** *phonetics* oral consonant. — **var, dili yok.** *colloq.* He is very quiet./He is no bother. —ı **varmamak** /a/ not to have the heart to say (something). —**ına verilmesini beklemek/istemek** to sit back and let others do it for one. —**ına vur, lokmasını al!** *colloq.* He's a real pushover. —**ına yakışmamak** (for something one has said) not to befit one, not to be worthy of one (owing to its abusiveness or vulgarity). —ı **yanmak** /dan/ to have a painful experience (with). — **yapmak** 1. to try to explain away a matter. 2. to make

empty boasts. —**ında yaş kalmamak** to have expressed an opinion to the same person many times. — **yaymak** to avoid speaking directly and clearly. —**ından yel/yeller alsın!** *colloq.* Heaven forbid! —**nı yırtarım!** *vulg.* Hold your tongue!/Stop it or I'll hit you! —**ını yoklamak** /ın/ to sound out (a person).
ağız colostrum, beestings.
ağızbirliği, -ni agreement on what is to be said or done. — **etmek** to speak according to a previously arranged plan.
ağızlamak /ı/ 1. to ready (a mortise or hole) for a tenon or other part. 2. *naut.* (for a ship) to enter the middle of (a strait or port).
ağızlık 1. cigarette holder. 2. mouthpiece (of a pipe, a trumpet, a telephone). 3. cover of leaves put over a full fruit basket. 4. stone ring around the mouth of a well. 5. open water pipe with a valve. 6. appliance put into or over the mouth of an animal, muzzle. 7. *text.* shed. 8. funnel.
ağızotu, -nu *formerly* priming, primer (of a gun).
ağızsal *med.* oral.
ağızsıl *phonetics* oral (as opposed to *nasal*). — **ünlü** oral vowel. — **ünsüz** oral consonant.
ağızsız soft-spoken, submissive.
ağkatman *anat.* retina.
ağkepçe landing net.
ağkurdu, -nu *zool.* webworm.
ağlama weeping, crying.
ağlamak 1. to weep, shed tears, cry. /a/ to weep, mourn (for). 3. /dan/ to complain, whine (about). 4. (for a tree) to weep. **Ağlamayan çocuğa meme vermezler.** *proverb* The wheel that squeaks gets the grease.
ağlayası gelmek to feel like crying.
ağlamaklı, ağlamalı ready to cry. — **olmak** to feel like crying.
ağlamsamak 1. to be ready to burst into tears, be on the verge of tears. 2. to pretend to be weepy; to pretend to cry.
ağlanmak *impersonal passive* to cry, weep.
ağlaşmak 1. to weep together. 2. to lament.
ağlatı *theat.* tragedy.
ağlatıcı tending to bring one to tears, tear-jerking.
ağlatısal 1. tragic. 2. pertaining to tragedies.
ağlatmak /ı/ to make (one) cry.
ağlaya ağlaya crying, while crying.
ağlayış 1. crying, cry. 2. whining, whimpering, complaint.
ağlı very baggy (trousers).
ağma meteor, shooting star.
ağmak 1. to rise, ascend. 2. to hang downward, droop.
ağnamak (for an animal) to roll on the ground.
ağrı 1. ache. 2. throes of childbirth, labor. — **kesici** analgesic. — **kesimi** analgesia, anesthe-

sia. **—sı tutmak** 1. to have birth pains start; to begin labor. 2. to have a recurrence of periodic pains. **— vermek** /a/ to hurt.
ağrıkesen 1. (an) analgesic. 2. analgesic.
ağrılı aching, painful.
ağrımak to ache, hurt, throb with pain.
ağrısız 1. painless. 2. painlessly.
ağrıtmak /ı/ to hurt, make ache.
ağsı 1. netlike. 2. reticular, reticulate, reticulated.
ağtabaka *anat.* retina.
ağtonoz *arch.* ribbed vault.
ağustos August. **—un yarısı yaz, yarısı kıştır.** *proverb* Somewhere in the middle of August the weather breaks.
ağustosböceği, -ni *zool.* cicada.
ağyar others, other people, strangers.
ah 1. Ah!/Oh!/Alas! 2. sigh, groan. 3. lament. 4. curse. **— almak** to be cursed for one's cruelty. **— çekmek** to sigh. **—ını çekmek** /ın/ to be under the curses of (those one has wronged). **—ı çıkmak** /ın/ to suffer as a result of the curse of (someone whom one has wronged). **— etmek** 1. to sigh. 2. /a/ to curse. **—ı tutmak/yerde kalmamak** to have one's curse take effect.
aha *prov.* here, there.
ahali inhabitants, population, the people.
ahar dressing, finish, sizing (for paper or cloth).
aharlamak /ı/ to size, dress, finish (paper or cloth).
aharlı dressed, sized, finished (paper, cloth). **— kâğıt** sized paper suitable for calligraphy.
ahbap 1. acquaintance; friend. 2. My friend! *(used to attract the attention of a stranger).* **— çavuşlar** *colloq.* pals, cronies, chums. **— olmak** /la/ to strike up a friendship (with).
ahbapça like a friend, in a friendly way. **— konuşmak** to talk like friends.
ahbaplık friendship. **—a dökmek** to strike up a friendship. **— etmek** /la/ to be on friendly terms (with).
ahçı cook.
ahçıbaşı, -nı head cook, chef.
ahçılık art of cooking, cookery, cuisine.
ahdetmek /a/ 1. to vow, promise (to do something); to promise oneself (to do something). 2. to swear to God (to do something). 3. to contract, agree (to do something).
ahdi *law* conventional, contractual, conventionary, pertaining to a treaty or agreement. **— tarife** tariff based on an international agreement, international tariff.
Ahdiatik the Old Testament.
Ahdicedit the New Testament.
ahenk 1. *mus.* harmony. 2. musicality. 3. harmony, integration, accord, agreement, compatibility. 4. lively party at which musicians provide entertainment. **—ini bozmak** /ın/ to create disunity between/in, upset the tran-

quillity that existed between/in. **— kaidesi** *phonetics* vowel harmony. **— kurmak** /da/ to establish harmonious relations (between members of a group). **— sağlamak** /da/ to secure unity and order (in a place). **— tahtası** soundboard, belly, table (of a violin, a lute, or a similar instrument).
ahenkleştirmek /ı/ to harmonize; to reconcile; to coordinate.
ahenkli 1. *mus.* harmonious. 2. melodious, musical. 3. harmonious, integrated, marked by accord, agreement, or compatibility (between its various parts). **— hareket** *phys.* harmonic motion.
ahenksiz 1. *mus.* discordant, inharmonious. 2. unmelodious, immelodious. 3. inharmonious, lacking in integration, marked by a lack of accord, agreement, or compatibility (between its various parts).
ahenksizlik lack of harmony, discord.
aheste slow; gentle; calm. **— aheste** slowly; gently; softly. **— beste** slowly, taking one's time.
ahfat 1. *law* grandchildren. 2. descendants. 3. grandson (especially one from a male line).
Ahfeş the name of a Koranic student in a story. **—'in keçisi gibi baş sallamak** to nod in agreement without understanding what is said.
ahı generous.
ahım şahım *colloq.* beautiful, bright, excellent. **— bir şey değil.** It is nothing special.
ahır stable, shed, barn. **—a çekmek** /ı/ to put (an animal) in the barn. **—a çevirmek** /ı/ to mess up, make a shambles of. **— gibi** in a shambles, messy, cluttered, dirty (place).
âhır *see* **âhir.**
ahırlamak to become stiff from staying too long in the stable.
Ahi *hist.* Akhi, a member of a brotherhood in Anatolia.
Ahilik *hist.* Akhism, an organized brotherhood in Anatolia related to trade guilds.
âhir 1. the last, the final: **âhir nefes** last gasp. 2. in the end. 3. end, conclusion, termination. **— olmak** to come to an end, end. **— ömür/vakit** old age, (one's) last years. **— zaman** the time during which the Last Judgment can be expected to take place. **— zaman peygamberi** the Prophet Muhammad.
ahir the last, the final: **ahir karar** final decision.
ahiren recently.
ahiret, -ti *see* **ahret.**
ahiretlik *see* **ahretlik.**
ahit, -hdi 1. vow, promise, resolution, resolve (especially one made to oneself): **Ahdim var, bunu yapacağım.** I've vowed to myself that I'll do this. 2. promise (made to God): **Ahdim olsun, hazır bulunacağım!** I swear to God I'll

be there! 3. treaty, pact, solemn agreement; covenant. 4. period (of time), era, age, epoch; reign. 5. imperial decree. —**e vefa** *law* Pacta sunt servanda.

ahitleşmek to make a pact with each other, contract with each other, enter into a solemn agreement with each other.

ahitname treaty, pact.

ahize receiver: **telefon ahizesi** telephone receiver.

ahkâm 1. *law* judgments, decisions, verdicts. 2. *law* statutes, regulations, provisions, stipulations. 3. predictions based on astrology or soothsaying. 4. *colloq.* half-baked ideas, baseless conclusions, flimsy speculations. — **çıkarmak** *colloq.* to put forth some half-baked or off-the-cuff ideas (on something one doesn't know much about). — **kesmek** *colloq.* to put forth a half-baked or off-the-cuff idea as if it were the gospel truth. — **yürütmek** *colloq.* to give one's opinion (on something one doesn't know much about).

ahlak, -kı 1. morals, moral practices; morality. 2. morals, moral principles, moral teachings, ethic, morality; ethics: **meslek ahlakı** professional ethics. —**a aykırı** immoral (act, word). — **bilimi** ethics. —**ını bozmak** /ın/ to corrupt or debase (someone's) morals, corrupt. —**ı bozuk** morally corrupt, morally bankrupt (person). — **dışı** 1. immoral (word, act). 2. amoral, nonmoral (word, act). — **duygusu** moral sense.

ahlakça morally; ethically.

ahlakçı 1. moralist, thinker or writer concerned with moral principles. 2. teacher of ethics.

ahlakdışçılık amoralism.

ahlakdışı, -nı 1. immoral (word, act). 2. amoral, nonmoral (word, act).

ahlaken *see* **ahlakça.**

ahlakıyat, -tı *see* **ahlak bilimi.**

ahlaki ethical, moral.

ahlaklı 1. moral, morally upright, upright (person). 2. (someone) who is of (a specified) moral fiber: **kötü ahlaklı** morally bankrupt.

ahlaklılık 1. decency, uprightness. 2. morality.

ahlaksal ethical, moral.

ahlaksız 1. immoral. 2. *colloq.* rude, lowbred, churlish. 3. *colloq.* dishonest, shifty, slippery.

ahlaksızlık immorality.

ahlamak to sigh.

ahlat, -tı 1. wild pear. 2. *slang* boor.

ahmak 1. stupid, foolish. 2. fool, idiot. — **ıslatan** *colloq.* drizzle.

ahmakça 1. somewhat foolish. 2. foolishly, stupidly.

ahmaklaşmak 1. to turn into a fool. 2. to be momentarily bewildered.

ahmaklık stupidity, foolishness.

ahret, -ti the hereafter, the next world. — **adamı** a man who has withdrawn from the world, otherworldly person. —**i/öbür dünyayı boylamak** *colloq.* to die. —**e göndermek** /ı/ to send (someone) to the next world, send (someone) to his/her reward, kill. — **kardeşi** sister *(used by a devout Muslim woman to describe the close bond that exists between herself and another devout Muslim woman, one to whom she is not a blood relative).* — **korkusu** the fear of the Last Judgment. —**te on parmağı/iki eli yakasında olmak** /ın/ to hold a grudge (against someone) at the Last Judgment. — **suali** 1. *Islam* a very difficult question supposedly asked someone by an angel when he/she is about to enter the next world. 2. *colloq.* tiresome and difficult question. —**ini yapmak/zenginleştirmek** to acquire merit in God's sight. — **yolculuğu** *colloq.* death.

ahretlik 1. adopted girl brought up as a servant. 2. sister *(used by a devout Muslim woman to describe the close bond that exists between herself and another devout Muslim woman, one to whom she is not a blood relative).* 3. (something) which pertains to the next world. 4. otherworldly (person).

ahşap 1. (house, ship, bridge) made of wood, wooden. 2. wood, timber (used for building).

ahtapot, -tu 1. *zool.* octopus. 2. *path.* polyp or similar tumor. 3. *slang* sponger, hanger-on. — **gibi** clinging, persistent, troublesome.

ahu gazelle. — **gibi** beautiful, graceful. — **gözlü/gözleri** having beautiful eyes.

ahududu, -nu raspberry.

ahuvah weeping and wailing.

ahval, -li 1. circumstances, situation, state, state of affairs. 2. behavior. 3. events, affairs.

ahzükabz *law* collection (of a sum of money); registering (of a debt).

aidat, -tı 1. dues, membership fee, subscription (paid to a society by its members). 2. revenue, income.

aidiyet, -ti state of belonging, relation.

AIDS *path.* AIDS (acquired immune deficiency syndrome, acquired immunodeficiency syndrome).

AIDS'li (someone) who is suffering from AIDS.

aile 1. family. 2. *colloq.* wife. — **bahçesi/gazinosu** tea garden. — **cüzdanı** savings account. — **doktoru** family doctor. — **dostu** family friend. — **efradı** members of a family. — **kurmak** to marry and start a family. — **meclisi** family council. — **ocağı** home, the family hearth. — **planlaması** family planning. — **reisi** head of the family, *law* paterfamilias.

ailece as a family.

ailecek *colloq.* as a family.

ailevi regarding the family, private, domestic.

ait /a/ concerning, relating to; pertaining to,

belonging to. **— olmak** /a/ to concern, relate; to belong to.
ajan 1. secret agent, spy. 2. agent, representative.
ajanda diary (in which one notes future engagements).
ajanlık 1. being an agent, being a representative. 2. being a secret agent, being a spy.
ajans 1. agency; news agency. 2. news bulletin.
ajur *embroidery* openwork.
ajurlu open-worked (embroidery).
ak, -kı 1. white. 2. clean, unsullied. 3. unblemished, beaming with honest pride (face). 4. white (of an eye or an egg). 5. white speck (in the eye). 6. *phot.* positive. **—ı ak, karası kara** brunette with fair skin. **— akçe kara gün içindir.** *proverb* Money saved can come to one's rescue in a time of need. **— altın** platinum. **— Arap** Arab. **—ını bokuna karıştırmak** *vulg.* to mix up the good and the bad in something. **—ım derken bokum demek** *vulg.* 1. to blunder and say something bad by mistake. 2. to try to show off and end up revealing one's faults. **— düşmek** /a/ to begin to turn gray, begin to gray. **— gözlü** blue-eyed, likely to bring a curse. **— la karayı seçmek** to have a very hard time. **— kirpani** white but dirty. **— mı, kara mı, önüne düşünce görürsün.** *colloq.* Don't worry about it now; you'll find out later. **— pak** 1. very clean. 2. (one) whose hair and beard have gone white. 3. having an attractive fair complexion. **— saçlı** white-haired. **— sakaldan yok sakala gelmek** to fail with old age.
akabinde /ın/ immediately after, subsequently.
akaç drain pipe.
akaçlama drainage. **— havzası** drainage basin.
akaçlamak /ı/ 1. to drain. 2. to supply with a drainage system.
akademi academy.
akademici academician.
akademicilik academicism, academism.
akademik academic, academical.
akademisyen academician.
akademizm academism.
akağa white eunuch of the sultan's palace.
akağaç birch, white birch.
akait doctrines, dogmas, tenets (of a religious faith). **— kitabı** book outlining the doctrines of a religious faith.
akaju acajou, mahogany.
akak 1. river bed. 2. brook. 3. running water. 4. channel, conduit, watercourse.
akala a hybrid cotton developed in Turkey from American stocks.
akamber 1. ambergris. 2. courbaril copal, courbaril, gum animé.
akamet, -ti 1. sterility, barrenness. 2. failure. **—e uğramak** to fail, come to naught.
akant, -tı, akantus *bot.* acanthus.

akanyıldız meteor, shooting star. **— yağmuru** meteoric shower, meteor shower.
akar 1. liquid, flowing. 2. running, oozing. **— su pislik tutmaz.** *proverb* Flowing water does not get contaminated.
akar 1. (a) real property which yields one rent, (a) rental property. 2. rent.
akar *zool.* mite, acarus.
akaramber liquidambar.
akarca *prov.* 1. suppurating sore. 2. fistula. 3. disease characterized by a discharge. 4. rivulet, streamlet. 5. hot spring.
akaret, -ti (a) real property which yields one rent, (a) rental property.
akarsu, -yu 1. stream, river. 2. diamond or pearl necklace.
akaryakıt, -tı fuel oil.
akasma *bot.* virgin's-bower.
akasya *bot.* 1. locust, black locust. 2. acacia.
akbaba *zool.* vulture.
akbalık *zool.* 1. dace. 2. a large bonito.
akbalıkçıl *zool.* great white heron.
akbasma cataract.
akbenek white speck in the eye.
akciğer lungs. **— veremi** *path.* pulmonary tuberculosis. **— yangısı** *path.* pneumonia. **— zarı** *anat.* pleura.
akça off-white, whitish; pale, faded. **— pakça** (woman) with a peaches-and-cream complexion.
akça see **akçe.**
akçaağaç *bot.* maple.
akçakavak *bot.* white poplar, silver poplar, abele.
akçayel southeast wind.
akçe 1. money. 2. *hist.* a small silver coin (one third of a **para**).
akçeleme financing.
akçelemek /ı/ to finance.
akçelenmek to be financed.
akçeli fiscal.
akçıl whitish; faded; gray; having white areas.
akçıllaşmak to fade, get gray.
akçıllık whiteness; grayishness; fadedness.
akdarı millet.
akdemir wrought iron.
Akdeniz the Mediterranean Sea, the Mediterranean.
akdetmek /ı/ 1. to conclude (a treaty, a contract). 2. to convoke (a meeting). 3. to hold (a meeting).
akdiken *bot.* buckthorn.
akdoğan *zool.* a white falcon.
akgünlü fortunate, lucky.
akgünlük, akgünnük incense made from juniper gum.
akhardal white mustard.
akı generous.

akı *phys.* flux, flow.
akıbet, -ti 1. end, outcome. 2. fate, what the future holds in store. 3. in the end. **—ine uğramak** /ın/ to end up like (someone).
akıcı 1. fluid, flowing (substance). 2. smooth, easy, fluid, fluent. **— ünsüz** *phonetics* liquid consonant.
akıcılık 1. fluidity, the condition or quality of being fluid. 2. pleasing flow, pleasingly flowing quality, fluency, fluidity, smoothness (in someone's prose or speech). 3. smoothness, ease.
akıl, -klı 1. reason, intelligence; wisdom, discernment, discretion. 2. mind, comprehension. 3. memory. 4. idea, opinion, thought. 5. advice. **—dan** 1. from memory. 2. by the use of one's imagination. **—ımda** I haven't forgotten it./I have it in mind. **— akıl, gel çengele takıl.** *colloq.* I don't see how we can solve this problem. **— akıldan üstündür.** *proverb* It pays to consult others. **— almak** /dan/ to ask (someone's) advice, consult (a person). **—ını almak** /ın/ to charm, bewitch, fascinate. **— almamak** to be incredible. **—ı almamak** /ı/ 1. not to understand. 2. not to believe that (it) is possible. 3. to find (it) unacceptable. **— almaz** unbelievable, inconceivable. **—ı başında** sensible, (someone) who has his/her head screwed on right. **—ını başına almak/toplamak/devşirmek** to come to one's senses. **—ını başından almak** /ın/ 1. to deprive (someone) of his/her senses, leave (someone) unable to think straight. 2. to scare (someone) silly, scare the wits out of. **—ı başından bir karış yukarı/yukarıda** impulsive, rash, impetuous, (someone) who does the first thing that comes into his head. **—ı başına gelmek** 1. to come to one's senses, sober down. 2. to come to. **—ı başından gitmek** 1. to be overwhelmed, be beside oneself. 2. to faint. **—ı başında olmamak** 1. to be confused, be unable to think straight. 2. to be unconscious. **—ını başka yere vermek** to let one's mind wander. **—ınla bin yaşa!** You're really thinking today! (*said sarcastically to the author of an idea one finds absurd*). **—ı bokuna karışmak** *vulg.* 1. to be frightened to death. 2. to be overcome with joy. **—ını bozmak** /la/ to be obsessed (with). **— bu ya!** *colloq.* We/He thought it was a good idea! **—ını çalmak** /ın/ 1. to enchant, fascinate, charm, captivate. 2. to influence, sway. **—ını çelmek** /ın/ 1. to dissuade from a good intention, cause (one) to give up a decision. 2. to corrupt, lead astray. **—dan çıkarmak** /ı/ to forget all about (it), give up the idea (of). **—ı çıkmak** to worry oneself sick, be near panic. **—ından çıkmak** to slip one's mind. **—ından çıkmamak** 1. to stick in one's mind. 2. to go around and around in one's head. **—ının çivisi eksik** not very bright;

screwy, cracked. **—ı dağılmak** to be unable to concentrate. **— danışmak** /a/ to consult, ask (someone) for advice. **— defteri** *colloq.* notebook. **— doktoru** *colloq.* shrink, psychiatrist. **—ını durdurmak** /ın/ (for something) to make (someone) unable to think straight. **—lara durgunluk vermek** (for something) to blow one's mind. **—ı durmak** to be openmouthed with astonishment. **—ına düşmek** 1. to come back to one's mind. 2. to come into one's mind, strike one. **— eksikliği** mental deficiency. **— erdirememek** /a/ to be unable to fathom. **—ı ermek** 1. /a/ to understand, grasp. 2. to be mentally mature. **— ermemek** /a/ 1. not to be able to conceive of; to find inconceivable. 2. to find unacceptable. **—ına eseni yapmak** to act on impulse, do whatever comes into his/her head. **—ına esmek** to come into one's head. **— etmek** /ı/ to think of (doing something) (at the right time). **—ı evvel** pretentious about one's wisdom. **— fikir** mind: **Allah akıl fikir versin!** May God cause you to think straight! **Aklın fikrin neredeydi?** Why didn't you think? **Cafer'in aklı fikri tiyatroda.** All Cafer thinks about is the theater. **—ından geçirmek** /ı/ to happen to think (of). **—ından geçmek** to occur to one, pass through one's mind. **—a gelmedik** unanticipated. **—ına gelmek** 1. to occur to one. 2. to come back to one's memory. **—ıma gelen başıma geldi.** *colloq.* What I was afraid of has happened. **—ına geleni söylemek** to speak without thinking. **—ına geleni yapmak** to act on impulse, do whatever comes into his/her head. **—a gelmeyen başa gelir.** *proverb* You can't always anticipate everything. **—a gelmez** inconceivable; not anticipated. **—ına getirmek** 1. /ı, ın/ to remind (someone) of. 2. /ı/ to consider, think (of). **—ı gitmek** 1. to be confused, be perplexed. 2. /a/ to be taken (by). **—ı gözünde** (one) who believes only what he sees. **— harcı olmamak** /ın/ *pej.* (for something) to be beyond (someone's) comprehension, be beyond (someone). **— hastalığı** mental illness, mental disorder. **— hastanesi** mental hospital. **— hastası** mental patient, person who is mentally ill. **— havsala almamak** /ı/ (for something) to be beyond belief: **Bu hikâyeyi akıl havsala alamaz.** This story is beyond belief. **—a hayale gelmeyen** incredible. **— hocası** advisor, mentor, master (*sometimes ironic*). **— için yol birdir.** *proverb* Those who are wise will all agree in the end. **— işi değil.** *colloq.* It is unacceptable. **—ını kaçırmak** 1. to go mad, go out of one's mind. 2. to behave irrationally. **—ında kalmak** 1. to stick in one's mind. 2. to remember. **— kâr olmamak** to be unreasonable, be unwise (to do). **—ı karışmak** to be confused and perplexed. —ını **kaybetmek** to go out of one's mind. —ı **kesmek** /ı/ to decide that (a plan) is feasible. —ına **koymak** 1. /ı/ to make up one's mind on (something) and be adamant. 2. /ı, ın/ to convince (someone) of (something). — **kutusu/kumkuması** a mine of wisdom (person). —ında **olsun!** *colloq.* Don't forget. —ını **oynatmak** to go out of one's head. — **öğretmek** /a/ to give (someone) advice. —ını **peynir ekmekle yemek** to lose one's senses. — **satmak** /a/ to offer (someone) unsolicited advice. —ına **sığdıramamak** /ı/ for one's reason not to accept (something): **Bunu aklıma sığdıramıyorum.** My reason won't accept this. —ına **sığmamak** /ın/ to be unable to swallow, be unable to believe (something): **Hiç aklıma sığmıyor.** I just can't swallow it. — **sır ermemek** /a/ (for something) to be a mystery, be beyond comprehension: **Oraya nasıl vardığına akıl sır ermiyor.** How he got there is a mystery. —ı **sıra** as he sees it. —ı **sonradan gelmek** to reverse a decision after it has been made. —ından **söküp atamamak** /ı/ to be unable to get (something) off one's mind. —ına **şaşayım/şaşarım.** *colloq.* I am surprised at you. Don't you have any brains? —ını **şaşırmak** to lose one's senses. —ı **takılmak** /a/ to be preoccupied, be obsessed (with). —ına **takılmak** /ın/ to stick in (one's) mind and bother (one). —ına **takmak** /ı/ to get (something) in one's mind and not let go of it, be obsessed with (something). —ının **terazisi bozulmak** /ın/ to start to behave irrationally. — **terelelli** /da/ freakish, frivolous (person). —ına **turp sıkayım.** *colloq.* What a fool you are! —da **tutmak** /ı/ to bear (something) in mind. —ının **ucundan geçmemek** (for something) never to cross (someone's) mind, never to occur to (someone). —ına **uygun** believable, credible. —ına **uymak** /ın/ to conform to (someone else's) (wrong or improper) way of thinking. — **var,** izan/mantık/yakın **var.** *colloq.* There is a logic to the situation./It is clear if one thinks about it. — **vermek** /a/ to give (someone) advice. —a **yakın** reasonable, plausible. — **yaşta değil, baştadır.** *proverb* Intelligence doesn't go by age. —ı **yatmak** /a/ to be convinced (of), accept as right or true. —ına **yelken etmek** to follow one's impulses. —ına **yer etmek** (for an idea) to find a niche in one's mind; to become a part of one's store of ideas. — **yormak** to think hard, rack one's brains. — **yürütmek** to reason, use one's reason to arrive at conclusions. —a **zarar/—lara ziyan** perplexing, very confusing. — **zayıflığı** mental deficiency. —ı **zıvanadan çıkmak** to go mad. —ından **zoru olmak** to have something wrong with one's mind.

akılcı 1. rationalistic, rationalist. 2. (a) rationalist.
akılcılık *phil.* rationalism.
akıldışı irrational.
akıldişi, -ni wisdom tooth.
akıllandırmak /ı/ to cause (someone) to get his/her head screwed on right, cause (someone) to start behaving sensibly.
akıllanmak to get his/her head screwed on right, start behaving sensibly.
akıllı 1. reasonable, wise, intelligent. 2. prudent. 3. clever. 4. *colloq.* smarty. — **davranmak** to act wisely. — **geçinmek** to pass for a wise man. — **uslu** sober-minded, wise.
akıllıca 1. smart, intelligent. 2. intelligently, wisely, cleverly.
akıllılık 1. intelligence, cleverness. 2. an intelligent act. — **etmek** to act intelligently, do something smart.
akılsız unreasonable, foolish. — **başın cezasını/zahmetini ayak çeker.** *proverb* 1. If you don't use your head your feet do the work. 2. If the leader uses bad judgment his followers suffer.
akılsızlık 1. folly, foolishness. 2. a foolish act or decision. — **etmek** to do something stupid.
akım 1. current. 2. trend, movement. 3. rate of flow, volume. — **çevirgeci** power switch.
akımlı carrying an electric current.
akımlık river bed, watercourse.
akımtoplar storage battery.
akın 1. rush, torrential flow. 2. raid. 3. run (of fish). 4. sudden rush (of people). — **akın** rushing and surging in crowds. — **etmek** /a/ 1. to surge into, rush into. 2. to attack, make a raid on. — **yapmak** *sports* to rush.
akıncı 1. raider. 2. *sports* forward.
Akıncılar a mounted corps of the Ottoman army used as an advance guard and for raiding.
akındırık *prov.* resin.
akıntı 1. current, flow. 2. *path.* flux, flow. 3. slope (given to something to direct drainage flow). 4. flow (of sap from a pine tree). — **çağanozu** 1. a crab caught in the current. 2. *colloq.* a person with a bodily deformity. — **demiri** kedge anchor. —ya **kapılmak** 1. to be caught in a current. 2. to be carried away by a popular fad. —ya **kürek çekmek** to waste one's efforts on an impossible task. — **payı** *naut.* leeway.
akıntılı 1. having a current. 2. sloped for drainage.
akıntısız still (water).
akıölçer flux meter.
akış 1. flow, course. 2. flow, succession. — **aşağı** downstream. — **yukarı** upstream.
akışkan *phys.* fluid.
akışkanlaştırmak /ı/ to liquefy.
akışkanlık fluidity.
akıtma 1. blaze (on a horse). 2. a flat sweet fried

pastry.
akıtmak /ı/ 1. to let (something) flow. 2. to pour. 3. to shed (blood, tears).
akide religious faith, creed. **—yi bozmak** to act contrary to the faith and practice of the community. **—si bozuk** loose in religious convictions.
akide a kind of hard candy. **— şekeri** a kind of hard candy.
akik, -ki *geol.* agate.
akim 1. sterile, barren, childless. 2. fruitless, unproductive, unsuccessful. **— kalmak** to fail, come to naught.
akis, -ksi 1. reflection. 2. echo. 3. effect, reaction. 4. the opposite, the contrary: **Tam aksini söyledi.** He said exactly the opposite. **Bunun aksini düşünelim.** Let's turn the situation around. **— uyandırmak** to set off a reaction, arouse opposition (in the press, in public opinion).
akit, -kdi 1. compact, treaty, agreement, contract. 2. marriage agreement. **—in bozulması** cancellation or violation of a contract. **—ten doğan borçlar** contractual obligations.
akkan lymph.
akkarınca *zool.* termite, white ant.
akkavak *bot.* white poplar, silver poplar, abele.
akkefal, -li *zool.* bleak.
akkelebek *zool.* a white-winged bud moth.
akkor incandescent.
akkorluk incandescence, white heat.
aklama 1. acquittal. 2. clearance, a declaration freeing retiring officers of an association from further responsibility for their past actions when new officers are elected.
aklamak /ı/ 1. to acquit. 2. to clear (someone) of responsibility.
aklan 1. slope, drainage area. 2. stream, watercourse.
aklanma 1. bleaching. 2. acquittal. 3. clearance (from responsibility).
aklanmak 1. to be cleaned. 2. to be acquitted. 3. to be cleared of responsibility.
aklaşmak 1. to turn white. 2. (for hair) to turn gray; to begin to gray.
aklen by reason; from a rational standpoint.
akletmek /ı/ to think of (doing something) (at the right time).
aklı spotted with white. **— karalı** black and white.
aklık 1. whiteness. 2. white speck.
aklınca He thinks he's ...; He supposes that he's ... *(said disparagingly):* **Aklınca kurnazlık yapıyor.** He thinks he's pulling a fast one.
aklıselim common sense. **— sahibi** sensible person.
akli mental, rational. **— melekeler** mental faculties. **— muvazene** mental balance.
akliyat, -tı knowledge reached by reason.

akliye 1. mental illnesses. 2. psychiatric ward (of a hospital). 3. *phil.* rationalism.
akliyeci psychiatrist.
akma 1. flowing, flow. 2. a shooting star, meteor. 3. *prov.* resin.
akmadde *anat.* white matter.
akmak 1. to flow. 2. to leak, be leaky. 3. (for a faucet, water) to run; to run down; to overflow. 4. *slang* to slip away, escape inconspicuously. 5. to come in great amounts or in great crowds. 6. (for cloth) to wear out and fray. **Akmasa da damlar.** *proverb* It brings in at least a little money. **Akacak kan damarda durmaz.** *proverb* You can't escape fate. **akan sular durmak** to be indisputable, be beyond contradiction.
akne acne.
akont, -tu installment, partial payment.
akordeon 1. accordion. 2. accordion pleats. **— olmak** *slang* (for cars) to collide and mash together.
akordeoncu accordionist.
akort 1. tune, condition of being tuned. 2. harmony (to a melody). **— anahtarı** tuning wrench. **—u bozuk** out of tune. **—u bozuk orkestra gibi** (of a social group) without a common purpose or a basis for acting together. **— etmek** /ı/ to tune (a musical instrument).
akortçu piano tuner, tuner.
akortlu 1. in tune. 2. /a/ *slang* immune (to).
akoz etmek *slang* to shut up.
akozlamak /ı/ *slang* to tell (something) in secret.
akraba a relative; relatives.
akrabalık kinship, relationship.
akran equal, peer, match.
akreditif 1. credit transmitted to another bank for an assignee. 2. letter notifying an assignee of his credit account, letter of credit. 3. letter of guarantee.
Akrep *astrology* Scorpio.
akrep 1. *zool.* scorpion. 2. hour hand (of a timepiece). 3. *slang* policeman, cop. **— gibi** habitually unkind in speech.
akrilik 1. acrylic, pertaining to acrylic acid or its derivations. 2. (an) acrylic; acrylic plastic; acrylic fiber. 3. acrylic paint.
akrobasi 1. acrobatics. 2. stunt flying.
akrobat, -tı acrobat.
akrobatik acrobatic, pertaining to or suggestive of an acrobat or acrobatics.
akrobatlık 1. acrobatics. 2. stunt flying.
akromatopsi *path.* achromatopsia, color blindness.
akromegali *path.* acromegaly.
akropol, -lü acropolis.
akrostiş acrostic poem.
aks axle.
aksak 1. lame, crippled. 2. flawed, faulty, defec-

tive.
aksakal elder in a community.
aksaklık 1. lameness. 2. flaw, fault, defect; problem, difficulty; hitch; something that is not right (in a machine, an operation, etc.). 3. faultiness, defectiveness.
aksam 1. parts. 2. *mech.* spare parts.
aksama 1. disruption, delay. 2. problem, difficulty; hitch. 3. limp, limping.
aksamak 1. (for something) to be hampered, hindered, disrupted, delayed, or impeded. 2. to limp; (for a leg) to be lame, be crippled.
aksan accent, stress; style of pronunciation.
aksatmak /ı/ 1. to hamper, hinder, disrupt, delay, or impede. 2. to cause (someone/an animal/a leg) to limp.
aksedir arborvitae, white cedar, tree of life.
akseptans 1. letter of acceptance (into a school outside Turkey). 2. *com.* acceptance.
aksesuar 1. accessory; accessories. 2. *theat.* stage property, stage prop, prop; stage properties, stage props, props.
aksesuarcı *theat.* property man, propman.
aksetmek 1. to be reflected. 2. to echo. 3. /a/ (for news) to reach (a person). 4. /a/ (for light) to strike on.
aksettirmek 1. /ı/ to reflect. 2. /ı/ to echo. 3. /ı, a/ to transmit, convey (news, information) to.
aksırık (a) sneeze. — **tıksırık** continual sneezing and coughing. —**lı tıksırıklı** sneezing and coughing, old and in bad health.
aksırmak to sneeze.
aksırtıcı sneeze-provoking, sternutatory.
aksırtmak /ı/ to make (one) sneeze.
aksi 1. opposite: **Aksi istikamette yol açıktı.** There was no traffic in the opposite lane. 2. peevish, irritable; perverse, contrary. 3. inopportune, untimely. 4. adverse, negative. 5. unfortunate (circumstance, situation). — **aksi** irritably. — **delil** counterproof. — **gibi** *colloq.* Wouldn't you know it?/As if to spite me, ...: **Aksi gibi cebimde beş para kalmamıştı.** But it was just my luck that I didn't have so much as a penny on me. — **gitmek** (for things) to go wrong. — **halde** if not; otherwise. —**ni iddia etmek** to assert the contrary. —**ni söylemek** to say the opposite. — **şeytan!** *colloq.* Damn! — **takdirde** otherwise. — **tesadüf** 1. As bad luck would have it, ... 2. unfortunate coincidence. — **tesir** undesired reaction, opposite effect.
aksilenmek, aksileşmek to have a fit of temper.
aksilik 1. an unfortunate incident, misfortune, hitch. 2. crossness, obstinacy, peevishness. — **bu ya!** I would have to ...!/As misfortune would have it, .../As bad luck would have it, ...: **Fakat aksilik bu ya, o sırada öğretmen içeri girdi.** The teacher would have to come at just that moment. — **çıkmak** to have a difficulty

come up. — **etmek** to be obstinate, be stubborn; to raise difficulties. —**i tutmak** suddenly to get obstinate; to have a fit of obstinacy. —**i üstünde** in a bad mood, cross, peevish, grumpy.
aksine 1. on the contrary. 2. /ın/ contrary to, in opposition to.
aksiseda echo.
aksiyom axiom.
aksiyomatik axiomatic.
aksiyon 1. action. 2. presence of a force, a physical cause, or an idea. 3. presence of the will and acts of people. 4. *theat.* stage business. 5. *lit.* action, plot, development.
akson *biol.* axon.
aksöğüt *bot.* white willow.
aksu *path.* cataract.
aksülamel reaction.
aksülümen *chem.* corrosive sublimate, bichloride of mercury, mercuric chloride.
akşam 1. evening. 2. the sunset hour, the time of the first evening prayer. 3. in the evening. 4. last night, yesterday evening. 5. tonight, this evening. —**a** this evening, tonight. —**dan** 1. last night. 2. in the evening. —**ları** in the evening, evenings. — **ahıra, sabah çayıra.** *colloq.* He doesn't do anything but eat and sleep. — **akşam** this time of the night. —**dan akşama** every evening. —**ı bulmak** 1. to stay until evening. 2. to last until evening. —**a doğru** toward evening. —**ı etmek** 1. to stay until evening. 2. to last until evening. — **ezanında** at sunset. — **gazetesi** evening paper. —**lar hayrolsun.** *colloq.* Good evening. —**ın işini yarına/sabaha bırakma/koyma.** *proverb* Don't put off this evening's business till tomorrow. —**dan kalma/kalmış** having a hangover. — **karanlığı** dusk, nightfall. — **namazı** the sunset prayer. — **sabah** constantly, any old time. —**a sabaha** very soon. —**dan sonra merhaba.** *colloq.* You're too late. Why didn't you say it at the time? — **şerifler hayrolsun.** Good evening. — **üstü/üzeri** toward evening. — **vakti** about sunset time. — **yemeği** supper, dinner.
akşamcı 1. a person who follows a set routine every evening. 2. a person who habitually spends his evenings drinking. 3. person on evening duty. 4. night student.
akşamgüneşi, -ni 1. the colors of sunset, pink and yellow. 2. yellow and pink. 3. the sunset years of one's life.
akşamki 1. last night's. 2. tonight's.
akşamlamak 1. to stay until evening. 2. /da/ to spend the evening (in a place). 3. (for the moon) to rise in the evening.
akşamleyin in the evening.
akşamlık 1. evening, for an evening. 2. enough

akşamlı sabahlı

for (one) evening. — **sabahlık** expecting (death, a birth, a crisis) at any moment.
akşamlı sabahlı morning and evening, always.
akşamsefası, akşamsafası, -nı bot. four-o'clock.
Akşamyıldızı, -nı astr. evening star, Venus.
akşın 1. albinic. 2. albino.
aktar seller of herbs and folk remedies and of small wares and notions.
aktarıcı 1. one who repairs tile roofs. 2. volleyball passer.
aktanılmak 1. (for roof tiles) to be relaid. 2. to be transferred. 3. to be quoted. 4. to be translated.
aktarım 1. transfer. 2. mus. transposition. 3. quotation. 4. repair of a tile roof. 5. translation. 6. med. transplantation.
aktariye herbs; notions, variety goods.
aktarlık 1. trade in herbs and notions. 2. which is sold in a variety store.
aktarma 1. transfer. 2. transfer, change (of trains, buses). 3. plowing a field for the first or second time, breaking new ground. 4. quotation, the use of excerpts. 5. sports pass. 6. the repair of a tile roof, retiling. — **bileti** transfer ticket. — **etmek** /i/ to transfer, transsship. — **treni** connection train. — **yapmak** 1. to change (trains, buses, planes). 2. to transfer funds from one budget item to another.
aktarmacı 1. quoter, one who uses quotations. 2. eclecticist.
aktarmacılık eclecticism.
aktarmak 1. /ı, dan, a/ to transfer (something/ someone) from (one place) to (another); to move (something) from (one container) to (another). 2. /ı/ to quote. 3. /ı/ to translate. 4. /ı/ to retile (a roof). 5. /ı/ to plow (new ground). 6. /ı/ to empty. 7. /ı/ sports to pass. 8. /ı/ mus. to transpose. 9. /ı/ med. to transplant.
aktarmalı (route, ticket) which requires the passenger to change trains, ships, etc.
aktarmasız through ticket; (route, ticket) which does not require the passenger to change trains, ships, etc.
aktavşan zool. jerboa.
aktif 1. active. 2. com. assets. 3. effective. — **metot** active method.
aktivizm phil., pol. activism.
aktör actor.
aktöre moral principles, ethical values, ethics (of a society).
aktörecilik moralism.
aktöredışı amoral.
aktöredışıcılık amoralism.
aktöreli moral, of good conduct.
aktöresel moral, ethical.
aktörlük 1. being an actor. 2. acting (as a profession). 3. acting, feigning, simulation.
aktris actress.

aktüalite 1. the news of the day. 2. newsreel. 3. currency, being of current interest.
aktüel current, present-day.
akupunktur acupuncture.
akustik 1. acoustics. 2. acoustic, acoustical.
akut med. acute (illness).
akuzatif gram. 1. accusative, pertaining to the accusative case. 2. the accusative case, the accusative.
akü, akümülatör storage battery, car battery.
aküba aucuba.
akvam peoples, nations.
akvarel aquarelle.
akvaryum aquarium.
akyabalığı, -nı zool. a large bonito.
akyazı 1. luck, good luck. 2. acquittal paper.
akyazılı lucky, fortunate.
akyel south wind.
akyem bait, fish used as bait.
akyıldız luck, good luck.
akyıldızlı lucky, fortunate.
akyuvar biol. leukocyte, leucocyte, white blood corpuscle.
akzambak bot. Madonna lily.
al trick, deception.
al 1. vermilion, flame scarlet, red. 2. bay (horse). 3. rouge. — **al** crimson. —ı **al, moru mor** flushed, purple in the face. — **basmak** /i/ to get puerperal fever. — **bayrak** the Turkish flag. — **giymedim ki alınayım.** colloq. Why should I take offense since I have done no such thing? —**lar giymek** 1. to wear red. 2. to rejoice. — **kanlara boyanmak** 1. to die a bloody death. 2. to be wounded. — **sancak** the Turkish flag. — **yanaklı** ruddy-cheeked.
âlâ very good, excellent.
ala 1. pied, variegated. 2. light brown. 3. zool. salmon trout, brown trout.
ala Come on! — **ala hey!** Heeeey! — **ala hey** 1. hullabaloo, commotion, din. 2. noisy party; carouse, drunken revel. — **alaya kalkmak** to raise a commotion.
alabalık zool. salmon trout, brown trout.
alabanda 1. naut. sharp turn (to one side). 2. naut. (a) side of a ship. 3. naut. inner planking, ceiling (lining the inside of a ship). 4. naut. the guns on one side of a man-of-war. 5. naut. broadside, firing of the guns on one side of a ship. 6. slang severe scolding, bawling out, chewing out. —**da** naut. in the bulwarks. — **ateş** naut. broadside, (a) discharge of the guns on one side of a ship. —**yı çekmek** /a/ slang to give (someone) a bawling out, give (someone) a chewing out. — **etmek** naut. 1. to put the helm hard aport or hard astarboard. 2. to fire a broadside, broadside. — **iskele etmek** naut. to put the helm hard aport. — **sancak etmek** naut. to put the helm

hard astarboard. — **vermek** /a/ *slang* to bawl (someone) out, chew (someone) out. — **yemek** *naut.* (for a ship) to receive a broadside. —**yı yemek** *slang* to get a bawling out, get a chewing out.

alabildiğine 1. in the greatest possible way, to the utmost, to the limit; extremely; excessively, inordinately: **alabildiğine güzel** extremely beautiful. 2. endlessly; as far as the eye can see: **alabildiğine çöl** desert, as far as the eye can see. **alabildiğine uzaklara uzanan** stretching endlessly into the distance. 3. as fast as possible: **Arabayı alabildiğine sürmeye başladı.** He began to drive as fast as possible.

alabora 1. *naut.* capsizal, capsize, upset. 2. *naut.* hoisting (a sail, a flag); crossing (yards). 3. *naut.* tossing (oars). 4. hauling in, hauling (a fishing net). — **etmek** /ı/ 1. *naut.* to capsize, upset, keel (a boat) over, overturn. 2. *naut.* to hoist (a sail, a flag); to cross (yards). 3. *naut.* to toss (oars). 4. to haul in, haul (a fishing net). — **olmak** 1. *naut.* (for a boat) to capsize, keel over. 2. *naut.* (for a sail, a flag) to be hoisted; (for yards) to be crossed. 3. *naut.* (for oars) to be tossed. 4. (for a fishing net) to be hauled in.

alaborina *naut.* (sailing) close to the wind; off the wind. — **seyretmek** to sail before the wind; to sail off the wind.

alabros (hair) which is in a crew cut; (hair) which is in a bur cut: **Saçlarını alabros kestirdi.** He got a crew cut.

alaca 1. multi-colored, parti-colored; motley. 2. pied; piebald; skewbald; dappled. 3. freckle, fleck (on a fruit). — **bulaca** motley, parti-colored. — **düşmek** /a/ (for fruit) to become freckled, become flecked: **Üzümlere alaca düştü.** The grapes have gotten freckled. — **karanlık** (morning or evening) twilight; dusk; gloaming.

alacaağaçkakan *zool.* spotted woodpecker.

alacabaykuş *zool.* tawny owl.

alacak 1. money owed to one, credit. 2. *law* claim. — **davası** *law* personal action. —ı **olsun!** I'll make him pay for it!/I'll show him! — **senedi** note, promise to pay. —**ına şahin, vereceğine karga.** *colloq.* He is anxious to collect but slow to pay. — **verecek** the relationship between people doing business with each other.

alacaklı 1. (one) to whom payment is due. 2. creditor. — **bakiye** credit balance. —**lar heyeti** board of creditors. — **taraf** credit side.

alacalamak /ı/ to speckle, spot, blotch, mark with variegated colors.

alacalanmak 1. to become multi-colored. 2. to become speckled or dappled. 3. to turn purple with rage or excitement.

alacalı 1. multi-colored, parti-colored; motley. 2. pied; piebald; skewbald; dappled. — **bulacalı** motley, parti-colored.

alacamenekşe *bot.*, see **hercaimenekşe**.

alacık hut made of brushwood.

aladoğan *zool.* peregrine falcon.

alafranga 1. European-style, done in the European manner; patterned on a European model. 2. (someone) who has adopted European manners; (someone) who is European in his/her behavior or outlook. 3. according to the European system of reckoning time, European time: **Alafranga saat üçte oradayım.** I'll be there at three o'clock European time. 4. (doing something) after the European manner. 5. someone who has adopted European ways *(used disparagingly)*. —**nın bebesi** *slang* 1. milksop, mollycoddle. 2. greenhorn, someone who is still wet behind the ears. — **müzik** European music. — **tuvalet** European-style toilet, toilet with a bowl and a seat.

alafrangalaşmak to acquire European ways or manners; to become European in one's outlook.

alafrangalık European manners, European ways; (a) European outlook; Europeanism.

alagarson 1. (woman's hair) that is cut in a short, boyish style; (woman's hair) cut in a bob, cut in an Eton crop. 2. (woman's dress) which has a boyish look to it. 3. (a woman's dressing) in a boyish way.

alageyik *zool.* fallow deer.

alaimisema rainbow.

alaka 1. connection, tie, relationship. 2. romantic inclination (towards someone), romantic feeling (for someone). 3. interest, concern. 4. *law* lien, claim. — **duymak** /a/ to be interested (in). — **görmek** to receive attention, be an object of concern. — **göstermek** /a/ to take an interest (in). —**yı kesmek** /la/ to break off relations (with). — **uyandırmak** to arouse interest. —**sı yok.** It has nothing to do with it./It's not relevant.

alakadar 1. connected; concerned, involved. 2. interested. 3. (an) interested party; person directly concerned. — **etmek** /ı/ 1. to interest. 2. to concern, be the business of; to affect. — **olmak** /la/ 1. to show interest (in), be interested (in). 2. to be concerned (with). 3. to feel romantically inclined towards, feel a romantic inclination for (someone).

alakalandırmak /ı/ 1. to interest. 2. to concern, be the business of; to affect.

alakalanmak /la/ 1. to show interest (in), be interested (in). 2. to feel romantically inclined towards, feel a romantic inclination for (some-

one).
alakalı 1. related. 2. interested; concerned. 3. (someone) who has a share in or a concern with a business or project, interested. 4. (an) interested party; person directly concerned.
alakarga *zool.* European jay.
alakart, -tı à la carte.
alakasız 1. uninterested, indifferent. 2. not related.
alakasızlık 1. lack of interest, indifference. 2. lack of any connection.
alakok soft-boiled (egg).
alakomak, alakoymak 1. /ı, a/ to hold (someone) in (a place) for a while. 2. /ı, dan/ to keep, detain, prevent (someone) from (doing something). 3. /ı/ to set aside, reserve. 4. /ı/ to arrest.
alalama camouflage.
alalamak /ı/ to camouflage.
alamana large fishing boat. — **ağı** seine.
alamet, -ti 1. sign, mark, symbol. 2. monstrous, enormous. —**i farika** trademark.
alaminüt, -tü 1. (dish) prepared in a minute. 2. (prepared) to order.
alan 1. open place, open field. 2. glade, forest meadow. 3. field (of knowledge or activity). 4. area. 5. (electric, magnetic, static, gravitational, optical) field. 6. arena; parade ground. — **araştırması** field work, research on the field. — **hızı** the area per unit time swept by the ray uniting a moving point and a fixed point. — **topu** tennis ball. — **ürküsü/korkusu** agoraphobia.
alan talan in utter confusion. — **etmek** /ı/ 1. to make a mess (of). 2. to plunder. — **olmak** 1. to be messed up, be turned upside down. 2. to be plundered, be sacked.
alantopu, -nu tennis.
alarga 1. *naut.* Keep clear! 2. open sea. 3. *slang* at a distance. — **durmak** *slang* to keep clear, stand back. —**da durmak** /dan/ *slang* to stay away (from), keep clear (of). — **etmek** 1. to put out to sea. 2. *slang* to pull back, keep clear, clear out. —**dan seyretmek** *slang* to watch from a distance.
alarm alarm, alarm signal. — **işareti** alarm signal. — **tertibatı** alarm system.
alaşağı etmek /ı/ 1. to overthrow, depose. 2. to seize and throw down.
alaşım alloy.
alaturka 1. Turkish-style, done after the Turkish manner; patterned on a Turkish model; typically Turkish. 2. (someone) who is very Turkish in his/her manners, behavior, or outlook, typically Turkish. 3. according to the old Turkish system of reckoning time, Turkish time: **Alaturka saat birde gel.** Come at one o'clock Turkish time. 4. (doing something) after the Turkish manner. — **müzik** traditional Turkish music (as opposed to Turkish music composed according to Western musical concepts). — **tuvalet** Turkish-style toilet, toilet which lacks a bowl and a seat.
alaturkacı 1. composer of traditional Turkish-style music. 2. lover of traditional Turkish music. 3. performer or singer of traditional Turkish music.
alaturkalaşmak to become very Turkish in one's ways, manners, or outlook, become typically Turkish.
alaturkalık Turkish manners, Turkish ways, (a) Turkish outlook; Turkishness.
alavere 1. passing something from hand to hand. 2. moving things by passing them down a line of people. 3. gangplank used for passing cargo from hand to hand. 4. uproar and confusion. — **dalavere** dirty tricks. — **dalavere yapmak/çevirmek** to play a dirty trick. — **tulumbası** suction pump.
alavereci stockjobber, speculator.
alay 1. crowd participating in a parade or outdoor meeting. 2. crowd. 3. all of (a group). 4. *mil.* regiment. — **alay** 1. in large crowds. 2. in troops, in companies. — **malay** *colloq.* all together, the whole lot. — **sancakları** parade flags; dress flags, bunting.
alay mockery, ridicule, teasing. —**a almak** /ı/ to make fun (of), ridicule, laugh (at). — **etmek** /la/ to make fun (of), ridicule, mock. — **geçmek** /la/ *slang* to make fun (of). — **gibi gelmek** /a/ to seem incredible (to). —**ında olmak** /ın/ not to take (something) seriously, to take (something) as a joke.
alaycı mocking, derisive.
alaycılık habitual sarcasm.
alayiş show, display, pomp.
alayişli very showy, pompous.
alayişsiz devoid of show, unshowy.
alaylı 1. *formerly* officer risen from the ranks. 2. person with a skill but without much education.
alaylı mocking. — **alaylı** mockingly.
alaysı half-teasing.
alaz, alaza flame, blaze.
alazlama 1. singeing. 2. erythema.
alazlamak /ı/ to singe.
alazlanmak, alazlaşmak 1. to be singed. 2. to come down with erythema, get red areas on the skin.
Alb. (*abbr. for* **Albay**) 1. army, air force Col. (Colonel). 2. navy Capt. (Captain).
albastı puerperal fever, childbed fever.
albatr alabaster.
albatros *zool.* albatross (a bird).
albay 1. *army, air force* colonel. 2. *navy* captain.
albaylık 1. *army, air force* colonelcy. 2. *navy* captaincy.
albeni charm, attractiveness, allure.
albino 1. albinic. 2. albino.

albüm album.
albümin albumin.
alçacık very low. **—/küçük dağları ben yarattım demek** to be very conceited.
alçak 1. low. 2. mean, low, lowdown. **— basınç** low pressure. **— frekans** low frequency (of sound waves). **— herif** *colloq.* scoundrel, swine. **— kabartma** bas-relief, low relief. **— ses** 1. low voice. 2. low tone.
alçakça 1. rather low. 2. viciously, shamefully.
alçakgönüllü humble, unpretentious, modest.
alçakgönüllülük humility, modesty.
alçaklık 1. lowness. 2. shamefulness, vileness. **— etmek** to behave viciously, do despicable things.
alçalma 1. decline, descent. 2. settling (of soil in a fill). 3. ebb tide. 4. degradation.
alçalmak 1. to decline; to go down. 2. to lose esteem. 3. to descend, lose altitude.
alçaltıcı degrading, humiliating.
alçaltmak /ı/ 1. to lower, reduce. 2. to humiliate, abase.
alçarak somewhat low.
alçı 1. gypsum plaster, plaster (as a powder or a solidified mass); plaster of Paris (as a powder or a solidified mass). 2. made of gypsum plaster, plaster; made of plaster of Paris, plaster of Paris. **— kabartma** (an) ornament made of gypsum plaster. **— kalıp** plaster mold. **—ya koymak** /ı/ to put (a limb) in a plaster cast. **— sıva** (wet) gypsum plaster.
alçıcı 1. plasterer; person who makes ornamentation from gypsum plaster. 2. gypsum worker. 3. maker or seller of gypsum plaster.
alçılamak /ı/ 1. to smear, coat, or fill (something) with gypsum plaster. 2. to add gypsum plaster to.
alçılı 1. (limb) that has been set in a plaster cast. 2. coated or smeared with plaster. 3. gypsiferous, gypseous.
alçıtaşı, -nı *geol.* native gypsum, plaster stone.
aldaç trick, ruse.
aldanç gullible, easily fooled.
aldangaç gullible, easily fooled.
aldangıç 1. *prov.* pitfall, pit concealed with vegetation or sand (used as a trap). 2. (a) hidden danger, pitfall, trap; (a) deception, trick.
aldanma deception, being deceived.
aldanmak 1. /a/ to be deceived, be duped, be taken in (by). 2. to be wrong, be mistaken. 3. to bloom too early (because of an unseasonably warm spell in winter).
aldatı illusion, deception, trick.
aldatıcı deceptive, misleading, illusory, illusive.
aldatılmak to be deceived.
aldatma deception, deceiving.
aldatmaca (a) deception, trick. **— yok!** *colloq.* No cheating!

aldatmak /ı/ 1. to mislead. 2. to cheat, deceive, dupe. 3. to break a promise given to (another). 4. to mislead (someone) by appearance. 5. to satisfy (a need) falsely. 6. to be unfaithful (to).
aldehit *chem.* aldehyde.
aldırış care, attention *(used in negative expressions).* **— etmemek** /a/ not to mind, not to pay any attention (to).
aldırışsız indifferent, unheeding.
aldırışsızlık indifference.
aldırmak 1. /ı, a/ to have (someone) get (something). 2. /ı, a/ to have (someone) come (to). 3. /a/ to mind, pay attention (to). 4. /ı/ to have (something) surgically removed. **Aldırma.** *colloq.* Never mind./Don't worry.
aldırmaz indifferent.
aldırmazlık indifference. **—tan gelmek** to pay no attention, not to care.
aldırtmak /ı, a/ 1. to have (someone) sent out for (something). 2. to arrange to have (someone) come (to).
alegori allegory.
alegorik allegorical, allegoric.
alelacayip very peculiar, queer, odd.
alelacele hastily, in great haste, in a big hurry.
alelade 1. ordinary, usual. 2. of mediocre quality, mediocre.
aleladelik 1. ordinariness, usualness, normality. 2. mediocrity.
alelhesap (paying someone money) on account.
alelusul 1. (doing something) as a matter of form. 2. (doing something) according to the rules, in the prescribed manner, properly.
âlem 1. world; universe. 2. class (of beings), realm. 3. state, condition. 4. field, sphere. 5. a world by itself. 6. people, the public. 7. orgy, drinking party with music. **—i mi?** /ın/ What sense is there (in) ...?/Did (it) have to happen now?: **Şimdi gece yarısı; şarkı söylemenin âlemi mi?** It is midnight; what a time to start singing! **—in ağzı torba değil ki büzesin.** *colloq.* You cannot prevent people from gossiping. **—i var mı?** /ın/ Is (it) really proper? **— yapmak** to have a wild party. **Ne —desiniz?** How are you getting on?
alem 1. flag, banner. 2. metal device (a crescent or sometimes a star or tulip) on top of a minaret, a mosque dome, or a flagstaff.
alemdar 1. *hist.* standard-bearer. 2. leader.
âlemşümul, -lü worldwide, universal.
alenen publicly, in public, openly, overtly.
alengirli *slang* handsome; showy.
aleni 1. public, not secret or private, overt, open. 2. publicly, openly. **— celse** public hearing. **— muhakeme** public trial. **— müzayede** public auction.
aleniyet, -ti publicness, publicity, openness,

alerji 28

overtness. —**e vurmak** /ı/ to make (something) public.
alerji allergy.
alerjik allergic.
alesta 1. ready (to), prepared (to). 2. *naut.* Stand by!/Ready! 3. *colloq.* I'm ready! — **beklemek** to be ready and waiting. — **durmak** to stand ready. — **tiramola!** *naut.* About ship!/Ready about!
alet, -ti 1. tool, implement, instrument, device. 2. apparatus, machine. 3. instrument, means, agent. 4. *anat.* organ. — **edevat** tools, implements. — **etmek** /ı/ to use (a person), make a tool of. — **olmak** /a/ to be an instrument (to), lend oneself (to), act as a stooge (for).
alev 1. flame. 2. pennant (on a lance). — **alev with a lot of flames. — almak** 1. to catch fire. 2. to flare up in a passion. — **lambası** blowtorch. — **saçağı sarmak** to have a danger go beyond control.
Alevi 1. *Islam* Alevi, Alevite (member of a religious group in Turkey that reveres the Caliph Ali). 2. *Islam* Alawi, Alawite, Alaouite (member of a religious group in Syria that reveres the Caliph Ali). 3. *hist.* Alid, partisan of the Caliph Ali.
Alevilik Alevism, the beliefs and practices of the Alevis.
alevlendirmek /ı/ 1. to make (glowing coals) burn with a flame. 2. to exacerbate, incite, inflame.
alevlenme flaming up, blazing up.
alevlenmek 1. to break out in flames, blaze up. 2. to grow violent, flame up, flare up. 3. to glisten.
alevli 1. in flames, flaming. 2. furious, violent.
aleyh opposed to, against (*used only in the dative and the locative):* **Aleyhimizde olanlar çok.** There are many who are opposed to us. **Bu karar Halil'in aleyhineydi.** This decision went against Halil. **Aleyhte olanlar kazandı.** The nays have it. —**inde bulunmak** /ın/ to say things against, speak unfavorably of (someone). —**ine dönmek** /ın/ 1. (for one person) to turn against (another). 2. (for events, a situation) to go against. —**inde konuşmak** /ın/ to say things against, speak unfavorably of (someone). —**inde oy kullanmak** /ın/ to vote against. —**ine oy vermek** /ın/ to vote against.
aleyhtar 1. opponent. 2. opposed.
aleyhtarlık opposition.
aleykümselam Peace be upon you (*said in reply to the greeting* selamünaleyküm).
alfabe 1. alphabet. 2. primer. 3. the basic beginnings of some instruction.
alfabetik alphabetic, alphabetical.
alfons *slang* pimp, procurer.
alg, -gi *bot.* alga, plant of the group Algae.

algarina *naut.* 1. floating crane, crane barge. 2. bow crane; stern crane.
algı ladle used for collecting raw opium.
algı 1. the power of understanding. 2. sensation. 3. perception. 4. impression. 5. purchase, buying.
algıcı perceptionist.
algıcılık perceptionism.
algılama perception, comprehension.
algılamak /ı/ to perceive.
algılanabilirlik perceptibility.
algılanmak to be perceived.
algoritma *math.* algorism, algorithm.
alıcı 1. customer. 2. receiver, recipient. 3. (radio, telephone) receiver. 4. movie camera. — **bulmak** (for something) to sell, have a market, be in demand. — **gözüyle bakmak** to look carefully and with interest. — **kılığına girmek** to pretend to be a customer, act as if one wants to buy something. — **kuş** bird of prey. — **melek** the Angel of Death. — **verici** 1. one who takes back a present he has given. 2. two-way radio. — **yönetmeni/yönetmen** cameraman.
alıç azarole, Mediterranean medlar.
alık clumsy, stupid. — **alık** stupidly. — **alık bakmak** to stare stupidly. — **salık** 1. stupid, dim-witted. 2. stupidly, dim-wittedly.
alıklaşmak to be astounded.
alıklık stupidity, imbecility.
alıkonulmak 1. to be seized and sequestered. 2. to be detained. 3. to be set aside as a reserve.
alıkoymak 1. /ı, a/ to hold (someone) in (a place) for a while. 2. /ı, dan/ to keep, detain, prevent (someone) from (doing something). 3. /ı/ to set aside, reserve. 4. /ı/ to arrest.
alım 1. a single act of taking. 2. purchase, buying. 3. attractiveness. — **ederi** cost price, inventory value. — **satım** business, trade. — **satım dönemi** marketing season.
alımcı collector, one who collects payments.
alımlı attractive. — **çalımlı** attractive, eye-catching.
alımlılık attractiveness.
alımsız unattractive.
alımsızlık unattractiveness.
alın, -lnı 1. forehead, brow. 2. *mining* face. —**ında** directly facing: **güneşin alnında** right in the sun, in the direct sun. —**ı açık, yüzü ak** blameless, having nothing to be ashamed of. —**ının akı ile** honorably, with no shadow of blame. — **damanı çatlamak** to be altogether shameless. — **damanı çatlamış** brazenfaced. —**ı davul derisi** unabashed, shameless. —**ının karayazısı** his bad luck. —**ını karışlarım.** 1. I'll show you (*used as a threat*). 2. I dare you. —**ını karışlayayım.** /ın/ *colloq.* He is no threat. —**ından öpmek** /ı/ to kiss (someone) on the forehead (in

admiration or gratitude). — **teri** effort, work. — **teri dökmek** to work hard, struggle, do one's utmost. — **teriyle kazanmak** /ı/ to earn by hard work. —**ında/—ına yazılmış olmak** to be one's destiny, be one's fate; to be preordained.
alındı receipt.
alındılı registered (mail).
alıngan touchy, easily offended.
alınganlık touchiness.
alınkarası, -nı black mark, shame, disgrace.
alınlık 1. *arch.* pediment. 2. *prov.* ornamented chain worn around the head.
alınmak 1. to be taken; to be received. 2. to be bought. 3. /a or dan/ to take offense (at), be offended (by), be hurt (by).
alıntı quotation, quoted passage. — **yapmak** /dan/ to quote from.
alıntılama the use of quotations.
alıntılamak /ı/ to quote (a sentence, a passage, etc.); /ı, dan/ to take (a quotation) from.
alınyazısı, -nı one's fate, destiny.
alırlık *psych.* receptivity.
alış 1. taking, receiving. 2. purchase, buying. — **fiyatı** purchase price.
alışagelmek /a/ to be accustomed to.
alışık /a/ accustomed (to), used (to).
alışıklık 1. habit, force of habit. 2. skill, good training.
alışılmak /a/ to lose its novelty, become customary. **alışıldığı gibi** as usual.
alışılmış usual, ordinary.
alışkanlık 1. force of habit. 2. habit. 3. familiarity (with a person).
alışkı habit, practice, usage.
alışkın /a/ used (to), accustomed (to).
alışma 1. habituation, becoming accustomed. 2. being broken in.
alışmak 1. /a/ to get used (to); to become familiar (with). 2. /a/ to come to fit. 3. /a/ to make a habit (of), come to expect, become addicted (to). 4. to catch fire.
alıştırı 1. training. 2. exercise.
alıştırma 1. training. 2. breaking something in. 3. exercise.
alıştırmak 1. /ı, a/ to train (someone) to do or accept (something). 2. /ı, a/ to allow (someone) to become addicted (to). 3. /ı/ to make (something) work smoothly, break (something) in. 4. /ı, a/ to make (a part) work smoothly with (another part). 5. /ı/ to set (something) on fire.
alışveriş 1. business, trade, commerce; shopping. 2. dealings, relations. —**e çıkmak** to go shopping. — **etmek** 1. to shop. 2. /la/ to do business (with). —**i kesmek** /la/ to stop having anything to do with (someone). —**i olmamak** /la/ to avoid contact (with), not to have any-

thing to do with.
âli high, exalted, sublime.
Ali a man's name, Ali. —**'nin külahını Veli'ye, Veli'nin külahını Ali'ye giydirmek** to do business using the money one owes to others.
âlicenap noble-hearted, magnanimous.
âlicenaplık magnanimity.
alicengiz oyunu, -nu *colloq.* a dirty trick.
alıkıran başkesen *colloq.* bully, despot.
âlim 1. learned, wise. 2. scholar.
alim all-knowing, omniscient.
alimallah by God! *(in affirming a conditional threat).*
âlimlik 1. erudition. 2. the position or rank of a scholar.
alinazik a dish made with eggplant purée and grilled meatballs. — **kebabı** *see* **alinazik.**
aliterasyon *lit.* alliteration.
alivre *com.* 1. forward (sale, dealing). 2. for future delivery.
alize trade wind.
alkali *chem.* alkali.
alkalik *chem.* alkaline.
alkaloit *chem.* alkaloid.
alkarna trawl net, trawl.
alkım rainbow.
alkış applause. — **toplamak** to be vigorously applauded, be acclaimed. — **tufanı** a flood of applause. — **tutmak** /a/ 1. to clap for. 2. to cheer.
alkışçı 1. applauder. 2. flatterer. —**lar** claque.
alkışçılık fawning, flattery.
alkışlamak /ı/ to acclaim, applaud, clap for.
alkil *chem.* alkyl.
alkol, -lü 1. alcohol. 2. alcoholic beverages, alcohol. — **muayenesi** breath test (for detecting intoxication).
alkolik 1. (an) alcoholic, (a) dipsomaniac. 2. alcoholic, dipsomaniacal, addicted to alcohol. 3. alcoholic, caused by or derived from alcohol.
alkolizm alcoholism.
alkollü 1. alcoholic, intoxicating, spirituous. 2. intoxicated, drunk.
alkolölçer alcoholometer.
alkolsüz nonalcoholic.
Allah 1. Allah, God. 2. How wonderful!/Really! —**ım!** My God! —**tan** 1. luckily, fortunately. 2. from birth. — **acısın.** May God have pity on him./Only God can help him. — **(acısını) unutturmasın.** May God spare you from a greater sorrow *(said when one is subjected to a great loss or grief).* — **adamı** man of God. — **akıllar/akıl fikir versin.** *colloq.* Where is your good sense?/I am surprised at you/him. —**ü âlem** 1. probably. 2. maybe. 3. God knows. — **Allah!** 1. *colloq.* Goodness gracious!/How strange! 2. a Turkish battle cry. — **aratmasın.** May God spare you from having to get along without

Allah

what you now have *(said when one is discontented)*. **— artırsın.** May God grant you prosperity. **— aşkına!** *colloq.* 1. For heaven's sake./I beg you. 2. How wonderful! **— bağışlasın.** God bless him/her (a child, a loved one, etc.). **— bana, ben de sana.** *colloq.* I'll pay you my debt when I can get some money. **—ın belası** 1. nuisance, pest. 2. pestiferous, pesky. **— belanı versin/vermesin.** *colloq.* God damn you! **— belasını versin.** *colloq.* Damn him! **— beterinden esirgesin/saklasın.** May God protect you/him from worse trouble. **— bilir.** *colloq.* Only God knows./It's hard to say. **— bilir ....** It seems to me .... **—ın bildiğini kuldan ne saklayayım?** *colloq.* What's the use of making a secret of it? **—a bin şükür.** Thank God. **—ın binasını yıkmak** to commit murder or suicide. **— bir!** By the one God! **—a bir can borcu var.** *colloq.* He has nothing so he has no scruples. **— bir dediğinden başka/gayri sözüne inanılmaz.** *colloq.* He is a habitual liar. **— söz bir.** *colloq.* I give my word on it. **— bir yastıkta kocatsın.** May you have a happy life together *(said to a newly married couple)*. **—tan bulmak** to get one's just deserts from God. **—ından bulsun.** *colloq.* Let God punish him. **— büyüktür.** 1. Some day God will right the wrong that has been done to us. 2. God is sure to punish him some day for what he has done. **— canını alsın/almasın.** *colloq.* God damn you. **— cezanı versin/vermesin.** *colloq.* God damn you. **—ın cezası** damn, damned. **—ı çok, insanı az bir yer** a deserted place. **— derim.** *colloq.* All I can say is "O God." **— dört gözden ayırmasın.** /ı/ May God save (this child) from being an orphan. **— düşmanıma vermesin.** *colloq.* I wouldn't wish it on my worst enemy. **— ecir sabır versin.** May God give you/him patience *(said in condolence)*. **— eksik etmesin.** May we not suffer his loss. I am very grateful for what he has done. **— eksikliğini göstermesin.** I am grateful for it anyway. **—a emanet.** May God protect him. **—a emanet etmek** /ı/ to leave the rest to God *(said after sending off someone one has nurtured or a work one has prepared)*. **—a emanet olun.** Good-bye *(said by one who is leaving)*. **— emeklerini eline vermesin.** May you enjoy the fruit of your labor. **—ın emri, Peygamberin kavliyle** according to the command of God and the word of the Prophet *(said in asking a family for their daughter as a bride)*. **— esirgesin/saklasın.** God forbid. **— etmesin.** God forbid. **— evi** place of worship. **—ın evi** the heart of man. **— gani gani rahmet eylesin.** May God have abundant mercy upon him *(said for a dead person)*. **—ın gazabı** a scourge of God. **— gecinden versin.** May God ordain it to be late *(used when mentioning death)*. **— göstermesin!** *colloq.* God forbid! **—ın günü** every single day, every darn day *(said in exasperation or impatience)*. **— hakkı için** in God's name. **—a havale etmek** /ı/ to leave (punishment, revenge) to God. **— hayırlı etsin.** May God turn it to good. **— herkesin gönlüne göre versin.** May God grant the wishes of everyone. **—ın hikmeti** something incredible, something extraordinary, something miraculous. **—ın hikmeti!** *colloq.* Incredible!/Extraordinary!/God be praised!/It's a miracle! **— hoşnut olsun.** God bless you (for your kindness to me). **— ıslah etsin.** May God mend his ways. **—a ısmarladık.** Good-bye *(said by the person leaving)*. **— için** truly, to be fair. **— imdat eylesin.** *colloq.* May God help you. **— (seni) inandırsın ....** Believe me .... **— isterse** if possible, if it works out right. **—ın işine bak!** *colloq.* Now look what's happened! **— iyiliğini versin.** *colloq.* God damn you. **—ın izniyle** if possible, unless something comes up. **— kabul etsin.** May God find it acceptable *(said of a generous or pious action)*. **—a kalmak** to be left to God. **— kavuştursun.** May God unite you again *(said to those remaining behind after another has departed on a journey)*. **— kazadan beladan korusun/esirgesin/saklasın.** May God protect you from all evil. **— kerim.** It is in God's hands./There is nothing we can do. **—tan kork!** *colloq.* Stop that!/You should be ashamed! **—tan korkmaz** cruel, ruthless. **— korusun!** God forbid! **—ın kulu** anybody, a person. **— kuru iftiradan saklasın.** *colloq.* May God protect a person from false accusations. **— layığını/müstahakını versin.** *colloq.* Damn you/him. **— manda şifalığı versin.** *colloq.* May God give him the strength of an ox (since he eats so much). **— mübarek etsin.** God bless you/him. **— ne muradın varsa versin.** May God grant your every wish. **— ne verdiyse** 1. whatever God has given *(modest expression in reference to the food one is serving a guest)*. 2. whatever money we can earn. **— ömürler versin.** May God give you a long life *(used in greeting or thanking)*. **— övmüş de yaratmış.** *colloq.* She is exquisitely beautiful. **— rahatlık versin.** Good night. **— rahmet eylesin.** May God have mercy on him *(said for a person who has died)*. **—ın rahmetine kavuşmak** to die. **— razı olsun.** Thank you. **— rızası için** 1. for God's sake. 2. without expecting any reward. **— sabır versin.** May God give you patience. **— saklasın!** God forbid! **— selamet versin.** 1. May God protect you (on your journey). 2. May your troubles end *(said to a traveler)*. 3. God bless him *(said of an absent friend or relative)*. 4. God bless him anyway *(said when mentioning a person's*

weakness). 5. Do as you like then./Go if you want to. **— senden razı olsun.** Thank you./God bless you for what you have done. **—ı/—ını seversen** for the love of God. **—ını seven tutmasın.** *colloq.* He was so mad! **— son gürlüğü versin.** May God keep him healthy and in his right mind in his old age. **— sonunu/encamını/akıbetini hayır etsin.** *colloq.* God grant that it works out well in the end. **— şaşırtmasın.** May God protect him from sin. **—a şükür!** Thank God! **— taksimi** unequal division, distribution without regard to equity. **— taksiratımızı affetsin.** May God forgive us. **— tamamına erdirsin.** *colloq.* May God bring it to a happy conclusion. **— utandırmasın.** *colloq.* May God protect him from failure. **—tan ümit/umut kesilmez.** *proverb* While there is life there is hope. **—/—ı var** to tell the truth. **— vere de ....** God grant (that) ...; I hope (that) .... **— vergisi** innate, natural. **— vermesin.** *colloq.* God forbid. **— versin.** *colloq.* 1. May God help you *(said to a beggar when one does not give him anything)*. 2. I am glad things are going so well with you/him. **—a yalvar.** *colloq.* Don't tell me. It's your own fault. **— yapısı** (something) natural, not man-made. **— yarattı dememek** to beat someone unmercifully. **— yardım eylesin.** May God help you. **— yardımcın olsun.** 1. May God be your helper. 2. May God be your help. **— yardımcısı olsun.** God help him. He is in real trouble. **— yazdı ise bozsun.** *colloq.* If this is my fate may it be changed./I will never do what is being demanded of me. **— "Yürü ya kulum," demiş.** *colloq.* 1. He certainly got rich fast. 2. He has done very well in his work. **— ziyade etsin.** May God give you abundance *(said by the guest after a meal).*
Allahlık 1. harmless simple man, simpleton. 2. left to God, unpredictable.
Allahsız 1. atheist. 2. merciless.
Allahsızlık atheism.
Allahuekber *Islam* God is most great./God is almighty.
allak 1. person who does not keep his/her word. 2. (someone) who does not keep his/her word, who is not a man/woman of his/her word.
allak bullak 1. confused, topsy-turvy. 2. in great confusion. **— etmek** /ı/ 1. to make a mess (of), upset. 2. to confuse, bewilder. **— olmak** 1. to turn into a mess, become a shambles. 2. to be confused, be bewildered.
allamak pullamak /ı/ *colloq.* to decorate, deck out.
allame 1. learned man, scholar. 2. learned.
allamelik learnedness.
allasen *colloq.* for the love of God.
allegretto *mus.* allegretto.
allegro *mus.* allegro.
allem (etmek) kallem etmek to try all sorts of wiles (to get one's own way).
allı mixed with red, partly red; wearing red. **— pullu** colorful and decked out with spangles, showily dressed.
allık 1. redness, flame color. 2. rouge.
almaç (telephone, radio) receiver.
almak, -ır 1. /ı/ to take. 2. /ı/ to get. 3. /ı/ to buy. 4. /ı/ to receive; to accept. 5. /ı/ to steal. 6. /ı/ to marry (a girl). 7. /ı/ to take, hold, be able to contain. 8. /ı/ to take along. 9. /ı/ to capture; to conquer. 10. /ı/ to take (a bath, medicine, a drink). 11. /ı/ to catch (cold); to catch (fire). 12. /ı/ to take on, hire, employ. 13. /ı/ to remove, take away, pluck out. 14. /ı/ to move. 15. /ı/ to sweep, clean, dust. 16. /ı/ to sense, smell, hear. 17. **/ı, a/** to put (something) on, throw (a garment) over (oneself). 18. **/ı, a/** to take (someone/something) into (one's care or protection). 19. **/ı, a/** to take (something) as being (something). 20. /ı/ to take (water). 21. /ı/ (for wind, flood) to carry away, destroy. 22. /ı/ (for smoke, fear) to overwhelm, cover, sweep through. 23. /ı/ to cover, travel (a distance). 24. **/dan/** to take the attitude of. 25. **/dan/** to shorten. 26. to begin all at once. **Aldı ....** (before a name, in folk literature) ... began to recite. **Aldığı aptes ürküttüğü kurbağaya değmez.** *colloq.* The gain is less than the loss. **Al aşağı, vur yukarı ....** with a lot of bargaining. **Al benden de o kadar.** *colloq.* 1. I am as bad off as you. 2. I agree. **Al birini vur ötekine/birine.** *colloq.* One is no better than the other. **Al cevabını otur aşağı.** *colloq.* Now you are answered. **Al gülüm, ver gülüm.** *colloq.* 1. They are fluttering and fussing over each other. 2. You know how to take; now learn how to give. **Alan razı, satan razı.** *colloq.* Since the two have agreed nobody else should interfere. **Al sana.** Here!/Take it! **Al sana bir (bela) daha.** *colloq.* Here is another (trouble) for you. **Al takke, ver külah ....** 1. struggling, tumbling with one another. 2. with a great struggle. 3. becoming very intimate with each other. **alıp vereceği olmamak** 1. to be all square on the accounts. 2. **/la/** to have no relations (with). **alıp verememek** **/la/** to have a disagreement (with). **alıp vermek** 1. to have one's heart beat wildly. 2. to turn over a matter in one's mind, dwell on a matter. 3. /ı/ to exchange, trade. **Aldı yürüdü.** *colloq.* 1. He has gotten rich quickly. 2. He has become famous in a short time. 3. It progressed well./It prospered and grew. **alıp yürümek** to make headway.
almamazlık refusal, rejection. **— etmek** to refuse something, reject something.

Alman

Alman 1. (a) German. 2. German, of or from Germany. 3. German, pertaining to the German language. — **usulü** going Dutch, each person's paying his/her share: **Alman usulü ödeyelim.** Let's go Dutch.
almanak almanac.
Almanca 1. German, the German language. 2. (speaking, writing) in German, German. 3. German (speech, writing); spoken in German; written in German.
Almancı *colloq.* Turk who works in Germany.
almangümüşü, -nü German silver, albata.
almanpapatyası, -nı 1. *bot.* chamomile, camomile. 2. anthemis, the dried flower heads of a common chamomile.
Almanya 1. Germany. 2. German, of Germany.
Almanyalı 1. (a) native of Germany; (a) German citizen. 2. (someone) who is a native of Germany; (someone) who is a German citizen.
almaş 1. alternation. 2. a pair of mutually contradictory statements.
almaşık 1. used by taking turns. 2. alternate. 3. meshed; intertwined. — **yapraklar** *bot.* alternate leaves.
alnaç 1. front, the side facing the onlooker. 2. façade.
alo Hello! *(used only when answering the telephone).*
alp, -pı 1. hero. 2. brave, heroic.
alpaka 1. *zool.* alpaca. 2. alpaca cloth.
Alp Dağları, -nı, Alpler the Alps.
alplık bravery, heroism.
alpyıldızı, -nı *bot.* edelweiss.
alşimi alchemy.
alşimist, -ti alchemist.
alt, -tı 1. bottom. 2. buttocks, rump, bottom. 3. the space beneath. 4. continuation, the rest. 5. the farther. 6. the lower. 7. under, beneath, below *(with a personal suffix and a case ending).* — **ı alay, üstü kalay** gaudy, showy, tawdry. — **ına almak** /ı/ wrestling to throw (one's opponent) down. — **tan almak** to be gentle with someone who is speaking harshly. — **alta** one under the other. — **tan alta** secretively. — **alta üst üste** rough-and-tumble. — **ından çapanoğlu çıkmak** to have a troublesome complication appear. — **ını çizmek** /ın/ to underline, emphasize. — **tan dağıtım** water system relying on city water pressure, without an attic tank. — **dudak** lower lip. — **etmek** /ı/ to beat, overwhelm. — **ına etmek** to soil or wet one's clothes or bed. — **ından girip üstünden çıkmak** /ın/ to squander, spend (a fortune) recklessly. — **tan güreşmek** to look for a way of winning while pretending to lose. — **ını ıslatmak** to wet one's underclothes or bed. — **ına kaçırmak** to wet or soil one's clothes a little. — **ta kalanın canı çıksın.** *colloq.* The devil take the hindmost. — **ından kalkamamak** /ın/ 1. to be unable to carry (something) through to completion. 2. not to be able to protect oneself (from a difficulty). — **ından kalkmak** /ın/ to carry out (something) successfully. — **ında kalmak** /ın/ 1. to have no retort (to another's statement), be unable to reply. 2. to remain under (an obligation). — **ta kalmak** to lose, be defeated. — **ında kalmamak** /ın/ 1. not to leave (a kindness) unrepaid. 2. to get even (for). — **kasa** *print.* lower case. — **kat** 1. the floor below. 2. first floor, ground floor. — **ı kaval, üstü şişhane** *colloq.* odd-looking, having an outlandish look. — **ından ne çıkacak bilinmez.** *colloq.* The outcome is uncertain. — **olmak** to be beaten, be overcome. — **tarafı/yanı** 1. the lower part; the underside. 2. remainder, the rest. 3. the outcome. 4. all that is involved (is only): **Niçin bu kadar üzülüyorsun? Alt tarafı on bin lira.** Why are you making such a fuss? It's only a matter of ten thousand liras. — **ını üstüne getirmek** /ın/ 1. to upset, turn upside down, confuse. 2. to search. — **yanı çıkmaz sokak.** *colloq.* This business is a blind alley. — **ına yapmak** to soil one's bed or clothes. — **ı yaş olmak** /ın/ (for a piece of business) not to be on a sound basis. — **yazı** footnote.
altakıntı undercurrent.
altbilinç the subconscious.
altcins *biol.* subgenus.
altçene *anat.* the lower jaw. — **kemiği** jaw, mandible.
altderi 1. *anat.* corium, dermis, derma. 2. *bot.* hypodermis, hypoderma, hypoderm.
alternatif 1. alternative. 2. alternate. — **akım** *elec.* alternating current.
alternatör generator, alternator.
altes his highness, her highness.
altfamilya *biol.* subfamily.
altgeçit underpass.
altı six. — **kapıya almak** /ı/ *slang* to have complete control of (someone). — **karış beberuhi** *colloq.* shorty. — **okka etmek** /ı/ to carry (someone) by having people lift his arms and legs. — **dan yemek** normal hospital diet.
altıgen 1. hexagon. 2. hexagonal.
altılı 1. *playing cards* six. 2. having six surfaces or parts. 3. sestet, sextet.
altın 1. gold. 2. gold coin. 3. golden. — **adını bakır etmek** to disgrace oneself. — **beşik** chair carry (with clasped hands). — **bilezik** a skill one can use to support oneself. — **çağı** golden age. — **kakma** 1. design of inlaid golden wire. 2. inlaid with gold. — **kaplama** 1. gold-plating. 2. gold-plated. — **kaydı** *fin.* gold clause. — **keseği** gold nugget. — **kesmek** *colloq.* to make a lot of money. — **leğene kan kusmak** *colloq.* to live in misery in spite of great wealth. — **sarısı**

golden blond. **— şartı** *fin.* gold clause. **— topu gibi** like a golden ball *(said for a pretty and chubby baby).* **— yaprak** gold leaf. **— yıldönümü** golden anniversary, golden wedding. **— yumurtlayan tavuk** *colloq.* 1. person with a generous income. 2. tourist with money to spend.

altınbaş 1. gold-headed. 2. muskmelon, cantaloupe.

altıncı sixth.

Altınordu the Golden Horde.

altınsuyu, -nu aqua regia.

altıntop, -pu 1. grapefruit. 2. grapefruit tree.

altıparmak 1. six-fingered; having six toes. 2. a large bonito. 3. cloth with stripes in six colors.

altıpatlar six-shooter, revolver.

altı patlar *slang* shoe with a hole in the sole.

altız sextuplet.

altı including a bottom piece. **— üstlü** 1. two-piece. 2. (living) in the same building with one family on the lower floor and another upstairs.

altlık 1. support, base. 2. pad, coaster.

altmış sixty.

altmışaltı sixty-six (a card game). **—ya bağlamak** /ı/ *slang* 1. to put (someone) off with empty promises. 2. to pretend to have solved (a matter).

altmışdörtlük *mus.* sixty-fourth note.

altmışıncı sixtieth.

altmışlık 1. containing sixty. 2. sixty years old, sexagenarian.

alto *mus.* 1. viola. 2. alto saxophone. 3. alto.

altsınıf *biol.* subclass.

altşube *biol.* subbranch.

alttakım *biol.* suborder.

altulaşım underground transportation, subway system, metro. **— taşıtı** subway train.

altuni gold colored, golden.

altüst, -tü upside down, topsy-turvy, in utter confusion. **— böreği** a layered pastry that is turned over while cooking. **— etmek** /ı/ 1. to upset, turn (something) upside down, mess up. 2. to damage, wreck, ruin. **— olmak** 1. to be disordered, be in a mess. 2. to be ruined, be wrecked. 3. (for one's stomach, plans, etc.) to be upset.

altyapı 1. substructure. 2. infrastructure.

altyapısal 1. substructural. 2. infrastructural.

altyazı *cin.* subtitle.

alüfte 1. promiscuous (woman). 2. prostitute.

alümin *chem.* alumina, alumin.

alüminyum 1. *chem.* aluminum, *Brit.* aluminium. 2. aluminum, made of aluminum.

alüvyon alluvium.

alyans wedding ring.

alyon *slang* very rich.

alyuvar *biol.* red blood cell, erythrocyte.

am *vulg.* female genital organ, *cunt.

âmâ blind.

ama 1. but, yet, still. 2. above all; absolutely. 3. really, truly. **—sı var.** /ın/ There are drawbacks (to this) that have not been explained.

amaç aim, goal, objective. **— edinmek** /ı/ to take (something) as a goal. **— gütmek** to pursue a goal.

amaçlamak /ı/ to aim (at), intend, purpose.

amaçlı having a goal; having a (specified) goal.

amaçlılık intentionality.

amaçsız without a goal, purposeless.

amaçsızlık absence of a goal.

amade /a/ ready, prepared (for).

âmâlık blindness.

aman 1. Oof!/God!/Lord!/Lord help us! *(indicating disgust or anger).* 2. Please!/For goodness sake! 3. My! *(indicating great approbation).* 4. mercy. **— Allah/Allahım!** 1. God!/God have mercy! *(indicating fear or amazement).* 2. Oh Lord!/Oh God!/Lord help us! *(indicating disgust or displeasure).* **— aman (bir şey) olmamak** not to be anything special. **— bulmak** to escape, be saved. **— dedirtmek** /a/ to make (someone) give up, make (one) yield. **— demek** to ask for mercy; to surrender. **— derim!** Don't you do it!/Beware of doing such a thing! **— dilemek** /dan/ to ask (one) for mercy. **— gayret!** Keep on!/Hold on! **—a gelmek** to give up and submit. **—a getirmek** /ı/ to make (someone) give up, make (one) yield. **—ı kesilmek** 1. to be too weak to plead for mercy. 2. to have nobody to turn to for help. **— vermek** /a/ to grant (one) his life, spare (one's) life. **— vermemek** /a/ 1. not to give (someone) a chance. 2. to kill (someone) without compunction. **— zaman** a plea for mercy. **— zaman bilmemek/dinlememek** to be implacable, refuse all pleas. **— zaman vermemek** /a/ to beat (someone) without mercy. **—ı zamanı yok.** There is no trying to get out of it; you must.

amanın *colloq.* Oh my!/What now!

amansız 1. merciless. 2. inexorable, cruel. 3. cruel, unsparing, ruthless (disease). **— hastalık** *colloq.* cancer. **— taraftan yakalamak** /ı/ to attack (someone) at his weak point.

amansızca 1. merciless, implacable. 2. mercilessly, implacably.

amatör amateur.

amatörlük being an amateur; amateurism.

amazon 1. amazon. 2. equestrienne.

ambalaj 1. packing. 2. package. **— kâğıdı** wrapping paper. **— yapmak** to make packages, wrap things.

ambalajcı packer.

ambalajlamak /ı/ to pack, wrap up.

ambale *used in:* **— etmek** /ı/ 1. to race (a motor). 2. to cause (someone) to be unable to

ambar   34

think straight. **— olmak** 1. (for a motor) to be raced. 2. (for someone) to be fit for nothing, be unable to think straight (because of overdoing something).
ambar 1. granary; grain bin; grain cellar. 2. warehouse. 3. express company, trucking firm. 4. hold (of a ship). **— ağzı** *naut.* hatchway. **— faresi** *colloq.* fat person. **— kapağı** *naut.* hatch, hatch cover. **— memuru** storekeeper, warehouse official.
ambarcı 1. storekeeper, warehouse official. 2. trucker, express agent.
ambargo embargo. **—yu kaldırmak** to lift the embargo. **— koymak** /a/ to impose an embargo (on).
amber 1. ambergris. 2. scent, perfume, fragrance.
amberağacı, -nı *bot.* wood avens, herb bennet.
amberbalığı, -nı *zool.* sperm whale, cachalot.
amberçiçeği, -ni the flower of wood avens.
amboli *path.* embolism.
ambülans ambulance.
amca 1. (paternal) uncle. 2. sir *(a familiar but polite form of address to an older man)*. **— kızı** daughter of one's father's brother, cousin. **— oğlu** son of one's father's brother, cousin.
amcalık 1. unclehood. 2. step uncle. **— etmek** /a/ to be avuncular (toward), act like an uncle.
amcazade child of one's father's brother, cousin.
amel 1. the performance of one's religious duty. 2. act, action, work, deed. 3. practice, performance. 4. diarrhea. **— olmak** to have diarrhea.
amele worker, workman.
ameli practical, applied.
ameliyat, -tı 1. application, performance, practice. 2. surgical operation. 3. *slang* third degree. **— etmek** /ı/ to operate (on). **— masası** operating table. **— olmak** to be operated on, have an operation.
ameliyathane operating room (in a hospital).
ameliye process, procedure, operation.
amenna 1. (in creeds) we believe. 2. admitted, agreed (but ...).
amenore amenorrhea.
amentü (in creeds) I believe.
amer bitters, a drink made with bitters.
Amerika 1. America. 2. American, of America. **— Birleşik Devletleri** the United States of America.
amerika *slang* rich, rolling in money.
amerikaarmudu, -nu avocado.
amerikabademi, -ni 1. storax tree. 2. liquidambar.
amerikaelması, -nı 1. *bot.* cashew. 2. cashew nut.
Amerikalı 1. (an) American. 2. American (person).
Amerikan American. **— bar** bar (where drinks are served). **— pazarı** a shop selling imported or smuggled goods.
amerikan unbleached muslin.
amerikanbezi, -ni unbleached muslin.
amerikansığın, -nı *zool.* moose.
amerikanvari in an American fashion.
amerikatavşanı, -nı *zool.* chinchilla.
amet *slang* 1. anus. 2. behind, buttocks, ass.
ametal, -li nonmetal.
ametçi *slang* sodomite, pederast, fairy.
ametist, -ti *geol.* amethyst.
amfi 1. lecture room, amphitheater. 2. natural amphitheater, bowl-shaped hillside.
amfibi 1. (an) amphibian, amphibious animal, airplane, or other vehicle. 2. amphibious.
amfiteatr 1. lecture room, amphitheater. 2. natural amphitheater, bowl-shaped hillside.
amfora, amfor amphora.
amigo cheerleader.
amigoluk cheerleading.
amil factor, agent, motive, reason, cause.
âmin amen.
amin *chem.* amine, amin.
aminoasit *chem.* amino acid.
amip amoeba, ameba.
amir 1. superior, chief; chief administrator; commander. 2. commanding, masterful.
amiral, -li navy admiral.
amirallik navy admiralship, admiralty.
amirane 1. commandingly, masterfully. 2. commanding, masterful (action, manner).
amirlik 1. chief administratorship; commandership. 2. place where a chief administrator has his office: **emniyet amirliği** headquarters of a police chief. 3. commanding air.
amiyane 1. colloquial. 2. ordinary, common. 3. in a common way. **— tabiriyle** in the colloquial.
amma 1. but, yet, still. 2. how. **— da yaptın ha!/— yaptın!** *colloq.* Do you really expect me to believe this?
amme 1. public, general. 2. the public. **— davası** public prosecution. **— efkârı** public opinion. **— hizmeti** public service. **— hukuku** public law. **— idaresi** local government. **— işletmeleri** public works. **— malları** public property. **— menfaati** public interest.
amnezi amnesia.
amonyak *chem.* 1. ammonia. 2. ammonia water.
amonyum *chem.* ammonium.
amoralizm amoralism.
amorf olmak *slang* 1. to be abashed. 2. to get a beating.
amorti 1. redemption of a bond issue. 2. *lottery* the smallest prize. **— çarpmak** *slang* to find oneself standing next to an old woman. **— etmek** /ı/ to amortize, redeem, pay off (an interest-bearing obligation).
amortisman 1. amortization. 2. the redemption of a bond. **— akçesi** sinking fund.

amortisör 1. *auto.* shock absorber. 2. damper, device that absorbs vibrations.
amper *phys.* ampere.
ampermetre, amperölçer ammeter.
ampersaat, -ti *phys.* ampere-hour.
ampes *slang* hashish, dope.
ampirik empirical, empiric.
ampirizm empiricism.
amplifikatör *elec.* amplifier.
ampul, -lü 1. electric bulb, light bulb. 2. *med.* ampule. 3. *slang* breast (of a woman or a girl).
ampütasyon amputation.
amudi perpendicular, vertical.
amudufıkari backbone, spinal column.
amut *geom.* (a) perpendicular. **—a kalkmak** to do a hand stand.
amyant, -tı asbestos.
an moment, instant. **—ında** instantly.
an mind, perception.
an boundary (between fields).
ana 1. mother *(The form anne is preferred in İstanbul)*. 2. mother animal, dam. 3. appellation of respect for elderly women or female saints *(used after a name)*. 4. protector, patroness. 5. principal, main, fundamental, basic. 6. *fin.* capital, stock; principal. **A—m!** 1. an informal form of address. 2. *colloq.* Oh my!/Heavens! **—sı ağlamak** to go through hardship. **—sını ağlatmak /ın/** *vulg.* to give (one) great trouble, give (one) a hard time. **—mın ak sütü gibi helal olsun.** *colloq.* You're welcome to it. **— akçe** *fin.* principal. **— atardamar** *anat.* aorta. **— atardamarsal** *anat.* aortal, aortic. **— avrat asfaltta koşmak** *slang* to swear at everybody present. **— avrat dümdüz gitmek** *slang* to swear a blue streak. **—m avradım olsun!** *vulg.* I swear! **— baba** parents, father and mother. **—m babam!** *slang* Oh dear!/My!/Oh my! **— baba bir** having the same father and mother. **— baba duası almış** blessed by his parents. **— baba eline bakmak** to depend on one's parents for one's support. **— baba günü** pandemonium, tumult, a dangerous or frightening commotion. **— baba yavrusu** person pampered as a child. **—sını bellerim!** *vulg.* I'll show him! **— bir, baba ayrı** born of the same mother but of different fathers. **— çizgi** *geom.* generatrix. **—sı danası** *colloq.* his mother and the rest of the family, the whole bunch. **— defter** ledger. **— direk** *naut.* lower mast. **—dan doğma** 1. stark naked. 2. from birth, naturally. 3. congenital. **—sından doğduğuna pişman** 1. feeling very miserable. 2. lazy. **—sından doğduğuna pişman etmek /ı/** to make (someone) sorry he has been born. **—dan (yeni) doğmuşa dönmek** to be restored to happiness, health, freedom from care, and simplicity. **— duvar** exterior wall. **—sından emdiği süt burnundan (fitil fitil) gelmek** to go through extreme hardship. **— fikir** central theme. **—sının gözü** *slang* sly, tricky, shifty. **— güverte** *naut.* main deck. **—n güzel mi?** *colloq.* You think you're smart, don't you? **— hat** main line, trunk line. **— hatlar** the main lines, the outline. **—sının ipini/ipliğini pazara çıkarmış/satmış** *colloq.* wicked, vicious. **—sı (onu) kadir gecesi doğurmuş.** He is very lucky. **— kapı** main entrance. **—sının karnında dokuz ay on gün nasıl durmuş?** *colloq.* He is very impatient. **— kız** mother and daughter. **—sının kızı** a daughter just like her mother. **—sının körpe kuzusu** mother's pet, sissy. **— kubbe** the main dome (of a mosque). **— kucağı** mother's bosom. **— kuzusu** 1. very small baby. 2. mother's pet, sissy. **—sının kuzusu** mother's darling. **— motif** leitmotif. **—lar ne doğururmuş!** *colloq.* How wonderful he is! **—sının nikâhını istemek** *colloq.* to charge an outrageous price. **— oğul** mother and son. **—nın örekesi!** *vulg.* Stuff and nonsense! **—sı sarmısak, babası soğan.** *colloq.* He is from an ignorant and backward family. **—sını satayım!** *colloq.* 1. What the heck! 2. Damn it! **—sını sattığım** *colloq.* darn, damned. **—n seni bugün için doğurdu.** *colloq.* This is the day for which you were born: show us what you can do. **— sütü** breast milk. **— tarafından** on the mother's side. **— toplardamar** *anat.* vena cava. **—sı turp, babası şalgam.** *colloq.* He has a very low and doubtful background. **—n yahşi, baban yahşi demek** *colloq.* to butter someone up, flatter and cajole him. **— yapı** central structure, main building. **—sı yerinde** (a person) as old as one's mother. **— yüreği** a mother's love.
anacıl bound to his mother.
anaç 1. matured (female young animal). 2. fruit-bearing, mature (tree). 3. experienced, shrewd. 4. huge, tough.
anaçlaşmak to reach maturity, become capable of bearing young.
anadamar *anat.* aorta.
anadil parent language.
anadili, -ni mother tongue.
Anadolu Anatolia.
Anadolulu 1. Anatolian. 2. (an) Anatolian.
anaerki, -ni *sociol.* matriarchy.
anaerkil *sociol.* matriarchal.
anafor 1. countercurrent, eddy. 2. *slang* extra profit, illicit gain, something got for nothing, windfall. **—dan** *slang* improperly or without effort. **—dan gelmek** *slang* to fall into one's lap, come easily. **—a konmak** *slang* to get something for nothing.
anaforcu *slang* 1. freeloader, parasite. 2. opportunist, cheater.
anaforculuk *slang* 1. freeloading. 2. cheating.

anaforlamak /ı/ *slang* to steal; to get by cheating.
anaforlu having a countercurrent.
anahtar 1. key (for a lock, for winding, to a code, to a problem). 2. wrench, *Brit.* spanner. 3. electric switch. 4. *mus.* clef. — **deliği** keyhole. — **dili** bit, web (of a key). — **taşı** keystone (of an arch). — **uydurmak** /a/ to match up a key to (a lock). — **vermek** to play straight man (to a comic).
anahtarcı 1. locksmith; keysmith; maker or seller of keys; seller or repairer of locks. 2. *slang* picklock, lockpick, thief who picks locks.
anahtarcılık locksmithing; making or selling keys; being a locksmith or a keysmith.
anahtarlık key holder, key ring.
anakara continent.
analı having a mother. — **kuzu, kınalı kuzu.** *proverb* A child whose mother is living is clean and well cared for.
analık 1. maternity, motherhood. 2. stepmother, adoptive mother. 3. woman who acts as a mother to a child. 4. maternal love. 5. motherliness. — **etmek** /a/ to be a mother to; to mother. — **sigortası** maternity insurance.
analitik analytical.
analiz analysis.
analjezi analgesia.
analoji analogy.
anamal *econ.* capital. — **birikimi** accumulation of capital, reinvestment of dividends.
anamalcı 1. (a) capitalist. 2. capitalistic.
anamalcılık capitalism.
ananas pineapple.
anane tradition.
ananevi traditional.
anaokulu, -nu nursery school; kindergarten.
anapara *econ.* capital.
anarşi anarchy.
anarşist, -ti 1. (an) anarchist. 2. anarchistic.
anarşizm anarchism.
anasaat, -ti master clock.
anasanlı matronymic, metronymic.
anason 1. anise. 2. aniseed.
anasoy race, a division of the human race.
anasoycu racist.
anasoyculuk racism.
anatomi anatomy.
anatomik anatomical.
anavatan mother country, homeland, motherland.
anayasa *law* constitution.
anayasacı 1. constitutionalist. 2. constitutional expert.
anayasal constitutional.
anayol main road.
anayön cardinal point (of the compass).
anayurt mother country, homeland, motherland.
anbean with every moment, more and more, gradually.
anca that much, so much. — **beraber, kanca beraber.** *colloq.* We will stick together through thick and thin.
ancak 1. only, solely, merely. 2. just, hardly, barely. 3. but, on the other hand, however. 4. only, not until.
ançizlemek *slang* to go away, leave.
ançüez anchovy paste.
and *see* **ant.**
andaç 1. souvenir, memento. 2. recollection, reminiscence.
andante *mus.* andante.
andantino *mus.* andantino.
andavallı *slang* fool, idiot, imbecile.
andıç memorandum.
andın note, memo, memorandum.
andırış 1. resemblance. 2. analogy.
andırışma 1. resembling. 2. one thing's being mistaken for another. 3. being analogous, analogy.
andırmak 1. /ı/ to resemble, remind one of. 2. /ı, a/ to recall (one) to the memory of (others).
andızotu, -nu elecampane.
andıçmek *see* **ant içmek.**
anekdot, -tu anecdote.
anele *naut.* ring (of an anchor); iron ring.
anemi anemia, anaemia.
anemon *bot.* anemone.
aneroid aneroid barometer.
anestezi *med.* anesthesia.
anfizem *path.* emphysema.
angaje 1. reserved, occupied, in use. 2. employed, hired, engaged. 3. /a/ tied to, bound to (a belief or system). — **etmek** /ı/ to employ.
angajman *com.* engagement, undertaking. —**a girmek** to enter an engagement, bind oneself. — **yapmak** /la/ to reach a formal agreement (with).
angarya 1. forced labor, corvée. 2. drudgery. 3. angary.
angaryacı one who uses forced labor.
angı memory. — **çağrısı** recall, recollection.
angın famous.
Anglikan 1. (an) Anglican, member of the Anglican communion of churches. 2. (an) Anglican, member of the Church of England. 3. Anglican, of the Anglican communion of churches. 4. Anglican, of the Church of England. — **kilisesi** 1. the Anglican communion of churches. 2. the Church of England.
Anglikanizm Anglicanism.
Anglikanlık Anglicanism.
Anglonorman 1. (an) Anglo-Norman. 2. Anglo-Norman, the language of the Anglo-Normans. 3. Anglo-Norman, of the Anglo-Normans.

Anglosakson 1. (an) Anglo-Saxon. 2. person of English stock, (an) Anglo-Saxon. 3. Anglo-Saxon, Old English, the language of the Anglo-Saxons. 4. Anglo-Saxon, of the Anglo-Saxons. 5. English, of the English, Anglo-Saxon.
Angola 1. Angola. 2. Angola, Angolan, of Angola.
Angolalı 1. (an) Angolan. 2. Angolan (person).
angudi ruddy, brick-colored.
angut 1. *zool.* ruddy sheldrake. 2. *colloq.* fool, idiot.
anı memory, what is remembered.
anıcı memoirist.
anık 1. apt, inclined, disposed. 2. ready.
anıklamak /ı/ 1. to prepare, dispose. 2. *psych.* to recall, revive (a memory).
anıklık 1. aptitude, inclination. 2. readiness.
anılmak to be remembered, be mentioned.
anımsamak /ı/ to remember, recall.
anımsatmak /a, ı/ to cause or allow (someone) to remember or recall; to make (someone) remember or recall.
anırmak to bray.
anıştırma hinting, implying.
anıştırmak /ı/ to hint, imply.
anıt, -tı monument.
Anıtkabir tomb of Atatürk in Ankara.
anıtkabir, -bri mausoleum.
anıtlaşmak to acquire a monumental status.
anıtlaştırmak /ı/ to cause to acquire a monumental status.
anıtmezar monumental tomb, mausoleum.
anıtsal monumental.
anız stubble. — **bozma** harrowing a field to break up stubble.
anızlık stubble, field with stubble.
ani 1. instantaneous, sudden. 2. suddenly.
anide instantly, at once, all of a sudden.
aniden suddenly.
anilin *chem.* aniline.
animasyon animation, production of an animated cartoon or animation.
animato *mus.* animato.
animatör leader of group activities, group activities leader (at a holiday resort).
animizm animism.
anjin sore throat.
ANKA (*abbr. for* **Ankara Haber Ajansı**) a Turkish news agency.
Anka phoenix.
ankarakeçisi, -ni *zool.* Angora goat.
ankarakedisi, -ni *zool.* Angora cat.
ankesör coin box (of a pay telephone).
anket, -ti poll, public survey. — **yapmak** to take a poll.
anketçi pollster.
anlak *psych.* intelligence. — **geriliği** moronism.
anlakalır reasonable.

anlaklı intelligent.
anlaksal concerning intelligence.
anlam 1. meaning, sense. 2. connotation. — **aykırılığı** internal contradiction. — **bayağılaşması** pejoration. — **daralması** semantic restriction. — **değişmesi** semantic change. —**ına gelmek** to mean, come to mean, amount to. — **genişlemesi** semantic extension. — **kayması** semantic displacement, semantic transference.
anlama understanding, comprehending.
anlamak 1. /ı/ to understand, comprehend. 2. /ı/ to find out. 3. /**dan**/ to know (about), have knowledge (of). 4. /ı/ to deduce; to realize. 5. /**dan**/ to appreciate, enjoy. 6. /ı/ to understand (a person and his motives and feelings). 7. /**dan**/ to experience some good (from). 8. /**dan**/ *slang* to try, sample (a delicacy). **Anladımsa Arap olayım.** *colloq.* I don't understand it at all. **Anlayana sivrisinek saz, anlamayana davul zurna az.** *proverb* A word to the wise is enough. (**bir şey**) **anlamamak** /**dan**/ not to enjoy (something), not to be interested (in).
anlamazlık, anlamamazlık a lack of understanding about a matter. —**tan gelmek** /ı/ to pretend not to understand.
anlambilim *ling.* semantics.
anlambilimsel semantic, related to semantics.
anlamdaş 1. synonymous. 2. synonym.
anlamdaşlık synonymy, synonymity.
anlamlandırma 1. explanation, interpretation. 2. giving meaning (to).
anlamlandırmak /ı/ 1. to explain, interpret; to construe. 2. to give meaning (to).
anlamlı meaningful, expressive.
anlamlılık meaningfulness.
anlamsal semantic, related to meaning.
anlamsız meaningless.
anlamsızlık meaninglessness.
anlaşık 1. associate. 2. in accord, in agreement.
anlaşılmak to be understood. **Anlaşılan ....** It appears that .... **Anlaşıldı.** All right./O.K. **Anlaşıldı Vehbi'nin kerrakesi.** *colloq.* Now it is clear./Now I see through it.
anlaşılmaz incomprehensible, unintelligible.
anlaşım 1. understanding, agreement. 2. consensus.
anlaşma 1. agreement, understanding. 2. harmony, mutual understanding. 3. pact, treaty. —**ya varmak** to come to an agreement. — **yapmak** to make an agreement.
anlaşmak 1. to understand each other. 2. to come to an understanding, reach an agreement.
anlaşmalı 1. arranged by agreement. 2. working under an agreement.
anlaşmazlık 1. disagreement, incompatibility. 2. misunderstanding.
anlatı 1. narration, the act of narrating. 2. story, short story. 3. narrative style.

anlatıbilim stylistics.
anlatım exposition, expression. **— titremi** *ling.* intonation.
anlatımcı 1. (an) expressionist. 2. expressionist, expressionistic.
anlatımcılık expressionism.
anlatımlamak /ı/ to express.
anlatımlı expressive.
anlatımsal concerning expression.
anlatış manner of telling, way of describing.
anlatma 1. explaining, explanation. 2. narrating, narration, telling.
anlatmak 1. /ı/ to explain. 2. /ı/ to relate, tell. 3. /ı/ to describe. 4. /a/ to show (someone) *(said threateningly).* 5. /ı, a/ to convince (someone) of the truth of (what one is saying).
anlayış 1. understanding, comprehension. 2. intelligence, perceptiveness. 3. understanding, sympathy. 4. intellect, mind. **— göstermek** /a/ to be forgiving, be tolerant (toward).
anlayışlı 1. intelligent. 2. understanding.
anlayışlılık understanding, sympathy.
anlayışsız 1. insensitive, inconsiderate. 2. lacking in understanding.
anlayışsızlık 1. insensitivity, lack of consideration. 2. incomprehension.
anlık 1. intellect. 2. cognition.
anlıkçı *phil.* 1. (an) intellectualist. 2. intellectualistic, intellectualist.
anlıkçılık *phil.* intellectualism.
anlıksal intellectual, mental.
anlı sanlı, anlı şanlı glorious, magnificent.
anma 1. remembrance. 2. commemoration. **— töreni** commemorative ceremony.
anmak /ı/ 1. to call to mind, remember, think (of). 2. to talk (of), mention. 3. to commemorate. 4. to call, name, distinguish (with a nickname).
anmalık 1. keepsake, souvenir. 2. honorable mention.
anne mother. **—ciğim** mommy, mom. **— olmak** to become a mother.
anneanne grandmother (mother's mother).
annelik 1. maternity, motherhood. 2. maternal love. 3. motherliness. **— etmek** /a/ to be a mother to; to mother.
anofel *zool.* anopheles.
anomali anomaly.
anonim 1. anonymous. 2. incorporated. **— şirket** joint-stock company.
anons announcement. **— etmek** /ı/ to announce.
anorak (padded, waterproof, winter) jacket/coat.
anormal, -li abnormal.
anormalleşmek to become abnormal.
anormallik abnormality.
anoş *slang* mistress, girl friend, lover, darling.
anot anode.
ansal *psych.* mental.

ansıma remembering, remembrance. **— kuramı** the theory of innate knowledge.
ansımak /ı/ to call to mind, remember.
ansıtmak /ı, a/ to remind (someone) of (something).
ansız illegitimate child, bastard.
ansızın suddenly, all of a sudden.
ansiklopedi encyclopedia.
ansiklopedik encyclopedic. **— sözlük** dictionary with encyclopedic material added.
ant 1. oath. 2. a promise to oneself, resolution. **—ını bozmak** to violate one's oath. **— etmek** to take an oath. **— içirmek** /a/ to administer an oath (to); to make (someone) swear. **— içmek** to take an oath, promise solemnly, make a solemn promise. **— kardeşi** blood brother, sworn brother. **— verdirmek** /a/ to make (someone) promise. **— vermek** /a/ to importune (a person) with pleading oaths.
antant, -tı entente.
Antarktik Antarctic. **— daire** the Antarctic Circle.
Antarktika the Antarctic, Antarctica.
anten 1. antenna. 2. *slang* wit, brains.
antepfıstığı, -nı pistachio.
anterlin *print.* lead, space slug.
antet, -ti letterhead. **—li kâğıt** stationery with a letterhead.
antibiyotik antibiotic.
antidemokratik antidemocratic.
antifriz 1. antifreeze. 2. *slang* alcoholic drink.
antijen antigen.
antik 1. archaic. 2. made before 400 A.D.
antika 1. antique. 2. *colloq.* queer, funny, eccentric. 3. *embroidery* hemstitch.
antikacı dealer in antiques.
antikalık 1. antiquity, being ancient. 2. *colloq.* eccentricity, queerness.
antikite antiquity.
antikor *biol.* antibody.
antilop *zool.* antelope.
antimon *chem.* antimony.
antin *slang* 1. prostitute. 2. back (door). 3. south wind.
antiparantez *colloq.*, see **antrparantez.**
antipati antipathy.
antipatik antipathetic. **— bulmak** /ı/ not to find (someone) to one's liking.
antisepsi antisepsis.
antiseptik antiseptic.
antisiklon high pressure area, anticyclone.
antitez antithesis.
antitoksin antitoxin.
antlaşma solemn agreement, pact.
antlaşmak to come to a solemn agreement.
antlı bound by an oath, under a vow, sworn.
antoloji anthology.
antraks *path.* anthrax.
antrakt, -tı *theat.* intermission, interval, entr'acte.

antrasit, -ti anthracite.
antre entrance, doorway.
antrenman *sports* exercise, training.
antrenör *sports* trainer.
antrenörlük *sports* the work of a trainer.
antrepo bonded warehouse; entrepôt.
antrkot, -tu beef from the top of the ribs, entrecote.
antropolog anthropologist.
antropoloji anthropology.
antropomorfizm anthropomorphism.
antrparantez 1. Parenthetically, let me say that.... 2. This has nothing to do with the subject in hand but ... *(used to introduce an extraneous remark)*. 3. parenthetically, within parentheses.
anut 1. obstinate, stubborn. 2. *slang* a person who guides tourists to shops for a commission.
anüs *anat.* anus. — **yüzgeci** *zool.* anal fin.
anzarot, -tu 1. a resin of the sarcocolla tree once used on wounds. 2. sarcocolla tree. 3. *slang* raki.
A.O., A. Ort. *(abbr. for* **Anonim Ortaklığı)** JSC (Joint-Stock Company).
aort, -tu *anat.* aorta.
apaçık 1. open, wide open. 2. clear, evident.
apaçıklık 1. complete clarity. 2. complete openness.
apak pure white, all white.
apalak plump, fat, chubby (baby).
apandis *anat.* appendix, vermiform appendix.
apandisit, -ti *path.* appendicitis.
apansız, apansızın very unexpectedly, without warning, all of a sudden, suddenly.
aparat, -tı *see* **aparey.**
aparey apparatus; equipment; device.
aparmak /ı/ 1. to carry away. 2. *slang* to make off with.
apartman apartment house. — **dairesi** apartment, flat.
apar topar headlong, in a panic, stampeding.
apaş (a) bully, (a) tough.
apati apathy.
apaydın very bright, well lit.
apaydınlık brightly lit.
apayrı separate, completely different.
apaz 1. the hollow of one's hand; the palm (of one's hand). 2. (a) handful of, (a) fistful of: **bir apaz pirinç** a handful of rice. 3. *slang* tip, gratuity.
apazlama *naut.* 1. (a) quartering wind, (a) wind coming from abaft the beam. 2. (sailing) with the wind on the quarter, with the wind abaft the beam. 3. rolling (of a ship when its sails have first been caught by the wind).
apazlamak *naut.* 1. (for a ship) to quarter, sail with the wind on the quarter, sail with the wind abaft the beam. 2. (for a sail) to billow out (when it has first been caught by the wind). 3. (for a ship) to roll gently (when its sails have first been caught by the wind).

apazlamak /ı/ 1. to take a handful of, take a fistful of; to fill one's palm with. 2. to seize, collar, grab, nab.
aperitif apéritif, appetizer.
apış the inner sides of the thighs. — **arası** the space between the thighs, perineum.
apışak 1. bowlegged (person). 2. (animal) which has legs that are set wide apart. 3. very tired, dog-tired (person).
apışık 1. (animal) which is so tired that its tail is drooping between its legs. 2. (person) who is so tired that he/she can't think straight.
apışlık crotch (of pants).
apışmak 1. (for a tired animal) to sink down with its legs splayed out; /a/ to splay itself out on (the ground, floor, etc.). 2. to squat down on one's heels with one's legs apart. **apışıp kalmak** to be dumbfounded, be left openmouthed; to be at a loss to know what to do, be bumfuzzled; to be completely overawed.
apıştırmak /ı/ 1. to exhaust (an animal); to work (an animal) until it's ready to drop; to ride (an animal) until it's ready to drop. 2. to cow, overawe; to bring (someone) to heel. 3. to dumbfound, leave (someone) openmouthed; to bumfuzzle. 4. *naut.* to hold (a ship) in place by anchoring it from both its bow and its stern.
apiko 1. *naut.* apeak. 2. *slang* ready, alert, quick. 3. *slang* handsome, good-looking. 4. *slang* handsomeness, good looks.
aplik wall light, wall fixture.
aplikasyon 1. embroidery appliqué. 2. staking out (a plot of land) from a map.
apolet, -ti epaulet.
apopleksi *path.* apoplexy.
aport, -tu Fetch it! *(order given to a hunting dog).*
aposteriori a posteriori.
appassionato *mus.* appassionato.
apre 1. sizing. 2. size, finish.
apriori a priori.
apse abscess.
apsent, -ti absinthe.
apsis *geom.* abscissa.
apşak *see* **apışak.**
Apt. *(abbr. for* **Apartman)** apartment house.
aptal 1. stupid. 2. simpleton, fool. 3. *Turkish theat.* the character typed as a sycophant. **—a malum olur.** *proverb* A fool foresees by intuition.
aptalca 1. stupid (action). 2. rather stupid. 3. stupidly.
aptallaşmak to become stupid.
aptallık stupidity, foolishness. — **etmek** to act like a fool.
aptes 1. ritual ablution. 2. the state of canonical purity. 3. bowel movement; feces. — **almak** to perform an ablution. — **bozmak** to go to

aptesbozan the toilet. **—i bozulmak** to become canonically unclean. **—i gelmek** to want to go to the toilet. **—i kaçmak** to cease to need to go to the toilet. **—inde namazında olmak** to be faithful in performing one's religious duties. **—inden şüphesi olmamak** to have full confidence in oneself. **— tazelemek** to renew one's ablution. **—ini vermek** /ın or a/ *slang* to scold severely.

aptesbozan tapeworm.

apteshane toilet, *Brit.* water closet, WC.

aptesli (person) purified by an ablution.

apteslik 1. place for performing ablutions. 2. *formerly* a light robe worn while performing the ablution. 3. suitable for ablutions.

aptessiz canonically unclean. **— yere basmamak** to be very strict in one's religious practices.

apukurya the carnival season (preceding Lent).

apul apul with waddling steps.

ar 1. shame. 2. bashfulness, shyness; modesty. **— belası** the trouble one gets into to protect one's honor. **— damarı çatlamış** utterly shameless. **— etmek** to be ashamed. **— namus tertemiz** utterly shameless *(used sarcastically)*.

ar are (100 m²).

ara 1. distance (between two things). 2. time between two events, interval. 3. relations (between people). 4. break (in a game); interlude; intermission. 5. space, spacing. 6. time, point in time. 7. intermediary, intermediate. **—da** during the intervening time: Pazartesi ve cumartesi günleri gelir; arada hiç gözükmez. He comes on Mondays and Saturdays; on days other than these he's not to be seen. **—dan** in the meantime, meanwhile, during the intervening time: Aradan on gün geçmişti. In the meantime ten days had gone by. **—sına** 1. between. 2. among. **—sında** 1. between. 2. among. **—sından** 1. from between. 2. from among. 3. through. **—ları açık.** They are not on friendly terms./Their friendship is broken. **—ları açılmak** to be on strained terms. **—larını açmak** /ın/ to spoil (their) friendship, create a rift (between). **—larına almak** /ı/ to let (someone) join one's group. **—da bir** from time to time, now and then. **—larını bozmak** /ın/, **— bozmak** to destroy the friendship (between or among). **—ları bozulmak** to be on strained terms. **— bölge** buffer zone. **—larını bulmak** /ın/, **— bulmak** to reconcile, settle a dispute (between). **—da çıkarmak** /ı/ to get (something) done when one has a spare minute, get (something) done in a spare minute, squeeze (something) into one's schedule *(said of a task done while one is in the midst of other work)*. **—dan çıkarmak** /ı/ to get (something) done, get (something) over with (so that one can get on with other work). **—dan çıkmak** 1. (for a pestiferous person) to absent himself/herself, leave. 2. (for a task) to be done, be over with, be finished (so that one can get on with other work). **—larında dağlar kadar fark var.** *colloq.* They are as different as black and white./They are as different as chalk and cheese. **— devlet** buffer state. **— duvar** partition, dividing wall. **—larını düzeltmek** /ın/ to reconcile. **—sı geçmeden** without delay, while the situation is still fresh. **—larına girmek** /ın/ to work to reconcile (two people or two parties). **—ya girmek** 1. to work to reconcile two people. 2. (for something unexpected) to interfere suddenly with the work in hand. **—ya gitmek** 1. to go to waste. 2. to be lost in the confusion. **—sı hoş olmamak** /la/ 1. to be on bad terms with. 2. to dislike (something). **—da kalmak** to suffer for mixing in a dispute between others; to be caught in the middle in an argument. **—larında kan olmak** to have a blood feud (between). **— kapı** communicating door. **—larından kara kedi geçmek/—larına kara kedi girmek** to be cross with each other. **— kararı** provisional decision (of a court). **—larına karışmak** /ın/ to mix (with). **—larında karlı dağlar olmak** to be far apart, be very different. **—da kaynamak** to pass unnoticed, get lost in the shuffle. **—ya koymak** /ı/ to ask (a third person) to mediate. **— limanı** port of call. **— mal** semifinished goods. **— seçim** by-election. **— sıra/—da sırada** now and then, from time to time, occasionally. **—ya soğukluk girmek** to have a coolness arise in a friendship. **—sı soğumak** /ın/ to lose its importance with the passage of time. **—sını soğutmak** /ın/ to delay (a thing so that it is forgotten). **—yı soğutmak** (for a friendship) to cool off. **—larından su sızmamak** to be very close friends. **— vermeden/vermeksizin** continuously. **— vermek** /a/ to take a break (from), stop doing (something) for a while. **—ya vermek** /ı/ to waste. **—ları yağ bal olmak** to be intimate friends. **—yı yapmak** 1. to become friends again, make up. 2. to reconcile friends who have quarreled.

araba 1. carriage, wagon, cart. 2. car, automobile. 3. cartload, wagonload; truckload. **—yı çekmek** *colloq.* to clear out, scram. **—yı devirmek** *slang* to need ritual cleansing of the body (after intercourse). **—sını düze çıkarmak** to overcome difficulties and get things running smoothly. **—ya koşmak** /ı/ to hitch (horses) to a carriage. **— kullanmak** to drive a car. **— oku** pole of a carriage. **— vapuru** car ferry.

arabacı 1. driver (of a cart, wagon). 2. maker of wheeled vehicles, cartwright. 3. person who sells wagons and carts.

arabacılık the work of a maker, seller, or driver of wagons.

arabalık 1. wagon house, cart shed. 2. garage. 3. carload, wagonload; truckload.
arabesk, -ki arabesque. **— müzik** a kind of contemporary Turkish music containing elements derived from Arabian music.
arabeskçi 1. composer, singer, or player of **arabesk müzik**. 2. (someone) who composes, sings, or plays **arabesk müzik**.
Arabi 1. Arabic, the Arabic language. 2. (speaking, writing) in Arabic, Arabic. 3. Arabic (speech, writing). 4. Arabic, pertaining to the Arabic language. 5. Arabian, Arabic, of the Arabs. **— takvim** Islamic calendar, Arabic calendar.
arabirim *comp.* interface.
Arabist, -ti Arabist.
Arabistan 1. Arabia. 2. Arabian, of Arabia.
Arabiyat, -tı Arabic studies.
arabozan (one) who breaks up a friendship (by carrying stories between the two parties).
arabozanlık mischief-making. **— etmek** to break up a friendship between two people.
arabozucu (one) who breaks up a friendship (by carrying stories between the two parties).
arabozuculuk mischief-making.
arabulma mediation, mediating.
arabulucu reconciler, conciliator, mediator.
arabuluculuk mediation. **— etmek** to mediate.
aracı 1. mediator, go-between; intermediary. 2. middleman. 3. (marriage) broker. **— koymak** /ı/ to appoint (someone) to be a/the mediator, make (someone) a/the mediator.
aracılık mediation, intervention. **—ıyla** through, through the agency of; through the mediation of. **— etmek** to mediate.
araç 1. means. 2. tool. 3. vehicle.
araççı *phil.* 1. (an) instrumentalist. 2. instrumentalist.
araççılık *phil.* instrumentalism.
araçlı indirect.
araçlık etmek /a/ to be the means (of).
araçsız direct.
Araf a place separating heaven from hell.
Arafat a plain near Mecca. **—'ta soyulmuş hacıya dönmek** to lose everything one has and have nowhere to turn.
aragezinek *theat.* foyer.
arak 1. arrack, arak, arrak. 2. sweat, perspiration.
araka a variety of large peas.
arakapak flyleaf.
arakçı *slang* thief, pilferer.
arakçılık *slang* theft.
arakesit, -ti *geom.* intersection.
arakıye 1. a soft felt cap (worn by a dervish). 2. a small oboe-like instrument.
araklamak /ı/ *slang* to steal, pilfer, walk off with.
arakonakçı *zool.* secondary host.
aral archipelago.
aralamak /ı/ 1. to separate. 2. to space, open out. 3. to leave (a door) ajar; to open (something) part way.
aralanmak 1. to be opened part way. 2. /dan/ *slang* to go away (from), leave.
aralatmak /ı, a/ to have (something) opened slightly.
aralı intermittent.
aralık 1. space, opening, interval, gap. 2. time, interval, moment. 3. corridor; passageway. 4. toilet, *Brit.* water closet. 5. ajar, half open. 6. December. 7. *mus.* interval. **—ta** in between. **— ayı** December. **— bırakmak** 1. to leave a space. 2. /ı/ to leave ajar, leave half open. **— etmek** /ı/ to open (something) part way. **—a gitmek** 1. to go to waste. 2. to get lost in the confusion. **—ta kalmak** to suffer for mixing in a dispute between others. **— oyunu** entr'acte, a small performance given between two acts of a play. **— vermek** /a/ to take a break (from), stop (doing something) for a while.
aralıklı 1. spaced, having intervals. 2. at intervals. 3. intermittent, periodic.
aralıksız 1. continuous. 2. continuously.
arama 1. search, exploration. 2. *law* search, searching. **— emri** search warrant. **— tarama** body search; police search. **— yapmak** to carry out a search.
aramak 1. /ı/ to look (for), hunt (for), seek. 2. /ı/ to search. 3. /ı/ to long (for), miss. 4. /ı/ to ask (for), demand. 5. /ı/ to inquire (after). 6. /ı/ to drop in on. 7. *colloq.* to look for trouble. **Arama!** *colloq.* It's too much to expect. **—la bulunmaz/ele geçmez.** *colloq.* It's a very lucky chance. **arayıp da bulamamak** /ı/ to be rare and valuable, be a lucky find. **arayıp soranı bulunmamak/olmamak** to be without anyone who cares for him. **arayıp sormak** /ı/ 1. to show concern for, ask after. 2. to visit (someone) and show an interest in him. **arayıp taramak/— taramak** /ı/ to comb, search thoroughly.
aranağme 1. *classical Turkish mus.* ritornello, short instrumental passage between verses of a song. 2. tiresome refrain.
aranılmak 1. to be searched. 2. to be searched for. 3. to be in demand. 4. to be missed.
aranjman *mus.* arrangement.
aranmak 1. to be in demand. 2. to be searched for. 3. to be missed. 4. to search one's own clothes and pockets. 5. *colloq.* to look for trouble.
Arap 1. (an) Arab. 2. Arabian, Arab. 3. *colloq.* Black, Black person. **— atı** Arabian horse. **— bacı** Negro nurse, mammy. **— gibi olmak** to get a deep tan. **— olayım.** *colloq.* I swear that ...: **Casus değilse Arap olayım.** I swear he's a spy! **— takvimi** Arabian calendar, Muslim calendar. **— uyandı./—ın gözü açıldı.**

colloq. We've learned our lesson.
Arapça 1. Arabic, the Arabic language. 2. (speaking, writing) in Arabic, Arabic. 3. Arabic (speech, writing); spoken in Arabic; written in Arabic.
Araplaşmak to become like an Arab (in customs, manners, speech, outlook).
Araplaştırmak /ı/ to Arabize, cause (someone) to become like the Arabs (in customs, manners, speech, outlook).
Araplık being an Arab; those qualities considered to be peculiar to the Arabs.
arapsabunu, -nu soft soap.
arapsaçı, -nı 1. fuzzy hair. 2. tangled affair, mess. — **gibi** mixed up, tangled. —**na dönmek** to turn into a mess, become thoroughly confused.
araptavşanı, -nı *zool.* jerboa.
arapzamkı, -nı gum arabic.
ararot, -tu arrowroot (starch). — **kamışı** *bot.* arrowroot.
Arasat *Islam* the place of the Last Judgment.
arasız continuously.
arasöz digression.
arasta shops of the same trade built in a row.
araşit, -ti peanut plant.
araştırı research, investigation, a study.
araştırıcı 1. researcher, investigator. 2. investigative. 3. prying, inquisitive, curious.
araştırıcılık research, the work of a researcher.
araştırma investigation, research, a study. — **filmi** research film. — **görevlisi** researcher *(a title which appertains to a particular academic rank within a university faculty).*
araştırmacı researcher.
araştırmak /ı/ 1. to search thoroughly. 2. to investigate, explore, research, study, do research on.
araştırman researcher.
aratmak 1. /ı, a/ to have (something) sought. 2. /ı/ to fail to fill the shoes of (a predecessor).
aratmamak /ı/ to replace (a predecessor) to the satisfaction of others.
aratümce *gram.* parenthetical clause.
arayıcı 1. customs inspector. 2. searching. 3. *astr.* finder. — **fişeği** flare, a Very light.
arayış search; way of searching.
arayüz *comp., see* **arabirim.**
araz symptoms.
arazi 1. piece of land; land. 2. open land, fields, or spaces. 3. lands; territory. — **açmak** to clear land. — **arabası** jeep. — **hukuku** land law. — **olmak** *slang* to get lost, beat it. — **sahibi** landowner. — **tatbikatı** *mil.* field exercise. —**ye uymak** *slang* to lay low. — **vergisi** land tax. — **vitesi** gear for four-wheel drive.
arbede uproar, riot, tumult, noisy quarrel.
arbitraj *fin.* arbitrage.
arda 1. *surveying* stake, marking stake. 2. lathe chisel.
ardıç *bot.* juniper. — **katranı** juniper tar, cade oil. — **rakısı** gin, Hollands.
ardıçkuşu, -nu *zool.* fieldfare.
ardıl 1. consecutive. 2. successor. — **görüntü** *psych.* afterimage.
ardılmak /a/ 1. to ride (someone) piggyback. 2. to pester, bother, harass.
ardın ardın backwards.
ardınca behind, following.
ardışık consecutive, successive, sequent. — **görüntü** *psych.* afterimage.
ardışıklık consecutiveness, successiveness, sequence, sequency.
ardışma coming in succession.
ardışmak to come in succession.
ardiye 1. warehouse. 2. warehousing charge, storage rent.
arduvaz slate.
arena arena.
argaç woof, weft.
argaçlamak /ı/ to weave.
argın 1. tired; exhausted, worn-out, spent. 2. *prov.* clumsy, bumbling; incapable; ineffectual.
argınlık 1. fatigue, tiredness. 2. *prov.* clumsiness; incapability; ineffectuality.
argıt mountain pass, saddle, col.
argo 1. slang, cant. 2. argot, jargon.
argon *chem.* argon.
arı *zool.* bee. — **beyi** queen bee. — **dalağı** honeycomb. —**nın dikenini görüp balından el çekmek** to be scared off by the difficulties involved in getting something good. — **gibi** 1. busy as a bee. 2. busily, industriously. — **gibi sokmak** to say biting things. — **kovanı** beehive. — **kovanı gibi işlemek** to hum with people, be very busy and crowded. —**nın yuvasına/inine kazık/çöp dürtmek** to ask for trouble.
arı pure. — **dil** language using no words or constructions borrowed from other languages; purified Turkish. — **sili** very clean.
arıcı beekeeper, apiarist.
arıcılık beekeeping, apiculture.
arık 1. thin, scrawny, bony. 2. lean (meat).
arık ditch, small canal.
arıkil kaolin.
arıklamak, arıklaşmak to get thin, get scrawny.
arıklatmak /ı/ to cause or allow (someone/an animal) to get thin or scrawny.
arıklık thinness, scrawniness, boniness.
arıkuşu, -nu *zool.* bee-eater.
arılama absolution, absolving.
arılamak /ı/ to absolve.
arılaşma purification, becoming pure.
arılaşmak to become pure.
arılaştırma purification, making something pure.
arılaştırmak /ı/ to purify.

arılık 1. purity. 2. cleanliness. 3. innocence. 4. purity and simplicity of style.
arılık apiary, place for beehives.
arındırma purification, taking out impurities.
arındırmak /ı/ to purify.
arınma 1. purification, becoming free from impurities. 2. catharsis.
arınmak to become clean, be purified.
arısütü, -nü royal jelly.
arış pole (of a wagon).
arış *weaving* warp.
arış cubit (measure equal to the distance from the tip of the middle finger to the elbow).
arıtıcı detergent.
arıtım 1. refining. 2. antisepsis.
arıtımevi, -ni, arıtımyeri, -ni refinery.
arıtlama affirming someone to be of good character.
arıtlamak /ı/ to affirm (someone) to be of good character.
arıtma 1. purification, cleaning. 2. refining.
arıtmak /ı/ 1. to clean, cleanse, purify. 2. to refine.
arız happening. — **olmak** /a/ to happen, occur, befall (to).
arıza 1. defect, failure, breakdown, obstruction. 2. unevenness, roughness (of the country). 3. *mus.* an accidental. — **yapmak** to break down, go out of order.
arızalanmak to break down, go out of order.
arızalı 1. defective, out of order. 2. uneven, rough, rugged, broken (country).
arızasız 1. smooth. 2. working, in working order.
arızi 1. accidental, casual. 2. temporary.
Ari 1. (an) Aryan. 2. Aryan, of the Aryans.
ari 1. /dan/ free of. 2. /dan/ lacking. 3. bare, naked.
arif knowing, wise. — **olan anlasın/anlar.** *colloq.* He who is wise will understand.
ârifane 1. sagely. 2. sage (remark, action).
arifane 1. meal to which each participant contributes a dish. 2. (doing something) as a cooperative effort, as a joint effort. — **ile** (doing something) as a cooperative effort, as a joint effort.
arife eve. — **günü** the day before a religious holiday.
Aristo Aristotle.
Aristocu 1. (an) Aristotelian. 2. Aristotelian, pertaining to Aristotelianism.
Aristoculuk Aristotelianism.
aristokrasi aristocracy.
aristokrat, -tı 1. aristocratic. 2. aristocrat.
aristokratlık aristocracy.
Aristoteles Aristotle.
Aristotelesçi 1. (an) Aristotelian. 2. Aristotelian, pertaining to Aristotelianism.
Aristotelesçilik Aristotelianism.
aritmetik 1. arithmetic. 2. arithmetic, arithmetical. — **dizi** arithmetic series, arithmetic progression. — **işlem** arithmetical operation.
aritmetiksel arithmetic, arithmetical.
ariyet, -ti lent, on loan.
ariyeten as a loan, for temporary use.
ariz amik thoroughly.
Arjantin 1. Argentina, the Argentine. 2. Argentine, Argentinean, Argentinian, of Argentina.
Arjantinli 1. (an) Argentine, (an) Argentinean. 2. Argentine, Argentinean, Argentinian (person).
ark, -kı irrigation trench, canal.
arka 1. the back. 2. back part, rear, back side, reverse. 3. hind, back, posterior. 4. rump, buttocks, fanny. 5. the space behind or beyond. 6. powerful friend, backer, supporter; pull, influence. 7. sequel, the remaining part. 8. a back load (of something). **—dakiler** those left behind (by one who has died or departed). **—dan** 1. from behind, in the back; behind the back. 2. afterwards. **—sına** behind. **—sında** 1. behind. 2. after. **—sından** 1. from behind. 2. after. 3. while (one) is not present. **—sı alınmak** to be ended, be cut off, be stopped. **—sını almak** /ın/ to bring to an end. — **arka** backwards. — **arkaya** one after the other. **—dan arkaya** secretively. — **arkaya vermek** to back each other, join forces. **—sına bakmadan gitmek** to leave without looking back. **—da bırakmak** /ı/ to leave behind. **—sını bırakmak** /ın/ 1. to stop chasing. 2. to stop following up. **—ya bırakmak/koymak** /ı/ to postpone, put off. **—sını/peşini bırakmamak** /ın/ to follow up, stick to. — **bulmak** to find a friend in power. — **çevirmek** /a/ to shun, turn one's back (on). **—sını çevirmek** to turn one's back, refuse to be concerned. — **çıkmak** /a/ to befriend, back. **—sını dayamak** /a/ to rely on the help and protection (of). **—sında dolaşmak/gezmek** /ın/ to pester (someone) about doing something, at every opportunity to urge (someone) to do something. **—sına düşmek/takılmak** /ın/ 1. to follow up (a matter). 2. to follow (someone). **—sı gelmek** to continue. **—sını getirememek** /ın/ to be unable to carry through (a matter). **—da kalanlar** those left behind (by one who has died or departed). **—da kalmak** 1. to stay behind; to be left behind. 2. to be overshadowed, lose by comparison. **—ya kalmak** to be left behind; to lag behind. — **kapıdan çıkmak** 1. to fail out of a school. 2. to be fired for incompetence. **—sı kesilmek** to run out, be used up (and not replenished). **—sından koşmak** /ın/ to pursue (a person) to get a thing done. — **müziği** background music. **—sı olmamak** to be without influential friends, have no pull. **—sı pek** having influence, having connections. — **planda** 1. in the background. 2. of minor

arkabölge importance. **— sayfa** *print.* verso, left page. **—sı sıra** following, right after, on one's heels. **—sını sıvamak/sıvazlamak** /ın/ to compliment, butter up. **— sokak** back street. **—dan söylemek** to talk behind someone's back, gossip. **—sından sürüklemek** /ı/ to influence (someone) to follow or accompany, get (someone) to come along. **—sından teneke çalmak** /ın/ 1. to gossip about, run down. 2. to shout insults at (someone) as he leaves. **—/—sı üstü** on one's back. **—sı var** (for a newspaper serial) to be continued. **—sını vermek** /a/ 1. to lean one's back (against). 2. to rely on (someone's) support. **—dan vurmak** /ı/ to stab (someone) in the back. **—sı yere gelmemek** not to be defeated. **—sı yufka.** 1. This is all there is./There's nothing to follow this *(said when serving a one-course meal)*. 2. He's/She's wearing practically nothing *(said of someone who is wearing thin clothes in cold weather)*. 3. He's/She's got no one substantial backing him/her. **—sında yumurta küfesi yok ya!** *colloq.*, *see* Sırtında yumurta küfesi yok ya!
arkabölge hinterland.
arkadaş friend. **— canlısı** one who values friendship. **— olmak** to become friends.
arkadaşça like friends, in a friendly manner.
arkadaşlık friendship. **— etmek** 1. /a/ to accompany. 2. /la/ to be a friend (of).
arkaik archaic.
arkalamak /ı/ 1. to hoist (something/someone) up onto one's back. 2. to back, support, protect.
arkalı having good connections, having influential friends.
arkalık 1. a sleeveless jacket. 2. back (of a chair, seat, etc.). 3. stout, padded frame (used by a porter to support the load on his back). 4. carrier (of a bicycle).
arkalıklı (chair, seat, etc.) having a back, backed.
arkalıksız (chair, seat, etc.) without a back, backless.
arkdüzen system of ditches for drainage or irrigation.
arkeolog archaeologist, archeologist.
arkeoloji archaeology, archeology.
arkeolojik archaeological, archeological.
arketip, -pi archetype.
Arktik Arctic. **— daire** the Arctic Circle. **— kuşak** the Arctic Zone.
arlanmak to feel ashamed, be ashamed.
arma 1. coat of arms, armorial bearings. 2. *naut.* rigging. 3. *slang* jewelry. 4. *slang* scolding. **—yı doldurmak** *naut.* to tauten the standing rigging. **— donatmak** *naut.* to rig a ship. **— soymak** *naut.* to unrig a ship. **— uçurmak/budatmak** *naut.* to lose the rigging (in a storm).

armada armada.
armador *naut.* rigger.
armadura *naut.* plate at the edge of the deck with holes for fastening rigging.
armağan 1. gift, present. 2. award, prize. **— etmek** /ı, a/ to present (something) as a gift or award to (someone).
armağanlamak /ı/ to present (someone) with a gift or award; to reward.
armalı 1. decorated with a coat of arms; bearing a symbol. 2. *slang* purposely ambiguous (statement), slippery (words).
armatör shipowner.
armatörlük the operation of a shipping line.
armatür 1. armature. 2. condenser plate.
armoni *mus.* harmony.
armonik 1. harmonic, harmonical. 2. harmonica, mouth organ. 3. accordion.
armonika 1. harmonica, mouth organ. 2. accordion.
armonyum harmonium.
armudi pear-shaped.
armudiye a pear-shaped gold medallion.
armut 1. pear. 2. *slang* fool, imbecile, blockhead. **—un/ahlatın iyisini (dağda) ayılar yer.** *proverb* The undeserving are often lucky. **— piş, ağzıma düş.** *colloq.* He expects things to fall into his lap without doing anything about it himself. **—un sapı var, üzümün/kirazın çöpü var demek** to find a fault in everything.
armutkabağı, -nı a pear-shaped gourd.
armuttop, -pu punching bag.
armuz *naut.* seam, joint (between planks).
Arnavut 1. (an) Albanian. 2. Albanian (person). 3. Albanian, of Albania. **— bacası** dormer window. **— peyniri** a ball-shaped goat's-milk cheese from Albania. **— zarı** *slang* loaded die, trick die.
arnavutbiberi, -ni red pepper.
arnavutciğeri, -ni fried liver.
Arnavutça 1. Albanian, the Albanian language. 2. (speaking, writing) in Albanian, Albanian. 3. Albanian (speech, writing); spoken in Albanian; written in Albanian.
arnavutkaldırımı, -nı rough cobblestone pavement.
Arnavutluk 1. Albania. 2. Albanian, Albania, of Albania.
Arnavutluk being an Albanian.
arnavutluk *colloq.* stubbornness, obstinacy. **—u tutmak** *colloq.* to get stubborn.
aroma aroma.
aromalı (something) which has an aroma, aromatic.
aromatik aromatic. **— bileşikler** *chem.* aromatic compounds.
arozöz watering truck, sprinkler.
arp, -pı harp (a musical instrument).

arpa 1. barley. 2. *slang* money. **(bir) — boyu kadar gitmek** to show little progress. **— ektim, darı çıktı.** *colloq.* I did not get what I expected./It was a disappointment. **— şehriye** grain-shaped macaroni.
arpacık 1. sty (on the eyelid). 2. front sight (of a gun).
arpacıksoğanı, -nı shallot.
arpalamak *slang* to have one's business go bad, lose one's job, go broke.
arpalık 1. barley field. 2. barley bin; granary for barley. 3. mark on the nippers of a young horse which wears away with old age. 4. *hist.* a regular grant given to various officials and personages. 5. *colloq.* a person from whom a sponger benefits; a place or situation that supports a sponger. **— yapmak** /ı/ *colloq.* to exploit (a place) as an easy source of income or comfort.
arpasuyu, -nu beer.
arpej *mus.* arpeggio.
arsa plot of vacant land, vacant lot, building site.
arsenik *chem.* arsenic.
arsıulusal international.
arsız 1. shameless; impudent, insolent; saucy, troublesome, spoiled (child); bold, pushing, importunate. 2. vigorous (plant), encroaching.
arsızca 1. unabashedly, impertinently. 2. impertinent (action).
arsızlanmak to act shamelessly, be impudent or importunate.
arsızlaşmak to become impudent.
arsızlık 1. shamelessness, impudence, insolence. 2. boldness, importunity. **— etmek** to behave shamelessly.
arslan lion.
arş *mil.* March.
arş *Islam* the highest heaven.
arş trolley pole.
arşe violin bow.
arşın ell, yard, cubit (a unit of length ranging between 60 and 70 cm.).
arşınlamak /ı/ 1. to measure by the yard. 2. to stride through.
arşidük, -kü archduke.
arşiv archives.
art 1. back, behind, rear; hinder part, hind. 2. the space behind. 3. sequel. **—ından** 1. following. 2. in pursuit of. 3. immediately after. **—ını almak** /ın/ to complete. **—ı arası kesilmemek** to continue without a break, go on incessantly. **— arda** one after another, continually. **—ı arkası gelmemek** not to come to an end. **—ından atlı/tatar kovarcasına** (running) as if chased by the devil. **—ını bırakmamak** /ın/ to follow up, stick to. **—ına düşmek** /ın/ 1. to follow in the steps of. 2. to pursue, follow up. **— düşünce** hidden intent. **— elden** underhandedly, slyly. **—ına kadar açık** wide open (door, window). **—ı kesilmek** to run out, cease to be available. **—ını kesmek** /ın/ to stop, prevent, end. **— niyet** hidden intent. **—ından sapan taşı yetişmez.** *colloq.* He goes (is going) very fast. **—ı sıra** 1. behind, (trailing) along behind. 2. immediately after. **—ı sıra gitmek** /ın/ to follow, trail after. **— teker** back wheel.
artağan exceptionally fruitful, very productive.
artağanlık fruitfulness, productivity.
artakalan 1. what is left over. 2. still existing even though outdated.
artakalmak /dan/ to be left over, remain over (from).
artam excellence, merit.
artamlı excellent, virtuous.
artan remaining, left over.
artavurt back part of a cheek pouch. **— ünsüzü** *phonetics* lateral consonant.
artçı 1. rear guard. 2. archaist, archaizer.
artçılık guarding the rear.
artdamak hard palate. **— ünsüzü** *phonetics* velar consonant.
arter 1. *anat.* artery. 2. artery, arterial road.
arterioskleroz *path.* arteriosclerosis.
arterit, -ti *path.* arteritis.
artezyen artesian well. **— kuyusu** artesian well.
artı 1. *math.* plus. 2. positive. **— sayı** positive number. **— uç** 1. positive pole (on a storage battery). 2. anode. **— yük** positive charge. **— yüklü** positively charged.
artık 1. left, left over. 2. remnant, residue. 3. superfluous, redundant, extra. **— kasım** *path.* extrasystole. **—/fazla mal göz çıkarmaz.** *proverb* A little extra does no harm.
artık 1. now, well then. 2. finally; from now on. 3. any more *(used with a negative verb)*.
artıkdeğer profit.
artıkgün leap-year day, leap day, February 29th.
artıklama redundancy, padding.
artıkyıl leap year.
artım increase.
artımlama repetition for effect, reiteration.
artımlı 1. increasing, multiplying. 2. swelling, that swells when cooked.
artınılmak 1. to be increased. 2. to be saved, be accumulated. 3. (for a bid) to be raised.
artınım 1. economy, saving. 2. raise, increase in income. 3. *mus.* augmentation.
artırma 1. saving, economizing. 2. auction.
artırmak 1. /ı/ to increase, expand, add to. 2. /ı/ to leave some (of something) over purposely, save. 3. /ı/ to offer more (for), raise the bid for (at an auction). 4. to go too far.
artırmalı by auction. **— satış** auction.
artış increase, augmentation.
artist, -ti 1. actor; actress. 2. performer. **— gibi**

artistik 46

tall and handsome, shapely and beautiful.
artistik artistic. — **patinaj** figure skating.
artistlik 1. being an actor or an actress. 2. acting (as a profession).
artmak 1. to increase. 2. to remain, be left over.
artrit, -ti *path.* arthritis.
artroz *path.* arthrosis.
artzamanlı *ling.* diachronic.
artzamanlılık *ling.* diachrony.
aruz prosody written according to the rules of classical Ottoman poetry.
arya *mus.* aria.
Aryanizm Arianism.
aryetta *mus.* arietta.
aryoso *mus.* arioso.
arz the earth.
arz 1. width. 2. latitude. — **dairesi** parallel of latitude.
arz 1. presentation, demonstration, showing. 2. *com.* supply. — **etmek** 1. /ı, a/ to present (a gift, a petition, one's compliments) to. 2. /ı/ to show, give the appearance of. 3. /ı, a/ to offer (something) for (sale). — **ve talep** *com.* supply and demand.
arzu wish, desire, longing. — **etmek** /ı/ to wish (for), want; to long (for), desire. —**sunda olmak** to have a wish (to do something). — **üzerine** on request.
arzuhal, -li petition, written application. — **gibi/kadar** very long (letter).
arzuhalci writer of petitions, street letter-writer.
arzuhalcilik the job of a street letter-writer.
arzulamak /ı/ to wish (for), want; to long (for), desire.
arzulu desirous, wishing, longing.
As. (*abbr. for* **Askeri**) mil. (military).
as 1. *playing cards* ace. 2. ace, champion.
as *zool.* ermine, stoat.
asa scepter, staff, stick, baton.
asabi 1. nervous, irritable, on edge. 2. neural.
asabileşmek to get nervous, be irritated.
asabilik nervousness, irritability.
asabiye 1. nervous diseases. 2. neurology, neuropathology.
asabiyeci nerve specialist, neurologist, neuropathologist.
asabiyet, -ti nervousness, irritability.
asal 1. basic, fundamental. 2. *med.* basal. — **sayı** prime number.
asalak 1. parasite. 2. *colloq.* hanger-on, sponger.
asalakbilim parasitology.
asalaklık 1. parasitism. 2. *colloq.* sponging, freeloading.
asalet, -ti 1. nobility, nobleness. 2. definitive appointment. 3. *lit.* elevated style of expression.
asaleten *law* (functioning) as the principal person and not as a representative.
asamble assembly, council.

asansör elevator, *Brit.* lift.
asap nerves. — **bozukluğu** a nervous upset. —**ı bozulmak** to get nervous, be upset. —**ına dokunmak** /ın/ to get on (one's) nerves, irritate.
asar monuments, works.
asanatika antiquities, ancient monuments.
asayiş public order, public security. — **berkemal.** All's well.
asbaşkan deputy chief, vice-president.
asbest, -ti *geol.* asbestos. — **yünü** asbestos yarn, asbestos.
aselbent 1. storax, gum benzoin. 2. *bot.* storax.
asenkron asynchronous.
asepsi *med.* asepsis.
aseptik *med.* aseptic.
asetat, -tı 1. *chem.* acetate, a salt, ester, or acylal of acetic acid. 2. *print.* acetate.
asetilen *chem.* acetylene.
aseton *chem.* acetone.
asfalt, -tı 1. asphalt. 2. paved with asphalt. 3. paved road. — **biti** *slang* VW bug.
asfaltlamak /ı/ to asphalt, pave with asphalt.
asfaltlanmak to be asphalted, be paved with asphalt.
asfalyaları gevşemek *slang* to go weak, become too limp to stand.
asgari minimum, least. — **ücret** minimum wage.
ası profit, benefit.
ası 1. being suspended. 2. suspense. —**da olmak/kalmak** to be in suspense.
ası poster, placard, bill.
asıcıl selfish.
asık 1. sulky. 2. hanging. — **surat** sullen face. — **suratlı/yüzlü** sulky, sullen.
asıl, -slı 1. original, the original. 2. origin, original form. 3. truth, reality; basis. 4. actual, true; real, essential. 5. the most important, main. 6. actually, essentially. —**ında** actually, essentially; originally. —**ı astarı** essence, true form. —**ı astarı/faslı olmamak** to be unfounded, not to be true. —**ına bakılırsa** the truth of the matter (is). —**ı çıkmak** to be confirmed. —**ı esası/faslı yok.** There is no truth in it. —**ı nesli** origin, background. — **sayılar** *math.* cardinal numbers. —**ı var.** It is substantially true./It is founded on fact. — **vurgu** *phonetics* primary accent. —**ı yok.** It is not true.
asılanma profiting, benefiting.
asılanmak /dan/ to profit (from), benefit (from).
asılı 1. hanging, suspended. 2. in suspense.
asılmak 1. to hang, be hung. 2. to be hanged. 3. to insist. 4. /a/ *slang* to pester, bother. 5. /a/ to pull hard. **Asılma, depoya gider.** *slang* Don't bother her, she is an honest woman.
asılsız unfounded; insubstantial, trifling.
asıltı *phys.* suspension.
asılzade 1. nobleman, aristocrat, peer. 2. feudal lord. 3. *slang* pimp, procurer, pander.

asım hanging, suspension. — **takım** jewelry, ornaments.
asıntı 1. delay. 2. pestering, bothering. **—ya bırakmak** /ı/ to delay, postpone.
asır, -srı 1. century. 2. age, time, period, era. **Asrı Saadet** the era of the Prophet.
asırlık a century old.
asi 1. rebellious, refractory. 2. rebel.
asil 1. noble, aristocratic. 2. honorable, praiseworthy, noble (action). 3. definitively appointed, permanent (official). 4. performing the duties of an office by right and not as a substitute. 5. *law* principal (as distinguished from an agent).
asileşmek to rebel, become rebellious, be unruly.
asilik 1. rebelliousness. 2. rebellion. **— etmek** to rebel.
asillik nobility, high birth, blue blood.
asilzade *see* **asılzade.**
asimetri asymmetry.
asimetrik asymmetric.
asistan 1. assistant (professor). 2. assistant doctor.
asistanlık assistantship.
asit *chem.* acid.
asitborik *chem.* boric acid.
asitli acidic, containing acid.
As. İz. (*abbr. for* **Askeri İnzibat**) MP (Military Police).
askat, -tı submultiple, aliquot part; division.
asker 1. soldier; soldiers. 2. military service. 3. respectful toward social conventions. 4. militant, valiant. 5. *slang* money. **—e alınmak** to be drafted. **—e almak** /ı/ to draft, enlist, recruit. **—e çağırmak** /ı/ to draft. **—e çağırılmak** to be drafted. **— çantası** soldier's knapsack. **—e gitmek** to go to do one's military service, go into the army. **— kaçağı** deserter. **— ocağı** place of military service. **— olmak** to join the army. **— tayını** soldier's ration. **— yazmak** /ı/ to enroll or enlist (someone) in the army.
askerce 1. soldierly, befitting a soldier, military (act). 2. as a soldier should.
askeri military, pertaining to the army. **— akademi** military academy. **— bando** military band. **— bölge** military zone. **— heyet** military mission. **— inzibat** military police, military policeman. **— karakol** military guard post. **— mahkeme** military court, court-martial. **— suç** military offense.
askerileşmek to become militarized.
askerileştirmek /ı/ to militarize.
askerlik 1. the military profession. 2. compulsory military service. **— çağı** draft age. **— dairesi** regional draft office. **— etmek** to do one's military service. **— hizmeti/görevi** compulsory military service. **— öğrenimi** military training.
— şubesi local draft office. **— yapmak** to do one's military service. **— yoklaması** roll call of those awaiting the draft.
askı 1. hanger, hook, anything by which another thing is suspended. 2. suspenders, *Brit.* braces. 3. clothes hanger. 4. coat rack. 5. *med.* sling. 6. the posting (of an announcement). 7. fruit threaded and hung for drying. 8. necklace or gold chain worn by women. 9. twigs placed so that silkworms will spin their cocoons on them. 10. something hung on the wall of a coffee house as a reward for the winner of a minstrelsy contest. 11. a piece of cloth hung at the top of a newly completed house by the owner as a reward for the builder. 12. a piece of cloth tied to the wedding vehicle as a present for the driver. 13. decorations hung above the bride's throne at a wedding. **—ya almak** /ı/ 1. to prop up (a building) temporarily (for repairs). 2. to lift (a sunken or disabled ship) by lines from other ships. **—da bırakmak** /ı/ to leave in doubt, shelve (a matter). **—ya çıkarmak** /ı/ to post (the banns). **—ya çıkmak** (for a silkworm) to start spinning its cocoon. **—da kalmak** to be unresolved, remain in suspense.
askıcı 1. dealer in suspenders or coat hangers. 2. *slang* slow to pay debts.
askılı having a suspender or hanger. **— etek** a skirt with shoulder straps, a kind of jumper.
askılık coat rack.
askıyeri, -ni coat closet.
asla never, by no means.
Aslan *astrology* Leo.
aslan 1. lion. 2. brave man, plucky person. **A—ım!** *colloq.* My good friend! (*a complimentary address that sometimes introduces a request*). **— ağzında olmak** to be very hard to get. **— gibi** 1. like a lion, strongly built (person). 2. healthy. **— kesilmek** to become as bold and strong as a lion. **— payı** the lion's share. **— sütü** *colloq.* raki. **— sütü emmiş** brave, heroic. **— yürekli** lionhearted.
aslanağzı, -nı 1. *bot.* snapdragon. 2. fountain spout in the shape of a lion's head.
aslanca heroically.
aslen originally, fundamentally, essentially, basically.
asli fundamental, essential, principal, original. **— ceza** *law* the basic punishment given to one found guilty of a crime. **— dava** *law* principal claim; principal action. **— haklar** *law* fundamental rights. **— maaş** basic salary (of which the actually paid salary is a multiple). **— nüsha** original text. **— üye** founding member.
asliye mahkemesi, -ni court of first instance.
asma *bot.* 1. vine. 2. grapevine. **— bıyığı** tendril. **— çubuğu** vine stem, shoot of a grapevine.

— dikmek *slang* to refuse to pay back a loan. **— kütüğü** vine stock. **— yaprağı** grape leaf.
asma 1. suspension. 2. suspended, hanging. **— kat** mezzanine. **— kilit** padlock. **— köprü** suspension bridge.
asmabahçe hanging garden.
asmak 1. /ı, a/ to hang (something) up (on), suspend (something) (from). 2. /ı/ to hang (a person). 3. /ı/ *slang* to skip (school), play hooky (from), play truant (from). 4. /ı/ *slang* to refuse to pay back (a debt). 5. /ı/ *slang* to escape from the companionship of (another) (on the road). 6. /ı/ *slang* to neglect. 7. /ı/ *slang* to skip out on (a job, an obligation). **Astığı astık, kestiği kestik.** *colloq.* What he says goes. **asıp kesmek** 1. to act despotically; to play the tyrant. 2. to use threats.
asmakabağı, -nı a long edible squash.
aspidistra *bot.* aspidistra.
aspiratör 1. small fan fixed in a windowpane; exhaust fan, suction fan. 2. *med.* aspirator.
aspirin aspirin.
asri modern, up-to-date.
asrileşmek to be modernized.
asrileştirmek /ı/ to modernize, make (something) modern.
asrilik modernity.
Ass. (*abbr. for* **Asistan**) Ass., Asst. (Assistant).
ast, -tı a subordinate.
ast- *prefix* 1. under-, sub-. 2. second ...; vice-; deputy ...; *mil.* junior ....
astar 1. *tailor.* lining. 2. priming coat, undercoat. 3. primer, priming, undercoater, undercoating, undercoat. 4. caulking. **— boyası** undercoat, priming. **— kaplama** the layer next to the outer layer in plywood. **— kaplamak/koymak** /a/ to line (a garment). **— vurmak** /a/ to prime. **—ı yüzünden pahalı olmak** 1. to be expensive because money was wasted on extraneous matters. 2. (for a project) to cost more than it is worth.
astarlamak /ı/ 1. *tailor.* to line (a garment). 2. to prime, undercoat.
astarlı 1. *tailor.* lined. 2. primed, undercoated.
astarlık 1. *tailor.* (material) for lining. 2. suitable for use as a primer.
asteğmen *mil.* lowest ranking army officer (below a second lieutenant).
asteğmenlik *mil.* lowest rank of army officer.
astım *path.* asthma.
astımlı *path.* asthmatic.
astırmak /ı, a/ to have (something) hung.
astigmat, -tı astigmatic.
astigmatizm astigmatism.
astik *slang* pimp, procurer, pander.
astragan astrakhan.
astrofizik astrophysics.
astrolog astrologer.
astroloji astrology.
astronom astronomer.
astronomi astronomy.
astronomik astronomical, astronomic. **— fiyat** surprisingly high price, astronomic price. **— rakam** incomprehensibly high figure, astronomical number.
astronot, -tu astronaut.
astronotluk status of an astronaut.
astropika subtropics.
astropikal subtropical.
Astsb. (*abbr. for* **Astsubay**) NCO (Noncommissioned Officer).
astsubay *mil.* noncommissioned officer. **— başçavuş** noncommissioned officer of the second rank. **— çavuş** noncommissioned officer of the fourth rank. **— kıdemli başçavuş** noncommissioned officer of the highest rank. **— üstçavuş** noncommissioned officer of the third rank.
astsubaylık *mil.* the rank or duties of a noncommissioned officer.
asude quiet, tranquil, at rest.
Asur 1. Assyria. 2. Assyrian, of Assyria.
Asurca 1. Assyrian, the Assyrian language. 2. (speaking, writing) in Assyrian, Assyrian. 3. Assyrian (speech, writing); spoken in Assyrian; written in Assyrian.
Asya 1. Asia. 2. Asian, of Asia.
Asyalı 1. (an) Asian. 2. Asian (person).
asyön a direction on the compass intermediate between two cardinal directions.
aş cooked food. **— damı** *prov.* kitchen. **— deliye kalmak** to have rival claimants drop out and thus get a hold on something. **— ocağı** soup kitchen. **—ta/çorbada tuzu bulunmak** to make a contribution, however small. **— yermek** (for a pregnant woman) 1. /a/ to crave (a food). 2. to crave certain foods.
Aş., A.Ş. (*abbr. for* **Anonim Şirketi**) JSC (Joint-Stock Company).
aşağı 1. the lower part, bottom. 2. the one below. 3. lower. 4. poor in quality, inferior; low in value. 5. commonplace, common. 6. down, downstairs. **—da** 1. below. 2. downstairs. **—ya** 1. down, downwards. 2. downstairs. **— almak** /ı/ to pull down, bring down. **—dan almak** to ingratiate oneself, adopt a humble attitude. **— düşmek** 1. to fall. 2. to decline. **— görmek** /ı/ to look down (on), despise. **— kalır yeri/yanı olmamak** /dan/ to be at least as good (as). **— kalmak** /dan/ to fall short (of). **— kalmamak** /dan/ not to be inferior (to). **— kurtarmaz.** 1. I can't sell it any cheaper. 2. Nothing less will do. **— tabaka** mob, lower class. **— tükürsem sakal/sakalım, yukarı tükürsem bıyık/bıyığım.** *colloq.* I am faced with an impossible choice. **— yukarı** approximately, more or less. ... **aşağı** ... **yukarı**

used in expressions such as: **Hasan aşağı Hasan yukarı.** It's "Hasan" all the time, nothing but "Hasan." **—lı yukarılı** 1. having an upper and a lower part; having two floors. 2. upstairs and downstairs.
aşağılama belittling, denigration.
aşağılamak /ı/ to run down, denigrate.
aşağılaşmak to become inferior, degenerate.
aşağılatmak /ı, a/ to have (someone) run down.
aşağılık 1. vulgarity. 2. coarse, vulgar. **— duygusu/kompleksi** *psych.* inferiority complex.
aşağısama contempt.
aşağısamak /ı/ to despise, hold in contempt.
aşağsama *see* **aşağısama.**
aşağsamak /ı/ *see* **aşağısamak.**
aşama 1. rank, degree, level, grade, position. 2. stage, phase. 3. *mus.* modulation. **— aşama** gradually, by degrees. **— düzeni/sırası** hierarchy.
aşamalı gradual.
aşçı cook. **— baltası** butcher's cleaver.
aşçıbaşı, -nı head cook, chef.
aşçılık cooking, cookery.
aşermek (for a pregnant woman) 1. /a/ to crave (a food). 2. to crave certain foods.
aşevi, -ni 1. small restaurant. 2. soup kitchen. 3. temporary kitchen. 4. kitchen in a dervish lodge.
aşhane soup kitchen.
aşı 1. vaccine. 2. vaccination, inoculation. 3. grafting, budding. 4. scion, graft, bud (put into the stock). 5. artificial insemination. **— iğnesi** hypodermic needle. **— kâğıdı** certificate of vaccination. **— kalemi** cutting used for grafting. **— olmak** to be vaccinated, be inoculated. **— tutmak** (for a vaccination or graft) to take. **— yapmak** /a/ 1. to vaccinate, inoculate. 2. to graft, bud.
aşıboyalı painted the color of red ocher.
aşıboyası, -nı 1. red ocher. 2. brick red.
aşıcı 1. vaccinator. 2. grafter (of trees).
âşık 1. in love. 2. lover. 3. wandering minstrel, bard, troubadour. 4. absentminded person. **Â—!** Dear! *(a familiar form of address).* **—ısı** lover (of), devotee (of). **—lar kahvesi** coffee house frequented by wandering minstrels. **— olmak** /a/ to fall in love (with).
aşık *anat.* astragalus, talus, anklebone, hucklebone. **— atmak/oynamak** 1. to play knucklebones. 2. /la/ to vie, compete with (a superior). **—ı bey/cuk/çuk oturmak** *colloq.* to have everything going smoothly. **— kemiği** *anat., see* **aşık. — oyunu** knucklebones.
aşık purlin, horizontal beam.
âşıkane 1. amorously. 2. amorous (action, behavior).
âşıklık love, devotion, attachment.
âşıksazı, -nı the largest of the plucked string instruments used in Turkish folk music.

âşıktaş sweetheart.
âşıktaşlık flirtation, love affair. **— etmek** to flirt.
aşılama 1. vaccination, inoculation. 2. grafting, budding. 3. newly grafted (tree). 4. infection, spreading of an infection. 5. inculcation. 6. breeding; impregnation. 7. *prov.* cooling or warming (a beverage) by adding a liquid to it. 8. *prov.* cooling (a beverage). 9. *prov.* mixing (one thing) with (another). 10. *prov.* beverage that has been cooled or warmed by a liquid's having been added to it. 11. *prov.* cool beverage. 12. *prov.* drink made by blending two beverages. 13. grafted (plant). 14. *prov.* (beverage) that has been cooled or warmed by a liquid's having been added to it. 15. *prov.* cool beverage. 16. *prov.* (beverage) that has had another beverage added to it.
aşılamak 1. /ı/ to vaccinate, inoculate. 2. /ı, a/ to graft, bud (a graft) on to (a stock). 3. /ı, a/ to infect (someone) (with). 4. /ı, a/ to inculcate, instill (ideas) (in). 5. /ı/ to breed (animals); to impregnate (a female animal). 6. /ı/ *prov.* to cool or warm (a beverage) by adding a liquid to it. 7. /ı/ *prov.* to cool (a beverage). 8. /ı, a/ *prov.* to mix (one thing) with (another).
aşılanmak 1. to be vaccinated, be inoculated. 2. to be grafted, be budded. 3. (for animals) to be bred; (for a female animal) to be impregnated.
aşılatmak 1. /ı/ to have (someone) vaccinated; to allow (someone) to be vaccinated; /a, ı/ to have (one person) vaccinate (another). 2. /ı/ to have (a plant) grafted; /a, ı/ to have (someone) graft (a plant). 3. /ı/ to have (animals) bred; /a, ı/ to have (someone) breed (animals); /ı/ to have (a female animal) impregnated; /a, ı/ to cause (a male animal) to impregnate (a female animal).
aşılı 1. vaccinated, inoculated. 2. grafted or budded (plant). 3. (animals) which have been bred; (female animal) which has been impregnated.
aşım 1. insemination, breeding (of animals); impregnation (of a female animal). 2. *mus.* crossing of parts. 3. passage, lapse (of time). **— istasyonu** animal breeding station.
aşındırmak /ı/ 1. to abrade, wear away. 2. to eat away.
aşınım 1. erosion. 2. corrosion.
aşınma 1. corrosion. 2. wear and tear. 3. erosion. **— payı** amortization.
aşınmak 1. to wear away, be abraded, be corroded, be eroded. 2. to lose its value, depreciate.
aşıntı worn spot.
aşıramento *slang* theft. **— etmek** /ı/ *slang* to walk off with, swipe.
aşırı 1. excessive, extreme. 2. excessively,

aşırıbellem

extremely. 3. over, beyond. 4. every other: **gün aşın** every other day. **— derecede** excessively. **— gitmek** to go beyond bounds, overshoot the mark, exceed the limit. **— istek** passionate desire. **— uç** either of the extreme ends of the political spectrum. **— uzay** hyperspace.

aşırıbellem hypermnesia.
aşırıbesi overfeeding, overeating.
aşırıcılık 1. excessiveness, extravagance. 2. plagiarism.
aşırıdoyma supersaturation.
aşırıduyu hyperesthesia.
aşırıergime *phys.* supercooling.
aşırılık excessiveness.
aşırılmak 1. /dan, a/ to be conveyed or passed over (one place) to (another); /dan/ to be gotten over, be passed over (a high place); /dan, a/ (for goods) to be transported through (one place) to (another place); /dan/ to be propelled over (the heads of others). 2. (for a danger) to be avoided. 3. *colloq.* to be swiped, be stolen. 4. to be plagiarized. 5. /a/ to be grabbed and taken to (a place). 6. (for a limit) to be exceeded. 7. (for an unwanted visitor) to be gotten rid of, be put off.
aşırma 1. /ı, dan/ getting (something) over (a high place); /ı, dan/ propelling (something) over (the heads of others); /ı, dan, a/ transporting (goods) through (one place) to (another). 2. /ı/ *colloq.* stealing, theft. 3. plagiarizing, plagiarism. 4. purlin, purline. 5. girth (for a saddle, pack, etc.). 6. (something) which has been stolen, stolen (article). 7. plagiarized. **— ateşi** *mil.* overhead fire. **— kayış** belt (used to drive a machine). **— yelken** *naut.* lugsail.
aşırmacılık 1. taking things without the owner's permission. 2. plagiarism.
aşırmak 1. /ı, dan/ to get (something) over (a high place); /ı, dan/ to propel (something) over (the heads of others); /ı, dan, a/ to transport, convey (goods) through (one place) to (another place). 2. /ı/ to steer clear of, manage to avoid (a danger). 3. /ı/ *colloq.* to make off with, swipe, steal. 4. /ı/ to plagiarize. 5. /ı, a/ to grab (someone/something) and take it to (a place). 6. /ı/ to exceed (a limit). 7. /ı/ to get rid of (an unwanted visitor) without offending him/her.
aşırmasyon *slang* theft, stealing.
aşırtı embezzlement.
aşırtıcı embezzler.
aşırtma 1. /a, ı, dan/ causing or allowing (someone) to get (something) over (a high place); causing or allowing (someone) to propel (something) over (the heads of others). 2. /ı, dan/ getting (something) over (a high place); propelling (something) over (the heads of others).
aşırtmak 1. /a, ı, dan/ to cause or allow (someone) to get (something) over (a high place); /a, ı, dan/ to cause or allow (someone) to propel (something) over (the heads of others); /a, ı/ to cause or allow (someone) to cross (a high place). 2. /a, ı/ to cause (someone) to avoid (a danger). 3. /a, ı/ *colloq.* to make (someone) steal (something); to allow (someone) to steal (something). 4. /a, ı/ to have (someone) plagiarize (something). 5. /a, ı/ to have (someone) get rid of (an unwanted visitor) without offending him/her. 6. /ı, dan/ to get (something) over (a high place); to propel (something) over (the heads of others).
aşısız 1. unvaccinated. 2. ungrafted.
aşıt, -tı 1. mountain pass. 2. viaduct. 3. a place or difficulty to be surmounted.
aşıtaşı, -nı *geol.* ocher.
aşifte lascivious woman, *Brit.* tart.
aşikâr manifest, evident, clear, open.
aşina 1. familiar, well-known. 2. acquaintance. 3. /a/ knowing, acquainted (with).
aşinalık 1. acquaintance, intimacy. 2. gesture of salutation. **— göstermek** /a/ to show an interest in (someone), be concerned (for).
aşiret, -ti tribe, nomadic tribe.
aşk, -kı love, passion. **—ına** for the sake of: **Allah aşkına** for the love of God, for Heaven's sake. **— çekmek** *colloq.* to suffer the pangs of love. **— etmek** /ı, a/ to land (a blow) on (someone's face). **—a gelmek** to go into a rapture, be enraptured. **— ile** with great zeal.
aşkın 1. excessive. 2. /ı/ more than, over, beyond. **— sigorta** overinsurance.
aşkın transcendent, transcendental.
aşkınlık transcendence.
Aşkolsun! 1. *colloq.* Well done!/Bravo! 2. *colloq.* Shame on you! 3. *a greeting used among dervishes.*
aşlama *see* **aşılama.**
aşlamak /ı/ *see* **aşılamak.**
aşlık 1. provisions, supplies of food for cooking. 2. wheat (dry grain).
aşma 1. passing, crossing, passage. 2. surpassing, exceeding.
aşmak 1. /ı/ to cross, traverse (a mountain, a river, a sea); to go through (a forest); to traverse (a road). 2. /ı/ to overcome, surmount (an obstacle). 3. /ı/ to exceed, go beyond (a limit). 4. /ı/ to exceed (a specified period of time). 5. /ı/ to overtake, pass. 6. /a/ (for a male animal) to cover, serve, service, copulate with (a female animal). 7. *slang* to slip away, disappear.
aşna fişne *slang* 1. secret mistress; secret lover. 2. secret love affair.

aşnı archaic, ancient.
aşnılama *theat.* aging (of a set).
aşnılık 1. being outdated; being antiquated. 2. archaism.
aştırmak /a, ı/ 1. to cause or allow (someone) to cross or traverse (a mountain, a river, a sea, a forest); to cause or allow (someone) to traverse (a road). 2. to have (a male animal) serve (a female animal); to allow (a male animal) to serve (a female animal).
aşure pudding made with cereals, sugar, and raisins. **— ayı** the month of Muharram.
aşurelik suitable for making **aşure.**
aşüfte lascivious woman, *Brit.* tart.
AT (*abbr. for* **Avrupa Topluluğu**) EC (the European Community).
at, -tı horse. **—ı alan Üsküdar'ı geçti.** *colloq.* It is far too late now (to rectify it). **—/—lar anası** mannish woman with large features. **— başı beraber/bir** both in the same condition, on the same level. **—a binmek** to mount a horse; to ride a horse. **— cambazı** 1. equestrian performer, show rider. 2. horse dealer, horse trader. **— çalındıktan sonra ahırın kapısını kapamak** to lock the barn door after the horse is stolen. **—a et, ite ot vermek** to distribute work or goods without considering the needs and skills of those involved. **— gibi** huge (woman). **— hırsızı gibi** shifty-looking big (man). **—tan inip eşeğe binmek** to come down in the world. **— izi it izine karışmak** to be such a confused society that one can't tell the good people from the worthless. **— kılı** horsehair. **— koşmak /a/** to hitch a horse to (a carriage). **— koşturmak** 1. to gallop, gallop a horse, ride at a gallop. 2. *colloq.* to fool around, chase rainbows. **— koşturacak kadar büyük/geniş** huge (room, house, etc.). **— meydanı** hippodrome. **— nalı** horseshoe. **— nalı kadar** immense (medal, medallion, ornament). **— oynatmak** 1. to show off one's skill as a horseman. 2. **/la/** to compete (with). 3. **/da/** to rule, establish one's overlordship (over). 4. to act as one wishes. 5. **/da/** to be knowledgeable in (a subject). **—ın ölümü arpadan olsun.** *proverb* It is not worth depriving oneself of something one likes for fear of bad consequences. **— pazarı** horse market. **— pazarında eşek osurtmuyoruz.** *vulg.* Shut up and listen to what I'm saying. **—ını sağlam kazığa bağlamak** to take precautions in one's business. **— yarışı** horse race.
Ata the short form of Atatürk.
ata 1. father. 2. ancestor.
atabek, atabey 1. tutor to a (Seljuk) prince. 2. atabeg.
atacılık atavism, reversion.
ataç ancestral.

ataerki, -ni *sociol.* patriarchy.
ataerkil *sociol.* patriarchal.
atak rash, audacious, reckless.
ataklık rashness, audacity, recklessness.
atalet, -ti 1. laziness, lassitude. 2. being unemployed, unemployment. 3. inertia.
atalık fatherliness.
atama appointment, appointing, assignment, assigning.
atamak /ı, a/ to appoint (someone) to, assign (someone) to.
ataman ataman, hetman.
atanma appointment, being appointed, assignment, being assigned.
atanmak /a/ to be appointed (to), be assigned (to).
atardamar *anat.* artery. **— yangısı** *path.* arteritis.
atardamaryolu, -nu *anat.* ductus arteriosus.
atarkanal *anat.* ejaculatory duct.
atar-toplardamar arteriovenous.
atasözü, -nü proverb.
ataş paper clip.
ataşe attaché.
Atatürk Mustafa Kemal Atatürk, founder and first president of the Turkish Republic.
Atatürkçü one who adheres to Atatürk's doctrine, Kemalist.
Atatürkçülük 1. Atatürk's political doctrine, Kemalism; the system of reforms and development introduced by Atatürk. 2. the conviction that it is necessary to continue these reforms.
atavik *biol.* atavistic.
atavizm atavism.
atbaklası, -nı *bot.* horsebean.
atçı horse breeder.
atçılık horse breeding.
ateist, -ti 1. (an) atheist. 2. atheistic, atheist.
ateizm atheism.
atelye 1. workshop. 2. studio, atelier.
aterina *zool.* silversides, sand smelt, atherine.
ateş 1. fire. 2. fever, temperature. 3. vivacity, exuberance. 4. zeal, ardor, fervor, vehemence. 5. gunfire; artillery fire. 6. danger; catastrophe. 7. a light (for a cigarette). **A—!** *mil.* Fire! **— açmak /a/** to open fire (on). **— almak** 1. to catch fire, take fire. 2. to be alarmed. 3. (for a gun) to be fired. **— almamak** (for a gun) to misfire. **— almaya mı geldin?** *colloq.* Why are you rushing off? **—e atılmak/(kendini) —e atmak** to throw oneself into the fire, risk one's life blindly. **—e atmak /ı/** to put (someone) in a dangerous position. **— bacayı sardı.** *colloq.* Things have gotten out of control. **—le barut bir arada/yerde olmaz/durmaz.** *proverb* It is dangerous to leave a young couple alone together. **— basmak /a/** to flush and feel hot from tedium, dis-

ateşbalığı 52

comfort, or boredom. **—i başına vurmak** to explode with anger, blow one's top. **— çıkmak** to have a fire break out. **—i çıkmak** to have one's fever go up. **—i düşmek** to have one's fever go down. **— düştüğü yeri yakar.** *proverb* A calamity only really affects its immediate victim. **— düşürücü** antipyretic. **— etmek /a/** to fire (on), shoot (at). **— gemisi** *hist.* fire ship. **— gibi** 1. very hot. 2. very quick, active, agile, intelligent. **— gibi yanmak** to have a fever. **—ten gömlek** ordeal. **—e göstermek /ı/** to heat (something) slightly by holding it to the fire. **— hattı/boyu** firing line. **—ler içinde** feverish, suffering from fever. **— kesilmek** 1. to get very angry. 2. to become industrious and active. 3. for gunfire to stop. **— kesmek** to cease fire. **— kırmızısı** fiery red. **— olmayan yerden duman çıkmaz.** *proverb* Where there is smoke there is fire. **— olsa cirmi/cürmü kadar yer yakar.** *colloq.* He cannot do much harm. **—le oynamak** to play with fire. **— pahasına/pahası** very expensive. **— parçası** 1. very active, industrious. 2. mischievous, naughty (child). **— püskürmek/saçmak /a/** to spit fire (at), be very angry (with). **— saçağı sardı.** *colloq.* Things have gotten out of control. **— tuğlası** firebrick. **—e tutmak /ı/** 1. to heat (something) slightly by holding it to the fire. 2. to subject to gunfire. **—i uyandırmak** to poke up a fire. **— vermek /a/** to set on fire, burn. **—e vermek /ı/** 1. to set fire to. 2. to panic, upset, frighten. 3. to lay waste, ravage, devastate (a country). **—e vurmak /ı/** to put (food) on to cook. **—e vursan duman vermez.** *colloq.* He is remarkably stingy. **— yağdırmak** 1. to shoot repeatedly and continuously. 2. to rant and rave at everybody. **— yakmak** to light a fire. **—ine yanmak /ın/** to be mistreated because of (someone else). **—i yükselmek** to have one's fever go up.

ateşbalığı, -nı *zool.* sardine, pilchard.
ateşböceği, -ni *zool.* firefly.
ateşçi fireman, stoker.
ateşkayığı, -nı a fishing boat with a place for a fire (used as a lure for sardines).
ateşkes cease-fire, armistice, truce.
ateşleme ignition.
ateşlemek /ı/ 1. to set fire (to), ignite. 2. to provoke.
ateşlendirmek /ı/ 1. to enliven. 2. to aggravate, stir up (trouble). 3. to make (someone) feverish.
ateşlenmek 1. to be lit, be ignited. 2. (for a gun) to be fired. 3. to get a fever. 4. to get angry.
ateşletmek /ı, a/ 1. to have (something) put on fire. 2. to have (someone) shoot (a gun).
ateşli 1. fiery. 2. vivacious, fervent. 3. feverish, having a fever. **— silah** firearm.
ateşlik 1. firepan, small brazier. 2. place fit for lighting a fire. 3. fit for burning.
ateşperest, -ti fire-worshiper.
atfen /a/ 1. ascribed to. 2. based on.
atfetmek /ı, a/ 1. to attribute, ascribe, impute (something) to (someone). 2. to direct, turn (one's glance) (to).
Atğm. (*abbr. for* **Asteğmen**) *mil.* lowest ranking army officer (below a second lieutenant).
atıcı 1. marksman, good shot. 2. habitually lying.
atıcılık 1. marksmanship. 2. lying, mendacity.
atıf, -tfi attribution, showing one thing as the cause or origin of another.
atık waste, refuse, garbage. **— su** waste water, sewage.
atık *prov.* small churn.
atıl 1. idle, inactive. 2. lazy. 3. *phys.* inert.
atılgan 1. dashing, bold, reckless, plucky. 2. enterprising.
atılganlık 1. audacity, boldness. 2. enterprise, initiative.
atılım 1. advance, progress, a step forward. 2. *sports* attack.
atılış 1. throw. 2. attack.
atılmak 1. to be thrown. 2. to be fired, be shot off. 3. to be discarded. 4. (for cotton) to be fluffed. 5. /a/ to attack. 6. to break into a conversation, speak up. 7. /a/ to begin, go into.
atım 1. discharge, shooting, shot (of a firearm). 2. range (of a firearm or missile); shot; flight (of an arrow). 3. charge (of gunpowder); round (of ammunition): *Yalnız bir atım barutum kaldı.* I've only got one charge of powder left. 4. *med.* (a) beat, throb (of the heart or pulse). 5. *med.* ejaculation (of semen). **— düzensizliği** arrhythmia.
atımcı cotton or wool fluffer who works with a bow and mallet.
atımlık (a specified number) of (powder) charges: *Beş atımlık barutu kaldı.* He's got five charges of powder left.
atımyolu, -nu *anat.* ejaculatory duct.
atış 1. throwing, throw, shooting, shot; way of throwing. 2. shooting, firing, discharging (of a firearm): *sekme atışı* ricochet fire. 3. beating, beat, throbbing, throb (of the heart or pulse). **— mangası** *mil.* firing squad. **— müfrezesi** *mil.* firing party. **— müsabakası** shooting match. **— rampası** firing ramp (for a rocket). **— vaziyeti** *mil.* firing position. **— yeri/mahalli/meydanı** firing range, rifle range.
atışbilim ballistics.
atışmak 1. to quarrel. 2. /a/ to try to make up with. 3. to engage in a contest of poetic repartee.
atıştırmak 1. /ı/ *colloq.* to bolt (food), gobble (food). 2. /ı/ to gulp down (a drink). 3. to begin to rain or snow slowly.
ati the future.

atik agile, alert. **— tetik** quick, alert, agile.
atik, -ki ancient.
atkestanesi, -ni horse chestnut.
atkı 1. shawl, stole. 2. *weaving* woof, weft. 3. pitchfork. 4. shoe strap. 5. lintel.
atkılamak to weave the woof in.
atkuyruğu, -nu 1. *bot.* mare's-tail. 2. ponytail.
atlama jumping; (a) jump. **— taşı** stepping-stone. **— taşı yapmak** /ı/ to use (a situation or a person) to get a promotion or advancement.
atlamak 1. to jump. 2. /dan/ to jump down (from), leap (from). 3. /a/ to jump into (a taxi/a car); to catch (a plane/a train). 4. *journalism* to miss a scoop. 5. /ı/ to omit, skip, miss, leave out. 6. /da/ to be misled, be mistaken (in). 7. /ı/ *slang* to give, hand over. 8. /a/ *slang* to have intercourse with.
atlambaç leapfrog.
atlandırmak /ı/ 1. to provide (someone) with a mount. 2. to put (someone) on horseback.
atlangıç *prov.* stepping-stone.
atlanılmak /dan/ 1. *impersonal passive* to jump (from). 2. to be jumped.
atlanmak 1. to mount a horse. 2. to acquire a horse.
atlanmak 1. to be jumped. 2. to be skipped.
Atlantik Atlantic, of the Atlantic.
atlas satin.
atlas 1. atlas, map book. 2. illustrations and charts at the end of a book. 3. *anat.* atlas.
atlasçiçeği, -ni *bot.* cactus.
Atlas Okyanusu, -nu the Atlantic Ocean.
atlassediri, -ni *bot.* Atlas cedar.
atlatılmak 1. (for a danger) to be avoided. 2. (for someone) to be put off. 3. /dan/ (for someone/an animal) to be made to jump over (a gap or barrier).
atlatmak /ı/ 1. to make (someone/an animal) jump; to get (someone/an animal) to jump; to let (someone/an animal) jump; to cause (someone/an animal) to jump, jump. 2. to overcome, kick (an illness); to handle (something difficult) successfully, deal with (something difficult) successfully, manage (something difficult) successfully. 3. to put (someone) off, get rid of (someone). 4. (for one news reporter) to scoop, get the jump on, report a piece of news before (another).
atlayış 1. jump, leap, bound, spring. 2. way of jumping.
atlet, -ti 1. athlete trained for and competing in track-and-field events. 2. athlete, person who is good at physical exercises and sports. 3. (man's, sleeveless) undershirt, *Brit.* vest, singlet. **— fanilası** (man's, sleeveless) undershirt, *Brit.* vest, singlet. **— yapılı** athletically built, (someone) who has an athletic build.
atletik 1. track-and-field (event). 2. athletic, pertaining to athletics. 3. athletically built, (someone) who has an athletic build. 4. athletic, befitting an athlete.
atletizm 1. track-and-field events. 2. athletics, sports activities.
atlı 1. horseman, rider; cavalryman. 2. mounted: **atlı polis** mounted policeman. 3. horse-drawn; drawn by (a specified number of) horses: **iki atlı bir araba** a two-horse carriage. **— araba** horse cart, wagon. **— heykel** equestrian statue. **— hücum** cavalry charge. **— kovalamak** to hurry needlessly. **— tramvay** horse-drawn tram.
atlıkaraca 1. rocking horse. 2. merry-go-round, carrousel, carousel.
atlıkarınca 1. merry-go-round, carrousel, carousel. 2. *zool.* a large ant.
atma 1. throwing. 2. dropping. 3. sending (someone) away. 4. *rail.* crosstie, tie, *Brit.* sleeper. 5. *arch.* crosspiece.
atmaca 1. *zool.* sparrow hawk. 2. slingshot.
atmak 1. /ı/ to throw. 2. /ı/ to drop. 3. /ı/ to send away. 4. /ı, a/ to add (something) to (something), put (something) into (something). 5. /ı/ to write (one's signature, the date). 6. /ı/ to put out, extend. 7. /ı/ to carry, take (things from one place to another). 8. /ı/ to fire (a shot, a gun). 9. /ı/ to postpone. 10. /ı, a/ to throw on, put on (a garment). 11. /ı, a/ to impute, throw (the blame) on. 12. /ı, dan/ to expel (someone) from. 13. /ı/ to discard, throw away. 14. /ı/ to stop using, stop wearing. 15. /ı/ to reject, expel. 16. /ı/ to blow up, demolish. 17. *colloq.* to lie, make up stories. 18. to present a guess as if it were a certainty. 19. /ı/ *colloq.* to drink. 20. /ı/ to fluff (cotton) with a bow and mallet. 21. to split, crack, come loose. 22. (for a seam in cloth) to come loose from fraying. 23. (for the heart, an artery) to pulsate, beat. 24. /ı/ to send. 25. /ı/ to let out (a cry, scream, roar of laughter). 26. /ı/ to abandon, give up, be freed from. 27. *slang* to perform (a dance). 28. *slang* to sing (a song). 29. /ı/ to land (a blow). 30. /ı, a/ to make (an inappropriate remark) to. **Atsan atılmaz, satsan satılmaz.** *colloq.* 1. You just can't get rid of him/her. 2. It is too good to throw out and not good enough to use. **Attığı attık, tuttuğu tuttuk.** *colloq.* He gets his own way. **atıp tutmak** 1. /ı/ to run (someone/something) down. 2. to talk big, boast. **attığını vurmak** to be consistently successful, come out on top every time.
atmasyon *slang* 1. (a) lie; pack of lies, bull; guff. 2. false, trumped-up, spurious.
atmasyoncu *slang* 1. bull-shooter, someone prone to fabricate or exaggerate. 2. (someone) who is a bull-shooter.
atmasyonculuk *slang* bull-shooting, being a

bull-shooter.
atmık *prov.* *come, semen.
atmosfer atmosphere.
atmosferik atmospheric.
atol, -lü atoll.
atom atom. — **ağırlığı** atomic weight. — **bombası** atomic bomb, A-bomb. — **çağı** atomic age. — **çekirdeği** atomic nucleus. — **enerjisi** atomic energy. — **reaktörü** nuclear reactor, atomic pile. — **santralı** nuclear power station. — **sayısı/numarası** atomic number.
atomal atomic. — **ağırlık** atomic weight.
atomcu 1. *phil.* atomist, an adherent of atomism. 2. *phil.* (one) who is an adherent of atomism. 3. atomic.
atomculuk *phil.* atomism.
atomik atomic.
atomlamak *slang* to stay back, fail the class.
atonal *mus.* atonal.
atölye 1. workshop. 2. studio, atelier.
atraksiyon 1. (a) number, variety act, (an) attraction; variety acts. 2. variety shows. 3. attraction, magnetic pull.
atraktif attractive.
atrofi atrophy.
atropin atropine.
atsız horseless.
atsineği, -ni *zool.* forest fly, horsefly.
atturmak /ı, a/ to make (someone) throw, expel, throw out, reject, send, or fluff.
aut, -tu *sports* 1. (an) out, ball hit out of bounds. 2. out, out of bounds. **A—!** *sports* Out! (*said of a ball that falls out of bounds*).
av 1. hunt, hunting, chase. 2. game, prey; catch (of fish). 3. victim, prey. — **avlanmış, tav tavlanmış.** *colloq.* It is finished and done./What has happened has happened. — **çantası** game bag. — **a çıkmak** to go out hunting. — **eti** game, meat from game. — **a giden avlanır.** *proverb* A person can fall into his own trap. — **havası** good hunting weather. — **hayvanı** game animal. — **köpeği** hunting dog, hound. — **kuşu** game bird. — **tüfeği** shotgun.
avadan set of tools.
avadanlık 1. set of tools. 2. *slang* penis and testicles.
aval *slang* stupid. — **aval** *slang* stupidly. — **aval bakmak** *slang* to stare stupidly.
aval, -li *com.* 1. endorsement of a bill of exchange by a third party. 2. endorser.
avallık *slang* stupidity.
avam the common people, the lower classes. **A— Kamarası** the House of Commons. — **takımı** the rabble.
avanak *slang* 1. gullible. 2. fool.
avanaklık *slang* gullibility. — **etmek** to let oneself be cheated.
avangar avant-garde; of the avant-garde; produced by a member of the avant-garde; (something) which is avant-garde in nature.
avangart *see* **avangar.**
avanproje rough draft, preliminary draft.
avans *com.* advance (of money). — **almak** 1. to get an advance. 2. /I/ to get (money) in advance. — **çekmek** to get an advance. — **vermek** 1. to advance money. 2. /a/ *slang* to act coquettishly (toward), give the glad eye (to).
avanta *slang* 1. something gotten illicitly for nothing. 2. tip given to a person to keep him quiet when he catches one cheating at cards. 3. cheating with marked cards. —**dan** *slang* free, without payment. — **etmek** *slang* to get something for nothing.
avantacı *slang* freeloader, sponger.
avantacılık *slang* freeloading.
avantaj advantage.
avantajlı 1. advantageous. 2. person who has the advantage. 3. (someone) who has the advantage.
avantajsız 1. unadvantageous, not advantageous. 2. person who does not have the advantage. 3. (someone) who does not have the advantage.
avantür adventure.
avantüriye 1. adventurer. 2. adventurous.
avara *naut.* 1. Shove off!/Push off! 2. (a boat's) shoving off, pushing off. 3. (one boat's) getting clear of (another) (when two boats have been moored side by side). — **etmek** 1. (for a boat) to shove off, push off. 2. /dan/ (for one boat) to get clear of (another) (when two boats have been moored side by side).
avara 1. *prov.* idle; good-for-nothing, no-count, shiftless, incompetent (person). 2. *prov.* good-for-nothing, no-count (thing). 3. *mech.* (something) which will idle a machine: **avara tekerlek** idler wheel. — **ya almak /ı/** to idle, disengage (a part of a machine). — **çark** idler wheel. — **durmak** *prov.* (for someone) to stand around idly. — **kasnak** idler pulley. — **kasnak işlemek** to spin one's wheels, work without accomplishing anything. — **mili** countershaft. —**ya vermek /ı/** to fire, dismiss.
avare 1. (someone) who does little but knock about idly, who just wanders about idly, who just wanders about doing nothing, who is an idle rover; footloose, errant; vagabond. 2. out-of-work, unemployed. 3. distracted, confused. — **dolaşmak** to wander around idly, rove idly. — **etmek /ı/** 1. to keep (someone) from doing his/her work, distract (someone) from his/her work. 2. to put (someone) out of work; to dismiss. 3. to turn (someone) into an idle rover or vagabond. — **olmak** 1. to become an idle rover or vagabond. 2. to be distracted from one's work. 3. to be put out

of work.
avareleşmek to become an idle rover or vagabond.
avarelik being an idle rover or vagabond; idling; vagabondage.
avarya *mar. com.* average, damages sustained by a ship or its cargo.
avaryalı *mar. com.* damaged (cargo, ship).
avaz cry, shout. **— avaz bağırmak** to shout loudly, yell. **—ı çıktığı kadar** at the top of his voice.
avcı 1. hunter, huntsman. 2. predatory, (animal) that is good at hunting. 3. *mil.* skirmisher. 4. *mil.* fighter plane, fighter. 5. *naut.* submarine chaser. **— botu** *naut.* submarine chaser. **— çukuru** *mil.* foxhole. **— eri** *mil.* skirmisher. **— kedi** a good mouser. **— kediye kurnaz fare.** *colloq.* It's possible to outfox a fox. **— uçağı** fighter plane, fighter.
avcılık 1. being a hunter; hunting, huntsmanship. 2. *mil.* being a skirmisher; skirmishing.
avdet, -ti return. **— etmek** to return.
avene helpers, accomplices, gang.
averaj 1. average. 2. *sports* average, ratio which shows the average performance of an athlete or an athletic team.
avgın drainhole in a stone wall.
avisto *com.* at sight.
avize chandelier.
avizeağacı, -nı *bot.* yucca.
avizo dispatch boat.
avlak hunting ground; game country.
avlama 1. hunting. 2. *volleyball* dropping the return gently over the net to an unprotected spot.
avlamak /ı/ 1. to hunt, shoot. 2. to deceive, dupe.
avlanmak 1. to be hunted. 2. to be caught. 3. to go hunting.
avlu court, courtyard.
avokado avocado.
Avrasya Eurasia.
avrat *prov.* 1. woman. 2. wife. **— almak** to take a wife. **— boşamak** to divorce, repudiate a wife. **— pazarı** 1. *hist.* female slave market. 2. marketplace where women sell things.
avret, -ti 1. private parts, genitals. 2. a part of the body that, by religious law, must be covered. **— yeri** private parts, genitals.
avro euro (the common basic monetary unit of most countries of the Eropean Union).
Avrupa 1. Europe. 2. European. **— Birliği** the European Union/Community. **— Ekonomik Topluluğu** the European Economic Community. **— İktisadi İşbirliği Teşkilatı** Organization for European Economic Cooperation. **— Konseyi** the Council of Europe, the European Council. **— Parlamentosu** the Parliament of Europe, the European Parliament. **— Topluluğu** the European Community.

Avrupai European, European style.
Avrupalı 1. (a) European. 2. European (person).
Avrupalılaşmak to become Europeanized.
avt, -tı *see* **aut.**
avuç, -vcu 1. the hollow of one's hand; the palm (of one's hand). 2. (a) handful of, (a) fistful of: **bir avuç gümüş** a handful of silver. **— açmak** 1. /a/ to have to ask (someone) for money. 2. to beg, go begging. **— avuç** 1. a handful to each. 2. by the handful, lavishly. **— dolusu** 1. handful. 2. plenty of, a lot of. **— içi** the palm (of one's hand). **—unun içine almak** /ı/ to take (someone) into one's possession, take complete command of. **—unun içi gibi bilmek** /ı/ to know (a place) like the palm of one's hand, know thoroughly. **— içi kadar** 1. very small, skimpy. 2. narrow (place). **—unun içinde tutmak** /ı/ to have (someone) in the palm of one's hand. **—u kaşınmak** to anticipate getting money. **—una saymak** /ı/ to pay (cash) in hand. **—unu yalamak** to be left empty-handed.
avuçlamak /ı/ 1. to grasp. 2. to take by handfuls.
avukat, -tı lawyer, *Brit.* solicitor, advocate, barrister.
avukatlık 1. the profession of law. 2. the practice of law, the work of a lawyer. 3. unnecessary defense. **— stajı** law apprenticeship.
avunç consolation, comfort.
avundurmak /ı/ to console, comfort.
avunma 1. preoccupation, distraction. 2. consolation, comfort.
avunmak 1. to be consoled, be cheered up. 2. /la/ to be distracted, be preoccupied (with). 3. (for an animal) to be bred, become pregnant.
avuntu consolation, that which brings consolation.
avurt pouch of the cheek. **—u avurduna geçmek** to grow lean and gaunt. **—u avurduna göçmüş/geçmiş** having sunken cheeks. **—ları çökmek** to have sunken cheeks, be gaunt. **— satmak/şişirmek** *colloq.* to brag, talk big. **— zavurt etmek** *colloq.* 1. to brag. 2. to threaten others, browbeat people.
avurtlamak *slang* to brag, boast.
avurtlu *slang* puffed up, conceited, bombastic.
Avustralya 1. Australia. 2. Australian, of Australia.
Avustralyalı 1. (an) Australian. 2. Australian (person).
Avusturya 1. Austria. 2. Austrian, of Austria.
Avusturyalı 1. (an) Austrian. 2. Austrian (person).
avut, -tu *see* **aut.**
avutmak /ı/ 1. to soothe, distract. 2. to comfort, console. 3. to attract and amuse.
avutturmak /ı, a/ to have (someone) soothed and distracted.
avutulmak to be soothed and distracted (by

ay

someone).
ay 1. moon. 2. month. — **ağılı** halo of the moon. **—dan aya** monthly, once a month. — **balta** crescent-shaped battle-ax. — **başı** the first of the month. — **çöreği** croissant. — **dede** *child's language* the moon. — **dedeye misafir olmak** *colloq.* to sleep out at night. **—ı gördüm/buldum, yıldıza itibarım/minnetim yok.** *colloq.* Once I have experienced the best nothing less will satisfy. — **gün takvimi** standard calendar. — **gün yılı** lunar year with intercalary months. — **hali** menstruation. — **harmanlanmak** for the moon to be surrounded by a halo. — **ışığı** moonlight. **—ın kaçı?** What is the date? — **karanlığı** 1. the dark of the moon. 2. moonlight partly obscured by clouds. **—da kazandığını günde yemek** to spend more than one has. — **modülü** moon module. **—ın on dördü** full moon. **—ın on dördü gibi** like the full moon, very beautiful (girl, woman). — **parçası** a beauty. — **tabya** *mil.* lunette (a breastwork). — **takvimi** lunar calendar. — **tutulmak** for the moon to be eclipsed. — **tutulması** lunar eclipse. **—da yılda bir** very rarely. — **yıldız** the star and crescent (the emblem of the Republic of Turkey). — **yılı** lunar year.

ay 1. Oh! *(exclamation of surprise)*: **Ay, burada biri var!** Oh, there is someone here. 2. Ouch! *(exclamation of pain)*: **Ay, ayağım!** Ouch, my foot!

aya the palm (of one's hand).

ayak 1. foot. 2. leg. 3. base, pedestal, footing. 4. treadle (of a sewing machine). 5. shaft (of a loom). 6. tributary. 7. outlet (of a lake). 8. step (in stairs). 9. gait, pace. 10. *folk poetry* rhyme; rhyme word. 11. foot (measure). 12. intersection between two lines or between a line and a plane. **—ta** 1. standing, on one's feet. 2. excited, aroused. 3. *med.* ambulatory. **—tan (satış)** (selling meat) on the hoof (as opposed to *butchered* meat). **—ını alamamak** 1. /dan/ to be unable to refrain (from). 2. to be unable to use one's feet (because of pains or because they have gone asleep). **—ı alışmak** /a/ to make a habit of going to. **—ını altına almak** to sit on one's leg. **—ının altına almak** /ı/ 1. to beat, give a beating (to), thrash. 2. to ignore, transgress, violate. 3. to push aside (something useful). **—lar altına almak** /ı/ to trample on, disregard. **—ının altına karpuz kabuğu koymak** /ın/ to scheme to get (someone) fired. **—ının altında olmak** (for a view) to be spread out beneath one. **—ının/—larının altını öpeyim.** *colloq.* For God's sake. — **atmak** 1. /a/ to go (to) for the first time. 2. to take a step. — **atmamak** /a/ not to go to; to stay away from. — **ayak üstüne atmak** to cross one's legs. — **bağı** 1. impediment, hindrance, hobble, fetter. 2. person who creates an obligation and responsibility. **—ının bağını çözmek** /ın/ 1. to divorce (one's wife). 2. to free (someone) to act. **—ına bağ olmak** /ın/ to hinder (one). **—ına bağ vurmak/—ını bağlamak** /ın/ to hinder. — **basmak** /a/ 1. to arrive (at), enter. 2. to begin, enter, start (a job). — **basmamak** /a/ not to go to; to stay away from. **—lar baş, başlar ayak oldu.** *colloq.* The first have become last, the last first./The social order is reversed and upstarts are in charge. — **bileği** 1. ankle. 2. *anat.* tarsus. **—ları birbirine dolaşmak** to stumble over one's own feet. **—ına çabuk** quick, quick to come and go. **—ını çabuk tutmak** to hurry, walk quickly. **—ına çağırmak** /ı/ to call (someone) into one's presence. **—ını çekmek** /dan/ to stop going to (a place). **—ına çelme takmak** /ın/ 1. to trip up. 2. to prevent (another's) success. **—ını çıkarmak** to take off one's shoes. — **değiştirmek** to get into step by changing one's foot (in marching). **—ını denk/tetik almak** to be on one's guard. **—ını denk basmak** to be careful, be wary. — **diremek** to insist, put one's foot down. **—ına dolanmak/dolaşmak** 1. to crowd around and create confusion. 2. /ın/ to obstruct. 3. to boomerang, recoil on oneself. **—ı dolaşmak** 1. to trip over one's own feet. 2. to get flustered and do something wrong. **—ları dolaşmak** to trip on one's feet, get one's feet tangled up. **—ında donu yok, fesleğen ister/takar başına.** *colloq.* She likes to show off regardless of her poverty. **—ta duramama astasia.** **—ta durmak** to stand, remain standing. **—a düşmek** to have outsiders meddling in (a matter). **—ı düşmek** /a/ to drop in on (a place/a house), visit while passing by. **—ına düşmek** /ın/ to beg, implore. **—ı düze basmak** to get over the hard part of something. **—a fırlamak** to jump to one's feet. — **freni** foot brake. **—ına geçirmek** /ı/ to pull on (one's trousers). **—ına (kadar) gelmek** /ın/ 1. to make (someone) a personal visit *(as an act of deference).* 2. (for any desired thing) to come to (one) by itself. **—ları geri geri gitmek** to go reluctantly, drag one's feet. **—ına getirmek** /ı/ to have (something/someone) brought to one. **—ına gitmek** /ın/ to make (someone) a personal visit *(as an act of deference).* **—ını giymek** to put on one's shoes. (**kendi**) **—ı ile gelmek** 1. to come on one's own initiative. 2. to fall into one's lap. **—ına ip takmak** /ın/ to backbite. — **işi** errands and small deeds. — **izi** footprint. **—a kaldırmak** /ı/ 1. to upset, excite (a group). 2. to incite, stir up (a group) to rebellion. **—a kalkmak** 1. to stand up, get up, rise to one's feet. 2. to recover and get out of bed. 3. to get excited, be aroused. **—ta kalmak** 1. to be left without a seat. 2. to remain standing; to have lasted. **—ına/—larına kara su/sular inmek** to be exhausted from standing. **—ını kaydırmak** /ın/ to get (someone) fired. **—ını kesmek** 1. /dan/ to stop going (to). 2. /ın, dan/ to get (someone) to stop going (to). **— kirası** tip given to a person who brings a message or an article to one. **— makinesi** treadle sewing machine. **—ını/—larını öpeyim.** *colloq.* I beg you./I implore you. **—ının pabucunu başına giymek** 1. to marry an inferior. 2. to raise an inferior to a position above his rank. **—ına pabuç olamamak/—ının pabucu olamamak** /ın/ to be inferior to (someone). **— parmağı** toe. **— satıcısı** peddler. **— sesi** footstep. **—ına sıcak su mu dökelim, soğuk su mu?** *colloq.* How wonderful that you've come! Why have you neglected us? **—ı/—ları suya ermek/değmek** to be disillusioned, find out the sad truth and come to one's senses. **— sürtmek** to walk around a great deal. **— sürümek** 1. to look for a way out of a job. 2. to drag one's feet. **—ını sürümek** 1. to drag one's feet on a matter. 2. to be on the verge of leaving. 3. to be at the point of death. 4. to delay one's departure. 5. *(in popular belief)* to come and thus be the cause of another's coming. **— tarağı** *anat.* metatarsus. **— tedavisi** treatment given in the outpatient clinic of a hospital. **—ını tek almak** to be on one's guard. **—ına tez** quick, quick to come and go. **—ının tozu ile** having just arrived. **—ta tutmak** /ı/ 1. to keep (someone) standing. 2. to keep (someone) on his feet, keep (someone) out of trouble. 3. to keep (an old custom) alive; to sustain, preserve. **—ıyla tuzağa düşmek** to let oneself fall into a trap. **—ının türabı olmak** /ın/ to be (someone's) slave. **—ı uğurlu** (one) who brings good luck. **— uydurmak** /a/ 1. to fall in step; to keep in step (with). 2. to conform one's behavior to. 3. to compose a line which rhymes with (a previous line). **—ta uyumak** to be dead on one's feet. **— üstü/üzeri** without sitting down, in haste. **—ını vurmak** (for a shoe) to chafe one's foot. **— yapmak** /a/ *slang* to dupe, cheat. **—ı yerden kesilmek** 1. to be off the ground. 2. to be saved from walking (by using a vehicle). **—larını yerden kesmek** 1. to ride instead of walking. 2. /ın/ *wrestling* to lift (one's opponent) off his feet. **—ları/—ı yere değmemek** to be walking on air. **—ını yorganına göre uzat.** *proverb* Live within your income.

ayakaltı, -nı a place where everybody passes by. **—nda bırakmak** /ı/ 1. to leave (something) where it will be stepped on. 2. to abandon (something), let (something) be destroyed. **—nda dolaşmak** to get under foot, be in the way. **—nda kalmak** 1. to be where everybody passes by. 2. to be despised.

ayakbastı, -yı octroi, city toll. **— parası** octroi, city toll.

ayakçı 1. servant who runs errands. 2. worker hired for a certain period or a particular job.

ayakkabı, -yı shoe. **—larını çevirmek** /ın/ to be cool (to a visitor). **— vurmak** for a shoe to chafe one's foot.

ayakkabıcı 1. seller of shoes, dealer in shoes. 2. shoemaker.

ayakkabıcılık 1. shoe trade. 2. shoemaking.

ayakkabılık 1. shoe cupboard. 2. (material) used in shoemaking.

ayaklamak /ı/ to measure (a distance) by pacing.

ayaklandırmak /ı/ 1. to arouse (a group) to revolt. 2. to arouse (passion, an emotion).

ayaklanma rebellion, revolt, mutiny.

ayaklanmak 1. to rebel, revolt. 2. (for a patient) to get on his/her feet. 3. (for a child) to begin to walk.

ayaklı having a foot or leg. **— bardak** wineglass, stemmed glass. **— canavar** a child just beginning to walk (who pulls things down), little terror, little monster *(said affectionately)*. **— gazete** someone who seems to know all the news. **— kütüphane** very learned person.

ayaklık 1. place to step on. 2. pedal, treadle. 3. stilts.

ayaktakımı, -nı the common rabble, mob.

ayaktaş companion, friend.

ayakteri, -ni tip given to a messenger who brings something to one.

ayaktopu, -nu soccer, *Brit.* football.

ayakucu, -nu 1. foot (of a bed). 2. *astr.* nadir. 3. tiptoe.

ayakyolu, -nu toilet, *Brit.* water closet, WC. **—na gitmek** to go to the toilet.

âyan *obs.* 1. notables, chief men. 2. senators.

ayan plain, clear, manifest, evident. **— beyan** very clear. **— olmak** to be evident, be clear.

ayar 1. device for checking the accuracy of scales or of measurement. 2. standard (of time). 3. adjustment for accuracy (of a watch). 4. adjustment, setup (of a machine). 5. fineness; karats (of gold, silver). 6. quality, character (of a person). **—ı bozuk** 1. out of order, not regulated (clock, device). 2. of bad character. 3. mentally unbalanced, not all there. **— damgası** hallmark, assayer's mark. **— etmek** /ı/ to regulate, fix, set, adjust. **—a vurmak** /ı/ 1. to test (gold, silver) on the touchstone. 2. to measure (something) by a stated standard.

ayarcı 1. *formerly* inspector of scales in the market. 2. assayer.

ayarlama adjustment.

ayarlamak /ı/ 1. to regulate, fix, set, adjust. 2. to assay, test, gauge. 3. to arrange, put in order.
ayarlanmak to be adjusted, be arranged.
ayarlatmak /ı/ to have (something) adjusted or arranged.
ayarlı 1. regulated (clock). 2. tested and correct. 3. of standard fineness.
ayarsız 1. not regulated; out of adjustment. 2. unassayed; below standard. 3. immoderate in one's behavior.
ayarsızlık 1. lack of adjustment. 2. intemperateness. 3. disproportion.
ayartı enticement, temptation.
ayartıcı enticing, seductive; corrupting, perverting.
ayartıcılık seductiveness.
ayartılmak to be enticed.
ayartma enticing, enticement.
ayartmak /ı/ 1. to entice, lead astray, pervert. 2. to entice (someone) to change employers.
Ayasofya Hagia Sophia, the Church of the Holy Wisdom. —'**da dilenip Sultanahmet'te sadaka/zekât vermek** to beg and then spend some of the alms on keeping up appearances.
ayaz 1. dry cold, nip in the air; frostiness. 2. cold (air, night). 3. *slang* risky, dangerous, hazardous. 4. *slang* bad, going badly. 5. *slang* frightful, dreaded (class). —**a çekmek** (for the weather) to turn cold. —**da kalmak** 1. to be exposed to frost. 2. *slang* to lose out, be left out in the cold. — **kesmek** to be exposed to the cold for a long time. **A— Paşa kol geziyor/kola çıkmış/çıktı.** *colloq.* It is freezing weather. — **vurmak** /a/ (for the weather) to freeze (a crop).
ayazağa *slang* a harsh and unsympathetic teacher.
ayazlamak 1. (for the weather) to become clear and cold. 2. to spend a cold night out and nearly freeze. 3. *slang* to wait in vain.
ayazlanmak to be cooled (in a cold place).
ayazlatmak /ı/ 1. to make (someone) wait in the cold. 2. to cool (something) by putting it out in the cold.
ayazlık porch, veranda.
ayazma spring of water regarded as sacred by Orthodox Greeks.
aybalığı, -nı *zool.* ocean sunfish.
aybaşı, -nı menstruation. — **olmak** to menstruate. — **yokluğu** amenorrhea.
ayça new moon.
ayçiçeği, -ni sunflower. — **yağı** vegetable oil, sunflower oil.
ayçöreği, -ni croissant.
aydemir cooper's adze.
aydın 1. well-lighted. 2. clear, lucid (speech, writing). 3. *(in expressions)* joyous, happy. 4. intellectual, enlightened person. — **karşıtlığı** anti-intellectualism.
aydıncılık intellectualism.
aydınger tracing paper.
aydınlanma 1. illumination, lighting. 2. enlightenment, clarification.
aydınlanmak 1. to become luminous, brighten up. 2. to become clear. 3. to become informed, be enlightened, be filled in (on a subject).
aydınlatıcı 1. illuminating. 2. enlightening, informative.
aydınlatılmak 1. to be illuminated. 2. to be enlightened.
aydınlatma 1. illumination. 2. clarification. 3. stage lighting.
aydınlatmak /ı/ 1. to illumine, illuminate. 2. to clarify, explain. 3. to enlighten.
aydınlık 1. light, daylight. 2. luminous, bright. 3. luminousness. 4. clear, brilliant. 5. clarity. 6. illumined. 7. light shaft, opening for light.
aydırmak /ı/ to bring (someone) back to his/her senses, bring (someone) back to reality.
ayet, -ti verse of the Koran.
ayevi, -ni halo.
aygın baygın 1. languid. 2. /a/ languishing for. 3. languidly.
aygır stallion. — **deposu** stable for stallions. — **gibi** large and strong, built like an ox.
aygıt, -tı 1. tool; instrument, apparatus. 2. *biol.* system.
aygıtçı *phil.* 1. (an) instrumentalist. 2. instrumentalist.
aygıtçılık *phil.* instrumentalism.
ayı 1. *zool.* bear. 2. *colloq.* lummox, lout, oaf. — **gibi** bearish, clumsy and insensitive. — **yürüyüşü** a way of walking on all fours with straight elbows and knees.
ayıbalığı, -nı *zool.* seal.
ayıboğan coarsely big and clumsy (person).
ayıcı 1. bear keeper, bearherd, bearward. 2. *colloq.* lout, oaf. 3. *colloq.* loutish, oafish.
ayık 1. sober, recovered from drunkenness. 2. wide-awake, alert.
ayıklama 1. sorting, picking out (the usable from the refuse). 2. shelling (of peas, beans, nuts).
ayıklamak /ı/ 1. to clean, pick, sort (rice, vegetables, etc.). 2. to shell (peas, beans, nuts). **Ayıkla pirincin taşını!** *colloq.* (Pick the stones out of the rice.) What a mess!
ayıklanma *biol.* selection.
ayıklanmak 1. (for rice, vegetables, etc.) to be picked over and cleaned. 2. (for peas, beans, nuts) to be shelled.
ayıklatmak /ı/ 1. to have (rice, vegetables, etc.) picked over. 2. to have (peas, beans, nuts) shelled.
ayıklık sobriety, clear-headedness.
ayılık *colloq.* loutishness, oafishness. — **etmek**

to behave loutishly.
ayılmak 1. to sober up. 2. to come to (after fainting or anesthesia). 3. to come to one's senses, see the light. **ayılıp bayılmak** 1. to go through paroxysms of grief. 2. /a/ to be infatuated (with). — **bayılmak** to go through paroxysms of grief.
ayıltı hangover.
ayıltmak /ı/ 1. to sober (someone) up. 2. to restore (someone) to full consciousness.
ayın 'ayn, 'ain, ain (the eighteenth letter of the Arabic alphabet). —**ları çatlatmak** to pronounce one's 'ayns as an Arab would.
ayınga 1. shredded tobacco. 2. *slang* tobacco smuggling.
ayıngacı *slang* tobacco smuggler.
ayıp 1. shame, disgrace. 2. shameful, disgraceful. 3. fault, defect. **A—!** *colloq.* Shame on you! — **aramak** to keep finding fault. — **etmek/yapmak** to behave shamefully. —**tır söylemesi** .... *colloq.* 1. if you will excuse the expression. 2. if you'll pardon me for saying so myself. — **yerler** privates, private parts. —**ını yüzüne vurmak** /ın/ to confront (a person) with his faults.
ayıplamak /ı/ to blame, vilify, criticize.
ayıplanmak to be blamed, be accused of shameful acts.
ayıplı (someone) who has something to be ashamed of, who has done something shameful.
ayıpsız faultless, perfect (person).
ayıraç 1. touchstone, criterion, standard. 2. *chem.* testing reagent.
ayıran spectrum-forming, prismatic.
ayırıcı 1. used to separate. 2. distinctive. 3. discriminating.
ayırım 1. discrimination. 2. distinction. 3. discord, strife. — **yapmak** to discriminate, treat unequally, practice favoritism.
ayırma separating, separation. — **yetisi** discernment, discrimination.
ayırmaç distinguishing feature.
ayırmak 1. /ı, dan/ to part, separate, sever (from). 2. /ı/ to choose, pick, select. 3. /ı, dan/ to distinguish (from). 4. /ı/ to discriminate (between). 5. /ı/ to set apart. 6. /ı/ to divide, sunder. 7. /ı, a/ to divide (something) into (so many) parts. 8. /ı, a/ to save, reserve (for). 9. /ı/ to give separate accommodations (to). 10. /ı, dan/ to isolate (from).
ayırt 1. property, characteristic (of a material or an object). 2. distinguishing, distinction. — **edilmek** /dan/ to be distinguished (from). — **etmek** /ı, dan/ to distinguish, discriminate (from).
ayırtaç trademark.
ayırtı nuance, shade.
ayırtmak /ı/ 1. to reserve (space, tickets) for oneself. 2. to have (something) set apart.

ayırtman examiner (who tests students that have been taught by another teacher).
ayin 1. religious service; rite; religious musical service. 2. ceremony. 3. the music used in the Mevlevi ceremony of whirling. —**i Cem** a ceremony of worship performed by various dervish orders.
ayinhan singer in a religious service.
aykırı 1. contrary. 2. /a/ contrary (to), against, in violation of. 3. diverging, divergent. — **düşmek** /a/ to be contrary (to), be incongruous (with). — **olmak** /a/ to be contrary, be opposite (to).
aykırıkanı paradox.
aykırılaşmak to become contrary.
aykırılık difference, disagreement; incongruity.
ayla 1. halo. 2. *anat.* areola.
aylak idle, unemployed. — **aylak** idly. — **olmak** to be out of work.
aylakçı casual laborer.
aylakçılık 1. being without any real job. 2. idleness, shiftlessness.
aylaklık idleness, unemployment. — **etmek** not to work.
aylandız *bot.* ailanthus, tree of heaven.
aylı 1. having a crescent-shaped design. 2. moonlit.
aylık 1. monthly. 2. monthly pay, salary. 3. (so many) months old. 4. lasting (so many) months. 5. enough for (so many) months. — **almak** to be on salary. — **bağlamak** /a/ to put (someone) on salary; to grant a monthly allowance (to). —**a geçmek** to get on a payroll.
aylıkçı one who lives on a monthly salary or allowance.
aylıklı salaried.
ayma becoming truly aware of what is happening.
aymak to begin paying attention again (after a period of absentmindedness).
aymaz unaware, heedless.
aymazlık carelessness, inattention.
ayna 1. mirror, looking glass. 2. telescope. 3. sextant. 4. panel (of a door or wainscot). 5. blade (of an oar). 6. smooth water (over an upswell). 7. kneecap (of a horse). 8. *slang* perfect, going very well. 9. curtain (in a shadow show). — **gibi** 1. mirror-like, lustrous, clean, bright. 2. glassy, without a ripple. — **tırnağı** metal piece used to hold a mirror on the wall.
aynacı 1. maker of mirrors; seller of looking glasses. 2. *colloq.* trickster.
aynalı 1. fitted with mirrors. 2. paneled. 3. *slang* beautiful. — **dolap** wardrobe fitted with mirrors.
aynalık *naut.* stern board. — **tahtası** backboard for the stern seat of a rowboat.
aynasız *slang* 1. bad, unpleasant. 2. policeman,

cop. 3. dice.
aynasızlanmak *slang* to be disagreeable, act unpleasantly.
aynasızlık *slang* disagreeableness, unpleasantness.
aynataşı, -nı ornamental slab of a fountain.
aynen 1. exactly, entirely, altogether: **O da aynen böyle düşünüyor.** She feels exactly the same. **Kumaş bu renk miydi? Aynen böyle.** Was the cloth this color? The very same. 2. exactly as ..., in exactly the same way as ...: **Bunu aynen benim yaptığım gibi yap!** Do this exactly as I do it! 3. (repeating something) verbatim, word for word; note for note. 4. (reproducing something) exactly, so that it is exactly like the original, as it is, with no change. 5. (surviving) without having suffered any change, unchanged. 6. (accepting a proposal) exactly as it is, without making any changes. 7. (doing something) exactly as directed. 8. (giving something) in kind (as opposed to giving it in money): **Borcunu aynen ifa etti.** He repaid his debt in kind. 9. (distributing, dividing something) as it is, without converting it into something else: **Benden aldığı nakit parayı aynen ödedi.** He repaid me in cash for the cash he'd borrowed. **Bu balın vergisini aynen ödedik.** We paid the tax on the honey by giving the tax office a portion of the honey. — **ifa** 1. *law* specific performance. 2. *com.* payment in kind. — **ödeme** *com.* payment in kind.
aynı 1. the same; identical; equal: **Bu aynı manto.** This is the same coat. **Aynı ehemmiyette olan bir meseleyi açmak istiyorum.** I want to open a question of equal importance. **Aynı can sıkıcı lafları tekrarladı.** He repeated the same boring phrases. **Notlarımız aynı.** Our grades are the same. 2. the same: **Aynını istiyorum.** I'll have the same. **Bu bileziğin aynını yapabilir misin?** Can you make a duplicate of this bracelet? — **ağzı kullanmak** to say essentially the same thing. — **fikirde olmak** to be of the same opinion, think the same, feel the same. — **kapıya çıkmak** to come to the same thing, amount to the same thing. — **şekilde** in the same way. — **telden çalmak** to say essentially the same thing. —**nı yapmak /ın/** 1. to do the same thing (which someone else has done). 2. to make a copy of, duplicate, reproduce. — **yolun yolcusu olmak** to be headed in the same direction, be fated for the same bad end (as another, as others). — **zamanda** 1. at the same time, simultaneously: **Alp ve Aslan aynı zamanda doğdu.** Alp and Aslan were born at the same time. 2. at the same time, yet, however, nevertheless: **O hafta briç turnuvasına katıldı, aynı zamanda bütün sınavlarını büyük bir başarıyla verdi.** That week he played in the bridge tournament, at the same time he passed all his exams with high marks.
aynılık identity, sameness.
aynısefa, aynısafa *bot.* calendula; pot marigold, Scotch marigold.
aynıyla *colloq.* 1. exactly as ..., in exactly the same way as .... 2. (repeating something) verbatim, word for word; note for note. 3. (reproducing something) exactly, so that it is exactly like the original, as it is, with no change. 4. (surviving) without having suffered any change, unchanged. 5. (accepting a proposal) exactly as it is, without making any changes. 6. (doing something) exactly as directed.
ayni 1. *law* real, of or relating to things instead of people; in rem. 2. (something) given in kind (as opposed to being given in money). 3. (something) which is given as it is, which is given without having been converted into something else. 4. *phil.* identical. 5. ocular, pertaining to the eye. — **akit** *law* real contract. — **borç** *law* real obligation. — **dava** *law* real action. — **hak** *law* (a) real right. — **mesuliyet** *law* real obligation. — **rasyon** *mil.* rations given in kind. — **teminat** *law* real security. — **yardım** aid given in kind.
ayniyat, -tı 1. movable property, movables, chattels; stock, inventory, goods on hand. 2. office in charge of stock or movable property (in a government agency).
ayniyet, -ti identicalness, identicality; identity.
ayol Well!/Hey!/You! *(mostly used by women).*
ayraç parenthesis; parentheses. — **açmak** to add something parenthetically.
ayral exceptional.
ayrallık being exceptional, exception.
ayralsız regular, having no exceptions.
ayran 1. airan, a drink made of yogurt and water. 2. buttermilk. — **ağızlı** *slang* stupid. — **budalası/delisi** simpleton. — **gönüllü** (someone) who tends to fall in love quickly. —**ı kabarmak** 1. to get violently angry. 2. to be sexually aroused. —**ı yok içmeye, atla/tahtırevanla gider sıçmaya.** *vulg.* He loves to show off, even though he is poor.
ayrancı 1. seller of **ayran.** 2. maker of **ayran.**
ayrı 1. separate, apart. 2. different, distinct. 3. exceptional. — **ayrı** 1. separate, distinct. 2. individual, separate. 3. one by one, separately. — **baş çekmek** to go one's own way. — **düşmek** to be separated from each other. —**sı gayrısı olmamak/— gayrı bilmemek** to have all things in common. — **seçi olmak** to withdraw one's property, cease to share things. — **seçi yapmak** to be discriminatory. — **tutmak /ı/** to make a distinction (between), discriminate

(between).
ayrıbasım offprint, reprint.
ayrıca 1. separately. 2. specially, with particular attention. 3. besides, also.
ayrıca somewhat apart.
ayrıcalı 1. privileged. 2. exceptional.
ayrıcalık 1. privilege, favor. 2. *com.* (an) exclusive right, concession, franchise. **— tanımak/göstermek** /a/ to favor (one person) (at the expense of another).
ayrıcalıklı 1. privileged, favored. 2. (someone) who is the holder of a privilege or concession; (company) which holds a concession. **— pay belgiti** preferential share of stock.
ayrıcalıksız 1. (someone) who has not been singled out for favors or privileges. 2. (place) where no one is singled out for favors or privileges.
ayrıcasız without exception.
ayrıcınsten 1. not quite uniform. 2. heterogeneous.
ayrık 1. separated. 2. exceptional. 3. *log.* disjunctive. 4. *med.* sequestrated. 5. *bot.*, see **ayrıkotu.**
ayrıklaşma *med.* sequestration.
ayrıklı exceptional.
ayrıklık exception, special treatment.
ayrıkotu, -nu *bot.* couch grass.
ayrıksı 1. different, eccentric. 2. exceptional. **— ay** anomalistic month. **— yıl** anomalistic year.
ayrıksılık 1. eccentricity. 2. being exceptional.
ayrıksın eccentric.
ayrıksız 1. unexceptional. 2. without exception.
ayrılanma 1. separation, process of separating. 2. isolation.
ayrılanmak 1. to separate out. 2. to be isolated.
ayrılaşmak to become outstanding.
ayrılı separated, disjoined.
ayrılık 1. separateness. 2. remoteness, separation. 3. difference, lack of accord. 4. deviation. 5. legal separation. **— çeşmesi** a fountain outside a town where travelers take leave of their friends.
ayrılım *med.* detachment.
ayrılış separation, departure.
ayrılma 1. separation, separating; departure. 2. dispersion (into a spectrum).
ayrılmak 1. to part, separate from one another. 2. to crack, split, open up. 3. /a/ to split into. 4. /dan/ to leave, depart from. 5. to be legally separated.
ayrılmazlık *phil.* inherence.
ayrım 1. differentiation, unequal treatment. 2. part, chapter, section. 3. difference, distinction. 4. *cin.* sequence. 5. point of separation.
ayrımlama *cin.* continuity.
ayrımlaşım, ayrımlaşma differentiation.
ayrımlaşmak 1. *biol.* to differentiate. 2. to diversify, form varieties.

ayrımlı 1. different. 2. divided into sections.
ayrımlılık difference.
ayrımsamak /ı/ to differentiate, distinguish.
ayrımsanmak to be differentiated, be perceived as different.
ayrımsız similar, identical.
ayrımsızlık similarity, identity.
ayrıntı detail. **—lar** details. **— çekimi** *cin.* close-up. **—larına inmek** /ın/ to get down to the details of (something), begin to look at (something) in detail.
ayrıntılı detailed.
ayrışık 1. decomposed, separated into its components. 2. various, different. 3. heterogeneous.
ayrışıklık 1. decomposition, separation into its components. 2. variety, variation. 3. heterogeneity.
ayrışım *chem.* decomposition.
ayrışmak *chem.* to be decomposed.
ayrıştırma decomposition, the process of decomposing a substance.
ayrıştırmak /ı/ *chem.* to decompose, analyze.
ayrıt, -tı *geom.* edge, intersection of two planes.
aysar moonstruck.
aysberg iceberg.
aysfild ice field.
aysız moonless, lacking the light of the moon.
ayşekadın string bean, green bean.
ayva 1. quince. 2. *slang* breast, tit, knocker. **— çekirdeği** 1. (a) quince seed. 2. (a) matt pink. 3. matt pink, colored matt pink. **— göbekli** having a recessed navel. **— sarısı** 1. (a) pale yellow. 2. pale yellow, colored pale yellow. **— tatlısı** quince baked in a sugar syrup. **— tüyü** 1. down, fuzz (on the fruit of a quince). 2. fuzz, down, very fine blond hairs (on the face, arms, etc. of a person). **—yı yemek** *slang* to be in trouble, be in for it, be done for, for one's goose to be cooked.
ayvalık quince orchard.
ayvan iwan, a vaulted room with one side open to a court.
ayvaz 1. footman, man servant in a mansion. 2. *navy* hospital aide on a ship. **— kasap hep bir hesap.** *colloq.* It makes no difference.
ayyar 1. crafty, wily. 2. schemer.
ayyaş 1. drunkard, alcoholic. 2. alcoholic, addicted to alcoholic beverages.
ayyaşlık being a drunkard; alcoholism.
ayyuk, -ku *colloq.* the highest point in the heavens. **—a çıkmak** 1. (for a noise) to be heard for miles, be very loud. 2. (for something) to be known by everybody and his brother.
az 1. small (amount), little. 2. few. 3. too small, too few, not enough, insufficient. 4. seldom, rarely. 5. /dan/ less (than). **— bir şey** only a little. **— buçuk** 1. scanty, hardly enough. 2. a little, somewhat. **— bulmak** /ı/ to consider

(something) insufficient. — **buz olmamak** to be no small matter, be a significant amount. **—a çoğa bakmamak/— çok dememek** to be satisfied with what one gets. **—ı çoğa tutmak/saymak** to accept a small amount as being a great plenty. **— çok** more or less. **— daha** almost, nearly. **— değil!** *colloq.* He is quite different from what he seems to be. **— gitti uz gitti, dere tepe düz gitti.** *(in fairy tales)* He traveled over hill and dale. **— görmek /ı/** 1. to find (something) insufficient. 2. to find (something) to be less than expected. **— günün adamı olmamak** to have lived long and seen much. **— iş değil.** *colloq.* The work is not to be underrated. **— kaldı/kalsın** almost, nearly. **— söyler, uz söyler.** *colloq.* He says little, but what he says is significant. **— tamah çok ziyan/zarar getirir.** *proverb* A little greed causes great loss. **— verip çok yalvarmak** to pay back a little of one's debt and plead for time for the rest. **— ye de bir uşak tut.** *colloq.* Don't order me around!
aza 1. (a) member (of a club, society, etc.). 2. *anat.* member, (a) part (of the body); organ; limb. 3. members (of a club, society, etc.). 4. *anat.* members, parts (of the body); organs; limbs.
azade 1. free, untrammeled. 2. /dan/ free from, free of. 3. /dan/ freed of, released from. 4. /dan/ untrammeled by, unfettered by.
azalma decrease.
azalmak to become less, lessen, diminish, be reduced, be lowered, be decreased.
azaltıcı *theat.* dimmer.
azaltma reduction, lightening, decrease.
azaltmak /ı/ to lessen, reduce, lower, decrease.
azam greatest; major; supreme; paramount.
azamet, -ti 1. greatness, grandeur, augustness, majesty; magnificence; imposingness. 2. pomp; ostentation; haughty display of style or self-importance; overweening pride. **—ine dokunmak /ın/** to wound (someone's) vanity, pique (someone). **— satmak** to put on grand airs, act high and mighty.
azametli 1. grand, august, majestic; imposing, impressive. 2. pompous, high-and-mighty; (overly) proud, conceited.
azami 1. maximum, greatest, utmost: **azami miktar** maximum amount. **azami kuvvetiyle** with all his strength. 2. at most, at the most, at the very most: **Azami beş milyon eder.** It'll go for five million at most. 3. *math.* (a) maximum. **— derecede** at most, at the most, at the very most; to the utmost. **— hız/sürat** speed limit.
azap 1. torment, anguish, suffering; pain; distress. 2. torment, punishment (of hell). **— çekmek** to suffer torment, suffer anguish. **— vermek /a/** to torment, make (someone) suffer anguish.
azar dressing down, severe reproof. **— işitmek/yemek** to get a dressing down, be rebuked.
azar azar little by little.
azarlama dressing down, severe reproof.
azarlamak /ı/ to dress (someone) down, rebuke, reprove (someone) severely.
azarlanmak to get a dressing down, be rebuked.
azat 1. emancipation, liberation, setting free. 2. set free. 3. dismissal, being let out (from school). **— buzat, beni cennet kapısında gözet!** Be free and protect me at the gate of Paradise *(said when releasing a captive bird).* **— etmek /ı/** 1. to dismiss (school children). 2. to set free.
azca rather little, rather few.
azdırılmak 1. to be made wild, rough, infected, or inflamed. 2. to be excited sexually. 3. to be stained beyond bleaching. 4. to be crossbred.
azdırmak /ı/ 1. to inflame, irritate. 2. to tease, drive wild; to excite sexually. 3. to spoil, indulge (a child). 4. to corrupt, lead astray. 5. to soil (laundry) beyond hope of bleaching.
azelya *bot., see* **açalya.**
Azerbaycan 1. Azerbaijan. 2. Azerbaijani, of Azerbaijan.
Azerbaycanlı 1. (an) Azerbaijani. 2. Azerbaijani (person).
Azeri 1. (an) Azerbaijani. 2. Azerbaijani, Azerbaijani Turkish. 3. (speaking, writing) in Azerbaijani, Azerbaijani. 4. Azerbaijani (speech, writing); spoken in Azerbaijani; written in Azerbaijani. 5. Azerbaijani, pertaining to the Azerbaijanis or their language.
Azerice 1. Azerbaijani, Azerbaijani Turkish. 2. (speaking, writing) in Azerbaijani, Azerbaijani. 3. Azerbaijani (speech, writing); spoken in Azerbaijani; written in Azerbaijani.
azgelişmiş underdeveloped. **— ülke** 1. underdeveloped country. 2. *slang* shrimp, runt.
azgelişmişlik underdevelopment.
azgın 1. wild, mad; fierce, ferocious. 2. tender, sensitive, easily inflamed (skin). 3. ulcerated, ulcerous, ulcered. 4. naughty, wild, undisciplined (child). 5. oversexed, excessively lustful. 6. (animal) in heat, in rut.
azgınlaşmak 1. to get wild. 2. to be inflamed. 3. to become oversexed, become lecherous.
azgınlık 1. wildness, fierceness. 2. ulceration; tendency to ulcerate. 3. naughtiness (of a child). 4. being oversexed.
azı molar tooth.
azıcık 1. very small (amount). 2. just a little bit. 3. for a moment. **— aşım, kaygısız/ağrısız/kavgasız başım.** *proverb* 1. It is good to live simply. 2. It is restful not to have too many people in the house.
azıdişi, -ni molar tooth.

azık 1. food (taken along to be eaten while traveling). 2. food. — **torbası** food bag, lunch bag.
azılı ferocious, wild; tough and dangerous.
azımsama disappointment, dissatisfaction with the amount of something.
azımsamak /ı/ 1. to regard (something) as too little. 2. to underestimate, undervalue.
azın minimum, the minimum.
azınlık minority. —**lar** the minorities, the non-Muslim communities in Turkey. — **hükümeti** *pol.* minority government. —**ta kalmak** to be in the minority.
azışmak to intensify, become aggravated.
azıştırmak /ı/ to aggravate, add fuel to.
azıtmak /ı/ to make worse, aggravate, exacerbate (a situation).
azıtmak 1. to get wild, get out of control. 2. /ı/ to drive away.
azıttırmak /ı/ to drive wild.
azil, -zli dismissal, terminating the employment of (someone).
azim, -zmi 1. determination, resolution, firm intention. 2. setting out on a journey to, setting out for.
azim 1. great, vast, prodigious, immense. 2. powerful, tremendous. 3. lofty, exalted, sublime. 4. important, of great consequence, major.
azimkâr *see* **azimli.**
azimli determined, resolute.
aziz 1. dear, beloved. 2. saintly, holy, sacred. 3. saint. —**im** my dear friend.
azizlik 1. sainthood. 2. practical joke, trick, trick played for fun. — **etmek** /a/ to play a trick (on a friend for fun).
azledilmek to be dismissed, be discharged, be removed from one's post.

azletmek /ı/ to dismiss, discharge, terminate the employment of (someone), remove (someone) from his/her post.
azlık 1. scarcity. 2. minority. — **çokluk** quantity.
azlolmak, azlolunmak to be dismissed, be discharged, be removed from one's post.
azma 1. wildness. 2. sexual excitement. 3. of mixed breed. 4. *med.* irritation, exacerbation.
azmak 1. to get wild, get out of control. 2. (for the sea) to get rough. 3. (for a wound) to become infected, get inflamed. 4. to be sexually excited. 5. (for clothes) to be stained beyond bleaching. 6. to be of mixed blood.
azmak 1. pool of standing water. 2. dry pit. 3. ditch, irrigation ditch, drainage ditch.
azman 1. enormous, overgrown. 2. of mixed breed. 3. heavy log.
azmetmek /a/ 1. to resolve, determine (to do something). 2. to set out on a journey to, set out for.
azmettirmek /ı, a/ to get (someone) to resolve firmly (to do something).
aznavur 1. strapping and pugnacious man, tough guy. 2. daring fighter. 3. wild, unruly, unmanageable. 4. brave and daring. 5. (man) who is big, pugnacious, and hard to get along with.
azot, -tu *chem.* nitrogen.
azotlamak /ı/ to nitrify, nitrogenize.
azotlu nitrogenous.
Azrail Azrael. —**e bir can borcu kalmak/olmak** 1. to free oneself from debt. 2. to resign oneself to one's eventual death. —**le burun buruna gelmek** to come face to face with death, for death to stare (someone) in the face. —**e el ense çekmek** *slang* to recover from sickness. —**in elinden kurtulmak** to be saved from death.

B

B 1. the letter B. 2. *chem.* B (boron). 3. *mus.* B (the seventh note in the scale of C major or the key based on this note).
B. *(abbr. for* **Bay)** Mr. (Mister).
b 1. the letter b. 2. *mus.* b (signifying a flat). 3. *mus.* b (basso).
bab *see* **bap.**
baba 1. father. 2. *title applied to a holy man or to a respected elderly man*: **İsmet baba, Hakkı baba, Telli baba.** 3. the leader of a group of dervishes; the head of a **tekke** *(among the Bektashi dervishes).* 4. bollard; bitt. 5. newel-post, newel (large post at the foot or landing of a stairway). 6. king post; crown post; queen post (in the truss of a roof). 7. head (of a walking stick). 8. *colloq.* mafia chief, mafia boss. 9. *slang* penis, *dick, *cock, *pecker. **—m** *colloq.* 1. *a vocative expression used after an imperative when addressing an intimate friend*: **Anlat babam, ne oldu?** Now tell me what happened man! 2. *used before and after an imperative to emphasize that an action was prolonged*: **Oku babam oku!** Read, read, read! **— adam** elderly man who is wise and kind. **— bucağı** family home, homeplace. **—sının/—larının çiftliği** a place which one can exploit at will, one's private preserve: **Orası babasının çiftliği mi?** Is that a place which he can just exploit at will? **— değil, tırabzan babası** man who is a poor excuse for a father. **— dostu** an old friend of one's father. **— evi** 1. home, the place on which one's familial affections are centered. 2. family home, homeplace. **—sının hayrına** for the sheer love of it, without thinking of getting something out of it: **Demirhan, o heyette babasının hayrına mı çalışıyor sanki? Mutlaka bir menfaat peşindedir!** Do you think Demirhan's serving on that committee for the sheer love of it? He's most certainly hoping to reap some benefit for himself! **Ona babasının hayrına iş vermezler elbet.** You can be sure they aren't going to give him a job just to show they're nice guys. **— hindi** turkey-cock, gobbler. **— hindi gibi kabarmak** to become swelled up with self-importance, swell up with pride and arrogance, puff oneself up. **—dan kalma** inherited from one's father: **Babadan kalma bir evi var.** He has a house which he inherited from his father. **— ocağı** *see* **— evi. —dan oğula** from father to son. **—sının oğlu.** *colloq.* Like father, like son. **—na rahmet!** *colloq.* You are very kind indeed! **—sına rahmet okumak** /ın/ (for someone) to be so wonderful he/she makes you want to bless the father that begot him/her. **—sına rahmet okutmak** /ın/ 1. (for someone/something) to be so bad that he/she/it makes one yearn for (someone/something else who/which is in himself/herself/itself undesirable): **Fecri bir felaketti, fakat Feyman, Fecri'nin babasına rahmet okutuyor.** Fecri was a disaster, but Feyman is so awful he makes us yearn to have Fecri back again. 2. (for someone) to be so wonderful he/she makes you want to bless the father that begot him/her. **— tarafından** paternally. **— torik** 1. bonito which has reached a large size. 2. *slang* penis, *dick, *cock, *pecker. **—ları/—sı tutmak** 1. to become enraged, have a conniption, have a conniption fit. 2. to shake or move about convulsively (as if one is having a fit). **—ları üstünde olmak** to be ready to explode (with rage). **— yurdu** *see* **— evi.**
babaanne father's mother, paternal grandmother.
babacan fatherly, paternal (older man).
babacanlaşmak to become fatherly.
babacanlık fatherliness.
babacığımcılık *slang* picking the pocket of an old man by pretending to recognize him and embracing him.
babacıl (someone) who is especially devoted to his/her father.
babacılık paternalism.
babaç *prov.* the largest and oldest male (in a flock of poultry).
babaçko *slang* strong; imposing (woman).
babafingo *naut.* topgallant.
babalanmak 1. to become enraged, have a conniption, have a conniption fit. 2. *slang* to swagger around like a mafia boss, play the mafia boss.
babalı 1. (someone) who has a father. 2. (someone) who is in a temper, fuming, smoking. 3. (someone) who is shaking or moving about convulsively (as if he/she is having a fit). **— kâğıt** *slang* marked playing card, marked card.
babalık 1. fatherhood, paternity. 2. stepfather, adoptive father. 3. father-in-law. 4. simple old man. **— davası** *law* paternity suit. **— etmek** /a/ to act as a father (to).
babatatlısı, -nı a sponge cake which is about the size of a large muffin and which has been soaked in sugar syrup.
babayani unpretentious, simple and slightly shabby (man).

babayiğit 1. hero, brave man. 2. straightforward, forthright, gutsy. 3. swashbuckler.
babayiğitlik bravado; guts.
Babıâli 1. the Sublime Porte (the central office of the Ottoman government). 2. the section of Istanbul where many publishing houses are found.
Babil Babylon. **— kulesi** the tower of Babel.
bac see **baç**.
baca 1. chimney; flue; funnel of a ship. 2. skylight; smoke hole. 3. shaft, mine shaft; sewer ventilator. **— aydınlığı** skylight. **— başı** mantelpiece. **— fırıldağı** chimney cowl. **— külahı** chimney cap; chimney pot. **— temizleyicisi/süpürücüsü** chimney sweep. **—sı tütmek** /ın/ (for a household) to get along, survive somehow. **—sı tütmez olmak** (for a family) to be broken up or left without resources.
bacak 1. leg. 2. shank. **— bacak üstüne atmak** to cross one's legs: **Bacak bacak üstüne atmış oturuyordu.** She was sitting with her legs crossed./She was sitting with one leg placed over and across the other. **— kadar** tiny, small (child); very short (person). **—ları kopmak** /ın/ to wear out one's legs. **—ları tutmamak** /ın/ to be unable to support oneself on one's legs.
bacak playing cards jack, Brit. knave.
bacaklı 1. having legs. 2. long-legged. 3. print. ascending or descending (letter). **— yazı** large and clear handwriting.
bacaksız 1. having no legs. 2. short-legged. 3. insignificant, miserable. 4. a child who tries something he is too young to do.
bacanak the husband of one's wife's sister.
bacı 1. colloq. older sister. 2. colloq. sister. 3. a title given to an old (usually black) serving woman who has served a long time in a home. 4. the wife of a dervish sheikh. 5. an informal way for a husband to address his wife.
baç 1. protection money. 2. Ottoman hist. tax; duty.
badana 1. whitewash. 2. latex paint; color wash; calcimine; distemper. **— etmek** /ı/, **— vurmak** /a/ 1. to whitewash. 2. to paint (something) with latex paint; to put a color wash on; to calcimine; to distemper. **— olmak** 1. to be whitewashed. 2. to be painted with latex paint; to be painted with a color wash; to be calcimined; to be distempered.
badanacı 1. whitewasher. 2. painter (of buildings, rooms, etc.) who uses latex paint, color wash, calcimine, or distemper.
badanalamak /ı/ 1. to whitewash. 2. to paint (something) with latex paint; to put a color wash on; to calcimine; to distemper. 3. slang (for a man) to press or rub his penis repeatedly against the vulva of (a woman).
badanalanmak 1. to be whitewashed. 2. to be painted with latex paint; to be painted with color wash; to be calcimined; to be distempered. 3. slang for the vulva of (a woman) to be repeatedly pressed or rubbed by a penis.
badanalı 1. whitewashed. 2. painted with latex paint; painted with color wash; calcimined; distempered. 3. (face) which is white from an overuse of powder. 4. (face) that is thick with makeup.
bade obs. wine.
badem 1. almond. 2. vegetable vendors' slang cucumber. **— ezmesi** almond paste, marchpane, marzipan. **— gibi** fresh and crisp (cucumber). **— gözlü** having large almond-shaped eyes. **— helvası** a paste-like sweet containing almonds. **— içi** almond, kernel of an almond. **— şekeri** 1. sugared almonds. 2. slang bullet.
bademcik anat. tonsil, amygdala. **—lerini almak/çıkarmak** /ın/ to remove (someone's) tonsils.
bademli with almonds, having almonds.
bademlik almond orchard.
bademyağı, -nı almond oil.
badıç pod, bean pod, seed pod.
badi prov. duck. **— badi yürümek** to waddle.
badik 1. duck; gosling; duckling. 2. short (person).
badiklemek to waddle, walk with a waddle.
badire unforeseen danger.
badya a wide and shallow basin with two handles.
bagaj 1. luggage, baggage. 2. car trunk. **—a vermek** /ı/ to check (baggage).
baget, -ti 1. baton, baguette, baguet (of a band or orchestra leader). 2. baguette, baguet (of a gem cut in a certain way). 3. baguette, baguet (a kind of cut for a gem).
bağ 1. tie, string, cord. 2. bandage. 3. bunch (of a vegetable); sheaf. 4. bond, connection, link; affection. 5. ligament. 6. impediment, restraint. 7. conjunction. 8. mus. bind; slur; tie.
bağ 1. vineyard. 2. poet. garden; orchard. **— bahçe** vineyards and orchards. **— bozmak** to harvest grapes. **— budamak** to prune a vineyard. **— çubuğu** vine shoot; vine cutting. **— kütüğü** vine stock.
bağa 1. tortoiseshell. 2. tortoiseshell, made of tortoiseshell. 3. prov. turtle.
bağbozumu, -nu 1. grape harvest, vintage; the harvesting of the last grapes of the season. 2. the end of the grape harvest season.
bağcı grape grower.
bağcık cord, string, strap.
bağcılık viticulture, viniculture.
bağdadi (walls) made of lath and plaster.
bağdalamak /ı/ wrestling to trip (one's opponent) with one's foot.
bağdamak /ı/ to intertwine; to embrace; to

cross (one's legs).
bağdaş sitting cross-legged. — **kurmak** to sit cross-legged.
bağdaşık 1. in agreement, united by an understanding. 2. homogeneous. — **toplum** an integrated society.
bağdaşıklık 1. mutual agreement, harmony, concordance. 2. homogeneity.
bağdaşım coherence, internal unity.
bağdaşma agreement, harmony; a good blend.
bağdaşmak 1. /la/ to get along well (with). 2. to choose partners in a children's game.
bağdaşmazlık incompatibility.
bağdaştırıcı bringing to agreement, mediating, reconciliatory, harmonizing.
bağdaştırma reconciliation, harmonization.
bağdaştırmak /ı/ to bring to agreement, reconcile, harmonize.
Bağdat Baghdad. — **çıbanı** path. Aleppo button, leishmaniasis. — **harap** colloq. very hungry. —**ı tamir etmek** colloq. to eat one's meal.
bağdoku biol. connective tissue.
bağfiil gram. a kind of participle, subordinating verb form.
bağı spell, charm.
bağıcı 1. binding. 2. connective; conjunctive. 3. sorcerer, sorceress. 4. seductive. 5. seducer.
bağıl 1. dependent, conditional. 2. relative, relevant.
bağıldak, bağırdak prov. the strap with which a baby is kept in its cradle.
bağıldeğer math. 1. directed number. 2. place value.
bağıllık relativity, relevance.
bağılnem relative humidity.
bağım dependence.
bağımlanma becoming dependent.
bağımlanmak to become dependent.
bağımlaşım, bağımlaşma interdependence.
bağımlaşmak to become dependent on each other.
bağımlı 1. dependent. 2. addict. —**sı olmak** /ın/ to be addicted to.
bağımlılık 1. dependence. 2. addiction.
bağımsız independent.
Bağımsız Devletler Topluluğu, -nu the Commonwealth of Independent States (composed of some republics which were formerly a part of the U.S.S.R.).
bağımsızlaşmak to become independent, gain one's independence.
bağımsızlaştırmak /ı/ to make (someone, a political unit) independent.
bağımsızlık independence.
bağımsızlıkçı person in favor of independence.
bağımsızlıkçılık independence movement.
bağıntı 1. relation; relationship. 2. correlation.
bağıntıcı phil. relativist.

bağıntıcılık phil. relativism.
bağıntılı relative, relevant.
bağıntılılık relativity, relevance.
bağır, -ğrı 1. bosom, breast. 2. heart. 3. middle part (of an archery bow). 4. saddle (of a mountain). 5. bowels, internal organs, viscera. —**lar** viscera. —**ı açık** 1. (someone) who is wearing his shirt half open. 2. with one's shirt half open. 3. anguished, tortured. 4. in a state of anguish. —**ına basmak** /ı/ to embrace, take to one's heart, enfold. —**ını delmek** /ın/ to grieve, upset, hurt. —**ına taş basmak** to suffer patiently. —**ı yanık** heartsick, worn with much suffering. —**ı yanmak** to endure great suffering.
bağır bağır see **bar bar**.
bağırış 1. shouting; shout; hollering; holler; yelling; yell; bellowing; bellow; braying; bray. 2. noise (made by an animal or animals). — **çağırış** ranting and raving, carrying on.
bağırmak 1. to shout, holler, yell; to bellow; to bray. 2. /a/ to bawl (someone) out, rail at, berate. 3. (for an animal) to make a loud noise, carry on. 4. (for something) virtually to trumpet, advertise (something) clearly: **Afet geliyorum diye bağırıyordu, fakat aldıran yoktu.** The catastrophe all but announced that it was going to happen, yet no one took any notice. **Duvardaki saat, zamanın ne kadar azaldığını bağırıyordu.** The clock on the wall was virtually shouting how little time remained. **bağırıp çağırmak** 1. to rant and rave, carry on. 2. /a/ to bawl (someone) out, rail at, berate.
bağırsak anat. intestine. —**ını deşmek** /ın/ to carve up (someone's) innards, kill (used in threats only). — **solucanı** ascarid. — **yangısı** path. enteritis.
bağırtı 1. shouting; shout; hollering; holler; yelling; yell; bellowing; bellow; braying; bray. 2. noise (made by an animal or animals).
bağırtmak /ı/ 1. to make (someone) shout, holler, yell, bellow, or bray. 2. to cause (an animal) to make a loud noise.
bağış grant, donation.
bağışçı donor, donator; grantor.
bağışık immune.
bağışıklama immunization.
bağışıklamak /ı, a/ to immunize (someone) against.
bağışıklık immunity.
bağışıklıkbilim immunology.
bağışlama 1. donation, donating; grant, granting. 2. pardon, pardoning; forgiving. 3. Christianity absolution; indulgence.
bağışlamak 1. /ı, a/ to donate (something) to; to grant (something) to. 2. /ı/ to pardon (someone); to forgive (a misdeed, a debt). 3.

bağlatmak

/ı/ *Christianity* to absolve, pardon. 4. /ı/ to spare, refrain from killing (someone); to spare (someone's life). 5. /ı/ to excuse, forgive (someone) (for a small fault).
bağışlanma 1. donation, being donated; grant, being granted. 2. pardon, being pardoned; being forgiven.
bağışlanmak 1. /a/ to be donated (to); to be granted (to). 2. to be pardoned; to be forgiven. 3. *Christianity* to be absolved. 4. to be spared.
bağışlatmak /ı, a/ 1. to get or allow (someone) to donate or grant (something). 2. to get or allow (someone) to pardon or forgive (someone/something). 3. to get or allow (one person) to spare (another, another's life).
bağışlayıcı 1. donor, donator; grantor. 2. pardoner; forgiver. 3. *Christianity* absolver.
bağıt, -tı agreement, contract.
bağıtçı party to a contract.
bağıtlaşmak /la/ to agree, contract (with).
bağıtlı 1. bound by a contract. 2. registered (mail).
bağlaç *gram.* conjunction.
bağlaçlı *gram.* having a conjunction.
bağlam 1. context. 2. *phil.* coherence, consistency. 3. sheaf; bunch; bundle.
bağlama 1. tying; binding. 2. a plucked instrument with three double strings and a long neck. 3. brace, crossbeam. 4. *mech.* coupling. 5. *ling.* liaison. — **limanı** *naut.* home port, port of registry.
bağlamacı a person who plays, makes, or sells a **bağlama**.
bağlamak 1. /ı, a/ to tie (someone/something) to; to bind (someone/something) to; /ı, la/ to tie (someone/something) up (with): **Saçını kırmızı kurdeleyle bağladı.** She tied up her hair with a red ribbon. 2. /ı/ to tie (one's shoes, one's shoelaces, a tie, a ribbon). 3. /ı/ to bandage, bind up (a wound). 4. /ı/ to gird on (one's sword). 5. /ı/ to tie (something) up in a bundle. 6. /a, ı/ to put (someone) on (a salary); to assign (someone) a regular supply of (rations). 7. /ı/ (for something) to bind, be binding upon (someone). 8. /ı/ to finalize (a business deal); /ı, a/ to draw up or make (a contract) for (a project, an activity): **O işi bağladık.** We've finalized that deal. 9. /ı, a/ to make (someone) devoted to, bind (someone) to. 10. /ı/ to tie (someone) down, limit the scope of (someone's) activities; to constrain; to fetter. 11. /ı/ to cross (one's arms). 12. (for a skin) to form on milk, yogurt); (for ice) to form (on the surface of a body of water); (for a wound) to get (a scab) on it, scab over; (for the chimney of a lamp) to get (sooty): **Yoğurt kaymak bağladı.** The yogurt's skinned over.

Bu şişeler çok is bağladı. These lamp chimneys have gotten very sooty. 13. /ı/ *prov.* to block; to dam, dam up; to stop the flow of. 14. /ı/ to shut (a door).
bağlamsal contextual.
bağlanım commitment, devotion, dedication (to a cause).
bağlanmak 1. /a/ to be tied (to); to be bound (to); to be tied up. 2. (for shoes, shoelaces, a tie, a ribbon) to be tied. 3. (for a wound) to be bandaged, be bound up. 4. (for something) to be tied up in a bundle. 5. /a/ (for a salary, a regular supply of rations) to be assigned to (someone). 6. /a/ (for an individual or a company) to have contracted to (carry out a project); (for a business deal) to be finalized; /a/ (for the terms of a project) to be agreed upon: **Proje bugün sözleşmeye bağlandı.** The terms of the project were agreed upon today. 7. /a/ to be committed to, be dedicated to (a cause); to be devoted to (someone). 8. /a/ to concern oneself with (something). 9. to end, turn out.
bağlantı 1. connection, tie, link. 2. *mech.* coupling, device that serves to connect the ends of adjacent parts or objects. 3. *phys.* linkage. — **borusu** *plumbing* soil branch, pipe leading to the soil pipe. — **çubuğu** tie rod (of an automotive vehicle). — **kurmak** /la/ to make contact with, contact, get in touch with. — **kutusu** *elec.* junction box. — **yapmak** /la/ to make an agreement with, come to an agreement with.
bağlantılı 1. connected, linked. 2. *pol.* aligned (nation), (nation) which is a member of an alliance.
bağlantısız 1. unconnected, unlinked. 2. *pol.* nonaligned, unaligned (nation), (nation) which does not belong to an alliance. 3. *pol.* nonaligned nation.
bağlantısızlık 1. unconnectedness. 2. *pol.* nonalignment.
bağlaşık 1. *pol.* allied. 2. closely connected, interconnected, intertwined. 3. *pol.* ally.
bağlaşıklık, bağlaşma alliance.
bağlaşmak *pol.* (for nations) to become allied with each other, form an alliance.
bağlatmak 1. /a, ı/ to have or let (someone) tie (someone/something) up; /ı, a/ to have (someone/something) tied or bound to. 2. /a, ı/ to have (someone) tie (shoes, shoelaces, a ribbon, a tie). 3. /a, ı/ to have (someone) bandage (a wound). 4. /a, ı/ to have (someone) tie (something) up in a bundle. 5. /a, ı/ to have (someone) put on (a salary); to have (a regular supply of rations) assigned to (someone). 6. /a, ı/ to have (someone) finalize (a business deal). 7. /ı, a/ to cause (someone) to become devoted to.

bağlayıcı 1. connective, connecting. 2. conjunctive. 3. binding, relevant, in force.
bağlı 1. /a/ tied (to), bound (to); linked with, connected to, attached to. 2. /a/ committed to; devoted to; faithful to. 3. /a/ affiliated with, related to, connected with. 4. /a/ dependent upon. 5. closed (road, door); /la/ blocked by or with. 6. (man) whom a magic spell has made sexually impotent. — **kalmak** /a/ to be committed to; to be devoted to; to be faithful to.
bağlık 1. place abounding in vineyards. 2. (place) abounding in vineyards. — **bahçelik** 1. place abounding in cultivated fields and gardens. 2. (place) abounding in cultivated fields and gardens.
bağlılaşım phil., math. correlation.
bağlılaşma 1. interrelatedness. 2. correlation.
bağlılaşmak to be interrelated.
bağlılık 1. connection, affiliation. 2. attachment; devotion. 3. statistical correlation. — **indeksi** coefficient of correlation.
bağnaz fanatical, bigoted.
bağnazlık fanaticism.
bağrış see **bağrış**. — **çağrış** see **bağrış çağrış**.
bağrışmak 1. (for people) to shout, holler, yell, bellow, or bray. 2. (for animals) to make loud noises. **bağrışa çağrışa** loudly, noisily, with a lot of shouting (said of a group of people).
bahadır 1. brave. 2. champion, hero.
Bahai 1. Bahai, an adherent of the Bahai faith. 2. Bahai, of or pertaining to the Bahais or the Bahai faith.
Bahailik the Bahai faith, Bahaism.
Bahama Bahama. — **Adaları** the Bahamas.
Bahamalı 1. (a) Bahamian. 2. Bahamian (person).
bahane excuse, pretext. —**siyle** under the pretext of, under the guise of. — **aramak** to look for an excuse. — **bulmak** to find an excuse. — **etmek** /ı/ to use (someone/something) as an excuse, make (someone/something) an excuse.
bahaneci person who makes excuses, person who finds excuses.
bahar 1. spring (the season). 2. flowers, blossoms. 3. youth, youthful period of life. — **açmak** for trees to leaf out and bloom. —**ı başına vurmak** 1. (for an older man) suddenly to start frisking about like a colt, (for an older woman) suddenly to start acting coquettish (said derogatorily). 2. (for someone) to dress as if it is summer. — **nezlesi** hay fever. — **noktası** the vernal equinox.
bahar (a) spice.
baharat, -tı spices.
baharatçı spice-seller.
baharatçılık being a spice seller; the spice business.
baharatlı spiced, spicy.
baharlı spiced, spicy.

bahçe yard, garden. — **alanı** glade (created by a landscape architect). — **kovası** watering can. — **makası** pruning shears. — **mimarı** landscape architect; landscape gardener. — **mimarisi/mimarlığı** landscape architecture; landscape gardening. — **sofası** glade (created by a landscape architect).
bahçeci 1. landscape architect; landscape gardener. 2. nurseryman.
bahçecik small yard, small garden.
bahçecilik 1. landscape architecture; landscape gardening. 2. being a nurseryman; the nursery business.
bahçekekiği, -ni bot. garden thyme.
bahçekent, -ti garden city.
bahçeli having a garden or gardens.
bahçelik 1. place full of gardens. 2. plot for a garden.
bahçesiz gardenless.
bahçeşehir, -hri garden city.
bahçeteresi, -ni bot. garden cress.
bahçıvan gardener. — **kovası** watering can.
bahçıvanlık gardening, horticulture.
bahis, -hsi 1. subject, topic. 2. bet, wager. — **açmak** /dan/ to bring up (a subject). —**i geçen** the aforementioned, the aforesaid. —**e girmek** /la/ to make a bet, make a wager (with someone). —**i kapamak** to close the subject. —**i kaybetmek** to lose the bet. —**i kazanmak** to win one's bet, win one's wager. —**i müşterek** parimutuel (a system of betting). — **tutmak/tutuşmak** /la/ to bet (with), wager (with).
Bahreyn 1. Bahrain. 2. Bahraini, of Bahrain.
Bahreynli 1. (a) Bahraini. 2. Bahraini (person).
bahri 1. maritime, marine. 2. nautical, naval.
bahri zool. kingfisher.
bahriye navy. — **çiftetellisi** a sprightly folk dance.
bahriyeli sailor in the navy; naval officer.
bahsetmek /dan/ to talk about, mention, discuss.
bahşetmek /ı, a/ to give, bestow, grant.
bahşiş tip, baksheesh, gratuity. — **atın dişine bakılmaz.** proverb Don't look a gift horse in the mouth. — **vermek** /a/ to tip.
baht, -tı 1. luck, fortune, destiny. 2. good fortune, good luck. —**ınıza.** It depends on how lucky you are. —**ı açık** lucky. —**ı açılmak** /dan/ to have luck (in). — **işi** a matter of luck. —**ı kara** unlucky. —**ına küsmek** to be cross with one's luck, become bitter.
bahtiyar lucky, fortunate; happy.
bahtiyarlık prosperity, good fortune; happiness.
bahtlı fortunate, lucky.
bahtsız unfortunate, unlucky, ill-starred.
bahtsızlık misfortune.
bahusus especially.
bak. (abbr. for **bakınız**) see; cf. (compare).
bakacak, bakacık lookout, observation place.
bakaç 1. cin. viewfinder, finder (of a camera). 2.

prov. binoculars, field glasses.
bakakalmak to stand in astonishment or bewilderment.
bakalit, -ti Bakelite.
bakalorya examination formerly administered to students upon completion of high school.
bakan minister, secretary, person who heads one of the major departments of a central government: **Dışişleri Bakanı** the Minister of Foreign Affairs. **B—lar Kurulu** the Council of Ministers.
bakanlık 1. ministry, the term of office held by a government minister. 2. ministry, governmental department headed by a minister. 3. ministry, building housing a governmental department headed by a minister.
bakara *playing cards* baccarat, baccara.
bakarkör 1. blind person whose eyes look normal. 2. inattentive, absentminded.
bakaya 1. *com.* unpaid amount, balance due, arrears, arrearage. 2. *mil.* new conscripts who, because they were not present at their first muster, are charged with desertion. 3. the rest, the remainder (of a group).
bakı 1. inspection; care, treatment. 2. *geog.* exposure. 3. fortune (telling).
bakıcı 1. companion, person employed to look after someone; baby-sitter, sitter. 2. fortune-teller. 3. person who looks at the merchandise on display but does not buy anything.
bakıcılık 1. being a companion; being a baby-sitter; baby-sitting. 2. being a fortune-teller; fortune-telling. 3. being someone who looks at merchandise on display but does not buy it.
bakılmak /a/ 1. *impersonal passive* to look at; to gaze at. 2. (for a child, a sick person, a thing) to be looked after, be cared for: **Çocuğa iyi bakıldı.** The child was well cared for. 3. (for something) to be attended to, be tended to, be seen to: **O işe bakıldı.** That task's been seen to. 4. *impersonal passive* to pay attention to, heed, listen to.
bakım 1. care, attention, upkeep. 2. viewpoint, point of view. 3. glance, look. **—ından** from the point of view (of).
bakımcı 1. person who takes care of someone. 2. caretaker; maintenance person, janitor.
bakımevi, -ni 1. dispensary, clinic. 2. convalescent home, nursing home.
bakımlı well-cared for, well-kept.
bakımlık film or slide viewer.
bakımsız neglected, unkempt, disorderly.
bakımsızlık neglect, lack of good care.
bakımyurdu, -nu asylum for the destitute.
bakıncak the back sight of a gun.
bakındı *prov.* 1. Now look here! 2. /a/ Will you just look at ..., Just look at ...: **Bakındı adamın**

yaptığına! Just look at what the man's done!
bakınmak 1. to look around, look about, gaze about, look in several directions (*often used with* **etrafına**). 2. /a/ *prov.* to be examined by (a medical doctor, a midwife, etc.).
bakır 1. copper. 2. copper, of copper. 3. copper coin. 4. copper kitchen utensils. **— çağı** Bronze Age. **— çalmak/— çalığı olmak** (for food) to be contaminated with verdigris. **— kaplama** copper-plated. **— pası** verdigris. **— rengi** 1. copper red. 2. copper-red.
bakırcı coppersmith.
bakırcılık coppersmithing.
bakırlaşmak to turn the color of copper, turn copper.
bakış glance, look; view. **— açısı** point of view.
bakışık symmetrical, symmetric.
bakışıksız asymmetrical, asymmetric.
bakışım symmetry.
bakışımlı symmetrical, symmetric.
bakışımsız asymmetrical, asymmetric.
bakışımsızlık asymmetry.
bakışmak to look at one another.
baki 1. enduring, permanent, everlasting. 2. remaining. **— kalmak** to be left; to survive.
bakir virginal, untouched.
bakire virgin, maiden.
bakirelik virginity.
bakiye remainder, remnant, residue; arrears (of a debt), balance. **—i matlup** credit balance.
bakkal 1. grocer, groceryman. 2. grocery store, grocery. **— çakkal** grocers and the like. **— defteri (gibi)** messily kept (register of accounts); (notebook) that is anything but neat. **— dükkânı** grocery store, grocery. **— kâğıdı** thick and coarse paper.
bakkaliye 1. grocery store, grocery. 2. groceries.
bakkallık being a grocer; the grocery business.
bakla 1. broad bean, horsebean. 2. link (in a chain). **—yı ağzından çıkarmak** to put aside all considerations and speak out. **— dökmek** to throw beans (for fortune-telling). **— falı** fortune-telling by throwing beans. **— kadar** (flea, louse, etc.) that's as big as a horsebean.
baklaçiçeği, -ni dirty yellowish white.
baklakırı, -nı dappled gray (horse).
baklamsı bean-shaped. **— meyve** *bot.* pod, bean pod, seed pod.
baklava sweet pastry generally cut into diamond-shaped pieces, baklava, baklawa. **— açmak** to roll out the dough for **baklava**. **— biçimi/dilimi** diamond-shaped, rhombus-shaped. **(yanında) — börek** *colloq.* very easy (in comparison with), a piece of cake (in comparison with).
baklavacı maker or seller of **baklava**.
baklavacılık making or selling **baklava**.
bakliyat, -tı 1. pulse, pulses; dried beans. 2.

leguminous plants, legumes.
bakmak /a/ 1. to look at; to gaze at; to look; to gaze. 2. (for a place, a building) to face, overlook, look out on, or have a view of. 3. to look after, take care of (a child, a sick person, a thing). 4. to look to, depend upon (someone) (for nurture and material support). 5. to look (someone/something) over, have a look at, take a look at, examine, check, check out; to test, try. 6. to attend to, tend to, see to, mind. 7. (for one color) to verge on, shade into (another). 8. to pay attention to, heed, listen to. 9. (for something) to require (a specified amount of time, money, etc.). 10. (for a project) to require, take (a specified thing) (if it is to be realized). 11. to go and see where (someone) is, go and find (someone). **Bak!** 1. See!: **Bak, tam söylediğim gibi oldu!** See! It's happened just as I said it would. 2. /a/ Will you just look at ...?/Just look at ...!/Do you see ...?/Get a load of ...! *(used to show amazement, anger, disapproval)*: **Bacaklara bak!** Get a load of those legs! **Bak bak!** Just look!/Just listen! *(used to show amazement)*: **Bak bak, neler söylüyor!** Can you believe he's saying this? **Bakalım!/Bakayım!** 1. I don't know if .../I wonder if ... *(emphasizes a doubt)*: **Bakalım bu iş olacak mı?** Is this really going to happen? 2. Come on and .../Now ... *(used with an encouraging imperative)*: **Anlat bakalım!** Now tell me about it! 3. Well you'd better ...! *(used with a threatening imperative)*: **Anlat bakalım!** Well, you'd just better explain it! 4. Let's see ... *(used to indicate a desire to know, a curiosity)*: **Gelir mi bakalım?** Let's see if she comes. **bakarak** /a/ compared to/with, by comparison with, in comparison with: **Ona bakarak sen dâhisin.** You're a genius compared to him. **bakarsın** It might happen that ...: **Kendisine sor, bakarsın kabul eder.** Ask him; he just might go along with it. **Onu sakla, bakarsın lazım olur.** Keep it; it just might come in handy. **Sakalını tıraş et, bakarsın bugün müdür gelir.** Shave; the principal just might come around today. **baktıkça bakacağı gelmek** to become more interested the more one looks at (someone/something). **Baktım ki ....** If I see that .../If I understand that .../If ...: **Kendisiyle konuşurum. Baktım ki kızıyor, hemen çekip giderim.** I'll talk with him. If he gets angry, I'll leave straightaway. **Bakar mısınız?/Bakar mısın?** Come here, please. *(usually used to get the attention of a waiter, waitress, or a salesclerk)*.
bakraç 1. copper bucket. 2. plunger (of a pump).
bakteri bacterium.
bakterisit 1. bactericide. 2. bactericidal, destroying bacteria.
bakteriyolog bacteriologist.

bakteriyoloji bacteriology.
baktırmak 1. /ı, a/ to cause or allow (someone) to look at (someone/something). 2. /ı, a/ to cause (others) to look at (oneself), make a spectacle of (oneself). 3. /ı, **dan**/ to have or let (somone) to look out (a window, etc.). 4. /ı, a/ to have or let (someone) look after (a child, a sick person, a thing). 5. /ı, a/ to make (one person) look to (another) (for nurture and material support). 6. /ı, a/ to have or let (one person) examine (another person, something). 7. /ı, a/ to have or let (one person) see to (another person, something).
bal 1. honey. 2. exudate, exudation (which drips from tree wounds or from the skins of ripe figs). — **ağzı** virgin honey. — **alacak çiçeği bilmek/bulmak** to find the person from whom to profit. — **başı** the purest honey. — **dök de yala.** *colloq.* The place is immaculate. — **gibi** 1. like honey, very sweet. 2. very well, without a hitch, easily, smoothly. — **rengi** 1. honey, the color honey. 2. honey-colored. — **sağmak** to take honey (from the hive).
bala *prov.* child, baby.
balaban 1. huge, husky (person). 2. tame bear.
balabankuşu, -nu *zool.* bittern.
balabanlaşmak (for a person) to become huge.
balad ballad.
balalayka balalaika.
balans balance. — **ayarı** wheel balance.
balar beam, joist.
balarısı, -nı honeybee.
balast, -tı 1. *naut.* ballast (in a ship). 2. *rail.* ballast. — **gemi** *naut.* empty ship, ship whose hold has been emptied of cargo.
balata *auto.* brake lining. —**lı levha** clutch-plate, clutch-disk.
balayı, -nı honeymoon.
balcı 1. seller of honey. 2. beekeeper.
balcılık 1. the honey business; being a honey seller. 2. beekeeping; being a beekeeper.
balçak guard of a sword hilt.
balçık 1. wet clay; potter's clay; sculptor's clay. 2. silt, alluvium, alluvion; sediment. 3. sticky, difficult. — **hurması** date that has been so tightly packed as to be squashed flat. — **inciri** dried fig that has been so tightly packed as to be squashed flat.
balçıklamak /ı/ to bedaub (something) with wet clay; to cover (something) with wet clay.
balçıklı 1. covered with wet clay. 2. of the consistency of wet clay.
baldır 1. calf (of the leg). 2. shank, the part of the leg between the knee and the ankle; shin. — **bacak meydanda** *colloq.* (a woman who appears in public) with her bare legs showing. —**ı çıplak** *colloq.* roughneck, rowdy, hood.
baldırak 1. the lower part of a trouser leg. 2. leg-

ging; gaiter, puttee. 3. the lower end of a baldric.
baldıran *bot.* poison hemlock. — **şerbeti** *colloq.* a gain won by sweat and toil.
baldırıkara *bot.* maidenhair fern.
baldız sister-in-law, wife's sister.
baldudaklı honey-tongued, smooth-tongued.
bale ballet.
balerin ballerina.
balerinlik being a ballerina.
balet, -ti (male) ballet dancer.
baletlik being a (male) ballet dancer.
balgam 1. sputum, expectoration. 2. phlegm (one of the four humors of early physiology). — **atmak/bırakmak** *colloq.* to drop a malicious hint. — **çıkarmak** to spit out thick wads of phlegm. — **söktürücü** 1. (an) expectorant. 2. expectorant.
balgamlı 1. covered or smeared with sputum. 2. (something) which has sputum in it. — **öksürük** wet cough; productive cough.
Balık *astrology* Pisces.
balık fish. — **ağı** fishing net. — **avı** fishing. — **avlamak** to fish. — **baştan kokar.** *proverb* Corruption starts at the top. — **a çıkmak** to go out fishing. — **ezmesi** anchovy paste. — **istifi** packed like sardines. — **kanadı** fin. — **kavağa çıkınca** when pigs begin to fly (i.e. never). — **kılçığı** 1. fishbone. 2. herringbone (pattern). — **nefesi** spermaceti. — **oltası** fishing line. — **paçası** jelly of stewed fish. — **pazarı** fish market. — **pilakisi** dish of well-spiced cold fish. — **pulu** fish scale. — **sepeti** creel. — **tavası** fried fish. — **tutkalı** isinglass. — **tutmak** 1. to fish, angle. 2. *slang* to have a stroke of luck. — **yumurtası** 1. fish roe. 2. dried and smoked roe of the gray mullet.
balıkadam skin diver; frogman.
balıkçı 1. fisherman, fisher. 2. fishmonger, fishman. — **bağı** *naut.* fisherman's bend. — **gemisi** fishing boat (used on the open sea).
balıkçıl 1. piscivorous. 2. *zool.* heron, egret, bittern. 3. *zool.* European heron.
balıkçılık fishery, fishing.
balıkçın *zool.* tern.
balıketi, balıketinde (girl, woman) who is neither thin nor fat.
balıkgözü, -nü eyelet. — **objektif** *phot.* fish-eye objective.
balıkhane wholesale fish market.
balıkkartalı, -nı *zool.* osprey.
balıklama 1. (diving into water) headfirst, headlong. 2. (embarking on something) headlong.
balıklava good fishing ground.
balıklı 1. (water) which has fish in it. 2. (hands) soiled from handling fish. 3. (something) which is decorated with the design or picture of a fish.
balıksırtı, -nı 1. herringbone (pattern, bond, stitch). 2. cambered (road). 3. camber (of a road).
balıkyağı, -nı fish oil; cod-liver oil.
baliğ 1. (an) adolescent, youth who has reached puberty. 2. adolescent, (youth) who has reached puberty. 3. sum, total. — **olmak** 1. /a/ (for a sum, a person's age) to reach, arrive at (a specified figure). 2. to reach puberty.
balina 1. *zool.* whale. 2. (collar, corset) stay. — **çubuğu** whalebone, baleen.
balinalı stiffened with whalebone.
balistik 1. ballistics. 2. ballistic.
balkabağı, -nı 1. pumpkin. 2. *colloq.* pumpkin head, blockhead, dolt.
Balkan Balkan, Balkanic; pertaining to the Balkan people, Balkan Mountains, or Balkan Peninsula. **—lar** 1. the Balkan states, the Balkans. 2. the Balkan Mountains, the Balkans. — **Dağları** the Balkan Mountains. — **Yarımadası** the Balkan Peninsula.
balkan 1. rugged and thickly wooded range of mountains. 2. rugged and thickly wooded mountain.
Balkanlaşma *pol.* balkanization, becoming balkanized.
Balkanlaşmak *pol.* to become balkanized.
Balkanlaştırma *pol.* balkanization, balkanizing.
Balkanlaştırmak /ı/ *pol.* to balkanize.
Balkanlı 1. (a) Balkanite. 2. Balkanite (person).
Balkanolog Balkanologist.
Balkanoloji Balkanology.
Balkar 1. (a) Balkar. 2. Balkar, of the Balkars.
Balkarca 1. Balkarian Turkish, Balkar. 2. (speaking, writing) in Balkarian Turkish, in Balkar. 3. Balkarian Turkish, Balkar (speech, writing); spoken in Balkar; written in Balkar.
balkon 1. balcony. 2. porch.
ballamak /ı/ to honey, mix with honey; to spread honey (on).
ballandırmak /ı/ 1. to praise extravagantly, make one's mouth water (for). 2. *slang* to give, send.
ballanmak 1. to become covered with honey. 2. (for fruit) to get ripe and sweet.
ballı honeyed; (something) which contains or is made with honey. — **börek** 1. honeybun. 2. very delicious thing. 3. very nice, very pleasing. — **börekli olmak** (for people) to get on very well, be thick, be as thick as thieves.
ballıbaba *bot.* dead nettle.
ballık honey jar; honey stand; honeypot.
balmumu, -nu 1. wax, beeswax. 2. sealing wax. — **gibi erimek** to waste away. — **macunu** wax for hiding defects in furniture. — **yapıştırmak** /a/ to mark, notice and remember (words).
balo dance; ball.
balon 1. balloon. 2. *chem.* retort. — **barajı** balloon barrage. — **lastik** balloon tire. — **uçur-**

mak/uçurtmak to fly a trial balloon.
baloncu 1. balloon seller. 2. balloon operator; aeronaut.
balonlamak /ı/ *naut.* to fill (a sail) with wind.
balotaj runoff, runoff election, ballotage.
baloz low-class cabaret.
balözü, -nü nectar.
balpeteği, -ni honeycomb.
balsam balsam, balm.
balsıra honeydew.
balta ax; hatchet; battle ax. — **değmemiş/girmemiş/görmemiş** never cut, untouched (forest, hair). — **ile yontulmuş** unpolished, uncouth, rough. —**sı kütükten çıkmak** to get out of a difficulty. — **olmak** /a/ to pester, harass. —**yı taşa vurmak** to put one's foot in it, make a blunder.
baltabaş *naut.* straight-stemmed (ship).
baltaburun 1. *naut.* straight-stemmed (ship). 2. hook-nosed.
baltacı 1. maker or seller of axes. 2. woodman, woodcutter; axman. 3. fireman equipped with an ax. 4. *mil., hist.* sapper.
baltalama 1. sabotage. 2. cutting or chopping with an ax, axing.
baltalamak /ı/ 1. to sabotage, paralyze, frustrate, block, wreck, torpedo. 2. to cut or chop (something) with an ax, ax.
baltalayıcı 1. saboteur, sabotager. 2. (something) which sabotages (something else).
baltalı 1. furnished with an ax. 2. armed with a halberd. 3. *mil., hist.* sapper.
baltalık 1. forest or wood in which villagers have the right to cut wood. 2. forest from which timber is selectively cut; tree farm; coppice, copse.
Baltık Baltic, of the Baltic. — **Denizi** the Baltic Sea.
balya *com.* bale. — **yapmak** /ı/ to bale, bale (something) up.
balyalamak /ı/ to bale, bale (something) up.
balyoz sledgehammer. — **gibi** very heavy (blow with the fist or something else).
balyozlamak /ı/ to pound (something) with a sledgehammer, sledgehammer.
bambaşka completely different, quite different.
bambu 1. bamboo. 2. rattan palm. 3. bamboo, made of bamboo. 4. rattan, made of rattan.
bamteli, -ni 1. string giving the lowest sound in stringed instruments. 2. the part of the beard on the lower lip. 3. vital point, sore spot. —**ne basmak/dokunmak** /ın/ to vex, annoy.
bamya okra, gumbo, bamia. — **tarlası** *slang* cemetery.
bana to me. — **bak!** Look here! — **mısın dememek** /a/ 1. to think nothing of, not to bat an eye at: *Bir günde on dört saat araba sürmeye bana mısın demiyor.* He thinks nothing of driving fourteen hours in a day. 2. to remain unaffected (by), stand unmoved (by), not to appear affected in the least (by). — **dokunmayan yılan bin yaşasın.** *proverb* The snake that doesn't touch me can live a thousand years for all I care. — **göre hava hoş.** *colloq.* I don't care. — **kalırsa** as far as I am concerned; if it were up to me.
banço banjo.
bandaj *med.* bandage.
bandıra *naut.* flag, colors.
bandıralı having a flag; sailing under the colors (of).
bandırma 1. a confection of nuts strung and dipped in boiled grape juice. 2. a vat of potash into which grapes are dipped before being dried for raisins.
bandırmak /ı, a/ to dip (something) into, dunk (something) in.
bandırol, -lü *see* **bandrol.**
bando brass band; marching band; military band.
bandrol, -lü 1. label or seal (which must be affixed to certain products for them to be legally salable). 2. label, identifying label (affixed to a product to identify both the product and its manufacturer).
bangaboz *slang* fool, simpleton, idiot.
bangır bangır at the top of one's voice. — **ağlamak** to weep aloud. — **bağırmak** to shout loudly.
bangırdamak to shout loudly.
Bangladeş 1. Bangladesh. 2. Bangladesh, of Bangladesh.
Bangladeşli 1. (a) Bangladeshi. 2. Bangladeshi (person).
bani 1. builder, person who builds something; person who has something built. 2. founder, establisher. 3. (someone) given to erecting buildings.
bank, -kı bench (a simple seat usually found in gardens, parks, or waiting rooms).
banka 1. bank. 2. *slang* whorehouse, cathouse. — **akseptasyonu** bank acceptance. — **cüzdanı** passbook, bankbook. — **çeki** (certified) bank check. — **hesabı** bank account. — **memuru** bank clerk. — **muameleleri** banking transactions, banking business. —**ca muteber** bankable. — **şubesi** branch bank. —**ya yatırmak** /ı/ to deposit (money) in a bank.
bankacı 1. banker. 2. bank employee.
bankacılık banking. — **hukuku** laws of banking.
banker 1. bank owner. 2. banker. 3. money broker. 4. *colloq.* very rich person.
banket, -ti shoulder, *Brit.* verge (of a road).
bankiz (polar) ice field.
banknot, -tu banknote, paper money.
banko 1. bench. 2. cabinetmaker's workbench. 3. *gambling* "Bank!"
banliyö suburb. — **treni** suburban train, com-

muter's train.
banmak /ı, a/ to dip (something) into, dunk (something) in.
bant 1. tape. 2. band. 3. hairband; headband.
—**a almak** /ı/ to record (something) on tape.
— **doldurmak** to tape, do the recording: **Gelecek iki saat bant dolduracağız.** We're going to be taping for the next two hours. —**tan vermek** /ı/ to broadcast (a radio program) from a tape recording; to broadcast (a television program) from a video tape.
bant-karikatür comic strip.
bantlamak /ı/ to tape (something) up, fasten or bind (something) with tape.
banyo 1. bathroom, bath. 2. bath, washing oneself in a bathtub. 3. bathtub. 4. soaking all or a part of one's body in a medium; subjecting one's body to a medium (usually as a therapeutic measure): **çamur banyosu** mud bath. **buhar banyosu** steam bath. 5. soaking a material in water or a chemically treated solution: **su verme banyosu** quenching bath. 6. solution used in a therapeutic bath or in a chemical soaking process. — **almak** to take a bath, bathe, *Brit.* bath. — **etmek** /ı/ *phot.* to put (film, photographic paper) in a bath (while developing it). — **kazanı** hot-water heater. — **küveti/teknesi** bathtub. — **yapmak** to take a bath, bathe, *Brit.* bath. — **yaptırmak** /a/ to bathe, give a bath to, *Brit.* bath.
bap 1. gate, door. 2. chapter. 3. branch, field; class, kind, category. 4. form (of an Arabic verb).
bar 1. bar, counter from which alcoholic drinks are served. 2. bar, room with a bar from which alcoholic drinks are sold.
bar a folk dance peculiar to Erzurum.
bar virgule, slash, stroke.
bar *phys.* bar.
baraj 1. dam. 2. *mil.* barrage. 3. *slang* the lowest passing grade (in an examination). —**ı aşmak/geçmek** to pass (the examination). — **ateşi** *mil.* barrage.
baraka hut; shed.
baran rain.
Barbados 1. Barbados. 2. Barbadian, of Barbados.
Barbadoslu 1. (a) Barbadian. 2. Barbadian (person).
barbakan barbican.
barbar 1. (a) barbarian. 2. barbarous, brutal. 3. barbaric, uncivilized.
bar bar *used in:* — **bağırmak** to shout, yell, holler, bellow, or bray at the top of one's voice or lungs.
barbarca 1. barbarously, brutally. 2. barbarically. 3. barbarous, brutal. 4. barbaric, uncivilized.
barbarizm *ling.* (a) barbarism.
barbarlaşmak 1. to become barborous, become brutal. 2. to behave barborously. 3. (for a society) to become barbarous, barbarize.
barbarlık 1. barbarism, barbarity, barborousness, brutality. 2. barbarism; uncivilized act; uncivilized behavior.
barbata *mil.* 1. battlement, parapet (of a fortification). 2. barbette (for a gun).
barbekü (a) barbecue, (a) barbeque, outdoor fireplace in which meat is roasted.
barbunya 1. *zool.* red mullet. 2. *bot.* a small reddish-colored bean. — **fasulyesi** *bot.* a small reddish-colored bean.
barbut, -tu barbotte, barbooth, barbudi (a dice game).
barda cooper's adze.
bardacık a fresh fig.
bardak 1. glass; mug; (plastic or paper) cup. 2. *prov.* jug, pitcher. — **altı** coaster (for placing under a glass or mug). —**tan boşanırcasına yağmak** to pour, rain cats and dogs. —**ı taşıran son damla** the straw that broke the camel's back.
bardakeriği, -ni a large purple plum.
barem classification and advancement system for the salaries of government employees. — **kanunu** law regulating the salaries of government employees.
barfiks *sports* horizontal bar.
barınak 1. shelter. 2. boardinghouse.
barındırmak /ı, da/ to shelter (someone/something) (in).
barınma sheltering. — **limanı** emergency port.
barınmak /da/ 1. to take shelter (in). 2. to live (in). 3. to survive (in).
barış 1. peace. 2. reconciliation. — **görüş olmak** to make peace with one another, become reconciled, make up.
barışçı 1. peacemaker. 2. pacifist. 3. conciliatory.
barışçıl peaceable.
barışçılık pacifism.
barışık 1. (people/nations) who/which are at peace with each other, who/which are on good terms with each other; (people/nations) who/which have made peace with each other. 2. compatible, harmonious (things).
barışıklık 1. concord; reconciliation. 2. compatibility, harmony (of things).
barışma reconciliation.
barışmak to become reconciled, make peace with one another, reconcile.
barışsever peace-loving, peaceable.
barıştırıcı 1. peacemaker; conciliator. 2. conciliatory.
barıştırmak /ı/ to reconcile, make peace (between/among).
bari at least, for once.
barikat, -tı barricade.
barisfer barysphere, the core of the earth.
bariton *mus.* baritone.

bariz clear, obvious.
bark, -kı dwelling.
barka large rowboat, bark, barque.
barmen bartender, barman.
barmenlik being a bartender; bartending.
barmeyd barmaid.
baro bar, the body of lawyers.
barok baroque. — **müzik** baroque music.
barometre barometer.
baron baron *(a title)*.
barones baroness *(a title)*.
baronluk barony.
barparalel parallel bars.
barudi slate-colored, dark gray.
barut, -tu gunpowder. — **fıçısı** 1. powder keg. 2. powder keg, place where strife could break out at any moment. — **fıçısı gibi** (place) which is a powder keg, where strife could break out at any moment. — **gibi** 1. irascible. 2. very sour; very bitter. — **hakkı** *mil.* powder charge. — **kesilmek/olmak** to fly off the handle, go into a rage. — **kokusu gelmek** for a battle to be likely to happen. —**la oynamak** to play with fire. — **veznesi** powder flask.
barutçu gunpowder maker or seller.
baruthane gunpowder factory; powder magazine.
barutluk powder flask, powder horn.
baryum *chem.* barium.
bas flush mechanism of a toilet.
bas *mus.* bass. — **tutma** bass accompaniment.
basamak 1. step, stair; round (of a ladder), rung. 2. *math.* place occupied by a digit within a decimal figure. 3. *algebra* order. — **basamak step by step. — yapmak** /ı/ to use (someone/something) for one's own advancement, use (someone) as a cat's-paw.
basamaklı having steps, stepped.
basarık 1. treadle (of a loom). 2. pedal.
bas bas used in: — **bağırmak** to shout, yell, holler, bellow, or bray at the top of one's voice or lungs.
basbayağı 1. common, ordinary. 2. altogether, entirely. 3. simply, just.
basen 1. the extent of (someone's) hipline: **Aysel'in baseni yüz santim.** Aysel's hipline measures one hundred centimeters. 2. the hips (considered as an area of the body). 3. *anat.* pelvic cavity, pelvis.
bası printing, impression.
basıcı printer, person who works at a printing press.
basık 1. low (ceiling); having a low ceiling. 2. short (in stature), squat, dwarfish. 3. pressed down, compressed.
basıklık 1. lowness. 2. eccentricity (of an ellipse).
basılı 1. pressed, pressed in. 2. printed.
basılış, basılma printing, impression.

basılmak 1. to be stepped on. 2. to be printed. 3. to be raided. 4. to be suppressed. 5. /a/ *impersonal passive* to step on.
basım printing, impression.
basımcı printer, owner of a printing press.
basımcılık the printing business, printing.
basımevi, -ni printing house, press.
basın press, newspapers. — **ataşesi** press attaché. — **toplantısı** press conference.
basınç pressure. — **düşüren** antihypertensive.
basınçölçer barometer.
basıölçer manometer.
basil bacillus.
basiret, -ti foresight. —**i bağlanmak** to be unable to see the consequences that lie ahead, become bereft of foresight (in a specified instance).
basiretli foresighted, foresightful.
basiretsiz (someone) who lacks foresight, foresightless.
basiretsizlik lack of foresight.
basit, -ti 1. simple, not difficult; easy to do or understand. 2. simple, unadorned. 3. ill-bred, (someone) who's never been taught any manners. 4. ordinary, run-of-the-mill, average. — **cisim** *chem.* uncombined element, simple element. — **cümle** *gram.* simple sentence. — **çiçek** *bot.* single flower (as opposed to a *double flower*). — **denklem** *math.* simple equation, linear equation. — **faiz** *com.* simple interest. — **kelime** *ling.* simplex, simple word. — **kesir** *math.* simple fraction. — **meyve** *bot.* simple fruit. — **yaprak** *bot.* simple leaf. — **zaman** *gram.* simple tense.
basitleşmek 1. to become simple, become easy to do or understand. 2. to become less decorated or showy. 3. to become ordinary, become average.
basitleştirmek /ı/ 1. to make (something) simple, simplify, make (something) easier to do or understand. 2. to make (something) less decorated or showy. 3. to cause (someone/something) to descend to the level of the run-of-the-mill.
basitlik 1. simplicity, easiness. 2. simplicity, unadornedness. 3. lack of manners, being ill-bred.
Bask, -kı 1. (a) Basque. 2. Basque, of the Basques.
Baskça 1. Basque, the Basque language. 2. (speaking, writing) in Basque, Basque. 3. Basque (speech, writing); spoken in Basque; written in Basque.
basket, -ti *basketball* basket, the score made by putting the ball through the basket. — **yapmak** to score a basket.
basketbol basketball.
basketçi basketball player, basketeer.
baskı 1. press, baling press. 2. constraint,

restraint, pressure. 3. printing; edition; number of copies printed. 4. stamp (for printing fabrics). 5. hem. 6. lever (of a press). — **altında olmak** to be under constraint or pressure. — **altında tutmak** /ı/ to keep (someone) under (one's) thumb. — **kalıbı** die for embossing or printing a book cover. — **makinesi** stamping press. — **sayısı** printing, number of copies printed. — **yapmak** /a/ 1. to put pressure on. 2. to use force (with). 3. to oppress. — **yönetimi** despotism.

baskıcı 1. stamper of fabrics. 2. pressuring; repressive: **baskıcı rejim** repressive regime.

baskılık paperweight.

baskın 1. unexpected attack, raid. 2. *colloq.* unexpected visit. 3. /dan/ more powerful (than). 4. overpowering, superior. 5. heavy, oppressive. 6. pressed down. 7. *biol.* dominant. — **çıkmak** /dan/ to get the upper hand (over), be superior (to). — **gelmek** 1. to be heavy. 2. to seem irresistible. —**a uğramak** 1. to be raided. 2. to be caught red-handed. 3. to be flooded. — **vermek** to be raided, be caught red-handed. — **yapmak** /a/ to make a surprise attack (on), swoop down on.

baskıncı attacker; assailant; raider.

baskısız undisciplined, uncontrolled. — **büyümek** to grow up without discipline or control.

basklarnet, -ti *mus.* bass clarinet.

baskül weighing machine, scales.

basma 1. /a/ stepping on/in, treading on. 2. /ı, a/ pressing (something) on. 3. print, printed cloth fabric. 4. raid; bust (by the police). 5. /ı/ printing (cloth, books). 6. printed matter. 7. made of printed cloth, print. 8. printed (book, etc.). — **kalıbı** 1. *print.* cliché. 2. mold, block (for printing fabric).

basmacı 1. manufacturer or seller of printed cloth. 2. printer, person whose job is to print designs on cloth.

basmacılık making or selling printed cloth.

basmahane printworks, factory where cloth is printed.

basmak 1. /a/ to step on/in, tread on; /ı, a/ to set (one's foot) on, put (one's foot) on (a place): **Ayağını o ipek halıya basma!** Don't you set foot on that silk rug! 2. /ı, a/ to press (one's finger, a seal, a mold, a wood block, etc.) on; /a/ to press: **Zile bas!** Ring the doorbell! 3. /ı, a/ to pack (something) tightly into (a container). 4. /ı/ to print (books, etc.); to coin, strike, mint (coins). 5. (for darkness) to fall. 6. /ı/ (for fog) to descend on, cover. 7. /ı/ (for something undesirable) to cover (a place): **Tarlayı sel bastı.** Floodwater has covered the field. **Bahçenin her yerini ot bastı.** Weeds have taken over the garden. 8. /a/ to become, turn (a specified age): **Bugün elliye bastı.** He turned fifty today. 9. /ı/ to make an unexpected attack on, raid; (for the police) to bust. 10. /ı, a/ to put (air) in (a tire). 11. /ı/ (for a machine) to pump (a liquid) or compress (a gas). 12. /ı/ suddenly to let out (a yell, a curse, a laugh). 13. /ı/ suddenly to deliver (a blow) to, land (a blow) on. 14. /ı/ suddenly to hand in (one's resignation, a letter of protest). 15. suddenly to feel ...: **Feci halde uyku bastı.** I feel very sleepy. 16. /ı/ to be consumed with: **Hocayı öfke bastı.** The teacher was consumed with rage. 17. /ı/ to set, put (a hen) on eggs so that she will hatch them. **Bas!/Bas git!** *slang* Clear out!/Beat it!/Get lost!/Scram! **basıp geçmek** /ı/ 1. to pass, overtake, leave (someone/something) behind. 2. just to pass (someone) by, not to stop and visit (someone). **basıp gitmek/geçmek** *colloq.* to get up and leave, take off. **bastığı yeri bilmemek** 1. not to know what one is doing, be out of it. 2. to be overjoyed. **bastığı yerde ot bitmemek** /ın/ to bring bad luck wherever he/she goes; to blight whatever he/she touches.

basmakalıp 1. stereotyped. 2. conventional, cliché.

Basra Basra (in Iraq). — **Körfezi** the Persian Gulf.

basso *mus.* bass.

bastı a vegetable stew.

bastıbacak short legged; bowlegged.

bastırılmak 1. to be printed. 2. to be raided. 3. to be suppressed.

bastırmak 1. /ı, a/ to have or let (someone) step on/in (something). 2. /a, ı/ to have or let (someone) print (books, etc.) or coin (money). 3. /ı, a/ to press (one thing) upon (another). 4. /ı/ to suppress, put down (a rebellion, a disturbance). 5. /ı/ to put out (a big fire). 6. /ı, a/ to pack (things) tightly in (a container). 7. /ı/ (for something) to relieve (pain, hunger, etc.). 8. /da, ı/ to surpass, outdo (someone) in (something). 9. /ı/ to hem (a piece of cloth). 10. /ı/ to come out with (a reply) at once. 11. (for an unexpected visitor) suddenly to descend, suddenly to show up; /ı/ suddenly to descend upon, suddenly to visit. 12. (for heat, cold, rain, snow) suddenly to set in or to increase in intensity. 13. /ı/ to set, put (a hen) on eggs so that she will hatch them. 14. /ı/ *slang* to cough up, fork over (money). **Bastır!** Go! *(said to urge on someone, a team):* **Haydi bastır Beşiktaş!** Get'em Beşiktaş! **Bastır ulan!** Get him!

baston walking stick, cane. — **francala** French bread. — **yutmuş gibi** as stiff as a poker.

basur *path.* hemorrhoids, piles. — **memesi** hemorrhoidal swelling.

basübadelmevt, -ti *obs.* resurrection.

baş 1. head. 2. leader, chief, head. 3. beginning.

4. basis. 5. top, summit, crest. 6. end, either of two ends. 7. *naut.* bow. 8. clove (of garlic); cyme; (plant) bulb. 9. head (of a pin). 10. *wrestling* first class. 11. agio, exchange premium. 12. head: **elli baş sığır** fifty steers, fifty head of cattle. 13. main, head, chief, top. 14. *in many idioms* self, oneself. 15. side, near vicinity, presence: **sofra başında** at the table. **ocak başında** near the hearth. **—ına** for each, per, each: **saat başına elli bin lira** fifty thousand liras an hour. **—ında** 1. at, near, around: **masa başında** at the desk, around the table. 2. on his hands: **Başında üç çocuk var.** He has three children on his hands./He has to support three children. 3. at every: **saat başında** at the start of every hour. **—ından** 1. from its beginning: **başından sonuna kadar** from beginning to end. 2. away from: **Başımdan git!** Go away!/Get out!/Leave me alone! **—ta** first of all, most of all. **—ı açık** bareheaded. **—ı açılmak** to go bald. **—ını açmak** 1. to uncover one's head (as a gesture initiating prayer or imprecation). 2. /ın/ to open up (a subject of talk), give an inkling (of). **— ağrısı** 1. headache. 2. trouble, nuisance. **— ağrısı olmak** /a/ to be a nuisance (to), cause worry (to). **—ını ağrıtmak** /ın/ to give a headache (to); to annoy (someone) by talking a lot. **—ını alamamak** /dan/ 1. to be too busy (with). 2. not to be able to escape (from some trouble). **— alıp baş vermek** to wage a bitter fight. **—ını alıp gitmek** to go away, leave. **—ının altında** under one's pillow. **—ının altından çıkmak** /ın/ (for a plot) to be hatched out in (someone's) head; to be caused (by). **—ı araya gitmek** to be caught between disagreeing people. **— aşağı** upside down, head down. **—tan aşağı** from top to bottom, from head to foot, from end to end, throughout. **— aşağı gitmek** to get worse. **—ından aşağı kaynar sular dökülmek** to have a terrible shock, meet with sudden excitement. **(işi) —ından aşkın yanmak** to be upset, be troubled, be distressed. **—ından atmak** /ı/ to get rid (of). **—tan ayağa kadar** *colloq.* from head to foot, altogether. **— ayak, ayak baş oldu.** *colloq.* The high and the low have changed places. **—ı bacadan aşmadı ya.** *colloq.* She is still young enough to find a husband. **— bağı** 1. head band, fillet. 2. *naut.* bow fast, head fast. **— bağlamak** 1. to cover or tie up one's head (with a scarf). 2. (for grain) to form heads. 3. to take up a duty. **—ını bağlamak** /ın/ to marry (one) to another. **—ı bağlı** 1. fastened by the head; attached. 2. married. **— başa** tête-à-tête, face to face. **—tan başa** from end to end, entirely. **— başa kalmak** /la/ to stay alone (with). **— başa vermek** 1. to put our/your/their heads together, consult with each other. 2. to work together, help each other, collaborate. **—ında beklemek/durmak** /ın/ to stand watch over, watch carefully. **— belası** nuisance, troublesome person or thing. **—ına bela getirmek/sarmak** /ın/ to saddle (someone/oneself) with a big problem. **—ı belaya girmek** to get into trouble. **—ı belada olmak** to be in trouble. **—ını belaya sokmak/uğratmak** /ın/ to get (someone/oneself) into trouble. **—ımla beraber** with great pleasure, gladly. **— bezi** head scarf. **— bilmez** unbroken (horse). **—ına bir hal gelmek** to suffer a serious misfortune. **—ını bir yere bağlamak** /ın/ to find (a person) a good job and save him from idleness. **—ına bitmek** /ın/ suddenly to appear, suddenly to show up (said of a pestiferous person). **—ını boş bırakmak** /ın/ 1. to leave alone, leave untended. 2. to leave without supervision. **— boy** best quality. **— bulmak** to pay, leave a profit. **—ta/—ında bulunmak** /ın/ to be in charge. **—ına buyruk** independent. **— bütün** married (person). **—ından büyük işlere girişmek/karışmak** to undertake things that are beyond one's powers, bite off more than one can chew. **—ına çal!** /ı/ *colloq.* Here it is. May it do you no good. **—ının çaresine bakmak** to take care of one's own affairs oneself, not to leave things to others. **—ı çatlamak** to have a splitting headache. **—ını çatmak** to bind a cloth around one's head and across one's temples to relieve a headache. **— çekmek** /a/ to head (a movement, a dance). **—ını çelmek** /ın/ *naut.* to divert (a ship) from her course. **— çevirmek** /dan/ to turn away (from). **—ına çıkarmak** /ı/ to spoil (someone). **—tan çıkarmak** /ı/ to lead astray, corrupt, seduce. **—a çıkmak** /la/ 1. to succeed (in), accomplish. 2. to cope (with), handle, master, control. **—ına çıkmak** /ın/ to plague, become a nuisance (to). **—tan çıkmak** to get out of control, be led astray, be corrupted. **—ına çorap örmek** /ın/ to plot against (someone), get (someone) into trouble. **—ı darda** in trouble, in need, hard up. **—ı dara düşmek** to get into trouble, find oneself in a difficult situation. **—ında değirmen çevirmek** /ın/ to harass, torment. **— denizi** *naut.* head-on sea, waves from ahead. **—ına dert açmak/çıkarmak** /ın/ to saddle (someone/oneself) with a problem. **—ının derdine düşmek** to have enough trouble of one's own. **—ını derde sokmak/uğratmak** /ın/ to get (someone/oneself) into trouble. **—ına dert etmek** /ı/ to let (something/someone) worry (one), lose sleep over (something/someone). **—ına devlet kuşu konmak** to have a stroke of luck. **—ını dik tutmak** to hold one's head high. **—ının dikine gitmek** to insist on doing it one's own way, refuse all advice. **—ına dikmek** /ı, ın/ to assign

(a person) to protect (someone/something). —ı dinç without trouble, at ease, peaceful. —ını dinlemek to rest. —ına dolamak /ı, ın/ to burden or saddle (someone) with (something/someone unpleasant). — döndürücü 1. astounding, amazing. 2. stupefying. —ı dönmek to feel dizzy. — dönmesi dizziness, giddiness, vertigo. —ını dövmek to pound one's head in despair. —ı dumanlı 1. dazed; drunk. 2. crazed with love. — edememek /la/ not to be able to cope (with). — eğmek 1. to bow one's head, incline one's head forward (as a sign of respect). 2. /a/ to submit (to), yield (to). —ına/—ında ekşimek /ın/ to be a burden (to), be a permanent and unwelcome nuisance. — eldeyken while still living. —ının etini yemek /ın/ to nag (at), bother with insistent demands. —ını ezmek /ın/ to crush. —ına geçirmek /ı, ın/ 1. to put on (a hat, a head covering). 2. to crown (someone) with (something); to pull (a place) down on (someone's) head (said in anger). —a geçmek to take control, take charge; to come to power. —ına geçmek /ın/ 1. to become the head of (an organization). 2. to go up to (a machine, an instrument) (with an intent to use it). 3. to go to the front of (a line, a row, etc.). —ından geçmek /ın/ to happen (to). —a gelen çekilir. proverb One has to take what comes. —ına gelen pişmiş tavuğun başına gelmedi. /ın/ colloq. Incredible things have happened to him/her/it. — gelmek /a/ to win, overcome. —a/—ına gelmek /ın/ (for something unpleasant) to happen (to). —ta gelmek to be first (in importance or excellence). —a gelmeyince bilinmez. proverb A person does not really understand something until he has experienced it. —ta gitmek to be the first, be the foremost; to be in the lead. —ı göğe değmek/ermek to be overjoyed; to find happiness. — göstermek (for something bad) to appear, crop up, or break out. — göz etmek /ı/ to marry (two people) to each other. — göz olmak to marry. —ının gözünün sadakası alms or some other sacrifice made in the hope that it will keep some possible catastrophe from befalling one. —ını gözünü yarmak /ın/ 1. to give (someone) a bad beating, beat the tar out of. 2. to do (something) very ineptly. 3. to murder, butcher (a passage) (owing to faulty diction or mispronunciation). —a güreşmek to try for first place, try to win first place; to aim for the top. —ına hasır yakmak to complain, be in despair. —ı havada colloq. snooty, snobbish. —ı havalanmak /ın/ to be distracted by love affairs. —ı hoş olmak /la/ to like, be fond (of). —ı için /ın/ for the sake of (used in imploring). —tan

inme very sudden, right out of the blue. —ını istemek /ın/ to demand that (someone) be killed. —ına iş açmak/getirmek /ın/ to cause trouble (to). —ına iş çıkarmak /ın/ to make work or difficulties (for). —ı kabak completely bald, bald-headed. —ına kakmak /ı, ın/ to remind (someone) reproachfully (of a kindness done to him), rub in (a favor done to someone). —ı kalabalık surrounded by other people who want to talk to him. — kaldırmak /a/ to rebel (against). — kaldırmamak /dan/ not to take a break from, not to stop (doing something). —ını kaldırmamak/kaldıramamak 1. /dan/ not to take a break from, not to stop (doing something). 2. (for a patient) to be unable to get out of bed, be quite ill. —tan kalma left over from someone else. —tan kara etmek 1. naut. to go aground at the bow. 2. to fail completely, come a cropper. —tan kara gitmek to head for disaster, be on a collision course. —ına karalar bağlamak to grieve. — kasarası naut. forecastle. —ını kaşımaya eli değmemek/vakti olmamak to be swamped with work. —ında kavak yelleri esmek /ın/ to be daydreaming. —ı kazan gibi olmak to have one's head throb due to noise and confusion. —ım kel mi benim? colloq. What is wrong with me?/Why am I left out? — kesmek to nod in greeting. —ını kesmek /ın/ to behead. — kıç vurmak naut. to pitch. —tan kıça haber yok. colloq. No one knows what the rest are doing. —ına kına yakmak to dye one's hair with henna. — kırmak to bow. —ı kızmak to get furious. —ını koltuğunun altına almak to do something at the risk of one's life. — komak/koymak 1. /a/ to be prepared to risk one's life (for a cause). 2. to acquiesce, assent. —ından korkmak to fear for one's life. — koşmak /a/ to do (something) wholeheartedly, enter heart and soul (into an enterprise). — köşe seat of honor. —ını kurtarmak to save one's life. —ı nâra yanmak to get into trouble because one has tried to help someone else. —ından nikâh geçmek to have been married. —ını okutmak /ın/ to have a prayer recited over (a sick person). — ol da, istersen eşek/soğan başı ol. proverb Be in charge of something, however humble. — omuzluğu naut. bow. —ını ortaya koymak to challenge death, risk one's life. —ıyla oynamak to play with one's life, invite danger. —ı önünde with downcast eyes, modestly reserved. —ına patlamak 1. (for an undesirable thing) to befall (one). 2. (for work) to fall to one's lot. —ı pek 1. obstinate, hardheaded. 2. stupid, unintelligent. —ınız sağ olsun. May your life be spared (formula of condolence). — sallamak /a/ to nod in agree-

ment. **—ına sarmak** /ı, ın/ to burden or saddle (someone) with (something). **—tan savma** 1. (doing something) perfunctorily or cursorily. 2. perfunctory; cursory. **—ından savmak** /ı/ to get rid of (someone) with empty promises, put off. **—ı sıkılmak** to be in distress; to be in trouble; to be hard up. **—ı sıkışmak** to have more work than one can handle. **—ı sıkıya gelmek** to be in trouble. **—ına soğuk geçmek** to act stupidly. **—ını sokacak yer** a place to lay one's head. **— tacı** 1. crown. 2. a greatly respected and loved person. **— tacı etmek/—ına taç etmek** /ı/ to treat (someone) with great respect or affection. **—ı taşa değmek** to realize the hardships of life. **—ını taştan taşa vurmak** to knock one's head against the wall in repentance. **—ını taşa vurmak** to repent greatly. **—ta taşımak** /ı/ to show respect (to). **—ına teller takınmak** to be overjoyed. **—tan tırnağa** from tip to toe. **—ına tokmak olmak** /ın/ to keep (someone) under restraint. **—ını toplamak** (for a woman) to gather up her hair neatly. **—ında torbası eksik!** colloq. What an ass! **— tutmak** naut. to steer her course. **—ı tutmak** to have a headache. **— tutmamak** naut. not to respond to the wheel. **— tüyü** 1. crest feather. 2. plume. **— üstü** naut. forecastle deck. **—ı üstünde taşımak/tutmak** /ı/ to respect greatly, hold very precious. **—ı üstünde yeri olmak** /ın/ to be highly venerated or loved (by). **— üstüne!** With pleasure! **—ını ütülemek** /ın/ slang 1. to tell (someone) off. 2. to nag, pick on. **— vermek** 1. (for grain) to come into ear. 2. to appear, come out. 3. /a/ to give one's life (for). 4. /a/ to give (a horse) his head. 5. fin. to allow a premium on a bond. **— vurağı** 1. recourse; reference. 2. competent authority; department or office concerned. **— vurmak** 1. /a/ to have recourse to, turn to; to resort to. 2. /a/ to apply to; to submit an application to. 3. /a/ (for a horned animal) to butt its head against, butt. 4. (for a fish) to strike the bait, snatch at the bait. **—ına vurmak** 1. /ın/ to hit (someone) on his head. 2. (for drink) to go to one's head; (for fumes) to produce giddiness. **—ına vur, ağzından lokmasını al.** colloq. He is so good-natured that anybody can walk all over him. **—ını yakmak** /ın/ to get (someone) into trouble. **— yastığı** pillow. **—ı yastık yüzü görmemek** not to have a moment's rest. **— yazısı** fate, destiny. **—ında yazılı olmak** to be destined. **— yemek** main dish, main course. **—ını yemek** /ın/ to be the cause of (someone's) death or suffering. **—ı yerine gelmek** /ın/ to recover one's senses; to get rested. **—ına yıkmak** /ı, ın/ to saddle (someone) with, burden (someone) with, leave (someone) to do (something). **— yukarı** upstream. **—ı yukarıda** proud,
conceited. **—ına yular geçirmek** /ın/ to get complete control of (someone). **—ı zapt olunmamak** (for a horse) to be out of hand, run away. **—ına zindan etmek** /ı, ın/ to make (a place) feel like a prison to (someone).
başabaş 1. only just enough, with the ends only just meeting. 2. com. at par. **—tan aşağı** com. below par, at a discount. **— çıkmak/gelmek** to come out just right. **—tan yukarı** com. above par, at a premium.
başağırlık sports heavyweight.
Başak astrology Virgo.
başak 1. ear (of grain), spike. 2. crop missed by the reapers, gleanings. **— bağlamak/tutmak** to come into ear.
başakçı gleaner.
başaklanmak (for grain) to ear, come into ear.
başaklı eared; spiked; (cereal plant) which has come into ear.
başaksız earless, spikeless.
başaltı, -nı 1. naut. compartment under the forecastle, steerage. 2. Turkish wrestling second class.
başamiral, -li navy admiral of the highest rank.
başarı accomplishment; success. **— belgesi** certificate of achievement. **— göstermek** to succeed, be successful.
başarılı successful.
başarılmak to be accomplished.
başarım success.
başarısız unsuccessful.
başarısızlık failure, lack of success.
başarmak /ı/ to accomplish, achieve, succeed in, bring to a successful conclusion.
başasistan chief intern (in a hospital).
başasistanlık 1. the position of chief intern (in a hospital). 2. being a chief intern (in a hospital).
başat, -tı dominant. **— karakter** biol. dominant character, dominant.
başatlık dominance, dominancy. **— yasası** biol. Mendel's law of dominance.
başbakan prime minister, premier. **— yardımcısı** deputy prime minister.
başbakanlık 1. office of prime minister, prime ministry, premiership. 2. the prime minister's office (building).
başbuğ formerly an officer of irregular troops.
başçavuş mil. sergeant major.
başçavuşluk mil. 1. the rank of sergeant major. 2. being a sergeant major.
başçı 1. person who sells the heads of sheep or cattle either raw or cooked. 2. foreman; forewoman; head of a gang of workers.
başçık 1. bot. anther. 2. glans, tip of the penis.
başdanışman chief adviser.
başdiyakoz Christianity archdeacon.
başdiyakozluk Christianity 1. archdeaconry; archidiaconate; archdeaconate. 2. the duties

of an archdeacon. 3. archdeaconry, place where an archdeacon has his office.
başdizgici head typesetter, head compositor.
başgardiyan head guard (in a prison).
başgarson headwaiter.
başgedikli *mil.* sergeant major; chief warrant officer.
başhakem *sports* head referee.
başhekim chief of staff (in a hospital).
başhemşire head nurse.
başheykeli, -ni bust, head (a sculpture).
başıboş 1. unconfined or untethered (animal); (child) who is allowed to roam about by himself/herself, unsupervised. 2. unfettered, untrammeled. 3. aimlessly, at will. — **bırakmak** /ı/ 1. to let (an animal, a child) run loose. 2. to let (someone) do as he/she pleases. — **kalmak** 1. to be left unconfined or unsupervised. 2. to be left to do as one pleases.
başıboşluk 1. lack of control; lack of supervision; lack of government. 2. lack of constraint, lack of restriction.
başıbozuk 1. untrained recruit, irregular soldier. 2. civilian. 3. irregular.
başıbozukluk 1. being irregular soldier. 2. status as a civilian. 3. lack of discipline; irregularity.
başıkabak completely bald, bald-headed.
başimam *Islam* chief imam.
başimamlık *Islam* 1. chief imamate. 2. the duties of a chief imam. 3. place where a chief imam has his office.
başka 1. other, another, different. 2. /dan/ except, apart (from), other (than). 3. *slang* gypsy. — **başka** 1. separately, one by one. 2. different. — **biri** another, someone else. — **işi yok mu?** *colloq.* Doesn't he have anything better to do?
başkaca 1. somewhat different. 2. otherwise, further.
başkahraman *lit.* hero; heroine; protagonist.
başkaları, -nı others.
başkalaşım 1. *biol.* metamorphosis. 2. *geol.* metamorphism. 3. *Christianity* the Transfiguration.
başkalaşma 1. change, alteration. 2. metamorphosis. 3. *Christianity* the Transfiguration. 4. vexation, getting out of sorts, getting annoyed; becoming troubled.
başkalaşmak 1. to change, alter, become changed, become altered. 2. to metamorphose, undergo metamorphosis.
başkaldırı, başkaldırma revolt, rebellion.
başkaldırıcı 1. (a) rebel. 2. rebellious.
başkalık 1. difference. 2. alteration, change.
başkan president; chairman; chairperson; chief.
başkanlık presidency; chairmanship. — **etmek** to preside.
başkası, -nı another, someone else.
başkâtip chief secretary.

başkâtiplik 1. chief secretaryship. 2. place where a chief secretary's office is located.
başkemer *arch.* archivolt.
başkent, -ti capital (of a country).
başkesit, -ti crosscut.
Başkır *see* **Başkırt.**
Başkırdistan the Bashkir Republic (formerly in the U.S.S.R.).
Başkırt 1. (a) Bashkir, member of the Bashkir people. 2. Bashkir, pertaining to the Bashkir.
Başkırtça 1. Bashkir, the Bashkir language. 2. (speaking, writing) in Bashkir, Bashkir. 3. Bashkir (speech, writing); spoken in Bashkir; written in Bashkir.
başkilise cathedral.
başkişi *lit.* protagonist, main character; hero; heroine.
başkomutan *mil.* commander-in-chief.
başkomutanlık *mil.* supreme military command.
başkonakçı *zool.* primary host.
başkonsolos consul general.
başkonsolosluk consulate general.
başkoşul main requirement.
başkumandan *mil.* commander-in-chief.
başkumandanlık *mil.* supreme military command.
Başkurt *see* **Başkırt.**
Başkurtça *see* **Başkırtça.**
başlahana cabbage.
başlam paragraph, article (in a document or law).
başlama 1. beginning, start, commencement. 2. sole (used to resole a shoe).
başlamak 1. to begin, start, commence. 2. knitting to cast on.
başlangıç 1. beginning, start, commencement. 2. preface, foreword. — **noktası** 1. starting point. 2. *geom.* origin.
başlanılmak /a/ *impersonal passive* to begin, start, commence.
başlanmak /a/ *impersonal passive* to begin, start, commence. 2. (for a plant) to develop a head, cyme, or bulb.
başlantı *mus.* overture.
başlatmak 1. /ı, a/ to get or allow (someone) to begin (something). 2. /ı/ *colloq.* to get (someone) started, get (someone) going, cause (someone) to start rehearsing a long list of complaints.
başlayıcı beginner.
başlayış 1. beginning, start, commencement. 2. way of beginning. 3. *chess* opening.
başlı headed; having a head or knob. — **cıvata** bolt. — **değnek** knobbed staff.
başlı başına all by itself, on its own, in itself, of itself; in his/her own right: Binanın ısıtılması başlı başına bir sorun. The heating of the building is a problem all on its own.

başlıca principal, chief, main.
başlık 1. headgear, (a) covering for the head; headdress. 2. head harness, headgear. 3. *arch.* capital (of a column). 4. heading, head; letterhead, letter heading; headline; caption; title (of a piece of writing). 5. headrest. 6. bride-price. 7. *prov.* hub (of a wheel). **— atmak/koymak** /a/ to give (a piece of writing) a title, headline, or heading.
başlıklı 1. (someone) who is wearing (a certain kind or color of) headgear. 2. headed, (a piece of writing) which has a heading, title, or caption; (a piece of writing) with a heading, title, or caption which reads ..., titled ..., headed ..., entitled ..., captioned ...: **"Rezalet!" başlıklı bir makale** an article entitled "Scandal!"
başlıksız 1. bareheaded. 2. unheaded (piece of writing).
başmak shoe.
başmakale main editorial, leading article.
başmakçı 1. person in charge of shoes that are taken off at the door of a mosque. 2. shoemaker.
başmaklık 1. *hist.* fief conferred on the royal women of the sultan's family. 2. rack for shoes (at a mosque).
başmal *fin.* capital.
başmelek archangel, important angel.
başmisafir guest of honor.
başmuharrir editor, editorial writer, *Brit.* leader writer.
başmüdür chief executive officer, CEO; director general.
başmüdürlük 1. the position or duties of a chief executive officer; the position or duties of a director general, director generalship. 2. place where a chief executive officer or director general has his/her office; CEO's office; director general's office.
başmüfettiş chief inspector.
başmüfettişlik chief inspectorate.
başoyuncu star, featured actor or actress, the lead.
başöğretmen (school) principal.
başörtü, -yü, başörtüsü, -nü head scarf.
başörtülü wearing a head scarf.
başpapaz *Christianity* 1. dean. 2. rural dean. 3. archpriest, archpresbyter, archipresbyter.
başpapazlık *Christianity* 1. deanery. 2. rural deanery, archpresbyterate, archipresbyterate. 3. archpresbyterate, archipresbyterate, district under the jurisdiction of an archpriest. 4. duties of a dean, rural dean, or archpriest.
başparmak thumb; big toe. **—ını bükmek** *slang* to pick pockets.
başpehlivan *Turkish wrestling* wrestling champion.
başpiskopos *Christianity* archbishop.
başpiskoposluk *Christianity* 1. archbishopric. 2. the rank or duties of an archbishop. 3. the building where an archbishop's office is located.
başrol, -lü lead, leading role.
başsağlığı, -nı condolence.
başsavcı attorney general.
başsavcılık 1. attorney generalship. 2. place where an attorney general's office is located, attorney general's office.
başsayfa title page.
başsız 1. acephalous, acephalic, headless. 2. having no chief.
başsızlık 1. acephalia, headlessness. 2. lack of government; anarchy.
başşehir capital (of a country).
baştabip chief of staff (in a hospital).
baştan from the beginning, from the start.
baştanbaşa entirely; through and through; from first to last.
baştanımaz anarchist.
baştanımazlık anarchism.
baştankara *zool.* great titmouse.
başteknisyen chief technician.
başucu, -nu 1. head end (of a bed). 2. *astr.* zenith. **—nda** at the bedside, near, close to. **— noktası** *astr.* zenith. **— uzaklığı** *astr.* zenith angle, zenith distance.
başuzman chief expert, chief specialist.
başülke the mother country (of an empire).
başvekâlet, -ti *see* **başbakanlık.**
başvekil *see* **başbakan.**
başvurmak /a/ 1. to have recourse to, turn to; to resort to. 2. to apply to; to submit an application to: **Hangi okullara başvuruyorsun?** Which schools are you applying to?
başvuru 1. application, submitting an application. 2. (written) application. 3. having recourse to; resorting to.
başvurucu applicant.
başyapıt, -tı masterpiece, chef d'oeuvre.
başyardımcı chief assistant.
başyargıcı *sports* chief referee.
başyarış championship, competition held to determine the champion.
başyasa law code, codex.
başyaver first aide-de-camp.
başyazar 1. editorial writer, *Brit.* leader writer. 2. editor-in-chief.
başyazarlık 1. the post or duties of an editorial writer; being an editorial writer. 2. the post or duties of an editor-in-chief; being an editor-in-chief.
başyazı editorial, *Brit.* leader.
başyazman chief secretary.
başyazmanlık 1. chief secretaryship. 2. the place where a chief secretary's office is located, chief secretary's office.
başyıldız *astr.* the primary star (in a double-star system).

bat, -tı tool for spreading the end of a lead pipe.
batak 1. swamp; marsh; bog; fen. 2. swampy; marshy; boggy; fenny. 3. unsalvable, hopeless. **—a saplanmak** 1. to get oneself trapped in a blind alley, get oneself into a situation from which one can not extricate oneself, be up the creek in a big way, get lost in a quagmire. 2. (for a project) to come a cropper, fail.
batakçı fraudulent borrower; swindler, cheat, crook.
batakçıl palustrine, paludal, paludicolous, paludicoline.
batakçılık fraudulence.
batakçulluğu, -nu *zool.* common sandpiper; snipe.
batakhane 1. gambling den; den of thieves; joint. 2. den of goldbrickers, bunch of loafers.
bataklı swampy; marshy, paludous, palustral; boggy; fenny.
bataklık swamp; marsh; bog; fen. **— gazı** methane, marsh gas.
batarya 1. battery (of cannons). 2. *elec.* a series of batteries.
bateri battery, the percussion section of an orchestra.
baterist, -ti, baterici percussionist; drummer (in a jazz band).
Batı 1. the West, the Occident. 2. Western, Occidental: **Batı ülkeleri** Western countries. **— Bloku** the Western bloc.
batı 1. the west. 2. the West, the Occident. 3. western: **batı ufku** the western horizon. 4. Western, Occidental. 5. west wind. **— karayel** *naut.* west-northwest. **— lodos** *naut.* west-southwest.
Batı Almanya *hist.* 1. West Germany, the Federal Republic of Germany. 2. West German, of West Germany.
batıcı advocate of Western ways, proponent of westernization, westernizer, Occidentalist.
batık 1. sunken (ship). 2. submerged. 3. sunken, hollow (eyes).
batıl 1. false, untrue; baseless, groundless. 2. invalid, null, void. 3. futile, vain, useless. **— itikat** superstition.
Batılı Westerner, Occidental.
batılı 1. westerner, person who comes from the western part of a place. 2. Westerner, Occidental. 3. westernized person. 4. Western, Occidental (person).
batılılaşma westernization, becoming westernized, occidentalization.
batılılaşmak to become westernized, become occidentalized.
batılılaştırma westernization, occidentalization.
batılılaştırmak /ı/ to westernize, occidentalize.
batın, -tnı 1. abdomen; belly, stomach; womb. 2. generation, people born during the same period. 3. offshoot, branch (of a clan or family). **bir —da** after one gestation: **Bir batında beş çocuk doğurdu.** She gave birth to quintuplets.
batıni esoteric; hidden, secret.
batırılmak 1. (for a ship) to be sunk. 2. (for money, wealth) to be lost (owing to mismanagement, dishonesty). 3. to be put into a financial decline; to be bankrupted. 4. /a/ to be dipped or dunked into. 5. /a/ (for a printed object) to be stuck into; (for a sharp instrument, e.g. a hypodermic needle) to be inserted into. 6. to be run down, be denigrated.
batırmak 1. /ı/ to sink (a ship); /ı, a/ to cause (someone/something) to sink into. 2. /ı, a/ to dip, dunk (one thing) into (another). 3. /ı, a/ to get (someone/something) covered in. 4. /ı/ to dirty, make a mess of (one's clothes). 5. /ı/ to lose (money, wealth) (owing to mismanagement, another's dishonesty). 6. /ı/ to cause (someone, a company) to go into a financial decline; to bankrupt. 7. /ı, a/ to stick (a pointed object) into; to insert (a sharp instrument, e.g. a hypodermic needle) into. 8. /ı, a/ to prick (something) with: **İğneyi parmağıma batırdım.** I pricked my finger with the needle. 9. /ı/ to run (someone) down, denigrate. 10. /ı/ to cause (something) to cease to be, destroy.
batısal western.
batış 1. sinking; foundering. 2. setting (of the sun, moon, or stars). 3. decline, decay. 4. financial collapse, bankruptcy. 5. piercing, entry, prick (of a sharp object or instrument).
batik batik, battik.
batkı bankruptcy.
batkın 1. bankrupt. 2. hollow, deep.
batkınlık 1. bankruptcy. 2. hollowness.
batma 1. sinking; foundering. 2. setting (of the sun, moon, or stars). 3. decline, decay. 4. financial collapse, bankruptcy. 5. piercing, entry, prick (of a sharp object or instrument).
batmak 1. to sink; /a/ to sink into. 2. (for the sun, moon, or stars) to set. 3. to decline, decay, go to ruin, go to the dogs; to come to an end, cease to be. 4. /a/ to get covered in: **Toza battık!** We're covered in dust. 5. (for one's clothes) to get dirty, be a mess. 6. to go into a financial decline; to go bankrupt, go broke. 7. to lose (money, wealth) (owing to mismanagement, another's dishonesty): **Paramın çoğu battı.** I lost most of my money. 8. /a/ (for one thing) to pierce, enter, or prick (another): **Parmağıma diken battı.** I've got a thorn in my finger. 9. (for wool, etc.) to scratch, prickle, feel prickly to one's skin. 10. /a/ to hurt, wound (someone's feelings). 11. /a/ (for something desirable) to make (someone) uncomfortable: **Sana rahat batmış.** It

looks like the good life has gotten to be too much for you. **Battı balık yan gider.** *colloq.* Things are such a mess that there is no use trying to do anything. **bata çıka** (reaching a place, making one's way) by slogging (through or as if through mud).

batonsale breadstick.

battal 1. oversize, oversized; big and ungainly; oversized and unwieldy. 2. (something) which is no longer fit to be used; useless. 3. (something) which is no longer in use, disused. 4. (document) which has been voided. 5. (something) which has been put out of service, which has been made unusable. 6. idle; unemployed. 7. documents which are no longer valid. — **boy** extra-large, oversized: **battal boy gömlekler** extra-large shirts. — **çekmek** /a/ to void, cancel (a document). — **etmek** /ı/ to put (something) out of service, make (something) unusable: **Kuyuyu battal ettiler.** They sealed up the well. — **gemi** boat which is difficult to maneuver, which doesn't handle well.

battaniye blanket.

bavul suitcase, trunk.

Bavyera 1. Bavaria. 2. Bavarian, of Bavaria.

Bavyeralı 1. (a) Bavarian. 2. Bavarian (person).

Bay Mr.

bay gentleman. —**ım** sir: **Evet bayım!** Yes sir!

bay rich, wealthy.

bayağı 1. coarse, vulgar, low. 2. ordinary, plain, common. 3. altogether, simply, just plain. — **gün** weekday. — **kaçmak** (for words, behavior, dress) to be unsuitable, be out of place.

bayağıkesir, -sri *math.* common fraction, vulgar fraction.

bayağılaşmak to coarsen, become vulgar.

bayağılaştırmak /ı/ to coarsen, vulgarize.

bayağılık coarseness, vulgarity.

Bayan Miss; Mrs.; Ms.

bayan lady.

bayat, -tı 1. stale, not fresh, old; aged (meat). 2. *slang* fuddy-duddy, old fogy.

bayatlamak to get stale; (for meat) to become aged.

bayatlatmak /ı/ to make (something) stale, let (something) get stale; to age (meat).

bayatlık staleness.

baygın 1. unconscious (as a result of having fainted). 2. languid, languishing, amorous (look, glance). 3. delicately sweet (fragrance). 4. slow and melting (sound). 5. /a/ very fond of, crazy about, nuts about: **Biz Nurbanu'ya baygın değiliz a!** We aren't nuts about Nurbanu. 6. droopy, drooping (plants which need water). — **düşmek** to feel ready to drop, feel like collapsing (from exhaustion).

baygınlaşmak 1. to cast amorous glances. 2. to become listless and droopy-eyed.

baygınlık 1. fainting spell, fainting fit, (a) faint, swoon; unconsciousness. 2. feeling of faintness, feeling as if one might faint. 3. listlessness; languor. 4. droopiness (of plants which need water). 5. feeling hungry. 6. languidness, amorousness (of a look or glance). 7. delicate sweetness, soft sweetness (of a fragrance). 8. slow and melting quality (of a sound). — **geçirmek** to faint, swoon. — **gelmek** 1. to find someone or something tedious in the extreme. 2. to feel faint, feel on the verge of fainting. — **getirmek** /a/ 1. to bore (someone) to death, fill (someone) with boredom. 2. to make (someone) feel faint.

baygıntı 1. feeling faint, feeling as if one might faint. 2. fainting spell, fainting fit, (a) faint, swoon; unconsciousness. — **gelmek** to feel faint, feel as if one might faint.

bayılmak 1. to faint. 2. to feel faint. 3. /a/ to be thrilled (with), be enraptured (by), like greatly. 4. (for a plant) to droop. 5. /ı/ *slang* to pay (money). **bayıla bayıla** willingly, with great joy.

bayıltıcı 1. overpowering, enough to make one faint. 2. narcotic, anesthetic.

bayıltmak /ı/ 1. to make (someone) faint, knock (someone) out. 2. to anesthetize.

bayındır rich and prosperous, cultivated, developed.

bayındırlaşmak to be developed, be built up.

bayındırlaştırmak /ı/ 1. to improve, build up. 2. to provide public services (for).

bayındırlık development, public works. **B— Bakanı** the Minister of Public Works. **B— Bakanlığı** the Ministry of Public Works.

bayır 1. slope; slight rise, ascent. 2. hill. — **aşağı** downhill.

bayırlaşmak (for a road or ground) to rise, get steep.

bayi, -ii 1. franchiser, holder of a franchise, person who has the right to sell a company's product within a certain area. 2. seller, vendor.

bayilik 1. being the holder of a franchise. 2. franchise, the territory in which a franchiser has the right to sell a company's product. 3. franchiser's place of business.

baykuş *zool.* owl. — **gibi** bringing bad luck.

bayrak flag; standard; colors; ensign; pennant; jack; pennon; banner; streamer. — **açmak** 1. to recruit soldiers for the army. 2. to break out in open revolt. —**ları açmak** to begin to rant and rail, begin to vituperate. —**ı asmak** to display the flag, put out the flag; /a/ to hang the flag from. —**ı çekmek** to raise the flag; *naut.* to hoist the flag. — **direği** flagstaff, flagpole. — **göstermek** (for a ship) to show its colors. —**ı indirmek** to lower the flag, haul down the flag; *naut.* to strike one's colors. — **töreni** flag raising ceremony. — **yarışı** *sports* relay race, relay. —ı **yarıya indirmek** to fly the flag at half-mast.

bayraklı beflagged, decorated with a flag or flags; (place) over or from which a flag is flying: **Jamaika bayraklı bir gemi** a ship flying the Jamaican flag.

bayraklık (material) suitable for making flags.

bayraktar standard-bearer.

bayraktarlık the rank or duties of a standard-bearer; being a standard-bearer. — **etmek** to be a groundbreaker. —**ını yapmak** /ın/ to be in the forefront of, be a leader in (a movement).

bayram religious festival, Bairam; national holiday; festival, festivity. — **arifesi** the eve of a Bairam. — **ayı** the month of Shawwal (of the Muslim calendar). —**dan bayrama** rarely, once in a blue moon, on occasion. — **değil, seyran değil, eniştem beni niye öptü?** *colloq.* There must be something behind this. — **ertesi** right after the Bairam, in the days just after the Bairam. — **etmek/yapmak** 1. to feast, celebrate a holiday. 2. to be overjoyed. — **günü** 1. a Bairam day. 2. on a Bairam day. — **haftasını mangal tahtası anlamak** to misunderstand completely. — **havası** a holiday spirit. — **koçu gibi** gaudy, showy; overdressed. —**ınız kutlu/mübarek olsun!** Have a happy Bairam! — **namazı** morning service on the first day of a Bairam. —**da seyranda** only occasionally. — **şekeri** candy offered to visitors on Bairam days. — **tebriki** congratulations for a Bairam; greeting card. — **topu** gun fired on Bairam days. — **üstü** just before a Bairam.

bayramlaşmak to exchange Bairam greetings.

bayramlık 1. fit for a Bairam. 2. Bairam present. 3. one's holiday best, one's best clothes, one's best. — **ad** ugly nickname given to someone to tease him. — **ağız** *slang* cursing, swearing. — **ağzını açmak** *slang* to swear.

bayramyeri, -ni fair grounds.

bayt, -tı *comp.* byte.

baytar vet, veterinarian, *Brit.* veterinary surgeon.

baytarlık veterinary medicine; being a veterinarian.

baz 1. base, basis. 2. *chem.* base. 3. *geom.* base.

bazal *chem.* basic. — **metabolizma** basal metabolism.

bazalt, -tı *geol.* basalt.

bazan *see* **bazen**.

bazen sometimes, now and then.

bazı 1. some, certain; some of. 2. sometimes. — **bazı** now and then, from time to time. —**ları/—sı** some of them, some.

bazik *chem.* basic. — **oksitler** basic oxides.

bazilika 1. royal palace. 2. basilica, Roman hall of justice. 3. basilica, early Christian or medieval church building.

bazlama, bazlamaç flat bread baked on an iron sheet.

bazuka *mil.* bazooka.

Bçvş. (*abbr. for* **Başçavuş**) SM (Sergeant Major).

BDT (*abbr. for* **Bağımsız Devletler Topluluğu**) CIS (the Commonwealth of Independent States [composed of some republics which were formerly a part of the U.S.S.R.]).

be 1. Oh, you!/Hey, you! (*used vocatively to express reproach*). 2. *vulg.* Hey! (*used in a terminal position*): **Neredesin be?** Hey, where are you?

bebe *prov.* baby.

bebecik little baby, little darling.

bebek 1. baby. 2. doll. — **beklemek** to be pregnant. — **gibi** beautiful (woman).

bebekçe 1. babyish (way of acting, talking, etc.). 2. like a baby, babyishly. 3. baby talk. 4. (speaking) in baby talk, baby talk.

bebekleşmek to become infantile, behave like a baby.

bebeklik 1. infancy. 2. childishness. — **etmek** to be childish.

Beberuhi name of the dwarf in the Turkish shadow play.

beberuhi *colloq.* dwarfish man.

becayiş exchange of positions by mutual consent (between two government officials of equal rank). — **etmek** (for two officials) to exchange positions by mutual consent, trade places by mutual consent.

becelleşmek 1. to struggle, strive, work hard. 2. /la/ to contend with, argue with.

beceri 1. talent, skill. 2. *sports* being in shape.

becerikli skillful, capable, resourceful, clever.

beceriklilik skill, resourcefulness, cleverness.

beceriksiz incompetent.

beceriksizlik incompetence.

becermek /ı/ 1. to accomplish, succeed in doing (something). 2. to ruin; to make a mess of (*said sarcastically*). 3. *slang* to do (someone) in, kill. 4. *slang* to *fuck.

becertmek 1. /ı, a/ to cause or allow (someone) to accomplish (something). 2. /ı, a/ *slang* to have (one person) do (another) in, have (one person) kill (another); /ı/ to have (someone) done in, have (someone) killed.

beçtavuğu, -nu *zool.* guinea fowl, guinea.

bedava gratis, for nothing, free. —**dan**—**sına** free, for nothing. —**ya** for practically nothing. — **sirke baldan tatlıdır.** *proverb* Vinegar that costs nothing is sweeter than honey. —**dan ucuz** a giveaway.

bedavacı one who wants to get things for nothing.

bedavacılık sponging, working to get things for nothing.

bedbaht, -tı unlucky, unfortunate, unhappy.

bedbahtlık unhappiness.
bedbin pessimistic.
bedbinleşmek to become pessimistic.
bedbinlik pessimism.
beddua curse, malediction, imprecation. **—sını almak/—sına uğramak** /ın/ to be cursed by (someone). **— etmek** /a/ to curse. **—sı tutmak** for someone's curse to take effect.
bedel 1. /a/ equivalent (of). 2. value, worth; price. 3. /a/ substitute (for); in lieu of, for, in exchange for. 4. sum paid for exemption from military service; *formerly* military substitute who served for another person. 5. person who makes the pilgrimage to Mecca in the name of another. **—i alınmıştır.** *fin.* 'value received' *(inscribed on checks).* **—i tahsil içindir.** *fin.* 'value to be collected in cash' *(inscribed on checks).* **—i teminat içindir.** *fin.* 'value to stand as a specific guarantee' *(inscribed on checks).* **— tutmak** *formerly* to pay someone to do one's military service in one's stead. **— vermek** to pay the government a fee in lieu of doing one's military service.
bedelci one who has paid to be exempted from his military service.
bedelen in lieu of, in exchange for.
bedelli 1. having the value (of). 2. one who has paid to be exempted from his military service.
bedelsiz free, without charge. **— ithalat** *com.* importation in which the goods being imported are not paid for with currency earned in the country to which they are being sent.
beden 1. body. 2. trunk, principal part. 3. wall (of a castle). **— cezası** corporal punishment. **— eğitimi** physical education.
bedenen physically.
bedeni, bedensel 1. physical, corporal, somatic. 2. corporeal, bodily.
bedesten vaulted and fireproof part of a bazaar where valuable goods are kept.
bedevi 1. (a) Bedouin, nomadic Arab. 2. (a) nomad. 3. Bedouin, pertaining to the Bedouin. 4. nomadic.
bedevilik 1. being a Bedouin, being a nomadic Arab; the Bedouin life, Bedouinism. 2. being a nomad; nomadism.
bedii esthetic.
bedir, -dri full moon.
begonya *bot.* begonia.
begüm begum.
beğence commendatory preface.
beğendi cream sauce made largely of puréed eggplant.
beğendili (food) served with a cream sauce made largely of puréed eggplant.
beğendirmek /ı, a/ to get (someone) to like or approve of.
beğeni good taste; discrimination.

beğenilmek 1. to be liked; to be approved. 2. to be chosen; to be preferred.
beğenmek /ı/ 1. to like, admire; to approve (of), be pleased (with). 2. to choose; to prefer. **Beğenemedin mi?** So you don't approve? **Beğen beğendiğini.** Choose whichever you like.
beğenmemek /ı/ 1. not to like; not to approve of. 2. to have doubts about, be worried about, not to like. **Beğenmeyen küçük kızını vermesin.** *colloq.* I don't expect everybody to like what I have arranged.
behemehal in any case, no matter what happens, for sure, come what may.
beher each: **Beher gülün fiyatı yedi bin lira.** Each rose costs seven thousand liras. **—i** each one, each: **Eğer yüz tane alırsanız, beheri size on bin liraya mal olur.** If you buy a hundred, each one will cost you ten thousand liras. **—ine** for each one, apiece: **Selim Bey beherine beş bin lira verecek.** Selim Bey will pay five thousand liras apiece.
behey Hey! *(used vocatively to express irritation).* **— adam!** Hey you!
behre share, lot, portion: **Akıldan behresi yok.** He doesn't have a grain of sense.
beis, -e'si harm, detriment. **— görmemek** /da/ to see no harm in (something). **— yok.** *colloq.* No harm done!/No problem!
bej beige.
bek, -ki (gas) burner.
bek, -ki *soccer* (a) back.
beka 1. continuance, continuation; abiding, lasting, remaining. 2. permanence; immortality. **— bulmak** 1. to continue; to abide, last, remain. 2. to become permanent; to become immortal.
bekar *mus.* the natural sign, natural.
bekâr 1. single, unmarried. 2. bachelor. 3. grass widower. **— odası** cheap room rented to a man or a group of men.
bekâret, -ti 1. virginity, being a virgin. 2. freshness; purity.
bekârlık bachelorhood; celibacy. **— maskaralık.** *proverb* A bachelor's life is a lot of foolishness. **— sultanlık.** *proverb* A bachelor's life is a king's life.
bekçi watchman; night-watchman; guard; lookout. **— köpeği** watchdog. **— kulesi** watchtower; fire tower.
bekçilik watchman's duty. **— etmek** to stand guard.
bekleme waiting. **— odası/salonu** waiting room.
beklemek 1. /ı/ to wait (for); to expect, look (for). 2. /ı, dan/ to expect (from). 3. /ı/ to guard, watch (over), attend. **Bekle yârin köşesini.** *colloq.* Don't build your hopes too high.
beklemesiz express (train).
beklenmedik unexpected.

beklenmek to be expected.
beklenmezlik improbability, unlikelihood.
beklenti expectation, something expected.
bekleşmek to wait together.
bekletmek /ı/ 1. to make (someone) wait. 2. to delay, postpone.
bekleyiş wait, waiting.
beko backhoe (an excavating machine). **— kepçe** backhoe (an excavating machine).
bekri drunkard.
bekrilik habitual drunkenness.
Bektaşi 1. dervish of the Bektashi order. 2. belonging to the Bektashi order. **— sırrı** deep mystery.
Bektaşilik the Bektashi order and its practices.
bektaşitaşı, -nı Oriental alabaster, a variety of calcite.
bektaşiüzümü, -nü gooseberry.
bel 1. waist. 2. loins; the small of the back. 3. the middle of the back (of an animal). 4. sperm. 5. col, saddle (between two mountain peaks). 6. the middle (of a ship). **—i açılmak** to lose control over the evacuation of urine. **— ağrısı** lumbago. **— bağlamak /a/** to rely on, trust. **—ini bükmek /ın/** to knock (someone) on his/her knees, cause (someone) (emotional, financial) misery. **—i bükük** unlucky, helpless. **—i çökmek** to become stooped. **—ini doğrultmak** to recover. **—i gelmek** to have a discharge of sperm. **—inden gelmek /ın/** to be the child of. **— gevşekliği** med. incontinence. **— gibi akmak** to flow strongly. **—ini kırmak /ın/** to ruin, cripple. **— omuru** anat. lumbar vertebra. **— vermek** (for a wall, ceiling) to bulge, sag.
bel 1. spade. 2. digging fork. **— bellemek** to spade up some ground.
bel prov. mark, sign.
bela calamity, misfortune, evil, trouble. **— aramak** to look for trouble. **—ya bak ki** the trouble is that. **—yı berzah** great calamity. **—sını bulmak** to get into trouble; to get one's deserts. **—ya çatmak/düşmek/girmek/uğramak** to run into trouble. **—sını çekmek /ın/** to suffer (for some deed). **— çıkarmak** to make trouble, cause a row. **— geliyorum demez.** proverb Misfortune comes without warning. **—lar mübareği** the last straw. **— okumak** to curse. **—yı satın almak** to invite trouble. **—yı savmak** to drive trouble away, escape from trouble. **—ya sokmak /ı/** to make trouble for, get (someone) into trouble.
belagat, -ti 1. eloquence. 2. rhetoric.
belagatli eloquent.
belalı 1. calamitous, troublesome. 2. quarrelsome. 3. colloq. pimp, fancy man.
bel bel bakmak to stare in perplexity.
belce the region between the eyebrows.

Belçika 1. Belgium. 2. Belgian, of Belgium.
Belçikalı 1. (a) Belgian. 2. Belgian (person).
belde 1. town; city; community: **tatil beldesi** holiday village (community built especially for people on vacation). 2. area, place: **Bu beldede yaşayanların hepsi Abhaz.** All who live in this area are Abkhazian. **Orası bir emekliler beldesi.** That's a retirement community.
belediye municipality. **— başkanı/reisi** mayor. **— dairesi** town hall. **— seçimi** municipal election. **— suçu** infraction of a municipal law.
belediyeci municipal employee.
belediyecilik the business of governing a city.
belen prov. mountain pass.
belermek (for one's eyes) to open wide, become like saucers.
belertmek /ı/ to open (one's eyes) wide.
beleş slang gratis, for free, for nothing. **—ten** slang for free, for nothing. **— atın dişine bakılmaz.** proverb Don't look a gift horse in the mouth. **—e konmak** slang to get something for free. **—e yatmak** slang to try to get something for nothing.
beleşçi slang one who habitually tries to get something for nothing.
belge document, certificate. **— almak** to be expelled from school for repeated failures.
belgeci cin. producer of documentary films.
belgeleme documentation.
belgelemek, belgelendirmek /ı/ to document.
belgelenmek to be documented.
belgeli dismissed (from school) for repeated failures.
belgelik archives.
belgesel 1. documentary, documental. 2. cin. (a) documentary, documentary film. **— film** cin. documentary film.
belgeselci 1. cin. producer of documentary films. 2. (a) documentarian.
belgi sign, mark.
belgin phil. clear, precise.
belginleştirme clarification.
belginleştirmek /ı/ to make (something) clear or precise.
belginlik clarity, precision.
belgisiz indefinite. **— adıl** gram. indefinite pronoun. **— sıfat** gram. nonrestrictive adjective.
belgit, -ti 1. receipt. 2. documentary evidence.
belgitleme documentation.
beliğ eloquent.
belik braid, plait (of hair).
belirgi syndrome.
belirgin clear, evident.
belirginleşmek to become clear, become evident, be clarified.
belirginlik clarity.
belirleme designation, determination.
belirlemek /ı/ to designate, determine.

belirlenim designation, determination.
belirlenimci *phil.* 1. (a) determinist. 2. determinist, deterministic.
belirlenimcilik *phil.* determinism.
belirlenmek to become definite, be designated.
belirleyici characteristic, diagnostic.
belirli designated, determined, definite; specific. — **belirsiz** dim, indistinct. — **geçmiş zaman** *gram.* definite past tense.
belirlilik definiteness.
belirme appearing, appearance, becoming visible or distinct.
belirmek 1. to appear, become visible. 2. to become definite.
belirsiz 1. unknown, uncertain, indefinite, undetermined. 2. imperceptible. — **geçmiş zaman** *gram.* reported past tense.
belirsizlik indefiniteness.
belirteç *gram.* adverb.
belirten modifier, defining word, qualifier.
belirti 1. sign; symbol. 2. symptom.
belirtik explicit.
belirtilen *gram.* the noun qualified by an adjective.
belirtili 1. marked with a sign or symbol. 2. qualified, defined. — **nesne** *gram.* qualified noun. — **tamlama** *gram.* a pair of nouns in a possessive construction.
belirtilmek to be made determinate, be completely defined.
belirtisel symptomatic.
belirtisiz 1. not marked by a sign or symbol. 2. unqualified, undefined. — **nesne** *gram.* unqualified noun. — **tamlama** *gram.* a pair of nouns of which the first bears an adjectival relation to the second.
belirtke emblem.
belirtme 1. clarification. 2. clear revelation, clearly revealing. — **durumu** *gram.* the accusative case, the accusative. — **grubu** *gram.* noun phrase. — **sıfatı** *gram.* demonstrative adjective; numeral adjective; interrogative adjective.
belirtmek /ı/ 1. to make (something) clear, clarify, make (something) explicit, explain (something) clearly, show (something) clearly. 2. to show (something) clearly, reveal (something) clearly *(used in a concrete sense)*.
belit, -ti *log.* axiom.
belitke, belitken axiomatics.
belitsel *log.* axiomatic.
Belize 1. Belize. 2. Belizean, of Belize.
Belizeli 1. (a) Belizean. 2. Belizean (person).
belkemiği, -ni 1. *anat.* spine, backbone. 2. fundamental part, foundation.
belki perhaps, maybe. — **de** it may even be that.
belkili probable; possible.
belladonna *bot.* belladonna, deadly nightshade.

bellek memory. — **karışıklığı** (mental) confusion. — **yitimi** amnesia.
bellem memory, the ability to remember.
belleme learning (something) by heart.
belleme spading; forking.
belleme numnah; saddle blanket.
bellemek /ı/ 1. to learn (something) by heart, learn. 2. to suppose, think.
bellemek /ı/ to spade, spade up; to fork.
bellemsel mnemonic, mnemonical, mnestic.
bellenmek to be learned by heart, be learned.
bellenmek to be spaded, be spaded up; to be forked.
belleteç mnemonic device, (a) mnemonic.
belleten (learned) journal, (scholarly) bulletin.
belletici 1. tutor, instructor. 2. mnemonic, mnemonical.
belletmek /a, ı/ 1. to have (someone) learn (something) by heart, have (someone) learn (something). 2. to teach (someone) (something).
belletmek /a, ı/ to have (someone) spade (ground); /ı/ to have (ground) spaded up; /a, ı/ to have (someone) fork (ground); /ı/ to have (ground) forked.
belli 1. evident, obvious, known, clear; visible. 2. certain, definite. — **başlı** 1. eminent, notable, well-known; main, chief. 2. definite, proper. — **belirsiz** hardly visible. — **etmek** /ı/ to show; to be unable to conceal. — **olmak** 1. to become perceptible. 2. to become definite. — **olmaz.** *colloq.* You never can tell./One never knows.
bellik sign, mark.
bellilik definiteness; obviousness.
bellisiz unknown, uncertain; imperceptible.
belsoğukluğu, -nu *path.* gonorrhea.
bembeyaz pure white, snow-white.
bemol, -lü *mus.* flat.
ben 1. I, me. 2. ego. — **ağa sen ağa, bu ineği kim sağa?** *colloq.* There are too many chiefs and not enough Indians. — **ben demek** to keep saying I; to be egotistic. —**im diyen** (one) who thinks he can do everything. — **sana hayran, sen cama tırman.** Love should not be one-sided. — **şahımı bu kadar severim.** *colloq.* Now they're asking too much.
ben 1. mole; beauty spot. 2. freckle (on a person's skin). 3. spot, macula (in the eye). 4. dark fleck of color (in the skin of a ripening fruit). — **düşmek** /a/ 1. to get moles or dark brown freckles on (one's skin). 2. for a spot to appear in (one's eye). 3. (for a ripening fruit) to become flecked with dark spots of color.
benbenci one who praises himself.
bence according to me, as for me.
benci one who talks constantly about himself.
bencil selfish, egoistic, self-centered. — **olmak** to be selfish.

bencilce selfishly, egoistically.
bencileyin like me.
bencilik 1. egotism. 2. solipsism.
bencilleşmek to become selfish.
bencillik selfishness, egoism, self-centeredness. — **etmek** to act selfishly.
bende slave; servant. **—niz/—leri** your humble servant *(formerly used in polite speech when referring to oneself; today used either jocularly or sarcastically):* **Bendeniz saat onda hazır olacak.** Your humble servant will be ready at ten o'clock. **—niz cennet kuşu** *joc.* your humble servant.
bendeğil nonego.
bendetmek /ı, a/ to cause (one person) to be attached to (another/oneself) (by love, gratitude, respect, fear), bind (one person) to (another/oneself); to make (one person) dependent upon (another/oneself).
benek 1. small spot; dot; speck; freckle. 2. sunspot. — **benek** 1. spotted; dotted; speckled; freckled. 2. in little groups.
beneklemek /ı/ to spot; to dot; to speckle; to freckle.
benekli spotted; dotted; speckled; freckled. — **kumaş** dotted cloth, fabric decorated with small dots.
bengi eternal.
bengilemek /ı/ to make (something) eternal.
bengileşmek to become eternal.
bengilik eternity.
bengisu water of life.
beniâdem sons of Adam, mankind.
beniçincilik egocentricity.
benim my; mine. **—le** with me. **— için** for me.
benimki, -ni mine, that which belongs to me.
benimseme 1. appropriation. 2. assimilation, making (something) one's own.
benimsemek /ı/ 1. to appropriate; to consider or treat (something) as if it were one's own property. 2. to make (something) one's own, assimilate, absorb, imbibe.
benimsenmek 1. to be appropriated; to be considered or treated as if it were one's own. 2. to be made one's own, be assimilated, be absorbed.
benimsetmek /ı, a/ 1. to get or allow (someone) to appropriate (something); to get or allow (someone) to consider or treat (something) as his/her own. 2. to get or allow (someone) to make (something) his/her own.
Benin 1. Benin. 2. Beninese, of Benin.
Beninli 1. (a) Beninese. 2. Beninese (person).
beniz, -nzi color of the face. **—i atmak/ağarmak/uçmak** to grow pale. **—i bozulmak** to grow pale from illness. **—i geçmek/—i kalmamak/—i kül gibi olmak** to turn very pale. **—ine kan gelmek** for one's face to regain its color, for one's face to get a healthy color in it again. **—i sararmak/sararıp solmak/solmak** to grow pale from illness.
benlenmek 1. to develop a mole, get a mole on one's skin. 2. to become freckled. 3. for a spot to appear in the eye: **Sağ gözü benlendi.** A spot has appeared in his right eye. 4. (for a ripening fruit) to become flecked with dark spots of color.
benli 1. (skin) which has a mole on it. 2. freckled (skin). 3. (eye) which has a spot in it. 4. (ripening fruit) which is flecked with dark spots of color. — **benek** very freckled, freckly.
benlik 1. conceit, inordinate self-esteem. 2. egotism. 3. personality, ego. **—inden çıkmak** to change one's personality. **— davası** self-assertion. **—ine düşkün** conceited. **— ikileşmesi** splitting of the personality. **— yitimi** *psych.* depersonalization.
benlikçi (one) who has inordinate self-esteem, conceited.
benlikçilik egotism, conceit.
benmari 1. water bath, bain-marie. 2. double boiler.
benözekçi egocentric person.
benözekçil egocentric.
benözekçilik egocentricity.
bent 1. dam, dike, weir. 2. reservoir.
bent 1. paragraph, article, item (in a document). 2. newspaper article. 3. stanza in a poem; the single rhyme part of each stanza preceding the recurrent couplet.
benzemek /a/ to resemble, look like, seem like.
benzen *chem.* benzene.
benzer 1. similar, like, resembling. 2. similar thing. 3. *cin.* stand-in, double.
benzerlik similarity, resemblance.
benzersiz unique.
benzeş like one another, mutually similar.
benzeşen *phonetics* vowel or consonant affected by assimilation.
benzeşik homogeneous.
benzeşim 1. close resemblance. 2. *geom.* similarity.
benzeşlik 1. resemblance. 2. analogy.
benzeşme assimilation.
benzeşmek to resemble each other.
benzeşmezlik *phonetics* dissimilation.
benzeştirmek /ı, a/ to assimilate (something) to (something else).
benzet, -ti imitation.
benzetçi imitator.
benzeti *lit.* figure of speech. — **ressamı** painter who makes copies of great paintings.
benzetici simulator. — **ressam** forger of paintings.
benzetilmek /a/ 1. to be compared with. 2. to be mistaken for.

benzetim 1. comparison. 2. *lit.* figure of speech.
benzetiş comparison.
benzetme 1. imitation, act of imitating. 2. *lit.* figure of speech. — **resim** copy of a great painting.
benzetmek 1. /ı, a/ to mistake (something) for (something else). 2. /ı, a/ to compare (something) with (something else). 3. /ı/ to ruin, break, smash. 4. /ı/ to beat, thrash. — **gibi olmasın.** *colloq.* In making this comparison I don't want to wish on the one person the troubles that have befallen the other.
benzeyiş resemblance.
benzin gasoline, *Brit.* petrol. — **deposu** 1. gas tank. 2. filling station, gas station. — **göstergesi** fuel gauge. — **memesi** carburetor jet. — **motoru** gasoline engine. — **otomatiği/pompası** pump that feeds gasoline into the carburetor.
benzinci 1. filling station, gas station. 2. gas station attendant.
benzinlik *colloq.* filling station, gas station.
benzol, -lü benzol.
beraat, -tı *law* acquittal. — **etmek** to be acquitted. — **ettirmek** /ı/ to acquit.
beraber 1. together; with each other; as a body; /la/ together with, along with, with. 2. /la/ although *(used with an infinitive):* **Bazı kötü huylara sahip olmakla beraber yüreği temizdi.** Although he had a number of bad traits his heart was in the right place. 3. /la/ on the same level as *(used in a concrete sense):* **Mutfak yatak odasıyla beraber.** The kitchen's on the same floor as the bedroom. 4. /la/ equivalent to; on the same level as *(used in an abstract sense):* **Kendini onunla beraber tutamazsın.** You can't put your self on the same level with him. —**inde** together with, along with, with: **Beraberinde üç kişi geldi.** Three people came along with him. —**e bitmek** (for a contest) to end in a tie. —**düşüp kalkmak** to live together. —**e kalmak** (for teams, contestants) to tie.
beraberce together; with each other; as a body.
beraberlik 1. unity, cooperation. 2. *sports* tie, draw. — **müziği** polyphonic music, symphonic music.
berat, -tı franchise, warrant, title of privilege, berat, barat. — **gecesi/kandili** the Night of Pardon, the night between the 14th and the 15th days of the month Sha'ban.
berbat, -tı 1. soiled, filthy; very bad, dreadful, disgusting. 2. spoiled, injured, ruined. — **etmek** /ı/ to ruin.
berber barber; hairdresser. — **dükkânı** barbershop.
berberlik the profession of a barber; hairdressing.
berdevam /da/ continuing: **Haşim haykırmakta berdevam.** Haşim continues to shout. **Asım'ın cinnet getirmeleri berdevam.** Asım continues to go off his rocker. — **olmak** to continue, go on.
berduş vagabond.
bere 1. bruise. 2. dent.
bere beret.
bereket, -ti 1. abundance, plenty; increase; fruitfulness. 2. blessing; divine gift. 3. fortunately, thank heaven. 4. *prov.* rain. — **boynuzu** cornucopia, horn of plenty. —**i içinde.** There's not much, but it's enough. —**ini gör.** May it (i.e. the money paid to the merchant) benefit you! *(said by a customer as a reply to the formula* **Bereket versin!** *said by a merchant).* — **ki/— versin ki** Thank goodness .../Thank God ...: **Bereket ki kafa kâğıdımı unutmadım.** Thank goodness I didn't forget my identity card. — **tanrıçası** fertility goddess. — **versin!** Enjoy it!/May you benefit from it! *(said by a seller to a customer at the conclusion of a sale).* — **versin** *see* — **ki.**
bereketlenmek to increase; to proliferate.
bereketli 1. fruitful, bounteous. 2. fertile, productive, fructuous. 3. (food) a little of which goes a long way, a little of which can be made to go a long way, a small amount of which will make a dish that will feed many people. 4. (money) which brings satisfaction to its possessor. — **olsun!** May it be plentiful! *(said to a person who is working in the fields or eating).*
bereketlilik 1. fruitfulness, bounteousness. 2. fertility, fructuousness.
bereketsiz 1. unfruitful, marked by scarcity. 2. infertile, infructuous. 3. (food) a little of which does not go a long way, a little of which can not be made to go a long way, a small amount of which does not make a dish that will feed many people. 4. (money) which does not bring satisfaction to its possessor.
berelemek /ı/ to bruise; to dent.
bereli bruised; dented.
bereli wearing a beret.
bergamot, -tu bergamot.
berhane impractically large mansion, rambling house. — **gibi** (house) like a barn.
berhava *used in:* — **etmek** /ı/ to blow (something) up. — **olmak** 1. to be blown up. 2. to go for naught, go for nothing.
berhayat living, alive. — **kâğıdı/ilmühaberi** document certifying that one is still living (and qualified to receive pension payments).
berhudar happy; prosperous, successful. — **ol!** God bless you!/Blessings upon you!
beri 1. here; near, this side (of). 2. /dan/ since. —**de** on this side, nearer. — **gel.** *colloq.* Come nearer./Come here. — **taraf** this side.
beriberi *path.* beriberi.
beriki, -ni the nearest, the nearer one; this one;

the last mentioned.
berjer wing chair, winged chair, grandfather chair.
berk, -ki 1. hard, strong, solid, firm, fast, tight. 2. steep, rugged.
berkemal complete, perfect.
berkinmek to gain strength.
berkitme strengthening, reinforcement.
berkitmek /ı/ to strengthen, reinforce.
berklik strength; solidity.
bermuda Bermuda shorts.
bermutat as usual: **Kapı bermutat açıktı.** The door was, as usual, open.
berrak 1. clear, limpid, pellucid (liquid, style of writing or speaking). 2. clear, crystalline, pellucid (sky, weather). 3. clear and lovely (voice, sound). 4. brilliant; lustrous; gleaming; sparkling.
berraklaşmak 1. (for a liquid, a style of writing or speaking) to become clear, become limpid; to acquire a limpidity. 2. (for the sky or weather) to become clear, become pellucid; to acquire a pellucidity. 3. (for a voice or sound) to become clear and lovely; to acquire a lovely clarity.
berraklaştırmak /ı/ 1. to clarify, make (a liquid) clear or free of unwanted solid matter. 2. to cause (someone's style of writing or speaking) to become limpid. 3. to make (the sky) pellucid. 4. to give clarity to (a voice).
berraklık 1. limpidity, pellucidity (of a liquid, a style of writing or speaking). 2. pellucidity (of the sky, of weather). 3. lovely clarity (of a voice or sound). 4. brilliance; luster; sparkle.
bertaraf 1. ... aside, ... apart, setting aside (the matter of), if we leave out (the matter of): **Şaka bertaraf, akıllı adamdır.** Joking aside, he's an intelligent man. **Bu gariplikler bertaraf, burası rahat bir işyeri.** These weirdnesses apart, this is a pleasant place to work. 2. let alone ...; never mind about ...: **Diyarbakır'a gitmek bertaraf, Bakırköy'e kadar bile gittiği hiç olmadı.** He's never even been up to Bakırköy, let alone Diyarbakır. **— etmek** /ı/ to remove, eliminate. **— olmak** to be removed, be eliminated.
berzah 1. *geog.* isthmus. 2. place of torment, hell. 3. hellish (place). 4. painful predicament. 5. very difficult, bad (situation). 6. *Islam* place where the souls of the dead await the Day of Judgment (located between the world and hell). 7. interval, break, gap. **—ı bela** painful predicament, awful straits.
besbedava absolutely free of charge.
besbelli 1. obvious, very clear. 2. quite evidently.
besbeter altogether bad.
besi 1. fattening, feeding up (a domestic animal). 2. nutrition. 3. a prop or shim put underneath something to even it up. **—ye almak/çekmek/koymak** /ı/ to fatten (an animal).
besibilim dietetics.
besibilimci dietitian.
besibilimsel dietetic.
besici fattener (of livestock).
besicilik livestock fattening.
besidoku endosperm.
besidüzen diet. **— bilgisi** dietetics.
besidüzensel dietary.
besili fat, fleshy, well-fed (animal).
besin nourishment.
besinsiz undernourished, underfed; unfed.
besinsizlik lack of nourishment.
besisuyu, -nu *bot.* sap.
beslek girl servant brought up in the household.
besleme 1. /ı/ feeding, nourishing. 2. /ı/ raising, keeping (an animal). 3. servant girl brought up as a member of a household. **— gibi** (girl, woman) dressed in ill-fitting, ugly clothes.
beslemek 1. /ı/ to feed, nourish. 2. /ı/ to raise, keep (an animal): **Tavuk beslerdi.** He used to raise chickens. 3. /ı/ to cherish, nurture (a thought, a feeling). 4. /ı/ (for one stream) to feed (another). 5. /ı/ to fatten (an animal). 6. /ı, la/ to prop up or raise (something) with; to shim (something) with. **Besle kargayı, oysun gözünü.** Feed the crow and it will pick out your eyes *(said when someone returns evil for good).*
beslemelik servant girl brought up as a member of a household.
beslenen *phys.* reinforced (vibration, wave).
beslenilmek *impersonal passive* 1. to feed, nourish. 2. to raise, keep (an animal). 3. to cherish, nurture (a thought, a feeling).
beslenme nourishment. **— çantası** lunch box. **— havzası** catchment area, catchment basin. **— teknesi** river basin. **— uzmanı** nutritionist.
beslenmek 1. to be fed, be nourished. 2. to eat: **İyi beslenmiyorlar.** They don't eat properly. **Balıkla besleniyor.** He lives on fish. 3. (for an animal) to be raised, be kept. 4. (for a thought, a feeling) to be cherished, be nurtured. 5. (for a stream) to be fed. 6. (for an animal) to be fattened. 7. /la/ (for one thing) to be propped up or raised on (another); to be shimmed with.
besletilmek /a/ (for someone/an animal) to be fed (by); /la/ to be put on a diet of, be fed (a specified food).
besletmek /ı, a/ to have or let (one person) feed (another/an animal); /ı, la/ to have (someone/an animal) put on a diet of, have (someone/an animal) fed (a specified food).
besleyici 1. nutritive; nutritious. 2. feeder; supporter.
besmele *Islam* the formula **bismillahirrahmanirrahim. — çekmek/demek/okumak** to pro-

besmelesiz ... 90

nounce this formula. — **görmüş şeytana dönmek** *colloq.* to be frightened to death.
besmelesiz 1. *Islam* without pronouncing the formula **bismillahirrahmanirrahim.** 2. *colloq.* good-for-nothing, bad (person); bastard.
beste 1. melody, tune, music (of a song). 2. (any musical) composition. 3. the art of musical composition, composition. — **bağlamak** /a/ to set (something written) to music. — **yapmak** to compose a musical work, compose.
besteci, bestekâr 1. person who sets words to music, writer of melodies, songwriter. 2. composer (of musical works): **opera bestecisi** opera composer.
bestelemek /ı/ to compose the music for.
bestelenmek (for something written) to be set to music.
besteli (something written) which has been set to music: **Yalnız bu şiiri bestelidir.** Only this one of his poems has been set to music.
bestesiz (something written) which has not been set to music.
beş five. — **aşağı beş yukarı** after some bargaining. — **te bir** one fifth. — **duyu** the five senses. — **kardeş** the hand with the five fingers *(used in a slap).* — **köşe/köşeli** five-cornered, five-sided; pentagonal. — **on** a few. — **on kuruş çıkarmak** to earn a little money. — **para almamak** not to get a penny. — **para etmez** worthless. — **paralık etmek** /ı/ to expose (another's) shameful secrets. — **paralık olmak** to have one's shameful secrets revealed. — **parmak bir değil.** *proverb* People are not all alike. — **vakit namaz** *Islam* the complete set of daily prayers. — **yüz** five hundred.
beşamel Béchamel sauce, Béchamel.
beşbıyık a large medlar.
beşer five each, five apiece. — **beşer** by fives.
beşer 1. human being; man; woman. 2. humankind, humanity, mankind. — **şaşar.** *proverb* To err is human.
beşeri human, pertaining to human beings. — **coğrafya** anthropogeography. — **ilimler** humanities and social sciences.
beşeriyet, -ti 1. human nature. 2. humankind, humanity, mankind.
beşgen *geom.* pentagon.
beşibirlik, beşibiryerde, beşibirarada ornamental coin worth five Turkish gold pounds.
beşik 1. cradle. 2. gun carriage. 3. ship's cradle. — **kertiği/— kertme nişanlı** betrothed while still an infant. — **sandalye** rocking chair.
beşikçatı gable roof, pitched roof; saddle roof, saddleback roof, saddleback.
beşikçi maker or seller of cradles.
beşikkemer *arch.* barrel arch.
beşikörtüsü, -nü *used in:* — **çatı** gable roof, pitched roof; saddle roof.

beşiksandalye rocking chair.
beşiktonoz *arch.* barrel vault, tunnel vault, wagon vault.
beşinci 1. fifth, (someone/something) who/which is fifth in a countable series: **beşinci gün** the fifth day. 2. fifth, in the fifth place: **Yarışmada beşinci geldi.** He came in fifth in the race. — **kol** fifth column.
beşiz 1. (a) quintuplet: **Kızım bu beşizleri doğururken neler çekti neler.** My daughter suffered agonies while giving birth to these quintuplets. 2. (someone) who is a quintuplet: **Bu bebekler beşiz.** These babies are quintuplets. **O beşiz kardeşler nerede?** Where are those quintuplets? — **doğurmak** to give birth to quintuplets.
beşizli 1. (something) which contains five units: **beşizli şamdan** five-branched candelabrum. **Bu ağacın kirazları beşizli.** This tree's cherries grow in clusters of five. 2. (woman) who has given birth to quintuplets; (man) who has sired quintuplets; (family) which numbers quintuplets among its members.
beşleme 1. doing (something) five times. 2. increasing a number of (people/things) to five. 3. quintupling a number of (people/things). 4. *math.* raising (a number) to the fifth power. 5. dividing (something) into five parts. 6. *mus.* quintuplet, quintole. 7. *landscaping* quincunx.
beşlemek /ı/ 1. to do (something) five times. 2. to increase a number of (people/things) to five. 3. to quintuple a number of (people/things). 4. *math.* to raise (a number) to the fifth power. 5. to divide (something) into five parts.
beşli 1. *mus.* quintet (a group or a composition for such a group). 2. (a) five (in a suit of playing cards). 3. domino inscribed with five dots. 4. five-line stanza (of poetry). 5. (something) which has five units attached to it: **beşli şamdan** five-branched candelabrum. — **yıldız** pentacle, pentagram, pentalpha, pentangle.
beşlik 1. any piece of currency in a denomination of five, e.g. five-lira note. 2. (a) five-year-old. 3. (something) which is priced at or worth five units of a currency: **Bu kitap beşlik mi?** Is this a five-lira book? **Bence bu üzümler beşlik değil.** In my opinion these grapes are not worth five thousand liras. 4. (something) which is five units in length, weight, volume, etc.; (something) which will hold five units or measures: **beşlik kitap kutuları** boxes designed to hold five books each. 5. five-year-old, of five years. — **simit gibi kurulmak** to sit down and act as if one owns the place *(said derogatorily).*
beşparmak, beşpençe *zool.* starfish.
beştaş *children's game* jackstones, jacks, five stones.

beşyüzlük five-hundred lira bill.
bet, -ti face. — **beniz** color of the face. —**i benzi atmak** to go pale from fear. — **beniz kalmamak** to go pale. — **bereket** abundance. —**i bereketi kalmamak/kaçmak** to be gone; to become scarce.
bet, -ti ugly, unseemly. — **bet bakmak** to stare balefully. —**ine gitmek** /ın/ to vex, annoy. — **görünmek** /a/ to look ugly. — **suratlı** having a baleful glare.
beter worse. —**in beteri** the very worst.
beti 1. figure, shape. 2. representation (of a person/an animal).
betik book; letter; document.
betim description, depiction.
betimleme description.
betimlemek /ı/ to describe, depict (a person's or a thing's appearance).
betimlenmek to be described.
betimsel descriptive. — **dilbilgisi** descriptive grammar.
betisiz nonfigurative, nonrepresentational. — **sanat** nonfigurative art.
betleşmek to grow ugly, be disagreeable.
betlik 1. ugliness. 2. wickedness, worthlessness; wicked action.
beton 1. concrete (a building material composed of solidified cement, sand, water, and gravel). 2. concrete, cement, made of concrete. — **gibi** 1. (something) which is as hard as concrete, very hard. 2. (something) which is as durable as concrete, very solid. — **karıştırıcı** concrete mixer, cement mixer (a machine).
betonarme reinforced concrete, ferroconcrete.
betoncu 1. concreter, person who mixes, pours, or works with concrete. 2. person who is in the concreting business.
betonyer, betonkarar concrete mixer, cement mixer (a machine).
bevliye urology.
bevliyeci urologist.
bey 1. gentleman, sir; a title meaning Mr. *(used after a first name):* Mehmet Bey. 2. prince, ruler, chieftain; chief, head, master. 3. notable, country gentleman. 4. *playing cards* ace. — **armudu** a large variety of pear. — **baba** father *(used also for other respected elderly persons).* — **gibi yaşamak** to live the life of Riley, be comfortable, be well-off.
beyan 1. declaration, announcement. 2. clarity, clear style. 3. the part of rhetorics dealing with comparison and metaphor. 4. *gram.* explanation. — **etmek** /ı/ to declare, announce.
beyanat, -tı statement, declaration. —**ta bulunmak** to make a statement; to give an explanation.
beyanname declaration, written statement; *com.* manifest.

beyaz 1. white. 2. white spot. 3. fair-skinned. 4. clean copy. 5. blank paper. 6. *print.* regular (typeface) (as distinguished from *boldface* and *italic*); lightface. 7. *slang* heroin. —**ın adı var, esmerin tadı.** *proverb* Blondes have the name but brunettes have the attraction. — **ciro** *com.* blank endorsement. —**a çekmek/etmek** /ı/ to make a clean copy (of). —**a çıkarmak** /ı/ to clear (from accusation). — **eşya** white goods, household appliances. — **iş** simple white embroidery. — **kadın ticareti** white slave trade. — **oy** a vote in favor, aye. **B— Rus** 1. (a) Belarussian, (a) Byelorussian. 2. *hist.* (a) White Russian. 3. Belarussian, Byelorussian (person). 4. *hist.* White Russian (person). **B— Rusça** 1. Belarussian, Byelorussian, the Belarussian language. 2. (speaking, writing) in Belarussian, Belarussian. 3. Belarussian (speech, writing); spoken in Belarussian; written in Belarussian. **B— Rusya** 1. Belarus, Byelorussia. 2. *hist.* White Russia. **B— Saray** the White House. — **zehir** hard drug.
beyazımsı, beyazımtırak whitish.
beyazlanmak, beyazlaşmak to get white, whiten.
beyazlatılmak to be bleached.
beyazlatmak /ı/ to whiten, bleach.
beyazlık 1. whiteness. 2. the first light of dawn.
beyazperde 1. movie screen, silver screen. 2. the movies, the cinema, silver screen.
beyazpeynir feta, white cheese.
beyefendi 1. sir. 2. a polite honorific used after a man's first name.
beyerki, -ni government by an aristocracy.
beygir 1. horse; packhorse; cart horse. 2. gelding. 3. *sports* vaulting horse, horse. — **gibi** *colloq.* clumsy, awkward, stupid.
beygirgücü, -nü horsepower.
beyhude 1. in vain. 2. useless, vain. — **yere** uselessly, vainly; unnecessarily.
beyin, -yni 1. brain. 2. mind; brains, intelligence. —**i atmak** to get angry, be furious. — **bırakmamak** /da/ to wear out (someone's) brain, leave (someone) too tired to think. —**i bulanmak** 1. to be dazed. 2. to be suspicious, smell a rat. —**i dağınık** scatter-brained. — **fırtınası** brainstorm. — **göçü** brain drain. — **kanaması** *path.* cerebral hemorrhage. —**i karıncalanmak** to be dead tired and unable to think. — **kızartması/tavası** fried brain, brain fritters; baked brains. — **patlatmak** to split one's brains (over). — **salatası** brain salad, boiled brains served cold with a dressing of olive oil and lemon juice. —**i sulanmak** to grow senile. —**inde şimşekler çakmak** to have a sudden thought. —**ine vurmak** (for drink) to go to one's head. —**inden vurulmuşa dönmek** to be greatly upset (by an unexpected event). — **yangısı** *path.* encephalitis. — **yıkamak** to

brainwash.
beyincik *anat.* cerebellum.
beyinli 1. (sheep or lamb's head) having brains. 2. *colloq.* brainy, smart.
beyinsel cerebral.
beyinsiz 1. (sheep or lamb's head) without brains. 2. *colloq.* brainless, stupid.
beyinsizlik *colloq.* stupidity.
beyinüçgeni, -ni *anat.* cerebellum.
beyinzarları, -nı *anat.* meninges.
beyit, -yti 1. *poet.* couplet, distich. 2. house.
beylerbeyi, -ni *hist.* governor-general.
beylik 1. rank of a ruler. 2. principality, region ruled over by a ruler. 3. the quality of a respected gentleman. 4. belonging to the government, state-owned; government issue. 5. conventional, stereotyped, commonplace. 6. a thin blanket used by a soldier. — **satmak** to give oneself airs.
beyn relation (between people): **Beynleri açıldı.** They're not on good terms with each other. —**inde** between; among: **Bu söyleyeceklerim beynimizde kalsın.** What I'm going to tell you is just between ourselves.
beynamaz *Islam* (someone) who neglects to perform the **namaz**; (someone) who is lax about performing his religious duties; (someone) who does not live as a Muslim should.
beynelmilel international.
beysbol baseball. — **eldiveni** baseball glove; baseball mitt. — **sahası** baseball field. — **sopası** baseball bat.
beysbolcu baseball player.
beysoylu aristocrat.
Beytullah *Islam* the Kaaba.
beyzade son of a prince; noble or refined person.
beyzbol *see* **beysbol**.
beyzi oval, elliptical.
bez 1. linen or cotton material, cloth. 2. piece of cloth; diaper; dustcloth. — **kaplı** cloth-bound (book).
bez *anat.* gland. — **uru** *path.* adenoma.
bezdirilmek to be sickened with disgust.
bezdirmek /ı/ to sicken, disgust, weary.
beze *anat.* gland. —**ler** adenoids.
beze lump of dough.
beze macaroon.
bezek 1. (an) ornament, (a) decoration. 2. decoration, ornamentation.
bezekçi 1. decorator. 2. *formerly* professional adorner of women.
bezelye pea, peas.
bezem 1. décor. 2. *theat.* set.
bezeme 1. decoration, ornamentation. 2. (an) ornament, (a) decoration.
bezemek /ı, la/ to decorate, ornament, adorn, embellish, or deck (something) out (with).
bezemeli decorated.

bezen 1. (an) ornament, (a) decoration. 2. decoration, ornamentation.
bezenmek /la/ 1. to be decorated, ornamented, adorned, or embellished (with). 2. to deck oneself out (in), array oneself (in).
bezeyici decorator.
bezgin disgusted, discouraged, depressed.
bezginlik weariness, lethargy.
bezik *playing cards* bezique.
bezir, -zri 1. linseed oil. 2. linseed, flaxseed.
bezirci dealer in linseed oil.
bezirgân 1. grasping trader, hard bargainer, someone who drives a hard bargain. 2. merchant, trader.
bezirgânlık 1. hard bargaining, graspingness. 2. being a merchant, trading, trade.
bezirlemek /ı/ to treat (something) with linseed oil.
beziryağı, -nı linseed oil.
bezmek /dan/ to get tired (of), become disgusted (with).
bezmez tireless, unflagging.
bıcı bıcı *child's language* taking a bath. — **yapmak** to take a bath.
bıcır bıcır (chattering) incessantly.
bıcırgan burnisher used for polishing the inside of a metal pipe.
bıçak knife. — **ağzı** the sharp edge of a knife. — **altına yatmak** *colloq.* to have an operation. — **atmak** /a/ 1. to throw a knife (at). 2. to knife. — **bıçağa** knife to knife; at daggers drawn. — **çekmek** /a/ to threaten (someone) with a knife. — **gibi kesmek** /ı/ to cut off, stop (a pain) at once. — **kemiğe dayanmak** *colloq.* to get to be unendurable or intolerable. — **sırtı kadar fark** *colloq.* a hairbreadth's difference. — **yemek** to get knifed.
bıçakçı cutler; knifesmith.
bıçakçılık making or selling knives.
bıçaklamak /ı/ to stab, knife.
bıçaklanmak to be stabbed, be knifed.
bıçaklık 1. container for storing knives; knife holder; knife box, knife case. 2. good for making knives.
bıçkı 1. two-handed saw, crosscut saw; bucksaw. 2. saddler's knife. — **tozu** sawdust.
bıçkıcı 1. sawyer. 2. maker or seller of bucksaws.
bıçkın *colloq.* rascal, scamp, roughneck.
bıçkınlaşmak *colloq.* to act like a rascal.
bıdık short and plump.
bıkılmak /dan/ *impersonal passive* to get bored by or with, weary of, tire of.
bıkkın bored.
bıkkınlık boredom. — **gelmek** to get bored. — **vermek/getirmek** /a/ to bore, weary, tire.
bıkmak /dan/ to get bored by or with. **bıkıp usanmak** /dan/ to be fed up (with).
bıktırıcı boring, wearisome, tiresome.

bıktırmak /ı, dan/ to bore, weary, tire.
bıldırcın *zool.* quail. — **gibi** *colloq.* short and plump (woman).
bıllık bıllık quite plump.
bıngıl bıngıl 1. fat and bulging, blubbery. 2. (moving) with one's fat stomach, fat breasts, etc. bouncing like jelly.
bıngıldak anterior fontanelle, soft spot on the head of a baby.
bıngıldamak 1. to shake, bounce, flop, waggle (like jelly). 2. to ripple, undulate.
bırakılmak 1. /da/ to be left in (a place); /a/ to be left with (someone). 2. *impersonal passive* /da/ to leave (someone/something) in (a place); /a/ to leave (someone/something) with (someone); /a/ to let (someone) borrow (something). 3. /a/ to be left on or in, be put on or in (a place). 4. /a/ *impersonal passive* to leave or put (something/someone) on or in (a place). 5. *impersonal passive* to let go of, stop holding. 6. to be left, be abandoned, be deserted. 7. *impersonal passive* to leave, desert. 8. *impersonal passive* to quit (one's job). 9. *impersonal passive* to stop doing (work in hand): **İşler öyle zırt pırt bırakılır mı?** Do you stop working whenever you take a notion? 10. /a/ to be set aside until, be put off until (a future date). 11. /a/ *impersonal passive* to set aside (something) until, put (something) off until (a future date). 12. /a/ (for a job, a responsibility) to be entrusted to (someone); (for a job, a responsibility) to be handed over to, be turned over to, be relinquished to (someone). 13. /a/ *impersonal passive* to entrust (a job, a responsibility) to; to hand over or relinquish (a job, a responsibility) to. 14. to be left alone, be left in peace. 15. *impersonal passive* to leave (someone/something) alone, let (someone/something) be. 16. /a/ *impersonal passive* to let (one's hair) hang down to (a specified level). 17. (for a beard, a mustache) to be grown. 18. *impersonal passive* to grow (a beard, a mustache). 19. /a/ to be given to (someone); to be left to, be bequeathed to (someone). 20. *impersonal passive* to leave (something) to (someone), let (someone) have (something); to leave (something) to, bequeath. 21. /a, dan/ (for a specified amount of profit) to come to (someone) from (something). 22. *impersonal passive* (for something) to bring one (a specified amount of profit), leave one with (a specified amount of profit). 23. *impersonal passive* to give up (a habit). 24. (for a captive person or animal) to be set free. 25. *impersonal passive* to set (a captive person or animal) free. 26. /a/ to be allowed to do (do something). 27. /a/ *impersonal passive* to allow (someone) to (do something). 28. /a/ to be allowed to go to or into (a place). 29. (for a spouse) to be abandoned, be deserted (by the other). 30. *impersonal passive* to leave (one's spouse). 31. to be left in (an undesirable state). 32. *impersonal passive* to leave (someone/something) (in an undesirable state). 33. (for a student) to be made to repeat a grade. 34. *impersonal passive* to make (a student) repeat a grade, fail, flunk (a student). 35. /a, dan/ (for something) to be sold to (someone) at (a specified price). 36. /a, dan/ *impersonal passive* to sell (something) to (someone) for (a specified price).

bırakım strike, walkout.
bırakımcı striker.
bırakışma cease-fire, armistice, truce.
bırakışmak to suspend hostilities; to make a truce; to call a cease-fire.
bırakıt, -tı estate (of a deceased person).
bırakmak 1. /ı, da/ to leave (something/someone) (in) (a place); /ı, a/ to leave (someone/something) with (someone), leave (someone/something) in the care of (someone). 2. /ı, a/ to leave, put (something/someone) on or in (a place). 3. /ı/ to let go of, stop holding: **Beni bırak!** Let go of me! 4. /ı/ to leave, abandon, desert. 5. /ı/ to quit (a job). 6. to stop, desist; /ı/ to stop doing, quit doing (something): **Bırak Allah aşkına!** Stop it for God's sake! 7. /ı, a/ to leave (something) until (a future date), put (something) off until (a future date). 8. /ı, a/ to entrust (a job) to (someone); to hand over, turn over, relinquish (a job, a responsibility) to (someone). 9. /ı/ to leave (someone/something) alone, let (someone/something) be, leave (someone) in peace. 10. /ı, a/ to let (one's hair) hang down to (a specified level). 11. /ı/ to grow (a beard, a mustache). 12. /a, ı/ to let (someone) have the use of (something), let (someone) have (something), let (someone) borrow (something). 13. /ı, a/ to leave (something) to (someone), let (someone) have (something); to bequeath (something) to (someone). 14. /a, ı/ (for something) to bring (someone) (a specified amount of profit), leave (someone) with (a specified amount of profit). 15. /ı/ to give up (a habit): **Sigarayı bıraktı.** He's given up smoking. 16. /ı/ to leave, cease to give one's attention to (a matter); to forget about, disregard, write off (someone or something regarded as worthless): **Bunu şimdilik bırakalım.** Let's leave this for the time being. **Onu bırak!** Forget about him! 17. /ı/ to set (a captive person or animal) free. 18. /ı/ to let, allow (someone) (to do something) (*often used in the imperative*): **Bırak, onlara yardım edeyim!**

Let me help them! **Öğretmen onu öbür çocuklarla oynamaya bırakmadı.** The teacher didn't let him play with the other children. 19. /ı, a/ to let (someone/an animal) go to or into (a place): **O gün beni okula bırakmadılar.** That day they didn't let me go to school. **Beni içeriye bırakmadı.** He didn't let me go in. 20. /ı/ to leave (a spouse). 21. /ı/ to leave (a stain, a mark). 22. /ı/ to leave (someone/something) (in an undesirable state): **Köpeği bütün gün aç bıraktılar.** They let the dog go hungry all day. **Çocuğu öksüz bıraktılar.** They left the child an orphan. **Evi darmadağınık bıraktı.** He left the house in a real mess. 23. /ı/ (for a teacher) to make (a student) repeat a grade, fail, flunk (a student). 24. /ı, a, dan/ to sell (something) to (someone) for (a specified price), let (someone) have (something) for (a specified price). 25. (for something) to come unglued. **Bıraktığım çayırda/yerde otluyorsun.** *colloq.* You're still doing what you've always done. **Bırak ki ....** and even if I did ...: **O işi yapmak istemiyorum, bırak ki vaktim de yok.** I don't want to do that job; and even if I did, I don't have the time.

bıraktırmak 1. /a, ı/ to have or let (someone) leave (something/someone); /ı, da/ to have (something) left in (a place); /ı, a/ to have (someone/something) left in the care of (someone). 2. /ı, a/ to have (something/someone) left on or in (a place). 3. /a, ı/ to have (one person) let (another) go. 4. /a, ı/ to have or let (one person) abandon (another). 5. /a, ı/ to have or let (someone) quit (his/her job). 6. /a, ı/ to have or let (someone) stop doing (a job). 7. /a, ı/ to have or let (someone) put (something) off; /ı, a/ to have (something) put off until (a future date). 8. /ı, a/ to have (something) entrusted to (someone); /ı, a/ to have (a job, a responsibility) handed over to (someone). 9. /a, ı/ to have or let (someone) grow (a beard, a mustache). 10. /ı, a/ to have (something) assigned, given, or bequeathed to (someone). 11. /a, ı/ to cause (someone) to give up (a habit). 12. /a, ı/ to have (someone) set (a captive person or animal) free. 13. /a, ı/ to cause (someone) to leave (his/her spouse). 14. /a, ı/ to have or let (a teacher) make (a student) repeat a grade. 15. /a, ı, dan/ to have or let (someone) sell (something) for (a specified price); /ı, a, dan/ to arrange for (something) to be sold to (someone) for (a specified price); /ı, a, dan/ to let (something) be sold to (someone) for (a specified price).

bıyık 1. mustache. 2. whiskers (of a cat). 3. tendril. **— altından gülmek** to laugh up one's sleeve. **— bırakmak** to grow a mustache. **— burmak** 1. to twist one's mustache. 2. to swagger, show off. **—ları ele almak** (for a young man) to grow up. **—ına gülmek** /ın/ to make fun (of). **—ı terlemek** (for a boy) to have peach fuzz start growing on his upper lip.
bıyıklanmak to grow a mustache.
bıyıklı having a mustache, mustached. **—ya piyaz vermek** *slang* to be buddies with the fuzz.
bıyıksız without a mustache.
bızbız short drumstick.
bızdık *slang* child.
bızır *anat.* clitoris.
biat, -ti acknowledging (someone) to be one's overlord or master, acknowledgment of fealty to, pledging allegiance to. **— etmek** /a/ to acknowledge (someone) to be one's overlord or master, acknowledge fealty to, pledge allegiance to.
biber 1. pepper. 2. cayenne pepper, red pepper, chili pepper, chili. 3. black pepper. 4. pepper (ready to use as a condiment, e.g. dried red pepper flakes, ground black pepper). **— dolması** stuffed pepper. **— gibi** hot, peppery (to the taste). **— tanesi** peppercorn. **— turşusu** pickled green pepper.
biberiye *bot.* rosemary.
biberlemek /ı/ to pepper.
biberli peppered, peppery.
biberlik 1. pepper shaker, pepperbox, pepperpot; pepper mill. 2. garden bed of peppers.
biberon feeding bottle.
bibi *prov.* paternal aunt.
bibliyofil bibliophile.
bibliyofili bibliophilism, bibliophily.
bibliyografi, bibliyografya bibliography.
bibliyografik bibliographic, bibliographical.
bibliyoman 1. (a) bibliomaniac. 2. bibliomaniac (person).
bibliyomani bibliomania.
bibliyotek, -ki 1. library, bibliotheca (i.e. a building or room). 2. library, bibliotheca (i.e. a collection of books). 3. bookcase.
bibliyotekçi librarian.
biblo knickknack, trinket.
biçare poor, destitute, wretched.
biçarelik destitution, wretchedness.
biçem style.
biçembilim stylistics.
biçemleme stylization.
biçemlemek /ı/ to stylize.
biçemsel stylistic, stylistical.
biçerbağlar binder, reaper-binder.
biçerdöver combine, combine harvester, reaper-thresher.
biçilmek 1. (for wood, stone) to be cut and shaped, be hewn (according to a pattern). 2. *tailor.* (for cloth) to be cut (in order to make a dress, shirt, etc.); (for a garment) to be cut out. 3. (for a cereal crop) to be reaped; (for

hay, grass) to be cut, be mowed, be mown. 4. /a/ (for a price) to be put on, be assigned to (something). **biçilmiş kaftan** /için or a/ just the right person for; just the right thing for, just what was needed, just what the doctor ordered: **Bu iş senin için biçilmiş kaftan.** This job was made for you.

biçim 1. shape, form. 2. sort, kind, manner: **Ne biçim şey bu?** What sort of thing is this? **Onu güzel bir biçimde söyledi.** He put it in a nice way. 3. *comp.* format. 4. *tailor.* cut (of a garment): **İngiliz biçimi bir ceket** a sport coat with an English cut. 5. time for reaping; time for cutting hay; harvesttime. 6. /ı/ cutting and shaping, hewing (wood, stone). 7. /ı/ *tailor.* cutting (cloth) (to make garments); cutting out (clothes). 8. /ı/ reaping (a cereal crop); cutting, mowing (hay, grass). 9. /ı, a/ putting (a price) on, assigning (a price) to (something). **— almak** to take shape. **—ini almak** to take shape as, assume (a specified) shape. **—ine gelmek** for a suitable opportunity to arise. **—ine getirmek** to find a convenient time or opportunity. **—e sokmak/koymak** /ı/, **— vermek** /a/ to give (a specified) shape to. **— vakti** time for reaping; time for cutting hay; harvesttime.

biçimbilgisi, -ni *ling.* morphology.
biçimbilim *biol.* morphology.
biçimbirim *ling.* morpheme.
biçimci 1. (a) formalist. 2. formalistic, formalist.
biçimcilik formalism.
biçimleme /ı/ 1. shaping, giving a (definite) shape/form to. 2. *comp.* formatting.
biçimlemek /ı/ 1. to shape, form, give a (definite) shape/form to. 2. *comp.* to format. 3. *slang* to shame, rebuke.
biçimlendirmek /ı/ to shape, form, give a (definite) shape/form to.
biçimlenme 1. taking shape/form. 2. *comp.* being formatted.
biçimlenmek 1. to take shape/form. 2. *comp.* to be formatted.
biçimlenmemiş 1. amorphous. 2. *comp.* not formatted, unformatted.
biçimlenmiş 1. (something) that has been given a shape/form, shaped. 2. *comp.* formatted.
biçimli 1. shapely; nicely proportioned; well-set-up. 2. nicely cut (garment).
biçimlik 1. (a cereal crop) which is ready to be reaped; (grass) which is ready to be cut for hay. 2. *prov.* hayfield that is cut on a cooperative basis.
biçimsel pertaining to shape, formal.
biçimsellik spatial harmony.
biçimsiz 1. shapeless, misshapen, formless; ill-proportioned, klutzy. 2. unsuitable, inappropriate; inconvenient. 3. unseemly. 4. *chem.* amorphous.

biçimsizleşmek 1. (for something) to lose its shape. 2. to become ill-proportioned; to become unprepossessing, become unattractive.
biçimsizlik 1. shapelessness, formlessness; unpleasing proportions, klutziness. 2. unsuitableness, inappropriateness. 3. unseemliness. 4. *chem.* amorphousness.
biçintilik clothes pattern.
biçit, -ti pattern.
biçki cutting out (clothes). **— dikiş yurdu** tailoring school.
biçme 1. /ı/ cutting and shaping, hewing (wood, stone). 2. /ı/ *tailor.* cutting (cloth) (in order to make a garment); cutting out, cutting the cloth for (a garment). 3. /ı/ reaping (a cereal crop); cutting (hay, grass). 4. *geom.* prism. 5. hewn piece of stone; cut stone. 6. hewn wood, roughly squared wood. **— çayırı** hayfield.
biçmek 1. /ı/ to cut and shape, hew (wood, stone) (according to a pattern): **Tomrukları biçip kalas haline getirdiler.** They cut up the logs into beams. 2. /ı/ *tailor.* to cut (cloth) (in order to make a garment); to cut out, cut the cloth for (a garment): **Elbisenin kumaşını henüz biçmedi.** He hasn't cut out the dress yet. 3. /ı/ to reap (a cereal crop); to cut, mow (hay, grass). 4. /ı/ to mow down, cut down, kill (people) (with a volley of fire). 5. /a, ı/ to put (a price) on, assign (a price) to: **Şimdi bu halıya fiyat biçelim.** Let's price this rug now.
biçtirmek 1. /ı, a/ to have (someone) cut and shape or hew (wood, stone) (according to a pattern); /ı/ to have (wood, stone) cut and shaped or hewn (according to a pattern). 2. /ı, a/ *tailor.* to have (someone) cut (cloth) (in order to make a garment); to have (someone) cut out (a garment). 3. /ı, a/ to have (someone) reap (a cereal crop) or cut (hay, grass); /ı/ to have (a cereal crop) reaped; /ı/ to have (hay, grass) cut. 4. /ı/ to have (people) mown down (with a volley of fire). 5. /a, ı/ to have (something) priced: **Bu kitaplara fiyat biçtireceğim.** I'm going to have these books priced.
bidayet, -ti beginning, commencement. **— mahkemesi** court of first instance, lower court.
bide bidet.
bidon 1. oil drum, metal barrel. 2. plastic jerry can.
bidüziye continuously.
bienal, -li (a) biennial (an exhibition, examination, etc.).
biftek steak, beefsteak.
bigâne 1. /a/ (someone) who is a stranger to, who is unacquainted with. 2. /a/ detached from, indifferent to, uninterested in, aloof from. 3. (a) stranger. **— kalmak** /a/ 1. to be a stranger to, be unacquainted with. 2. to be

detached from, be indifferent to, be uninterested in, be aloof from.
bigudi roller, curler (for the hair).
bigünah sinless, innocent; blameless, irreproachable.
bihaber /dan/ unaware (of), ignorant (of).
bihakkın 1. justifiably, rightly, justly. 2. properly; as it should be done; as he/she should do it. 3. truly, in truth.
bijon used in: **— anahtarı** auto. lug wrench, Brit. wheelbrace. **— somunu** auto. lug nut, Brit. wheel nut.
bikarar 1. undecided. 2. indecisive, liable to change his/her mind; inconstant. 3. worried, troubled, uneasy. 4. impermanent; unstable.
bikarbonat, -tı bicarbonate.
bikes 1. (someone) who has no family or friends. 2. forlorn, lonely.
bikini bikini.
bikir, -kri virginity, maidenhood.
biladerağacı, -nı bot. cashew.
bilahara see bilahare.
bilahare later, at a later time; afterwards.
bilaistisna without exception.
bilakis on the contrary.
bilanço fin. balance; balance sheet.
bilar caulking mixture made of tar.
bilardo pool; billiards. **— masası** billiard table. **— salonu** pool hall, poolroom. **— topu** billiard ball.
bilcümle all: Bilcümle halk panayıra gitmişti. All the people had gone to the fair.
bildik 1. known. 2. acquaintance. **— çıkmak** to turn out to have been formerly acquainted.
bildirge 1. report (to a government office). 2. tax report.
bildiri 1. announcement, notice, proclamation. 2. report, paper (read at a conference). 3. message, theme, subject (of a literary work). **— tahtası** bulletin board.
bildirilmek /a/ 1. (for news) to be communicated to, be reported to, be made known to (someone). 2. to be expressed (to), be voiced (to); to be stated.
bildirim announcement, notice. **—de bulunmak** to announce something.
bildirişim communication.
bildirişme communication, communicating.
bildirme /ı, a/ 1. informing (someone) of or about (something); notifying (someone) of (something); making (something) known to (someone); announcing (something) to (someone). 2. expressing (something) to (someone). **— kipleri** gram. declarative verb forms. **— tümcesi** gram. declarative sentence.
bildirmek /ı, a/ 1. to inform (someone) of or about (something), communicate (something) to (someone), report (something) to (someone); to apprise (someone) of (something); to notify (someone) of (something); to make (something) known to (someone); to let (something) be known to (someone); to announce (something) to (someone). 2. to express (something) to, voice (something) to; to state (something) to. 3. to let (someone) know who one is: Bana kendini bildir! Tell me who you are!
bile even: Şefik bile gelemedi. Even Şefik couldn't come. Sağır sultanı bile dinlemedi. She didn't even listen to the deaf sultan. Onu yapsan bile bir şey değişmez. Even if you do that it won't change anything.
bileği whetstone, hone, grindstone. **— çarkı** circular grindstone.
bileğici see bileyici.
bileğitaşı, -nı whetstone.
bilek 1. wrist. 2. pastern (of an animal). **—inde altın bileziği olmak** /ın/ to possess a profitable skill, be the possessor of a valuable skill. **— bilek akmak** to flow out in a strong stream. **— gibi** 1. abundant (hair). 2. (flowing) heavily. **—ine güvenmek** to trust to one's fists. **—inin hakkı ile** by one's own efforts, on one's own, by one's bootstraps. **— kuvveti** the strength of one's fists. **— saati** wristwatch.
bileklik wrist supporter; elastic cuff.
bilemek /ı/ to sharpen, whet, grind.
bilenmek to be sharpened, be whetted.
bileşen chem. component.
bileşik compound. **— faiz** fin. compound interest. **— göz** zool. compound eye. **— kesir** math. compound fraction. **— sözcük** gram. compound word. **— yaprak** bot. compound leaf.
bileşikleşmek to form into a compound.
bileşim 1. chem. composition. 2. log. synthesis. 3. gram. combining two or more words to form one new word.
bileşke chem. resultant.
bileşme chem. combining.
bileşmek chem. to combine.
bileştirme compounding, uniting.
bileştirmek /ı, la/ to compound, combine (with).
bilet, -ti ticket. **— gişesi** ticket window, box office; ticket booth.
biletçi ticket seller.
biletçilik occupation of a ticket seller.
biletmek /ı, a/ to have (someone) whet (something), have (someone) sharpen (something); /ı/ to have (something) whetted, have (something) sharpened.
bileyici knife-grinder.
bileyicilik knife-grinding.
bilezik 1. bracelet. 2. metal ring. 3. slang handcuffs.
bilfarz if one supposes that; even if: Bilfarz gelse, seni korunmasız bırakmayız. Even if he comes,

we won't leave you unprotected.
bilfiil actually, really, in actual fact; actively, in deed.
bilge learned; sagacious, wise.
bilgelik learnedness; sagacity, wisdom.
bilgi 1. knowledge. 2. information; data. **— bankası** *comp.* data bank. **— edinmek** to be informed; to obtain information. **— erişim** *comp.* information retrieval. **— erişim dizgesi** *comp.* information retrieval system. **— işlem** *comp.*, *see* **bilgiişlem. — kuramı** epistemology.
bilgici sophist.
bilgicilik sophism.
bilgiç 1. pedant. 2. pedantic.
bilgiçlik pedantry. **— taslamak** to pass oneself off as a scholar.
bilgiişlem *comp.* data processing, information processing. **— dizgesi** data-processing system. **— merkezi** data-processing center.
bilgili well-informed; learned.
bilgilik encyclopedia.
bilgililik learnedness, being learned.
bilgin scholar; scientist.
bilginlik scholarliness.
bilgisayar computer. **—ı açmak** to boot the computer. **— ağı** computer network. **— destekli öğretim** computer-assisted instruction. **— faresi** mouse (of a computer). **— mühendisi** 1. computer engineer. 2. computer scientist. **— operatörü** computer operator, operator of a computer. **— programcısı** computer programmer.
bilgisayarcı 1. computer programmer. 2. computer expert. 3. seller of computers.
bilgisayım information theory.
bilgisiz 1. ignorant. 2. uninformed.
bilgisizlik ignorance.
bilhassa especially; particularly.
bili *phil.* knowledge.
bili bili Here chick chick!/Chuck chuck! *(said when calling chickens).*
bilici knowing, aware; omniscient.
bilim science. **— adamı** scientist, man of science.
bilimci, bilimeri, -ni scientist.
bilimcilik scientism.
bilimdışı unscientific.
bilimkurgu science fiction.
bilimleştirme reduction to scientific order.
bilimleştirmek /ı/ to make (something) scientific.
bilimsel scientific; scholarly. **— sosyalizm** scientific socialism. **— sunuşma** symposium.
bilimsellik being scientific.
bilimsiz unscientific.
bilimsizlik unscientific behavior.
bilinç the conscious. **—ine varmak** /ın/ to comprehend.
bilinçaltı, -nı the subconscious.
bilinçdışı, -nı the unconscious.

bilinçlendirilme being made conscious.
bilinçlendirilmek to be made conscious.
bilinçlendirme making (someone) conscious (of something).
bilinçlendirmek /ı/ to make (someone) conscious (of something).
bilinçlenme becoming conscious.
bilinçlenmek to become conscious.
bilinçli conscious.
bilinçlilik consciousness.
bilinçsiz unconscious.
bilinçsizlik unconsciousness.
bilindik, bilinen *algebra* known.
bilinemez unknowable.
bilinemezci 1. (an) agnostic. 2. agnostic, agnostical.
bilinemezcilik agnosticism.
bilinmedik *algebra* unknown.
bilinmek to be known.
bilinmeyen unknown.
bilinmez 1. unknown. 2. unidentified.
bilinmezlik being unknown.
bilirkişi consultative authority, expert.
bilirkişilik expertise.
bilisiz uninformed; ignorant.
bilistifade /dan/ profiting by, taking advantage of, availing oneself of: **Bu fırsattan bilistifade sefarete kapılandı.** Profiting by this opportunity he got himself a job in the embassy.
biliş acquaintance, friend.
bilişim informatics. **— ağı** computer network.
bilişmek to become mutually acquainted.
billah *see* **billahi.**
billahi I swear to God!
billur crystal. **— gibi** 1. crystal clear (water, voice). 2. very fair and pretty (neck, arms).
billurcisim *anat.* crystalline lens.
billuriye 1. cut-glass ware. 2. a sweet pastry.
billurlaşma crystallization.
billurlaşmak to crystallize, become crystallized.
billurlaştırmak /ı/ to cause (something) to crystallize, crystalize.
billurlu crystalline, composed of crystals.
billursu crystalloid.
bilmece riddle; word puzzle.
bilmek, -ir 1. /ı/ to know; to be informed of, be aware of; to understand. 2. /ı/ to know, recognize. 3. /ı/ to regard (someone) as: **Onu düşman bildik.** We regarded him as an enemy. 4. /ı/ to hold (someone) to be the accountable party: **Senden başkasını bilmem.** You're the only one I hold accountable. 5. /ı, dan/ to suspect that (someone) did (something), think that (someone) is responsible for (something): **Her şeyi benden biliyorlar.** They suspect me of everything. **bilemedin/bilemediniz** at most. **bilerek** knowingly, on purpose. **bilmeden** not knowing, unintentionally. **Bilmemek ayıp de-**

ğil, sormamak/öğrenmemek ayıp. *proverb* It's not a shame not to know; what is bad is not asking. **bile bile** knowingly; on purpose. **bile bile lades** with full knowledge of the disadvantageous consequences. **bildim bileli** for a long time now. **bilir bilmez** half-knowing, with insufficient knowledge. **bilmezlikten gelmek** to pretend ignorance. **bildiğinden kalmamak/bildiğini okumak** to insist on having one's own way. **bildiğinden şaşmamak** not to be deflected from one's plan, not to listen to others. **bildiğini yapmak** to (ignore advice and) do it one's own way. **Bildiğini yedi mahalle bilmez.** *colloq.* He is very shrewd. **bilmem hangi** something or other. **bilmem nasıl** somehow or other. **Bilmiş ol!** *colloq.* Take note!/Hear this!

bilmez (one) who does not know, ignorant.

bilmezlemek /ı/ to show up (someone's) ignorance.

bilmezlenmek /ı/ to pretend not to know; to play dumb.

bilmezlik ignorance. **—ten gelmek** to pretend ignorance.

bilmukabele 1. To you likewise./Likewise to you./The same to you.: Ahmet: "Teşekkür ederim." Mehmet: "Bilmukabele." Ahmet: "Thank you." Mehmet: "The same to you." 2. in return, in reciprocation; in response, in reply.

bilumum all; all of the, all the: **Bilumum içkilerin fiyatı yüz bin lira.** The price of all drinks is hundred thousand liras. **Bilumum mahalleliler hazır bulunuyordu.** All the residents of the neighborhood were present.

bilvesile profiting by the occasion, taking this opportunity.

bilye 1. *children's game* (a) marble. 2. ball of a ball bearing.

bilyeli having a metal ball. **— yatak** ball bearing.

bilyon a thousand million, *U.S.* billion.

bin thousand. **—de** per thousand. **—lerce/—lerle** thousands of. **— bela ile** with the greatest difficulty. **— bir** a great many, all kinds of. **—de bir** scarcely, very rarely. **—i bir paraya** abundant, very many. **— can ile** with heart and soul. **— dereden su getirmek** to make all sorts of excuses. **— kat** manifold; much. **— pişman olmak** to be very sorry, regret greatly. **— renge girmek** to use a thousand subterfuges. **— tarakta bezi olmak** /ın/ to have many projects going at once. **— yaşa!** May you live a thousand years!/Long life to you!

bina 1. (a) building; edifice; structure, (a) construction: **Yüksek binaları sevmez.** He doesn't like tall buildings. 2. building, constructing, erecting (a structure). 3. basing (a statement, a case) on (something). **— etmek** 1. /ı/ to build, construct, erect. 2. /ı, a/ to base (a statement, a case) on. **— vergisi** tax on buildings.

binaen /a/ 1. based on (something); relying on (something): **Bu delile binaen onu dava edebilirsin.** With this evidence you can open a court case against him. 2. owing to, because of, on account of: **Uçakla seyahat etmekten korktuğuna binaen Amerika'ya gitmekten vazgeçti.** Owing to his fear of flying he gave up the idea of going to America. **Bu sebebe binaen paranızı size henüz veremiyoruz.** For this reason we can't give you your money yet.

binaenaleyh for this reason, consequently, hence, thus.

binamaz *Islam, see* **beynamaz.**

binbaşı, -yı 1. *army* major. 2. *navy* commander. 3. *air force* squadron leader.

binbaşılık *mil.* rank or duties of a major.

bindallı 1. purple velvet embroidered with silver thread. 2. garment or covering made of purple velvet embroidered with silver thread.

bindi support.

bindirilmek /a/ 1. to be seen aboard; to be put into (a vehicle). 2. to be hit (in a collision). **bindirilmiş kuvvetler** motorized forces.

bindirim increase (in price, wages).

bindirimli including the increase.

bindirme 1. /ı, a/ having, letting, or helping (someone) mount (a horse, camel, etc.); having, letting, or helping (someone) get in (a car); having, letting, or helping (someone) get on (a bicycle, motorcycle, etc.); having, letting, or helping (someone) board (a ship, train, airplane). 2. /ı, a/ increasing the price of (something) by (a specified amount). 3. overlapping, overlap (e.g. the overlapping of roof tiles). 4. superimposition. 5. *arch.* projection which rests on corbels, overhang, jetty. **— limanı** *mil.* port of embarkation. **— rampası** loading ramp.

bindirmek 1. /ı, a/ to have, let, or help (someone) mount (a horse, camel, etc.); to have, let, or help (someone) get in (a car); to have, let, or help (someone) get on (a bicycle, motorcycle, etc.); to have, let, or help (someone) board (a ship, train, airplane); to have, let, or help (someone) get on (a mobile thing such as a seesaw, swing, etc.); to put (someone) on (a mobile thing such as a seesaw, swing, etc.); to load (an animal) onto or into (a truck, trailer, etc.). 2. /ı, a/ to add (something unwanted) to: **Vergi üstüne vergi bindirdiler.** They imposed one tax after another. 3. /ı, a/ to increase the price of (something) by (a specified amount). 4. /a/ (for the front of a vehicle) to hit, strike, collide with (something): **Kamyon dolmuşa arkadan bindirdi.** The truck hit the jitney from behind. 5. /ı, a/ to cause (one thing) to overlap (another). 6. /ı, a/ to superimpose (one thing) upon

(another).
bindirmeli *arch.* corbeled.
bindirmelik *arch.* corbel.
binek mount, animal used for riding. **— arabası** carriage or wagon drawn by animals. **— atı** saddle horse.
binektaşı, -nı mounting block.
biner a thousand each.
bingi *arch.* pendentive.
binici rider; horseman; horsewoman.
binicilik horsemanship, equestrianism. **— okulu** riding school.
binilmek /a/ *impersonal passive* to mount (a horse, camel, etc.); to get in (a car); to get on (a bicycle, motorcycle, etc.); to board (a ship, train, airplane); to get on (a mobile thing such as a seesaw, swing, etc.).
bininci thousandth.
biniş 1. style of horseback riding, riding style. 2. gown, robe (as worn by academicians).
binişmek (for one thing) to be on top of (another): **Kırık kemiğin iki ucu binişti.** The ends of the broken bone are lying on top of each other.
binit, -ti mount, saddle mount (an animal).
binlik 1. a thousand-lira note. 2. *obs.* a three-liter wine bottle. **— tespih** string of a thousand prayer beads.
binmek /a/ 1. to mount (a horse, camel, etc.); to get in (a car); to get on (a bicycle, motorcycle, etc.); to board (a ship, train, airplane); to get on (a mobile thing such as a seesaw, swing, etc.); (for an animal) to enter (a truck, trailer, etc.). 2. to know how to ride (a horse, bicycle, motorcycle, etc.): **Deveye iyi biner.** He's an accomplished rider of camels. 3. (for something unwanted) to be added to. 4. (for a specified increase) to be made in the price of (something): **Muza yüzde yirmi bindi.** The price of bananas has gone up by twenty percent. **bindiği dalı kesmek** to cut off the branch one is sitting on.
biperva 1. bold, fearless. 2. boldly, fearlessly.
bir 1. one (as a number): **Bir beyaz manolya yedi pembe manolyaya bedeldir.** One white magnolia is worth seven pink magnolias. 2. a, an; a certain, a particular: **Bursa'da güzel bir evi var.** She has a lovely house in Bursa. **Dünkü partide bir kadını gördüm; kim olduğunu sen anlarsın.** At yesterday's party I saw a certain woman; you know who I mean. 3. the same: **Emellerimiz bir.** Our goals are the same. 4. united; of one mind, of the same opinion: **Bu konuda biriz.** We're of one mind on this subject. 5. shared, used in common: **Yatak odalarımız ayrı, banyomuz bir.** We have separate bedrooms but share a bathroom. 6. only: **Bir o bunu yapabilir.** Only she can do this. **Bunu bir sen bir de ben biliyoruz.** You and I are the only ones who know this. 7. *used as an emphatic:* **O hayata bir alıştı ki sorma gitsin!** He has really gotten accustomed to that way of life! **Bir dene!** Just try it! **Birdenbire bir feryat!** And suddenly there was such a yell! **Ah, bir oraya gidebilsem!** Ah, if I can just go there! 8. *used to add a note of vagueness:* **Bir zamanlar Arnavutköy'de çilek yetiştirilirdi.** There was a time when strawberries were grown in Arnavutköy. **Sen bugün bir tuhafsın.** You don't seem quite yourself today. **— ağızdan** in unison, with one voice. **— alan pişman, bir almayan.** *colloq.* It's the sort of thing that looks good and attracts a lot of interest but is actually of very little use. **— alay** a great quantity, a large number. **— âlem** something else, really something, a wonder, amazing: **Orası bir âlem!** That's one amazing place! **Cüneyt başlı başına bir âlem!** Cüneyt is a wonder in his own right! **— an** at one point: **Bir an bir şey söyleyecek gibi oldu.** At one point she looked like she was going to say something. **— an evvel/önce** as soon as possible. **— ara/aralık** 1. at one point, for a while, for a short period. 2. when one has a free moment, when one has a chance: **Bir ara bana uğrayıver.** Drop by when you have a free moment. **— araba** 1. a wagonload of; a truckload of. 2. *colloq.* a lot of, a slew of. **— arada** together. **— araya gelmek** 1. (for people) to come together (in the same place and at the same time). 2. (for events) to happen at the same time, coincide. **— araya getirmek** /ı/ to bring (people/things) together (in the same place and at the same time). **— aşağı bir yukarı** (to come and go) aimlessly. **— atımlık barutu kalmak/olmak** to be almost at the end of one's resources, be almost at the end of one's rope; to have played almost all of one's cards; to have very little energy left. **— avuç** 1. a handful (of). 2. a handful (of), a very small number or amount (of). **— ayağı çukurda olmak** to have one foot in the grave. **— ayak evvel/önce** immediately, at once. **— ayak üstünde bin yalan söylemek** 1. to tell a whole pack of lies at one go. 2. to be a big liar. **— bakıma** in one way, in one respect. **— baltaya sap olmak** to have a job, be employed. **— bardak suda fırtına koparmak** to raise a tempest in a teapot. **— başına** all alone, all by oneself. **— baştan/uçtan bir başa/uca** (traversing, looking at, surveying, filling a place) from one end to the other, from end to end. **— ben, bir de Allah bilir.** *colloq.* Only God knows what I've gone through. **—e beş vermek** to yield five times the seed, yield fivefold. **—e bin katmak** to exaggerate, make much of a trifle. **— bir** one by one. **—**

boy 1. once. 2. *used as an emphatic:* **Bir boy gidelim, görelim.** Let's just go and see! — **boyda** of the same height. — **bu eksikti.** *colloq.* Nothing but this was lacking!/This was all that was needed! *(said sarcastically).* — **cihetten** in one way, in a way. — **çatı altında** under the same roof, in the same building. — **çırpıda** at one stretch, without interruption, at once. — **çift söz** 1. a little advice, a piece of advice: **Sana bir çift sözüm var.** I have a piece of advice for you. 2. a brief exchange of conversation: **Öyle meşguldüm ki kendisiyle bir çift söz bile edemedim.** I was so busy that I couldn't have even a brief conversation with her. — **çuval inciri berbat etmek** to foul things up but good; to put one's foot in it. — **daha** once more, again: **Bunu bir daha yapalım.** Let's do this once more. **Bir daha oraya asla gitmem.** I won't ever go there again. — **daha yüzüne bakmamak** /ın/ not to have anything to do with (someone) anymore, never to speak to (someone) again. — **dalda durmamak** to be fickle, change constantly. — **damla** 1. very little. 2. very small (child). — **de** 1. as well as, and also, and: **Macit, Sacit, bir de Hami takıma alındı.** Macit and Sacit and also Hami have made the team. 2. in addition, moreover, also, as well, furthermore, besides that: **Bir de özür dilemelisin.** You also ought to apologize. **Bir de tıraş olmamışsın!** Moreover you haven't shaved! — **de ne göreyim?** And what did I see?/And what should I see? *(used to express one's surprise):* **Bir de ne göreyim? Karım kasadan para alıp bir torbaya koyuyordu!** And what did I see? My wife was taking money from the safe and putting it into a bag! — **dediği bir dediğini tutmamak** to contradict oneself. — **dediğini iki etmemek** /ın/ to do everything (another person) asks for, fulfill every wish (of). — **defa** 1. once, one time: **Onu ancak bir defa gördüm.** I only saw her once. 2. for one thing: **Onu alma; bir defa çirkin, ayrıca pahalı.** Don't buy it. For one thing it's ugly; for another it's expensive. 3. *used to emphasize a sentence which follows:* **Bir defa kendisiyle görüş, sonra konuşalım.** Just see him and then we'll talk. 4. *used at the conclusion of a sentence which describes a fait accompli:* **Bunu bozduk bir defa, artık iflah olmaz.** We've broken this and it's now beyond repair. — **defada** at one go, at one whack, in one go, in one whack. — **defalık** 1. enough (of something) for one use: **Sadece bir defalık kahvemiz kaldı.** We've only enough coffee for one brewing. 2. (something) which can be used only once: **Bu izin bir defalık.** You can only take this leave once. — **derece** to a certain degree. — **dereceli seçim** direct election.

— **deri bir kemik** very thin, just skin and bones. — **dikili ağacı olmamak** not to own land or a house. — **dikişte içmek** /ı/ to drink in one draft. — **dirhem** a very little; a thimbleful of; a smidgen of. — **dirhem bal için bir çeki keçiboynuzu çiğnemek** to work hard and get little. — **dirhem et bin ayıp örter.** *proverb* A little fat improves a person's looks. — **dokun bin ah işit/dinle kâse-i fağfurdan.** Sometimes it only takes one word to get somebody to start pouring out his/her troubles. — **dolu** a lot of. — **don bir gömlek** 1. half-naked, in a half-naked state. 2. (left) with practically nothing but the shirt on one's back. — **dostluk kaldı!** I have just enough left for one last customer *(salesman's spiel).* — **dudağı yerde, bir dudağı gökte** terrifyingly ugly. — **düşünce almak** /ı/ to get worried. — **düziye** continuously, incessantly. — **el** one shot (of gunfire). — **elini bırakıp ötekini öpmek** /ın/ to make an excessive show of respect to; to lay it on thick. — **elden idare edilmek** to be under one administration. — **elin nesi var, iki elin sesi var.**/— **elin sesi çıkmaz.** *proverb* It takes more than one person. — **elle verdiğini öbür elle almak** to give something with one hand and take it back with the other. — **eli yağda, bir eli balda olmak** 1. to want for nothing, be living in clover, be materially well-off. 2. to have very good resources at one's disposal. — **elmanın yarısı o, yarısı bu.** *colloq.* They are as like as two peas in a pod. — **i eşikte, biri beşikte.** They're still quite small *(said of someone's children).* — **fincan kahvenin kırk yıl hatırı vardır.** *proverb* One should remember even small kindnesses. — **gelmek** to come out even. — **getirmek** /ı/ to bring out even. — **gömlek aşağı olmak** /dan/ not to be far behind, be only a little behind (someone) (in something). — **gömlek üstün olmak** /dan/ not to be far ahead of, be only a little ahead of (someone) (in something). — **görmek** /ı/ to regard as equal, not to discriminate. — **gün** one day; some day. — **güzel** thoroughly: **Kendisini bir güzel dövdüm.** I gave him a good beating. — **hal olmak** 1. to be fed up to the back teeth. 2. /a/ to begin to behave strangely, start to act funny: **Ona bir hal oldu.** He's started acting funny. 3. /a/ for something to happen to (someone), die: **Bana bir hal olursa hayvanlarıma bakar mısın?** If something happens to me, will you look after my animals? — **hayli** very; a lot. — **hoş olmak** 1. to act strange, not to be oneself. 2. to be dumbfounded. — **içim su** a very pretty woman, a beauty, a knockout. — **iki** one or two, very few. — **iki derken** then all of a sudden; suddenly. — **kafada** of the same opinion. — **kalemde** in one go. — **kapıya çıkmak** to come to the same thing. — **kararda/— karar üzerine** unvaryingly, in the same state. — **karış** very short; very few. — **kaşık suda boğmak** /ı/ to be ready to kill on the slightest pretext. — **kat daha** twice as much; still more. — **kazanda kaynamak** to get along well. — **kere** see **bir defa**. — **kerecik** just once. — **kez** once, one time. — **kıyamettir gitti.** *colloq.* There was a terrific uproar. — **koltuğa iki karpuz sığmaz.** *proverb* You can't do two things at once. — **koşu** at one stretch, quickly. — **köroğlu, bir ayvaz** just husband and wife living together. — **köşeye atmak** /ı/ to save (something) for a rainy day. — **kulağından girip öbüründen çıkmak** to go in one ear and out the other. — **lokma, bir hırka** 1. very little (in the way of worldly goods): *Bir lokma, bir hırkaya razıyım.* I'm content with very little. 2. (living) on very little: *Bir lokma, bir hırka geçinip gidiyoruz.* We get by on very little. — **miktar** a little, some. — **misli artmak** to double. — **nebze** a little bit. — **nefeste** all at one time, without stopping. — **nefeslik canı kalmış.** *colloq.* He looks wretched./He is worn out. — **nice** a good many. — **numaralı** number-one; most important, foremost; best, ace. — **o kadar** the same amount. — **olmak** to join forces, unite. — **o yana, bir bu yana** first one way and then another. — **örnek** 1. alike, the same. 2. alike, in the same way. — **paralık etmek** /ı/ to disgrace. — **parça** 1. a little, a bit; a moment. 2. one piece of (something). — **pul etmemek** to be worthless. — **sıçrarsın çekirge, iki sıçrarsın çekirge, üçüncüde ele geçersin çekirge.** *proverb* You can't always trust to luck. — **sıkımlık canı olmak** to be very frail. — **solukta** 1. at one go, in one go; in one bound, at a bound. 2. very quickly, very fast. — **su yıkamak** /ı/ to give (clothes, etc.) one washing. — **sürü** a whole lot of, a great many. — **şey** something. — **şeye benzememek** (for something) not to amount to very much, not to be good. — **şey değil.** Don't mention it./You're welcome. — **şey olmak** /a/ for something to happen to (someone), die. — **şeyler olmak** /a/ 1. to begin to act differently, begin to change one's tune. 2. to feel faint, feel as if one is going to faint. 3. to feel funny, not to feel quite right. — **şey sanmak** /ı/ to think highly of, regard (someone, something) with respect (only to be disappointed later). — **şeye yaramaz** good for nothing. — **tahtası eksik** *colloq.* (someone) whose mind is not quite right, who has a screw loose, who's not all there. — **tane** 1. greatly cherished friend, bosom friend, best friend. 2. greatly cherished animal or thing. — **tanem** my love, my beloved *(used as a term of endearment.)* — **tarafa bırakmak/koymak** /ı/ to leave (a topic) (for the time being). — **taşla iki kuş vurmak** to kill two birds with one stone. — **tek** 1. only: *Fatma, Ayşe'nin bir tek kızı.* Fatma is Ayşe's only daughter. 2. only one: *Bir tek kopyam kaldı.* I've only one copy left. — **tek atmak** *colloq.* to have a shot of (an alcoholic drink); to have a shot apiece (of an alcoholic drink): *Buranın rakısı güzel; bir tek atalım.* This place has good raki; let's have a shot apiece. — **temiz** *colloq.* thoroughly, good and proper. — **torba kemik** *colloq.* (a) bag of bones. — **tuhaf** strange, funny, not right: *Sen bugün bir tuhafsın.* You're not yourself today. *Bu çalının yaprakları bir tuhaf.* There's something wrong with this bush's leaves. — **tutmak/saymak** /ı/ to regard (people/animals) as equal, not to discriminate between (people/animals). — **türlü** 1. somehow, in one way or another. 2. *(with a negative verb)* not at all, definitely not. 3. *(after a conditional clause)* just as bad: *Gitsem bir türlü, gitmesem bir türlü.* It's bad whether I go or not. — **vakit/vakitler** at one time. — **varmış, bir yokmuş ....** *(at the beginning of a fairy tale)* Once upon a time .... — **varmış, bir yokmuş.** 1. "Life's but a walking shadow." (Shakespeare) *(said of someone whose death was unexpected).* 2. Nothing's permanent in this world *(said when something has been irretrievably lost or destroyed).* — **yana** apart from, other than: *Münif Paşa bir yana, kimse bu ayvayı benim kadar takdir edemez.* No one apart from Münif Pasha can appreciate this quince as much as I do. — **yana bırakmak** /ı/ to leave (a topic of conversation). — **yandan/yanda ... bir yandan/yanda** on the one hand ... and on the other hand ...; both ... and ...: *Bir yandan hekim olmaktan bahsediyorsun, bir yandan ressam olmak istediğini söylüyorsun.* On the one hand you're talking about being a doctor; on the other you're saying you want to be a painter. — **yandan/yanda da** also, at the same time: *Mektup yazarken bir yandan da müzik dinliyordu.* While writing letters she was also listening to music. (...) — **yana, dünya bir yana.** I wouldn't part with or trade (him/her/it) for the world.: *O yenidünya bir yana, dünya bir yana.* I wouldn't trade that loquat for the world. — **yastığa baş koymak** to be husband and wife. — **yastıkta kocamak** (for husband and wife) to have a long life together. — **yaşıma daha girdim.** *colloq.* I am very much surprised; we live and learn. — **yere getirmek** /ı/ to gather (people/things) together in one place. — **yığın** a great many, a whole heap of. — **yiyip bin şükretmek** to be very thankful. — **yol** *see* **bir defa**. — **yolunu bulmak** /ın/ to find a way to do (something).

— **yola çıkmak** to come to the same thing. — **yol tutturmak** to pursue one's course of life. — **zaman/zamanlar** at one time.
bira beer. — **fabrikası** brewery. — **mayası** barm, yeast.
biracı 1. brewer or seller of beer. 2. person who likes to drink beer, beer drinker. 3. (someone) who likes to drink beer, beer-drinking.
biracılık being a brewer or seller of beer; brewing beer; selling beer.
birader 1. brother (i.e. one's sibling). 2. brother *(a friendly form of address):* **A birader, bir bilseydin!** Ah, brother, if you'd but known! 3. Brother *(a form of address used among Freemasons).*
birahane beer hall; rathskeller; *Brit.* beerhouse; *Brit.* pub.
biraz a little, some.
birazcık a little bit.
birazdan soon, in a little while; a little later.
birbiri, -ni each other. — **ardınca** one after the other. —**ne düşmek** to have a falling-out, fall out with each other, start quarreling. —**ne düşürmek** /ı/ to set (people) quarreling or fighting. —**ne girmek** 1. to start (physically) fighting each other, fall upon each other, lay into each other, light into each other. 2. to quarrel bitterly, rip into each other. 3. to crash into each other. 4. to intermingle, become intermingled. 5. to become entangled. —**nin gözünü oymak/çıkarmak** to quarrel bitterly, tear into each other, tear each other to pieces; to fight (physically), lay into each other. —**ni takip eden** successive. —**ni tutmamak** (for words, actions) to be contradictory. —**ni yemek** 1. to quarrel bitterly, tear each other apart. 2. to try to harm each other, plot against each other, do each other dirt.
birci 1. (a) monist. 2. monistic, monistical.
bircilik monism.
bircinsten homogeneous.
birçoğu, -nu many of them, a lot of them.
birçok many, a lot of: **Birçok kişi geldi.** A lot of people came.
birden 1. at once, suddenly. 2. at a time, in one lot.
birdenbire suddenly.
birdirbir *children's game* leapfrog.
birebir most efficacious (remedy).
birer one each, one apiece. — **birer** singly, one by one. — **ikişer** one or two each.
bireşim synthesis.
bireşimli synthetic, synthesized.
bireşimsel synthetic, synthetical.
birey (an) individual.
bireyci 1. (an) individualist. 2. individualistic, individualist.
bireycilik individualism.
bireyleşme individuation, individualization.
bireyleşmek to be individualized.
bireyleştirmek /ı/ to individualize.
bireylik individuality.
bireysel individual, pertaining to an individual.
bireysellik individualism.
bireyüstü superindividual.
birgözeli 1. *zool.* protozoan, protozoal, unicellular. 2. *bot.* protophytic, unicellular.
biri, -ni 1. one of them. 2. someone. —**leri** some people; certain people. —**nden biri** one of them. — **yer biri bakar, kıyamet ondan kopar.** *proverb* All conflicts can be traced back to a quarrel between the haves and the have-nots.
biricik unique, the only.
birikici cumulative. — **etki** cumulative effect.
birikim 1. accumulation, buildup, aggregation. 2. the depositing of alluvium.
birikimlik depot, water depot.
birikinti accumulation.
birikme accumulation; gathering, collecting; amassing. — **havzası** *geog.* catchment area, catchment basin.
birikmek to accumulate; to gather, assemble, collect; to amass.
biriktirici 1. flush tank (of a toilet). 2. grease trap.
biriktirmek /ı/ 1. to accumulate; to gather, assemble, collect; to amass. 2. to collect (things): **Pul biriktiriyor.** He collects stamps. 3. to save (money).
birim unit. —**ler bölüğü** *math.* the units, tens, and hundreds places (in a large number).
birinci 1. first, (someone/something) who/which is first in a countable series: **birinci hafta** the first week. 2. first, in the first place: **Koşuda birinci geldi.** She came in first in the race. 3. first quality. **B— Dünya Savaşı** the First World War, World War I. — **elden** (buying something) new (as opposed to [*buying something*] *used*). — **gelmek** to come first (in a competition). — **hamur** best quality paper. — **mevki** first class (in a train, bus), cabin class (on a ship). — **olmak** to be first. — **planda olmak** to have highest priority.
birincil primary.
birincilik first rank, first place, championship.
birkaç, -çı a few, some, several.
birleme union, uniting.
birlemek /ı/ to unite.
birlenmek to be united.
birleşen *geom.* concurrent.
birleşik united. — **ad** *gram.* compound noun. — **eylem/fiil** *gram.* compound verb. — **oturum** joint meeting. — **sözcük** *gram.* compound word. — **tümce** *gram.* compound sentence. — **zaman** *gram.* compound tense.
Birleşik Arap Emirlikleri, -ni the United Arab Emirates.

birleşilmek *impersonal passive* 1. to unite, become united, join; to conjoin; to merge; to coalesce; /la/ to join with, unite with. 2. to join, meet (in a specified place). 3. /la/ to agree with. 4. to come together in sexual union, copulate, engage in coitus, couple.

birleşim 1. union, junction; conjunction; merger; coalescence. 2. agreement, agreeing. 3. *chem.* combination; association. 4. session, sitting. 5. sexual union, copulation, coitus, coupling.

birleşme 1. union, joining, jointure, junction, juncture; conjunction; merger; coalescence; /la/ joining with. 2. joining, meeting (in a specified place). 3. agreement, agreeing. 4. *chem.* combination; association. 5. sexual union, copulation, coitus, coupling. — **değeri** *chem.* valence.

birleşmek 1. to unite, become united, join; to conjoin; to merge; to coalesce; /la/ to join with, unite with. 2. to join, meet (in a specified place). 3. to be joined together (by clasping, etc.). 4. /la/ to agree (with). 5. /la/ *chem.* to combine (with); to associate (with). 6. to come together in sexual union, copulate, engage in coitus, couple.

Birleşmiş Milletler the United Nations.

birleştirici uniting, unifying.

birleştirmek /ı/ 1. to unite, join (people/things) together. 2. *chem.* to combine; to associate. 3. to cause (people/animals) to come together in sexual union.

birli *playing cards* ace.

birlik 1. unity, oneness; accord. 2. sameness; identity; equality; similarity. 3. union; association; corporation; *mil.* unit. 4. one lira piece. — **olmak** to agree (on a plan of action).

birlikte 1. together; with each other; as a body; /la/ together with, along with, with. 2. /la/ *(used with an infinitive)* although: **Bilgi dağarcığında bazı eksiklikler bulunmakla birlikte bu alanda rakipsiz.** Although his knowledge is deficient in some areas, he is unrivaled in this field.

birliktelik 1. unity, cooperation. 2. union, alliance, association.

birlikteş federated.

birörnek identical, the same, uniform.

birtakım some, a certain number of.

biryantin *see* **briyantin.**

bisiklet, -ti bicycle.

bisküvi biscuit, cracker, cookie.

bisküvit, -ti *see* **bisküvi.**

bismillah *Islam* 1. in the name of God! *(said prayerfully by a Muslim as he/she embarks on some activity).* 2. Good God! *(said in fright or amazement).* — **demek** *colloq.* to begin, get going. — **etmek** *colloq.* to begin in earnest, really to get going.

bismillahirrahmanirrahim *Islam* in the name of God, the Compassionate, the Merciful.

bistro bistro, bistrot.

bisturi *surg.* lancet.

bit, -ti *zool.* 1. louse. 2. louse, parasite on plants or animals. — **i kanlanmak** *slang* to get rich. — **sirkesi** nit.

bit, -ti *comp.* bit.

bitap very tired, exhausted, drained, spent, worn out. — **düşmek** to be exhausted, be drained.

bitaraf 1. *pol.* neutral. 2. impartial.

bitek fertile.

bitelge fertility (of the soil).

biter *see* **bitter.**

bitevi, biteviye continuously, incessantly.

biteviyelik continuousness; monotony.

bitey *bot.* flora.

bitik 1. exhausted, finished, beat, drained. 2. bad, terrible. 3. /a/ *colloq.* head over heels in love with.

bitiklik exhaustion, being finished, beat, or drained.

bitim ending, end.

bitimli finite.

bitimsiz infinite.

bitirilmek to be finished, be completed, be ended, be terminated.

bitirim *slang* 1. very likeable, smashing (person). 2. very pleasant, smashing (thing). 3. very clever. 4. practical, seasoned, adept. 5. gambling joint, gambling den. 6. gangster; (a) tough; (a) bad egg. — **yeri** gambling joint, gambling den.

bitirimci *slang* 1. owner or manager of a gambling joint. 2. gambler.

bitirme completion. — **belgesi** certificate (showing the completion of a course). — **eylemi** *gram.* perfect verb form.

bitirmek /ı/ 1. to finish, complete, end, terminate. 2. to tire (someone/an animal) out, wear (someone/an animal) out, do (someone/an animal) in. 3. to wreck (someone's) health, make a wreck of. 4. to kill, finish (someone), do (someone) in. 5. to please (someone) greatly, wow.

bitirmiş *slang* very clever (person).

bitiş end, finish.

bitişik 1. adjacent, adjoining, neighboring, next; contiguous. 2. (things) which are attached to each other, which have grown together: **bitişik ikizler** Siamese twins. 3. next-door neighbor; the house next door: **O kız bitişikte oturuyor.** That girl lives next door.

bitişiklik 1. adjacency, contiguity. 2. attachment, being attached.

bitişken agglutinative. — **dil** agglutinative language.

bitişkenlik agglutination.

bitişmek to come together, join.
bitiştirmek /ı/ to put (things) side by side or together, join (things) (so that there is no interval between them).
bitki plant. **— örtüsü** plant cover, vegetation. **— sütü** milky plant juice.
bitkibilim botany.
bitkibilimci botanist.
bitkicil herbivorous.
bitkimsi plantlike, phytoid.
bitkin exhausted, worn out. **— düşmek** to collapse from exhaustion.
bitkinlik exhaustion.
bitkisel vegetable, vegetal. **— hayat/yaşam** life without consciousness, vegetable existence. **— örtü** plant cover, vegetation.
bitlemek 1. /ı/ to pick the lice off, delouse, louse. 2. *slang* to pick a quarrel, pick a fight.
bitlenmek 1. to get infested with lice. 2. to pick the lice off oneself, delouse oneself, louse oneself. 3. *slang* to get some money, come by some money.
bitli 1. infested with lice, louse-infested, lousy. 2. *slang* almost penniless, almost broke; penniless, broke. **— kokuş** *colloq.* woman who is dirty and slovenly in her appearance, (a) slattern.
bitmek 1. to end, finish, come to an end. 2. to be used up, be consumed. 3. to be exhausted, be finished, be beat. 4. (for someone) to be a (physical) wreck. 5. /a/ to be madly in love with; to be crazy about. **— tükenmek bilmemek** to be endless; to be boundless, be unlimited; to be unceasing, be interminable. **bitmez tükenmez** endless; boundless, unlimited; unceasing, interminable.
bitmek 1. (for seeds, shoots, plants, a beard, feathers) to sprout; (for teeth) to appear. 2. *slang* (for someone) suddenly to appear, crop up.
bitnik beatnik.
bitpazarı, -nı flea market.
bittabi naturally, of course.
bitter 1. bitters (alcoholic drink made with substances bitter in taste). 2. bitter beer, bitter. 3. bitter, bitter in taste: **bitter çikolata** bitter chocolate.
bitüm bitumen.
bitümlü bituminous.
bityeniği, -ni doubtful point, tender spot, hidden blemish.
biye *tailor.* bias tape.
biyel *mech.* tie rod, pushrod, crank arm.
biyofizik biophysics.
biyografi biography.
biyografik biographical, biographic.
biyografya *see* **biyografi.**
biyokimya biochemistry.
biyolog biologist.
biyoloji biology.
biyolojik biological, biologic.
biyonik 1. bionic. 2. bionics.
biyopsi biopsy. **— yapmak** to do a biopsy.
biyosfer biosphere.
biz we. **—ler** we. **— bize** by ourselves, without any strangers in our midst.
biz awl.
Bizans 1. Byzantium. 2. Byzantine, Byzantian, of Byzantium.
Bizanslı 1. (a) Byzantine. 2. Byzantine (person).
bizar /dan/ weary of, fed up with, sick of. **— etmek** /ı, dan/ to make (someone) weary of, make (someone) fed up with.
bizce according to us, in our opinion, as far as we are concerned.
bizim our; ours. **— için** for us.
bizimki, -ni ours, that which belongs to us.
bizmut, -tu *chem.* bismuth.
bizon *zool.* bison, buffalo.
bizzat 1. in person: **Bizzat geldi.** He came in person. 2. on his/her own, without help from others: **Mektubu bizzat yazdı.** He wrote the letter himself.
bkz. (*abbr. for* **bakınız**) see; cf. (compare).
blok, -ku 1. apartment building, building (one of a series of buildings which together make up a housing or office development). 2. city block, block (an area of land bounded by streets): **İkinci bloktan sonra sağa dön.** Turn right at the second block. 3. block (of marble, etc.). 4. *pol.* bloc (of states). 5. *basketball* body block.
blokaj 1. *com.* blocking (funds); stopping (a check). 2. *elec.* blocking (of current). 3. slamming on (brakes). 4. *basketball* blocking (an opponent) with one's body. 5. *soccer* (a goalie's) stopping (the ball). 6. rubblework, rubble masonry. 7. rubble, rubble walling (used to fill in a wall). 8. putting the rubble in a wall.
bloke used in: **— etmek** /ı/ 1. *com.* to block (funds); to stop (a check). 2. *basketball* to block (an opponent) with one's body. 3. *soccer* (for a goalie) to stop (the ball).
bloklaşmak (for states) to form a bloc.
bloknot, -tu memo pad, note pad.
blöf bluff. **— yapmak** to bluff.
blucin blue jeans, jeans.
blum a card game.
bluz blouse.
BM (*abbr. for* **Birleşmiş Milletler**) UN, U.N. (the United Nations).
Bn. (*abbr. for* **Bayan**) Mrs.; Miss; Ms.
Bnb. (*abbr. for* **Binbaşı**) Maj. (Major).
boa 1. *zool.* boa. 2. boa (of feathers or fur).
bobin bobbin, spool; coil. **— kâğıdı** paper in

rolls.

bobinaj *elec., text.* winding.

boca *naut.* 1. leeward, to leeward, alee. 2. the lee side, leeward, the direction that is away from the wind. — **alabanda.** *naut.* Turn the helm to the lee. — **etmek** 1. *naut.* to bear away to leeward. 2. /ı/ *naut.* to turn (a ship) to leeward. 3. /ı/ *colloq.* to turn (a container) upside down in order to empty it of its contents, dump, dump out.

bocalama not being sure of what one should do, going first one way and then another; acting undecisively; shilly-shally, backing and filling.

bocalamak 1. not to be sure of what one should do, go first one way and then another; to act undecisively, shilly-shally, back and fill. 2. *naut.* to bear away to leeward. 3. *naut.* to veer.

boci hand truck, truck. — **arabası** *see* **boci**.

bocuk 1. the Orthodox Christmas. 2. pig, hog. — **domuzuna dönmek** to get very fat.

bocurgat, -tı capstan.

bodoslama 1. *naut.* sternpost. 2. *slang* nose. —**dan** *slang* from the front.

bodrum subterranean vault, dungeon, cellar. — **gibi** cellarlike, dark and cramped. — **katı** basement. — **palas** *colloq.* basement.

bodur short, squat; dwarf.

bodurlaşmak to become short, dwarf, low, or squat.

bodurluk shortness.

bodursöğüt dwarf willow.

Boğa *astrology* Taurus.

boğa *zool.* bull (male bovine). — **gibi** muscular, well-developed (young man). — **güreşçisi** toreador. — **güreşi/dövüşü** bullfight.

boğada the process of soaking laundry in lye leached from wood ashes.

boğalık breeding bull.

boğasamak (for a cow) to come into heat, bull.

boğası twilled cotton used for linings.

Boğaz *see* **Boğaziçi.**

boğaz 1. throat; gullet, esophagus. 2. neck (of a bottle). 3. mountain pass. 4. strait, narrows. 5. supplying food, feeding. 6. a mouth to feed. 7. eating and drinking. 8. appetite. —**ı açılmak** to develop an appetite. — **açmak** to break up the ground around a tree. — **ağrısı** sore throat. —**ından artırmak** to save money by economizing on food. —**ında bırakmak** /ı/ to make (food) stick in one's throat, spoil (one's enjoyment). — **boğaza gelmek** to be at one another's throats, have a violent quarrel. —**ını çıkarmak** to earn just enough for one's food. — **derdi** the problem of earning a living. —**ına dizilmek/—ından geçmemek** (for food) to stick in one's throat (because of worry). —**ına durmak/—ında kalmak** (for food) to stick in one's throat (because of worry). —**ı düğümlenmek** to be unable to eat because of sorrow or worry. —**ına düğümlenmek** not to be able to get one's words out because of sorrow or agitation. —**ına düşkün** gourmet; fond of good food. —**ı inmek** to get a sore throat, get tonsillitis. —**ı işlemek** to nibble all the time. —**ına kadar** up to one's neck. — **kavgası** the struggle for a living. —**ından kesmek** to cut back on one's food expenses, scrimp on food. —**ını kesmek** /ın/ to cut the throat (of). —**ı kısılmak** to get a hoarse throat. —**ı kurumak** to get very thirsty. — **olmak** to have a sore throat. —**ına sarılmak** /ın/ to begin to fight with (someone), grabbing him by the throat. —**ını sevmek** to enjoy eating. —**ını sıkmak** /ın/ 1. to throttle, choke. 2. to press (someone) hard (for a debt). — **tokluğuna** (working) only for one's board, only for food. — **yangısı** throat infection, infected throat. —**ını yırtmak** to shout at the top of one's voice.

Boğaziçi, -ni the Bosphorus, the Thracian Bosphorus.

boğazkesen castle built to control the traffic which passes through a strait.

boğazlamak /ı/ 1. to slaughter (an animal) (by cutting its throat). 2. to slit (someone's) throat.

boğazlanmak to be slaughtered.

Boğazlar the Straits, the (Thracian) Bosporus and the Dardanelles.

boğazlaşmak to fight violently with each other.

boğazlatmak /ı/ to have (someone/something) slaughtered.

boğazlı 1. long-necked (bottle, etc.). 2. (someone) who is a big eater, who has a voracious appetite. — **kazak** turtleneck sweater, turtleneck.

boğazsız 1. neckless (bottle, etc.). 2. (someone) who has a small appetite, who eats little.

Boğdan *hist.* Moldavia.

boğdurmak /ı, a/ to have or let (one person) choke, strangle, throttle, suffocate, or drown (another/an animal); /ı/ to have (someone) choked, strangled, throttled, suffocated, or drowned.

boğma /ı/ choking, strangling, throttling, suffocating, or drowning (someone/an animal).

boğmaca *path.* whooping cough, pertussis.

boğmak 1. /ı/ to choke, strangle, throttle; to suffocate; to drown. 2. /ı/ to drown out, obliterate. 3. /ı, a/ to cover (a place) with (something). 4. /ı, a/ to shower (something) upon (someone), rain (something) upon (someone). 5. /ı/ to flood (a motor). 6. /ı/ (for a color) to make (a place) seem small; (for a color) not to look good on (someone). 7. /ı, a/ to cover (something) up with, drown (something) in (bluster, a torrent of words). 8.

boğmak

/ı/ *slang* to sponge off, freeload off. 9. /ı/ *slang* to cheat, dupe, swindle.
boğmak *anat.* joint, articulation, node. **— boğmak** prominently jointed; full of articulations.
boğmaklı jointed, articulate.
boğucu stifling, suffocating.
boğuk 1. hoarse, raucous. 2. muffled. **— boğuk** 1. hoarsely. 2. with a muffled sound. **— sesli** hoarse-voiced, gruff-voiced.
boğuklaşmak 1. (for one's voice) to get hoarse. 2. (for a sound) to become muffled.
boğulmak 1. to choke, strangle; to suffocate; to drown. 2. to be drowned out, be obliterated. 3. (for a motor) to be flooded. 4. /dan/ to find (something) oppressively boring; to go crazy with, be fed up to the back teeth with. 5. (for one's voice) to get hoarse. 6. *slang* to be cheated, be duped, be swindled.
boğum 1. node. 2. internode. 3. ganglion. **— boğum** prominently jointed; full of articulations.
boğumlama articulation.
boğumlanma 1. constriction. 2. *ling.* articulation.
boğumlanmak 1. to form a node. 2. to be constricted, be set to produce a speech sound.
boğumlu having nodes, nodose.
boğumsuz free from nodes.
boğuntu profiteering. **—ya getirmek** /ı/ *slang* to squeeze money out of (someone). **— yeri** *slang* gambler's den.
boğuşmak 1. to be involved in a violent fight, be at each other's throats. 2. to quarrel, fight.
boğuşulmak *impersonal passive* to quarrel, fight.
bohça 1. bundle. 2. square cloth for wrapping a bundle. 3. small bale of fine tobacco. 4. *slang* buttocks. **—sını bağlamak** to pack up one's belongings. **— etmek** /ı/ to wrap (something) up in a bundle. **— göndermek** to send presents in a bundle. **—sını koltuğuna vermek** /ın/ to dismiss, fire.
bohçaböreği, -ni bundle-shaped pastry.
bohçacı woman who peddles cloth and women's garments.
bohçalamak /ı/ to bundle (something) up.
bohem bohemian. **— hayatı** the bohemian life.
Bohemya 1. Bohemia. 2. Bohemian, of Bohemia.
Bohemyalı 1. (a) Bohemian. 2. Bohemian (person).
bok, -ku *vulg.* 1. dung, feces, excrement, ordure. 2. *shit, crap. 3. worthless, bad. 4. a mess. 5. *mining* scoria, dross. **—tan (künet)** rubbishy, worthless, bad. **— atmak/bulaştırmak/sürmek** /a/ to slander, throw mud on, muddy. **—a basmak** to get into a mess. **—u bokuna** in vain, for nothing. **—unda boklavat/boncuk bulmak/—unda inci aramak** /ın/ to overestimate, praise undeservedly. **—unu**

106

çıkarmak /ın/, **— etmek** /ı/ to spoil. **—u çıkmak** /ın/ (for the ugly side of a thing) to come to light, be discovered. **— karıştırmak** to try to spoil something. **— püsür** 1. rubbish. 2. details. **—un soyu/— soyu** 1. *shit, bastard, SOB; bitch. 2. *shitty, *fucking. **—unu temizlemek** /ın/ to clean up the mess (another) has caused. **— yedi başı** meddler. **— yemek** to say or do something wrong, blunder, put one's foot in it. **— yemek düşmek** /a/ to have no right to a say. **— yemenin Arapçası** a major blunder. **— yoluna gitmek** to lose one's life for nothing.
bokböceği, -ni *zool.* dung beetle, scarab.
boklamak /ı/ *vulg.* 1. to soil, befoul. 2. to mess (something) up, make a balls-up of. 3. to slander.
boklaşmak *vulg.* (for a project, situation) to go bad.
boklu 1. *vulg.* crappy, *shitty, soiled with *shit. 2. *mining* containing scoriae, slags, or ashes.
bokluk *vulg.* 1. dunghill. 2. filthy place. 3. something disagreeable or undesirable, piece of *shit.
boks *sports* boxing. **— etmek/yapmak** to box.
bokser boxer (a breed of dog).
boksineği, -ni *zool.* dung fly.
boksit *geol.* bauxite.
boksör *sports* boxer.
bol 1. plentiful, abundant, ample, copious. 2. wide and loose-fitting; too large. **— biçmek** /ı/ to estimate lavishly. **— bol/bulamaç** amply, abundantly, generously. **— doğramak** 1. to spend lavishly. 2. to be lavish in promises. **— keseden atmak** to make extravagant promises, scatter promises around. **— paça** 1. a wide trouser leg, baggy trouser leg; bell-bottom trouser leg. 2. slovenly, untidy. **— şekilli** polymorphous.
bol, -lü claret cup, fruit punch, bowl.
bolca amply, abundantly.
bolero 1. bolero (a garment). 2. bolero (the dance or its music).
boliçe Jewish woman.
Bolivya 1. Bolivia. 2. Bolivian, of Bolivia.
Bolivyalı 1. (a) Bolivian. 2. Bolivian (person).
bollanmak *see* **bollaşmak.**
bollaşmak 1. to get wide, get loose, fit loosely. 2. to abound, become plentiful, be in good supply.
bollaştırmak /ı/ 1. to provide liberally; to make plentiful. 2. to widen, loosen.
bollatmak /ı/ *see* **bollaştırmak.**
bolluk 1. wideness, looseness. 2. abundance, plenty. **— boynuzu** cornucopia, horn of plenty. **—ta büyümüş** brought up in the lap of luxury; prodigal, wasteful; used to luxurious living.
Bolşevik 1. (a) Bolshevik, (a) Bolshevist. 2.

Bolshevik, Bolshevist, pertaining to Bolshevism.
Bolşeviklik 1. Bolshevism. 2. being a Bolshevik.
Bolşevizm Bolshevism.
bom slang a lie. **— atmak** to lie.
bomba 1. bomb. 2. barrel. 3. bomb-shaped metal container. **— gibi** 1. in good condition. 2. well-prepared (student). **— gibi patlamak** 1. to explode in a fury, explode like a bomb. 2. (for an unexpected event) to astound people. **— patlatmak** slang to steal something.
bombacı 1. bomber; bombardier. 2. maker of bombs.
bombalamak /ı/ to bomb.
bombalanmak to be bombed.
bombardıman bombardment, bombing. **— etmek** /ı/ 1. to attack with bombs; to bombard, shell. 2. to scold (someone). **— uçağı** bomber.
bombardon bombardon, bass tuba.
bombe 1. small swelling, bump, or bulge. 2. having a small swelling, bump, or bulge.
bombeli having a small swelling, bump, or bulge.
bombok vulg. very bad, utterly spoiled.
bomboş altogether empty.
bonbon candy.
boncuk 1. bead. 2. colloq. Negro, Negress. **— gibi** bead-like (eyes). **— mavisi** turquoise blue.
boncuklanmak to stand out in beads.
bone 1. bonnet, lady's hat. 2. bathing cap.
bonfile sirloin steak.
bonjur Good morning!
bonmarşe department store; dry-goods store.
bono bond, bill, certificate of indebtedness. **— kırdırmak** to discount a bond, sell it before maturity.
bonservis letter of recommendation, certificate of good service.
bopstil 1. zoot suit. 2. a person wearing a zoot suit.
bor chem. boron.
bora 1. strong wind (preceding a rainstorm), squall. 2. slang a violent scolding. **— patlatmak** slang (for a person) to storm, be furious.
boraks chem. borax.
boran thunderstorm.
borani a vegetable dish with yogurt and rice.
borazan 1. bugle; trumpet. 2. bugler; trumpeter. **— çalmak** 1. to blow a bugle or trumpet. 2. to let everybody know, tell the world.
borazancı bugler; trumpeter.
borazancıbaşı, -nı head bugler; head trumpeter.
borç 1. debt; loan. 2. duty, obligation. 3. debit. **—a** on credit, as a loan. **— almak** /ı, dan/ to borrow (money) from (someone); /dan/ to borrow money from (someone). **—a almak** /ı/ to buy on credit. **— altına girmek** to incur a debt. **—a batmak** to be deep in debt. **— bini aşmak/— gırtlağa çıkmak/— paçasından akmak** to be deep in debt. **— etmek/yapmak** to get into debt. **—a girmek** to go into debt. **— harç** by borrowing here and there. **—lar hukuku** law of obligation. **— ikrarı** law acknowledgment of debt. **—unu kapatmak** to settle one's debt. **—unu ödemek** to pay one's debt. **— para** loan. **— senedi** fin. promissory note, certificate of debt, note of hand. **— vermek** /ı, a/ to lend (someone) (money); /a/ to lend (someone) money. **— yemek** to go into debt. **— yiğidin kamçısıdır.** proverb A person works harder when he has debts.
borç borsch, borscht.
borçlandırılmak to be made or allowed to go into debt; to be put into debt.
borçlandırmak /ı/ to make or let (someone) go into debt; to put (someone) into debt.
borçlanılmak impersonal passive to get into debt, go into debt; /a/ to become indebted to.
borçlanmak to get into debt, go into debt; /a/ to become indebted to.
borçlu 1. debtor. 2. /a/ indebted, under obligation (to). **— çıkmak** to end up owing (someone) something.
borçluluk indebtedness.
borçsuz without any debt. **— harçsız** without borrowing any money.
borçsuzluk freedom from debts.
borda naut. 1. board; broadside. 2. beam. **—da abeam. —dan** from abeam. **—ateşi** broadside (fire). **— borda** side by side. **— bordaya** broadside to broadside, alongside. **— feneri** side light. **—ya gelmek** to come alongside. **— hattı** line of battleships moving abreast. **— iskelesi** accommodation ladder.
borda attack upon a ship by a boarding party. **— etmek** /ı/ to board (an enemy ship).
bordo 1. claret red. 2. Bordeaux wine.
bordro 1. list, register, roll; payroll. 2. voucher.
borina naut. bowline.
bornoz 1. bathrobe. 2. burnoose.
borsa stock exchange, exchange. **— fiyatı** stock exchange quotation. **— oyunu** speculation.
borsacı speculator.
borş borsch, borscht.
boru 1. pipe, tube. 2. mus. horn; bugle. 3. slang nonsense, empty talk. 4. slang bad, in a bad state. **— ağı** plumbing, the plumbing system of a building. **— anahtarı** pipe wrench. **— askısı** pipe support. **— bileziği** ring put around a stove pipe. **— çalmak** 1. to blow a horn. 2. for a bugle to blow. **—sunu çalmak** /ın/ to jump to do (someone's) wishes so as to curry his favor. **— değil!/— mu bu?** colloq. That's no small matter! **— dirseği** elbow, elbow-shaped pipe. **— döşemek** to install plumbing. **— kelepçesi** pipe clip. **— mengenesi** pipe vise. **—suna ot tıkamak** /ın/ to shut (someone) up,

muzzle, silence. **—su ötmek** *colloq.* to have authority, be influential.
borucu 1. plumber. 2. maker or seller of pipes, tubes, horns, or bugles. 3. horn player; bugler.
borucuk tubule, tubulus.
boruçiçeği, -ni *bot.* 1. downy thorn apple. 2. morning glory.
borukabağı, -nı an elongated gourd.
borumsu tubiform.
boruyolu, -nu pipeline.
Bosna 1. Bosnia. 2. Bosnian, of Bosnia.
Bosna-Hersek Bosnia and Herzegovina.
bostan 1. vegetable garden, kitchen garden. 2. melon field. 3. melon; watermelon. **— dolabı** noria, water wheel for irrigation. **— korkuluğu** 1. scarecrow. 2. a mere puppet.
bostancı 1. vegetable gardener; market gardener. 2. melon grower.
bostanpatlıcanı, -nı bell eggplant.
boş 1. empty. 2. useless. 3. unemployed; free. 4. ignorant. 5. slack, not under tension (rope). 6. uncultivated (land). 7. uninhabited. **—ta** unemployed. **— almak** *naut.* to take up the slack, make a hawser taut. **—a almak** /ı/ 1. to prop up (a building) temporarily for repairs. 2. *mech.* to uncouple, release. **—unu almak** /ın/ to tauten (a hawser), take up the slack (in a hawser). **— atıp dolu tutmak/vurmak** to make a lucky hit, guess the truth by chance. **— bırakmamak** /ı/ 1. to help out (a person in need). 2. not to desert (someone). **—u boşuna** uselessly. **— bulunmak** to be taken unawares. **—a çalışmak/işlemek** (for a machine) to run on no load, run light. **— çıkmak** *lottery* to draw a blank. **—a çıkmak** to turn out to be nothing. **— çıkmamak** /dan/ to make a little something out of (a deal). **— dönmek** to come back empty-handed. **— durmak** to be without work, be unemployed. **— düşmek** /dan/ to be considered as divorced (from her husband). **— gezenin boş kalfası** loafer. **— gezmek** to be unemployed. **—ta gezmek** to live without working. **—a gitmek** 1. to be wasted. 2. to be of no use. **— inan** superstition. **— kafalı** silly, dim-witted. **—ta kalmak** to be without work. **— koymak** /ı/ to deprive (someone) of something desirable. **—a koysan dolmaz, doluya koysan almaz.** *colloq.* However I try to do it, it still does not work. **— laf karın doyurmaz.** *proverb* Empty words do not fill one's stomach. **— ol!/— olsun!** I divorce you! *(formerly said by the husband to his wife).* **— olmamak** not to be without reason, to have a justifying cause. **— oturmak** 1. to be without a job, be unemployed. 2. not to have work to do, be without work. **— söz** nonsensical words, hot air. **— vakit** 1. spare time. 2. leisure. **— ver!** Forget it!/Never mind! **— ver-**

mek 1. /a/ not to bother (about), to take no notice (of). 2. *naut.* to loosen a hawser. **— yere** 1. in vain. 2. without grounds, without a reason. **— yerine vurmak** /ın/ to hit (someone) on his side.
boşalım 1. becoming empty; becoming vacant. 2. *elec.* discharge. 3. *psych.* catharsis.
boşalmak 1. to become empty, empty; to become vacant. 2. (for a liquid) to run out (of a container); (for people/liquid) to flow out, stream out, pour out. 3. /a/ (for a river) to empty into (a sea). 4. (for a rope) to become slack. 5. (for a spring) to unwind. 6. to unburden oneself, unbosom oneself, let off steam. 7. (for a tethered or harnessed animal) to get loose. 8. *colloq.* (for a man) to come, ejaculate (during sexual intercourse). 9. *colloq.* (for a woman) to come, orgasm.
boşaltaç vacuum pump (for removing air).
boşaltıcı machine which removes sewage from septic tanks.
boşaltılmak 1. to be emptied, be made empty or bare; (for a property) to be vacated; (for a conveyance) to be unloaded. 2. to be poured out, be emptied; to be drained. 3. for all the ammunition (in a firearm) to be fired. 4. (for reins, a rope) to be slackened.
boşaltım 1. emptying; vacating; unloading. 2. excretion. **— aygıtı** excretory organ.
boşaltma emptying; vacating; unloading. **— havzası** drainage basin. **— limanı** port of discharge.
boşaltmak /ı/ 1. to empty, make (a place) empty or bare; to vacate (a property); to unload (a conveyance). 2. to pour (something) out, empty; to drain. 3. to fire all the ammunition in (a firearm). 4. to slacken (reins, a rope). 5. (for an animal) to get free of (its tether, traces, or saddle).
boşama divorce.
boşamak /ı/ to divorce (a spouse).
boşandırmak /ı/ 1. to cause or allow (a couple) to get a divorce. 2. to grant a divorce to (a couple).
boşanma divorce. **— davası** divorce suit.
boşanmak 1. /dan/ to be divorced (from). 2. /dan/ to be set loose, be set free, break loose; (for water) to break through its barriers. 3. (for a firearm) to be discharged by accident. 4. /dan/ (for tears, blood) to pour out. 5. (for rain) to pour down. 6. to burst forth with tears. 7. to burst forth in a torrent of complaint or invective; to pour out one's heart. 8. (for people) to pour out (of a closed place).
boşatmak /ı, dan/ to grant (someone) a divorce from (his/her spouse).
boşboğaz 1. garrulous, indiscreet. 2. blabber, someone who can't keep a secret.

boşboğazlık idle talk. — **etmek** to talk indiscreetly.
boşlama neglect.
boşlamak /ı/ 1. to neglect; to let alone. 2. *prov.* to let go, let loose.
boşluk 1. emptiness. 2. blank space, blank. 3. cavity. 4. *phys.* vacuum. — **tulumbası** vacuum pump (for removing air).
Boşnak 1. (a) Bosnian. 2. Bosnian, pertaining to the Bosnians or their language.
Boşnakça 1. Bosnian, the Bosnian language. 2. (speaking, writing) in Bosnian, Bosnian. 3. Bosnian (speech, writing); spoken in Bosnian; written in Bosnian.
boşuna in vain, uselessly.
bot, -tu boat.
bot, -tu boot.
botanik 1. botany. 2. botanical, botanic.
botanikçi botanist.
Botsvana 1. Botswana. 2. Botswanan, of Botswana.
Botsvanalı 1. (a) Botswanan. 2. Botswanan (person).
boy 1. height; stature. 2. length. 3. size. 4. edge (of a road), bank (of a river). — **almak/atmak/sürmek** to grow in height; to shoot up. — **aptesi** a ritual bathing of the body. — **aynası** full-length mirror. — **bos** height and appearance. —**u bosu yerinde** tall and graceful. — **boy** assorted, of various sizes; of various qualities. —**dan boya** all over, from end to end. —**u boyuna, huyu huyuna** suitable, good (match). —**a çekmek** (for a child) to shoot up. —**unca çocuğu olmak** to have a grown child. —**u devrilsin!** *colloq.* I wish he'd fall down dead! — **göstermek** to show oneself off. —**u kısa** short (of stature). —**unun ölçüsünü almak** 1. to find out painfully one's own inadequacies. 2. to be disappointed by someone's indifference. — **ölçüşmek /la/** to compete (with). —**u uzun** tall; long. — **vermek** 1. (for water) to be above one's head. 2. to jump into the water feet first so as to test its depth. 3. to grow taller. — **vermemek** (for water) not to be out of one's depth.
boy *sociol.* clan.
boya 1. paint. 2. dye. 3. color. 4. makeup. 5. *prov.* ink. 6. deceptive appearance. —**sı atmak** to fade. — **maddesi** pigment. — **tabancası** 1. spray gun for paint. 2. air brush. — **tutmak** (for wood) to take paint; (for fabric) to take a dye. — **vurmak/çekmek/sürmek /a/** to paint. —**sı vurmak** for color or dye to run.
boyacı 1. dyer. 2. house painter. 3. dealer in paints. 4. shoeshine boy. 5. *colloq.* one who deceives with a fine show. — **kedisi/köpeği gibi** dyed in all colors, crudely colored. — **küpü dyer's vat. — **küpü değil ki (hemen daldırıp çı-**

boynuzlatmak

karasın). *colloq.* It's not a simple matter. — **sandığı** shoeshine box.
boyacılık 1. dyeing. 2. house painting. 3. manufacturing or selling of paint. 4. shoe-shining.
boyahane dyehouse, dyer's shop.
boyalamak /ı/ 1. to paint (something) out, paint over (something); to dye over (something). 2. to slap paint on (something); to smear (something) with paint.
boyalanmak 1. to be painted out, be painted over; to be dyed over. 2. to be slapped with paint; to be smeared with paint.
boyalı 1. painted. 2. dyed. 3. colored. 4. wearing makeup. — **basın** the sensation-mongering press.
boyama 1. coloring, painting. 2. colored, painted. 3. dyed. — **kitabı** coloring book.
boyamak 1. /ı/ to paint, dye, color. 2. /ı, a/ to paint, dye, or color (something) (a certain color).
boyana *see* **boyna.**
boyanmak 1. to be painted, dyed, or colored. 2. to put on makeup, be made-up.
boyarmadde pigment.
boyasız 1. unpainted. 2. undyed, uncolored. 3. unpolished (shoe). 4. without makeup.
boyatılmak to be painted, dyed, or colored.
boyatmak /ı, a/ 1. to have (something) painted, dyed, or colored. 2. to let (something) be painted, dyed, or colored.
boydaş of the same height or age.
boydaşlık being of the same height or age.
boykot, -tu boycott. — **etmek /ı/** to boycott.
boykotçu boycotter.
boylam longitude.
boylamak /ı/ 1. to get to, arrive at. 2. to travel (the length of). 3. to make for, take off for. 4. to end up in (an undesirable place).
boylanmak 1. to grow taller. 2. /a/ to go as far as. **boylanıp boslanmak** to grow and develop, become handsome.
boylatılmak /a/ to be thrown into (prison).
boylatmak /ı, a/ to throw (a person) into (prison).
boyler boiler.
boylu tall, high; long. — **boslu** tall and well-developed, handsome. — **boyunca** 1. at full length. 2. from end to end.
boyna *naut.* scull (an oar). — **etmek** to scull.
boynuz 1. horn; antler. 2. horn, made of horn. 3. horn, trumpet. 4. cupping horn. 5. antenna (of insects). — **çekmek /a/** to cup. — **dikmek /a/** to cuckold. — **kulağı geçmek** to surpass one's elder. — **takmak** to be cuckolded. — **taktırmak /a/** to make a cuckold of. — **vurmak /a/** to gore.
boynuzlamak /ı/ 1. to gore. 2. to cuckold.
boynuzlanmak 1. to become horned, grow horns. 2. to be cuckolded. 3. to be gored.
boynuzlatmak /ı, a/ to have (someone) cuck-

olded.
boynuzlu 1. horned. 2. cuckolded.
boynuzsuz hornless, polled.
boysuz short, not tall.
boyun, -ynu 1. neck. 2. cervix. 3. *geog.* pass, defile. 4. responsibility. —**una almak** /ı/ to accept responsibility for. —**u altında kalsın!** *colloq.* May he die! —**u armut sapına dönmüş.** *colloq.* He has grown very thin. —**una atılmak** /ın/ to embrace (someone), fall on (someone's) neck. — **atkısı** scarf. —**una atmak** /ı, ın/ to put (the blame) on (someone). — **borcu** a binding duty. —**unun borcu** a duty. —**unu burmak** /ın/ to wring (an animal's) neck. —**unu bükmek** 1. to abase oneself. 2. to submit to something. —**u bükük/eğri** 1. destitute. 2. unhappy, sorrowful. — **eğmek** /a/ to submit (to); to humiliate oneself (before). —**una geçirmek** /ı/ to seize, take (something) for one's own. —**unda kalmak** (for an obligation) to remain unfulfilled. —**unu kesmek/vurmak** /ın/ to behead. —**um kıldan ince.** *colloq.* I am ready to accept any decision./I am ready to comply with anything. —**u kopsun!** *colloq.* May he die! — **kökü** the base of the neck. —**una sarılmak** /ın/ to embrace. —**u tutulmak** to have a stiff neck. —**unu uzatmak/vermek** /a/ to surrender (to), submit (to).
boyuna lengthwise, longitudinally.
boyuna incessantly, continually.
boyunbağı, -nı necktie.
boyunca 1. lengthwise. 2. along. 3. throughout, during.
boyunduruk 1. yoke (for an ox, etc.). 2. *wrestling* headlock. 3. *arch.* lintel. 4. framepiece (of a clamp). —**u altına girmek** /ın/ to get oneself into a position of complete subservience to (someone), be at (someone's) beck and call. —**a atmak/almak** /ı/ *wrestling* to put a headlock on (one's opponent). —**a vurmak** /ı/ to make (someone) completely subservient.
boyunlu having a neck, necked.
boyunluk thing worn around the neck.
boyut, -tu dimension.
boz 1. earth-brown; brown; ash-gray; gray. 2. rough, waste, uncultivated (land).
boza boza (beverage made of slightly fermented millet). — **gibi** thick (liquid). — **olmak** *colloq.* to be embarrassed.
bozacı maker or seller of boza.
bozarmak to take on a gray color.
bozayı *zool.* brown bear.
bozca 1. grayish. 2. uncultivated soil.
bozdurmak /ı, a/ 1. to cause or allow (someone) to spoil, ruin, harm, damage, mar, or impair (something). 2. to get (someone) to break, get (someone) to give one change for, get (someone) to change, get (someone) to give one (a specified amount of money) in smaller units. 3. to get (someone) to change, get (someone) to give one (a specified amount of money) in another currency.
bozgun 1. enmity, alienation, breach in relations. 2. rout, defeat. 3. routed, defeated. —**a uğramak** to be routed, be defeated. —**a uğratmak** /ı/ to rout, defeat.
bozguncu defeatist.
bozgunculuk defeatism.
bozgunluk state of confusion and defeat.
bozkır sparsely vegetated plain.
bozlak a folk song.
bozluk grayness, gray color.
bozma 1. spoiling, ruining; harming, damaging; marring; impairing. 2. *pej.* a version of, a person/thing who/which reminds one of (another person/thing); /dan/ (someone/something) who/which is a version of, who/which reminds one of (another person/thing): **medrese bozması bir okul** a school reminiscent of a madrasah. **bu şair bozmaları** these would-be poets. **ambardan bozma bir ev** a barn of a house.
bozmacı wrecker.
bozmadde *anat.* gray matter.
bozmak 1. /ı/ to spoil, ruin; to harm, damage; to mar; to impair. 2. /ı/ to mess up, make a mess of (a place). 3. /ı/ to upset, spoil (plans, a system). 4. /ı/ to upset (one's stomach). 5. /ı/ to change, break (a specified amount of money) into smaller units. 6. /ı/ to change, exchange (a specified amount of money) for another currency. 7. /ı/ *mil.* to defeat (a unit) decisively, rout. 8. /ı/ to embarrass, discomfit, discountenance. 9. /ı/ to violate (an agreement). 10. /ı/ *law* to abrogate; to quash; to overturn. 11. /ı/ to deflower, deprive (a woman) of her virginity. 12. /ı, la/ to have (something) on the brain, be too wrapped up in: **Aklını seksle bozdu.** He's got sex on the brain. 13. /ı/ to complete the harvest in, harvest everything in (a specified place). 14. /ı/ to rip out the seams of (a garment) or to cut up (a garment) so that it can be remade). 15. (for the weather) to turn nasty, get cold, stormy, or snowy.
bozrak grayish, light gray.
bozucu 1. demolisher, spoiler. 2. destructive; demolishing, spoiling. 3. ship-breaker.
bozuk 1. broken; spoiled, gone bad. 2. out of order, out of repair. 3. bad, depraved, corrupt. 4. bad (weather). 5. change, small change. — **çalmak** to be in a bad mood. — **oluşum** malformation. — **para** small change. — **para gibi harcamak** /ı/ to use (someone) in a demeaning way.

bozuk *mus.* a nine-stringed lute.
bozukdüzen disorganized, uncoordinated, muddled, confused.
bozukluk 1. small change. 2. vice. 3. defeat.
bozulmak 1. to be spoiled, ruined, harmed, damaged, marred, or impaired. 2. (for a place) to be messed up. 3. (for plans, a system) to be upset, be spoiled. 4. (for food) to spoil, go bad. 5. /a/ to feel resentful towards, be riled at, be irritated with; to get angry at. 6. to get thin and wan. 7. *mil.* to be decisively defeated, be routed. 8. (for a specified amount of money) to be changed, be broken into smaller units. 9. (for a specified amount of money) to be changed, be exchanged for another currency. 10. to be embarrassed, be discomfited, be discountenanced. 11. (for an agreement) to be violated. 12. *law* to be abrogated, quashed, or overturned. 13. for the harvest in (a specified place) to be completed. 14. (for a garment's seams) to be ripped out or (for a garment) to be cut up (so that it can be remade).
bozum *slang* embarrassment, discomfiture. — **etmek** /ı/ *slang* to embarrass, discomfit. — **havası** *slang* embarrassment, discomfiture. — **havası çalmak** to act embarrassed, seem to be discomfited. — **olmak** *slang* to be embarrassed, be discomfited.
bozuntu 1. a poor excuse for: **şair bozuntusu** a poor excuse for a poet. 2. (someone) who has the air of, who looks like (something undesirable): **casus bozuntusu bir gazeteci** a reporter who has the air of a spy. 3. ruins. **—ya uğramak** to be completely dumbfounded, be stunned. **—ya vermemek** to act as if nothing has happened, not to bat an eyelid.
bozuşma breakup (of a friendship).
bozuşmak to break up, break with one another.
böbrek 1. *anat.* kidney. 2. renal. **— iltihabı/yangısı** *path.* nephritis. **— leğeni** *anat.* renal pelvis. **— yağı** suet.
böbreksel renal.
böbreküstü adrenal. **— bezi** *anat.* adrenal gland.
böbürlenmek to boast, brag, toot one's own horn.
böbürtü boasting, bragging.
böcek 1. bug; insect. 2. louse. 3. lobster; crayfish. **— çıkarmak** to hatch silkworms. **— gibi** small, brunette (child).
böcekbilim entomology.
böcekbilimci entomologist.
böcekçil insectivorous.
böcekhane cocoonery, building where silkworms are raised.
böceklenmek to become infested with bugs.
böcekli bug-infested, buggy.
böceklik cocoonery, building for raising silkworms.
böceksiz free of bugs, free of insects.
böcü ogre, bogy, bugbear.
böcü 1. maggot, worm. 2. insect.
böcül böcül rolling one's eyes.
böğür, -ğrü side, flank.
böğürmek to bellow, low.
böğürtlen 1. *bot.* blackberry, *Brit.* bramble, brambleberry. 2. blackberry, *Brit.* brambleberry (the fruit). 3. *slang* vomit.
böğürtlenlik blackberry patch, *Brit.* bramble patch.
böğürtmek /ı/ to make (an animal) bellow.
böğürtü bellow, roar.
böldürmek /ı/ to have (something) divided.
bölen *math.* divisor.
bölge region, zone. **— komutanı** *mil.* section commander. **— valiliği** regional governorship.
bölgeci regionalist.
bölgecilik regionalism, favoring a region.
bölgesel regional. **— uyuşturum** regional anesthesia.
bölgesellik regionalism, partisanship in favor of a region.
bölme 1. division. 2. partition, dividing wall; room divider. 3. compartment. 4. *naut.* bulkhead. 5. divided, partitioned, separated.
bölmek 1. /ı, a/ to divide (something) into (portions). 2. /ı/ to separate. 3. /ı/ to break (something) apart.
bölmeli partitioned.
bölü *math.* divided by.
bölücü 1. dividing, that divides. 2. divider. 3. intriguer, plotter, disrupter. 4. divisive.
bölücülük divisiveness, divisive behavior.
bölük 1. *mil.* company. 2. part, division, subdivision. 3. compartment. 4. group, body (of men). 5. *math.* place, position (in powers of 1000). 6. one of two braids of hair. **— başı** leader of a group of porters (i.e. men who carry loads on their backs). **— bölük** in separate parts, in groups. **— komutanı** *mil.* captain. **— pörçük** in bits.
bölüm 1. portion, slice, part, division, chapter, section. 2. quotient. **— bölüm** a little at a time.
bölümleme classification, dividing things into classes.
bölümlemek /ı/ to classify, divide (things) into classes.
bölümlenmek to be classified.
bölümsel partial.
bölünebilme *math.* divisibility.
bölünen *math.* dividend.
bölünme division, separation into parts.
bölünmek 1. *math.* to be divided. 2. to be divided, be partitioned. 3. to be separated.
bölünmez indivisible.

bölüntü part, section.
bölüşmek /ı/ (for people) to share (something), divide (something) up among themselves.
bölüştürme division, distribution.
bölüştürmek /ı, a/ to have or let (someone) divide (something); /ı/ to have (something) divided; /ı/ to let (something) be divided.
bölüşüm dividing, distribution.
bön stupidly naïve. — **bön bakmak** to stare with stupid naïveté.
bönleşmek to become foolish.
bönlük stupid naïveté.
börek flaky pastry filled with thin layers of a food (usually cheese or cooked ground beef).
börekçi maker or seller of **börek**.
börekçilik making or selling **börek**.
böreklik suitable for making **börek**.
börtmek /ı/ to cook (something) lightly.
börttürmek /ı/ to have (something) cooked lightly.
börtü böcek bugs, insects.
börtük cooked lightly.
börtülmek to be cooked lightly.
börülce black-eyed pea, blackeye pea, blackeye, cowpea.
böyle so, thus, in this way; such. — **böyle 1.** in this way *(often used to avoid repeating reported speech).* **2.** by and by, gradually. — **gelmiş, böyle gider.** *colloq.* It's always been this way and it always will be. — **iken** anyhow, even though. — **olunca** since this is the way it is, therefore, so.
böylece 1. exactly like this. **2.** in this way, in this manner.
böyleleri, -ni such people, their like; things like this.
böylelikle in this way.
böylesi, -ni 1. such a person, a person like this; his/her/its like, one such as this; such a thing: **Böylesini hiç görmemiştim.** I've never seen its like. **Seninle birlikte gideriz. Böylesi daha iyi olur, değil mi?** We'll go together. That'll be better, won't it? **2.** *colloq.* such: **Böylesi kadınlar evden başörtüsüz çıkmaz.** Women like this don't leave the house with their heads uncovered.
böylesine as ... as this, such a, such.
branda sailor's hammock. — **bezi** canvas.
branş branch (of study, of a science).
bravo Bravo!/Well done!
Brezilya 1. Brazil. **2.** Brazilian, of Brazil.
Brezilyalı 1. (a) Brazilian. **2.** Brazilian (person).
brıçka buggy, lightweight carriage.
briç, -çi *playing cards* bridge.
brifing, -gi briefing.
brik, -ki *naut.* brig, two-masted ship.
brik, -ki a horse carriage.
briket, -ti briquette, briquet.

Britanya 1. Britain. **2.** British, of Britain. — **Adaları** the British Isles.
briyantin brilliantine.
briyantinli brilliantined, greased (hair).
brizbiz café curtain, brise-bise.
brokar brocade.
brom *chem.* bromine.
bronş *anat.* bronchus.
bronşçuk *anat.* bronchiole.
bronşit, -ti *path.* bronchitis.
bronşiyal *anat.* bronchial. — **astım** *path.* bronchial asthma.
bronz bronze.
broş brooch.
broşür pamphlet, brochure.
brovnik *see* **brovning**.
brovning, -gi Browning (gun).
bröve pilot's license.
Brunei 1. Brunei. **2.** Bruneian, of Brunei.
Bruneili 1. (a) Bruneian. **2.** Bruneian (person).
brüksellahanası, -nı Brussels sprouts.
brülör burner, combustion unit (for liquid and gaseous fuels).
brüt, -tü gross (weight, total, salary).
Bşk. 1. (*abbr. for* **Başkan**) president; chairperson. **2.** (*abbr. for* **Başkanlık**) office of the president.
bu, -nu this. **—na** to this. **—ndan** from this. **—nlar** these. **—nun** of this. **— anda** at present. **— arada 1.** meanwhile. **2.** among other things. **— bakımdan** in this respect; from this point of view. **—ndan başka** besides; moreover. **—na binaen** so, hence, for this reason. **—nda bir iş var.** *colloq.* There is more to this than meets the eye. **—nunla birlikte/beraber** nevertheless, however, yet. **—ndan böyle** from now on, henceforth. **—nun burası** *colloq.* here, this spot. **— cihetle/cihetten** in this respect; from this point of view. **— cümleden** as an instance of this. **— da geçer yahu.** This too will pass; nothing is permanent. **— defa** this time; and now. **—na değdi idi, buna değmedi idi diyerek** But on second thought I decided that some of them might do. **—ndan dolayı/ötürü** for this reason, because of this, therefore. — **fakir** this poor man, your humble servant. **—na gelince** as for this. **— gibi** such, of this kind, like this. **— gözle** from this point of view. **— günlerde/yakınlarda 1.** recently. **2.** in the near future. **—nun için** because of this, for this reason, therefore. **— işte bir hikmet var.** There must be a vital reason for it. **— itibarla** so, therefore, consequently. **—ndan iyisi can sağlığı.** *colloq.* This is the best; nothing could surpass it. **— kabilden** of this sort. **— kadar 1.** this much. **2.** *(after a number)* and a little more. **— merkezde 1.** in this sense, to this effect. **2.** more or less like this. **—na mu-**

kabil on the other hand. — **münasebetle** in this connection. — **ne perhiz, bu ne lahana turşusu!** *colloq.* What a contrast!/How inconsistent! — **sevdadan vazgeç.** *colloq.* You'd better give it up. — **sıcağa kar mı dayanır?** *colloq.* What could you expect in this mess? —**ndan sonra** 1. after this. 2. henceforth, from now on. — **takdirde** so, therefore, in this case. —**nun üzerine** then, so. (...**dan**) — **yana** since. — **yüzden** for this reason, because of this, therefore.
buat, -tı *elec.* junction box.
bubi tuzağı, -nı *mil.* booby trap.
bucak 1. corner, nook. 2. subdistrict. — **bucak aramak** /ı/ to look for (someone/something) in every nook and corner. — **bucak kaçmak** /dan/ to run away, escape and hide (from).
buçuk and a half.
buçuklu having halves or fractions.
Buda Buddha.
budak 1. knot (in timber). 2. branch. — **deliği/gözü** knothole. — **özü** young shoot.
budaklanmak 1. to become knotty. 2. to send out shoots.
budala 1. foolish. 2. imbecile; fool. 3. crazy (about). — **yerine koymak** /ı/ *colloq.* to take (someone) for a fool.
budalaca 1. stupidly. 2. stupidly done, stupid.
budalalaşmak to become foolish, become imbecilic.
budalalık foolishness, stupidity. — **etmek** to behave foolishly.
budama pruning, trimming; lopping. — **makası** pruning shears, *Brit.* secateurs.
budamak /ı/ to prune, trim; to lop off.
budanmak to be pruned.
budatmak /ı, a/ to have (something) pruned.
budayıcı pruner of trees, tree pruner, tree trimmer (a person).
Budist, -ti 1. (a) Buddhist. 2. Buddhist, pertaining to Buddhism or Buddhists.
Budizm Buddhism.
budun people, nation.
budunbetim ethnography.
budunbetimci ethnographer.
budunbetimsel ethnographic, ethnographical.
budunbilim ethnology.
budunbilimci ethnologist.
budunbilimsel ethnologic, ethnological.
budunsal ethnic.
bugün today. —**lerde** in these days. — **bana (ise) yarın (da) sana.** *proverb* What has happened to me, may happen to you. —**e bugün** unquestionably, sure enough *(used in emphatic speech).* —**den tezi yok** right away. — **yarın** at any time, soon. —**den yarına** 1. for future generations. 2. within a short time.
bugünkü of today, today's, for today. — **günde** under present conditions. —/**akşamın işini yarına/sabaha bırakma/koyma.** *proverb* Don't leave today's work for tomorrow.
bugünlük for today. — **yarınlık** coming soon.
buğday 1. wheat. 2. (weight) grain (72 to a miskal). — **benizli** dark-skinned. — **rengi** darkish (skin).
buğu 1. vapor, steam, fog. 2. condensation, condensed vapor. — **bağlamak** (for a windowpane) to get fogged up, be steamed up. —**da pişirmek** /ı/ to stew (something) in a covered pot.
buğuevi, -ni fumigation station.
buğulama 1. steaming. 2. stewing (something) in a covered pot. 3. stewed in a covered pot.
buğulamak /ı/ 1. to stew (something) in a covered pot. 2. to steam. 3. to make (something) get covered with condensation.
buğulandırmak /ı/ to make (something) get covered with condensation.
buğulanmak to become steamed up, become misted over.
buğulaşma 1. evaporation. 2. condensation.
buğulaşmak 1. to evaporate, vaporize, turn into steam. 2. to condense, undergo condensation.
buğulaştırıcı 1. vaporizer. 2. expansion pipe.
buğulu 1. fogged, steamed up. 2. covered with condensation.
buhar steam, vapor. — **kazanı** boiler. — **makinesi** steam engine.
buharlama treating (cloth, lumber) with steam.
buharlaşma evaporation.
buharlaşmak to evaporate, vaporize.
buharlaştırmak /ı/ to vaporize.
buharlı steamy, vaporous. — **ısıtma** steam heating.
buhran crisis. — **geçirmek** 1. to go through a crisis. 2. to have a fit of nerves.
buhranlı marked by crises, stressful.
buhur incense.
buhurdan, buhurdanlık censer.
buhurlamak /ı/ to cense.
buhurlu smelling of incense.
buhurluk censer.
buhurumeryem *bot.* cyclamen.
buji spark plug.
bukağı fetter; hobble. — **vurmak** /a/ to fetter.
bukağılamak /ı/ to fetter.
bukağılı furnished with a fetter, fettered.
bukalemun 1. chameleon. 2. *colloq.* fickle person, chameleon.
buket, -ti bunch of flowers, bouquet.
bukle curl, lock (of hair).
buklet, -ti 1. bouclé, bouclé yarn. 2. (garment or fabric) knitted or woven of bouclé yarns.
Bul. *(abbr. for* **Bulvar, Bulvarı)** Blvd. (Boulevard).
bulama a semi-solid molasses of boiled juice of grapes.

bulamaç a thick soup made with flour, butter, and sugar.
bulamak /ı, a/ to roll (something) in, dredge (something) in (flour); to besmear, bedaub (with); to smear (on).
bulandırılmak 1. to be made turbid, be muddied; to be soiled. 2. to be upset, be disturbed.
bulandırmak /ı/ 1. to make (a liquid) turbid, muddy, cloud; to soil. 2. to upset, disturb.
bulanık turbid, muddy, cloudy, not clear. — **suda balık avlamak** *colloq.* to fish in muddy waters.
bulanıklık turbidity, muddiness, cloudiness.
bulanmak 1. to become turbid, muddy, cloudy, or soiled. 2. /a/ to get covered with or in: **Ayakkabılarım çamura bulandı.** My shoes've gotten muddy. 3. (for the weather) to get cloudy. 4. (for one's stomach) to get upset. 5. (for one's thoughts) to be upset, be disturbed, become confused.
bulantı nausea. — **vermek** /a/ to nauseate.
bulaşıcı contagious, infectious. — **hastalık** contagious disease.
bulaşık 1. dirty dishes. 2. smeared, bedaubed, soiled; tainted. 3. disreputable, suspect, shady, unlawful, improper. 4. clinging, annoying, pestiferous. — **bezi** dishcloth, dishrag. — **deniz** mined waters. — **gemi** ship with a bad bill of health. — **iş** something unlawful, shady piece of business. — **makinesi** dishwasher (machine). — **patenti** foul bill of health. — **suyu** dishwater. — **suyu gibi** (tasting or looking) like dishwater.
bulaşıkçı dishwasher (person).
bulaşıkçılık dish washing.
bulaşıkhane scullery.
bulaşıklık dish drainer, drainer.
bulaşılmak /a/ *impersonal passive* to get mixed up in (unwillingly or by chance).
bulaşkan 1. sticky, adhesive. 2. contentious, combative.
bulaşkanlık 1. stickiness. 2. contentiousness.
bulaşma 1. infection. 2. *ling.* contamination.
bulaşmak /a/ 1. (for something messy) to get on or soil: **Ellerime çamur bulaştı.** My hands've gotten muddy. **Sakalıma reçel bulaştı.** I've got jam in my beard. 2. (for a disease) to infect (someone). 3. to get mixed up in (something unpleasant). 4. to pester.
bulaştırmak 1. /ı, a/ to get (something messy) on. 2. /ı, a/ to infect (someone) with (a disease); /ı/ to spread (a disease). 3. /ı, a/ to get (someone) mixed up in (something unpleasant).
buldok bulldog.
buldozer bulldozer.
buldumcuk olmak to go wild with joy on finding something one has greatly desired.
buldurmak /ı, a/ to help (someone) find (something).
Bulgar 1. (a) Bulgarian. 2. Bulgarian, pertaining to the Bulgarians or their language.
Bulgarca 1. Bulgarian, the Bulgarian language. 2. (speaking, writing) in Bulgarian, Bulgarian. 3. Bulgarian (speech, writing); spoken in Bulgarian; written in Bulgarian.
bulgari *mus.* a small guitar.
Bulgaristan 1. Bulgaria. 2. Bulgarian, of Bulgaria.
bulgu 1. discovery, finding. 2. invention. 3. *med.* diagnosis.
bulgulama discovering.
bulgulamak /ı/ to discover.
bulgur 1. bulgur, boiled and pounded wheat. 2. snow in small, hard grains. — **pilavı** dish of boiled pounded wheat.
bulgurluk (wheat) suitable for boiling and pounding to make **bulgur**.
bulgusal heuristic.
bulma 1. (act of) finding or discovering. 2. inventing, invention.
bulmaca crossword puzzle.
bulmak, -ur 1. /ı/ to find. 2. /ı/ to discover. 3. /ı/ to invent. 4. /ı/ to reach (a place, a time). 5. /ı/ to amount to (a sum). 6. /ı/ to find and choose. 7. /ı/ to experience, arrive at. 8. /a/ to accuse (someone) of, impugn (someone) with. 9. /ı/ to reach, achieve (an end, health, success). 10. to be punished, receive one's just deserts. 11. /ı/ to recall, be able to remember. **bulup buluşturmak** /ı/ to find (something) somehow. **buldukça bunamak** never to be satisfied with what one gets, always to wish for more.
bulucu 1. that finds, capable of finding. 2. discoverer. 3. (radio) detector.
buluculuk discovering.
buluğ puberty. **—a ermek** to reach puberty.
bulunç conscience.
bulundurmak /ı/ 1. to have or keep (something) available, at hand, or in stock: **Cebinde her zaman kitap bulundurur.** He always has a book in his pocket. 2. to keep, maintain (someone) in (a specified place): **O mafya babası yanında sürekli iki goril bulunduruyor.** That mafia chief always keeps two goons at his side.
bulunmak 1. to be found: **Kaybettiğin para bulundu.** The money you lost has been found. 2. /da/ to be present, be: **Şimdi Ankara'da bulunuyor.** She's in Ankara now. 3. /a/ *used with a verbal noun:* **Ona bir ricada bulundum.** I made a request of him. **Onlara bir teklifte bulundum.** I made a proposal to them.
bulunmaz unobtainable, not to be found; rare, choice. — **Hint/Bursa kumaşı** *colloq.* very rare person or thing, rara avis, rarity.

buluntu 1. a rare find. 2. *archaeol.* find. 3. foundling.
buluş 1. invention; discovery. 2. original thought.
buluşbelgesi, -ni patent.
buluşma meeting. **— yeri** meeting place.
buluşmak to meet, come together.
buluşturmak /ı/ to get (people) together.
buluşulmak *impersonal passive* to meet together.
bulut, -tu 1. cloud. 2. *slang* dead drunk. **— gibi** *slang* dead drunk. **—tan nem kapmak** *colloq.* to be very touchy or suspicious.
bulutlanmak to get cloudy.
bulutlu 1. cloudy. 2. turbid, opaque.
bulutsu *astr.* nebula.
bulvar boulevard.
bumbar 1. large gut for sausages. 2. sausage made of rice and meat stuffed in a large gut. 3. weatherstripping.
bumburuş, bumburuşuk very creased, wrinkled all over.
bumerang, -gı boomerang.
bunak 1. senile. 2. dotard.
bunaklık dotage.
bunalım 1. state of depression or despair. 2. crisis. **—a düşmek** to become (mentally) depressed. **— geçirmek** to be in a depression, be (mentally) depressed.
bunalmak 1. /dan/ to be distressed (by smoke, trouble, talk). 2. to be bored, be depressed.
bunaltı 1. discomfort, distress. 2. anxiety.
bunaltıcı depressing, suffocating (weather, heat, person).
bunaltılmak to be depressed, be distressed.
bunaltmak /ı/ to depress, distress.
bunama dotage, second childhood.
bunamak to become senile, reach one's dotage.
bunamış 1. dotard. 2. in one's dotage.
bunca this much, so much. **— zaman** for such a long time.
buncağız this poor little thing.
bungalov bungalow.
bura this place, this spot. **—da** here. **—dan** from here, hence. **—ları** these places. **—dayım diye bağırmak** *colloq.* to be in plain sight.
buracık this small place.
buralı native of this place.
buram buram 1. (smoke's emerging) in great clouds or puffs. 2. (something's smelling) rankly. 3. (snow's falling) in great whirls, in great whirling clouds. 4. (sweating) profusely, buckets. 5. (feeling or perceiving something) greatly, very much: **O adamın Avrupalılığını buram buram duyarsın.** You can really tell that guy's a European.
burası, -nı this place.
buraya here, hither.
burcu scent. **— burcu** fragrantly, smelling sweetly.
burç 1. tower; bastion. 2. *astr.* a zodiacal constellation. 3. *astrology* sign of the zodiac. **—lar kuşağı** *astr.* zodiac.
burçak *bot.* vetch.
burdurmak /ı, a/ 1. to have (something) twisted or wrung. 2. to have (a person, an animal) castrated by strangulation of the neck of the scrotum.
burgaç 1. whirlpool. 2. twisted, bent.
burgu 1. auger, gimlet. 2. corkscrew. 3. screw. 4. peg (to tighten a string on a stringed instrument).
burgulamak /ı/ to bore (something) with a gimlet, gimlet.
burgulanmak to be bored with a gimlet, be gimleted.
burgulu 1. furnished with a screw, gimlet, or borer. 2. threaded. 3. screwed.
burjuva bourgeois.
burjuvalık bourgeois character, bourgeois nature (of someone/something).
burjuvazi bourgeoisie.
Burkina Faso 1. Burkina Faso. 2. Burkinese, Burkinian, of Burkina Faso.
Burkina Fasolu 1. (a) Burkinian, (a) Burkinese. 2. Burkinian, Burkinese (person).
burkmak 1. /ı/ to twist (a joint); to sprain (a joint). 2. to be sprained.
burkulma sprain.
burkulmak 1. to be twisted; to be sprained. 2. to be unhappy about something.
burkulmuş sprained.
burma 1. twisting; wringing. 2. castration. 3. griping. 4. giving an acrid taste to one's mouth. 5. twisted, convoluted. 6. a pastry with pistachios and syrup. **— sarık** turban with thick coils.
burmak /ı/ 1. to twist, screw; to wring. 2. to castrate by strangulation of the neck of the scrotum. 3. to have sharp intestinal pains. 4. to give (one's mouth) an acrid taste.
burmalı 1. having a spiral. 2. furnished with a screw thread.
burnaz (someone) who has a big hooked nose.
burs a scholarship, study grant.
bursiyer holder of a scholarship, scholarship holder.
buruk 1. astringent, puckery. 2. twisted, sprained. 3. oversensitive (person). 4. lumber with twisted patterns in its grain.
burukluk 1. astringency, puckeriness. 2. being upset, resentment.
burulma 1. twist. 2. sharp stomach pains. 3. sulkiness, crossness.
burulmak 1. to twist around, writhe. 2. to cramp, give intestinal pain. 3. /a/ to get cross (over).

burum 1. twist, contortion. 2. cramp, sharp intestinal pain. — **burum** sharply, with cramps.
burun, -rnu 1. nose. 2. beak, bill. 3. tip, pointed end. 4. headland, cape, point. 5. pride, arrogance. 6. nasal. — **boşluğu** *anat.* nasal cavity. — **burmak /a/** to curl one's nostrils in disdain, turn one's nose up (at). — **buruna** close together, very close. — **buruna gelmek /la/** to run into, almost to collide with. — **bükmek /a/** to turn one's nose up (at). —**u büyük** arrogant, conceited. —**u büyümek** to become conceited. —**unu çekmek** 1. to sniff. 2. *colloq.* not to get anything. — **deliği** nostril. —**unun dibinde** under one's very nose, very close. —**unun dikine/doğrusuna gitmek** to do what one feels to be best without asking for advice. — **direği** *anat.* nasal septum. —**unun direği kırılmak** to feel suffocated by a bad smell. —**unun direği sızlamak** 1. to be in a lot of pain. 2. to be sorry for someone. —**u düşmek** to be suffocated by a bad smell. —**undan düşen bin parça olmak** to look very disgruntled, wear a very sour face. —**undan (fitil fitil) gelmek** to suffer so much after gaining something good that one regrets ever having gained it. —**undan getirmek /ı, ın/** to make (someone) regret (having done something). —**una girmek /ın/** to come too close (to a person). —**u havada** conceited, stuck-up. —**u Kaf dağında** very conceited. —**u kanamadan** without being hurt, without the slightest scratch. —**u kanamak** to have a nosebleed. — **kanaması** nosebleed, epistaxis. — **kemiği** *anat.* nasal bone, os nasale. —**undan kıl aldırmamak** to be very conceited and unapproachable. —**unu kırmak /ın/** to humiliate. — **kıvırmak /a/** to turn one's nose up (at), sniff (at). — **nezlesi** rhinitis. — **perdesi** *anat.* nasal septum. —**unu sıksan canı çıkar.** *colloq.* He's nothing but a puny runt. —**unu silmek** to wipe one's nose. —**unu sokmak /a/** to poke one's nose into (something). —**undan solumak** to be enraged, get angry. —**unu sürtmek** to back down and accept what one has scorned. —**u sürtülmek/**—**unu yere sürtmek** to learn one's lesson through a humiliating experience. — **şişirmek** to swell with pride. —**unda tütmek** to long for, crave for. —**unun ucunda** under one's nose, very close. —**unun ucunu görmemek** to be dead drunk. —**unun ucundan ilerisini görmemek** to be unable to see further than one's nose. —**undan yakalanmak** to be well and truly caught. — **yapmak** to stick one's nose up in the air, be arrogant. —**unun yeli harman savurmak** 1. to be very conceited. 2. to be in a towering rage, be breathing fire. — **zarı** *anat.* nasal mucous membrane, nasal mucosa.

Burundi 1. Burundi. 2. Burundian, of Burundi.
Burundili 1. (a) Burundian. 2. Burundian (person).
burunduruk blacksmith's barnacles.
burunlu 1. (someone/an animal) who/which has a nose (of a specified shape). 2. (something) which has a point, tip, or end (of a specified shape). 3. conceited, arrogant.
burunotu, -nu snuff.
burunsak, burunsalık 1. a muzzle to prevent a calf from suckling. 2. muzzle (for an animal).
buruntu spasm of the colon.
buruş pucker, wrinkle; crumple, corrugation. — **buruş olmak** to be badly wrinkled.
buruşmak 1. to become puckered, wrinkled, crumpled, or ruffled. 2. to get a sour taste (in one's mouth).
buruşturmak /ı/ to pucker, wrinkle, crumple, ruffle, contort.
buruşuk puckered, wrinkled, crumpled, ruffled.
buruşukluk pucker, wrinkle, crease.
buse kiss.
but 1. thigh. 2. rump. 3. leg (of meat).
Butan 1. Bhutan. 2. Bhutanese, of Bhutan.
Butanlı 1. (a) Bhutanese. 2. Bhutanese (person).
butik boutique, small retail store.
butikçi owner of a boutique.
butlan invalidity, nullity, voidness.
buut dimension.
buutlu dimensional.
buyruk command, decree. — **u altına girmek /ın/** to be put under the command (of).
buyrulmak to be ordered, be decreed.
buyrultu 1. firman, imperial edict. 2. command.
buyur *used in:* — **etmek /ı, a/** 1. to invite (someone) into (one's home, a room, etc.). 2. to invite (someone) to (a table spread with food).
buyurgan dictator, tyrant.
buyurganlık dictatorship, tyranny.
buyurma 1. ordering, decreeing. 2. honoring somebody with one's presence.
buyurmak 1. **/a, ı/** to command (someone) to (do something), order (someone) to (do something). 2. /ı/ to require one to, entail. 3. /ı/ to say *(used either jocularly or in very polite speech).* 4. /a/ to go into; to come into *(used in very polite speech).* 5. /ı/ to take; to have *(used in very polite speech):* **Çayınızı buyurunuz!** Here is your tea. **Meyve buyurmaz mısınız?** Won't you have some fruit? 6. *used instead of* **etmek** *in compound verbs in very formal speech:* **Cumhurbaşkanı beni kabul buyurdular.** The president received me. **Buyur?** Would you mind repeating that?/I beg your pardon? **Buyurun./Buyurunuz.** 1. Please come in! 2. Please sit down! 3. Please help yourself!/Please have some! **Buyurun cenaze namazına!** We've had it! *(said when faced with*

an unexpected and unpleasant situation).
buyuru command.
buyurucu commander.
buz 1. ice. 2. very cold. **—lar çözülmek** to have the social atmosphere warm up. **— gibi** 1. icy, very cold. 2. *colloq.* in very good condition, clean and fresh, fat and firm (meat). 3. *colloq.* regular, good and proper. **— gibi soğumak** /dan/ to lose one's affection completely (for). **— kesilmek** 1. to freeze, be frozen. 2. to be stunned. **— kesmek** to freeze, feel very cold. **— parçası** ice block. **— tabakası** sheet of ice. **— tutmak/bağlamak** to freeze, be covered with ice. **— üstüne yazı yazmak** to waste one's time trying something impossible.
buzağı 1. unweaned calf. 2. fawn.
buzağılamak to calve.
buzcu an ice dealer, iceman.
buzçözer defroster.
buzdağı, -nı iceberg.
buzdolabı, -nı refrigerator, icebox.
buzhane 1. ice house; ice factory. 2. cold storage plant.
buzkıran icebreaker.
buzla (polar) ice field.
buzlanmak to get icy, be covered with ice; to be frosted up, be frosted over.
buzlu 1. iced; mixed with ice. 2. frosted, icy. 3. translucent, frosted (glass).
buzlucam milk glass, frosted glass.
buzluk 1. freezing compartment. 2. ice cube tray. 3. cooler, ice chest.
buzuki *mus.* bouzouki.
buzul glacier. **— devri** *geol.* glacial period, ice age. **— kaynağı** glacial spring.
buzulkar névé, firn.
buzullaşma glaciation.
buzullaşmak to glaciate.
bücür short (of stature), squat.
bücürleşmek to get short (in stature).
bücürlük shortness (of stature).
büfe 1. sideboard, buffet; china cabinet. 2. table laid with food and drinks where guests may serve themselves. 3. stand or counter where drinks, food, and sundries are sold.
büfeci operator of a stand or counter where drinks, food, and sundries are sold.
büfecilik operation of a stand or counter where drinks, food, and sundries are sold.
büğemek /ı/ to dam (an irrigation canal).
büğet, -ti *prov.* weir, dam.
büğlü *mus.* saxhorn.
büklüm 1. coil, twist; curl. 2. fold. 3. *anat.* plica. **— büklüm** in curls, curly.
bükme 1. bent, crooked; folded; twisted; twined, spun. 2. twisted thread. 3. crepe. 4. flexion.
bükmek /ı/ 1. to bend. 2. to twist, curl, contort. 3. to fold. 4. to spin; to twine.
bükük bent; twisted.
bükülgen 1. easily bent. 2. *ling.* inflected by internal change.
bükülme distortion; being bent.
bükülmek 1. to be bent. 2. to be twisted. 3. to be rolled up. 4. to be folded.
bükülü bent, crooked; twisted, curled; spun.
büküm twist, twine, curl, torsion, bend, fold.
bükün *ling.* inflection by internal change.
bükünlü *ling.* inflectional (language).
bükünmek to writhe (with pain).
büküntü 1. bend, fold, twist. 2. intestinal spasm. 3. hairpin turn.
bülbül 1. nightingale. 2. any singing bird of the warbler or oriole family. **— çanağı gibi** tiny (bowl). **— gibi** (talking) fluently, in an unrestrained way. **— gibi konuşmak** to speak fluently. **— gibi söylemek** to tell all, give it all away, spill the beans. **— gibi şakımak** to speak in pleasant, happy tones. **— kesilmek** to give in and tell one's secrets, confess; to spill the beans.
bülbülyuvası, -nı a sweet pastry somewhat like baklava.
bülten 1. brief report (issued by a private or official agency). 2. journal (issued by an academic or government institution), bulletin.
bünye 1. structure. 2. bodily constitution.
bürgü 1. head scarf; veil; woman's cloak. 2. light curtain.
büro 1. office. 2. agency; bureau.
bürokrasi bureaucracy; red tape.
bürokrat, -tı bureaucrat.
bürokratik bureaucratic.
bürülü /a/ 1. wrapped up in, folded up in. 2. enveloped in.
bürüm 1. roll, fold. 2. involucre.
bürümcük a crepe made of raw silk.
bürümek /ı/ 1. to cover up, fill (a place); to spread over, take over (a place). 2. to wrap, enfold.
bürün *mus.* prosody.
bürünmek 1. /ı/ to wrap (something) around oneself. 2. /a/ to wrap oneself up (in). 3. /a/ (for a place) to be filled with (smoke). 4. /a/ to play the role of.
bürünsel prosodic, prosodical, prosodiac, prosodiacal.
büsbütün altogether, wholly, completely.
büst, -tü bust, a portrait sculpture.
bütan *chem.* butane.
bütçe budget. **— açığı** budget deficit. **— müzakeresi** budget debate. **— yılı** budget year.
bütün 1. whole, entire, total, complete. 2. unbroken, undivided. 3. *(before plural form)* all. 4. large (bill, money). 5. (a) whole, (a) totality. 6. total, sum. **— bütün** totally, alto-

bütüncül

gether. — **bütüne** completely, altogether.
bütüncül totalitarian (government, regime).
bütüncüllük totalitarianism.
bütünleme 1. completion. 2. makeup examination. **—ye kalmak** to fail a course but have the right to a makeup examination. **— sınavı** makeup examination.
bütünlemek /ı/ 1. to complete; to make complete. 2. to convert (coins) into bills.
bütünlemeli (student) who has to take a makeup examination.
bütünlenmek to be completed.
bütünler complementary, complemental; supplementary, supplemental. **— açı** *geom.* supplementary angle.
bütünleşmek to become a united whole.
bütünlük wholeness, entireness, completeness, integrity.
bütünsel integral; total.
bütünsellik integrality.
büve, büvelek *zool.* gadfly.
büyü magic, spell, incantation, sorcery, charm. **— bozmak** to break a spell. **— yapmak** /a/ to cast a spell (on).
büyücek somewhat large.
büyücü magician, sorcerer; witch.
büyücülük magic, sorcery; witchcraft.
büyük 1. big, large. 2. old; older, senior. 3. one's senior, older person; person whose rank or qualities command respect. 4. important; grand, chief, major. 5. great, grand, exalted. **—ler** 1. the great. 2. adults. **— aptes** 1. (human) feces. 2. the need to defecate. **— aptesi gelmek** to need to defecate, need to do a BM. **— atardamar** *anat.* aorta. **— balık küçük balığı yutar.** *proverb* A big fish swallows a little fish. **—le büyük, küçükle küçük olmak** to treat people, young and old, according to their age and interests. **—ten büyüğe** *law* by primogeniture. **— defter** *fin.* ledger. **— görmek/bilmek/tutmak** /ı/ to esteem highly. **— hanım** the older or oldest lady of the house. **— harf** capital letter, capital, majuscule. **— ikramiye** first prize (in a lottery). **— kalori** large calorie. **— kasa** central pay office. **— laf etmek** to talk big. **— lokma ye, büyük söz söyleme.** *proverb* Eat a big mouthful, but don't make big promises. **B— Millet Meclisi** the Grand National Assembly (of Turkey). **— oynamak** gambling to play for high stakes. **— ölçüde** 1. on a large scale. 2. in large measure, to a great degree. **— önerme** *log.* major premise. **— para** a lot of money. **— (söz) söylemek** to talk big, boast. **— söz big talk. — sözüme tövbe!** I hate to talk big, but .... **— terim** *log.* major term. **— ünlü uyumu** *ling.* two-form vowel harmony. **— yemin** solemn oath, binding oath.
büyükamiral, -li *navy* full admiral; (in England) the Admiral of the Fleet, the First Sea Lord.
büyükana *prov., see* **büyükanne.**
büyükanne grandmother.
Büyükayı *astr.* the Big Dipper, Ursa Major.
büyükbaba grandfather.
büyükbaş cattle (cows, oxen, water buffaloes).
Büyük Britanya Great Britain.
büyükçe 1. rather large, a little big. 2. rather important.
büyükelçi ambassador.
büyükelçilik embassy.
büyükhindistancevizi, -ni 1. coconut (fruit). 2. *bot.* coconut palm.
büyüklenme haughtiness, arrogance.
büyüklenmek to become haughty or arrogant.
büyüklük 1. bigness, largeness. 2. greatness. 3. importance, gravity. 4. size. 5. seniority. **— göstermek** to show generosity, act nobly. **— hastalığı** megalomania. **— taslamak** to put on airs.
büyüklü küçüklü 1. (everybody) young and old. 2. small and large.
Büyük Okyanus the Pacific Ocean.
büyükseme overestimation, overvaluation.
büyüksemek /ı/ to overrate, overestimate, overvalue.
büyüksü (child) who acts with maturity.
büyüleme 1. bewitchment, bewitching. 2. charming, fascination, enchantment.
büyülemek /ı/ 1. to bewitch. 2. to charm, fascinate, enchant.
büyülenme 1. bewitchment, being bewitched. 2. being charmed, fascination, being enchanted.
büyülenmek 1. to be bewitched. 2. to be charmed, be fascinated, be enchanted.
büyüleyici fascinating, charming, enchanting, bewitching.
büyülteç *phot.* enlarger.
büyültme 1. enlargement, making (something) large. 2. *phot.* enlargement, blowup.
büyültmek /ı/ 1. to make (something) bigger or larger. 2. *phot.* to enlarge. 3. to exaggerate.
büyülü 1. enchanted, spellbound. 2. (something) possessing magical powers.
büyüme growing up, development.
büyümek 1. to grow. 2. to grow up. 3. to become large. 4. to become more important. 5. to increase; to get more intense; to expand. **büyümüş de küçülmüş** (a child) who is very wise and mature for his age.
büyümseme *see* **büyükseme.**
büyümsemek /ı/ *see* **büyüksemek.**
büyüsel magic, magical.
büyüteç magnifying glass.
büyütme 1. enlargement, making (something) large. 2. *phot.* enlargement, blowup. 3. foster child; girl brought up as a servant. 4. exaggeration.

büyütmek /ı/ 1. to enlarge, make bigger. 2. to magnify. 3. to exaggerate. 4. to bring up (a child).
büz (clay or cement) pipe; tile.
büzdürmek 1. /ı/ to gather, draw together. 2. /a, ı/ to make (someone) constrict (something).
büzgen *anat.* sphincter.
büzgü smocking, shirr; gather.
büzgülü smocked, shirred; full and gathered (garment).
büzme 1. gathering, drawing together. 2. constricting, constriction. 3. (bag) drawn together with a string.
büzmek /ı/ 1. to gather, draw together; to pucker. 2. to constrict.
büzük 1. contracted, constricted, puckered. 2. *vulg.* anus. 3. *slang* courage.
büzüktaş *slang* buddy, pal.
büzülmek 1. to be gathered, be drawn together; to be puckered. 2. to be constricted. 3. to shrink, shrivel up. 4. to crouch, cower, draw one's body together. **büzülüp kalmak** to shrink into one's shoes.
büzüşmek to pucker.
büzüşük puckered.

C

C the letter C.
c. (*abbr. for* **cilt**) vol. (volume).
caba 1. free, for nothing. 2. and what's more.
cabadan free, gratis.
cacık a kind of cold soup made of yogurt, garlic, and chopped cucumber or lettuce and served as a side dish.
cacıklık *slang* stupid.
Cad. (*abbr. for* **Cadde, Caddesi**) Ave. (Avenue).
cadaloz 1. irascible, shrewish (woman). 2. shrew, nagging woman.
cadalozlaşmak to behave like a shrew.
cadalozluk being shrewish.
cadde avenue, main street in a city, thoroughfare. **—yi tutmak** 1. to close off the street. 2. *slang* to clear out.
cadı 1. witch. 2. hag, cantankerous and ugly old woman. **— gibi** like a hag. **— kazanı** den of intrigue, den of mischief.
cadılaşmak (for a woman) to become ugly and cantankerous.
cadılık 1. witchcraft, magic; spell. 2. cantankerousness. **— etmek** to show a bad temper, be irritable.
cafcaf *colloq.* 1. pomp, pompousness, showiness. 2. high-sounding nonsense.
cafcaflı pompous, showy.
cahil 1. ignorant. 2. illiterate, uneducated. 3. inexperienced, untaught.
cahiliyet, -ti pre-Islamic Arabian paganism; the time of pre-Islamic Arabian paganism.
cahillik 1. ignorance. 2. a stupid act. **— etmek** 1. to show one's ignorance. 2. to do something stupid.
caiz religiously permissible; proper, right, acceptable. **— görmek** /ı/ to deem (something) proper; to regard (something) as permissible.
caka *slang* showing off, show-off, swagger, ostentation, pretense, pretentiousness. **— satmak/yapmak** to show off, swagger.
cakacı *slang* 1. show-off, swaggerer. 2. (someone) who is a show-off; (something) characteristic of a show-off; swaggering.
cakacılık *slang* showing off, show-off, pretense.
cakalı *slang* characteristic of a show-off; ostentatious, pretentious.
cam 1. glass. 2. glass, made of glass. 3. pane of glass; windowpane. 4. window. **—ı çerçeveyi indirmek** to go berserk. **— elyaf** fiberglass. **— evi/yuvası** rabbet, rebate, groove for a pane of glass. **— fabrikası** glassworks. **— geçirmek /a/** to glaze, glass (a window). **— gibi** 1. glasslike, glassy, vitreous. 2. lackluster, dull (eye); glazed, vacant (look). **— macunu** putty, glazier's putty, glazing compound. **— mozaik** mosaic made of glass. **— resim** composition made of stained glass. **— sileceği** *auto.* windshield wiper. **— takmak /a/** 1. to install a pane of glass in. 2. to put a lens in (a frame of a pair of eyeglasses).
camadan 1. *prov.* double-breasted vest, usually of embroidered velvet. 2. *naut.* reef (in a sail). **—ı fora etmek** *naut.* to shake out a reef. **— vurmak** *naut.* to reef a sail.
cambaz 1. acrobat; rope dancer. 2. horse dealer. 3. swindler. 4. one who is especially skilled in something.
cambazhane a place where acrobats perform.
cambazlık 1. acrobatics. 2. trickiness.
cambul cumbul 1. too watery (food). 2. with a slopping or splashing sound.
camcı 1. glassmaker; glassblower; glassworker. 2. glazier, glassworker. 3. seller of glass. 4. *slang* peeping Tom, voyeur. **— elması** diamond-tipped glass cutter, diamond. **— macunu** putty, glazier's putty, glazing compound.
camcılık 1. glassmaking; glassblowing; glasswork, glassworking. 2. glaziery, glasswork, being a glazier. 3. being a seller of glass, selling glass. 4. *slang* voyeurism.
camekân 1. display window. 2. display case, glass case, showcase. 3. glassy partition. 4. small greenhouse, cold frame, or hotbed (for plants). 5. glassed changing cubicle (in a Turkish bath). 6. *slang* eyeglasses, specs.
camgöbeği, -ni 1. (a) bluish green, aquamarine. 2. blue-green, aquamarine.
camgöz 1. person who has a glass eye. 2. stingy, miserly. 3. *zool.* tope.
camgüzeli, -ni *bot.* sultana, impatiens, impatience, *Brit.* busy Lizzie, sultan's flower.
camız *zool.* water buffalo.
cami, -ii, -si mosque. **— yıkılmış, ama mihrabı yerinde.** *colloq.* She is still beautiful in spite of her age.
camia group; (an) association; (a) fellowship; (a) community.
camlamak /ı/ to glass, glaze; to glass in; to fit or cover (something) with glass.
camlanmak to be glassed, be glazed; to be glassed in; to be fitted or covered with glass.
camlaşmak to become glassy, become glasslike; to vitrify.
camlatmak /ı, a/ to have (someone) glass (something), have (someone) glaze (some-

thing); to have (someone) glass in (a place); to have (someone) fit or cover (something) with glass; /ı/ to have (something) glassed, have (something) glazed; to have (something) glassed in; to have (something) fitted or covered with glass.
camlı fitted with glass, glassed, glazed; glassed-in. — **bölme** glass partition. — **dolap** glass-fronted cabinet. — **yastık** cold frame, hotbed (for plants).
camlık 1. glassed-in area. 2. small greenhouse.
campamuğu, -nu see **camyünü**.
camsı 1. glasslike. 2. *anat.* vitreous. — **cisim** *anat.* vitreous humor, vitreous body, corpus vitreum.
camsuyu, -nu water glass, sodium silicate.
camyünü, -nü glass wool.
can 1. soul. 2. life. 3. person, individual. 4. energy, zeal, vigor; vitality, strength. 5. *dervish orders* brother, friend; disciple. 6. dear, lovable. —**ım** 1. darling, honey, my dear. 2. my dear fellow; my dear lady *(often used in reproach or objection).* 3. precious, lovely. —**ı acımak** to feel pain. —**ına acımamak** to live without thinking of one's own comfort. — **acısı** acute pain. —**ını acıtmak /ın/** to cause (someone) acute pain. —**ı ağzına gelmek** to be frightened to death. — **alacak nokta/yer** the crucial point. — **alıp can vermek** to be in agony; to be in great distress. —**ını almak /ın/** to kill. — **arkadaşı** close companion, intimate friend. — **atmak /a/** to desire strongly, want badly. —**ını bağışlamak /ın/** to spare (someone's) life. — **baş üstüne!** I'll do it gladly!/Gladly! —**la başla çalışmak** to put one's heart into a job, work with determination and enthusiasm. — **benim canım, çıksın elin canı.** *colloq.* I'll look out for number one. — **beslemek** to feed oneself well. —**ından bezmek/bıkmak/usanmak** to be tired of living. — **boğazdan gelir/geçer.** *proverb* One cannot live without food. — **borcunu ödemek** to die. —**ı burnuna gelmek** 1. to be overwhelmed with trouble. 2. to be fed up. —**ı burnunda olmak** to be worn out, be exhausted. — **cana, baş başa** everyone for himself. —**a can katmak** to delight greatly, increase one's pleasure. —**ı cehenneme!** To hell with him! —**ını cehenneme göndermek /ın/** *colloq.* to kill. —**ım ciğerim** my darling. — **çabası** the struggle to support oneself. —**ı çekilmek** to feel exhausted. — **çekişmek** to be dying in agony. —**ı/gönlü çekmek /ı/** to long (for). —**ını çıkarmak /ın/** 1. to wear out, tire. 2. to wear (something) out. —**ı çıkasıca/çıksın!** May the devil take him! —**ı çıkmak** 1. to die. 2. to get very tired. 3. to get worn out. — **çıkmayınca/çıkmadıkça/çıkar huy çıkmaz.** *proverb* People never change. — **da-**

manı vital point, most sensitive spot. — **damarına basmak /ın/** to touch on the most sensitive spot of (someone/something). —**ını (bir yere) dar atmak** just barely to make it to (a safe place). — **dayanmamak /a/** to be intolerable. —**ına değmek /ın/** 1. to please greatly. 2. to cause joy to the spirit (of a deceased person). — **derdine düşmek** to struggle for one's life. "—**ım" dese "canın çıksın" diyor sanmak** to hear "darling" and understand "damn you." — **direği** sound post (of a violin). —**ını dişine takmak** to make a great effort, put one's back into it, go all out, give it one's all. — **dostu** dear friend. —**ına düşkün** (one) who takes good care of himself. — **düşmanı** mortal enemy. —**ına ezan okumak /ın/** *slang* to kill, destroy. — **feda!** Wonderful!/Superb! —**dan geçmek** to give up the ghost. —**ına geçmek/işlemek/kâr etmek /ın/** to touch (someone) to the quick. — **gelmek /a/** to be refreshed, revive. —**ı gelip gitmek** to have fainting spells. —**ı gitmek** to worry about the safety and well-being of someone/something. — **halatı** *naut.* life line. — **havliyle** in a desperate attempt to save one's life. —**ımın içi** my darling. —**ının içine sokacağı gelmek /ı/** to feel a strong wave of love (for). —**ı ile oynamak** to do dangerous things. —**ı istemek /ı/** to desire. —**ın isterse.** If you like./I don't care. — **kalmamak /da/** to have all the life drained out (of). —**a kasıt** *law* intent to murder. —**ına kastetmek /ın/** to plot against (someone's) life. — **kaygısına düşmek** to fight for one's life. —**ına kıymak** 1. /ın/ to kill without pity. 2. to commit suicide. 3. to wear oneself out. — **korkusu** fear of death. — **kulağı ile dinlemek** to be all ears; /ı/ to listen intently (to). — **kurban!** *colloq.* How wonderful! —**ını kurtarmak** 1. to save one's life. 2. /ın/ to save (someone's) life. — **kurtaran yok mu!** Help!/Save me! —**ına/—ıma minnet!** *colloq.* What more could one want!/So much the better! —**ına okumak /ın/** 1. to harass. 2. to destroy, ruin. — **pahasına** at the risk of one's life, at the cost of one's life. — **pazarı** a matter of life and death. —**ı pek** enduring, tough, unbroken by suffering. —**ına rahmet! /ın/** Peace be on his/her soul! —**ına sağ olsun!** Don't you worry!/It doesn't matter. — **sağlığı** health. — **sıkıcı** annoying; boring. —**ı sıkılmak /a/** 1. to be bored (by). 2. to be annoyed, be vexed (by). — **sıkıntısı** annoyance; boredom. —**ını sıkmak /ın/** to annoy. —**ını sokakta/pazarda bulmadım.** *colloq.* I value my life greatly. —**ına susamak** 1. to want to die. 2. /ın/ to thirst for (someone's) blood. —**ına tak demek/etmek** to get to be intolerable. —**ı tatlı** fond of comfort, afraid of disturbances. —**ı tez** impatient, quick to act. —**ına tükürdüğümün**

damned. —ına tükürmek /ın/ to harm (someone). — ve mal kaybı loss of life and property. — vermek 1. to die. 2. /a/ to encourage. 3. /a/ to revive. —ını vermek to sacrifice oneself. —a yakın lovable; agreeable, pleasant. —ını yakmak /ın/ 1. to hurt; to cause suffering (to). 2. to punish (someone) painfully. —ı yanmak 1. to feel pain. 2. to go through a bitter experience. 3. to suffer a bitter loss. —ına yandığımın/yandığım slang 1. damned. 2. superb. — yeleği life jacket, life preserver. —ı yerine gelmek to recover, be refreshed. —ına yetmek to get to be intolerable. —ı yok mu? /ın/ Doesn't he count too? — yoldaşı congenial companion. —dan yürekten heartily.

canan 1. (a) beloved, sweetheart. 2. Islamic mysticism God.

canavar 1. monster, mythical beast, dragon. 2. dangerous wild animal. 3. bully, brutal person. 4. impudent, naughty child. 5. rambunctious, tough, or uncontrollable person. — düdüğü siren, alarm whistle. — gibi 1. fierce; enormous. 2. like mad, very hard; excessively. — kesilmek to become brutal. — ruhlu brutal, murderous, inhuman.

canavarlaşmak to become brutal; to act brutally.

canavarlık savagery, ferocity.

canciğer very close (friend). — kuzu sarması very dear, intimate. — olmak to be close friends.

candan 1. sincerely, wholeheartedly. 2. sincere, cordial.

caneriği, -ni green plum.

canevi, -ni 1. the upper part of the belly. 2. heart. 3. the vital spot. —nden vurmak /ı/ to attack (a person) where he is most sensitive and vulnerable.

canfes fine taffeta.

cangıl cungul 1. with a jinglejangle; with a dingdong. 2. jinglejangle; dingdong.

canhıraş bloodcurdling.

cani 1. murderer. 2. (someone) who has committed murder.

cankurtaran 1. ambulance. 2. lifeguard; lifesaver. — arabası ambulance. — çanı fog bell. — düdüğü foghorn. — filikası lifeboat. — gemisi rescue ship. — kemeri life belt, safety belt. — kulübesi mountain shelter, snow shelter. — salı life raft. — simidi life buoy. — yeleği life jacket, life preserver.

canlandırıcı 1. enlivening. 2. animator.

canlandırım reconstruction drawing (of an ancient building).

canlandırma 1. animation; resuscitation; reanimation. 2. cin. animation. 3. lit. personification.

canlandırmak /ı/ 1. to animate; to revive, resuscitate. 2. to enliven, refresh. 3. to personify, portray, bring (a character) to life.

canlanma animation, coming to life.

canlanmak 1. to come to life, be animated; to be revived, be resuscitated. 2. to be refreshed, be enlivened. 3. to become active, boom.

canlı 1. living, animate. 2. lively, full of life; sprightly; vivacious. 3. vivid, strong. 4. (someone/an animal) who/which has (a specified number of) lives: Kedi dokuz canlıdır. A cat has nine lives. 5. living being, living thing. —sı fond of: para canlısı fond of money. — bebek colloq. living doll, very beautiful woman. — canlı alive, while still alive. — cenaze person who looks like death warmed over, very wan and emaciated person. — model live model. — resim animated film. — yayın live broadcast.

canlıcılık animism.

canlılık liveliness, vigor.

cansız 1. lifeless. 2. dull, uninteresting. 3. listless, weak. 4. quiet, dull, slack. 5. inorganic. — düşmek to be exhausted (by illness or overexertion).

cansızlaşmak to become lifeless, dull, or listless.

cansızlaştırmak /ı/ 1. to make (something) lifeless. 2. to kill the root of (a tooth).

cansızlık lifelessness.

cansiperane wholeheartedly, zealously.

car car noisily.

carcar colloq. chatterbox.

carcur prov. cartridge clip.

carcur etmek to chatter mindlessly.

cari 1. current, in force, valid. 2. flowing, running; moving. — fiyat current price. — hesap current account.

cariye female slave; concubine; odalisque. —niz/ —leri 1. I, your humble servant (expression used by a girl or woman). 2. (in mentioning a woman or girl) who is your humble servant.

cariyelik being a female slave.

carlamak 1. colloq. to talk loudly. 2. colloq. to talk too much. 3. /ı/ prov. to announce.

carmak slang, see carmakçur.

carmakçur slang raki, arrack.

cart, -tı tearing noise, ripping noise. — cart ötmek colloq. to brag. — curt etmek colloq. to scatter threats about. — kaba kâğıt! slang Brag away!

carta vulg. fart. —yı çekmek slang to die, kick the bucket, croak.

cartadak, cartadan suddenly.

cascavlak completely bald. — kalmak to be left without a chance (to do something).

casus spy.

casusluk espionage.

cavalacoz slang 1. worthless, no-count. 2. worthless, flimsy, cheap.

cavlak colloq. bald; naked; hairless; featherless. —ı çekmek slang to die, kick the bucket, croak.

cavlaklık *colloq.* baldness; nakedness; hairlessness; being featherless.
cavlamak *slang* to die, kick the bucket, croak.
caydırıcı dissuasive; deterrent.
caydırıcılık dissuasiveness.
caydırılmak to be dissuaded; to be deterred.
caydırma dissuasion; determent, deterrence.
caydırmak /ı/ to dissuade; to deter.
cayır cayır (to burn) furiously, fiercely. **— yanmak** to burn furiously.
cayırdamak 1. (for fire) to crackle, roar. 2. to creak, squeak.
cayırdatmak /ı/ 1. to make (a fire) crackle or roar. 2. to make (something) creak or squeak.
cayırtı 1. (a) crackle, roaring sound. 2. (a) creak, (a) squeak. 3. ripping sound. **—yı basmak/koparmak** to start shouting furiously.
cayma giving up, withdrawing (from); breaking a promise. **— tazminatı** forfeit money.
caymak /dan/ to give up (a plan), withdraw (from), change one's mind (about); to break (a promise).
caz 1. jazz. 2. jazz band.
cazbant jazz band.
cazcı jazz musician, jazzman.
cazgır 1. person who announces the wrestlers and recites a prayer before a greased wrestling match. 2. *colloq.* (someone) who knows how to get what he/she wants.
cazır cazır (to burn) with a crackling sound.
cazırdamak to crackle.
cazırdatmak /ı/ to make (something) crackle.
cazırtı crackling sound, crackle.
cazibe 1. charm, attractiveness. 2. *phys.* attraction; gravity.
cazibeli charming, attractive.
cazip attractive, fetching, appealing.
ce *child's language* Boo! **— demeye mi geldin?** *joc.* Did you pop in only for a minute?
cebbar 1. tyrannical. 2. *colloq.* (woman) who knows how to get what she wants.
Cebelitarık Gibraltar.
cebelleşmek /la/ 1. to struggle with, wrestle with. 2. to argue with, quarrel with.
cebellezi *slang* stealing, copping. **— etmek** /ı/ to steal, cop.
cebir, -bri 1. algebra. 2. compulsion, constraint, force. **— kullanmak** to use force.
cebire *med.* splint (as for a broken bone).
cebirsel algebraic, algebraical.
cebren by force, by compulsion.
cebretmek /ı, a/ to compel, force, coerce (someone) to do (something).
cebri compulsory, forced. **— tedbirler** violent measures. **— yürüyüş** *mil.* forced march.
ced *see* **cet.**
cefa 1. cruelty, oppression. 2. unkindness, harshness. 3. suffering, pain. **— çekmek/görmek** to suffer. **— etmek** /a/ to inflict pain (on), torment.
cefakâr 1. cruel; tormenting. 2. long-suffering.
cefakeş long-suffering.
cehalet, -ti ignorance.
cehennem 1. hell, Gehenna. 2. very hot or disagreeable place. **— azabı** hellish torture. **—i boylamak** to die and go to hell. **—in dibi/bucağı** the very end of the earth, very remote place. **—in dibine gitmek** to go to the uttermost end of hell. **— gibi** like hell, hellish, infernal; very hot. **— hayatı** a life of hell/misery/torment: **Cehennem hayatı yaşıyor.** His life's a living hell. **—e kadar yolu var.** He can go to hell for all I care. **— kütüğü** hardened sinner. **— ol!** Go to hell! **— zebanisi** demon, brute, devil.
cehennemi hellish, infernal.
cehennemlik 1. fit for hell, damned. 2. furnace or stokehole of a Turkish bath.
cehre spindle.
cehri 1. yellowweed, dyer's rocket, dyer's mignonette. 2. buckthorn.
ceket, -ti (sports) jacket, sports coat, jacket of a suit.
ceketatay morning coat, cutaway coat (and trousers).
celal, -li 1. glory, majesty (of God). 2. wrath, rage (of God).
celallenmek to get into a towering rage.
celalli irascible, hot-tempered.
celbe net bag used by hunters.
celep drover, dealer in sheep and cattle.
celeplik dealing in sheep and cattle.
celi clear, open, manifest, evident. **— yazı** a style of Arabic script with large letters used in writing inscriptions.
cellat, -ti 1. executioner. 2. very cruel. **— gibi** cruel.
cellatlık 1. duties of an executioner. 2. cruelty, villainy.
celp 1. attraction. 2. *law* summons. 3. *mil.* call. **— etmek** /ı/ 1. to attract. 2. to procure, have (someone/something) brought. 3. *law* to summon.
celpname *law* summons, written citation.
celse 1. session. 2. *law* hearing, sitting (of the court). **—yi açmak** to open a session or a sitting. **—yi kapamak** to close or adjourn a session or a sitting (which has reached the end of its life or completed all of its business). **—yi tatil etmek** to recess or adjourn a session or a sitting temporarily (e.g. for lunch).
cemaat, -ti 1. congregation; assembly. 2. religious community. 3. crowd. **—le namaz kılmak** to perform one's prayers in unison with a congregation. **—e uymak** to go along with the crowd, conform.
cem'an *see* **ceman.**
ceman 1. in all, altogether: **Ceman yedi bin ki-**

tabı var. He has seven thousand books in all. 2. as a whole, the entire lot of ...: **Onları ceman aldı.** He bought the entire lot of them. **— yekûn** 1. the sum total; the entire lot. 2. in all, altogether.
cemaziyülâhır Jumada II, the sixth month of the Muslim calendar.
cemaziyülevvel Jumada I, the fifth month of the Muslim calendar. **—ini bilmek** /ın/ to know a thing or two about (someone), know something disreputable about (someone).
cemetmek /ı/ 1. to add up (an account). 2. to collect, bring together.
cemi, -m'i 1. plural. 2. *math.* addition; sum.
cemi, -ii all, all of.
cemile beau geste.
cemiyet, -ti 1. society, association; social body. 2. gathering, assembly. 3. party, banquet. **— hayatı** social life. **—ler hukuku** law of corporations.
cemre 1. red-hot piece of coal, live ember. 2. any of three radiations of heat which supposedly fall in succession from the sun into the air, the water, and the earth in February and March.
cenabet, -ti 1. *Islam* uncleanness of body (which necessitates the ritual ablution). 2. *Islam* person who is unclean (and needs to make the ritual ablution). 3. *colloq.* damned person/thing, foul person/thing, *Brit.* bloody person/thing. 4. *colloq.* damned, foul, *Brit.* bloody, bleeding.
cenah 1. wing (of a bird). 2. wing (of a building). 3. *mil.* wing, flank.
cenap majesty, excellency: **elçi cenapları** His Excellency the Ambassador. **C—ı Hak/Allah** God.
cenaze 1. corpse which has been made ready for burial, body ready for burial. 2. funeral, obsequies. **— alayı** 1. those in attendance at a funeral, mourners (usually used only of a large number of people). 2. funeral, obsequies. **— arabası** hearse. **— gibi** 1. (someone) who looks like death warmed over, who is very wan and emaciated. 2. (someone) who is as pale as a corpse. **—yi kaldırmak** to hold a funeral. **— kalkmak** /dan/ for a funeral to be held at (a specified place). **— levazımatçısı** undertaker. **— marşı** funeral march. **— namazı** *Islam* prayer performed at a funeral. **— salası** *Islam* funeral prayer (recited from the minaret). **— töreni** funeral ceremony, funeral, obsequies.
cendere 1. press, screw; wine press; mangle; bookbinder's press. 2. defile, narrow pass. **— altında** under pressure; under torture. **—ye koymak/sokmak** /ı/ to put (someone) under pressure.
Ceneviz *hist.* 1. Genoa. 2. Genoa, Genoese, of Genoa.
Cenevizli *hist.* 1. (a) Genoese. 2. Genoese (person).
cengâver 1. warlike, heroic. 2. hero, warrior.
cengâverlik heroism.
cengel jungle.
cenin fetus.
cenk, -gi battle, combat; war. **— etmek** to fight.
cenkçi quarrelsome, bellicose, factious (group).
cenkleşmek to fight; to quarrel.
cennet, -ti 1. paradise, heaven. 2. the Garden of Eden. 3. heavenly place, perfectly delightful place, paradise. 4. very beautiful garden. **— gibi** heavenly. **—in kapısını açmak** to be worthy of heaven (because of doing a good deed). **—ten kovulmak** to be expelled from paradise. **— öküzü** *colloq.* good-hearted but simple person.
cennetkuşu, -nu *zool.* bird of paradise.
cennetlik destined for heaven, deserving of heaven.
cennetmekân dwelling in paradise, deceased, of happy memory.
centilmen gentleman. **—ler anlaşması** gentleman's agreement, gentlemen's agreement.
centilmence 1. gentlemanly. 2. in a gentlemanly manner.
centilmenlik gentlemanliness. **— anlaşması** gentleman's agreement, gentlemen's agreement.
cenubi *obs.* southern, south.
cenup *obs.* south.
cenuplu *obs.* 1. (a) southerner. 2. (someone) who is from the south.
cep 1. pocket. 2. turnout, *Brit.* lay-by. 3. *colloq.* cellular phone/telephone, *Brit.* mobile phone/telephone. **— astarı** *slang* wallet. **—inden çıkarmak** /ı/ to be far superior (to). **— defteri** pocket notebook, pocketbook. **—i delik** penniless, broke. **—ini doldurmak** to fill one's pockets, accumulate wealth. **—i dolu** rich, loaded. **— feneri** flashlight, *Brit.* torch. **— harçlığı** pocket money. **—ine indirmek/atmak/koymak** /ı/ to pocket. **—i para görmek** to begin having money in one's pocket. **— saati** pocket watch. **— telefonu** cellular phone/telephone, *Brit.* mobile phone/telephone. **—ten vermek** /ı/ to pay (money) out of one's own pocket. **— zırhlısı** pocket battleship.
cephane 1. ammunition, projectiles fired from a gun. 2. *slang* opium; any narcotic. **— arabası** *mil.* caisson (a vehicle).
cephanelik arsenal, storehouse for ammunition; ammunition dump.
cephe 1. front; side. 2. *mil.* front. **—den** 1. frontally, from the front. 2. frontal. **— almak** /a/ to form a group opposed to. **— bozulmak** *mil.* for the front/the line to be broken. **— gerisi** *mil.* the area behind the front lines. **—den hücuma**

geçmek to make a frontal attack.
cepheleşmek to solidify in opposition.
cepken a short embroidered jacket with full sleeves.
cepkitabı, -nı pocketbook, pocket edition.
cerahat, -ti *path.* matter, pus. **— bağlamak/toplamak** to fester, become pussy, become filled with pus.
cerahatlenmek to fester, become pussy, become filled with pus.
cerahatli festering, pussy.
cerbeze readiness of speech; presence of mind, quick-wittedness.
cerbezeli convincing; able to get what he wants by talking, glib.
cereme 1. penalty. 2. *law* fine. 3. paying for another's misdeed, crime, etc. **—sini çekmek /ın/** to suffer for what (someone else) has done, pay the penalty for what (someone else) has done.
ceren gazelle, antelope.
cereyan 1. flow. 2. draft, air movement. 3. *elec.* current. 4. course of events. 5. movement, tendency, trend. **— çarpmak** to be shocked or struck by electricity. **— etmek** to happen, occur, take place. **—ı kesmek** to cut the current.
cereyanlı 1. drafty. 2. *elec.* plugged in, hot, live.
cerime *see* **cereme**.
Cermen 1. (a) Teuton. 2. Germanic, Teutonic, of the Teutons. **— dilleri** the Germanic languages.
Cermence 1. Germanic, Teutonic (an ancient Indo-European language). 2. (speaking, writing) in Germanic, Germanic. 3. Germanic (speech, writing); spoken in Germanic; written in Germanic.
cerrah surgeon. **— mili** surgeon's probe.
cerrahi 1. surgical. 2. surgery (a branch of medicine). **— müdahale** *med.* operation.
cerrahlık surgery, surgeon's profession.
cesamet, -ti bulkiness, hugeness.
cesametli bulky, huge.
cesaret, -ti courage, bravery, valor; pluck, heart. **— almak/bulmak /dan/** to take courage, take heart. **— etmek /a/** to venture, dare. **— gelmek /a/, —e gelmek** to take courage. **— göstermek** to show courage. **—ini kırmak /ın/** to discourage, dishearten. **— vermek /a/** to encourage, hearten.
cesaretlendirmek /ı/ to encourage, hearten.
cesaretlenmek to take courage, take heart.
cesaretli courageous, brave, valiant; plucky.
cesaretlilik courageousness, bravery, valiancy; pluckiness.
cesaretsiz devoid of courage, valor, or pluck.
cesaretsizlik lack of courage, valor, or pluck.
ceset corpse, dead body.

ceste ceste bit by bit.
cesur courageous, brave, bold.
cesurluk courageousness, bravery, boldness.
cet, -ddi grandfather; forefather. **— becet** from father to son, for generations, from one generation to another. **—ine lanet!/Yedi —ine lanet!** May you and your progenitors be damned! **—ine rahmet!** May you and your progenitors be blessed!
cetvel 1. tabulated list, table, chart; register; schedule. 2. column in a list. 3. ruler, straightedge. **— tahtası** ruler, straightedge.
cevaben in reply, in answer.
cevahir precious stones, gems. **— yumurtlamak** to scatter some pearls of wisdom *(said sarcastically of someone who is speaking nonsense).*
cevap 1. answer, reply. 2. *law* defense. **—ı dikmek/dayamak/yapıştırmak** *colloq.* to be ready with an answer. **— vermek /a/** 1. to give an answer to. 2. to meet the need for (something).
cevaplamak /ı/ to answer.
cevaplandırmak /ı/ to give an answer to.
cevaplı having an answer. **— telgraf** reply-paid telegram.
cevapsız unanswered.
cevaz permissibility, lawfulness. **— vermek/göstermek /a/** to allow, permit.
cevher 1. ore. 2. essence, substance, heart. 3. *phil.* substance. 4. (psychological) makeup, substance, or constitution (of a person). 5. ability, capability, competence, capacity; talent; aptitude. 6. precious thing/person. 7. precious stone, gem. **— yumurtlamak** to scatter some pearls of wisdom *(said sarcastically of someone who is speaking nonsense).*
cevherli 1. talented; gifted; bright, able. 2. (something) which contains ore. 3. set with precious stones, bejeweled.
cevhersiz 1. devoid of ability, talent, or aptitude. 2. devoid of ore. 3. devoid of precious stones.
ceviz 1. walnut. 2. walnut, made of walnut. **— ağacı** walnut tree. **— boya** walnut stain. **—i çift görmezse ağaca taş atmamak** not to waste one's effort on an unprofitable project. **— içi** meat of a walnut. **— kabuğu** walnut shell. **— kabuğundan çıkmış, kabuğunu beğenmemiş.** *colloq.* He is ashamed of his origins. **— kabuğunu doldurmaz** very unimportant, slight. **— kırmak** to behave improperly, do the wrong thing. **— sucuğu** a sweet confection made of walnuts on a string dipped in a starchy grape molasses. **— yağı** walnut oil.
cevizli (food) made with or having walnuts. **— sucuk** a sweet confection made of walnuts on a string dipped in a starchy grape molasses.
cevizlik walnut grove.
ceylan *zool.* gazelle. **— bakışlı** having alluring

eyes. — gibi slender and graceful.
ceza 1. punishment; penalty. 2. *law* sentence, punishment. 3. *law* fine. 4. *sports* penalty. 5. retribution. —yı ağırlatıcı sebepler *law* aggravating circumstances. — alanı *soccer* penalty area. — almak 1. (for a student) to be punished. 2. /dan/ to fine. — atışı 1. *soccer* penalty kick. 2. *basketball, ice hockey* penalty shot. —sını bulmak to get one's just deserts. —ya çarptırılmak to be fined; to be punished; to be penalized; to be sentenced. —ya çarptırmak /ı/ to fine; to punish; to penalize; to sentence. — çekmek to serve a sentence. —sını çekmek 1. /ın/ to suffer (for a deed), get one's just deserts. 2. to serve one's prison sentence. — görmek to be punished. —yı hafifletici sebepler *law* extenuating circumstances. — hukuku criminal law. —nın infazı execution of a sentence. —ya kalmak to stay in after school, be kept in. — kanunu criminal code. — kesmek/yazmak /a/ to fine. — mahkemesi criminal court. —yı mucip punishable. — muhakeme usulü penal proceedings, criminal procedure. — reisi judge in a criminal court. — sahası *soccer* penalty area. —nın sukutu quashing of the conviction. —nın takdiri determination of punishment. —nın tebdili commutation of a sentence. —nın tecili suspension of a sentence. — vermek 1. /a/ to punish; to fine. 2. to pay a fine. — vuruşu 1. *soccer* penalty kick. 2. *golf* penalty stroke. — yemek to be punished; to be penalized; to be fined.
cezaevi, -ni penitentiary, prison, jail.
cezalandırılmak to be punished; to be penalized; to be sentenced; to be fined.
cezalandırma punishing; penalizing; sentencing; fining.
cezalandırmak /ı/ to punish; to penalize; to sentence; to fine.
cezalanmak to be punished; to be penalized; to be sentenced; to be fined.
cezalı punished; penalized; fined. — bilet ticket to which a fine has been added.
cezasız unpunished; unpenalized; unfined.
Cezayir 1. Algeria. 2. Algiers. 3. Algerian, of Algeria. 4. Algiers, of Algiers.
Cezayirli 1. (an) Algerian. 2. Algerian (person).
cezayirmenekşesi, -ni *bot.* periwinkle.
cezbe ecstasy, rapture. —ye tutulmak to fall into an ecstasy.
cezbelenmek to fall into an ecstasy.
cezbetmek /ı/ to attract, draw.
cezerye a confection made with carrots and nuts.
cezir, -zri ebb tide. — hali the sea when it is at ebb. — hareketi ebb.
cezp, -bi attraction. — etmek /ı/ *see* cezbetmek.
cezve a small, long-handled pot for making Turkish coffee.
cıcığını çıkarmak /ın/ to wear out, damage by use.
cıgara *prov.* cigarette.
cıgaralık *slang* opium.
cılız 1. puny, thin, undersized, weak. 2. weak, dim (light).
cılızlaşmak 1. to waste away, become emaciated. 2. to lose effectiveness and strength.
cılızlık puniness.
cılk, -kı 1. rotten (egg). 2. running, festering (wound). — çıkmak to be spoiled. — etmek /ı/ to spoil, make (something) go bad.
cılklaşmak 1. to rot, spoil. 2. to run, fester.
cımbız 1. tweezers. 2. *text.* burling iron.
cımbızlamak /ı/ 1. to pluck (something) with tweezers. 2. *text.* to burl.
cıncık *prov.* glassware. — boncuk costume jewelry.
cırboğa *prov.* 1. *zool.* jerboa. 2. puny child.
cır cır with a continuous chirring sound. — ötmek 1. to chirr. 2. (for someone) to babble.
cırcır 1. party noisemaker, ratchet clacker. 2. babbler, chatterbox. 3. cotton gin. — delgi ratchet drill.
cırcırböceği, -ni *zool.* cricket.
cırdaval javelin.
cırıldamak to chirr.
cırıltı a chirring sound.
cırlak 1. screechy, shrill. 2. *prov., zool.* cricket.
cırlamak to make a continuous shrill buzzing sound.
cırlatmak /ı/ to make (something) give off a shrill buzz.
cırnık drain in a retaining wall.
cırt the sound of something being torn, ripping sound.
cırtlak *see* cırlak.
cırtlamak to make a ripping sound.
cıva *chem.* mercury, quicksilver. — gibi very restless, mercurial. — merhemi mercury ointment. — yakısı mercurial plaster.
cıvadra *naut.* bowsprit.
cıvalı containing mercury, mercurial.
cıvata bolt, screw (secured with a nut).
cıvatalamak /ı/ to bolt or screw (something) together, fasten, attach, or seal (something) with a bolt or screw.
cıvık 1. squishy (mud, butter, dough, etc.); slushy (snow). 2. impertinent, impudently familiar, fresh, cheeky. — kar slush.
cıvıklaşmak 1. (for earth, butter, dough, etc.) to get squishy; (for snow) to turn to slush. 2. to get impertinent, fresh, or cheeky.
cıvıklaştırmak /ı/ 1. to cause (earth, butter, dough, etc.) to become squishy; to cause (snow) to turn to slush. 2. to cause (something) to degenerate into something else,

cause (something) to turn into a parody of itself.
cıvıklık 1. squishiness (of mud, butter, dough, etc.); slushiness (of snow). 2. impertinence, freshness, cheek.
cıvıl cıvıl 1. with a chirping sound, twittering. 2. lively, vivacious.
cıvıldamak to chirp, chirrup, twitter.
cıvıldaşmak to chirp together.
cıvıltı a chirping, a twittering.
cıvımak 1. (for earth, butter, dough, etc.) to get squishy; (for snow) to turn to slush. 2. to get impertinent, fresh, or cheeky. 3. to degenerate into something else, turn into a parody of itself.
cıvıtmak 1. /ı/ to cause (earth, butter, dough, etc.) to become squishy; to cause (snow) to turn to slush. 2. /ı/ to cause (something) to degenerate into something else, cause (something) to turn into a parody of itself. 3. to get impertinent, fresh, or cheeky.
cıyak cıyak with a screech; with a squawk.
cıyaklamak to screech; to squawk.
cıyırdamak (for paper, cloth) to make a sound when ripped or torn.
cıyırtı sound as of cloth tearing.
cız 1. sizzling or hissing sound. 2. child's language fire; anything hot. — etmek 1. to make a sharp, sizzling sound. 2. to have a pang (in one's heart). 3. to have a pang (of sorrow, agony).
cızbız grilled (meat ball). — köfte grilled meat ball.
cızdam slang fleeing, sneaking off, scramming, running away. —ı çekmek 1. to flee, sneak off, slip away, scram, run away, escape. 2. to die, slip away, give up the ghost, kick the bucket.
cızık prov. 1. line (a mark); stripe. 2. footprint, track. 3. trace, mark.
cızıktırmak prov. 1. to write. 2. to scribble.
cızıldamak 1. to sizzle, sputter. 2. to squeak, creak.
cızıltı 1. sizzling or sputtering sound. 2. squeaking or creaking sound.
cızıltılı 1. sizzling, with a sputter. 2. squeaking, with a creak.
cızır cızır 1. with a sizzling or sputtering sound. 2. with a squeaking or creaking sound.
cızırdamak 1. to sizzle, sputter. 2. to squeak, creak.
cızırdatmak /ı/ 1. to make (something) sizzle or sputter. 2. to make (something) squeak or creak.
cızırtı 1. sizzling or sputtering sound. 2. squeaking or creaking sound.
cızırtılı 1. sizzling, with a sputter. 2. squeaking, with a creak.
cızlam slang fleeing, sneaking off, scramming, running away. —ı çekmek 1. to flee, sneak off, slip away, scram, run away, escape. 2. to die, slip away, give up the ghost, kick the bucket.
cızlamak 1. to hiss (as wet wood in a fire). 2. to have a pang (of sorrow, agony).
cibilliyet, -ti natural disposition, nature, temperament, character.
cibilliyetsiz despicable, ignoble.
cibinlik mosquito net.
cibre residue of pressed grapes or other fruit.
cici child's language 1. cute, nice, pretty, sweet. 2. nicely, properly. 3. pretty thing. 4. toy, plaything. —m! My dear! —m ayı honeymoon, the early weeks of married bliss. — el right hand. — mama an older woman who has an inexperienced youth as her lover.
cicianne grandma, granny.
cici bici 1. overdecorated piece of clothing. 2. tasteless bauble.
cicik nipple; teat.
cicili bicili gaudy, overdecorated, bedecked with trifles.
cicim a type of kilim, a flat-woven hanging or floor covering with colored, woven in, embroidery-like designs.
cicoz 1. marbles, the game of marbles. 2. marble (used in the game of marbles). 3. slang There isn't ...: Bende mangır cicoz. I'm flat broke.
cicozlamak slang to get lost, beat it.
cidar 1. wall. 2. biol. membrane.
cidden 1. in earnest, seriously, for real. 2. truly, really, for real.
ciddi 1. serious; earnest; grave. 2. true, real. 3. important, significant. —ye almak /ı/ to take (someone/something) seriously. — ciddi 1. seriously, in a serious manner. 2. in a dignified manner. 3. gravely. — konuşmak to speak in earnest, be for real. — söylemek /ı/ to say (something) in earnest; to be for real.
ciddileşmek to become serious.
ciddilik seriousness.
ciddiyet, -ti seriousness.
cif com. C.I.F. (cost, insurance, and freight).
cigara prov. cigarette.
ciğer 1. liver. 2. lungs. 3. the heart, lungs, and liver sold by butchers as a unit. — acısı sorrow caused by the loss of one's child. —leri bayram etmek slang 1. to enjoy a good smoke. 2. to enjoy breathing fresh air. —i beş para etmez despicable. —ini dağlamak/doğramak/yakmak /ın/ to disturb greatly, grieve. —ini delmek /ın/ to cause (someone) sorrow. —ine işlemek /ın/ 1. to hurt (someone) deeply, affect (someone) deeply. 2. to chill (someone) to the bone; to soak (someone) to the skin. —i kebap olmak to suffer greatly. —imin köşesi 1. darling. 2. beloved child. —ini okumak /ın/ to guess (another's) secret thoughts. —i sızlamak to be

ciğerci 128

very moved (by a pathetic sight). **—lerini sökmek** /ın/ to treat (someone) very cruelly. **— tavası** fried liver. **—i yanmak** 1. /dan/ to suffer greatly (from). 2. /a/ to feel great compassion (for).
ciğerci seller of liver and lungs; offal seller.
ciğerpare 1. darling. 2. beloved child.
cihan world; universe. **—ı tutmak** to be heard around the world.
cihangir world conqueror.
cihannüma 1. rooftop terrace or room with an extensive view. 2. map of the world.
cihanşümul, -lü worldwide, global; universal.
cihar *backgammon* four.
cihat *Islam* holy war, jihad, jehad.
cihaz 1. an apparatus, piece of equipment, machine. 2. trousseau.
cihet, -ti 1. side, direction, quarter. 2. aspect, point of view. 3. reason. **—iyle** because of, on account of, due to.
cila 1. shellac; lacquer; varnish; wax; shoe polish. 2. finish, luster, shine. 3. excessiveness. **— topu** a ball of cotton covered with a cloth for applying shellac. **— vurmak** /a/ 1. to varnish; to wax; to polish. 2. to finish, shine.
cilacı finisher, varnisher.
cilacılık work of a finisher; finishing.
cilalamak /ı/ 1. to varnish; to wax; to polish. 2. to finish, shine. 3. *slang* to top off, cap off (a meal, booze, an entertainment).
cilalanmak 1. to be varnished; to be waxed; to be polished. 2. to be finished, be shined.
cilalatmak /ı, a/ 1. to have (someone) varnish, wax, or polish (something). 2. to have (someone) finish or shine (something).
cilalı 1. varnished; waxed; polished. 2. finished (surface). **— taş devri** the neolithic period.
cilasız 1. unvarnished; unwaxed; unpolished. 2. unfinished (surface).
cilasun brave and stalwart young man.
cildiye 1. dermatology. 2. dermatological ward.
cildiyeci dermatologist.
cilt 1. skin (of a person). 2. binding, (hard) cover (of a book). 3. volume, tome. **— hastalığı** skin disease. **— tezgâhı** *bookbinding* sewing press.
ciltçi 1. bookbinder, binder. 2. bookbindery, bindery. 3. *colloq.* dermatologist.
ciltçilik bookbinding.
ciltevi, -ni bookbindery, bindery.
ciltlemek /ı/ to bind (a book).
ciltlenmek (for a book) to be bound.
ciltletmek /ı, a/ to have (a book) bound.
ciltli bound (usually hardbound).
ciltsiz unbound (usually lacking a hard cover).
cilve 1. flirtatiousness. 2. manifestation. **— kutusu** *colloq.* flirtatious girl. **— etmek/yapmak** to be flirtatious.
cilvelenmek to put on coquettish airs.

cilveleşmek 1. to flirt with each other. 2. to joke with each other.
cilveli flirtatious.
cim a letter of the Arabic alphabet. **— karnında bir nokta** *colloq.* one who is completely ignorant.
cima, -aı sexual intercourse, coition. **— etmek** to have sexual intercourse.
cimbakuka *colloq.* thin and ugly, puny.
cimcime 1. small and delicious watermelon. 2. petite.
cimnastik see **jimnastik**.
cimnastikçi see **jimnastikçi**.
cimri 1. stingy, mean, tight, parsimonious, penurious; miserly. 2. miser, skinflint.
cimrileşmek to become stingy or miserly.
cimrilik stinginess, meanness, parsimony; miserliness. **— etmek** to be stingy.
cin 1. jinn, jinni, djin, djinn, djinni, genie, demon, sprite, evil spirit. 2. brainy, smart, brilliant. **—leri ayağa kalkmak** to get nervous. **—leri başına çıkmak/toplanmak/üşüşmek** to get furious. **—ler cirit/top oynamak** /da/ (for a place) to be completely deserted. **— çarpmak** to be struck by an evil spirit. **— çarpmışa dönmek** to be bogged down by one's troubles. **— fikirli** clever and crafty. **— gibi** very clever and agile. **— ifrit kesilmek/olmak** to get very angry. **— tutmak** to go mad. **—i tutmak** to become furious. **— yavrusu** mischievous little child, imp, urchin.
cin gin (alcoholic drink).
cin 1. (a pair of) jeans, blue jeans, or denims (trousers). 2. denim skirt.
cinai 1. criminal, pertaining to a serious crime. 2. homicidal, pertaining to murder. **— roman** murder mystery, whodunit.
cinas 1. play on words, pun. 2. equivocal allusion.
cinayet, -ti 1. murder, homicide. 2. serious crime. **— işlemek** to commit murder. **— masası** homicide desk (of a police department). **— romanı** murder mystery, whodunit.
cinci soothsayer who invokes jinn.
cindansı, -nı popcorn.
cingöz *colloq.* shrewd, clever.
cinli 1. haunted; possessed by demons. 2. tense and irritable, edgy, nervous.
cinmısırı, -nı popcorn.
cinnet, -ti insanity, madness. **— getirmek** to go mad, become insane.
cins 1. sort, type, kind, variety, category. 2. genus. 3. sex; *gram.* gender. 4. race, stock, family, breed. 5. (animal) of good stock, thoroughbred, pedigree. 6. *slang* kinky, odd, eccentric. **— adı** common noun. **— cins** of various kinds, assorted.
cinsel sexual. **— çekicilik** sex appeal.

cinsellik sexuality.
cinsi sexual.
cinsiyet, -ti sex; sexuality.
cinslik sex; sexuality.
cinslikbilim sexology.
cinsliksiz asexual.
cip, -pi jeep.
cips potato chips; potato chip.
ciranta com. endorser.
cirim, -rmi size, volume.
cirit 1. jereed, jerid, the game of jereed. 2. jereed, jerid, blunt stick used as a javelin in the mounted game of jereed. — **atmak** 1. to throw the jereed. 2. /da/ (for people/animals) to take over and do as they please (in a place).
ciro com. endorsement. — **etmek** /ı/ to endorse.
cisim, -smi body; material thing, matter.
cisimcik corpuscle; particle, atom.
cisimlenmek to take a bodily or material form.
cismani 1. corporeal. 2. material; temporal. — **ceza** corporal punishment.
cismen bodily; materially.
civan 1. handsome young man. 2. beautiful young woman.
civankaşı, -nı embroidery zigzag ornamentation.
civanmert brave, bold and magnanimous.
civanmertlik bravery and magnanimity.
civanperçemi, -ni bot. yarrow.
civar 1. neighborhood, vicinity, environment, surroundings. 2. neighboring. —**ında** 1. near. 2. about, approximately.
civciv chick, (newly hatched) chicken.
civcivli lively, crowded and noisy; active, humming.
civcivlik chicken coop.
civelek 1. lively, playful, vivacious. 2. hist. Janissary recruit.
civeleklik liveliness, vivacity.
Cizvit 1. (a) Jesuit. 2. Jesuit; Jesuitic, Jesuitical. — **tarikatı** the Jesuit order.
cizvit, -ti colloq. 1. (a) jesuit, cunning and untrustworthy person. 2. jesuitical, cunning and untrustworthy.
cizye hist. jizya, jizyah, head tax collected from non-Muslims.
cm. (abbr. for **santimetre**) cm. (centimeter).
coğrafi geographical.
coğrafya geography.
coğrafyacı 1. geographer. 2. colloq. geography teacher.
cokey jockey.
cokeylik work of a jockey.
conkikirik slang an Englishman.
conta washer; gasket; flat, thin ring used to prevent leakage from a joint.
cop, -pu 1. billy, billy club, nightstick. 2. stick.
coplamak /ı/ to beat (someone) with a nightstick or billy, club.

coplanmak to be beaten with a nightstick, be clubbed.
corum shoal, school of fish.
coşku 1. excitement. 2. enthusiasm, exuberance, ebullience. —**ya kapılmış** 1. excited. 2. enthusiastic, exuberant, ebullient.
coşkulanmak 1. to get excited. 2. to get enthusiastic, become exuberant, become ebullient.
coşkulu 1. excited. 2. enthusiastic, exuberant, ebullient. 3. exciting, thrilling.
coşkun 1. enthusiastic, exuberant, ebullient. 2. excited. 3. ebullient, foaming, turbulent, or wild (water); tempestuous, gusty, blustery, or whipping (wind). 4. thunderous (applause).
coşkunluk enthusiasm, exuberance, ebullience.
coşkusal 1. enthusiastic, relating to enthusiasm. 2. exciting. 3. overly excitable.
coşmak 1. to get excited. 2. to get enthusiastic, become exuberant, become ebullient. 3. (for a river, the sea) to become turbulent; (for a wind) to become violent.
coşturmak /ı/ 1. to excite, stir (someone) to excitement. 2. to whip up the enthusiasm of, exhilarate.
coşturucu 1. exciting. 2. exhilarating, exhilarative.
coşturuculuk 1. being exciting. 2. being exhilarative.
coşturulmak 1. to be excited, be stirred up to excitement. 2. to be exhilarated, be carried away by enthusiasm.
coşu ecstasy, rapture.
coşumcu 1. romantic. 2. Romantic. 3. a Romantic writer.
coşumculuk Romanticism.
coşuntu 1. excitement. 2. enthusiasm, exuberance, ebullience.
covino slang 1. (someone) who dresses well, who is smartly turned out. 2. (a) Christian.
cömert 1. generous, liberal, munificent. 2. productive, fertile, fruitful, fecund.
cömertçe generously, liberally.
cömertleşmek to become generous.
cömertlik generosity, liberality, munificence.
cönk, -gü, -kü 1. a codex in which the line of writing is parallel to the seam. 2. manuscript collection of folk poems.
cönk, -kü junk (a boat).
cudam prov. stupid blunderer, clumsy fool.
cuk children's game the winning position of the thrown knucklebone.
cuk slang hashish, hash.
cuma Friday. — **namazı** Islam Friday prayers.
cumartesi, -yi Saturday. — **çocuğu** slang bastard. — **kıban gibi süslenmek** colloq. to dress up in a gaudy style.
cumba 1. bay window; bow window; oriel, oriel window; moucharaby. 2. wooden latticework projection extending from the outside of a

cumbadak house window (designed to let a woman lean out of the window without being seen by male neighbors or passersby).
cumbadak (falling into water) with a splash.
cumbalak *prov.* somersault.
cumbalamak /ı/ to smooth off the rough edge of (something).
cumbalı 1. (building) which has a bay window, bow window, oriel, or moucharaby; bay-windowed; bow-windowed. 2. (house window) which has a wooden latticework projection attached to its outer side.
cumbul cumbul 1. too watery (food). 2. with a slopping or splashing sound.
cumbuldamak, cumburdamak (for a liquid) to make a sloshing sound.
cumburlop (falling into water) with a plop.
cumburtu 1. plopping sound. 2. sloshing sound.
cumhur 1. the general public, the people. 2. crowd, multitude.
cumhurbaşkanı, -nı president of a republic.
cumhurbaşkanlığı, -nı 1. presidency of a republic. 2. presidential: **cumhurbaşkanlığı konutu** presidential residence.
cumhuriyet, -ti republic. **C— Senatosu** *hist.* Senate (of the Republic of Turkey).
cumhuriyetçi 1. (a) republican. 2. republican, (someone/something) who/which favors a republican form of government.
cunda *naut.* peak (of a gaff); arm-end of a yard.
cunta *pol.* junta.
cunta *see* **conta.**
cuntacı *pol.* member of a junta.
cup Plop! (sound produced by something falling into water).
cuppadak (falling into water) with a splash.
cura a plucked string instrument, the smallest variety of the **bağlama.**
cura *prov., zool.* a small, shrill-voiced hawk.
cura *slang* the last drag on a cigarette.
curacı 1. player of **cura.** 2. maker or seller of **cura.**
curcuna 1. hullabaloo, hubbub, clamor, babel, din. 2. *Turkish mus.* a rhythmic pattern or the dance associated with it. **—ya çevirmek/döndürmek/vermek** /ı/ to fill (a place) with a clamor of voices. **—ya kalkmak** *slang* to start a brawl. **—yı koparmak** to begin to raise a hullabaloo.
curnata an onrush of quail.
cüce dwarf. **— yıldızlar** *astr.* dwarf stars.
cücekarga *zool.* jackdaw.
cücelik dwarfishness, nanism.
cücük 1. bud; young shoot. 2. heart of an onion. 3. tuft of beard, imperial. 4. chick.
cücüklenmek to sprout.
cühela ignorant people.
cülus accession to the throne.
cümbür cemaat the whole kit and caboodle,

the whole push: **Cümbür cemaat geldiler.** The whole push of them came.
cümbüş 1. carousal, revel. 2. a mandolin with a metal body. **— yapmak** to carouse, revel.
cümbüşlü rollicking, hilarious.
cümle 1. sentence, clause. 2. a total, whole; system, group. 3. all. **—miz** all of us, we all. **— âlem** the whole world, everybody. **— kapısı** main door.
cümlecik *gram.* clause.
cümleten all together; all of them. **— Allaha ısmarladık.** Good-bye everyone.
cümudiye *obs.* 1. glacier. 2. iceberg.
cünüp *Islam* unclean, (someone) who needs to make a ritual ablution.
cüppe robe worn by imams, judges, barristers, and professors, with full sleeves and long skirts. **— gibi** long and loose (garment).
cüret, -ti temerity, audacity; nerve. **— etmek** /a/ to have the temerity, have the audacity (to do something); to have the nerve (to do something).
cüretkâr *see* **cüretli.**
cüretkârlık *see* **cüretlilik.**
cüretlenmek to become audacious, become bold; to develop nerve.
cüretli audacious, bold, temerarious; nervy.
cüretlilik audaciousness, boldness, temerariousness; nerviness.
cüretsiz devoid of temerity, audacity, or nerve.
cüretsizlik lack of temerity, audacity, or nerve.
cüruf 1. scoria, dross, slag. 2. cinders or clinkers (from coal). 3. volcanic ash, cinders.
cürüm, -rmü crime, felony, offense, misdemeanor. **—ünü inkâr etmek** to deny the crime that one has committed. **— isnadı** imputation of crime. **— işlemek** to commit a crime. **—ünü itiraf etmek** to plead guilty. **—ü meşhut halinde** *law* (caught) in the act, in flagrante delicto. **—ü meşhut yapmak** /a/ to lay a trap to catch (someone) red-handed. **—e teşebbüs** attempt at a crime, attempted crime.
cüsse body, frame (of a person).
cüsseli big, burly (person).
cüssesiz undersized (person).
cüz, -z'ü 1. part, section, fragment, piece, particle; element, component. 2. a thirtieth part of the Koran; section of the Koran separately bound. 3. fascicle (of a book). **— kesesi** ornamented leather or cloth bag or holder for carrying a section of the Koran.
cüzam *path.* leprosy, Hansen's disease.
cüzamlı 1. leprous. 2. leper.
cüzdan 1. wallet; billfold. 2. official document in the shape of a booklet.
cüzi 1. insignificant, trifling, small. 2. partial, fragmentary.
cüzzam *path., see* **cüzam.**

Ç

Ç the letter Ç.
çaba effort. — **göstermek** to strive, struggle, exert oneself.
çabalama effort, striving, struggling, exertion.
çabalamak 1. to strive, struggle, exert oneself. 2. to flounder; to flail or thrash one's arms and legs. **Çabalama kaptan ben gidemem.** *colloq.* Don't force me; I simply can't do it.
çabalanmak to flounder; to flail or thrash one's arms and legs.
çabucacık *see* **çabucak**.
çabucak very quickly.
çabuk 1. quick, fast, swift, hasty. 2. quickly, speedily, soon. — **çabuk** very quickly. — **ol!** Be quick!/Hurry up!
çabuklaşmak to gain speed.
çabuklaştırılmak to be speeded up.
çabuklaştırma speeding up (a job).
çabuklaştırmak /ı/ to speed up, expedite (a job).
çabukluk quickness; speed, haste.
çaça 1. experienced sailor, old salt, seadog. 2. *slang* madam, brothel-keeper.
çaçabalığı, -nı *zool.* sprat.
çaçaça the cha-cha, the cha-cha-cha.
çaçaron 1. garrulous. 2. chatterbox, overbearing windbag.
çaçaronluk 1. garrulity, garrulousness. 2. being a chatterbox.
Çad 1. Chad. 2. Chadian, of Chad.
çadır tent. — **ağırşağı** cap of a tent pole designed to keep the rain out. — **bezi** tent canvas. —**ı bozmak** to take down a tent. — **çanağı/göbeği** piece at the top of a tent pole to which the canvas is attached. — **direği** tent pole. — **eteği** tent skirt, apron of a tent. — **kanadı** tent flap. — **kazığı** tent peg. — **kurmak** to pitch a tent. — **tablası** flat wooden disk at the top of a tent pole.
çadırcı 1. tentmaker. 2. seller of tents.
çadırcılık 1. tentmaking; being a tentmaker. 2. tent selling; being a seller of tents.
çadırlı 1. tented; covered with tents; provided with a tent. 2. tent dweller. — **ordugâh** *mil.* tented encampment.
Çadlı 1. (a) Chadian. 2. Chadian (person).
çağ 1. time. 2. age, period. 3. era, epoch. 4. the right time (for something). — **açmak** to begin a new era. — **atlamak** (for a country) to make up for lost time by modernizing with lightning rapidity; (for someone) to enter the modern age at a bound. — **üstü** ultramodern.
çağanoz *zool.* green crab. — **gibi** *colloq.* misshapen.

Çağatay 1. (a) Jagatai Turk, (a) Jagatai. 2. Jagatai, of the Jagatai Turks, of the Jagatai.
Çağatayca 1. Jagatai, Chagatai, the Jagatai language. 2. (speaking, writing) in Jagatai, Jagatai, Chagatai. 3. Jagatai, Chagatai (speech, writing); spoken in Jagatai; written in Jagatai.
çağcıl modern, up-to-date.
çağcıllaşma becoming modern, modernization.
çağcıllaşmak to become modern.
çağcıllaştırmak /ı/ to modernize.
çağcıllık modernity, being up-to-date.
çağdaş contemporary, contemporaneous.
çağdaşlaşma becoming contemporary, becoming contemporaneous.
çağdaşlaşmak to become contemporary, become contemporaneous.
çağdaşlık contemporariness, contemporaneity, contemporaneousness.
çağdışı 1. (someone) who subscribes to outworn ideas; (something) which is no longer considered to be acceptable, outworn. 2. *mil.* (someone) who is too old to be drafted.
çağıl çağıl (water's running between rocks) with a babbling, murmuring, or crashing sound.
çağıldamak (for water) to babble, murmur, or crash.
çağıltı the babbling, murmuring, or crashing sound (of water running between rocks).
çağın *see* **çağrı**.
çağırıcı person sent to invite or summon someone, inviter, summoner.
çağırış 1. calling, call; invitation; summons. 2. way of calling, inviting, or summoning. 3. shouting, calling out. 4. way of shouting or calling out. 5. singing. 6. way of singing.
çağırma 1. calling, call; invitation; summons. 2. shouting, calling out. 3. singing.
çağırmak /ı/ 1. to call; to invite; to summon. 2. to shout, call out. 3. to sing.
çağırtı call, shout, yell.
çağırtkan 1. (live or artificial) decoy. 2. call, instrument used to imitate an animal's cry.
çağırtmaç town crier, crier.
çağırtmak /ı/ 1. to have (someone) called, invited, or summoned. 2. to cause (someone) to shout or call out. 3. to have (someone) sing.
çağla 1. green almond, unripe almond. 2. (a) green fruit, (an) unripe fruit (usually almond, plum, or apricot). — **bademi** green almond, unripe almond. — **yeşili** almond green, a green resembling that of unripe almonds.
çağlamak (for falling water) to splash; to crash.

çağlar

çağlar see **çağlayan**.
çağlayan waterfall, cascade.
çağlayık bubbling spring; hot spring.
çağmak /a/ (for the sun) to beat down (on).
çağrı 1. *law* summons; subpoena, subpoena ad testificandum. 2. *law* (written) summons, process; subpoena, subpoena ad testificandum. 3. *mil.* call-up. 4. *mil.* (written) call-up notice, draft notice. 5. invitation; summons; call. — **belgesi/yazısı** 1. *law* summons, process; subpoena, subpoena ad testificandum. 2. *mil.* call-up notice, draft notice. — **cihazı** telephone beeper.
çağrıcı inviter, summoner.
çağrılamak /ı/ to call; to invite.
çağrılı invited (person).
çağrılık written invitation.
çağrılmak to be invited; to be called.
çağrım the distance a voice can travel.
çağrışım *psych.* association.
çağrışımcı *psych.* 1. (an) associationist. 2. associationist, associationistic.
çağrışımcılık *psych.* associationism.
çağrışmak 1. to call out in unison, shout together. 2. to sing in unison.
çağrıştırmak /ı, a/ to bring (something) to mind, remind (someone) of.
çağsama nostalgia.
çağsamak to feel nostalgic.
çakal 1. *zool.* jackal. 2. *slang* shady person, underhanded person. 3. *prov.* finicky, irritable, quick-tempered.
çakaleriği, -ni 1. sloe, the fruit of the blackthorn. 2. blackthorn, sloebush, sloetree.
çakaloz *hist.* a swivel gun.
çakar 1. a dragnet for catching mackerel. 2. flashing beacon (to warn ships). — **almaz** 1. *colloq.* useless, good-for-nothing. 2. *joc.* pistol that won't fire.
çakaroz *slang, used in:* — **etmek** /ı/ to understand, get, *Brit.* twig.
çakı pocketknife; jackknife. — **gibi** very active and alert.
çakıl 1. pebble, small stone. 2. gravel. — **döşemek** /a/ to pave with pebbles; to gravel. — **ocağı** gravel pit. — **pidesi** a pide baked on hot pebbles. — **taşı** pebble, small stone.
çakıldak 1. rattle (a toy). 2. mill clapper; mill hopper. 3. ratchet. 4. ball of dried dung hanging on an animal's tail. 5. ceaseless talker.
çakıldamak to rattle; to click, make a clicking sound.
çakıldatmak /ı/ to shake (something) noisily; to rattle; to make (things) click against each other.
çakılı (someone) equipped with a pocketknife or jackknife.
çakılı /a/ 1. nailed (to). 2. (animal) that is tethered to a stake in (a place).
çakıllı pebbly, gravelly; gravelled.
çakıllık 1. pebbly or gravelly place; place paved with pebbles or gravel. 2. gravel pit.
çakılmak 1. (for a nail, a peg) to be driven into place; to be pegged down; to be nailed down. 2. /a/ (for a plane) to nose-dive into (a place). 3. *slang* to be found out, be discovered.
çakıltı crunching sound, crunch (as of someone treading on gravel).
çakım 1. nailing, work of nailing. 2. pegging (of a stake). 3. flash of light. 4. flash of lightning. 5. spark.
çakın 1. flash of lightning. 2. spark.
çakır grayish blue (eyes); gray (eyes) with blue streaks.
çakırkeyif, çakırkeyf half tipsy, somewhat drunk.
çakırpençe (someone) who gets what he wants.
çakışık *geom.* congruent.
çakışmak 1. to fit snugly into each other. 2. (for the times of events) to conflict; /la/ (for the time of one event) to conflict with (the time of another). 3. to collide with each other. 4. to compete in extemporizing poetry. 5. *geom.* to be congruent.
çakıştırmak 1. *colloq.* to drink, booze; /ı/ to toss down, *Brit.* knock back (a drink). 2. /ı/ *prov.* to compare. 3. /ı/ to sow enmity between (two people).
çakız *slang, used in:* — **etmek** 1. /ı/ to understand, get, *Brit.* twig. 2. /a/ to clue (someone) in.
çakma 1. striking, pounding, or driving (something). 2. embossing; engraving; stamping. 3. die used in embossing or stamping.
çakmak 1. /ı/ to drive in (a stake); to nail (something). 2. /ı, a/ to tether (an animal) to a stake in (a place). 3. /ı, a/ to land (a blow) on, strike (a blow) to. 4. /ı/ to strike (a match); to light (a lighter). 5. /dan/ *slang* to know something about, have some knowledge of. 6. /ı/ *slang* to understand, get, *Brit.* twig. 7. /ı, a/ *slang* to palm off (something) on (someone). 8. (for lightning) to flash. 9. *slang* to drink, booze. 10. /dan/ *slang* to flunk, fail (an exam, a subject); /da/ to fail (a class).
çakmak 1. cigarette lighter, lighter. 2. steel for striking on a flint. — **çakmak** bloodshot (eyes).
çakmakçı repairer or seller of lighters.
çakmaklı flintlock gun.
çakmaklık (fuel, wick) suitable for use in a cigarette lighter.
çakmaktaşı, -nı 1. *geol.* flint. 2. flint (for a lighter).
çakoz *slang, used in:* — **etmek** /ı/ to understand, get, *Brit.* twig. — **olmak** to understand, get it, *Brit.* twig.
çakozlamak /ı/ *slang* to understand, get, *Brit.*

twig.
çakşır 1. a kind of shalwar made of thin material and often sewn to thin leather boots at the ankles. 2. leg feather, shank feather (of a fowl).
çakşırlı 1. (person) who is wearing a **çakşır**. 2. feather-legged (fowl).
çaktırılmak 1. (for a stake, a nail, a peg) to be driven in. 2. to be nailed down; to be pegged down.
çaktırmadan secretly; without letting the cat out of the bag, without giving anything away.
çaktırmak 1. /ı, a/ to have (someone) drive (something) in; to have (someone) nail or peg (something) down; to have (one thing) nailed or pegged to (another). 2. /ı, a/ *slang* to clue (someone) in on (something). 3. /ı, dan/ *slang* to fail or flunk (someone) in (an exam, a subject).
çalakalem (writing) hastily and carelessly.
çalakamçı using the whip freely (as one rides or drives an animal).
çalakaşık (eating) as fast as he/she can shovel it in.
çalakılıç delivering sword blows in all directions.
çalakırbaç *see* **çalakamçı**.
çalakürek rowing hard.
Çalap God.
çalapaça (dragging someone along) by main force.
çalar 1. striking or alarm mechanism of a clock. 2. (clock) equipped with a striking or alarm mechanism. **— saat** 1. striking clock; chiming clock. 2. alarm clock.
çalçene 1. chatty, talkative. 2. chatterbox.
çaldırılmak 1. (for a musical instrument, a piece of music) to be played on request; /a/ (for a musical instrument, a piece of music) to be played on request by (someone). 2. (for something) to be stolen; /a/ (for something) to be stolen by (someone).
çaldırmak 1. /ı, a/ to have (someone) play (a musical instrument, a piece of music, a radio). 2. /ı, a/ to have (someone) ring or toll (a bell); to have (someone) peal (bells); to have (someone) buzz (a buzzer); to have (someone) knock at (a door). 3. /ı/ to arrange for (something) to be stolen. 4. /ı, a/ to have (someone) steal (something). 5. /ı/ to allow (something) to be stolen.
çalgı 1. musical instrument. 2. instrumental music. 3. group of musicians. 4. place which has live musical entertainment. **— aleti** musical instrument. **— çağanak** with music and merrymaking. **— çalmak** to play music. **—da düzenleme** tuning. **— takımı** group of musicians.
çalgıcı musician, instrumentalist.

çalgıcılık being a professional musician.
çalgıç plectrum, pick.
çalgılı (place, event) which has live musical entertainment.
çalı bush, shrub. **—dan çalıya/çırpıya sıçramak** to jump at random from one topic to another. **— çırpı** sticks and twigs. **— gibi** bushy (hair, beard). **— süpürgesi** besom, broom made from heath.
çalıdikeni, -ni *bot*. blackthorn, sloe.
çalıfasulyesi, -ni string beans with large edible pods and small beans.
çalık 1. crooked, awry. 2. slanting, beveled. 3. (cloth) cut on the bias. 4. (mentally) deranged, not all there. 5. faded (color). 6. pockmarked; scarred. 7. pockmark; scar. 8. (someone) whose name has been struck off a roll.
çalıkavak *bot*. a poplar the branches of which are used in wickerwork.
çalıkuşu, -nu *zool*. 1. wren. 2. goldcrest, golden-crested kinglet/wren.
çalılık thicket; maquis; scrub.
çalım 1. swagger, strut, affected dignity. 2. the curved cutting edge of a scimitar. 3. *soccer* fake, faking movement. **—ından geçilmemek /ın/** to swagger unbearably. **—ına getirmek /ı/** 1. to find a convenient occasion (for). 2. to make (something) work out as one desires. **— satmak** to swagger.
çalımlamak /ı/ 1. *soccer* to fake (a player). 2. to take advantage of, cheat.
çalımlanmak 1. to swagger. 2. *soccer* (for a player) to be faked.
çalımlı 1. pompous. 2. *naut*. (ship) which is narrow and has a high bow.
çalınmak 1. to be stolen. 2. (for a bell) to be rung or tolled; (for bells) to be pealed; (for a buzzer) to be buzzed; (for a trumpet) to be sounded; (for a horn or whistle) to be blown or tooted. 3. (for a musical instrument, a piece of music, a record, a record player, a tape player, a radio) to be played. 4. (for a door) to be knocked on. 5. /a/ to be thrown or hurled to (the ground). 6. /a/ (for an ingredient) to be added to (a liquid). 7. /a/ *prov*. to be spread or smeared on.
çalıntı 1. stolen (goods). 2. plagiarized (material). 3. stolen goods. 4. plagiarized material.
çalışılmak *impersonal passive* 1. to work. 2. to study. 3. to try, strive.
çalışkan 1. hardworking, industrious. 2. studious.
çalışkanlık 1. industriousness, industry. 2. studiousness.
çalışma 1. work, working. 2. study, studying. **Ç— ve Sosyal Güvenlik Bakanı** the Minister of Labor and Social Security. **Ç— ve Sosyal Güvenlik Bakanlığı** the Ministry of Labor and

çalışmak 134

Social Security.
çalışmak 1. to work. 2. /a/ to study. 3. /a/ to try or strive (to do something). 4. (for a machine) to operate, run, work, go. **çalışıp çabalamak** to try hard, do all one can.
çalıştırıcı *sports* trainer.
çalıştırıcılık *sports* being a trainer, training.
çalıştırılmak 1. (for someone) to be worked. 2. to be allowed to work. 3. to be tutored. 4. (for someone) to be trained. 5. to be employed. 6. (for a machine) to be operated, be run.
çalıştırma 1. working (someone); causing or allowing (someone) to work. 2. tutoring. 3. training (someone). 4. employing, employment. 5. operating, running (a machine).
çalıştırmak /ı/ 1. to work (someone); to cause or allow (someone) to work. 2. to tutor. 3. to train (someone). 4. to employ. 5. to operate, run (a machine).
çalkağı *prov.* 1. cotton gin. 2. sieve (for separating grain).
çalkak *prov.*, *see* **çalkağı**.
çalkalama 1. shaking, shake, agitating, agitation. 2. tossing (something) about. 3. shaking up; beating; whipping; churning. 4. rinsing (dishes, one's mouth). 5. sieving (grain) (by shaking it). 6. (a woman's) wiggling (her hips); (a belly dancer's) wiggling (her stomach). 7. upsetting, turning (one's stomach).
çalkalamak /ı/ 1. to shake, agitate. 2. to toss (something) about. 3. to shake up; to beat; to whip; to churn. 4. to rinse (dishes, one's mouth). 5. to sieve (grain) (by shaking it). 6. (for a woman) to wiggle (her hips); (for a belly dancer) to wiggle (her stomach). 7. (for a brooding hen) to rotate (her eggs). 8. to upset, turn (one's stomach).
çalkalanmak 1. to be shaken, be agitated. 2. to be tossed about. 3. to be shaken up; to be beaten; to be whipped; to be churned. 4. (for dishes, one's mouth) to be rinsed. 5. (for grain) to be sieved (by shaking it). 6. (for eggs) to go bad. 7. (for one's stomach) to get upset. 8. (for a sea, a lake) to billow, get rough. 9. to pulsate, pulse, vibrate (with a feeling). 10. /da/ (for news, a rumor) to echo around, reverberate around (a place); /la/ (for a place) to be talking about nothing but (a specified piece of news). 11. (for a ship) to roll from side to side. 12. (for a woman's hips) to wiggle; (for a belly dancer's stomach) to wiggle.
çalkalatmak /ı, a/ 1. to have (someone) shake or agitate (something). 2. to have (someone) toss (something) about. 3. to have (someone) shake, beat, whip, or churn (something). 4. to have (someone) rinse (dishes, his/her mouth). 5. to have (someone) sieve (grain) (by shaking it).

çalkama *see* **çalkalama**. — **ayran** shaken or churned **ayran**.
çalkamak /ı/ *see* **çalkalamak**.
çalkanmak *see* **çalkalanmak**.
çalkantı 1. billow, undulation, swell, surge (of a sea or lake). 2. shaking; beating; whipping; churning. 3. something that has been shaken, beaten, whipped, or churned. 4. chaff (left after grain has been sieved). 5. pulsation, vibration (of an emotion). 6. turmoil, disturbance, agitation. 7. wiggling (of a woman's hips, a belly dancer's stomach).
çalkantılı 1. undulating, billowing, rough, or choppy (water). 2. turbulent, agitated (time, place).
çalkar *prov.* 1. sieve (for separating grain). 2. cotton gin. 3. something which upsets the stomach. 4. (a) purgative.
çalkatmak /ı, a/ *see* **çalkalatmak**.
çalma 1. stealing. 2. ringing or tolling (a bell); pealing (bells); sounding (a trumpet); blowing, tooting (a horn or whistle). 3. playing (a musical instrument, a piece of music, a record, a record player, a tape player, a radio). 4. knocking on (a door). 5. (a bell's) ringing or tolling; pealing (of bells); (a telephone's) ringing; striking or chiming (of a clock); playing (of a record player, a tape player, a radio). 6. chasing (a metal object). 7. *prov.* milk to which yogurt starter has been added. 8. stolen. — **maden** chased metal.
çalmacı chaser, person who chases metal.
çalmak 1. /ı/ to steal, take (something) unlawfully. 2. /ı/ to ring or toll (a bell); to peal (bells); to sound (a trumpet); to blow, toot (a horn or whistle); to buzz (a buzzer). 3. /ı/ to play (a musical instrument, a piece of music, a record, a record player, a tape player, a radio). 4. /ı/ to knock on (a door). 5. (for a bell) to ring or toll; (for bells) to peal; (for a telephone) to ring; (for a buzzer) to buzz; (for a trumpet) to sound; (for a clock) to strike or chime; (for a horn or whistle) to blow or toot, be blown or tooted; (for a musical instrument, a record, a record player, a tape player, a radio) to play, be played; (for a piece of music) to be played. 6. (for a clock) to strike (an hour). 7. /ı, a/ to throw or hurl (something/someone) to (the ground). 8. /a, ı/ to add (an ingredient) to (a liquid). 9. /a, ı/ *prov.* to spread or smear (one thing) on (another). 10. /ı/ (for frost, copper, soot) to spoil (something). 11. /ı/ to cut (something) diagonally; to cut (cloth) on the bias. 12. /ı/ to chase (a metal object). 13. /a/ (for one color) to be tinged with (another). 14. (for someone's accent) to have something of (a specified language) about it: **Dili Fransızcaya çalıyor.**

There's something French about his accent. 15. *prov.* (for someone's height) to verge on (a specified length): **Boyu kısaya çalıyor.** She's on the short side. 16. to wield (a sword, a whip, an oar) with all one's might. **çalıp çırpmak** to steal anything he/she can get his/her hands on. **Çalmadığım kapı kalmadı.** I've left no stone unturned. **çalmadan oynamak** 1. to be elated, be on top of the world; to be tickled pink. 2. to be very eager (to do something), be raring to go; always to be ready (to do something), be ready (to do something) at the drop of a hat.
çalmalı chased (metal object).
çalpara castanet, finger cymbal.
çalyaka by the collar, by the scruff of the neck. **— etmek /ı/** to grab (someone) by the collar, collar.
çam 1. *bot.* pine, pine tree. 2. pine, made of pine. **— devirmek** 1. to put one's foot in it, put one's foot in one's mouth, make a tactless or embarrassing mistake. 2. to upset the applecart, ruin something that was going fine. **— iğnesi/pürü** pine needle. **— yarması** 1. big and brawny, big and burly, husky. 2. big and brawny person, (a) husky. **— yarması gibi** big and brawny, big and burly, husky.
çamaşır 1. dirty laundry, dirty clothes, laundry. 2. underwear; underlinen, linen. **— asmak** to hang out the laundry. **— değiştirmek** to change one's underwear. **— dolabı** linen cupboard, linen closet, linen press. **— günü** washday. **— ipeği** embroidery silk. **— ipi** clothesline. **— kazanı** washpot. **— leğeni** washtub. **— makinesi** washing machine. **— mandalı** clothespin, *Brit.* clothes-peg, peg. **— merdanesi** clothes wringer. **— sepeti** 1. laundry basket (for clean laundry). 2. dirty-clothes hamper. **— sıkmak** to wring laundry. **— sodası** washing soda. **— suyu** liquid bleach, bleach. **— teknesi** laundry tray, washing tub, set tub, washtray. **— tozu** washing powder. **— yıkamak** to wash clothes, do the laundry, do the wash.
çamaşırcı washerwoman, washwoman, laundress, laundrywoman; laundryman, washerman, washman. **— kadın** washerwoman, washwoman, laundress, laundrywoman.
çamaşırcıayı *zool.* raccoon, racoon, coon.
çamaşırhane 1. laundry room, laundry; washhouse. 2. (a commercial) laundry; laundromat, launderette, washateria, washeteria.
çamaşırlık 1. laundry room, laundry; washhouse. 2. (cloth) suitable for making underwear.
çamçak 1. shallow bowl. 2. (a hand-held) scoop.
çamfıstığı, -nı pine nut, pignolia, pignon. **— ağacı** *bot.* Italian stone pine.
çamkeseböceği, -ni *zool.* a processionary moth that is harmful to pines.
çamlı piny, piney, (place) that abounds in pines; pine-forested, pine-clad.
çamlık 1. pine grove; piny wood. 2. piny, piney, (place) that abounds in pines; pine-forested, pine-clad.
çamsakızı, -nı pine pitch, pine resin, turpentine. **— çoban armağanı.** *colloq.* I know this small gift is unworthy of you, but given my circumstances it's the best I can do. **— gibi** very pestiferous (importuner), (someone) who won't take no for an answer.
çamur 1. mud, muck, mire; ooze; silt; sludge. 2. *colloq.* material that has a mud-like consistency, e.g. wet cement, wet plaster. 3. potter's clay; sculpting clay. 4. *colloq.* very pertinacious and unpleasant (person). **— atmak/sıçratmak /a/** to sling mud at, vilify. **— banyosu** mud bath. **—a basmak** to get mixed up in something dirty, get involved in something reprehensible. **—a bulamak /ı/** to sling mud at, vilify. **—a bulaşmak** to get mixed up in something dirty, get involved in something reprehensible. **—dan çekip çıkarmak /ı/** to keep (someone) from getting a bad name. **— deryası** sea of mud, very muddy place. **—a düşmek** to have one's reputation besmirched. **— gibi** *colloq.* very pertinacious and unpleasant (person). **— ığnbı** fishing net used in shallow water. **—u karnında (çiçeği burnunda)** (someone) who is still wet behind the ears, who is young and inexperienced, who is a fledgling, who is a greenhorn. **—a taş atmak** to anger or rile an aggressive, abusive loudmouth. **—a yatmak** to fail to make good a promise, not to come through.
çamurlamak /ı/ 1. to smear or plaster (someone/something) with mud; to mud; to muddy. 2. to sling mud at, vilify.
çamurlanmak 1. to get muddy; to be muddied; to be mudded. 2. to fill up with mud or sludge; to silt up. 3. to be vilified, be smeared, be smirched.
çamurlaşmak 1. to turn into mud, get muddy. 2. to begin to pick a quarrel.
çamurlatmak /ı, a/ to have (someone) smear or plaster (someone/something) with mud; to have (someone) mud (something).
çamurlu muddy; mudded, smeared or plastered with mud; covered in mud.
çamurluk 1. muddy place; mire. 2. gaiter, legging. 3. *auto.* mudguard. 4. footscraper.
çan 1. large bell. 2. gong. **— çalmak** 1. to ring a bell or gong. 2. to noise something abroad, spread the news far and wide. **— kulesi** belfry, bell tower; campanile. **—ına ot tıkamak/tıkmak /ın/** 1. to put (someone) out of operation, put the kibosh on. 2. to shut (someone) up,

çanak

— muzzle, silence. — **tokmağı** clapper, tongue.
çanak 1. bowl (especially an earthen one); mixing bowl. 2. bowl (of a tobacco pipe). 3. *biol., anat.* calyx. — **ağızlı** 1. (someone/an animal) who/which has a large mouth, bigmouthed. 2. widemouthed (container). 3. (someone) who has a big mouth, who is a blabbermouth, who can't keep a secret. — **anten** satellite dish (for receiving television stations). — **çömlek** crockery; pottery. — **gibi** big (mouth, bowl, cup). — **tutmak/açmak** /a/ to invite, ask for (trouble). — **yalamak** to lick someone's boots, kowtow, toady. — **yalayıcı** 1. bootlicker, toady. 2. (someone) who is a bootlicker, toadying, fawning.
çanakçı maker or seller of bowls (especially earthen ones).
çanakçılık being a maker or seller of bowls (especially earthen ones); making or selling bowls (especially earthen ones).
Çanakkale Çanakkale (formerly Chanak, Dardanelles, Sultanieh Kalesi). — **Boğazı** the Dardanelles, the Hellespont, the Hellespontus.
çanaklık 1. *naut.* crow's nest. 2. *arch.* echinus (in the capital of a column).
çanakyaprak *bot.* sepal.
çancı 1. maker or seller of bells. 2. bell ringer.
çan çan 1. continuous and boring talk, chatter. 2. clanging, ringing, or jangling sound. — **etmek** to chatter loudly and endlessly.
çançiçeği, -ni *bot.* bellflower.
çangıl çungul, çangır çungur with a clatter or a crash.
çangırdamak (for metal objects) to clatter, clank, rattle.
çangırtı clatter, clank, rattle (of metal objects).
çanıltı sound, ringing (of a bell or bells).
çanlı furnished with a bell or gong. — **şamandıra** bell buoy.
çanlık bell tower, belfry; campanile.
çanta 1. (woman's) purse, handbag, or shoulder bag. 2. change purse. 3. briefcase, attaché case. 4. carry-on bag, carry-on, traveling bag, valise; garment bag, suit bag, hanger case. 5. knapsack, rucksack; haversack. 6. game bag. 7. *colloq.* plastic bag or sack (with handles); plastic shopping bag. —**da keklik** a sure thing, a certainty, something which is in the bag.
çantacı 1. maker or seller of purses, briefcases, carry-on bags, knapsacks, etc. 2. *slang* purse snatcher; pickpocket.
çantacılık 1. making or selling purses, briefcases, carry-on bags, knapsacks, etc. 2. *slang* purse snatching; picking pockets.
çantaçiçeği, -ni *bot.* slipperwort.
çap, -pı 1. diameter. 2. *mil.* caliber, bore. 3. scale, size. 4. caliber, quality. 5. plan showing the size and boundaries of a plot. —**tan düş-**

mek not to be what one used to be, no longer to be able to do what one once did.
çapa 1. hoe; mattock. 2. hoeing (of a crop). 3. *naut.* (palmed) anchor. 4. *naut.* palm or fluke (of an anchor).
çapacı 1. hoer. 2. maker or seller of hoes or mattocks.
çapaçul *colloq.* slovenly, slatternly, frowzy.
çapaçulluk *colloq.* slovenliness, slatternliness, frowziness.
çapak 1. sleep, sand (the substance that can be found in the corners of the eyes after sleeping). 2. burr (on metal); fin (on a casting); wire edge. — **almak** /**dan**/ to deburr, burr, remove burrs from. — **kalemi** burr chisel, burr.
çapaklanmak 1. (for one's eyes) to get encrusted with sleep. 2. (for a metal object) to get a burr on it.
çapaklı 1. (eyes) encrusted with sleep. 2. (metal object) which has a burr on it, burred.
çapalamak /ı/ to hoe or mattock (earth, plants).
çapalanmak (for earth, plants) to be hoed or mattocked.
çapalatmak /a, ı/ to have (someone) hoe or mattock (earth, plants); /ı/ to have (earth, plants) hoed or mattocked.
çapalı 1. provided with a hoe or mattock. 2. provided with an anchor or anchors.
çapanoğlu, -nu (a) difficulty, snag. —**nun aptes suyu** any watery, flavorless drink. (**altından**) — **çıkmak** for a snag to crop up.
çapar a boat used on the Black Sea.
çapar 1. spotted, mottled; speckled. 2. albino.
çaparız obstacle, hitch, snag, difficulty. — **çıkmak** for a problem to crop up, for something to go wrong. — **düşmek** *naut.* (for one cable) to fall athwart (another). —**a gelmek** to fall for it, be deceived. —**a getirmek** /ı/ to trick, entrap (someone). — **vermek** /a/ 1. to mess up, foul up, undo (something). 2. *naut.* to foul (anchors).
çaparızlı sticky, thorny, difficult. — **demir** *naut.* fouled anchor.
çapari setline; trotline; trawl line, trawl.
çapçak *prov.* 1. wooden water vessel. 2. open barrel.
çapkın 1. (man) who likes to chase women, who philanders, who tomcats around. 2. sexy, lustful, erotic. 3. good-for-nothing, no-count. 4. woman chaser, skirt chaser, womanizer, roué, philanderer, Casanova, tomcat. 5. rascal, scamp: **Seni çapkın seni!** You rascal you!
çapkınlaşmak to become a philanderer, turn into a skirt chaser.
çapkınlık being a womanizer, philandering.
çapla cold chisel.
çaplamak /ı/ to gauge, measure the diameter of; to calibrate.

çaplı 1. (something) which has a diameter or caliber (of a specified size). 2. large in diameter; large calibered; big bored (gun). 3. big, massively built (person).
çaprak saddlecloth, shabrack.
çapraşık 1. complicated; convoluted, involved; tangled. 2. transverse, crosswise, crossing.
çapraşıklaşmak to get complicated; to become convoluted.
çapraşıklık 1. complicatedness, complicacy; tanglement. 2. transverseness.
çapraşmak 1. to become complicated, convoluted, or tangled. 2. /la/ (for one thing) to cut across another diagonally.
çapraz 1. transverse, crosswise, crossing (lines); (something) which is placed or hangs crosswise, which is placed or hangs at an angle, which is placed or hangs diagonally. 2. crosswise, across, diagonally, transversely, obliquely, at an angle; athwart. 3. (cutting cloth) on the bias. 4. *tailor.* double-breasted. 5. crosscut file. 6. saw set. 7. double-breasted jacket or vest. 8. *Turkish wrestling* a kind of clinch. 9. *arch.* groin (of a vault). 10. bandolier. 11. diagonal brace or strut (in a construction). —a almak /ı/ *Turkish wrestling* to take (one's opponent) in a clinch. — ateş *mil.* cross fire. — çarpım *math.* cross product, vector product. — iskemle Savonarola chair. — kerteriz *naut.* cross bearings. — kuşak baldric. — nef/sahın *arch.* transept. —a sarmak (for a matter, a situation) to get complicated, get involved, turn into a mess. — tonoz *arch.* groin vault.
çaprazlama 1. crossing, putting (two things) in a crosswise position. 2. crosswise, across, diagonally, transversely, obliquely, at an angle; athwart. 3. (cutting cloth) on the bias. 4. *biol.* crossbreeding.
çaprazlamak /ı/ 1. to cross, put (two things) in a crosswise position. 2. to crossbreed (animals, plants).
çaprazlaşmak (for a matter or situation) to get complicated, get involved, turn into a mess.
çaprazlık transverseness, obliqueness, obliquity.
çaprazvari crosswise, across, diagonally, transversely, obliquely, at an angle; athwart.
çapul 1. looting, sacking, pillaging, plundering. 2. loot, booty, spoils. — etmek /ı/ to loot, sack, pillage, plunder.
çapulcu looter, sacker, pillager, plunderer.
çapulculuk looting, sacking, pillaging, plundering; being a looter, sacker, pillager, or plunderer.
çapullamak /ı/ to loot, sack, pillage, plunder.
çapullanmak 1. to be looted, sacked, pillaged, or plundered. 2. to get loot, booty, or spoils.
çaput, -tu 1. rag, cloth. 2. worn-out piece of clothing. 3. cloth patch, patch.

çar czar, tsar.
çarçabuk very quickly, very speedily.
çarçur squandering, wasteful expenditure. — etmek /ı/ to squander, dissipate. — olmak to be squandered, be dissipated.
çardak 1. arbor; pergola; bower, bowery; summerhouse. 2. booth, rude shelter open on all sides with a roof of branches or thatch.
çare solution, remedy, cure, way to solve or remedy a problem or situation. —sine bakmak /ın/ to look for a way to solve (a problem); to find a way to (do something). — bulmak /a/ to find a way to remedy (a matter); to find a way to do (something). — yok. I have no choice but to do it./My hands are tied.
çaresiz 1. incurable (disease). 2. (problem, situation) for which no solution or remedy exists or seems to exist, desperate. 3. (someone) who is in desperate straits. 4. *used to indicate the unavoidable nature of an action:* Çaresiz gittim. I had no choice but to go. — kalmak to be in desperate straits.
çaresizlik 1. incurability, incurableness. 2. desperation, despair.
çareviç czarevitch, tsarevitch.
çarık 1. rawhide sandal. 2. drag, skid, shoe (for a carriage wheel). 3. *slang* wallet; purse. —ı çekmek to get to work, set to.
çarıkçı maker or seller of rawhide sandals.
çarıkçılık making or selling rawhide sandals; being a maker or seller of rawhide sandals.
çarık çürük *colloq.* worn-out; dilapidated.
çarıklı (someone) who is wearing rawhide sandals. — erkânıharp/diplomat/bezirgân canny peasant.
çariçe czarina, tsarina.
çark, -kı 1. wheel (of a machine). 2. paddle wheel. 3. drive wheel, driving wheel. 4. grindstone. 5. *mil.* wheel, wheeling (a turning movement of troops or ships). —ı bozulmak to meet with reverses, encounter adversities. — çevirmek to circle, go in circles. —ı dönmek 1. for fortune to smile on one, for things to go well, for luck to be with one. 2. for one's luck to desert one. — etmek /a/ 1. *mil.* (for troops, ships) to wheel in (a given direction). 2. to turn to (a given direction). —ına etmek/okumak /ın/ *slang* to fix (someone) but good, make (someone) suffer.
çarkçı 1. *naut.* engineer, mechanic. 2. knife grinder, grinder.
çarkçıbaşı, -nı *naut.* chief engineer.
çarkçılık 1. *naut.* the work of an engineer; being an engineer. 2. knife grinding; being a knife grinder.
çarkıfelek 1. *bot.* passionflower. 2. fireworks pinwheel, Catherine wheel. 3. *colloq.* fate, fortune, destiny.

çarklı 1. (machine) equipped with a wheel (e.g. a drive wheel). 2. (steamer) driven by a paddle wheel. 3. paddle-wheeler.
çarlık czardom, tsardom.
çarliston 1. the Charleston (a dance). 2. see — **biber**. — biber/biberi banana pepper (an elongated, light green sweet pepper).
çarmıh cross (used as an instrument for putting people to death). —a germek /ı/ to crucify.
çarmık *naut*. shroud.
çarnaçar of necessity, perforce, willy-nilly, like it or not.
çarpan *math*. factor; multiplier. —lara ayırmak /ı/ *math*. to factor.
çarpı *math*. 1. multiplication sign. 2. times, multiplied by.
çarpıcı striking, remarkable. — söz slogan.
çarpık 1. crooked, bent. 2. askew, awry. 3. twisted, distorted (idea, outlook). 4. perverted (sexual relationship). 5. (a system) which is basically unsound or flawed. 6. (someone) who has been paralyzed by a malevolent spirit. — çurpuk very crooked; contorted.
çarpıklık 1. crookedness, being bent. 2. distortedness, distortion. 3. paralyzed look (on one's face). 4. pervertedness, perversion. 5. basic unsoundness, the essentially flawed nature (of a system). 6. paralysis by a malevolent spirit.
çarpılan *math*. multiplicand.
çarpılmak 1. to become crooked; to get askew. 2. to warp, become warped; to be bent. 3. to be paralyzed (by a malevolent spirit). 4. to be struck dumb with amazement, be dumbfounded. 5. /a/ to be taken by, be captivated by. 6. to get an offended look on one's face. 7. /la/ *math*. to be multiplied (by). 8. (for a door, shutter, etc.) to be slammed, be banged.
çarpım *math*. product. — çizelgesi/tablosu multiplication table.
çarpıntı 1. palpitation, throbbing (of the heart); tachycardia. 2. choppiness (of water).
çarpışılmak *impersonal passive* 1. to collide; to clash; to hit, bang, or bump against each other. 2. to fight, battle, contend.
çarpışma 1. collision; clash; banging; bumping. 2. skirmish. 3. fighting, combat, battle. 4. joining battle, entering into combat, engagement. —ya girişmek to enter into combat.
çarpışmak 1. to collide; to clash; to hit, bang, or bump against each other. 2. to fight, battle, contend. 3. to join battle, enter into combat. 4. to skirmish. **çarpışan arabalar** dodgem cars, dodgems, bumper cars.
çarpıştırmak 1. /ı/ to hit, bang, or strike (two things together); /ı, la/ to knock, hit, bang, or strike (one thing) against (another). 2. /ı/ to make or allow (two military forces) to fight, skirmish, or join battle; /ı, la/ to make or allow (one military force) to fight, skirmish, or battle with (another).
çarpıtmak 1. /ı, a/ to bend, lean (something) to (one side); /ı/ to crook, bend. 2. /ı/ to set or make (something) askew, put (something) at an angle. 3. /ı/ to distort, willfully to misinterpret.
çarpma 1. /a/ hitting, striking, or bumping (something); /ı, a/ hitting, striking, or bumping (one thing) against (another); /ı, a/ slamming (something) down on (a surface). 2. *math*. multiplication. 3. a large fishhook which has five barbs. 4. repoussage. 5. repoussé. — **kapı** swinging door, swing door.
çarpmak 1. /a/ to hit, strike, or bump; /ı, a/ to hit, strike, or bump (one thing) against (another); /ı, a/ to slam (something) down on (a surface). 2. (for a door, shutter, etc.) to slam, bang; /ı/ to slam, bang (a door, shutter, etc.). 3. (for one's heart) to beat, palpitate, or throb. 4. /ı, la/ *math*. to multiply (one number) by (another). 5. /ı/ (for something) to make (someone) feel dizzy; to give (someone) a headache; to go to (someone's) head. 6. to sock, wallop, belt, or thump someone (with one's fist); to slap someone: **Çarparım ha!** I'll really belt you one! 7. /ı/ to steal, swipe, make off with (something); to rob (someone). 8. /ı, a/ to apply an undercoat of (plaster) to (a surface). 9. /ı/ (for a malevolent spirit) to paralyze (someone).
çarptırmak 1. /ı, a/ to cause or allow (one thing) to hit, strike, or bump (another). 2. /ı/ to bang, slam. 3. /ı/ to cause (someone's heart) to palpitate, palpitate; to cause (someone's heart) to throb. 4. /a, ı, la/ *math*. to have or let (someone) multiply (one number) by (another). 5. /a, ı/ to make or let (someone) steal (something), make or let (someone) swipe (something). 6. /a, ı/ to have or let (someone) apply an undercoat of (plaster). 7. /ı/ to paralyze.
çarşaf 1. bed sheet, sheet. 2. an outer garment covering a woman from head to foot and designed to hide her body from the view of men. —a dolaşmak *slang* to bungle it, botch it, make a mess of it. — gibi calm (sea). —a girmek (for a girl) to begin to wear the **çarşaf** for the first time. — kadar oversize, very wide (handkerchief, scarf, sheet of paper, etc.).
çarşaflamak /ı/ 1. to sew or button a sheet to (a quilt). 2. to sheet, furnish (a bed) with a sheet or sheets. 3. to clothe (a girl or woman) in a **çarşaf**.
çarşaflanmak 1. (for a quilt) to be covered with a sheet. 2. (for a bed) to be sheeted. 3. (for a girl or woman) to be clothed in a **çarşaf**.
çarşaflı 1. sheeted, furnished with a sheet or sheets. 2. (girl, woman) clothed in a **çarşaf**.
çarşaflık 1. (material) suitable for making a bed

sheet or a **çarşaf.** 2. sheeting.
çarşamba Wednesday. — **karısı** the Wednesday Witch (a malevolent spirit). — **karısı gibi** *colloq.* wild-haired and slatternly looking; frightful-looking. — **pazarı** *colloq.* place characterized by crowds and confusion.
çarşı group of shops, bazaar (especially one where food is sold). —**ya çıkmak** to go shopping (especially for food). — **esnafı/halkı** storekeepers, tradespeople. — **hamamı** *colloq.* Turkish bath (open to the public). — **pazar** shopping district, shops. — **pazar dolaşmak/gezmek** to have a look around the stores; to have a look around the stores and markets.
çarşılı 1. shopkeeper, tradesman. 2. (place) which has a bazaar.
çarter charter, charter party, lease of a conveyance. — **gemisi** charter ship. — **sözleşmesi/parti** charter party, lease of a conveyance. — **uçağı** charter plane.
çat, -tı Snap!/Crack!/Bang!/Crash! *(imitates a sudden, sharp noise).* — **çut** with a lot of snapping and cracking. — **diye** 1. with a snap, crack, bang, or crash. 2. all of a sudden. — **etmek** to snap, make a snapping noise; to crack, make a cracking noise; to bang, make a banging noise. — **kapı** .... All of a sudden there was a knock at the door and .... — **orada, çat burada.** *colloq.* 1. He's/She's a gadabout. 2. He's/She's always moving house. — **orada, çat burada, çat kapı arkasında/ardında.** *colloq.* He's/She's a gadabout. — **pat** *colloq.* 1. (speaking a foreign language) a little, smatteringly. 2. now and then.
çat, -tı *prov.* 1. intersection, crossroads, junction. 2. junction, confluence (of streams).
çatak 1. riverbed formed by two intersecting mountain slopes. 2. involved, intricate. 3. attached, twinned (fruit). 4. quarrelsome.
çatal 1. fork (used for eating, serving, etc.). 2. fork, bifurcation. 3. prong; branch of a forked object. 4. pitchfork. 5. forked. 6. (word) which has a double meaning. 7. involved, difficult. 8. cracked (voice). — **anahtar** a key with two points or edges. — **bel** digging fork. — **bıçak** silver, silverware, *Brit.* cutlery. — **çekiç** claw hammer. — **çutal** 1. cracked (voice). 2. very complicated. — **görmek** to see double. — **kazık** a difficult business, a complicated affair the outcome of which is doubtful. — **matal kaç çatal** a children's game. — **sakal** forked beard. — **tırnak** cloven hoof. — **tırnaklı** cloven-hoofed. — **yeri** fork, bifurcation.
çatalağız *geog.* delta.
çatallandırmak /ı/ see **çatallaştırmak.**
çatallanım forking, bifurcation, furcation, divarication.
çatallanmak see **çatallaşmak.**

çatallaşmak 1. to fork, bifurcate, furcate, divaricate. 2. to get complicated. 3. (for a voice) to become cracked.
çatallaştırmak /ı/ to cause (something) to fork, make (something) have a fork in it, fork, bifurcate.
çatallı 1. forked, bifurcate, furcate, divaricate; bifid; (something) which has a fork in it. 2. involved, complicated. 3. cracked (voice).
çatana a small steam-powered boat about the size of a large launch or pinnace.
çatapat, -tı a small toy explosive that goes off when scratched on a hard surface (It resembles the cap of a cap gun.).
çatı 1. framework of a roof (not the roofing material covering it). 2. the empty space between the roof and the top story; attic. 3. skeleton (of an animal or person). 4. a Turkish verb made by using one or more infixes. 5. stack (of arms). — **arası** garret, the space between the roof and the top story. — **bahçesi** roof garden, garden on the roof of a building. — **eki** *gram.* infix. — **kancası** *mil.* stacking swivel (of a rifle). — **katı** 1. penthouse. 2. attic, garret, loft. — **kemiği** *anat.* pubic bone. — **kirişi** rafter. — **omurgası** ridgepole. — **örtüsü** roofing, the material covering a roof. — **penceresi** 1. dormer window, lucarne. 2. skylight.
çatık stacked (arms); (poles, etc.) that are propped together (like stacked rifles). — **kaşlı** 1. (someone) whose eyebrows touch each other. 2. beetle-browed, frowning. — **suratlı** frowning, sullen-faced, scowling.
çatıklaşmak (for someone's eyebrows) to come together in a frown, beetle.
çatılı 1. roofed. 2. stacked (arms); (poles, etc.) that are propped together (like stacked rifles). 3. (someone) who has a cloth tied around his/her forehead.
çatılmak 1. (for arms) to be stacked, be piled; (for poles, etc.) to be propped together (like stacked rifles). 2. (for a framework of poles) to be put up. 3. to be erected in a makeshift manner. 4. /a/ (for a load) to be put on both sides of (a pack animal). 5. (for pieces of cloth) to be basted together, be tacked together. 6. (for a cloth worn around the forehead) to be tied on. 7. (for someone's brows) to be knit.
çatır çatır 1. (breaking) with a crack or a snap; (burning) with a crackle or a snap; cracklingly; with a crunch. 2. *colloq.* by force. 3. *colloq.* easily, with great ease. — **çatlamak** 1. to crack or splinter into pieces. 2. *colloq.* to be eaten up with jealousy. — **etmek** to make a cracking, crackling, or crunching sound. — **konuşmak** /ı/ *colloq.* to speak (a language) fluently, be able to rattle away in (a language). — **sökmek** /ı/ *colloq.* to pull out or rip out (something) by

çatır çutur

force.
çatır çutur (breaking) with a crack or a crunch.
çatırdamak 1. to make a cracking sound; to crackle; to snap; to make a crunching sound. 2. (for teeth) to chatter. 3. to be on the verge of crumbling, collapsing, or falling apart.
çatırtı crack, cracking sound; crackle, crackling sound; snap, snapping sound; crunch, crunching sound.
çatışık contradictory, clashing.
çatışılmak *impersonal passive* to clash, collide.
çatışma 1. clash, encounter, fight (either verbal or armed). 2. *mil.* skirmish. 3. *psych.*, *fiction* conflict. — **çıkmak** 1. for an armed fight or skirmish to take place. 2. for a verbal skirmish to take place. **—ya girmek** /la/ 1. (for one person) to enter into an armed fight with (another); (for one group) to begin to skirmish with (another). 2. (for one person) to enter into a verbal skirmish with, cross swords with (another).
çatışmak 1. to join battle; to fight, clash; to skirmish. 2. to quarrel, clash, cross swords, lock horns. 3. /la/ (for one thing) to contradict, be the contradictory of, be in conflict with, conflict with, run counter to (another). 4. /la/ (for one thing) to fall at the same time as, conflict with (another). 5. (for the ends of objects) to touch each other. 6. (for glances) to meet.
çatıştırmak /ı/ 1. to cause or allow (people) to fight, clash, or skirmish. 2. to cause or allow (people) to quarrel, clash, cross swords, or lock horns. 3. to prop (poles, etc.) together (as one would stack rifles).
çatkı 1. (a) cloth tied around one's forehead. 2. stack (of arms); a group of things that are propped together (like stacked rifles). 3. chassis (of a vehicle). 4. framework. 5. *tailor.* basting, tacking.
çatkın 1. knitted, frowning (brows). 2. sour, angry (face). 3. (someone) who has ingratiated himself with a rich or powerful person. 4. toady, sycophant.
çatkınlık 1. sour looks; discontent. 2. being a toady; toadying, sycophancy.
çatlak 1. split, slit; fissured. 2. crack, split; fissure; crevice. 3. *med.* infraction, incomplete fracture; greenstick fracture. 4. (a) chap, crack (in the skin). 5. chapped (skin). 6. (voice) which is uneven in tone, cracked. 7. *colloq.* mentally deficient, cracked, nuts, not all there. — **zurna** *colloq.* chatterbox with a grating voice.
çatlaklık 1. crack, split. 2. cracked tone, crack (in someone's voice). 3. *colloq.* stupidity; craziness.
çatlama 1. cracking, splitting. 2. *bot.* dehiscence. 3. breaking (of a wave). 4. checking (of wood).

140

çatlamak 1. to crack, split. 2. (for skin) to crack, chap. 3. /dan/ to be near death or die from (overeating, overdrinking, fatigue, or excessive crying). 4. /dan/ to be consumed by, be eaten up with (jealousy, curiosity, or loneliness); to be ready to explode from, feel like screaming because of (boredom or anger); to be crushed by (grief). 5. (for a wave) to break. **çatlasa da (patlasa da)** *colloq.* no matter how hard he tries, no matter what he does: **Çatlasa da patlasa da onun dediğini yapmayacağım.** No matter how hard he pushes me, I won't do what he says. **çatlayan dalga** breaker. **çatlayası** *colloq.* damned, darned.
çatlatmak /ı/ to crack, split. 2. /ı, dan/ to cause (someone/an animal) to die or almost die from (overeating, overdrinking, fatigue, or excessive crying). 3. /ı/ to cause (someone) to be consumed with jealousy.
çatma 1. /ı/ stacking, piling (arms); propping (poles, etc.) together (as one would stack rifles). 2. /ı/ putting up (a framework of poles and timbers). 3. /ı/ erecting (something) in a makeshift manner. 4. /a/ scolding, berating. 5. /ı/ basting (pieces of cloth) together. 6. /ı/ tying on (a cloth worn around the forehead). 7. frame, framework. 8. piece of cloth that is basted or tacked to another piece of cloth. 9. *prov.* head scarf, kerchief. 10. a kind of cloth used to cover chairs. — **kaş** eyebrows that are joined.
çatmak 1. /ı/ to stack, pile (arms); to prop (poles, etc.) together (as one would stack rifles). 2. /ı/ to put up (a framework of poles or timbers). 3. /ı/ to erect (something) in a makeshift manner. 4. /ı, a/ to put (a load) on both sides of (a pack animal). 5. /ı/ to baste (pieces of cloth) together, tack (pieces of cloth) together. 6. /ı/ to tie on (a cloth worn around the forehead). 7. /ı/ to knit (one's brows). 8. /a/ to meet with, come up against, run up against (someone/something unpleasant). 9. /a/ to encounter, chance upon (someone). 10. /a/ to scold, berate. 11. /a/ to hit, bump. 12. /a/ to ingratiate oneself with, get in with, cozy up to. 13. (for a time) to come round, be upon one. **Çattık!** *colloq.* We're in for it now!
çatpat, -tı *see* **çatapat.**
çatra patra *colloq.* (speaking a foreign language) a little, smatteringly.
çattadak with a sudden cracking sound.
çattırmak /a, ı/ 1. to have (soldiers) stack (arms); to have (someone) prop (poles, etc.) together (as one would stack rifles). 2. to have (someone) put up a framework (of poles or timbers). 3. to have (someone) erect (something) in a makeshift manner. 4. to have (someone)

baste (pieces of cloth) together. 5. to have (someone) tie on (a cloth worn around the forehead). 6. to cause (one thing) to hit or bump (another).
çavalye creel (for fish).
çavdar rye. — ekmeği rye bread.
çavlan big waterfall, falls.
çavuş 1. *mil.* sergeant. 2. foreman (of a group of workers). 3. boy who has the highest grades in his class (at a military high school). 4. *hist., mil.* (an) orderly.
çavuşkuşu, -nu *zool.* hoopoe.
çavuşluk 1. being a sergeant, foreman, or orderly; the duties of a sergeant, foreman, or orderly. 2. sergeantship. 3. foremanship. 4. *hist., mil.* the rank of orderly.
çavuşüzümü, -nü sweetwater, sweet-water, a large sweet white grape.
çay 1. tea, tea plant. 2. tea (dried tea leaves). 3. tea (as a drink). 4. tea party, tea. — bahçesi tea garden (where tea and other refreshments are served). — bardağı tea glass. — demlemek to steep tea. — fincanı teacup. — kaşığı teaspoon (a tiny spoon, usually smaller than an American coffee spoon). — ocağı kitchen where tea is made and sold by the glass. — takımı 1. tea set. 2. tea cloth and a set of napkins. — vermek 1. to serve tea. 2. to give a tea party, have a tea party.
çay creek, tributary of a river. —dan geçip derede boğulmak to deal successfully with great difficulties only to fail in carrying out an essentially easy task. —ı görmeden paçaları sıvamak to prepare for something unnecessarily early; to worry about something before one needs to. — kenarında kuyu kazmak to do something the hard way.
çaycı 1. tea vendor, someone who sells tea by the glass; proprietor of a teahouse. 2. tea grower. 3. tea merchant, someone who sells dry tea. 4. someone who loves to drink tea.
çaycılık 1. making and selling tea by the glass. 2. growing or raising tea. 3. marketing dry tea.
çaydanlık teakettle; teapot.
çayevi, -ni teahouse.
çayhane *see* çayevi.
çayır 1. meadow; pasture. 2. hayfield. 3. prairie; savanna, savannah. 4. pasture, herbage eaten by grazing animals. — hokeyi field hockey.
çayırbiçer mower, mowing machine.
çayırkuşu, -nu *zool.* skylark.
çayırlamak 1. (for an animal) to graze, pasture. 2. /ı/ to put (an animal) out to graze, graze, pasture. 3. (for an animal) to get bloated (from eating too much herbage).
çayırlanmak (for an animal) to graze, pasture.
çayırlaşmak to become meadowy, become meadowlike.

çayırlatmak /ı/ to put (an animal) out to graze, graze, pasture.
çayırlık 1. meadowland, pastureland, meadow. 2. meadowy.
çayırmantarı, -nı *bot.* common mushroom.
çayırotu, -nu *bot.* timothy, timothy grass.
çayırpeyniri, -ni a kind of soft cheese.
çaylak 1. *zool.* kite. 2. *colloq.* raw, inexperienced.
çaylık 1. tea garden, tea plantation. 2. suitable for use with tea.
çeç heap of winnowed grain.
çeçe *zool.* tsetse fly.
Çeçen 1. Chechen, the Chechen people. 2. (a) Chechen. 3. Chechen, of or pertaining to the Chechen people or their language. — Kazağı (a) Cossack of the Don.
Çeçence 1. Chechen, the Chechen language. 2. (speaking, writing) in Chechen, Chechen. 3. Chechen (speech, writing); spoken in Chechen; written in Chechen.
çedene *prov.* flaxseed, linseed.
çedik a soft high-topped inner shoe made of yellow leather.
çehre 1. face. 2. aspect, appearance. 3. sour face. —si bozulmak to look upset; to get a sour look on one's face. — çatmak/eğmek/etmek to make a sour face. — fukarası/züğürdü ugly-faced.
Çek, -k'i 1. (a) Czech. 2. Czech, of the Czechs. — Cumhuriyeti the Czech Republic.
çek, -ki bank check, check, *Brit.* cheque. — defteri/karnesi checkbook. — koçanı check stub, counterfoil. — valf/valfı check valve.
çekap, -pı *med.* checkup.
Çekçe 1. Czech, the Czech language. 2. (speaking, writing) in Czech, Czech. 3. Czech (speech, writing); spoken in Czech; written in Czech.
çekçek small four-wheeled handcart.
çekecek shoehorn.
çekek *naut.* slip, careenage.
çekelemek /ı/ 1. to pull on (someone/something) repeatedly. 2. to pull and drag.
çekememek /ı/ 1. not to be able to pull. 2. not to be able to stand or put up with. 3. to be jealous of.
çekememezlik envy, jealousy.
çekemezlik *see* çekememezlik.
çeker 1. capacity (of a scale). 2. tractor. 3. *phot.* objective.
çeki a weight of 250 kilos (of firewood, coal, etc.). —ye gelmemek 1. to be very heavy; to be unbearable. 2. to be disorderly, be untidy. — taşı gibi 1. very heavy, ponderous. 2. very slow, lazy.
çekici 1. (force, vehicle, instrument, etc.) which can pull, draw, haul, drag, or tug something. 2. attractive, appealing. 3. wrecker, tow truck. — araç wrecker, tow truck.

çekicilik attractiveness.
çekiç 1. hammer. 2. *anat.* hammer, malleus. 3. *sports* hammer. — **atma** *sports* hammer throw.
çekiçhane building or area designed to house a drop hammer or drop hammers.
çekiçkemiği, -ni *anat.* hammer, malleus.
çekiçlemek /ı/ to hammer, pound (something) with a hammer.
çekidüzen tidiness, orderliness. — **vermek** /a/ to put (someone/a place) in order, tidy up.
çekik 1. slanting (eyes). 2. drawn out. 3. drawn in.
çekiliş 1. being pulled, drawn, hauled, dragged, or tugged. 2. (a) draw (in a lottery). 3. withdrawal; receding, recession.
çekilme 1. being pulled, drawn, hauled, dragged, or tugged. 2. withdrawal, drawing back. 3. *geol.* regression. 4. *mil.* withdrawal. 5. resignation (from a position or office).
çekilmek 1. to be pulled. 2. to be drawn; to be hauled, dragged, or tugged. 3. /dan/ to withdraw, draw back, recede (from). 4. /dan/ to retreat (from). 5. /dan/ to resign (from).
çekilmez unbearable, intolerable.
çekim 1. (a) draw, (a single act of) drawing. 2. the quantity drawn at one time. 3. graceful appearance, well-proportioned shape. 4. *phys., astr.* attraction. 5. *gram.* inflection; declension; conjugation. 6. *slang* a sniff (of snuff). 7. *cin.* (a) take. — **eki** *gram.* inflectional suffix, inflection. — **yasası** *phys.* the law of gravitation, the law of gravity.
çekimlemek /ı/ 1. *gram.* to inflect (words); to decline (nouns); to conjugate (verbs). 2. *phys.* to attract.
çekimli 1. attractive, alluring. 2. *gram.* inflectible; declinable; conjugable. — **eylem** *gram.* finite verb.
çekimsemek, çekimsenmek /dan/ to refrain, abstain (from).
çekimser 1. (someone) who refrains from making his/her opinion known; (someone) who either refuses or is reluctant to commit himself/herself. 2. (a glance) which refuses to meet one's own, reluctant. — **davranmak** to refuse or to be reluctant to commit oneself. — **kalmak** to abstain. — **oy** abstention, abstaining vote.
çekimserlik abstention; reluctance or refusal to commit oneself.
çekimsiz 1. unattractive, unalluring. 2. *gram.* indeclinable; not conjugable.
çekince 1. drawback, disadvantage. 2. danger, risk.
çekinceli dangerous, risky.
çekingen shy, retiring, diffident; reluctant. — **davranmak** to be shy; to act reluctantly, show reluctance.
çekingenlik shyness, retiringness, diffidence; reluctance.
çekinik *biol.* recessive.
çekinmeden without hesitating.
çekinmek 1. /dan/ to be reluctant to do (something) (because of respect, fear, dislike, or a scruple); to feel shy or reluctant in front of (someone). 2. /ı/ to put on (eye makeup).
çekirdecik *biol.* nucleolus.
çekirdek 1. pip, seed, stone (of a fruit or vegetable). 2. roasted pumpkin seed; roasted sunflower seed. 3. nucleus. 4. *comp.* core. 5. *formerly* grain (goldsmith's weight). 6. nuclear. — **aile** nuclear family. — **bellek** *comp.* core memory. — **fiziği** nuclear physics. — **içi** kernel (of a seed). — **kahve** coffee beans. —**ten yetişme** (someone) who started learning or doing (something) when he/she was just a child: **Hıdır çekirdekten yetişme bir marangoz.** Hıdır's been carpentering ever since he was a kid.
çekirdeklenmek for the seeds or stone of (a fruit or vegetable) to assume their/its mature form.
çekirdekli seeded, containing seeds.
çekirdeksel nuclear.
çekirdeksiz seedless. — **kuru üzüm** 1. seedless raisin. 2. sultana, raisin made from a sultana grape. — **üzüm** 1. seedless grape. 2. sultana; (a) small seedless yellow grape.
çekirge *zool.* 1. grasshopper, locust. 2. cricket.
çekirgekuşu, -nu *zool.* starling.
çekişme bickering; spat, tiff.
çekişmek 1. to bicker; to have a spat or tiff. 2. /ı/ to pull (someone/something) in opposite directions. 3. /ı/ to draw (their knives) (in order to attack each other). 4. /ı/ to draw (lots) among themselves. 5. (for a group) to try hard, struggle. — **çekişe çekişe pazarlık etmek** to haggle, bargain hard.
çekişmeli 1. difficult, marked by struggle. 2. marked by bickering. 3. *phil.* argumentative.
çekiştirici 1. (someone) who engages in backbiting. 2. tattletale, tattler, backbiter.
çekiştirmek /ı/ 1. to pull (something) at both ends. 2. to keep tugging. 3. to criticize (someone) behind his/her back, backbite.
çekkin /dan/ withdrawn from, removed from; devoid of.
çekme 1. pulling. 2. drawing; hauling, dragging, tugging. 3. drawer; till. 4. long-handled pruning hook. 5. attractively shaped, shapely (thing). 6. (clothing or footwear) made to be drawn on or pulled on. 7. any stringed musical instrument played by plucking. 8. *sports* chin-up. — **demir** rolled iron. — **sac** rolled plate. — **tel** drawn wire.
çekmece 1. drawer; till. 2. small ornamented chest. 3. inlet or protected cove (used by small ships).

çekmek 1. /ı/ to pull. **2.** /ı/ to draw; to haul, drag, tug. **3.** /ı/ (for an animal) to pull, draw (a vehicle). **4.** /ı/ to pull on (one's boots, trousers). **5.** /ı/ to tow. **6.** /ı/ to draw (a weapon). **7.** /ı/ to pull, extract (a tooth). **8.** /ı/ to attract, draw. **9.** /ı/ to absorb. **10.** /ı/ (for someone) to inhale, breathe in, inspire (air, smoke); (for a machine, an opening) to suck in, pull in, draw in (air, smoke, a liquid). **11.** /ı/ to support, bear, take, carry (a weight, a load): **Bu sütun o ağırlığı çekmez.** This pillar won't carry that weight. **12.** /ı/ to bear (an expense). **13.** /ı/ to bear, endure, put up with, suffer (an illness, pain, sorrow, trouble, a troublesome person). **14.** /ı, dan, a/ to take (a harvest) from (the fields) to (a granary, a storehouse). **15.** /ı, dan/ to withdraw (a product) from (a market). **16.** /ı, dan/ to withdraw (money) from (a bank). **17.** /ı, dan/ to get (someone) to give up (a bad habit). **18.** /ı, dan/ to clear (goods) through (customs). **19.** /ı, dan/ to draw (water) from (a well). **20.** /ı/ to distill. **21.** (for a chimney) to draw. **22.** /ı/ to draw (a line). **23.** /ı, a/ to apply (kohl) to. **24.** /ı/ to build (a fence, a wall, a barrier); to string up (a curtain). **25.** /ı/ to hoist (a flag). **26.** /ı/ to lay (a cable); to stretch, string up (a wire, a rope). **27.** to weigh, have a weight of; /ı/ to weigh, measure the weight of. **28.** /ı/ to draw (lots, chances) (in a lottery). **29.** /a, ı/ to send (someone) (an official notice, a telegram, a fax). **30.** /ı, a/ to interpret (someone's words) in (a specified way). **31.** /ı/ to take (a photograph); *cin.* to shoot (a movie). **32.** /ı, da/ to sew (something) on (a sewing machine). **33.** /ı/ to grind (coffee, etc.). **34.** /ı, a/ to put (one animal) together with (another) so that they will mate. **35.** /a/ (for one person) to resemble, take after (another). **36.** (for cloth) to shrink. **37.** /a, ı/ to give (something) (a coat of paint). **38.** /a, ı/ to give (someone) (a beating). **39.** /ı/ *gram.* to conjugate (a verb); to decline (a noun). **40.** (for a month) to be (a specified number of days) long; /dan/ (for one place) to be (a specified amount of time) away from (another). **41.** /ı/ to deliver, make (a speech). **42.** /ı/ to give (a banquet). **43.** /ı/ to repair a run in (a woman's silk or nylon stocking). **44.** *slang* to drink, down (an alcoholic beverage). **45.** /a/ *slang* (for one player or team) to score (points, goals) against (another player or team). **46.** /ı/ *slang* to fill (a specified number of glasses) with (tea, beer, etc.) *(used by waiters and barmen):* **İki çay çek!** Give me two teas! **47.** /a/ *slang* to hit, sock (someone): **Yüzüne öyle bir çekerim ki!** I'll give you a wallop you won't forget! **Çek!/ Çek arabanı!** *colloq.* Clear out!/Get out! **çekip**

çekiştirmek /ı/ to backbite (someone). **çekip çevirmek** /ı/ **1.** to run, manage (a place). **2.** to get things running smoothly in (a place). **3.** to manage (people). **4.** to straighten (someone) out; to set (someone's house) in order. **çekip gitmek** to leave, clear out; to slip away. **Çekiver kuyruğunu!** *slang* Forget about him/her/them (as he/she/they will be of no use to you)! **çekeceği olmak** /dan/ (for someone/something) to be a real pain for, make life unpleasant for *(used only to refer to the future):* **Ondan çekeceğimiz var!** He's going to be a real pain!
çekmekat, -tı penthouse.
çekmen *biol.* sucker.
Çekoslovak *hist.* **1.** (a) Czechoslovak, (a) Czechoslovakian. **2.** Czechoslovak, Czechoslovakian, of Czechoslovakia.
Çekoslovakya *hist.* **1.** Czechoslovakia. **2.** Czechoslovak, Czechoslovakian, of Czechoslovakia.
Çekoslovakyalı *hist.* **1.** (a) Czechoslovak, (a) Czechoslovakian. **2.** Czechoslovak, Czechoslovakian (person).
çektiri *hist.* galley (used for war or trading).
çektirme 1. /ı, a/ having (someone) pull (something). **2.** /ı, a/ having (someone/something) draw, haul, drag, or tug (something). **3.** *hist.* galleass, galliass.
çektirmek 1. /ı, a/ to have (someone) pull (something). **2.** /ı, a/ to have (someone/something) draw, haul, drag, or tug (something). **3.** /a/ to make (someone) suffer, cause (someone) to suffer.
çekül plumb line.
çekyat, -tı sofa bed.
çelebi 1. well-bred, educated. **2.** gentleman. **3.** *hist.* prince. **4.** *formerly* title of respect for a man *(used after a name).* **5.** *hist.* title of the leader of a dervish order.
çelebilik 1. politeness; gentility. **2.** *hist.* the rank of **çelebi.**
çelenç *sports* **1.** challenge cup, challenge trophy. **2.** match played to win a challenge cup.
çelenk, -gi 1. wreath; garland. **2.** *formerly* aigrette; plume (used as a head ornament). — **koymak** /a/ to place a wreath on, wreathe, enwreathe.
çelik steel. — **başlık** helmet. — **gibi 1.** steellike. **2.** lean but strong, wiry (person). — **levha** steel plate. — **macunu** filler (used to fill in holes or indentations in a surface which is to be painted). — **metre** steel tape measure. —**e su vermek** to quench steel.
çelik 1. short piece of tapered wood. **2.** tipcat (the peg used in the game of tipcat). **3.** *hort.* cutting, slip. **4.** *naut.* belaying pin, marlinespike; carling; pin, fid.
çelikçomak tipcat.
çelikhane steel mill.

çikleme propagation of plants by cuttings.
çeliklemek to propagate plants by cuttings.
çelikleşmek 1. to become steel. 2. to become as strong as steel, become steellike.
çelikpamuğu, -nu steel wool.
çelim 1. bodily frame; body. 2. swagger, show, affected manner. 3. strength, force.
çelimli 1. big and strapping. 2. powerful. 3. in good condition.
çelimsiz puny, weak; scrawny.
çelimsizlik puniness; scrawniness.
çelişik contradictory.
çelişiklik contradiction, being contradictory. — **ilkesi** *log.* principle of contradiction.
çelişken contradictory, incompatible.
çelişki (a) contradiction.
çelişkili contradictory, incompatible.
çelişkin *see* **çelişkili.**
çelişme contradiction, being contradictory. — **ilkesi** *log.* principle of contradiction.
çelişmek /la/ to be in contradiction (with); to be mutually contradictory.
çelişmeli contradictory.
çelişmezlik noncontradiction. — **ilkesi** *log.* principle of noncontradiction.
çello *mus.* cello, violoncello.
çelme tripping (someone) (with one's foot). — **atmak/takmak /a/** 1. to trip (someone) (with one's foot). 2. to sabotage, undercut (someone, a project).
çelmek /ı/ 1. to trip (someone) (with one's foot). 2. to cut (cloth) on the bias. 3. to wrap (a cloth) over one's head and tie its ends together. 4. to divert, change (someone's) course. 5. to wipe out, negate, void. 6. to change (someone's mind). 7. to uncover (a deficiency or shortage). 8. to be in contradiction with.
çelmelemek /ı/ to trip (someone) (with one's foot).
çelmelenmek to be tripped, be tripped up.
çeltik rice (in the husk, in the field). — **fabrikası** rice mill. — **tarlası** rice field, rice paddy.
çeltikçi rice grower.
çeltikçilik being a rice grower; rice growing.
çeltikkargası, -nı *zool.* black stork.
çeltiklik 1. rice field, rice paddy. 2. (place) suitable for growing rice.
çembalo *mus.* harpsichord.
çember 1. circle. 2. hoop, band, strap (of a barrel, crate, trunk, etc.). 3. hoop (a child's toy). 4. rim (of a wheel). 5. *basketball* basket, hoop. 6. *mil.* encirclement. 7. large, printed kerchief. 8. circular, round. — **çevirmek** to roll a hoop. — **geçirmek /a/** to hoop, band, or strap (a barrel, crate, trunk, etc.). — **içine almak /ı/** *mil.* to encircle. — **kayık** a boat with a round stern. — **sakal** beard which encircles the face

from temple to temple (A wearer of this beard keeps his cheeks and the upper part of his chin closely shaven.). — **uzunluğu** *math.* circumference.
çemberlemek /ı/ 1. to hoop, band, or strap (a barrel, crate, trunk, etc.). 2. *mil.* to encircle, surround. 3. to make (something) circular or round.
çemberlenmek 1. to be hooped, be banded, be strapped. 2. *mil.* to be encircled, be surrounded. 3. to be made circular or round.
çemberli hooped; banded; strapped; encircled with a hoop, band, or strap.
çembersi circular, round.
çemen 1. cumin. 2. cumin paste (a condiment prepared from ground cumin seeds, red pepper, and garlic and used to coat the outside of **pastırma**).
çemenlemek /ı/ to smear **(pastırma)** with cumin paste.
çemiş *colloq.* 1. ill-bred person; unrefined person, uncultured person. 2. ill-bred; unrefined, uncultured.
çemkirmek 1. /a/ to talk back to, sass. 2. to bark.
çemremek, çemrelemek /ı/ to roll up (one's sleeves, trouser legs, or skirts).
çemrenmek 1. to roll up one's sleeves, trouser legs, or skirts. 2. (for one's sleeves, trouser legs, or skirts) to be rolled up. 3. /a/ to get ready to do (something).
çene 1. jaw bone. 2. chin. 3. jaw (of a vise or clamp). 4. talkativeness, garrulity. — **si açılmak** to start talking nonstop. — **altı** the underside of the chin. — **si atmak** for the jaw of a dying person to tremble. — **sini bağlamak /ın/** to tie up the jaw of (a dead person). — **sini bıçak açmamak** not to utter a peep, not to say a word (owing to sadness or worry). — **çalmak** to gab, have a chin-wag, chin-wag. — **çukuru** dimple (in the chin). — **sini dağıtmak /ın/** to give (someone) a good wallop on the chin. — **si düşük** talkative, chatty, gabby. — **kavafı** 1. gabber, gabby person, chatterer. 2. gabby, chatty, very talkative. — **kemiği** *anat.* jawbone, mandible. — **si kilitlenmek** for one's jaw to lock. — **ye kuvvet** by dint of talking. — **si kuvvetli** (someone) who can talk unceasingly. — **n pırtı!** *slang* Shut up!/Hold your tongue! — **sakızı** a word or saying which one frequently repeats. — **satmak** to chatter on and on. — **sini tutmak** to hold one's tongue. — **n tutulsun!** Damn your tongue! — **yarışı** chin-wag, gabfest. — **yarıştırmak** to have a chin-wag. — **yormak** to waste one's breath.
çenebaz gabby, chatty.
çenebazlık chin-wagging, tongue-wagging; chattiness.
çenek 1. *bot.* cotyledon. 2. *zool.* mandible.

çeneli 1. (animal) which has a chin. 2. gabby, chatty.
çenet *bot., zool.* valve.
çeng *mus.*, see **çenk**.
çengel 1. hook. 2. *Turkish wrestling* hooking one's foot around the leg of one's opponent. — **atışı** *basketball* hook shot. — **burun** hooknose. — **pas** *basketball* hook pass. — **şut** *basketball* hook shot. — **takmak** /a/ to pester. —**e vurmak** *hist.* to impale (someone) on a hook (as a punishment for a crime). — **vuruş** *boxing* hook.
çengelbezek *arch.* crocket.
çengellemek /ı/ 1. to hook, fasten (something) with a hook. 2. to hang (something) on a hook. 3. to fasten (something) with a safety pin.
çengellenmek 1. to be hooked, be fastened with a hook. 2. to be hung on a hook. 3. to be fastened with a safety pin.
çengelli hooked, having a hook.
çengelliiğne safety pin.
çengelsakızı, -nı chewing gum made from the juice of a cardoon.
çengi dancing girl. — **kolu/takımı** a troop of dancing girls.
çenilemek to howl in pain.
çenk, -gi *mus.* a primitive harp. —**gü çegâne** musical entertainment; party which features live musical entertainment.
çentik 1. notch; nick; incisure. 2. notched; nicked; incised.
çentiklemek /ı/ to notch; to nick; to incise.
çentiklenmek to be notched; to be nicked; to be incised.
çentikli notched; nicked; incised.
çentilmek to be notched; to be nicked; to be incised.
çentmek /ı/ 1. to notch; to nick; to incise. 2. to chop up (onions, cucumbers, etc.).
çepçevre, çepeçevre (something/things) which extend all around: **Köyün etrafı çepeçevre bağ.** The village is surrounded by vineyards.
çepel 1. mud; muck; mire; dirt, grime; filth. 2. muddy place. 3. chaff, stones, etc. (found in rice, wheat, or dried fruit). 4. nasty weather, stormy weather. 5. (rice, wheat, dried fruit) which contains chaff, stones, etc. 6. muddy; mucky; dirty, grimy; filthy. — **hava** nasty weather, stormy weather.
çepellemek /ı/ 1. to muddy; to soil, dirty; to make (someone/something) filthy. 2. to adulterate. 3. to spoil.
çepellenmek 1. to get muddy; to get soiled, get dirty; to get filthy. 2. to be adulterated. 3. to be spoiled.
çepelli 1. muddy; mucky; dirty, grimy; filthy. 2. (rice, wheat, dried fruit) which contains chaff, stones, or other unwanted material.

çeper 1. *prov.* fence (made of brushwood, bamboo, etc.). 2. vegetable garden. 3. *biol.* membrane. 4. *prov.* immoral (person). 5. *prov.* ill-tempered (person).
çepiç a yearling kid.
çepin gardener's hoe, small hoe.
çerçeve 1. frame. 2. frame or sash (of a window or door). 3. limit, limitation. 4. shaft (of a loom). 5. *sports* parallel bars. — **anlaşması** skeleton agreement.
çerçeveci 1. maker or seller of frames. 2. picture-framer, framer, person who frames pictures.
çerçevelemek /ı/ to frame; to sash.
çerçevelenmek to be framed; to be sashed.
çerçeveli framed; sashed.
çerçevesiz unframed, frameless; sashless.
çerçi peddler of sundries.
çerçilik being a peddler of sundries.
çerçöp, -pü 1. wood chips; wood shavings; splinters; small bits and pieces of wood. 2. small bits of trash (e.g. crumbs, bits of paper, threads).
çerden çöpten *colloq.* flimsily built.
çerez 1. hors d'oeuvres, appetizers. 2. dried fruit; nuts.
çerezci seller of appetizers, dried fruit, or nuts.
çerezcilik being a seller of appetizers, dried fruit, or nuts.
çerezlenmek 1. to eat appetizers. 2. /dan/ to get a little profit out of (something), benefit a bit from (something).
çerezlik 1. appetizers. 2. small dish for appetizers. 3. suitable for eating as an appetizer.
çerge 1. small makeshift tent; Gypsy tent. 2. a group of Gypsies.
çergi see **çerge**.
çergici seller who plies his wares at various open-air markets.
çeri *hist.* army, troops.
çeribaşı, -nı 1. Gypsy chief. 2. *hist.* commander of troops.
Çerkez 1. (a) Circassian. 2. Circassian, of Circassia. — **tavuğu** chicken prepared with bread, pounded walnuts, and red pepper sauce.
Çerkezce 1. Circassian, the Circassian language. 2. (speaking, writing) in Circassian, Circassian. 3. Circassian (speech, writing); spoken in Circassian; written in Circassian.
çermik hot spring, thermal spring.
çerviş melted grease (obtained when cooking meat).
çeşit 1. kind, sort, variety. 2. assortment. 3. *biol.* variety. — **çeşit** assorted, varied, all kinds of.
çeşitkenar *geom.* (figure) the sides of which are unequal. — **üçgen** scalene triangle.
çeşitleme 1. an increase in varieties. 2. *mus.* variation.

çeşitlemek /ı/ to increase the variety of, vary.
çeşitlenmek to increase in variety, become varied.
çeşitli different, assorted, of different kinds, various, varied.
çeşitlilik variety, diversity.
çeşm *poet.* eye.
çeşme fountain (for water). — **başı** the area around a fountain. —**ye gitse çeşme kuruyacak.** *colloq.* He is a very unlucky person.
çeşmibülbül glassware decorated with spiral stripes or flower designs.
çeşni 1. flavor, taste. 2. small portion eaten to judge the flavor of a thing. 3. sample, specimen. —**sine bakmak** /ın/ to taste, test the flavor (of).
çeşnici 1. (professional) taster (of wine, tobacco, etc.). 2. assayer (in a mint). 3. *hist.* taster (at the sultan's court).
çeşnicibaşı, -nı 1. chief assayer (in a mint). 2. *colloq.* man who frequently changes wives. 3. *hist.* chief taster (at the sultan's court).
çeşnilenmek to become tasty.
çeşnili tasty; flavorful, flavorsome.
çeşnilik anything added to a food to give it flavor.
çete 1. armed band (of irregulars, partisans, guerrillas, bandits, brigands). 2. gang (usually one engaged in illegal activities). —**ler arası savaş** gang war. — **savaşı** guerrilla war.
çeteci 1. (an) irregular; (a) partisan; guerrilla, guerrillero; bandit, brigand. 2. member of a gang; gangster.
çetecilik 1. being an irregular, partisan, guerrilla, bandit, or brigand. 2. partisan warfare; guerrilla warfare. 3. banditry, brigandage. 4. being a member of a gang. 5. the activities of a gang.
çetele tally, tally stick. — **çekmek/tutmak** to keep a tally. —**ye dönmek** to be very nicked, be scarred by many indentations.
çetin 1. hard, difficult. 2. perverse, intractable. — **ceviz** 1. hard nut. 2. intractable person.
çetinleşmek 1. to get hard, become difficult. 2. to become intractable.
çetinleştirmek /ı/ 1. to make (a situation) difficult. 2. to make (a person) stubborn and intractable.
çetinlik 1. difficulty. 2. intractability.
çetrefil 1. complicated (situation). 2. abstruse, difficult to understand. 3. incorrect, ungrammatical (language).
çetrefilleşmek to become complicated, abstruse, or ungrammatical.
çetrefillik 1. complicacy. 2. abstruseness. 3. ungrammaticalness.
Çev. 1. (*abbr. for* **Çeviri**) Tr., Transl. (Translation). 2. (*abbr. for* **Çeviren, Çevirmen**) Tr., Trans. (Translator).
çevgen 1. polo stick. 2. polo. 3. walking stick. — **topu** polo ball.
çevik nimble, agile. — **birlik** *mil.* mobile unit. — **güç** *mil.* mobile striking force.
çevikleşmek to become nimble.
çeviklik nimbleness, agility.
çevirgeç 1. switch; commutator, reversing switch; breaker; circuit breaker. 2. turnstile, tourniquet.
çevirgi door handle (with its latch).
çeviri translation.
çeviribilim the science of translation.
çevirici 1. translator. 2. commutator, reversing switch.
çeviricilik translating, translation; the work of a translator.
çevirim 1. filming. 2. development of a film. — **senaryosu** shooting script.
çevirme 1. rotation, turning; changing. 2. translating; translation. 3. translated. 4. meat roasted on a spit. — **hareketi** *mil.* encircling movement, outflanking maneuver. — **kolu** *mech.* crank.
çevirmek 1. /ı/ to turn. 2. /ı/ to turn, rotate; to make (something) spin. 3. /ı/ to manage. 4. /ı/ to stop (someone who is going somewhere). 5. /ı/ to send (something) back. 6. /ı/ to turn (a garment) inside out. 7. /ı/ to interpret (something) (in a specified way). 8. /ı/ to translate. 9. /ı, la/ to enclose (a place) with. 10. /ı, a/ to turn, make, or transform (one thing) into (another). 11. /ı/ to pull (a trick, a ruse). 12. /ı, a/ to turn (a situation) into (something bad). 13. /a/ (for one kind of meteorological condition) to turn into, become (another): **Yağmur kara çevirdi.** The rain's turned to snow. **Çevir kazı yanmasın.** *colloq.* Why are you changing the subject? (*said sarcastically*).
çevirmen translator.
çevirmenlik translating, translation, the work of a translator; being a translator.
çevirti intentional misinterpretation.
çevirtmek /ı, a/ 1. to have (someone) turn, rotate, or spin (something). 2. to have (someone) translate (something). 3. to have (someone) send (something) back. 4. to have (someone) stop (someone/a vehicle).
çevre 1. surroundings, environs; vicinity, neighborhood: **Çankırı çevresinde** in the vicinity of Çankırı. 2. perimeter, encompassing limits, periphery, circumference. 3. natural environment, environment; habitat. 4. (a person's) circle of friends and acquaintances. 5. circle, group of people who share a common interest or pursuit. 6. embroidered handkerchief. **Ç— Bakanı** the Minister for the Environment.

Ç— Bakanlığı the Ministry of the Environment. **— dostu** environment-friendly. **— kirliliği/kirlenmesi** environmental pollution, pollution of the environment. **— korunması** environmental protection, protection of the environment. **— mühendisi** environmental engineer. **— mühendisliği** environmental engineering. **— yolu** bypass, beltway, belt highway, *Brit.* ring road.
çevrebilim (the science of) ecology.
çevrebilimci ecologist.
çevrebilimsel ecological, ecologic.
çevreci 1. (an) environmentalist. 2. (someone) who is an environmentalist. 3. environmentalist, pertaining to environmentalism.
çevrecilik 1. environmentalism. 2. being an environmentalist.
çevrelemek /ı/ to surround, encircle, enclose; to circumscribe.
çevrelenmek to be surrounded, be encircled.
çevren horizon.
çevresel environmental. **— etki** environmental impact.
çevri 1. whirlwind; whirlpool. 2. willful misinterpretation; forced interpretation.
çevrik 1. turned; turned around. 2. surrounded; enclosed. 3. whirlwind; whirlpool; waterspout.
çevrilebilir *fin.* convertible.
çevrilebilirlik *fin.* convertibility.
çevrilemek /ı/ to explain away.
çevrili 1. /la/ surrounded by, bordered by. 2. /a/ turned towards, facing.
çevrilmek 1. to be turned, be rotated; /a/ to be turned towards. 2. /a/ to be translated (into). 3. /la/ to be surrounded by. 4. /dan, a/ (for something) to be converted from (one thing) to (another). 5. to be turned back, not to be allowed to proceed or enter.
çevrim 1. cycle. 2. *elec.* circuit.
çevrimdışı *comp.* off-line.
çevrimiçi *comp.* on-line.
çevrimli *prov.* skillful.
çevrimsel cyclic, periodic.
çevrinmek to circumambulate a sacred spot (ceremonially).
çevrinti 1. circular motion, rotation, whirl, eddy. 2. whirlwind; whirlpool. 3. mixture of various grains.
çevriyazı transcription, transliteration.
çeyiz trousseau. **— alayı** procession carrying a bride's trousseau in state to her husband's house. **— çemen** the complete trousseau. **— düzmek** to put together a trousseau.
çeyizlik (items) set aside for a trousseau; suitable for a trousseau.
çeyrek 1. (a) quarter of an hour, quarter hour: **bire çeyrek kala** at a quarter to one. **her çey-**
rekte every quarter hour. 2. (a) quarter (of): **karpuzun bir çeyreği** a quarter of the watermelon. **bir çeyrek asır** a quarter of a century. **— final** *sports* (a) quarterfinal, quarterfinal match. **— ses** *mus.* quarter tone, quarter stop, enharmonic diesis. **— son** *sports* (a) quarterfinal, quarterfinal match.
çeyreklemek /ı/ to exercise the limbs of (a baby) by crossing first its arms and then its legs (or vice versa) several times.
çıban *path.* boil, furuncle, button. **— ağırşağı** the sore and swollen part of a boil. **— başı** 1. *path.* head of a boil. 2. *colloq.* source of trouble, Pandora's box. **—ın başını koparmak** *colloq.* to open Pandora's box. **— çıkarmak** to develop boils. **— dökmek** to get covered with boils. **— işlemek** for a boil to suppurate, ooze pus.
çıdam patience.
çıdamak /a/ to be patient (with).
çığ 1. avalanche. 2. *prov.* screen, partition (in a tent). **— düşmek** for an avalanche to fall. **— gibi büyümek** (for an event) to snowball, mushroom.
çığıltı noise created by commingled animal sounds.
çığır 1. rut, track; path. 2. way. 3. trend, movement. 4. style (of an outstanding calligrapher). **— açmak** to blaze a trail. **—ından çıkmak** (for things) to go too far; (for a project) to take a crazy course; (for someone) to go off on a tangent.
çığırmak /ı/ *prov.* 1. to call. 2. to sing (a song). 3. to invite.
çığırtı shouting, yelling.
çığırtkan 1. person who tries to attract customers by shouting the merits of something to passersby, crier, barker. 2. decoy bird, decoy.
çığırtma *mus.* a small fife.
çığırtmak /ı, a/ to have (one person) call (another).
çığlık scream; shriek; screech. **— atmak/koparmak, —ı basmak** to scream; to shriek; to screech. **— çığlığa** screaming; shrieking; screeching: **Çığlık çığlığa koşarak uzaklaştı.** She ran away screaming.
çığrışmak (for several people) to shout, yell.
çıkacak 1. towel (put on when one is ready to leave the bathing room of a Turkish bath). 2. /a/ (someone) who can rival (another): **Selda'ya çıkacak kimse yok.** There's no one who can rival Selda.
çıkagelmek suddenly to appear, suddenly to come on the scene.
çıkak 1. *prov.* outlet, exit. 2. *ling.* point of articulation.
çıkar benefit or advantage to oneself; self-interest. **—ına bakmak** to think of what will benefit oneself, look after number one. **— sağla-**

mak /dan/ to get (something) out of (a situation) for oneself. — **yol** course of action that will produce good results, good course to follow, solution, remedy.
çıkarcı 1. self-seeker. 2. self-seeking, self-interested.
çıkarcıl self-seeking, self-interested.
çıkarcılık self-seeking, self-interestedness.
çıkarılmak 1. /dan/ to be removed (from); to be extricated (from); to be extracted (from); to be pulled out (of); to be brought out (from); (for a student) to be expelled (from); (for a worker) to be fired; (for a tenant) to be evicted. 2. (for a piece of clothing) to be taken off, be removed; (for a hat) to be doffed. 3. /a/ to be made to climb up on (something); to be made to go up to (a higher place); to be put in/on (a higher place). 4. /a/ (for one person) to be brought before/to (another), be presented to (another). 5. (for a stain) to be removed, be taken out. 6. /dan/ (for something) to be extended from, be stuck out of (a place). 7. to be published. 8. /a/ to be taken out to/into (a place outdoors). 9. /dan/ (for one person's anger, frustration, negative emotion) to be vented on, be taken out on (another). 10. (for someone) to be shown to be, be revealed to be (a bad type of person); for people to be left with the impression that (someone) is (a bad type of person): **Yalancı çıkarıldı.** People were made to think him a liar. 11. (for someone's wrongdoing, mistake) to be exposed, be revealed. 12. /dan/ *math.* (for one amount) to be subtracted from (another). 13. /dan/ to be unloaded (from). 14. (for something new) to be created. 15. /dan/ (for something) to be produced in (a place). 16. /dan/ (for someone's living) to be made from, be earned from (a specified job). 17. /a/ (for a food or a drink) to be offered to (a guest). 18. (for something) to be vomited up, be thrown up, be spewed up. 19. /a/ *mil.* (for a force) to be landed on (a shore). 20. (for a law) to be made. 21. (for a row, a quarrel) to be started; (for a difficulty) to be created.
çıkarım *log.* inference, illation.
çıkarımsal *log.* inferential, illative.
çıkarma 1. removal, removing; extrication; extraction. 2. *math.* subtraction. 3. *mil.* landing (of troops on a beach). — **gemisi** *mil.* landing ship. — **harekâtı** *mil.* landing operation. — **kuvveti** *mil.* landing force.
çıkarmak 1. /ı, dan/ to remove (someone/something) (from); to take or get (someone/something) out (of), extricate (someone/something) (from); to extract or pull (something) from; to bring (someone/something) out (from) (a place); to expel (a student) (from) (a school); to fire (a worker); to evict (a tenant). 2. /ı/ to take off, remove (an article of clothing); to doff (one's hat). 3. /ı, a/ to make (someone/an animal) climb up on (something), make (someone/an animal) get up on (something); to make (someone/an animal) go up to (a place); to put (someone/something) in/on (a higher place). 4. /ı, a / to bring (one person) before (another), bring (one person) to (another), present (one person) to (another). 5. /ı/ to remove, take out, get rid of (a stain). 6. /ı, la/ to make it through, get through (a period of time) with (a specified amount of something). 7. /ı/ to understand, make (something) out; to deduce; /ı, dan/ to interpret (something) in (a specified way): **Söylediklerimden bunu nasıl çıkardın?** How could you take what I said to mean this? 8. /ı, dan/ to extend (something) from, stick (something) out: **Başını kapıdan çıkardı.** He stuck his head out the door. 9. /ı/ to publish (a book, newspaper, etc.). 10. /ı, a/ to take (someone/an animal) out to/into (a place outdoors). 11. /ı, dan/ to vent, take out (one's anger, frustration, negative emotion) on (someone). 12. /ı, dan/ to make (one thing) out of (another). 13. /ı/ to show (someone) to be, reveal (someone) to be (a bad type of person); to call (someone) (something unfavorable); to expose (someone's wrongdoing, mistake); to make people think (someone) is, give people the impression that (someone) is (a bad type of person): **Münci'nin yalanını çıkardınız.** You showed Münci to be a liar. **Onu yalancı çıkardılar.** They've made people think he's a liar. 14. /ı, dan/ *math.* to subtract (one amount) from (another). 15. /ı, dan/ to unload (something) from (a vehicle). 16. to develop (the spots or pustules characteristic of certain diseases): **Kızamık çıkarıyor.** She's coming down with measles. 17. /ı/ to get the maximum of (pleasure) from: **Tatilin tadını çıkarmasını bilir.** He knows how to have a great vacation. 18. /ı/ to come up with, create, produce, invent (something new); to develop (a new habit). 19. /ı/ to turn out, produce (something/a specified kind of person). 20. /ı, da/ to play, perform (a tune) on (an instrument). 21. /ı/ to make (a law). 22. /ı, dan/ to make (one's living) from (a specified work). 23. /a, ı/ to offer (a guest) (something to eat or drink). 24. /ı/ to vomit, throw (something) up, spew (something) up. 25. /ı, a/ *mil.* to land (a force) on (a shore). 26. /ı/ to start (a row), pick (a quarrel); to create (a difficulty). 27. /ı/ to find (a place, an address). 28. /ı/ *slang* to say, spit out.
çıkarsal based on self-interest; related to self-in-

terest.
çıkarsama *log.* inference, illation.
çıkarsever self-seeking, self-interested.
çıkarseverlik self-seeking, self-interestedness.
çıkartı *physiol.* excreted material, excretion.
çıkartım extraction.
çıkartma 1. /ı/ having (someone/something) removed or extricated; having (something) extracted. 2. decal, transfer (before what it represents has been transferred from its paper backing onto the surface where it will be displayed). 3. decal, sticker, transfer; transfer picture, (a) decalcomania. 4. /ı/ transferring (a picture) (from one surface to another), decalcomania, transfer printing.
çıkartmak 1. /a, ı, dan/ to have or let (one person) remove (another person/something) (from); to have or let (one person) extricate (another person/something) (from); to have or let (someone) extract or pull (something) (from); to have or let (one person) bring (another person/something) out (from); /a, ı/ to have or let (one person) expel, fire, or evict (another person). 2. /a, ı/ to have or let (someone) take off (an article of clothing); to have or let (a man) doff (his hat). 3. /a, ı/ to get or allow (one person) to make (another person/an animal) climb up or move up. 4. /a, ı/ to have or let (one person) present (another). 5. /a, ı/ to have or let (someone) remove (a stain). 6. /a, ı, la/ to enable or allow (someone) to make it through (a given period of time) with (a specified amount of something). 7. /a, ı, dan/ to have or let (someone) extend or stick (something) out of (a place). 8. /a, ı/ to have or let (someone) publish (a book, newspaper, etc.). 9. /a, ı, dan/ to have or let (one person) take out (his/her anger, frustration, negative emotion) on (another). 10. /a, ı, dan/ to have or let (someone) make (one thing) from (another). 11. /a, ı/ to have or let (one person) show (another) to be (something unfavorable). 12. /a, ı/ to have or let (someone) expose (another's wrongdoing, mistake). 13. /a, ı, dan/ to have or let (someone) subtract (one amount) from (another). 14. /a, ı, dan/ to have or let (someone) unload (something) from (a vehicle). 15. /a, ı/ to cause (someone) to get the maximum of (pleasure) from. 16. /a, ı/ to have or let (someone) produce (something new) or develop (a new habit). 17. /a, ı/ to have or let (someone) make (a new law). 18. /a, ı, dan/ to cause or allow (someone) to make (his/her living) from (a specified kind of work). 19. /a, ı/ to cause (someone) to vomit. 20. /a, ı/ to cause (someone) find (an address). 21. /a, ı/ *slang* to make or let (someone) hand over, cough up,
or spit up (something). 22. /ı, dan/ to remove (someone/something) (from); to take or get (someone/something) out (of), extricate (someone/something) (from); to extract or pull (something) (from); to bring (something/someone) out (from) (a place); to expel (a student) (from) (a school); to fire (a worker); to evict (a tenant). 23. /ı/ to take off (an article of clothing); to doff (one's hat). 24. /ı, a/ to make (someone/an animal) climb up on or get up on (something); to make (someone/an animal) go up to (a place); to put (someone/something) in/on (a higher place). 25. /ı, a/ to bring (one person) before (another), bring (one person) to (another), present (one person) to (another). 26. /ı, la/ to make it through or get through (a given period of time) with (a specified amount of something). 27. /ı/ to remove, take out, get rid of (a stain). 28. /ı/ to publish (a book, newspaper, etc.). 29. /ı, a/ to take (someone/an animal) out to/into (a place outdoors). 30. /ı, dan/ to unload (something) from (a vehicle). 31. /ı, a/ *mil.* to land (a force) on (a shore). 32. /ı/ to make (a law).
çıkı small bundle (of things tied up in a cloth).
çıkık 1. dislocated, out of joint. 2. dislocation. 3. projecting, protruding. 4. projection, salient part. — sarmak to bandage a sprain or a dislocation.
çıkıkçı bonesetter.
çıkıkçılık bonesetting.
çıkılamak /ı/ to make (things) into a bundle, tie (things) up in a bundle, bundle (things) up (in a cloth).
çıkılanmak (for things) to be made into a bundle, be bundled up.
çıkılmak *impersonal passive* 1. /dan/ to go out (of), come out (of), emerge (from). 2. /dan/ to graduate from, finish (a school, a university). 3. /dan/ to leave, depart (from) (a place).
çıkın bundle (of things tied up in a cloth). — etmek /ı/ to make (things) into a bundle, tie (things) up in a bundle, bundle (things) up (in a cloth).
çıkınlamak /ı/ to make (things) into a bundle, tie (things) up in a bundle, bundle (things) up (in a cloth).
çıkınlanmak (for things) to be made into a bundle, be bundled up.
çıkıntı 1. projecting part, salient part. 2. marginal note. 3. *anat.* process, promontory. 4. *slang* weed, fag, cig, cigarette.
çıkıntılı (something) which has projections or salients.
çıkış 1. act or way of going out of, getting out of, or leaving (a place), exit, egress; act or way of coming out or emerging, emergence.

2. exit, egress, place of exit. 3. scolding, bawling out. 4. slope, incline, ascent, (a) way up. 5. *mil.* sally, sortie. 6. Turkish wrestling the actions and gestures of the wrestlers as they are introduced to the crowd. 7. *racing* start. 8. *comp.* output. 9. *comp.* print-out. — **belgesi** 1. temporary certificate of graduation. 2. *com.* export permit. — **hattı** *mil.* line of departure, jump-off line. — **kapısı** exit door, exit. — **noktası** starting point, point of departure. — **rampası** exit ramp. — **yapmak** /a/ to scold. — **yolu** solution, way out.
çıkışamamak /la/ not to be able to compete with.
çıkışlı graduate (of a school).
çıkışma scolding.
çıkışmak 1. /a/ to scold. 2. (for money) to be enough, suffice.
çıkıştırmak /ı/ to gather together (a sum of money).
çıkıt, -tı outlet.
çıkma 1. going out (of), coming out (of), emerging (from), issuing. 2. *arch.* projection, any structure projecting from the wall face of a building. 3. towel (put on when one is ready to leave the bathing room of a Turkish bath). 4. marginal note. 5. /dan/ (someone/something) which has come from. 6. /dan/ (someone) who has graduated from, who has finished (a school, a university). — **durumu** *gram.* the ablative case, the ablative.
çıkmak 1. /dan/ to go out (of), come out (of), emerge (from). 2. /dan/ (for one thing) to come from, be made from, be produced from (another). 3. /dan/ to graduate from, finish (a school, a university). 4. /dan/ to leave, depart (from) (a place). 5. /a/ to go to (a place); to go on (an outing): **Çarşıya çıktı.** She's gone to the market. **Tatile çıktılar.** They've gone on vacation. 6. /a/ to go out in order to, go out to (do something): **Köpeğini aramaya çıktı.** She went out to look for her dog. 7. /dan/ to result from, be the fruit of. 8. /dan/ (for there to be enough of one thing) to make another or to meet a need: **Bu kumaştan bir ceket çıkar mı?** Is there enough of this cloth to make a sport coat? **Kiradan vergi paramız çıkar mı?** Will the rent be enough to cover our taxes? 9. /dan/ *math.* to be subtracted from. 10. (for something) to come off; to fall off; to come loose. 11. to stick out, protrude. 12. (for something) to appear, become visible; (for hair, a beard, seeds) to sprout. 13. (for a stain) to come out, disappear. 14. (for a color) to bleed, run; /a/ to come off on, stain. 15. /dan/ to have to spend, be obliged to spend (money). 16. (for a part of the body) to be dislocated, suffer dislocation. 17. /dan/ (for someone) to come out of, emerge from (a situation) (in a specified state): **Merak etme, bu işten kârlı çıkacağız.** Don't worry; we're going to finish this job in the black. 18. /dan/ to cease to be (the holder of a specified job): **Memurluktan çıkalı yirmi yıl oldu.** I haven't been a government employee for twenty years. 19. /dan/ no longer to merit (the name he/she/it has gone by), cease to be (what he/she/it has been known to be): **Palto olmaktan çıktı bu.** You can no longer call this a coat. 20. /a/ to climb; to climb up to. 21. /a/ to go to see (a government official, an important person) (in his/her office or reception room). 22. /da/ (for one sort of thing) to be found in (another thing); (for a particular sort of person) to be found in or among (a group of persons): **Sütte zararlı mikroplar çıktı.** Harmful microbes were found in the milk. 23. /a/ (for something) to come (one's) way: **Piyangodan bana hiçbir şey çıkmadı.** I won nothing whatsoever in the lottery. **Bugün bana postadan mektup çıktı.** I happened to get a letter today. 24. to go out, show oneself in public. 25. /la/ to go out with, date (someone). 26. (*often with* **önüne** *or* **karşısına**) unexpectedly to appear, unexpectedly to come on the scene, crop up, pop up. 27. /a/ to cost (a specified amount). 28. /a/ to play the rôle of, appear in the rôle of (a specified character). 29. /a/ (for something) to extend as far as (a specified place). 30. /a/ to land at, disembark at; to deplane at; to detrain at. 31. (for news, a rumor) to circulate; (for a book, newspaper, etc.) to be published. 32. /a/ (for one person) to confront, oppose (another) (in a contest). 33. /ı/ (to) build (a story of a building); /a, ı/ (to) add (a story) to (a building). 34. (for someone) to turn out to be (of a specified character, profession, rank, etc.); (for something) to turn out to be (of a specified nature): **Senden sessiz çıktı.** He turned out to be quieter than you. **Onlardan biri hekim çıktı.** One of them turned out to be a doctor. **Yoğurt ekşi çıktı.** The yogurt turned out to be sour. 35. (for something, often something unpleasant) to occur, happen: **Şimdi kavga çıkacak.** There's going to be a quarrel now. 36. (for an order, a command) to be given; (for a law) to be made. 37. (for something) to become available at a specified time or to come into being for the first time: **Maaşlar yarın çıkacak.** We can get our salaries tomorrow. **Çilek çıktı.** Strawberries have come on the market. **Kitap yeni çıktı.** The book's just been published. **Bilgisayar diye bir şey çıktı.** They've come out with something called a ''computer.'' 38. /dan/ (for a season, a month) to be at an end, be over. 39. (for a price, a temperature) to rise, increase. 40. (for

the sun, the moon) to rise. 41. *colloq.* to have a BM, defecate. 42. (for a dream, a prophecy) to come true. 43. to move house, move; /a/ to move to (a place); /dan/ to move from (a place). 44. /ı/ *slang* to hand over, cough up, fork over (money).
çıkmalı 1. *arch.* (a building) furnished with a projection. 2. *gram.* (word) which is in the ablative case. **— tamlama** *gram.* partitive construction. **— tümleç** *gram.* noun in the ablative case used to modify a verb.
çıkmaz 1. dead-end street, dead end, *Brit.* cul-de-sac. 2. impasse, impossible situation, deadlock, stalemate. 3. *anat.* cecum, cul-de-sac. 4. *phil.* aporia. 5. dead-end, blind. 6. impossible (situation, course of action). **— ayın son çarşambası** when pigs begin to fly, on a latter Lammas (i.e. never). **—a girmek** to deadlock, reach a deadlock. **— leke** indelible stain. **— sokak** dead-end street, dead end, *Brit.* cul-de-sac. **—a sokmak** /ı/ to turn (something) into an impossible situation. **— vadi** blind valley.
çıkmazlık *phil.* aporia.
çıkrık 1. windlass. 2. spinning wheel. 3. sheave, pulley wheel.
çıkrıkçı maker or seller of windlasses, spinning wheels, or sheaves.
çıktı 1. *econ.* output. 2. waste, waste product (from a factory). 3. *comp.* output data, output. 4. *comp.* print-out.
çılbır a dish made of poached eggs and yogurt.
çıldırasıya madly, passionately.
çıldır çıldır brightly; with a sparkle; brilliantly. **— bakmak** /a/ to look at (someone/something) with sparkling eyes.
çıldırı madness, insanity; psychosis.
çıldırmak to go mad, go insane, lose one's mind.
çıldırtmak /ı/ to drive (someone) crazy, make (someone) lose his/her mind.
çılgın mad, crazy, wild.
çılgınca 1. madly, crazily, wildly. 2. rather mad, crazy, or wild.
çılgıncasına madly, crazily, wildly.
çılgınlaşmak to begin to act crazily, go wild.
çılgınlık madness, craziness, wildness.
çıma *naut.* 1. mooring line, hawser. 2. the loop end of a mooring line. **— atmak/vermek** /a/ to throw a mooring line (to).
çımacı *naut.* dockman, person who catches and casts the mooring lines of a ship.
çımkırık bird's feces.
çımkırmak (for a bird) to defecate.
çın *prov.* real, true. **— sabah** very early in the morning. **— tutmak** /ı/ to affirm.
çınar *bot.* 1. Oriental plane, chinar, chenar. 2. plane. **—ımsı isfendan** *bot.* sycamore.
çınarlık grove of plane trees; place abounding in plane trees.

çın çın very clearly, sharply, reverberantly. **— inletmek** /ı/ to make (a place) ring (with a sound). **— ötmek** to echo very clearly, ring out clearly, reverberate.
çıngar *slang* row, ruckus. **— çıkarmak** to start a row.
çıngıl small and sparsely fruited bunch of grapes.
çıngırak 1. small bell. 2. rattle. **—ı çekmek** *slang* to kick the bucket, die.
çıngıraklı 1. furnished with a small bell; belled. 2. furnished with a rattle. 3. tinkling (laugh).
çıngıraklıyılan *zool.* rattlesnake.
çıngır çıngır 1. tinklingly, with a tinkle. 2. rattlingly, with a rattle. **— ötmek** 1. to tinkle. 2. to rattle.
çıngırdak 1. small bell. 2. rattle (especially one used as a child's toy).
çıngırdamak 1. to tinkle. 2. to rattle.
çıngırtı 1. tinkling, tinkling sound. 2. rattle, rattling sound.
çınlak resonant, reverberant, (place) which induces resonance.
çınlama reverberation.
çınlamak 1. to reverberate, ring clearly or sharply. 2. (for one's ears) to ring.
çınlatmak /ı/ 1. to make (something) reverberate, make (something) ring clearly or sharply. 2. to make (someone's ears) ring.
çıpı çıpı child's language taking a bath.
çıpıl çıpıl *colloq.* (bathing) splashingly.
çıpıldak naked (small child).
çıplak 1. naked, nude. 2. bare (earth); barren, bare (land); unforested; (place) which contains little plant life. 3. empty, unfurnished (room); bare (wall). 4. bare, uncovered (head). 5. plain, simple, unadorned (truth, fact); straightforward, simple (style). 6. *art* nude, painting or sculpture of a nude. 7. poor person, (an) indigent. **— gözle** with the naked eye. **—lar kampı** nudist camp, nudist colony. **— tel** bare wire, uninsulated electric wire.
çıplaklaşmak to become bare.
çıplaklaştırmak /ı/ to denude.
çıplaklık 1. nakedness, nudity. 2. barrenness, lack of trees or vegetation. 3. lack of furniture; bareness (of walls). 4. simplicity (of style). **(bütün) —ıyla** without hiding anything: **Olayı bütün çıplaklığıyla anlattı.** He recounted what happened without hiding a thing.
çıra 1. resinous piece of wood. 2. *prov.* lamp.
çırağ lamp; light; candle; torch.
çırak apprentice. **— çıkmak** to leave service with provision for the future; to complete one's apprenticeship. **— yetiştirmek** to train apprentices; /ı/ to train (someone) as an apprentice.
çıraklık 1. apprenticeship. 2. apprentice's pay. **— etmek** to work as an apprentice.

çıralı resinous. **— çam** *bot.* fat pine, pitch pine.
çırçıplak *see* **çınlçıplak.**
çırçır 1. cotton gin. 2. *prov.* small spring. 3. *prov., zool.* field cricket. 4. *prov.* babbler, chatterbox.
çınlçıplak stark naked, buck naked.
çınlçıplaklık stark nakedness.
çırpı 1. chip, shaving; (dry) twig. 2. (carpenter's) chalk line; (mason's) leveling line. **— çekmek** to draw or mark a straight line with a chalk line. **—ya getirmek** /ı/ to line up. **— gibi** thin, skinny (arms or legs). **— ipi** (carpenter's) chalk line; (mason's) leveling line.
çırpıcı person who rinses hand-printed cloth in order to make its colors fast.
çırpılmak 1. (for a tablecloth, rug, etc.) to be shaken out. 2. (for a piece of laundry, a cloth, etc.) to be agitated (in water) (as is done when rinsing). 3. (for hands) to be clapped. 4. (for wings) to be flapped. 5. to be trimmed, be clipped. 6. (for a food) to be beaten, whisked, or whipped. 7. to be stolen.
çırpınak convulsion.
çırpınış 1. struggling, twisting and turning and moving one's arms and legs convulsively; writhing; way of struggling, way of twisting and turning and moving one's arms and legs convulsively; way of writhing. 2. fluttering, flutter; way of fluttering. 3. struggling (of a hooked fish); flopping about (of a landed fish); way of struggling (of a hooked fish); way of flopping about (of a landed fish). 4. chopping (of the sea). 5. being very anxious or worried, agonizing. 6. trying hard, exerting every effort, strenuous exertion.
çırpınma 1. struggling, twisting and turning and moving one's arms and legs convulsively; writhing. 2. fluttering, flutter. 3. struggling (of a hooked fish); flopping about (of a landed fish). 4. chopping (of the sea). 5. being very anxious or worried, agonizing. 6. trying hard, exerting every effort, strenuous exertion.
çırpınmak 1. to struggle, twist and turn and move one's arms and legs convulsively; to writhe. 2. (for a bird) to flutter its wings, flutter. 3. (for a hooked fish) to struggle; (for a fish that has been landed) to flop about. 4. (for the sea) to break in short and abrupt waves, be choppy, be chopping. 5. to be very anxious and worried, agonize. 6. to try hard, exert every effort.
çırpıntı 1. fluttering, flutter. 2. convulsion, spasm. 3. chopping, choppiness (of the sea).
çırpıntılı choppy, chopping (sea).
çırpışmak (for birds) to flutter their wings, flutter.
çırpıştırılmak 1. to be tapped, be beaten lightly. 2. to be done hastily and carelessly. 3. to be scribbled, be written down hastily and carelessly.

çırpıştırma 1. /ı/ tapping, beating (something) lightly. 2. /ı/ doing (something) hastily and carelessly. 3. /ı/ scribbling, writing (something) down hastily and carelessly. 4. (something) which has been done hastily and carelessly, slapdash. 5. scribbled, written down hastily and carelessly.
çırpıştırmak /ı/ 1. to tap, beat (something) lightly. 2. to do (something) hastily and carelessly. 3. to scribble, write (something) down hastily and carelessly.
çırpma 1. /ı/ shaking out (a tablecloth, a rug, etc.). 2. /ı/ agitating (a piece of laundry, a cloth, etc.) (in water) (as is done when rinsing). 3. /ı/ clapping (one's hands). 4. /ı/ (a bird's) flapping (its wings). 5. /ı/ trimming, clipping (something). 6. /ı/ beating, whisking, or whipping (a food). 7. /ı/ stealing. 8. basting stitch.
çırpmak /ı/ 1. to shake out (a tablecloth, rug, etc.). 2. to agitate (a piece of laundry, a cloth, etc.) (in water) (as is done when rinsing). 3. to clap (one's hands). 4. (for a bird) to flap (its wings). 5. to trim, clip. 6. to beat, whisk, or whip (a food). 7. to steal.
çırptırmak /ı, a/ 1. to have (someone) shake out (a tablecloth, rug, etc.). 2. to have (someone) agitate (a piece of laundry, a cloth, etc.) (in water) (as is done when rinsing). 3. to cause (someone) to clap (his/her hands). 4. to cause (a bird) to flap (its wings). 5. to have (someone) trim or clip (something). 6. to have (someone) beat, whisk, or whip (a food). 7. to have or let (someone) steal (something).
çırt, -tı Persian wheel, waterwheel.
çıt, -tı an almost imperceptible cracking sound. **— çıkarmamak** not to make a sound, not to utter a peep. **— çıkmamak** for no sound to be heard; /dan/ not to utter a peep. **— etmek** to make a cracking sound. **— yok.** There's not a sound to be heard.
çıta lath, long and narrow strip of wood.
çıtçıt, -tı snap fastener (for a garment).
çıtı pıtı *colloq.* dainty, delicate and lovely.
çıtır çıtır 1. (burning) with a crackle, cracklingly; (breaking) with a splintering sound; (eating something crisp) with a crunch. 2. crisp, crunchy (food). **— etmek** to crackle, make a crackling sound; to splinter, make a splintering sound; to crunch, make a crunching sound. **— konuşmak** *colloq.* to speak fluently.
çıtırdamak to crackle, make a crackling sound; to splinter, make a splintering sound; to crunch, make a crunching sound.
çıtırdatmak /ı/ to make (something) crackle, splinter, or crunch.
çıtır pıtır *colloq.* 1. (a child's talking) fluently and

pleasantly. 2. dainty, delicate and lovely.
çıtırtı crackle, crackling sound; splintering sound; crunch, crunching sound.
çıtkınldım *colloq.* 1. unable to stand pressure or rough treatment of any kind; excessively delicate; excessively sensitive. 2. overnice, overrefined, precious.
çıtkırıldımlık *colloq.* 1. inability to stand pressure or rough treatment of any kind; excessive delicacy; excessive sensitivity. 2. overnicety, overniceness, overrefinement, preciosity.
çıtlamak 1. to crack, snap, or pop; to make a cracking, snapping, or popping sound. 2. to crackle, make a crackling sound.
çıtlatılmak 1. to be cracked, snapped, or popped. 2. /a/ to be hinted to (someone).
çıtlatmak 1. /ı/ to crack (one's knuckles). 2. /ı/ to crack, snap, or pop; to make (something) crack, snap, or pop. 3. /ı, a/ to drop a hint about (something) to (someone).
çıtpıt, -tı small toy explosive that goes off when scratched on a hard surface.
çıvdırmak /ı/ to deflect.
çıvgın *prov.* 1. large shoot or sucker (growing from a tree). 2. fir or pine (used for making masts). 3. sleet.
çıvmak *prov.* 1. to jump, hop. 2. to be deflected.
çıyan *zool.* centipede. — gibi *colloq.* blond and unpleasant-looking (person).
çıyanlık treachery, betrayal. — etmek to do something treacherous, behave treacherously; /a/ to betray.
çızıktırmak /ı/ to scrawl, scribble.
çiçek 1. flower, blossom, bloom. 2. flowering plant, flower; ornamental plant. 3. *path.* smallpox. 4. *chem.* flowers, (a) sublimate: kükürt çiçeği flowers of sulfur. 5. *colloq.* loose woman, sexually promiscuous woman. 6. *colloq.* charming scoundrel; charming woman who is up to no good. — açmak to bloom, flower, blossom. — aşısı 1. smallpox vaccine. 2. smallpox vaccination. — bahçesi flower garden. — i burnunda (çamuru kanında) 1. garden-fresh, very fresh (fruit, vegetable). 2. fresh, hot (piece of news). 3. (someone) who is a rank newcomer to (a job): çiçeği burnunda bir gazeteci a cub reporter. — çıkarmak to break out with smallpox. — durumu *bot.* inflorescence. — dürbünü kaleidoscope. — gibi 1. very clean and neat. 2. very neat and attractive. — tarhı flower bed. — vermek to bloom, flower, blossom.
çiçekbiti, -ni *zool.* aphid.
çiçekbozuğu, -nu 1. pockmark. 2. pockmarked.
çiçekçi 1. florist. 2. nurseryman. 3. flower shop, florist's shop. — dükkânı flower shop, florist's shop.
çiçekçilik 1. floristry; being a florist. 2. the nurs-

ery business; being a nurseryman; floriculture.
çiçekevi, -ni flower shop, florist's shop.
çiçeklemek /ı/ 1. to plant flowers in (a place). 2. to decorate (a place) with flowers.
çiçeklenme 1. flowering, florescence, efflorescence, anthesis. 2. *chem.* efflorescence. 3. being planted with flowers. 4. being decorated with flowers.
çiçeklenmek to flower, bloom, blossom.
çiçekli 1. (plant) which is in bloom, florescent, efflorescent. 2. (something) which contains flowers, flowered, flowery. 3. decorated with flowers or floral drawings, flowered, beflowered. 4. (someone) who has smallpox.
çiçeklik 1. plant stand. 2. vase or bowl (designed to hold cut flowers). 3. flower garden; flower bed. 4. greenhouse. 5. *bot.* receptacle, torus.
çiçeksime 1. *chem.* efflorescence. 2. breaking out, eruption (of a skin disease).
çiçeksimek 1. *chem.* to effloresce. 2. (for a skin disease) to break out, erupt.
çiçeksiz 1. (plant) which is not in bloom or which has no flowers on it. 2. (something) which is devoid of flowers. 3. not decorated with flowers or floral designs.
çiçeksuyu, -nu floral water.
çiçektozu, -nu *bot.* pollen. — kesesi pollen sac.
çiçekyağı, -nı sunflower oil.
çift, -ti 1. pair: bir çift ayakkabı a pair of shoes. 2. married couple. 3. pair of animals (consisting of a male and a female). 4. team (of two animals): bir çift öküz a yoke of oxen. 5. *math.* even (number). 6. mate, one member of a pair: Bu ayakkabının çiftini kaybettim. I've lost the mate for this shoe. 7. *watchmaking, print.* pincers. — atış *sports* two shots of the starter's pistol (used to signal a false start). — atlı two-horse, drawn by two horses. — i bozmak to give up farming. — camlı pencere 1. double window (i.e. one fitted with a storm window). 2. double-glazed window. — çift in pairs, by pairs. — çubuk farming implements. — çubuk sahibi 1. farm owner. 2. (someone) who owns a farm. — dikiş 1. double seam. 2. *slang* repeater (of a class). 3. *slang* repeating a class. — dirsek U-joint. — düğmeli/önlü double-breasted. —e gitmek to go out to plow. — görme double vision, diplopia. — görmek 1. to see double. 2. *colloq.* to be drunk. — hatlı *rail.* double-track. — kanatlı kapı double door. — kanatlı pencere casement window (consisting of two sashes). — karinalı *naut.* double-keeled. —e koşmak /ı/ to hitch (an animal) to a plow team. — motorlu twin-engine. — sürmek to plow. — sütun *print.* double column. — taraflı defter tutma double-entry bookkeeping. — zamanı plowing time.

çiftçi farmer.
çiftçilik farming; being a farmer.
çiftdesimetre measuring rod with divisions every 20 cm.
çifte 1. double, made up of two identical parts: **çifte gerdanlı** double-chinned. **çifte merdiven** double stairway. 2. propelled by a pair of oars: **üç çifte kayık** a caique propelled by three pairs of oars. 3. double-barrel, double-barreled gun. 4. kick made by an animal using both of its hind feet at once. — **atmak** /a/ (for an animal) to kick (someone/something) using both of its hind feet at once. — **dikiş** slang 1. repeater (of a class). 2. repeating a class. — **dürbün** binoculars. — **harf** print. double letter, ligature. — **kavrulmuş** 1. Turkish delight that has a hard consistency and that has been cut into small pieces. 2. roasted almonds that have been glazed with sugar. 3. colloq. hard-boiled (person). 4. colloq. very experienced, (someone) who has seen a lot. 5. colloq. (someone) who has undergone a lot of suffering. 6. slang (student) who is repeating a class. — **kumrular** colloq. two inseparable chums. — **minare** pair of minarets, twin minarets. — **sigorta** double insurance. — **standart** double standard. — **şamdan** two-branched candelabrum. — **vatandaşlık** dual citizenship. — **vergilendirme/vergi** double taxation. — **yoğunluk** comp. double density.
çiftehane pairing cage, mating cage (for birds).
çiftelemek 1. /ı/ (for an animal) to kick (someone/something) using both of its hind feet at once. 2. naut. to cast a second anchor.
çifteleşmek (for animals) to kick each other using both of their hind feet at once.
çifteli 1. (animal) which tends to kick using both of its hind feet at once. 2. colloq. ornery, cantankerous, bad-tempered and truculent.
çiftenağra mus. pair of small drums (that are joined together).
çifter çifter in pairs.
çiftetelli 1. a kind of folk dance. 2. the music for this dance.
çiftlemek /ı/ 1. to double. 2. to mate, pair, breed (animals).
çiftlenmek 1. to be doubled. 2. (for animals) to be mated, be paired, be bred.
çiftleşme 1. mating (of animals). 2. becoming double, doubling.
çiftleşmek 1. (for animals) to mate. 2. to become double, double.
çiftleştirmek /ı/ 1. to mate, breed (animals). 2. to double.
çiftlik farm; farmstead. — **kâhyası** farm manager. — **sahibi** farm owner.
çiftteker bicycle.
çifttekerci bicyclist, cyclist.

çifttekercilik bicycling, cycling.
Çigan 1. (a) Gypsy (especially one from Hungary or Romania). 2. Gypsy, of the Gypsies (especially of those in Hungary or Romania). — **müziği** Hungarian Gypsy music; Romanian Gypsy music.
çiğ 1. raw, uncooked; not completely cooked. 2. ill-bred, untutored. 3. unseemly, inappropriate (act, words). 4. harsh (color, light). — **çiğ yemek** /ı/ to be enraged at: **Onu çiğ çiğ yiyebilirdim.** I could have torn him limb from limb. — **kaçmak/düşmek** to be inappropriate, be unseemly. — **köfte** dish made of raw ground meat, pounded wheat, and red pepper. — **süt emmek** colloq. to be evil-minded by nature, be a bad egg from the word go. — **yemedim ki karnım ağrısın.** colloq. As I've done nothing wrong, I have nothing to fear.
çiğbörek a fried **börek** made with raw ground meat, onions, and spices.
çiğde 1. jujube (the fruit). 2. bot. jujube tree.
çiğdem bot. 1. autumn crocus, meadow saffron, naked lady. 2. colchicum. 3. crocus.
çiğit prov. 1. (a) cotton seed. 2. (a) seed.
çiğleşmek 1. (for a color or light) to become harsh, harshen. 2. to behave rudely.
çiğlik 1. rawness. 2. ill breeding, rudeness. 3. harshness (of a color, of light). — **etmek** to behave rudely.
çiğnem a chew (of).
çiğneme chewing, mastication.
çiğnemek /ı/ 1. to chew, masticate. 2. to trample, tread (someone/something) under foot; to crush, run over: **Araba kediyi çiğnedi.** The car ran over the cat. 3. flagrantly to violate.
çiğneyip geçmek /ı/ 1. not to look (someone) up, not to visit (while one is in the neighborhood). 2. to go over (someone's) head, ignore (someone) and apply to his/her superior.
çiğnemik food which a woman chews and then feeds to a baby.
çiğnenmek 1. to be chewed, be masticated. 2. to be trampled, be trod under foot; to be crushed, be run over. 3. to be flagrantly violated.
çiğnetmek 1. /a, ı/ to have or let (someone) chew (something). 2. /a, ı/ to have or let (an animal) trample (someone/something); /a, ı, la/ to have or let (someone) run over (someone/something) with (a vehicle). 3. /a, ı/ to have or let (someone) flagrantly violate (a rule, a law, a right).
çiklet, -ti chewing gum.
çikolata 1. chocolate (which has been sweetened and made ready to eat); chocolate candy. 2. chocolate (as a color). 3. chocolate-colored, chocolate.
çikolatacı maker or seller of chocolate.

çikolatalı chocolate, flavored or coated with chocolate: **çikolatalı dondurma** chocolate ice cream.
çil 1. freckle. 2. freckled. 3. speckled (animal). 4. bright and shiny, newly-minted (coin). 5. spot (in a mirror). 6. root hair (of a plant root).
çil *zool.* 1. hazel grouse, hazel hen. 2. francolin. — **yavrusu gibi dağılmak** *colloq.* (for a group) to scatter, run away in every direction (like a frightened covey of birds).
çilav dish of boiled rice containing meat or chicken.
çile 1. suffering, trial, ordeal. 2. a dervish's forty-day period of retirement and fasting. — **çekmek** to undergo a severe trial, suffer an ordeal. — **çıkarmak/doldurmak** to undergo a period of suffering. —**den çıkarmak** /ı/ to infuriate, make (someone) blow his/her stack. —**den çıkmak** to become furious, blow one's stack. —**si dolmak** for one's period of suffering to end. —**ye girmek** to embark upon a period of suffering, for one's period of suffering to begin.
çile 1. hank, skein. 2. bowstring.
çilecilik mortification of the flesh or humiliation of the spirit, asceticism.
çilehane place in which a dervish undergoes a period of trial and suffering.
çilek 1. strawberry (the fruit). 2. strawberry plant.
çilekeş 1. long-suffering. 2. (an) ascetic. 3. ascetic, ascetical.
çileklik strawberry patch; strawberry field.
çileli 1. (someone) who has suffered much, who is marked by suffering. 2. (something) that will cause one to suffer, very onerous, very difficult, very hard.
çilemek (for a nightingale) to warble, trill, sing.
çilenti drizzle, drizzling rain.
çilingir 1. locksmith. 2. *slang* picklock, burglar who is adept at picking locks. — **sofrası** *colloq.* a table set with rakı and a few hors d'oeuvres.
çilingirlik 1. locksmithery; being a locksmith. 2. *slang* being a picklock.
çillenmek to become freckled or speckled; to freckle.
çilli freckled; speckled.
çim 1. grass used for lawns. 2. lawn. — **biçme makinesi** lawn mower; grass cutter. — **hokeyi** field hockey. — **kesme makinesi** *see* **çim biçme makinesi.** — **kort** *tennis* grass court.
çimbal *mus.*, *see* **çimbali.**
çimbali *mus.* cymbal.
çim çim (doing something) without relishing it.
çimdik 1. (a) pinch (made with the fingers). 2. (a) pinch of: **bir çimdik tuz** a pinch of salt. 3. hurtful remark. 4. *colloq.* a kind of meat pastry. — **atmak/basmak** /a/ to pinch (someone/something) (with one's fingers). — **dikişi**

Çin Halk Cumhuriyeti

tailor. shirring.
çimdiklemek /ı/ 1. to pinch (someone/something) (with one's fingers). 2. to pinch off.
çimdiklenmek 1. to get pinched, be pinched. 2. to be pinched off.
çimen 1. wild grass. 2. *see* **çemen.**
çimenlik 1. grassy. 2. meadow, grassy spot.
çimento cement. — **boyası** cement pigment. — **karo** cement tile.
çimentolamak /ı/ to cement, cover (something) with cement.
çimentolanmak to be cemented, be covered with cement.
çimentolu 1. cemented, covered with cement. 2. containing cement; mixed with cement. — **boya** cement paint, concrete paint.
çimlemek /ı/ to grass.
çimlendirmek /ı/ 1. to make (a seed) sprout, sprout. 2. to have (an area) grassed.
çimlenme 1. germination. 2. (an area's) becoming grassy.
çimlenmek 1. to sprout, germinate. 2. to become grassy. 3. /**dan**/ *colloq.* to get (a little of something) for nothing, enjoy (a little of something) for free. 4. /**dan**/ *colloq.* to snack on, nibble on.
çimmek to bathe (in a creek, stream, etc.).
Çin 1. China. 2. Chinese, of China. — **feneri** Chinese lantern. — **kırmızısı** Chinese red. — **mavisi** Chinese blue. — **mürekkebi** *see* **çini mürekkebi.** — **porseleni** chinaware, china. — **Seddi** the Great Wall of China, the Chinese Wall. — **yeşili** Chinese green.
çinakop, -pu *zool.* young of the bluefish.
çinanasonu, -nu star anise, Chinese anise.
çinayvası, -nı Japanese quince.
çinbaklası, -nı tonka bean.
Çince 1. Chinese, the Chinese language. 2. (speaking, writing) in Chinese, Chinese. 3. Chinese (speech, writing); spoken in Chinese; written in Chinese.
Çin Cumhuriyeti, -ni the Republic of China.
çinçilya *zool.* chinchilla.
Çingene 1. (a) Gypsy. 2. Gypsy, of or pertaining to the Gypsies. 3. Gypsy, Romany, pertaining to the Romany language.
Çingenece 1. Romany, the Romany language. 2. (speaking, writing) in Romany, Romany. 3. Romany (speech, writing); spoken in Romany; written in Romany.
çingenepalamudu, -nu *zool.* the young of the bonito (fish).
çingenepembesi, -ni 1. shocking pink, a very bright shade of pink. 2. colored a very bright shade of pink.
çingülü, -nü *bot.* 1. Chinese hibiscus, China rose, rose of China. 2. camellia, Japan rose.
Çin Halk Cumhuriyeti, -ni the People's Republic

Çinhindi

of China.
Çinhindi 1. Indochina, Farther India. 2. Indo-chinese, of Indochina.
çini 1. piece of earthenware decorated with opaque colored glazes and motifs that are characteristic of Turkish art (It resembles faience or majolica.). 2. piece of faience or majolica. — **mürekkebi** India ink, China ink, Chinese ink, Brit. Indian ink. — **soba** porcelain stove.
çinici maker or seller of **çini**.
çinili decorated with **çini** tiles.
çinko 1. *chem.* zinc. 2. zinc sheet. 3. zinc plate, zincograph. 4. zinc, made of zinc.
çinko 1. Five! (a word uttered by a lotto player when he has covered one row of numbers on his card). 2. prize (given to a lotto player for covering one row of numbers on his card).
çinkograf zincographer.
çinkografi zincography.
çinleylağı, -nı *bot.* chinaberry, azedarach.
Çinli 1. (a) Chinese. 2. Chinese (person).
çinördeği, -ni *zool.* mandarin duck.
çintamani a motif used in Turkish art.
çintan baggy trousers made of coarse fabric worn by peasant women.
çintemani see **çintamani**.
çinyasemini, -ni *bot.* star jasmine, confederate jasmine, Chinese jasmine.
çip, -pi *comp.* chip.
çipil 1. blear, swollen, and lashless (eye). 2. mud puddle.
çipilleşmek (for eyes) to become blear, swollen, and lashless.
çipo *naut.* stock (of an anchor).
çipura *zool.* gilt-head bream.
çir *prov.* (a) dried apricot; prune.
çiriş 1. glue (made with powdered asphodel root, used by bookbinders and cobblers). 2. powdered asphodel root. — **(çanağı) gibi olmak** (for one's mouth) to be dry (after drinking too much alcohol): **Ağzım çiriş gibi.** I've got a cotton mouth.
çirişlemek /ı/ to smear (something) with glue made from asphodel root.
çirişotu, -nu *bot.* asphodel.
çirkef 1. filthy water, foul water. 2. filthy, disgusting, loathsome. — **suyu** filthy water, foul water. —**e taş atmak/—i üzerine sıçratmak** to provoke an insolent person.
çirkeflik disgusting behavior.
çirkin 1. ugly (in appearance). 2. ugly, unbecoming, shameful, disgusting.
çirkince 1. rather ugly. 2. in an ugly manner.
çirkinleşmek to get ugly, become ugly.
çirkinleştirmek /ı/ to make (someone/something) ugly, spoil the appearance (of).
çirkinlik ugliness.
çirkinsemek /ı/ to consider (someone/something) ugly.
çiroz 1. salted and dried thin mackerel. 2. *colloq.* nothing but skin and bones, emaciated person.
çirozlaşmak 1. (for mackerel) to spawn or become thin. 2. *colloq.* to turn into nothing but skin and bones, become emaciated.
çirozluk 1. (mackerel) good for drying. 2. *colloq.* emaciation.
çis manna (the exudation of various plants, often used medicinally).
çise *prov.* drizzle.
çiselemek to drizzle.
çisemek see **çiselemek**.
çisenti drizzle.
çisentili drizzly.
çiskin 1. made wet by a drizzle. 2. drizzle.
çiş child's language peepee, weewee, urine. — **etmek** to peepee, weewee, urinate. —**i gelmek** to need to peepee, need to urinate.
çişik *prov.* leveret, young rabbit.
çişli wet with urine.
çit, -ti 1. hedgerow, hedge. 2. fence made of brush, rails, pickets, or barbed wire; brush fence; rail fence; picket fence; barbed-wire fence. — **çekmek /a/, —le çevirmek /ı/** 1. to hedge. 2. to enclose (a place) with a brush fence, a rail fence, a picket fence, or a barbed-wire fence.
çit, -ti 1. chintz, printed cotton cloth. 2. kerchief.
çita *zool.* cheetah.
çitar a brocade made of silk mixed with cotton.
çitari 1. *zool.* salpa. 2. see **çitar**.
çiti rubbing the folds of a wet piece of laundry together by hand (in order to clean them). — **yapmak** 1. to rub the folds of a wet piece of laundry together by hand (in order to clean them). 2. to comb one's hair with a comb each tooth of which has been wrapped with thread.
çitilemek /ı/ to rub the folds of (a wet piece of laundry) together by hand (in order to clean them).
çitili (piece of laundry) the folds of which have been rubbed together by hand (in order to clean them).
çitilmek 1. to be gathered up, be joined. 2. to be darned. 3. for the folds of (a piece of laundry) to be rubbed together by hand (in order to clean them).
çitişmek 1. to become tangled or matted. 2. (for teeth) to occlude.
çitlembik 1. berry of the nettle tree. 2. *bot.* nettle tree. — **gibi** *colloq.* small, dark, and winsome (girl).
çitiembikağacı, -nı *bot.* nettle tree.
çitlemek /ı/ 1. to crack (dried seeds) between one's teeth. 2. to hedge. 3. to enclose (a

çizilmek

place) with a brush fence, a rail fence, a picket fence, or a barbed-wire fence.
çitli 1. hedged. 2. enclosed with a brush fence, a rail fence, a picket fence, or a barbed-wire fence.
çitmek /ı/ 1. to gather up, join. 2. to darn. 3. to rub the folds of (a wet piece of laundry) together by hand (in order to clean them). 4. to narrow the spaces between the teeth of (a comb) by wrapping each tooth with thread.
çitmik 1. small stalk forming part of a bunch of grapes. 2. (a) pinch (of), (a) very small amount (of).
çitsarmaşığı, -nı *bot.* hedge bindweed, bellbind, bellbine, bellbinder, wild morning glory.
çivi 1. nail (used to join two things together). 2. spike, cleat (on the sole of a shoe). 3. hobnail. 4. pin (used to set fractured bones). 5. *sports* smash (in tennis); spike (in volleyball). — **başı** head of a nail. — **çakmak** /a/ to drive a nail into. — **çiviyi söker.** *proverb* You have to fight fire with fire. — **gibi** 1. healthy, strong. 2. very cold. — **gibi olmak** 1. to be very cold, freeze. 2. to be strong and healthy. — **kesmek** to be very cold, freeze. — **yazısı** *see* **çiviyazısı**.
çivici 1. maker or seller of nails. 2. *sports* smasher (in tennis); spiker (in volleyball).
çividi indigo-blue, indigo, indigo-colored. — **mavi** 1. indigo blue, indigo. 2. indigo-blue, indigo, indigo-colored.
çivileme 1. /ı, a/ nailing (one thing) to (another); /ı/ nailing (something) together. 2. /ı/ *sports* smashing (a tennis ball); spiking (a volleyball). 3. plunging feetfirst (into water).
çivilemek 1. /ı, a/ to nail (one thing) to (another); /ı/ to nail (something) together. 2. /ı/ *sports* to smash (a tennis ball); to spike (a volleyball). 3. /ı/ *colloq.* to kill or injure (someone) with a sharp-pointed instrument.
çivilenmek 1. /a/ (for one thing) to be nailed to (another); to be nailed together. 2. *sports* (for a tennis ball) to be smashed; (for a volleyball) to be spiked.
çiviletmek /ı, a/ to have (one thing) nailed to (another); /ı/ to let (something) be nailed together; /a, ı/ to have or let (someone) nail (something) together.
çivili 1. nailed together; /a/ nailed to. 2. (shoe) furnished with spikes, furnished with cleats. 3. hobnailed. 4. (fractured bone) set with a pin.
çivit bluing (used in laundering white fabrics). — **rengi/mavisi** 1. indigo blue, indigo. 2. indigo-blue, indigo, indigo-colored.
çivitlemek /ı/ to rinse (a white fabric) in water that contains bluing.
çivitlenmek (for a white fabric) to be rinsed in water that contains bluing.
çivitli 1. (water) to which bluing has been added. 2. (a white fabric) that has been rinsed in water to which bluing has been added.
çivitotu, -nu *bot.* 1. indigo plant, indigo. 2. woad.
çivitsiz 1. (water) to which no bluing has been added. 2. (a white fabric) that has not been rinsed in water to which bluing has been added.
çiviyazısı, -nı cuneiform, cuneiform writing.
çiy dew. — **noktası** dew point.
çiysemek *prov.* to drizzle.
çizburger cheeseburger.
çizdirmek /ı, a/ 1. to have (someone) draw (a line). 2. to have (someone) draw or sketch. 3. to have (someone) scratch or scarify. 4. to have (someone) cross out, strike out, scratch out, or cancel (something).
çizelge table (e.g. a multiplication table, a logarithm table).
çizer 1. cartoonist. 2. illustrator. 3. draftsman.
çizerlik 1. being a cartoonist; the work of a cartoonist. 2. being an illustrator; the work of an illustrator. 3. being a draftsman; the work of a draftsman, draftsmanship.
çizge diagram, graph.
çizgi 1. line. 2. stripe; stria, striation. 3. mark, dash. 4. scratch, scar; score. 5. line, wrinkle, furrow. 6. part (in a person's hair). 7. line (of action or thought). 8. line, boundary, limit. — **çekmek** to draw a line. — **çizgi** striped. — **film** animated cartoon. — **resim** line drawing, sketch. — **roman** comic book.
çizgilemek /ı/ 1. to draw a line on, line. 2. to line, mark (something) with lines, rule. 3. to stripe, striate.
çizgili 1. lined, with lines, ruled. 2. striped: **çizgili pijama** striped pajamas. 3. lined, wrinkled, furrowed. — **çek** *Brit.* crossed check. — **kas** *anat.* striated muscle.
çizgilik ruler, straightedge.
çizgisel linear.
çizgisiz 1. unlined, without lines. 2. unstriped, without stripes, nonstriated.
çizi 1. line. 2. furrow (in the ground).
çizici 1. draftsman, liner. 2. (tool) for drawing a line, lining. 3. one who incises opium poppies for their juice.
çizik 1. lined, marked with a line. 2. scratched, scarred; scored. 3. line. 4. scratch, scar; score. — **çizik** 1. full of lines. 2. full of scratches.
çizikli 1. lined, having lines. 2. scratched, scarred.
çiziktirmek /ı/ 1. to do a quick sketch of, scribble. 2. to scribble, scrawl, dash off.
çizili 1. lined, ruled. 2. drawn, sketched. 3. scratched, scarified. 4. crossed out, struck out, scratched out, canceled.
çizilmek 1. (for a line) to be drawn. 2. to be drawn, be sketched. 3. to be scratched, be scarified. 4. to be crossed out, be struck out,

çizim   158

be scratched out, be canceled.
çizim 1. drawing; drafting; (a) drawing, line representation; draft. 2. *geom.* construction; (a) construction, geometrical figure. **— aletleri** drafting instruments. **— masası** drawing table, drafting table. **— tahtası** drawing board, drafting board.
çizinti 1. scratch, scar; score. 2. part crossed out.
çizme high-topped boot, top boot; riding boot; cowboy boot; high-topped rubber boot, *Brit.* Wellington boot, Wellington; wader, wading boot. **— ile tandıra girmek** to be unmannerly. **—den yukarı çıkmak** to try to do something one is not qualified to do, try to do something one has no business doing; to try to do something that is beyond one's capacity, go beyond one's depth.
çizme /ı/ 1. drawing (a line). 2. drawing, sketching. 3. scratching, scarifying, scarification. 4. crossing out, striking out, scratching out, cancellation.
çizmeci person who makes or sells high-topped boots.
çizmecilik making or selling high-topped boots.
çizmek /ı/ 1. to draw (a line). 2. to draw, sketch. 3. to scratch, scarify. 4. to cross out, strike out, scratch out, cancel.
çizmeli (someone) who is wearing high-topped boots.
Çoban *astr.* Venus.
çoban shepherd; herdsman, herder. **— armağanı çamsakızı.** 1. *proverb* A poor person can give only from what he has. 2. *colloq.* This small gift is unworthy of you. **— kebabı** stew of meat and vegetables. **— köpeği** sheep dog. **— kulübesinde padişah rüyası görmek** to have fantasies of luxury and power. **— salatası** a salad of onions, tomatoes, cucumbers, and peppers.
çobanlama *lit.* pastoral.
çobanlık 1. occupation of a shepherd. 2. shepherd's pay. **— etmek** to work as a shepherd.
çobanpüskülü, -nü *bot.* holly.
Çobanyıldızı, -nı *astr.* Venus.
çocuğumsu childish.
çocuk 1. child, infant. 2. childish. **Ç—lar!** *colloq.* Hey, you all! **—tan al haberi.** *proverb* A child will tell the truth. **— aldırmak** to have an abortion. **— arabası** baby carriage, baby buggy, *Brit.* pram, perambulator. **— bahçesi** 1. children's playground. 2. playpen. **— bakımı** child care. **— bezi** diaper. **— büyütmek** to bring up children. **— dili** child's language. **— doğurmak** to give birth to a child. **— doktoru** pediatrician. **— düşürme** abortion, miscarriage. **— düşürmek** to have an abortion. **Ç— Esirgeme Kurumu** Society for the Protection of Children. **— felci** polio, infantile paralysis. **— gibi** 1. in a childish manner. 2. childlike. **—**

hastalığı children's disease. **— işi** a simple matter, child's play. **— mahkemesi** juvenile court. **— maması** baby food. **— odası** (children's) nursery. **— olmak** to become childish. **—u olmak** /ın/ to have a child, give birth to a child. **— oyuncağı** 1. toy. 2. child's play; matter of no consequence. **— oyuncağı haline getirmek** /ı/ to neglect (a project) (because one regards it as unimportant). **— peydahlamak** (for an unmarried woman) to become pregnant. **— yapmak** to produce a child, have a child. **— yetiştirmek** to bring up children. **— yuvası** nursery school. **— zammı** child allowance.
çocukbilim pedology, paidology.
çocukbilimci pedologist, paidologist.
çocukcağız poor little child.
çocukça 1. childish (act). 2. childishly.
çocuklaşmak to become childish; to enter one's second childhood.
çocuklu having children.
çocukluk 1. childhood. 2. childishness; folly. **— etmek/—u tutmak** to act childishly.
çocuksu childish.
çocuksuz childless.
çocuksuzluk childlessness.
çoğalma 1. increase, augmentation, becoming abundant. 2. multiplication, proliferation, growing in number.
çoğalmak 1. to increase, augment; to become many, become abundant, become plentiful, become greater. 2. to multiply, proliferate, grow in number.
çoğaltım 1. increase, increasing, augmentation, making greater. 2. multiplication, proliferation, increasing the number of. 3. duplication, making multiple copies of (something).
çoğaltma /ı/ 1. increase, increasing, augmentation, making greater. 2. multiplication, proliferation, increasing the number of. 3. duplication, making multiple copies of (something).
çoğaltmak /ı/ 1. to increase, augment, make greater. 2. to multiply, proliferate, increase the number of. 3. to reproduce, duplicate, make multiple copies of.
çoğu, -nu 1. most, most of. 2. mostly, usually. 3. /dan/ more than. **— gitti, azı kaldı.** Most of it is over, the end is near. **— kez/zaman** usually.
çoğul *gram.* plural. **— ekleri** plural endings.
çoğulcu *sociol.* 1. pluralistic. 2. (a) pluralist.
çoğulculuk *sociol.* pluralism.
çoğullaştırmak /ı/ *gram.* to pluralize.
çoğulluk *gram.* plural form, plurality.
çoğumsamak /ı/ to consider (something) to be too much or too many.
çoğunluk majority.
çoğunlukla 1. with a majority of votes. 2. usually.
çok 1. much; many, a lot of, lots of, plenty of.

2. often, long (time). 3. very. 4. very much. 5. poly-. —tan long since, a long time ago. —tan beri/—tandır for a long time (now). —
bilmiş 1. clever, smart. 2. cunning, crafty.
çok at most, at the very most. — defa 1. often, frequently. 2. many times. — fazla far too much. — geçmeden before long, soon. — gelmek /a/ 1. to be too much (for). 2. to become too much for (someone) to take. — gezen çok bilir. proverb One who travels a lot knows a lot. — gitmek to go too far. — görmek 1. /ı/ to consider (something) to be too much. 2. /ı, a/ to begrudge (someone) (something). —a kalmaz before long. — kere/kez 1. often, frequently. 2. many times. —a mal olmak to cost a lot. — naz âşık usandırır. proverb If you behave too coyly you will lose your lover. — olmak to go too far, overstep the limit. — söylemek to talk too much. — sürmez. It won't last long. — şey! colloq. How strange!/What an odd business! — şükür! Thank God! — taraflı law multilateral. —a varmaz soon, before long. — yanlı/yönlü versatile, many-sided. — yaşa! 1. Bless you!/Gesundheit! (said when someone has sneezed). 2. Bless you! (said to someone with whom one is highly pleased).
çokamaçlı multipurpose.
çokanlamlı ling. polysemous, multi-sense.
çokanlamlılık ling. polysemy.
çokbiçimli polymorphic.
çokboyutlu multidimensional.
çokça somewhat abundant, a good many.
çokçu phil. pluralist.
çokçuluk phil. pluralism.
çokeşli polygamous.
çokeşlilik polygamy.
çokfazlı phys. polyphasal, polyphase.
çokgen geom. polygon.
çokgözeli, çokhücreli biol. multicellular.
çokkarılı polygynous.
çokkarılılık polygyny, polygamy.
çokkocalı polyandrous.
çokkocalılık polyandry.
çoklaşmak to become numerous, increase.
çoklu multi-. — arama comp. multi-word search. — erişim comp. multiaccess. — işlemci comp. multiprocessor. — kullanıcı comp. multiuser.
çokluk 1. abundance, a large number. 2. majority. 3. gram. plurality. 4. often; mostly.
çokrenkli many-colored, multicolored, multicolor, parti-colored, polychrome.
çoksamak /ı/ to consider (something) to be too much or too many.
çoksatar 1. best seller. 2. best-selling.
çoksesli mus., ling. polyphonic.
çokseslilik mus., ling. polyphony.
çoktanrıcı polytheist.
çoktanrıcılık polytheism.
çoktanrılı polytheistic.
çokterimli algebra polynomial.
çokuluslu multinational. — şirket multinational company.
çokyıllık bot. perennial.
çokyüzlü geom. 1. polyhedral. 2. polyhedron.
çolak having one arm missing or paralyzed; crippled in one hand.
çolaklık not having the use of one hand or arm.
çolpa 1. lame, crippled. 2. clumsy, awkward.
çolpalık 1. lameness, crippledness. 2. clumsiness, awkwardness.
Çolpan astr. Venus.
çoluk çocuk 1. household, family, wife and children, kit and caboodle. 2. children, pack of children. —a karışmak to get married and have children. — sahibi having a family.
çomak 1. cudgel, truncheon; short thick stick. 2. the larger of two drumsticks. 3. stick, bat, catstick (in tipcat).
çomar mastiff, large watchdog.
çopra 1. fishbone. 2. thicket; a thick reedbed.
çoprabalığı, -nı zool. loach.
çopur 1. pockmarked. 2. pockmarks.
çopurluk being pockmarked.
çorak 1. barren, arid. 2. brackish, bitter (water). 3. impervious clay used for spreading on flat roofs of houses. 4. saltpeter, potassium nitrate.
çoraklaşmak to become barren or arid.
çoraklaştırmak /ı/ to render (land) barren or arid.
çoraklık 1. barrenness, aridity. 2. brackishness.
çorap stocking, sock, hose. — bağı garter. — kaçmak for a stocking to run, Brit. to ladder. — makinesi stocking loom, knitting machine. — söküğü gibi one following the other in rapid succession, easily and quickly. — şişi knitting needle.
çorapçı maker or seller of stockings, hosier.
çorapçılık the hosiery business.
çorba 1. soup. 2. mess, jumble, muddle. —ya döndürmek/— etmek /ı/ to make a mess (of). —ya dönmek to become a mess. — gibi messed up. — içmeye çağırmak /ı/ to invite (someone) to a meal. — kaşığı tablespoon. —da tuzu bulunmak/—da maydanozu olmak to make a contribution, however small.
çorbacı 1. maker and seller of soup. 2. hist. Christian notable in Turkish towns. 3. naut., the form of address used by sailors when addressing the ship's owner. 4. slang boss. 5. hist. a colonel in the Janissary corps.
çorbacılık making and selling soup.
çorbalık suitable for making soup.
çotira zool. triggerfish.
çotra flat wooden bottle.

çotuk

çotuk 1. tree stump. 2. stock of a vine.
çöğür *Turkish mus.* a lute-like instrument.
çökek 1. low spot, hollow. 2. bog, marsh, swamp. 3. reedbed. 4. sediment, deposit; precipitate.
çökel 1. *prov.* sediment. 2. *chem.* precipitate.
çökelek 1. cheese made of skim milk or yogurt curds. 2. *chem.* precipitate.
çökelme *chem.* precipitation.
çökelmek *chem.* to precipitate.
çökelti *chem.* precipitate.
çökeltmek /ı/ *chem.* to precipitate, make (a substance) precipitate.
çökerti *geol.* 1. sedimentation. 2. sediment.
çökertme /ı/ making (something) collapse.
çökertme a fishing net that is lowered flat into the water and drawn up by its corners when it is full of fish.
çökertmek /ı/ 1. *prov.* to make (a camel) kneel down. 2. to make (something) collapse. 3. *colloq.* to destroy (someone's) morale.
çökkün 1. broken down, collapsed. 2. *psych.* depressed.
çökkünlük breakdown; depression.
çökme 1. collapse, collapsing, falling down. 2. caving in, sinking in, falling in, giving way.
çökmek 1. to collapse, fall down. 2. to cave in, sink in, fall in, give way. 3. to squat down. 4. /a/ to collapse on (the floor, ground, etc.); to sink into, fall into (a chair, couch, etc.). 5. (for a camel, cow, etc.) to kneel down and sit. 6. (for one's cheeks) to become hollow; (for one's eyes) to become sunken. 7. (for one's shoulders) to become round. 8. /a/ (for fog) to settle in; (for smoke) to cover (a place). 9. (for sediment) to settle, settle out. 10. to become decrepit (from age/sickness). 11. (for a country, regime, etc.) to collapse, fall, come to an end. 12. /a/ (for a feeling, sensation, etc.) to descend upon, descend on, weigh down on (someone/a place). 13. (for darkness/night) to fall, descend. 14. *mil.* to collapse, give way.
çöktürme /ı/ 1. collapsing, making (something/someone) collapse. 2. settling, making (a substance) settle. — **havuzu** settling basin.
çöktürmek /ı/ 1. to make (something/someone) collapse. 2. to settle, make (a substance) settle.
çökük 1. collapsed, fallen in. 2. hollow (cheeks); sunken (eyes). 3. round (shoulders).
çöküklük 1. cave-in. 2. hollowness (of cheeks); sunkenness (of eyes). 3. roundness (of the shoulders).
çöküm 1. collapse, collapsing, falling down. 2. caving in, sinking in, falling in, giving way.
çöküntü 1. debris, wreckage. 2. sediment, deposit. 3. subsidence (of land); depression. 4. *psych.* depression.

çöküş 1. collapse, collapsing, falling down. 2. caving in, sinking in, falling in, giving way. 3. squatting down. 4. kneeling and sitting down (of a camel, cow, etc.). 5. collapse or fall (of a country, regime, etc.).
çöküşmek /a/ to gather together around; (for birds) to flock in (a field/a meadow).
çöl desert; wasteland, wilderness. —**e dönmek** to turn into wasteland.
çölfaresi, -ni, çölsıçanı, -nı *zool.* jerboa.
çölleşmek to lose top soil and become desert.
çöllük 1. containing many tracts of desert. 2. arid, barren.
çömçe *prov.* wooden ladle.
çömelme squatting down.
çömelmek to squat down.
çömeltmek /ı/ to have (someone) squat down.
çömez 1. one who follows blindly in his master's ways. 2. *formerly* poor theology student who served his teacher in return for board and tuition.
çömezlik blind devotion, uncritical obedience.
çömlek earthenware pot. — **hesabı** 1. crude and untrustworthy calculation. 2. crude piece of work. — **kebabı** meat roasted in an earthenware pot.
çömlekçi 1. potter, maker of pottery. 2. seller of pottery. — **çamuru/kili** potter's clay, potter's earth.
çömlekçilik 1. being a potter; making pottery, pottery. 2. being a seller of pottery; selling pottery.
çömmek /a/ *prov.* to squat down on.
çöp, -pü 1. garbage (especially animal or vegetable refuse); trash, rubbish. 2. litter, trash. 3. matchstick. 4. very small twig; chip of wood. 5. stalk or stem (of a fruit). 6. piece of refuse (found un unlooked dry rice, chickpeas, etc.). 7. *comp.* garbage, trash. — **arabası** garbage truck, *Brit.* dustcart. — **atlamamak** not to miss the slightest thing; to be very attentive. — **atlamaz** meticulous, punctilious. —**e dönmek** to get very thin, turn to skin and bones. — **dubası** garbage scow. — **gibi** very thin, as thin as a rail. — **kebabı** pieces of meat grilled on skewers of wood and then cooked lightly. — **konteyneri** dumpster. — **kutusu** garbage container; trash container; *Brit.* dustbin; wastebasket, *Brit.* wastebin, wastepaper basket. — **makinesi/öğütücüsü** garbage-disposal unit, disposal unit, disposal, disposer. — **sepeti** wastebasket, *Brit.* wastebin, wastepaper basket. — **şiş** 1. thin skewer. 2. a kabob made by grilling over charcoal very small cubes of meat that have been affixed to a thin skewer. — **tenekesi** garbage can; trash can; *Brit.* dustbin.
çöpçatan matchmaker, person who acts as a go-between for two people who wish to marry.

çöpçatanlık matchmaking, acting as a go-between for two people who wish to marry.
çöpçü 1. garbageman, *Brit.* dustman. 2. street sweeper, street cleaner, person whose job is to sweep the streets and sidewalks.
çöpleme *bot.* hellebore.
çöplenmek /dan/ *colloq.* 1. to nibble on, snack on (a food). 2. to get a little profit out of, get a little something out of.
çöplü (a fruit) whose stem or stalk has not been removed; (dry rice, chickpeas, etc.) which contains/contain refuse, which has/have not been looked.
çöplük garbage dump, dump, *Brit.* refuse tip, tip; refuse heap. **— horozu** *colloq.* philanderer who is unconcerned about the beauty or ugliness of the women he pursues.
çöpsüz (a fruit) whose stem or stalk has been removed; (dry rice, chickpeas, etc.) which contains/contain no refuse, which has/have been looked. **— üzüm** *colloq.* 1. a spouse who has no close relatives to plague one. 2. a good deal, easy and profitable enterprise.
çörek 1. a round, ring-shaped, or braided cookie or bread roll (usually sweet). 2. disk-shaped object. 3. *astr.* disk. 4. *naut.* loop at the end of a rope. 5. life buoy made of rope.
çörekçi maker or seller of **çörek**.
çörekçilik making or selling **çörek**.
çöreklenmek 1. (for a snake) to coil up. 2. to settle down and stay. 3. **/da/** (for a feeling) to settle in.
çöreklik (ingredients) good for making cookies or bread rolls.
çöreotu, çörekotu, -nu 1. black cumin. 2. (a) black cumin seed.
çörkü abacus.
çörten 1. waterspout, rainspout; gargoyle. 2. *prov.* gutter (for rainwater); open conduit (made of wood/tin).
çöven *bot.* soapwort.
çöven 1. polo mallet. 2. polo.
çözdürmek /ı, a/ 1. to have (someone) untie or unfasten (something). 2. to have (someone) solve (a problem).
çözelti (liquid) solution.
çözgü *weaving* warp; warp thread.
çözgülemek 1. **/ı/** to warp (a loom). 2. to separate the warp threads.
çözgülü 1. warped (loom). 2. separated into warp threads.
çözgün 1. untied. 2. disentangled. 3. slushy (snow). 4. dissolved, dispersed; gone.
çözme 1. untying, unfastening. 2. unraveling, disentangling. 3. solving (a problem, puzzle, etc.). 4. sheeting, a kind of muslin.
çözmek /ı/ 1. to untie, unfasten, unbutton. 2. to unravel, disentangle, undo (a knot). 3. to solve (a problem, puzzle, etc.). 4. to dissolve. 5. to thaw.
çözücü 1. **/ı/** (something) which can solve (a problem). 2. *chem.* solvent, (something) which acts as a solvent. 3. *chem.* (a) solvent.
çözük 1. loose, untied, unfastened. 2. unraveled, disentangled.
çözülme 1. becoming untied, unfastened, undone, unraveled, or disentangled. 2. becoming solved. 3. beginning to thaw. 4. disintegration, dissolution. 5. *mil.* disengagement, withdrawal from the field of battle.
çözülmek 1. to be untied; to be unfastened; to be undone; to be unraveled; to be disentangled. 2. to be solved. 3. to begin to thaw. 4. to disintegrate, dissolve. 5. *mil.* (for an army) to begin to withdraw from the field of battle. 6. (for one's hand/foot/arm/leg) to become weak. 7. *slang* to run away, beat it. 8. *slang* to tell what one knows, squeal.
çözülüm 1. becoming untied, unfastened, undone, unraveled, or disentangled. 2. becoming solved. 3. beginning to thaw. 4. disintegration, dissolution. 5. *mil.* disengagement, withdrawal from the field of battle. 6. *mus.* resolution.
çözülüş 1. becoming untied, unfastened, undone, unraveled, or disentangled; way of being untied, unfastened, undone, unraveled, or disentangled. 2. becoming solved; way of being solved. 3. beginning to thaw; way of beginning to thaw. 4. disintegration, dissolution; way of disintegration or dissolution. 5. *mil.* disengagement, withdrawal from the field of battle; way in which a disengagement is carried out. 6. *mus.* resolution; way of resolving music. 7. *fiction* denouement; resolution.
çözüm 1. solution (to a problem). 2. *math.* solution. 3. *fiction* denouement; resolution. **— yolu** solution (to a problem).
çözümbilim *see* **güdümbilim**.
çözümleme analysis.
çözümlemek /ı/ to analyze.
çözümlemeli analytic, analytical, pertaining to analysis.
çözümlenmek to be analyzed.
çözümleyici 1. analyst. 2. analyzer, instrument used for analysis. 3. analytic, analytical, pertaining to analysis. **— felsefe** analytical philosophy. **— yöntem** analytic method.
çözümsel analytic, analytical, pertaining to analysis. **— geometri/uzambilgisi** analytic geometry. **— kimya** analytical chemistry. **— ruhbilim** analytic psychology.
çözündürmek /ı/ to dissolve (something).
çözünmek 1. to dissolve. 2. to decompose.
çözüntü 1. ravelings. 2. fragment of ice floating in a river. 3. debacle. 4. disintegration, break-

ing up.
çözünürlük 1. *comp.* resolution. **2.** *chem.* solubility.
çözüşme *chem.* dissociation.
çözüşmek *chem.* to dissociate.
çubuk 1. rod, bar. **2.** wand, staff. **3.** the smaller of two drumsticks. **4.** long-stemmed tobacco pipe, chibouk. **5.** young branch, shoot, twig; sapling. **6.** stripe or rib in cloth. **7.** *naut.* upper mast. **— aşısı** *hort.* graft. **— demiri** iron cast as rods or bars. **— içmek** to smoke a long pipe. **— takımı** mouthpiece of a tobacco pipe. **—unu tüttürmek/tellendirmek 1.** to smoke one's pipe. **2.** to take it easy.
çubukçu maker or seller of long-stemmed tobacco pipes.
çubuklamak /ı/ **1.** to beat (a carpet, cushion, etc.) with a stick. **2.** to fluff up (a mattress, pillow, cotton, etc.) with a stick.
çubuklu 1. having rods or bars, barred. **2.** striped, ribbed (cloth).
çubukluk *formerly* cupboard for tobacco pipes.
çuha broadcloth.
çuhacı weaver or seller of broadcloth.
çuhacılık weaving or selling broadcloth.
çuhaçiçeği, -ni *bot.* primrose.
çuhçuh *child's language* choochoo (train).
çukur 1. pit, hole; hollow, depression; dent; cavity. **2.** low; depressed; hollow; concave. **3.** cesspool. **4.** dimple. **5.** *colloq.* (a) grave. **6.** *slang* *asshole, anus. **— açmak** to dig a pit/a hole. **—unu kazmak** /ın/ to plot against (someone).
çukurcuk small cavity; dimple.
çukurlanmak, çukurlaşmak to be dented; to become bowl-shaped; to be pushed down so as to form a hollow.
çukurlatmak /ı/ **1.** to pit; to open a pit in. **2.** to depress, make (something) concave.
çukurlu having low spots; pitted; dented.
çukurluk 1. hollow shape, concavity. **2.** place abounding in pits. **3.** *geog.* depression.
çul 1. haircloth. **2.** horsecloth. **3.** *colloq.* clothes. **— çaput 1.** worn-out clothes. **2.** cloth. **— çuval** haircloth sack. **—u düzmek/düzeltmek 1.** to become well-dressed. **2.** to become well-off. **—u tutmak** to grow rich. **— tutmaz** spendthrift, thriftless.
çulha 1. weaver. **2.** *prov.* loom.
çulhakuşu, -nu *zool.* penduline titmouse.
çullama 1. /ı/ covering (a horse) with a horsecloth. **2.** *prov.* dish of meat covered with dough; meat pie.
çullamak /ı/ to cover (a horse) with a horsecloth.
çullanmak 1. to be covered with a horsecloth. **2.** /a/ to jump on, attack (someone) (physically). **3.** /a/ to jump on, attack, snipe at (someone) (with questions, accusations,

etc.).
çullu covered with a horsecloth.
çulluk *zool.* woodcock.
Çulpan *astr.* Venus.
çulsuz 1. having no horsecloth. **2.** *colloq.* poor, penniless.
çuşka red pepper, chili pepper, chili.
çuval 1. sack. **2.** *slang* fat (person). **— bezi** sacking, hessian. **— gibi 1.** rough (material). **2.** loose, untidy (clothes).
çuvalcı 1. maker or seller of sacks. **2.** bagger (of farm products).
çuvaldız packing needle.
çuvallamak 1. /ı/ to sack, put (things) in a sack. **2.** *slang* to fail the class. **3.** *slang* to be at a loss about what to say or do.
Çuvaş 1. (a) Chuvash. **2.** Chuvash, of the Chuvash people or the Chuvash language.
Çuvaşça 1. Chuvash, the Chuvash language. **2.** (speaking, writing) in Chuvash, Chuvash. **3.** Chuvash (speech, writing); spoken in Chuvash; written in Chuvash.
çük, -kü *vulg.* (little boy's) penis.
çünkü because.
çürük 1. rotten, decayed. **2.** not well made, unstable, not up to specifications. **3.** without a reasonable basis, unfounded; untenable. **4.** bruise, discoloration, black-and-blue spot. **5.** *slang* whore, prostitute. **— çarık** *colloq.* worn-out; dilapidated. **—e çıkarmak** /ı/ **1.** to discharge (a soldier) as unfit for duty. **2.** to discard (something) as useless. **—/—e çıkmak 1.** (for a soldier) to be discharged as unfit for duty. **2.** to be discarded as useless. **— gaz** *auto.* exhaust fumes. **— para/akçe** worthless coin. **— su** *naut.* dead water. **— tahtaya basmak** to fall into a trap. **— yumurta** rotten egg. **— zemin** *arch.* bad soil, bad ground, soft ground, loose soil, poor soil.
çürükçül 1. saprophyte. **2.** saprophytic.
çürüklük 1. rottenness. **2.** garbage dump. **3.** *slang* graveyard.
çürümek 1. to rot, decay, putrefy, go bad. **2.** to become worn out or unsound. **3.** to become infirm (because of aging); to lose one's vitality. **4.** (for an argument/a claim) to be refuted, be proved unsound. **5.** to be bruised, be discolored.
çürütme 1. decomposition. **2.** rebuttal, refutation. **— çukuru** septic tank.
çürütmek /ı/ **1.** to make (something) decay. **2.** to season, age (meat). **3.** to rebut, refute (another's argument).
çürütülmek 1. to be allowed to decay. **2.** to be rebutted, be refuted, be proved unsound.
çüş 1. Whoa! *(said to stop a donkey).* **2.** *vulg.* You fool!/You ass! **3.** *vulg.* What asininity!
Çvş. *(abbr. for* **Çavuş**) Sgt. (Sergeant).

D

D the letter D.
da, de 1. too, also. 2. and *(an intensive)*. 3. both, and. 4. *used to add emphasis to a scornful or sarcastic remark:* **Kitap yazmak da iş mi?** As if writing books could be called work! 5. He kept on ... *(expression of repetitiveness or perseverance).* 6. ... stamped his feet and said *(expression of insistence).* 7. and, and then, so; but. 8. but anyhow, even though. 9. It is enough that ....
dadacı 1. Dadaist. 2. Dadaistic.
dadacılık Dadaism, Dada.
dadaist, -ti 1. Dadaist. 2. Dadaistic.
dadaizm Dadaism, Dada.
dadandırmak /ı, a/ to cause or allow (someone/an animal) to get fond of (something); to cause or allow (someone/an animal) to frequent (a place).
dadanmak /a/ to become fond of, develop a liking for (something); to begin to frequent (a place) *(often used pejoratively).*
dadaş *(used in eastern Anatolia)* 1. brother. 2. young man, youth. 3. Hey you!
dadı nursemaid, nurse, *Brit.* nanny.
dadılık being a nursemaid, nursemaiding, *Brit.* nannying. — **etmek** /a/ to look after (a child).
dağ 1. mountain. 2. heap, mound. — **adamı** man completely lacking in refinement. —**lar anası** huge woman. — **ayısı** country bumpkin, yokel, lout. — **başı** 1. mountain top, summit. 2. remote place, place that is far removed from a town or city. 3. wild and lawless place. —**da büyümüş** uncouth, coarse, unrefined. —**a çıkmak** to become an outlaw (who lives in the mountains); to take to the mountains in order to escape the law. — **dağa kavuşmaz, insan insana kavuşur.** *proverb* People can always reunite someday. —**ları devirmek** to accomplish Herculean tasks. — **doğura doğura bir fare doğurmuş.** *colloq.* Our expectations were built up only to be let down in a big way. —**lara düşmek** to lose everything, be destitute and homeless; to wander around in sorrow and bewilderment. — **eteği** 1. the skirt of a mountain. 2. piedmont. — **geçidi** mountain pass. —**dan gelip bağdakini kovmak** for an upstart to come in and try to oust the old-timers. —**dan gelmiş** uncouth, loutish. —/—**lar gibi** 1. huge, tall and hulking. 2. in a huge pile; in huge piles. —/—**lar kadar** a mountain of, a huge quantity of. —**a kaldırmak** /ı/ to take (someone) forcibly to a remote place. — **kitlesi** *geol.* massif. — **savaşı** mountain warfare. — **sırtı** ridge of a mountain. — **silsilesi** mountain range. —**ların şenliği** *colloq.* bear. — **taş** 1. all around, as far as the eye can see, everywhere. 2. a huge quantity of, a mountain of. 3. in a huge quantity. —**lara taşlara!** God preserve us from it! *(expression used when a calamity is mentioned).*
dağ 1. brand (made by a hot iron). 2. *med.* sear (produced by cauterization). 3. grief, anguish.
dağakçaağacı, -nı *bot.* sycamore maple.
dağalası, -nı *zool.* salmon trout.
dağar 1. earthen vessel with a wide top. 2. leather pouch.
dağarcık 1. leather pouch (carried over the shoulder by shepherds and hunters). 2. store of knowledge or information. 3. *mus.* repertoire. —**ına atmak** /ı/ 1. to store (something) away (in one's memory). 2. to accept (a hard remark) without protest; to swallow (an insult) without protest. —**ta bir şey kalmamak** 1. to have used up all that one has. 2. to have run out of things to say. —**ındakini çıkarmak** to say something that one has prepared in one's mind in advance. —**ı yüklü** (someone) who knows a lot, who is very knowledgeable.
dağbilgisi, -ni orography, orology.
dağcı mountain climber, mountaineer.
dağcılık mountain climbing, mountaineering.
dağçileği, -ni 1. *bot.* strawberry tree. 2. the fruit of the strawberry tree.
dağdağa tumult, turmoil, confusion.
dağdağalı tumultuous, noisy, confused.
dağılım 1. being scattered. 2. distribution. 3. *chem.* dispersion. 4. disintegration. — **ortamı** *chem.* dispersion medium. — **yasası** *math.* distributive principle, distributive law.
dağılış 1. being scattered. 2. disintegration. 3. distribution (of population); dispersal, range (of an animal or plant species).
dağılma 1. being scattered; dispersion. 2. *mil.* dispersion (of troops or projectiles). 3. disintegration. — **sahası** *mil.* dispersal area.
dağılmak 1. to scatter, become scattered; to disperse; to dissipate. 2. (for a meeting) to break up; (for school) to let out; (for an association) to dissolve, come to an end. 3. to disintegrate, fall to pieces; to spall, spall off, spall away. 4. to become messy, get untidy. **Dağılın!** 1. *mil.* Dismissed! 2. *police* Break it up!
dağınık 1. scattered; dispersed. 2. untidy, messy (thing/person); (something) which is in a state of disarray. 3. confused (state of mind). 4. (city/town) which is made up of widely scattered neighborhoods. — **düzen** *mil.* ex-

tended order, extended formation. — **ışık** *cin.* borderlight.
dağınıklık 1. scatteredness; dispersedness. 2. untidiness, messiness, disarray. 3. (mental) confusion, confusedness.
dağıntı mess, jumble.
Dağıstan 1. Daghestan (in the Caucasus). 2. Daghestani, of Daghestan.
Dağıstanlı 1. (a) Daghestani. 2. Daghestani (person).
dağıtıcı 1. distributor, person who distributes things: **posta dağıtıcısı** mail carrier. 2. *mech.* distributor. 3. messy, untidy (person).
dağıtıcılık 1. being a distributor. 2. messiness, untidiness (of a person).
dağıtılmak 1. to be scattered; to be dispersed; to be dispelled; to be dissipated. 2. to be distributed; to be dealt, be dealt out; to be doled out, be given out, be handed out; to be dispensed. 3. to be messed up, be put into disarray. 4. (for an organization) to be dissolved. 5. *print.* (for type) to be distributed.
dağıtım distribution.
dağıtımcı distributor, wholesaler.
dağıtımcılık being a distributor; distribution.
dağıtımevi, -ni distribution center, wholesale house.
dağıtmak /ı/ 1. to scatter; to disperse; to dispel; to dissipate. 2. to distribute; to deal; to dole out, give out, hand out; to dispense. 3. to mess up, disorder, put (something) into disarray, disarray. 4. to cause (something) to break into pieces, cause (something) to disintegrate or spall off; to smash (something) to bits. 5. to dissolve (an organization). 6. *print.* to distribute (type). **Dağıtırım ha!** *colloq.* I'll smash your face in!
dağkeçisi, -ni *zool.* chamois.
dağlağı 1. *prov.* branding iron. 2. cautery; cauter; cauterant.
dağlama 1. branding, brand. 2. cauterization, cautery. — **resmi** pyrogravure, pyrography.
dağlamak /ı/ 1. to brand. 2. to cauterize. 3. (for the sun, wind, heat, cold, or a hot taste) to burn. 4. to wound (someone's feelings).
dağlanmak 1. to be branded (with a hot iron). 2. to be cauterized. 3. to be burned (by sun, wind, heat, cold, or a hot taste). 4. (for one's feelings) to be wounded.
dağlatmak /ı, a/ 1. to have (someone) brand (an animal). 2. to have (someone) cauterize (a wound).
dağlı 1. mountaineer, highlander, mountain dweller. 2. coarse, unrefined (person). 3. *playing cards* king.
dağlı 1. branded. 2. cauterized. 3. anguished, very hurt, very sad.
dağlıç a crossbred sheep with a fairly large fatty tail.
dağlık mountainous (terrain).
dağmersini, -ni *bot.* whortleberry, bilberry.
dağoluş orogeny.
dağserçesi, -ni *zool.* tree sparrow.
dağservisi, -ni *bot.* cedar.
dağsıçanı, -nı *zool.* marmot.
dağtavuğu, -nu *zool.* hazel grouse, hazel hen.
dah Giddap! *(said to make a horse, a donkey, an ox, etc. move forward).* — **etmek** /ı/ to get (an animal) to move forward.
daha 1. so far, until now, still, yet, only. 2. more, in addition. 3. more, -er; a lot -er. 4. plus. — **sı** moreover. — **çok more.** — **daha?** *colloq.* And so? — **iyi** better. — **iyisi can sağlığı!** *colloq.* One couldn't ask for more! — **kötü** worse. — **neler!** *colloq.* What next!/How absurd! — **sonra** 1. later; after. 2. afterwards. — **sı var.** That's not all./There's more to come.
dahdah child's language horsie, *Brit.* gee-gee *(used to mean "horse")*.
dâhi 1. genius, man of genius. 2. gifted, talented.
dahi also, too, even: **O dahi söyledi.** He said it, too./Even he said it.
dâhice 1. ingenious (thing). 2. ingeniously.
dahil, -hli connection, relationship. —**i olmak** /da/ to be connected (with); to have to do (with).
dahil 1. the interior, inside. 2. including: **vergi dahil** including the tax. — **etmek** /ı, a/ to insert (something) in; to include (something) in. — **olmak** /a/ to be included (in).
dahilen internally.
dahili 1. internal. 2. domestic (as opposed to *foreign*). — **harp** civil war. — **hat** 1. telecommunications internal line; house telephone (in a hotel). 2. *transportation* domestic line. — **işler** *pol.* internal affairs, domestic affairs, *Brit.* home affairs.
dâhilik genius, great talent.
dahiliye 1. (a country's) domestic affairs, internal affairs, *Brit.* home affairs. 2. ministry for internal affairs. 3. internal medicine. 4. internal diseases. 5. ward for internal diseases. — **mütehassısı** internist. — **subayı** officer charged with managing the internal affairs of a military school. **D**— **Vekâleti** formerly the Ministry of Internal Affairs; *Brit.* the Home Office. **D**— **Vekili** formerly the Minister of Internal Affairs; *Brit.* Home Secretary.
dahiliyeci internist, doctor of internal medicine.
dâhiyane 1. ingenious (thing). 2. ingeniously.
dahletmek /a/ to interfere with, poke one's nose into, meddle in.
Dahomey 1. Dahomey. 2. Dahoman, Dahomey, of Dahomey.
Dahomeyli 1. (a) Dahoman. 2. Dahoman (person).

daim enduring, lasting, permanent. — **etmek** /ı/ to perpetuate. — **olmak** to continue; to last.
daima always, continually.
daimi constant, permanent, perpetual. — **delege** permanent delegate. — **encümen** standing committee. — **kadro** permanent staff. — **ordu** standing army.
dair /a/ about, on, concerning, relating to.
daire 1. geom. circle. 2. apartment, flat. 3. department, section (of an administrative office). 4. room, section. 5. range, limits (of a discussion). 6. tambourine. — **bıçkısı** circular saw. — **çevresi** geom. circle, line describing a circle. — **kesmesi** geom. sector of a circle. — **parçası** geom. segment of a circle. — **yayı** geom. arc of a circle.
dairesel circular.
dairevi circular.
dakik 1. requiring precision, delicate (piece of work). 2. precise, exact (person, tool).
dakika 1. minute. 2. math. minute, minute of arc. —**sında** instantly, at once. —**sı dakikasına** exactly on time, on the minute, to the minute. —**sı dakikasına uymaz** very changeable; temperamental.
dakikalama cin. timing, determining the time length of a film that has been shot.
daktilo 1. typewriter. 2. typist. 3. typing. — **etmek** /ı/ to type. — **ile yazılmış** typed. — **makinesi** typewriter.
daktilograf typist.
daktilografi typing.
daktiloluk being a typist; typing.
daktiloskopi dactyloscopy.
dal 1. branch, bough. 2. branch, division, subdivision. —**ları bastı kiraz!** Best quality cherries! — **budak salmak** 1. (for a tree or bush) to develop branches. 2. to become established, take root. 3. to become widespread, spread far and wide. —**dan dala konmak/atlamak** 1. to jump from one subject to another. 2. never to stick to anything for very long, to lack stick-to-itiveness. — **gibi** slender, slim and graceful. — **gibi kalmak** to become as thin as a rail. — **kol atmak** to become widespread, spread far and wide. —**ında satış** sale of a crop which is still on the tree.
dal prov. 1. back; shoulder. 2. arm. 3. neck; nape of the neck. —**ına basmak** /ın/ 1. to irritate, anger. 2. to press (someone) to grant something. —**ına binmek** /ın/ to pester, put pressure on.
dal naked, bare, uncovered (used only in compounds).
dalak 1. anat. spleen. 2. prov. honeycomb. — **iltihabı** path. splenitis.
dalakotu, -nu bot. germander.

dalalet, -ti straying from the right path, going astray, erring, error. —**e düşmek** to fall into error, err, go astray.
dalamak /ı/ 1. (for cloth) to scratch, chafe (one's skin). 2. (for the leaves of a plant) to irritate (one's skin). 3. (for a dog, wolf, etc.) to bite. 4. (for an insect) to bite; to sting.
dalan 1. entry hall, hallway. 2. vestibule.
dalaş, dalaşma brawl, melee.
dalaşmak 1. (for dogs) to fight with each other. 2. to argue heatedly, have a row, row.
dalavere colloq. trick, deception, fast one. — **çevirmek/döndürmek** to pull fast ones, be engaged in trickery, chicane.
dalavereci trickster, hoodwinker, chicaner.
dalaverecilik trickery, hoodwinking, chicanery; being a trickster.
dalbastı used in: — **kiraz!** Fine cherries!/Big cherries!
daldırılmak 1. /a/ to be plunged (into). 2. (for a plant) to be layered.
daldırma 1. /ı, a/ plunging (one thing) into (another). 2. layering (of a plant). 3. branch used for layering.
daldırmak 1. /ı, a/ to plunge (one thing) into (another). 2. /ı/ to propagate (a plant) (by putting one of its branches into the ground), layer.
dalga 1. wave (of water, of heat or cold, of electric and magnetic field intensity). 2. the wavelike pattern found in watered cloth, water, moiré. 3. slang trick, subterfuge, deception, fast one. 4. slang hashish, hash. 5. slang a high (which comes from hashish). 6. slang reverie, brown study, distractedness, distraction. 7. slang what-do-you-call-it, thingumabob, thingumajig. 8. slang situation, matter, affair. 9. slang love relationship, love affair. 10. slang (a) beloved, (a) love, sweetheart, sweetie, honey. 11. slang connection, relation. —**yı başa almak** naut. (for a ship) to breast the waves. — **boyu** wavelength. — **dalga** 1. streaked, uneven (paint, dye); moiréd. 2. in an undulating fashion. 3. wavy (hair). — **devimi** wave motion, wave propagation. —**ya düşmek** slang 1. to fall into a trap, fall for a trick. 2. to be absentminded. — **geçmek** slang 1. /la/ to kid (someone). 2. /la/ not to take (something) seriously, pay (something) no mind. 3. to goof off, waste time, kill time. —**ya gelmek** slang, see **dalgaya düşmek**. —**ya getirmek** /ı/ slang to get (someone) to fall for it, take (someone) in, hoodwink. —**sına taş atmak** /ın/ slang 1. to spoil (someone's) high. 2. to upset (someone's) applecart, spoil a good situation for (someone). 3. to make a pass at (someone's sweetheart).

dalgacı 1. (someone) who is prone to goofing off, who is a goof-off. 2. *slang* regular hashish user. 3. *colloq.* trickster, hoodwinker, chicaner. **— Mahmut** *colloq.* (a) goof-off.
dalgacık wavelet; ripple.
dalgacılık 1. *colloq.* goofing off. 2. *slang* using hashish on a regular basis. 3. *colloq.* trickery, hoodwinking, chicanery.
dalgakıran breakwater, mole, water-break.
dalgalandırmak /ı/ 1. to cause (water) to break into waves. 2. to undulate, cause (something) to undulate; to cause (something) to wave or sway (as in a wind).
dalgalanım undulation.
dalgalanma undulation. **—ya bırakmak** /ı/ to allow (the exchange rate of a currency) to float.
dalgalanmak 1. to undulate; (for water) to get rough. 2. (for a color) to change hue. 3. to wave or sway (in the wind). 4. (for a price, the value of a currency, commodity or stock) to fluctuate.
dalgalı 1. wavy, full of waves; rough (water); undulating. 2. wavy or waved (hair). 3. corrugated (metal). 4. watered, moiréd. 5. *phys.* alternating. 6. *path.* undulant. **— akım** *phys.* alternating current. **— akım üreteci** *elec.* alternator. **— borç** *fin.* floating debt.
dalgamotor *slang* sweetheart, sweetie, honey.
dalgı *prov.* inattention; absentmindedness; negligence, carelessness.
dalgıç 1. diver, skin diver, frogman. 2. *slang* thief, pincher, pilferer.
dalgıçlık being a diver; diving; skindiving.
dalgın 1. lost in thought, abstracted, bemused; absentminded. 2. (sleeping) very soundly. **— dalgın** abstractedly, bemusedly; absentmindedly.
dalgınlaşmak to become lost in thought, become abstracted, become bemused.
dalgınlık 1. abstraction, bemusement; absentmindedness. 2. sound sleep; deep sleep.
dalgınlıkla abstractedly, bemusedly; absentmindedly.
dalgır *prov.* moiré, water (of a cloth fabric).
dalınç ecstasy, rapture.
dalış 1. dive, plunge. 2. *soccer* plunge, quick thrust through the line of the opposition.
dalız 1. *anat.* vestibule, the central cavity of the bony labyrinth of the ear. 2. corridor, passageway.
dalkavuk toady, sycophant.
dalkavuklaşmak to turn into a toady; to become sycophantic.
dalkavukluk toadying, sycophancy. **— etmek** /a/ to toady to, fawn upon.
dalkılıç 1. with drawn sword. 2. (someone) whose sword is drawn.

dallandırmak /ı/ 1. to cause (a bush or tree) to branch out; to cause (something) to ramify. 2. needlessly to complicate (something).
dallanmak 1. to branch out; to ramify. 2. needlessly to get complicated. **dallanıp budaklanmak** to build up quite disproportionately (in someone's mind); (for a matter) to grow beyond all reasonable bounds.
dallı 1. branched; well-branched; bushy; branchy. 2. (fabric) ornamented with branches. **— budaklı** intricate, involved, tangled.
dalma 1. plunging, diving. 2. abstraction, absentmindedness. 3. falling off to sleep. 4. *Turkish wrestling* a dive.
Dalmaçya 1. Dalmatia. 2. Dalmatian, of Dalmatia.
Dalmaçyalı 1. (a) Dalmatian. 2. Dalmatian (person).
dalmak 1. /a/ to dive, plunge (into). 2. to become abstracted, become lost in thought; to lose oneself in thought. 3. /a/ to be engrossed in, be absorbed in; to give oneself over to. 4. /a/ to enter (a place) suddenly, plunge into. 5. to fall asleep; /a/ to drop off to (sleep). 6. (for a sick person) to lose consciousness. 7. *Turkish wrestling* to dive for one's opponent's legs. **dalıp çıkmak** 1. to duck, dive down and then reappear above the surface of the water at short intervals. 2. to take a quick dip, take a short swim. 3. /a/ to frequent (lots of places). **dalıp (dalıp) gitmek** to be lost in thought.
daltaban 1. barefoot. 2. vulgar, coarse, unrefined (person).
daltonizm daltonism.
daluyku deep sleep.
dalya dahlia.
dalya *com.* completed (*used when, in counting, the standard number, usually 10 or 100, is reached*).
dalyan fish trap, enclosure of nets fixed on poles used for catching fish; weir for fishing. **— gibi** tall and well-built. **— tarlası** place where a fishing enclosure is set up.
dalyancı person who works at or owns a fish trap.
dalyarak *vulg.* 1. oafish, stupid and coarse (man). 2. oaf, *ass.
dalyaraklık *vulg.* oafishness, asininity.
dam 1. roofing, roof, outer covering of a roof. 2. flat roof. 3. small house (usually flat-roofed and one-story). 4. stable, animal shed. 5. *colloq.* prison, jail, jug. **— aktarma** repairing a roof by overhauling its tiles. **— altı** shelter. **—dan çardağa atlamak** to jump from one subject to another. **—dan düşer gibi** out of the blue, suddenly; at an inappropriate moment. **— kapağı** trapdoor opening onto a roof. **— üstünde sak-**

sağan, vur beline kazmayı! *colloq.* What nonsense!
dam 1. lady partner (at a dance). **2.** *playing cards* queen.
dama game of checkers. **— demek 1.** to give up, quit (because of exhaustion or frustration). **2.** (for a supply) to be used up, be finished up, be all gone. **— tahtası** checkerboard. **— taşı** *checkers* piece, man. **— taşı gibi** (one) who travels often or is often reassigned. **— taşı gibi oynatmak** /ı/ **1.** to send (someone) on a trip at the drop of a hat. **2.** to reassign (an employee) often.
damacana demijohn.
damak *anat.* palate. **— eteği** *anat.* soft palate. **—ını kaldırmak** to press one's palate up with the thumb (done by a frightened person). **— kemeri** *anat.* palatine vault. **— kemiği** *anat.* palatine bone, palatine. **—ı kurumak** to feel very thirsty. **— ünsüzü** *phonetics* palatal consonant.
damaklı (person, animal) who or which has a palate. **— diş** *dent.* upper plate.
damaksı, damaksıl *phonetics* palatal.
damaksıllaşma *phonetics* palatalization, vowel fronting.
damaksıllaşmak *phonetics* to be palatalized.
damalı check, checked, marked with checks; (something) which shows a check pattern, checkered. **— kumaş** checked material, check.
damar 1. vein, artery, or vessel (in which blood flows). **2.** vein (in marble, a rock); seam; lode. **— açımı** *med.* cutdown. **— atmak** for an artery to pulsate. **—ına basmak** /ın/ to irritate (someone), touch (someone's) sore spot. **—ını bulmak** /ın/ to humor (someone). **—ına çekmek** to take after one's family (in temperament). **— damar 1.** multiveined. **2.** seam upon seam. **—ına girmek** /ın/ to humor (someone). **— ışınçekimi** *med.* angiography. **—larına işlemek** to become part and parcel of one's character. **—ları kabarmak** (for a specified part of one's character) to show itself: *Babalık damarları kabardı.* His fatherly side showed itself. **— kasıncı** angiospasm. **—ı kurusun!** Damn him! **— onarımı** *surg.* angioplasty. **— sertliği** *path.* arteriosclerosis, hardening of the arteries. **—ları şaha kalkmak** *slang* to want something badly, have a consuming desire. **— tabaka** *anat.* choroid (of the eyeball). **— tıkanıklığı** *path.* embolism. **—ı tutmak** to get obstinate; to get surly, become intractable. **— uru** *path.* angioma. **— yangısı** *path.* angiitis.
damarca vascular disorder.
damardaraltan *med.* vasoconstrictor.
damargenişleten *med.* vasodilator.
damariçi, -ni intravenous. **— uyuşturum** *med.* intravenous anesthesia.

damarkatman *anat.* choroid (of the eyeball). **— yangısı** *path.* choroiditis.
damarlı 1. veined; veinous; venous. **2.** *bot.* vascular. **3.** bad-tempered, surly, intractable.
damarsal vascular.
damarsız 1. veinless. **2.** tractable, good-natured.
damasko damask cloth, damask.
damat 1. son-in-law. **2.** bridegroom. **3.** *hist.* man who married into the sultan's family.
damatlık 1. being a son-in-law or a bridegroom. **2.** an article of clothing suitable for a bridegroom on his wedding day: **Damatlıklarını giydi.** He put on his wedding outfit. **3.** (clothes, a gift, etc.) suitable for a bridegroom.
damdazlak bald as a billiard ball.
damga 1. rubber stamp. **2.** seal, signature seal; official seal. **3.** branding iron. **4.** print of a rubber stamp, stamp; seal; cancellation. **5.** brand (on an animal). **6.** bad name, stain, dishonor, brand, stigma. **7.** mark, distinguishing feature or characteristic. **— basmak** /a/ to stamp (something) (with a seal, stamp, etc.). **— kanunu** *law* stamp act. **— kutusu** stamp pad. **— pulu** revenue stamp. **— resmi** stamp duty. **— vurmak** /a/ **1.** to stamp (with a seal, stamp, etc.). **2.** to cancel (a stamp). **3.** to brand (an animal). **—sını vurmak** /a/ **1.** to leave one's mark on, set one's seal on, influence. **2.** to brand (someone) a ..., label (someone) a .... **—sını yemek** to be branded a ..., be labeled a ....
damgacı stamp canceler; stamper.
damgalama /ı/ **1.** stamping (with a seal, stamp, etc.). **2.** canceling (a stamp). **3.** branding (an animal). **4.** branding (someone) a ..., labeling (someone) a ....
damgalamak /ı/ **1.** to stamp (with a seal, stamp, etc.). **2.** to cancel (a stamp). **3.** to brand (an animal). **4.** to brand (someone) a ..., label (someone) a ....
damgalanmak 1. to be stamped (with a seal, stamp, etc.). **2.** (for a stamp) to be canceled. **3.** (for an animal) to be branded. **4.** (for someone) to be branded a ..., be labeled a ....
damgalı 1. stamped (with a seal, stamp, etc.). **2.** canceled (stamp). **3.** branded (animal). **4.** marked, branded (person) *(used pejoratively).* **5.** *slang* money, dough, moola. **— eşek** *colloq.* well-known scoundrel. **— kâğıt** paper with a revenue stamp printed on it.
damgasız 1. unstamped, not stamped. **2.** uncanceled (stamp). **3.** unbranded (animal).
damıtıcı 1. distiller. **2.** still, distilling apparatus.
damıtık distilled.
damıtılmak to be distilled.
damıtım, damıtma distillation.
damıtmak /ı/ to distill.
damızlık 1. (animal) used for breeding. **2.**

(plant) used in crossbreeding. 3. *prov.* starter; yeast; ferment.
damla 1. drop. 2. *pharm.* drops: **burun damlası** nose drops. 3. *colloq.* heart attack. 4. drop-shaped, pear-shaped. — **damla drop by drop**; little by little. — **hastalığı** *path.* gout. — **inmek** /a/ to have a heart attack.
damlalık 1. medicine dropper. 2. drainboard. 3. *arch.* drip; dripstone; grooved projection designed to channel rainwater away from a window, a door, a building, etc.
damlama dripping, drip.
damlamak 1. to drip. 2. /a/ *colloq.* to drop in (a place) unannounced, drop in. **Damlaya damlaya göl olur.** *proverb* A little at a time makes a lot.
damlasakızı, -nı the best quality gum mastic.
damlataş 1. drop-shaped precious stone. 2. *arch.* drop-shaped stone ornament. 3. *geol.* dripstone, stalactite.
damlatılmak to be released drop by drop.
damlatmak 1. /ı, a/ to put (medicinal drops) in. 2. /ı/ to cause or allow (something) to drip.
damörtüsü, -nü roofing.
damper *mech.* shock absorber, *Brit.* damper.
damper dump body (of a truck).
damperli equipped with a shock absorber.
damperli equipped with a dump body. — **kamyon** dump truck.
damping, -gi 1. sale, selling goods at reduced prices. 2. *econ.* dumping.
dana (weaned) calf; veal. — **eti** veal. —**lar gibi bağırmak/böğürmek** to bawl. —**nın kuyruğu kopmak** for the *shit to hit the fan, for something that has been feared to take place.
danaburnu, -nu 1. *zool.* mole cricket. 2. *bot.* snapdragon.
Danca 1. Danish, the Danish language. 2. (speaking, writing) in Danish, Danish. 3. Danish (speech, writing); spoken in Danish; written in Danish.
dandini 1. expression used when dandling a baby. 2. in a mess, in complete disorder, untidy. — **bebek** *colloq.* petulant and childish adult. — **beyim, hoppala paşam.** *colloq.* You have to humor him. *(said of a petulant and childish adult).*
dan dun Bang! Bang! *(imitating the sounds of shooting).*
dang, -gı *path.* dengue, breakbone, dandy.
dangalak *colloq.* fool, idiot.
dangalaklık *colloq.* foolishness, idiocy.
dangıl *slang* rude and unrefined (person).
dangıldamak to talk in a loud, irritating way.
dangıl dungul 1. unrefined (person) who speaks with a thick and harsh accent. 2. (speaking) in a thick, harsh accent.
danış conferring, conference.

danışık 1. collusion. 2. simulation, willful misrepresentation.
danışıklı prearranged, preconcerted. — **dövüş** 1. sham fight. 2. preconcerted and sham action.
danışıklık preconcertedness, prearrangement.
danışım conferring; consultation.
danışma 1. conferring; consultation. 2. information (booth or desk). — **bürosu** information office. — **kurulu** consultative committee.
danışmak /ı, a/ to consult with (someone) (about) (something), ask (someone's) advice (on) (a matter).
danışman consultant, adviser.
danışmanlık 1. being a consultant; consulting. 2. place where a consultant works, office of a consultant.
Danıştay Council of State.
Danimarka 1. Denmark. 2. Danish, of Denmark.
Danimarkaca *colloq.*, *see* **Danca**.
Danimarkalı 1. (a) Dane. 2. Danish (person).
daniska *colloq.* the height of ..., the supreme example of a ..., the archetypal ..., the perfect example of a ...: **hödüklüğün daniskası** the height of boorishness. **serserinin daniskası** the archetypal ne'er-do-well.
dank *used in:* **(kafasına) — etmek/demek** to dawn upon, become apparent to (someone).
dans 1. dancing, dance, the art of dancing. 2. the movements that comprise a specified dance, dance. 3. dance, party or event at which the guests dance. — **etmek/yapmak** to dance. —**a kaldırmak** /ı/ to ask (someone) to dance.
dansçı dancer.
dansimetre densitometer; densimeter.
dansing, -gi dance hall.
dansör (male professional) dancer.
dansöz (female professional) dancer.
dantel see **dantela**.
dantela *see* **dantel**.
dantelli trimmed, ornamented, or edged with lace, laced.
dapdaracık 1. very narrow. 2. very tight, skintight.
dar 1. narrow, not wide. 2. tight, tightly fitting. 3. scant, scanty, meager. 4. (time) of need, of want, of economic hardship. 5. narrowly, barely, just. — **açı** *geom.* acute angle. **(kendini) — atmak** 1. /dan/ to escape (from) (a place) by the skin of one's teeth. 2. /a/ barely to make it to (a place). — **boğaz/geçit** 1. *geog.* gap, notch, defile; gorge. 2. difficult situation or time. —**a boğmak** /ı/ to take advantage of (someone) when he/she is having a hard time. —**da bulunmak** 1. to be in financial difficulties. 2. to have a hard time, go through a bad patch. —**a dar/— darına/—ı darına** barely,

just. —a düşmek to fall on hard times. —a ge-
lememek to refuse to be hurried. — gelirli
low-income, poor. —a gelmek to be done in a
hurry; to occur in a rushed and inopportune
moment. —a getirmek /ı/ 1. to deceive (some-
one) by rushing him/her. 2. to do (something)
in a rush; to have (something) done in a hurry.
— görüşlü narrow-minded, narrow. — hat rail.
narrow-gauge (railroad). — kaçmak to have a
narrow escape. — kafalı narrow-minded, nar-
row. —da kalmak 1. to be in financial difficul-
ties. 2. to have a hard time, go through a bad
patch. — kurtulmak to have a narrow escape.
— üçgen geom. acute triangle. — ünlü pho-
netics close vowel. — yetişmek /a/ barely to
get (to a place) in time.
dara 1. tare, weight of the container. 2. weight
in the other balance pan to compensate for
the tare. —sını almak /ın/ to determine the
tare (of). —sını düşmek /ın/ to deduct the tare
(of).
daracık 1. very narrow. 2. very tight, very tight-
ly fitting.
darağacı, -nı gallows.
daralamak /ı/ to tare, counterweigh.
daralma 1. constriction. 2. shrinking. 3. phonet-
ics fronting of a vowel.
daralmak 1. to narrow, become narrow. 2. to
get tight, tighten. 3. (for cloth) to shrink. 4. to
become scant, become meager.
daraltıcı reducer, reducing coupling.
daraltılmak 1. to be made narrow. 2. (for a gar-
ment) to be taken in.
daraltma 1. /ı/ narrowing. 2. /ı/ taking in (a gar-
ment). 3. /ı/ reducing the size of (something).
4. reduction printing (onto narrow film).
daraltmak /ı/ 1. to constrict, narrow, make
(something) narrow. 2. to take in (a garment).
3. to reduce the size of (something). 4. to
shrink (cloth). 5. to lessen (an amount of time).
darasız gross (weight).
darbe 1. blow, stroke. 2. coup d'état. — vur-
mak/indirmek /a/ to deal a blow to. — yemek
to receive a blow.
darbımesel proverb.
darboğaz 1. geog. gap, notch, defile; gorge. 2.
difficult situation or time.
darbuka mus. a kind of drum (played by beat-
ing it with one's hands).
darbukacı player of a darbuka.
dardağan scattered; confused; disarrayed. —
darısı grain scattered as a curse.
dargın /a/ 1. put out (with), cross (with),
annoyed (with). 2. angry (at), mad (at).
dargınlık 1. crossness, annoyance. 2. anger.
darı 1. millet. 2. prov. corn, maize. —sı başına!
May your/his/her turn come next! (said to
wish one person the same good fortune that

has befallen another). —sı dostlar başına! May
the same good fortune also come to my/our
friends.
darıdünya the world.
darılgan 1. easily annoyed, touchy. 2. quick-tem-
pered, short-tempered.
darılganlık 1. touchiness. 2. quickness of tem-
per, shortness of temper.
darılmaca used in: — yok! colloq. 1. Don't be
annoyed! 2. Don't get angry!
darılmak /a/ 1. to get put out with, get cross
with, become annoyed with. 2. to get angry
at, get mad at. 3. to scold.
darıltmak /ı/ 1. to put (someone) out, make
(someone) cross, annoy. 2. to anger (some-
one).
darlaşmak see daralmak.
darlaştırmak /ı/ see daraltmak.
darlatmak /ı/ see daraltmak.
darlık 1. narrowness. 2. tightness; constriction.
3. scantness; scarcity; insufficiency. 4.
depressingness, depressing quality; feeling of
depression. — çekmek to have trouble mak-
ing ends meet.
darmadağın, darmadağınık 1. (place, thing)
which is in complete disarray. 2. (things, peo-
ple) which/who have scattered everywhere. 3.
very tousled (hair). 4. (mind) which can't con-
centrate on anything. — etmek /ı/ 1. to disor-
der, disarray, or mess up completely. 2. to
scatter everywhere. 3. to confuse utterly.
darp 1. blow, stroke. 2. math. multiplication. 3.
mus. stroke (in beating time).
darphane mint (for coining money).
Darülaceze a home for poor, homeless, handi-
capped people and homeless children located
in Istanbul.
Darülbedayi formerly 1. Istanbul Conservatory
of Music. 2. Istanbul City Theater.
darülfünun university.
Darüşşafaka a secondary school in Istanbul for
poor or poor and fatherless children.
Darvinci 1. Darwinian, an advocate of Darwinism.
2. Darwinian, relating to Darwinism.
Darvincilik Darwinism, theory of natural selec-
tion.
dasnik slang pimp, procurer, pander.
datif gram. 1. dative, pertaining to the dative
case. 2. the dative case, the dative.
daüssıla homesickness, nostalgia.
dava 1. suit, lawsuit, action. 2. law trial. 3. claim,
assertion, allegation, point at issue. 4. proposi-
tion, thesis. 5. question, matter. 6. cause, pur-
pose or movement which is given militant sup-
port. 7. math. theorem. 8. math. problem. 9.
slang sweetheart, love. (aleyhine) — açmak
/ın/ to bring a suit against; to file charges
against; to sue. — arzuhali law (written) com-

davacı

plaint (filed by the plaintiff). **—ya bakmak** to hear a case. **—ların birleştirilmesi** *law* joinder (of causes of action). **—nın düşmesi** abatement of an action. **—ya ehliyet/— ehliyeti** the capacity to sue or be sued. **— etmek /ı/** *law* to bring a suit against; to file charges against; to sue. **—yı geri almak** to withdraw an action. **—sını görmek /ın/** to hear the case (of). **— hakkı** the right of action, the right to sue. **—yı halletmek** 1. to settle a court case. 2. to solve a problem. **—sına hizmet etmek /ın/** to serve the cause of. **—nın ihbarı** *law* third-party notice, notice given to a third party. **—ya müdahale** *law* intervention (of a third party). **—nın reddi** dismissal of action, nonsuit. **—ların tefrikı** severance of actions. **—dan vazgeçmek** 1. to withdraw an action. 2. to give up a claim. 3. to renounce a cause.
davacı plaintiff, claimant. **— olmak /dan/** to sue, take (someone) to court, bring an action against.
davalı 1. defendant; respondent. 2. disputed, contested. 3. (something) that propounds a particular point of view, constructed with a particular end in mind. **— olmak** (for a plaintiff and a defendant) to be engaged in a lawsuit: **Bir yıldır davalıyız.** We've been fighting each other in court for a year now.
davalık (issue) which can be taken to court, which constitutes grounds for a court case.
davar sheep or goat; sheep or goats; flock of sheep or goats.
davavekili, -ni a person who, though not a qualified lawyer, is allowed to practice law.
davet, -ti 1. invitation. 2. party, (an) entertainment. **— etmek /ı/** 1. to invite. 2. to summon, cite, or subpoena (someone) (to appear before a civil court). 3. to provoke, bring about. **—e icabet etmek** to accept an invitation. **— yapmak** to have a party.
davetçi inviter, summoner.
davetiye 1. (written or printed) invitation. 2. *law* summons, citation, or subpoena (issued by a civil court). **— çıkarmak /a/** to invite, open the way to.
davetkâr inviting (behavior, look, etc.).
davetli 1. person who has been invited; invited guest; invitee. 2. invited.
davetname *law* summons, citation, or subpoena (issued by a civil court).
davetsiz uninvited. **— misafir** uninvited guest; unexpected visitor.
davlumbaz 1. (concrete) hood (which leads into a chimney flue and which is usually built into a kitchen wall). 2. paddle box.
davranış 1. behavior; conduct, comportment; deportment; treatment (of someone). 2. action, deed, something done. 3. movement,

170

action, motion. 4. gesture, notable or expressive action. **— bilimi** (a) behavioral science. **— bozukluğu** *psych.* behavior disorder. **— töresi** etiquette.
davranışçı behaviorist.
davranışçılık behaviorism.
davranışsal behavioral.
davranma behavior. **— eylemi** *gram.* an active verbal adjective expressing intent.
davranmak 1. to act, behave; /a/ to treat, behave towards. 2. /a/ to get ready to, prepare to (do something). 3. /a/ to reach for (something): **Silaha davrandı.** He reached for the gun. 4. to make a move, move. **Davranma!** Don't stir!/ Don't move!
davudi bass (voice).
davul 1. *mus.* drum. 2. *slang* behind, rump. **— çalmak** 1. to beat a drum. 2. *colloq.* to tell everybody, tell the world. **—u biz çaldık, parsayı başkası topladı.** *colloq.* We did the job and took all the trouble; others benefited from it. **— çalsan işitmez.** *colloq.* 1. He is stone deaf. 2. He sleeps like a log. 3. He is too engrossed in his work to hear you. **—a dönmek** to swell up. **— dövmek** to beat a drum. **— gibi** tightly swollen. **— onun boynunda, tokmak başkasının elinde.** *colloq.* He is only a puppet; someone else pulls the strings. **—un sesi uzaktan hoş gelir.** *proverb* Distance lends enchantment to things. **— tozu, minare gölgesi** *colloq.* imaginings, impossible things. **— zurna ile** (celebrating an occasion) with a lot of hoopla.
davulcu drummer.
davulculuk drumming; being a drummer.
davya (dentist's) forceps.
dayak 1. (a) beating; (a) thrashing; (a) whipping (as a corporal punishment). 2. prop, support. **— arsızı** child who is so used to being beaten or thrashed that he no longer fears it. **— atmak /a/** to beat; to thrash; to whip. **— cennetten çıkmıştır.** *proverb* Thrashing is the key to educating. **— cezası** corporal punishment. **— düşkünü/kaçkını** (someone) who deserves a beating or thrashing. **— yemek** to get a beating; to get a thrashing; to get a whipping.
dayaklamak /ı/ 1. to prop up, shore up, buttress. 2. to bar, bolt (a door).
dayalı /a/ 1. propped against, leaning on/against. 2. based on, based upon. **— döşeli** completely furnished (house).
dayamak /ı, a/ 1. to lean (one thing) against (another), prop (one thing) against (another), set (one thing) against (another). 2. *prov.* to thrust (something) right before (one's eyes). 3. to press (something) against (a place). 4. to deliver or present (something/someone)

angrily (to someone). 5. to force (something/someone) upon (someone). 6. to position (a military unit) in front of/against. **dayayıp döşemek** /ı/ to furnish (a house) completely.
dayanak 1. basis, foundation (of an idea). 2. support, prop; mainstay. 3. *phil.* substratum. **— noktası** 1. *phys.* fulcrum. 2. support, prop.
dayanaksız unfounded, having no basis.
dayanarak /a/ because of, for ... reason, on the basis of.
dayanca 1. basis, support. 2. endurance; resistance.
dayanç 1. patience. 2. support, prop; mainstay.
dayançlı patient, forbearing.
dayançsız impatient.
dayançsızlık impatience.
dayandırmak /ı, a/ 1. to lean (one thing) against (another), prop (one thing) against (another). 2. to base (one thing) on (another).
dayanık 1. /a/ propped against, leaning on/against. 2. /a/ based on, based upon. 3. endurance; resistance.
dayanıklı 1. durable, lasting, sturdy. 2. (physically or mentally) strong, tough (person). 3. /a/ resistant to (water, fire, etc.). **— mallar** *com.* durable goods, durables. **— tüketim malları** *com.* durable consumer goods, consumer durables.
dayanıklılık 1. durability, sturdiness. 2. (physical or mental) endurance, stamina, staying power. 3. /a/ resistance to (water, fire, etc.).
dayanıksız 1. not durable, undurable; not sturdy, frail. 2. (someone) who lacks physical or mental endurance, who lacks stamina, who lacks staying power, weak, frail. 3. /a/ not resistant to. **— mallar** *com.* nondurable goods, nondurables. **— tüketim malları** *com.* nondurable consumer goods, consumer nondurables.
dayanıksızlık 1. lack of durability, frailness. 2. lack of physical or mental endurance, lack of stamina, lack of staying power. 3. /a/ lack of resistance to.
dayanılmak /a/ *impersonal passive* 1. to lean on/against. 2. to rely on. 3. to be based on, be founded upon. 4. to endure, bear, stand, put up with.
dayanılmaz 1. irresistible. 2. unbearable.
dayanım 1. leaning, state of leaning. 2. resistance; endurance.
dayanırlık durability, toughness.
dayanışçılık *sociol.* solidarism.
dayanışık 1. interdependent. 2. mutually supportive, characterized by mutual support or solidarity.
dayanışma solidarity, mutual support.
dayanışmacı *sociol.* 1. solidarist. 2. solidaristic.

dayanışmacılık *sociol.* solidarism.
dayanışmak to act with solidarity, support each other, rely on each other.
dayanışmalı mutually supportive, characterized by mutual support or solidarity.
dayanma 1. leaning, state of leaning. 2. resistance; endurance. **— ayağı** *arch.* buttress, counterfort. **— duvarı** retaining wall. **— kemeri** *arch.* 1. flying buttress. 2. the arch of a flying buttress. **— noktası** *phys.* fulcrum.
dayanmak 1. /a/ to lean on/against; to lean against (something) hard (in order to move it or break it); to bear down on (something). 2. /a/ to be supported by, be buttressed by, be shored up by. 3. /a/ to rely on, trust in. 4. /a/ to be based on, be founded on. 5. to last, endure; /a/ to weather, survive, last out. 6. /a/ to hold out (against); to persevere. 7. /a/ to endure, bear, stand; to put up with. 8. /a/ to reach, get to, arrive at. 9. (for food) to keep, not to spoil. 10. /a/ (for an undesirable situation) to affect (someone), land on (someone's) doorstep.
dayatma insistence.
dayatmak 1. /a, ı/ to have (someone) lean (something) (against a surface). 2. /ı, a/ to lean (one thing) against (another). 3. obstinately to insist, be obstinately insistent, be obstinate.
dayı 1. maternal uncle, mother's brother. 2. a form of address to an older man. 3. *colloq.* influential friend. 4. *slang* policeman, cop, fuzz. 5. *slang* bully. 6. *hist.* dey. **— sı dümende olmak** *slang* to have an influential friend.
dayılık 1. unclehood, uncleship, being an uncle. 2. *slang* protection, the use of influence. 3. *slang* bullying.
dayızade cousin, son or daughter of one's maternal uncle.
daz 1. bald; bald-headed. 2. bare (earth). **— kafalı** bald, bald-headed.
dazara dazar, dazara dazır fast, in a hurry.
dazlak bald. **— kafalı** bald, bald-headed.
dazlaklaşmak to go bald.
dazlaklık baldness.
DÇM (*abbr. for* **dövize çevrelebilir mevduat**) deposits convertible into foreign currency.
DDT *chem.* DDT (dichlorodiphenyltrichloroethane).
DDY (*abbr. for* **Devlet Deniz Yolları**) T.S.M.L. (the Turkish State Maritime Lines).
de *see* **da**.
debagat, -ti tanning, the trade of a tanner.
debdebe splendor, pomp.
debdebeli splendid, marked by pomp.
debelenmek 1. to struggle and kick about while lying on one's back; to thrash about. 2. to struggle desperately.

debi (volume of) flow (of a river).
debil *med.* feeble, weak, infirm.
debillik *med.* debility.
debreyaj *see* **debriyaj**.
debreye *used in:* **— etmek** *auto.* to declutch, disengage a clutch.
debriyaj *auto.* 1. clutch, clutch pedal. 2. clutch (apparatus). **— pedalı** clutch pedal, clutch.
dede 1. grandfather. 2. male ancestor. 3. old man. 4. a senior dervish. 5. *slang* an older student who already has a mustache. 6. *slang* old and vagrant opium addict.
dedektif detective.
dedektör detector.
dedikodu gossip, tittle-tattle. **— etmek/yapmak** to gossip about people.
dedikoducu (a) gossip; scandalmonger.
dedikoduculuk gossiping.
dedikodulu full of gossip, gossipy.
dedirmek, dedirtmek /a, ı/ 1. to make or let (someone) say; to provoke (someone) into saying. 2. to cause others to call (someone) (something).
dedüksiyon *log.* deduction.
dedveyt, -ti *naut.* deadweight.
def a tambourine with jingles.
def, -f'i 1. vigorous repulsion. 2. *phys.* repulsion. **—'i bela kabilinden** only to avoid trouble, unwillingly. **—'i hacet etmek** to relieve oneself, defecate.
defa time, turn: **üç defa** three times.
defans 1. *sports* defense. 2. *sports* the defense, defensive line of players. 3. *slang* rump, rear end, backside. **— yapmak** to play defensively, play a defensive game.
defansif *sports* defensive.
defedilmek to be repelled, be driven away.
defetmek /ı/ 1. to repel, push back, repulse; to drive off. 2. to get rid of, ward off.
defile fashion show.
defin, -fni burial, interment.
define buried treasure, treasure, treasure trove.
defineci treasure hunter.
definecilik treasure hunting.
deflasyon *econ.* deflation.
deflemek /ı/ *colloq.* to repel, push back, repulse; to drive off.
defne laurel, bay. **— yaprağı** bay leaf.
defnedilmek to be buried, be interred.
defnetmek /ı/ to bury, inter.
defo flaw, imperfection (in a product).
defolmak *colloq.* to clear out, go away. **Defol!** *colloq.* Get out!/Beat it!/ Scram!
defolu imperfect, flawed (product).
deformasyon deformation.
deforme (something) which has become deformed, deformed. **— etmek** /ı/ to deform, ruin the shape of, deprive (something) of its proper shape. **— olmak** to become deformed, become misshapen.
defransiyel 1. *auto.* differential gear. 2. *slang* rump, rear end, backside.
defroster defroster.
defter 1. notebook, copybook, exercise book. 2. register, inventory. 2. tax roll. 4. account book. **— açmak** to open a campaign for funds or for volunteers. **—ini dürmek** /ın/ *slang* 1. to settle the account (of), kill. 2. to fire. **—i dürülmek** *slang* 1. to be killed. 2. to be fired. **—e geçirmek** /ı/ to enter (an item) in a ledger. **—i kabartmak** to run deep into debt. **—i kapamak** to close a subject, give up a project. **—i kebir** 1. *com.* ledger. 2. *slang* ferocious swearing. **—i kebirinden okumak** *slang* to swear a blue streak. **—den silmek** /ı/ to drop (someone) completely, no longer to have anything to do with (someone). **— tutma** bookkeeping. **— tutmak** to keep the books, do bookkeeping.
defterdar the official who heads a provincial treasury.
defterdarlık 1. director of finance of a province. 2. building in which a financial directorate is housed, financial directorate.
degajman *soccer* goal kick.
değdirmek /ı, a/ 1. to touch (one thing) to (another). 2. to allow (one thing) to touch (another).
değer 1. value, worth. 2. price. 3. merit, worth. 4. *math.* value. 5. person of great merit. 6. /a/ worthy of; worth: **zahmete değer bir ödül** a prize worth struggling for. **— biçmek** /a/ 1. to evaluate. 2. to set the price (of). **—i düşmek** to go down in value. **— kâğıtları** securities. **— kuramı** theory of values. **— vermek** /a/ to esteem, appreciate. **— yargısı** standard of judgment. **— yükseltimi** revaluation (of currency). **—ini yükseltmek** /ın/ to raise the value of.
değerbilir (someone) who is appreciative of value or worth, who is able to recognize value or worth.
değerbilirlik appreciation or recognition of value or worth.
değerbilmez unappreciative of value or worth, unable to recognize value or worth.
değerbilmezlik unappreciativeness of value or worth, inability to recognize value or worth.
değerdüşürümü, -nü *econ.* devaluation.
değerlendirme 1. evaluation. 2. putting something to use.
değerlendirmek /ı/ 1. to increase the value of (something). 2. to put (something) to good use, use, utilize. 3. to appraise, evaluate. 4. *com.* to realize (an asset).
değerlenmek 1. to gain in value, become more valuable. 2. for (one's) worth to be appreciated.
değerli 1. valuable. 2. talented, worthy,

estimable. — **kâğıt** fin. (a) valuable paper.
değersiz worthless.
değersizlik worthlessness.
değgin /a/ concerning, related to.
değil 1. not: **Mutlu değil.** She is not happy. 2. No, ...: "**Ev güzel miydi?**" "**Değil.**" "Was the house beautiful?" "No, it wasn't." "**Burada mı?**" "**Değil.**" "Is he here?" "No, he isn't." 3. (initially or in anticipation of a verb) not only, let alone: **Değil laleler, leylaklar bile açtı.** Not only the tulips but even the lilacs have bloomed. — a let alone: **Süt değil a, su bile yok.** There is no water, let alone milk. — **mi ki** since: **Değil mi ki gelirim dedi, mutlaka gelir.** Since he said he would, he is sure to come.
değim value, merit, virtue (of a person).
değimli worthy, deserving.
değimsiz unworthy, undeserving.
değin /a/ up to, as far as (a place); until, up to (a time); by (a time); within (a time).
değini see **değinme**.
değinim see **değinme**.
değinme /a/ touching on, mentioning, referring to (a subject).
değinmek /a/ to touch on, mention, refer to (a subject).
değirmen 1. mill. 2. grinder, grinding machine. 3. slang clock, watch. — **çarkı** mill wheel. — **deresi** millrace. — **kanadı** sail of a windmill; paddle of a mill wheel. —**in suyu nereden geliyor?** colloq. Where does the expense come from?/Who pays for it? — **taşı** millstone. — **taşının altından diri çıkar.** colloq. He always lands on his feet.
değirmenci miller.
değirmencilik miller's trade.
değirmenlik 1. place where there are many mills. 2. enough (water) to turn one mill wheel.
değirmentaşı, -nı burrstone, buhrstone.
değirmi 1. round, circular. 2. circle 3. square (cloth).
değirmilemek /ı/ 1. to make circular. 2. to measure the length (of a piece of cloth) as multiples of the width.
değirmilik roundness.
değiş exchange. — **etmek** /ı, la/ to exchange (one thing) for (another). — **tokuş** exchange, barter. — **tokuş etmek** /ı/ to barter, exchange; /ı, la/ to exchange (one thing) for (another).
değişik 1. different, unusual, novel, singular, distinctive. 2. changed, altered. 3. various, varied, assorted, different. 4. different, of a different kind. 5. prov. spare set (of clothing).
değişiklik 1. change, alteration; amendment. 2. unusualness, novelty, singularity, distinctiveness. 3. variety. — **olsun diye** for the sake of a change. — **yapmak** to make a change.

değişim 1. change, alteration. 2. metamorphosis. 3. math. variation; change in the value of a variable; difference between two values of a variable. 4. biol. variation. 5. geol. the formation of aggregates. 6. barter, exchange. 7. naut. variation (in the direction of the wind). — **etmek** naut. (for the wind) to change direction.
değişimcilik biol. mutationism.
değişinim 1. biol. mutation. 2. modulation.
değişinimcilik biol. mutationism.
değişke biol. variation.
değişken 1. changeable. 2. math. variable.
değişkenlik changeability, changeableness.
değişkin modified.
değişme 1. change. 2. exchange. 3. modulation.
değişmek 1. to change, become different, alter. 2. to be replaced by another. 3. /ı, a/ (used in a negative form) to be unwilling to trade (someone/something) for (anyone else, anything else): **Bu çamaşır makinesini dünyaya değişmem.** I won't trade this washing machine for the world. 4. /ı, la/ to exchange (things) with (someone). 5. /ı/ to change (one's clothes). **değişen yıldız** variable star.
değişmez unchangeable, invariable; constant, stable; immutable.
değiştirge proposal of amendment.
değiştirgeç 1. converter; transformer. 2. gearshift mechanism on a bicycle.
değiştirgen parameter, variable.
değiştiri alteration, improvement.
değiştirilmek 1. to be changed. 2. to be exchanged.
değiştirim deformation, the act of deforming.
değiştirme change, alteration.
değiştirmece 1. a team's going away to play a match. 2. changing of positions by players on a team.
değiştirmek 1. /ı/ to change, alter. 2. /ı, la/ to exchange (one thing) for (another).
değiştirtmek /ı, a / 1. to have or let (someone) change (something/someone). 2. to have or let (someone) exchange (something).
değme 1. touching, touch, contact. 2. astr. contact.
değme 1. every, any: **Değme adam bu işi yapamaz.** Not every man can do it. 2. even the most perfect ....
değmek /a/ 1. (for something) to touch. 2. (for something) to reach. 3. (for something) to hit (a target). 4. to affect. **değme gitsin** undescribable, impossible to relate. **Değme keyfine!** How pleased he is!
değmek 1. to have a value of, be worth. 2. /a/ to be worth (the trouble). 3. (for a food) to hit the spot, be just the right thing; (for something) to be just what one wanted, be just

değnek what the doctor ordered.
değnek 1. stick, rod, cane; wand. 2. beating with a stick. — **gibi** very thin, thin as a lath. — **istemek** to need to be thrashed, want a hiding.
değnekçi 1. person who is in charge of the queue at a **dolmuş** stand. 2. person who is in charge of parking and watches parked cars, parking lot attendant.
değnekçilik 1. being in charge of the queue at a **dolmuş** stand. 2. being in charge of parking and watching parked cars.
değneklemek /ı/ to cane, beat (someone/an animal) with a stick.
değşincilik biol. mutationism.
değşinim biol. mutation.
deh Giddap! (said to make a horse, a donkey, an ox, etc. move forward).
deha 1. genius, extraordinary intelligence. 2. person of genius, genius.
-de hali, -ni gram. the locative case, the locative.
dehdeh child's language horsie, Brit. gee-gee (referring to a horse).
dehlemek /ı/ 1. to urge on (an animal). 2. slang to fire, can, sack. 3. slang to drive away, expel.
dehlenmek 1. (for an animal) to be urged on. 2. slang to get fired, get canned, get sacked. 3. slang to be driven away, be expelled.
dehliz corridor.
dehşet, -ti 1. terror; horror. 2. Wow! 3. tremendous, amazing, extraordinary. — **e düşmek/kapılmak** to be struck with terror or horror. — **saçmak** to spread terror.
dehşetlenmek to be struck with terror or horror, become terrified or horrified.
dehşetli 1. terrible, horrible. 2. tremendous, amazing, extraordinary. 3. tremendously, very much.
deist, -ti deist.
deizm deism.
dejenerasyon degeneration.
dejenere degenerate, decadent. — **etmek** /ı/ to make (someone/something) degenerate. — **olmak** to become degenerate.
dejenereleşmek to degenerate, become degenerate.
dek, -ki trick, ruse.
dek /a/ up to, as far as (a place); until, up to (a time); by (a time); within (a time).
dekadan 1. (a) decadent. 2. decadent.
dekadanlık 1. decadentism, decadence. 2. decadence.
dekagram dekagram, decagram.
dekalitre dekaliter, decaliter.
dekametre dekameter, decameter.
dekan dean (of a faculty in a university).
dekanlık 1. deanship. 2. dean's office.

dekar decare (a thousand square meters, 0.247 acres).
dekatlon sports decathlon.
deklanşör phot. shutter release (of a camera).
deklarasyon 1. declaration. 2. law customs declaration.
deklare declared, proclaimed. — **etmek** /ı/ 1. to declare. 2. law to declare (goods) (in customs).
dekolte low-cut, low-necked, décolleté (dress). — **konuşmak** colloq. to use off-color language.
dekont, -tu 1. statement of account. 2. fin. deduction.
dekor 1. décor. 2. theat. set.
dekorasyon 1. interior decorating. 2. decoration, decorating.
dekoratif decorative.
dekoratör decorator, interior decorator.
dekorcu designer, set designer.
dekovil 1. narrow-gauge railroad. 2. narrow-gauge railroad car.
dekstrin dextrin.
delalet, -ti 1. guidance. 2. mediation. — **etmek** /a/ 1. to act as a guide (for). 2. to indicate. 3. to act as an intermediary (for).
deldirmek /ı, a/ 1. to have (something) bored, pierced, drilled, or perforated. 2. to have (something) punctured.
delegasyon delegation, a body of delegates.
delege 1. delegate, representative. 2. slang dope, fool.
delegelik position of a delegate, delegacy.
delgeç punch (for holes).
delgi drill, gimlet.
deli 1. insane, crazy, mad. 2. lunatic, insane person. 3. idiotic, foolish (person). 4. mad about; devotee (of). — **si** crazy about: **futbol delisi** crazy about soccer. — **alacası** colloq. crazy-colored, wild with colors. — **bal** poisonous honey. — **bayrağı açmak** colloq. to fall madly in love. — **çıkmak** 1. to go crazy. 2. to blow one's top, get angry. — **divane olmak** /a/ to be crazy about, be mad about, be a devotee of. — **ye dönmek** 1. to jump with joy. 2. to get frantic, be in a frenzy. —**nin eline değnek vermek** to give the whip hand to a harmful person. — **etmek** /ı/ to drive (someone) wild. — **gibi** 1. madly. 2. recklessly. — **gömleği** straitjacket. — **güllabicisi** formerly an attendant in a mental hospital. — **güllabicisi gibi** like a patient and indulgent nurse. — **güllabiciliği etmek** to indulge a spoiled person, pander to the whims of a spoiled person. —**ye her gün bayram.** proverb Every day is a holiday for a fool. — **ırmak** wild and torrential river. — **kızın çeyizi gibi** 1. scattered all over. 2. poorly chosen (clothes, furnishings). —

olmak /a/ 1. to be madly in love (with), be smitten (by). 2. to be furious (with/about). — **olmak işten (bile) değil**. It drives one crazy. — **orman** a vast and dense forest. — **pösteki sayar gibi** struggling with a thankless and repetitious job. — *Raziye colloq.* woman or girl who acts crazy. — **saçması** utter nonsense. — **saraylı gibi** (woman) oddly decked out in gaudy clothes.
delibozuk unbalanced, fitful; inconstant.
delice 1. somewhat mad, crazy. 2. madly, like mad, very much. 3. madly, like mad, wildly, frantically, crazily.
delice *bot.* darnel, ryegrass.
delicesine 1. madly, like mad, very much. 2. madly, like mad, wildly, frantically, crazily.
delici 1. boring, piercing, drilling, perforating (implement). 2. piercing, penetrating (look).
delicik stoma, pore.
delidolu thoughtlessly babbling; uninhibited madcap.
deliduman foolhardy, reckless, daredevil.
delifişek overimpulsive, flighty, giddy, frivolous.
delik 1. hole, opening, orifice. 2. puncture. 3. bored, pierced, drilled, perforated. 4. punctured. 5. *anat.* foramen. 6. *slang* prison, jail, jug, clink, cooler, lockup. — **açmak** /a/ to make a hole in, bore, pierce, drill, perforate. — **büyük, yama küçük.** *colloq.* The problem is bigger than any available solution. — **deşik** full of holes. — **deşik etmek** /ı/ to fill with holes, riddle. — **deşik olmak** to be riddled, be filled with holes. — **e girmek** *slang* to be thrown in jail, be locked up. — **e tıkmak** /ı/ *slang* to throw (someone) in jail, imprison, jail, jug, lock (someone) up.
delikanlı youth, young man.
delikanlılık young manhood.
delikli 1. having a hole, having holes; bored, pierced, drilled, perforated. 2. punctured, having a puncture. 3. strainer; skimmer. — **işleme** embroidery openwork. — **taş** sink. — **tuğla** perforated brick.
deliksiz 1. without a hole; unbored, unpierced, undrilled, unperforated. 2. unpunctured, without a puncture. 3. *colloq.* sound, deep and unbroken (sleep). — **uyku** sound sleep.
delil 1. proof; evidence. 2. indication, sign. 3. guide. 4. a guide on the pilgrimage to Mecca.
delilenmek to act crazily.
delilik 1. madness, insanity. 2. foolish behavior, foolishness. — **etmek** to act foolishly, do something foolish. — **e vurmak** to feign madness.
delim *med.* puncture.
delinme 1. being bored, being pierced, being drilled, being perforated, perforation. 2. being punctured.

delinmek 1. to be bored, be pierced, be drilled, be perforated. 2. to be punctured, get a puncture. 3. *med.* to be perforated, suffer a perforation.
delirmek to go mad, become insane, go out of one's mind.
delirtmek /ı/ to drive (someone) mad, drive (someone) insane.
delişmen overimpulsive, flighty, giddy, frivolous.
delişmenlik impulsiveness, giddiness; frivolous behavior. — **etmek** to do something mad.
delme 1. making a hole in, boring, piercing, drilling, perforating. 2. puncturing, making a puncture. 3. bored, pierced, drilled, perforated. 4. punctured. 5. *prov.* vest, *Brit.* waistcoat.
delmek /ı/ 1. to make a hole in, bore, pierce, drill, perforate. 2. to puncture. **delip geçmek** /ı/ to penetrate, pierce (something) and pass through it.
delta *geog.* delta.
dem 1. blood. 2. menstrual blood. — **dökmek** to menstruate heavily.
dem 1. breath. 2. moment; time. 3. (alcoholic) drink. 4. condition of well-steeped tea. 5. well-steeped tea. 6. *slang* dope, hashish. — **çekmek** 1. (for a nightingale, turtledove, etc.) to sing long and sweetly. 2. *colloq.* to drink, booze. — **tutmak** /a/ to accompany (a piece of music). — **vurmak** /dan/ to talk about (something) at random.
demagog demagogue.
demagoji demagoguery, demagogy. — **yapmak** to engage in demagoguery.
deme 1. act of saying. 2. meaning. — **m o değil.** That's not what I mean. — **m o deme değil.** *prov.* That's not what I mean.
demeç statement, declaration (made by someone in authority). — **vermek** to make a statement, make a declaration.
demek 1. to say. 2. /a/ to call, name. 3. /a/ to think of (something in a certain way): **Herkes buna ne der?** What will everyone think of this? 4. to hope, intend, think, expect, assume. 5. to try to, be crazy enough to. ... **dediğin** what you call, so-called. **dediğinden (dışarı) çıkmak** to disobey one's orders. **Dediği dedik, çaldığı düdük.** *colloq.* 1. He gets his own way. 2. He keeps his promises. **dediği dedik olmak** to be firm in one's decisions. **der demez** just at that moment. **deyip de geçmek** to underrate, underestimate: **Nezle deyip de geçme.** Don't underrate a cold. **dediğine gelmek** /ın/ to come around to (his/her) point of view. — **istemek** /ı/ to mean, mean to say. (...) **demeye kalmadı/kalmadan** no sooner than, as soon as, at the very moment that.
demek 1. having the meaning (of). 2. having

the value, importance, or force (of). **demeye gelmek** to come to mean. **demeye getirmek** /ı/ to say (something) in so many words, mean to say. **— olmak** 1. to mean, come to mean. 2. to have the value of, be equivalent to. **— oluyor ki** so it means that; that means. **demek, demek ki** so, thus, therefore, in this case: **Demek yarın gelecek.** So he's coming tomorrow after all. **Demek ki şehir çok sıcaktı.** So the town was really hot. **dememek** 1. not to say. 2. not to pay attention, not to heed: **Kar, kış demez denize girer.** Whether it snows or is cold, he always goes for a swim in the sea. **Deme!** Really!/No kidding!/You don't say! **deme gitsin** indescribable, impossible to relate: **Öyle bir düğün oldu ki deme gitsin!** What a wedding it was! **Demedim mi?** I told you so.
demet, -ti 1. bunch, bouquet (of flowers). 2. bunch (of greens). 3. sheaf (of grain). 4. *phys.* bundle (of rays). 5. *bot.* vascular bundle. **— demet in bunches, in sheaves.**
demetlemek /ı/ to tie in a sheaf or bunch.
demetlenmek to be tied in a sheaf or bunch.
demin just now, a second ago.
demincek just a moment ago.
deminden just now, a second ago.
deminki of a moment ago.
demir 1. iron. 2. made of iron. 3. the iron part of anything. 4. *naut.* anchor. 5. bar (of a door). 6. grille (of a window). 7. iron piece at the toe or heel of a shoe. **— almak** *naut.* to weigh anchor. **— atmak** 1. *naut.* to cast anchor, anchor. 2. to overstay one's welcome. **— boku** iron slag. **— dövmek** to work iron. **— gibi** 1. strong, tough (material). 2. strong, powerful. 3. very cold, icy (water, hands, feet). **— leblebi** 1. impossible task. 2. man of steel. **— pası** 1. rust. 2. rust color. **— resmi** *naut.* fee for anchoring, anchorage. **— taramak** *naut.* to drag its anchor. **— tavında dövülür.** *proverb* Strike while the iron is hot. **— tozu** iron filings. **— üzerinde** *naut.* with its anchor weighed. **—e vurmak** /ı/ to put (someone) in chains. **— yeri** *naut.* anchorage, anchorage ground.
demirbaş 1. registered movable property, movable. 2. movable (property). 3. *colloq.* long-time functionary or employee, old-timer. **— eşya** permanent or heavy fixtures or equipment.
demirci 1. blacksmith. 2. ironworker. 3. manufacturer or seller of iron or wrought iron; ironmaster. **— körüğü** forge bellows, blower. **— mengenesi** smith's vise. **— ocağı** forge.
demircilik 2. being a blacksmith; blacksmithing, blacksmithery. 2. being an iron worker. 3. being a manufacturer or seller of iron or wrought iron.
demirhane ironworks.
demirhindi 1. tamarind. 2. *slang* stingy, closefisted, tight.
demirkapan magnet.
demirkapı gorge in a navigable river.
Demirkazık *astr.* North Star, polestar, Polaris.
demirkırı, -nı iron gray (horse).
demirlemek 1. /ı/ to bolt, bar (a door). 2. /ı/ to install bars (in a window). 3. *naut.* to cast anchor, anchor. 4. /ı/ to put (someone) in chains.
demirleşmek 1. to turn into iron. 2. to become as strong as iron.
demirli 1. containing iron, ferriferous. 2. chained, bolted. 3. barred. 4. *naut.* anchored.
demirlibeton reinforced concrete.
demirperde 1. *hist.* Iron Curtain. 2. *theat.* iron fireproof curtain.
demiryolcu railway worker; railroader.
demiryolu, -nu 1. railroad, railway. 2. *slang* dice double six, sixes. **— makası** railway switch.
demlemek, demlendirmek /ı/ to steep, brew (tea).
demlenmek 1. to be steeped, be brewed. 2. (for pilaf) to steam. 3. *colloq.* to drink, booze up.
demli well-steeped (tea).
demlik teapot.
demode out of fashion, out of style, démodé.
demograf demographer.
demografi demography.
demografik demographic.
Demokles'in kılıcı sword of Damocles.
demokrasi democracy.
demokrat, -tı 1. democrat. 2. democratic.
demokratik democratic.
Demokratik Almanya Cumhuriyeti, -ni *hist.* German Democratic Republic.
demokratlaşmak to become democratic.
demokratlaştırmak /ı/ to democratize, make (something) democratic.
demokratlık democracy.
den tact.
denden ditto marks, ditto mark.
denek 1. tried, tested and proved. 2. subject (of a test or experiment).
denektaşı, -nı 1. touchstone, Lydian stone. 2. touchstone, standard.
deneme 1. experiment, test. 2. *lit.* essay. **— süresi** trial period. **— tahtası** 1. guinea pig, patient used for experimentation or training. 2. thing used for practice. **— uçuşu** trial flight, test flight.
denemeci *lit.* essayist.
denemecilik *lit.* essay writing.
denemek /ı/ to test, try; to experiment (with).
denence hypothesis.

denenme test, trial.
denenmek to be tested, be tried.
denet, -ti 1. inspection; audit. 2. control, supervision. 3. trial projection, inspection (of a finished film).
denetçi inspector; auditor; controller.
denetçilik inspection; auditing.
denetici a controlling device.
denetim 1. inspection; audit. 2. control, supervision.
denetimli under control, supervised.
denetimsiz 1. uninspected; unaudited. 2. uncontrolled, unsupervised.
denetimsizlik 1. lack of inspection or audit. 2. lack of control or supervision.
denetleme 1. inspection; audit. 2. control, supervision.
denetlemek /ı/ 1. to check, inspect; to audit. 2. to control, supervise, oversee.
denetlenmek 1. to be inspected; to be audited. 2. to be controlled, be supervised.
denetleyici 1. inspector; auditor. 2. supervisor. 3. control mechanism. 4. card sorter.
denetmek /ı, a/ to have (someone) try (something).
denetmen inspector.
deney experiment, test. — **tüpü** test tube.
deneyci 1. experimental. 2. experimenter. 3. empiricist.
deneycilik 1. experimentalism. 2. empiricism.
deneyim 1. experience. 2. experimentation. — **kazanmak** to become experienced.
deneyimli experienced.
deneyimsiz inexperienced.
deneykap test tube, flask, or crucible.
deneyleme experimentation.
deneylemek /ı/ to experiment on/with.
deneylemeli experimental.
deneyli 1. experimental. 2. empirical. — **bilim** empirical science.
deneylik laboratory.
deneysel 1. experimental. 2. empirical. — **bilim** empirical science.
deneyselci 1. experimentalist. 2. empiricist.
deneyselcilik 1. experimentalism. 2. empiricism.
deneyüstü, -nü 1. transcendental. 2. metaphysical. 3. theoretical.
deneyüstücü transcendentalist.
deneyüstücülük transcendentalism.
denge 1. equilibrium, balance. 2. *sports* balancing. — **araçları** equipment for balancing exercises. — **si bozulmak** 1. (for something) to become unbalanced. 2. (for someone) to become (mentally or physically) unbalanced. — **kalası** *sports* balance beam. — **sini kaybetmek** 1. to lose its balance, lose its equilibrium. 2. to lose one's sense of balance.
dengelem *fin.* balance, balance sheet.

dengeleme 1. *phys., chem.* balancing; equilibrium. 2. stabilization.
dengelemek /ı/ 1. to balance. 2. to bring into balance. 3. to stabilize.
dengeli 1. balanced. 2. moderate. 3. stable, stabilized.
dengelilik 1. balance. 2. moderation. 3. stability.
dengesiz 1. out of balance. 2. immoderate. 3. unstable. 4. mentally unbalanced.
dengesizlik 1. imbalance. 2. immoderation, excessiveness. 3. instability. 4. mental instability.
-den hali, -ni *gram.* the ablative case, the ablative.
denilmek 1. /a/ to be called, be named. 2. to be said.
deniz 1. sea, ocean. 2. marine, maritime, nautical, naval. 3. waves; sea; a swell. — **in açığı** the offing. — **e açılmak** to put (out) to sea. — **albayı** navy captain. — **ataşesi** naval attaché. — **de balık** something not yet in hand, a bird in the bush. — **baskını** tidal wave, tsunami. — **basması** *geol.* marine transgression. — **binbaşısı** navy commander. — **bindirmek** for the sea to get rough suddenly. — **buzu** sea ice. — **buzulu** ice mass formed at the seashore. — **den çıkmış balığa dönmek** to feel like a fish out of water. — **derya** 1. the boundless seas. 2. all around, as far as the eye can see. — **derya ayak altında.** You have a wide view of the sea, spread out and beneath you. — **durdu/düştü.** The sea has died down. — **e düşen yılana sarılır.** *proverb* A drowning man will clutch at a straw. — **e elverişli** seaworthy. — **eri** navy seaman. — **feneri** lighthouse. — **den/—i geçip kıyıda/çayda boğulmak** to handle big problems successfully and come to grief over trifles. — **e girmek** to bathe, go swimming (in the sea). — **e girse kurutur.** *colloq.* He can't do anything right. — **hamamı** *formerly* an enclosure for sea bathing. — **haritası** *naut.* chart. **D**— **Harp Akademisi** Naval Academy. — **hortumu** waterspout. — **hukuku** maritime law. — **e indirmek** /ı/ to launch (a ship). — **kabarmak** for the sea to get rough. — **kazası** shipwreck; accident at sea. — **kenarı** seashore. — **kenarında kuyu kazmak** to do something the hard way. — **leri kolla!** *naut.* Ease the ship! — **kulübü** seaside club; yacht club. — **de kum, onda para.** *colloq.* He has as much money as there is sand in the sea. — **kurdu** experienced sailor, sea dog, an old salt. — **kuvvetleri** naval forces. — **mili** nautical mile. — **müzesi** naval museum; oceanographic museum. — **nakliyat şirketi** shipping company. — **otobüsü** hovercraft; hydrofoil. — **sigortası** maritime insurance. — **subayı** naval officer. — **tarağı** dredge, dredger. — **tehlikesi** *com.* sea risks. — **ticaret hukuku** maritime law. — **tutmak** /ı/ to get seasick. — **tutması** seasickness. — **uçağı** seaplane. — **üssü** naval base. —

yarbayı *navy* commander. — yeli the steady offshore breeze of summer. — yolları maritime lines. — yoluyla by sea. — yosunu seaweed.
denizaltı, -nı 1. (a) submarine. 2. submarine, undersea. 3. open, exposed to the open sea.
denizaltıcı submariner.
denizanası, -nı *zool.* jellyfish, medusa; Portuguese man-of-war.
denizaslanı, -nı 1. *zool.* Steller's sea lion. 2. *colloq.* a huge lump of a person.
denizaşırı overseas. — ticareti maritime trade, overseas trade.
denizatı, -nı *zool.* sea horse.
denizayısı, -nı *zool.* southern fur seal.
denizbilim oceanography.
denizbilimci oceanographer.
denizci seaman, sailor.
denizcilik 1. seamanship, employment as a sailor. 2. maritime. 3. maritime business.
denizel marine; naval.
denizhıyarı, -nı *zool.* sea cucumber.
denizısırganı, -nı *zool.* sea nettle, a stinging jellyfish.
denizineği, -ni *zool.* Steller's sea cow.
denizkaplumbağası, -nı *zool.* sea turtle, sea tortoise.
denizkazı, -nı *zool.* barnacle goose.
denizkestanesi, -ni *zool.* sea urchin.
denizkırlangıcı, -nı *zool.* tern.
denizkızı, -nı 1. mermaid. 2. *zool.* sirenian, cowfish.
denizköpüğü, -nü meerschaum.
denizkulağı, -nı 1. lagoon. 2. *zool.* haliotis, abalone.
denizlalesi, -ni *zool.* sea lily.
denizlik 1. *naut.* splashboard. 2. (interior or exterior) windowsill.
denizminaresi, -ni *zool.* screw shell.
denizördeği, -ni *zool.* storm petrel.
denizsamuru, -nu *zool.* sea otter.
denizsel 1. marine, relating to the sea. 2. maritime.
denizşakayığı, -nı *zool.* sea anemone.
deniztarağı, -nı *zool.* scallop.
deniztavşancılı, -nı *zool.* osprey.
denizyılanı, -nı *zool.* sea snake.
denizyıldızı, -nı *zool.* starfish.
denizyolu, -nu maritime line.
denk, -gi 1. half a horse-load, one side of an animal's load. 2. bundle (wrapped in cloth), bale, rolled bundle; bedroll. — yapmak 1. to make a large (cloth-wrapped) bundle. 2. /ı/ to wrap (things) into a bundle.
denk, -gi 1. equal, in equilibrium, balancing, in trim. 2. suitable, timely, appropriate. 3. match, peer, equal. —i dengine each with its equal. — düşmek/gelmek to be suitable, be timely. — getirmek /ı/ 1. to introduce (something) at the right time. 2. to carry out (something) in a suitable manner. —ine getirmek /ı/ to choose the right moment, seize the occasion (for). —iyle karşılamak /ı/ to reciprocate.
denklem *math.* equation. —ler sistemi/dizgesi simultaneous equations.
denklemek /ı/ to tie up (clothing and bedding) in a large bundle.
denklemek /ı/ 1. to balance, make equal. 2. to trim (a boat).
denklenmek to be tied up in a large bundle.
denkleşim 1. equivalence. 2. equilibrium.
denkleşme equivalence.
denkleşmek 1. to reach equilibrium. 2. to become equal.
denkleştirim *biol., psych.* compensation.
denkleştirme 1. balancing. 2. equalization. 3. gathering enough money (for a need).
denkleştirmek /ı/ 1. to balance, make equal. 2. to provide enough (money).
denklik equality; balance.
denkser equitable.
denkserlik equity, justice.
denkteş peer, equal, match.
denli tactful. — densiz söz söylemek to speak in an offhand, disrespectful manner.
denli so ... (that): **O denli yoruldu ki ....** He got so tired that ....
denlilik tact, tactfulness.
denmek 1. /a/ to be called, be named. 2. to be said.
densiz tactless.
densizlenmek to act tactlessly.
densizleşmek to become tactless.
densizlik inconsiderateness, tactlessness. — etmek to be tactless, do something tactless.
denyo *slang* 1. stupid, idiot, fool, ass. 2. something put up as a pledge.
deodoran deodorant.
deontoloji deontology.
depilasyon depilation.
depilatif 1. depilatory (agent). 2. (a) depilatory.
depilatuar (a) depilatory.
deplasman *sports* 1. shift, a change in the position of the players. 2. away game, game played out of town (as opposed to a *home game*).
depo 1. depot. 2. warehouse, store. 3. *slang* a living storehouse of knowledge (teacher). — etmek /ı/ to store. — mevcudu stock, stock on hand.
depocu warehouseman; stockman.
depoculuk warehousing.
depolamak /ı/ to store.
depolanmak to be stored.
depozit, -ti, *depozito* deposit, advance payment.
deprem earthquake. — alanı region hit by an earthquake. — bölgesi seismic zone. — dalgası seismic wave. — odağı focus of an earth-

quake, epicenter.
deprembilim seismology.
depremçizer seismograph.
depremölçer seismometer.
depremsel seismal, seismic.
depremyazar seismograph.
depresif *psych.* depressive.
depresyon *psych.* depression.
depreşmek 1. (for something undesirable) to reappear. 2. (for an illness) to relapse, recur.
depreştirmek /ı/ to reawaken, renew (something undesirable).
derbeder untidy, slovenly (person); disorganized (life style).
derbederlik untidiness; disorganization.
derbent mountain pass, defile.
derç insertion, inclusion. — **etmek** /ı/ to insert, include.
derdest, -ti 1. in hand, in process of being done. 2. arrest, seizure. — **etmek** /ı/ to arrest, seize.
dere 1. brook, stream, creek; stream bed. 2. valley. 3. valley in a roof, roof gutter. 4. gutter. — **gibi akmak** (for blood) to flow like water. **—yi görmeden paçaları sıvamak** to count one's chickens before they are hatched. — **tepe** up hill and down dale. — **tepe düz gitmek** to keep on going incessantly. **—den tepeden konuşmak/söz etmek** to have a rambling conversation.
derebeyi, -ni 1. feudal lord; local potentate; despot. 2. *colloq.* bully. — **kesilmek** to lord it over people; to take on a bullying attitude.
derebeylik 1. feudalism. 2. land ruled by a local ruler. 3. the rank or station held or enjoyed by a local despot. 4. *colloq.* bullying.
derece 1. degree. 2. rank, degree, grade. 3. thermometer. 4. so ... (that). — **almak** to place (in a competition). **—sini almak** /ın/ to take (one's) temperature. — **derece** 1. by degrees. 2. of various degrees.
dereceli 1. graduated. 2. graded.
dereotu, -nu *bot.* dill.
derepisisi, -ni *zool.* flounder.
dergâh dervish lodge, tekke.
dergi periodical, review, magazine.
dergici magazine publisher.
dergicilik magazine publishing.
dergilik 1. suitable for a magazine. 2. enough for a magazine.
derhal at once, immediately.
deri 1. skin, hide. 2. leather. 3. peel, rind. — **bağlamak** (for a wound, sore, etc.) to heal, close up. — **hastalığı** skin disease. — **kaplı** leather-bound (book). **—si kemiklerine yapışmak** to be just skin and bones, be skinny. **—sine sığmaz** conceited, stuck-up. — **yangısı** *path.* dermatitis. **—sini yüzmek** /ın/ 1. to flay, skin. 2. to rob (someone) blind. 3. to torture

(someone) to death.
derialtı, -nı 1. subcutaneous. 2. subcutaneous tissue.
deribilim dermatology.
derici 1. leatherworker. 2. leather dealer.
dericilik 1. leatherworking. 2. leather trade.
deriiçi, -ni intradermal, intracutaneous.
derilmek 1. to be picked, be picked up. 2. to be gathered, be collected. 3. to come together, gather, assemble.
derimsi dermoid.
derin 1. deep. 2. profound. 3. bottom, depth. **—den** (a sound) from far away; from the depths. **—lere dalmak** to consider something deeply. — **derin** deeply. **—den derine** (a sound) from far away. — **derin düşünmek** 1. to be depressed and moody, fall into gloomy thought. 2. to be immersed in deep thought. **—ine inmek** /ın/ to probe, examine carefully, go deeply into. — **uyku** deep sleep.
derinlemesine in depth, deeply, thoroughly.
derinleşmek 1. to deepen, get deep. 2. /da/ to specialize in (a field of study). 3. (for sound) to fade away with distance.
derinleştirme going deeply into a matter.
derinleştirmek /ı/ 1. to deepen, make (something) deeper. 2. to research (something) thoroughly, go into (a subject) deeply; to investigate the details of.
derinletmek /ı/ to deepen, make (something) deep.
derinliğine in depth, deeply, thoroughly.
derinlik 1. depth; depths. 2. profundity. 3. the distant past. 4. distance from the front to the back (of a military unit).
derişik *chem.* concentrated.
derişim, derişme 1. concentration, concentrating. 2. *chem.* concentration.
derişmek 1. to concentrate, be concentrated. 2. *chem.* to concentrate.
derivasyon diversion (of a stream of water from one channel to another). — **kanalı** diversion channel.
derken 1. in spite of the claim that. 2. just then. 3. acting in the hope that, while trying to. 4. on the assumption that, while thinking that.
derkenar marginal note.
derlem a collection.
derlemci collector, one who collects.
derleme 1. choosing and gathering. 2. collected, selected. 3. anthology. **D— Müdürlüğü** office receiving repository copies of all books printed.
derlemek /ı/ to gather together, collect. **derleyip toparlamak** /ı/ to clean up, put (a place) in order.
derlenmek 1. to be gathered, be collected. 2. to get oneself organized. **derlenip toparlanmak**

to pull oneself together.
derleyici anthologist.
derleyicilik anthologizing.
derli toplu 1. tidy. 2. well-organized.
derman 1. strength, power, energy. 2. remedy, cure. 3. medicine. — **aramak** to seek a remedy. — **bulmak** /a/ to find a remedy (for). —**ı**/—**dan kesilmek** to lose all one's strength. — **olmak** /a/ to be a remedy (for).
dermansız 1. exhausted, feeble, debilitated. 2. irremediable, incurable, beyond remedy. — **dert** irremediable illness or trouble.
dermansızlaşmak to lose one's strength, get feeble.
dermansızlık 1. debility, weakness. 2. being beyond cure.
dermatolog dermatologist.
dermatoloji dermatology.
derme 1. collecting. 2. collection. — **çatma** 1. gathered at random, with nothing special in common. 2. made of odds and ends; jerry-built.
dermek /ı/ 1. to pick, pick up. 2. to gather, collect.
dermeyan etmek /ı/ to put forward (an idea).
dernek association, society, club.
derpiş etmek /ı/ to consider, bear in mind.
ders 1. lesson, class; course. 2. warning, example, lesson. — **almak** /dan/ 1. to take lessons (from). 2. to learn a lesson from (a misfortune); to profit from (another's example). — **anlatmak** to teach, lecture (to a class). —**i asmak** to cut a class, skip class. — **çalışmak** to study. — **göstermek** /a/ to teach. — **kesimi** end of a school term. — **kitabı** textbook. — **olmak** /a/ to be a lesson (to). — **vermek** /a/ 1. to teach. 2. to give (someone) advice; to be a model (to). 3. to rebuke, scold. — **yapmak** to have a class, teach or study a lesson.
dershane 1. classroom, schoolroom. 2. private school offering specialized courses.
derslik classroom.
dert 1. a chronic disease, sickness. 2. a trouble, a sorrow, a care, a worry. 3. complaint. 4. a troublesome problem. —**ini açmak** /a/ to confide one's troubles (to). — **benim, tasa senin mi?** *colloq.* It's my worry; why are you fretting? —**e çatmak** to run into trouble. — **çekmek** to suffer. —**ini çekmek** /ın/ to suffer for (another person or thing); to be left holding the bag. — **değil!** *colloq.* It's no trouble! —**e dert katmak** to pile one trouble on another. —**ini deşmek/depreştirmek** /ın/ to remind (another) of his/her trouble. —**ini dökmek** to talk about one's troubles. —**ini dökmek** to pour out one's troubles. —**e düşmek** to fall into trouble. —**ine düşmek** /ın/ to be deeply occupied with (something special). — **edinmek/etmek** /ı/ to occupy oneself

with (a worrisome problem). —**e girmek** to get into trouble. —**i günü** /ın/ his special thought, his obsession. —**ini Marko Paşa'ya anlat.** *colloq.* Don't bother me with your troubles. — **olmak** /a/ to become a worry (to). — **ortağı** 1. a sympathetic ear. 2. confidant. 3. fellow sufferer. — **sahibi** 1. troubled, having troubles. 2. having bad health, sickly, ailing. —**ini söylemeyen/saklayan derman bulamaz.** *proverb* You won't get any help unless you tell someone what is troubling you. — **yanmak** /a/ to pour out one's troubles (to). —**ine yanmak** to pity one's fate, feel sorry for oneself.
dertlenmek to have troubles, be troubled.
dertleşmek 1. /la/ to have a heart-to-heart talk (with). 2. to pour out one's grievances.
dertli 1. troubled, having troubles. 2. having bad health, sickly, ailing. 3. aggrieved, complaining.
dertlilik trouble, being in trouble, having troubles.
dertop (rolled up) like a ball. — **etmek** /ı/ to gather (things) together. — **olmak** 1. to roll up into a ball. 2. (for things) to be gathered together.
dertsiz untroubled, free from trouble. — **başını derde sokmak** to get oneself into trouble unnecessarily.
dertsizlik freedom from trouble.
deruhte etmek /ı/ to undertake, take upon oneself.
deruni 1. spiritual, inner. 2. heartfelt. 3. *phil.* intrinsic.
derviş 1. dervish. 2. humble person; tolerant person. —**in fikri ne ise, zikri de odur.** *proverb* What a person has on his mind comes out in his conversation.
dervişlik 1. being a dervish. 2. humility. 3. submission to fate.
derya 1. sea, ocean. 2. very learned man. 3. *colloq.* sea, vast expanse (of something). — **gibi** 1. very knowledgeable. 2. lots of, superabundant.
derz pointing (between bricks in a wall).
desen 1. design, pattern. 2. *art* drawing.
desene *colloq.* that means, so then, that is to say: **Desene zengin olduk.** That means we've become rich.
desenli having designs, design-filled, patterned.
desensiz without designs or patterns, plain.
desigram decigram, *Brit.* decigramme.
desikatör *chem.* desiccator.
desilitre deciliter, *Brit.* decilitre.
desimal decimal.
desimetre decimeter, *Brit.* decimetre.
desinatör creator of designs and patterns, designer.
desise trick, plot, intrigue.
desiseci trickster, plotter, intriguer.

desiseli tricky, deceitful.
despot, -tu 1. despot. 2. despotic.
despotluk despotism.
destan epic, epic poem, epopee. **— gibi** very long (letter).
destancı epicist, an epic poet.
destani 1. epic, epical. 2. epic, heroic.
destanlaşmak to become legendary, become an epic; to become an epic hero.
destansı epic, epical, resembling an epic.
deste 1. bunch, bouquet. 2. packet, package. 3. pack (of playing cards). 4. hilt, handle. 5. the lowest of the five grades into which wrestlers are divided. **— deste** by dozens; in packets; in heaps.
desteci carrier of sheaves in the field.
destek 1. support; prop; beam used as a prop. 2. stand, base, pedestal. 3. supporter. 4. brace. **— akçe** subvention, subsidy. **— atışı** mil. fire support. **— görmek /dan/** to be supported (intellectually or morally) by, get (intellectual or moral) support from. **— koymak/vurmak /a/** to prop up, shore up. **— olmak /a/** to support (intellectually or morally).
destekdoku anat. connective tissue.
destekleme support. **— alımı** support buying.
desteklemek /ı/ 1. to prop up, shore up (with a prop). 2. to support (intellectually or morally).
desteklenmek 1. to be propped up. 2. to be supported (intellectually or morally).
destekli supported, propped up.
destelemek /ı/ to tie in sheaves, lots, or bundles.
destelenmek to be tied in sheaves, lots, or bundles.
desteleyici one who ties sheaves.
destroyer navy destroyer.
destur 1. permission; leave. 2. Gangway!/Get out of my way!/Move it! **—un** colloq. if you'll pardon the expression.
destursuz without permission; without leave. **— bağa gireni sopa ile kovarlar.** proverb Intruders are not welcomed.
deşarj 1. discharge, releasing one's tensions. 2. (of a battery) going dead, being discharged. **— olmak** 1. to discharge oneself, release one's tensions. 2. (for a battery) to go dead, be discharged.
deşelemek /ı/ 1. to scratch up (the ground). 2. to search, research.
deşifre deciphered. **— etmek /ı/** to decipher (a cipher); to decode (a code). **— olmak** (for a secret organization or secret activities) to be exposed, be uncovered, be brought to light, come to light.
deşik 1. lanced (boil). 2. scratched open. 3. dug up. 4. hole.
deşilmek 1. (for a boil) to be lanced. 2. to be scratched open. 3. to be dug up, be dug into.

4. (for a painful subject or a problem) to be opened up.
deşmek /ı/ 1. to lance (a boil). 2. to scratch open. 3. to dig up, dig into. 4. to open up (a painful subject or a problem).
detant, -tı détente.
detay detail.
detektör detector.
deterjan detergent.
determinant, -tı math. determinant.
determinasyon log. determination.
determinist, -ti 1. determinist. 2. deterministic.
determinizm determinism.
dev 1. giant. 2. gigantic. **— adımlarıyla ilerlemek** to make great strides. **— anası** 1. giantess. 2. huge woman. **— gibi** enormous, huge, gigantic.
deva remedy, medicine, cure.
devalüasyon econ. devaluation.
devalüe econ. devalued. **— etmek /ı/** to devalue.
devam 1. continuation. 2. attendance, attending. **D—!** Go on! **— etmek** 1. to last, go on. 2. /a/ to continue, keep on; to carry on (with). 3. /a/ to attend. **—ı var.** to be continued (written at the end of an article or serial).
devamlı 1. continuous, continual, lasting, unbroken, uninterrupted, steady. 2. constant, assiduous; regular. 3. continuously, continually.
devamlılık continuity, continuousness.
devamsız 1. without continuity. 2. inconstant. 3. irregular (in attendance).
devamsızlık 1. lack of continuity. 2. irregular attendance at work, absenteeism.
devasa enormous, huge, gigantic.
devasız 1. incurable, irremediable. 2. hopeless, insoluble.
devaynası, -nı convex mirror, magnifying mirror. **(kendini) —nda görmek** to have inflated ideas about (oneself).
deve camel. **— bağırtan** steep and stony road. **—nin başı/nalı!** colloq. Stuff and nonsense!/ Incredible! **—ye "Boynun eğri," demişler, "Nerem doğru ki?" demiş.** colloq. You're talking about one particular error, but actually there's no part of the thing that's free of error. **—den büyük fil var.** proverb There is always someone mightier than you. **—yi düze çıkarmak** to overcome difficulties, get on the smooth road. **— gibi** huge and awkward (person). **— hamuru gibi** indigestible. **—yi havuduyla yutmak** to take advantage of one's office and make a killing on the side. **—ye hendek atlatmak** to urge someone to try something impossible for him. **— kini** a great and lasting hatred, deep-seated rancor. **—de kulak** a drop in the bucket. **— nalbanda bakar gibi** colloq. with a look of blank astonishment. **— olmak** (for money or food) to disappear. **—nin pabucu!**

deveboynu

colloq. A likely tale! — **yapmak** /ı/ *colloq.* to get (something) by cheating. — **yürekli** cowardly.
deveboynu, -nu 1. a curve like a camel's neck. 2. gooseneck, swan-neck, pipe shaped like an "S" or "U."
deveci 1. camel driver, cameleer. 2. camel owner.
devecilik 1. camel driving. 2. camel raising.
devedikeni, -ni *bot.* thistle.
devedişi, -ni 1. (wheat) which has large grains. 2. (pomegranate) which has large seeds.
devekuşu, -nu *zool.* ostrich. — **gibi** *colloq.* always finding excuses not to do something.
develope *phot.* developed (film). — **etmek** /ı/ to develop (film).
developman *phot.* development.
deveran *biol.* circulation.
devetabanı, -nı *bot.* monstera.
devetman, -nı hasty and shoddy, slapdash (work).
devetüyü, -nü 1. camel hair, camel's hair (a kind of cloth). 2. camel-colored, camel.
devim movement, motion, action, flux.
devimbilim 1. dynamics. 2. kinetics. 3. kinematics.
devimbilimsel 1. dynamic, pertaining to dynamics. 2. kinetic. 3. kinematic.
devimli moving, in motion.
devimlilik being in motion, being in flux.
devimsel dynamic, kinetic. — **erke** kinetic energy.
devimselcilik *phil.* dynamism.
devimsellik being in motion, being in flux.
devindirmek /ı/ to put in motion, move.
devinduyum kinesthesia, kinesthesis.
devinduyumsal kinesthetic.
devingen 1. dynamic, active. 2. capable of change. 3. moving, in motion, in flux.
devingenlik 1. dynamism. 2. activeness.
devinim movement, motion, action, flux.
devinimli 1. capable of motion or action. 2. moving, in motion.
devinimlilik 1. dynamism. 2. activeness.
devinimsiz motionless, immobile.
devinimsizlik motionlessness, immobility.
deviniş motion, way of moving.
devinme movement, motion, action, flux.
devinmek to move.
devir, -vri 1. revolution, turn. 2. revolving, turning. 3. period, epoch, era, age. 4. tour, circuit. 5. cycle; period. 6. transfer. — **açmak** to begin a new era.
devirli *phys.* periodic.
devirmek /ı/ 1. to knock over, turn over, turn upside down; to upset, capsize. 2. to overthrow, overturn, depose, remove from power. 3. to knock back, toss off (a drink) in one go. 4. to tilt (something) to one side. 5. to finish (reading a book).

devirtmek /ı, a/ 1. to cause (something) to be turned over. 2. to have (someone/a government) overthrown, have (someone) deposed.
devitken 1. activating. 2. stimulative, actuating.
devitkenlik 1. activation. 2. stimulation.
devitmek /ı/ to move, put into action, put in motion; to turn on, run (a machine).
devleşmek to become gigantic.
devlet, -ti 1. state. 2. government. 3. prosperity, good luck. — **le!** Good luck to you! *(said to the departing guest).* — **adamı** statesman. — **baba** *colloq.* the government, the state. **D— Bakanı** minister without portfolio. **D— Bakanlığı** the office and functions of a minister without portfolio. — **bankası** national bank. — **başkanı** head of state, president. — **borçları** public debt, national debt. **D— Deniz Yolları** the Turkish State Maritime Lines. — **düşkünü** (one) who has seen better days. — **erkânı** ministers and high officials. — **hazinesi** national treasury. — **hizmeti** government service, civil service. —**ler hukuku** international law, the law of nations. — **kapısı** government service; government office. — **kuşu** good fortune, good luck. **D— Malzeme Ofisi** the State Procurement and Supply Office. — **memuru** government official. **D— Planlama Teşkilatı** the State Planning Organization. **D— Su İşleri** the State Water Supply Administration. **D— Şûrası** Council of State. — **tahvili** government bond.
devletçe on the part of the state.
devletçi 1. partisan of state control. 2. compatible with state control.
devletçilik state socialism, etatism.
devletlerarası, -nı interstate, interstatal.
devletleştirme nationalization.
devletleştirmek /ı/ to nationalize, bring under state control.
devletli 1. fortunate, favored by fortune, prosperous and happy (person). 2. *hist.* member of the Ottoman imperial family. 3. *hist.* (someone) who is a member of the Ottoman imperial family.
devoniyen *geol.* Devonian (period).
devralmak /ı/ to take over (something) (from).
devran 1. time, times. 2. wheel of fortune, fate.
devre 1. period; term, epoch. 2. session (of a legislature). 3. *elec.* cycle. 4. *elec.* circuit. —**den çıkmak** 1. (for someone) no longer to be a part of an activity or effort. 2. (for a machine) no longer to be in use. — **dışı** 1. (someone) who is not taking an active part in an activity or effort, who is sitting in the sidelines. 2. (machine) which is not being put into use. —**ye girmek** 1. (for someone) to become a part of an activity or effort. 2. (for a machine) to be put into use. — **kesicisi** *elec.* circuit breaker.

devren 1. by transfer of title. 2. (property) with its effects, with its contents; (business) with its personnel and effects, as a going concern. 3. as a sublet, as a sublease.
devretmek 1. to turn, revolve. 2. /ı, a/ to turn over, transfer (something) to. 3. /ı/ to read, go over.
devri 1. rotational. 2. periodical, cyclical.
devriâlem world tour.
devridaim continuous cycle.
devrik 1. folded, turndown, turned back on itself. 2. *gram.* inverted. 3. overthrown, deposed. — **tümce** *gram.* inverted sentence. — **yaka** turndown collar.
devrilmek 1. to be turned upside down, be flipped over. 2. to be capsized. 3. to be overthrown, be deposed. 4. to fall over.
devrim revolution.
devrimci 1. (a) revolutionary, revolutionist. 2. revolutionary.
devrimcilik revolutionism.
devrimsel revolutionary, related to revolution.
devrimsellik revolutionariness.
devrisi *prov.* the next, the following (day, week, etc.).
devriye patrol, policeman's beat, watchman's rounds. — **gezmek** to patrol one's beat, walk one's rounds.
devşirilmek 1. to be picked, be gathered. 2. to be folded up.
devşirim 1. picking, gathering. 2. folding up. 3. amount picked at one time.
devşirimli neat, tidy.
devşirimsiz untidy, slovenly.
devşirme 1. picking, gathering. 2. folding up. 3. recruiting boys for the Janissary corps. 4. a boy taken into the Janissaries.
devşirmek /ı/ 1. to pick, gather. 2. to fold up; to roll up.
devşirtmek /ı, a/ to have (something) picked or folded up.
deyi 1. Logos. 2. the mechanisms of verbal expression (language, speech, mind, meaning, thought). 3. term.
deyim 1. idiom, phrase, expression. 2. statement, report, what a person says.
deyimleşmek to become an idiom.
deyiş 1. style of speech. 2. *prov.* poem. 3. statement, report, what a person says.
deyişbilim stylistics.
deyyus *vulg.* cuckold; pander.
dezavantaj disadvantage.
dezenfeksiyon disinfection.
dezenfektan 1. (a) disinfectant. 2. disinfectant, disinfective.
dezenfekte disinfected. — **etmek** /ı/ to disinfect.
dığdığı (one) who pronounces "r" like "g."
dımbırdatmak /ı/ to strum, thrum, twang.

dımdızlak *colloq.* 1. bare, naked, bald. 2. destitute; empty-handed. — **kalmak** to be left without anything.
dır dır grumblingly; naggingly. — **etmek** to grumble, nag.
dırdır continuous grumbling; nagging.
dırdırcı 1. grumbler; nagger. 2. grumbling; nagging.
dırdırlanmak to grumble; to nag.
dırıltı 1. nagging, wearisome talk. 2. squabble. — **çıkarmak** to start a squabble. — **etmek** to nag; to talk in a tiresome way.
dırlanmak to complain, talk annoyingly.
dırlaşmak to squabble, quarrel.
dış 1. outside, exterior. 2. outer appearance; outer covering. 3. external, outer. 4. foreign. 5. *geom.* circumscribed. —**ında** /ın/ outside (of). — **açı** *geom.* exterior angle. — **borç** foreign loans. — **çevre** *psych.* external environment. — **dünya/âlem** external world. —**ı eli yakar, içi beni (yakar).**/—**ı hayhaylı, içi vayvaylı.**/—**ı kalaylı, içi alaylı.** *colloq.* 1. Others think him charming; I know him to be unpleasant. 2. It looks good on the surface, but inside it is terrible. — **gebelik** ectopic pregnancy. — **gezegen** superior planet. — **haberler** foreign news. — **hat** 1. *telecommunications* external line. 2. *telecommunications, transportation* international line. —**ında kalmak** /ın/ to stay out of. — **kapak** (outer) cover (of a book). — **kapının dış mandalı** a very distant relative. — **pazar** foreign market. — **ticaret** foreign trade. —**a vurmak** /ı/ to show, manifest.
dışadönük 1. *psych.* extroverted, extrovert. 2. having strong external relations.
dışadönüklük *psych.* extroversion.
dışalım importing, importation.
dışalımcı importer.
dışalımcılık importing, import business.
dışarı 1. out. 2. the outside, exterior. 3. the space outside. 4. the provinces (as opposed to *the capital*); the country (as opposed to *the town*). 5. foreign lands, abroad. —**da** 1. outside, out of doors, outdoors. 2. abroad. —**dan** 1. from the outside. 2. from abroad. —**sı** outdoors, outside. —**ya** 1. outside, out, towards the outside. 2. abroad. — **atmak** /ı/ to get rid of, throw out. — **çıkmak** 1. to go out. 2. to defecate. —**dan evlenme** exogamy. —**ya fırlamak** 1. to (jump up and) rush out. 2. (for eyes) to protrude. —**dan getirtmek** /ı/ to import. — **gitmek** 1. to go out; to go into the provinces. 2. to go abroad. — **satmak** /ı/ to export. — **uğramak** 1. (for eyes) to protrude. 2. to rush out. — **vurmak** 1. /ı/ to show, manifest. 2. (for a spot) to show on the outside; (for an illness) to appear, become manifest.
dışarlık the provinces, the sticks.

dışarlıklı provincial, (one) from the sticks.
dışavurum expression, expressing.
dışavurumcu expressionist.
dışavurumculuk expressionism.
dışbükey convex. — **çokgen** convex polygon.
dışderi *biol.* ectoderm.
dışevli exogamous.
dışevlilik exogamy.
dışık 1. *chem.* scoria. 2. tuff, tufa.
dışınlı *phil.* extrinsic.
dışişleri, -ni foreign affairs. **D— Bakanı** the Minister of Foreign Affairs. **D— Bakanlığı** the Ministry of Foreign Affairs.
dışkı feces.
dışkılama defecation.
dışkulak *anat.* outer ear.
dışkutsal profane, secular, temporal.
dışlak *phil.* extrinsic, external, accidental.
dışlamak /ı/ 1. *phil.* to exclude. 2. to cast out.
dışlastik *auto.* tire, casing.
dışlaşmak to be expressed.
dışlaştırmak /ı/ to express.
dışmerkez *geol.* epicenter.
dışmerkezli *geom.* eccentric.
dışmerkezlik, dışmerkezlilik *geom.* eccentricity.
dışodun *bot.* xylem, wood.
dışplazma *biol.* ectoplasm.
dışrak *phil.* exoteric.
dışsal external.
dışsatım exporting, exportation.
dışsatımcı exporter.
dışsatımcılık exporting, being an exporter.
dıştan 1. *phil.* extrinsic; adventitious. 2. external. 3. from the outside, externally. 4. nonessential; acquired.
dışyüz outside, exterior; outer surface; appearance.
dızdık *prov.* anus. **—ının dızdığı** *colloq.* a friend of a friend, distant connection.
dızdızcı *slang* one of a gang of pickpockets; swindler, sharper.
dızdızcılık *slang* swindling.
dızlak 1. *colloq.* bald. 2. *slang* well, good, going well.
dızlamak /ı/ *slang* to swindle.
dia slide, filmslide, transparency.
diapozitif slide, filmslide, transparency.
diaspora diaspora.
diba brocade, richly embroidered silk cloth.
dibek large stone or wooden mortar. **— kahvesi** coffee ground in a mortar.
Dicle the Tigris (river).
didaktik 1. didactic. 2. didactics.
didik didik pulled apart, picked to shreds, torn to shreds. **— etmek** /ı/ 1. to pull apart, pick to shreds, tear to shreds. 2. to manhandle, rough up. 3. to turn (a place) upside down, put (things) in disorder (in searching). 4. to examine very carefully. **— olmak** to be pulled apart, be picked to shreds, be torn to shreds.
didiklemek /ı/ 1. to pull apart, pick to shreds, tear to shreds. 2. to manhandle, rough up. 3. to turn (a place) upside down, put (things) in disorder (in searching).
didiklenmek 1. to be pulled apart, be picked to shreds, be torn to shreds. 2. to be manhandled, be roughed up. 3. to be turned upside down (in searching).
didinmek to work hard, wear oneself out.
didişken fond of picking on people, aggressive, inclined to petty persecution.
didişmek 1. to pick on each other, scrap, scuffle. 2. to work hard, wear oneself out (to make a living).
difana triple fishing net.
diferansiyel 1. differential gear, differential. 2. *math.* differential calculus. **— denklem** differential equation.
difraksiyon diffraction.
difteri *path.* diphtheria.
diftong, -gu *ling.* diphthong.
diğer other, the other.
diğerkâm altruistic (person).
dijital digital. **— bilgisayar** digital computer.
dijitalin *pharm.* digitalin.
dik, -ki 1. perpendicular. 2. straight, upright, erect (in standing). 3. steep. 4. fixed, penetrating, intent (look). 5. *geom.* right. 6. sharp, biting (remark). **— açı** *geom.* right angle. **— âlâsı** /ın/ *colloq.* the very worst (of). **— bakışlı** staring angrily, sharp looking. **— başlı** 1. conceited, stuck-up. 2. pigheaded, obstinate. **— dik** severely, angrily. **— dik bakmak** /a/ to stare angrily, look fixedly (at). **— durmak** to stand upright. **— kafalı** pigheaded, obstinate. **— rüzgâr** *naut.* head wind. **— ses** a sharp voice or sound; harsh voice. **— sözlü** rudely outspoken. **— tutmak** /ı/ to hold straight, hold upright. **— üçgen** *geom.* right triangle.
dikçe rather steep.
dikdörtgen *geom.* rectangle.
dikelmek 1. to become steep. 2. to stand erect. 3. to stand and wait. 4. /a/ to resist, defy.
dikeltmek /ı/ to set up (something) straight.
diken 1. thorn, pricker; barb; spine. 2. spine, quill. 3. thorny plant, thornbush. **— üstünde oturmak/olmak** to be on tenterhooks.
dikendutu, -nu 1. *bot.* blackberry, *Brit.* bramble, brambleberry. 2. blackberry, *Brit.* brambleberry (the fruit).
dikenli 1. thorny, prickly; barbed; spiny. 2. spiny, having quills. 3. full of thorny plants. **— tel** barbed wire.
dikenlik bramble patch, thorn patch.
dikensi spinoid, spinelike. **— çıkıntı** *anat.* spinous process.
dikensiz thornless, without prickers; barbless,

unbarbed; spineless. — **gül olmaz.** *proverb* There is no rose without a thorn.
dikey *geom.* perpendicular (line).
dikgen *geom.* orthogonal.
dikici 1. cobbler. 2. tailor.
dikicilik 1. cobbling. 2. tailoring, work of a tailor.
dikili 1. set up vertically, placed upright. 2. planted. **— ağacı olmamak** to own nothing.
dikili sewn; stitched; stitched up.
dikilitaş obelisk (a stone monument).
dikilmek 1. to be set up, be erected. 2. to be planted. 3. to become erect. 4. to stand, stand and wait. 5. (for a guard) to be stationed. 6. to be built, be constructed, be put up. **dikilip durmak** to stand and wait (at a specified place).
dikilmek to be sewn; to be stitched; to be made (by sewing); to be stitched up.
dikim planting.
dikim sewing; stitching.
dikimevi, -ni workshop where clothes are made.
dikine vertically, upright. **— gitmek** to do what one wants without regard for the feelings of others, ride roughshod over others. **— tıraş** *slang* the runaround, deception. **— tıraş etmek** *slang* to give someone the runaround.
dikiş 1. sewing. 2. seam. 3. *surg.* stitch, suture. 4. a gulp. **—ini almak** /ın/ to remove (one's) stitches. **— dikmek** to sew. **— iğnesi** sewing needle. **— kaldı** /a/ almost: **Yanmasına dikiş kaldı.** It almost burned. **— kutusu** sewing box. **— makinesi** sewing machine. **— payı** 1. seam allowance. 2. margin, extra amount for contingencies. **— tutturamamak** to be unable to hold a job. **— yeri** 1. seam. 2. stitch scars.
dikişçi dressmaker, sewing woman.
dikişli 1. sewed, stitched. 2. sutured, stitched.
dikişsiz 1. seamless. 2. without stitches. 3. glued, not sewn.
dikit, -ti *geol.* stalagmite.
dikiz *slang* peeking, peeping. **— aynası** 1. rearview mirror. 2. safety mirror placed at a danger spot. **— etmek/geçmek** /ı/ *slang* to watch secretly, spy on; to peek at, peep at.
dikizci *slang* 1. burglar's lookout. 2. peeping Tom, voyeur.
dikizcilik *slang* 1. the job of a burglar's lookout. 2. voyeurism.
dikizlemek /ı/ *slang* to watch secretly, spy on; to peek at, peep at.
dikkat, -ti 1. careful attention. 2. Be careful!/ Look out! 3. Notice! **—e almak** /ı/ to take note (of), take into consideration. **—/—i çekmek** to attract attention. **—ini çekmek** /ın, a/ to call (someone's) attention to (something). **— dağınıklığı** aprosexia, inattentiveness. **— etmek** 1. /a/ to pay attention to. 2. to be careful. **— kesilmek** to be all ears, pay careful attention.

— toplaşımı *psych.* concentration.
dikkatle carefully.
dikkatli 1. attentive, careful, cautious. 2. attentively, carefully, cautiously.
dikkatlice attentively, carefully, cautiously.
dikkatsiz 1. careless, incautious, inattentive. 2. careless, slipshod, slovenly.
dikkatsizlik 1. carelessness, incaution, inattentiveness. 2. carelessness, slipshodness, slovenliness. **— etmek** to be careless, be inattentive.
dikleme, diklemesine vertically, upright.
diklenmek, dikleşmek 1. to stand erect. 2. to become steep. 3. to become obdurate, get stubborn.
dikleştirmek /ı/ 1. to erect. 2. to harden. 3. to make (something) steep.
diklik 1. erectness; perpendicularity. 2. steepness. 3. escarpment. 4. obstinacy. **— etmek** to be obstinate.
dikme 1. planting. 2. *geom.* perpendicular. 3. seedling, young plant. 4. pole, post. 5. derrick; prop; single spar crane. **— ayağı** *geom.* foot of a perpendicular.
dikme sewing; stitching.
dikmek /ı/ 1. to set up, erect. 2. to plant (a seedling, tree). 3. to toss down (a drink) in one swig. 4. to station (a guard). 5. to shoot or throw (something) directly up. 6. to build, construct, put up. 7. to set down (a ball) for play.
dikmek /ı/ to sew; to stitch; to make (by sewing); to stitch up.
diksiyon 1. diction. 2. intonation.
dikta unchallengeable command. **— rejimi** dictatorial regime.
diktacı supporter of a dictatorial regime.
diktacılık being the supporter of a dictatorial regime.
diktafon dictaphone.
diktatorya dictatorship.
diktatör dictator.
diktatörlük dictatorship.
dikte 1. dictation, uttering words to be taken down by someone else. 2. dictation, dictated material. **— etmek** 1. /ı, a/ to dictate (a letter, etc.) to. 2. /a/ to dictate to (someone), to order (someone) around.
diktirmek /ı, a/ 1. to have (something) planted. 2. to have (something) set up or erected.
diktirmek /ı, a/ to have (someone) sew or stitch (something).
dil 1. tongue. 2. language. 3. promontory, point; spit. 4. bolt (of a lock); tenon (of a mortise). 5. index (of a balance). 6. sheave, pulley wheel. 7. reed (of a wind instrument). 8. prisoner of war captured for interrogation. **—i açılmak** to start talking. **—i ağırlaşmak** (for a sick person) to have increasing difficulty in speak-

dil 186

ing. — **ağız vermemek** not to be able to talk, to be too sick to talk. — **ailesi** *ling.* family of languages. — **akrabalığı** the relationship between kindred languages. —**inin altında bir şey var.** *colloq.* There is something he hasn't come out with yet. —**inden anlamak** /ın/ 1. to understand (another's) speech. 2. to be familiar with (something). — **atlası** linguistic atlas. —**ini bağlamak** /ın/ to silence. —**inden bal akmak** /ın/ to talk sweetly. —**inin belasını çekmek/bulmak** to suffer because of speaking thoughtlessly or indiscreetly. — **bir karış** /da/ impudent, rude in his replies. —**i bir karış dışarı çıkmak** to pant (from overexertion or thirst). —**i bozuk** 1. unable to speak clearly. 2. foulmouthed. —**inin cezasını çekmek** to suffer for one's thoughtless words. —**i çalmak** /a/ to have the accent (of). — **çıkarmak** 1. to stick out one's tongue in defiance or mockery. 2. /a/ to make fun of. —**i çözülmek** to start to talk. —**i damağına yapışmak/**—**i damağı kurumak** to be very thirsty. —**lere destan olmak** to be renowned, be celebrated. —**den dile dolaşmak** to be talked about, become renowned or notorious. —**ine dolamak** /ı/ 1. to keep on saying (the same thing). 2. to keep on running down (someone). —**i dolaşmak** to mumble, stumble in one's speech. —**lerde dolaşmak/gezmek** to be talked about (everywhere). —/—**ler dökmek** /a/ to try to flatter or persuade (someone). —**i döndüğü kadar** (to explain something) as best one can. —**i dönmemek** to be unable to get one's tongue around a word. —**i durmamak** 1. to talk on and on. 2. to say things better left unsaid. —**e/**—**lere düşmek** to become a subject of gossip. —**inden düşürmemek** /ı/ to bring up (a matter) repeatedly. — **ebesi** garrulous, talkative. —**ini eşekarısı soksun!** *colloq.* Curse you for saying that! —**e gelmek** 1. to start to talk. 2. to become a subject of gossip. —**e getirmek** /ı/ 1. to make (someone) talk. 2. to express. 3. to make (something) a subject of gossip. — **kavgası** quarrel. — **kayması** slip of the tongue. —**ini kedi/fare mi yedi?** *colloq.* Has the cat got your tongue? —**in kemiği yok.** *proverb* One can say anything one likes. —**ini kesmek** 1. to shut up. 2. /ın/ to silence. —**e kolay** easy to say (but difficult to do). —**inden kurtulamamak** /ın/ not to be able to get out from under (another's) reproaches and complaints. —**i kurumak** to be very thirsty. — **kurumu** language society. —**i kurusun!** *colloq.* Curse his tongue! —**ini mi yuttun?** *colloq.* Have you swallowed your tongue? —**i olsa da söylese.** *colloq.* If only it could talk! —**i pabuç kadar** given to making impudent replies. — **pelesengi** filler word, habitual expression. —**ine pelesenk etmek** /ı/ to keep on saying (the same

thing). —**ine sağlam olmak** 1. to be discreet. 2. to avoid bad language. —**iyle sokmak** /ı/ to hurt (someone) with one's words. —**ine takmak** /ı/ 1. to keep on saying (the same thing). 2. to keep on running down (someone). —**ini tutamamak** to be indiscreet; to have a compulsion to talk. —**ini tutmak** to hold one's tongue. —**i tutuk** tongue-tied. — **tutukluğu** anarthria, inability to articulate words. —**i tutulmak** to be tongue-tied. —**iyle tutulmak/yakalanmak** to be betrayed by one's own words. —**in tutulsun!** Curse your tongue! —**inde tüy bitmek** to be tired of repeating something. —**imin ucunda** on the tip of my tongue. —**inin ucuna gelmek** to be about to say (something). —**inin ucunda olmak** to be on the tip of one's tongue, slip one's memory. — **uzatmak** /a/ to malign, defame. —**i uzun** impudent, insolent. —**i varmamak** /a/ to be unwilling to say (something unpleasant). —**im varmıyor.** *colloq.* I can't bring myself to say it. —**e vermek** /ı/ to divulge, reveal (a secret). **D**— **ve Tarih-Coğrafya Fakültesi** the Faculty of Languages, History, and Geography (in Ankara University). —**ine virt etmek** /ı/ 1. to keep on saying (the same thing). 2. to keep on running down (someone). —**i yanmak** /dan/ to be devastated (by a horrible experience). —**i yatkın** having a gift for languages. —**inin yettiği kadar** (to explain something) as best one can. —**ini yutmak** to be thunderstruck, be struck dumb. —**i zifir** (one) who habitually offends others.
dil *poet.* heart. — **yarası** wounded feelings caused by harsh words.
dilaltı, -nı sublingual, hypoglossal. — **bezleri** *anat.* sublingual glands. — **siniri** *anat.* hypoglossal nerve.
dilbalığı, -nı *zool.* sole.
dilbasan spatula, tongue depressor.
dilbaz eloquent, pleasant and persuasive in conversation.
dilber beautiful (woman).
dilberdudağı, -nı a sweet pastry in the shape of lips.
dilbilgisel grammatical.
dilbilgisi, -ni grammar.
dilbilim linguistics.
dilbilimci linguist.
dilbilimsel linguistic.
dilci linguist.
dilcik reed (of a wind instrument).
dilcilik language research.
dildaş 1. someone who speaks the same language. 2. (someone) who speaks the same language. — **olmak** to speak the same language.
dilegetirim expression, expressing.
dilek 1. wish; request. 2. *gram.* optative

(mood). — **kipi** *gram.* optative mood.
dilekçe petition, written application.
dilekçeci writer of petitions, street letter-writer.
dilemek /ı/ 1. to wish. 2. to wish (for). 3. to ask (for), request. **dilediğini yapmak** to do as one pleases.
dilemma dilemma.
dilenci 1. beggar. 2. importunate beggar. — **çanağı gibi** full of odds and ends. — **değneğine dönmek** to become very thin. —**ye hıyar vermişler de, eğri diye beğenmemiş.** *colloq.* He demands a lot but is grateful for nothing. — **vapuru** *colloq.* steamer that calls at every dock.
dilencilik 1. begging, mendicancy. 2. importunacy. — **etmek** to go around begging.
dilendirmek /ı/ 1. to reduce (someone) to the condition of a beggar. 2. to have (someone) beg.
dilenmek 1. to beg, be a beggar. 2. /ı/ to beg, plead for, ask for. **dilenemez dilenci** very poor person who can't make himself ask for help.
-di'li geçmiş zaman *gram.* past tense containing the morpheme **-di.**
dilim 1. slice, piece. 2. section of a radiator. — **dilim** in slices. — **dilim etmek** /ı/ to slice.
dilimlemek /ı/ to slice, cut into slices; to section (a citrus fruit).
dilimlenmek to be sliced, be cut into slices.
dilimli cut up into slices.
dilinim *geol.* cleavage.
dillendirme 1. /ı/ causing (someone) to be gossiped about. 2. *lit.* prosopopoeia.
dillendirmek /ı/ to cause (someone) to be gossiped about.
dillenmek 1. to begin to talk, find one's tongue. 2. to become overtalkative. 3. to become a subject of gossip.
dilleşmek 1. to chat; /la/ to chat with. 2. *prov.* to quarrel.
dilli talkative, loquacious.
dillidüdük 1. a reed whistle. 2. *colloq.* chatterbox, windbag. 3. *colloq.* one who repeats everything he hears. — **etmek** /ı/ to spread (gossip, a rumor).
dillilik talkativeness, loquacity.
dilmaç interpreter, dragoman; translator.
dilmaçlık interpreting, orally translating between people, translating.
dilme 1. slicing. 2. square pole.
dilmek /ı/ to slice, cut into slices.
dilpeyniri, -ni a mild, rubbery-textured cheese made in strips.
dilsel linguistic.
dilsiz 1. dumb, mute. 2. *colloq.* silent, not speaking.
dilsizlik dumbness.
dimağ 1. *anat.* brain. 2. brain, mind.
dimdik 1. straight as a rod, bolt upright, very erect. 2. straight up. 3. very steep; precipitous. 4. (looking) fixedly, penetratingly, intently. 5. (standing up) well; with one's head up. 6. directly, straight ahead, straight on. — **ayakta durmak** not to have been destroyed, to survive intact. — **durmak** 1. to stand erect. 2. to hold fast to one's point of view.
dimi *text.* dimity, fustian.
diminuendo *mus.* diminuendo.
Dimyat Damietta. —**'a pirince giderken evdeki bulgurdan olmak** *colloq.* to lose what one has in the effort to get something better.
dimyat, -tı a thick-skinned white grape.
din 1. religion; belief, faith. 2. a religion. 3. one's commitment. — **adamı** religious functionary. —**i bir uğruna** for the sake of Islam. —**i bütün** sincerely religious, entirely given to the Islamic faith and observing its laws. — **değiştirmek/—inden dönmek** to change one's religion. —**inden döner, davasından dönmez.** *colloq.* He would sooner give up his religion than his cause. —**im hakkı için** I swear by my faith. —**den imandan çıkmak** to get angry and swear. — **iman hak getire.** *colloq.* There's not a spot of religion in him. —**i imanı para.** *colloq.* He lives and breathes money. —**ine yandığım** *colloq.* damned.
din *phys.* dyne.
din distant, far-off, remote. — **doruğu/tepesi** a far-off place.
dinamik 1. dynamics. 2. dynamic.
dinamikleşmek to become dynamic.
dinamit, -ti dynamite. — **lokumu** gelignite.
dinamitlemek /ı/ 1. to dynamite. 2. to torpedo (an effort or enterprise).
dinamitlenmek 1. to be blown up with dynamite. 2. (for an effort or enterprise) to get torpedoed.
dinamizm dynamism.
dinamo dynamo.
dinar dinar.
dinbilim theology.
dinbilimci theologian.
dincelmek to become energetic and vigorous, become robust and active.
dincierki, -ni theocracy.
dincierkil theocratic.
dinç 1. energetic and vigorous, robust and active. 2. untroubled, unconcerned, insouciant.
dinçleşmek to become energetic and vigorous, become robust and active.
dinçlik 1. being full of energy and vigor, being robust and active. 2. being untroubled, unconcern, insouciance.
dindar religious, devout, pious.
dindarlık religiousness, devotion, piety.

dindaş coreligionist. — **olmak** to be of the same religion.
dindışı, -nı nonreligious, secular.
dindirmek /ı/ 1. to stop, cut, halt (pain, bleeding). 2. to stop (tears). 3. to quench, slake (thirst). 4. to stop (a noise). 5. to stop (wind, rain, snow).
dineri *playing cards* diamonds.
dinerkçi clericalist.
dinerkçilik clericalism.
dinerki, -ni theocracy.
dinerkil theocratic.
dingi *naut.* dinghy.
dingil axle, axletree.
dingildemek 1. to sway; to wobble. 2. to tremble (with fear).
dingin 1. *chem.* inactive. 2. inactive (volcano). 3. calm. 4. exhausted.
dingincilik quietism.
dinginleşmek to get calm, calm down.
dinginlik 1. quietness, calm. 2. inactivity; inertness.
dini religious; pertaining to religion.
dinleme /ı/ 1. listening. 2. auscultation. **— aleti** stethoscope. **— salonu** auditorium.
dinlemek /ı/ 1. to listen to, hear. 2. to pay attention to; to obey, conform to. 3. to auscultate.
dinlence vacation.
dinlendirici restful, relaxing.
dinlendirilmiş 1. aged (wine). 2. fallow (ground).
dinlendirmek /ı/ 1. to rest, let rest. 2. to leave (ground) fallow. 3. to set aside (so dough can rise or sediment can settle). 4. *colloq.* to put out (a fire or light).
dinlenme rest, relaxation. **— kampı** holiday camp. **— yeri** resort, vacation place.
dinlenmek 1. to rest, relax. 2. to be set aside (to mellow, to rise, to settle).
dinlenmek 1. to be heard and obeyed. 2. to be listened to.
dinleti *mus.* concert.
dinletim a musical performance with commentary.
dinletmek /ı, a/ to have (someone) listen to or obey.
dinleyici listener. **—ler** audience.
dinleyicilik being a listener.
dinmek 1. (for pain, bleeding, tears) to stop, cease. 2. (for one's thirst) to be quenched, be slaked. 3. (for a noise) to stop. 4. (for wind, rain, snow) to stop, cease, end.
dinozor dinosaur.
dinöncesi, -ni preanimism, prereligion.
dinsel religious, pertaining to religion. **— tören** religious service.
dinsellik religiosity, religiousness.
dinsiz 1. irreligious, unbelieving, disbelieving. 2. *colloq.* cruel, pitiless. **—in hakkından imansız gelir.** *proverb* Set a thief to catch a thief.
dinsizlik 1. irreligion, unbelief, disbelief. 2. *colloq.* cruelty.
dinyayar missionary, proselytizer.
dinyayıcı missionary, proselytizing.
dip 1. bottom; foot, lowest part. 2. the far end, back. **—ini bulmak** /ın/ to use up (something stored in a container). **—e çökmek** to sink to the bottom, settle. **—ine dan ekmek** /ın/ to use up, finish off. **— doruk** completely, from head to foot, thoroughly. **—ine gelmek/inmek** to be nearly used up. **—i görünmek** to be emptied. **—i kırmızı balmumuyla çağırmadım ya!** *colloq.* I didn't invite him; he just turned up of his own accord. **—i tutmak** (for cooking food) to stick to the pan and burn.
dipçik butt (of a rifle). **— kuvvetiyle** by force.
dipçiklemek /ı/ to club with a rifle butt.
dipçiklenmek to be clubbed with a rifle butt.
dipdiri 1. full of life, energetic. 2. well-developed, shapely. 3. fresh.
dipfriz freezer, deep freezer, deep-freeze.
dipkoçanı, -nı stub, counterfoil.
diplemek *slang* to fail (in school).
diploma 1. diploma. 2. (professional) license, certificate.
diplomalı 1. having a diploma. 2. licensed, certified.
diplomasız 1. having no diploma. 2. without a license, unlicensed, uncertified.
diplomasi diplomacy.
diplomat, -tı diplomat.
diplomatik diplomatic.
diplomatlık 1. diplomacy. 2. profession of a diplomat.
dipnot, -tu footnote.
dipsiz 1. bottomless. 2. *colloq.* unfounded, false. 3. unfathomable. **— kile, boş ambar.** *colloq.* 1. He spends everything he gets. 2. It will never be of any use. **— testi** *colloq.* spendthrift, squanderer.
dirayet, -ti 1. ability. 2. skillfulness. 3. discernment, perception.
dirayetli 1. able, effective, capable. 3. skilled, skillful; successful. 3. discerning, perceptive.
dirayetsiz 1. incapable. 2. unskilled. 3. imperceptive.
dirayetsizlik 1. incapability. 2. lack of skill. 3. imperceptiveness.
direk 1. pole, post. 2. mast. 3. beam, rafter. 4. *colloq.* pillar, mainstay, central person. **— direk bağırmak** to shout at the top of one's voice. **— gibi** 1. tall as a post. 2. rough, coarse (voice).
direksiyon 1. steering mechanism. 2. steering wheel. **—da** in the driver's seat; driving. **— boşluğu** play in the steering. **—u kırmak** to

turn the wheel hard. — **mili** steering column. — **sallamak** slang to be at the wheel. — **simidi** steering wheel.
direkt, -ti 1. directly, without intermediaries. 2. direct, nonstop.
direktif directive, instruction, order. — **almak /dan/** to take orders (from). — **vermek /a/** to give orders (to), direct.
direktör 1. director. 2. principal.
direktörlük 1. directorship. 2. post of a school principal.
diremek /i/ prov. to support, hold up.
diren med. tube, catheter, drain.
diren pitchfork.
direnç resistance.
dirençli 1. resistant. 2. tough.
dirençsiz having low resistance.
dirençsizlik low resistance.
direngen stubborn, obstinate, obdurate.
direngenlik stubbornness, obstinacy, obduracy.
direngi unwillingness, reluctance, nolition.
direnim 1. obstinacy. 2. resistance, act of resisting.
direniş 1. resistance, opposition. 2. boycott.
direnişçi 1. resister, resistant. 2. resisting, opposing.
direnlemek /i/ to pitchfork, pitch, winnow (hay, stalks of grain) with a pitchfork.
direnme 1. resistance, opposition. 2. persistence.
direnmek 1. to put one's foot down. 2. **/da/** to insist on. 3. to resist, hold out.
direşim determination, persistence, perseverance.
direşken determined, persistent, persevering.
direşkenlik determination, being determined, persistence, perseverance.
direşme determination, persistence, perseverance.
direşmek to be determined, persist, persevere.
diretmek to insist (on) (having one's own way).
direy zool. fauna.
dirgen pitchfork.
dirhem drachma (400th part of an oka), 3.1 grams. — **dirhem** bit by bit, in driblets. — **kadar** a small quantity, very little.
diri 1. alive, living. 2. vigorous, energetic, lively. 3. fresh. 4. undercooked; rare. — **diri** 1. alive, while alive, while living. 2. undercooked; rare.
diriksel, diril animal, physiological. — **ısı** animal heat.
diril drill (cloth).
dirilik 1. life, liveliness. 2. vigor. 3. freshness.
diriliş 1. coming back to life, revival, revivification, resuscitation, reanimation. 2. coming back in vogue, revival, resurrection, resurgence. 3. resurrection, rising again from the dead.

dirilmek 1. to be revived, be refreshed, be invigorated, regain one's strength. 2. (for a plant) to be revived. 3. to recover, regain one's health. 4. to come back to life, be revived, be revivified, be resuscitated, be reanimated. 5. to come back in vogue, be revived, be resurrected, resurge.
diriltmek /i/ 1. to revive, refresh, invigorate. 2. to revive (a plant). 3. to make (someone) recover, make (someone) regain his health. 4. to bring (someone/an animal) back to life, revive, revivify, resuscitate, reanimate. 5. to bring back in vogue, revive, resurrect.
dirim life. — **konisi** bot. vegetative cone.
dirimbilim biology.
dirimbilimci biologist.
dirimbilimsel biological.
dirimli 1. living, alive. 2. having a life cycle, organic. 3. lively, vigorous.
dirimlik vital.
dirimlilik vitality.
dirimsel 1. vital. 2. biological.
dirimsellik vitality.
dirimsiz nonliving, inanimate.
dirimsizlik lack of life, inanimateness.
dirlik 1. peace, peaceful coexistence. 2. comfortable living, affluence. 3. livelihood, subsistence. — **düzenlik** harmony in social relations, peace. — **yüzü görmemek** to fail to reach a state of comfort and harmony.
dirliksiz 1. lacking peace and harmony. 2. hard to get along with, difficult, quarrelsome.
dirsek 1. elbow. 2. bend, turn (in a line, road, or river). 3. (pipe) elbow. 4. prop, shore (placed at an angle). — **çevirmek /a/** to drop (someone) socially. — **çıkıntısı** anat. olecranon, funny bone, crazy bone. — **çürütmek** to study long and hard. — **kemiği** anat. radius.
dirseklemek /i/ to elbow, push (someone) with one's elbow.
dirseklenmek 1. to make a turn, bend. 2. to be elbowed.
dirseklik 1. usable as an elbow or prop. 2. (leather) good for making an elbow patch.
disiplin 1. discipline. 2. branch of knowledge, branch of instruction, subject. — **cezası** disciplinary punishment. — **kurulu** discipline committee. — **suçu** infraction of the rules.
disiplinli disciplined; having strict discipline.
disiplinsiz undisciplined, lacking discipline.
disk, -ki 1. sports discus. 2. (phonograph) record. 3. comp., mech. disk. 4. clutch plate. 5. anat. disc. — **atma** sports discus throw, discus. — **kazası** comp. disk crash. — **sürücü** comp. disk drive.
diskalifiye disqualified. — **etmek /i/** to disqualify. — **olmak** to be disqualified.
disket, -ti comp. diskette, floppy disk.

disko disco, discothèque.
diskotek 1. a collection of recorded music. 2. discothèque. **— çocuğu** slang a boy who is studying at a foreign or private school.
diskur speech, oration. **— geçmek/çekmek** slang to spiel.
dispanser outpatient clinic giving free or low-cost treatment.
dispeç, -çi mar. ins. 1. average adjustment. 2. average statement.
dispeççi mar. ins. adjuster.
dispepsi dyspepsia.
distribütör 1. mech. distributor. 2. distributor, distributing agent.
diş 1. tooth. 2. tusk. 3. tooth (of a saw, comb). 4. cog (of a wheel). 5. ward (of a key). 6. thread (of a screw). 7. clove (of a garlic). 8. head (of cloves). 9. slang dope, hashish. **— açmak /a/** to thread, cut threads (in/on). **— ağrısı** toothache. **—ten artırmak** to economize on food. **— bakımı** dental care. **— bilemek /a/** to watch for a chance to take revenge (on). **— çekmek** to extract a tooth. **— çıkarmak** to cut a tooth. **— çukuru** socket of a tooth. **— çürüğü** dent. cavity. **—ine değmemek** (for food) to be very little. **— diş** having many teeth or cogs; serrated. **—e dokunur** worthwhile. **—leri dökülmek** to lose one's teeth through age. **— düzeltimi** orthodontics. **— fırçası** toothbrush. **— geçirememek /a/** to be unable to order (someone) around. **— geçirmek /a/** to be able to influence (a powerful person). **—i gıcırdamak** to have a strong desire for something. **— gıcırdatmak** to gnash one's teeth, show one's anger. **—ine göre** within one's power, within the range of what one can handle. **— göstermek /a/** to threaten. **— hekimi** dentist. **— hekimliği** dentistry. **— kamaştırmak** to set one's teeth on edge. **— kapanımı** dental occlusion. **— kemiği** anat. dentine. **— kırmak** slang to doctor a cigarette. **— kirası** 1. hist. presents or money given to guests after a meal in Ramazan. 2. a side benefit (in addition to one's wages). **—inin kovuğuna bile gitmemek/—inin kovuğunu doldurmamak** (for food) not to be enough to satisfy one. **— kökü** root of a tooth. **— macunu** toothpaste. **— oluşumu** odontogeny. **—ini sıkmak** to grit one's teeth and bear it. **— siniri** dental nerve. **—ini sökmek /ın/** to render (a person) harmless. **— tabibi** dentist. **— taktırmak** to be fitted out with false teeth. **—inden tırnağından artırmak** to scrimp and save. **—ini tırnağına takmak** 1. to try everything, try every means, try every way. 2. to work in spite of great difficulties. **— tozu** tooth powder. **— yuvası** tooth socket, alveolus.
dişbademi, -ni soft-shelled almond.

dişbudak bot. ash tree, European ash.
dişbuğdayı, -nı 1. wheat boiled and mixed with sugar and distributed when one's baby has cut its first tooth. 2. the ceremony celebrating a baby's first tooth. 3. large-grained wheat.
dişçi 1. an unqualified dentist. 2. colloq. dentist. 3. slang one who robs graves for gold teeth.
dişçilik dentistry.
dişeti, -ni anat. gum.
dişi 1. female, she. 2. woman. 3. feminine. 4. mech. female. 5. malleable. **— klişe** intaglio plate, copperplate. **— kopça** an eye for a hook.
dişil 1. female. 2. gram. feminine.
dişileşmek to become feminine.
dişili provided with a female, mated. **— erkekli** prov. with both men and women.
dişilik female sex, femaleness.
dişilleştirme gram. putting (a word) into the feminine gender.
dişilleştirmek /ı/ gram. to put (a word) into its feminine gender.
dişillik gram. feminine gender.
dişindirik prov. snaffle, snaffle bit.
dişiorgan bot. pistil.
dişlek buck-toothed, having protruding teeth.
dişleme 1. biting, taking a bite, taking a nibble. 2. serrating, serration, notching. 3. arch. crenelated molding, crenelation.
dişlemek /ı/ 1. to bite, bite into, take a bite out of, take a nibble of. 2. to serrate, notch.
dişlenmek 1. to be bitten, be bitten into. 2. (for wheat, corn, etc.) to develop seeds. 3. to gain authority, become powerful.
dişletmek 1. **/ı, a/** to have (someone) bite or bite into, have (someone) take a bite out of, have (someone) take a nibble of (something). 2. **/ı/** to have (something) serrated or notched.
dişli 1. toothed, serrated; notched, jagged. 2. authoritative, powerful. 3. gear. 4. sprocket. **— olmak** to have authority. **— tırnaklı** very aggressive and fierce.
dişözü, -nü dental pulp.
dişsel dental. **— ünsüz** phonetics dental consonant.
dişsiz 1. toothless. 2. unserrated, smooth.
dişsizlik toothlessness.
diştacı, -nı crown (of a tooth).
ditmek /ı/ 1. to card, tease (cotton, wool). 2. to shred.
dival gold or silver embroidery on velvet padded by cardboard.
divan divan, sofa, couch.
divan 1. council of state. 2. hist. the holding of a court; public sitting (of a governor, council, judge). 3. collected poems, divan. **— durmak** to stand in a respectful position with hands folded in front. **D— Edebiyatı** classical Ottoman poetry. **— şairi** a classical Ottoman

poet.
divane crazy, mad. **— olmak** to go crazy. **—si olmak /ın/** to be infatuated (with); to become a fan (of).
divanelik craziness.
divanıharp, -bi court-martial, military court.
divani *hist.* a style of large handwriting used for government writs. **— kırması** a simplified variety of **divani** writing.
divansazı, -nı the largest of the plucked string instruments used in Turkish folk music.
divik *zool.* termite, white ant.
divit, -ti *hist.* a pen-case with inkwell, worn in the girdle by scribes.
divitin duvetyn.
diyabet, -ti *path.* diabetes.
diyabetik 1. diabetic, relating to diabetes. 2. diabetic (person).
diyafram *anat., phys.* diaphragm. **— kası** diaphragm, phrenic muscle.
diyagonal 1. diagonal, twill. 2. *math.* diagonal.
diyagram 1. graph. 2. diagram.
diyakoz *Christianity* deacon.
diyalekt dialect.
diyalektik 1. dialectics, dialectic. 2. dialectic, dialectical. **— materyalizm** dialectical materialism.
diyalektoloji dialectology.
diyaliz dialysis.
diyalog dialog, *Brit.* dialogue. **— kurmak** to establish a dialog.
diyanet, -ti 1. piety, devoutness. 2. religion. **D— İşleri Başkanlığı** Department of Religious Affairs.
diyapazon tuning fork, diapason.
diyapozitif slide, filmslide, transparency.
diyar country, land.
diyare diarrhea.
diyaspora *see* **diaspora.**
diyastol, -lü *physiol.* diastole.
diye 1. because. 2. so that; lest. 3. by saying. 4. by mistake, thinking that; on the assumption that. 5. called, named. 6. as: **Hediye diye bir çift güvercin verdi.** She gave a pair of pigeons as a present. **—si** what one means, what one intends to say. **— diye** by saying repeatedly. **—si gelmek** to have the urge to say (something) (but to leave it unsaid).
diyecek something to say. **—i olmak** to have something to say. **—i olmamak** to have no objection; to have nothing to say. **— yok.** /a/ It's OK./It's fine.
diyet, -ti blood money, wergeld.
diyet, -ti diet. **— uzmanı** dietitian, dietician.
diyetetik dietetics.
diyetisyen dietitian, dietician.
diyez *mus.* sharp.
diyoptri diopter, dioptre.
diz knee. **— ağırşağı** kneepan, kneecap, patella.
—lerinin bağı çözülmek to become (suddenly) weak in the knees. **— boyu** up to the knees, knee-deep. **— çökmek** 1. to kneel, kneel down. 2. to tuck one's legs under oneself. 3. to submit to another. **— çöktürmek /a/** 1. to make (someone) kneel down. 2. to subdue, bring (someone) to his knees. **—inin dibinde** right beside one. **— dize oturmak** to sit close together. **—ini dövmek** 1. to be filled with remorse. 2. to be bitterly sorry. **—e gelmek** to surrender, give up. **—e getirmek /ı/** to bring (someone) to heel. **—lerine kapanmak /ın/** to plead abjectly with (someone). **—leri kesilmek/tutmamak** to feel exhausted, feel one's knees giving way. **— üstü** kneeling, on one's knees.
dizanteri *path.* dysentery.
dizayn design, drawing which shows how something should be made.
dizayncı designer, person who draws designs.
dizayner *see* **dizayncı.**
dizbağı, -nı garter.
dizdar castellan, castle warden.
dizdirmek /ı, a/ 1. to have (beads, tobacco leaves, etc.) strung. 2. to have (things) lined up, have (things) arranged in a row, series, or in order. 3. *print.* to have (a text) typeset; to have (type) set.
dize line (of poetry).
dizeç file, file folder.
dizel 1. diesel engine. 2. *slang* wanton woman.
dizeleştirmek /ı/ to poetize, poeticize, put (something) into poetry.
dizelge list.
dizelgelemek /ı/ to list.
dizem 1. tempo. 2. rhythm.
dizemli rhythmic.
dizemsel rhythmic, concerning rhythm.
dizge system, arrangement; complex.
dizgeleştirme systematization.
dizgeleştirmek /ı/ to systematize.
dizgeli systematic.
dizgesel systematic, related to a system.
dizgesiz unsystematic.
dizgi typesetting, composition. **— makinesi** typesetter, typesetting machine. **— yanlışı** typographical error, typesetting error, typo.
dizgici typesetter, compositor.
dizgicilik typesetting.
dizgin rein. **—ini çekmek/kısmak /ın/** to tighten the reins on, rein (someone) in, clamp down on. **—leri salıvermek** suddenly to stop exercising tight control, suddenly to stop running a tight ship. **— vurmak /a/** to put a bridle on, bridle (an animal).
dizginlemek /ı/ 1. to rein in (an animal). 2. to put a bridle on, bridle (an animal). 3. to make (an animal) go faster by giving it rein. 4. to

tighten the reins on, rein (someone) in, clamp down on. 5. to curb, check, control.
dizginlenmek 1. (for an animal) to be bridled. 2. (for someone) to be restrained, be checked, be curbed. 3. to be curbed, be checked, be controlled.
dizginsiz 1. bridleless, unbridled (animal). 2. unbridled, unrestrained, unchecked.
dizgiyeri, -ni *print.* composing room.
dizi 1. string (of beads). 2. row, line. 3. series. 4. *mus.* scale. 5. *math.* progression; series. 6. *cin.* serial, serialized film. — **dizi** 1. (lined up) by rows, (arranged) in lines. 2. (strung) by rows. — **film** *cin.* serial, serialized film.
dizici 1. typesetter, compositor. 2. one who strings (beads, tobacco leaves, etc.). 3. sorter, one who sorts things by rows.
dizileme *cin.* editing and the first assembling (of a film).
dizilemek /ı/ to line up, arrange in a row.
dizili 1. strung (beads, tobacco leaves, etc.). 2. lined up, arranged in a row, series, or in order. 3. *print.* typeset; set (type).
diziliş arrangement, arranging.
dizilmek 1. (for beads, tobacco leaves, etc.) to be strung. 2. to be lined up, be arranged in a row, series, or in order. 3. *print.* to be typeset; (for type) to be set.
dizim 1. composition, typesetting. 2. *ling.* syntagm, syntagma, a syntactic unit.
dizin 1. index. 2. *comp.* directory.
dizkapağı, -nı kneecap. — **kemiği** kneepan, kneecap, patella.
dizlemek 1. to sink in up to one's knees. 2. /ı/ to knee. 3. to fall on one's knees.
dizlik 1. knee-guard; kneepad. 2. knee-length pants. 3. knee-length stockings.
dizmek /ı/ 1. to string (beads, tobacco leaves, etc.). 2. to line up, arrange (things) in a row, series, or in order. 3. *print.* to typeset; to compose, set (type).
dizmen typesetter, compositor.
dizmenlik typesetting.
dizüstü bilgisayar laptop computer.
DMO (*abbr. for* **Devlet Malzeme Ofisi**) S.P.S.O. (the State Procurement and Supply Office).
do *mus.* 1. C. 2. do.
doanahtarı, -nı *mus.* key of C.
dobra dobra bluntly, frankly.
Doç. (*abbr. for* **Doçent**) associate professor.
doçent, -ti associate professor.
doçentlik associate professorship.
dogma dogma.
dogmacı 1. dogmatic. 2. (a) dogmatist.
dogmacılık dogmatism.
dogmatik dogmatic. — **felsefe** dogmatism.
dogmatizm dogmatism.
doğ. (*abbr. for* **doğum**) 1. birth. 2. birth date.

doğa nature. — **bilimleri** the natural sciences. — **yasası** law of nature.
doğacı 1. naturist. 2. nature enthusiast.
doğacılık 1. nature worship, naturism. 2. the back-to-nature movement.
doğaç 1. a sudden inspired thought. 2. faculty for improvisation. 3. extemporization, improvisation (while reciting poetry, speaking, or playing music).
doğaçtan (said or played) extemporaneously, extempore.
doğadışı, -nı unnatural.
doğal natural. — **anıt** natural monument, scenic wonder. — **ayıklama/ayıklanma** natural selection. — **bilimler** the natural sciences. — **kaynaklar** natural resources. — **olarak** naturally. — **seçme** natural selection. — **yöre** primitive area, virgin territory.
doğalcı naturalist.
doğalcılık naturalism.
doğalgaz natural gas.
doğallık 1. naturalness; natural qualities. 2. natural state, lack of artifice.
doğan *zool.* falcon.
doğancı falconer.
doğaötesi, -ni 1. metaphysics. 2. metaphysical.
doğasal natural.
doğasallık naturalness.
doğaüstü, -nü supernatural.
doğaüstücülük supernaturalism (a doctrine).
doğay *zool.* fauna.
doğdurmak /ı/ to cause (the sun, the moon, or a star) to rise.
doğma 1. being born. 2. rising (of the sun, the moon, or a star). 3. /dan/ born of. — **büyüme** native of, born and bred in (a place).
doğmaca *theat.* improvised play.
doğmak 1. to be born. 2. (for the sun, the moon, or a star) to rise. 3. to appear, arise. 4. /a/ to occur (to). **doğduğuna inanıp öldüğüne inanmamak** *colloq.* to look on the bright side of something and refuse to look on its dark side. **doğduğuna (bin) pişman** tired of life, unhappy, miserable. **doğduğuna pişman etmek** /ı/ to make (someone) regret the day he was born.
doğrama 1. chopping to pieces. 2. woodwork, joinery.
doğramacı carpenter who makes woodwork, woodworker, joiner. — **kalemi** rabbeting chisel.
doğramacılık joinery.
doğramak /ı/ to cut into slices or pieces; to carve, chop to bits.
doğranmak 1. to be carved; to be chopped to pieces and bits. 2. to ache painfully.
doğru 1. straight. 2. true. 3. proper, suitable. 4. honest, good (person). 5. correct, accurate. 6. the truth. 7. *math.* line. 8. truly, correctly. 9.

straight, directly. 10. /a/ toward, in the direction of. 11. /a/ toward, near the time of. 12. That's true. 13. *colloq.* a correct answer (in a test). —**dan** directly. — **açı** *geom.* straight angle. — **adam** honest man, just man. — **akım** direct current. —**dan ayrılmamak** not to swerve from honesty. — **bulmak /ı/** to approve of. — **çıkmak** to come true, prove to be right. — **çizgi** *geom.* straight line. —**dan doğruya** directly. — **doğru dosdoğru** ... The exact truth (of the matter) is that .... —**ya doğru, eğriye eğri demek** to speak the simple truth; to call a spade a spade. — **durmak** 1. to stand up straight, stand erect. 2. to sit still, be quiet. — **dürüst** 1. properly. 2. genuine, real, proper. — **orantılı** *math.* directly proportional. — **oturmak** to sit still, sit properly. — **rota** *naut.* direct course. — **söylemek** to speak the truth. — **söyleyeni dokuz köyden kovarlar.** *proverb* The man who tells the truth is driven out of nine villages. — **söze akan sular durur.** *proverb* When the truth is spoken it is useless to argue. — **söze can kurban.** *colloq.* It is very good to hear the truth. — **söze ne denir?** *colloq.* That is the way it is. What more can you say? —**dan şaşma.** Don't stray from what is right./Avoid temptation. — **yanlış cetveli** list of errata. —**nun yardımcısı Allahtır.** *proverb* God helps an honest man. — **yol** the right way.
doğruca 1. more or less right. 2. straight, directly.
doğrucu truthful, veracious. — **Davut** a meticulously truthful person.
doğruculuk 1. truthfulness, veraciousness, veracity. 2. the doctrine that our sense impressions correspond to fact (or else God would be deceiving us).
doğrulama verification. — **belgesi** certificate.
doğrulamak /ı/ to verify, corroborate, confirm.
doğrulanmak to be verified, be confirmed.
doğrulmak 1. to straighten out; to be straightened; to become erect. 2. to sit up. 3. to be righted; to be put right. 4. *colloq.* to be earned. 5. /a/ to direct oneself (towards).
doğrultmaç *elec.* rectifier.
doğrultmak 1. /ı/ to straighten. 2. /ı/ to correct. 3. /ı, a/ to aim or point (something) at, direct. 4. /ı/ to find (one's way, one's bearings, the direction toward something). 5. /ı/ *colloq.* to get, take in (money).
doğrultu direction.
doğrulu linear, rectilinear.
doğruluk 1. truth; uprightness, honesty. 2. straightness.
doğrulum *biol.* tropism.
doğrusal linear. — **denklem** linear equation.
doğrusu the truth of the matter is (that ...), actually, really, indeed; to speak honestly, to

be quite frank about it. —**nu isterseniz** if you really want to know; to tell the truth.
Doğu 1. the East; the Orient. 2. Eastern; Oriental. — **Bloku** *hist.* the Eastern bloc.
doğu 1. the east. 2. the East; the Orient. 3. eastern. 4. Eastern; Oriental. 5. east wind. — **karayel** *naut.* east-northwest. — **lodos** *naut.* east-southwest.
Doğu Almanya *hist.* East Germany.
doğubilim Oriental studies.
doğubilimci Orientalist.
Doğulu Easterner; Oriental.
doğulu 1. easterner, person who comes from the eastern part of a place. 2. Easterner; Oriental. 3. Eastern/Oriental (person).
doğululuk 1. being an Easterner. 2. Oriental character, Oriental quality.
doğum 1. birth. 2. year of birth. 3. confinement. 4. delivery, parturition. — **günü** birthday. — **kontrolü** birth control. — **kontrol hapı** contraceptive pill, the pill. — **öncesi** 1. prenatal, antenatal. 2. prenatal period. — **sancısı** 1. labor pain. 2. birth pangs (of a new situation). — **sigortası** maternity insurance. — **sonrası** 1. postnatal. 2. postpartum. 3. postnatal period. — **tarihi** date of birth. — **yapmak** to give birth to a child.
doğumevi, -ni maternity hospital.
doğumlu born in (such and such a year).
doğumsal natal.
doğurgan prolific, fecund.
doğurganlık prolificacy, fecundity.
doğurma parturition, childbirth. — **öncesi** antepartum.
doğurmak 1. /ı/ to have (a child), give birth (to). 2. to bring forth young. 3. /ı/ to give birth to, lead to, cause to arise.
doğurtmak /ı/ to assist (a mother) at childbirth.
doğusal eastern.
doğuş 1. birth. 2. *astr.* rise.
doğuştan innate; from birth; congenital.
dok, -ku 1. dock, wharf. 2. warehouse on a wharf.
doksan ninety.
doksanar ninety each.
doksanıncı ninetieth.
doksanlık 1. containing ninety. 2. ninety years old.
doktor 1. physician, doctor. 2. doctor, person with a doctorate.
doktora 1. doctorate. 2. doctoral examination.
doktorlu *slang* marked (playing card).
doktorluk 1. profession of a doctor. 2. doctorate.
doktrin doctrine.
doku *biol.* tissue. — **bozukluğu** *path.* lesion.
dokubilim histology.
dokum 1. texture. 2. tissue structure.

dokuma 1. weaving. 2. woven. 3. cotton cloth. 4. textile. — **tezgâhı** loom (for weaving).
dokumacı 1. weaver. 2. textile worker.
dokumacılık textile industry.
dokumak /ı/ to weave.
dokunaç biol. feeler, tentacle.
dokunaklı 1. moving, touching, affecting. 2. biting, harsh. 3. insinuating.
dokunaklılık being moving or insinuating.
dokunca 1. harm, harmfulness. 2. disadvantage.
dokuncalı 1. harmful. 2. disadvantageous.
dokuncasız 1. harmless. 2. advantageous.
dokundurmak /ı, a/ 1. to make (something) touch (another thing). 2. to have (someone) roughed up. 3. to hint about (something) to (someone).
dokunma 1. touching, contact. 2. touch, sense of touch.
dokunmak /a/ 1. to touch, make contact (with). 2. to touch, touch with one's hand; to take in one's hand. 3. to disturb, meddle with, upset. 4. to take and use, touch. 5. to upset, affect adversely (one's health). 6. to upset, disturb (one's serenity). 7. to affect (someone) (in a specific way). 8. to move, touch, affect (someone). 9. to touch on, deal with. **dokunu dokunuvermek** /a/ slang to pummel.
dokunmak to be woven.
dokunsal biol. tactile, tactual.
dokunulmak /a/ impersonal passive 1. to be touched. 2. to be dealt with.
dokunulmaz 1. untouchable. 2. immune.
dokunulmazlık pol. immunity.
dokunum sense of touch.
dokunuş contact, touch.
dokurcun 1. shock of hay or grain. 2. a game played with nine small stones.
dokusal histoid.
dokutmak /ı, a/ to have (something) woven.
dokuyucu weaver.
dokuz nine. — **ayın çarşambası bir araya gelmek** colloq. (for a lot of pressing business) to come all at once. — **babalı** colloq. (one) whose father is unknown. — **canlı** very hardy, not likely to die. — **doğurmak** to fret and be frantic (while waiting for something). — **doğurtmak** /a/ to rush (someone), bring pressure on (someone). — **fırın ekmek istemek** colloq. to need more time and experience (for competence). — **körün bir değneği** the only support (of a large household). — **köyden kovulmuş** ostracized, expelled. —**unda ne ise, doksanında da odur.** colloq. He will always be the same./He will never improve. — **yorgan eskitmek/paralamak** to have a very long life.
dokuzar nine each.
dokuzlu 1. containing nine. 2. playing cards the nine. 3. made up of nine-line stanzas.
dokuztaş a game played with nine small stones.
dokuzuncu ninth.
doküman document.
dokümanter documentary. — **film** documentary film, documentary.
dolak puttee.
dolam 1. a coil, a turn (of something wound). 2. enough for (so many) coils or turns. 3. bend, curve, arc.
dolama 1. winding, twist. 2. dolman. 3. whitlow, felon.
dolamak /ı, a/ 1. to wind (a thread, a wire) on (a spool, a stick). 2. to wrap (one's arms) around.
dolambaç 1. curve, bend (in a road). 2. anat. labyrinth.
dolambaçlı 1. full of curves or bends, winding, meandering. 2. involved, intricate, tangled.
dolamık trap, snare, net.
dolan deceit, deception.
dolandırıcı embezzler, swindler, confidence man.
dolandırıcılık swindling.
dolandırılmak to be swindled.
dolandırmak /ı/ 1. to show (someone) around. 2. to cheat (someone) out of his money; to defraud.
dolanım circulation (of money or a negotiable instrument).
dolanmak 1. /a/ to get wound and tangled around (a thing). 2. /a/ to be wrapped around. 3. /a/ to be wound on. 4. to wander around.
dolantı lit. plot development.
dolap 1. cupboard; wardrobe. 2. stall in the Covered Market in Istanbul. 3. water wheel. 4. treadmill. 5. Ferris wheel. 6. colloq. plot, intrigue, trickery, ruse. — **beygiri gibi dönüp durmak** 1. to be caught in a monotonous routine. 2. to walk to and fro around a room. —ı **bozulmak** colloq. 1. (for one's work) to fall apart. 2. (for one's ruse) to be spoiled. — **çevirmek/döndürmek** colloq. to do something tricky, pull a ruse. —**a girmek** colloq. to be duped, be taken in. —**a koymak** /ı/ slang to dupe, trap, take in.
dolapçı 1. cupboard maker or dealer. 2. operator of a Ferris wheel. 3. slang plotter, intriguer.
dolar dollar.
dolaşık 1. roundabout, indirect (road, way). 2. confused, tangled, intricate (matter). 3. roundabout, indirect (approach to a matter).
dolaşıklık 1. being roundabout. 2. intricateness. 3. indirectness.
dolaşıksız 1. direct. 2. directly.
dolaşılmak impersonal passive to walk, wander about.

dolaşım circulation (of blood, money, air, water currents).
dolaşmak 1. to walk around, wander, stroll. 2. to take an indirect route, go the long way around. 3. (for a road) to be indirect. 4. (for hair, thread) to get tangled. 5. (for rumor, news) to circulate. 6. /ı/ to wander around (a place).
dolaştırılmak to be taken for a walk.
dolaştırmak 1. /ı/ to take (someone) for a walk; to show (someone) around. 2. /ı, a/ to wind or tangle (something) around (something else).
dolay 1. environment, surroundings. 2. suburbs, outskirts, suburban area. 3. turn in a road.
dolayı 1. surroundings. 2. /dan/ because of, on account of, due to.
dolayısıyla 1. because of, on account of. 2. consequently, so.
dolaylama metaphorical substitution.
dolaylı 1. indirect. 2. indirectly. — **özne** logical subject. — **vergi** indirect tax.
dolaylılık circuitousness.
dolaysız 1. direct. 2. directly. — **vergi** direct tax.
dolaysızlık directness.
doldurma 1. filling, stuffing; loading. 2. elec. charging. — **anlatım** bombast, padded talk.
doldurmak /ı/ 1. to fill, fill up, stuff. 2. to charge (a battery); to load (a gun). 3. to turn (someone) against (someone else). 4. to fill out (a printed form).
doldurtmak /ı, a/ to have (something) filled, filled up, or stuffed.
doldurulmak 1. to get filled, get filled up, get stuffed. 2. to be prejudiced by a bad report.
dolgu 1. act of filling or filling up. 2. fill, material used for filling. 3. dent. filling.
dolgun 1. filled, stuffed, full. 2. plump. 3. high (salary). 4. abundantly endowed with information or knowledge.
dolgunlaşmak to get plump, get filled out.
dolgunluk fullness.
dolma 1. being filled up. 2. filled in, made by filling with dirt, etc. 3. vegetable, fowl, lamb, mussel, etc. filled with stuffing or dressing. 4. slang lie, made-up story. 5. slang stacked deck. — **yutmak** slang to be duped.
dolmabiber sweet pepper, bell pepper, green pepper.
dolmacı slang trickster, cheat.
dolmacılık slang lies, trickery, swindling.
dolmak 1. to get full, be filled. 2. /la/ to be packed (with). 3. (for a term or period) to be completed, come to an end. 4. to be ready to burst from anger or exasperation. **dolup taşmak** to be full to the point of overflowing; /la/ to be overflowing with.

dolmakalem fountain pen.
dolmalık (vegetable, fowl, lamb, mussel, etc. or a filling) fit for stuffing. — **biber** sweet pepper, bell pepper, green pepper.
dolmen dolmen.
dolmuş 1. taxi or motorboat which only starts when it is filled up with passengers, jitney. 2. full, filled, stuffed. — **yapmak** to carry passengers in a shared taxi.
dolmuşçu driver of a shared taxi or motorboat.
dolmuşçuluk driving of a shared taxi or motorboat.
dolu 1. full, filled. 2. abounding in. 3. loaded (gun). 4. a glass (containing a drink). 5. charged (battery). 6. oversensitive. 7. about to blow with anger. 8. not drilled, not hollowed (metal object). —**su** enough to fill. — **çekmek** to draw a winner (in a lottery). —**ya koydum almadı, boşa koydum dolmadı.** colloq. I could find no solution for it. — **zar** slang loaded dice.
dolu hail. — **tanesi** hailstone. — **yağmak** to hail.
doludizgin at a full gallop, at full speed.
doluluk fullness, plenitude.
dolum filling, act of filling.
dolunay full moon.
doluşmak /a/ to crowd into (a place).
domalan bot. truffle.
domalmak 1. to rise, stand out, bulge out, project as a hump. 2. to squat down in a humped position.
domaltmak /ı/ to make (something) bulge.
domates tomato. — **salçası** tomato paste; tomato sauce.
dombay zool. water buffalo.
Dominik Cumhuriyeti, -ni Dominican Republic.
domino 1. dominoes (game). 2. domino (costume). — **demek** to call "domino!" and go out (and thus win).
dominyon dominion.
domuz 1. zool. pig, hog, swine. 2. colloq. obstinate; cunning and selfish; spiteful, malicious. 3. colloq. You fink!/You swine! —**una** colloq. 1. out of spite. 2. out of stubbornness. 3. thoroughly. — **arabası** truck, low four-wheeled vehicle. — **derisi** pigskin. — **eti** pork. — **gibi** colloq. 1. vicious. 2. viciously. 3. perfectly well, full well (used reproachfully): **Kabahatli olduğunu domuz gibi biliyor, ama kabul etmiyor.** He knows perfectly well that he's at fault, but he won't admit it. — **gibi çalışmak** to work like mad. — **gibi yemek/tıkınmak** to pig out, eat like a pig. —**un gok dediği yer** a very distant place. — **kılı** pig bristle. —**dan kıl çekmek/koparmak** to wangle something out of a stingy or disliked person. — **yağı** lard.
domuzbalığı, -nı zool. a porpoise, sea hog.
domuzca colloq. swinishly; very maliciously.

domuzdamı, -nı gallery of a mine supported by wooden props.
domuzlaşmak 1. to become malicious. 2. to become maliciously obstinate.
domuzluk viciousness, persistent malice. — **etmek** to do something malicious, be maliciously obstinate.
domuztırnağı, -nı *naut.* devil's-claw.
don frost, freeze. **(hava) —a çekmek** (for the weather) to become freezing, freeze. — **çözülmek** to thaw, start to thaw. — **tutmak** to freeze, become freezing.
don 1. underpants. 2. coat, color (of a horse). 3. *archaic* clothing, garment. **—una doldurmak** 1. (for a child) to wet/soil his/her underpants (owing to a loss of control of his/her bladder or bowel). 2. to be frightened to death. **—una etmek/kaçırmak/yapmak** to wet/soil one's underpants (owing to a loss of control of one's bladder or bowel). **— gömlek** in one's underpants.
donakalmak to be petrified with astonishment or fear.
donama decoration, adornment.
donamak /ı/ to decorate, embellish.
donanım 1. *naut.* rigging. 2. *comp.* hardware.
donanma 1. fleet, naval force, navy. 2. fireworks; flags and bunting. 3. being dressed up. **— fişeği** rocket, skyrocket.
donanmak 1. to dress up. 2. to be decorated. 3. to be equipped.
donatı equipment; fittings.
donatılmak 1. to be dressed up. 2. to be adorned, be embellished. 3. to be equipped.
donatım 1. equipping; furnishing with clothes. 2. equipment. 3. *mil.* procurement of ordnance. 4. *art* incidental details. 5. *sports* support (food, drink, spare parts, etc.) given to a racer.
donatımcı propman, property man.
donatımlık accessory.
donatmak /ı/ 1. to provide (someone) with clothes. 2. to decorate (with ornaments). 3. to equip (a ship); to rig. 4. to set (a table) lavishly (with food and tableware). 5. *slang* to insult, swear at, abuse.
donattırmak /ı, a/ to have (someone/something) equipped or decorated.
dondurma 1. ice cream. 2. (made) frozen, solidified. 3. causing to freeze. **— kutusu/makinesi** ice cream freezer.
dondurmacı ice cream seller; maker of ice cream.
dondurmacılık the ice cream business.
dondurmak /ı/ 1. to freeze; to let (a mixture) set. 2. to freeze, fix (prices, staff, etc.) at the current level.
dondurucu freezing; cold, chilling.

dondurulmak 1. to be frozen. 2. to feel cold, get chilled. 3. (for prices, staff, etc.) to be frozen, be fixed.
dondurulmuş 1. frozen. 2. preserved by freezing. 3. fixed, frozen by decree.
done datum.
donjuan (a) Don Juan.
donjuanlık Don Juanism.
donkişotluk quixotism, quixotry.
donma freezing. **— noktası** freezing point.
donmak 1. to freeze. 2. to freeze to death. 3. to feel very cold, freeze. 4. to set, harden, solidify. 5. to freeze, remain motionless. **donup kalmak** to be petrified with astonishment or fear.
donmaönler antifreeze.
donsuz 1. having no underpants. 2. destitute, poverty-stricken; vagabond.
donuk 1. dim (light). 2. dull, lusterless, lifeless (color, eyes, person, presentation).
donuklaşmak 1. (for light) to become dim. 2. (for a color, eyes, a person, a presentation) to become dull, lusterless, or lifeless.
donukluk 1. dimness (of light). 2. dullness, lusterlessness, or lifelessness (of a color, eyes, a person, a presentation).
donyağı, -nı 1. tallow. 2. *colloq.* cold fish, disagreeable person. **— gibi** stiff, unbending, cold, lacking warmth and social ease.
dopdolu full up, chock-full.
doping, -gi *sports* doping. **— yapmak** /a/ to dope.
doru chestnut (horse).
doruk 1. summit, peak, apex, top. 2. climax (of a play). **— çizgisi** watershed, water parting. **— toplantısı** summit meeting.
doruklama 1. filling (something) heaping full or brimful. 2. heaping full, brimful.
doruklamak /ı/ to fill (something) heaping full or brimful.
doruklaşmak to reach a peak.
dosa *naut.* gangplank. **— tahtası** gangplank.
dosdoğru 1. straight ahead. 2. perfectly correct.
dost, -tu 1. friend; comrade, confidant, intimate. 2. friendly. 3. lover; mistress. **— acı söyler./ — sözü acıdır.** *proverb* A friend will tell you about your faults in order to help you. **—lar alışverişte görsün (diye)** for the sake of appearances, in order to appear busy. **—lar başına.** *colloq.* May the same befall all my friends. **— başa, düşman ayağa bakar.** *proverb* People who don't know you judge you by your appearance. **—lar başından ırak!** *colloq.* May such a thing never happen to my friends. **— düşman** everybody. **—a düşmana karşı** 1. in order to save face. 2. in front of everybody; in the eyes of everybody. **— edinmek** 1. to make friends. 2. /ı/ to make friends with. 3. to take a lover or a mistress. **—/akra-**

ba ile ye, iç, alışveriş etme. *proverb* Don't mix business with friendship. — **kara günde belli olur.** *proverb* When you are in trouble you find out who your friends are. — **kazığı** *colloq.* 1. being cheated by a friend. 2. cheating a friend. — **olmak** to become friends. —**lar şehit, biz gazi.** *colloq.* Let them run the risk; we'll take the credit. — **tutmak** 1. to make friends. 2. to take a mistress or a lover.
dostane, dostça 1. friendly (action, talk). 2. in a friendly manner.
dostluk friendship. — **başka, alışveriş başka.** *proverb* Friendship is one thing, business is another. — **etmek /la/** to be friends (with). — **kurmak /la/** to make friends (with).
dosya 1. file, dossier. 2. file folder. — **açmak** to open a file.
dosyalamak /ı/ to file, put in a file.
dosyalanmak to be filed, be put in a file.
doyasıya to repletion, as much as one wants, abundantly, without stint, to one's heart's content.
doygu (one's) daily bread; food.
doygun 1. satiated, sated. 2. saturated.
doygunluk 1. satiation. 2. saturation. 3. *psych.* satisfaction.
doyma 1. satiety. 2. saturation. 3. becoming satiated or saturated.
doymak 1. to eat one's fill, have no further desire for food, be satisfied; to be full up. 2. /a/ to be satisfied (with what one has gotten). 3. /a/ to be saturated (with). — **bilmemek** not to be satiated. **doya doya** to repletion, as much as one wants, abundantly, without stint, to one's heart's content.
doymaz insatiable, greedy.
doymazlık insatiability, greed.
doymuş 1. full, satiated. 2. satisfied. 3. saturated.
doyulmak *impersonal passive* 1. **/la/** to be satiated (with), get enough (of). 2. /a/ to get enough (of).
doyum satiety, satisfaction. — **olmamak /a/** (for something) to be so delicious or delightful that one can't get enough of it.
doyumevi, -ni restaurant.
doyumluk enough to satisfy. — **değil, tadımlık.** *colloq.* The food I am giving you is just a modest amount.
doyumsamak to be satisfied.
doyumsatmak /ı/ to satisfy.
doyumsuz unsatisfied.
doyumsuzluk nonsatisfaction.
doyurma 1. satiating. 2. saturating.
doyurmak /ı/ 1. to fill up, satisfy, allay (one's) hunger. 2. to saturate.
doyurucu 1. filling, satisfying (food). 2. satisfying, satisfactory. 3. satisfactory, convincing, persuasive.

doz 1. *med.* dose. 2. *chem.* proportion, amount. 3. *colloq.* dose, amount (of a certain behavior, talk, etc.). —**unu kaçırmak /ın/** *colloq.* to overdo.
dozaj 1. *med.* dosage. 2. *chem.* formula, recipe.
dozer bulldozer.
dökme 1. pouring; casting. 2. poured. 3. cast (metal). 4. spilled, scattered. — **demir** cast iron.
dökmeci foundryman.
dökmecilik foundry work.
dökmek 1. /ı/ to pour, pour out. 2. /ı/ to spill. 3. /ı/ to throw out, spill out as waste. 4. /ı/ to scatter. 5. /ı/ to shed. 6. /ı/ to pour into a mold; to cast. 7. /ı/ to pour (into a pan of hot oil and cook). 8. /ı/ to empty (a container). 9. /ı/ to let (one's hair) hang freely. 10. /ı/ to pour out (one's troubles, one's story, secrets). 11. /ı/ to fail (a lot of students in a class). 12. /ı, a/ to spend (a lot of money) on. 13. to have (spots, freckles, pimples) break out on one's skin. **döke saça** in a spilling manner, spilling around.
döktürmek 1. **/ı, a/** to have (something) poured. 2. to have (something) thrown away. 3. to have (something) poured into a mold or cast. 4. *slang* to do a swell job (of writing, dancing, speaking).
dökük 1. nicely hanging (cloth, clothing). 2. loose, free (hair). 3. /a/ (hair) falling down to, let down to. 4. *colloq.* shabby, seedy.
dökülme 1. spilling, being spilled. 2. desquamation.
dökülmek 1. to be poured out, be spilled, be thrown away; (for leaves, hair) to be shed. 2. /a/ (for people) to go out in large numbers, pour out (onto/into). 3. to get old and shabby. 4. to drape, hang in folds. 5. *slang* to be worn out, be tired. 6. to be miserable, be in a miserable condition. **dökülüp saçılmak** 1. to spend money lavishly. 2. to unbosom, strip; to tell off someone. 3. to unburden oneself, pour out one's troubles.
döküm 1. casting, shaping in a mold. 2. detailed presentation. 3. inventory. 4. *math.* addition. 5. *cin.* breakdown of scenes into their shooting order. 6. molting; shedding. — **kalıbı** casting mold.
dökümcü foundryman.
dökümcülük foundry work.
dökümevi, -ni, dökümhane foundry.
dökümlü nicely hanging (cloth, clothing); well-fitting (clothing).
dökünmek /ı/ to throw (water) over oneself, douse oneself (with water).
döküntü 1. discarded remnants, scraps. 2. those left behind when a group has been dispersed, stragglers. 3. shiftless and disreputable

döl   198

drifters. 4. skin eruption, exanthema. 5. reef (of rock).
döl 1. young, offspring, new generation, issue, seed. 2. new plant, seedling. 3. descendants, posterity. 4. semen, sperm. 5. a generation. **— almak** to get young from an animal. **— döş children,** descendants, family, progeny. **— vermek** to reproduce, give birth, bring forth young.
döleşi, -ni 1. placenta. 2. afterbirth.
dölleme insemination, impregnation, fertilization, fertilizing, fecundation.
döllemek /ı/ to inseminate, impregnate, fertilize, fecundate.
döllenim, döllenme 1. insemination, being inseminated, fertilization. 2. *bot.* pollination.
döllenmek to be inseminated, be impregnated, be fertilized, be fecundated.
dölsüz childless, heirless; without young.
dölüt, -tü fetus.
dölütsel fetal.
dölyatağı, -nı *anat.* uterus, womb. **— boynu** *anat.* cervix, cervix uteri.
dölyolu, -nu *anat.* vagina.
dömifinal, -li *sports* semifinal match or game, semifinal.
dömisek demi-sec, semi-dry (wine).
döndürme 1. turning, rotating something. 2. rejection; returning, sending back. 3. rotational stretching exercises.
döndürmek 1. /ı/ to turn, rotate. 2. /ı/ to send back. 3. /ı, a/ to drive (someone) (wild, crazy). 4. /ı/ to fail (a student) for the year. 5. /ı/ to pull (a trick).
döndürülmek 1. to be turned, be rotated. 2. to be sent back.
döneç rotor (in a generator or motor).
dönek fickle, untrustworthy, inconstant, changeable.
döneklik inconstancy. **— etmek** to go back on one's word.
dönel rotatory, rotating.
dönelmek to begin to decline.
dönem 1. period of time, period, era. 2. term (of a legislature until the next election). 3. school term, semester. 4. round (in boxing).
dönemeç 1. bend, curve (in a road). 2. turning point; critical point.
dönemeçli winding, curving (road).
dönemsel periodic.
dönemsellik periodicity.
dönence 1. the point on which something turns. 2. *astr.* tropic.
dönencel *astr.* tropical.
dönenmek 1. /da/ to turn around (in a place). 2. /da/ to mill around (in a place). 3. /çevresinde/ to circle around, pace around (something/a place).

döner 1. turning, revolving. 2. tightly packed meat roasted on a large vertical spit. **— kapı** revolving door. **— kebap** tightly packed meat roasted on a large vertical spit. **— kemik** *anat.* radius. **— koltuk** swivel chair. **— merdiven** spiral stairs. **— sermaye** revolving fund. **— taşı, öter kuşu olmamak** not to have a home and family. **— uyak** word, suffix, or sound repeated as a refrain after the rhyme word.
dönerbasar rotary press.
dönerci one who prepares or sells **döner.**
dönercilik preparing or selling **döner.**
döngel medlar.
döngelorucu, -nu fast, prolonged fast.
döngü 1. vicious circle, circular reasoning. 2. *meteorology* cyclone, low. 3. rotation.
dönme 1. turning, rotation, revolution. 2. converted to Islam. **— dolap** 1. revolving cupboard. 2. Ferris wheel.
Dönme member of a Jewish community which converted to Islam in the seventeenth century.
dönmek 1. to turn, revolve, rotate, spin. 2. to return, go back, come back. 3. /a/ to turn (toward). 4. /dan or ı/ to make a turn (at), turn. 5. /a/ to turn into, become. 6. to repeat, stay back in class. 7. to be converted (to another religion or point of view). 8. (for weather, circumstances) to change. 9. (for something tricky) to be going on. 10. /dan/ to change (one's plans); to break (a promise). 11. /dan/ to renounce (a cause, a claim to or for something). **döne döne** by turning, by spinning. **dönüp dolaşmak** to walk back and forth.
dönük /a/ 1. turned toward, facing. 2. aimed at, addressed to.
dönülmek *impersonal passive* 1. to turn. 2. to return, go back.
dönüm 1. a land measure of 1000 square meters (about a quarter of an acre). 2. turning, returning. 3. rotating, revolving. 4. trip, round trip: *Sucu üç dönüm su getirdi.* The water carrier brought us three trips' worth of water. **— noktası** turning point.
dönümlük 1. enough for 1000 square meters. 2. of (so many) thousand square meters.
dönüş 1. turning, rotation, revolution. 2. return. 3. *sports* pivoting turn.
dönüşlü *gram.* reflexive (verb). **— adıl** reflexive pronoun. **— çatı** reflexive construction. **— eylem** reflexive verb.
dönüşlülük *gram.* reflexivity.
dönüşme 1. metamorphosis. 2. transformation. 3. *ling.* regressive assimilation.
dönüşmek 1. /a/ to turn, be transformed (into). 2. to mutate, undergo mutation.
dönüştürme 1. transformation. 2. mutation.
dönüştürmek 1. /ı, a/ to transform (something)

into (something else). 2. /ı/ to cause a mutation (in).
dönüştürücü *elec.* transformer.
dönüştürüm transformation, making something change.
dönüşüm 1. transformation, being changed. 2. metaplasia.
dönüşümcü 1. transformist. 2. transformational.
dönüşümcülük transformism.
dönüşümlü alternating, (events) that occur alternately. — olarak by turns, alternately: Pazartesi *Mürebbiye* ve *Hanım* filmleri dönüşümlü olarak gösterilecek. On Monday there will be alternate showings of *The Governess* and *Lady*.
döpiyes two-piece, two-piecer.
dörder four each. — dörder four at a time, by fours.
dördül square (equilateral rectangle).
dördültaş square floor tile made of cement.
dördün quarter (moon).
dördüncü fourth. — kuvvet the Fourth Estate, the public press, the press.
dördüz quadruplet.
dört 1. four. 2. all (sides, directions, parts). — ayak üstüne düşmek to land on one's feet, be very lucky; to get out of trouble easily. — ayaklı quadruped, four-legged. — başı mamur in perfect condition, prosperous, flourishing. —te bir one fourth, a quarter. — bir tarafı/yanı all around it, on all sides of it. — bucak everywhere. — dönmek 1. to search desperately for a remedy. 2. to scurry around. — dörtlük 1. *mus.* whole note. 2. perfect. — duvar arasında kalmak to be shut in. — elle sarılmak/yapışmak /a/ 1. to go into (something) wholeheartedly. 2. to cling to (someone) for support and help. — göz person wearing glasses. — gözle bakmak /a/ to look carefully (at). — gözle beklemek /ı/ to wait eagerly (for). — göz bir evlat için. *proverb* All that parents do is for their children. — işlem the four arithmetical operations. — köşe/köşeli four-cornered, four-sided; square. — köşe olmak to be highly pleased, be delighted. — taraftan on all sides. — üstü murat üstü fortunate, prosperous, flourishing. — yanına bakmak/— yana bakınmak to look all around. — yanı deniz kesilmek to be left without help or hope.
dörtayak 1. quadruped. 2. on all fours.
dörtcihar *dice* double four.
dörtgen *geom.* quadrilateral, quadrangle. — biçme quadrangular prism.
dörtkaşlı 1. (youth) with a budding mustache. 2. having bushy eyebrows.
dörtkenar *geom.* quadrilateral, quadrangle.
dörtleme 1. quadruplication. 2. expanding a couplet to a quatrain. 3. plowing a field four times.
dörtlemek /ı/ 1. to make four. 2. to plow (a field) four times. 3. to put four people in (a dolmuş seat).
dörtlü 1. *playing cards* four. 2. having four parts or members. 3. quartet. 4. poem made up of quatrains.
dörtlük 1. (something) which can hold four measures of something. 2. quatrain. 3. *mus.* quarter note. 4. *astr.* quarter (of the sky). 5. quarter (of the moon). 6. *astr.* quadrature.
dörtnal gallop. — a kaldırmak /ı/ to gallop (a horse).
dörtnala galloping, at a gallop.
dörtyol crossroads. — ağzı crossroads, intersection.
dörtyüz *slang, playing cards* poker.
dörtyüzlü *geom.* 1. tetrahedron. 2. tetrahedral.
döş 1. breast, bosom. 2. breast, brisket.
döşek 1. mattress. 2. *naut.* floor (of the hull of a ship). 3. bottom ballasting, roadbed. —e düşmek to be sick in bed, be bedridden.
döşekli 1. well settled, solidly based. 2. broad and flat-bottomed (boat).
döşeli 1. furnished. 2. floored, laid.
döşem installation; electricity and plumbing; fixtures.
döşemci installer; fitter; plumber; electrician.
döşemcilik installation; plumbing; fitting.
döşeme 1. flooring; floor. 2. upholstery. 3. interior furnishings. — kapağı trap door. — kirişi floor joist.
döşemeci 1. upholsterer. 2. furniture dealer.
döşemecilik 1. upholstering. 2. furniture trade.
döşemek /ı/ 1. to spread. 2. to cover, spread on the floor. 3. to furnish.
döşemelik 1. (material) suitable for flooring. 2. (material) suitable for upholstering.
döşenmek 1. to be furnished. 2. /a/ to scold. 3. to write a diatribe.
döşetilmek 1. to be furnished. 2. /a/ to be installed (in).
döşetmek /ı, a/ to have (something) furnished or equipped.
döşeyici installer; fitter; plumber; electrician.
dövdürmek /ı, a/ 1. to have (someone) beaten. 2. to have (laundry, a rug, etc.) beaten. 3. to have (something) threshed or pounded.
dövdürtmek /ı, a/ 1. to have (someone) beaten. 2. to have (laundry, a rug, etc.) beaten. 3. to have (a part of one's body) tattooed
döven (wooden) threshing sled (with flint blades set in the bottom).
döviz 1. foreign money; foreign exchange, bills redeemable in foreign money. 2. motto, slogan, or greeting inscribed on a decorative ribbon or poster. 3. placard. 4. *slang* money. — bürosu foreign-exchange office. —e çevrilebilir

dövme

mevduat deposits convertible into foreign currency. — **kaçakçılığı** smuggling of foreign exchange. — **kaçırmak** to smuggle foreign exchange. — **kuru** exchange rate, rate of exchange. — **piyasası** foreign-exchange market.
dövme 1. beating, pounding. 2. forging. 3. tattoo. 4. wrought (iron). 5. dehusked wheat. — **dondurma** hand-churned ice cream.
dövmeci 1. smith, forger. 2. tattooer, tattooist.
dövmek /ı/ 1. to beat, flog, thrash, paste. 2. to beat (laundry, a rug, etc.). 3. to pound (something) to a powder. 4. to beat (eggs, food). 5. to forge (hot metal). 6. to tamp, pound down. 7. to shell, bombard. 8. to thresh (grain). 9. (for waves, rain, etc.) to pound, beat, strike. 10. to blast (a place) with cannon fire or artillery fire.
dövülgen malleable.
dövülgenlik malleability.
dövülmek to be pounded, beaten, threshed, or forged.
dövülmüş beaten, ground.
dövünmek 1. to beat oneself, beat one's breast (in sorrow or regret). 2. to be frantic with sorrow or regret.
dövüş 1. beating, flogging, thrashing, pasting. 2. fight, scuffle, brawl.
dövüşçü fighter.
dövüşken bellicose, pugnacious, combative, belligerent.
dövüşkenlik bellicosity, pugnacity, combativeness, belligerence.
dövüşmek /la/ 1. to fight, struggle. 2. (for armed forces) to clash, join battle. 3. to fight (under boxing rules).
dövüştürmek /ı/ to pit (fighters, animals) against each other.
DPT (*abbr. for* **Devlet Planlama Teşkilatı**) S.P.O. (the State Planning Organization).
Dr. (*abbr. for* **Doktor**) Dr. (Doctor).
dragon 1. dragon. 2. dragoon.
drahmi *hist.* drachma (monetary unit).
drahoma dowry (of non-Muslims).
draje 1. sugar-coated pill. 2. chocolate-coated raisin or nut.
dram, drama 1. drama. 2. tragic event.
dramatik dramatic.
dramatize etmek /ı/ to dramatize.
dramaturg, -gu playwright, dramatist, dramaturge.
dramaturgi dramaturgy.
dren 1. drainpipe. 2. *surg.* drain.
drenaj drainage.
dretnot, -tu dreadnought, heavily armed battleship.
drezin *rail.* handcar.
dripling, -gi *sports* dribbling.
DSİ (*abbr. for* **Devlet Su İşleri**) S.W.S.A. (the State Water Supply Administration).
DTCF (*abbr. for* **Dil ve Tarih-Coğrafya Fakültesi**) C.L.H.G. (the College of Languages, History, and Geography) (in Ankara University).
dua prayer. — **sını almak** /ın/ to have the blessing of (someone). — **etmek** 1. to pray. 2. /a/ to pray for (someone) out of gratitude.
duacı a well-wisher. — **nız** your humble servant.
duahan *Islam* professional reciter of prayers.
duba 1. pontoon, float for a floating bridge. 2. flat-bottomed barge. — **gibi** very fat.
dubara 1. double deuce (at dice). 2. *slang* trick.
dubaracı *slang* trickster, swindler.
dublaj *cin.* dubbing. — **yapmak** *cin.* to dub.
dublajcı *cin.* dubber.
dublajcılık *cin.* work of a dubber.
duble 1. a double (beer, spirits). 2. lining (of a garment). 3. slip, underdress. 4. large (olive). — **etmek** /ı/ to line (a garment).
dubleks duplex. — **daire** duplex apartment.
dublör *cin.* double.
dublve double-u, the letter w.
duçar a/ subject (to), afflicted (with). — **olmak** /a/ to be subject (to), be afflicted (with).
dudak lip. — **boyası** lipstick. — **bükmek** to make a face, show displeasure. — **ını bükmek** to pucker one's lips (as when about to weep). — **çukuru** the groove in the upper lip. — **dudağa** lip to lip. — **dudağa gelmek** to kiss each other. — **eşlemesi** *cin.* coordination of dubbed sound to lip movements. — **ını ısırmak** 1. to bite one's lip in astonishment. 2. to chew one's lip as a sign to another not to say anything. — **ısırtmak** /a/ 1. to charm (someone). 2. to astonish (someone). — **payı bırakmak** not to fill a cup/glass to the brim. — **sarkıtmak** to sulk. — **tiryakisi** chain smoker who does not inhale. — **ünsüzü** *phonetics* labial consonant. — **ı yank** harelipped.
dudaksıl *ling.* labial.
dudaksıllaşma *ling.* labialization.
dudu 1. *colloq.* old Armenian woman. 2. *archaic* title given to women.
dudu parrot. — **dilli** talkative; pleasant talker.
duhul, -lü 1. entering, entrance. 2. penetration. 3. *law* a man's consummating the sexual act. — **hakkı** right of free entrance.
duhuliye 1. entrance fee. 2. import duty.
duka 1. *obs.* duke. 2. ducat.
dukalık *obs.* dukedom, duchy.
dul 1. widow; widower. 2. widowed. — **kalmak** to be widowed. — **karı enciği** *slang* inveterate talker, chatterer (girl).
dulda 1. recess in a hillside, grotto. 2. sheltered place.
duldalamak /ı/ to shelter.
duldalanmak to take refuge (under).
duldalı sheltered (place).

dulluk widowhood.
duman 1. smoke; fumes. 2. fog, mist, haze. 3. opacity (in the eye). 4. *slang* bad, hopeless (state, condition). 5. *slang* hashish. 6. *slang* useless; uselessly. 7. *slang* timid, easily frightened. 8. *slang* gullible. — **almak** 1. /ı/ (for a place) to be covered with mist or fog. 2. /dan/ to drag on, take a puff or pull of (a cigarette). — **altı olmak** to get potted from the smoke of hashish (in a closed place). — **attırmak** /a/ *slang* 1. to intimidate. 2. to be much better than. —**ı doğru çıksın.** *colloq.* As long as it works properly don't worry about how it looks. — **etmek** /ı/ *slang* 1. to break (something) up, spoil. 2. to defeat. — **olmak** *slang* 1. /işi or durumu/ (for one's work or a situation) to hit rock bottom, become very very bad. 2. to disappear, get lost. —**ı üstünde** *colloq.* 1. with the bloom still on it, very fresh. 2. brand-new, fresh. — **yapmak** *slang* to win a lot at gambling with a small stake, make a killing.
dumancı *slang* 1. one who wins a lot from a small stake. 2. user of hashish.
dumanlamak /ı/ 1. to fill (a place) with smoke, smoke up. 2. to smoke, cure.
dumanlanmak 1. to get smoky; to be filled with smoke. 2. to get a wistful look (in one's eyes). 3. (for one's mind) to be confused, become muddled. 4. (for one's head) to become fuddled, be befuddled. 5. to be smoked, be cured.
dumanlı 1. smoky, filled with smoke. 2. misty, foggy. 3. tipsy, fuddled, befuddled.
dumanrengi, -ni smoke gray.
dumansız smokeless. — **barut** smokeless powder.
dumbel *weight lifting* dumbbell.
dumdum dumdum bullet.
dumur atrophy. —**a uğramak** to be atrophied.
dupduru crystal clear, crystal.
duraç base, pedestal (of a statue or column).
durağan fixed, stable.
durağanlaşmak to become stable.
durağanlık stability.
durak 1. (bus, train, etc.) stop. 2. halt, pause, break. 3. *mus.* rest. 4. *mus.* tonic note. 5. *poet.* caesura.
durakı nectarine.
duraklama 1. pause. 2. *mil.* standstill. — **devri** unproductive period.
duraklamak 1. to pause, come to a stop. 2. to stop every once in a while. 3. to hesitate.
duraklatmak /ı/ to bring (something) to a standstill.
duraklı *phys.* stationary.
duraksama hesitation.
duraksamak to hesitate.

duraksamalı hesitant.
dural static, unchanging.
duralama hesitation, pause.
duralamak 1. to pause, come to a stop. 2. to stop every once in a while. 3. to hesitate.
duralit, -ti hardboard.
durallık static state.
durdurma stopping (something/someone).
durdurmak /ı/ to stop, bring to a stop.
durdurulmak to be stopped.
durgu 1. stoppage, interruption, breakdown. 2. pause, caesura.
durgun 1. calm, quiet. 2. subdued, withdrawn. 3. stagnant. — **mevsim** dead season, dull season. — **su** standing water; stagnant water.
durgunlaşmak 1. (for a person or the sea) to get calm, calm down. 2. to become dull, become torpid.
durgunluk 1. calmness. 2. heaviness, dullness. 3. stagnation. 4. mental dullness.
durma 1. stop, stopping. 2. rest stop, pause.
durmadan 1. continuously. 2. continually.
durmak, -ur 1. to stop. 2. to last, continue to exist, endure. 3. to continue to be in one's possession, exist as a possession, to (still) have. 4. to stand without doing anything. 5. /da/ to be or remain (at a place). 6. to continue to be (in a specified condition). 7. to suit, go, appear, look. 8. to behave (in a specified way). **Dur!** Stop!/Wait! **durup dinlenmeden** without a break, continuously. **durdu durdu da** after having postponed the matter again and again: **Durdu durdu da en iyisini buldu.** He waited a long time but finally he got the best one. **durup dururken** 1. suddenly. 2. with no reason, without provocation. 3. while there was no need for it. **Dur durak/dinlen/otur yok.** *colloq.* There is not a moment's peace. **durduğu yerde** 1. without making any effort. 2. for no good reason. 3. without having done anything wrong.
durmaksızın, durmamacasına continuously, without stopping.
durmuş stale (food). — **et** aged meat. — **oturmuş** experienced and settled down.
duru 1. clear, crystal clear. 2. clear, smooth (skin). 3. pure, clear (speech, language, etc.). — **su** clear water.
durucu permanent, enduring, lasting.
duruk 1. static, motionless. 2. stator. 3. motion picture scene taken with a stationary camera. — **şişkinlik** *Brit.* stagflation.
duruksamak 1. to be about to stop. 2. to hesitate.
duruksun hesitating, hesitant.
durulama rinsing. — **suyu** rinse water.
durulamak /ı/ to rinse.
durulanmak 1. to be rinsed. 2. to rinse (oneself).

durulaşmak to become clear, become transparent.
durulmak 1. to become clear and limpid. 2. to settle down, quiet down, die down, calm down. 3. (for a person) to settle down, finally to grow up.
durulmak *impersonal passive* 1. to stop, stand. 2. to stay, reside.
durultmak /ı/ to make (something) clear and transparent.
duruluk clearness, limpidity.
durum 1. state, condition. 2. situation, circumstances. (...) **—unda** in the event that..., in the event of...: **kâğıda zam gelmesi durumunda** in the event that there is an increase in the price of paper. **— almak** to take a stand. **— belgesi** 1. certificate. 2. certificate of good conduct. **—u bozulmak** to get into financial straits. **—u düzelmek** (for one's financial position) to improve, get better.
duruş 1. rest, stop. 2. posture.
duruşma a hearing in a lawsuit. **— hazırlığı** *law* preliminary proceedings.
duş 1. shower, shower bath. 2. shower fixture; shower nozzle. **— almak/yapmak** to take a shower, have a shower.
dut, -tu 1. mulberry. 2. *slang* tipsy, very drunk. **— gibi olmak** *slang* 1. to be very drunk. 2. to be greatly ashamed. **— kurusu** dried mulberries. **— yemiş bülbüle dönmek** to be tongue-tied, become sad and quiet.
dutçuluk mulberry cultivation.
dutluk 1. mulberry grove. 2. full of mulberry trees.
duvak 1. bridal veil. 2. large lid (of stone or earthenware for covering a cistern, a chimney, or a large container). **—ına doymamak** (for a newly-wed bride) to be widowed or die. **— düşkünü** young widow.
duvaklamak /ı/ to put a bridal veil on (a bride).
duvaklanmak 1. to put on a bridal veil. 2. to become a bride.
duvaklı veiled, wearing a bridal veil.
duvar 1. wall. 2. barrier (between two people). 3. *sports* blocking, defensive barrier. **— askısı** clothes rack (fastened to a wall). **— ayağı** the foundation of a wall; the foot of a wall. **— ayak** engaged pier. **— çekmek** to build a wall. **—la çevirmek** /ı/ to surround with a wall. **— dayağı** a pole used to prop up a wall. **— eteklığı** baseboard, mopboard. **— gazetesi** wall newspaper. **— gibi** stone-deaf. **— halısı** wall rug. **— ilanı** poster. **— kâğıdı** wallpaper. **— örmek** to put up a wall. **— pabucu** footing (of a wall). **— resmi** fresco, painting on a wall. **— saati** wall clock.
duvarcı 1. bricklayer; stonemason. 2. *slang* burglar.
duvarcılık bricklaying; stonemasonry.
duvarlı having walls, walled.
duy light socket. **— priz socket** with outlets for plugs.
duyar sensitive, sensible.
duyarga *zool.* antenna.
duyarkat, -tı *cin.* emulsion coating, emulsion.
duyarlı sensitive.
duyarlık 1. sensitiveness. 2. (allergic) sensitivity.
duyarlılık sensitivity.
duyarsız insensitive.
duyarsızlaşma desensitization, becoming desensitized.
duyarsızlaşmak to be desensitized.
duyarsızlaştırma desensitization.
duyarsızlaştırmak /ı/ to desensitize.
duyarsızlık insensitivity.
duygu 1. sensation, sense reception. 2. impression. 3. sentiment, bond of sentiment. 4. feeling, attitude. 5. emotion. **—larıyla davranmak** to act on one's feelings, behave according to one's feelings.
duygudaş sympathizer.
duygudaşlık sympathy.
duygulandırma (act of) affecting, moving, or touching.
duygulandırmak /ı/ to affect, move, touch.
duygulanım affectivity, being affected, being moved, being touched.
duygulanma being affected, being moved, being touched.
duygulanmak to be affected, be moved, be touched.
duygulu 1. sensitive. 2. easily hurt, emotional.
duygululuk sensitivity.
duygun sensitive.
duygunluk sensitivity.
duygusal 1. emotional. 2. romantic, sentimental.
duygusallık 1. being emotional. 2. sentimentality.
duygusuz 1. unfeeling, insensitive; hardhearted, callous. 2. insensitive, having no sensation.
duygusuzluk 1. insensitivity; heartlessness. 2. insensitivity, lack of sensation.
duyma 1. hearing. 2. feeling; sensation.
duymak /ı/ 1. to hear. 2. to get word of. 3. to be aware of. 4. to feel, sense, perceive, experience. 5. to have the sensation of. 6. to feel (pride, joy, pleasure, sorrow). **Duyduk duymadık demeyin!** Don't say later that you haven't heard about it (because I'm going to tell you now). **duymazlıktan gelmek** /ı/ to ignore, pretend not to have heard.
duysal 1. sensory, sensorial. 2. tactile, tactual.
duyu sense. **— yitimi** anesthesia.
duyulmak 1. to be heard. 2. to be sensed.
duyulmamış unheard-of.

duyulur 1. audible. 2. perceptible. — **duyulmaz** 1. barely audible, faint (sound). 2. as soon as (the news, a sound, etc.) is/was heard.
duyulurüstü, -nü extrasensory.
duyum sensation. — **eşiği** threshold of consciousness. — **yitimi** anesthesia.
duyumcu phil. 1. sensationalist, sensualist. 2. sensationalistic, sensualistic.
duyumculuk phil. sensationalism, sensism, sensualism.
duyumlama sensing, sensation.
duyumlamak /ı/ to sense.
duyumsal sensory, sensorial.
duyumsamak /ı/ to feel, sense.
duyumsamaz apathetic.
duyumsamazlık apathy.
duyumsatmak /ı, a/ to make (someone) feel (something).
duyumsuz insensible, insensitive.
duyumsuzlaştırmak /ı/ to anesthetize.
duyurmak /ı, a/ 1. to have or let (someone) hear (something). 2. to announce or proclaim (something) to (someone). 3. to cause (someone) to sense or perceive (something), get (something) across to (someone) indirectly. 4. to have (something) made known to (someone).
duyuru 1. announcement; notification. 2. call to a meeting.
duyurucu 1. proclaiming, making heard. 2. causing (one) to feel (a sensation).
duyurulmak /a/ 1. to have (something) heard (by someone). 2. to be announced, be proclaimed (to someone). 3. to have (something) sensed or perceived (by someone). 4. to have (something) made known (to someone).
duyusal sensory, sensorial.
duyuş 1. hearing. 2. perception. 3. impression, feeling. — **vurgusu** affective accent.
duyuüstü, -nü supersensory, supersensible; extrasensory.
duziko slang raki.
düalist, -ti 1. (a) dualist. 2. dualistic.
düalizm dualism.
dübeş dice fives.
düden geol. swallow hole, sink, sinkhole; doline; ponor.
düdük 1. whistle, pipe. 2. slang stupid. — **ü çalmak** to become happy. — **gibi** 1. shrill (voice). 2. short and tight (clothes). — **gibi kalmak** 1. to be left entirely alone (through one's own fault). 2. to lose weight, get thin. — **makarnası** 1. macaroni. 2. slang stupid.
düdüklemek /ı/ slang to have sexual intercourse with, *screw.
düdüklü 1. having a whistle. 2. colloq. pressure cooker. — **tencere** pressure cooker.
düello duel.

düet, -ti mus. duet.
düetto mus. short duet.
düğme 1. button. 2. electric switch. 3. bud. 4. slang catamite. — **çengeli** buttonhook.
düğmeci maker or seller of buttons.
düğmelemek /ı/ to button up.
düğmelenmek to be buttoned up.
düğmeli 1. having buttons. 2. buttoned.
düğmesiz buttonless.
düğüm 1. knot. 2. difficult problem. 3. phys. node. 4. lit. climax. — **açmak** to untie a knot. — **atmak** /a/ to knot, tie a knot in (something). — **ünü çözmek** /ın/ to solve, make clear. — **düğüm** in knots, knotted up. — **noktası** crucial point, vital point. — **olmak** to get knotted. — **üstüne düğüm vurmak** to squirrel away one's money. — **vurmak** /a/ to knot, tie a knot in (something).
düğümcük nodule.
düğümlemek /ı/ 1. to knot, tie a knot in (something). 2. to fasten with a knot.
düğümlenmek 1. to be knotted, be tied in a knot. 2. to get tangled, get tangled up, get messed up. 3. (for traffic) to be tied up in knots, be jammed up, be congested.
düğümlü knotted, tied in a knot; full of knots.
düğün 1. wedding feast, wedding reception. 2. circumcision feast. — **bayram etmek** to be very happy, be joyous; to celebrate. — **dernek** festival, merry entertainment. — **dernek, hep bir örnek**. colloq. It's always the same old thing. — **evi gibi** (place) filled with a happy throng of people. — **pilavıyla dost ağırlamak** to take credit for what has been done by others. — **salonu** hall rented for a reception following a wedding, an engagement, or a circumcision. — **yapmak** to hold a wedding.
düğüncü 1. the host at a wedding feast or reception. 2. one sent to invite guests to a wedding feast. 3. wedding guest.
düğünçiçeği, -ni bot. buttercup.
düğünçorbası, -nı a soup made of meat and yogurt thickened with flour and garnished with hot fat.
dük, -kü duke.
dükkân 1. shop. 2. slang gambling house. — **açmak** to set up business, open shop. — **sahibi** owner of a shop.
dükkâncı shopkeeper.
düklük dukedom, duchy.
düldül colloq. 1. nag, broken-down horse. 2. lizzie, jalopy, old car.
dülger carpenter (who constructs the wooden framework of a building).
dülgerlik carpentry.
dümbelek 1. mus. a small drum. 2. slang stupid. 3. slang stupid ass. 4. slang catamite.
dümbelekçi drummer.

dümbük *slang* 1. bad, vicious, wicked. 2. pimp, pander, procurer.
dümdar *hist.* rear guard.
dümdüz 1. perfectly smooth, perfectly level, completely flat. 2. plain, simple (person). 3. straight ahead.
dümen 1. rudder. 2. *slang* trick. 3. *slang* come-on. 4. *colloq.* control, administration. **— ine bakmak** *slang* to watch for a chance to get one's share. **— çevirmek** *colloq.* to play tricks. **— dinlemek** (for a ship) to answer her helm. **— dolabı** *naut.* rudder wheel, wheel. **—i eğri** *colloq.* walking sideways. **—i elinde olmak** to control, be in charge (of). **— evi** housing for the rudder shaft. **— kırmak** 1. to change directions, veer. 2. *slang* to be on one's guard, proceed carefully. **—i kırmak** *slang* to scram, beat it, clear out. **— kullanmak** *slang* to be on one's guard, proceed carefully. **— neferi** *colloq.* the last or laziest (person). **— suyu** the wake of a ship. **— suyundan gitmek /ın/** to follow in (someone's) wake. **— tutmak** to steer. **— yapmak /a/** *slang* to deceive, trick (someone). **— yekesi** *naut.* tiller. **— yelpazesi** blade of a rudder.
dümenci 1. helmsman, steersman. 2. *slang* the last or laziest (student). 3. *slang* tricky person. 4. *slang* decoy for a gambling house, capper.
dümencilik 1. helmsmanship, steersmanship; steering. 2. *slang* the tail end; being the last. 3. *slang* trickiness.
dümtek *classical Turkish mus.* tempo. **— tutmak** to keep time, beat time.
dün 1. yesterday. 2. the past. **— akşam** last night, yesterday evening. **— bir, bugün iki.** *colloq.* It is still too soon. **— değil evvelki gün** the day before yesterday.
dünden 1. from yesterday. 2. eagerly. **— bugüne** in a short time, overnight. **— hazır/razı** eager. **— ölmüş** listless, without zest.
dünkü, -nü 1. yesterday's. 2. *colloq.* raw, inexperienced. **— çocuk** a young and inexperienced person; upstart. **— gün** yesterday.
dünür the father-in-law or mother-in-law of one's child. **— düşmek /a/** to ask for (a girl) as a bride for (someone else). **— gezmek** to search for a suitable bride for a suitor. **— gitmek** to go and see a girl and ask for her hand on behalf of another.
dünürcü woman sent out to see about a prospective bride.
dünürleşmek to become relatives by marriage, become in-laws.
dünürlük 1. role of one who looks for a bride for someone. 2. relationship between parents whose children are married to each other, relationship between in-laws.
dünya 1. the world, the earth. 2. the universe. 3. everyone, people. **— da** never in this world: **Dünyada gitmem.** I would not go for the whole world. **— ahret kardeşim olsun.** *colloq.* Let it be friendship only. **— âlem** *colloq.* everybody. **—yı anlamak** to understand life, be mature. **—yı başına dar etmek /ın/** to make life unbearable for. **— başına yıkılmak** to be very miserable. **—lar benim oldu.** *colloq.* I felt on top of the world. **— bir araya gelse** even if everybody is opposed. **—nın dört bucağı** the four corners of the earth. **— durdukça** for ever and ever. **—dan elini eteğini çekmek** to cut oneself off from the world and worldly things. **— evi** marriage. **— evine girmek** to get married. **—dan geçmek/—dan el çekmek** to retire from the world, lose touch with life. **—sından geçmek** to lose one's interest in life. **—ya gelmek** to be born, come into the world. **—ya getirmek /ı/** to give birth to, bring into the world. **— görüşü** one's general philosophy of life. **—ya gözlerini açmak** to be born, open one's eyes to the world. **—yı gözü görmemek** to be so affected by something that one can't think of anything else. **— gözü ile görmek /ı/** to see (someone) before one dies. **—ya gözlerini kapamak/yummak** to die, pass away, close one's eyes to the world. **— güzeli** 1. (person) of outstanding beauty. 2. Miss Universe. **—dan haberi olmamak** to be unaware of what is going on around one. **—yı haram etmek /a/** to make life a living hell for (someone). **—nın kaç bucak/köşe olduğunu anlamak/öğrenmek** to learn by bitter experience. **—nın kaç bucak olduğunu göstermek /a/** to give (someone) what he has coming to him. **— kadar** a whole lot. **—ya kazık kakmak** to live to a ripe old age. **— kelamı** worldly talk. **— kelamı etmek** to talk about worldly things. **— kurulalıdan beri** since the world began. **— malı/nimeti** wealth, possessions. **— malı dünyada kalır.** *proverb* You can't take it with you. **—lar (onun) olmak** to be very happy. **—nın öbür/bir ucu** the far end of the world. **—nın parası** a lot of money. **— penceresi** *colloq.* the eyes. **— (Peygamber) Süleyman'a bile kalmamış.** *proverb* No man can live forever. **—yı tozpembe görmek** to see things through rose-colored glasses. **—yı tutmak** to spread far and wide. **— varmış!** *colloq.* How wonderful! *(expression of relief).* **—nın yedi harikası** Seven Wonders of the World. **— yıkılsa umurunda değil.** *colloq.* He doesn't give a damn. **— yüzü görmemek** to be overwhelmed by circumstances. **—yı zindan/zehir etmek /a/** to make life unbearable for. **— zindan olmak /a/** to be in great distress.
dünyalık *colloq.* worldly goods, wealth; money. **—i doğrultmak** to make one's wad, make

enough to live off.
dünyevi worldly.
düo *mus.* duet.
düpedüz 1. openly. 2. sheer, absolute, downright, utter.
dürbün 1. field glasses, binoculars. 2. small telescope. 3. telescopic sight. **—ün tersiyle bakmak** /a/ to belittle.
dürbünlü fitted with a telescopic sight. **— tüfek** a rifle with a telescopic sight.
dürme 1. rolling up. 2. a thin bread-like pastry into which cheese or ground meat is put.
dürmek /ı/ 1. to roll (something) up. 2. to fold (something) up.
dürtmek /ı/ 1. to prod, goad. 2. to incite, provoke, urge on, stir up, instigate.
dürtü *psych.* drive, compulsion, impulse.
dürtüklemek /ı/ 1. to prod slightly and continually. 2. to nudge. 3. to prod, urge on.
dürtülmek 1. to be prodded, be goaded. 2. to be provoked, be incited.
dürtüşmek to push or prod one another gently.
dürtüştürmek /ı/ to prod repeatedly, goad.
dürü 1. roll, something rolled up. 2. *prov.* gift, present. 3. *prov.* trousseau.
dürülmek 1. to be rolled up. 2. to be folded up.
dürülü 1. rolled up. 2. folded up.
dürüm 1. roll, something rolled up. 2. *prov.* a piece of very thin bread rolled up around a stuffing.
dürüm dürüm in rolls. **— dürmek** /ı/ to roll (something) up. **— dürzü** *vulg.* a complete scoundrel.
dürüst, -tü 1. honest; straightforward. 2. flawless.
dürüstlük honesty; straightforwardness.
Dürzi Druse.
dürzü *vulg.* scoundrel.
düse *dice* double three.
düstur 1. norm; rule. 2. code of laws. 3. *chem.*, *math.* formula. 4. principle.
düş 1. dream. 2. hope, aspiration, dream. **—ü azmak** to have a seminal emission during sleep. **— görmek** to have a dream. **—te görse hayra yormamak** to be too good to be true. **— kırıklığı** disappointment. **— kurmak** to daydream.
düşbilim *psych.* oneirology, the study of dreams.
düşçü dreamer, daydreamer, person with unrealistic expectations.
düşçülük daydreaming.
düşes duchess.
düşeş 1. *dice* double six. 2. a pleasant surprise. 3. *slang* slap. **— atmak** *colloq.* to have a surprising success.
düşey perpendicular (line).
düşeyazmak to be on the verge of falling.

düşeylik perpendicularity.
düşgücü, -nü 1. imaginative power, imagination, imaginativeness. 2. imagination (the mental faculty).
düşkü 1. fall from esteem or position. 2. feeling of helplessness; powerlessness. 3. *phil.* external event.
düşkü hobby, avocation.
düşkün 1. /a/ addicted to, having a passion for. 2. /a/ excessively devoted to, excessively fond of. 3. who has seen better days, down-and-out. 4. worn-out, washed-out in appearance (because of illness or anxiety). 5. immoral, unchaste, fallen (woman).
düşkünezen oppressive, cruel.
düşkünezenlik oppression, cruelty.
düşkünlerevi, -ni a home for poor, homeless, handicapped people, poorhouse.
düşkünleşmek 1. to come down in the world, fall upon hard times. 2. to become haggard in appearance. 3. (for a woman) to fall into a sexually immoral way of life.
düşkünlük 1. poverty. 2. /a/ excessive fondness for; excessive addiction to.
düşlem imagination, fantasy.
düşlemek /ı/ to imagine, fantasize.
düşlemsel imaginary.
düşman 1. enemy. 2. one who consumes much (of something): **pilav düşmanı** a great pilaf eater. **— ağzı** calumny. (...) **— başına.** *colloq.* I wouldn't wish (it) on my worst enemy. **— çatlatmak** to spite one's enemies by parading one's successes. **— olmak/kesilmek** /a/ to become an enemy (of).
düşmanca 1. in a hostile manner. 2. hostile.
düşmanlık enmity, antagonism, animosity, hostility. **— etmek** /a/ to treat (someone) as an enemy.
düşme fall, falling.
düşmek 1. to fall, fall down. 2. to fall from power. 3. to fall, drop, go down, decrease. 4. /ı/ to subtract; to deduct. 5. (for a fetus) to be miscarried; to be aborted. 6. /a/ to fall into, be overcome by (doubts, worry, trouble). 7. to get (tired, weak). 8. /a/ to be suitable; to suit. 9. /a/ to lie within one's responsibility, be up to (one). 10. /a/ to lie in (a certain direction). 11. /a/ to fall on (a certain day). 12. /a/ *naut.* to fall off course or make little headway (due to wind, waves, current). 13. /a/ to come to (one) by chance. 14. /a/ to receive, get as one's share (by chance or allotment). 15. /dan/ to be left out of (accidentally). 16. /a/ to wind up in, end up in (jail, court, a hospital). 17. /a/ to get involved with (a disagreeable and unpleasant person). 18. *slang* to drop in on someone, appear unannounced. **Düşenin dostu olmaz.** *proverb* People in trouble have

düşsel 206

no friends. **düşe kalka** struggling along, with difficulty. **düşüp kalkmak /la/** *colloq.* 1. to live in sexual intimacy with, sleep around with. 2. to be a close friend of, pal around with. **Düşmez kalkmaz bir Allah.** *proverb* Only God is free from trouble.
düşsel 1. relating to dreams, oneiric. 2. imaginary.
düşsever daydreamer.
düşseverlik daydreaming.
düşük 1. fallen, drooping. 2. low (price, quality, pressure). 3. immoral, unchaste, fallen (woman). 4. misconstrued (sentence); unrefined (style of writing). 5. miscarriage; abortion. 6. aborted fetus, abortion. — **ateş** *path.* subnormal temperature. — **basınç** 1. low pressure. 2. low blood pressure, hypotension. — **nitelikli** poor quality, poor. — **yapmak** (for a pregnant woman) to have a miscarriage; to have an abortion.
düşüklük 1. droopiness. 2. *geol.* subsidence. 3. a drop in the atmospheric pressure. 4. incorrectness (of style). 5. ptosis. 6. lack of quality, commonness.
düşümdeşlik concurrence, concurrency, coincidence.
düşümdeşmek *phil.* to concur, coincide.
düşün thought. — **özgürlüğü** freedom of thought.
düşünbilim philosophy.
düşünbilimci philosopher.
düşünce 1. thought, thinking. 2. idea, opinion, reflection, observation. 3. anxiety, worry. **—sini açmak** to express one's thought. — **alışverişi** exchange of opinions. **(bir)** **—dir almak /ı/** to begin to worry, begin to worry about something. **—ye dalmak** to be lost in thought. **—sini okumak /ın/** to read (someone's) mind. — **özgürlüğü** freedom of thought. **—ye varmak** to reach an opinion.
düşüncel ideational.
düşünceli 1. thoughtful, considerate, tactful. 2. pensive, lost in thought. 3. depressed, worried.
düşüncelilik 1. thoughtfulness, considerateness, consideration, tactfulness. 2. abstraction, worry. 3. carefulness.
düşüncellik ideation.
düşüncesiz 1. thoughtless, inconsiderate, tactless. 2. unworried; carefree.
düşüncesizlik 1. thoughtlessness, inconsiderateness, inconsideration, tactlessness. 2. lack of care or worries. — **etmek** to act thoughtlessly.
düşündeş 1. of the same opinion, like-minded. 2. one of a group with a common point of view.
düşündeşlik like-mindedness.
düşündürmek, düşündürtmek /ı/ to make (someone) think, give (one) pause to think.

düşündürücü thought-provoking.
düşünme 1. thinking, thought. 2. introspection.
düşünmeden without thinking, without thought of, impulsively.
düşünmek /ı/ 1. to think of. 2. to consider, think about. 3. to worry (about). **Düşün düşün boktur işin.** *vulg.* The more you worry about your troubles the worse they seem. **düşünüp taşınmak /ı/** to think over carefully, consider at length.
düşünsel intellectual, related to thought.
düşünsellik intellectuality.
düşünü thought.
düşünülmek to be thought of.
düşünür thinker, intellectual.
düşünürlük intellectualism.
düşünüsel intellectual, related to thought.
düşünüş way of thinking, mentality.
düşürmek /ı/ 1. to drop, let fall. 2. to reduce. 3. to miscarry; to abort. 4. to pass, expel (intestinal worms, gallstones, kidney stones). 5. to get (something) at a bargain. 6. to remove from power; to overthrow.
düşürtmek /a, ı/ 1. to cause (someone) to drop. 2. to cause (a pregnant woman) to miscarry or abort (a fetus).
düşürülmek 1. to be dropped. 2. to be decreased. 3. to be overthrown.
düşüş 1. fall, falling. 2. decrease.
düşüt, -tü aborted fetus.
düşüzlemek *slang* to come.
düşyıkımı, -nı disappointment, frustration of one's hopes.
düt toot.
düttürü 1. (woman) wearing very tight clothes. 2. very tight and short (dress). — **Leyla** woman whose clothes are too tight and too short.
düve heifer.
düvel countries, nations.
düven (wooden) threshing sled (with flint blades set in the bottom). — **sürmek** to thresh.
düyun debts.
düz 1. smooth, even; flat, level. 2. straight. 3. plain, simple; plain-colored, without ornament. 4. plain, level area. — **arazi** level land. **—e çıkmak** to get through a difficult situation. — **duvara tırmanmak** to be very naughty. — **nefes etmek /ı/** *slang* to overcome, get the better of (someone). — **uçuş** level flight. — **ünlü** *phonetics* unrounded vowel.
düz a grape raki.
düzayak 1. without stairs, on one level. 2. on a level with the street.
düzbağırsak *anat.* rectum.
düzbaskı offset, offset lithography.
düzce fairly smooth or level.
düzçizer straightedge, ruler.

düzdizim line, level, alignment.
düze 1. *chem.* proportion, amount. 2. *med.* dosage.
düzeç level, spirit level.
düzeçleme leveling.
düzeçlemek /ı/ to level, level (something) off.
düzelmek 1. to become smooth, flat, level, or straight. 2. to be put in order. 3. to begin to go well, straighten out. 4. to improve, get better, recover. 5. to get well.
düzelti 1. correction (of a proofreader). 2. proofreading.
düzeltici 1. corrective. 2. proofreader. — **jimnastik** corrective exercises.
düzelticilik proofreading, work of a proofreader.
düzeltilmek 1. to be smoothed; to be straightened. 2. to be smoothed out; to be straightened out. 3. to be straightened up, be put in order, be tidied up. 4. to be repaired, be put in running order. 5. to be corrected. 6. to be proofread, be proofed.
düzeltim 1. improvement, adjustment. 2. reform.
düzeltimci 1. reformist. 2. reformer.
düzeltimcilik reformism, reform as a policy.
düzeltme 1. proofreading. 2. correction. 3. reform. — **imi/işareti** circumflex, circumflex accent.
düzeltmek /ı/ 1. to smooth; to straighten. 2. to smooth out; to straighten out. 3. to straighten up, put (something/a place) in order, tidy up. 4. to repair, put (something) in running order. 5. to correct. 6. to proofread, proof.
düzeltmen proofreader.
düzeltmenlik proofreading, work of a proofreader.
düzem *chem.* formula, recipe.
düzemek /ı/ *chem.* to prepare (a formula).
düzen 1. order, orderliness; arrangement. 2. the social order, the system. 3. *mus.* tuning. 4. *arch.* order. 5. *colloq.* trick. 6. regime, seasonal flow pattern of a river. — **açıklaması** *theat.* stage direction (written in a script). —**e koymak/sokmak** /ı/ to put (something) in order. — **kurmak** 1. to lay out one's tools and supplies ready for work. 2. to organize a way of doing something. 3. to set a trap, prepare a trick. — **vermek** /a/ 1. to put (something) in order, straighten up. 2. to tune (a musical instrument).
düzenbağı, -nı discipline, orderliness.
düzenbaz cheat, trickster.
düzence discipline, orderliness.
düzenci trickster, cheat.
düzendeş arranged, governed, or structured in the same way as another.
düzendeşlik having the same arrangement, form of government, or structure as another.

düzenek 1. plan. 2. mechanism.
düzengeç *phys.* regulator.
düzenleme 1. arranging or putting things in order; arrangement. 2. preparation. 3. *mus.* arrangement.
düzenlemek /ı/ 1. to put in order. 2. to arrange; to prepare. 3. *mus.* to arrange.
düzenlenmek 1. to be put in order. 2. to be arranged; to be prepared. 3. *mus.* to be arranged.
düzenleşik 1. arranged in the same or almost the same way as another. 2. *phil.* coordinate.
düzenleştirmek /ı/ to make (separate things) conform to one order or system.
düzenleyen 1. organizer. 2. *mus.* arranger.
düzenleyici 1. regulator. 2. organizer.
düzenleyim arrangement, arranging.
düzenli 1. in order, orderly, tidy. 2. systematic.
düzenlik order, peace, harmony.
düzenlilik 1. orderliness, tidiness. 2. being systematic.
düzensiz 1. out of order, untidy. 2. unsystematic.
düzensizlik 1. disorder, untidiness. 2. lack of orderly planning.
düzenteker flywheel (of an engine).
düzey 1. level (of something). 2. rank. 3. contour line.
düzeysiz low-quality, ordinary, commonplace.
düzeysizlik inferiority.
düzgeçiş transit through a country without making needless stopovers.
düzgü norm.
düzgülü normal, meeting the norm.
düzgün 1. smooth. 2. well-arranged, orderly. 3. correct. 4. *geom.* regular. 5. smoothly, regularly. 6. *formerly* foundation (a cosmetic in cream form). — **hareket** uniform motion. — **sürmek** /a/ to apply foundation cream to (the face).
düzgünlük 1. smoothness. 2. order, regularity.
düzgüsel *phil.* normative.
düzgüsüz abnormal, not meeting the norm.
düzine 1. dozen. 2. many, dozens (of).
düzlem *geom.* plane. — **açı** plane angle. — **geometri** plane geometry.
düzleme 1. smoothing, leveling. 2. grading (land, road). 3. milling, machining.
düzlemeci 1. one who grades land. 2. operator of a milling machine.
düzlemek /ı/ 1. to smooth, flatten, level. 2. to grade (land, road). 3. to mill, machine.
düzlemküre planisphere.
düzlemsel *geom.* planar.
düzlenmek to become smooth, become flat, become level.
düzleşme 1. becoming smooth, flat, or level. 2. *ling.* unrounding.
düzleşmek 1. to become smooth, become flat,

düzleştirmek 208

become level. 2. to become straight. 3. *ling.* to become unrounded.
düzleştirmek /ı/ 1. to smooth, make flat, make level. 2. to straighten. 3. *ling.* to unround.
düzletmek /ı/ to smooth, make flat, make level.
düzlük 1. smoothness, flatness, levelness. 2. evenness, uniformity. 3. plainness, simplicity. 4. flat place, level place, plain.
düzme 1. arranging, arrangement; collecting, collection. 2. false, fake; forged.
düzmece false, fake; forged.
düzmecelik falseness.
düzmeci faker, forger, cheat.
düzmecilik faking, forgery, cheating.
düzmek /ı/ 1. to arrange, compose; to prepare, bring together. 2. to invent (a story); to fake, forge. 3. *slang* to rape.
düztaban 1. flat-footed. 2. (one) who brings bad luck. 3. rabbet plane. 4. flatfoot.
düztabanlık flat-footedness.
düzülmek 1. to be arranged. 2. to be made up, be faked, be forged. 3. /a/ to begin, set about, set to, embark upon.
düzün rhythm.
düzünlü rhythmic.
düzünsel rhythmical, rhythmic.
düzyazı prose.
düzyazıcı prose writer, prosaist, prosist, proser.
düzyazısal pertaining to prose, prose.
Dz. Kuv. (*abbr. for* **Deniz Kuvvetleri**) N., Nav. (Navy).

E

E the letter E.
e 1. Well then, .../Well ...! 2. So-o-o! 3. So what? — **mi?** Will you?/O.K.?: **Unutma, e mi?** Don't forget, will you? **Çabuk gel, e mi?** Come quickly, O.K.?
ebat dimensions. —**ında** having the dimensions of.
ebced the first of several mnemonic formulas designed to help one learn the numerical values assigned to the letters of the Arabic alphabet. — **hesabı** calculation of a date or other number by adding up the numerical values of Arabic letters used to indicate words in a piece of writing.
ebe 1. midwife. 2. "it" *(in children's games)*.
ebebulguru, -nu pelletlike snow.
ebedi eternal, endless.
ebedileşmek to become eternal.
ebedileştirmek /ı/ to eternalize, eternize.
ebedilik eternity, endlessness.
ebediyen 1. eternally, in perpetuity. 2. *(with negatives)* never, ever.
ebediyet, -ti eternity, endlessness.
ebegümeci, -ni mallow.
ebekuşağı, -nı, ebemkuşağı, -nı rainbow.
ebelemek /ı/ to tag *(in children's games)*.
ebelik 1. midwifery. 2. being "it" *(in children's games)*.
ebet eternity (without end).
ebeveyn parents, procreators (of a person).
EBK *(abbr. for* **Et ve Balık Kurumu**) State Corporation for the Production and Distribution of Meat and Fish.
ebleh *obs.* stupid, foolish, idiot.
ebonit, -ti ebonite.
ebru 1. marbling, marbleization (of paper). 2. marbled (paper), of different colors. 3. watering (of fabrics). — **ebru** 1. (cheeks) which are blushing in all shades of pink. 2. (something) which has a moiréd appearance; which looks like moiréd silk. — **kâğıdı** 1. a piece of marbled paper; marbled picture or design. 2. marbled paper.
ebrucu marbler of paper.
ebrulama marbling, marbleization (of paper).
ebrulamak /ı/ to marble, marbleize (paper).
ebruli 1. variegated (flower). 2. streaked and mottled with various colors (like marbled paper). 3. (a) picotee (flower).
ebrulu marbled (paper).
ecdat ancestors, progenitors.
ece queen.
ecel the time at which a person is fated to die, one's appointed time. — **beşiği** 1. cradle; boatswain's chair. 2. deathtrap, unsafe conveyance. 3. dangerous crossing or pass. —**i gelmek** for one's time to come, for the appointed hour of one's death to be at hand. —**iyle ölmek** to die a natural death. —**ine susamak** to court death. — **teri dökmek** to fear for one's life.
ecinni *colloq.* jinn, jinni, jinnee. —**ler top oynuyor.** /da/ The place is completely deserted.
ecir, -cri 1. remuneration, pay, wage, recompense. 2. God's reward for a good deed. — **sabır dilemek** /a/ to offer one's condolences to.
eciş bücüş out of shape, crooked, distorted. — **yazı** scrawl, bad handwriting.
ecnebi 1. stranger, foreigner, alien. 2. foreign.
ecz. 1. *(abbr. for* **eczacı**) pharm. (pharmacist). 2. *(abbr. for* **eczane**) phar. (pharmacy).
ecza 1. drugs, medicines. 2. components. 3. compound, preparation. 4. subdivisions. 5. the unbound parts of a book. — **dolabı** small first-aid cupboard.
eczacı druggist, pharmacist, *Brit.* chemist. — **kalfası** helper in a drugstore.
eczacılık 1. pharmacy; pharmaceutics. 2. being a druggist.
eczahane *see* **eczane**.
eczalı prepared with chemicals, containing chemicals. — **pamuk** sterile cotton.
eczane drugstore, pharmacy, *Brit.* chemist's shop, chemist's.
eda 1. paying (a debt). 2. performing (a duty). — **etmek** /ı/ 1. to pay (a debt). 2. to perform (a duty).
eda 1. manner, air. 2. flirtatious airs, coquetry. 3. style, way of speaking or writing.
edalı 1. (someone) who has (a specified) air. 2. flirtatious, coquettish. 3. (woman) who has a pleasing style, who has style.
edat, -tı *gram.* particle.
edebi literary.
edebikelam euphemism.
edebiyat, -tı literature. **E— Fakültesi** the College of Literature, Arts, and Social Sciences (in Istanbul University). — **yapmak** to talk or write bombastically, talk or write in purple prose.
edebiyatçı *colloq.* 1. teacher of literature. 2. author, litterateur, man of letters; woman of letters.
edememek 1. not to be able to do without, not to be able to live without: **Tenis oynamadan edemez.** He can't live without playing tennis. 2. /la/ not to be able to get along with:

edep 210

Kemal'le edemez. She can't get along with Kemal.
edep good breeding, good manners, politeness. — **erkân** the rules of good manners, etiquette, the polite way (to do something). —**tir söylemesi.** *colloq.* Excuse the expression. —**ini takın.** Behave yourself!/Mind your manners!/ Where are your manners? — **yahu!** Shame on you! — **yeri** private parts (of a person).
edeplenmek to acquire good manners; to become polite.
edepli well-behaved, well-mannered, polite. — **edepli** politely.
edepsiz ill-mannered, impolite, ill-bred, rude.
edepsizce rudely, impolitely.
edepsizleşmek to become rude, become ill-mannered; to forget one's manners.
edepsizlik rudeness, impoliteness.
eder price. — **çizelgesi** price list.
ederlik price list.
edevat, -tı tools, implements, instruments.
Edi ile Büdü (Şakire Dudu) just two lovable old people living together.
edilgen *gram.* passive (verb). — **çatı** passive form. — **eylem** 1. passive verb. 2. impersonal passive verb.
edilgenlik *gram.* passivity.
edilgi *phil.* 1. external cause. 2. result.
edilgin passive.
edilmek 1. *auxiliary verb* to be done, be made. 2. /**dan**/ to be deprived of.
edim 1. act, action. 2. fulfillment, final form, realization. 3. *mus.* performance, rendition. 4. payment.
edimsel *phil.* actual, effective.
edinç acquirements; attainments.
edinilmek to be gotten, be acquired, be obtained, be attained.
edinilmiş acquired.
edinim, edinme acquiring, acquisition, obtaining.
edinmek /ı/ to get, acquire, obtain.
edinsel acquired.
edinti acquired thing, acquired characteristic.
edintisel acquired (characteristic).
edip author, litterateur, man of letters; woman of letters.
edisyon edition. — **kritik** *lit.* critical edition.
editör 1. publisher. 2. editor.
editörlük 1. the work of a publisher, publishing; being a publisher. 2. editorship; being an editor.
efe 1. swashbuckling village blade (of southwest Anatolia). 2. elder brother. 3. tough guy, roughneck.
efekt, -ti special effect (used in theatrical, radio, television, or motion-picture productions).
efektif *banking* cash, ready money.

efelenmek to become defiant, get surly.
efelik 1. bravado; being a swashbuckler. 2. being a roughneck. — **etmek/yapmak** to play the swashbuckler.
efemine effeminate, womanish.
efendi 1. gentleman. 2. well-bred, polite, courteous (person); polite and dignified (person). 3. title used with either the names or the positions of men whose socioeconomic status is relatively humble, e.g. doormen, grocers, domestic servants, gardeners, taxi-drivers. 4. husband (when referred to by his wife): **Bizim efendi hiç geç kalmaz.** My husband is never late. 5. master (of a servant or slave): **Efendiniz nerede?** Where is your master? 6. hodja, khoja, Muslim religious leader or teacher. 7. *Ottoman hist.* title used after the names of Ottoman princes, members of the clergy, certain government officials and army officers, students, and literate people in general. 8. *Ottoman hist.* effendi, anyone who bears the title of efendi. **E—m!** Yes!/Sir!/Madam!/ Ma'am!/Miss! *(used as a reply to someone who has called one's name and as a substitute for "Hello!" when answering the telephone).* **E—m?** I beg your pardon!/Sorry!/Can you repeat that, please! —**m** 1. sir, madam, ma'am, miss: **Başka bir arzunuz var mı, efendim?** Would you like anything else, sir? **Evet efendim!** Yes ma'am! 2. *see* efendime söyleyim. **E—miz** 1. Our Master, Our Lord *(referring to the Prophet Muhammad, Jesus Christ, or any great spiritual leader).* 2. *Ottoman hist.* His Majesty, His Highness *(referring to the sultan).* — **baba** *obs.* father *(a polite way for a child to address his/her father or for a daughter-in-law to address her father-in-law).* —**den bir adam** a gentleman. — **efendi** in a gentlemanly manner, in a way befitting a gentleman; in a polite and dignified manner. — **gibi yaşamak** to live like a gentleman. —**ler götürsün!** The devil take him/her/them! —**m nerede, ben nerede?** *joc.* My dear fellow/lady, you completely misunderstand me. —**me söyleyeyim** er, let me see, let's see *(said when pausing in order to think):* **Bahçemizde sardunya, karanfil, akşamsefası, aslanağzı, efendime söyleyeyim, çingülü, gülhatmi ve güller var.** In our garden we've got geraniums, carnations, four-o'clocks, snap-dragons—let me see— hibiscuses, hollyhocks, and roses.
efendice 1. gentlemanly (action). 2. fairly polite, reasonably, well-behaved (person); reasonably polite and dignified (person). 3. in a gentlemanly way; in a polite and dignified way.
efendilik 1. gentlemanliness, gentlemanly behavior; polite and dignified behavior. 2. the status of a gentleman. 3. being a gentleman.

4. magnanimity; magnanimous act. 5. mastership, mastery, authority, control. 6. the status of a hodja. 7. being a hodja; behavior characteristic of a hodja. 8. *Ottoman hist.* the status of an effendi. 9. *Ottoman hist.* being an effendi; behavior characteristic of an effendi. — **bende kalsın.** I don't want to be guilty of behaving rudely./I wish to be known as a gentleman/a lady: **Efendilik bende kalsın diye ona aynı şekilde cevap vermedim.** As I wish to be known as a gentleman I didn't reply to him in kind. — **etmek** /a/ to behave magnanimously towards.
efervesan effervescent (medicine).
efil efil (blowing or waving) gently, softly, lightly. — **esmek** to blow gently. — **etmek** to wave gently, blow lightly.
efkâr 1. thoughts, ideas; intentions. 2. *colloq.* melancholy. — **basmak** *colloq.* to feel down, for one's spirits to be low. — **dağıtmak** *colloq.* to cheer oneself up, lift one's spirits.
efkânumumiye public opinion.
efkârlanmak *colloq.* to feel down, for one's spirits to be low.
efkârlı *colloq.* down, low-spirited, downcast, melancholy.
Eflatun Plato (the ancient Greek philosopher).
eflatun light purple.
eflatuni colored light purple, light purple.
efor effort, energy. — **harcamak** to expend energy (in pursuit of a specified end).
efrat *obs.* 1. individuals. 2. *mil.* private soldiers; recruits.
efriz *see* **friz.**
efsane legend, tale.
efsaneleşmek to become legendary.
efsaneleştirilmek to be made legendary.
efsaneleştirmek /ı/ to make (someone/something) legendary.
efsanevi egendary.
efsun charm, spell, enchantment.
eftamintokofti *slang* lie, whopper.
eften püften flimsy, rickety, insubstantial.
egavlamak /ı/ *slang* to get, take hold of.
Ege 1. the Aegean, the Aegean Sea. 2. West Anatolian littoral. 3. Aegean, of the Aegean. — **Denizi** the Aegean Sea.
ege guardian (of a child).
egemen sovereign, dominant, preeminent.
egemenlik sovereignty, dominance, preeminence.
ego ego.
egoist, -ti egoist.
egoistlik, egoizm egoism.
egosantrizm egocentricity.
egotizm egotism.
egzama *path.* eczema.
egzersiz 1. (bodily or mental) exercise. 2. exercises. 3. practice, exercise. — **yapmak** 1. to exercise (bodily or mentally). 2. to do one's exercises. 3. to practice.
egzibisyonist, -ti *psych.* 1. (an) exhibitionist. 2. exhibitionist, exhibitionistic.
egzibisyonizm *psych.* exhibitionism.
egzistansiyalist, -ti *phil.* 1. (an) existentialist. 2. existentialist, existentialistic.
egzistansiyalizm *phil.* existentialism.
egzotik exotic.
egzoz *mech.* exhaust. — **borusu** exhaust pipe. — **kolektörü** exhaust manifold. — **supabı** escape valve.
egzozcu repairer of exhaust pipes and mufflers.
eğdirmek /ı/ to bend, make crooked.
eğe file (tool). — **vurmak** /a/ to file.
eğe *anat.* rib. — **kemiği** rib.
eğelemek /ı/ to file (with a file).
eğer if.
eğik 1. bent down. 2. inclined, sloping down, slanted. 3. *geom.* oblique. — **çizgi** slash mark, slash, diagonal, slant, virgule.
eğiklik inclination, obliquity.
eğilim tendency; inclination, bent.
eğilimli /a/ (someone/something) who/which tends to/towards; (someone) who has an inclination or bent for.
eğilme 1. being bent or curved. 2. *math.* inclination. 3. magnetic dip, inclination.
eğilmek 1. to be bent; to be curved. 2. (for something) to bend forward, lean forward, stoop; /a/ to bend, lean (in a specified direction). 3. to submit, bow. 4. /a/ to concern oneself with. **eğilip bükülmek** 1. to fidget; to squirm; to shift about. 2. to bow and scrape and rub one's hands together (fawningly).
eğim 1. slope; slant; incline. 2. grade, gradient. 3. *geom.* inclination. 4. slope, side of a hill.
eğimli 1. sloping; slanted; inclined. 2. /a/ (someone) who has an inclination or bent for.
eğinik 1. leaning. 2. /a/ having a bent for, inclined to.
eğinim *psych.* inclination.
eğinmek /a/ to have an inclination for; to be inclined to.
eğinti filings.
eğirici 1. spinner. 2. spinning.
eğirmek /ı/ to spin.
eğirmen spindle, distaff.
eğirtmeç *prov.* spindle; spinning wheel.
eğirtmek /ı, a/ to have or let (someone) spin (something).
eğitbilim pedagogy, pedagogics.
eğitbilimci educator, educationist, educationalist, pedagogist.
eğitbilimsel pedagogic, pedagogical.
eğitici 1. educator of children; tutor; governess. 2. animal trainer. 3. educational, educative.

eğitilmek 212

eğitilmek 1. to be trained, be given training. 2. to be educated.
eğitim 1. education. 2. training. 3. pedagogy, pedagogics. — **enstitüsü** *hist.* normal school (which trained people to be junior-high and high-school teachers).
eğitimci educator, educationist, educationalist, pedagogist.
eğitimcilik pedagogy, education.
eğitimli 1. educated. 2. trained.
eğitimsel educational, pedagogical.
eğitimsiz 1. uneducated. 2. untrained.
eğitimsizlik 1. lack of education. 2. lack of training.
eğitme 1. training. 2. education.
eğitmek /ı/ 1. to train. 2. to educate.
eğitmen 1. *hist.* village teacher (trained in a **köy enstitüsü**). 2. educator of children. 3. educator; instructor.
eğitsel educational, pedagogical.
eğlence 1. entertainment, fun, amusement. 2. something that entertains or amuses, (an) entertainment. 3. party, entertainment. 4. easy task, a piece of cake.
eğlenceli entertaining, amusing.
eğlencelik tidbits, munchies (e.g. nuts, chocolate).
eğlendiri humor, humorous talk or writing.
eğlendirici entertaining, amusing.
eğlendirmek /ı/ to entertain, amuse.
eğleni humor, humorous talk or writing.
eğlenilmek *impersonal passive* to be entertained, be amused.
eğlenme 1. having a good time, having fun, enjoying oneself. 2. /la/ making fun of, joking with (someone). 3. /da/ staying (in); loafing around (in). 4. playing around, delaying oneself.
eğlenmek 1. to have fun, enjoy oneself, have a good time. 2. /la/ to make fun of, joke with. 3. /da/ to stop in, stop over in, break one's journey in (a place). 4. to wait.
eğlenti party, entertainment; revel.
eğleşik /da/ 1. (someone) who lives in, dwells in (a place). 2. (someone) who dwells (in) (a place).
eğleşmek /da/ 1. to live in, dwell in. 2. to dawdle (in).
eğmeç arc, curve.
eğmeçli arced, curved.
eğmek 1. /ı, a/ to lean, tilt, or bend (something) (in a specified direction). 2. /ı, a/ to turn (one's eyes) to. 3. /ı/ to bend. 4. /ı/ to bring (someone) round, persuade.
eğrelti, eğreltiotu, -nu *bot.* (any) fern.
eğreti 1. borrowed. 2. temporary, makeshift. 3. false (teeth). 4. artificial (limb). 5. imitation (jewelry). 6. not firmly in place. 7. temporarily. — **den** temporarily. — **almak** /ı/ to borrow. — **ye almak** /ı/ to prop up the upper part of (a building) (while repairing the lower part). — **durmak** 1. not to be firmly in place. 2. /da/ (for something) not to look good on, not to suit (someone). 3. /da/ to stay in (a place) temporarily. — **oturmak** to sit on the edge of something (as if about to get up). — **saç** wig; hairpiece; switch; toupee. — **vermek** /ı/ to lend.
eğretileme metaphor.
eğretilik impermanence.
eğri 1. bent; crooked; curved, curving. 2. (something) which is leaning to one side, leaning. 3. untrustworthy, unreliable. 4. *math.* curve. 5. curve, graph, line representing something graphically. — **(gözle) bakmak** /a/ to look at (someone) malevolently, look at (someone) with malevolence in one's eyes. — **büğrü** 1. very crooked, tortuous. 2. bent and twisted. 3. scrawly (handwriting). — **si doğrusuna gelmek** for an affair that didn't promise success to turn out well. — **gemi doğru sefer.** *colloq.* The equipment may leave a lot to be desired but I'll get the job done. — **söz** slander. — **yüz/çehre** gumpy face, sour face.
eğrice rather bent or crooked.
eğrili *geom.* curvilinear.
eğrilik 1. crookedness; warp. 2. curvature.
eğrilmek to bend, be bent, warp, be warped.
eğriltmek /ı/ to bend, warp.
eğsinim *psych.* strong inclination.
eh 1. *(indicating halfhearted acceptance)* All right then./Well, if you say so ...: **Eh, gidelim artık.** Well, if you say so, let's go. 2. *colloq.* *(indicating impatience)* That's enough: **Eh, anladık artık.** You've said enough; we understand it now.
-e hali, -ni *gram.* the dative case, the dative.
ehemmiyet, -ti importance. — **vermek** /a/ to take (something/someone) seriously.
ehemmiyetli important.
ehemmiyetsiz unimportant.
ehil, -hli 1. /ın/ a master of, an expert at, an adept at or in (a job, craft, profession): **O, bu işin ehli.** He's an expert at this. 2. capable, qualified. 3. possessor of: **servet ehli bir adam** a wealthy man. 4. people, community. 5. spouse.
ehli tame, tamed, domestic, domesticated (animal).
ehlibeyt, -ti *Islam* the family of the Prophet Muhammad.
ehlidil 1. tolerant, broad-minded. 2. spiritual, spiritually-minded.
ehlikeyf 1. pleasure-loving person. 2. pleasure-loving.
ehlikitap *Islam* the People of the Book (a term used in the Koran to refer to Jews and Christians).

ehlileşmek to become tame.
ehlileştirmek /ı/ to tame.
ehlisünnet *Islam* the Sunnis.
ehlivukuf (an) authority, (an) expert.
ehliyet, -ti 1. competence, competency, fitness. 2. driver's license. — sınavı qualifying test.
ehliyetli 1. competent; legally competent. 2. (someone) who possesses a driver's license. 3. licensed.
ehliyetname 1. driver's license. 2. certificate of competence.
ehliyetsiz 1. incompetent; legally incompetent. 2. (someone) who does not have a driver's license. 3. unlicensed.
ehliyetsizlik 1. incompetence. 2. not having a driver's license. 3. not having a license.
ehram pyramid.
ehven 1. cheap, inexpensive. 2. the better (of two poor alternatives); the lesser (of two evils). — kurtulmak /dan/ to escape from (a tight or dangerous situation) with little or no harm; to get off lightly. — şartlarla (buying or selling something) on reasonable terms.
ehvenişer (a) lesser evil; the lesser of two evils.
ejder *see* ejderha.
ejderha 1. dragon. 2. large snake. — gibi 1. big and terrifying. 2. dragon-like.
ejektör jet pump, ejector.
ek, -ki 1. supplement; appendix. 2. *gram.* affix; prefix; infix; suffix. 3. *anat.* appendage. 4. joint (of a pipe). 5. extra, additional, supplementary. —ini belli etmemek 1. not to show any sign of it, not to show it, keep it hidden, keep it under wraps. 2. not to raise anyone's suspicions. — bent olmak *colloq.* to be dumbfounded. — bileziği coupling, socket. — dolaş olmak /a/ *colloq.* to bother, pester. — kök adventitious root. —ten pükten made from odds and ends, made from scraps. — tekeri flange joint. — yeri seam; joint.
ekâbir important people; VIP's, big shots; big wheels.
ekalliyet, -ti minority. —te kalmak to be in the minority.
ekarte *used in:* — etmek /ı/ to eliminate, remove.
ekbağırsak *anat.* vermiform appendix, appendix. — çıkarımı *surg.* appendectomy. — yangısı *path.* appendicitis.
ekenek 1. land that is ready to be sown. 2. arable land; field.
eker mechanical sower, drill.
ekeylem, ekfiil *Turkish gram.* the copulative verb "to be" when suffixed to a predicate noun or adjective.
ekici 1. grower (of a specified crop). 2. sower, person who sows seed.
ekili sown.
ekilmek 1. to be sown. 2. /a/ (for salt, powdered sugar, etc.) to be sprinkled. 3. *slang* to be given the slip (by someone).
ekim 1. (a) sowing, planting. 2. October. — ayı October. — biçim farming.
ekimlik plantation.
ekin 1. (a) crop (while it is still in the field). 2. culture (i.e. the products of human thought). — bağı (a) sheaf (of grain). — biçmek to reap, harvest. — iti gibi stuck-up, haughty. — vakti seedtime.
ekinci farmer, tiller of the soil.
ekinç culture (i.e. products of human thought).
ekinçsel cultural.
ekinkargası, -nı *zool.* rook.
ekinli cultured.
ekinoks equinox.
ekinsel cultural.
ekinsiz devoid of culture, uncultured.
ekinsizlik lack of culture.
ekip 1. team, gang, crew. 2. company, troop; troupe.
ekipman equipment.
e-kitap *comp.* e-book.
eklektik 1. (an) eclectic. 2. eclectic.
eklektizm eclecticism.
eklem 1. joint, articulation. 2. joint; seam. — ağrısı arthralgia. — yangısı arthritis.
ekleme 1. /ı/ adding, addition, appending, tacking (something) to. 2. added, appended.
eklemek 1. /ı, a/ to add, append, affix, or tack (one thing) to (another). 2. /ı/ to increase the size of, enlarge; to lengthen; to widen. 3. /ı/ to pool, consolidate (resources); to join, unite.
eklemeli *ling.* agglutinative. — diller agglutinative languages.
eklemleme jointing, articulation.
eklemlemek /ı/ to joint, articulate, unite (two things) by means of a joint.
eklemlenmek to be jointed, be articulated.
eklemli jointed, articulated.
eklemsel articular.
eklenmek 1. /a/ to be added (to), be appended (to), be affixed (to), or be tacked (to). 2. to be enlarged; to be lengthened; to be widened. 3. to be pooled; to be joined, be united.
eklenti 1. addition, appendage. 2. annex, addition (to a building). 3. accessory (of a machine).
ekleşmek *gram.* to become an affix.
ekletmek 1. /ı, a/ to have (something) added (to), appended (to), or tacked (onto). 2. /a, ı/ to have (someone) enlarge (something); to have (someone) lengthen (something); to have (someone) widen (something).
ekli 1. /a/ added to; appended to; affixed to; tacked to. 2. (something) which contains a supplement, appendix, affix, or appendage. — püklü (something) made from odds and

ends, made from scraps. **ekmek 1.** bread. **2.** food; subsistence. **3.** livelihood; job. **— aslanın ağzında** *proverb* It is hard to make a living. **—ini ayağıyla tepmek** to lose a good job or a good opportunity through one's own fault. **— çarpsın!** I swear it's so! **—ini çıkarmak** to earn enough to get along. **— düşmanı** *colloq.* one's wife and children. **—e el basmak** to swear solemnly, swear a solemn oath. **— elden, su gölden** living the life of Riley on what someone else has earned. **—ini eline almak** to have a job that pays enough to live on. **—inden etmek /ı/** to fire (someone). **— gibi (aziz)** as essential and valuable as daily bread. **—ine göz koymak/dikmek /ın/** to covet (someone's) job. **— içi** (the soft bread that forms) the inside of a loaf of bread. **—ini it yer, yakasını bit.** *colloq.* He has money but others use it up. **— kabuğu** crust of a loaf of bread. **— kadayıfı** *see* **ekmekkadayıfı. —ine kan doğramak /ın/** to make (someone) suffer terribly. **—ini kana doğramak** to suffer terribly. **— kapısı** the place where one earns one's living. **— karnesi** ration card for bread. **— kavgası** the struggle to earn a living. **—ini kazanmak** to earn one's living, earn one's daily bread. **— küfü** penicillium. **—ine mâni olmak /ın/** to prevent (someone) from earning his living. **— narhı** fixed price of bread. **—inden olmak** to lose one's job. **—iyle oynamak /ın/** to threaten (someone's) livelihood. **— parası** one's livelihood; enough money to get by. **— somunu** a loaf of bread. **—ini taştan çıkarmak** to make a living the hard way, struggle to make a living. **— tatlısı** a dessert of bread soaked in syrup. **— ufağı** bread crumb. **—ine yağ sürmek /ın/** to help (someone) inadvertently. **—ini yemek /ın/** to gain one's livelihood from (someone).
ekmek 1. /ı/ to sow, plant. **2. /ı, a/** to sprinkle (salt, sugar, powder, etc.) on. **3. /ı/** *slang* to stand (someone) up, deliberately to fail to meet (someone). **4. /ı/** *slang* to get away from (someone) (with a pretense). **5. /ı/** *slang* to blow, waste, throw (money) away. **6. /ı/** *slang* to pass, overtake, leave (someone/something) behind, outdistance. **7. /ı, a/** *slang* to land, give (someone) (a sock, a blow). **8. /ı/** *slang* to stop having anything to do with (someone). **9. /ı/** *slang* to lose (something). **ekip biçmek** to farm. **Ekmediğin yerde biter.** *colloq.* He/She keeps turning up everywhere (*said of a pestiferous person*). **ektiğini biçmek** to reap what one has sown.
ekmekayvası, -nı a large, firm, and juicy quince.
ekmekçi 1. baker or seller of bread. **2.** bread bakery, the baker's. **— küreği gibi dili var.** *colloq.* He/She talks endlessly. He's/She's a real

magpie.
ekmekçilik baking, being a baker or seller of bread.
ekmekkadayıfı, -nı a dessert of baked bread dough soaked in sugar syrup.
ekmeklik 1. (flour) suitable for making bread. **2.** bread box. **3.** *gambler's slang* someone who is easy game, an easy mark, come-on.
ekmeksiz 1. breadless. **2.** (someone) who has nothing to eat. **3.** without bread.
ekol, -lü school (of thought, artists, etc.): **Flaman ekolü** the Flemish school.
ekoloji ecology.
ekolojik ecological, ecologic.
ekolojist, -ti ecologist.
ekonomi 1. economy, economic structure or system. **2.** economy, thrift. **3.** economics. **— ilmi** economics. **— politik** political economy. **— yapmak** to economize, practice economy.
ekonomik 1. economic, pertaining to economics. **2.** economical; productive of saving; sparing in quantity. **— davranmak** to economize, practice thrift.
ekonomist, -ti economist.
ekonomizm economism.
ekose 1. plaid; tartan. **2.** plaid; tartan; woven with a plaid or tartan pattern.
ekran screen (on which slides, movies, television transmissions, computerized information, etc. are projected).
eksantrik 1. eccentric; (something) which does not have the same center as another; (something) which deviates from a center or which is not located at a geometrical center. **2.** eccentric, unconventional, unorthodox, unusual. **— mili** camshaft.
ekselans Excellency.
eksen 1. axis. **2.** *prov.* axle of a two-wheeled oxcart. **3.** axle.
ekser large nail, spike. **— kesmek** to make nails.
ekseri 1. most. **2.** mostly, usually.
ekseriya usually, mostly, for the most part.
ekseriyet, -ti majority. **—le** generally, usually, mostly.
eksi *math.* minus; negative. **— sayı** negative number.
eksik 1. (something) which has something missing or lacking, deficient, incomplete. **2.** defective. **3. /dan/** missing, absent: **Sınıftan iki kişi eksikti.** Two people were absent from the class. **4.** lack; deficiency, shortage; what is missing. **5.** shortcoming, defect. **— çıkmak** (for something) to fall short of the number or amount required, turn out to be short. **— doğmak** (for someone to be born prematurely. **— doldurmak** (for someone who is taken on/for something which is taken on) to fill the gap. **— etek** *prov.* woman, (a) skirt. **— etmemek /ı/** not to

be without. — **gedik** small wants, trivial deficiencies. —**i gediği olmamak** 1. to be perfect in every way. 2. not to lack for anything whatsoever. — **gelmek** (for something) to fall short, be deficient. — **olma!** Thank you. — **olmamak** 1. (for something) not to be lacking, not to be missing. 2. (for someone) not to be absent. — **olmasın.** God bless him/her. — **olsun!** *colloq.* 1. I don't want (him/her/it) around! 2. May he/she drop dead!/I hope he/she croaks! —**ini (gediğini) tamamlamak /ın/** to complete what is missing in (something).
eksiklik 1. lack; deficiency, shortage. 2. absence. 3. shortcoming, defect.
eksiksiz 1. complete, perfect, free of deficiency. 2. perfect, free of defects or faults. 3. every bit of (something): **Yüz bin lirayı eksiksiz harcadı.** He spent every bit of the one hundred thousand liras. — **küme** *math.* complete set.
eksilen *math.* minuend.
eksilme 1. decrease, decreasing, becoming less, diminution, diminishing; not being as much or as many (as before). 2. *math.* a decrease.
eksilmek 1. to decrease, become less, diminish; not to be as much or many (as before). 2. /dan/ to be without, lack. 3. /dan/ to be absent from.
eksiltme 1. decrease, decreasing, making less, diminution, diminishing. 2. competitive bidding (won by offering the lowest price for a work); underbidding, underbid. —**ye çıkarılmak** (for a work) to be put up to tender.
eksiltmek /ı/ to decrease, lessen, diminish.
eksin 1. (physically) disabled. 2. *phys., chem.* anion.
eksinlik (physical) disability; being disabled, disablement.
eksiuç 1. cathode. 2. negative pole.
eksiz 1. without a supplement. 2. *gram.* without an affix, prefix, infix, or suffix. 3. seamless, of one piece.
ekskavatör excavator; steam shovel.
eksper consultative authority, expert.
eksperlik expertise.
ekspres 1. express (train, boat, mail, etc.). 2. (an) express. — **yol** superhighway, expressway.
ekspresyonist, -ti expressionist.
ekspresyonizm expressionism.
ekstra 1. high-quality, extra. 2. extra, additional. — **ekstra** the very best.
ekstrafor *tailor.* binding, tape.
ekstrasistol, -lü *path.* extrasystole.
ekstre extract.
ekstrem extreme.
ekşi sour, tart, acid. — **kiraz** sour cherry. — **suratlı/yüzlü** sour-faced. — **yemedim ki karnım ağrısın.** *colloq.* I haven't done anything to be sorry about.
ekşili (a food) which has been given a tart flavor (with seasoning, flavoring, etc.).
ekşilik tartness.
ekşimek 1. to become tart; to sour, turn sour. 2. (for leavened dough) to rise. 3. (for one's stomach) to get upset owing to too much acid: **Midesi ekşidi.** He's got acid indigestion. 4. /başına/ *slang* to harass, bother (someone). 5. (for one's face) to get a sour look on it. 6. *slang* to get embarrassed.
ekşimik cheese made of skim milk or yogurt curds.
ekşimsi, ekşimtırak tartish; sourish.
ekşit, -ti acid. —**e dirençli** acid-fast.
ekşitilmek to be made tart or sour.
ekşitlik acidity.
ekşitme souring. — **kuyusu** septic tank.
ekşitmek /ı/ to make tart; to sour.
ekti *prov.* 1. parasite. 2. gluttonous. — **püktüler** freeloaders, spongers, leeches.
ektirmek /ı, a/ 1. to have (someone) sow (seeds); /ı, a/ to have (seeds) sown in (a place). 2. to have (salt, sugar, powder, etc.) sprinkled on or over (something).
Ekvador 1. Ecuador. 2. Ecuadorian, Ecuadorean, of Ecuador.
Ekvadorlu 1. (an) Ecuadorian, (an) Ecuadorean. 2. Ecuadorian (person).
ekvator equator.
ekvatoral equatorial.
Ekvator Gineli 1: (an) Equatorial Guinean. 2. Equatorial Guinean (person).
Ekvator Ginesi, -ni 1. Equatorial Guinea. 2. Equatorial Guinea, of Equatorial Guinea.
el 1. hand. 2. handwriting. 3. power, control. 4. assistance. 5. possession, ownership. 6. shot (discharge of a firearm). 7. *playing cards* deal. —**de** 1. in hand, on hand. 2. in hand, being done. 3. won over. —**deki** on hand, which is on hand. —**den** by hand, personally. —**inde** under his care; under his control. —**inden** because of. —**iyle** 1. in care of, c/o. 2. by the hand of. —**i açık** generous, munificent, bountiful. — **açmak** 1. to beg for alms. 2. to ask someone for money. 3. to turn a card up on the discard pile. —**i ağır** 1. slow, working slowly. 2. heavy-fisted, hitting hard. —**ine ağır** slow (worker). —**i ağzında kalmak** to be astonished. —**den ağıza yaşamak** to live from hand to mouth. —**e alınır** in good condition, useful. —**e alınmaz** in very bad condition. —**i alışkanlığı/uzluğu/yatkınlığı** skill, practice. —**i alışmak** 1. to become skillful. 2. to get used to doing something. — **almak** 1. *dervish orders* to receive permission to initiate others. 2. to become a master craftsman. 3. *playing cards* to take a trick. —**den almak /ı/** to buy (some-

thing) straight from the producer. —e almak /ı/ to take up, consider (a matter). —ine almak /ı/ to take (someone/something) in hand, take charge of. — altında handy, within reach. —i/—inin altında 1. at one's disposal, at one's service. 2. handy, within easy reach. — altından in an underhanded way, underhandedly, underhand, secretly. — altlığı desk pad (used to provide a desk top with a cushioned surface). — arabası 1. wheelbarrow. 2. school slang masturbation. —i armut devşirmiyor/toplamıyor ya! colloq. Don't worry, he can defend himself. — atmak /a/ 1. to put one's hand to, undertake. 2. to mix in, interfere in (another's affair). 3. to grab at, lay one's hand on, grasp. —e avuca sığmaz out of hand, uncontrollable, very mischievous. —de avuçta bir şey kalmamak to have nothing left. —de avuçta nesi varsa everything he has, all he possesses. —i ayağı bağlı not free to act, having one's hands tied. —i ayağı buz kesilmek 1. to be very cold. 2. to be stunned. —ini ayağını çekmek /dan/ 1. to stop going to (a place). 2. to stop doing (something). — ayak çekilmek to be deserted and quiet. —i ayağı dolaşmak to be so upset that one does nothing right. —den ayaktan düşmek to become infirm by illness or old age. —i ayağı düzgün lacking in bodily defects. —i ayağı gevşemek to have no strength in one's muscles (because of heat or fear). —ine ayağına kapanmak/düşmek/sarılmak /ın/ to implore. —i ayağı kesilmek/tutmamak to be limp and helpless (because of an event or bad news). —ini ayağını kesmek 1. /dan/ to stop going to (a place). 2. /ın, dan/ to stop (someone) from coming to (a place). —i ayağı olmak /ın/ to be (one's) helper, be (one's) right hand. —ini ayağını öpeyim. colloq. I beg you./I implore you. —i ayağı titremek to tremble from fear or nervousness. —i ayağı tutmak to be physically sound and strong. —ine ayağına üşenmemek to do active work without grumbling. — ayası the palm of one's hand. —i aza varmamak to be overgenerous in buying or using something. — bağlamak to fold one's hands respectfully in front of oneself. —ini bağlamak /ın/ to tie (someone's) hands. —e bakmak to read palms, practice palmistry. —ine bakmak /ın/ 1. to depend on (someone) for one's living. 2. to look at (someone's) hands to see what has been brought. — basmak /a/ to swear by placing one's hand on (something sacred). —i bayraklı quarrelsome, impudent, and abusive (person). — bebek gül bebek spoiled, pampered. —i belinde 1. alert, ready for action. 2. spoiling for a fight. —ini belli etmek/göstermek playing cards to expose one's

hand. — bende! children's game I'm in! — benden, sebep Allahtan. I have done what I can to help you. Your recovery is in God's hands (used only in cases of illness). — bezi small damp cloth (for wiping one's hands or mouth after eating). — bıçkısı a small handsaw. —ini bırakıp ayağını, ayağını bırakıp elini öpmek /ın/ 1. to plead with (someone). 2. to kiss (someone's) hand as a sign of great joy. —den bırakmak /ı/ to give (something) up. — de bir sure thing, a certainty. —inden bir sakatlık/kaza çıkmak to cause accidental damage, have an accident. —inden bir şey gelmemek not to find any way to solve the problem. —i bol well supplied with money and what is needed for the job. — bombası hand grenade. —i boş 1. empty-handed. 2. unemployed, idle. —i boş dönmek/çevrilmek/geri gelmek to return empty-handed. —i böğrünüde kalmak to be utterly discouraged and helpless. — bulmak to find a helping hand. —de bulunan on hand, available. —inde bulunmak/olmak /ın/ to be owned by. —ini cebine atmak to reach for one's wallet. —i cebine varmamak not to be willing to spend money. —i/—ine çabuk fast (worker), efficient. —ini çabuk tutmak to hurry up, be quick. — çabukluğu sleight of hand, legerdemain. — çekmek /dan/ to withdraw from, give up, relinquish. — çektirmek /a, dan/ to dismiss or fire (someone) from (a job or work). —den çıkarmak /ı/ to sell. —den çıkmak 1. to go out of one's possession. 2. to be out of one's hands. — çırpmak to clap one's hands. —i dar/darda hard up for money. —imde değil. There's nothing I can do about it. — değirmeni coffee mill; hand mill, quern. — değiştirmek to change hands, change owners. —i değmek /a/ to find the time to do (something). — değmemiş intact; untouched by hands. —lerin dert görmesin! May your hands never see any trouble (said in gratitude to someone who has helped one). —ime doğdu. colloq. I've known him since he was born. —i dursa ayağı durmaz. colloq. He won't stay still for a minute (usually said of children). —den düşme secondhand. —ine düşmek /ın/ 1. to fall under (one's) control. 2. to be caught (by). 3. to need (someone). 4. to come into (one's) possession. —inden düşürmemek /ı/ to use (something) continually. —de ediliş değeri cost. —i ekmek tutmak to begin to support oneself for the first time. —inde ekşimek /ın/ colloq. to turn into long-drawn-out drudgery owing to someone's bad management (used only of a work or project). — ele hand in hand. —den ele from hand to hand, from person to person. —den ele dolaşmak to change hands many times. **—den ele geçmek** to change owners. **—den ele gezmek** to go about, circulate, pass from hand to hand, change hands many times. **— ele tutuşmak** to take each other by the hand. **— el üstünde kimin eli var?** *children's game* "Whose hand is on top?" (played by piling hands on the back of a bending child who has to guess whose hand is on top of the pile). **— ele vermek** to join forces, cooperate. **— eli yur, iki el (de) yüzü.** *proverb* (One hand washes the other and two hands wash the face.) We all need each other. **— emeği** 1. handwork, labor. 2. pay (for work). **— ense** *wrestling* a hold that pinions the opponent's throat and the back of his neck. **— ense çekmek /a/, — ense etmek /ı/** to pinion (one's opponent's) throat and neck. **— erimi** arm's length, reach. **—i ermemek /a/** 1. not to have time for. 2. not to be able to reach. **—i ermez, gücü yetmez** helpless in the face of a difficult situation. **— etek çekildikten sonra** when everybody is gone. **—ini eteğini çekmek /dan/** to withdraw, be through with (something). **—ine eteğine doğru** well-behaved, honest, virtuous. **— etek/ayak öpmek** 1. to implore. 2. to flatter someone. **—ine eteğine sarılmak /ın/** to plead with. **— etmek /a/** to motion or signal (someone) to come. **—de etmek /ı/** 1. to get. 2. to win (someone) over; to get (someone) to one's side. **— falı** handreading, palmistry, chirognomy, chiromancy. **— feneri** flashlight. **— freni** hand brake. **—den geçirmek /ı/** to sort through, go through (something/things) (in order to correct, repair, replace, etc.). **—e geçirmek /ı/** 1. to catch, capture. 2. to get, get hold of. **—e geçmek** 1. to be caught. 2. to be gotten. **—ine geçmek** 1. to earn. 2. to come across, meet. 3. to find, get. 4. to catch. **—e geçmez** not easy to get, hard to find. **—den gel bakalım ...!** /ı/ *slang* Come on, hand over (the money)! **—den geldiği kadar/geldiğince** as much as one can. **—inden geleni ardına/arkasına komamak** to do all the bad one can, do one's best to harm or hurt someone/something. **—inden geleni yapmak** to do all one can, do one's level best. **—den gelmek** 1. to be within one's capabilities. 2. /ı/ *slang* to give over, cough up, fork over, hand over. **—e gelmek** 1. to come in handy. 2. (for a baby) to be old enough to be carried in one's arms. **—inden gelmek** to be able to do. **—den gelmemek** *(with a negative infinitive)* to be unable to keep from (doing something), find it impossible (not to do something). **—inden gelmemek** to be unable to do. **—i geniş** generous. **—i genişlemek** to come into money. **—lerde gezmek** to be very popular. **—den gitmek** to be lost, be gone. **—i gitmek**

/a/ to reach for. **—ini göğsüne koymak** to be fair, act conscientiously. **—i hafif** skillful, light of touch. **—im hamur karnım aç.** *colloq.* I do all the work but get nothing out of it. **—inin hamuru ile erkek işine karışmak** (for a woman) to meddle in a man's business. **—den hibe** *law* executed gift. **—inden hiçbir şey kurtulmamak** to be able to do anything, be very skillful. **— ilanı** handbill. **— ile tutulur** tangible. **—inden iş çıkmamak** to be slow-working, be incapable of finishing a job. **—inden iş gelmek** to be skillful and productive. **— işçiliği** handwork, handiwork. **—i işe yatmak** to be skillful. **— işi** 1. handwork, handiwork. 2. handmade. **—i işte/aşta, gözü oynaşta.** *colloq.* She daydreams while she is working *(said only of a woman).* **—den kaçırmak /ı/** to miss (an opportunity, a chance). **— kadar** very small. **—ini kalbine/vicdanına koyarak** being careful to be just. **— kaldırmak** 1. to raise one's hand (for attention or to vote). 2. /a/ to raise one's hand against (someone). **—i kalem tutmak** 1. to know how to write. 2. to be able to write well, express oneself well in writing. **—de/—inde kalmak /ın/** 1. to be under the control of (someone). 2. to remain unsold. **—ine kalmak /ın/** to be left to the care of (someone). **—ini kana bulamak/bulaştırmak** to commit bloody murder. **— kantarı** steelyard, lever scales. **— katmak /a/** 1. to interfere (in). 2. to participate (in). **—inden kaza çıkmak** to cause an accident. **—lerine kına yaksın!** *colloq.* Now she can rejoice *(said ironically).* **—i kırılmak /a/** to get used to (a job). **—i kırılsın!** May his hand break in two! **—i kısa** *slang* awkward, incapable. **— kiri** something one can easily give up. **—ini kolunu bağlamak /ın/** to make (someone) unable to do something. **—i kolu/ayağı bağlı kalmak** to have one's hands tied, not to be able to do what one wants. **—ini kolunu sallaya sallaya gelmek** 1. to come without a gift. 2. to come back empty-handed. **—ini kolunu sallaya sallaya gezmek** to wander around undauntedly; to wander around scot-free. **— koymak /a/** 1. to take over the investigation of (an unlawful act). 2. to confiscate; to sequester. **—iyle koymuş gibi bulmak** /ı/ to find (something) easily (as though one had put it there himself). **—i koynunda** 1. unemployed. 2. helpless, powerless, without resource. **—i koynunda kalmak** to be utterly discouraged and helpless. **— koyucu** imperialist. **— koyuculuk** imperialism. **—inin/ölünün körü!** What nonsense!/Shut up! **—ini kulağına atmak** to cup one's hand behind one's ear (in singing a song). **—i kulağında** about to happen, just around the corner. **—inden kurtulmak /ın/** to succeed in escaping from (someone). **—i kurusun!** May his hand wither up! —**i maşalı** quarrelsome, impudent, and abusive (person). —**leri nasır bağlamak** to get calluses from hard work. —**den ne gelir?** What can be done?/What can one do? —**oğuşturmak** to wring one's hands (in respect or confusion). —**i olmak /da/** to have a hand in (something). **(bir iş)** —**inde olmak** (for a job or work) to be within one's power. —**inde olmamak** to be beyond one's control. —**ini oynatmak** to tip someone, give money. — **öpmek** to kiss someone's hand (in respect). —**i para görmek** to start earning money (after having been without income). —**i pek** stingy, closefisted. — **pençe divan durmak** to stand respectfully with hands folded in front of oneself; to stand ready to receive orders. — **peşrevi** slang a pat, caress. —**ine/**—**inize/**—**lerinize sağlık.** Well done, thanks! (said to someone who has made food, handwork, etc.). — **sallamak** to wave one's hand, wave. —**imi sallasam ellisi, başımı sallasam tellisi.** colloq. I only have to snap my fingers to have all the opposite sex at my bidding. — **sanatları** handicrafts. —**im sende** children's game You're it. —**ini sıcak sudan soğuk suya sokmamak** not to lift a finger to help with the housework. —**i sıkı** closefisted, stingy. — **sıkmak** to shake hands. —**i silah tutan** 1. old enough to be drafted. 2. who knows how to use a gun. —**i sopalı** bully. —**ine su dökemez.** /ın/ He is much inferior to (someone)./He cannot hold a candle to (someone). — **sunmak /a/** to extend one's hand to (someone) in friendship. — **sürmemek /a/** 1. not to touch. 2. not to do; not to lift a finger to (do something). 3. to show no interest in (something). —**i şakağında** worried and pensive. — **şakası** practical joke (done with the hands). —**i tartısız** 1. who is unable to estimate weights. 2. who lacks a sense of proportion, immoderate. — **tazelemek** 1. to take a rest break. 2. to put in a substitute. — **terazi, göz mizan.** proverb Sometimes one only needs to guess at sizes. — **tutmak** (for a job) to drag on for a long time. —**de tutmak /ı/** 1. to own, possess. 2. to have control over (something); to monopolize. 3. to keep back (something) in reserve. 4. to hold back (a commodity) from the market. —**inden tutmak /ın/** to help, protect. —**le tutulacak tarafı/yanı kalmamak /ın/** 1. (for something) to have no sound part left, be worn out, be shot. 2. to be completely untrustworthy. —**le tutulur, gözle görülür** tangible, real, genuine. —**ine tutuşturmak /ı/** to have (something) thrust into one's hand. —**i uz** skilled, deft, dexterous, clever with hands. — **uzatmak /a/** 1. to try to take, try to touch (someone's share). 2. to reach out to help. — **uzluğu** skill, deftness, dexterity. —**i uzun** thievish. — **üstünde gezmek** to be very popular. — **üstünde tutmak /ı/** to treat (someone) with great respect and honor. —**de var bir** math. and carry one. —**i varmamak/gitmemek /a/** not to have the heart (to do something). —**inle ver, ayağınla ara.** colloq. Whatever you lend him, you may as well kiss good-bye. —**ini veren kolunu alamaz.** colloq. If you give him your hand you will lose your arm. — **vermek** 1. /a/ to help, lend a hand. 2. /a/ to give permission to (someone) to initiate others. 3. /a/ to empower (someone) to act as a doctor. 4. playing cards to give up a trick. —**e vermek** /ı/ to inform on (someone), tell on (someone). —**ine vur, ekmeğini (ağzından) al.** colloq. He is very meek and spiritless. — **vurmak /a/** 1. not to touch. 2. not to begin. —**lerim yanıma gelsin!** colloq. Let me be struck dead if I am lying! —**i yatkın /a/** adept at (a work), having a knack for (a manual skill). — **yatkınlığı** 1. skill acquired by practice. 2. deftness, dexterity. —**i yatmak /a/** to get used to (a job). — **yazısı** handwriting. — **yazması** 1. (handwritten) manuscript; script; handwritten book. 2. handwritten. —**ini yıkamak /dan/** to wash one's hands of (a business). — **yordamıyla** gropingly. —**i yordamlı** clever with his hands, deft. —**ler yukarı!** Hands up! —**i yüzü düzgün** fairly pretty.

el 1. stranger, alien. 2. people; tribe. 3. country. — **adamı** stranger. — **ağzı ile çorba içmek** to adopt the views of another as one's own. —**in ağzı torba değil ki büzesin.** proverb You can't stop people from talking. — **elden üstündür (ta arşa kadar).** proverb Everyone has his superior. — **eliyle yılan tutmak** to have another person do the dangerous job. —**le gelen düğün bayram.** proverb We are all in the same boat. — **gün** people, others. —**e güne karşı** 1. in front of everybody; in the eyes of everybody. 2. in order to save face. —**e güne rezil olmak** to be embarrassed in the presence of others. — **kapısı** 1. place where one works for another to earn one's living. 2. the house of the bride's in-laws.

ela 1. hazel (refers to the color of eyes). 2. hazel, hazel-colored (eyes).

elado slang 1. Come here! 2. Give me/us ...!/ Cough up the ...! — **etmek** /ı/ 1. to get, get one's hands on, get hold of. 2. to steal, pinch, Brit. nick.

elâlem everybody, everyone.

elaman 1. Mercy on us! 2. /dan/ Enough of ...!/ I'm sick to death of ...!: **Bu şikâyetlerden elaman!** I'm fed up with the complaints. — **çekmek** to complain vehemently. — **demek** to be fed up, have had it.

elan 1. right now, at this very moment. 2. still; yet.

elastik, elastiki 1. elastic; flexible. 2. ambiguous.
elastikiyet, -ti 1. elasticity, flexibility. 2. ambiguity.
elbecerisi, -ni manual skill.
elbet, elbette certainly, decidedly, surely.
elbezi, -ni small damp cloth (for wiping one's hands or mouth after eating).
elbirliği, -ni cooperation. —**yle** as a group, in cooperation with one another.
elbirlikli cooperative; common; shared.
elbise 1. (woman's) dress: **Yeni elbisen güzel.** Your new dress is pretty. 2. (an) article of clothing, garment. —**ler** clothes, clothing. — **dolabı** wardrobe. — **fırçası** clothes brush.
elbiseci seller of ready-made clothes.
elbiselik (cloth) suitable for making clothes.
elçi 1. ambassador. 2. envoy. 3. prophet. — **eşi** ambassador's wife, ambassadress. —**ye zeval olmaz.** *proverb* An envoy cannot be blamed for his mission.
elçilik 1. ambassadorship, duties and functions of an ambassador, embassy. 2. ambassador, the rank or position of ambassador. — **etmek** 1. to function as an ambassador. 2. to be a reconciler. — **uzmanı** attaché.
eldeci possessor, holder.
eldiven 1. glove. 2. mitten. 3. boxing glove.
elebaşı, -yı 1. ringleader. 2. the leader *(in children's games).*
elebaşılık the position of a ringleader; chieftaincy; chieftainship.
eleğimsağma rainbow.
eleji elegy.
elek fine sieve, sifter. —**ten geçirmek** /ı/ 1. to sift. 2. to examine (something) minutely.
elekçi 1. maker or seller of sieves. 2. sifter, siever, person who sifts or sieves. 3. *colloq.* (a) gypsy.
elekçilik 1. making or selling sieves. 2. being a sifter or siever.
elektrifikasyon electrification.
elektrik 1. electricity. 2. electric, electrical. — **düğmesi** electric switch. — **feneri** flashlight, *Brit.* electric torch. — **sayacı** electricity meter. — **süpürgesi** vacuum cleaner. — **tesisatı** electrical wiring (in a building). — **verme** electrification. — **yayı** *elec.* arc.
elektrikçi electrician.
elektrikçilik the work of an electrician.
elektriklemek /ı/ to charge with electricity, electrify.
elektriklendirme electrification.
elektriklendirmek /ı/ to electrify.
elektriklenmek to be electrified.
elektrikli 1. electric, electrically operated. 2. live (wire). 3. electric, tense. — **süpürge** *see* **elektrik süpürgesi.**
elektro electrocardiogram. — **çektirmek** to have one's electrocardiogram taken.
elektrokardiyograf electrocardiograph.
elektrokardiyografi electrocardiography.
elektrokardiyogram electrocardiogram.
elektrolit, -ti electrolyte.
elektroliz electrolysis.
elektromanyetik electromagnetic.
elektromanyetizma electromagnetism.
elektromekanik 1. electromechanics. 2. electromechanical.
elektromıknatıs electromagnet.
elektromotor 1. electromotive. 2. electromotor. — **kuvvet** electromotive force.
elektron electron.
elektronegatif electronegative.
elektronik 1. electronic. 2. electronics. — **beyin** computer. — **çalgılar** electronic instruments. — **kitap** *comp.* electronic book, e-book. — **müzik** electronic music, synthetic music. — **posta** electronic mail, e-mail. — **posta adresi** e-mail address. — **ticaret** e-business (on the Internet).
elektropozitif electropositive.
elektroskop, -pu electroscope.
elektrostatik 1. electrostatic. 2. electrostatics.
elektroşok, -ku electroshock therapy; electroshock.
elektrot, -tu electrode.
elektroterapi electrotherapy.
elem anguish, mental suffering.
eleman 1. (a) member (of a personnel, staff, or corps). 2. component, part. 3. *chem.* element.
elemanter elementary.
eleme 1. sieving; sifting; screening. 2. eliminating (someone), weeding (someone) out, screening (someone) out. 3. *sports* preliminary match; trial, heat. 4. skeining (yarn). 5. sieved; sifted; screened: **eleme un** sifted flour. — **sınavı** elimination examination.
elemek /ı/ 1. to sieve; to sift; to screen. 2. to eliminate, weed (people) out; to eliminate (a rival) (in a competition). 3. to skein, wind (yarn) into skeins. 4. *slang* to use up (all one's money) (while gambling). 5. *slang* to win all of (one's opponent's money), take (one's opponent) to the cleaners.
element, -ti *chem.* element.
elemge swift, winding frame, winder.
Elen 1. (a) Hellene. 2. Hellenic, of the Hellenes.
Elence 1. Hellenic, the language of the Hellenes. 2. (speaking, writing) in Hellenic, Hellenic. 3. Hellenic (speech, writing); spoken in Hellenic; written in Hellenic.
elenme 1. being sieved, sifted, or screened. 2. being eliminated, weeded out, or screened out.
elenmek 1. to be sieved, sifted, or screened. 2. to be eliminated, be weeded out, be screened out. 3. (for yarn) to be skeined.
elenti the material that has been passed through a sieve, sifter, or screen.

elerki, -ni democracy.
elerkil democratic.
eleştirel critical, pertaining to criticism. **— basım** critical edition.
eleştiri 1. criticism. 2. critique; review.
eleştirici 1. critic; reviewer. 2. critical.
eleştiricilik 1. criticism. 2. critical philosophy, criticism.
eleştirilmek to be criticized.
eleştirim criticism.
eleştirimci pertaining to critical philosophy.
eleştirimcilik critical philosophy, criticism.
eleştirisel critical, pertaining to criticism.
eleştirme criticism.
eleştirmeci critic; reviewer.
eleştirmecilik criticism.
eleştirmek /ı/ to criticize.
eleştirmeli critical.
eleştirmen critic; reviewer.
eleştirmenlik 1. being a critic or reviewer. 2. criticizing; reviewing.
elezer sadist.
elezerlik sadism.
elfatiha the opening chapter of the Koran.
elgin 1. stranger. 2. strange, foreign.
elhamdülillah Thank God!/Glory be to God!/ Praise be to God!
eliaçık generous, munificent, bountiful.
elif alif, the first letter of the Arabic alphabet. **—i bilmemek** to be illiterate. **—i elifine** exactly; to a T. **— gibi** upright, slender. **—i görse direk/mertek sanır.** *colloq.* He is completely illiterate.
elifba, elifbe the Arabic alphabet.
elim heartrending, very distressing, very sad.
elindelik free will.
elips ellipse.
elipsoidal, -li ellipsoidal.
elipsoit ellipsoid.
eliptik elliptic.
elisıkı closefisted, stingy.
elişi, -ni handicrafts. **— kâğıdı** shiny paper brightly colored on one side.
elit elite, select.
elkızı, -nı 1. daughter-in-law. 2. bride. 3. wife.
elkitabı, -nı handbook, manual.
elleme 1. handling, touching. 2. handpicked, choice.
ellemek /ı/ to handle, feel, touch (with one's hand).
ellenmek to be handled, be touched. **ellenmiş dillenmiş** (woman) known to be free and easy.
elleşmek 1. **/a/** to handle, touch (with one's hand). 2. to horse around, push and shove each other (in fun). 3. to shake hands, shake on it (when closing a bargain). 4. **/a/** to say something cutting to. 5. to squeeze each other's hands to see who has the strongest

grip. 6. **/la/** to shake hands (with). 7. to help each other. 8. (for several people) to lift or move something together.
elli fifty. **— altı** *slang* slap, cuff. **— dirhem otuz** *slang* very drunk, three sheets in the wind.
ellik 1. *naut.* sailmaker's palm, palm. 2. *prov.* glove; anything designed to protect the hand.
ellilik 1. a unit of value which has a denomination of fifty (e.g. a coin or a stamp worth fifty liras). 2. (a) quinquagenarian. 3. (something) which is priced at or worth fifty units of a currency. 4. (something) which is fifty units in length, weight, volume, etc. 5. (something) which holds fifty units or measures. 6. quinquagenarian, (someone) who is in his/her fifties.
ellinci 1. fiftieth, (someone/something) who/which is fiftieth in a countable series. 2. fiftieth, in the fiftieth place.
ellişer fifty each, fifty apiece. **— ellişer** in fifties.
elma apple. **— ağacı** apple tree. **— gibi** red (cheek). **— şarabı** hard cider, applejack. **— şekeri** candied apple. **—nın yarısı o, yarısı bu** as like as two peas in a pod.
elmacık high part of the cheek.
elmacıkkemiği, -ni cheekbone.
elmalık apple orchard.
elmas 1. diamond. 2. diamond-tipped glass cutter, diamond. **— gibi** innocent, pure, virtuous.
elmasiye a fruit gelatine dessert.
elmastıraş 1. cut glass. 2. diamond-cutter (person). 3. diamond-tipped glass cutter, diamond.
eloğlu, -nu 1. stranger. 2. son-in-law. 3. husband.
El Salvador 1. El Salvador. 2. Salvadoran, Salvadorian, of El Salvador.
El Salvadorlu 1. (a) Salvadoran, (a) Salvadorian. 2. Salvadoran (person), Salvadorian (person).
elsözlüğü, -nü small, portable dictionary.
eltası, -nı washbowl, washbasin.
elti sister-in-law (wife of one's husband's brother).
eltopu, -nu *sports* handball.
elulağı, -nı helper.
elvan 1. colors. 2. many-colored, multicolored. **— elvan** *colloq.* 1. all kinds. 2. many-colored, multicolored.
elveda, -aı Farewell!/Good-bye! *(said when parting forever).*
elverişli suitable; convenient.
elverişlilik suitability; convenience.
elverişsiz unsuitable; inconvenient.
elverişsizlik unsuitability; inconvenience.
elvermek /a/ 1. to suffice, be enough (for). 2. to suit, be suitable or convenient (for). **Elverir ki ....** It's enough that ....
elyaf fibers.

elzem most necessary, indispensable.
em medicine, remedy. **—e seme yaramamak** to be useless. **—e yaramak** to be useful.
emanet, -ti 1. person or thing entrusted to another's safekeeping, a trust. 2. checkroom for baggage. 3. **/a/** entrusted to (someone's safekeeping). **— bırakmak/vermek /ı, a/** 1. to deposit (something) with (someone) (for safekeeping). 2. to check (luggage). **— etmek /ı, a/** to entrust (someone/something) to, put (someone/something) in the care of. **— hesabı** deposit account. **—e hıyanet olmaz.** *proverb* One must always take special care of something entrusted to him.
emanetçi baggage checkroom attendant.
emanetçilik work of a checkroom attendant.
emaneten on deposit; as a trust, for safekeeping.
emare 1. sign, mark, token; indication. 2. *law* circumstantial evidence.
emaret, -ti 1. *hist.* semiautonomous province or governorship. 2. emirate.
emay enamel.
emaye 1. enameled. 2. glazed.
emaylamak /ı/ to enamel, overlay with enamel.
embriyolog embryologist.
embriyoloji embryology.
embriyon *anat.* embryo.
emcek, emcik teat; nipple.
emdirmek 1. **/ı, a/** to have (an infant) suck on (something). 2. **/ı/** to nurse, suckle. 3. **/ı, a/** to soak up or blot up (something) with.
emek 1. work, labor. 2. trouble, pains. **— birliği** cooperation. **— çekmek** to work hard, take great pains. **—iyle ekmeğini kazanmak** to work for one's living. **—i geçmek /a/** to expend effort in (accomplishing something). **— harcamak** to put in work. **—i sağdıç emeğine dönmek** not to benefit from one's work. **— vermek /a/** to work hard, labor (at), take great pains (with).
emekçi worker, laborer; proletarian. **— sınıf** the working class, proletariat.
emekçileşme proletarianization.
emekçilik being a worker.
emekleme crawling (of a baby) on all fours. **— çağı/dönemi** early stage of development (of something).
emeklemek 1. (for a baby or an infirm person) to crawl on all fours. 2. to try to find one's feet, be in the learning stage.
emekli retired (official). **—ye ayırmak /ı/** to retire (an employee), put on retirement pay. **— aylığı** retirement pay, pension. **— olmak/—ye ayrılmak** (for an employee) to retire.
emeklilik retirement.
emeksiz 1. gained without turning a finger, received without effort, received without

exerting oneself. 2. without effort, without exertion. **— evlat** stepchild.
emektar 1. faithful and long in service, veteran. 2. old and faithful servant, old and loyal worker. 3. good old, tried and true (thing).
emektaş fellow worker, comrade.
emel desire, wish; ambition, longing.
emici 1. sucking, that which sucks. 2. absorbent, blotting. **— kıllar/tüyler** *bot.* root hairs.
emik 1. bruise produced by sucking. 2. *prov.* throat.
emilim absorption.
emilmek 1. to be sucked. 2. to be absorbed.
emin 1. safe, secure. 2. sure, certain; free from doubt. 3. strong, firm. 4. trustworthy. **— ol.** Believe me. **— olmak /dan/** to be sure (of).
emir, -mri order, command; decree. **— almak /dan/** to receive orders (from). **—e amade** ready, at one's service. **— büyük yerden gelmek** for an order to come straight from the top. **— eri** *mil.* orderly. **—ine girmek /ın/** to enter into (someone's) service. **—e hazır** ready, at one's disposal. **— kipi** *gram.* imperative mood. **— kulu** one who has to obey orders. **— limanı** port of call. **—e muharrer senet** promissory note. **— subayı** *mil.* adjutant. **— vermek /a/** to order, command. **—ine vermek /ı, ın/** 1. to assign (someone) to (a post, an office). 2. to assign (something) to the use of (someone); to assign (someone) to the service of (someone).
emir emir, prince, chief, leader, ruler, commander.
emirlik being an emir. 2. emirate.
emirname written command; decree.
emisyon 1. *fin.* emission, issuing, issue. 2. (radio) transmission.
emlak, -ki, -kı real estate. **— vergisi** real estate tax.
emlakçı *colloq.*, see **emlakçı.**
emlakçılık *colloq.*, see **emlakçılık.**
emlakçı real estate agent.
emlakçılık the real estate business.
emme suck, suction. **— basma tulumba** a kind of suction pump. **— borusu** inlet manifold. **— supabı** inlet valve.
emmeç aspirator; suction pump.
emmek /ı/ 1. to suck. 2. to absorb. 3. *slang* to milk, mulct, bleed (someone). **eme eme iliğini kurutmak /ın/** to suck to the very marrow, exhaust (someone). **emdiği sütü burnundan getirmek /ın/** to make (someone) pay heavily (for a misdeed). **emdiği sütü haram etmek /a/** (for a mother) to curse (her child).
emmi *prov.* 1. paternal uncle. 2. familiar mode of address.
emniyet, -ti 1. safety, security. 2. confidence, belief. 3. the police, the law. 4. safety, safety

emniyetli 222

catch. 5. police headquarters. — **altına almak** /ı/ to protect, secure. — **amiri** chief of police (in a small district). — **bölgesi/sahası** *mil.* safety zone. — **etmek** 1. /a/ to trust in. 2. /ı, a/ to entrust (something) to (someone's) care. — **kemeri** safety belt. — **müdürlüğü** police headquarters (in a province). — **müdürü** chief of police (in a province). — **payı** margin of safety. **E— Sandığı** name of a credit institution which makes loans on the security of real estate or valuables. — **somunu** locknut. —**i suiistimal** embezzlement; breach of confidence. — **supabı** safety valve. — **tedbiri** security measure, safety precaution. — **tertibatı** safety gear. — **vermek** /a/ to give (someone) the impression of being trustworthy.
emniyetli 1. safe. 2. trustworthy, reliable.
emniyetsiz 1. unsafe. 2. untrustworthy.
emniyetsizlik 1. insecurity. 2. lack of confidence.
emoroit, -ti hemorrhoid.
empati empathy.
empermeabl raincoat, *Brit.* waterproof, mackintosh.
emperyalist, -ti 1. (an) imperialist. 2. imperialist, imperialistic.
emperyalizm imperialism.
empoze etmek /ı, a/ to impose (an idea) on (someone).
empresyonist, -ti 1. (an) impressionist. 2. impressionistic.
empresyonizm impressionism.
emprevizyon *law* want of foresight.
emprezaryo impresario.
emprime 1. colored printing process used for fabrics. 2. a kind of printed fabric, print. 3. printed (fabric).
emretmek /ı, a/ to order, command. **Emretti patrik efendi!** *colloq.* The Patriarch has spoken (deriding one who gives commands but has no authority).
emrihak, -kkı (God's decree) death. — **vaki olmak** to die.
emrivaki, -ti ait accompli, accomplished fact.
emsal, -li 1. similar cases. 2. equal, peer. 3. precedent; example. 4. *math.* coefficient. — **göstermek** to point to a precedent. —**i yok** matchless, peerless.
emsalsiz matchless, peerless, unequaled.
emtia stock, goods.
emzik 1. pacifier, *Brit.* comforter. 2. baby's bottle, feeding bottle. 3. spout. 4. *prov.* cigarette-holder. 5. *slang* hookah, nargileh. — **borusu** the stovepipe elbow that connects with the stove.
emzikli 1. having a spout. 2. (baby) sucking a pacifier. 3. nursing (woman).
emzirilmek to be nursed, be suckled.
emzirmek /ı/ 1. to nurse, suckle. 2. *slang* to siphon out gasoline from (a car).
emzirtmek /ı, a/ to have (someone) nurse (a baby).
en *(before an adjective)* most, -est. — **aşağı/az/azından** at least. — **baştan** from the very beginning. — **büyük ortak tam bölen** *math.* highest common divisor. — **çok** maximum, at most. — **düşük** minimum, least. — **küçük ortak kat** *math.* lowest common multiple. — **önce/evvel** first of all. — **sonra** finally. — **yüksek** maximum.
en width, breadth. —**ince** in width, crosswise, transversely. —**ine boyuna** 1. in length and breadth. 2. tall and well-built. 3. fully. —**ine boyuna çekmek** /ı/ to try to accomplish (something) by using all kinds of methods and force. —**ine boyuna ölçüp biçmek** /ı/ to consider (something) in detail. —**i sonu** the long and the short of it. —**inde sonunda** in the end, ultimately, finally.
en brand (on an animal).
en'am a collection of verses from the Koran including the Sura An'am.
enayi *slang* idiot, fool, stupid oaf, stupid ass, lummox, dope, gawk. — **dümbeleği** *slang* a prize idiot, a complete oaf, a real dolt. — **pilakisi** *slang* idiot, fool, stupid oaf.
enayice, enayicesine idiotically, foolishly.
enayilik *slang* stupidity, idiocy.
enbiya prophets.
encam end, termination; ultimate state, result of an act.
encik, encek kitten; pup, puppy; whelp, cub.
enciklemek to kitten; to pup; to litter, whelp.
encümen committee, commission, council.
endam shape, figure; stature (of a person). — **aynası** full-length mirror.
endamlı statuesque, graceful looking, well-proportioned.
endamsız ill-proportioned, ungainly looking (person).
endaze 1. measure; proportion. 2. *obs.* a measure of length of about 25 inches, 65 cm. —**sini almak** /ın/ to estimate the ability of (someone); to estimate the importance and consequences of (a matter). —**si bozuk** ill-proportioned; not in proper order. —**ye gelmemek** to be inestimable, be measureless, be immeasurable. —**ye vurmak** /ı/ to measure; to calculate, consider.
endazesiz 1. unmeasured; uncalculated. 2. measureless, incalculable. 3. boundless, limitless, unlimited.
endeks 1. index. 2. cost-of-living index.
ender 1. very rare. 2. rarely.
enderun *Ottoman hist.* 1. women's apartments in a palace. 2. palace school. **E—u Hümayun** the sultan's private apartments; the palace. **E— Mektebi** Palace School.
endikasyon indication.

endirekt indirect. **— destek** *mil.* indirect support. **— gözetleme** *mil.* indirect observation. **— muhabere** *mil.* indirect communication. **— serbest vuruş** *soccer* indirect free kick.
endişe anxiety, worry. **— etmek** to be anxious, worry, be concerned.
endişelenmek /dan/ to be anxious, be troubled, be concerned (about).
endişeli anxious, worried, concerned.
endişesiz unanxious, unworried, unconcerned.
endokrin endocrine, endocrin, endocrine secretion.
endokrinoloji endocrinology.
Endonezya 1. Indonesia. 2. Indonesian, of Indonesia.
Endonezyalı 1. (an) Indonesian. 2. Indonesian (person).
endüksiyon induction. **— bobini** induction coil.
endüstri industry.
endüstrileşme industrialization.
endüstrileşmek to be industrialized.
endüstriyalizm industrialism.
endüstriyel industrial.
enek castrated.
enemek /ı/ to castrate.
enenmek to be castrated.
enerji energy.
enerjik energetic.
enez *prov.*, *see* **eneze**.
eneze *prov.* feeble, weak, frail.
enezeleşmek *prov.* to become feeble, get weak, become frail.
enezelik *prov.* feebleness, weakness, frailness.
enfarktüs 1. infarct. 2. heart attack.
enfeksiyon infection.
enfes delightful, delicious, very good.
enfiye snuff. **— çekmek/kullanmak** to take snuff. **— kutusu** snuffbox.
enflasyon *econ.* inflation.
enflüanza *path.* influenza.
enformasyon information. **— bürosu** information bureau.
enfraruj infrared. **— ışınlar** infrared rays.
engebe geographic irregularity.
engebeli fraught with geographic irregularities; rough, uneven, rugged (terrain).
engebelik *geog.* 1. roughness, unevenness, ruggedness. 2. relief.
engel 1. obstacle, obstruction, hindrance, impediment, blockage; difficulty, drawback; handicap. 2. barrier, barricade. 3. *sports* hurdle. **— çıkarmak** to create difficulties. **— olmak /a/** to obstruct, hinder, impede, block.
engelleme 1. obstruction, hindrance, hindering, impeding, blocking. 2. *psych.* frustration. 3. *pol.* obstruction, filibustering, filibuster.
engellemek /ı/ to obstruct, hinder, impede, block.

engellenmek to be obstructed, be hindered, be impeded, be blocked.
engelleyim embargo.
engelli 1. having obstacles; obstructed, blocked. 2. *sports* having hurdles. **— koşu** *sports* hurdles, steeplechase.
engellik excuse.
engelsiz without obstacles, unobstructed, unhindered, unimpeded.
engerek adder, viper.
engin 1. open, wide, vast, boundless. 2. the high sea, the open sea, offing. **—e çıkmak** to make for the offing. **—den gitmek** to keep off shore.
engin 1. low, ordinary; cheap. 2. low-lying.
enginar artichoke.
enginlik wideness, great breadth.
engizisyon the Inquisition.
enik kitten; pup, puppy; whelp, cup.
eniklemek to kitten; to pup; to litter, whelp.
enikonu thoroughly, altogether.
enişte sister's or aunt's husband.
enjeksiyon injection.
enjektör 1. syringe, hypodermic syringe. 2. *mech.* injector.
enkaz wreckage; debris; ruins.
enlem latitude. **— dairesi** parallel of latitude.
enli wide, broad.
enlilik wideness, width, broadness, breadth.
ense 1. nape of the neck. 2. *slang* buttocks, fanny, ass. **—sine binmek /ın/** to worry, persecute, tyrannize. **—sinde boza pişirmek /ın/** *colloq.* to press (someone) hard, nag at (someone) to finish a job; to harass. **—si kalın** rich and powerful. **—sini kaşımak** to scratch one's head, wonder what to do. **— kemiği** vertebrae of the neck. **— kökü** nape of the neck. **— kökünden gelmek /ın/** to be very close behind. **— kulak yerinde** *colloq.* big and burly (man). **— sertliği** *path.* stiff neck. **—sine yapışmak /ın/** to seize, collar. **—yapmak** *slang* to lead a comfortable and lazy life.
enselemek /ı/ *slang* to collar, seize by the neck.
enselenmek *slang* to be collared.
enser large nail, spike.
ensiz narrow.
ensizlik narrowness.
enspektör inspector.
Enst. (*abbr. for* **Enstitü**) Inst. (Institute).
enstantane 1. *phot.* snapshot. 2. instantaneous.
enstitü institute (for higher education or research).
enstrüman *mus.* instrument.
enstrümantal *mus.* instrumental. **— müzik** instrumental music.
enstrümantalizm *phil.* instrumentalism.
ensülin insulin.
entari 1. (lady's) dress. 2. loose robe worn by

Arab men. 3. nightshirt.
entarilik material for a robe.
entbent confused, ashamed, disconcerted. — **olmak** to be taken aback.
entegrasyon integration.
entegre integrated (industrial organization).
entel *(often pej.)* 1. (an) intellectual, (a) highbrow. 2. intellectual, highbrow. — **barı** bar frequented by intellectuals. — **takılmak** 1. to associate with intellectuals, hang out with intellectuals. 2. to try to act like an intellectual.
entelekt, -ti intellect.
entelektüalizm intellectualism.
entelektüel 1. (an) intellectual. 2. intellectual (person/activity).
entelekya entelechy.
entelicansiya intelligentsia.
enteresan interesting.
enterese etmek /ı/ to interest.
enterlin *print.* lead, space slug.
enternasyonal international.
enternasyonalizm internationalism.
enterne *mil.* interned. — **etmek** /ı/ to intern.
entertip, -pi *print.* a kind of linotype.
entipüften *colloq.* 1. flimsy, jerry-built. 2. trivial, empty (words). 3. whipped-up, thrown together.
entomoloji entomology.
entomolojist, -ti entomologist.
entrika intrigue; trick. — **çevirmek** to intrigue, scheme.
entrikacı schemer, trickster.
enüstünlük *gram.* superlative degree.
enva, -ai kinds. — **i türlü/çeşitli/çeşit** of various kinds.
envanter *com.* inventory.
envestisman investment.
enzim enzyme.
epe *sports* épée.
epey 1. rather, fairly, pretty. 2. a good many, a good deal of. — **oldu.** It's been a good while since ....
epeyce pretty well, fairly; to some extent.
epidemi epidemic, epidemic disease.
epik 1. epic, epical. 2. epic, an epic poem.
epilog, -gu epilogue, epilog, afterword.
epitel, epitelyum epithelium.
epizot *lit.* episode.
e-posta e-mail. — **adresi** e-mail address.
eprimek *prov.* 1. to wear thin, grow threadbare. 2. to spoil, get rotten.
er 1. male. 2. brave man, manly man. 3. capable man. 4. private, soldier. 5. *prov.* husband. — **azığı** *mil.* ration. — **e gitmek/varmak** *prov.* to marry a man. — **kişi** 1. man, adult. 2. a manly man. — **meydanı** wrestling field. — **oğlu er** a real hero.
er *prov.* early; soon. — **geç** early or late, sooner

or later.
erat, -tı *mil.* privates, recruits; noncommissioned officers.
erbap expert, master.
erbaş noncommissioned officer.
erbezi, -ni *anat.* testicle. — **yokluğu** anorchism.
erdem virtue.
erdemli virtuous, morally upright.
erdemlilik virtuousness.
erdemsiz without virtue.
erdemsizlik lack of virtue.
erden 1. virgin. 2. intact, untouched.
erdenlik virginity.
erdirmek 1. /ı, a/ to have (someone) attain or achieve (something). 2. /ı, a/ to make (something) reach (something/a place). 3. /ı/ to ripen, make (something) ripe.
erdişi 1. (a) hermaphrodite, androgyne, bisexual. 2. *bot.* (a) hermaphrodite, bisexual. 3. hermaphroditic, androgynous, bisexual. 4. *bot.* hermaphroditic, bisexual, monoclinous.
erdişilik 1. hermaphroditism, androgynism, androgyny, bisexuality. 2. *bot.* hermaphroditism, bisexuality, monoclinism.
erek purpose, aim, goal, end, target, objective.
erekçi *phil.* 1. finalist. 2. finalistic, teleological.
erekçilik *phil.* finalism.
erekli purposeful, purposive.
ereklilik *phil.* finality.
ereksel final, relating to an end. — **neden** *phil.* final cause.
ereksiz purposeless, aimless.
ereksizlik aimlessness.
eren 1. one who has become one with God through self-denial. 2. saint. 3. a mystic; dervish. — **ler** mode of address among dervishes. — **lerin sağı solu olmaz.** *proverb* 1. A knowledgeable person achieves success no matter what course he follows. 2. Even the best of masters is unpredictable.
Erendiz *astr.* Jupiter.
erg, -gi *phys.* erg.
erganun *mus.* organ.
ergen 1. adolescent. 2. bachelor. — **olmak** to be old enough to marry.
ergenlik 1. adolescence. 2. bachelorhood. 3. acne common in adolescence.
ergi attainment; success.
ergime *phys.* fusion.
ergimek *phys.* to fuse, melt.
ergimiş *phys.* fused, molten. — **maden** fused metal.
ergin 1. mature, ripe, adult. 2. (someone) who has come of age, who has reached the age of discretion, of full legal age.
erginlemek /ı/ to enlighten, give knowledge to, initiate (someone).
erginlenmek to be enlightened, be initiated.

erginleşme 1. maturation, ripening. 2. coming of age, becoming of full legal age.
erginleşmek 1. to mature, ripen. 2. to come of age, become of full legal age.
erginlik 1. maturity, ripeness. 2. the status of being of full legal age, majority.
ergitme *phys.* fusion, melting.
ergitmek /ı/ *phys.* to fuse, melt.
erguvan *bot.* Judas tree, redbud.
erguvani purple.
erigen easily melting, highly dissolvable.
erik plum. — **ağacı** plum tree.
eriklik plum orchard.
eril *gram.* masculine.
erillik *gram.* masculine gender.
erim range, distance that a thing can reach or attain.
erim good news.
erim 1. term, fixed period of time. 2. due date; date of maturity.
erime 1. melting, dissolution. 2. lysis. — **noktası** melting point.
erimek 1. to melt, dissolve, become liquid. 2. to wear thin, grow threadbare. 3. to waste away, get thin and weak, become emaciated. 4. to be greatly embarrassed. 5. to come to an end, be finished; to disappear.
erim erim erimek to be completely wasted, become emaciated.
erimez insoluble.
erimli having a fixed term, payable on a specified date or within a specified length of time.
erin pubescent.
erinç peace of mind, freedom from anxiety, tranquility, repose, quiet, comfort, rest, ease.
erinçli peaceful, free from anxiety, tranquil, reposeful, at ease.
erinçsiz restless, uneasy, troubled.
erinçsizlik disquiet, unrest, uneasiness.
erinlik puberty.
erinmek *prov.* to be too lazy to do something.
erir soluble.
erirlik solubility.
erişilmek /a/ *impersonal passive* to reach, arrive at.
erişim 1. reaching, arriving, arrival. 2. communications. 3. *sports* record (the highest achievement).
erişkin adult, mature.
erişkinlik adulthood, maturity.
erişmek 1. /a/ to reach, arrive at. 2. /a/ to attain, achieve (a goal). 3. /a/ to reach, be long enough to reach. 4. to ripen, mature. 5. (for a time) to come.
erişte homemade macaroni.
eriştirmek /ı, a/ to convey (something) to; to bring (something) to.
eriten *chem.* 1. (a) solvent. 2. solvent, dissolving.
eritici solvent, dissolvent, dissolving.

eritilmek 1. to be melted, be dissolved. 2. (for money, wealth) to be squandered, be used up.
eritme melting, dissolving. — **peynir** process cheese, processed cheese.
eritmek /ı/ 1. to melt, dissolve. 2. to squander, throw away (one's wealth), use up (all the money). 3. to devastate, destroy (someone). 4. to emaciate.
eritrosit, -ti erythrocyte, red blood cell, red blood corpuscle.
eriyik *chem.* solution.
erk, -ki 1. power, strength, capacity, capability. 2. power, might, strength. 3. influence, power, weight. 4. rule, government, -cracy, -ocracy, -acy, -cy, -archy.
erkân 1. great men, high officials. 2. rules of conduct. —**ı harp** *mil.* general staff.
erke energy.
erkeç sakalı, -nı *bot.* goatsbeard.
erkek 1. man; male. 2. manly, courageous, virile, macho. 3. honest and true. 4. *prov.* husband. 5. good, hard (iron, copper). 6. *mech.*, *carpentry* male. — **anahtar** solid-stemmed key. — **canlısı** man-chaser, woman who is always running after men. — **erkeğe** man-to-man. — **Fatma/Ayşe** tomboy. — **gibi** mannish. — **iğnecik** *naut.* pintle of a rudder. —**li kadınlı/dişili** including both men and women. — **kardeş** brother. — **kopça** a hook for an eye. — **olmak** 1. to change sex and become a man. 2. to become mannish. — **oyuncu** actor.
erkekçe 1. manly. 2. in a manly manner, manfully.
erkekçil man-chasing, (woman) always running after men.
erkeklenmek to act like a bully.
erkekleşmek 1. to become mannish. 2. (for a boy) to show signs of maturity.
erkeklik 1. masculinity. 2. courage, manly behavior. 3. sexual potency, virility. — **organı** penis. — **öldü mü?** *colloq.* Has manly behavior gone out of fashion? *(said by someone preparing to perform a manly deed).* — **sende kalsın!** *colloq.* Behave like a gentleman (and don't be a part of anything mean or underhanded).
erkekorgan *bot.* stamen.
erkeksi tomboyish, mannish (woman).
erken early. — **bunama** schizophrenia.
erkence rather early, a little early, somewhat early.
erkenci early riser; early comer.
erkenden early, very early.
erketeci *slang* look-out man (for a burglar or cheat).
erkin free, unrestricted; liberal. — **inceleme** free-thinking.
erkinci liberal, supporter of laissez-faire.

erkincilik liberalism, laissez-faire, noninterference.
erkinlik freedom.
erkinlikçi supporter of laissez-faire.
erkli powerful.
erklilik power, powerfulness.
erksizlik anarchy.
erlik 1. manliness, courage, bravery. 2. duties of a common soldier.
ermek 1. /a/ to attain, achieve. 2. /a/ to reach, be long enough to reach. 3. to ripen, become ripe, mature. 4. to attain sainthood; to be spiritually enlightened, reach spiritual perfection. **Erdiğine erer, ermediğine taş atar.** *colloq.* He is very quarrelsome.
Ermeni 1. (an) Armenian. 2. Armenian (person). 3. Armenian, of the Armenians.
Ermenice 1. Armenian, the Armenian language. 2. (speaking, writing) in Armenian, Armenian. 3. Armenian (speech, writing); spoken in Armenian; written in Armenian.
Ermenistan Cumhuriyeti, -ni the Republic of Armenia (formerly the Armenian Soviet Socialist Republic).
ermin ermine, stoat.
ermiş 1. one who has become one with God through self-denial. 2. saint. 3. a mystic.
ermişlik 1. being one with God. 2. being a saint. 3. being a mystic.
eroin heroin.
eroinci 1. maker of heroin. 2. seller or pusher of heroin. 3. heroin addict.
eroinman heroin addict.
eros *psych.* Eros (the aggregate of sexual instincts and desires).
erosal erotic.
erosallık eroticism.
eroscu erotic.
erosçuluk eroticism, erotism.
erotik erotic.
erotizm eroticism, erotism.
erozyon erosion.
erselik 1. (a) hermaphrodite, androgyne, bisexual. 2. *bot.* (a) hermaphrodite, bisexual.
ersıvı semen, sperm.
ersiz without a husband; without one's husband.
ersizlik being without a husband.
ersuyu, -nu semen, sperm.
ertak *slang* Let's go.
erte the next, the following (day, week, etc.).
erteleme postponement, delaying.
ertelemek /ı/ to postpone, delay.
ertelenmek to be postponed, be delayed.
ertelenmiş postponed, delayed.
ertem politeness; modesty.
ertesi 1. the next, the following (day, week, etc.): **ertesi yıl** the year after. 2. after, following: **bayram ertesi** after the Bairam.

erzak, -kı provision, storable food.
es *mus.* rest. **— geçmek** /ı/ *colloq.* to skip over, skip by.
esami, esame names. **—si okunmamak** (for a person) to be ignored.
esans essence, liquid perfume.
esaret, -ti 1. slavery. 2. captivity.
esas 1. foundation, base, basis. 2. the true state (of a thing). 3. fundamental principle, essence, the essentials. 4. essential, real, basic. **—a bağlamak** /ı/ to base (a decision) on a principle or an established fact. **— duruş/vaziyet** *mil.* attention. **— olarak/itibarıyla** as a matter of fact, in principle, essentially, basically. **—ı olmamak** to be unfounded, be without foundation.
esasen 1. fundamentally, basically, essentially, radically. 2. from the beginning. 3. as a matter of fact, to tell the truth. 4. anyhow.
esasi undamental, basic, essential, radical.
esaslanmak to become established, take root.
esaslı 1. fundamental, basic, radical. 2. thoroughgoing, thorough, real, deep; sound, solid. 3. radically, thoroughly.
esassız 1. unfounded, baseless. 2. false, untrue.
esatir myths, mythology; legendary tales, legends.
esef regret. **— etmek** /a/ to be sorry (for/about), regret.
esefle regretfully.
eseflenmek to be sorry, regret.
eselemek beselemek to try all sorts of wiles (to get one's own way).
eseme logic.
esen healthy, well, sound. **— kalın.** Good-bye.
esenleme greeting.
esenlemek /ı/ 1. to greet. 2. to say good-bye to.
esenleşmek 1. to greet each other. 2. to say good-bye to each other.
esenleştirme rehabilitation.
esenlik health, well-being, soundness.
eser 1. work, opus, work of art. 2. trace, sign, mark, evidence. 3. result.
esermek /ı/ to take care of. **— besermek** to produce with some effort.
esin 1. morning breeze. 2. inspiration.
esindirmek /ı, a/ to inspire (someone) (to do something).
esinleme inspiration.
esinlemek /ı/ to inspire.
esinlenim, esinlenme inspiration.
esinlenmek /dan/ to be inspired (by).
esinti breeze; light wind.
esintili breezy.
esir 1. slave. 2. prisoner of war, captive. **— almaca** *children's game* prisoner's base. **— almak** /ı/ to take (someone) captive, capture. **— düşmek** to be taken prisoner. **— etmek** /ı/ to take

(someone) captive; to enslave. — olmak to be captured; to be enslaved. — i olmak /ın/ to be a slave to (someone/something). — pazarı slave market. — ticareti slave trade.
esir aether, ether.
esirci slave trader.
esircilik slave trade.
esirgeme protection.
esirgemek /ı, dan/ 1. to protect (from). 2. to begrudge (someone) (something), withhold (something) from.
esirgemez unstinting.
esirgemezlik self-sacrifice, devotion.
esirgenmek impersonal passive 1. /dan/ to be protected (from). 2. to be begrudged, be withheld.
esirgeyici protective.
esirlik captivity; slavery.
eski 1. old, ancient. 2. former, ex-; veteran. 3. old, worn-out; secondhand. 4. past events, what went before. — ağıza yeni taam/kaşık. colloq. New food for an old mouth (said when eating something for the first time that season). E— Ahit the Old Testament. — çamlar bardak oldu. colloq. Times have changed./Things are not what they used to be. — defterleri karıştırmak/yoklamak to bring up old issues, delve into the past. — enayi biçimi slang outdated clothes; out of fashion. — eserler antiques, antiquities. —si gibi the way it used to be. — göz ağrısı an old flame. — hale getirme law complete restitution. — hamam eski tas. colloq. Nothing has changed; it's business as usual. — hayratı da berbat etmek to make something worse by trying to improve it. — ye itibar/rağbet olsaydı bitpazarına nur yağardı. proverb If old things were in fashion light from heaven would illuminate the flea market. —si kadar as much as before. — kafalı old-fashioned (person). — köye yeni âdet unwelcome innovation. — kulağı kesik slang 1. old woman-chaser. 2. one who has experienced much. — kurt old hand. — memur slang 1. repeater, a student who has repeated most of his classes. 2. one who has experienced much. — püskü old and battered-looking, shabby. — toprak healthy and well-preserved older person. — tüfek person with a lot of experience, old hand. — zamanlarda 1. in the past, in the old days. 2. in ancient times, in antiquity.
eskice rather old.
eskici 1. junkman, itinerant buyer of junk, Brit. rag-and-bone-man; old-clothesman. 2. shoe repairman, cobbler.
eskicil archaic.
eskicilik 1. dealing in junk. 2. repairing shoes.
eskiçağ prehistoric period.

eskiden formerly, in the old days, in the past. — beri since time immemorial, all along, for a long time past. — kalma long-standing.
Eskidünya the Old World.
eskil archaic; old.
eskiler 1. the ancients. 2. old things.
eskileşmek to become old, wear out.
eskilik oldness, agedness.
eskimek 1. (for something) to become worn-out, become old. 2. to grow old (while working at one job).
Eskimo 1. Eskimo, the Eskimo people. 2. (an) Eskimo. 3. Eskimo, Eskimoan, of the Eskimos.
Eskimoca 1. Eskimo, the Eskimo language. 2. (speaking, writing) in Eskimo, Eskimo. 3. Eskimoan (speech, writing); spoken in Eskimo; written in Eskimo.
eskişehirtaşı, -nı meerschaum, sepiolite.
eskitilmek to be used up or worn out.
eskitmek /ı/ to wear to pieces, use up.
eskiyazı 1. ancient writing. 2. Turkish written in Arabic characters. — bilgisi paleography.
eskiz preliminary sketch.
eskrim sports fencing.
eskrimci sports fencer.
eslemek /ı/ 1. to mind, heed, pay attention to, listen to. 2. to watch secretly, spy on.
esma names. —yı üstüne sıçratmak to look for trouble, bring trouble upon oneself.
esmek 1. (for wind) to blow. 2. /a/ (for an idea) to come suddenly to (one's mind). Eser ama yağmaz. colloq. 1. His bark is worse than his bite. 2. He makes lots of promises, but he doesn't keep them. esip savurmak 1. to blow and raise the dust. 2. to storm and bluster.
esmer 1. dark-skinned, swarthy; brunette. 2. dark, brown.
esmerleşmek to brown, tan, become tan.
esmerlik swarthiness.
esna interval, course, time: o esnada then, at that time.
esnaf 1. obs. trades, guilds. 2. tradesman, small-scale retailer, street hawker; artisan; tradesmen; artisans. 3. slang prostitute. 4. slang pander. — ağzı sales talk. — loncası guild.
esnaflık the work of a tradesman.
esnek elastic, pliant, flexible.
esneklik elasticity, flexibility.
esneme 1. yawn. 2. stretch, stretching.
esnemek 1. to yawn; to gape. 2. to stretch and recover shape. 3. (for something) to bend, give.
esnetme 1. making someone yawn. 2. stretching. 3. stretching exercise.
esnetmek /ı/ 1. to make (someone) yawn. 2. to stretch. 3. to bore, tire.
espas print. space.

Esperanto 228

Esperanto Esperanto.
espri witty remark, witticism. — **yapmak to make a witty remark.**
esprili witty.
esrar 1. mystery. 2. secrets. — **perdesi** a curtain of secrecy, concealment.
esrar hashish. — **çekmek** to smoke hashish. — **kabağı/nargilesi** hubble-bubble (for smoking hashish). — **tekkesi** hashish smokers' den.
esrarcı 1. producer of hashish. 2. seller or pusher of hashish. 3. hashish smoker, hashish addict.
esrarengiz mysterious.
esrarengizlik mysteriousness, mystery, air of mystery.
esrarkeş hashish smoker, hashish addict.
esrarkeşlik hashish smoking, hashish addiction.
esrarlı 1. mysterious. 2. having hashish in it.
esre the vowel point in Arabic script indicating a short ı or i.
esrik 1. drunk. 2. ecstatic, enraptured.
esrilik, esriklik 1. drunkenness. 2. ecstasy, being ecstatic.
esrime 1. drunkenness. 2. ecstasy.
esrimek 1. to get drunk. 2. to go into an ecstasy, become ecstatic.
esritme 1. making (someone) drunk, intoxication. 2. making (someone) ecstatic, enrapturing.
esritmek /ı/ 1. to make (someone) drunk, intoxicate. 2. to make (someone) ecstatic, enrapture.
essah prov. real, true, actual.
esselamünaleyküm Peace be with you! (a greeting used by some Muslims).
estağfurullah 1. Not at all./Don't mention it (said in reply to an expression of thanks). 2. Please don't say such a thing (said when someone either criticizes himself or praises you).
estamp, -pı art print, engraving.
estampaj art estampage.
estek köstek etmek colloq. to make all sorts of excuses to get out of doing something.
ester chem. ester.
esterleşme chem. esterification.
esterleşmek to esterify, esterize.
estetik 1. aesthetics, esthetics. 2. aesthetic, esthetic.
estetikçi aesthetician, esthetician.
estetikçilik, estetizm aestheticism, estheticism.
estirmek /ı/ to (cause to) blow.
estomp, -pu art stump (for shading).
Estonya 1. Estonia. 2. Estonian, of Estonia.
Estonyalı 1. (an) Estonian. 2. Estonian (person).
esvap clothes; garment; dress; suit.
esvaplık material for making clothes.
eş 1. one of a pair, mate, fellow. 2. match, equal, like, double, duplicate, counterpart. 3. husband; wife; mate, spouse. 4. mate (of an animal). 5. friend, companion. 6. prov. afterbirth, placenta. 7. partner (in a game). — **dost friends and acquaintances.** — **i (benzeri) olmamak** to be unique. — **tutmak** /ı/ to choose (someone) as a partner (in a game).
eşanlam synonym.
eşanlamlı synonymous.
eşanlamlılık synonymy, synonymity.
eşarp scarf, head scarf.
eşas stilt (for walking).
eşbasınç 1. isobar. 2. isobaric. — **eğrisi** isobar, isobaric line.
eşbaskı reprint.
eşbiçim isomorph.
eşbiçimli isomorphous, isomorphic.
eşbiçimlilik isomorphism.
eşcinsel homosexual.
eşcinsellik homosexuality.
eşdeğer 1. equivalence. 2. equivalent.
eşdeğerli equivalent.
eşdeğerlik equivalence.
eşek 1. donkey, ass. 2. colloq. ass, donkey, nitwit. — **başı** vulg. ineffective leader, *shit-head. — **başı mısın?** vulg. Why don't you use your authority? — **başı mıyım?** vulg. What do you take me for? — **cenneti** slang 1. the next world, the other world. 2. hell. 3. jail, clink, jug, cooler. — **cilvesi** coarse playful behavior. — **derisi gibi** 1. very thick and coarse (skin). 2. unfeeling, insensitive. — **ten düşmüş karpuza dönmek** slang 1. to be shocked. 2. to find oneself in trouble. — **gibi** vulg. asinine, coarse, thoughtless. — **e gücü yetmeyip semerini dövmek** colloq. to vent one's fury on a less powerful person than the one in charge. — **inadı** vulg. pigheadedness, mulishness. — **kadar grown up, mature, big.** — **kadar oldu.** vulg. He is big enough to know what's what. — **kuyruğu gibi ne uzar, ne kısalır.** colloq. It just stays the same. — **oyunu** horseplay. — **pastırması** poor quality preserved meat. — **ini/atını sağlam kazığa bağlamak** to take precautions. — **sudan gelinceye kadar dövmek** /ı/ to give (someone) a good thrashing. — **şakası** colloq. horseplay, coarse practical joke. — **e ters bindirmek** /ı/ to expose to ridicule, make a laughingstock (of).
eşekarısı, -nı zool. wasp; hornet.
eşekçe 1. stupidly. 2. asinine, utterly stupid (act). 3. coarsely.
eşekçi donkey driver.
eşekhıyarı, -nı bot. squirting cucumber.
eşekleşmek to behave like an ass, behave rudely.
eşeklik colloq. 1. crass and rude behavior. 2. asininity, stupidity.
eşeksırtı, -nı gable roof.
eşekzeytini, -ni a kind of large olive.
eşelek core (of a fruit).

eşelemek /ı/ 1. to scratch, scrabble. 2. to delve into, investigate.
eşelenmek 1. to be scratched, be scrabbled. 2. to scratch about. 3. to be delved into, be investigated.
eşelmobil sliding scale.
eşey sex.
eşeyli sexual, having sex.
eşeysel sexual, relating to sex.
eşeysiz 1. sexless, asexual. 2. *bot.* agamic, agamous.
eşgüdüm coordination.
eşgüdümcü coordinator.
eşgüdümlemek /ı/ to coordinate.
eşgüdümlü coordinated.
eşgüdümsel coordinative.
eşik 1. threshold. 2. bridge (of a stringed instrument). **—ini aşındırmak** /ın/ to frequent (a place). **—ine gelmek** /ın/ to petition. **—ine yüz sürmek** /ın/ to grovel and plead before (someone).
eşilme 1. (of soil) being scratched, being dug lightly. 2. being researched and investigated.
eşilmek 1. (for the soil) to be scratched, be dug lightly. 2. to be researched and investigated.
eşineğitim coeducation.
eşinmek to scratch, scrabble, or paw the earth.
eşit, -ti 1. equal; the same. 2. *math.* equals, is equal to.
eşitçi egalitarian.
eşitçilik egalitarianism.
eşitlemek /ı/ to make equal, equalize.
eşitlenmek to be made equal, be equalized.
eşitleşme equalization.
eşitleşmek to equalize, become equal.
eşitleştirmek /ı/ to make equal, equalize.
eşitlik equality.
eşitlikçi egalitarian.
eşitlikçilik egalitarianism.
eşitsiz unequal.
eşitsizlik inequality.
eşkâl, -li 1. features and appearance (of someone/something). 2. shapes, figures.
eşkenar *geom.* equilateral. **— dörtgen** equilateral quadrangle. **— üçgen** equilateral triangle.
eşkıya 1. bandits, brigands. 2. bandit, brigand. **— gibi** wild-looking (person).
eşkıyalık banditry, brigandage.
eşkin trotting (horse).
eşkoşmak /a/ to attribute a partner to (God).
eşlem copy.
eşleme 1. pairing. 2. *cin.* synchronization.
eşlemek /ı/ 1. to pair, match. 2. *cin.* to synchronize.
eşlemeli *cin.* synchronized.
eşlemesiz *cin.* unsynchronized.
eşlenme being matched.
eşlenmek to be matched.

eşleşmek 1. (for people) to become partners, pair off (in a game). 2. (for animals) to mate with each other, pair.
eşleyici *cin.* synchronizer.
eşlik accompaniment. **— etmek** /a/ to accompany.
eşme 1. scratching, digging (the soil) lightly. 2. researching and investigating. 3. *prov.* spring, fountainhead; water hole.
eşmek /ı/ 1. to scratch, dig (the soil) lightly. 2. to research and investigate.
eşmek (for a horse) to trot.
eşmerkezli concentric.
eşofman 1. sweat suit, warm-up suit, jogging suit. 2. *sports* warm-up; warm-up period; warm-up exercises. **— yapmak** to warm up, do warm-up exercises.
eşraf notables of a town or village.
eşref most noble, most honorable. **— saati** 1. opportune time, just the right time (for a job, deal, etc.). 2. propitious moment, most favorable moment, the right moment (to ask someone to do something).
eşsesli *gram.* homonymic, homonymous, homophonous.
eşsıcak isothermal. **— eğrisi** isotherm, isothermal line.
eşsiz 1. unmatched, unequaled, unique, peerless. 2. without a mate, single, unwed. 3. single, separate, alone. 4. unmated (animal). 5. (something) without its mate, unpaired.
eşsizlik 1. uniqueness, peerlessness. 2. being without a mate.
eşşoğlu eşek *vulg.* You ass!/Son of a bitch!
eştirmek /ı, a/ to have (someone) scratch or dig (the soil) lightly.
eştirmek /ı/ to trot (a horse).
eşya 1. things, belongings. 2. furnishings, (household) goods, furniture. 3. luggage, baggage. 4. goods.
eşyalı furnished.
eşzaman synchronous, synchronic.
eşzamanlı synchronous, synchronic. **— dilbilim** synchronic linguistics.
eşzamanlılık synchronism.
et, -ti 1. flesh. 2. meat. 3. fleshy part of fruit, pulp, sarcocarp. **— bağlamak** 1. to gain weight. 2. (for a wound) to close. **— baltası** meat cleaver. **— beni** a small fatty excrescence on the body. **— bezi** gland. **—i budu yerinde** plump. **— çalığı** botulism. **—inden et koparmak/kesmek** /ın/ to pain, hurt, cause pain (to). **—e gömülmek** (for a toenail) to become ingrown. **— kurdu** flyblow, maggot in meat. **— lokması** a meat dish. **—i ne, budu ne?** *colloq.* 1. After all he's just a child. 2. He's out of his depth. **—i senin, kemiği benim.** *colloq.* Be

as rough as you want with him. /Don't spare the rod! *(said by a parent to a teacher or master workman).* — **suyu** 1. broth of meat, bouillon, stock. 2. gravy. — **tahtası** chopping block (for meat). — **le tırnak gibi** buddy-buddy, closely attached (bosom buddies). — **tırnak olmak** to become close relatives. — **tutmak** to gain weight. — **tutmamak** to stay thin, not to gain weight. — **uru** wen, fleshy tumor. — **yemeği** dish of meat.
etajer 1. whatnot, étagère. 2. (ceramic or glass) shelf (usually above a bathroom washbasin).
etalon standard of weights and measures.
etamin coarse muslin, etamine.
etap 1. *sports* lap; (a) round (of matches, play-offs). 2. stage, juncture, point.
etçi butcher, meatman.
etçil carnivorous.
etek 1. skirt. 2. shirttail; coattail. 3. skirt, overhanging part (of a bedspread or tablecloth). 4. foot (of a mountain). 5. private parts, genital area. 6. flashing (on roofs). —**i ayağına dolaşmak** to be clumsy because of excitement. —**i belinde** active, industrious (woman). — **bezi** a wrapping or swaddling for an infant's legs. — **çekmek /dan/** to give up, abandon. — **dolusu** heaps, lots (of). — **ine düşmek/sarılmak /ın/** to entreat, implore. —**i düşük** dirty and slovenly looking (woman). — **etek** heaps, loads (of). —**ini göstermez** very modest, virtuous (woman). — **kiri** illicit relationship (of a woman). —**i kirlenmek** (for a woman) to be defiled, be sullied. — **öpmek** to flatter someone, toady. —**i savruk** untidy, sloppy. — **silmek /dan/** to break off relations (with). — **silmesi** foundation course. —**i temiz** chaste, modest (woman). —**lerini toplamak** to gather up one's skirts. —**leri tutuşmak** to be exceedingly alarmed. —**ine yapışmak/sığınmak /ın/** to take refuge behind, seek protection in (someone). —**leri zil çalmak** to be overjoyed.
eteklemek /ı/ 1. to kiss (someone's) skirt. 2. to flatter.
etekli 1. skirted. 2. wearing a skirt.
eteklik 1. skirt. 2. material for a skirt. 3. overhanging part, skirt.
etelemek betelemek /ı/ *colloq.* to mistreat, treat (someone) badly.
eten 1. *anat.* placenta. 2. the edible part of fruit.
etene *anat.* placenta.
eteneli placental, placentalian, placentate.
etenesiz aplacental.
eter *chem.* ether.
eterlemek /ı/ to administer ether (to), etherize.
eterleşmek *chem.* to become an ether.
eternit, -ti roofing material made of asbestos and cement.
Eti *see* **Hitit.**

e-ticaret, -ti e-business (on the Internet).
etiket, -ti 1. label, tag, sticker. 2. etiquette.
etiketlemek /ı/ to label, tag.
etiketlenmek to be labeled, be tagged.
etiketli labeled, having a tag.
etilen *chem.* ethylene.
etimolog etymologist.
etimoloji etymology.
etimolojik etymological.
Etiyopya 1. Ethiopia. 2. Ethiopian, of Ethiopia.
Etiyopyalı 1. (an) Ethiopian. 2. Ethiopian (person).
etken 1. factor, agent. 2. *chem.* active. 3. effective. 4. *gram.* active. — **eylem** *gram.* active verb.
etkenlik 1. effectiveness. 2. *phot.* actinism.
etkesimi, -ni, etkınımı, -nı carnival season (before Lent).
etki 1. effect, influence. 2. impression.
etkileme affecting, influence, influencing.
etkilemek /ı/ to affect, influence, have influence on.
etkilenme being affected, being influenced.
etkilenmek to be affected, be influenced.
etkileşim, etkileşme interaction, reciprocal influence.
etkileşmek to interact, influence each other.
etkileyici effective, influential.
etkili effective, efficacious, effectual, influential. — **olmak** to be effective.
etkililik effectiveness, efficacy.
etkime *chem.* action, effect.
etkimek /a/ *chem.* to act on.
etkin 1. active, dynamic, taking part in activities. 2. active, functioning. 3. *phil., chem.* active.
etkinci *phil.* activist.
etkincilik *phil.* activism.
etkinleşme becoming active, activation.
etkinleşmek to become active, activate.
etkinleştirmek /ı/ to activate, make (something) active.
etkinlik 1. activity, being active. 2. activity, a specific sphere of action.
etkisiz ineffective, inefficacious, ineffectual, noninfluential.
etkisizleşme becoming ineffective, becoming inefficacious or ineffectual.
etkisizleşmek to become ineffective, become inefficacious or ineffectual.
etkisizleştirme making (someone/something) ineffective; neutralization.
etkisizleştirmek /ı/ to make (someone/something) ineffective; to neutralize.
etkisizlik ineffectiveness, inefficaciousness, ineffectuality, being noninfluential.
etlenmek to get fat, get plump, become rotund.
etli 1. containing meat, cooked with pieces of meat. 2. meaty, fleshy (animal). 3. plump,

rotund, corpulent (person). 4. thick, full, rounded. 5. fleshy, pulpy (fruit). 6. succulent (plant). — **bitki** succulent plant, succulent. — **börek** pastry filled with ground meat. — **butlu** plump (woman). — **canlı** plump and robust. — **ekmek** flat bread baked together with ground meat and tomatoes. — **meyve** fleshy and juicy fruit. —**ye sütlüye karışmamak** to avoid getting involved. — **yaprak** *bot.* fleshy leaf.
etlik 1. fattened (animal). 2. meat tray in a refrigerator.
etme the action of doing (something), execution. — **bulma dünyası.** *proverb* This is a world where you have to pay for your misdeeds.
etmek, -der *auxiliary verb* 1. /ı/ to do, make. 2. /ı/ to do (well or wrong). 3. /ı/ to reach (a time). 4. /ı, dan/ to deprive (someone) of (something). 5. /ı/ *math.* to equal, make. 6. /ı/ to be worth. 7. /ı/ to amount to, make. 8. /a/ to wrong, treat (someone) unjustly. 9. /a/ to soil or wet (one's underpants, bed, etc.). **etmediğini bırakmamak/komamak** to do all the harm one can. **ettiğini bulmak/çekmek** to get one's deserts. **Etme eyleme!** Please don't do it!/Come on now, stop it! **ettiği hayır ürküttüğü kurbağaya değmemek** to be more of a hindrance than a help; to cause more harm than good. **ettiği ile kalmak** to be left with nothing but the shame of it (when a design against another has not come off). **Etme yahu!** *colloq.* Is that so?/You must be kidding. **ettiğini yanına bırakmamak** /ın/ to get revenge on (someone), not to let (someone) get away with something. **ettiği yanına (kâr) kalmak** to get away with a bad deed.
etmen factor, agent.
etnik ethnic, ethnical.
etnograf ethnographer.
etnografya ethnography.
etnolog ethnologist.
etnoloji ethnology.
etobur carnivorous.
etoburluk carnivorousness.
etol, -lü (woman's) stole.
etraf 1. sides; surroundings, area around or near. 2. associates, friends. —**ına** /ın/ around: **Masanın etrafına dizildiler.** They lined up around the table. —**ında** /ın/ around: **Evin etrafında bir bahçe var.** There is a garden around the house. **Ateşin etrafında dönüyorlar.** They are circling around the fire. —**ını almak** /ın/ to surround. —**ında dört dönmek** /ın/ to hover around, pay great attention to.
etraflı 1. detailed, thorough. 2. in detail, thoroughly.
etraflıca in detail, thoroughly.
etsiz 1. meatless. 2. thin, lean.

etşeftalisi, -ni clingstone peach.
ettirgen *gram.* causative. — **çatı** causative. — **eylem** causative verb.
ettirgenlik *gram.* causativeness.
ettirmek /a/ to have (someone) do or make (something).
etüt 1. study, research. 2. preliminary study. 3. a study, treatise. 4. study hall, study period. — **etmek** /ı/ to make a study of, do research on, prepare a treatise on.
etüv 1. sterilizer. 2. drying oven. 3. incubator (for microorganisms).
Et ve Balık Kurumu, -nu State Corporation for the Production and Distribution of Meat and Fish Products.
etyaran deep-seated whitlow, deep felon.
etyemez vegetarian.
etyemezlik vegetarianism.
euro *see* **avro.**
ev 1. house, home, dwelling. 2. institution, house, home. 3. club, center, social hall. 4. house, commercial establishment. 5. family, household. — **açmak** 1. to set up a house, move in. 2. to get married and set up housekeeping. — **adamı** family man. — **alma, komşu al.** *proverb* Neighbors are of first importance. — **altı** ground floor of a house used as a granary and stable. —**de arama** *law* house search. — **bakmak** to look for a house. —**e bakmak** 1. to take care of the family, care for a household. 2. to look after a house, watch over a house. 3. to keep house. — **bark** 1. home, everything that makes up a home; household, family. 2. house, place where one lives. — **bark sahibi** married man. — **basmak** to raid a house. — **bekçiliği etmek** to be always at home. — **bozmak** to break up a home. —**in direği** pillar of a home, mainstay of a family. — **ekmeği** homemade bread. — **eşyası** furniture, effects. — **ev** from house to house. — **gailesi** worries of a house and family. —**e gitmek** to go home. — **halkı** household, family. — **hayvanı** domestic animal. —**e hırsız girdikten sonra kapıya kilit takmak** to lock the barn door after the horse is stolen. —**lerden ırak/uzak ....** *colloq.* May it not happen to anybody!/May it not befall you! — **idaresi** 1. the management of a household. 2. home economics. — **işi** housework. — **işletmek** to run a brothel. — **kadını** 1. housewife. 2. a good housekeeper, a good housewife. —**de kalmak** 1. to stay home. 2. to be an old maid. — **kirası** rent, house rent. — **kumaşı** homemade material. —**deki pazar/hesap çarşıya uymaz.** *proverb* Not everything works out exactly the way you expect it will. — **sahibesi** 1. hostess. 2. landlady. — **sahibi** 1. host. 2. landlord. — **sanatları** domestic arts and crafts. —**i**

sırtında homeless; vagabond. —**lere şenlik** *colloq.* 1. What a disaster!/What a bungle! 2. May it not happen to anybody!/May it not befall you! — **tutmak** to rent a house. — **yemeği** homemade food.
evaze flaring, flared (skirt).
evce, evcek with the whole family.
evci 1. weekday boarder. 2. soldier who goes home on his free days. — **çıkmak** to go home on the weekend or on a free day.
evcil domestic, domesticated, tame.
evcilik playing house (children's game).
evcilleşme domestication, becoming tame.
evcilleşmek to domesticate, become domestic, become tame.
evcilleştirilme domestication, being domesticated, being tamed.
evcilleştirilmek to be domesticated, be tamed.
evcilleştirme domestication, domesticating, taming.
evcilleştirmek /ı/ to domesticate, tame.
evcimen 1. devoted to one's family, domestic. 2. skilled in housekeeping, excelling in housework.
evdeş housemate.
evdirmek /ı/ 1. to hurry, urge on. 2. to accelerate.
evecen impatient, impulsive.
evecenlik impatience, impulsiveness.
eveğen 1. impatient, impulsive. 2. acute (illness).
evelemek gevelemek /ı/ to mumble, hem and haw.
evermek /ı/ *prov.* to marry off (one's son or daughter).
evet, -ti yes, certainly. — **efendimci** yes-man.
evetlemek /ı/ to verify, confirm; to affirm.
evgin urgent, pressing.
evham groundless apprehensions, anxieties; hypochondria. —**a kapılmak/— getirmek** to imagine the worst (needlessly); to be hypochondriac.
evhamlanmak to imagine the worst (needlessly).
evhamlı apprehensive, full of anxieties; hypochondriac.
evin 1. kernel. 2. essence, pith.
evinli fully developed (seed).
evinsiz undeveloped (seed).
evirgen efficient, effective, practical (person).
evirme 1. turning (something) (around/about/over). 2. change, alteration, transforming. 3. *log.* conversion.
evirmek /ı/ 1. to turn, turn (something) around; to turn (something) about; to turn (something) over. 2. to change, alter, transform.
evirip çevirmek 1. /ı/ to turn (something) over and over, inspect (something) carefully. 2. to evade the subject. **evire çevire dövmek** /ı/ to thrash soundly.

evirtmek /ı/ *chem., phys.* to invert.
evkaf 1. pious foundations; estates in mortmain. 2. the government department in control of estates in mortmain.
evla 1. most suitable, best. 2. /dan/ better (than).
evladiyelik very durable, fit to be an heirloom.
evlat 1. child; son; daughter. 2. children; offspring. **E—l** Hey, young one!/Hey, youngster! **E—ım!** My child!/My son!/My daughter! — **acısı** grief for one's deceased child. — **canlısı** very fond of one's children. — **edinmek** /ı/ to adopt (a child). — **sahibi olmak** to become a parent.
evlatlık adopted child; foster child. —**a kabul etmek** /ı/ to adopt (a child).
evlek 1. furrow (in a field). 2. a quarter of a dönüm. 3. water channel, drainage ditch.
evlendirilmek /la/ to be married off (to).
evlendirme performing a civil marriage. — **dairesi** marriage office, *Brit.* registry office. — **memuru** official who performs and registers civil marriages.
evlendirmek /ı/ 1. to marry off. 2. to marry (a couple) in a civil ceremony.
evlenme marriage. — **kâğıdı** marriage certificate. — **mukavelesi** marriage contract, marriage settlement. — **vaadi** promise of marriage.
evlenmek 1. to get married. 2. /la/ to marry. — **barklanmak** to marry and have a family.
evli 1. married. 2. having (so many) houses. — **barklı** married and having a family. — **evine, köylü köyüne!** *colloq.* Let's break up and go home!
evlik having (so many) houses.
evlilik state of being married, matrimony, wedlock. — **birliği** *law* conjugal community.
evlilikdışı, -nı illegitimate, unlawful, out of wedlock.
evliya *Islam* 1. saints. 2. mystics; dervishes. 3. a hallowed saint. — **gibi** saintly, gentle.
evliyalık sainthood; saintliness.
evmek to hurry.
evrak, -kı documents, papers.
evre phase, stage.
evren 1. universe, creation. 2. cosmos. 3. environment.
evrenbilim cosmology.
evrenbilimsel cosmological.
evrensel 1. universal. 2. cosmic.
evrensellik universality.
evrik *log., math.* inverse.
evrilri 1. *log.* convertible. 2. *phot.* reversal (film).
evrim evolution. — **kuramı** theory of evolution.
evrimci evolutionist.
evrimcilik evolutionism.
evrimsel evolutionary.

evrişik *log.* converse.
evsaf qualities, characteristics.
evsemek to be homesick, be nostalgic.
evsin hunter's hut.
evsineği, -ni housefly.
evvel 1. /dan/ before. 2. first, initial. 3. former, past. 4. formerly, earlier, before. 5. ago. 6. beginnings, beginning. —**leri** formerly. — **Allah** with God's help, God willing. — **Allah, sonra sizin sayenizde.** By God's grace, then by your help! — **emirde** first of all. — **ve ahir** sooner or later. — **zaman** formerly, in the old days. — **zaman içinde** once upon a time.
evvela first of all, in the first place, firstly.
evvelce 1. previously, formerly, in the past. 2. earlier, before.
evvelden 1. previously, formerly, in the past. 2. beforehand; in advance.
evveli 1. the previous. 2. in the old days.
evveliyat, -tı first stages, opening phases, beginnings.
evvelki, evvelsi 1. the previous, the preceding, former. 2. the (year, month, week, etc.) before last. 3. the one before the previous. — **gün** the day before yesterday.
ey 1. O: **Ey şair!** O poet! 2. Now see here! 3. And then what happened?/So?/So what?
eyalet, -ti 1. (semi-autonomous) province (of a country). 2. state (of a federal union or republic). 3. province (of the Ottoman Empire).
eyer saddle. —**i boş kalmak** (for a horse) to have an empty saddle (because the rider was killed). — **boşaltmak** to dodge a javelin by leaning out of the saddle (in the game of jereed). —**e de gelir, semere de.** *colloq.* It is good for all kinds of uses. — **kaltağı** saddletree. — **kapatmak/kapamak** to saddle an animal. — **kolanı** saddle girth. — **vurgunu** saddle-galled. — **vurmak** /a/ to saddle.
eyerci saddler, maker or seller of saddles.
eyercilik making or selling saddles, saddlery.
eyerlemek /ı/ to saddle, put a saddle on.
eyerlenmek (for an animal) to be saddled.
eyerli saddled.
eyersiz saddleless; unsaddled.
eylem 1. action. 2. operation. 3. *gram.* verb. — **çekimi** *gram.* conjugation. —**e geçmek** to go into action. — **gövdesi** *gram.* verbal stem. — **kökü** *gram.* verb root. — **tümcesi** *gram.* verbal sentence. —**den türeme ad** *gram.* noun derived from a verb.
eylemce *mil.* operation.
eylemci activist.
eylemcilik activism.
eylemek 1. /ı/ auxiliary verb to make, do. 2. /ı, dan/ to deprive (someone) of (something).
eylemli 1. actual. 2. active (service). 3. fully appointed, on the permanent staff of a university. — **olarak** actually, in actual fact.
eylemlik *gram.* verbal noun, infinitive, gerund.
eylemlilik actuality.
eylemsel real, actual.
eylemsi *gram.* nonfinite verbal form.
eylemsiz 1. passive. 2. not yet fully appointed, not on the permanent staff of a university.
eylemsizlik inactivity.
eylül September.
eytişim dialectics, dialectic.
eytişimsel dialectic, dialectical. — **özdekçilik** dialectical materialism.
eyvah My God!/How awful! —**lar olsun!** My God, look what's happened!
eyvallah 1. Thanks!/Thanks a lot! 2. Good-bye! 3. So be it./If you say so. — **demek** /a/ to accept, agree, not to object (to). — **etmemek** /a/ not to submit to (someone); not to be indebted to, not to have any moral obligation to (someone); not to want (someone's) help. —**ı olmamak** /a/ not to be indebted to, not to have any moral obligation to (someone).
eyvan iwan, a vaulted room with one side open to a court.
eyyam days. —**ı bahur** the hottest days in the first week of August; dog days. — **efendisi/ağası** timeserver. — **görmüş/sürmüş** (one) who has seen better days. — **hava** fine weather with a fair wind. — **ola!** May the wind and weather favor you!
eza unjust treatment, torment, anguish. — **cefa** oppression and torment. — **çekmek/görmek** to suffer torment; to suffer injustice.
ezan call to prayer, the azan. — **okumak** 1. to give the call to prayer. 2. *slang* to talk too much.
ezani pertaining to the azan. — **saat** the hour as reckoned from sunset.
ezber 1. memorization. 2. lesson to be memorized. —**den** 1. by memory; by heart. 2. without thinking, off the top of one's head. —**e** without comprehending (what one is saying). —**inde** stored in one's memory. —**e bilmek** /ı/ 1. to know by heart. 2. to know thoroughly. —**e iş görmek** to do something in a haphazard, careless way. —**e konuşmak** to talk off the top of one's head. —**den okumak** /ı/ to recite (something) by heart.
ezberci (student) who learns by rote.
ezbercilik rote learning.
ezberlemek /ı/ to learn (something) by heart, memorize, commit (something) to memory.
ezberlenmek to be learned by heart, be memorized, be committed to memory.
ezberletmek /ı, a/ to have (someone) learn (something) by heart, have (someone) memorize (something).
ezcümle *obs.* 1. in essence, essentially. 2. for

instance, for example.

ezdirmek, ezdirtmek /ı, a/ 1. to have (someone) crush or squash (fruit). 2. to have (someone) grind or triturate (something). 3. to have (someone) mash or purée (something). 4. to have (someone) crush and dissolve (something). 5. to have (someone, a group, etc.) oppress, grind down, beat down or trample on (someone, a group, etc.).

ezel past eternity, time without beginning. **—den** from time immemorial.

ezeli 1. without beginning, antedating time. 2. ancient. **— ve ebedi** without beginning or end, sempiternal.

ezgi 1. melody. 2. tone, timbre (of a voice). 3. style, tempo. 4. worry; depression.

ezgin *prov.* 1. flat broke, bankrupt. 2. oppressed, tormented. 3. down in the dumps, depressed. 4. bruised or rotten (fruit).

ezginlik *prov.* 1. being flat broke, bankruptcy. 2. being oppressed, being tormented. 3. being down in the dumps, being depressed. 4. being bruised or rotten (said of fruit). 5. mild feeling of hunger.

ezgisel melodic.

ezici 1. (one) who crushes or squashes (fruit). 2. crushing, overwhelming (majority). 3. crushing, depressing.

ezik 1. bruised (fruit). 2. crushed in, smashed in; dented in. 3. crushed, oppressed. 4. bruise (on the body). **— büzük** beaten and battered.

eziklik 1. being bruised. 2. being crushed, oppression. 3. mild feeling of hunger.

ezilgen friable.

ezilmek 1. (for fruit) to be crushed, be squashed. 2. to be ground, be triturated. 3. to be mashed, be puréed. 4. to be crushed in, be smashed in; to be dented in. 5. to be run over, be hit and knocked down. 6. to be crushed and dissolved. 7. to be depressed, be dejected, be distressed. 8. (for someone, a group, etc.) to be oppressed, be ground down, be beaten down, be trampled on. 9. to be worn down, be wearied. 10. to be defeated, be crushed, be beaten down. 11. *slang* (for money) to be spent. **ezile büzüle** with great embarrassment. **ezilip büzülmek** to cringe with embarrassment. **(içi/midesi) —** to feel hungry.

ezimevi, -ni mill for pressing out oil from seeds.

ezinç pain, torment, torture.

ezinti 1. mild feeling of hunger. 2. sinking feeling in the stomach (because of fear or excitement).

eziyet, -ti 1. torment, torture. 2. cruelty. 3. injury, pain, hurt, suffering. **— çekmek** to go to a lot of trouble; to be put to a lot of trouble. **— etmek** /a/ to torment, torture. **— vermek** /a/ to cause (someone) pain or great trouble.

eziyetli 1. tormenting, torturous, cruel, painful (job). 2. tormenting, tyrannizing, painful, troublesome, difficult (person).

eziyetsiz 1. painless, easy (job). 2. comfortably, with ease.

ezkaza *obs.* by chance.

ezme 1. crushing, squashing (fruit). 2. grinding, trituration. 3. mashing, puréeing. 4. purée; paste, butter.

ezmek /ı/ 1. to crush, squash (fruit). 2. to grind, triturate. 3. to mash, purée. 4. to crush in, smash in; to dent in. 5. to run over, hit and knock down. 6. to crush and dissolve. 7. to depress, lower the spirits of. 8. to oppress, grind down, beat down, trample on (someone, a group, etc.). 9. to wear down, weary. 10. to defeat, crush, beat down. 11. *slang* to spend (money). **Ez de suyunu iç.** *colloq.* It is absolutely worthless.

Ezrail *see* **Azrail.**

F

F the letter F.
fa *mus.* 1. F. 2. fa.
faal, -li 1. active, industrious, busy. 2. in working order. **— üye** active member (of a society).
faaliyet, -ti 1. activity. 2. working order. **—te olmak** (for someone/an organization) to be active; (for an organization) to be a going concern. **—e geçmek** 1. to go into action, begin to act. 2. (for an organization) to begin to operate; to begin to function. **— göstermek** to be active; to get busy; to get active.
faanahtarı, -nı *mus.* bass clef.
fabl fable, moral tale.
fabrika factory, plant, works.
fabrikacı factory owner, manufacturer.
fabrikasyon 1. manufacture, production, fabrication. 2. factory-made.
fabrikatör factory owner, manufacturer.
fabrikatörlük the work of a manufacturer; being a manufacturer.
facia 1. calamity. 2. *theat.* tragedy.
faça *slang* 1. face, mug. 2. the card at the bottom of a pack. 3. clothes. **—sını (aşağı) almak/—sını bozmak** /ın/ *slang* 1. to beat the tar out of (someone). 2. to embarrass, make (someone) look ridiculous. **— façaya** face to face.
faça *naut.* 1. tacking. 2. draft, draught. **— etmek** /ı/ to tack; to back (the topsail).
façeta facet (of a precious stone).
façetalı faceted, having facets.
façuna *naut.* service, serving (a rope). **— etmek** /ı/ to serve (a rope).
fagosit, -ti *biol.* phagocyte.
fagot, -tu *mus.* bassoon.
fağfur 1. Chinese porcelain. 2. made of Chinese porcelain.
fahiş excessive, exorbitant. **— faiz** *law* usurious interest. **— fiyat** exorbitant price, criminal price.
fahişe prostitute, whore.
fahişelik prostitution, whoring.
fahrenhayt, -tı Fahrenheit scale.
fahri 1. honorary (title, member). 2. voluntary, volunteer.
faik, -kı superior, excellent.
fail 1. doer, maker, author. 2. *law* perpetrator. 3. *biol.* effective. 4. *gram.* subject.
faiz *fin.* interest. **— almak** to charge interest. **—in faizi** compound interest. **— fiyatı** rate of interest. **— getirmek** to yield interest. **— haddi** limit on the rate of interest. **— hesabı** interest-bearing (bank) account. **—i işlemek** to yield interest. **—le işletmek** /ı/ to invest (money) at interest. **— oranı/nispeti** rate of interest. **—e vermek** /ı/ to lend (money) at interest. **—e yatırmak** /ı/ to invest (money) at interest.
faizci moneylender; usurer.
faizcilik moneylending; usury.
faizli interest-bearing, (something) which yields interest.
faizsiz interest-free; (bank account) which does not yield interest.
fak, -kı snare, trap. **—a basmak** *colloq.* to be deceived, be duped; to be trapped.
fakat, -tı but; yet; however.
fakfon paktong, packfong.
fakir 1. poor, destitute, needy, impoverished. 2. poor, mean, run-down, shoddy (thing). 3. poor person; pauper. 4. (an) unfortunate. 5. your humble servant *(a polite formula now used jocularly).* 6. dervish, sufi (an Indian) fakir. **F—! Poor** man!/Poor woman!/Poor kid!/Poor thing! **— düşmek** to become poor. **— fukara** the poor.
fakirhane 1. a home for poor, homeless, or handicapped people, poorhouse. 2. the house of your humble servant *(a polite reference to one's own home, now used jocularly).*
fakirizm the practices of an Indian fakir.
fakirleşmek to get poor, become impoverished.
fakirleştirmek /ı/ to impoverish; to pauperize.
fakirlik 1. poverty, destitution, impoverishment. 2. impoverished state (of the soil). 3. insufficiency, inadequacy.
faks 1. fax machine. 2. fax, message sent or received through a fax machine. **— çekmek** /a/ to send (someone) a fax, fax (someone). **—la göndermek** /ı, a/ to fax (something) to (someone).
faksimile facsimile.
fakslamak /ı/ *colloq.* to fax (something), send (something) by fax.
faktör factor, agent.
fakülte faculty, college, or school (of a university).
fal 1. one's fortune. 2. fortune-telling: **çay falı** reading fortunes in tea leaves. **— açmak/bakmak** to tell fortunes. **—ına bakmak** /ın/ to tell (someone's) fortune. **— taşı gibi açılmak** (for someone's eyes) to open wide, become like saucers.
falaka 1. a staff with a loop of rope or leather attached at both ends so that the feet of a culprit may be tied up for a bastinado. 2. bastinado, a punishment inflicted by beating the soles of the feet. 3. a lever consisting of a pole

falan

or stick with rope attached to it. 4. whiffletree. **—ya çekmek/vurmak/yatırmak/yıkmak** /ı/ to bastinado, subject (someone) to a bastinado.
falan *colloq.* 1. so-and-so. 2. a certain person, you know who. 3. what's his name; what's her name. 4. around, roughly, approximately, or so: **Sekiz kişi falan geldi.** Eight or so people came. **On beş ağustosta falan olacak.** It'll be on the fifteenth of August or thereabouts. 5. and people such as they, *Brit.* and co.; and such, and so forth, and so on, and what have you, and what not; et cetera, etc.: **Ali, Veli, Naili falan geldiler.** Ali, Veli, Naili and co. have come. **Fuzuli'yi, Nefi'yi, Nedim'i falan okudum.** I've read Fuzuli, Nefi, Nedim, etc. **— filan/festekiz/feşmekân/fıstık/fistan/fişman** 1. given people, these people; given things, these things. 2. and people such as they, and that lot; and what have you, and what not; et cetera, etc. 3. such and such: **Falan filan tarihlerde falan filan gelecek.** On such and such dates such and such people will come.
falanca 1. so-and-so, such and such a person. 2. such and such a ....
falanıncı 1. such and such a, a given (day, time): **şubat ayının falanıncı gününde** on a given day in February. 2. someone who occupies a given numerical position; something which occupies a given numerical position.
falcı fortune-teller.
falcılık fortune-telling.
falçeta, falçete curved shoemaker's knife.
falso 1. *mus.* false note, wrong note. 2. *colloq.* blunder, false step. **— yapmak** 1. *mus.* to play or sing a false note, hit the wrong note. 2. *colloq.* to make a blunder.
falsolu 1. *mus.* hitting a false note. 2. faulty.
falya touchhole, vent of a muzzle-loading gun.
familya 1. family. 2. *biol.* family. 3. *colloq.* wife.
fanatik fanatic.
fanatizm fanaticism.
fanfan *colloq.* hard to understand, talking like a person who has lost his teeth.
fanfar *mus.* 1. brass band. 2. flourish (of trumpets), fanfare.
fanfin *colloq.* foreign-sounding talk. **— etmek** *colloq.* to talk in a foreign language.
fani transitory; mortal. **— dünya** the world of mortality.
fanila 1. flannel undershirt. 2. flannel.
fanilik transitoriness; perishability, mortality.
fantasma phantom, fantom, phantasm, fantasm.
fantastik fantastic.
fantezi 1. fantasy, imagination. 2. fancy, caprice, whim. 3. fancy, ornate, rich (cloth, furniture, jewelry). 4. *mus.* fantasia (in free form).
fanus 1. a decorative lantern on a pole. 2. bell jar, bell glass. 3. round glass used in the windows of the dome of a Turkish bath. 4. translucent globe over a light bulb. 5. lamp chimney.
far *auto.* headlight.
far eye shadow.
faraş dustpan. **— gibi/kadar** very large (mouth).
faraza supposing (that), let us suppose (that).
farazi hypothetical.
faraziye hypothesis, supposition, assumption.
farbala furbelow, ruffle, frill.
fare 1. house mouse. 2. brown rat. 3. *comp.* mouse. **—ler cirit oynamak** /da/ (for a place) to be deserted, be desolate. **— deliğe sığmamış, bir de kuyruğuna kabak bağlamış.** *colloq.* 1. He has taken on some new responsibilities and he can't handle what he already has. 2. He himself was unwelcome, and then he brought a friend along. **— deliği** 1. mouse hole. 2. hiding place. **— düşşe, başı yanılır.** *colloq.* There's not a crumb/drop left in the pantry/barrel. **— kapanı** mousetrap. **— zehiri** rat poison.
farenjit, -ti *path.* pharyngitis.
farfara, farfaracı 1. windbag, big talker. 2. big talking, bragging.
farfaralık loud and idle bragging, big talk.
fanmak 1. to grow old. 2. to get feeble. 3. to get tired; /dan/ to get tired (of). 4. to get old and worn, wear out.
farika *obs.* distinguishing feature, characteristic, hallmark.
faril a rope attached to the edges of a fishnet.
farinks *anat.* pharynx.
Farisi 1. Persian, the Persian language. 2. (speaking, writing) in Persian, Persian. 3. Persian (speech, writing); spoken in Persian; written in Persian. 4. Persian, of or relating to Persia or the Persians.
fariza *obs.* obligation, duty.
fark, -kı 1. difference. 2. discrimination. **— edilmek/olunmak** 1. to be perceptible. 2. to be realized, be understood. **— etmek** 1. /ı/ to notice, perceive; to realize. 2. to change, become different. 3. to make a difference; to matter. **— etmez.** *colloq.* It makes no difference./It doesn't matter. **— gözetmek** to practice favoritism, discriminate. **—ında olmak** /ın/ to notice, be aware of. **—ında olmamak** /ın/ not to be aware of. **—ına varmak** /ın/ to notice, become aware of.
farklı different, having a difference. **— tarife** differential price list.
farklılaşma 1. differentiation, undergoing a change, acquiring a different character. 2. *biol.* differentiation, specialization (of tissue).
farklılaşmak to differentiate, undergo a change, acquire a different character.
farklılık difference, being different.

farksız without a difference.
farmakolog pharmacologist.
farmakoloji pharmacology.
farmason 1. Freemason. 2. *colloq.* irreligious. 3. *colloq.* nonbeliever.
farmasonluk Freemasonry.
fars *theat.* farce.
Farsça 1. Persian, the Persian language. 2. (speaking, writing) in Persian, Persian. 3. Persian (speech, writing); spoken in Persian; written in Persian.
fartası furtası olmamak *colloq.* 1. to be given to speaking tactlessly. 2. to be capricious.
fart furt *colloq.* (speaking) pretentiously, bombastically. — **etmek** *colloq.* to talk pretentiously, puff oneself up.
farz 1. religious duty required of all Muslims. 2. binding duty. — **etmek** /ı/ to assume or imagine (something) for the sake of argument.
farzımuhal, -li Let us assume for the sake of argument that ....
Fas 1. Morocco. 2. Fez. 3. Moroccan, of Morocco. 4. Fez, of Fez.
fasa fiso *slang* empty words, nonsense, poppycock, bosh.
fasarya *slang* 1. nonsense. 2. coquetry.
faseta facet (of a precious stone).
fasıl, -slı 1. chapter, section, episode. 2. a program of musical pieces all written in the same **makam**. 3. the musical overture to an **ortaoyunu** performance. 4. *colloq.* business, bit: Şu yoklama faslını bitirip derse başlayalım. Let's finish this roll call bit and start the lesson. — **heyeti** a group of musicians and singers who perform classical Turkish songs.
fasıla interval; interruption. — **vermek** to make a break; /a/ to interrupt.
fasılalı intermittent, interrupted.
fasılasız 1. continuous, uninterrupted. 2. incessantly.
fasih correct and clear, lucid, fluent.
fasikül fascicle of a book.
fasit *obs.* 1. vicious; perverse. 2. mischief-making (person). — **daire** vicious circle. — **olmak** (for the performance of a religious duty) to become invalid.
fasla fasla in various places (on the body); here and there.
Faslı 1. (a) Moroccan. 2. (a) Fezzi, person from Fez. 3. Moroccan (person). 4. Fezzi (person).
fason *tailor.* cut, make.
fasone *text.* façonné.
fasulye bean, beans. — **gibi kendini nimetten saymak** *colloq.* to think oneself very important, put on airs. — **mi dedin?** *slang* "Did you say beans?" *(said to someone who has been talking nonsense).* — **sırığı gibi** *colloq.* like a bean pole, tall and lanky (person).

faş disclosed, revealed. — **etmek** /ı/ to disclose, reveal (a secret). — **olmak** to be disclosed.
faşır faşır (flowing) in gushes.
faşing, -gi fasching, (Shrovetide) carnival.
faşist, -ti 1. (a) fascist. 2. fascist, fascistic.
faşistlik fascism.
faşizm 1. Fascism. 2. fascism.
fatalist, -ti 1. (a) fatalist. 2. fatalistic.
fatalizm fatalism.
fatih conqueror.
fatiha Fatiha, Fatihah, the opening chapter of the Koran. — **okumak** 1. to recite the opening chapter of the Koran. 2. /a/ *colloq.* to give up hope about (something).
fatura invoice, bill. — **kesmek** to make out an invoice.
faturalamak /ı/ to write an invoice for, bill.
faul *sports* foul.
fauna *zool.* fauna.
fava mashed broad beans.
favori 1. sideburns. 2. the one having the odds in his favor. 3. to one's liking, favorite *(used of songs, singers, athletes, movie stars).*
fay *geol.* fault.
fayans 1. (glazed, machine-made) wall tile. 2. (made of) ceramic (bathroom fixtures). 3. faience.
fayda use, usefulness, utility; value; benefit, advantage. —**sı dokunmak** /a/ to be of help (to). — **etmemek** to be useless, not to help. —**sı olmak** to be useful. — **vermemek** to be useless, not to help. — **yok.** /dan/ 1. Don't expect any help from (him). 2. (It) is no help.
faydacıl utilitarian.
faydacılık utilitarianism.
faydalanmak /dan/ to benefit from, profit from.
faydalı useful; worthwhile; beneficial, advantageous.
faydasız useless, of no use, futile, vain.
fayrap *naut.* 1. Fire her up! 2. Stoke her up! — **etmek** 1. /ı/ to light, fire (the furnace, boiler, stove, etc.); to stoke up, fire up (the furnace, boiler, stove, etc.). 2. /ı/ *slang* to get a move on with, get cracking on (a job). 3. /ı/ *slang* to open (a window or door) all the way. 4. /ı/ *slang* to take off, strip off (a piece of clothing). 5. *sailor's slang* to hurry up.
fayton phaeton (a horse-drawn carriage).
faytoncu carriage driver, coachman.
faytonculuk 1. hiring carriages. 2. carriage-driving.
faz *phys., elec.* phase. — **kalemi** (screwdriver-shaped) circuit-tester.
fazilet, -ti virtue.
faziletli virtuous.
fazla 1. too; too much; too many. 2. /**dan**/ more (than). 3. extra, over. 4. what is left over, the remainder. —**dan** 1. in addition, in

fazlalaşmak 238

excess, as an extra. 2. furthermore, moreover, in addition. **—sıyla** greatly, extremely. **— gelmek** to be too much, be more than necessary. **— kaçırmak** to overdrink; to overeat. **— kaçmak** to be too much, be more than necessary. **—/artık mal göz çıkarmaz.** *proverb* Although you don't need it now, it'll probably come in handy later on. **— olmak** (for someone) to go too far, overstep the limit.
fazlalaşmak to increase.
fazlalık excess; superabundance; superfluity; surplus. **— etmek** (for someone) to be extra, be one too many; to overcrowd a place.
fecaat, -ti *obs.* tragedy, catastrophe, calamity.
feci, -ii/-si 1. tragic, catastrophic, calamitous; terrible. 2. *colloq.* extremely, very.
fecir, -cri *obs.* 1. dawn. 2. the redness of the sky at dawn.
feda sacrifice, sacrificing. **— etmek /ı/** to sacrifice. **— olmak** to be sacrificed (for). **— olsun!** It's worth the sacrifice.
fedai 1. person who risks his life for a cause. 2. *colloq.* bouncer. 3. *colloq.* bodyguard.
fedailik willingly risking one's life.
fedakâr self-sacrificing, self-denying.
fedakârlık self-sacrifice, self-denial; extreme devotion. **—ta bulunmak/— etmek/— yapmak** to make sacrifices (for the sake of something/someone). **—a katlanmak** to bear the consequences of sacrifices, make sacrifices (for the sake of something/someone).
federal federal.
Federal Almanya Cumhuriyeti, -ni *hist.* Federal Republic of Germany.
federalizm federalism.
federasyon federation.
federatif federative.
federe federate.
fehametli illustrious *(title of certain high Ottoman officials).*
felah *obs.* recovery, restoration to health and prosperity; deliverance. **— bulmak** to recover one's health or peace of mind.
felaket, -ti 1. disaster, calamity, catastrophe. 2. *slang* awful, horrible, terrific. 3. *slang* awfully, horribly, terrifically. **F—! *colloq.*** We've had it!/We're in for it now! **—e uğramak** to have a disaster.
felaketzede victim of a disaster.
felç 1. paralysis. 2. hemiplegia. **— gelmek /a/, — olmak** (for someone) to become paralyzed, have a stroke. **—e uğramak** (for an activity or process) to come to a halt. **—e uğratmak /ı/** to cause (an activity or process) to come to a halt.
felçli paralyzed (person or part of the body).
feldispat, -tı, feldspat, -tı feldspar.
feldmareşal, -li *mil.* field marshal.
felek 1. firmament, heavens. 2. the universe. 3. fate, destiny. 4. *see* **felenk. —ten bir gün/gece çalmak** to have a very enjoyable day/evening. **—in çemberinden geçmiş** (someone) who has been through the mill, who has had his ups and downs in life. **—ten kâm almak** to have a very good time. **—e küsmek** to be downhearted, be sick at heart. **—in sillesine uğramak/—in sillesini yemek** to suffer the blows of misfortune. **— yâr olursa** if all goes well.
Felemenk 1. Flanders. 2. Dutch, of Holland or the Dutch. 3. Flemish, of Flanders or the Flemish.
Felemenkçe 1. Dutch, the Dutch language. 2. (speaking, writing) in Dutch, Dutch. 3. Dutch (speech, writing); spoken in Dutch; written in Dutch.
Felemenkli 1. Dutchman; Dutchwoman; Netherlander, Hollander. 2. Fleming. 3. Dutch (person). 4. Flemish (person).
felenk, -gi 1. round wooden crosspiece found in the launching ways of ships and boats. 2. wooden roller placed under boats or other heavy objects to move them. 3. stone or wooden chock placed under an object to stabilize it.
fellah 1. fellah, an Egyptian peasant. 2. *colloq.* Black, Negro.
fellek fellek, fellik fellik running all over. **— aramak /ı/** to search high and low (for).
felsefe philosophy. **— yapmak** to philosophize.
felsefeci 1. philosopher. 2. philosophy teacher.
felsefi philosophical.
feminist, -ti 1. (a) feminist. 2. feminist, feministic.
feminizm feminism.
fen, -nni 1. collective name for physics, chemistry, mathematics, and biology. 2. technology, applied science. 3. science. **—ini almak /ın/** to master the technique (of). **F— Fakültesi** the College of Science (in Istanbul University). **— heyeti** technical commission. **F— İşleri Müdürlüğü** municipal department of technical services.
fena 1. bad; evil. 2. ill, sick. 3. terrible, miserable. 4. badly, poorly. 5. extremely, terribly. **— bakmak /a/** to glare angrily (at). **—ya çekmek /ı/** to take (something) in a bad sense. **— değil/sayılmaz.** Not bad!/Pretty good! **— etmek** 1. to behave badly, act wrongly. 2. /ı/ to harm, injure; to teach (someone) a lesson. 3. /ı/ to make (someone) feel sick. **— gitmek** to go badly. **—sına gitmek** 1. (for an action or word) to pain, upset (someone). 2. to irritate, exasperate (someone). **— gözle bakmak /a/** 1. to harbor evil intentions (towards). 2. to look daggers (at). 3. to look at (someone) with a lustful eye. **— halde** in the worst way, extremely, excessively, badly. **— kalpli** wicked. **— muamele** *law* ill-treatment. **— olmak** 1. to feel sick, feel faint. 2. to feel anguish, be upset. **—ya sarmak** to take a turn for the worse. **—ya**

varmak to get worse; to end up badly. **— yakalanmak** to be caught red-handed. **— yapmak /ı/** to harm, injure; to teach (someone) a lesson. **— yerine vurmak /ın/** to hit (someone) in a vulnerable spot. **—ya yormak /ı/** to interpret (a gesture, word, or piece of news) as unfavorable.

fena *obs.* death, extinction, annihilation. **— bulmak** to die; to come to an end.

fenalaşmak 1. to get worse, become bad, deteriorate. 2. (for a sick person) to get worse. 3. to feel faint, feel suddenly sick.

fenalaştırmak /ı/ 1. to make (something) worse, deteriorate. 2. to make (someone) feel faint.

fenalık 1. badness, evil. 2. injury, harm. 3. fainting. **— etmek /a/** to harm. **— geçirmek** to feel sick, feel faint. **— gelmek /a/** to feel faint.

fenci 1. scientist. 2. science teacher.

fener 1. lantern; flashlight. 2. lighthouse. 3. *formerly* gaslit streetlamp. 4. a circular tray suspended from a handle (used by tea and coffee-sellers in Turkey). 5. small glass dome or turret admitting light into a building, lantern light, lantern. **— alayı** torchlight procession. **— direği** lamppost. **— dişlisi** lantern wheel, lantern pinion, trundle. **— dubası** light buoy. **— gemisi** lightship. **—i nerede söndürdün?** *colloq.* Where the hell have you been? **— resmi** lighthouse dues. **— şamandırası** light buoy.

fenerci 1. lantern maker or seller. 2. lighthouse keeper. 3. lamplighter.

fenerli 1. having a light; with a light. 2. *slang* long-bearded.

fenersiz without a light. **— yakalanmak** to be caught in an awkward position; to be caught red-handed, be caught in the act.

fenik *hist.* pfennig (unit of German money).

Fenike 1. Phoenicia. 2. Pnoenician, of Phoenicia or the Phoenician language.

Fenikeli 1. (a) Phoenician. 2. Phoenician (person).

fenlenmek *colloq.* (for a teenage girl) to know a thing or two.

fenni 1. technological; technical. 2. scientific.

fenol, -lü *chem.* phenol, phenylic acid.

fenomen phenomenon.

fenomenizm phenomenalism.

fenomenoloji phenomenology.

fent 1. trick, ruse. 2. *sports* feint.

feodal, -li feudal.

feodalite feudalism.

fer 1. radiance, luster. 2. brightness (of eyes).

ferace *formerly* a long, full coat worn by Turkish women.

feraceli *formerly* dressed in a long, full coat.

feragat, -ti renunciation, abandonment (of a right), cession, waiver. **— etmek /dan/** to renounce, abandon, cede; to abdicate. **— göstermek** to act generously, make no demands.

— sahibi generous, undemanding.

ferağ *law* cession (of a property), transfer. **— etmek /dan/** *law* to cede, withdraw (from).

ferah 1. spacious and well-lighted and airy. 2. contented, at ease, relieved. **— ferah** 1. leisurely, taking one's time, in a relaxed way. 2. amply, easily; incontestably, beyond debate.

ferah contentment, happiness; relief. **—a çıkmak** to begin to enjoy prosperity or success.

ferahlama, ferahlanma 1. becoming spacious. 2. relief, coming to feel at ease and happy.

ferahlamak, ferahlanmak 1. to become spacious or airy. 2. to feel relieved.

ferahlandırmak, ferahlatmak /ı/ 1. to make (a place/something) spacious. 2. to put (someone) at ease.

ferahlık 1. spaciousness, airiness. 2. contentment, happiness; relief.

feraset, -ti *obs.* perception, understanding.

ferasetli *obs.* perceptive (person).

ferç *anat.* vulva.

ferda *obs.* 1. the morrow, the next day. 2. the future. **—sı gün** the next day.

ferdi *obs.* individual. **— teşebbüs** individual enterprise.

ferdiyet, -ti *obs.* individuality.

ferdiyetçi *obs., phil.* individualist.

ferdiyetçilik *obs., phil.* individualism.

ferforje wrought iron.

feri *obs.* secondary, accessory; derived. **— haklar** accessory rights.

feribot, -tu car ferry; ferry for railroad cars.

ferlemek *slang* to scram, split, make oneself scarce.

ferma a pointing (of a hunting dog). **— etmek** to set, be on point.

ferman 1. firman, imperial edict. 2. command, order. **— çıkmak** to be commanded, certified, or approved (by someone in authority). **— dinlememek** to do as one pleases, ignore the law. **— sizin.** The decision is yours.

fermanlı 1. *hist.* one for whom an arrest warrant has been issued. 2. *colloq.* (one) who does as he pleases. **— deli** *colloq.* certified nut-case.

fermantasyon *biochem.* fermentation.

fermejüp, -pü *tailor.* snap fastener.

ferment, -ti ferment.

fermuar zipper.

fersah *obs.* parasang (about 3 miles or 5 kilometers). **— fersah** far, by far: **fersah fersah üstün /dan/** far superior (to).

fersiz lusterless, dull, lackluster (eyes, light).

fert *obs.* person, individual.

fertik *slang* scramming, splitting, making oneself scarce. **—i çekmek/kırmak** *slang* to scram, split, make oneself scarce.

fertiklemek *slang* to scram, split, make oneself scarce.

feryat 1. cry; cry for help, scream for help. 2.

complaint. —ı basmak to start wailing; to start screaming. — etmek 1. to cry for help, yell for help, scream for help. 2. to complain
fes fez. — boyası madder, red dye. —ini havaya atmak colloq. to jump for joy.
fesahat, -ti obs. eloquence, clarity of speech.
fesat 1. disturbance, disorder, trouble. 2. corruption. 3. sedition. 4. always suspicious of others' motives, distrustful. 5. (one) who stirs up trouble, mischief-making. — başı chief troublemaker. — karıştırmak/çıkarmak/kaynatmak to cause trouble, set people against each other. — kumkuması a great mischief-maker. — kurmak to conspire, plot. — kutusu mischief-maker. — ocağı/yuvası den of mischief. — tohumu seeds of intrigue. —a vermek /ı/ to stir up trouble in (a place).
fesatçı 1. troublemaker; troublemaking. 2. seditious.
fesatçılık 1. stirring up trouble. 2. sedition.
fesatlık 1. stirring up trouble. 2. being seditious.
feshetmek /ı/ 1. to annul, abrogate, repeal (a law, a treaty). 2. to dissolve (a legislature, assembly, society).
fesih, -shi 1. annulment, abrogation, repeal. 2. dissolution (of a legislature, assembly, society).
fesleğen bot. sweet basil.
fesrengi, -ni deep red.
festival, -li 1. festival. 2. colloq. chaos, mess, carnival.
fesuphanallah Good God Almighty! (said in amazement).
fethetmek /ı/ to conquer.
fetih, -thi conquest.
fetiş fetish.
fetişist, -ti 1. (a) fetishist. 2. fetishistic.
fetişizm fetishism.
fetret, -ti obs. interregnum.
fettan 1. mischief-maker, sower of dissent. 2. colloq. seductive, enticing, alluring.
fettanlık colloq. seductiveness, enticement.
fetva mufti's opinion on a matter involving the Islamic religious law, fetwa, fatwa. — almak to obtain a fetwa. — vermek/çıkarmak 1. to give a fetwa. 2. colloq. to lay down the law (when one has no right to do so).
feveran obs. boiling over with rage. — etmek to boil over with rage.
fevk, -kı/-ki obs. 1. upper part, top. 2. superior. —ında/—inde /ın/ 1. above. 2. superior to.
fevkalade 1. extraordinary, exceptional, unusual. 2. unusually, extremely, exceptionally. 3. Wonderful!/Great!/Super! — hal exceptional circumstances.
fevkaladelik singularity, being extraordinary or exceptional.
fevri obs. sudden and unrestrained, impulsive (action).
feyiz see feyz.

feyizli abundant; prosperous; productive, bountiful, fertile.
feylesof obs. philosopher.
feyz abundance; prosperity; bountifulness, fertility. — almak /dan/ to be enlightened (by), learn (from). — bulmak to flourish, prosper, advance.
feza outer space.
fezleke 1. summary. 2. summary of a cross-examination, police report.
fıçı 1. barrel, cask, keg. 2. tub. — balığı salted fish in barrels. — birası draft beer, tap beer. — dibinden ayrılmamak colloq. to drink habitually and heavily, be a tippler. — gibi short and fat, squat.
fıçıcı cooper.
fıçıcılık the work of a cooper, coopery.
fıçılama barreling, casking.
fıçılamak /ı/ to barrel, cask.
fıkara see fukara.
fıkıh, -khı fiqh, Muslim canonical jurisprudence.
fıkırdak lively and flirtatious (woman).
fıkırdamak 1. to bubble, make a bubbling sound. 2. (for a woman) to behave in a lively and flirtatious manner.
fıkırdaşmak 1. to flirt with each other in a lively way. 2. to laugh and talk together in a vivacious manner.
fıkırdatmak /ı/ 1. to make (something) bubble and boil. 2. to make (a woman) behave flirtatiously.
fıkır fıkır 1. with a bubbling sound. 2. lively and flirtatious. — kaynamak 1. to boil with a bubbling sound. 2. to abound in, be full of, crawl with (vermin). 3. (for a woman) to be lively and flirtatious.
fıkırtı bubbling sound.
fıkra 1. anecdote. 2. column, short feature (in a newspaper or magazine). 3. law paragraph. 4. paragraph. 5. vertebra.
fıkracı 1. anecdotist. 2. columnist.
fıkracılık the work of a columnist.
fıldır fıldır 1. rolling (eyes). 2. frantically (moving). — bakmak /a/ to look at with rolling eyes.
fındık 1. hazelnut, filbert. 2. slang loaded dice. — ağacı hazel. — kabuğunu doldurmaz trifling, unimportant; nonsensical. — kırmak colloq. to mess around with women, indulge in debauchery. — kurdu gibi small and plump and lively (woman). — yuvası the dimples on the back of a plump hand.
fındıkçı 1. seller or grower of hazelnuts. 2. colloq. lively and flirtatious woman.
fındıkçılık 1. the growing or selling of hazelnuts. 2. being lively and flirtatious.
fındıkfaresi, -ni zool. 1. dormouse. 2. common house mouse.
fındıki nut-brown, hazel.
fındıkkıran nutcracker.

fındıkkurdu, -nu larva of the nut weevil.
fındıklık hazelnut grove.
fındıksıçanı, -nı *zool.*, *see* **fındıkfaresi.**
fındıkşekeri, -ni sugar-coated hazelnut.
fır 1. with whirling motion. 2. *slang* bastard. **(etrafında)** — **dönmek** to hover around (someone), be in constant attendance upon (someone).
Fırat the Euphrates (river).
fırça brush. — **çekmek** /a/ *slang* 1. to chew (someone) out, dress (someone) down, light into (someone). 2. to let bygones be bygones. — **gibi** brushy, bristly, coarse (hair, beard).
fırçacı maker or seller of brushes.
fırçalamak 1. /ı/ to brush. 2. to go through a densely wooded, swampy area (in hunting). 3. /ı/ *slang* to chew (someone) out, dress (someone) down, light into (someone).
fırçalanmak 1. to be brushed. 2. to brush oneself. 3. *slang* to be chewed out, be dressed down, be lit into.
fırçalatmak /ı, a/ to have (something) brushed.
fırdolayı all around, all the way around.
fırdöndü 1. swivel. 2. a kind of six-sided, bronze teetotum. 3. fickle, having no definite convictions.
fırfır frill, ruffle, furbelow, flounce.
fır fır around and around.
fırfırlı frilled, ruffled.
fırıldak 1. whirligig (used as a child's toy). 2. wind-powered ventilator usually located in a windowpane. 3. revolving cowl on a chimney or a chimney pipe. 4. weathercock, weather vane. 5. *colloq.* trick, fast one. — **çevirmek/döndürmek** to be up to no good, pull a fast one. — **gibi** fickle, capricious.
fırıldakçı 1. whirligig seller. 2. *colloq.* swindler, con man.
fırıldakçiçeği, -ni *bot.* passionflower.
fırıldanmak 1. to spin, whirl, revolve. 2. to move around hurriedly and anxiously.
fırıldatmak /ı/ to spin or whirl (something) around.
fırıl fırıl around and around (for objects revolving in place).
fırın 1. oven. 2. bakery. 3. furnace. 4. coke oven. 5. blast furnace. 6. roasted (in the oven). **(...)** — **ekmek yemesi lazım!** *colloq.* He has to put in (so much) time and effort (to achieve something). — **gibi** very hot (place). — **kapağı** *slang* one who is not easily ruffled by hardship (as a result of much experience). —**a sürmek** /ı/ to put (something) in the oven (to bake).
fırıncı baker.
fırıncılık the work of a baker.
fırınlamak /ı/ 1. to put (something) in the oven (to bake). 2. to dry (something) in an oven or kiln, kiln-dry.
fırınlanmak 1. to be put in the oven (to bake). 2. to be kiln-dried.
fırınlanmış kiln-dried.
fırınlatmak /ı, a/ to have (something) kiln-dried.
fırka 1. *mil.* division; *navy* squadron. 2. *pol.* party.
fırkacı *pol.* partisan, party man.
fırkacılık *pol.* partisanship, party politics.
fırkata light galley, frigate.
fırlak protruding, bulging, sticking out. — **çene** prognathism.
fırlama 1. popping out, jumping out. 2. jumping up, popping up, leaping up. 3. protrusion, bulging out, sticking out. 4. soaring, shooting up (of prices). 5. *slang* bastard. 6. *slang* brat.
fırlamak 1. /dan/ to pop out (of), jump out (of). 2. /dan/ to fly out (of), rush out (of), burst out (of). 3. /dan/ to jump up (from), pop up (from), leap up (from). 4. to protrude, bulge out, stick out. 5. (for prices) to soar, shoot up.
fırlatılmak 1. to be hurled, be flung, be thrown violently, be hurtled. 2. to be ejected, be launched.
fırlatma 1. /ı/ hurling, flinging, throwing (something) violently, hurtling. 2. exercises done by flinging out one's arms and legs.
fırlatmak /ı/ 1. to hurl, fling, throw (something) violently, hurtle. 2. to eject, launch. 3. to fling, let fly (a curse). 4. to cause (prices) to soar or shoot up.
fırlayış 1. jumping up, leaping up. 2. soaring, shooting up (of prices).
fırsat, -tı opportunity, chance; occasion. — **aramak** to look for a chance, seek an opportunity. — **beklemek** to wait for an opportunity. — **bilmek** /ı/ to take advantage of (the circumstances). — **bu fırsat.** This is my/your/his golden opportunity. — **bulmak** to find an opportunity. — **düşkünü** (one) awaiting an opportunity to do someone evil. — **düşmek** to have an opportunity open up. —**ını düşürmek** to find a way. —**ı ganimet bilmek/saymak** to seize the opportunity. — **gözlemek** to be on the lookout for an opportunity. — **her vakit ele geçmez.** *proverb* Opportunity only knocks once. —**tan istifade** taking advantage of an opportunity. —**ı kaçırmak** to miss the opportunity. —**ı kaçırmamak** to take advantage of the opportunity. — **kollamak** to be on the lookout for an opportunity. — **vermek** /a/ to give (someone) an opportunity. — **yoksulu** one who would do evil if he had a chance.
fırsatçı opportunist.
fırsatçılık opportunism.
fırt, -tı *colloq.* 1. drag, pull (of a cigarette). 2. nip, shot, slug, pull (of a drink).
fırt fırt continually (going in and out). — **girip çıkmak** to keep going in and out.
fırtına 1. storm, tempest, gale. 2. terrible diffi-

culty. 3. bewilderment. — **çıktı.** A storm came up. — **gibi** 1. suddenly and quickly. 2. impetuous, always in a hurry. — **kopmak** 1. for a storm to break suddenly. 2. to break out in noisy arguments. — **patlamak** for a storm to break suddenly. —**ya tutulmak** to be caught in a storm.

fırtınakuşu, -nu *zool.* storm petrel, stormy petrel.

fırtınalı stormy, tempestuous.

fırttırmak *slang* 1. to go crazy, go nuts, come unglued. 2. to clear out, beat it, split.

fısfıs *colloq.* atomizer.

fıs fıs in whispers. — **konuşmak** to whisper.

fıs geçmek *slang* to whisper.

fısıldamak /ı, a/ to whisper (something) to (someone).

fısıldaşmak to whisper to each other.

fısıldayıcı *theat.* prompter.

fısıl fısıl in whispers.

fısıltı whisper. — **gazetesi** *colloq.* the grapevine.

fısır fısır 1. (burning) with a sizzle or hiss. 2. (flowing) with a hissing sound. 3. in whispers.

fısırtı 1. whisper. 2. sizzle or hiss (of burning straw, dry weeds, etc.). 3. hissing sound (of flowing water).

fıskıye, fıskiye pipe in a pool or fountain from which a jet of water spouts upward.

fıslamak /ı, a/ 1. to whisper (something) to (someone). 2. to tell (something) in secret to (someone).

fıslanmak to be whispered.

fıstık 1. nut; pistachio; pine nut; peanut. 2. *slang* brains, intelligence. 3. *slang* a real looker, a real knockout, a beautiful woman. — **gibi** *colloq.* 1. dazzling (beauty), beautiful (woman). 2. beautiful. —**ını kullanmak** *slang* to use one's brains.

fıstıkçamı, -nı *bot.* pine, stone pine.

fıstıkçı seller or grower of pistachios, pine nuts, or peanuts.

fıstıkçılık selling or growing pistachios, pine nuts, or peanuts.

fıstıki pistachio green, light green. — **makam** *colloq.* very slowly, at a snail's pace.

fıstıklık pistachio grove.

fış fış 1. with a swishing or rustling sound, with a swish or rustle. 2. with a rippling sound.

fışıldama, fışırdama 1. making a swishing or rustling sound, swishing, rustling. 2. making a rippling sound, rippling.

fışıldamak, fışırdamak 1. to make a swishing or rustling sound, swish, rustle. 2. to make a rippling sound, ripple.

fışıldatma, fışırdatma /ı/ 1. making (something) swish or rustle. 2. causing (water) to make a rippling sound.

fışıldatmak, fışırdatmak /ı/ 1. to make (something) swish or rustle. 2. to cause (water) to make a rippling sound.

fışıl fışıl, fışır fışır 1. with a swishing or rustling sound, with a swish or rustle. 2. with a rippling sound.

fışıltı, fışırtı 1. swishing or rustling sound, swish, rustle. 2. rippling sound.

fışkı horse dung; dung of donkeys, mules, etc.

fışkılamak 1. /ı/ to dung, manure (ground) with horse dung. 2. (for a horse, donkey, mule, etc.) to dung, defecate.

fışkın sucker, basal shoot (of a plant).

fışkırdak wash bottle, washing bottle (used in a chemistry lab).

fışkırık water pistol, squirt gun.

fışkırma 1. gushing out, spurting out, squirting forth, jetting, ejection. 2. springing up, bursting forth (of plants).

fışkırmak 1. to gush out, spurt out, squirt forth, jet. 2. (for plants) to spring up, burst forth. 3. /dan/ to overflow from, superabound in.

fışkırtı 1. gushing, spurting, or squirting sound. 2. gushing out, spurting out, squirting forth, jetting, ejection.

fışkırtıcı ejector; squirter.

fışkırtılmak to be spurted, be squirted, be ejected.

fışkırtma /ı/ making (something) gush out, spurting (something) out, squirting (something) forth, jetting.

fışkırtmak /ı/ to make (something) gush out, spurt (something) out, squirt (something) forth, jet.

fıştık vermek /a/ *colloq.* to incite (someone) against another.

fıtık hernia, rupture. — **bağı** *med.* truss. — **olmak** 1. to get a hernia. 2. *slang* to become irritated or provoked.

fıttırmak *slang* to go crazy, go nuts, come unglued.

fıymak *slang* to beat it, make tracks.

fi *obs.* in. — **tarihinde** long ago, a long time ago.

fiber fiberboard.

fiberglas fiberglass.

fidan sapling, young tree. — **boylu/gibi** tall and slender.

fidanbiti, -ni *zool.* plant louse, aphid.

fidanlık *hort.* nursery.

fide seedling.

fideci grower or seller of seedlings.

fidecilik the cultivation or selling of seedlings.

fideizm *phil.* fideism.

fidelemek /ı/ to plant (a bed or field) with seedlings.

fidelik *hort.* 1. nursery bed. 2. (seed) suitable for planting.

fidye ransom.

fifre fife (a musical instrument).

figan *obs.* cry of distress, wail, lamentation. — **etmek** to lament.

figür figure (in drawing, painting, sculpture, dancing, music).

figüran *theat.* walk-on; *cin.* extra.
figüranlık *theat., cin.* working as a walk-on or an extra.
figüratif figuratively representational. **— sanat** figurative art.
fiğ *bot.* common vetch.
fihrist, -ti 1. index. 2. catalog, *Brit.* catalogue, list.
fiil 1. act, deed; *law* act. 2. *gram.* verb; predicate. **—i bozuk** of doubtful morals, immoral. **— çekimi** *gram.* conjugation. **— gövdesi** *gram.* verb stem.
fiilen actually, in actual fact, really; *law* in act; *pol.* de facto.
fiili actual, real; de facto; acting. **— hükümet** de facto government.
fiilimsi *gram.* nonfinite verbal form.
fiiliyat, -tı acts, deeds.
Fiji 1. Fiji. 2. Fijian, of Fiji.
Fijili 1. (a) Fijian. 2. Fijian (person).
fikir, -kri thought, idea, opinion. **—imce** in my opinion. **—ini açmak** to express one's opinion. **— adamı** intellectual, savant. **— alışverişi/teatisi** exchange of views. **— almak /dan/, —ini almak /ın/** to get (someone's) opinion. **— beyan etmek** to give an opinion. **— edinmek** to have an idea; to form an opinion (about). **— hareketleri** movements of thought. **— işçisi** white-collar worker. **—inde olmak** to be of the opinion; to have the intention (of). **—i sabit** fixed idea, idée fixe. **— vermek** 1. to express one's opinion. 2. /a/ to suggest a course of action (to someone). **— yormak** to ponder, think hard, rack one's brains. **— yürütmek** to put forward an idea, state one's opinion.
fikirsiz without an opinion.
fikirsizlik lack of an opinion.
fikren as an idea, as a concept, in thought.
fikri mental, intellectual.
fiksatif fixative (used on paintings).
fil 1. *zool.* elephant. 2. *chess* bishop. **— gibi** 1. huge, enormous, very fat. 2. gluttonous. **— gibi yemek** to eat like a horse, have an enormous appetite. **— hastalığı/sayrılığı** *path.* elephantiasis. **— yürüyüşü** *sports* elephant walk.
filaman *elec.* filament.
filan *colloq.* 1. so-and-so. 2. a certain person, you know who. 3. what's his name; what's her name. 4. around, roughly, approximately, or so: **Otuz kişi filan gitti.** Thirty or so people left. **Otuz eylülde filan olacak.** It'll be on the thirtieth of September or thereabouts. 5. and people such as they, *Brit.* and co.; and such, and so forth, and so on, and what have you, and what not; et cetera, etc.: **Amerikalılar, Fransızlar, Ruslar filan geldiler.** The Americans, the French, the Russians, and so on have come. **Cumhurbaşkanlarıyla, başbakanlarla filan tanışmış bir adamım ben.** I'm a man who's met presidents, prime ministers, and such. **— falan/festekiz/feşmekân/fıstık/fistan/fişman** 1. given people, these people, given things, these things. 2. and people such as they, and that lot; and what have you, and what not; etc. 3. such and such: **Filan falan günlerde filan falan şehrimizi ziyaret edecek.** On such and such days such and such people will visit our city.
filanca 1. so-and-so, such and such a person. 2. such and such a ....
filanıncı 1. such and such a, a given (day, time): **mayıs ayının filanıncı gününde** on a given day in May. 2. someone who occupies a given numerical position; something which occupies a given numerical position.
filariz mallet for beating out flax.
filarizlemek /ı/ to scutch (flax).
filarmoni philharmonic society.
filarmonik philharmonic. **— orkestra** philharmonic orchestra.
filbahar, filbahri *bot.* mock orange.
fildekoz 1. lisle, lisle thread. 2. lisle, made of lisle thread.
fildişi, -ni 1. ivory. 2. ivory (of a tooth). 3. ivory, ivory white. 4. ivory, made of ivory. **— gibi** pale white. **— karası** ivory black.
file 1. string bag. 2. hair net. 3. netting.
fileci *slang* peeping Tom.
fileminyon filet mignon.
filenk, -gi *see* **felenk**.
fileto 1. fillet; loin, sirloin, tenderloin. 2. (continuous) stripe, band, line (of color) (used to separate an area of one color from that of another color).
filhakika in truth, truly.
filibit, -ti *path.*, *see* **flebit**.
filigran watermark (in paper).
filigranlı watermarked.
filika ship's boat; lifeboat.
filinta carbine, short-barreled gun. **— gibi** handsome (man).
Filipin Philippine. **— Adaları** Philippine Islands.
Filipinler the Philippines.
Filipinli 1. Filipino; Filipina. 2. Filipino, of the Philippines.
filispit *slang* 1. dead drunk. 2. very stylishly (dressed).
Filistin 1. Palestine. 2. Palestinian, of Palestine.
Filistinli 1. (a) Palestinian. 2. Palestinian (person).
filiz young shoot, sprout; bud; tendril; sucker, basal shoot (of a plant). **— gibi** slender and beautiful (woman). **— sürmek** to shoot, sprout.
filiz ore.
filizi light green.
filizlemek /ı/ to prune the surplus shoots, sprouts, or buds of (a plant).
filizlenmek 1. to put forth shoots, sprouts, buds, tendrils, or suckers; to sprout. 2. to begin to develop, sprout, burgeon.

filizli having young shoots, sprouts, buds, tendrils, or suckers.
filizli containing ore.
film 1. film (for a camera). 2. film, movie, flick, motion picture. 3. *slang* a sight to see. **— ini almak** /ın/ 1. to film. 2. to X-ray. **— çekmek** 1. to take a movie. 2. to take an X-ray. **—e çekmek** /ı/ to film. **— çevirmek** 1. to make a movie. 2. *slang* to show off, swagger. 3. *slang* to have fun, have a good time. **—i koparmak** *slang* to talk incoherently (when drunk). **— makinesi** movie camera. **— oynamak** *cin.* (for a movie) to play, be shown. **— oynatmak** *cin.* to play a movie, show a film. **—leri yakmak** *slang* to spoil a scheme/plan. **— yıldızı** movie star, film star.
filmci 1. moviemaker; cameraman. 2. *slang* liar, unreliable person.
filmcilik 1. moviemaking. 2. selling or hiring out movies.
filo 1. fleet. 2. squadron. 3. *slang* louse.
filolog philologist, philologian.
filoloji philology.
filotilla flotilla.
filoz net float.
filozof 1. philosopher. 2. philosophical (in character).
filozofça 1. philosophical. 2. philosophically.
filozoflaşmak to become philosophical, philosophize.
filozofluk thinking or behaving philosophically; being a philosopher.
filtre filter. **— kâğıdı** filter paper.
filtreli filter-tipped, filter.
filtresiz nonfilter, without a filter.
filum *biol.* phylum.
filvaki *obs.* in fact, actually. **— ... ama** even though.
Fin 1. (a) Finn. 2. Finnish, pertaining to Finland, the Finns, or the Finnish language. **— hamamı** sauna.
final, -li 1. *sports* final. 2. *mus.* finale. **—e kalmak** *sports* to go on to the finals.
finalizm *phil.* finalism.
finanse etmek /ı/ to finance.
finansman 1. financing, the process of getting money (for a project). 2. the money available to carry out a project.
fincan 1. coffee cup; teacup. 2. *elec.* porcelain insulator. **— gibi** wide open, bulging (eyes). **— oyunu** parlor game in which a ring is hidden under one of a number of inverted cups. **— zarfı** metal cup holder.
fincanböreği, -ni a round, savory, stuffed pastry.
fincancı maker or seller of cups. **— katırlarını ürkütmek** to get oneself into trouble with people who can harm one, open Pandora's box.
fincanlık 1. enough to fill (so many) cups. 2. big enough to hold (so many) cups.

Fince 1. Finnish, the Finnish language. 2. (speaking, writing) in Finnish, Finnish. 3. Finnish (speech, writing); spoken in Finnish; written in Finnish.
fingirdek coquettish, flirtatious.
fingirdemek to behave coquettishly.
fingirdeşmek to flirt with each other.
fingir fingir fingirdemek to behave in a very coquettish manner.
finiş 1. finish, end. 2. *sports* finish line. **—e kalkmak** to make a final dash for the finish line, put on a final sprint.
fink atmak *colloq.* to gallivant, gad about.
Finlandiya 1. Finland. 2. Finnish, of Finland.
Finlandiyalı 1. (a) Finn. 2. Finnish (person).
Finli 1. (a) Finn. 2. Finnish (person).
fino 1. a very small dog with long or shaggy hair, lap dog. 2. *slang* hashish.
Fin-Ugor 1. Finno-Ugric, the Finno-Ugric languages. 2. Finno-Ugric, Finno-Ugrian.
firar 1. fleeing, flight; escape; getaway. 2. slipping off, sneaking off, abscondence. 3. *mil.* desertion. 4. *pol.* defection. 5. truancy, playing truant (from school). **— etmek** 1. to flee; to escape. 2. to slip off, sneak off, abscond. 3. *mil.* to desert. 4. *pol.* to defect. 5. to play truant (from school). **—a kadem basmak** *colloq.* to run away, take to one's heels. **— noktası** *art* vanishing point.
firari 1. (a) fugitive, (a) runaway; escapee. 2. someone who has slipped off. 3. *mil.* deserter. 4. *pol.* defector. 5. (a) truant (from school). 6. fugitive, runaway, escaped. 7. (someone) who has slipped off. 8. truant (pupil).
firavun 1. Pharaoh. 2. *colloq.* tyrant, cruel person. 3. *playing cards* faro.
firavuninciri, -ni prickly pear.
firavunlaşmak to behave cruelly and despotically.
fire *com.* loss, decrease, diminution (of weight); wastage; shrinkage. **— vermek** 1. *com.* to be reduced by wastage; to diminish, shrink. 2. *slang* to display a fault of character or a moral shortcoming.
firkat, -ti *obs.* separation, absence.
firkateyn *hist.* frigate.
firkete hairpin.
firketelemek /ı/ to pin up (one's hair).
firma 1. firm, company. 2. legal name of a company.
firuze 1. turquoise, turquois (a mineral). 2. turquoise, turquoise blue.
fisebilillah expecting nothing in return.
fiske 1. flick, flip (with the finger). 2. a very small amount, pinch. 3. pimple. **— fiske kabarmak/olmak** to be covered with pimples. **— kondurmamak/dokundurmamak** /a/ to protect (someone/something) from the minutest danger or harm. **— vurmak** /a/ to give (something) a flick.

fiskelemek /ı/ 1. to give (something) a flick. 2. to wound (someone) with words.
fiskos furtive whispering. — **etmek** to whisper furtively.
fistan 1. *prov.* woman's dress. 2. kilt; evzone's skirt.
fistanlı 1. wearing a dress. 2. kilted.
fisto 1. decorative scalloped ribbon. 2. a kind of cloth decorated with stitched patterns.
fistolu trimmed with a scalloped ribbon.
fistül *path.* fistula.
fiş 1. plug (on an electrical cord). 2. index card. 3. *gambling* chip. 4. token, counter. 5. slip (of paper), receipt. — **açmak** to prepare a file card or a record form. —**ini tutmak** /ın/ to note (another's) behavior on a record slip.
fişek 1. cartridge, cartouche (for a gun). 2. roll of coins. 3. any projectile used as a firework, skyrocket. — **atmak** 1. *colloq.* to startle those present with a remark, drop a bomb (in the course of a conversation). 2. /a/ *slang* to have sexual relations (with), *fuck. — **gibi** swiftly, fast. — **kovanı** cartridge case, shell. — **salıvermek** *colloq.* to arouse someone's suspicions of another.
fişekhane cartridge factory.
fişeklik 1. cartridge belt; bandoleer. 2. cartridge box.
fişlemek /ı/ 1. to prepare an index card for, prepare a card index on. 2. (for the police) to open a file on (someone).
fişlenmek 1. to be entered on an index card, be indexed on cards. 2. to be the subject of a file at a police office.
fişli 1. entered on an index card, indexed on cards. 2. on file at a police office.
fişlik 1. card catalog; card file. 2. (paper) suitable for index cards.
fit, -ti divisive talk. — **sokmak/vermek** /a/ to incite (someone) against another.
fit, -ti 1. being even, having no score to settle. 2. /a/ *colloq.* consenting, satisfied (with). — **olmak** 1. *slang* to be quits. 2. /a/ *colloq.* to be content (with), agree to (the offer or outcome).
fit, -ti feet (measure of length).
fitçi 1. mischief-making, (one) who stirs up discord. 2. mischief-maker.
fitçilik mischief-making, being a mischief-maker.
fitil 1. wick (of a candle, lamp, lighter). 2. fuse, fuze (of a bomb, explosive charge, etc.). 3. *surg.* wick; tent. 4. suppository. 5. *tailor.* piping. 6. *slang* dead drunk, lit up, smashed, soused, higher than a kite. 7. a card game in which the low score wins. —**i almak** 1. to blow one's top. 2. suddenly to become perturbed. — **gibi** *slang* dead drunk, lit up, smashed, soused, higher than a kite. — **olmak** *slang* to become dead drunk, be lit up. — **vermek** /a/ to incite; to enrage.

fitillemek /ı/ 1. to put a wick in (a candle, lamp, lighter). 2. to fuze, fuse, fit a fuse to (a bomb, explosive charge, etc.). 3. to light the fuse of. 4. *colloq.* to incite (someone) to do something rash. 5. *colloq.* to make (someone) blow his stack.
fitillenmek 1. (for a candle, lamp, lighter) to be fitted with a wick. 2. (for a bomb, explosive charge, etc.) to be fuzed, be fused, be fitted with a fuse. 3. (for a fuse) to be lit. 4. *colloq.* to be incited to a rash act. 5. *colloq.* to be made all hot and bothered.
fitilli 1. having a wick, fitted with a wick. 2. fuzed, fused, fitted with a fuse, having a fuse. 3. *tailor.* piped, trimmed or finished with piping. 4. ribbed (velvet). — **kadife** corduroy. — **tüfek** matchlock gun.
fitings pipe fittings.
fitlemek /ı/ 1. to set (someone) against another. 2. to criticize (someone) behind his back, backbite.
fitlenmek to be set against someone.
fitne 1. discord, dissension, strife (instigated by someone not actually involved in it). 2. mischief-making (person). — **fücur** (one) who sets one person against another. — **sokmak** to set one person against another.
fitneci 1. mischief-making (person). 2. mischief-maker.
fitnecilik mischief-making, being a mischief-maker.
fitnelemek /ı/ to criticize (someone) behind his back, backbite.
fitnelik mischief-making, stirring up discord.
fitre alms required to be given at the close of Ramazan.
fiyaka showing off, show-off, swagger; posing. —**sını bozmak** /ın/ to put an end to (someone's) swagger, deflate. — **satmak** *slang* to put on airs, show off. — **yapmak** *slang* to show off.
fiyakacı 1. poseur, show-off. 2. swaggering, showy, pompous.
fiyakalı 1. showy, gaudy, flashy. 2. pretentious, ostentatious.
fiyasko *colloq.* failure, washout, fiasco. — **vermek** to end in failure.
fiyat, -tı price. —**ından aşağıya satmak** /ı/ to sell (something) at a price below cost. — **ayarlamak** to adjust prices. — **biçmek** /a/ to estimate a price (for). —**ları dondurmak** to freeze prices. — **farkı** price difference. — **haddi** price limit, ceiling price. — **indeksi** price index. — **indirimi** reduction. — **kırmak** to reduce the price. — **koymak** /a/ to fix the price (of). — **listesi** list of prices, price list, schedule of prices. — **vermek** /a/ to quote a price (for).
fiyatlanmak to get expensive, go up in price.
fiyonk, -gu bowknot, bow.
fiyort fjord, fiord.

fizibilite feasibility, practicability.
fizik 1. physics. 2. physique. 3. physical. — **tedavisi** physical therapy, physiotherapy. — **yapısı** build (of a person's body).
fizikçi 1. physicist. 2. physical therapist. 3. physics teacher.
fiziki physical.
fizikötesi, -ni 1. metaphysics. 2. metaphysical.
fiziksel physical.
fizyolog physiologist.
fizyoloji physiology.
fizyolojik physiological.
fizyolojist, -ti physiologist.
fizyonomi physiognomy.
fizyonomist, -ti physiognomist.
fizyoterapi physiotherapy, physical therapy.
fizyoterapist, -ti physiotherapist, physical therapist.
F.K.B. (*abbr. for* **fizik, kimya, biyoloji**) a one-year course of studies in physics, chemistry, and biology given to university freshmen majoring in scientific subjects.
flama 1. signal flag; streamer, pennant. 2. surveyor's rod, stadia rod.
flamacı semaphorist.
Flaman 1. Fleming, a native of Flanders. 2. Flemish, of Flanders or the Flemish. 3. Flemish, of the Flemish language.
Flamanca 1. Flemish, the Flemish language. 2. (speaking, writing) in Flemish, Flemish. 3. Flemish (speech, writing); spoken in Flemish; written in Flemish.
flamankuşu, -nu *zool., see* **flamingo**.
flamingo *zool.* flamingo.
Flandra Flanders.
flandra pennant; long narrow streamer carried at the head of the mainmast.
flanel flannel.
flaş 1. *phot.* flash. 2. *phot.* flashbulb; flash lamp; flashgun. 3. flash, news flash.
flavta *mus.* flute.
flavtacı flutist, flautist.
flebit, -ti *path.* phlebitis.
flit, -ti 1. spray insecticide. 2. (insecticide) spray gun.
flitlemek /ı/ to spray (a place) with insecticide.
flok, -ku *naut.* jib (sail).
flor *chem.* fluorine.
flora *bot.* flora.
floresan fluorescent. — **lamba** fluorescent lamp.
floresans fluorescence.
florin *hist.* florin, guilder, gulden.
floş floss silk.
floş *playing cards* flush.
flotör float (in a mechanism used to regulate the level of the water in a tank).
flöre *fencing* foil.
flört, -tü 1. flirtation. 2. girl friend; boy friend. — **etmek** to flirt.

flu *phot.* blurred, out of focus.
flurcun *zool.* hawfinch.
flurya *zool.* greenfinch.
flüor *chem.* fluorine.
flüorışı fluorescence.
flüorışıl fluorescent.
flüorür *chem.* fluoride.
flüt, -tü *mus.* flute.
flütçü flutist, flautist.
FM (*abbr. for* frequency modulation) *radio* FM, F.M. (frequency modulation).
fob *com.* f.o.b., free on board.
fobi phobia.
fodra *tailor.* interfacing.
fodul vain, presumptuous.
fodulca 1. somewhat vain, somewhat presumptuous. 2. vainly, presumptuously.
fodulluk vanity, presumption.
fok, -ku *zool.* seal.
fokbalığı, -nı *zool., see* **fok**.
fokstrot, -tu fox-trot (a dance).
fokurdamak to boil up, bubble noisily.
fokurdatmak /ı/ to make (something) bubble noisily.
fokur fokur boiling up, bubbling noisily.
fokurtu bubbling sound.
fol *poultry* nest egg. — **yok yumurta yok.** *colloq.* There is no apparent reason for it./There is no proof of its existence.
folikül *anat.* follicle.
folk, -ku folk. — **müziği** folk music.
folklor, -ru 1. folklore. 2. *colloq.* folk dancing.
folklorcu 1. folklorist. 2. *colloq.* folk dancer.
folklorik folkloric.
folluk nest box (for hens).
fon 1. fund, designated fund. 2. *cin., theat.* background (of a set). 3. base coat, background color. 4. background. — **müziği** background music.
fondan fondant, a soft candy.
fondöten foundation (a cosmetic in liquid or cream form).
fonem *ling.* phoneme. — **düşmesi** elision of a phoneme.
fonetik 1. phonetics. 2. phonetic.
fonetikçi phonetician, phoneticist.
fonksiyon function.
fonksiyonalizm functionalism.
fonksiyonel functional.
fonograf phonograph.
fonografi the recording of sound, phonography.
fonojenik phonogenic.
fonolog phonologist.
fonoloji phonology.
font, -tu cast iron.
font, -tu *print., comp.* font.
fora *naut.* Open it!/Unfurl (the sail)! — **etmek** /ı/ 1. to open; to unfurl. 2. *slang* to pull (something) off.

form 1. a good state of mind and body. 2. form (filled in when applying or registering). 3. form, shape.
forma 1. uniform (of a school or athletic team). 2. *print.* sheet containing sixteen pages, signature. 3. form, shape.
formalık 1. (cloth) suitable for making school or athletic uniforms. 2. *print.* of (so many) signatures.
formalist, -ti formalist.
formalite 1. formality. 2. red tape.
formaliteci stickler for form, one who is inflexible in small bureaucratic matters.
formasyon 1. formation, being formed. 2. training, education.
format, -tı *comp.* format. **— etmek** /ı/ to format.
formatlamak /ı/ *comp.* to format.
formatlı *comp.* formatted. **— disket** formatted diskette.
formen foreman (of a group of workers).
formika formica.
Formoza 1. Formosa. 2. Formosan, of Formosa.
Formozalı 1. (a) Formosan. 2. Formosan (person).
formül 1. formula. 2. agreed solution, formula. 3. formula for a petition or a legal document.
formüle etmek /ı/ to formulate.
formüler formulary, collection of formulas.
foroz amount of fish caught in one cast of the net.
fors 1. flag or pennant of office. 2. *colloq.* power, influence. **—u olmak** to have influence.
forseps forceps, obstetrical pincers.
forslu 1. flying the flag of office. 2. *colloq.* influential.
forsmajör force majeure, compulsion.
forte *mus.* forte.
fortepiyano *mus.* forte-piano.
fortissimo *mus.* fortissimo.
forum forum.
forvet, -ti *sports* forward.
fos *colloq.* false, sham, without foundation. **— çıkmak** *colloq.* 1. (for something) not to end up as one had hoped. 2. (for something) to be long-drawn-out. **— dalga** *slang* treachery, deceit.
fosfat, -tı *chem.* phosphate.
fosfor *chem.* phosphorus.
fosforışı phosphorescence.
fosforışıl phosphorescent.
fosforlu 1. containing phosphorus. 2. phosphorescent. 3. *slang* gaudily dressed and heavily made up.
fosil fossil.
fosilleşme fossilization.
fosilleşmek to fossilize, turn into a fossil.
fosilli fossiliferous.
foslamak *slang* 1. to have one's hopes dashed (by the outcome of something). 2. to feel foolish.
foslatmak /ı/ *slang* to make (someone) feel foolish.
fosseptik cesspool.
fosurdamak to puff, breathe out in puffs.
fosurdatmak /ı/ to puff on, smoke (a cigarette, pipe, etc.) in puffs.
fosur fosur in puffs, taking long puffs.
fosurtu 1. sound made when taking long puffs of a cigarette (pipe, etc.). 2. pomposity, conceit.
fotin ankle boot.
foto 1. photo. 2. photographer. **— muhabiri** newspaper photographer.
fotoelektrik *phys.* photoelectricity.
fotoğraf 1. photography. 2. photograph. **— albümü** photograph album. **—ını almak** /ın/ to take (someone's) picture. **— atölyesi** photographer's studio. **— çekmek** to take a photograph. **— çektirmek** to have one's photo taken. **— çıkarmak** *slang* to have a collision, damage one's car. **— makinesi** *phot.* camera.
fotoğrafçı 1. photographer. 2. photographer's studio. 3. photo shop.
fotoğrafçılık 1. profession of a photographer. 2. photography, art of photography.
fotoğrafhane photographer's studio.
fotojenik photogenic.
fotokopi photocopy.
fotokopici photocopier, one who makes photocopies.
fotometre photometer.
fotometri photometry.
fotomodel photographer's model.
fotomontaj photomontage.
fotoroman fiction related through photographs.
fotosentez photosynthesis.
fototropizm phototropism.
foya 1. foil (for setting off a gem). 2. *colloq.* trick, fraud. **—sı meydana/ortaya çıkmak** to be shown up.
fötr 1. felt. 2. felt hat, fedora. **— şapka** felt hat, fedora.
föy page, leaf: **anket föyü** questionnaire.
fragman *cin.* prevue, preview.
frak, -kı formal dress suit; swallow-tailed coat.
fraklı in swallow-tails.
fraksiyon *pol.* faction.
francala fine white bread sold as a longish thin loaf.
francalacı baker or seller of fine white bread.
frank, -gı *hist.* franc.
Fransa 1. France. 2. French, of France.
Fransız 1. French person; Frenchman; Frenchwoman. 2. French, of France or its people or language. **— salatası** *slang* a confused heap of playing cards.
Fransızca 1. French, the French language. 2. (speaking, writing) in French, French. 3. French (speech, writing); spoken in French; written in French.
Fransız Guyanalı 1. (a) French Guianese, (a)

Fransız Guyanası

French Guianan. 2. French Guianese (person), French Guianan (person).
Fransız Guyanası, -nı 1. French Guiana. 2. French Guianese, French Guianan, of French Guiana.
frapan striking (clothing, colors).
frekans *phys.* frequency.
fren *mech., auto.* brake. **— ayarı** brake adjustment. **— balatası** brake lining. **— çubuğu** brake rod. **— kasnağı** brake drum. **— kolu** connecting rod of a brake. **— mili** brake shaft. **— pedalı** brake pedal. **— yağı** hydraulic brake fluid. **— yapmak** to put on the brake/brakes, apply the brake/brakes.
frengi *path.* syphilis. **— yeniği** chancre.
frengi *naut.* scupper. **— deliği** *naut.* scupper hole.
frengili syphilitic.
Frenk, -gi *formerly* European.
Frenkçe 1. European language. 2. French.
frenkçileği, -ni hautbois strawberry.
frenkeriği, -ni greengage plum.
frenkgömleği, -ni shirt.
frenkinciri, -ni prickly pear.
frenklahanası, -nı Brussels sprouts.
Frenkleşmek to acquire European ways.
frenküzümü, -nü red currant.
frenlemek /ı/ 1. to brake (a vehicle). 2. to hold (someone/oneself) in check, hold (someone/oneself) back, restrain (someone/oneself) (from).
frenlenmek to be held in check, be held back, be restrained (from).
frenleyici 1. *anat.* blocking. 2. holding in check, holding back, restraining.
frenoloji phrenology.
fresk, -ki fresco.
freze 1. milling machine, miller; shaper. 2. countersink (for beveling a hole). **— bıçağı** milling cutter.
frezeci milling machine operator; shaper.
frezelemek /ı/ 1. to mill (something) on a milling machine, to shape (something) on a shaper. 2. to countersink (a hole).
fribord *naut.* freeboard.
frigo 1. chocolate ice cream bar. 2. *slang* cold fish.
frigorifik refrigerated (transport).
frijid *psych.* frigid.
frijider 1. refrigerator. 2. the freezing compartment of a refrigerator.
frijidite *psych.* frigidity.
frikik 1. *soccer* free kick. 2. *slang* a glimpse of thigh. **— yakalamak** *slang* to catch a glimpse of thigh, see a bit of leg.
friksiyon massage, rubbing.
frişka *naut.* light breeze.
fritöz electric deep fryer (a cooking utensil).
friz 1. *arch.* frieze. 2. *theat.* border (hung above a stage set).
frizbi frisbee, frisby.
fruko *slang* cop (wearing a riot helmet).
früktoz fructose, fruit sugar.
fuar fair, exposition.
fuaye foyer (in a theater or cinema).
fuel-oil fuel oil.
fuhuş, -hşu prostitution.
fukara 1. poor, destitute, indigent. 2. poor person; the poor. 3. poor, miserable, unlucky. 4. dervish. **—sı** lacking in, without: **beyin fukarası** idiot, simpleton. **— babası** one who helps the poor.
fukaralık poverty, destitution, indigence.
ful, -lü *bot.* 1. broad bean. 2. Arabian jasmine.
ful *colloq.* completely *(usually used in combination with an adjective):* **Ful doluyuz.** We're all full up.
fular foulard.
fule stride, step.
fultaym 1. full time. 2. full-time.
fulya *bot.* jonquil.
funda *bot.* heath. **— toprağı** humus of heath.
fundalık land covered with heath.
funya *artillery* primer.
furgon freight car.
furya run (of fish); glut; rush; boom.
fut, -tu foot (unit of length).
futa *naut.* gig.
futbol, -lu soccer, *Brit.* football. **— takımı** soccer team.
futbolcu soccer player.
fuzuli unnecessary, needless, superfluous. **— işgal** unlawful occupation of property, squatting. **— tasarruf** illegally or unauthorizedly contracting or selling.
fücceten *obs.* suddenly (to die). **— ölmek** to die a sudden death.
füg *mus.* fugue.
füjer *bot.* (any) fern.
füme 1. smoked (fish, meat). 2. smoke-colored.
füsun *obs.* 1. magic, magical charm. 2. attractiveness, charm.
füsunlu *obs.* fascinating, enticing, charming.
fütuhat, -tı *obs.* conquests; victories.
fütur *obs.* languor, listlessness. **— etmemek** /a/ not to care, not to mind (about). **— getirmek** to lose zeal, show loss of energy.
fütursuz indifferent (to public opinion, possible criticism or consequences).
fütürist, -ti futurist.
fütürizm futurism.
füze rocket, missile.
füzeatar rocket launcher, rocket gun.
füzen 1. charcoal pencil. 2. charcoal drawing.
füzesavar antiballistic missile; antimissile misile, antimissile.
füzyon *phys.* fusion.

G

G the letter G.
gabardin gabardine.
gabari *transport* loading gauge.
gabavet, -ti *obs.* slowness of comprehension.
gabi *obs.* slow-witted, slow.
gabilik *obs.* stupidity, thickheadedness.
Gabon 1. Gabon, the Republic of Gabon. 2. Gabon, of Gabon.
Gabonlu 1. (a) Gabonese. 2. Gabonese (person).
gabya *naut.* 1. topmast. 2. topsail.
gacırdamak to creak, make a creaking sound.
gacırdatmak /ı/ to creak, make (something) creak.
gacır gucur, gacır gacır creakingly, creakily. — **etmek** to creak, make a creaking sound.
gacırtı creaking sound, creaking, creak.
gaco *slang* 1. woman, skirt, dame, chick. 2. mistress, doxy. 3. effeminate homosexual male, queen; drag queen. 4. homosexual male, queer.
gaddar cruel. — **olmak** to be cruel.
gaddarca 1. cruelly. 2. cruel (act).
gaddarlık cruelty. — **etmek** to act cruelly, be cruel.
gadir, -dri *obs.* 1. cruelty. 2. injustice. —**e uğramak** 1. to be wronged. 2. to be treated cruelly.
gadretmek /a/ *obs.* 1. to wrong, treat (someone) unjustly. 2. to treat (someone) unmercifully, show (someone) no mercy.
gadrolmak *obs.* 1. to be wronged. 2. to be treated unmercifully.
Gaelce 1. Gaelic, the Gaelic language. 2. (speaking, writing) in Gaelic, Gaelic. 3. Gaelic (speech, writing); spoken in Gaelic; written in Gaelic.
gaf gaffe, blunder, faux pas. — **yapmak** to commit a gaffe.
gafil 1. unwary, not alert, off one's guard. 2. careless; negligent. 3. /dan/ unaware of, oblivious of/to, blind to. 4. absentminded. — **avlamak** /ı/ to catch (someone) unawares, take (someone) unawares, catch (someone) napping (and then take advantage of him). — **avlanmak** to be caught unawares, be taken unawares, be caught napping. — **davranmak** 1. to be unwary, be off one's guard. 2. to be careless; to be negligent. 3. to act absentmindedly.
gafilane *obs.* 1. unwarily. 2. carelessly; negligently. 3. obliviously, blindly. 4. absentmindedly. 5. unwary (action). 6. careless or negligent (action). 7. (action) which stems from obliviousness. 8. absentminded (action).
gafillik 1. unwariness. 2. carelessness; negligence. 3. unawareness, obliviousness, blindness. 4. absentmindedness. — **etmek** 1. to be unwary, be off one's guard. 2. to be careless; to be negligent. 3. to be woolgathering, go woolgathering.
gaflet, -ti 1. unwariness. 2. carelessness; negligence. 3. unawareness, obliviousness, blindness. 4. absentmindedness, woolgathering; bemusement. 5. drowsiness. —**le** 1. unwarily. 2. carelessly; negligently. 3. obliviously, blindly. 4. absentmindedly; bemusedly. 5. drowsily. — **basmak** /a/ 1. to feel sleepy, be ready to fall asleep: **Bana gaflet bastı.** I'm ready to fall asleep. 2. unconsciously to relax one's guard. 3. to act carelessly; to act negligently. 4. to become oblivious to what is going on. 5. to go woolgathering, fall into a reverie. —**e düşmek** 1. to act unwarily. 2. to act carelessly; to act negligently. 3. unconsciously to relax one's guard. — **etmek** 1. to be unwary, be off one's guard. 2. to be careless; to be negligent. 3. to be oblivious to what is going on. — **göstermek** 1. to be unwary, be off one's guard. 2. to be careless; to be negligent. 3. to be oblivious to what is happening. — **uykusu** 1. woolgathering: **Gaflet uykusuna daldı.** She's gone woolgathering. 2. drowsiness. 3. unawareness, obliviousness, blindness. 4. carelessness; negligence. 5. unwariness.
gaga 1. beak, bill. 2. *slang* mouth, trap. — **burun** 1. hook-nosed. 2. hooknose. 3. a Black Sea sailing vessel with a high prow and stern. —**yı ıslatmak** *slang* 1. to drink something alcoholic, have a snort, wet one's whistle. 2. to profit, get something out of it. 3. to gain some money through graft. —**yı kısmak** *slang* to stop talking, shut one's trap. —**sından yakalamak** /ı/ *colloq.* to have (someone) at one's mercy, have (someone) by the short and curlies.
gagalamak /ı/ 1. to peck. 2. *colloq.* to berate, rip into, tear into.
gagalanmak 1. to be pecked. 2. *colloq.* to be berated, be ripped into, be torn into.
gagalaşmak 1. to peck one another. 2. to bill and coo.
gagalı 1. beaked, billed, possessed of a beak. 2. a Black Sea sailing vessel with a high prow and stern.
Gagavuz 1. (a) Gagavuz, a member of a group of Christian Turks resident in the Balkans. 2.

Gagavuz, of the Gagavuz or their language.
Gagavuzca 1. Gagavuz, the Turkic language of the Gagavuz people. 2. (speaking, writing) in Gagavuz, Gagavuz. 3. Gagavuz (speech, writing); spoken in Gagavuz; written in Gagavuz.
gâh *(repeated)* sometimes: **gâh burada, gâh orada** sometimes here, sometimes there. **gâh uykuda, gâh uyanık** now asleep, now awake.
gaile trouble, worry, strain; burden, cares.
gaileli 1. troublesome, worrisome, or burdensome (thing). 2. troubled, worried (person).
gailesiz 1. trouble-free, worry-free (thing). 2. untroubled, free of cares.
gailesizlik 1. lack of trouble, lack of problems (in connection with something). 2. carefree state (of a person).
gaip 1. absent, not to be seen; missing, lost. 2. the invisible world. **—ten haber vermek** to foretell, divine, bring a message from the spirit world.
gaiplik 1. absence; being missing. 2. *law* disappearance. **— karan** a legal decision whereby a missing person is presumed dead.
gaita *med.* feces.
gak, -kı caw (of a crow).
gaklamak to caw.
Gal Welsh, of the Welsh or their language.
gala 1. gala opening, gala premiere. 2. banquet (given after an official ceremony). **— gecesi** gala premiere.
galaksi *astr.* galaxy.
galan *slang* rich gambler.
galat, -tı error, mistake.
galatıhis, -ssi *obs.* illusion.
galatımeşhur grammatical mistake sanctioned by usage.
galebe 1. victory, win. 2. supremacy, predominance, winning out. **— çalmak/etmek** 1. to win, be the victor, be victorious. 2. to get the upper hand, come out on top, win out.
galeri 1. *arch.* gallery. 2. art gallery. 3. gallery (in a mine). 4. *theat.* gallery, balcony. 5. showroom or display lot (for automobiles, machinery).
galeta breadstick; a crisp unsweetened biscuit. **— unu** breadstick crumbs (for breading meat, fish, patties, etc.).
galeyan 1. upsurge of emotion. 2. boiling. **— etmek** 1. for one's emotions to be highly aroused, be carried away by one's emotions. 2. to boil. **—a gelmek** for one's emotions to become highly aroused. **—a getirmek** /ı/ to raise (someone's) emotions to a high pitch.
galiba 1. It looks like .../It seems .../It would seem that ...: **Galiba kar yağacak.** It looks like it's going to rain.
galibiyet, -ti victory, win.
galip 1. winning, victorious; vanquishing, overcoming, conquering. 2. winner, victor; vanquisher, conqueror. 3. vanquishing, overwhelming, superior. **— çıkmak** /dan/ to come out on top (in), end up the victor (in). **— gelmek** 1. to win, be the victor, be victorious. 2. to get the upper hand, come out on top, win out.
galiz dirty, filthy, indecent, repulsive, obscene.
Galler Ülkesi, -ni Wales.
Galli 1. Welshman; Welshwoman. 2. Welsh (person).
galon 1. gallon. 2. cylindrical metal container used for gasoline, kerosene, etc.
galoş overshoe, galosh.
galsama *obs., zool.*, *see* **galsame**.
galsame *obs., zool.* gill (of a fish).
galvaniz galvanization.
galvanize galvanized. **— etmek** /ı/ to galvanize.
galvanizleme galvanization.
galvanizlemek /ı/ to galvanize.
galvanizlenmek to be galvanized.
galvanizli galvanized.
galvanoplasti electroplating.
gam grief, sorrow; anxiety, worry. **— çekmek** to grieve, sorrow; to suffer anxiety. **— değil.** It doesn't matter./Never mind./That's okay./Forget it. **— yememek** not to grieve; not to worry.
gam *mus.* scale.
gama gamma. **— ışınları** gamma rays.
gamaglobülin *biochem.* gamma globulin.
gamalı comprising a gamma. **— haç** swastika, gammadion.
Gambiya 1. the Gambia, the Republic of the Gambia. 2. Gambian, of the Gambia.
Gambiyalı 1. (a) Gambian. 2. Gambian (person).
gambot, -tu *navy* gunboat.
gamet, -ti *biol.* gamete.
gamlanmak 1. to be laden with grief, sorrow. 2. /a/ to grieve over/about; to worry about.
gamlı heavy with grief, sorrowful.
gamma *see* **gama**.
gammaz 1. informing, squealing, sneaking, tattling (person). 2. informer, informant, squealer, sneak, tattler, tattletale. 3. talebearing, telltale (person). 4. talebearer, telltale, tattletale. 5. backbiting (person). 6. backbiter.
gammazlamak 1. /ı, a/ to inform on, tell on, squeal on, sneak on, or tattle on (someone) to (someone else). 2. /ı/ to tell tales about, tattle on. 3. /ı/ to backbite.
gammazlık 1. being an informant, informing, telling on, squealing, sneaking, tattling. 2. being a talebearer, talebearing. 3. being a backbiter, backbiting.
gamsız 1. untroubled, unworried. 2. carefree, lighthearted, happy-go-lucky, slaphappy, easygoing.
gamsızlık 1. being untroubled, carefreeness, lightheartedness.

gamze 1. dimple. 2. coquettish glance.
Gana 1. Ghana, the Republic of Ghana. 2. Ghanaian, of Ghana.
Ganalı 1. (a) Ghanaian, (a) Ghanian. 2. Ghanaian (person).
gangliyon ganglion.
gangster gangster; racketeer.
gangsterlik 1. being a gangster; being a racketeer. 2. gangsterism; racketeering.
gani 1. abundant. 2. rich. — **gani** abundantly. — **gönüllü** see **gönlü gani**. —**si olmak** /ın/ to pretend indifference toward (something one desires).
ganilik 1. abundance, plenty. 2. wealth.
ganimet, -ti spoils, booty, loot. — **almak** /ı/ to seize, capture. — **bilmek** /ı/ to look on (an occasion) as a godsend; to seize (an opportunity).
ganyan *horse racing* 1. the winner (horse). 2. winning ticket.
gar large railway station.
garabet, -ti strangeness, unusualness, peculiarity, oddity, queerness, bizarreness, weirdness, eccentricity, outlandishness.
garaip *obs.* strange things, oddities; weird happenings.
garaj 1. garage. 2. bus station, bus depot (for intercity buses).
garanti 1. guaranty, guarantee. 2. *colloq*. sure, certain; certainly, without doubt. — **akçesi** guarantee money. — **etmek** /ı/ to guarantee (something).
garantilemek /ı/ 1. to guarantee. 2. to make sure (of), make certain.
garantili 1. guaranteed. 2. sure, certain.
garantör guarantor, guarantee, guaranty.
garaz rancor, grudge, spite, animosity, malice. — **bağlamak/olmak** /a/ to hold a grudge against.
garazkâr *obs.* rancorous, spiteful.
garazkârlık *obs.* being full of rancor, spitefulness.
garazlı rancorous, spiteful.
garazsız without rancor or malice, unspiteful.
garbi *obs.* western, west; pertaining to, situated in, or coming from the west.
gard *sports* 1. guard (a defensive basketball player). 2. guard (a posture of defense in boxing or fencing). —**ını indirmek** *boxing* to lower one's guard.
gardenparti garden party.
gardenya *bot.* gardenia.
gardıfren *rail.* brakeman.
gardırop 1. wardrobe, clothes cupboard, armoire. 2. cloakroom. 3. wardrobe, one's stock of clothes.
gardiyan 1. prison guard, keeper, *Brit.* warder. 2. guard (in a lunatic asylum).
gardiyanlık work of a prison guard.

garez see **garaz**.
gargara 1. gargling. 2. gargle. — **ya getirmek** /ı/ *slang* to deflect (a conversation) on purpose; to cover up (a situation) by changing the subject. — **yapmak** to gargle.
gariban 1. wretched person, forlorn person. 2. poor, wretched, forlorn. 3. the wretched, the forlorn.
garip 1. strange, unusual, peculiar, odd, queer, curious, bizarre, weird, eccentric, outlandish, unfamiliar. 2. one living in a foreign land or far from home, stranger. 3. poor, wretched, forlorn. 4. moving, touching, pathetic. 5. How strange!/How curious!/That's odd! — **garip** 1. in bewilderment, confusedly. 2. strangely. —**ine gitmek** /ın/ to strike (someone) as odd, appear strange to.
garipleşmek 1. to grow strange, become peculiar, become odd, become weird. 2. to feel lonely, feel isolated; to feel lonely and homesick.
gariplik 1. strangeness, unusualness, peculiarity, oddity, queerness, bizarreness, weirdness, eccentricity, outlandishness. 2. living far from home, being a stranger. 3. wretchedness, forlornness.
garipsemek 1. to feel lonely, feel isolated; to feel lonely and homesick. 2. /ı/ to find (something) strange, peculiar, odd, queer, bizarre, or weird.
gark, -kı *obs.* 1. submersion, immersion; sinking. 2. drowning. — **etmek** /ı, a/ 1. to flood (something) with (water). 2. to overwhelm (someone) with, smother (someone) with, drown (someone) with; to flood (something) with (an abundance of something). — **olmak** 1. to submerge, sink. 2. to drown, be drowned. 3. /a/ to be overwhelmed with, be smothered with, be drowned in; to be flooded with.
garnitür 1. *cookery* garnish, garniture, trimmings (of a dish). 2. trimming, garniture (of a dress). 3. *print.* furniture.
garnizon 1. garrison. 2. garrison, military post. — **komutanı/kumandanı** garrison commander.
Garp *obs.* 1. the West, the Occident. 2. Western, Occidental: **Garp memleketleri** Western countries.
garp *obs.* 1. the west. 2. the West, the Occident. 3. western: **garp ufku** the western horizon. 4. Western, Occidental.
garpçı *obs.* advocate of Western ways, proponent of westernization, westernizer, Occidentalist.
Garplı *obs.* Westerner, Occidental.
garplı *obs.* 1. westerner, person who comes from the western part of a place. 2. Westerner, Occidental. 3. westernized person. 4. Western, Occidental (person).

garplılaşma *obs.* westernization, becoming westernized, occidentalization.
garplılaşmak *obs.* to become westernized, become occidentalized.
garplılaştırma *obs.* westernization, occidentalization.
garplılaştırmak /ı/ *obs.* to westernize, occidentalize.
garson waiter.
garsoniye service charge in a restaurant.
garsoniyer place maintained by a man for extramarital or illicit love affairs.
garsonluk being a waiter; the work of a waiter, waitering.
gaseyan *obs.* 1. nausea. 2. vomiting, throwing up. — **etmek** to vomit, throw up.
gasil, -sli washing (a corpse).
gasletmek /ı/ to wash (a corpse).
gasp 1. seizure by violence; usurpation. 2. *law* wrongful seizure. — **etmek** /ı/ to seize by violence; to take wrongfully, usurp.
gastrit, -ti *path.* gastritis.
gastroenterolog gastroenterologist.
gastroenteroloji 1. gastroenterology. 2. department of gastroenterology, gastroenterology.
gastronom gastronome.
gastronomi gastronomy.
gaşiy, -şyi *obs.* rapture, ecstasy.
gaşyetmek /ı/ *obs.* to enrapture, fill with ecstasy.
gaşyolmak *obs.* to be enraptured, be filled with ecstasy.
gâvur 1. *vulg.* giaour, non-Muslim; Christian. 2. *vulg.* infidel, unbeliever. 3. *colloq.* merciless, cruel, heartless; obstinate. — **bozuntusu** *slang* stutterer, stammerer. — **etmek** /ı/ *colloq.* to squander, waste (something). — **eziyeti** 1. deliberately making someone's job hard. 2. backbreaking work. — **icadı** invention imported from the West. — **inadı** pigheadedness, obstinacy. —**a kızıp oruç yemek/bozmak** to harm oneself in an effort to spite someone else, cut off one's nose to spite one's face. — **olmak** 1. to become a Christian. 2. to be wasted. — **orucu gibi uzamak** to be interminable, go on endlessly. — **ölüsü gibi** very heavy or bulky.
gâvurca *colloq.* 1. a European language. 2. in a European language. 3. mercilessly, cruelly, heartlessly.
gâvurcasına *colloq.* mercilessly, cruelly, heartlessly.
gâvurlaşmak *colloq.* to become merciless, become cruel, become heartless.
gâvurluk 1. *vulg.* being a giaour, being a non-Muslim; being a Christian. 2. *vulg.* being an infidel, unbelief. 3. *colloq.* mercilessness, cruelness, heartlessness. — **etmek/—u tutmak** to be merciless, act cruelly, be heartless.
gaybubet, -ti *obs.* absence. —**inde** in the absence of.

gayda *mus.* bagpipe.
gaydacı 1. bagpiper, piper. 2. maker or seller of bagpipes.
gaye aim, goal, purpose, intention, end, object, objective, target. —**siyle** for the purpose of, with the intention of, aiming at.
gayeli (someone) who has an aim/a goal/an objective.
gayesiz aimless, without a goal, without a purpose.
gayet, -ti very, extremely, greatly.
gayetle *colloq.*, see **gayet.**
gayr, -ri *obs.* another person; another thing; other people. —**e muhtaç olmak** to be dependent on someone else.
gayret, -ti 1. effort, energy, perseverance. 2. arduous effort, endeavor, exertion; zeal. 3. protective feeling. **G—! ** Keep at it!/Persevere! — **dayıya düştü.** *colloq.* It's time for an expert to take over. —**ine dokunmak** to be stimulated to greater effort. — **etmek** /ı/ to endeavor, try hard, do one's best. —**e gelmek** 1. to set to with a will, start to work in earnest. 2. to become enthusiastic, get steamed up. —**e getirmek** /ı/ to rouse (someone) to action. — **göstermek** to give one's all, try one's hardest. — **vermek** /a/ to encourage.
gayretkeş 1. overzealous, excessively exertive. 2. partial, biased.
gayretkeşlik 1. overzealousness, excessive exertion. 2. partiality, being biased.
gayretlenmek 1. to set to with a will. 2. to become enthusiastic, get steamed up.
gayretli hardworking, endeavoring, diligent.
gayretlilik working hard, endeavoring, diligence.
gayretsiz (someone) who makes no effort, nondiligent.
gayretsizlik not working hard, expending no effort, nondiligence.
gayrı 1. *prov.* henceforth, from now on, now: **Gayrı o köye gidemem.** I can't go to that village any more. 2. *prov.* now (*often used with a statement which serves as a forceful conclusion to some preceding remarks*): **Oldu gayrı.** Now it's done. **Yeter gayrı!** That's enough! 3. /dan/ other than, apart from. 4. another; another person; another thing: **Bunun gayrısı yok.** This is something unique. 5. another, different: **O gayrı bir şey.** That's something different. 6. *used in combination with adjectives or nouns to create adjectives or nouns which usually begin with a prefix such as non-, un-, dis-, in-:* **gayrıkâfi** insufficient (*These words are also written separately, e.g.* **gayrı muayyen** indefinite.).
gayri 1. *used in combination with adjectives or nouns to create adjectives or nouns which usually begin with a prefix such as non-, un-,*

dis-, in-: **gayrikabil** impossible. **gayrikanuni** unlawful *(These words are also written separately, e.g.* **gayri ilmi** unscientific.*).* 2. *prov.* henceforth, from now on, now: **Gayri senden haber beklemem.** From now on I won't expect any news from you. 3. *prov.* now *(often used with a statement which serves as a forceful conclusion to some preceding remarks):* **Sus gayri!** Just keep quiet! 4. /**dan**/ other than, apart from. 5. another; another person; another thing: **Bu ilacın gayrisi yok.** This medicine is unique. 6. another, different: **Gayri bir şey o.** That's something else.
gayriahlaki immoral.
gayriihtiyari 1. involuntary, instinctive, nonintentional. 2. involuntarily, instinctively, automatically.
gayrikabil *obs.* impossible.
gayrikanuni *obs.* unlawful.
gayrimenkul, -lü *law* 1. immovable, real (property). 2. a piece of real property. — **rehni** mortgage.
gayrimeşru, -uu 1. unlawful. 2. illegitimate, born out of wedlock.
gayrimuntazam 1. untidy, disorderly. 2. irregular, uneven, not straight. 3. untidily, in a disorderly fashion. 4. irregularly, unevenly.
gayrimüslim 1. (a) non-Muslim. 2. non-Muslim.
gayriresmi 1. unofficial. 2. informal. 3. unofficially. 4. informally.
gayrisafi *com.* gross (as opposed to *net*). — **milli hâsıla** gross national product.
gayrişahsi *obs.* 1. impersonal. 2. impersonally.
gayritabii 1. unnatural. 2. unnaturally.
gayya a well in hell. — **kuyusu** a mess, place of confusion.
gayzer geyser, hot spring.
gaz tulle. — **bezi** gauze (for bandaging).
gaz 1. *phys.* gas. 2. kerosene. 3. gas, wind, flatus. **—a basmak** 1. *auto.* to step on the gas. 2. *slang* to clear out, beat it, scram. — **bombası** gas bomb. — **çıkarmak** to break wind, fart. — **hali** gaseous state. — **haline getirmek** /ı/ to gasify. — **kelebeği** throttle valve (in a carburetor). — **kesmek** *slang* to cut short (what one is saying). **—ı kesmek** *auto.* to throttle it; to throttle it down. — **lambası** kerosene lamp. — **maskesi** gas mask. — **ocağı** kerosene burner. — **odası** gas chamber. — **pedalı** *auto.* accelerator. — **sayacı** gas meter. — **sobası** kerosene heater. — **tenekesi** kerosene can.
gaza military campaign on behalf of Islam.
gazal, -li *zool.* gazelle.
gazap wrath, rage, fury, furor, anger. **—a gelmek** to be enraged, fall into a rage, get furious, get mad, get angry. **—ına uğramak** /ın/ to suffer the rage of, fall victim to (someone's) wrath.
gazaplandırmak /ı/ to enrage, infuriate, madden.

gazaplanmak to be enraged, fall into a rage, get furious, be infuriated, get mad, get angry.
gazaplı wrathful, enraged, furious, infuriated, mad, angry.
gazel 1. *Ottoman poet.* ghazel, ghazal, gazel. 2. *classical Turkish mus.* extemporaneous vocal taksim. — **okumak** 1. to recite a ghazel. 2. *classical Turkish mus.* to extemporize a **taksim** vocally. 3. *colloq.* to talk bunk (in order to deceive or distract someone).
gazel autumn leaf.
gazellenmek 1. (for a leaf) to change color and dry up. 2. (for a tree) to shed its leaves.
gazete 1. newspaper. 2. gazette. 3. editorial offices or press of a newspaper, the newspaper. — **bayii** 1. newspaper seller, newspaper dealer, newsdealer; newsman; newswoman; newsboy. 2. newsstand, *Brit.* news stall. 3. newspaper distributor. — **çıkarmak** 1. to publish a newspaper. 2. *slang* to swap stories after lights-out (in a school dormitory). — **dağıtıcısı/müvezzii** newspaper seller, newspaper dealer, newsdealer; newsman; newswoman; newsboy. — **ilanı** newspaper advertisement. — **kâğıdı** newsprint. — **muhabiri** newspaper correspondent, newspaper reporter; newsman, newspaperman; newswoman, newspaperwoman. — **toplatmak** to confiscate an issue of a newspaper.
gazeteci 1. newspaper publisher, newspaperman; owner of a newspaper firm. 2. journalist, newspaper writer. 3. newspaper correspondent, newspaper reporter; newsman, newspaperman; newswoman, newspaperwoman. 4. newspaper seller, newspaper dealer, newsdealer; newsman; newswoman; newsboy.
gazetecilik 1. the newspaper business. 2. journalism, the work of a journalist. 3. the work of a newspaper correspondent or reporter. 4. selling newspapers.
gazhane gasworks. — **koku/kömürü** coke.
gazışı luminescence.
gazışıl luminescent.
Gazi the Ghazi (*a title sometimes used to refer to* **Gazi Mustafa Kemal Paşa,** *i.e.* **Atatürk**).
gazi 1. victorious fighter for the Islamic faith, ghazi, gazi. 2. war veteran. 3. a title given to a victorious Muslim military leader: **Osman Gazi, Gazi Mustafa Kemal Paşa.** **—ler helvası** a kind of halvah.
gazibiği, -ni gas burner.
gazilik 1. being a ghazi. 2. the rank of a ghazi.
gazino 1. a big night club. 2. outdoor café.
gazinocu one who operates a big night club or an outdoor café.
gazinoculuk operating a big night club or an outdoor café.
gazlamak 1. /ı/ to smear kerosene on (some-

gazlanmak

thing). 2. /ı/ to accelerate (an automobile). 3. *slang* to run away, scram, split. **Gazla!** *slang* Beat it!/Scram!/Get lost!
gazlanmak 1. to be smeared with kerosene. 2. to become windy/gassy/flatulent.
gazlaştırmak /ı/ to gasify, convert (a solid or liquid) into gas.
gazlı 1. containing gas. 2. containing kerosene. 3. wet with kerosene. — **bez** *colloq.* gauze (for bandaging).
gazoil gas oil.
gazolin gasoline.
gazometre 1. large gas storage tank, gasholder. 2. gasometer.
gazoyl *see* **gazoil.**
gazoz soda pop.
gazozcu maker or seller of soda pop.
gazozculuk making or selling soda pop.
gazölçer gasometer.
gazyağı, -nı kerosene.
gazyuvarı, -nı atmosphere.
gebe 1. pregnant, expectant, gravid; /a/ big with (child). 2. pregnant woman, expectant mother. 3. pregnant animal. 4. /a/ pregnant with, containing (something unknown). — **bırakmak** /ı/ to make (a woman) pregnant, get (a woman) with child. — **kalmak** /dan/ to become pregnant (by), get with child (by). — **zar** *gambler's slang* loaded die.
gebelik pregnancy, gestation. —**i önleme** contraception. —**i önleyici** contraceptive. — **testi** pregnancy test.
geberik *contemptuous* dead.
gebermek *contemptuous* to die, croak, kick the bucket, give up the ghost.
gebertilmek *contemptuous* to get killed, get bumped off, be rubbed out.
gebertmek /ı/ *contemptuous* to kill, bump (someone) off, rub (someone) out.
gebeş 1. *slang* stupid, dumb, blockheaded. 2. *slang* idiot, dolt, blockhead, dumbbell, dumb bunny, klutz, ass. 3. dumpy, squat, short and fat.
gebeşaki *slang* stupid, dumb, blockheaded.
gebeşlik 1. *slang* stupidity, blockheadedness. 2. dumpiness, squatness.
gebre haircloth glove (for grooming horses).
gebre 1. caper, bud or berry of a caperbush. 2. *bot.* caperbush, caper.
gebrelemek /ı/ to groom (a horse) with a haircloth glove.
gebreotu, -nu *bot.* caperbush, caper.
gece 1. night, nighttime. 2. evening, eventide. 3. at night. 4. in the evening. 5. overnight. 6. soirée, evening, night, celebration. 7. nocturnal, night. — **baskını** night raid. — **bekçisi** night man, night watchman. — **gösterisi** evening showing or performance (of a film or play). — **gündüz** night and day, continuously. — **gündüz dememek** to take no account of the time of day. —**yi gündüze katmak** to work night and day, work very hard. — **hayatı** night life. —**niz hayırlı olsun.** Good night. — **işçiliği** *slang* night thieving. — **işçisi** 1. workman on the night shift, night man. 2. *slang* night burglar. — **kalmak** /da/ to stay overnight (in/at), spend the night (in/at). — **körlüğü** night blindness. — **kulübü** nightclub. — **kuşu** 1. bat; owl, night bird. 2. night person, night owl, nighthawk. 3. night lifer. — **lambası** night-light. — **maçı** *sports* night game. — **silahlı, gündüz külahlı** *colloq.* someone who is a Jekyll-and-Hyde sort of person. — **vakti** 1. at night. 2. in the evening. — **vardiyası** night shift. — **yarısı** 1. midnight. 2. in the middle of the night. — **yatısı** overnight visit. — **yatısına gitmek** /a/ to go to (someone's) for an overnight visit, go to (someone's) to spend the night. — **yatısına kalmak** to be an overnight guest, stay overnight.
gececi 1. working at night, working on a night shift, night (worker). 2. night worker, worker on a night shift.
geceki 1. (this/tomorrow/yesterday/that) night's. 2. **-ni** this/tomorrow/yesterday/that night's.
gecekondu 1. house put up quickly without proper permissions; squatter's house. 2. a shack of a house, shanty, shack. — **gibi** (building) put up in a hurry.
gecekonducu person living in a **gecekondu;** squatter.
gecelemek 1. /da/ to spend the night (in/at). 2. to stay up all night. 3. to get dark, for night or darkness to fall.
geceleri 1. nights, evenings. 2. every night, every evening.
geceleyin at night, by night.
geceli gündüzlü 1. night and day, all the time, continually. 2. continual, unceasing.
gecelik 1. pertaining to the night; lasting the night. 2. nightgown, nightie; nightshirt. 3. fee for the night.
gecesefası, -nı *bot.* four-o'clock.
gecikme delay, lateness; being behind schedule.
gecikmek to be delayed, be late.
gecikmeli delayed; (train, airplane, bus, ship) which is behind schedule.
geciktirim *cin.* suspense, tension.
geciktirme delaying.
geciktirmek /ı/ to delay, make late.
geç late, delayed. — **kalmak** to be late. — **olsun da güç olmasın.** *colloq.* I don't care if it's not done on time; I just want to see it done. — **vakit** late in the evening.
geçe *(for indication of time)* at ... past ...: **saat dokuzu on geçe** at ten past nine.

geçe *prov.* side, edge (of a stream, body of water, street, etc.); side, flank (of a hill, mountain, etc.).
geçek *prov.* 1. place of passage. 2. small wooden bridge.
geçen past, last. **— gün** the other day. **— sefer** last time. **— yıl** last year.
geçende *see* **geçenlerde.**
geçenek corridor, hall.
geçenlerde lately, recently.
geçer 1. current, in circulation, in common use. 2. desired, acceptable, in demand, popular, in vogue. **— akçe** *colloq.* something widely accepted.
geçerli 1. valid, effective, cogent. 2. current, valid, in effect. 3. desired, acceptable, in demand, popular, in vogue.
geçerlik, geçerlilik 1. currency, being in circulation. 2. acceptability, being in demand. 3. validity, effectiveness, cogency. 4. currency, validity, being in effect.
geçersiz 1. invalid, not valid, null and void. 2. noncurrent, invalid, not in effect. 3. not in demand, out of vogue.
geçersizlik 1. invalidity, lack of validity, being null and void. 2. being noncurrent, invalidity, not being in effect. 3. not being in demand, being out of vogue.
geçici 1. passing, ephemeral, fleeting, temporary, transitory, transient. 2. temporary, provisional, interim. 3. contagious, infectious. **— madde** temporary clause, provisional article (to a law, contract, etc.). **— olarak** temporarily; provisionally.
geçicilik 1. ephemerality, temporariness, transitoriness, transience, impermanence. 2. temporariness, being provisional.
geçilmek *impersonal passive* 1. to pass. 2. /dan/ to pass through. 3. /dan/ to pass over, cross, traverse. 4. /dan/ to give up, abandon.
geçilmemek /dan/ *impersonal passive* to be abundant: **Sokakta arabalardan geçilmiyor.** The street is so full of cars you can't get through.
geçim 1. a living, livelihood. 2. getting along with one another, harmony. **— derdi** the struggle to make a living. **— dünyası.** *proverb* 1. In this world you have to think first of how you're going to support yourself. 2. One must try to get along with others. **— genişliği** affluence and ease. **— indeksi** cost of living index. **— kapısı** place where one earns one's living. **— masrafı** cost of living. **— sıkıntısı/zorluğu** bad straits. **— yolu** means of livelihood, bread and butter.
geçimli easy to get along with.
geçimlik livelihood, living wage, money to subsist on.
geçimsiz difficult, fractious.

geçimsizlik 1. discord, lack of harmony. 2. inability to get on with others or with each other, incompatibility; fractiousness.
geçindirmek /ı/ to support, sustain, maintain, provide for.
geçinecek livelihood, living wage, money to subsist on.
geçinim, geçinme subsistence, getting by.
geçinmek 1. /la/ to live on, make a living out of. 2. /la/ to get on well (with), get along (with). 3. to pass for, pretend to be. 4. /dan/ to live off/on, sponge off/on. 5. *prov.* to die. **geçinip gitmek** to get along, get by, manage. **geçinmeye gönlü olmamak** /la/ to have no desire to get along (with).
geçirgen permeable; pervious.
geçirgenlik permeability; perviousness.
geçirilmek 1. to be passed. 2. /dan/ to be passed through. 3. /dan/ to be passed over. 4. /a/ to be carried over to, be moved over to; to be transported to, be conveyed to (a place). 5. /a/ to be recorded on/in, be entered in/on, be registered in, be written down on/in. 6. /a/ (for glass) to be put, fit, fixed, or inserted into (a frame). 7. /a/ (for a cover, a case) to be put or slipped on/over. 8. /a/ (for a ring) to be put or slipped on. 9. (for someone) to be seen off. 10. /a/ (for someone) to be accompanied to (a place). 11. /da/ (for a period of time) to be passed or spent at/in. 12. /dan/ to be subjected to, be inflicted with. 13. /a/ (for a disease) to be transmitted to (someone/an animal), be spread to (someone/an animal). 14. /la/ (for a period of time) to be spent on/in/by (doing something).
geçirimli permeable; pervious.
geçirimlilik permeability; perviousness.
geçirimsiz impermeable; impervious.
geçirimsizlik impermeability; imperviousness.
geçirmek 1. /ı/ to have (someone/something) pass. 2. /ı, dan/ to have (someone/something) pass through, have (someone/something) go through. 3. /ı, dan/ to have (someone/something) pass over, cross, or traverse. 4. /ı, a/ to pass (something) through. 5. /ı, a/ to carry (something) over to, move (something) over to (a place); to transport (something) to, convey (something) to (a place). 6. /ı, a/ to record (something) on/in, enter (something) in/on, register (something) in, write (something) down on/in, put (something) down on/in. 7. /ı, a/ to put, fit, fix, or insert (glass) into (a frame). 8. /ı, a/ to put or slip (a cover, a case) on/over. 9. /ı, a/ to put or slip (a ring) on. 10. /ı/ to see (someone) off. 11. /ı, a/ to accompany (someone) to (a place). 12. /ı, da/ to pass, spend, or have (a period of time) at/in. 13. /ı, a/ to put (a gar-

geçirmez

ment) on. 14. /ı, dan/ to subject (someone) to, inflict (someone) with. 15. /ı/ to have, be involved in (an accident). 16. /ı/ to have, suffer from, be afflicted with (a disease). 17. /ı/ to have, undergo (a medical operation). 18. /ı, a/ to transmit (a disease) to (someone/an animal), spread (a disease) to (someone/an animal), infect (someone/an animal) with (a disease). 19. /ı/ to transmit (light, heat, etc.). 20. /ı, la/ to spend (a period of time) on/in/by (doing something). 21. /la, ı/ to get by with (something) for (a period of time). 22. /a/ *slang* to *fuck, *screw.
geçirmez impermeable, -proof, -tight.
geçirmezlik impermeability.
geçirtmek 1. /a, ı/ to have (someone) pass (something) through/over. 2. /ı, dan/ to have (someone) cross or traverse (a place). 3. /ı, dan/ to have (someone/something) passed through/over. 4. /ı, a/ to have (something) moved or carried over to (a place). 5. /ı, a/ to have (something) recorded on/in, have (something) written down on/in. 6. /a, ı/ to have (glass) put, fit, fixed, or inserted into (a frame). 7. /a, ı/ to have (a cover, a case) put on or slipped on/over.
geçiş 1. passing, crossing. 2. transition. 3. *mus.* transition; modulation. 4. intermediate tone between two primary colors. — **belgesi** passport. — **dönemi** transition period. — **üstünlüğü** *traffic* right of way.
geçişim *phys.* osmosis.
geçişli *gram.* transitive (verb).
geçişme 1. interpenetration. 2. *phys.* osmosis.
geçişmek to interpenetrate, be diffused.
geçişsiz *gram.* intransitive (verb).
geçiştirici *med.* palliative, mitigating, alleviative.
geçiştirilmek to be passed over without much trouble.
geçiştirmek /ı/ 1. to pass over (a matter) lightly. 2. to escape (something) with little harm; to get rid of (something) quite easily. 3. /ı, la/ to get by with, get along on/by. 4. /ı/ to palliate.
geçit 1. passageway, passage, a way through. 2. mountain pass. 3. ford. 4. *astr.* transit. 5. parade. — **hakkı** *law* right-of-way, right of passage (through another's land). — **töreni** parade. — **vermek** to be fordable; to have a passage through, be passable.
geçkin 1. elderly, past one's prime. 2. overripe, overmature (fruit). 3. past its prime, passé (flower). 4. /ı/ past: **elliyi geçkin** over fifty.
geçkinlik 1. being past one's prime. 2. overripeness, overmaturity (of fruits). 3. (of a flower) being past its prime.
geçme 1. passing, passage. 2. crossing, traverse. 3. elapsing, elapse. 4. tenon. 5. consisting of parts which fit or slide one within another, telescopic, telescoped. 6. dovetailed, joined by mortise and tenon; interlocking. — **kapak** sliding lid.
geçmek 1. to pass. 2. /dan/ to pass by, go by. 3. /dan/ to pass through, go through. 4. /dan/ to go down (a street, road, corridor). 5. /dan/ to pass over, cross, traverse. 6. /ı/ to pass through, pass over, cross. 7. /dan/ to undergo, go through. 8. /dan/ to renounce one's claim to. 9. /dan/ to give up, abandon. 10. /da/ (for one's life, a period of time) to be spent in. 11. (for a period of time) to pass, elapse. 12. to take place, happen, occur. 13. /dan, a/ (for a disease) to pass from (someone) to (someone else), spread from (one place) to (another). 14. /dan, a/ to pass from (someone) to (someone else) (through heredity). 15. /a/ to move to. 16. /dan/ to go through a period of, pass through a period of; to go through, pass through, come through (a profession, an institution, a field of study, a type of training, etc.); to be schooled in. 17. /a/ to penetrate, affect. 18. /a/ to come into (power, authority). 19. /a/ to pass on to, pass over to. 20. /ı/ to pass, overtake, go past; to outstrip. 21. to move on, keep moving; to go ahead, go on. 22. to pass, be over, end, come to an end, finish. 23. /ı/ to surpass, exceed, outdo, outstrip, outrun. 24. /ı/ to skip over, skip, pass over. 25. /ı/ to play; to sing; to perform; to learn (a piece of music) by practicing. 26. /ı, dan/ to learn (a piece of music) from (someone). 27. (for a stove, a fire, embers) to go out, become cold, die. 28. /a/ to pass into, be recorded as (history); to be recorded in, be written down in (a book); to be put into (writing). 29. to be current, be in use, be valid, be in effect. 30. to be in demand, sell, be popular, be in vogue. 31. to be mentioned, be written or spoken about, be referred to. 32. /ı/ to pass (one's class). 33. /dan/ to pass (an exam). 34. /a/ to take (one's place), go to (one's place). 35. /dan/ (for a road or river) to pass through, pass by. 36. (for fruit) to get rotten, dry up, spoil. 37. to get oneself out of something, get oneself off the hook, be shut of an involvement. 38. *slang (an auxiliary verb used after some nouns)* to do, make: **diskur geçmek** to spiel. **Geçelim.** Let us not talk about it. **(...) geçtim** let alone: **Mektubu geçtim, bir kartpostal olsun yazamıyor mu?** Can't he at least write a postcard, let alone a letter? **Geçti Bor'un pazarı, sür eşeğini Niğde'ye.** *colloq.* It is too late to do anything about that; so let's think about doing something else. **Geç!/Geç efendim!** *colloq.* Leave it!/Don't waste your time on it./It's not worth talking about. **Geçtim olsun.** *colloq.* Forget about it.

Geç yiğidim geç! *colloq.* Pass by, my brave one *(said in giving way to someone who is more powerful than oneself).*
geçmelik toll, fee paid for passage.
geçmiş 1. past, passed. 2. past; bygone. 3. overripe, overmature (fruit). 4. past its prime, passé (flower). 5. past, the past. 6. forefathers, ancestors. 7. the dead, the deceased. **—i boklu** *vulg.* damned (person). **—te gelecek zaman** *gram.* past intentional: -ecekti. **—te geniş zaman** *gram.* aorist past: -erdi. **—i kandilli/kınalı/tenekeli** *colloq.* damned (person). **—lerini karıştırmak** /ın/ to abuse the ancestors (of a person). **— ola!** Gone forever *(said about a missed opportunity).* **— ola/olsun!** May you recover soon!/I'm sorry about your bad luck. **—i olmak** /la/ to have known (someone) in the past. **— olsuna gitmek** to pay a visit to one who has experienced illness or anything unpleasant. **— öncesi** *gram.* past perfect, pluperfect: -mişti. **—ine yandığım** *colloq.* damned (person). **— zaman** *gram.* past tense. **— zaman ortacı** *gram.* past participle.
gedik 1. breach, gap; notch. 2. mountain pass, notch. 3. fault, defect. 4. loophole (in the law). 5. difficult situation. 6. privilege. **— açılmak** to have a need arise suddenly. **— açmak** /da/ to make a breach (in). **— kapamak** to fill the gap. **—leri tıkamak** to stop the gaps.
gedikli 1. breached, gapped; notched. 2. regular guest, patron, constant frequenter. 3. *mil.* regular NCO. 4. *slang* repeater (in a class). **— çavuş** *mil.* sergeant; warrant officer.
geğirmek to burp, belch, eructate, eruct.
geğirti burp, belch, eructation.
geko *zool.* gecko.
gelberi 1. fire rake. 2. *hort.* rake. 3. *hort.* pruning hook. **— etmek** /ı/ *slang* to swipe, walk off with, steal.
gele *backgammon* blank throw.
gelecek 1. coming, next. 2. future. **— zaman** *gram.* future tense. **— zaman ortacı** *gram.* future participle.
gelecekbilim futurology.
gelecekbilimci futurologist.
gelecekçi *art, lit., mus.* futurism.
geleğen *geog.* 1. a tributary. 2. tributary (river).
gelembe *prov.* sheepfold, fold.
gelen 1. coming, approaching; arriving. 2. *phys.* incident (light rays). **— ağam, giden paşam.** *colloq.* I respect whoever is in charge (as long as he doesn't step on my toes). **— geçen** those who pass by, passersby. **— gideni aratır./— gidene rahmet okutur.** *proverb* A new person in a job is often worse than the old one.
gelenek tradition.
gelenekçi 1. (a) traditionalist. 2. traditionalist, traditionalistic.
gelenekçilik traditionalism.
gelenekleşmek to become a tradition.
gelenekleştirmek /ı/ to make (something) a tradition.
geleneksel traditional.
geleneksellik traditionality.
gelesiye *slang, used in:* **— almak** /ı/ to buy (foreign currency, gold) by paying for it in advance: **O iki yüz doları gelesiye alacak olursam saat kaçta getirebilirsin?** If I pay for those two hundred dollars now, just when can you bring them to me? **— vermek** /ı/ to sell (foreign currency, gold) by demanding or getting payment in advance: **Ben dövizi gelesiye vermeyi tercih ederim.** I prefer foreign currency deals where I get paid for the currency in advance.
gelgeç 1. temporary, transient. 2. inconsistent, nonpersevering. 3. fickle, inconstant. **— hanı** *colloq.* place where many people are always coming and going.
gelgelelim but, however.
gelgit, -ti 1. useless coming and going. 2. *geog.* the tide.
gelin 1. bride. 2. daughter-in-law; wife of a younger member of the family. **— alayı** bridal procession. **— alıcı** 1. person sent by the bridegroom to fetch the bride. 2. *slang* policeman, cop, fuzz. **— gitmek** /a/ (for a bride) to marry into (a family). **(kendi kendine) — güvey olmak** *colloq.* to build castles in Spain, enjoy happy daydreams. **— hamamı** the bridal bath (traditional party in a public bath a few days before the wedding). **— odası** bridal chamber. **— olmak** (for a girl) to get married. **— parası** coins showered over the bride at a wedding. **— teli** silver or gold tinsel used to adorn a bride's hair.
gelinböceği, -ni *zool.* ladybug.
gelincik 1. *bot.* poppy. 2. *zool.* weasel. 3. *zool.* three-bearded rockling. 4. *prov.* hectic fever; erysipelas; dropsy; hematuria; lymphadenitis; sty.
gelinfeneri, -ni *bot.* European bird cherry.
gelinhavası, -nı 1. musical accompaniment for a bridal procession. 2. *naut.* slight choppiness (of the sea).
gelinlik 1. being a bride. 2. wedding dress, wedding gown. 3. (material) suitable for making a wedding dress. 4. marriageable (girl), eligible for marriage. 5. bridal, fit for a bride.
gelinmek /dan, a/ *impersonal passive* 1. to come to. 2. to reach to, arrive at (a stage, period of time).
gelir income, revenue. **— dağılımı** income distribution. **— düzeyi** level of income. **— gider** income and expense. **— kaynağı** source of income. **— vergisi** income tax.

geliş 1. coming, arriving, arrival; advent. **2.** *med.* presentation (at birth).
gelişigüzel 1. haphazard, random, indiscriminate, cursory, desultory. **2.** haphazardly, at random, indiscriminately, cursorily, desultorily.
gelişim 1. developing, development, growing up, growth; growing healthy; maturing. **2.** development, making progress, improvement.
gelişkin mature, fully developed.
gelişme 1. developing, development, growing up, growth; growing healthy; maturing. **2.** development, making progress, improvement. **3.** *lit.* development (of plot, theme, argument, thesis, etc.). **—ler** developments, events, happenings.
gelişmek 1. to develop, grow up; to grow healthy; to mature. **2.** to develop, make progress: **gelişmekte olan ülkeler** developing countries.
geliştirilmek to be developed, be built up, be improved.
geliştirim *cin.* treatment.
geliştirme developing, development, building up, improvement.
geliştirmek /ı/ to develop, build up, improve.
gelme 1. coming, arriving, arrival. **2.** *phys.* incidence (of light rays). **3.** /dan/ turned: **mühendislikten gelme bir yazar** an engineer turned writer. **4.** /dan/ originating from; derived from.
gelmek, -ir 1. to come. **2.** /a/ to come to. **3.** /dan/ to come from. **4.** /a/ to come into; to come in. **5.** /la/ to come with, accompany. **6.** /a/ to come back (to), return (to). **7.** /a/ to come to visit. **8.** /a/ to hit, come to. **9.** /a/ to come to, reach, arrive at (a stage of activity). **10.** /dan/ to survive from, come from; /a/ to last till. **11.** /dan/ to come from, originate in, spring from. **12.** /a/ (for time) to be about, get to be. **13.** /a/ to come up to, come to, reach. **14.** to weigh about, be about, come to. **15.** /dan/ to come from, result from. **16.** /dan/ to come out of, result from. **17.** /dan/ to be derived from, come from. **18.** /a/ to tolerate, put up with. **19.** /a/ to acknowledge the truth of (something) at last. **20.** /a/ to be (good, bad, etc.) for, affect (someone) (in a certain way). **21.** /dan/ to receive from, get from, gain from. **22.** /a/ to have, be afflicted with. **23.** /a/ to be, lie (in a certain direction). **24.** /a/ to appear to be, seem to be. **25.** /a/ to be proper, be appropriate. **26.** /a, la/ to come with, begin with, start with. **27.** /a/ to cost (a certain amount). **28.** (for time) to come. **29.** *auxiliary verb* to feel like (doing something); to feel, get: **uykusu gelmek** to feel sleepy. **30.** *an auxiliary verb which denotes continuous action when suffixed to a gerund:* **alışageldiğimiz** which we are accustomed to. **yapılagelen** which is always being done. **31.** *auxiliary verb* to pretend not to: **duymazlıktan gelmek** to pretend not to hear. **32.** to be unable to resist (doing something), not to be able to help (doing something): **İçtikçe içeceğim geliyor.** The more I drink, the more I want to drink. **33.** to be, come in: **birinci gelmek** to be the first. **Gel ....** **1.** Come now: **Gel, bu işten vazgeçelim.** Come now, let's leave this. **2.** *(followed by a negative imperative)* if you can help it: **Gel, şimdi kızma!** How can I help but be angry! **Gelelim ....** /a/ Let us turn to (another subject). **gelince** /a/ **1.** as for ...: **Bana gelince, ben bugün kitap okumak istiyorum.** As for me, I want to read a book today. **2.** when it comes to ...: **Herkese karşı çok cömerttir ama karısına gelince on para vermez.** He is very generous to everybody but when it comes to his wife he doesn't give her a cent. **gelsin ...** **(gelsin ..., gitsin ....)** *(followed by a noun)* describes lavishness or an easy, leisurely manner: **Gelsin çaylar, (gitsin) kahveler, hiç çalıştığı yok.** He kills time all day sipping tea and coffee and never working. **gelip çatmak/dayanmak** (for time) to come round at last, be finally at hand. **gelip geçici** transient, passing. **gelip geçmek 1.** to pass by. **2.** to pass through, come and go. **gelmiş geçmiş** of all who have come and gone, of all those who have been; of all (the things) that have happened so far; of all times, of all periods. **gelip gitmek** /a/ to come and go, frequent. **Gel keyfim gel.** *colloq.* How sweet it is!/It's great to be alive! **Geleceği varsa, göreceği de var.** *colloq.* He'll regret it if he does! *(said as a threat).* **gel zaman git zaman** a long time afterwards.
gelmiç rib (of a large fish).
gem bit (of a bridle). **— almak** (for a horse) to take the bit, be broken in. **— almamak** not to heed the commands of another; to stay free from another's control. **— almaz 1.** uncontrollable, unbridled. **2.** unbroken (horse). **—i azıya almak 1.** (for a horse) to get the bit between its teeth and run. **2.** to take the bit between one's teeth, get out of control. **—ini kısmak** /ın/ to rein (someone) in, restrain (someone). **— vurmak** /a/ **1.** to bridle. **2.** to restrain, curb.
gemi ship, vessel, large boat. **— adamı** seaman, sailor. **— aslanı** good-looking but useless person. **— bildirgesi** ship's manifest. **—ye binmek** to embark, go on board. **— donatmak** to rig a ship; to fit out a ship. **—yi duvarda görmek** to have seen nothing of the world. **— havuzu** repair dock. **— ızgarası** shipway, ways. **— indirmek** to launch a ship. **— işletimi** cabotage, coasting trade. **— kiralamak** to charter a ship.

—sini kurtaran kaptan. *proverb* It's the captain who saves the ship *(said of a person who, by bold action, extricates himself from a difficult situation).* **— leşi/enkazı** shipwreck, wrecked ship. **— mürettebatı** crew, ship's company. **—si şapa oturmak** *colloq.* to undergo irreparable loss in business. **—de teslim** free on board, f.o.b. **— tezgâhı** stocks, dockyard. **— yatağı** ship's berth, port of shelter. **—sini yürütmek** *colloq.* to manage one's affairs well.
gemici 1. seaman, sailor, mariner. 2. shipowner. **— feneri** barn lantern.
gemicilik 1. seamanship. 2. navigation; seafaring.
gemilik dockyard.
gemlemek /ı/ 1. to put the bit in the mouth of (a horse), bit. 2. to restrain (a rash person).
gemlenmek 1. to be bitted, be fitted with a bit. 2. to be restrained.
Gen. (*abbr. for* **General**) *mil.* Gen. (General).
gen *biol.* gene.
gen 1. wide, broad. 2. spacious, extensive, vast, expansive. 3. uncultivated.
gencecik very young.
gencelmek to get younger, become youthful, be rejuvenated.
genç 1. young, youthful. 2. young (animal/plant). 3. energetic and vigorous, robust and active. 4. green, inexperienced, or immature (owing to being young). 5. young, newly established, in its youth. 6. (a) youth, young person, juvenile. **— irisi** youth who is big for his age.
gençleşmek 1. to get younger, become youthful, be rejuvenated. 2. (for an organization, a group, etc.) to be rejuvenated. 3. to take on a young look, take on a youthful appearance.
gençleştirilmek 1. to be made young, be rejuvenated. 2. (for an organization, a group, etc.) to be rejuvenated. 3. to be made to look young.
gençleştirmek /ı/ 1. to make (someone) younger, make (someone) youthful, rejuvenate. 2. to rejuvenate (an organization, a group, etc.). 3. to make (someone) look young.
gençlik 1. youth, youthfulness. 2. the young, the younger generation, youth. **—ine doyamamak/doymamak** not to live one's youth to the full *(said of someone who has died young).* **— suyu** *slang* alcohol; liquor, booze, firewater.
gençten young (person).
gene 1. again, once again, once more. 2. still, nevertheless, even so. **— de** but still; but in spite of this/that.
genel 1. general, common. 2. public, pertaining to the public. **— af** general amnesty. **— direktör** general director. **— emniyet** public security. **— gider** general expenses. **— kadın** prostitute. **— karargâh** general headquarters. **— konsolos** consul general. **— kurul** general assembly (of an organization). **— merkez** central office (of an organization). **— müdür** general director. **— olarak** in general. **— seçim** general election. **— seferberlik** general mobilization. **— sekreter/yazman** secretary-general. **— taarruz** general attack. **— uyuşturum** general anesthetization. **— yetenek** general ability. **— zekâ** general intelligence.
genelev whorehouse, brothel.
genelge circular, printed notice.
genelgeçer generally accepted.
genelgeçerlik general acceptance.
genelgelemek /ı/ to circulate, circularize.
genelkurmay *mil.* general staff.
genelleme generalization.
genellemek /ı/ to generalize, make (something) general.
genelleşme generalization, becoming general.
genelleşmek to become general.
genelleştirilmek to be generalized, be made general.
genelleştirme generalization, making (something) general.
genelleştirmek /ı/ to make (something) general, generalize.
genellik generality.
genellikle generally, in general, on the whole, usually.
genelmek *prov.* to become broader, get wider, widen out.
general, -li *mil.* general.
generallik *mil.* generalship.
genetik *biol.* 1. genetics. 2. genetic.
gengüdüm *mil.* strategy.
gengüdümsel *mil.* strategic, strategical.
geniş 1. wide, broad. 2. spacious, extensive, vast, expansive. 3. carefree. **— açı** *geom.* obtuse angle. **— bir nefes almak** to breathe a sigh of relief. **— fikirli** broad-minded, liberal. **— gönüllü** tolerant. **— kapsamlı** comprehensive; all-inclusive. **— mezhepli** excessively tolerant, free and easy (in his/her sexual mores). **— ölçüde** on a vast scale. **— tutmak** /ı/ to do (something) taking every contingency into account. **— ünlü** *ling.* broad vowel. **— yürekli** carefree, happy-go-lucky, easygoing. **— zaman** *gram.* simple present tense, aorist. **— zaman ortacı** *gram.* present participle.
genişçe rather wide, somewhat broad.
genişleme 1. widening, broadening, spreading out. 2. becoming spacious, extension, expansion. 3. dilatation, dilation, becoming dilated.
genişlemek 1. to widen, broaden, spread out. 2. to become spacious, extend, become vast, expand. 3. to dilate, become dilated. 4. to ease up.

genişletilmek 1. to be widened, be broadened. 2. to be made spacious, be extended, be expanded. 3. to be dilated. 4. *lit.* to be expatiated upon, be amplified on, be expanded on/upon, be enlarged on.
genişletme 1. widening, broadening, making (something) spread out. 2. making (something) spacious, extension, expansion. 3. dilatation, dilation, act of dilating. 4. *lit.* expatiation, amplification.
genişletmek /ı/ 1. to widen, broaden, make (something) spread out. 2. to make (something) spacious, extend, expand. 3. to dilate, make (something) dilatate. 4. *lit.* to expatiate upon, amplify on, expand on/upon, enlarge on.
genişlik 1. wideness, width, broadness, breadth. 2. spaciousness, extensiveness, vastness, expansiveness. 3. carefreeness, being carefree. 4. affluence and ease, easy circumstances.
genitif *gram.* 1. genitive, pertaining to the genitive case. 2. the genitive case, the genitive.
geniz, -nzi nasal passages, nasal fossae. **—e kaçmak** (for food or liquid) to go down the wrong way. **—den konuşmak** to speak through one's nose. **— sesi** *ling.* nasal sound. **—i tıkanmak** to have a stuffy nose. **— ünlüsü** *ling.* nasal vowel. **— ünsüzü** *ling.* nasal consonant. **—ini yakmak** (for smoke, a pungent smell, etc.) to burn the back of one's throat.
genizsi *ling.* nasal (sound).
genleşme *phys.* dilalation, dilation, thermal expansion.
genleşmek *phys.* to dilate, be dilated.
genlik 1. wideness, width, broadness, breadth. 2. spaciousness, extensiveness, vastness, expansiveness. 3. affluence and ease, easy circumstances. 4. *phys.* amplitude (of vibration).
genom *biol.* genome.
genortaklık holding company.
gensoru general questioning in parliament (of a minister by members); interpellation.
genzel 1. nasal. 2. *ling.* nasal (sound).
geodezi geodesy.
geodezik 1. geodesic, geodesical, geodetic, geodetical. 2. geodesic, geodesic line. **— kubbe** geodesic dome.
geometri geometry.
geometrik geometric, geometrical. **— çizim** geometric construction. **— dizi** geometric progression, geometric series. **— ortalama** geometric mean. **— toplam** geometrical sum. **— yer** locus.
gepegenç, gepgenç 1. very young (person). 2. in one's youth, when very young.
gerçek 1. real, true, genuine, authentic. 2. reality, truth. 3. fact. 4. really, in truth. **—leri görmek** to acknowledge the facts. **—leri kabul etmek** to face or accept the facts. **— kişi** *law* natural person. **— sayı** *math.* real number.
gerçekçi 1. (a) realist. 2. realist, realistic.
gerçekçilik realism.
gerçekdışı unreal.
gerçekdışılık unreality.
gerçeklemek /ı/ 1. to confirm. 2. to verify.
gerçekleşme realization, materialization; coming true.
gerçekleşmek to become a reality, materialize; to come true.
gerçekleştirilmek to be realized, be materialized, be carried out, be fulfilled.
gerçekleştirme realization, materialization, fulfillment; making (something) come true.
gerçekleştirmek /ı/ to realize, materialize, carry out, fulfill, make (something) a reality; to make (something) come true.
gerçekli real.
gerçeklik reality.
gerçeksiz unreal.
gerçekten truly, really.
gerçeküstü surrealistic.
gerçeküstücü 1. (a) surrealist. 2. surrealist, surrealistic.
gerçeküstücülük surrealism.
gerçi although, though, it is true that.
gerdan 1. neck, throat. 2. front of the neck; double chin; dewlap. 3. *butchery* neck, chuck. **— kırmak** to make coquettish movements with the head. **— süpürgesi** *slang* mustache, soup-strainer.
gerdankıran *zool.* wryneck.
gerdanlık necklace.
gerdek bridal chamber. **— gecesi** wedding night. **—e girmek** to enter the bridal chamber (on one's wedding night).
gerdel pail, bucket (made of leather or wood).
gerdirilmek to have (something) stretched, strained, tightened, or drawn taut.
gerdirmek /ı, a/ to have (someone) stretch, strain, tighten, or draw (something) taut.
gereç necessary thing, requisite; equipment. **—ler** material supplies, requisites.
gereğince in accordance with, as required by, following: **kanun gereğince** according to the law.
gereğinde when necessary, as needed.
gerek *repeated, preceding nouns or phrases in parallel position* 1. whether ... or: **Gerek ben gideyim, gerek siz gidin, gerek o gitsin, fark etmez.** Whether it is I or you or he who goes, it does not make any difference. 2. both ... and: **Gerek annesi, gerek babası aynı yerdendirler.** Both his mother and his father are from the same place.
gerek 1. /a/ necessary, needed: **Bize çalışacak insan gerek.** We need people who will work. **Beklemek gerek.** One has to wait. **Bana sen gereksin.** *archaic:* **Bana seni gerek.** I need you.

2. need, necessity, requirement, requisite. 3. *used with a conditional ending attached to the stem of a verb to show strong probability:* **O halde mükâfatı kazanan da Adviye olsa gerek.** In that case the winner of the prize must be Adviye. **Onun hastalığı o evin rutubetinden ileri gelse gerek.** His illness is most probably due to the damp in that house. **—i düşünülmek** (for things that must be done or provided) to be considered. **—inden fazla** more than necessary. **—i gibi** as is due, properly. **—ini yerine getirmek** /ın/ to do what is necessary (for). **—i yok.** It is not necessary.
gerekçe 1. reason, justification, ground, grounds. 2. corollary. 3. *law* written argument in favor of a bill. 4. *law* statement of reasons, covering memorandum.
gerekçeli justified, justifiable.
gerekçesiz unjustified, unjustifiable.
gerekirci 1. (a) determinist. 2. deterministic.
gerekircilik determinism.
gerekli necessary, needed, required.
gereklik 1. need, necessity. 2. *gram.* necessitative mood. **— kipi** *gram.* necessitative mood.
gereklilik necessity, need.
gerekme requirement.
gerekmek to be necessary, be needed, be required. **gerekince** when necessary. **gerekirse** if need be.
gerekseme need, necessity, requirement.
gereksemek /ı/ to consider necessary, feel the necessity (of); to need.
gereksinim *see* **gereksinme.**
gereksinme need, necessity, requirement.
gereksinmek /ı/ to consider necessary, feel the necessity (of); to need.
gereksiz unnecessary, needless. **— tüketim** extravagant consumption.
gereksizlik unnecessariness, needlessness.
gerektirim 1. implication, the relationship of two things when one implies the other. 2. causal relationship; cause and effect. 3. *log.* determination.
gerektirme necessity, requirement.
gerektirmek /ı/ 1. to necessitate, require. 2. to entail, imply.
gergedan *zool.* rhinoceros.
gergef embroidery hoop, tambour, embroidery frame. **— işi** tambour, embroidery made on a tambour frame. **— işlemek** to tambour, do embroidery using a tambour.
gergi *prov.* 1. curtain. 2. instrument for stretching, stretcher. 3. *naut.* stretcher, boat stretcher.
gergili 1. furnished with a stretcher. 2. stretched tight.
gergin 1. stretched, strained, tight, taut. 2. (skin) without wrinkles. 3. strained, tense (nerves, relations, etc.).

gerginleşmek 1. to get stretched, become strained, get tight, get taut. 2. (for relations) to become strained.
gerginleştirmek /ı/ 1. to stretch, strain, tighten, draw (something) taut. 2. to strain, make (relations) tense.
gerginlik 1. tightness, tension, tautness. 2. strain, tenseness.
geri 1. back, back side, rear, the space behind. 2. the rest, remaining part, remainder, what's left. 3. outcome, result. 4. the past. 5. anus (of an animal). 6. backward, behind in time or progress, behindhand. 7. slow (timepiece). 8. retarded, backward. 9. back, backward, to the rear. 10. Back up!/Back! **—den** from behind, from the rear. **—since** /ın/ after, following, behind (someone). **—sinde** /ın/ behind: **evin gerisinde** behind the house. **—ye** back, backward. **— almak** /ı/ 1. to get back, take back. 2. to take back, withdraw (one's word or order). 3. to make (something) move backwards, back (something) up. **—ye atmak** /ı/ to postpone. **—den bakmak** /a/ to look from a distance (at); to be an onlooker. **— basmak** to move backwards, back up. **—de bırakmak** /ı/ to leave behind; to pass; to surpass. **— çekilmek** /dan/ 1. to withdraw, move backward, recede, retreat (from). 2. to give up, relinquish, desist from. **— çekmek** 1. /ı/ to pull back, take back, draw back. 2. /ı, dan/ to pull back, withdraw (troops) from. **— çevirmek** 1. /ı/ to return, give back, turn back, send back. 2. /ı/ to reject, refuse to accept. 3. /ı, dan/ to turn (someone) away from. **—ye dön!** *mil.* About face! **— dönmek** to come back, go back, return. **— durmak** /dan/ to refrain from, abstain from (doing something). **— gelmek** to come back. **— geri gitmek** to move backwards; to draw back (in fear). **—den geriye** secretly, covertly. **— gitmek** 1. to go back, return. 2. to take a turn for the worse. 3. (for a timepiece) to be slow, lose time. **— göndermek** /ı/ to send back. **— hizmet** *mil.* supply services behind the front. **— istemek** /ı/ to demand back, reclaim. **— kaçmak** to flee; to draw back hastily, retreat. **— kafalı** backward, reactionary. **— kalan** 1. the remainder, the rest, leftovers. 2. remaining. **— kalmak** 1. to stay behind, remain behind. 2. (for a timepiece) to be slow. 3. to be underdeveloped. **—de kalmak** 1. to be behind. 2. to lag. 3. to remain, be left (behind). **— kalmamak** /dan/ 1. not to refrain from, not to abstain from, not to fail (to do something). 2. to be as good as; to match, equal. 3. not to lag behind, not to hang back (from). **— kalmış** underdeveloped. **— kalmışlık** underdevelopment, being underdeveloped. **— komamak**

/ı/ to do. —/—ye marş! *mil.* To the rear, march! — **planda** 1. in the background, at the back. 2. of minor importance, insignificant, inconsequential. — **tepmek** 1. (for a gun) to recoil, kick. 2. (for a scheme, plan, etc.) to backfire, recoil, boomerang. — **vermek** /ı/ to give back, return. — **vites** *auto.* reverse, reverse gear. — **zekâlı** mentally retarded, feebleminded.

geriatri geriatrics.
gerici *anat.* tensor, tensor muscle.
gerici 1. (a) reactionary, (a) reactionist. 2. reactionary (person, government, movement, etc.).
gericilik 1. reactionism, being a reactionary. 2. reaction, reactionary movement or tendency.
gerilek regressive.
gerileme regression, retrogression.
gerilemek 1. to regress, retrogress, move backward; to retreat, pull back. 2. to drop down, regress, retrogress. 3. (for a sickness) to be on the wane. 4. (for prices) to go down, fall, drop.
geriletmek /ı/ to hinder the progress of.
gerileyici regressive. — **benzeşme** *ling.* regressive assimilation.
gerili stretched, tight, taut.
gerilik 1. backwardness, being behindhand. 2. being retarded, retardation.
gerilim 1. *phys.* tension. 2. voltage. 3. (arterial) tension. 4. *ling.* tension (of vocal cords). 5. *psych.* tension. 6. *cin., theat., lit.* suspense.
gerilimli 1. tense; under tension. 2. suspenseful.
gerilimsiz without tension; slack; relaxed.
gerilimsizlik lack of tension; slackness; relaxed state.
gerilla guerilla. — **savaşı** guerilla warfare.
gerillacı guerilla.
gerilme 1. being stretched, being strained, being tightened, being drawn taut, tension. 2. stretching out, extension (of a limb, muscle, etc.).
gerilmek 1. to be stretched, be strained, be tightened, be drawn taut. 2. /a/ to be stretched over; to be spread out. 3. (for a limb, muscle, etc.) to be stretched out, be extended. 4. *colloq.* to act high and mighty, swell. 5. (for nerves, relations, etc.) to be strained, be tensed up. **gerile gerile** pompously, with great self-importance.
gerinmek (for someone/an animal) to stretch.
gerine gerine 1. with stretching movements. 2. swelling out one's chest, puffily.
gerisingeri *colloq.* 1. back, backwards. 2. back, again, back again.
gerisingeriye *colloq.*, see **gerisingeri.**
geriz sewer. **—e taş atmak** *colloq.* to provoke an insolent person.
Germanist, -ti Germanist.
Germanistik Germanics, Germanistics.

germe 1. stretching, straining, tightening. 2. stretching out, extending (a limb, muscle, etc.).
germek 1. /ı/ to stretch, strain, tighten, draw (something) taut. 2. /ı, a/ to stretch (something) over; to spread out. 3. /ı/ to stretch out, extend (a limb, muscle, etc.). 4. /ı/ to strain, make (nerves, relations, etc.) tense.
germen castle.
gerzek *colloq.* idiot.
geştalt, -tı *phil., psych.* gestalt.
getirilmek 1. /dan, a/ to be brought from (a place) to (someone/a place). 2. /a/ to be brought to (someone/a place). 3. to be fetched. 4. to be put forward, be brought forth, be set forth, be presented. 5. /a/ to be appointed to (a position, an office, etc.), be brought to (a position, an office, etc.), be designated (a title).
getirmek 1. /ı, dan, a/ to bring (something/someone) from (a place) to (someone/a place). 2. /ı, a/ to bring (something/someone) to (someone/a place). 3. /ı/ to fetch. 4. /ı/ to reach (a period of time). 5. /ı/ to put forward, bring forth, set forth, present. 6. /ı/ to produce, cause, bring forth, bring about, bring on. 7. /ı/ to bring, carry, convey (news, greetings, etc.). 8. /ı/ to bring in, yield, produce (income, profit, etc.). 9. /ı, a/ to appoint (someone) to (a position, an office, etc.), bring (someone) to (a position, an office, etc.), designate (someone) (a title). 10. *an auxiliary verb used after some nouns:* **pişmanlık getirmek** to feel regret, be regretful.
getirtmek 1. /ı, dan, a/ to have (something/someone) brought from (a place) to (someone/a place). 2. /ı, a/ to have (something/someone) brought to (someone/a place). 3. /ı, dan/ to order (something) from (a place). 4. /ı, a/ to have (someone) appointed to (a position, an office, etc.), have (someone) brought to (a position, an office, etc.), have (someone) designated (a title).
getr gaiter, spat.
getto ghetto.
geveleme 1. chewing slowly and ineffectively (as with toothless gums). 2. hemming and hawing over (something).
gevelemek /ı/ 1. to chew slowly and ineffectively (as with toothless gums). 2. to hem and haw over (something).
geven *bot.* gum-tragacanth plant.
geveze 1. talkative, chattering. 2. chatterbox, incessant talker, windbag, blabbermouth, blab. 3. indiscreet, unable to keep a secret.
gevezelik 1. chattering, prattling. 2. chatter, idle talk; indiscreet talk. — **etmek** 1. to chatter, talk idly. 2. to talk indiscreetly, blab.
geviş rumination. — **getirmek** to ruminate,

chew the cud.
gevişgetirenler *zool.* the ruminants.
gevmek /ı/ *prov.* 1. to try to gnaw or chew. 2. (for a horse) to champ at (a bit).
gevrek 1. crisp, brittle, friable. 2. hearty (laugh). 3. a kind of melba toast flavored with aniseed. — **gevrek gülmek** to laugh heartily.
gevrekçi maker or seller of **gevrek**.
gevreklik 1. crispness, brittleness, friability. 2. heartiness (of laughter).
gevremek 1. to become crisp, brittle, or friable. 2. /dan/ to be overcome with, be overwhelmed by (thirst, hunger, cold, heat, etc.).
gevretmek /ı/ to make (something) crisp, brittle, or friable.
gevşek 1. loose, slack, lax. 2. flabby, flaccid, soft. 3. sloppy, slovenly, slipshod, lacking in backbone, soft, lax. 4. *ling.* lax (vowel). — **ağızlı** indiscreet, unable to keep secrets. — **davranmak** to be lax. — **tutmak** /ı/ to do (something) halfheartedly.
gevşeklik 1. looseness, slackness, slack, laxity. 2. flabbiness, flaccidity, softness. 3. sloppiness, slovenliness, slipshodness, laxness. 4. languor, lassitude.
gevşeme 1. loosening, slackening, laxation. 2. loosening up (of control, discipline, etc.). 3. *med.* diastole. 4. relaxation.
gevşemek 1. to loosen, slacken, become lax. 2. (for control, discipline, etc.) to loosen up. 3. to relax. 4. *slang* to be tickled pink.
gevşetici 1. relaxative. 2. *med.* relaxant.
gevşetilmek 1. to be loosened, be made slack, be made lax. 2. (for control, discipline, etc.) to be loosened up. 3. to be relaxed, be made lax.
gevşetmek /ı/ 1. to loosen, slacken, lax, let up on. 2. to loosen up, let up on (control, discipline, etc.). 3. to relax.
geyik 1. deer, stag, hart. 2. *slang* pander; cuckold. — **derisi** buckskin, deerskin. — **etine girmek** (for a young girl) to begin to fill out, begin to round out; to reach puberty.
geyikdili, -ni *bot.* hart's-tongue fern.
geyşa geisha.
gez 1. notch in an arrow. 2. rear sight (of a gun). 3. rope with knots at intervals for measuring ground. 4. plumb line.
gezdirmek 1. /ı/ to show around, take through. 2. /ı, da/ to take (someone/an animal) for a walk (somewhere). 3. /a, ı/ to take (someone) on a tour of (a place), show (someone) around (a place), tour (someone) through (a place). 4. /a, ı/ *cookery* to pour (oil, vinegar, lemon juice, etc.) lightly over (food). 5. /ı/ *naut.* to be unable to hold (the ship) on her course.
gezegen *astr.* planet.
gezeğen *prov.* 1. (one) who likes to gad about. 2. gadabout.
gezer 1. itinerant. 2. mobile; traveling. 3. ambulatory, ambulant (patient).
gezgin 1. tourist, traveler. 2. touring, traveling (person).
gezginci *prov.* 1. itinerant; roving, wandering. 2. rover, wanderer, world-traveler.
gezgincilik *prov.* 1. itinerancy, being itinerant. 2. roving, being a rover, wandering, being a wanderer.
gezginlik being a tourist, being a traveler, traveling.
gezi 1. excursion, outing; tour. 2. promenade, esplanade, place for strolling. —**ye çıkmak** to go on a trip. — **yeri** promenade, esplanade, place for strolling.
gezici 1. itinerant (peddler). 2. mobile; traveling. — **esnaf** peddler(s). — **kütüphane** bookmobile, mobile library, traveling library.
gezicilik itinerancy, being itinerant.
gezilmek *impersonal passive* to wander, stroll through; to tour.
gezinme 1. wandering, strolling. 2. a stroll; pleasure trip; excursion. 3. *mus.* slowly passing from one **makam** to another while improvising.
gezinmek 1. to stroll, walk around, promenade. 2. to wander about, wander aimlessly, roam. 3. *mus.* to pass slowly from one **makam** to another while improvising.
gezinti 1. walk, stroll; pleasure trip, outing; tour. 2. corridor. 3. walkway behind the parapet of a castle or fort. 4. *mus.* slowly passing from one **makam** to another while improvising. — **yeri** promenade, esplanade, place for strolling.
gezlemek /ı/ 1. to aim (a weapon). 2. to measure (a place).
gezmek 1. to stroll, walk around, promenade. 2. to go on a pleasure trip, go out. 3. /ı/ to tour (a place); to walk around (a place). 4. /ı/ to look around (a place). 5. /da/ to be, do (in a place): **Paltom mutfakta ne geziyor?** What's my coat doing in the kitchen? 6. (for a patient) to move around. **gezip tozmak** to gad about, gallivant.
gezmen tourist, traveler.
gıcık 1. tickle in the throat. 2. *slang* irritating, tiresome (person). — **almak** /dan/, — **olmak** /a/ to be irritated by (an action/a person). — **etmek** /ı/ to get (one's) goat, irritate. — **tutmak** to have a tickle in one's throat. — **vermek** /a/ 1. (for something) to tickle (one's) throat. 2. to arouse (one's) jealousy.
gıcıklamak /ı/ 1. (for something) to tickle (one's) throat. 2. to raise (one's) suspicion. 3. to arouse (one's) sexual desire.
gıcıklanmak 1. to have a tickle (in one's throat). 2. /dan/ to be suspicious (of). 3. /dan/ to be

excited sexually by (something).
gıcır 1. an elastic substance extracted from ash trees and used to soften gum mastic. 2. *slang* new. —ı **bükme** *colloq.* 1. quickly said, offhand. 2. forced, strained, perfunctory. 3. by force, by snatching.
gıcırdama creaking, squeaking, squealing.
gıcırdamak to creak, squeak, squeal.
gıcırdatmak /ı/ 1. to make (something) creak, squeak, or squeal. 2. to grind, grate, gnash, or grit (one's teeth).
gıcır gıcır 1. with a creaking, squeaking, or squealing sound. 2. squeakingly clean, spick-and-span, clean as a whistle. 3. in a spick-and-span manner, spick-and-span. 4. spanking new, brand-new. — **etmek** to creak, squeak, squeal; to crunch.
gıcırtı 1. creak, squeak, squeal. 2. grinding, grating, gnashing, or gritting sound (of teeth).
gıda food; nourishment, diet; nutriment. — **maddeleri** foodstuffs. — **pazarı** food store, grocery store.
gıdaklamak (for a hen) to cackle.
gıdalı nutritious, nourishing.
gıdasız 1. undernourished. 2. nonnutritive. — **kalmak** to be undernourished.
gıdı the underpart of the chin.
gıdı gıdı 1. Tickle, tickle! *(said when tickling a child).* 2. Here, chick chick! *(said when calling chickens).*
gıdık *child's language* the underpart of the chin.
gıdıklamak /ı/ 1. to tickle. 2. to tickle (someone's) vanity, please, gratify.
gıdıklanmak to have a tickling sensation; to be tickled.
gıgı *child's language* the underpart of the chin.
gık used in: — **dedirtmemek** /a/ *colloq.* not to let (someone) make a peep, not to let (someone) make the slightest objection. — **demek** *colloq.* to make a few weak protests, protest weakly. — **dememek** *colloq.* not to utter a peep, not to make the slightest protest.
gıldır gıldır *colloq.* with a roaring sound: **Makine gıldır gıldır çalışıyor.** The engine is roaring along.
gıllügiş, gıllıgış *obs.* malice, malevolence, spite, ill will.
gıllügişli, gıllıgışlı *obs.* malicious, malevolent, spiteful.
gına being fed up. — **gelmek/getirmek** /dan/ to be fed up with, be sick of.
gıpta envy without malice. — **etmek** /a/ to envy.
gır *slang* 1. word; talk; words. 2. made-up, fabricated, concocted. — **atmak** *slang* to chat; to gossip. — **geçmek** *slang* 1. to shoot the breeze, gab. 2. to pay no attention to one's work, daydream. — **gıra almak** /ı/ *slang* to make fun of. — **gır geçmek** *slang* 1. /la/ to make fun of. 2. to waste time laughing and joking. — **kaynatmak** *slang* to waste time laughing and joking.
gırgır 1. grating noise, rasping sound. 2. an earthenware jug with a straining spout. 3. large bag-shaped fishing net. 4. carpet sweeper. 5. raspingly, raucously.
gırgırlamak /ı/ to clean (the floor or a floor covering) with a carpet sweeper.
gırla *colloq.* abundantly, amply, too much; incessantly, to the utmost. — **gitmek** to be abundant; to go on and on.
gırnata *prov.* clarinet.
gırnatacı *prov.* clarinet player, clarinetist.
gırt, -tı a grating sound made when cutting metal or something hard. — **gırt** (cutting) with a loud grating sound.
gırtlak 1. larynx, throat. 2. *colloq.* eating and drinking. —**ına basmak** /ın/ to get (someone) by the throat, force (someone) to do something. — **boşluğu** *anat.* laryngeal cavity. —**ına düşkün** greedy, gluttonous. — **gırtlağa gelmek** to fly at one another's throats, quarrel violently. —**ına kadar borç içinde olmak** to be up to one's neck in debt. — **kapağı** *anat.* epiglottis. — **kemiği** Adam's apple. —**ından kesmek** to cut back on one's food expenses, scrimp on food. —**ına sarılmak** /ın/ to choke, throttle (someone). —**ını sıkmak** /ın/ to press, squeeze; to dun. — **yangısı** *path.* laryngitis.
gırtlaklamak /ı/ to strangle (someone).
gırtlaklaşmak to be at each other's throats.
gıt gıt gıdak cackle (of a hen that has laid an egg).
gıyaben 1. in one's absence, in absentia. 2. (to know) by name only, by repute. 3. *law* by default.
gıyabi 1. carried out, done, or made in absentia. 2. *law* done in default. — **hüküm/karar** *law* judgment given in default. — **tanışma** mutual acquaintance by reputation only.
gıyap absence. —**ında** in his absence.
gıy gıy imitation of the sound of a violin.
gibi 1. like: **çocuk gibi** like a child. 2. as if, as though: **Sanki kıtlık olacakmış gibi yiyecek depo ediyorlar.** They're storing food as if there is going to be a famine. 3. like, as: **Dediğim gibi yap.** Do as I say. 4. as befits: **İnsan gibi davranmalısın.** You should behave as befits a human being. 5. *(after a predicate)* almost, nearly, somewhat: **Bugün ateşim yok gibi.** Today I have almost no fever. 6. as soon as: **Yemeği yediği gibi sofradan kalktı.** He got up from the table as soon as he finished eating. —**ler** likes: **onun gibiler** the likes of him. —**lerden** 1. as if to say: **İyi ettin gibilerden göz kırptı.** He winked as if he wanted to say, "You did well." 2. along/on the lines of: **silahlanma yarışı durdurulmalıdır, gibilerden bir makale** an article along the lines of "The arms race should be

stopped!" — **gelmek** /a/ to seem to (one), appear to (one): **Bu iş bitmez gibi geliyor bana!** It seems to me that this job will never end! — **olmak** to be as though: **Ameliyattan sonra yeniden doğmuş gibi oldum.** After the operation it was as though I had been reborn. — **yapmak** to pretend (to do something): **Babası odaya girince ders çalışır gibi yaptı.** When his father entered the room, he pretended to be studying.

gibisi, -ni 1. equal: **O doktor gibisi yok.** That doctor has no equal. 2. the likes of, the like of: **Hayatımda onun gibisini görmedim.** Never in my life have I seen the likes of him. — **ne gelmek** /ın/ to seem to (one), appear to (one): **Olmaz gibime geliyor.** It seems impossible to me. — **ne getirmek** /ı/ to insinuate: **Beni evinde istemiyor gibisine getirdi.** He insinuated that he did not want me in his house.

gibisinden 1. from the likes of: **O adam gibisinden hayır gelmez.** No good will come from the likes of that man. 2. as if to say.

gideğen outlet (of a lake).

gider expenditure(s), expense(s), outlay; *Brit.* outgoings.

giderayak at the last moment, just before leaving.

giderek gradually, by degrees.

giderici removing, that removes: **leke giderici madde** spot remover.

giderilmek 1. to be gotten rid of, be removed, be eradicated, be done away with, be eliminated. 2. (for thirst) to be quenched; (for hunger) to be abolished, be overcome; (for pain) to be abolished, be gotten rid of, be eliminated.

giderme getting rid of, removal, eradication, doing away with, elimination.

gidermek /ı/ 1. to get rid of, remove, eradicate, do away with, eliminate. 2. to quench (thirst); to abolish, overcome (hunger); to abolish, get rid of, eliminate (pain).

gidi 1. *used with the pronoun* **seni** *to form a mock reproach:* **Seni gidi seni!** You rascal you!/You minx! 2. *used with* **hey** *and a noun to express nostalgia:* **Hey gidi günler hey!** Ah, those were the days!

gidici 1. temporary, short-term. 2. on death's doorstep, about to die.

gidilmek *impersonal passive* to go; /a/ to go to.

gidiş 1. going. 2. departure, leaving. 3. manner of going, pace. 4. pace, tempo. 5. behavior, attitude, conduct. 6. manner of life, way of living. — **ini beğenmemek** /ın/ 1. to disapprove of (someone's) manner of living. 2. not to like the way (something) is going. — **dönüş/geliş** 1. round trip. 2. round-trip (ticket), *Brit.* return (ticket). — **o gidiş.** *colloq.* That was the last that was seen of him.

gidişat, -tı 1. the way things are going. 2. the way the work is going. 3. behavior, attitude, conduct. 4. manner of life, way of living.

gidişgeliş comings and goings; traffic.

gidişmek to itch, feel itchy.

gidon 1. handlebar (of a bicycle). 2. *naut.* burgee.

gine *colloq.* 1. again, once again, once more. 2. still, nevertheless, even so. — **de** but still; but in spite of this/that.

Gine 1. (the region of) Guinea. 2. the Republic of Guinea, Guinea. 3. Guinean, of Guinea or its people.

Gineli 1. (a) Guinean. 2. Guinean (person).

Gine-Bisav 1. Guinea-Bissau. 2. Guinea-Bissauan, of Guinea-Bissau.

Gine-Bisavlı 1. (a) Guinea-Bissauan. 2. Guinea-Bissauan (person).

ginko *bot.* ginkgo, gingko, maidenhair tree.

ginseng *bot.* ginseng.

gir-çık belgesi, -ni triptyque, tryptique, tryptyque.

girdap 1. whirlpool. 2. vortex, maelstrom (a state of affairs). 3. a dangerous place.

girdi *com.* input. — **çıktı/—si çıktısı** 1. intimate relations. 2. the ins and outs.

girgin enterprising, self-assertive.

girginlik being enterprising, self-assertiveness.

girift, -ti 1. intricate, involved; complex. 2. *obs.* a small reed flute. — **bezeme/tezyinat** arabesque. — **yazı** an intricate style of Arabic script.

girilmek *impersonal passive* to enter. **Girilmez.** No entrance./No admittance.

girim entering, entrance; going in/into; coming in/into.

girimlik 1. entrance ticket; pass. 2. entrance fee; admission.

girinti recess, indentation, recession.

girintili recessed, indented, set in. — **çıkıntılı** going in and out; wavy; zigzag, jagged.

giriş 1. going in. 2. entry, entrance. 3. introduction. — **çıkış** entrance and exit; going in and out. — **kapısı** entrance, doorway. — **kartı** pass, entrance card, entrance permit. — **sınavı** entrance examination. — **supabı** *mech.* inlet valve. — **ücreti** entrance fee; admission.

girişik intricate, involved; complex. — **bezeme** arabesque. — **tümce** *gram.* complex sentence.

girişilmek /a/ *impersonal passive* to attempt, undertake; to set about, begin to.

girişim 1. attempt, undertaking. 2. enterprise, initiative. 3. *phys.* interference.

girişimci entrepreneur; entrepreneuse.

girişimcilik entrepreneurship.

girişimgücü, -nü initiative.

girişken enterprising, initiating (person).

girişkenlik being enterprising, taking initiative.

girişlik 1. introduction (of a book). 2. introductory statement, introduction, preamble.

girişmek /a/ 1. to attempt, undertake; to set about, begin to. 2. to meddle, interfere; to mix up (in). 3. to begin to batter, beat, or thrash. **(birbirine)** — 1. to get tangled up, be intertwined. 2. to get into a fight or quarrel.
Girit 1. Crete. 2. Cretan, of Crete.
giritkekiği, -ni Cretan dittany.
giritlalesi, -ni *bot.* ranunculus, crowfoot, buttercup.
Giritli 1. (a) Cretan. 2. Cretan (person).
girizgâh 1. introduction (of a book). 2. introductory statement, introduction, preamble.
girme 1. entering, entrance, going in/into or coming in/into. 2. entrance, participation, joining in. 3. hinge. 4. recess, indentation, recession. 5. recessed, indented, set in.
girmek 1. /a/ to enter, go in, go into. 2. /a/ to enter, come in, come into. 3. /a/ to fit into, go into; to fit, fit onto. 4. /a/ to enter into, participate in, join in; to join. 5. /a/ (for armed forces) to enter, invade, penetrate. 6. /a/ to go into (a matter) deeply. 7. /a/ to go into, enter into (a subject). 8. /a/ (for a contagion) to spread among, attack. 9. (for a period, season, etc.) to come, begin. 10. /a/ (for pain) to come to; (for an ache) to appear in. 11. /a/ to become, turn, be transformed into. 12. /birbirine/ to go at each other, go for each other. 13. /a/ to begin. 14. /a/ to become (a certain age). 15. /a/ to enter into, go into the making of. 16. /a/ to be enrolled, enroll (in/at); to be admitted to; to be enlisted in, enlist in, join (the armed forces). **girecek delik aramak** to look for a hole to crawl into or hide in. **girip çıkmak** /a/ 1. to stop by, drop in for a minute. 2. to frequent, visit (a place) often.
girmelik 1. entrance ticket. 2. entrance fee; admission.
gişe cashier's desk; ticket window; box office (at a theater).
gitar guitar.
gitarcı, gitarist, -ti guitarist.
gitgide gradually, by degrees; increasingly, more and more.
gitme 1. going. 2. departure, leaving.
gitmek, -der 1. to go. 2. /dan, a/ to go from (one place) to (another). 3. /a/ to go to, travel to. 4. to depart, leave. 5. /a/ (for a road) to go to, lead to. 6. /a/ to go to (work); to go to, attend (school). 7. /a/ to lead to (a condition, result, etc.). 8. /a/ to go well with, suit, become. 9. /a/ to go for, be spent on, be used up in. 10. /a/ to be sent (to), be on the way (to). 11. /a/ to last for, be enough for. 12. to last for, stand up for (a period of time). 13. (for a period of time) to pass, be over. 14. to go, be (in a certain condition or state). 15. to be gone, be finished, disappear, vanish. 16. to be worn out, have had it. 17. to be gone, disappear, go, die. 18. to go on (strike, boycott, etc.); to have recourse to, turn to. 19. (for a machine) to work, go. 20. (for a situation, work, etc.) to go, go on, continue. 21. /dan/ to go for, be sold at/for. 22. *auxiliary verb* to be: **Hoşuma gitti.** I liked it./It's good. **Tuhafıma gitti.** It seemed strange to me./It's strange. **gitsin** *(after an imperative)* ... and be done with it, ... and finish the matter: **İmzanı atıver gitsin.** Sign it and be done with it. **gitti** *(after a verb in the past tense)* 1. certainly, definitely, surely: **Bunu gördü mü, danıldı gitti.** If he sees it, he'll certainly get cross. 2. It can't be helped./It's too late. 3. however much one tries: **Anlatamadım gitti.** I could not make myself understood however hard I tried. 4. So be it: **Verdim gitti.** You can have it. **Gidene ağam, gelene paşam.** *proverb* 1. An official is honored only as long as he/she holds his/her position. 2. We honor whoever is put over us.
gidip gelmek 1. /a/ to go and return; to go regularly, frequent. 2. to go to and fro. **Gidip de gelmemek var, gelip de görmemek/bulmamak var.** *proverb* When you part for a long time remember that you may never see each other again. **Gitti de geldi.** *colloq.* He/She escaped from certain death. He/She was as good as dead. **Gitti gider.** He's/She's/It's gone forever.
gittikçe gradually, by degrees; increasingly, more and more.
giydirici *cin., theat.* dresser.
giydirilmek /a/ (for someone) to be made to put on, be made to wear, be made to dress in.
giydirmek 1. /ı/ to dress, clothe (someone). 2. /ı, a/ to dress (someone) in, make (someone) wear; to help (someone) put on. 3. /a/ *colloq.* to swear a blue streak at (someone), dress (someone) down. **giydirip kuşatmak** /ı/ to dress (someone) up with a new outfit.
giyecek piece of clothing, garment, dress; clothing, clothes, dress, apparel, attire.
giyilmek to be worn, be put on.
giyim 1. piece of clothing, garment, dress; clothing, clothes, dress, apparel, attire. 2. wearing, putting on. 3. manner of dressing. **— eşyası** clothes, clothing. **— kuşam** clothes and finery. **—i kuşamı yerinde** smartly dressed.
giyimevi, -ni clothing store.
giyimli dressed, clothed. **— kuşamlı** smartly dressed.
giyinik dressed, clothed.
giyinim 1. manner of dressing. 2. appearance (in respect to clothing).
giyiniş manner of dressing.
giyinmek 1. to dress oneself. 2. to be dressed up. 3. /a/ *colloq.* to be angry at (something) with-

out showing it. **giyinip kuşanmak** *colloq.* to dress oneself up, put on one's best clothes.
giymek /ı/ 1. to put on, get on; to wear. 2. *colloq.* to swallow (insulting remarks), accept (a dressing down) meekly.
giyotin guillotine (for beheading criminals). — **pencere** sash window.
giysi piece of clothing, garment, dress; clothing, clothes, dress, apparel, attire. — **dolabı** wardrobe, armoire.
giysilik wardrobe, armoire.
giz 1. secret. 2. mystery.
giz *naut.* gaff, spanker gaff.
gizem mystery.
gizemci *phil.* 1. (a) mystic. 2. mystic.
gizemcilik *phil.* mysticism.
gizemli mystical.
gizemlilik being mystical.
gizemsel mystical.
gizil *phys.* potential, latent.
gizilgüç *phys.* potential energy.
gizleme 1. hiding, concealment, secreting. 2. keeping (something) secret, hiding, concealment; dissembling, dissemblance. 3. camouflage.
gizlemek /ı/ 1. to hide, conceal, secrete. 2. to keep (something) secret, hide, conceal; to dissemble. 3. to camouflage.
gizlenilmek 1. *impersonal passive* to hide, be concealed. 2. /dan/ to be kept secret (from), be hidden (from), be concealed (from).
gizlenmek 1. /a/ to hide oneself, conceal oneself, secrete oneself. 2. /dan/ to be kept secret (from), be hidden (from), be concealed (from).
gizli 1. hidden, concealed. 2. secret, confidential. 3. occult. 4. secretly. 5. in private, in camera. — **alay** irony; sarcasm. — **araştırma** intelligence, gathering secret information. — **celse/duruşma** *law* private hearing. — **din taşımak** 1. to hold a religious belief secretly. 2. to have secret convictions. — **gizli** secretly, in secret. **—den gizliye** secretly, in all secrecy. — **görevli** detective; secret agent. — **kapaklı** undercover, kept secret, clandestine, surreptitious. — **oturum/celse** secret session, closed session. — **oy** secret vote, vote by ballot. — **pençe** *shoemaking* half sole. — **polis** secret policeman. — **sıtma** 1. dormant malaria. 2. *colloq.* evil designer. — **tutmak** /ı/ to hide, keep (something) secret.
gizlice secretly, in secret.
gizlilik secrecy, being secret.
gladyatör gladiator.
glase 1. patent leather. 2. glazed, glossy.
glayöl *bot.* gladiola, gladiolus, gladiole.
glikojen glycogen.
glikoz glucose.

gliserin glycerin, glycerine, glycerol.
global global.
glokom *path.* glaucoma.
glüten gluten. — **ekmeği** gluten bread.
gnays *geol.* gneiss.
Gn. Kur. (*abbr.* for **Genelkurmay**) *mil.* G.S. (General Staff).
goblen 1. Gobelin (tapestry). 2. Gobelin, Gobelin tapestry.
gocuk 1. sheepskin coat. 2. duffle coat.
gocundurmak /ı/ to offend.
gocunmak /dan/ to take offense (at).
gode *tailor.* godet, gore; flare.
godoş *slang* pimp; pander to his wife.
gofre *text.* puckered (material). — **kâğıt** crepe paper.
gofret, -ti multilayered wafer with sweet filling.
gogo *slang* hashish.
gol, -lü *sports* goal. — **atmak** to kick a goal. **—e çevirmek** /ı/ to take advantage of (a position) and score a goal. — **yapmak** to make a goal, score a goal. — **yemek** to give up a goal, give away a goal.
golcü *sports* player who scores a lot of goals.
golf golf. — **pantolon** plus fours. — **sahası/alanı** golf course/links. — **sopası** golf club. — **topu** golf ball.
Golfstrim the Gulf Stream.
gollük (kick) that can score a goal.
gomalak lac, stick lac; shellac.
gonca bud, flower bud.
gondol, -lu, -lü gondola.
gondolcu gondolier.
gondolcü *see* **gondolcu**.
gonk, -gu gong.
goril *zool.* gorilla.
goşist, -ti gauchist, extreme leftist.
goşizm leftist extremism.
gotik Gothic. — **harfler** black letter type, Gothic type. — **sanat** Gothic art.
goygoycu 1. *formerly* a disabled, wandering beggar who chanted psalms during the month of Muharram. 2. beggar, mendicant.
goygoyculuk 1. *formerly* being a **goygoycu**. 2. begging, mendicancy.
göbek 1. navel, umbilicus. 2. paunch, potbelly, belly. 3. middle, core, center, heart. 4. heart (of lettuce, cabbage, etc.). 5. central design (on a carpet, rug, tray, ceiling or in a garden, etc.). 6. traffic circle, rotary, circle. 7. hub (of a wheel). — **adı** name given to a newborn baby when cutting its umbilical cord. — **atmak** 1. to belly-dance. 2. *colloq.* to be wild with joy. — **bağı** 1. infant's bellyband. 2. *bot.* funicle. — **bağlamak/salıvermek** to develop a paunch, get a potbelly. **—i bağlı/beraber kesilmiş** /la/ buddy-buddy with. — **çalkamak/çalkalamak** to shake one's belly. **—i çat-**

lamak to struggle hard, have a hard time (achieving something). **—i düşmek** 1. to shed the stump of the umbilical cord. 2. to develop an umbilical hernia. **— fıtığı** *path.* umbilical hernia. **— havası** 1. music for a belly dance. 2. an amusing situation. **—inden işetmek** /ı/ *slang* to stab, knife. **—ini kesmek** /ın/ to cut the umbilical cord (of a newborn baby). **— kordonu** umbilical cord. **—i sokakta kesilmiş** *colloq.* 1. (one) who never stays home, gadabout. 2. prostitute, streetwalker. **— taşı** heated marble slab to lie on for sweating in a Turkish bath.

göbeklenmek 1. to develop a paunch, get a potbelly. 2. (for lettuce, cabbage, etc.) to develop a heart.

göbekli 1. paunchy, potbellied. 2. (lettuce, cabbage, etc.) with a heart. 3. with a central design.

göç, -çü 1. migration; emigration; immigration. 2. transhumance. 3. moving (from one dwelling place to another), migration. 4. household goods being moved. 5. seasonal migration (of animals). **— etmek** 1. to migrate; to emigrate; to immigrate. 2. to move (from one dwelling place to another), migrate. 3. (for animals) to migrate.

göçebe 1. nomad, migrant. 2. nomadic, migrant, migratory (people). 3. migrant, migrating, migratory (animals).

göçebeleşmek to become a nomad or migrant.

göçebelik 1. nomadism, nomadic way of life. 2. moving from one dwelling place to another, migration.

göçer 1. portable, movable; mobile. 2. nomad, migrant. 3. nomadic, migrant, migratory (people).

göçeri (one) who enjoys migrating, nomadic.

göçerkonar nomadic, migrant, migratory (people).

göçermek 1. /ı, a/ to turn (something) over to (someone), transfer (something) to (someone). 2. /ı/ to transplant (a plant).

göçertmek /ı/ to knock down, collapse, cave in.

göçkün 1. about to collapse, about to cave in, about to fall down. 2. *prov.* nomadic, migrant, migratory (people). 3. *prov.* very old (person).

göçmek 1. to migrate; to emigrate; to immigrate. 2. /dan, a/ to move from (one dwelling place) to (another). 3. (for animals) to migrate. 4. to collapse, cave in, fall down. 5. to pass on, die. **göçüp gitmek** to pass on, die.

göçmen 1. migrant; emigrant; immigrant. 2. migrant, migrating, migratory; emigrant, emigrating; immigrant, immigrating. 3. migrant, migrating, migratory (animals).

göçmenlik being a migrant, an emigrant, or an immigrant.

göçü *prov.* 1. migration. 2. landslide, landslip.

göçücü migrant, migrating, migratory (animals).

göçük 1. landslide, landslip. 2. subsidence (of land). 3. cave-in. 4. caved in, sunken.

göçüm *biol.* taxis.

göçürmek 1. /ı, a/ to cause (people/animals) to migrate to (a place). 2. /ı/ to cause (something) to collapse or cave in. 3. /ı/ *colloq.* to gobble up. 4. /ı, a/ *prov.* to transplant (a plant) to (another place).

göçürtmek /ı/ to cause (something) to collapse or cave in.

göçürülmek to be made to collapse or cave in.

göçüş 1. migration; emigration; immigration. 2. transhumance. 3. moving (from one dwelling place to another), migration. 4. seasonal migration (of animals). 5. collapsing, collapse, caving in.

göçüşme *ling.* metathesis.

göden, gödenbağırsağı, -nı *anat.* rectum.

göğem greenish violet.

göğermek 1. (for vegetation) to become green, turn green. 2. to turn blue.

göğerti *prov.* 1. green vegetables, greens. 2. black-and-blue bruise.

göğüs, -ğsü 1. chest; thorax. 2. breast, bosom. 3. breast, bust (of a woman). 4. *naut.* breast, flare of a ship's bow. **— bağır açık** with one's shirt wide open and slovenly dressed. **— boşluğu** thoracic cavity. **— cerrahisi** thoracic surgery. **— çaprazı** *wrestling* gripping one's opponent across the chest. **— darlığı** *path.* dyspnea. **— geçirmek** to sigh, groan. **—ünü gere gere** proudly; confidently. **— germek** /a/ to face up to, confront (a problem) head on. **—ünü germek** /a/ to shield with one's body (someone standing behind one). **— göğüse gelmek** to come face to face. **— hastalıkları/sayrılıkları** chest diseases, thoracic diseases. **— ingini** *path.* bronchitis. **—ü kabarmak** to be proud, swell with pride. **— kafesi** *anat.* rib cage. **— kası** *anat.* pectoral muscle, pectoralis. **— kayışı** breast collar, breastband. **— kemiği** *anat.* breastbone, sternum. **— sesi** *mus.* chest tone. **— tahtası** 1. *anat.* breastbone, sternum. 2. *mus.* sounding board, soundboard (of a stringed instrument). **— yüzgeci** pectoral fin. **— zarı** *anat.* pleura. **— zırhı** breastplate.

göğüsbağı, -nı brassiere, bra.

göğüsleme 1. pushing (something) with the breast, breasting. 2. breasting, opposing (something) boldly. 3. breasting, opposing (someone) with the breast. 4. *arch.* strut, brace.

göğüslemek /ı/ 1. to push (something) with the breast, breast. 2. to breast, oppose (something) boldly. 3. to breast, oppose (someone) with the breast.

göğüslü 1. broad-chested, chesty. 2. full-bosomed, bosomy, buxom.
göğüslük 1. smock (for primary school students). 2. apron. 3. child's bib. 4. breast strap. 5. breastplate (of armor).
gök 1. sky; the heavens; the firmament. 2. celestial, heavenly. **—te ararken yerde bulmak** /ı/ *colloq.* to find (something) in an unexpected way; to run across (someone) one has long been looking for. **— atlası** celestial atlas. **—lere çıkarmak** /ı/ to praise (someone) to the skies. **—lere çıkmak** to rise to the sky. **— delinmek** to rain torrentially, rain cats and dogs, pour. **—ün dibi delinmiş.** *colloq.* Rain is falling in torrents. **— gürlemek** to thunder. **— gürlemesi/gürültüsü** thunder, a clap of thunder. **— kubbe** the vault of heaven, the celestial vault. **— mavisi** sky-blue, azure. **—te yıldız ararken yerdeki çukuru görmemek** *colloq.* to try to tackle big projects while being unable to do small things successfully. **—ten zembille inmek** *colloq.* 1. to be perfect. 2. to come out of the blue.
gök 1. blue, sky-blue, azure; aquamarine. 2. *prov.* unripe, green (fruit). **— gözlü** 1. blue-eyed. 2. malevolent, injurious. **— kandil** *slang* very drunk, dead drunk. **— yemiş** unripe fruit, green fruit.
gökada *astr.* galaxy.
gökbilim astronomy.
gökbilimci astronomer.
gökbilimsel astronomical, of astronomy.
gökcismi, -ni *astr.* celestial body, heavenly body.
gökçe 1. heavenly, celestial. 2. bluish, tinged with blue. 3. pretty, pleasant, beautiful. **— yazın** *see* **gökçeyazın.**
gökçeyazın belles lettres.
gökçül *prov.* 1. bluish, tinged with blue. 2. celestial, heavenly.
gökdelen skyscraper.
gökevi, -ni *astr.* planetarium.
gökkır blue-roan (horse).
gökkuşağı, -nı rainbow.
gökkutbu, -nu celestial pole.
gökkuzgun *zool.* blue jay.
gökküresi, -ni *astr.* the celestial sphere.
göklük 1. blueness, blue color. 2. destined for heaven.
gökmen *prov.* blue-eyed and blond.
göksel celestial, heavenly.
göktaşı, -nı meteor, meteorite; aerolite; bolide.
Göktürk 1. (a) Kök Turk. 2. of the Kök Turks.
Göktürkçe the language of the Kök Turks (used in the Orkhon and Yenisei inscriptions).
gökyakut, -tu 1. sapphire. 2. deep blue, sapphire.
gökyolu, -nu the Milky Way.
gökyüzü, -nü sky, the visible sky.
göl lake. **— ayağı** outlet of a lake. **— olmak** (for water) to form a puddle or pond.

gölalası, -nı *zool.* lake trout.
gölbaşı, -nı small stream running into a lake.
gölcük small lake; pond; puddle.
gölcül lacustrine.
gölek *prov.* 1. small lake; pond; puddle. 2. weir, small dam. 3. pool for irrigation.
gölermek *prov.* 1. to form a puddle or pond. 2. (for an animal) to be tangled in a rope and fall down.
gölet, -ti *prov.* 1. small lake; pond; puddle. 2. weir, small dam. 3. stone tank for soaking hides.
gölge 1. shadow, umbra. 2. shade. 3. shadow, silhouette. 4. shadow, shading (in a painting or drawing). 5. shadow, a person who sticks close to someone. 6. shadow, protection. **—si altında** /ın/ under the protection of. **—de bırakmak** /ı/ 1. to cast (someone) into the shade, put (someone) in the shade, overshadow, surpass. 2. to overshadow, cast (something) into the shade. **— düşmek** /a/ for a shadow to fall upon (something). **— düşürmek** /a/ to cast a shadow on, overshadow, cloud. **— etmek** 1. to make a shadow, cast a shadow. 2. to stand in one's light, block one's light. 3. to stand in one's way, thwart one's efforts. **— etme, başka ihsan istemem.** Don't bother me; that's all I ask of you. **— gibi** shadowy. **— görüntü** silhouette. **— kabine** *pol.* shadow cabinet. **—de kalmak** to keep in the background. **—sinden korkmak** to be frightened of one's own shadow. **— olmak** /a/ to protect, take (someone) under one's wing. **— oyunu** shadow play, shadow show (with flat figures or puppets). **— tiyatrosu** shadow play, shadow theater (performed by living actors). **— vurmak** /a/ *art* to shade.
gölgecil *bot.* shade-loving.
gölgeleme *art* shading-in.
gölgelemek /ı/ 1. to cast (something) into shadow. 2. to overshadow. 3. *art* to shade in.
gölgelendirmek /ı/ 1. to shade, give shade to. 2. to cast a shadow on, cloud.
gölgelenmek 1. to become shady, get shaded, be in the shade. 2. to rest in the shade.
gölgeli 1. shady, shaded, shadowy. 2. blurred. 3. *print.* shaded. **— filigran** shaded watermark. **— resim** sciography, sciagraphic picture.
gölgelik 1. shady spot. 2. arbor; bower. 3. awning, canopy.
gölgesiz without shade, shadeless.
gölkestanesi, -ni *bot.* water chestnut, water caltrop.
göllemek /ı/ to turn (a place) into a pond or lake.
göllenmek to form a lake, pond, or puddle.
gölmidyesi, -ni *zool.* freshwater mussel.
gölotu, -nu *bot.* pond lily, yellow water lily.
gölsel lacustrine.
gömeç hexagonal wax cell of a honeycomb.

gömgök 1. intensely blue, dark blue. 2. extremely, excessively, dead.
gömlek 1. shirt. 2. (woman's) slip. 3. smock; doctor's white coat. 4. book jacket. 5. generation. 6. gas mantle. 7. degree, level. 8. file folder. 9. *anat.* tunic, tunica. 10. coat, covering; coat of paint. 11. (snake) slough. 12. *mech.* sleeve. — **değiştirmek** 1. (for a snake) to cast off its skin, slough its skin. 2. to change one's opinion; to be changeable. — **eskitmek** to live a long life.
gömlekçi shirtmaker; seller of shirts.
gömlekçilik making or selling shirts.
gömlekli wearing a shirt.
gömleklik 1. shirting. 2. enough (cloth) to make (so many) shirts.
gömme 1. burying, burial. 2. buried; sunken; recessed. 3. built-in. — **banyo** built-in bathtub. — **dolap** built-in closet or cupboard. — **kilit** inset lock. — **sütun** *arch.* engaged column.
gömmeci craftsman who decorates objects in marquetry.
gömmecilik marquetry, decorating objects in marquetry.
gömmek /ı, a/ 1. to bury. 2. to bury, inter (a dead body). 3. *arch.* to install, set in, build in.
gömü buried treasure.
gömük buried.
gömülmek 1. to be buried. 2. (for a dead body) to be buried, be interred. 3. /a/ to bury oneself in, sink into. 4. /a/ to be buried in, be covered over by. 5. /a/ to sink into.
gömültü *prov.* 1. hole for a hunter's concealment. 2. hunting blind, *Brit.* hide.
gömülü 1. buried. 2. /a/ buried in. 3. buried, interred. 4. /a/ buried in, sunken in.
gömüt, -tü grave, tomb.
gömütçü gravedigger.
gömütlük cemetery.
Gön. (*abbr. for* **Gönderen**) fr. (from).
gön 1. tanned leather; morocco leather. 2. stout leather.
gönder 1. flagpole, flagstaff. 2. oxgoad.
gönderen sender.
gönderi 1. mail, post. 2. *prov.* sendoff.
gönderilmek 1. to be sent, be dispatched, be transmitted. 2. to be sent off.
gönderme 1. sending, dispatching, transmittal. 2. sending off. 3. reference, direction to some source of information. — **belgesi** waybill, consignment list. — **yapmak** /a/ to make a reference to (some source of information).
göndermek /ı/ 1. to send, dispatch, transmit. 2. to send off. 3. to see (someone) off.
göndertmek /ı, a/ 1. to have (someone) send (someone/something). 2. to have (someone/something) sent or dispatched to (a place).

gönenç 1. easy circumstances, affluence and ease. 2. prosperity. 3. happiness.
gönençli 1. comfortable, easy (circumstances). 2. prosperous, well-off, living in ease. 3. happy.
gönendirilmek 1. to be made prosperous. 2. to be made happy.
gönendirmek /ı/ 1. to bring prosperity to. 2. to make (someone) happy.
gönenmek 1. to prosper. 2. to be happy, rejoice.
gönül, -nlü 1. heart; mind. 2. inclination, desire, willingness. — **den** 1. heartfelt, sincere. 2. most sincerely. — **ünce** after one's own heart. — **acısı** pangs of love. — **ü açık** 1. openhearted, frank, sincere. 2. lighthearted, carefree, cheerful. — **açıklığı** 1. openheartedness, sincerity. 2. lightheartedness, carefreeness, cheerfulness. — **ü açılmak** to cheer up, become cheerful. — **açmak** to cheer up, make happy. — **ü akmak** /a/ to be enchanted by, be attached to, feel an attraction for. — **alçaklığı** humility, modesty. — **ünü almak** /ın/ 1. to please. 2. to restore relations with, apologize to and make up with. — **avcısı** (a) Don Juan; vamp. —**ünü avlamak** /ın/ to captivate, win (someone's) love. — **avutmak** 1. to dally with love. 2. /la/ to resign oneself to (a lesser portion), content oneself with (little). — **bağı** bonds of love. — **bağlamak** /a/ to set one's heart on. — **belası** trouble caused by love. — **birliği** unity of feelings. — **ü bol** generous-hearted. — **borcu** gratitude. — **budalası** hopelessly in love. —**ünü bulandırmak** /ın/ 1. to nauseate. 2. to raise (one's) suspicions. — **ü bulanmak** 1. to feel sick at one's stomach, be nauseated. 2. to get suspicious. — **bulantısı** 1. nausea. 2. suspicion. — **çekmek** to be in love. — **ü çekmek** /ı/ to desire. — **ünü çelmek** /ın/ to captivate, win (someone's) love. — **den/—ünden çıkarmak** /ı/ to forget, cast (someone) out of one's heart. — **ü çökmek** to have a breakdown in morale, give up. — **ü daralmak** to be distressed. — **darlığı** 1. distress. 2. intolerance. — **delisi** one who keeps falling in love. — **dilencisi** one who is so madly in love that he undergoes any humiliation to be near his beloved. —**üne doğmak** to have a presentiment. —**ünün dümeni bozuk** *colloq.* (one) who is not serious in his love affairs. — **eğlencesi** 1. pastime, amusement. 2. passing love affair, flirtation. — **eğlendirmek** /la/ 1. to amuse oneself with, have a good time (doing something). 2. to have a love affair with. — **eri** tolerant and sensible person. — **esenliği** peace of mind, repose. —**ünü etmek/yapmak** /ın/ 1. to persuade, induce, win (one's) assent. 2. to please. — **ferahlığı** contentment. — **ferman dinlemez.** *proverb* The heart will always have

its own way. —ü gani 1. generous. 2. contented. —ünden geçirmek /ı/ to want to do; to wish (something) to happen. —ünden geçmek to come to one's mind, occur to one. —ü geniş tolerant. — gezdirmek/dolaştırmak to review the possible (pleasant) choices. —üne göre after one's own heart. —ü gözü açılmak to be cheered up, feel revived. —ünü hoş etmek /ın/ to please, make (someone) contented. — hoşluğu ile/— rızasıyla willingly. —den ırak olmak not to be loved. —ü ile oynamak /ın/ to play with (someone's) heart. —ü ilişmek/takılmak /a/ to be attracted by. — indirmek to be willing to do some job that is beneath one; to accept or do something that is beneath one, condescend to do something. — işi love affair. —ü kalmak 1. to feel resentment, feel hurt. 2. /da/ to long for. —ü kanmak to stop worrying, be set at ease. —ünü kapmak /ın/ to captivate, win (someone's) love. —ünü kaptırmak /a/ to be captivated by. —ü kara malevolent. —ü kararmak to feel disgusted with life. —ünü karartmak /ın/ to make (someone) lose the joy of living. —ü kaymak /a/ to love, feel attraction for. —ü kırılmak for one's feelings to be hurt. —ünü kırmak /ın/ to hurt the feelings of; to crush; to put (someone) down. — kimi severse güzel odur. proverb Beauty is a matter of individual taste. —den/—ünden kopmak to be given gladly: gönlünüzden ne koparsa what you feel like giving. — koymak /a/ to be upset by. — maskarası one who becomes a laughingstock because of a love affair. — okşamak to treat someone kindly. — okşayıcı pleasant, tender, loving. —ü olmak 1. /a/ to be willing to; to agree to, consent to. 2. /da/ to want to have, be in love with (something). 3. /da/ to love, be in love with (someone). —ünü pazara çıkarmak to fall in love with an unworthy person. — rahatlığı complete peace and comfort. —ü razı olmamak /a/ to be unwilling to, find (something) unacceptable. —ünü serin tutmak to keep one's cool. —ü tok not covetous; not greedy; content with what one has. — tokluğu lack of covetousness; lack of greed; being content with what one has. — vermek /a/ to fall in love with. — yarası one's most painful memory. —ün yazı var, kışı var. proverb People have their ups and downs. —ünü yıkmak /ın/ to hurt the feelings of; to crush; to put (someone) down. —ü zengin generous.
gönüldeş a person who has the same feelings and thoughts as another.
gönülgücü, -nü morale.
gönüllenmek to be hurt, take something to heart, be crushed.
gönüllü 1. volunteer. 2. willing. 3. lover. — gönülsüz halfheartedly.
gönüllülük 1. volunteering. 2. willingness.
gönülsüz 1. humble, modest. 2. unwilling, disinclined. 3. halfhearted. 4. unwillingly; halfheartedly.
gönülsüzce unwillingly.
gönülsüzlük unwillingness.
gönye triangle, set square.
gönyeleme measuring with a set square.
gönyelemek /ı/ to measure (something) with a set square.
gördürmek /ı, a/ to assign (a job) to (someone).
göre /a/ 1. in (one's) opinion. 2. according to, as to, in respect of, with respect to. 3. compared to. 4. (which is) right for, (which) suits: Bu tasma tam bizim köpeğe göre. This collar is just right for our dog. 5. since, as, seeing as how: Ahtapot piştiğine göre artık yiyebiliriz. As the octopus is cooked, now we can eat it.
görece phil. relative.
görececi phil., see göreci.
görececilik phil., see görecilik.
göreceli phil. relative.
görecelik phil. relativity.
göreci phil. 1. (a) relativist. 2. relativistic.
görecilik phil. relativism.
göreli phil. relative.
görelik phil. relation.
görelilik phil. relativity.
görenek custom, customary way of doing something, established usage.
görenekçi 1. conventionalist. 2. conventional (person).
görenekçilik conventionalism.
görenekli bound by custom, conventional.
göreneksel conventional, customary.
göresimek /ı/ to miss, yearn for.
görev 1. duty. 2. job, employment, function. 3. official work, office. 4. physiol., gram., math. function. 5. law jurisdiction. —den alınmak 1. to be removed from office. 2. to be demoted. —e almak /ı/ to appoint. — bitimi discharge, demobilization. —den çıkarmak /ı/ to discharge, dismiss, fire. — yapmak to work, do a job (as an employee or in an official capacity).
görevci functional.
görevcilik 1. joy in one's work, devotion to duty. 2. sociol. functionalism. 3. psych. functionalism, functional psychology.
görevdeş having the same function.
görevlendirilmek to be charged with a duty; /la/ to be assigned, charged with, or entrusted with (a duty, a job).
görevlendirmek /ı/ to charge (someone) with a duty; /ı, la/ to assign or entrust (a duty, a job) to; to charge (someone) with (a duty, a job).
görevlenmek to be assigned a duty.
görevli 1. in charge, on duty, responsible. 2. /la/

görevlilik

charged with, assigned to, responsible for. 3. official, functionary. 4. jobholder, employee.
görevlilik 1. being in charge, on duty, or responsible. 2. being an official, being a functionary.
görevsel functional. — **dilbilim** functional linguistics.
görevselci functionalist.
görevselcilik functionalism.
görevsever (someone) who loves his/her job, who is devoted to his/her work.
görevseverlik devotion to one's job.
görevsiz out of work, unemployed.
görevsizlik 1. unemployment. 2. law being beyond one's area of jurisdiction.
görgü 1. good manners, breeding. 2. experience. 3. witnessing, having seen something personally. — **kuralları** the rules of good manners, etiquette. — **tanığı** eyewitness.
görgülendirmek /ı/ 1. to help (someone) become well-mannered or polite. 2. to help (someone) get experience.
görgülenmek 1. to become well-mannered or polite. 2. to gain experience, see and learn.
görgülü 1. polite, well-mannered. 2. experienced.
görgüsüz 1. impolite, ill-mannered, rude. 2. inexperienced.
görgüsüzlük 1. lack of manners, rudeness. 2. inexperience, lack of experience.
görkem splendor, magnificence, pomp.
görkemli 1. splendid, magnificent, pompous. 2. big, grown up.
görme sight, vision. — **alanı** field of vision, visual field. — **aygıtı** optical apparatus.
görmece 1. on condition of seeing. 2. roughly speaking, by just looking at it.
görmek, -ür 1. /ı/ to see. 2. /ı/ to see, watch. 3. /ı/ to see, perceive, discern (mentally). 4. /ı/ to see, meet and talk to/with. 5. /ı/ to see (something) as, view (something) as, find, consider (something) to be, judge (something) to be. 6. /ı/ to experience, live through. 7. /ı/ to perform, do, attend to (a duty, task, etc.); to pay (an expense). 8. /dan, ı/ to receive, experience (a certain kind of treatment) from/at the hands of. 9. /ı/ to take (a course, lessons, etc.); to receive, get (an education); to have (an upbringing). 10. /ı/ to get, acquire: **cebi para görmek** to come into money. 11. /ı/ to receive (help). 12. /ı/ to be preoccupied with, think (only) of: **Gözü paradan başka bir şey görmüyor.** He thinks of nothing but money. 13. /ı/ to undergo: **tedavi görmek** to undergo treatment. 14. /ı/ to face (in the direction of): **Bu oda güneş görüyor.** This room faces the sun. 15. /ı/ to go and see, visit. 16. /ı/ to perceive (by the sense of touch). 17. /ı/ to be the stage for, be the scene of, be the setting for, see. 18. /ı/ to regard as, consider, deem. 19. /ı/ *colloq.* to share (good fortune) with, think of: **Piyango sana vurursa beni de gör.** If you win the lottery, think of me. 20. /ı/ *sports* to anticipate (the move of an opponent). 21. /ı/ *slang* to bribe. 22. *used in combination to express a threat:* **Hele bir öğretmene söyle, o zaman görürsün!** Just try telling the teacher, you'll get what's coming to you then! **Şimdi bunu paramparça edeyim de gör!** You'll believe me if I smash this to bits right now! **Bizi gammazla da gör bak!** See what happens if you squeal on us! 23. *used in combination to give emphasis to a prediction:* **Göreceksin, Beşir sınıfta kalacak.** Beşir's going to fail; just you wait and see. **Gör bak, neler olacak neler!** All sorts of things are going to happen now; just you wait and see! 24. *used after an -e gerund to show continuous action:* **Raşit mektubu yazagörürken kapı çalındı.** While Raşit was busy writing the letter there was a knock at the door. 25. *used after a negative -e gerund for emphasis:* **O dağlarda ölmeyegör!** Cesedin akbabalara yem olur. Mind you don't die in those mountains! If you do, your corpse'll be food for the vultures. **Sizi yakalamayagörsün, polise haber verir.** Make sure you don't let him catch you, for he'll turn you over to the police. **Onlara nerede oturduğunu söylemeyegörmeli.** You should be careful not to tell them where you live. **Tek bir hata etmeyegörelim, kapı dışarı edildiğimizin resmidir!** Let's not make one single mistake, or we'll get the boot for sure! **görerek atış** *mil.* direct fire. **görmeyerek/görmeden atış** *mil.* indirect fire. **göreceği/göresi gelmek** /ı/ to long to see: **Seni göreceğimiz geldi.** We've been longing to see you. **Göreyim seni/sizi!** 1. Show your stuff!/Show me what you can do! (*used singly or in combination as a word of encouragement*). 2. *used in combination to express a threat:* **O sayfayı yırt da göreyim seni!** Just try ripping that page! **görmediğe/görmemişe dönmek** to be completely recovered (from an illness, tragedy, etc.). **Görüp göreceği rahmet bu.** *colloq.* This is all he will ever get. **-meye görsün/gör** as soon as (one) (does something, becomes something, etc.), once (something) (is done, happens, etc.). **görüp gözetmek** /ı/ to protect, guard, keep an eye on. **görerek nişan alma** *mil.* direct laying. **görmeyerek/görmeden nişan alma** *mil.* indirect laying.
görmemezlik *see* **görmezlik.**
görmemiş 1. upstart, parvenu. 2. without social polish, unsophisticated.
görmemişlik lack of social polish; unsophisticated, awkward behavior.

görmez blind.
görmezlik 1. blindness. 2. pretending not to see. **—ten gelmek** /ı/ to pretend not to see.
görmüşlük sense of having seen (someone/something) before. **— duygusu** psych. paramnesia, retrospective falsification, déjà vu.
görsel visual, pertaining to sight. **— sanatlar** visual arts.
görsel-işitsel audiovisual. **— eğitim** audiovisual education.
görsellik visual quality, visuality.
görü 1. faculty of sight, vision. 2. view, sight. 3. *phil.* intuition.
görücü woman sent out to see about a prospective bride, matchmaker. **—ye çıkmak** (for a prospective bride) to show herself to the woman who is arranging the marriage. **— gitmek** (for the matchmaker) to pay a visit to see a prospective bride.
görücülük matchmaker's visit for seeing a prospective bride, matchmaking.
görüldü visa, signature or stamp of formal approval.
görüldüğünde (payable) on presentation (used on bills or drafts).
görülmek 1. to be seen. 2. to be taken care of, be handled. 3. to be seen, occur, be evident, appear.
görülmemiş extraordinary, never seen before.
görüm 1. faculty of sight, vision. 2. mystical vision.
görümce husband's sister, sister-in-law of the wife.
görümcelik relationship of the husband's sister to her sister-in-law. **— yapmak/etmek** (for the groom's sister) to pester the bride.
görümlük 1. display item. 2. jewelry given by a bridegroom to his bride after he has unveiled her and seen her face for the first time.
görünen 1. visible, seeable. 2. apparent. **— köy kılavuz istemez.** *proverb* One does not need a guide to a village that's already within sight.
görünge perspective.
görüngü phenomenon.
görünmek 1. to appear, come into sight, show oneself. 2. to be visible, be seen. 3. to seem to be, appear to be. 4. to appear as, look like, give the impression of, create an impression of. 5. /a/ to scold, tell (someone) off.
görünmez 1. invisible, unseeable. 2. unapparent. 3. unexpected, unforeseen. **— kaza** unexpected accident. **— olmak** 1. not to have been seen (for a long time). 2. to disappear.
görüntü 1. phantom, specter, apparition. 2. *phys.* image. 3. *cin., TV* image, picture. 4. *math.* image.
görüntüleme putting on film; televising.
görüntülemek /ı/ to render in visual images; to film; to televise.
görüntülük (movie, television, slide) screen.
görünüm 1. appearance, view. 2. *gram.* aspect (of a verb).
görünürde 1. in appearance, externally. 2. in sight, in view, within view, around.
görünürlerde in sight, in view, within view, around.
görünüş 1. appearance, aspect, look; looks. 2. appearances, outward looks, façade. 3. view, sight. 4. *gram.* aspect (of a verb). 5. *arch.* elevation. **—e aldanma/aldanmamalı.** *proverb* Don't be deceived by appearances. **—e bakılırsa/göre** apparently, as far as can be seen, judging by appearances. **—ü kurtarmak** to save face.
görünüşte apparently, as far as can be seen, judging by appearances.
görüş 1. faculty of sight, vision. 2. seeing, sight. 3. opinion, view. 4. visit, visitation (to a prison, hospital, etc.). **— açısı** 1. angle of vision, range of vision. 2. point of view. **— ayrılığı/farkı** difference of opinion. **— birliği** agreement, consensus.
görüşme 1. talk, conversation. 2. discussion, negotiation, deliberation, exchange of views; consultation, conference. 3. interview.
görüşmeci visitor (to a prison, hospital, etc.).
görüşmek 1. /la/ to talk (with), chat (with), converse (with); /la/ to meet (someone) for a chat. 2. /la/ to visit, see. 3. to visit each other, see each other. 4. /ı/ to discuss, talk over, have a conversation about. 5. /la/ to have an interview with.
görüştürmek 1. /ı, la/ to allow (someone) to talk with. 2. /ı/ to bring about a meeting between (people); /ı, la/ to arrange a meeting between (one person) and (another).
görüştürülmek 1. /la/ to be allowed to talk with. 2. to be brought together (for a meeting, consultation, etc.).
görüşü interview.
görüşücü interviewer.
görüşülmek 1. to be discussed, be talked over. 2. /la/ *impersonal passive* to talk with, converse with; to consult with.
görüşüm 1. interview. 2. report or reporting based on information gained by interviewing.
gösterge 1. indication, sign. 2. indicator (on a dial instrument). 3. chart, table, index. 4. *gram.* sign.
göstergebilim semeiology, semiology, semiotics.
gösteri 1. show, display (of skill). 2. showing (of a movie); performance (of a play). 3. demonstration (of public feeling). **— yürüyüşü** demonstration march.
gösterici 1. projector. 2. demonstrator, protester.
gösterilmek 1. to be shown. 2. to be shown, be

pointed at, be pointed to. 3. to be shown, be indicated, be denoted, be designated, be manifested, be pointed out. 4. (for a movie, slides, etc.) to be shown, be projected. 5. /a/ to be exposed to (the sun, heat, light, etc.). 6. to be shown, be demonstrated, be evidenced. 7. to be shown, be explained, be pointed out. 8. /a/ (for work to be done) to be shown or assigned to (someone). 9. to be shown, be displayed, be revealed.

gösterim 1. *cin.* projection. 2. (a) showing (of a movie); (a) performance (of a play).

gösteriş 1. showing, demonstrating. 2. showing off, ostentation. 3. showiness, imposing appearance, striking appearance. **— yapmak** to show off.

gösterişçi show-offish, ostentatious, pretentious (person).

gösterişçilik showing off, ostentation, pretentiousness.

gösterişli showy, of striking appearance, imposing, eye-catching.

gösterişsiz 1. not showy, unimposing. 2. unostentatious, unpretentious (person).

gösterişsizlik 1. lack of showiness, being unimposing. 2. unostentatiousness, unpretentiousness.

gösterme showing, indicating, indication, pointing out. **— adılı** *gram.* demonstrative pronoun. **— belirteci** *gram.* demonstrative adverb. **— sıfatı** *gram.* demonstrative adjective.

göstermeci *psych.* exhibitionist.

göstermecilik *psych.* exhibitionism.

göstermek 1. /ı, a/ to show. 2. /ı/ to show, point at, point to. 3. /ı/ to show, indicate, denote, designate, manifest, point out. 4. /ı/ to show, project (a movie, slides, etc.). 5. /ı, a/ to expose (something) to (the sun, heat, light, etc.). 6. /ı/ to show, demonstrate, evidence. 7. /ı/ to show, explain, point out. 8. /ı, a/ to show or assign (someone) (work to be done). 9. /ı/ to show off; to set off, display (something) to advantage. 10. /ı/ to show, display, reveal. 11. /a/ to show, get even with. 12. to seem to be, appear to be, look to be. 13. *auxiliary verb* to show, have, give evidence of (feelings, character, disposition): **saygı göstermek** to show respect, be respectful. **sabır göstermek** to show patience, be patient.

göstermelik 1. sample, specimen, showpiece. 2. small set piece displayed on the screen prior to the performance of a Turkish shadow show. 3. only for show, nonfunctional.

göstertmek /ı, a/ 1. to have (someone) show (something). 2. to have (someone) show, point at, or point to (something/someone). 3. to have (someone) show, indicate, denote, designate, manifest, or point out (something).

göt, -tü *vulg.* 1. ass, bottom, buttocks. 2. asshole, anus. 3. guts, nerve, courage, pluck. 4. stupid ass, asshole, idiot, fool. **—ü açık** wearing patched and seedy clothes, down-at-the-heels. **— altına gitmek** to get screwed up for nothing. **—ten bacak/bacaklı** short, short-legged (person). **(rahat) —üne batmak** /ın/ to be stupid enough not to appreciate (one's comfort or good fortune) *(said sarcastically).* **(bir şey yapmaya) — ister.** It takes guts (to do something). **—üne kına yak!** Kick him now that he's down! *(said sarcastically).* **—üne mi düşmüş?** How can he/she have the nerve? **— tokuşturmak** /la/ to get very chummy (with). **—ü trampet çalmak** to be delighted. **— üstü oturmak** to be left speechless in a dispute. **—ü varsa** if he has the nerve. **—ünü yalamak** /ın/ to brown-nose, butter up.

götlek *vulg.* queen, passive male homosexual.

götsüz *vulg.* gutless, lacking courage.

götün götün *vulg.* backwards, rearward.

götürmek 1. /ı, dan, a/ to take (something) from (a place/someone) to (a place/someone). 2. /ı, dan, a/ to carry, convey, or transport (something) from (one place) to (another). 3. /ı, a/ to take (someone) to (a place). 4. /ı, a/ to accompany (someone) to (a place). 5. /ı/ to take away, remove, carry away, carry off. 6. /ı/ to take away, destroy, ruin. 7. /ı/ to cause the death of, kill off. 8. /ı/ to tolerate, stand for, bear, put up with. 9. /ı/ to be able to take up/in. 10. /a/ to lead to (a result, an end). 11. /ı/ (for the police) to take off, carry off, lead off, conduct (someone). 12. /ı/ to take away, take out.

götürtmek /ı, dan, a/ 1. to have (someone) take (something/someone) from (one place) to (another). 2. to have (someone) carry, convey, or transport (something) from (one place) to (another).

götürü 1. as a (job) lot. 2. by the piece, by the job. **— almak** /ı/ to buy as a job lot; to contract at a lump price. **— çalışmak** to do piecework; to work by the job. **— eder/fiyat** contract price; flat rate; job-lot price, lump price. **— iş** job work, piecework. **— pazarlık** contracting by the job; contracting for the whole lot. **— ücret** lot wages, job wages.

götürülmek 1. /dan, a/ to be taken from (one place) to (another). 2. /dan, a/ to be carried, conveyed, or transported from (one place) to (another). 3. to be taken away, be removed, be carried away, be carried off. 4. to be taken off, be carried off, be led off, be conducted (by the police).

götürüm endurance, toleration, forbearance.

götürümlü enduring, tolerating, forbearing.

götürümsüz unenduring, untolerating, unforbearing.
gövde 1. body, the main part of anything. 2. body, trunk, torso, bulk (of a person). 3. body, trunk (of animals/trees). 4. dressed carcass (of an animal). 5. *gram.* theme, stem. 6. fuselage (of an airplane). **—ye atmak/indirmek** /ı/ to gulp down, gobble down (food). **— gösterisi** public demonstration, mass meeting (to show strength). **— heykeli** *sculpture* torso.
gövdebilim anatomy.
gövdebilimci anatomist.
gövdebilimsel anatomical.
gövdelenmek 1. (for a tree) to develop a trunk. 2. (for someone) to fill out, become strapping.
gövdeli big, powerfully built, husky, strapping.
gövdesel corporal, corporeal, bodily, somatic.
gövemeriği, -ni *bot.* buckthorn.
göveri, göverti *prov.* green vegetables, greens.
gövermek 1. (for vegetation) to turn green. 2. to turn blue.
göynük *prov.* 1. burned, burnt. 2. sunburned, tanned, brown. 3. overripe (fruit). 4. grieved, sorrowful, mournful.
göynümek, göyünmek *prov.* 1. to be burned; to be singed; to be scorched. 2. (for fruit) to ripen, become ripe. 3. to be grieved, feel sad.
göz 1. eye. 2. sight, vision. 3. eye, manner or way of looking at a thing; estimation; opinion. 4. fountainhead, source (of a stream or river); spring. 5. eye (of a needle). 6. division, section, compartment; pigeonhole; cubbyhole. 7. drawer (in a piece of furniture). 8. pan (of a balance). 9. evil eye. 10. bad luck inflicted by an evil eye. 11. esteem, favor, friendly regard. 12. rudimentary bud. 13. eye (on a potato). 14. eye, the depression at the calyx end of some fruits. 15. section, division, square (on a game board). 16. central core (of a boil). 17. eye (in cheese); hole (in bread). 18. desire, interest. **—ünde** /ın/ in the eyes of. **—ü aç** greedy, avaricious, insatiable. **— açamamak** to have no rest or respite. **—ü açık** clever, sharp, wide-awake, shrewd. **—ü açık gitmek** to die without having fulfilled one's desire. **—ü açılmak** to become shrewd. **— açıp kapayıncaya kadar/— açıp kapamadan** in the twinkling of an eye, in an instant. **—lerini açmak** to wake up. **—ünü açmak** 1. to keep one's eyes open, watch out, be wary, be on guard. 2. /ın/ to enlighten (someone), open (someone's) eyes. 3. to be enlightened. 4. /ın/ to take (a virgin) to bed. 5. /da/ to have intercourse for the first time (with). **— açtırmamak** /a/ to give no respite to, give (someone) no chance to do anything else. **—ünü ağartmak** to open one's eyes wide (in astonishment or anger). **— ağrısı** 1. eyestrain. 2. one's old or first love or sweetheart. **— ahbaplığı/aşinalığı** knowing someone by sight. **—ü akmak** to be blinded (by accident). **—e ak düşmek** to get a cataract in one's eye. **— alabildiğine** as far as the eye can see. **— aldanımı/aldanması** optical illusion. **— alıcı** eye-catching. **— almak** to dazzle. **—e almak** /ı/ to risk, accept the risk of, take or run the chance of. **— ardı etmek** /ı/ to undervalue, pay insufficient attention to. **—ü arkada kalmak** to leave with something left undone or with a desire left unsatisfied. **— aşinalığı** slight acquaintanceship. **— atmak** /a/ to take a glance at, run an eye over. **—ün/—ünüz aydın!** I'm happy for you!/Congratulations! *(said to one whose long-awaited wish has come true).* **— aydına gitmek** /a/ to visit (someone) to congratulate him/her. **—ünü ayırmamak** /dan/ not to take one's eyes off of. **— aynası** ophthalmoscope. **—lerini bağışlamak** to donate one's eyes on death. **—ünü bağlamak** /ın/ 1. to blindfold. 2. to hoodwink. **—ü bağlı** 1. blindfolded. 2. blindly, blindfoldedly. 3. bewitched. **(...) —üyle bakmak** /a/ to look at (someone/something) from the point of view of. **— bankası** eye bank. **— banyosu** 1. eyewash. 2. *colloq.* girl-watching. **—e batmak** 1. to stick out, hit one in the eye. 2. to attract attention. **—leri bayılmak** for one's eyes to have a sleepy or desirous look. **—lerini belertmek** to open one's eyes wide (in astonishment or anger). **— boncuğu** blue bead (worn to avert the evil eye). **— boyamak** to mislead, delude, deceive, hoodwink, pull the wool over someone's eyes. **—leri buğulanmak/bulutlanmak** for one's eyes to fill with tears. **—ü bulanmak** for one's eyes to become clouded over. **—ü büyükte olmak** to be full of ambition. **—leri büyümek** to open one's eyes wide (in surprise, with terror). **—ünde büyümek** /ın/ to assume great proportions to (someone). **—ünde büyütmek** /ı/ to blow up (something/someone) out of proportion. **—leri çakmak çakmak olmak** for one's eyes to be bloodshot. **—ünün çapağını silmeden** the first thing on awakening, before wiping the sleep from one's eyes. **—e çarpmak** to strike or catch one's eyes; to be conspicuous. **—leri çekik** having slanting eyes, slant-eyed. **—den çıkarmak** /ı/ to be prepared to pay; to be willing to give up or sacrifice (something). **—ünü çıkarmak** /ın/ to do the worst possible job of (something), ruin, spoil. **—üm çıksın/kör olsun** Strike me blind if .... **— çukuru** *anat.* orbit, eye socket. **—leri çukura gitmek/kaçmak** to become hollow-eyed. **—ünü daldan budaktan/çöpten esirgememek/sakınmamak** to disregard dangers. **—ü dalmak** to gaze vacantly, stare into space. **—**

damlası *med.* eye drops. **— değmek /a/** to be struck by the evil eye. **— deliği 1.** eyehole, peephole. **2.** lookout slit (in a defensive wall). **3.** eye slit (in the visor of a helmet). **—lerini devirmek /a/** to look daggers at, glare at. **—ü dışarıda 1.** (husband) having eyes for other women. **2.** on the lookout for new work. **—leri dışarı fırlamak/uğramak** to be frightened to death; for one's eyes to bulge out/bug out. **—e diken olmak** to provoke jealousy. **— dikmek /a/** to set one's eye on, covet, long to possess. **—lerini/—ünü dikmek /a/** to fix one's eyes on, stare at. **—üne dizine dursun!** May my good deed choke him/her/you! *(referring to an ingrate).* **— doktoru/hekimi** ophthalmologist, oculist. **— doldurmak/doyurmak 1.** to make a good impression. **2.** to prove to be more competent than expected. **—leri dolmak/dolu dolu olmak** for one's eyes to fill with tears. **—ü doymak** to become satisfied. **—ünü doyurmak /ın/** to cloy, glut, satiate, surfeit (someone). **—ü dönesi!** May he drop dead! **—leri dönmek 1.** for one's eyes to roll back into one's head (from high fever or before death). **2.** to be blind with rage, be beside oneself with rage. **—ü dönmek 1. /dan/** to be blind with a craving for. **2.** to be blind with rage, be beside oneself with rage. **—ünü dört açmak** to be all eyes, keep one's eyes open. **—ü/—leri dumanlanmak/—ünü duman bürümek** for one's eyes to be clouded with rage, be blind with rage. **—den düşmek** to fall into disfavor, fall out of favor, be disgraced. **— etmek /a/** to wink at. **—leri evinden/yerinden/yuvalarından fırlamak/oynamak/uğramak** for one's eyes to bulge out/bug out (in rage, fear, or panic). **—ü/—leri fal taşı gibi açılmak** for one's eyes to pop out (in amazement, astonishment, or rage). **—leri fıldır fıldır etmek** for one's eyes to roll around taking in everything. **—leri fincan gibi olmak** for one's eyes to get as big as saucers. **—den geçirmek /ı/ 1.** to go over quickly, read over quickly, glance over. **2.** to inspect, examine, scrutinize, go over, check over, check out. **3.** to revise, edit. **—e gelmek** to be struck by the evil eye. **— gezdirmek /a/** to run an eye over, cast an eye over. **—ü gibi sakınmak/saklamak/esirgemek /ı/** to hover over, be overprotective of, be overanxious about (something). **—ü gibi sevmek /ı/** to regard (someone) as the apple of one's eye. **—e/—üne girmek /ın/** to win (someone's) love or interest; to ingratiate oneself with (someone), curry favor with. **—ü gitmek /a/** to see by chance; to catch sight of. **—ü gönlü açılmak** to become cheerful, cheer up. **— göre göre** blatantly, openly, publicly. **—üyle görmek /ı/** to be an eyewitness (to). **—ü görmemek 1.** to be blind. **2. /ı/** to ignore (something) (because of concentrating on something else). **—üm görmesin! /ı/** I don't want to lay eyes on him/you/it again. **— görmeyince gönül katlanır.** *proverb* If your loved ones don't live near you, their problems are not so much with you. **—ü görmez olmak /ı/** to cease to value (someone/something). **—e görünmek 1.** to be visible. **2.** (for something unreal) to seem real. **—e görünmemek 1.** not to be in sight. **2.** to be invisible. **— göz 1.** full of holes, all holes. **2.** as separate rooms or sections. **—e göz, dişe diş.** An eye for an eye, a tooth for a tooth. **— göze gelmek /la/** for one's eyes to meet another's eyes; to come eyeball to eyeball. **—ünü gözüne dikmek /ın/** to stare into (another's) eyes. **— gözü görmemek** not to be able to see one's hand in front of one's face (owing to fog, smoke, dust, etc.). **— göz olmak** to be full of holes, be all holes. **— hakkı** a small share of food given to satisfy an onlooker. **— hapsi** *law* surveillance; open arrest, house arrest. **— hapsine almak /ı/ 1.** to keep (someone) under surveillance. **2.** to fix one's eyes on, watch (someone) closely. **—ü hiçbir şey görmemek** to be so excited by something that one can think of nothing else. **—üne hiçbir şey görünmemek** to be overwhelmed by one's troubles. **—den ırak olmak** to be far away. **—den ırak olan gönülden de ırak olur.** *proverb* Out of sight, out of mind. **—ü ısırmak /ı/** to feel that one has met (someone). **—ünün içine baka baka** coolly and boldly. **—ünün içine bakmak/—üne bakmak /ın/ 1.** to cherish (someone) dearly. **2.** to be at the beck and call of, be at the disposal of. **3.** to look entreatingly at. **—lerinin içi gülmek** to have one's eyes shine with joy. **—lerinin içine kadar kızarmak** to blush to the roots of one's hair. **—ü ilişmek /a/** to notice, become aware of. **—üne ilişmek /ın/** to come across (something). **— iltihabı/yangısı** inflammation of the eye, ophthalmia. **—lerine inanamamak** not to believe one's eyes. **—lerini kaçırmak** not to be able to look someone in the eye. **—ünden kaçırmamak /ı/** not to miss (seeing or noticing). **—den kaçmak** to be overlooked, not to be noticed, escape one's eye. **— kadehi** eyecup. **—ü kalmak /da/ 1.** to have a hankering for, hanker for/after (something one can't get). **2.** to envy, covet (something in another's possession). **— kamaştırıcı** dazzling, brilliant. **— kamaştırmak 1.** to dazzle. **2.** to fascinate. **—ünü kan bürümek** to see red. **—leri kan çanağına dönmek/—leri kanlanmak** for one's eyes to become bloodshot. **—ü kapalı 1.** perfunctorily, automatically; without hesitation, blindly. **2.** uninformed, unaware, ignorant. **—ünü ka-**

göz

pamak 1. to die. 2. /a/ to pretend not to see. —**leri kapanmak** 1. to die. 2. not to be able to keep one's eyes open, be very sleepy. —**ü kapıda** 1. looking for an opportunity to leave. 2. anxiously expecting someone's arrival, with one's eyes glued on the door. —**ü kara** fearless, intrepid. — **kararı** roughly speaking, by rule of thumb, by just looking at it. —**ü kararmak** 1. to feel near fainting. 2. to lose self-control, lose one's temper. —**üne karasu inmek** 1. to get glaucoma. 2. to lose patience (looking for the arrival of someone/something). —**den kaybetmek** /ı/ to lose sight of. —**den kaybolmak** to be lost to sight; to disappear. —**ü kaymak** 1. /a/ to be unable to avoid looking at (someone/something). 2. to be slightly cross-eyed. — **kesilmek** to be all eyes. —**ü keskin** sharp-eyed, sharp-sighted. —**ü kesmek** /ı/ 1. to feel oneself capable of, be up to. 2. to take a liking or fancy to, like. —**üne kestirmek** /ı/ 1. to have one's eye on (something) as a desirable possession. 2. to feel oneself capable of. — **keşfi** mil. reconnaissance. —**ünü kırpmadan** without batting an eye; without hesitation. — **kırpmak** 1. to wink; to blink, blink one's eyes. 2. /a/ to wink at. — **kırpmamak** not to sleep a wink. —**ü kızarmak** for one's eye to get red. —**ü kızmak** to breathe fire and fury, see red. — **kliniği** eye clinic. —**ü korkmak** /dan/ to be afraid of undertaking (something) (because of a bad experience). — **korkutmak** /ın/ to daunt, intimidate. — **koymak** /a/ to set one's heart on having (something/someone). —**ü kör olası/olasıca** damned, darned. —**ü kör olsun!** /ın/ Curse it!/Damn it! — **kulak olmak** 1. /a/ to keep a protective eye on. 2. to be on the alert for information. — **kuyruğu** the corner of the eye. —**ünün kuyruğuyla/ucuyla bakmak** /a/ to look out of the corner of one's eye (at). — **merceği** anat. crystalline lens. —**lerine mil çekmek** /ın/ to blind (someone) with a red-hot iron. — **nuru** 1. eye-straining effort. 2. sight, visual faculty, strength of vision. —**ümün nuru!** Light of my life!/Darling!/My beloved! — **nuru dökmek** to strain one's eyes (in fine work). —**ü olmak** /da/ to have one's eye on (something). —**ünde olmamak** to have no interest in (something) (because of trouble or distress). —**ünü oymak** /ın/ to do the utmost harm to (someone). — **önü** area within one's sight. — **önünde** in front of one's eyes; within sight. —**ünün önünden geçmek** to see (someone/something) in one's mind. —**ünün önüne gelmek** to see (someone/something) in one's mind; to come to mind. —**ünün önüne getirmek** /ı/ to imagine readily, envisage. —**ünün önünden gitmemek** to continue to haunt one's mind, linger in one's memory. — **önünde tutmak/bulundurmak** /ı/ to keep in mind, bear in mind, remember, consider. —**lerinden öpmek** /ın/ to kiss the eyes of (written in a letter about or to a younger person). —**lerinizden öperim.** Warm regards, (concluding greeting in a letter to one's junior). —**leri parlamak** for one's eyes to shine with joy and excitement. —**ü pek** bold, brave, courageous, daredevil. — **pekliği** boldness, courage, daring. — **perdesi** path. cataract. —**üne perde inmek** for a cataract to develop in one's eye. —**ü seğirmek** for one's eyelids to twitch. — **sevdası** love expressed by the eyes alone. —**ünü sevdiğim** my dear. —**ünü seveyim ....** Be so good (as to) .../Have the kindness (to) .../Please ...! — **siperi** eyeshade, visor. —**üne sokmak** /ı, ın/ to thrust (something) under (someone's) eyes (by way of reproof or accusation). —**ü sönmek** 1. to be blinded (by accident). 2. to die. —**leri sulanmak** for one's eyes to water/become watery. —**ü sulu/sidikli** colloq. crybaby. —**den sürmeyi çekmek/çalmak** to be a very clever thief. — **süzmek** /a/ to cast amorous glances (at). —**leri süzülmek** for one's eyes to be half closed (from sleep or for amorous effect). —**ü takılmak** /a/ for one's eye to be caught by. — **terazi, el mizan.** proverb Sometimes a rough estimate is sufficient. —**ü tok** contented, not covetous. —**ü toprağa bakmak** to have one foot in the grave. —**ünü toprak doyursun.** His greed will never be satisfied. —**ü tutmak** /ı/ to consider (someone/something) fit, deem (someone/something) proper. —**ünde tütmek** to have an intense longing for (someone/something), have an ardent desire for (something). — **ucuyla bakmak** /a/ to cast a furtive glance at. —**ünden uyku akmak** to be very sleepy. —**lerine uyku girmemek/—lerini uyku tutmamak** not to be able to fall asleep. —**den uzaklaşmak** to be lost from view, be lost from sight. —**ü üstünde kalmak** /ın/ to hanker for/after (something one can't get). —**ünün üstünde kaşı var dememek** /a/ to tolerate everything (one) does. —**ü üzerinde olmak** /ın/ to watch (over), protect. —**leri velfecri okumak** for one's eyes to twinkle with cleverness; to have wily eyes. —**üne yandığım** slang 1. cursed, damned. 2. darling, precious. —**e yasak olmaz.** proverb You can't keep a person from looking. —**leri yaşarmak** 1. for one's eyes to fill with tears. 2. for one's eyes to be filled with emotion. — **yaşartıcı** 1. (something) producing tears, making the eyes water. 2. tearful, causing tears. — **yaşartıcı bomba** tear bomb. — **yaşartıcı gaz** tear gas. — **yaşı** see **gözyaşı.** —**ünün yaşına bakmamak** /ın/ to have no pity on. — **yaylası** field of vision. —**le yemek** /ı/ 1. to fix one's eyes on, stare obsessively at. 2. to cast the/an evil eye on (someone). —**ü**

gözakı

yememek /ı/ to feel oneself incapable of (doing something), not to be up to. **— ünü yıldırmak** /ın/ to daunt, intimidate. **— yılgınlığı** intimidation, fear. **— ü yılmak** /dan/ to be completely daunted by, be intimidated by (something). **— ü yolda** waiting for someone to come. **— leri yollarda/yolda kalmak** to wait a long time for someone. **— yummak** /a/ to condone, overlook; to take no notice of, wink at, shut one's eyes to. **— ünü yummak** 1. to die. 2. /a/ to take no notice of, wink at, shut one's eyes to. **— yummamak** 1. /a/ to take notice of, not to wink at, not to shut one's eyes to. 2. not to sleep a wink. **— yumup açıncaya kadar** in the twinkling of an eye. **— yuvan** *anat.*, see **gözyuvarı**. **— yuvası** *anat.*, see **gözyuvası**. **— ü yüksekte/yükseklerde olmak** to have one's eye on a high position; to have high ambitions.

gözakı, -nı *anat.* the white of the eye.

gözalıcı eye-catching.

gözaltı, -nı 1. house arrest. 2. arrest. 3. surveillance, police custody. **— na almak** /ı/ 1. to put (someone) under house arrest. 2. to put (someone) under surveillance.

gözaşısı, -nı bud graft.

gözbağcı sleight-of-hand performer, magician, conjurer, illusionist.

gözbağcılık 1. performing tricks by sleight of hand. 2. hoodwinking by manipulation.

gözbağı, -nı 1. sleight of hand, magician's trick, legerdemain. 2. something that deceives one's mind and feelings.

gözbebeği, -ni 1. *anat.* pupil (of the eye). 2. *colloq.* apple of the eye, darling. **— gibi sevmek** /ı/ *colloq.* to regard (someone) as the apple of one's eye.

gözbilim ophthalmology.

gözcü 1. watchman, watchkeeper, watch, lookout; *mil.* observer; sentinel, sentry. 2. *colloq.* eye doctor, oculist, ophthalmologist. **— uçağı** *mil.* reconnaissance plane. **— yeri** *mil.* observation post.

gözcük alveolus.

gözcülük 1. keeping watch, watchkeeping; *mil.* observation, observing; sentinel's duties. 2. *colloq.* doctoring eyes, being an eye doctor.

gözdağı, -nı threat, menace, intimidation, daunting. **— vermek** /a/ to threaten, menace, intimidate, daunt.

gözde 1. favorite, favored, in favor. 2. favored one, favorite (woman).

gözdemiri, -ni bower anchor, bower.

gözdikeği, -ni something one has set one's eye on.

gözdişi, -ni eyetooth, canine tooth.

göze 1. *biol.* cell. 2. spring, fountainhead.

gözebilim cytology.

gözelerarası intercellular.

278

gözenek 1. stoma, pore. 2. *astr.* granulation. 3. *prov.* window. 4. *prov.* hemstitch. 5. *prov.* openwork.

gözenekli pierced with holes, meshed; porous, stomatal.

gözerimi, -ni 1. horizon. 2. range of sight.

gözesel cellular. **— doku** cellular tissue.

gözetici guard, guardian, protector.

gözetilmek 1. to be looked after, be taken care of; to be guarded, be protected. 2. to be kept in mind, be borne in mind, be considered, be taken into consideration. 3. (for a law, rule, or regulation) to be observed, be regarded. 4. to be watched for.

gözetim 1. supervision, superintendency, oversight. 2. watch, care, surveillance; protection. 3. house arrest. 4. surveillance, police custody. **— e almak** /ı/ 1. to put (someone) under house arrest. 2. to put (someone) under surveillance, put (someone) under detention.

gözetimevi, -ni lockup, police station where newly arrested suspects are placed temporarily; detention center.

gözetleme /ı/ watching (someone/something) secretly, spying on; peeping at. **— kulesi** watchtower.

gözetlemek /ı/ to watch (someone/something) secretly, spy on; to peep at.

gözetlenme being watched secretly, being spied on; being peeped at.

gözetlenmek to be watched secretly, be spied on; to be peeped at.

gözetletmek /ı, a/ to have (someone) watch (someone/something) secretly, have someone spy on; to have (someone) peep at.

gözetleyici *mil.* observer.

gözetme /ı/ 1. looking after, taking care of; guarding, protecting. 2. keeping in mind, bearing in mind, considering, taking into consideration. 3. observing, regarding (a law, rule, or regulation). 4. watching for, looking out for, being on the lookout for, being on the alert for.

gözetmek /ı/ 1. to look after, take care of; to guard, protect. 2. to keep in mind, bear in mind, consider, take into consideration. 3. to observe, regard (a law, rule, or regulation). 4. to watch for, look out for, be on the lookout for, be on the alert for.

gözetmen 1. supervisor (in a school). 2. *cin.* supervisor.

gözettirmek /ı, a/ to have (someone) look after, have (someone) take care of; to have (someone) guard or protect.

gözevi, -ni *anat.*, see **gözyuvası**.

gözeyutarlığı, -nı phagocytosis.

gözkapağı, -nı *anat.* eyelid.

gözleği, -ni *prov.* 1. lookout, observation place. 2. (hunter's) blind.
gözlem observation.
gözlemci observer.
gözlemcilik work of an observer, observation.
gözleme /i/ 1. waiting for, watching out for. 2. watching, observing, observation. 3. keeping an eye on, keeping a close watch on. 4. watching (someone/something) secretly, spying on; peeping at.
gözleme 1. a kind of thin **börek** cooked on a sheet. 2. a deep-fried pancake soaked in syrup or sprinkled with sugar.
gözlemek /ı/ 1. to wait for, watch out for. 2. to watch, observe. 3. to keep an eye on, keep a close watch on. 4. to watch (someone/something) secretly, spy on; to peep at.
gözlemevi, -ni observatory.
gözlemleme /ı/ watching, watch, observing, observation.
gözlemlemek /ı/ to watch, observe.
gözlenmek 1. to be waited for, be watched out for. 2. to be watched, be observed. 3. to be watched secretly, be spied on; to be peeped at.
gözletmek /ı, a/ 1. to have (someone) wait for, have (someone) watch out for. 2. to have (someone) watch or observe. 3. to have (someone) keep an eye on, have (someone) keep a close watch on. 4. to have (someone) watch (someone/something) secretly, have (someone) spy on; to have (someone) peep at.
gözleyici observer.
gözlü 1. -eyed, having (a certain kind of) eyes. 2. (a piece of furniture) having (a certain kind or number of) drawers. 3. having (a certain number of) divisions, compartments, or pigeonholes. 4. -holed, having (a certain kind of) holes. 5. -meshed, having (a certain kind of) meshes.
gözlük 1. glasses, spectacles, eyeglasses; goggles. 2. blinders, blinkers (for a horse). 3. beekeeper's mask. — **camı** spectacle lens. — **çerçevesi** frames for glasses. — **kılıfı** glasses case. — **takmak** 1. to wear glasses. 2. *colloq.* to take a closer look, get some glasses.
gözlükçü 1. optician. 2. optician's shop.
gözlükçülük the work of an optician.
gözlüklü 1. wearing glasses. 2. hooded, spectacled (bird, snake, etc.).
gözörtüsü, -nü *anat.* conjunctiva.
gözpencere oeil-de-boeuf, oxeye, a circular or oval window.
gözpınarı, -nı inner corner of the eye.
gözsel ocular.
gözsüz 1. without drawers, divisions, compartments, or pigeonholes. 2. blind.
göztaşı, -nı blue vitriol, blue copperas, blue stone, copper sulfate, cupric sulfate.

gözükmek 1. to appear, come into sight, show oneself. 2. to be visible, be seen. 3. to seem to be, appear to be. 4. to appear as, look like, give the impression of, create an impression of.
gözyaşı, -nı tear. — **bezi** *anat.* lacrimal gland. — **dökmek** to shed tears. — **kesesi** *anat.* lacrimal sac. — **testisi** tear bottle, lacrimatory, lachrymatory.
gözyuvarı, -nı *anat.* eyeball.
gözyuvası, -nı *anat.* eye socket.
gr. (*abbr. for* **gram**) g. (gram).
grado 1. proof, percentage of alcohol in a liquid. 2. the proper degree; grade, degree.
grafik 1. graph, diagram. 2. graphic. — **sanatlar** graphic arts, graphics.
grafit, -ti graphite, black lead, plumbago.
grafiti graffiti.
gram gram, *Brit.* gramme.
gramağırlık *see* **gramkuvvet**.
gramaj weight in grams.
gramer grammar. — **yönünden/—e göre** grammatically.
gramerci grammarian.
gramkuvvet, -ti *phys.* gram-force.
gramofon phonograph.
gramsantimetre *phys.* gram-centimeter.
grandi *naut.* mainmast.
grandük, -kü grand duke.
grandüklük grand duchy.
grandüşes grand duchess.
granit, -ti granite. — **gibi** *colloq.* granitic, granitelike, hard, firm, unyielding.
granitleşme granitization.
granitleşmek 1. to become granite, turn into granite. 2. *colloq.* to become granitelike.
granül granule.
granülasyon granulation.
gravür gravure, engraving.
gravürcü gravure artist, engraver.
gravyer (peyniri) Gruyère cheese, Gruyère.
Gregoryen 1. (a) Gregorian, member of the Armenian Orthodox Church. 2. Gregorian, of the Armenian Orthodox Church. 3. Gregorian, pertaining to Pope Gregory I, Pope Gregory XIII, or St. Gregory the Illuminator. — **kilisesi** the Gregorian church, the Armenian Orthodox Church. — **takvimi** the Gregorian calendar.
Grek 1. (a) Greek (of ancient Greece). 2. Greek, pertaining to the ancient Greek language or people.
Grekçe 1. (ancient) Greek (the language of ancient Greece). 2. (speaking, writing) in (ancient) Greek. 3. (ancient) Greek (word, words); spoken in (ancient) Greek; written in (ancient) Greek.
grekoromen Greco-Roman wrestling.
grena *geol.* garnet.
gres grease, lubricating grease.

gresör lubricator, grease gun.
gresyağı, -nı grease, lubricating grease.
grev strike (of workers). **—i bozmak** to break the strike. **—e gitmek** to go on strike. **— gözcüsü** (strike) picket. **— kırıcı** strikebreaker. **— kırıcılığı** strikebreaking. **— yapmak** (for workers) to strike.
grevci striker, worker on strike.
greyder grader, road grader, road scraper.
greyfrut, -tu see **greypfrut**.
greyfurt, -tu see **greypfrut**.
greypfrut, -tu grapefruit.
greypfurt, -tu see **greypfrut**.
gri gray, grey.
grip *path.* flu, influenza, grippe. **— olmak** to get the flu; to have the flu.
gripal influenzal, grippal.
grizu firedamp. **— patlaması** firedamp explosion.
grogren *tailor.* grosgrain.
gros gross: **gros ağırlık** gross weight.
grosa *com.* gross (twelve dozen).
groston *naut.* gross ton, gross register ton.
grostonluk *naut.* of (a certain number of) gross tons.
grotesk, -ki grotesque.
Grönland 1. Greenland. 2. of Greenland, Greenland, Greenlandic.
Grönlandca 1. Greenlandic, the Greenlandic language. 2. (speaking, writing) in Greenlandic, Greenlandic. 3. Greenlandic (speech, writing); spoken in Greenlandic; written in Greenlandic.
Grönlandlı 1. Greenlander. 2. Greenlandic (person).
grup 1. group. 2. *mil.* group. **— grup** in groups. **— olmak** to form a group.
gruplandırmak /ı/ 1. to group, separate (people/things) into groups. 2. to group, gather (people/things) into a group; to assemble (people/things) into groups.
gruplanmak 1. to form a group. 2. to be grouped.
gruplaşmak 1. to separate into groups. 2. to gather into groups, group together.
guano guano.
Guatemala 1. Guatemala. 2. Guatemalan, of Guatemala.
Guatemalalı 1. (a) Guatemalan. 2. Guatemalan (person).
guatr *path.* goiter, goitre.
guatrlı goitered, goitred, goitrous, affected with goiter.
gubar *slang* hash, hashish.
gudde *anat.* gland.
gudubet, -ti hideously ugly, having a face that would stop a clock.
guguk 1. *zool.* cuckoo. 2. Cuckoo! (call of the cuckoo; teasing derisory cry of children). **—**

gibi kalmak/oturmak to live alone, be alone. **— yapmak** /a/ to tease (someone) by saying "Cuckoo!".
gugukkuşu, -nu *zool.* cuckoo.
guguklu, guguklu saat, -ti cuckoo clock.
gulaş goulash, gulash, Hungarian goulash.
gulden *hist.* gulden, guilder, florin.
gulet, -ti *naut.* schooner.
gulu gulu gobble gobble (cry of a turkey).
gulyabani ogre; ogress.
gurbet, -ti 1. foreign place, place far from one's home or homeland. 2. living far from one's home or homeland. **— çekmek** to be homesick (for one's home or homeland). **—e/— ellere düşmek** to wind up in a place far from one's homeland. **— eli** foreign place, place far from one's home or homeland.
gurbetçi 1. one living in a place far from one's home or homeland. 2. guest worker, Gastarbeiter.
gurbetçilik living far from one's home or homeland.
gur gur with a grumbling or rumbling sound. **— etmek** (for one's stomach) to grumble, rumble.
gurk, -ku 1. broody hen. 2. turkey cock, gobbler. **— gurk etmek** (for a hen) to cluck. **— olmak** (for a hen) to be broody. **—a yatmak** (for a hen) to brood, set.
gurklamak 1. (for a hen) to be broody. 2. (for a turkey cock) to fluff out its feathers.
gurlamak, guruldamak (for one's stomach) to grumble, rumble.
gurultu grumbling sound, grumble, rumbling sound, rumble (in the stomach).
gurup 1. sunset. 2. setting of a heavenly body. **— etmek** 1. (for the sun) to set. 2. to vanish.
guruprengi, -ni sunset red.
gurur 1. pride, inordinate pride, excessive self-esteem. 2. vanity, arrogance, conceit, haughtiness. 3. honor, self-esteem. **— duymak** 1. /dan/ to feel proud of, take pride in. 2. to feel honored. **— gelmek** /a/ to become conceited, become haughty. **—unu kırmak** /ın/ to hurt (someone's) pride, wound (someone's) honor. **—unu okşamak** /ın/ to increase (someone's) pride by flattery. **—uyla oynamak** /ın/ to play with (someone's) pride.
gururlanmak 1. to be inordinately proud. 2. /la/ to feel arrogantly proud of, be vain of, be arrogant about.
gururlu 1. inordinately proud. 2. vain, arrogant, conceited, haughty.
gusletmek *Islam* to perform the ritual ablution of the whole body.
gusto taste, individual preference or liking, gusto.
gusül, -slü *Islam* ritual ablution of the whole body. **— aptesi** ritual ablution of the whole

body. **— aptesi almak** to perform the ritual ablution of the whole body.
gusülhane *formerly* (zinc-lined) bathing cubicle (in a house).
gut, -tu *path.* gout.
guvaş 1. gouache (watercolor mixed with gum arabic). 2. gouache (a kind of painting).
guvernör governor, managing director.
Guyana 1. Guyana, the Republic of Guyana. 2. Guyanese, of Guyana or its people.
Guyanalı 1. (a) Guyanese. 2. Guyanese (person).
gübre fertilizer, manure, dung, droppings. **— şerbeti** liquid manure, manure tea.
gübreböceği, -ni *zool.* dung beetle, dung chafer.
gübreleme fertilizing, manuring.
gübrelemek /ı/ to fertilize, manure, dung.
gübreli fertilized, manured.
gübrelik dunghill, dung heap; manure pit.
gücendirici hurtful, offensive.
gücendirmek /ı/ to hurt, offend.
gücenik hurt, offended.
güceniklik being hurt, being offended.
gücenilmek /a/ *impersonal passive* to be hurt by, be offended by.
gücenme being hurt, being offended.
gücenmek /a/ to be hurt by, be offended by.
gücü reed (of a loom), sley.
gücük *prov.* 1. short, squat; stumpy, stubby. 2. stunted, puny, scrawny. 3. docked, tailless (animal). **— ay** February.
gücümsemek /ı/ to find (something) difficult (to do).
gücün 1. just, barely, just barely, hardly, with the greatest difficulty. 2. by force, forcibly.
güç 1. power, strength, might; force, vigor; potency. 2. *phys.* power; energy. 3. *phys.* force. 4. power (as a state or nation). 5. strength, potential, resources. **— birliği** union of forces, cooperation. **—ten düşmek** to get weak, become powerless. **—ü yetmek** /a/ 1. to have enough strength or power (to do something). 2. to be powerful enough to harm (someone) **—ü yettiği kadar** as well as he can, with all his might.
güç 1. difficult, hard. 2. with difficulty. 3. difficulty. **— beğenen** hard to please, particular, exacting, fussy, fastidious. **— gelmek** /a/ to seem difficult to (someone). **—üne gitmek** /ın/ (for something) to hurt, offend. **—ü gücüne/— halle** just, barely, just barely, hardly, with the greatest difficulty. **—e sarmak** to get hard (to do), become difficult.
güçbela with the greatest difficulty.
güçlendirici strengthening, invigorating.
güçlendirmek /ı/ 1. to strengthen, make (something) strong. 2. to give support to, undergird.
güçlenmek to get strong.
güçleşmek to get difficult, get hard.

güçleştirmek /ı/ to make (something) difficult, make (something) hard.
güçlü 1. powerful, strong, mighty, vigorous. 2. influential, powerful, strong; potent. 3. powerful, forceful, effective, forcible. 4. powerful, violent, forceful, vigorous. **— kuvvetli** very strong and healthy.
güçlük 1. difficulty. 2. hardship. **— çekmek** to experience difficulty. **— çıkarmak** /a/ to make difficulties (for). **—ü/—leri yenmek** to overcome difficulties.
güçlükle 1. with difficulty. 2. through hardship.
güçlülük power, strength, might, vigor.
güçsünmek /ı/ to consider (something) too difficult to do, find (something) too hard to do.
güçsüz powerless, without strength, weak, feeble. **— düşmek** to be sapped of all strength. **— kuvvetsiz** feeble and frail.
güçsüzlük powerlessness, lack of strength, weakness, feebleness.
güdek intention, aim, object, purpose.
güderi 1. chamois (leather). 2. made of chamois.
güdü *psych.* (a) motive.
güdücü *prov.* shepherd, drover, herdsman, herder.
güdük 1. incomplete, short. 2. docked, tailless (animal). 3. docked (tail). 4. short, squat; stumpy, stubby. 5. stunted, puny, scrawny. 6. narrow, limited, lacking in scope, parochial. **— aylar** the shorter months of the year. **— kalmak** 1. to be incomplete; to be without result. 2. to be childless. 3. to be stunted, not to reach full growth. **— tavuk** 1. a hen without tail feathers. 2. *colloq.* poor insignificant fellow.
güdükleşmek 1. to become docked. 2. to become stunted, puny, or scrawny. 3. to get to be narrow, become limited, become lacking in scope, become parochial.
güdüleme *psych.* motivation, motivating.
güdülenme *psych.* motivation, being motivated.
güdüleyici incentive.
güdülmek 1. to be herded, be driven, be shepherded. 2. (for a grudge, an ambition, an aim) to be cherished, be nourished. 3. to be managed, be administered; to be controlled.
güdüm management, guidance, direction; control.
güdümbilim cybernetics.
güdümbilimci cyberneticist, cybernetician.
güdümcü advocate of a planned economy.
güdümcülük dirigisme, state economic planning.
güdümlü 1. guided, directed; dirigible. 2. controlled, planned. **— balon** dirigible, dirigible balloon. **— ekonomi/iktisat** (a) planned economy. **— mermi** guided missile. **— sanat** art produced according to certain guidelines.

güdümlülük

güdümlülük 1. being guided, being directed; dirigibility. 2. being controlled, being planned.
güdüsel *psych.* pertaining to a motive, motivational.
güfte lyrics, words of a song.
güfteci lyricist, one who writes the words for songs.
güğüm 1. a large copper pitcher with a handle; water jug. 2. milk-can.
güherçile saltpeter, potassium nitrate, niter.
gül 1. rose. 2. *see* **gülbezek**. 3. rose-shaped, rose. **—üm** my dear. **— bayramı** *Judaism* Shabuoth, Shabuot, Feast of Weeks, Pentecost. **— gibi** fine, excellent, perfectly good. **— gibi bakmak** /a/ to look after (someone/something) very well, take care of (someone/something) very well. **— gibi geçinmek/yaşamak** 1. to get along well together. 2. to be comfortably off. **— goncası** rosebud. **— kokusu** 1. rose perfume. 2. scent of roses. **— likörü** rose-flavored liqueur. **— pembe** 1. rose pink, rose. 2. rose-pink, rose. **— reçeli** rose jam. **— rengi** 1. rose, rose pink, rose color. 2. rose, rose-pink, rose-colored. **—ü seven dikenine katlanır.** *proverb* A person who loves roses must put up with their thorns. **— üstüne gül koklamak** *colloq.* to be disloyal to one's sweetheart by loving another person. **— yaprağı** 1. rose petal. 2. rose leaf.
gülabdan a small flask for sprinkling rose water.
gülbank, -kı hymn or prayer chanted in unison.
gülbeşeker rose jam.
gülbezek *arch.* rosette, rose-shaped patera.
gülbiti, -ni *zool.* rose aphid.
güldefnesi, -ni *bot.* oleander, rosebay.
güldeste 1. anthology. 2. anthology of poems.
güldür güldür 1. (flowing) with a rushing sound. 2. (burning) with a roaring sound. 3. (reciting or reading out loud) fluently and stentoriously.
güldürmek /ı/ 1. to make (someone) laugh. 2. to make (someone) happy. 3. to amuse, entertain.
güldürmen comedian; comedienne.
güldürü *theat.* 1. comedy; farce. 2. comic, of the nature of comedy.
güldürücü 1. comic, funny. 2. comedian; comedienne.
güleç smiling.
gülelması, -nı rose apple.
gülhatmi *bot.* hollyhock.
gülibrişim *bot.* mimosa, silk tree, *Brit.* Persian acacia.
gülistan rose garden, rosary.
gülkurusu, -nu 1. dusty rose (color). 2. dusty-rose.
güllabi, güllabici 1. *formerly* attendant in a lunatic asylum. 2. *colloq.* flatterer, coaxer.
güllabicilik 1. *formerly* job of an attendant in a lunatic asylum. 2. *colloq.* fulsome flattery, coaxing. **— etmek** to indulge a spoiled person, pander to the whims of a spoiled person.
güllaç 1. a very thin, dry sheet of dough made of starch. 2. a sweet made from sheets of **güllaç** soaked in milky syrup, filled with nuts and flavored with rose water.
gülle 1. cannonball; shell. 2. *sports* shot. 3. *sports* dumbbell, barbell, weight. **— atmak** 1. /a/ to shell, bombard. 2. *sports* to put the shot. **— gibi** very heavy. **— kaldırmak** *sports* to lift weights.
gülleci 1. cannonball maker. 2. *sports* shot-putter. 3. *sports* weight lifter.
güllü 1. (food) made with rose petals. 2. with rose motifs.
güllük rose garden, rose bed, rosary; place full of roses. **— gülistanlık** (place) in a state of peace and concord.
gülme laughing, laughter. **— almak** /ı/ to have a fit of laughter.
gülmece 1. humor, comic or amusing quality, the comic. 2. comical writing, humor; humorous story, novel, play, etc.
gülmek 1. to laugh. 2. to be happy, experience happiness. 3. to have a good time, have fun. 4. /a/ to laugh at, make fun of. 5. /a/ to smile on. **Güleriml/Güleyim bari!** Oh really?/How interesting! *(sarcastic way of showing disbelief).* **—ten bayılmak** to faint with laughter. **—ten çatlamak** to split one's sides laughing. **gülüp geçmek** /a/ to find (something) too ridiculous to bother about. **Güle güle!** 1. Good-bye! *(said by the one who is staying to the one who is leaving).* 2. Good luck! **Güle güle gidin(iz).** Have a good trip! **Güle güle giyin(iz).** Enjoy wearing it! *(said upon seeing someone wearing a new piece of clothing).* **Güle güle kirlenin(iz).** *(said when greeting someone who's just had a bath).* **Güle güle kullanın(ız).** Enjoy it! *(said to someone who's recently acquired something).* **Gülerken ısınır.** *colloq.* He may play you false while appearing friendly. **—ten kırılmak/katılmak** to be doubled up with laughter. **Gülme komşuna, gelir başına.** *proverb* Don't laugh at another's misfortune; it may happen to you one day. **Güler misin, ağlar mısın!** *colloq.* I don't know whether to laugh or to cry. **gülüp oynamak/söylemek** to have a good time. **güle oynaya** joyously, merrily. **güler yüz** affability, complaisance, pleasant disposition, warmth, cordiality. **güler yüz göstermek** /a/ to show warm feelings towards (someone), show (someone) cordiality. **güler yüzlü** affable, complaisant, pleasant, warm, cordial.
gülmez sullen, sour-faced, severe; unsmiling. **— sultan** *colloq.* sulky person.

gülpencere *arch.* rose window, rose.
gülsuyu, -nu rose water.
gülücük smile (of a baby). **— yapmak** (for a baby) to smile.
gülümseme smile.
gülümsemek 1. to smile. 2. /a/ to smile at.
gülünç funny, comical, laughable, ridiculous.
gülünçleme parody.
gülünçleşmek to become funny, get comical.
gülünçleştirmek /ı/ to make (someone/something) look funny or comical.
gülünçlü funny, comical, amusing (play, story, words, etc.).
gülünçlük comical aspect.
gülünmek *impersonal passive* 1. to laugh. 2. /a/ to laugh at, make fun of.
gülüş laughter, way of laughing.
gülüşmek 1. to have a laugh together, laugh together. 2. to laugh at each other.
gülüşülmek *impersonal passive* 1. to have a laugh together, laugh together. 2. to laugh at each other.
gülüt, -tü *cin., theat.* gag.
gülütçü *cin., theat.* gagman.
gülyağcı maker or seller of attar of roses.
gülyağcılık making or selling attar of roses.
gülyağı, -nı attar of roses, rose oil.
güm 1. boom, a booming sound; bang. 2. a loud thump. 3. *slang* hot air, guff, baloney, bull, bullshit. **— atmak** *slang* to talk hot air, talk guff, talk baloney, throw bull, bullshit. **— etmek** 1. to boom, make a booming sound; to bang. 2. to make a loud thump. **—e gitmek** *colloq.* 1. (for one's words) to fall on deaf ears; (for something) to be expended for nothing. 2. (for someone) to die needlessly. **— güm** 1. with repeated booms; with bangs. 2. with loud thumps. **— güm atmak** (for one's heart) to thump violently. **— güm etmek** 1. to boom repeatedly; to bang repeatedly. 2. to thump loudly.
gümbedek 1. with a thunder; with a rumble; with a boom. 2. all of a sudden, suddenly, unexpectedly.
gümbürdemek 1. to thunder, make a thundering sound; to rumble, make a rumbling sound; to boom, make a booming sound. 2. to die suddenly, die unexpectedly, drop dead.
gümbürdetmek /ı/ to thunder, make (something) thunder; to rumble (something) rumble; to boom, make (something) boom.
gümbür gümbür thunderingly, with a thunder; rumblingly, with a rumble; boomingly, with a boom.
gümbürtü thunder, a thundering sound; rumble, a rumbling sound; boom, a booming sound.
gümbürtülü thundering, making a thundering sound; rumbling, making a rumbling sound; booming, making a booming sound.
güme *prov.* 1. (hunter's) blind. 2. shelter (for a watchman of crops growing in a field).
gümeç hexagonal wax cell (of a honeycomb). **— balı** honey in the comb.
gümele *prov., see* **güme**.
gümlemek 1. to boom, make a booming sound; to bang. 2. to make a loud thump. 3. to die suddenly, die unexpectedly, drop dead. 4. *slang* to flunk, fail a class. **gümleyip gitmek** to die suddenly, die unexpectedly, drop dead.
gümletmek /ı/ 1. to make (something) boom; to bang, make (something) bang. 2. to make (something) thump loudly.
gümrah 1. thick, dense, abundant, luxuriant (hair, beard). 2. (water) flowing abundantly, flowing copiously. 3. full, strong, booming, resonant (voice). 4. abundant, multitudinous, plentiful.
gümrük 1. duty; tariff. 2. customs, customs bureau (as an agency of the state). 3. customshouse, customhouse. **— almak** /dan/ to collect duty (on). **— ambarı/antreposu** bonded warehouse. **— anlaşması** customs treaty. **— beyanı** customs entry, customs declaration. **— beyannamesi/bildirgesi** customs declaration, bill of entry. **— birliği** customs union. **—ten çıkarmak** /ı/ to clear (something) through customs. **— faturası** certified invoice. **—ten geçirmek** /ı/ to clear (something) through customs. **—ten geçmek** to pass through customs. **— görevlisi/memuru** customs officer, customs inspector. **— kaçakçılığı** smuggling. **— kapısı** port of entry. **— komisyoncusu** customs broker, customs agent. **— kontrolü** customs inspection. **—ten/yangından mal kaçırır gibi** 1. with undue haste, hurry-scurry, scurrying needlessly. 2. surreptitiously, secretively. **—ten mal kaçırmak** to smuggle goods. **— manifestosu** customs manifest. **—ten muaf** duty-free. **— muamelesini yapmak** /ın/ to clear (something) through customs. **— muayenesi/yoklaması** customs examination; examination of passengers' luggage. **— muhafaza memuru** customshouse guard. **— resmi** customs, duty. **—e tabi** dutiable, subject to duty. **— tahsildarı** collector of customs. **— tarifesi** customs tariff. **G— ve Tekel Bakanı** the Minister of Customs and Monopolies. **G— ve Tekel Bakanlığı** the Ministry of Customs and Monopolies. **— vergisi** customs, duty.
gümrükçü 1. customs officer. 2. customs broker, customs agent.
gümrükçülük 1. work of a customs officer. 2. work of a customs broker.
gümrüklemek /ı/ to clear (goods) through customs.

gümrüklenmek (for goods) to be cleared through customs.
gümrüklü 1. subject to customs, dutiable. 2. with customs paid.
gümrüksüz 1. duty-free. 2. smuggled (goods).
gümüş 1. silver. 2. silver, made of silver. — **ayarı** fineness of silver. — **beyazı** 1. *colloq.* lead carbonate. 2. silver white. 3. silver-white. — **cevheri** silver ore. — **işi** 1. silverwork. 2. worked with silver. — **kaplama** 1. silver-plating, silver-coating. 2. silver-plated, silver-coated. — **madeni** silver mine. — **para** silver coin. — **sırma** silver thread, silver lace. — **tel** silver wire. — **varak/yaprak** silver foil, silver leaf.
gümüşbalığı, -nı *zool.* sand smelt, silversides, atherine.
gümüşçü 1. silversmith. 2. seller of silverwork; dealer in silver.
gümüşçün *zool.* silverfish, fish moth.
gümüşi silvery; silver-colored; silver-gray.
gümüşileşmek to become silvery (in color), silver.
gümüşimartı *zool.* herring gull.
gümüşkavak *bot.* white poplar, silver poplar.
gümüşlemek /ı/ 1. to silver-plate, silver. 2. to give (something) a silvery color, silver.
gümüşlenmek 1. to be silver-plated, be silvered. 2. to shine like silver.
gümüşletmek /ı, a/ to have (something) silver-plated, have (something) silvered.
gümüşlü 1. containing silver, silvery. 2. silver-plated, silvered. 3. ornamented with silver.
gümüşrengi, -ni 1. silver, the color silver, silvery color. 2. silver, silver-colored, silvery.
gümüşservi moonlight shining on water.
gümüşsü silvery, resembling silver.
gümüşü *see* **gümüşi.**
gümüşüleşmek *see* **gümüşileşmek.**
gümüşümartı *zool., see* **gümüşimartı.**
gün 1. day. 2. daytime, day. 3. sun. 4. daylight, sunlight. 5. day, time. 6. day, days, time, times, period. 7. happy days, better times, days of happiness. 8. special day, feast day. 9. a woman's at-home day. 10. date (a given point of time). —**lerce** for days. —**ün adamı** 1. man of the hour, man of the day. 2. a man for all seasons. — **ağarmak** for day to dawn, for dawn to break. — **ağarması** daybreak, dawn. — **almak** /dan/ 1. to get an appointment (from). 2. to have passed (a certain age) by (a specified number of days). — **atlamamak** not to miss out a day. — **batması** sunset, sundown. —**ün birinde** 1. one day, some day. 2. once, at one time in the past. —**lerden bir gün** once upon a time. — **bugün.** *colloq.* Now is the time. — **doğmadan neler doğar.** *proverb* A lot can happen between now and then. — **doğmak** 1. for the sun to rise, for day to dawn. 2. /a/ *colloq.* (for someone) to have an unexpected opportunity or stroke of fortune. —**ünü doldurmak** 1. to complete a period of time. 2. *fin.* to fall due, mature. — **durumu** *astr.* solstice. — **leri gece olmak** /ın/ to fall on evil days, meet with misfortune. — **ü geçmek** /ın/ for (a woman's) period to be late. — **gibi açık/aşikâr** altogether clear, very clear, manifest. — **görmek** to see happy days. —**ünü görmek** 1. to come to a bad end; to suffer for one's errors. 2. /ın/ to see (one's grown-up offspring) living a happy life. 3. to menstruate, have one's period. — **görmemek** to know nothing but unhappiness. — **görmez** 1. (place) which doesn't get any sunlight, sunless. 2. (someone) who never gets out in the sun. — **görmüş** 1. (someone) who has seen better days. 2. experienced. —**ünü görürsün!** I'll show you!/You'll get what's coming to you!/You'll get your just deserts! — **göstermek** /a/ to make (someone) live happily. —**ünü göstermek** /a/ to show, punish *(used as a threat).* —**den güne/— günden** from day to day, gradually. —**ü gününe** 1. day by day. 2. to the very day. —**ünü gün etmek** to be really enjoying oneself, be having a real good time, be having a hell of a good time. —**ü gününe uymamak** to be capricious, be fickle. — **ışığına çıkmak** to come to light; to become clear. — **kavuşmak/inmek** for the sun to set/go down, for night to fall. — **koymak** /a/ to put aside a day, assign some time (for). — **ola harman ola.** *colloq.* One day its time will come. —**leri sayılı olmak** to be near death. —**ünü/—lerini saymak** to be waiting for death. — **sürmek** to live prosperously. — **tutulmak** for the sun to be eclipsed. — **tutulması** *astr.* solar eclipse. — **tün eşitliği** *astr.* equinox. — **yapmak** (for women) to be at home to guests. —**ü yetmek** 1. (for something) to fall due, be due. 2. for one's last hour to be at hand. 3. (for a woman) to fill up her term of pregnancy.
günah 1. sin. 2. crime, shame, sin. 3. blame, fault. —**ını almak/—ına girmek** /ın/ to accuse (someone) wrongly. — **benden gitti.** You can either ignore my advice or follow it; but if you ignore it, don't blame me if anything goes wrong. —**ı/vebali boynuna.** *colloq.* On his/her/your head be it!/The responsibility is his/hers/yours! —**ını çekmek** /ın/ to suffer for (another's) sins. — **çıkarmak** 1. to confess one's sins (to a priest). 2. to confess one's faults. —**ına değmemek** not to be worth the candle, not to be worth the trouble or effort. —**a girmek/— işlemek** to sin, commit a sin. —**ı kadar sevmemek** /ı/ to hate (someone) like poison. — **keçisi** scapegoat. — **olmak** (for something) to be sinful, be wicked, be reprehensible. —**a sok-**

mak /ı/ 1. to make (someone) sin. 2. to push (someone) into wrongdoing, drive (someone) to sin. **—ını vermez.** *colloq.* He is very stingy.
günahkâr 1. sinful, reprobate (person). 2. sinner, reprobate. 3. *colloq.* prostitute.
günahkârlık sinfulness.
günahlı sinful.
günahsız sinless, innocent, faultless.
günahsızlık sinlessness, innocence, faultlessness, state of grace.
günaşırı every other day.
günaydın Good morning!
günbatımı, -nı sunset, sundown.
günbatısı, -nı 1. west. 2. westerly wind, westerly.
günbegün *colloq.* from day to day, gradually.
günberi *astr.* perihelion.
günce diary, journal, daybook.
güncel current, today's, present. **— olaylar** current events.
güncelik diary, journal, daybook.
güncelleşme becoming current.
güncelleşmek to become current.
güncelleştirme 1. making (something) current. 2. updating.
güncelleştirmek /ı/ 1. to make (something) current. 2. to update.
güncellik currency, being of current interest. **—ini yitirmek** (for something) to lose its currency, be of no current interest.
gündelik 1. daily, everyday, day-to-day. 2. daily wage, daily fee. **— çalışma** day's work, day labor. **—le çalışmak** to work by the day. **— gazete** daily, daily newspaper. **— ücret** daily wage, daily fee.
gündelikçi 1. day laborer, dayworker. 2. (one) who works by the day, day. **— kadın** cleaning woman (paid by the day), *Brit.* daily.
gündelikçilik 1. day labor. 2. being a cleaning woman. 3. thinking only of the present.
gündelikli 1. day laborer, dayworker. 2. (one) who works by the day, day. 3. (work) paid by the day.
gündem agenda. **—e almak** /ı/ to put (an item) on the agenda. **— dışı** outside the agenda. **—e geçmek** to present the agenda (in a meeting). **—e gelmek** to become a current issue. **—e getirmek** /ı/ 1. to propose (an item) for the agenda. 2. to make (something) a current issue.
gündeş 1. happening on the same day. 2. contemporary.
gündeşlik contemporariness, contemporaneity.
gündoğrusu, -nu, gündoğusu, -nu 1. east. 2. easterly wind, easterly.
gündönümü, -nü *astr.* solstice.
gündüz 1. daytime. 2. by day, in the daytime, in or by daylight. **— in** the daytime, days. **— feneri** *joc.* Black (person). **— gözüyle** by the light of day. **— külahlı, gece si-**

lahlı *colloq.* someone who is a Jekyll-and-Hyde sort of person. **— vakti** in the daytime, during the day.
gündüzcü 1. one who works during the day. 2. worker on the day shift. 3. day student. 4. one who drinks during the day.
gündüzki, -ni the day's, of the day; (that) which has happened during the day.
gündüzleme *slang* bastard, illegitimate child.
gündüzlü 1. day (school). 2. day student.
gündüzsefası, -nı *bot.* bindweed.
gündüzün during the day, by day.
günebakan *bot.* sunflower.
günedoğrulum *bot.* heliotropism.
güneğik *bot.* chicory, succory.
güneş 1. sun. 2. sunshine, sunlight. **— açmak** for the sun to come out, for it to become sunny. **— almak/görmek** to get the sun, get sunlight, see the sun. **—in alnında/altında** in full sun. **— ayı** solar month. **— balçıkla sıvanmaz.** *proverb* You can't hide the truth. **— banyosu** sunbath, sunbathing. **— batmak** for the sun to set/go down/sink. **—in batması/batışı** sunset, sundown. **— çarpmak** /ı/ to have a sunstroke. **— çarpması** sunstroke. **G— Dil teorisi** the theory of the "Sun Language" (concerning the origin of language put forward in Turkey in the early 1930's). **— doğmak** for the sun to rise. **—in doğması/doğuşu** sunrise. **(başına) — geçmek** to have a sunstroke. **—e göstermek** /ı/ to expose (something) to the sun. **— gözlüğü** sunglasses, dark glasses. **— günü** *astr.* solar day. **— ışını** sunray, sunbeam. **—e karşı işemek** *vulg.* to behave rudely to a kind person; to scorn something good through ignorance. **— lekesi** *astr.* sunspot. **— olsa kimsenin üstüne doğmamak** never to think of helping others. **— saati** sundial. **— sistemi/dizgesi** *astr.* solar system. **— şemsiyesi** parasol. **— takvimi** solar calendar. **—e tapma** heliolatry, worship of the sun. **— tedavisi** heliotherapy. **— tekeri** *astr.* solar disk, sun disk. **— tutulmak** for the sun to be eclipsed. **— tutulması** *astr.* solar eclipse. **— vurmak** /a/ 1. to have a sunstroke. 2. for the sun to shine on. **— vurması** sunstroke. **— yanığı** sunburn. **—te yanmak** to be sunburnt; to be tanned. **— yılı** *astr.* solar year.
güneşbalığı, -nı *zool.* sunfish.
güneşleme, güneşlenme 1. sunbathing, sunbath. 2. being spread in the sun to dry.
güneşlemek, güneşlenmek 1. to sunbathe, bask in the sun. 2. to be spread in the sun to dry.
güneşletmek /ı/ to leave (something) in the sun to dry; to expose (something) to the sun.
güneşli 1. sunny, sunlit (place). 2. sunny, clear (weather).
güneşlik 1. sun curtain, window blind, window shade; sunshade. 2. sun visor. 3. sunny, sunlit

(place). 4. lens hood (for a camera).
güneşsel *astr.* 1. solar, heliographic. 2. heliacal, heliac.
güneşsiz sunless.
güneşsizlik sunlessness.
Güney 1. the South. 2. Southern.
güney 1. the south. 2. the South; the southern provinces of Turkey. 3. southern. 4. Southern. 5. sunny side. 6. south wind. **G— Kutbu** the South Pole. **G— Yarıküre** the Southern Hemisphere.
Güney Afrika Cumhuriyeti, -ni the Republic of South Africa.
Güney Amerika South America.
güneybatı southwest.
güneydoğu southeast.
Güney Kore 1. South Korea. 2. South Korean, of South Korea.
Güney Koreli 1. (a) South Korean. 2. South Korean (person).
Güneyli Southerner.
güneyli 1. southerner, person who comes from the southern part of a place. 2. Southerner. 3. Southern (person).
günlü dated.
günlük 1. daily, the day's. 2. daily, everyday, day-to-day. 3. day-fresh (food). 4. -day, of (so many) days; -day-old. 5. ... days worth of. 6. diary, journal. 7. diary, journal, daybook. 8. *comp.* log. **— defter** *com.* daybook. **— emir** *mil.* order of the day. **— fiyat** current price. **— gazete** daily newspaper, daily. **— güneşlik** 1. sunny, sun-lit (place). 2. sunny, clear (weather). **— iş** day's work, routine. **— kur** current rate of exchange. **— rapor** daily report, bulletin. **— yumurta** day-fresh egg.
günlük, günnük 1. incense (obtained from the storax tree). 2. frankincense, gum thus, olibanum. **— ağacı** *bot.* 1. storax tree. 2. frankincense tree.
günlükçü diarist.
günöte *astr.* aphelion.
günübirliğine *see* **günübirlik.**
günübirlik for the day.
güpegündüz in broad daylight.
gür 1. thick, dense, abundant, luxuriant (hair, beard). 2. (water) flowing abundantly, flowing copiously. 3. full, strong, booming, resonant (voice). 4. abundant, multitudinous, plentiful.
gürbüz sturdy, robust, healthy.
gürbüzleşmek to become sturdy, become robust.
gürbüzlük sturdiness, robustness, healthiness.
Gürcistan 1. Georgia (in the Caucasus). 2. Georgian, of Georgia (in the Caucasus).
Gürcü 1. Georgian, native of Georgia (of the Caucasus). 2. Georgian, of Georgia (in the Caucasus).

Gürcüce 1. Georgian, the Georgian language. 2. (speaking, writing) in Georgian, Georgian. 3. Georgian (speech, writing); spoken in Georgian; written in Georgian.
güreş wrestling, wrestle. **— etmek/tutmak** to wrestle.
güreşçi wrestler. **— köprüsü** bridge position (in wrestling).
güreşçilik (sport of) wrestling.
güreşilmek *impersonal passive* to wrestle.
güreşme wrestling.
güreşmek to wrestle.
güreştirmek /ı, la/ to have (someone) wrestle with (another); /ı/ to have (two people) wrestle.
gürgen 1. *bot.* hornbeam. 2. *bot.* Oriental hornbeam. 3. made of hornbeam.
gür gür gushingly, with a gush.
gürleme 1. making a loud noise; thundering; roaring. 2. roaring with anger, thundering.
gürlemek 1. to make a loud noise; to thunder; to roar. 2. to roar with anger, thunder. **gürleyip gitmek** *colloq.* to die suddenly, pop off.
gürleşmek 1. (for hair, beard) to become thick, become abundant. 2. (for water) to begin to flow abundantly. 3. (for a voice) to become strong, become resonant.
gürlük 1. thickness, denseness, abundance, luxuriance (of hair, beard). 2. abundant flow, copious flow (of water). 3. fullness, resonance (of a voice). 4. abundance, multitudinousness, plentifulness.
güruh gang, band, group.
gürüldemek to roar, rumble, thunder.
gürül gürül 1. with a loud, roaring sound, rumblingly, thunderously. 2. with a loud, strong voice, boomingly, with booming fluidity. **— akmak** to flow with a loud, roaring sound. **— okumak** /ı/ to read (something) in a loud, strong voice, recite (something) with booming fluidity.
gürültü 1. noise (loud, harsh, confused, or undesired sound); clamor, hubbub. 2. uproar, hubbub. 3. noisy quarrel, row, ruckus, rumpus, fracas. **— çıkarmak/etmek/yapmak** 1. to make a noise; to create a hubbub. 2. to create an uproar. 3. to raise a row, raise a ruckus. **—ye gelmek** to get lost in the shuffle. **—ye getirmek/boğmak** /ı/ 1. to cause (something) to be lost in the confusion. 2. to get (something) by distraction or by taking advantage of a confusion. **—ye gitmek** 1. to get lost in the shuffle. 2. to suffer punishment or loss through no fault of one's own. **— koparmak** 1. to start a clamor, start an uproar. 2. to raise a row, start a ruckus. **—ye/patırtıya pabuç bırakmamak** not to be easily intimidated by mere threats. **— patırtı** noise, commotion, noisy confusion. **—ye/patırtıya vermek** /ı/ to set (a place) in an

uproar.

gürültücü 1. noisy (person); (one) who crashes about. 2. clamorous (person).

gürültülü 1. noisy, full of noise. 2. noisy, making noise. 3. full of confusion. — **patırtılı** confused and noisy, uproarious.

gürültüsüz 1. noiseless, quiet. 2. quiet, peaceful, serene.

gürz mace (used in battle).

gütmek, -der /ı/ 1. to herd, tend, drive, shepherd. 2. to cherish, nourish (a grudge, an ambition, an aim). 3. to manage, administer; to control. **Güttüğüm domuzu bana öğretme.** *colloq.* I know his ways.

güve clothes moth. — **yemiş** moth-eaten. — **yeniği** moth hole.

güveç 1. crock, earthenware cooking pot. 2. food cooked in a crock.

güvelenmek to be damaged by moths, be moth-eaten.

güvemeriği, -ni *bot.* buckthorn.

güven 1. trust, reliance, confidence. 2. feeling of being safe or secure. 3. courage. — **beslemek** /a/ to feel confidence in. —**ini kazanmak** /ın/ to win (someone's) confidence. — **mektubu** letter of credence. —**i olmak** /a/ to have confidence in. — **olmaz** /a/ untrustworthy, undependable. —**i sarsılmak** to lose confidence (in). — **vermek** /a/ to give (someone) the impression of being trustworthy.

güvence 1. guaranty, guarantee (pledge of assurance). 2. guaranty, guarantee, security. 3. assurance, word of assurance. — **akçesi** security, money given as a security. — **vermek** 1. to guarantee, guaranty, make a guaranty. 2. to put down a guaranty, give a security.

güvenceli guaranteed.

güvencelik letter of credence.

güvencesiz without guaranty, not guaranteed.

güvenç trust, reliance, confidence.

güvenışığı, -nı *phot.* safelight.

güvenilir trustworthy, reliable, dependable. — **kaynak** reliable source.

güvenilmek /a/ to be trusted, be trusted in, be relied on, be depended on, be confided in.

güvenirlik reliability.

güvenli 1. safe, secure. 2. confident, assured.

güvenlik security, safety. — **borusu** safety tube. **G— Konseyi** the (UN) Security Council. — **kuvvetleri** security forces. — **vanası** safety valve.

güvenme /a/ trusting, trusting in, relying on, depending on, having confidence in, confiding in.

güvenmek /a/ to trust, trust in, rely on, depend on, have confidence in, confide in. **güvendiği dağlara kar yağmak/güvendiği dal elinde kalmak** *colloq.* to be sadly disappointed.

güvenoylaması, -nı putting up a vote of confidence.

güvenoyu, -nu vote of confidence. — **almak** to win a vote of confidence. — **vermek** /a/ to give (the government) a vote of confidence.

güvensiz 1. distrustful, insecure. 2. unsafe, insecure.

güvensizlik 1. distrustfulness, insecurity. 2. lack of confidence, nonconfidence. 3. unsafety, insecurity. — **oyu** vote of nonconfidence. — **önergesi** proposal for a vote of nonconfidence.

güvercin *zool.* pigeon, rock dove, rock pigeon. — **postası** pigeon post.

güvercinboynu, -nu, güvercingöğsü, -nü 1. dove color. 2. dove-colored.

güvercinlik 1. dovecote, pigeonry, pigeon house. 2. turret (used as a lookout).

güverte 1. deck (of a ship). 2. *slang* a small table used for throwing dice.

güvey, -i, -si 1. bridegroom, groom. 2. son-in-law. — **girmek** 1. to become a bridegroom, get married. 2. for a bridegroom to move in with his parents-in-law. — **olmadık, ama kapı dışında bekledik.** *joc.* I have no expertise on this matter but it's not foreign to me. — **yemeği** wedding dinner given by the bridegroom's family.

güveyfeneri, -ni *bot.* Chinese lantern, winter cherry.

güveylik 1. being a bridegroom. 2. being a son-in-law. 3. clothes or a gift for a bridegroom. 4. suitable for a bridegroom.

güvez purplish red.

güya 1. supposedly, allegedly. 2. you would think that, it's as if.

güz autumn, fall. — **noktası** the autumnal equinox/point.

güzçiğdemi, -ni *bot.* autumn crocus, meadow saffron.

güzel 1. beautiful, pretty. 2. good, excellent, fine. 3. beautifully, well. 4. (a) beauty. 5. beauty queen. **G—!** *colloq.* Fine! —**im** 1. darling. 2. that beautiful (thing/person): **O güzelim evi harap etmişler.** They have spoiled that beautiful house. —**e bakmak sevaptır.** *proverb* Gazing at beautiful things is in itself something beautiful. — **güzel** beautifully, calmly and quietly. — **hava** fine weather. —**e ne yaraşmaz/yakışmaz.** *proverb* Whatever a pretty girl wears becomes her. — **olmak** 1. to become beautiful. 2. to become good or excellent. — **sanatlar** fine arts. **G— Sanatlar Akademisi** formerly the Academy of Fine Arts (in Istanbul). — **sayfa** *print.* right-hand page. — **yazı sanatı** calligraphy.

güzelavratotu, -nu *bot.* belladonna, deadly nightshade.

güzelce 1. pretty, fair, of modest beauty. 2.

thoroughly.
güzelduyu aesthetics, esthetics.
güzelduyubilim science of aesthetics, aesthetics, esthetics.
güzelduyucu aesthetician, esthetician.
güzelduyuculuk aestheticism. estheticism.
güzelduyusal aesthetical, esthetical, aesthetic, esthetic.
güzelhatunçiçeği, -ni *bot.* belladonna lily.
güzelleme 1. a folk lyric in praise of a special person/thing. 2. a happy folk song in praise of a special person/thing.
güzelleşmek 1. to become beautiful. 2. to become good or excellent.
güzelleştirilmek to be beautified, be made beautiful.
güzelleştirmek /ı/ to beautify, make (something) beautiful.
güzellik 1. beauty. 2. excellence. 3. gentleness, kindness. — **enstitüsü/salonu** beauty parlor, beauty salon, beauty shop. — **kraliçesi** beauty queen. — **müstahzarları** cosmetics. — **uykusu** beauty sleep. — **yarışması** beauty contest.
güzellikle properly, nicely, gently, kindly, softly.
güzergâh 1. route, way. 2. place of passage.
güzey *geog.* the shady side, the lee.
güzide distinguished, select, outstanding; choice.
güzlemek /da/ to spend the autumn (in/at/on).
güzlük 1. autumnal, autumn-sown (crop). 2. for use in the fall, fall, autumn.
güzün in the autumn, in the fall.

Ğ

Ğ the letter **Ğ** (the ninth letter of the Turkish alphabet) *(In standard Turkish it serves to lengthen the preceding vowel. It cannot begin a word.)*

H

H the letter H.

ha 1. Come on now!: **Ha gayret!** Come on!/You can do it! 2. Wow ...!/What a ...!: **Amma büyük ha!** What a big one! 3. Look here!: **Sakın ha, bir daha görmeyeyim!** Look here! Don't let me see that again! 4. O yes!/Oh yeah!/See!: **Ha, sen bize çay getirecektin!** Oh yeah!/You were going to bring us some tea. 5. *colloq.* Eh?/Huh? 6. either, or. 7. *impolite* Yes. 8. *(between repetitions of a verb)* on and on. — **babam!/— babam ha!** *colloq.* 1. Try now, a little more!/Keep on! 2. continuously, on and on. — **bire** without ever stopping, all the time. — **bugün, ha yarın** at any time, any day. — **deyince** at once, that moment. — **..., ha ...** nearly, almost: **Ha düştü, ha düşecek.** He is about to fall./He may fall at any moment. — **Hoca Ali, ha Ali Hoca./— Ali Hoca, ha Hoca Ali.** There is really nothing to choose between. — **şöyle!** *colloq.* That's better!/That's right! **şunu bileydin.** *colloq.* Now you've got it!/Finally you understand!

habak *bot.* pennyroyal.

habanera habanera.

habazan *slang, see* **abazan**.

habbe 1. grain, seed, kernel. 2. blister, vesicle. **—si kalmadı/yok.** *colloq.* There is not a scrap left./ It's all gone. **—yi kubbe yapmak** *colloq.* to make a mountain out of a molehill.

habe *slang* bread. — **etmek/kaymak/uçlanmak** *slang* to get one's fill, get enough to eat.

habeci *slang* 1. stupid, foolish, dumb, dunderheaded. 2. fool, oaf, numskull, dumbbell, blockhead, dunderhead. — **kostik** *slang* stupid, foolish, dumb, dunderheaded.

habeden *slang* for nothing, free, gratis.

haber 1. news, information, message, word. 2. knowledge. 3. *formerly, gram.* predicate. — **ajansı** news agency. — **alma** *mil.* intelligence. — **almak** 1. /ı/ to hear, learn, get word of. 2. /dan/ to hear from. — **atlamak** to miss a news scoop; to fail to print an item. — **atlatmak** to scoop the news, get a scoop on the news. — **bülteni** news bulletin, news report; newscast. — **çıkmamak** /dan/ not to hear anything (from/about). — **filmi** newsreel. — **geçmek** to send out a news report or communiqué (by fax, telephone, etc.). — **göndermek** /a/ to send a message (to). — **güvercini** carrier pigeon, homing pigeon. — **kaynağı** news source, source. — **kipi** *gram.* indicative mood. — **merkezi** 1. *mil.* command post. 2. news bureau, news center, news desk. 3. information bureau. **—i olmak** /dan/ to be informed of, know about. **—in olsun!** *colloq.* You should know!/You should be informed! — **salmak/yollamak** /a/ *colloq.* to send a message or news to. — **sızdırmamak** not to let any information leak out. — **sütunu** news column. — **toplamak** to gather news. — **uçurmak** /a/ 1. to send a message to (someone) secretly. 2. to send an urgent message to. **—im var.** I know about it. **... — ver!** /dan/ *colloq.* Give me the lowdown on ...!/Give me the news about ...! — **vermek** 1. /a/ to tell, let (someone) know, inform. 2. /ı/ to indicate that ..., show that ..., be a sign that .... — **yetiştirmek** /a/ to get the news or a message to (a place) on time. **—im yok.** *colloq.* I know nothing about it./I haven't heard it.

haberci 1. messenger, courier, runner; herald; forerunner, harbinger. 2. sign, indication, portent, herald, forerunner, harbinger.

haberdar /dan/ informed of, having knowledge about. — **etmek** /ı, dan/ to inform (someone) of (something). — **olmak** /dan/ to know about; to find out about.

haberleşme 1. communication. 2. correspondence.

haberleşmek 1. to communicate; /la/ to communicate with. 2. to correspond; /la/ to correspond with.

haberli 1. (doing something) having given notice that one is going to do it. 2. (being) informed in advance.

habersiz 1. /dan/ uninformed of, ignorant of. 2. without warning, without giving advance notice.

habersizce without warning, without telling anyone, secretly.

Habeş *see* **Etiyopyalı**.

habeş *see* **habeşi**.

Habeşi *see* **Habeş**.

habeşi (someone) who looks like an Ethiopian, Ethiopian-looking, black-skinned.

Habeşistan *see* **Etiyopya**.

habis 1. evil, bad, malicious, wicked. 2. malignant (tumor, disease, etc.).

hac, -ccı 1. hajj, hadj, haj, the pilgrimage to Mecca. 2. religious pilgrimage. **—a gitmek** 1. to go on the pilgrimage to Mecca. 2. to go on a religious pilgrimage, make a pilgrimage.

hacamat, -tı 1. bloodletting by cupping. 2. *slang* stabbing, knifing. — **boynuzu** cupping horn. — **etmek** /ı/ 1. to bleed (someone) by cupping. 2. *slang* to stab, knife. — **şişesi** cup-

hacamatçı

ping glass. **— yapmak** /a/ to bleed (someone) by cupping.
hacamatçı bloodletter, cupper.
hacamatlamak /ı/ 1. to bleed (someone) by cupping. 2. *slang* to stab, knife.
haccetmek 1. to go on the pilgrimage to Mecca. 2. to go on a religious pilgrimage, make a pilgrimage.
hacet, -ti 1. need, requirement, necessity. 2. the need to go to the toilet. 3. feces; urine. 4. wish (made in the form of a prayer). **— dilemek** to make a wish, pray for something. **— görmek** 1. /a/ to consider (something) necessary, deem (something) necessary. 2. to go to the toilet. **— kalmamak** /a/ to be no longer necessary. **— kapısı** door of a saint's tomb (where one prays for something). **—i olmak** to need to go to the toilet. **— penceresi** window of a saint's tomb (where one prays for something). **— tepesi** hill with a shrine at the top where people pray and offer petitions. **—ini yapmak** to go to the toilet, relieve oneself. **— yeri** toilet, WC. **— yok.** It's not necessary.
hacı 1. haji, hadji, hajji. 2. (religious) pilgrim. **—m** *slang* my dear fellow. **— ağa** *colloq.* newly rich villager who flaunts his wealth in the city. **— ağalık etmek** *colloq.* to make a vulgar display one's wealth. **— baba** 1. elderly haji. 2. venerable old man. **—lar bayramı** the Feast of the Sacrifice, the Greater Bairam. **— bekler gibi beklemek** /ı/ to wait impatiently for (someone). **— hanım/kadın** Muslim woman who has made the pilgrimage. **—sı hocası** everybody. **— pintorosa kavuşmak** *slang* to get beat up, get a good beating. **— sandığımızın hacı koynunda çıktı.** *colloq.* We were deceived at first by his appearance.
hacıbektaştaşı, -nı a variety of gypsum, alabaster.
Hacı Bektaş Veli Haji Bektash Veli (the founder of the Bektashi order of dervishes and the patron of the Janissary Corps).
hacılarkuşağı, -nı rainbow.
hacılaryolu, -nu, hacıyolu, -nu the Milky Way.
hacılık being a haji.
hacıyağı, -nı a heavy perfume that is made from attar of roses and used by hajis.
hacıyatmaz 1. tumbler, roly-poly (toy). 2. very resilient and adaptable person.
hacim, -cmi 1. volume, capacity. 2. bulk.
hacimli 1. (something) that has volume. 2. bulky.
hacir, -cri putting (an incompetent person) under the care of a guardian; appointing a caretaker for the goods of (an incompetent or imprisoned person). **— altına almak** /ı/ to put (an incompetent person) under the care of a guardian; to appoint a caretaker for the goods of (an incompetent or imprisoned person).
Hacivat, -tı one of the main characters of the Turkish shadow show.
haciz, -czi sequestration, distraint. **— altına almak** /ı/ to sequester, sequestrate. **— kararı** warrant of sequestration, warrant of distraint. **— koymak** /a/ to sequester, sequestrate.
hacizli sequestered, sequestrated.
haczetmek /ı/ to sequester, sequestrate.
haç, -çı the cross, crucifix. **— çıkarmak** to make the sign of the cross, cross oneself. **—ı suya atma yortusu** the Feast of the Epiphany, Epiphany.
haçlamak /ı/ to crucify.
Haçlılar the Crusaders.
Haçlı Seferleri, -ni the Crusades.
had, -ddi 1. limit, point, degree. 2. *math., log.* term. **—ini aşmak** to go too far, overstep the limit/mark. **—ini bildirmek** /a/ to put (someone) in his place, tell (someone) where to get off. **—ini bilmek** to know how far one can go; to know the limits of one's capabilities. **—ini bilmemek** to go too far; to be in over one's head; to exceed one's authority. **—ini bilmez** presumptuous, uppity. **—inden fazla** excessive. **—i hesabı olmamak** to be boundless, be innumerable, be innumerous. **—i mi?/—ine mi düşmüş?** *colloq.* Just who does he think he is? **—i olmamak** (for something) not to be up to (someone); (for someone) not to have the right to do something. **—i varsa** if he dares. **—i zatında** actually, essentially; originally.
hâd, -ddi 1. sharp, pointed. 2. *med.* acute. 3. critical, acute.
hadde 1. drawplate (used for drawing wire). 2. rolling machine. **— fabrikası** rolling mill. **—den geçirmek** /ı/ to examine (something) minutely, go over (something) with a fine-tooth comb.
haddehane rolling mill.
hademe person who does cleaning and runs errands (in a government office or school).
hadım eunuch. **— etmek** /ı/ to make (someone) a eunuch, castrate.
hadımağası, -nı chief eunuch in the sultan's palace.
hadımlaştırmak /ı/ to eunuchize, castrate.
hadi 1. Come on! *(used to spur someone on):* **Hadi Betül!** Come on, Betül! 2. All right .../OK ...: **Hadi senin olsun.** OK, it's yours. 3. OK, let's say .../So ...: **Tavuklar günde hadi iki kez yumurtlasın.** Let's say the hens lay twice a day. **Hadi Hande gelmesin. Ne olur?** Let's say Hande doesn't come. So what? 4. Come off it!/Nonsense!: **Hadi be, beni aptal mı sandın?** Come off it man, do you take me for a fool? 5. I can understand that ..., but .../ OK ..., but ...: **Hadi hediye için parası yoktu, bari bir kart yollasaydı!** I can understand that he didn't have the money for a present, but he could at least have sent a card! 6. straight for, right for

(a place): **Seller basınca biz hadi dama.** When it floods we make straight for the roof. **Yaz geldi mi, biz hadi Kalamış'a.** When summer came we'd make straight for Kalamış. — **bakalım!** Come on then!/Hurry up! — **canım sen de!** Who do you think you're kidding?/Don't feed me that bull! — **hadi!** 1. Who do you think you're fooling? 2. Cut it short!/Don't prolong things!/Don't drag it out! — **oradan!** 1. Get moving!/Move it! 2. Just who do you think you're kidding?/Just who do you think you're fooling?

hadis 1. hadith. 2. the study of hadiths.

hadise event, incident, occurrence. — **çıkarmak** to make trouble, cause trouble, make a fuss.

hadiseli eventful, marked by unpleasant events.

hadisene *see* **haydisene.**

hadisesiz 1. uneventful. 2. uneventfully.

hadsiz unlimited, unbounded. — **hesapsız** innumerable, countless, incalculable.

hafakan *used in:* —**lar boğmak/basmak** /ı/ to feel stifled, feel smothered.

hafazanallah May God protect us from such a misfortune!

hafız 1. one who has memorized the Koran, hafiz. 2. *slang* fool, blockhead, dolt, nincompoop. 3. *slang* grind, crammer, overserious student, one who learns by rote. 4. *slang* catamite, queen.

hafıza memory (mental faculty). —**yı yoklamak** to try to remember, try to recall.

hafızali a large, thick-skinned, golden yellow variety of grape.

hafızlamak *slang* 1. to cram, study hard, grind, hit the books. 2. /ı/ to study (something) hard.

hafızlık 1. being a hafiz. 2. *slang* rote memorization; excessive devotion to one's lessons. 3. *slang* stupidity, asininity. 4. *slang* being a catamite.

hafi secret, hidden.

hafif 1. light (in weight). 2. light, easy, mild. 3. light, frivolous, flighty. 4. light, mild (food); light (meal, drink). 5. light, thin, slight. 6. light, gentle, mild. 7. light, mild, not heavy or strong. 8. light, slight, mild, not intense. 9. light (music). 10. light, mild (punishment, penalty, sentence, etc.). 11. light (sleep). 12. slight, gradual (incline, slope, etc.). 13. slight, small, little (sound, voice, noise). 14. light, relaxed, at ease, free from trouble. 15. light, slight, slightly evident. 16. *slang* penniless, broke. 17. lightly, slightly, mildly. —**e almak** /ı/ to take (someone/something) lightly, not to take (someone/something) seriously. —**ten almak** /ı/ 1. to try to calm (someone) (instead of quarreling with him). 2. To regard (someone/something) as unimportant. — **atlatmak** /ı/ to escape (something) lightly. — **giyinmek** to dress lightly. — **hafif** gently, slowly. — **hapis cezası** *law* imprisonment in a minimum-security prison. — **müzik** light music. — **para cezası** *law* a light fine. — **sanayi** light industry. — **tertip** 1. small-scale. 2. a little, slightly. — **uyku** a light sleep.

hafifçe 1. lightly. 2. slightly. 3. mildly. 4. gently. 5. rather light, somewhat light.

hafiflemek 1. to get lighter, lighten (in weight). 2. to wane, subside, abate, let up, lessen, decrease, diminish. 3. to lighten up, ease up. 4. to feel relaxed; to feel relieved.

hafifleşmek 1. to get lighter, lighten (in weight). 2. to lighten up, ease up. 3. to become frivolous, become flighty.

hafifleştirmek /ı/ 1. to make (something) lighter, lighten (in weight). 2. to lighten, ease. 3. to render (someone) frivolous.

hafifletici mitigating, mitigative, extenuating, alleviating.

hafifletmek /ı/ 1. to make (something) lighter, lighten (in weight). 2. to lessen, decrease, diminish; to abate, mitigate, extenuate, alleviate. 3. to lighten, ease.

hafiflik 1. lightness (in weight). 2. lightness, easiness, mildness. 3. lightness, frivolity, flightiness. 4. lightness, mildness (of food); lightness (of a meal, drink). 5. lightness, gentleness, mildness. 6. lightness, slightness, mildness, lack of intensity. 7. lightness (of sleep). 8. relaxation, ease; relief, comfort, ease of mind. — **etmek** 1. to do or say something improper. 2. to act frivolously.

hafifmeşrep loose, of doubtful morality.

hafifsemek /ı/ to take (someone/something) lightly, not to take (someone/something) seriously.

hafifsıklet, -ti welterweight.

hafiften lightly, gently.

hafiye detective, investigator.

hafiyelik the work of a detective, detection.

hafriyat, -tı excavation; excavations.

hafta week. —**larca** for weeks. —**sına** a week later. —**ya** in a week's time, next week. — **arasında/içinde** during the week. — **başı** at the beginning of the week. —**da bir** once a week, weekly. —**sına kalmaz** within a week. — **sekiz, gün dokuz** *colloq.* too often, all the time, very frequently. — **sonu** weekend.

haftalık 1. weekly; (something) that occurs once a week. 2. weekly wage. 3. (something) that will last or lasts (so many) weeks.

haftalıkçı 1. worker paid by the week. 2. (worker) paid by the week.

haftalıklı *see* **haftalıkçı.**

haftaym *sports* half time, the half.

hah There!/Now!/Exactly! — **şöyle!** *colloq.* That's better!/That's right!

haham rabbi.

hahambaşı, -nı chief rabbi.
hahamhane office of the chief rabbi.
hahamlık rabbinate, office or tenure of office of a rabbi.
hahha, hahhah Ha-ha! **— güleyim bari!** What a joke! *(said sarcastically).*
hail barrier, curtain, screen.
hain 1. traitorous; treacherous, perfidious. 2. traitor. 3. (someone) who takes pleasure in harming someone, malicious. 4. You rat!/You devil! *(said in friendly protest).* 5. devilish, mischievous.
hainleşmek 1. to become perfidious, become malicious. 2. to become mischievous.
hainlik 1. treachery, treason, perfidy. 2. malice, ill will. 3. mischievousness. **— etmek /a/** 1. to act treacherously toward. 2. to do something harmful to.
Haiti 1. Haiti. 2. Haitian, of Haiti.
Haitili 1. (a) Haitian. 2. Haitian (person).
haiz /ı/ 1. (someone/something) that has, having, possessing. 2. provided with, vested with. **— olmak /ı/** 1. to have, possess. 2. to be provided with, be vested with.
Hak, -kkı God. **— dini** Islam. **—a erenler** those who have attained to the divine truth. **(...) — getire.** There isn't/aren't any ...: **Onda akıl Hak getire.** He doesn't have any brains at all. **—ın rahmetine kavuşmak/—a kavuşmak/—a yürümek** to die, go to heaven.
hak, -kkı 1. justice, right dealing. 2. one's rightful due, one's right, share. 3. fairness, adherence to the principles of justice. 4. true. 5. the effort that one has put into something. 6. pay. 7. allowance, margin (for trimming or hemming). **—ını almak** to get one's due; to take one's share. **—ını aramak** to insist on one's rights. **— deyince akan sular durur.** *proverb* When the truth has been spoken and the just way shown, there is nothing more anyone can say. **— etmek /ı/** 1. to deserve, merit. 2. to get (what is one's right). **—ı geçmek /a/** 1. to have one's rightful share passed to (another). 2. to have contributed of oneself to, to have given time and effort to (someone/a job). **—ından gelmek /ın/** 1. to succeed in carrying out (something difficult). 2. to pay (someone) back, get even with. 3. to defeat. **—ını helal etmek** to renounce one's rights in something; to give up something willingly. **—ı için** *(formula of adjuration)* for the sake of: **Tanrı hakkı için** for God's sake. **— kazanmak /a/** to deserve, earn, have a right to. **—ı olmak** 1. /da/ to have a right to (something/a share). 2. to be justified (in one's remarks or point of view). **—ı ödenmez.** Nothing can repay him. **— sahibi** holder of a right. **—ı var.** He is right. **— vermek /a/** to acknowledge (someone) to be right. **—ını vermek /ın/** 1. to give (someone) his due. 2. to fulfill all the requirements of, do what is called for, do (it) up right. **— yemek** to be unjust. **—ını yemek /ın/** to wrong, do wrong to. **— yerini bulur.** *proverb* Justice will prevail. **— yerde kalmaz.** *proverb* Justice wins in the end. **— yolu** the way of right, justice.
hak, -kkı 1. incising, engraving (of designs or script). 2. erasing by scraping.
hâk, -ki *obs.* earth, soil. **— ile yeksan etmek /ı/** to destroy utterly, demolish, raze, level (a building, city, etc.) to the ground.
hakan 1. khan (the supreme ruler of Turkish, Mongolian, or Tatar tribes). 2. khan (a title given to the Ottoman sultans).
hakanlık 1. the rank of khan. 2. imperial rule. 3. khanate.
hakaret, -ti insult. **— etmek /a/** to insult. **— görmek /dan/** to be insulted (by).
hakça 1. truthfully, truly. 2. justly. 3. just, fair. **—sı** the truth of.
hakem 1. arbitrator, arbiter, referee, umpire. 2. *sports* referee, umpire. **— heyeti/kurulu** 1. jury (in a competition). 2. arbitration board. **— kararı** arbitral award, arbitrament. **— mahkemesi** court of arbitration.
hakemlik 1. arbitration, duties of a referee, umpirage. 2. *sports* duties of a referee, refereeing, job of an umpire, umpiring.
hakeza *obs.* likewise.
haki 1. light olive green. 2. light olive green, colored light olive green.
hakikat, -ti 1. the truth. 2. reality, truth. 3. really, truly. **—te** in fact. **— olmak** to come true.
hakikaten really, truly.
hakikatli faithful, loyal, true.
hakikatsiz unfaithful, disloyal, false in friendship.
hakikatsizlik unfaithfulness, disloyalty.
hakiki 1. real, true. 2. genuine, real. **— şahıs** *law* natural person.
hâkim 1. ruling, dominating. 2. dominant, supreme. 3. *biol.* dominant. 4. /a/ (one) who can control, who has discipline over (his emotions, actions, etc.). 5. /a/ overlooking, commanding a view of. 6. judge; justice. 7. ruler. **—ler heyeti** bench, bench of judges. **— kılmak /ı, a/** to make (someone/something) dominant (over). **— olmak /a/** 1. to rule, rule over. 2. to dominate, predominate, have a commanding influence over. 3. to control, have discipline over (one's emotions, actions, etc.). 4. to overlook, command a view of. **—in reddi** *law* recusation, rejection of a judge.
hakim *obs.* 1. sage, a profoundly wise man. 2. philosopher. 3. wise, sage, sagacious.
hâkimane in a domineering way.
hakimane *obs.* 1. wisely, philosophically. 2. wise, philosophical (words, talk).

hâkimiyet, -ti 1. sovereignty, domination, dominance, rule. **2.** domination, dominance, being dominant.
hâkimlik 1. being a judge, office of a judge, judgeship. **2.** domination, dominance, being dominant.
hakir vile, held in contempt, contemptible, worthless. **— görmek** /ı/ to despise, hold in contempt.
hakkâk, -ki engraver.
hakkaniyet, -ti justice, equity.
hakketmek 1. /ı, a/ to engrave, incise (a design) on. **2.** /ı/ to scrape out, erase (something) by scraping.
hakkıhuzur money paid for attending a meeting.
hakkında about, concerning, regarding.
hakkısükût, -tu *obs.* hush money, bribe for keeping someone quiet.
hakkıyla properly, thoroughly.
haklamak /ı/ **1.** to beat, overcome, crush, suppress. **2.** to ruin, spoil. **3.** *colloq.* to eat (something) up, finish (something) up.
haklaşmak to settle mutual rights or claims; to be quits.
haklı 1. right, just. **2.** rightful. **— bulmak** /ı/ to admit that (someone) has right on his side. **— çıkmak** (for someone) to turn out to be in the right. **— olmak** to be in the right.
haklılık rightfulness, justness.
haksever just, (someone) who loves justice.
hakseverlik justness, love of justice.
haksız 1. unjust, wrong. **2.** (someone) who is in the wrong; unjustifiable (action). **— bulmak** /ı/ **1.** to find (something) unjust. **2.** to find (someone) to be in the wrong. **— çıkarmak** /ı/ to prove (someone) to be in the wrong. **— çıkmak** to turn out to be in the wrong. **— fiil** *law* act of injustice, (a) wrong. **— iktisap** *law* usurpation. **— rekabet** unfair competition. **— yere** unjustly, wrongfully.
haksızlık injustice, wrongfulness. **— etmek 1.** to act unjustly. **2.** /a/ to do an injustice (to).
hakşinas *obs.*, *see* **haktanır.**
haktanır just, righteous.
hakuran *obs.* dove, turtledove. **— kafesi gibi** *colloq.* ramshackle, dilapidated, tumbledown.
hal, -li 1. state, condition. **2.** situation, circumstances, state of affairs. **3.** behavior, attitude. **4.** the present time. **5.** strength, energy. **6.** trouble. **7.** *gram.* case. **-diği —de 1.** although: **İki kez okuduğum halde kitabı hâlâ anlamış değilim.** Although I've read the book twice I still haven't understood it. **2.** with: **Ekber, elinde ölü fare olduğu halde sokağa fırladı.** Ekber dashed out to the street with the dead mouse in his hand. **3.** if: **Bu ay içinde evi terk ettiğiniz halde sizi mahkemeye vermem.** If you leave the house this month I won't take you to court. **—inde 1.** as, in (a specified state): **Balıkçılar grup halinde geldi.** The fishermen came in a group. **2.** in case (of), in the event (of): **Bu merdiveni ancak lüzumu halinde kullanın!** Use this stairway only in case of necessity! **Seyahatin iptal edilmesi halinde paranız iade edilir.** In the event the tour is canceled your money will be refunded. **(bir) — almak** to come to a state of. **—den anlamak** to sympathize, be sensitive and understanding. **—e bak!** How terrible!/How strange! **—ine bak!** /ın/ Just look at him!/Poor dear! **—ine bakmadan** forgetting his limitations. **—ine bakmamak** to go ahead without considering one's own limitations. **—ine bakmaz, Hasan Dağı'na oduna gider.** *colloq.* He acts without thinking of his own limitations. **— böyle iken** and yet, nevertheless. **— değişimi** *astr.* change in the observable qualities of a star. **—i duman olmak** to fall into dire straits. **— duygusu** *psych.* coenesthesia, cenesthesia. **—den düşmek** to fail in health, get weak. **—ine gelmek 1.** to become. **2.** to become like. **—den hale girmek** to blush, be overcome with confusion. **—i harap olmak 1.** to be exhausted, be done in. **2.** to be done for. **— hatır sormak** to inquire after somebody's health. **—i kalmamak** to be exhausted. **—ine köpekler güler.** *colloq.* He is an object of ridicule./He is a laughingstock. **—i nereye varacak?** *colloq.* What is to become of him?/Where will he end up? **—i olmamak** not to have energy, be worn out. **—imi sorma!** *colloq.* Don't ask!/Things are not going at all well! *(said as a reply to "How are you?").* **—ini sormak** /ın/ to inquire after (someone's) health. **— tercümesi 1.** biography. **2.** short autobiography. **3.** curriculum vitae. **— ulacı** *gram.* participial adverb. **—i vakti yerinde** well-off, well-to-do, rich. **—im yok.** *colloq.* I'm not up to it./I don't have the energy for it. **—e yola koymak** /ı/ to put (something) in order, arrange.
hal, -li covered wholesale food market.
hal, -lli 1. solution, resolution. **2.** melting, dissolving, liquefaction.
hâlâ still, yet. **— mı?** Is it still going on? **— o masal.** *colloq.* It's still the same old story.
hala paternal aunt, father's sister.
halalım *gambler's slang* dupe, sucker.
halas *obs.* salvation, deliverance, rescue. **— olmak** /dan/ to be saved from, be delivered from, be rescued from.
halaskâr *obs.* **1.** savior, deliverer, rescuer. **2.** (someone) who is a savior, deliverer, or rescuer.
halat, -tı rope, hawser, cable. **— çekme** *sports* tug of war. **—ı çeliğe volta etmek** to belay a rope. **— kasnağı** cable drum. **— matafyon** rope

eyelet, cringle. — **süngeri** swab, rope mop.
halavet, -ti *obs.* sweetness, agreeableness.
halavetli *obs.* sweet, pleasant, agreeable.
halay a folk dance performed by holding hands and forming a circle (accompanied by drum and zurna). — **çekmek/tepmek** to dance the halay.
halayık female slave, female servant.
halayıklık being a female slave.
halaza *prov.* plant sprouting from seed left behind at the previous harvest, volunteer, volunteer plant.
halazade paternal aunt's son or daughter, cousin.
halbuki but, however, whereas.
haldeş 1. (someone) who is in the same state or condition or in the same circumstances. 2. fellow sufferer.
haldır haldır speedily and noisily.
hale 1. halo (around the moon, around a saint's head); nimbus, aureole. 2. *anat.* areola.
halef successor. — **selef olmak** to be successor and predecessor to each other. — **ve selef** successor and predecessor.
halel injury, damage, harm. — **gelmek** /a/ 1. to be harmed, be injured. 2. to be blemished, be sullied. — **getirmek** /a/ to harm, injure. — **vermek** /a/ to injure, upset, spoil, harm.
halelenmek to form a halo, nimbus, or aureole.
halen now, presently, at present.
Halep Aleppo. — **çıbanı** *path.* Aleppo boil, Aleppo button, Oriental sore. — **orada ise arşın burada.** *colloq.* Well, prove it! — **yolunda deve izi aramak** *colloq.* to try to find a needle in a haystack.
halepçamı, -nı *bot.* Aleppo pine, Jerusalem pine.
halet, -ti *obs.* situation, condition, aspect. — **i ruhiye** state of mind, mood.
haletmek /ı/ to dethrone, depose (a sultan).
halfa *bot.* esparto, esparto grass.
halhal anklet, bangle for the ankle.
halı rug, carpet (which has a pile, as opposed to a pileless **kilim** or **cicim**). — **döşemek** to lay a carpet, carpet.
halıcı 1. carpet dealer. 2. carpet weaver.
halıcılık 1. the carpet trade. 2. the carpet industry. 3. the art of weaving carpets.
hali *obs.* empty, vacant; uninhabited, deserted.
Haliç the Golden Horn.
haliç inlet, bay.
halife 1. caliph, calif. 2. one of the officially ordained successors or vicegerents of a dervish sheikh. 3. assistant, substitute, successor. 4. *formerly* junior clerk in a government office.
halifelik 1. caliphate, califate. 2. duties of a caliph. 3. countries under the rule of a caliph.
halihazır the present time, the present. — **da** nowadays, at present.
Halik, -kı the Creator, God.

halik, -kı *obs.* 1. creator. 2. creative.
halim *obs.* mild, gentle (person). — **selim** gentle and good-tempered.
halis pure, unmixed, unadulterated. — **muhlis** true, genuine.
halisane *obs.* 1. sincerely. 2. sincere.
halita *obs.* alloy.
haliyle 1. without change, as it is. 2. naturally, as a result, as a matter of course, like it or not.
halk, -kı 1. people, nation. 2. people, populace. 3. the common people. 4. common, folk. — **a açık** open to the public, public. — **adamı** man of the people. — **ağzı** vernacular, local tongue. — **cephesi** popular front, people's front. — **dili** popular speech, common language. — **a dönük** popular, for the people. — **düşmanı** enemy of the people. — **edebiyatı/yazını** folk literature. — **günü** the day when admission prices are cut, cut-rate day (at a movie house, theater, museum, etc.). — **la ilişkiler** public relations. — **a inmek** to accommodate oneself to the common level. — **matinesi** reduced-price morning showing (of a movie). — **müziği** folk music. — **oyunu** folk dance. — **ozanı** bard, minstrel, troubadour. — **şarkısı** folk song. — **a verir talkını/telkini, kendi yutar salkımı.** *colloq.* He doesn't practice what he preaches.
halk, -kı creation. — **etmek** /ı/ to create.
halka 1. hoop. 2. ring, a circular band, circlet. 3. ring (for the finger, ear, or nose). 4. circle, circular ripple. 5. circle (formed by people). 6. circle (under the eye). 7. ring-shaped salty biscuit. 8. *gymnastics* ring. 9. *slang* queen, passive male homosexual. — **halka** 1. in rings. 2. in links. 3. in circles. — **olmak** to form a circle. — **oyunu** round dance.
halkacı 1. maker or seller of rings. 2. maker or seller of ring-shaped salty biscuits.
halkadizilişli *bot.* verticillate.
halkalamak /ı/ 1. to fasten (something) with a ring. 2. to twist (something) into a circle. 3. to encircle.
halkalanmak 1. to curl in ringlets. 2. to take the shape of a circle, form a circle. 3. to be fastened with a ring. 4. to be encircled.
halkalaştırmak /ı/ *chem.* to close the chain of (an open-chain molecule); to change (a molecule's structure) from open-chain to cyclic.
halkalı 1. furnished with a ring; (something) that has a ring in it. 2. (eyes) that have dark circles under them (owing to fatigue). — **sütun** *arch.* annulated column.
halkavcılığı, -nı demagoguery, demagogy.
halkavcısı, -nı demagogue.
halkayay valve spring.
halkbilgisi, -ni folklore (i.e. the folklore of a particular group).

halkbilim folklore (as a field of study).
halkbilimci (a) folklorist.
halkbilimsel folkloristic, folkloric, pertaining to the study of folklore.
halkçı 1. (a) populist. 2. populist, populistic.
halkçılık populism.
halkdevinbilim demography.
halkevi, -ni neighborhood center established by the state for public instruction and social events.
halkodası, -nı village gathering place established by the state for public instruction and social events.
halkoylaması, -nı referendum.
halkoyu, -nu public opinion.
hallaç cotton or wool fluffer (who works with a bow and mallet). **— osuruğu gibi araya gitmek** vulg. to get lost in the confusion, go unnoticed. **— pamuğu gibi atmak** /ı/ colloq. 1. to throw (things) around, upset (a place), make a mess of. 2. to scatter (a group).
hallaçlamak /ı/ to card (fibers for cloth).
hallaçlık the job of fluffing cotton or wool.
hallenmek 1. to acquire a new form or condition. 2. to recover strength. 3. to feel faint. 4. /a/ slang to desire, want. 5. /a/ slang to bother, try to force one's attentions on (a girl/a woman). 6. slang to scrape by. **hallenip küllenmek** to get along on one's own resources, live moderately.
halleşmek to have a heart-to-heart talk, confide in each other.
halletmek /ı/ 1. to solve, find a solution for, resolve. 2. to put (something) on the right track, set (something) straight. 3. to dissolve. 4. to complete, finish up, settle, conclude. 5. to dish up, serve up (food).
hallice 1. pretty well off. 2. /dan/ somewhat better (than).
hallihamur used in: **— olmak** colloq. 1. to adjust oneself to circumstances. 2. to melt into something, fuse, coalesce into one.
hallolmak 1. to be solved, be resolved. 2. to dissolve, become dissolved.
hallolunmak 1. to be solved, be resolved. 2. to be dissolved. 3. to be brought to a conclusion, be settled, be concluded.
halojen chem. halogen.
halsiz weak, feeble, enervated, debilitated, languid.
halsizlik weakness, feebleness, enervation, debility, languidness, lassitude.
halt, -tı 1. mistaking one thing for another; mix-up. 2. colloq. crass action; rude and crude remark. **— etmek** colloq. to do something rude; to say something improper. **— karıştırmak/yemek** colloq. to do something rude, do something improper.
halter 1. dumbbell, barbell. 2. sports weight lifting.

halterci sports weight lifter.
haltercilik sports weight lifting.
halvet, -ti 1. secluded retreat, place of retirement. 2. withdrawing into seclusion, seclusion, isolation, retirement. 3. partially enclosed bathing cubicle (in a public bath). **—e çekilmek** to withdraw into seclusion. **—e dönmek** (for a place) to become very hot and close. **— gibi** very hot and stuffy (place). **— olmak** to withdraw to a secluded or private place.
ham 1. unripe, green. 2. raw, crude, unrefined. 3. colloq. unrealistic (aims/ambitions/suggestions). 4. colloq. unrefined (person). 5. colloq. out of shape, out of condition, soft (from lack of exercise). **— besisuyu** bot. sap. **— ervah** colloq. blunt and tactless person, insensitive and rude person. **— teklif** unacceptable suggestion. **— veri** comp. raw data.
hamail 1. baldric, shoulder strap. 2. amulet, charm.
hamak hammock.
hamal porter, carrier; stevedore. **— camal** colloq. rabble, mob, street gang. **—a semeri yük olmaz/değildir.** proverb You don't feel the weight of those responsibilities which you are used to bearing. **— sırığı** a pole carried by two porters, with the load hung from the middle.
hamalbaşı, -nı head of a group of porters.
hamaliye porter's fee, porterage.
hamallık 1. work of a porter, porterage. 2. porter's fee, porterage. 3. drudgery, hard work, toiling and slaving. 4. unnecessary bother. 5. unnecessary burden. 6. stuffing one's mind with useless information. **—ını etmek/yapmak** /ın/ to do the dull and tiring part of (a job).
hamam 1. Turkish bath, public bath. 2. bathroom. 3. school slang discipline committee. **—da deli var.** colloq. 1. There is a crazy person involved in this. 2. What a lot of noise! **— gibi** very hot (place). **—a gider kurnaya, düğüne gider zurnaya âşık olur.** colloq. 1. He is full of fickle enthusiasms. 2. He keeps falling in love with everybody he meets. **—a giren terler.** proverb A person should be prepared for the unpleasant aspects of whatever he commits himself to. **— kesesi** rough mitt (used for scrubbing the body). **— nalını suratlı** vulg. very ugly (woman). **—ın namusunu kurtarmak** 1. to try to give a semblance of honesty to a questionable situation, try to cover up. 2. to rush to the defense of one's own organization. **— takımı** the things taken with one to a Turkish bath (soap, towels, clogs, metal bowl, etc.). **— yapmak** to take a bath in the traditional Turkish way.
hamamanası, -nı 1. woman who supervises the attendants in a public bath. 2. colloq. big, fierce-looking woman. 3. colloq. hardhearted mother.

hamamböceği, **-ni** *zool.* cockroach.
hamamcı 1. proprietor or keeper of a public bath. 2. canonically unclean and in need of a ritual bath.
hamamcılık the business of running a public bath.
hamamlık zinc-lined bathing cubicle (in a home).
hamamotu, **-nu** depilatory agent, depilatory.
hamamtası, **-nı** metal bowl (used for dousing oneself with water while washing oneself).
hamarat, **-tı** (woman) who's good at keeping house.
hamaratlaşmak (for a woman) to get good at keeping house.
hamaratlık good housekeeping.
hamaset, **-ti** *obs.* valor, heroism.
hamasi *obs.* heroic, epic (poem, story).
hamaylı 1. baldric, shoulder strap. 2. amulet, charm.
hamburger hamburger (meat-patty sandwich).
hamdetmek /a/ to give (God) thanks, praise (God), glorify (God), give glory to (God).
Hamdolsun! God be praised!/Praise be to God!/Glory to God!/Thanks be to God!/Glory be!/Praise be!
hamfendi *colloq.* lady; ma'am.
hamhalat, **-tı** *colloq.* rough, clumsy (man).
ham hum *colloq.* 1. murmuring meaninglessly, mumbling. 2. hemming and hawing. — **etmek** *colloq.* 1. to murmur meaninglessly, mumble. 2. to hem and haw. — **şaralop** *colloq.* 1. deception by sleight of hand or confusing talk. 2. nonsense, claptrap, fiddle-faddle.
hamız *obs., chem.* acid.
hami 1. protector, guardian. 2. patron, sponsor.
hamil 1. *fin.* bearer. 2. /ı/ (something) that possesses or bears; possessing; bearing. 3. prop, support. —**ine** *fin.* (pay) to bearer. — **olmak** /ı/ to have, have possession of.
hamile 1. pregnant, expectant. 2. pregnant woman, expectant mother. — **kalmak** 1. to get pregnant. 2. /dan/ to be with child by, be carrying (a specified man's) child. — **olmak** to be pregnant.
hamilelik pregnancy.
haminne *colloq.* grandma, granny, grandmother.
haminto *slang* 1. illicit gain, swindle. 2. swindling.
hamiş *obs.* 1. postscript. 2. marginal note.
hamiyet, **-ti** deep-seated devotion to one's country and family; patriotism, public spirit.
hamiyetli (someone) who is ardently attached to his/her country and family; patriotic, public-spirited.
hamiyetsiz not devoted to one's country and family; unpatriotic, lacking in public spirit.
hamiyetsizlik lack of a devotion to one's country and family; lack of public spirit.
hamla 1. (a) stroke, (a) pull (of the oars). 2. the distance covered by one stroke of the oars.

hamlacı 1. *rowing* stroke, stroke oar, chief oarsman. 2. *naut.* aftmost oarsman. 3. *naut.* oar, oarsman, rower.
hamlaç blowpipe.
hamlama 1. being out of condition, being out of shape. 2. primary firing (of pottery).
hamlamak to get out of condition, get out of practice, get soft from lack of work.
hamlaşmak *colloq.*, *see* **hamlamak**.
hamle 1. attack, onslaught, assault. 2. sudden advance, great leap forward. 3. turn (at chess, checkers). 4. *sports* offensive, attack, charge. — **etmek** to make an attack, charge, rush forward. — **yapmak** 1. to make an attack, charge, rush forward. 2. to take the initiative in an enterprise; to make a leap forward. 3. *sports* to take the offensive, make an attack, make a charge.
hamleci enterprising, venturesome.
hamletmek /ı, a/ *obs.* to attribute (something) to, ascribe (something) to, impute (something) to.
hamlık 1. unripeness, greenness, rawness. 2. being out of shape, being out of condition (from lack of exercise).
hammadde raw material.
hampa *slang* accomplice, associate, henchman.
hamsi anchovy. — **kuşu** fried anchovy.
hamsin 1. the fifty days of winter ending at the spring equinox. 2. khamsin, khamseen.
hamster *zool.* hamster.
hamt giving God thanks, thanksgiving, praising God, giving glory to God. — **etmek** /a/ *see* **hamdetmek**. — **olsun!** *see* **Hamdolsun!**
hamule *obs.* load.
hamur 1. dough, paste. 2. half-cooked (bread, cake, etc.). 3. paper pulp. 4. grade, quality (of paper). 5. (a person's) essential nature, stuff. 6. clay (ready to be formed by a potter). — **açmak** to roll out dough. — **gibi** 1. worn-out, exhausted. 2. mushy, soggy (food). 3. undercooked, doughy. — **işi** pastry. — **olmak** to become doughy. — **tahtası** pastry board. — **teknesi** kneading trough. — **tutmak** to prepare dough, make dough. — **yoğurmak** to knead dough, work dough.
hamurboya thick oil paint (smeared on a painter's palette).
hamurcu kneader, bakery worker who kneads dough.
hamurkâr *obs.*, *see* **hamurcu**.
hamurlamak /ı/ 1. to cover (something) with dough. 2. to smear (something) with dough. 3. to seal (the lid of a covered pot) with dough.
hamurlanmak 1. to be covered with dough. 2. to be smeared with dough. 3. (for the lid of a covered pot) to be sealed with dough.
hamurlaşmak 1. to get doughy, get soggy. 2. to become doughlike.

hamursu doughy, soggy.
hamursuz 1. unleavened. 2. matzo, matzoh, unleavened bread. **H— Bayramı** Passover, Pesach. **— ekmek** matzo, matzoh, unleavened bread.
hamurumsu doughy, soggy.
hamut, -tu horse collar furnished with hames.
han 1. caravansary, khan. 2. office building; large commercial building. **— gibi** *colloq.* vast, huge (building). **— hamam sahibi** *colloq.* man/woman of property, wealthy person.
han 1. khan *(a title applied to the Ottoman sultans and certain other rulers).*
hanay *prov.* 1. two or three-storied house. 2. entrance hall, vestibule, hall-like room (onto which a number of rooms open). 3. court, courtyard.
Hanbeli *Islam* 1. (a) Hanbali, (a) Hanbalite, adherent of the Hanbali school of law. 2. Hanbali, pertaining to the Hanbali school of law.
hancı owner or operator of a caravansary. **— sarhoş, yolcu sarhoş.** *colloq.* Nobody can tell which end is up.
hançer khanjar, handjar, short curved dagger.
hançere larynx.
hançerlemek /ı/ to stab, knife (with a khanjar).
hançerlenmek to be stabbed, be knifed (with a khanjar).
handavallı *slang* stupid, blockheaded, dim-witted, asinine.
handikap, -pı handicap.
handiyse *colloq.* 1. almost, very nearly, all but. 2. pretty soon, any moment, soon, before long. 3. if he could.
hane 1. house. 2. household. 3. division, section. 4. blank (in a printed from). 5. square (on a game board). 6. place of a digit (in decimal notation). 7. zodiacal sign. 8. section (in an instrumental piece in Oriental music). **— sahibi** householder.
hanedan 1. dynasty, dynastic/imperial house. 2. (someone) who is a member of a dynastic family. 3. high-born and magnanimous. 4. courteous and generous.
hanedanlık 1. being a member of a dynastic family. 2. being high-born and magnanimous. 3. courtesy and generosity. 4. state ruled by a dynastic house.
Hanefi *Islam* 1. (a) Hanafi, (a) Hanafite, adherent of the Hanafi school of law. 2. Hanafi, pertaining to the Hanafi school of law.
haneli 1. (place) that numbers (so many) houses. 2. (a number) that contains (so many) places.
hanelik (place) that contains (so many) houses.
hanende *formerly* professional singer of Turkish classical music.
hanendelik *formerly* singing Turkish classical music as a profession.
hangar 1. hangar. 2. shelter, shed, a roofed area used for storage.
hangi 1. which. 2. Which ...? **—niz** which of you. **— akla hizmet ediyor?** *colloq.* What's making him do such a strange thing? **— biri** Which one (of a large number)? **— cehennemin dibinden geldin?** *colloq.* Where the hell did you come from? **— dağda kurt öldü?** *colloq.* This is a nice surprise, but whatever made you/him do it? **— peygambere kulluk edeceğini/ümmet olacağını şaşırmak/bilmemek** *colloq.* to be at a loss as to whose orders to follow. **— taşı kaldırsan, altından çıkar.** *colloq.* 1. He has an opinion about anything you mention. 2. He has a finger in every pie. **— taş pekse/katıysa, başını ona vur.** *colloq.* 1. Nothing can be done to help you; and if you don't believe me, go ask my boss. 2. You're to blame for the mess you're in, so don't come crying to me! **Seni/Sizi — rüzgâr attı buraya/böyle?** *colloq.* What on earth brought you here?/Where have you been all this time?
hangisi, -ni Which one?/Which of them?
hanım 1. lady. 2. a title meaning Mrs. or Miss *(used after a first name):* **Fatma Hanım.** 3. wife. 4. ladylike. 5. the lady of the house *(term used by a domestic servant when speaking of a female employer):* **Hanım evde yok.** The lady of the house is not at home. **— abla** sister *(a term of respect in addressing a woman).* **— evladı** *colloq.* 1. mama's boy. 2. bastard. **— hanımcık** *colloq.* 1. proper little (lady, housewife, girl). 2. domestic, housewifely. **— kadın** *colloq.* neat and housewifely woman. **— kız** *colloq.* 1. young lady, young girl. 2. proper little lady. **— nine** *colloq., see* **haminne. — teyze** *colloq.* ma'am.
hanımanne 1. mother-in-law. 2. *colloq.* ma'am.
hanımböceği, -ni *zool.* ladybug, lady beetle.
hanımefendi 1. lady. 2. madam, ma'am.
hanımefendilik being a lady.
hanımeli, -yi *bot.* honeysuckle, woodbine.
hanımgöbeği, -ni a ring-shaped syrupy pastry.
hanımlık ladylikeness, ladyhood.
hanımparmağı, -nı ladyfinger (a finger-shaped pastry soaked in syrup).
hani 1. So where's ...?: **Hani çay?** So where's the tea? 2. Why ... not ...?: **Hani ders çalışacaktın?** You were going to study; why didn't you? 3. You remember ...?: **Hani dün bize gelen kadın var ya, işte o.** You remember the woman who came to see us yesterday? Well, it's her. 4. Let's suppose that ...: **Hani, benim müdür olduğumu bilmese neyse, ama biliyor.** Now if he didn't know I was the director it'd be a bit different. But that's beside the point; he knows who I am. 5. in fact, moreover: **Hani, aklı da yok değil, ama kullanmıyor.** In fact he is not unintelligent; he just doesn't use his

head. 6. to tell the truth, actually: **Hani, pek de çekingen sayılmaz.** To tell the truth, she's not so shy. **—dir** for a long time now. **— bana?** What about me?/Where's my share? **— o günler!** 1. O for the good old days!/O for the days when one could do such things! 2. I only wish I could, but it's out of the question now. **— ya ....** 1. So where's ...? 2. You know ...! **— yok mu ....** 1. very nearly. 2. If only .... 3. You know what I mean.

hani zool. comber.

hanlık 1. being a khan, khanate. 2. khanate, area ruled by a khan.

hanos zool. comber.

hantal 1. unnecessarily large, unwieldy, bulky, huge, coarsely made. 2. clumsy, awkward, klutzy.

hantallaşmak to become clumsy, become awkward, get klutzy.

hantallık 1. clumsiness, awkwardness. 2. unwieldiness, bulkiness, hugeness.

hanteriş slang hashish, hash.

hant hant used in: **— ötmek** colloq. to crave, be obsessed by a desire for (something).

hanüman obs. house, home, family.

Hanya Canea, Khania (in Crete). **—'yı Konya'yı anlamak/öğrenmek** colloq. to learn what's what (by bitter experience), find out the hard way. **—'yı Konya'yı göstermek /a/** colloq. to teach (someone) a lesson, show (someone) what's what (said as a threat).

hap, -pı 1. pill. 2. slang pill, an opium pellet. **— etmez** slang not easily fooled, not gullible (in gambling). **— kadar** colloq. wee, a little bit, tiny. **—ı yutmak** colloq. to be in trouble, be done for.

hap child's language Yum-yum! (a sound made to encourage a child to take a bite). **— etmek /ı/** to swallow down, gulp down, gobble up.

hapaz slang food, eats, grub.

hapçı slang 1. drug addict (who takes pills). 2. opium addict.

hapıcık yapmak /ı/ child's language to swallow down, gulp down, gobble up.

hapır hapır see **hapır hupur.**

hapır hupur ravenously and noisily. **— yemek /ı/** to wolf down, gobble up.

hapis, -psi 1. imprisonment; confinement. 2. prison, jail. 3. prisoner. 4. imprisoned. 5. a kind of backgammon. **—e atmak /ı/** to put (someone) in prison, imprison, throw (someone) into jail, jail. **— cezası** prison sentence. **— giymek/yemek** to be sentenced to prison. **— hakkı** law right of retention. **—e tıkmak /ı/** colloq. to put (someone) in prison, imprison, throw (someone) into jail, jail. **— yatmak** to serve a time in jail, be in prison.

hapishane prison, jail. **—yi boylamak** to end up in jail. **— kaçkını** 1. person who is guilty but not yet arrested, criminal still at large. 2. scoundrel.

hapislik 1. imprisonment; confinement. 2. a period spent in prison.

hapsedilmek 1. to be imprisoned, be put in prison, be jailed. 2. /a/ to be locked up (in). 3. /a/ to be confined to, be detained in/at (a place).

hapsetmek 1. /ı/ to imprison, put (someone) in prison, jail. 2. /ı, a/ to lock (someone/an animal) up (in). 3. /ı, a/ to confine (someone) to, detain (someone) in/at (a place). 4. /ı/ to hold (something) without using it, retain.

hapşırık (a) sneeze.

hapşırmak to sneeze.

hapşırtmak /ı/ to make (someone) sneeze.

hapşu A-choo! (imitates the sound of a sneeze).

hapt used in: **— etmek /ı/** colloq. to silence, shut (someone) up (in an argument). **— olmak** colloq. to be silenced, be shut up (by another's arguments).

hapur hupur see **hapır hupur.**

har used in: **—ı başına vurmak** to go wild, let oneself get out of control. **—ı geçmek** 1. to lose one's enthusiasm. 2. to calm down, cease to be angry. 3. (for something hot) to cool off. **— gür/hur** noisy squabble, hullabaloo, rumpus. **— har** strongly, violently, noisily. **— vurup harman savurmak /ı/** to squander.

hara stud, stud farm.

harabat, -tı Ottoman lit. wineshop, tavern.

harabati 1. Ottoman lit. frequenter of wineshops and taverns; tippler. 2. (a) wastrel, (a) good-for-nothing. 3. unkempt and profligate. 4. slovenly.

harabatilik 1. Ottoman lit. frequenting of wineshops and taverns; tippling. 2. good-for-nothingness. 3. unkemptness and profligacy. 4. slovenliness.

harabe 1. ruins, remains. 2. building on the point of collapse.

harabelik place filled with ruins.

haraç 1. protection money. 2. formerly tax paid by non-Muslims. 3. formerly tribute (paid by a tributary state). 4. formerly tax; payment. **—a bağlamak /ı/** to force (someone) to pay protection money regularly. **—a kesmek /ı/** to exact protection money from. **— mezat satmak /ı/** to auction, auction off. **— yemek** slang to live on someone else, sponge on another.

haraççı 1. racketeer who extorts protection money. 2. formerly collector of tribute.

haraççılık 1. racketeering, extorting money by intimidation. 2. formerly collecting the tax on non-Muslims.

harakiri hara-kiri.

haram forbidden by religion, unlawful, wrong.

— **etmek** /ı, a/ to take the pleasure out of (something) for (someone). — **helal ver Allahım, garip kulun yer Allahım.** *colloq.* He will make a profit from anything, with no regard for right and wrong. — **mal** a thing taken by theft or deceit. — **olmak** /a/ (for the pleasure, enjoyment, etc. of something) to be ruined, spoiled, or impaired (for someone). — **olsun!** May you get no benefit from it. — **para** money illegitimately acquired, ill-gotten gains. —**a uçkur çözmek** *colloq.* to commit adultery. — **yemek** to get something illegally or illegitimately.

harami bandit, brigand, robber, highwayman, waylayer, thief.

haramilik banditry, brigandage, robbery, waylaying, thievery.

haramsız religiously lawful, religiously untainted, honest.

haramzade 1. bastard, illegitimate child. 2. unscrupulous (person).

harap 1. ruined, in ruins. 2. worn-out, exhausted. — **etmek** /ı/ to ruin, destroy. — **olmak** 1. to be ruined, be destroyed. 2. to be worn out, be exhausted.

haraplaşmak to fall into ruin.

haraplık desolation, ruin.

harar large haircloth sack. — **gibi** *colloq.* capacious, enormous, huge, mammoth.

hararet, -ti 1. heat, warmth. 2. fever, temperature, feverishness. 3. thirst. 4. fervency, fervidness, vehemence, zeal, ardor. — **basmak** /a/ 1. to feel very thirsty. 2. to feel feverish. — **kesmek/söndürmek** to quench one's thirst. — **vermek** /a/ to make (someone) thirsty.

hararetlendirmek /ı/ 1. to make (someone) feverish. 2. to heat up, excite, steam up, fire up (a discussion, meeting, etc.).

hararetlenmek 1. to become feverish. 2. (for a discussion, meeting, etc.) to get heated up, get excited, get steamed up, get fired up.

hararetli 1. feverish. 2. heated up, excited, steamed up, fiery (discussion, meeting, etc.). 3. fervent, fervid, vehement, zealous, ardent.

haraşo 1. stockinette stitch, stockinette. 2. *slang* good-looking Russian woman.

haraza *slang* quarrel, rumpus, row. — **çıkarmak** *slang* to quarrel, raise a rumpus, cause a row.

harbe 1. short lance. 2. ramrod.

harbi 1. ramrod. 2. *slang* fair and square, honest, upright (person). — **bas!** *slang* Scram!/Take off! — **konuşmak** *slang* to speak the truth. — **zar** *slang* honest dice.

harbilik 1. muzzle (of a firearm). 2. *slang* honesty, uprightness, playing fair and square.

Harbiye the Army Military Academy (a state-run, university-level military academy in Ankara). — **Nazırı** *formerly* the Minister of War. — **Nezareti** *formerly* the Ministry of War.

harbiye military affairs.

Harbiyeli student at or graduate of the Army Military Academy.

harcama 1. spending. 2. expenses, outlay, expenditure.

harcamak /ı/ 1. to spend, expend. 2. to expend, use up. 3. to bring ruin or harm to (someone) (in order to advance one's own interests), expend. 4. to sacrifice. 5. *slang* to kill, do (someone) in.

harcanmak 1. to be spent, be expended. 2. to be expended, be used up. 3. to be ruined, be expended; to be harmed. 4. to be sacrificed. 5. *slang* to be killed, be done in.

harcıâlem 1. common, ordinary, suitable for everybody. 2. lacking in originality, unoriginal.

harcırah travel allowance.

harç 1. mortar. 2. plaster, material for plastering. 3. ingredients (used in preparing a food). 4. filling (of a food): **Böreğin harcı henüz hazır değil.** The filling for the **börek** isn't ready yet. 5. trimming (for a woman's dress). 6. (any specially prepared) soil mixture, soil mix: **saksı harcı** potting soil. —**ı olmak** 1. to be within (one's) power or means. 2. to be (one's) special skill or forte.

harç 1. expenditure, outlay, expenses. 2. money paid to a government office for a service. —**ını vermek** /ın/ *slang* to give (someone) a dressing down, give (someone) a scolding.

harçlı 1. made with mortar and plaster. 2. trimmed (dress).

harçlı (official action) for which a fee must be paid.

harçlık allowance, pocket money.

harçsız 1. made without mortar and plaster. 2. (dress) that has no trimming on it.

harçsız (official action) for which a fee is not required.

hardal 1. *bot.* mustard. 2. mustard (condiment). — **lapası/yakısı** mustard plaster.

hardaliye grape juice flavored with mustard.

hare 1. moiré, water. 2. moiréd cloth.

harekât, -tı *mil.* operations; operation, campaign.

hareke vowel point, vowel mark (in Arabic script).

harekelemek /ı/ to place a vowel point above or below (a consonant), vowelize, vowel (in Arabic script).

harekeli pointed, (consonant) to which the vowel points have been added (in Arabic script).

hareket, -ti 1. motion, movement, action. 2. stir, activity. 3. act, action, deed; conduct, behavior. 4. departure. 5. movement, organized movement. 6. earthquake, tremor. 7. *mus.* tempo. 8. *rail.* traffic. 9. exercising, exer-

hareketlendirmek

cises, exercise. — **cetveli** *rail.* timetable. — **dairesi** *rail.* dispatcher's office. — **etmek** 1. to move, stir, act. 2. to act, behave. 3. to set out, start; to depart. 4. /a/ to leave for. —**e geçirmek** /ı/ to set (someone) into action. —**e geçmek** to begin to act, begin, start. —**e getirmek** /ı/ 1. to set (something) in motion. 2. to stir up. — **kolu** starting handle; crank. — **noktası** 1. point of departure, departure. 2. starting point (of a matter, discussion, etc.).

hareketlendirmek /ı/ to put (something) into motion.

hareketlenmek to get into motion or action.

hareketli 1. moving, active. 2. vivacious, animated.

hareketlilik 1. activity. 2. vivacity, animation.

hareketsiz motionless, inactive.

hareketsizlik immobility.

hareki kinetic.

harelemek /ı/ to moiré, water.

harelenmek to take on a moiréd appearance, acquire a watered appearance.

hareli moiréd, moiré, watered.

harem 1. harem, haram, hareem, harim, seraglio. 2. wife. 3. the part of a house occupied by the women. — **ağası** black eunuch in the sultan's palace. — **dairesi** harem, haram, hareem, harim, seraglio, the quarters occupied by the harem. — **kâhyası** man who supervised the shopping for a harem.

haremlik 1. being a wife, wifehood. 2. the part of a house occupied by the women. — **selamlık olmak** (for men and women) to sit separately; to occupy separate quarters (in a house).

harf, -fi letter (of the alphabet). — **atmak** /a/ *colloq.* to bother, pester (a woman/a girl). —**i harfine** to the letter.

harfiyen to the letter.

harharyas *zool.* 1. great white shark, man-eater, white shark. 2. porbeagle, porbeagle shark.

harıldamak 1. to flow or burn furiously. 2. (for a machine, motor, etc.) to run noisily, operate furiously.

harıl harıl 1. assiduously, diligently, intensely, intensively. 2. furiously, fiercely, intensely. — **çalışmak** to work like mad. — **yanmak** to burn furiously.

harıltı 1. roar (of something flowing or burning). 2. roar (of a machine, motor, etc.).

haricen outwardly, externally.

harici 1. external, exterior. 2. foreign.

hariciye 1. foreign affairs. 2. *formerly* surgery, the branch of medicine that treats diseases by operative procedures. — **koğuşu** surgical ward. H— **Vekâleti** *formerly* the Ministry of Foreign Affairs. H— **Vekili** *formerly* the Minister of Foreign Affairs.

hariciyeci 1. diplomat. 2. *formerly* surgeon, physician who performs surgical operations.

hariciyecilik the work of a diplomat; the diplomatic profession.

hariç 1. outside, exterior, outer surface. 2. foreign place. 3. except (for), with the exception of; exception of; excluded, not included, without. —**ten gazel okumak/atmak** *colloq.* 1. to offer one's ideas on a subject without knowing anything about it. 2. to break rudely into a conversation. — **olmak** /dan/ to be excluded (from).

harika 1. wonderful, marvelous, miraculous, extraordinary. 2. wonderful, marvelous, fantastic. 3. wonder, marvel, miracle. —**lar yaratmak** to produce wonders.

harikulade 1. extraordinary, unequaled. 2. wonderful, marvelous, fantastic.

haris ambitious, greedy, overly desirous.

harita map. —**da olmak** 1. to be in the plan; to have been considered. 2. to require consideration. —**dan silinmek** 1. (for one country) to be absorbed into another country. 2. to be destroyed, be wiped off the map.

haritacı cartographer.

haritacılık 1. being a cartographer. 2. cartography.

harlamak 1. to burn furiously. 2. to blow one's stack, blow up, flare up.

harlatmak /ı/ to poke up (a fire), make (a fire) burn furiously.

harlı furiously burning.

harman 1. threshing. 2. threshing floor; threshing field. 3. stack of grain ready for threshing. 4. harvest, harvest time. 5. blending; blend (of tobacco, tea, etc.). 6. *print.* collating, gathering (of pages, signatures, etc.). 7. *slang* slightly high on hashish. — **çevirmek** to go around in circles. — **çorman** *colloq.* in utter disorder, mixed up, topsy-turvy, higgledy-piggledy. — **dövmek** to thresh grain. — **etmek/yapmak** /ı/ 1. to blend (tobacco, tea, etc.). 2. *print.* to collate, gather (pages, signatures, etc.). — **makinesi** 1. threshing machine, thresher. 2. *print.* collator. — **savurmak** to winnow grain. — **sonu** 1. the end of the threshing season. 2. residue of grain (mixed with stones and dust), gleanings. 3. remnants of a fortune or business. — **sonu dervişlerindir.** *proverb* The humble and patient get what is left over from the rich. — **yeri** threshing floor; threshing field.

harmancı 1. thresher, one who threshes grain. 2. blender, one who blends tobacco, tea, etc. 3. *print.* collator, one who collates pages, signatures, etc.

harmancılık 1. threshing, work of a thresher. 2. work of one who blends tobacco, tea, etc.,

blending. 3. *print.* collation, work of a collator.
harmandalı, -nı a folk dance (of the Aegean region).
harmani a long cape.
harmaniye *see* **harmani.**
harmanlamak 1. /ı/ to blend (tobacco, tea, etc.). 2. *print.* to collate, gather (pages, signatures, etc.). 3. to go in circles. 4. *naut.* to go in a circle.
harmanlanmak 1. (for tobacco, tea, etc.) to be blended. 2. (for pages, signatures, etc.) to be collated, be gathered. 3. (for the moon) to be encircled by a halo.
harmoni *mus.* harmony.
harmonyum *mus.* harmonium, a reed organ.
harnup 1. carob bean, carob. 2. *bot.* carob tree, carob.
harp, -bi 1. war. 2. *slang* card game. — **açmak** to start a war. **H— Akademisi** the Turkish Staff Officers' College. — **esiri** prisoner of war. — **filosu** war fleet. — **gemisi** warship. — **hali** state of war. — **hilesi** stratagem. — **hukuku** law of war. — **ilanı** declaration of war. — **malulü** disabled war veteran. — **meydanı** battlefield, battleground. — **narası** battle cry. — **okulu** (state-run, university-level) military academy. — **oyunu** war exercise, war game. — **sahası** theater of war. **H— Şûrası** the Supreme War Council. — **tazminatı** war indemnity. — **teçhizatı** military equipment, munitions. — **zengini** war profiteer.
harp, -pı *mus.* harp.
harrangürra *colloq.* in a disorderly and noisy manner, in a hurly-burly and chaotic manner, chaotically.
hars *obs.* culture, the cultural and social aspects of a society.
hart *used in:* — **diye** *colloq.* with a loud crunch.
harta *used in:* —**sı hurtası olmamak** *colloq.* to show disrespect, act disrespectfully.
hartadak *colloq.* suddenly and with force; with a loud crunch: **Köpek elimi hartadak ısırdı.** The dog suddenly bit my hand.
hartadan *colloq., see* **hartadak.**
hart hart 1. with a crunching sound, with a crunch. 2. with a rasping sound, with a scratching sound.
hart hurt with a crunching sound, with a crunch.
harttadak *colloq., see* **hartadak.**
hartuç cartridge, cartouche, shell (containing a complete charge of powder).
has 1. /a/ belonging to; special to; peculiar to, unique to. 2. pure, unadulterated, genuine, real; of the best quality, of the highest quality, quality. 3. genuine, real, fine (person). 4. royal, belonging to the sultan. 5. *Ottoman hist.* a fief of over 100,000 akçe. — **ahır** sultan's stable. — **boya** fast dye. — **ekmek** fine white bread. — **işlemek** *slang* to gobble up another's food without being invited to. — **kefal** *zool.* gray mullet, striped mullet. — **oda** the sultan's apartment in the palace. — **un** fine white flour.
hasa calico (a cotton cloth).
hasar damage, loss. — **görmek/—a uğramak** to suffer damage. — **yapmak** to cause damage.
hasat 1. harvest, reaping (of the crop). 2. harvest, gathered crop.
hasatçı harvester, one who harvests, reaper, one who reaps.
hasatçılık working as a harvester, harvesting, working as a reaper, reaping.
hasbahçe private garden of the sultan.
hasbelkader by chance, by accident, fortuitously; by coincidence, coincidentally.
hasbetenlillah *obs.* purely for the love of God, expecting nothing in return.
hasbıhal, -li chat, friendly talk. — **etmek** to chat, have a friendly talk.
hasbi 1. volunteer, voluntary. 2. without apparent cause. — **geçmek** *slang* to ignore something, forget it, pay no attention.
hasbilik being voluntary, not being forced.
hasebiyle *obs.* because of, by reason of, on account of.
haseki *Ottoman hist.* 1. member of the bodyguard of the sultan. 2. a woman in the harem much favored by the sultan. — **sultan** favored sultanic wife who has given birth to a son.
hasekiküpesi, -ni *bot.* fuchsia.
hasep *obs.* personal qualities, merits. —**i nesebi** one's kith and kin.
haset 1. envy, jealousy. 2. *colloq.* envious, jealous. —**ten/—inden çatlamak** to be consumed with envy. — **etmek** /a/ to envy, be jealous of.
hasetçi envious, jealous.
hasetlenmek to become envious, become jealous.
hasetlik *colloq.* envy, jealousy.
hâsıl resulting; produced. — **etmek** /ı/ to produce. — **olmak** to result, be produced, come into existence.
hasıl *prov.* 1. grain still green in the field. 2. green barley used as fodder.
hâsıla result, outcome.
hâsılat, -tı 1. produce; products. 2. revenue, returns; proceeds.
hâsılı in short, in brief, to sum up. — **kelam** in a word; the long and (the) short of it is that ....
hasıllanmak 1. (for a child) to grow up. 2. (for a crop) to mature.
hasım, -smı 1. enemy. 2. opponent, party to a dispute or contest.
hasımlık enmity, hostility, antagonism.
hasır 1. rush mat; reed mat, matting; wickerwork;

canework. 2. made of woven straw, coarse fiber, cane, rushes, or wicker. — **altı etmek** /ı/ *colloq.* 1. to conceal, hush up, cover up. 2. to hold up (a paper or file) instead of processing it and passing it along. — **altına gitmek** *colloq.* to be shelved and forgotten. — **etmek** /ı/ *slang* to steal. — **gibi serilmek** *colloq.* to be spread out all over the ground. — **iskemle** cane chair. — **işi** wickerwork. — **koltuk** wicker chair. — **olmak** *slang* to be beaten (in a game). — **örgü** mat, matting. —**lara sarılmak/yatmak** *slang* (for a taxi driver) to take a day off, not to work. —**a sarmak** /ı/ *slang* to swipe, cop, filch, pilfer, steal. — **şapka** straw hat; *Brit.* boater; Panama hat, Panama.

hasırcı 1. mat maker; dealer in mats. 2. maker or seller of wickerwork. 3. *slang* filcher, pilferer, thief.

hasırcılık 1. making or selling woven mats or wickerwork. 2. *slang* swiping, copping, filching, pilfering, stealing.

hasırlamak /ı/ to cover (something) with matting; to cane.

hasırlanmak to be covered with matting; to be caned.

hasırlı 1. covered with matting; caned. 2. wicker, covered with wicker. 3. large bottle covered with wickerwork; wicker jug.

hasırotu, -nu *bot.* rush.

hasırsazı, -nı *bot.* bulrush.

hasis 1. stingy, miserly, niggard, niggardly. 2. petty; base, low.

hasislik stinginess. — **etmek** to behave stingily.

hasiyet, -ti *obs.* 1. special quality, special virtue, special value. 2. food value, nutritional value (of food/drink).

hasiyetli *obs.* wholesome, nourishing, healthful (food/drink).

haslet, -ti (inborn) trait, characteristic.

haspa *colloq.* minx, baggage, pert young woman.

hasret, -ti longing, yearning; nostalgia. — **çekmek** /a/ to long, yearn (for). —**ini çekmek** /ın/ 1. to long to see (someone/something) again. 2. to miss, suffer from the lack of, long for, yearn for. — **gitmek** /a/ to die longing for (someone/a place). — **kalmak** /a/ to feel the absence of, miss greatly.

hasretli 1. longing, yearning; nostalgic. 2. homesick.

hasretlik 1. (a) longing, (a) yearning. 2. homesickness.

hasretmek /ı, a/ to devote, consecrate, or dedicate (something) to; to appropriate, allot, or set aside (something) for.

hassa *obs.* special quality. — **askeri** *Ottoman hist.* bodyguard of a ruler, imperial guard.

hassas 1. sensitive, responsive. 2. touchy, oversensitive. 3. /a/ susceptible (to drugs). 4. mechanically exact. — **aletler** precision instruments.

hassasiyet, -ti 1. sensitiveness, sensitivity. 2. touchiness, oversensitivity.

hassaslık sensitiveness, sensitivity.

hassaten *obs.* especially, particularly.

hasse calico (a cotton cloth).

hasta 1. sick, ill. 2. patient, sick person; invalid. 3. *slang* hard up, flat broke, penniless. 4. *slang* lazy student. 5. *slang* losing (card). 6. addicted to, excessively fond of: **futbol hastası** great soccer fan. —**ya bakmak** 1. to nurse a patient. 2. to examine a patient. 3. to treat a patient. —**ya çorba sorulur mu?** *colloq.* Why hesitate? Go on and do it./Of course I want it. —, **çorbası tasta.** *colloq.* He's not really very sick. — **düşmek** to get sick. — **etmek** /ı/ to make (someone) ill. —**ya karpuz/çorba/kar sormak** *colloq.* to ask someone if he wants something when it's obvious he does. — **olmak** 1. to get sick; to be ill. 2. *slang* to go to class unprepared. —**sı olmak** /ın/ 1. to be addicted to, be excessively fond of, be a fan of. 2. to be the patient of (a specified doctor). — **yatağı** sickbed.

hastabakıcı nurse's aide.

hastabakıcılık the work of a nurse's aide.

hastalandırmak /ı/ to make (someone) sick.

hastalanmak to get sick, fall ill.

hastalık 1. sickness, illness; ill health. 2. disease. 3. addiction. — **almak/kapmak** to catch a disease. — **geçirmek** to be sick, have an illness. — **hastası** hypochondriac. — **sağlık/sayrılık bizim için.** *proverb* Any of us can be afflicted by illness (therefore we ought to take precautions against it). — **sigortası** health insurance. —**a tutulmak** to get sick, come down with a disease. —**a yakalanmak** to get sick, be taken ill.

hastalıklı (someone) who has bad health, sickly, ailing.

hastane hospital. —**ye kaldırmak/yatırmak** /ı/ to hospitalize, put (someone) in the hospital. — **yatağı** hospital bed.

hastanelik (someone) who requires hospital care. — **etmek** /ı/ *colloq.* to beat (someone) up so badly that he/she needs to be hospitalized. — **olmak** 1. to get so sick that one needs hospitalization. 2. *colloq.* to be badly beaten up.

hasut *obs.* very envious, very jealous.

hâşâ 1. God forbid!/Heaven forbid!/It's unthinkable!: **Hâşâ, siz kabalık etmezsiniz.** It's unthinkable that you'd do anything rude. 2. May God forgive me for saying it!/God forbid! — **huzurdan/huzurunuzdan ....** Saving your presence .../If you'll excuse the expression .... — **sümme hâşâ.** Perish the thought!

haşa saddle blanket, saddlecloth.

haşarat, -tı 1. insects, vermin. 2. *colloq.* the mob, the rabble, vermin.

haşarı 1. wild, very naughty (child). 2. wild, uncontrollable, unruly, ungovernable (animal).
haşarılaşmak 1. (for a child) to become very naughty. 2. (for an animal) to become uncontrollable.
haşarılık 1. wildness, extreme naughtiness (in a child). 2. unruliness (in an animal).
haşat, -tı slang 1. completely messed up, dilapidated, wiped out, totaled, shot. 2. exhausted, wiped out, shot, worn-out. 3. jalopy, rattletrap. **— çıkmak/— olmak** 1. to be completely messed up, be wiped out, be totaled, be shot. 2. to be exhausted, be wiped out, be shot, be a wreck.
haşefe obs. 1. glans, head of the penis. 2. bot. anther.
haşere insect.
haşhaş bot. opium poppy. **— ekmeği** a bread made with poppy seeds.
haşhaşyağı, -nı poppy-seed oil, poppy oil.
haşıl text. size, sizing (for cloth).
haşıllamak /ı/ to size, dress (cloth) with sizing.
haşım haşım used in: **— haşlanmak** colloq. 1. to get thoroughly boiled. 2. to be badly sunburned. 3. to be scalded.
haşırdamak to rustle, make a rustling sound.
haşır haşır see **haşır huşur**.
haşır huşur with a rustle, rustlingly.
haşırtı rustle, rustling sound.
haşırtılı rustling, making a rustling sound.
haşin harsh, rough, crude, coarse, tough (person/behavior).
haşinleşmek to get harsh, get tough.
haşinlik harshness, roughness, crudeness, coarseness, toughness.
haşir, -şri 1. obs. collecting people together. 2. Islam God's causing the dead to arise and assemble for judgment; resurrection and assembling for judgment; Day of Resurrection, Judgment Day. **— neşir olmak /la/** colloq. 1. to mingle with, rub shoulders with. 2. to be busy with, be involved with.
haşiş hashish, hasheesh.
haşiye obs. footnote; marginal note; annotation.
haşlama 1. boiling. 2. scalding. 3. colloq. scolding. 4. boiled. 5. scalded.
haşlamak /ı/ 1. to boil, cook (something) in boiling water. 2. to scald. 3. (for an insect) to sting (someone) all over. 4. (for frost) to burn (plants). 5. colloq. to scold, tell (someone) off.
haşlanmak 1. to be boiled. 2. to be scalded. 3. to be stung all over (by an insect). 4. (for plants) to be burned (by frost). 5. colloq. to be scolded, be told off.
haşlatmak /ı, a/ 1. to have (something) boiled. 2. to have (something) scalded.
haşmet, -ti majesty, pomp, grandeur.
haşmetli 1. majestic, grand. 2. His/Her Majesty.
haşmetmeap His/Her Majesty (title applied to European sovereigns).
hat, -ttı 1. line. 2. handwriting; calligraphy. 3. (transport or communications) line. 4. elec. line, wire. 5. (facial or bodily) feature, contour. **— bekçisi** watchman (guarding a railroad, telephone or telegraph line). **— çekmek** to install a (telephone/telegraph) line. **— işçisi** lineman; trackman. **— karıştırmak** slang to be shown up, be embarrassed.
hata 1. mistake, error, fault. 2. fault, defect, flaw. **—ya düşmek** to fall into error. **— etmek/işlemek** to err, make a mistake, be wrong. **— yapmak** to make a mistake.
hatalı 1. faulty, defective, flawed. 2. in the wrong, at fault.
hatasız 1. flawless, free of error. 2. unerring. 3. not at fault. **— kul olmaz.** proverb Nobody's perfect.
hatıl horizontal beam (embedded in a wall to strengthen it).
hatıllamak /ı/ to strengthen (a wall) with horizontal beams.
hatır 1. memory, mind. 2. one's feelings, one's sensitivities. 3. sake. 4. influence, consideration, weight, the consideration that one person expects from another. **— almak** to please someone. **— belası** burdensome obligation undertaken out of respect or friendship for someone. **—ına bir şey gelmesin.** colloq. Don't misunderstand me./I don't mean to imply anything bad. **—ından çıkamamak /ın/** to consent to something rather than offend (a friend). **—dan çıkarmak /ı/** to forget. **—ından çıkarmamak /ı/** to keep in mind, continue one's concern for. **—ından çıkmamak** to keep coming to one's mind. **—ından geçmemek** 1. not even to think of. 2. /ın/ to do something rather than disappoint (someone). **—ına gelmek** to occur to one, come to one's mind. **—a getirmek /ı/** (for something) to remind someone of (something). **—a gönüle bakmamak** not to let one's consideration for someone prevent one from doing what is right. **— gönül bilmemek/saymamak/tanımamak** 1. not to let one's consideration for someone prevent one from doing what is right. 2. not to consider the feelings of others. **—a (ve hayale) gelmemek** (for a possibility) not even to occur to one. **—ını hoş etmek /ın/** to please (someone). **— için** as a favor to someone. **— için çiğ tavuk (da) yenir.** proverb A person will do difficult or unpleasant things in order to please others. **—ı için** for the sake of, because of. **—ı kalmak** to feel hurt or offended. **—ında kalmak** to remember. **—ını kırmak /ın/** to hurt (someone's) feelings, offend. **—ında olmak** to have in mind, not to have forgotten. **—ı sayılır**

hatıra

1. considerable. 2. respected. **—ı sayılmak** 1. to have influence and weight. 2. to have one's feelings respected. **— saymak** to show one's respect, show one's esteem. **—ını saymak /ın/** to show one's respect for (someone) (by one's action). **— senedi** accommodation bill. **— sormak /a/** to ask (someone) how he is, ask after/about (someone). **—ında tutmak /ı/** to remember, keep (something) in mind. **—ından ve hayalinden geçmemek** (for something) not even to cross (one's) mind. **— yapmak** to please someone. **—ım yok mu?** *colloq.* Don't I count for anything?/Have I no weight or influence?

hatıra 1. recollection, memory, reminiscence. 2. souvenir, memento, keepsake. **—sına /ın/** in memory of. **— defteri** 1. diary. 2 autograph book.

hatıralık 1. fit to be used as a souvenir. 2. souvenir.

hatırat, -tı memoirs, recollections.

hatır hatır *see* **hatır hutur.**

hatır hutur crunch crunch, with a crunching sound.

hatırlama remembering, recalling, recollecting.

hatırlamak /ı/ to remember, recall, recollect.

hatırlanmak to be remembered, be recalled, be recollected.

hatırlatma /ı, a/ reminding, calling (someone's) attention to.

hatırlatmak /ı, a/ to remind, call (someone's) attention to.

hatırlı influential, esteemed, of consequence.

hatırsız uninfluential, of no consequence.

hatırşinas considerate, courteous.

hatim, -tmi a reading of the Koran from beginning to end. **— duası** prayer after a complete reading of the Koran. **— indirmek** to finish a complete reading of the Koran.

hatime *obs.* epilog, *Brit.* epilogue.

hatip 1. public speaker, orator; a good speaker. 2. preacher. 3. an imam who delivers the khutbah.

hatiplik 1. oratory, power of elocution. 2. preaching.

hatmetmek /ı/ 1. to read (the Koran) from beginning to end. 2. *colloq.* to read (something) from cover to cover.

hatmi *bot.* marshmallow.

hatta even; moreover, besides, in addition, furthermore.

hattat, -tı 1. calligrapher. 2. person with good handwriting, penman.

hattatlık profession of a calligrapher; calligraphy.

hattıhareket, -ti *obs.* line of action, method of procedure.

hatun 1. woman; lady. 2. a title meaning Mrs. or Miss *(used after a first name):* **Hatice Hatun.** 3. khatun, wife of a khan. 4. wife. **— kişi** lady-like woman.

hav nap, pile (of cloth).

hava 1. air, atmosphere. 2. weather. 3. climate. 4. the sky. 5. *law* air rights. 6. wind, breeze. 7. melody, tune, air. 8. *mus.* pitch of a note. 9. one's pleasure, whim; mood, humor, state of mind. 10. atmosphere, prevailing emotional state. 11. style, style of expression. 12. environment, social environment. 13. nothing, bosh. 14. airs, affectation. **—dan** 1. free, for nothing, without any effort, as a windfall, out of the blue. 2. empty, worthless. **—ya** 1. upward, up. 2. uselessly, to no avail, in vain. **— açmak/açılmak** for the sky to clear. **— akımı** draft, draught, current of air in an enclosed space. **— akını** air raid, air attack. **— almak** 1. to breathe fresh air. 2. to absorb air, take in air. 3. *slang* to end up getting nothing, go home empty-handed. **— atışı** *basketball* jump ball. **— atmak** *slang* 1. to put on airs. 2. to speak claptrap. **— basıncı** atmospheric pressure. **— basmak** 1. /a/ to blow up, inflate. 2. *slang* to give oneself airs, blow oneself up. 3. *slang* to speak claptrap. **— boşaltma makinesi** vacuum pump. **— boşluğu** 1. air pocket, air hole, downdraft (as felt in an airplane). 2. air shaft, air well (in a building). **— bozmak** for the weather to turn stormy or rainy. **—yı bozmak** to dampen the spirits of a group. **— bulanmak** for the weather to turn rainy. **—sını bulmak** to begin to feel happy, get into a good mood. **— cereyanı** draft, draught, current of air in an enclosed space. **— çarpmak /ı/** for the wind or weather to affect (someone), cause (someone) discomfort. **— çekici** pneumatic hammer, air hammer. **— değişimi** 1. change of air, moving to another climate for medical reasons. 2. change in the weather; climatic change. **— değiştirmek** to move to another climate for medical reasons. **— deliği** 1. ventilation hole. 2. ventilation conduit (in a building). **— durumu** weather conditions. **— düzenleyicisi** air conditioner. **— filosu** air fleet. **— freni** air brake, pneumatic brake. **— geçirmez** airtight, airproof, hermetically sealed. **— gemisi** airship, dirigible. **—ya gitmek** to be in vain, be wasted. **—nın gözü yaşlı olmak** to threaten rain. **— haznesi** *mech.* air chamber. **(birine göre) — hoş olmak** (for something) not to matter (to someone). **— hukuku** air law. **— iyi/fena esmek** for things to be going well/badly. **— kabarcığı** air bubble, bubble. **— kaçırmak** to lose air. **—da kalmak** 1. to be up too high. 2. to be up in the air, be left in suspense, not to come to a conclusion. 3. to be left unsupported or unproved. **— kanalı** air conduit. **— kapağı** air valve. **— kapanmak** for

the sky to be overcast. — **kararmak** 1. for night to fall; to get dark. 2. for the sky to become heavily overcast, get dark. — **kesesi** *zool.* 1. air bladder, gas bladder, swim bladder. 2. air sac (in birds and insects). — **keşfi** *mil.* air reconnaissance. — **kırılmak** for cold weather to break; for weather to begin to warm up. — **kirliliği/kirlenmesi** air pollution. — **korsanı** skyjacker, air pirate. — **köprüsü** airlift. — **kuvvetleri** air force. — **meydanı** airfield, landing field; airport. —**sı olmak** (for someone) to have a warm, attractive personality. **(birinde bir kimsenin)** —**sı olmak** to have something about (her/him) which reminds one of (someone else), resemble (someone). — **oyunu** futures, speculative trading in futures. —**ya pala/kılıç sallamak** to waste one's energy. — **parası** 1. key money, cash payment demanded of a new renter before he takes possession. 2. money paid beyond what can be shown on a receipt. — **patlamak** for a storm to break. — **payı** margin of safety. — **raporu** weather report. —**ya savurmak** /ı/ 1. to throw (something) up into the air. 2. to spend (money) foolishly, throw (money) to the winds. — **sıkmak** *slang* to be a bore; to be a pain. —**dan sudan** 1. at random, randomly, of this and that. 2. random, of a random nature. — **tahmini** weather forecast. — **tahmin raporu** weather report. — **tebdili** change of climate (necessitated by ill health). —**ya uçmak** to be blown up, be blown sky-high. —**ya uçurmak** /ı/ to blow (something) up. —**sına uymak** /ın/ to adapt oneself to, fit in with. — **üssü** air base. — **vermek** /a/ 1. to put air in; to fill (something) with air. 2. to aerate (someone's lungs). —**sı vermek** /a/ to give (someone/something) (a certain) air: Zeynep kendine hippi havası vermek istiyor. Zeynep wants to give herself a hippie air. —**sını vermek** /ın/ to let one breathe the atmosphere of; to cause one to feel the temper or spirit of. —**ya vermek** /ı/ to spend (money) in vain; to throw (money) to the winds. — **yapmak** to show off. — **yutma** aerophagia.
havaalanı, -nı airfield; landing field; airport.
havabilgisi, -ni meteorology.
havacı 1. airman; aviator; aircrewman. 2. *mil.* member of an air force.
havacılık 1. airmanship. 2. aviation, flying. 3. aeronautics, flying.
havacıva 1. alkanet. 2. *colloq.* useless, trivial. 3. *colloq.* nonsense, stuff and nonsense, bosh.
havadar airy, well-ventilated; pleasantly breezy.
havadarlık airiness; breeziness.
havadeğişimi, -ni change of climate (necessitated by ill health).
havadis 1. (noteworthy) piece of news, news. 2. *formerly* events, happenings.
havagazı, -nı 1. (coal) gas (piped into buildings). 2. *slang* nonsense, empty talk, wind, bull. — **sayacı** gas meter.
Havai 1. Hawaii. 2. Hawaiian, of Hawaii.
havai 1. aerial. 2. sky-blue. 3. flighty; irresponsible. 4. nonsensical, meaningless. 5. *slang* loaded dice. — **fişek** 1. skyrocket, rocket. 2. flare (used to signal or illuminate). — **hat** 1. overhead conveyor. 2. telephone/telegraph line (parallel to a railroad). 3. telpher, teleferic. — **mavi** 1. sky blue. 2. sky-blue. — **sözler** idle talk, empty words.
Havaice 1. Hawaiian, the Hawaiian language. 2. (speaking, writing) in Hawaiian, Hawaiian. 3. Hawaiian (speech, writing); spoken in Hawaiian; written in Hawaiian.
Havaili 1. (a) Hawaiian. 2. Hawaiian (person).
havailik flightiness; irresponsibility.
havaiyat, -tı *obs.* trifles; nonsense.
havaküre 1. atmosphere. 2. an atmosphere (unit of pressure).
havalandırıcı ventilator, ventilating device.
havalandırma 1. airing, aeration, ventilation. 2. air-conditioning. 3. *colloq.* air conditioner. — **havuzu** aeration basin. — **tankı** aeration tank. — **tertibatı** air conditioner.
havalandırmak /ı/ 1. to air, ventilate. 2. to take (an aircraft) up into the air; to make (a kite) catch the wind. 3. to make (a bird) fly away. 4. *colloq.* to make (someone) restless. 5. *colloq.* to cause (someone) to become frivolous and irresponsible.
havalanmak 1. to be aired, be ventilated. 2. (for an aircraft) to take off, become airborne; (for a kite) to catch the wind. 3. (for a bird) to take wing, fly away. 4. *colloq.* to become restless. 5. *colloq.* to become frivolous and irresponsible.
havale 1. assignment, referral (of a matter to another person/office). 2. money order. 3. *path.* infantile convulsions; eclampsia. 4. board fence, *Brit.* hoarding (around a building site). 5. (something's) being situated so that it overlooks or looks out on (something else). 6. (something's) being too high. — **etmek** /ı, a/ 1. to assign, transfer, or endorse (something) over to (another). 2. to refer (a matter) to (another person/department). — **gelmek** 1. for a money order to come. 2. *path.* to have convulsions; to have an attack of eclampsia. — **göndermek/yollamak** to send a money order.
havaleli 1. top-heavy. 2. unwieldy, bulky. 3. screened with a board fence. 4. situated so that it overlooks or looks out on (another place). 5. (ship) which rides too high above the water. 6. prone to having convulsions; eclamptic.
havalename *obs.* money order.

havalı 1. having (a specified kind of) weather. 2. airy, well-ventilated. 3. *colloq.* (someone) who has a distinct and intriguing manner, who has style. 4. *colloq.* unable to buckle down to work, restless. 5. pneumatic. — **korna/klakson** air horn, pneumatic horn. — **süspansiyon** air suspension.
havalık vent stack, soil ventilation pipe.
havali neighborhood, vicinity, environs.
havalimanı, -nı airport.
havan mortar (for pounding). — **dövücünün hınk deyicisi** *colloq.* one who hangs around and pretends to be helpful. —**da su dövmek** *colloq.* to do something that gets one nowhere; to be engaged in useless and profitless activities. — **topu** *mil.* mortar, trench mortar.
havana 1. Havana (cigar made from Cuban tobacco). 2. Havana brown, Bismarck brown, bunny. 3. Havana brown in color, Havana brown.
havaneli, -ni pestle.
havaölçer 1. barometer. 2. aerometer.
havari 1. disciple, apostle. 2. assistant.
havasız 1. airless. 2. stuffy, badly ventilated, close. 3. *colloq.* styleless.
havasızlık 1. airlessness. 2. lack of ventilation, closeness.
havasızyaşar *biol.* 1. anaerobe, anaerobion, anaerobium. 2. anaerobic (organism).
havasızyaşarlık *biol.* anaerobiosis.
havataşı, -nı *astr.* aerolite, aerolith.
havayolu, -nu airline, airway. — **ile** by air.
havayuvarı, -nı atmosphere.
have *mining* 1. working face, face, breast. 2. shaft.
haver *slang* partner.
havhav 1. *child's language* doggie, bowwow. 2. barking; woofing; baying; woof; bark; bay. 3. Bow wow!/Woof woof!
hav hav Bow wow!/Woof woof!
havi /i/ containing, including. — **olmak** /ı/ to contain, include.
havil, -vli fear: **can havliyle** fearing for one's life.
havlamak to bark, woof, or bay.
havlı 1. (something) which has a nap or pile; napped, piled. 2. (something) which has a thick nap or pile. 3. towel.
havlıcan 1. galangal, galingale. 2. *bot.* the galangal plant.
havlu towel.
havlucu maker or seller of towels.
havluculuk making or selling towels.
havluluk 1. towel rack. 2. towel cupboard. 3. toweling.
havöz coal cutter, coal-cutting machine.
havra synagogue.
havsala 1. intelligence, comprehension. 2. *obs., anat.* pelvis, pelvic cavity. —**sı almamak** /ı/ not be able to believe (something). —**sı geniş** tolerant, broad-minded. —**sına sığmamak** /ın/ 1. to be beyond one's ken, not to be able to understand. 2. not to believe that (something) is possible, to be hard (for someone) to believe. 3. to find (something) unacceptable.
havşa countersink or counterbore (enlargement at the end of a hole). — **açmak** /da or a/ to countersink; to counterbore. — **matkabı** fraise; countersink; counterbore.
havuç 1. carrot. 2. *geol., mining* core (sample removed for analysis).
havut camel's packsaddle.
havuz 1. (man-made) basin or pool. 2. dry dock. —**a çekmek** /ı/ to put (a ship) into dry dock, dry-dock. —**a girmek** to go into dry dock.
havuzbalığı, -nı *zool.* goldfish.
havuzcuk *anat.* pelvis of the kidney, renal pelvis, pelvis renalis.
havuzlamak /ı/ to put (a ship) into dry dock, dry-dock.
havuzlanmak to be put into dry dock, be dry-docked.
Havva Eve.
havya soldering iron.
havyar caviar. — **kesmek** *slang* to idle around, loiter.
havza 1. river basin, catchment basin, drainage area. 2. *geol.* basin.
hay What a ...! — **Allah!** *colloq.* My God! — **anasını!** *slang* What a pity! —**dan gelen huya gider (selden gelen suya gider).** *proverb* Easy come, easy go. — **hay!** *colloq.* By all means!/Certainly! — **hayı gitmek vay vayı kalmak** *colloq.* to get old and lose one's vim and vigor.
hayâ shame; modesty; bashfulness.
haya testicle, testis.
hayal, -li 1. imagined thing, vision, fancy; fantasy; dream; daydream. 2. imagination. 3. image, reflection. 4. shadow, indistinct image. 5. ghost, vision, apparition. 6. flat figure used in a shadow show. 7. shadow show. —**e dalmak** to daydream. — **etmek** /ı/ to imagine. —**inden geçirmek** /ı/ to dream of, think of. — **gibi** 1. like a dream. 2. very thin (person). — **gücü** imagination, imaginative power. —**i ham** impossible scheme, wild idea. —**e kapılmak** to be carried away by one's imaginings, let one's imagination run away with one. — **kırıklığı** disappointment. — **kırıklığına uğramak** to be disappointed. — **kırıklığına uğratmak** /ı/ to disappoint. — **kurmak** to dream dreams, build castles in the air. — **mahsulü** figment of the imagination. — **meyal** vaguely, indistinctly. — **olmak** to be realized only in one's imagination, turn out to be nothing more than a dream. — **oyunu** shadow show, shadow play. — **peşinde koşmak** *colloq.* to chaise a rainbow, chase a

will-o'-the-wisp.
hayalci 1. dreamer, castle-builder, builder of castles in the air, fantast. 2. puppeteer (of a shadow show). 3. inclined to fantasize, dreamy.
hayalet, -ti 1. ghost, vision, apparition. 2. shadowy figure, ghostlike shape.
hayalhane *colloq.* imagination, imaginative power.
hayâlı bashful, shy.
hayali 1. imaginary, fantastic. 2. puppeteer (of a shadow show).
hayalifener 1. *obs.* magic lantern. 2. *colloq.* very thin, skin and bones. **—e dönmek** *colloq.* to become nothing but skin and bones.
hayalperest, -ti 1. dreamer, castle-builder, builder of castles in the air, fantast. 2. inclined to fantasize, dreamy.
hayalperestlik 1. fantasizing, dreaming, castle-building. 2. inclination to fantasize, dreaminess.
hayâsız shameless, brazen.
hayâsızca shamelessly, brazenly.
hayâsızlık shamelessness, brazenness.
hayat, -ti 1. life. **—ım** my dear, my love, my darling. **— adamı** man of the world. **— arkadaşı** spouse. **—a atılmak** to begin to make a living, begin to earn money. **—ın baharı** the prime of life. **— bilgisi** a primary-school course in natural science and social studies. **—ını borçlu olmak /a/** to owe one's life to. **—ına doymamak** not to taste life to the full, not to experience all that life has to offer. **— geçirmek** to spend one's life. **—ına girmek /ın/** to come into (one's) life, become a part of (one's) life. **—a gözlerini yummak/kapamak** to die. **— kadını** prostitute, whore. **—ı kaymak** *slang* to be ruined, lose everything. **—ını kazanmak** to earn one's living. **—a küsmek** to be weary of life, be fed up with it all. **— memat meselesi** life-or-death matter, vitally important matter. **— mücadelesi/kavgası** the struggle to earn a living. **—ta olmak** to be alive, be living. **— pahalılığı** high cost of living. **— sigortası** life insurance. **— vermek /a/** 1. to enliven, liven up. 2. to give life to (something), bring (something) to life. **—ını yaşamak** 1. to live as one's heart desires. 2. to live the life of Riley.
hayat, -tı 1. porch, veranda. 2. courtyard (of a house). 3. *prov.* balcony.
hayatağacı, -nı 1. *anat.* arbor vitae, arborvitae. 2. family tree, genealogical tree. 3. *bot.* arborvitae, white cedar.
hayati 1. vital, pertaining to life. 2. vital, extremely important.
hayatiyet, -ti vitality, vigor.
hayatlı (building) which has a porch, porched.
haybeci *slang* sucker, person singled out to be swindled.
haybeden *slang* free, for nothing.
hayda 1. Giddap! 2. What on earth!
haydalamak /ı/ 1. to drive (an animal) (by shouting **hay, huy**). 2. *slang* to get rid of (someone). 3. *slang* to fire, give (someone) the sack, sack, *Brit.* give (someone) the push.
haydari a sleeveless jacket (worn by dervishes). **— yaka** V neck.
haydari a spread made of yogurt seasoned with garlic.
haydariye a sleeveless jacket (worn by dervishes).
haydi 1. Come on! *(used to spur someone on):* **Haydi Filiz!** Come on Filiz! 2. All right, OK: **Haydi istediğin şekilde yapalım.** OK, let's do it your way. 3. OK, let's say ... *(used when estimating):* **Kahire buradan haydi yüz kilometre olsun.** OK, let's say Cairo is one hundred kilometers away. 4. Come off it!/Nonsense!: **Haydi oradan, bana madik atamazsın!** Listen man, you can't feed me that! 5. OK, so ... (but) ...!: **Haydi gelemedi, bari bir telefon edeydi!** OK, so he was unable to come; at least he could have telephoned! 6. The only thing to do is ...: **Seller basınca biz haydi dama.** Whenever it floods, we've no choice but to take to the roof. **— bakalım!** *colloq.* Come on then!/Hurry up! **— canım sen de!** *colloq.* Who do you think you're kidding?/Don't feed me that bull! **— gidelim!** Come on, let's go! **— git!** Get going!/Push off!/Off with you now! **— haydi!** *colloq.* 1. Who do you think you're fooling? 2. Cut it short!/Don't prolong things!/Don't drag it out! **— haydi** 1. easily, with no trouble whatsoever: **Biz bunu haydi haydi yaparız.** We'll do this with no trouble whatsoever. 2. at the most, at most: **Bu kütüphane haydi haydi yüz kitap alır.** This bookcase will hold one hundred books at the most. **— oradan!** *colloq.* 1. Get moving!/Move it! 2. Who do you think you're kidding?
haydin *colloq.* 1. Come on, you people, get a move on! *(said to a group).* 2. Come on! *(used to spur someone on).* 3. All right, OK.
haydindi *colloq.* Hurry up!/Come along!
haydisene *colloq.* Come on, will you?
haydut 1. bandit, brigand, robber. 2. *colloq.* little devil, little dickens. **— gibi** *colloq.* 1. big and fierce-looking, brigandish. 2. naughty, mischievous. **— yatağı** brigands' den, robbers' roost.
haydutlaşmak to start behaving like a roughneck.
haydutluk 1. being a bandit. 2. banditry. **— etmek** 1. to engage in banditry. 2. (for a child) to misbehave.
hayhay By all means!/Certainly!
hayhuy 1. clamor, din, hullabaloo. 2. fruitless

hayıf, -yfı *obs.* 1. injustice; cruelty. 2. regret, sorrow, pity. 3. Alas!/What a pity!
hayıflanmak /a/ 1. to feel sorry for. 2. to bemoan.
hayır no *(a negative answer)*. **— demek** to say no.
hayır, -yrı 1. good (as opposed to *evil*), good deeds. 2. benefit, use: **Fehmi'nin kimseye hayrı yok.** Fehmi's never been of any use to anyone. 3. good, auspicious, favorable. **—a alamet** a good sign, an auspicious sign. **—la anmak** /ı/ to remember (someone) with gratitude. **— beklememek** /dan/ 1. not to expect any favorable results from. 2. not to expect any favor from. **—ı dokunmak** /a/ to be of use (to), be a help (to). **—a dönmek** to turn out well. **— etmemek** 1. /a/ to do (someone) no good. 2. /a/ to be of no use (to someone). 3. to be of no good to anyone. **— gelmemek** /dan, a/ to be of no help (to); to be of no use (to); not to benefit (someone). **— getirmemek** /a/ to be of no help (to); to be of no use (to); not to benefit (someone). **—ını gör!** 1. May it bring you luck! 2. Well, I wish you luck with it! *(said sarcastically).* **—ını görmek** /ın/ to benefit from. **— görmemek** /dan/ not to be of any benefit to. **—ını görmemek** /ın/ not to be of any help to; not to be of any benefit to. **—dır inşallah!** *colloq.* 1. I hope nothing's wrong!/Nothing wrong, I hope! 2. What on earth is this? 3. I hope this doesn't mean something bad's going to happen! *(said of a dream).* **— işlemek** to do good, do good works, help others. **— işleri** charities, philanthropic activities. **— kalmamak** /da/ not to be good for anything, be worn out, be shot, have had it: **Bu ütüde hayır kalmadı.** This iron's shot. **—a karşı** in the hope that it will turn out well. **— kurumu** philanthropic institution, charitable foundation. **— ola!** *colloq.* Nothing wrong, I hope!/I hope nothing's wrong! **— sahibi** philanthropist. **—la yâd etmek** /ı/ to remember (someone) with gratitude. **— yok.** *colloq.* 1. /dan/ He's/She's/It's of no help or benefit.: **Ferit'ten size hayır yok.** Ferit will do you no good. **Bu sistemden bize hayır yok.** This system won't help us. 2. /da/ It's/He's/She's not good for anything. It/He/She has had it.: **Arabamızda hayır yok.** Our car has had it. **—a yormak** /ı/ to interpret (a dream) favorably; to regard (an omen) as auspicious.
hayırdua prayer invoking God's favor, blessing. **—sını almak** /ın/ to receive (someone's) blessing. **— etmek** /a/ to invoke God's favor upon, pray God's blessing upon, bless.
hayırhah *obs.* benevolent, kindly.
hayırlaşmak to wish each other well (after concluding a piece of business).
hayırlı 1. good; beneficial. 2. dutiful, caring. 3. auspicious, favorable. **—sı.** *colloq.* Let's hope for the best. **— evlat** dutiful child. **—sı ile** *colloq.* without difficulty, without a hitch, without a snag: **Bu iş hayırlısı ile bir bitsin bayram edeceğiz.** If we can finish this job without a snag, we'll really celebrate. **— olsun.** Good luck./Congratulations./May it go well. **—sı olsun.** *colloq.* Let's hope for the best. **— yolculuklar.** Have a good trip.
hayırperver *obs., see* **hayırsever.**
hayırsever philanthropic, charitable.
hayırsız 1. (someone) who has never done one/someone a good turn. 2. undutiful, uncaring. 3. useless, good-for-nothing.
hayırsızlık 1. uselessness. 2. unfaithfulness.
hayız, -yzı *obs.* menstruation. **— görmek** to menstruate.
haykın 1. shout. 2. *gram.* exclamation, interjection.
haykırış 1. shouting, shout. 2. way of shouting.
haykırışmak to shout together.
haykırmak to shout.
haykırtı shouting, shout.
haykırtılı loud, very audible.
haykırtmak /ı/ 1. to cause (someone) to shout. 2. to allow (someone) to shout.
haylamak /ı/ 1. to drive (an animal) (by shouting **hay, huy**). 2. *slang* to pay attention to *(used in negative sense):* **Dediklerimi hayladığı yok.** He doesn't pay any attention to what I say.
haylaz 1. lazy and idle, shiftless, trifling. 2. idler, do-nothing, trifler.
haylazlaşmak to become lazy and idle, become shiftless, become trifling.
haylazlık 1. shiftlessness, triflingness. 2. idling, trifling. **— etmek** to loaf, trifle, idle.
hayli 1. many; much. 2. very. 3. frequently, a lot. **—den hayliye** *colloq.* a lot, really: **Fransızcası hayliden hayliye gelişti.** His French has really improved.
haylice 1. rather many, a fair number of; rather much, a fair amount of. 2. rather. 3. fairly frequently; rather a lot.
haym village; place of residence *(used by Turks living in Germany).*
haymana pasture, grazing place. **— beygiri gibi dolaşmak** *colloq.* to wander about aimlessly, trifle about, idle about. **— öküzü/mandası** *colloq.* big and lazy person, lummox.
haymatlos stateless.
haymatlosluk statelessness.
hayran 1. filled with admiration. 2. admirer; fan. **— olmak/kalmak** /a/ 1. to be filled with admiration (for). 2. to wonder at, marvel at.
hayranlık wondering admiration.
hayrat, -tı 1. good deeds, good works; charitable acts. 2. fountain, school, mosque, or other

building erected as a pious act.
hayret, -ti amazement, astonishment, surprise. **H—!** *colloq.* Amazing!/Can you beat that?/Wow! **—te bırakmak** /ı/ to amaze, astonish. **— bir şey!** *colloq.* Amazing!/Can you beat that?/Wow! **—e düşmek** to be amazed, be astonished. **— etmek** /a/ to be amazed (at), be astonished (at). **—te kalmak** to be amazed, be astonished.
hayri *obs.* 1. good; beneficial. 2. auspicious, favorable. **— gaye** *law* charitable purpose.
hayrola *colloq.* Nothing wrong, I hope!/I hope nothing's wrong!
haysiyet, -ti 1. self-respect, self-esteem, amour propre, dignity, pride. 2. honor; good name; integrity. **— divanı/kurulu** discipline committee. **— ine dokunmak** /ın/ to touch (someone's) self-respect, wound (someone's) pride.
haysiyetiyle *obs.* because of, on account of, owing to.
haysiyetli 1. self-respecting, (someone) who has personal pride. 2. honorable.
haysiyetsiz 1. (someone) who lacks self-respect. 2. dishonorable.
haysiyetsizlik 1. lack of self-respect. 2. lack of honor, dishonorableness.
hayta 1. (a) goof-off; (a) ne'er-do-well, (a) good-for-nothing, (a) no-count. 2. (someone) who is a goof-off; ne'er-do-well, good-for-nothing, no-count.
haytalık 1. being a goof-off; being a ne'er-do-well. 2. goofing off; no-count behavior. **— etmek** to goof off; to lead a shiftless life.
hayvan 1. animal. 2. horse; mount; pack animal. 3. *colloq.* disgusting person, swine; unmannerly person, rude *bastard; slob, uncouth *son-of-a-bitch. 4. *colloq.* disgusting, swinish; rude; crude, uncouth. **— alım satımı** livestock market. **— gibi** 1. animallike. 2. in an animallike way. 3. *colloq.* swinishly; rudely; crudely, uncouthly. **— kliniği** veterinary clinic. **— koklaşa koklaşa, insan konuşa konuşa/söyleşe söyleşe.** *proverb* It's always best to talk with people face to face. **— panayırı** cattle fair, stock fair. **— vagonu** *rail.* stockcar.
hayvanat, -tı 1. *obs.* animals. 2. *obs.* zoology. **— bahçesi** zoo, zoological garden.
hayvanbilim zoology.
hayvanbilimci zoologist.
hayvanca 1. animallike. 2. in an animallike way. 3. *colloq.* swinishly; rudely; crudely, uncouthly.
hayvancasına 1. in a very animallike way. 2. *colloq.* very swinishly; very rudely; very crudely, very uncouthly.
hayvancık 1. little animal, small animal. 2. animalcule.
hayvancılık 1. stock raising, raising livestock. 2. buying and selling of animals.
hayvani pertaining to an animal, animal; bestial.

hayvankömürü, -nü animal charcoal, boneblack.
hayvanlaşmak to become swinish, become brutish; to become rude; to become crude, become uncouth.
hayvanlık 1. animality, being an animal. 2. *colloq.* bestial side (of a person). 3. *colloq.* swinishness; rudeness; crudeness, uncouthness. **— etmek** *colloq.* to behave swinishly; to behave rudely; to behave uncouthly.
hayvansal pertaining to an animal, animal; bestial.
haz, -zzı pleasure, delight, enjoyment. **— duymak** /dan/ to enjoy, get pleasure from. **— ilkesi** the pleasure principle.
haza *colloq.* perfect, complete, out-and-out: **haza beyefendi** a perfect gentleman. **haza sersem** an out-and-out idiot.
hazakat, -ti *obs.* expertness, expertise (in medicine).
hazakatli *obs.* highly skilled, expert (medical doctor).
hazan *obs.* autumn, fall.
Hazar 1. the Khazar people, the Khazar, the Khozar, the Chazar. 2. (a) Khazar, (a) Khozar. **— Denizi** the Caspian Sea.
hazar *obs.* peace.
hazar *see* **hızar.**
Hazarca 1. Khazar, the Khazar language. 2. (speaking, writing) in Khazar, Khazar. 3. spoken in Khazar; written in Khazar.
hazcı *phil.* 1. hedonistic. 2. (a) hedonist.
hazcılık *phil.* hedonism.
hazfetmek /ı/ *obs.* to get rid of, eliminate; to delete; to elide.
hazık, -kı *obs.* highly skilled, expert (medical doctor).
hazım, -zmı digestion. **— cihazı** digestive system.
hazımlı *colloq.* (someone) who is not easily offended, who can put up with a lot.
hazımsız 1. (someone) who suffers from indigestion, dyspeptic. 2. *colloq.* (someone) who is easily offended, touchy.
hazımsızlık 1. indigestion, dyspepsia. 2. *colloq.* touchiness.
hazır 1. ready, prepared. 2. present, in attendance, attending. 3. ready-made. 4. ready-to-wear. 5. now that (the opportunity has presented itself), seeing that, since: **Hazır fırsat çıkmışken bunu yapalım.** As the opportunity is at hand, let's get this done. **—da** on hand, available: **Hazırda ne varsa çorbayı onlardan yapalım.** Let's make the soup out of whatever happens to be on hand. **— almak** /ı/ to buy (something) ready-made. **— bulunmak** 1. /da/ to be present (at). 2. to be ready. **—a dağlar dayanmaz.** *proverb* You can't live off your capital indefinitely, no matter how large it may be. **— etmek** /ı/ to prepare, get (something) ready.

hazırcevap

— **evin has kadını** *colloq.* someone who appears on the scene and reaps all the benefits without having done anything to deserve them. — **giyim** ready-made clothing. — **giyimci** seller of ready-made clothing. —**a konmak** *colloq.* to come into possession of something which someone else has labored to produce. — **mezarın ölüsü.** *colloq.* He/She expects everything to be handed to him/her on a silver platter. — **ol!** *mil.* Attention! — **ol duruşu** *mil.* attention. — **yemek** fast food. —**dan yemek** *colloq.* to live off one's capital. — **yiyici** *colloq.* 1. someone who lives off his/her capital. 2. (someone) who lives off his/her capital.
hazırcevap good at making quick replies or retorts.
hazırcevaplık quickness in replying or retorting.
hazırcı 1. seller of ready-made clothing. 2. *colloq.* one who expects everything to be handed to him on a silver platter.
hazırcılık *colloq.* expecting everything to be handed to one on a silver platter.
hazırlama preparation, preparing.
hazırlamak /ı/ to prepare, get (someone/something) ready, ready.
hazırlanmak 1. to get ready, get oneself ready, prepare oneself. 2. to be made ready, be readied, be prepared.
hazırlatmak 1. /ı, a/ to have (someone) prepare (something). 2. /ı, a/ to allow (someone) to prepare (something). 3. /ı/ to have (something) prepared, have (something) made ready.
hazırlayıcı preparer.
hazırlık preparations. — **görmek** to get things ready; to get the (necessary) supplies. — **sınıfı** preparatory year (in certain schools and universities a year devoted mainly to the study of a foreign language). — **soruşturması/tahkikatı** *law* preliminary criminal proceeding, preliminary investigations. — **yapmak** to make preparations, prepare.
hazırlıklı 1. (someone) whose preparations have been completed, prepared, ready: **Biz henüz hazırlıklı değiliz.** Our preparations have not yet finished. 2. prepared in advance: **hazırlıklı bir nutuk** a speech which was prepared in advance. 3. after having made preparations in advance: **Ali her zaman hazırlıklı konuşur.** Ali always gives speeches that he's prepared in advance.
hazırlıksız 1. (someone) who has made no preparations, unprepared, unready. 2. extemporaneous, extempore, impromptu. 3. extemporaneously, extempore. — **yakalanmak** to be caught unprepared.
hazırlop, -pu 1. hard-boiled (egg). 2. *colloq.* gotten without effort.
hazin sad, pathetic; touching, moving.
hazine 1. treasure. 2. treasury, strongroom. 3.

treasure trove. 4. national treasury. 5. *colloq.* treasure, much-valued person or thing. 6. storage place, depot; cistern. 7. *obs., anat.* uterus, womb. — **bonosu** treasury bill. — **tahvilleri** treasury bonds.
hazinedar *hist.* keeper of a treasury, treasurer.
hazinedarlık *hist.* being the keeper of a treasury.
haziran June.
haziranböceği, -ni *zool.* June bug.
hazmetmek /ı/ 1. to digest. 2. *colloq.* to stomach, endure (something).
hazne 1. treasure. 2. (water) reservoir. 3. reservoir, depot. 4. *obs., anat.* uterus, womb.
haznedar *hist., see* **hazinedar.**
hazret, -ti 1. When used in the singular in a Persian *izafet* construction it becomes a title for God, for important religious figures, or for a sacred or esteemed book: **Hazreti Muhammet** the Prophet Muhammad. **Hazreti Musa** the Prophet Moses. **Hazreti Kuran** the Holy Koran. 2. When used in a Turkish *izafet* construction it becomes a title for secular personages: **Kraliçe Hazretleri** Her Majesty the Queen. **Dük Hazretleri** His Grace the Duke. 3. *used without a qualifying noun to refer to a venerated or important figure:* **Hazretin türbesi burada.** The tomb of the Holy Man is here. **Hazretin odasına çıktım.** I went up to his Excellency's room. 4. his nibs, high cockalorum *(used sarcastically):* **Hazreti gördün mü?** Have you seen his nibs? 5. *colloq.* chief, *Brit.* squire *(used as a jocular form of address):* **Nereye hazret?** Where are you off to, squire? **H—i Nuh'tan kalma** *colloq.* 1. very old, ancient, (something) which came out of the Ark. 2. very antiquated; very out-of-date.
hazzetmek /dan/ to like, enjoy, take pleasure in. **he** *prov.* yes, yea, yeah. — **demek** *prov.* to agree, accept, consent. — **mi?** *prov.* OK?/Is that OK?
heba waste, loss. — **etmek** /ı/ to waste. — **olmak/—ya gitmek** to be wasted, go for nothing.
hebenneka fool who thinks himself wise; idiot, fool.
heccav *obs.* satirist; lampooner.
hece syllable. — **ölçüsü/vezni** *poet.* syllabic meter. — **yutumu** elision of a syllable, elision.
hececi 1. poet who prefers to use syllabic meter (as opposed to the quantitative meter known as *aruz*). 2. (poet) who prefers to use syllabic meter.
hecelemek /ı/ to read or pronounce (a word) syllable by syllable.
heceli of (so many) syllables: **iki heceli bir sözcük** a two-syllable word.
hecin *zool.* dromedary.
hedef 1. target, mark. 2. object, aim, goal. — **almak** /ı/ 1. to take aim at. 2. to aim at (doing something), aim to (do something). — **olmak** /a/ to be the butt of (something unpleasant).

hedeflemek /ı/ to aim to (do something).
heder waste, loss. **— etmek** /ı/ to waste. **— olmak** to come to nothing, come to naught.
hedik *prov.* boiled wheat.
hediye 1. gift, present. 2. price (of a sacred book). **— etmek** /ı/ to make a present of; to give (something) as a gift.
hediyelik suitable to be used as a present.
hedonist, -ti *phil.* 1. (a) hedonist. 2. hedonistic.
hedonizm *phil.* hedonism.
hegemonya hegemony.
hekim physician, doctor of medicine.
hekimbaşı, -nı *hist.* Sultan's chief physician.
hekimlik 1. being a (medical) doctor. 2. the medical profession. 3. medicine, medical science. 4. (someone) who needs medical care; (disease) which requires medical care.
hektar hectare (10,000 square meters or 2.47 acres).
hektogram hectogram, *Brit.* hectogramme.
hektolitre hectoliter, *Brit.* hectolitre.
hektometre hectometer, *Brit.* hectometre.
hela toilet, toilet room, lavatory.
helak, -ki 1. death; murder. 2. destruction. 3. exhaustion, fatigue. **— etmek** /ı/ 1. to destroy, kill. 2. to wear out with fatigue. **— olmak** 1. to perish. 2. to be utterly exhausted.
helal, -li 1. *Islam* canonically lawful, permissible, legitimate. 2. *colloq.* (lawful) wife. 3. legitimately, by legitimate means. **—inden** *colloq.* 1. legitimately, honestly. 2. willingly. **— etmek** /ı, a/ to give up (a legitimate claim) to (another); to give (something) to (someone) willingly. **— olsun!** *colloq.* 1. It's all yours!/Take it with my blessing (and enjoy it)! 2. Bravo!/Good for him! **— para** 1. *Islam* money earned in a canonically lawful way. 2. *colloq.* money that's been honestly earned, honest earnings. **— süt emmiş** *colloq.* good, upright, worthy (person). **— ü hoş olsun!** *colloq.* 1. It's all yours!/Take it with my blessing (and enjoy it)! 2. I don't want anything for what I've done!
helallaşmak *colloq., see* **helalleşmek**.
helalleşmek 1. to forgive each other any injury or hurt done knowingly or unknowingly, make amends for all that has past (done before saying farewell, before a battle, or when death appears near). 2. to call it a deal fair and square (on concluding a business agreement).
helallı 1. *colloq.* (lawful) wife. 2. *slang* mistress, sweetheart, paramour.
helallık 1. *colloq., Islam* canonical lawfulness. 2. *obs., colloq.* (lawful) wife. **—a almak** /ı/ to marry (a woman). **— dilemek** /dan/ to ask (someone) to forgive one for past injuries. **—a istemek** /ı/ to ask for (a girl) in marriage. **— vermek** /a/ to forgive (someone) for past injuries.
helalli *see* **helallı**.
helallik 1. *Islam* canonical lawfulness. 2. *obs.* (lawful) wife.
helalzade 1. good person, honest person, trustworthy person. 2. legitimate offspring.
helataşı, -nı stone, porcelain, or enamelled-iron fixture that forms the top of a squat-toilet.
hele 1. above all, especially, particularly, in particular: **Hele oraya hiç gitmez.** He never goes there in particular. **Ne güzel kızlar, hele Ayşe!** What beautiful girls, especially Ayşe! **Hele ben! Hiçbir şeyden haberim yoktu.** And me? I wasn't aware of a thing! 2. Just .../If only ... *(used with a verb in the imperative or subjunctive)*: **Hele yapsın, parçalarım onu!** Just let him do it and I'll tear him to pieces! **Hele sus bir dakika!** If you'll only be quiet for a minute! **Bu ödülü kazan hele, sana araba alacağım.** Just win this prize and I'll buy you a car! 3. at least: **Hele bugün bu kadarını yap da gerisini yarın tamamlarsın.** Do at least this much today, and you can do the rest tomorrow. **Hele yetmiş yaşında var.** She's at least seventy. 4. at last, finally: **Hele rüzgâr kesildi.** At last the wind has died down. **— bak!** *colloq.* Just look at ...!/My ...! *(used with a verb in the imperative or subjunctive)*: **Hele bak, Ahmet'imiz nasıl büyüdü!** Just look at how our Ahmet has grown! **— bir** 1. Just let ...!: **Hele bir gelmesin!** Just let him not come! **Hele bir denesin!** Just let her try! 2. Just .../If only ... *(used with a verb in the imperative or subjunctive)*: **Hele bir kitabımı bitireyim, o zaman konuşuruz.** Just let me finish my book and then we'll talk. **Hele hava iyice bir kararsın, o zaman sıvışacağız.** Let's let it get good and dark and then we'll sneak out. **— de** *colloq.* furthermore, and what's more. **— hele** *colloq.* 1. Come on and tell us!: **Hele hele, daha neler gördün bakalım?** So tell us what else you saw! **Hele hele, sonra ne oldu?** So what happened next? **Hele hele, anlat bize!** Come on and tell us! 2. Come on!: **Hele hele, aç bakalım!** Come on and open it! **— şükür!** Thank goodness!
helecan palpitation of the heart.
helecanlanmak to feel one's heart palpitating.
helezon 1. spiral, helix; helicoid. 2. *med.* spiral, IUD, intrauterine device.
helezoni spiral, helical; helicoidal.
helezonlaşmak to form a spiral.
helezonlu helical.
helik *prov.* 1. small stone (used to fill in the interstices of a wall). 2. infilling (of a wall).
helikoit *geom.* 1. (a) helicoid. 2. helicoid, helicoidal.
helikon helicon (a musical instrument).
helikopter helicopter.
helis *geom.* helix.

helisel *geom.* helical.
helke *prov.* pail, bucket.
helme thick and soupy liquid (produced after rice, dried beans, wheat, etc. have been boiled for a while). **— dökmek** (for rice, dried beans, wheat, etc.) to become thick and soupy. **— gibi** overcooked.
helmelenmek (for rice, dried beans, wheat, etc.) to become thick and soupy.
helmeli thick and soupy (rice, dried beans, wheat, etc.).
helva halvah, halva, halavah (a sweet prepared with sesame oil, various cereals, and syrup or honey). **— demesini de bilirim, halva demesini de.** *colloq.* I can speak softly and politely, but when it's necessary I can also speak harshly and rudely.
helvacı maker or seller of halvah.
helvacıkabağı, -nı pumpkin.
helvacıkökü, -nü *bot.* soapwort, bouncing Bet.
helvacılık the business of making or selling halvah.
helvahane 1. shallow pan used for preparing halvah. 2. *Ottoman hist.* a section of a sultanic kitchen where desserts and candies were made.
helyograf heliograph.
helyosta heliostat.
helyoterapi heliotherapy.
helyum *chem.* helium.
hem 1. *repeated* Both ... and ...: **Hem Sabahat, hem Nebahat geldiler.** Both Sabahat and Nebahat came. **Hem televizyon seyrediyor, hem de mektup yazıyor.** He's watching television and writing a letter at the same time. 2. And furthermore .../Moreover .../Indeed .../Besides .../... to boot/And what's more, ...: **Odadan çıktı, hem gülümseyerek çıktı.** She went out of the room, and with a smile on her face to boot. **Hem seninle ilgisi yok.** And what's more, it has nothing to do with you. **Bu hamam sıcak, hem ne sıcak!** This bath is hot, and I do mean hot! **— ağlarım, hem giderim.** She is both happy and sad *(said of a girl on her wedding day).* **— de nasıl!** *colloq.* 1. Very!/Extremely!/And how! *(said in reply to a question):* **"Begüm güzel mi?" "Hem de nasıl!"** "Is Begüm beautiful?" "Very!" 2. You said it!/You can say that again!: **"Bu bayağı zor bir iş!" "Hem de nasıl!"** "This is a pretty hard job!" "You said it!" **— İsa'yı, hem de Musa'yı memnun etmek** *colloq.* to try to meet conflicting demands at the same time. **— kaçar, hem davul çalar.** *colloq.* He seems to shrink from doing it, yet in the end he does it all the same. **— kel, hem fodul.** *colloq.* Although he makes great claims for himself, he is incompetent. **— nalına, hem mıhına vurmak** *colloq.* to speak in favor of both sides of a matter. **— suçlu, hem güçlü.** *colloq.* He's guilty himself, yet he acts innocent and doesn't hesitate to impugn others. **— şamdan paklandı, hem pilav yağlandı.** *colloq.* We've killed two birds with one stone. **— ziyaret, hem ticaret.** *colloq.* It's a combination of business and pleasure.
hemahenk, -gi 1. suitable. 2. /la/ in harmony with.
hematit, -ti *geol.* hematite.
hematolog hematologist.
hematoloji hematology.
hemayar equal in rank; of the same kind, of the same stripe.
hemcins 1. of the same kind. 2. fellow, equal.
hemdert fellow sufferer.
hemen 1. right now; right away, at once, immediately. 2. almost, nearly; about, around: **O saatte sokaklarda hemen kimse yoktu.** At that hour almost no one was out in the streets. **Bu kitaplık bana hemen elli bin liraya mal oldu.** This bookcase cost me about fifty thousand liras. 3. on the verge of, just about to: **Aslan hemen kafesten kaçıyordu ki yakaladılar.** The lion was just about to escape from the cage when they caught him. 4. always, continually. **— hemen** 1. almost, very nearly. 2. pretty soon, in a little while, shortly. **— sonra** 1. immediately afterwards. 2. /dan/ immediately after, right after. **— şimdi** at once, right away, right off, straightaway, straightway.
hemencecik *colloq.* at once, straightaway, instantly, immediately.
hemencek *colloq., see* **hemencecik.**
hemfiil *obs., law* accomplice.
hemfikir, -kri like-minded, /la/ of the same mind (as), of the same opinion (as).
hemhal, -li *obs.* 1. in the same state or condition, in the same circumstances. 2. fellow sufferer.
hemhudut /la/ contiguous (to, with), conterminous (with), sharing a common border (with).
hemipleji *path.* hemiplegia.
hemodiyaliz hemodialysis.
hemofil 1. (a) hemophiliac, (a) hemophile. 2. (someone) who has hemophilia, hemophilic.
hemofili *path.* hemophilia.
hemoglobin *biochem.* hemoglobin.
hemoroit, -di *path.* hemorrhoid.
hempa confederate, accomplice.
hemşehri *see* **hemşeri.**
hemşehrilik *see* **hemşerilik.**
hemşeri 1. fellow countryman, person from the same part of the country. 2. friend *(form of address commonly used in rural areas):* **Ne istiyorsun, hemşerim?** What do you want, my friend?
hemşerilik being from the same place as another.
hemşire 1. sister (blood relation). 2. nurse.
hemşirelik 1. sisterhood (blood relationship). 2.

nursing.
hemşirezade sister's child: **Üç hemşirezadem var.** My sister has three children.
hemze hamza, hamzah (in Arabic script).
hemzemin of the same level. **— geçit** grade crossing, *Brit.* level crossing.
hendek ditch, trench; moat.
hendese *obs.* geometry.
hendesi *obs.* geometrical.
hengâme uproar, tumult.
hentbol *sports* handball.
henüz 1. just, a minute or so ago, only just. 2. yet *(in negative sentences)*.
hep, -pi 1. *used in:* **hepimiz** all of us. **hepiniz** all of you. **onların hepsi** all of them. **onun hepsi** all of it. 2. entirely, altogether *(usually translates as* "all"): **Biz hep aynı sınıftayız.** We're all in the same class. **Bunu hep Fatma yaptı.** Fatma did all this. 3. always: **Cuma akşamları hep adaya giderdik.** On Friday evenings we'd always go to the island. **—imiz** all of us. **— beraber** all together. **— bir ağızdan** in unison, with one voice, all together. **— bir ağız olmak** *colloq.* (for several people) to agree to tell the same story (in order to avoid suspicion). **— birlikte** all together. **—le hiç ilkesi** *log.* dictum de omni et nullo.
hepçil omnivorous.
hepsi, -ni /ın/ all (of them, it, etc.): **Çocukların hepsi geldi.** All of the children came. **Hepsi geldi.** All of them came. **Çorbanın hepsini içti.** She ate all the soup. **Hepsini içti.** She ate it all.
hepten *colloq.* 1. completely, entirely, wholly, altogether: **Onu hepten unuttum.** I completely forgot it. 2. all of, the whole lot of: **Yeşim papağanları hepten satın aldı.** Yeşim bought all of the parrots.
hepyek, -ki *dice* double one.
her every, each. **— an** at any moment. **— aşın kaşığı** *colloq.* busybody, meddler, interloper. **— bakımdan** in every respect. **— bir** each, every single. **— biri** each one, every one (of). **— biri başka bir hava çalmak** *colloq.* for everyone (in a group) to behave and think differently from everyone else (in that group); for everyone to have a different opinion. **— boyayı boyadık da fıstıki mi kaldı?** *colloq.* Even though we've yet to do the fundamental things, you're already talking about the finishing touches. **— boyaya girip çıkmak** *colloq.* to have worked at many different jobs. **— daim** always. **— defa/defasında** each time. **— dem** always. **— dem taze** 1. *colloq.* young-looking, vigorous for his/her age. 2. *bot.* evergreen (plant). 3. *bot.* everlasting, immortelle. **— derde deva** cure-all, panacea. **— durumda** no matter what, in any case. **— gördüğü sakallıyı babası sanmak** *colloq.* to be easily fooled by appearances. **— gün** every day. **— güzelin bir kusuru/huyu vardır.** *proverb* Even the most attractive people and things have their drawbacks. **— hal** *see* **herhalde. — halde** *see* **herhalde. — halü kârda** *see* **herhalükârda. — havadan çalmak** *colloq.* 1. to be versatile. 2. to claim to be knowledgeable about many different things. **— horoz kendi çöplüğünde/küllüğünde öter/eşinir.** *proverb* A person will lay down the law on the turf that is his/her own. **— hususta** in all respects, from all points of view, in every way. **— ihtimale karşı** keeping every possibility in mind; just in case. **— işin başı sağlık.** *proverb* The success of a project is greatly dependent on the good health of those involved in it. **— işte bir hayır vardır.** *proverb* Everything we experience in life has its positive side. **— işe burnunu sokmak** *colloq.* to poke one's nose into everything. **— kafadan bir ses çıkmak** *colloq.* for everyone to be talking all at once. **— kim** whoever. **— kim olursa olsun** no matter who it is, whoever it may be. **— koyun kendi bacağından asılır.** *proverb* The trouble people get themselves into is usually of their own making. **— kuşun eti yenmez.** *proverb* Not every person will bend to your will. **— nasılsa** somehow or other. **— ne** whatever. **— nedense** somehow, for some reason or other. **— ne hal ise** anyhow, anyway. **— ne ise** 1. so anyhow. 2. whatever the cost. 3. Anyway, .../Let's forget it. **— ne kadar** although, however much. **— ne pahasına olursa olsun** at any cost. **— nerede** wherever. **— ne zaman** whenever. **— şey** everything. **— şeye burnunu sokmak** *colloq.* to poke one's nose into everything. **— tarafta** all around, everywhere, on all sides. **— taraftan** from everywhere. **— tarakta bezi olmak** *colloq.* to have a finger in every pie. **— tarladan bir kesek** *colloq.* random talk. **— telden çalmak** *colloq.* 1. to be versatile. 2. to claim to be knowledgeable about many different things. **— yerde** everywhere. **— yiğidin bir yoğurt yiyişi vardır.** *proverb* Everybody cherishes his own way of doing things. **— yiğidin gönlünde bir aslan yatar.** *proverb* Everybody cherishes an ambition. **— yokuşun bir inişi, her inişin bir yokuşu vardır.** *proverb* All problems eventually get worked out. **— zaman** always.
herbisit, -ti herbicide.
hercai 1. inconstant, fickle. 2. watered, shot (silk).
hercailik inconstancy, fickleness.
hercaimenekşe *bot.* pansy.
hercümerç 1. utter confusion, complete disarray, chaos. 2. chaotic. **— etmek** /ı/ to reduce (something) to chaos.
herdemtaze 1. *colloq.* young-looking, vigorous for his/her age. 2. *bot.* evergreen (plant). 3.

herek 314

bot. everlasting, immortelle.
herek stake, pale (for grape vines, beans, young trees).
hereklemek /ı/ to stake (a vine or plant).
hergele 1. unbroken horse, donkey, or mule. 2. *colloq.* ruffian, yahoo, *Brit.* yobbo. 3. herd of unbroken horses, donkeys, or mules.
hergeleci person who looks after unbroken horses, donkeys, or mules; trainer of unbroken horses, donkeys, or mules.
herhalde 1. surely, certainly, in all probability. 2. surely, certainly, in any case, no matter what happens.
herhalükârda by all means; come what may; in every instance.
herhangi whichever, whatever; *(in negative sentences)* any, whatsoever. — **bir** any, just any. — **biri** anybody, anyone.
herif 1. *colloq.* scoundrel. 2. *colloq.* fellow, guy. 3. *prov.* husband.
herifçioğlu, -nu *colloq.* the fellow, the guy *(said in irritation or anger)*.
herk, -ki fallow land, fallow. — **etmek** /ı/ to fallow, lay (land) fallow.
herkes 1. everybody, everyone. 2. anybody. — **başka bir hava çalıyor.** *colloq.* Nobody is paying any attention to anybody else. — **bildiğini okur.** *proverb* People will do things as they think best despite the advice of others. — **gider Mersin'e, biz gideriz tersine.** *colloq.* Something must be wrong, because we're out of step with everyone else. — **in gönlünde bir aslan yatar.** *proverb* Everybody cherishes an ambition. — **kendi aklını beğenir.** *proverb* Everybody prefers his own opinion. — **e şapur şupur da bize gelince ya Rabbi şükür mü?** *colloq.* Why are you so nice to everybody but me?
herkesçe by everybody, by everyone.
Herkül 1. *mythology* Hercules. 2. *colloq.* big and strong man, (a) Hercules. — **gibi** *colloq.* big and strong, Herculean (man).
hers *theat.* borderlight.
Hersek 1. Herzegovina. 2. Herzegovinian, of Herzegovina.
Hersekli 1. (a) Herzegovinian. 2. Herzegovinian (person).
hertz *phys.* hertz.
heryerdelik omnipresence.
herze nonsense. — **yemek** *colloq.* to say the wrong thing; to commit a gaffe.
herzevekil *obs.* 1. busybody. 2. idle talker, prattler.
hesabi economical, thrifty.
hesap 1. arithmetic. 2. calculation, computation. 3. account, financial record. 4. account, money owed or on deposit. 5. bill, check, tab (in a restaurant, bar, etc.). 6. estimate. 7. plan, expectation. (...) —ı as one would say, as in the case of *(referring to a saying or to a known story)*: **körlerle fil hesabı** as in the story of the blind men and the elephant. —**ına** 1. in the name of. 2. for, from the point of view of. 3. to the account of, to. — **açmak** /da/ to establish a (deposit, checking, charge, etc.) account at/with (a firm): **Burç'a bankada hesap açtılar.** They opened an account for Burç at the bank. — **açtırmak** /da/ to open a (deposit, checking, charge, etc.) account at/with (a firm); /a/ to open a charge account with (someone): **Berke, bakkala hesap açtırdı.** Berke opened a charge account with the grocer. —**a almak** /ı/ to take (something) into account. —**ını almak** to receive what is owed to one. —**a almamak/katmamak** /ı/ not to take (something) into consideration, to ignore (a possibility). — **bakiyesi** balance (of an account); arrears. —**ını bilmek** to be economical, be careful with money. — **cetveli** slide rule. — **cüzdanı** bankbook, passbook. —**a çekmek** /ı/ to call (someone) to account. — **çıkarmak** to make out the accounts. —**a dökmek** /ı/ to figure out the financial aspects of (something) on paper. — **dökümü** list of expenditures or payments due. —**tan düşmek** /ı/ 1. to deduct. 2. to write off (a loss/a person). — **etmek** /ı/ 1. to count, enumerate. 2. to calculate, figure, compute. 3. to estimate, reckon. 4. to suppose, think. — **etmek, kitap etmek** *colloq.* to think it/something over carefully. — **a geçirmek** /ı/ to enter (an item) in an account. —**ına geçirmek** /ı, ın/ to charge (something) to (someone's/a firm's) account. —**ına gelmek** /ın/ *colloq.* to fit (one's) views or interest, suit. —**a gelmez** 1. countless. 2. *colloq.* unexpected. — **görmek** 1. to pay the bill. 2. *colloq.* to settle accounts. —**ını görmek** /ın/ *colloq.* 1. to settle (someone's) account. 2. to punish, take care of, fix (someone's) clock/wagon. 3. to murder, eliminate, take care of. — **günü** doomsday. — **hulasası** *fin.* statement, summary of an account. — **hulasası çıkarmak** *fin.* to make out a statement. — **işi** embroidery made by counting the threads. —**ı kapamak** 1. to pay a debt in full. 2. *colloq.* to drop a subject, close a discussion. —**ı kapatmak** to close an account. —**a katmak** /ı/ to take (something) into account. —**ı kesmek** /la/ 1. to stop doing business with. 2. *colloq.* to cut all relations with (someone). — **kitap** *colloq.* 1. after careful calculation. 2. after full consideration. —**a kitaba sığmaz** *colloq.* 1. incalculable. 2. imponderable. 3. inconsistent. —**ı kitabı yok.** *colloq.* It has no limits./It is totally unsupervised. — **makinesi** calculating machine, calculator. — **meydanda.** *colloq.* It's obvious. —**ta olmamak** *colloq.* not to plan on, not to figure on (something); not to be part of

the plan: **Sema hesapta yoktu.** Sema wasn't part of the plan. **— özeti** *fin.* statement, summary of an account. **— özeti çıkarmak** *fin.* to make out a statement. **— sormak /dan/** *colloq.* to call (someone) to account. **—ı temizlemek** to pay one's account. **— tutmak** 1. to keep the books, do the bookkeeping. 2. to keep a record. **— uzmanı** accountant. **— vermek** 1. to account for money received. 2. *colloq.* to give an explanation. **—ını vermek /ın/** 1. to account for (money received). 2. *colloq.* to give an explanation for, account for. **—ına yazmak /ı, ın/** to charge (something) to (someone's/a firm's) account. **(...) —ı yok. /ın/** *colloq.* There's no telling ...: **İçtiğimiz kahvenin hesabı yok.** There's no telling how much coffee we drink.

hesapça 1. by my reckoning, as I figure it: **Hesapça altı kilo olmalı.** By my reckoning it ought to be six kilos. 2. according to my calculations; according to the calculations: **Hesapça yüz lira borcunuz var.** According to the calculations you have a debt of one hundred liras.

hesapçı *colloq.* 1. careful with money. 2. (someone) who is calculating, scheming, or given to calculating.

hesaplamak /ı/ 1. to count, enumerate. 2. to calculate, figure, compute. 3. to estimate, reckon. 4. to suppose, think. **— kitaplamak** *colloq.* to consider a matter carefully.

hesaplanmak 1. to be counted, be enumerated. 2. to be calculated, be figured, be computed. 3. to be estimated, be reckoned.

hesaplaşmak 1. to settle outstanding accounts with each other. 2. **/la/** to settle old scores with, get even with. 3. **/la/** to reckon with, deal with; to come to terms with.

hesaplı 1. economical. 2. careful with money. 3. carefully thought-out, carefully planned. 4. rational, moderate, reasonable. **— hareket etmek** to act according to a careful plan, act thoughtfully and rationally. **— kitaplı** *colloq.* very carefully thought-out, very carefully planned.

hesapsız 1. undocumented (expense, amount of money). 2. innumerable; incalculable. 3. unreflective, rash, precipitate. 4. without careful consideration; without weighing the consequences, unreflectively. **— kitapsız** *colloq.* 1. (expending money) without making a record of it. 2. unrecorded, undocumented (expenditures). 3. (doing something) without properly planning it out beforehand; (doing something) without giving it any forethought. 4. (something) which is marked by a complete lack of planning; (something) which is marked by a complete lack of forethought.

hesapsızlık 1. lack of reflection, rashness, precipitateness. 2. rash act.

heterogen *see* **heterojen.**

heterojen heterogeneous.

hevenk, -gi 1. bunch (of fruit, vegetables) (tied or strung together). 2. bundle (of light rays).

heves 1. (a) desire, yen. 2. passing desire, fancy. 3. (an) interest; (an) enthusiasm. **—ini almak /dan/** to satisfy one's desire to (do something) or for (something), fulfill one's yen to (do something) or for (something); to get one's fill of. **— etmek /a/** to have a desire to, have a yen to (do something); to develop a great interest in (something). **—i kaçmak** to lose one's interest. **—ini kırmak /ın/** to damp (someone's) enthusiasm, discourage (someone). **—i kursağında/içinde kalmak** *colloq.* to be unable to satisfy one's desire.

heveskâr 1. enthusiast. 2. enthusiastic (about), very interested (in), eager (to), keen (on). 3. amateur; dilettante. 4. (someone) who is an amateur or dilettante.

heveskârlık 1. being an enthusiast. 2. enthusiasm, eagerness, keenness. 3. amateurism; dilettantism.

heveslendirmek /ı, a/ to make (someone) want to (do something), inspire (someone) to (do something).

heveslenmek /a/ to feel the desire to (do something); to develop a great interest in (something).

hevesli 1. enthusiast. 2. enthusiastic (about), very interested (in), eager (to), keen (on): **yüzmeye hevesli bir kız** a girl who's keen on swimming. **sanat heveslisi bir genç** a youth who's interested in art. 3. amateur; dilettante. 4. (someone) who is an amateur or dilettante.

hevessiz 1. (someone) who has no special interests, who is uninterested in anything. 2. **/a/** uninterested (in), undesirous (of).

hey 1. Look here!/Hey! 2. Hey, ...!/O ...!/Ah, ...! *(especially used in exclamations of regret or reproach)*: **Hey eski günler!** O for the good old days! **Hey budala!** Hey, you idiot! **Hey koca müfettiş hey!** O you great inspector, you! **— gidi** *used when nostalgically referring to the past:* **Hey gidi gençlik!** O for the days of youth! **— gidi hey!** O for those days!

heyamola Heave, ho!/Pull away, boys! **— ile** *colloq.* 1. with some help and some hard work: **Avni imtihanı heyamola ile geçti.** Avni passed the test thanks to coaching and hard study. 2. with a lot of muscle: **Bu dolap buradan ancak heyamola ile taşınabilir.** It'll take a lot of muscle to move this cupboard out of here.

heybe 1. saddlebag; a pair of saddlebags. 2. shoulder bag (made of thick cloth, often carpeting).

heybeci 1. maker or seller of saddlebags. 2. maker or seller of shoulder bags.

heybet, -ti 1. awe-inspiring appearance. 2. grandeur, majesty.
heybetli 1. awe-inspiring, awesome, imposing. 2. grand, majestic.
heyecan 1. excitement; ardor; agitation; emotion. 2. suspense (pleasant excitement as to the outcome of a situation). **— duymak** to get excited. **—a gelmek** to get excited; to get agitated. **—a kapılmak** to get very agitated, get all worked up, get in a swivet, get in a tizzy. **— vermek /a/** to get (someone) agitated. **—a vermek /ı/** to get everybody in (a place) agitated: **Etrafı heyecana verme!** Don't get the whole place stirred up!
heyecanlandırmak /ı/ to excite, get (someone) excited; to agitate, get (someone) agitated.
heyecanlanmak to get excited; to get agitated.
heyecanlı 1. excited; agitated; emotional. 2. excitable; emotional. 3. exciting; (something) which excites; marked by excitement. 4. suspenseful, full of suspense; thrilling.
heyecansız 1. unexcited, calm. 2. unexcitable, unflappable, level-headed, calm. 3. unexciting.
heyelan landslide, landslip. **— etmek** (for earth) to slide down.
heyet, -ti 1. committee; delegation; board. 2. *obs.* astronomy. **— iyle** *obs.* as it is, as a whole. **—i umumiye** *obs.* the whole (of something). **—i umumiyesiyle** *obs.* taken as a whole, as a whole.
heyhat, -tı Alas!
heyhey *used in:* **—leri tutmak** *colloq.* to blow one's stack, be in a rage. **—leri üstünde olmak** *colloq.* to be in a temper, be in a foul mood.
heykel 1. statue. 2. sculpture, piece of sculpture. **— gibi** *colloq.* 1. statuesque, tall and attractive (person). 2. like a statue, like a stone, like a log.
heykelci 1. sculptor; sculptress. 2. seller of sculptures. **— kalemi** sculptor's chisel.
heykelcilik 1. sculpture, sculpturing. 2. selling sculptures.
heykelsütun *arch.* caryatid; atlas, telamon; canephora.
heykeltıraş sculptor; sculptress.
heykeltıraşlık sculpture, sculpturing.
heyula 1. specter, fearsome apparition. 2. chaos, the original state of the universe. **— gibi** 1. big and hulking. 2. spectral.
hezaren 1. rattan, rattan stems (used as material for making furniture, walking sticks, etc.). 2. bamboo, bamboo stems (used as material for making furniture, walking sticks, etc.). 3. rattan, made of rattan. 4. bamboo, made of bamboo. 5. *bot.* larkspur.
hezel *obs.* 1. comic poem or story. 2. parody of a poem.
hezeyan 1. nonsensical talk. 2. delirium, raving. **— etmek** to talk nonsense.

hezimet, -ti crushing defeat, rout. **—e uğramak** to be crushingly defeated. **—e uğratmak /ı/** to defeat decisively, rout.
hı *colloq.* yeah, yes.
hıçkıra hıçkıra with great sobs, sobbingly. **— ağlamak** to sob.
hıçkırık 1. hiccup. 2. sob. **—larla ağlamak** to sob. **— tutmak /ı/** to have the hiccups.
hıçkırma 1. hiccuping. 2. sobbing.
hıçkırmak 1. to hiccup. 2. to sob.
hıçkırtmak /ı/ to make (someone) hiccup or sob.
hıdiv *Ottoman hist.* khedive.
hıdrellez 1. May sixth (regarded as the beginning of summer). 2. festival held on May sixth to celebrate the coming of summer. 3. the half year from May sixth to November eighth.
hıfzetmek /ı/ *obs.* 1. to protect, preserve. 2. to memorize.
hıfzıssıhha hygiene.
hıh *colloq.* 1. Yeah! *(said sarcastically).* 2. Oof! 3. sound made when blowing one's nose hard. **— yapmak** to blow one's nose hard.
hıhlamak 1. to grunt at regular intervals: **Her vuruşta hıhlıyordu.** He grunted hard at each stroke. 2. to blow one's nose hard.
hık (a) hiccup. **—/hıh demiş babasının/anasının burnundan düşmüş.** *colloq.* He/She is the spit and image of his/her father/mother. He/She is the spitting image of his/her father/mother. **— mık** quibbling, quibbles, trifling objections; dragging one's feet: **Hık mık yok! Anladın mı?** No quibbling! Understand? **— mık etmek/demek** to quibble, cavil, raise unimportant or irrelevant objections; to drag one's feet. **— tutmak** to have the hiccups.
hılt, -tı (a) humor (any one of the four humors of medieval physiology).
hım *colloq.* Hmm./I see./Is that so?
hımbıl 1. stupid, slow-witted, dunderheaded. 2. lazy, shiftless.
hımbıllık 1. stupidity, slow-wittedness, dunderheadedness. 2. laziness, shiftlessness.
hımhım (someone) who talks through his nose. **— ile burunsuz, birbirinden uğursuz.** *colloq.* One is as bad as the other.
hım hım nasally, with a nasal sound. **— konuşmak** to talk through one's nose, have a nasal twang.
hımhımlamak 1. to talk through one's nose. 2. /ı/ to say (something) through one's nose.
hımhımlık talking through one's nose, nasal speech.
hımış *prov.* 1. half-timbered wall. 2. nogged framing.
hıncahınç 1. full to overflowing, packed, jam-packed (with people). 2. (a place's filling up) to overflowing.
hınç rancor, grudge. **—/—ını almak** to get one's

revenge. —ını çıkarmak /dan/ to take revenge (on), vent one's spleen (on).

hındım *slang* drunken revel, carouse, carousal.

hındımlamak /ı/ *slang* to attack, jump on.

hınk deyici *colloq.* person who hovers around pretending to be helpful.

hınt, -tı *slang* 1. crazy, nutty. 2. stupid, wooden-headed.

hınzır *colloq.* 1. imp, rascal; minx. 2. malevolent and hardhearted, nasty, mean. 3. contemptible person, swine, schmuck.

hınzırlık *colloq.* 1. mischievousness. 2. piece of mischief. 3. nastiness, meanness. 4. nasty trick. — **etmek** 1. to do something mischievous. 2. to pull a nasty trick.

hır 1. snarling sound. 2. *slang* quarrel, row. — **çıkarmak** *slang* to start a quarrel, start a row.

hırbo *slang* 1. lummox, oaf, lout, big and dim-witted man. 2. big and dim-witted (man).

hırboluk *slang* oafishness, loutishness.

hırçın 1. ill-tempered; shrewish. 2. rough, tempestuous (sea).

hırçınlaşmak 1. to get ill-tempered. 2. to show one's temper. 3. (for a sea) to get rough.

hırçınlık 1. bad temper; shrewishness. 2. roughness (of a sea). — **etmek** to do something out of bad temper.

hırdavat, -tı 1. small items of hardware. 2. small, used hardware items. 3. worn-out things, junk.

hırdavatçı 1. hardware-seller. 2. seller of small, used hardware items. 3. junk dealer; junkman.

hırdavatçılık 1. being a hardware dealer; the hardware business. 2. being a seller of small, used items of hardware. 3. being a junkman.

hırgür *colloq.* noisy quarrel, row. — **çıkarmak** to start a quarrel, start a row. — **etmek** to quarrel, row.

hırıldamak 1. to wheeze. 2. to mutter angrily.

hırıldanmak to mutter angrily.

hırıldaşmak 1. to growl or snarl at each other. 2. *colloq.* to row, quarrel.

hırıl hırıl with a bad wheeze, very wheezingly. — **etmek** to have a bad wheeze, wheeze terribly: **Göğsü hırıl hırıl ediyor.** He's wheezing terribly.

hırıltı 1. wheeze; rattle; death rattle; rale; rhonchus; stridor. 2. growl; snarl. 3. *colloq.* row, quarrel.

hırıltıcı quarrelsome.

hırıltılı 1. wheezy; marked by a rattle or rale; rattling. 2. growling; snarling; marked by a growl or snarl. 3. *colloq.* marked by rows, punctuated by quarrels. 4. wheezily; rattlingly; with a rale. 5. growlingly; snarlingly.

hırızma nose-ring or lip-ring (of an animal).

Hıristiyan 1. (a) Christian. 2. Christian, pertaining to Jesus Christ, Christianity, or Christians.

Hıristiyanlaşmak to become a Christian.

Hıristiyanlaştırmak /ı/ to Christianize.

Hıristiyanlık 1. Christianity. 2. Christendom.

hiristo teyeli, -ni *tailor.* (a kind of) cross-stitch.

hırka 1. cardigan, jacket-like sweater. 2. padded and quilted jacket. 3. *formerly* khirkah, a long cotton or wool outer garment worn by dervishes. —**yı başına çekmek** to withdraw from society. — **giymek** to become a dervish. **H—i Saadet** the cloak of Muhammad (kept in Topkapı Palace). **H—i Şerif** 1. *see* **H—i Saadet**. 2. a cloak given by the Prophet Muhammad to Veysel Karani (kept in the Hırkai Şerif Mosque in Istanbul).

hırlamak 1. to growl; to snarl. 2. to wheeze; (for someone's breathing) to be marked by a rattle or rale; to rattle.

hırlanmak *colloq.* to mutter angrily to oneself.

hırlaşmak 1. to growl or snarl at each other. 2. *colloq.* to row, quarrel.

hırlı *colloq.* good, dependable, trustworthy. — **mıdır, hırsız mıdır bilmiyorum.** I don't know whether he's honest or not.

hırpalamak /ı/ 1. to buffet; to treat roughly. 2. to rough up, manhandle.

hırpalanmak 1. to be buffeted about; to be treated roughly. 2. to be roughed up.

hırpalatmak /ı, a/ 1. to cause (something) to be buffeted. 2. to have (someone) roughed up.

hırpani *colloq.* ragged, tatterdemalion.

hırpanilik *colloq.* raggedness; ragged appearance.

hırs 1. powerful desire (to attain a particular end), ambition. 2. anger. —**ını alamamak** to be unable to control one's anger. —**ından çatlamak** to be ready to burst with anger. —**ını çıkarmak** /dan/ to vent one's spleen on. —**ını yenmek** to keep one's anger in check, contain one's anger.

hırsız thief, burglar, robber. — **çetesi** gang of thieves. — **feneri** dark lantern. — **gibi** *colloq.* furtively, surreptitiously, stealthily. —**a kilit/kapı/baca olmaz.** *proverb* 1. There is no real safeguard against burglars. 2. If someone is really bent on evil there is no way to stop him. — **yatağı** 1. den of thieves. 2. hiding place for stolen goods, hide, cache. 3. receiver of stolen goods, fence. —**a yol göstermek** *colloq.* inadvertently to help a wrongdoer.

hırsızlama *colloq.* 1. stolen. 2. furtive, surreptitious, stealthy. 3. furtively, surreptitiously, stealthily.

hırsızlık theft, burglary, robbery, larceny. — **etmek/yapmak** to commit theft. — **malı** stolen goods.

hırslandırmak /ı/ to anger.

hırslanmak to get angry.

hırslı 1. filled with desire, ambitious. 2. angry.

hırt, -tı *slang* 1. boor, ill-mannered lout. 2. ill-mannered, rude.

hırtapoz *slang, see* **hırt.**
hırtı pırtı *colloq.* junk, rubbish.
hırtlamba *colloq.* 1. very thin and sickly person. 2. thickly but raggedly dressed person. **—sı çıkmak** 1. to be raggedly dressed. 2. to be completely worn out. **— gibi giyinmek** to be dressed in layer upon layer of clothes.
Hırvat, -tı 1. (a) Croatian, Croat. 2. Croatian, pertaining to the Croatians, Croatia, or the Croatian language.
Hırvatça 1. Croatian, the Croatian language. 2. (speaking, writing) in Croatian, Croatian. 3. Croatian (speech, writing); spoken in Croatian; written in Croatian.
Hırvatistan 1. Croatia. 2. of Croatia.
hısım 1. relative, relation; kinsman; kinswoman. 2. (a) relative by marriage, (an) in-law. **— akraba** kinfolk, kith and kin.
hısımlık kinship, blood relationship.
hış hış with a rustling sound. **— etmek** to rustle.
hışıldamak to rustle.
hışıldatmak /ı/ to make (something) rustle.
hışıltı rustle, rustling sound; froufrou.
hışıltılı rustling (sound).
hışım, -şmı anger; fury. **—a gelmek** to get angry; to become furious. **—ına uğramak** /ın/ to be the object of (someone's) anger or fury.
hışımlandırmak /ı/ to anger; to infuriate.
hışımlanmak to get angry; to become furious.
hışır 1. *prov.* unripe melon. 2. *prov.* rind (of a melon). 3. *slang* boor, clod, uncouth person. 4. *slang* boorish, crude, uncouth. **—ı çıkmak** *colloq.* 1. to become ragged, become tatterdemalion. 2. to be worn out, be exhausted.
hışırdamak to rustle.
hışırdatmak /ı/ to make (something) rustle.
hışır hışır with a rustling sound.
hışırlık *slang* boorishness, cloddishness, uncouthness.
hışırtı rustle, rustling sound.
hışırtılı rustling (sound).
hışlamak to rustle.
hıyanet, -ti 1. treachery, perfidy. 2. treason. 3. betrayal, infidelity. 4. *colloq.* faithless, disloyal. **— etmek** /a/ 1. to betray. 2. to be unfaithful to.
hıyar 1. cucumber. 2. *slang* dolt, blockhead. 3. *slang* stupid. 4. *slang* boorish, uncouth.
hıyar *obs.* freedom of choice. **— hakkı** *law* option.
hıyarağa *slang* 1. blockhead. 2. boor.
hıyarcık, hıyarcıl *path.* inguinal bubo, bubo in the groin.
hıyarlaşmak *slang* 1. to become doltish, turn into a dolt. 2. to become boorish, turn into a boor.
hıyarlık *slang* 1. stupidity. 2. boorishness. **— etmek** *slang* to do stupid things.
hız 1. speed, rapidity, velocity. 2. momentum, impetus. 3. force, strength, power, violence: Rüzgârın hızı kesildi. The wind's died down. 4. loudness. 5. enthusiasm, spiritedness, spirit, vigor, vitality, zest. **—ını alamamak** 1. (for a vehicle) to be unable to get up to speed, not to go as fast as it should. 2. to be unable to slow down. 3. not to slack off: Kış hızını alamadı. Old man winter is still going strong. 4. still to be in a bad temper, still to be furious: Patron hızını alamadı, bir tekme daha attı. The boss's fury was not yet spent, so he gave me yet another kick. **— almak** to take a running start. **—ını almak** 1. to subside, lose force. 2. to slow down; to lose momentum. **— göstergesi/saati** speedometer. **—ını kaybetmek/yitirmek** (for something) to weaken, lose its force. **—ını kesmek** to slow down. **— kutusu** gearbox. **— vermek** /a/ 1. to speed (something) up. 2. to enliven. **— yolu** superhighway.
hızar large circular saw (used for sawing logs); crosscut saw; pit saw; sash saw, mill saw. **— fabrikası** sawmill.
hızarcı operator of a large circular saw; crosscut sawyer; pit sawyer.
hızbilim kinetics.
Hızır an immortal being reputed to come to the rescue of those in deep distress. **— gibi yetişmek** *colloq.* to come as a godsend, come to the rescue at the right moment.
hızla 1. rapidly, speedily. 2. with momentum. 3. forcefully, powerfully, violently. 4. loudly.
hızlandırılmak to be sped up; to be accelerated.
hızlandırma /ı/ speeding (someone/something) up; acceleration.
hızlandırmak /ı/ to speed (someone/something) up; to accelerate (something).
hızlanmak to gain speed, speed up, accelerate; to gain momentum.
hızlı 1. swift, rapid, speedy. 2. forceful, strong, powerful, violent. 3. loud. 4. *slang* able to seduce women quickly, (someone) who is a fast operator. 5. speedily, rapidly, swiftly. 6. forcefully, strongly, powerfully, violently. 7. loudly. **— hızlı** 1. speedily, rapidly, swiftly. 2. forcefully, strongly, powerfully, violently. 3. loudly. **— yaşamak** *colloq.* to lead a fast life, live riotously.
hızlılık 1. speediness, swiftness, rapidity. 2. force, strength, power, violence. 3. loudness. 4. *slang* ability to seduce women quickly, being a fast operator.
hızölçer accelerometer.
hibe donation, gift. **— etmek** /ı/ to donate, give.
hibrit 1. (a) hybrid. 2. hybrid, hybridous.
hibritleşme hybridization.
hicap bashfulness; shame, embarrassment. **— duymak/etmek** to feel ashamed, be embarrassed. **— perdesi** headscarf (worn by a Muslim woman). **—ından yere geçmek** to be mor-

tified, be very ashamed, feel like sinking under the floor.
Hicaz the Hejaz.
hiciv, -cvi 1. satirizing; lampooning. 2. satirical piece of writing, satire; lampoon.
hicivci satirist, satirizer; lampooner, lampoonist.
hicran 1. separation. 2. sadness of heart, emotional pain. — **olmak** /a/ (for something) to hurt (someone) deeply, grieve (someone) deeply.
hicranlı very sad, very painful.
Hicret, -ti the Hegira.
hicret, -ti emigration, exodus. — **etmek** to migrate, leave one's home for another place.
Hicri pertaining to the Hegira, of the Hegira. — **sene** Anno Hegirae, A.H. — **takvim** the Muslim calendar (based on 622 A.D., the year of the Hegira).
hicvetmek /ı/ to satirize; to lampoon.
hicvi satirical, satiric.
hiç, -çi 1. never, not at all. 2. (in questions and negative sentences) ever; at all. 3. nothing, nothing at all. 4. zero. — **bir** see **hiçbir**. — **biri** see **hiçbiri**. — **de** not at all. — **de öyle değil.** colloq. It's not like that at all. — **değil** no, not at all, not so. — **değilse** at least. — **kimse** (used with a negative verb) no one, nobody; anyone, anybody. — **kuşku yok** beyond a doubt, undoubtedly. — **mi hiç** colloq. never once: **Ankara'ya hiç mi hiç gitmedin?** Have you never once been to Ankara? — **olmak** 1. to lose one's importance. 2. to perish, vanish. — **olmazsa** at least. — **olur mu?** colloq. Is it possible?/It won't do. — **e saymak/indirgemek** /ı/ to disregard (someone/something) completely, take no notice whatsoever of, ignore (someone/something) completely, regard (someone/something) as completely unimportant. — **yoktan** colloq. for no reason at all. — **yoktan iyi.** colloq. He's/She's/It's better than no one/nothing at all.
hiçbir (used with a negative verb) no ... at all, no ... whatever, no ... whatsoever; any ... at all; no ...; any ...: **Hiçbir haber gelmedi.** No news whatsoever has come. **O zamana kadar hiçbir pilot Atlantik'i geçememişti.** Up to then no pilot had been able to cross the Atlantic. **Hiçbir yarışmacının bu problemi çözebileceğini sanmıyorum.** I don't suppose any contestant will be able to solve this problem. — **surette** (used with a negative verb) by no means whatsoever, in no way whatsoever. — **şey** (used with a negative verb) nothing at all; nothing. — **yerde** (used with a negative verb) anywhere at all, in any place whatsoever; nowhere at all; anywhere; nowhere, in no place. — **zaman/vakit** (used with a negative verb) at no time whatever; never.

hiçbiri, -ni (used with a negative verb) none of them, not one of them.
hiççi phil. 1. (a) nihilist. 2. nihilist, nihilistic.
hiççilik phil. nihilism.
hiçlemek /ı/ to disregard (someone/something) completely, take no notice whatsoever of, ignore (someone/something) completely, regard (someone/something) as completely unimportant.
hiçleşmek to become insignificant.
hiçleştirmek /ı/ to reduce (someone) to a nonentity.
hiçlik 1. nothingness, nihility, nullity. 2. utter insignificance.
hiçten 1. worthless. 2. unnecessarily, for no good reason.
hidatik hydatid, hydatic, hydatical. — **kist** path. hydatid, hydatid cyst.
hidatit, -ti path. hydatid, hydatid cyst.
hidayet, -ti 1. searching for the right way. 2. entering the right way. 3. God-inspired desire to seek the way of Truth. —**e ermek** to become a Muslim.
hiddet, -ti anger, ire; fury; rage.
hiddetlendirmek /ı/ to anger; to infuriate; to enrage.
hiddetlenmek to get angry; to get furious; to get enraged.
hiddetli angry; furious; enraged.
hidra zool. hydra.
hidrasit, -ti chem. hydracid.
hidrat, -tı chem. hydrate.
hidrobiyoloji hydrobiology.
hidrodinamik 1. hydrodynamics. 2. hydrodynamic.
hidroelektrik hydroelectric. — **santral** hydroelectric power plant.
hidrofil 1. absorbent. 2. hydrophilic, hydrophile. — **pamuk** absorbent cotton.
hidrofobi hydrophobia.
hidrofor pressure tank (used to maintain the pressure in water pipes).
hidrojen hydrogen. — **bombası** hydrogen bomb, H-bomb.
hidrokarbon, hidrokarbür chem. hydrocarbon.
hidroklorik asit chem. hydrochloric acid.
hidroksil chem. hydroxyl group.
hidroksit, -ti chem. hydroxide.
hidrolik 1. hydraulic. 2. hydraulics. — **fren** hydraulic brake. — **yağ** hydraulic oil.
hidroliz chem. hydrolysis.
hidrolog hydrologist.
hidroloji hydrology.
hidromekanik 1. hydromechanics. 2. hydromechanical.
hidrometre hydrometer.
hidrosefal hydrocephalic.
hidrosefali path. hydrocephalus, hydrocephaly.

hidrosfer hydrosphere.
hidroskopi water-divining, searching for subterranean water, dowsing, water witching, rhabdomancy.
hidrostatik 1. hydrostatics. 2. hydrostatic, hydrostatical.
hidroterapi hydrotherapy.
higrometre hygrometer.
higroskop, -pu hygroscope.
higroskopik hygroscopic.
higrostat, -tı humidistat, hygrostat.
hijyen hygiene.
hijyenik hygienic, hygienical.
hikâye 1. story, tale, narrative, narration. 2. *lit.* short story. 3. tall story, whopper. 4. *colloq.* situation, state of affairs. — **birleşik zamanı** *gram.* any compound tense formed by adding a past tense suffix to a verb already containing a tense ending (e.g. **gelirdim, geliyordum, gelmiştim, geleceğtim**). — **etmek** /ı/ to tell, relate, recount.
hikâyeci 1. storywriter; short story writer. 2. storyteller.
hikâyecilik 1. story writing; short story writing. 2. storytelling.
hikâyeleme /ı/ making (something) into a story; putting (something) into narrative form; recounting (an event) in the form of a story.
hikâyelemek /ı/ to make (something) into a story; to put (something) into narrative form; to recount (an event) in the form of a story.
hikmet, -ti 1. wisdom. 2. philosophy. 3. real meaning, hidden meaning. 4. purpose, point. 5. the unknowable intentions of God. — **inden sual olunmaz.** Heaven only knows why./It's a mystery.
hilaf 1. contrary, opposite. 2. *colloq.* lie. — **ına** /ın/ contrary to, in opposition to, in contravention to. — **ı hakikat** contrary to the truth, untrue. — **olmasın** .... *colloq.* If I'm not mistaken .... — **ım varsa** .... If I'm not telling the truth .... — **yok.** *colloq.* I'm not having you on./I swear it's the truth.
hilafet, -ti 1. *Islam* the Caliphate. 2. *Ottoman hist.* khilafat. 3. being a successor to a dervish sheikh. 4. being a dervish sheikh; rank of a dervish sheikh. 5. being the dervish who is regarded by his fellows as having the profoundest knowledge of God; the rank of such a dervish. 6. *obs.* being a successor; succession, vicegerency.
hilafsız really, truly, honest to God. — **söylemek** to tell someone the honest-to-goodness truth.
hilal, -li 1. crescent moon. 2. crescent. 3. pointer (once used by children learning to read). — **gibi** *colloq.* narrow and arched (eyebrow).
hil'at, -ti *Ottoman hist., see* **hilat.**
hilat, -ti *Ottoman hist.* robe of honor, khalat, khilat.
hile 1. trick, ruse. 2. adulteration. — **hurda bilmez.**/—**si hurdası yok.** *colloq.* There is nothing tricky about him. — **yapmak** 1. to do something deceitful or fraudulent. 2. /**da**/ to adulterate (something).
hilebaz 1. trickster, fraud, swindler. 2. deceitful, dishonest, tricky.
hileci deceitful, dishonest, tricky.
hilecilik trickery, fraud.
hilekâr 1. trickster, fraud, swindler. 2. deceitful, dishonest, tricky.
hilekârlık fraud, dishonesty, trickery.
hilelenmek *colloq.* to be suspicious, suspect trickery, smell a rat.
hileli 1. fraudulent; fraudulently altered, rigged. 2. adulterated, impure. — **iflas** fraudulent bankruptcy.
hilesiz 1. honest, upright. 2. free of trickery, free of fraud. 3. pure, unadulterated.
hilkat, -ti *obs.* 1. creation. 2. natural disposition; natural constitution, nature. — **garibesi** *colloq.* monstrosity, freak.
Himalaya Himalayan, of the Himalayas. — **Dağları** the Himalayas, the Himalaya.
Himalayalar the Himalayas, the Himalaya.
himalayasediri, -ni *bot.* deodar cedar, deodar.
himaye 1. protection, defense. 2. patronage, support. — **sinde**/— **si altında** /ın/ 1. under the protection of. 2. under the auspices of. — **sine almak** /ı/ to take (someone) under one's protection, take (someone) under one's wing. — **ateşi** *mil.* covering fire. — **etmek** /ı/ 1. to protect. 2. to patronize, support. — **görmek** /**dan**/ 1. to be protected by. 2. to be patronized by, be supported by.
himayecilik *econ.* protectionism.
himayeli 1. protected; having a patron or protector. 2. escorted (ship, baggage train).
himayesiz 1. unprotected; lacking a patron or protector. 2. unescorted (ship, baggage train).
himmet, -ti 1. help, favor, auspices, protection. 2. work, effort. — **inizle** thanks to you, because of your help or influence. — **etmek** /**a**/ to help, exert oneself (for).
hin *colloq.* 1. cunning person, fox; slyboots. 2. crafty, foxy, sly.
hindi 1. *zool.* turkey. 2. *slang* sucker, pigeon. — **gibi kabarmak** *colloq.* to be puffed up with self-importance, be full of oneself.
hindiba *bot.* chicory, succory.
Hindiçini, -ni 1. Indochina. 2. Indo-Chinese, of Indochina.
Hindistan 1. India. 2. Indian, of India.
hindistancevizi, -ni 1. coconut. 2. *bot.* coconut palm. 3. nutmeg. 4. *bot.* nutmeg tree.
Hindistani Hindustani.
Hindolog Indologist.

Hindoloji Indology.
Hindu 1. Hindi (one of the official languages of India). 2. Hindu.
Hinduizm Hinduism.
Hindukuş the Hindu Kush. — **Dağları** the Hindu Kush, the Hindu Kush Mountains.
Hindustani *see* **Hindistani**.
hinlik *colloq.* craftiness, foxiness, slyness.
hinoğlu, -nu, hinoğluhin *colloq.* 1. very cunning person, a real fox; quite a slyboots. 2. very crafty, very foxy, very sly.
Hint 1. Indian, of India. 2. India. **Hint-Avrupa dilleri** Indo-European languages. — **fakiri** fakir. — **Okyanusu** the Indian Ocean.
hintarmudu, -nu *bot.* guava tree.
hintbaklası, -nı *bot.* tonka bean.
Hintçe 1. Hindi, the Hindi language. 2. (speaking, writing) in Hindi, Hindi. 3. Hindi (speech, writing); spoken in Hindi; written in Hindi.
hintdomuzu, -nu *zool.* 1. Indian wild boar. 2. guinea pig, cavy.
hinterlant hinterland.
hintfıstığı, -nı *bot.* physic nut.
hintfulü, -nü *bot.* Indian lotus.
hintgüreşi, -ni Indian wrestling.
hintinciri, -ni *bot.* 1. prickly pear, Barbary fig. 2. banyan.
hintirmiği, -ni sago (used in cooking).
hintkamışı, -nı *bot.* rattan palm.
hintkeneviri, -ni *bot.* Indian hemp, bhang, hemp, cannabis, marijuana.
hintkirazı, -nı *bot.* mango.
hintleyliağı, -nı *bot.* crape myrtle, crepe myrtle.
Hintli 1. (an) Indian (a native of India). 2. Indian, of India.
hinto (horse-drawn) coach, carriage.
hintpirinci, -ni *bot.* wild rice, Indian rice.
hintsafranı, -nı *bot.* turmeric.
hintsarısı, -nı Indian yellow, piuri.
hinttimsahı, -nı *zool.* mugger, marsh crocodile.
hintyağı, -nı castor oil, ricinus oil.
hintyağıbitkisi, -ni *bot.* castor-oil plant, mole-bean plant, mole bean.
hiper- hyper-.
hiperbol, -lü *geom.* hyperbola.
hiperbolik *geom.* hyperbolic.
hiperboloidal, -li *geom.* hyperboloidal.
hiperboloit *geom.* 1. hyperboloidal. 2. hyperboloid.
hipermetrop, -pu farsighted, hypermetropic.
hipertansiyon *path.* high blood pressure, hypertension.
hipertermi hyperthermia.
hipnotizma hypnosis, hypnotism.
hipnoz hypnosis.
hipodrom hippodrome.
hipofiz *anat.* pituitary body, pituitary gland, hypophysis.

hipoglisemi *path.* hypoglycemia.
hipokondri hypochondria.
hipopotam *zool.* hippopotamus.
hipostaz hypostasis.
hipotansiyon *path.* low blood pressure, hypotension.
hipotenüs *geom.* hypotenuse.
hipotez hypothesis.
hippi hippie, hippy.
hippilik hippiness; the hippie way of life.
his, -ssi 1. (a) feeling; (an) emotion. 2. sensation, feeling. 3. a sense (one of the five senses). **—lerine kapılmak** to be ruled by one's emotions. **—ini vermek** to give the impression that.
hisar castle, fort.
hislenmek to be affected, be moved, be touched.
hisli sensitive, easily moved, easily affected.
Hispanyola Hispaniola.
hisse 1. share, allotted portion, part, lot. 2. lesson (learned from observation or reading), special meaning or warning (drawn from something). — **almak** /dan/ to draw a lesson from, learn a lesson from. — **çıkarmak** 1. /dan, kendine/ to regard (a critical remark) as directed to oneself (and then take offense). 2. /dan/ to learn something useful as a result of. — **kapmak** /dan/ to draw a lesson from, learn a lesson from. — **senedi** *fin.* share.
hissedar shareholder; joint owner.
hissedilmek to be sensed, be perceived.
hisseişayia *law* (a) share in an undivided property.
hisseişayialı *law* jointly owned.
hisseli divided into shares; belonging to various people, jointly owned.
hissetmek /ı/ to feel, perceive, sense.
hissettirilmek /a/ to be made perceptible (to).
hissettirmek /ı, a/ 1. to cause (someone) to perceive (something). 2. to let (someone) know about (something).
hissi pertaining to the feelings, emotional.
hissikablelvuku, -uu *obs.* presentiment, premonition.
hissiselim *obs.* common sense.
hissiyat, -tı feelings; emotions. **—a kapılmak** to be ruled by one's emotions.
hissiz 1. insensitive, callous, unfeeling. 2. numb, devoid of sensation.
hissizlik 1. insensitivity, callousness. 2. numbness.
histamin *biochem.* histamine, histamin. — **karşıtı** antihistaminic.
histeri *psych.*, *see* **isteri**.
histerik *psych.*, *see* **isterik**.
histoloji histology.
hiş *colloq.*, *see* **hışt**.
hışt, -ti *colloq.* Hey!/Look here!
hitabe speech, address; oration.
hitaben /a/ addressing (someone), speaking to (someone): **Vali, köylülere hitaben yeni yol hak-**

hitabet

kında kısa bir konuşma yaptı. The governor, addressing the villagers, made a short speech about the new road. **O lafı bana hitaben söyledin.** You addressed that remark to me.
hitabet, -ti oratory, the art of public speaking.
hitam obs. end, close, conclusion; completion. **— bulmak/—a ermek** to come to a conclusion; to be completed. **— vermek /a/** to bring (something) to an end; to put an end to (something).
hitap 1. act of addressing (someone), speaking to (someone). 2. form of address, way of addressing someone directly. **— etmek /a/** to address, speak to.
Hitit, -ti 1. (a) Hittite. 2. Hittite, of the Hittites.
Hititçe 1. Hittite, the Hittite language. 2. (speaking, writing) in Hittite, Hittite. 3. Hittite (speech, writing); spoken in Hittite; written in Hittite.
Hititolog scholar specializing in Hittitology.
Hititoloji Hittitology, the study of Hittite language and culture.
hiyerarşi hierarchy.
hiyerarşik hierarchical, hierarchic.
hiyeroglif hieroglyph.
hiza 1. line, level (to which something is adjusted). 2. mil. alignment, alinement. **—sını bulmak** to get into line, line up, form a straight line: **Çocuklar, hizanızı bulun!** Get into line, children! **—ya gelmek** 1. to get into line, come into line, line up, form a straight line. 2. (for soldiers) to dress, form a straight line, line up. 3. colloq. to shape up, behave, straighten up; to mind, obey; to come into line; to toe the line. **(aynı/bir) —ya gelmek /la/** 1. to reach the same level (as). **—ya getirmek /ı/** 1. to align, aline, line (people/things) up, get (people/things) into a straight line; to bring (things) into line, arrange (things) in a straight line. 2. to dress (soldiers), make (soldiers) form a straight line, line (soldiers) up. 3. colloq. to make (someone) shape up, make (someone) behave, straighten (someone) out; to make (someone) mind, make (someone) obey; to bring (someone) into line; to make (someone) toe the line. **(aynı/bir) —ya getirmek /ı, la/** to put (one person/thing) on a level with (another person/thing). **—ya sokmak /ı/** 1. to line (people/things) up, get (people/things) into a straight line; to arrange (things) in a straight line. 2. colloq. to make (someone) shape up, make (someone) behave, straighten (someone) out; to make (someone) mind, make (someone) obey; to bring (someone) into line; to make (someone) toe the line.
hizalamak 1. /ı/ to align, aline, line (people/things) up, get (people/things) into a straight line; to bring (things) into line, arrange (things) in a straight line. 2. /ı/ to get in line behind (some-

322

one/something); to get in line alongside (someone/something). 3. to get into line, line up, form a straight line.
hizip, -zbi faction, clique.
hizipçi member of a clique, factionary.
hizipçilik factionalism, cliquism.
hizipleşmek to separate into factions.
hizmet, -ti 1. service. 2. duty. 3. care, maintenance. **— akdi** labor contract. **— birliği** mil. service unit. **— bölüğü** mil. service company. **—inde bulunmak/olmak /ın/** to be in the service of. **— eri/neferi** mil. orderly. **— etmek /a/** to serve. **—e girmek** 1. to be put into operation, be put into service. 2. to begin working in the civil service. **—ine girmek /ın/** to become an employee of (a person/a firm). **— görmek** 1. to work. 2. to work as a civil servant. 3. **/dan/** to be served by (someone). **—ini görmek /ın/** 1. to work as (someone's) servant or helper. 2. to function in place of. **— hareketleri** mil. service operations. **— içi eğitim** in-service training. **— madalyası** mil. service medal. **— şeridi** mil. service stripe.
hizmetçi maidservant, maid.
hizmetçilik being a maid, maiding.
hizmetkâr manservant.
hizmetkârlık working as a manservant.
hizmetli person who works as a cleaner, messenger, or doorman in a government office.
hobi hobby.
hoca 1. Islam hodja, khoja, khojah (a devout Muslim man who is respected for his knowledge of Islam and who may perform a specific duty within an Islamic community). 2. colloq. teacher. 3. colloq. (an) üfürükçü; maker of charms and potions, magician, enchanter. **—nın dediğini yap/söylediğini dinle, yaptığını yapma.** proverb Do as the hodja says, not as he does. **—nın vurduğu yerde gül biter.** proverb Children benefit from the beatings their teachers give them.
hocalık 1. Islam being a hodja; work of a hodja; rank of hodja. 2. colloq. being a teacher, teaching; work of a teacher; rank of teacher. 3. colloq. being an üfürükçü; being a maker of charms and potions. **— etmek** 1. to serve as a hodja. 2. colloq. to teach, work as a teacher. 3. /a/ colloq. to try to give advice to.
hodan bot. borage.
hodbin obs. selfish, egocentric, egotistic, egotistical.
hodbinlik obs. selfishness, egocentricity.
hodkâm obs. 1. selfish, self-centered. 2. self-willed, willful. 3. phil., ethics egoistic (as opposed to altruistic). 4. phil., ethics egoist (as opposed to an altruist).
hodkâmlık obs. 1. selfishness, self-centeredness. 2. self-willedness, willfulness. 3. phil., ethics

egoism (as opposed to *altruism*).
hodpesent *obs.* self-satisfied, self-applauding.
hodpesentlik *obs.* self-satisfaction, self-applause.
hodri meydan *colloq.* Come and try!/I dare you!
hohlamak /a or ı/ to breathe on, blow one's breath upon.
hokey *sports* hockey.
hokka 1. inkwell, inkstand, inkpot. 2. cup, pot. — **çukuru** *anat.* acetabulum. — **gibi** *colloq.* small and pretty (mouth). — **gibi oturmak** /a/ *colloq.* (for an article of clothing) to fit (someone) perfectly, be a perfect fit.
hokkabaz 1. juggler; conjurer. 2. cheat, trickster, swindler, sharper, con man, con artist, double-dealer, crook. 3. dishonest, tricky, double-dealing, crooked; shifty, slippery, shady.
hokkabazlık 1. juggling; sleight of hand. 2. dishonesty, double-dealing, crookedness; shiftiness.
hol, -lü hall (not a corridor but a centrally located room into which the major rooms open).
hol, -lü hole (used of coin-return holes in vending machines, telephones, etc.).
holding, -gi holding company.
holigan hooligan.
Hollanda 1. the Netherlands, Holland. 2. Dutch, of the Netherlands. — **peyniri** Edam cheese.
Hollandaca 1. Dutch, the Dutch language, Netherlandish. 2. (speaking, writing) in Dutch, Dutch. 3. Dutch (speech, writing); spoken in Dutch; written in Dutch.
Hollandalı 1. Netherlander; Dutchman; Dutchwoman. 2. Dutch (person).
holştayn 1. (a) Holstein, Holstein cow. 2. Holstein, of the Holstein breed.
homo *colloq.* homo, homosexual.
homogen *see* **homojen.**
homojen homogeneous.
homojenlik homogeneity, homogeneousness.
homolog homologous.
homonim 1. homonym. 2. homonymous.
homoseksüel 1. (a) homosexual. 2. homosexual, pertaining to or characterized by homosexuality.
homoseksüellik homosexuality.
homurdanmak 1. to mutter angrily to oneself, grumble in low tones. 2. (for a bear) to growl.
homur homur in an angry mutter, grumblingly. — **homurdanmak** 1. to mutter quite audibly, grumble quite audibly. 2. (for a bear) to growl quite audibly. — **söylenmek** to mutter angrily to oneself, grumble in low tones.
homurtu 1. angry muttering, low grumbling; angry mutter, low grumble. 2. growling; growl (of a bear).
Honduras 1. Honduras. 2. Honduras, Honduran, of Honduras.
Honduraslı 1. (a) Honduran. 2. Honduran (person).
Hong Kong Hong Kong.
hop, -pu *colloq.* 1. There you go!/That's the way!/Whee! *(said to hearten someone who is in the act of jumping, diving, sliding, etc.).* 2. Upsy-daisy! 3. Hey!/Look out! *(said in warning):* **Hop, gelen var!** Look out, somebody's coming! — **hop!** Stop!/Whoa! *(said to a driver trying to maneuver a vehicle).* — **hop sıçramak** *colloq.* to jump for joy. — **oturup hop kalkmak** *colloq.* to be hopping mad, be fit to be tied.
hoparlör loudspeaker.
hoplamak 1. to jump up (in the air). 2. to start, be startled. 3. to jump for joy. **hoplaya hoplaya** 1. jumping up and down, jigging up and down. 2. *colloq.* eagerly. **hoplaya zıplaya** jigging about, jigging up and down, bouncing about.
hoplatılmak to be dandled.
hoplatmak /ı/ to dandle; to bounce (a child) on one's knee.
hoppa flighty, whimsical, mercurial, volatile, light-headed, giddy.
hoppa Upsy-daisy!
hoppala 1. Upsy-daisy! 2. Just what is this? *(said in surprise and annoyance).* 3. There you go!/That's the way!/Whee! *(said to hearten someone who is in the act of jumping, diving, sliding, etc.).* 4. jumper, baby's play-chair hung by a spring. — **bebek** *colloq.* a spoiled, childish person.
hoppalık flightiness, whimsicality, mercuriality, volatility, light-headedness, giddiness. — **etmek** to behave in a flighty or mercurial way.
hopurdatmak /ı/ to slurp, sip noisily.
hor *prov.* nice, pleasing. —**a geçmek** to meet with approval, be liked; to be appreciated.
hor *used in:* — **bakmak** /a/ to look down on, look down one's nose at, have a low opinion of. — **görmek** /ı/ to look on (someone/something) with scorn, scorn; to regard (someone/something) with disdain. — **kullanmak** /ı/ to treat (something) roughly, abuse. — **tutmak** /ı/ to treat (someone) with contempt, be deliberately rude to.
hora hora (a round dance popular in Thrace). — **tepmek** 1. to dance the **hora.** 2. to stamp noisily; to make a loud stamping noise.
horain *slang* heroin, junk.
horanta *colloq.* family, household.
horasan mortar made of brick dust and lime.
horasani a tall cap that was worn with a turban wrapped around its lower portion.
horda horde.
horgörü contempt, scorn.
horhor rushing water.
horlamak to snore.
horlamak /ı/ to treat (someone) contemptuously; to scorn, despise.
horlanmak to be treated contemptuously; to be

scorned, be despised.
horluk contemptibility, despicableness, despicability.
hormon hormone.
hormonal hormonal, hormonic.
hornblent hornblende.
horon a folk dance of the eastern Black Sea coastal region. — **tepmek** to dance the **horon**.
horoz 1. *zool.* cock, rooster. 2. hammer (of a gun), cock. 3. bridge (of a lock). 4. *slang* tough guy, tough. — **akıllı/kafalı** *colloq.* bird-brained, stupid. — **dövüşü** 1. cockfight. 2. a variety of Indian wrestling in which the contestants slap at each other while in a squatting position. — **falı** alectryomancy. — **fasulyesi** a small white bean. — **gibi** 1. *colloq.* quarrelsome, quick-tempered, always ready for a fight. 2. like a rooster. —**dan kaçar** *colloq.* (woman) who avoids the company of men. — **ölür, gözü çöplükte kalır.** *proverb* One can never become reconciled to losing rank, wealth, or power. — **ötmeden** *colloq.* before daybreak. —**lar öttü.** *colloq.* Morning has broken. — **şekeri** see **horozşekeri.**
horozağırlık *sports,* see **horozsıklet.**
horozayağı, -nı cartridge extractor.
horozbina *zool.* blenny.
horozcuk *bot.,* see **horozcukotu.**
horozcukotu, -nu *bot.* field cress, cow cress, field peppergrass.
horozgözü, -nü *bot.* cicely.
horozibiği, -ni *bot.* 1. amaranth, love-lies-bleeding. 2. cockscomb.
horozlanmak *colloq.* to assume a threatening manner; to bluster, swagger truculently.
horozluk *colloq.* 1. bluster, truculent swagger. 2. pugnacious pride.
horozmantarı, -nı *bot.* chanterelle.
horozsıklet, -ti *sports* bantamweight (not over 56 kg.).
horozşekeri, -ni lollipop in the shape of a rooster.
hortlak fearsome ghost, evil apparition, goblin, specter.
hortlamak 1. to rise from the grave and haunt people. 2. (for a problem) to arise again. 3. *slang* to get in a towering rage, have a conniption, blow one's stack.
hortum 1. hose (for conveying fluids). 2. trunk, proboscis (of an elephant). 3. proboscis (of insects and some other invertebrates). 4. whirlwind, waterspout. — **gibi** snoutlike, snouty, snoutish (nose). — **sıkmak** /a/ to jet water on (a fire) with a fire hose, stream water on (a fire) with a fire hose.
hortumlu 1. trunked, proboscidate (mammal). 2. proboscidate, proboscidean (insect, invertebrate). 3. equipped with a hose.
horuldamak to snore.
horul horul snoring loudly.

horultu snore; snoring sound, sound of snoring; snoring.
hostes stewardess, hostess (on an airplane, ship etc.).
hosteslik being a stewardess, hostessing (on an airplane, ship, etc.).
hoş 1. pleasant, nice, agreeable, pleasing, genial. 2. quaint, charmingly unconventional. 3. *(used with* **bir***)* strange, odd, peculiar: **O şarkıyı duyunca Durmuş'un yüzü bir hoş oldu.** When he heard that song Durmuş got an odd look on his face. **Midem bir hoş.** My stomach feels funny. **Avni'nin söylediklerine hiç aldırma; kafası bir hoştur.** Don't pay any attention to what Avni says; he's touched in the head. 4. even if: **Hoş, param da olsa almazdım.** Even if I had the money I wouldn't buy it. 5. anyway, anyhow: **Hoş, bunu biliyordum.** I knew this anyway. — **bulduk!** Thank you! *(said in reply to a welcoming greeting).* — **geçinmek** /la/ to get on well (with). — **geldiniz!** Welcome! *(said to an arriving guest).* —**a gitmek** to be pleasing, please. —**una gitmek** /ın/ to please. — **görmek** /ı/ to be tolerant of, overlook, condone. — **karşılamak** /ı/ to assent to, give one's assent to. — **tutmak** /ı/ to be nice to, make (someone) feel welcome.
hoşaf stewed fruit, compote. — **gibi** *colloq.* dead tired, dog-tired, beat. —**ına gitmek** /ın/ *colloq.* to please. —**ın yağı kesilmek** /da/ *colloq.* to be flabbergasted, be left open-mouthed with amazement.
hoşaflık 1. good for making compote. 2. *colloq.* weakness; weariness.
hoşbeş 1. exchange of greetings. 2. friendly chat. — **etmek** 1. to say hello to each other; /la/ to say hello to. 2. /la/ to have a friendly chat (with).
hoşça 1. pretty well, somewhat pleasant. 2. pleasantly. — **kal/kalın!** Bye!/Take it easy!/*Brit.* Cheers! *(said by the one who is leaving).*
hoşgörü tolerance.
hoşgörücü see **hoşgörülü.**
hoşgörülü tolerant.
hoşgörür see **hoşgörülü.**
hoşgörürlük tolerance.
hoşgörüsüz intolerant.
hoşgörüsüzlük intolerance.
hoşhoş *child's language* dog, bowwow, woof-woof, woof.
hoşlanmak /dan/ to like, be pleased with; to enjoy.
hoşlaşmak 1. to become attractive, become pleasant and agreeable. 2. to like each other.
hoşluk 1. pleasantness, niceness, agreeableness, pleasingness, geniality. 2. quaintness. 3. *(used with* **bir***)* strangeness, oddness *(especially in the sense of queasiness, dizziness, or mental disturbance):* **Demin yüzünde bir hoşluk vardı.** You had an odd look on your face just then.

Bekri'nin başında bir hoşluk var. Bekri feels light-headed. **Kadıncağızda bir hoşluk var.** The poor woman's a bit touched in the head.

hoşnut /dan/ pleased, satisfied, contented (with), glad (about). **— etmek** /ı/ to please, gladden (someone). **— olmak** /dan/ to be pleased (with), be glad (about).

hoşnutluk pleasure, satisfaction, contentment, gladness. **— getirmek** /dan/ to indicate that one is pleased with.

hoşnutsuz displeased, dissatisfied, discontented.

hoşnutsuzluk displeasure, dissatisfaction, discontent. **— getirmek** /dan/ to indicate that one is not pleased with.

hoşor *slang, see* **hoşur.**

hoşsohbet, -ti (someone) who is good at making conversation/who converses well.

hoşt, -tu Shoo!/Scram! *(noise made to frighten away a dog).*

hoşur *slang* 1. plump and attractive (woman). 2. plump and attractive woman. 3. worthless. 4. crude, uncouth.

Hotanto 1. (a) Hottentot. 2. Hottentot, of the Hottentots.

Hotantoca 1. Hottentot, the Hottentot language. 2. (speaking, writing) in Hottentot, Hottentot. 3. Hottentot (speech, writing); spoken in Hottentot; written in Hottentot.

hotoz 1. tuft, crest (of feathers on a bird's head), topknot. 2. bun, topknot (of hair). 3. finial. 4. *formerly* a headdress (for a woman).

hotozlu 1. tufted, crested (bird). 2. (woman) who is wearing or has her hair in a bun. 3. finialed. 4. *formerly* (woman) who is wearing a **hotoz**.

hovarda 1. (someone) who will spend money extravagantly in order to have a good time/ who is a big spender when it comes to pleasure. 2. (someone) who chases women/who womanizes/who philanders. 3. big spender when it comes to pleasure. 4. woman chaser, womanizer, philanderer, rake. 5. prostitute's rich lover; sugar daddy.

hovardaca 1. (spending money) extravagantly. 2. like a big spender out for a good time. 3. like a woman chaser, like a philanderer.

hovardalanmak 1. to act like a big spender. 2. to act like a woman chaser, play the philanderer.

hovardalaşmak 1. to turn into a big spender. 2. to turn into a woman chaser, turn into a philanderer.

hovardalık 1. spending money extravagantly in pursuit of pleasure, spending big in order to have a good time. 2. chasing women, womanizing, philandering. **— etmek** 1. to spend money extravagantly in pursuit of pleasure, spend big in order to have a good time. 2. to chase women, womanize, philander.

hoverkraft, -tı hovercraft.

hoyrat, -tı 1. rough, coarse, clumsy (person). 2. name of a kind of song popular in southeastern Anatolia.

hoyratlık clumsiness. **— etmek** to be rough, act roughly.

hödük 1. boor, lout. 2. boorish, loutish (person).

hödüklük boorishness. **— etmek** to behave boorishly.

höl *prov.* dampness, moisture.

höllük *prov.* dry earth (used instead of diapers under a baby's swaddling clothes).

höpürdetmek /ı/ to slurp, sip noisily.

höpürtü a slurp, a noisy sip.

hörgüç (camel's) hump.

hörgüçlenmek to swell protuberantly, form a protuberance, protuberate.

hörgüçlü humped.

höst, -tü 1. Whoa! 2. *vulg.* Hey you bastard!

höşmerim a sweet made of unsalted cheese, flour, and sugar.

höt, -tü Boo! **— demek** /a/ *colloq.* to speak sharply to, snap at, yell at. **— zöt** *colloq.* intimidating behavior, hectoring, browbeating, buffaloing.

höykürmek (for dervishes) to chant together.

höyük 1. *archaeol.* tumulus. 2. *prov.* (man-made) mound, hillock.

Hu He *(referring to God).* **— çekmek** to chant the word **Hu**. **— erenler!** *said by a Bektashi dervish when greeting one or several of his fellow dervishes.*

hu Yoo-hoo! *(usually used among women):* **Hu Ayşe, nasılsın?** Yoo-hoo Ayşe, how're you doing?

hububat, -tı grain (the harvested seeds of any of the cereal plants).

Huda God.

hudayinabit, -ti 1. wild, self-sown, volunteer (plant). 2. (person) raised with little or no supervision. 3. self-taught.

hudut 1. border, frontier. 2. boundary, limit. **— dışı etmek** /ı/ to deport, expel (someone) (from a country). **— kapısı** (a) border crossing.

hudutlandırmak /ı/ to limit, put a limit on, set a limit to.

hudutlanmak to be limited.

hudutlu 1. /la/ bounded by. 2. limited, restricted.

hudutsuz 1. borderless, lacking a border/frontier/boundary/limit. 2. boundless, limitless, unlimited, unrestricted. **— sigorta** *fin.* unlimited insurance.

huğ a mud-brick hut with a reed roof.

hukuk, -ku 1. law, jurisprudence. 2. civil law. 3. *law* rights. 4. friendship. **— davası** civil lawsuit. **— doktoru** doctor of law. **— fakültesi** law school. **— ilmi** jurisprudence. **— mahkemesi** civil court. **— müşaviri** legal adviser. **—undan vazgeçmek** to give up one's legal rights.

hukukçu jurist.

hukuken legally.
hukuki legal, of or relating to law.
hukuklu law student.
hukuksal legal, of or relating to law.
hulasa 1. summary, résumé. 2. *chem.* extract. 3. in short, summing up, the long and the short of it is that .... **— etmek** /ı/ to summarize, sum up.
hulus *obs.* sincerity, purity of heart. **— çakmak** /a/ *colloq.* to toady, flatter.
huluskâr 1. *obs.* sincere, genuine. 2. *colloq.* sycophantic.
huluskârlık 1. *obs.* sincerity. 2. *colloq.* sycophancy, flattery.
hulya daydream. **—ya dalmak** to be lost in a daydream.
hulyalı 1. dreamy, romantic; fanciful. 2. (something) which causes one to daydream or fantasize.
humar *obs.* 1. hangover (from drink). 2. loginess (from sleep).
humbara *obs.* 1. bomb, shell, bombshell. 2. hand grenade, grenade.
humbaracı *obs.* 1. mortarman. 2. grenadier, grenade-thrower.
humma *path.* fever.
hummalı 1. (someone) who has a fever, feverish. 2. *colloq.* feverish, intense (activity).
humus humus (the organic portion of soil).
humus, -msu a food made of cooked, mashed chickpeas blended with sesame oil, lemon, and spices.
hunhar bloodthirsty, sanguinary.
hunharca 1. rather bloodthirsty. 2. bloodthirstily.
hunharlık bloodthirstiness.
huni funnel (for pouring liquids).
hunnak, -kı *obs., path.* inflammation of the throat, quinsy.
hura Hurray!/Hurrah!
hurafe superstition, old wive's tale.
hurç long bag (made of canvas or leather and used to carry or store items such as rugs).
hurda 1. scrap iron, scrap metal. 2. scrap (metal): **hurda demir** scrap iron. 3. completely worn-out, ready for the scrap heap. 4. *slang* hashish. **—ya çevirmek** /ı/ to wear (something) out. **—sı çıkmak** /ın/ (for something) to become worn out. **—sı çıkmış** worn-out (thing). **— fiyatına** very cheaply; below cost.
hurdacı scrap-iron dealer.
hurdacılık scrap-iron business.
hurdahaş smashed to bits, smashed to smithereens; damaged beyond repair. **— etmek** /ı/ to smash (something) to smithereens. **— olmak** 1. to be smashed to bits. 2. to become dead tired.
hurdalaşmak to become worn out, become fit for the scrap heap.
huri houri. **— gibi** *colloq.* very beautiful (girl).
hurma 1. date (fruit). 2. (Japanese) persimmon.
— ağacı *bot.* 1. date palm. 2. (Japanese) persimmon tree. **— tatlısı** a date-shaped sweet.
hurmalık 1. date grove. 2. persimmon grove.
hurra Hurrah!
hurufat, -tı *print.* 1. type. 2. typeface. **— dökmek** to cast type. **— kasası** type case.
husul, -lü coming into existence, being produced. **— bulmak** to come into existence, be produced, come to be, happen. **—e gelmek** to come into being, come to pass, originate, form, develop. **—e getirmek** /ı/ to accomplish, bring to pass, bring about.
husumet, -ti enmity, hostility. **— beslemek** /a/ to nurture enmity (towards).
husus 1. matter, subject, question; case. 2. particular point; relation, respect; peculiarity, particularity. **—unda** concerning, in connection with.
hususat, -tı *obs.* 1. matters, subjects, questions; cases. 2. particular points; relations, respects; peculiarities, particularities.
hususi 1. special, particular, characteristic, distinctive. 2. private, personal; privately owned. 3. *colloq.* privately owned automobile. **— hukuk** private law.
hususiyet, -ti 1. peculiarity, special feature, characteristic. 2. intimacy, close relations. **—i olmak** 1. /la/ to be intimate (with). 2. to have a special character or feature.
husye *anat.* testicle, testis.
huş *bot.* birch.
huşu, -uu 1. humility; submissiveness. 2. deep reverence for God; submission to God.
hutbe *Islam* khutbah, khutba, sermon delivered at the noon prayer on Fridays and on certain other occasions.
huy 1. temperament, nature, disposition. 2. (ingrained) habit, way. **—una çekmek** /ın/ to resemble, take after (someone) (temperamentally). **— edinmek** /ı/ to form the habit (of), make (something) one's habit. **—u huyuna, suyu suyuna uygun.** *colloq.* They get on well together./They are of the same disposition. **—u suyu** *colloq.* a person's basic nature and disposition. **—una suyuna gitmek** /ın/ *colloq.* to humor, indulge.
huylandırmak /ı/ 1. to make (someone) uneasy; to put (someone) on edge, make (someone) nervous. 2. to put (someone) in a bad humor, peeve. 3. to cause (someone) to develop bad habits. 4. to cause (an animal) to become restive, fractious, unruly, or obstinate.
huylanmak 1. to get uneasy; to get on edge, get nervous. 2. to get in a bad humor, become peeved (over nothing). 3. to develop bad habits. 4. (for an animal) to become restive, fractious, unruly, or obstinate.
huylu 1. (someone) who has (a certain) temperament. 2. irritable, fractious, irascible,

testy. 3. restive, fractious, unruly, or obstinate (animal). — **huyundan vazgeçmez.** *proverb* A person with a set habit won't change it./You can't change human nature.

huysuz bad-tempered; irritable, fractious, irascible, testy, perverse, cranky.

huysuzlanmak to display bad temper or irascibility; (for a child) to fuss, fret.

huysuzlaşmak to get to be irritable, become cranky; (for a child) to become fractious.

huysuzluk bad temper, fractiousness; petulance. — **etmek** to display bad temper or irascibility; (for a child) to fuss, fret. —**u tutmak** to have a fit of bad temper.

huzme beam (of light).

huzmeli (something) which has a beam: **uzun huzmeli far** headlight that can project a high beam of light.

huzur 1. peace of mind, freedom from anxiety. 2. tranquillity, peace, freedom from disturbance or turmoil. 3. presence (of an exalted personage): **Sultanın huzuruna çıktık.** We came before the sultan. **Huzura kabul olunmadı.** He was not admitted to see him/her. 4. presence, attendance. —**unda** in the presence of. — **dersi** religious discourse held in the sultan's presence during Ramazan. — **hakkı** money paid for attending a meeting. —**unu kaçırmak** /ın/ to make (someone) uneasy, take away (someone's) peace of mind, disquiet. — **ve asayiş** peace and security. — **vermek** /a/ to put (someone) in a tranquil frame of mind, make (someone) feel at peace with the world, give (someone) peace. — **vermemek** /a/ not to give (someone) any peace, to bother.

huzurevi, -ni rest home, retirement home, old people's home.

huzurlu tranquil, peaceful.

huzursuz 1. uneasy, troubled. 2. (place) which is lacking in tranquillity or peace, untranquil, unpeaceful.

huzursuzluk 1. uneasiness of mind, unease, disquiet. 2. lack of tranquillity or peace.

hücre 1. *biol.* cell. 2. cell; room, chamber. 3. alcove, niche. 4. cell (of a clandestine organization). — **özsuyu** cell sap.

hücrebilim cytology.

hücrelerarası, -nı *biol.* intercellular.

hücreyutarlığı, -nı *biol.* phagocytosis.

hücum 1. assault; charge; storming, storm. 2. rushing together, sudden crowding. 3. verbal assault. — **botu** assault boat. — **etmek** /a/ 1. to assault; to charge; to rush; to storm. 2. to mob, rush to (a place). —**a geçmek** 1. to give assault. 2. *sports* (for players) to take the offensive. — **kalesi** siege tower, turret. —**a kalkmak** to spring to the assault. —**a uğramak** to be assaulted; to be charged; to be rushed; to be stormed.

hücumbot, -tu assault boat.
Hüda God.
hükmen 1. legally. 2. by the decision of a referee.
hükmetmek 1. /a/ to rule, govern. 2. /a/ to decide, conclude. 3. to up and (do something): **Emel dün hükmedip Bursa'ya gitmiş.** It seems that Emel upped and went to Bursa yesterday.
hükmi 1. legal; judicial. 2. nominal. — **şahıs** juristic person, artificial person. — **şahsiyet** juristic personality.
hüküm, -kmü 1. decision, sentence, decree, judgment. 2. assumption, opinion, thought. 3. sovereignty, sway, jurisdiction. 4. legality, authority, validity. 5. importance, effect, influence. 6. force, grip, hold. —**ünce** as required by: **kanun hükmünce** as required by law. —**ünde** equivalent to, in lieu of. —**ünü geçirmek** /a/ to assert one's authority over. —**ü geçmek** 1. /a/ to have authority (over), carry weight (with). 2. (for something) to have become invalid; to have lost its effectiveness. — **giydirmek** /a/ to pass sentence (on). — **giymek** to be sentenced, be condemned. —**ünde olmak** to be considered (as); to be of the same effect (as). —**ü parasına geçmek** *colloq.* to be able to pay for something (instead of having to beg for it). — **sürmek** 1. to rule, reign. 2. to prevail. — **vermek** 1. to arrive at a decision or opinion. 2. to pass sentence.
hükümdar ruler, monarch, sovereign.
hükümdarlık 1. rulership, sovereignty. 2. kingdom, empire.
hükümet, -ti 1. government. 2. administration; regime. 3. courthouse (building in small cities or towns housing all the major governmental administrative offices). — **bunalımı** governmental crisis. — **darbesi** coup d'état. —**i devirmek** to overthrow the government. — **gibi** *colloq.* formidably powerful and effective (person): **Mürsel hükümet gibi.** What Mürsel says, goes. — **kapısı** (a) government office. — **kapısına düşmek** to end up having to deal with a government office. — **konağı** courthouse (building in small cities or towns housing all the major governmental administrative offices). —**i kurmak** to form a government. — **merkezi** capital, seat of government. — **sürmek** to rule, reign; to govern.
hükümlü 1. sentenced, condemned. 2. convict.
hükümran ruling, reigning, sovereign.
hükümranlık sovereignty, dominion.
hükümsüz no longer in force, invalid, null. — **kılmak** /ı/ to nullify, annul, invalidate.
hükümsüzlük nullity.
hülle *Islamic law* interim marriage (considered necessary before a man can remarry a woman whom he has divorced three times in succession).
hülleci *Islamic law* man who marries a divorced

woman on the understanding that he will divorce her the following day so that she may then remarry her previous husband from whom she has been divorced three times in succession.
hümanist, -ti 1. (a) humanist. 2. humanistic.
hümanitarizm humanitarianism.
hümaniter 1. (a) humanitarian. 2. humanitarian.
hümanizm 1. Humanism. 2. *phil.* humanism.
hümanizma *see* **hümanizm.**
hümayun *Ottoman hist.* royal, imperial.
hüner skill, technical ability, dexterity; ingenuity; talent, gift. **— göstermek** /da/ to show an aptitude for, be adept at. **—ini göstermek** /a/ to show (someone) what one can do, show (someone) what one knows, show (someone) just how talented one is.
hünerli 1. skillful, proficient, dexterous. 2. made with craftsmanship; done with skill.
hünersiz 1. (someone) who lacks a technical ability. 2. (something) which is lacking in craftsmanship. 3. (something) which does not demand technical ability.
hüngürdemek 1. to weep loudly, sob loudly, cry one's heart out, sob one's heart out. 2. (for dervishes) to chant loudly.
hüngür hüngür *used in:* **— ağlamak** to weep loudly, sob loudly, cry one's heart out, sob one's heart out.
hüngürtü 1. loud weeping, loud sobbing. 2. chanting (of dervishes).
hünkâr sovereign, sultan. **— imamı gibi** *colloq.* 1. with an air of great importance. 2. pompous.
hünkârbeğendi a meat dish made with puréed eggplant.
hünnap jujube.
hünsa *obs.* 1. hermaphrodite. 2. hermaphroditic.
hür 1. free (not enslaved). 2. free, unconstrained, untrammeled. **— düşünce** free thought. **— teşebbüs** private enterprise.
hürmet, -ti respect, high regard, esteem. **—le** respectfully. **H—lerimle** 1. Very truly yours,/ Yours very truly,/Yours truly,/Sincerely yours, *(used as a closing for a letter).* 2. with my compliments. **—ler ederim.** I tender my respects *(used in formal speech or as a respectful closing for a letter).* **— etmek** /a/ to respect, have respect for, hold (someone) in esteem; to show respect (for).
hürmeten 1. out of respect. 2. /a/ in respectful consideration of.
hürmetkâr respectful.
hürmetli 1. estimable, respected, respectable. 2. respectful. 3. *colloq.* big, considerable. **—ce** *colloq.* rather big, rather considerable.
hürmetsiz disrespectful.
hürmetsizlik 1. disrespect. 2. disrespectful action. **— etmek/göstermek** /a/ to show disrespect (for), disrespect.
hürriyet, -ti freedom, liberty. **—i seçmek** 1. to choose to live in freedom (instead of under oppression). 2. to opt to be one's own boss.
hürriyetçi 1. freedom-loving; (someone) who advocates freedom. 2. *pol.* liberal, liberalistic. 3. freedom-lover, advocate of freedom. 4. *pol.* (a) liberal.
hürriyetçilik 1. love of freedom; advocation of freedom. 2. *pol.* liberalism.
hürriyetperver 1. freedom-loving; (someone) who advocates freedom. 2. *pol.* liberal, liberalistic. 3. freedom-lover, advocate of freedom. 4. *pol.* (a) liberal.
hürriyetperverlik 1. love of freedom; advocation of freedom. 2. *pol.* liberalism.
hürya *colloq.* all together, the whole lot of them, the whole kit and caboodle of them. **— etmek** (for the whole lot of them) to arrive or leave at once.
Hüsniyanım *slang* 1. stuck-up, pleased with herself, vain. 2. (woman) who interprets all remarks as referring to herself.
Hüsnübey *slang* 1. stuck-up, pleased with himself, vain. 2. (man) who interprets all remarks as referring to himself.
hüsnühal, -li *obs.* good conduct, clean record, clean slate. **— kâğıdı** certificate of good conduct, reference; good letter of reference, good recommendation.
hüsnühat, -ttı calligraphy.
hüsnükabul, -lü *obs.* friendly reception. **— göstermek** /a/ to receive (someone) graciously; to behave cordially towards.
hüsnükuruntu wishful thinking.
hüsnüniyet, -ti good will, good intention, good faith.
hüsnütelakki *obs.* favorably biased interpretation.
hüsnüyusuf *bot.* sweet William.
hüsran 1. loss, damage. 2. disappointment. **—a uğramak** to be disappointed.
hüsün, -snü 1. beauty. 2. goodness.
Hüt Dağı, -nı a mountain near Medina. **— gibi şişmek** *colloq.* to swell up immensely.
hüthüt, -tü *zool.* hoopoe, hoopoo.
hüvelbaki God alone is eternal *(frequently used as an inscription on tombstones).*
hüviyet, -ti 1. *colloq.* identity card. 2. identity. 3. character, quality. **— cüzdanı** identity card.
hüzün, -znü sadness, melancholy.
hüzünlendirmek /ı/ to sadden, make (someone) sad.
hüzünlenmek to become sad, become melancholy.
hüzünlü sad, melancholy.
Hv. Kuv. *(abbr. for* **Hava Kuvvetleri)** AF, A.F. (Air Force).

I

I the letter I.

ıcığı cıcığı, -nı /ın/ *colloq.* every little thing about, every single detail about, every blessed thing about (someone/something). **ıcığını cıcığını çıkarmak** /ın/ 1. to go over/through (something) with a fine-tooth comb, search or examine (something) minutely. 2. to research (a subject) very thoroughly. **ıcığını cıcığını sormak** /ın/ 1. to give (someone) the third degree, ask (someone) a jillion questions about (himself/herself). 2. to ask all manner of questions about (something), ask a jillion questions about.

ığıl *prov.* still water (in a river/a creek).

ığıl ığıl *prov.* (flowing/moving) very slowly.

ığrıp seine; trawlnet, trawl. **— çekmek** to haul in the seine; to haul in the trawl. **— çevirmek** *colloq.* 1. to make a killing (by swindling someone). 2. /a/ to swindle (someone) in a big way, make a killing off (someone). **— kayığı** small seine-boat, small seiner; small trawl-boat, small trawler.

ıh *prov.*, cry used to make a camel kneel.

ıhı *slang* hashish.

ıhlamak 1. to groan (making a sound resembling ıh). 2. to breathe hard, puff heavily. **ıhlaya pıhlaya** *colloq.* 1. groaning, groaningly. 2. breathing hard, with labored breath, puffing, puffingly.

ıhlamur 1. linden tree. 2. linden tea, tisane of dried linden flowers: **Bir ıhlamur içer misin?** Would you like a glass of linden tea? 3. dried linden flowers.

ıhmak *prov.* (for a camel) to kneel.

ıhtırmak /ı/ *prov.* to make (a camel) kneel.

ıkıl ıkıl *prov.* 1. gaspingly, in gasps. 2. with great difficulty. **— nefes almak** to gasp for breath.

ıkındırmak /ı/ 1. to make (someone) strain (while defecating). 2. to make (a woman in childbirth) push.

ıkınmak 1. to strain (while defecating). 2. (for a woman in childbirth) to push (i.e. to contract her muscles in order to help the baby move downward). **ıkına sıkına** *colloq.* 1. with great effort, with great difficulty, very laboriously. 2. very shyly and self-consciously, in a painfully shy way, with a shyness painful to see; very shyly and awkwardly. **ıkınıp sıkınmak** *colloq.* to struggle mightily, make a tremendous effort.

ıkıntı 1. straining (while defecating). 2. (a woman's) pushing (in childbirth). 3. grunt, grunting sound.

ıklamak 1. to breathe hard, puff heavily. 2. to sob loudly. **ıklaya sıklaya** *colloq.* with great effort, with great difficulty, very laboriously.

ıklım tıklım *colloq.* 1. (filling something) brimful, to overflowing; chockablock. 2. brimful, full to overflowing; chockablock; jam-packed.

ılgım mirage.

ılgın *bot.* tamarisk.

ılgıt ılgıt 1. (falling/flowing) slowly. 2. (blowing) gently, lightly.

ılıca 1. hot spring, thermal spring. 2. bath (erected over a hot spring). 3. spa, place containing a hot spring the waters of which are believed to be curative.

ılıcak *prov.* lukewarmish, somewhat tepid, slightly warm.

ılık 1. tepid, lukewarm. 2. warmish, mild (weather). **— ılık** 1. tepidly, lukewarmly. 2. (a wind's blowing) warmly. 3. (tears' or blood's streaming) warmly or hotly.

ılıkça lukewarmish, somewhat tepid, slightly warm.

ılıklaşmak to become lukewarm, become tepid, become slightly warm.

ılıklaştırmak /ı/ to make (something) lukewarm, make (something) tepid, make (something) slightly warm.

ılıklık 1. tepidity, tepidness, lukewarmness, lukewarmth. 2. mildness (of weather). 3. *arch.* tepidarium.

ılım 1. moderation, temperance. 2. *astr.* equinox.

ılımak to get slightly warm, warm up a bit; to get lukewarm, get tepid.

ılıman temperate, mild (climate, weather). **— kuşak/bölge** temperate zone.

ılımlamak /ı/ *phys.* to moderate.

ılımlayıcı *phys.* moderator.

ılımlı 1. moderate, not extreme. 2. middle-of-the-road, moderate. 3. middle-of-the-roader, (a) moderate; (a) moderatist, (a) moderationist. **— monarşi** *pol.* constitutional monarchy, limited monarchy.

ılımlılık 1. moderateness. 2. being a middle-of-the-roader; moderatism.

ılın *phys.* neutral, not electrically charged.

ılıncık *phys.* neutron.

ılındırmak /ı/ to warm (something) up slightly; to make (something) lukewarm, make (something) tepid.

ılınlamak /ı/ *phys.* to neutralize, make (something) electrically neutral.

ılınmak to get slightly warm, warm up a bit; to get lukewarm, get tepid.

ılıştırmak /ı/ to make (water) lukewarm (by ad-

ılıtmak 330

ding hot or cold water).
ılıtmak /ı/ to warm (something) up slightly; to make (something) lukewarm, make (something) tepid.
ılkı *prov., see* **yılkı.**
ımızganma *prov.* 1. dozing. 2. indecision, wavering. 3. smoldering.
ımızganmak *prov.* 1. to doze, be half asleep. 2. to hesitate, waver. 3. (for a fire) to die down, turn to embers, smolder.
ıpıslak sopping wet, soaking wet.
ıpıssız very desolate, completely uninhabited.
ır *prov., see* **yır.**
ıra character, nature.
ırabilim characterology.
Irak 1. Iraq, Irak. 2. Iraqi, Iraki, Iraqian, Irakian, of Iraq or the Iraqis.
ırak far, distant, remote, faraway, far-off.
ırakgörür 1. field glasses, binoculars. 2. telescope; spyglass.
ırakiletişim telecommunication.
ıraklaşmak /dan/ to go away, move away (from).
Iraklı 1. (an) Iraqi, (an) Iraki, (an) Iraqian, (an) Irakian. 2. Iraqi, Iraki, Iraqian, Irakian (person).
ıraklık distance, remoteness. — **açısı** parallax.
ıraksak *math., phys.* divergent. — **dizi** *math.* divergent series. — **mercek** diverging lens, negative lens.
ıraksama 1. /ı/ regarding (something) as unlikely, considering (something) improbable. 2. *math., phys.* divergence.
ıraksamak /ı/ to regard (something) as unlikely, consider (something) improbable.
ıralamak /ı/ to characterize.
ırasal (something) that has to do with inherent characteristics.
ırgalamak /ı/ 1. *prov.* to rock; to sway; to shake. 2. *colloq.* to interest, be of interest to; to concern, be of concern to.
ırgalanmak *prov.* to be rocked, swayed, or shaken; to rock; to sway; to shake.
ırgat, -tı 1. laborer; farm laborer, farmhand; construction worker. 2. windlass, winch. — **başı** foreman, overseer (of a gang of laborers). — **gibi çalışmak** *colloq.* to slave, work like a Trojan. — **pazarı** place where employers can find laborers who seek work. — **pazarına döndürmek** /ı/ *colloq.* to turn (a place) upside down, make a complete mess of (a place), make a shambles of (a place).
ırgatlık 1. being a laborer. 2. wage (of a laborer). — **etmek** to work as a laborer.
ırk, -kı 1. race, racial group. 2. lineage, blood, stock. — **ayrımı** racial segregation; apartheid.
ırkbilim ethnology.
ırkçı 1. racist, racialistic. 2. (a) racist, (a) racialist.
ırkçılık racism, racialism.
ırki *obs.* racial.

ırkiyat, -tı *obs.* ethnology.
ırksal racial.
ırktaş 1. of the same race. 2. person of the same race (as another).
ırlamak *prov., see* **yırlamak.**
ırmak river, stream. — **tan geçerken at değiştirilmez.** *proverb* Don't change horses in midstream. — **roman** *lit.* roman-fleuve, saga novel.
ırz chastity, purity, honor. — **düşmanı** *colloq.* rapist. — **ehli** *colloq.* honest, virtuous, chaste. —**ına geçmek** /ın/ 1. to rape, violate. 2. *colloq.* to destroy the character of, debase, adulterate, bastardize. —**ı kırık** *slang* unchaste, unvirtuous. —**a tecavüz** rape.
ıs *archaic* owner, legal owner.
ısı 1. heat, warmth (as thermal energy). 2. temperature. — **kuşak** the Torrid Zone, the tropics.
ısıalan *chem.* endothermic, endothermal.
ısıcam Thermopane.
ısıcamlı glassed with Thermopane, glazed with Thermopane.
ısıdam *prov.* Turkish bath.
ısıdenetir thermostat.
ısıl *phys.* 1. thermal, thermic. 2. capable of conducting heat.
ısıldeğer thermal value (of a fuel).
ısın *phys.* calorie, calory.
ısındırmak 1. /ı, a/ to make (someone) come to like (someone/something); to make (someone) warm to/towards (someone). 2. /ı/ to warm, warm up, heat, heat up.
ısınılmak *impersonal passive* 1. to get warm, grow warm, warm up, warm, heat up, heat. 2. /a/ to come to like (someone/something); to warm to/towards (someone).
ısınma warming up, heating up. — **hareketleri** warm-up exercises. — **ısısı** *phys.* specific heat. — **koşusu** warm-up run.
ısınmak 1. to get warm, grow warm, warm up, warm, heat up, heat. 2. /a/ to come to like (someone/something); to warm to/towards (someone).
ısıölçer *phys.* calorimeter.
ısıölçüm *phys.* calorimetry.
ısırgan 1. *bot.* stinging nettle. 2. (animal) inclined to bite, that will bite.
ısırıcı 1. (animal) inclined to bite, that will bite. 2. sharp, cutting, biting (wind); bitter, piercing (cold). 3. itchy, scratchy, prickly (wool, cloth).
ısırık 1. wound left by a bite, bite. 2. (a) bite, (a) mouthful.
ısırılmak to be bitten.
ısırmak /ı/ 1. to bite. 2. (for wool, coarse cloth) to irritate, scratch (one's skin). 3. (for wind) to cut through (someone), chill (someone) to the bone. **Isıramadığın/Bükemediğin eli öp başına ko.** *proverb* If you can't defeat your enemy, then try to win his/her favor. **Isıran/Isı-**

racak it dişini göstermez. *proverb* A malevolent person will appear friendly until he/she gets a chance to harm you.
ısırtmak /ı, a/ 1. to make (someone/an animal) bite (someone/something). 2. to allow (someone/an animal) to bite (someone/something).
ısıtıcı 1. warming, heating (apparatus). 2. heater, heating apparatus. 3. flash heater (a kind of water heater); *Brit.* Ascot heater; *Brit.* geyser.
ısıtılmak to be heated, be warmed.
ısıtma warming, heating. **— sistemi** heating system.
ısıtmaç flash heater (a kind of water heater); *Brit.* Ascot heater; *Brit.* geyser.
ısıtmak /ı/ to warm, warm up, heat, heat up. **ısıtıp ısıtıp önüne koymak** /ı/ *colloq.* to keep bringing up, keep harping on (something).
ısıyuvarı, -nı thermosphere.
ıska *slang* 1. (a) miss. 2. There isn't ...: **Bende mangır ıska.** I'm flat broke. **— geçmek** /ı/ *slang* 1. to fail to hit, miss (something aimed at). 2. to overlook (someone/something); to ignore (someone/something).
ıskaça *naut.* step (of a mast).
ıskala *mus.* scale. **— yapmak** to practice scales.
ıskalamak /ı/ *slang* 1. to fail to hit, miss (something aimed at). 2. to overlook (someone/something); to ignore (someone/something).
ıskarmoz 1. *naut.* rib (of a ship). 2. *naut.* thole, tholepin; rowlock, oarlock. 3. *zool.* barracuda. **— kayışı** *naut.* becket for tholes; rowlock becket. **— küpeştesi** *naut.* washboard, washstrake, wasteboard.
ıskarpela 1. (carpenter's) chisel. 2. cape chisel.
ıskarta 1. *com.* waste. 2. discarded. 3. *playing cards* discarded cards, discards. **—ya çıkmak** to be discarded, be thrown away. **— mal** waste goods.
ıskat, -tı 1. *obs.* throwing down, dropping; casting out. 2. *obs.* overthrow. 3. *obs.* elimination. 4. *obs.* annulment, nullification. 5. *obs.* warding off. 6. alms given as compensation for the religious duties which the deceased failed to perform during his lifetime. 7. *obs.* deprivation.
ıskata *slang* jerk, bastard, skunk.
ıskatçı 1. person receiving the alms known as **ıskat.** 2. graveside beggar.
ıskonto 1. *com.* discount, discounting (a note or bill). 2. *com.* discount (the amount of a discount). 3. discount, price reduction. 4. *colloq.* discount (made for the specious element in a story), grain of salt: **Onun söylediklerini ıskontoyla dinle!** Take what he says with a grain of salt! **— etmek** /ı/ 1. to discount (a note or bill). 2. to give a discount of, reduce the price by (a specified amount): **Yüz bin lira ıskonto ettim.** I've given a discount of one hundred thousand liras. 3. *colloq.* to discount, take (what someone says) with a grain of salt. **— haddi com.** discount rate. **— yapmak** /a/ to give (someone) a discount.
ıskontolu 1. *com.* discounted (note, bill). 2. reduced, discount (price). 3. (selling, buying) at a discount.
ıskota *naut.* sheet (a rope or chain).
ıskota bacak *slang* knock-knee.
ıskuna *naut.* schooner.
ıslah 1. improvement; betterment; amelioration; melioration. 2. correction; reform. **— etmek** /ı/ 1. to improve, remove the defects or drawbacks (of). 2. to reform, discipline. 3. to retrain (a horse that's been badly trained). **— istasyonu** breeding station (for plants/animals). **— olmak** to reform, change one's ways. **— olmaz** incorrigible.
ıslahat, -tı reform, improvement; reforms. **— yapmak** to make reforms.
ıslahatçı reformer, reformist.
ıslahevi, -ni reformatory, *Brit.* borstal.
ıslahhane *see* **ıslahevi.**
ıslak wet; damp. **— kargaya/sıçana dönmek** *colloq.* to get soaked to the skin; to look like a drowned rat. **— karga/sıçan gibi durmak** *colloq.* 1. to look frightened, seem scared. 2. to seem very hesitant.
ıslaklık wetness; dampness.
ıslamak /ı/ to wet; to dampen, moisten.
ıslanmak to get wet.
ıslatıcı 1. moistener (device for moistening gummed surfaces of stamps, envelopes, etc.). 2. wetting agent; moisturizer. 3. (something) which wets, moistens, dampens, or moisturizes. **— madde** wetting agent; moisturizing agent, moisturizer.
ıslatılmak 1. to be wetted; to be moistened, be dampened; to be moisturized. 2. *slang* to be cudgeled, be beaten. 3. *colloq.* (for an event) to be celebrated by having a booze-up.
ıslatmak /ı/ 1. to wet; to moisten, dampen; to moisturize. 2. *slang* to cudgel, beat. 3. *colloq.* to celebrate (an event) by having a booze-up.
ıslık 1. whistle, whistling sound. 2. hiss, hissing sound. **— çalmak** 1. to whistle. 2. (for a snake/a goose) to hiss. 3. /a/ to whistle at, whistle to. 4. /a/ to whistle jeeringly at; to hiss (someone). **—la çalmak** /ı/ to whistle (a tune).
ıslıklamak /ı/ to whistle jeeringly at; to hiss (someone).
ıslıklanmak to be whistled at jeeringly; to be hissed.
ıslıklı 1. (something/an animal) that whistles, whistling. 2. (something/an animal) that hisses, hissing, sibilant, sibilous, sibilatory. 3. *phonetics* sibilant. 4. *phonetics* sibilant speech sound, sibilant. **— ünsüz** *phonetics* sibilant consonant, sibilant.

ısmarlama 1. /ı or a, ı/ telling (someone) to bring (something); ordering (something); requesting (someone) to bring (something), asking (someone) to bring or get (something). 2. /ı, a/ having (someone) make (something) to order. 3. /a, ı/ treating (someone) to (something), buying (someone) (something). 4. /ı, a/ entrusting (someone/something) to (someone). 5. /a/ warning (someone) not to do something; telling (someone) to do something. 6. made-to-order, custom-made. 7. tailor-made (article of clothing). 8. *colloq.* forced, artificial, put-on. 9. *colloq.* slapdash, done in a slapdash way, slipshod. **— elbise** (man's) tailor-made suit; (woman's) tailor-made dress.

ısmarlamak 1. /ı or a, ı/ to tell (someone) to bring (something); to order (something); to request (someone) to bring (something), ask (someone) to bring or get (something): **Oturup iki bardak çay ısmarladık.** We sat down and ordered two glasses of tea. **Garsona iki kahve ısmarladım.** I told the waiter to bring two coffees. **Bakkaldan beş kilo şeker ısmarladı.** She ordered five kilos of sugar from the grocer. **Fatmagül'e fırından üç ekmek ısmarladı.** She asked Fatmagül to get her three loaves of bread from the baker's. **Bana bir taksi ısmarlar mısın?** Will you order me a taxi? **Çarşıdan ısmarlayacağın bir şey var mı?** Is there anything you want me to get you from the market? 2. /ı, a/ to have (someone) make (something) to order: **Bu ceketi Ferit'e ısmarladım.** I had Ferit make this jacket. 3. /a, ı/ to treat (someone) to (something), buy (someone) (something): **Sana bir bira ısmarlayayım.** Let me buy you a beer. 4. /ı, a/ to entrust (someone/something) to (someone). 5. /a/ to warn (someone) not to do something; to tell (someone) to do something: **Ben sana nasıl ısmarlamıştım? Sen kalkıp ne halt ettin!** I told you how to do it but you went ahead and did it your way. Now look how you've loused it up!

ısmarlanmak /a/ 1. to be ordered (for or from). 2. to be made to order (for or by). 3. to be treated to, be bought (something): **Sibel'e bir viski ısmarlandı.** Sibel was treated to a whiskey. 4. to be entrusted to. 5. to be warned not to do something; to be told to do something.

ısmarlatmak 1. /a, ı/ to have (someone) order (something). 2. /a, ı/ to have (someone) make (something) to order. 3. /a, için, ı/ to have (someone) treat (someone) to (something): **Fevzi'ye Şule için dondurma ısmarlattım.** I had Fevzi treat Şule to some ice cream.

ıspanak 1. spinach. 2. *slang* imbecile, idiot, fool.

ıspanakzade *slang* out-and-out dunce, real idiot.

ısparmaça *naut.* entanglement of several chains (in the sea).

ıspatula spatula.

ıspavli *naut.* twine, cord.

ıspazmoz spasm, convulsion. **—a tutulmak** to have a spasm, suffer a spasm.

ısrar insistence. **— etmek** to insist (on), be insistent (about).

ısrarla insistently.

ısrarlı insistent.

ıssız lonely, bereft of people; lifeless, dead, deserted; uninhabited.

ıssızlaşmak to become lonely, dead, deserted, or uninhabited.

ıssızlık loneliness, lack of people. **— çökmek /a/** (for a place) to become lonely, lifeless, dead, or deserted: **Akşam sekizden sonra buraya bir ıssızlık çöker.** After eight in the evening this area's like a ghost town.

ıstakoz *zool.* lobster. **— sepeti** lobster pot, lobster trap.

ıstampa 1. stamp (tool for stamping). 2. stamp pad, ink pad. 3. imprint, print, stamp.

ıstavroz 1. cross, crucifix. 2. the sign of the cross. **— çıkarmak** to make the sign of the cross, cross oneself. **— kemeri** *arch.* cloister vault.

ıstılah *obs.* 1. technical term, technical word or expression. 2. rare word or expression; high-flown word or expression. **— paralamak** to talk or write in a highfalutin way.

ıstılahlı *obs.* 1. (writing, speech) that contains a lot of technical terms. 2. (writing, speech) that contains a lot of rare or high-flown words or expressions. 3. (writing, talking) in a technical jargon. 4. (writing, talking) using rare or high-flown words or expressions.

ıstırap 1. (mental or emotional) pain; anguish, misery. 2. bodily suffering. **— çekmek** to suffer. **— vermek /a/** to make (someone) suffer.

ıstıraplı suffering; anguished, miserable.

ışığadoğrulum phototropism.

ışığagöçüm phototaxis, phototaxy.

ışığayönelim phototropism.

ışık 1. light (as luminous energy): **ay ışığı** moonlight. 2. (a) light (a source of light): **Işıkları yak!** Turn on the lights! 3. inspired thought, ray of inspiration; inspiration. 4. model of excellence, ideal model, inspiration. 5. *art* (a) light, illuminated part of a picture. **— almak** *phot.* to be fogged, be exposed. **—ı altında** /ın/ in the light of. **— demeti** pencil of light; beam. **— gölge düzeni** *art* chiaroscuro. **— ışını** ray of light. **— oyunu** play of light. **— saçmak** to shine, give off light. **—ı söndürmek** to turn off the light; to put out the lamp, the candle, or the match. **— tutmak /a/** 1. to light the way (for). 2. to shine a light (on). 3. *colloq.* to show the way (to), offer a solution (for). **—ı yakmak** to turn on the light; to light the lamp, the candle, or the match. **— yılı** light-year.

ışıkbilgisi, -ni optics.
ışıkçı *theat., cin.* electrician.
ışıkgözü, -nü photocell, photoelectric cell.
ışıkkesen *phot.* light trap (of a darkroom).
ışıkkıran refractor.
ışıkküre photosphere.
ışıklandırılmak to be illuminated, be lighted up.
ışıklandırma lighting, illumination.
ışıklandırmak /ı/ to illuminate, light up.
ışıklı 1. illuminated, lit. 2. furnished with lights. 3. bright, well-lit. — **gösterge** *comp.* cursor. — **reklam** illuminated advertising sign; neon sign. — **trafik işareti** traffic light.
ışıklılık luminance, brightness.
ışıkölçer photometer; light meter, exposure meter.
ışıkölçümü, -nü photometry.
ışıksız 1. dark, lightless. 2. not furnished with lights. 3. (place) that is not well lit, that does not receive much light, dark. — **cisim** blackbody.
ışıkyuvarı, -nı photosphere.
ışılbireşim photosynthesis.
ışıldak 1. searchlight; spotlight; projector. 2. *prov.* sparkling, sparkly, twinkling. 3. *prov.* shining, shiny, gleaming, gleamy.
ışıldamak 1. to sparkle, glitter, glisten, twinkle, scintillate. 2. to shine, gleam.
ışıldatmak /ı/ 1. to make (something) sparkle. 2. to make (something) shine.
ışılelektrik photoelectricity.
ışıl ışıl 1. (shining) brightly. 2. sparkling, sparkly. 3. bright, shining, gleaming.
ışılkimya photochemistry.
ışıltı 1. faint light, glimmer. 2. sparkle, glitter, twinkle, scintillation. 3. gleam.
ışıltılı 1. glimmering, glimmery. 2. sparkling, sparkly, glittering, twinkling, scintillating.
ışıma radiating light, radiation, beaming, shining.
ışımak to radiate light, radiate, beam, shine.
ışın 1. ray of light, ray, beam. 2. *phys.* ray: **gama ışınları** gamma rays. 3. *math.* ray. — **demeti** *phys.* pencil of rays. — **tedavisi** radiotherapy.
ışınbilim radiology.
ışınbilimci radiologist.
ışınçekim radiography.
ışınetki radioactivity.
ışınetkin radioactive. — **bulaşım** radioactive contamination.
ışınetkinlik radioactivity.
ışınım radiation.
ışınlama /ı/ irradiating, irradiation, subjecting (someone/something) to radiation.
ışınlamak /ı/ to irradiate, subject (someone/something) to radiation.
ışınlanım radiation.
ışınlı 1. radiant, radiating. 2. *zool.* radiolarian.
ışınölçer radiometer.
ışınsal 1. radial, pertaining to or arranged like rays. 2. radiative, radiational.
ışıtaç lamp.
ışıtmak /ı/ 1. to radiate light upon. 2. to illuminate.
ışkırlak a cap worn by Karagöz.
ıtır, -trı 1. pleasant odor, fragrance, scent, perfume. 2. attar, essence, perfume. 3. *bot.* rose geranium. 4. *bot.* scented-leaf geranium.
ıtırçiçeği, -ni *bot.* 1. rose geranium. 2. scented-leaf geranium.
ıtırlı 1. sweet-smelling, fragrant, aromatic. 2. perfumed, impregnated with perfume.
ıtrışahi *bot.* sweet pea.
ıtri *obs.* 1. sweet-smelling, fragrant, aromatic. 2. perfumed, impregnated with perfume.
ıtriyat, -tı 1. toiletries, perfumes and cosmetics. 2. perfumes, attars, essences.
ıtriyatçı 1. seller of toiletries, seller of perfumes and cosmetics. 2. shop selling toiletries, shop selling perfumes and cosmetics. 3. perfumer. 4. perfume shop.
ıvır zıvır *colloq.* 1. junk, worthless things. 2. unimportant things, trifles, trivialities. 3. nonsense, bunk. 4. worthless, junky. 5. unimportant, petty, trifling, trivial. 6. nonsensical.
ızbandut *colloq.* big, fierce-looking man. — **gibi** big and fierce-looking (man).
ızbarço *naut.* bowline knot, bowline. — **tahtası** boatswain's chair.
ızgara 1. grill, gridiron, or grid (on which food is cooked). 2. grate, grating (over a drain). 3. grate (for a fireplace or stove). 4. register or vent (for a heating or ventilation system). 5. shipway, ways. 6. grilled or broiled (food). — **köfte** grilled meat balls. — **yapmak** /ı/, **—sını yapmak** /ın/ to grill.
ızgaralık 1. (food) suitable for grilling. 2. (food) set aside to be grilled.

I

I the letter I *(The capital form of the dotted i is also dotted in Turkish.).*

iade 1. sending back, returning, return. 2. restoration; restitution; reinstatement. 3. replying in kind to (a critical remark). 4. *obs.* repetition, repeating. — **etmek** /ı/ 1. to send back, return. 2. to restore; to reinstate. 3. to reply to (a critical remark) in kind, retort. —**i itibar** *obs., law* reinstatement of rights (to a former bankrupt), rehabilitation. —**i ziyaret** returning a visit.

iadeli *usually used in:* — **taahhütlü** 1. certified or registered (piece of mail) (for which proof of delivery is mailed to the sender). 2. (sending something) by certified or registered mail.

iane 1. donation, contribution (usually of money). 2. help, aid (usually monetary). — **toplamak** to collect contributions (of money).

iaşe *obs.* feeding, victualing. — **amirliği/dairesi** *mil.* food-supply office. — **subayı** *mil.* mess officer. — **ve ibate** room and board.

ibadet, -ti worship, worshiping. — **etmek** /a/ to worship.

ibadetgâh *see* **ibadethane.**

ibadethane place of worship, temple, sanctuary.

ibadullah *colloq.* very plentiful.

ibare 1. passage; sentence; phrase. 2. wording, phraseology, diction.

ibaret, -ti /dan/ consisting (of), composed (of). — **olmak** /dan/ to consist of, be made up of.

ibate *obs.* housing, lodging; billeting, quartering. — **etmek** /ı/ to house, lodge; to billet, quarter.

ibibik *zool.* hoopoe, hoopoo.

ibik 1. comb, crest (of a fowl). 2. *anat.* crest, crista, ridge (of a bone). 3. spout. 4. red tassel (of a fez). —**ini kaldırmak** /a/ *slang* to act defiantly (towards), get cocky (with).

ibikli 1. combed, crested (bird). 2. *anat.* crested, cristate (bone). 3. spouted, furnished with a spout. 4. tasseled.

ibis *zool.* sacred ibis.

İbiş name of a foolish servant in the **ortaoyunu.** — **gibi** *colloq.* comically foolish.

ibiş *slang* fool, simpleton, idiot, nitwit, nincompoop.

iblağ *obs.* 1. communicating, conveying, or reporting (something) (to). 2. raising or increasing (an amount) to. — **etmek** /ı, a/ 1. to communicate, convey, or report (something) (to). 2. to raise (an amount) to, increase (an amount) to: **Hasan sermayesini yirmi milyar liraya iblağ etmek istiyor.** Hasan wants to increase his capital to twenty billion liras.

İblis Satan, the Devil.

iblis 1. devil, demon, imp. 2. *colloq.* bastard, son of a bitch.

ibn *obs.* son.

ibne *vulg., slang* 1. passive male homosexual, queen, fag. 2. scoundrel, bastard.

ibnelik *vulg., slang* 1. being a passive male homosexual. 2. effeminate behavior; (an) effeminate action. 3. being a scoundrel. 4. contemptible behavior, (a) low-down action.

ibnetor *vulg., slang* passive male homosexual, queen, fag.

ibra *law* 1. remission of a debt, declaring (someone) to be free of a debt. 2. absolving, acquittal, exoneration. — **etmek** /ı/ to declare (someone) to be free of a debt. 2. to absolve, acquit, exonerate. — **kâğıdı** *law* acquittance, quittance.

ibraname *law* acquittance, quittance.

İbranca 1. Hebrew, the Hebrew language. 2. (speaking, writing) in Hebrew, Hebrew. 3. Hebrew (speech, writing); spoken in Hebrew; written in Hebrew.

İbrani 1. (a) Hebrew. 2. Hebraic, Hebrew.

İbranice 1. Hebrew, the Hebrew language. 2. (speaking, writing) in Hebrew, Hebrew. 3. Hebrew (speech, writing); spoken in Hebrew; written in Hebrew.

ibraz *obs.* showing, presentation. — **etmek** /ı/ to show, present (a document).

ibre 1. needle, pointer (in a gauge or compass). 2. *bot.* needle.

ibret, -ti 1. lesson learned through a misfortune. 2. an unhappy event serving as a deterrent. 3. *colloq.* strange, queer; ugly, repulsive. —**i âlem için** (doing something) that it may be a warning to all, that it may serve as a lesson to all. — **almak** /dan/ to take (something) as a warning; to learn a lesson from (a mishap). —**in kudreti** *colloq.* hideously ugly. — **olmak** /a/ (for a misfortune) to serve as a lesson (to).

ibrik long-spouted ewer, long-spouted pitcher.

ibriktar *hist.* ewer-bearer (servant who was in charge of the ewers and basins used in washing and who also poured water for washing).

ibrişim 1. silk thread. 2. made of silk thread.

ibrişimci maker or seller of silk thread.

icabet, -ti 1. acceptance, responding favorably. 2. compliance, complying. — **etmek** /a/ 1. to accept, respond favorably to. 2. to comply with.

icap 1. necessity, requirement, what is needed. 2. *log.* affirmation. —**ında** if needed; when required. —**ına bakmak** /ın/ 1. to see to, attend to, take care of. 2. *colloq.* to take care of,

kill (someone). — **etmek** to be necessary.
icar *obs.* renting, leasing. — **etmek** /ı/ to rent, lease. —**a vermek** /ı/ to rent, lease.
icat 1. inventing, invention. 2. invention, invented thing. 3. *colloq.* fabrication, making (something) up (in order to deceive). — **çıkarmak** *colloq.* 1. to come up with a terrible idea. 2. to think up something that is troublesome and unnecessary. — **etmek** /ı/ 1. to invent, create. 2. *colloq.* to fabricate, make up, trump up, concoct.
icaz *obs.* concision, succinctness, brevity.
icazet, -ti 1. permission, authorization. 2. diploma or certificate (which usually attests that someone has finished a **medrese** or is a calligrapher of the Arabic script).
icazetname 1. written authorization, permit. 2. diploma; certificate.
icbar *obs.* compulsion, coercion. — **etmek** /ı, a/ to compel, force, coerce, constrain (someone) to (do something).
iciği ciciği, -ni *colloq.*, *see* **ıcığı cıcığı.**
icra 1. carrying out, doing, performance. 2. *law* execution, carrying out, fulfillment (of a decision/a decree). 3. *law* court dealing with debt or bankruptcy cases. 4. *mus.* performance. — **dairesi** *law* court dealing with debt or bankruptcy cases. — **etmek** /ı/ 1. to carry out, do, perform. 2. *law* to execute, carry out, fulfill (a decision/a decree). 3. to perform (a piece of music). — **heyeti** 1. executive board, executive committee. 2. group of musicians. — **kuvveti** executive power. — **memuru** official who supervises the collection of debts. —**yı sanat etmek** 1. to give a performance, perform. 2. (for an artist) to produce a work of art, create. 3. *joc.* to be engaged in one's work; to do one's job, work at one's job; to practice one's trade or profession. —**ya vermek** /ı/ to take (a debtor) to court.
icraat, -tı 1. actions, work; achievements, accomplishments. 2. *law* executions (of decisions/decrees). 3. *mus.* performances. —**ta bulunmak** 1. to carry out various activities/operations. 2. *law* to carry out decisions/decrees. 3. *mus.* to give performances, perform.
iç, -çi 1. the interior, the inside, the inner part or surface. 2. *see* **içinde.** 3. insides, innards (internal organs of a person/an animal). 4. (a person's) true self, heart, soul: **Merak etme, Safigül'ün içi temiz.** Don't worry, Safigül's a good soul at heart. **Eğer içinde varsa, bir yolunu bulup üniversiteyi bitirir.** He'll find a way to finish university, if he really wants to do so. 5. inner part (of a nut/a seed), kernel; inner part (of a fruit), meat, flesh. 6. stuffing, filling (material used to stuff or fill something). 7. inner, inside; interior; internal. 8. domestic, internal (as opposed to *foreign*). 9. inland (as opposed to *coastal*). —**ler acısı** heartrending, heartbreaking. — **açı** interior angle. — **açıcı** gladdening, glad, cheering, heartening. —**ini açmak** 1. /a/ to pour out one's troubles (to), unburden oneself (to). 2. /a/ to make one's feelings clear to (someone who has annoyed or angered one). 3. /ın/ to cheer (someone) up, gladden (someone), gladden (someone's) heart, lift (someone's) spirits: **Bu haber Nefise'nin içini açtı.** This news gladdened Nefise's heart. —**ine alan** including. —**ine alma** inclusion. —**ine almak** /ı/ to include, encompass; to hold, contain. —**i almamak** /ı/ 1. not to feel like eating (something). 2. to be reluctant to (do something). —**ine ateş düşmek** to suffer a grievous emotional blow. —**ine atmak** /ı/ 1. to keep (a worry/a problem) to oneself. 2. to store away in one's memory (an insult which one has appeared to disregard). — **bağlamak** for the kernel (of a nut/a seed) to become plump/fill its shell/hull/husk. — **bakla** shelled broad beans. —**ine baygınlıklar çökmek** to feel like screaming (because one finds something extremely tiresome or exasperating). —**i bayılmak** 1. to feel faint (with hunger). 2. to feel full and thirsty (after eating too much rich food). —**ini bayıltmak** /ın/ 1. (for an oversweet food) to make (one) feel sick. 2. to exasperate (someone) (by talking too much or dillydallying). —**i beni yakar, dışı eli (yakar).** *colloq.* Others only know his outward charm, whereas I know his inner nastiness. — **bezelye** shelled peas. —**ini bir kurt yemek/kemirmek** for a doubt to nag one. —**ini boşaltmak** 1. to blow one's stack. 2. to pour out one's troubles (to). —**i bulanmak** 1. to feel nauseated. 2. to get suspicious. — **bulantısı** nausea. —**i burkulmak** to feel a deep pang of sadness. — **bükün** *ling.* internal inflection. — **cep** *tailor.* inside pocket. —**i cız etmek** 1. suddenly to feel a tug at one's heartstrings; suddenly to be touched to the quick. 2. suddenly to feel very sad, very dispirited, or very discouraged. — **çamaşırı** underwear. — **çekmek** 1. to sigh. 2. to sob. —**i çekmek** /ı/ to have a longing for, desire. —**ine çekmek** /ı/ to breathe in, inhale. —**ini çekmek** to sigh. —**inden çıkılmaz** impossible, (something) which seems insuperably difficult; insoluble, insolvable (problem): **içinden çıkılmaz bir hal** an impasse. —**inden çıkmak** /ın/ successfully to manage, carry out, or do (a difficult job); to solve (a difficult problem). —**i dar** impatient, restless (person). —**i daralmak** to be depressed, be distressed. —**i dayanmamak** /a/ 1. to be unable to stand by and do nothing. 2. for (one's) conscience not to let one do (something). 3. not to be able to stand or bear (something) (because of jealousy). —**ine dert olmak** to be unhappy at having failed to accomplish (something). —**i dışı**

bir unaffected, free of hypocrisy, genuine. **—i dışına çıkmak** 1. to vomit, throw up. 2. to have been so bounced about and jolted that one feels nauseated. **—inden doğmak** see **—inden gelmek**. **—ine doğmak** /ın/ intuitively to feel that, have a feeling that (something is going to happen): *Böyle bir şey olacağı içime doğmuştu.* I'd had a feeling something like this would happen. **—ine dokunmak** /ın/ to sadden; to pain. **— donu** underpants. **—ini dökmek** /a/ to pour out one's troubles (to), unburden oneself (to). **— dünya** (a person's) inner world, inner self. **—i erimek** to be greatly worried. **— etmek** /ı/ *colloq.* to swipe, appropriate, steal. **—ine etmek** /ın/ *vulg.* to make a complete mess of, fuck (something) up, *Brit.* make a balls-up of. **—i ezilmek** to feel somewhat hungry, feel peckish. **— geçirmek** to sigh. **—inden geçirmek** /ı/ to consider, think about. **—ine geçme** penetration. **—i geçmek** 1. to doze off, fall asleep unintentionally. 2. to lose one's strength. 3. to grow old, pass one's prime. 4. (for fruit) to go bad, spoil. **—inden geçmek** /ın/ 1. to pass through. 2. to occur to (one). **—ine geçmek** /ın/ to penetrate. **—ten gelme** heartfelt, sincere. **—inden gelmek** suddenly to feel like (doing something), suddenly to feel a desire to (do something). **—i geniş** easygoing, unworried. **— gezegen** *astr.* inferior planet. **— gıcıklamak** to arouse one's sexual appetite. **— gıcıklayıcı** sexy, erotically titillating. **—i gitmek** 1. to have diarrhea, have the squirts. 2. /a/ to desire (something) strongly, crave, long for. **— gömleği** slip (ladies' undergarment). **—i götürmemek** /ı/ 1. to be unable to stand by and do nothing. 2. for (one's) conscience not to let one do (something). 3. not to be able to stand or bear (something) (because of jealousy). **—inden gülmek** /a/ to laugh up one's sleeve at. **— hastalıkları** internal diseases. **— hastalıkları uzmanı** internist, doctor of internal medicine. **— hat** 1. *telecommunications* internal line; house telephone (in a hotel). 2. *transportation* domestic line. **— hizmet** *mil.* home service. **—i hop etmek** suddenly to become excited or frightened; for (one's) heart to miss/skip a beat, for (one's) heart to leap. **—ine hüzün çökmek** to be overcome by sadness, be overcome with sadness, for sadness to fall upon (someone). **—i ısınmak** /a/ to warm to, feel a liking for; to come to like. **— içe** 1. (things) which lie one inside the other. 2. (rooms/compartments) which open into each other, connecting, interconnecting. 3. (placing things) one inside the other. 4. (designing or building rooms/compartments) so that they open into each other. 5. /la/ cheek by jowl (with), in close proximity (to). **—i içine geçmek** to be uneasy, be troubled, be disturbed. **—i içine sığmamak** 1. /dan/ to be bursting with, scarcely to be able to contain oneself for: *Meraktan Mualla'nın içi içine sığmıyordu.* Mualla could scarcely contain her curiosity. 2. to be very agitated or impatient. **—i içini yemek** to fret inwardly. **—ine işlemek** /ın/ 1. (for something) to hurt (someone) deeply, hurt (someone's) feelings very much. 2. (for something) to cause (someone) to grieve deeply. 3. (for something) to distress (someone) greatly. 4. to soak (someone) to the skin. 5. to chill (someone) to the bone. **—i kabarmak** 1. to feel nauseated. 2. to feel like sobbing. 3. to be stirred, be excited. **—i kabul etmemek** /ı/ 1. to be nauseated from eating (something). 2. to be unable to eat (something). **—i kalkmak** 1. to have a feeling of nausea. 2. to feel like sobbing. **—i kan ağlamak/—inden kan gitmek** to be crying inwardly, eat one's heart out in silence, be deeply distressed without showing it. **—ine kapanık** withdrawn, introverted. **—i kapanmak** to feel depressed; to be depressed. **—ine kapanmak/çekilmek** to withdraw into one's shell, become withdrawn and uncommunicative. **—i kararmak** 1. to lose one's zest for living. 2. to be overcome by a feeling of hopelessness. **—i kazınmak/kıyılmak** to be very hungry, for hunger to be gnawing (one's) innards. **—ini kemirmek** /ın/ (for a distressing thought) to gnaw at, worry continually, beset. **—inden konuşmak** inwardly to talk to oneself. **—ine kurt düşmek** /ın/ to have a gnawing suspicion that something bad is in the offing. **— lastik** *auto.* inner tube, tube (of a tire). **— merkez** focus (of an earthquake). **—inden okumak** 1. /ı/ to read (something) silently. 2. /ı/ to ponder silently (some lines one has memorized). 3. /a/ *slang* to curse (someone/something) inwardly. **— organlar** internal organs, viscera. **—ine öyle gelmek** /ın/ (*used with* **ki**) (for someone) intuitively to feel that, have a feeling that: *İçime öyle geliyor ki sen bunu başaracaksın.* Something tells me that you're going to succeed in this. **—i paralanmak/parçalanmak/parça parça olmak** to be greatly upset, be greatly distressed. **—inde parmağı olmak** /ın/ (for someone) to have a finger in (some evil business). **— pazar** domestic market. **—inden/—ten pazarlıklı** sneaky and two-faced. **— pilav** pilaf prepared with currants, pine nuts, spices, and liver. **— piyasa** domestic market. **—i rahat etmek** to feel relieved. **— savaş** civil war. **— sayrılıkları** internal diseases. **— sayrılıkları uzmanı** internist, doctor of internal medicine. **—ine sıçmak** /ın/ *vulg.* to fuck (something) up, *Brit.* make a balls-up of, make a complete mess of. **— sıkıcı** boring, dull, tedious. **—i sıkılmak** to be bored. **— sıkıntısı** boredom. **—i sızlamak** to be greatly saddened, be greatly distressed. **—ine sinmemek 1.** not to be able to enjoy (something); not to be able to enjoy (something) to the full: **Oğlum hapishanede bulunduğu sürece bu tür geziler içime sinmeyecek.** As long as my son is in prison I'm not going to be able to enjoy outings of this kind. **Yanımda Rana yokken film seyretmek içime sinmiyor.** I can't really enjoy movies without Rana. **2.** not to be fully satisfied with, not to be really happy with (something): **Şiirde Celal'in içine sinmeyen bir şey vardı.** There was something about the poem which Celal didn't like. **—ine sokacağı gelmek** /ı/ suddenly to feel a great liking for (someone), want to go up and give (someone) a hug. **— sular** inland waters. **—i sürmek** to have diarrhea, have the squirts, have the trots. **—i tez** impatient. **— ticaret** domestic trade. **—i titremek** /ın/ **1.** to feel a great desire for, long for, yearn for, ache for (something): **Ne zaman o gümüş flütü görsem içim titrerdi.** Whenever I saw that silver flute I longed to own it. **2.** to be anxious, be worried, be on pins and needles: **Çiçeklerine bir şey olur diye Adile'nin içi titriyor.** Adile's on pins and needles for fear that something'll happen to her flowers. **3.** inwardly to shudder, feel dread rise within one. **4.** to be chilled to the bone. **— turizm** domestic tourism. **— tutmak** for the kernel of (a nut/a seed) to become plump/fill its shell/hull/husk. **—ine tükürmek** /ın/ *colloq.* to spoil (something) completely, louse (something) up, *screw (something) up. **—i vık vık/fık fık etmek** *colloq.* **1.** to be impatient, be champing at the bit. **2.** to be edgy or apprehensive. **—i yağ bağlamak** *colloq.* to feel very pleased (about), feel as pleased as Punch (about). **—inin yağı erimek** *colloq.* to be apprehensive, be anxious, be on pins and needles. **—i yanmak 1.** to be very thirsty, be spitting cotton. **2.** to be deeply grieved, be very upset. **— yazışma** interoffice correspondence. **— yükümü** thankfulness, gratitude.

içalım importing, importation. **— vergisi** import tax, impost.
içbölge hinterland.
içbükey concave.
içdeniz inland sea.
içderi 1. *bot.* endodermis. **2.** endoderm.
içebakış *psych.* introspection.
içebakışçı *psych.* **1.** (an) introspectionist. **2.** introspectionistic, introspectionist.
içebakışçılık *psych.* introspectionism.
içecek 1. beverage, drink. **2.** drinkable, potable. **— suyu olmak** /da/ *colloq.* to be fated to go to (a place).
içedoğma 1. (an) intuition, presentiment. **2.** (an) inspiration.
içedönük *psych.* **1.** introverted. **2.** introvert.
içedönüklük *psych.* introversion.

içedönüş *psych., see* **içedönüklük.**
içek, -ki *gram.* infix.
içekapanık 1. *psych.* autistic. **2.** *psych.* schizoid. **3.** withdrawn, introverted.
içekapanıklık 1. *psych.* autism. **2.** *psych.* schizoidism. **3.** being withdrawn, being introverted.
içerde *colloq., see* **içeride.**
içerden *colloq., see* **içeriden.**
içeri 1. inside, interior, inner part: **Evin dışı çirkin, fakat içerisi güzel.** The house's exterior is ugly, but its interior is attractive. **2.** *colloq.* jail, prison. **3.** (a person's) true self, heart, soul. **4.** inner, interior, inside: **içeri daire** the inner apartment. **5.** (moving) in, inside, within; indoors; into the interior; inland: **Feriha içeri girdi.** Feriha went inside. **Büyük İskender ordusunu içeri yürütmeye karar verdi.** Alexander the Great decided to march his army into the interior. **—de 1.** (being) inside; indoors; in the interior; inland. **2.** *colloq.* in jail, in prison. **3.** in debt. **—den 1.** from within, from the inside. **2.** *colloq.* from jail, from prison. **—si** inside, interior, inner part. **—sinde** within. **—ye** (moving) in, inside; indoors; towards the interior; inland. **— atmak/tıkmak** /ı/ *colloq.* to throw (someone) in the clink. **—/—ye buyurun!** Come in./Please come in. **— dalmak** to enter suddenly, barge in. **— düşmek** *colloq.* to go to jail, get put in the clink, wind up in the clink. **— girmek 1.** to enter. **2.** *colloq.* to lose (a certain amount of money) in a business deal. **3.** *colloq.* to wind up in the clink. **—de olmak** *colloq.* **1.** to be in jail, be in the clink. **2.** to have lost (a certain amount of money), be out (a certain amount of money); to be in debt.
içerik 1. content; contents. **2.** *psych.* content. **3.** *log.* implicit, implied.
içerikçi 1. person who stresses content (as opposed to form). **2.** (someone) who stresses content (as opposed to form); (something) in which content is stressed (over form).
içerikli (something) which deals mainly with: **dinsel içerikli bir kitap** a book about religion.
içeriksel related to content: **Bu romanı içeriksel bakımdan bir hiç sayıyorum.** I think this novel is completely lacking in content.
içeriksiz devoid of content.
içeriksizlik emptiness, lack of content.
içerlek 1. (something) which sits back from (something else). **2.** (something) which is located farther within (a place): **Rıfkı hemen içerlek ve loş kütüphaneye koştu.** Rıfkı ran at once into the dim library located farther within. **3.** indented (line of writing, paragraph, etc.). **4.** (placing something) closer to the inside, farther to the inside, farther within, more to the inside. **— yazmak** /ı/ to indent (a line of writing, a paragraph, etc.).

içerleme resentment, annoyance.
içerlemek /a/ to resent, take offense (at) (without showing it).
içerme 1. inclusion, containing. 2. *log.* implication.
içermek /ı/ 1. to include, contain. 2. *log.* to imply.
içersi, -ni *colloq., see* **içerisi**.
içevlilik endogamy.
içeyönelik *psych.* autistic. — **düşünce** autistic thinking. — **kişilik** autistic personality.
içeyöneliklik *psych.* autism.
içgeçit tunnel.
içgörü insight.
içgözlem introspection.
içgözlemsel introspective.
içgücü morale.
içgüdü instinct.
içgüdülü instinctive, having instinct.
içgüdüsel instinctive, instinctual, related to instinct.
içgüvey, içgüveyi, içgüveyisi, içgüveysi, -ni man who lives with his wife's parents, live-in son-in-law. **içgüveysinden hallice** *colloq.* so-so, comme ci comme ça.
içici 1. someone who likes to drink. 2. someone who is overly fond of drink; someone who is addicted to drink. 3. (someone) who likes to drink. 4. (someone) who is overly fond of drink; (someone) who is addicted to drink. 5. absorbent, (something) which is absorbent.
içilmek 1. to be drunk, be imbibed. 2. to be smoked. 3. to be absorbed.
içim 1. (a) sip, (a) sup, (a) drink; (a) draft, (a) pull. 2. (a) puff, (a) drag, (a) draw, (a) draft, (a) pull. 3. (a) taste, (a) swallow (of a liquid). 4. taste (of a drink, tobacco, soup) *(refers to the sensation of taste):* **Bu rakının içimi hoş.** This raki has a pleasant taste. 5. drinking (something). 6. smoking (something). 7. eating (soup).
içimli 1. (beverage/tobacco) which has (a certain) taste: **ağır içimli bir sigara** a strong cigarette. 2. (beverage/tobacco) which has a pleasing taste, which tastes good.
için 1. for: **Mazlum sizin için bir hediye getirdi.** Mazlum brought you a present. **Bunu Şefika için yaptım.** I did this for Şefika's sake. **Bu elbise Hamiyet için çok dar.** This dress is too small for Hamiyet. **Bunun için kaç para verdin?** How much money did you pay for this? **Sandalı bir saat için kiraladım.** I rented the rowboat for an hour. **O bizim için konuşur.** He'll speak for us. **Sigara içmeyenler için ayrı bir bölüm yok mu?** Isn't there a separate section for nonsmokers? **Benim bilet Londra için.** My ticket's for London. **Allah aşkı için söyle!** For God's sake tell me! 2. in order to, for the purpose of: **Unutmak için içer.** He drinks in order to forget. **Fadıla'ya o piyanoyu süs olarak kullansın diye değil, çalması için verdi.** She gave Fadıla the piano to play, not to use as an ornament. 3. because, on account of, for, owing to: **Kar yağdığı için gitmedik.** We didn't go because it was snowing. **İşte onun için katılmam.** So you see it's for that reason I won't join. 4. for, to, in (someone's) opinion: **Onun için çok mühimdi.** It was very important to her. 5. about, concerning, with regard to (*usually used with* **demek, düşünmek,** *or* **söylemek**): **Bu sözlük için ne düşünüyorsunuz?** What do you think about this dictionary? **Raşit için intihar etti diyorlar.** They are saying that Raşit committed suicide. **II. Sultan Mehmet için Fatih derler.** They call Sultan Mehmet II "the Conqueror." **Nuri için nasıl böyle bir şey söyleyebildi?** How could he have said such a thing about Nuri?
içinde 1. inside, within, in: **Evin içinde saklandı.** He hid inside the house. **Kütüphane içinde ıslık çalınmaz!** You don't whistle in a library! **Bahçe içinde, güzel bir ev.** It's a beautiful house, set in a garden. 2. within, in the space of, before the end of, inside, inside of (a period of time): **Bu iş bir yıl içinde bitmez.** This job won't finish within a year. 3. among: **Misafirlerin içinde üç psikiyatr vardı.** Among the guests were three psychiatrists. **Böyle insanlar içinde yaşamak onların hoşuna gidiyor.** They like living among such people. 4. under, given: **Bu şartlar içinde başka ne yapabilirim?** Given these conditions, what else can I do? 5. full of: **Yollar çamur içinde.** The roads are very muddy. **Eşyalar toz içindeydi.** The furniture was thick with dust. — **kaybolmak** /ın/ 1. to vanish within (a place). 2. to be practically unnoticeable in. 3. *colloq.* (for an article of clothing) to be much too big for, swallow: **Servet, Semih'in eski trençkotu içinde kayboldu.** Semih's old trench coat swallowed Servet. — **olmak** to be included. — **yüzmek** *colloq.* 1. to be full of; to be covered in/with, be thick with: **Şakir bit içinde yüzüyor.** Şakir's covered with lice. 2. to have a great deal of, wallow in, swim in (wealth): **Nazlı para içinde yüzüyor.** Nazlı's wallowing in money. 3. /ın/ (for an article of clothing) to be far too big for, swallow: **O ceketin içinde yüzüyorsun.** That sports coat swallows you.
içindekiler 1. contents. 2. table of contents.
içindeleme *log.* inclusion.
için için 1. secretly, covertly. 2. internally, inwardly. — **ağlamak** to weep inwardly. — **gülmek** to laugh up one's sleeve, laugh inwardly, be secretly amused. — **yanmak** 1. to burn internally. 2. to burn slowly and silently. 3. inwardly to burn with passion. 4. inwardly to be deeply distressed; secretly to feel very sad.
içirilmek 1. /a/ to be made to drink; to be allowed to drink: **Mine'ye çok ilaç içirildi.** Mine

was made to drink a lot of medicine. 2. *colloq.* to be made to drink oneself drunk. 3. /a/ to be made to smoke; to be allowed to smoke: **Ali'ye hiç sigara içirilmedi.** Ali's never been allowed to smoke. 4. /a/ to be made to absorb.
içirmek 1. /ı, a/ 1. to cause, make, have, or allow (someone) to drink (something) 2. /ı/ *colloq.* to get (someone) to drink himself/herself drunk, get (someone) drunk. 3. /ı, a/ to cause, make, have, or allow (someone) to smoke (something). 4. /ı, a/ to get (one thing) to absorb (another). 5. /ı/ *slang* to beat, give (someone) the works.
içiş 1. draft; (act of) drinking or smoking. 2. way of drinking or smoking. 3. eating (soup); way of eating (soup).
içişleri, -ni *pol.* internal affairs, *Brit.* home affairs. **I— Bakanı** the Minister of Internal Affairs. **I— Bakanlığı** the Ministry of Internal Affairs, *Brit.* Home Office.
içişmek to drink together; /la/ to drink (with): **Kalamış'ta üç saat boyunca içiştik.** We drank for three hours in Kalamış.
içitim *med.* injection.
içitme *med.* injecting, injection.
içitmek /ı/ *med.* to inject.
içkale keep, donjon (of a castle).
içki 1. alcoholic beverage, liquor, drink. 2. drinking, drinking alcoholic beverages. **— âlemi/sefası** drinking party, carouse, carousal. **— bardağı** glass made for serving an alcoholic drink. **— içmek/kullanmak** to drink (habitually). **— sofrası/masası** table spread for a drinking party. **— yasağı** prohibition of alcoholic beverages.
içkici 1. seller or maker of alcoholic beverages. 2. someone who likes to drink. 3. someone who is overly fond of drink; someone who is addicted to drink. 4. (someone) who likes to drink. 5. (someone) who is overly fond of drink; (someone) who is addicted to drink.
içkicilik 1. selling or making alcoholic beverages. 2. a liking for drink, fondness for drink. 3. excessive fondness for drink; addiction to drink.
içkili 1. (someone) who has had something (alcoholic) to drink, who has had a drink or two. 2. (place/performance) at which liquor is served. 3. after having had a drink or two, with a drink or two under one's belt: **Eda'nın o çok sıkıcı partilerine ancak içkili gidilir.** You can face those boring parties of Eda's only if you've had a drink or two beforehand.
içkin 1. immanent. 2. inherent, intrinsic.
içkinlik 1. immanence. 2. inherency, intrinsicalness.
içkisiz 1. (someone) who has not had anything (alcoholic) to drink. 2. (place/performance) at which liquor is not served. 3. without having drunk anything (alcoholic).
içkulak *anat.* inner ear.

içlem *log.* comprehension, intension, connotation.
içlemci comprehensive, inclusive.
içlemcilik comprehensiveness, inclusiveness.
içlemsiz empty, without content.
içlemsizlik insignificance, meaninglessness.
içlenmek 1. /a or dan/ to be inwardly distressed by, be secretly hurt by. 2. for the kernel (of a nut/a seed) to become plump/fill its shell/hull/husk.
içli 1. (fruit/nut/legume) the kernel or seed of which is ready to eat, the kernel or seed of which is big enough to eat. 2. sensitive, easily moved or affected (person). 3. sad and moving. 4. *colloq.* genuine, true, real. **— köfte** *see* **içliköfte**.
içlidışlı 1. /la/ on familiar terms (with), chummy (with), thick (with). 2. (knowing someone) very well, intimately. **— olmak** /la/ 1. to be on familiar terms (with), be chummy (with), be thick (with). 2. (for families) to intermarry.
içlik 1. *prov.* any undergarment. 2. internal, interior, pertaining to the inside.
içliköfte a kind of **köfte** that has been coated with a paste made of cracked wheat and then fried.
içlilik sensitivity.
içme 1. drinking. 2. mineral spring. **— suyu** drinking water, potable water.
içmek 1. /ı/ to drink, imbibe, consume (something) by drinking it. 2. /ı/ to smoke. 3. /ı/ to eat (soup). 4. /ı/ (for something) to absorb, drink, drink up (fluid): **Toprak suyun hepsini içti.** The soil absorbed all of the water. 5. to drink alcoholic beverages, drink, imbibe. **içtikleri su ayrı gitmemek** *colloq.* to be very close friends.
içmeler mineral springs.
içmimar interior decorator.
içmimarlık interior decoration.
içplazma *biol.* endoplasm.
içre *archaic* 1. the inside, the interior, the inner part or surface: **İçresi boş.** It's empty. 2. in: **dünya içre** in the world. 3. among: **insanlar içre** among people.
içrek esoteric, esoterical.
içrekçi *phil.* 1. (an) esoteric. 2. (someone) who is a proponent of esotericism.
içsalgı *biochem.* internal secretion; hormone.
içsalgıbezi, -ni *anat.* endocrine gland.
içsalgıbilim endocrinology.
içsel 1. inner, internal, interior. 2. intrinsic. **— davranış** *psych.* intrinsic behavior. **— gereksinim** *psych.* internal need.
içses medial sound in a word. **— düşmesi** *ling.* syncope.
içsürdürücü 1. laxative, aperient; purgative, cathartic. 2. (drug) which is a laxative or purgative.

içten 1. sincere, heartfelt, unfeigned. 2. sincerely, unfeignedly. 3. from within: **Onları içten yıkacağız.** We are going to destroy them from within. — **evlilik** endogamy. — **gelen** sincere. — **içe** inwardly, secretly. — **pazarlıklı** sneaky and two-faced.
içtenlik sincerity.
içtenliksiz insincere.
içtenliksizlik insincerity.
içtepi *psych.* compulsion.
içters *used in:* — **açı** *geom.* alternate interior angle.
içtihat *obs.* opinion, conviction; interpretation.
içtima, -aı 1. *obs.* gathering, meeting; assembly, general meeting. 2. *mil.* assembly, muster. — **borusu** *mil.* assembly (signal). — **etmek** *obs.* to meet, have a meeting.
içtimai *obs.* social, pertaining to human society.
içtinap *obs.* refraining, abstaining, abstention. — **etmek** /dan/ to refrain (from), abstain (from).
içtümce *gram.* object clause.
içtüzük internal regulations, standing rules, bylaws.
içtüzüksel related to internal regulations.
içyağı, -nı suet.
içyapı internal structure.
içyüz the inside story, the real truth, the hidden side.
idadi *hist.* senior high school.
idam 1. capital punishment. 2. execution of a death sentence. — **cezası** death sentence. — **etmek** /ı/ to execute (a criminal).
idame *obs.* continuation; maintaining, maintenance. — **dozu** *med.* maintenance dose. — **etmek** /ı/ to continue; to maintain.
idamlık 1. capital (crime). 2. (person) who is under a sentence of death, condemned to death.
idare 1. management, managing, direction, administration, governing, control. 2. administrative office, front office. 3. careful management; thrift, economy. 4. steering, driving, piloting. 5. night-light (small kerosene or oil lamp). — **adamı** civil servant, bureaucrat. — **amiri** chief, administrator. —**sini bilmek** to know how to manage money. — **etmek** 1. /ı/ to manage, direct, administer, govern, control. 2. /ı/ to manage (money) carefully; to use (something) sparingly. 3. to manage, get by, make ends meet, make do. 4. to suffice, be sufficient, be adequate, be enough. 5. /ı/ to steer, drive, operate, or pilot (a vehicle). 6. /ı/ to manage (a difficult person) successfully. 7. /ı/ to conceal, cover up (a wrongdoing). 8. /ı/ to solve, take care of (a problem) by hook or by crook. — **heyeti** administrative committee; board of directors. — **hukuku** administrative law. — **kandili** *formerly* night-light (small oil lamp). — **lambası** *formerly* night-light (small kerosene lamp). — **meclisi** *see* — **heyeti**.

idarece 1. according to the management. 2. by the management.
idareci 1. manager, director, administrator. 2. (someone) who is an administrator. 3. thrifty person. 4. thrifty, economical. 5. conniver. 6. (someone) who connives, conniving.
idarecilik 1. being an administrator; rank or duties of an administrator. 2. thrift, thriftiness. 3. connivery, connivance.
idarehane 1. editorial room. 2. executive office, front office (place).
idareimaslahat, -tı *pej.* getting by, managing with the least possible effort; letting (a matter) take its course; following a policy of noninterference; expediency, expedient management. — **etmek** to get by, manage with the least possible effort; to let a matter take its course; to follow a policy of noninterference; to follow a policy of expediency, manage things expediently.
idareimaslahatçı *pej.* 1. person who just lets things take their course, person who follows a policy of noninterference; person who tends to follow a policy of expediency. 2. (person) who just lets things take their course, (person) who follows a policy of noninterference; (person) who tends to follow a policy of expediency.
idareli 1. (someone) who is a good administrator. 2. economical (person/thing).
idaresiz 1. (someone) who is not a good administrator. 2. uneconomical.
idaresizlik 1. incompetent management. 2. wastefulness.
idareten on a day-to-day basis; for the time being.
idari managerial, administrative.
iddia 1. claim, assertion; allegation. 2. pretension; pretense. 3. obstinacy. — **etmek** 1. /ı/ to claim, assert; to allege. 2. /ı/ to pretend. 3. to be obstinate, insist obstinately. —**ya girişmek/girmek/tutuşmak** /ına/ to make a bet with each other (about). — **makamı** *law* the office or rank of a district attorney.
iddiacı stubbornly insistent, pertinacious; obstinate.
iddiacılık stubborn insistence, pertinaciousness; obstinacy.
iddialı 1. cocksure, very sure of himself, assertive. 2. pretentious, (someone) who makes great claims for himself. 3. (something) about which both sides are making great claims.
iddianame *law* indictment.
iddiasız 1. unassertive. 2. unpretentious. 3. (something) about which no great claims are being made.
iddiasızlık unassertiveness, simplicity, modesty.
ide *phil.* idea.
idea *phil.*, *see* **ide**.
ideal, -li 1. (an) ideal. 2. ideal, perfect.
idealist, -ti 1. (an) idealist. 2. idealistic.

idealize *used in:* — **etmek** /ı/ to idealize.
idealizm idealism.
idealleştirmek /ı/ to idealize.
idefiks idée fixe, fixed idea.
ideleştirmek /ı/ *phil.* to ideate.
ideolog ideologist.
ideoloji ideology.
ideolojik ideological.
idi 1. (he/she/it) was. 2. *(as a phonetically modified suffix)* and so forth, and so on; such as, like: **Kamp için çadırdı, uyku tulumuydu, ocaktı, her şeyi hazırladım.** I got everything ready for the camping trip: the tent, the sleeping bag, the stove, and so forth.
idil *lit.* idyll.
idiopati hypersensitivity.
idman 1. physical exercise, exercise, workout, gymnastics. 2. practice, experience. — **yapmak** to exercise, work out.
idmancı 1. gym teacher. 2. athlete who is working out.
idmanlı 1. (someone) who is in shape, who is physically fit. 2. /a/ practiced, experienced: **Bizim Necip pek içkiye idmanlı değil.** Our Necip is not a very experienced drinker.
idmansız 1. (someone) who is out of shape, who is not physically fit. 2. unpracticed, inexperienced.
idrak, -ki 1. perception. 2. percipience, capacity to perceive. 3. grasp, comprehension; understanding. 4. attainment, reaching. 5. maturation, ripening. — **etmek** 1. /ı/ to perceive. 2. /ı/ to grasp, comprehend; to understand. 3. /ı or a/ to reach, attain. 4. to mature, ripen.
idrakli perceptive, percipient.
idraklilik perceptiveness, percipience.
idraksiz unperceptive, unpercipient.
idraksizlik lack of perception, lack of percipience.
idrar urine. — **da şeker** glycosuria. — **torbası** *anat.* bladder, urinary bladder. — **yolu** *anat.* urethra. — **zorluğu** *path.*, see **idrarzoru**.
idrarzoru, -nu *path.* dysuria.
İETT *(abbr. for* **İstanbul Elektrik, Tünel, Tramvay İşletmesi**) the Istanbul Electric Power, Funicular, and Streetcar Board.
ifa 1. performance, carrying out (of a duty/an order). 2. payment, discharge. — **etmek** /ı/ 1. to perform, carry out (a duty/an order). 2. to pay, discharge (a debt).
ifade 1. expression, way of expressing oneself; way of speaking; way of writing. 2. (facial) expression. 3. what someone says: **Selim'in ifadesine göre evde kimse yoktu.** According to Selim, no one was in the house. 4. *law* testimony; deposition. 5. *slang* affair, business. —**sini almak** /ın/ 1. *law* to take (someone's) testimony, record (someone's) testimony. 2. *slang* to beat (someone) up, give (someone) a going-over, give (someone) the works. —

etmek /ı/ to express, state: **Bunu nasıl ifade edebilirim?** How can I express this? **Esen'in gelmemesi çok şey ifade ediyor.** Esen's not coming tells us a lot about how she feels. **(bir şey)** — **etmemek** to signify nothing; to cut no ice. —**si tamam olmak** *slang* to be finished, be all washed up. — **vermek** *law* to testify, give testimony.
ifadelendirmek /ı/ to give (something) an expressive quality.
ifadeli 1. expressive, full of expression. 2. expressed in (a certain) way. 3. expressively, with expression.
ifadesiz expressionless.
iffet, -ti 1. chastity. 2. honesty, uprightness.
iffetli 1. chaste, virtuous. 2. honest, upright.
iffetsiz 1. unchaste. 2. dishonest.
iffetsizlik 1. unchastity; sexual misconduct, promiscuity. 2. dishonesty.
ifildemek *prov.* to shiver slightly.
ifil ifil *used in:* — **esmek** (for a light breeze) to come up every now and then. — **yağmak/düşmek/inmek** for it to spit snow.
iflah recovery (from ill health or misfortune). — **etmek** /ı/ to bring about (someone's) recovery, rehabilitate. —**ı kesilmek** /ın/ *colloq.* to be exhausted, be dog tired. —**ını kesmek** /ın/ *colloq.* to wear (someone) down. — **olmak** to recover, get better. — **olmaz** *colloq.* 1. incorrigible (person). 2. hopeless (situation).
iflas 1. bankruptcy, insolvency. 2. failure (of a major project or policy). — **dairesi** bankruptcy office. — **etmek** 1. to go bankrupt. 2. (for a project/a plan) to fail completely. 3. (for something) to become regarded as worthless. — **hukuku** laws of bankruptcy. — **idaresi** administration of bankruptcy assets. — **kararı** decree of bankruptcy, adjudication of insolvency. — **masası** *law* bankrupt's assets.
ifrat, -tı going to excess, excess. — **derecede** excessively. — **etmek** /da/ to go to excess (in). —**a kaçmak** to go to excess. —**a vardırmak** /ı/ to carry (something) to excess. —**a varmak** to go to excess.
ifraz 1. *law* dividing land into lots. 2. *biol.* secretion. — **etmek** /ı/ *law* to divide (land) into lots.
ifrazat, -tı *biol.* secretions.
ifrit, -ti 1. malicious demon. 2. *colloq.* troublemaker. — **etmek** /ı/ *colloq.* to put (someone) in a towering rage, make (someone) fit to be tied, make (someone) hit the ceiling. — **kesilmek/olmak** /a/ *colloq.* to be/get very angry (at).
ifşa, -aı disclosure, divulgence, revelation. — **etmek** /ı/ to disclose, divulge, reveal.
ifşaat, -tı disclosures, divulgences, revelations. —**ta bulunmak** to disclose things, divulge things.
iftar *Islam* 1. breaking a fast. 2. evening meal during Ramazan. 3. the hour of sunset during

Ramazan. — **etmek** to break one's fast. — **topu** gun fired at sunset during Ramazan as a signal for breaking the fast.

iftariye *Islam* 1. hors d'oeuvres eaten at the beginning of the evening meal during Ramazan. 2. present given to a guest invited to an evening meal during Ramazan.

iftarlık 1. *Islam* hors d'oeuvres eaten at the beginning of the evening meal during Ramazan. 2. *Islam* suitable for eating at the evening meal during Ramazan.

iftihar 1. feeling proud, (laudable) pride. 2. pride and joy, source of pride. — **etmek /la/** to take pride (in), be proud (of). —**a geçmek** (for a student) to make the honor roll. — **listesi** honor roll.

iftira slander, calumny, maligning; libel. — **etmek/atmak /a/** to slander, calumniate, malign; to libel. —**ya uğramak** to be slandered, be calumniated, be maligned; to be libeled.

iftiracı 1. slanderer, calumniator, maligner; libeler, libelist, libelant. 2. slanderous, calumnious, (someone) who maligns or libels.

iglu igloo, iglu.

iguana *zool.* iguana.

iğ 1. spindle. 2. *prov.* pivot (of a wagon tongue). —**de de var, çıkrıkta da.** *colloq.* Both sides are at fault.

iğde 1. *bot.* Russian olive, oleaster. 2. Russian olive (fruit of the oleaster).

iğdemir carpenter's chisel.

iğdiş 1. gelded (male animal). 2. gelding, gelded male animal. 3. castrated (man). 4. castrate, castrated man. — **etmek /ı/** 1. to castrate, geld (a male). 2. to emasculate (a flower).

iğdişleme 1. castration, castrating. 2. *bot.* emasculation.

iğdişlemek /ı/ 1. to castrate, geld (a male). 2. to emasculate (a flower).

iğdişlenme castration, being castrated.

iğdişlenmek 1. (for a male) to be castrated, be gelded. 2. (for a flower) to be emasculated.

iğfal, -li 1. seduction, persuading (someone) to have sexual intercourse for the first time. 2. deception, delusion. — **etmek /ı/** 1. to seduce. 2. to deceive, delude.

iğlik of (so many) spindles.

iğne 1. needle, sewing needle. 2. pin, straight pin; safety pin. 3. brooch, pin. 4. pointer, needle (of a gauge). 5. style, gnomon (of a sundial). 6. stinger, sting (of an insect). 7. *bot.* style. 8. fishhook. 9. needle (of a coniferous tree). 10. needle, hypodermic needle. 11. syringe, hypodermic syringe. 12. shot, injection. 13. pricking sensation, prick, pricking. 14. biting remark. — **atsan yere düşmez.** *colloq.* The place is packed./It's bursting at the seams. — **deliği/gözü** the eye of a needle. — **deliğinden Hindistan'ı seyretmek** *colloq.* to be able to draw important conclusions from a small event. — **ile kuyu kazmak** *colloq.* 1. to try to do a hard job with pitifully inadequate means. 2. to do a job that demands a lot of time and patience. — **ile vermek /ı/** to give (a medicine) hypodermically. — **ipliğe dönmek** *colloq.* to become very thin, turn to skin and bones. —**ye iplik geçirmek** to thread a needle. —**den ipliğe kadar** *colloq.* including even the smallest items. — **iplik kalmak** *colloq.* to become very thin, turn to skin and bones. — **işi** needlework. **(Önce)** —**yi kendine batır, (sonra) çuvaldızı ele/başkasına.** *proverb* Prick yourself with a needle before you stick a darning needle into others. — **topuzu/topu** head of a pin, pinhead. — **üstünde oturmak** *colloq.* to be on pins and needles, be on tenterhooks. — **yapmak/vurmak /a/** to give (someone) a shot, give (someone) a hypodermic injection. — **yastığı** pincushion. — **yemek** to be given a shot, be given a hypodermic injection. — **yutmuş maymuna dönmek/— yemiş ite dönmek** *colloq.* to turn to skin and bones.

iğneardı, -nı backstitch.

iğneci 1. person who gives hypodermic injections. 2. maker or seller of needles.

iğnecik *naut.* pintle or bolt (of a rudder).

iğnecilik 1. giving hypodermic injections as a profession. 2. making or selling needles.

iğnedenlik pincushion.

iğneleme 1. pinning. 2. sarcasm.

iğnelemek 1. **/ı, a/** to pin (something) to. 2. **/ı/** to speak sarcastically of (someone).

iğnelenmek 1. to be pinned, be pinned together. 2. to be spoken of in sarcastic terms. 3. to feel a needlelike stab of pain.

iğneleyici sarcastic, cutting, biting.

iğneli 1. equipped with a needle. 2. (insect) which has a stinger. 3. pinned, fastened with a pin. 4. sarcastic, biting, caustic (words). — **fıçı** *colloq.* very troublesome situation. — **söz** sarcastic remark.

iğnelik pincushion.

iğnemsi styloid, styliform.

iğrenç disgusting, loathsome, repulsive, detestable, foul.

iğrençlik loathsomeness, repulsiveness.

iğrendirmek /ı/ to disgust, repel.

iğrengen easily disgusted.

iğrenilmek /dan/ *impersonal passive* to be disgusted (with), be repelled (by).

iğrenme disgust.

iğrenmek /dan/ to feel disgust (at), be disgusted (with); to loathe.

iğrenti disgust.

iğreti *see* **eğreti.**

iğretileme *see* **eğretileme.**

iğretilik *see* **eğretilik.**

iğva *obs.* 1. temptation. 2. seduction. 3. leading

astray.

ihale 1. awarding (a contract) to (the lowest bidder). 2. auctioning (something) to (the highest bidder). 3. assigning, delegating; referring. **—ye çıkanlmak** (for bids for a contract) to be accepted: **Metronun inşaatı 1 Nisan'dan itibaren ihaleye çıkanlacak.** Bids for the subway contract will be accepted beginning April first. **Bu iş ne zaman ihaleye çıkanlacak?** When will bids for the job be accepted? **— etmek /ı, a/** 1. to award (a contract) to (the lowest bidder): **Otoyolun asfaltlanmasını Servet Bey'in firmasına ihale ettiler.** They awarded the contract for asphalting the freeway to Servet Bey's firm. 2. to auction (something) to (the highest bidder). 3. to assign, delegate; to refer.

-i hali, -ni gram. the accusative case, the accusative.

ihanet, -ti 1. treachery, betrayal. 2. unfaithfulness (to one's spouse/beloved). **— etmek /a/** 1. to betray. 2. to be unfaithful (to).

ihata obs. 1. encirclement, ringing, surrounding; envelopment; enclosure. 2. mil. surrounding, encirclement; investment. 3. embracing, encompassing, taking in. 4. comprehension, grasp, understanding. **— etmek /ı/** 1. to encircle, ring, surround; to envelope. 2. mil. to surround, encircle; to invest. 3. to embrace, encompass, take in. 4. to comprehend, grasp, understand.

ihbar 1. denunciation, giving incriminating information. 2. informing. **— etmek /ı/** 1. to denounce, inform on/upon/against. 2. to inform, notify.

ihbarcı 1. informer, denouncer. 2. informant, informer, giver of information.

ihbariye obs. 1. notice, notification. 2. fee given to an informer or denouncer. 3. fee given to someone assigned to convey an official message.

ihbarlamak /ı/ 1. to denounce, inform on/upon/against. 2. to inform, notify.

ihbarlı used in: **— konuşma** person-to-person telephone call.

ihbarname notice, notification.

ihdas obs. 1. creation, invention. 2. setting up, establishment. **— etmek /ı/** 1. to create, invent. 2. to set up, establish.

ihlal, -li infringement, violation. **— etmek /ı/** to break, infringe, violate (a law/a treaty/an agreement).

ihmal, -li negligence. **— etmek /ı/** to neglect.

ihmalci neglectful, negligent.

ihmalcilik neglectfulness.

ihmalkâr neglectful, negligent.

ihmalkârlık neglectfulness.

ihracat, -tı 1. exportation, exporting. 2. exports, exported goods. **— primi** export premium.

ihracatçı exporter.

ihracatçılık exporting, the export business.

ihraç 1. exportation, exporting. 2. extracting, removal. 3. expulsion, ousting. 4. deportation, sending (someone) (out of a country). 5. mil. discharge. 6. com. issuance, issuing (shares of stock). 7. mil. landing, disembarkation, debarkation (of troops). **— etmek /ı/** 1. to export. 2. to extract, remove. 3. to expel, oust. 4. to deport, send (someone) (out of a country). 5. mil. to discharge (someone). 6. com. to issue (shares of stock). 7. mil. to land, disembark, debark (troops). **— malı** 1. exports, exported goods. 2. made for export only. **— malları** exports, exported goods.

ihram 1. Islam seamless white garment (worn by pilgrims in Mecca). 2. seamless white woolen garment (worn by Bedouins). 3. woolen cloth (used as a covering). **—dan çıkmak** Islam to take off the pilgrim's garment. **—a girmek** Islam to put on/don the pilgrim's garment.

ihsan 1. generous gift, benevolence, favor. 2. bestowal (of a favor). 3. kindness, benevolence. **— etmek /ı, a/** to bestow (a favor) upon.

ihsas obs. 1. implication, hinting, insinuation. 2. making (someone) aware of, causing (someone) to perceive (something). 3. causing (someone) to feel. 4. phil., psych. sensation. **— etmek** 1. /ı/ to imply, hint, insinuate. 2. /ı, a/ to make (someone) aware of (something), cause (someone) to perceive (something). 3. /ı, a/ to cause (someone) to feel (something). 4. /ı/ to feel, perceive.

ihtar 1. warning. 2. reminding. **— cezası** official reprimand. **— etmek /ı, a/** 1. to warn (someone) about (something). 2. to remind (someone) (to do something).

ihtarname notarized statement (sent either to inform or remind).

ihtida obs. becoming a Muslim, embracing Islam. **— etmek** to become a Muslim, embrace Islam.

ihtikâr obs. profiteering.

ihtilaç obs., med. 1. convulsion. 2. palpitation. 3. involuntary muscular twitch or spasm.

ihtilaf 1. conflict of opinion, dispute, disagreement, difference. 2. difference, dissimilarity. **—a düşmek** to fall into disagreement (with each other).

ihtilaflı marked by disagreement; disputed, contested.

ihtilal, -li 1. revolution. 2. disorder, confusion, disturbance. **— yapmak** to bring about a revolution.

ihtilalci 1. (a) revolutionary. 2. revolutionary.

ihtilas obs. 1. embezzlement, misappropriation, defalcation. 2. stealing, theft. **— etmek /ı/** 1. to embezzle. 2. to steal.

ihtilat, -tı obs. 1. med. complication. 2. social

intercourse, social relations, association. 3. commingling. — **yapmak** *med.* to create complications.
ihtimal, -li 1. probability, likelihood, likeliness. 2. probably, in all likelihood. — **ki** probably, in all likelihood. —**i olmak** /ın/ (for something) to be likely. —**i olmamak** /ın/ (for something) to be unlikely. — **vermek** /a/ to consider (something) likely.
ihtimali 1. probable, likely. 2. *log.* problematic.
ihtimam 1. care, carefulness; painstaking. 2. diligent care, diligently looking after (someone). — **etmek/göstermek** /a/ 1. to do (something) with care; to take pains (with something/someone). 2. to care for (someone) diligently.
ihtimamlı careful; painstaking.
ihtira *obs.* 1. invention. 2. *phil.* heuristic, heuretic. — **beratı** patent, patent right.
ihtiram *obs.* 1. respect, esteem, high regard. 2. honoring. — **duruşu** *mil.* standing at attention (in order to show respect). — **kıtası** *mil.* honor guard, guard of honor.
ihtiras 1. powerful desire, craving, lust, burning ambition, avidity. 2. passion, enthusiasm: **Senin bu yelkencilik ihtirasına hayret ediyorum.** I'm amazed at this passion you have for sailing.
ihtiraslı filled with desire, (someone) who is burning with ambition, avid.
ihtiraz *obs.* 1. wariness, caution. 2. avoidance, shying away. — **kaydı** *law* reservation, limiting condition, limitation.
ihtisar *obs.* 1. shortening, condensing, abridgement. 2. reducing the size of, narrowing the scope of.
ihtisas specialty, specialization. — **kazanmak** to earn a specialist's degree or licence. — **yapmak** to study to be a qualified specialist.
ihtişam magnificence, grandeur, splendor, pomp.
ihtiva 1. containing, holding. 2. inclusion. — **etmek** /ı/ 1. to contain, hold. 2. to include; to comprise.
ihtiyaç 1. something needed, necessity, need, want. 2. poverty. —**a cevap vermek** to serve a need. — **duymak** /a/ to feel a/the need (for). — **içinde kıvranmak** 1. to be in great need. 2. to suffer poverty. — **olmak** /a/ to be necessary. —**ı olmak** /a/ to need, be in need of.
ihtiyar 1. old (person). 2. old person. —**ın düşkünü, beyaz giyer kış günü.** *proverb* 1. Poor people wear whatever they can find. 2. When a person falls from power he is ridiculed by others. — **heyeti** village council.
ihtiyar 1. selection, option, choice. 2. preference. 3. free will, freedom of choice. — **etmek** /ı/ 1. to choose, select. 2. to prefer. 3. to tolerate, bear with, put up with.
ihtiyari voluntary; facultative; elective, optional; discretionary. — **durak** 1. place where buses stop only at a passenger's request. 2. *rail.* whistle-stop, flag stop, flag station.
ihtiyarlamak to age, grow old, get old.
ihtiyarlatmak /ı/ to age (someone).
ihtiyarlık old age. — **sigortası** social security, old-age insurance.
ihtiyat, -tı 1. caution, cautiousness; wariness; circumspection; discretion; prudence. 2. (a) precaution, precautionary measure. 3. *mil.* reserve, reserve force, reserves. 4. (a) spare, (a) reserve. 5. spare, reserve, put aside for future use. — **akçesi** *fin.* reserve. — **kaydıyla** with reservation. — **kuvvetleri** reserve forces. — **payı** 1. safety margin. 2. *com.* cover (sum of money).
ihtiyaten 1. as a precaution, as a precautionary measure. 2. as a reserve or spare.
ihtiyati precautionary. — **haciz** *law* provisional attachment. — **tedbirler** precautionary measures.
ihtiyatkâr cautious; wary; circumspect; discreet; prudent.
ihtiyatlı cautious; wary; circumspect; discreet; prudent. — **bulunmak** 1. to be ready for unexpected events. 2. to be cautious. — **davranmak** to act prudently.
ihtiyatsız incautious; imprudent.
ihtiyatsızlık incautiousness; imprudence. — **etmek** to act incautiously; to act imprudently.
ihtizaz *obs.* vibration, quivering; tremor, trembling.
ihvan *obs.* 1. friends. 2. fellow members, brethren; confraters.
ihya 1. reviving, restoring to vigor, reinvigoration, revitalization, rejuvenation. 2. pleasing (someone) greatly, delighting. 3. causing (something) to thrive, making (something) prosperous. 4. restoration, repairing (of a building). 5. building, establishing (a building/an institution). 6. *Islam* spending (a night) in prayer and worship. 7. revivification, restoring (someone/something) to life, reanimation. 8. vivification, endowing with life, animation. — **etmek** /ı/ 1. to revive, restore (something) to vigor, reinvigorate, revitalize, rejuvenate. 2. to please (someone) greatly, delight. 3. to cause (something) to thrive, make (something) prosperous. 4. to restore, repair (a building). 5. to build, establish (a building/an institution). 6. *Islam* to spend (a night) praying and worshiping. 7. to revivify, restore (someone/something) to life, reanimate. 8. to vivify, endow (someone/something) with life, animate. — **olmak** 1. to be revived, be restored to vigor, be reinvigorated, be revitalized, be rejuvenated. 2. to be pleased greatly, be delighted. 3. to be made to thrive, be made prosperous. 4. (for a building) to be restored, be repaired. 5. (for a building/an institution) to be built, be established. 6. to be revivified, be restored to life,

be reanimated. 7. to be vivified, be endowed with life, be animated.
ihzar *obs.* preparation.
ihzari *obs.* preparatory.
ikame *obs.* 1. substitution; using (one thing) in place of (another). 2. stationing, posting. 3. showing, producing. 4. causing (someone) to stand up. — **etmek** /ı/ 1. to substitute. 2. to station, post (troops, sentries, etc.). 3. to show, produce. 4. to cause (someone) to stand up, cause (someone) to get up.
ikamet, -ti residence, residing. — **etmek** /da/ to live (in a building, at a place). —**e memur edilmek** /da/ *law* to be allowed to reside only in (a certain place). — **tezkeresi** residence permit.
ikametgâh place of residence, legal domicile, residence. — **kâğıdı/ilmühaberi** residence paper.
ikaz warning. — **etmek** /ı/ to warn.
ikbal, -li 1. good fortune. 2. prosperity, success. 3. liking to eat or drink (something). 4. liking, caring for. 5. favoring, looking with favor upon, smiling on. 6. *hist.* a highly favored odalisque who ranked as a sort of unofficial wife of the sultan. — **düşkünü** someone who has seen better days, someone who has fallen on hard times. —**den düşmek** 1. to fall out of favor; not to be popular. 2. (for things) to go badly for (someone). —**i sönmek** for (one's) star to set/be on the wane, for (one's) fortunes to be on the decline.
ikebana ikebana.
iken while; while being.
iki two. —**dir** for the second time. —**miz** the two of us. —**miz de** both of us. —**si** the two (of them). —**si de** both (of them). — **ahbap çavuşlar** *colloq.* inseparable friends, great pals. —**si arası** 1. neither one nor the other, a combination of the two. 2. (someone/something) who/which is a mixture of the two. — **arada bir derede** *colloq.* somehow or other. — **arada bir derede kalmak** *colloq.* to be in a tight situation. — **arada kalmak** *colloq.* to be at a loss as to whom to believe; not to know whom to support. — **ateş arasında kalmak** to be caught between two fires. — **atomlu** *chem.* diatomic. — **ayağını bir pabuca sokmak/koymak** /ın/ *colloq.* to pressure (someone), put pressure on (someone) (to finish something immediately). — **baştan olmak** *colloq.* (for something) to be possible only if both sides are in agreement about it. —**de bir/birde** *colloq.* very frequently, all the time, constantly, continually, every whipstitch. —**si bir kapıya çıkar.** *colloq.* They both amount to the same thing. —**si bir kazanda kaynamamak** *colloq.* not to get along together. —**sini bir kazana koysalar kaynamazlar.** *colloq.* It's impossible for them to get along with each other. — **büklüm** *colloq.* bent double, very stooped. — **cambaz bir ipte oynamaz.** *proverb* If two cheats try to work together, they end up cheating each other. — **cami arasında kalmış beynamaz/binamaz** *colloq.* (someone) who doesn't know which alternative to choose, (someone) who doesn't know which of two choices to make. — **cihanda** in this world and the next. — **çıplak bir hamama yakışır.** *proverb* Don't think about marrying if you haven't got a penny to your name. — **çift laf/söz** *colloq.* a word or two, a few words. — **çifte kayık/— çifteli** rowboat with two pairs of oars. — **değerlikli** *chem.* bivalent (element). — **dinle (bin işit) bir söyle.** *proverb* Listen before you talk. — **dirhem bir çekirdek** *colloq.* dressed up fit to kill, dressed up to the nines, all dolled up. — **dünya** this world and the world to come. — **eli böğründe kalmak** *colloq.* to be at a loss as to what to do; to feel helpless. — **eli (kızıl) kanda olsa** *colloq.* no matter what he's/she's doing, no matter what, no matter how tied up he/she is. — **eli şakaklarında düşünmek** *colloq.* to brood, be deep in thought. — **eli yakasında olmak** /ın/ *colloq.* to intend to settle accounts (with another) on Judgment Day. — **elim yanıma gelecek.** *colloq.* I swear I'm telling the truth!/Cross my heart! — **evli** bigamous. — **geçeli** *colloq.* in two rows facing each other. — **gönül bir olursa/olunca samanlık seyran olur.** *proverb* If two people are really in love they can make do with a bare minimum of worldly goods. — **gözüm** *colloq.* my dear; my dear friend; my dear lady; my dear fellow. — **gözle görme/— göze değgin görme** binocular vision. — **gözü iki çeşme** *colloq.* crying one's eyes out, crying one's heart out. — **gözüm kör olsun!** *colloq.* I swear to God! — **gözüm önüme akın!** *colloq.* I swear to God! — **günde bir** every other day. — **hörgüçlü deve** Bactrian camel, two-humped camel. — **karpuz bir koltuğa sığmaz.** *proverb* You can't do two things at once. — **kat** 1. doubled, folded. 2. *colloq.* bent double, very stooped. — **katı** /ın/ double the amount of. — **katlı** 1. two-storied. 2. two-layered. — **kat olmak** *colloq.* to be bent double, become very stooped. — **kere** twice. — **kere iki dört eder gibi** *colloq.* as sure as two and two is four. — **misli** twofold, twice as much. — **namlulu** double-barreled. — **nokta** colon (punctuation mark). — **sı ortası/—sinin ortası** 1. (someone/something) which is a blend of the two. 2. a blend of the two. 3. middle ground, middle of the road; middle way, middle path. — **paralık etmek** /ı/ *colloq.* to ruin (someone's) reputation, discredit (someone) thoroughly. — **paralık olmak** *colloq.* (for someone's reputation) to be ruined, (for someone) to be thoroughly discredited. — **rahmetten biri.** *colloq.*

If he can't get well I hope death will put an end to his sufferings. — **satır konuşmak/dertleşmek** *colloq.* to have a brief chat. — **seksen uzanmak** *slang* 1. to be tickled pink. 2. to be flattened (by a fisticuff). 3. to loll. — **sözü/lafı/lakırdıyı bir araya getirememek** *colloq.* to be unable to express oneself clearly. — **söz bir pazar** *colloq.* after only a little bargaining. — **şıktan biri** one of two choices. — **taraf olmak** (for a group) to split into two opposing sides. — **ucunu bir araya getirememek** *colloq.* 1. not to be able to make ends meet. 2. to be unable to make a go of something. — **ucu boklu değnek** *colloq.* a nasty situation. — **yakası bir araya gelmemek** *colloq.* not to be able to make ends meet. — **zamanlı** *mus.* alla breve.

ikianlamlı ambiguous, equivocal.
ikibir *dice* a one and a two.
ikiboyutlu two-dimensional.
ikicanlı pregnant (woman).
ikici *phil.* 1. (a) dualist. 2. dualistic, dualist.
ikicilik *phil.* dualism.
ikicinsli, ikicinslikli bisexual.
ikicinslilik bisexuality.
ikiçenetli *bot., zool.* bivalve, bivalvular, bivalved.
ikideğerli bivalent.
ikideğerlilik bivalence.
ikidilli bilingual.
ikidillilik bilingualism.
ikieşeyli bisexual.
ikieşeylilik bisexuality.
ikievreli *mech.* two-cycle (engine).
ikifazlı *phys.* diphase, two-phase.
ikil *ling.* the dual number, the dual.
ikilem *log.* dilemma.
ikileme 1. increasing the number of (people/things) to two. 2. plowing (land) twice. 3. repetition. 4. repetition of a word. 5. *ling.* assonant doublet (e.g. ıvır zıvır, kitap mitap).
ikilemek /ı/ 1. to increase the number of (people/things) to two: **Çocuklarımızı ikiledik.** We increased the number of our children to two. 2. to plow (land) twice. 3. to repeat.
ikileşmek to become two in number.
ikili 1. double, made up of two identical parts. 2. bilateral (agreement/treaty). 3. (something) which holds two measures/things. 4. binary. 5. duet. 6. duo. 7. (a) two (playing card or domino). — **anlaşma** bilateral treaty. — **bileşik** *chem.* binary compound. — **bisiklet** tandem, tandem bicycle. — **çatı** *ling.* syncretism. — **kapacık** *anat.* mitral valve. — **kök** *gram.* root used for forming both nouns and verbs. — **oynamak** to play both ends against the middle. — **ünlü** *phonetics* diphthong.
ikilik 1. twofold division, duality. 2. twofold division of opinion. 3. *mus.* half note. 4. (something) which can hold two measures/things.
ikinci 1. second. 2. secondary. 3. vice-, sub-. 4. the second; the second person; the second one: **son sınıfın ikincisi** the salutatorian. **I— Dünya Savaşı** the Second World War, World War II. — **el** *colloq.* secondhand. — **gelmek/olmak** to come in second (in a race). — **hamur kâğıt** a lightly glazed paper. — **kânun** *obs.* January. — **kişi** *gram.* the second person. — **mevki/sınıf** 1. second-class. 2. the second-class section (in a boat/a train/an airplane). — **plana düşmek** to become of secondary importance. — **planda kalmak** to be of secondary importance. — **şahıs** *gram.* the second person. — **teşrin** *obs.* November. — **üstenci** subcontractor.
ikincil secondary.
ikindi midafternoon. — **ezanı** *Islam* the call to afternoon prayer. — **güneşi gibi** *colloq.* 1. transient, short. 2. quickly. — **kahvaltısı** midafternoon snack. — **namazı** *Islam* the afternoon prayer. —**den sonra dükkân açmak** *colloq.* to start doing something rather late, start something rather late in the day. — **üstü** in midafternoon; about midafternoon.
ikindiyin *colloq.* in midafternoon.
ikiodaklı bifocal.
ikircik hesitancy.
ikirciklenmek 1. to hesitate. 2. to get suspicious, become dubious.
ikircikli hesitant.
ikircil ambiguous, equivocal.
ikircim hesitancy.
ikircimli hesitant.
ikircimlik hesitancy.
ikisütunlu *arch.* distyle.
ikişekilli dimorphic, dimorphous.
ikişekillilik dimorphism.
ikişer two each, two apiece: **Çocuklara ikişer elma verdim.** I gave the children two apples apiece. — **ikişer** two by two, in twos, in pairs, in groups of two; two at a time. — **olmak** to line up in twos.
ikitelli *mus.* a two-stringed instrument played by plucking.
ikiterimli *math.* binomial.
ikiyanlı bilateral.
ikiyaşayışlı *biol.* amphibious, amphibian. — **hayvan** (an) amphibian.
ikiyüzlü 1. hypocritical, two-faced. 2. double-faced (cloth).
ikiyüzlülük hypocrisy, two-facedness.
ikiz 1. (a) twin; twin brother; twin sister. 2. (someone) born with someone else at the same birth, twin. **Taşkın ikiz kardeşimdir.** Taşkın's my twin brother. **Biz ikiziz.** We're twins. — **doğurmak** 1. to give birth to twins. 2. *colloq.* to have a very hard time, have a devil of a time, have the devil's own time. — **ev** duplex, double house (two-family house divided vertically by a party wall).
ikizanlamlı amphibological, ambiguous.

ikizkenar *geom.* isosceles. **— üçgen** isosceles triangle.
İkizler *astrology* the Gemini, the Twins.
ikizler *slang* breasts, boobs, tits. **—e takke** *slang* bra.
ikizli 1. (woman) who is the mother of twins. 2. amphibological, ambiguous. 3. double, made up of two identical parts. 4. (problem) which has two sides, two-sided.
iklim 1. climate. 2. region. **—e alışma** acclimation. **—e alıştırma** acclimatization. **— kuşağı/bölgesi** climatic zone.
iklimbilim climatology.
iklimbilimci climatologist.
iklimleme air-conditioning. **— aygıtı** air conditioner.
iklimsel climatic.
ikmal, -li 1. completion, finishing. 2. making up, making good (a deficiency). 3. *mil.* supply, supplying. 4. *colloq.* makeup exam, makeup (taken to pass a course one has failed). **—e bırakmak** /ı/ to fail (a student) (thus requiring him to take a makeup exam). **— etmek** /ı/ 1. to complete, finish. 2. to make up, make good (a deficiency). **— gemisi** supply ship. **— hatları** *mil.* lines of communication, supply lines. **— imtihanı** makeup examination (taken to pass a course one has failed). **—e kalmak** to fail a subject (and thus be required to take a makeup exam). **— kolu** *mil.* supply column. **— maddesi** *mil.* supplies. **— subayı** *mil.* supply officer. **— yapmak** to take on supplies, take on provisions.
ikmalci 1. student who has failed a subject; student who is preparing for a makeup exam in a subject he/she has failed. 2. (student) who has failed a subject; (student) who is preparing for a makeup exam in a subject he/she has failed.
ikmalsiz 1. without taking a makeup examination. 2. without refueling.
ikna, -aı persuasion; convincing; prevailing on/upon. **— etmek** /ı/ to persuade; /ı/ to convince; /ı, a/ to prevail on/upon (someone) (to do something). **— olmak** to be persuaded; to be convinced; /a/ to be prevailed on/upon (to do something).
ikon 1. *see* **ikona**. 2. *comp.* icon.
ikona icon, ikon, eikon. **— düşmanı** iconoclast. **— düşmanlığı** iconoclasm.
ikrah *obs.* 1. loathing, aversion; distaste. 2. *law* coercion, constraint. **— etmek** /dan/ to loathe, have an aversion for/to. **— gelmek** /a, dan/ to come to loathe (something): **Bana bundan ikrah geldi.** I have come to loathe this.
ikrahlık *colloq.* loathing, aversion. **— gelmek** /dan, a/ to get disgusted by/with (someone/something): **Ondan bana ikrahlık geldi.** I've gotten disgusted with it.

ikram 1. offering or giving (food, drink, cigarettes, etc.) to (a guest). 2. treating (someone) very hospitably, great hospitality. 3. offering or giving (something). 4. gift, present. 5. reduction in price. **— etmek** 1. /ı, a/ to offer or give (food, drink, cigarettes, etc.) to (a guest). 2. /a/ to treat (someone) very hospitably. 3. /ı, a/ to offer or give (someone) (something). 4. to reduce the price by (a specified amount); /a/ to reduce the price for (someone) by (a specified amount): **Sana elli lira ikram ederim.** I'll reduce the price for you by fifty liras.
ikramcı 1. someone who always offers a guest things to eat and drink. 2. (someone) who always offers a guest things to eat and drink.
ikramiye 1. bonus; premium. 2. prize (in a lottery). 3. reward.
ikramiyeli (something) which gives the owner a chance to win something in a lottery.
ikrar *obs.* 1. confession, admission, avowal, acknowledgment. 2. declaration. **—ından dönmek** 1. to retract one's confession. 2. to renege, go back on one's word, break one's promise. **— etmek** /ı/ 1. to confess, admit, avow, acknowledge. 2. to declare. **— vermek** to promise, give one's word.
iks (the letter) x.
iksir elixir.
iktibas *obs.* 1. quotation; extract, excerpt; citation. 2. quoting, quotation; extracting, excerpting; citing, citation. 3. borrowing. **— etmek** /ı/ 1. to quote. 2. to borrow.
iktidar 1. power, ability, capacity: **Vezirin seni nefyetmeye iktidarı var.** The vizier has the power to exile you. **Bu iş Emre'nin mali iktidarı üstünde.** This job is beyond Emre's financial capacity. 2. political power. 3. (a) group that is in power, (a) government. 4. potency, ability of a male to perform sexual intercourse. **—a gelmek** (for a political party/leader) to come into power. **— mevkii** (position of) being in power: **Onun partisi iktidar mevkiine geldi.** His party came into power. **—da olmak** (for a political party/leader) to be in power. **—ında olmak** to be able to, have the capacity to (do something); to have the power to (do something): **Bunu yapmak iktidarındadır.** He has the power to do this. **— partisi** *pol.* the party in power. **— sahibi** 1. (someone) who possesses the power/the capacity to do something. 2. someone who possesses the power/the capacity to do something.
iktidarlı 1. (someone) who possesses the power/the capacity to do something. 2. (sexually) potent (male).
iktidarsız 1. (someone) who does not possess the power/the capacity to do something. 2. (sexually) impotent (male).

iktidarsızlık 1. lack of power/capacity to do something. 2. (sexual) impotence.
iktifa *obs.* contenting oneself with; being content with, regarding (something) as sufficient. **— etmek** /la/ to content oneself with; to be content with, regard (something) as sufficient.
iktisaden economically, from an economic standpoint.
iktisadi 1. economic, pertaining to economics. 2. economical. **— devlet kuruluşu/teşekkülü** corporation in which the government is the majority stockholder. **— doktrin** economic doctrine. **I— İşbirliği ve Kalkınma Teşkilatı** Organization for Economic Cooperation and Development. **I— ve Ticari İlimler Akademisi** the Academy of Economic and Commercial Sciences. **— yeterlik** autarky, economic self-sufficiency.
iktisadiyat, -tı 1. (the science of) economics. 2. economy, economic state (of a country).
iktisap *obs.* acquisition. **— etmek** /ı/ to acquire, gain.
iktisat 1. economics, economy. 2. economy, thrift, saving. **— etmek/yapmak** to economize. **I— Fakültesi** the School of Economics (of Istanbul University). **— ilmi** economics.
iktisatçı economist.
iktisatçılık the work of an economist.
iktiza *obs.* 1. being necessary; being required. 2. requirement. 3. necessitating; requiring. 4. being of use to, being of benefit to. **— etmek** 1. to be necessary; to be required. 2. /ı/ to necessitate; to require. 3. /a/ to be of use to, be of benefit to. **— ettirmek** /ı/ to necessitate; to require.
il 1. administrative province (of a country). 2. country, nation. **— daimi encümeni** advisory and financial committee of a provincial assembly. **— genel meclisi** provincial assembly. **— idare kurulu** executive committee of a provincial assembly.
ila from ... to ..., between ... and ...: **beş ila on kişi** between five and ten people.
ilaç 1. medicine, medicament, medication; drug. 2. disinfectant. 3. pesticide; insecticide; herbicide; fungicide. 4. (a) chemical preparation: **boru açma ilacı** preparation used to unclog pipes. 5. remedy. **— dolabı** medicine cabinet, medicine chest. **— için** *colloq.* (used with a negative verb to indicate a complete lack of something) not a single; not any: **İlaç için istesen muz bulamazsın.** You can't find a banana for love or money. **İlaç için olsun parası yok.** He doesn't have a penny to his name. **— kılavuzu/kitabı** pharmacopoeia. **— yazmak** to prescribe medicine.
ilaçbilim pharmacology.
ilaçlamak /ı/ 1. to put medicine on; to impregnate (something) with a medicinal substance, medicate. 2. to treat (something) with disinfectant. 3. to apply pesticide to, treat (something) with pesticide.
ilaçlanmak 1. to be treated with medicine; to be medicated. 2. to be treated with disinfectant. 3. to be treated with pesticide. 4. to rub a medicated substance (as a lotion, powder, ointment, etc.) into one's skin.
ilaçlı 1. (something) which contains a medicinal substance; medicated. 2. (something) which contains disinfectant. 3. (something) which contains pesticide. 4. (something) which has been treated with medicine. 5. (something) which has been treated with disinfectant. 6. (something) which has been treated with pesticide.
ilaçsız 1. (something) which contains no medicinal substance. 2. (something) which contains no disinfectant. 3. (something) which contains no pesticide. 4. (something) which has not been treated with medicine. 5. (something) which has not been treated with disinfectant. 6. (something) which has not been treated with pesticide. 7. incurable (disease). 8. (something) which can not be corrected or healed, irreparable, irremediable, remediless.
ilah god, deity.
ilahe goddess.
ilahi 1. divine, of God. 2. O God! (used when addressing God).
ilahi hymn; anthem; psalm; canticle; chant of praise.
ilahi Heavens!/Goodness!/Bless you!: **İlahi İnci, neler söylüyorsun!** Goodness İnci, what things you say!
ilahiyat, -tı theology. **— doktoru** doctor of divinity. **— fakültesi** school of theology.
ilahiyatçı 1. theologian. 2. theological student.
ilam 1. *law* written judgment, written judicial decree, writ. 2. (any legislative or administrative) written decision, written decree. 3. informing, notification; communication, making known. **— etmek** /ı/ to inform, notify; to communicate, make (something) known.
ilamaşallah 1. for as long as God wills it to be. 2. Magnificent!/Bravo!/Just look at that! (said sarcastically).
ilan 1. announcing, proclaiming, declaring, declaration, promulgation. 2. advertising, advertisement. 3. (written) advertisement, public notice. 4. showing, manifestation. **—ı aşk** declaration of love. **—ı aşk etmek** /a/ to declare one's love (to). **— etmek** /ı/ 1. to announce, proclaim, declare, promulgate. 2. to show, manifest. **— pulu** revenue stamp affixed to advertisements. **— tahtası** 1. billboard, *Brit.* hoarding. 2. bulletin board, *Brit.* notice board.
ilancılık advertising, the advertising business.
ilanen by public advertisement.

ilanihaye to the end.
ilave 1. addition, increase. 2. supplement (especially to a book/an encyclopedia/a newspaper). 3. extra, special edition (of a newspaper). 4. extra charge, added fee. 5. postscript. 6. appendix (of a book). 7. supplementary, supplemental; additional, extra. **— etmek /ı, a/** 1. to add (something) to: *Şimdi bu malzemelere biraz yenibahar ilave et.* Now add a little allspice to these ingredients.
ilaveli furnished with a supplement or addition.
ilaveten /a/ in addition (to).
ilbay governor of a province.
ilbaylık 1. governorship of a province. 2. being a provincial governor. 3. governorate.
ilçe (administrative) district (within an **il**).
ilçebay head of a district.
ilçebaylık 1. headship of a district. 2. being the head of a district. 3. area administered by a district head.
ile 1. with, together with: *Azize, Ali'yle gitti.* Azize went with Ali. 2. and: *Erol'la Mertol altıda geldiler.* Erol and Mertol came at six. *Bu olay İngiltere ile Fransa arasındaki ilişkileri etkilemez.* This incident won't affect relations between England and France. *Ev ile sokak arasında bahçe var.* There's a garden between the house and the street. 3. with, by means of; by: *Arabayla gidemedik.* We couldn't go by car. *Onu kaşığınla ye!* Eat that with your spoon! *Hepsini yirmi liraya aldım.* I bought the lot for twenty liras. *Çok çalışmakla bunu bitirebilirsiniz.* You can finish this if you work hard. 4. as a result of, owing to, by, because of: *Tan'ın seyahatten vazgeçmesiyle her şey altüst oldu.* Everything's been upset by Tan's deciding not to go on the trip. *Dikkatsizlikle tekneyi karaya oturttu.* He ran the boat aground through carelessness. 5. *used with an infinitive to specify the nature of an activity:* *Sevinç yaz tatilini okumakla geçirdi.* Sevinç spent her summer vacation reading. *Bir deneme yazmakla meşgul.* He's busy writing an essay. *Bunu yapmakla büyük bir hata işlemişim.* It seems that by doing this I've made a big mistake. 6. with, showing: *Dikkatle dinlemedi.* He didn't listen attentively. *Odadan hiddetle çıktı.* He went out of the room in a fury. 7. with, having the possession of: *Bengi, Almanya'ya amcasının rızasıyla gitti.* Bengi went to Germany with her uncle's consent. 8. by *(with units of measure):* *Onları kiloyla sattık.* We sold them by the kilo. 9. upon, on, when; at the moment of; at the time of: *Sabahla dünya bambaşka göründü.* When morning came the world looked completely different. *Ayşe'nin evden ayrılmasıyla çocuklar çıldırdı.* On Ayşe's leaving the house the children went wild. 10. *(in certain set expressions)* I hope you .../Have a .../May you ...: **Selametle gidin.** Have a safe trip! **Bunu afiyetle ye.** I hope you enjoy eating this. **Devletle!** Good luck! **— beraber/birlikte** 1. together with, along with, including, inclusive of: *Haşim öbür çocuklarla birlikte okula gitti.* Haşim went to school along with the other children. *Termosifonun fiyatı KDV'yle birlikte iki bin lirayd.* The price of the water heater, VAT included, was two thousand liras. 2. when, at the same time that: *Kışın gelmesiyle beraber odun pahalılaştı.* When winter arrived wood became more expensive. 3. although: *Sadece on iki yaşında olmakla beraber motorlar hakkında epey bilgisi var.* Although he's only twelve, he knows a fair bit about motors. *Hakan itiraz etmekle beraber Okan işin tümünü tek başına yaptı.* Although Hakan objected, Okan did all the work by himself. 4. as well as, apart from, besides: *İyi bir şair olmakla birlikte çok yetenekli bir öğretmen.* Apart from being a good poet he is also a very capable teacher.
ilelebet forever, forevermore, everlastingly, eternally, always.
ilen *prov., see* **ile**.
ilenç 1. curse, malediction. 2. cursing.
ilenme cursing.
ilenmek /a/ to curse, damn, revile.
ilerde *see* **ileride**.
ileri 1. the front, the area or part which lies to the front: *Trenin ilerisini göremiyoruz.* We can't see the front section of the train. 2. the next part (of a road/a course/a job): *İlerimizde deniz vardı.* In front of us lay the sea. *Yolun ilerisi çok virajlı.* The next part of the road is full of curves. *Bu işin ilerisi pek kolay olmaz.* The next part of this job won't be very easy. 3. the future, the time yet to come; the time which lies just ahead: *İlerimiz kış.* Winter is just around the corner. *İleriyi hiç düşünmedin mi?* Haven't you ever thought about the future? 4. *mil.* advance, forward, situated near the front: **ileri komuta yeri** advance command post. 5. fast (clock, watch, etc.): *Saatim iki dakika ileri.* My watch is two minutes fast. 6. /dan/ ahead of, ahead (of), (something) which precedes: *Güven bizden ileri sınıflardan birindeydi.* Güven was in one of the classes ahead of us. 7. advanced; beyond the elementary stage; ahead of others. 8. advanced (age/years): *Havva oldukça ileri bir yaşta aşka düştü.* Havva fell in love at a rather advanced age. 9. Forward!/Onward! 10. forward, forwards, to the front; out in front; onward, onwards. **—si** 1. the future. 2. the farther part. 3. the rest, what is still to come. **— almak /ı/** 1. to move (something) forward, move (something) towards the front. 2. to promote (someone). 3. to set or put (a clock/a watch) forward. **— atılmak** to

ilerici 350

spring forward; to rush forward. **—den beri** for a long time now. **— çıkmak** to come forward. **— evre** advanced stage. **— geçmek** 1. to go forward, go to the front. 2. to be promoted. **— gelenler** important people, prominent people, notables, worthies, bigwigs. **— gelmek /dan/** to be caused by, result from, be due to. **—sini gerisini düşünmemek/hesaplamamak/saymamak /ın/** *colloq.* not to give a thought to the consequences of (something). **— geri konuşmak/laflar etmek/söylemek** *colloq.* to speak in an offhanded and tactless way, talk offhandedly and tactlessly. **— gitmek** 1. to advance, progress. 2. to go too far, go beyond the bounds of what is considered acceptable. 3. (for a clock/a watch) to gain time, be fast. **—sine gitmek /ın/** 1. to consider (something) in depth, go into (something) in detail. 2. to see (something) through. **—yi görmek** to foresee the future. **— görüş** foresight, prescience. **— görüşlü** foresighted, foresightful, farsighted, prescient (person). **— götürmek /ı/** to take (something) too far, carry (something) too far. **— hat** *mil.* front line. **— karakol** *mil.* outpost; outlying picket. **— marş!** *mil.* Forward, march! **— sürmek /ı/** 1. to drive (someone/something) forward. 2. to put forward, set forth (an idea). **— varmak** to go too far, go beyond the bounds of what is considered acceptable.

ilerici 1. (a) progressive, (a) progressivist. 2. progressive (person/idea/action).

ilericilik progressiveness, being progressive; being a progressive.

ileride 1. in the future, later on. 2. further on, ahead. 3. in front.

ilerlek 1. advanced, developed. 2. progressive.

ilerleme 1. going forward, moving ahead, advance. 2. progress, improvement, advancement. 3. increase, growth.

ilerlemek 1. to go forward, move ahead, advance. 2. to progress, improve, advance. 3. to increase, grow; to advance, progress. 4. to be well into (a period of time): *Gece bir hayli ilerlediğinde şarkı söylemeye başladı.* When the night was well advanced he began to sing. 5. (for time) to pass, get on: *Vakit ilerliyor.* Time's getting on. 6. (for a timepiece) to gain time. 7. (for a disease) to get progressively worse; to spread.

ilerlemiş *med.* advanced, acute.

ilerletmek /ı/ 1. to cause or allow (someone/something) to move forward. 2. to cause or allow (someone/something) to progress or improve. 3. to cause or allow (something) to grow or advance. 4. to cause (a timepiece) to gain time. 5. to cause (a disease) to worsen; to cause (a disease) to spread.

ilerleyici progressive. **— benzeşme** *ling.* progressive assimilation. **— felç** *med.* progressive paralysis.

ileteç electrical cable.

ileti 1. message. 2. communiqué, official announcement.

iletici 1. transmitter. 2. transmissive.

iletilmek /a/ 1. to be conveyed to, be delivered to. 2. to be conducted to, be transmitted to. 3. to be moved to.

iletim 1. conveyance, conveying. 2. conduction, transmission. 3. *phys.* convection (refers to transfer of heat).

iletimli transmitted, broadcast live. **— yayın** live broadcast.

iletişim communication.

iletken *phys.* 1. conductor, something which conducts. 2. conductive.

iletkenlik conductivity.

iletki *math.* protractor.

iletmek /ı, a/ 1. to convey (something) to, deliver (something) to. 2. to conduct (something) to, transmit (something) to. 3. to move (something) to.

ilga *obs.* 1. *law* abrogation, annulment, repeal, revocation, rescission. 2. abolition, doing away with. **— etmek /ı/** 1. *law* to abrogate, annul, repeal, revoke, rescind. 2. to abolish, do away with.

ilgeç *gram.* 1. postposition, postpositive, postposed word/particle. 2. preposition, prepositive, preposed word/particle. 3. particle.

ilgeçli *gram.* 1. postpositional, postpositive. 2. prepositional, prepositive. 3. (phrase) which contains a particle.

ilgi 1. relation, connection; relevance. 2. interest, concern. 3. *chem.* affinity. **— çekici** interesting. **— çekmek** to attract attention. **—sini çekmek /ın/** to interest (someone/something), draw (someone's/something's) attention, attract (someone's/something's) attention. **— duymak /a/** to be interested in. **— eki** *gram.* the **-ki** suffix added to nouns and pronouns (e.g. *dünkü, onlarınki*). **— göstermek /a/** to show interest in. **— toplamak** to attract attention. **— zamiri** *gram.* possessive pronoun (e.g. *onunki*).

ilgilendirmek 1. /ı/ to interest, arouse the interest of, draw the attention of. 2. /ı/ to relate to, concern, pertain to, apply to. 3. /ı, la/ to cause (someone) to become engaged in, get (someone) involved in.

ilgilenmek /la/ 1. to be interested in, be curious about, be attracted to. 2. to take an interest in, concern oneself with. 3. to enjoy doing (something), get pleasure out of.

ilgili 1. /la/ pertaining to, related to, connected with, concerned with, relevant to, apropos of. 2. /la/ interested in, curious about. 3. relevant: *ilgili evraklar* the relevant documents. 4. inter-

ilişkinlik

ested, concerned, involved: **ilgili kişiler** those concerned. **—ler** those concerned, the interested parties.
ilgililik 1. relatedness, connectedness. 2. interestedness, curiousness, curiosity. 3. relevancy.
ilginç interesting.
ilginçlik being interesting, interestingness.
ilgisiz 1. uninterested, apathetic, indifferent. 2. irrelevant.
ilgisizlik 1. uninterestedness, lack of interest, apathy, indifference. 2. irrelevance.
ilhak, -kı 1. *law* annexation, incorporation (of territory by a state). 2. adding (someone/something) (to). **— etmek /ı, a/** 1. *law* to annex (territory) (to). 2. to add (someone/something) (to).
ilham inspiration. **— almak /dan/** to receive inspiration (from), be inspired (by). **— etmek /ı, a/** to inspire (someone) (to do something). **— perisi** muse, source of inspiration. **— vermek /a/** to inspire (someone).
ilhan *hist.* ruler of a province, viceroy, ilkhan *(used as a title by the Ilkhanids).*
İlhanlı *hist.* 1. (an) Ilkhanid. 2. Ilkhanid, pertaining to the Ilkhanids.
ilik bone marrow, marrow. **—lerinde duymak /ı/** *colloq.* to feel (something) deep in one's bones, feel (something) strongly and instinctively. **—ine/—lerine geçmek** *colloq.*, *see* **—ine/—lerine işlemek. — gibi** *colloq.* 1. (meat) delicious and done to a turn, toothsome, scrumptious. 2. *slang* delectable, luscious, toothsome, voluptuous (young woman). **—ine/—lerine işlemek /ın/** *colloq.* 1. to chill (someone) to the marrow, chill (someone) to the bone. 2. to wet (someone) to the skin, soak (someone) to the skin. 3. to affect (someone) deeply: **O acı söz iliğine işledi.** That harsh remark cut him to the quick. 4. to take possession of (someone): **Hırs iliklerine işledi.** Greed has taken possession of him. **—ine/—lerine kadar** *colloq.* 1. to the hilt; thoroughly. 2. deeply, deep down. **—ine kadar ıslanmak** *colloq.* to be wet to the skin, be soaked to the skin. **—ini kemirmek /ın/** *colloq.* 1. (for something unpleasant) to bother (someone) greatly, get to (someone), give (someone) a fit. 2. to exploit, suck (someone's) blood. **—ini kurutmak/—ini kemiğini kurutmak /ın/** *colloq.* to drive (someone) crazy, drive (someone) to distraction, drive (someone) up the wall. **—i sızlamak** *colloq.* 1. /a/ to be deeply moved (by). 2. to feel a deep, throbbing ache.
ilik buttonhole; button loop.
iliklemek /ı/ to button, button (something) up.
iliklenmek to be buttoned, be buttoned up.
ilikli marrowed, marrowy, containing marrow.
ilikli 1. buttoned, buttoned up. 2. (something) which has buttonholes; (something) which has button loops.
iliksel *anat.* myeloid, pertaining to the bone marrow.
iliksiz marrowless.
iliksiz 1. (something) which has no buttonholes; (something) which has no button loops. 2. unbuttoned, not buttoned.
ilim, -lmi 1. branch of knowledge or study, science: **fizik ilmi** the science of physics. **ilahiyat ilmi** the science of theology. **tabii ilimler** the natural sciences. 2. scientific study of knowledge, study based on a scientific method: **Bu neticeye ilim yoluyla vardım.** I reached this conclusion by scientific study. 3. theoretical knowledge, knowledge based on theory alone. **— adamı** person whose profession is the scientific pursuit of knowledge in a particular field *(usually refers to distinguished scholars or researchers).* **—ini almak /ın/** to become good at (a job), master the art of: **Piyanoları akort etmenin ilmini almışsın.** It looks like you've mastered the art of piano tuning.
ilinek *phil.* accident.
ilinekli *phil.*, *see* **ilineksel.**
ilineksel *phil.* accidental (as opposed to *essential/substantial*).
ilinti 1. relation, connection. 2. *prov.* basting, tacking. 3. *prov.* worry, anxiety.
ilintili /la/ related to, connected with.
ilişik 1. enclosure (of a letter). 2. relation, connection. 3. obstacle, impediment, hindrance, hitch. 4. /a/ attached (to); (something) enclosed (with) (a letter). 5. /a/ related to, connected with. **—i kalmamak /la/** to have no connection with, not to be connected with; to have nothing to do with. **—ini kesmek /la/** to sever (one's, someone else's) ties with, sever (one's, someone else's) relations with; to stop having anything to do with (someone).
ilişikli 1. /la/ related to, connected with. 2. characterized by obstacles or impediments.
ilişiksiz 1. unattached, footloose, or free-floating (person). 2. free of obstacles or impediments.
ilişilmek /a/ *(impersonal passive)* 1. to touch. 2. to handle, meddle with. 3. to sit on the edge of, perch on. 4. to bother, disturb. 5. to touch on, touch upon, mention.
ilişki 1. relation, connection; relationship. 2. contact, communication. **— kurmak /la/** 1. to establish relations with; to establish/begin a relationship with. 2. to make contact with.
ilişkili /la/ 1. related to, connected with. 2. in touch with, in contact with; (someone) who has dealings with.
ilişkin /a/ 1. related to, connected with. 2. pertaining to, belonging to.
ilişkinlik 1. relatedness, connectedness. 2. state of belonging.

ilişkisiz /la/ 1. unrelated to, unconnected with. 2. out of touch with, not in contact with; (someone) who has no dealings with; detached.

ilişmek 1. /a/ to get hung on, catch on, snag on. 2. /a/ to touch, rub against. 3. /a/ to touch (with one's fingers). 4. /a/ to touch, handle, meddle with. 5. /a/ to sit on the edge of, perch on. 6. /a/ to bother, disturb. 7. /a/ to touch on, touch upon, mention. 8. /da/ to wait briefly, stay briefly.

iliştirilmek /a/ 1. to be (lightly) attached to, be fastened to (in a makeshift way). 2. to be hung on, be hung to.

iliştirmek /ı, a/ 1. to attach (one thing) (lightly) to (another), fasten (one thing) to (another) (in a makeshift way). 2. to hang (something) on, hang (something) to.

ilk, -ki 1. first (in a series or in time): **ilk işi** his first task. **ilk defa** the first time. 2. first, for the first time: **Onu ilk gördüğünde altmış yaşındaydı.** When she first saw him he was sixty years old. 3. the first (in a series or in time): **romanlarından ilki** the first of his novels. — **adım** 1. first step. 2. beginning, start, first step. — **adımda** first; in the beginning, at the outset; to begin with, first off. — **ağızda** colloq. first; in the beginning, at the outset, to begin with. — **elden** 1. (buying something) direct (without using a middleman). 2. (learning something) firsthand. 3. first, at the outset. — **evvel** first of all, first; to begin with; at first, initially, in the beginning, at the outset. — **fırsatta** at the first opportunity. — **görüşte** at first sight. — **göz ağrısı** colloq. 1. first love, first person/thing with whom or with which one falls in love. 2. firstborn, firstborn child. — **hız** mil. muzzle velocity, initial velocity. — **insan** anthropology primitive man. — **kalemde** colloq. first; first off, to begin with; in the beginning, at the outset. — **mektep** formerly, see **ilkokul**. — **önce** first of all, first; to begin with; at first, initially, in the beginning, at the outset. — **partide** colloq. first; in the beginning, at the outset; to begin with, first off.

ilkah obs. 1. fecundation, fertilization; insemination; pollination. 2. inoculation; vaccination. 3. bot. grafting; budding. — **etmek** /ı/ 1. to fecundate, fertilize; to inseminate; to pollinate. 2. to inoculate; to vaccinate. 3. bot. to graft; to bud.

ilkbahar spring (the season). — **noktası/ılımı** the vernal equinox.

ilkçağ antiquity, ancient times (the period following the end of prehistoric times and preceding the beginning of the Middle Ages).

ilkdışkı meconium (of a fetus).

ilkdördün astr. the first quarter (of the moon).

ilke 1. principle; (a) fundamental, (an) essential. 2. basic unit: **Atomlar, cisimleri oluşturan ilkelerdir.** Atoms are the basic units of which material things are composed.

ilkel 1. primitive; pertaining to the earliest stage of development; characteristic of an early stage of development: **ilkel insan** primitive man. **ilkel kilise** the Primitive Church. **ilkel bitkiler** primitive plants. 2. primitive, crude, rudimentary; old-fashioned and inconvenient: **Dinlenme tesisleri oldukça ilkel.** Their recreational facilities are rather primitive. 3. uncouth, crude, coarse, unrefined. 4. primitive, preliterate: **ilkel bir toplum** a primitive society. 5. primitive, naïve, unsophisticated, simple: **Tabloları ilkel bir niteliğe sahip.** His paintings have a primitive quality about them. 6. (a) primitive (a European, especially an Italian, painter who worked prior to the Renaissance).

ilkelci 1. (a) primitivist (a conscious imitator of primitive art). 2. (a) primitivist (a believer in the superiority of a way of life close to nature). 3. primitivist, pertaining to primitivism in art or thought.

ilkelcilik primitivism (in art or thought).

ilkeleşmek to take on the character of a principle; to become a principle, turn into a principle.

ilkeleştirmek /ı/ to make (something) a principle, turn (something) into a principle.

ilkelleşmek 1. to acquire a primitive character; to become primitive. 2. to become uncouth, become crude.

ilkelleştirmek /ı/ 1. to cause (something) to become primitive. 2. to cause (an artist) to adopt a primitive style. 3. to cause (someone) to become uncouth or crude.

ilkellik 1. primitiveness. 2. uncouthness, crudeness, coarseness; crudity.

ilkin first; first off, to begin with; at first, in the beginning, at the outset.

ilkkânun obs. December.

ilklik firstness.

ilkokul formerly elementary school, primary school (comprising the first five grades).

ilkomur anat. atlas (a bone).

ilköğrenim see **ilköğretim**.

ilköğretim elementary education. — **okulu** elementary school (comprising the first eight grades).

ilkönce see **ilk önce**.

ilkörnek prototype; archetype.

ilksezi initial perception.

ilksiz eternal, (something) which has always existed, (something) which has no beginning.

ilksizlik eternity (which has no beginning).

ilkteşrin obs. October.

ilkyardım 1. first aid. 2. first-aid station. — **çantası** first-aid kit.

ilkyarı first half (of a sports event).

ilkyaz spring (the season). — **noktası/ılımı** the vernal equinox.

illa see **ille**. **— ki** see **ille**.
illaki see **ille**.
illallah colloq. I'm fed up!/I've had enough!; /dan/ I'm fed up with (someone/something)!/ I'm sick and tired of (someone/something)! **— demek/etmek** /dan/ to be fed up (with), have had enough (of).
ille 1. no matter what, come what may, at all costs, regardless: **İlle bizimle gelecekti.** She was going to come with us no matter what. 2. especially, in particular; above all: **Hepsini tebrik etti, ille Dündar.** He congratulated them all, Dündar in particular. **İlle o şiiri sevdim.** I liked that poem above all. **Gözleri! İlle gözleri!** Her eyes! Above all else, her eyes! 3. otherwise, or else: **Bana bunu yaparsın, ille sana o işi yapmam.** You do this for me, or else I won't do that job for you. 4. excepting, except, save, other than, but: **Bunu kimse yapamaz, ille Sinan.** No one but Sinan can do this. **Kimse bilmez, ille Allah bilir.** No one but God knows this. 5. but, yet: **Yorgundular, ille vuruşmaya devam ettiler.** They were tired but they continued to fight. **— ve lakin** colloq. nevertheless, yet.
illegal, -li illegal.
illet, -ti 1. chronic disease; chronic illness. 2. colloq. passion, mania, addiction: **Bu caz çalma illetini nerede edindin?** Where'd you get this passion for playing jazz? 3. colloq. problem, bug (in a machine): **Bu televizyonun illeti ne?** What's wrong with this television? 4. bodily defect (such as the loss of a limb). 5. phil., law cause. 6. colloq. pain in the neck, a real pain (said of a very annoying person/thing). 7. colloq. (someone/something) who/which is a real pain. **— etmek** /ı/ to give (someone) a pain in the neck, give (someone) the pip, annoy (someone) greatly. **— olmak** /a/ to find (someone) a pain in the neck.
illetli 1. (someone) who has a chronic disease or illness; diseased. 2. (someone) who has a bodily defect. 3. colloq. (something) which has a bug in it, which is always breaking down, which does not work well. 4. phil., law (something) which has a cause.
illetsiz 1. (someone) who does not have a chronic disease or illness; undiseased. 2. (someone) who has no bodily defect. 3. phil., law (something) which has no cause, causeless. 4. colloq. (something) which has no bugs in it, which works well.
illiyet, -ti obs., phil., law causality.
illüminasyon illumination.
illüstrasyon 1. illustrating, illustration (with pictures, diagrams, etc.). 2. (an) illustration. 3. illustrations. 4. ink used for printing illustrations.
illüzyon illusion.

illüzyonist, -ti 1. illusionist, conjurer. 2. art (an) illusionist. 3. of an illusionist, characteristic of a conjurer. 4. art illusionistic.
illüzyonizm 1. illusionism, sleight of hand, conjury. 2. art illusionism.
ilme 1. tying (one thing) loosely to (another). 2. basting (one piece of cloth) to (another). 3. basting stitch. 4. loop. 5. knot (in the fabric of a carpet). 6. knotting (strands of wool) (while weaving a rug). 7. touching; hitting; landing on (someone/something).
ilmek see **ilmik**.
ilmek 1. /ı, a/ to tie (one thing) loosely to (another). 2. /ı, a/ to baste (one piece of cloth) to (another), sew (one piece of cloth) loosely to (another). 3. /ı/ to knot (strands of wool), tie (strands of wool) into a knot (while weaving a rug). 4. /a/ prov. to touch; to hit; to land on: **Kafasına ilen taş yumurta büyüklüğündeydi.** The stone which hit his head was the size of an egg. **iler tutar yeri/tarafı olmamak/kalmamak** /ın/ colloq. 1. (for something) to be completely beyond repair, be shot: **Bu gömleğin iler tutar yeri yok.** This shirt's completely beyond repair. 2. (for an action/an idea/a statement) to be completely indefensible; (for a statement) not to be true, not to hold water. 3. (for someone) not to be fit for anything, be completely incompetent, be hopeless. 4. (for someone) to be incorrigible, be past helping, be a hopeless case. 5. (for someone) to be incurably ill, be a hopeless case.
ilmeklemek see **ilmiklemek**.
ilmeklenmek see **ilmiklenmek**.
ilmekli see **ilmikli**.
ilmen in a scholarly way, scientifically.
ilmi scholarly, scientific.
ilmihal, -li book explaining the principles of Islam.
ilmik loop; loop knot; noose; slip noose; slipknot. **— atmak** 1. to make a loop, tie a loop. 2. to tie a knot, make a knot (while weaving a rug).
ilmiklemek 1. /ı/ to tie (something) into a loop or noose. 2. /ı, a/ to tie (one thing) loosely to (another). 3. /ı/ to knot (strands of wool), tie (strands of wool) into a knot (while weaving a rug).
ilmiklenmek 1. to be tied into a loop or noose. 2. /a/ (for one thing) to be tied loosely to (another). 3. (for strands of wool) to be tied into a knot (while weaving a rug).
ilmikli 1. looped, having loops. 2. /a/ loosely tied (to). **— düğüm** loop knot; slipknot; slip noose.
ilmiye Ottoman hist. the ulama (considered as a class).
ilmühaber 1. official certificate. 2. receipt, certificate of receipt.
iltica seeking refuge in/with; taking refuge in/with. **— etmek** /a/ to take refuge in/with. **— hakkı** law right of asylum.

iltifat, -tı 1. treating (someone) with friendliness. 2. compliment, remark intended to praise or please. 3. popular approval. — **etmek** /a/ 1. to treat (someone) in a friendly way, be nice to (someone). 2. to compliment (someone). 3. to want, like, care for (something); to be interested in (something): **Bu sene kadınlar kürk mantolara iltifat etmiyorlar.** This year women aren't interested in fur coats. **Hamit felsefeye iltifat etmedi.** Hamit didn't concern himself with philosophy.

iltifatçı kind, friendly.

iltifatkâr *see* **iltifatçı.**

iltifatlı kind, friendly (action).

iltihabi *path.* 1. pertaining to inflammation, inflammatory. 2. inflamed.

iltihak, -kı 1. joining, becoming a part of; accession, political union. 2. *law* accession, (one nation's) becoming a party to an engagement (which is in force between other powers). — **etmek** /a/ 1. to join, become a part of. 2. *law* to accede to, become a party to.

iltihap *path.* inflammation.

iltihaplanma *path.* inflammation, becoming inflamed.

iltihaplanmak *path.* to become inflamed, become angry.

iltihaplı *path.* 1. inflamed, angry. 2. inflammatory, characterized by inflammation.

iltimas preferential treatment; favoritism, favoring (someone) unduly. — **etmek** /a/ to accord (someone) preferential treatment, show partiality towards; to play favorites, favor unduly.

iltimasçı 1. person who gives some people preferential treatment; person who plays favorites. 2. (someone) who gives some people preferential treatment; (someone) who plays favorites.

iltimaslı 1. (someone) who is the recipient of preferential treatment; (someone) who is unduly favored. 2. recipient of preferential treatment; (a) favorite, fair-haired boy/girl, *Brit.* blue-eyed boy/girl.

iltizam 1. *obs.* favoring, supporting. 2. *obs.* deeming (something) necessary. 3. *obs.* causing, bringing about. 4. *hist.* farming (taxes or other state revenues). — **etmek** /ı/ 1. *obs.* to favor, support. 2. *obs.* to deem (something) necessary. 3. *obs.* to cause, bring about. 4. *hist.* to farm, collect (taxes or other state revenues) (after having purchased the right to do so).

iltizamcı *hist.* 1. farmer, person who has purchased the right to collect the taxes or revenues appertaining to something. 2. (someone) who is a farmer of taxes or other state revenues.

ilüvyon *geol.* illuvium.

im 1. sign; mark: **artı imi** plus sign. **noktalama imleri** punctuation marks. 2. signal. 3. symbol.

—i timi yok. *colloq.* There's no trace of it/him/her to be found.

ima 1. hinting, implying, suggesting; alluding to; intimating; insinuating. 2. hint, (an) implication, (a) suggestion; (an) allusion; (an) intimation; (an) insinuation. — **etmek** /ı/ to hint, hint at, imply, suggest; to allude to; to intimate; to insinuate.

imaj 1. image, picture (as a photograph or picture transmitted by television). 2. frame, picture (in a length of motion-picture film, microfilm, etc.). 3. *optics* image. 4. image, imagined thing; mental picture; fiction, imaginary construct, (a) fancy. 5. image (in a poem).

imajinasyon imagination, the ability to imagine.

imal, -li 1. making, manufacturing, manufacture. 2. (a) product, (a) manufacture. 3. using, use. — **etmek** /ı/ to make, manufacture.

imalat, -tı 1. products, manufactures. 2. making, manufacturing, manufacture.

imalatçı 1. manufacturer. 2. (someone) who is a manufacturer. 3. manufacturing (plant/place).

imalathane workshop, factory (where finished products are made).

imalı veiled, oblique, allusive (remark); meaningful, significant (look/gesture). — **imalı** meaningfully, significantly.

imam 1. imam, prayer leader. 2. imam, one of the twelve divinely inspired leaders of the Shi'a. 3. imam, a leader regarded as a successor to the Twelve Imams: **İmam Humeyni.** 4. imam, a founder of one of the orthodox schools of Islamic law: **İmam Şafii.** 5. imam, a respected Islamic theological sage: **İmam Gazali.** 6. Imam *(a title of the caliph).* — **evi** *colloq.* prison for women. — **hatip okulu** high school for the training of Islamic religious personnel. — **ın/— kayığı** *slang* coffin. — **ın kayığına binmek** *slang* to die, kick the bucket. — **nikâhı** wedding performed by an imam. — **osurursa, cemaat sıçar.** *proverb* If a leader makes a small mistake, his followers will then make big mistakes. — **suyu** *slang* raki.

imambayıldı stuffed eggplant cooked in olive oil.

imame 1. large bead through which the two ends of a string of prayer beads are passed and then tied to a tassel. 2. tube that forms the actual mouthpiece of a hookah or cigarette holder.

imamevi, -ni *colloq.* prison for women.

imamlık 1. imamate, office or rank of an imam. 2. being an imam.

iman 1. religious belief, religious faith: **Emin imanı bütün bir kişidir.** Emin is someone who has a firm faith. 2. belief in Islam. 3. /a/ believing in (someone/something); belief. **—ım** *slang* Hey man! *(a friendly greeting).* **—ı bütün** 1. (someone) whose religious faith is strong. 2. true believer, person whose religious faith is strong. —dan çıkarmak /ı/ colloq. to raise (someone's) hackles, get (someone's) back up, enrage. — etmek 1. to come to believe in Islam, become a Muslim. 2. /a/ to believe in (someone/something). —ına etmek slang (for something) to be the last straw, cause (someone) to lose his/her patience. —a gelmek 1. to become a Muslim. 2. to see reason, come round, concede. 3. to speak the truth. — getirmek to come to believe in Islam. —a getirmek /ı/ 1. to cause (someone) to become a Muslim, convert (someone) to Islam. 2. to cause (someone) to see reason, cause (someone) to come round, cause (someone) to conclude. 3. to cause (someone) to speak the truth. —ı gevremek colloq. 1. to work very hard, knock oneself out, exhaust oneself. 2. to be very tired, be beat, be bushed. —ına kadar colloq. 1. (filling something) to the brim, to overflowing, chock-full. 2. (full) to the brim, to overflowing. — sahibi 1. (someone) whose religious faith is strong. 2. true believer, person whose religious faith is strong. — tahtası colloq. breastbone (of a person). —ına tak demek colloq. (for something) to be the last straw, cause (someone) to lose his/her patience. —ına yandığım colloq. damned. —ı yok! colloq. 1. He's/She's got a heart of stone. 2. He's a bastard./He's a son of a bitch./She's a bitch.

imanlı 1. (someone) who has religious faith, believing. 2. person who has religious faith, believer. 3. compassionate (person). 4. (someone) who is fully committed (to a cause or a course of action). 5. person who is fully committed (to a cause or a course of action).

imansız 1. (someone) who has no religious faith, unbelieving. 2. person who has no religious faith, unbeliever. 3. hardhearted, compassionless. — ayran colloq. ayran made from skim milk. — gitmek to die an unbeliever. — peynir colloq. cheese made from skim milk, skim cheese. — süt colloq. skim/skimmed milk. — yoğurt colloq. yogurt made from skim milk.

imansızlık 1. lack of religious faith, unbelief. 2. hardheartedness, lack of compassion.

imar 1. development, improvement (of a place). 2. causing (a place) to flourish. — etmek /ı/ 1. to develop, improve (a place). 2. to cause (a place) to flourish. — planı development plan, plan for the development (of an area). I— ve İskân Bakanı the Minister of Public Works and Housing. I— ve İskân Bakanlığı the Ministry of Public Works and Housing.

imaret, -ti Ottoman hist. soup kitchen (place which served free food to the poor and to others, such as madrasah students). —/mescit yapılmadan dilenciler/körler dizildi/kapıyı aldı. colloq. Even though the thing is only in the planning stage, some people are already planning how they'll benefit from it.

imarethane see imaret.

imbat, -tı sea breeze (which blows on the Aegean coast during the day in summer).

imbik still (apparatus used in distillation); retort; alembic. —ten çekmek /ı/ to distill; to alembicate. —ten süzülmek to be distilled; to be alembicated.

imbilim semeiology, semiology, semiotics.

imbilimi, -ni see imbilim.

imdat help, aid, assistance. I—! Help! — etmek /a/ to come to the rescue (of). — freni emergency brake (in a railroad passenger car). — istemek 1. to call for help. 2. to send an SOS. — işareti distress signal; SOS. —a yetişmek to come to someone's rescue.

imdi 1. in that case; for that reason; therefore, so. 2. now, so (used for emphasis).

imece collective labor, working collectively (as opposed to individually).

imge image, imagined thing; mental picture; fiction, imaginary construct, (a) fancy.

imgeci lit. 1. (an) imagist. 2. imagistic, imagist, pertaining to imagism.

imgecilik lit. imagism.

imgelem imagination, the ability to imagine.

imgeleme imagining, imagination.

imgelemek /ı/ to imagine.

imgeleştirmek /ı/ to image, portray through imagery.

imgesel imaginary; fictive, fanciful.

imha destruction, causing (someone/something) to cease to exist; annihilation. — ateşi mil. annihilation fire, counterpreparation. — etmek /ı/ to destroy, cause (someone/something) to cease to exist; to annihilate.

imik prov. throat. —ine sarılmak /ın/ to pressure (someone), twist (someone's) arm.

imiş 1. is said to be, is allegedly. 2. was said to be, is said to have been, was allegedly.

imitasyon 1. imitation, imitating. 2. imitation, copy. 3. imitation, artificial, synthetic: imitasyon deri imitation leather.

imitatör imitator.

imkân 1. possibility. 2. opportunity, chance. 3. phil. contingency. — dahilinde 1. possible. 2. as far as possible. — vermek /a/ to give (someone) an opportunity, give (someone) a chance, make something possible (for). —/—ı yok! colloq. It's out of the question!/It's impossible!/Impossible!/No way!

imkânsız impossible, not possible.

imkânsızlaşmak (for something) to become an impossibility.

imkânsızlık impossibility.

imla 1. spelling; orthography. 2. dictation. 3. filling up. —sı bozuk (someone) who is bad at spelling; (something) that contains spelling errors. — etmek /ı/ 1. to dictate. 2. to fill, fill

imleç

up. **—ya gelmemek** (for something) to be incorrigible, unsalvable, or irremediable. **— yanlışı** spelling mistake/error.

imleç 1. recording meter. 2. *comp.* cursor.

imlemek /ı/ 1. to indicate. 2. to imply, hint at.

immoral immoral.

immoralite immorality.

immoralizm immoralism.

immünite *med.* immunity.

immünoloji immunology.

imparator emperor.

imparatoriçe empress.

imparatoriçelik 1. the rank of empress. 2. the office of empress. 3. the reign of an empress. 4. being an empress.

imparatorluk 1. empire. 2. emperorship, the rank of emperor. 3. emperorship, the office of emperor. 4. emperorship, the reign of an emperor. 5. being an emperor.

import, -tu importation.

impresario impresario.

imren desire, envy.

imrence object of admiration, object of envy (that is unmixed with malice).

imrendirmek /ı, a/ to arouse (someone's) appetite/desire (for).

imrenilmek to be desired, coveted, or envied.

imrenme longing, coveting, desiring, wanting.

imrenmek /a/ 1. to long for, feel an appetite (for). 2. to desire (something unobtainable).

imrenti desire, envy.

imsak, -ki 1. fasting, abstinence. 2. *İslam* the time when the day's fast begins during Ramazan.

imsakiye *İslam* timetable showing when the fast begins for each day of Ramazan.

imsel symbolic. **— mantık** symbolic logic, mathematical logic.

imtihan 1. examination, exam, test. 2. test, trial, putting (someone) to the test. **—a çekmek** /ı/ to test (someone's) knowledge, put (someone) to the test. **— etmek** /ı/ to test, give (someone) an examination. **— olmak** to take a test, have an exam. **—a sokmak** /ı/ to have (someone) take a test. **— vermek** (for someone) to acquit himself/herself well, give a good account of himself/herself. **—ı vermek** to pass, get a passing grade (on a test).

imtina, -aı *obs.* 1. avoidance; abstention; refraining; forbearing, forbearance; shirking. 2. impossibility. **— etmek /dan/** to avoid; to abstain from; to refrain from; to forbear; to shirk.

imtiyaz 1. privilege, prerogative. 2. (an) exclusive right, concession, franchise. 3. being different, being marked, being distinguished (owing to one's superiority). 4. autonomy. **— beratı** certificate conferring a privilege or right, patent. **— sahibi** 1. holder of a privilege. 2. concessionaire, concessionary, concessioner, franchiser. 3. publisher (of a newspaper or magazine).

imtiyazlı 1. privileged. 2. (someone) who is the holder of a privilege or concession; (company) which holds a concession. 3. (activity) that can be carried out only by someone who is its concessionary. 4. autonomous.

imtiyazsız not privileged, lacking special privileges.

imtizaç *obs.* 1. compatibility, harmony. 2. being combined, combination; mixing, blending. 3. mix, blend, combination. **— etmek /la/** 1. to get along with, be compatible with. 2. to be combined with; to be mixed with, be blended with. 3. to harmonize with, blend with. 4. to adapt to.

imtizaçsız *obs.* uncongenial, incompatible.

imtizaçsızlık *obs.* incompatibility.

imza 1. signature, person's name written with his/her own hand; autograph. 2. writer, author. 3. signing: Şirketin çeklerini imza yetkisi var. She has the authority to sign the company's checks. **— atmak** /a/ to sign. **—yı basmak/çakmak** /a/ *colloq.* to sign, put one's John Henry on. **— etmek** /ı/ to sign. **—/—sını koymak** /a/ to sign, put one's signature on. **— sahibi** 1. signer; (a) signatory. 2. byliner, journalist whose articles appear under a byline. **— toplamak** to collect signatures.

imzalamak /ı/ to sign; to autograph; to endorse (a check).

imzalanmak to be signed; to be autographed; (for a check) to be endorsed.

imzalatmak /ı, a/ to have (someone) sign (something); to get (someone) to sign (something); to have (someone) autograph (something); to have (someone) endorse (a check); to get (someone) to endorse (a check).

imzalı signed; autographed; endorsed (check).

imzasız unsigned; (something) which bears no autograph; unendorsed (check).

in lair (of a wild animal), den; burrow, earth; set; cave. **— gibi** dark and narrow (place).

in *(used with* cin *and a negative verb)* no one whatsoever, not a soul: İn cin gözükmüyordu. Not a soul was to be seen. **— cin top oynamak** /da/ *colloq.* (for a place) to be completely deserted: Sokakta in cin top oynuyordu. The street was completely deserted. **— misin, cin misin?** Are you a person or are you a jinni? *(phrase often used in Turkish fairy tales).*

inadına 1. out of sheer spite, out of sheer obstinacy, just to be contrary, just to spite (someone): Bunu inadına yaptın değil mi? You did this just to spite me, didn't you? 2. for some confounded reason, by an irony of fate: O gün inadına yağmur yağdı. That day, for some confounded reason, it rained.

inak 1. *phil.* dogma. 2. trusted confidant. 3. trustworthy person.

inakçı 1. dogmatic (person). 2. (a) dogmatist.
inakçılık dogmatism.
inaksal dogmatic, doctrinal.
inal trusted confidant.
inan 1. faith, belief. 2. belief, something believed. (...) **— olmaz.** /a/ You can't have any faith in (someone/something): Melda'nın laflarına inan olmaz. You can't have any faith in what Melda says. **— olsun .... Believe me, ...: İnan olsun, oradaydı.** Believe me, he was there.
inanca 1. security, pledge, earnest, guaranty, something given or possessed as a guaranty. 2. pledge, promise, word.
inancı 1. (a) fideist. 2. fideistic.
inancılık fideism.
inanç 1. belief. 2. something believed, belief. 3. confidence, trust, faith.
inançlı 1. believer. 2. (someone) who is a believer, believing.
inançsız 1. unbeliever. 2. (someone) who is an unbeliever, unbelieving.
inançsızlık unbelief.
inandırıcı persuasive, suasive (words/action/person); convincing, compelling (words/action).
inandırıcılık persuasiveness, suasiveness.
inandırılmak /a/ to be convinced that (something) is true.
inandırmak /ı, a/ to convince (someone) that (something) is true, convince (someone) of (something), get (someone) to believe (something), cause (someone) to believe (something); to make (someone) believe (something).
inanılır 1. believable. 2. credible. 3. trustworthy, reliable (person).
inanılmak /a/ impersonal passive to believe (someone/something).
inanılmaz 1. not believable. 2. inconceivable, unimaginable, incredible.
inanış belief (in someone/something).
inanlı 1. believer. 2. (someone) who is a believer, believing.
inanmak /a/ 1. to believe (something); to believe what (someone) says, believe (someone). 2. to trust, have faith in, believe in (someone/God). 3. to believe in the existence of, believe in (God/spirits). 4. to believe in (the benefit, the efficacy, or the rightness of something): **Demokrasiye inanıyor.** She believes in democracy.
inanmamak /a/ 1. to disbelieve. 2. not to believe in.
inanmazlık /a/ lack of faith in, lack of confidence in.
inansız 1. unbeliever. 2. (someone) who is an unbeliever, unbelieving.
inansızlık unbelief.
inat 1. obstinacy, stubbornness; doggedness; pertinacity; mulishness; pigheadedness. 2. /a/ just to spite, just to defy (someone): **Cesim'e**

inat ben oraya gitmem. Just to defy Cesim I shan't go there. 3. *colloq.* obstinate, stubborn; dogged; pertinacious; mulish; pigheaded. **—ı bırakmak** to stop being stubborn. **— etmek** to be obstinate, be stubborn; to show doggedness; to show pertinacity; to be mulish; to be pigheaded. **—ı inat** extremely obstinate, very stubborn. **—ım inat, adım Kel/Hacı Murat.** *colloq.* He is/was as stubborn as a mule. **—ını kırmak** /ın/ to overcome (someone's) stubbornness. **— olsun diye** /a/ just to spite, just to defy (someone). **—ı tutmak** to show one's stubbornness, for (someone's) stubbornness to come out.
inatçı obstinate, stubborn; dogged; pertinacious; mulish; pigheaded.
inatçılık obstinacy, stubbornness; doggedness; pertinacity; mulishness; pigheadedness. **— etmek** to act stubbornly.
inatlaşmak 1. (for people/animals) to become obstinate, get stubborn. 2. (for someone/an animal) to become obstinate, get stubborn.
inayet, -ti 1. *obs.* kindness, benevolence. 2. the grace of God. **—te bulunmak** *obs.* to do a favor. **— etmek** /a/ *obs.* 1. to do a favor (to). 2. to be gracious (to). 3. kindly to give one's attention (to). **— ola!** May God help you! *(said to a beggar when refusing to give him/her anything).*
inayetli *obs.* kind, gracious (person).
ince 1. slender, slim. 2. fine, in small pieces, small. 3. delicate, intricate. 4. refined, subtle, graceful. 5. sensitive, delicate. 6. high-pitched (voice). 7. *phonetics* front (vowel). 8. dainty. **— çalımlı** *colloq.* charming, gracious. **— donanma** *hist.* fleet of light ships. **— elemek** /ı/ to pass through a fine sieve. **— eleyip/eğirip sık dokumak** *colloq.* to work meticulously, do a very thorough job. **— görüşlü** *colloq.* quick, keen, sharp-witted. **— ince** subtly; imperceptibly. **—den inceye** *colloq.* meticulously, in great detail. **— iş** 1. delicate piece of workmanship. 2. work which demands both skill and delicacy. 3. delicate task, job which requires careful handling, job which requires finesse. **— kesim** *colloq.* thin and slightly built (person). **— marangoz** cabinetmaker. **— marangozluk** 1. cabinetmaking. 2. cabinetwork, cabinetry. **— ses** high-pitched voice. **— tutkal** thin glue. **— ünlü** *phonetics* front vowel. **— yapılı** *colloq.* slightly built (person). **— zevkli** *colloq.* (someone) whose tastes reflect great discrimination, whose tastes are refined.
incebağırsak *anat.* small intestine. **— yangısı** *path.* enteritis.
incecik very slender; very thin.
incehastalık *prov., path.* (pulmonary) tuberculosis, consumption.
inceleme 1. careful study, studying, research;

incelemeci   358

scrutiny, examination, inspection; investigation. 2. (a written) study, paper, the published results of an investigation.
incelemeci 1. person who is making a study, researcher. 2. (someone) who is making a study.
incelemek /ı/ to study (someone/something) carefully, research; to scrutinize, examine, inspect; to investigate.
incelenmek to be studied carefully, be researched; to be scrutinized, be examined, be inspected; to be investigated.
inceletmek /ı, a/ to have/make/let (someone) study (someone/something) carefully, have (someone) research (something); to have/make/let (someone) scrutinize (someone/something); to have/make/let (someone) investigate (something).
inceleyici 1. person who is making a study, researcher. 2. (someone) who is making a study. 3. searching, scrutinizing (glance/look): **inceleyici bir bakış** a searching look.
incelik 1. slenderness, slimness, thinness. 2. fineness, delicacy (of workmanship). 3. tact, delicacy, finesse. 4. subtlety, fine point. 5. detail.
incelikli refined, well-bred.
incelmek 1. to become thin. 2. (for paint) to be thinned. 3. *colloq.* to try to appear refined. 4. to reduce, lose weight.
inceltici 1. paint thinner, thinner. 2. (substance) which can be used as a paint thinner; /ı/ (something) which will thin (paint).
inceltmek /ı/ 1. to make (something) thin. 2. to thin (paint).
incerek *prov.* 1. somewhat slender or thin. 2. rather delicate.
incesaz *Turkish mus.* small group of musicians playing only stringed instruments and tambourines.
inceyağ heating or lubricating oil.
inci pearl. — **avcısı** pearl fisher, pearl diver. — **avı** pearl fishing. — **gibi** *colloq.* beautiful (teeth/handwriting); delicately beautiful (girl).
inciçiçeği, -ni *bot.* lily-of-the-valley.
incik 1. front of the shank, shin. 2. *prov.* shinbone, tibia; fibula. 3. *prov.* patella. 4. *prov.* ankle. — **kemiği** *anat.* shinbone, tibia.
incik boncuk cheap and tawdry jewelry.
İncil 1. the New Testament. 2. (a) Gospel, (an) Evangel. — **yazan** Evangelist.
incili set with pearls, ornamented or embroidered with pearls, pearled.
incinmek 1. to be hurt, be injured; (for a muscle) to be strained. 2. /dan/ to be offended (by).
incir fig. — **ağacı** *bot.* fig tree. — **çekirdeğini doldurmaz** *colloq.* trifling, inconsequential. — **dolması** *slang* testicles, balls, nuts.
incirlik fig grove.
incitici painful, distressing.

incitme 1. hurting, hurt. 2. strain; sprain. 3. offending, offense.
incitmebeni *prov.* cancer.
incitmek /ı/ 1. to hurt, injure; to strain. 2. to offend.
inç, -çi inch (unit of length that equals 2.54 cm.).
indeks index.
indi *obs.* subjective, based on personal opinion (as opposed to thorough and objective study).
indifa, -aı *obs.* (volcanic) eruption. — **etmek** to erupt.
indikatör indicator (instrument which makes a diagram showing how well a machine is performing).
indinde /in/ *obs.* 1. in (one's) opinion, according to. 2. in the presence of, before. 3. in comparison to.
indirgeç 1. reducer. 2. reducing agent.
indirgeme reduction.
indirgemek /ı, a/ to reduce (something) to (a simpler state).
indirgen *chem.* 1. reducing, reductive. 2. reducing agent.
indirilmek 1. to be reduced. 2. to be lowered.
indirim 1. reduction (in price); discount. 2. *mus.* downward transposition.
indirimli 1. reduced, marked down in price; discounted; reduced, sale (price); discount (price). 2. (buying/selling) at a reduced price; at a discount; (buying) on sale. — **satış** sale.
indirimsiz 1. not reduced, not marked down in price; not discounted; unreduced (price); undiscounted (price). 2. (buying/selling) at an unreduced price; at an undiscounted price.
indirme lowering, bringing down.
indirmek /ı/ 1. to lower, take down, bring down, get down. 2. to reduce (a price/a bid/a rate/a figure). 3. to land, deliver (a slap/a blow). 4. to wreck, destroy.
indirtmek /ı, a/ to have (something) lowered, let down, reduced, or wrecked.
indis *math.* subscript, index.
indükleç *elec.* inductor.
indükleme *phys.* induction. — **akımı** induced current.
indüklemek /ı/ *phys.* to induce.
ineç *geol.* syncline.
inek 1. cow. 2. *slang* overly hardworking student, grind; *Brit.* swot. 3. *slang* loose woman. 4. *slang* catamite, queen, passive male homosexual. 5. *slang* car.
inekçi 1. dairy farmer, dairyman. 2. *slang* overly hardworking student, grind; *Brit.* swot.
inekçil *slang* overly hardworking student, grind.
inekçilik dairying; being a dairyman.
ineklemek *slang* to study hard, grind away; *Brit.* to swot.
ineklik 1. cowshed. 2. *slang* stupidity, imbecility.

inen (someone/something) who/which descends, descending. — **kolon** *anat.* descending colon.

iner çıkar elevator, *Brit.* lift.

ineze *prov.*, see **eneze**.

infaz execution (of a judicial sentence); carrying out (of an order/a decree). — **etmek** /ı/ to execute (a judicial sentence); to carry out (an order/a decree).

infial, -li *obs.* indignation; anger, vexation, annoyance. — **uyandırmak** to arouse indignation.

infilak, -kı explosion, blowup, bursting. — **etmek** to explode, blow up, burst.

infinitezimal, -li *math.* infinitesimal.

İngiliz 1. Englishman; Englishwoman. 2. English, of or from England. 3. English, pertaining to the English language. — **altını** sovereign (a gold coin). — **arması** *slang* tongue-lashing, bawling out. — **lirası** English pound, pound sterling. — **siyaseti** Machiavellian tactics. — **tuzu** Epsom salts, Epsom salt. — **Uluslar Birliği** the British Commonwealth of Nations.

ingilizanahtarı, -nı adjustable wrench, monkey wrench, *Brit.* adjustable spanner.

İngilizce 1. English, the English language. 2. (speaking, writing) in English, English. 3. English (speech, writing); spoken in English; written in English.

İngiltere 1. England. 2. *colloq.* Great Britain.

ingin low, low-lying.

ingin cold, head cold.

inginlik 1. lowness. 2. weakness. 3. deflation.

-in hali, -ni *gram.* the genitive case, the genitive.

inhiraf *obs.* deviation, deflection. — **etmek** /**dan**/ to deviate, be deflected (from).

inhisar 1. monopoly. 2. being restricted or limited to (a single thing/person). —**a**/—**ına almak** /ı/ to get a monopoly on/of. — **altına almak** /ı/ to monopolize. — **etmek** /a/ to be restricted or limited to. —**ında olmak** /ın/ to be monopolized (by).

inik 1. lowered (flag, blind, etc.). 2. deflated (tire, etc.); low (tire). — **denizi** low tide.

inik see **enik**.

inildemek 1. to resound, reverberate, echo; to ring, peal. 2. to moan; to groan. 3. to creak.

inildetmek /ı/ 1. to make (something) resound, reverberate, or echo; to cause (something) to ring or peal. 2. to cause (someone/something) to moan; to cause (someone/something) to groan. 3. to cause (something) to creak.

inilmek *impersonal passive* to go down, descend.

inilti 1. moan; groan. 2. reverberation, echo; ring, peal. 3. creak.

iniltili 1. moaning (sound), moanful; groaning (sound), groanful. 2. resounding (noise), reverberant, echoing; ringing (sound). 3. creaky, creaking.

inim inim *used in:* — **inlemek** to moan or groan without letup.

inisiyatif initiative.

iniş 1. descent, landing. 2. downward slope. — **aşağı** downhill, downwards. — **çıkış** 1. descent and ascent. 2. *fin.* rise and fall, fluctuation. — **pisti/şeridi** landing strip (for aircraft). — **takımı** landing gear (of an aircraft). — **takımları** *slang* (a woman's) legs.

inişli sloping downwards, declivous, declivent. — **çıkışlı/yokuşlu** hilly (road).

inişlik runway; landing strip.

inkâr denial. — **etmek/—dan gelmek** /ı/ to deny.

inkıbaz *obs., med.* constipation.

inkılap (nonviolent) revolution.

inkılapçı 1. (a) (nonviolent) revolutionary. 2. (nonviolent) revolutionary.

inkılapçılık (nonviolent) revolutionism.

inkıta, -aı *obs.* stoppage, cessation. —**a uğramak** to stop, cease, be discontinued, be ended.

inkisar 1. curse, malediction. 2. *obs.* refraction. — **etmek/—da bulunmak** /a/ to curse. —**ı tutmak** for (someone's) curse to come true.

inkişaf 1. development. 2. *geom.* development. — **etmek** to develop.

inlemek 1. to moan; to groan. 2. to resound, reverberate, echo; to ring, peal.

inletmek /ı/ 1. to cause (someone) to moan; to cause (someone) to groan. 2. to cause (something) to resound, reverberate, or echo. 3. to make (someone) suffer.

inleyiş 1. moaning; groaning. 2. resounding, reechoing.

inme 1. descent, going down. 2. stroke; paralysis. 3. ebb tide. — **inmek** /a/ to have a stroke, be paralyzed.

inmek 1. to go down, come down, descend. 2. /**dan**/ to get off (an airplane/a bus/a ship/a train); to get out of (a car); to dismount (from a horse). 3. /a/ (for an airplane) to land (at). 4. /a/ to stay (at a hotel). 5. /a/ to move down to. 6. to recede, diminish, decrease, die down. 7. (for a structure/a wall) to collapse. 8. /a/ to be paralyzed in (a part of the body). 9. /a/ *slang* to hit, strike (someone). 10. to reduce the price. 11. (for prices) to fall.

inmeli paralyzed (by an apoplectic stroke).

inmemiş undescended. — **erbezi** undescended testicle.

inorganik inorganic. — **kimya** inorganic chemistry.

insaf justice (tempered by mercy); fairness. **—!** *colloq.* Be fair!/Be reasonable! — **etmek** /a/ 1. to take pity (on). 2. to behave fairly (towards). —**a gelmek** to relent, show mercy. —**ına kalmak** /ın/ (for something) to depend on (someone's) sense of what's fair, depend on (someone's) sense of fair play.

insaflı just, equitable, fair.

insaflılık justness, fairness.

insafsız 1. unmerciful, merciless, cruel. 2. unfair,

unjust.
insafsızca 1. mercilessly. 2. unfairly, unjustly. 3. merciless (act). 4. unfair, unjust (act).
insafsızlık 1. cruelty, mercilessness. 2. unfairness.
insan 1. person, someone, human being, man. 2. the human race, man, mankind: **Allah insanı yarattı.** God created man. 3. decent person, upright person: **İnsan gibi yaşamadı.** He didn't live as a decent person should. **İnsan gibi çalış!** Do your work as it should be done! 4. one, you: **İnsan büyüğüyle öyle konuşmaz.** One doesn't speak that way to one's superior. **İnsana güven veren bir sesi var.** He has a voice that inspires trust. 5. decent, upright, good (person): **Yümni insan bir adam.** Yümni's a decent fellow. **—ın adı çıkacağına canı çıksın./—ın/adamın/bir kimsenin adı çıkmadansa canı çıkması yeğdir/hayırlıdır.** *proverb* It is better to die than to get a bad reputation. **— beşer, kuldur (bazen) şaşar.** *proverb* Nobody is perfect./Everybody makes mistakes. **— eti yemek** *colloq.* to backbite, slander a person. **— evladı** *colloq.* good person, decent person, person of integrity. **— gibi** *colloq.* decently, properly, in an acceptable way, like a human being. **— hakları** human rights. **İ— Hakları Beyannamesi** *hist.* the Declaration of the Rights of Man. **İ— Hakları Evrensel Beyannamesi** the Universal Declaration of Human Rights (made by the UN). **— hali** human nature. **— hali.** *colloq.* Human nature is just that way. **— içine çıkmak** *colloq.* to go out in public; to mix with people. **— kıtlığı** *colloq.* scarcity of capable people. **— kıtlığında ....** *colloq.* As there is no one better at this time, ... **— konuşa konuşa/söyleşe söyleşe, hayvan koklaşa koklaşa.** *proverb* Animals communicate by sniffing; people by talking. **— kurusu** *colloq.* 1. very thin person, bag of bones, scarecrow. 2. very thin, (someone) who is nothing but skin and bones. **— müsveddesi** *colloq.* 1. sorry apology for a human being, sorry excuse for a human being (*said of a morally contemptible person*). 2. (someone) who is a sorry apology for a human being. **— sarrafı** *colloq.* 1. a good judge of people. 2. (someone) who is a good judge of people. **— türü** Homo sapiens. **— yedisinde ne ise yetmişinde de odur.** *proverb* A person's character does not change with time.
insanbilim anthropology.
insanbilimci anthropologist.
insanbilimsel anthropological.
insanca 1. decently, humanely. 2. properly, in an acceptable way. 3. humanly, in a human manner. 4. with regard to people: **İnsanca zayiat yoktu.** There was no loss of human life. 5. humanlike, human: **O hayvanda insanca bir şey var.** There's something human about that animal. 6. human, pertaining to mankind.
insancı 1. (a) humanist. 2. humanistic, humanist.

insancıl 1. domestic (animal). 2. humanistic, humanist. 3. humane, human. 4. human, pertaining to human beings.
insancılık humanism.
insancıllaştırmak /ı/ 1. to domesticate. 2. to humanize.
insanımsı 1. humanlike. 2. anthropoid, anthropoidal. 3. (an) anthropoid.
insani 1. human, pertaining to the human race. 2. humane. 3. humanely, kindly.
insaniçinci anthropocentric.
insaniçincilik anthropocentricism, anthropocentrism.
insaniyet, -ti 1. humaneness, humanity, compassion, benevolence. 2. humankind, humanity, mankind. 3. being human, humanness.
insaniyetli humane, decent, good (person).
insaniyetsiz inhumane, inhuman.
insaniyetsizlik inhumanity, cruelty.
insanlık 1. humanity, mankind. 2. humaneness, kindness. 3. being human, humanness. **—tan çıkmak** *colloq.* 1. to lose one's human feeling, become inhuman. 2. to lose a lot of weight.
insanoğlu, -nu human being, man. **— çiğ süt emmiş.** *proverb* Human beings don't always behave decently.
insanüstü, -nü superhuman.
insicam *obs.* coherence, consistency; congruity, harmony.
insicamlı *obs.* coherent, consistent; congruous, harmonious.
insicamsız *obs.* incoherent, inconsistent; incongruous, inharmonious, discordant.
insicamsızlık *obs.* incoherence, inconsistency; incongruity, lack of harmony, discordance.
insiyak, -kı *obs.* instinct.
insiyaki *obs.* instinctive.
insiyatif *see* **inisiyatif.**
inşa 1. construction. 2. *obs.* literary composition, writing. **— etmek** /ı/ to build, construct.
inşaat, -tı 1. (a) building under construction. 2. building, construction. **— malzemesi** building materials, construction materials. **— mühendisi** civil engineer. **— mühendisliği** civil engineering. **— müteahhidi** building contractor, contractor; builder. **— ruhsatı** building permit. **— yapmak** to build a building; to build buildings. **— yeri** construction site, building site.
inşaatçı 1. building contractor, contractor; builder. 2. (official) who accords importance to public works; (official) who instigates the construction of various public works.
inşaatçılık being a building contractor or builder; the construction business, building.
inşallah 1. I hope that .... 2. I hope so. 3. if nothing unforeseen happens.
intaniye 1. *obs.* infectious diseases. 2. ward for patients suffering from infectious diseases. **— servisi** ward for patients suffering from infec-

tious diseases.
integral, -li 1. integral, an integral whole. 2. *math.* (an) integral. **— denklemi** *math.* integral equation. **— hesabı** integral calculus.
integrasyon *math.* integration.
intelekt, -ti *see* **entelekt.**
intelektüalizm *see* **entelektüalizm.**
interkoneksiyon *elec.* interconnection.
intermezzo *mus.* intermezzo.
interpol, -lü Interpol (the International Criminal Police Commission).
interpolasyon interpolation.
intiba, -aı impression, feeling. **— bırakmak** /da/ to make/leave an impression on (someone), impress.
intibak, -kı 1. becoming adapted to, adaptation, adjustment, acclimatization. 2. *math.* coincidence, occupation of the same place in space. **— etmek** /a/ 1. to become adapted (to), adapt (to), adjust (to), become acclimatized (to). 2. *math.* to coincide (with).
intibaksız 1. unadaptive, unadapted, unadjusted, unacclimated. 2. (someone) who has difficulty adjusting to a situation or environment. 3. maladjusted.
intibaksızlık 1. lack of adaptation, lack of adjustment. 2. difficulty in adjusting. 3. maladjustment.
intifa, -aı benefit, advantage, gain. **— etmek** /dan/ to profit (from). **— hakkı** usufruct. **— senetleri** preferred shares.
intihar suicide. **— etmek** 1. to commit suicide. 2. *slang* to get married.
intikal, -li 1. change of place. 2. passing, passage, transition. 3. grasp, understanding, comprehension. 4. inferring, inference. 5. transfer (by inheritance or sale). **— devresi** transition period. **— etmek** 1. to pass to another place. 2. /ı/ to perceive, understand, grasp. 3. /a/ to pass (to someone) by inheritance, be inherited (by).
intikam revenge; vengeance; avengement. **— almak** to get revenge, take revenge. **—ını almak** 1. /dan/ to get one's revenge on, have one's revenge on, revenge oneself on (someone). 2. /ın/ to revenge (someone/something); to avenge (someone/something).
intikamcı 1. revengeful, vengeful, vindictive; avengeful. 2. revenger; avenger.
intisap *obs.* joining (a group); affiliation; membership. **— etmek** /a/ to become a member of, join; to become affiliated with (a group/a family/an organization).
intişar *obs.* 1. diffusion. 2. publication, dissemination. **— etmek** 1. to spread, issue forth, radiate. 2. to be published.
intizam order; orderedness; orderliness; neatness, tidiness; regularity.
intizamlı ordered, orderly; neat, tidy; regular.

intizamsız unordered, unorderly, lacking in order; untidy; irregular; haphazard.
intizamsızlık lack of order, unorderedness; untidiness; irregularity; haphazardness.
intizar 1. *obs.* expectation. 2. *colloq.* curse, cursing. **— etmek** *colloq.* to curse.
inzibat, -tı 1. discipline, order, orderly conduct. 2. military police, MP (considered as a group). 3. military policeman, MP. 4. orderly arrangement, orderliness, order, organization. **— eri** military policeman, MP.
inziva withdrawing into solitude; making a retreat. **—ya çekilmek** to withdraw into solitude; to make a retreat.
İ.Ö. (*abbr. for* **İsa'dan Önce**) B.C. (before Christ).
ip, -pi 1. light rope, cord; string. 2. *prov.* thread. **— atlamak** to jump rope. **— cambazı** ropedancer, tightrope walker. **—e çekmek** /ı/ to string (someone) up, hang (someone). **—ini çekmek** /ın/ *colloq.* to keep (someone) under control. **—le çekmek** /ı/ *colloq.* to be anxiously waiting for, be counting the days until. **—i çözmek** *colloq.* to sever relations with someone. **—i çürük** *colloq.* undependable. **—e dizmek** /ı/ to string. **—leri elinde olmak** /ın/ *colloq.* to exercise covert control over (something). **—e gelesice/gelesi** *colloq.* 1. low-down, damned. 2. bastard, scoundrel. **— inceldiği yerden kopar.** *proverb* Trouble begins at a weak spot. **— ipullah sivri külah** *colloq.* (someone) who has neither family nor possessions. **— kaçkını** *colloq.* gallows bird, person who deserves to be hanged. **—ten kazıktan kurtulmuş** *colloq.* hardened criminal, thug. **—ini kesmek** *slang* 1. to run away, flee, clear out. 2. /ın/ to leave (someone) penniless. **—i kınk** *slang* ne'er-do-well, hoodlum, hood. **—i kırmak** *slang* 1. to slip away; to clear out. 2. to quit one's job. 3. to sever relations with someone. **—ini kırmak** *slang* to get out of hand, become unmanageable. **—i koparmak** *colloq.* 1. to quit one's job. 2. to sever relations with someone. **—ten kuşak kuşanmak** *colloq.* to become poor. **—iyle kuyuya inilmez.** /ın/ *colloq.* You can't depend on him. **— merdiven rope** ladder. **—e sapa gelmemek** *colloq.* to make no sense; to contain contradictions. **—e sapa gelmez** *colloq.* 1. confused; inconsistent; nonsensical. 2. vagabond, shiftless. **—i sapı yok.** *colloq.* It has no rhyme or reason. **—ini sürümek** *colloq.* to deserve to be hanged (for one's crimes). **—ini sürüyüp gezmek** *colloq.* to wander around aimlessly, kill time. **— takmak** /a/ *colloq.* to try to harm (someone) behind his back. **— takmamak** /a/ *slang* not to give a damn (about). **—in ucu elinde olmak** /ın/ *colloq.* to be in control of things. **—in ucunu kaçırmak** *colloq.* to let things get out of hand, let something get out of control, let things go

too far. **—e un sermek** *colloq.* to give someone a song and dance, try to put someone off with impossible excuses.
ipek 1. silk. 2. silk, silken, made of silk. **— baskı** silk-screen process; serigraphy. **— gibi** *colloq.* silky, soft and fine and smooth. **— teli** silk filament.
ipekböceği, -ni *zool.* silkworm.
ipekböcekçiliği, -ni sericulture, sericiculture.
ipekçi 1. sericulturist. 2. maker of silks, silkman. 3. silk weaver. 4. seller of silks, silkman.
ipekçilik 1. sericulture, sericiculture. 2. being a maker of silks; the manufacture of silks. 3. being a silk weaver; silk weaving. 4. being a seller of silks; the selling of silks.
ipekhane place in which the silk filaments are reeled from the cocoons, filature.
ipekli 1. silk, silken, made of silk. 2. silk, silk cloth.
ipekmatı, -nı a finish which has a soft, silklike luster, semimat finish (on furniture).
ipince very thin; very slender.
iplemek /ı/ 1. *slang* to mind, heed, listen to, pay attention to. 2. to bind up with rope or cord.
iplememek /ı/ *slang* not to listen to; to ignore; not to give a damn (about).
iplik 1. (sewing) thread; yarn. 2. thread, filament, fiber. 3. (a) string (of a bean pod); (a) fiber (especially one in a fruit or vegetable). **— çekmek** 1. to draw threads. 2. to spin yarn. **— eğirmek** to spin yarn. **— iplik** 1. in fibers. 2. thread by thread, separately. **— iplik olmak** to become threadbare. **—i pazara çıkmak** /ın/ *colloq.* for (someone's) faults to come to light.
iplikçi 1. maker of thread or yarn. 2. seller of thread or yarn.
iplikçilik 1. being a maker of thread or yarn; the spinning business. 2. being a seller of thread or yarn.
iplikhane 1. spinning mill, spinnery. 2. *hist.* a prison where the prisoners did spinning.
ipliklenmek 1. to become threadbare, become frayed. 2. to be spun into thread, be spun. 3. (for a bean pod) to get stringy; (for a fruit/a vegetable) to get tough, become fibrous.
ipliksi threadlike, filamentous; filiform, thread-shaped.
ipnotize hypnotized. **— etmek** /ı/ to hypnotize.
ipnotizma hypnotism.
ipnotizmacı hypnotizer.
ipnoz hypnosis.
ipotek mortgage. **— etmek** /ı/ to mortgage.
ipotekli mortgaged.
ipotetik hypothetical.
ipotez hypothesis.
ipsi threadlike, filar.
ipsiz 1. ropeless. 2. halterless. 3. *colloq.* vagabond. **— sapsız** *colloq.* 1. vagabond; shiftless; ne'er-do-well. 2. senseless, meaningless (words).
iptal, -li 1. canceling, cancellation. 2. annulment. **— davası** *law* action for nullity, action for avoidance. **— etmek** /ı/ 1. to cancel. 2. to annul.
iptida *obs.* 1. commencement, start, beginning. 2. at first, in the beginning.
iptidai 1. primitive. 2. primary, elementary.
iptila /a/ 1. addiction (to). 2. passionate feeling (for).
ipucu, -nu 1. clue (evidence or indication that may lead to a discovery). 2. hint, clue (i.e. an indirect suggestion). **— bulmak** to find a clue. **— vermek** /a/ to give (someone) a hint, give (someone) a clue.
irade 1. will, volition, the power of willing or determining. 2. will power, will; determination; self-control. 3. willing, commanding. 4. decree, command; irade. 5. will, wish, desire. **— beyanı** *law* declaration of intention. **— gücü/kuvveti** willpower. **— sahibi** 1. strong-willed person, strong-minded person. 2. strong-willed, strong-minded. **— yitimi/kaybı** *psych.* abulia.
iradedışı, -nı involuntary, not under the control of the will.
iradeli 1. strong-willed, strong-minded. 2. voluntary, under the control of the will.
iradesiz 1. weak-willed. 2. involuntary, not under the control of the will.
iradesizlik 1. weakness of will. 2. involuntariness.
iradi 1. volitional, pertaining to the will. 2. voluntary, under the control of the will. **— şart** *law* potestative condition.
İran 1. Iran. 2. Iranian, of Iran.
İranlı 1. (an) Iranian. 2. Iranian (person).
irat 1. income, revenue (yielded by a real property); rent. 2. (a) real property that yields income. **— getirmek** (for a real property) to yield income, bring in income. **— sahibi** 1. owner of a real property that yields income. 2. rentier.
irdeleme research, thorough investigation.
irdelemek /ı/ to research, investigate (something) thoroughly, study (something) carefully.
irfan 1. understanding, comprehension, insight. 2. knowledge. 3. occult knowledge.
iri 1. large, huge, big. 2. coarse, coarse-grained, having coarse particles. **— kesim** *colloq.* huge. **— kum** gravel. **— laf** *colloq.* exaggeration. **— taneli** 1. (something) the particles of which are large. 2. (stalk) the individual fruits of which are large.
iribaş *zool.* tadpole.
irice 1. fairly large. 2. fairly coarse.
irikıyım 1. coarsely chopped. 2. *colloq.* big and burly, strapping.
irileşme 1. becoming large. 2. hypertrophy.
irileşmek 1. to grow gradually large. 2. to hypertrophy.
irili ufaklı both large and small: **İrili ufaklı hepsini aldı.** He took all of them, large and small.
irilik largeness, bigness.

irin pus, purulent matter, matter, purulence. — **toplamak** (for a sore, etc.) to fester, generate pus, suppurate.
irinlenim *path.*, see **irinlenme**.
irinlenme *path.* pyogenesis, pyopoiesis.
irinlenmek *path.* to fester, generate pus, suppurate.
irinli purulent, pussy. — **deri** *path.* pyoderma. — **kesecik** *path.* pustule.
irinyapan *path.* pyogenic.
iris *anat.* iris (of the eye).
iris *bot.* iris.
iriyarı *colloq.* big and burly, strapping.
irkilme 1. (a) sudden start; being startled. 2. *med.* inflammation.
irkilmek 1. to be startled; to start. 2. (for flowing water) to back up and form a pool. 3. *med.* to be inflamed.
irkiltmek /ı/ 1. to startle. 2. *med.* to inflame.
irkinti 1. pool of water, puddle. 2. start, being startled.
İrlanda 1. Ireland. 2. the Irish Republic, Eire. 3. Irish, of Ireland.
İrlandaca 1. Irish, Irish Gaelic, Gaelic, Erse, the Irish language. 2. (speaking, writing) in Irish, Irish. 3. Irish (speech, writing); spoken in Irish; written in Irish.
İrlandalı 1. Irishman; Irishwoman. 2. Irish (person).
irmik semolina. — **helvası** a dessert made of semolina.
ironi irony.
ironik ironic, ironical.
irs *obs.* heredity.
irsaliye waybill, shipping papers.
irsen *obs.* through heredity.
irsi hereditary, pertaining to heredity.
irsiyet, -ti heredity.
irtibat, -tı 1. communications, contact. 2. connection, link. — **kurmak** /la/ to get in touch with, be in contact with. — **subayı** *mil.* liaison officer.
irtica, -aı (political/social) reaction.
irticai reactionary (action).
irticalen extempore, extemporaneously.
irtifa, -aı altitude, elevation.
irtifak, -kı *obs.* sharing, access. — **hakkı** *law* easement, right of access, right of passage.
irtihal, -li *obs.* passing away, death. — **etmek** to pass away, die.
irtikâp *obs.* 1. bribery or embezzlement (perpetrated by a government official). 2. perpetrating a crime.
İ.S. (*abbr. for* **İsa'dan sonra**) A.D. (anno Domini).
is 1. soot, black, lampblack, smut. 2. *colloq.* smut (on plants); sooty mold; sooty blotch; sooty stripe. — **kokmak** to smell a bit smoky, smell of smoke. — **kokusu** smoky smell. —**e tutmak** /ı/ to blacken (something) over a flame.

İsa Jesus. —**'yı küstürdü, Muhammet'i memnun edemedi.** *colloq.* He tried to help but pleased nobody. —**'dan önce** before Christ. —**'dan sonra** anno Domini.
isabet, -ti 1. hitting (the mark). 2. saying or doing exactly the right thing. 3. falling by chance to. 4. happy encounter. **|—!** *colloq.* Well done! — **almak** to be hit (by a missile). — **etmek** 1. /a/ to hit (the mark). 2. /a/ to come to (one) (by chance or as one's share). 3. to do or say just the right thing. — **ki** *colloq.* It's good that .../Luckily, ... — **oldu.** *colloq.* It was a good thing./It worked out well.
isabetli very fitting, very appropriate.
isabetsiz inappropriate, ineffective.
ise 1. if. 2. as for. — **de** although; even if.
İsevi 1. (a) Christian. 2. Christian, pertaining to Christianity. 3. Christian, pertaining to Jesus.
İsevilik 1. being a Christian, Christianness. 2. Christianity, the religion of Christians.
isfendan 1. *bot.* maple tree, maple. 2. made of maple, maple.
isfenks sphinx.
isfilt, -ti ice field.
ishakkuşu, -nu *zool.* short-eared owl.
ishal, -li *path.* diarrhea. — **olmak** to have diarrhea.
isilik 1. *colloq.* prickly heat, heat rash. 2. *path.* miliary eruption. — **olmak** 1. *colloq.* to have prickly heat, have heat rash. 2. *path.* to have a miliary eruption.
isim, -smi 1. name (of a person/a thing), appellation. 2. *gram.* noun. 3. title (of a book, a painting, a musical composition, etc.). 4. person: **Bertan'ın hayatında yeni isimler var artık.** Bertan's got new people in his life now. —**ini cismini bilmemek** /ın/ *colloq.* not to know anything about. — **cümlesi** *gram.* sentence that has "to be" as its main verb. —**i geçen** previously mentioned, aforementioned. —**hali** *gram.* case (of a noun). — **koymak** /a/ to give (someone/something) a name, name. — **takımı** *gram.* two or more nouns grammatically related as possessor and possessed or modifier and modified. — **takmak** /a/ to nickname. — **tamlaması** *gram.* two or more nouns linked together to form a grammatical unit (e.g. **okulun bahçesi, kız lisesi, altın saat**). —**i var, cismi yok.** *colloq.* 1. He/She/It is much talked of but never seen. 2. It's something imaginary. — **vermek** /a/ to name, give (someone/something) a name. — **yapmak** to become famous, make a name for oneself.
isimfiil *gram.* 1. infinitive, marked infinitive, infinitive phrase (used as a noun). 2. gerund, verbal noun.
isimli 1. (someone/something) who/which has a (certain kind of) name: **Tuhaf isimli bir adam sizi telefonla aradı.** Some man with a funny

isimsiz name telephoned you. 2. named ..., (someone) who is named ...: **Berk isimli biri aşağıda seni bekliyor.** Someone named Berk is waiting for you downstairs.

isimsiz 1. nameless, (someone/something) who/which has no name. 2. nameless, unknown: **Bu zaferi o isimsiz kahramanlara borçluyuz.** We owe this victory to those nameless heroes.

iskalarya *naut.* ratline.

iskambil 1. (any) card game. 2. playing card. 3. deck of cards. — **kâğıdı** 1. playing card. 2. deck of cards. — **kâğıdı gibi devrilmek** *colloq.* to fall like a house of cards. — **oynamak** to play cards. — **oyunu** card game.

iskân 1. providing with housing. 2. causing to settle in. — **etmek** /ı/ 1. to house. 2. to settle (people) in. — **müsaadesi** municipal permission allowing people to live in a new building.

iskandil 1. sounding, measurement of the depth of water. 2. sounding line. 3. *slang* investigating (a situation). 4. *slang* sounding out (someone). 5. *slang* spying on. — **etmek** /ı/ 1. to sound, fathom. 2. *slang* to investigate (a situation). 3. *slang* to sound (someone) out. 4. *slang* to spy on. — **ipi/savlası** sounding line. — **kurşunu** sounding lead, plummet.

İskandinav 1. (a) Scandinavian. 2. Scandinavian, of or from Scandinavia: **İskandinav sanatı** Scandinavian art. — **dilleri** the Scandinavian languages, the North Germanic languages.

İskandinavca 1. Scandinavian, North Germanic, the North Germanic languages. 2. (speaking, writing) in Scandinavian, Scandinavian. 3. Scandinavian (speech, writing); spoken in Scandinavian; written in Scandinavian.

İskandinavya 1. Scandinavia. 2. Scandinavian, of Scandinavia.

İskandinavyalı 1. (a) Scandinavian. 2. Scandinavian (person): **İskandinavyalı pilotlar** Scandinavian pilots.

iskarpela 1. (carpenter's) chisel. 2. cape chisel.

iskarpin low-cut shoe.

iskarto wool waste.

iskele 1. quay, wharf, landing, pier, dock. 2. gangplank. 3. port town, port. 4. (a builder's) scaffolding, scaffold. 5. the port side (of a ship). 6. *cin.* catwalk, mounting (for lights). — **almak** 1. to hoist or remove the gangplank. 2. /a/ *slang* to pester (a woman) with improper advances. — **babası** 1. bollard. 2. *colloq.* father who has no authority over his family. 3. *colloq.* henpecked husband. — **direği** scaffolding pole. — **kurmak** to erect scaffolding. — **vermek** to lower the gangplank, put the gangplank in place.

iskelekuşu, -nu *zool.* kingfisher, halcyon.

iskelet, -ti 1. *anat.* skeleton. 2. framework, structural frame. —**i çıkmak** *colloq.* to become very thin. — **gibi** *colloq.* skeletal, emaciated.

iskemle 1. chair (without arms); stool. 2. small coffee table; end table. — **kavgası** *colloq.* struggle to get/maintain an administrative post.

iskete *zool.* titmouse.

İskit 1. (a) Scythian. 2. Scythian, of Scythia or the Scythians: **İskit sanatı** Scythian art.

İskitçe 1. Scythian, the Scythian language. 2. (speaking, writing) in Scythian, Scythian. 3. Scythian (speech, writing); spoken in Scythian; written in Scythian.

İskitler the Scythians.

İskoç 1. Scotch, Scottish, of Scotland or the Scots. 2. Scotch, Scotch whisky. 3. (a) Scot; Scotsman; Scotswoman. — **ayini** Scottish rite (in Masonry). — **dansı** schottische. — **teriye** Scottish terrier, Scotch terrier, scottie, scotty. — **viskisi** Scotch whisky.

İskoçça 1. Gaelic, Scottish Gaelic. 2. (speaking, writing) in Gaelic, in Scottish Gaelic. 3. Gaelic (speech, writing); spoken in Gaelic; written in Gaelic.

İskoçya 1. Scotland. 2. Scottish, of Scotland.

İskoçyalı 1. (a) Scot, Scotsman; Scotswoman. 2. (someone) who is a Scot, Scottish.

iskonto discount. — **etmek** /ı/ to discount (a bill). — **yapmak** to give a discount.

iskorbüt, -tü *path.* scurvy.

iskorçina *bot.* Spanish salsify.

iskorpit, -ti *zool.* scorpion fish.

iskota *naut.* sheet (a rope/a chain).

İslam 1. Islam, the Islamic religion. 2. Islamic. 3. (a) Muslim. 4. resignation to God's will. —**a gelmek** to become a Muslim. — **gizemciliği** Islamic mysticism, Sufism. — **hukuku** Islamic law. —**'ın şartı beş, altıncısı insaf demişler.** *proverb* Tempering justice with mercy is so important in Islam that it deserves to be made the sixth pillar of the Islamic faith.

İslamcı 1. (a) Pan-Islamist. 2. Pan-Islamic.

İslamcılık Pan-Islam, Pan-Islamism.

İslami Islamic, pertaining to Islam.

İslamiyet, -ti 1. Islam, the Islamic faith. 2. being a Muslim, following the Muslim way; the Muslim way of life.

İslamlaşmak to become Islamic.

İslamlaştırmak /ı/ 1. to cause (someone) to become a Muslim. 2. to make (something) Islamic, Islamize.

İslav 1. (a) Slav. 2. Slavic, pertaining to the Slavs or their languages.

İslavca 1. Slavic, the Slavic language. 2. (speaking, writing) in Slavic, Slavic. 3. Slavic (speech, writing); spoken in Slavic; written in Slavic.

islemek /ı/ 1. to blacken (something) with soot. 2. to smoke (a food to preserve it). 3. to burn (a pudding) slightly.

islenmek to become sooty.
isli 1. sooty. 2. smoked.
isliküf aspergillus, common mold.
islim see **istim**.
ismen by name.
isnat 1. (maliciously false) imputation. 2. attributing, ascribing. — **etmek** /ı, a/ 1. to impute (something bad) to (someone) (groundlessly). 2. to attribute, ascribe.
isot, -tu *prov.* cayenne pepper, red pepper.
ispalya stake, pale (for a plant).
İspanya 1. Spain. 2. Spanish, of Spain.
ispanya whiting, Spanish white.
İspanyol 1. Spaniard, (a) native of Spain. 2. Spanish, of the Spanish; characteristic of Spain.
İspanyolca 1. Spanish, the Spanish language. 2. (speaking, writing) in Spanish, Spanish. 3. Spanish (speech, writing); spoken in Spanish; written in Spanish.
ispanyolet, -ti espagnolette, cremone bolt.
ispat, -tı 1. proving. 2. proof, evidence. — **etmek** /ı/ to prove. — **hakkı** *law* the right to prove (one's accusation). —**lı şahitli** proven and witnessed. —**ı vücut etmek** to appear in person.
ispati *cards* clubs.
ispatlamak /ı/ 1. to prove. 2. *math.* to demonstrate, prove.
ispatlanmak to be proved/proven.
ispenç *zool.* bantam. — **horozu** *colloq.* small and cocky man.
ispençiyari pharmaceutics, pharmacy.
ispermeçet, -ti spermaceti. — **yağı** sperm oil.
ispinoz 1. *zool.* chaffinch. 2. *slang* talkative, indiscreet, gabby.
ispir 1. groom, stableman. 2. carriage footman.
ispiralya *naut.* cabin skylight.
ispirto grain alcohol, ethyl alcohol. — **lambası** spirit lamp. — **ocağı** spirit stove, spirit burner (small, alcohol-burning stove/burner).
ispirtocu *colloq.* alcoholic who drinks grain alcohol.
ispirtolu alcoholic, containing alcohol.
ispirtoluk spirit stove, spirit burner (small, alcohol-burning stove/burner).
ispit, -ti felly, felloe.
ispiyon *slang* informer, squealer, stool pigeon.
ispiyonculuk *slang* informing on, betraying.
ispiyonlamak /ı/ *slang* to inform on, squeal on.
ispritizma spiritualism, spiritism.
israf extravagance, wasteful expenditure. — **etmek** /ı/ to waste, squander.
İsrail 1. Israel (the state of Israel). 2. Israeli, of Israel.
İsrailli 1. (an) Israeli. 2. Israeli (person).
istadya stadia rod.
istalagmit, -ti *geol.* stalagmite.
istalaktit, -ti *geol.* stalactite.
İstanbul Istanbul. — **Boğazı** the Bosporus, the Bosphorus. — **efendisi** a real gentleman, very polite man. — **kaldırımı çiğnemiş** *colloq.* experienced in the ways of the city. — **kazan, ben kepçe.** *colloq.* I left no stone unturned in Istanbul. —**'un taşı toprağı altın.** *colloq.* The streets of Istanbul are paved with gold.
istanbulin stambouline, stamboline (a long, single-breasted frock coat worn by Turkish officials in the nineteenth century).
İstanköy (the island of) Kos.
istasyon 1. railway station. 2. station.
istatistik 1. (the science of) statistics. 2. (a) statistic.
istatistikçi statistician.
istavrit, -ti *zool.* horse mackerel, scad. — **azmanı** bluefin, great tuna.
istavroz cross; crucifix. — **çıkarmak** to make the sign of the cross. — **fidesi** *vulg.* infidel bastard.
istearik *chem.*, see **stearik**.
istek 1. wish, desire. 2. inclination, appetite. 3. request. — **duymak** /a/ to want, feel a desire (for). — **göstermek** /a/ to want, desire. — **kâğıdı** (written) petition. — **kipi** *gram.* the optative (mood). — **yutumu** *ling.* elision of *y* and a vowel in certain optative verb forms.
isteka 1. billiard cue, cue. 2. *print.* stick. 3. *shoemaking* slicker.
isteklendirim encouragement, motivation.
isteklendirmek /ı/ to encourage, motivate.
isteklenmek /a/ 1. to want to. 2. to want.
istekli 1. desirous, wanting. 2. willing. 3. person who wants something.
isteksiz 1. undesiring, undesirous, desireless; indifferent. 2. unwilling; reluctant. 3. unwillingly; reluctantly.
isteksizlik 1. lack of desire, undesire; indifference. 2. unwillingness; reluctance.
istem 1. formal request, demand. 2. *econ.* demand. 3. will, volition. — **belgesi** *law* indictment. — **bildirimi** *law* declaration of intention. —**de bulunmak** to make a formal request. — **yitimi** *psych.* abulia, aboulia.
isteme wanting, desiring. — **kipleri** *gram.* verbal forms indicating volition or necessity.
istemek 1. /ı/ to want, desire, wish. 2. /dan, ı/ to ask (someone) for (something). 3. /ı/ to ask to see or talk to (someone). 4. to be necessary; to require. 5. /ı/ to ask for (a woman) in marriage. —**sizin/istemeyerek** 1. unwillingly, reluctantly. 2. involuntarily, accidentally. **İstemez.** *colloq.* I don't want it./It is not required. **isteyerek** 1. willingly, gladly, of one's own accord. 2. on purpose, intentionally. **İsteyenin bir yüzü kara, vermeyenin iki yüzü.** *proverb* A person who has to ask for something is shamed, but a person who refuses him is doubly shamed. **İstemem diyenden korkmalı.** *proverb* Beware of the person who says of something, "I don't want it." **istediği gibi at koşturmak/oynatmak** *colloq.* to do as one

istemli 366

pleases (without regard for others). **ister istemez** 1. *colloq.* perforce, like it or not. 2. as soon as requested. **İstemem, yan cebime koy.** *colloq.* He is pleased to get what he seems to be refusing.

istemli 1. volitional, volitive, pertaining to the will. 2. voluntary, willed. — **hareket** voluntary movement.

istemseme *psych.* velleity, low degree of volition.

istemsiz involuntary, unwilled. — **hareket** reflex movement.

istemsizlik lack of voluntary control.

istenç will, volition. — **yitimi** *psych.* abulia, aboulia.

istençdışı, -nı involuntary, unwilled.

istençsel voluntary, willed.

istenilmek *see* **istenmek.**

istenmek 1. to be desired, be in demand. 2. to be asked for.

istep, -pi steppe.

istepne spare tire.

ister 1. need, demand, requirement. 2. *(repeated)* whether ... or not. 3. *(repeated)* either ... or.

isteri *psych.* hysteria. — **nöbeti** hysterical fit, attack of hysteria, hysterics.

isterik *psych.* 1. hysterical, hysteric. 2. (a) hysteric.

istetmek /a, ı/ 1. to have (someone) ask for (something). 2. to have (a go-between) ask for (a woman) in marriage.

isteyiş 1. demand, request. 2. way of asking.

istiap containing, holding. — **haddi** 1. load limit, capacity. 2. *naut.* tonnage. 3. passenger capacity.

istiare *obs.* 1. borrowing. 2. the use of metaphor. 3. (a) metaphor.

istibdat *obs.* despotism, autocracy.

istida *law* (written) petition.

istidaname *obs., law* (written) petition.

istidat natural ability, aptitude.

istidatlı apt, capable.

istidatsız incompetent, inept.

istif 1. orderly stack, neatly arranged pile. 2. *colloq.* composure, serenity. 3. *slang* sleep. —**inden başlamak** *slang* to begin to swear. —**inden başlatmak /ın/** *slang* to make (someone) swear. —**ini bozmamak** *colloq.* to stay calm, maintain one's composure. — **etmek /ı/** to stack (things) neatly.

istifa 1. resigning, resignation (from a position). 2. letter of resignation, resignation. —**yı basmak** suddenly to resign; immediately to quit. — **etmek /dan/** to resign; to resign from. —**sını vermek** to hand in one's resignation.

istifade profiting, benefiting. — **etmek /dan/** to benefit, profit (from).

istifadeli advantageous, profitable, useful.

istifaname *obs.* letter of resignation.

istifçi 1. *colloq.* hoarder. 2. stacker, person who stacks.

istifçilik 1. *colloq.* hoarding. 2. the work of a stacker.

istifham *obs.* query, inquiry, seeking an explanation.

istifleme stacking (things) neatly.

istiflemek /ı/ to stack (things) neatly.

istifrağ *obs.* vomiting. — **etmek** to vomit.

istiğfar *obs.* praying to God for forgiveness. — **etmek** to ask God for forgiveness.

istihale *obs.* 1. change of form. 2. metamorphosis. — **etmek** 1. to change form. 2. to undergo metamorphosis.

istihare asking for divine guidance through a dream. —**ye yatmak** to lie down to sleep (after performing duties of worship) in the hope that God will speak to you through a dream.

istihbarat, -tı 1. news, information. 2. secret information, intelligence. — **bürosu** information bureau. — **dairesi** intelligence department. — **servisi** news desk (in a newspaper). — **subayı** *mil.* intelligence officer. — **şefi** news editor.

istihdam employment, employing. — **etmek /ı/** to hire, employ, engage (someone).

istihfaf *obs.* regarding (someone/something) as unimportant; making light of (something); treating (something) lightly. — **etmek /ı/** 1. to regard (someone/something) as unimportant; to make light of; to treat (something) lightly. 2. to disdain.

istihkak, -kı 1. deserving, meriting. 2. one's due, one's share. — **davası** *law* action for recovery of property.

istihkâm 1. fortification, stronghold. 2. military engineering. — **subayı** *mil.* engineer officer.

istihkâmcılık the construction of fortifications.

istihlak, -ki *obs.* consumption. — **etmek /ı/** to consume, use up. — **vergisi** excise tax, excise.

istihsal, -li production. — **etmek /ı/** to produce.

istihza irony; sarcasm; ridicule. — **etmek /la/** to ridicule.

istika *shoemaking* slicker.

istikamet, -ti 1. (a) direction. 2. integrity, uprightness. — **vermek /a/** 1. to direct, assign a direction to. 2. to give guidance to.

istikbal, -li the future.

istiklal, -li independence. **İ— Harbi** the Turkish War of Independence (1919-1922). **İ— madalyası** medal awarded for service in the Turkish War of Independence. **İ— mahkemeleri** courts established by the Ankara government during the Turkish War of Independence to deal with acts of treason. **İ— Marşı** the Turkish national anthem.

istikrah *obs.* loathing, aversion. — **etmek /dan/** to loathe, hate.

istikrar 1. becoming stabilized, stability; stabilization. 2. becoming established in. — **bulmak** 1. to become stabilized. 2. **/da/** to become

established in (a place).
istikrarlı stable, stabilized; settled; steady.
istikrarsız unstable; unsteady; unsettled; inconsistent.
istikrarsızlık unsteadiness; instability.
istila 1. invasion, occupation. 2. spread, covering, overwhelming. — **etmek** /ı/ 1. to invade. 2. to flood, cover.
istilacı 1. invading; occupying: **istilacı ordular** the invading armies. 2. invader.
istim 1. steam. 2. *slang* alcoholic drink. **—ini almak** *slang* to get drunk. — **arkadan gelsin.** *colloq.* 1. Let's do what we can with what we now have. 2. He is going ahead without any clear plan.
istimator customs evaluator.
istimbot, -tu steamboat.
istimlak, -ki *law* expropriation. — **etmek** /ı/ to expropriate.
istimna *obs.* masturbation.
istinabe *law* (a court's) giving a rogatory commission to (another court or to an individual).
istinaden /a/ based on, supported by.
istinaf *obs., law* appeal. — **mahkemesi** court of appeals.
istinat *obs.* 1. leaning against, resting on. 2. relying on, depending on. 3. being based upon. — **duvarı** retaining wall, supporting wall. — **etmek** /a/ 1. to lean against, rest on. 2. to rely on, depend on. 3. to be based upon.
istinatgâh *obs.* 1. support, supportive person/thing. 2. base, basis.
istinga *naut.* brail. — **etmek** /ı/ 1. *naut.* to brail up. 2. *slang* to let down (one's trousers), drop (one's pants).
istinkâf *obs.* abstention. — **etmek** /dan/ to abstain (from).
istintaç *obs.* inference, deduction. — **etmek** /ı, dan/ to deduce, infer, conclude (from).
istirahat, -ti rest (usually for the sake of one's health). — **etmek** to rest, relax.
istirahatli excused from one's duties owing to illness.
istirdat *obs.* restitution. — **davası** *law* action for restitution. — **etmek** /ı/ 1. to retake. 2. to recover, get back.
istirham asking for (something) as a favor; request. **I— ederim.** I beg you./Please. — **etmek** /ı/ to ask or beg for (something) as a favor.
istiridye oyster.
istiridyeci oysterman, gatherer or seller of oysters.
istiska *obs., path.* dropsy. — **olmak** to have dropsy.
istismar 1. exploiting (something/someone) for one's own ends. 2. *obs.* putting to good use, utilizing. — **etmek** /ı/ 1. to exploit. 2. *obs.* to utilize.
istismarcı exploiter.

istisna exception. — **etmek** /ı/ to except.
istisnai exceptional. — **mahkeme** special court.
istisnasız without exception.
istişare consultation. — **etmek** /la/ to consult (with).
istişari consultative, advisory.
istiva *obs.* 1. being equal (in size). 2. evenness, levelness. — **hattı** the equator.
istop, -pu 1. stopping, stoppage. 2. a children's game played with a ball. — **etmek** 1. to stop, come to a halt. 2. /ı/ *soccer* to stop (the ball).
istor *see* **stor.**
istralya *naut.* 1. stay (of a mast). 2. ribband.
istrongilos *zool.* picarel.
İsveç 1. Sweden. 2. Swedish, of Sweden.
İsveççe 1. Swedish, the Swedish language. 2. (speaking, writing) in Swedish, Swedish. 3. Swedish (speech, writing); spoken in Swedish; written in Swedish.
İsveçli 1. (a) Swede. 2. Swedish (person).
İsviçre 1. Switzerland. 2. Swiss, of Switzerland.
İsviçreli 1. (a) Swiss. 2. Swiss (person).
isyan uprising, rebellion, revolt; mutiny. — **bayrağını açmak** *colloq.* to rebel. — **etmek** to rebel.
isyancı 1. rebel. 2. rebellious.
isyankâr rebellious.
isyankârlık rebelliousness.
iş 1. work, labor. 2. job, employment, work. 3. duty, job. 4. occupation, line of work, work. 5. business, trade, commerce. 6. business, matter, affair. 7. the important thing; the chief problem. 8. secret or dubious side (of an affair). 9. *slang* trick. 10. event, something. 11. way of behaving; course of action. 12. something worth doing. 13. *phys.* work. **—ler açılmak** for trade to become brisk. **—inin adamı** a man who knows his job. — **akdi** labor contract. **—in alayında olmak** *colloq.* not to take (a thing) seriously; to take (it) as a joke. **—ten alıkoymak** /ı/ to interrupt (someone) at his work. **—i Allaha kalmak** *colloq.* (for someone) to be in the soup, be beyond help. **—i altın.** *colloq.* He is prospering. **—ten anlamak** to know what one is doing, know one's business. — **anlaşmazlığı** labor dispute. **—ten artmaz, dişten artar.** *proverb* You save money not by making more but by spending less. **—ten atmak** /ı/ to fire, dismiss. — **ayağa düşmek** *colloq.* for a project to fall into the hands of irresponsible and incompetent people. **—i azıtmak** *colloq.* to go too far, overstep the mark. **—ine bak.** *colloq.* Mind your own business. **—e bakmak** *colloq.* to get to work on something; to be at work on something. **—e balta ile girişmek** *colloq.* to set about doing something like a bull in a china shop. — **başa düşmek** *colloq.* to have to do something oneself. — **başarı belgesi** letter of recommenda-

tion, recommendation. —in başı *colloq.* the crux, the central point. — başında 1. on the job. 2. during work time. — başındakiler the leaders. —i başından aşmak/aşkın olmak *colloq.* to be extremely busy. — başında bulunmak to be working. — başına geçmek to take the lead; to come to power. —ler becermek *colloq.* to be up to no good. —i bırakmak 1. to quit a job. 2. to stop working. 3. to go on strike. —ten (bile) değil! *colloq.* It's very easy. — bilenin, kılıç kuşananın. *proverb* 1. The person who knows how to use something properly is the one who is entitled to possess it. 2. Possession creates a claim of ownership. — bilmek to be skillful; to be capable. —ini bilmek 1. *colloq.* to know how to exploit a situation to one's own advantage. 2. to be conscientious about one's job. 3. to be well-qualified for one's job. — birlikli collective, joint, common. — bitirmek *colloq.* 1. to complete a job successfully. 2. (for something) to be suitable for the job in hand. —ini bitirmek 1. to finish one's own work. 2. /ın/ to finish (another's) job. 3. /ın/ *colloq.* to cook (someone's) goose. 4. /ın/ *colloq.* to finish off, bump off, kill. — bitmek *colloq.* 1. for an affair to be settled. 2. /dan/ for the outcome of a job to depend on (someone's) efforts. —i bitmek 1. for a job in hand to finish. 2. *colloq.* to be very tired, be worn to a frazzle. —i bozulmak for one's business affairs or an undertaking to go awry/take a downward turn. — buyurmak /a/ to order (someone) around; to tell (someone) to do a job. — çatallanmak *colloq.* for a job to get complicated. — çığırından çıkmak *colloq.* for a situation to get out of hand. — çıkarmak *colloq.* 1. to do a lot of work. 2. /a/ to give (a person) something disagreeable to do. 3. to cause trouble; to create difficulties. — çıkmak *colloq.* 1. for work to be done/be turned out/be produced. 2. for trouble or a problem to come up/arise. — çıkmaza girmek *colloq.* for things to reach an impasse. — dayıya düştü. *colloq.* It's time for an expert to take over. — donu shalwars, very baggy trousers. —i dökmek /a/ *colloq.* 1. unintentionally to become, turn into: İşi öğretmenliğe döktü. He's unintentionally become a teacher. 2. to act as if: İşi oyuna döktü. He acted as if it were a game. —i duman olmak *slang* to be in the soup, be in trouble. — düşmek /a/ *colloq.* for a job or duty to fall to/on. —i düşmek /a/ *colloq.* 1. to have to go (somewhere or to someone) on business. 2. to need (someone's) help. — edinmek /ı/ *colloq.* to make (something) one's special concern. —ten el çektirmek /a/ to remove (someone) from office. —/—inin eri *colloq.* a person who does his job well. — geçiştirme *colloq.* perfunctory work. —ine gelmek *colloq.* to suit one's interests, accord with one's plans. —e girişmek to embark on a job enthusiastically. —e girmek to become employed, begin working. — görmek 1. (for someone) to work, do a task. 2. (for something) to be of use, be of service. —ini görmek 1. to do one's job. 2. to work, do the job. 3. /ın/ to do (another's) work. 4. /ın/ *colloq.* to give (someone) a beating. 5. /ın/ *colloq.* to kill (someone). — görmezlik nedeniyle because of a physical disability. — göstermek /a/ *colloq.* to give (someone) a job to do. —ine gücüne bakmak *colloq.* to mind one's own business. —i gücü yok. *colloq.* 1. He's unemployed. 2. He's an idler. — güç *colloq.* 1. occupation, one's work or trade. 2. miscellaneous bits of work. 3. a thing that needs to be done. —ten güçten kalmak *colloq.* to be kept from doing one's work. — hukuku labor laws. —in içinden çıkamamak *colloq.* to be unable to work out a solution. —in içinden çıkmak *colloq.* 1. to escape from a difficult situation; to get out of doing something complicated. 2. to work out a solution for something complicated. —in içinde iş var. *colloq.* There is something behind all this. —in içinden sıyrılmak *colloq.* to escape from a difficult situation; to get out of doing something complicated. — inada binmek *colloq.* 1. for a dispute to turn into a battle of wills. 2. to be stubbornly determined to succeed in doing something. — insanın aynasıdır. *proverb* One can learn a lot about a person by seeing how he works. —imiz iş! *colloq.* We are lucky! —i iş olmak *colloq.* for (one's) affairs to go very well. — işten geçmek *colloq.* for it to be too late to do anything about something. — işlemek to do embroidery. —inden kalmak *colloq.* to be kept from doing work, be interrupted. — kanunu (a) labor law, (a) law governing relations between employers and employees. — karıştırmak *colloq.* 1. to confuse the situation, complicate things. 2. to set people against each other. — kazası work-related accident; industrial accident. —e koşmak /ı/ *colloq.* to make (someone) do a job. — medreseye düşmek *colloq.* for something to become the subject of endless discussion. —in mi yok? *colloq.* Don't you have anything better to do?/That's ridiculous!/It's not worth your time!/Don't waste time on it! — odası office, business office. — ola/olsun! *colloq.* What he's doing is eyewash, not real work. — olacağına varır. *proverb* What's been ordained to happen will surely happen./You can't change what's predestined to happen. —i olmak 1. to have work to do. 2. for something to turn out well. 3. *colloq.* to be a job that can only be handled by (a certain person). 4. /la/ *colloq.* to have to contend with (a difficult person).

işitme

—**inden olmak** *colloq.* to lose one's job. —**i oluruna bırakmak/bağlamak** *colloq.* to let matters take their natural course. — **olsun diye** *colloq.* 1. so as to appear busy. 2. merely for the sake of doing it, for no particular reason at all. — **peşinde koşmak** *colloq.* 1. to go hither and thither in order to get a job done. 2. to go about in search of a job. —**i pişirmek** *colloq.* 1. to have done everything necessary to make something succeed. 2. (for two lovers) to begin to sleep with each other, begin to have sexual intercourse with each other. —**i rast gitmek** *colloq.* 1. for (one's) affairs to go well. 2. to have luck on (one's) side, be in luck. —**i resmiyete dökmek** to make an existing situation official. —**i sağlama/sağlam kazığa bağlamak** *colloq.* to take measures to ensure that a matter will turn out as desired. — **sarpa sarmak** *colloq.* for something to become complicated. —**in sonu** the outcome. — **sözleşmesi** labor contract. — **şirazesinden çıkmak** *colloq.* for a situation to get out of hand. —**i tıkırında.** *colloq.* His business is flourishing./He's doing very well. — **tutmak** *colloq.* 1. to take a job, become employed. 2. to embark on a project. —**in ucu bana dokundu.** *colloq.* In the end it was I who suffered./In the end I suffered as well. — **üç nalla bir ata kaldı.** *colloq.* He starts fantasizing at the drop of a hat. — **var.** /da/ *colloq.* 1. He's a capable person./He can get things done. 2. It's something that can be of use. —**im var.** I'm busy. **I— ve İşçi Bulma Kurumu** the Turkish Employment Office (a government bureau). — **vermek** /a/ to show (someone) the work to be done; to assign (someone) a task. — **yapımı** performance, accomplishment. — **yapmak** to work. — **yaptın.** *colloq.* You've spoiled it all. —**e yaramak** to be useful, be of use, come in handy. —**e yaramaz** useless. **(...)** — **yok.** /da/ *colloq.* ... is/are no good/of no benefit.: **O arabayı alma. Onda iş yok.** Don't buy that car. It's no good. —**i yokuşa sürmek** *colloq.* to make trouble about something. —**i/—leri yolunda olmak** *colloq.* for things to go well. —**i yüzüne gözüne bulaştırmak** *colloq.* to make a complete mess of something.

işadamı, -nı businessman.
işaret, -ti 1. sign. 2. mark. 3. gesture, signal. — **borusu** bugle. — **etmek** /ı/ to point out, indicate. — **fişeği** signal rocket. — **lambası** *auto.* blinker, turn signal, *Brit.* winker. — **sıfatı** *gram.* demonstrative adjective. — **vermek** to give a signal, signal. — **zamiri** *gram.* demonstrative pronoun.
işaretçi signaler, flagger.
işaretlemek /ı/ 1. to mark. 2. to point out.
işaretlenmek to be marked.
işaretleşmek to make signs to one another.
işaretli marked, tagged. — **molekül** molecule tagged as a radioactive tracer.
işaretparmağı, -nı index finger, forefinger.
işba, -aı *obs., chem.* saturation. — **etmek** /ı/ 1. to saturate. 2. to satiate.
işbaşı, -nı the time at which the day's work starts. —**nda eğitim** on-the-job training. — **yapmak** to begin work, start work (in a workplace).
işbırakımcı striker, employee on strike.
işbırakımı, -nı strike (of workers).
işbıraktırımı, -nı lockout.
işbirliği, -ni cooperation.
işbirlikçi 1. comprador, running dog. 2. collaborationist, quisling.
işbirlikçilik 1. being a comprador. 2. being a collaborationist, collaboration.
işbirlikli collective, cooperative.
işbölümü, -nü division of labor.
işbu *formal* this.
işçi 1. worker; workman. 2. *slang* trickster; cardsharp. — **sendikası** labor union, *Brit.* trade union. — **sınıfı** working class, proletariat. — **sigortası** worker's insurance. — **temsilcisi** labor representative. — **ücreti** wages, worker's pay.
işçilik 1. being a worker. 2. workmanship. 3. work, effort. 4. worker's pay.
işemek to urinate, make water, piss, pee.
işenmek *impersonal passive* to urinate, make water, piss, pee.
işetici diuretic.
işetmek /ı/ to cause (someone) to urinate.
işevi, -ni office, business office.
işgal, -li 1. occupation, holding by force. 2. distraction, diverting from work. 3. keeping (someone) busy. 4. occupying, taking up (space). — **altında** occupied, under military occupation. — **etmek** /ı/ 1. to keep (someone) busy, occupy. 2. to occupy, take up (space). 3. to divert (someone) from his work. 4. to occupy, hold by force, take over. — **kuvvetleri** the occupying forces.
işgalci 1. occupying. 2. occupier, member of an occupying force.
işgücü, -nü *econ.* 1. productive power. 2. the work force (of a nation). —**nü bozmak** /ın/ to demoralize, destroy the esprit de corps of. — **bozulmak** to lose one's morale. — **bozumu/yitimi** demoralization. —**nü yitirmek** to be demoralized.
işgüder chargé d'affaires.
işgüderlik the post or rank of a chargé d'affaires.
işgünü, -nü weekday, working day, workday.
işgüzar officious.
işgüzarlık officiousness.
işitilmek to be heard.
işitim the sense of hearing.
işitme hearing. — **aleti** hearing aid. — **kesesi** *anat.* otocyst. — **taşı** *anat.* otolith, ear stone.

işitmek /ı/ 1. to hear. 2. to learn (of).
işitmemezlik *see* **işitmezlik**.
işitmezlik 1. not hearing. 2. pretending not to hear. **—ten gelmek/—e getirmek** /ı/ to pretend not to hear.
işitsel auditory.
işittirmek /ı, a/ to cause (someone) to hear (something).
işkapatımı, -nı lockout.
işkembe 1. rumen, paunch. 2. tripe (food). **—den atmak/söylemek** /ı/ *slang* to make up (a story); to exaggerate. **— çorbası** tripe soup. **—sini düşünmek** *colloq.* to think only of one's stomach. **— suratlı** *colloq.* (someone) whose face is badly pocked. **—sini şişirmek** *colloq.* to make a pig of oneself.
işkembeci 1. tripe seller. 2. restaurateur specializing in tripe dishes. 3. tripe restaurant.
işkembecilik selling tripe or tripe soup.
işkembeli 1. containing tripe. 2. *colloq.* potbellied, paunchy.
işkence 1. torture, torment. 2. (carpenter's) clamp. **— etmek/yapmak** /a/ to torture, torment. **—ye sokmak** /ı/ to put (someone) through mental torment.
işkenceci 1. torturer, tormentor. 2. (someone) who tortures.
işkil 1. doubt, suspicion. 2. difficulty.
işkillendirmek /ı/ to arouse (someone's) suspicions.
işkillenme becoming suspicious (of/about).
işkillenmek to become suspicious (of/about).
işkilli suspicious, doubtful (about). **— büzük dingilder.** *proverb, vulg.* It's the hurt dog that hollers.
işkilsiz (someone) who harbors no suspicions, unsuspicious, unsuspecting.
işkine *zool.* maigre, bar (a fish).
işkolik workaholic.
işkolu, -nu 1. department (within an organization). 2. the work force (in such a department).
işlek 1. much used, busy (street). 2. much frequented (shop). 3. flowing, cursive (handwriting). 4. *gram.* productive. **— yazı** clear, flowing handwriting.
işleklik 1. being much used; busyness. 2. legibility, clarity (of handwriting).
işlem 1. (a) procedure; (a) transaction; (an) operation (any of the steps necessary to effect something). 2. *math.* operation. 3. process.
işlemce surgical operation.
işleme 1. processing, working (something) up. 2. embroidery, handwork. 3. embroidered. 4. processing (of film).
işlemeci embroiderer.
işlemecilik embroidery, the work of an embroiderer.
işlemek 1. /ı/ to process, treat, work up. 2. /ı/ to do fine work on, embroider. 3. /a/ to penetrate; to soak into. 4. to function, operate, perform, do work. 5. (for a business) to be doing a good business, be doing well. 6. (for a road) to carry traffic. 7. (for a vehicle/a ship) to ply, make regular trips. 8. /ı/ to cultivate, work (land). 9. /ı/ to treat, discuss (a subject). 10. (for a law) to be effective, be enforced. 11. (for a boil/a sore/a wound) to fester. 12. *slang* to commit theft; /ı/ to steal. 13. /ı/ *slang* to investigate, look into. 14. *slang* to pull the wool over someone's eyes (as a joke). **İşleyen demir pas tutmaz/paslanmaz/ışıldar.** *proverb* An active, industrious person is a healthy, productive person.
işlemeli embroidered.
işlenmek 1. to be processed, be worked up. 2. to be embroidered. 3. to be treated, be discussed formally. 4. /a, dan/ to go in and out of (a place) through (an opening).
işlenmemiş raw, untreated. **— özdek** raw material.
işletici operator (of a business enterprise).
işletme 1. business enterprise *(often used to refer to public-service enterprises or public utilities).* 2. administrating, managing (a business enterprise). 3. operating (a machine). **— fakültesi** school of business administration. **— gereçleri** the operating equipment and materials of a business. **— vergisi** 1. an excise tax. 2. a sales tax.
işletmeci 1. manager, administrator; business executive. 2. distributor of movie films.
işletmecilik 1. (the science of) business administration. 2. managership. 3. state-owned business enterprise.
işletmek /ı/ 1. to run, operate. 2. *slang* to deceive (someone) by inventing a story; to make fun of, hoodwink. 3. to cause (a wound) to form pus.
işletmen operator (of a machine).
işlev function. **— yitimi** *med.* apraxia.
işlevbilim physiology.
işlevbilimsel physiological.
işlevci functionalist.
işlevcilik functionalism.
işlevsel functional.
işlevselci functionalist.
işlevselcilik functionalism.
işlevsiz nonfunctional.
işlevsizlik lack of any function, uselessness.
işleyim industry.
işleyimsel industrial.
işli embroidered; worked; ornamented.
işlik 1. workshop. 2. atelier, studio. 3. work clothes.
işmar *prov.* gesture, signal; nod; wink. **— etmek** to signal, sign, gesture; to wink.
işporta 1. street vendor's pushcart. 2. basket or box (used by street vendors). **—ya düşmek**

colloq. (for something) to become cheap and widely available. — **malı** shoddy goods.
işportacı street vendor.
işportacılık being a street vendor.
işret, -ti *obs.* drinking, carousing. — **âlemi** drinking party. — **etmek** to carouse. — **meclisi** drinking party, carousal.
işsiz 1. unemployed, out of work. 2. unembroidered. — **güçsüz** *colloq.* idle, with nothing to do.
işsizlik unemployment; joblessness. — **sigortası** unemployment insurance.
iştah 1. appetite, desire for food. 2. bodily want, desire, urge. — **açıcı** appetizing. —**ı açılmak** to develop an appetite. — **açmak** to whet one's appetite. — **kapamak/kesmek** to kill one's appetite. —**ı kapanmak/kesilmek** to lose one's appetite. —**ım yok.** *colloq.* I have no appetite.
iştahlandırmak /ı/ to arouse (one's) appetite or desire.
iştahlanmak 1. to get pleasantly hungry. 2. /a/ to feel a desire (for), get a craving for.
iştahlı 1. (someone) who has an appetite, who is hungry. 2. desirous.
iştahsız (someone) who has no appetite, who is not hungry.
iştahsızlık lack of appetite.
işte 1. Here!/Here it is! 2. See!/Look!/Behold! 3. as you see. — **böyle.** *colloq.* Now you see how it is.
işteş *gram.* reciprocal. — **çatı** reciprocal construction of a verb stem. — **eylem** reciprocal verb.
işteşlik *gram.* reciprocity. — **eki** reciprocal infix.
iştigal, -li being busy with. — **etmek** /la/ to occupy oneself (with), be busy (with).
iştirak, -ki 1. partnership. 2. participation, sharing. — **etmek** /a/ 1. to participate (in), join in (on). 2. to share, agree with. — **hissesi** *com.* share, part.
iştirakçi participant.
iştiyak, -kı *obs.* longing, desire. — **duymak** /a/ to long for.
işve flirtatious airs, coquettishness.
işveli flirtatious, coquettish.
işveren employer.
işyeri, -ni place of employment.
it, -ti 1. dog. 2. *vulg.* son of a bitch, bastard. —**i an, taşı eline al/değneği yanına koy.** *proverb* If you're going to deal with an aggressive person, you ought to be ready for a fight. —**e atsan yemez.** *colloq.* It's not fit even for a dog to eat. — **boku eme yaradı.** *vulg.* He's a shiftless bastard who won't be any help at all. — **canlı** *colloq.* tough and strong. —**le/köpekle dalaşmaktan çalıyı dolaşmak yeğdir.** *proverb* It's better to inconvenience oneself than to have a confrontation with a nasty person. — **dişi, domuz derisi.** *colloq.* Since the one is as bad as the other, let's just let them fight it out. —**in/köpeğin duası kabul/makbul olsa/olsaydı gökten kemik yağar/yağardı.** *proverb* If scoundrels ran the world it would be uninhabitable for the rest of us. — **gibi çalışmak** *colloq.* to work like a dog, work hard. — **izi at izine karışmak** *colloq.* for a situation to be so confused that one can't tell the good people from the worthless. —**in kıçına/götüne sokmak** /ı/ *vulg.* to insult (someone) by swearing crudely. — **kırıntısı** *slang* son of a bitch, bastard, jerk. —**in kuyruğunda** *vulg.* a hell of a lot of. — **oğlu (it)** *vulg.* son of a bitch, bastard. —**e ot, ata et vermek/—in önüne ot, atın önüne et koymak** *colloq.* to give the wrong things to the wrong people. — **sürüsü** 1. pack of dogs. 2. *colloq.* bunch of scoundrels. — **sürüsü kadar** *colloq.* a whole pack (of them). — **ürür, kervan yürür.** *proverb* Progress cannot be stopped by the criticisms of scoundrels. — **yatağı** *colloq.* thieves' hide-out. —**le yatan bitle kalkar.** *proverb* A person who associates with scoundrels will acquire their habits.
ita *obs.* disbursing, disbursement, paying out (money). — **amiri** disburser, civil servant authorized to disburse large sums of money. — **emri** disbursement order. — **etmek** /ı/ to disburse, pay out (money).
itaat, -ti obedience. — **etmek** /a/ to obey.
itaatli obedient, dutiful.
itaatsiz disobedient; insubordinate.
itaatsizlik disobedience; insubordination. — **etmek** to be disobedient; to be insubordinate.
italik italic (type).
İtalya 1. Italy. 2. Italian, of Italy.
İtalyan 1. (an) Italian. 2. Italian (person). 3. Italian, pertaining to Italians.
İtalyanca 1. Italian, the Italian language. 2. (speaking, writing) in Italian, Italian. 3. Italian (speech, writing); spoken in Italian; written in Italian.
itboğan *bot.* autumn crocus, meadow saffron.
itburnu, -nu 1. rose hip, rose haw. 2. *bot.* dog rose.
itdirseği, -ni *path.* sty.
iteklemek /ı/ *colloq.* to push roughly; to manhandle.
itelemek /ı/ 1. to keep on pushing; to force (an animal/someone) on; to shove, nudge. 2. *phys.* to repel.
itelenmek 1. to be shoved and pushed. 2. *phys.* to be repelled.
itenek *mech.* piston.
itfaiye fire department, *Brit.* fire brigade. — **eri** fireman.
itfaiyeci fireman.
ithaf dedication. — **etmek** /ı, a/ to dedicate (something) to.
ithal, -li 1. importation. 2. imported. — **etmek** /ı/ to import. — **malı** imported goods.
ithalat, -tı 1. imports. 2. importing, importation.

ithalatçı importer.
ithalatçılık the import business.
itham accusation, imputation. **— etmek** /ı/ to accuse.
ithamname *law* indictment.
itibar 1. esteem, consideration, regard, honor. 2. *com.* credit. **—a almak** /ı/ to consider. **—ı bozulmak** for (someone's) commercial credit rating to drop. **—dan düşmek** to fall from esteem. **— etmek** /a/ to show consideration and respect (toward). **— görmek** 1. to be respected. 2. to be in demand. **— mektubu** letter of credit. **—ı olmak** 1. to be held in esteem. 2. to have a good credit rating.
itibaren /dan/ beginning from, from (a specified time) on: **yarından itibaren** from tomorrow on.
itibarıyla 1. from the point of view of, in respect to, as regards. 2. as of (a specified time).
itibari *com.* 1. conventional. 2. nominal. **— kıymet** nominal value.
itibarlı 1. esteemed, valued; trusted; influential. 2. acceptable, redeemable (bill/draft). 3. (someone) who has a good credit rating.
itibarsız unesteemed.
itibarsızlık lack of esteem.
itici 1. propulsive, thrusting. 2. *colloq.* repulsive, cold.
iticilik 1. being propulsive, propulsiveness. 2. *colloq.* being repulsive, repulsiveness.
itidal, -li 1. moderation. 2. mildness, sobriety; composure, equanimity. **— bulmak** to become moderate, calm down. **—ini kaybetmek** to lose one's temper. **—ini muhafaza etmek** to keep calm, not to lose one's self-control. **— sahibi** calm, self-possessed, composed.
itidalli 1. moderate; calm. 2. mild (weather).
itidalsiz 1. immoderate; excitable, impulsive. 2. changeable, unpredictable (weather).
itidalsizlik 1. extremeness, lack of moderation. 2. unpredictability (of weather).
itikat 1. firm belief in God. 2. (a) conviction, (a) firm belief. **— etmek** /a/ firmly to believe in.
itikatlı (someone) who has religious faith.
itikatsız unbelieving, without religious faith.
itikatsızlık lack of religious faith.
itilaf *obs.* entente, mutual agreement. **I— Devletleri** *hist.* the Entente Powers, the Allies (in the First World War).
itilim *psych., see* **itilme.**
itilme 1. being pushed, being shoved. 2. /a/ being induced (to do something). 3. *psych.* repression.
itilmek 1. to be pushed, be shoved. 2. /a/ to be induced (to do something). 3. to be repressed.
itimat reliance, trust, confidence. **— etmek** /a/ to rely on, trust.
itimatlı trustworthy.
itimatname (ambassador's) letter of credence.
itimatsızlık lack of trust.

itina care, attention. **— etmek/göstermek** /a/ to take great care (in), take pains (with). **— ile** carefully.
itinalı careful, painstaking (work).
itinasız careless, slipshod (work).
itinasızlık carelessness, negligence.
itiraf confession, admission. **— etmek** /ı/ to confess, admit, acknowledge.
itiraz 1. objection, disapproval. 2. *law* protest. **— etmek** /a/ to object (to), raise an objection (against).
itirazcı 1. (person) who always objects. 2. habitual objector.
itirazsız readily, without any objection.
itişmek 1. to push one another. 2. to tussle, scuffle. **itişip kakışmak** *colloq.* to scuffle, push and shove one another.
itiştirmek /ı/ 1. vigorously to push and shove. 2. to cause (people/animals) to push each other.
itiyat habit. **— edinmek** /ı/ to make a habit, get into the habit of.
itki *psych.* motive, drive.
itlaf destruction. **— etmek** /ı/ to destroy, kill.
itlik *vulg.* dirty trick, something low-down.
itmek 1. /ı/ to push, shove. 2. /ı, a/ to compel, persuade, influence (someone) to (do something). **ite kaka** *colloq.* 1. pushing and shoving. 2. with great difficulty.
ittifak, -kı 1. alliance. 2. agreement, unanimity of purpose. **I— Devletleri** *hist.* the Central Powers (in the First World War). **— etmek** to agree, be unanimous.
ittifakla unanimously.
ittihat *obs.* union. **— etmek** to unite.
ittihatçı *hist.* member of the Committee for Union and Progress.
ivaz *obs., law* consideration.
ivdireç *phys.* accelerator.
ivdirici accelerator (of an automobile or other vehicle).
ivdirme acceleration.
ivdirmek /ı/ 1. to hurry, urge on. 2. *phys.* to accelerate.
ivecen impatient, impulsive.
ivecenlik impatience, impulsiveness.
ivedi 1. haste, hurry. 2. hasty. 3. urgent.
ivedilenmek to hurry.
ivedileşmek to become urgent.
ivedileştirmek /ı/ to speed up (work on a job).
ivedili urgent.
ivedilik urgency. **—le** urgently.
iveğen acute. **— böbrek yetmezliği** *path.* acute renal failure.
ivgi *prov.* hatchet.
ivinti speed, quickness, rapidity. **— yeri** rapids (in a river).
ivme 1. haste. 2. *phys.* acceleration.
ivmek 1. to hurry. 2. *phys.* to accelerate, gain speed.

ivmeölçer accelerometer.
iye possessor, owner.
iyelik possession, ownership. **— eki** *gram.* possessive suffix. **— zamiri** *gram.* possessive pronoun.
iyi 1. good. 2. plentiful, abundant. 3. in good health, well. **I—si ....** *colloq.* The best thing is .... **—ye çekmek** /ı/ *colloq.* 1. to put a good interpretation on. 2. to consider (something) to be a good omen. **— dilek** good wishes. **— dilekte bulunmak** /a/ to wish (someone) well. **— dost kara günde belli olur.** *proverb* It's when you're in trouble that you learn who your real friends are. **— etmek** 1. /ı/ to cure, heal. 2. to do the right thing; to act wisely. 3. /ı/ *slang* to rob. 4. /ı/ *slang* to get even with (someone), give (someone) his comeuppance. **— gelmek** /a/ 1. to suit, fit. 2. (for a medicine/a treatment) to help, be beneficial, work. 3. to bring good fortune. **— gitmek** 1. to go well. 2. /a/ to suit. **— gözle bakmamak** /a/ *colloq.* to have a bad opinion of. **— gün** good times, prosperity. **— gün dostu** *colloq.* fair-weather friend. **— gün görmüş** *colloq.* (someone) who knows what prosperity is, who has enjoyed prosperous times. **— hal belgesi/kâğıdı** certificate of good conduct. **— hoş amma ....** *colloq.* That's all very well but .... **— insan sözünün üstüne gelir.** *proverb* A person who appears while he is being talked about is a good person. **—siniz inşallah.** *colloq.* I hope you are well. **— iş altı ayda çıkar.** *proverb* It takes time to do a job well. **— iş belgesi** good letter of recommendation (for an employee). **— iş doğrusu!** *colloq.* What a queer thing! **—den iyiye** *colloq.* thoroughly, completely. **—ye iyi, kötüye kötü demek** *colloq.* to call a spade a spade, speak plainly, be forthright. **— kalpli** good-hearted, kind. **— ki ....** *colloq.* It's good that .../Fortunately, ... **— kötü** *colloq.* 1. somehow, in some way or other. 2. not bad, fairly good. **—si mi ....** *colloq.* The best thing to do is .... **— olacak hastanın hekim ayağına gelir.** *proverb* If it is fated for things to go well, they will go well. **— oldu da ....** *colloq.* It's good that .../Fortunately, ... **— olmak** 1. to recover. 2. (for something) to go well, suit one's purpose. 3. to be good, be favorable. **— saatte olsunlar** *colloq.* the djinns. **— söylemek** /için/ *colloq.* to praise.
iyice 1. pretty good, rather well, fairly good. 2. thoroughly, completely, carefully. **— bilmek** /ı/ to be sure, be certain (about).
iyicene *colloq.* thoroughly.
iyicil 1. benevolent, well-wishing. 2. *path.* benign.
iyileşme 1. improvement, getting better. 2. recovery, getting well.
iyileşmek 1. to get better, improve. 2. to recover (from illness).
iyileştirilmek 1. to be made better. 2. to be cured.
iyileştirme *med.* treatment, cure.
iyileştirmek /ı/ 1. to cure. 2. to make (something) right; to repair, improve.
iyilik 1. goodness. 2. kindness; favor. 3. good health. 4. benefit, advantage. **—le** gently, kindly, softly. **— bilmek** *colloq.* not to forget a kindness done one. **— bilmez** *colloq.* ungrateful. **—i dokunmak** /a/ *colloq.* to be of help (to). **— eden iyilik bulur.** *proverb* A helpful person is helped when he/she needs it. **— etmek** /a/ to do (someone) a kindness. **— görmek** /dan/ to be treated with kindness or generosity by. **— sağlık.** *colloq.* Everything's fine./All's well. **— yapmak** /a/ 1. to do (someone) a kindness. 2. *slang* to report (someone) to the police.
iyilikbilir (someone) who doesn't forget a kindness done him.
iyilikçi *see* iyiliksever.
iyilikçilik *see* iyilikseverlik.
iyiliksever good, kind, benevolent (person).
iyilikseverlik benevolence.
iyimser 1. optimistic. 2. (an) optimist.
iyimserlik optimism.
iyon *phys., chem.* ion.
iyonik *phys., chem.* ionic.
iyonlanma *phys., chem., see* iyonlaşma.
iyonlaşma *phys., chem.* ionization.
iyonlaşmak *phys., chem.* to ionize, become ionized.
iyonlaştırmak /ı/ *phys., chem.* to ionize.
İyonya 1. Ionia. 2. Ionian, of Ionia.
İyonyalı 1. (an) Ionian. 2. Ionian (person).
iyonyuvarı, -nı ionosphere.
iyot *chem.* iodine.
iyotlama *chem.* iodization.
iyotlamak /ı/ *chem.* to iodize.
iyotlu iodized; iodic, containing iodine.
iz 1. footprint, track. 2. trace, mark, evidence, clue. 3. *geom.* trace. **—ine basmak** /ın/ *colloq.* to tail, follow. **—i belirsiz olmak** to vanish without a trace, disappear without a trace. **—ine düşmek** /ın/ *colloq.* to trail, follow the trail of. **—ini düşürmek** /ın/ *geom.* to project (a solid figure) onto a plane. **—ini kaybetmek** /ın/ *colloq.* to lose track (of). **—ini kaybettirmek** *colloq.* to cover one's tracks, go into hiding. **—i silinmek** *colloq.* for nothing to be left to let one know that (someone/something) ever existed. **— sürmek** *colloq.* to follow a trail. **—ini sürmek** /ın/ *colloq.* to trail, follow. **—ine uymak** /ın/ *colloq.* to adopt the ideas and plans (of another). **—inde/—inden yürümek** /ın/ to follow the example (of another).
izaç *obs.* vexation, worry. **— etmek** /ı/ to vex, annoy, harass.
izafet, -ti 1. *phil.* relativity. 2. *gram.* the relation-

izafeten /a/ (naming someone/something) after, in honor of.
izafi 1. relative (concept/term). 2. *phil.* nominal. 3. *phys.* specific.
izafilik relativeness, being relative.
izafiyet, -ti relativity. — **teorisi** the theory of relativity.
izah explanation. — **etmek** /ı/ to explain.
izahat, -tı explanations.
izale *obs.* removal. — **etmek** /ı/ to remove, wipe out, do away with, dispose of. — **i şüyu** *law* the dividing up of an undivided property.
izam *obs.* exaggeration. — **etmek** /ı/ to exaggerate.
izan *obs.* 1. intelligence, understanding. 2. consideration for others. — **dedikçe uzanmak** *colloq.* to pay no attention to those who ask one to be considerate. — **etmek** to be considerate.
izanlı 1. quick to understand, quick-witted, sharp. 2. sensitive to the needs of others, thoughtful.
izansız 1. slow to understand, slow. 2. insensitive, lacking in thoughtfulness or sympathy.
izansızlık 1. slowness of understanding. 2. insensitivity, lack of thoughtfulness or sympathy.
izbe 1. low and dark place; damp and dingy living quarters. 2. secluded, isolated.
izbiro *naut.* rope sling (used in lifting cargo).
izci 1. boy scout; girl scout. 2. scout.
izcilik scouting.
izdeş follower, disciple.
izdiham throng, crowd, crush.
izdivaç marriage, matrimony. — **etmek** to get married. — **teklifi** proposal of marriage.
izdüşüm 1. projection (on a screen). 2. projecting (of an image onto a screen). 3. geometric projection; perspective drawing.
izdüşümsel *geom.* projectional.
izdüşümü, -nü *see* **izdüşüm**.
izdüşüren *geom.* projective.
izhar *obs.* manifestation, display, showing. — **etmek** /ı/ to show, reveal, display.
izin, -zni 1. permission. 2. leave (of absence); vacation. 3. *mil.* discharge. — **almak** to get permission. — **e çıkmak** to go on vacation, take a vacation; to go on leave. — **koparmak** *colloq.* to get permission. —**ini kullanmak** to take one's vacation; to use one's leave. — **vermek** /a/ 1. to give permission. 2. *mil.* to discharge. 3. *obs.* to dismiss, fire.
izinli 1. (someone) who has permission (to do something). 2. (someone) who is on vacation/leave. 3. (doing something) with permission, having gained permission to do so.
izinsiz 1. (doing something) without permission, without having permission to do so. 2. (a) detention (given to a student). 3. (student) who's been given a detention.
İzlanda 1. Iceland. 2. Icelandic, of Iceland.
İzlandaca 1. Icelandic, the Icelandic language. 2. (speaking, writing) in Icelandic, Icelandic. 3. Icelandic (speech, writing); spoken in Icelandic; written in Icelandic.
İzlandalı 1. (an) Icelander. 2. Icelandic (person).
izlek *prov.* rough path, goat trail, track.
izlem observation, following (the development of events).
izlemci observer.
izlemek /ı/ 1. to follow. 2. to watch, view; to observe.
izlence 1. schedule, plans, program. 2. *radio* program, broadcast. 3. *TV* program, show. 4. schedule of programs. 5. *comp.* program. 6. program (printed for a play, concert, etc.).
izlenim impression.
izlenimci *art* 1. (an) impressionist. 2. impressionistic.
izlenimcilik *art* impressionism.
izlenmek 1. to be followed. 2. to be watched, be viewed; to be observed. 3. to get an impression.
izleyici spectator; viewer.
izmarit, -ti 1. *zool.* picarel. 2. (cigarette) butt.
izobar 1. isobar. 2. isobaric.
izohips *geog.* contour line.
izolasyon insulating (something), insulation.
izolatör insulator, a material or body that insulates.
izole insulated, furnished with insulation. — **bant** electric tape, friction tape. — **etmek** /ı/ to insulate (something).
izomer *chem.* isomeric, isomerous, exhibiting isomerism.
izomeri *chem.* isomerism.
izomerik *chem.* isomeric, of or relating to isomerism.
izomorf isomorph.
izomorfik isomorphic.
izomorfizm isomorphism.
izoterm 1. isothermal, isothermic. 2. isotherm.
izotop, -pu isotope.
izzet, -ti glory, greatness; excellence; honor. —**ü ikbal ile!** *obs.* Good-bye! *(said to a departing guest).* —**ü ikram** entertaining (someone) royally.
izzetinefis, -fsi self-respect.

J

jagar *zool. see* **jaguar.**
jaguar *zool.* jaguar.
jakar Jacquard loom.
jaketatay cutaway, cutaway coat.
jakuzi Jacuzzi.
jaluzi (a) Venetian blind.
Jamaika 1. Jamaica. 2. Jamaican, of Jamaica.
Jamaikalı 1. (a) Jamaican. 2. Jamaican (person).
jambon ham (as a food).
jandarma 1. gendarme, police soldier. 2. the corps of gendarmes, gendarmerie.
jandarmalık 1. the duty of a gendarme. 2. *colloq.* trying to get something for nothing or making a show of force. 3. policing.
janjan iridescent, shot, changeable, chatoyant (fabric).
janjanlı *colloq.* iridescent, shot, changeable, chatoyant (fabric).
jant, -tı rim (of a wheel). — **kapağı** hubcap.
Japon 1. (a) Japanese. 2. Japanese, of Japan. 3. Japanese, pertaining to the Japanese or their language.
Japonca 1. Japanese, the Japanese language. 2. (speaking, writing) in Japanese, Japanese. 3. Japanese (speech, writing); spoken in Japanese; written in Japanese.
japone used in: — **kol** tailor. short and slightly puffed sleeve cut in one piece with the bodice.
japongülü, -nü *bot.* 1. hibiscus. 2. camellia.
japonsarmaşığı, -nı *bot.* Japanese ivy.
Japonya Japan.
Japonyalı 1. (a) Japanese. 2. Japanese (person).
jardiniyer plant stand, jardinière.
jarse 1. jersey cloth. 2. jersey, made of jersey.
jartiyer garter.
jelatin 1. gelatin. 2. cellophane paper, cellophane. — **kâğıdı** cellophane paper, cellophane.
jelatinli gelatinous.
jeneratör 1. generator. 2. boiler.
jenerik (film) credits.
jenosit genocide.
jeodezi geodesy.
jeodezik geodesic. — **kubbe** geodesic dome.
jeofizik geophysics.
jeofizikçi geophysicist.
jeokimya geochemistry.
jeolog geologist.
jeoloji geology.
jeolojik geologic, geological.
jeopolitik 1. geopolitics. 2. geopolitical.
jeotermal geothermal, geothermic. — **enerji** geothermal energy.
jeotermik geothermic, geothermal.
jest, -ti 1. gesture, sign, signal. 2. nice gesture, beau geste.
jet, -ti jet airplane, jet. — **sosyete** *colloq.* the jet set.
jeton token, slug (metal piece used in pay phones and turnstiles). — **düştü.** *slang* Now it's registered./Now I get it./*Brit.* The penny's dropped. — **geç düştü.** *slang* It took a while for me/you/him/her to catch on.
jigle *auto.,* see **jikle.**
jigolo gigolo.
jikle *auto.* choke.
jiklet, -ti chewing gum.
jile 1. jumper, sleeveless dress worn over a blouse. 2. gilet.
jilet, -ti (safety) razor blade.
jiletlemek /ı/ to cut (something) with a razor blade.
jimnastik 1. calisthenics. 2. gymnastics (as an art). 3. calisthenic, calisthenical. 4. gymnastic, gymnastical. — **ayakkabısı** gym shoe. — **yapmak** 1. to do calisthenics. 2. to perform gymnastic feats.
jimnastikçi 1. gymnast. 2. gymnastics coach.
jinekolog gynecologist.
jinekoloji gynecology.
jips *geol.* gypsum, parget.
jiroskop, -pu gyroscope.
jiujitsu *sports* jujitsu, jiujitsu.
jogging, -gi jogging (as an exercise). — **yapmak** to jog (for exercise).
joging, -gi *see* **jogging.**
jokey jockey.
jorjet, -ti 1. georgette, georgette crepe. 2. georgette, made of georgette.
jöle 1. jello, *Brit.* jelly. 2. gelatinized meat broth.
jön 1. handsome and dashing young man. 2. *theat.* (male) juvenile lead.
jönprömiye *theat.* (male) juvenile lead.
Jöntürk *hist.* 1. (a) Young Turk. 2. Young Turk, of the Young Turks.
judo *sports* judo.
judocu *sports* judoka, one skilled in judo.
jul, -lü *phys.* joule.
Jura used in: — **devri** *geol.* the Jurassic period, the Jurassic.
Jurasik 1. the Jurassic period, the Jurassic. 2. Jurassic, pertaining to the Jurassic period.
jurnal, -li 1. report of (an informer). 2. diary. — **etmek** /ı/ to inform on, denounce, report.
jurnalci informer, police spy, undercover man.

jurnalcilik informing, acting as a police spy.
jurnallemek /ı/ to inform on, denounce, report.
jübe *arch.* 1. rood screen, jube. 2. rood loft, jube.
jübile jubilee.
Jülyen *used in:* — **dönemi** Julian period. — **takvimi** the Julian calendar. — **yılı** Julian year.

Jüpiter *astr.* Jupiter.
jüpon underskirt.
jüri 1. judges' panel, panel of judges; selection committee; evaluation committee. 2. *law* jury. — **başkanı** *law* foreman. — **kararı** *law* verdict. — **üyesi** *law* juror.
jüt, -tü 1. jute, jute fiber. 2. *bot.* the jute plant.

K

K the letter K.

K. (*abbr. for* **Kuzey**) N. (North, Northern).

kaba 1. rough, coarse. 2. vulgar, rude. 3. rough (calculation/guess). 4. crudely made. 5. having coarse grains. 6. puffy, puffed up; thick (carpet). 7. *colloq.* buttocks. **—sını almak** /ın/ 1. to give (a place) a lick and a promise; to clean up (something) quickly. 2. to give (something) a rough form, rough-hew. **— et** *colloq.* buttocks. **— iş** a piece of crude workmanship. **— kâğıt** coarse wrapping paper. **— saba** 1. coarse, vulgar. 2. careless, sloppy (work). **— sofu** religious bigot in the extreme. **— un** coarse flour.

kabaca 1. somewhat grown up; biggish. 2. rather crude; rather roughly done.

kabaca 1. in a rude way, grossly. 2. roughly, approximately.

kabadayı 1. swaggering, rough-and-ready fellow, tough guy. 2. tough, gutsy; manly. 3. swaggering. 4. *colloq.* the best (of anything).

kabadayılık 1. swaggering toughness. 2. acting tough. **— etmek** to behave in a tough, swaggering way. **— taslamak** to play the tough.

kabahat, -ti 1. fault, offense. 2. misdemeanor. **— atmak** /a/ to accuse (someone), charge (someone) with a fault. **— bende.** It is my fault. **— bulmak** /da/ to find fault (with). **— işlemek/yapmak** to do something wrong; to violate a rule. **—i yüklemek** /a/ to blame.

kabahatli guilty, at fault, in the wrong. **— çıkarmak** /ı/ to show (someone) to be the guilty party. **— çıkmak** to be found to be at fault, be found guilty.

kabahatlilik being at fault, guiltiness.

kabahatsiz not to blame, innocent.

kabahatsizlik innocence, blamelessness.

kabak 1. squash; vegetable marrow, zucchini; pumpkin; gourd. 2. hashish pipe. 3. boorish, awkward. 4. tasteless, unripe (watermelon). 5. bald. **— bastısı** stewed vegetable marrow. **— başına/başında patlamak** *colloq.* to bear the brunt of something; to catch the blame for something. **— çekirdeği** pumpkin seed. **— çekmek** to smoke hashish. **— çıkmak** (for a melon) to turn out to be unripe. **— çiçeği gibi açılmak** *colloq.* to start behaving too unconstrainedly. **— dolması** stuffed squash. **— gibi** 1. bald. 2. bare. 3. tasteless. **— kafalı** 1. bald. 2. having a shaved head. 3. stupid. **— kalyası** squash cooked in butter. **— kızartması** fried squash. **— musakkası** a dish made with squash, ground meat, and onions. **— tadı vermek** to become boring, become uninteresting, lose its appeal. **— tatlısı** a dessert prepared with boiled pumpkin, walnuts, and sugar.

kabaklamak /ı/ to prune (a tree) back to its trunk.

kabaklaşmak to go bald.

kabaklık 1. unripeness (in a watermelon). 2. boorishness, awkward manners. 3. baldness.

kabakulak *path.* mumps, parotitis.

Kabala *Judaism* the Cabala.

kabala esoteric doctrine, cabala.

kabalak a headgear worn by Ottoman soldiers in the First World War.

kabalaşmak 1. to become rough/coarse. 2. to act rudely. 3. to use coarse language.

kabalaştırmak /ı/ to make (something/someone) rough/coarse/crude.

kabalık 1. roughness, lack of finish. 2. coarseness, vulgarity. **— etmek** 1. to behave rudely. 2. to use coarse language.

kaballama timbering, propping (in mines).

kaban 1. hooded jacket. 2. half-length coat, jacket.

kabara 1. hobnail. 2. ornamental brass-headed stud.

kabaralı 1. hobnailed. 2. ornamented with studs.

kabarcık 1. blister, *med.* bulla, bleb. 2. pimple, pustule. 3. bubble.

kabarcıklanmak 1. to break out in blisters or pimples. 2. (for paint) to blister, become blistered.

kabarcıklı 1. blistered. 2. pimply. **— düzeç** spirit level.

kabare cabaret, nightclub with a revue as entertainment. **— tiyatrosu** cabaret theater.

kabarık 1. swollen, puffed up. 2. blistered. 3. fluffy. 4. sticking out/up, bulging out/up. **— deniz** high tide.

kabarıklık 1. blister. 2. swelling; puffiness.

kabarma 1. rising; swelling. 2. high tide. 3. blistering. **— alçalma** the tide.

kabarmak 1. to swell up, become puffed up; to become fluffy. 2. (for a liquid) to bubble up. 3. (for bread) to rise. 4. (for expenses/figures) to increase, swell. 5. to stand on end, bristle. 6. (for cloth/fiber) to fuzz out, become linty or nappy. 7. (for paint) to blister. 8. (for dirt in the skin) to come to the surface in rolls. 9. to be full of oneself, be puffed up with self-importance. 10. to act tough. 11. (for the sea) to get rough.

kabartı 1. swollen place, bulge. 2. blister.

kabartma 1. making something swell. 2. bas-relief. 3. relief, relievo. 4. relief, in relief. **— deri**

embossed leather. **— harita** (three-dimensional) relief map.
kabartmak /ı/ to make (something) swell, puff up, or rise.
kabartmalı embossed, ornamented with a raised design or relief.
kabasakal (someone) who has a bushy beard.
kabataslak 1. roughly sketched out, roughly outlined. 2. in rough outline.
kabayonca *bot.* alfalfa, *Brit.* lucerne.
Kâbe *Islam* the Kaaba. **—i muazzama** the Kaaba. **— örtüsü** the black cloth covering the Kaaba. **— toprağı** soil from Mecca brought back by a hadji.
kabız, -bzı 1. constipation. 2. constipated. **— olmak** 1. to be constipated. 2. *slang* to be unemployed. 3. *slang* to be nonplussed, be at a loss for words.
kabızlık constipation. **— çekmek** to suffer from constipation.
kabil possible, feasible, practicable. **—i af** *law* pardonable. **— değil** impossible, out of the question: **Kabil değil, randevu alamadım.** My getting an appointment was out of the question. **—i temyiz** *law* appealable.
kabîl sort, kind, category: **Bu kabîl işleri sevmem.** I don't like jobs of this sort. **O kabîlden bir maceraydı işte.** That's the sort of adventure it was. **—inden** 1. (something) which resembles, which is like, which is along the lines of: **rakı kabîlinden bir içki** a drink resembling raki. 2. as: **Onu tenkit kabîlinden söylemedim.** I didn't say that as a criticism.
kabile 1. *sociol.* clan; tribe. 2. *obs., bot.* genus. **— reisi** tribal chieftain.
kabiliyet, -ti ability, capability, competence.
kabiliyetli able, capable, competent.
kabiliyetsiz lacking in ability, incompetent.
kabiliyetsizlik incompetence, incapability.
kabin 1. cabin (of an airplane/a ship). 2. changing cubicle (at a beach, in a store). 3. (telephone) booth. **— memuru** airline steward/stewardess.
kabine 1. cabinet, council of ministers. 2. (doctor's) consulting room. 3. changing cubicle (at a beach, in a store). 4. toilet. **— çekilmek** for a government to resign. **— düşmek** for a government to fall. **— toplantısı** cabinet meeting.
kabir, -bri grave, tomb. **— azabı çekmek** to suffer greatly. **— suali sormak** to pester someone with exasperating questions.
kablo (utility) cable, line, or cord; extension cord. **— çekmek** to string out a utility line. **— döşemek** to lay down a utility line (in the earth); to lay cable (in the sea). **— gemisi** cable ship. **—lu televizyon** cable television, cable TV.
kabotaj cabotage. **— gemisi** coaster, coasting vessel.
kabristan cemetery, graveyard.
kabuk 1. outer covering. 2. bark. 3. rind, peel, skin, hull (of a fruit); pod, husk (of a vegetable/grain); shell (of a nut). 4. (shellfish) shell. 5. eggshell. 6. crust. 7. scab (of a wound). 8. *anat.* cortex. **— bağlamak** to form a crust/a scab. **—una çekilmek** to withdraw into one's shell; to refuse to associate with others. **—unu soymak** /ın/ to peel, strip, skin.
kabuklanmak 1. to form a scab. 2. to grow bark.
kabuklu 1. (something) that has a shell, skin, or bark. 2. crustaceous. 3. *slang* uncircumcised.
kabuksuz 1. peeled; shelled. 2. without bark. 3. without a shell. 4. *slang* circumcised. **— yumurtlatmak** /ı/ to hurry (someone) so much that he does his work incompletely.
kabul, -lü 1. acceptance; assent: acquiescence. 2. receiving (someone). **K—.** I accept it./I agree./I assent. **—ümdür.** I willingly give my consent. **— edilmek** 1. to be accepted. 2. to be received (into someone's presence). **— etmek** /ı/ 1. to accept; to consent, agree to; to acquiesce in. 2. to receive (someone). **— ettirmek** /ı, a/ to get (something) accepted by. **— günü** 1. day when a lady is at home to receive her friends. 2. at-home, informal party given at one's home. **— odası** official reception room. **—ü olmak** to give one's consent willingly. **— olunmayacak duaya âmin demek** *colloq.* to expect the impossible. **— salonu** reception room. **— ve tasdik etmek** /ı/ to approve, ratify.
kabullenme appropriation of another's property as one's own.
kabullenmek /ı/ 1. to appropriate (something) for oneself. 2. to accept unwillingly, comply with unwillingly.
kaburga 1. *anat.* rib cage. 2. *anat.* rib. 3. frame (of a timber ship). 4. *arch.* rib (of a vault). **—ları çıkmak/sayılmak** *colloq.* to be all skin and bones. **— kemiği** *anat.* rib.
kaburgalı (animal/thing) which has ribs; ribbed. **— tonoz** *arch.* ribbed vault.
kâbus nightmare. **— basmak/çökmek** /a/ to have a nightmare.
kâbuslu 1. (time) of nightmares. 2. nightmarish, dreadful.
kabza 1. handle, butt (of a weapon). 2. *slang* a handful of hashish. **— siperi** hilt guard.
kabzımal fruit and vegetable wholesaler.
kabzımallık the wholesale fruit and vegetable business.
kaç, -çı How many ...?/How many? **K—a?** What is the price?/How much is it? **—a kaç?** What's the score?/How does the game stand? **—ın kurası** *colloq.* an old hand, someone not easily fooled. **—a mal oldu?** How much did it cost? **— para eder?** What's it good for?/How

far will it get you? — **paralık adam/şey ki?** *colloq.* He's/It's good for nothing, I tell you. — **parça olayım?** *colloq.* I wonder which of all these jobs I should tackle first? — **tane?** How many? — **yaşında?** How old is he/she? — **zamandır** for a long time now.

kaçaburuk shoemaker's awl.

kaçak 1. runaway, fugitive (person); truant (pupil); AWOL (soldier); illegally employed. 2. contraband, smuggled. 3. illegal, illegally done. 4. leak, leakage. 5. illegally; as contraband. — **av** poaching; hunting out of season. — **avcı** poacher; out-of-season hunter. — **eşya/mal** smuggled goods. — **inşaat** unlicensed construction. — **kat** a floor added to a building illegally. — **kesim** unlicensed butchering (of cattle). — **yapmak** (for fluid/gas/electricity) to leak.

kaçakçı smuggler. — **gemisi** smuggler's ship.

kaçakçılık 1. smuggling. 2. dealing in contraband goods. — **yapmak** 1. to smuggle. 2. to deal in contraband goods.

kaçaklık avoiding a legal obligation; being a fugitive; desertion; truancy.

kaçamak 1. doing something forbidden; doing something one shouldn't do. 2. pretext, excuse; loophole. 3. refuge, safe place. 4. secret back gate, postern. — **yapmak** to do something forbidden; to do something one shouldn't do. — **yol** pretext, excuse.

kaçamak dish made with cornmeal, water, and butter.

kaçamaklı evasive, elusive, noncommittal.

kaçar How many ... each?: **Herkes kaçar elma yedi?** How many apples each did everyone eat? — **kaçar?** 1. How many ... in each group? 2. How many ... at a time?

kaçarula saucepan; casserole.

kaçgöç, -çü the practice whereby some Muslim women veil their faces and avoid contact with men not related to them.

kaçık 1. cracked, rather batty, a bit crazy. 2. (stocking) that has a run in it. 3. run, *Brit.* ladder (in a stocking). 4. crooked, leaning.

kaçıklık being rather batty; behaving a bit crazily.

kaçılmak 1. *impersonal passive* to run away, escape. 2. *colloq.* to get out of the way.

kaçımsamak /dan/ to look for an excuse to avoid (doing something).

kaçımsar evasive.

kaçıncı *(in an ordinal series)* Which ...?: **Kaçıncı sınıftasın?** What grade are you in?

kaçınık reclusive, withdrawing.

kaçınılmak /dan/ to be avoided.

kaçınılmaz inevitable, unavoidable, ineluctable.

kaçınma 1. evasion. 2. a woman's veilling herself and avoiding contact with men not related to her.

kaçınmak /dan/ 1. to avoid, get out of. 2. (for a woman) to avoid the company of (men).

kaçıntı leakage, leak.

kaçınılmak 1. to be kidnapped; (for a girl) to be abducted; to be hijacked. 2. (for a vehicle/an opportunity) to be missed.

kaçırma kidnapping; abduction; hijacking.

kaçırmak 1. /ı/ to help (someone) escape; to let (someone) escape. 2. /ı/ to put an end to, spoil, upset (one's sleep/pleasure/peace of mind). 3. /ı/ to miss (a vehicle/a chance). 4. /ı/ to miss seeing (a person, because he has left). 5. /ı/ to cause (someone) to go away. 6. /ı/ to smuggle. 7. /ı/ to evade (taxes). 8. /ı/ to kidnap; to abduct, carry off; to hijack; to steal. 9. /ı/ to carry (something) to an extreme, take (something) too far. 10. to go mad, go off one's nut. 11. /ı/ to overlook, miss, omit. 12. /ı/ to leak (oil/water/gas); to lose (electricity). 13. /a/ (for someone) to wet/soil (his/her underwear).

kaçırtmak /a, ı/ 1. to have (someone) help (another) to escape. 2. to cause (someone) to miss (a vehicle/a chance). 3. to cause (someone) to miss seeing (another). 4. to have (someone) smuggle (something). 5. to have (someone) kidnap, abduct, carry off, hijack, or steal (something/someone). 6. to cause (someone) to overlook, miss, or omit (something).

kaçış 1. flight, escape; desertion. 2. passing someone (in a footrace).

kaçışmak to run away in various directions.

kaçkın deserter; fugitive; truant.

kaçlı 1. How many (will it hold)?: **Bu kutular kaçlı?** How many will these boxes hold? 2. of what value?: **Bu iskambil kaçlı?** How many points is this card worth? 3. What's his year (of birth/graduation)?: **Kaçlısınız?** What year were you born in?

kaçlık 1. worth how much?: **Kaçlık kitap istiyorsunuz?** How much do you want to pay for a book? 2. of what size?: **Kaçlık paket aldın?** What size packet did you buy? 3. of what age?: **Bu adam kaçlık?** How old is this man?

kaçmak 1. /dan/ to escape (from), flee; to desert; to run away (from); to skip out of; to sneak off from. 2. /dan/ to get out of, avoid, shirk (an obligation). 3. /dan/ to avoid, stay away from (someone/a place). 4. /dan/ (for liquid/gas) to leak, leak out (of); (for electricity) to escape from (something). 5. (for a stocking) to run, *Brit.* ladder. 6. /a/ (for water/dust/an insect) to slip into, get into, penetrate (one's eye/one's ear/a container). 7. /a/ to slip to (one side). 8. to disappear, go away without saying good-bye. 9. /la/ to elope with. 10. to run fast. 11. (for one's sleep/peace of mind/good mood) to disappear, vanish, go away. 12. /a/ to tend toward, verge on, be tinted with (exaggeration/malice/another color). 13. to seem (rude/inopportune). 14. to turn out (well/badly). **Kaçan balık büyük olur.** *proverb* One always imagines the thing one has missed to be better than it actually was. **kaçacak delik aramak** to look for a place to hide. **kaçmaktan kovalamaya/kovmaya vakti olmamak/vakit bulamamak/eli değmemek** to be so busy with important matters that one has no time for lesser things.

kaçmaz runproof, non-running, *Brit.* non-laddering (stocking).

kadana big horse. **— gibi** *colloq.* tall and massively built (woman).

kadar 1. as ... as: **fil kadar büyük** as big as an elephant. 2. as much as: **O yapabildiği kadar yaptı.** She did as much as she could. 3. /a/ up to, as far as (a place); until, up to (a time); by (a time); within (a time). 4. it's as if, consider that: **Sağ olunuz, bir fincan içmiş kadar oldum.** Thanks; consider me as having drunk a cup just the same. 5. so ... (that): **O kadar üzüldü ki ....** She was so sad that .... 6. amount; much: **O kadar ver.** Give that amount. 7. about, approximately: **On kişi kadar geldi.** About ten people came. **... şu — ...** more than, over: **yüz şu kadar ağaç** over a hundred trees.

kadastro cadastral survey. **—sunu çıkarmak** /ın/ to make a cadastral survey of (an area). **— dairesi** government office where cadastral records are kept. **—ya geçmek** (for property) to be registered in a cadastre. **— haritası** cadastral map. **— krokisi** cadastral sketch. **— memuru** 1. official who surveys and appraises land. 2. official in an office for cadastral records. **— planı** cadastral plan.

kadavra cadaver.

kadayıf any of several desserts (i.e. **telkadayıf, ekmekkadayıfı, yassıkadayıf**).

kadayıfçı maker or seller of **kadayıf.**

kadeh 1. goblet; wineglass; liqueur glass. 2. *bot.* calyx. **— kaldırmak** to raise one's glass in a toast. **— tokuşturmak** to clink glasses in a toast.

kadem 1. foot (unit of length). 2. good luck.

kademe 1. rank, level, grade, position 2. *mil.* echelon. **— kademe** 1. step by step, by degrees. 2. *mil.* in echelons.

kademelemek /ı/ 1. to line up (people) in graded ranks; to line up (things) in gradation. 2. to draw up (troops) in echelons.

kademelendirmek /ı/ to separate into graded ranks.

kademelenmek to be separated into graded ranks.

kademeli 1. graded, gradated. 2. *mil.* in echelons.

kademli lucky.

kademsiz unlucky.

kader fate, destiny. **— birliği** sharing a common fate. **— böyle imiş.** That is the way it was fated to be. **—ine küsmek** to curse one's fate. **—de olmak** to be fated to be. **—de varmış.** That is the way it was fated to be.

kaderci *phil.* 1. (a) fatalist. 2. fatalistic.

kadercilik *phil.* fatalism.

kadı qadi, kadi, kadhi. **— kızı Kadire, geldi çıktı sedire.** *colloq.* She thinks she's too good to help with the work. **— yoran** obstinate, stubborn.

kadıköytaşı, -nı chalcedony.

kadılık quality, rank, functions, or administrative district of a qadi.

kadın 1. woman. 2. woman who has lost her virginity. 3. *prov.*, a title used after the names of older women. 4. *colloq.* cleaning woman; maid. 5. good at housekeeping. **— ağızlı** garrulous and gossipy (man). **— avcısı** lady-killer, wolf. **— bağı** sanitary napkin. **— berberi** hairdresser. **— çamaşırı** lingerie. **— doktoru** gynecologist. **— düşkünü** 1. skirt-chaser, womanizer. 2. skirt-chasing, womanizing. **— düşmanı** woman hater, misogynist. **— efendi** a wife of the sultan. **—lı erkekli** (a gathering) with both men and women present. **—lar hamamı** 1. women's section of a Turkish bath. 2. *colloq.* very noisy place. **—lar hamamına dönmek** (for a place) to become very noisy. **— hastalıkları** gynecological diseases. **— hastalıkları uzmanı** gynecologist. **— işçi** woman worker. **— kadıncık** quiet, domestic sort of (woman). **— kısmı** womankind, women. **— milleti** *colloq.* womankind, women. **— nine** 1. grandmother. 2. old woman. **— olmak** 1. to lose one's virginity. 2. to be a good housewife. **— oyuncu** actress. **— terzisi** dressmaker. **— ticareti** white slave trade. **— tüccarı** pimp.

kadınbudu, -nu a meat patty made with eggs and rice.

kadınca 1. womanly, feminine. 2. womanly, in a womanly manner.

kadıncağız 1. the dear woman. 2. the poor woman, the poor thing.

kadıncık the poor woman, the poor thing.

kadıncıl woman-chasing, womanizing.

kadıngöbeği, -ni a pastry soaked in syrup and filled with nuts and thick cream.

kadınlık 1. womanhood, being a woman. 2. being a good housewife. **— gururu** womanly pride.

kadınsı 1. womanly, feminine. 2. effeminate, womanish.

kadırga *naut.* galley.

kadife 1. velvet. 2. corduroy. **— gibi** velvety.

kadifeçiçeği, -ni *bot.* marigold.
kadim ancient, very old.
kadir, -dri 1. worth, value, rank. 2. *astr.* magnitude. **— ini bilmek /ın/** to appreciate, value. **— gecesi** *Islam* the Night of Power (the 27th of Ramazan, when the Koran was revealed). **K— gecesi doğmuş.** *colloq.* 1. He is a very lucky person. 2. He is married to a very fine person.
kadir 1. mighty, powerful, strong. 2. /a/ capable of. **— olmak /a/** to be able to, have the power to, be capable of.
kadirbilir (someone) who can recognize a person of merit or worth.
kadirbilirlik being able to recognize a person of merit or worth.
kadirşinas (someone) who can recognize a person of merit or worth.
kadirşinaslık being able to recognize a person of merit or worth.
kadit 1. skin and bones, a mere skeleton. 2. skeleton. **— i çıkmak** to turn into skin and bones.
kadmiyum *chem.* cadmium.
kadraj framing, composition (as of a painting or photograph).
kadran face, dial (of a clock/an instrument).
kadro 1. (permanent) staff, (long-term) personnel. 2. list or roster of permanent staff positions. 3. (a) position on the permanent staff (of an organization). 4. the number of people (who comprise a specified group within an organization): **Bu yıl takımımızın aday kadrosu az.** This year the number of candidates for our team is small. 5. frame (of a bicycle/a motorbike/a motorcycle).
kadrolu 1. (someone) who is on the permanent staff (of an organization). 2. permanent (job/position).
kadrosuz 1. (someone) who is not on the permanent staff (of an organization). 2. temporary (job/position).
kadük *law* null and void; lapsed; (something) that has become a dead letter; (legislative proposal) that has been shelved.
kafa 1. head. 2. mind, mental attitude. 3. intelligence. 4. a large marble, shoooter. **—ya almak** *slang* 1. /ı/ to silence (a bothersome person). 2. to find the right person (to do a job). **—sı almamak /ı/** 1. not to be able to understand. 2. to be too tired to understand. 3. not to be able to believe. **—dan atmak** to make up something and try to pass it off as the truth. **— boşluğu** cranial cavity, cavum cranii. **—sı bozulmak** *colloq.* to blow one's top, get angry. **—sı bulanmak** to get confused. **—yı bulmak** *slang* to be pleasantly tipsy (from drink). **—sı çalışmak** to be on the ball. **—yı çekmek** *colloq.* to do some serious drinking, *Brit.* have a booze-up. **—sından çıkarmak /ı/** to put (an idea) out of one's head. **—sına dank etmek/demek** to dawn on one at last. **— değiştirmek** to change one's mind; to change one's way of thinking. **— dengi** 1. kindred spirit. 2. (someone) who is a kindred spirit, like-minded. **—sının dikine gitmek** to go one's own way, do as one pleases. **—sı dinç olmak** to feel fresh and alert. **—sı dönmek** 1. to be confused and perplexed. 2. to feel dizzy. **—sı dumanlı** 1. tipsy, tight. 2. tired and confused. **—sı durmak** to be too tired to think. **—dan gayri müsellah** *colloq.* nutty, not quite right in the head. **—sına girmek /ın/** 1. to make good sense, seem to be right (to). 2. to comprehend, understand. **— göz yarmak** to be awkward and unskillful. **— işçisi** white-collar worker. **—sı işlemek** to be on the ball. **—sı izinli olmak** *slang* for one's mind to be elsewhere; to woolgather. **— kafaya vermek** to put their heads together. **— kalmamak /da/** to be so worn out one can't think. **—sı karışmak** (for someone) to get confused. **—sını kaşıyacak vakti olmamak** to be too busy to think, not to have time to turn around. **—sı kazan (gibi) olmak** for one's head to be ringing (from noise); to feel fuddled (after a lot of mental effort). **—sını kızdırmak /ın/** to make (someone's) blood boil. **—sı kızmak** to get angry. **—dan kontak** *colloq.* cracked, nutty, touched in the head. **—sına koymak /ı/** to get hold of (some idea); to take it into one's head (to do something). **—sını kullanmak** to use one's head. **—sını kurcalamak /ın/** to make (one) think. **— patlatmak** to do a lot of hard mental work. **—dan sakat** *colloq.* cracked, nutty, touched in the head. **— sallamak** to rubber-stamp everything, be a yes-man. **—sı sığmamak** not to be able to comprehend. **—sında şimşek çakmak** to get a sudden inspiration. **— şişirmek** (for noise/a complicated problem) to drive one crazy, make one unable to think straight. **—sı şişmek** for one's head to be ringing (from noise); to feel fuddled (after a lot of mental effort). **—sına takılıp kalmak** to stick in one's mind, not to leave one's mind. **—sı taşa çarpmak** to learn something the hard way. **—sını taştan taşa çarpmak/vurmak** 1. to regret bitterly a lost opportunity. 2. to feel very remorseful. **— tutmak /a/** to defy; to oppose challengingly. **—yı tütsülemek** *slang* to get tight, get tipsy. **— ütülemek** *slang* to talk someone to death, talk someone's ear off. **—sına vur, ekmeğini elinden al.** *colloq.* He is so meek you can walk all over him. **—sına vura vura** by force. **—sına vurmak** (for drink) to go to one's head. **—sını vurmak /ın/** to behead. **—yı (yere) vurmak** 1. to hit the sack, hit the hay. 2. to take to one's bed, get laid up (owing to illness). **— vuruşu** *soccer* header. **— yağı** *slang* sperm,

semen. **—sı yerine gelmek** to come back to earth; to start thinking straight again. **—sı yerinde olmamak** to woolgather; for one's mind to be elsewhere. **— yormak** to ponder, think hard, rack one's brains.

kafadar 1. kindred spirit; chum, crony, mate. 2. (someone) who is a kindred spirit, like-minded.

kafadarlık 1. being a kindred spirit or chum. 2. like-mindedness.

kafakâğıdı, -nı *colloq.* official identity card.

kafalı *colloq.* (someone) who has a head on his/her shoulders, brainy.

kafasız *colloq.* stupid, brainless, witless.

kafasızlık *colloq.* stupidity.

kafatasçı 1. (a) racist. 2. racist.

kafatasçılık racism.

kafatası, -nı *anat.* skull, cranium.

Kafdağı, -nı a mythical mountain. **—'nın ardında/arkasında** in a lonely and inaccessible place. **—'na kadar** 1. to the ends of the earth. 2. to the bitter end.

kafein caffeine.

kafeinsiz decaffeinated.

kafes 1. cage; coop. 2. lattice, latticework; wooden latticework screening the windows of old-style Turkish houses. 3. framework (of a wooden building); skeleton (of a ship). 4. *slang* clink, jug, calaboose, lockup. 5. *slang* confidence game, swindle. 6. screened-off area reserved for women (in a mosque). 7. seraglio apartment in which an Ottoman prince was brought up in seclusion. **—e almak /ı/** *slang* to talk (someone) to death, talk (someone's) ear off. **— çit** latticework fence. **— gibi** 1. a mere skeleton. 2. loosely woven. 3. full of holes, riddled with holes. **—e girmek** *slang* to be duped, be taken in. **— kafes** 1. full of holes. 2. latticed. **—e koymak /ı/** *slang* to deceive, swindle, con, suck (someone) in. **— tamiri** repair made to the framework of a wooden building.

kafesçi 1. maker or seller of cages/latticework. 2. *slang* con man.

kafeslemek /ı/ *slang* to swindle, con, suck (someone) in.

kafeslenmek *slang* to be swindled, be conned, be sucked in.

kafesli 1. latticed. 2. having a wooden framework.

kafeterya cafeteria.

kâfi 1. enough, sufficient: **Bu kadar kâfi.** This much will do. 2. That's enough./That'll do. **— derecede/miktarda** 1. enough, sufficient, in sufficient quantity: **Kâfi derecede şeker bulabildiniz mi?** Were you able to find enough sugar? 2. sufficiently, well enough: **Kâfi derecede Rusça bilmiyorum.** I don't know Russian well enough. **— gelmek** to be enough, suffice.

kafile 1. string; file; column; train; caravan; convoy; coffle. 2. consignment, lot, batch (of goods being shipped): **Mühimmatın ilk kafilesi geldi.** The first consignment of munitions has arrived. 3. company, band (of travelers, pilgrims, etc.). 4. gang, set, group (of people). **— kafile** 1. (moving) in strings, convoys, or coffles. 2. (sending goods) in lots or batches. 3. (people coming or going) in bands or groups.

kâfir 1. infidel, unbeliever; (a) non-Muslim. 2. unbelieving; non-Muslim. 3. *colloq.* devil, rogue, scamp. 4. *colloq.* damned, damn.

kâfirlik infidelity; being a non-Muslim.

kafiye rhyme.

kafiyeli rhyming, rhymed.

kafiyesiz unrhymed, not rhyming.

Kafkasya 1. the Caucasus, Caucasia. 2. Caucasian, of the Caucasus.

Kafkasyalı 1. (a) Caucasian. 2. Caucasian (person).

kaftan 1. *hist.* robe of honor, caftan. 2. decorating (the spire of a minaret) with lights. **— giydirmek /a/** 1. *hist.* to invest (someone) with a robe of honor. 2. to decorate (the spire of a minaret) with lights. **— giymek** *hist.* to receive a robe of honor.

kâfur camphor. **— ağacı** *bot.* camphor tree, camphor laurel.

kâfurlu camphorated, camphorized.

kâfuru *see* **kâfur.**

kâgir built of stone or brick.

kağan *hist.* khan, ruler.

kağanlık *hist.* khanate.

kâğıdımsı paperlike, having a texture like paper.

kâğıt 1. paper; piece of paper. 2. card, playing card. 3. *colloq.* letter, note. 4. document. **— açmak** to turn up the trump card. **— bıçağı** paper cutter. **— dağıtmak** to deal the cards. **—a dökmek /ı/** to put (something) down on paper, write (something) down. **— ezmesi** papier-mâché. **— fabrikası** paper mill. **— fener** paper lantern, Chinese lantern. **— gibi olmak** to turn as white as a sheet. **— hamuru** paper pulp. **— kaplamak /a/** to paper, cover with paper. **— kebabı** a dish made of lamb and vegetables broiled in a wrapper. **— makası** paper scissors. **— oynamak** to play cards. **— oyunu** card game. **— para** paper money; note, bill. **— para çıkarma** *fin.* emission. **— sepeti** wastepaper basket. **— üzerinde** (existing) on paper, in the planning stage. **— üzerinde kalmak** (for a project) to exist on paper only, not to get beyond the planning stage. **— üzerine koymak /ı/** to put (something) in writing.

kâğıtçı 1. manufacturer or seller of paper. 2. stationer.

kâğıtçılık 1. the paper business. 2. the stationery

business.
kâğıthelvası, -nı sweet, multilayered, disc-shaped wafer.
kâğıtkurdu, -nu bookworm, paper worm.
kâğıtlamak /ı/ to paper, cover with paper; to wrap in paper.
kâğıtlanmak to be papered, be covered with paper; to be wrapped in paper.
kâğıtlı papered, covered with paper; wrapped in paper.
kâğıtlık 1. small, shelved filing box; filing basket. 2. suitable for making paper.
kâğıtsı paperlike, papery.
kağnı oxcart (with two solid wooden wheels). — **gibi gitmek** to go at a snail's pace.
kağşak very loose; about to collapse; decrepit.
kağşamak 1. to become loose; to be about to collapse. 2. to become limp. 3. to become decrepit.
kağşatmak /ı/ 1. to loosen (something) so that it is ready to collapse. 2. to cause (something) to be done away with.
kâh (repeated) sometimes: **Boğaz kâh dalgalı, kâh dalgasızdır.** Sometimes the Bosporus is rough and sometimes it's smooth.
kahır, -hrı 1. pain and sadness, tribulation, or suffering (accompanied by a rankling sense of injustice): **Selin'in sağlığının bozulması onun kahrındandır.** It's because of the tribulation he's caused her that Selin's health has given way. 2. heartsickness. 3. rare coercion, force. 4. rare oppression. **—ını çekememek** /ın/ to be unable to put up with the pain (someone/something) unjustly causes one. **—ı çekilmez** unbearable, insupportable, insufferable. **—ını çekmek** /ın/ to put up with the pain (someone/something) unjustly causes one. **—ından ölmek** /ın/ 1. to die of the pain which (someone/an event) causes one; to die of heartsickness: **Adam müebbet hapse çarpıldı; altı ay sonra kadın kahrından öldü.** The man got a life sentence, and six months later the woman died of the pain of it. 2. to be very hurt by, be in mental agony; to eat one's heart out. **—ına uğramak** /ın/ to fall afoul of (someone's) wrath/malice. **— yüzünden lütfa uğramak** to benefit from something that was meant to harm one.
kahırlanmak 1. to be both sad and rankling with a sense of injustice. 2. to be heartsick; to eat one's heart out.
kahırlı 1. (someone) who is both sad and rankling with a sense of injustice. 2. heartsick; (someone) who is eating his/her heart out.
kâhin soothsayer, seer, oracle.
kâhinlik 1. soothsaying, prophesying. 2. (a) prophecy.
kahkaha loud laugh; guffaw. **— atmak** to laugh loudly; to guffaw. **—yı basmak/koparmak/salıvermek** to burst into laughter, burst out laughing. **— ile gülmek** to laugh loudly, roar with laughter; to guffaw.
kahkahaçiçeği, -ni bot. morning glory.
kahpe vulg. 1. harlot, whore, prostitute. 2. double-crossing; backstabbing. **—nin dölü** vulg. son of a bitch.
kahpelik vulg. 1. being a whore. 2. double cross, double-crossing; (a) stab in the back. **— etmek** vulg. to double-cross someone; to stab someone in the back.
kahraman 1. hero; heroine. 2. brave, heroic.
kahramanca 1. heroic. 2. heroically.
kahramanlık 1. heroism. 2. heroic deed. **— destanı** (an) epic. **— göstermek** to show heroism, behave heroically.
kahredici overpowering, crushing.
kahrolmak 1. to be both sad and rankling with a sense of injustice. 2. to be heartsick; to eat one's heart out. **Kahrolayım, ...** colloq. I swear ...: **Kahrolayım, bu dediğim doğru.** I swear what I'm saying is true. **Kahrolsun!** 1. Damn him/her/it! Blast! 2. Down with him/her/it! **Kahrolsun ...!** Down with ...!: **Kahrolsun sömürgecilik!** Down with colonialism!
kahvaltı, -yı 1. breakfast. 2. snack, light refreshment. **— etmek/yapmak** 1. to have breakfast, breakfast. 2. to have a snack. **— takımı** set of breakfast dishes, breakfast set.
kahvaltılık 1. suitable for eating at breakfast; set aside for breakfast. 2. food for breakfast.
kahve 1. coffee. 2. café (serving only coffee, tea, or soft drinks). **— ağacı** coffee plant. **— çekirdeği** coffee bean. **— çekmek** to grind coffee. **— değirmeni** coffee mill, coffee grinder. **— dolabı** cylindrical coffee roaster. **— dövmek** to pound up coffee in a mortar. **— dövücünün hınk deyicisi** toady, yes-man. **— falı** a fortune told by inspecting the grounds remaining in one's coffee cup. **— fincanı** demitasse, small coffee cup. **— hulasası** instant coffee. **— ocağı** small kitchen where coffee and tea are made. **— parası** tip, baksheesh, gratuity.
kahveci 1. grower, processor, or seller of coffee. 2. café owner or manager. **— çırağı** boy who works in a café.
kahvecilik 1. growing, processing, or selling coffee. 2. operating a café.
kahvehane café (serving only coffee, tea, or soft drinks).
kahverengi, -yi, -ni 1. brown, the color brown. 2. brown, brown in color.
kâhya 1. hist. steward, majordomo. 2. person who is in charge of the queue at a shared-taxi stand. 3. person who looks after parked cars; parking lot attendant. 4. colloq. busybody. **— kadın** formerly 1. chief female servant in a

harem. 2. housekeeper. **(başına) — kesilmek** /ın/ *colloq.* to begin to stick one's nose into (someone else's) business.

kâhyalık 1. being in charge of the queue at a shared-taxi stand. 2. being in charge of parked cars; being a parking lot attendant. 3. *colloq.* meddlesomeness. **— etmek** 1. to be in charge of the queue at a shared-taxi stand. 2. to work as a parking lot attendant. 3. *colloq.* to meddle in the affairs of others.

kaide 1. rule, regulation. 2. base; pedestal. 3. *geom.* base. 4. *slang* hind end, buttocks, rump.

kaideci (someone) who always obeys the rules.

kaim 1. erect, upright, standing up. 2. extant, existent, existing; (someone/something) who/which endures. 3. perpendicular, (someone/something) who/which is perpendicular. **— olmak** 1. /la/ to exist thanks to: **Muhlis'le kaimiz.** It is thanks to Muhlis that we endure. 2. /yerine/ (for one person) to take (the place of another): **Halime, Halit'in yerine kaim oldu.** Halime has taken Halit's place.

kâin 1. /da/ situated in, located in: **Çengelköy'de kâin bir ev** a house located in Çengelköy. 2. existent, existing, extant. **— olmak** 1. /da/ to be situated in, be located in. 2. to exist, be.

kâinat, -tı 1. the cosmos, the universe. 2. the whole world, everybody.

kak, -kı *prov.* 1. dried fruit; fruit pulp dried in sheets. 2. skin and bones, skinny, wizened.

kak, -kı *prov.* low spot where rain water collects, puddle.

kaka *child's language* 1. poo-poo, ca-ca, feces. 2. dirty, filthy. 3. bratty. **— bebek** bratty child. **— yapmak/etmek** to poo-poo, ca-ca.

kakalamak /ı/ to prod or poke continually. 2. /ı, a/ to palm (something/someone) off on (someone).

kakalamak 1. (for a baby) to poo-poo on itself. 2. /ı/ to poo-poo on, ca-ca on.

kakalanmak 1. to be prodded or poked continually. 2. /a/ (for something/someone) to be palmed off on (someone).

kakalanmak to get poopy, get soiled with ca-ca.

kakanos, kakanoz *slang* 1. old and dried-up person. 2. hideously ugly, (someone) who is as ugly as sin.

kakao cocoa. **— ağacı** *bot.* cacao tree. **— çekirdeği** cacao bean, cocoa bean.

kakaoyağı, -nı cocoa butter, cacao butter.

kakavan *slang* 1. stuck-up and stupid. 2. old and peevish.

kakavanlık *slang* 1. being stuck-up and stupid. 2. being old and peevish. **— etmek** *slang* 1. to behave in a stuck-up, stupid way. 2. to act like a grouchy old person.

kakıç fisherman's gaff.

kakılmak 1. to be shoved. 2. to be tapped into a groove or hole. **kakılıp kalmak** /a/ to be stuck, have to wait (in a place); to be rooted to (the spot).

kakım *zool.* ermine, stoat. **— kürk** ermine (fur).

kakımak /ı/ *prov.* to reprove, tell (someone) off.

kakınç repeated reproaches. **(başına) — etmek** /ın/ to keep on reminding (someone) of all the favors one has done him.

kakırdak cracklings, greaves.

kakırdamak 1. to crackle, snap and pop. 2. *slang* to die, croak, kick the bucket, give up the ghost.

kakırtı crackling sound, crackle, snapping and popping.

kakışmak to push and shove each other, horse around.

kakıştırmak /ı/ to keep pushing (something) slightly.

kakma 1. inlay work. 2. inlaid. 3. push, shove.

kakmacı person who does inlay work, inlayer.

kakmacılık ornamental inlaying, the work of an inlayer.

kakmak /ı/ 1. to push, give a push (to). 2. to tap (something) in. 3. to inlay.

kakmalı inlaid, decorated with inlaid work.

kaknem *colloq.* 1. ugly and shrewish (woman). 2. very thin, dried-up (woman).

kaktüs *bot.* cactus.

kakule cardamom.

kâkül bangs.

kâküllü (someone) who has bangs.

kal smelting.

kal, -li word, talk, speech. **—e almak** /ı/ to take (something) into consideration. **—e almamak** /ı/ to consider (something) unimportant, not to pay any attention to.

kala /a/ 1. at ... to (*used of time*): **saat dokuza on kala** at ten to nine. 2. (a time) before: **bitmesine bir saat kala** an hour before it ended. 3. from, before reaching (a place): **kente üç kilometre kala** three kilometers from the city.

kalabalık 1. crowd, throng. 2. crowdedness. 3. crowded. 4. junk, stuff, clutter. **— etmek** to clutter up a place; to be in the way.

kalabalıklaşmak 1. to get crowded. 2. to get cluttered.

kalafat, -tı caulking (a boat's seams). **—ı atmak** (for a seam's caulking) to come loose. **—a çekmek** /ı/ to careen (a ship) for caulking. **— demiri** caulking iron, caulker. **— etmek** /ı/. *naut.* to caulk. 2. to repair superficially. 3. to make up (a face). **— üstüpüsü** oakum. **— yeri** careening ground.

kalafatçı caulker, person who does caulking.

kalafatçılık caulking, work of a caulker.

kalafatlamak /ı/ 1. *naut.* to caulk. 2. to repair, restore.

kalafatlanmak 1. *naut.* to be caulked. 2. to be repaired, be restored.
kalafatsız uncaulked. **— halat** untarred rope.
kalakalmak to be left open-mouthed, be left dumbstruck.
kalamar squid, calamary.
kalan 1. (someone/something) who/which remains, remaining. 2. the person who is left; the remainder, that which remains. 3. *math.* remainder. 4. *math.* difference.
kalantor *colloq.* middle-aged, rich, and rather ostentatious man.
kalas wooden beam; rafter.
kalay 1. tin. 2. *slang* swearing, cursing. **—ı basmak** *slang* to swear a blue streak, curse violently.
kalaycı 1. tinker; tinner, tinsmith. 2. *colloq.* (a) fraud, shammer.
kalaycılık 1. work of a tinker or tinner. 2. *colloq.* fraud, sham.
kalaylama tinning.
kalaylamak /ı/ 1. to tin. 2. *slang* to swear at. 3. *colloq.* to conceal (a fault) by sham.
kalaylanmak 1. to be tinned. 2. *slang* to be cursed.
kalaylatmak /ı, a/ to have (something) tinned.
kalaylı 1. tinned. 2. containing tin, mixed with tin. 3. *colloq.* sham, falsely decked out. **— kaptan su içmek** *colloq.* to marry a woman related to one; to marry a girl one knows everything about.
kalaysız 1. untinned; whose tin has worn off. 2. containing no tin. 3. *colloq.* genuine, not sham.
kalben 1. in his/her heart. 2. sincerely, deeply. 3. (something) which comes from the heart.
kalbi 1. heartfelt, sincere. 2. cardiacal, cardiac.
kalbur coarsely meshed sieve; riddle; screen. **— altı** what has passed through a sieve; siftings; screenings. **—a çevirmek** /ı/ to riddle with holes. **—a dönmek** to be riddled with holes. **—dan geçirmek** /ı/ to sift, sieve; to screen; to riddle. **— gibi** riddled, full of holes. **— makinesi** screening machine, bolting machine. **—la su taşımak** to be engaged in a hopeless task.
kalburcu 1. maker or seller of sieves/screens/riddles. 2. sifter; screener; riddler.
kalburlamak /ı/ to sift, sieve; to screen; to riddle.
kalburlanmak to be sifted, be sieved; to be screened; to be riddled.
kalburlatmak /ı, a/ to have (something) sifted/screened/riddled.
kalburüstü, -nü select, elite. **—ne gelmek/— kalmak** (for someone) to become outstanding, stand out.
kalcı smelter, person who smelts ore.
kalça *anat.* hip. **— kemiği** *anat.* hipbone, innominate bone, haunch bone, hucklebone.

kalçalı 1. hipped, haunched. 2. big-hipped, hippy, broad across the beam.
kalçete *naut.* gasket.
kalçın 1. a soft inner boot of felt or leather. 2. long heavy stocking worn inside boots. 3. gaiter, legging.
kaldıraç lever.
kaldırak winch, crane.
kaldırıcı jack (tool used for lifting).
kaldırılmak 1. to be lifted. 2. to be taken away. 3. to be abrogated, cease to be in effect. 4. (for a weight) to be borne, be supported. 5. to be endured. 6. *slang* to be swiped, be made off with, be stolen.
kaldırım 1. sidewalk, *Brit.* pavement. 2. stone pavement. 3. horizontal rock strata at a shoreline. **— çiğnemek** to become more knowledgeable or sophisticated by living in the city. **— döşemek** to lay down paving stones. **— mühendisi** *colloq.* loafer, idler; sidewalk superintendent. **— süpürgesi/yosması** *colloq.* 1. streetwalker, prostitute. 2. gadabout woman, woman who never stays at home. **— taşı** paving stone.
kaldırımcı 1. one who lays paving stones. 2. *slang* one who steals things from a merchant's sidewalk display. 3. *slang* pickpocket, purse-snatcher.
kaldırımcılık 1. paving. 2. *slang* stealing from a merchant's sidewalk display. 3. *slang* picking pockets; purse snatching.
kaldırmaç forklift.
kaldırmak /ı/ 1. to lift up, raise, elevate. 2. (for something) to bear, support. 3. to bear, endure, tolerate (someone's words or behavior). 4. to make (someone) stand up; to get (someone) up (from bed). 5. to put (something) away or out of reach. 6. to abolish, do away with. 7. *colloq.* to kidnap. 8. *slang* to swipe, make off with, steal, lift. 9. to dispatch (a vehicle), signal (a vehicle) to go. 10. to flush, start (game). 11. to cause (something) to peel off in layers. **kaldırıp atmak** /ı/ to get rid of, throw away.
kaldırtmak /ı, a/ 1. to have (something) raised or lifted. 2. to have (something) removed. 3. to have (something) abolished.
kale 1. fortress, fort; citadel. 2. goal post. 3. *chess* rook, castle. **— çizgisi** goal line. **— gibi** 1. fortress-like, big and imposing (building). 2. solid, sound, confidence-inspiring (person). 3. (financially) sound, solid (person/business). **— içi** inner part of a fortress. **—yi içinden fethetmek** 1. to conquer (a place) from within. 2. to get something by circumventing the underlings and dealing directly with the head man.
kalebent political prisoner confined to a fortress.

kalebentlik confinement in a fortress.
kaleci goalkeeper, goalie.
kalecilik goalkeeping.
kalem 1. pencil. 2. pen. 3. chisel; gouge. 4. office handling the paperwork for a governmental department. 5. item, entry (in a register/an account). 6. sort, kind. 7. scion, slip. 8. shaft (of an arrow). 9. writing, the act of writing. 10. *slang* penis, *cock, *dick. — **açmak** 1. to sharpen a pencil. 2. to point a reed (for use as a pen). —**e almak** /ı/ to write out, draw up, put down on paper. — **çekmek** /a/ to cross out. —**inden çıkma** written by. —**inden çıkmak** to be written by. — **darbesi** stroke of the pen. — **efendisi** *formerly* official employed in a government office, Ottoman bureaucrat. — **gezdirmek** /üzerinde/ to revise, edit. — **işi** *Islamic art* 1. designs (painted on walls/ceilings). 2. (designs on walls/ceilings) done in a traditional Islamic style. —**inden kan damlamak** *colloq.* to write effectively and movingly; to write things that bring tears to the eyes. — **kaşlı** with thin, finely shaped eyebrows. — **kulaklı** (animal) with long, pointed ears. — **kutusu** pencil box. —**i kuvvetli** (someone) who writes well. — **oynatmak** 1. to write. 2. /üzerinde/ to correct, edit. 3. /üzerinde/ to spoil (a piece of writing) by alteration. — **parmaklı** with long, tapering fingers. — **sahibi** (someone) who writes well. — **sapı** penholder (for a nib). —**e sarılmak** to take pen in hand, take up one's pen. — **savaşı** war of words. — **ucu** nib, pen point. —**iyle yaşamak** to live by one's pen, make a living by writing. — **yontmak** 1. to sharpen a pencil. 2. to point a reed pen. — **yürütmek** to write.
kalemaşısı, -nı graft, scion.
kalemci seller of pencils and pens.
kalemkâr 1. painter of designs on muslin. 2. engraver who does chasing on gold/silver. 3. one who paints designs on walls/ceilings.
kalemkârlık the profession of painting or engraving designs.
kalemlik 1. pencil box; pencil tray. 2. pen rack, penholder.
kalemşor 1. writer who produces polemical articles for someone else, hired pen. 2. polemical writer, polemicist, polemist.
kalemtıraş 1. pencil sharpener. 2. *formerly* penknife (used for shaping the point of a reed pen).
kalender unconventional and easygoing, bohemian.
kalenderce 1. unconventional and easygoing, bohemian. 2. philosophical. 3. in an unconventional, easygoing way; philosophically.
kalenderleşmek 1. to become carefree and unconventional in one's attitude towards life. 2. to adopt a philosophical attitude towards life.
kalenderlik 1. carefree, unconventional attitude towards life. 2. philosophical attitude towards life. 3. being bohemian or philosophical. —**e vurmak** /ı/ to take (something) philosophically, not to be bothered by (a difficulty).
kaletmek /ı/ to smelt.
kalevi *obs., chem.* 1. alkali, base. 2. alkaline, basic.
kaleydoskop kaleidoscope.
kalfa 1. experienced apprentice workman. 2. master builder, supervisor at a construction site. 3. *formerly* ranking female servant.
kalfalık 1. rank, work, or pay of an experienced apprentice workman or master builder. 2. *formerly* rank, work, or pay of a ranking female servant.
kalhane smelter, smeltery.
kalıcı permanent, lasting.
kalıcılık 1. permanence. 2. *phys.* retentivity.
kalım 1. survival. 2. permanence.
kalımlı 1. enduring, lasting; permanent. 2. immortal.
kalımlılık 1. permanence. 2. immortality.
kalımsız 1. transient, transitory, impermanent. 2. mortal.
kalımsızlık 1. impermanence. 2. mortality.
kalın 1. thick. 2. *slang* rich, wealthy, in the money, well-off, well-fixed. 3. *phonetics* back (vowel). — **kafalı** thickheaded, stupid. — **ses** deep voice. — **ünlü** *phonetics* back vowel.
kalın *prov.* present given by the bridegroom to the bride.
kalınbağırsak *anat.* the large intestine. — **yangısı** *path.* colitis.
kalınlaşma becoming thick.
kalınlaşmak 1. to thicken, become thick. 2. (for someone's voice) to deepen.
kalınlaştırmak, kalınlatmak /ı/ to thicken, make (something) thick.
kalınlık 1. thickness; coarseness. 2. deepness (of a voice).
kalınmak *impersonal passive* 1. to stay, stop, rest. 2. to spend the night.
kalıntı 1. remnant, remainder, leftovers. 2. ruin; ruins, remains.
kalınyağ lubricating oil.
kalıp 1. mold, matrix. 2. form; hat block; shoe last. 3. template; pattern, model. 4. bar, cake, piece (of something). 5. imposing appearance. 6. shape. —**ının adamı olmamak** not to be the man one seems to be. —**ını almak** /ın/ to take a mold (of). —**ını basmak** /a/ *colloq.* 1. to affirm (something) with conviction. 2. to support (something) enthusiastically. —**a çekmek** /ı/ 1. to give proper form or shape (to), shape, mold. 2. *slang* to have intercourse with, *fuck. —**ını çıkarmak** /ın/ to take a mold

of. —ı değiştirmek/dinlendirmek *slang* to die, croak, kick the bucket, give up the ghost. —a dökmek /ı/ to cast, pour (something) into a mold. —a geçirmek /ı/ to block (a hat/a fez); to put (a shoe) on a last. — gibi serilmek (for a very tired person) to lie stretched out like a log. — gibi uyumak to sleep like a log. — gibi yatmak to lie still, lie without moving a muscle. —tan kalıba girmek *colloq.* 1. to change one's ideas whenever one finds it expedient. 2. to change jobs often. 3. (for the nature of a job) to be changing constantly. — kesilmek to be petrified. — kıyafet yerinde/—ı kıyafeti yerinde imposing and well-dressed (man). —a koymak /ı/ to put (a shoe) on a last. —a vurmak /ı/ to put (a hat/a fez) on a block.

kalıpçı 1. maker or seller of molds. 2. one who makes castings. 3. blocker, molder.

kalıplama blocking, reshaping.

kalıplamak /ı/ 1. to block, mold. 2. to press (a material) into a mold. 3. to test (something) with a template.

kalıplanmak to be blocked, be molded.

kalıplaşma becoming a stereotype.

kalıplaşmak 1. to become stereotyped. 2. to get rigid, become inflexible.

kalıplaşmış 1. stereotyped. 2. inflexible, rigid.

kalıplatmak /ı, a/ to have (something) blocked or reshaped.

kalıplı made or shaped by molds.

kalıpsız 1. fez which has lost its shape. 2. ungainly, dowdy. — **kıyafetsiz** small and unprepossessing (man).

kalıt, -tı 1. inheritance. 2. inherited characteristic.

kalıtçı heir, inheritor.

kalıtım 1. heritage, genetic heritage. 2. inheritance.

kalıtımbilim *biol.* genetics.

kalıtımcı 1. (a) hereditarian. 2. hereditarian.

kalıtımcılık hereditarianism.

kalıtımsal hereditary.

kalıtsal hereditary, pertaining to heredity.

kalibre *mil.* caliber.

kalifiye skilled (workman).

kaligrafi calligraphy.

kalinos *zool.* European sea bass.

kalipso 1. dance done to calypso music. 2. calypso music.

kalitatif qualitative. — **analiz** *chem.* qualitative analysis.

kalite quality. — **kontrolü** quality control, testing for quality.

kaliteli high in quality, of good quality.

kalitesiz of poor quality, shoddy.

kalitesizlik lack of quality, shoddiness.

kalkan shield (carried by a warrior).

kalkan *zool.* turbot.

kalkanbezi, -ni *anat.* thyroid gland.

kalker *geol.* limestone.

kalkerleşmek to calcify, become calcareous.

kalkerli calcareous.

kalkersiz noncalcareous.

kalkık 1. raised (window). 2. upturned (collar). 3. peeling (paint/skin). 4. upturned (nose). 5. (hair) which is bristling or standing on end.

kalkındırma improvement, development, making (something) better.

kalkındırmak /ı/ to develop, improve.

kalkınma progress, improvement, development. — **hızı** rate of economic development. — **planı** development plan.

kalkınmak to make progress, develop, advance.

kalkış 1. rising; manner of rising. 2. departure. —a **geçmek** (for a plane) to take off, leave the ground.

kalkışmak /a/ to try to (do something that is beyond one's power or outside one's authority).

kalkmak 1. to go up, rise. 2. to stand up, rise to one's feet, get up. 3. to get up, get out of bed. 4. to get well, be back on one's feet (after an illness). 5. (for a train/a plane/a bus/a ship) to leave, depart. 6. (for a cloth/a lid) to be taken off, be raised. 7. /dan/ (for something) to be taken away, be removed (from). 8. (for game/fowl) to be raised, be flushed. 9. (for grain) to be reaped, be gathered. 10. to rise, come loose, peel off. 11. (for a rule/a privilege) to be annulled, be repealed, be abolished. 12. (for money) to go out of circulation. 13. to disappear, cease to be available, be gone. 14. /a/ to take it into one's head to (do something). 15. /a/ to start, attempt, begin to (do), try (something). **kalk borusu** reveille, the signal for reveille. **kalk borusu çalmak** 1. to sound reveille. 2. for reveille to be sounded. **kalk gidelim etmek** /ı/ *slang* to swipe, walk off with, steal. **kalk gidelim olmak** *slang* to be swiped, be stolen. **kalk işareti** starting signal. **kalkıp kalkıp oturmak** to be boilling with anger, be hopping mad.

kallavi 1. *hist.* ceremonial turban worn by viziers. 2. large, huge.

kalleş *colloq.* treacherous, backstabbing.

kalleşçe *colloq.* treacherously, in a very low-down way.

kalleşlik *colloq.* treachery, backstabbing, dirty work. — **etmek** to leave someone in the lurch, stab someone in the back, play someone a dirty trick.

kalma 1. remaining, staying. 2. /dan/ left from, remaining from. 3. /dan/ handed down from, inherited from. 4. /dan/ dating from. — **durumu** *gram.* the locative case, the locative.

kalmak, -ır 1. to remain, be left; to be left over. 2. to stay (in a place temporarily). 3. to come to a halt, reach a standstill. 4. to fail (a class). 5.

/a/ to be postponed to. 6. /a/ (for a matter) to be entrusted to (someone). 7. /a, dan/ (for something) to be left to (someone) by (someone else). 8. /dan/ to be kept from doing (something). 9. /la/ to be content with, go no further than. **kala kala** only ..., no more than ... (is left): *Gelmesine kala kala bir gün kaldı.* There's only one day left until she comes. **kaldı ki** moreover, furthermore. **kalsa/kalırsa** /a/ 1. if you ask (my/his/her) opinion. 2. if it were left up to (someone). **Kalsın.** 1. Let's leave it for the time being. 2. I've decided I don't want it. **kalır yeri olmamak** /dan/ to be at least as good as.

kalmalı *gram.* locative. — **tümleç** *gram.* locative noun phrase with adverbial force.

kalori calorie.

kalorifer central heating unit, furnace; central heating system. — **dairesi** furnace room. — **kazanı** boiler of a central heating unit.

kaloriferci installer, repairer, or tender of a central heating unit, furnaceman.

kaloriferli centrally heated.

kalorifersiz without central heating.

kaloş *see* **galoş.**

kalp, -bi 1. heart. 2. *colloq.* heart disease. 3. *med.* cardio-, cardi-. 4. *med.* cardiac. 5. *colloq.* sensitivity, sympathetic nature. 6. center, innermost part, heart. — **acısı** deep sorrow. —**ini açmak** /a/ to bare one's soul (to). — **ağrısı** 1. *path.* cardiodynia. 2. lovesickness, heartache. — **ameliyatı** heart surgery. — **atışı** heartbeat. —**i atmak** 1. for one's heart to beat. 2. to have one's heart jump (for joy, with excitement/fear). — **biçiminde** heart-shaped, cordiform, cordate. —**i bozuk** malevolent. — **bölgesi** *anat.* cardiac region. —**i bütün** openhearted, candid, honest. — **cerrahisi** heart surgery. —**ini çalmak** /ın/ to steal (one's) heart. — **çarpıntısı** tachycardia, palpitation of the heart. —**i çarpmak** 1. for one's heart to palpitate/flutter. 2. for one's heart to beat wildly with excitement, for one's heart to race. —**ini/—inin sesini dinlemek** to obey the dictates of one's heart. —**ine doğmak** to have a presentiment, have a feeling. —**e dokunmak** to hurt someone's feelings, sadden someone. —**inin en gizli köşesinde** in the innermost recesses of one's heart. —**i fesat** envious, grudging. —**ten gelen** sincere, heartfelt, from the heart. —**i geniş** carefree, easygoing, happy-go-lucky. —**ine girmek** /ın/ to win the heart (of). —**ine göre** after one's own heart. — **hastalığı** heart disease. — **hastalıkları uzmanı/mütehassısı** heart specialist, cardiologist. — **hastası** cardiac patient. — **ilacı** heart medicine. —**ine işlemek** /ın/ to stir the heart (of), strike (a person) to the quick. — **kalbe karşıdır.** *proverb* Close friends instinctively know each other's thoughts and actions. —**i kanamak** to suffer mental anguish, feel very sad. — **kapağı** *anat.* cardiac valve. —**i karartmak** to lose one's (religious) faith, leave the ranks of the faithful. — **karıncığı** *anat.* ventricle. — **kası** *anat.* myocardium. —**ini kazanmak** /ın/ to win the heart (of). —**i kırık** (someone) whose feelings are hurt. —**ini kırmak** /ın/ to hurt (someone's) feelings. —**inden kopmak** to be heartfelt, be done or given generously and impulsively. — **krizi** heart attack. — **kulakçığı** *anat.* auricle, atrium. — **kuvvetlendirici** heart stimulant. — **masajı** heart massage. —**ini okumak** /ın/ to understand instinctively (another's) feelings. —**i olmak** to have a weak heart, suffer from heart trouble. — **olmamak** /da/ to be merciless. —**i parça parça olmak** to feel great pity. —**i rahat** relieved, comforted. — **sektesi** heart attack. —**i sıcak** warmhearted. — **sıkışmak** to have a sudden chest pain. — **sıkışması** sudden chest pain. —**i sızlamak** to feel very sad inwardly. —**i temiz** kindly, well-meaning. — **üfürümü** *med.* heart murmur. —**ini vermek** /a/ to give one's heart (to). — **vuruşu** palpitation of the heart. — **yetersizliği/kifayetsizliği** *path.* cardiac insufficiency. —**in yolu mideden geçer.** *proverb* The way to someone's heart is through his stomach.

kalp, -pı 1. counterfeit, false, forged, spurious. 2. person who's not what he appears to be. — **akçe** counterfeit coin. — **para** counterfeit money.

kalpak calpac, calpack, kalpak.

kalpakçı maker or seller of calpacs.

kalpaklı (someone) who is wearing a calpac.

kalpazan 1. counterfeiter. 2. swindler; unreliable person.

kalpazanlık 1. counterfeiting. 2. cheating, swindling.

kalp-damar *med.* cardiovascular. — **cerrahisi** cardiovascular surgery.

kalplaşmak to start goldbricking; to start turning out shoddy work.

kalplık 1. being counterfeit, spuriousness. 2. being averse to working, goldbricking.

kalpsiz heartless, pitiless, ruthless.

kalpsizlik heartlessness, pitilessness.

kalseduan chalcedony.

kalsit, -ti calcite.

kalsiyum *chem.* calcium.

kaltaban 1. tricky, deceitful, unreliable. 2. trickster, shyster, con man.

kaltabanlık 1. deceitfulness. 2. deceit; trick.

kaltak 1. *colloq.* whore, slut, hussy. 2. saddle without a crupper.

kaltaklık 1. prostitution. 2. whorish behavior.

kalubela *used in:* —**dan beri** since the beginning of time, since day one.

kalya squash or eggplant cooked with meat,

onions, and butter.
kalyon *hist.* galley, galleon, a ship with both sails and oars.
kam shaman.
kam *mech.* cam. — **mili** camshaft.
kâm wish, desire. — **almak /dan/** to enjoy (something) to the full.
kama 1. dagger; poniard; dirk. 2. wedge (for splitting stone/wood). 3. breechblock, breech pin, breech plug (of a cannon). 4. *mech.* key; cotter. — **basmak** *colloq.* to win (when playing a game); to chalk up a victory. — **tertibatı** breech mechanism.
kamacı maker or repairer of breechblocks.
kamalama 1. lagging (in a mine). 2. stabbing with a dagger, poniard, or dirk. 3. wedging.
kamalamak /ı/ 1. to stab (someone/something) with a dagger, poniard, or dirk; to dagger; to poniard; to dirk. 2. to use a wedge to split (wood/stone), wedge.
kamanço etmek /ı, a/ *slang* to turn over (something) to, hand over (something) to.
kamara 1. ship's cabin. 2. (a) house (in the British Parliament). — **yolcusu** cabin passenger.
kamarot, -tu steward (on a ship).
kamarotluk duties of a ship's steward.
kamaşmak 1. (for one's eyes) to be dazzled. 2. (for one's teeth) to be set on edge.
kamaştırmak /ı/ 1. to dazzle. 2. to set (one's teeth) on edge.
Kamber 1. faithful slave of the Caliph Ali. 2. *obs.* faithful servant. —**siz düğün olmaz.** *colloq.* Of course we can't leave him out.
kamber camber (of an automobile's front wheels).
kambiyo 1. buying and selling of foreign currency, foreign exchange. 2. bank department dealing with foreign currency transactions. — **belgiti/senedi** credit instrument used in foreign currency transactions. — **denetimi** government control of transactions involving foreign currency. — **kuru** foreign exchange rate. — **mevzuatı** regulations governing foreign exchange.
kambiyocu 1. one who handles foreign currency transactions. 2. speculator in foreign currency.
Kamboçya 1. Cambodia. 2. Cambodian, of Cambodia.
Kamboçyalı 1. (a) Cambodian. 2. Cambodian (person).
kambur 1. hump (in the back of a person/an animal). 2. humpback, hunchback. 3. humpbacked, hunchbacked; stooped. 4. bulging, projecting. 5. bulge, protuberance. — **çıkarmak** to hunch one's back. —**u çıkmak** 1. to become hunchbacked. 2. to be stooped (temporarily) after doing much bending and lifting. — **felek** cruel fortune. — **üstüne kambur** one trouble on top of another, one problem after another. — **zambur/kumbur** very hunchbacked; very stooped.
kamburlaşmak 1. to become hunchbacked. 2. to bulge out.
kamburlaştırmak /ı/ 1. to hunch (one's back). 2. to allow (one's back) to become permanently hunched. 3. to make (something) bulge out.
kamburluk 1. being hunchbacked. 2. protuberance.
kamçı 1. whip. 2. *naut.* pendant, tail. 3. *biol.* flagellum. — **çalmak /a/** to whip. — **şaklaması** crack of a whip. — **şaklatmak** to crack a whip. — **vurmak /a/** to give (an animal/someone) a blow with a whip. — **yemek** to be whipped.
kamçılamak /ı/ 1. to whip, flog, flagellate. 2. to increase, raise (someone's feeling) to a higher pitch.
kamçılanmak 1. to be whipped, be flogged. 2. (for a feeling) to be raised to a higher pitch.
kamçılatmak /ı, a/ to have (someone) flogged.
kamelya *bot.* camellia.
kamer moon.
kamera movie camera, *Brit.* cine-camera; television camera; video camera. — **ekibi** camera crew.
kameraman cameraman.
kameri lunar. — **ay** lunar month. — **yıl** lunar year.
kameriye arbor, bower.
Kamerun 1. Cameroon, the Republic of Cameroon. 2. Cameroonian, of Cameroon or its people.
Kamerunlu 1. (a) Cameroonian. 2. Cameroonian (person).
kamet, -ti 1. height, stature (of a person). 2. fathom. 3. a phrase recited by the imam at the beginning of the ritual prayer. — **getirmek** to recite the **kamet** at the beginning of the ritual prayer.
kamış 1. reed; cattail, reed mace; bamboo. 2. made of reeds, reed. 3. fishing rod; fishing pole. 4. penis. — **atmak /a/** *slang* 1. to mess up, *fuck up. 2. to trick, pull a fast one on. **K— Bayramı** Sukkoth, the Feast of Tabernacles, the Feast of Booths. — **kalem** reed pen. —**ı kırmak** *slang* to catch gonorrhea. — **koymak** *slang* 1. /a/ to break up a friendship between (two persons). 2. to warn a prospective victim of a cardsharp. —**a su yürümek** *slang* (for a boy) to reach the age of puberty. — **şekeri** cane sugar.
kamışçık 1. jeweler's blowpipe. 2. clitoris.
kamışlı reedy, full of reeds.
kamışlık reed bed; place overgrown with reeds.
kâmil 1. perfect, complete, consummate. 2. entire, full, whole. 3. mature and experienced person. 4. *Sufism* (someone) who has reached

spiritual maturity, who has become spiritually wise. 5. *slang* hashish, hash.
kâmilen completely, entirely, fully, wholly; all of ...: Atlarını kâmilen sattı. He sold all of his horses. Bu kumaş kâmilen pamuk. This cloth is pure cotton.
kamineto 1. spirit lamp. 2. blowtorch, blowlamp, blast lamp.
kamp, -pı 1. camp. 2. summer camp (for children/youth). 3. campground. 4. camping. —a çıkmak to go camping. —a girmek (for athletes) to go somewhere in the country for preseason training. — kurmak to pitch camp. — yeri campsite, campground.
kampana 1. bell. 2. *auto., mech.* brake drum. —lar *slang* testicles, balls, nuts. — çalmak to ring a bell; to toll a bell.
kampanacı 1. bell ringer. 2. *slang* charlatan, quack, mountebank.
kampanya 1. drive, campaign. 2. harvesting. — açmak/—ya girişmek to start a campaign, begin a drive.
kampçı camper.
kampçılık 1. camping. 2. being a camper.
kamping, -gi campground, campsite.
Kampuçya 1. Kampuchea. 2. Kampuchean, of Kampuchea.
Kampuçyalı 1. (a) Kampuchean. 2. Kampuchean (person).
kamu 1. *archaic* all, the whole. 2. *archaic* everybody; everything. 3. the public. — düzeni public order, the peace. — hakları civil rights. — hizmeti a public service, a service that benefits the public generally. — hukuku civil law. — kesimi/sektörü the public sector. — personeli civil servants. — yararı the public interest. — yönetimi 1. the administrative activities of a government. 2. local government.
kamuflaj camouflage.
kamufle camouflaged. — etmek /ı/ to camouflage.
kamulaştırılma nationalization, being nationalized.
kamulaştırılmak to be nationalized.
kamulaştırma nationalization, nationalizing.
kamulaştırmak /ı/ to nationalize.
kamuoyu, -nu public opinion. — yoklaması opinion poll.
kamus (comprehensive) dictionary.
kamusal public. — hizmetler public services.
kamusallaşma nationalization, becoming nationalized.
kamusallaşmak to be nationalized.
kamutanrıcı *phil.* 1. (a) pantheist. 2. pantheistic, pantheistical.
kamutanrıcılık *phil.* pantheism.
kamutay *hist.* joint session of the Turkish National Assembly and the Senate.

kamyon 1. truck, *Brit.* lorry. 2. *slang* prostitute.
kamyoncu 1. operator of a trucking firm. 2. truck driver.
kamyonculuk 1. trucking, operation of a trucking firm. 2. truck driving.
kamyonet, -ti pickup truck, pickup; panel truck; van.
kan 1. blood. 2. *med.* hem-, hemo-, hemi-, haem-, haemo-. 3. *med.* hemic, hematic. 4. lineage, family. —ı ağır 1. dull and boring by nature. 2. sluggish by nature. — ağlamak to shed tears of blood, be deeply distressed. — akçesi blood money, wergeld. — akıtmak 1. to sacrifice an animal. 2. to shed blood. — akmak for blood to be shed. — akmaksızın without bloodshed. — akrabalığı blood relationship, consanguinity. — aktarımı blood transfusion. — aktarmak /a/ to give (someone) a blood transfusion. — alacak damarı bilmek to know where to turn for help. — alma *med.* bloodletting. — almak /dan/ to take blood (from), bleed. — aramak to be out for blood. — bağı blood tie. — bankası blood bank. — basımı *path.* congestion. — basıncı blood pressure. — basıncı yüksekliği high blood pressure, hypertension. — başına sıçramak/— beynine çıkmak/vurmak to get or have one's blood up, see red, blow one's top. — boşalmak to hemorrhage. —a boyamak/bulamak /ı/ to wreak carnage in (a place). —a boyanmak/bulanmak to be covered with blood. —ı bozuk corrupt or evil by nature. — cisimciği *biol.* blood corpuscle. — çanağı gibi bloodshot (eyes). — çekme *med.* dry cupping. —ı çekmek /a/ to resemble (a parent) (in looks and in character). — çıbanı boil, furuncle. — çıkar. Blood will flow./There will be a big fight. — çıkmak for blood to be spilled. — dalgası rush of blood to a part of the body, flush. — damarı *anat.* blood vessel. — davası blood feud, vendetta. — değiştirme *med.* exchange transfusion. —ı dindirmek to stanch blood. —ına dokunmak /ın/ to make (one's) blood boil. — dolaşımı/deveranı circulation of the blood. — donmak to be shocked, be horrified. — dökmek to shed blood. — dökücü bloodthirsty. —ına ekmek doğramak /ın/ 1. to be glad that one has caused (another's) death. 2. to benefit by having caused (another's) misfortune. —ını emmek /ın/ to exploit (someone) unmercifully. — gelmek to bleed. —ına girmek /ın/ 1. to have (someone's) blood on one's hands. 2. to deflower (a girl). 3. to damage, destroy. — gitmek /dan/ to bleed (while defecating or menstruating). — gövdeyi götürmek for much blood to be shed, for many people to be killed. — grubu blood group, blood type. — gütme blood

feud, vendetta. — **gütmek** to seek blood vengeance, engage in a vendetta. — **hücresi** *biol.* blood cell. —ı **ısınmak** /a/ to warm to, feel affectionate or sympathetic towards (someone). —**ını içine akıtmak**/—ı **içine akmak** to hide one's sorrows. — **iğnesi** hypodermic injection of blood-building medicine. — **istemek** to be out for blood, want blood revenge. — **işeme** *path.* hematuria. —**a kan!** Blood for blood!/Death to the murderer! —**a kan istemek** to want blood revenge. —ı **kanla yıkamak** to exact blood revenge. — **kardeşi** blood brother. — **kaybetmek** to lose blood. — **kaybı** loss of blood. —ı **kaynamak** 1. to be full of beans, be full of pep. 2. /a/ to feel a sudden rush of affection for (someone). —**ları kaynaşmak** to come to like each other very quickly, become good friends in no time. — **kesici** *med.* styptic, hemostatic. — **kırmızı** blood-red, crimson. —ı **kurumak** to be exasperated. —**ını kurutmak** /ın/ to exasperate, vex. — **kusmak** 1. to vomit blood. 2. to be extremely pained or grieved. — **kusturmak** /a/ to oppress unmercifully. — **kusup kızılcık şerbeti içtim demek** *colloq.* to hide one's sufferings from others. — **lekesi** blood stain. — **merkezi** blood transfusion center. — **muayenesi** *law* blood test (to determine paternity). — **nakli** blood transfusion. — **olmak** for murder to take place. **(aralarında)** — **olmak** to be involved in a blood feud. —**ında olmak** to run in the blood of, be in one's blood. — **oturmak** /a/ to have a subcutaneous hemorrhage. — **oturması** subcutaneous hemorrhage. —**ıyla ödemek** /ı/ to pay with one's life (for). —ı **pahasına** at the cost of one's life. — **pıhtılaşması** blood coagulation. — **portakalı** blood orange. — **revan içinde** 1. bleeding profusely. 2. covered with blood. —ı **sıcak** outgoing, friendly, warm, sociable. —ı **soğuk** unsociable, reserved, cold. —ı **sulanmak** to get anemia. —**a susamak** to thirst for blood. —**ına susamak** 1. to court death. 2. /ın/ to thirst for (someone's) blood. —**a susamış** bloodthirsty. — **şekeri** blood sugar. — **tahlili** blood analysis. — **ter içinde** dripping with sweat. — **ter içinde kalmak** to be soaked with sweat. — **testi** blood test. — **toplanması** blood blister. — **tutmak** /ı/ 1. to faint at the sight of blood. 2. to be unnerved and unable to flee (after committing a murder). 3. to die suddenly and unexpectedly. — **tükürme** spitting of blood, hemoptysis. — **verme** blood transfusion. — **vermek** /a/ 1. to give a blood transfusion (to). 2. to donate blood (to a blood bank). — **yutmak** to suffer a lot, endure much suffering. — **yüzüne çıkmak** to get angry, blow one's top. — **zehirlenmesi** blood poisoning.
kana load line (on the prow/stern of a ship).

kanaat, -ti 1. opinion, belief; conviction: **umumi kanaat** public opinion. **kanaatimce** in my opinion. 2. believing, being of the opinion that: **Paşanın bizi ziyaret edeceğine kanaatim yok.** I don't believe the pasha's going to visit us. 3. being content with what one has, contentment with what one has. 4. being satisfied with a small or a moderate amount; frugality; moderation. 5. acceptance of what fate metes out to one. **(bir)** — **beslemek** to cherish the idea of ...: **Beni yanlarına alacaklar diye bir kanaat besliyor.** He cherishes the idea of their taking him along. — **dönemi** semester (of an academic year). — **etmek** 1. /la or a/ to be content with, be satisfied with; to content oneself with. 2. /a/ to accept (what fate metes out to one). — **getirmek** /a/ to be convinced, be persuaded, believe. — **notu** final grade (given at the end of either a semester or a school year). — **notu dönemi** semester (of an academic year). —**inde olmak** to believe, be of the opinion that ...: **Bir büyünün vaziyeti değiştireceği kanaatinde değilim.** I don't think a magic spell will change things. — **sahibi** 1. person who is content with what he has. 2. person who is content with little. 3. person who accepts what fate metes out to him. — **uyandırmak** /da/ to give (someone) (a certain) idea: **Öyle yaparsan herkeste kötü bir kanaat uyandırırsın.** If you do that you'll cause people to think badly of you.
kanaatkâr 1. (someone) who is content with what he has. 2. (someone) who is content with little. 3. (someone) who accepts what fate metes out to him.
kanaatkârlık 1. being content with what one has. 2. being content with little. 3. acceptance of what fate metes out to one.
kanaatli *see* **kanaatkâr.**
Kanada 1. Canada. 2. Canadian, of Canada or the Canadians.
Kanadalı 1. (a) Canadian. 2. Canadian person.
kanadiyen 1. (fleece-lined) sheepskin jacket, sheepskin. 2. windbreaker, light jacket.
kanağan credulous, gullible.
kanağanlık credulity, gullibility.
kanaktarım blood transfusion.
kanal 1. canal. 2. *anat.* duct, canal. 3. *communications* channel, television channel. 4. groove, channel; mortise. —**ıyla** by way of, by means of, through. — **açmak** to open a channel. — **havuzu** canal lock. — **resmi** canal fee. — **tedavisi** *dent.* root canal operation, root canal.
kanalizasyon sewer system. — **borusu** sewer.
kanama bleeding, hemorrhage.
kanamak to bleed.
kanape canapé.

kanara slaughterhouse.
kanarya *zool.* canary. — **sarısı** canary yellow.
kanaryalık aviary for canaries.
kanat 1. wing (of a bird/an aircraft/a building/a party/an army). 2. fin (of a fish). 3. leaf (of a door/a hinged window). 4. vane (of a propeller/a windmill). 5. paddle, paddle board (of a paddle wheel). 6. panel (of a curtain). 7. side (of a flat-bed wagon/truck). — **açısı** sweepback angle of a wing. — **alıştırmak** to practice, get used to doing something. **—ı altında /ın/** under one's wing, under one's protection. **—ı altına almak /ı/** to take (someone) under one's wing. **—ı altına sığınmak /ın/** to take refuge under the wing of. — **germek /a/** to take (someone) under one's protection. — **kırmak** *slang* to go back on one's word. — **taarruzu** *mil.* flank attack. — **uzunluğu** wing span. — **vuruşu** wingbeat, wing stroke.
kanatçık 1. aileron. 2. winglet, alula, bastard wing. 3. *bot.* wing.
kanatlandırmak /ı/ *slang* to swipe, steal, snitch, walk off with.
kanatlanmak 1. to develop wings. 2. to take wing. 3. to become powerful.
kanatlı 1. winged. 2. finned. — **karınca** termite, white ant. — **meyve** samara, key fruit.
kanatmak /ı/ to make (something) bleed.
kanatsız wingless, apterous.
kanava *see* **kanaviçe**.
kanaviçe embroidery canvas.
kanca 1. grappling hook, grapnel. 2. kettle hook (in a hearth). 3. hook. 4. hooked clasp. **—yı takmak/atmak /a/** 1. to pester, pick on. 2. to wish (someone) bad luck.
kancalamak /ı/ 1. to hook. 2. to grapple. 3. to pester, pick on.
kancalı provided with a hook, hooked. — **iğne** safety pin.
kancalıkurt *zool.* hookworm.
kancık 1. female animal; bitch. 2. female (animal). 3. *slang* sneaky, low-down, backstabbing. 4. *slang* woman, *bitch. 5. *slang* whore.
kancıkça 1. treacherously, sneakily. 2. treacherous, sneaky.
kancıklık treachery, sneakiness, deceit. — **etmek** to do something sneaky, stab someone in the back.
kançılar official in a consular or embassy secretariat.
kançılarlık 1. duties or rank of a consular or embassy secretary. 2. consular or embassy secretariat.
kançılarya consular or embassy secretariat.
kandaş 1. related by blood. 2. blood relative.
kandaşlık blood relationship, consanguinity.
kandırıcı 1. deceptive, beguiling. 2. convincing. 3. thirst-quenching.

kandırıcılık 1. deceptiveness. 2. convincingness. 3. thirst-quenching quality.
kandırılmak 1. to be deceived, be fooled, be taken in. 2. to be persuaded, be convinced.
kandırma 1. deception, deceiving. 2. persuasion, convincing.
kandırmaca bluff. — **yapmak** to bluff.
kandırmak /ı/ 1. to deceive, fool, take in. 2. to persuade, convince. 3. to quench (someone's) thirst.
kandil 1. oil lamp shaped like a small glass bowl. 2. kerosene lamp. 3. one of five Islamic holy nights when the minarets are illuminated. 4. *slang* very drunk. — **çöreği/simidi** a savory, ring-shaped biscuit eaten on a **kandil gecesi**. — **gecesi** one of five Islamic holy nights when the minarets are illuminated: **mevlit, regaip, miraç, berat, kadir**. — **günü** the day preceding a **kandil gecesi**. — **topu** glass bowl of an oil lamp. — **yağı** olive oil that is poor in quality. **—in yağı tükenmek** *colloq.* to breathe one's last breath, die.
kandilci *formerly* tender of oil lamps in a mosque.
kandilleşmek to exchange **kandil** greetings.
kandilli 1. illuminated by an oil lamp. 2. *slang* very drunk. — **küfür** *colloq.* violent swearing; resounding oath. — **selam/temenna** elaborate, old-fashioned salutation in which the hand is raised from the ground in several movements.
kandillik 1. chandelier or stand for oil lamps. 2. pertaining to an Islamic holy night.
kanemi *used in:* — **olmak** *slang* to blush (from embarrassment).
kanepe couch, sofa, settee.
kaneviçe *see* **kanaviçe**.
kangal coil (of sausages/rope/wire).
kangallamak /ı/ to coil (something) (up).
kangallanmak to be coiled, be gathered up in coils.
kangren gangrene. — **olmak** to have gangrene; to become gangrenous.
kangrenleşmek 1. to become gangrenous. 2. to hit a dead end.
kanguru *zool.* kangaroo.
kanı opinion, view.
kanık satisfied, content.
kanıklık satisfaction, contentedness.
kanıksamak /ı/ 1. to become inured to. 2. to become surfeited with, become sick of.
kanırmak /ı/ to (try to) twist, bend, or pry (something) loose.
kanırtmaç crowbar, lever.
kanırtmak /ı/ to twist, bend, or pry (something) loose.
kanış opinion.
kanıt, -tı 1. evidence, proof. 2. *log.* premise.
kanıtlama proof, proving.

kanıtlamak /ı/ to prove.
kanıtlanmak to be proved.
kanıtlı supported by evidence, proven.
kanıtsamak /ı/ to accept (something) as evidence.
kani, -ii 1. convinced, persuaded. 2. (someone) who is content with what he has. 3. (someone) who is content with little. 4. (someone) who accepts what fate metes out to him. — **olmak** 1. /a/ to be convinced of (something). 2. to be content with little; /la/ to be content with. 3. to accept what fate metes out to one.
kaniş poodle.
kanlamak /ı/ to stain (something) with blood; to smear (something) with blood.
kanlandırmak /ı/ 1. to make (something) bloody, smear (something) with blood. 2. to revitalize; to invigorate. 3. to make (an eye) bloodshot. 4. to cause (something) to become filled with blood.
kanlanmak 1. to become bloodstained. 2. to become revitalized; to become vigorous. 3. (for an eye) to become bloodshot. 4. (for something) to become filled with blood: **Kene kanlandı.** The tick's become filled with blood.
kanlı 1. bloody, bloodstained, smeared with blood. 2. very rare (meat). 3. bloody, sanguinary. 4. bloodshot. 5. guilty of murder, bloodguilty. 6. vigorous, robust. — **basur** dysentery. — **bıçaklı olmak** 1. to get into a bloody fight. 2. to be out for each other's blood. — **canlı** vigorous, robust. — **katil** bloodthirsty criminal, notorious murderer.
kanlılık bloodiness.
kanmak 1. /a/ to be fooled, be taken in (by). 2. /a/ to believe. 3. /a/ to have had one's fill (of). 4. /la/ to be satisfied (with). **kana kana içmek** to drink one's fill.
kanmış convinced.
kano canoe.
kanser cancer. — **ilacı** slang 1. stupid, dimwitted. 2. uncouth, crude. 3. blockhead, numskull. 4. uncouth lout. — **olmak** 1. to have cancer. 2. to become cancerous.
kanserleşme canceration.
kanserleşmek to become cancerous.
kanserli 1. cancerous. 2. suffering with cancer.
kansız 1. bloodless, lacking in blood; anemic. 2. cowardly, spineless. 3. not attended by bloodshed, bloodless. — **cansız** anemic and feeble.
kansızlaşmak to get anemic.
kansızlık anemia.
kantar 1. steelyard, lever scales. 2. scales (for vehicles), weighbridge. 3. formerly a weight of about 56.5 kilos, kantar, cantar. — **ı belinde** colloq. alert, not to be fooled. — **a çekmek/vurmak** /ı/ 1. to weigh (with a steelyard). 2. to weigh in one's mind. — **a gelmek** to be weighable. — **ın topunu kaçırmak** to overstep the limit, go to extremes.
kantarcı maker or seller of steelyards.
kantarcılık making or selling steelyards.
kantarlı slang 1. violent (oath). 2. violent swearing; violent oath. — **atmak/—yı basmak/savurmak** slang to cuss a blue streak. — **küfür** slang violent swearing; violent oath.
kantaron bot. centaury. — **yağı** centaury oil.
kantaşı, -nı 1. bloodstone, heliotrope. 2. alum.
kantat, -tı mus. cantata.
kantata mus., see **kantat**.
kantin 1. canteen, snack bar (of a school/a factory/barracks). 2. slang lie, story. — **atmak** slang to tell lies, tell stories.
kantinci operator of a canteen.
kantincilik operation of a canteen.
kantitatif quantitative. — **analiz** chem. quantitative analysis.
kantite quantity.
kanto fin-de-siècle cabaret song.
kantocu fin-de-siècle cabaret chanteuse.
kanton canton.
kanun 1. law, statute, act. 2. law of nature; scientific law. — **a aykırı** illegal; incompatible with the law. — **a aykırı olarak** in violation of the law, illegally. — **da boşluk** legal loophole. — **la çatışmak** to fall afoul of the law. — **a dayanmak** to be based on a law. — **dışı** illegal. — **gücü/kuvveti** legal force, legal power. — **hükmünde** (something) that has the force of law, that is as good as a law. — **u kabul etmek** to pass a law. — **kitabı** digest of laws on a particular subject. — **layihası** bill, draft of a law. — **maddesi** article of a law. — **nazarında/muvacehesinde** in the eyes of the law. — **a sığınmak** to appeal to the law. — **sözcüsü** public prosecutor attached to the Council of State. — **tasarısı** bill, draft of a law. — **tefsiri** interpretation of the law. — **teklifi** bill (of a law). — **a uygun** legal; compatible with the law. — **yapmak** to enact a law. — **yolu ile** by legal means.
kanun a zither-like instrument with seventy-two strings.
kanunen by law, according to law, legally.
kanuni lawful, legal, legitimate; statutory. — **yollara başvurmak** to take legal steps, go to court.
kanuni player of a **kanun**.
kanunlaşmak to become law.
kanunlaştırmak /ı/ to legalize.
kanunname digest of the laws regulating a particular subject.
kanunsuz 1. not covered by a law. 2. unlawful, illegal. 3. colloq. lawless person.
kanunsuzluk 1. nonexistence of law. 2. unlawfulness, illegality. 3. lawlessness, lawless activity/behavior.
kanunuesasi obs., law constitution, the body of

laws that sets forth the powers and the duties of a state and the rights of that state's citizens.
kânunuevvel *obs.* December.
kânunusani *obs.* January.
kanyak brandy, cognac.
kanyon *geog.* canyon.
kaolin kaolin.
kaos chaos.
kap, -bı 1. pot, vessel. 2. container, receptacle; cover; case. 3. dish, plate (of food). — **kacak** pots and pans. —**ına sığmamak** to be overjoyed; to be very impatient, be champing at the bit.
kap, -pı (woman's) cape.
Kapadokya Cappadocia.
Kapadokyalı 1. (a) Cappadocian. 2. Cappadocian (person).
kapak 1. lid, cover. 2. door (of a cupboard, wardrobe, etc.). 3. stopper, tap. 4. *geom.* segment (of a sphere). 5. *anat.* valve. 6. (book) cover. —**ı atmak** /a/ to escape to. — **kızı** cover girl. — **pencere** *naut.* hinged skylight. — **taşı** stone cover/lid.
kapakçık *anat.* valvule, valvula, valvelet.
kapaklanmak 1. to fall flat on one's face. 2. (for a sailboat) to capsize, overturn.
kapaklı lidded; furnished with a cover; doored.
kapaklık stone cover/lid.
kapaksız lidless; coverless; doorless.
kapalı 1. shut, closed; covered. 2. covered, roofed (market, inner courtyard). 3. (woman) who keeps her head covered. 4. indirect, oblique (words). 5. secret (meeting). 6. overcast (sky). 7. blocked (road/passage). — **celse** closed session, executive session. — **çarşı** covered market. — **duruşma** closed hearing. — **dükkâna kira vermek** *slang* 1. to betroth one's son to a girl. 2. to get engaged to a girl. — **geçmek** /ı/ not to bring (something) up (during a discussion). — **gişe oynamak** to play to a full house. — **hava** overcast sky. — **havza** *geog.* interior basin. — **hece** *gram.* closed syllable, syllable ending in a consonant. — **kalp ameliyatı** closed-heart surgery. — **kutu** *colloq.* 1. inscrutable person. 2. thing that one knows very little about. — **liman** sheltered harbor. — **oturum** closed session, executive session. — **sözler** hints, innuendoes. — **tribün** covered grandstand. — **yer korkusu** claustrophobia. — **yetişmek** to be brought up without having much contact with other people. — **zarf usulü ile** by sealed tender.
kapalıca 1. indefinite, unclear, vague. 2. vaguely, indefinitely.
Kapalıçarşı the Grand Bazaar, the Covered Bazaar (in Istanbul).
kapalılık 1. being closed. 2. indirection, obliqueness (of words).

kapama 1. closing, closure. 2. lamb stewed in a covered pot with lettuce and green onions.
kapamak 1. /ı/ to close, shut. 2. /ı/ to plug up, stop up. 3. /ı/ to block (a view/a road). 4. /ı/ to cover, conceal, hide, obscure; to veil. 5. /ı/ to close down, shut down (a business); to suppress, abolish (an organization). 6. /ı/ to turn off (a faucet/electricity/a radio). 7. /ı/ to settle, pay up (an account). 8. /ı/ to drop (a matter). 9. /ı, a/ to lock up (someone/something) in (a place). 10. /ı/ to stockpile, hoard. 11. /ı/ to close up (the space between rows or ranks). 12. /ı/ to reduce (the space between printed lines).
kapan 1. trap; snare (for animals). 2. *colloq.* trap, trick. —**a düşmek/girmek/tutulmak/yakalanmak** to fall into a trap. —**a düşürmek** /ı/ to entrap. —**a kısılmak** to be caught in a trap. — **kurmak** to set a trap.
kapan, kapanca *prov.* reed mat used to protect seedlings.
kapanca 1. small trap (for animals). 2. *colloq.* trap, trick.
kapanık 1. closed, shut. 2. gloomy, oppressive (place); overcast (weather). 3. shut in, confined. 4. shy, unsociable, withdrawn. 5. /la/ covered with.
kapanıklık 1. gloominess, oppressiveness; cloudiness. 2. shyness.
kapanış closure, becoming closed/shut. — **saati** closing time (for a business).
kapanmak 1. to close, be shut. 2. to be blocked off. 3. to be covered, be concealed. 4. to be closed down; to be dissolved; to go out of business. 5. /a/ to withdraw (to). 6. /üstüne/ to hunch down (closely) to/over. 7. to be locked up. 8. to veil herself. 9. to come to an end, cease. 10. (for a wound) to heal. 11. (for the sky) to become cloudy. 12. /a/ to seclude oneself in.
kapari 1. caper, bud or berry of a caperbush. 2. *bot.* caperbush, caper.
kaparo earnest money, deposit.
kaparoz *slang* pickings, swag, spoils. — **etmek** /ı/ *slang* to steal, swipe, pinch, nick.
kaparozcu *slang* thief, nicker; swindler, con man.
kaparozculuk *slang* stealing; swindling.
kaparozlamak /ı/ *slang* to steal, swipe, pinch, nick.
kapasite capacity.
kapatılmak 1. to be closed, be made to close. 2. to be closed down; to be suppressed, be abolished.
kapatma 1. closing, closure, shutting. 2. mistress, concubine. 3. goods bought cheaply by trickery. 4. *basketball* blocking (an opposing player).
kapatmak /ı/ 1. to close, shut; to cover. 2. to

buy (something) cheaply by trickery. 3. to keep (a mistress). 4. to close down; to suppress, abolish.
kapçak large hook with a long handle.
kapçık 1. small container. 2. (shotgun/rocket) shell. 3. *bot.* pod, capsule. — **meyve** *bot.* nut.
kapı 1. door. 2. gate. 3. possibility. 4. *formerly* government office. 5. place of work. 6. *backgammon* a point. —**sında** in the household of. —**sı açık** hospitable. — **açmak** /**dan**/ to mention, bring up. —**yı açmak** 1. to begin. 2. to be the first, break the ice. 3. /**dan**/ to bring up (a topic) which will lead to the main point. — **ağası** the chief white eunuch in the sultan's palace. — **almak/yapmak** *backgammon* to get two men on a point, block a point. — **aralığı** *slang* bastard. —**sını aşındırmak** /**ın**/ to visit (someone) often. — **baca açık** unprotected (place). — **bir komşu** next-door neighbor. —**yı büyük açmak** 1. to embark on an expensive undertaking. 2. to spend money prodigally. —**sında büyümek** /**ın**/ to grow up in the household of. —**sını çalmak** /**ın**/ 1. to knock at (someone's) door. 2. to resort to, seek help from. —**yı çekmek** to shut the door. — **çerçevesi** door frame. —**ya dayanmak** to heave into sight, be pounding at the door, be upon one. — **dışarı etmek** /**ı**/ to show (someone) the door, throw (someone/an animal) out. — **duvar olmak** for no one to answer the door (after repeated knocking). — **gibi** *colloq.* strapping. **(...) —nın ipini çekmek** to call on (so many) people. — **kadar** huge, enormous. —**dan kapıya** door-to-door. — **kapı dolaşmak** 1. to visit many people. 2. to go from office to office (trying to get one's business done). —**sına kilit vurmak** /**ın**/ 1. to lock up (a place). 2. to close down (a business). — **kolu** door handle. — **komşu** next-door neighbor. —**dan kovsan/kovulsa bacadan düşer/girer.** *colloq.* He is shamelessly persistent. — **kuzusu/yavrusu** wicket (in a large door/gate). — **mandalı** 1. door latch. 2. person whom no one considers important. — **numarası** street number (of a building). —**sı olmak** /**ın**/ to require (so much money): **Bu, on liranın kapısıdır.** This will cost you ten liras. — **tokmağı** knocker, door knocker. — **topuzu** doorknob. —**yı vurmak** to knock at the door. — **yapmak** 1. /**a**/ to lead up to (a subject/a request) gently. 2. to visit (a specified number of) homes. 3. *backgammon* to block a point. —**sını yapmak** /**ın**/ to lead up to (a subject/a request) gently. — **zinciri** door chain.
kapıcı doorkeeper; maintenance man (for a large building).
kapıcılık work of a doorkeeper or maintenance man.
kapıkulu, -nu member of those troops directly under the sultan's command.
kapılandırmak /**ı, a**/ to place (someone) in the service (of).
kapılanmak /**a**/ to find a job (with), enter the service (of).
kapılgan 1. easily influenced, susceptible. 2. easily deceived. 3. quick to fall in love.
kapılı doored; gated. — **bacalı** complete, finished, ready for use (house/apartment).
kapılmak 1. to be seized, be grabbed. 2. /**a**/ to trust in (someone) only to be deceived. 3. /**a**/ to be carried away, be washed away (by). 4. /**a**/ to be entranced, be carried away (by).
kapısız doorless; gateless. — **bacasız** 1. not yet completely finished (house/apartment). 2. dilapidated.
kapış 1. way of seizing. 2. snatch, seizing. — **kapış** with wild enthusiasm; in a mad scramble. — **kapış gitmek** to be gobbled up, sell like hot cakes, sell like crazy. — **kapış kapışmak** /**ı**/ to seize (something) eagerly. — **kapış yemek** /**ı**/ to gobble up, wolf down.
kapışılmak 1. to be grabbed up; to be taken away in a wild scramble. 2. to sell like hot cakes, sell like crazy; to be in great demand.
kapışmak 1. /**ı**/ to snatch at; to scramble for. 2. /**ı**/ to buy eagerly, rush to purchase. 3. to begin to fight or wrestle with each other. 4. *slang* to kiss each other.
kapıştırmak /**ı**/ to incite (people) to fight or tussle with each other.
kapik kopeck, kopek.
kapital, -li capital, invested wealth.
kapitalist, -ti 1. (a) capitalist. 2. capitalist, capitalistic.
kapitalizm capitalism.
kapitone quilted (cloth); tufted (upholstery); (chair/sofa) with tufted upholstery.
kapitülasyon capitulation.
kapkaç, -çı stealing by snatching; purse-snatching.
kapkaççı 1. snatch-and-run thief; purse-snatcher. 2. one who makes big profits out of shoddy work.
kapkaççılık 1. being a snatch-and-run thief; purse-snatching. 2. making big profits out of shoddy work.
kapkara pitch-black; pitch-dark.
kapkaranlık completely dark.
kaplam *log.* extension, extent.
kaplama 1. (act of) covering or coating. 2. coat; plate. 3. plating; coating. 4. *dent.* crown. 5. veneer. 6. covering one side of a quilt with a sheet. 7. *naut.* planking, planks. 8. covered; coated; plated. — **diş** crowned tooth.
kaplamacı 1. metal plater. 2. veneerer.
kaplamacılık 1. the work of a metal plater. 2. the work of a veneerer.

kaplamak 396

kaplamak /ı/ 1. to cover, cover completely. 2. to plate; to coat; to veneer. 3. to spread over, envelop. 4. to cover, encase.
kaplamalı 1. veneered. 2. plated. 3. coated.
kaplamlı *log.* extensional, extensive.
kaplan *zool.* tiger. — **atlaması** *sports* a vault made with the hands.
kaplanmak 1. to be covered. 2. to be plated; to be coated; to be veneered.
kaplatmak /ı, a, la/ to have (someone) cover, veneer, plate, or coat (something) with.
kaplı 1. covered; coated; plated. 2. (book/notebook) having a protective outer cover. — **yorgan** quilt covered on one side with a sheet.
kaplıca hot spring, thermal spring; hot spring resort, spa. — **tedavisi** cure at a thermal spring, thermotherapy.
kaplık 1. cupboard or shelf for storing pots and pans. 2. good for covering (a book/a notebook).
kaplumbağa 1. *zool.* turtle; tortoise. 2. *slang* teardrop-shaped, two-door Volkswagen sedan, bug, beetle. — **gibi** 1. slow, slow as molasses. 2. at a snail's pace. — **yürüyüşü** snail's pace.
kapma 1. seizing, grabbing. 2. snatched, seized.
kapmaca 1. seized, snatched. 2. puss in the corner, pussy wants a corner.
kapmak /ı/ 1. to snatch, seize, catch, grasp, snap up. 2. to snatch and carry off. 3. to seize and devour, grab and eat up. 4. (for a machine) to catch and mangle (a hand/an arm). 5. to get the hang of (something) right away. 6. to catch (a disease). 7. to acquire, get, develop (a habit/a manner). **kapanın elinde kalmak** (for something) to go only to those who are the quickest to act.
kaporta 1. *naut.* hatch; bull's-eye. 2. hood (of a car), *Brit.* bonnet.
kaportacı man who repairs car hoods.
kaportacılık repairing or making car hoods.
kapriçyo *mus.* capriccio.
kapris caprice, fancy, whim. — **yapmak** to behave capriciously.
kaprisli capricious.
kapsam 1. scope, embrace, extent. 2. *log.* extension, extent.
kapsama inclusion, including.
kapsamak /ı/ to comprise, contain, include, cover, embrace.
kapsamlı 1. comprehensive, broad in scope. 2. *log.* extensional, extensive.
kapsatmak /ı, a/ to extend (something) to include (something else).
kapsız coverless.
kapsül 1. *bot., med., chem., anat., space* capsule. 2. percussion cap, cap.
kapşon *see* **kapüşon.**
kaptan 1. captain, skipper. 2. *sports* captain. — **köşkü/köprüsü** *naut.* bridge. — **paşa/—ı derya** *hist.* admiral. — **pilot** 1. chief pilot. 2. driver of an intercity bus.
kaptanlık captaincy, captainship. — **etmek/yapmak** /a/ to captain.
kaptıkaçtı 1. *formerly* minibus. 2. a card game. 3. stealing by snatching; purse-snatching.
kaptırmak /ı, a/ 1. to have (something) snatched. 2. to get (a part of one's body) caught in (a machine).
kapuska cabbage stew.
kaput, -tu 1. military greatcoat. 2. hood (of a car), *Brit.* bonnet. 3. condom. 4. (a card game) lost without winning any tricks. — **etmek** /ı/ *playing cards* to shut (one's opponent) out. — **gitmek** *slang* to fail all one's exams. —**u kesmek/yırtmak** *slang* to pass one of one's exams. — **olmak** *playing cards* to be completely shut out.
kaputbezi, -ni 1. canvas, sail cloth. 2. unbleached muslin.
kapüşon hood (attached to a coat/a cloak).
kar snow. —**dan adam** snowman. — **ayakkabısı** snowshoe. — **basmak** 1. /ı/ for snow to cover up/bury. 2. /a/ to store in (a cool place) for summer use. — **bıçağı** snowplow blade. — **dişi** icicle. — **düşmek** /a/ to snow (on a place). — **fırtınası** snowstorm. —**da gezip izini belli etmemek** to do something so slyly that no one realizes what one's up to. — **gibi** snow-white. — **gözlüğü** snow goggles. — **helvası** snow mixed with molasses. — **körlüğü** snow blindness. — **kuyusu** pit for preserving snow for summer use. — **parçası** very fair-complexioned. — **sınırı** snow line, snow limit. — **siperi** snow fence. — **süpürücü** snowplow; snowblower, snow thrower. — **topu** 1. snowball. 2. very fair-complexioned and plump (child). — **topu oynamak** to have a snowball fight. — **tutmak** for snow to stick. — **yağmak** to snow.
kâr 1. profit. 2. benefit. — **bırakmak** to yield a profit. — **etmek** 1. to profit, make a profit. 2. to help, be effective. — **gayesi gütmeyen** nonprofit. — **getirmek** to yield a profit. — **haddi** limit on profits. — **hissesi** *fin.* dividend, share of the profits. — **kalmak** to remain as profit. —**ı olmamak** not to be up to, not to be equal to: **Bu iş herkesin kârı değil.** Not everyone is equal to this job. — **payı** *fin.* 1. profit margin. 2. dividend, share of the profits. —**ına satmak/—la satmak** /ı/ to sell (something) at a profit. —**ını tamam etmek** /ın/ *colloq.* to murder, kill. — **ve zarar/— zarar** profit and loss. — **zarar cetveli** income account, profit and loss statement.
kara 1. black. 2. dark-complexioned, swarthy. 3. *phot.* negative. 4. bad; unlucky. —**lar bağlamak** to put on mourning; to wear mourning. — **beniz/benizli** swarthy, dark-complexioned.

— **cahil** grossly ignorant. — **cümle** *colloq.* the four arithmetical operations. — **çalı** *colloq.* person who breaks up a friendship by carrying tales. — **çalmak** /a/ to slander. —**ları çıkarmak** to come out of mourning. — **damaklı** obstinate. — **damar** *anat.* vein. —**sı elinde** slanderer, maligner. — **et** lean meat. —**lar giymek** to put on mourning; to wear mourning. — **gün** black day; time of trouble. — **gün dostu** true friend, friend who sticks by you when you're in trouble. — **haber** news of a death/a disaster. —/**kötü haber tez duyulur.** *proverb* Bad news travels fast. — **haberci** bringer of bad news. — **kaplı kitap** *colloq.* 1. one's chief reference book, one's bible. 2. law book. — **kara düşünmek** to brood. — **kaş** *colloq.* (someone) who has big black eyebrows. **(aralarından)** — **kedi geçmek** *colloq.* (for two friends) to start behaving coolly to each other. — **kuru** *colloq.* swarthy and skinny. — **kutu** *aviation* black box. — **kuvvet** the forces supporting reaction and religious fanaticism. — **liste** blacklist. — **listeye almak** /ı/ to blacklist. — **maşa** *colloq.* small, dark, and thin girl/woman. — **mizah** black humor. — **oğlan** *colloq.* swarthy boy. — **sakız** pitch. — **sürmek** /a/ to slander, blacken (someone's) reputation. — **tahta** blackboard. — **talih** misfortune, bad luck. — **toprak** black soil, chernozem. — **yağız** *colloq.* swarthy (young man). — **yas** deep mourning. — **yüz** dishonor, disgrace, ignominy. — **yüzlü** dishonored, disgraced, in disgrace.
kara 1. land, dry land, shore. 2. terrestrial. —**da** on land, ashore, on shore. —**dan** by land. —**ya ayak basmak** to go ashore, disembark. —**ya çekmek** /ı/ to beach (a boat), haul (a boat) up onto shore. —**ya çıkmak** to land, disembark, go ashore. —**ya düşmek** 1. to run aground, be grounded. 2. (for flotsam) to be washed up on the beach. 3. *slang* to walk into a trap; to be swindled. —**ya düşürmek** /ı/ *slang* to beat (someone) up. — **kuvvetleri** *mil.* ground forces, land forces. —**ya oturmak** to run aground, be grounded. — **ticareti** overland trade. — **vapuru** *colloq.* train. —**ya vurmak** to be washed up onto a shore. — **yeli** land breeze. — **yolculuğu** overland journey.
karaağaç *bot.* elm.
karabalık. *zool.* tench.
karabasan 1. nightmare. 2. depression; uneasiness; anxiety.
karabaskı blackmail, blackmailing.
karabaş 1. (Christian) monk. 2. confirmed bachelor. 3. a variety of buckwheat. 4. *bot.* French lavender. 5. blackhead, histomoniasis. 6. *colloq.* Anatolian sheep dog.
karabatak *zool.* cormorant. — **gibi** *colloq.* (person) who will disappear for a while and then suddenly turn up.
karabet, -ti *obs.* 1. kinship (by blood/marriage). 2. close connection, close relation, affinity (between two things).
karabiber 1. black pepper. 2. *colloq.* petite and lovely brunette. — **tanesi** peppercorn.
karabina carbine; blunderbuss.
karabinyer carabiniere, Italian gendarme.
karaborsa black market. —**ya düşmek** (for an item) to go on the black market.
karaborsacı black marketeer.
karaborsacılık black marketeering.
karaboya *colloq.* sulfuric acid.
karabuğday *bot.* buckwheat.
karabulut, -tu black cloud, rain cloud.
karaca *zool.* roe, roe deer.
karaca dark; blackish.
karaca *anat.* upper arm, brachium. — **kemiği** *anat.* humerus.
karaceviz black walnut.
karacı 1. soldier; army officer. 2. (someone) who is a soldier; (someone) who is an army officer.
karacı 1. slanderer. 2. given to slandering, slanderous.
karacı *prov.* 1. brigand, highwayman. 2. fortune-teller, soothsayer.
karacılık being a slanderer; slandering.
karaciğer liver. — **iltihabı** *path.* hepatitis. — **ödyolu** *anat.* hepatic duct.
karaçalı 1. *bot.* blackthorn. 2. *bot.* Christ's-thorn. 3. *zool.* a dark red mullet.
karaçam *bot.* black pine.
karaçayır *bot.* darnel, ryegrass.
karaçıban *path.* carbuncle.
Karadağ Montenegro.
karadamga smirch, stain (on one's reputation).
karadamgalı (someone) whose reputation has been besmirched; (someone) who has gotten a bad reputation.
Karadeniz the Black Sea. — **Boğazı** the Bosporus, the Bosphorus. — **fırtına, al pırtını sırtına.** *colloq.* Things here are in a bad way; you'd better pack up and clear out. —'**de gemilerin mi battı?** *colloq.* What's eating you?
karadul *zool.* black widow.
karadut black mulberry.
karaduygu melancholia.
karaduygulu melancholic, suffering from melancholia.
karaelmas 1. carbonado, bort. 2. coal.
karafa carafe, decanter.
karafaki small carafe, small decanter.
karafatma *zool.* Oriental cockroach, *Brit.* blackbeetle.
Karagöz 1. (a Punch-and-Judy style of) Turkish shadow show. 2. the main figure of the Turkish shadow show. — **oynatmak** 1. to perform the Turkish shadow show. 2. to do

karagöz 398

something comical. — **oyunu** Turkish shadow show.
karagöz 1. zool. sargo. 2. slang small dice. 3. black-eyed. 4. prov., bot. black-eyed pea, cowpea. — **tirsi** zool. black-eyed shad.
karagözcü 1. operator of a shadow show. 2. maker and seller of shadow-show puppets.
karagözcülük 1. operating a shadow show. 2. making shadow-show puppets.
karagözlük comical behavior, tomfoolery. — **etmek** to amuse people by doing comic imitations.
karagül zool., see **karakul**.
karağı poker (for a fire).
Karahan astr. Pluto.
karahindiba bot. dandelion.
karahumma path. typhoid fever, enteric fever.
karaiğne zool. red ant.
Karaim 1. (a) Karaite. 2. Karaite, of the Karaites.
Karaimce Karaite (a Turkic dialect).
karakabarcık path. anthrax.
karakaçan a black donkey.
karakafes bot. comfrey.
karakalem 1. charcoal (for drawing). 2. charcoal drawing. 3. charcoal, done in charcoal.
karakaplumbağası, -nı zool. tortoise.
karakavak bot. Lombardy poplar.
karakavza bot. parsnip.
karakehribar black amber, jet.
karakış the coldest part of the winter, the dead of winter.
karakol 1. police station; gendarme station. 2. any official force upholding public order. — **gemisi** coast-guard ship, patrol vessel. — **gezmek** (for a policeman) to patrol his beat; (for a group) to go out on patrol. — **hattı** line of patrol stations along an international border. — **nöbetçisi** soldier on patrol.
karakolluk 1. (matter) for the police to deal with, warranting arrest. 2. (someone) who should be arrested; (someone) liable to arrest. — **olmak** 1. to have to be taken to the police station. 2. to be liable to arrest.
karakoncolos 1. black bogy, bugbear, bugaboo (invoked to frighten naughty children). 2. colloq. very ugly person.
karakter character. — **eğitimi** character training. — **oyuncusu** character actor. — **rolü** character part.
karakteristik 1. characteristic, distinctive. 2. (a) characteristic. 3. math. characteristic.
karakterli 1. of good character, just and honest. 2. of (a specified) character.
karakteroloji characterology.
karaktersiz unprincipled, lacking moral fiber.
karaktersizlik lack of moral fiber.
karakul zool. karakul, caracul.
karakulak zool. caracal.

karakulak hist. kavass attending a high government official.
karakullukçu manservant of a Janissary officer.
karakurbağası, -nı zool. toad.
karakuş zool. a black eagle.
karalahana 1. bot. collard. 2. collards, collard greens.
karalama 1. scribbling; doodling. 2. crossing out. 3. calligraphic exercise. 4. draft, rough draft. 5. slander. — **defteri** notebook for rough drafts.
karalamak /ı/ 1. to deface (something) with drawings or scribblings. 2. to cross out (something written). 3. to slander. 4. to draft, sketch out.
karalanmak 1. to be defaced with drawings or scribblings. 2. to be crossed out. 3. to be made black. 4. to be slandered.
karalaşmak to turn black, blacken.
karalatmak /ı, a/ 1. to allow (someone) to deface (something); to have (someone) deface (something). 2. to have (someone) slander (someone).
karaleylek zool. black stork.
karalı black-spotted; mixed or spotted with black. — **beyazlı** colored both black and white.
karalık blackness; darkness.
karaltı 1. indistinct figure (obscured by darkness/distance/mist). 2. dark spot; stain. 3. silhouette.
Karaman Karaman. — **'ın koyunu, sonra çıkar oyunu**. colloq. There's something fishy about this./I smell a rat.
karaman a fat-tailed sheep.
karambol, -lü 1. carom, billiard, Brit. cannon. 2. colloq. collision, smashup. 3. colloq. confusion caused by a collision. — **yapmak** to carom, make a carom.
karamela caramel.
karamelalı mixed or sweetened with caramel.
karamsar 1. pessimistic. 2. (a) pessimist.
karamsarlık pessimism.
karamsı blackish.
karamuk 1. bot. corncockle, corn rose, rose campion. 2. path. roseola, roseola infantum.
karamusal mooring swivel.
Karamürsel sepeti, -ni colloq. 1. person of no importance. 2. insignificant thing, trifle. — **sanmak /ı/** to underrate, underestimate (someone).
karanfil 1. bot. carnation. 2. bot. clove pink, gillyflower. 3. clove. 4. bot. clove tree. 5. slang *asshole, anus. — **i sıkmak** slang to endure, hold out; to be patient. — **yağı** oil of cloves.
karanfilotu, -nu bot. herb bennet, yellow avens.
karanlık 1. dark, without light. 2. the dark, darkness; dark place. 3. obscure, unclarified. 4. bad, wicked. 5. dangerous. —**ta** in the dark, in the darkness. — **basmadan** before nightfall. — **basmak** for darkness/night to fall. — **düşünce** wicked thought. — **etmek** to block the

light. **—ta göz kırpmak** to try to explain something using incomprehensible signals or language. **—a kalmak** to arrive after dark. **—a kurşun sıkmak** to take a shot in the dark. **— oda** darkroom. **— olmak** to get dark.
karantina quarantine. **—ya almak** /ı/ to quarantine. **— bayrağı** quarantine flag. **— dairesi** quarantine office. **—dan geçmek** to go through quarantine. **— kordonu** cordon sanitaire, sanitary cordon. **— koymak** /a/ to quarantine (a place). **—da yatmak** (for a ship) to be in quarantine.
karar 1. decision. 2. stability, predictability. 3. proper degree, acceptable limit. 4. estimate, approximation. 5. *classical Turkish mus.* a return to the original mode. 6. just right, neither too little nor too much. **—ınca** in moderation, without going to extremes. **— almak** to make a decision. **— altına almak/—a bağlamak** /ı/ to make a decision about. **—ında bırakmak** /ı/ to avoid (doing something) in excess. **— bulmak** /da/ to reach a firm decision about. **— kılmak** /da/ to choose, settle upon (something) as one's choice. **—ında olmak** 1. *(with an infinitive)* to be firmly resolved to (do something). 2. to be done in moderation. **—a varmak** to arrive at a decision, reach a decision. **— vermek** 1. /a/ to decide to. 2. to make a decision.
karargâh *mil.* headquarters.
kararlama 1. estimation, rough calculation. 2. done by guessing. 3. by estimating roughly.
kararlamadan by estimating roughly.
kararlamak 1. /ı/ to estimate (something) roughly. 2. to make a rough estimate.
kararlaşmak to be decided, be agreed on.
kararlaştırılmak to be decided, be agreed on.
kararlaştırmak /ı/ to decide, agree on.
kararlı 1. determined, resolute. 2. uniform, unvarying. **— dalga** *phys.* standing wave, stationary wave. **— denge** *phys.* stable equilibrium.
kararlılık 1. resolution, determination. 2. stability.
kararma 1. darkening, getting dark. 2. *cin.* fade-out.
kararmak 1. to get dark; to turn black. 2. (for light) to fade.
kararname 1. (written/printed) governmental decree or decision. 2. governmental decision signed by the Council of Ministers and/or the President of Turkey.
kararsız 1. hesitant, undecided. 2. changeable, unstable. **— denge** unstable equilibrium. **— olmak** to be undecided; to waver.
kararsızlık 1. indecision. 2. instability.
karartı 1. indistinct figure. 2. dark spot; stain.
karartma 1. darkening, making something dark. 2. blackout.
karartmak /ı/ to darken.
karasaban a primitive plow.

karasal terrestrial. **— kumul** land dune. **— oluşuk** *geol.* terrestrial formation.
karasevda 1. passionate and hopeless love. 2. melancholia. **—ya düşmek/tutulmak/uğramak** 1. to be passionately and hopelessly in love. 2. to suffer from melancholia.
karasevdalı 1. passionately and hopelessly in love. 2. melancholic, suffering from melancholia.
karasinek *zool.* housefly.
karasöğüt *bot.* black willow.
karasu 1. *path.* glaucoma. 2. a swelling in the hoof of a horse. 3. slowly flowing water. **— humması** *path.* blackwater fever.
karasuları, -nı territorial waters.
karaşın swarthy, dark-complexioned.
karatavuk *zool.* blackbird.
karate karate.
karateci karateist.
karatedo *see* **karate**.
karaturp, -pu horseradish.
karavana 1. large kettle, cauldron (used in institutional kitchens). 2. food, chow; mess, soldier's meal. 3. a thin, flat diamond. 4. *mil., slang* missing the target completely. **— borusu** mess call. **—dan yemek** *colloq.* 1. to mess together. 2. to lead a simple life.
karavanacı 1. mess carrier. 2. *slang* soldier who misses the target completely.
karavela 1. caravel. 2. *naut.* irregularity, nonobservance of the rules.
karavide *zool.* a freshwater crayfish.
karayanık *path.* anthrax.
karayazı unhappy fate.
karayazılı unlucky, plagued by misfortune.
karayel 1. northwest wind. 2. northwest.
karayılan *zool.* blacksnake, black racer.
karayolu, -nu highway, road; overland route.
karayosunları, -nı mosses.
karboksil *chem.* carboxyl.
karbon *chem.* carbon. **— devri** *geol.* the Carboniferous period. **— kâğıdı** carbon paper.
karbonado bort, carbonado.
karbonat, -tı 1. baking soda, sodium bicarbonate. 2. *chem.* (a) carbonate.
karbonatlama *chem.* carbonation.
karbonatlamak /ı/ *chem.* to carbonate, impregnate with carbonic acid.
karbondioksit *chem.* carbon dioxide.
karbonhidrat, -tı *chem.* carbohydrate.
karbonik *chem.* carbonic. **— asit** *chem.* carbonic acid.
karbonlamak /ı/ to carburize.
karbonlaşmak to become carbonized.
karbonlaştırma carbonization.
karbonlaştırmak /ı/ to carbonize.
karbonlu carbonous, carbonaceous, containing carbon.
karbonmonoksit *chem.* carbon monoxide.

karborundum *chem.* Carborundum.
karbür *chem.* carbide (a binary compound of carbon with a more electropositive element).
karbüratör carburetor, *Brit.* carburettor. — **kelebeği** carburetor valve.
karçiçeği, -ni *bot.* snowflake, leucojum.
kardan 1. *auto., mech.* universal joint, universal coupling, universal. 2. *mech.* Cardan, Cardan Joint. — **kavraması** 1. *auto., mech.* universal joint, universal coupling, universal. 2. *mech.* Cardan, Cardan Joint. — **mili** 1. *auto., mech.* drive shaft. 2. *mech.* Cardan shaft.
kardaş *prov.* brother; sister; sibling.
kardelen *bot.* snowdrop.
kardeş 1. brother; sister; sibling. 2. *an informal form of address:* Kardeş, bunu şoföre uzatır mısın? Would you mind handing this to the driver? — **ten ileri olmak** to be bosom friends. — **kardeş** in a brotherly or sisterly way. — **katili** fratricide; sororicide (murderer). — **katli** fratricide; sororicide (murder). — **kavgası** fratricidal quarrel. — **köy** a village to which students in a school give aid. — **payı yapmak** to divide something equally, go halves.
kardeşçe 1. in a brotherly manner, fraternally; in a sisterly manner. 2. brotherly, fraternal; sisterly.
kardeşkanı, -nı kino, kino gum. — **ağacı** *bot.* kino, East Indian kino.
kardırmak /ı, a/ to have (something) mixed or blended.
kardinal, -li cardinal (in the Roman Catholic Church).
kardinallik 1. cardinalate, cardinalship, the office or rank of a cardinal. 2. being a cardinal.
kardiyograf cardiograph.
kardiyografi cardiography.
kardiyogram cardiogram.
kardiyolog cardiologist.
kardiyoloji cardiology.
kare 1. square, any square thing. 2. *math.* square. 3. square, square-shaped. —**sini almak** /ın/ *math.* to square. — **matris** *math.* square matrix.
karekök, -kü *math.* square root. —**ünü almak** /ın/ *math.* to extract the square root (of).
kareli checkered, checked.
karfiçe finishing nail.
karga *zool.* crow. — **beyni** *prov.* a dish prepared with yogurt and grape syrup. —**lar bok yemeden** *vulg.* very early in the morning. —**yı bülbül diye satmak** *colloq.* 1. to praise the politeness and refinement of someone rude and unrefined. 2. to try to pass off someone/something ugly as beautiful; to swindle someone. — **derneği** *colloq.* assemblage of fools or scoundrels. — **gibi** swarthy and skinny. — **sekmez** lonely, deserted (place). — **taşlamak** *slang* to pester a girl with improper advances. — **yürüyüşü** moving forward by hopping while in a squatting position (an exercise).
karga *naut.* 1. capsizing, turning over. 2. hauling in the sails. — **etmek /ı/** 1. to prime (a pump). 2. *naut.* to top (the yards).
kargaburnu, -nu (a pair of) pointed wire cutters.
kargaburun hawk-nosed.
kargabüken 1. nux vomica. 2. *bot.* nux vomica tree.
kargacık burgacık 1. scrawly. 2. in a scrawl. — **yazmak** to write in a scrawl.
kargadelen soft-shelled almond.
kargaşa 1. civil turmoil/tumult/disorder; anarchy. 2. commotion, hullabaloo, pandemonium. 3. confusion, chaos, scramble; seething mass. — **çıkarmak** 1. to incite a tumult; to incite anarchy. 2. to cause confusion or pandemonium.
kargaşacı anarchist.
kargaşacılık anarchism.
kargaşalı marked by civil disorder; anarchic.
kargaşalık 1. civil turmoil/tumult/disorder; anarchy. 2. commotion, hullabaloo, pandemonium. 3. confusion, chaos, scramble; seething mass.
kargatulumba *used in:* — **çıkarmak /ı, dan/** (for several people) to grab (someone) by his arms and legs, lift him up, and carry him out of (a place). — **etmek /ı/** (for several people) to grab (someone) by his arms and legs and lift him up in the air. — **götürmek /ı/** (for several people) to grab (someone) by his arms and legs, lift him up, and carry him out/off.
kargı 1. pike; javelin; lance. 2. *prov.* cane; bamboo.
kargılık cartridge belt; bandolier.
kargıma curse, cursing.
kargımak /ı/ to curse.
kargın large woodworking plane.
kargış curse, imprecation. — **etmek/vermek /a/** to curse.
kargışlama cursing.
kargışlamak /ı/ to curse.
kargışlanmak to be cursed.
kargışlı cursed, accursed.
kargo cargo.
karha *obs.* ulcer.
karı 1. wife, spouse; *law* married woman. 2. *vulg.* broad, woman. — **ağızlı** (man) who gossips like a woman. —**sı ağızlı** (husband) who is merely a mouthpiece for his wife's opinions. — **almak /ı/** to marry. — **kısmı** *vulg.* womankind. — **kızan** *prov.* the whole household, wife and children. — **koca hayatı** married life. — **kocalık** the married state, matrimony. —**sı kurusu** *colloq.* (his) wife and household. — **milleti** *vulg.* womankind. — **pazarı** *vulg.* noisy crowd.
karık 1. snow blindness. 2. snow-blind.

karkmak to be dazzled/blinded by sunlit snow.
karlaşmak to become effeminate.
karlı 1. (someone) who has (so many) wives. 2. (someone) who has (a certain kind of) wife. — **kocalı** (a group) of husbands and their wives.
karlık 1. wifehood; wifeliness. 2. *vulg.* being a broad. — **etmek** 1. /a/ to do her wifely duty by (her husband). 2. *vulg.* (for a man) to double-cross (someone).
karılmak 1. to be mixed, be mingled. 2. (for animals) to mate.
karımak *prov.* (for a woman) to get old, grow old.
karın, -rnı 1. abdomen; abdominal region. 2. belly, stomach. 3. womb. 4. belly; the rounded, protrusive part (of something). 5. *colloq.* mind, head. 6. *phys.* antinode, loop. —**ı acıkmak** to be hungry, get hungry. —**ı aç** hungry. —**ı ağrımak** to have a stomach ache. — **ağrısı** 1. stomach ache, colic. 2. *colloq.* a pain in the neck (person). 3. *colloq.* what-do-you-call-it, whatyoumayjigger. — **boşluğu** *anat.* abdominal cavity. —**ı burnunda** very much in the family way, big with child. —**ını deşmek** /ın/ *colloq.* to stab (someone) in the belly. —**ı doymak** to be full, have eaten one's fill. —**ını doyurmak** 1. to eat one's fill. 2. /ın/ to feed (someone). — **fıtığı** *path.* abdominal hernia. —**ı geniş** easygoing, nonchalant. —**ı gitmek** to have diarrhea. —**ı karnına geçmiş** painfully thin person. —**ından konuşan kimse** ventriloquist. —**ından konuşma** ventriloquism. —**ından konuşmak** to ventriloquize. —**ından söylemek** 1. to speak very softly. 2. to make up a tale, make up a yarn. —**ı sürmek** to have diarrhea. —**ı tok** not hungry, full. —**ım tok (bu sözlere).** *colloq.* I'm tired of hearing about it. —**ı tok, sırtı pek** *colloq.* well-off and contented with life. — **üstüne iniş** crash landing (made without using the landing gear). — **yüzgeci** ventral fin. —**ı zil/dümbelek çalmak** *colloq.* for (one's) stomach to growl from hunger; (for someone) to be very hungry.
karınca 1. ant. 2. blowhole (in a metal casting). — **ağzı** very small opening. — **asidi** formic acid. — **belli** *colloq.* wasp-waisted. —**yı bile incitmemek/ezmemek** *colloq.* not to hurt an ant, to be very tenderhearted. —**ya binmek** *colloq.* to go at a snail's pace. — **duası gibi** *colloq.* small or cramped and illegibly scrawly (handwriting). — **ezmez** *colloq.* very gentle and compassionate. — **kararınca/kaderince** doing as much as one can (even if it's only a little). — **sürüsü** swarm of ants. — **yuvası** ant nest; anthill. — **yuvası gibi kaynamak** *colloq.* (for a place) to teem or be swarming with people.
karıncalanma 1. being full of ants. 2. pins and needles, formication.
karıncalanmak 1. to be crawling with ants. 2. (for a limb) to have/get pins and needles in it, tingle after being numb. 3. (for a metal casting) to develop blowholes.
karıncalı 1. full of ants. 2. (metal casting) that has blowholes in it. 3. riddled with rust holes.
karıncık *anat.* ventricle.
karıncıl coeliac, celiac.
karındaş *archaic* brother; sister.
karınlama *naut.* pulling up alongside. — **kancası** grapnel, grappling iron, grappling hook.
karınlamak /a/ *naut.* to pull up alongside.
karınlı 1. potbellied. 2. having a bulge in the middle.
karınmak 1. to be mixed, be mixed together. 2. *prov.* (for fowls) to mate.
karınsa *prov.* molting, molting season (of birds). —**ya girmek** to begin to molt.
karıntı 1. whirlpool. 2. *naut.* wave that hits the side of a ship.
karınzarı, -nı *anat.* peritoneum. — **yangısı/iltihabı** *path.* peritonitis.
karış span, handspan. — **karış** 1. every inch (of a place). 2. over every inch (of it). 3. with a fine-tooth comb, very carefully. — **karış dili var.** *colloq.* He's/She's very sassy.
karışık 1. mixed; assorted, miscellaneous; heterogeneous; motley. 2. adulterated, not pure. 3. confused, disorganized, jumbled. 4. complicated; complex. 5. *colloq.* (someone) who deals with the jinn. — **hisler** mixed feelings. — **ismi fail** *colloq.* complicated matter. — **konuşmak** to speak incoherently or contradictorily.
karışıklık 1. confusion, disorder. 2. civil turmoil, tumult. — **çıkarmak** to incite a tumult, stir up trouble.
karışılmak /a/ *impersonal passive* to interfere, intervene.
karışım 1. mix, mixture, blend. 2. *med.* complication.
karışlamak /ı/ to measure by the span of one's hand.
karışma 1. mixing, mingling. 2. interference, meddling. 3. *med.* complication.
karışmak 1. /la/ to mix (with), be mixed (with); to be dispersed (in). 2. to get mixed up, become confused, become jumbled. 3. (for water) to become rough or turbid. 4. /a/ to interfere (in), meddle (in). 5. /a/ to flow into (another river). 6. /a/ to join, become a part of. 7. /a/ to be responsible for, deal (with), be in charge (of), exercise control (over). **Karışma.** Mind your own business./Don't interfere. **Karışmam.** 1. It's none of my business. 2. I don't want to have anything to do with it. 3. Don't blame me if things go wrong. **karışanı görüşeni olmamak** to be free from interfer-

ence, be able to act exactly as one sees fit.
karıştırıcı 1. mixer; agitator; a machine, a part of a machine, or an implement that mixes or agitates. 2. mixer; agitator; person whose job is to mix or agitate. 3. agitator, troublemaker, mischief-maker. 4. (someone) who creates or promotes discord.
karıştırıcılık troublemaking, creating or promoting discord; being a troublemaker.
karıştırılma 1. being mixed or stirred. 2. being confused with something else.
karıştırılmak 1. to be mixed together. 2. /la/ to be confused (with).
karıştırma 1. mixing. 2. confusing, confusion, mixing up.
karıştırmak 1. /ı/ to mix, stir; to blend. 2. /ı, la/ to confuse (someone/something) with. 3. /ı/ to get (things) mixed up in one's mind. 4. /ı/ to rummage through; to thumb through. 5. /ı, a/ to get (someone) involved in or mixed up in (something). 6. /ı, a/ to introduce (one topic) alongside (another).
karibu *zool.* caribou.
karides shrimp, *Brit.* prawn; scampi. — **kokteyli** shrimp cocktail.
karikatür 1. caricature (drawing). 2. cartoon; comic strip. 3. poor imitation of, poor substitute for. —**ünü yapmak** /ın/ to draw a caricature of.
karikatürcü caricaturist.
karikatürcülük the art or work of a caricaturist.
karikatürist, -ti 1. caricaturist. 2. one who does takeoffs on others.
karikatürize caricatured. — **etmek** /ı/ 1. to caricature. 2. to do a takeoff on.
karikatürleştirmek /ı/ 1. to caricature. 2. to do a takeoff on.
karina bottom (of a ship). — **etmek/—ya basmak** /ı/ to careen (a vessel).
karine 1. *law* circumstantial evidence, indirect evidence, piece of circumstantial evidence. 2. indication, sign. — **ile anlamak** /ı/ to infer, conclude (something) by inference.
kariyer career. — **yapmak** to build a career.
kariyon carillon, set of bells.
karizma charisma.
karizmatik charismatic.
karkas (the concrete) skeleton (of a building).
karkuşu, -nu *zool.* snow bunting, snowbird, snowflake.
karlamak to snow.
karlı snowy; snow-clad, covered with snow; snow-capped.
kârlı profitable, advantageous. — **çıkmak** (for someone) to come out ahead, make a profit; (for a job) to turn out to be profitable.
karlık 1. pit where snow is stored. 2. wicker-covered glass container used for cooling liquids with snow.
karma 1. mixing. 2. mixed. 3. coeducational. — **eğitim** coeducation. — **ekonomi** mixed economy. — **hükümet** coalition government. — **komisyon** joint committee. — **liste** *pol.* split ticket. — **okul** coeducational school. — **takım** mixed team. — **tamlama** *gram.* a possessive construction in which possessor or possessed or both are adjectivally modified.
karmacılık advocacy of a mixed economy.
karmaç 1. mixer, mixing machine. 2. a wall plaster of mud and straw.
karmak 1. /ı/ to mix, blend (a dry substance and a liquid). 2. /ı/ to shuffle (cards). 3. /ı, a/ to thrust (something) into (something else).
karmakarış *see* **karmakarışık**.
karmakarışık in utter disorder, in complete confusion. — **etmek** /ı/ to mess up completely, put into complete disarray. — **olmak** to be completely messed up, be put into utter disorder.
karman çorman in utter confusion, in complete disorder, very messy.
karmanyola (urban) robbery, mugging. — **etmek/—ya getirmek** /ı/ to rob, mug.
karmanyolacı robber, mugger.
karmaşa 1. confusion. 2. complicated matter. 3. complexity. 4. *psych.* complex.
karmaşık complex, complicated. — **sayı** *math.* complex number. — **tuz** *chem.* complex salt.
karmaşıklaşma complication, becoming complicated.
karmaşıklaşmak to become complex, get complicated.
karmaşıklık complexity.
karmaşma 1. *med.* becoming complicated. 2. becoming jumbled.
karmaşmak 1. *med.* to become complicated. 2. to become jumbled.
karmaştırmak /ı/ 1. *med.* to complicate. 2. to jumble.
karmık *prov.* fishgarth, fishweir (at the mouth of a stream).
karmuk *prov.* big hook.
karnabahar cauliflower.
karnabit, -ti *see* **karnabahar.**
karnaval 1. Mardi Gras celebration, pre-Lenten festivity. 2. the Mardi Gras season.
karne 1. (student's) report card. 2. card (used for an official purpose).
karnıkara 1. *bot.* black-eyed pea, cowpea. 2. *colloq.* malicious, malevolent (person).
karnıyarık 1. dish made of eggplant stuffed with ground meat. 2. bonito pickled in brine.
karni *chem.* retort.
karo 1. *playing cards* diamond. 2. square cement floor tile.
karoser *auto.* body (of a vehicle).

karoserci *auto.* 1. maker of vehicle bodies. 2. body repairman.
karoten carotene.
karpit, -ti *chem.* carbide, calcium carbide. **— lambası** carbide lamp, acetylene lamp.
karpuz 1. watermelon. 2. globe, globe-shaped glass lampshade. 3. globe-shaped. **— fener** Chinese lantern. **— kabuğunu görmeden denize girme.** *proverb* Don't do a thing until the time is ripe for it. **— kol** puff sleeve.
karpuzcu watermelon seller; watermelon grower.
karpuzculuk selling or raising watermelons.
karsak *zool.* corsac, Afghan fox.
kârsız profitless, unprofitable.
karsinom *path.* carcinoma.
karst, -tı *geol.* karst.
karşı 1. the place opposite. 2. facing, opposite. 3. opposing. 4. counter-, anti-. 5. /a/ facing, in the direction of, toward. 6. /a/ in return for. 7. /a/ in response to. 8. /a/ toward, to, for. 9. /a/ against, contrary to. 10. /a/ against, as a cure for, as a countermeasure to. **—dan bakmak** /a/ to look on idly. **— çıkış** objection, protest. **— çıkmak** /a/ 1. to oppose. 2. to object (to). 3. to go to meet (someone). **—sına çıkmak** /ın/ 1. to appear suddenly in front of (one). 2. to oppose. **— dava** counterclaim. **—sına dikilmek** /ın/ 1. to stand facing (someone). 2. to oppose. **— duran** opponent. **— durmak** /a/ to resist, oppose. **—ya geçmek** to cross over to the other side. **— gelme** defiance. **— gelmek** /a/ to defy; to oppose openly. **— gerilla** counterguerrilla. **— gitmek** /a/ to go to meet (someone). **— görüşlü** 1. opposed, opposing. 2. opponent. **— hücum** counterattack. **— hücuma geçmek** to counterattack. **— itham** countercharge. **— ithamda bulunmak** to countercharge. **— karşıya** face to face. **—dan koyma** from one side to another, across. **— koyma** resistance. **— koymak** /a/ to oppose, resist, make a stand (against). **— olmak** /a/ to be against. **—sında olmak** /ın/ to oppose. **— oy** opposing vote, negative vote. **— reform** counterreformation. **— rüzgâr** adverse wind. **— taarruz** counteroffensive. **— taarruza geçmek** to start a counteroffensive. **— takım** opposing team. **— taraf** opposite side. **— teklif** 1. counterproposal. 2. counteroffer. **— yaka** the opposite shore, the other side.
karşıcasus counterspy.
karşıcasusluk counterespionage.
karşıcı 1. one who goes out to meet a visitor, welcomer. 2. opposing, holding a contrary view.
karşıcılık opposition.
karşıdevrim counterrevolution.
karşıdevrimci counterrevolutionary.
karşıdevrimcilik counterrevolutionary activity.
karşıdöngü anticyclone.
karşıki, -ni 1. the one opposite. 2. opposite, the opposite, facing.
karşılama 1. meeting, greeting, reception, welcome. 2. folk music played or sung when meeting a bridal procession. **— töreni** welcoming ceremony.
karşılamak /ı/ 1. to go to meet; to welcome. 2. to cover, pay; to be enough (for), meet (a need). 3. to respond to, react to. 4. to remedy; to prevent.
karşılanmak 1. to be met, be welcomed. 2. to be received.
karşılaşma 1. encounter. 2. game, match. 3. opposability, opposition (of digits).
karşılaşmak 1. to meet (each other). 2. /la/ to meet, run into. 3. /la/ to face, be confronted with, be up against. 4. *sports* to play each other.
karşılaştırılabilir comparable.
karşılaştırılmak 1. to be compared. 2. to be brought face to face.
karşılaştırma 1. comparison. 2. confrontation. **— derecesi** *gram.* the comparative degree.
karşılaştırmak /ı/ 1. to compare. 2. to bring (people) face to face. 3. to cause (chemicals) to react.
karşılaştırmalı 1. comparative. 2. contrastive. **— dilbilim** comparative linguistics.
karşılayıcı 1. greeter. 2. preventive. 3. /ı/ (something/someone) that meets/fulfills (a need/a wish).
karşılık 1. response, reaction. 2. response, reply. 3. equivalent (of a term). 4. amount paid; equivalent given in return. 5. appropriation, designated fund. 6. opposite, contrary. 7. /a/ in contrast to. 8. /a/ in response to. 9. /a/ in payment for. **— istemez.** Don't argue./Don't talk back. **— olarak** 1. in return. 2. in reply. **— vermek** /a/ to talk back (to), answer (someone) back.
karşılıklı 1. mutual, reciprocal. 2. opposite, facing one another. **— benzeşme** *ling.* mutual assimilation. **— olarak** mutually. **— sigorta** mutual insurance. **— taahhüt** agreement, mutual agreement. **— yapraklar** *bot.* opposite leaves. **— yardım** mutual assistance. **— yer değiştirmek** (for two officials) to exchange posts.
karşılıksız 1. complimentary, gratis. 2. (check) the amount of which cannot be covered by the funds in the account on which it has been written, bad: **Bana karşılıksız bir çek verdi.** He gave me a bad check. 3. unreturned, unrequited, not reciprocated. 4. unanswered. **— çıkmak** (for a check) to bounce. **— satış** short sale. **— satış yapmak** to sell short.
karşın /a/ in spite of.
karşısav *log.* antithesis.

karşıt, -tı 1. contrary; opposite. 2. /a/ in disagreement with, opposed to.
karşıtanlamlı *gram.* antonymous, opposite in meaning. — **sözcük** *gram.* antonym.
karşıtçı 1. opponent. 2. opposing, opposed.
karşıtçılık opposition.
karşıtdeğerli ambivalent.
karşıtdeğerlilik ambivalence.
karşıtduygu *psych.* antipathy.
karşıtlama refutation by proving the antithesis.
karşıtlamak /ı/ to refute (a thesis) by proving its opposite.
karşıtlaşma contradicting each other; being mutually opposed; /la/ being contradictory to (each other).
karşıtlaşmak to contradict each other; /la/ to be contradictory to (each other).
karşıtlı adversative.
karşıtlık 1. contrast, being opposite. 2. disagreement.
kart, -tı 1. card. 2. calling card. 3. postcard.
kart, -tı 1. old, past his prime. 2. tough, hard, not fresh/tender (food). — **kız** *colloq.* old maid.
kartal *zool.* eagle. — **burun** aquiline nose. — **gözlü** eagle-eyed, keen-sighted. —**a kaçmak** *slang* to get old and tough; to be past its prime. — **yavrusu** eaglet.
kartallı (something) that has an eagle or eagles on/in it. — **eğreltiotu** *bot.* eagle fern.
kartalmak to get old, lose one's youthful vigor.
kartaloş, kartaloz *slang* old, past it, over the hill.
kartel *econ.* cartel.
kartel *naut.* keg (for drinking water).
kartela numbered card (used in a lottery).
karter 1. guard, case, or housing (for a moving part of a machine). 2. *auto., mech.* crankcase. 3. chain guard (of a bicycle).
kartezyen *phil.* 1. Cartesian, of or relating to Cartesianism. 2. (a) Cartesian, adherent of Cartesianism.
kartlaşmak 1. to grow old, get past one's prime. 2. to toughen and lose its freshness.
kartlık 1. being past one's prime. 2. staleness, toughness.
kartograf cartographer, map maker.
kartografi cartography.
kartografik cartographic.
karton pasteboard; cardboard. — **kapak** cover (of a paperback book).
kartonpiyer 1. plaster ornament/ornamentation (usually fixed on a ceiling or the upper part of the interior wall of a room). 2. carton pierre; fibrous plaster.
kartopu, -nu 1. *see* **kar topu**. 2. *bot.* snowball, guelder rose.
kartotek 1. card catalog; card index. 2. cabinet/drawer which houses a card catalog or card index. 3. case/cupboard in which maps are kept. — **fişi** index card.
kartpostal 1. postcard. 2. a size of photograph: 9 x 12 cm. 3. photograph measuring 9 x 12 cm.
kartuş (bullet/ink/film) cartridge.
kartvizit, -ti calling card. — **bırakmak** 1. to leave one's calling card. 2. *slang* to vomit, throw up, barf, upchuck, toss up, toss one's cookies.
Karun 1. a rich man mentioned in the Koran. 2. *colloq.* very rich person, (a) Croesus. — **gibi** *colloq.* (as) rich as Croesus.
karyağdı pepper-and-salt.
karyokinez *biol.* karyokinesis, mitosis.
karyola bed, bedstead (especially one that has a headboard and a footboard).
kas muscle. — **ağrısı** *path.* myalgia. — **kasılması** muscular contraction. — **kopması** tearing a muscle. — **teli** *anat.* muscular fiber. — **tutukluğu** muscle cramp. — **uru** *path.* myoma. — **zarı** *anat.* sarcolemma.
kasa 1. safe, strongbox. 2. cash register, till. 3. safe-deposit box. 4. *in games* the bank. 5. body (of a truck/a railroad car). 6. case (for bottles). 7. case (for holding type). 8. *naut.* loop on the end of a rope; grommet. 9. door frame; window frame. 10. *gymnastics* horse. — **açığı** deficit, cash shortage. — **bakiyesi** cash on hand. — **bilançosu** cash balance sheet. — **bilançosu yapmak** to balance the cash. — **dairesi** strongroom. — **defteri** cashbook. — **fazlası** unaccounted cash surplus. — **hesabı** cash account. — **hırsızı** safecracker, *Brit.* safebreaker. — **kontrolü** cash audit. — **mevcudu** cash, cash balance. — **soymak** to break a safe. — **tazminatı** extra amount paid one responsible for handling cash. — **yevmiyesi** cashbook.
kasaba small town, large village.
kasabalı dweller in a small town.
kasadar 1. cashier. 2. treasurer.
kasadarlık work of a cashier.
kasap 1. butcher. 2. butcher shop. 3. *slang* driver who is hard on cars/trucks. — **çırağı** butcher's helper. — **dükkânı** butcher shop. —**a et/yağ borcu mu var?/—a et/yağ borcu yok ya.** *colloq.* He is getting too fat. — **yağ/et derdinde, koyun can derdinde.** *proverb* Every person views things in the light of his own interest. — **havası** 1. a folk dance. 2. the music of this dance. — **süngeri** *colloq.* very nasty thing. — **süngeri ile silinmiş** *colloq.* 1. half washed, dirtier than if not washed at all, disgusting, nasty. 2. shameless, unabashed. —, **yağı bol olunca gerisini yağlar.** *proverb* When there is excess it tends to be wasted.
kasaphane *obs.* slaughterhouse.
kasaplık 1. butchery, butcher's trade or business, butchering. 2. (animal) fit for slaughter.
kasar *see* **kastar**.
kasara *naut.* an upper deck situated fore or aft.

— **altı** steerage. — **üstü** poop deck.
kasarlamak /ı/ see **kastarlamak**.
kasatura sword bayonet.
kasavet, -ti worry, anxiety. — **basmak** /a/ to be overcome by worry or anxiety, be filled with worry or anxiety. — **çekmek/etmek** to worry, be anxious, feel anxious.
kasavetlenmek to worry, be anxious, feel anxious.
kasavetli worried, anxious.
kasavetsiz free of worry, unworried, untroubled.
kasbilim myology.
kasdoku *anat.* muscle tissue.
kâse 1. bowl. 2. *slang* rump, bottom, hind end.
kasem oath. — **billah etmek** to swear to God.
kaset, -ti cassette.
kasetçalar cassette player.
kasık *anat.* 1. groin. 2. inguinal. — **bezi** *anat.* inguinal gland. — **bölgesi** *anat.* inguinal region. —**ı çatlamak** to get a hernia. — **fıtığı** *path.* inguinal hernia.
kasıkbağcı maker or seller of trusses for hernias.
kasıkbağı, -nı truss for a hernia.
kasıkbiti, -ni crab louse, crab.
kasıksal inguinal.
kasıl muscular, pertaining to muscle.
kasılduyumlar muscular sensations.
kasılım 1. contraction. 2. spasm.
kasılımlı spasmodic, spastic.
kasılma 1. contraction. 2. spasm. 3. swagger.
kasılmak 1. to contract. 2. to shorten, get shorter. 3. to be lessened. 4. to swagger, show off; to act high and mighty. 5. *slang* to sit back imperiously.
kasım *physiol.* systole.
kasım November.
kasımlı *physiol.* systolic.
kasımpatı, -nı *bot.* chrysanthemum.
kasınç cramp, spasm.
kasınçlı 1. spasmodic. 2. spastic.
kasınma 1. contraction. 2. spasm, cramp. 3. acting high and mighty.
kasınmak 1. (for a muscle) to become cramped, contract spasmodically. 2. to act high and mighty.
kasıntı 1. *colloq.* acting high and mighty, swagger. 2. stitching used to shorten a garment.
kasıntılı 1. *colloq.* swaggering, (someone) who acts high and mighty. 2. shortened by stitching.
kasır, -srı summer palace, pleasure-house.
kasırga whirlwind; tornado; cyclone.
kasıt, -stı 1. *law* criminal intention, intent to harm or do wrong. 2. purpose, design, intention. —**ıyla** with the intention of, intending to, in order to: **Âdem'i öldürmek kastıyla kahveye gitti.** He went to the café intending to kill Âdem. —**ı olmak** /a/ to intend to do (someone) harm, have a design upon.

kasıtlı 1. deliberate, intentional. 2. deliberately, intentionally, on purpose.
kasıtsız 1. undeliberate, unintentional. 2. undeliberately, unintentionally.
kasiçi, -ni *med.* intramuscular.
kaside qasida, kasida.
kasideci writer of a qasida.
kasis open drainage ditch cut across a road.
kasiyer cashier.
kaskatı 1. very hard, rigid. 2. stock-still. — **kesilmek** to get very hard/rigid.
kasket, -ti (any) cap or hat (which has a bill/a visor).
kasketçi maker or seller of caps.
kasketli wearing a cap.
kasko automobile insurance.
kaslı muscular, brawny.
kasmak /ı/ 1. to take in (a garment). 2. to shorten (a tether/a tie). 3. to reduce (an amount). 4. to pull on (the bit of a horse), rein up. 5. to oppress. **kasıp kavurmak** /ı/ 1. to tyrannize, oppress, terrorize. 2. to destroy, ruin.
kasnak 1. wide hoop/rim. 2. hoop/rim (of a sieve/a tambourine). 3. embroidery hoop, tambour. 4. reinforced waistband of a wrestler's leather trousers. 5. *wrestling* grasping the opponent's waistband with the fingers inside and the thumb out. 6. *mech.* grooved rim (of a wheel). — **işi** tambour, embroidery made on a tambour frame. — **kayışı** *mech.* belt.
kasnakçı person who makes embroidery hoops or wooden hoops for sieves or measures.
kasnaklamak /ı/ 1. to hoop, put (something) in a hoop. 2. to give (someone) a bear hug. 3. *slang* to rub up against (someone).
kasnaklı encased in a hoop/a rim/a cylinder. — **beton** reinforced concrete cast into a compressing cylinder.
kasnı ammoniac, gum ammoniac.
kaspanak *slang* by force.
kast see **kasıt**.
kast, -tı caste.
kastanyet, -ti castanet.
kastanyola 1. pawl, detent, ratchet (on a ratchet wheel or capstan). 2. brake bar on a hawsepipe. — **yuvası** notch on a ratchet wheel.
kastar bleaching.
kastarcı bleacher.
kastarhane bleachery.
kastarlamak /ı/ to bleach.
kastarlı bleached.
kasten deliberately, intentionally, on purpose.
kastetmek 1. /ı/ to mean to say, mean: **Maruf demekle neyi kastediyorsunuz?** What do you mean by saying "famous"? **Köy deyince Dudullu'yu kastediyor.** When he says "the village" he means Dudullu. **Beni mi kastetti?** Did

she mean me? 2. /ı/ to intend, purpose, aim, mean: **Bununla ona bir ders vermeyi kastettiler.** They intended this to be a lesson to him. 3. /a/ to harbor evil intentions towards, have designs upon, intend to do (someone) harm.
kasti 1. deliberate, intentional. 2. deliberately, intentionally, on purpose.
kastor 1. *zool.* beaver. 2. beaver, beaver fur. 3. beaver, made of beaver fur.
kasvet, -ti melancholy, depression, gloom. — **basmak/çökmek** /a/ to be overcome by melancholy, be filled with gloom: **Bana gene kasvet bastı.** Once again I'm filled with gloom. — **vermek** /a/ to fill (someone) with melancholy or gloom, make (someone) melancholy or gloomy.
kasvetli dreary, gloomy, depressing, melancholy.
kaş 1. eyebrow. 2. brow, projection. 3. pommel (of a saddle). 4. collet (for a gem). —**ının altında gözün var dememek** /a/ *colloq.* not to do the slightest thing to irritate (someone). —**larını çatmak** to frown. — **göz etmek** /a/ to wink (at); to signal (to someone) with one's eyes and eyebrows. —**la göz arasında** in the twinkling of an eye, in a trice. — **kemeri** the upper margin of the eye socket. — **yapayım derken göz çıkarmak** *colloq.* to make matters worse while trying to be helpful.
kaş *phot.* mask.
kaşağı 1. currycomb. 2. back scratcher. — **rendesi** smoothing plane.
kaşağılamak /ı/ to curry, groom.
kaşağılanmak to be curried, be groomed.
kaşalot, -tu 1. *zool.* cachalot, sperm whale. 2. *slang* imbecile, idiot, dunce.
kaşalotzade *slang* idiot, dunderhead.
kaşan *prov.* 1. staling, urinating. 2. stale, urine of a horse. — **yeri** spot alongside a road where pack or draft animals are rested.
kaşandırmak /ı/ *prov.* to let (an animal) rest and stale.
kâşane luxurious dwelling, mansion.
kaşar 1. a mild, pale yellow cheese made of sheep's milk. 2. kosher. 3. *slang* trickster, con man. 4. *slang* (someone) who is a trickster. 5. *slang* dirty and smelly person. 6. *slang* dirty and smelly (person).
kaşarlanmak *slang* 1. to become experienced, practiced, or adept (at doing something). 2. to become hardened to evildoing.
kaşarlanmış *slang* 1. experienced, practiced, adept. 2. (someone) who has become hardened to evildoing.
kaşarlaşmak *slang, see* **kaşarlanmak.**
kaşarlı 1. (something) which is made with **kaşar** cheese. 2. *slang* experienced, practiced, adept. 3. (someone) who has become hardened to evildoing.

kaşarpeyniri, -ni 1. a mild, pale yellow cheese made of sheep's milk. 2. *slang* trickster, con man. 3. *slang* (someone) who is a trickster. 4. *slang* dirty and smelly person. 5. *slang* dirty and smelly (person).
kaşbastı *prov.* cloth tied around the forehead.
kaşe 1. *pharm.* cachet, wafer, wafer capsule. 2. seal (implement or its impression).
kaşeksi *path.* cachexia.
kaşer 1. kosher. 2. a mild, pale yellow cheese made of sheep's milk.
kaşık 1. spoon. 2. spoonful. 3. wooden spoons used as castanets. 4. curette. 5. stoneworker's spoon-shaped crowbar. — **atmak/çalmak** /a/ to eat (something) quickly. — **çalımı** *colloq.* supper time. — **düşmanı** *colloq.* one's wife. — **kadar** emaciated (face). — **kaşık** by spoonfuls. — **kepçesi** bowl of a spoon. — **matkabı** core bit (for rock drilling). — **oyunu** folk dance performed while beating time with wooden spoons. —**la yedirip/aş verip sapıyla (gözünü) çıkartmak** to spoil a good deed with a bad one.
kaşıkçı spoon maker; spoon seller. — **elması** the largest diamond in the jewel collection of the Ottoman imperial house.
kaşıkçıkuşu, -nu *zool.* pelican.
kaşıkçılık making or selling spoons.
kaşıkçın, kaşıkgaga *zool.* shoveler, spoonbill, shovelbill.
kaşıklamak /ı/ 1. to eat (something) with a spoon. 2. to spoon (food) into one's mouth greedily.
kaşıklanmak 1. to be eaten with a spoon. 2. to be greedily eaten (with a spoon).
kaşıklı (something/someone) that has a spoon.
kaşıklık 1. box or container for storing table silver. 2. good for making spoons. 3. spoonful.
kaşımak /ı/ to scratch (an itchy place).
kaşındırmak /ı/ to make (someone) itch.
kaşınmak 1. to itch. 2. to scratch an itchy place. 3. *colloq.* to be itching for a beating or scolding, be asking for it, be cruising for a bruising.
kaşıntı itch, pruritus.
kaşıntılı 1. (someone/an animal) that has an itch. 2. itchy, itching; pruritic.
kaşıyacak back scratcher.
kâşif explorer; discoverer.
kaşkariko *slang* 1. trick, deceit. 2. lie. — **yapmak** *slang* to pull a fast one, cheat someone.
kaşkarikocu *slang* trickster, con man.
kaşkaval 1. a yellow cheese. 2. *slang* dumb, dimwitted.
kaşkaval *naut.* fid (supporting a topmast).
kaşkavallık *slang* stupidity, dimwittedness.
kaşkol (man's) scarf.
kaşkorse (woman's) camisole, underwaist.
kaşlı 1. (someone) who has (a certain kind of)

eyebrows, -browed. 2. bushy-browed. 3. colleted. — **gözlü** 1. (someone) who has nice eyes and eyebrows. 2. (someone) who has an attractive face.
kaşmer, kaşmerdikoz *slang* clown; oddball; drip.
kaşmir cashmere.
kat, -tı 1. story, floor, *Brit.* storey. 2. layer, stratum; fold. 3. set (of clothes). 4. presence, the presence of a distinguished personage. 5. time(s). 6. *math.* multiple. **—ında** in his opinion. **— çıkmak** to add a story (to a building). **— irtifakı** a sharing by each of a building's owners in the ownership of any story added to their building. **— kat** 1. in layers. 2. many times more, much more. **— mülkiyeti** condominium, ownership of one unit within a multi-unit building. **— otoparkı** multilevel parking garage, *Brit.* multistorey car park. **— yeri** crease, fold.
kat, -t'ı *obs.* cutting, sundering, severing.
katafalk, -kı catafalque.
katafot, -tu reflector (used on a vehicle/a guardrail).
katakofti *slang* lie.
katakomp, -pu catacomb.
katakulli *slang* trick, ruse, shenanigan. **—ye gelmek** *slang* to be taken in. **— yapmak/oynamak /a/** *slang* to cheat, swindle; to dupe.
Katalan 1. (a) Catalan, (a) Catalonian. 2. Catalan, Catalonian, of the Catalans or Catalonia.
Katalanca 1. Catalan, the Catalan language. 2. (speaking, writing) in Catalan, Catalan. 3. Catalan (speech, writing); spoken in Catalan; written in Catalan.
katalaviz *slang* Understand?/Get it?/Savvy?
katalepsi *med.* catalepsy.
kataleptik *med.* 1. cataleptic, pertaining to or inducing catalepsy. 2. cataleptic, affected with catalepsy. 3. (a) cataleptic.
katalitik *chem.* catalytic.
kataliz *chem.* catalysis.
katalizör *chem.* catalyst.
katalog 1. catalog, *Brit.* catalogue. 2. *colloq.* instruction manual.
Katalonya 1. Catalonia. 2. Catalonian, of Catalonia.
katana *see* **kadana.**
Katar 1. Qatar. 2. Qatari, Qatar, of Qatar.
katar train (of wagons/animals); caravan (of motor vehicles); convoy (of military vehicles); railway train. **— katar** in orderly files. **— kılavuzu** 1. donkey at the head of a file of camels. 2. pilot engine.
katarakt, -tı *path.* cataract.
katarlamak /ı/ *prov.* to form (animals/vehicles) into a line.
katarlanmak *prov.* to be drawn up in a line/a file.

Katarlı 1. (a) Qatari. 2. Qatari (person).
katarsis (emotional) catharsis.
katedral, -li cathedral.
kategori category.
kategorik categorical.
katetmek /ı/ 1. to travel, cover, traverse (a distance); to go through, pass through (a place). 2. *obs.* to cut, sever.
katgüt, -tü catgut.
katı 1. hard, stiff, rigid. 2. tough, hard, unbending; stern; insensitive. 3. *chem., phys.* solid. 4. *archaic* very, much. **— olmak** 1. to harden, stiffen. 2. to become hard, become unyielding. **— söz** harsh word. **— yumurta** hard-boiled egg. **— yürekli** hardhearted, heartless.
katı gizzard (of birds).
katı, -t'ı *see* **kat, -t'ı.**
katık 1. a food (such as cheese/olives) eaten with bread. 2. *prov.* yogurt. **—ı ekmeğine denk olmak** *colloq.* (for things) to be going well for one. **— etmek /ı, a/** to eat (a food) with (bread) so that the food lasts as long as the bread.
katıklı (bread) eaten with something else. **— aş** *prov.* dish made of boiled cracked wheat and yogurt.
katıksız 1. (bread) eaten by itself. 2. unadulterated, pure. **— hapis** *mil.* solitary confinement with bread and water as food.
katılaşma *chem., phys.* solidification.
katılaşmak 1. to harden; to stiffen, become rigid. 2. to become insensitive, harden, become unyielding. 3. *chem., phys.* to solidify.
katılaştırmak /ı/ 1. to harden (something). 2. to make (someone) hard/insensitive.
katılgandoku *anat.* connective tissue.
katılık 1. hardness; stiffness, rigidity. 2. hardness, sternness; insensitivity. 3. *chem., phys.* solidity.
katılma 1. participation. 2. agreement, agreeing.
katılmak /a/ 1. to be added (to), be mixed (with). 2. to join (a group); to enter into, participate in (an activity). 3. (for someone) to agree with.
katılmak to be out of breath (from laughing/weeping). **katıla katıla ağlamak** to choke with sobs. **katıla katıla gülmek** to split one's sides laughing; to choke with laughter.
katıltmak /ı/ to make (someone) laugh so hard he chokes.
katım 1. adding, mixing, joining. 2. turning the male animals into the flock or herd at breeding time.
katımlık quantity to be added or mixed in.
katıntı 1. mixture. 2. party-crasher; gate-crasher.
katır 1. mule; hinny. 2. *colloq.* stubborn, mulish. **— inadı** *colloq.* mulishness. **— kuyruğu gibi kalmak** *colloq.* not to make any progress.
katırboncuğu, -nu 1. large blue bead (hung around the neck of an animal to ward off the

evil eye). 2. cowry, cowry shell (strung with blue beads around the neck of an animal).
katırcı muleteer, mule skinner.
katırcılık being a muleteer.
katır kutur 1. with a crunching sound, crunchingly. 2. making a clumping sound. — **yemek** /ı/ to crunch, eat (something) crunchingly.
katırtırnağı, -nı *bot.* broom, besom.
katışık mixed.
katışıksız pure, unadulterated.
katışmaç *biol.* colony, cluster.
katışmak /a/ to join (a group).
katıştırmak /ı, a/ to add (something) to (a substance).
katıyağ lubricating grease, machine grease.
kati 1. definite; absolute, categorical; final, irrevocable. 2. decisive, firm (thing). — **ferağ** *law* absolute transfer (of property). — **karar** unappealable decision. — **olarak/bir şekilde/surette** very definitely, most certainly; very clearly, unequivocally, in no uncertain terms. — **teklif** firm offer.
kâtibe *obs.* (female) secretary, clerk.
katil 1. murderer. 2. lethal, deadly.
katil, -tli murder, homicide.
katileşmek 1. to become definite or final. 2. (for something) to acquire a decisive or peremptory quality.
kâtip (male) secretary, clerk.
kâtiplik 1. being a secretary or clerk. 2. secretaryship, clerkship.
katiyen 1. by no means, in no way, no way, absolutely not: "**Bizimle gelir misin?**" "**Katiyen!**" "Will you come with us?" "Absolutely not!" 2. *obs.* very definitely, most certainly; very clearly, unequivocally, in no uncertain terms.
katiyet, -ti 1. definiteness; absoluteness; finality, irrevocability. 2. decisiveness, firmness.
katkı 1. assistance, aid, help. 2. contribution, addition. 3. additive; alloy. — **da bulunmak** /a/ to give some help (to), assist (in).
katkılı containing an additive; alloyed.
katkısız pure, free from additives; unalloyed.
katlama 1. folding. 2. *prov.* flat bread. — **kapı** folding door. — **makinesi** *print.* folding machine.
katlamak /ı/ to fold, fold up.
katlandırmak /ı, a/ to get (someone) to endure (a difficult situation).
katlanılmak 1. to be folded, be folded up. 2. /a/ to be endured.
katlanır folding, collapsible.
katlanmak 1. to be folded, be folded up. 2. /a/ to bear, tolerate, endure.
katlantı patience.
katlatmak /ı, a/ to have (something) folded.
katledilmek to be murdered.
katletmek /ı/ to murder.

katlı 1. folded. 2. (building) of (a certain number of) stories, -storied.
katliam massacre.
katma 1. addition, adding. 2. annexation. 3. *ling.* adjunction. 4. added. 5. annexed. 6. supplementary. — **bütçe** supplementary budget. — **değer vergisi** value-added tax.
katmak /ı, a/ 1. to add, mix in. 2. to send with. 3. to annex (something) (to). 4. to mate (a male animal) to (a female); to turn (a male animal) into (a flock/a herd).
katman layer; stratum; bed, seam.
katmanbulut, -tu stratus, stratus cloud.
katmanlaşma *geol.* stratification.
katmanlaşmak to stratify, become stratified.
katmer 1. layering, being in layers. 2. layer. 3. doubling (in flowers). — **akıllı** *colloq.* very sly, very cunning. — **böreği** a flaky, savory pastry. — **katmer** one on top of the other; one after the other.
katmerci maker or seller of **katmer böreği**.
katmerleşmek 1. to become layered. 2. to increase.
katmerli 1. in layers. 2. double (flower). — **bileşik zaman** *gram.* compound tense (e.g. gelecektiyse, gelirseymiş). — **iyelik** *gram.* doubling of the possessive suffix in a noun (e.g. birisi, ayakkabısı). — **yalan** lie based upon another lie.
Katolik 1. (a) Roman Catholic, (a) Catholic. 2. Roman Catholic, Catholic, pertaining to Roman Catholicism.
Katoliklik Roman Catholicism, Catholicism.
katot cathode.
katra *obs., see* **katre**.
katran tar. — **gibi** tarry, tarry-looking, pitch-black. — **suyu** tar-water.
katranağacı, -nı *bot.* 1. terebinth, Chian turpentine tree. 2. cedar of Lebanon.
katrancı 1. person who makes or sells tar. 2. person who spreads tar.
katrançamı, -nı *bot.* longleaf pine, long-leaved pine, Georgia pine, *Brit.* pitch pine.
katranköpüğü, -nü pore fungus, polypore.
katranlamak /ı/ to tar, cover with tar.
katranlanmak to be tarred, be covered with tar.
katranlı tarred, tarry. — **halat** tarred rope. — **kâğıt** tarpaper. — **sabun** coal-tar soap. — **üstüpü** oakum.
katranruhu, -nu *med.* creosote, wood creosote.
katrat, -tı *print.* quadrat, quad.
katre *obs.* a drop (of a liquid). — **katre** drop by drop. — **si yok/kalmadı.** *colloq.* There's not a bit left.
katrilyon quadrillion (10^{24}).
katsayı *math.* coefficient.
katyuvarı, -nı *astr.* stratosphere.
kauçuk 1. rubber; caoutchouc, natural rubber. 2. *bot.* (Assam/India) rubber plant.

kauçukağacı, -nı *bot.* (Para) rubber tree.
kauçuklu (something) that contains rubber; coated with rubber.
kav tinder, punk. **— gibi** tindery, punky.
kavaf maker or seller of cheap, ready-made shoes. **— işi** shoddy, poor quality. **— malı** shoddy goods.
kavaflık the cheap shoe trade.
kavak *bot.* poplar.
kavakçılık the commercial growing of poplars.
kavakinciri, -ni a light purple fig.
kavaklık poplar grove.
kaval shepherd's pipe, flageolet. **— kemiği** *anat.* tibia. **— tüfek** smoothbore.
kavalcı 1. piper. 2. maker or seller of shepherd's pipes.
kavallanmak *slang* to pester someone, give someone a headache.
kavalye 1. man who is a woman's dancing partner. 2. man acting as a woman's escort.
kavanço 1. *naut.* shifting (of a sail/a boom). 2. *slang* substituting (one thing for another). 3. *slang* landing (someone with a job). **— etmek** *slang* 1. **/ı, a/** to land (someone) with (a job). 2. **/ı, la/** to substitute (one thing) for (another).
kavanoz (glass) jar; mason jar.
kavas *hist.* kavass, armed attendant of an ambassador/a consul.
kavata 1. sour green tomato. 2. a large wooden bowl.
kavela *naut.* treenail, trunnel.
kavga 1. quarrel, row; brawl, fight. 2. struggle. **— aramak** to look for trouble. **— bizim yorganın başına imiş.** *colloq.* I was an onlooker who ended up getting hurt. **— çıkarmak** to provoke a quarrel; to pick a fight. **— etmek** **/la/** to quarrel (with); to fight (with). **— kaşağısı** person who incites others to quarrel. **—ya tutuşmak/girişmek** to start quarreling (with each other).
kavgacı quarrelsome; brawling, brawlsome, brawly.
kavgalaşmak to quarrel with each other; to fight with each other.
kavgalı 1. disputed. 2. **/la/** angry with, mad at (someone). 3. angry with each other.
kavgasız 1. peaceable, peace-loving. 2. without a quarrel, without arguing, peacefully.
kavi *obs.* strong; durable; sound.
kavil, -vli *obs.* 1. utterance, words, remarks: **Erdal'ın kavline göre taşınacaklar.** According to what Erdal says, they're going to move. 2. agreement, understanding, accord. **—ince** 1. according to: **onun kavlince** according to him. 2. in keeping with, in line with, in conformity with (a saying).
kavileşmek to become strong.
kavileştirmek /ı/ to strengthen, make (something) strong.
kavilleşmek *colloq.* to make an agreement, come to an agreement.
kavim, -vmi ethnic group, ethnos; (a) people; tribe.
kavis, -vsi arc, curve.
kavlak 1. (tree) whose bark has scaled off. 2. (skin) peeling from sunburn.
kavlamak 1. (for bark) to scale off. 2. (for skin) to peel, desquamate.
kavlanma desquamation.
kavlanmak 1. (for bark) to scale off. 2. (for skin) to peel, desquamate.
kavlaşmak to become tindery or punky.
kavlatmak /ı/ to make (something) peel.
kavletmek /la/ *obs.* to make an agreement with, come to an agreement with.
kavmantarı, -nı a bracket fungus (found on trees).
kavmi *obs.* ethnic, ethnical.
kavmiyat, -tı *obs.* ethnography.
kavraç tongs for lifting heavy rocks.
kavrak *prov.* dry leaves or brushwood (for a fire).
kavram concept. **—lar dizini** thesaurus.
kavram *prov.* visceral peritoneum.
kavrama 1. comprehension, understanding, grasp. 2. grasping, grasp, clutch. 3. *auto., mech.* clutch; clutch pedal. 4. (wooden) crosspiece, brace, strut. **— ayaklığı** clutch pedal.
kavramak /ı/ 1. to comprehend. 2. to grasp, clutch.
kavramcı 1. (a) conceptualist. 2. conceptualistic.
kavramcılık conceptualism.
kavramsal conceptual.
kavranılmak 1. to be comprehended. 2. to be grasped, be clutched.
kavranılmaz inconceivable, incomprehensible.
kavranmak 1. to be comprehended. 2. to be grasped, be clutched.
kavratmak /ı, a/ 1. to get (someone) to comprehend. 2. to cause (someone) to grasp/clutch.
kavrayış comprehension.
kavrayışlı quick to comprehend, quick on the uptake.
kavrayışlılık quickness of comprehension.
kavrayışsız slow to comprehend, slow on the uptake.
kavrayışsızlık slowness of comprehension.
kavruk 1. withered (by heat/cold). 2. undersized for his/her age, runty; stunted.
kavrukluk 1. runtiness; stuntedness. 2. witheredness (owing to heat/cold).
kavrulmak 1. to roast, be roasted, be parched. 2. to be withered/blasted (by heat/cold).
kavrulmuş roasted. **— kahve** roasted coffee.
kavşak junction, crossroads, intersection.
kavuk 1. turban. 2. quilted cap around which a turban's sash is wrapped. 3. (urinary) bladder.

Kavuklu 410

—**sallamak** /a/ to chime in obsequiously with (someone); always to say yes to (someone), toady to.
Kavuklu a character in the **ortaoyunu**.
kavuklu turbaned.
kavukluk shelf for holding turbans.
kavun muskmelon; Persian melon; cantaloupe; honeydew melon; winter melon.
kavunağacı, -nı *bot.* papaya tree, papaya.
kavuniçi, -ni melon pink, yellowish pink.
kavurga roasted wheat/corn/chickpeas.
kavurma 1. roasting. 2. roasted. 3. meat braised in its own fat.
kavurmaç roasted wheat.
kavurmak /ı/ 1. to roast. 2. (for wind/cold) to wither, blast; (for the sun) to parch, scorch.
kavurmalık (food) suitable for roasting.
kavurtmak /ı, a/ to have (something) roasted.
kavuşma 1. encounter, meeting, reunion. 2. *biol.* isogamy.
kavuşmak 1. /a/ to be reunited (with). 2. /a/ to succeed in getting (something long sought). 3. /a/ to reach, arrive at. 4. /a/ (for one stream) to flow into (another); (for one road) to join (another). 5. (for the ends of something) to meet, overlap properly.
kavuşturmak /ı, a/ 1. to reunite (someone) with; to bring (someone/something) back to. 2. to cause (someone) to succeed in getting (something).
kavuşulmak *impersonal passive* 1. to be reunited. 2. /a/ to succeed in obtaining (something long sought).
kavuşum *astr.* conjunction, conjoining (of heavenly bodies).
kavuşumdevri, -ni *astr.* synodical period.
kavuz glume.
kavuzlu glumiferous.
kay, -yyı vomiting. —**etmek** to vomit.
kaya 1. huge rock; large rock mass. 2. rock cliff, rock precipice, palisade. —**lara bindirmek** (for a ship) to be wrecked on the rocks. —**döküntülü kıyı** rock reef. —**gibi** strong, durable; stalwart, staunch. —**mezarı** rock tomb. —**resmi** *archaeol.* cave painting.
kayabalığı, -nı *zool.* goby.
kayabaşı, -nı rural ballad, shepherd's song.
kayagüvercini, -ni *zool.* rock dove.
kayağan slippery, slick.
kayağanlık slipperiness, slickness.
kayağantaş *geol.* slate.
kayahanisi, -ni *zool.* a grouper.
kayak 1. ski. 2. skiing. —**yapmak** to ski. —**yolu** ski run.
kayakartalı, -nı *zool.* golden eagle.
kayakçı skier.
kayakçılık skiing.
kayakekiği, -ni *bot.* wild thyme.

kayalık 1. rocky. 2. rocky place (on land/in water); rock cliff.
kayalifi, -ni asbestos.
kayan *prov.* mountain torrent.
kayar *prov.* 1. goat trail, path. 2. reusing an old horseshoe. 3. the trimming of an animal's hooves.
kayarlamak /ı/ *slang* to swear at, curse.
kayarto *slang* passive male homosexual, queen.
kayatuzu, -nu rock salt, halite.
kaybetmek /ı/ to lose.
kaybolmak to be/get lost; to disappear from sight.
kaydetmek /ı/ 1. to enroll, register. 2. to record, enter, write down. 3. to record (with a tape recorder). 4. to state, note. 5. to take notice of; to keep in mind. 6. *sports* to chalk up, score, make.
kaydıhayat, -tı the condition of being alive. —**la/şartıyla** as long as one lives, for life.
kaydırak 1. large flat pebble. 2. a game like hopscotch. 3. slide (for children). 4. stoneboat, skid.
kaydırılmak to be slid/skidded.
kaydırma 1. sliding something. 2. *cin.* moving the camera during a take, dollying. —**yapmak** *cin.* to dolly.
kaydırmak /ı/ to slide, skid.
kaydırtmak /ı/ to have (something) skidded/slid.
kaydiye registration fee.
kaydolmak /a/ to be enrolled (in), be registered (in).
kaygan slippery, slick.
kaygana 1. omelet made with cheese or chopped meat. 2. sweet dessert made with eggs.
kayganlık slipperiness, slickness.
kaygı anxiety, worry.
kaygılandırmak /ı/ to worry (someone), cause (someone) concern.
kaygılanmak to worry, get anxious.
kaygılı worried, anxious, uneasy.
kaygılılık uneasiness, anxiety.
kaygısız carefree, untroubled.
kaygısızlık untroubledness; lightheartedness.
kayık 1. caique, skiff. 2. slipped to one side. 3. caique-shaped. —**salıncak** a boat-shaped swing (holding two people). —**tabak** (oval) platter.
kayıkçı boatman.
kayıkçılık 1. building and selling caiques. 2. renting caiques. 3. transporting people/goods by caique.
kayıkhane boathouse.
kayın, -ynı brother-in-law.
kayın *bot.* beech. —**kozalağı** beechnut. —**yağı** beechnut oil.
kayınbaba father-in-law.

kayınbirader brother-in-law.
kayınpeder father-in-law.
kayınvalide mother-in-law.
kayıp, -ybı 1. loss. 2. lost person; lost thing. 3. *mil.* soldier reported as missing in action. 4. lost, missing. **—lara karışmak** (for someone) to disappear, not to be seen for some time.
kayırıcı (person) who gives preferential treatment.
kayırıcılık preferential treatment.
kayırılmak to be given preferential treatment.
kayırış preferential treatment, favoritism, playing favorites.
kayırma favoritism, special treatment.
kayırmak /ı/ 1. to show favoritism toward, give (someone) preferential treatment. 2. to sponsor, protect, care for.
kayırtmak /ı, a/ to cause (someone) to get preferential treatment.
kayısı apricot. **— ağacı** apricot tree.
kayış leather strap, belt, watchband, or razor strop. **— aşırmak** *slang* to pull a fast one. **— atmak** *slang* 1. to pull a fast one. 2. to try to get out of doing (work). 3. to ignore. **—a çekmek** /ı/ 1. *slang* to trick, pull a fast one on. 2. to strop (a razor). **— gibi** 1. tough as leather (meat). 2. overly suntanned (skin). 3. wiry (person). **— kasnağı** *mech.* rim for a belt. **— kılavuzu** *mech.* belt guide. **—a vurmak** /ı/ to strop (a razor).
kayışbalığı, -nı *zool.* cusk eel.
kayışçı 1. maker or seller of leather belts/straps. 2. *slang* swindler, con man.
kayışdili, -ni 1. vulgar speech, coarse language. 2. thieves' slang.
kayışlı 1. having a leather strap, belt, band, or strop. 2. belt-driven.
kayıt, -ydı 1. enrollment, registration. 2. entering (something) (in a record book); noting (something) down. 3. entry (in a record book). 4. giving importance to. 5. restriction, limitation, restraint. 6. *formerly* fetter, shackle. 7. any of the four pieces comprising a wooden frame. **— altında** restricted. **— altına girmek** to become bound by restrictions. **— defteri** register, record book. **—a değer** noteworthy. **—tan düşmek** /ı/ to delete (an entry) (in a register). **—a geçirmek** /ı/ to register, enter in a register. **— kuyut** restrictions. **— kuyut tanımamak** to pay no attention to restrictions. **—ları nakletmek** /a/ to post items in (a ledger). **—ını silmek** /ın/ to delete (an entry) from a record book; to expunge (someone's) name from a register.
kayıtlamak /ı/ 1. to enroll, register. 2. to enter in (a record book); to note down. 3. to restrict, make (something) bound by restrictions.
kayıtlı 1. enrolled, registered. 2. entered,

recorded (in a record book); noted down. 3. bound by restrictions/a restriction.
kayıtsız 1. unconcerned, indifferent. 2. unregistered, unrecorded. 3. unrestricted. **— kalmak** /a/ to be indifferent (to). **— şartsız** unconditionally, with no restrictions whatsoever, with no strings attached. **— şartsız teslim** unconditional surrender.
kayıtsızlık unconcern, indifference.
kaykılmak /a/ to lean to (one side); to lean (back).
kayma 1. landslide. 2. sliding, slide; slipping, slip; skidding, skid. 3. *cin.* misframe. 4. *cin.* ghost image. 5. a children's game.
kaymak to slide; to slip; to skid.
kaymak 1. cream. 2. clotted cream. **—ını almak** /ın/ to skim (milk). **— altı** skim milk. **— bağlamak** to form cream. **— gibi** 1. very white and smooth. 2. creamy and delicious. **— şekeri** a fondant candy. **— tutmak** to form cream. **— yağı** fresh butter.
kaymakam kaimakam, qaimaqam, official charged with governing a provincial district.
kaymakamlık 1. rank or duties of a kaimakam. 2. administrative district within a province. 3. building housing a kaimakam's office.
kaymakçı maker or seller of cream.
kaymakkâğıdı, -nı glossy paper, glazed paper.
kaymaklanmak to form cream.
kaymaklı creamy; made or covered with cream. **— dondurma** (creamy) ice cream.
kaymaktaşı, -nı alabaster, gypsum.
kayme *prov.* 1. paper lira. 2. bank note, bill.
kaynaç geyser.
kaynak 1. fountainhead, source (of a stream/a river); spring. 2. source, origin. 3. written source (of information). 4. weld, welded place. 5. patch, patched place (on rubber). 6. welding. 7. patching (rubber). **— suyu** spring water. **— tozu** welding flux. **— yapmak** /a/ 1. to weld. 2. to patch (rubber).
kaynakça bibliography.
kaynakçasal bibliographical.
kaynakçı welder (person).
kaynakçılık welder's work; the welding business.
kaynaklamak /ı/ 1. to weld. 2. to patch (rubber).
kaynaklı 1. originating from. 2. welded. 3. patched (rubber).
kaynama 1. boiling. 2. surging up, bubbling up. 3. knitting (of broken bones). **— ısısı** boiling temperature. **— noktası** boiling point.
kaynamak 1. to boil. 2. to ferment. 3. to have a burning sensation (in the stomach). 4. to surge up, seethe. 5. to swarm, teem. 6. (for a broken bone) to knit. 7. to become welded. 8. (for a plan) to be cooked up in secret. 9. to fidget. 10. *slang* to disappear without a trace. 11. *slang* (for a lesson hour) to be wasted.

kaynana mother-in-law.
kaynadili, -ni bot. snake plant, sansevieria.
kaynanalık 1. being a mother-in-law. 2. acting like a bad-tempered mother-in-law. — **etmek** /a/ colloq. to act like a bad-tempered mother-in-law (towards).
kaynanazınltısı, -nı clacker, rattle with a ratchet wheel.
kaynar 1. boiling (water). 2. spring; fountainhead. 3. slang hash, hashish.
kaynarca 1. hot spring, thermal spring. 2. prov. spring; fountainhead.
kaynaşık 1. fused; ankylosed. 2. restless, changeable, unpredictable, unstable (person).
kaynaşım ankylosis.
kaynaşma 1. fusion, joining together. 2. becoming close friends. 3. swarming, teeming. 4. great excitement, uproar.
kaynaşmak 1. /la/ to fuse, join (with). 2. /la/ (for a color/a flavor) to blend (with), go well (with). 3. to become close friends. 4. to swarm, teem. 5. chem. to combine.
kaynaştırma 1. fusion. 2. chem. combining.
kaynaştırmak /ı/ 1. to fuse, join together. 2. to cause (people) to become firm friends. 3. to combine (chemicals). 4. to make (a bone) knit.
kaynata father-in-law.
kaynatalık being a father-in-law.
kaynatılmak to be boiled.
kaynatmak /ı/ 1. to boil. 2. to weld. 3. slang to waste (a lesson hour) talking. 4. slang to gab about. 5. slang to nick, steal. 6. slang to leave (a debt) unpaid.
kaypak 1. slippery, slick. 2. unreliable, slippery.
kaypakçı slang 1. thief; smuggler. 2. receiver of stolen goods, fence.
kaypaklık 1. slipperiness. 2. unreliability.
kayra grace, favor, benevolence, kindness.
kayracı providentialist.
kayracılık providentialism.
kayran prov. glade, forest meadow, clearing in a forest.
kayrılmak to be shown favoritism, be given preferential treatment.
kayser (Roman) caesar; (German) kaiser.
kayşa geol. landslide, landslip.
kayşamak (for a large rock mass) to break off and slide down a mountainside.
kayşat, -tı fragment of rock (on a mountainside).
kaytan cotton/silk cord. — **bıyıklı** (someone) who has a thin, pointed mustache.
kaytarıcı shirker, goldbricker.
kaytarmak 1. /ı/ to reject. 2. to goldbrick, avoid doing (work).
kayyım see **kayyum**.
kayyum 1. caretaker of a mosque. 2. law administrator, trustee.

kaz 1. goose. 2. colloq. stupid; dumbbell. 3. slang boisterous person, rowdy. 4. slang pimp, procurer. **Agop'un —ı gibi bakmak** colloq. to gaze stupidly. **Agop'un —ı gibi yutmak** colloq. to be taken in easily, be tricked easily. — **adımı** goose step. —**ın ayağı öyle değil.** colloq. It's not like that at all./The truth of the matter is a different thing indeed. — **ciğeri ezmesi** pâté de foie gras. — **gelen yerden tavuk esirgenmez.** proverb You don't hesitate to cater to the small demands of someone who can be very useful to you. — **gibi** colloq. 1. stupid. 2. stupidly. — **kafalı** colloq. dumb, stupid; gullible. —**ı koz anlamak** colloq. to misunderstand completely. — **palazı** gosling, young goose.
kaza 1. accident. 2. Islam late performance of an act of worship. — **etmek** /ı/ to perform (a prayer/a fast) at a later time. — **geçirmek** to have an accident, for an accident to befall (someone). — **geliyorum demez.** proverb Accidents always happen when you're not expecting them. — **ile** by accident. — **kurşunu** stray bullet. — **olmak** for an accident to happen/occur/take place. —**ya rıza** submission to one's fate. — **sigortası** accident insurance, casualty insurance. —**ya uğramak** to have an accident, for an accident to befall (someone). — **ve/vü kader** destiny, fate, predestination. — **yapmak** (for the operator of a machine/a vehicle, for the rider/driver of an animal) to have an accident (for which he is to blame). — **yaptırmak** /a/ to cause (the operator of a machine/a vehicle, the rider/driver of an animal) to have an accident.
kaza 1. subdivision of a province. 2. administration of justice; adjudication. — **kuvveti** judicial power.
kazaen 1. by accident. 2. by chance.
Kazak 1. (a) Kazakh, (a) Kazak. 2. Kazakh, pertaining to the Kazakh people or their language. 3. (a) Cossack. — **çömelmesi** squatting on one leg with the other stretched out in front as in a Cossack dance.
kazak 1. (knitted) pullover, (pullover) sweater. 2. bright shirt (worn by jockeys).
kazak colloq. domineering (husband).
Kazakça 1. Kazakh, Kazak, the Kazakh language. 2. (speaking, writing) in Kazakh, Kazak. 3. Kazakh (speech, writing); spoken in Kazakh; written in Kazakh.
Kazakistan 1. Kazakhstan, Kazakstan. 2. of Kazakhstan.
kazalı 1. (place) where accidents frequently occur. 2. (something) marked by an accident/accidents, in which an accident/accidents occurred. 3. dangerous.
kazalı (a province) that has (so many) adminis-

trative districts.
kazamat, -tı casemate.
kazan 1. cauldron, caldron, large kettle. 2. boiler; furnace (containing a boiler). — **dairesi** boiler room; furnace room; stokehold. — **kaldırmak** 1. *hist.* (for the Janissaries) to overturn the cauldrons (as a sign of mutiny). 2. *colloq.* to rebel; to mutiny. —**ı kapalı kaynamak** /ın/ to keep one's affairs to oneself. ... — ... **kepçe:** İstanbul kazan ben kepçe. I have searched all over Istanbul. — **mevcudu** the number of soldiers for whom meals are prepared on a given day.
kazancı 1. maker, repairer, or seller of kettles/boilers. 2. stoker, fireman.
kazancılık 1. making or selling kettles/boilers. 2. stoking.
kazanç 1. gain; earnings; profit. 2. advantage, benefit. — **vergisi** profit tax.
kazançlı 1. profitable, lucrative. 2. with profit, having profited.
kazançsal economic.
kazançsız 1. unprofitable, profitless. 2. with no profit. — **eder** net cost.
kazandırmak /ı, a/ to cause (someone) to earn/gain/win.
kazandibi, -ni a milk pudding slightly burnt on the bottom.
kazanılmak to be earned; to be gained; to be won.
kazanılmış *law* acquired. — **hak** vested interest.
kazanmak /ı/ 1. to earn. 2. to win. 3. to get, acquire, gain. 4. to win the approval and support of.
kazara 1. by chance. 2. by accident.
kazaratar excavator (machine); steam shovel.
kazaska a lively Caucasian dance, kazachok, kazatsky.
kazasker *hist.* a military judge; a high official in the Ottoman judiciary.
kazayağı, -nı 1. *bot.* goosefoot, pigweed. 2. *naut.* branching lanyard, three-ended rope. 3. light orange (color). 4. a basting cross-stitch.
kazazede 1. someone who has been in an accident. 2. (someone) who has been in an accident.
kazboku, -nu a dirty yellow.
kazdırmak /ı, a/ to have (something) dug.
kazein casein. — **tutkalı** casein glue.
kazevi, -ni a reed basket.
kazı 1. excavating, excavation, digging; *archaeol.* dig. 2. (act of) engraving. — **kalemi** burin, graver. — **yapmak** to dig, excavate. — **yeri** excavation site.
kazıbilim archaeology, archeology.
kazıbilimci archaeologist, archeologist.
kazıbilimsel archaeological, archeological.
kazıcı 1. excavator (person). 2. engraver (person).

kazık 1. stake, pale; pile. 2. *slang* trick, swindle. 3. *slang* unreasonably expensive, outrageously high. 4. *wrestling* putting one's hand into one's opponent's pants. — **atmak** /a/ *slang* to cheat, swindle; to sell (someone) something at an outrageous price. — **bağı** clove hitch. — **çit** palisade, pale (fence). — **gibi** *colloq.* 1. like a bump on a log. 2. as stiff as a board/a poker. — **kadar** *colloq.* (person) who's grown up (but still behaves childishly). — **kesilmek** to become very rigid/stiff. — **kök** *bot.* taproot. — **marka** *slang* outrageously expensive. —**a oturtmak** /ı/ *hist.* to impale (someone). — **yemek** *slang* to be swindled, be cheated. — **yutmuş gibi** *colloq.* looking as if he'd swallowed a poker.
kazıkçı *slang* 1. (someone) who sells at outrageous prices; (someone) who swindles. 2. (store) where the prices are outrageously high. 3. person who sells at outrageous prices; swindler.
kazıklamak 1. /ı/ to enclose (land) with palings. 2. /ı/ *hist.* to impale (someone). 3. /ı/ *slang* to swindle. 4. *slang* (for a taxi driver) to kill time waiting for a fare.
kazıklanmak 1. *hist.* (for someone) to be impaled. 2. *slang* to get cheated.
kazıklı made of stakes/pales/piles.
kazıklıhumma *path.* tetanus; lockjaw.
kazılı 1. dug up, excavated; spaded up. 2. engraved. 3. scraped.
kazılmak 1. to be excavated; to be spaded up. 2. to be engraved. 3. to be scraped.
kazım excavation.
kazıma 1. scraping. 2. engraving. 3. shaving. 4. curetting, curettage.
kazımak /ı/ 1. to scrape; to scrape (something) off. 2. to shave. 3. to engrave, incise. 4. *slang* to fast-talk (someone). 5. *slang* to take (someone's) last penny, clean (someone) out.
kazımık *prov.* the scrapings from the bottom of a pot.
kazınmak 1. to scrape oneself. 2. to scratch oneself hard. 3. to give oneself a very close shave. 4. *slang* to give all the money one has on one.
kazıntı 1. scrapings. 2. scraped-out place; mark resulting from scraping.
kazıntılı (something) that contains scrapings; (something) that has scraped-out places in it.
kazıtmak /ı, a/ to have (something) scraped or scraped off.
kazıyıcı road grader.
kaziye *obs., log.* proposition.
kazkanadı, -nı *wrestling* locking one's hands behind the neck of one's opponent. —**na almak** /ı/ to lock one's hands behind the neck of (one's opponent).
kazma 1. pick, pickax; mattock. 2. dug;

trenched; excavated. 3. engraved; incised. 4. digging, excavation. — **gibi** *colloq.* large and protruding (tooth). — **kürek** (pickax and shovel) digging tools. — **resim** engraving (picture). — **yazı** incised script.
kazmacı *mil.* sapper.
kazmaç excavator; steam shovel.
kazmadiş *colloq.* bucktoothed (person).
kazmak /ı/ to dig; to excavate; to trench. **kazdığı çukura kendisi düşmek** *colloq.* to fall into one's own trap.
kazmir 1. cassimere, kerseymere. 2. made of kerseymere.
kazulet, -ti *colloq.* huge, grotesque.
kazurat, -tı *obs.* human feces.
KDV (*abbr. for* **katma değer vergisi**) VAT (value-added tax).
kebabe *bot.* cubeb.
kebabiye *slang* cigarette butt.
kebap 1. shish kebab; meat broiled/roasted in small pieces; any food roasted in small pieces. 2. roasted; broiled. — **olmak** to be roasted; to be broiled. — **şişi** 1. kebab skewer. 2. *slang* dagger. — **yapmak** /ı/ to roast; to broil.
kebapçı maker or seller of **kebap**. — **kedisi gibi yutkunmak** *colloq.* to hope for something in vain.
kebe 1. a felt jacket. 2. embroidered felt. 3. felt piece used as a door/floor covering.
kebere 1. caper, bud or berry of a caperbush. 2. *bot.* caperbush, caper.
kebir *obs.* 1. big; great. 2. old, elderly.
keçe 1. felt; a feltlike material made from goat hair or wool. 2. made of felt. 3. a felt mat or floor covering. — **gibi** *colloq.* matted, tangled (hair). —**yi/—sini sudan çıkarmak** *colloq.* to eliminate the difficulties and get something going properly. —**yi suya salmak** *colloq.* to forget about morality, behave indecently.
keçeci maker of felt.
keçecilik making or selling felt.
keçelenmek, keçeleşmek 1. (for hair/fibers) to become matted. 2. (for skin) to become callused and rough. 3. to become numb.
keçeleştirmek /ı/ 1. to make (something) into felt. 2. to cause (hair) to become matted.
keçeli covered with felt. — **kalem** felt-tipped pen.
keçi 1. goat. 2. she-goat, nanny goat. 3. *colloq.* muleheaded, pigheaded. 4. *slang* passive male homosexual, faggot. 5. *slang* hashish. — **çobanı** goatherd. — **derisi** goatskin; kid leather. — **inadı** *colloq.* great stubbornness. —**leri kaçırmak** *colloq.* 1. to go crazy. 2. to go into a mad frenzy. — **kafalı** *colloq.* muleheaded, pigheaded, very stubborn. — **kılı** goat hair. — **memesi** *prov.* a variety of long grape. — **yavrusu** kid (of a goat).
keçiboynuzu, -nu carob (bean), St. John's bread.
— **ağacı** *bot.* carob tree, locust. — **gibi** *colloq.* (something) that requires much labor for a small return.
keçileşmek *colloq.* to start acting like a mule, start acting muleheadedly.
keçilik *colloq.* mulishness, pigheadedness.
keçimantarı, -nı *bot.* meadow mushroom, field mushroom, agaric.
keçisağan *zool.* goatsucker, nightjar.
keçisakal *colloq.* (someone) who has a goatee, goateed.
keçisakalı, -nı 1. *colloq.* goatee. 2. *bot.* a rockrose. 3. *bot.* goatsbeard.
keçisakallı *colloq.* (someone) who has a goatee, goateed.
keçitırnağı, -nı vee chisel.
keçiyemişi, -ni *bot.* bilberry.
keçiyolu, -nu rough path, goat trail, track.
keder grief, sorrow. — **vermek** /a/ to grieve, cause (someone) great sadness.
kederlenmek to be grieved.
kederli sorrowful, sorrowing, grieving.
kedersiz free from grief.
kedi cat. — **ciğere bakar gibi bakmak** /a/ *colloq.* to gaze at covetously. — **gibi dört ayak üstüne düşmek** *colloq.* (always) to land on one's feet, come out on top. — **ile harara girmek** *colloq.* to work with an irascible person. — **ile köpek gibi** *colloq.* like cat and dog. — **ne, budu ne?** *colloq.* What else can you expect from the likes of such a miserable creature? — **olalı bir fare tuttu.** *colloq.* In all this time he's only done one noteworthy thing. —**ye peynir/ciğer ısmarlamak** *colloq.* to entrust something to an untrustworthy person. — **uzanamadığı/yetişemediği ciğere pis/murdar der/dermiş.** *proverb* He criticizes it only because it's something he knows he can't get himself.
kedibalı, -nı gum (oozing from apricot/plum/cherry trees).
kedibalığı, -nı *zool.* 1. a ray or skate. 2. rabbitfish. 3. a cat shark.
kedibastı putting dabs of glue on a surface.
kedidili, -ni a ladyfinger-shaped cookie.
kedigözü, -nü 1. taillight, tail lamp. 2. cat's-eye (gemstone).
kedinanesi, -ni *bot.* catnip.
kediotu, -nu *bot.* valerian.
kefaf just enough food to tide one over. —**ı nefs etmek** to eat just enough to tide one over.
kefal, -li 1. striped mullet, gray mullet. 2. *slang* a barely passing grade. 3. *slang* cigarette butt. — **tutmak** *slang* to get a grade that pulls one's average up to passing.
kefalet, -ti guaranteeing, bonding suretyship; going bail for. —**le salıvermek** /ı/ to release (someone) on bail.
kefaletname (written) guaranty, bond, surety

bond; bail bond.
kefaret, -ti act of atonement as laid down in Islamic law and usually involving a payment of money. **—ini ödemek** /ın/ to suffer the consequences of (one's actions).
kefe pan (of a balance).
kefe haircloth glove (for grooming horses).
kefeki 1. travertine, calc-sinter. 2. tartar (on teeth). 3. incrustation left inside a cooking pot by a liquid. **—ye dönmek** to become riddled with holes.
kefen shroud, winding sheet. **—i yırtmak** to get through the crisis of an illness safely, pass the danger point safely.
kefenci 1. shroud maker; shroud seller. 2. grave robber.
kefenlemek /ı/ to shroud (a corpse).
kefenli shrouded, wrapped in a shroud.
kefenlik (material) suitable for a shroud.
kefere 1. non-Muslims. 2. unbelievers, atheists.
kefil guarantor, surety; bondsman. **— olmak** /a/ to act as guarantor (for), stand surety (for); to go bond (for).
kefillik suretyship, acting as guarantor.
kefir kefir, kephir.
kefiye kaffiyeh.
kehanet, -ti soothsaying, prediction. **—te bulunmak** to make a prediction.
Kehkeşan *obs.* the Milky Way.
kehle *obs.* louse.
kehlibar see **kehribar**.
kehribar amber. **— balı** clear yellow honey. **— sarısı** amber yellow.
kehribarcı maker or seller of amber objects.
kek, -ki loaf cake; pound cake.
kekâ, kekâh *colloq.* This is the life!/Ah, this is great!
keke *prov.*, see **kekeme**.
kekelemek 1. to stammer; to stutter. 2. to hem and haw, speak falteringly.
kekelik *prov.* stammer; stutter.
kekeme (someone) who stammers/stutters.
kekemeleşmek to develop a stammer/a stutter.
kekemelik stammer; stutter.
kekez *slang* passive male homosexual, fag.
kekik *bot.* thyme.
kekikli seasoned with thyme.
kekikyağı, -nı oil of thyme.
keklik *zool.* partridge.
kekre astringent (taste).
kekrelik astringency, having an astringent taste.
kekremsi 1. somewhat astringent (in taste). 2. sour-faced, sour-looking.
kekremsilik 1. mild astringency, having a mildly astringent taste. 2. being sour-faced.
kekresi somewhat astringent (in taste).
kel 1. bald. 2. favus, ringworm (especially on the scalp). 3. bald spot. 4. bare, denuded (of leaves/vegetation). **— başa şimşir tarak.** *colloq.* In these circumstances this expensive thing is completely out of place. **—i görünmek/açılmak** for a fault in someone to become evident. **—in ilacı olsa başına sürer./— ilaç bilse kendi başına sürer.** *proverb* You shouldn't seek help from someone who has the same problem you do. **— kâhya** person who's good at nothing but interfering. **—i kızmak** (for a calm person) to lose his temper. **—i körü toplamak** to assemble a band of incompetents. **—den köseye yardım.** *colloq.* It's a case of the blind leading the blind. **— ölür, sırma saçlı olur; kör ölür badem gözlü olur.** *proverb* What was ugly or worthless seems beautiful or valuable once it has been lost.
kelam 1. utterance, remark. 2. Islamic theology. 3. the Koran.
Kelamıkadim the Koran.
kelaynak *zool.* bald ibis.
kelebek 1. butterfly; moth. 2. distomatosis, liver rot (in sheep and cattle). 3. fluke (parasite). 4. butterfly nut, wing nut. 5. butterfly valve. 6. damper (in a flue). 7. window catch. **— cam** butterfly window. **— gözlük** pince-nez. **— kravat** bow tie. **— kulacı** butterfly stroke. **— somun** butterfly nut, wing nut.
kelek 1. unripe melon. 2. underdeveloped, poorly developed (ear of grain, fruit). 3. hairless. 4. raft made of planks secured to inflated skins. 5. *colloq.* stupid. 6. *colloq.* fool, dunderhead. **—e bağlamak** /ı/ *slang* to make a mess of (something that's been going well).
kelepçe 1. handcuffs. 2. pipe collar. **— vurmak/takmak** /a/ to handcuff.
kelepçelemek /ı/ to handcuff.
kelepçelenmek to be handcuffed.
kelepçeli handcuffed.
kelepir *colloq.* 1. a bargain, a steal, a very good buy. 2. very cheap, dirt-cheap.
kelepirci 1. bargain hunter. 2. (person) who's always looking for bargains.
keler 1. *zool.* lizard. 2. lizard skin.
keler 1. *zool.*, see **kelerbalığı.** 2. sharkskin, shagreen (used as an abrasive).
kelerbalığı, -nı *zool.* angelfish, monkfish.
keleş 1. *colloq.* stupid, wooden-headed. 2. *colloq.* bald. 3. *prov.* beautiful; handsome.
keleşlik 1. *colloq.* stupidity. 2. *colloq.* baldness. 3. *prov.* beauty, comeliness.
kelime word. **— arası** *print.* spacing. **— hazinesi** vocabulary. **— karışıklığı** paraphasia. **— kelime/— bekelime** word by word. **—si kelimesine** word for word. **— oyunu** a play on words, pun. **—i şahadet** the İslamic confession of faith. **—i şahadet getirmek** to confess one's belief in God by reciting the **kelimei şahadet.**
kelle 1. *derogatory* head. 2. boiled sheep's head. 3. head (of cabbage). 4. ear or head (of

grain). 5. cake or ball (of cheese). 6. *formerly* cone (of sugar). — **götürür gibi** *colloq.* with unnecessary haste. **—sini koltuğuna almak** *colloq.* to take one's life in one's hands. — **koşturmak** *colloq.* to hurry unnecessarily. — **kulak yerinde** *colloq.* strapping, big and robust (man). — **peyniri** a sheep's milk cheese. — **şekeri** *formerly* sugar sold in cones. **—sini uçurmak** /ın/ *colloq.* to cut (someone's) head off. **—yi vermek** /a/ *colloq.* to give one's life (for).

kelli /dan/ *prov.* seeing that, since.

kellifelli *colloq.* (middle-aged or elderly man) who is dignified and dressed to the nines.

kellik 1. baldness. 2. ringworm, favus. 3. land devoid of vegetation.

Keloğlan a plucky, intelligent youth who is the hero of many Turkish folk tales.

keloğlan affectionate name for a poor orphan boy.

Kelt 1. (a) Celt, (a) Kelt. 2. Celtic, Keltic.

Keltçe 1. Celtic, Keltic, the Celtic language. 2. (speaking, writing) in Celtic, Celtic, Keltic. 3. Celtic, Keltic (speech, writing); spoken in Celtic; written in Celtic.

kem 1. bad, evil, malicious. 2. bad, deficient in weight (coin).

kemal, -li 1. perfection. 2. maturity; ripeness. 3. the highest price something can fetch. **—e ermek/gelmek** 1. to reach perfection. 2. to reach maturity.

Kemalist, -ti 1. (a) Kemalist, an adherent of Kemalism. 2. Kemalist, of or relating to Kemalism.

Kemalizm Kemalism (a political doctrine developed in Turkey in the 1930's and named after Mustafa Kemal Atatürk).

keman 1. violin. 2. *archery* bow. — **gibi** thin and arched (eyebrows). — **yayı** violin bow.

kemancı 1. violinist. 2. violin-maker.

kemancılık 1. being a violinist. 2. being a violin-maker.

kemane 1. violin bow. 2. bow used to rotate a spindle (in a drill or small lathe). — **çekmek** *wrestling* to press on the breast or stomach of the opponent with one's locked hands.

kemani violinist (who plays Turkish music).

kemankeş bowman, archer.

keme *prov.* 1. *zool.* rat (rodent). 2. *bot.* truffle.

kemençe kemancha, small violin played like a cello.

kemençeci 1. kemancha player. 2. kemancha seller.

kement 1. lasso. 2. greased noose (used for hanging criminals).

kementlemek /ı/ *slang* to swindle.

kemer 1. belt. 2. waist (of a garment). 3. money belt. 4. *arch.* arch. 5. aqueduct. 6. *anat.* arch. 7. Roman (nose), somewhat aquiline (nose).
— **altı** cloister, covered passage with archways on one side. — **bağlama** ceremony of fastening a silver or gold belt round the waist of one's new daughter-in-law. — **burun** Roman nose. **—ini/—leri sıkmak** *colloq.* to tighten one's belt, practice thrift.

kemere *naut.* deck beam.

kemerlemek /ı/ to round the spine of (a book) (in binding).

kemerli 1. *arch.* arched. 2. Roman (nose). 3. belted, furnished with a belt.

kemerlik belt having holes or pockets to hold tools, implements, or drinking glasses.

kemerpatlıcanı, -nı a long, thin eggplant.

kemgöz the evil eye.

kemik 1. bone. 2. osseous. — **atmak** /a/ 1. to throw a bone (to a dog). 2. to throw (someone) a sop, appease (someone) (used disparagingly). — **çıkıntısı** *anat.* process of a bone, projection. — **erimesi** *path.* osteolysis. — **gibi** 1. as hard as a bone; very sound or tough. 2. bone-dry. — **gübresi** bone meal. — **iltihabı/yangısı** *path.* osteitis. **—ine/—lerine kadar işlemek** to penetrate right to one's bones. **—lerini kırmak** /ın/ to give (someone) a good thrashing, beat (someone) up. — **kömürü** animal charcoal, boneblack. — **külü** bone ash. — **oluşumu** osteogenesis. — **pensi** bone nippers. **—leri sayılmak** to look like a scarecrow, be too thin. — **testeresi** bone saw. — **törpüsü** surgeon's rasp, raspatory. — **unu** bone meal. — **veremi** *path.* tuberculosis of the bones. — **yağı** bone oil, Dippel's oil. — **yalayıcı** *colloq.* toady, sycophant, bootlicker.

kemikbaşı, -nı *anat.* apophysis.

kemikbilim osteology.

kemikçik *anat.* ossicle.

kemikdoku *anat.* bone tissue.

kemikleşme ossification.

kemikleşmek to ossify.

kemikli 1. with bones. 2. bony; big-boned.

kemiksi *anat.* osteoid. — **doku** *anat.* osteoid, uncalcified bone matrix.

kemiksiz 1. boneless, without bones. 2. double-jointed.

kemircik cartilage.

kemirdek *prov.* tail bones, the bones of a tail.

kemirgen 1. rodent. 2. (a) rodent.

kemirici 1. (animal) that gnaws, rodent. 2. corrosive.

kemirilmek 1. to be gnawed. 2. to be corroded.

kemirmek /ı/ 1. to gnaw. 2. to corrode.

kemiyet, -ti *obs.* quantity.

kem küm hemming and hawing, groping for words. — **etmek** to hem and haw, grope for words.

kemlik evil; ill will; malicious act.

kemoterapi chemotherapy.

kenar 1. edge; brink; margin; border; hem. **2.** isolated (place). **3.** isolated spot, place away from it all. **— baskısı** hem (of a garment or cloth covering). **—a çekilmek** to withdraw from the struggle; to forsake the hustle and bustle. **— çekmek /a/** to hem, border, edge. **—ın dilberi** *colloq.* pretty but unrefined girl. **—da kalmak** *colloq.* to be forgotten about. **—da köşede** *colloq.* in forgotten nooks and crannies. **— mahalle** poor neighborhood on the outskirts of a city. **— yazısı 1.** marginal note. **2.** legend (on a coin).
kenarcı fisherman who stays close to the shore.
kenarlı 1. with an edge/a border/a margin. **2.** with a decorated border.
kenarlık 1. edging, border. **2.** balustrade, railing.
kenarortay *geom.* median (of a triangle).
kenarsuyu, -nu border, edging.
kendi 1. self, oneself. **2.** own. **3.** he; she. **4.** in person. **—leri 1.** themselves. **2.** he; she. **—m** myself. **—minki** mine. **—miz** ourselves. **—si 1.** herself; himself. **2.** he; she. **—ni ağır satmak** to agree to something only after repeated requests. **— ağzıyla tutulmak** to be proved a liar by one's own words. **—ni alamamak /dan/** not to be able to refrain from, be unable to stop oneself from. **— âleminde olmak** to keep to oneself; to live in a world of one's own. **—ni alıştırmak /a/** to make oneself get used to. **—ni ateşe atmak** to court trouble. **—ni atmak /a/** to go immediately to, rush to (a place). **—ne bağlamak /ı/** to captivate. **— başına 1.** of one's own accord. **2.** without anyone's help, single-handedly. **—ni beğenmek** to be conceited. **—ni beğenmiş** conceited, arrogant. **—ni bırakmak** to neglect oneself, let oneself go. **—ni bilen/bilir** upright and honorable (person). **—ni bilmek 1.** to be in one's right mind. **2.** to comport oneself properly. **3.** (for a person) to have grown up, have reached maturity. **—ni bir şey sanmak** to give oneself airs, think one is something. **—ni (bir yerde) bulmak** to find that one has arrived at (a place). **—ni bulmak** to develop a personality of one's own. **— çalıp kendi oynuyor.** *colloq.* He makes a big fuss about something, but when people want to help him he spurns their aid. **— çapında** according to his own standards, according to his own way of thinking. **—ne çeki düzen vermek 1.** to tidy oneself up. **2.** to put one's life and affairs in order. **— çıkarı için** for his own benefit. **—ni dar atmak /a/** to manage to reach (a place) in the nick of time. **— derdine düşmek** to be completely taken up with one's own troubles. **—ni dev aynasında görmek** to overrate oneself vastly. **—ni dinlemek** to be a hypochondriac. **—ni dirhem dirhem satmak** to make a great show of reluctance. **— düşen ağlamaz.** *proverb* If you get yourself into trouble then you've no right to complain. **— eliyle** himself, with his own hand. **—ne etmek** to harm oneself. **—ni fasulye gibi nimetten saymak** to overrate oneself vastly. **—nden geçme** *psych. trance.* **—nden geçmek 1.** to be transported by joy, be ecstatic. **2.** to faint. **—ne gel!** *colloq.* **1.** Come to your senses! **2.** Pull yourself together! **— gelen** that comes one's way by chance. **—ne gelmek 1.** to regain consciousness, come to. **2.** to pull oneself together, regain one's self-control. **— göbeğini kendi kesmek** *colloq.* to do it all on one's own, do it without getting help from anybody. **—ni göstermek** to prove one's worth. **— gözündeki merteği görmez, elin gözündeki çöpü görür.** *colloq.* He doesn't see the beam in his own eye, but he sees the mote in the eye of another person. **—ne güvenme** self-confidence, self-reliance. **— halinde 1.** quiet and inoffensive, innocuous (person). **2.** simple-minded. **— haline bırakmak /ı/** to leave (someone) to his own devices; to let (a thing) take care of itself. **— havasında gitmek/olmak** to do what strikes one's fancy. **—ni hissettirmek** to make one's/its presence felt. **—ni iyice vermek /a/** to concentrate (on). **—ni kapıp koyuvermek 1.** to cease to take an interest in oneself, let oneself go. **2. /a/** to lose oneself in (a project). **—ni kaptırmak /a/ 1.** to let oneself get carried away (by). **2.** to become wholly absorbed in. **—ni kaybetmek 1.** to lose consciousness. **2.** to go into a towering rage. **— kendine 1.** on one's own responsibility; of one's own accord. **2.** alone, by oneself, without help. **3.** to oneself. **4.** *theat.* as an aside. **— kendine gelin güvey olmak** to count one's chickens before they're hatched, build castles in Spain. **— kendini yemek** to eat one's heart out, worry oneself to death. **— kendine yeterli** self-reliant and self-sufficient. **—ne kıymak** to commit suicide. **— kuyusunu kendi kazmak** to dig one's own grave, be the cause of one's own downfall. **—si muhtac-ı himmet bir dede. (Nerde kaldı geriye himmet ede.)** *colloq.* You can't expect any help from him since he's in need of help himself. **—ni naza çekmek** to make a great show of reluctance. **—nde olmamak** not to know what one's doing, be (temporarily) out of one's senses. **—nden pay/paha biçmek** to make an estimate based on one's own experience; to think about (a problem) as if it were one's own. **— payıma** for my part, as for me. **—ne sahip olmamak** to be unable to control oneself. **— söyler kendi dinler.** *colloq.* He mumbles incoherently to himself. **—ne ... süsü vermek** to pretend to be, act like. **—ni**

kendiliğinden   418

tartmak *colloq.* to weigh oneself up, look at oneself critically. **—ni toparlamak/toplamak** *colloq.* to put one's life and affairs in order again. **—ni tutmak** *colloq.* to maintain one's self-control. **—ni vermek /a/** *colloq.* to devote oneself wholeheartedly to. **— yağıyla kavrulmak** *colloq.* to get by on one's own means, manage without any help from others. **—ne yediremeмek /ı/** *colloq.* 1. to be unable to stomach, be unable to let (an insult) go unrequited. 2. to be unable to let oneself stoop to doing (a base action). **—ni yemek** *colloq.* to eat one's heart out, worry oneself to death. **—ne yontmak/—nden yana yontmak /ı/** *colloq.* to work (something) to one's own advantage without considering others.

kendiliğinden 1. of one's own accord. 2. automatically, spontaneously. 3. by oneself. **— türeme/üreme** *biol.* parthenogenesis.

kendiliğindenlik *phil.* spontaneity.

kendilik *phil.* entity.

kendince 1. personal, subjective. 2. in his opinion.

kendincelik subjectivity.

kendir 1. hemp. 2. hemp plant, marijuana. 3. *prov.* rope, hawser. **— bezi** hemp cloth. **— lifi** hemp fiber. **— tohumu** hempseed. **— yağı** hempseed oil.

kendircilik being a producer/a grower of hemp.

kene tick; any of various blood-sucking insects resembling ticks. **— gibi yapışmak /a/** *colloq.* (for an annoying person) not to give (one) a minute's peace.

kenef *vulg.* 1. toilet, *Brit.* bog. 2. filthy. 3. ugly. **— sazlığı/süpürgesi** *slang* wispy mustache.

kenegöz (person) with small eyes, small-eyed.

kenet metal clamp, cramp iron. **— mili** rivet (for sheet metal).

kenetlemek /ı/ 1. to clamp. 2. to clasp (hands) together firmly. 3. to lock (one's jaws).

kenetlenmek 1. to be clamped in place. 2. (for one's hands) to be firmly clasped together. 3. (for one's jaws) to be locked.

kenetli 1. clamped together; closely united. 2. furnished with clamps.

kenevir hemp plant, marijuana.

kenevircilik being a producer/a grower of hemp.

kengel cardoon.

kengelsakızı, -nı gum made from the juice of the cardoon (used as chewing gum).

kenger *see* **kengel.**

kengersakızı, -nı *see* **kengelsakızı.**

kent, -ti city. **— toplumbilimi** urban sociology.

kental, -li weight of one hundred kilos, quintal.

kentbilim 1. urbanology. 2. city planning.

kentilyon quintillion.

kentleşme urbanization (of an area).

kentleşmek to become urbanized.

kentli 1. (person) living in a city. 2. city-dweller.

kentlileşmek (for someone) to become urbanized.

kentsel urban.

kentsoylu bourgeois. **— sınıfı** bourgeoisie.

kentsoyluluk being bourgeois.

Kenya 1. Kenya. 2. Kenyan, of Kenya.

Kenyalı 1. (a) Kenyan. 2. Kenyan (person).

kep, -pi 1. cap. 2. mortarboard. 3. nurse's cap.

kepaze 1. ridiculous and contemptible. 2. disgraceful. **— etmek /ı/** to disgrace. **— olmak** to become a laughingstock.

kepazelik disgraceful thing; disgraceful behavior/act.

kepçe 1. ladle. 2. (fisherman's) dip net, scoop net. 3. butterfly net. 4. *naut.* buttock. **kulakları — gibi olmak /ın/** *colloq.* (for someone) to be flap-eared.

kepçekulak *colloq.* 1. flap-eared. 2. ear that stands well out from the head.

kepçekuyruk *slang* sponger.

kepçelemek /ı/ *volleyball* to hit back (a low ball) with both hands.

kepçeli furnished with a ladle.

kepçesurat *colloq.* (someone) who has a small face.

kepek 1. bran. 2. dandruff, scurf. **— ekmeği** whole-wheat bread. **— unu** whole-wheat flour.

kepekçi seller of bran.

kepeklenmek 1. to become scurfy. 2. (for an apple) to get dry and tasteless.

kepekli 1. mixed with bran; containing bran, branny. 2. scurfy, covered with scurf. 3. dry and tasteless (apple).

kepenek (shepherd's) felt cloak.

kepenk, -gi (metal) rolling shutter, roll-down shutter (used to secure shop-fronts). **—leri indirmek** *colloq.* to close up shop.

kepez 1. rock on a seashore. 2. headdress for a bride; bridal veil. 3. crest (of a bird).

kerahet, -ti 1. loathing, repugnance. 2. doing something under duress. **— etmek/getirmek /dan/** to loathe. **— vakti** *colloq.* time to begin one's evening drinking.

keramet, -ti 1. miracle worked by God through a person. 2. the God-given power of working miracles. **—te bulunmak/— göstermek** to work miracles. **— buyurdunuz./—te bulundunuz.** What wonderful things you say! **—i kendinden bilmek** to take the credit for something without acknowledging the help others gave one. **— sahibi** miracle worker.

kerametli 1. sanctified and able to work miracles. 2. generous.

keramik 1. ceramic. 2. a ceramic object.

kerata 1. *colloq.* son of a gun, devil. 2. *vulg.* cuckold. 3. shoehorn.

Kerbela Karbala (city in Iraq containing an Islamic shrine). **— gibi** *colloq.* waterless (place).

kere 1. time: **bir kere** once. 2. times: **İki kere iki dört eder.** Two times two makes four.
kerecik *diminutive form of* **kere: bir** — just once, only just once.
kerem kindness, beneficence. — **buyurun.** Please./I beg you.
kerempe rocky promontory (on a coast).
kereste 1. lumber, *Brit.* (dressed) timber. 2. *slang* crude, unrefined, uncouth (person).
keresteci lumber merchant.
kerestecilik being a lumber merchant.
keresteli *colloq.* strapping (man).
kerestelik suitable for making into lumber.
kerevet, -ti 1. cot-like wooden bedstead. 2. *cin.* dolly.
kerevides *zool., see* **kerevit.**
kerevit *zool.* crayfish, crawfish.
kereviz 1. celeriac, celery root. 2. *slang* dunce, blockhead.
kerez *slang* food/drink offered a guest.
kerhane *colloq.* brothel, cathouse.
kerhaneci 1. *colloq.* brothel keeper. 2. *vulg.* son of a bitch, bastard.
kerhen 1. reluctantly, unwillingly. 2. with aversion, with repugnance.
kerih disgusting, detestable, abominable.
kerim kind, generous, munificent, gracious.
kerime *obs.* daughter.
keriz 1. sewer, drain. 2. *slang* gambling. 3. *slang* easily cheated at gambling. 4. *slang* noisy party, carousal.
kerizci *slang* 1. musician. 2. gambler who cheats; cardsharp.
kerizlemek *slang* to play an instrument.
kerkenez *zool.* kestrel.
kerki *prov.* large ax.
kerliferli *colloq., see* **kellifelli.**
kermen castle, fortress.
kermes 1. bazaar, *Brit.* fête (held to raise money). 2. festival (annually celebrated in a small town).
kerpeten pincers; nippers; dentist's forceps.
kerpiç 1. sun-dried brick, mud brick, adobe. 2. made of sun-dried bricks. — **gibi** very hard and dry.
kerpiççi maker of sun-dried bricks.
kerrake *formerly* a light wool cloak.
kerrat, -tı *obs.* times. — **cetveli** multiplication table, times table.
kertan *slang* risky, dangerous (situation).
kerte notch, incised mark.
kerte 1. rhumb (of a mariner's compass). 2. degree, point, state. —**sine getirmek** /ı/ *colloq.* to find the best time for doing (something). — **kerte** slowly, by degrees.
kerteleme gradualness.
kerteli gradual.
kertenkele *zool.* lizard.

kerteriz *naut.* bearing. — **almak** to take a bearing. — **noktası** point where a bearing is taken.
kerti notch, incised mark.
kertik 1. notch, score, tally. 2. notched, tallied.
kertiklemek /ı/ to notch.
kertikli notched.
kertilmek to be notched.
kertme 1. notching, tallying. 2. a scrape; a cut place.
kertmek /ı/ 1. to notch. 2. to scrape, rub against.
kervan caravan. —**a katılmak** *colloq.* to join in with the rest.
kervanbaşı, -nı leader of a caravan.
kervancı organizer/leader of a caravan.
Kervankıran *astr.* Venus.
kervansaray caravansary, caravanserai, inn with a large courtyard.
Kervanyıldızı, -nı *astr.* Venus.
kes basketball shoe, (high-topped) sneaker.
kesafet, -ti density, thickness.
kesat 1. stagnant, slack (market). 2. slackness (in trade). 3. scarcity (of a crop).
kesatlık 1. slackness, stagnation (in business). 2. time of scarcity.
kesbetmek /ı/ 1. to acquire, take on, assume (a quality). 2. to get, obtain.
kese 1. bath glove made of coarse cloth (used in a Turkish bath for rubbing the skin). 2. small cloth bag; moneybag, purse. 3. (one's) financial resources. 4. marsupium, pouch. 5. sac, cyst, bursa. —**nin ağzını açmak** *colloq.* to begin to spend money freely. —**sine (hiç) bir şey girmemek** *colloq.* not to benefit at all. —**nin dibi görünmek** *colloq.* to run out of money. —**sine güvenmek** *colloq.* to know that one can afford to buy something. — **sürmek** /a/ to rub (someone) with a **kese.**
kese *prov.* short-cut. — **yol** shortcut.
kesecik *anat.* saccule.
kesedar 1. *formerly* steward in a wealthy household. 2. person who acts as a treasurer for a gang of porters.
kesek 1. clod, lump of earth. 2. lump of dried manure used as fuel.
kesekâğıdı, -nı paper bag.
keselemek /ı/ to rub (someone) with a **kese.**
keselenmek 1. to rub oneself with a **kese.** 2. to get rubbed with a **kese.**
keseletmek /ı, a/ to have (someone) rub (one's body) with a **kese.**
keseli 1. furnished with a cloth bag or purse. 2. marsupial, having a pouch.
keselikurt embryonic tapeworm.
kesen intersecting line.
kesenek 1. deduction, sum of money deducted from a salary. 2. purchase of the right to the income from something. 3. *hist.* tax farming. —**e almak** /ı/ to purchase the right to collect

the income of (something).
kesenekçi *hist.* tax farmer.
kesenkes *colloq.* firmly, absolutely, completely.
keser *adz, adze.*
kesici 1. cutting, incisory. 2. cutter (agent/instrument). 3. butcher.
kesicidiş *anat.* incisor.
kesif dense, thick.
kesik 1. cut (through/off). 2. (gas/electricity/water) that has been cut off. 3. *geom.* truncated. 4. curdled, sour. 5. skim milk curds. 6. (newspaper/magazine) clipping. 7. (a) cut, cut place. 8. broken off, interrupted. 9. *slang* bad (situation). — **kesik** 1. gaspingly; in sporadic outbursts. 2. sporadic and truncated. — **nefes** spasmodic breathing. — **sözcük** short form of a word.
kesikli discontinuous, intermittent.
kesiklik 1. being cut/broken. 2. fatigue, lassitude.
kesiksiz 1. uninterrupted, continuous. 2. continuously.
kesilme 1. being cut, cutting. 2. being stopped, stoppage; interruption. 3. being exhausted, exhaustion. 4. souring.
kesilmek 1. to be cut. 2. to be clipped; to be sheared. 3. to be exhausted, be tired out. 4. suddenly to turn into, suddenly to become. 5. to curdle, sour. 6. to stop, die down. 7. (for water/gas/electricity) to be cut off, stop flowing. 8. /dan/ to lose (appetite/strength). 9. to stop, end; to be interrupted. 10. suddenly to start to act like. 11. /a/ *slang* to like, be pleased by, be attracted to. 12. /ı/ *slang* to spend (money) gambling. **Kesilen baş (bir daha) yerine konmaz.** *proverb* What's done is done.
kesim 1. cutting. 2. slaughter, slaughtering; butchering. 3. section, sector; region. 4. *med.* section. 5. period (of time). 6. *tailor.* cut, make.
kesimci *hist.* tax farmer.
kesimevi, -ni slaughterhouse.
kesimleme segmentation.
kesimlemek /ı/ to section, segment.
kesimlik 1. (animal) fit/ready for slaughter. 2. (tree/timber) fit/ready to be cut.
kesin 1. definite; absolute, categorical; final, irrevocable. 2. decisive, firm (statement). — **eder/fiyat** fixed price. — **olarak/bir biçimde** very definitely, most certainly; very clearly, unequivocally, in no uncertain terms.
kesinleşmek 1. to become definite/final. 2. (for something) to acquire a decisive quality.
kesinleştirmek /ı/ to make (something) definite/final.
kesinlik 1. definiteness; absoluteness; finality, irrevocability. 2. decisiveness, firmness.
kesinlikle 1. very definitely, most certainly; very clearly, unequivocally, in no uncertain terms.

2. by no means, in no way, no way, absolutely not.
kesinsizlik indefiniteness, vagueness.
kesinti 1. cutoff piece. 2. interruption. 3. deduction (from a payment). —**ye almak** /ı/ *colloq.* to make fun of (someone) behind his back.
kesintili 1. marked by interruptions. 2. minus/less deductions. 3. net (after deductions).
kesintisiz 1. continuous, uninterrupted. 2. before deductions. 3. gross (before deductions). — **ulusal gelir** gross national product.
kesir, -sri 1. *math.* fraction. 2. *med.* fracture.
kesirli *math.* fractional. — **sayı** fractional number.
kesişen *geom.* intersecting, (lines) that intersect.
kesişmek 1. to intersect, cross. 2. to come to an agreement on the price of something. 3. *slang* (for a man and a woman) to exchange amorous glances.
kesit, -ti cross section.
keski 1. cutting implement. 2. hatchet. 3. cold chisel. — **kalemi** cold chisel.
keskin 1. sharp. 2. pungent. 3. keen, acute. 4. severe. 5. *slang* sodomite, bugger, buggerer. — **akıl/zekâ keramete kıç attırır.** *proverb* A very clever person can almost work miracles. — **gözlü** eagle-eyed, keen of vision. — **nişancı** sharpshooter, a dead shot. — **nişancılık** sharpshooting. — **sirke kabına/küpüne zarar/zarardır.** *proverb* A bad temper harms its possessor most. — **viraj** sharp/hairpin curve. — **zekâlı** incisively intelligent, very clever.
keskinleşmek to get sharp.
keskinleştirmek, keskinletmek /ı/ to sharpen.
keskinlik 1. sharpness, keenness. 2. pungency. 3. *slang* buggery.
kesme 1. cutting. 2. tin snips. 3. sector of a circle. 4. *cin., TV* cut, change of scenes. 5. cut, faceted. 6. cube-shaped. 7. fixed (price). — **almak** *slang* to pinch someone's cheek. — **işareti** *gram.* apostrophe. — **kaya** mass of shaly/sandy rock. — **makarna** vermicelli. — **taş** hewn stone, ashlar.
kesmece 1. (melon bought) on condition that it is cut open for examination. 2. for a lump sum. 3. (selling each one) at the same price.
kesmek 1. /ı/ to cut, cut in two, cut off; to cut down (a tree). 2. /ı/ to slice, cut up. 3. /ı/ to cut, wound by cutting. 4. /ı/ to butcher, slaughter. 5. /ı/ to interrupt; to put an end to, stop. 6. /ı/ to decide on, determine. 7. /ı/ to deduct. 8. /ı/ to turn off, stop the flow of (electricity/gas/water). 9. /ı/ to coin, issue (money). 10. /ı/ to cut (cards). 11. /ı/ to take away, get rid of (pain/fever/thirst). 12. /ı/ to impede, hinder; to block. 13. *slang* to shut up, cut the cackle. 14. /ı/ *slang* to cheat, swindle. 15. *slang* to shoot the bull, talk aimlessly.
kesip atmak 1. to make hasty decisions. 2. /ı/

to settle (something) quickly and finally. **kesip attığı tırnak olamamak** /ın/ *colloq.* (for someone) to be nothing compared to (someone else). **kesip biçmek** *colloq.* to bluster, make idle threats.
kesmelik quarry (which produces ashlars).
kesmeşeker lump sugar, cube sugar.
kesmik 1. chaff. 2. curds.
kesre the vowel point in Arabic script indicating a short ı or i.
kestane 1. chestnut. 2. chestnut tree. 3. chestnut-colored. — **dorusu** chestnut bay. — **kabuğundan çıkmış da kabuğunu beğenmemiş.** *colloq.* He is ashamed of his background. — **kebabı** roast chestnuts. — **suyu gibi** very weak (coffee). — **şekeri** marron glacé, candied chestnut; marrons glacés, candied chestnuts.
kestaneci chestnut seller.
kestanecik 1. *anat.* prostate gland. 2. chestnut (on a horse's leg).
kestanefişeği, -ni firecracker.
kestanekabağı, -nı pumpkin.
kestanekargası, -nı *zool.* jay.
kestanelik chestnut grove.
kestirilmek 1. to be cut. 2. to be estimated, be predicted.
kestirim forecasting, forecast, prediction.
kestirme 1. /ı, a/ having (someone) cut (something). 2. estimate. 3. shortcut. 4. direct, concise. 5. dozing off, taking a cat nap. — **cevap** short and decisive answer. —**den gitmek** to take a shortcut. — **yol** shortcut.
kestirmece conjectural.
kestirmek 1. /ı, a/ to have (someone) cut (something). 2. /ı/ to estimate, predict. 3. to doze off, take a cat nap. 4. /ı/ to curdle. **kestirip atmak** 1. to make hasty decisions. 2. /ı/ to settle (something) quickly and finally.
keş 1. dry curd; skim-milk cheese, skim cheese. 2. *slang* stupid, idiotic. 3. *slang* fool, simpleton, dope. 4. *slang* heroin/hashish addict. — **etmek** /ı/ *slang* to shame, humiliate.
keşfetmek /ı/ to discover (something new); to find out (a secret).
keşide 1. *lottery* drawing. 2. drawing (an order, bill of exchange). 3. *formerly* sending (a telegram).
keşideci 1. *fin.* drawer. 2. *formerly* sender (of a telegram).
keşif, -şfi 1. discovery, exploration. 2. investigation. 3. finding out (secret details). 4. *mil.* reconnoitering, reconnaissance. — **birliği** *mil.* reconnaissance unit. — **kolu** *mil.* reconnaissance patrol. — **uçağı** *mil.* reconnaissance plane.
keşik turn (of duty); shift.
keşikleme alternation of duty; working in shifts.
keşikleşmek to work in shifts; to do a duty by turns.
keşiş monk.
keşişhane monastery.
keşişleme 1. the southeasterly wind that blows from Keşiş Dağı (the Bithynian Mt. Olympus) towards İstanbul. 2. any southeasterly wind. 3. the southeast (point on the compass).
keşişlik 1. monasticism. 2. monastery.
keşke 1. *used to reinforce the past conditional tense:* **Keşke gitseydi.** If only he'd gone! 2. Ah, if only ...!
keşkek a dish made of pounded meat and wheat.
keşkekaleyhisselam *slang* fool, simpleton, dope.
keşki *see* **keşke.**
keşkül 1. a milk pudding containing coconut. 2. *formerly* beggar's bowl (often made of a coconut shell).
keşkülüfukara a milk pudding containing coconut.
keşlemek /a/ *slang* to take no notice of, ignore.
keşmekeş great confusion; great disorder. — **içinde** in great disorder; in great confusion.
keşmir *see* **kaşmir.**
keşsavak *slang* naïve but eager when it comes to chasing women.
keşşaf *formerly* 1. military scout. 2. discoverer.
ket, -ti obstacle. — **vurmak** /a/ to block; to impede, hinder.
ket, -ti starch.
ketal, -li *prov.* starched and glazed cloth.
ketçap ketchup, catchup, catsup.
keten 1. linen. 2. *bot.* flax. — **tarağı** hatchel.
ketenci 1. linen weaver. 2. seller of linen cloth.
ketencik 1. *bot.* eelgrass. 2. *bot.* false flax, gold-of-pleasure. 3. cameline oil, dodder oil, German sesame oil.
ketencilik 1. linen weaving. 2. the linen trade.
ketenhelvacı maker or seller of cotton candy.
ketenhelvası, -nı cotton candy.
ketenkuşu, -nu *zool.* linnet.
ketentohumu, -nu flaxseed, linseed. — **lapası** flaxseed poultice. — **yağı** linseed oil.
kethüda *hist.* chief steward, majordomo.
keton *chem.* ketone.
ketum (person) who won't divulge a secret, tightlipped.
ketumiyet, -ti, ketumluk keeping silent about something, reticence.
keven *bot., see* **geven.**
kevgir 1. skimmer, perforated ladle. 2. colander.
Kevser name of a river in Paradise. — **gibi** *colloq.* nectarous (drink).
keyfetmek to have fun, enjoy oneself.
keyfi 1. arbitrary. 2. discretionary.
keyfiyet, -ti 1. state of affairs, situation. 2. matter, affair. 3. condition, nature.
keyif, -yfi 1. pleasure in life, feeling of well-being;

delight, joy. 2. mood, humor, state of mind. 3. pleasure, merriment, amusement. 4. high, kef, dreamy and languorous state. 5. *psych.* euphoria. 6. *slang* hashish. **—ine bakmak** to enjoy oneself, attend to one's pleasures. **— benim, köy Mehmet Ağa'nın.** *colloq.* It's my concern; and I don't want anyone interfering, no matter who he is. **—i bilmek** to do as one pleases. **—ini bilmek** to know what one likes. **—ini bozmak /ın/** to spoil (someone's) good mood, get (someone) down. **—i bozuk/yok.** He's feeling low./He's feeling a bit depressed. **—i bozulmak** to become depressed, get down in the dumps. **—im böyle istiyor.** I just feel like doing it; that's all. **— çatmak** to enjoy oneself, have a good time. **—ini çıkarmak /ın/** to get all the pleasure one can out of (something), enjoy (something) to the hilt. **—inden dört köşe olmak** *colloq.* to be very pleased about something. **—i düzelmek/yerine gelmek** to regain one's good humor. **—i gelmek** to get into a happy mood. **—ine gitmek** 1. /kendi/ to do as one pleases. 2. /ın/ to do as (another) likes. **—ine göre** as one pleases. **— hali** tipsiness. **— halinde** tipsy, slightly drunk. **—ine hizmet etmek /ın/** to pander to (someone's) desires. **— için** for pleasure, for fun. **—in iyi mi?** Are you in a good mood? **—i iyi olmak** to feel well. **—ini kaçırmak/bozmak /ın/** to get (someone) down, spoil (someone's) good mood. **—i kaçmak** to get in a bad humor, become depressed/annoyed/irritated. **—imin kâhyası mısın?** *colloq.* What's it to you?/It's none of your business. **—iniz nasıl?** How are you? **—i olmamak** 1. not to feel well, to be indisposed. 2. not to be in the mood, not to feel like it. **—i oluncaya kadar** until he wishes or is willing to. **— sormak** to ask someone how he's feeling. **— sürmek** to live in a pleasant, carefree way; to live the good life. **— vermek /a/** to make (someone) tipsy. **—i yerinde** 1. in good spirits, in fine fettle, up. 2. in good health.

keyiflendirmek /ı/ to get (someone) into a good mood.

keyiflenmek 1. to become merry. 2. to get tipsy.

keyifli 1. merry, in good spirits, up. 2. tipsy.

keyifsiz 1. unhappy, in low spirits, down. 2. (someone) who feels unwell.

keyifsizlenmek to lose one's feeling of happiness, cease to be in good spirits.

keyifsizlik 1. being in low spirits, feeling down. 2. feeling unwell.

kez time: **bu kez** this time. **üç kez** three times.

keza 1. ditto, the same. 2. likewise, ditto. **keza ve keza** and so forth.

kezalik *see* **keza.**

kezzap nitric acid, aquafortis.

kg. (*abbr. for* **kilogram**) kg. (kilogram).

kHz. (*abbr. for* **kilohertz**) kHz. (kilohertz).

kıble 1. the direction of Mecca (to which a Muslim turns in worship); qibla, qiblah, kibla, kiblah. 2. south. 3. south wind. **—ye dönmek** to turn toward Mecca. **— keşişleme** south-southeast wind. **— lodos** south-southwest wind. **— rüzgânı/yeli** south wind.

Kıbrıs 1. Cyprus. 2. Cypriot, Cypriote, of Cyprus.

Kıbrıslı 1. (a) Cypriot, (a) Cypriote. 2. Cypriot, Cypriote (person).

kıç, -çı 1. buttocks, bottom, butt, behind, rump. 2. *naut.* stern, poop. 3. *prov.* leg; foot. 4. hind, back. **—a** *naut.* astern, abaft, aft. **— atmak /a/** 1. to lash out with both hind feet. 2. *slang* (for a supposedly inferior person) to give (someone) a slap in the face. **— attırmak /a/** *slang* to be better than, be superior to. **—tan bacaklı** *vulg.* short-legged (person). **—ına bakarak/baka baka** *colloq.* empty-handed, with nothing to show for one's efforts. **—ına batmak** *colloq.* to leave a comfortable place, give up an easy life. **— güverte** *naut.* quarterdeck. **—ını kaldırmamak** *colloq.* not to budge. **—tan kara** *naut.* moored by the stern. **— kasarası** *naut.* poop deck. **—ının kılı ağarmak** *vulg.* to get old. **—ının kıllarıyla balık yakalamak** *vulg.* to be a lucky son of a gun. **—ına kına yaksın.** *vulg.* So let the son of a bitch gloat (over our misfortune). **—ı kırık** *slang* trifling, piddling, trivial. **—ına tekmeyi atmak/vurmak /ın/** *vulg.* to boot (someone) out, give (someone) the boot. **— üstü oturmak** *colloq.* 1. to fall smack on one's rear end. 2. to sit twiddling one's thumbs (having decided to give up a struggle). **—ını yırtmak** *vulg.* 1. to strain every muscle, work as hard as one can. 2. to scream and shout, rant and rave.

kıçın kıçın *colloq.* backwards, rearward; astern.

kıdem 1. seniority, precedence because of length of service. 2. length of service.

kıdemli (someone) who has worked for an institution a long time, who has seniority.

kıdemlilik having seniority.

kıdemsiz (someone) who does not have seniority.

kıdemsizlik lack of seniority.

kığ *prov.* sheep/goat/camel turds.

kığı *prov., see* **kığ.**

kığılamak *prov., see* **kığlamak.**

kığlamak *prov.* (for a sheep/a goat/a camel) to crap.

kıh *child's language* dirty.

kıkırdak 1. *anat.* cartilage. 2. crackling; cracklings (used in cooking). **— poğaçası** a savory pastry prepared with cracklings.

kıkırdakdoku *anat.* cartilaginous tissue.

kıkırdaklı cartilaginous.

kıkırdamak 1. to giggle. 2. (for someone) to

freeze, be very cold. 3. *slang* to die, croak, kick the bucket.

kıkırdatmak /ı/ to make (someone) giggle.

kıkır kıkır *used in:* — **gülmek** to giggle.

kıkırtı giggle.

kıl 1. a (human) hair (especially one not of the scalp); an animal hair; bristle. 2. goat hair. 3. (made of) goat hair. 4. (made of) bristle. 5. *slang* (someone) one cannot stand, who makes one sick. 6. *slang* someone one cannot stand, someone who makes one sick. **—ını bile kıpırdatmamak/oynatmamak** *colloq.* not to turn a hair, not to bat an eyelash, to appear completely unmoved. — **çadır** haircloth tent. — **çekmek** *slang* to flatter, soft-soap. **—ına dokunmamak** /ın/ *colloq.* not to touch a hair of (someone's) head, not to injure or offend (someone) in any way. — **fırça** 1. brush (made of bristle). 2. brush made of one hair (used by a miniaturist). **—ına hata gelmemek** *colloq.* not to receive so much as a scratch, not to be injured at all. — **kadar** *colloq.* just the tiniest bit of, a very small amount of. — **(kadar) kalmak** /a/ *colloq.* to come within an inch (of): Kıl kaldı boğulacaktı. He very nearly drowned. **—ı kıpırdamamak** *colloq.* not to turn a hair, to appear completely unmoved. **—ı kırk yaran** *colloq.* overly meticulous. **—ı kırk yarmak** *colloq.* to split hairs. **—dan nem kapmak** *colloq.* to take offense at the slightest things. — **olmak** /a/ *slang* to be unable to stomach (someone). — **payı** *colloq.* 1. hairbreadth, infinitesimal. 2. by the skin of one's teeth, narrowly. — **payı kalmak** /a/ *colloq.* to come within an inch of. — **şaşmadan** *colloq.* painstakingly, without leaving an *i* undotted. — **testere** fretsaw, scroll saw.

kılağı burr, rough edge (on a metal blade).

kılağılamak /ı/ to burr, remove the burr from.

kılağılı (blade) from which the burr has been removed, sharp, keen.

kılağısız (blade) from which the burr has not been removed.

kılaptan gilded/silvered wire thread; silvered cotton thread.

kılaptancı maker or seller of gilded/silvered thread.

kılaptanlı worked/trimmed with gilded/silvered thread.

kılavuz 1. guide. 2. *naut.* pilot. 3. go-between, matchmaker. 4. tap (for cutting internal screw threads). **—u karga olanın burnu boktan kalkmaz/kurtulmaz/çıkmaz.** *proverb* If you fall under the influence of a bad person, you'll always be getting into trouble. — **ücreti** *naut.* pilotage, pilotage fee.

kılavuzluk 1. guidance, giving help; being a guide. 2. advice, guidance. 3. *naut.* piloting; being a pilot. — **etmek** /a/ to guide.

kılbaz *slang* toady, sycophant.

kılburun narrow point of land (extending into the sea).

kılcal 1. *biol., phys.* capillary (action). 2. very fine, very thin. — **damar** *anat.* (a) capillary.

kılcallık capillarity. — **olayı** capillary action.

kılcan *prov.* horsehair net (for catching birds).

kılçık 1. fishbone. 2. awn. 3. string (of a string bean). — **atmak** /a/ *slang* to throw a monkey wrench into (someone's) affairs. **—ını çıkarmak** /ın/ 1. to bone (a fish). 2. to string (beans).

kılçıklı 1. bony (fish). 2. awned, awny. 3. string (beans). 4. *colloq.* involved, complicated.

kılçıksız 1. boneless (fish). 2. awnless. 3. stringless (bean). — **buğday** spelt, speltz.

kıldırmak /ı, a/ to have (something) performed (by), have (someone) perform (something).

kılgı application, carrying out, putting into practice.

kılgılı applied.

kılgın practical, capable of being put into practice.

kılgısal applied.

kılıbık henpecked (husband).

kılıbıklaşmak to become henpecked.

kılıbıklık submission to one's wife, being henpecked.

kılıcına edgewise, on edge.

kılıç 1. sword; saber. 2. swordfish. 3. colter (of a plow). **—ını arşa asmak** to deserve to be praised for a great victory. — **artığı** *hist.* those of the conquered whose lives were spared. — **askısı** baldric. — **çekmek** to draw one's sword. — **darbesi** sword blow. **—tan geçirmek** /ı/ to put (people) to the sword. **—tan geçmek** to be put to the sword. — **hakkı olarak** by right of conquest. — **kabzası** sword hilt. — **kalkan oyunu** a Turkish folk dance performed with a shield and a sword. — **kını** scabbard. **—ı kınına koymak** to cease fighting. — **kuşanmak** to gird oneself with a sword. — **oynatmak** /da/ to rule over (a place). — **vurmak** to wield a sword.

kılıçbacak bandy-legged, bow-legged.

kılıçbalığı, -nı *zool.* swordfish.

kılıççı maker or seller of swords.

kılıçgagalı *zool.* avocet.

kılıçhane *formerly* smithy where swords are made.

kılıçkırlangıcı, -nı *zool.* swift.

kılıçkuyruk *zool.* swordtail (an aquarium fish).

kılıçlama 1. edgewise, (set) on edge. 2. slung over the shoulder and across the chest.

kılıçlı (someone) who is wearing a sword.

kılıçoyunu, -nu *sports* fencing.

kılıf 1. case, cover. 2. holster. 3. *anat., zool.* tunic. 4. *biol.* sheath.

kılıflamak /ı/ to put (something) in a case/a

cover.
kılıflı furnished with a case/a cover/a holster/a tunic/a sheath.
kılık 1. (outward) appearance (of someone). 2. form, shape. — **değiştirmek** to alter one's appearance completely. — **kıyafet** (outward) appearance (of someone). — **kıyafet düşkünü** *colloq.* (someone) whose appearance is shabby/unprepossessing. — **kıyafeti düzmek** *colloq.* to renew one's wardrobe, fit oneself out with new clothes. — **kıyafet, köpeklere ziyafet.** *colloq.* He looks like something the cat brought in.
kılıklı (someone) who looks like ...: **memur kılıklı bir herif** some guy that looks like a bureaucrat. — **kıyafetli** (someone) who has a prepossessing appearance.
kılıksız (someone) whose appearance is shabby/unprepossessing.
kılıksızlık shabby/unprepossessing appearance.
kılınmak to be done, be performed; to be made.
kılkuyruk 1. *colloq.* shabby and penniless. 2. *zool.* pintail.
kıllanmak 1. to become hairy. 2. (for a youth's) mustache/beard to begin to sprout.
kıllı hairy; bristly. — **bebek** *colloq.* grown man who behaves childishly, big baby.
kılmak 1. /ı/ to render, make: **mümkün kılmak.** 2. to perform: **namaz kılmak.**
kılsız hairless; bristleless.
kımıl *zool.* stinkbug, shield bug.
kımıldamak to move slightly, stir, budge.
kımıldanma slight movement, stirring.
kımıldanmak to move slightly, stir, budge.
kımıldatmak /ı/ to move (something) slightly.
kımıl kımıl (moving) continuously, unceasingly.
kımıltı 1. slight movement. 2. facial gesture.
kımız kumiss, koumiss.
kın 1. sheath, scabbard. 2. *bot.* ocrea, stipule. —**ından çıkarmak** /ı/ to unsheathe. —**ına koymak** /ı/ to sheathe.
kına 1. henna. 2. *bot.* henna, Egyptian privet, Jamaica mignonette. — **gibi** very fine (powder). — **yakmak/koymak/sürmek/vurmak** /a/ to henna. —**lar yakmak** *colloq.* to gloat, rejoice (over another's misfortune).
kınaçiçeği, -ni *bot.* touch-me-not, balsam.
kınagecesi, -ni party for a bride-to-be during which she and the other guests henna their fingers.
kınakına 1. *bot.* cinchona. 2. cinchona, cinchona bark, Peruvian bark. — **kabuğu** cinchona, cinchona bark, Peruvian bark.
kınalamak /ı/ to henna.
kınalanmak to be hennaed.
kınalı 1. hennaed. 2. henna-colored.
kınalıkeklik *zool.* rock partridge, Greek partridge.
kınalıyapıncak a reddish colored grape.
kınama condemnation, censure.

kınamak /ı/ to condemn, censure.
kınamsık faultfinding, censorious.
kınamsımak /ı/ to find fault with, criticize.
kınanmak to be condemned, be censured.
kındıraç 1. groover (tool). 2. tap, threader.
kınkanat *zool.* elytron, wing cover, wing case.
kınlamak /ı/ to sheathe (a sword).
kınnap string, twine, packthread.
Kıpçak 1. (a) Kipchak. 2. Kipchak, of or pertaining to the Kipchak people or their language.
Kıpçakça 1. Kipchak, the Kipchak language. 2. (speaking, writing) in Kipchak, Kipchak. 3. Kipchak (speech, writing); spoken in Kipchak; written in Kipchak.
kıpık *colloq.* partly closed (eyes). — **gözlü** (someone) whose eyes are partly closed.
kıpıklık ptosis.
kıpırdak lively, active (person).
kıpırdamak, kıpırdanmak to stir, move slightly.
kıpırdaşmak (for a group of people) to stir, move slightly.
kıpırdatmak /ı/ to stir, budge.
kıpır kıpır 1. (moving) constantly. 2. lively, active (person).
kıpırtı slight movement, stirring.
kıpıştırmak /ı/ to blink (one's eyes).
kıpkırmızı, kıpkızıl very red; carmine; crimson.
kıpma 1. blink; wink. 2. instant, split second.
kıpmak /ı/ to wink (an eye); to blink (one's eyes).
Kıpti 1. (a) Copt. 2. Coptic, of or pertaining to the Copts or their language. 3. *colloq.* (a) Gypsy. 4. *colloq.* Gypsy, of or pertaining to the Gypsies or their language.
Kıptice 1. Coptic, the Coptic language. 2. Coptic, in Coptic. 3. *colloq.* Romany, the Romany language. 4. *colloq.* Romany, in Romany.
kır 1. countryside, the country, rural area. 2. uncultivated and open country. — **çiçeği** wild flower. — **gerillası** guerrilla. — **gezisi** country outing; walk in the country. — **kahvesi** unpretentious country teahouse. — **koşusu** cross-country race.
kır gray, grey. — **düşmek** /a/ to get gray hairs in (one's hair/beard).
kıraat, -ti 1. reading. 2. reading the Koran aloud (in a prescribed way). — **etmek** /ı/ 1. to read. 2. to recite (the Koran) (in a prescribed way). — **kitabı** *formerly* elementary reader, primer.
kıraathane 1. café (usually serving only coffee, tea, or soft drinks). 2. *formerly* café having a collection of newspapers and magazines for its customers.
kıraç 1. waste, sterile, unproductive (land). 2. arid (land).
kıraçlık 1. being waste/sterile/unproductive. 2. aridity, aridness (of land). 3. wasteland; arid land.
kırağı frost, hoarfrost. — **çalmak** /ı/ for frost to damage (a plant). — **düşmek/yağmak** for it to

frost.
kırağılı frost-covered, frosty.
kıran murrain (affecting animals); pestilence. — **girmek** /a/ 1. for a murrain/a pestilence to decimate. 2. (for something formerly in abundant supply) to become unobtainable.
kıranta *colloq.* 1. graying, middle-aged man. 2. graying (hair/beard).
kırat, -tı 1. carat. 2. quality, value, character.
kıratlık of (a specified number of) carats.
kırba 1. waterskin. 2. any disease which swells a child's belly. — **olmak** for the belly (of a child) to swell up.
kırbaç whip. —ı **şaklatmak** to crack a whip. — **vurmak** /a/ to whip, flog. — **yemek** to be whipped, be flogged.
kırbaçkurdu, -nu *zool.* whipworm.
kırbaçlamak /ı/ to whip, flog.
kırbaçlanmak to be whipped, be flogged.
kırç heavy frost.
kırçıl sprinkled with gray, graying (hair/beard).
kırçıllanmak, kırçıllaşmak to become sprinkled with gray.
kırçoz *slang* 1. graying man. 2. graying (man).
kırçozlaşmak *slang* (for a man) to gray, go gray, become gray.
kırdırmak 1. /ı, a/ to cause (someone) to break (something). 2. /ı/ to have (grain) cracked. 3. /ı/ to have (printed sheets) folded. 4. /ı/ to have (a note) discounted. 5. /ı/ to get an advance on (one's salary).
kırdırtmak /ı, a/ 1. to have (someone) break (something). 2. to get (someone) to lower (a price).
kırgın 1. hurt, offended. 2. *prov.* murrain (affecting animals).
kırgınlık 1. offense, hurt. 2. ache; soreness; fatigue.
Kırgız 1. (a) Kirghiz, (a) Kyrgyz. 2. Kirghiz, Kyrgyz, of the Kirghiz people or their language.
Kırgızca 1. Kirghiz, the Kirghiz language. 2. (speaking, writing) in Kirghiz, Kirghiz. 3. Kirghiz (speech, writing); spoken in Kirghiz; written in Kirghiz.
Kırgızistan 1. Kyrgyzstan, Kirghizistan. 2. of Kyrgyzstan.
kırıcı offensive, hurtful (word/action).
kırıcılık hurtfulness.
kırık 1. broken. 2. hybrid; mongrel; of mixed race. 3. broken piece. 4. *med.* fracture, break. 5. *geol.* fault. 6. cracked grain. 7. failing grade. 8. *backgammon* piece put out of play. 9. offended, hurt. — **almak** to get a failing grade. — **dökük** 1. broken/worn-out (furniture). 2. broken/worn-out piece of furniture. 3. broken, disjointed, incoherent (language). — **ışın** *phys.* refracted ray. — **not/numara** failing grade. — **tahtası** *med.* splint. — **vermek** /a/ to give (a student) a failing grade.
kırık 1. *prov.* (a woman's) lover. 2. *slang* boy; young man. — **dölü** *slang* bastard.
kırıkçı bonesetter.
kırıkçılık bonesetting.
kırıkkırak breadstick.
kırıklık 1. brokenness. 2. ache; soreness; fatigue.
kırılgan 1. breakable. 2. easily offended, touchy.
kırılganlık 1. fragility. 2. touchiness.
kırılım refraction.
kırılma 1. breaking, break. 2. refraction. 3. hurt, offense. 4. coquettish way of walking; coquettish gestures.
kırılmak 1. to be broken. 2. /a/ to be hurt, be offended (by someone). 3. to be refracted. 4. to die, perish. **kırılıp bükülmek** to speak and act in an overly refined way. **kırılıp dökülmek** 1. to speak and act in an overly refined way. 2. to be falling to bits, be completely worn out. 3. to be aching all over; to feel terrible.
Kırım 1. the Crimea. 2. Crimean, of the Crimea.
kırım 1. slaughter, carnage, massacre. 2. death of domestic animals because of disease/disaster. 3. fold, pleat. 4. *colloq.* discount.
kırım kırım (walking/moving) flirtatiously, coquettishly. — **kırıtmak** to walk/move very coquettishly.
Kırımlı 1. (a) Crimean. 2. Crimean (person).
kırımtartar cream of tartar.
kırınım *phys.* diffraction.
kırıntı 1. fragment, piece. 2. crumb.
kırışık 1. wrinkled, wrinkly. 2. wrinkle.
kırışıklık wrinkledness.
kırışmak 1. to get wrinkled. 2. to kill/destroy each other. 3. /ı/ to divide (something) among/between themselves. 4. to bet with each other. 5. *colloq.* to flirt with each other.
kırıştırmak 1. /ı/ to wrinkle. 2. /la/ to flirt with.
kırıta kırıta *colloq.* flirtatiously, coquettishly.
kırıtış flirtatious behavior.
kırıtkan coquettish, flirtatious.
kırıtkanlık coquetry, flirtatiousness.
kırıtmak to behave coquettishly.
kıristal, -li *slang* cocaine, snow.
kırk, -kı 1. forty. 2. very many; far too many. — **anahtar sahibi/— anahtarlı** *colloq.* man of property; very rich person. — **bir buçuk maşallah!/— bir kere maşallah!** *colloq.* May no harm befall him/her/it! —ı **çıkmak** /ın/ for forty days to have passed (after a woman has given birth/after a baby has been born/after someone has died). —/**bin dereden su getirmek** *colloq.* to find all kinds of excuses. — **evin kedisi** *colloq.* person who is always in and out of other people's houses. — **ikindi** afternoon rains (which continue about forty days in certain regions of Anatolia). — **kapının ipini çekmek** *colloq.* to go to or apply

to many places. **—lan karışmak** to be born within the same forty-day period. **—ından sonra azanı teneşir paklar./—ından sonra azana çare bulunmaz.** *proverb* If a middle-aged man starts acting like a randy young buck, it won't be long until he kicks the bucket. **—ından sonra azmak** *colloq.* to start behaving like a randy young buck after one has reached middle age. **—ından sonra saz çalmak** *colloq.* to take up something rather late in life. **—/her tarakta bezi olmak** *colloq.* to have one's finger in many pies; to be involved in many different things. **— yılın başı/başında (kırk yılda bir)** *colloq.* very seldom, once in a blue moon. **— yıllık Kâni, olur mu Yani?** *proverb* Can a leopard change its spots?

kırkambar 1. place/container full of miscellaneous things. 2. *colloq.* person of encyclopedic knowledge. 3. seller of miscellaneous items. 4. *naut.* mixed cargo. 5. *slang* unburnt tobacco extracted from cigarette butts.

kırkar forty at a time; forty each.

kırkayak *zool.* 1. centipede. 2. millipede. 3. crab louse.

kırkbayır omasum, manyplies, psalterium.

kırkgeçit stream one continually has to cross because of its meanders.

kırkı shearing.

kırkıcı sheep/goat shearer.

kırkılmak to be sheared, be shorn.

kırkım 1. shearing. 2. shearing season.

kırkıncı fortieth.

kırkıntı clipping, clippings (of hair/cloth); shorn fleece.

kırkırlangıcı, -nı *zool.* barn swallow.

kırklamak 1. (for a newborn child, its mother, or someone in mourning) to reach the end of a forty-day period. 2. /ı/ to do (something) forty times. 3. /ı/ to rinse (something) many times.

Kırklar the Forty (hidden) Saints (of Islamic mysticism). **—a karışmak** to vanish.

kırklı 1. person who was born within forty days of another. 2. (something) that is made up of forty parts/sections. 3. (woman) who is still within the forty-day period that follows the delivery of her baby. 4. (baby) not yet forty-days old.

kırklık 1. (something) which is forty units in length, weight, volume, etc.; (something) which will hold forty units/measures. 2. (a) forty-year-old, (a) quadragenarian. 3. forty-year-old, quadragenarian. 4. clothes for a newborn child, layette.

kırkma 1. shearing, clipping. 2. bangs (of hair).

kırkmak /ı/ 1. to trim. 2. to clip, shear (an animal).

kırkmerak very inquisitive, overly curious.

kırkmerdiven 1. very steep slope. 2. sword with regular notches in its blade.

kırlağan 1. pestilence, plague, epidemic of a fatal disease. 2. bubonic plague.

kırlangıç 1. swallow. 2. martin, house martin. 3. *prov.* quack eye doctor. 4. *hist.* a light galley.

kırlangıçbalığı, -nı red gurnard.

kırlangıçdönümü, -nü early October (when the swallows fly south).

kırlangıçfırtınası, -nı storm occurring around the beginning of April (when the swallows return).

kırlangıçkuyruğu, -nu dovetail, mortise or tenon the shape of which somewhat resembles a dove's tail. **— geçme** dovetail joint.

kırlaşmak to turn gray, go gray, gray.

kırlık open country.

kırma 1. breaking, break. 2. pleat. 3. groats. 4. folding, collapsible. 5. folding (of printed sheets). 6. (animal) of mixed breed. 7. breechloading. **— makinesi** 1. rock crusher, stonebreaker. 2. folder, folding machine. **— tabanca/tüfek** breechloader. **— yaka** ruff (collar).

kırmacı 1. *bookbinding* folder (person). 2. *prov.* miller of groats; seller of groats.

kırmak /ı/ 1. to break. 2. to chop or split (wood). 3. to crush; to grind coarsely. 4. to fold (printed sheets). 5. to break, destroy (one's resistance/strength/pride/desire). 6. (for war/disease) to kill, cut down. 7. to reduce (a price). 8. to offend, hurt. 9. *backgammon* to win (an opponent's piece). 10. to turn (a rudder/a steering wheel) sharply to one side. 11. to mitigate, abate, break (the severity of a cold spell, the unpleasant effects of something). 12. *slang* to run away, clear out, make tracks. **Kır boynunu!** *colloq.* Scram!/Beat it! **kırıp dökmek** /ı/ to destroy, break. **kırıp geçirmek** /ı/ 1. to wipe out, destroy utterly. 2. to offend (someone) greatly. 3. to make (people) split their sides laughing. **kıran kırana** (fighting) savagely, with no holds barred; with might and main. **kırdığı koz kırkı/bini aşmak** *colloq.* to make one gaffe after another.

kırmalamak /ı/ to pleat.

kırmalı pleated.

kırmataş gravel, ballast (used in making roadbeds).

kırmız kermes, cochineal (red dye). **— madeni** kermes mineral, kermes.

kırmızböceği, -ni *zool.* a scale insect.

kırmızı red; carmine; crimson. **— algler** *bot.* red algae. **— dipli mumla davet etmedim ya!** *colloq.* I didn't beg him to come! **— dut** red mulberry. **— fener** *slang* brothel, whorehouse, cathouse. **— gömlek** *colloq.* something that can't be kept secret. **— oy** negative vote. **— patlıcan** *prov.* tomato.

kırmızıbalık *zool.* goldfish.

kırmızıbiber cayenne pepper, red pepper.
kırmızılanmak, kırmızılaşmak to redden, turn red.
kırmızılı (something) red in places.
kırmızılık redness, ruddiness; flush.
kırmızımsı reddish, somewhat red.
kırmızımtırak *see* **kırmızımsı.**
kırmızıturp, -pu radish.
kırmızmeşesi, -ni kermes oak.
kıro *slang* 1. bumpkin, lout. 2. loutish.
kırpık clipped, shorn.
kırpılmak to be clipped, be sheared.
kırpıntı 1. clipped off bit, clipping. 2. (leftover) bit, scrap.
kırpıştırmak /ı/ to blink (one's eyes).
kırpmak /ı/ 1. to clip, shear; to trim. 2. to wink (an eye).
kırptırmak /ı, a/ to have (someone) clip (something).
kırro *slang, see* **kıro.**
kırsal country, rural, rustic; pastoral.
kırsansarı, -nı *zool.* polecat.
kırsıçanı, -nı *zool.* European vole, field mouse, meadow mouse.
kırtasiye stationery, writing materials.
kırtasiyeci 1. stationer, seller of writing materials. 2. petty-minded bureaucrat, pettifogger (who insists on unnecessary paperwork).
kırtasiyecilik 1. being a stationer; the stationery business. 2. red tape, bureaucracy.
kırtıpil *slang* 1. unkempt and shabby. 2. shoddy. 3. worthless, no-count (person).
kısa short. **— dalga** *radio* shortwave. **— devre** short circuit. **— geçmek** /ı/ to explain (something) without going into detail. **— görüşlü** narrow-minded. **— günün kârı.** *colloq.* At least it's better than nothing. **— günün kârı/kazancı az olur.** *proverb* If you only spend a little time working on something, you can't expect to benefit very much from it. **— hece** short syllable. **— kesmek** /ı/ to cut short (one's talk). **— ömürlü** short-lived, ephemeral. **— sürmek** to take a short time, not to last long. **— tutmak** /ı/ not to make (something) long/wide enough. **— ünlü** *phonetics* short vowel. **— vadede** in the short run. **— vadeli** short-term. **— yoldan** briefly and to the point, without beating about the bush.
kısaca 1. rather short. 2. in short, briefly. **—sı** in a word, the long and short of it is that ...; in brief.
kısacık very short.
kısalık 1. shortness. 2. brevity, short span of time.
kısalmak 1. to become shorter. 2. to shrink.
kısaltım *fine arts* foreshortening.
kısaltma 1. (act of) shortening. 2. abridging, abridgment. 3. abbreviation.
kısaltmak /ı/ 1. to shorten. 2. to abridge, condense.
kısaltmalı shortened, abbreviated. **— sözcük** acronym.
kısas retaliation, reprisal. **—a kısas** an eye for an eye.
kısıcı volume control (on an amplifier).
kısık 1. hoarse (voice). 2. (radio, lamp, etc.) that has been turned down. 3. narrowed, slitted (eyes). 4. *geog.* mountain pass, gap, col.
kısıklık hoarseness.
kısılma 1. becoming hoarse. 2. reduction, lessening. 3. contraction.
kısılmak 1. to be reduced, be lessened. 2. to get hoarse. 3. (for a radio, lamp, etc.) to be turned down. 4. to be caught (in a trap). 5. (for a muscle) to contract. 6. (for eyes) to narrow.
kısım, -smı 1. part, portion, section, division. 2. kind: **kadın kısmı** womankind. **— kısım** in parts, in sections.
kısınmak /a/ to refrain, abstain (from).
kısıntı reduction, cutback.
kısır 1. barren, sterile (person/animal). 2. unproductive.
kısır a cold dish made with cracked wheat, salad vegetables, and olive oil.
kısırdöngü vicious circle.
kısırlaşmak to become barren/unproductive, become sterile.
kısırlaştırma *med.* sterilization, sterilizing.
kısırlaştırmak /ı/ *med.* to sterilize.
kısırlık 1. barrenness, sterility. 2. unproductiveness.
kısıt, -tı *law* putting (an incompetent person) under the care of a guardian; appointing a caretaker for the goods of (an incompetent/imprisoned person).
kısıtlama 1. putting (an incompetent person) under the care of a guardian. 2. restriction.
kısıtlamak /ı/ 1. to put (an incompetent person) under the care of a guardian. 2. to restrict.
kıskaç 1. tongs; forceps; pincers; pliers. 2. clamp. 3. *zool.* claw, pincer, chela. 4. stepladder. **— gözlük** pince-nez. **(bir) — içinde olmak** *colloq.* to be in a very difficult situation. **—ında olmak** /ın/ *colloq.* to be under the yoke of.
kıskanç jealous.
kıskançlık jealousy.
kıskandırmak /ı/ to arouse (someone's) jealousy.
kıskanılmak to be envied.
kıskanmak 1. /ı/ to be jealous of (someone); to be jealous of, envy (something possessed by someone). 2. /ı, dan/ to resent (someone's) showing affection to or interest in (someone else): **Çocuk babasını kardeşinden kıskanıyor.** The boy is resentful of his father's showing affection for his brother. 3. /ı/ to love (someone) jealously; to be jealously protective of.
kıskı wedge, chock.

kıs kıs *used in:* — **gülmek** to laugh silently; to laugh up one's sleeve.
kıskıvrak very tightly, very securely. — **bağlamak** /ı/ to bind tightly. — **yakalamak** /ı/ to collar or catch (someone/something) so that escape is impossible.
kısmak /ı/ 1. to reduce, lessen; to shorten. 2. to cut (expenses). 3. to lower (one's voice, the volume of sound); to turn down (a lamp/a light). 4. (for a dog) to tuck (its tail) (between its legs). 5. (for an animal) to lower (its ears). 6. to narrow (the eyes).
kısmen partly.
kısmet, -ti 1. destiny, fortune, kismet. 2. chance of marriage (for a woman). **K—.** Perhaps./If fortune wills it. **—i açık** 1. favored by fortune, lucky. 2. (girl) who has many suitors. **—i açılmak** 1. to have a lucky break and begin to make money. 2. (for a girl) to receive a marriage proposal. **—i ayağına (kadar) gelmek** for fortune to come knocking at one's door; to have an unexpected stroke of luck. **—ini ayağıyla tepmek** to ignore a chance that comes one's way. **—ini bağlamak** /ın/ to use sorcery to prevent (a girl's) marrying. **—i bağlanmak** (for a girl) not to receive proposals of marriage. **—i çıkmak** (for a girl) to receive a marriage proposal. **— kapısı** the source of one's livelihood. **—i kıt** short on luck/success. **—ine mâni olmak** /ın/ to prevent (someone) from marrying or making money. **—inde ne varsa kaşığında o çıkar.** *proverb* No matter how hard a person tries he will get only what he is destined to have. **— olmak** 1. to be possible, be in the cards. 2. /a/ to be allotted (someone) by fate.
kısmetli fortunate, lucky.
kısmetsiz 1. unfortunate, unlucky. 2. (girl) who's received no proposal of marriage, who has no suitors.
kısmık *prov.* stingy, close-fisted, tight.
kısmi partial. **— körlük** partial blindness. **— seçim** by-election.
kısrak mare.
kıssa story, tale; anecdote. **—dan hisse** 1. the moral of a story. 2. the lesson learned from an experience. **—dan hisse almak** 1. to draw a moral from a story. 2. to learn a lesson from an experience.
kıstak *geog.* isthmus.
kıstas criterion.
kıstelyevm *obs.* money deducted from wages because of absence from work.
kıstırılmak /a or da/ to be trapped, be cornered (somewhere).
kıstırmak /ı, a/ 1. to have (someone) turn down or diminish the flow/volume of (something). 2. to get (a part of one's body) caught/entangled in (a place): **Elini makineye kıstırdı.** He got his hand caught in the machine.
kış 1. winter. 2. winter weather. **— bahçesi** greenhouse, conservatory. **— basmak** for winter to set in. **—ı çıkarmak** 1. /da/ to spend the winter in (a place). 2. to last until the end of the winter. **— ekimi** winter sowing. **—ı etmek** 1. /da/ to stay (somewhere) until winter begins. 2. to last until the beginning of winter. **—ı geçirmek** to spend the winter, winter. **— gün durumu** *astr.* winter solstice. **— kıyamet** severe winter weather. **— uykusu** hibernation (of animals). **— uykusuna yatmak** (for an animal) to hibernate.
kış Shoo!/Scat! (*said to barnyard fowl*). **— kış etmek** /ı/ to shoo away (barnyard fowl).
kışçı *slang* person who deliberately gets himself imprisoned so that he will have shelter through the winter.
kışın in the winter, during the winter.
kışkırtı incitement, instigation, provocation.
kışkırtıcı 1. provocative. 2. fomenter, instigator; agent provocateur.
kışkırtıcılık provocation, instigation, fomentation.
kışkırtılmak to be instigated, be fomented.
kışkırtma instigation, provocation.
kışkırtmak 1. /ı, a/ to incite (someone) to (do something bad). 2. /ı/ to shoo away (barnyard fowl).
kışla *mil.* barracks.
kışlak sheltered place (where nomads and their flocks go to winter).
kışlamak 1. for winter to set in. 2. /da/ to winter (somewhere).
kışlatmak 1. /ı, da/ to settle (a group of nomads) in (a sheltered place) for the winter. 2. /ı, da/ to put (a flock) in (a sheltered place) for the winter. 3. /ı, a/ *slang* to set (one person) on (another).
kışlık 1. suitable for use in the winter. 2. winter residence, winter house.
kıt, -tı 1. insufficient, inadequate; scant. 2. in short supply, scarce. **— kanaat geçinmek** just barely to make ends meet, be very poor. **—ı kıtına hesaplamak** /ı/ to plan (something) down to the very last detail. **—ı kıtına idare etmek** to get by on a shoestring, scrape by. **—ı kıtına yetişmek** to be just barely enough to go around.
kıta 1. continent. 2. *mil.* detachment. 3. *poet.* quatrain. 4. *formerly* a portion (of a city bus's route). 5. *formerly* piece, item. 6. size (relative largeness). **— kıta** in sections; in separate pieces. **— sahanlığı** continental shelf.
kıtık 1. stuffing (made of flax/hemp fibers). 2. flax/hemp fibers (added to plaster as a binder).
kıtıpiyos *slang* good-for-nothing, no-count.
kıtır *slang* lie. 2. crackling, crackly sound. 3.

popcorn. **— atmak** *slang* to tell lies.
kıtırbom *slang* lie.
kıtırcı *slang* liar.
kıtırdamak to crackle, produce a crackly sound.
kıtırdatmak /ı/ to crackle, make (something) crackle.
kıtır kıtır 1. with a crackling sound. 2. crisp, crackly.
kıtırtı crackle, crackling sound.
kıtlama (drinking tea) with a lump of sugar in one's mouth.
kıtlaşmak to become scarce, become hard to find.
kıtlık 1. famine, general scarcity of food. 2. scarcity, shortage. **—tan çıkmış gibi yemek** *colloq.* to devour one's food ravenously, eat as if it were one's last meal. **—ına kıran girmek** /ın/ *colloq.* to become as scarce as hen's teeth.
kıvam 1. consistency, thickness, degree of density. 2. the right moment or stage (in development). 3. the peak of development. **—ında** 1. of the proper consistency. 2. at the most suitable time. 3. (person) in top shape, at one's fittest (physically and mentally); in one's prime. 4. at its best, at its peak. **—ını bulmak/—a gelmek** 1. to reach the right consistency. 2. to reach the right moment/stage; to be at its peak.
kıvamlanmak 1. to reach the right consistency. 2. to reach the right moment/stage; to be at its peak.
kıvamlı 1. of the right consistency. 2. (someone/something) who/which has reached his/her/its prime.
kıvamsız 1. not yet of the right consistency. 2. (someone/something) who/which has not yet reached his/her/its prime.
kıvanç 1. gladness, pleasure. 2. pride (that is merited). **— duymak** 1. to be pleased, be glad. 2. /dan/ to take pride in. **— vermek** /a/ to please, gladden.
kıvançlı 1. glad, pleased. 2. justly proud.
kıvandırmak /ı/ 1. to gladden. 2. to make (someone) feel justly proud.
kıvanmak 1. /a/ to be glad about, be pleased about. 2. /la/ to take pride in, be justly proud of.
kıvılcım 1. spark. 2. solar flare. **— kafesi/siperi** fire screen, fireguard.
kıvılcımlanmak to start to give off sparks.
kıvıldevinbilim electrodynamics.
kıvıl kıvıl 1. really, vigorously (swarming/burning). 2. constantly (moving).
kıvırcık 1. curly; frizzy; kinky. 2. a sheep having very curly hair. **— salata** a lettuce with crinkly leaves.
kıvır kıvır in curls. **— oynamak** to bump and grind (while dancing). **— yapmak** /ı/ to curl, frizz. **— yürümek** to wriggle one's hips as one walks.
kıvırma 1. curling; twisting. 2. crimping. 3. folding. **— makinesi** crimping machine.
kıvırmak /ı/ 1. to curl; to twist. 2. to crimp. 3. to turn up (cuffs). 4. to fold back. 5. *colloq.* to pull off, manage to do, manage. 6. *colloq.* to make up (lies). 7. *colloq.* to undulate or wriggle sensuously (a part of the body).
kıvırtmak 1. /ı, a/ to have (someone) curl or twist (something). 2. *colloq.* to try to wriggle out of doing something.
kıvır zıvır *colloq.* 1. trifling, piddling. 2. oddly assorted, picked up at random. 3. odds and ends.
kıvracık *colloq.* tidy and easily looked-after (place).
kıvrak 1. energetic and on the ball. 2. clear and fluent (speech/writing). 3. neat, spruce (clothing/appearance).
kıvraklık 1. energy and alertness. 2. clearness and fluency (of speech/writing). 3. neatness, spruceness (in clothing/appearance).
kıvramak to get kinked and tangled, kink and tangle.
kıvranmak 1. to writhe (in pain); to move about agitatedly. 2. to suffer greatly. 3. /diye/ to crave, feel a burning desire for.
kıvratmak /ı/ to curl or twist tightly.
kıvrık 1. curling; curled. 2. (hair) that has been given a permanent wave. 3. (trouser leg) that has a cuff, cuffed. **— bağırsak** *anat.*, see **kıvrımbağırsak**. **— paçalı pantolon** trousers with cuffs.
kıvrılı (cuffs) that have been turned back.
kıvrılma 1. being curled or twisted. 2. *geol.* folding.
kıvrılmak 1. to curl; to twist. 2. to be turned back, be folded back. 3. (for an animal/a person) to curl up.
kıvrım 1. curl; twist; (a) convolution; (an) undulation; fold. 2. bend (of a road). 3. *geol.* fold. 4. *anat.* plica, fold. 5. ringlet (of hair). **— kıvrım** 1. winding, full of twists and turns (road). 2. very curly, full of ringlets (hair). 3. very convoluted. 4. very undulating. **— kıvrım kıvranmak** to writhe violently (in agony).
kıvrımbağırsak *anat.* ileum.
kıvrımlanmak to become curled, convoluted, or folded.
kıvrımlı curled; twisted; folded. **— dağlar** folded mountains, fold mountains.
kıvrıntı 1. (a) fold. 2. turn, twist (of a road).
kıya murder, homicide.
kıyabilim criminology.
kıyabilimci criminologist.
kıyacı murderer.
kıyafet, -ti outfit, clothes, dress, attire, costume. **— balosu** costume ball, fancy dress ball. **—ini**

kıyafetli

değiştirmek to change one's clothes. **— düşkünü** *colloq.* 1. (someone) dressed in shabby/unprepossessing clothes. 2. person dressed in shabby/unprepossessing clothes.
kıyafetli dressed like, dressed up as ...: **şeytan kıyafetli bir adam** a man got up as the devil.
kıyafetsiz 1. (someone) dressed in shabby/unprepossessing clothes. 2. person dressed in shabby/unprepossessing clothes.
kıyafetsizlik shabbiness of dress, shabby appearance; unprepossessing attire.
kıyak *colloq.* nice, great, swell, super; sharp-looking. **— kaçmak** *slang* (for something) to be super, be great, be just the thing.
kıyakçı *slang* 1. reckless gambler, one who stakes all his winnings on one throw. 2. smoker of marijuana/hashish; pot-smoker.
kıyaklaşmak *colloq.* 1. to begin to look good/great/sharp. 2. to turn into a swell person.
kıyaklık *colloq.* 1. being swell/super. 2. very pleasing action, nice gesture.
kıyam 1. standing up. 2. attempt, endeavor. 3. revolt, rebellion. 4. the part of the namaz performed while standing up.
kıyamamak /a/ 1. to be unable to spare, part with, or abandon. 2. to be unable to kill. 3. to be unable to act heartlessly towards; not to have the heart to harm (someone).
kıyamet, -ti 1. doomsday, the end of the world (when the dead will be resurrected). 2. tumult, uproar, disturbance. **— alameti** sign portending the approach of doomsday. **— gibi/kadar** lots of, umpteen, ... galore. **— günü** doomsday. **—e kadar** till hell freezes over. **—i/—leri koparmak** to raise hell about it, make a hell of a fuss, blow one's stack. **— kopmak** 1. for all hell to break loose. 2. for the end of the world to come.
kıyas 1. comparison, comparing. 2. analogy. 3. syllogism; deductive reasoning. **—la** /a/ 1. in comparison to/with. 2. by analogy with. **— etmek** /ı/ to compare. **— kabul etmez** incomparable, not comparable.
kıyasen /a/ by comparison to.
kıyasıya 1. mercilessly, cruelly. 2. savage, murderous (action).
kıyasi *obs.* 1. *gram.* regular. 2. analogical. 3. syllogistic.
kıyaslama 1. comparison, comparing. 2. analogy, making an analogy.
kıyaslamak /ı/ to compare.
kıydırmak /ı, a/ 1. to have (someone) cut up (something). 2. to have (someone) kill or harm (someone). 3. to have (someone) perform (a marriage).
kıygı 1. injustice. 2. oppression, tyranny.
kıygın 1. wronged, unjustly treated. 2. *law* the injured party.
kıygınlık being wronged, being unjustly treated.
kıyı 1. shore; coast; bank. 2. edge, side. 3. outskirts. **— balıkçılığı** inshore fishing. **—da bucakta/köşede** in out-of-the-way places; in forgotten nooks and crannies. **—ya çıkmak** to land, go ashore. **— çukuru** roadside ditch. **— düzlüğü** coastal plain. **— gemiciliği** intracoastal navigation. **—dan gitmek** 1. to go via the shore. 2. (for a boat) to travel inshore, hug the shore. **— gölü** lagoon. **—ya inmek** to land, go ashore. **—yı izlemek** 1. to go via the coast. 2. (for a boat) to travel inshore, hug the shore. **— kumulu** coastal sand dune. **— oku** spit (of land). **— sıra** hugging the shore, following the coastline, inshore. **— suları** coastal waters.
kıyıcı 1. inshore fisherman. 2. *hist.* man charged with collecting wreckage washed ashore.
kıyıcı 1. cutter, person who cuts something up in fine bits. 2. pitiless, cruel, merciless.
kıyıcılık cruelty. **— etmek** /a/ to treat (someone) cruelly.
kıyık chopped up, minced.
kıyılamak to coast, sail along the coast.
kıyılmak 1. to be cut up finely, be minced. 2. /a/ *impersonal passive* to part with, spare; to abandon, give up. 3. /a/ *impersonal passive* to murder. 4. /a/ *impersonal passive* to wrong, harm. 5. to ache, feel sore.
kıyım 1. cutting up finely, chopping up, mincing. 2. wronging, mistreatment. 3. cut, way of cutting. 4. massacre.
kıyımlı cut or chopped up (in a particular way).
kıyın 1. oppression, tyranny. 2. *law* sentence, punishment.
kıyınmak 1. to feel very hungry: **Midem kıyınıyor.** I feel very hungry. 2. (for one's body) to ache or feel sore all over.
kıyıntı 1. hunger pang. 2. soreness all over one's body. 3. scrap, tiny bit.
kıyışmak 1. to come to an agreement. 2. /la/ to compete against.
kıyma 1. ground meat, *Brit.* mince; ground beef, hamburger. 2. cutting up finely. **— makinesi** meat grinder, meat chopper.
kıymak 1. /ı/ to cut up finely, mince. 2. /a/ to part with, let go of, spare; to abandon, give up. 3. /a/ to kill, murder. 4. /a/ to act pitilessly towards; to bring oneself to harm (someone). 5. /ı/ to perform (a marriage).
kıymalı prepared or filled with ground meat.
kıymalık (meat) suitable for grinding.
kıymet, -ti value, worth. **— artışı** increase in value, appreciation. **— biçmek** /a/ to value (something) at (a certain amount of money). **—ini bilmek** /ın/ to value, appreciate, realize the worth of. **—ten düşmek** to depreciate, fall in value. **— koymak/takdir etmek** /a/ to value,

appraise, or assess (something) at (a certain amount of money). — **üzerinden** ad valorem, according to value. — **vermek** /a/ to value, attach importance to.
kıymetlendirme increasing the value/worth of.
kıymetlendirmek /ı/ to increase the value/worth of, up the value of.
kıymetlenmek to increase in value, become more valuable.
kıymetli valuable, precious. — **evrak** legal instrument, legal document; negotiable securities. — **kâğıt** form issued by the state for use as a legal instrument.
kıymetsiz worthless, valueless.
kıymetsizlik worthlessness.
kıymettar valuable, precious.
kıymık splinter, sliver.
kıymıklanmak to splinter.
kız 1. girl. 2. daughter. 3. virgin, maiden. 4. *playing cards* queen. **—lar ağası** chief black eunuch (in the sultan's harem). — **alıp vermek** (for two families) to intermarry. — **almak** /dan/ to acquire a daughter-in-law (from) (a certain family). — **çıkmak** to turn out to be a virgin. **—ını/evladını dövmeyen dizini döver.** *proverb* Spare the rod and spoil the child. — **evlat** daughter. — **gibi** *colloq.* 1. girlish. 2. brand-new (thing). 3. shy (man). **—ı gönlüne bırakırsan ya davulcuya varır/kaçar, ya zurnacıya.** *proverb* If you let a young girl decide for herself whom she'll marry, she'll pick someone unsuitable. — **istemek** to ask a family to give (someone) their daughter as a bride. — **kaçırmak** 1. to kidnap a girl. 2. to elope with a girl. — **kardeş** sister. **—ı kısrağı** /ın/ (someone's) wife, daughter, and all his female relations. — **kilimi** kilim woven by a nomad girl for her dowry. — **lisesi** girls' high school. — **oğlan/— oğlan kız** virgin, maiden. **—ım sana söylüyorum, gelinim sen anla/dinle/işit.** *colloq.* Since he couldn't say this directly to her, he said it to someone else in the hope that she would listen in and get the message. — **tarafı** the bride's family. — **vermek** /a/ to give a girl in marriage (to).
kızak 1. sled; sledge; sleigh; toboggan; bobsled. 2. runner (of a sled/a sleigh/a sledge). 3. skid. 4. *naut.* stocks, ways; ground ways; sliding ways. 5. *mech.* way. **—a çekmek** /ı/ 1. to put (a ship) on the stocks. 2. *colloq.* to put (someone) into a position with less authority, put (someone) on the shelf; to kick (someone) upstairs. 3. to mothball, shelve, put (something) in cold storage. **—tan indirmek** /ı/ to launch (a ship). — **yapmak** (for a vehicle) to skid.
kızaklamak (for a vehicle) to skid.
kızaklık joisting, floor framing.

kızamık *path.* measles, rubeola. — **çıkarmak** (for someone) to break out in measles. — **olmak** to have measles.
kızamıkçık *path.* German measles, rubella.
kızamıklı suffering from measles.
kızan 1. boy; lad, young man. 2. swashbuckling village youth, hell-raiser.
kızan *prov.* heat; rut. **—a gelmek/— olmak** to be in heat; to be in rut.
kızarmak 1. to turn red, redden. 2. to blush; to flush, become flushed. 3. to fry, be fried. 4. to toast, be toasted. 5. to roast, be roasted. 6. (for coals) to glow. **kızarıp bozarmak** (for someone's face) to go all shades of red (from anger/embarrassment). **kızarmış ekmek** toast.
kızartı 1. red place, red spot (on the skin). 2. erythema.
kızartma 1. frying. 2. toasting. 3. roasting. 4. (a) fried food. 5. fried.
kızartmak /ı/ 1. to fry. 2. to toast. 3. to roast.
kızböceği, -ni *zool.* dragonfly.
kızdırılmak 1. to be angered. 2. to be made red-hot.
kızdırma 1. angering, making (someone) angry. 2. making (something) red-hot. 3. *prov.* fever.
kızdırmak /ı/ 1. to anger (someone), make (someone) angry. 2. to make (something) red-hot.
kızgın 1. red-hot, red or glowing with heat. 2. angry. 3. estral, in heat; in rut. — **bulut** cloud of volcanic smoke and ashes. — **dam** *prov.* Turkish bath. — **kızgın** angrily.
kızgınlaşmak 1. to get angry. 2. to become red-hot.
kızgınlık 1. anger. 2. rut; heat. 3. being red-hot. — **devresi** period of heat or rut, estrus.
kızıl 1. red. 2. *path.* scarlet fever, scarlatina. 3. *colloq.* (a) communist, (a) red. 4. *colloq.* completely, utterly, as ... as they come. 5. *prov.* golden, gold. — **cahil** *colloq.* as ignorant as they come. **—a çalmak** to verge on red. — **deli** *colloq.* raving lunatic. — **doru** sorrel, bay (horse). — **iblis** *colloq.* veritable fiend, hellhound. — **karaman** a fat-tailed sheep. — **kıyameti koparmak** *colloq.* to raise a hell of a row. — **saçlı** redheaded.
kızılağaç *bot.* alder.
kızılaltı, -nı infrared.
Kızılay the Red Crescent.
kızılca reddish. — **kıyamet** *colloq.* frightful row. — **kıyameti koparmak** *colloq.* to raise a hell of a row.
kızılcık 1. cornelian cherry (fruit). 2. *bot.* cornelian cherry. 3. *bot.* red dogwood. — **sopası** 1. stick made of cornelian cherry. 2. *colloq.* hiding, caning, birching. — **sopası yemek** *colloq.* to get a caning/a birching.
Kızıldeniz the Red Sea.

Kızılderili (an) (American) Indian, *Brit.* (a) Red Indian.
kızılgerdan *zool.* European robin, robin redbreast.
kızılgeyik *zool.* red deer.
Kızılhaç the Red Cross.
kızılırmak *slang* slaughterhouse.
kızılısı the hottest days of the year (which come in early August).
kızılkanat *zool.* rudd, redeye.
kızılkök, -kü *bot.* madder.
kızılkuyruk *zool.* redstart, brantail.
kızıllaşmak 1. to turn red. 2. to turn into a communist; to go communist.
kızıllık 1. redness. 2. redness (in the sky before the sun rises or after it sets); alpenglow.
kızıllıkotu, -nu *bot.* comfrey.
kızılmak /a/ *impersonal passive* to get angry (at).
Kızılordu the Red Army.
kızılötesi, -ni infrared.
kızılsöğüt *bot.* red willow.
kızılşap, -pı 1. lilac, the color lilac. 2. lilac, lilac-colored.
kızıltı reddish gleam/glow.
kızılyonca *bot.* red clover.
kızışık fierce, vehement, heated.
kızışmak 1. (for talk/a fight) to become fierce/heated. 2. to begin to fight/struggle fiercely. 3. (for an activity) to become lively/violent. 4. (for the sun) to become fiercely hot; to beat down fiercely. 5. (for rotting vegetation) to begin to give off heat. 6. to go into rut.
kızıştırmak /ı/ 1. to increase the fury/violence of; to liven up, enliven. 2. to get (people) worked up, incite, egg on. 3. to make (something) red-hot.
kızkalbi, -ni *bot.* bleeding heart.
kızkuşu, -nu *zool.* lapwing, pewit.
kızlık girlhood, maidenhood, virginity. — **adı** maiden name. — **zarı** hymen, maidenhead.
kızmak 1. to get angry. 2. (for something being heated) to get hot. 3. to go into heat/rut. 4. (for a hen) to get broody.
kızmemesi, -ni *colloq.* 1. grapefruit. 2. a kind of peach.
ki 1. who; which; that: **bir çocuk ki çok yaramaz** a child who's very naughty. **Anlaşıldı ki bu işi o yapmış.** It's become clear that he's the one who did this. **Sanmam ki gelsin.** I don't think he'll come. **Bir şey yapmadım ki pişmanlık duyayım.** I haven't done anything that I should feel sorry about. 2. so ... that; such ... that: **Öyle ucuz ki herkes alabilir.** It's so cheap that everyone can afford it. 3. —what do you know!—, —would you believe it?—; —son of a gun!—: **Eve geldim ki kapı duvar.** I came home, but—would you believe it?—nobody answered the door. **Elimi cebime attım ki mangiz nanay.** I felt in my pocket for it, but—son of a gun!—the dough wasn't there. 4. seeing that, considering that: **Adam üşümüş ki paltosunu giymiş.** The man must have been cold, seeing that he put on his coat. 5. as, though: **Cevap vermeseydi bile** —**ki verdi**— **iş olacağına varırdı.** Even if he hadn't made a reply—though he did—the thing wouldn't have turned out any differently. 6. when: **Henüz uykuya dalmıştım ki, bir patlama oldu.** I'd just dropped off to sleep when something exploded. 7. ..., I wonder?: **Bilmem ki ne yapsam?** What should I do, I wonder? 8. *indicates frustration, disapproval, doubt, or anxiety:* **O bana inanmaz ki!** She will not believe me, so why should I talk with her? **Ama bana verirler mi ki?** But will they actually give it to me, I wonder? 9. *used for emphasis:* **Öyle güzel ki!** It's more beautiful than I can say! **Öyle bir para döktü ki!** He spent money like it was going out of style! **Araba ki ne araba!** It's a car and a half!/It's some car!
kibar 1. well-bred, refined. 2. tasteful, correct (thing).
kibarca in a refined manner, politely.
kibarlaşmak to become refined (in one's manners).
kibarlık 1. breeding, refinement. 2. polite word/action. (**üstünden/paçalarından**) — **akmak** *colloq.* to be overly refined, be pretentiously polite. — **budalası** *colloq.* overly/pretentiously polite person; unrefined person who tries to act refined. — **düşkünü** overly polite, stuffily polite. — **etmek** to do a polite thing, behave politely. — **taslamak** to pretend to be refined.
kibir, -bri 1. haughtiness, arrogance. 2. pride. —**ine dokunmak** /ın/ to wound (someone's) pride. —**ine yediremek** /ı/ for one's pride not to let one (do something).
kibirlenmek to become haughty/arrogant.
kibirli 1. haughty, arrogant. 2. proud.
kibirlilik 1. haughtiness, arrogance. 2. pride.
kibirsiz modest, unassuming.
kibrit, -ti 1. (friction/safety) match. 2. *formerly* sulfur. — **çakmak** to strike a match. — **çöpü** matchstick. — **kutusu** matchbox.
kibritçi 1. match seller. 2. *colloq.* stingy, miserly.
kibutz kibbutz.
kifafınefs *obs.* just enough food/money to keep body and soul together. — **etmek** /la/ to manage to survive (on), scrape by (on).
kifaflanmak /la/ to manage to survive (on), scrape by (on).
kifayet, -ti sufficiency. — **etmek** 1. to be enough, suffice. 2. /la/ *colloq.* to be satisfied (with), be contented (with).
kifayetli enough, sufficient, adequate.

kifayetsiz insufficient, inadequate.
kifayetsizlik insufficiency, inadequacy, inadequateness.
kik, -ki 1. *naut.* gig. 2. *slang* (person's) nose, schnozzle, snout.
kikirik *colloq.* 1. tall and skinny. 2. bean pole, tall and lanky person.
kiklon cyclone.
kiklotron cyclotron.
kil clay, argillaceous earth.
kile kileh (a dry measure roughly equaling a bushel).
kiler pantry, larder.
kilerci pantryman, larderer.
kilermeni Armenian bole (earth).
kilim kilim (a pileless carpet). **—i kebeyi sermek** /a/ *colloq.* to settle down (in a place).
kilimci seller or maker of kilims. **— ile kör hacı** *colloq.* anybody at all, any old so-and-so.
kilimcilik making or selling kilims.
kilise church (building or body of believers). **— direği gibi** *joc.* thick (neck).
kilit 1. lock; padlock. 2. clevis, shackle. 3. linchpin. **— altında** under lock and key. **— altına almak** /ı/ to lock up, put under lock and key. **— dili** bolt of a lock. **(ağzı) — gibi** (someone) who won't tell a secret, tight-lipped. **— gibi olmak** to be hand in glove, be hand and glove, be thick as thieves. **— köprüsü** strike plate. **— kürek olmak** /a/ to guard, look after (a place). **—i küreği olmamak** (for things/a place) to be left unguarded, not to be left locked up. **— noktası** 1. key person. 2. key position, key point. **— taşı** *arch.* keystone. **— vurmak** /a/ 1. to lock (a door). 2. to attach a lock (to). 3. to close down (a business). **— yeri** key position, key point.
kilitçi locksmith.
kilitleme locking. **— aygıtı** locking device. **— somunu** locknut.
kilitlemek 1. /ı/ to lock. 2. /ı, a/ to lock up (something/someone) in (a place). 3. /ı/ to dovetail; to interlock (the two pieces of a joint).
kilitlenmek 1. to be locked. 2. to be locked up. 3. to be dovetailed; to be interlocked.
kilitletmek /ı, a/ to have (someone) lock (something); to have (someone) lock (someone) up.
kilitli 1. locked. 2. provided with a lock. 3. dovetailed; interlocked.
kilitsiz 1. lacking a lock, without a lock. 2. unlocked. **— küreksiz** unlocked, open.
kiliz rush, reed.
kilizbalığı, -nı *zool.* tench.
kilizman, kilizmen reedbed, reedy area.
killi clayey, argillaceous.
kilo kilo, kilogram. **— almak** 1. to put on weight. 2. *slang* to laugh. **— vermek** to lose weight.

kilogram kilogram, *Brit.* kilogramme.
kilogramkuvvet, -ti kilogram-force.
kilogrammetre kilogram-meter.
kilohertz kilohertz.
kilojul, -lü kilojoule.
kilokalori kilocalorie.
kiloluk (someone/something) that weighs (so many) kilos.
kilometre kilometer, *Brit.* kilometre. **— açmak** *slang* (for a taxi driver) to keep all of his earnings for himself (instead of giving them to his boss). **— doldurmak** *slang* to kill time. **— kare** square kilometer. **— saati/sayacı** 1. speedometer, odometer. 2. taximeter. **— taşı** stone showing the kilometers to a given point.
kilosikl kilocycle.
kilovat, -tı kilowatt. **— saati** kilowatt-hour.
kilüs *physiol.* chyle. **— damarları** *anat.* chyliferous vessels.
kim 1. who. 2. whoever. **—in arabasına binerse onun türküsünü çağırır.** *colloq.* He's a self-seeking sycophant. **... kim, ... kim.** *shows a woeful lack of something:* **O kim, dürüstlük kim.** He doesn't have an honest bone in his body. **O kim, öğretmenlik kim.** He doesn't know the first thing about teaching. **— kime, dum duma.** *colloq.* It's so chaotic that nobody notices/cares what anybody else is doing. **—i kimsesi** /ın/ relatives. **—e ne?** What does it matter to anyone? **—e niyet, kime kısmet.** *colloq.* The person for whom something is intended may not always be the person who gets it in the end. **— o?** Who's there?/Who is it? **— olursa olsun.** It doesn't matter who he is!/There'll be no exceptions! **— oluyor!** Just who does he think he is? **— vurduya gitmek** to be killed/wounded (in a brawl/a riot/a shoot-out) by an unknown hand.
kim *archaic form of* **ki.**
kimesne *archaic form of* **kimse.**
kimi, -ni 1. some; some people; some things. 2. some, a number of. **—miz** some of us. **—si** some of it; some of them; some people. **—ne hay hay, kimine vay vay.** *proverb* 1. What gladdens some will sadden others. 2. Fate deals kindly with some and harshly with others. **— kez** sometimes. **—nin parası, kiminin duası.** *proverb* People pay you for your services in various ways: the wealthy give you their money, and the poor give you their prayers of thanksgiving. **— zaman** sometimes.
kimlik 1. identity. 2. identity card. **—i açığa çıkmak/anlaşılmak/belli olmak** to show one's true colors, show what one is really like. **— belgesi/cüzdanı/kartı** identity card.
kimono kimono.
kimse 1. someone, somebody. 2. anyone, anybody. 3. *(with a negative verb)* nobody, no

one. **—nin ahı kimsede kalmaz.** *proverb* The laments of the oppressed will call down judgment upon their oppressors. **— ayranım/yoğurdum ekşi demez.** *proverb* A person always praises what he himself has made/done. **—den kimseye hayır yok/gelmez.** *proverb* You should rely on yourself, for others may let you down. **—si yok.** He has no friend or relative he can turn to.

kimsecik nobody at all, not a soul: **Kimsecikler yok.** There's not a soul here.

kimsesiz 1. (someone) who has no one, who has no living relatives or friends. 2. empty, forlorn. **— çocuklar** homeless children, children living on the streets.

kimsesizlik having no living relatives or friends.

kimüs *physiol.* chyme.

kimya 1. (the science of) chemistry. 2. *colloq.* rare and precious thing. **— fakültesi** department of chemistry (in a university). **— harbi** see **kimyasal savaş**. **— mühendisi** chemical engineer. **— mühendisliği** chemical engineering. **— sanayii** chemical industry. **— tedavisi** *med.* chemotherapy.

kimyaca chemically.

kimyacı 1. chemist. 2. *colloq.* teacher of chemistry.

kimyacılık 1. being a chemist. 2. the work of a chemist.

kimyadoğrulumu, -nu *bot.* chemotropism.

kimyager chemist.

kimyagerlik 1. being a chemist. 2. the work of a chemist.

kimyagöçümü, -nü *biol.* chemotaxis.

kimyasal chemical. **— bileşim** chemical compound. **— eşdeğer** chemical equivalent. **— madde** (a) chemical. **— öğe** chemical element. **— sağaltım** *med.* chemotherapy. **— savaş** chemical warfare. **— silah** chemical weapon.

kimyevi chemical.

kimyon cumin.

kimyoni 1. sage green (color). 2. *colloq.* uncordial, lacking in warmth (relationship).

kimyonlu containing cumin, flavored with cumin.

kin ill will; resentment; rancor. **— bağlamak /a/** to develop a grudge (against). **— beslemek/gütmek/tutmak /a/** to nurse a grudge (against), harbor ill will (towards). **— tutmaz** (someone) who doesn't nurture grudges, unvindictive.

kinaye 1. allusion, indirect remark; innuendo, insinuation. 2. using an expression in both a literal and a figurative sense. 3. word/expression used in both a literal and a figurative sense.

kinayeli 1. allusive; insinuating. 2. (word/expression) used in both a literal and a figurative sense.

kinci (someone) who nurtures grudges, vindictive; resentful.

kincilik nursing of grudges, vindictiveness; resentfulness.

kindar see **kinci**.

kinematik 1. kinematics. 2. kinematic, kinematical.

kinetik 1. kinetics. 2. kinetic. **— enerji** kinetic energy.

kinik *phil.* 1. Cynic, of the Cynics. 2. (a) Cynic.

kinin quinine. **— sülfatı** sulfate of quinine.

kiniş tenon.

kinizm *phil.* Cynicism.

kinli full of ill will, resentment, or rancor.

kip, -pi 1. type. 2. *log., phil.* mode. 3. *gram.* mood.

kipe *gymnastics* kip.

kiplik *log., phil.* modality.

kir dirt, filth. **— fitili** roll of dirt or dead skin (rubbed from the body). **— götürmek** 1. not to show dirt. 2. /ı/ to be filthy, be covered with dirt. **—i kabarmak** for the dirt in (one's) skin to come to the surface (when the skin is rubbed/scratched). **— kaldırmak** not to show dirt. **— tutmak** to show dirt easily, get dirty quickly.

kira 1. renting, *Brit.* letting (a house, apartment, office, etc.); renting, *Brit.* hiring (a car, boat, horse, machine, etc.); leasing; chartering (a boat, bus, plane, etc.). 2. rent (money). **— bedeli** rent (money). **— evinde oturmak/— ile oturmak** to live in a rented flat/house. **— ile tutmak /ı/** to rent. **— kontratı/mukavelesi/sözleşmesi** lease, rental contract. **—da olmak** 1. (for a house, apartment, office, etc.) to be rented, *Brit.* be let; (for a car, boat, horse, machine, etc.) to be rented, *Brit.* be hired; to be leased. 2. *colloq.* to be/live in a rented place, be in or occupy rented quarters. **—da oturmak** to live in a rented flat/house. **—ya vermek /ı, a/** to rent, *Brit.* let (a house, apartment, office, etc.) (to); to rent, *Brit.* hire (a car, boat, horse, machine, etc.) (out) (to); to lease (something) (to).

kiracı 1. renter; lessee; tenant. 2. person who hires out horses/donkeys. **—nın kiracısı** subtenant, undertenant.

kiracılık being a renter, lessee, or tenant.

kiralamak 1. /ı, a/ to rent, *Brit.* let (a house, apartment, office, etc.) (to); to rent, *Brit.* hire (a car, boat, horse, machine, etc.) (out) (to); to lease (something) (to). 2. /ı, dan/ to rent (a house, apartment, office, etc.) (from); to rent, *Brit.* hire (a car, boat, horse, machine, etc.) (from); to lease (something) (from); to charter (a boat, bus, plane, etc.) (from).

kiralanmak 1. /a/ (for a house, apartment, office, etc.) to be rented, *Brit.* be let (to); (for

a car, boat, horse, machine, etc.) to be rented (out) (to), *Brit.* be hired (out) (to); (for something) to be leased (to). 2. /**dan**/ (for a house, apartment, office, etc.) to be rented (from); (for a car, boat, horse, machine, etc.) to be rented, *Brit.* be hired (from); (for something) to be leased (from); (for a boat, bus, plane, etc.) to be chartered (from).
kiralayan renter, lessor.
kiralık 1. (house, apartment, office, etc.) for rent, *Brit.* to let. 2. (car, boat, horse, machine, etc.) for rent, *Brit.* for hire. 3. rented (house, apartment, office, etc.); rented, *Brit.* hired (car, boat, horse, machine, etc.); leased; chartered (boat, bus, plane, etc.). — **kasa** safe-deposit box (rented from a bank). — **katil** hired assassin, hired gun. — **kız/kadın** prostitute.
kiraz cherry. — **ağacı** cherry tree. — **ayı** May. — **dudaklı** *colloq.* with full, red lips.
kirazelması, -nı cherry apple, Siberian crab apple.
kirazeriği, -ni cherry plum, myrobalan.
kirazlık 1. cherry orchard. 2. place abounding in cherry trees.
kirde *prov.* a thin bread made of cornmeal.
kireç (slaked/unslaked) lime. — **gibi** deathly pale; very white. — **gibi olmak** to turn pale. — **harcı** mortar made of slaked lime and sand. — **kuyusu** lime pit. — **ocağı** limekiln. — **söndürmek** to slake lime. — **suyu** limewater.
kireççi 1. lime burner. 2. lime seller.
kireçkaymağı, -nı bleaching powder, chloride of lime.
kireçlemek /ı/ 1. to lime; to add lime (to). 2. to whitewash.
kireçlenim calcification.
kireçlenme 1. calcification. 2. calcinosis.
kireçlenmek 1. to be limed; to get caked with lime. 2. to calcify. 3. to be whitewashed.
kireçleşme 1. calcification. 2. calcinosis.
kireçleşmek to calcify, become calcified.
kireçli limy, calcareous; mixed with lime. — **su** 1. limewater. 2. hard water.
kireçlik 1. lime pit. 2. (region) abounding in limestone.
kireçsiz 1. (something) that has no lime or calcium in it. 2. soft (water).
kireçsizleşme decalcification, becoming decalcified.
kireçsizleşmek to be decalcified.
kireçsizleştirme decalcification, decalcifying.
kireçsizleştirmek /ı/ to decalcify.
kireçsütü, -nü whitewash, mixture of lime and water.
kireçtaşı, -nı limestone.
kiremit clay roofing tile. — **ağızlığı** *arch.* antefix. — **fabrikası** roofing-tile factory. — **harmanı** tile works, tilery. — **kaplamak** /a/ to tile, cover with roof tiles. — **ocağı** tile kiln. — **rengi** tile red, brick red. — **tozu** mortar made of brick dust and lime.
kiremitçi 1. tile maker. 2. tile seller. 3. tile layer, tiler.
kiremitçilik 1. tile making. 2. tile selling. 3. tile laying, tiling.
kiremitli roofed with tiles, tiled.
kiriş 1. joist; beam; rafter; girder. 2. (catgut) string (of a musical instrument). 3. bowstring (of a shooting bow). 4. *anat.* tendon. 5. *geom.* chord. — **i kırmak** *slang* to take to one's heels, make tracks.
kirişçi maker or seller of catgut.
kirişleme 1. stringing (a bow). 2. drawing (a bowstring). 3. joisting, floor framing. 4. set on edge, edgewise.
kirişlemek /ı/ 1. to draw (a bowstring). 2. to string (a bow). 3. to joist, furnish with joists.
kirişli 1. joisted. 2. *anat.* tendinous. — **köprü** girder bridge. — **tavan** trabeated ceiling.
kirişlik suitable for use as a joist.
kirizma trenching (the soil); trench-plowing, subsoiling. — **etmek** /ı/ to trench; to trench-plow, subsoil.
kirizmalamak /ı/ to trench; to trench-plow, subsoil.
kirkit, -ti *prov.* loom reed, comb.
kirlenmek 1. to get dirty, be soiled; to become polluted. 2. (for one's honor) to be defiled, be sullied. 3. to menstruate, have a period. 4. to be raped, be violated. 5. to have an involuntary emission of semen; to have a nocturnal emission.
kirletmek /ı/ 1. to dirty, soil; to pollute. 2. to sully, stain, blot, besmirch (someone's honor). 3. to rape, violate.
kirli 1. dirty, soiled, filthy; polluted. 2. blemished, sullied (honor). 3. (woman) who is having a period, menstruating. 4. dull, indistinct, gray (light). 5. dirty laundry. — **ye atmak** /ı/ to put (dirty clothes) in the laundry bag/basket. — **çamaşır** 1. dirty clothes, dirty laundry. 2. *colloq.* dirty linen, misdeeds. — **çamaşırlarını ortaya dökmek/çıkarmak** /ın/ *colloq.* to reveal (someone's) misdeeds, wash (someone's) dirty linen in public. — **çıkı/çıkın** *colloq.* wealthy miser. — **hanım peyniri** a soft white cheese. — **kokoş** *colloq.* filthy, smelly child. — **sepeti** dirty-clothes basket/hamper, dirty-laundry basket/hamper.
kirlikan venous blood.
kirlilik dirtiness, filthiness; pollution.
kirloz *colloq.* untidy and dirty, scruffy (person).
kirman fortress.
kirmen wool spindle.
kirpi *zool.* hedgehog.
kirpik 1. eyelash. 2. *biol.* cilium.
kirpikli *biol.* ciliate, ciliated.

kirpiksi ciliary.
kirtil lobster pot, lobster trap.
kirve man who acts as a sort of godfather to a boy at his circumcision.
kispet, -ti leather pants worn by a greased wrestler. **— çıkarılması** the pulling off or tearing of these pants (regarded as the most degrading of defeats).
kist, -ti *path.* cyst. **— ameliyatı** cystectomy.
kisve 1. apparel, attire; garb, dress. 2. the garment worn by a pilgrim in Mecca. 3. kiswa, kiswah, the black cloth covering the Kaaba. 4. guise, semblance, assumed appearance. **—si altında** under the guise of, in the guise of.
kişi 1. person, human being. 2. dramatis persona. 3. *gram.* person. **— adılı** *gram.* personal pronoun. **— arkadaşından bellidir.** *proverb* A person is known by the company he keeps. **— dokunulmazlığı** *law* personal inviolability, immunity from arrest/prosecution. **— eki** *gram.* personal ending.
kişileştirme *lit.* personification.
kişileştirmek /ı/ to personify.
kişilik 1. personality. 2. individuality. 3. (sufficient) for (so many) persons. 4. *prov.* one's best clothes, one's best, one's Sunday-go-to-meeting clothes. **— özelliği** personality trait.
kişilikdışı, -nı *phil.* impersonal.
kişilikli (someone) who has a distinctive personality; (someone/something) possessing style.
kişiliksiz (someone) who lacks a distinctive personality; styleless.
kişioğlu, -nu 1. a man, a human being. 2. highborn or well-bred person.
kişisel personal. **— bilgisayar** personal computer.
kişizade 1. highborn, of noble birth. 2. well-bred, refined.
kişizadelik 1. being highborn, nobility. 2. refinement.
kişmiş a tiny, seedless, black, raisin grape.
kişnemek to neigh, whinny.
kişniş coriander. **— şekeri** coriander candy.
KİT *(abbr. for* **Kamu İktisadi Teşekkülü)** state-owned economic enterprise.
kitabe inscription, legend (on a building/a monument); epitaph. **— levhası** 1. stone panel ready for inscription. 2. inscribed stone panel.
kitabet, -ti 1. the art of writing well, rhetoric. 2. secretaryship.
kitabevi, -ni bookstore, *Brit.* bookshop.
kitabi 1. based on reading only, bookish, book-learned. 2. stilted, bookish (rhetorical style). **— konuşmak** to talk bookishly; (for one's talk) to reek of book learning.
kitakse *slang* taking a gander at, having a look at. **— etmek** /a/ to take a gander at, have a look at, get a load of.
kitap book. **— deliliği** bibliomania. **— delisi** bibliomaniac. **— ehli** People of the Book *(often used by Muslims when speaking of Jews and Christians).* **—a el basmak** to swear (on the Koran). **— gibi (karı)** *slang* one hell of a good-looking (woman). **—ı kapamak** *colloq.* to drop out of school. **— kurdu** bookworm (insect/person). **K—ı Mukaddes** the Bible. **—a/—ına uydurmak** /ı/ to find a way to make (something illegal) look legal.
kitapçı 1. bookseller. 2. *colloq.* bookstore.
kitapçılık bookselling.
kitaplık 1. bookcase, book shelves; bookstand, bookrack. 2. library. 3. (material) fit to be used in the printing or binding of a book.
kitaplıkbilim library science.
kitapsarayı, -nı public library.
kitapsever booklover, bibliophile.
kitapsız 1. bookless, lacking books. 2. (a people) who do not accept the Koran, the Bible, or the Torah as their sacred book. 3. *colloq.* heathen; pagan.
kitara *see* **gitar.**
kitin chitin.
kitle 1. mass, large block/chunk. 2. *phys.* mass. 3. crowd of people. **—ler** the masses. **— hareketi** mass action (of people). **— iletişimi** mass media.
kitlemek /ı/ *colloq., see* **kilitlemek.**
kitli *colloq., see* **kilitli.**
kitre tragacanth.
kivi 1. kiwifruit, kiwi. 2. *zool.* kiwi.
kizir *prov.* village headman's assistant.
KKK 1. *(abbr. for* **Kara Kuvvetleri Komutanı)** Commander of the Ground Forces. 2. *(abbr. for* **Kara Kuvvetleri Komutanlığı)** Commandership of the Ground Forces.
K. Kuv. *(abbr. for* **Kara Kuvvetleri)** the Ground Forces.
klakson *auto.* horn.
klan *sociol.* clan.
klapa *tailor.* lapel.
klark *used in:* **— çekmek** *slang* to reject, turn down.
klarnet, -ti *mus.* clarinet.
klarnetçi clarinetist.
klas *colloq.* first-rate, ace.
klasik 1. (a) classic. 2. classic, classical.
klasikleşmek to become a classic.
klasisizm classicism.
klasman *sports* rating, classifying (of teams).
klasör 1. loose-leaf binder. 2. accordion file/folder. 3. *comp.* folder.
klavikord *mus.* clavichord.
klavsen *mus.* harpsichord.
klavsenci harpsichordist.
klavye keyboard (of a musical instrument, typewriter, computer, etc.). **—si kuvvetli** *colloq.* good, skilled (typist, compositor, etc.).

klavyeli (musical instrument) played using a keyboard: **klavyeli çalgılar** keyboard instruments.
kleptoman 1. (a) kleptomaniac, (a) cleptomaniac. 2. kleptomaniac, cleptomaniac (person).
kleptomani kleptomania, cleptomania.
klik clique.
klima air conditioner. — **cihazı** see **klima**.
klimalı air-conditioned.
klinik 1. clinic. 2. clinical.
klips 1. clip, spring clip. 2. tie clip.
klipsli furnished with a spring clip, clip-on. — **küpe** clip-on earring.
kliring *com.* clearing. — **anlaşması** clearing agreement (between two nations).
klişe 1. *print.* cliché, plate. 2. cliché, phrase. 3. trite, hackneyed.
klişeci *print.* plater; electrotyper; stereotyper.
klişeleşmek to become a cliché, become hackneyed.
klor *chem.* chlorine.
klorlama chlorination.
klorlamak /ı/ to chlorinate.
klorlanmak to be chlorinated.
klorlu chlorinated.
klorofil *bot.* chlorophyll, chlorophyl.
kloroform *chem.* chloroform.
kloroz *path.* chlorosis.
klorölçer chlorometer.
kloş bell-shaped (skirt).
klüz *geol.* mountain pass, gap, col.
km. (*abbr. for* **kilometre**) km, km. (kilometer).
koalisyon coalition. — **hükümeti** coalition government.
kobalt, -tı *chem.* cobalt. — **bombası** cobalt bomb.
kobay *zool.* guinea pig, cavy.
kobra *zool.* cobra.
koca husband. — **bulmak** to find a husband. **—ya kaçmak** (for a woman) to elope. **—ya varmak** (for a woman) to marry. **—ya vermek** /ı/ to marry off (a woman).
koca 1. very big, very large. 2. great, grand, illustrious. 3. fully grown, adult; old, aged. — **bebek** *colloq.* big baby (*said of a spoiled child*). — **herif olmak** *colloq.* (for a boy) to be fully grown. — **oğlan** *colloq.* bear.
kocabaş 1. *zool.* hawfinch. 2. *bot.* beet.
kocakarı 1. *vulg.* old woman, hag. 2. *slang* old lady, mother. — **ilacı** folk remedy. — **masalı** *colloq.* old wives' tale, nonsense. — **soğuğu** *colloq.* a cold spell in mid-March.
kocalı (woman) who has a husband, married.
kocalık 1. old age. 2. being a husband.
kocalmak to age, grow old.
kocaltmak /ı/ to age, put years on (someone).
kocamak to age, grow old.
kocaman huge, enormous.
kocamanca fairly huge.

kocasız husbandless; widowed.
kocasızlık being husbandless; widowhood.
kocatmak /ı/ to age, put years on (someone).
kocayemiş 1. strawberry tree. 2. fruit of the strawberry tree.
Koç, -çu *astrology* Aries, the Ram.
koç, -çu 1. ram. 2. *colloq.* strapping young man. — **burunlu** *colloq.* Roman-nosed. — **katımı** 1. mating of sheep. 2. mating season. — **yiğit** *colloq.* strapping young man.
koç, -çu *sports* trainer.
koçak 1. strong and brave (man). 2. generous.
koçaklama 1. epical folk poem. 2. praise.
koçan 1. (corn) cob. 2. stem or heart (of a leafy vegetable). 3. book of stubs/counterfoils.
koçbaşı, -nı battering-ram.
koçboynuzu, -nu *naut.* cleat.
koçkar large ram bred for fighting.
koçlanmak *colloq.* to develop into a strapping youth.
koçmak /ı/ *prov.* 1. to hug, embrace. 2. to cover, mate with.
koçu 1. *hist.* an enclosed, horse-drawn carriage for women. 2. raised crib, granary built up on poles.
koçyumurtası, -nı ram's testicles, mountain oyster.
kod 1. classificatory number/letter, code. 2. (figure indicating) elevation/altitude.
kodaman *colloq.* 1. big cheese, big shot, bigwig. 2. influential, powerful. **—lar** the big shots, the bigwigs.
kodamanlık *colloq.* being a big shot.
kodein codeine.
kodeks *pharm.* codex.
kodes *slang* jailhouse, the clink, the jug, the hoosegow; the pen. **—e tıkmak** /ı/ *slang* to throw (someone) in the clink.
kodoş *slang* pimp; fancy man.
kof 1. hollow, empty inside. 2. ignorant; ineffectual; worthless. 3. weak (though appearing strong). — **çıkmak** to show oneself to be ignorant, ineffectual, or worthless.
kofa *bot.* rush.
kofana *zool.* (large) bluefish.
koflaşmak 1. to become hollow. 2. to become ineffectual or worthless. 3. to get weak; to lose one's zest and energy.
kofluk 1. hollowness. 2. hollow, hollow place. 3. ignorance; ineffectuality; worthlessness.
kofra *elec.* cutout box.
kofti *slang* lie.
koful vacuole.
koğuş any large room sleeping many people; dormitory; (hospital) ward.
kok, -ku coke (fuel). — **kömürü** coke.
koka *bot.* coca shrub.
kokain cocaine.
kokainoman cocaine addict.

kokak *prov.* stinking, smelly.
kokana *see* **kokona.**
kokarca *zool.* 1. polecat. 2. skunk.
kokart, -tı 1. *mil.* a brass emblem worn on a hat. 2. badge, emblem.
koket, -ti very concerned about her appearance; clothes-conscious.
koklama smelling, sniffing. **— duyusu** the sense of smell.
koklamak /ı/ to smell, sniff. **Koklayanın burnu düşer.** *colloq.* It stinks something awful./It smells to high heaven.
koklaşmak 1. to sniff each other. 2. to kiss and fondle each other, neck, pet.
koklatmak /ı, a/ 1. to have (someone) sniff (something). 2. *slang* to give (someone) a bit of.
koklatmamak /ı, a/ *slang* not to give (someone) even a very tiny bit of (something).
kokmak 1. to smell, have a smell. 2. to stink, have a bad smell. 3. to show signs of, reek of, be redolent with.
kokmuş smelly, stinking, putrid-smelling.
koko coconut macaroon.
kokona 1. *colloq.* overdressed and excessively made-up woman. 2. *colloq.* woman who's very particular about her appearance or fastidious in her dress. 3. *formerly* (non-Muslim) woman.
kokoniça 1. *slang* young girl. 2. (non-Muslim) woman.
kokoreç grilled sheep's intestines.
kokoroz 1. (Indian) corn (seed). 2. ear of (Indian) corn. 3. any long, pointed thing. 4. *slang* ugly (person).
kokorozlanmak *slang* to become defiant or threatening.
kokorozlu *slang* (woman) dressed fit to kill.
kokot, -tu fast/loose woman.
kokoz *slang* very hard up, broke, penniless.
kokozlamak *slang* to become penniless, get very hard up.
kokozluk *slang* pennilessness, being broke.
kokpit, -ti cockpit (in a plane).
kokteyl 1. cocktail. 2. cocktail party.
koku 1. smell, scent, odor. 2. perfume. 3. *slang* cocaine, coke. **— sunu almak** /ın/ 1. to smell, detect (a scent/an odor). 2. to smell, detect the existence of: **Paranın kokusunu aldım.** I smell money. **— almazlık** anosmia. **—su çıkmak** for the reason behind (something) to become apparent. **— giderici** deodorant.
kokucu peddler of perfumes.
kokulu 1. (something) that has a smell. 2. sweet-smelling, sweet-scented, fragrant; perfumed. 3. smelly, stinking, malodorous.
kokulukiraz mahaleb, St. Lucie cherry.
kokusuz scentless, odorless.
kokuşmak to smell rotten or putrid.

kokuşuk 1. rotten-smelling, foul-smelling, smelly. 2. *colloq.* very lazy.
kokutmak 1. /ı/ to make (someone/something) smell. 2. /ı/ to let (something) spoil. 3. /ı/ to make (someone/something) stink. 4. to break wind. 5. /ı/ *colloq.* to cause (a job) to lose its appeal, make (a job) drudgery.
kol 1. arm. 2. sleeve. 3. limb, large branch (of a tree). 4. crank. 5. handle; lever. 6. *phys.* arm. 7. neck (of a musical instrument). 8. strand (of a rope). 9. division, branch. 10. patrol. 11. club (in a school). 12. gang; troupe. 13. *mil.* column. 14. *formerly* wing (of an army). 15. side (direction). 16. *butchery* shank. 17. arm (of a chair). 18. *anat.* brachial. **—larını açmak** /a/ to receive (someone) with open arms. **—unda altın bileziği olmak** to possess a profitable skill. **— askısı** *med.* sling. **— atardamarı** *anat.* brachial artery. **— atmak** 1. (for a tree) to put forth branches. 2. to spread, extend. **— bağı** *mil.* brassard. **— dayanağı** armrest. **— demiri** iron bar (used to bar a door). **— düğmesi** cuff link. **— emeği** manual labor. **— evi** *tailor.* armhole, place where the sleeve joins the yoke. **— gezmek** 1. (for a security force) to patrol an area. 2. (for a criminal) to prowl around or lurk in an area. **—una girmek** /ın/ to take (someone's) arm. **—u kanadı kırılmak** to be left sitting high and dry (after losing one's source or sources of support), have the rug pulled out from under one. **— kanat olmak/germek** /a/ to take (someone) under (one's) wing. **— kapağı** (shirt) cuff. **— kemiği** *anat.* humerus. **— kola** arm in arm. **— kola girmek** to link arms. **—una kuvvet.** *colloq.* Keep it up!/Keep up the good work! **— saati** wristwatch. **—larını sallaya sallaya gelmek** to come without bothering to bring anything (as a gift). **—ları/—larını sıvamak** to get ready to do something, roll up one's sleeves. **— tahtası** sleeveboard. **— uzatmak** to spread, expand, branch out. **—u uzun** powerful and influential. **— vurmak** to patrol; to wander around. **— yormak** to work hard.
kola 1. starch, laundry starch. 2. starch paste. 3. starching (of clothes). **— yapmak** to starch clothes.
kola 1. cola (any carbonated soft drink made with an extract derived from the kola nut). 2. *bot.* kola tree. **— cevizi** kola nut.
kolacı 1. person who starches and irons clothes. 2. shop where starching and ironing is done.
kolaçan *colloq.* look-over, quick inspection, survey (done covertly/unobtrusively). **— etmek** /ı/ to have a quick look-see around (a place) (by walking); unobtrusively to survey (a place) (with one's eyes).
kolağası, -nı *Ottoman hist.* an army officer who

ranked above a captain and below a major.
kolalamak /ı/ to starch.
kolalanmak to be starched.
kolalatmak /ı, a/ to have (someone) starch (something).
kolalı starched, starchy.
kolalı made with an extract derived from the kola nut. — **içecek** cola (any carbonated soft drink made with an extract derived from the kola nut).
kolan 1. stout band/binding. 2. (saddle) girth, cinch, bellyband, surcingle. 3. binding (used to support the springs of an upholstered chair/couch). 4. rope (of a swing). — **salıncağı** a rope swing. — **vurmak** 1. /a/ to girth (a horse). 2. to pump a swing while standing up.
kolay 1. easy, simple. 2. easily. 3. easy way (to do something). —**da** handy; within easy reach. —**ına bakmak** /ın/ to choose or look for the easiest way (of doing something). —**ını bulmak** /ın/ to find an easy way to do (something). —**ına gelmek** /ın/ to be easy or convenient (for). — **gelsin/gele!** I hope it's going smoothly./I hope it will go smoothly (*said to someone who is either doing or planning to do a job*). —**ına kaçmak** /ın/ to take the easy way out (of a difficulty). — **kolay** (*with negative verbs only*) easily.
kolayca 1. fairly easy. 2. easily.
kolaycacık very easily.
kolaylamak /ı/ to finish most of (a job); to finish the hardest part of (a job), break the back of (a job).
kolaylanmak (for most of a job) to be finished; (for the hardest part of a job) to be over, (for a job) to become smooth sailing.
kolaylaşmak to get easy.
kolaylaştırıcı facilitative.
kolaylaştırmak /ı/ to facilitate, ease, make simpler.
kolaylık 1. easiness. 2. convenience, laborsaving device. 3. means/wherewithal to do something; (a) facility. —**la** easily. — **göstermek** /a/ 1. to make things easier for. 2. to give (someone) the chance or the means to accomplish something.
kolbaşı, -nı 1. *mil.* head of a column, head. 2. *formerly* head (of a troupe of performers). 3. foreman (of a group of construction workers).
kolböreği, -ni a pastry made of thin dough twisted into long rolls and filled with cheese or ground meat.
kolcu watchman, guard.
kolculuk being a watchman or guard.
kolçak 1. mitten. 2. sleevelet. 3. armband, armlet. 4. chair arm.
koldaş work associate, colleague.
koldaşlık colleagueship.

koledok 1. choledoch, choledochal. 2. *anat.* choledoch duct, choledochus, the common bile duct. — **kanalı** *anat.* choledoch duct, choledochus, the common bile duct.
kolej *formerly* a high school giving special attention to the teaching of a foreign language, college-preparatory school, preparatory school, prep school.
kolejli *formerly* student at a **kolej**, preppie.
koleksiyon (a) collection (of objects).
koleksiyoncu collector, one who is building up a collection.
koleksiyonculuk collecting, being a collector.
kolektif collective, joint. — **ortaklık/şirket** unlimited company; general partnership.
kolektivist, -ti 1. (a) collectivist. 2. collectivist, collectivistic.
kolektivizm collectivism.
kolektör *elec.* collector.
kolera *path.* cholera.
koleralı infected with cholera.
kolesterin cholesterin.
kolesterol, -lü cholesterol.
kolhoz kolkhoz.
koli parcel/package (that is mailed or shipped).
kolibasil coli bacillus, colon bacillus.
kolibri *zool.* hummingbird.
kolit, -ti *path.* colitis.
kollamak /ı/ 1. to watch for, look out for, be on the alert for. 2. to protect, look after. 3. to scan, observe carefully.
kollanmak 1. to be watched for. 2. to be protected. 3. to be observed.
kollu 1. sleeved: **kısa kollu** short-sleeved. 2. (something) that has (so many) arms/branches; armed; branched. 3. *mil.* of (so many) columns, -columned. 4. handled; (something) that has (a specified type of) handle/crank: **pirinç kollu kapılar** doors with brass handles.
kolluk 1. (attached/detachable) cuff. 2. armband, armlet. 3. sleevelet, sleeve-protector.
kolluk *formerly* police. — **kuvveti** *formerly* police force, police department.
koloidal, -li colloid, colloidal.
koloit colloid.
kolokyum conference, meeting; colloquium.
Kolombiya 1. Colombia. 2. Colombian, of Colombia.
Kolombiyalı 1. (a) Colombian. 2. Colombian (person).
kolon 1. *print.* column. 2. *anat.* colon. 3. riser, conduit (for electricity/water/gas). 4. speaker cabinet.
koloni colony.
kolonya cologne, eau de Cologne.
kolordu army corps.
kolorimetre colorimeter.
kolorimetri colorimetry.

kolpo 1. *slang* the right moment; chance, opportunity. 2. shot (in billiards). 3. *slang* trick, ruse, something funny. —**ya düşmek/gelmek** *slang* to be taken in, be hoodwinked. —**ya getirmek** /ı/ *slang* to wait for or find the right time to do (something).
kolsal *anat.* brachial.
Kol. Şrt. *(abbr. for* **Kolektif Şirket***)* unlimited company; general partnership.
Koltuk *astr.* Cassiopeia; Cassiopeia's Chair.
koltuk 1. armpit. 2. armchair. 3. flattery. 4. out-of-the-way spot. 5. small, out-of-the-way shop. 6. *arch.* buttress. 7. patronage, backing, pull. 8. *slang* brothel, whorehouse. 9. high position, important job. — **altı** 1. armpit. 2. *colloq.* patronage, backing, pull. — **değneği** crutch. — **değneğiyle** with difficulty and with the help of others. —**a girmek** (for the groom) to take the bride's arm during the **koltuk töreni**. —**una girmek** /ın/ to put oneself under (someone's) protection. — **halatı** *naut.* mooring line. —**ları kabarmak** to swell with pride. — **kapısı** servant's entrance. — **kavgası** *colloq.* struggle to get/maintain an administrative post. — **meyhanesi** cheap, stand-up bar. —**ta olmak** *colloq.* to be entertained at someone else's expense. —**una sığınmak** /ın/ to put oneself under (someone's) protection. — **taşı** *arch.* voussoir (placed next to the keystone). — **töreni** ceremony in which a groom sees the face of his bride for the first time. — **vermek** /a/ to flatter (someone) to his face. —**a vermek** /ı/ to give (the bride) to the groom during the **koltuk töreni**. — **yastığı** bolster, cushion (used as an armrest).
koltukçu 1. maker or seller of armchairs. 2. seller of used furniture. 3. flatterer. 4. owner/operator of a cheap, stand-up bar.
koltukçuluk 1. making or selling armchairs. 2. being a flatterer.
koltuklama 1. carrying something under one's arm. 2. flattery.
koltuklamak /ı/ 1. to tuck (something) under one's arm. 2. to take (someone's) arm (to support him). 3. to flatter.
koltuklanmak to be flattered.
koltuklu (chair) that has arms.
koltukluk *tailor.* shield (sewn in the underarm of a garment).
kolye necklace.
kolyoz *zool.* chub mackerel.
kolza *bot.* rape.
kom. *(abbr. for* **komisyon***)* com. (commission, committee).
koma *med.* coma. —**dan çıkmak** to come out of a coma. —**ya girmek** 1. to go into a coma. 2. *slang* to be beside oneself with rage, have a duck fit. 3. *slang* to be dumfounded. —**ya sokmak** /ı/ *slang* to beat the daylights out of (someone).
komak *colloq.*, *see* **koymak**.
komalık *slang* 1. enraged. 2. badly beaten up. 3. exhausted, beat. — **etmek** /ı/ *slang* 1. to enrage (someone) greatly, cause (someone) to have a duck fit. 2. to beat the tar out of (someone). — **olmak** *slang* to be exhausted, be beat.
komandit, -ti, komandit şirket, -ti limited partnership, special partnership; commandite, commandite partnership.
komando commando.
komar *bot.* Pontic rhododendron.
kombinezon 1. slip (woman's undergarment). 2. arrangement, scheme, plan.
komedi comedy.
komedya *see* **komedi**.
komedyacı *see* **komedyen**.
komedyen 1. comedian; comedienne. 2. pseudo, fakey, artificial (person). 3. faker, phony, pseud.
komi busboy.
komik 1. comical, funny. 2. comedian, comic.
komikleşmek to become comical.
komiklik comical action/situation.
komiser 1. ranking police officer. 2. government inspector of firms. 3. government observer at public meetings.
komiserlik 1. rank or duties of a ranking police officer or government inspector. 2. police station.
komisyon 1. commission, committee. 2. percentage, commission. — **işi** selling goods on commission, brokerage.
komisyoncu commission agent, broker, middleman.
komisyonculuk being a commission agent, brokerage.
komita *hist.* Balkan revolutionary organization.
komitacı *hist.* komitadji, comitadji.
komitacılık *hist.* underground revolutionary activity.
komite committee.
komodin bedstand, nightstand, commode.
komodor commodore.
Komor Adaları, -nı the Comoro Islands.
Komorlar the Comoros.
komot chest of drawers, dresser.
kompakt disk, -ki compact disk.
kompartıman compartment (in a railway passenger car).
kompas 1. calipers, caliper compass. 2. caliper rule. 3. mariner's compass. 4. *print.* composing stick.
kompetan expert, authority.
komple 1. filled up, full. 2. complete, full, entire; not deficient. — **pansiyon** full pension, full room and board.

kompleks *psych.* complex.
kompleksli *psych.* (person) who has a complex.
komplikasyon *med.* complication.
komplike complicated.
kompliman 1. compliment. 2. flattery.
komplo conspiracy, plot, complot. — **kurmak** to conspire, plot, complot.
komplocu conspirator, plotter, complotter.
komposto 1. stewed fruit, compote. 2. compost (fertilizer).
kompozisyon 1. composing, arranging, composition. 2. *art, mus.* (a) composition. 3. composition, short essay.
kompozitör *mus.* composer.
komprador 1. running dog, lackey, comprador. 2. comprador, local agent for a foreign business.
kompres *med.* compress.
kompresör *mech.* compressor.
komprime *pharm.* tablet.
kompüter *mech.* computer.
Kom. Şrt. (*abbr. for* **Komandit Şirket**) limited partnership, special partnership; commandite, commandite partnership.
komşu 1. neighbor. 2. neighboring, adjacent. — **açılar** *geom.* adjacent angles. — **kapısına çevirmek** /ı/ to act as if (a far-off place) were nearby. — **komşunun külüne/tütününe muhtaçtır.** *proverb* Even in the smallest of matters one neighbor can help another. — **olmak** to become neighbors. —**da pişer, bize de düşer.** *colloq.* Maybe we'll benefit from our neighbor's good fortune. —**nun tavuğu komşuya kaz görünür.** *proverb* The grass is always greener on the other side of the fence.
komşuluk 1. being a neighbor. 2. neighborliness. — **etmek** (for neighbors) to be friendly with each other.
komut, -tu 1. order, command. 2. *comp.* command; instruction. — **vermek** to issue a command.
komuta command, control, authority. — **etmek** /a/ to command, be in command of. — **zinciri** chain of command.
komutan 1. commander, commanding officer. 2. high-ranking officer.
komutanlık 1. commandership. 2. command post; command headquarters.
komün commune.
komünist, -ti 1. (a) communist. 2. communist.
komünistlik *see* **komünizm.**
komünizm communism.
komütatör *elec.* commutator, reversing switch.
konak 1. mansion, large and imposing house. 2. stopping place, place to spend the night (while traveling). 3. *mil.* bivouac, temporary encampment; billet. 4. (a) day's journey. 5. scurf (on the head of a newborn baby). 6. *biol.* host. — **gibi** *colloq.* grand-looking (house). — **yavrusu** *colloq.* small mansion.
konakçı 1. person in charge of housing for a group of tourists. 2. *mil.* officer in charge of bivouacking; quartering officer; billeting officer. 3. *biol.* host.
konaklama 1. spending the night (on a journey). 2. *mil.* bivouacking, encamping; billeting. — **tesisleri** accommodations for travelers and tourists.
konaklamak 1. to spend the night (on a journey). 2. *mil.* to bivouac, encamp; to billet.
konargöçer 1. nomad. 2. nomadic.
konca 1. bud, flower bud. 2. *slang* good-quality hashish.
konç leg (of a boot/a stocking).
konçerto *mus.* concerto.
konçlu 1. long (stockings); high (boots). 2. (stocking/boot) that has (a specified kind of) leg, -legged.
konçsuz short (stockings); legless.
kondansasyon *chem.* (the process of) condensation.
kondansatör condenser, capacitor.
kondensasyon *see* **kondansasyon.**
kondisyon 1. condition. 2. physical fitness.
kondom condom.
kondu *colloq., see* **gecekondu.**
kondurmak 1. /ı, a/ to make (a bird/an insect) alight upon. 2. /ı, a/ to tack on, stick on. 3. /ı, a/ to accept (that one is ...): **Hastalığı kendine kondurmuyor.** He won't accept that he's ill. 4. /ı, a/ to label (someone) a ..., put (someone) down as a ...: **Bönlüğü ona kondurdu.** He put him down as a simpleton. 5. /ı, a/ suddenly to land (a blow) on; suddenly to place (a kiss) on. 6. /ı/ to give (a quick reply).
kondüktör conductor (on a train).
kondüvit, -ti *theat.* callboy.
konfederasyon confederation.
konfederatif confederal, confederative.
konfedere confederated. **K— Eyaletler** *hist.* the Confederate States (of America).
konfeksiyon 1. ready-made clothing, ready-to-wear clothing. 2. the ready-made clothing business/trade. — **mağazası** large store that specializes in ready-made clothing.
konfeksiyoncu manufacturer or seller of ready-made clothing.
konfeksiyonculuk making or selling ready-made clothing.
konferans 1. lecture. 2. (international) conference. — **salonu** lecture room/hall. — **vermek** to give a lecture.
konferansçı lecturer.
konfeti confetti.
konfırans *used in:* — **vermek** *slang* to vomit, throw up, barf, upchuck, toss one's cookies.

konfor comforts, conveniences.
konforlu equipped with conveniences or labor-saving devices.
konformist, -ti 1. (a) conformist. 2. conforming, conformist.
konglomera *geol.* conglomerate.
Kongo 1. the Congo. 2. Congo, Congolese, of the Congo.
Kongolu 1. (a) Congolese. 2. Congolese (person).
kongre congress.
koni *geom.* cone.
konik *geom.* 1. conic, conical. 2. conic section.
konjonktür the economic situation (of a country).
konkasör rock crusher, stone crusher.
konkav concave.
konken cooncan, coon king, double rum.
konkordato 1. *law* composition of debts. 2. concordat.
konkur competition, contest.
konkurhipik horse show, *Brit.* gymkhana; riding/equitation/manège competition; (equestrian) hurdle race; (equestrian) steeplechase.
konmak, -ar /a/ 1. to stay for the night at. 2. to camp in; to bivouac in. 3. to alight, light, settle, or perch upon. 4. *colloq.* to have (something) fall in one's lap, get (something) without lifting a finger. 5. *slang* to give (someone) a punch/a haymaker (while fighting).
konmak, -ur /a/ *see* **konulmak**.
konsa gizzard (of a bird).
konsantrasyon 1. *chem.* (the process of) concentration. 2. (mental) concentration.
konsantre *chem.* 1. (a) concentrate. 2. concentrated. — **etmek/olmak** *colloq.* to concentrate (mentally).
konsept, -ti concept.
konseptüalizm *phil.* conceptualism.
konser concert. — **vermek** to give a concert.
konservatuvar school of music/drama/dance, conservatory.
konserve 1. canned food, *Brit.* tinned food. 2. canned, *Brit.* tinned: **bezelye konservesi** canned peas.
konservecilik making or selling canned food.
konsey (administrative/consultative) council.
konsinye *com.* (article/goods) sent/shipped on consignment. — **olarak göndermek** /ı/ to send/ship (goods) on consignment.
konsol 1. console table; pier table. 2. cantilever; corbel; console; bracket. — **köprü** cantilever bridge. — **saati** bracket clock, mantel clock.
konsolidasyon *fin.* consolidation.
konsolide *fin.* consolidated.
konsolit, -ti 1. consol, consolidated annuity. 2. a card game.
konsolitçi stockbroker.
konsolos consul (diplomat).
konsoloshane consulate (building).
konsolosluk 1. consulate (building). 2. the duties or the rank of a consul; consulship.
konsomasyon 1. food/drink (served in a bar/a nightclub). 2. eating/drinking (in a bar/a nightclub).
konsomatris B-girl.
konsorsiyum consortium.
konsül consul (of ancient Rome, of France in the First Republic).
konsültasyon (medical) consultation.
konşimento *com.* bill of lading.
kont, -tu count; earl. — **gibi** *colloq.* stylishly dressed (man). — **gibi yaşamak** *colloq.* to live in luxury, be in clover.
kontak 1. short circuit, short. 2. *slang* cracked, touched in the head. —**ı açmak** to switch on the motor (of an automotive vehicle), start the engine. — **anahtarı** car key, engine key (of an automotive vehicle). —**ı kapamak** to shut off the engine (of an automotive vehicle).
kontakt lens contact lens.
kontenjan quota. —**a bağlamak** /ı/ to establish a quota for. — **senatörü** *hist.* senator appointed by the President of Turkey.
kontes 1. countess. 2. *slang* female teacher.
kontluk countship, earldom (rank/domain).
kontra 1. against, counter. 2. plywood. — **gitmek** *colloq.* 1. /a/ to oppose, go counter to. 2. (for someone) to be difficult, go against the current.
kontralto *mus.* contralto.
kontrapunto *mus.* counterpoint.
kontrast, -tı contrast.
kontrat, -tı contract.
kontratabla blockboard, laminboard.
kontratak *sports* counterattack.
kontrbas *mus.* double bass, contrabass.
kontrbasçı double bass player.
kontrendikasyon contraindication.
kontrol, -lü 1. checking, inspecting. 2. inspector. — **altına almak** /ı/ to get (a fire, an epidemic, inflation, etc.) under control. — **etmek** /ı/ to check, inspect. — **grubu** control group. — **kalemi** 1. (screwdriver used as a) circuit-tester. 2. *slang* penis, *cock. — **kulesi** (airport) control tower. — **noktası** checkpoint.
kontrolör 1. inspector. 2. *mil.* comptroller.
kontrplak plywood.
konu subject, topic, matter.
konudışı extraneous, irrelevant; beside the point.
konuk 1. guest. 2. parasite.
konukçu host/hostess (who looks after an important foreign guest for a government or a business).
konukevi, -ni guest house (of an institution/a business).
konuklamak /ı/ to entertain, host, put up (a

guest).
konukluk being a guest.
konu komşu the neighbors, the whole neighborhood.
konuksever hospitable.
konukseverlik hospitality.
konulmak /a/ 1. to be put, be placed, be set. 2. (for a condiment) to be added (to).
konum site, location.
konumluk *mil.* base; installation.
konur 1. swarthy. 2. brown, iron gray (horse). 3. brave, heroic. — **al** 1. sandy, light brown. 2. roan.
konuş 1. placing, arrangement. 2. *geol.* location. 3. *mil.* disposition, deployment.
konuşkan talkative, loquacious.
konuşkanlık talkativeness, loquacity.
konuşlandırmak /ı/ *mil.* to position; to emplace.
konuşma 1. speaking. 2. talk, lecture, public speech. 3. conversation; discussion. — **dili** everyday speech, colloquial language.
konuşmacı 1. lecturer. 2. speaker, announcer.
konuşmak 1. to talk, speak. 2. to communicate. 3. to converse, chat, talk (with each other). 4. /ı or dan/ to discuss, talk about. 5. /la/ to be on friendly terms with; to be on speaking terms with. 6. *colloq.* (for something) to look sharp, be eye-catching.
konuşturmak 1. /ı/ to get (someone) to talk. 2. /ı, la/ to get (someone) to talk (with); to allow (someone) to talk (with). 3. /ı/ to make (someone) talk. 4. /ı/ *colloq.* to play (a musical instrument) superbly, make (a musical instrument) talk.
konuşu lecture, speech, talk.
konuşucu lecturer, speaker.
konuşulmak 1. to be discussed. 2. to be spoken about; to be mentioned. 3. *impersonal passive* to talk, converse. 4. *impersonal passive* to discuss.
konut, -tu 1. house, dwelling, residence. 2. domicile, legal residence. — **belgesi** certificate of residence. — **dokunulmazlığı** *law* domiciliary inviolability.
konut, -tu *log., math.* postulate.
konvansiyon 1. convention, agreement, treaty. 2. constitutional convention.
konveks convex.
konveksiyon *phys.* convection.
konvektör convection heater, convector.
konvertibilite *fin.* convertibility.
konvertibl *fin.* convertible.
konvertisör *elec.* converter, convertor.
konveyör *mech.* conveyor; conveyor belt.
konvoy convoy.
konyak brandy, cognac.
kooperatif (a) cooperative, (a) co-op.
kooperatifçi 1. member of a cooperative. 2. manager of a cooperative. 3. advocate of the cooperative movement, cooperationist.
kooperatifçilik economic cooperation, the cooperative system.
kooperatifleşmek (for a business) to become a cooperative; (for an economy) to be organized on a cooperative basis.
koordinasyon coordination.
koordinat, -tı *math.* (a) coordinate.
koordinatör coordinator.
koordine *used in:* — **etmek** /ı/ to coordinate.
kopal, -li copal.
kopanaki 1. bobbin lace. 2. bobbin (used in lacemaking).
kopanlmak 1. to be broken off, be snapped off. 2. (for flowers/fruit) to be picked.
koparma 1. breaking off. 2. picking (flowers/fruit).
koparmak 1. /ı/ to break off, tear off; to break/snap (something) in two. 2. /ı/ to pluck, pick, snap off. 3. /ı/ to set up, let out (a loud noise). 4. /ı, dan/ to pull away by force. 5. /ı, dan/ *colloq.* to obtain with difficulty; to get (something) out of (someone); to wangle.
kopartmak 1. *see* **koparmak**. 2. /ı, a/ to have (someone) break/tear (something) off. 3. /ı, a/ to have (someone) pluck, pick, or snap off (something).
kopça hook and eye.
kopçalamak /ı/ to hook, fasten (using a hook and eye).
kopçalanmak to be hooked, be fastened (with a hook and eye).
kopçalı furnished with a hook and eye; (something) that is fastened with a hook and eye.
kopek kopeck.
kopil *slang* street Arab, gamin, urchin.
kopkolay *colloq.* very easy.
kopma 1. breaking off, falling off. 2. breaking/snapping in two, breaking, snapping.
kopmak 1. to break off, fall off: **Fırtınada meşenin bir dalı koptu.** During the storm a limb broke off the oak tree. 2. to break/snap in two, break, snap. 3. (for a noisy or dangerous event) to break out, begin. 4. to ache terribly. 5. *prov.* to run.
kopoy hound (hunting dog).
kopsi kefali etmek /ı/ *slang* to chop off/lop off (someone's) head.
kopuk 1. (thing) that has broken off (something), broken: **kopuk dallar** broken limbs. 2. (something) that has broken/snapped in two, broken, snapped: **kopuk bir tel** broken wire. 3. *colloq.* vagabond, tramp, bum; (a) good-for-nothing. 4. *hist.* (a) tough, (a) rowdy. — **alayı** band of vagabonds; band of good-for-nothings.
kopuntu broken bit, fragment.
kopuz lute-like instrument (played by medieval Turkish bards).

kopuzcu bard who accompanied himself with a kopuz.
kopya 1. copy. 2. crib, pony. 3. copying. 4. cribbing, copying, cheating. — **çekmek** to crib, copy, cheat. — **sını çıkarmak** /ın/ to copy. — **defteri** copybook. — **etmek** /ı/ to copy, reproduce. — **kâğıdı** carbon paper. — **kalemi** copying pencil. — **mürekkebi** copying ink.
kopyacı 1. copier. 2. cribber, cheater.
kopyacılık 1. copying. 2. cribbing, cheating.
kopyalamak /ı/ 1. to copy. 2. *biol.* to clone; to replicate.
Kor. (*abbr. for* **Kolordu**) *mil.* C, c. (corps).
kor 1. live or glowing coal, ember. 2. fiery red. — **dökmek** to form a bed of glowing coals. — **gibi** 1. red-hot. 2. fiery red.
kor *mil.* corps.
Kora. (*abbr. for* **Koramiral**) V.A. (vice admiral).
kora chorea, St. Vitus's dance.
koral, -li *mus.* chorale, choral.
koramiral, -li vice admiral.
koramirallik vice admiralty.
kordiplomatik diplomatic corps, corps diplomatique.
kordon 1. cord, cordon, braid; shoulder knot. 2. cord, rope; pull. 3. (electric) cord (of an appliance). 4. *arch.* stringcourse. 5. cordon (of troops/police). 6. (spermatic) cord. 7. (Fallopian) tube. — **altına almak** /ı/ to cordon off.
Kore 1. Korea. 2. Korean, of Korea.
Korece 1. Korean, the Korean language. 2. (speaking, writing) in Korean, Korean. 3. Korean (speech, writing); spoken in Korean; written in Korean.
koregraf *see* **koreograf**.
koregrafi *see* **koreografi**.
korelasyon correlation.
Koreli 1. (a) Korean. 2. Korean (person).
koreograf choreographer.
koreografi choreography.
Korg. (*abbr. for* **Korgeneral**) Lt. Gen. (lieutenant general).
korgeneral, -li lieutenant general.
korgenerallik duties or rank of a lieutenant general; lieutenant generalcy/generalship.
koridor 1. hall, corridor. 2. *slang* (goalkeeper) who's not on the ball, who lets balls get across the goal.
korindon *geol.* corundum.
korkak 1. fearful, timid; cowardly. 2. fearful person; coward. — **karga** *colloq.* fraidy-cat, scaredy-cat.
korkaklık fearfulness, timidity; cowardice.
korkmak /dan/ to fear, be afraid (of), be scared (of), dread. **korktuğu başına gelmek/korktuğuna uğramak** for something to turn out the way one feared, for a much feared thing to befall one.

korku fear; phobia; fright; dread; terror. — **dağları bekler/bekletir/aşırır.** *proverb* 1. Some people prefer to flee to the mountains and brave the elements, rather than suffer punishment or oppression. 2. Fear can get the best of people. —**nun ecele faydası yoktur.** *proverb* There is no use fearing the inevitable. — **filmi** horror movie. — **saçmak** to spread terror. — **vermek** /a/ to terrorize.
korkulmak /dan/ to be frightened of, be frightened that.
korkulu 1. scary, frightening. 2. dangerous, perilous. — **rüya/düş görmektense uyanık yatmak hayırlıdır/yeğdir.** *proverb* It's better to do without a thing than to run risks to get it.
korkuluk 1. scarecrow. 2. banister, balustrade; railing; parapet. 3. (removable) side (of a wagon or flat-bed truck). 4. *colloq.* figurehead; paper tiger; cipher.
korkunç 1. terrible, terrifying; dreadful, awful. 2. terrific, frightful, extreme, tremendous. 3. *slang* very, terrifically, awfully, frightfully.
korkunçluk fearsomeness; dreadfulness.
korkusuz 1. fearless, intrepid. 2. safe.
korkusuzluk fearlessness.
korkutmak /ı/ 1. to frighten, scare; to intimidate; to alarm, give (someone) a fright. 2. to scare off/away.
korlanmak to form a bed of glowing coals.
korluk *prov.* brazier, mangal.
korna automobile horn; air horn; bicycle horn; foghorn.
korner *soccer* corner kick, corner.
kornet, -ti 1. *mus.* cornet. 2. (ice-cream) cone.
korniş 1. curtain rod. 2. cornice.
korno 1. *mus.* French horn. 2. powder horn. 3. oil horn.
koro chorus; choir. — **halinde** (speaking) in unison.
koroydo *slang* 1. idiotic, foolish (person). 2. idiot, fool, nitwit.
korporasyon corporation.
korsa *see* **korse**.
korsacı *see* **korseci**.
korsacılık *see* **korsecilik**.
korsan 1. pirate, corsair. 2. pirated, piratical, unlawful, illegal: **korsan baskı** pirated edition. — **gemisi** pirate ship. — **radyo** pirate radio station.
korsanlık piracy.
korse corset; girdle.
korseci maker or seller of corsets/girdles; corsetiere; girdler.
korsecilik making or selling corsets/girdles.
Korsika 1. Corsica. 2. Corsican, of Corsica.
Korsikalı 1. (a) Corsican. 2. Corsican (person).
kort, -tu *sports* court: **tenis kortu** tennis court.
korte courting; flirting. — **etmek** /la/ to court; to flirt with.

kortej cortege.
korteks *anat.* cortex.
kortizon *biochem.* cortisone.
koru grove, small wood.
korucu 1. forest ranger. 2. village policeman.
korugan blockhouse.
koruk unripe grape. — **lüferi** small bluefish (caught in August). — **suyu** verjuice, the juice of unripe grapes.
koruluk grove, small wood.
koruma protection; defense. — **görevlisi** bodyguard. — **polisi** police bodyguard. — **ünsüzü** *phonetics* buffer *y* between two vowels.
korumak /ı/ 1. to protect, guard, shield, watch over; to defend. 2. to cover, take care of (an expense). 3. to preserve, maintain.
korun *anat.* epidermis.
korunak shelter, place of refuge, refuge.
korunaklı sheltered (place).
koruncak 1. small case/box. 2. storeroom.
korundokusu, -nu *anat.* epidermal tissue of the stratum corneum.
korunga *bot.* trefoil.
korungalık place thick with trefoil.
korunmak 1. /dan/ to safeguard or protect oneself against; to avoid, escape (something). 2. to be protected, be shielded. 3. to be preserved, be kept intact.
korunum preservation; conservation.
koruyucu 1. protecting, protective. 2. protector, defender. — **hekimlik** preventive medicine.
koruyuculuk protection, support.
korvet, -ti corvette.
korza *naut.* fouling (of cables/chains) (in the water).
kosinüs *math.* cosine.
koskoca very big; very great.
koskocaman huge, enormous.
kostak *prov.* dressed to the nines, dressed fit to kill.
Kostantiniye *hist.* Constantinople.
Kosta Rika 1. Costa Rica. 2. Costa Rican, Costa Rica, of Costa Rica.
Kosta Rikalı 1. (a) Costa Rican. 2. Costa Rican (person).
kostüm 1. (man's two or three-piece) suit. 2. *theat.* costume.
kostümlük 1. (material) fit for making a man's suit. 2. suiting, fabric suitable for making a man's suit.
koşaç *gram.* copula, linking verb.
koşaltı *prov.* yoking/harnessing two animals together.
koşma 1. running. 2. *lit.* free-form folk poem or song about love/nature. 3. *naut.* guy, stay.
koşmaca tag (children's game).
koşmak 1. /ı, a/ to harness, hitch (to). 2. /ı/ to hitch up a horse to. 3. /ı, a/ to have (one person) escort (another). 4. /ı, a/ to put (one person) to work alongside (another). 5. /ı, a/ to have (someone) do (a job).
koşmak 1. to run. 2. /ardından, peşinden/ to pursue, try to get. **koşar adımlarla** running, at a run. **Koşar adım marş/ileri!** Run! *(command given to a physical education class)*.
koşnil *zool.* cochineal insect.
koşturmak /ı, a/ 1. to have (an animal) hitched to. 2. to send (someone) on (an errand).
koşturmak /ı/ 1. to let (someone/something) run; to make (someone/something) run. 2. to hurry (someone). 3. to race (a horse).
koşu race. — **atı** racehorse. — **koparmak** to jump up and dash off.
koşucu runner (person competing in a race).
koşuk *lit.* verse (metrical composition).
koşul condition, provision, stipulation. — **birleşik zamanı** *gram.* conditional mood.
koşullandırılmak being conditioned.
koşullandırılmak to be conditioned.
koşullandırma conditioning.
koşullandırmak /ı/ *psych.* to condition.
koşullanma *psych.* conditioning, being conditioned.
koşullanmak *psych.* to be conditioned.
koşullu 1. conditional. 2. *psych.* conditioned. — **tasım** conditional syllogism. — **yantümce** *gram.* protasis.
koşulluluk conditionality.
koşulmak 1. (for a horse-drawn vehicle) to be readied for departure. 2. /a/ to be hitched (to). 3. /a/ to be assigned to escort (someone). 4. /a/ to be put to work alongside (someone).
koşulmak *impersonal passive* to run.
koşulsuz unconditional.
koşulsuzluk unconditionality.
koşum harness. — **atı** carriage horse; draft horse. — **hayvanı** draft animal. — **kayışı** trace (of a harness).
koşumlu harnessed.
koşun 1. line of soldiers, rank. 2. row of people standing side by side. — **bağlamak** *mil.* to form ranks. — **koşun** 1. in rows, in lines, in ranks. 2. ranked, drawn up in ranks.
koşuntu 1. followers, supporters. 2. accomplices.
koşuşmak 1. (for people) to run or rush together. 2. (for someone) to run hither and thither, rush from one place to another.
koşuşturmak to run hither and yon, rush from one place to another.
koşut, -tu parallel.
koşutluk parallelism.
kot, -tu *see* **kod.**
kot, -tu 1. (a pair of) jeans, blue jeans, or denims (trousers). 2. denim skirt. 3. denim.
kota *com.* quota.

kotan *prov.* large, metal plow.
kotarmak /ı/ 1. to dish up (food). 2. to complete, finish. 3. to prepare.
kotlamak /ı/ 1. to put down the elevations of places on (a map). 2. to show the dimensions of things on (a plan). 3. to spell out (a word) (using the first letters in the names of cities).
kotlet, -ti cutlet; chop.
kotletpane breaded cutlet.
kotonperle pearl cotton.
kotra cutter (a boat).
kov gossip, malicious talk. — **etmek** /ı/ to gossip about (someone), run (someone) down.
Kova *astrology* Aquarius.
kova 1. bucket, pail. 2. *slang* passive male homosexual, fag, faggot.
kovalama pursuing, pursuit.
kovalamaca tag (children's game).
kovalamak /ı/ to chase, try to catch/get, pursue.
kovan 1. beehive, hive. 2. cartridge case. 3. socket (for a handle). 4. *slang* passive male homosexual, fag, faggot.
kovanlık apiary.
kovboy cowboy. — **filmi** western, cowboy movie.
kovcu *prov.* 1. talebearing, (someone) who is a talebearer. 2. maliciously critical, backbiting.
kovculuk *prov.* 1. talebearing, being an informer. 2. denigration, backbiting.
kovdurmak /ı, a/ 1. to have (someone) drive (another person) away. 2. to have (someone) get rid of (another person).
kovlamak /ı/ *prov.* 1. to talk maliciously about (someone), run (someone) down. 2. to tell on, inform on.
kovma expulsion.
kovmak /ı/ 1. to drive (someone) away (with a harsh word/action). 2. to expel, get rid of.
kovucu *prov.*, see **kovcu**.
kovucuk *bot.* lenticel.
kovuculuk *prov.*, see **kovculuk**.
kovuk hollow, cavity.
kovuklu hollow, not solid.
kovulmak 1. to be driven away (with a harsh word/action). 2. to be gotten rid of, be expelled.
kovumsama an unwelcoming attitude; a cool reception.
kovumsamak /ı/ to behave unwelcomingly toward, give (someone) a cool reception.
kovuntu outcast; expellee.
kovuş driving someone away.
kovuşturma investigation of a case (by a legal agency of the state). — **açmak** to begin a legal investigation. — **yapmak** to make a legal investigation.
kovuşturmak /ı/ to investigate (a crime).
koy small bay, cove.
koyacak container.

koyak valley.
koyar confluence (of two streams).
koydurmak /ı, a/ to have (something) put (somewhere).
koymak 1. /ı/ to put, place. 2. /ı/ to let go (inside/outside). 3. /a/ to affect, upset, bother; to move. 4. /ı/ to appropriate, set aside. **Koydunsa bul.** *colloq.* It's like trying to find a needle in a haystack. **koyup gitmek** /ı/ to leave (something/someone) and go away. **Koyduğum yerde otluyor.** *colloq.* 1. He's still in the same (socioeconomic) position he's always been in. 2. He hasn't changed one iota./He's just the same as ever *(meant as a negative criticism).*
koyu 1. thick (liquid). 2. dark, deep (color). 3. extreme, fervid, rabid, dyed-in-the-wool.
koyulaşma 1. thickening (of a liquid). 2. darkening (of a color).
koyulaşmak 1. (for a liquid) to thicken. 2. (for a color) to darken.
koyulaştırma 1. thickening (a liquid). 2. darkening (a color).
koyulaştırmak /ı/ 1. to thicken (a liquid). 2. to darken (a color).
koyulmak 1. (for a liquid) to thicken. 2. (for a color) to darken. 3. /a/ to begin, set about, set to, embark upon.
koyultmak /ı/ 1. to thicken (a liquid). 2. to darken (a color).
koyuluk 1. thickness (of a liquid). 2. darkness, deepness (of a color). 3. extremeness, rabidity.
koyun 1. sheep. 2. *colloq.* simpleton. — **bakışlı** *colloq.* (person) with a dull, stupid look in his eye. **—un bulunmadığı yerde keçiye Abdurrahman Çelebi derler.** *proverb* An inferior thing seems first-rate to those who have never known anything better. — **can derdinde, kasap yağ derdinde.** *proverb* One man's loss is another man's gain. — **dede** *colloq.* fool, simpleton. — **eti** mutton. — **gibi** *colloq.* stupid. — **kaval dinler gibi dinlemek** *colloq.* to listen without understanding a thing.
koyun, -ynu 1. bosom, breast. 2. arms, embrace. **—una almak** /ı/ to take (someone) to bed with one. **—una girmek** /ın/ to go to bed with (someone). **—una koymak** /ı/ to put into one's bosom or breast pocket. — **koyuna** 1. in each other's arms. 2. in the same bed. **—unda yılan beslemek** *colloq.* to nourish a viper in one's bosom.
koyungözü, -nü *bot.* feverfew.
koyunotu, -nu *bot.* agrimony.
koyuvermek, koyvermek /ı/ to set free, let go.
koz 1. a chance (to attack or to defend oneself); a trump, an ace up one's sleeve. 2. *playing cards* trump. 3. walnut. — **kabuğundan çıkmış da kabuğunu beğenmemiş.** *colloq.* He is

ashamed of his background. —unu kaybetmek *colloq.* to lose, come out the loser. — kırmak 1. to play a trump card. 2. *colloq.* to be up to no good. —unu oynamak to play one's trump card. —unu paylaşmak /la/ *colloq.* (forcibly) to settle accounts with (someone).
koza 1. cocoon (of an insect). 2. boll; pod; seed capsule.
kozacı person who buys and sells silkworm cocoons.
kozak 1. cone (of a conifer). 2. cocoon. 3. boll; pod; seed capsule. 4. *prov.* (an) unripe fruit.
kozalak 1. cone (of a conifer). 2. cocoon. 3. boll; pod; seed capsule. 4. *formerly* an ivory disk (used to protect a wax seal). 5. *prov.* (an) unripe fruit.
kozalaklı coniferous.
kozalaksı pineal. — bez *anat.* pineal gland, pineal body.
kozhelva nougat.
kozhelvası, -nı *see* kozhelva.
kozmetik 1. (a) cosmetic. 2. cosmetic.
kozmik cosmic. — ışınlar *phys.* cosmic rays.
kozmogoni cosmogony.
kozmogonik cosmogonic, cosmogonical, cosmogonal.
kozmografya cosmography.
kozmoloji cosmology.
kozmolojik cosmologic, cosmological.
kozmonot, -tu cosmonaut.
kozmopolit, -ti 1. cosmopolitan. 2. cosmopolitan person, cosmopolitan.
kozmos cosmos.
köçek 1. foal of a camel. 2. *formerly* youth who performed erotic dances in woman's garb. 3. *colloq.* frivolous person, light-minded person.
köçekçe a lively dance tune.
köçeklik 1. *formerly* the profession of a **köçek.** 2. *colloq.* frivolous behavior.
köfte grilled meat patty; meatball; croquette.
köfteci 1. maker and seller of grilled meat patties. 2. small restaurant specializing in grilled meat patties.
köftecilik making and selling grilled meat patties.
köftehor *colloq.* son of a gun *(said half affectionately).*
köfter *prov.* a sweet made of starch and boiled-down grape juice.
köftün *prov.* oil meal (for cattle).
köhne 1. dilapidated, ramshackle, falling into ruin. 2. outdated, outmoded.
köhneleşmek *see* köhnemek.
köhnelik 1. dilapidation, being dilapidated. 2. being outmoded.
köhnemek 1. to become dilapidated. 2. to become outmoded.
kök, -kü 1. root. 2. origin. 3. *chem.* radical. 4. root (of an equation). 5. *dent., ling.* root. 6. root (of a matter/a problem). —ünden completely, thoroughly, once and for all. — dizin *comp.* root directory. — işareti *math.* radical sign. —ünü kazımak /ın/ *colloq.* to extirpate, eradicate. —ü kazınmak *colloq.* to be extirpated, be utterly destroyed. —ünden kesip atmak /ı/ *colloq.* to settle (a matter) once and for all. —üne kibrit suyu dökmek/—ünü kurutmak /ın/ *colloq.* to exterminate, wipe out. — salmak 1. (for a cutting) to develop roots; (for a plant) to take root, become rooted. 2. *colloq.* (for something) to become established, take hold, catch on. — sökmek *colloq.* to do a very difficult job. — söktürmek /a/ *colloq.* to make things difficult for (someone).
kök, -kü tuning peg (of a **saz**).
kökanlam root meaning (of a word).
kökboyası, -nı 1. madder, madder root; alizarin. 2. *bot.* the madder plant.
kökçü herbalist.
kökçük rootlet, radicel.
kökçül radicivorous; radicicolous.
köken 1. origin, source. 2. *ling.* root, root form, etymon, radical. 3. place of origin, homeland. 4. plant/stem (usually refers to cucumber/melon/squash plants). — belgesi *com.* certificate of origin.
kökenbilim etymology (science).
kökenbilimci etymologist.
kökenbilimsel etymological, etymologic.
kökertmek /ı/ *prov.* to layer, propagate (a plant) by layering.
kökkırmızısı, -nı garancine.
kökkurdu, -nu *zool.* mole cricket.
kökleme 1. uprooting (plants). 2. clearing (soil) of roots.
köklemek /ı/ 1. to uproot, dig up by the roots. 2. to clear (soil) of roots. 3. to quilt/tuft (the sides of a quilt/a mattress) together. 4. to plait/braid (braids) together.
köklemek /ı/ to tune (a **saz**).
köklendirmek /ı/ to root (a plant cutting).
köklenme putting out roots.
köklenmek 1. to take root, put forth roots. 2. to become firmly established.
Klöleşik classic, of lasting appeal.
köleşme 1. taking root. 2. becoming settled down, becoming established. 3. (of an idea) becoming generally accepted.
köleşmek 1. to take root. 2. to settle down, become established. 3. (for an idea) to become generally accepted.
kökleştirmek /ı/ 1. to cause (a plant) to take root. 2. to cause (something) to become established or generally accepted.
köklü 1. (something) that has roots/a root; rooted (plant). 2. basic, fundamental, radical, thoroughgoing. — aile old and well-known

family.
köknar *bot.* fir tree, fir.
köksap, -pı rhizome, rootstalk.
köksel radicular.
köksü *bot.* tendril.
köksüz 1. rootless (plant cutting). 2. groundless, unfounded.
kökten fundamental, radical.
köktenci radical, extremist.
köktencilik radicalism.
köktendinci (a) (religious) fundamentalist.
köktendincilik (religious) fundamentalism.
kökteş *gram.* cognate (word). **— tümleç** direct object that is cognate with its verb.
Köktürk *see* **Göktürk.**
Köktürkçe *see* **Göktürkçe.**
köle (male) slave. **—n olayım!** *colloq.* I beg you!/ Please!
köleleşmek to turn into a slave.
köleleştirmek /ı/ to make (someone) into a slave.
kölelik slavery.
kömeç *bot.* capitulum.
kömür 1. coal. 2. charcoal. 3. *colloq.* coal-black. **— çarpmak** /ı/ for charcoal fumes to give (someone) a headache. **— gibi** *colloq.* coal-black. **— gözlü** *colloq.* (person) with coal-black eyes. **— işçisi** coal miner, *Brit.* collier. **— kalem** charcoal pencil. **— katranı** coal tar. **— ocağı** coal mine.
kömürcü 1. coal dealer. 2. stoker. 3. charcoal burner. **— çırağına dönmek** *colloq.* (for someone) to get black (with grime).
kömürcülük 1. the coal business, the work of a coal dealer. 2. the work of a stoker. 3. charcoal burning, the work of a charcoal burner.
kömürleşme coalification.
kömürleşmek 1. to turn into coal, coalify. 2. to turn into charcoal.
kömürleştirmek /ı/ to make into charcoal.
kömürlük 1. coal bin; coal cellar. 2. *naut.* bunker.
köpek 1. dog. 2. *vulg.* bastard, s.o.b. **—in ağzına kemik atmak** to shut up a troublemaker by giving him a slice of the pie. **—e atsan yemez.** *colloq.* It's not even fit for a dog to eat. **—i bağlasan durmaz.** *colloq.* It's not fit for a dog to live in, much less a person! **—e dalaşmaktan çalıyı dolaşmak yeğdir./—e dalanmaktan çalıyı dolanmak yeğdir.** *proverb* It is worth doing whatever is necessary to avoid a confrontation with a nasty person. **—in duası kabul/makbul olsa/olsaydı gökten kemik yağar/yağardı.** *proverb* If scoundrels were to run the world, it'd be an uninhabitable place. **— gibi** *colloq.* cringingly, fawningly. **—ler güler buna.** *colloq.* It's too funny for words. **—e hoşt, kediye pist dememek** *colloq.* to be unable to say "boo" to a goose. **— köpek olalı bir av avladı.** *colloq.* In all this time he's only managed to do one noteworthy thing. **—**

soyu *vulg.* bastard, s.o.b. **—le yatan pire ile kalkar.** *proverb* 1. If you associate with a scoundrel, you'll pick up some of his habits. 2. If you associate with a scoundrel, you'll suffer for it. **— yese kudurur.** *colloq.* Even the most low-down scoundrel couldn't stomach such a remark!
köpekbalığı, -nı *zool.* 1. shark. 2. dogfish.
köpekdişi, -ni canine tooth, cuspid.
köpekkuyruğu, -nu a wrestling hold.
köpeklemek *prov.* 1. to be dog-tired. 2. to be sorry for what one has done. 3. to be cut down to size, be taken down a peg. 4. to cringe, fawn, grovel.
köpeklenmek *prov.* 1. to be cut down to size, be taken down a peg. 2. to cringe, fawn, grovel.
köpekleşmek *colloq.* to cringe, fawn, grovel.
köpeklik *colloq.* cringing, fawning, groveling.
köpekmemesi, -ni *colloq., path.* large axillary bubo.
köpoğlu, -nu *vulg.* 1. bastard, s.o.b. 2. fox, crafty person. **— köpek** *vulg.* son of a bitch.
köprü 1. bridge. 2. *dent., wrestling, naut.* bridge. 3. hasp (of a lock). 4. *slang* bending a playing card so that when the cards are cut this card will come out on top. **— altı çocuğu** *colloq.* homeless child, street Arab. **—nün/—lerin altından çok su/sular aktı/geçti.** *colloq.* Many things have changed since then. **—leri atmak** *colloq.* to burn one's bridges. **—den/—yü geçinceye kadar ayıya dayı derler.** *proverb* You should play up to an ogre until he gives you what you want. **— gözü** arch of a bridge.
köprübaşı, -nı 1. *mil.* bridgehead. 2. *colloq.* foothold, start, beginning.
köprücü 1. bridge builder. 2. *mil.* pontooning (unit), (unit) of pontoniers.
köprücük 1. small bridge. 2. *anat.* collarbone, clavicle.
köprücükkemiği, -ni *anat.* collarbone, clavicle.
köprücülük the work of a bridge builder, bridge building.
köpük 1. foam, bubbles, froth; suds. 2. bubble. 3. styrofoam.
köpüklenmek to become foamy, bubbly, frothy, or sudsy.
köpüklü foamy, bubbly, frothy; sudsy.
köpülemek /ı/ *prov.* to quilt/tuft (the sides of a quilt/a mattress) together.
köpülenmiş *prov.* quilted (cloth); tufted (upholstery/mattress); (chair/sofa) with tufted upholstery.
köpürmek 1. to foam, froth, spume; to effervesce, bubble. 2. to suds; to lather. 3. *colloq.* to foam at the mouth, be beside oneself with rage.
köpürtmek /ı/ to make (something) foam, lather, or effervesce.

köpüz scum (on stagnant water).
kör 1. blind. 2. dull, not sharp. 3. dim (light). 4. blind, dead-end. 5. blind, unaware of what's happening. 6. *(in expressions)* bad, evil; unlucky. — **boğaz** *colloq.* one's appetite for food, hunger. — **çapa** a short, blunt hoe. — **değneğini beller gibi** *colloq.* without ever thinking of doing otherwise. — **dövüşü** *colloq.* chaotic situation. — **duman** very thick fog. — **hat** *rail.* siding. —**ün istediği bir göz, Allah verdi iki göz.** *colloq.* He was blessed with more than he'd hoped for. — **kadı** *colloq.* forthright person, person who speaks his mind. — **kör parmağım gözüne** *colloq.* out in the open, perfectly evident, clear. —**ü körüne** blindly, carelessly, at random. — **kütük sarhoş** dead drunk. —**ler mahallesinde ayna satmak** *colloq.* to sell refrigerators to Eskimos, carry coals to Newcastle. —**ler memleketinde şaşılar padişah/baş olur.** *proverb* An inferior thing seems first-rate to those who have never known anything better. — **nişancılık** 1. hitting the target by chance only. 2. *colloq.* doing something correctly by chance only. — **olası/olasıca** *colloq.* 1. Damn him/her/it! 2. damned, accursed. —**ünü öldürmek** *colloq.* 1. to satisfy one's desires after a fashion. 2. to swallow one's pride and admit one's helplessness. — **ölür badem gözlü olur, kel ölür sırma saçlı olur.** *proverb* What was ugly or worthless seems beautiful or valuable once it has been lost. — **şeytan/talih** *colloq.* bad luck. — **tapa** blind flange. — **topal** *colloq.* after a fashion, in a half-assed way. — **uçuş** flying blind. —**le yatan şaşı kalkar.** *proverb* 1. If you associate with a scoundrel, you'll pick up some of his habits. 2. If you associate with a scoundrel, you'll suffer for it.
körağaç wood used for the central layer of lumber-core plywood.
körbağırsak *anat.* cecum, blind gut.
kördüğüm 1. knot that refuses to come undone. 2. *colloq.* very complicated situation, Gordian knot.
körebe blindman's buff.
körelik atrophic.
körelim *see* **körelme**.
körelme 1. (of a cutting implement) getting dull. 2. atrophy, wasting away; declining, decline.
körelmek 1. (for a cutting implement) to get dull. 2. to atrophy, waste away; to decline. 3. (for a well) to begin to go dry. 4. (for a fire) to die down.
köreltmek /ı/ 1. to dull (a cutting implement). 2. to cause (something) to atrophy/decline.
köreşe *prov.* snow crust.
körfez 1. gulf; bay; inlet. 2. *colloq.* secluded, out-of-the-way.

körkandil *colloq.* dead (drunk).
körkaya rock lying close to the sea's surface.
körkuyu *colloq.* dry well.
körlemeden *colloq.* blindly, at random.
körlenmek, körleşmek 1. (for a cutting implement) to become dull. 2. (for one's mental powers) to decline, fail. 3. (for a well) to go dry. 4. (for a place) to cease to attract people, become dead. 5. (for a wound) to begin to heal.
körleştirmek, körletmek /ı/ 1. to dull (a cutting implement). 2. to cause (someone's mental powers) to decline. 3. to make (a well) go dry. 4. to make (a place) cease to attract people.
körlük 1. blindness. 2. bluntness, dullness (of a cutting implement). 3. *colloq.* lack of foresight. 4. *colloq.* clumsiness; blundering.
körocak childless family/home.
Köroğlu, -nu a hero in Turkish folktales.
köroğlu, -nu *colloq.* wife, the missus.
körpe young and fresh, young and tender.
körpecik very young and tender.
körpelik freshness; tenderness.
körsıçan *zool.*, *see* **köstebek**.
körük 1. bellows. 2. accordion bellows; camera bellows. 3. folding top (of an automobile); bellows top. 4. accordion coupling (as on a bus or a railway passenger car).
körükçü 1. bellows maker. 2. bellows operator. 3. *colloq.* instigator, agitator.
körükleme 1. blowing on (a fire) with a bellows. 2. *colloq.* encouraging, incitement.
körüklemek /ı/ 1. to blow on (a fire) with a bellows. 2. *colloq.* to encourage, incite.
körüklenmek 1. to be blown on with a bellows. 2. *colloq.* to be incited to action.
körükleyici instigative.
körüklü 1. furnished with a bellows. 2. (automobile) that has a folding top; (carriage) that has a bellows top. 3. (something) that has a foldable, accordion-like section.
köryılan *zool.* blindworm, slowworm.
kös a big drum (formerly used for signalling). — **dinlemiş** *colloq.* (person) who has experienced so much that he faces most things with equanimity.
köse naturally lacking a beard; having a very sparse beard. — **sakal** very sparse beard.
köseği *prov.* poker (for a fire); long stick charred at one end (used as a poker).
kösele stout leather. — **gibi** *colloq.* leathery, tough (food). — **suratlı** *colloq.* shameless (person).
köseletaşı, -nı 1. corundum whetstone. 2. sandstone (for polishing marble). 3. shoemaker's lapstone.
köselik being naturally beardless or sparsely bearded.
kösem *see* **kösemen**.

kösemen 1. lead goat; lead ram; bellwether. 2. ram trained to fight.
kösemenlik being the lead goat/ram. **— etmek** *colloq.* to guide, lead.
kös kös *colloq.* looking neither right nor left.
köskötürüm *colloq.* completely paralyzed.
kösnü 1. lust, desire, passion. 2. estrus, heat; rut.
kösnücül enslaved by lust.
kösnük in heat, estral; in rut.
kösnül 1. lustful, sensual, libidinous. 2. erotic.
kösnüllük 1. sensuality. 2. eroticism.
kösnümek to be in heat; to be in rut.
köstebek 1. *zool.* mole. 2. *colloq.* mole, spy.
köstek 1. hobble. 2. watch chain; key chain. 3. chain (of a sword scabbard). 4. obstacle, impediment. **—i kırmak** *colloq.* 1. (for a child) to learn how to walk (for the first time). 2. to sever all one's ties with a place. 3. to leave quickly, beat it. **— olmak /a/** *colloq.* to impede, hinder. **— vurmak /a/** 1. to hobble (a horse). 2. *wrestling* to get a grip on the leg/legs of (an opponent) with one's arms.
Kösteklemek /ı/ 1. to hobble, fetter (a horse). 2. *colloq.* to hamper, impede; to bring (a job) to a standstill.
Kösteklenmek 1. to be hobbled. 2. to trip, stumble. 3. *colloq.* to be hampered; to be brought to a standstill.
köstekli 1. hobbled. 2. (watch/key) that is on a chain.
köşe 1. corner. 2. out-of-the-way place, secluded spot, nook. **— başı** 1. street corner. 2. corner, situated at a corner. **— bucak** *colloq.* every nook and cranny. **—sine/—ye çekilmek** *colloq.* to live a quiet, simple life; to withdraw from the center of the stage; to withdraw from public life. **—yi dönmek** *colloq.* to make good, get where one wants to be in life, attain the (socioeconomic) status one has wished to achieve. **— kadısı** *colloq.* person who hates to be inconvenienced, person who loves his comforts. **— kapmaca** children's game puss in the corner. **— yazarı** columnist, one who writes a newspaper/magazine column. **— yazısı** (newspaper/magazine) column (an article).
köşebent 1. angle iron. 2. cornerpiece.
köşegen *geom.* diagonal (of a polygon/a polyhedron).
köşeleme diagonally; in a diagonal position.
köşeli cornered, angled. **— ayraç** *print.* bracket, square bracket.
köşelik piece of furniture designed for a corner.
köşk, -kü 1. large wooden house (set in a big garden). 2. small, richly decorated outbuilding of a palace. 3. richly decorated hunting lodge.
kötek cudgeling, drubbing, beating. **— atmak /a/** to give (someone) a beating. **— yemek** to get a beating.

köteklemek /ı/ to beat, give (someone) a beating.
kötü 1. bad. 2. worthless, poor in quality. 3. evil, wicked. 4. angrily; malevolently; maliciously. 5. *colloq.* really *(used as an intensifier):* **Kötü acıyor.** It really hurts. **— adam** *cin.* heavy, bad man, villain. **— beslenme** malnutrition. **—ye boğmak /ı/** *slang* to deceive, trick, cheat (someone). **— emilim** malabsorption. **— günler** hard times. **— haber tez duyulur.** *proverb* Bad news travels fast. **— kadın** *colloq.* prostitute, scarlet woman. **— kişi olmak** to become the target of someone's/others' dislike, be regarded as the person who's in the wrong. **— kötü** angrily; malevolently; maliciously. **— kötü düşünmek** to brood, think of troubling things. **—ye kullanmak /ı/** to misuse (one's authority); to abuse, take unfair advantage of. **— söz insanı dininden çıkarır, (tatlı söz yılanı ininden çıkarır).** *proverb* Harsh words only make people angry (but sweet words can charm a snake from its hole). **— yola düşmek/sapmak** *colloq.* 1. to become a prostitute. 2. to stray from the straight and narrow, begin to live immorally.
kötücü malicious, malevolent.
kötücül 1. malicious, malevolent; evil. 2. *path.* malignant. **— kansızlık** *path.* pernicious anemia. **— ur** *path.* cancer, malignant tumor.
kötülemek 1. /ı/ to speak ill of, run down. 2. to become haggard and weak (from illness).
kötülenmek to be disparaged, be run down.
kötüleşim *med.* deterioration.
kötüleşmek 1. to become bad, deteriorate. 2. *colloq.* to become a prostitute.
kötüleştirmek /ı/ to cause (something) to go wrong, spoil, make a mess of; to worsen.
kötülük 1. bad condition. 2. malicious/evil action, wrong, harm. 3. badness, wickedness. **— etmek /a/** to do (someone) harm.
kötülükçü evil, wicked (person).
kötümsemek /ı/ to disparage, belittle.
kötümser 1. pessimistic. 2. pessimist.
kötümserlik pessimism.
kötürüm 1. paralyzed in the legs. 2. paralyzed, crippled (leg). **— olmak** 1. to become paralyzed in the legs. 2. (for a leg) to become paralyzed.
kötürümleşmek 1. to become paralyzed in the legs. 2. (for a leg) to become paralyzed.
köy village. **— enstitüsü** *formerly* teacher training institute (which prepared villagers to be teachers in village schools). **K— İşleri Bakanı** the Minister of Village Affairs. **K— İşleri Bakanlığı** the Ministry of Village Affairs. **— kurulu** village council (official, elected body). **— muhtarı** village headman (elected official).
köycü person working to improve the lot of the villager.

köydeş person from the same village as oneself, fellow villager.
köylü 1. villager; peasant. 2. person from the same village as oneself, fellow villager.
köylülük 1. being a villager/a peasant. 2. behavior characteristic of a villager.
köyodası, -nı 1. room where villagers gather to talk. 2. room where strangers passing through the village can stay.
köz 1. ashes (containing a few live coals). 2. live coals.
közleme 1. /ı/ cooking (a food) in hot ashes or over live coals. 2. (a) food cooked in hot ashes or over live coals.
közlemek /ı/ to cook (a food) in hot ashes or over live coals.
kraft kâğıdı, -nı kraft, kraft paper.
kral 1. king. 2. *colloq.* super, A1, top-notch. **—dan çok kralcı olmak** *colloq.* (for a supporter) to be more devoted to a cause than the cause's leader is.
kralcı 1. (a) royalist. 2. royalist, royalistic.
kraliçe queen. **— gibi** *colloq.* beautiful and elegantly dressed (woman); queenly.
kraliçelik queenship, queenhood, queendom.
kraliyet, -ti 1. kingdom. 2. kingship. **— ailesi** royal family.
krallık 1. kingdom. 2. kingship.
kramp, -pı *med.* cramp. **— girmek** /a/ to get a cramp (in) (a part of one's body).
krampon cleat (of an athletic shoe).
krank, -kı crankshaft.
krater crater. **— gölü** crater lake.
kravat, -tı tie, necktie.
kreasyon creation.
kreatör creator.
kredi 1. good credit standing; good credit rating. 2. bank loan, loan of money (obtained from a bank). 3. *colloq.* reputation, one's position in the public eye. 4. *education* credit, credit hour. **— açmak** /a/ 1. to let (someone) buy on credit. 2. (for a bank) to give (someone) a loan of money. **— almak** to get a bank loan, get a loan of money from a bank. **—si düşmek** 1. to lose one's credit standing. 2. *colloq.* to lose the esteem of others. **— kartı** credit card. **— limiti** credit line, *Brit.* credit limit. **— mektubu** letter of credit. **— vermek** /a/ (for a bank) to give (someone) a loan (of money).
krem 1. face cream; hand cream; cold cream; vanishing cream. 2. cream-colored.
krema 1. cream filling (for pastries/cookies). 2. cream (from milk).
kremalı cream-filled (pastry/cookie).
krematoryum crematorium.
kremkaramel caramel custard, crème caramel.
kremlemek /ı/ to apply (a cosmetic) cream to.
kremşantiyi crème Chantilly, whipped cream.

krep, -pi 1. crepe (fabric). 2. crepe; pancake, hot cake, griddle cake. **— döşin** crepe de Chine.
krepon crepon. **— kâğıdı** crepe paper.
kreş day nursery, day-center, crèche.
kreşendo *mus.* crescendo.
kreten cretin.
kretenizm *path.* cretinism.
kreton cretonne.
kriket, -ti *sports* cricket.
kriko jack (lifting device). **—ya almak** /ı/ to jack (something) up.
kriminolog criminologist.
kriminoloji criminology.
kripto crypto, one who adheres/belongs secretly to a party, sect, or other group.
kriptolog cryptologist, cryptographer.
kriptoloji cryptology.
kristal, -li 1. crystal. 2. *slang* cocaine, snow.
kristaloit crystalloid.
kriter criterion.
kritik 1. critical review, critique. 2. critical, crucial. 3. *med.* critical.
kritisizm criticism, the art of criticism.
kriz 1. crisis. 2. fit of hysterics, attack of nerves. 3. fit, attack. **— geçirmek** to have a fit of hysterics.
krizalit, -ti chrysalis.
krizantem *bot.* chrysanthemum.
krizolit, -ti chrysolite.
kroket, -ti croquette.
kroket, -ti croquet (game).
kroki 1. roughly drawn plan/sketch/map; croquis; diagram. 2. plot, plat.
krokodil crocodile, made of crocodile skin.
krom *chem.* chrome, chromium.
kromatik chromatic.
kromatin *biol.* chromatin.
kromosfer *astr.* chromosphere.
kromotropizm chromotropism, chromotropy.
kromozom *biol.* chromosome.
kronik chronic.
kronograf chronograph.
kronoloji chronology.
kronolojik chronological.
kronometre chronometer.
kropi knot. **— bağı** figure-of-eight knot.
kros 1. cross-country, long-distance running. 2. cross-country race.
kroscu cross-country runner.
kroşe boxing hook.
krş. 1. (*abbr. for* **kuruş**) kuruş. 2. (*abbr. for* **karşılaştırınız**) cf. (compare).
kruasan croissant.
krupiye croupier (at a gaming table).
krupiyelik the work of a croupier.
kruvaze 1. double-breasted (garment). 2. twilled (cloth).
kruvazör cruiser (warship).

ksilofon *mus.* xylophone.
kuaför 1. (ladies') hairdresser. 2. barber.
kuartet, -ti *mus.* quartet.
kubbe 1. dome (convex roof). 2. sky, vault of heaven, firmament. — **altı** *hist.* room in Topkapı Palace where the grand vizier met with the Council of State. —**leri çınlatmak** *colloq.* to shout loud enough to wake the dead; to raise the roof.
kubbeli 1. domed; furnished with domes/a dome. 2. dome-shaped.
kubur 1. toilet hole; soil pipe. 2. quiver; quiver-shaped holder. 3. holster.
kuburluk 1. powder flask. 2. holster.
kucak 1. embrace; lap. 2. armful. —**ta** (baby) too young to walk, (babe) in arms. — **açmak** /a/ *colloq.* to receive (someone) with open arms; to take (someone) in; to take (someone) under one's wing. —**ına almak** /ı/ to pick up and hold in one's arms, take into one's arms; to sit (someone) on one's lap; to put (something) on one's lap. — **çocuğu** babe in arms. — **dolusu** an armful. —**ına düşmek** /ın/ *colloq.* to find oneself in the midst of (a bad situation, one's enemies). —**ta gezdirmek** /ı/ to carry (a child) around in one's arms. — **kucağa** 1. in each other's arms, in each other's embrace. 2. face to face, just opposite each other. — **kucak** 1. by the armloads, by the armfuls; in abundance. 2. armloads of, armfuls of; a great many. —**tan kucağa dolaşmak/gezmek** *colloq.* (for a woman) to have a succession of lovers; to be promiscuous. —**ına oturmak** /ın/ to sit on (someone's) lap.
kucaklamak /ı/ 1. to embrace, take in one's arms; to hug. 2. to surround.
kucaklaşmak to embrace/hug each other.
kuçukuçu *child's language* doggie, bowwow, woof-woof.
kuçu kuçu Here! *(said when calling a dog).*
kudas the Eucharist, Holy Communion, Communion (Christian sacrament/rite).
kudret, -ti 1. power, might, strength. 2. capacity, ability. 3. the omnipotence (of God). 4. financial resources, the wherewithal. —**ten** produced by natural forces, natural. — **hamamı** Turkish bath (the water of which comes from a thermal spring). — **helvası** manna.
kudretli powerful; capable.
kudretnarı, -nı balsam apple (fruit/plant).
kudretsiz powerless; incapable.
kudretsizlik powerlessness; incapability.
kudurgan wild, uncontrollable (person).
kudurmak 1. to become rabid, go mad, become hydrophobic. 2. to be beside oneself with anger, be foaming at the mouth. 3. to become uncontrollable, go wild.
kudurtmak /ı/ 1. to cause (someone/an animal) to become rabid. 2. to enrage, cause (someone) to blow his stack. 3. to make (someone/something) uncontrollable, drive (someone/something) wild.
kuduruk 1. rabid, mad, hydrophobic. 2. wild, uncontrollable (person).
kuduz 1. rabies, hydrophobia. 2. rabid, hydrophobic.
kudüm *mus.* a small double drum.
Kudüs Jerusalem.
kûfi 1. Kufic, Cufic. 2. Kufic, Cufic script.
kuğu *zool.* swan.
kuğurmak (for a pigeon) to coo.
kuintet, -ti *mus.* quintet.
kuka ball (of thread used for embroidering or making lace).
kuka 1. wood from the root of the coconut palm, coconut. 2. made from the root of the coconut palm, coconut.
kukla 1. puppet; marionette; hand puppet. 2. puppet show. 3. *colloq.* puppet, a tool. — **gibi oynatmak** /ı/ *colloq.* 1. to manipulate (someone) for one's own ends. 2. to string (someone) along. — **hükümet** puppet government.
kuklacı puppeteer.
kuklacılık puppetry.
kuku *zool.* cuckoo.
kukuç *prov.* stone (of a fruit).
kukuleta hood; cowl.
kukuletalı furnished with a hood/a cowl.
kukulya silkworm cocoon.
kukumav *zool.* little owl. — **gibi** *colloq.* all alone, all by oneself. — **gibi düşünüp durmak** *colloq.* to brood forlornly.
kukuriko *child's language* rooster, cock.
kul 1. slave. 2. mortal, human being, man (in relation to God). — **köle/kurban olmak** /a/ *colloq.* to serve (someone) with utter faithfulness and obedience. — **kusursuz/hatasız olmaz.** *proverb* Nobody's perfect./To err is human. — **sıkılmayınca/bunalmayınca Hızır yetişmez.** *proverb* It's only when a man's problems become serious that he finds (or is granted) a solution to them. — **taksimi** equal division and distribution. — **yapısı** man-made.
kula dun-colored (horse).
kulaç 1. fathom. 2. *swimming* stroke. 3. *swimming* crawl. — **atmak** to swim a stroke; to swim a crawl, crawl.
kulaçlamak /ı/ 1. to measure in fathoms. 2. to swim a stroke; to swim a crawl, crawl.
kulak 1. ear. 2. gill (of a fish). 3. tuning peg. 4. natural sense of musical pitch, ear. 5. handgrip, lug, (rounded) handle (of a cooking pot). —**ını açmak** to listen carefully. —**ı ağır işitmek** to be hard of hearing, be partially deaf. — **akıntısı** discharge from an ear. — **asmak** /a/ to pay attention (to); to heed. —**tan**

âşık olmak /a/ to be in love with (someone/something) one has never seen. **—ı (bir şeyde) olmak** to be listening to. **—ını bükmek** /ın/ to forewarn. **—ına çalınmak** /ın/ to overhear (something). **—ını çekmek** /ın/ 1. to pull (someone's) ear. 2. *colloq.* to give (someone) a firm but gentle rebuke. **—ları çınlamak** for one's ears to ring. **—ı/—ları çınlasın.** *colloq.* I wish he could hear this *(said when something good is said of someone absent)*. **—ını çınlatmak** /ın/ to speak well of (someone absent). **— delici** earsplitting, deafening (noise). **—ı delik** *colloq.* (person) who's quick to pick up news. **—ını delmek** /ın/ *slang* to tell (a gambler) that he's been swindled. **—larını dikmek** (for an animal) to prick up its ears. **—ını doldurmak** /ın/ to fill (someone) in, put (someone) in the know; to brief, prime. **— dolgunluğu** knowledge picked up here and there (by listening). **—tan dolma** (knowledge) picked up here and there (by listening). **—ları dolmak** to be fed up with hearing the same thing over and over again. **—ı düşük** *colloq.* 1. listless, lifeless. 2. glum, blue. **— erimi** earshot. **—ına gelmek** to hear. **—ına girmek** to heed, take note of; to accept as true. **— iltihabı** *path.* ear infection. **— kabartmak** to prick up one's ears, be all ears. **—larına kadar kızarmak** to blush/flush hotly, go beet red. **—tan kapmak** /ı/ to pick up (knowledge) here and there (by listening). **—ına kar suyu kaçmak** *colloq.* to hear some disquieting news. **— kepçesi** *anat.* earlap, the external ear. **— kesilmek** to be all ears, listen attentively. **—larını kısmak** (for an animal) to lay back its ears. **— kiri** earwax. **—ı kirişte olmak** to be all ears. **—ına koymak/sokmak** /ı, ın/ to fill (someone) in about; to prime (someone) about. **—tan kulağa** (news traveling) on the grapevine. **—ına küpe olmak** *colloq.* to be a lesson to, serve as a warning to, leave a lasting impression on. **— misafiri olmak** /a/ *colloq.* to overhear. **—ını okşamak** *colloq.* (for a sound or spoken words) to delight (one). **—larının pasını gidermek** *colloq.* (for music) to delight (one) because one hasn't heard its like for a long time. **—ları paslanmak** *colloq.* not to have heard good music for a long time. **—ına söylemek** /ı, ın/ to whisper (something) in (someone's) ear. **—ı tıkalı** 1. hard of hearing. 2. *colloq.* unwilling to listen; (person) who is not listening. **— tıkamak** /a/ to pretend not to hear; to ignore. **—larını tıkamak** /a/ to shut one's ears to, not to listen to. **— tutmak** /a/ to listen carefully (to). **— uğultusu** ringing in the ears. **— vermek** /a/ to listen carefully (to). **— yağı** earwax, cerumen. **— yolu** *anat.* auditory canal.
kulakçı *colloq.* ear doctor, ear specialist.

kulakçık *anat.* atrium, auricle.
kulakçın *obs.* earflap, earlap.
kulakdemiri, -ni moldboard, breast board (of a plow).
kulaklı 1. eared; -eared. 2. cooking pot that has two handgrips. 3. *slang* a dagger. **— somun** wing nut (a thumbnut).
kulaklık 1. earflap, earlap. 2. headphone, earphone; earpiece. 3. hearing aid.
kulakmemesi, -ni *anat.* ear lobe.
kulaksız 1. earless. 2. handleless.
kulaktozu, -nu *anat.* mastoid process. **—na vurmak** /ın/ to box (someone) right on the ear.
kulakzarı, -nı *anat.* eardrum, tympanic membrane.
kulampara *vulg.* pederast, lover of boys; active male homosexual.
kulan *zool.* kulan, koulan, a wild ass (of Central Asia).
kule tower; turret.
kuleli towered; turreted. **K— Askeri Lisesi** Kuleli Military High School (in Istanbul).
kulis 1. backstage, wings. 2. the hidden aspects of a matter. 3. curb exchange. **— faaliyeti** lobbying. **— yapmak** to lobby, work behind the scenes.
kullandırmak /ı, a/ to make/let (somebody) use (something).
kullanıcı user. **— dostu** user-friendly.
kullanılmak to be used.
kullanılmış secondhand, used.
kullanım 1. using, use. 2. *gram.* usage.
kullanış way of using, usage; use.
kullanışlı useful, handy; serviceable.
kullanışsız useless, unhandy; unserviceable.
kullanmak /ı/ 1. to use. 2. to drive (a car). 3. to use/take/consume (something) regularly.
kulluk 1. slavery, servitude. 2. worship, adoration. 3. *hist.* police station. **— etmek** /a/ to serve (someone) slavishly.
kulp, -pu 1. (rounded) handle. 2. *colloq.* pretext. **—unu bulmak** /ın/ *colloq.* to find a pretext for. **— takmak** /a/ *colloq.* to find fault with (something/someone).
kulplu handled; -handled.
kuluçka 1. broody; brooding, setting (hen bird). 2. broody hen. 3. hen (who has chicks); hen bird (who has young). **— devri/dönemi** incubation period (for eggs or a disease caused by a pathogen). **— makinesi** incubator. **— olmak** (for a hen bird) to be broody. **—ya oturmak/yatmak** (for a hen bird) to start to set or brood; to brood, set, incubate.
kuluçkalık 1. being broody; brooding, incubating. 2. nest (egg).
kulun newborn foal. **— atmak** (for a mare/a jenny) to abort.
kulunç 1. shoulder pain. 2. colic, acute abdom-

inal pain. 3. severe pain, cramp. — **kırmak** to massage an aching place.
kulunlamak to foal.
kulübe 1. hut; cabin; shack, shanty. 2. sentry box. 3. telephone booth. 4. tollbooth.
kulüp 1. club, association, society. 2. clubhouse, club building.
kulvar lane (in a road/a running track/a racing pool).
kum 1. sand. 2. gravel (in the kidneys). 3. hard granules (in fruits such as pears/quinces). — **başı** sandy beach. — **fırtınası** sandstorm. — **gibi** colloq. a great many. — **havuzu** sandbox (for children). —**da oynamak** colloq. to be left empty-handed (after having striven for something). — **saati** hourglass. — **torbası** sandbag.
kuma 1. fellow wife (in a polygamous household). 2. female concubine.
Kuman 1. (a) Cuman, (a) Kuman. 2. Cuman, Kuman.
kumanda 1. command, control, authority. 2. colloq. remote-control device/unit. — **aygıtı/cihazı** remote-control device/unit. — **etmek** /a/ to command, be in command of.
kumandan 1. commander, commanding officer, commandant. 2. high-ranking officer.
kumandanlık 1. commandership. 2. command post; command headquarters.
kumanya 1. food (taken along to be eaten while traveling). 2. soldier's rations (eaten during a march or in the field), field rations.
kumar gambling. — **kâğıdı** playing cards (used in gambling). — **masası** gaming table. — **oynamak** 1. to gamble. 2. colloq. to embark knowingly upon a risky enterprise. — **oyunu** 1. game of chance. 2. colloq. a risky business, a dangerous enterprise.
kumarbaz (habitual) gambler.
kumarbazlık addiction to gambling.
kumarcı (habitual) gambler.
kumarcılık addiction to gambling.
kumarhane gambling house, gaming house.
kumaş cloth, fabric, material. — **mengenesi** mangle.
kumbara 1. piggy bank. 2. coin box, token box (of a turnstile, pay telephone). 3. obs., see **humbara**.
kumbaracı obs., see **humbaracı**.
kumcu dredger or seller of sand.
kumcul arenicolous.
kumkuma 1. a jug; a vase. 2. ink bottle. 3. colloq. center, source; instigator, spreader.
kumla sandy beach; sandy place.
kumlama 1. sandblasting. 2. roughing.
kumlu 1. sandy. 2. (fruit) whose meat has a gritty texture. 3. (cloth) covered with woven dots, dotted.
kumluk 1. sandy. 2. sandy place.

kumpanya 1. company, business concern, firm (usually foreign). 2. theatrical company, troupe. 3. group, gang, band, bunch.
kumpas 1. print. composing stick. 2. calipers, caliper compass. 3. caliper rule. 4. mariner's compass. 5. slang dirty trick, piece of skulduggery. — **kurmak** slang to plot something nefarious, be up to no good. — **sallamak** slang 1. to be absentminded. 2. to consider something unimportant.
kumral 1. brown (hair). 2. brown-haired (person).
kumru zool. dove, turtledove. —**lar gibi sevişmek** colloq. to be madly in love with each other, be like two turtledoves. — **göğsü** colloq. iridescent.
kumsal 1. sandy beach/shore. 2. sandy.
kumsallık sandiness, being sandy.
kumtaşı, -nı geol. sandstone.
Kumuk 1. Kumyk, Kumik, Kumuk, the Kumyk people. 2. (a) Kumyk, (a) Kumik, (a) Kumuk. 3. Kumyk, of the Kumyk people or their language.
Kumukça 1. Kumyk, Kumik, Kumuk, the Kumyk language. 2. (speaking, writing) in Kumyk, Kumyk. 3. Kumyk (speech, writing); spoken in Kumyk; written in Kumyk.
kumul sand dune, dune.
kundak 1. cloths used for swaddling, swaddling clothes. 2. gunstock. 3. bundle of oily rags (used by an arsonist to start a fire). — **bezi** cloth used for swaddling. —**tan çıkmak** to cease to need to be swaddled. — **çocuğu/—taki çocuk** colloq. a babe in arms. — **sokmak/koymak** 1. /a/ (for an arsonist) to set fire to (a place) using a bundle of oily rags. 2. /arasına/ colloq. to set (two people) against (each other). 3. /a/ colloq. to sabotage, wreck (a project).
kundakçı 1. gunstock maker. 2. arsonist, incendiary, firebug. 3. colloq. troublemaker, promoter of discord.
kundakçılık 1. arson. 2. colloq. troublemaking.
kundaklamak /ı/ 1. to swaddle. 2. to mount (a rifle barrel) on a stock. 3. to set fire to (a place) using a bundle of oily rags. 4. colloq. to sabotage, wreck (a project). 5. colloq. to tie up (one's hair) with a head scarf.
kundaklanmak 1. to be swaddled. 2. to be fitted with a gunstock. 3. to be set on fire (by an arsonist). 4. colloq. to be sabotaged, be wrecked. 5. colloq. (for hair) to be tied up with a head scarf.
kundaklı swaddled.
kundura shoe.
kunduracı 1. seller of shoes. 2. shoemaker. 3. repairer of shoes.
kunduz 1. zool. beaver. 2. beaver, castor (fur).
kunt, -tu stout, strong, solid.
kupa 1. (metal) drinking cup; (metal) vase. 2.

kurmak

cup (given as a prize), loving cup. 3. *playing cards* (a) heart.
kupa coupé (horse-drawn carriage).
kupkuru bone-dry.
kuplör *rail.* coupling (device for joining railroad cars).
kupon 1. coupon. 2. piece of cloth sufficient to make one garment.
kupür (a newspaper/a magazine) clipping.
Kur. *(abbr. for* **Kurmay**) *mil.* 1. G.S.O. (general staff officer). 2. G.S. (general staff).
kur 1. rate of exchange. 2. course (of studies). — **farkı** the degree of change in an exchange rate.
kur courting, wooing. — **yapmak** /a/ to court, pay court to, try to woo; to cozy up to.
kura 1. drawing of lots. 2. lot cast or drawn. 3. *mil.* conscription based on a drawing of lots. — **çekmek** to draw lots. — **sı olmak** /ın/ to be among those conscripted in (a certain year).
kurabiye 1. cookie, cooky, *Brit.* sweet biscuit, *Brit.* tea biscuit. 2. savory biscuit. — **gibi** (food) which is crisp and yet melts in the mouth.
kurak 1. dry, rainless. 2. (soil) that won't hold moisture, that dries out quickly.
kurakçıl *bot.* xerophytic.
kuraklık drought.
kural rule; regulation.
kuralcı 1. (person) who sticks strictly to the rules. 2. formalistic. 3. normative, prescriptive.
kuralcılık formalism.
kuraldışı, -nı exceptional, not covered by a rule.
kurallaşma becoming a rule.
kurallaşmak to become a rule.
kurallaştırmak /ı/ to make (something) a rule.
kurallı 1. (something) which conforms to rules/a rule. 2. *gram.* regular.
kuralsız 1. (something) which does not conform to rules/a rule, irregular. 2. *gram.* irregular.
kuram theory.
kuramca theoretically.
kuramcı theorist, theoretician.
kuramcılık preferring to think in theoretical, rather than practical, terms.
kuramsal theoretical.
kuramsız (something) which lacks a theoretical basis.
Kuran Koran, Quran. — **ı Kerim** the Holy Koran.
kuran current, flow.
kurander draft, current of air.
kurbağa *zool.* frog. — **adam** frogman. — **ağaca çıkınca ....** *colloq.* When pigs learn to fly .... — **testi** frog test (for determining pregnancy).
kurbağacık 1. froglet, frogling. 2. *path.* ranula. 3. small monkey wrench. 4. handgrip (for a sash window).
kurbağalama 1. breast stroke. 2. shinnying up/down.

kurban 1. sacrificial animal, sacrifice. 2. the Feast of the Sacrifice, the Greater Bairam. 3. victim (of an accident/a disaster). 4. martyr. **K—!** *colloq.* Hey!/Hello mate! — **bayramı** the Feast of the Sacrifice, the Greater Bairam. — **eti** meat from an animal that has been ritually sacrificed. — **etmek** /ı, a/ to sacrifice (to). — **gitmek** /a/ *colloq.* to become an innocent victim (of), fall a prey to. — **kesmek** to kill an animal as a sacrifice. — **olayım!** *colloq.* 1. She's/It's so wonderful I feel like dying for her/it. 2. I beg you!/Please! — **olmak** /a/ 1. to sacrifice oneself for, give one's life for. 2. to be a victim (of). — **payı** meat given to the poor from a sacrifice. — **vermek** *colloq.* to lose some people (through violent/unexpected death).
kurbanlık sacrificial (animal). — **koyun gibi** *colloq.* little suspecting the disaster that awaits one.
kurcalamak /ı/ 1. to try to jimmy or pry open. 2. to scratch, rub, irritate. 3. to go into, delve into, dwell on (a matter). **Kurcalama sivilceyi çıban edersin.** *proverb* If you make too much of a fuss over a small problem, you'll make it into a big problem.
kurcalanmak 1. to be tampered with, be monkeyed with. 2. to be irritated/scratched. 3. to be gone into, be dwelt upon.
kurdele ribbon. — **sini kesmek** /ın/ *slang* 1. (for a policeman) to give (a driver) a ticket (for a traffic violation). 2. to take the wind out of (someone's) sails.
kurdelebalığı, -nı *zool.* red bandfish.
kurdeşen *path.* hives, urticaria.
kurdurmak /ı, a/ 1. to cause (someone) to set up or assemble (something). 2. to cause (someone) to prepare (something). 3. to cause (someone) to found/establish (something).
kurdurtmak /ı, a/ *see* **kurdurmak.**
kurgan 1. castle, fortress. 2. tomb, mausoleum. 3. mound, tell.
kurgu 1. clock key; knob (for winding a watch), winder; watch key. 2. (act of) winding. 3. *mech.* mounting, fitting, assembly, assembling. 4. abstract thought, speculation. 5. *cin.* assembly and editing (of a film). — **yayı** mainspring (of a clock/a watch).
kurgubilim science fiction.
kurgucu 1. *mech.* fitter, mounter, assembler (person). 2. *cin.* film editor.
kurguculuk 1. *mech.* the job of a fitter/a mounter/an assembler; mounting, fitting, assembling. 2. *cin.* film editing.
kurgusal theoretical, speculative.
kurlağan *path.* whitlow, felon.
kurma prefabricated.
kurmacı *art* 1. (a) constructivist. 2. constructivist.
kurmacılık *art* constructivism.
kurmak /ı/ 1. to set up, assemble, put together.

kurmay

2. to set (the table) (for a meal). 3. to pitch (a tent). 4. to wind (a clock/a watch). 5. *comp.* to install. 6. to cock (a gun). 7. to set (a trap). 8. to prepare (a mixture) and set it aside to pickle or ferment. 9. to establish, found; to form, create. 10. to plot, plan (something bad). 11. to indulge in (daydreams). 12. to resolve (to do something). 13. to ponder, dwell on. 14. to set (one person) against another. **kurup takma** assembling, putting (something) together. **kurup takmak** /ı/ to assemble, fit together, put together. **kurduğu tuzağa kendi düşmek** *colloq.* to fall into one's own trap.
kurmay *mil.* 1. general staff officer. 2. general staff. — **subay** general staff officer.
kurmaylık *mil.* being a general staff officer; the duties of a general staff officer.
kurna marble basin (under a faucet in a bath). — **başı soygunu gibi** *colloq.* 1. stark naked. 2. very poor.
kurnaz cunning, foxy.
kurnazca cunningly, foxily.
kurnazlık 1. cunning, foxiness. 2. cunning action.
kuron 1. *dent.* crown. 2. krone, crown. 3. krona, crown.
kurs 1. disk. 2. *astr.* disk.
kurs course, series of lessons. — **görmek** to attend a series of lessons, take a course.
kursak 1. crop, craw. 2. *colloq.* maw, stomach. 3. dried bird's craw. 4. made of the dried membrane of a craw. —**ı boş** *colloq.* hungry, starving. —**ından geçmemek** *colloq.* to have no appetite because one misses someone who's absent.
kursaklı 1. (animal) that has a crop/a craw. 2. *colloq.* goitrous (person).
kurşun 1. lead. 2. bullet. 3. lead seal. — **atmak** to fire a gun; to shoot a bullet. — **boku** dross of lead. —**a dizmek** /ı/ to execute (someone) by shooting him/her, send (someone) to the firing squad. — **dökmek** to melt lead and pour it into cold water over the head of a sick person in order to break an evil spell. — **erimi** range of a rifle. — **gibi** *colloq.* like lead, very heavy. — **suyu** Goulard's extract. — **yağdırmak** /a/ to rain bullets (on). — **yağmuruna tutmak** /ı/ to rain bullets on. — **yarası** bullet wound.
kurşuncu person who casts lead to counteract the evil eye.
kurşuni lead-colored, gray.
kurşunkalem (lead) pencil.
kurşunlamak /ı/ 1. to lead, cover (something) with lead. 2. to seal (something) with a lead seal. 3. to shoot.
kurşunlanmak 1. to be leaded, be covered with lead. 2. to be sealed with a lead seal. 3. to be shot.
kurşunlu 1. (something) that contains lead, leaded. 2. sealed with a lead seal. 3. covered with lead, leaded.
kurşunsuz unleaded, lead-free. — **benzin** unleaded gasoline.
kurt 1. *zool.* wolf. 2. *colloq.* shrewd person, foxy person. 3. *colloq.* wolf, masher. — **dumanlı havayı sever.** *proverb* A person who's up to no good loves a chaotic situation. — **gibi** *colloq.* shrewd, foxy. — **gidişi** lope. — **kocayınca köpeğin maskarası olur.** *proverb* When a great person becomes old and powerless, worthless people make fun of him. —**u koyunla barıştırmak/yürütmek** *colloq.* to bring peace and harmony to a place. — **kuş** *colloq.* every living, breathing thing. — **kuş yuvasına döndü.** *colloq.* There's not a soul in sight. — **kuyusu** pit trap, pitfall (containing a sharpened stake). —**a, "Neden boynun/ensen kalın?" demişler, "İşimi kendim görürüm de ondan," demiş.** *proverb* Self-reliance and independence breed strength.
kurt *zool.* worm; maggot; intestinal worm. — **dökmek** to pass worms. —**larını dökmek/**—**unu kırmak** *colloq.* to get rid of a desire to do something (by doing it to one's heart's content). — **yapmak** to give someone/an animal worms, cause someone/an animal to be infested with worms. — **yeniği** wormhole.
kurtağzı, -**nı** 1. *naut.* fairlead. 2. dovetail tenon.
kurtarıcı 1. savior, deliverer. 2. wrecker, tow truck.
kurtarılmak to be saved, be rescued.
kurtarma rescue, recovery. — **gemisi** *naut.* rescue vessel. — **ve yardım** *law* salvage.
kurtarmak /ı/ 1. to save, rescue. 2. to redeem (something pawned). 3. to recover (one's losses in a game). 4. (for a price) to be enough to satisfy the seller.
kurtarmalık ransom.
kurtboğan *bot.* wolf's-bane, monkshood, aconite.
kurtçuk larva.
kurtçul larvivorous, larviphagic.
kurtkapanı, -**nı** a wrestling hold.
kurtköpeği, -**ni** 1. German shepherd, German police dog, *Brit.* Alsatian. 2. wolf dog (offspring of a wolf and a dog).
kurtlandırmak /ı/ to cause (an object/a food/a dead body) to become infested with worms.
kurtlanmak 1. (for an object/a food/a dead body) to get wormy, become infested with worms. 2. to become agitated/impatient; to fidget. 3. to get tired of sitting in one place, go stir crazy.
kurtlu 1. worm-infested, wormy (object/food/dead body). 2. *colloq.* fidgety. — **baklanın kör alıcısı**

olur. *proverb* Even the most worthless things can find a buyer.
kurtluca *bot.* germander.
kurtmantarı, -nı *bot.* puffball.
kurtmasalı, -nı *colloq.* excuses that don't hold water, bull. **— okumak/söylemek** /a/ to feed (someone) a lot of bull (in order to get oneself off the hook).
kurtulmak 1. to be rescued, be saved; to escape. 2. to give birth. 3. (for a job) to be finished, be completed. 4. (for something) to slip out (of), fall out (of). 5. (for an animal) to get loose, break loose (from a restraining rope). 6. /dan/ to get shut of (someone unpleasant); to be rid of (something/someone unpleasant).
kurtulmalık ransom.
kurtuluş 1. liberation. 2. release; escape. 3. salvation. **K— Savaşı** the Turkish War of Independence. **— yok.** /dan/ *colloq.* There is no way to avoid (it)./One can't get rid of (him/her).
kuru 1. dry; dried. 2. dead (plant). 3. emaciated, thin. 4. bare, unadorned, unfurnished. 5. empty, hollow, vain, meaningless. 6. dry, unfeeling, curt (utterance). 7. *slang* hashish, hash. **— başına** all alone. **— başına kalmak** *colloq.* to be left without friends or relatives, be all on one's own. **— çeşme** dry fountain. **— duvar** dry wall. **— ekmek** *colloq.* dry bread, bread eaten with nothing else. **— erik** prune. **— fasulye** 1. dried beans. 2. a dish made of stewed dried beans. **— filtre** dry filter (for an air conditioner). **— gürültü** *colloq.* 1. meaningless excitement, much ado about nothing. 2. bluster, empty talk. **— hava** dry air. **— havuz** *naut.* dry dock, floating dock, floating dry dock. **— iftira** *colloq.* sheer calumny. **— incir** dried fig. **— kafes** *colloq.* mere skeleton, skin and bones. **— kalabalık** *colloq.* 1. crowd of idle onlookers. 2. useless and worn-out things, junk. **—da kalmak** *naut.* (for a ship/a boat) to be grounded at low tide. **— kaymak** clotted cream, Devonshire cream. **— köfte** grilled meat patty. **— kuruya** *colloq.* uselessly, in vain. **— kuyu** dry well, cesspool, sink. **— laf** *colloq.* empty promise(s). **— laf karın doyurmaz.** *proverb* Empty promises don't fill one's belly. **— meyve** *bot.* nut. **— ot** 1. hay. 2. dried herb. **— öksürük** dry cough. **— poğaça** a flaky, savory pastry. **— sıkı** 1. blank (shot). 2. *colloq.* bluff, empty threat. **— sıkı atmak** *colloq.* to utter empty threats. **— soğuk** dry cold. **— tahtada kalmak** *colloq.* to be left without a stick of furniture in one's house. **— tekne** hull, hulk. **— temizleme** dry cleaning. **— temizleyici** dry cleaner. **— üzüm** raisins. **—vaat** *colloq.* empty promise. **—nun yanında yaş da yanar.** *proverb* Sometimes the innocent suffer along with the guilty. **— yemiş** 1. dried fruit. 2. (edible) nuts. **— yemişçi** seller of dried fruit and nuts.
kurucu 1. founding. 2. founder. 3. charter member. **— meclis** constitutional assembly, constitutional convention.
kurukafa 1. skull. 2. *colloq.* stupid person, dope. 3. *zool.* death's-head moth.
kurukahve (roasted/ground) coffee.
kurukahveci seller of ground coffee or roasted coffee beans.
kurul committee.
kurulamak /ı/ to dry, wipe dry.
kurulanmak 1. to be dried. 2. to dry oneself.
kurulmak 1. to be founded, be established. 2. (for a watch/a clock) to be wound. 3. (for a table) to be set. 4. to swagger, show off; to act high and mighty. 5. /a/ to get comfortably settled in; to sit back comfortably in.
kurultay general assembly, general meeting (of an organization).
kurulu 1. established, set up, formed. 2. /üzerine/ based on. 3. strung (bow); wound up (clock). 4. cocked, ready to fire (gun). **— düzen** the established order, the established régime, the set way of doing things.
kuruluk 1. dryness. 2. thinness, leanness.
kuruluş 1. founding, establishment. 2. organization, establishment, or institution (corporate body). 3. construction, structure. 4. disposition, distribution (of troops).
kurum institution, association, society, foundation (corporate body). **— konutu** rent-free or low-rent housing (provided by an organization for its employees).
kurum swagger, putting on airs; acting high and mighty. **—undan geçilmemek** *colloq.* for someone's airs or stuck-up behavior to be insufferable. **— kurum kurulmak** *colloq.* to be exceedingly stuck-up. **— satmak** *colloq.* to put on airs; to show off.
kurum soot. **— tutmak** to get full of soot.
kurumak 1. to dry, get dry. 2. (for a plant) to die. 3. (for a person) to get weak and thin.
kurumlanmak to put on airs; to act high and mighty.
kurumlanmak to get sooty.
kurumlaşmak to turn into an institution.
kurumlaştırma institutionalization, turning (something) into an institution.
kurumlaştırmak /ı/ to institutionalize, turn (something) into an institution.
kurumlu sooty.
kurumlu stuck-up, conceited, self-important.
kurumsal institutional.
kurunmak to dry oneself.
kuruntu groundless fear/worry/apprehension; needlessly fearing the worst. **— etmek** to worry for no good reason; to fear the worst

kuruntucu anxious/apprehensive (by nature); (person) who always fears the worst.
kuruntulanmak to worry for no good reason; to fear the worst needlessly.
kuruntulu (person) who has a groundless foreboding/apprehension.
kuruş kuruş (subdivision of lira, replaced by the Yeni Kuruş). — **kuruş/—u kuruşuna** *colloq.* (reckoning/counting something) down to the very last kuruş.
kuruşlandırmak /ı/ to itemize (a bill).
kuruşluk worth (so many) kuruş.
kurut, -tu any dried, dairy product (especially dried yogurt).
kurutaç *chem.* desiccator.
kurutma 1. drying. 2. blotting. — **kâğıdı** blotting paper.
kurutmaç 1. blotter. 2. blotting paper.
kurutmak /ı/ 1. to dry. 2. to blot, dry with blotting paper. 3. to cause (a plant) to die; to wither (a plant). 4. to desiccate; to dehumidify.
kurutmalık (fruit) which dries well.
kurutucu 1. drying agent. 2. drying, siccative. 3. clothes drier. 4. dehumidifier.
kurutulmak to be dried.
kurye courier.
kuskun crupper (harness strap). —**u düşük** *colloq.* (person) out of favor, in disgrace. —**u koparmak** *slang* to get away, make tracks, beat it.
kuskunsuz 1. (something) that lacks a crupper strap. 2. *colloq.* untidy-looking, messy-looking (person).
kuskus couscous.
kusmak /ı/ 1. to throw up, vomit. 2. (for cloth) to show the marks of (a stain) despite cleaning; (for a fabric) to show traces of (its original color) despite dyeing. **kusacağı gelmek** to feel like vomiting, feel nauseous.
kusmuk vomit, vomited matter.
kusturmak /ı/ to make (someone) vomit.
kusturucu 1. emetic. 2. (an) emetic.
kusuntu vomit, vomited matter.
kusur fault, defect, flaw, imperfection; shortcoming; drawback, disadvantage. —**a bakma.** *colloq.* I hope you'll pardon me./Please overlook what I've said/done. —**a bakmamak** to pardon an impoliteness, overlook something unpleasant, let it pass. — **etmek/işlemek** to act wrongly, behave improperly.
kusurlu 1. faulty, defective, flawed, imperfect. 2. at fault, in the wrong.
kusursuz flawless, perfect. — **dost arayan dostsuz kalır.** *proverb* A person who looks for perfection in his friends ends up friendless. — **güzel olmaz.** *proverb* Even the best or the most beautiful things have their flaws.
kuş 1. bird. 2. *slang* stupid gambler. 3. *slang* raw, inexperienced. 4. *slang* penis, *pecker.
—**a benzemek/dönmek** *colloq.* (for something) to be spoiled, be ruined, or be messed up unintentionally (usually because of abridgment/cutting). —**a benzetmek** /ı/ *colloq.* to spoil (something) by trying to improve it. — **beyinli** *colloq.* stupid, bird-brained. — **gibi** *colloq.* (person) light as a feather. — **gibi uçup gitmek** *colloq.* to die after a very short illness, go quickly, fade away fast. — **gibi yemek** *colloq.* to eat like a bird, eat very little. — **gribi** *path.* bird flu. — **kadar canı var.** *colloq.* He is small and puny. — **kafesi gibi** *colloq.* small and beautiful (building). — **kanadıyla gitmek** *colloq.* to go very fast, fly. — **kondurmak** /a/ *colloq.* to make/decorate (something) with great care and skill. — **mu konduracak?** *colloq.* Does he think he's going to create a masterpiece? (*said sarcastically*). — **uçmaz, kervan geçmez** *colloq.* desolate, lonely (place). — **uçurmamak** *colloq.* 1. not to allow anyone/anything to escape; not to allow anyone/anything to pass through without permission. 2. to be an alert person, be someone who's always on the qui vive. — **uykusu** *colloq.* very light sleep. **İnsan kuş misali.** *colloq.* It's amazing how fast people can travel.
kuşak 1. (cloth) belt; sash; cummerbund. 2. reinforcing band, strap (wrapped around something). 3. *construction* brace (of wood/steel). 4. generation (people born during the same period). 5. *geom.* zone (of a sphere). 6. (celestial/terrestrial) zone.
kuşaklama 1. (act of) bracing, strengthening, or banding. 2. bracing, system of braces.
kuşaklamak /ı/ 1. to band, tie up, or secure (something) (with a metal band). 2. to brace, strengthen.
kuşaktaş 1. of one's generation. 2. one's contemporary.
kuşaktaşlık being of the same generation, contemporaneity.
kuşam anything girded round the waist.
kuşane *see* **kuşhane.**
kuşanılmak (for a sword/a belt) to be girded on, be put on.
kuşanmak /ı/ to gird on, put on (a sword/a belt).
kuşantı anything girded round the waist.
kuşatılmak to be surrounded; to be besieged.
kuşatma surrounding; besieging, siege.
kuşatmak 1. /ı, a/ to gird (someone) with (a sword); to wrap (a belt/a sash) around (someone's waist). 2. /ı/ to surround; to besiege.
kuşbakışı, -nı bird's-eye view.
kuşbaşı, -nı 1. (meat) cut in small chunks. 2. (snow) falling in big flakes. 3. (cutting up meat) in small chunks. 4. (snowing) in big flakes.

kuşbaz raiser, trainer, or seller of birds.
kuşbilim ornithology.
kuşbilimci ornithologist.
kuşburnu, -nu 1. *bot.* dog rose. 2. hip, rose hip, rose haw.
kuşçu 1. raiser, trainer, or seller of birds. 2. *slang* pimp, pander.
kuşçuluk raising, training, or selling birds.
kuşdili, -ni 1. a kind of pig Latin in which each syllable is reduplicated with a *g* substituted for the consonant. 2. *bot.* rosemary.
kuşet, -ti berth (on a train/a ship); couchette.
kuşgömü, -nü pastrami made from fillet of beef.
kuşhane 1. aviary. 2. small saucepan.
kuşkirazı, -nı European bird cherry.
kuşkonmaz *bot.* 1. asparagus. 2. asparagus fern, smilax.
kuşku suspicion; doubt. **— duymak /dan/** to suspect; to get suspicious about; to doubt, be in doubt about.
kuşkucu 1. suspicious by nature, skeptical. 2. *phil.* skeptical, sceptical. 3. someone who is suspicious by nature, (a) skeptic. 4. *phil.* (a) skeptic, (a) sceptic.
kuşkuculuk 1. being suspicious by nature, skepticism. 2. *phil.* skepticism, scepticism.
kuşkulandırmak /ı/ to cause (someone) to suspect, arouse (someone's) suspicions; **/ı, dan/** to cause (someone) to be in doubt about.
kuşkulanmak /dan/ to suspect; to get suspicious about; to doubt, be in doubt about.
kuşkulu 1. suspicious, distrustful. 2. suspicious, arousing suspicion. 3. doubtful, unlikely.
kuşkululuk suspiciousness.
kuşkusuz 1. unsuspecting, trusting. 2. certainly, undoubtedly. 3. definite, certain.
kuşkusuzluk lack of suspicion.
kuşlak place abounding in game birds.
kuşlamak *slang* (for a student) to study very hard, cram.
kuşlokumu, -nu a small, hard cookie.
kuşluk midmorning; late morning. **— yemeği** midmorning snack; brunch.
kuşmar bird trap.
kuşpalazı, -nı *path.* diphtheria.
kuşsütü, -nü *colloq.* any nonexistent, unobtainable thing. **—nden başka her şey var.** *colloq.* There's everything you can think of to eat. **— ile beslemek /ı/** *colloq.* to nourish (someone) with the very finest of foods.
kuştüyü, -nü 1. down (feathers). 2. stuffed with down, down. **— gibi** *colloq.* as soft as a feather bed, very soft.
kuşüzümü, -nü 1. currant (a tiny, black raisin). 2. *bot.* a grapevine (whose raisin is known as a currant).
kuşyemi, -ni 1. canary seed. 2. *bot.* canary grass.
kut, -tu 1. luck, good luck. 2. happiness.

kutan *prov.* a large plow.
kutankuşu, -nu *zool.* a large, web-footed bird.
kutlama 1. congratulating, congratulation. 2. celebration, celebratory ceremony. **— töreni** celebration, celebratory ceremony.
kutlamak /ı/ 1. to congratulate. 2. to celebrate.
kutlanmak 1. to be congratulated. 2. to be celebrated.
kutlu lucky, auspicious, blessed. **— olsun.** Happy ...!: **Bayramınız kutlu olsun.** Have a happy Bairam!/Have a happy holiday!
kutlulamak /ı/ 1. to congratulate. 2. to celebrate.
kutluluk good fortune; blessedness.
kutsal sacred, holy. **K— Kitap** the Holy Bible, the Bible.
kutsallaşmak to become holy; to be regarded as sacred.
kutsallaştırmak /ı/ to cause to be regarded as holy/sacred; to cause to be revered.
kutsallık sacredness, holiness.
kutsama sanctification; hallowing; consecration; blessing.
kutsamak /ı/ to sanctify; to hallow; to consecrate; to bless.
kutsi sacred, holy.
kutsiyet, -ti sacredness, holiness.
kutsuz unlucky, inauspicious.
kutsuzluk bad luck.
kuttören religious rite, religious ceremony.
kutu 1. box, case. 2. tin can, can, *Brit.* tin (for canned food). 3. pop-top can, aluminum can: **Ona bir kutu bira ver.** Give her a can of beer. **— gibi** *colloq.* small but pleasant, cozy (house).
kutucu maker or seller of boxes.
kutup, -tbu 1. (geographic/celestial/electrical/magnetic) pole. 2. *colloq.* (an) expert, (an) authority.
kutupayısı, -nı *zool.* polar bear.
kutupengel *elec.* depolarizer.
kutuplanma (a compass needle's) being attracted towards a magnetic pole.
kutuplanmak (for a compass needle) to point towards a magnetic pole.
kutuplaşmak to be polarized, be divided into opposing groups.
kutupsal polar.
Kutupyıldızı, -nı *astr.* the North Star, Polaris.
kutur, -tru 1. diameter. 2. diagonal of a polygon.
kuvaför *see* **kuaför.**
kuvantum *phys.* quantum.
kuvars *geol.* quartz.
kuvarsit, -ti *geol.* quartzite.
Kuvayı Milliye *hist.* the Nationalist Forces (led by Atatürk during the Turkish War of Independence).
kuvertür bedspread.
Kuveyt 1. Kuwait. 2. of Kuwait, Kuwaiti.

Kuveytli 1. (a) Kuwaiti. 2. Kuwaiti (person).
kuvöz see **küvöz**.
kuvve 1. *mil.* effective force. 2. *mil.* muster roll. 3. *mil.* strength (the personnel on a muster roll). 4. potential, potentiality. 5. *obs., med.* faculty, sense. **—den fiile çıkarmak** /ı/ to put (a plan) into action; to carry out, realize. **—den fiile çıkmak/gelmek** to be put into action. **—de olmak** to be under consideration.
kuvvet, -ti 1. strength, power; force; vigor. 2. *math.* power. **— almak** /dan/ to be strengthened by. **— bulamamak** /a/ *colloq.* to be unable to bring oneself to; to lack the courage to. **— çifti** *mech.* couple. **—ten düşmek** to weaken, lose strength. **— ilacı** tonic (a medicine). **— komutanları** the commanding officers of the army, navy, and air force. **— macunu** *colloq.* a rich candy made with fruit and nuts (that is supposed to be an aphrodisiac). **— vermek** /a/ *colloq.* 1. to strengthen. 2. to encourage, hearten. 3. to apply oneself to, give (something) one's close attention.
kuvvetle 1. by force, using force. 2. emphatically, insistently.
kuvvetlendirici strengthening; strength-giving.
kuvvetlendirmek /ı/ to strengthen.
kuvvetlenmek to gain in strength; to become strong/powerful.
kuvvetli strong, powerful; forceful; vigorous.
kuvvetölçer dynamometer.
kuvvetsiz weak, feeble, without strength.
kuvvetsizlik weakness, feebleness.
kuyruk 1. tail. 2. rear end, tail end, tail (of a vehicle/a procession). 3. line, *Brit.* queue. 4. follower, attendant; retinue, suite *(said sarcastically).* 5. train (of a dress). 6. ponytail. 7. corner (of the eye). 8. breech (of a cannon). **— acısı** *colloq.* desire for vengeance; rancor. **—una basmak** /ın/ *colloq.* to make (someone) angry, put (someone) in a temper. **—ta beklemek** to wait in line. **— çekmek** /a/ to draw a line extending away from the corner of (one's eye) (with a cosmetic). **—u dikmek** *colloq.* to run away; to take to one's heels, skedaddle. **—a girmek** to join the line, *Brit.* get in the queue. **—u kapana kısılmak/sıkışmak** *colloq.* to be in a tight spot, be in a difficult position. **—unu kısmak** 1. to tuck its tail between its legs. 2. *colloq.* to be cowed, tuck one's tail. **—unu kıstırmak** /ın/ *colloq.* to put (someone) in an embarrassing position, take (someone) down a peg or two, put (someone) in his place. **— olmak** to line up, form a line, *Brit.* queue up. **— omurları** *anat.* coccyges. **— sallamak** 1. to wag its tail. 2. *colloq.* to fawn over someone, play up to someone. **—una teneke bağlamak** /ın/ *colloq.* to make (someone) a laughingstock. **—u titretmek/titremek** *slang* to die, kick the bucket, give up the ghost.
kuyrukkakan *zool.* 1. stonechat, chat. 2. whinchat, chat. 3. wheatear.
kuyruklu 1. tailed, having a tail. 2. *prov.* scorpion. **— kurbağa** *zool.* tadpole. **— piyano** grand piano. **— yalan** *colloq.* big lie, whopper.
kuyrukluyıldız *astr.* comet.
kuyruksallayan *zool.* yellow wagtail.
kuyruksokumu, -nu 1. *anat.* the end of the spinal column (formed by the sacrum and coccyx). 2. tail end, tail, behind, rump. **— kemiği** *anat.* coccyx, os coccygis.
kuyruksuz tailless, without a tail.
kuyrukyağı, -nı fat rendered from the tail of a sheep.
kuytu 1. quiet and secluded. 2. off the beaten path, out-of-the-way.
kuyu 1. well. 2. pit; deep hole. 3. (mine) shaft. **— açmak** to dig a well; to dig a pit. **— bileziği** wellcurb. **— fındığı** a hazelnut that has been picked green and then buried for a time so that it will acquire a special flavor. **— gibi** *colloq.* 1. very deep. 2. (place) that resembles a dark hole. **—sunu kazmak** /ın/ *colloq.* to lay a trap for (someone) to walk into. **— kebabı** meat put in an earthen pot and roasted in a hole in the earth.
kuyucu well digger; well driller.
kuyum *obs.* jewelry.
kuyumcu jeweler.
kuyumculuk the work of a jeweler.
kuz shady (side of a place).
kuzen (male) cousin.
Kuzey 1. the North. 2. Northern.
kuzey 1. north. 2. the North; the northern provinces of Turkey. 3. northern. 4. North. 5. shady side. 6. north wind. **K— Kutbu** the North Pole. **K— Yarıküre** the Northern Hemisphere.
kuzeybatı northwest.
Kuzey Denizi, -ni the North Sea.
kuzeydoğu northeast.
Kuzey İrlanda Northern Ireland.
Kuzey Kore 1. North Korea. 2. North Korean, of North Korea.
Kuzey Koreli 1. (a) North Korean. 2. North Korean (person).
Kuzeyli Northerner.
kuzeyli 1. northerner, person who comes from the northern part of a place. 2. Northerner. 3. Northern (person).
kuzeysel north, northern.
kuzgun *zool.* raven. **—a yavrusu Anka/şahin/güzel görünür.** *proverb* 1. Parents are blind to the truth when it comes to their children. 2. One is often blind to the faults in one's own work.
kuzguncuk small iron grate (set in the door of a prison cell).

kuzguni raven black.
kuzgunkılıcı, -nı *bot.* gladiolus, gladiola, gladiole.
kuzin (female) cousin.
kuzine (small, iron, wood-burning) cookstove.
kuzu 1. lamb. 2. a small fruit that has become joined to a larger fruit while growing. 3. *slang* passive male homosexual, queen. **—m** *colloq.* dear, honey; my dear fellow; my dear boy. **— çevirmek** to roast a lamb on a spit. **— çevirmesi** lamb roasted on a spit. **— derisi** lambskin. **— dolması** roast lamb stuffed with rice. **— gibi** *colloq.* 1. (child) who's as good as gold. 2. sweet-tempered, mild-mannered, gentle, meek, lamblike; inoffensive. **— kuzu** *colloq.* without so much as a word of protest; sweetly and docilely. **— postuna bürünmek** *colloq.* (for a guilty/vicious person) to act as if he's as innocent or as gentle as a lamb.
kuzudişi, -ni baby tooth, milk tooth.
kuzugöbeği, -ni *bot.* agaric.
kuzukestanesi, -ni a small chestnut (eaten raw).
kuzukulağı, -nı *bot.* sheep's sorrel.
kuzulama 1. lambing, giving birth to a lamb. 2. (crawling) on all fours.
kuzulamak 1. to lamb, give birth to a lamb. 2. (for a baby) to crawl on all fours.
kuzulaşmak to become as gentle as a lamb.
kuzulu 1. pregnant (ewe). 2. (ewe) which has a lamb.
kuzuluk 1. lamb fold. 2. *colloq.* docility, gentleness, sweetness. **— kapısı** small door set in a large door, wicket door.
kuzumantarı, -nı *bot.* morel, morel mushroom.
kuzusarmaşığı, -nı *bot.* field bindweed, wild morning glory.
Küba 1. Cuba. 2. Cuban, of Cuba.
Kübalı 1. (a) Cuban. 2. Cuban (person).
kübik 1. cubic, cubical. 2. *art* cubistic.
kübist, -ti *art* 1. (a) cubist. 2. cubist, cubistic.
kübizm cubism (art movement).
küçücük very small, tiny, wee.
küçük 1. little, small. 2. young, little. 3. petty, small, small-minded. 4. petty, minor, low-ranking. 5. miniature, small-scale. 6. petite, dainty. **K—!** *colloq.* Hey little one! *(said to a child).* **— aptes** 1. the need to urinate. 2. urination. **K— Asya** Asia Minor. **— ay** February. **—ten beri** ever since childhood. **— burjuva** petit bourgeois. **— burjuvazi** petite bourgeoisie. **— dağları ben yarattım demek** *colloq.* to be very conceited, be very full of oneself. **— deli, büyük deli, beşikteki başını sallar.** *colloq.* There's not a one of them that's sane. **— düşmek** *colloq.* to lose face, be humiliated; to humiliate oneself. **— düşürmek /ı/** *colloq.* to humiliate (someone). **— gelmek** to be too small, not to fit. **— gezegen** *astr.* asteroid, planetoid. **— görmek /ı/** to regard (someone/something) as inferior, not to think much of. **— göstermek/görünmek** to look younger than one is. **— harf** minuscule. **— ilanlar** classified ads, classified advertisements, *Brit.* small ads. **— köyün büyük ağası.** *colloq.* He really thinks he is something, but he's only a big fish in a very little pond! **— kurna** *slang* the vice-chairman (of a school discipline committee). **— mevlit ayı** Rabi II (lunar month). **— oynamak** (for a gambler) to play for small stakes. **— önerme** *log.* minor premise. **— parmak** little finger/toe. **— su dökmek** *colloq.* to urinate. **— terim** *log.* minor term.
Küçükayı *astr.* the Little Bear, Ursa Minor.
küçükbaş a sheep/a goat. **— hayvanlar** sheep/goats.
küçükdil *anat.* uvula. **—ini yutmak** *colloq.* to be greatly surprised, be dumfounded.
küçükhindistancevizi, -ni 1. nutmeg. 2. *bot.* nutmeg tree.
küçükleşmek 1. to grow smaller. 2. to humiliate oneself.
küçüklü *used in:* **— büyüklü** 1. of all sizes, big and small. 2. of all ages, young and old.
küçüklük 1. smallness, littleness. 2. childhood. 3. pettiness, meanness, small-mindedness.
küçüksemek /ı/ *see* **küçümsemek.**
küçükşalgam *bot.* rape.
küçülmek 1. to shrink, become small. 2. to be humiliated.
küçültme 1. making small, decreasing, diminishing. 2. humiliating, humiliation. 3. deprecation. **— eki** *gram.* diminutive suffix.
küçültmek /ı/ 1. to make (something) smaller; to shrink, diminish. 2. to humiliate. 3. to deprecate; to underrate.
küçültücü derogatory, disparaging, deprecatory.
küçümen 1. rather small. 2. tiny, very little, peewee.
küçümseme 1. looking down on, despising. 2. underrating, belittling, minimizing.
küçümsemek /ı/ 1. to look down on, despise. 2. to underrate, belittle, minimize.
küçümsenmek 1. to be looked down on, be despised. 2. to be underrated, be belittled, be minimized.
küçürek rather small.
küf mold; mildew. **— bağlamak/tutmak** to get moldy, mold; to mildew. **— kokmak** to smell musty. **— kokusu** musty smell.
küfe 1. tall basket made of wicker, pannier. 2. *slang* buttocks, bottom, fanny, ass.
küfeci 1. maker or seller of panniers. 2. porter (who carries goods in a pannier).
küfelik 1. basketful. 2. *colloq.* too drunk to walk, under the table, blotto.
küffar 1. infidels, unbelievers; polytheists. 2. *colloq.* non-Muslims.

küflendirmek /ı/ to cause (something) to mold/mildew.

küflenmek 1. to mildew; to mold, get mold on it, get moldy. 2. *colloq.* to become fusty, become fogyish, become moldy. 3. to molder away, rot (from lack of use).

küfletmek /ı/ to cause (something) to mold/mildew.

küflü 1. moldy; mildewy; musty. 2. *colloq.* fusty, fogyish, moldy. 3. *joc.* moldy coin; moldy bill; moldy shekel.

küflüce any fungus disease (affecting people/plants/animals).

küfran *obs.* ingratitude, ungratefulness.

küfretmek /a/ to curse, swear (at).

küfür 1. swearing, using profanity, cussing. 2. swearword, oath, cuss. 3. (**-frü**) ungodliness, impiety, blasphemy; atheism; polytheism. — **etmek** (**—ü basmak/savurmak**) to swear, cuss.

küfürbaz foulmouthed.

küfür küfür (for a wind to blow) softly and coolly.

küfüv, -ffü *obs.* like, equal, match, peer.

küheylan (full-blooded) Arabian horse, Arabian.

kükremek 1. (for a lion) to roar. 2. to shout, roar, bellow (usually with rage).

kükürt *chem.* sulfur, sulphur.

kükürtatar *geol.* solfatara (place).

kükürtçiçeği, -ni flowers of sulfur.

kükürtlemek /ı/ to dust (something) with sulfur.

kükürtlenmek to be dusted with sulfur.

kükürtlü sulfurous, sulphurous, containing sulfur.

kül ash. — **etmek** /ı/ to destroy (something/everything someone owns). — **gibi** *colloq.* ashen (face). —**ünü (göğe) savurmak** /ın/ *colloq.* to destroy (something) so that no trace of it is left. — **kesilmek** *colloq.* (for someone's face) to blanch, go ashen. — **olmak** 1. to become ashes, be reduced to ashes. 2. *colloq.* to be utterly ruined, lose all that one owns. 3. *colloq.* to be worn out from grieving. — **pidesi** a thin, flat bread baked in hot ashes. — **tablası** ashtray. — **yakısı** blister made of hot ashes. — **yutmak** *slang* to be duped, get taken for a ride.

kül, -lli *obs.* the whole, all.

külah 1. conical hat. 2. paper cone (used as a bag). 3. (ice-cream) cone. 4. *colloq.* trick. 5. spire (surmounting a minaret/a tower). **Ali'nin —ını Veli'ye, Veli'nin külahını Ali'ye giydirmek** *colloq.* to rob Peter to pay Paul. —**ıma anlat/dinlet!** *colloq.* Tell me another one!/I don't believe a bit of it! —**ları değişmek/değiştirmek** *colloq.* to have a falling-out, quarrel with each other. — **giydirmek** /a/ *colloq.* to play a trick on. —**ını havaya atmak** *colloq.* to be very happy, be on cloud nine. — **kapmak** *colloq.* to get an important job through chicanery. —**ını önüne koyup/alıp düşünmek** *colloq.* to think about a matter long and hard, chew something over. — **peşinde olmak** *colloq.* to try to gain an important post through chicanery. — **sallamak** /a/ *colloq.* to truckle to, toady to. —**ını ters giydirmek** /a/ *colloq.* 1. to make (someone) regret something, teach (someone) a thing or two. 2. to be a real fox, be someone one must be wary of.

külahçı *colloq.* trickster, tricky character, sharpie.

külahlı 1. (person) wearing a conical hat. 2. spired, furnished with a spire.

külbastı grilled cutlet.

külçe 1. ingot (cast metal). 2. nugget, lump (of unrefined metal). 3. bunch. — **gibi oturmak** *colloq.* to flop down, plop down, plunk oneself down (because of great fatigue).

külçeleşmek 1. to harden in a lump. 2. to be exhausted, be ready to drop.

külek *prov.* a pot (with a handle across its top); pail, bucket (of wood/leather).

külfet, -ti 1. trouble, inconvenience, bother. 2. great expense. — **etmek** to inconvenience oneself, put oneself out.

külfetli 1. troublesome, burdensome. 2. (something) that requires great expense.

külfetsiz 1. easy, untroublesome. 2. (something) that does not require great expense.

külhan boiler room (under a Turkish bath).

külhanbeyi, -ni (a) tough, (a) rowdy, hoodlum, hooligan, hood.

külhancı stoker (working in the boiler room of a Turkish bath).

külhani 1. (a) tough, hoodlum, hood. 2. little dickens, little rascal, scamp.

külkedisi, -ni *colloq.* 1. person who always sits near the fire, person who hates the cold. 2. supine, indolent, lethargic.

külleme 1. covering (something) with ashes. 2. a fungus blight.

küllemek /ı/ to cover (something) with ashes; to sprinkle (something) with ashes.

küllenmek 1. to be covered with ashes. 2. *colloq.* (for a painful memory) to fade away; (for one's feeling of hurt or anger) to cool down, die down.

külli *obs.* 1. total, complete. 2. much, a great deal of; many, numerous.

külliyat, -tı complete works, collected works (of an author).

külliye complex of buildings adjacent to a mosque.

külliyen *obs.* totally, entirely, completely.

külliyet, -ti *obs.* 1. completeness, entirety. 2. abundance.

külliyetli a lot of, a great deal of.

küllü (something) that contains or is mixed with ashes; ashy. — **su** lye (leached from ashes and used in laundering).

küllük 1. ashtray. 2. ash heap, ash pile. 3. ash-

pan; ash can; ash bucket.
küllüm *slang* lie, whopper.
külot, -tu 1. (women's) panties; (men's) undershorts, underpants, briefs. 2. riding breeches; jodhpurs. **— etek** culottes (divided skirt).
külrengi, -ni 1. ash-colored, ashen; gray. 2. ash gray; gray.
kült, -tü 1. cult (a system of religious worship). 2. cult, religion. 3. cult (the rites, ceremonies, and practices of a religion).
külte 1. *geol.* rock mass. 2. ingot (cast metal). 3. nugget, lump. 4. bunch.
kültivatör cultivator; harrow (farming implement).
kültive cultured, culture, grown/produced under artificial conditions. **— inci** cultured pearl, culture pearl.
kültür 1. culture (of a particular society). 2. culture, refinement, cultivation. 3. thorough knowledge (of a particular subject). 4. culture (of microorganisms in media). **— farkı** culture gap. **— şoku** culture shock. **K— ve Turizm Bakanı** the Minister of Culture and Tourism. **K— ve Turizm Bakanlığı** the Ministry of Culture and Tourism.
kültürel cultural.
kültürfizik physical-fitness exercises.
kültürlü cultured.
kültürsüz uncultured.
külünk, -gü pickax, pick.
külüstür *colloq.* dilapidated-looking, old and beat-up looking; junky-looking; ramshackle; old and beat-up; good-for-nothing. **— araba** jalopy, rattletrap. **— marka** *colloq.* old and beat-up looking; dilapidated; worthless (vehicle, piece of equipment).
kümbet, -ti large tomb with a dome-shaped or conical roof.
küme 1. heap, mound, pile. 2. group. 3. *sports* league. **—den düşmek** *sports* (for a team) to drop into a lower-ranking league. **— küme** 1. in heaps. 2. in groups. 3. many heaps of. 4. many groups of. **— sağaltımı** group therapy.
kümebulut, -tu cumulus cloud, cumulus.
kümeç *biol.* colony.
kümeleme 1. heaping up. 2. grouping. 3. *cin.* shooting in one sequence all the scenes in which the same set is used.
kümelemek /ı/ 1. to heap up, pile up. 2. to group (people/things) together.
kümelenmek 1. to be heaped up, be piled up. 2. to form a group. 3. /a/ to cluster around (a place).
kümeleşim *physiol.* agglutination.
kümeleşmek to form groups.
kümes 1. coop (for poultry). 2. *colloq.* tiny house. **— hayvanları** poultry.
kümülatif cumulative.
kümültü *prov.* shack (in the woods); rude hunting cabin.
kümülüs cumulus cloud, cumulus.
künde 1. fetter, hobble. 2. a wrestling hold. **—den atmak** /ı/ 1. to throw (someone) to the ground. 2. *colloq.* (deliberately) to cause (someone) to trip up, cause (someone) to make a mistake, trick (someone).
künefe a dessert made of cheese and **telkadayıf** and served hot.
küney sunny side (of a place).
künk, -kü, -gü (clay/cement) pipe; pipe; tile.
künye 1. a person's vital statistics, brief curriculum vitae. 2. document showing someone's curriculum vitae. 3. identification tag, dog tag; identification bracelet. **—si bozuk** *colloq.* (someone) with a black mark on his record, with a bad record, with a checkered past. **—sini okumak** /ın/ *colloq.* to chew (someone) out something fierce, give (someone) what for. **—sini silmek** /ın/ *slang* to kick (someone) out, give (someone) the old heave-ho.
küp, -pü 1. large, earthenware jar. 2. *slang* drunk, three sheets in the wind. **—lere binmek** *colloq.* to get into a towering rage, blow one's top. **—ünü doldurmak** *colloq.* to feather one's nest. **— gibi** *colloq.* (as) fat as a pig. **— yıkamak** *slang* to paint the town red, live it up.
küp 1. cube. 2. cubic. **— şeker** cube sugar, lump sugar.
küpe 1. earring. 2. dewlap, wattle. 3. pendant, prism, luster (of a chandelier).
küpeçiçeği, -ni *bot.* fuchsia.
küpeli 1. earringed. 2. dewlapped; wattled.
küpeşte 1. *naut.* rail, railing; gunwale, gunnel. 2. handrail, banister, balustrade.
küpkök, -kü *math.* cube root.
küplü 1. furnished with a large, earthenware jar. 2. *slang* cheap, dirty bar. 3. *slang* drunkard, sot, alky.
kür 1. rest cure. 2. cure, regimen, régime.
kürdan toothpick.
kürdanlık toothpick holder.
küre 1. globe, sphere. 2. globe (model of the earth). 3. the earth, the world. **— kuşağı** 1. *astr.* (terrestrial) zone. 2. *geom.* zone of a sphere.
küre *prov.* smelting furnace, smelter.
kürecik 1. globule. 2. corpuscle.
kürek 1. shovel. 2. oar; paddle. 3. baker's peel. **— cezası** *formerly, law* 1. condemnation to the galleys. 2. imprisonment with hard labor. **— çekme** *sports* rowing, crew. **— çekmek** to row; to paddle. **—/pabuç kadar dili var.** *colloq.* He's as sassy/impudent as they come. **— kürek** by the shovelsful. **— takımı** crew (of a racing shell). **— yarışı** *sports* rowing competition, boat race.

kürekçi 1. oarsman, rower. **2.** maker or seller of oars/shovels. **3.** stoker (on a boat); fireman (of a steam locomotive).
kürekçilik 1. rowing, being a rower. **2.** making or selling shovels/oars.
kürekkemiği, -ni *anat.* shoulder blade, scapula.
kürelemek /ı/ *see* **küremek.**
küremek /ı/ to shovel up, clear (something) away with a shovel.
küresel 1. spherical. **2.** global, worldwide. **— üçgen** *geom.* spherical triangle.
küreselleşme globalization.
küreselleşmek to spread throughout the world, become prevalent/current throughout the world.
küret, -ti curette.
kürevi *obs.* spherical.
kürk, -kü 1. fur. **2.** made of fur. **3. (a)** fur, garment made of fur.
kürkas 1. *bot.* physic nut tree. **2.** physic nut.
kürkçü furrier. **— dükkânı 1.** furrier's shop. **2.** *colloq.* the place one returns to in the end, home base, home port.
kürkçülük furriery; the work of a furrier; the fur business.
kürklü 1. (someone) who is wearing a fur, befurred, furred. **2.** fur-trimmed, furred. **3.** fur-bearing.
kürsü 1. podium, rostrum; pulpit. **2.** (raised, throne-like) seat (from which an imam preaches). **3.** teacher's desk. **4.** professorship, chair. **— taşı** rectangular pedestal (for a statue/a bust).
Kürt 1. (a) Kurd. **2.** Kurdish, of or pertaining to the Kurds or their language.
kürtaj 1. abortion. **2.** curetting, curettage. **— olmak** to have an abortion.
kürtajcı abortionist.
Kürtçe 1. Kurdish, the Kurdish language. **2.** (speaking, writing) in Kurdish, Kurdish. **3.** Kurdish (speech, writing); spoken in Kurdish; written in Kurdish.
kürtün *prov.* **1.** (a large) packsaddle. **2.** snowdrift; drifted snow.
kürümek /ı/ to shovel up, clear (something) away with a shovel.
küs *child's language* sullen, mad, put out, peeved.
küseğen 1. easily offended, touchy. **2.** *bot.* sensitive plant.
küskü 1. long, pointed bar; crowbar. **2.** poker (for a fire).
küskün 1. disgruntled, offended, put out, peeved. **2.** *bot.* sensitive plant. **3.** (plant) that won't grow properly.
küskünlük misunderstanding, disagreement.
küs küs sullenly, angrily, peevishly, resentfully.
küskût, -tü *bot.* dodder, love vine.
küskütük *colloq.* **1.** stiff as a board. **2.** dead drunk, blind drunk, stinking drunk, stinko. **3.** very, dead, blind, stinking (drunk).
küsmek 1. /a/ to be put out (with), be offended (by), be mad (at). **2.** (for a plant) to refuse to grow properly. **3.** (for something) not to develop as it should.
küspe 1. bagasse; residue, pulp (of crushed fruits/seeds). **2.** oil cake.
küstah insolent.
küstahça insolently, in an insolent manner.
küstahlaşmak to start behaving insolently.
küstahlık insolence; effrontery. **— etmek** to behave insolently.
küstere 1. rabbet plane. **2.** a hard stone from which a millstone is cut. **3.** grindstone.
küstümotu, -nu *bot.* sensitive plant.
küstürmek /ı/ to offend.
küsur 1. (a) remainder, what's left over. **2.** -odd, and a bit, and then some: **on bin küsur lira** ten thousand-odd liras.
küsurat, -tı the remainder, what's left over.
küsüşmek to get cross with each other, get on bad terms with each other.
küt, -tü 1. stubby, short and thick. **2.** blunt, dull. **— diye** *colloq.* with a thud, with a thump, with a clonk.
küt küt (knocking/banging) sharply, with force; resoundingly; (beating) thuddingly. **— etmek** (for one's heart) to pound.
kütle 1. mass, large block/chunk. **2.** *phys.* mass. **3.** crowd of people.
kütleşmek to get dull, get blunt.
kütletmek /ı/ to pound on sharply, knock on or bang on resoundingly.
kütlü *prov.* unginned cotton.
küttedek *colloq.* with a thud, with a clonk.
kütük 1. trunk (of a tree). **2.** stump, stub (of a tree/a bush). **3.** log. **4.** chopping block. **5.** ledger, register. **— gibi** *colloq.* **1.** greatly swollen, all swollen up. **2.** dead drunk, blind drunk, stinking drunk, stinko.
kütüklük cartridge pouch; cartridge belt.
kütüphane 1. library. **2.** bookcase. **3.** *obs.* bookshop.
kütüphaneci librarian.
kütüphanecilik 1. the work of a librarian, librarianship. **2.** library science.
kütürdemek 1. to make a crunching sound, crunch. **2.** to snap, crack (when broken).
kütürdetmek /ı/ **1.** to crunch. **2.** to snap, crack, make (something) snap/crack.
kütür kütür 1. crunchingly, with a crunching sound. **2.** firm and crunchy (fruit).
kütürtü 1. crunch, crunching sound. **2.** crack, snap, cracking/snapping sound.
küvet, -ti 1. bathtub. **2.** (any small, shallow) basin/pan. **3.** developing tray. **4.** bedpan.
küvöz incubator (for premature infants).

L

L 1. the letter L. 2. L (the Roman numeral symbol for 50). — **demiri** angle iron, angle bar.
la *mus.* 1. A. 2. la.
labada *bot.* patience, patience dock.
labirent, -ti labyrinth; maze.
laborant, -tı laboratory assistant.
laboratuvar laboratory.
labros *zool.* a large wrasse.
labunya *slang* passive male homosexual, fag.
lacivert navy blue; dark blue. — **taşı** *geol.* lapis lazuli.
laçka *colloq.* 1. (place) that is no longer being run efficiently/properly; (system) that is no longer working properly, that has degenerated. 2. (someone) who no longer puts forth an effort, who has quit trying. 3. (someone) who has let his principles slide, who has let his principles go by the board. 4. (relationship/situation) whose participants have allowed their principles to go by the board. — **etmek** /ı/ 1. *naut.* to let (a rope/an anchor) go, cast; to cast off (a line); to slacken/untie (a rope). 2. to cause (a screw/a machine part) to get loose or to develop some play. 3. *colloq.* to make (a part of one's body) feel or go limp or flaccid. 4. *colloq.* to cause (a place) to stop running efficiently/properly; to cause (a system) to stop working properly. 5. *colloq.* to cause (someone) to stop putting forth an effort. 6. *colloq.* to cause (someone) to let his principles slide. 7. *colloq.* to cause (a relationship/a situation) to become marked by a lack of principle. — **olmak** 1. *naut.* (for a rope/an anchor) to be cast; (for a line) to be cast off; (for a rope) to be slackened/untied. 2. (for a screw/a machine part) to loosen or develop some play. 3. *colloq.* (for a part of one's body) to feel or go limp or flaccid. 4. *colloq.* (for a place) to stop running efficiently/properly; (for a system) to stop working properly. 5. *colloq.* (for someone) to stop putting forth an effort, stop trying, quit. 6. *colloq.* (for someone) to let his principles slide, let his principles go by the board. 7. *colloq.* (for a relationship/a situation) to become marked by a lack of principle.
laçkalaşmak *colloq.* 1. (for a part of one's body) to feel or go limp or flaccid. 2. (for a place) to stop running efficiently/properly; (for a system) to stop working properly. 3. (for someone) to stop putting forth an effort, stop trying, quit. 4. (for someone) to let his principles slide, let his principles go by the board. 5. (for a relationship/a situation) to become marked by a lack of principle.
laçkalık 1. slackness, slack (in a rope); looseness, play (in a machine part). 2. *colloq.* slippage, falling off, falling away (from a level/condition); (moral) backsliding. 3. *colloq.* slacking off (in one's efforts).
laden *bot.* (a) rockrose. — **reçinesi** labdanum.
lades a game played with a wishbone. — **kemiği** wishbone. — **tutuşmak** /la/ to play **lades** with (someone).
ladin *bot.* spruce, spruce tree.
laf 1. remark; word. 2. expression, utterance, statement. 3. empty words, hot air, nothing but talk. 4. conversation, talk. 5. the subject of a conversation. **L—!** *colloq.* What nonsense!/That's bull! **—ı ağzında gevelemek** *colloq.* to talk around the subject; not to come out with what's on one's mind. **—ı ağzından kaçırmak** *colloq.* to let something slip, say something inadvertently, let the cat out of the bag. **—ı ağzında kalmak** *colloq.* to be unable to finish what one was saying; (for someone) suddenly to go silent. **—ı ağzına tıkamak** /ın/ *colloq.* to shut (someone) up. **— altında kalmamak** *colloq.* to give as good as one gets (in an argument). **— anlamaz** *colloq.* 1. thickheaded; stupid. 2. obstinate, muleheaded. **— anlatmak** /a/ *colloq.* to try to bring (someone) round (to one's own point of view), try to make (someone) understand something. **— aramızda ....** *colloq.* This is just between you and me./Let's keep this to ourselves./Entre nous. **— atmak** *colloq.* 1. /a/ to make a rude remark about (someone) within his hearing. 2. /a/ to make an improper innuendo or suggestion to (a woman one doesn't know), proposition. 3. to have a chat. **—ını/—ınızı balla kestim.** *colloq.* Excuse me for interrupting you. **—ını bilmek** *colloq.* to think before one opens one's mouth, be careful about what one says. **—a boğmak** /ı/ *colloq.* to drown (a topic) in a flood of words. **—ı çevirmek/değiştirmek** *colloq.* to change the subject. **— çıkmak** *colloq.* for a rumor to start going around. **—ı çiğnemek** *colloq.* to beat around the bush. **—a dalmak** *colloq.* to become lost in conversation. **— değil.** *colloq.* It's serious./This isn't just idle talk. **— dinlemek** *colloq.* to heed what one is told; to act on someone's advice. **— dokundurmak** /a/ *colloq.* to make wisecracks (about), make barbed remarks (about). **— düşmemek** /a/ *colloq.* 1.

lafazan 466

for there to be no need for (someone) to talk. 2. (for someone) not to get a chance to speak. — **etmek** *colloq.* 1. /ı/ to gossip about (something). 2. /la/ to talk (with), chat (with). —**ını etmek** /ın/ to talk about (something). —**ın gümrüğünü vermek** *slang* to start yakking again; to keep on yakking. — **işitmek** *colloq.* to get a dressing down. — **kaldıramamak** *colloq.* not to be able to take a joke, not to be able to take it. — **kıtlığında asmalar budayayım.** *colloq.* You're talking nonsense! — **körüğü** *colloq.* windbag (person). — **lafı açar.** *colloq.* One topic leads to another. —**ı mı olur?** *colloq.* Don't mention it!/It's a pleasure! *(said to someone for whom one has done or wishes to do a favor).* — **ola.** *colloq.* What hogwash!/It's just so much hot air! — **olur.** *colloq.* There'll be gossip./It'll set tongues wagging. — **olsun diye** *colloq.* (saying something) just to make conversation, merely for the sake of saying it. —**la peynir gemisi yürümez.** *proverb* Mere talk won't get anything done. — **söyledi balkabağı.** *colloq.* You're full of bull! —**ını şaşırmak** *colloq.* to be at a loss for words. — **taşımak** *colloq.* to retail gossip. —**a tutmak** /ı/ *colloq.* to engage (someone) in conversation (thus causing him to stop what he'd been doing). —**ı uzatmak** *colloq.* to take a long time explaining something. — **ü güzaf** see **lafügüzaf.** — **yetiştirmek** *colloq.* 1. to reply quickly and in kind, promptly to give as good as one gets. 2. /a/ (for a child) to talk back to, sass (an older person). — **yok.** /a/ *colloq.* There's nothing wrong with ....
lafazan 1. very talkative, garrulous. 2. bragging, braggart, braggadocian (person).
lafazanlık 1. being very talkative, garrulousness, garrulity. 2. bragging, braggadocio, brag.
lafçı 1. very talkative, garrulous. 2. eloquent, (someone) who speaks with eloquence. 3. gossipy, bigmouthed.
lafçılık 1. being very talkative, garrulousness, garrulity. 2. being eloquent, eloquence, eloquentness (of a person). 3. being gossipy, gossipiness, being a bigmouth.
lafebesi, -ni *colloq.* 1. (a) great talker; chatterbox. 2. someone who is quick at repartee.
lafız, -fzı *obs.* utterance, thing uttered/expressed.
laflamak *colloq.* to chat, talk.
lafügüzaf stuff and nonsense.
lagos *zool.*, see **lahos.**
lagün *geog.* lagoon.
lağım 1. (underground) sewer. 2. *mil.* underground tunnel, mine. — **açmak** 1. to build a sewer. 2. *mil.* to mine. — **la atmak** /ı/ to blow (something) up by mining it. — **bacası** manhole (of a sewer). — **çukuru** cesspit; cesspool.

— **kazmak** 1. to dig a sewer. 2. *mil.* to mine. — **kuyusu** cesspool. — **patlamak** for a sewer to burst.
lağımcı 1. sewerman. 2. *mil.* sapper. 3. *slang* pederast; active male homosexual, bugger.
lağımcılık 1. the job of a sewerman. 2. *mil.* the job of a sapper, sapping.
lağıv, -ğvı abolition, doing away with (an institution).
lağvetmek /ı/ to abolish, do away with (an institution).
lağvolmak (for an institution) to be abolished, be done away with.
lahana cabbage.
lahavle God give me strength!/How much more of this do I have to take? *(said when one's patience is at an end).* — **çekmek/okumak** to say **lahavle.**
lahit, -hdi 1. sarcophagus. 2. walled tomb (sunk in the ground).
lahmacun a pizza (made with meat, tomatoes, and **pide**). — **pidesi** *slang* dunderhead, dunce.
lahos *zool.* a rock grouper.
lahza instant, second, trice, twinkling of an eye.
lahzada in an instant, in a trice, in a twinkling, in the twinkling of an eye.
laik secular, nonclerical.
laikleştirmek /ı/ to secularize, laicize.
laiklik secularism; laicism.
lailaheillallah *Islam* There is no god but God.
lak, -kı see **laka.**
laka 1. lac, stick lac; shellac. 2. varnish, lacquer; shellac, shellack.
lakacı varnisher, lacquerer.
lakap nickname, epithet. — **takmak** /a/ to nickname.
lakaplı nicknamed.
lakaydi *obs.* indifference, unconcern; nonchalance.
lakayt indifferent, unconcerned, uninterested; nonchalant. — **kalmak** /a/ to show no sign of interest (in); to remain unmoved (by).
lakaytlık indifference, unconcern; nonchalance.
lake varnished, lacquered; shellacked.
lakerda salt bonito, bonito preserved in salt. — **kurmak** to make salt bonito.
lakırdı 1. remark; word. 2. conversation, talk. 3. *colloq.* empty words, hot air, nothing but talk. —**yı ağzında çiğnemek** *colloq.* to beat around the bush. — **ağzından dökülmek** *colloq.* to say something unwillingly, spit it out slowly. —**sı ağzında kalmak** *colloq.* to be unable to finish what one was saying; (for someone) suddenly to go silent. —**yı ağzına tıkamak** /ın/ *colloq.* to shut (someone) up. — **altında kalmamak** *colloq.* to give as good as one gets (in an argument). —**ya boğmak** /ı/ *colloq.* to drown (a topic) in a flood of words.

— **çıkarmak** *colloq.* to spread gossip, be a gossipmonger; to spread rumors. —**ya dalmak** *colloq.* to become lost in conversation. — **etmek** *colloq.* 1. **/la/** to talk (with), chat (with). 2. **/ı/** to gossip about (something). —**sını etmek /ın/** *colloq.* to talk about (something). —**yı ezip büzmek** *colloq.* to hem and haw, beat around the bush. — **karıştırmak** *colloq.* to change the subject quickly. — **kavafı** *colloq.* (a) great talker, chatterbox. —**sı mı olur?** *colloq.* Don't mention it!/It's a pleasure! *(said to someone for whom one has done or wishes to do a favor).* — **taşımak** *colloq.* to retail gossip. —**ya tutmak /ı/** *colloq.* to engage (someone) in conversation (thus making him stop what he'd been doing). — **yetiştirmek** *colloq.* 1. to reply quickly and in kind, promptly to give as good as one gets. 2. **/a/** (for a child) to talk back to, sass (an older person).

lakırdıcı *colloq.* 1. very talkative, garrulous. 2. gossipy, bigmouthed.

lakin but, however.

laklak 1. clacking, noise made by storks. 2. *colloq.* clatter, chatter, yakking. — **etmek** *colloq.* to yak, clatter.

laklaka *colloq.* 1. nonsense, bull. 2. clatter, chatter, yakking.

laklakıyat, -tı *colloq.* clatter, chatter, yakking.

lakonik laconic, concise, pithy, brief and to the point.

lakoz *zool.* a large gray mullet.

lakrimal lachrymal, lacrimal.

laksatif 1. (a) laxative. 2. laxative.

laktik lactic. — **asit** *chem.* lactic acid.

laktoz lactose.

lal, -li 1. ruby (a gem). 2. (a) red ink. 3. ruby, ruby-colored.

lala 1. *formerly* manservant who took care of a boy. 2. *Ottoman hist.* high-ranking manservant who looked after a son of the sultan. — **paşa eğlendirmek** *colloq.* 1. to keep a naughty, spoiled child amused. 2. to indulge the whims of a capricious, pampered person.

lalanga a pancake-like dessert eaten with syrup/sugar.

lale 1. *bot.* tulip. 2. forked stick (for picking fruit). 3. *hist.* tulip-shaped iron collar (put around the neck of convicts and slaves). **L— Devri** *Ottoman hist.* the Tulip Period (extending from 1718 to 1730). — **soğanı** *bot.* tulip bulb.

laleağacı, -nı *bot.* tulip poplar.

lalelik 1. a vase with a narrow neck used for tulips. 2. tulip bed; tulip garden.

lalettayin 1. any old ..., any ... whatsoever; very ordinary, unexceptional. 2. at random, indiscriminately.

lalezar *obs.* tulip bed; tulip garden.

lam name of the letter *l* (in the Arabic alphabet).

—**ı cimi yok.** *colloq.* There are no "buts" about it!/That's the way it's got to be!/And that's final!

lam slide, microslide.

lama *zool.* llama.

lama lama (Tibetan Buddhist priest/monk).

lamba 1. lamp. 2. (electron) tube. 3. rabbet (groove); mortise. —**yı açmak** to turn up the wick (of a lamp). — **gömleği** (incandescent) mantle. — **karpuzu** globe of a lamp. — **şişesi** chimney of a lamp.

lambalamak /ı/ 1. to candle (eggs). 2. to rabbet, cut a rabbet in; to mortise, cut a mortise in.

lambalı 1. furnished with a lamp. 2. furnished with (so many) lights, light bulbs, or tubes. 3. rabbeted.

lambalık 1. lamp stand; bracket/shelf (for a lamp). 2. enough (kerosene/oil) to fill (so many) lamps.

lambri 1. paneling, wainscoting, wainscot. 2. paneling, wainscoting (material used for paneling). —**yle kaplamak /ı/** to panel, wainscot.

lambrili paneled, wainscoted.

lame lamé.

lamel lamel, thin glass cover (for a microslide).

laminarya *bot.* kelp.

lamine laminated. — **etmek /ı/** to laminate.

lan *vulg.*, *see* **ulan.**

lanet, -ti 1. curse, imprecation. 2. cursed, accursed, damned. — **etmek/okumak /a/** to curse, damn. — **olsun!** *colloq.* God damn him/her/it!

lanetleme 1. act of cursing. 2. cursed, accursed, damned.

lanetlemek /ı/ to curse, damn.

lanetlenmek to be cursed, be damned.

lanetli cursed, accursed, damned.

langır lungur *colloq.* 1. with a clatter; with much rattling and banging. 2. thoughtlessly, without regard for the feelings of others, brusquely; loutishly.

langırt, -tı 1. pinball (game played on a pinball machine). 2. foosball, table soccer.

langust, -tu *zool.* spiny lobster, langouste.

lanolin lanolin, lanoline.

lanse launched. — **etmek /ı/** to launch, introduce, present (someone/something).

Laos 1. Laos. 2. Laotian, of Laos.

Laoslu 1. (a) Laotian, (a) Lao. 2. Laotian, Lao (person).

lap, -pı *colloq.* flop, plop, plopping sound. — **diye** with a plopping sound, with a flop. — **lap** 1. (eating/drinking) with a smacking sound. 2. with a flopping/plopping sound.

lapa 1. any watery, mushy food (made from grain). 2. poultice, blister (made of **lapa**). — **gibi** *colloq.* soft and mushy. — **lapa** (for snow to fall) in big flakes. — **vurmak /a/** to apply a

lapacı

poultice/a blister (to); to poultice; to blister.
lapacı *colloq.* 1. fond of soft, mushy food. 2. big but weak, (person) who is big but out of shape.
lapçın a shoe of soft leather (somewhat resembling a chukka boot).
lapina *zool.* wrasse.
Lapon 1. (a) Lapp, (a) Laplander. 2. Lapp, of Lapland. 3. Lapp, pertaining to the Lapps or their language.
Laponca 1. Lapp, the Lapp language. 2. (speaking, writing) in Lapp, Lapp. 3. Lapp (speech, writing); spoken in Lapp; written in Lapp.
Laponya 1. Lapland. 2. Lapland, of Lapland.
Laponyalı 1. (a) Lapp, (a) Laplander. 2. Lapp (person).
lappadak *colloq.* 1. with a plop/a flop. 2. suddenly and with great force.
larenjit, -ti *path.* laryngitis.
largetto *mus.* larghetto.
largo *mus.* largo.
larp, -pı *used in:* — **diye** *colloq.* suddenly and with great force.
larpadak *colloq.* suddenly and with great force.
larva *zool.* larva.
laser *phys., see* **lazer.**
laskine lansquenet (a card game).
laso lasso.
lasta last (unit used to measure a ship's capacity).
lasteks Lastex.
lastik 1. rubber (as a material). 2. tire. 3. rubber, overshoe, galosh, storm rubber. 4. elastic band; elastic garter. 5. elastic, elastic web. 6. knitting ribbing. 7. rubber band. 8. eraser, *Brit.* rubber. — **gibi** 1. springy, limber. 2. *colloq.* rubbery (meat). — **tutkalı** rubber cement.
lastikağacı, -nı *bot.* 1. rubber plant. 2. (Para) rubber tree.
lastikli 1. made of rubber. 2. elastic, flexible. — **konuşmak** *colloq.* to speak in double entendres. — **söz** *colloq.* double entendre.
lata lath (thin strip of wood).
latanya *bot.* Chinese fan palm.
latarna *see* **laterna.**
latarnacı *see* **laternacı.**
lateks latex.
laterit, -ti *geol.* laterite.
laterna 1. hand organ, barrel organ. 2. *slang* dilapidated automobile, jalopy, rattletrap.
laternacı organ-grinder; maker or seller of hand organs.
latif 1. lovely, pleasing, nice. 2. amiable, agreeable, pleasant. 3. delicate, dainty.
latife witty remark, jest, bon mot, quip. — **etmek** to make witty remarks, jest.
latifeci witty (person).
latilokum Turkish delight, Turkish paste.
Latin 1. Romance, pertaining to the countries in which the Romance languages are spoken. 2. *hist.* (a) Latin (native of ancient Latium). — **alfabesi** Latin alphabet, Roman alphabet. — **harfleri** Latin characters, Roman characters. — **yelkeni** *naut.* lateen sail.
Latince 1. Latin, the Latin language. 2. (speaking, writing) in Latin, Latin. 3. Latin (speech, writing); spoken in Latin; written in Latin.
latinçiçeği, -ni *bot.* nasturtium.
laubali 1. overly familiar, too free-and-easy, fresh. 2. intimate, informal, free-and-easy.
laubalileşmek to become too free-and-easy, behave in an overly familiar way.
laubalilik being too free-and-easy; excessive familiarity; freshness.
lav lava.
lava *naut.* Pull!/Hoist away! — **etmek** /ı/ 1. *naut.* to pull, hoist. 2. *colloq.* to backbite. 3. *colloq.* to devour.
lavabo 1. washbasin, lavatory. 2. restroom, toilet, washroom, lavatory.
lavaj 1. *mining* washing; sluicing; panning. 2. *med.* lavage.
lavanta 1. dried lavender flowers. 2. lavender water, lavender. — **mavisi** lavender blue (color).
lavantacı 1. one who sells dried lavender flowers. 2. one who makes or sells lavender water.
lavantaçiçeği, -ni *bot.* lavender.
lavaş *prov.* thin bread resembling **pide.**
lavman 1. enema. 2. enemator.
lavta lute (musical instrument).
lavta obstetrical forceps.
lavtacı lute player, lutist, lutanist.
layık 1. /a/ deserving of; worthy of; (person) suited to be, fit to be. 2. suitable, appropriate, proper. — **bulmak** /ı, a/ to deem (someone/something) worthy/suitable of; to find (something/someone) appropriate enough for/to. — **ını bulmak** *colloq.* 1. to find a suitable mate. 2. to get one's just deserts. — **görmek** /ı, a/ to deem (someone/something) worthy/suitable of; to find (something/someone) appropriate enough for/to. — **olmak** /a/ to deserve, be worthy of; to suit, be appropriate for/to.
layıkıyla properly, completely, thoroughly.
layiha formally written petition/proposal/memorandum.
layter lighter (a barge).
laytmotif leitmotiv, leitmotif.
Laz 1. (a) Laz. 2. Laz (person). 3. Laz, pertaining to the Laz people.
laza *prov.* small trough (for honey).
Lazca 1. Laz, the Laz language. 2. (speaking, writing) in Laz, Laz. 3. Laz (speech, writing); spoken in Laz; written in Laz.
lazer *phys.* laser. — **ışınları** laser beams. — **yazıcı** *comp.* laser printer.

lazım 1. necessary, needed, required. 2. *gram.* intransitive (verb). — **olmak/gelmek** to be necessary, be needed, be required.
lazımlık chamber pot.
leb 1. *obs.* lip. 2. *obs.* edge; rim; shore. — **demeden leblebiyi anlamak** *colloq.* to anticipate correctly what someone is going to say; to be able to read someone's thoughts.
lebaleb *obs.* brimful, full to overflowing.
lebiderya 1. (place/building) which is right on the sea, seaside. 2. seashore.
leblebi 1. roasted chickpeas. 2. *slang* bullet, piece of lead. — **şekeri** sugar-coated, roasted chickpea/chickpeas. — **unu** flour made from roasted chickpeas.
leblebici maker or seller of roasted chickpeas.
ledün, -nnü *obs.* consciousness of God. — **ilmi** knowledge of the nature of God (mysteriously imparted by God).
legal, -li legal.
legato *mus.* legato.
legorn 1. Leghorn (chicken). 2. (a) Leghorn chicken.
leğen 1. washtub, large pan (for washing clothes). 2. washbowl (for washing the hands and face). 3. *anat.* pelvis (structure of bones). **(bir kızı) — başından almak** *colloq.* to choose an industrious wife. — **boşluğu** *anat.* pelvic cavity.
Leh 1. (a) Pole. 2. Polish (person).
leh for, in favor of *(used only in the dative/the locative)*. **—inizde/—inize** in your favor. **—te olanlar** the ayes, those in favor of something. **—inde olmak** /ın/ to be in favor of, be for. **—ine olmak** /ın/ (for something) to be to (one's) advantage, be in (one's) favor. **—te olmak** to favor, be for, or support something. **—te oy vermek** to vote for something, cast an affirmative vote. **—inde söylemek** /ın/ to speak in favor of.
Lehçe 1. Polish, the Polish language. 2. (speaking, writing) in Polish, Polish. 3. Polish (speech, writing); spoken in Polish; written in Polish.
lehçe dialect.
lehim 1. solder. 2. soldering, act of soldering. 3. soldering, a soldered place.
lehimci solderer.
lehimcilik soldering, the work of a solderer.
lehimlemek /ı/ to solder.
lehimlenmek to be soldered.
lehimli soldered.
Lehistan *obs.* Poland.
lejyon *mil.* legion.
lejyoner *mil.* legionnaire. — **hastalığı** *path.* legionnaires' disease.
leke 1. stain, spot, blot. 2. blemish, spot, fleck; birthmark. 3. *colloq.* stain/blot (on one's character/reputation). — **çıkarmak** to remove a stain. — **etmek** /ı/ to stain. — **getirmek** /a/ *colloq.* to blacken, sully, besmirch (someone's name/reputation). — **olmak** to become stained/soiled. — **sürmek** /a/ *colloq.* to blacken the name of. — **tutmak** to stain easily. — **yapmak** 1. to leave a stain (on), make a stain (on). 2. /ı/ to stain.
lekeci *obs.* dry cleaner. — **kili** fuller's earth.
lekecilik *obs.* the work of a dry cleaner.
lekelemek /ı/ 1. to stain; to soil. 2. *colloq.* to sully, besmirch; to blacken the name of.
lekelenmek 1. to be stained/soiled. 2. *colloq.* to be sullied/besmirched.
lekeli 1. spotted, stained. 2. *colloq.* (person) whose name has been besmirched; (person) with a bad reputation.
lekelihumma *path.* typhus, spotted fever.
leken snowshoe.
lekesiz 1. spotless; immaculate. 2. *colloq.* (person) whose reputation is unsullied.
leksikograf lexicographer.
leksikografi lexicography.
leksikolog lexicologist.
leksikoloji lexicology.
lektör lecturer (holder of a university position).
lenduha 1. big and unwieldy. 2. big and unwieldy thing. — **gibi** big and unwieldy.
lenf lymph. — **boğumları** *anat.* lymph nodes. — **damarları** *anat.* lymph ducts. — **yangısı** *path.* adenitis.
lenfa see **lenf**.
lenfatik lymphatic.
lenfatizm *path.* lymphatism, status lymphaticus.
lenfosit, -ti *biol.* lymphocyte.
lenger 1. large, shallow copper dish. 2. *naut.* anchor. — **atmak/bırakmak** *naut.* to cast anchor.
lengerli *naut.* 1. (boat) furnished with an anchor. 2. anchored.
lengüist, -ti linguist.
lengüistik linguistics.
Leninci 1. (a) Leninist, (a) Leninite. 2. Leninist, Leninite.
Lenincilik Leninism.
Leninist, -ti see **Leninci**.
Leninizm see **Lenincilik**.
lens 1. lens. 2. contact lens.
lento *mus.* lento.
lento lintel.
leopar 1. *zool.* leopard. 2. leopard, made of leopard fur.
lep *obs.*, see **leb**.
lepiska (soft, silky) blond (hair).
lepra *path.* leprosy, Hansen's disease.
lesepase (a) laissez-passer.
Lesoto Lesotho.
leş 1. carcass (of an animal). 2. carrion, putrefying animal carcass. **—ini çıkarmak** /ın/ *colloq.* to beat the tar out of (someone). — **gibi** *col-*

leşkargası

loq. 1. very smelly, stinking to high heaven. 2. without moving a muscle, as lazy as can be. — **gibi serilmek** *colloq.* to lie all sprawled out. —**ini sermek** /ın/ to do (someone) in, bump (someone) off *(said threateningly).*
leşkargası, -nı *zool.* carrion crow; hooded crow.
letafet, -ti 1. winsomeness, loveliness, charm. 2. delicacy, fineness.
letarji *path.* lethargy.
letarjik *path.* lethargic.
Letonya 1. Latvia. 2. Latvian, of Latvia.
Letonyalı 1. (a) Latvian. 2. Latvian (person).
leva lev (monetary unit of Bulgaria).
Levanten 1. (a) Levantine. 2. Levantine, of the Levant.
levazım necessities, requisites, material, materiel, supplies. — **sınıfı** *mil.* the Quartermaster Corps.
levazımat, -tı see **levazım.**
levazımatçı supplier, seller of supplies.
levazımcı *mil.* a member of the Quartermaster Corps, quartermaster.
levent strapping and good-looking young man.
levha 1. signboard, sign. 2. inscribed card; framed inscription. 3. tablet, panel, slab. 4. picture, painting.
levrek *zool.* sea bass.
levüloz *chem.* levulose.
levye lever; crowbar; pry.
ley leu, ley (monetary unit of Romania).
leydi Lady *(a title).*
leyla *slang* stinking drunk, blotto.
leylak *bot.* lilac. — **rengi** lilac (as a color). — **renkli** lilac, lilac-colored.
leylek *zool.* stork. —**in attığı yavru** *colloq.* outcast, pariah, someone despised by former friends. —**i havada görmek** *joc.* to be always on the move, be traveling constantly. —**in ömrü laklakla geçer.** *proverb* Some people are all talk and no action. — **yuvası gibi** *colloq.* very tangled, unkempt (hair).
leylekgagası, -nı pantograph.
leyli *obs., see* **yatılı.**
lezbiyen 1. (a) lesbian. 2. lesbian.
lezbiyenlik 1. being a lesbian. 2. lesbianism.
leziz 1. delicious, tasty. 2. delightful, very pleasant.
lezyon *path.* lesion.
lezzet, -ti 1. taste, flavor. 2. *colloq.* pleasure, enjoyment. — **almak** /dan/ *colloq.* to enjoy, find pleasure in (something).
lezzetlendirmek /ı/ to make (a food) taste delicious.
lezzetlenmek to become delicious, acquire a delicious flavor.
lezzetli delicious, tasty.
lezzetsiz insipid, tasteless.
lığ alluvium, alluvion, alluvial deposit.

lığlanmak to become covered with alluvium.
lığlaşma alluviation.
lığlı alluvial, alluvian, composed of alluvium.
lıkırdamak to glug, make a glugging sound.
lıkır lıkır with a glugging sound.
liberal, -li 1. liberal. 2. (a) liberal.
liberalizm liberalism.
liberalleşmek to become liberal, liberalize.
Liberya 1. Liberia. 2. Liberian, of Liberia.
Liberyalı 1. (a) Liberian. 2. Liberian (person).
libido *psych.* libido.
libre 1. pound, avoirdupois pound. 2. libra (unit of weight).
librelik weighing (so many) pounds, of (so many) pounds.
libretto libretto.
Libya 1. Libya. 2. Libyan, of Libya.
Libyalı 1. (a) Libyan. 2. Libyan (person).
lider 1. leader. 2. leading, first-rate, top-notch.
liderlik leadership.
lif 1. fiber. 2. luffa, loofah, vegetable sponge; (any) fibrous sponge (used when washing oneself). — **lif** in fibers.
liflemek /ı/ to scrub (oneself/someone) with a luffa.
liflenmek 1. to be scrubbed with a luffa. 2. (for a fruit/a vegetable) to become fibrous/tough.
lifli fibrous.
lig, -gi *sports* league. —**den düşmek** (for a team) to drop down into a lower league.
Lihtenştayn 1. Liechtenstein. 2. Liechtenstein, of Liechtenstein.
Lihtenştaynlı 1. Liechtensteiner. 2. Liechtenstein (person).
lika 1. raw silk (used in an inkwell). 2. lac, lacca (used as a fixative for gilt).
liken *bot., path.* lichen.
likidasyon *com.* liquidation.
likidite *com.* liquidity.
likit 1. fluid, liquid substance. 2. fluid, liquid (substance). 3. *com.* liquid.
likorinoz a kind of smoked fish.
likör liqueur.
lila 1. lilac (as a color). 2. lilac, lilac-colored.
limafasulyesi, -ni *bot.* lima bean.
liman harbor; seaport, port. — **açıkları** *naut.* roadstead, roads. — **başkanı/reisi** harbor master. — **işçisi** longshoreman.
limanlamak 1. to come into harbor, reach port. 2. (for the wind) to die down; (for the sea) to become calm.
limanlık 1. (place) used as a port; suitable for use as a port. 2. calm (sea). 3. windless.
limbo *naut.* a barge.
lime *used in:* — **lime** in long strips; in tatters; in rags. — **lime kesmek** /ı/ to cut (something) into long, narrow strips.
limit, -ti limit.

limited *see* **limitet.**
limitet, -ti *com.* limited, (company) whose stockholders have limited liability. — **şirket** limited company, limited-liability company.
limon lemon. — **ağacı** *bot.* lemon tree. — **kabuğu gibi** *colloq.* small and shapeless (hat). — **sarısı** lemon yellow. — **sıkmak /a/** *slang* to introduce a sour note into, wet-blanket (a conversation).
limonata lemonade. — **gibi** *colloq.* (wind blowing) in a cool and refreshing way.
limoni 1. lemon yellow, pale yellow. 2. *colloq.* very touchy, fractious, snappish. 3. *colloq.* sour, bad (relations). — **hava** *colloq.* sky which is threatening rain.
limonküfü, -nü bluish green.
limonlu 1. flavored with or containing lemon juice. 2. furnished/garnished with a slice of lemon. 3. (something) that contains sliced/grated lemon peel. 4. lemon-flavored, lemon; lemon-scented, lemon.
limonluk 1. greenhouse, hothouse, conservatory. 2. lemon squeezer. 3. parapet, low wall (of a balcony/a terrace/stairs).
limontozu, -nu *see* **limontuzu.**
limontuzu, -nu citric acid.
linç, -çi lynching. — **etmek /ı/** to lynch.
lineer *math.* linear.
link, -gi trot (gait).
link, -ki *communications* link.
linolyum linoleum.
linotip, -pi linotype.
linyit, -ti lignite.
lipit *biochem.* lipid, lipide.
lipom *path.* lipoma, fatty tumor.
lir *mus.* lyre.
lira 1. lira (monetary unit of Turkey, replaced by the **Yeni Türk Lirası**). 2. pound (monetary unit of Egypt, Syria, etc.). 3. an Ottoman gold coin.
liralık 1. (so many) liras worth, worth (so many) liras. 2. bill/coin worth (so many) liras.
liret, -ti *hist.* lira (monetary unit of Italy).
lirik lyric, lyrical. — **şiir** lyric poem, lyric; lyric poetry.
lirizm lyricism.
lisan language. —**a gelmek** *colloq.* (for something nonhuman) to begin to speak.
lisans 1. bachelor's degree. 2. import license; export license. 3. license to manufacture (another company's product). 4. certificate; license. — **yapmak** to study for a bachelor's degree.
lisanslı 1. licensed; certified; possessing a license/a certificate. 2. (person) who holds a bachelor's degree.
lisansüstü, -nü graduate, post-baccalaureate, *Brit.* postgraduate (studies, course, etc.). — **eğitim** graduate education. — **öğrenci** graduate student, grad student, *Brit.* postgraduate, postgraduate student.
lise high school.
liseli high school student, high schooler.
liste list. —**ye geçirmek /ı/** to put (someone/something) on the list.
listelemek /ı/ to list, make a list of.
literatür 1. literature, writings in prose/verse. 2. books and articles, literature (on a particular topic): **Yeni tıp literatürünü takip edemiyorum.** I can't keep up with all the medical books and articles that are coming out nowadays.
litografi *see* **litografya.**
litografya lithography.
litografyacı lithographer.
litoloji lithology.
litosfer lithosphere.
litre liter, *Brit.* litre.
litrelik (something) which holds (so many) liters.
liturya liturgy.
litürji *see* **liturya.**
Litvanya 1. Lithuania. 2. Lithuanian, of Lithuania.
Litvanyalı 1. (a) Lithuanian. 2. Lithuanian (person).
lityum *chem.* lithium.
livar fishgarth, fishweir; tank/pond where fish are raised; bucket/box in which caught fish are put and kept alive.
liyakat, -ti 1. merit, deservingness, worthiness; suitability. 2. capability, competence. — **göstermek /da/** to be successful (in).
liyakatli 1. capable, competent. 2. worthy, deserving.
liyakatsiz 1. incapable, incompetent. 2. unworthy, undeserving.
liyakatsizlik 1. incompetence. 2. unworthiness.
liyezon liaison.
lizol, -lü Lysol.
lizöz bed jacket.
lobelya *bot.* lobelia.
lobi 1. lobby, waiting room. 2. *pol.* lobby: **tütün lobisi** the tobacco lobby.
lobici *pol.* lobbyist, lobbier.
lobut, -tu 1. Indian club. 2. small, club-like stick. 3. club, cudgel.
loca 1. box (in a theater). 2. (Masonic) lodge.
loça *naut.* hawsehole.
lodos 1. south/southwest wind. 2. the south/the southwest (as a direction). —**un gözü yaşlıdır.** *proverb* A south wind brings rain.
lodoslamak for a south wind to begin to blow.
lodosluk 1. exposed to the south/the southwest 2. side facing the south/the southwest.
logaritma logarithm.
logistik *see* **lojistik.**
logos logos.
loğ roller (made of stone and used for smoothing and packing mud roofs/roads).

loğlamak

loğlamak /ı/ to roll (with a **loğ**).
loğusa woman recovering from childbirth. — **şekeri** a sugar-based preparation used in making **loğusa şerbeti**. — **şerbeti** a drink offered to people visiting a mother and her newborn baby.
loğusahumması, -nı *path.* puerperal fever, childbed fever.
loğusalık 1. period of confinement after childbirth. 2. being a **loğusa**.
lojistik 1. *mil.* logistics. 2. symbolic logic, mathematical logic, logistics, logistic.
lojman apartment/house provided for an employee by his employer.
lok, -ku *naut.* lock.
lokal, -li 1. local headquarters (of an organization). 2. popular spot, haunt, rendezvous. 3. local, pertaining to a particular place. 4. *med.* local, not general: **lokal anestezi** local anesthesia.
lokanta restaurant.
lokantacı restaurateur, restaurant operator.
lokantacılık being a restaurant operator.
lokatif *gram.* the locative case, the locative.
lokavt, -tı lockout (by an employer).
lokma 1. morsel, bite (of food). 2. a small, round, syrupy friedcake. 3. *anat.* condyle. 4. a wrench (tool). **—sı ağzında büyümek** *colloq.* not to have any appetite at all. **— dökmek** to make **lokma** (friedcake). **—sını dökmek** /ın/ to make **lokma** (friedcake) in memory of (someone who has died). **— lokma** in small portions, a little at a time. **—sını saymak** /ın/ *colloq.* to watch closely how much (someone) eats (for fear he will eat too much).
lokmagöz *colloq.* popeyed, bug-eyed.
lokmanruhu, -nu *colloq.* ether.
lokomobil locomobile.
lokomotif railway engine, locomotive.
lokum 1. Turkish delight. 2. *slang* teacher who's well-liked and lenient.
lolo *slang* stuff and nonsense, bull, song and dance, the run-around.
lombar *naut.* gunport.
lomboz *naut.* (round) porthole.
lonca guild (of artisans/merchants). **— ustası** head of a guild.
longa Turkish *mus.* a style of dance music.
longoz deep spot in a river/sea.
longpley long-playing record, LP, thirty-three.
lop, -pu big, soft, and round. **— diye** *colloq.* with a plop. **— incir** a large, soft-skinned fig. **— lop** *colloq.* (eating) in huge bites. **— lop yutmak** /ı/ *colloq.* to bolt down, swallow (food) whole. **— yumurta** hard-boiled egg.
lop *anat.* lobe.
lopçuk *anat.* lobule.
loppadak *colloq.* with a plop.

lopur lopur *colloq.* greedily and noisily. **— yutmak** /ı/ *colloq.* to gobble (something) noisily.
lor a soft, uncured cheese. **— peyniri** *see* **lor**.
lort 1. lord. 2. *colloq.* rich person, moneybags, nabob. **L—lar Kamarası** the House of Lords.
lostra shining shoes, shoeshine. **— salonu** shoeshine parlor, shoeshine shop.
lostracı shoeshiner (person).
lostromo *naut.* boatswain, bo'sun, bosun.
losyon lotion.
loş dim, dark, murky.
loşlaşmak to become dark/dim, darken, dim.
loşlaştırmak /ı/ to darken, dim.
loşluk dimness, darkness, murkiness.
lotarya lottery.
lotus *bot.* lotus.
lök, -kü 1. heavy and unwieldy; big and clumsy. 2. *prov.* male camel. **— gibi oturmak** /a/ *colloq.* 1. to sit down heavily and clumsily (on). 2. (for food) to sit heavily on (one's stomach). **— lök** *colloq.* slowly and ponderously.
lök, -kü *prov., see* **lökün**.
lökosit, -ti *biol.* leukocyte, leucocyte, white blood cell, white blood corpuscle.
lökün *prov.* lute, lutin, putty (made of lime and linseed oil or olive oil).
löpür löpür *colloq.* greedily and noisily.
lös *geol.* loess, löss.
lösemi *path.* leukemia.
lt. (*abbr. for* **litre**) l. (liter).
Ltd. (*abbr. for* **Limitet/Limited**) limited, limited-liability.
lubun *slang* passive male homosexual, queen.
lumbago *path.* lumbago.
lunapark, -kı (a) Luna Park.
lustur *slang* shoeshiner (person).
lutr 1. otter. 2. otter fur. 3. made of otter fur.
Lübnan 1. Lebanon. 2. Lebanese, of Lebanon.
Lübnanlı 1. (a) Lebanese. 2. Lebanese (person).
lüfer bluefish.
lügat, -ti 1. dictionary. 2. word, term. **— paralamak** *colloq.* to speak/write in a pretentious, highfalutin way.
lügatçe 1. glossary (of words/terms). 2. small dictionary.
lügatçi lexicographer.
lügatçilik lexicography.
lüks 1. luxury. 2. luxurious, characterized by luxury. **— mevki** 1. lounge (on a ferryboat). 2. luxury class (on a passenger ship). **— vergisi** luxury tax.
lüks 1. (kerosene or white gasoline) lantern (containing a pressure pump). 2. lux (unit of illumination).
Lüksemburg 1. Luxembourg, Luxemburg. 2. Luxembourg, Luxemburg, Luxembourgian, Luxemburgian.
Lüksemburglu 1. (a) Luxembourger, (a) Luxem-

burger. 2. Luxembourgian, Luxemburgian (person).
lüksmetre luxmeter, luxometer.
lüle 1. ringlet, curl, lock (of hair). 2. twist, fold, roll. 3. bowl (of a clay/meerschaum tobacco pipe). 4. spout (of a fountain). — **lüle** 1. in ringlets, in curls. 2. in ripples, ripplingly.
lüleci maker or seller of clay/meerschaum pipe bowls. — **çamuru** clay used for making pipe bowls.
lületaşı, -nı meerschaum, sepiolite.
lümpen lumpen. — **proletarya** lumpen proletariat. — **proleter** 1. (a) lumpen proletarian. 2. lumpen proletarian.
lüp, -pü 1. *slang* windfall, something got for nothing. 2. kernel, marrow, essence. — **diye yutmak** /ı/ *colloq.* to bolt (food) down, swallow (food) whole. —**e konmak** *slang* to get something for nothing.

lüpçü *slang* freeloader, parasite.
lüpçülük *slang* freeloading.
Lüteriyen 1. (a) Lutheran. 2. Lutheran. — **kilisesi** the Lutheran church.
lütfen 1. please. 2. very kindly; as a favor or kindness.
lütfetmek /ı, a/ to be so kind as to; to be so good as to bestow/grant; to do (someone) a favor, oblige.
lütuf, -tfu kindness, kind deed; favor.
lütufkâr kind, gracious; obliging.
lüzum necessity, need. —**unda/—u halinde** if the necessity arises, if necessary, when necessary. — **görmek** /a/ to think it necessary to; to deem (something) necessary.
lüzumlu necessary, needed, required.
lüzumsuz unnecessary, unneeded, needless. — **yere** unnecessarily, needlessly.
lüzumsuzluk needlessness, unnecessariness.

M

M 1. the letter M. 2. M (the Roman numeral symbol for 1000).
maada /dan/ *obs.* 1. except, apart from, with the exception of. 2. in addition to, besides.
maaile *obs.* as a family, with all the family.
maalesef unfortunately; I am sorry to say.
maamafih *see* **mamafih.**
maarif *obs.* 1. the Ministry of Education. 2. learning, knowledge (gained in the classroom). 3. system of education. — **müdürü** superintendent of schools (in a district).
maarifçi *obs.* official employed by the Ministry of Education.
maaş salary, stipend, pay; pension. — **almak** to be on a salary, be salaried. — **bağlamak** /a/ to put (someone) on a salary, salary. — **cüzdanı** card certifying that one is a pensioner, pension card. —**a geçmek** to be put on a salary, be put on the payroll.
maaşlı 1. salaried. 2. (job) that has a salary of; (person) who gets a salary of.
maatteessüf *obs.* regrettably; I regret to say.
maazallah God forbid!/God protect us!
mabat 1. *obs.* continuation, sequel. 2. *slang* buttocks, ass, fanny.
mabet place of worship, temple.
mabeyin, -yni 1. *obs.* relations between two people. 2. *formerly* room/hall/suite separating the women's quarters from the men's quarters (in a large house/a palace).
mabeyinci *Ottoman hist.* late nineteenth-century palace official to whom important administrative duties were often entrusted.
mablak 1. spatula; putty knife. 2. a long-handled, wooden ladle.
mabut *obs.* 1. god, deity; idol. 2. God.
Macar 1. (a) Hungarian. 2. (a) Magyar. 3. Hungarian, of or pertaining to Hungary or the Hungarians. 4. Magyar, of the Magyars. — **kadanası** a big, powerful horse. — **salamı** a salami.
macar *slang* louse.
Macarca 1. Hungarian, the Hungarian language. 2. (speaking, writing) in Hungarian, Hungarian. 3. Hungarian (speech, writing); spoken in Hungarian; written in Hungarian.
Macaristan 1. Hungary. 2. Hungarian, of Hungary.
macera adventure. — **aramak** to look for excitement and adventure. —**ya atılmak** 1. to embark on an adventure. 2. to find oneself embarked on an adventure. — **filmi** adventure movie. — **romanı** adventure novel.
maceracı 1. adventure-loving, adventuresome. 2. adventurer.
maceralı adventurous, full of adventure.
maceraperest, -ti 1. adventure-loving, adventuresome. 2. adventurer.
macun 1. paste. 2. putty; adhesive cement. 3. a gumlike candy. 4. a gumlike confection (usually used as an aphrodisiac). 5. *med.* confection, paste; electuary. 6. majoon. 7. *slang* gum opium. — **bıçağı** putty knife.
macuncu maker or seller of a gumlike candy.
macunlamak /ı/ to putty.
macunlanmak to be puttied.
macunlaşmak to become like putty, acquire the consistency of putty.
maç, -çı match (sporting event). — **yapmak** to hold a match.
maça 1. *playing cards* (a) spade. 2. core (of a foundry mold). — **beyi** the jack of spades. — **beyi gibi kurulmak** *colloq.* to sprawl disrespectfully in one's seat. — **kızı** the queen of spades.
maçuna crane (machine).
Madagaskar 1. Madagascar. 2. Madagascan, Madagascar, of or relating to Madagascar.
Madagaskarlı 1. (a) Madagascan, (a) Malagasy. 2. Madagascan (person).
madalya medal. —**nın ters tarafı/yüzü** *colloq.* the unfavorable side of something, the other side of the coin.
madalyon locket (piece of jewelry).
madam (*used of non-Muslim women*) 1. Madame, Madam (*used as a title or as a form of address*). 2. madame, lady. 3. *colloq.* wife.
madama (*used of non-Muslim women*) 1. Ma'am, Lady (*used as a form of address*). 2. madame, lady. 3. *colloq.* wife.
madara *slang* 1. common, vulgar. 2. worthless. 3. meaningless. 4. embarrassing a teacher (by pointing out his mistake to him while he's teaching the whole class). — **olmak** *slang* 1. to be proved to be a liar. 2. to feel ashamed.
madde 1. matter, substance. 2. material, component; ingredient. 3. entry, item (in a list). 4. clause, article, section, paragraph (of a law/a contract). 5. question, matter, topic. 6. material/physical things (as opposed to *spiritual things*). 7. *colloq.* (a) narcotic, drug. — **madde** 1. divided into separate articles. 2. article by article, item by item.
maddeci 1. (a) materialist. 2. materialistic, materialist.
maddecilik materialism.
maddesel material; physical.

maddeten 1. materially; physically. 2. actually, in actual fact.
maddi 1. material; physical. 2. materialistic, preoccupied with material things.
maddileşmek 1. to become materialistic. 2. to become material/physical.
maddilik materiality, being material.
maddiyat, -tı material things, materiality.
madem since, seeing that, considering that, as.
mademki *see* **madem**.
maden 1. mine. 2. mineral. 3. metal. 4. *colloq.* rich source, gold mine. — **cevheri/filizi** ore. — **damarı** lode, vein. — **işçisi** miner. — **kuyusu** mine shaft. — **mavisi** grayish blue, perse. — **mühendisi** mining engineer. — **ocağı** mine, pit. — **posası** slag. — **yatağı** region rich in mineral deposits.
madenci 1. miner. 2. mining expert. 3. mine owner.
madencilik the work of a miner, mining expert, or mine owner; mining.
madeni 1. metal, metallic. 2. mineral, pertaining to minerals.
madenkömürü, -nü hard coal, anthracite.
madensel 1. metal, metallic. 2. mineral, pertaining to minerals.
madensi 1. metalloid, resembling a metal. 2. (a) metalloid.
madensuyu, -nu mineral water.
madenyünü, -nü mineral wool, rock wool, slag wool.
maderşahi matriarchal, matriarchic.
maderşahilik matriarchy.
madik 1. marbles (game). 2. *slang* trick, a fast one. — **atmak/etmek/oynamak** /a/ *slang* to trick, pull a fast one on.
madikçi *slang* cheat, swindler.
madrabaz cheat, swindler (especially someone who buys something dirt-cheap and sells it at an outrageous price).
madrigal, -li *mus.* madrigal.
madura ayağı, -nı *path.* athlete's foot, dermatophytosis.
maestoso *mus.* maestoso.
maestro *mus.* maestro, conductor.
mafiş 1. *colloq.* not to be found, completely absent or missing: **Sende akıl mafiş!** You don't have a lick of sense! 2. a light, crisp fritter.
mafsal *anat.* joint. — **romatizması** *path.* rheumatism of the finger joints, Heberden's rheumatism.
mafya mafia.
maganda *slang* lout, boor.
magazin (illustrated) magazine.
magma *geol.* magma.
magmatik *geol.* magmatic.
magnezyum *chem.* magnesium.
mağara cave; cavern.

mağarabilim speleology.
mağarabilimci speleologist.
mağaza large store (business establishment).
mağdur 1. wronged, unjustly treated. 2. *law* injured party.
mağduriyet, -ti *see* **mağdurluk**.
mağdurluk unjust treatment, being wronged.
mağfiret, -ti the forgiveness of God, God's remission of one's sins.
mağfur *obs.* (person) whose sins have been pardoned by God.
mağlubiyet, -ti defeat.
mağlup overcome, beaten, defeated. — **etmek** /ı/ to defeat, overcome, beat. — **olmak** to be defeated, be beaten.
Mağribi (a) Maghrebi.
Mağrip the Maghreb, northwestern Africa.
mağrip *obs.* the west (as a direction or place).
mağrur 1. conceited, haughty. 2. (justly) proud.
Mah. 1. (*abbr. for* **Mahalle**) quarter; ward. 2. (*abbr. for* **Mahkeme**) law court.
mahal, -lli place, spot. **—inde** 1. on the spot (where it occurred). 2. on-the-spot (investigation). — **kalmamak** /a/ for there to be no room left for, for there to be no longer any need for. — **vermemek** /a/ not to give rise to, not to occasion. — **yok.** /a/ There is no need for .../There is no ground for ....
mahalle neighborhood; quarter; ward (in a city/a town). **—yi ayağa kaldırmak** *colloq.* to put the whole neighborhood in an uproar (by making noise). — **çapkını** *colloq.* a timid and rather unsuccessful Lothario. — **çocuğu** *colloq.* gamin, urchin, street Arab. — **kahvesi gibi** *colloq.* crowded, stuffy, and noisy. — **karısı** *colloq.* vulgar, quarrelsome woman; fishwife.
mahallebi *see* **muhallebi**.
mahallebici *see* **muhallebici**.
mahallebicilik *see* **muhallebicilik**.
mahalleli 1. (person) from the same quarter/neighborhood. 2. the inhabitants of a quarter/a neighborhood.
mahalli local. — **idare** local government.
maharet, -ti (technical) skill/proficiency. — **kazanmak** to become skillful/proficient.
maharetli skillful, proficient.
maharetsiz unskillful.
mahcubiyet, -ti shyness, bashfulness.
mahcup 1. shy, bashful. 2. ashamed. — **etmek** /ı/ to make (someone) ashamed, shame; to embarrass. — **olmak** to be ashamed; to be embarrassed.
mahcupluk 1. shyness, bashfulness. 2. shame, being ashamed.
mahcur *law* (incompetent person) who has been put under the care of a guardian; (person) whose property has been put in someone else's custody.

mahdum *obs.* son.
mahdut 1. restricted, limited (quantity). 2. /la/ bounded by, bordered by; surrounded by.
mahfaza (protective) case/cover/box.
mahfazalı (something) furnished with a case; enclosed in a case.
mahfe *obs.* 1. howdah. 2. palanquin, sedan.
mahfel *see* **mahfil**.
mahfil 1. gathering-place, rendezvous, club. 2. those attending a meeting. 3. screened-off, elevated loge in a mosque, maksoorah.
mahfuz 1. protected, sheltered; safe, secure. 2. protected, looked after. 3. under armed guard, guarded. — **hisse** (an heir's) legally guaranteed share in an estate.
mahfuzen *obs.* under armed guard.
mahıv, -hvı destruction; obliteration.
mahir expert, skillful.
mahiyet, -ti true nature, essential character; the heart (of a matter).
mahkeme 1. law court. 2. trial, hearing. —**de dayısı olmak** *colloq.* to have a friend at court, have a friend who holds an important position. —**ye düşmek** 1. (for a dispute) to be taken to court. 2. (for people) to go to court (to resolve their differences). — **kapısı** *colloq.* law court. — **kararı** *law* court order.
mahkemelik (matter) for the courts to decide, which will be decided in court. — **olmak** (for people) to go to court (to resolve their differences).
mahkûm 1. *law* sentenced, condemned. 2. person under sentence, convict. 3. /a/ obliged to, forced to. 4. /a/ doomed to, destined to (an unhappy fate). — **etmek** /ı, a/ 1. to sentence (to). 2. to condemn/doom (someone) (to).
mahkûmiyet, -ti *law* 1. being under sentence. 2. the term of one's sentence, the length of one's sentence.
mahlas pen name, pseudonym.
mahlep 1. *bot.* mahaleb, mahaleb cherry, St. Lucie cherry. 2. a cordial made from mahaleb.
mahluk, -ku creature.
mahlukat, -tı *obs.* all living creatures, everything that lives and breathes.
mahlul, -lü *obs.* 1. *chem.* solution. 2. *law* (property) that has reverted to the state, escheated (property).
mahlut, -tu *obs.* 1. (something) that is a blend; adulterated. /la/ mixed/adulterated with. 2. mixture. 3. *mech.* (a) mixture of fuel and air.
mahmude 1. *bot.* scammony. 2. scammony resin.
mahmur 1. groggy, logy (from sleep). 2. half-closed (eye); sleepy-eyed, heavy-eyed. 3. fuddled (from drink). 4. languishing, lovesick (look).
mahmurluk 1. grogginess, loginess (from sleep). 2. listlessness (caused by a hangover).

3. languidness (of a look).
mahmuz 1. spur. 2. spur (on the shank of a bird's leg). 3. *formerly* beak, ram, rostrum (of a warship). 4. spur (on the pier of a bridge).
mahmuzlamak /ı/ to spur.
mahmuzlanmak to be spurred.
mahpus 1. prisoner. 2. imprisoned; captive. 3. a kind of backgammon.
mahpushane prison, jail.
mahpusluk 1. being imprisoned, imprisonment. 2. length of a prison sentence.
mahrama 1. head scarf (worn by village women). 2. embroidered napkin. 3. handkerchief. 4. towel.
mahreç *obs.* 1. outlet. 2. origin, source.
mahrek, -ki *obs.* orbit, trajectory.
mahrem 1. confidential, private, intimate. 2. *Islamic law* (person) so closely related by blood that marriage with him/her is forbidden. 3. (man) who can enter the harem (owing to his being a close relation). 4. confidant; confidante.
mahremiyet, -ti 1. confidentiality; intimacy; privacy. 2. (a man's) being able to enter the harem. —**ine girmek** /ın/ to become so intimate with (someone) that one knows all about his private affairs, be taken into (someone's) confidence.
mahrum deprived, destitute, bereft. — **etmek/bırakmak** /ı, dan/ to deprive (someone/something) of. — **kalmak** /dan/ to be left without, be deprived of, be bereft of.
mahrumiyet, -ti deprivation, being bereft of. — **bölgesi** hardship area, deprived region.
mahsuben /a/ 1. taking it out of (a salary/an account). 2. reckoning that ..., keeping (something) in mind.
mahsul, -lü 1. product; produce, crop, yield. 2. result, product.
mahsup entered in an account. — **etmek** /ı/ to enter (an item) in an account.
mahsur 1. stuck (in), unable to move (from). 2. besieged; surrounded. 3. /a/ confined to, limited to. — **kalmak** /da/ to be stuck in, be unable to move from (a place).
mahsus 1. /a/ peculiar to, special to, unique to. 2. /a/ reserved for, set aside for, for. 3. especially, particularly. 4. intentionally, deliberately, on purpose. 5. as a joke, jokingly, in jest.
mahşer 1. *Islam* the place where people will gather on the Day of Judgment. 2. *colloq.* great crowd of people. — **gibi** *colloq.* very crowded (place). — **günü** *Islam* the Day of Judgment.
mahşeri huge, tremendous (crowd).
mahunya *bot.* mahonia.
mahut overly well-known, all too familiar.
mahvetmek /ı/ to destroy, ruin; to obliterate,

wipe out.

mahvolmak to be destroyed, be ruined; to be obliterated, be wiped out.

mahya 1. message spelled out by lights strung between minarets. 2. ridge of a roof. 3. ridge tile (on a roof). — **kiremidi** ridge tile (on a roof). — **kirişi** ridgepole.

mahyacı 1. person who strings up lights between minarets. 2. person who replaces broken roof tiles.

mahzen 1. underground storeroom/depository, cellar. 2. *prov.* cistern.

mahzun sad; dejected, depressed.

mahzunlaşmak to become sad; to become dejected.

mahzunluk sadness; dejection.

mahzur 1. objection, drawback. 2. obstacle, snag. — **görmek** /da/ to object (to), have an objection (to).

mahzurlu objectionable; inadvisable; ill-advised, unwise.

mai *obs.* blue.

mail 1. leaning, slanting. 2. /a/ fond of; in love with. 3. /a/ (person) with a bent for, with a talent for. 4. /a/ (person) with a liking for, with a taste for.

maişet, -ti 1. means of support, livelihood. 2. life, living.

maiyet, -ti 1. suite, entourage (of a high official). 2. employ, service. —**inde** at his side, right beside him. — **memuru** junior official (in the entourage of a high official).

majeste His/Her Majesty. —**leri** His/Her/Your Majesty; Their Majesties.

majör 1. *mus.* major (mode/scale). 2. *log.* major premise.

majüskül, -lü majuscule.

makabil, -bli preceding thing/things, antecedent event/events. —**ine şamil** *law* retroactive. —**e şümul** *law* retroaction.

makadam 1. macadamized road. 2. macadam, broken stone (used in macadamizing a road). 3. macadamization.

makak *zool.* macaque.

makale article (in a newspaper/a magazine).

makam 1. position, post, office. 2. office (place of work). 3. *classical Turkish mus.* a concept of melodic creation that determines tonal relations, tessitura, starting tone, reciting tone, and the finalis, as well as an overall indication of the melodic contour and patterns (Its closest counterpart in Western music is the medieval concept of mode.). —**ında** by way of, as a token of; in the nature of: **teşekkür makamında** by way of thanks.

makara spool; bobbin; reel; drum, barrel (of a windlass/a winch); pulley, block. —**ya almak** /ı/ *colloq.* to make fun of. — **çekmek** (for a songbird) to warble. — **dili** sheave, grooved pulley wheel. — **evi** frame, block (of a pulley). — **geçmek** /la/ *slang* to tease, ridicule, make fun of. — **gibi konuşmak** *colloq.* to talk nonstop. —**ları koyuvermek/salıvermek** *colloq.* to burst into laughter. —**yı takmak** /a/ *colloq.* to tease, kid. —**ları zapt edememek** *colloq.* to be unable to hold back one's laughter.

makaralı furnished with a bobbin/a reel/a drum/a pulley. — **kuş** (a) warbler, bird that warbles.

makarna 1. macaroni. 2. spaghetti.

makarnacı 1. seller or maker of macaroni. 2. *colloq.* (person) who is fond of macaroni. 3. *colloq.* (an) Italian.

makas 1. scissors; shears. 2. *rail.* switch. 3. *auto.* spring (forming part of a vehicle's suspension). 4. *zool.* chela; pincer, pincher; claw. 5. prop, shore (placed at an angle). 6. *slang* (a) pinch on one's cheek. 7. *slang* Shut your trap!/Shut up! (said to someone talking). — **almak/geçmek** /dan/ *slang* to pinch (someone's cheek). — **ateşi** *mil.* crossfire. — **dili** *rail.* switch rail, point rail. — **hakkı** remnants of cloth (left after a garment has been cut out). —**ı kapa!** *slang* Shut your trap! (said to someone talking). — **kolu** *rail.* switch lever. — **payı** 1. *tailor.* seam allowance. 2. *colloq.* margin, spare amount, a little extra. — **vurmak** /a/ to cut, put the scissors to (cloth). — **yeri** *rail.* crossover.

makasçı 1. scissors man. 2. *rail.* switchman.

makaslama 1. diagonally. 2. *swimming* scissors kick. — **zorlaması** *phys.* shearing stress.

makaslamak /ı/ 1. to cut with scissors/shears. 2. *slang* to pinch (someone's cheek). 3. to reduce the size of, scissor, put the scissors to (a film or piece of writing).

makaslanmak to be cut, be scissored.

makaslıböcek *zool.* stag beetle, pinchbug.

makaslık *slang* toilet hole.

makastar cutter (in a tailoring establishment).

makat, -tı 1. buttocks, rump. 2. anus. 3. decorative cover (for a large cushion). 4. divan (low couch without a back or arms).

makber *obs.* grave (place of burial).

makbul, -lü 1. widely accepted, popularly esteemed; standard, of recognized worth. 2. acceptable; satisfactory; welcome. —**e geçmek** (for something) to be received with pleasure, be appreciated. —**ümdür.** *colloq.* I'll be grateful./I'll appreciate it.

makbuz receipt (for payment). — **kesmek** to write a receipt.

Makedonca 1. Macedonian, the Slavic language of the Macedonians. 2. (speaking, writing) in Macedonian, Macedonian. 3. Macedonian (speech, writing); spoken in Macedonian;

written in Macedonian.
Makedonya 1. Macedonia. 2. Macedonian, of Macedonia.
Makedonyalı 1. (a) Macedonian. 2. Macedonian (person).
maket, -ti maquette; scale model.
makferlan macfarlane.
maki maquis, scrub.
maki *zool.* lemur.
makina *see* **makine**.
makine 1. machine. 2. mechanism, workings; engine, motor. 3. *colloq.* sewing machine. 4. *prov.* car. 5. *slang* pistol. **—yi bozmak** *slang* to get diarrhea, get the squirts. **— çekmek** to use a sewing machine. **—ye çekmek /ı/** to sew (something) on a sewing machine. **— dairesi** 1. *naut.* engine room. 2. *cin.* projection booth. **— gibi** *colloq.* 1. quickly and smoothly. 2. efficient. 3. monotonously, mechanically. 4. monotonous; mechanical. **— gibi adam** *colloq.* man who works quickly and well, efficient man. **— mühendisi** mechanical engineer. **— subayı** *naut.* engineer officer. **— yağı** machine oil, lubricating oil.
makineci machine repairman.
makineleşme 1. mechanization. 2. *colloq.* (a person's) becoming machinelike, becoming like an automaton.
makineleşmek 1. to become mechanized. 2. *colloq.* to become machinelike, become like an automaton.
makineleştirmek /ı/ to mechanize.
makineli 1. fitted with a machine; driven by a machine. 2. *colloq.* machine gun. **— tüfek** machine gun.
makinist, -ti 1. engineer (on a locomotive/a ship). 2. machine operator, machinist. 3. machine repairman, machinist. 4. *cin.* projectionist.
makinistlik 1. the work of an engineer (on a locomotive/a ship). 2. the work of a machinist. 3. the work of a machine repairman. 4. *cin.* the work of a projectionist.
makrama *see* **mahrama**.
makrame macramé.
makroiktisat macroeconomics.
makrosefal, -li 1. macrocephalic, macrocephalous (person). 2. macrocephalus, macrocephalous person.
makrosefali macrocephaly.
maksat 1. intention, purpose, aim, object. 2. **/dan/** the meaning of: **Yemekten maksat beslenmektir.** Food means nourishment. **— gütmek** to have a hidden aim, cherish a secret intention.
maksatlı done/said with an aim in mind; done/said in order to hurt someone.
maksi maxi. **— etek** maxi skirt.

maksim place containing a large reservoir (from which water is piped to various parts of a city).
maksimal, -li maximal.
maksimum 1. (a) maximum. 2. maximum.
maksure maksoorah (area in a mosque which has been screened off or partitioned off).
maktu, -uu 1. fixed (price). 2. as a job lot; for a lump sum. **— fiyat** fixed price.
maktua *obs.* (newspaper/magazine) clipping.
maktul, -lü murdered, killed. **— düşmek** to be murdered, be killed.
makul, -lü reasonable, sensible.
makyaj makeup. **— yapmak** to put on makeup.
makyajcı makeup artist.
mal 1. property, possession. 2. riches, wealth; assets. 3. goods, merchandise. 4. cattle; horses; water buffaloes. 5. a herd of cattle, horses, or water buffaloes. 6. *colloq.* scoundrel, bastard: **Onun ne mal olduğunu şimdi anladım.** I now see what a bastard he really is. 7. *slang* pretty woman, nice piece of merchandise. 8. *slang* money, dough. 9. *slang* goods, stuff (used for legally prohibited goods). **— ayrılığı** *law* separation of property (allowing a husband and wife to have separate estates). **— beyanı/bildirimi** *law* statement of one's assets. **— birliği** *law* joint ownership of property (by a husband and wife). **— bulmuş Mağribi gibi** *colloq.* so happy you'd think he had come into a fortune. **— canın yongasıdır.** *proverb* If one of your possessions is damaged, you feel as if you yourself have been injured. **— canlısı** *colloq.* overly fond of money, greedy. **— edinmek** to acquire property; to acquire wealth. **— etmek** 1. **/ı, a/** to produce (something) at (a stated cost). 2. **/ı, a/** to attribute (something) to, ascribe (something) to. 3. **/ı, kendine/** to act as if (something) were (one's) own; to appropriate (something) for (oneself) (when one has no legitimate claim to it). **—ın gözü** *colloq.* 1. sly, tricky, shifty. 2. slippery character, tricky number, fox. 3. loose, promiscuous (woman). **— kaçırmak** to smuggle goods over a border, engage in smuggling. **— meydanda.** *colloq.* It's there for all the world to see. **— müdürü** *see* **malmüdürü**. **— mülk** goods, property. **— mülk sahibi** rich person. **— olmak /a/** 1. (for something) to cost (someone) (a certain amount). 2. to cost (someone his life): **İçki hayatına mal oldu.** Drink was the death of him. 3. (for something) to be accepted by, be taken up by; to capture the mind of. **— varlığı** *law* worldly possessions/goods, estate. **— yapmak** to accumulate wealth.
mala (bricklayer's/plasterer's) trowel.
malafa 1. *mech.* arbor, mandrel. 2. *slang* penis, tool.
malaga 1. Malaga, wine made in the region of

Málaga. 2. Malaga, a kind of grape.
malak 1. calf (of a water buffalo). 2. *slang* stupid, wooden-headed.
malakâri decorative plasterwork.
malakit, -ti malachite.
malalamak /ı/ to smooth (a surface) with a trowel.
malarya *path.* malaria.
malca as to property; as to goods; as far as wealth is concerned.
Maldiv Adaları, -nı the Maldive Islands, the Maldives.
Maldivli 1. (a) Maldivian. 2. Maldivian (person).
Malezya 1. Malaysia. 2. Malaysian, of Malaysia.
Malezyalı 1. (a) Malaysian. 2. Malaysian (person).
malgama *chem.* amalgam (alloy of mercury).
malıtaşı, -nı 1. stone used as an anchor for a rowboat. 2. stone (tied to a rope) that is thrown repeatedly into the water to scare fish toward a net.
Mali 1. Mali. 2. Malian, of Mali.
mali financial; fiscal. — **müşavir** financial adviser. — **yıl** fiscal year.
malihulya *obs.* 1. irrational fear, groundless fear. 2. melancholy.
malik, -ki 1. possessor, owner. 2. (person) who possesses, who has. — **olmak** /a/ 1. to become the owner of. 2. to have, possess.
malikâne country house, mansion set in a large estate, country estate, *Brit.* stately home.
Maliki *Islam* 1. (a) Maliki, (a) Malikite. 2. Maliki, Malikite.
Malili 1. (a) Malian. 2. Malian (person).
maliye 1. the Ministry of Finance, the Treasury, the Exchequer. 2. any office/branch of the Finance Ministry. 3. state finances, the management of a country's finances. **M— Bakanı** the Minister of Finance. **M— Bakanlığı** the Ministry of Finance.
maliyeci 1. official who works for the Ministry of Finance. 2. expert in public finance.
maliyet, -ti cost. — **fiyatı** cost price, prime cost.
malkıran *prov.* bovine anthrax or diseases related to it.
mallanmak to acquire property; to get rich.
malmüdürü, -nü head of the state tax and finance office (in a district).
malt, -tı malt. — **hulasası** malt extract.
Malta 1. Malta. 2. Maltese, of Malta.
maltaeriği, -ni loquat.
maltahumması, -nı *path.* Malta fever, undulant fever, Mediterranean fever.
Maltalı 1. (a) Maltese. 2. Maltese (person).
maltataşı, -nı a fine sandstone (When cut in squares it is often used as flooring in entryways and kitchens.).
Maltız 1. (a) Maltese. 2. Maltese, of Malta.
maltız a stove-like brazier (used for cooking and heating).
Maltızca 1. Maltese, the Maltese language. 2. (speaking, writing) in Maltese, Maltese. 3. Maltese (speech, writing); spoken in Maltese; written in Maltese.
maltızkeçisi, -ni *zool.* a short-haired milk-goat.
maltoz *chem.* maltose, malt sugar.
malul, -lü 1. (physically) disabled; impaired in health. 2. victim (of disease/war). — **gazi** disabled veteran.
malulen with a physical disability; as a disabled veteran.
maluliyet, -ti (physical) disability; being disabled. — **sigortası** disability insurance.
malullük *see* maluliyet.
malum 1. known. 2. Yes, I know./Sure. 3. That's evident. —**unuz** As you know ...; Of course you know that ...; ... is something you are certainly aware of. (...) — **değil** ... is not yet clear: **Onun gelip gelmeyeceği malum değil.** It's not yet clear whether or not he'll come. — **olmak** /a/ to sense, surmise.
malumat, -tı known facts, knowledge, information. — **almak/edinmek** to get information, learn some things. —**ı olmak** to know some things. — **sahibi** knowledgeable person. — **vermek** /a/ to inform, give information (to), tell (someone) some things.
malumatfuruş *obs.* (person) who loves to display his learning, pedantic.
malumatlı well-informed, knowledgeable.
malumatsız uninformed.
malzeme material, supplies, necessaries; equipment; ingredients.
mama 1. baby food. 2. *child's language* food.
mama 1. mother *(used by non-Muslims).* 2. *slang* madam (of a brothel). — **kadın** *slang* madam (of a brothel).
mamafih nevertheless, however.
mamaliga a hard biscuit made with corn meal.
mambo mambo (dance).
mamul, -lü 1. /dan/ made of; manufactured from. 2. product, manufacture.
mamulat, -tı products, manufactures.
mamur 1. (place) which has been developed, which has been properly provided with public services. 2. prosperous, flourishing (place); well-cultivated (land). 3. populous and thriving (place).
mamut, -tu *zool.* mammoth.
mana 1. meaning; significance; sense. 2. expression (of the face, in the eyes). — **çıkarmak** /dan/ to interpret amiss, understand wrongly. — **verememek** /a/ to be unable to make sense of; to be unable to find a meaning in. — **vermek** /a/ to find a meaning in; to make sense of.
manalı 1. (something) which has a meaning; meaningful; full of meaning. 2. expressive,

significant; knowing.
manasız 1. meaningless, devoid of meaning; pointless. 2. improper; inappropriate, out of place.
manasızlık meaninglessness; pointlessness.
manastır monastery.
manav 1. seller of fruits and vegetables, *Brit.* greengrocer. 2. store where fruits and vegetables are sold, *Brit.* greengrocery.
manavlık being a seller of vegetables and fruits.
manca 1. *slang* food. 2. pet food; dog food; cat food. 3. bad food, swill, food fit for swine.
mancana *naut.* water tank.
mancınık 1. rotating-beam siege engine; catapult; ballista; mangonel. 2. reel for silk filaments; spinning wheel for silk thread. **— işi** unwinding silk filaments from cocoons.
mancınıkçı person who unwinds silk from cocoons.
Mançu 1. (a) Manchu. 2. Manchu, of the Manchu people or their language.
Mançuca 1. Manchu, the Manchurian language. 2. (speaking, writing) in Manchu, Manchu. 3. Manchu (speech, writing); spoken in Manchu; written in Manchu.
Mançurya 1. Manchuria. 2. Manchurian, of Manchuria.
Mançuryalı 1. (a) Manchurian. 2. Manchurian (person).
manda *zool.* water buffalo. **— gibi** *colloq.* big, fat, and clumsy (person). **— yürekli** *colloq.* (person) who won't bestir himself for anything/anybody.
manda *hist.* mandate (given by the League of Nations).
mandacı *hist.* mandatary, mandatory, a member nation of the League of Nations to which a mandate over a territory was given.
mandal 1. latch; thumb latch; tumbler; catch. 2. clothespin, *Brit.* clothes-peg. 3. tuning peg (on a stringed instrument). 4. *mech.* pawl.
mandalina 1. tangerine; satsuma; mandarin orange. 2. tangerine, satsuma, or mandarin tree.
mandallamak /ı/ 1. to latch (a door); to fasten (a window) with a catch. 2. to pin up, *Brit.* peg up (laundry) (on a clothesline).
mandallanmak 1. (for a door) to be latched; (for a window) to be fastened with a catch. 2. (for laundry) to be pinned up, *Brit.* be pegged up.
mandallı 1. (door) which has a latch; (window) which has a catch. 2. latched; fastened with a catch. 3. hung up with clothespins.
mandalsız lacking a latch/a catch/a clothespin.
mandater *used in:* **— devlet** *hist.* mandatary, mandatory, a member nation of the League of Nations to which a mandate over a territory was given.

mandepsi *slang* trick, a fast one. **—ye basmak/düşmek** *slang* to be tricked, be duped, fall for it. **—ye bastırmak/düşürmek** /ı/ *slang* to trick, dupe, pull a fast one on.
mandıra 1. small dairy; small cheesery. 2. milking barn/shed.
mandıracı operator of a dairy; dairyman; dairywoman.
mandolin *mus.* mandolin.
mandril *zool.* mandrill.
manej 1. manège, the training of horses. 2. place where horses are trained.
manen spiritually. **— ve maddeten** spiritually and materially; in body and in spirit.
manevi spiritual; moral; psychological. **— borç** moral obligation. **— evlat** adopted child. **— işkence** *law* mental cruelty.
maneviyat, -tı 1. spiritual things; incorporeal things. 2. spirit, morale. **—ı bozulmak/kırılmak** 1. to become depressed, feel low; to feel hurt and angry. 2. to lose heart, become demoralized.
manevra 1. maneuver. 2. *mil.* maneuver, movement. 3. *mil.* maneuver, training exercise. 4. (a ship's) being maneuvered. 5. (a railway car's) being shunted/switched. 6. *colloq.* trick, clever move, stratagem. **— fişeği** *mil.* blank cartridge, blank. **— sandığı** *mil.* (an officer's) footlocker. **— yapmak** 1. (for an army) to execute a maneuver. 2. (for soldiers) to be out on maneuvers. 3. (for a ship) to be maneuvered. 4. (for a railway car) to be switched/shunted.
manevracı 1. one who maneuvers. 2. *colloq.* tricky person, fox.
manga *mil.* 1. squad. 2. (sailors') mess room (on a naval ship).
mangal brazier (used as a heater). **— kömürü** charcoal. **—da kül bırakmamak** *slang* to talk big.
manganez *chem.* manganese.
mangır 1. *slang* money, dough, spondulicks. 2. *hist.* copper coin worth 2.5 paras. 3. small disk of pressed charcoal dust (used to light a nargileh).
mangiz *slang* money, dough, spondulicks. **— eritmek** *slang* to spend money like crazy. **— tutmak** *slang* to have money, be in funds.
mango *bot.* mango.
mâni, -ii, -yi 1. preventing; hindering. 2. obstacle, something which prevents; hindrance. **— olmak** /a/ to prevent; to hinder.
mani a traditional Turkish quatrain form.
mani *psych.* mania.
mânia obstacle, barrier; hindrance.
mânialı 1. (place) filled with obstacles/obstructions. 2. rough, difficult (country). **— arazi** rough terrain. **— koşu** hurdle race; steeplechase.

manidar significant, meaningful; knowing.
manifatura dry goods and notions, *Brit.* drapery and haberdashery. **— dükkânı** shop selling dry goods and notions.
manifaturacı seller of dry goods and notions.
manifaturacılık selling dry goods and notions.
manifesto 1. *naut.* ship's manifest. 2. manifesto.
manifolt, -tu 1. *naut.* manifold. 2. (a) manifold.
manik *psych.* manic, pertaining to or affected with mania.
manik-depresif *psych.* 1. manic-depressive. 2. (a) manic-depressive.
manikür manicure.
manikürcü manicurist.
maniple sending key, signalling key (of a telegraph).
manipülatör 1. telegraph operator. 2. sending key (of a telegraph).
manisalalesi, -ni *bot.* European pasqueflower.
manita *slang* 1. swindling. 2. girl friend, chick, *Brit.* bird; mistress (kept woman).
manitacı *slang* 1. (a) pickpocket. 2. swindler.
manitacılık *slang* 1. a kind of pocket-picking (whereby one person draws a crowd's attention while his accomplice picks their pockets). 2. swindling.
manivela 1. lever. 2. crank (in an engine).
mankafa *colloq.* 1. blockheaded, stupid. 2. in a daze, unable to think straight. 3. (horse) that is suffering from glanders.
mankafalık *colloq.* 1. stupidity, blockheadedness. 2. glanders (affecting horses).
manken 1. fashion model (person). 2. (artist's/tailor's/dressmaker's) lay figure, mannequin, manikin. 3. mannequin, manikin (in a shop window).
mankenlik modeling, being a fashion model.
mano *gambler's slang* take, money gained in a gamble.
manolya *bot.* 1. magnolia. 2. evergreen magnolia, southern magnolia, bull bay.
manometre manometer.
Mansart *used in:* **— tipi çatı** mansard roof, mansard.
mansiyon honorable mention.
Manş *see* **Manş Denizi.**
Manş Denizi, -ni the English Channel.
manşet, -ti 1. newspaper headline. 2. cuff (of a sleeve).
manşon 1. muff (for the hands). 2. *mech.* coupling; sleeve coupling; bushing.
mantalite mentality, mental set, outlook.
mantar 1. mushroom; fungus; toadstool. 2. cork (bark of the cork oak). 3. bottle cork, cork. 4. cork (for a popgun). 5. snout, muzzle (of an animal). 6. *slang* lie. 7. *school slang* bumbling; yokelish. 8. *slang* useless, futile, stupid. **— atmak** *slang* to tell lies. **—a basmak** *slang* to be duped, be taken in. **— gibi** 1. *colloq.* (growing) like a weed, very fast. 2. corky. 3. *colloq.* punky, completely rotten. **— gibi yerden bitmek** *colloq.* to appear very suddenly, spring up overnight, mushroom. **— hastalığı** any fungus disease. **— tabancası** popgun.
mantarağacı, -nı *bot.* cork tree.
mantarbilim mycology.
mantarcı 1. grower or seller of mushrooms. 2. *slang* liar. 3. *slang* swindler.
mantarcılık *slang* 1. lying, telling lies. 2. swindling.
mantarlamak /ı/ 1. to line/fit with cork, cork. 2. *slang* to swindle.
mantarlı 1. (a dish) prepared with mushrooms, aux champignons. 2. fitted with a cork, corked (bottle). 3. lined/fitted with cork.
mantarmeşesi, -ni *bot.* cork oak.
mantı a ravioli-like dish served with yogurt.
mantık 1. logic. 2. reason, sense, good judgment. **—a aykırı** illogical.
mantıkçı 1. logician. 2. logicist.
mantıkçılık logicism.
mantıkdışı, -nı 1. alogical. 2. *colloq.* illogical.
mantıki logical, relating to logic.
mantıklı 1. logical; marked by logic. 2. (person) who possesses good judgment, very sensible; logical.
mantıksal logical, relating to logic.
mantıksız illogical.
mantıksızlık illogical behavior.
mantinota *slang* (non-Muslim) mistress (kept woman).
mantis *math.* mantissa.
manto (woman's) coat.
mantoluk 1. (material) suitable for a coat. 2. coating, material for a coat.
manüel manual, handbook.
manya *psych., see* **mani.**
manyak *colloq.* 1. crazy, nutty; wild (used to mean *odd, unconventional,* or *erratic*). 2. maniac, lunatic.
manyaklık *colloq.* 1. craziness, nuttiness, lunacy; wildness. 2. crazy action.
manyetik *phys.* magnetic. **— alan** magnetic field.
manyetize 1. mesmerized. 2. magnetized.
manyetizma 1. mesmerism, hypnotism. 2. magnetism.
manyetizmacı mesmerizer, hypnotist.
manyetizmacılık hypnotism.
manyeto magneto.
manyezit, -ti *geol.* meerschaum, sepiolite.
manzara 1. scene, view; prospect; scenery. 2. appearance. **— resmi** landscape, landscape painting.
manzaralı (place) that has a good view; scenic, abounding in attractive scenery.

manzum written in verse.
manzume 1. piece of verse, poem (lacking in seriousness and artistry). 2. *obs.* system; complex.
Maocu 1. (a) Maoist. 2. Maoist, of or relating to Mao Tse-tung or to Maoism.
Maoculuk Maoism.
mapa *naut.* 1. eyebolt. 2. hooded lantern.
marabut, -tu *zool.*, *see* **murabutkuşu.**
maral doe, female deer.
marangoz carpenter.
marangozhane carpenter's shop/workshop.
marangozluk carpentry.
maraton marathon race, marathon.
maraz 1. disease; sickness, malady. 2. *colloq.* very irritable, bad-tempered, grouchy.
maraza *slang* quarrel, row. — **çıkarmak** *slang* to provoke a quarrel. — **etmek** *slang* to quarrel.
marazi pathological; diseased.
marazlı sickly, in bad health.
mareşal, -li *mil.* marshal, field marshal.
mareşallik *mil.* marshalship, field marshalcy.
margarik asit *chem.* margaric acid.
margarin margarine.
margarit, -ti *bot.* Shasta daisy.
Mari banyosu, -nu double boiler, bain-marie.
marifet, -ti 1. special skill/talent. 2. special/unique feature (of a thing). 3. piece of work, little masterpiece *(said sarcastically).* **—iyle** by, through the agency of (someone).
marifetli 1. (person) who possesses a special skill; exceptionally skilled. 2. (something) that has a special feature, unique.
marina marina, harbor for yachts and pleasure boats.
mariz sick, ill; sickly.
mariz *slang* beating; cudgeling. — **atmak** /a/ *slang* to give (someone) a beating. **—ine kaymak** /ın/ *slang* to gang up on (someone) and beat him up. — **uçlanmak** /a/ *slang* to beat (someone) up.
marizlemek /ı/ *slang* to beat (someone) up.
marizlenmek *slang* to get beaten up.
marj 1. margin (on a page). 2. *fin., com.* margin.
marjinal, -li 1. *econ., psych., sociol.* marginal. 2. (someone) whose way of living does not accord with that of the majority of people.
mark, -kı *hist.* mark (monetary unit of Germany).
marka 1. trademark (of a manufacturer); brand, make (of a manufactured item). 2. token (used in lieu of money). 3. (bird) band; tag (on an animal). 4. (written/stamped/molded) mark, sign. 5. initials, initialing; name tag (sewn into a garment).
markacı *slang* 1. cheat, swindler. 2. operator of a brothel; madam.
markacıoğlu, -nu *slang* trickster, fox; swindler, sharpie.
markaj *sports* covering, *Brit.* marking (an opponent).
markajcı *sports* 1. player who is good at covering an opponent. 2. (player) who is good at covering an opponent.
markalamak /ı/ 1. to mark. 2. to trademark, label with a trademark. 3. to band (a bird); to tag (an animal).
markalanmak 1. to be marked. 2. to be trademarked. 3. (for a bird) to be banded; (for an animal) to be tagged.
markalı 1. marked. 2. trademarked, labeled with a trademark. 3. banded (bird); tagged (animal).
markasız 1. unmarked. 2. not labeled with a trademark, generic. 3. unbanded (bird); untagged (animal).
marke used in: — **etmek** /ı/ *sports* to cover, *Brit.* mark (an opponent).
market, -ti (self-service) grocery store, grocery.
marki marquis; marquess.
markiz 1. marquise; marchioness. 2. marquise (a small upholstered sofa). 3. canopy or marquee (built to overhang a door); roof (over a railway platform).
markizet, -ti marquisette.
Marksist, -ti 1. (a) Marxist. 2. Marxist, of or relating to or having the characteristics of Marxism or Marxists.
Marksizm Marxism.
marley vinyl asbestos tile.
Marmara *see* **Marmara Denizi.** — **çırası gibi yanmak** *colloq.* to suffer greatly, be crushed, be devastated (because of a loss).
Marmara Denizi, -ni the Sea of Marmara.
marmelat marmalade.
marn *geol.* marl.
maroken morocco leather, morocco.
maron maroon, marroon, marron.
marpuç long, flexible tube (of a nargileh).
marpuççu maker or seller of nargileh tubes.
Mars *astr.* Mars.
mars winning a game of backgammon without letting one's opponent score at all. — **etmek** /ı/ backgammon to skunk, defeat (one's opponent) completely. — **olmak** 1. *backgammon* to be skunked, be defeated completely. 2. *colloq.* to be left dumbfounded, be left speechless with amazement.
marsık imperfectly manufactured piece of charcoal (which gives off much smoke and fumes when burnt). — **gibi** *colloq.* very swarthy; very swarthy-looking.
marsıvan 1. *hist.* warden of a frontier district. 2. ass, donkey. — **eşeği/ayısı** *colloq.* donkey, ass, fool, idiot.
marş 1. *mus.* (a) march. 2. *auto.* starter. **M—!**

mil. Forward, march!/March! **—a basmak** to press the starter (of a vehicle); to start the motor (of a vehicle). **— marş!** 1. *mil.* Run! 2. *colloq.* Get going!

marşandiz freight train.

mart, -tı March. **— havası** *colloq.* changeable weather, unpredictable weather. **— havası gibi** *colloq.* unreliable, (person) who blows hot and cold. **— içeri, pire dışarı.** *colloq.* When one pest comes, the other pest goes. **— kapıdan baktırır, kazma kürek yaktırır.** *proverb* In March there are sunny days when you'll open a door or a window; and there are also cold days when you'll burn up anything that's handy to keep warm (because your winter fuel supply is almost gone). **— kedisi** *slang* tomcat, Casanova, womanizer.

martaval *slang* guff, baloney, hot air, bull. **—atmak/okumak** *slang* to talk nonsense, bullshit.

martavalcı *slang* person who is full of hot air, bullshitter.

martavalcılık *slang* talking guff, bullshitting.

martı *zool.* gull, sea gull.

martin Martini rifle.

martini martini (cocktail).

maruf 1. well-known, famous. 2. known. 3. *Islam* canonically recommended, praiseworthy (act).

marul cos, romaine (lettuce).

marulcu grower or seller of cos.

maruz /a/ exposed to; open to; subjected to. **— bırakmak** /ı, a/ to let (someone/something) be subjected to, expose (someone/something) to. **— kalmak** /a/ to be exposed to, be subjected to.

maruzat, -tı *obs.* 1. information. 2. request, petition. **—ta bulunmak** /a/ 1. to impart some information to. 2. to make a request of.

marya 1. ewe. 2. female animal. 3. assorted small fish (left in a net after the salable ones have been removed).

mas, -ssı *obs.* sucking up, suction; absorption, soaking up, soakage.

masa 1. table. 2. desk. 3. desk (a department/a post in an organization). 4. the creditors of a bankrupt person/firm. **— örtüsü** tablecloth.

masaj massage. **— yapmak** /a/ to give (someone) a massage.

masajcı masseur; masseuse.

masal 1. fairy tale; folk tale; fable; yarn. 2. *colloq.* cock-and-bull story; bull. **— âlemi** world of make-believe, world of unreality. **— anlatmak** 1. to tell tales/stories. 2. /a/ *colloq.* to feed/give (someone) a line, bullshit. **— gibi** *colloq.* fantastic, fabulous, incredible. **— okumak** /a/ *colloq.* to feed/give (someone) a line, bullshit.

masalcı 1. storyteller, tale-teller, someone who tells tales/stories. 2. *colloq.* someone who is full of bull, bullshitter, bullshit artist.

masat butcher's steel (for sharpening knives).

masatenisi, -ni *see* **masatopu.**

masatopu, -nu table tennis, ping-pong.

masaüstü desktop, of a size suitable for use on the top of a desk. **— yayımcılık** desktop publishing.

masif 1. solid, not hollow. 2. *geog.* massif.

mask, -kı 1. (actor's) mask. 2. plaster cast of a person's face; death mask.

maskara 1. clown, silly ass; laughingstock. 2. ridiculous, silly, ludicrous, absurd. 3. droll person; cutup. 4. droll, comical, funny. 5. (pre-Lenten) carnival masquerader. 6. mask (worn by a carnival masquerader). 7. mascara. **—ya almak** /ı/ to make fun of, ridicule. **—ya çevirmek** /ı/ to make (someone/something) look ridiculous. **—sını çıkarmak** /ın/ to make (someone) a laughingstock. **— etmek** /ı/ 1. to make (someone) a laughingstock. 2. to spoil, ruin (something). **— olmak** to become a laughingstock, become a figure of fun.

maskaralanmak 1. to clown around, cut up. 2. to play the fool, make oneself a laughingstock.

maskaralaşmak 1. to become (amusingly) funny. 2. to become a laughingstock.

maskaralık 1. clowning, clowning around, cutting up. 2. disgrace; disgraceful action; disgraceful thing. **— etmek** to clown around, cut up.

maske mask. **—sini atmak** to show one's true colors, reveal one's real self, let one's mask drop. **—si düşmek** for (someone's) true nature to become apparent. **—sini kaldırmak** /ın/ to show (someone) up, expose (someone), show (someone) as he/she really is.

maskelemek /ı/ to mask.

maskelenmek to become masked.

maskeli masked. **— balo** masked ball, costume ball, fancy dress ball.

maskot, -tu mascot.

maslahat, -tı 1. business matter. 2. important matter. 3. reason why something is for the good. 4. *slang* penis, tool.

maslahatgüzar chargé d'affaires.

maslahatgüzarlık the rank or work of a chargé d'affaires.

maslak 1. pipe (at a fountain/a spring) from which water continuously flows. 2. tank (erected along a water conduit) from which water is diverted to various places. 3. watering trough.

masmavi very blue, deep blue.

mason Mason, Freemason. **— locası** Masonic lodge.

masonluk Masonry, Freemasonry.

masör masseur.

masöz masseuse.

masraf 1. expense(s); expenditure(s). 2. ingredients; material(s), necessary supplies. —ı çekmek to see to the expenses, pay for something/someone. —ını çıkarmak (for something/someone) to pay for itself/himself. —tan çıkmak unexpectedly to have to shell out money, have unexpected expenses. — etmek to spend money; to pay out money. —a girmek to spend a lot of money (to get something done). — görmek to shell out money. —tan kaçmak 1. to try to avoid spending money. 2. to be tight-fisted. — kapısı açmak 1. /kendine/ to get (oneself) involved in something that calls for money. 2. (for an undertaking) to force one to shell out money.

masrafçı 1. seller of notions, *Brit.* haberdasher. 2. notions store, *Brit.* haberdasher's shop.

masraflı expensive, costly.

masrafsız 1. free of cost. 2. (something) that doesn't cost one much; cost-efficient, cost-effective.

massetmek /ı/ *obs.* to suck up; to absorb, soak up.

mastar *gram.* verbal noun; infinitive; gerund.

mastar gage/template/pattern (for checking dimensions).

master master's degree, master's.

masti 1. basset, basset hound. 2. dachshund.

mastika 1. mastic (raki flavored with mastic). 2. gum mastic, mastic, mastich, mastiche.

mastor *slang* 1. stinking drunk, blotto, high as a kite. 2. high (on a drug).

mastürbasyon masturbation.

masum 1. innocent. 2. *colloq.* small child.

masumane 1. innocently. 2. innocent (action); innocent-looking (action).

masumiyet, -ti *see* **masumluk.**

masumluk innocence.

masun *obs.* 1. safe, secure. 2. *law* inviolable. 3. /dan/ protected (from). 4. /dan/ exempt, immune (from).

masuniyet, -ti *obs.* 1. *law* inviolability; immunity. 2. safety, security.

masura 1. bobbin (for thread). 2. spout (for a fountain).

maşa 1. tongs, pair of tongs; fire tongs. 2. fork (of a bicycle frame). 3. curling iron. — gibi *colloq.* thin and dark-complexioned (person). — gibi kullanmak /ı/ *colloq.* to use (someone) as a cat's-paw. — kadar *colloq.* tiny, teeny, teeny-weeny (baby). —sı olmak /ın/ *colloq.* to be (someone's) tool, be (someone's) cat's-paw. — varken elini yakmak *colloq.* to take chances, take a chance (when there is no need to do so).

maşacı gypsy who makes and sells tongs.

maşalamak /ı/ 1. to crimp (hair) with a curling iron. 2. to straighten (hair) with a curling iron.

maşalık *colloq.* being the tool of somebody. — etmek /a/ to act as a tool for (someone), act as a cat's-paw for (someone).

maşallah 1. Wonderful!/Magnificent!/Just look at that! 2. May God preserve him/her from evil! 3. Wonders never cease! *(said to indicate surprise)*. 4. amulet bearing the inscription Maşallah in Arabic characters (pinned to children to ward off the evil eye). —ı var. /ın/ *colloq.*, used to show admiration: **Oğlunuzun maşallahı var.** What a fine lad your son is! **Arabasının maşallahı var.** His car is really dandy!

maşatlık non-Muslim (usually Jewish) cemetery.

maşlah a long, open-fronted cloak (formerly worn by women).

maşrapa 1. (a jug-shaped) cup (usually made of metal). 2. dipper.

maşuk, -ku *obs.* beloved (a man).

maşuka *obs.* beloved (a woman).

mat, -tı *chess* checkmate, mate, being checkmated. — etmek /ı/ 1. *chess* to checkmate. 2. *colloq.* to bring (someone's/something's) progress to a halt, outmaneuver. 3. *colloq.* to silence, reduce (someone) to silence (by superior argumentation). — olmak 1. *chess* to be checkmated. 2. *colloq.* to be outmaneuvered. 3. *colloq.* to be reduced to silence.

mat, -tı mat, matte, dull, lusterless.

matador matador.

matafora *naut.* davit.

matafyon eyelet (hole in a piece of canvas reinforced with a grommet).

matah *(used sarcastically)* 1. prize package, great shakes, something to write home about. 2. great, wonderful (thing).

matara (metal/plastic) canteen/flask; leather flask.

matbaa printing house, printing office, press.

matbaacı printer, operator of a printing business or a printing machine.

matbaacılık operating a printing business or a printing machine.

matbu, -uu printed (matter).

matbua printed matter.

matbuat, -tı the press (newspapers and periodicals collectively).

matem mourning. — ayı (the month of) Muharram. —e girmek to begin to mourn; to go into mourning. — havası mournful/gloomy atmosphere. — tutmak to mourn.

matematik mathematics.

matematikçi 1. mathematician. 2. *colloq.* mathematics teacher.

matemli 1. (person) who is in mourning. 2. mournful, mournful-looking, funereal.

materyal, -li material, supplies.

materyalist, -ti 1. (a) materialist. 2. materialistic, materialist.

materyalizm materialism.

matine 1. matinée, matinée performance. 2.

(woman's) dressing gown, matinée.
matiz *naut.* making a long splice.
matiz *slang* stinking drunk, stinko.
matkap drill; gimlet; auger.
matlaşmak to become dull, become lusterless.
matlaştırmak /ı/ to dull, make (something) lose its luster.
matlup *fin.* credit, receivable account.
matmazel *(used of non-Muslim women)* 1. Mademoiselle, Miss *(used as a title or as a form of address).* 2. mademoiselle, miss.
matrah figure showing the taxable value of something.
matrak 1. *slang* funny, amusing, droll. 2. *slang* joking; wisecracking. 3. thick stick; cudgel. **—a almak** /ı/, **— geçmek** /la/ *slang* to make fun of; to tease.
matrakçı *slang* joker; wisecracker.
matrakuka *slang* penis, tool, *pecker.
matriarkal, -li matriarchal.
matris 1. *print.* matrix, strike. 2. *math.* matrix.
matuf /a/ *obs.* directed towards, aimed at.
maun 1. mahogany. 2. mahogany, made of mahogany.
maval *slang* pack of lies; cock-and-bull story. **— okumak** *slang* to tell someone a pack of lies; to give someone a cock-and-bull story.
mavi blue. **— boncuk** blue bead (used to ward off the evil eye). **— boncuk dağıtmak** *colloq.* to tell each of one's girl friends (or beaux) that she's/he's the apple of one's eye. **— boncuk hikâyesi** *colloq.* a case of one person's stringing another person along. **— boncuk kimde?** *colloq.* And who's her latest flame?/And just who's he snowing now? *(said of people who are inconstant in their affections).* **— hastalık** *path.* cyanosis. **— kurdele** blue ribbon (first prize). **— küf** blue mold. **— küf hastalığı** blue mold rot.
mavikantaron *bot.* cornflower, bluebonnet.
mavileşmek to turn blue.
mavileştirmek /ı/ to make (something) turn blue, blue.
mavili 1. (something) which is blue in places. 2. dressed in blue.
mavilik 1. blue, blueness. 2. the blue (the sky/the sea).
mavimsi bluish.
mavimtırak *see* **mavimsi.**
maviş 1. blonde and blue-eyed. 2. blonde and blue-eyed person.
mavna barge, lighter. **— ücreti** lighterage, fee paid for lightering.
mavnacı bargeman, barge operator, lighterman.
mavzer Mauser rifle.
maya 1. yeast; leaven; ferment; starter; culture. 2. enzyme. 3. *colloq.* (something's) fundamental component, basic ingredient; (someone's) essential nature, marrow, blood. 4. *slang* shameless and pushy person. **—sı bozuk** *colloq.* (essentially) bad, corrupt, no-good (person).
maya a type of Turkish folk song.
mayalama yeasting (something); adding a starter/a culture to (something).
mayalamak 1. /ı/ to add yeast to, yeast; to add a starter to. 2. *slang* to talk big; to toot one's own horn.
mayalanma fermentation, becoming fermented.
mayalanmak to ferment, work.
mayalı leavened; yeasted; (something) to which a starter has been added.
mayalık (something) which can be used as a leaven/a ferment/a starter.
mayasıl *path.* 1. eczema. 2. piles, hemorrhoids.
mayasız devoid of yeast/a ferment/a starter. **— ekmek** unleavened bread.
maydanoz parsley.
mayhoş 1. agreeably tart, mildly sour. 2. *colloq.* rather strained, cool (relations): **Aramız mayhoş oldu.** Things between us have become a bit strained./We're no longer on such intimate terms with each other.
mayhoşluk 1. agreeable tartness, mild sourness. 2. coolness (in relations).
mayın 1. *mil.* mine (an explosive). 2. *slang* blockhead, dodo. 3. *slang* greenhorn at gambling. **— dökmek** /a/ to mine, lay mines (in). **— tarama gemisi** minesweeper. **— tarlası** minefield.
mayınlamak /ı/ *mil.* to mine.
mayınlanmak *mil.* to be mined.
mayıs May (month).
mayısböceği, -ni *zool.* cockchafer.
mayışmak *colloq.* to get drowsy; to feel like stretching out and taking a nap.
mayi, -ii 1. (a) liquid, (a) fluid. 2. liquid, fluid.
mayistra 1. *naut.* mainsail. 2. northwest wind.
maymun 1. monkey; ape. 2. *colloq.* ugly and ridiculous-looking (person). **—a benzetmek/çevirmek** /ı/ *colloq.* to make (someone/something) look ridiculous. **—a dönmek** *colloq.* 1. to look ridiculous. 2. to become well-behaved. **— gibi** *colloq.* small, wiry, and energetic (person). **— gözünü açtı.** *colloq.* He has learned his lesson./He won't be fooled again. **— iştahlı** *colloq.* (person) who is completely lacking in stick-to-itiveness. **— suratlı** *colloq.* (person) with a face that's as ugly as sin.
maymuncuk 1. skeleton key, picklock. 2. *zool.* short-nosed weevil.
maymunluk clowning around, cutting up.
mayna 1. *naut.* Lower the sails! 2. *slang* (something's) dying down, subsiding. **— etmek** 1. /ı/ *naut.* to lower. 2. (for a storm) to subside, die down. **— olmak** 1. *naut.* to be lowered. 2. to die down, subside, come to an end.
mayo 1. bathing suit, swimsuit. 2. bathing

trunks. 3. leotard.
mayonez mayonnaise.
mayonezli (a dish) made with mayonnaise: **mayonezli ıstakoz** lobster mayonnaise.
maytap *fireworks* sparkler. **—a almak/— etmek** /ı/ *slang* to make fun of, *Brit.* take the mickey out of (someone).
mazak *zool.* streaked gurnard.
mazbata official report (signed and submitted by a committee/a group).
mazbut, -tu 1. morally upright, disciplined, and orderly (person). 2. solid, well-built (building). 3. *obs.* written down, recorded.
mazeret, -ti excuse.
mazeretli excusable, justifiable, warranted; (someone) who has an excuse.
mazeretsiz unjustifiable, unwarranted; (someone) who has no excuse.
mazgal crenel; loophole; embrasure; machicolation. **— deliği** loophole (in a fortification). **— dişi/siperi** merlon.
mazgala burnisher, burnishing tool.
mazgallı crenelated. **— barbata** crenelated parapet, battlement.
mazhar the object of (honors/favor/compliments). **— olmak** /a/ to be the recipient of, be the object of (honors/favor/compliments).
mazı 1. *bot.* arborvitae. 2. gallnut, gallapple, oak gall, oak apple.
mazıböceği, -ni *zool.* gallfly.
mazımeşesi, -ni *bot.* gall oak.
mazi 1. the past. 2. *obs., gram.* the simple past tense, the preterit, the preterite.
mazlum 1. wronged, oppressed. 2. quiet, compliant.
maznun *obs., law* 1. suspected, accused. 2. suspect, accused person.
mazoşist, -ti *psych.* 1. (a) masochist. 2. masochistic.
mazoşizm *psych.* masochism.
mazot, -tu 1. diesel oil, diesel fuel. 2. mazut, mazout. 3. *slang* booze, firewater. 4. *slang* cigarette, fag. **— almak** *slang* to eat, put on the feedbag; to get one's fill. **—u yerinde olmak** *slang* to be as high as a kite, be stinking drunk, be tanked up.
mazotçu *slang* a real boozer, boozehound.
mazur excused; excusable. **— görmek/tutmak** /ı/ to excuse, pardon.
mazurka mazurka, mazourka.
meal, -li meaning, purport (of a statement). **bu —de** to this effect.
meblağ amount, sum (of money).
mebus 1. member of the Turkish Grand National Assembly, deputy in the Turkish parliament. 2. *pol.* deputy; member of parliament, MP.
mebusluk 1. being a member of the Turkish Grand National Assembly. 2. *pol.* deputyship.

mebzul, -lü *obs.* abundant.
mecal, -li power, strength.
mecalsiz weak, drained of strength.
mecalsizlik weakness, exhaustion; drained feeling.
mecaz 1. figure of speech, trope. 2. metaphor.
mecazen 1. figuratively, using a figure of speech. 2. metaphorically, using a metaphor; in metaphors.
mecazi 1. figurative. 2. metaphorical.
mecbur /a/ forced to, obliged to. **— etmek** /ı, a/ to force/oblige (someone) to (do something). **— kalmak** /a/ to be forced to, be obliged to, have to (do something). **— olmak** /a/ 1. to be forced to, be obliged to, have to (do something). 2. to feel obliged to, feel that one has to (do something).
mecburen out of necessity, because one has to; perforce.
mecburi compulsory, obligatory. **— iniş** forced landing (of an aircraft).
mecburiyet, -ti being forced to; being compelled to, compulsion. **—inde kalmak** to be forced to, be obliged to, have to (do something).
meccanen *obs.* free, gratis, without paying.
meccani *obs.* 1. free (of charge), gratuitous. 2. (student) who can attend a school without paying fees, scholarship (student).
Mecelle *law* civil code promulgated in the nineteenth century and in force until 1926.
meclis 1. meeting, gathering (for business/pleasure). 2. assembly; council; (administrative) board. 3. the Turkish Grand National Assembly. 4. all those present (at a meeting/a gathering). **— kurmak** to have a meeting; to get together (for business/pleasure). **M—i Mebusan** the Ottoman Parliament.
mecmu, -uu *obs.* 1. all. 2. *math.* total, sum.
mecmua magazine, periodical.
mecnun 1. mad, insane. 2. crazed by love, love-crazed.
mecra 1. watercourse, bed of a stream. 2. *colloq.* the course (of events).
mecruh *obs.* wounded, injured.
Mecusi 1. (a) Zoroastrian, (a) Mazdean. 2. Zoroastrian, Mazdean.
Mecusilik Zoroastrianism, Mazdaism.
meczup 1. *Sufism* dervish who has been completely carried away by a mystical experience. 2. *colloq.* crazy, insane, deranged.
meç, -çi rapier; small sword; foil.
meç, -çi 1. (hair's) being streaked with artificial color. 2. strand/lock of hair. **— yaptırmak** to have one's hair streaked.
meçhul, -lü 1. unknown. 2. the unknown.
meçli streaked (hair).
medar *obs.* 1. reason, cause; means. 2. (a) sup-

port; (a) help. —ı **iftihar** source of pride, one's pride and joy. —ı **maişet** means of subsistence, livelihood. — **olmak** /a/ to be a means of; to help to, aid in.
meddah 1. public storyteller and mimic. 2. flatterer, adulator.
meddahlık 1. being a public storyteller. 2. flattery, adulation.
meddücezir, -zri the ebb and flow of the tides, the tides.
medeni 1. civilized. 2. *law* civil. — **haklar** civil rights. — **hal** marital status. — **hukuk** civil law (as opposed to *criminal law*). — **kanun** code of civil law, civil code. — **ölüm** *law* civil death.
medenileşmek to become civilized.
medenilik civilization, being civilized.
medeniyet, -ti 1. civilization, being civilized. 2. civilization, the sum of those qualities that give a society its particular character.
medeniyetsiz uncivilized.
medet help, aid. — **Allah!** Help me, God! — **beklemek/ummak** /dan/ to hope for help (from); to expect (someone/something) to help one.
medih, -dhi *obs.* praise.
medikososyal medico-social.
Medine Medina. — **fukarası gibi dizilmek** *colloq.* (for people) to line up and wait their turn.
medrese *hist.* medresseh, madrasah, madrasa (theological school attached to a mosque). —**ye düşmek** *colloq.* (for something) to become a subject of endless debate.
medreseli student at a medresseh.
medüz *zool.* medusa, jellyfish.
medyum *spiritualism* medium.
medyumluk *spiritualism* being a medium.
medyun *obs.* indebted. — **olmak** /a/ to be indebted (to).
mefhum *obs.* concept.
mefkûre *obs.* ideal, lofty aim.
mefluç *obs.* paralyzed.
mefruşat, -tı 1. fabrics (used for upholstering/curtaining). 2. furnishings (for a home/an office).
meftun *obs.* captivated, charmed; infatuated. — **etmek** /ı/ to captivate, charm; to infatuate. — **olmak** /a/ to be captivated (by), be charmed (by); to be infatuated (with).
meftunluk *obs.* being captivated, captivation.
megafon megaphone.
megahertz megahertz.
megaloman 1. (a) megalomaniac. 2. megalomaniac, megalomaniacal, megalomanic.
megalomani megalomania.
megametre megameter.
megaton megaton.
megavat, -tı megawatt.
meğer It seems that .../Apparently .../Now I find out that ...: **Meğer gelmemiş.** It seems that he didn't come.

meğerki unless: **Gideceğiz, meğerki kar yağsın.** We'll go unless it snows.
meğerse *see* **meğer.**
mehil, -hli 1. fixed period of time (for the carrying out of an action). 2. grace period, respite, delay, extension.
Mehmetçik a name used to refer to any enlisted man in the Turkish army.
mehtap moonlight, moonglow. —**a çıkmak** *colloq.* to go out and enjoy the moonlight.
mehtaplı moonlit.
mehter member of a Janissary band (of musicians). — **takımı** Janissary band (of musicians).
mehterbaşı, -nı director of a Janissary band (of musicians).
mehterhane Janissary band (of musicians).
mekân 1. place. 2. residence, abode, seat. 3. *obs., phil.* space.
mekanik 1. mechanics. 2. mechanical.
mekanikçi *phil.* 1. (a) mechanist. 2. mechanistic.
mekanikçilik *phil.* mechanism.
mekanize *mil.* equipped with armed and armored motor vehicles, mechanized.
mekanizm *phil., see* **mekanikçilik.**
mekanizma mechanism.
mekik (weaver's) shuttle. — **atmak** 1. to shoot a shuttle. 2. *colloq.* to shuttle, travel back and forth. — **diplomasisi** *pol.* shuttle diplomacy. —**i doğru işlemek** *slang* to know what one is talking about; to talk sense. — **dokumak** *colloq.* to shuttle, travel back and forth. — **masurası** bobbin of a shuttle.
Mekke Mecca.
mekonyum meconium (of a fetus).
mekruh 1. *obs.* abominable, disgusting. 2. *Islamic law* (something) regarded as reprehensible though not forbidden by God.
Meksika 1. Mexico. 2. Mexican, of Mexico. — **Körfezi** the Gulf of Mexico.
Meksikalı 1. (a) Mexican. 2. Mexican (person).
mektep 1. school. 2. *slang* whorehouse, cathouse. 3. *slang* prison, jail, the clink, the jug. —**i asmak** *slang* to play hooky. —**e başlatmak** /ı/ *slang* to sell. — **çocuğu** 1. schoolboy; schoolgirl. 2. *slang* rank beginner, greenhorn. — **etmek** /ı/ *slang* to sell. — **görmemiş** 1. *colloq.* illiterate. 2. *colloq.* (person) who has never attended a school. 3. *slang* ill-mannered, rude. — **kaçağı** *colloq.* truant, kid who is playing hooky. — **medrese görmüş** *colloq.* educated.
mektepli 1. pupil, student, schoolkid. 2. person who has a school or university diploma; person who has book learning (but little practical experience).
mektup letter. — **atmak** to mail a letter. —**u dışından okumak** *colloq.* to be able to read what's in someone's mind by looking at the expression on his/her face. — **üstü** address on a letter.

mektupçu *formerly* chief secretary (for a ministry, government bureau, or provincial government).
mektuplaşma correspondence, exchange of letters.
mektuplaşmak to correspond, exchange letters.
melaike *obs.* angels.
melal, -li *obs.* tedium, ennui, boredom; fed-upness.
melamin melamine.
melanet, -ti *obs.* damnable act, abominable deed.
Melanezya 1. Melanesia. 2. Melanesian, of Melanesia.
Melanezyalı 1. (a) Melanesian. 2. Melanesian (person).
melankoli 1. melancholy, dejection, lowness of spirits. 2. *med.* melancholia.
melankolik 1. melancholy, sad. 2. melancholiac, melancholic.
melanurya *zool.* saddled bream.
melas molasses, *Brit.* treacle.
melce, -ei *obs.* (place of) refuge, sanctuary, asylum.
melek angel. **— gibi** *colloq.* 1. angelic, sweet and good-hearted. 2. angelic-looking.
meleke 1. *psych.* faculty, mental power. 2. aptitude, bent, knack. 3. (acquired) skill, proficiency, expertise.
meleme 1. bleat, bleating (of a sheep/a lamb/a goat). 2. *prov.* incompetent, bungling.
melemek (for a sheep/a lamb/a goat) to bleat.
melengiç *bot.* 1. terebinth tree. 2. nettle tree, honeyberry; hackberry tree, hackberry.
meleşmek to bleat together.
melez 1. crossbred, hybrid. 2. (person) of mixed race, of mixed blood. 3. (person) whose parents do not share a common nationality. 4. made up of various elements, (something) which is an amalgam.
melezleme crossbreeding, hybridizing, hybridization.
melezlemek /ı/ to crossbreed, hybridize.
melezleşmek to be crossbred, be hybridized.
melezlik hybridism, hybridity, being crossbred.
melhem *colloq., see* **merhem.**
melik, -ki king, (male) sovereign, (male) ruler.
melike queen, (female) sovereign, (female) ruler.
melisa *bot.* lemon balm, bee balm.
melodi melody.
melodik melodic.
melodram melodrama.
melodramatik melodramatic.
melon *see* **melon şapka. — şapka** derby, derby hat, *Brit.* bowler.
meltem offshore breeze (that blows daily in summer).

melul, -lü *obs., see* **melül.**
melun cursed, accursed, damned.
melül *obs.* 1. sad, low-spirited, blue. 2. cowed, whipped (look). 3. *obs.* bored, weary, fed up. **— melül bakmak** to have a cowed/whipped look on one's face.
memba, -aı 1. spring; fountainhead, source (of a stream/a river). 2. source, origin. **— suyu** (natural) mineral water.
meme 1. breast, *anat.* mamma. 2. udder; dug. 3. *mech.* nozzle. 4. *naut.* crown (of an anchor). 5. *path.* external protuberance (owing to a swelling/a growth). **—de** (child) which has not yet been weaned. **— başı/düğmesi/gülü/ucu** nipple, teat. **— emmek** (for an infant) to nurse, suck. **—den kesmek** /ı/ to wean (a child). **— vermek** /a/ to suckle (a baby).
memecik *anat.* papilla.
memeli 1. mammiferous. 2. *colloq.* chesty, buxom, bosomy. **— hayvanlar** *zool.* mammals.
memelik cloth tied around an udder (either to prevent its being sucked or to protect it from injury).
memeliler *zool.* mammals.
mememsi nipple-shaped, teat-like, papillate.
memeş slobber, slaver (dripping from a cow's mouth).
memişhane *colloq.* toilet, can, john, *naut.* head.
memleket, -ti 1. country, land (a political state). 2. *colloq.* one's native region, the area one grew up in; home town. 3. one's native land, fatherland. 4. *colloq.* region, area. 5. *colloq.* city. 6. the whole country, the whole nation. 7. *slang* Beyoğlu, Pera.
memleketli 1. fellow countryman, compatriot. 2. person from the region one grew up in.
memnu, -uu forbidden, prohibited, off limits. **— meyve** forbidden fruit. **— mıntıka** *obs.* area that is off limits, off-limits area.
memnun pleased, happy, glad, delighted; satisfied, gratified, contented. **— etmek** /ı/ to please, make (someone) happy; to satisfy. **— olmak** 1. to be pleased, be happy; to be satisfied. 2. /a/ to be pleased that .... 3. /dan/ to be pleased with (someone/something).
memnuniyet, -ti pleasure, gladness; satisfaction.
memnuniyetle with pleasure, gladly; with satisfaction.
memnunluk pleasure, gladness; satisfaction.
memorandum 1. diplomatic note; note, warning (sent to a government). 2. memorandum, note.
memur 1. civil servant, jobholder, functionary, bureaucrat. 2. *colloq.* employee. 3. /a/ charged with, entrusted with the task of. **— etmek** /ı, a/ to charge (someone) with, entrust (someone) with the task of.
memure 1. female civil servant. 2. *colloq.*

memuriyet, -ti 1. civil-service post, government job. 2. *colloq.* job, position.
memurluk 1. being a civil servant. 2. *colloq.* being an employee.
men, -n'i prohibiting, forbidding, prohibition.
menajer manager (usually of a performing artist).
mendebur 1. low-down, good-for-nothing (person). 2. bastard, son of a bitch.
menderes *geog.* meander, bend, turn (in a river).
mendil 1. handkerchief. 2. large napkin. 3. *prov.* cloth spread under a dining table during a meal. — **kadar** *colloq.* very small amount (of something); very scanty (garment). — **sallamak** to wave one's handkerchief (in greeting/farewell).
mendirek 1. *colloq.* breakwater, mole. 2. harbor (created by the erection of a breakwater).
menedilmek to be forbidden, be prohibited.
menekşe 1. *bot.* violet. 2. *slang* anus, *asshole.
menekşegülü, -nü *bot.* China rose, Bengal rose.
menengiç *bot.* 1. terebinth tree. 2. nettle tree, honeyberry; hackberry tree, hackberry.
menenjit, -ti *path.* meningitis.
menetmek /ı/ to forbid, prohibit.
meneviş 1. seed of the terebinth tree. 2. water, moiré. 3. grayish blue color (seen in steel).
menevişlenmek 1. to take on the finish of watered silk. 2. to turn a glimmering, grayish blue.
menevişli 1. watered, moiréd. 2. (something) which has the finish of watered silk. 3. (something) which has turned a glimmering, grayish blue.
menfaat, -ti benefit; advantage; interest.
menfaatçi 1. self-seeker. 2. self-seeking (person).
menfaatperest, -ti self-seeking (person).
menfaatperestlik self-seeking, the seeking of one's own interest or selfish ends.
menfez 1. opening, aperture; air hole, vent. 2. culvert.
menfi negative.
menfur loathsome, hateful, abhorrent.
mengene 1. press (for squeezing a liquid from fruit). 2. clamp. 3. vise.
menhus *obs.* unlucky, inauspicious.
meni semen, sperm.
menisk, -ki 1. meniscus, a concavo-convex lens. 2. *anat.* meniscus.
menkıbe tale, legend.
menkul, -lü 1. *obs.* transported, conveyed, transferred. 2. movable, portable, conveyable, transferable. 3. movable, movable piece of property. 4. *obs.* (story) that has been handed down by word of mouth. — **kıymetler** *com.* securities, stocks and bonds. — **mallar** movable goods.
menolunmak to be forbidden, be prohibited.
menopoz menopause.
mensucat, -tı textiles.
mensup 1. /a/ related to, connected to, attached to; belonging to. 2. member; employee; someone who has a connection/an affiliation with. — **olmak** /a/ to be connected to, be attached to; to belong to, be a member of.
mensur *obs.* prose, written in prose.
menşe, -ei place of origin, source, root. — **şahadetnamesi** *com.* certificate of origin.
menşeli (something) which comes from, which originates from.
menteşe hinge.
menteşeli hinged.
mentol, -lü menthol.
mentollü mentholated. — **sigara** menthol cigarette.
menü 1. menu, bill of fare. 2. all the dishes served at a meal, menu. 3. *comp.* menu.
menüsküs *anat.* meniscus.
menzil 1. range (of a weapon). 2. overnight stopping place, stage. 3. the distance between two overnight stopping places, a day's journey, stage. — **sahası** *mil.* communications zone.
menzilli (weapon) which has a range of.
mera pasture (for grazing animals).
merak, -kı 1. curiosity. 2. great interest in, great liking for, passion for (something). 3. being particular/fastidious about. 4. anxiety, worry. —**ta bırakmak** /ı/ to leave (someone) worried, put (someone) into an anxious state. —**tan çatlamak** *colloq.* 1. to burst with curiosity. 2. to be filled with anxiety. — **etme!** *colloq.* Don't worry! — **etmek** /ı/ 1. to be curious (about). 2. to be anxious (about). — **getirmek** to suffer from melancholy. —**ı kalkmak** 1. for a feeling of sadness/melancholy to descend upon (someone). 2. to become filled with curiosity. — **olmak** /a/ to become the object of (someone's) curiosity/interest. —**ı olmak** /a/ to be greatly interested in; to have a passion for. — **sarmak/sardırmak** /a/ to develop a great interest in; to develop a passion for.
meraklandırmak /ı/ to make (someone) anxious/curious.
meraklanmak 1. /a/ to worry (about), be anxious (about). 2. for (someone's) curiosity to be aroused.
meraklı 1. curious, inquisitive, inquiring. 2. /a/ very fond of, having a great interest in (something). 3. /a/ particular/scrupulous/exacting (about). 4. anxious, inclined to worry.
meraksız 1. (someone) who's not inclined to worry; unanxious, unworried. 2. incurious, uninquisitive, uninquiring.

meraksızlık 1. lack of anxiety. 2. lack of curiosity, lack of inquisitiveness.
meral, -li see **maral**.
meram aim, goal, aspiration. **—ını anlatmak** to explain what it is that one wants; to express oneself. **— etmek** to commit oneself wholeheartedly to doing something.
merasim 1. ceremony. 2. formalities, formal procedures. **— kıtası** honor guard, guard of honor.
merasimli (something) which is done very formally, formal, which is done with ceremony, ceremonious.
merasimsiz 1. simple, informal. 2. simply, without ceremony.
merbut, -tu /a/ 1. devoted to, very attached to. 2. dependent upon. 3. attached to, connected to.
mercan 1. coral. 2. coral, made of coral. **— kayalığı/resifi** coral reef. **— terliği** (flat, open-heeled) house slipper, babouche, baboosh.
mercanada atoll, coral island.
mercanbalığı, -nı zool. red sea bream.
mercanköşk, -kü bot. sweet marjoram.
mercek lens.
merceksi lenticular.
merci, -ii place to which or person to whom an official matter can be referred; person authorized to deal with official appeals.
mercimek lentil. **—i fırına vermek** colloq. (for two people not married to each other) to begin to have sexual intercourse with each other secretly; to be having a secret love affair. **— gibi** colloq. 1. irresolute, inconsistent (person). 2. tiny and round. **— kadar** colloq. tiny and round.
merdane 1. mech. roller, cylinder. 2. rolling pin. 3. (laundry) wringer; mangle. 4. road roller. 5. farming bar roller; disc harrow. 6. lawn roller. 7. paint roller.
merdiven 1. (a flight of) steps; stairs, staircase. 2. ladder. **— dayamak /a/** colloq. (for someone) to be nearing (a certain age or stage in life). **— kovası** stairwell. **— sahanlığı** landing (on a staircase).
merdivenli (building) which has stairs.
merdümgiriz obs. unsociable, antisocial.
meret, -ti vulg. 1. damn (person/thing). 2. the damn thing. 3. the bastard.
merhaba Hello!/Hi! **—yı kesmek /la/** to stop speaking to (someone), break off completely with (someone). **—sı olmak /la/** to be on speaking terms with (someone), know (someone) casually.
merhabalaşmak to say hello to one another.
merhale stage, phase. **— merhale** by stages, gradually.
merhamet, -ti mercy, compassion, pity. **— etmek /a/** to have mercy on; to feel compassion for. **—e gelmek** to feel merciful; to feel compassionate.
merhameten /a/ out of pity (for).
merhametli merciful; compassionate.
merhametsiz merciless, pitiless.
merhametsizlik mercilessness, pitilessness.
merhem ointment, salve.
merhum (used only of Muslims) 1. the late, the departed, the deceased (person): **Ali Bey merhum** the late Ali Bey. 2. the deceased, the dead man. **— olmak** to pass away, die.
merhume (used only of Muslim women) 1. the late, the departed, the deceased (woman). 2. the deceased, the dead woman.
mer'i obs. observed, in force, valid.
meridyen meridian. **— dairesi/çemberi** astr. meridian circle. **— düzlemi** astr. meridian plane.
Merih astr. Mars.
Merihli 1. (a) Martian. 2. Martian.
merinos 1. (a) Merino sheep. 2. Merino, of the Merino breed. 3. merino wool.
mer'iyet, -ti obs. validity. **—e girmek** to come into force.
merkep donkey.
merkez 1. center. 2. headquarters, main office (of a firm). 3. governmental administrative center (for a region). 4. police station. **— açı** geom. central angle. **—de olmak** to run along (certain) lines, be of (a certain) nature: **Fikirlerim bu merkezdedir.** My thoughts run along these lines.
Merkez Bankası, -nı the Central Bank (the government-owned bank that issues and regulates Turkish currency).
merkezci 1. (a) centralist. 2. centralist, centralistic.
merkezcil phys. centripetal. **— güç/kuvvet** centripetal force.
merkezcilik centralism.
merkezi central, pertaining to or situated near a center.
merkezileşmek to become a center (of trade/transport).
merkeziyet, -ti centralism.
merkeziyetçi 1. (a) centralist. 2. centralist, centralistic.
merkeziyetçilik centralism.
merkezkaç, -çı phys. centrifugal. **— güç/kuvvet** centrifugal force.
merkezlemek /ı/ mech. to center.
merkezlenmek 1. to be centered. 2. to be centralized.
Merkür astr. Mercury.
merlanos zool. whiting.
merlengeç bot. 1. terebinth tree. 2. nettle tree, honeyberry; hackberry tree, hackberry.
merlengiç bot., see **merlengeç**.
mermer marble. **— kireci** lime (made from

marble). **— ocağı** marble quarry. **— taklidi** scagliola; marbling.
mermerci 1. marble quarrier/cutter. 2. maker of marble tombstones. 3. seller of marble.
mermerşahi a gauzelike muslin, book muslin.
mermi 1. missile, projectile (fired from a weapon). 2. bullet: **Kaç mermi kullandın?** How many bullets have you used? **— yolu** trajectory (of a missile).
merserize 1. mercerized cotton thread. 2. made of mercerized cotton.
mersi Thank you./Thanks.
mersin 1. bot. myrtle. 2. zool., see **mersinbalığı**.
mersinbalığı, -nı zool. 1. sturgeon. 2. sterlet.
mersinmorinası, -nı zool. beluga.
mersiye obs. elegy.
mert 1. brave, manly. 2. trustworthy, dependable, reliable.
mertçe 1. bravely, courageously. 2. honestly, responsibly.
mertebe 1. degree; step, stage. 2. rank, position.
mertek 1. rafter (of a roof). 2. (wooden) beam.
mertlik 1. bravery, manliness. 2. honesty.
Meryem Ana the Virgin Mary.
meryemanaasması, -nı bot. virgin's-bower, clematis.
meryemanaeldiveni, -ni bot. Canterbury bell.
merzengûş bot., see **mercanköşk**.
mesafe distance, space, interval.
mesaha obs. 1. surveying, measuring (land). 2. area (the quantitative measure of a piece of land). **— bilimi/ilmi** surveying. **— memuru** land surveyor, surveyor (government official).
mesai efforts, work. **—ye kalmak/— yapmak** colloq. to work overtime (at an increased pay rate). **— saatleri** working hours.
mesaj message. **— bırakmak** to leave a message.
mesamat, -tı obs., biol. stomata, pores.
mesame obs., biol. stoma, pore.
mesameli porous, poriferous.
mesane anat. (urinary) bladder.
mescit small mosque, masjid (not used for the Friday noon prayers).
mesel proverb, saying; parable. **M—ler Kitabı** the Book of Proverbs (in the Old Testament of the Bible).
mesela for example, for instance.
mesele problem, question, matter; issue, point under consideration. **— çıkarmak** colloq. to create a difficulty; to make things difficult, make trouble; to bring up a sore point; to raise a thorny question. **— yapmak /ı/** colloq. to make (something insignificant) into a big issue.
meshetmek /ı/ 1. Islam to wipe (one's head) with the wet palm of one's hand (while performing the ritual ablutions). 2. to anoint (someone) with oil.
Mesih the Messiah, Christ.
mesire used in: **— yeri** recreation spot, picnic spot, excursion spot.
mesirelik see **mesire yeri**.
mesken 1. dwelling, house, residence. 2. law domicile, legal residence. **— masuniyeti** law domiciliary inviolability. **— tutmak /ı/** to settle in; to dwell in.
meskûn inhabited (place); /la/ (place) inhabited by. **— kılmak /ı/** to populate (an uninhabited place).
meslek 1. (a learned) profession. 2. trade, craft. 3. occupation, line of work. 4. phil. system. 5. doctrine. 6. trend, movement. 7. school (of thought), école. **— hastalığı** occupational disease. **— kuruluşu** professional association. **— okulu** vocational school, trade school. **— sahibi** 1. professional man/woman; person who knows a trade. 2. professional (person); (person) who knows a trade. **—ten yetişme** (someone) who's learned his occupation by doing it (rather than learning it through academic training).
mesleki 1. professional (pertaining to a learned profession). 2. trade, pertaining to a trade. 3. occupational, vocational.
mesleksiz (someone) who has no profession/trade.
mesleksizlik being without a profession/a trade.
meslektaş professional colleague; co-worker, associate.
mesmercilik mesmerism, hypnotism.
mesnet 1. support, prop; mainstay. 2. obs. office, position.
mesnevi poem made up of rhymed couplets, each couplet being of a different rhyme.
mest, -ti very delighted, enchanted, captivated. **— olmak** to be enchanted, be in seventh heaven.
mest, -ti a light, thin-soled boot (worn indoors or inside shoes).
mestçi maker or seller of light, thin-soled boots.
mesul, -lü /dan/ responsible (for), held accountable (for). **— tutmak /ı, dan/** to hold (someone) responsible (for).
mesuliyet, -ti responsibility. **— kabul etmemek** to decline responsibility.
mesuliyetli (something) which entails a big responsibility.
mesut happy.
meşakkat, -ti hardship, trouble, difficulty. **— çekmek** to suffer hardship, endure trouble/difficulties.
meşakkatli difficult, hard, arduous.
meşale torch, flambeau; cresset. **— çekmek /a/** to lead, be the leader for.
meşe 1. bot. oak. 2. oak, oaken, made of oak. **— odunu** 1. pieces of oak, oak (used as fire-

wood). 2. *colloq.* blockhead, oaf, dolt, woodenhead.
meşebüken *slang* strong, powerful, brawny.
meşecik *bot.* germander.
meşelik oak grove; oak forest.
meşgale something that keeps one busy, activity, occupation; concern.
meşgul, -lü 1. /la/ busy (with); preoccupied (with); concerned (with). 2. busy, engaged (telephone line); (place) which is occupied or in use. — **etmek** /ı/ 1. to take up (someone's) time, prevent (someone) from going about his/her business. 2. to engage (someone's) attention, occupy. 3. to distract (someone). — **olmak** 1. to be busy. 2. /la/ to be busy (with); to be preoccupied (with); to be concerned (with).
meşguliyet, -ti 1. activity, occupation; concern. 2. being busy. **—le tedavi** occupational therapy.
meşhur 1. famous, famed, renowned; well-known. 2. famous person. — **olmak** to become famous.
meşhut *obs.* witnessed, (something) which takes place in the presence of a witness/witnesses.
meşime *anat.* placenta.
meşin (tanned) leather. — **gibi** *colloq.* tanned and leathery (skin). — **suratlı** *colloq.* brash and unprincipled (person).
meşk, -ki 1. practice, practicing (music, drawing, singing, writing alphabetic characters). 2. piece of calligraphy (which a student uses as his model). — **etmek** /ı/ to practice. — **hocası** calligraphy teacher.
meşrep disposition, temperament.
meşru, -uu lawful, legal; legitimate.
meşrubat, -tı beverages.
meşruta *obs.* 1. (a) property left in mortmain. 2. house reserved for someone who holds a particular job in a mosque or mosque complex.
meşruten conditionally. — **tahliye** *law* release on probation, probationary release.
meşruti constitutional, limited (monarchy). — **hükümet** government by constitutional monarchy. — **krallık** constitutional monarchy.
meşrutiyet, -ti constitutional monarchy.
meşum inauspicious, ill-starred; baleful, ominous.
meşveret, -ti *obs.* 1. consultation, conferring. 2. conference, council.
met, -ddi the coming in (of the tide); flood tide, high tide.
meta, -aı merchandise, goods.
metabolizma *biol.* metabolism.
metafizik 1. metaphysics. 2. metaphysical.
metal, -li 1. metal. 2. *print.* type metal.
metalbilim metallurgy.
metalbilimsel metallurgic, metallurgical.
metalik metallic.
metaloit *chem.*, see **metalsi**.

metalsi *chem.* (a) metalloid.
metalurji metallurgy.
metalurjik metallurgic, metallurgical.
metamorfik *geol.* metamorphic.
metamorfizm *geol.* metamorphism.
metamorfoz metamorphosis.
metan *chem.* methane.
metanet, -ti fortitude, firmness of character, backbone.
metanetli (person) who has strength of character, who has backbone.
metanetsiz weak, spineless, (person) who lacks backbone.
metanetsizlik weakness, spinelessness, lack of firmness.
metapsişik 1. psychics, the study of psychic phenomena. 2. psychic, metapsychical.
metastaz *path.* metastasis.
metazori *slang* by force, using strong-arm tactics.
metelik 1. *formerly* a coin worth 10 paras. 2. *colloq.* tiny amount of money, a penny, a red cent. — **etmez.** *colloq.* 1. It's just a worthless piece of junk. 2. He's not even worth shooting. **—e kurşun atmak** *colloq.* to be penniless, be flat broke. — **vermemek** /a/ *colloq.* to regard (someone/something) as not worth a damn; not to give a fig about, not to give a damn about.
meteliksiz penniless, flat broke.
meteliksizlik pennilessness, being flat broke.
meteor 1. atmospheric phenomenon, meteor. 2. *astr.* meteor, shooting star.
meteorit, -ti *astr.* meteorite.
meteorolog meteorologist.
meteoroloji meteorology. — **uzmanı** meteorologist.
meteorolojik meteorological.
meteortaşı, -nı *astr.* meteorite.
metfen *obs.* grave, burial place.
metfun *obs.* buried.
methal, -li *obs.* 1. entrance. 2. introduction (to a book). **—i olmak** /da/ to be involved in, have a hand in.
methaldar /a/ *obs.* involved in, participating in. — **olmak** /a/ to be involved in, have a hand in.
methetmek /ı/ to praise.
methiye laudatory poem, panegyric.
metil *chem.* methyl.
metilen *chem.* methylene.
metin, -tni text.
metin 1. strong in character; (person) who has backbone. 2. *obs.* solid, strong, durable.
metis *biol.* (a) hybrid.
metizmenos *slang* high (on a drug, usually hashish).
metodoloji methodology.
metodolojik methodological.

metot method.
metotlu done methodically, methodical, systematic.
metotsuz not done methodically, unmethodical, methodless, unsystematic, systemless.
metrdotel headwaiter, maître d'hôtel.
metrdotellik the work of a headwaiter; the position of headwaiter.
metre 1. meter, *Brit.* metre. 2. meterstick. — **kare** square meter. — **küp** cubic meter. — **sistemi** the metric system.
metres mistress (a kept woman). — **tutmak** to keep a mistress.
metrik metric. — **sistem** the metric system.
metris *mil.* breastwork, earthwork.
metro subway, *Brit.* underground (train).
metronom metronome.
metropol, -lü metropolis (the chief city of a country/a region).
metropolit, -ti *Christianity* (a) metropolitan.
metropoliten 1. metropolitan, pertaining to or characteristic of a metropolis. 2. subway, *Brit.* underground (train).
metruk, -kü 1. abandoned, deserted; (place) no longer in use. 2. (something) which is part of a deceased person's estate.
mevcudat, -tı *obs.* the assets (of a firm).
mevcudiyet, -ti 1. existence, being. 2. presence.
mevcut 1. existing; extant; present. 2. those present, the number present; *mil.* the strength (of a unit), the number of personnel (on a unit's muster roll). 3. the amount (of something) on hand; supply; stock. — **olmak** 1. to exist, be. 2. to be present.
mevduat, -tı (bank) deposits. — **hesabı** deposit account.
mevki, -ii 1. place, location. 2. position, rank. 3. class (of accommodation on a train/a ship/an airplane). 4. position, situation; circumstances.
mevkuf *obs.* arrested, under arrest.
Mevla God.
mevla *obs.* master; protector, patron. —**sını bulmak** *colloq.* to get what one wants.
Mevlana 1. the mystic poet Mevlana Jalal-ud-Din Rumi. 2. *formerly* title used when addressing certain great Muslim religious figures.
Mevlevi 1. (a) Mevlevi (a dervish who follows the teachings of Jalal-ud-Din Rumi), whirling dervish, dancing dervish. 2. Mevlevi. — **ayini** the Mevlevi ceremony during which a whirling dance is performed.
Mevlevihane lodge used by Mevlevi dervishes.
Mevlevilik 1. Mevlevi teachings and practices. 2. being a Mevlevi. 3. the Mevlevi order of dervishes.
Mevlit poem by Süleyman Çelebi celebrating the birth of the Prophet Muhammad.
mevlit *Islam* 1. the night of the birth of the Prophet Muhammad (the twelfth night of Rabi I). 2. a chanting of the **Mevlit** (either in memory of a dead person or to mark a special religious occasion). — **kandili** the religious celebration held on the evening of the Prophet Muhammad's birth. — **okumak** to chant the **Mevlit**. — **şekeri** hard candy distributed in paper cones to those attending a chanting of the **Mevlit**.
mevlithan chanter of the **Mevlit**.
mevsim season. —**li mevsimsiz konuşmak** *colloq.* to say things at the wrong time, speak out of turn, be inclined to put one's foot in one's mouth.
mevsimlik 1. (garment) suitable for spring/autumn wear. 2. seasonal. 3. (building) used for a season. 4. (rented) for the whole of a season.
mevsimsiz 1. untimely, ill-timed; premature. 2. at the wrong time; prematurely, too early.
mevt, -ti *obs.* dying, death.
mevta *obs.* corpse, body.
mevzi, -ii *mil.* position; emplacement. — **almak** *mil.* to take up a position.
mevzii localized, limited in extent; scattered (showers, snow flurries).
mevzilenmek (for a military unit) to take up a position; (for a weapon) to be emplaced.
mevzu, -uu 1. subject, topic. 2. (something) which has been laid down or adopted. —**a girmek** to come to or embark upon the real topic of discussion.
mevzuat, -tı 1. the laws (governing a country), the laws of the land. 2. *obs.* containers (for merchandise).
mevzubahis, -hsi see **mevzuubahis**.
mevzun 1. shapely, well-proportioned; graceful. 2. *obs.* metrically correct (verse). 3. *obs.* metrical (verse); rhythmical (prose).
mevzuubahis, -hsi the topic of conversation; the subject under discussion; the issue.
mey *mus.* a small oboe (used in Eastern Anatolia).
mey *obs.* wine.
meyan 1. the space between; interval. 2. the middle, the center. **bu** —**da** While ..., among other things ...: **Onunla görüştüm, bu meyanda istifa edeceğimi söyledim.** While talking with him I said, among other things, that I was going to resign.
meyan *bot.*, see **meyankökü**.
meyanbalı, -nı 1. licorice extract. 2. licorice stick, licorice.
meyancı go-between, intermediary, mediator; middleman.
meyane 1. a sauce made with butter and flour. 2. the proper degree of thickness (for halvah and similar foods). 3. *obs.* the space between; interval. 4. *obs.* the middle, the center. —**si gelmek** (for a food) to reach the right degree

of thickness (while being cooked).
meyankökü, -nü *bot.* licorice.
meydan 1. (a) wide, flat, open, outside area; open space; (public) square. 2. arena; ring. 3. (landing) field. 4. *Sufism* the universe. 5. section of a Bektashi/Mevlevi lodge in which the dervishes perform the religious ceremonies. 6. *colloq.* opportunity, occasion; possibility. **—da** 1. obvious, evident, clear. 2. in sight, within view, around. **— almak** *obs.* to spread, increase, advance. **— aramak** to look for an opportunity. **—a atılmak** 1. to be brought up, be suggested, be broached. 2. to leap into action. **—a atmak** /ı/ to suggest, bring up, broach. **— bırakmak** /a/ 1. to give (someone) a chance (to do something): **Konuşmama meydan bırakmadı.** He didn't give me a chance to speak. 2. to allow (something to happen): **O toplantının yapılmasına meydan bırakmayacağız.** We won't let that meeting take place. **—da bırakmak** /ı/ 1. to leave (someone) homeless or without shelter. 2. to leave (something) out in the open, leave (something) out where anybody can see it. **—ı boş bulmak** to find an opportunity to do something (when there is no one or nothing to prevent one's doing it). **— bulamamak** /a/ not to find a chance (to do something). **— bulmak** to find an opportunity. **—a çıkarmak** /ı/ 1. to bring (something) to light; to expose (something) to view. 2. to present (something) to the public; to make (something) public, reveal. 3. to bring (a child) to the point where he can look after his simplest needs. **—a çıkmak** 1. to be revealed, come to light; to become evident. 2. (for someone) to be seen (in public); to get around and about. 3. (for a child) to reach an age at which he can look after his simplest needs. **— dayağı** a public beating (given as an official punishment). **— dayağı çekmek** /a/ to give (an offender) a beating. **—a dökmek** /ı/ to make (something) public, reveal. **—a düşmek** 1. to mix with the crowd, go out in public. 2. to volunteer one's services. 3. to become a prostitute. **—a gelmek** to come into existence, become a reality; to happen, occur. **—a getirmek** /ı/ 1. to bring forth, produce, do. 2. to be the cause of (something). **—da kalmak** 1. to be left jobless/homeless, be in a bad way, *Brit.* be in Queer Street. **— korkusu** *psych.* agoraphobia. **—a koymak** /ı/ 1. to produce, create. 2. to set forth, present. 3. to reveal. **— okumak** /a/ to challenge, defy. **— savaşı/muharebesi** *mil.* major battle, decisive battle. **— vermek** /a/ 1. to give (someone) a chance (to do something): **Onların kaçmasına meydan verme!** Don't give them a chance to run away! 2. to allow (something to happen): **O binanın yıktırılmasına meydan vermemeliyiz.** We ought not to allow that building to be torn down. **—a vurmak** /ı/ to reveal (something) clearly.

meydancı 1. sweeper (a cleaner who keeps a courtyard/a garden swept clean). 2. prisoner who does various menial tasks for his fellow prisoners for a recompense.

meydanlık (a) wide, flat, open, outside area; open space, the open.

meydansazı, -nı the largest of the plucked string instruments used in Turkish folk music.

meyhane (bar-like) restaurant, café, *Brit.* public house, pub; dive, joint, honky-tonk.

meyhaneci barkeeper, barkeep, *Brit.* publican.

meyhanecilik barkeeping, *Brit.* running a pub.

meyil, -yli 1. slope, incline, slant. 2. tendency, inclination, propensity; bent. 3. *colloq.* predilection, penchant; fondness, liking. **— vermek** /a/ to give (something) a slope/a slant. 2. *colloq.* to fall in love with, give one's heart to.

meyilli /a/ 1. slanting, sloping (towards); leaning (towards). 2. (person) who has a tendency to or a bent for. 3. *colloq.* (person) who has an affection for, who is fond of.

meyletmek /a/ 1. to slant, slope (towards); to lean (towards). 2. to be inclined to; to have a bent for. 3. *colloq.* to have a predilection for; to be fond of.

meymenet, -ti 1. pleasant nature; good character: **Suratında meymenet yok.** I don't like the look of him. 2. good fortune.

meymenetsiz 1. disagreeable/untrustworthy (person). 2. unlucky.

meyus *obs.* despairing; despondent; dejected.

meyva *see* **meyve.**

meyve 1. fruit. 2. fruit, product; return, profit. **— ağacı** fruit tree. **— bahçesi** orchard, grove (of fruit trees). **— salatası** fruit salad. **— suyu** fruit juice. **— şekeri** fructose, fruit sugar; levulose. **— vermek** to fruit, bear fruit, produce fruit.

meyveci 1. fruit grower, fruiter. 2. fruit seller, *Brit.* fruiterer.

meyvecil carpophagous, fruit-eating.

meyvecilik 1. fruit growing. 2. fruit selling.

meyvehoş *obs.* 1. dried fruit/nut. 2. market where dried fruits/nuts are sold.

meyveli 1. (plant) which has fruit on it, fruit-laden, fruited. 2. (something) which is made from fruit, fruit; (something) which has fruit in it, fruited. **— ağacı taşlarlar.** *proverb* Cultured, talented people are often the object of jealous criticism.

meyvelik 1. orchard, grove (of fruit trees). 2. fruit bowl.

meyvemsi (something) which looks like a fruit; fructiform.

meyvesiz 1. (plant) which has no fruit on it, fruitless. 2. (plant) which won't bear fruit, unfruitful; sterile.

meyyal, -li /a/ *obs.* 1. very fond of. 2. very inclined to; very predisposed to.
mezalim *obs.* atrocities, outrages; cruel deeds; injustices.
mezar grave; tomb; mausoleum. **—dan çıkarmak** /ı/ *colloq.* to save (someone's) life, save (someone) from certain death. **— kaçkını** *colloq.* person who looks like he's at death's door. **— kitabesi** epitaph (on a tombstone). **— taşı** tombstone, gravestone.
mezarcı gravedigger; cemetery caretaker.
mezarcılık the work of a gravedigger or cemetery caretaker.
mezarlık graveyard, cemetery.
mezat auction. **—a çıkarmak** /ı/ to put (something) up for auction. **— malı** *colloq.* cheap, ordinary piece of merchandise; cheap, ordinary merchandise.
mezatçı auctioneer.
mezbaha slaughterhouse. **—ya dönmek** *colloq.* (for a place) to become a scene of carnage, become a shambles.
mezbele 1. filthy and messy place, dump, pigpen, pigsty, *Brit.* tip. 2. refuse heap; garbage dump, *Brit.* tip.
mezbelelik *colloq.*, *see* **mezbele.**
meze a savory food (eaten while drinking something alcoholic), appetizer, hors d'oeuvre.
mezeci 1. maker or seller of **meze**. 2. delicatessen (a store).
mezelik 1. (a food) that can be served as a **meze**; (an ingredient) from which a **meze** can be made. 2. something that can be served as a **meze**.
mezgit, -ti *zool.* whiting.
mezhep 1. religious sect/denomination. 2. school of thought. 3. madhab, one of the schools of Islamic law. **—i geniş** *colloq.* excessively tolerant, free and easy (in his/her sexual mores). **—i meşrebine uymamak** *colloq.* for one's actions not to be in accord with one's stated beliefs, to say one thing and do another. **—ine sığmamak** *colloq.* (for something) to be completely against one's principles; to be completely foreign to one's understanding.
mezit, -ti *zool.*, *see* **mezgit.**
meziyet, -ti merit, virtue, outstanding quality.
meziyetli exceptional, superior, outstanding.
meziyetsiz unexceptional, unremarkable, not outstanding.
mezkûr *obs.* the aforementioned (person/thing).
mezmur psalm (in the Book of Psalms). **— kitabı** psalter (book comprised of the Psalms).
Mezmurlar the Psalms (in the Old Testament). **— Kitabı** the Book of Psalms (in the Old Testament).
Mezopotamya 1. Mesopotamia. 2. Mesopotamian, of Mesopotamia.
mezra, -aı 1. field (under or ready for cultivation). 2. hamlet.
mezraa *see* **mezra.**
mezun 1. (a) graduate. 2. /dan/ graduated from (an educational institution). 3. /a/ *obs.* authorized to (do something). **— olmak** /dan/ to graduate (from an educational institution).
mezuniyet, -ti 1. graduation. 2. *obs.* authorization, permission.
mezura tape measure.
mezür *see* **mezura.**
mezzosoprano *mus.* mezzo-soprano.
mıcır 1. small bits of coal/charcoal. 2. fine gravel (which is mixed with asphalt to form paving). 3. slag, dross, scoria. 4. debris, trash, refuse, rubbish. 5. *slang* worthless (person).
mıh 1. large nail. 2. horseshoe nail.
mıhladız *prov.* magnet.
mıhlama 1. nailing (something). 2. setting, placing (a precious stone) in a setting. 3. *slang* a way of throwing dice.
mıhlama *prov.* a dish made of pastrami, onions, and eggs.
mıhlamak /ı/ 1. to nail. 2. to set, place (a precious stone) in a setting. 3. to root (someone/something) to the spot; to freeze (someone) in his/her tracks. 4. *slang* to stab, stick a knife in (someone), skewer (someone).
mıhlanmak 1. to be nailed. 2. to freeze in one's tracks; to be rooted to the spot. 3. (for a precious stone) to be set, be placed in a setting. 4. *slang* to be stabbed.
mıhlı 1. (something) which contains a nail. 2. nailed. 3. (a precious stone) which has been placed in a setting.
mıhsıçtı *slang* very stingy, as tight as they come.
mıknatıs magnet.
mıknatısi *obs.* magnetic.
mıknatısiyet, -ti *obs.* magnetism.
mıknatıslamak /ı/ to magnetize.
mıknatıslanmak to be magnetized.
mıknatıslı 1. (something) containing a magnet. 2. magnetized. 3. *colloq.* magnetic, arresting, captivating. **— iğne/ibre** magnetic needle.
mıncıklamak /ı/ 1. to squash (something) to a pulp; to make (something) squishy. 2. to pinch and squeeze; to pinch; to squeeze.
mıncık mıncık squashed to a pulp; wet and sticky. **— etmek** /ı/ 1. to squash (something) to a pulp; to make (something) squishy. 2. to pinch (a cheek).
mıntıka region, area, district; zone.
mırıldamak /ı/ to mutter, mumble, murmur.
mırıldanmak 1. to mutter to oneself, mumble to oneself; to murmur complainingly. 2. /ı/ to mutter, mumble, murmur.
mırıl mırıl with a mutter, in low, mumbling tones; in a grumbling murmur.
mırıltı 1. mutter, mumble; murmur of com-

plaint. 2. purring, purr.
mırın kırın *used in:* **— etmek** *colloq.* to hem and haw and make some feeble objections.
mırlamak to purr.
mırmır *slang* 1. passive male homosexual, fag. 2. tough, rowdy, hoodlum, hood.
mır mır with a mutter, in low, grumbling tones; in a grumbling murmur.
mırnav meow.
mısdak, -kı *obs.* criterion, standard, touchstone.
Mısır 1. Egypt. 2. Egyptian, of Egypt.
mısır 1. corn, *Brit.* maize. 2. ear of corn; roasting ear. 3. (boiled) corn on the cob; roasting ear. **— buğdayı** popcorn. **— ekmeği** corn bread; corn pone. **— gevreği** cornflakes. **— kalburu** popcorn popper, corn popper. **— koçanı** corncob. **— nişastası** cornstarch. **— patlatmak** to pop corn. **— püskülü** corn tassel. **— püskülü gibi** *colloq.* thin and lifeless (hair). **— unu** cornmeal, meal.
mısırcı 1. seller of (boiled/roasted) corn on the cob. 2. seller of corn.
Mısırlı 1. (an) Egyptian. 2. Egyptian (person).
mısırlık region abounding in cornfields, corn-growing region.
mısırözü, -nü the germ of the corn kernel. **— yağı** corn oil.
mısırturnası, -nı *zool.* sacred ibis.
mısıryağı, -nı corn oil.
mıskal, -li *mus.* panpipe, syrinx.
mıskala burnisher (a tool).
mısra, -aı a line of poetry, verse.
mışıl mışıl *colloq.* (sleeping) soundly. **— uyumak** to sleep soundly.
mışmış *prov.* apricot; wild apricot.
mıymıntı *colloq.* exasperatingly slow and fussy.
mıymıntılık *colloq.* being exasperatingly slow and fussy.
mızıka *mus.* 1. brass band. 2. harmonica, mouth organ.
mızıkacı *mus.* harmonica player.
mızıkçı *colloq.* (someone) who wants to quit as soon as things start going against him, (someone) who won't play the game; (someone) who is a spoilsport.
mızıkçılık *colloq.* not playing the game; being a spoilsport. **— etmek** to quit as soon as things start going against one, not to play the game; to be a spoilsport.
mızıklanmak *colloq.* to quit as soon as things start going against one, not to play the game; to be a spoilsport.
mızırdanmak to grumble, complain.
mızmız *colloq.* 1. fussy about trifles, fussbudgety, persnickety. 2. exasperatingly lazy.
mızmızlanmak *colloq.* to make a fuss about trifles.
mızmızlık *colloq.* 1. fussing about trifles. 2. extreme laziness.
mızrak 1. lance; spear. 2. *sports* javelin.
mızraklı armed with a lance/a spear. **— süvari** lancer.
mızrap plectrum, pick.
mi 1. *an enclitic particle used to make a statement into a question asking for a yes-or-no answer:* **Lale geldi mi?** Has Lale come? **Gitsek mi?** Ought we to go? 2. *as soon as, when, whenever:* **Eve girdi mi onun odasına koşardı.** He'd run to her room as soon as he'd entered the house. **Köprüyü geçti mi geçti koşmaya başladı.** The minute he'd got completely across the bridge, he began to run. **Sokağın sonuna geldin mi sağında büyük bir bahçe göreceksin.** When you've come to the end of the street you'll see a big garden on your right. **O kadın peydahlandı mı ben toz olurdum.** Whenever that woman arrived on the scene I'd head for the hills. 3. *if:* **Onu biraz pohpohladın mı istediğini koparırsın.** If you butter him up a bit, you can get what you want out of him. **O salak herif geldi mi sepetle gitsin!** If that nitwit has come, get rid of him! 4. *as an intensifier:* **Kız güzel mi güzel!** The girl's a real knockout! **Onun hakkından gelirim mi gelirim!** You can bet your boots I'll get even with him! 5. *used with a negative verb to show emphasis:* **Bir de bana bağırmaz mı?** And he would have to shout at me as well!
mi *mus.* 1. E. 2. mi.
miat 1. wear life (of an object), the time during which an object is fit for use: **Bu paltonun miadı üç yıldır.** This coat is good for three years of wear. 2. a stated period of time (set forth in an agreement). 3. deadline; due date (for a payment); end (of a stated period). 4. the time when soldiers/students are issued new uniforms. **—ı dolmak** 1. (for a contract) to terminate, expire. 2. (for something) to become worn out.
mibzer seeder, sower (tool for sowing seeds).
miço 1. *naut.* young deckhand; young hand (on a ship). 2. *naut.* cabin boy. 3. *colloq.* boy who works as a busboy or waiter in a bar.
mide stomach, belly. **— ağzı** *anat.* cardia, cardiac orifice. **—si ağzına gelmek** *colloq.* 1. to feel like vomiting. 2. to be revolted by something. **—si almamak** /ı/ *colloq.* to have no appetite for. **—yi ateşlemek** *slang* to hit the booze, bend the elbow. **— bağırsak yangısı** *path.* gastroenteritis. **—yi bastırmak** *colloq.* (for a snack) to assuage one's hunger pangs. **—sini bozmak** /ın/ (for something) to give (one) indigestion, upset (one's) stomach. **— bozukluğu** indigestion. **—si bozulmak** to have indigestion. **—sini bulandırmak** /ın/ 1. to make (one) sick at one's stomach, turn (one's) stom-

ach. 2. *colloq.* to make (someone) suspect that something has gone (or will go) wrong. —**si bulanmak** 1. to feel sick at one's stomach, feel nauseated. 2. *colloq.* to be revolted by something. 3. *colloq.* to suspect that all is not well, smell a rat. — **bulantısı** nausea. —**sine dokunmak** /ın/ to give (one) indigestion, upset (one's) stomach. — **dolgunluğu** feeling of overfullness (in the stomach). —**si ekşimek** to have heartburn. — **ekşimesi** heartburn, pyrosis. — **ezikliği** *colloq.* slight feeling of hunger. — **fesadı** *colloq.* indigestion. — **fesadına uğramak** *colloq.* to get indigestion, get an upset stomach. — **genişlemesi** *path.* tympanites. — **iltihabı/yangısı** *path.* gastritis. —**si kaldırmamak/götürmemek/kabul etmemek** /ı/ *colloq.* 1. to be unable to eat (a food) (because one finds it revolting/indigestible). 2. to be revolted by, be unable to stand (something). — **kanaması** gastric bleeding. —**si kaynamak** *colloq.* to have indigestion; to have heartburn. —**si kazınmak** *colloq.* to feel very hungry, be ravenous. —**yi kurtarmak** *slang* to assuage one's hunger. — **onarımı** *surg.* gastroplasty. —**ye oturmak** *colloq.* (for food) to sit heavily on one's stomach. — **spazmı** gastric spasm. — **suyu** gastric juice. — **şişkinliği** *colloq.* bloated feeling (in the stomach). — **ülseri** *path.* gastric ulcer. —**si yanmak** *colloq.* to have heartburn.
mideci *colloq.* 1. self-seeker, someone who looks out only for number one. 2. glutton (for food).
midecilik *colloq.* 1. gluttony. 2. self-seeking, being a self-seeker.
midesel gastral, gastric.
midesiz *colloq.* 1. (person) who can eat virtually anything. 2. (person) who's not revolted by anything.
midevi 1. gastral, gastric. 2. (something) which is good for the stomach.
midi (garment) which extends to the mid-calf, midi. — **etek** midi skirt.
midilli pony (horse of small breed).
midye (sea) mussel. — **çıkarmak** *slang* to cogitate, chew something over. — **dolması** stuffed mussel (a food). — **tavası/tava** deep-fried mussel.
midyeci 1. gatherer or seller of mussels. 2. seller of deep-fried mussels.
migren migraine.
migrosa vermek /ı/ *slang* to put (someone) off (with empty promises).
miğfer helmet.
mihaniki mechanical, automatic.
mihenk, -gi 1. touchstone, test (for determining genuineness). 2. Lydian stone, lydite, touchstone.
mihmandar host/hostess (who looks after an important foreign guest for the government or for a business).
mihnet, -ti 1. trouble, tribulation, hardship; trying experience, ordeal. 2. great unhappiness, misery. 3. catastrophe, calamity. — **çekmek** to suffer, suffer hardship. —**ini çekmek** /ın/ to suffer, put up with (something/someone very unpleasant).
mihnetli 1. (someone) who has suffered (or is suffering) hardship. 2. very difficult, burdensome, trying, or onerous. 3. troubled, careworn.
mihrace maharaja, maharajah.
mihrak, -kı *obs.* 1. *phys.* focus. 2. focal point, center.
mihrap mihrab (niche in a mosque wall indicating the direction of Mecca).
mihver *obs.* 1. axis. 2. pivot; axle; axletree. 3. central topic of conversation; the point at issue. **M— Devletleri** *hist.* the Axis Powers (during the Second World War).
mika mica.
mikado 1. mikado. 2. jackstraws, spillikins (the game).
mikaşist, -ti mica-schist, mica-slate.
miki *see* **miki fare.** — **fare** Mickey Mouse.
mikleb tuck, tuck-in (of a book cover).
mikoloji mycology.
mikrobik microbic, microbial.
mikrobilgisayar microcomputer.
mikrobiyolog microbiologist.
mikrobiyoloji microbiology.
mikrocerrahi microsurgery.
mikrodalga microwave. — **fırın** microwave oven, microwave.
mikrofilm microfilm.
mikrofiş microfiche.
mikrofon microphone.
mikrofonik microphonic.
mikroiktisat microeconomics.
mikrokok, -ku micrococcus.
mikrokopya microcopy.
mikrometre micrometer.
mikron micron.
Mikronezya 1. Micronesia. 2. Micronesian, of Micronesia.
Mikronezyalı 1. (a) Micronesian. 2. Micronesian (person).
mikroorganizma microorganism.
mikrop, - 1. germ, disease germ. 2. microorganism, microbe. 3. *colloq.* evil person, a bad lot, viper, perfidious worm.
mikroplanmak 1. to become contaminated with germs. 2. to be invaded by microorganisms.
mikroplu 1. germy, contaminated. 2. invaded by microorganisms.
mikropsuz 1. germless, germfree. 2. devoid of microorganisms, axenic.
mikropsuzlandırmak /ı/ 1. to disinfect; to de-

mikropsuzlaştırmak   498

contaminate. 2. to make (something) free of microorganisms.
mikropsuzlaştırmak /ı/ *see* **mikropsuzlandırmak.**
mikrosaniye microsecond.
mikrosefal, -li microcephalous, microcephalic.
mikrosefali microcephaly.
mikrosinema cinephotomicrography, cinemicrography.
mikroskobik microscopic.
mikroskop, -pu microscope.
mikser 1. (food) mixer. 2. (mortar) mixer.
miktar 1. quantity, amount, number. 2. portion, part; group. 3. dosage (of a medicine).
mikyas *obs.* 1. scale (of a map/a model); proportion. 2. (any) measuring instrument/gauge. 3. (any) unit for measuring length.
mil *geol.* silt.
mil 1. pivot; shaft; spindle; axle; axis. 2. pointed bar; crowbar. 3. probe, surgical sound. 4. bone/ivory stylus used to apply kohl to the eyelids. **(gözlerine) — çekmek** /ın/ to blind (someone) with a hot iron. **— yatağı** *mech.* bearing.
mil 1. mile. 2. milestone (placed beside a road).
miladi pertaining to the Christian era, of the Christian era. **— takvim** the Gregorian calendar.
milat the birth date of Christ. **—tan önce** B.C., before Christ. **—tan sonra** A.D., anno Domini.
mildiyu grape mildew.
milföy napoleon, mille-feuille (a pastry).
milibar millibar.
miligram milligram, *Brit.* milligramme.
mililitre milliliter, *Brit.* millilitre.
milim *colloq.* 1. millimeter. 2. jot, tittle, iota.
milimetre millimeter, *Brit.* millimetre.
milimetrik millimetric.
milis militia, home reserve, territorial reserve, national guard. **— kuvvetleri** militia forces, militia. **— ordusu** an army composed largely of reservists.
militan 1. militant, activist. 2. (a) militant, (an) activist.
militanlık militancy, militance, activism.
militarist, -ti 1. (a) militarist. 2. militarist, militaristic.
militarizm militarism.
millet, -ti 1. nation. 2. *colloq.* any specific group of people: **kadın milleti** womankind. **berber milleti** barbers (in general). 3. *colloq.* everybody present, all the people there: **Millet heyecanlandı.** Everybody got excited. 4. *colloq.* the people, the public. 5. *hist.* millet, the adherents of a particular religious creed/denomination/sect (within the Ottoman Empire): **Yahudi milleti** the Jewish millet. **M—ler Cemiyeti** *hist.* the League of Nations. **M— Meclisi** *pol.* the Grand National Assembly (of Turkey).
milletlerarası, -nı international. **M— Adalet Divanı** the International Court of Justice. **M— Posta Birliği** the Universal Postal Union.
milletvekili, -ni *pol.* 1. member of the Grand National Assembly (of Turkey). 2. deputy.
milletvekilliği, -ni *pol.* 1. being a member of the Grand National Assembly (of Turkey). 2. deputyship.
milli national. **— bayram** national holiday. **— dans** a national (folk) dance. **M— Eğitim Bakanı** the Minister of Education. **M— Eğitim Bakanlığı** the Ministry of Education. **M— Güvenlik Kurulu** the National Security Council. **— hâkimiyet/egemenlik** national sovereignty. **M— İstihbarat Teşkilatı** the National Intelligence Organization. **— kıyafet** national costume. **— marş** national anthem. **M— Mücadele** *hist.* the Turkish National Struggle for Independence (1919-1922). **— park** national park. **M— Savunma Bakanı** the Minister of Defense. **M— Savunma Bakanlığı** the Ministry of Defense.
millileşmek to become nationalistic in tone.
millileştirme nationalization, nationalizing.
millileştirmek /ı/ 1. to nationalize. 2. to cause (something) to become nationalistic in tone.
milliyet, -ti nationality.
milliyetçi 1. nationalist, nationalistic. 2. (a) nationalist.
milliyetçilik nationalism.
milliyetperver patriotic.
milliyetsiz bereft of national feeling, lacking in patriotism, unpatriotic.
milyar billion, *Brit.* milliard.
milyarder billionaire.
milyarderlik being a billionaire.
milyarlık of (so many) billion; measured in billions; worth billions.
milyon million.
milyoner millionaire.
milyonerlik being a millionaire.
milyonluk of (so many) million; measured in millions; worth millions.
milyö milieu, environment.
mim name of the letter *m* (in the Arabic alphabet). **— koymak** /a/ *colloq.* to note, remark, make a mental note of.
mim 1. mime, the art of mime. 2. mimer, mime.
mimar architect.
mimari 1. architecture. 2. architectural, architectonic.
mimarlık 1. architecture. 2. being an architect.
mimber *see* **minber.**
mimik facial movement, facial expression.
mimlemek /ı/ to put (someone) down as a troublemaker/a suspicious character, blacklist.
mimlenmek to be marked down as a troublemaker/a suspicious character, be blacklisted.
mimli marked down as a troublemaker/a suspi-

cious character, blacklisted.
mimoza *bot.* acacia, silver wattle, *Brit.* mimosa.
minakop, -pu *zool.* umbra, umbrine.
minare minaret. — **boyu** (something) as tall as a minaret (a height of about 20 or 30 meters). **—yi çalan kılıfını hazırlar.** *proverb* If you're going to commit a big crime, you must plan it carefully in advance. — **gibi** *colloq.* very tall; very high. — **gölgesi, davul tozu** *colloq.* 1. things that aren't worth a bean. 2. imaginary things, nonexistent things. — **kırması** *colloq.* lanky, very tall. — **külahı** spire of a minaret.
minber minbar, mimbar (pulpit beside the mihrab reached by a long, straight flight of steps).
minder 1. cushion (used for sitting); mat, mattress. 2. *sports* mat; wrestling mat. — **altı etmek** /ı/ *colloq.* 1. to conceal, hide, hush up. 2. to shelve (something) deliberately, put (something) to one side deliberately. — **çürütmek** *colloq.* 1. to sit on one's duff doing nothing; to be a bench warmer. 2. to outstay one's welcome, act as if one's never going to leave. 3. to spend years working at a desk, be deskbound for years. **—i sermek** *colloq.* to outstay one's welcome, act as if one's going to stay forever.
mine 1. enamel. 2. enamel dial (of a clock/a watch). 3. enamel (of a tooth). 4. *bot.*, see **mineçiçeği**.
mineci enameler, enamelist.
mineçiçeği, -ni *bot.* 1. vervain. 2. (garden) verbena.
minelemek /ı/ to enamel.
mineli enameled.
mineral, -li 1. (a) mineral; inorganic substance. 2. mineral; inorganic.
mineralbilim mineralogy.
mineralleştirmek /ı/ to mineralize.
mineralog mineralogist.
mineraloji mineralogy.
mini mini. — **etek** miniskirt, mini.
minibüs minibus, small bus.
minibüsçü 1. owner or operator of a minibus service. 2. minibus driver.
minibüsçülük 1. being an owner or operator of a minibus service. 2. being a minibus driver.
minicik tiny, teeny, wee.
minik 1. tiny and adorable, very small and cute. 2. cute little thing/person; toddler, tot.
minimal, -li minimal.
minimini *colloq.* teensy-weensy, teeny-weeny, itsy-bitsy, itty-bitty.
minimum 1. (a) minimum. 2. minimum.
mink, -ki 1. mink (fur). 2. mink (garment made of mink). 3. *zool.* mink.
minkale *obs., geom.* protractor.
minnacık *colloq.* teeny-weeny, itty-bitty.

minnet, -ti sense/feeling of indebtedness; gratitude. — **altında kalmak** to be obligated to someone for a kindness. — **etmek** /a/ to plead abjectly, grovel.
minnettar /a/ grateful (to); indebted (to).
minnettarlık gratitude; feeling indebted to someone.
minnoş *colloq.* little darling.
minör *mus.* minor.
mintan 1. a loosely-cut, collarless shirt. 2. *prov.* shirt.
mintoni *slang* sweetheart.
minüskül minuscule.
minval, -li way, manner: **bu minval üzere** in this way, thus, thusly.
minyatür 1. miniature painting, miniature. 2. miniature version.
minyatürcü miniaturist.
minyatürcülük the art of painting miniatures.
minyon petite; small and pretty, mignon.
mir chief, leader, commander. **M—im!** My dear fellow! *(a form of address).*
mira surveyor's rod, leveling rod.
miraç *Islam* the Prophet Muhammad's ascent to heaven. — **gecesi** the night of the Prophet Muhammad's miraculous journey to heaven (the 27th of Rajab). — **kandili** the annual celebration commemorating the **miraç**.
miralay *formerly* (full) colonel.
miras inheritance, estate, bequest, legacy; heritage. — **bırakmak** /a/ to leave (someone) an inheritance; /ı, a/ to bequeath (something) to (someone). **—tan ıskat** *law* disinheritance. — **kalmak** /a/ for an inheritance to be left to (someone). **—a konmak** *colloq.* to inherit a fortune. — **yemek** *colloq.* 1. to receive a large inheritance. 2. to squander one's inheritance.
mirasçı heir, inheritor, recipient, legatee.
mirasyedi *colloq.* 1. (someone) who has inherited a fortune. 2. (someone) who squanders his wealth; who spends money like water.
mirasyedilik *colloq.* 1. coming into a fortune. 2. prodigality, reckless spending.
miri *obs.* 1. state-owned, belonging to the state. 2. the state treasury. — **mal** state property.
mirza *hist.* mirza (*a title once used in Iran*).
mis *colloq.* musk. — **gibi** *colloq.* 1. clean and sweet-smelling. 2. excellent, first-rate, crackerjack, super. 3. very well, superbly, in crackerjack fashion. — **sabunu** sweet-smelling soap.
mis (*used of foreign women*) 1. Miss (*used as a title or as a form of address*). 2. miss.
misafir 1. guest, visitor. 2. *obs.* white spot.(in the cornea), nebula; leucoma. — **etmek** /ı/ to put (someone) up (as a guest in one's home). — **evi/konağı** small, village house built to accommodate travelers. — **gibi oturmak** *colloq.* 1. to sit stiffly on the edge of one's chair.

misafirhane 500

2. to act as if a place is only one's temporary home. 3. (for someone) not to turn a hand, not to do any work. **— odası** guest bedroom, guest room. **— olmak** /a/ to be a guest of/in. **— sanatçı** guest artist. **— tohumu** *slang* bastard. **— umduğunu değil, bulduğunu yer.** *proverb* A guest can't be choosy; he/she has to accept whatever hospitality is offered.
misafirhane 1. small, village house built to accommodate travelers. 2. guesthouse (maintained by a firm/an institution for its personnel). 3. caravansary; inn, hostelry.
misafirlik 1. being a guest. 2. visit. **—e gitmek** 1. to go on a visit. 2. /a/ to pay a visit to (someone).
misafirperver hospitable.
misafirperverlik hospitality.
misak, -kı agreement, pact, treaty.
Misak-ı Milli *hist.* the National Pact of 1920 (which set forth certain claims for the Ottoman state).
misal, -li 1. example, illustration; precedent. 2. (ideal) model, example, exemplar. 3. -like, resembling: **saray misali bir ev** a palatial house. **— getirmek** to give an example.
misil, -sli 1. like, equal, counterpart: **misli görülmemiş** unique. 2. an equal amount, as much again: **Bunun iki mislini ver.** Give me twice as much of this. **—iyle** 1. in kind, tit for tat: **misliyle mukabele** retaliation in kind. 2. more than, and then some: **Bunu misliyle ödedim.** I've more than made up/atoned for it.
misilleme retaliation in kind; retortion.
misina fishing line, fishline.
misis *(used of foreign women)* 1. Mrs. *(used as a title or as a form of address).* 2. missus, missis, lady. 3. *colloq.* wife.
misk, -ki musk. **— gibi** *colloq.* clean and sweet-smelling.
miskal, -li *formerly* miskal (a weight for precious stones).
misket, -ti *used in:* **— limonu** lime. **— şarabı** muscatel wine, muscatel. **— üzümü** muscat grape.
misket, -ti 1. *obs.* musket. 2. shot; grapeshot; shrapnel ball. 3. *obs.* musket-ball. 4. *colloq.* marble (used in the game of marbles). **— oyunu** marbles, the game of marbles. **— topu** a cannon used for firing shrapnel.
miskfaresi, -ni *zool.* muskrat.
miskin 1. supine, indolent, shiftless. 2. helpless; wretched. 3. *obs.* leper, lazar. 4. *obs.* leprous, lazarlike, lazarous. **— asmanın kel koruğu** *colloq.* someone who's about as lazy as they come. **— hastalığı/illeti** *obs.* leprosy. **—ler tekkesi/dergâhı** 1. *colloq.* den of idlers, den of layabouts. 2. *formerly* lazaretto, lazar house (for lepers).

miskinhane 1. *colloq.* den of idlers, den of layabouts. 2. *formerly* lazaretto, lazar house (for lepers).
miskinleşmek to become supine, become indolent.
miskinlik supineness, indolence, shiftlessness.
miskkeçisi, -ni *zool.* musk deer.
miskkedisi, -ni *zool.* civet cat.
miskotu, -nu *bot.* musk plant, musk.
misköküzü, -nü *zool.* musk ox.
misksığın, -nı *zool.*, see **misköküzü**.
mister *(used of foreign men)* 1. Mr. *(used as a title or as a form of address).* 2. mister. 3. *colloq.* husband.
mistik 1. mystical, mystic. 2. (a) mystic.
mistisizm mysticism.
misvak, -ki stick of wood taken from a toothbrush tree, beaten into fibers at one end, and used as a toothbrush.
misvakağacı, -nı *bot.* toothbrush tree.
misyon mission.
misyoner missionary.
misyonerlik being a missionary.
-miş'li geçmiş zaman *gram.* the inferential past tense: **Gelmiş.** I gather that he's come.
MİT *(abbr. for* **Milli İstihbarat Teşkilatı)** N.I.O. (the National Intelligence Organization).
mit, -ti myth.
mitil 1. quilt made of plain white cloth. 2. plain white case (before it is stuffed to make a quilt).
miting, -gi mass meeting, demonstration. **— yapmak** to hold a mass meeting or demonstration.
mitingci 1. demonstrator; participant in a mass meeting. 2. organizer of a demonstration or mass meeting.
mitleştirmek /ı/ to mythicize; to mythify.
mitoloji mythology.
mitolojik mythological, mythologic.
mitos mythos, myth.
mitoz *biol.* mitosis, karyokinesis.
mitral, -li *anat.* 1. mitral. 2. mitral valve. **— darlığı** *path.* mitral stenosis. **— yetersizlik/yetersizliği** *path.* mitral insufficiency, mitral incompetence.
mitralyöz machine gun, mitrailleuse.
miyar *obs.* 1. standard (for weights/measures). 2. standard (of coinage). 3. *chem.* reagent.
miyav meow.
miyavlamak to meow.
miyavlatmak /ı/ to make (a cat) meow.
miyokard *anat.* myocardium. **— enfarktüsü** *path.* myocardial infarction.
miyokardit, -ti *path.* myocarditis.
miyop myopic, nearsighted, shortsighted.
miyopluk myopia, nearsightedness, shortsightedness.
miza *gambling* bet (sum of money).

mizacen by temperament, by nature.
mizaç temperament, disposition, nature.
mizaçlı of (a certain) temperament: **yumuşak mizaçlı** gentle-natured.
mizah humor. **— dergisi** humor magazine.
mizahçı humorist.
mizahi humorous, containing humorous elements.
mizan 1. *obs.* balance, scales. 2. *obs., math.* proof. 3. *bookkeeping* trial balance.
mizana *naut.* mizzenmast.
mizanpaj *print.* 1. making (typeset matter) up into pages, makeup, paging up. 2. layout.
mizanpli setting (of hair), set.
mizansen 1. *theat.* directing, direction. 2. *theat.* mise-en-scène (staging a play). 3. *cin.* staging.
mizitra a soft, uncured cheese. **mizitra peyniri** see **mizitra**.
mnemotekni mnemonics, mnemotechnics.
mobilya furniture.
mobilyacı 1. maker or seller of furniture. 2. furniture store.
mobilyacılık making or selling furniture; being a maker or seller of furniture.
mobilyalı furnished, provided with furniture.
mobilyasız unfurnished, not provided with furniture.
moda 1. fashion, vogue, style; fad. 2. fashionable, smart, stylish (thing); in fashion, in vogue. **—sı geçmek /ın/** to go out of fashion, become démodé. **— olmak** to be the vogue. **—ya uymak** to keep up with the latest fashions.
modacı fashion designer; couturier.
modacılık fashion design; couture.
modaevi, -ni fashion house, house of fashion.
model 1. model; scale model. 2. pattern (used in foundry work). 3. (artist's) model. 4. style, type, model. 5. fashion magazine; magazine containing fashion plates and dressmaking patterns. 6. *colloq.* spitting image, carbon copy. 7. (fashion) model (person). **— değiştirmek** *slang* to wreck one's car.
modelaj *sculpture* modeling (in clay or a similar material).
modelci *foundry work* patternmaker.
modelcilik *foundry work* patternmaking.
modellik modeling, the modeling profession, being an artist's model or a fashion model.
moderato *mus.* moderato.
modern modern.
modernize modernized. **— etmek /i/** to modernize.
modernizm modernism.
modernleşmek to become modern.
modernleştirmek /i/ to modernize.
modifikasyon modification.
modistra seamstress, dressmaker.
modül 1. *arch.* module. 2. *phys.* modulus. 3. module (a spacecraft unit).
modülasyon *mus.* modulation.
Moğol 1. (a) Mongol. 2. Mongolian, of the Mongols or Mongolia.
Moğolca 1. Mongolian, the Mongolian language. 2. (speaking, writing) in Mongolian, Mongolian. 3. Mongolian (speech, writing); spoken in Mongolian; written in Mongolian.
Moğolistan 1. Mongolia. 2. Mongolian, of Mongolia.
moher mohair.
moka mocha, mocha coffee.
mokasen moccasin (a shoe).
mola 1. rest, pause, break. 2. *naut.* Let it (a rope) go!/Ease it off! **— etmek /ı/** *naut.* to let (a rope) go; to ease (a rope) off. **— taşı** stone on which porters can rest their loads. **— vermek** to stop for a rest (while traveling); to take a break (while working).
Moldavya *hist.* 1. Moldavia. 2. Moldavian, of Moldavia.
Moldavyalı *hist.* 1. (a) Moldavian. 2. Moldavian (person).
Moldova 1. Moldova. 2. Moldovan, of Moldova.
Moldovalı 1. (a) Moldovan. 2. Moldovan (person).
molekül molecule.
moleküler molecular.
molla *Islam* 1. mullah, mollah, a high-ranking kadı or teacher of theology. 2. student in a medrese.
molotofkokteyli, -ni Molotov cocktail.
moloz 1. rubble, debris (of stone or stonelike material). 2. *slang* good-for-nothing person/thing. **— duvar** wall made of unhewn stones. **— taşı** unhewn stone.
molozlaşmak *slang* to lose one's looks, get old and ugly.
molozluk 1. heap of rubble. 2. *slang* being good-for-nothing.
Molük Moluccan, of the Molucca Islands.
Molük Adaları, -nı the Molucca Islands, *formerly* the Spice Islands.
Molüklü 1. (a) Moluccan. 2. Moluccan (person).
moment, -ti *phys.* moment.
Monako 1. Monaco. 2. Monacan, Monegasque, of Monaco.
Monakolu 1. (a) Monacan, (a) Monegasque. 2. Monacan, Monegasque (person).
monarşi monarchy.
monarşist, -ti 1. (a) monarchist. 2. monarchistic, monarchist.
monarşizm monarchism.
monden of the smart set, society; fashionable and pleasure-loving.
mongolizm *path.* mongolism, Down's syndrome.
mongoloit *path.* 1. (a) mongoloid. 2. mon-

monitör

goloid.
monitör monitor.
monogam monogamous.
monogami monogamy.
monografi monography.
monogram monogram.
monokl, -lü monocle.
monolog monolog, *Brit.* monologue.
monopol, -lü monopoly.
monoteist, -ti 1. (a) monotheist. 2. monotheistic, monotheistical.
monoteizm monotheism.
monotip, -pi *print.* monotype.
monoton monotonous.
monotonluk monotony.
monşer my dear, mon cher *(a form of address)*.
montaj 1. *mech.* mounting, fitting, assembly, assembling. 2. *cin.* assembly and editing (of a film), montage. — **hattı** assembly line.
montajcı 1. *mech.* fitter, mounter, assembler (person). 2. *cin.* film editor.
montajcılık 1. *mech.* the job of a fitter/a mounter/an assembler; mounting, fitting, assembling. 2. *cin.* film editing.
monte used in: — **etmek** /ı/ *mech.* to assemble, put together.
mopet, -ti moped.
mor purple; violet. — **etmek** /ı/ *slang* 1. to embarrass, make (someone) turn red in the face. 2. to beat (someone) black and blue. — **olmak** *slang* 1. to be embarrassed, turn red in the face. 2. to be beaten black and blue.
moral, -li morale; esprit de corps. —**ini bozmak** /ın/ to destroy (someone's) morale, depress, get (someone) down. —**i bozuk** low-spirited, depressed, down. —**i bozulmak** to become low-spirited. — **vermek** /a/ to boost (someone's) morale, cheer (someone) up.
moral, -li 1. morals, ethics. 2. moral, ethical.
morarmak 1. to turn purple. 2. to turn black and blue.
morartı bruise, black-and-blue spot.
morartmak /ı/ 1. to turn (something) purple. 2. to make (something) turn black and blue.
moratoryum moratorium.
moren *geol.* moraine.
morfem *ling.* morpheme.
morfin morphine. — **atmak** *slang* to make barbed remarks. — **koymak** *school slang* to pull the wool over the teacher's eyes.
morfinlenmek to be treated with morphine, be morphinized.
morfinoman morphine addict, morphinomaniac.
morfoloji morphology.
morfolojik morphological, morphologic.
morg, -gu morgue.
morina *zool.* cod, codfish.
Moritanya 1. Mauritania. 2. Mauritanian, of Mauritania.
Moritanyalı 1. (a) Mauritanian. 2. Mauritanian (person).
Morityus 1. Mauritius. 2. Mauritian, of Mauritius.
Morityuslu 1. (a) Mauritian. 2. Mauritian (person).
morlaşmak to turn purple.
morluk 1. purpleness. 2. purple spot.
morötesi, -ni ultraviolet.
mors Morse. — **alfabesi** Morse code, Morse alphabet.
mors *zool.* walrus.
morsalkım *bot.* wisteria, wistaria.
mort, -tu *slang* dead. — **olmak** *slang* to die, croak, kick the bucket, give up the ghost.
morti *slang* dead. —**yi çekmek** *slang* to die, croak, kick the bucket, give up the ghost.
mortlamak *slang* 1. to die, croak, kick the bucket, give up the ghost. 2. to lose all one's money, be cleaned out (while gambling).
mortlatmak /ı/ *slang* 1. to kill, bump off, do (someone) in. 2. to win all of (someone's) money, clean (someone) out (while gambling).
morto *slang* corpse, stiff. —**yu çekmek** *slang* to die, croak, kick the bucket, give up the ghost.
mortocu *slang* 1. driver of a hearse. 2. pallbearer. 3. person paid to recite Koranic passages at a funeral. 4. imam presiding at a funeral.
mortu *slang*, *see* **morto**.
mortucu *slang*, *see* **mortocu**.
moruk *slang* 1. old man; dotard. 2. father, old man.
moruklamak *slang*, *see* **moruklaşmak**.
moruklaşmak *slang* to get old, get decrepit.
morumsu purplish.
morumtırak *see* **morumsu**.
Moskof *colloq.* 1. (a) Russian. 2. the Russians. 3. Russia. 4. cruel, ruthless. 5. (a) leftist; (a) communist.
moskofcamı, -nı muscovite.
moskoftoprağı, -nı rottenstone, tripoli.
mosmor 1. deep purple. 2. purple all over. 3. badly bruised, black and blue all over.
mostra sample; model (for display). —**sını bozmak** /ın/ *slang* to embarrass, show (someone) up. — **olmak** *slang* to be caught with one's pants down; to make a fool of oneself.
mostralık 1. sample; model (for display). 2. suitable for use as a sample; for show only. 3. *colloq.* prize package, prize example *(said sarcastically)*.
motamo 1. word-for-word, literal. 2. word for word, literally.
motel motel.
motelci operator of a motel.
motelcilik operating a motel; being the operator of a motel.
motif motif.

motifli (something) which contains a motif; decorated with a (certain kind of) motif.
motivasyon motivation.
motopomp, -pu motor-driven pump.
motor 1. motor; engine. 2. (any small, motor-driven) boat, motorboat. 3. motorcycle. 4. *slang* promiscuous, loose (woman). 5. *slang* fool, dunce, dodo. —**u bozulmak** *slang* to get diarrhea, get the squirts. —**un suyunu değiştirmek** *slang* to urinate, take a piss.
motorbot, -tu (any small, motor-driven) boat, motorboat.
motorcu operator of a motorboat.
motorin diesel oil, diesel fuel.
motorize *mil.* motorized (as opposed to *mechanized*).
motorlu 1. motorized, motor-driven (vehicle). 2. *mil.* motorized. — **taşıt** motor vehicle. — **tren** train pulled by a motor car.
motorsuz motorless.
motosiklet, -ti motorcycle.
mototren train pulled by a motor car.
motris *rail.* motor car.
moz *used in:* — **olmak** *slang* to get dead drunk, drink oneself under the table.
mozaik 1. mosaic. 2. made of marble fragments and concrete.
mozaikçi mosaicist.
Mozambik 1. Mozambique. 2. Mozambican, Mozambiquean, of Mozambique.
Mozambikli 1. (a) Mozambican, (a) Mozambiquean. 2. Mozambican, Mozambiquean (person).
mozole mausoleum.
M.Ö. (*abbr. for* **Milattan Önce**) B.C. (before Christ).
möble 1. *colloq.* furniture. 2. furnished, provided with furniture.
möbleli *colloq.* furnished, provided with furniture.
möblesiz *colloq.* unfurnished, not provided with furniture.
mönü 1. menu, bill of fare. 2. all the dishes served at a meal, menu.
mösyö (*used before non-Muslim men*) 1. Monsieur (*used as a title or as a form of address*). 2. monsieur. 3. *colloq.* husband.
M/S, MS *naut.* MS (*abbr. for* motor ship).
M.S. (*abbr. for* **Milattan Sonra**) A.D. (anno Domini).
muadelet, -ti *obs.* equivalency, equality.
muadil equivalent, of equal value.
muaf /dan/ 1. exempt, excused, free (from). 2. *med.* immune (to). — **tutmak** /ı, dan/ to exempt (someone/something) from.
muafiyet, -ti 1. exemption. 2. *med.* immunity.
muaflık 1. exemption. 2. *med.* immunity.
muahede *obs.*, *international law* treaty.

muallak, -kı 1. hung, hanging, suspended. 2. undecided, unresolved, up in the air. 3. /a/ dependent on, contingent on. —**ta kalmak/olmak** to remain undecided, remain unresolved.
muallim *obs.* teacher.
muallime *obs.* (female) teacher.
muamele 1. treatment, conduct, behavior. 2. the processing (of a petition/an application). 3. doing business with, trading, buying and selling. 4. *colloq.* sexual intercourse. — **etmek** to act, behave; /a/ to treat.
muamma 1. enigma, mystery. 2. *obs.* riddle (word game).
muammalı enigmatic, mysterious.
muare 1. moiré, (something) which has a wavy/watery appearance. 2. moiré, wavy/watery appearance.
muarız *obs.* 1. /a/ opposed (to). 2. opponent.
muasır *obs.* 1. contemporary, contemporaneous. 2. (a) contemporary.
muaşeret, -ti social intercourse, social relations. — **adabı** etiquette, the rules of conduct.
muavenet, -ti *obs.* help, assistance. — **etmek** /a/ to help, assist.
muavin helper, assistant.
muayene 1. inspection, examination. 2. *med.* examination. — **etmek** /ı/ 1. to inspect, examine. 2. *med.* to examine. — **memuru** customs officer.
muayeneci 1. customs officer. 2. inspector, examiner.
muayenehane doctor's office, consulting room, *Brit.* surgery.
muayyen fixed, set, determined; definite.
muazzam 1. great, huge and imposing. 2. *colloq.* terrific, astounding; magnificent.
muazzep *obs.* mentally tormented, suffering. — **etmek** /ı/ to make (someone) suffer mental discomfort, torture. — **olmak** to suffer mental discomfort, be tortured.
muazzez *obs.* held in high regard, cherished, esteemed.
mubah 1. neither enjoined nor forbidden by the Shari'a. 2. *colloq.* allowed, permissible.
mubayaa purchasing, buying. — **etmek** /ı/ to purchase, buy.
mubayaacı 1. purchaser, buyer. 2. *formerly* stockbroker.
mucibince as required by; in accordance with: **muahede mucibince** in accordance with the treaty.
mucip 1. cause, reason. 2. (something) which necessitates. — **olmak** /ı/ to cause, necessitate, entail. — **sebep** justification, sufficient reason, good cause.
mucit 1. inventor, discoverer. 2. creative, inventive.

mucize miracle.
mucizeli miracle-working, wonder-working, miraculous.
mucizevi miraculous, miracular.
mucur 1. small bits of coal/charcoal. 2. fine gravel (that is mixed with asphalt to form paving). 3. slag, dross, scoria. 4. debris, trash, refuse, rubbish.
muço see **miço**.
mudi, -ii 1. *com.* depositor, person who puts money in a bank. 2. *law* bailor.
mufassal *obs.* detailed, full.
mufassalan *obs.* in detail, thoroughly, fully.
mufla 1. muffle (of a muffle furnace). 2. crucible.
muflon 1. *zool.* mouflon, moufflon, muflon, mufflon. 2. thick, wool/woollike lining (in garments and footwear).
muflonlu (garment/footwear) that has a wool/woollike lining.
mugayir /a/ *obs.* contrary to, which goes against.
muğber *obs.* offended, hurt. — **olmak** /a/ to be offended (by), be hurt (by).
muğlak, -kı difficult (to understand), abstruse, recondite; confused.
muhabbet, -ti 1. affection, love. 2. friendly conversation, chat. — **etmek** to have a friendly chat. — **tellalı** procurer, pimp.
muhabbetçiçeği, -ni *bot.* mignonette.
muhabbetkuşu, -nu *zool.* parakeet, parrakeet, lovebird, *Brit.* budgerigar, budgie.
muhabbetli affectionate, loving, friendly.
muhaberat, -tı *obs.* (written) correspondence; communications.
muhabere (written) correspondence; communications. — **etmek** /la/ to correspond (with); to communicate (with). — **sınıfı** *mil.* Signal Corps. — **subayı** *mil.* officer in the Signal Corps.
muhabereci *mil.* soldier in the Signal Corps.
muhabir reporter/correspondent (for the news media).
muhabirlik being a reporter/a correspondent (for the news media).
muhaceret, -ti *obs.* immigration; emigration.
muhacir 1. immigrant; emigrant. 2. Turk who has immigrated to Turkey. — **arabası** a kind of covered wagon.
muhacirlik being an immigrant/an emigrant.
muhafaza protection, care; preservation, maintenance. — **altına almak** /ı/ 1. to guard, protect, safeguard. 2. to put (something) in safekeeping. — **etmek** /ı/ to guard, protect; to preserve, maintain.
muhafazakâr 1. conservative. 2. (a) conservative.
muhafazakârlık conservatism.
muhafazalı protected, sheltered.
muhafazasız unprotected, unsheltered, exposed.
muhafız guard; guardsman; bodyguard. — **alayı/kıtası** troop of guardsmen, armed guard.

muhakeme 1. *law* trial; judging, adjudicating, adjudication. 2. reasoning (something) out, thinking (something) through. — **etmek** /ı/ 1. *law* to hear (someone's) case. 2. to think (something) through, reason (something) out.
muhakkak, -kı 1. certain, sure. 2. certainly, undoubtedly.
muhalefet, -ti 1. opposing, opposition. 2. *pol.* the opposition. — **etmek** /a/ to oppose. —**e geçmek** to join the opposition. — **lideri** leader of the chief opposition party. — **partisi** opposition party. — **sözcüsü** opposition spokesman.
muhalif 1. /a/ contrary to, in violation of; opposed to, against. 2. opposing; of the opposition, opposition. 3. contrary, adverse. 4. opponent. 5. conflicting, incompatible.
muhallebi a milk pudding. — **çocuğu** *colloq.* milksop, namby-pamby, mama's boy.
muhallebici 1. maker or seller of milk puddings. 2. store selling milk puddings, milk bar. 3. *colloq.* namby-pamby, mollycoddled.
Muhammed the Prophet Muhammad.
Muhammedi pertaining to the Prophet Muhammad, of the Prophet Muhammad; Muslim.
muhammen *obs., com.* estimated, appraised (worth/value).
Muhammet see **Muhammed**.
muhammin *obs., com., law* appraiser.
muharebe *mil.* 1. battle, engagement. 2. combat, action. 3. war. — **meydanı** battlefield.
muharip 1. *mil.* combatant. 2. belligerent nation, belligerent. 3. trained for combat, combat (force/soldier). 4. belligerent (nation). — **birlik** *mil.* combat unit.
Muharrem Muharram (the first month of the Islamic calendar).
muharrik, -ki *obs.* 1. (something) which activates, propels, or causes to move, motive. 2. *anat.* motor, which produces motion. 3. instigator, fomenter, inciter.
muharrir *obs.* writer; author.
muharrirlik *obs.* being a writer, writing.
muhasara *obs., mil.* siege, besieging. — **etmek** /ı/ *mil.* to besiege, lay siege to, beleaguer.
muhasebe 1. accounting; bookkeeping. 2. accounting/bookkeeping department (of a firm). — **memuru** accountant/bookkeeper in a government bureau. —**sini yapmak** /ın/ *colloq.* to look at (a matter) from all angles, weigh up both the good and the bad aspects of (something), make a reckoning of.
muhasebeci accountant; bookkeeper.
muhasebecilik being an accountant/a bookkeeper; accountancy; bookkeeping.
muhasım *obs.* 1. adversary, opponent; enemy. 2. hostile; warring; conflicting.
muhasip *obs.* accountant; bookkeeper.
muhatap 1. person addressed, person spoken

to, collocutor. 2. *colloq.*, *used to show scorn:* **O benim muhatabım olamaz.** I won't give him the time of day./I won't stoop to speak with him. — **olmak** /a/ 1. to have (a question/a remark) directed to oneself. 2. to be the object of, receive (something unpleasant).

muhavere *obs.* colloquy, conversation, dialog, *Brit.* dialogue.

muhayyel *obs.* imagined, imaginary.

muhayyer *obs.*, *com.* 1. returnable (merchandise). 2. (merchandise sold) on approval, on trial.

muhayyile imagination, imaginative ability.

muhbir 1. informer, common informer. 2. *obs.* news reporter; news correspondent.

muhit, -ti 1. (one's) circle of friends and associates; (one's) circle of friends. 2. (one's) friends and surroundings, setting, environment, milieu. 3. district, area, neighborhood. — **i geniş** *colloq.* (someone) who knows a lot of people, who gets around. — **yapmak/edinmek** *colloq.* to acquire a circle of friends; to get to know some people (in a place).

muhkem 1. firm, solid, sturdy; tight. 2. securely; tightly.

muhlis *obs.* sincere; devout, warmly devoted.

muhrip *navy* destroyer.

muhtaç 1. /a/ (someone/something) who/which is in need of. 2. poor, needy, indigent. — **etmek** /ı, a/ to leave (someone) dependent upon, leave (someone) beholden to. — **olmak** /a/ to be in need of, need.

muhtar 1. mukhtar (the elected head of a village or of a neighborhood within a town or city). 2. *obs.* autonomous, self-governing.

muhtariyet, -ti *obs.* autonomy, self-government.

muhtarlık 1. building housing the mukhtar's office. 2. being a mukhtar; the work of a mukhtar.

muhtasar 1. *obs.* brief; concise. 2. *fin.* monthly tax.

muhtasaran *obs.* briefly, in brief; concisely.

muhtekir *obs.* 1. profiteer. 2. (someone) who profiteers, profiteering.

muhtelif various, of various sorts, assorted, diverse.

muhtelit, -ti *obs.* 1. mixed, joint. 2. coeducational. 3. *math.* complex (number).

muhtemel probable, likely.

muhtemelen probably.

muhterem esteemed, respected, honored.

muhteris 1. inordinately desirous, greedy. 2. passionate, filled with desire.

muhteşem magnificent, splendid, grand; imposing.

muhteva contents, content.

muhtevi /ı/ *obs.* (something) which includes, containing.

muhteviyat, -tı *obs.* contents.

muhtıra 1. diplomatic note; note, warning (sent to a government). 2. engagement calendar, appointments book, *Brit.* diary. 3. memorandum, note. — **defteri** 1. engagement calendar. 2. notebook, book for memoranda.

mujik mujik, muzhik (Russian peasant).

mukabele 1. responding; response; reciprocation; retaliation. 2. comparing, comparison; collating. 3. chanting in unison of Koranic passages by several hafiz. — **etmek** to respond; to reciprocate; to retaliate. — **okumak** (for several hafiz) to chant Koranic passages in unison.

mukabil 1. counter, opposing. 2. equivalent, counterpart. 3. return, that which is returned. 4. /a/ in response to. 5. /a/ in return for. 6. /a/ in spite of. —**inde** 1. by way of response. 2. by way of return.

mukaddeme *obs.* introduction, preface; preliminary statement.

mukadder *obs.* predestined, foreordained, fated; inevitable.

mukadderat, -tı things that are fated to happen; destiny, fate.

mukaddes sacred, holy; hallowed, blessed; consecrated.

mukaddesat, -tı holy things.

mukallit *obs.* 1. imitator; mimic. 2. (someone) who imitates someone/something.

mukavele contract, written agreement. — **yapmak** to make a contract.

mukaveleli (something) done using a contract, contractual; settled by means of a contract.

mukavelename contract, written agreement (the document itself).

mukavemet, -ti 1. resistance; holding out; endurance. 2. *obs.*, *phil.* nolition, unwillingness. — **etmek** /a/ to resist; to hold out against. — **yarışı** *sports* long-distance race.

mukavemetçi 1. *pol.* resistance fighter, member of a resistance movement. 2. *sports* long-distance runner.

mukavemetli (someone/something) who/which has staying power, tough, durable; unyielding; resistant.

mukavemetsiz (someone/something) who/which lacks staying power or resistance.

mukavim *obs.* (someone/something) who/which has staying power, tough, durable; unyielding; resistant.

mukavva 1. cardboard. 2. made of cardboard.

mukayese comparison. — **etmek** /ı/ to compare.

mukayeseli comparative; contrastive.

mukayyet *obs.* 1. registered, recorded, entered. 2. enrolled, registered. 3. /la/ bound by, limited by (a restriction). — **olmak** /a/ *colloq.* to

mukim

mind, watch, look after: **Kendine mukayyet ol!** Be careful!/Take care!

mukim /dâ/ *obs.* (someone) who dwells in, who resides in.

mukoza *anat.* mucous membrane.

muktedir 1. able, capable. 2. *obs.* virile, potent, able to copulate. **— olmak** /a/ to be able (to), be capable (of).

mulaj 1. taking an impression, moulage. 2. impression, cast. 3. *med.* moulage.

mum 1. candle. 2. wax. 3. candlepower; *colloq.* watt. **—la aramak** /ı/ *colloq.* 1. to miss bitterly, feel the loss of grievously; to rue the absence of. 2. to crave (something virtually unfindable). **— boya** crayon (made of wax). **— burnu** the burnt end of a candlewick, snuff. **—a çevirmek/döndürmek** /ı/ *colloq.* to make (someone) submissive and obedient, make (someone) putty in one's hands. **— damlalığı** brim around the socket of a candlestick, sconce; ring (placed around the base of a candle to catch the drippings). **— dibine ışık vermez.** *proverb* One may be a help to others and yet neglect one's family and oneself. **— direk** *colloq.* (standing) ramrod straight. **—a dönmek** *colloq.* to become putty in someone's hands. **— gibi** *colloq.* 1. (standing) ramrod straight. 2. well-behaved. 3. waxen. 4. (as) white as a sheet, very pale. **— külahı** snuffer (used to extinguish candles). **— makası** snuffers, wick trimmers (used to trim candlewicks). **— olmak** 1. *colloq.* to become quiet and well-behaved. 2. /a/ *slang* to be willing to do (something); to be willing to do something for (so much money). **— yakmak** to light a votive candle. **— yapıştırmak** /a/ 1. to seal (something) with sealing wax. 2. *colloq.* to make a mental note of.

mumağacı, -nı *bot.* 1. wax palm. 2. wax myrtle.

mumcu 1. candlemaker, chandler. 2. seller of candles, chandler.

mumçiçeği, -ni *bot.* wax plant.

mumlamak /ı/ 1. to wax. 2. to seal (something) with sealing wax.

mumlaşmak to become waxy, become waxlike.

mumlayıcı *cin.* waxing machine (a machine for waxing the sprocket holes in a film reel).

mumlu 1. waxed; containing wax; prepared with wax. 2. furnished with candles. **— boya** encaustic, paint used in wax painting. **— kâğıt** stenciling paper, stencil (used in a duplicating machine).

mumluk 1. candlestick, candleholder. 2. of (so many) watts.

mumpalmiyesi, -ni *bot.* wax palm.

mumya mummy. **— gibi** *colloq.* sallow and emaciated.

mumyalamak /ı/ to mummify.

mumyalaşmak to be mummified.

mundar *colloq.*, *see* **murdar.**

munis 1. friendly, sociable, companionable. 2. tame. 3. familiar, well-known.

muntazam 1. regular, uniform, even; steady. 2. orderly; methodical; disciplined. 3. *mil.* regular. 4. regularly; steadily. 5. neatly, in an orderly way.

muntazaman 1. regularly; steadily. 2. neatly, in an orderly way.

munzam, -mmı *obs.* added, appended; additional; supplementary; extra.

murabaha *obs., law* usury, lending money at an illegal rate of interest.

murabahacı *obs., law* usurer.

murabahacılık *obs., law* usury; being a usurer.

murabba, -aı 1. *obs., math., geom.* square. 2. *obs., math., geom.* squared. 3. *obs.* (a) square. 4. *obs.* square, square-shaped. 5. a poem composed of quatrains.

murabba paste-like confection made of fruit pulp.

murabıt, -tı marabout (a dervish).

murabut, -tu 1. *zool., see* **murabutkuşu.** 2. *see* **murabıt.**

murabutkuşu, -nu *zool.* marabou, marabout, marabou stork.

murahhas 1. plenipotentiary, envoy; delegate. 2. duly authorized/empowered. **— heyet** official delegation, official committee. **— üye** *com.* corporate executive, executive appointed by the board of directors of a corporation.

murakabe 1. *obs.* inspection, control. 2. *obs., com.* audit, auditing. 3. *Sufism* contemplation, meditating on spiritual things. **— etmek** /ı/ *obs.* 1. to inspect, control, oversee. 2. *com.* to audit.

murakıp *obs.* 1. inspector. 2. *com.* auditor.

murana *zool.* moray, moray eel.

murat wish, desire; goal, aim. **—ına ermek** to attain one's desire; to reach one's goal.

murç chisel (used in stonemasonry).

murdar filthy, unclean.

murdarilik *obs., anat., see* **omurilik.**

murdarlık filthiness, uncleanness.

mus *zool.* moose.

Musa Moses.

musahhih *obs.* proofreader.

musahhihlik *obs.* proofreading; being a proofreader.

musakka moussaka (a dish made largely of a vegetable and ground meat).

musalla 1. area within a mosque courtyard/garden where funeral services are performed. 2. place constructed for open-air worship. **— taşı** stone on which the encoffined corpse is placed during the funeral service.

musallat, -tı (someone/something) who/which

constantly pesters/annoys. — **etmek** /ı, a/ to set (an annoying person) on (someone); to cause (something annoying) to plague (someone). — **olmak** /a/ to bother, pester, pick on; to plague; to become a pest in (a place).

musandıra 1. large cupboard (used for storing bedding and often built into a wall). 2. high, wide shelf in a pantry. 3. sideboard, buffet (piece of dining-room furniture).

Musevi 1. Jew. 2. Jewish. 3. Mosaic.

Musevilik 1. Judaism, the Jewish religion. 2. Jewishness; being a Jew.

Mushaf the Koran. — **kesesi** cloth case for a Koran.

musibet, -ti 1. calamity, disaster. 2. unpleasant person/thing, a real pain in the neck. 3. (someone/something) who/which is a real pain in the neck.

musikar 1. a mythical bird whose bill produces musical sounds when the wind blows through the holes in it. 2. *mus.* panpipe, syrinx.

musiki 1. traditional Turkish music (as opposed to *Western music*). 2. music.

musikişinas 1. musician. 2. musically skilled; musically knowledgeable.

muska 1. written charm, amulet. 2. any triangularly folded thing. — **böreği** *see* **muskaböreği.**

muskaböreği, -ni a triangle-shaped pastry stuffed with cheese or ground meat.

muskacı writer of charms.

muskacılık being a writer of charms.

muskarat, -tı 1. muskrat fur, muskrat. 2. made of muskrat fur, muskrat.

muslin muslin.

musluk 1. faucet, tap, spigot. 2. *colloq.* washbasin, lavatory. 3. *slang* penis, tool, *pecker. —**u açılmak** *slang* 1. (for a youth) to reach puberty. 2. to begin to talk a blue streak. — **taşı** stone sink (under a faucet).

muslukçu 1. someone who makes, sells, or repairs faucets. 2. *slang* pickpocket who steals from the jackets of worshipers who are ritually washing themselves outside a mosque.

muslukçuluk being a maker, seller, or repairer of faucets.

muson monsoon, monsoonal wind.

mustarip /dan/ (someone) who is suffering from (something).

muşamba 1. oilcloth; oilskin; rubberized waterproof cloth; wax cloth. 2. linoleum. 3. oilskin, slicker, raincoat. — **döşemek** to lay linoleum. — **gibi** *colloq.* very dirty (clothes).

muşmula 1. *bot.* medlar. 2. *slang* someone who has a very wrinkled face. 3. *slang* old person, (a) Methuselah. — **gibi** *slang* very wrinkled (face). — **suratlı** *slang* (someone) who has a very wrinkled face.

muşta 1. blow with the fist. 2. brass knuckles, brass knucks. 3. shoemaker's slicker, sleeking iron.

muştalamak /ı/ to hit with one's fist or brass knuckles.

muştu good news.

muştucu person who brings good news.

muştulamak /ı, a/ to tell (someone) (a piece of good news).

muştuluk present given to someone who brings good news.

mut, -tu 1. happiness. 2. good luck, good fortune.

mutaassıp fanatical, bigoted.

mutabakat, -tı *obs.* agreement, (mutual) understanding, correspondence, conformity, congruity. —**a varmak** 1. to reach an agreement, come to an understanding. 2. to strike a bargain.

mutabık, -kı 1. (people) who are in agreement with each other. 2. /a/ appropriate (to), suited (to); conforming (to), congruent (with). — **kalmak** /da/ to come to an agreement (on).

mutaf *obs.* 1. weaver of goat's-hair articles. 2. article made of goat's hair (usually a saddlecloth/a feedbag).

mutasarrıf *obs., law* 1. owner, possessor. 2. person entitled to the use of (something).

mutasavvıf Sufi; mystic.

mutasyon *biol.* mutation.

mutasyonizm *biol.* mutationism.

mutat *obs.* customary, habitual; everyday, ordinary, normal.

mutavassıt, -tı *obs.* intermediary, go-between.

mutçuluk *phil.* eudaemonism, eudemonism.

muteber 1. esteemed, estimable, worthy, eminent (person); acceptable/important (thing). 2. valid, in force, in effect. 3. believable; trustworthy, reputable, sound. — **olmak** to be valid, be in effect, be in force.

muteberan *obs.* prominent people, worthies, bigwigs, big shots.

mutedil 1. moderate, temperate, mild. 2. *chem., elec.* neutral.

mutemet 1. paymaster. 2. *obs.* trustworthy, reliable (person).

mutemetlik being a paymaster; paymastership.

mutena 1. exclusive, refined; choice. 2. *obs.* (matter) which demands careful attention, delicate. 3. *obs.* careful, painstaking; carefully done.

mutfak kitchen. — **takımı** set of kitchen utensils.

muti, -ii *obs.* obedient; docile, submissive.

mutlak, -kı 1. absolute, unconditional, unlimited, unrestricted. 2. *colloq.* by all means, without fail; surely. — **çoğunluk** absolute majority. — **değer** *math.* absolute value. — **nem** absolute humidity. — **sıcaklık** *phys.* absolute tem-

mutlaka

perature. — **sıfır** *phys., chem.* absolute zero.
mutlaka by all means, without fail; surely, undoubtedly.
mutlakıyet, -ti 1. autocracy. 2. absolutism. 3. absoluteness.
mutlandırmak /ı/ to make (someone) happy.
mutlanmak to become happy.
mutlu 1. happy. 2. lucky. — **azınlık** *pol.* the privileged few. — **olmak** to become happy; to be happy. — **son** happy ending.
mutluluk happiness.
mutsuz unhappy. — **çoğunluk** *pol.* the underprivileged masses.
mutsuzluk unhappiness.
muttasıl *obs.* 1. continuous. 2. continuously. 3. /a/ (something) which adjoins, adjoining.
muvacehe *obs.* coming face to face with. —**sinde** /ın/ confronted by, in the face of: **bu kanun muvacehesinde** in the face of this law/confronted by this law.
muvafakat, -ti *obs.* 1. consent. 2. harmony. — **etmek** /a/ to consent (to), give one's consent (to).
muvaffak successful. — **olmak** /da/ to be successful (in), succeed (in).
muvaffakıyet, -ti success.
muvaffakıyetli successful.
muvaffakıyetsiz unsuccessful.
muvaffakıyetsizlik failure, lack of success.
muvafık *obs.* 1. suitable, fit, appropriate. 2. /a/ (someone) who is in agreement with.
muvakkat, -ti temporary; interim; provisional.
muvakkaten temporarily.
muvakkit, -ti 1. *formerly* person attached to a mosque whose chief duty was to determine the time for the **ezan**. 2. *obs.* chronometer, very accurate timepiece.
muvazaa *obs., law* collusion.
muvazaalı *obs., law* collusive, collusory.
muvazene 1. equilibrium, balance. 2. *med.* sense of balance, equilibrium sense, static sense, labyrinthine sense. 3. equanimity, mental balance.
muvazeneli 1. balanced, in equilibrium. 2. stable, balanced, level-headed.
muvazenesiz 1. unbalanced, out of equilibrium. 2. (mentally) unstable, unbalanced.
muvazenesizlik 1. lack of balance, imbalance. 2. mental unbalance.
muvazi *obs.* parallel.
muvazzaf 1. *mil.* regular, on active duty. 2. /la/ *obs.* charged with, given the duty of. 3. *obs.* salaried. — **hizmet** *mil.* 1. active duty, active service. 2. (compulsory) military service, *Brit.* national service. — **subay** *mil.* active officer, regular officer.
muylu 1. hub (of a wheel). 2. trunnion (of a cannon).

muz banana; plantain. — **gibi olmak** *slang* to get rattled, get flustered.
muzaffer victorious, triumphant (person/nation).
muzafferane *obs.* 1. victorious, triumphant (action/look/air). 2. victoriously, triumphantly.
muzafferiyet, -ti *obs.* victory, triumph.
muzır, -rrı 1. mischievous, naughty; (someone) who likes to tease; (someone) who likes to harass/provoke others. 2. harmful, detrimental, injurious. — **kurulu** censorship committee, committee of public censors, censorate.
muzırlık 1. mischievousness; teasing, harassing. 2. harmfulness.
muzip (someone) who likes to kid, who likes to tease good-naturedly.
muzipleşmek to get in a teasing mood; to start to tease good-naturedly.
muziplik good-natured teasing, kidding. — **etmek** /a/ to tease, kid.
mübadele exchange; trade, swapping, barter. — **etmek** /ı/ to exchange; to trade, swap, barter.
mübadil 1. *obs.* exchangee; something exchanged. 2. *obs.* (something/someone) which/who has been exchanged. 3. *hist.* Turkish exchangee (sent to Turkey from Greece, or vice versa, during the population exchange which followed the signing of the Treaty of Lausanne in 1923).
mübalağa exaggeration. — **etmek** /ı/ to exaggerate.
mübalağacı 1. exaggerator. 2. inclined to exaggerate.
mübalağalı exaggerated, blown-up, overstated.
mübarek 1. blessed, enjoying divine favor; holy, sacred; auspicious; beatific. 2. (something) that gives happiness/prosperity. 3. *colloq.* blasted, confounded. 4. *colloq.* the blasted thing; the confounded fellow. **M—!** *colloq.* 1. Bless his heart!/Bless its heart! 2. You son of a gun! — **olsun.** *colloq.* May (something/someone) be blessed.: **Bayramınız mübarek olsun.** May your Bairam be a blessed one. **Yeni eviniz mübarek olsun.** May your new home be blessed.
mübaşir court crier, crier (in a court of law).
mübrem *obs.* 1. inescapable, ineluctable. 2. indispensable. 3. urgent, pressing.
mücadele struggle; fight; fray; contention. — **etmek** /la/ to fight/struggle/contend (with).
mücadeleci 1. fighter; contender. 2. (someone) who is willing to fight/struggle; (someone) who relishes a fight. 3. combative, fighting.
mücahit 1. fighter for the Islamic faith. 2. fighter (for a sacred cause/ideal).
mücbir *obs.* compelling, (something) that compels. — **sebepler** *law* force majeure, circumstances beyond one's control.

mücehhez /la/ *obs.* 1. equipped (with), furnished (with), fitted out (with); possessing. 2. prepared/ready (with).
mücellit *obs.* bookbinder, binder.
mücellithane *obs.* bookbindery, bindery.
mücerret *obs.* 1. abstract (as opposed to *concrete*). 2. pure, unadulterated. 3. celibate (man). 4. (a) celibate, celibate man.
mücessem *obs.* 1. personified, incarnate. 2. solid, three-dimensional.
mücevher piece of jewelry, jewel.
mücevherat, -tı jewelry, *Brit.* jewellery.
mücevherci jeweler, *Brit.* jeweller.
mücrim *obs.* 1. criminal, felon. 2. guilty.
mücver a fried patty the chief ingredient of which is squash.
müdafaa defense. — **etmek** /ı/ to defend. — **hakkı** *law* the right to defend oneself before a court. — **hattı** *mil.* line of defense.
müdafaasız undefended, defenseless.
müdafi, -ii 1. *obs.* defender. 2. *law* counsel for the defense. 3. *obs.*, *soccer* back.
müdahale interference; intervention. — **etmek** /a/ to interfere; to intervene.
müdana *colloq.* feeling indebted to (someone) (for a favor). — **etmek** /a/ *colloq.* to feel indebted (to), feel grateful (to). —**sı olmamak** *colloq.* to be ungrateful.
müdavim frequenter; regular visitor; regular customer.
müddei *obs.*, *law* 1. plaintiff. 2. (the side) of the plaintiff.
müddeiumumi *obs.*, *law* public prosecutor; district attorney.
müddeiumumilik *obs.* 1. *law* public prosecutorship; being a public prosecutor. 2. building housing the public prosecutor's office.
müddet, -ti period (of time), space of time, duration; spell: **Kısa bir müddet sustum.** I kept quiet for a little while. **Bu müddet içinde çok korktular.** Throughout this time they were very frightened.
müddetçe while, as long as.
müderris 1. *formerly* professor (in a university). 2. *hist.* teacher in a **medrese**.
müdire 1. directress, head; manageress. 2. headmistress, principal.
müdrik, -ki /ı/ *obs.* (someone) who perceives/comprehends. — **olmak** /ı/ to perceive, be aware of, be conscious of; to comprehend.
müdür 1. director, head, chief; manager. 2. headmaster, principal.
müdüriyet, -ti *see* **müdürlük.**
müdürlük 1. office of a director/a manager (place). 2. directorship; being a director.
müebbeden forever, eternally, in perpetuity.
müebbet 1. endless, unending, perpetual. 2. life, lifelong. — **hapis** *law* life sentence, life.

müellif *obs.* author, writer.
müessese institution/establishment/organization (corporate body).
müessif (something) which causes regret; saddening, sad, distressing.
müessir 1. effective, efficacious; influential. 2. touching, heart-moving. 3. *obs.*, *chem.* active. — **fiil** *law* assault and battery.
müessis *obs.* founder, establisher.
müeyyide *law* sanction.
müezzin muezzin.
müezzinlik being a muezzin.
müfettiş inspector.
müfettişlik inspectorship; being an inspector.
müflis bankrupt; insolvent.
müflon *see* **muflon.**
müflonlu *see* **muflonlu.**
müfredat, -tı *obs.* items (of a list). — **programı** (education) curriculum, list of courses.
müfreze *mil.* detachment.
müfsit *obs.* (person) who stirs up trouble, who makes mischief.
müfteri *obs.* slanderer, calumniator.
müftü mufti (official learned in Islamic law who is in charge of Islamic affairs for a province/a district).
müftülük 1. office of mufti; being a mufti. 2. building housing a mufti's office.
müge *bot.* lily of the valley.
mühendis engineer (e.g. mining engineer, electrical engineer).
mühendislik engineering; being an engineer.
mühim important.
mühimmat, -tı 1. munitions, military supplies. 2. *slang* booze, liquor.
mühimsemek /ı/ to consider (someone/something) important, regard (someone/something) as important.
mühlet, -ti 1. fixed period of time (for the carrying out of an action). 2. grace period, respite, delay, extension.
mühre 1. stone used for polishing/grinding. 2. decoy (used to lure birds).
mührelemek /ı/ to make (something) smooth and lustrous with a **mühre;** to grind (something) finely with a **mühre.**
mühreli (something) which has been made smooth and lustrous with a **mühre.**
mühtedi *obs.* 1. convert to Islam. 2. (someone) who has been converted to Islam.
mühür, -hrü 1. seal, signet; signet ring. 2. stamp (a mark); seal (left in wax). 3. black mark on a cat's palate. — **basmak** /a/ to put under seal; to stamp with a seal. —**ünü basmak** /a/ 1. to put under one's seal; to stamp with one's seal. 2. *colloq.* to swear that (something) is true. — **gözlü** *colloq.* (someone) who has dark and beautiful eyes. —

kazımak to engrave a seal. — **mumu** sealing wax. —**ünü yalamak** *colloq.* to go back on one's word, break one's promise.

mühürcü engraver of seals.

mühürcülük being an engraver of seals.

mühürdar *formerly* secretary entrusted with the seal of a high official or government office; private secretary of a high official.

mühürlemek /ı/ 1. to put under seal; to stamp with a seal. 2. (for a public authority) to lock up and affix a seal to, seal up, padlock (a place).

mühürlenmek 1. to be under seal; to be stamped with a seal. 2. (for a place) to be locked up and sealed (by a public authority).

mühürletmek /ı, a/ 1. to have (someone) put (something) under seal; to have (someone) stamp (something) with a seal. 2. to have (someone) seal up (a place).

mühürlü 1. (something) which is under seal; (something) which has been stamped with a seal. 2. (place) which has been locked up and sealed.

mühürsüz (something) which lacks a seal; (something) which has not been stamped with a seal.

müjde 1. good news, joyful tidings. 2. present given to someone who brings good news. **M—!/M—ler olsun!** *colloq.* I've got some good news! — **vermek** /a/ to give (someone) a piece of good news.

müjdeci person who brings good news; harbinger, herald (of something good).

müjdelemek /ı, a/ to tell (someone) (a piece of good news).

müjdelenmek /a/ (for a piece of good news) to be told to.

müjdelik present given to someone who brings good news.

mükâfat, -tı prize; reward. — **vermek** /a/ to give (someone) a prize/a reward.

mükâfatlandırmak /ı/ to give (someone) a prize; to reward.

mükâleme *obs.* 1. conversation. 2. diplomatic conference. 3. *mil.* parley, cease-fire talk.

mükellef 1. /la/ charged with; obliged to (do something). 2. grand, elaborate. 3. taxpayer.

mükellefiyet, -ti obligation, liability.

mükemmel perfect, complete in every respect, consummate, excellent, superb.

mükemmelen perfectly, consummately, superbly.

mükemmeliyet, -ti *see* **mükemmellik**.

mükemmellik perfection.

mükerrer repeated, reiterated. — **ıskonto** *com.* rediscount. — **poliçe** *com.* redraft. — **sigorta** *com.* reinsurance.

mükrim *obs.* hospitable (person).

müktesep acquired. — **hak** *law* vested right.

mülahaza *obs.* considered thought, observation; consideration, thinking carefully about. — **etmek** /ı/ to think about (something) carefully. —**sıyla** thinking that ..., keeping in mind that ....

mülahazat, -tı *obs.* considered thoughts, observations. — **hanesi** blank space (on a printed form) reserved for one's personal comments. — **hanesini açık bırakmak** *colloq.* to be unable at present to make a definite judgment about someone/something, reserve comment.

mülakat, -tı interview; audience. — **yapmak** /la/ to have an interview (with).

mülayemet, -ti *obs.* 1. mildness, gentleness. 2. (the degree of) looseness in the bowels (required for regularity).

mülayim 1. reasonable, suitable. 2. mild, gentle. 3. (bowels) which are (properly) loose. — **çıkmak** for (someone's) bowels to be (properly) loose.

mülayimlik 1. mildness, gentleness. 2. (the degree of) looseness in the bowels (required for regularity).

mülazım *obs., mil.* lieutenant.

mülhem *obs.* inspired, revealed by inspiration. — **olmak** /dan/ to be inspired (by).

mülk, -kü real estate, real property. — **sahibi** owner of a piece of real estate, property owner, man/woman of property.

mülki civil, civilian, of the civil service (as opposed to *military*). — **amir** head of a department or office within the civil service. — **idare** civilian administration. — **teşkilat** department within the civil service.

Mülkiye *formerly* the School of Political Science (a part of the University of Ankara).

mülkiye the civil service.

Mülkiyeli *formerly* student in or graduate of the School of Political Science (of the University of Ankara).

mülkiyet, -ti ownership, possession, proprietorship. — **hakkı** *law* property right.

mülklenmek to acquire real estate, become a man/a woman of property.

mülteci refugee.

mültefit, -ti *obs.* given to paying compliments; attentive, courteous.

mültezim *hist.* tax farmer.

mültimilyoner multimillionaire.

mültipleks 1. *communications* multiplex system. 2. multiplex (photogrammetric instrument).

mümbit, -ti *obs.* fertile, rich (soil).

mümessil 1. representative, agent. 2. (student who acts as a) monitor, *Brit.* prefect.

mümessillik 1. being a representative/an agent. 2. agency, firm run by an agent.

mümeyyiz 1. examiner (who tests students that

have been taught by another teacher). 2. *law* person who has reached the age of discretion.

mümin (Islamic) believer, Muslim.

mümkün possible. **— mertebe** as ... as possible; insofar as it's possible: **Mümkün mertebe çabuk gel.** Come as quickly as you can. **Çaylar mümkün mertebe sıcak olsun.** Bring us tea that's good and hot. **— olmak** to be possible. **—ü yok.** *colloq.* It's impossible.

mümtaz *obs.* 1. distinguished, outstanding, select; preeminent. 2. privileged, special.

münacat, -tı 1. fervent prayer addressed to God. 2. poem written in the form of a prayer to God.

münafık 1. sower of discord, mischief-maker. 2. (someone) who sows discord.

münafıklık sowing discord, mischief-making.

münakaşa 1. argument, dispute; wrangle; heated debate. 2. discussing the pros and cons of. **— etmek** 1. to argue. 2. /ı/ to argue (about); to have a dispute (over); to wrangle (over); to debate heatedly. 3. /ı/ to discuss the pros and cons of.

münasebet, -ti 1. relation (between people/nations). 2. connection, relation; tie-in: **bu münasebetle** in this connection/in this regard/as regards this. 3. favorable occasion/opportunity. 4. reason; means: **Bu münasebetle sizi tebrik etmek istiyorum.** It's for this that I want to congratulate you. 5. appropriateness, fitness. **—iyle** owing to, on the occasion of, because of: **Ramazan münasebetiyle lokantamız kapalıdır.** Our restaurant is closed because of the Ramazan fast. **— almaz.** It doesn't befit the occasion./It's not the right time for it. **—te bulunmak** /la/ 1. to be connected with; to have relations with, have dealings with. 2. to have sexual intercourse with, go to bed with. **— düşmek** for the right occasion/moment to present itself/arise. **—ini getirmek** to find the right moment to say something. **—e girmek** /la/ to establish a relationship with, have dealings with, have something to do with. **— kurmak** /la/ 1. to establish a relationship with, have dealings with, have something to do with. 2. to see a connection between, perceive a relationship between.

münasebetli 1. opportune, favorable. 2. just right; appropriate; seemly. **— münasebetsiz** *colloq.* (doing something) without considering whether or not it's appropriate.

münasebetsiz 1. inopportune, unfavorable. 2. inappropriate; unseemly. 3. thoughtless; tactless.

münasebetsizlik 1. inopportuneness. 2. inappropriate/unseemly action; inappropriateness; unseemliness. 3. thoughtless/tactless action; thoughtlessness; tactlessness.

münasip 1. fit, suitable, proper; advisable. 2. opportune; convenient. **— bulmak/görmek** /ı/ 1. to think (something) proper, approve of (something); to consider (something) advisable. 2. to find (something) convenient/opportune.

münavebe alternation, rotation; taking turns. **— ile** by turns, alternately, in rotation.

münazara formal debate, debate.

münderecat, -tı *obs.* contents (of something written).

münebbih *obs.* 1. stimulant, stimulative drug. 2. stimulative (drug). 3. alarm clock. 4. bell (of an alarm clock).

müneccim astrologer.

müneccimbaşı, -nı *hist.* the chief astrologer of the Ottoman sultan.

müneccimlik being an astrologer; astrology.

münekkit *obs.* critic; reviewer.

münevver 1. enlightened; intelligent, well-informed, and reflective; intellectual. 2. enlightened person; intellectual.

münezzeh /dan/ *obs.* unsullied by, untainted by, free from.

münferit *obs.* 1. separate, discrete, individual. 2. isolated, lonely.

münfesih *obs.* 1. *law* (treaty) that has been annulled/abrogated. 2. (institution) that has been abolished or done away with. 3. (assembly) that has been dissolved.

münhal, -li *obs.* vacant, empty (job/post/office).

münhasır /a/ *obs.* restricted to, limited to.

münhasıran *obs.* only, solely.

münkir 1. denier. 2. atheist. 3. (someone) who denies.

münzevi 1. (someone) who lives in solitude; reclusive; hermitic. 2. person who lives a solitary life; recluse, hermit.

müphem 1. vague, indefinite, uncertain. 2. ambiguous, equivocal. 3. in vague terms, vaguely. 4. ambiguously, equivocally.

müphemiyet, -ti *obs.* 1. vagueness, indefiniteness. 2. ambiguity.

müptela /a/ 1. addicted to. 2. in love with. 3. afflicted with (a disease). **— olmak** /a/ to become addicted to.

müptezel *obs.* 1. vulgar, common; ordinary. 2. cheap and plentiful.

müracaat, -tı 1. applying, application. 2. having recourse to, resorting to, turning to. 3. information desk/office; reception desk/room. **— etmek** /a/ 1. to apply to. 2. to have recourse to, resort to, turn to.

müracaatçı applicant.

mürai *obs.* 1. hypocritical. 2. hypocrite.

mürailik *obs.* hypocrisy.

mürdüm *see* **mürdümeriği**.

mürdümeriği, -ni damson plum, damson.

mürebbiye governess (of children).

müreffeh *obs.* 1. comfortable, easy (circumstances). 2. prosperous, well-off, living in ease.

mürekkep ink. **— hokkası** inkwell. **—i kurumadan** *colloq.* before the ink has/had dried, not long after the agreement has/had been signed. **—i kurumadan bozmak** /ı/ *colloq.* to break (a written contract/agreement) almost as soon as one has made it. **— yalamış** *colloq.* (someone) who has had some education.

mürekkep 1. compound, (something) made up of several elements. 2. /dan/ composed of, made up of.

mürekkepbalığı, -nı *zool.* cuttlefish; squid.

mürekkepçi maker or seller of ink.

mürekkeplemek /ı/ to smear ink on; to get ink on; to blot (something) with ink.

mürekkeplenmek to become smeared with ink; to become stained with ink; to become blotted with ink.

mürekkepli ink-stained; blotted with ink. **— kalem** fountain pen.

mürekkeplik inkwell.

mürettebat, -tı 1. ship's company, ship's crew. 2. flight crew.

mürettip *obs.* compositor, typesetter, typographer.

mürettiphane *obs., print.* composing room.

mürettiplik *obs.* typesetting; being a typesetter.

mürit disciple (in a dervish order who is serving his novitiate).

mürşit 1. guide, pilot; mentor. 2. head of a dervish order, sheikh.

mürteci, -ii *obs.* reactionary.

mürtet, -ddi *obs.* apostate Muslim, someone who has renounced Islam.

mürur *obs.* 1. passage, transit. 2. passage/elapse/termination (of time). **— hakkı** *law* right of way, right of passage.

müruriye *obs.* 1. laissez-passer, pass. 2. toll, fee paid for passage.

mürüruzaman *obs.* 1. *law* prescription. 2. *law* limitation (period of time). 3. the passage of time, the elapse of time. **—a uğramak** *law* to become invalid with time.

mürüvvet, -ti 1. joy (felt by parents when they see their child reach certain stages in his/her life (i.e. circumcision, getting a good job, marriage). 2. generosity. **—ini görmek** /ın/ 1. to see (one's child) grow up and do well. 2. to live comfortably owing to the kindness and generosity of (one's child).

mürüvvetli generous; kind.

mürüvvetsiz ungenerous; unkind.

mürver *bot.* elder, elderberry.

müsaade permission. **— etmek** /a/ to permit, allow, let.

müsabaka competition, contest.

müsabık *obs.* participant in a competition, competitor, contestant.

müsademe *obs.* 1. collision; clash. 2. *mil.* skirmish, minor engagement.

müsadere *law* confiscation, seizure. **— etmek** /ı/ to confiscate, seize.

müsait favorable, suitable; convenient.

müsamaha lenience, tolerance; indulgence; overlooking, disregarding. **— etmek** /a/ to be lenient with (someone); to overlook, disregard (an error/an erroneous action) (indulgently/deliberately).

müsamahakâr lenient, tolerant; indulgent.

müsamahakârlık lenience, tolerance; indulgence.

müsamahalı lenient, tolerant; indulgent.

müsamere show (put on by schoolchildren).

müsavat, -tı *obs.* equality.

müsavi *obs.* 1. equal. 2. equals (as in 2+2=4).

müsebbip *obs.* cause, causer; author; instigator.

müseccel *obs.* (officially) registered. **— marka** registered trademark.

müsekkin *obs., med.* 1. sedative; tranquilizer. 2. anodyne. 3. (drug) which acts as a sedative/a tranquilizer. 4. anodynous.

müshil 1. (a) laxative, (an) aperient; (a) purgative, (a) cathartic. 2. (drug) which is a laxative/a purgative.

müskirat, -tı *obs.* alcoholic beverages, liquor.

Müslim *formerly* 1. (a) Muslim. 2. Muslim, Islamic.

Müslüman 1. (a) Muslim. 2. Muslim, Islamic. 3. *colloq.* just and honest. 4. *colloq.* devout. **— Kardeşler** the Muslim Brotherhood. **— mahallesinde salyangoz satmak** *colloq.* to sell refrigerators to the Eskimos.

Müslümanlık 1. being a Muslim. 2. the Islamic faith, Islam.

müspet, -ti 1. positive, affirmative, favorable. 2. proved, demonstrated, established. **— ilimler** the exact sciences.

müsrif extravagant, prodigal, wasteful, spendthrift.

müsriflik extravagance, prodigality, wastefulness.

müstacel *obs.* urgent, pressing.

müstahak, -kkı, -kı 1. /a/ worthy (of), deserving (of), meriting. 2. one's just deserts, what one deserves. **M—tır.** *colloq.* It serves him right./He had it coming to him. **—nı bulmak** *colloq.* to get what is coming to one, get one's just deserts.

müstahdem 1. person who works as a cleaner, messenger, or doorman in a government office. 2. temporary employee of the state (who lacks the privileges of a full-time civil servant).

müstahkem 1. *obs.* solid, strong (building). 2. *mil.* fortified.

müstahsil *obs., econ., com.* producer.
müstahzar factory-made pharmaceutical/chemical/cosmetic.
müstahzarat, -tı *obs.* factory-made pharmaceuticals/chemicals/cosmetics.
müstakbel 1. future. 2. *obs.* the future.
müstakil, -li, -lli 1. independent; autonomous, self-governing. 2. detached/separate/self-contained (thing): **müstakil bir ev** a detached house.
müstamel 1. *obs.* used, in use. 2. *obs.* secondhand, used. 3. *colloq.* (woman) who is no longer a virgin.
müstear *obs.* 1. borrowed. 2. word used metaphorically. — **ad** pen name, nom de plume; pseudonym.
müstebit *obs.* 1. despotic, tyrannical. 2. despot, tyrant.
müstebitlik *obs.* despotism, tyranny.
müstecir *obs., law* renter, tenant, lessee.
müstehcen obscene; pornographic.
müstehcenlik obscenity, obsceneness.
müstehlik, -ki *obs., econ., com.* consumer.
müstehzi 1. jeering, mocking; sarcastic. 2. jeerer, mocker.
müstemleke *obs.* colony (owned by an imperial power).
müstemlekeci *obs.* 1. (nation) which possesses colonies, colonial. 2. colonialist, colonialistic. 3. (a) colonialist.
müstemlekecilik *obs.* colonialism.
müsteniden /a/ *obs.* based on (something); relying on; banking on; using (something) as a guideline/a guide.
müstenit /a/ *obs.* (something) which is based on or supported by.
müsterih (someone) who has been set at ease, whose worries have vanished. — **ol!** Don't worry! — **olmak** to be set at ease.
müstesna 1. with the exception of, except for, excepted: **İstanbul müstesna** with the exception of Istanbul. 2. exceptional, extraordinary.
müsteşar 1. permanent undersecretary (in a government ministry). 2. counselor (in an embassy/a legation).
müsteşarlık 1. permanent undersecretaryship; being a permanent undersecretary. 2. counselorship; being a counselor (in an embassy/a legation).
müsteşrik, -kı *obs.* Orientalist, orientalist, person versed in oriental subjects.
müstevi *obs.* 1. level, flat. 2. *geom.* plane (surface). 3. *geom.* (a) plane.
müsvedde 1. rough draft (of a written work). 2. typescript; (typed/handwritten) manuscript (sent to a printer). 3. *colloq.* example of something at its worst: **insan müsveddesi** poor excuse for a human being. 4. *slang*

dopey, simple. — **defteri** notebook (used for writing quick notes or rough drafts).
müşahede observation, observing, seeing. — **altına almak** /ı/ *law* to put (a suspect) under psychiatric observation. — **altında** under medical observation. — **etmek** /ı/ to observe, see.
müşahhas *obs.* concrete (as opposed to *abstract*).
müşahit *obs.* observer (as opposed to an official participant).
müşavere *obs.* (mutual) consultation.
müşavir consultant, adviser.
müşavirlik being a consultant; consultancy.
müşerref honored. — **olmak** to be honored, feel honored: **Müşerref oldum.** It's an honor for me to meet you.
müşfik tenderly/compassionately kind; tender; compassionate.
müşir *obs., mil.* marshal; field marshal.
müşirlik *obs., mil.* marshalcy; field marshalcy.
müşkül 1. difficult, hard. 2. difficulty, problem.
müşkülat, -tı *obs.* difficulties, problems. — **çıkarmak** /a/ to make things difficult (for).
müşküle a large, green grape. — **üzümü** see **müşküle.**
müşkülpesent hard to please, fastidious, exacting, particular, fussy.
müşteki /dan/ *obs.* (someone) who complains (about/of), complaining (about/of). — **olmak** /dan/ to complain about/of.
müştemilat, -tı 1. outbuilding; annex, addition (to a building). 2. outbuildings; annexes, additions (to a building or buildings).
müşterek, -ki 1. common, joint; combined, cooperative. 2. /arasında/ (something) which is shared jointly between; /la/ (something) which is shared jointly with. 3. partner: **Bu işte müşterekiz.** We are doing this as a joint effort. — **avarya** *naut., law* general average. — **bahis** pari-mutuel (a form of betting). — **duvar** *law* party wall. — **mülkiyet** co-ownership, joint ownership. — **sigorta** coinsurance.
müştereken 1. in common, jointly. 2. as a joint effort.
Müşteri *astr.* Jupiter.
müşteri customer, purchaser, buyer, client. — **avlamak** *colloq.* (for a merchant) to try to lure in customers. — **kızıştırmak** *colloq.* to be a high-pressure salesman.
mütalaa *obs.* 1. studying, reading carefully. 2. considering (something) carefully, thinking deeply about (something), pondering. 3. (one's) considered opinion. — **etmek** /ı/ 1. to study, read carefully. 2. to consider carefully, think deeply about, ponder. — **salonu** study hall.
mütareke armistice, truce.
mütayit *slang* pimp, procurer.

müteaddit numerous, many; several.
müteahhit 1. building contractor, contractor; builder. 2. contractor, undertaker (person who contracts to provide goods/services to another).
müteahhitlik 1. being a building contractor, the construction business. 2. being a contractor. 3. job (undertaken by any sort of contractor).
müteakiben obs. 1. /ı/ following, after: **bunu müteakiben** following this. 2. subsequently; afterwards.
müteakip 1. subsequent, later; successive. 2. /ı/ following, after.
mütebessim smiling.
mütecanis obs. homogeneous; of the same kind, alike; of the same species.
mütecaviz obs. 1. /ı/ exceeding, over; (someone/something) who/which exceeds. 2. aggressive. 3. aggressor, invader. 4. law rapist.
mütecessis obs. 1. nosy, prying. 2. very inquisitive, very curious.
mütedavil obs. 1. (money) which is in circulation. 2. fin. working (capital).
mütedeyyin obs. devout, religious.
müteessif obs. very regretful, sorry, distressed, grieved. — **olmak** /a/ to regret greatly, be very distressed about.
müteessir 1. saddened, depressed; hurt, pained. 2. affected; influenced. — **olmak** /dan/ 1. to be saddened (by), be depressed (by); to be hurt (by), be pained (by). 2. to be affected (by); to be influenced (by).
mütefekkir obs. 1. reflective person, thinker. 2. reflective; meditative; pensive.
müteferrik, -kı obs. 1. miscellaneous, sundry, diverse. 2. scattered, dispersed.
müteferrika obs. 1. petty cash (cash fund used to pay for minor items). 2. area in a police station where suspects are temporarily held.
mütehakkim obs. imperious, domineering.
müteharrik, -ki obs. 1. /la/ powered by, driven by: **elektrikle müteharrik pompa** electric pump. 2. mobile, moving; movable.
mütehassıs specialist, expert. — **doktor** medical specialist.
mütehassis obs. moved, touched (with emotion). — **etmek** /ı/ to move, touch. — **olmak** to be moved, be touched.
mütekabil obs. reciprocal, mutual, corresponding. — **dava** law cross action.
mütekabiliyet, -ti obs. reciprocity.
mütekait obs. 1. retired on a pension. 2. pensioner.
mütemadi obs. continuous; continual.
mütemadiyen continuously; continually.
mütenahi obs. finite, having an end.
mütenasip obs. 1. /la/ proportionate to, commensurate with, in proportion with. 2. well-proportioned, shapely.

mütercim obs. translator (who makes written translations).
mütercimlik obs. being a translator.
mütereddit hesitant; undecided; wavering; irresolute.
müteselsil 1. continuous, uninterrupted, successive. 2. law joint. — **alacak** debt for which any of several creditors can demand total payment. — **alacaklılar** joint creditors. — **borç** debt for which several debtors assume total responsibility. — **borçlular** joint debtors. — **mesuliyet** joint liability.
müteşebbis 1. enterprising (person). 2. entrepreneur.
müteşekkil /dan/ obs. composed of, consisting of.
müteşekkir obs. thankful, grateful.
mütevazı, -ıı humble; modest.
müteveccih /a/ obs. 1. aimed at, directed towards. 2. favorably disposed to, sympathetic to.
müteveccihen /a/ obs. in the direction of, bound for, headed towards.
müteveffa obs. 1. the deceased, dead person. 2. the late, deceased, dead (person).
mütevekkil (someone) who has submitted himself to God (and therefore trustingly bears those hardships that come his way).
mütevelli trustee of a **vakıf**, mutawalli. — **heyeti** board of trustees of a **vakıf**.
mütevellit /dan/ obs. caused by, resulting from, born of.
müthiş 1. terrible, terrifying; dreadful, awful. 2. terrific, frightful; unbearable. 3. strikingly beautiful, knockout; (someone) who is a knockout. 4. amazing, astounding. 5. colloq. terrifically, frightfully, extremely.
müttefik, -ki 1. ally. 2. allied. 3. in agreement, of the same opinion. **M— Devletler** hist. the Allied Powers, the Allies (of the Second World War).
müttehit obs. united.
müvekkil law 1. client (especially a lawyer's client). 2. person who charges another with a duty; trustor.
müverrih obs. historian.
müvezzi, -ii 1. distributor. 2. postman; person who delivers newspapers; paperboy. 3. newspaper seller.
müzakere 1. discussion, deliberation, exchange of views. 2. recitation, oral test (in a school). 3. schoolchildren's working together to prepare their lessons. — **etmek** /ı/ to talk over, discuss (a subject). **—ye kaldırmak** /ı/ to make (a student) stand up and recite (for a grade).
müzayede auction, auction sale.
müze museum.
müzeci 1. museum curator; museum employee. 2. founder of a museum.
müzehhep obs. (page of writing) ornamented with gold, illuminated.

müzehhip person who ornaments pages with gilt, illuminator.
müzelik 1. (something) worthy to be put in a museum, museum (piece). 2. *colloq.* ancient, good-for-nothing (thing).
müzevir 1. (someone) who stirs up trouble between people, who makes mischief. 2. tricky, dishonest; (someone) who is a swindler/a faker/a counterfeiter.
müzevirlik being a mischief-maker; mischief-making. — **etmek** to stir up trouble (between people).
müzeyyen *obs.* ornamented, adorned, decorated (thing).
müziç *obs.* troublesome, annoying, vexatious.
müzik music. — **konservesi** *slang* (phonograph) record, wax. — **kutusu** music box. — **seti** music set.
müzikal, -li 1. musical (thing). 2. musical, musical comedy.
müzikbilim musicology.
müzikbilimci musicologist.
müzikçi musician.
müzikhol, -lü music hall (place where musicals/operettas are performed); vaudeville theater.
müzikli (place/party) at which music is played.
müzikolog *see* **müzikbilimci**.
müzikoloji *see* **müzikbilim**.
müziksever 1. music lover. 2. fond of music, music-loving.
müzisyen musician.
Müzler the (nine) Muses.
müzmin chronic (disease). — **bekâr** confirmed bachelor.
müzminleşmek to become chronic.
Myanmar 1. Myanmar. 2. Myanmar, of Myanmar.

N

N the letter N.
na 1. *colloq.* Here, take the damn thing! 2. *vulg.* Ya! *(accompanied by a rude gesture).* 3. *colloq.* Look!/Do you see? 4. *colloq.* Here it is!/There it is! — **kafa!** *colloq.* I don't have a lick of sense!/How could I be so stupid? — **sana!** 1. *colloq.* Here, take the damn thing! 2. *vulg.* Ya! *(accompanied by a rude gesture).* 3. *colloq.* Don't you wish you had this?/Eat your heart out! *(said tauntingly).*
naaş, -a'şı corpse, body.
naat, -a'tı poem praising the Prophet Muhammad.
nabız, -bzı pulse. — **atışı** pulse rate; pulsebeat. —**ı atmak** to feel to have a pulse; for one's pulse to beat. —**ına bakmak/—ını tutmak** /ın/ to take (someone's) pulse. — **düşüklüğü** weak pulse, weak pulsebeat. —**ına girmek** /ın/ *colloq.* to ingratiate oneself with (someone), become (someone's) fair-haired boy. —**ına göre şerbet vermek** /ın/ *colloq.* to treat (someone) in a way that's calculated to please him. — **yoklamak** *colloq.* to take some soundings, make some inquiries. —**ını yoklamak** /ın/ *colloq.* to sound (someone) out.
nacak hatchet.
naçar 1. helpless, powerless. 2. hopeless. 3. irreparable, incurable.
naçiz 1. humble (opinion). 2. insignificant, worthless.
naçizane 1. humbly, with great modesty. 2. humble (opinion). 3. insignificant, worthless.
nadan 1. rude, boorish; tactless, discourteous. 2. *obs.* ignorant, uneducated.
nadanlık 1. rudeness, boorishness; tactlessness, discourteousness. 2. *obs.* being ignorant/uneducated.
nadas 1. fallowing land, plowing land preparatory to letting it lie fallow. 2. land that has been fallowed and left uncultivated. —**a bırakmak** /ı/ to leave (land) unsown because one intends to fallow it. — **etmek** /ı/ to fallow (land) and then leave it uncultivated.
nadide 1. rare and precious. 2. never seen before.
nadim regretful; remorseful. — **olmak** /a/ to regret; to feel remorse (for).
nadir 1. rare, uncommon, scarce. 2. rarely.
nadirat, -tı rarities, rare things. —**tan bir şey** a rarity, a rara avis. —**tan olmak** to be a rarity, be something rare.
nadiren rarely.
nafaka 1. *law* maintenance allowance. 2. *law* alimony. 3. living, livelihood, the money upon which someone lives. —**sını almak** *slang* to get beaten up, get a thumping. — **bağlamak** /a/ 1. to assign (someone) a maintenance allowance. 2. to order that (someone) be paid alimony. —**sını temin etmek** /ın/ (for someone) to provide a living for.
nafakalanmak to be provided with enough money to live on.
nafıa *obs.* public works.
nafile 1. useless, vain, futile, fruitless. 2. in vain, for nothing, to no purpose. 3. *Islam* supererogatory (performance of the namaz, fasting). **N—!** *colloq.* It's no use! — **yere** in vain, for nothing, to no purpose.
nafta naphtha, petroleum naphtha.
naftalin naphthalene; moth balls. — **kokmak** 1. to smell of naphthalene. 2. *colloq.* (for an idea) to be out of date.
naftalinlemek /ı/ to put naphthalene among (woolens).
naftalinlenmek to be treated with naphthalene.
nağme 1. melody, air, tune. 2. *slang* song and dance; lie; drivel. 3. *slang* whining, complaining. — **yapmak** *slang* 1. /a/ to give (someone) a song and dance. 2. to whine, complain.
nah *see* **na**.
nahak, -kkı *obs.* unjust, wrong; unjustified. — **yere** *colloq.* unjustly, wrongfully, unjustifiably.
nahif 1. emaciated, gaunt. 2. fragile-looking, delicate-looking (person).
nahiye 1. subdistrict (within an **ilçe**). 2. district; region. 3. *anat.* region. — **müdürü** administrative head of a **nahiye**.
nahoş disagreeable, unpleasant.
nail (someone) who attains/gains/receives. — **olmak** /a/ to attain, gain; to receive.
naip regent; viceroy.
naiplik 1. regency; viceroyalty. 2. being a regent/a viceroy.
nakarat, -tı 1. *mus.* refrain, chorus, burden. 2. *colloq.* phrase/speech that has been worn out by repetition, the same old refrain, the same old thing.
nakavt, -tı *boxing* knockout. — **etmek** /ı/ to knock (an opponent) out. — **olmak** to be knocked out.
nakden 1. (paying) in cash. 2. (helping someone) pecuniarily, monetarily.
nakdi pecuniary, monetary. — **ceza** *law* fine. — **kıymet** cash value, monetary worth. — **teminat** *law* security given/possessed in the form of ready money. — **yardım** financial aid.
nakıs *obs.* 1. negative (number). 2. minus, less.

3. below: **nakıs üç derece** three degrees below zero. 4. deficient, lacking; incomplete.

nakış, -kşı 1. embroidery, needlework. 2. *formerly* mural; fresco. 3. *formerly* miniature painting, miniature. **— işlemek** 1. to do embroidery, embroider. 2. /a/ to embroider. **— işleri** embroideries, embroidered things.

nakışçı embroiderer; embroideress.

nakışçılık embroidering, embroidery; being an embroiderer.

nakışlamak /ı/ to embroider (a piece of cloth).

nakışlı 1. embroidered, ornamented with embroidery. 2. *formerly* ornamented with murals/a mural; frescoed.

nakız, -kzı *obs., law* 1. quashing, overthrowing (of a court decision). 2. abrogation (of a treaty). 3. breach, violation. 4. contradiction, logical incompatibility.

nakil, -kli 1. transporting, transferring, conveying, or moving (something) from (one place) to (another). 2. moving to (another residence). 3. transferring (someone) to a new post. 4. transcribing; copying. 5. translating. 6. telling, recounting (a story). 7. *med.* transplanting. 8. *obs.* something which one accepts on faith as being true, something which one cannot objectively/intellectually prove. **— vasıtası** transport vehicle; means of transportation.

nakit, -kdi *fin.* cash, ready money. **— hesabı** cash account. **— olarak** in cash. **— para** cash, ready money.

nakka *slang* passive male homosexual, queen, fairy.

nakkare a small kettledrum used in **mehter** music.

nakkaş *formerly* 1. muralist; frescoist, frescoer. 2. miniaturist.

naklen (something broadcast/telecast) live. **— yayın** live broadcast; live telecast.

nakletmek 1. /ı, a/ to transport (to); to transfer/convey/move (to). 2. /a/ to move to (another place). 3. /ı, a/ to transfer (someone) to (a new post). 4. /ı/ to recount, tell.

nakliyat, -tı transport; shipping, freighting; forwarding (goods). **— şirketi** transport company; shipping company; forwarding company.

nakliyatçı person who operates a transport company; shipper; freighter; forwarding agent.

nakliye 1. shipping charges, freight, freightage. 2. transport; shipping; forwarding (goods). **— gemisi** *mil.* transport; troopship. **— komisyoncusu** forwarding agent. **— senedi** *com.* waybill. **— sınıfı** *mil.* Transportation Corps. **— sigortası** shipping insurance. **— subayı** *mil.* Transportation officer. **— uçağı** *mil.* transport plane; troop carrier. **— ücreti** shipping charges, freight, freightage.

nakliyeci person who operates a transport company; shipper, freighter; forwarding agent.

nakliyecilik the transport/shipping/forwarding business; being a transporter or forwarding agent.

nakşetmek /ı, a/ 1. to engrave (something) in (one's mind/memory). 2. *formerly* to paint (murals/frescoes) on.

Nakşibendi 1. (a) Nakhshibendi dervish. 2. Nakhshibendi, of the Nakhshibendis.

nakşolmak /a/ to be engraved in (one's mind/memory).

nakzen *used in:* **davayı — görmek** *law* (for a lower court) to reexamine a case (which has been overturned by a higher court). **davayı — iade etmek** *law* (for a higher court) to send a case back (to a lower court) (after overturning the lower court's decision).

nakzetmek *obs.* /ı/ 1. (for a higher court) to overturn, overthrow (the decision of a lower court). 2. to abrogate (a treaty). 3. to break, violate. 4. (for one thing) to contradict (another).

nal horseshoe; oxshoe; shoe (for an animal's hoof). **— çakmak** /a/ to shoe (a horse, any hoofed animal). **—ları dikmek** *slang* to die, kick the bucket, croak, give up the ghost.

nalbant blacksmith, horseshoer, *Brit.* farrier.

nalbantlık blacksmithing, horseshoeing, *Brit.* farriery; being a horseshoer.

nalbur hardware dealer, hardwareman, *Brit.* ironmonger. **— dükkânı** hardware store, *Brit.* (an) ironmonger's.

nalburiye 1. hardware store, *Brit.* (an) ironmonger's. 2. hardware (sold in a hardware store).

nalça 1. (U-shaped, surface-type) heel plate (attached to the heel of a person's shoe). 2. horseshoe; oxshoe; shoe (for an animal's hoof).

naldöken (a road) so stony that it'll make a horse throw a shoe in no time flat.

nalet, -ti *colloq.* 1. cursed, damned. 2. damned thing; damned person. **— olsun!** *colloq.* God damn him/her/it!

nalın bath clog (usually worn in a **hamam**).

nalıncı maker or seller of bath clogs. **— keseri** 1. clogmaker's adz. 2. *colloq.* someone who always tries to exploit a situation for his own benefit. **— keseri gibi kendine yontmak** /ı/ *colloq.* to exploit (a situation) to advance one's own interests.

nallamak /ı/ 1. to shoe (a hoofed animal). 2. *slang* to kill, bump (someone) off, do (someone) in.

nallanmak (for a hoofed animal) to be shod.

nam 1. name: **İzzet namında bir adam** a man named İzzet. 2. fame, renown; reputation. **—ına** 1. *colloq.* in the way of: **Sende akıl namına bir şey yok!** You don't have a lick of sense! 2. on behalf of, on (someone's) be-

namağlup   **518**

half; in (someone's) name. **—ında** named, called. **—ı altında/—ı ile** 1. under the name of. 2. disguised as. **—ı diğer** alias, otherwise known as: **Hürmüz, namı diğer Kontes, palamarı çözdü.** Hürmüz, alias "the Countess," has flown the coop. **— kazanmak** to become famous, achieve renown. **—a muharrer tahvil** com. registered bond. **— salmak** colloq. 1. /da/ to become famous/notorious for. 2. /a or da/ to become well-known in (a place).

namağlup obs. undefeated.

namahrem 1. *Islamic law* (person) so distantly related (by blood or otherwise) that marriage with him/her is lawful. 2. (man) who cannot enter the harem (owing to his being a stranger or a distant relation).

namalum obs. unknown.

namaz *Islam* namaz, ritual of worship centered in prayer. **— bezi** headscarf (worn by a woman while performing the namaz). **—ı bozulmak** /ın/ for one's namaz to become invalid. **— kılınmak** impersonal passive to perform the namaz. **—ı kılınmak** /ın/ for (a Muslim's) funeral service to be held/to take place. **— kılmak** to perform the namaz. **— seccadesi** prayer rug. **— vakti** time of a namaz, hour of prayer, prayer time.

namazgâh open-air prayer place (usually an unroofed, stone platform).

namazlık 1. prayer rug; prayer mat. 2. colloq. all the prayers and suras repeated when performing the namaz. 3. (period of time) that lasts as long as it takes to perform the namaz.

namazsız (woman) who is menstruating, who is having her period.

name formerly 1. letter; love letter. 2. certificate/document/diploma/declaration/permit (only used to form compound words, e.g. **beyanname, şahadetname**). 3. book/codex/digest (only used to form compound words, e.g. **seyahatname, kanunname**). 4. long poem (only used to form compound words, e.g. **İskendername, Harname**).

namert 1. low, base, contemptible, despicable. 2. cowardly. **—e muhtaç olmamak** colloq. not to be beholden to someone one despises.

namertçe 1. in a low-down way. 2. in a cowardly way.

namertlik 1. baseness, vileness, despicableness. 2. cowardliness.

Namibya 1. Namibia. 2. Namibian, of Namibia.

Namibyalı 1. (a) Namibian. 2. Namibian (person).

namlı famous, renowned, celebrated, noted.

namlu 1. barrel (of a cannon/a rifle/a handgun). 2. blade (of a sword).

namuhesabına /ın/ on behalf of, on (someone's) behalf.

namus 1. honor, integrity, probity, uprightness. 2. (a woman's) virtue, honor (in sexual matters). **— belası** colloq. the suffering one undergoes or the loss one sustains for the sake of one's honor/reputation. **—una dokunmak** /ın/ colloq. to say/do something which touches (someone's) honor. **— sözü** colloq. (one's) word of honor, (one's) word. **—uyla yaşamak** colloq. to live an upright life.

namuslu 1. honorable, upright, high-principled. 2. (sexually) virtuous, moral (woman).

namusluluk 1. honorableness, uprightness. 2. (a woman's) virtuousness (in sexual matters).

namussuz 1. dishonorable, bereft of honor; unscrupulous, unprincipled. 2. (sexually) immoral, unvirtuous (woman). 3. *k. dili* dishonorable wretch, rotten bastard, damned thing.

namussuzluk 1. dishonorableness; unscrupulousness; dishonorable action. 2. (a woman's) lack of virtue, immorality (in sexual matters). 3. (sexually) immoral act, (an) immorality (of a woman).

namütenahi obs. infinite, boundless, endless.

namzet 1. candidate, prospect; nominee. 2. colloq. fiancé; fiancée. 3. /a/ (someone) who will soon be ...: **O kız anne olmaya namzet.** That girl will be a mother soon. **— göstermek** /ı/ to put (someone) forward as a candidate, nominate.

namzetlik 1. candidacy, being a candidate. 2. being a fiancé/a fiancée, engagement.

nanay slang There isn't ...: **Onda mangır nanay.** He's flat broke.

nane 1. bot. peppermint. 2. bot. mint. 3. mint tea (mint leaves boiled in water). **— likörü** crème de menthe. **— limon** hot drink made with mint and lemon. **— suyu** solution of peppermint extract and water. **— yemek** colloq. to put one's foot in it: **Yemedik nane bırakmadı!** He's committed every gaffe in the book! **Yediği —ye bak!** Just look at what he's done!/Can you believe he's done this? (said of someone who's committed a big gaffe, done something quite brazen, botched something up, etc.).

naneli flavored with peppermint/mint; peppermint-flavored; mint-flavored; peppermint; minty.

nanemolla colloq. 1. person who gets ill easily; person who tires easily; weak Willy, cream puff. 2. (someone) who gets ill easily; (someone) who tires easily; (someone) who is too weak/too delicate/like a cream puff.

naneruhu, -nu essence of peppermint, peppermint extract, peppermint oil.

naneşekeri, -ni peppermint drop; piece of peppermint candy.

nanik slang, used in: **— yapmak** /a/ to thumb one's nose (at) (used for the actual gesture).

nankör 1. ungrateful, unthankful. 2. ingrate, ungrateful person.
nankörlük ingratitude, ungratefulness. **— etmek** to act ungratefully.
nannik *slang* mistress (kept woman).
nansuk nainsook (a cotton fabric).
nâr *obs.* fire. **(başını) —a yakmak** /ın/ *colloq.* to make (someone) suffer; to bring suffering upon (oneself). **—ına yanmak** /ın/ *colloq.* to suffer because of (someone else).
nar 1. pomegranate (the fruit). 2. *bot.* pomegranate. **— gibi** *colloq.* (bread) which looks well-toasted; (meat) which looks well-roasted.
nara yell, shout. **— atmak** to let out a yell, yell (especially when drunk).
narçiçeği, -ni grenadine red, reddish orange.
narenciye 1. citrus fruits. 2. citrus trees.
nargile 1. water pipe, hookah, nargileh, narghile, hubble-bubble. 2. *slang* blabbermouth, person who can't keep a secret.
narhı official price, fixed price (put on an essential commodity by a governmental authority). **— koymak** /a/ to put a fixed price on (an essential commodity).
narin (person) of delicate build, slight; delicate-looking (thing).
narinlik delicacy of build, slightness; delicate appearance.
narkotik 1. narcotic. 2. (a) narcotic.
narkoz narcosis. **— vermek** /a/ to anesthetize.
narkozcu *colloq.* anesthetist.
narkozitör anesthetist.
narsis *see* **narsist**.
narsisizm narcissism.
narsislik *see* **narsisizm**.
narsist, -ti narcissist.
narteks *arch.* narthex.
nasıl 1. How?/How ...?: **Nasılsınız?** How are you? **Oraya nasıl gittin?** How did you go there? **Kahven nasıl olsun?** How do you want your coffee? (e.g. Black?/With sugar?). 2. What sort of ...?: **Nasıl bir kumaş o?** What sort of cloth is it? 3. how much, how: **O pırlantayı nasıl istiyor, bir bilsen!** If only you knew how much she wants that diamond! 4. Did I hear you aright?/Are my ears deceiving me?: **"Bu sözlük hiç bitmez." "Nasıl?"** "This dictionary will never be completed." "Did I hear you aright?" 5. Just what do you mean? *(said threateningly):* **"Ali okula gitmeyecekmiş." "Nasıl gitmezmiş?"** "It seems Ali won't be going to school." "Just what do you mean by that?" 6. just as ..., so too ...: **Türkçeyi nasıl öğrendiysen Arapçayı da öyle öğrenebilirsin.** You'll learn Arabic the same way you learned Turkish. **— ki** just as ..., so ...: **Nasıl ki ben acı çektim, sen de acı çekeceksin.** Just as I suffered, so too will you. **— olsa** in any case; whether you want to or not, like it or not. **— olup da ...?** How on earth ...?/How could it be that ...?: **Nasıl olup da bunu duymadın?** How could it be that you didn't hear about this?
nasılsa in any case, somehow or other.
nasır 1. corn, clavus. 2. callus. **— bağlamak** 1. (for one's foot) to get a corn (or corns) on it. 2. (for a part of one's body) to get a callus on it, become calloused. **—ına basmak** /ın/ *colloq.* to tread on (someone's) toes, touch a sore spot/point.
nasırlanmak 1. (for one's foot) to get a corn (or corns) on it. 2. (for a part of one's body) to get a callus on it, become calloused. 3. *colloq.* (for one's heart) to harden.
nasırlaşmak 1. (for skin) to form a corn/a callus. 2. *colloq.* (for someone's heart) to harden.
nasırlı 1. (foot) which has a corn or corns on it. 2. calloused; (place) which has a callus on it.
nasihat, -ti advice, counsel. **— dinlemek** to take advice. **—ini dinlemek** /ın/ 1. to take (someone's) advice. 2. to listen to (someone's) advice. **— etmek** /a/ to advise, counsel. **— vermek** /a/ to advise, give (someone) advice. **— yollu** 1. (something) said/written by way of advice. 2. (saying/writing something) by way of advice.
nasip 1. (one's) lot, (one's) share, (one's) allotted portion. 2. that which is allotted one by God. 3. (one's) daily allotment of food; (one's) daily wage. **—ini almak** to get (one's) share (of a good thing). **— etmek** /ı/ (for God) to grant, will. **— olmak** /a/ 1. (for something good) to be granted to, be vouchsafed to. 2. (for an opportunity) to come one's way. **— olursa** God willing, .../..., if God so wills.
nasiplenmek to benefit, get (one's) share (of a good thing).
nasipsiz 1. (someone) who has not been allotted/granted a share of something. 2. luckless, unlucky.
naşi /dan/ *obs.* 1. because of, owing to. 2. (something) which springs from, which is due to.
naşir *obs.* 1. publisher (of written material). 2. propagator, disseminator.
naşirlik *obs.* being a publisher.
natamam *obs.* unfinished; incomplete.
natıka *obs.* 1. the faculty of speech. 2. the ability to speak eloquently.
natıkalı *obs.* eloquent (person).
natır (female) bath attendant.
NATO (*abbr. for* **Kuzey Atlantik Paktı Örgütü**) NATO (North Atlantic Treaty Organization).
nato *slang, used in:* **— kafa** numskull, idiot. **— kafa, nato mermer!** I/You don't have a lick of sense!/He doesn't have a lick of sense!
natuk, -ku *obs.* 1. fluent; eloquent. 2. talkative, loquacious.

natüralist, -ti *lit., phil.* 1. naturalist, naturalistic. 2. (a) naturalist.
natüralizm *lit., phil.* naturalism.
natürel 1. natural. 2. innate.
natürmort, -tu *fine arts* still life.
Nauru 1. Nauru. 2. Nauruan, of Nauru.
Naurulu 1. (a) Nauruan. 2. Nauruan (person).
naval *slang* stupid, simple-minded.
navlun *naut.* 1. freightage, freight. 2. charter fee. **— mukavelesi** charter party.
naylon 1. nylon. 2. polyethylene, plastic. 3. *colloq.* anything made of polyethylene (especially used of plastic bags and polyethylene containers). **— fatura** *colloq.* fake invoice. **— gazete** *slang* scandal sheet, sensationalist newspaper.
nayloncu *colloq.* peddler of polyethylene ware.
naz 1. coyness, coquettishness. 2. feigned reluctance. **—ını çekmek /ın/** to put up with (someone's) whims. **— etmek/satmak/yapmak, —a çekmek** to feign reluctance, make a show of reluctance. **—ı geçmek /a/** to be able to make (someone) do as one wants; to be able to get one's way with.
nazar 1. look; glance. 2. the evil eye. 3. opinion; **nazarımda** in my opinion. **—a almak /ı/** to take (something/someone) into account, take (something/someone) into consideration. **—ıyla bakmak /a/** to regard (something/someone) as. **— boncuğu** blue bead (worn to ward off the evil eye). **— değmek /a/** for the evil eye to strike (someone)/cause (someone) misfortune. **— değmesin.** *colloq.* May misfortune not befall him/it! **—ı dikkate almak /ı/** to pay attention to; to take (someone/something) into consideration. **—ı dikkatini çekmek /ın/** to attract (someone's) attention. **—dan düşmek** to fall from favor. **—a gelmek** to be struck by the evil eye. **—ı itibara almak /ı/** to regard (someone/something) as important. **—da olmak** to be in favor, be well regarded.
nazaran /a/ 1. compared to, in comparison to. 2. according to, in (someone's) opinion.
nazari *obs.* theoretical, speculative.
nazariyat, -tı *obs.* 1. theories. 2. theoretical matters.
nazariye *obs.* theory.
nazarlık charm, amulet (used to ward off the evil eye).
nazenin 1. mollycoddled, overly indulged, spoiled. 2. coy, coquettish. 3. of delicate build, delicate-looking. 4. His Lordship, His Highness; Her Ladyship, Her Highness *(used sarcastically of an arrogant person).*
nâzım regulatory, regulative, regulating. **— plan** plan (for regulating a city's development).
nazım, -zmı 1. verse (as opposed to *prose*). 2. versification.

nazır 1. /a/ overlooking, looking out on; facing. 2. *formerly* minister (of state).
Nazi 1. (a) Nazi. 2. Nazi, Nazist.
nazik 1. polite, courteous. 2. of delicate build, delicate-looking (person); fragile, delicate (thing). 3. delicate (situation/task).
nazikâne 1. polite, courteous (action). 2. politely, courteously.
nazikleşmek 1. to become polite, become courteous. 2. (for a situation) to become delicate.
naziklik 1. politeness, courteousness. 2. polite act, polite gesture, politeness.
nazire a poem modeled after another poem in respect to both content and form.
Nazizm Nazism.
nazlanmak 1. to behave coquettishly, act coyly. 2. to feign reluctance.
nazlı 1. coquettish, coy. 2. (someone) who feigns reluctance. 3. coddled, petted. 4. (plant) which demands a lot of care; delicate (flower).
nazlılık 1. coquettishness, coyness. 2. feigned reluctance.
ne 1. What ...?: **Ne dedin?** What did you say? 2. What a ...!/How ...! *(used as an intensifier before adjectives):* **Ne biçimsiz bir masa!** What an ugly table! **Ne soğuk!** How cold it is! 3. whatever: **Ahmet ne yaparsa Ayşe beğenir.** Ayşe approves of whatever Ahmet does. 4. What ...?: **Bu ne kutusu?** What's this box for? **Yarın ne dersin var?** What lesson do you have tomorrow? 5. *used as an intensifier:* **Dün rüzgâr ne esti ha!** Yesterday the wind blew like all get-out. 6. *used to express approval or disapproval:* **Bu ne kıyafet böyle?** And just what sort of getup is this? **Bu dünyada ne anneler var!** This old world has some pretty wonderful/awful mothers in it! **—ler** *used to indicate a quantity of things:* **Daha neler gördük, neler!** We saw lots and lots of other things as well! **Neler öğrendin?** What things have you learned? **—si** *used to show a connection:* **Sen İsmet'in nesisin?** How are you kin to İsmet? **O adam buranın nesi?** What's that man's position here? (...) **—sine?** What on earth does he need ... for?: **Otomobil onun nesine?** What on earth does he need a car for? **Altın kolye onun nesine?** What on earth is she doing with a gold necklace? **— akla hizmet ediyor?** *colloq.* Why on earth is he doing such a thing? **— âlâ!** *colloq.* How nice! **— âlâ memleket!** What a fine kettle of fish!/What a wonderful state of affairs! *(said sarcastically).* **— âlem** *used to express a feeling of astonishment tempered with affection:* **Ne âlem adam!** What a crazy guy! **O kadın ne âlemdir bir bilsen!** That gal's a character, I can tell you! **— âlemdesiniz?** *colloq.* How are things with you? **— alıp veremi-**

yor? *colloq.* 1. What is it he wants?/What's he after? 2. /la/ What's the problem between ...?: **Onunla ne alıp veremiyorsun?** What's the problem between you and her? (...) — **arar!** /da/ *colloq.* (Someone) is completely lacking in (something).: **Onda para ne arar!** He's never got two cents to rub together. **(Burada/Orada)** — **arıyor?** *colloq.* What's he doing here/there?/What does he want? — **biçim** *used to show disapproval:* **Ne biçim adam yahu!** What a jerk! **Ne biçim sözlük!** And this thing's supposed to be a dictionary! — **buyurdunuz?** What did you say? — **buyurulur?** /a/ *colloq.* 1. What do you say to ...?/What would you say to a ...?: **Soğuk bir limonataya ne buyurulur?** What do you say to a cold lemonade?/Would you like a cold lemonade? 2. What do you have to say to ...? *(said tauntingly).* — **canı var ki?** *colloq.* How can he do that? (He's not got the physical strength.). — **çare!** *colloq.* What can one do?/It's a hopeless situation. — **çıkar?** *colloq.* 1. What difference will it make one way or the other? 2. What'll come of it? (Nothing!). 3. What can I/you expect to get out of it? — **çiçektir biliriz.** *colloq.*, *see* **Ne mal olduğunu biliriz.** — **de olsa** nevertheless, nonetheless. — **dedim de ...?** *colloq.* Why on earth (didn't I do something)?: **Ne dedim de sana haber vermedim?** Why on earth didn't I inform you? — **demek?** 1. What does it mean?: **Bu ne demek?** What does this mean? 2. Just what does it mean? *(said angrily):* **Ders ekmek ne demek?** Just what do you mean by cutting a class? — **demeye ...?** *colloq.* 1. Why ...?: **Buraya ne demeye geldin?** Why have you come here? 2. *used when questioning the meaning of something:* **O sözü ne demeye getirdi?** Just what did she mean by that remark? —**ler de neler, maydanozlu köfteler** *colloq.* all manner of strange and outlandish things. — **denir?/— dersin?** *colloq.* What can you say?/There's nothing you can say. — **denli** 1. ... how much .... 2. However much .... 3. My, how ...! — **dersin?** *colloq.* What do you think? — **dese beğenirsin?** *colloq.* You'll never guess what he said to me./You won't believe what he said to me./Just guess what she said!/Guess what she called me! — **diye ...?** Why ...?/For what purpose ...?: **Ne diye ben gideyim?** Why should I be the one to go? **Ne diye gideyim?** What's the point in my going?/For what purpose am I to go? — **ekersen onu biçersin.** *proverb* You reap what you sow. — **fayda!** *colloq.* What good can that do now?/What's the good of it now?/It's too late for that now. (...) — **gezer!** /da/ *colloq., see* (...) **ne arar! — gibi?** *colloq.* What, for example?/Such as what?/Like what?

— **gibi ...?** *colloq.* What sort of ...?: **Ne gibi bir demek o?** What sort of an association is that? —**ler gördüm!** *colloq.* The things I saw!/I saw a lot, I can tell you! — **güne duruyor?** *colloq.*, *said of someone/something whose usefulness has been overlooked:* **Onlar ne güne duruyor?** If they won't be useful now, just when will they be useful? — **günlere kaldık!** *colloq.* Things have really gone to the dogs!/Times have changed for the worse! — **haber?** *colloq.* How's it going?/How're you doing? (...) — **hacet?** /a/ Why ... have to ...?: **Gitmeye ne hacet?** Why do you have to go? (...) — **haddine!** *colloq.* Just who is he/she to ...?: **Bana öğüt vermek ne haddine!** Just who is he to give me advice? — **hali varsa görsün.** *colloq.* He can go jump in the lake for all I care!/I leave him entirely to his own devices!/I wash my hands of him! — **halt etmeye ...?** *colloq.* Why in the hell ...?/For what god-awful reason ...? — **hikmetse ....** *colloq.* For some reason or other .../God only knows why .... — **idüğü/idiği belirsiz** *colloq.* (someone/something) about whom/which one knows nothing (and is therefore suspicious). — **ise** *see* **neyse.** — **kadar?** How much is it? — **kadar ...?** How much ...? — **kadar ....** 1. ... how much .... 2. However much .... — **kadar ...!** My, how ...!: **Ne kadar güzel!** My, how lovely! — **karın ağrısı.** *colloq.* What a pain in the neck he/she/it is! — **karışıyorsun?** What are you interfering for? — **ki** *see* **nedir ki.** —**dir ki** but, only. —**me lazım.** *colloq.* He/She/It doesn't concern me. —**me lazım, ...** *colloq.* 1. What need have I of ...?/What good is ... to me? 2. I still think .../I don't care about that; I still think ...: **Neme lazım, iyi çocuktur.** I don't care about that; I still think he's a good kid. —**ne lazım?** *colloq.* What's it to you?/Why are you interfering? — **mal olduğunu biliriz.** *colloq.* I know what a bad lot he is./I know just how no-count he is./I've got his number. — **malum?** *colloq.* How do you know?: **Belki hırsızdır, ne malum?** How do you know he's not a thief? — **mene** *colloq.* what sort of: **Ne mene şeydir o?** What sort of thing is it? — **mümkün!** *colloq.* How's it possible?/It's impossible! — **münasebet!** *colloq.* That's absurd!/That's impossible! —**yin nesi?** *colloq.* Now just who is ...?/Now just what is ...? — **olacak.** *colloq.* What else can you expect? (from such a person/thing). — **oldu?** 1. /a/ *colloq.* What's the matter with (him)?/What's eating (him)? 2. What's happened?/What happened? — **olduğunu bilemedim.** *colloq.* I was flabbergasted. — **oldum delisi olmak** *colloq.* (for someone whom fortune has recently smiled on) to begin to think he's/she's something special/really something. — **oldum dememeli, ne olaca-**

ğım demeli. *proverb* Instead of puffing yourself up over a past or a current success, have an eye to the future. — **olur/olursun!** Please! *(said imploringly).* — **oluyor?** *colloq.* 1. /a/ What's it to (him)?/How does it concern (him)? 2. What's the trouble?/What's going on? 3. /a/ What's happening to ...?: **Sana ne oluyor böyle?** What's happening to you? — **olur ne olmaz** just in case. — **olursa olsun** 1. in any event, in any case, come what may, whatever happens. 2. whatever the consequences: **Yüzünü bir dağıtayım da sonra ne olursa olsun!** Let me just smash his face in, whatever the consequences! — **pahasına olursa olsun** at any price, whatever the cost, at all costs. — **satıyorsun?** *slang* What are you talking about?/What are you going on about? —**den sonra** much later; long afterwards. — **söylüyorsun?** *colloq.* 1. Do you realize what you are saying? 2. Is that true? — **sularda** *colloq.* How's ... going?: **Davan ne sularda?** How's your lawsuit going? — **şüphe** *used in:* **Ona ne şüphe!** Undoubtedly!/Without a doubt!/Who can doubt it? —**ye uğradığını bilememek** *colloq.* to be knocked for a loop by an unexpected calamity, not to know what has hit one. — **vakit?** When? — **vakit ...?** When ...? — **vakit ...** whenever ...: **ne vakit oraya gitsek** whenever we go there. — **vakittir** for a long time (now). — **var?** *colloq.* What is it?/What's the matter? — **var ki** but, only. — **var, ne yok?** *colloq.* What's up?/How's it going? — **vazifen!** *colloq.* What's it to you?/Why does it concern you? — **yalan söyleyeyim ....** *colloq.* I won't hide it from you; .../To tell you the truth, ...: **Ne yalan söyleyeyim, yemekler berbattı.** To tell you the truth, the food was awful. — **yaparsın/yapalım/yapayım?** *colloq.* What can you do?/There's no help for it./There's nothing that can be done. — **yapıp yapıp** *colloq.* in some way or other, by hook or by crook. — **yazık!** *colloq.* What a shame!/What a pity! — **yüzle** *colloq.* How can he have the gall to (do that)?: **Ne yüzle bunu söyleyebilir?** How can he have the gall to say this? — **zahmet!** What a lot of trouble you've gone to! — **zaman?** When? — **zaman ...?** When ...? — **zaman ...** whenever ...: **ne zaman onu görsem** whenever I see him. — **zamandır** for a long time (now). — **zararı!** *colloq.* What's the harm in it?/What does it matter?/So what?

ne *used as follows:* **ne ... ne (de) ....** neither ... nor ...: **Ne çalışır, ne çalıştırır.** He neither works nor lets others work. **Bundan sonra ne Sarıyer'e, ne Marıyer'e hiçbir yere gitmez.** After this she won't go to Sarıyer, Schmarıyer, or anywhere. — **alandan ne satandan olmamak** *colloq.* to be completely impartial, favor neither the one nor the other. — **altını bırakmak, ne üstünü** *colloq.* not to leave any part of (something/a place) untouched/unexplored. — **balını isterim, ne belasını.** *colloq.* It's not worth all the trouble it'd cause me. — **kokar, ne bulaşır.** *colloq.* He has no marked virtues or vices. — **od var, ne ocak.** *colloq.* They are so poor they don't even have two sticks to rub together. — **sakala minnet, ne bıyığa.** *colloq.* He never becomes obligated to others./He paddles his own canoe. — **selam, ne sabah.** *colloq.* They aren't on speaking terms with each other. — **sihirdir ne keramet, el çabukluğu marifet.** *colloq.* This is the work of a sleight-of-hand artist. — **Şam'ın şekeri, ne Arabın yüzü/zekeri.** *colloq.* I don't want to have any truck with him/it, even though I know he/it might be of use to me (or even though he/it has his/its good points). — **şiş yansın, ne kebap.** *colloq.* Let's find a solution that'll be agreeable to all concerned. — **tadı var, ne tuzu.** *colloq.* There's nothing about it that's attractive./It has nothing to recommend it. — **yârdan geçer, ne serden.** *colloq.* He/She can't resign himself to the loss of a friend, nor to the sacrifice he/she must make to keep her/him.

nebat, -tı plant.
nebatat, -tı *obs.* 1. plants. 2. botany. — **bahçesi** botanical garden.
nebati vegetable, botanical. — **yağ** vegetable oil.
nebi prophet.
nebülöz *astr.* nebula.
nebze particle, bit. **bir** — 1. a tiny bit. 2. very briefly.
nece What language ...?: **Nece konuşuyorsunuz?** What language are you speaking?
neceftaşı, -nı rock crystal, mountain crystal, transparent quartz.
neci *used in:* **N—dir?** *colloq.* What's his line of work?/What does he do? — **oluyorsun?** *colloq.* What's it to you?/Why are you sticking your oar in?
nedamet, -ti regret; remorse. — **duymak/getirmek** /a/ to regret; to feel remorse (for).
nedbe *med., bot.* scar, cicatrix.
neden 1. Why?/For what reason?/For what reason ...?/Why ...? 2. cause; reason. —**iyle** because; because of, owing to: **hastalık nedeniyle** owing to ill health. —**le** *used as follows:* **bu nedenle** for this reason, because of this. — **olmak** /a/ to cause, be the cause of.
nedenbilim etiology.
nedense for some reason or other.
nedensel causal.
nedensellik causality, causation, the relation between cause and effect. — **ilkesi** *phil.* principle of causality, law of causation.

nedim *hist.* boon companion (of the Sultan or a person of high rank).
nedime 1. lady-in-waiting. 2. bridesmaid.
nef *arch.* nave.
nefaset, -ti excellence, superior quality, choiceness; exquisiteness; delectableness.
nefer 1. person, individual. 2. *mil.* enlisted man, common soldier.
nefes 1. breath. 2. puff, draw, drag (on a pipe/a cigarette). 3. instant, moment. 4. breath which has healing power (and which is blown upon the sick). 5. poem (sung by dervishes). 6. *slang* hashish, hash. — **alamamak** 1. to be unable to breathe properly. 2. *colloq.* to be very busy, not to have time to catch one's breath. — **aldırmamak** /a/ *colloq.* to work (someone) very hard, not to give (someone) a chance to catch his breath. — **almak** 1. to breathe; to breathe in, inhale. 2. *colloq.* to feel relieved, breathe freely. 3. *colloq.* to take a short break, catch one's breath; to rest. 4. to live, breathe. — **borusu** *anat.* trachea. — **çekmek** 1. to take a puff, draw, or drag (on a pipe/a cigarette). 2. *slang* to smoke some hash. 3. *slang* to have sexual intercourse, have sex. —**i daralmak** to have difficulty breathing. — **darlığı** 1. shortness of breath. 2. *path.* dyspnea. — **etmek** /a/ to blow one's breath upon (someone) (to cure him/her of an ailment). — **kesici** *colloq.* breathtaking, thrilling; suspenseful, suspense-filled. —**i kesilmek** 1. to have difficulty breathing. 2. to gasp, catch one's breath. 3. *colloq.* to be thrilled: **O manzara karşısında herkesin nefesi kesildi.** That view took everybody's breath away. — **nefese** out of breath, panting. —**i tutulmak** 1. to have difficulty breathing. 2. to gasp, catch one's breath. — **tüketmek** *colloq.* 1. to talk at great length, talk until one is blue in the face. 2. to expend a lot of hot air for nothing, waste one's breath. — **vermek** to breathe out, exhale.
nefeslemek /ı/ to blow one's breath upon (someone) (to cure him/her of an ailment).
nefesleşmek *slang* to share a pipe of hash, smoke a pipe of hashish together.
nefesli 1. *mus.* wind (instrument). 2. (someone) who can hold his breath for a long time, long-winded. — **çalgı** *mus.* wind instrument.
nefeslik 1. vent, venthole, air hole. 2. ventilator. 3. very short (time): **bir nefeslik hayatı boyunca** during his very brief life. **Bir nefeslik canı kalmış.** He's/She's got one foot in the grave./He's/She's not long for this world.
nefis, -fsi 1. real self (of a person); essence, essential nature (of a person/a thing). 2. the flesh, the body (as opposed to *the soul*). 3. one's bodily appetites, the cravings of the flesh. —**ine düşkün** (someone) who indulges his/her fleshly desires. —**ini körletmek** *colloq.*

1. to gratify a fleshly craving. 2. to stave off one's hunger (for food). — **mücadelesi** struggle between mind and body; struggle between body and soul. —**ine uymak** to yield to the flesh, let one's flesh get the best of one. —**ine yedirememek** /ı/ *colloq.* to be unable to bring oneself (to do something). —**ini yenmek** to overcome one's fleshly cravings.
nefis excellent, of superior quality, choice; exquisite; delectable.
nefiy, -fyi *obs., law* exile, banishment.
nefret, -ti 1. hate, hatred; loathing; detestation; abhorrence. 2. strong dislike (of something); aversion. — **etmek** /dan/ 1. to hate; to loathe; to detest; to abhor. 2. to have a strong dislike of (something); to have an aversion to (something).
nefrit, -ti *path.* nephritis.
nefsani fleshly, bodily, carnal.
neft, -ti naphtha.
nefti 1. (a) very dark green. 2. very dark green (in color).
neftyağı, -nı *see* **neft.**
nefyedilmek /a/ to be exiled to; /dan/ to be banished from.
nefyetmek /ı, a/ to exile (someone) to; /ı, dan/ to banish (someone) from.
negatif 1. *math., elec.* negative (number/pole). 2. *phot.* (a) negative.
neglije negligée (woman's dressing gown).
nehari 1. day (school/student). 2. day student.
nehir, -hri river.
nekahat, -ti *see* **nekahet.**
nekahet, -ti convalescence.
nekes stingy, tight-fisted.
nekeslik stinginess.
nekrofil 1. (a) necrophile, (a) necrophiliac. 2. necrophilic, necrophilous.
nekrofili necrophilia.
nektar 1. nectar (of the Greek and Roman gods). 2. *bot.* nectar.
nektarin nectarine.
neli What ... made of?: **Bu pastalar neli?** What are these cakes made of?
nem 1. moisture, dampness, damp; dankness. 2. humidity. 3. dew. — **giderici** dehumidifier. —**ini gidermek** /ın/ to dehumidify.
nema 1. growth; increase. 2. interest (on money).
nemalanmak (for money) to accumulate interest.
nemcil hygrophilous, moisture-loving (plant).
nemçeker hygroscopic.
nemdenetir humidistat, hygrostat.
nemelazımcı *colloq.* (someone) who has an I-don't-give-a-damn attitude.
nemelazımcılık *colloq.* not giving a damn.
nemf 1. *zool.* nymph. 2. nymph (in Greek and Roman mythology).

nemfoman 1. (a) nymphomaniac. 2. nymphomaniac, nymphomaniacal.
nemfomani nymphomania.
nemfomanyak 1. (a) nymphomaniac. 2. nymphomaniac, nymphomaniacal.
nemlendirici 1. (something) which humidifies/moisturizes; humidifying; moisturizing. 2. humidifier; moisturizer. — **krem** moisturizing cream.
nemlendirmek /i/ to humidify; to moisturize; to moisten.
nemlenmek to become damp, gather moisture.
nemletmek /ı/ to dampen, moisten.
nemli moist, damp; dank.
nemlilik moistness, dampness; dank, dankness.
nemölçer hygrometer.
nemrut merciless and uncompromising; grim (person). — **suratlı** grim-faced.
nen thing (any nonhuman thing which has weight and takes up space).
neolitik neolithic.
neolojizm neologism.
neon 1. neon. 2. neon tube. — **lambası** 1. neon light, light fixture or lamp made for a neon tube. 2. neon tube. — **tüpü** neon tube.
neoplazma *path.* neoplasm.
Nepal, -l'i 1. Nepal. 2. Nepalese, Nepali, of Nepal.
Nepalli 1. (a) Nepalese, (a) Nepali. 2. Nepalese, Nepali (person).
Neptün *astr., mythology* Neptune.
nerde *see* **nerede.**
nerden *see* **nereden.**
nere What part of ...?/Whatever part of .../Where ...?/Wherever .../What place ...?: **Burası neresi?** What place is this? **Bu nerenin haritası?** What place is this a map of? **Neren ağrıyor?** Where are you aching? **Kitabın neresinde?** What part of the book is it in?
nerede Where?/Where ...?/Wherever ...: **Onlar nerede?** Where are they? **Nerede oturursak .... Wherever we sit .... — akşam orada sabah.** *colloq.* He is under/feels no compulsion to return to his own home come bedtime./He doesn't appear to have a home; come bedtime, he just spends the night wherever he happens to be. — **bu bolluk?/— bu yoğurdun bolluğu?** *colloq.* What makes you think this thing'll be so easy to do?/It's not as easy as you think! — **hareket, orada bereket.** *proverb* Industry (assiduous labor) begets plenty. — **ise** *see* **neredeyse.** — **kaldı ki** how (in the world) can ...?: **Bu işi bile yapamazken nerede kaldı ki o işi yapasın?** As you can't even do this job, how in the world can you do that one? — **... nerede ... (... — ... nerede)** How can you compare ...?/... can't be compared to ...: **Cevdet nerede, Şevket nerede?** You can't liken Cevdet to Şevket! **Şalgam nerede, gül nerede?** How can you compare a turnip to a rose?
nereden 1. Where ...?/From where ...?/Whence ...?: **Nereden geliyorsun?** Where are you coming from? 2. ... no matter where ... from: **Nereden gelirse gelsin.** I don't care where he comes from. **nereden gelirse gelsin** no matter where he comes from. — **nereye!** *colloq.* Who would have thought it could happen?
neredeyse 1. pretty soon, any moment, soon, before long: **Adnan neredeyse gelir.** Adnan'll come pretty soon. 2. almost, very nearly, all but: **Neredeyse kalkıp gidecektim.** I very nearly got up and walked out.
nereli Where ... from?/From what place ...?: **Nerelisin?** Where are you from! **Anan nereli?** Where's your mother from?
nereye Where?/Where ...?/Whither ...?/Wherever ...: **Nereye gideyim?** Where can I go? **Nereye giderse gitsin.** Let him go where he will. **nereye giderse gitsin** wherever he goes.
nergis *bot.* narcissus; jonquil; daffodil.
nesep ancestry, lineage, genealogy *(usually refers to someone's paternal ancestry).* —**i gayri sahih** *law* illegitimate, born out of wedlock. —**i sahih** *law* legitimate, born in wedlock.
nesiç, -sci *obs., anat.* tissue.
nesil, -sli 1. generation (group of people). 2. line (of a family); race. 3. progeny, offspring. —**i tükenmek** for (someone's) line to die out; (for an animal/a plant) to become extinct, die out.
nesir, -sri prose (as opposed to *poetry*).
nesne 1. thing (any nonhuman thing which has weight and takes up space). 2. *gram., phil.* object. — **öbeği** *gram.* an object and its modifiers; objective clause.
nesnel objective (as opposed to *subjective*).
nesnelci *phil.* 1. objectivistic. 2. (an) objectivist.
nesnelcilik *phil.* objectivism.
nesneleşme objectification, being objectified.
nesneleşmek to turn into an object; to become objectively perceptible.
nesneleştirme objectification, objectifying.
nesneleştirmek /ı/ to objectify; to regard (someone/something) as an object.
nesnelleşme becoming objective.
nesnelleşmek to become objective.
nesnellik objectivity.
neşe gaiety, merriment; good spirits; joy. —**sini bulmak** *colloq.* to get in a happy mood, become cheerful. —**si kaçmak** *colloq.* (for someone) to cease to be merry. —**si yerinde.** *colloq.* He's in good spirits.
neşelendirmek /ı/ to make (someone) feel merry, put (someone) in good spirits.
neşelenmek to get in a happy mood, become cheerful.
neşeli merry, cheerful, in good spirits; joyous,

joyful.

neşesiz low-spirited, downcast, dejected.

neşesizlik low spirits, dejection.

neşet, -ti *obs.* coming into existence, origination; emergence. **— etmek** /dan/ to originate from, arise from.

neşide 1. hymn, song. 2. *Christianity* canticle. 3. line of poetry that has acquired the status of a proverb. **N—ler Neşidesi** the Song of Solomon, the Song of Songs (in the Bible).

neşir, -şri 1. publishing, publication (of printed matter). 2. *communications* broadcasting. 3. spreading, dissemination, diffusion.

neşredilmek 1. to be published. 2. to be broadcast. 3. to be spread, be diffused.

neşren through the publications media, in print; through the mass media.

neşretmek /ı/ 1. to publish. 2. to broadcast. 3. to spread, diffuse.

neşriyat, -tı publications.

neşter *surg.* lancet.

neşterlemek /ı/ to lance, open (something) with a lancet or a similar instrument.

neşvünema *obs.* growth, development. **— bulmak** (for a living thing) to grow.

net, -ti 1. clear, sharp, plain to the eye. 2. clear, plain to the ear. 3. *fin.* net (amount). 4. *fin.* net, net amount.

netameli 1. sinister, (person/thing) to be avoided. 2. accident-prone.

netice 1. result, outcome, consequence. 2. conclusion, final judgment. 3. end. **—de** in the end. **—sinde** /ın/ as a result of ....

neticelendirmek /ı/ to conclude, bring (something) to an end.

neticelenmek to end, come to an end; /la/ to result in.

neticesiz inconclusive; (activity) that leads to nothing, fruitless.

netlik 1. (visual) clarity, sharpness. 2. clearness (of sound).

neuzübillah God help us!

nevale food and drink, food, provisions, victuals. **—yi düzmek** *colloq.* to get some food together, obtain some provisions.

nevazil *obs.* cold, common cold, catarrh.

nevcivan *obs.* young man, youth.

nevi, -v'i 1. sort, kind, variety. 2. of (a certain) kind. **—'i şahsına münhasır** unique, sui generis, (someone) who is one of a kind, who is in a class all by himself/herself.

nevir, -vri *used in:* **—i dönmek** *colloq.* for (someone's) face to go pale with anger.

nevralji *path.* neuralgia.

nevrasteni *path.* neurasthenia.

nevresim case (made of sheeting, used to cover a quilt).

nevropat, -tı 1. neuropathic. 2. (a) neuropath.

nevroz neurosis.

Nevruz Nauruz (a holiday celebrated at the vernal equinox).

nevvap *obs.* nabob.

ney nay, a reed flute (often used to play Mevlevi music). **— üflemek** to play the **ney.**

neye *see* **niye.**

neyse in any case, at any rate, anyway; Never mind; ...: **Neyse, biz işimize devam edelim.** Never mind; let's carry on with our work. **Neyse, ben gideyim artık.** At any rate, it's time I was going.

neyzen player of a **ney,** nay player. **— bakışlı** *colloq.* (someone) who looks at you sideways with his head cocked to one side.

nezaket, -ti 1. politeness, courtesy; delicacy, tact, considerateness. 2. delicateness, precariousness, uncertainty (of a situation). **— kesbetmek** (for a situation) to become delicate.

nezaketen out of politeness, as a matter of courtesy.

nezaketli polite, courteous; tactful, considerate.

nezaketsiz impolite; inconsiderate.

nezaketsizlik impoliteness; inconsiderateness.

nezaret, -ti 1. supervision, superintendence, overseeing. 2. administration, direction, running. 3. surveillance. 4. *formerly* ministry (government department headed by a minister). **—e almak** /ı/ 1. to put (someone) under surveillance. 2. to take (a suspect) into custody. **— altında** 1. under surveillance. 2. in police custody. **— etmek** /a/ 1. to superintend, oversee. 2. to direct, run.

nezarethane detention room/detention area (where newly arrested suspects are held).

nezih 1. (someone) whose morals are completely above reproach, who leads a blameless life. 2. (place) which has a (morally) wholesome atmosphere.

nezle cold, common cold, catarrh. **— olmak** to catch cold, get a cold.

nezt, -zdi 1. presence (the place near someone): **nezdimde** at my side/with me/before me. 2. according to, in the opinion of: **generalin nezdinde** in the general's opinion.

nıkris *obs., path.* gout.

nısfiye a short **ney.**

nışadır 1. sal ammoniac, ammonium chloride. 2. ammonium sulfate.

nışadırkaymağı, -nı ammonium carbonate.

nışadırruhu, -nu 1. household ammonia. 2. ammonia (as a gas).

nice 1. Many a ...!/So many ...!/How many ...!/So much ...: **Nice adamlar bu çölde son neferslerini vermişlerdir.** Many a man has breathed his last in this desert! 2. a fair amount of, rather a lot of: **Nice zamandır onu görmedim.** I haven't seen him for rather a long time.

— nice a great many. — senelere/yıllara! Many happy returns of the day! *(said to someone on his/her birthday or a similar anniversary).*
nicel quantitative.
nicelik quantity.
niceliksel see **nicel**.
nicesel see **nicel**.
niçin Why?/What for?/Why ...?: **Bunu niçin yaptın?** Why have you done this?
nida *obs.* 1. shout, cry, exclamation. 2. *gram.* interjection, exclamation, ejaculation.
nifak, -kı discord, dissension, strife. — **sokmak** /aralarına/ to sow discord among.
nihai final, decisive; last. — **karar** *law* final decision.
nihale trivet; dish cross; hot pad; mat/tile (upon which a hot dish is set).
nihayet, -ti 1. end; conclusion; finish; termination. 2. outcome, result. 3. at last, finally; in the end. 4. nevertheless, nonetheless, yet. — **bulmak** to come to an end, end. — **e ermek** to end, come to an end. — **vermek** /a/ to put an end to; to bring (something) to an end, conclude, terminate.
nihayetlenmek to end, come to an end.
nihayetsiz 1. endless, unending. 2. vast, boundless, infinite.
nihilist, -ti 1. (a) nihilist. 2. nihilist, nihilistic.
nihilizm nihilism.
Nijer 1. Niger, the Republic of Niger. 2. Nigerien, Nigerois, of Niger.
Nijerli 1. (a) Nigerien, (a) Nigerois. 2. Nigerien, Nigerois (person).
Nijerya 1. Nigeria. 2. Nigerian, of Nigeria.
Nijeryalı 1. (a) Nigerian. 2. Nigerian (person).
nikâh marriage ceremony, act of marrying, marriage, wedding ceremony, nuptials. —ı **altına almak** /ı/ to marry, take (a woman) to wife: **Onu nikâhım altına aldım.** I took her to wife. — **dairesi** marriage office, *Brit.* registry office, *Brit.* register office (government office which performs marriages). — **düşmek** for a marriage to be deemed legally permissible. — **etmek** 1. /ı, a/ to marry (someone) to; /ı/ to join (two people) in marriage. 2. /ı, a/ to give (someone) in marriage to. 3. /ı/ (for a man) to marry. —ı **kaçmak** for a marriage to cease to be valid (because one of the spouses has done something improper). —**ta keramet vardır.** *proverb* Don't worry about being mismatched; get married and you'll see that everything will work out fine. — **kıymak** to perform a marriage ceremony. — **şahidi** person who acts as a witness at a marriage. — **şekeri** small parcel of candy (usually sugared almonds) given to the guests at a wedding. — **tazelemek** *Islam* to get married again (after having divorced).

nikâhlamak 1. /ı, a/ to marry (someone) to; /ı/ to join (two people) in marriage. 2. /ı, a/ to give (someone) in marriage to. 3. /ı/ (for a man) to marry.
nikâhlanmak to get married; /a or la/ to marry (someone).
nikâhlı 1. married, wedded. 2. husband; wife (used of spouses who have wed but not yet begun to live together). 3. (living together) in a lawfully wedded state, as lawfully wedded man and wife.
nikâhsız 1. unmarried, unwed. 2. (living together) without being married.
Nikaragua 1. Nicaragua. 2. Nicaraguan, of Nicaragua.
Nikaragualı 1. (a) Nicaraguan. 2. Nicaraguan (person).
nikbin 1. optimistic. 2. (an) optimist.
nikbinlik optimism.
nikel 1. nickel. 2. made of nickel. — **kaplı** nickel-plated.
nikelaj 1. nickel-plating, nickeling, nickelage, plating (something) with nickel. 2. nickel plating, nickel plate, coating of nickel.
nikotin nicotine.
nilüfer *bot.* water lily.
nimbus nimbus (a rain cloud).
nimet, -ti 1. (Godsent) blessing. 2. bread, the staff of life; food. 3. (a) kindness, (a) favor. —**i ayağıyla tepmek** *colloq.* to ignore an opportunity that has come one's way; to refuse to take advantage of an opportunity that has come one's way.
nimetşinas *obs.* grateful, appreciative.
nine 1. grandmother, granny. 2. old woman.
ninni lullaby. — **söylemek** to sing a lullaby.
nipel nipple (used for coupling pipes).
nirengi *land surveying* triangulation.
nisai gynecological.
nisaiye 1. gynecology. 2. ward for gynecological patients.
nisaiyeci gynecologist.
nisan April.
nisanbalığı, -nı April fool (joke played on April Fools' Day).
nisap *obs.* quorum.
nispet, -ti 1. proportion, ratio; rate: **ölüm nispeti** death rate. 2. relationship, relation. 3. spite; spiteful action. 4. /a/ just to spite ...: **ona nispet** just to spite him. —**le** /a/ compared to, in comparison to; in proportion to. — **etmek** 1. /a/ to do/say something to (someone) out of spite. 2. /ı, la/ to compare (someone/something) to. — **vermek/yapmak** /a/ to do/say something to (someone) out of spite.
nispetçi spiteful.
nispeten 1. /a/ compared to, in comparison to. 2. relatively, comparatively.

nispi 1. relative (concept/term). 2. relative, comparative. 3. proportional, determined with reference to proportions: **nispi temsil** *pol.* proportional representation.

niş niche.

nişan 1. sign, mark, indication, token. 2. target. 3. decoration, medal, order. 4. engagement, betrothal. 5. engagement ceremony; engagement party. — **almak** 1. /a/ to take aim (at), aim (at). 2. to receive a decoration, get a medal. — **atmak** to shoot at a target. — **halkası** *colloq.* engagement ring. — **koymak** /ı or a/ to make a mental note of, keep (something) in mind. — **takmak** 1. (for an engaged couple) to give each other engagement rings; /a/ to put an engagement ring on (someone's finger). 2. /a/ to pin a medal/a decoration on (someone). — **vermek** /a/ to bestow a medal/a decoration on. — **yapmak** to have an engagement ceremony; to have an engagement party. — **yüzüğü** engagement ring.

nişancı marksman.

nişancılık marksmanship.

nişane sign, mark.

nişangâh 1. rear sight (of a gun). 2. target.

nişanlamak 1. /ı, la/ to engage/betroth/affiance (someone) to. 2. /a/ to take aim at; /ı, a/ to aim (one's weapon) at. 3. /ı/ to mark.

nişanlanma engagement, betrothal, becoming engaged.

nişanlanmak 1. to get engaged. 2. to be marked.

nişanlı 1. engaged to be married. 2. fiancé; fiancée.

nişanlılık engagement, being engaged.

nişasta 1. cornstarch. 2. *chem.* starch, amylum.

nitekim just as ...; in the same way ..., likewise ...: **Ben anlayamadım, nitekim sen de anlamış değilsin.** Just as I didn't understand it, neither did you. **Kardeşine onu öğrettim. Nitekim ona da öğreteceğim.** I taught it to her brother. Likewise I'm going to teach it to her.

nitel qualitative.

niteleme qualification. — **belirteci/zarfı** *gram.* adverb of manner, adverb of quality. — **sıfatı** *gram.* descriptive adjective, adjective of quality.

nitelemek /ı/ 1. to characterize, describe. 2. *gram.* to modify, qualify.

nitelendirme characterization, description.

nitelendirmek /ı/ to characterize, describe.

nitelenmek 1. to be characterized, be described. 2. *gram.* to be modified.

nitelik quality; attribute, characteristic.

nitelikli 1. of high quality, of superior quality. 2. of (a certain) quality: **üstün nitelikli** of superior quality. 3. skilled (worker).

niteliksel *see* **nitel.**

niteliksiz 1. poor in quality, of inferior quality. 2. unskilled (worker).

nitesel *see* **nitel.**

nitrat, -tı *chem.* nitrate.

nitrikasit *chem.* nitric acid.

nitrogliserin *chem.* nitroglycerin, nitroglycerine.

nitrojen *chem.* nitrogen.

nivelman leveling (using a surveyor's level). — **aleti** surveyor's level. — **röperi** bench mark.

nivo 1. level, plane. 2. surveyor's level.

niyaz pleading, entreaty, supplication. — **etmek** /ı/ to plead for (something); /a/ to plead with (someone).

niye Why?/What for?/Why ...?

niyet, -ti 1. intention, intent, purpose. 2. *Islam* repetition of a formula in which one avows one's intention to perform a religious act. 3. (a) fortune written on a slip of paper. — **ini bozmak** to change one's mind. — **i bozuk olmak** /ın/ *colloq.* to have something no-good in mind; to have some mischief up one's sleeve. — **çektirmek** /a/ to make (a bird/a rabbit) draw a slip of paper with a fortune written on it. — **etmek** /a/ to intend, mean, aim, plan (to do something). — **kuyusu** wishing well. — **tutmak** 1. to concentrate one's thoughts on the matter about which one hopes to learn something (done while consulting a fortuneteller). 2. to wish for something to turn out in a certain way (when drawing lots, observing a contest).

niyetçi person who, in return for money, will have his bird/rabbit draw a slip of paper that has a fortune written on it.

niyetlenmek /a/ to intend, mean, aim, plan (to do something).

niyetli 1. /a/ (someone) who intends (to do something). 2. (someone) who intends to fast/who is fasting (during Ramazan).

nizam 1. order, arrangement, structure, organization; system, method. 2. rule, regulation; law. — **a sokmak/koymak** /ı/ to put (something) in order. **bitişik** — (building) that has no space between it and the buildings on either side of it. **bitişik** — **olmayan** detached (building).

nizami 1. legal; regulatory, regulative. 2. orderly/systematic/methodical (arrangement).

nizamiye the regular army of the Ottoman Empire. — **kapısı** the main gate (of an army post).

nizamlı 1. orderly, organized, structured; systematic, methodical. 2. legal, lawful.

nizamname *law* 1. regulations (governing an organization). 2. regulation, regulatory decision.

nizamsız 1. disorganized, disordered; unsystematic. 2. illegal, unlawful.

nizamsızlık 1. disorder, disorganization; lack of system/method. 2. illegality, unlawfulness.

No. (*abbr. for* **Numara**) No. (Number).

nobran rude, churlish, harsh and insensitive to

the feelings of others.
nobranlık rudeness, churlishness.
Noel Christmas. **— ağacı** Christmas tree. **— Baba** Santa Claus, *Brit.* Father Christmas.
nohudi 1. (a) light, brownish yellow. 2. of a light, brownish yellow color, buff-colored, manila.
nohut chickpea, garbanzo. **— oda, bakla sofa.** *colloq.* It's hardly big enough to turn around in *(said of a house that's very small)*.
noksan 1. lacking, wanting, missing; incomplete, unfinished. 2. imperfect; deficient. 3. unfinished/incomplete part. 4. defect, deficiency; shortcoming. 5. lack, want.
noksanlık 1. unfinished/incomplete part. 2. defect, deficiency; shortcoming. 3. lack, want.
noksansız 1. complete, not lacking in any way. 2. perfect, flawless.
nokta 1. point, dot. 2. spot, speck. 3. *math.* point. 4. *punctuation* period, *Brit.* full stop. 5. place, spot. 6. point, item, particular (under discussion). 7. point (along a road where a policeman/a soldier is always to be found). **— kaynağı** 1. spot welding. 2. (a) spot-weld. **— kaynağı yapmak** /a/ to spot-weld. **— koymak** /a/ 1. to put a period/a dot. 2. to finish, wind (something) up. **—sı noktasına** exactly, completely; in every way. **— olmak** *slang* 1. to beat it, get lost. 2. (for a dope-taker) to be so high he can't move a muscle. **iki — üst üste** *punctuation* colon. **sıra —lar** *punctuation* ellipsis dots, ellipsis points, suspension dots, suspension points.
noktacı 1. (a) pointillist. 2. pointillistic.
noktacılık pointillism, pointillisme.
noktainazar *obs.* point of view, viewpoint; standpoint.
noktalama punctuation. **— işaretleri** punctuation marks.
noktalamak /ı/ 1. to dot. 2. to punctuate.
noktalanmak 1. to be dotted, be with dots. 2. to be punctuated.
noktalı 1. dotted (letter/cloth). 2. (sentence) which is set off by a period. **— virgül** semicolon.
noktasız 1. undotted (letter/cloth). 2. (sentence) which isn't set off by a period.
nomenklatür nomenclature.
nominal *fin.* nominal. **— değer** nominal value, par value.
nominalist, -ti *phil.* 1. (a) nominalist. 2. nominalistic.
nominalizm *phil.* nominalism.
nominatif *gram.* 1. nominative, in the nominative case. 2. the nominative case, the nominative.
nonfigüratif nonfigurative, nonobjective, nonrepresentational. **— sanat** nonfigurative art.

nonkonformist, -ti 1. (a) nonconformist. 2. nonconformist.
nonkonformizm nonconformism.
nonoş little darling, lamb, sweet thing *(term of endearment)*.
norm norm.
normal, -li 1. normal. 2. *math.* (a) perpendicular, (a) normal.
normalaltı, -nı *math.* (a) subnormal.
normalite normality.
normalleşmek to become normal, get back to normal.
normatif normative.
Norveç 1. Norway. 2. Norwegian, of Norway.
Norveççe 1. Norwegian, Norse, the Norwegian language. 2. (speaking, writing) in Norwegian, Norwegian. 3. Norwegian (speech, writing); spoken in Norwegian; written in Norwegian.
Norveçli 1. (a) Norwegian. 2. Norwegian (person).
nostalji nostalgia.
nostaljik nostalgic.
nosyon concept, idea, notion.
not, -tu 1. note; memorandum; minute. 2. mark, grade (in school). **— almak** 1. to make notes. 2. to get a grade. **— atmak** /a/ to put a grade on (an exam/a piece of work). **— düşmek** *colloq.* to write down a note. **— etmek** /ı/ to note (something) down. **—unu kırmak** /ın/ to lower (someone's) grade. **— tutmak** to take notes. **— vermek** /a/ 1. to give a grade (to). 2. *colloq.* to pass judgment on. **—unu vermek** /ın/ *colloq.* to decide that (someone) is no-good/no-count/a bad egg.
nota 1. (musical) note; piece of written music. 2. diplomatic note.
noter notary public, notary.
noterlik 1. notary public's office (the building). 2. work of a notary public; notaryship.
nova *astr.* nova.
nöbet, -ti 1. turn (of duty). 2. shift (scheduled period of work); watch (of a sentry). 3. time: **iki nöbet** twice. 4. attack/fit/paroxysm/seizure (caused by a recurrent disease). **— beklemek** 1. to await one's turn. 2. to be on duty. 3. to stand guard; to keep watch, watch. **— çizelgesi** roster (showing to whom shifts are assigned); *mil.* guard roster. **— gelmek** to have a seizure/an attack. **— hizmeti** *mil.* guard duty. **— tutmak** 1. to be on duty. 2. to stand guard; to keep watch, watch.
nöbetçi 1. person on duty. 2. sentry, sentinel; watchman. 3. (someone) who is on duty. **— eczane** pharmacy whose turn it is to be open at night or during a holiday. **— kulübesi** sentry box. **— subay** duty officer; officer of the day; officer of the guard.
nöbetçilik 1. being on duty. 2. being a sentry/a

watchman.
nöbetleşe (doing something) by turns, in rotation, turn and turn about.
nöbetşekeri, -ni a crystallized sugar thought to have medicinal properties.
nörolog neurologist.
nöroloji 1. neurology. 2. department of neurology (in a hospital).
nöron neuron.
nörotik neurotic.
nötr 1. *chem., elec.* neutral. 2. *gram.* neuter, (a word) that is neither masculine nor feminine. 3. neutral, indifferent.
nötralize used in: — **etmek** /ı/ to neutralize.
nötrlemek /ı/ *chem.* to neutralize.
nötrleşmek *chem.* to become neutral.
nötron neutron. — **bombası** neutron bomb.
nötür see **nötr**.
nuar round of beef.
Nuh Noah. — **der, peygamber demez.** *colloq.* He's as stubborn as a mule./He's as stubborn as they come. —**'un gemisi** Noah's Ark. — **Nebi'den kalma** *colloq.* (something) as old as the hills, that came out of the Ark.
numara 1. (identifying) number (e.g. house number, license-plate number). 2. grade (in a course). 3. (numerical) size (of a pair of shoes). 4. number (performance done as one part of a show). 5. *slang* trick, fast one, number. — **çevirmek** *slang* to be up to no good, pull something. —**sını vermek** /ın/ *colloq.* to decide that (someone) is no-good/no-count/a bad egg. — **yapmak** *slang* 1. to pretend, fake. 2. /a/ to pull something on, have (someone) on. —**sı yapmak/**—**sına yatmak** *slang* to pretend to be, fake: **Hasta numarası yapıyor.** He's pretending to be ill.
numaracı *slang* 1. trickster, con artist; faker. 2. tricky; (someone) who is a con artist/a faker.
numaralamak /ı/ to number, assign a number to.
numaralanmak to be numbered.
numaralı numbered, marked with a number; (something/someone) which/who is numbered ...: **4 numaralı peronda** at platform number four.
numarasız unnumbered, numberless.
numen *phil.* noumenon (as opposed to *phenomenon*).
numune model; sample.
numunelik 1. sample (thing); token, (something) that is only for show. 2. sample, specimen.
nur light; radiance; heavenly light; divine radiance. — **gibi** *colloq.* 1. wondrously radiant. 2. beatific, saintly (in appearance). — **içinde yatsın.** May he/she rest in peace./God rest his/her soul. — **inmek** /a/ for a heavenly light to descend upon. — **ol!** How wonderful!/God bless you! — **topu gibi** *colloq.* (child) which is as healthy and attractive as can be. — **yüzlü** *colloq.* (someone) who has a saintly face, who looks saintly.
nurani see **nurlu**.
nurlu 1. shining; bright; radiant. 2. beatific, saintly (in appearance).
nursuz sinister-looking (face).
nutuk, -tku 1. speech, public address; oration. 2. *obs.* the faculty of speech. — **atmak/çekmek** to preach a sermon, give a lecture, hold forth *(said disparagingly).* —**a gelmek** (for something nonhuman) to start to talk. —**u tutulmak** *colloq.* to be tongue-tied, be so amazed/excited one can't speak. — **vermek/söylemek** to make a speech.
nü 1. nude (painting/statue/photograph). 2. (a) nude; nude painting; nude statue; nude photograph.
nüans nuance.
nüfus 1. population, number of inhabitants. 2. persons, people: **Bu evde on nüfus oturuyor.** Ten people live in this house. — **cüzdanı/kâğıdı** identity booklet/card (issued to every citizen by the state). — **dağılımı/dağılışı** population distribution. — **fazlalığı** overpopulation. — **memurluğu** Public Registration Office (where births, marriages, changes of residence, and deaths are recorded). — **patlaması** population explosion. — **planlaması** family planning. — **sayımı** population census, census.
nüfusbilim demography.
nüfusbilimci demographer, demographist.
nüfusbilimsel demographic, demographical.
nüfusça as regards persons: **Nüfusça zayiat yoktu.** There was no loss of human life.
nüfuslu 1. (place) which has a population of ...: **100.000 nüfuslu bir şehir** a city of one hundred thousand people. 2. (family) made up of (so many) persons.
nüfuz 1. influence, power, weight. 2. penetration; permeation. — **etmek** /a/ 1. to penetrate; to permeate. 2. to influence. 3. to understand the real meaning of. — **sahibi** influential (person). — **ticareti yapmak** *colloq.* to engage in influence peddling, peddle one's influence.
nüfuzlu influential (person).
nüfuzsuz (someone) who has no influence, whose word carries no weight.
nükleer nuclear. — **atık** nuclear waste. — **enerji** nuclear energy. — **fizik** nuclear physics. — **harp başlığı** nuclear warhead. — **reaktör** nuclear reactor. — **santral** nuclear power plant. — **silahlar** nuclear weapons. — **tıp** nuclear medicine.
nükleon *phys.* nucleon.
nüks *med.* relapse, recurrence.
nüksetmek 1. (for a disease) to relapse/recur. 2.

(for something) to reappear unexpectedly.
nükte 1. witty remark, witticism. 2. subtle point, fine point. — **yapmak** to make a witty remark.
nükteci 1. witty. 2. wit, witty person.
nüktecilik wittiness; being a wit.
nüktedan 1. witty. 2. wit, witty person.
nüktedanlık wittiness; being a wit.
nükteli witty (remark).
nümayiş demonstration (made in protest, e.g. marching through the streets).
nümayişçi demonstrator (one who marches in a demonstration).
nümismat, -tı numismatist.
nümismatik numismatics.
nüsha (a) copy (one of a number of printed/written things); (a single) issue, number (of a magazine/a newspaper).
nüve nucleus.
nüzul, -lü *obs.* stroke; apoplexy, apoplectic stroke; paralytic stroke.
nüzullü *obs.* (someone) who has suffered a stroke.

O

O the letter O.
O! O!/Oh!/Ah!
o, -nu 1. he; she; it. 2. that; those. **— anda** at that moment. **— denli** so much; so. **— duvar senin, bu duvar benim.** *colloq.* I was so drunk I couldn't see straight. **— gibi** such (a thing). **— gün bugün/bugündür** *colloq.* since then, from that day to this. **— halde** 1. In that case .../If that's the case .... 2. therefore. **—nun için** 1. for him/her/it. 2. for that reason, on account of that, as a result (of that). **— kadar** so much; so. **— kadar!** *colloq.* That's all! **— kadar kusur kadı kızında da bulunur.** *colloq.* Be reasonable; the best of things will have these sorts of flaws! **— kapı/mahalle senin, bu kapı/mahalle benim dolaşmak** *colloq.* to wander around everywhere. **— saat** *colloq.* at that very moment; right away. **— takdirde** in that case. **— taraflı olmamak** *colloq.* to pay no mind to someone/something, ignore someone/something. **— tarakta bezi olmamak** *colloq.* not to be involved in that matter. **— yolda** in that way, like that. (...) **— yolun yolcusu** *colloq.* ... going to end up like that one day: **Hepimiz o yolun yolcusuyuz.** We're all going to end up like that one day.
oba 1. (a) group of nomads (under the authority of a chief). 2. place where an *oba* is encamped. 3. large tent.
obelisk, -ki obelisk.
obje object, thing.
objektif 1. objective, unbiased. 2. *phil.* objective (as opposed to *subjective*). 3. *optics, phot.* (an) objective.
objektiflik objectivity.
objektivist, -ti *phil.* 1. (an) objectivist. 2. objectivistic.
objektivite *see* **objektiflik.**
objektivizm *phil.* objectivism.
obligasyon *fin.* bond. **— sahibi** bondholder.
obruk 1. *geol.* swallow hole, ponor. 2. concave (thing).
observatuar observatory.
obstrüksiyon 1. *pol.* obstruction, blocking. 2. *sports* blocking.
obua *mus.* oboe.
obuacı oboist, oboe player.
obur 1. gluttonous, piggish. 2. glutton, pig.
oburca gluttonously.
oburlaşmak to become gluttonous.
oburluk gluttony.
obüs *mil.* 1. obus (an artillery shell). 2. howitzer.
ocak January. **— ayı** January.

ocak 1. stove, cookstove, range (refers only to the top portion containing the cooking eyes). 2. fireplace. 3. furnace; kiln; blast furnace; forge. 4. quarry. 5. mine (e.g. a gold mine). 6. bed (of vegetables); growing bed. 7. source; center; den: **fesat ocağı** den of mischief. 8. meeting place, local headquarters (of an association). 9. association, society, organization. 10. family, household. 11. family whose members are reputed to be able to treat a specific disease. **—ı batmak** *colloq.* to be ruined, suffer a great material loss. **—ına düşmek** /ın/ *colloq.* 1. to seek protection from (someone). 2. to plead with (someone) for help. **—ına incir dikmek/—ına darı ekmek** /ın/ *colloq.* to ruin or do away with (someone's) family. **—ı kör kalmak** *colloq.* to have no descendants. **— siperi** fire screen. **—ını söndürmek** /ın/ *colloq.* to do away with (someone's) family, wipe (someone's) family off the face of the earth. **—ı sönmek** *colloq.* for one's family to perish, for one's family to be wiped off the face of the earth.
ocakçı 1. chimney sweep. 2. stoker (a person). 3. man in charge of making coffee and tea in a **kahve.**
ocakçılık being a chimney sweep, stoker, or maker of coffee and tea.
ocaklı 1. (room) which contains a fireplace. 2. (place) which contains a furnace, kiln, blast furnace, or forge. 3. someone who belongs to a specific organization.
od fire. **— yok, ocak yok.** *colloq.* He hasn't got two sticks to rub together./He's very poor.
oda 1. room. 2. association, society, organization. **— müziği** chamber music. **— takımı** suite of furniture.
odabaşı, -nı person in charge of the rooms in a caravansary or inn.
odacı person who runs errands and does cleaning (in a business concern); office boy.
odak *phys.* focus. **— noktası** focal point.
odaklama /ı/ focusing (a camera).
odaklamak /ı/ to focus (a camera).
odaklanma 1. being focused. 2. being centered, being centralized.
odaklanmak 1. to be focused. 2. to be centered, be centralized.
odaklaşma focalization, coming to a focus.
odaklaşmak to focalize, come to a focus.
odaklaştırma /ı/ focalization, bringing to a focus.
odaklaştırmak /ı/ to focalize, bring to a focus.
odaklayıcı first assistant cameraman, lenser,

hocus focus boy.
odaksal focal.
odaksız afocal.
odalı (place) which has (so many) rooms, -roomed.
odalık odalisque, female slave, concubine.
oditoryum auditorium.
odsuz used in: — **ocaksız** colloq. poor and homeless.
odun 1. firewood. 2. colloq. blockhead, numskull. — **alkolü** wood alcohol, methanol. — **atmak** /a/ to give (someone) a beating. — **gibi adam/**— **kafa** colloq. blockhead, numskull. — **hamuru** wood pulp. — **kesmek** to cut firewood (in a wood). — **kırmak** to chop wood, split firewood. — **yarıcı** woodchopper. — **yarmak** to split a log or a big piece of wood. — **yongası** wood shaving, shaving.
oduncu 1. seller of firewood. 2. woodcutter, woodman.
odunculuk cutting or selling wood.
odunkömürü, -nü charcoal.
odunlaşma lignification.
odunlaşmak 1. to lignify. 2. colloq. to get rude, become insensitive to others.
odunluk 1. woodshed; place where wood is stored. 2. (tree) ready to be cut for firewood. 3. colloq. churlishness, rudeness, insensitivity to others.
odunözü, -nü bot. lignin.
odunsu ligneous, woody.
odyometre 1. audiometer. 2. eudiometer.
odyovizüel audiovisual.
of 1. Oof! 2. Ouch!/Ow!
ofans sports offense.
ofansif sports 1. offensive (game/player). 2. (playing) offensively.
ofis 1. government department (which acts in a commercial capacity, e.g. **Petrol Ofisi**). 2. office (place of work).
oflamak to say "Oof!", huff indignantly/exasperatedly; to say "Ouch!" **oflayıp poflamak** to huff and puff indignantly/exasperatedly.
ofsayt soccer offside.
ofset, -ti 1. offset printing, offset. 2. offset printing machine.
oftalmolog ophthalmologist.
oftalmoloji ophthalmology.
oftalmoskop, -pu ophthalmoscope.
Oğlak astrology Capricorn. — **dönencesi** the Tropic of Capricorn.
oğlak kid (of a goat).
oğlan 1. boy; youth. 2. catamite. 3. playing cards jack. — **dayıya, kız halaya çeker.** proverb A boy will take after his maternal uncle, and a girl will take after her paternal aunt.
oğlancı pederast.
oğlancılık pederasty.
oğul, -ğlu son. —**u olmak** to have a son (referring to the birth of a son).
oğul swarm of bees. — **balı** virgin honey. — **verme** the swarming (of bees).
oğulcuk 1. dear little son. 2. bot., zool. embryo.
oğulluk 1. being a son, sonship. 2. prov. adopted son. 3. prov. stepson.
oğulotu, -nu bot. bee balm, lemon balm.
Oğuz 1. (an) Oghuz Turk, Ghuz. 2. Oghuz, of the Oghuz Turks.
oğuz archaic 1. young bull. 2. good-hearted man. 3. peasant, villager. 4. good, decent, honest (man).
Oğuzca 1. Oghuz, the Turkish spoken by the Oghuz Turks. 2. (speaking, writing) in Oghuz. 3. Oghuz (speech, writing); spoken in Oghuz; written in Oghuz.
oh Ah! (expression of delight or relief). — **çekmek** to rejoice over another's misfortunes. — **demek** 1. to breathe a sigh of satisfaction. 2. to sit back and enjoy life, take it easy. — **olsun!** colloq. It serves him/her/you/them right!
oha 1. vulg. Hey you!/Stop!/Whoa! 2. Whoa! (said to stop an animal).
oje nail polish.
ok, -ku 1. arrow. 2. tongue, pole (of a wagon). 3. shank (of a ship's anchor). 4. (porcupine's) quill. — **atımı** bowshot (the distance an arrow flies, roughly 300 meters). — **atmak** to shoot an arrow. —**unu atmış, yayını asmış.** colloq. He's done his bit; now he's taking it easy for the rest of his life. — **gibi fırlamak** /dan/ colloq. to rush out of (a place) with lightning speed. — **kılıfı** quiver. — **meydanı** archery ground. — **meydanında buhurdan yakmak** colloq. 1. to try to heat a big place with something that is woefully inadequate to the task. 2. to try to accomplish something big with means that are pitifully inadequate. —**a tutmak** /ı/ to rain arrows upon. — **yaydan çıktı.** colloq. What's done is done; there's no turning back./The die is cast.
okaliptüs eucalyptus.
okçu 1. maker or seller of arrows. 2. archer, bowman.
okçuluk 1. making or selling of arrows. 2. archery. 3. being an archer.
okey 1. colloq. OK./Okay. 2. a card game. —**ini almak** /ın/ colloq. to get (someone's) okay.
okeylemek /ı/ colloq. to okay, OK.
okka oke, oka (a weight of 400 dirhems or 1282 grams). —**nın altına gitmek** colloq. to be the victim; to bear the brunt of it. — **çekmek** colloq. to be heavier than it looks.
okkalamak /ı/ 1. to estimate the weight of (something) by holding it in one's hand. 2. colloq. to flatter, butter (someone) up.
okkalı colloq. 1. heavy. 2. big, whopping. — **kahve** colloq. 1. big cup of Turkish coffee. 2.

very strong coffee. — **küfür** *colloq.* oath which turns the air blue.
oklamak /ı/ to shoot (something) with an arrow.
oklava rolling pin. — **yutmuş gibi** *colloq.* (someone who's standing) as stiff as a poker.
oklu furnished with arrows/an arrow, arrowed.
okluk quiver.
oklukirpi *zool.* porcupine.
oksi *slang* Scram!/Beat it!/Get lost!
oksijen 1. oxygen. 2. peroxide, hydrogen peroxide. — **çadırı** oxygen tent.
oksijenlemek /ı/ 1. *chem.* to oxygenate, oxygenize. 2. to peroxide (hair).
oksijenli 1. oxygenated. 2. (hair) that has been peroxided, that has been treated with peroxide. — **su** hydrogen peroxide.
oksijensizlik anoxia.
oksit *chem.* oxide.
oksitlemek /ı/ *chem.* to oxidize.
oksitlenme *chem.* oxidation.
oksitlenmek *chem.* to oxidize, be/become oxidized.
okşama caressing, caress, stroking, fondling; patting, pat.
okşamak /ı/ 1. to caress, stroke, fondle; to pat. 2. *colloq.* to flatter, please. 3. *slang* to give (someone) a gentle beating. 4. *obs.* to resemble.
okşanmak to be caressed, be stroked, be fondled; to be patted.
okşantı caress.
okşatmak /ı, a/ to cause (someone) to caress; to let (someone) caress.
okşayış 1. caressing, fondling. 2. way of caressing. 3. caress.
oktan octane.
oktant, -tı mariner's quadrant, octant.
oktav *mus.* octave.
oktruva octroi (tax on goods entering a city).
okul 1. school. 2. school (of thought), école.
okuldaş schoolmate.
okullu 1. (someone) who has attended school. 2. pupil, student.
okulöncesi, -ni 1. preschool. 2. the preschool period (in a person's life).
okulsonrası, -nı 1. post-school. 2. the time after one has completed one's formal education.
okuma reading. — **kitabı** primer, reader (book used to teach someone to read). — **odası** reading room. — **yitimi** word blindness, alexia.
okumak 1. /ı/ to read; to be able to read. 2. /ı/ to study. 3. to study, attend school. 4. /ı/ to sing; to chant, recite. 5. /ı/ to decipher. 6. /ı/ *prov.* to invite (someone). 7. /ı/ to incant a spell over. 8. /a/ *slang* to swear at, give (someone) down the country.
okumamış 1. (someone) who's had no formal education. 2. illiterate.
okume *bot.* okoume, okume, Gaboon mahogany.
okumuş (someone) who's had some formal education; well-educated.
okumuşluk possession of some formal education; being well-educated.
okunabilirlik readability.
okunaklı legible, readable (writing).
okunaksız illegible, unreadable (writing).
okunmak 1. to be read. 2. to be studied. 3. to be sung; to be chanted, be recited. 4. to be deciphered.
okuntu *prov.* invitation.
okunulmak *impersonal passive* to read.
okunurluk readability.
okunuş way of reading/singing/chanting.
okur reader.
okuryazar literate.
okuryazarlık literacy, literateness.
okus pokus *slang* trick, plot, intrigue.
okutmak /ı/ 1. to make/let (someone) read something. 2. to make it possible for (someone) to be educated; to get (someone) educated. 3. to teach. 4. *slang* to sell, let (something) go.
okutman lecturer (in a university).
okutulmak 1. (for something) to be taught. 2. (for someone) to be educated (in a certain place).
okuyucu 1. reader. 2. singer; chanter. 3. *prov.* person sent around to invite people to a wedding.
okuyuş way of reading/singing/chanting.
oküler ocular, eyepiece.
okyanus ocean.
Okyanusya 1. Oceania. 2. Oceanian, of Oceania.
Okyanusyalı 1. (an) Oceanian. 2. Oceanian (person).
okyılanı, -nı *zool.* 1. a water snake. 2. a viper.
ol *archaic* 1. that; those. 2. he; she; it.
olabildiğince insofar as one is able.
olabilir possible.
olabilirlik possibility.
olacak 1. suitable, acceptable. 2. reasonable, sensible, not absurd. 3. *colloq.* so-called, (someone) who claims to be ...: **öğretmen olacak o kişi** that so-called teacher. 4. something that is possible. 5. *colloq.* the lowest price (at which a merchant will sell something). — **gibi değil.** *colloq.* It looks like (something) won't happen. — **iş değil.** *colloq.* It's impossible./It's out of the question. —**ı nedir?** *colloq.* What's the lowest amount you'll sell this for?/What's the real price of this thing? — **olur.** *colloq.* Things will turn out in the way they are fated to.
olagelmek to continue, go on.
olağan usual, normal, common; natural.
olağandışı, -nı unusual, exceptional; abnormal, strange.
olağandışılık unusualness; abnormality.

olağanlaşmak to become commonplace.
olağanlık normality.
olağanüstü, -nü 1. extraordinary; unheard-of, unusual. 2. wonderful, stunning.
olağanüstülük extraordinariness.
ola ki 1. perhaps, maybe: **Ola ki gelir.** Maybe he'll come. 2. probably.
olamaz impossible.
olanak possibility.
olanaklı possible.
olanaklılık possibility.
olanaksız impossible.
olanaksızlaşmak to become impossible.
olanaksızlaştırmak /ı/ to make (something) impossible.
olanaksızlık impossibility.
olanca with all of ...: **olanca kuvvetiyle** with all his might.
olası 1. probable. 2. May he ...!: **Kör olası.** May he go blind!
olasıcılık *phil.* probabilism.
olasılı (something) which is based on probability/assumptions.
olasılık probability.
olay 1. event, occurrence. 2. unusual event, incident. 3. phenomenon. **— çıkarmak** to make trouble, cause trouble. **—lar dizisi** 1. sequence of events. 2. *lit.* plot.
olaybilim *phil.* phenomenology.
olaycılık *phil.* phenomenalism.
olaylı eventful, marked by unpleasant events.
olaysız 1. uneventful. 2. uneventfully.
olçum *prov.* quack doctor, quack.
oldubitti fait accompli. **—ye getirmek** to present someone with a fait accompli.
oldukça rather, fairly, quite, pretty, to some extent: **Su oldukça soğuk.** The water's pretty cold.
oldurgan *gram.* causative (verb).
oldurmak /ı/ 1. to bring (something) into being. 2. to ripen; to mature.
ole Olé! *(used as a cheer).*
olgu 1. *phil.* fact. 2. *lit.* action; plot. 3. *med.* case (instance of disease, patient).
olgucu *phil.* 1. positivist, positivistic. 2, (a) positivist.
olguculuk *phil.* positivism.
olgun 1. ripe, mature. 2. (spiritually/mentally/emotionally) mature (person).
olgunlaşma maturation. **— enstitüsü** technical high school for girls.
olgunlaşmak to become ripe, ripen; to become mature, mature.
olgunlaştırmak /ı/ to ripen; to mature (someone/something).
olgunluk ripeness; maturity. **— imtihanı** *formerly* examination administered to students upon completion of high school.
olgusal *phil.* factual.

oligarşi oligarchy.
olimpiyat, -tı Olympic: **olimpiyat oyunları** the Olympic Games. **—lar** the Olympics, the Olympic Games.
olmadık 1. (something) that one has never been asked to do before. 2. (something) that has never been said to one before.
olmak, -ur 1. to become, come to exist, come into being. 2. to happen, occur, be, take place. 3. to be (to have/occupy a place/a position; to show a certain characteristic): **Beşte orada olmalıyım.** I ought to be there at five o'clock. **Cesur olmalısın.** You should be bold. 4. to have *(used with possessives):* **Param olsaydı alırdım.** If I'd had the money, I'd have bought it. **Benim o semtte bir evim olmalı.** I ought to have a house in that part of town. 5. (for time) to pass, elapse, be: **Oraya gideli iki yıl oldu.** It's been two years since he went over there. 6. (for something) to be acceptable, be all right, be okay: **Olur mu öyle?** Can (something like) that be okay? **Olur!** Okay! **Olmaz!** No! 7. to ripen; (for food) to be cooked, be done. 8. /a/ (for an article of clothing) to fit. 9. /dan/ to lose, be deprived of: **Canından oldu.** He lost his life. **Kumar yüzünden servetinden oldu.** She lost her fortune by gambling. 10. to catch (a disease): **Tifo oldu.** He caught typhoid fever. 11. to undergo (something): **Ameliyat oldu.** He underwent an operation. **Ali yarın imtihan olacak.** Ali will take an exam tomorrow. 12. /a/ (for something) to be a source of (something) to (someone): **Bu ilacın ona çok yararı oldu.** This medicine has really helped her. 13. *slang* to get drunk: **Sen bayağı oldun.** You're as drunk as a lord. **Oldu.** *colloq.* All right./OK./Very well./Agreed. **—la beraber/birlikte** although: **Parlak bir zekâsı olmamakla beraber para kazanmasını biliyor.** He's no whiz kid, but he does know how to make money. **olan/olup biten** all (the events) that took place. **olup bitmek** to happen, take place. **oldum bittim** *colloq.* for as long as anyone can remember, from time immemorial, always. **olduğu gibi** 1. as (one) is, as (it) is: **İnsanları olduğu gibi kabul etmelisin.** You should accept people as they are. 2. as it/they happened: **Her şeyi olduğu gibi anlatacağım.** I will explain everything as it happened. 3. besides being ..., in addition to being ...; besides having ..., in addition to having ...: **Hasta olduğu gibi, yoksul da.** Besides being sick, he is poor. **olduğu kadar** 1. besides being ...; besides having ...: **Oda küçük olduğu kadar, karanlık da.** Besides being small, the room is dark. 2. as much as possible: **Hepsini bitirmek zorunda değilsin, olduğu kadar yap.** You don't have to finish it all; do what you can. **Olan oldu.** *colloq.* What's done is done.

olup olacağı *colloq.* all: **Bendeki paranın olup olacağı bu kadar.** This is all the money I've got on me. **Onun olup olacağı bir köy muhtarı.** He'll never be anything more than the mayor of a village. **Olup olacağımız toprak mı?** Are we nothing more than dust? **oldum olası/olasıya** *colloq.* for as long as anyone can remember, from time immemorial, always. **(...) oldu olmadı** *colloq.* It's been just about ...: **Bu işe başlayalı on yıl oldu olmadı.** It's been just about ten years since he began this job. **olmak üzere** 1. being: **İşyerimizde, ikisi Fransız olmak üzere, yirmi eleman var.** In our firm we have twenty personnel, two of whom are French. 2. to be on the point of being: **Kahven olmak üzere.** Your coffee's just about ready. **olur olmaz** 1. *colloq.* just any old, whatever, any ... that: **Olur olmaz her kitabı okuma!** Don't read any old book you happen to see! 2. *colloq.* at random, without thinking: **Olur olmaz konuşma!** Don't just talk whenever you feel like it. 3. as soon as (something) happens.
olmamış unripe.
olmayacak 1. unseemly, unsuitable, improper. 2. impossible. **— duaya âmin demek** *colloq.* to hope for the impossible.
olmaz impossible. **O—!** *colloq.* No!/It's not possible./It can't be done. **— olaydı!** *colloq.* Would that it hadn't happened! **— olmaz.** *colloq.* Nothing's impossible. **— olmaz deme, olmaz olmaz.** *proverb* Never rule out the impossible.
olmazlı *log.* absurd.
olmazlık *log.* absurdity.
olmuş ripe. **—/pişmiş armut gibi eline düşmek** *colloq.* (for something good) to fall into one's lap, come one's way without one's lifting a finger.
olsa if he/she/it were, if he/she/it should become. **— gerek** he/she/it must be: **O kişi yabancı olsa gerek.** That person must be a foreigner. **— olsa** *colloq.* at the most, at most: **Olsa olsa oraya dört saatte gidilir.** It takes at the most four hours to get there.
olsun 1. That's okay./I don't care. 2. Be that as it may; .... 3. if only ...: **Bir gün olsun kal, ne olur?** Please stay, even if it's only for one day! **— olsun** *colloq.* at the most, at most: **Oraya olsun olsun on saatte gidilir.** It takes at the most ten hours to get there. **... —, ... olsun** both ... and ...; whether ... or ...: **Büyük olsun, küçük olsun, her boy ayakkabımız var.** We've got shoes in every size, both big and small. **Eski olsun, yeni olsun, orası beni ilgilendirmez.** I don't care whether it's old or new.
olta fishing line. **— balığı** fish caught with a fishing line. **— iğnesi** fishhook. **— takımı** fishing tackle. **—ya vurmak** (for a fish) to strike, hit, seize the bait. **—yı yutmak** *slang* to fall for a trick, be duped, be conned.
oluk 1. trough (used as a conduit); flume, chute, slide, sluiceway, sluice, raceway, race. 2. eaves trough, gutter. 3. groove, channel; flute (as in a column). 4. groove (in the wheel of a pulley). 5. *anat.* sulcus. **— gibi akmak** *colloq.* to flow in abundance, stream out. **— oluk** *colloq.* in streams.
olukçuk 1. small groove. 2. *anat.* sulculus.
oluklu 1. (something) which has an **oluk** attached to it. 2. grooved, corrugated; fluted. **— kalem** gouge (a chisel). **— sac** corrugated iron.
olumlama *log.* affirmation.
olumlamak /ı/ *log.* to affirm.
olumlu 1. positive, affirmative. 2. (someone) who has a positive outlook. 3. constructive, helpful, useful, beneficial (thing). **— bilim** natural science, science. **— eylem** *gram.* affirmative verb. **— tümce** *gram.* affirmative sentence.
olumlulaşmak 1. to become positive, become affirmative. 2. to become constructive.
olumluluk 1. positiveness, affirmativeness. 2. constructiveness.
olumsal *phil.* contingent.
olumsallık *phil.* contingency.
olumsuz 1. negative; not constructive, negatory. 2. (someone) who has a negative outlook, who is a habitual naysayer. **— eylem** *gram.* negative verb. **— tümce** *gram.* negative sentence.
olumsuzlaşmak to become negative.
olumsuzluk negativeness, negativity. **— eki** *gram.* negative suffix.
olunmak 1. *used to make passive verbs:* **davet olunmak** to be invited. **iade olunmak** to be returned. 2. *impersonal passive* to become.
olupbitti fait accompli. **—ye getirmek** to present someone with a fait accompli.
olur *used in:* **O—.** *colloq.* Okay./All right. **—unu almak** /ın/ to get (someone's) okay. **—una bırakmak/bağlamak** /ı/ to let (a matter) take its course. **— şey/iş değil!** *colloq.* It can't be!/It's impossible!/I don't believe it!
oluş way of coming into being; becoming, coming into being, genesis, formation.
oluşma coming into being, formation.
oluşmak 1. to come into being, be formed, be constituted. 2. /dan/ to consist of, be made up of, be composed of.
oluşturma formation, forming, constitution.
oluşturmak /ı/ to form, constitute.
oluşturulmak to be formed, be constituted.
oluşuk *geol.* formation (i.e. a rock mass or stratum).
oluşum formation, forming.
om *elec.* ohm.

om, oma 1. head (of a bone). 2. rounded end (resembling the head of a bone).
ombra umber.
omça *prov.* trunk, stock (of a grapevine), vinestock.
omlet, -ti omelet.
omnibüs omnibus.
omur *anat.* vertebra.
omurga 1. *anat.* backbone, spine, spinal column. 2. *naut.* keel (to which the ribs are attached). — **kanalı** *anat.* spinal canal, vertebral canal.
omurilik *anat.* spinal cord.
omuz, -mzu shoulder. —**una almak** /ı/ 1. to put (something) on/over one's shoulders, shoulder. 2. *colloq.* to take on, shoulder (a job/a responsibility). — **askısı** shoulder strap (on a dress). — **atkısı** shawl. — **atmak** /a/ *colloq.* to shoulder, push (someone) with one's shoulder. — **başı** end of the shoulder. — **çevirmek** /a/ *colloq.* to cold-shoulder, give (someone) the cold shoulder. —**ları çökük** *colloq.* (someone) who looks completely exhausted (emotionally and physically). — **omuza** 1. (standing) shoulder to shoulder, side by side. 2. *colloq.* (doing something) together, shoulder to shoulder, side by side. — **öpüşmek** 1. to kiss one another's shoulders on meeting (as a sign of affection). 2. *colloq.* to be social equals, be on the same social level. — **silkmek** *colloq.* to shrug one's shoulders (often as a sign of indifference). —**unda taşımak** /ı/ 1. to carry (someone/something) on one's shoulders. 2. *colloq.* to honor, hold (someone) in high esteem. — **vermek** /a/ 1. *colloq.* to help; to support. 2. to lean one's shoulder against. 3. to let (someone) climb up on one's shoulders. 4. *slang* to pay no attention to. —**una vurmak** /ı/ to shoulder, put (something) on one's shoulder.
omuzdaş 1. accomplice, confederate. 2. pal, mate.
omuzlamak /ı/ 1. to shoulder, put (something) on one's shoulders. 2. to push against (something) with one's shoulder. 3. *colloq.* to shoulder (a job/a responsibility). 4. *slang* to steal, make off with.
omuzluk 1. *mil.* shoulder strap; shoulder loop; shoulder mark. 2. *mil.* epaulet. 3. *naut.* the quarter or bow sections of a ship. 4. *prov.* shoulder yoke (for carrying loads).
on ten. — **para etmez** *colloq.* utterly worthless. — **paralık etmek** /ı/ *colloq.* to disgrace; to humiliate. — **paraya on taklak atar.** *colloq.* He'll stoop to anything in order to make money, even if it's only a tiny sum. — **parmağında on kara.** *colloq.* He has a habit of saying nasty things about people. — **parmağında on marifet** *colloq.* (someone) who is skillful at doing a number of things, who is very versatile. — **parmağım yakasında.** *colloq.* 1. I swear I'll make him suffer for this. 2. I'm going to see this business through to the bitter end.
ona to him; to her; to it. — **buna dil uzatmak** *colloq.* to say nasty things about everybody. — **göre hava hoş.** *colloq.* It makes no difference to him./He doesn't care whether it's one way or the other. — **sebep** *colloq.* for that reason, on account of that, owing to that.
onaltılık *mus.* sixteenth note.
onama approval; ratification; certification.
onamak /ı/ to approve; to ratify; to certify.
onanizm onanism, masturbation.
onanmak to be approved; to be ratified; to be certified.
onar ten apiece, ten each. — **onar** in groups of ten each, ten at a time, in tens.
onarıcı *see* **onarımcı.**
onarılmak to be repaired; to be restored.
onarım repair; restoration. — **cerrahisi** neoplasty. — **işliği** repair shop.
onarımcı repairer; restorer.
onarma repair; restoration.
onarmak /ı/ 1. to repair; to restore. 2. to make amends for.
onartmak /ı, a/ to have (someone) repair/restore (something).
onat, -tı 1. correct, proper. 2. careful, painstaking. 3. beneficial, useful. 4. decent, upright, moral.
onay approval, consent; ratification; certification. —**ını almak** /ın/ to get (someone's) approval/consent.
onaylama approval; ratification; certification.
onaylamak /ı/ to approve; to ratify; to certify.
onaylanmak to be approved; to be ratified; to be certified.
onaylatmak /ı, a/ to have (someone) approve/ratify/certify (something); /ı/ to have (something) approved/ratified/certified.
onaylı approved; ratified; certified.
onaysız unapproved; unratified; uncertified.
Onb. (*abbr. for* **Onbaşı**) Cpl. (Corporal).
onbaşı, -yı *mil.* (a) corporal.
onbaşılık 1. being a corporal. 2. corporalship, corporalcy.
onca 1. according to him/her; in his/her opinion; as far as he/she is concerned. 2. so many (people/things); so much (of something).
onculayın 1. like him; like her. 2. according to him/her.
onda (a) tenth.
ondalık 1. *math.* a tenth part; ten percent. 2. *math.* decimal. 3. *hist.* a tax paid in kind. — **kesir** *math.* decimal fraction. — **sayı** *math.* decimal, number written in decimal notation. — **sistem** *math.* decimal system. — **virgülü**

math. decimal point.
ondalıkçı person who gets a commission of ten percent.
ondurmak /ı/ 1. to improve, make better. 2. to heal, cure. 3. to make (someone) happy, put (someone) at ease.
ondülasyon 1. permanent wave; marcel, marcel wave. 2. corrugation.
ondüle 1. (hair) that has been waved; marcelled. 2. corrugated (iron). — **yapmak** to wave/marcel (hair).
ongun 1. very productive. 2. flourishing, prosperous. 3. happy, at peace with oneself. 4. lucky. 5. totem. 6. heraldic arms.
ongunculuk totemism.
ongunluk 1. prosperity. 2. good fortune. 3. being at peace with oneself.
Oniki Ada the Dodecanese.
onikiparmakbağırsağı, -nı *anat.* duodenum.
onikitelli *mus.* a twelve-stringed guitar-like instrument.
onikiyüzlü 1. *geom.* (a) dodecahedron. 2. *geom.* dodecahedral. 3. twelve-sided.
oniks onyx.
onkoloji oncology.
onlar they.
onlar *used in:* — **basamağı** *math.* the place of ten in a whole number.
onlu 1. (something) which contains or consists of ten things/parts. 2. *math.* decimal. 3. *playing cards* the ten: **kupa onlusu** the ten of hearts.
onluk 1. (something) which can hold ten measures of something. 2. ten-lira bill; ten-kuruş coin. **—lar basamağı** *math.*, *see* **onlar basamağı.**
onmadık 1. not cured; not healed; incurable. 2. unfortunate. 3. incorrigible. — **baş** *colloq.* (person who has never had anything but misfortune.
onmak 1. to improve, get better. 2. to get over an illness, get well. 3. to find happiness, find inner peace.
onmaz incurable.
onomatope onomatopoeia.
ons ounce.
onsuz without him/her/it.
ontoloji *phil.* ontology.
onulmak *impersonal passive* to get over, recover from (an illness); to get rid of (a trouble).
onulmaz incurable.
onuncu tenth (person/thing).
onur 1. self-respect, self-esteem, pride. 2. honor, distinction. **—una dokunmak** /ın/ to touch (someone's) self-esteem, wound (someone's) pride. — **duymak** to feel honored. — **konuğu** guest of honor. — **kurulu** discipline committee (of a society). — **üyesi** honorary member. — **vermek** /a/ 1. to honor (someone) with

one's presence. 2. to make (someone) feel proud. **—una yediremememek** /ı/ *colloq.* not to be able to stomach (an affront to one's self-respect). — **yeri** the place of honor.
onurlandırmak /ı/ 1. to honor (someone) with one's presence. 2. to make (someone) feel proud.
onurlanmak 1. to be honored, feel honored. 2. to feel proud.
onurlu self-respecting, (someone) who has a becoming sense of pride.
onursal honorary. — **üye** honorary member.
onursuz lacking in self-respect.
onursuzluk lack of self-respect.
opak opaque, nontransparent.
opal, -li 1. *geol.* opal. 2. a finely woven cotton fabric that has a slight sheen.
opera 1. opera. 2. opera house.
operakomik comic opera.
operasyon 1. *med.* operation, surgery. 2. operation (the carrying out of a plan).
operatör 1. surgeon. 2. operator (of a machine).
operet, -ti operetta.
oportünist, -ti 1. (an) opportunist. 2. opportunist, opportunistic.
oportünizm opportunism.
opossum *zool.* opossum, possum.
Opr. (*abbr. for* **Operatör**) Surg. (Surgeon).
opsiyon *com.* option.
optik 1. optics. 2. optical. — **karakter okuyucu** *comp.* optical character reader. — **karakter tanıma** *comp.* optical character recognition. — **kaydırma** *cin.* zoom. — **tarama** *comp.* optical scanning. — **tarayıcı** *comp.* optical scanner.
optimist, -ti 1. optimistic. 2. (an) optimist.
optimizm optimism.
optimum optimum.
opus opus.
ora that place. **—da** there, in that place. **—dan** from there, thence. **—larda** in those parts; thereabouts. **—ları** those parts, thereabouts. **—da burada** *colloq.* here and there. **—ya buraya** *colloq.* hither and thither. **—larda olmamak** *colloq.* 1. not to pay any attention. 2. to pretend not to hear/know.
Ora. (*abbr. for* **Oramiral**) V.A., V. Adm. (Vice Admiral).
oracıkta just over there.
orain *slang* heroin, junk.
orak 1. sickle; reaping hook. 2. harvest, reaping. 3. harvesttime.
orakböceği, -ni *zool.* cicada.
orakçı day laborer (hired to help with the harvest).
oraklamak /ı/ to sickle.
oralı a native of that place. — **olmamak** *colloq.* 1. to feign indifference. 2. to pay no attention.
oramiral, -li vice admiral.

oran 538

oran 1. proportion; ratio; rate. 2. estimate. **—la /a/** in comparison with.
orandışı, -nı irrational (number).
orangutan *zool.* orangutan.
oranlama estimation. **—ya dayanan** estimated.
oranlamak 1. /ı/ to calculate. 2. /ı/ to estimate. 3. /ı, la/ to compare (one thing) with (another).
oranlı proportional; (something) whose proportions are pleasing, proportionate.
oranlılık balance, proportion.
oransız badly proportioned, proportionless, disproportionate.
oransızlık lack of proportion, disproportion.
orantı 1. balance, proportion. 2. *math.* proportion.
orantılı 1. balanced, well-proportioned. 2. *math.* proportional.
orası, -nı 1. that place. 2. that aspect of the matter. **— öyle.** *colloq.* That's true./That's so. **— senin, burası benim dolaşmak/gezmek** *colloq.* to wander around constantly from place to place.
oratoryo *mus.* oratorio.
ordinaryüs distinguished (professor).
ordinat, -tı *math.* ordinate.
ordino *com.* instructions to a shipper concerning the taking on and delivery of a consignment.
ordonat, -tı military supply service (an official agency).
ordövr hors d'oeuvres.
Ord. Prof. (*abbr. for* **Ordinaryüs Profesör**) Dist. Prof. (Distinguished Professor).
ordu army.
ordubozan 1. spoilsport. 2. (someone) who is a spoilsport. 3. *prov., path.* varicosis, varicosity, varix.
ordubozanlık being a spoilsport.
orduevi, -ni *mil.* officer's club.
ordugâh military camp, military encampment.
orfoz *zool.* grouper.
org, -gu *mus.* organ, pipe organ.
Org. (*abbr. for* **Orgeneral**) Gen. (General).
organ 1. *anat.* organ. 2. organ, instrumentality, agency. 3. publication, organ, mouthpiece. **— nakli** *surg.* transplantation of an organ.
organik organic. **— kimya** organic chemistry. **— külte** mineral formation largely formed from organic material.
organizasyon organization.
organizatör 1. organizer. 2. *slang* pimp.
organizma organism.
organlaşmak (for a living thing) to develop organs.
organze organza.
orgazm orgasm.
orgcu organist, organ player.
orgeneral, -li *mil.* (full) general.
orijin origin.

orijinal, -li 1. original. 2. unusual, different. 3. (an) original.
orijinalite originality.
orijinallik 1. originality. 2. unusualness, differentness, difference.
orkestra orchestra. **— şefi** *mus.* conductor.
orkestralama *mus.* orchestration.
orkide *bot.* orchid.
orkinos *zool.* tuna.
orkit, -ti *path.* orchitis.
orlon Orlon.
orman forest; woods. **— gibi** *colloq.* 1. overgrown (garden). 2. thick (hair). 3. bushy/beetling/beetle (eyebrows). **— kanunu** *colloq.* the law of the jungle. **— kebabı** a stew made of mutton and vegetables. **— kibarı** *colloq.* bear (*said of a person*). **— taşlamak** *colloq.* to try to learn another's thoughts in a roundabout way.
ormancı 1. forester; forest ranger. 2. forestry specialist.
ormancılık 1. forestry (the science). 2. being a forester or forest ranger.
ormanlaşmak to become forested.
ormanlaştırmak /ı/ to afforest.
ormanlık 1. heavily forested; thickly wooded. 2. forestlike; woodsy. 3. heavily forested area.
ormansarmaşığı, -nı *bot.* virgin's bower.
ormansıçanı, -nı *zool.* wood mouse.
ormansız forestless, lacking in forests/woods.
ormantavuğu, -nu *zool.* grouse.
ormantırmaşıkkuşu, -nu *zool.* tree creeper.
ornitolog ornithologist.
ornitoloji ornithology.
orojeni *geol.* orogeny, orogenesis.
orospu *vulg.* prostitute, whore, harlot. **— bohçası gibi** *colloq.* very untidy-looking (thing).
orospuluk *vulg.* 1. prostitution. 2. dirty trick; treachery, backstabbing. **— yapmak** *vulg.* 1. to engage in prostitution. 2. to pull something dirty, do something treacherous.
orostopolluk *slang* trick, ruse; piece of foxiness.
orsa *naut.* 1. the weather side (of a ship). 2. (a ship's) being turned into the wind. **— alabanda** *naut.* Hard alee!/Down with the helm! **— etmek** *naut.* to luff up, go nearer the wind. **— gitmek** *naut.* to hug the wind, sail close to the wind. **— poca/boca** 1. *naut.* tacking and veering, luffing and falling off. 2. *colloq.* (doing something) after meeting with various difficulties.
orsalamak *naut.* to hug the wind, sail close to the wind.
orta 1. middle, middle part, central part. 2. middle, central (thing). 3. moderate; average, middling. 4. *phys.* place, locus, field. **—da** 1. in the middle. 2. in public, publicly. 3. evident, obvious. **— akıncı** *soccer* center forward. **—ya almak** /ı/ to put (someone/something) in the

middle; to surround. **—ya atılmak** 1. to be suggested, be proposed, be thrown out for consideration. 2. to sally forth, go forth. **—ya atmak** /ı/ to suggest, throw (something) out for consideration. **— baklası** *colloq.* loose woman. **—ya bir balgam atmak** *vulg.* to throw a monkey wrench into the works, say something that upsets things (just at a point when all's going well). **—da bırakmak** /ı/ to leave (someone) in the lurch, leave (someone) in a difficult situation. **— boy** 1. middle-sized. 2. middle-sized thing. **— boylu** (person) of medium height. **—sını bulmak** *colloq.* 1. to do something in moderation, take the middle course. 2. /ın/ to reconcile. 3. /ın/ to divide (something) into two equal parts. **—ya çıkarmak** /ı/ 1. to expose, reveal, bring to light. 2. to create, introduce (a new thing). **—ya çıkmak** 1. to appear, come on the scene. 2. (for something) to come to light. **— derece/derecede** of middling quality. **— dikme** *math.* perpendicular bisector. **— direk** 1. *naut.* mainmast. 2. *colloq.* middle class, middle-class people. **—ya dökmek** /ı/ *colloq.* to disclose, make (something) public. **—ya düşmek** *colloq.* to become a prostitute. **—da fol yok yumurta yokken** *colloq.* for no apparent reason whatsoever. **— halli** *colloq.* middle-class. **— hece yutumu** *ling.* haplology. **— hizmetçisi** housemaid. **— işi** housework. **—dan kaldırmak** /ı/ 1. to hide, put (something) out of sight. 2. *colloq.* to eliminate, eradicate, do away with, remove, abolish. 3. *colloq.* to kill, rub out, do away with, make away with, put away, remove. **—dan kalkmak** *colloq.* 1. to be done away with; to cease to be. 2. to be done away with, be bumped off, be killed. 3. not to be found on the market. **—da kalmak** *colloq.* 1. to be left without house/home, be left homeless. 2. to be caught in the middle (when two of one's friends are quarrelling with each other). **— karar** *colloq.* of middling quality. **—dan kaybolmak** *colloq.* to disappear. **—ya koymak** /ı/ *colloq.* 1. to bring up (a matter), put forth (something) for consideration. 2. to create, produce. **— kuşak** the Temperate Zone. **— malı** *colloq.* 1. something everyone uses in common. 2. commonplace, stale, stereotyped. 3. loose woman, woman who sleeps around. **—nın sağı** 1. *pol.* group that's to the right of the center. 2. *slang* very sweet (coffee). **— sahın** *arch.* central nave. **—nın solu** 1. *pol.* group that's to the left of the center. 2. *slang* (coffee) with little sugar. **—dan söylemek** *colloq.* to make some barbed remarks (about someone within earshot without mentioning that person's name). **— şekerli** (coffee) with a middling amount of sugar in it. **— terim** *log.* middle term. **—ya vurmak** /ı/ *colloq.* to expose; to disclose; to make (something) public. **— yaşlı** middle-aged.
Orta Afrika Cumhuriyeti, -ni the Central African Republic.
ortaağırlık 1. middleweight (boxer/wrestler). 2. a class in boxing (not over 75 kg.); a class in wrestling (not over 79 kg.).
ortaç *gram.* participle, verbal adjective.
ortaçağ the Middle Ages.
Ortadoğu the Middle East.
ortaelçi minister plenipotentiary, minister.
ortak 1. partner; associate. 2. accomplice. 3. common, held in common, shared. 4. fellow wife (in a polygamous household). **— etmek** /ı/ to make (someone) a partner, take (someone) on as a partner. **— olmak** 1. /a/ to participate in, share in. 2. /la/ to become a partner with; to become partners. **— ölçülmez sayılar** *math.* incommensurable numbers. **— ölçülür sayılar** *math.* commensurable numbers. **O— Pazar** the Common Market. **— tambölen** *math.* common divisor, common factor.
ortakçı 1. someone who assists a farmer in return for a share of the crop. 2. *biol.* commensal.
ortakçılık 1. being someone who assists a farmer in return for a share of the crop. 2. *biol.* commensalism.
ortakkat, -tı *math.* common multiple.
ortaklaşa 1. (doing something) together, jointly, as partners; collectively. 2. joint, common, shared.
ortaklaşacı 1. (a) collectivist. 2. collectivistic.
ortaklaşacılık collectivism.
ortaklaşmak to enter into partnership with someone, become partners.
ortaklık partnership; firm; company, corporation. **—ı bozma/giderme** *law* dissolution of a partnership.
ortakulak *anat.* middle ear, tympanum.
ortayapım joint production.
ortayaşama *biol.* symbiosis.
ortayaşar *biol.* 1. symbiont. 2. symbiotic.
ortayönetim coalition.
ortalama 1. average, mean. 2. (an) average, (a) mean. 3. (dividing something) straight down the middle.
ortalamak /ı/ 1. to reach the middle of, reach the midpoint of. 2. to divide (something) in half; to split/cut (something) down the middle. 3. *soccer* (from a position at the side of the field) to send (the ball) through the air straight towards the goal.
ortalık 1. one's immediate surroundings, the area around one. 2. middle, central. **—ta** in view, in sight. **— ağarmak** for it to get light outside (as dawn breaks). **—ı birbirine katmak** *colloq.* to put everybody in a state of alarm

ortam

and confusion; to stir up a ruckus. — **bozulmak** *colloq.* 1. for public morals to go to the dogs. 2. for law and order to cease to exist. **—a düşmek** *colloq.* to become a prostitute. — **düzelmek** *colloq.* 1. for public morals to improve/get better. 2. for law and order to return. **—ı ... götürmek** *colloq.* (for something) to cover the whole place. **—ta kalmak** *colloq.* to be left all on one's own, be left all by oneself. **— kararmak** for it to get dark (at sunset, owing to dark clouds). **— karışmak** *colloq.* for trouble and violence to break out. **—ı süpürmek** to sweep a place. **—ı toplamak** to tidy up, put a place in order. **—ı toz pembe görmek** *colloq.* to see the world through rose-colored glasses. **—ı tutmak** *colloq.* (for a sound/smoke/a smell) to fill the air. **— yatışmak** *colloq.* for a degree of law and order to be restored, for things to calm down.

ortam environment, surroundings; atmosphere, milieu.

ortanca 1. the second child (in a family which has three children). 2. second (child in a family which has three children). 3. middle-sized thing. 4. middle-sized (thing).

ortanca *bot.* hydrangea.

ortaokul *formerly* junior high school, middle school.

ortaoyunu, -nu a theatrical genre once popular in Turkey.

ortaöğretim secondary education.

ortaparmak middle finger.

ortasıklet, -ti 1. middleweight (boxer/wrestler). 2. a class in boxing (not over 75 kg.); a class in wrestling (not over 79 kg.).

Ortodoks 1. Eastern Orthodox, Orthodox. 2. (an) Orthodox, (a) member of the Eastern Orthodox Church.

ortodoks orthodox; approved; conventional.

Ortodoksluk Eastern Orthodoxy, Orthodoxy.

ortodonti orthodontics.

ortopedi orthopedics.

ortopedik orthopedic.

ortopedist, -ti orthopedist.

oruç fast (a religious exercise). **— açmak** to break one's fast (at the proper time, e.g. sunset for Muslims observing the Ramazan fast). **— bozmak** 1. to break one's fast (at an improper time, e.g. before sunset). 2. to break one's fast (at the proper time). **— tutmak** to fast. **— yemek** not to fast.

oruçlu (someone) who is fasting.

oruçsuz (someone) who is not fasting.

orun office, place of work (of a high official).

orya *playing cards* diamond.

oryantal, -li Oriental. **— dans** belly dance.

oryantalist, -ti Orientalist.

Oset 1. Ossete, Osset. 2. Ossetian, Ossetic.

Osetçe 1. Ossetic, the Ossetic language. 2. (speaking, writing) in Ossetic, Ossetic. 3. Ossetic (speech, writing); spoken in Ossetic; written in Ossetic.

Osetiya *see* **Osetya.**

Osetya Ossetia.

Osmanlı 1. (an) Ottoman, (an) Ottoman Turk. 2. Ottoman. **— İmparatorluğu** the Ottoman Empire.

Osmanlıca 1. Ottoman Turkish, Ottoman, the Ottoman Turkish language. 2. (speaking, writing) in Ottoman Turkish, Ottoman Turkish. 3. Ottoman Turkish (speech, writing); spoken in Ottoman Turkish; written in Ottoman Turkish.

osmoz *see* **ozmos.**

osteoloji osteology.

osteoporoz *path.* osteoporosis.

osurgan (someone) who farts a lot.

osurganböceği, -ni *zool.* bombardier beetle.

osurmak to fart, break wind.

osuruk *vulg.* fart. **—u cinli** *slang* very touchy (person). **—unu düğümlemek** /ın/ *slang* to scare the shit out of (someone).

osurukağacı, -nı *bot.* ailanthus, tree of heaven.

oşinografi oceanography.

ot, -tu 1. weed; (a) wild grass; herb. 2. medicine. 3. poison. 4. *slang* hashish, hash. 5. (cushion/pillow/mattress) that has been stuffed with dried grasses. **— yemek** *slang* to smoke hash. **— yiyen** herbivorous. **— yoldurmak** /a/ *colloq.* to put (someone) to a lot of trouble.

otacı *prov.* 1. herbalist. 2. medical doctor.

otağ pavilion, large and luxurious tent (used by a sultan/a grand vizier).

otak *see* **otağ.**

otalamak /ı/ *prov.* 1. to poison. 2. to treat medically.

otamak /ı/ *prov.* to treat medically.

otantik authentic.

otarşi autarky, economic self-sufficiency.

otçu 1. person who has a reputation for curing the sick in a village. 2. herbalist.

otçul herbivorous.

otel hotel.

otelci hotelkeeper, hotelier.

otelcilik 1. being a hotelkeeper. 2. operating a hotel, hotel management.

otistik *psych.* autistic.

otizm *psych.* autism.

otlak 1. pasture, grassy area (used as a pasture). 2. grassy, abounding in grass.

otlakçı *slang* 1. sponger, freeloader. 2. (someone) who sponges, freeloading.

otlakçılık being a sponger, sponging, freeloading.

otlakıye 1. tax paid by those who pasture their animals on government land. 2. *slang* spong-

ing, freeloading.
otlamak 1. to graze, pasture. 2. *slang* to sponge, freeload.
otlanmak 1. to graze, pasture. 2. (for a pasture) to be grazed over.
otlatılmak (for animals/an animal) to be put out to pasture.
otlatmak /ı/ to put (animals/an animal) out to pasture.
otlubağa *zool.* toad.
otluk 1. hayrick, haystack; hayloft. 2. grassy place.
oto auto, car, automobile. **— galerisi** automobile showroom; automobile sales lot.
otoban autobahn.
otobiyografi autobiography.
otobiyografik autobiographical, autobiographic.
otobur herbivorous.
oboburluk herbivorousness.
otobüs bus.
otobüsçü 1. person who owns and operates a line of buses. 2. bus driver.
otobüsçülük 1. being an owner and operator of buses. 2. being a bus driver.
otodidakt, -tı self-taught person, autodidact.
otoerotizm autoerotism.
otogar bus station, bus depot (for intercity buses).
otokar (large, well-appointed, intercity) bus.
otoklav autoclave (used for sterilizing).
otokrasi autocracy.
otokrat, -tı autocrat.
otokritik self-criticism, autocriticism.
otoman 1. (an) ottoman (a kind of couch). 2. (an) ottoman (a large footstool). 3. ottoman (a fabric).
otomasyon automation.
otomat, -tı 1. robot, automaton. 2. apparatus for heating water as it is drawn, *Brit.* geyser. 3. system in which electric lights (usually those of a hallway/a stairway) are turned on manually and turned off automatically; the button controlling such a system.
otomatik 1. automatic. 2. system in which electric lights (usually those of a hallway/a stairway) are turned on manually and turned off automatically; the button controlling such a system.
otomatikleşmek to become automatic.
otomatikman automatically.
otomatizm automatism.
otomobil car, automobile. **— kullanmak** to drive a car.
otomotiv (sanayii) the automotive industry, the motor vehicle industry.
otomotris motor car (used on a railroad or streetcar line).
otonom autonomous.
otonomi autonomy.

otopark, -kı parking lot; parking garage; *Brit.* car park.
otoplasti *med.* autoplasty.
otopsi autopsy, postmortem examination, postmortem.
otoray autorail, autorailer (automobile that can be operated on a railroad, as well as a highway).
otorite authority, power.
otoriter authoritarian.
otostop, -pu hitchhiking. **— yapmak** to hitchhike.
otostopçu hitchhiker.
otoyol superhighway.
otsu herbaceous.
otsul *see* otsu.
oturacak something to sit on, seat.
oturak 1. low stool. 2. bottom, base; foundation. 3. thwart (seat for a rower). 4. chamber pot, slop jar; potty. 5. *prov.* a drinking party featuring music and a dancing woman. 6. *prov.* (someone) who's housebound because he can't walk easily. **— âlemi** *prov.* a drinking party featuring music and a dancing woman.
oturaklı 1. (object) which has a solid base/foundation; (object) which won't tip over easily. 2. sedate; dignified; serious-minded, sober. 3. well-chosen, very appropriate (words).
oturaklılık sedateness; dignity; serious-mindedness, sobriety.
oturma sitting. **— belgesi/izni** residence permit. **— grevi** sit-down strike, sit-down, sit-in. **— odası** living room, *Brit.* sitting room, *Brit.* lounge.
oturmak 1. to sit. 2. /a/ to sit down (on), sit (upon). 3. /da/ to live/dwell in (a place); /la/ to live with (someone). 4. /a/ (for something) to fit on (something); /üstüne/ (for a garment) to fit (someone). 5. /a/ (for someone) to take up (a post/an appointment): **Bakan makamına oturdu.** The minister has taken up his post. 6. (for a building/a wall/a pavement/earth) to settle, subside; (for particles suspended in a liquid) to settle. 7. /a/ *colloq.* to cost: **Bana pahalıya oturdu.** It cost me a lot. 8. (for something) to catch on, take root, become popular, be accepted. 9. (for a ship) to run aground. **oturduğu dalı kesmek** *colloq.* to cut off the very branch one is sitting on, cut the ground from under one's own feet. **oturmaya gitmek** /a/ to go to see (someone), go to visit (someone). **oturup kalkmak** /la/ *colloq.* to act on, follow (someone's advice).
oturmuş established: **oturmuş bir firma** an established firm.
oturtma a dish made of ground meat and vegetables.
oturtmak 1. /ı/ to seat, sit (someone) down. 2.

oturtmalık 542

/ı/ to put, place (something) (in a specified place); to set, mount (a jewel). 3. /ı/ to let (someone) sit. 4. /ı/ to let (someone) live/dwell (in). 5. /ı/ to run (a ship) aground. 6. /ı/ to set (a hen). 7. /ı, a/ to make (something) fit on (something else).

oturtmalık *arch.* stereobate, basement.

oturtulmak 1. to be seated. 2. (for something) to be placed.

oturulmak *impersonal passive* 1. to sit. 2. /da/ to live/dwell in (a place); /la/ to live with (someone).

oturum 1. session, sitting; hearing (in a court). 2. residence, residing.

oturuş way of sitting, sit.

otuz thirty. — **bir** a card game. — **bir çekmek** *slang* to masturbate, *Brit.* wank off.

otuzar thirty each, thirty apiece; thirty at a time.

otuzuncu thirtieth.

ova (grassy) plain, champaign, savanna.

oval, -li 1. oval (shape). 2. (an) oval.

ovalamak /ı/ 1. to break up, crumble (something) with one's fingers. 2. to massage, knead.

ovalanmak 1. to be crumbled. 2. to be massaged, be kneaded.

ovalatmak /ı, a/ 1. to have (someone) crumble (something). 2. to have (someone) massage/knead (something).

ovalı 1. (someone) who lives in a plain, lowland. 2. someone who lives in a plain, lowlander.

ovalık (area) which contains grassy plains.

ovdurmak /ı, a/ 1. to have/let (someone) massage/knead/rub (a part of one's body). 2. to have/let (someone) rub/scrub/scour (something).

ovma massage; rubbing.

ovmaç *prov.* 1. freshly made **tarhana**. 2. a thick soup.

ovmak /ı/ 1. to massage, knead, rub. 2. to rub, scrub, scour.

ovucu masseur; masseuse.

ovulmak 1. to be massaged, be kneaded, be rubbed. 2. to be rubbed, be scrubbed, be scoured.

ovuşturmak /ı/ 1. to massage, knead, rub. 2. to rub (one's hands) together; to wring (one's hands). 3. to rub (one's eyes) with one's hands.

oy 1. vote. 2. ballot. 3. opinion, view. — **birliği** 1. unanimity. 2. unanimous vote. — **birliğiyle** unanimously. — **çokluğu** majority, majority of votes. — **hakkı** the right to vote, the franchise. —**a koymak** /ı/ to put (something) to a vote. —/—**unu kullanmak** to vote, cast one's vote. — **pusulası** ballot. — **sandığı** ballot box. — **vermek** 1. to vote, cast one's vote. 2. /a/ to vote for.

oya a kind of embroidery (used as edging on a garment/a cloth). — **gibi** *colloq.* delicate and lovely.

oyacı maker or seller of **oya**.

oyalamak, oyalandırmak /ı/ 1. to detain (someone) (so that he is delayed in doing something). 2. to put (someone) off with trumped-up excuses. 3. to distract, keep (someone) busy; to divert, amuse.

oyalamak /ı/ to edge (something) with **oya**.

oyalanmak 1. to distract oneself, keep oneself amused (in order to ward off boredom/sadness). 2. to be detained/put off/distracted/amused.

oyalı edged with **oya**.

oydaş /la/ of the same opinion (as), in agreement (with); like-minded.

oydurmak /ı, a/ 1. to have (someone) hollow (something) out. 2. to have (someone) cut/chisel/carve/engrave a design in/on (something).

oygubaskı photogravure, heliogravure (the process).

oylama putting (something) to a vote.

oylamak /ı/ to put (something) to a vote.

oylanmak to be put to a vote.

oyluk *anat., see* **uyluk**.

oylum 1. volume; bulk. 2. volume, capacity. 3. quantity, amount. 4. *fine arts* depth, a three-dimensional effect. 5. hollow place, cavity, hole. 6. hollow (place); (something) that's been chiseled/carved/engraved. — **oylum** pleasingly irregular in outline.

oylumlama *fine arts* modeling, giving (something) a three-dimensional appearance.

oylumlamak /ı/ *fine arts* to model, give (something) a three-dimensional appearance.

oylumlu 1. (something) which has volume. 2. bulky; voluminous.

oyma 1. /ı/ hollowing (something) out. 2. /ı/ cutting/chiseling/carving/engraving a design in/on (something). 3. (a) carving, carved design. 4. *print.* the engraved design on a plate. 5. (something) which has been cut/chiseled/carved/engraved in/on something else.

oymabaskı engraving (printing process which utilizes engraved plates).

oymacı carver, chiseler; engraver.

oymacılık 1. being a carver/a chiseler/an engraver. 2. the art of carving/engraving.

oymak /ı/ 1. to hollow (something) out. 2. to cut/chisel/carve/engrave a design in/on (something).

oymak 1. tribe, nomadic tribe. 2. troop of scouts. — **beyi** scoutmaster.

oymalı carved, chiseled; engraved. — **yaprak** *bot.* lobate leaf, lobed leaf.

oynak 1. lively, frisky, active; mobile; flickering. 2. wavering, vacillating, irresolute. 3. frivolous but charming (woman). 4. *mech.* loose, (something) which has play in it. 5. *anat.* (a) joint. 6. a rhythmic pattern in Turkish music.

— **ateş** *path.* remittent fever. — **kemiği** *colloq.* kneecap.

oynaklık 1. liveliness; mobility. 2. vacillation, irresolution. 3. *mech.* looseness, play.

oynamak 1. to play, amuse oneself, fool around. 2. to dance; to gambol, cavort, frisk about; to dance (a dance). 3. to move, stir, budge. 4. to become loose; to have play in it. 5. /ı/ to play (a game). 6. /ı/ to perform (a play). 7. /ı/ to play (a card). 8. /la/ to risk, play around with, trifle with. 9. to fluctuate, move back and forth. 10. to flicker. 11. /la/ to monkey with, tinker with, tamper with, fool with. 12. (for a film/a play) to be on, be playing. **oynaya oynaya** *colloq.* joyfully, with great joy.

oynanmak 1. (for a game) to be played. 2. (for a dance) to be danced. 3. (for a play) to be performed; (for a film) to be shown. 4. (for a card) to be played. 5. *impersonal passive* to play.

oynaş (illicit) lover, lovemate, paramour.

oynaşmak 1. to play with one another. 2. to carry on a love affair.

oynatılmak 1. (for a game) to be allowed to be played; to be played. 2. (for a play/a film) to be allowed to be shown; to be shown. 3. (for someone) to be allowed to perform.

oynatmak 1. /ı/ to manipulate (a puppet/a marionette); to put on (a puppet show). 2. /ı/ to make (someone) dance. 3. /ı/ to make (something) move. 4. /ı/ to allow (something) to be played/performed. 5. /ı/ to keep (someone) amused. 6. /ı, la/ to allow (one child) to play with (another). 7. *colloq.* to go off one's rocker, lose one's mind, go off one's nut.

oysa, oysaki but, yet, however, whereas.

oyuk 1. hollow, (something) which has been hollowed out. 2. hollow place, cavity, hole.

oyulga *prov.* basting, sewing (two pieces of cloth) loosely together, tacking.

oyulgalamak /ı/ *prov.* to tack/baste (two pieces of cloth).

oyulgamak /ı/ *prov., see* **oyulgalamak**.

oyulmak 1. (for something) to be hollowed out. 2. (for a design) to be cut/chiseled/carved/engraved (in/on something).

oyum 1. hollowing. 2. cutting, chiseling, carving, engraving. 3. hollow place, cavity, hole.

oyun 1. game. 2. play, theatrical presentation. 3. dance, folk dance. 4. *colloq.* trick, ruse. 5. *wrestling* a movement designed to throw one's opponent off guard. — **almak** to win a game. — **çıkarmak** (for an acting troupe) to put on a performance; (for a team) to play a game. — **etmek/yapmak** /a/ *colloq.* to play a trick on, pull a fast one on, hoodwink, dupe. — **ebesi** the person who is "it" in a game. —**a gelmek** *colloq.* to be deceived, be hoodwinked, be duped. —**a getirmek** /ı/ *colloq.* to deceive, hoodwink, dupe. — **havası** tune (which accompanies a folk dance). — **kâğıdı** (a) playing card. — **oynamak** 1. (for a child) to play. 2. /a/ *colloq.* to play a trick on, pull a fast one on, hoodwink, dupe. — **vermek** 1. to put on a theatrical production, put on a play. 2. to lose a game. — **yanmak** for a game to be spoilt. — **yazarı** playwright, dramatist.

oyunbaz 1. tricky, deceitful. 2. trickster. 3. playful, frolicsome.

oyunbazlık trickery, deceitfulness.

oyunbozan 1. (person) who at the last minute refuses to do something he's agreed to do; (person) who quits when things don't suit him. 2. spoilsport.

oyunbozanlık being a spoilsport. — **etmek** to be a spoilsport; to pull out at the last minute; to quit when things don't suit one.

oyuncak 1. toy, plaything. 2. *colloq.* easy job, duck soup, child's play. 3. *colloq.* trifling matter, unimportant thing. 4. *colloq.* puppet, tool, pawn.

oyuncakçı toy maker; toy seller, toyman. — **dükkânı** toyshop, toystore.

oyuncakçılık being a maker or seller of toys; the toy business.

oyuncu 1. player (of a game). 2. actor; actress. 3. *colloq.* trickster. 4. *colloq.* playful, frolicsome. 5. *colloq.* tricky, deceitful.

oyunculuk 1. being a player (of a game). 2. acting, being an actor/an actress. 3. *colloq.* trickery, deceitfulness. 4. *colloq.* playfulness, frolicsomeness.

oyunevi, -ni theater.

oyunlaştırmak /ı/ to make (something) into a play, dramatize.

oyuntu 1. hollow, place that's been hollowed out. 2. armhole, opening for the arm in the body of a garment.

ozalit, -ti *print.* Ozalid (a print made using the Ozalid process); blueprint.

ozan 1. poet. 2. wandering minstrel.

ozanca (doing something) as a poet might/would do it.

ozanlık 1. being a poet. 2. poetic gift, poetic talent.

ozansı poetastrical, poetastric, stilted and artificial (writing); (someone) who is a poetaster.

ozansılık poeticality, artificiality; poetastering, poetastery, poetastry.

ozmos osmosis.

ozon *chem.* ozone. — **tabakası** the ozone layer, ozonosphere.

ozonyuvarı, -nı ozonosphere.

Ö

Ö the letter Ö.
ö Ugh!/Oof! *(used to indicate disgust).*
öbek group, mass, clump, heap, pile. **— öbek** in scattered groups/masses/clumps/heaps/piles.
öbür the other (person/thing): **Öbür adam kim?** Who's the other man? **— adıyla** alias ...: **Hasan, öbür adıyla Dursun** Hasan, alias Dursun. **— dünya** the world to come, the next world. **— dünyaya göç etmek** *colloq.* to pass on, die. **— gün** the day after tomorrow. **— hafta** the week after next.
öbürkü, -nü *colloq.*, see **öbürü.**
öbürü, -nü the other one.
öcü *child's language* bogeyman, boogeyman.
öç, -cü revenge. **— almak** 1. /**dan**/ to revenge oneself on. 2. to get revenge. **— çıkarmak** /**dan**/ to revenge oneself on.
öd bile, gall. **—ü bokuna karışmak** *vulg.* to be badly frightened, be scared out of one's wits. **— kanalı** *anat.* common bile duct, ductus choledochus, choledochus. **—ünü koparmak/patlatmak** /**ın**/ *colloq.* to scare the daylights out of (someone), scare (someone) out of his wits. **—ü kopmak/patlamak** *colloq.* to be badly frightened, be scared out of one's wits.
öd 1. agalloch, aloeswood, eaglewood. 2. incense made of agalloch.
ödağacı, -nı *bot.* agalloch tree.
ödem *path.* edema, oedema.
ödeme payment. **— emri** *law* (written) order for a payment to be made. **— kabiliyeti** *law* solvency. **—lerin tatili** *law* suspension of payments.
ödemek /**ı**/ 1. to pay (a sum of money). 2. to pay for (something).
ödemeli 1. (something) which has been sent C.O.D. (cash on delivery). 2. collect (telephone call, telegram). 3. (sending something) C.O.D.: **Paketi ödemeli yolladım.** I sent the package C.O.D.; (making a telephone call, sending a telegram) collect.
ödence indemnity, compensation.
ödenek appropriation, allocation, subsidy.
ödenekli subsidized.
ödenmek 1. to be paid. 2. to be paid for.
ödenti dues (paid to a society/a club).
ödeşmek to settle (financial) accounts with each other, settle up.
ödetmek /**ı, a**/ 1. to have (someone) pay (a sum of money). 2. to have (someone) pay for (something).
ödev 1. duty, obligation. 2. assignment (given to a pupil/a student); homework (assigned to a pupil/a student). **— bilmek/saymak** /**ı**/ to regard (something) as one's duty.
ödevbilgisi, -ni deontology.
ödevcil (someone) who has a strong sense of duty, who can be counted on to do his/her duty.
ödevli /**la**/ (someone) who has taken (something) on as a duty, who has been given the duty of; (someone) who is on duty.
ödkesesi, -ni *anat.* gall bladder. **— yangısı** *path.* inflammation of the gall bladder, cholecystitis.
ödlek cowardly, pusillanimous.
ödtaşı, -nı gallstone, cholelith.
ödül 1. prize; reward. 2. *fin.* premium (of a bond). 3. (insurance) premium.
ödüllendirmek /**ı**/ to award (someone) a prize; to reward, give (someone) a reward.
ödün 1. (a) concession (something given up in order to reconcile a difference). 2. (a) compensation. **— vermek** to make a concession; /**a**/ to appease/conciliate (someone) by making a concession (usually at the sacrifice of one's principles).
ödüncü (someone) who is in favor of making a concession.
ödünç lent, loaned; borrowed; on loan. **— alan** borrower. **— almak** /**ı**/ to borrow. **— para** loan; borrowed money. **— veren** lender. **— vermek** 1. /**ı**/ to lend (something). 2. to lend.
ödünleme compensation, making up for, counterbalancing.
ödünlemek /**ı**/ to make up for, compensate for, counterbalance.
ödyolu, -nu *anat.* bile duct. **— yangısı** *path.* inflammation of the bile duct, cholangitis.
öf Ugh!/Oof! *(used to indicate disgust).*
öfke anger; rage, wrath. **—yle** angrily. **— baldan tatlıdır.** *proverb* After you've blown your stack and gotten rid of your anger, you feel quite good. **—si burnunda** *colloq.* foaming with anger/rage. **—si kabarmak** *colloq.* to become very angry, flare up. **—yle kalkan ziyanla/zararla oturur.** *proverb* One often repents of that which one does in a fit of anger. **—den köpürmek** *colloq.* to foam with anger/rage. **—si topuklarına çıkmak** /**ın**/ *colloq.* to become very angry, see red. **—sini yenmek** *colloq.* to control one's anger, get hold of oneself.
öfkeci hot-tempered, choleric.
öfkelendirmek /**ı**/ to anger; to enrage, infuriate.
öfkelenmek /**a**/ to get angry/enraged (at).
öfkeli angry; enraged, wrathful; hot-tempered, choleric. **— öfkeli** angrily.
öflemek to say "Ugh!"/"Oof!"

Öğ. (abbr. for **Öğretmen**) Tchr. (Teacher).
öğe element, component. **—ler çizelgesi** chem. periodic table.
öğle noon, midday. **—den evvel** in the morning, A.M., a.m. **—den sonra** in the afternoon, P.M., p.m. **— üstü** see **öğleüstü. — yemeği** lunch, noon meal.
öğlen 1. meridian. 2. colloq. noon, midday.
öğlenci child who attends the afternoon session of an elementary school.
öğlende see **öğleyin.**
öğleüstü, -nü around noon.
öğleyin at noon; around noon.
öğrence lesson, class, course.
öğrenci student; pupil. **— kimliği** student identification card (showing that one is a bona fide student in a specified school).
öğrencilik being a student.
öğrenilmek (for something) to be learned.
öğrenim education, schooling (acquisition of knowledge).
öğrenimli educated.
öğrenimlilik being educated.
öğrenimsiz uneducated.
öğrenimsizlik being uneducated.
öğrenme learning, acquiring a knowledge of (something). **— isteği** desire to learn.
öğrenmek /ı/ to learn; to learn how to (do something); to learn about (something).
öğreti doctrine, principles, tenets.
öğretici instructive, instructional, educational, didactic.
öğreticilik didactic quality, instructiveness.
öğretilmek /a/ to be taught (to).
öğretim instruction, education. **— bilgisi** didactics. **— görevlisi** lecturer in a university (whose appointment is part-time/temporary). **— özgürlüğü** academic freedom. **— programı/izlencesi** curriculum. **— üyesi** university teacher who is either an associate or full professor. **— yardımcısı** university teacher who is not a lecturer and whose rank is below that of associate professor. **— yılı** academic year, school year.
öğretmek /ı/ to teach.
öğretmelik curriculum.
öğretmen teacher. **— okulu** teachers' training school.
öğretmenlik teaching, being a teacher.
öğün (a) meal (only used with adverbial expressions of time): Günde yalnız iki öğün yemek yer. He eats only two meals a day.
öğür 1. of the same age. 2. (one's) equal in age. 3. /a/ used to, accustomed to. 4. group, set, clique. **— olmak** /a/ to get used to.
öğürlük familiarity, close acquaintance with (something/someone).
öğürmek 1. to make a retching sound (before or when vomiting); to retch. 2. prov. to low, bellow. **öğüreceği gelmek** to be very disgusted, feel like throwing up.
öğürtmek /ı/ to cause (someone) to make retching sounds.
öğürtü 1. making a retching sound. 2. retching sound. **— gelmek** to begin to make a retching sound.
öğüt advice, counsel, recommendation; admonition. **— vermek** /a/ to advise, counsel.
öğütçü adviser, counselor.
öğütlemek /ı, a/ to advise (someone) (to do something).
öğütlenmek to be advised, be counseled.
öğütmek /ı/ 1. to grind (something) (to a powder), grind (something) up. 2. to digest (food).
öğütücü 1. (something) which grinds, grinding. 2. grinder, grinding machine. **— diş** dent. molar tooth, molar.
öğütülmek to be ground.
öhö sound of a simulated cough (made to call attention to oneself or to express contempt or derision).
ökçe heel (of a shoe/a boot).
ökçeli heeled/high-heeled (shoe).
ökçesiz 1. heelless/flat-soled/low-heeled (shoe). 2. slang cowardly, chicken-livered.
öke genius, person of genius.
ökelik 1. genius, outstanding intelligence/ability. 2. the essential spirit or distinguishing characteristic (of a people).
Öklid Euclid. **— geometrisi** Euclidean geometry.
ökse 1. birdlime. 2. colloq. irresistibly attractive, (woman) who's a man-trap. **—ye basmak/tutulmak** colloq. unwittingly to get oneself into a heck of a mess. **— çubuğu** stick smeared with birdlime.
ökselemek /ı/ 1. to smear (something) with birdlime, birdlime. 2. to trap, catch, ensnare (someone).
ökseli 1. smeared with birdlime. 2. (something) which contains birdlime.
ökseotu, -nu bot. mistletoe.
öksürmek to cough; to have a cough.
öksürtmek /ı/ to make (someone) cough.
öksürtücü (something) which causes coughing, cough-inducing.
öksürük cough. **— olmak** to get a cough, develop a cough. **— şurubu** cough syrup.
öksürüklü (someone) who has a cough. **— tıksırıklı** colloq. sickly (person).
öksüz 1. orphan (child); half-orphan; fatherless; motherless. 2. (an) orphan; (a) fatherless child; (a) motherless child. 3. colloq. (someone) who is alone in the world, who has no friends/relatives. **—ler anası/babası** colloq. a person who takes care of the poor and the homeless. **— sevindiren** colloq. cheap, but gaudy thing.

öksüzlük being an orphan, orphanhood.
öküz 1. ox. 2. *colloq.* dim-witted and clumsy person, oaf, dumb ox. 3. *gambler's slang* loaded die. **—ün altında buzağı aramak** *colloq.* 1. to try to account for what one is doing with ridiculous excuses. 2. to bark up the wrong tree. **— arabası** ox-cart. **— arabası gibi** *colloq.* very slowly, at a snail's pace. **—e boynuzu yük olmaz/ağır gelmez.** *proverb* You don't feel the weight of those responsibilities which you are used to bearing. **— boyunduruğa bakar gibi** *colloq.* (looking at someone/something) with hate in one's eyes, hatefully. **— damı** ox shed, shed where oxen are kept. **— gibi** *colloq.* 1. stupid, dim-witted. 2. stupidly, dim-wittedly. 3. as strong as an ox. **— gibi bakmak** *colloq.* to stare stupidly. **— kafalı** *colloq.* dimwit, dunderhead. **— öldü, ortaklık ayrıldı/bitti/bozuldu.** *colloq.* Now that the thing that held them together is no more, they have parted company. **—ün trene baktığı gibi** *colloq.* (staring) stupidly, dim-wittedly.
öküzlük *colloq.* 1. stupidity, dim-wittedness. 2. stupid action.
ölçek 1. criterion. 2. scale (as the scale of a map). 3. a unit of dry measure (equalling one fourth of a **kile**). 4. container which holds one **ölçek**.
ölçer *prov.* (iron) poker (for a fire).
ölçmek /ı/ 1. to measure. 2. to evaluate, measure the worth of. 3. to compare. 4. to weigh (one's words). **ölçüp biçmek** /ı/ to think about (something) very carefully, look at (something) from all angles, weigh up all the pros and cons of (a matter).
ölçtürmek /ı, a/ to have (someone) measure (something).
ölçü 1. measurement, measure, measuring. 2. unit of measurement. 3. measurement; size: **masanın ölçüleri** the table's measurements. 4. measure; proper degree; suitable limit, bounds. 5. *mus.* (a) measure. 6. *poet.* meter. **—sünü almak** /ın/ to measure. **— belirteci** *gram.* adverb of degree; adverb of frequency. **—yü kaçırmak** *colloq.* to go too far, exceed the proper limit, overdo things. **— şeridi** tape measure, measuring tape. **—sünü vermek** /ın, a/ to give (someone) the measurements of.
ölçübilim 1. metrology. 2. metrics, prosody.
ölçüdışı, -nı excessive, exorbitant.
ölçülmek to be measured.
ölçülü 1. measured. 2. measured, deliberate; prudent; moderate. **— biçili** *colloq.* carefully calculated. **— davranmak** to behave prudently.
ölçülülük moderation.
ölçüm 1. measure, measurement, measuring. 2. measurement, size: **arsanın ölçümü** the dimensions of the lot. 3. result of an appraisal.

ölçümlemek /ı/ 1. to think (something) over carefully. 2. to estimate, appraise.
ölçünmek /ı/ to ponder (something) at length.
ölçüsüz 1. unmeasured; uncalculated. 2. measureless, incalculable. 3. careless, haphazard; imprudent; immoderate. 4. without stopping to think, unthinkingly, heedlessly.
ölçüsüzlük 1. unmeasuredness. 2. measurelessness, incalculableness. 3. haphazardness; imprudence, immoderation, excessiveness.
ölçüşmek /la/ 1. to compare one's height with (someone else's) (by standing either next to that person or at his back). 2. to compete (with/against).
ölçüştürmek /ı/ 1. to compare (two things) by putting them side by side. 2. to have (two people) compare their heights.
ölçüt, -tü criterion.
öldüren murderer, killer.
öldüresiye (beating someone) until he's almost dead; savagely, murderously.
öldürmek /ı/ 1. to kill; to murder. 2. to get rid of the pungent taste/smell in (a food). 3. to kill (time).
öldürmen executioner.
öldürmenlik being an executioner; the post of executioner.
öldürtmek /ı, a/ to have (one person) kill (another); /ı/ to have (someone/an animal) killed.
öldürücü 1. murderous; mortal, fatal, deadly. 2. oppressive, suffocating. 3. murderer, killer.
öldürülen victim (of a murder).
öldürülmek to be killed.
ölesiye 1. excessively, desperately, intensely, violently. 2. until one dies.
ölet, -ti *prov.* epidemic of a deadly disease.
öleyazmak to avert death narrowly, have a close brush with death, almost to die.
ölgün 1. deathly looking, lifeless. 2. withered (plant/flower). 3. dead-calm (sea).
ölgünlük complete lack of vitality, lifelessness.
ölker *prov.* 1. velvety nap (on certain fabrics). 2. fuzz, down (on fruit/plant parts).
ölkersiz *prov.* 1. (cloth) which lacks a velvety nap. 2. fuzzless (fruit). **— şeftali** nectarine.
Ölm. (*abbr. for* **Ölümü**) d. (died).
ölmek, -ür 1. to die. 2. (for a plant/a flower) to wither. **öl dediği yerde ölmek, kal dediği yerde kalmak** /ın/ *colloq.* automatically to obey (someone's) every command. **Ölme eşeğim ölme (çayır çimen bitecek).** *colloq.* How much longer will this infernal wait continue?/If I have to keep on waiting like this, I may as well regard the whole thing as doomed to failure. **Ölür müsün, öldürür müsün?** *colloq.* I've been put in an impossible situation! **Ölenle (birlikte) ölünmez.** *proverb* It is wrong to kill oneself by grieving, since no amount of grieving can

bring the dead back to life. **ölüp ölüp dirilmek** *colloq.* 1. finally to get well after being at death's door several times. 2. to go through a number of trying situations; to be beset by a number of miseries/sorrows. **— var, dönmek yok.** *colloq.* We will die rather than turn back./We're going to get this done, even though we may die in the process.

ölmez 1. immortal, undying, eternal. 2. tough, lasting, resistant (thing).

ölmezleştirmek /ı/ to immortalize.

ölmezlik immortality. **— suyu** water of life, elixir.

ölmezoğlu, -nu *colloq.* tough, lasting, resistant (thing).

ölmezotu, -nu *bot.* everlasting, immortelle.

ölmüş 1. dead (person/thing). 2. dead person. **— eşek arıyor ki nalını söksün.** *colloq.* You can't be more penny-pinching than he is!

ölü 1. dead (person/thing). 2. deathly looking; lifeless, spiritless; dead, lacking in activity; feeble, weak. 3. corpse, body (of a person). 4. body (of a dead animal). 5. *slang* loaded die; marked playing card. **— açı** *mil.* dead angle. **— açımı** autopsy, postmortem examination, postmortem. **— benzi** deathly pale facial complexion. **— dalga** (a) swell, (a) long, low wave. **— deniz** *naut.* swell (after a storm). **— dil** (a) dead language. **—sü dirisine binmek** *colloq.* for people to stampede over each other. **— doğum** stillbirth. **— fiyatına** *colloq.* very cheap. **— gibi** *colloq.* as still as a corpse. **—mü gör!** *colloq.* I'll just die./It'll just kill me (if you don't do as I beg you to). **— gözü gibi** *colloq.* very dull, pale, weak (light). **—yü güldürür** *colloq.* very funny. **—sü kandilli/kınalı** *slang* damn, damned, wretched. **—sü kandilli/kınalı!** *slang* The damned scoundrel!/The wretch! **— katılığı** rigor mortis. **— kent** ghost town. **—nün körü!** *colloq.* Stop bothering me with questions!/Why don't you just shut up? **— mevsim** dead season (the months when a business' trade is slack). **—sü ortada kalmak** *colloq.* for (someone's) body not to be claimed by anyone. **—sünü öpmek** /ın/ to kiss (someone's) corpse *(an expression used in oaths).* **— örtü** *bot.* forest floor.

ölüdoğa *painting* (a) still life.

ölügövde cadaver.

ölük *prov.* 1. deathly looking, lifeless; weak. 2. cadaver.

ölülük morgue.

ölüm 1. death. 2. way of death, manner of dying. **— Allahın emri.** 1. God made man mortal. 2. I am not afraid of death *(said after one has decided to run a great risk).* **—e bağlı tasarruflar** *law* dispositions/arrangements which can only be carried out after someone has died. **—le burun buruna gelmek** *colloq.* to have a close brush with death. **— cezası** *law* the death penalty. **—e çare bulunmaz.** *proverb* There is no way to avoid death. **— dirim dünyası** *colloq.* this world. **— döşeği** deathbed. **—ü göze almak** to be willing to risk one's life. **— kalım/dirim meselesi** *colloq.* a matter of life or death; matter upon which the fate of everything/everyone hinges. **— öncesi** antemortem. **— sessizliği** deathly silence. **— sıklığı** death rate. **—üne susamak** *colloq.* to court death, gamble with one's life.

ölümcül 1. mortal, fatal. 2. (someone) who is near death, dying.

ölümlü mortal; transitory. **— dünya** this mortal world.

ölümlük a sum of money one saves to pay for one's burial.

ölümlülük mortality; transitoriness.

ölümsü deathlike, deathly.

ölümsüz immortal.

ölümsüzlük immortality.

ömür, -mrü 1. life, life span. 2. *colloq.* (someone) who is amusingly odd, entertaining. **—ünde** *(used with a negative verb)* never in all one's life. **—e bedel** *colloq.* very valuable/beautiful; excellent. **—üne bereket!** *colloq.* 1. Thanks a million! 2. Bravo!/Wonderful! **—ü billah** *colloq.* 1. up until now. 2. never. **— boyu** 1. lifelong. 2. all one's life, throughout one's life. **— boyu hapis cezası** *law* life sentence. **— çürütmek** *colloq.* to expend/waste a vast amount of time and energy. **— geçirmek** to live, spend one's life. **—ü oldukça** as long as one lives; for the rest of one's life. **—ler olsun!** May you live long! *(said by an elder person to a younger one when the latter kisses the older person's hand as a gesture of respect).* **— sürmek** to live; to live a life of ease. **— törpüsü** *colloq.* 1. long and exhausting business. 2. very wearisome person. **—ü uzamak** to live long; to last long. **—ümün varı** *colloq.* my darling, light of my life. **—ü vefa etmemek** to die before attaining an end one has had in view.

ömürlü 1. long-lived. 2. lasting (a certain amount of time).

ömürsüz short-lived.

ön 1. front; /ın/ front part (of). 2. /ın/ space in front (of). 3. front; foremost; preliminary. 4. the time immediately before one, the immediate future. **—ünde** /ın/ in front of; before, in the presence of. **—ünden** /ın/ a little before. **—ü alınmak** /ın/ *colloq.* to be nipped in the bud; to be stopped; to be checked. **—e almak** /ı/ to give preference to. **—ünü almak** /ın/ *colloq.* to nip (something) in the bud; to put a stop to; to check. **—ünü ardını bilmek** *colloq.* 1. to be cautious, be prudent. 2. to know how to conduct oneself. **—ünde ardında dolaşmak** /ın/ *colloq.* to follow (someone) everywhere. **—ünü ardını**

düşünmemek /ın/ *colloq.* not to think (something) through, not to consider (something) carefully. **—ünde ardında gidilmez.** *colloq.* He is not someone you can rely on. **—üne arkasına bakmamak** *colloq.* to be very careless, not to think things through. **— ayak olmak** /a/ to be the initiator of (something), get (something) started. **—üne bak.** *colloq.* Look out!/Take care!/Watch out!/Watch your step! **—üne bakmak** *colloq.* to hang one's head in shame. **—üne bir kemik atmak** /ın/ *colloq.* to throw (someone) a bone, give (someone) something that'll keep him from talking. **— cam** *auto.* windshield. **— çalışma** preliminary study. **—üne çıkmak** /ın/ to appear suddenly in front of (someone); to waylay. **—üne dikilmek** /ın/ *colloq.* to plant oneself squarely in front of (someone). **—e düşmek** *colloq.* to go in front; to lead the way. **—üne geçmek** /ın/ *colloq.* to nip (something) in the bud; to put a stop to; to check. **—de gelen** foremost. **—üne gelen** *colloq.* anyone who comes along, anybody whatsoever. **—üne geleni kapar, ardına geleni teper.** *colloq.* He's rude and hostile to everyone he comes into contact with. **—üne katmak** /ı/ 1. to drive (an animal) in front of one. 2. to force (someone) to go before one. **—ünü kesmek** /ın/ to block (someone's) path; to waylay. **—ünde perende atamamak** /ın/ *colloq.* to be unable to fool (someone). **— plana geçmek** to become a matter of primary importance, come to the fore. **— planda gelmek** to be the most important thing, be the most urgent thing. **—ü sıra gitmek** /ın/ *colloq.* to go shortly ahead of (someone). **—e sürmek** /ı/ to suggest, propose; to set forth. **— tekerlek nereye giderse art tekerlek de oraya gider.** *proverb* Children imitate the adults that are around them.
önad *gram.* adjective.
önalım *law* preemption. **— hakkı** *law* right of preemption.
önavurt *anat.* alveolar ridge. **— ünsüzü** *phonetics* alveolar consonant.
önbelirti 1. portent, harbinger, forerunner. 2. *path.* prodrome.
önbilgi the most basic principles (underlying a particular field of knowledge).
önbilim the prescience of God.
önce 1. first, at first. 2. before, ago. 3. /dan/ before ...: **tatilden önce** before the vacation. 4. the preceding period of time; the past. **— düşün, sonra söyle.** *proverb* Think before you speak. **— gelme** precedence. **— gelmek** /dan/ to precede. **— iğneyi kendine batır, sonra çuvaldızı ele.** *proverb* Before you do or say something unpleasant to someone else, think of how you'd feel if something similar were done or said to you.
öncecilik initiative.
önceden 1. at first, in the beginning. 2. beforehand. 3. in advance.
önceki, -ni the preceding, former.
öncel 1. predecessor. 2. *log.* antecedent, premise (of a syllogism). **— belirleme** *phil.* predestination.
öncelemek /ı/ to give (something) priority.
önceleri previously, formerly.
öncelik priority; precedence.
öncelikle (doing something) first, before all else.
öncesi, -ni the previous history of: **bu adamın öncesi** this man's previous history. **—ni kapsayan** retroactive.
öncesiz (something) which has no beginning, eternal.
öncesizlik past eternity, time without beginning.
öncü 1. advance courier. 2. innovator; avant-gardist. 3. avant-garde, of the avant-garde. 4. *mil.* (an) advance guard. 5. *mil.* advance, forward.
öncül *log.* premise (either of the first two propositions of a syllogism).
öncülük being an advance courier/an innovator. **— etmek** /a/ to be the initiator of (something), get (something) started.
önçalışma preliminary study.
öndamak *anat.* palate. **— ünsüzü** *phonetics* palatal consonant.
öndelik money paid in advance, advance.
önder leader, chief.
önderlik leadership; being a leader.
öndeyiş prolog, *Brit.* prologue.
önduyu presentiment, premonition.
önek, -ki *gram.* prefix.
önel 1. grace period, respite, delay. 2. fixed period of time which follows a worker's receipt of notice and precedes his actual separation from his place of employment.
önem importance. **— vermek** /a/ to consider (someone/something) important. **—i yok.** *colloq.* It doesn't matter./It's not important.
önemli important.
önemsemek /ı/ to consider (someone/something) important.
önemsenmek to be considered important.
önemsiz unimportant.
önemsizlik unimportance.
önerge proposal, motion.
öneri suggestion, proposal.
önerme 1. proposing, suggesting. 2. *log.* proposition, premise.
önermek /ı/ to propose, suggest.
önermesel *log.* propositional.
önerti *log.* antecedent (of a proposition).
önesürüm assertion, claim, proposition.
öneze *prov.* hunter's blind.
öngörmek /ı/ 1. to project, envisage, envision.

2. to keep (something) in mind.
öngörü foresight, prescience.
öngörülmek 1. to be projected, be envisaged, be envisioned. 2. to be kept in mind.
öngörülü foresighted, prescient.
öngün eve (the day before).
önkol *anat.* forearm. **— kemiği** *anat.* radius.
önlem measure, action, step (taken to correct, stop, or ensure the success of something); preventive measure, precautionary measure. **— almak** to take measures (to correct, stop, or ensure the success of something); to take preventive measures.
önlemek /ı/ 1. to stop, check; to prevent. 2. to stop, waylay.
önlemli prudent, cautious (person).
önlemlilik prudence, cautiousness.
önlemsiz imprudent, careless.
önlemsizlik imprudence, carelessness.
önlenmek to be stopped, be checked; to be prevented.
önleyici /ı/ (something) which stops, checks, or prevents (something); preventive.
önlük apron; smock; laboratory coat; pinafore.
önoda *anat.* anterior chamber of the eye, camera anterior bulbi.
önrapor preliminary report.
önseçim *pol.* primary election, primary.
önsel a priori.
önses *ling.* first sound of a syllable/a word, initial phoneme. **— düşmesi** *phonetics* elision of the first sound of a word, aphaeresis, apheresis.
önsezi presentiment, premonition.
önsoruşturma preliminary investigation.
önsöz foreword, preface, introduction.
önsözleşme preliminary agreement.
öntakı *gram.* prefix.
öntasar *see* **öntasarı**.
öntasarı preliminary draft (of something written).
öntasım a syllogism whose conclusion is used as a premise in another syllogism.
öntaslak preliminary sketch.
öntüreme *ling.* prothesis.
önyargı prejudice.
önyargılı prejudiced.
önyargılılık prejudice, being prejudiced.
önyargısız unprejudiced.
önyargısızlık lack of prejudice, unprejudicedness.
önyüz front side; face; front, facade, façade.
öperlemek *slang* to kiss each other, smooch.
öpmek /ı/ to kiss. **Öp babanın elinil** *colloq.* What's to be done now? **öpüp de başına koymak** /ı/ *colloq.* to accept (something) with gratitude.
öperken ısırmak *colloq.* to pretend to be one's friend when he/she is actually selling one down the river/stabbing one in the back.
öptürmek /ı, a/ to let (someone) kiss (oneself or someone else); to have (someone) kiss (someone); /ı/ to have (someone) kissed.
öpücük kiss. **—lere boğmak** /ı/ *colloq.* to smother with kisses. **— göndermek/yollamak** *colloq.* to blow kisses.
öpülmek to be kissed.
öpüş kissing; way of kissing.
öpüşmek 1. /la/ to kiss. 2. to kiss one another. 3. *slang* (for two vehicles) to collide.
ördek 1. duck. 2. urinal (for men). 3. *slang* extra passenger taken on at the bus driver's discretion. **— avlamak** *slang* (for a bus driver) to look for extra customers along the way. **—yürüyüşü** duck waddle, duck walk.
ördekbaşı, -nı greenish blue, duck-head green.
ördekgagası, -nı light orange color.
ördürmek /ı/ to have (something) knitted/braided; /ı, a/ to have (someone) knit/braid (something).
öreke 1. distaff. 2. birthstool, birth chair.
ören ruins (of a building/a structure/a city).
örf consuetude, consuetudo, custom, accepted practice. **— ve âdet** custom and usage. **— ve âdet hukuku** common law, consuetudinary law.
örfen according to the accepted practice; according to the common law.
örfi *law* consuetudinary, customary. **— idare** martial law.
örge motif.
örgen *biol.* organ.
örgenleşmek *biol.* to develop organs; to become an organ.
örgenlik organism.
örgensel organic.
örgensellik organicity.
örgü 1. knitting, knit; darning; braiding; weave. 2. knitted article, piece of knitting. 3. knitted (article). 4. plait, braid. 5. *anat.* plexus. 6. bond, system (according to which stones/bricks are placed in a wall).
örgücü maker or seller of knitted articles.
örgün organic, made up of mutually dependent parts. **— eğitim** formal education.
örgüt, -tü organization, group which has an organizational structure.
örgütçü organizer (good at starting an organization).
örgütçülük being an organizer.
örgütlemek /ı/ to organize; to make (people) into a group which has an organizational structure.
örgütlendirilmek to be organized; to be made into a group which has an organizational structure.
örgütlendirmek /ı/ *see* **örgütlemek**.
örgütlenmek to be organized; to be made into a group which has an organizational structure.
örgütleşmek *see* **örgütlenmek**.

örgütleyici organizer, someone who's good at starting an organization.

örgütlü organized; (something) which is planned or carried out by an organization; (something) which has an organizational structure.

örgütlülük state of organization, organization.

örgütsel organizational.

örgütsüz unorganized; (something) which is not planned or carried out by an organization; (something) which lacks an organizational structure.

örgütsüzlük disorganization, unorganized state.

örme 1. knitting; darning; braiding, plaiting; weaving. 2. knitted; darned; braided; plaited; woven. 3. (wall) built of stones/brick laid according to a pattern; bonded.

örmeci someone who operates a knitting machine, knitter.

örmecilik being a knitter; machine knitting.

örmek /ı/ 1. to knit; to darn; to braid, plait. 2. to weave (using reeds/canes/osiers/wire). 3. to build (a wall); to lay, bond (bricks/stones).

örneğin for example.

örnek 1. example, illustration; precedent. 2. (ideal) model, example, exemplar. 3. specimen, sample. 4. like, equal, counterpart. 5. model, exemplary. 6. copy. — **almak** 1. /ı/ to take (someone/something) as one's model; to pattern oneself after (someone); to pattern something after (something). 2. /dan/ to take a lesson from. —**ini almak** /ın/ to draw/sketch the design/motif of. —**ini çıkarmak** /ın/ to make a copy of.

örneklemek /ı/ to give an example of (something), illustrate.

örneklendirmek /ı/ see **örneklemek**.

örneklik 1. model, sample, specimen. 2. (something) which is used as a specimen/a sample.

örnekseme ling., lit. analogy.

örneksemek /ı/ 1. to take as an example. 2. to compare.

örs anvil.

örselemek /ı/ 1. to buffet about, knock about, handle roughly. 2. to exhaust, weaken, drain of strength.

örselenmek 1. to be buffeted about, be knocked about, be handled roughly. 2. to be drained of strength.

örskemiği, -ni anat. incus, anvil.

örtbas used in: — **etmek** /ı/ to conceal (something) from notice, hush (something) up, cover (something) up.

örtenek anat. mantle.

örtme 1. /ı/ covering; veiling. 2. /ı/ hiding; concealing, hushing up, covering up. 3. /ı/ shutting (a door/a window/a cover). 4. mil. camouflage.

örtmece euphemism.

örtmek /ı/ 1. to cover; to veil. 2. to hide; to conceal, hush up, cover up. 3. to shut (a door/a window/a cover).

örttürmek /ı/ to have (someone/something) covered; to have (someone) veiled; /ı, a/ to have (someone) cover (someone/something); to have (someone) veil (someone).

örtü 1. any cloth covering (e.g. headscarf, tablecloth, bedspread). 2. roof.

örtük covered.

örtülme 1. being covered; being veiled. 2. astr. occultation.

örtülmek to be covered; to be veiled.

örtülü 1. covered; veiled. 2. shut, closed. 3. hidden; hushed up, concealed. 4. obscurely, vaguely. — **ödenek** discretionary fund in the government budget (used to finance secret projects).

örtünmek 1. to cover oneself; to veil oneself. 2. /la or ı/ to cover oneself with.

örtüsüz uncovered; unveiled.

örücü 1. darner (a person). 2. knitter (a person). 3. mason.

örücülük 1. being a darner/a knitter; the work of darning/knitting. 2. masonry.

örülmek 1. to be knitted; to be darned; to be braided; to be woven. 2. (for a wall) to be built.

örülü 1. knitted; darned; braided; woven. 2. (wall) which has been built; bonded (bricks/stones).

örümcek 1. zool. spider. 2. cobweb. 3. walker, baby walker. — **ağı** spider web, cobweb. — **bağlamak** /ı/ 1. to get covered with cobwebs. 2. colloq. to lie unused. — **kafalı** colloq. 1. mossback, fogy. 2. moss-backed, fogyish (person). — **sarmak** /ı/ for spider webs to cover (a place).

örümcekkuşu, -nu zool. shrike.

örümceklenmek 1. to become covered with cobwebs. 2. (for the area around one's mouth/nostrils/eyes) to become coated with dried mucus (while one is suffering from a fever).

örümcekli covered with cobwebs, cobwebby. — **kafa** colloq. mossback, fogy.

östaki borusu, -nu anat. Eustachian tube.

öşür, -şrü hist. tithe (a tax on crops).

öşürcü tithe collector, tithe proctor.

öt see **öd**.

ötanazi euthanasia.

öte 1. the further side of, the other side of. 2. other, yonder, far (side). 3. the rest of. 4. the other side. —**de** over there, over yonder; further on. —**si** what follows; the rest. —**ye** further on, yonder; to the other side. —**den beri** for a long time. —**de beride** here and there. —**si berisi** 1. his goods and possessions. 2.

here and there (on something/someone). **—ye beriye** here and there. **—den beriden bahsetmek** colloq. to talk of various things, talk of this and that. **—si can sağlığı.** colloq. (I've done what I could.) All I can do now is hope for the best! **—si çıkmaz sokak.** colloq. This plan (or way of doing things) will get you nowhere. **— gün** prov. a few days ago. **—si var mı?** colloq. 1. Stick that in your pipe and smoke it! 2. We can't hope for anything worse than this. **— yandan** at the same time.
öteberi this and that; various things. **— almak** to buy various things.
öteki, -ni 1. the other, the other one, the further (thing/person). 2. the other one, the one over there. **— beriki** colloq. anybody and everybody. **— dünyaya göç etmek** colloq. to pass on, die. **— gün** the other day.
ötekisi, -ni the other one, the one over there.
ötleğen zool. whitethroat, a warbler.
ötmek 1. (for a bird) to sing; (for a cock) to crow. 2. (for a horn/a whistle) to blow/toot/hoot. 3. (for a place) to echo, ring. 4. slang to chatter noisily, gab. 5. slang to vomit, throw up, upchuck, barf (while drunk).
ötre the Arabic vowel sign for o, ö, u, ü.
öttürmek /ı/ 1. to cause (a bird) to sing; to make (a cock) crow. 2. to blow/toot/hoot (a whistle/a horn). 3. to make (a place) ring/echo/resound.
ötücü (bird) which has a melodious song. **— kuş** songbird.
ötümlü phonetics voiced (consonant).
ötümsüz phonetics unvoiced (consonant).
ötürü /dan/ by reason of, because of; respecting, concerning.
ötüş (a bird's) song, way of singing.
ötüşmek (for birds) to sing at the same time; (for cocks) to crow at the same time.
övendire oxgoad, goad.
övgü eulogy, laudatory speech/writing, panegyric.
övgücü flatterer.
övgücülük flattery.
övme praising, praise, laudation.
övmek /ı/ to praise, laud.
övülmek to be praised, be lauded.
övünce source of pride.
övünç 1. feeling of (laudable) pride, pride. 2. pride and joy, source of pride. **— çizelgesi** honor roll. **— duymak** /la/ to take pride in, be proud of.
övüngen boastful, vainglorious.
övüngenlik boasting, vainglory.
övünmek 1. /la/ to take pride in, be proud of. 2. to praise oneself, boast, brag. **— gibi olmasın** .... colloq. I don't mean to boast, but ....
övüş praising, praise, laudation; way of praising.

öykü 1. story. 2. short story.
öykücü 1. storyteller. 2. short-story writer.
öykücülük 1. being a storyteller; storytelling. 2. being a short-story writer; short-story writing.
öykülemek /ı/ to make (something) into a story; to relate (something) in the form of a story.
öykünce lit. fable.
öykünme imitation, imitating; mimicking.
öykünmek /a/ to imitate; to mimic.
öyküsel narrative, story-like.
öyküsellik story-like quality.
öyle 1. thus, thusly, so, in that manner. 2. such ... as that/those, such, (something/someone) like that. **— gelmek** /a/ to seem to be like that to (someone). **— ise** In that case, .../If that's the case, ... **— geldi ki** I/he/she felt like ...: **Öyle geldi ki gidip onunla konuşayım.** I felt like going and having a talk with him. **— mi?** Is that so? **— olsun.** colloq. All right./So be it./As you wish. **— şey/yağma yok.** colloq. It's out of the question!/Not on your life! **— ya!** colloq. That's the way it is/was!
öylece 1. just so, just in that way. 2. And that's how .../And thus ....
öylelikle And that's how .../And thus ....
öylemesine see **öylesine.**
öylesi such a person; such a thing; someone like that; something like that.
öylesine so, so very, so exceedingly.
öz 1. self. 2. essence, heart, core. **— saygısı** self-respect. **—ü sözü bir** colloq. (someone) whose actions are in accordance with his words, sincere, genuine. **—ü sözü doğru** colloq. very honest, very trustworthy.
öz 1. pure, unadulterated, unmixed. 2. genuine, real. **— kardeş** 1. full brother; full sister. 2. paternal half-brother; paternal half-sister. **— konuşmak** to speak wisely and to the point. **— Türkçe** pure Turkish (Turkish made up largely of words that are etymologically Turkish).
Özbek 1. (an) Uzbek. 2. Uzbek, of the Uzbeks.
Özbekçe 1. Uzbek, the Uzbek language. 2. (speaking, writing) in Uzbek, Uzbek. 3. Uzbek (speech, writing); spoken in Uzbek; written in Uzbek.
Özbekistan Uzbekistan.
özbeöz colloq. real, genuine, sure-enough, honest-to-goodness.
özdek 1. material thing; (a) body, (a) substance. 2. (portable) goods, property, merchandise. 3. phil. matter.
özdekçi phil. materialist.
özdekçilik phil. materialism.
özdeksel material, composed of matter.
özdenetim psych. self-control.
özdenlik phil. aseity. **—le** sincerely.
özdeş 1. identical, exactly alike. 2. math., phil. identical. **— ikiz** identical twin.

özdeşleme 1. /ı, la/ equating (one thing) with (another). 2. *psych.* identification.
özdeşlemek /ı, la/ 1. to equate (one thing) with (another). 2. *psych.* to identify (oneself) with (someone).
özdeşleşmek /la/ 1. to identify with (someone). 2. to become one with.
özdeşleştirme /ı, la/ 1. equating (one thing) with (another). 2. *psych.* identifying (oneself) with (someone).
özdeşleştirmek /ı, la/ 1. to equate (one thing) with (another). 2. *psych.* to identify (oneself) with (someone).
özdeşlik 1. identicalness. 2. *log.* identity. — ilkesi *log.* the law of identity.
özdevim *phil.* automatism.
özdevimli *see* özdevimsel.
özdevimsel automatic.
özdevimsellik automaticity.
özdevinim automation.
özdeyiş epigram, aphorism.
özdışı, -nı *phil.* extrinsic.
özdirenç *phys.* resistivity.
öze /a/ *phil.* peculiar to, restricted to.
özek center, central area/point. — ağacı the long central pole of a four-wheeled farm wagon.
özekdoku *biol.* parenchyma.
özekleşme converging, coming to a focus.
özekleşmek to converge, come to a focus.
özekleştirme /ı/ converging, bringing (something) to a focus.
özekleştirmek /ı/ to converge, bring (something) to a focus.
özeksel central, middle.
özel 1. private. 2. personal. 3. special; exceptional. — ad *gram.* proper noun. — af personal pardon. — araba private car. — dil jargon. — girişim private enterprise. — girişimci advocate of private enterprise. — girişimcilik advocacy of private enterprise. — görüş personal opinion, private opinion. — kesim/sektör private sector. — okul private school. — sayı special edition. — ulak special delivery, *Brit.* express, *Brit.* express delivery (of mail). — yaşam private life.
özelci advocate of private enterprise.
özeleştiri self-criticism, autocriticism.
özelleşmek 1. to acquire a character of its own. 2. to take on a special/personal character.
özelleştirme privatization.
özelleştirmek /ı/ 1. to cause (something) to acquire a character of its own. 2. to personalize, cause (something) to take on a personal character. 3. to privatize, make (a state enterprise) into a private enterprise.
özellik 1. special feature, peculiarity, characteristic. 2. *phil.* attribute, property.
özellikle particularly, especially.

özen care, careful attention, pains. —le bakmak /a/ to look after (someone/something) with great care. — göstermek /a/ to take pains (to do something, over something).
özenci 1. (an) amateur. 2. amateur, amateurish.
özencilik amateurism.
özendirmek /ı, a/ 1. to cause (someone) to take pains over (something). 2. to cause (someone) to want to imitate (someone). 3. to cause (someone) to try to (do something one knows little about): **Onu alafrangalığa özendirdi.** She caused him to try to acquire Western ways.
özengen 1. (an) amateur. 2. amateur, amateurish.
özengenlik amateurism.
özenilmek *impersonal passive* to take pains (to do something, over something).
özenli painstaking, very careful.
özenmek 1. /a/ to take pains (to do something, over something). 2. /a or dan/ to want to imitate (someone). 3. /a/ to try to (do something one knows little about): **Şarkıcılığa özendi.** She tried to become a singer. **özene bezene** very painstakingly, with the greatest of care. **özenip bezenmek** to take great pains. **özene özene** with utmost care, very painstakingly.
özensiz 1. slipshod, carelessly done. 2. (someone) who does careless work.
özensizlik carelessness, neglect of detail.
özenti 1. desire to imitate someone. 2. desire to do something one knows little about.
özentici 1. (someone) who tries to imitate another. 2. (someone) who tries to do something he knows little about.
özenticilik 1. trying to imitate someone. 2. trying to do something one knows little about.
özentili very careful, painstaking (work).
özentisiz careless, slipshod (work).
özerk autonomous.
özerklik autonomy.
özet, -ti summary, résumé.
özetlemek /ı/ to summarize, sum up.
özetlenmek to be summarized, be summed up.
özezer 1. (a) masochist. 2. masochistic.
özezerlik masochism.
özge 1. other (thing/person); /dan/ other than, apart from. 2. different, distinctive; unusual. 3. stranger.
özgeci 1. (an) altruist. 2. altruistic.
özgecil altruistic, unselfish.
özgecilik altruism.
özgeçmiş brief history of someone's life, curriculum vitae, CV, cv.
özgü /a/ peculiar to, unique to, special to.
özgüdüm guidance (of something) by a built-in mechanism.
özgüdümlü guided by a built-in mechanism.

özgül specific. — ağırlık *phys.* specific gravity. — ısı *phys.* specific heat.
özgülemek /ı, a/ to allot (something) to.
özgülenmek /a/ to be allotted (to).
özgüllük specificity, specificality.
özgülük specialness.
özgün 1. original, not imitative, completely new. 2. genuine, authentic. 3. original, creative (person); different, singular (person).
özgünleşmek to acquire originality.
özgünleştirmek /ı/ to give (something) originality.
özgünlük originality.
özgür free. — bırakmak /ı/ to set (someone/an animal) free. — girişimci advocate of free enterprise. — girişimcilik advocacy of free enterprise. — istem/istenç free will.
özgürleşme becoming free.
özgürleşmek to become free.
özgürleştirme freeing.
özgürleştirmek /ı/ to free.
özgürlük freedom, liberty.
özgürlükçü 1. partisan of freedom. 2. (someone) who is an advocate of freedom. 3. (something) which aims to promote freedom.
özgürlükçülük advocacy of freedom.
özgürlüksüz unfree, lacking freedom.
özgürlüksüzlük lack of freedom.
özgüven self-confidence.
özindükleme *phys.* self-induction.
özişlerlik automatism.
özitme self-propulsion.
özitmeli self-propelled, self-propelling.
özlem 1. (a) yearning, (a) longing. 2. aspiration, ardent desire.
özleme /ı/ longing for, yearning for; longing to see; missing.
özlemek /ı/ to long for, yearn for; to long to see; to miss.
özlemli (someone) who is filled with longing.
özlenmek to be longed for, be yearned for; to be missed.
özleşme purification, becoming free of foreign elements.
özleşmek to become pure, become free of foreign elements.
özleştirme purification, freeing from foreign elements.
özleştirmeci someone who wishes to make a language etymologically pure, purist.
özleştirmecilik *ling.* purism.
özleştirmek /ı/ to purify, free from foreign elements.
özletmek /ı, a/ to make (someone) long for; to make (someone) miss.
özleyiş (a) yearning, (a) longing.
özlü 1. pulpy, pithy, dense. 2. deep; sincere, genuine. 3. sticky (mud). 4. fertile (soil). 5. concise, pithy, terse. — söz aphorism.
özlük 1. true nature, essential character. 2. employee. — işleri matters pertaining to personnel.
özne 1. *gram.* subject. 2. subject (thinking agent, mind, ego). 3. subject (person/animal being studied).
öznel *gram., phil.* subjective.
öznelci *phil.* 1. (a) subjectivist. 2. subjectivistic.
öznelcilik *phil.* subjectivism.
öznellik subjectivity.
özöğrenim self-education.
özöğrenimli self-educated, self-taught.
özsaygı self-respect.
özsel essential.
özsever 1. (a) narcissist. 2. narcissistic, narcissist.
özseverlik narcissism.
özsu 1. *biol.* juice. 2. *bot.* sap.
özümleme assimilation.
özümlemek /ı/ to assimilate.
özümlenmek to be assimilated.
özümseme *see* özümleme.
özümsemek /ı/ *see* özümlemek.
özümsenmek *see* özümlenmek.
özünerosluk autoerotism, autoeroticism.
özünlü *phil.* intrinsic.
özür, -zrü 1. (valid) excuse. 2. handicap (of a person). 3. defect. — dilemek /dan/ to beg (someone's) pardon, apologize (to), make an apology (to). —ü kabahatinden büyük. *colloq.* What he put forward as an excuse was even worse than what he was wanting to have pardoned./His excuse just makes matters worse.
özürlü 1. (physically) handicapped (person). 2. (mentally) retarded. 3. (someone) who has a valid excuse. 4. defective, faulty.
özürsüz 1. (someone) who lacks a valid excuse. 2. free from defect. 3. (doing something) without an excuse. — pürüzsüz *colloq.* completely free of defects.
özüt, -tü *chem.* extract, concentrate, essence.
özveri self-sacrifice, self-denial.
özverili self-sacrificing, self-denying.
özyapı character, nature.
özyapısal (something) pertaining to (someone's/something's) nature, characteristic.
özyaşamöyküsü, -nü autobiography.
özyazı aphorism.
özyönetim self-government.

P

P the letter P.
pabuç 1. shoe. 2. rubber/metal tip (on the base of a furniture leg). 3. *arch.* base, pedestal (of a column). **—tan aşağı** *colloq.* mean, despicable, contemptible, low-down. **—u başına giydirmek** /ın/ *colloq.* to make (someone) do the wrong thing. **— bırakmamak** /a/ *colloq.* not to be frightened off by, not to be deterred by. **—larını çevirmek** /ın/ *colloq.* to let (somebody) understand that he is not wanted, get rid of (someone) in a roundabout way. **—ları dama atılmak** *colloq.* to lose favor, fall from popular esteem. **—larını eline vermek** /ın/ *colloq.* to get rid of (someone), give (someone) his walking papers. **— eskitmek/paralamak** *colloq.* to run hither and thither (while trying to get something accomplished). **— kadar dili var.** *colloq.* He's as sassy/impudent as they come. **—una kum dolmak/taş kaçmak** *colloq.* to be uneasy, be on edge. **— pahalı.** *colloq.* 1. As he's too powerful for me to tangle with, I'd better not press matters any further. 2. I've bitten off more than I can chew. **—u ters giydirmek** *colloq.* to be a real fox, be someone one must be wary of. **—unu ters giydirmek** /a/ *colloq.* to cause (someone) to make tracks, make (someone) leave in a hurry.
pabuççu 1. cobbler, shoemaker. 2. seller of shoes. 3. attendant who looks after shoes left at a mosque door.
pabuççuluk 1. shoemaking; being a shoemaker. 2. being a seller of shoes. 3. the work of an attendant who looks after shoes left at a mosque door.
pabuçgagalı *zool.* shoebill.
pabuçluk 1. shoe rack (in a mosque). 2. area near a door where shoes are removed and left.
pabuçsuz 1. (someone) who's not wearing shoes, barefoot. 2. without one's shoes on. **— kaçmak** *colloq.* to take to one's heels, beat a hasty retreat.
paça 1. trotter (especially that of a sheep). 2. jellied trotter. 3. lower part of a trouser leg. **—larından akmak** *colloq.* to be filthy, be very dirty. **—sını çekecek/toplayacak hali olmamak** *colloq.* to be hopelessly weak/incompetent. **—sı düşük** *colloq.* untidy-looking, slovenly looking, down-at-heels. **—sını kaptırmak** /a/ *colloq.* to get involved in (a business) and not be able to get out of it. **— kasnağı** a wrestling maneuver. **—yı kurtarmak** *colloq.* to extricate oneself from a difficult situation. **—ları sıvamak** *colloq.* to get ready to start some important business, roll up one's sleeves. **—sından tutup atmak** /ı/ *colloq.* to get rid of (someone) (by insulting him).
paçacı 1. seller of trotters. 2. operator of a small restaurant specializing in dishes made of trotters. 3. small restaurant specializing in dishes made of trotters.
paçagünü, -nü the Friday (that falls one week after a wedding) when a newly married couple is honored with a meal at which trotters are eaten.
paçal *law* a formula which states the proportions to be used by bakers when blending flours.
paçalı 1. (trousers) which have (a certain kind of) leg. 2. (someone) the lower part of whose trouser legs are (in a certain state). 3. feather-legged (bird). 4. (a dish) which contains trotters.
paçalık 1. dress worn by a bride when she is honored on the **paçagünü.** 2. meal given on a **paçagünü.**
paçavra 1. worn-out piece of cloth, rag. 2. worn-out piece of clothing; worn-out, worthless thing. 3. *slang* importunate, annoying, pestiferous. **—ya çevirmek** /ı/, **—sını çıkarmak** /ın/ *colloq.* 1. to make a mess of, ruin. 2. to exhaust, wear (someone) to a frazzle, leave (someone) drained of strength. **— hastalığı** *colloq.* influenza, flu.
paçavracı ragman, ragpicker.
paçoz *slang* hooker, streetwalker, prostitute.
padavra (roofing) shingle. **—sı çıkmış** *colloq.* so thin that his ribs stick out, so thin that you can count his ribs.
padişah padishah, sultan.
padişahlık 1. sultanate. 2. being a padishah. 3. the title of padishah.
pafta 1. section of a large map. 2. stud or flat metal decoration (on a horse's harness). 3. *mech.* threader (for cutting a screw thread). 4. large stain. **— kolu** diestock. **— lokması** *mech.* die (of a diestock).
pagan 1. pagan. 2. (a) pagan.
paganizm paganism.
pagoda pagoda.
pah bevel; chamfer, beveled edge. **—ını almak** /ın/ to bevel, chamfer.
paha 1. price. 2. value. (...) **—sına** at the cost of. **—da ağır** *colloq.* valuable (thing). **— biçilmez** priceless. **— biçmek** /a/ 1. to put a price on, price. 2. to estimate the value of. **—ya çıkmak** to rise in price, become expensive. **—ya geçmek** *colloq.* (for something ordinary) to be

withheld from sale as if it were something rare.
pahacı one who wants high prices for his merchandise.
pahalanmak to increase in price; to become expensive.
pahalı expensive, costly, dear. **—ya mal olmak** /a/ to cost (someone) a lot. **—ya oturmak** /a/ colloq., see **pahalıya mal olmak**.
pahalılaşmak to increase in price; to become expensive.
pahalılık 1. expensiveness, costliness. 2. situation in which everything is expensive.
pahlamak /ı/ to bevel, chamfer.
pak, -ki 1. purehearted, (someone) whose intentions are pure. 2. free of sin/guilt. 3. clean.
paket, -ti 1. package, parcel. 2. pack, packet (container). 3. slang buttocks, ass. **— etmek** /ı/ to package; to make (things) into a parcel; to put (something) into a carton; to wrap (something) up. **— postanesi** parcel post office. **— program** radio, TV package, packet. **— taşı** square paving stone. **— tur** package tour, packaged tour. **— yazılım** comp. packaged software.
paketlemek /ı/ to package; to make (things) into a parcel; to put (something) into a carton; to wrap (something) up.
paketlenmek to be packaged; to be made into a parcel; to be put into a carton; to be wrapped up.
Pakistan 1. Pakistan. 2. Pakistani, of Pakistan.
Pakistanlı 1. (a) Pakistani. 2. Pakistani (person).
paklamak /ı/ 1. to clean. 2. colloq. (for someone) to be fit only for; to deserve. 3. colloq. to take away (everything); to eat (everything) in sight. 4. to prove (someone) innocent. 5. colloq. to kill, bump (someone) off, do (someone) in.
paklık 1. purity of heart. 2. sinlessness, guiltlessness. 3. cleanness.
pakt, -tı pact, treaty.
pala 1. scimitar. 2. blade (of an oar or oar-like implement). **— çalmak/sallamak** colloq. to try hard, make an all-out effort, struggle hard. **— çekmek** to wield a scimitar. **— sürtmek** colloq. to have experienced a lot of things.
palabıyık 1. long, thick mustache. 2. (someone) who has a long, thick mustache.
palabıyıklı (someone) who has a long, thick mustache.
paladyen terrazzo, a mosaic flooring made using pieces of marble.
palalık edge (of a rafter).
palamar naut. hawser. **— boyu** naut. cable, cable length (unit of length equalling 120 fathoms). **—ı çözmek/koparmak** slang to take off, beat it, make tracks. **— parası/resmi** naut. dockage; buoyage.

palamut, -tu zool. bonito.
palamut, -tu 1. acorn. 2. valonia; camata; camatina. 3. slang thick marijuana cigarette, big joint. **— yüksüğü/kadehi** acorn cup.
palamutmeşesi, -ni bot. valonia oak.
palan a broad soft saddle without a frame. **— vurmak** /a/ to put a **palan** on (an animal).
palandöken stony slope.
palanga pulley, block and tackle, tackle.
palanlamak /ı/ slang to put (someone) in jail, throw (someone) in the clink.
palas 1. palace (used in the names of hotels and apartment buildings). 2. school slang very easy (lesson). 3. school slang easy/easygoing (teacher). 4. school slang school where the lessons are easy. **— geçmek** school slang (for a test) to be a cinch, be very easy.
palaska cartridge belt, bandolier.
palas pandıras colloq. very hastily and abruptly; with unseemly haste.
palavra 1. slang palaver, empty talk, bunk, baloney, guff, bullshit. 2. an upper deck (on a ship). **— atmak/savurmak/sıkmak** slang to talk bunk, talk rot, be full of bull.
palavracı slang (someone) who talks bunk, who is full of bull.
palavracılık slang being a bull-shooter, being someone who talks rot.
palaz fledgling duck/goose; squab.
palazlamak see **palazlanmak**.
palazlanmak 1. to grow strong, plump, and healthy. 2. colloq. to get rich. 3. /a/ slang to defy, talk back to (someone).
paldım crupper, crupper strap.
paldır küldür colloq. with a great clatter, very noisily, making a great racket.
paleografi paleography.
paleontoloji paleontology.
palet, -ti 1. (artist's) palette. 2. caterpillar tread, track (of a vehicle). 3. flippers, fins.
paletli (vehicle) which has a caterpillar tread.
palikarya 1. Greek rowdy. 2. Greek soldier.
palmiye bot. palm, palm tree.
palto overcoat, coat (article of clothing).
paluze blancmange. **— gibi** colloq. pasty white and very flabby.
palyaço clown, buffoon, harlequin.
palyaçoluk clowning, being a clown.
palyatif 1. palliative. 2. (a) palliative.
palyoş short sword; poniard; stiletto.
pami slang Let's get going!/Get a move on!
pampa pampa.
pampaotu, -nu bot. pampas grass.
pamuk 1. cotton. 2. bot. cotton plant. **— atmak** to fluff cotton with a bow and mallet. **— balı** white honey. **— barutu** guncotton. **— bezi** cotton cloth. **— elyafı** raw cotton, unginned cotton. **— gibi** colloq. 1. soft as cotton, cot-

pamukaki

tony. 2. pale-complexioned. — **ipliği** cotton thread. — **ipliğiyle bağlamak** /ı/ *colloq.* to solve (something) in a very makeshift way. — **kozası** cotton boll. **P— Prenses** Snow White. — **tarağı** cotton gin. — **tarlası** cotton field.
pamukkaki a cotton thread used in embroidery.
pamukbalığı, -nı *zool.* blue shark.
pamukçu 1. cotton grower, cotton planter. 2. seller of cotton.
pamukçuk thrush, aphthae, aphthosis (disease of infants).
pamukçuluk being a grower or seller of cotton.
pamukelması, -nı cotton boll.
pamuklanmak 1. to become covered with a thin coat of mold/mildew. 2. to become covered with balls of dust or fluff. 3. (for cloth) to fuzz, become covered with balls of fuzz.
pamuklu 1. cotton, made of cotton. 2. cotton cloth, cotton. 3. quilted jacket. 4. swaddling cloth.
pamuktaş travertine.
pamukyağı, -nı cottonseed oil.
Panama 1. Panama. 2. Panamanian, of Panama.
panama Panama hat, Panama.
Panamalı 1. (a) Panamanian. 2. Panamanian (person).
panayır fair (an exhibition). — **yeri** fairground, place where a fair is held.
panayırcı someone who sells goods in a stall at a fair.
pancar *bot.* beet. — **gibi olmak/— kesilmek** *colloq.* to turn as red as a beet, go beet red. — **şekeri** beet sugar.
pancarcı beet grower; beet seller.
pancarcılık being a grower or seller of beets.
pancur *see* **panjur.**
panda *zool.* 1. panda, giant panda. 2. panda, bear cat.
pandantif 1. pendant (attached to a necklace). 2. *arch.* pendentive.
pandispanya sponge cake. — **gazetesi** *colloq.* stories, pack of lies.
pandomima 1. pantomime (dramatic performance lacking dialog). 2. explaining something in pantomime, pantomiming. — **kopmak** *colloq.* for a fight that is amusing to its onlookers to break out.
pandül pendulum.
panel 1. panel discussion. 2. panel (a rectangular piece of construction material).
pangodoz *slang* down-at-heels and alcoholic (old man).
panik panic. — **e kapılmak** to panic, be stricken with panic. — **kırmak** *slang* to beat it, make tracks, scram, make oneself scarce. — **e vermek** /ı/ to cause (someone) to panic, panic. — **yaratmak** to create panic, arouse panic.
paniklemek *slang* to panic, be stricken with

556

panic.
Panislamizm Pan-Islamism.
panjur (slatted) shutter.
pankart, -tı banner (e.g. a welcome banner).
pankreas *anat.* pancreas.
pankreas *sports* pancratium, pancration (a kind of wrestling).
pano 1. wall panel (decorated with tiles or a painting). 2. *construction* prefabricated panel. 3. control panel. 4. bulletin board; panel.
panorama panorama.
pansiyon pension, boardinghouse; guesthouse; tourist home; rooming house.
pansiyoncu operator of a pension.
pansiyonculuk operating a pension; being a pension operator.
pansiyoner someone staying in a pension; boarder, lodger.
pansuman 1. dressing a wound. 2. (a) dressing for a wound. — **yapmak** /a/ to dress (a wound).
pansumancı 1. someone who dresses wounds. 2. operating-room nurse, nurse who works in a hospital operating room; dresser.
panteist, -ti 1. (a) pantheist. 2. pantheistic, pantheistical.
panteizm pantheism.
panteon pantheon.
panter 1. *zool.* panther, leopard. 2. made of leopard, leopard.
pantograf pantograph.
pantol *colloq.* trousers, pants.
pantolon trousers, pants.
pantoloncu maker or seller of trousers.
pantomim pantomime (dramatic performance lacking dialog).
pantufla 1. bedroom slipper (made of felt), pantofle, pantoufle. 2. *slang* stealing, swiping, *Brit.* nicking.
pantuflacı 1. maker or seller of felt bedroom slippers. 2. *slang* thief; embezzler, swindler, confidence man.
Panturanizm Pan-Turanism.
Pantürkizm Pan-Turkism.
panzehir, -hri antidote (for poison). — **taşı** 1. bezoar, bezoar stone. 2. opal.
panzer panzer.
papa pope.
papağan *zool.* parrot. — **anahtarı** a small wrench. — **gibi ezberlemek** /ı/ *colloq.* to learn (something) by rote.
papağanlık *psych.* psittacism.
papağanyemi, -ni *bot.* safflower.
papak a kind of **kalpak.**
papalık papacy.
papara 1. dish made from pieces of dry bread and broth. 2. *colloq.* (a) scolding, laying someone low. — **yemek** *colloq.* to get told off, get one's ears pinned back.

papatya 1. daisy (the flower). 2. chamomile, camomile. — **falı** plucking the petals off a daisy one by one in order to learn one's fortune.

papaz 1. priest; minister, pastor. 2. *playing cards* king. —**a dönmek** *colloq.* to need a haircut. —**ı göt altında bulmak** *slang* to get one's comeuppance, get oneself into trouble. — **her gün pilav yemez.** *proverb* 1. Don't ask a person to do something too often, or he'll get fed up and refuse to do it at all. 2. Things can't always go the way you'd like them to. —**a kızıp oruç/perhiz bozmak** *colloq.* to cut off one's nose to spite one's face. — **lojmanı** parsonage; vicarage; rectory. — **okulu** seminary. — **uçurmak** *colloq.* to have a drinking party, have a booze-up.

papazkaçtı a card game.

papazlık being a priest; priesthood; presbyterate; being a minister/a pastor; pastorate, pastorship.

papazyahnisi, -ni a mutton stew.

papel *slang* 1. a (Turkish) lira. 2. *formerly* a one-lira bank note. 3. a playing card.

papelci *slang* cardsharp, cardsharper.

papirüs 1. papyrus. 2. *bot.* the papyrus plant.

Papua-Yeni Gine 1. Papua New Guinea. 2. Papua New Guinean, of Papua New Guinea.

papuç *see* **pabuç**.

papuçgagalı *zool.*, *see* **pabuçgagalı**.

papura heavy plow drawn by two yoke of oxen.

papyebuvar blotting paper.

papyekuşe glossy paper.

papyon bow tie. — **kravat** bow tie. — **somunu** thumbnut, wing nut. — **vidası** thumbscrew.

para 1. money. 2. *formerly* (a) para (one fortieth of a kuruş). — **alımı** *fin.* collection of money, collecting money. — **aslanın ağzında.** *proverb* If you want money, you've got to struggle to get it. — **babası** *colloq.* moneybags. — **basımevi** mint (where money is coined/printed). — **basmak** 1. to print/mint money. 2. *colloq.* to lay down a stake (in gambling). —**yı bayılmak** *colloq.* to pay out money, shell out money, fork out money. — **bozmak** to make change, break a coin/a note into smaller denominations. — **canlısı** someone who's excessively fond of money. — **cezası** *law* fine. — **cüzdanı** billfold, wallet. — **çantası** purse. — **çekmek** /dan/ 1. to draw money (from a bank). 2. *colloq.* to squeeze some money out of (someone), get (someone) to fork over some money. —**ya çevirmek** /ı/ to realize (an asset); to sell (something) (for money). — **çıkarmak** 1. to issue money. 2. *colloq.* to send a money order. —**sını çıkarmak** *colloq.* to get back the amount one invested (in the form of profits). —**dan çıkmak** *colloq.* to have to spend money; to have unexpected expenses. — **darlığı** *econ.*, *see* **paradarlığı**. —**yla değil** *colloq.* very cheap, dirt cheap. —**yla değil, sırayla.** *colloq.* Money can't always get you what you want./Your money won't do you any good here. —**yı denize atmak** *colloq.* to squander money, throw money down the drain. — **dökmek** /a/ *colloq.* to spend a lot of money (on); to pour money into. — **dönmek** *colloq.* for bribes to be given. — **etmek** *colloq.* to be worth something, be valuable; to be something which will sell. — **etmemek** *colloq.* 1. to be worth nothing; to be something which won't sell. 2. to have no effect, be in vain. — **gözlü** *colloq.*, *see* **para canlısı.** —**nın gümüş olduğunu anlamak** *colloq.* to realize that money is not to be thrown around, learn to appreciate the value of money. — **ile imanın kimde olduğu bilinmez.** *proverb* You can't know for sure how much money another person has, just as you can't know whether or not he is a sincere believer in God. — **isteme benden, buz gibi soğurum senden.** *proverb* You don't like to have much to do with people who are always asking you for money. — **kazanmak** to earn money. — **kesmek** 1. to coin money. 2. *colloq.* to make a lot of money. — **kırmak** *colloq.* to make a lot of money. —**ya kıymak** *colloq.* to spend money, shell out money, fork out money. — **koparmak** /dan/ *colloq.* to squeeze some money out of (someone), get (someone) to fork out some money. — **parayı çeker.** *proverb* Money breeds money. —**ya para dememek** *colloq.* 1. to make a lot of money. 2. to spend money lavishly. 3. to regard an amount of money as ridiculously small. — **pul** *colloq.* money and assets. —**sıyla rezil olmak** *colloq.* to pay out money for something that turns out to be completely unsatisfactory, throw money down the drain. — **sızdırmak** /dan/ *colloq.*, *see* **para koparmak.** —**sını sokağa atmak** *colloq.* to throw money down the drain. —**yı sökülmek** *slang* to have to fork out some money. — **şişkinliği** *econ.*, *see* **paraşişkinliği.** —**yı tedavülden kaldırma** demonetization, taking money out of circulation. — **tutmak** *colloq.* 1. to save money; to be thrifty. 2. to cost. —**nın üstü** change (given when one has paid more than the stated amount). —**yı veren düdüğü çalar.** *proverb* The one who pays the piper calls the tune. — **vurmak** *colloq.* 1. to make money by illegal means. 2. to luck into a lot of money. — **yapmak** *colloq.* to earn money and save it. — **yardımı** monetary aid. — **yatıran** depositor. — **yatırmak** /a/ 1. to invest (in). 2. to deposit money (in). — **yedirmek** /a/ *colloq.* to bribe. — **yeme** *colloq.* accepting bribes. — **yemek** *colloq.* 1. to spend

money freely. 2. to accept a bribe. —nın yüzü sıcaktır. *proverb* There is something about money that's very alluring.
parabol, -lü *geom.* parabola.
parabolik *geom.* parabolic, parabolical.
paraboloit *geom.* paraboloid.
paraca as far as money is concerned, with respect to money.
paraçol 1. *arch., naut.* bracket, knee (a support). 2. a one-horse carriage with open sides.
paradarlığı, -nı *econ.* deflation.
paradi the upper balcony, the gallery, the peanut gallery, *Brit.* the gods (of a theater).
paradigma *ling.* paradigm.
paradoks paradox.
paradoksal paradoxical.
paraf initials, the initial letters of a person's name(s) and surname (used as a signature).
parafazi *psych.* paraphasia.
parafe initialed (signed with a **paraf**). — **etmek** /ı/ to initial (a document).
parafelemek /ı/ to initial (a document).
parafin paraffin, paraffin wax.
paragöz *colloq.* (someone) who is excessively fond of money.
paragraf 1. paragraph. 2. paragraph sign, paragraph.
Paraguay 1. Paraguay. 2. Paraguayan, of Paraguay.
Paraguaylı 1. (a) Paraguayan. 2. Paraguayan (person).
paraka *fishing* setline, groundline, trawl line, trotline.
parakete 1. *fishing* setline, groundline, trawl line, trotline. 2. *naut.* log.
paralamak /ı/ 1. to tear (something) to pieces; to tear (something/someone) limb from limb. 2. to wear (something) to pieces.
paralanmak 1. to be torn to pieces. 2. to wear oneself out (trying to do something impossible). 3. to put a lot of painstaking effort into something.
paralanmak *colloq.* to get flush; to be in the money.
paralel 1. parallel. 2. *sports* parallel bars. — **arabirim** *comp.* parallel interface. — **bar** *sports* parallel bars. — **port/kapı** *comp.* parallel port.
paralelkenar *geom.* parallelogram.
paralellik parallelism.
paralelyüz *geom.* parallelepiped.
paralı 1. rich, in the money. 2. (something) which isn't available free of charge, which costs money; (school) which charges tuition. 3. (cloth) covered with polka dots. — **asker** mercenary, mercenary soldier. — **köprü** toll bridge. — **pullu** *colloq.* rich, wealthy. — **yol** toll road, turnpike, turnpike road.
paralık (something) worth (so many) paras.

parametre *math.* parameter.
paramparça 1. broken to smithereens, smashed to bits. 2. ripped to shreds, in tatters.
parankima *biol.* parenchyma.
paranoit 1. (a) paranoid. 2. paranoid, paranoidal.
paranoya paranoia.
paranoyak 1. (a) paranoiac. 2. paranoiac, paranoic.
parantez parenthesis. — **açmak** *colloq.* to digress, say/write something as an aside.
parapet, -ti 1. parapet, balustrade. 2. bulwarks (of a ship).
parasal monetary.
parasempatik *anat.* parasympathetic. — **sinir sistemi** parasympathetic nervous system.
parasız 1. (someone) who has no money. 2. poor, penniless. 3. free. 4. (done) free of charge, free, gratis. — **pulsuz** *colloq.* 1. utterly penniless. 2. without spending a penny, free, gratis. — **yatılı (öğrenci)** boarding student (in a state-run school) who gets a small stipend, plus board and lodging, from the state.
parasızlık 1. lack of money. 2. pennilessness, poverty.
paraşişkinliği, -ni *econ.* inflation.
paraşol a one-horse carriage with open sides.
paraşüt, -tü parachute. — **açma ipi/kordonu** rip cord. — **le atlama** parachute jump, jump made with parachute.
paraşütçü 1. parachutist, parachuter; paratrooper. 2. *slang* gate-crasher, person who tries to get into places without paying.
paraşütçülük 1. being a parachutist/a paratrooper; parachuting. 2. *slang* gate-crashing.
paratifo *path.* paratyphoid.
paratoner lightning rod.
paravan folding screen, screen. — **şirket** (a) front organization, (a) front. — **yapmak** /ı/ to make (someone) one's front man/front.
paravana *see* **paravan.**
parazit, -ti 1. *biol.* parasite. 2. *radio, TV* static, interference, atmospherics; cross-talk. 3. *colloq.* sponger, parasite. 4. *colloq.* (someone) who sponges. — **yapmak** *slang* to bother someone (with boring, stupid talk).
parazitlik parasitism; parasitic relationship.
parazitoloji parasitology.
parça 1. piece; fragment; bit. 2. item (in a set of several items). 3. piece (of literature/music/fine art); passage (from a piece of literature/music/fine art). 4. *pej.* a poor substitute for ..., a worthless thing that goes by the name of ...: **bu hekim parçası** this worthless individual who's supposed to be a doctor. 5. *used as a counting word:* **beş parça kumaş** five lengths of cloth. 6. *slang* pretty woman, nice piece of goods. 7. *slang* hashish, hash. — **alım** *med.*

biopsy. — **almak** *med.* to carry out a biopsy. — **bohçası** 1. patchwork cloth. 2. *colloq.* mishmash, hodgepodge. — **mal** goods sold by the piece. — **parça** 1. in bits and pieces, in smithereens. 2. in separate pieces. 3. in installments. 4. in tatters, in rags. — **parça etmek** /ı/ to break/smash/tear/pull (something/someone) to pieces. — **parça satmak** /ı/ 1. to sell (something) piecemeal. 2. to sell (something) retail.
parçacı 1. seller of cloth remnants. 2. seller of spare parts.
parçacık *phys.* particle.
parçalamak /ı/ to break/smash/tear/pull (something/someone) to pieces.
parçalanmak 1. to be broken/smashed/torn/pulled to pieces. 2. to wear oneself out trying to please someone.
parçalatmak /ı/ to have (something) broken/smashed/torn/pulled to pieces.
parçalayıcı divisive.
parçalı 1. (something) made up of (so many) pieces. 2. patchwork, patchworked (piece of cloth). 3. *colloq.* biting/insinuating (remark). — **bohça** patchwork cloth. — **bohça gibi** *colloq.* (something) which is a mishmash. — **bulutlu** partly cloudy. — **yorgan** patchwork quilt.
pardesü *see* **pardösü.**
pardon Pardon me./Excuse me.
pardösü lightweight overcoat, topcoat.
pare 1. piece; fragment; bit. 2. *used as a counting word:* **üç pare gemi** three ships. — **pare** in pieces, in bits and pieces.
parfüm perfume.
parfümeri perfumery.
parıldamak to gleam; to flash, glitter; to sparkle; to twinkle.
parıldatmak /ı/ to make (something) gleam/flash/glitter/sparkle/twinkle.
parıl parıl gleamingly; flashingly, glitteringly; sparklingly. — **parlamak** to shine brightly, gleam; to glitter.
parıltı gleam; flash, glitter; sparkle; twinkle.
parıltılı gleaming, flashing, glittering, sparkling, or twinkling (thing).
parite *fin.* parity.
park, -kı 1. park (area of land). 2. parking lot; *Brit.* car park. 3. playpen. 4. parking (of a vehicle). 5. *mil.* park. — **etmek** /ı, a/ to park (a vehicle) (somewhere). — **sayacı** parking meter. — **yapmak** /da/ to park (somewhere).
parka parka.
parke 1. parquet, parquetry. 2. cobblestone pavement. — **taşı** cobblestone.
parkeci 1. person who makes parquetry. 2. person who lays cobblestones.
parkur 1. racecourse, course, track. 2. golf course.
parlak 1. bright, brilliant, shining, gleaming, glistening; radiant; luminous. 2. wonderful, brilliant, great; successful. 3. *slang* attractive but rather effeminate, pretty (youth). 4. *slang* dressed fit to kill, sharp-looking.
parlaklaşmak to begin to shine/gleam/glisten.
parlaklık 1. brilliance, brightness. 2. wonder, brilliance, greatness.
parlama 1. shining. 2. flare-up, flare, flaring (of flames/anger). 3. bursting into flame, flare-up, flaring.
parlamak 1. to shine; to gleam; to glisten. 2. to flare, flare up, flame up, burst into flame. 3. to flare up (in anger). 4. to shine; to become eminent; to display brilliance.
parlamentarizm parliamentarism, parliamentarianism.
parlamenter 1. member of parliament, MP. 2. parliamentary.
parlamento parliament.
parlatma polishing, burnishing.
parlatmak 1. /ı/ to polish, burnish; to make (something) shine/gleam/glisten. 2. *slang* to toss off (booze), knock back (booze).
parmak 1. finger. 2. toe. 3. spoke (of a wheel). 4. bar, rail (in a railing/a grill); baluster. 5. inch (2.5 centimeters). 6. finger (measure used to determine the amount of liquid in a glass). 7. the amount of material that will stick to a finger: **bir parmak bal** a taste of honey. 8. the length of a finger (used in making rough measurements). —**ı ağzında kalmak** *colloq.* to be greatly astonished, be open-mouthed with amazement; to marvel at something wonderful. — **atmak** *colloq.* to make trouble, stir up a stink. —**ımı basarım.** *colloq.* You mark my words! — **basmak** 1. /a/ *colloq.* to draw attention to (a point). 2. to put one's thumbprint on (a document) (in lieu of a signature). —**ını bile oynatamamak/kıpırdatamamak** *colloq.* not to be able to move a muscle (owing to fatigue). —**ını bile oynatmamak/kıpırdatmamak** *colloq.* not to lift so much as a finger (to help). — **bozmak** (for children) to be on the outs with each other. —**ına dolamak/sarmak** /ı/ *colloq.* to get (something) on the brain. —**la gösterilmek** *colloq.* 1. to be a person of distinction, be famous. 2. to be small in number, be so few one can count them on the fingers of one hand (as it were). — **hesabı** 1. (doing arithmetic by) counting on one's fingers. 2. metrical system based on a count of syllables. — **ısırmak** *colloq.* to be greatly astonished, be open-mouthed with amazement; to marvel at something wonderful. — **ısırtmak** /a/ *colloq.* to leave (someone) open-mouthed with astonishment; to cause (someone) to marvel. — **izi** fingerprint, dactylogram. — **kadar** *colloq.* small, mere slip of (a child). — **kal-**

parmakçı 560

dı *colloq.* almost, very nearly. **— kaldırmak** 1. to raise one's hand (with only the index finger extended) *(done as a means of asking permission to speak).* 2. to vote in favor of a motion. **— kapı** 1. gate made of vertical bars. 2. hinged window grate. **—ı olmak /da/** *colloq.* to have a finger in (something), have something to do with (something). **—ında oynatmak /ı/** *colloq.* to twist (someone) around one's little finger, dominate (someone) completely. **—ını oynatmak** *colloq.* to give a bribe, grease someone's palm. **— parmak** finger-shaped, fingerlike. **—la sayılmak** *colloq.* to be so few one can count them on the fingers of one hand (so to speak). **—ını sokmak /a/** *colloq.* to interfere in, meddle in (something); to stick one's oar in. **— tatlısı** a sweet, finger-shaped pastry. **—ının ucunda/ucuyla çevirmek /ı/** *colloq.* to do (something) easily and skillfully. **—ının ucunu göstermemek** *colloq.* (for a woman) to cover herself so that a man may see no part of her body whatsoever. **— usulü** metrical system based on a count of syllables. **— üzümü** a grape whose fruit is somewhat elongated. **—ını yaranın üzerine basmak** *colloq.* to put one's finger on the real problem. **—larını (birlikte) yemek** *colloq.* to find a food very much to one's liking, relish every mouthful of a food.

parmakçı *colloq.* inciter, fomenter, instigator, agitator.

parmaklamak /ı/ 1. to eat (something) with one's fingers. 2. to finger, handle. 3. *colloq.* to stir up, incite.

parmaklık 1. railing; balustrade; grate, grating; grill, window-guard. 2. cot, fingerstall.

parmıcan Parmesan cheese.

parodi parody.

parola password, watchword; countersign.

parpa young turbot.

par par (shining) brightly; gleamingly; flashingly, glitteringly; sparklingly.

pars *zool.* leopard, panther.

parsa money (collected from onlookers/listeners), collection. **—yı başkası toplamak** *colloq.* for someone else to reap the benefits of your work (while you are left empty-handed/unrecognized). **— toplamak** to take up a collection, pass the hat.

parsel parcel, plot, lot (of officially surveyed land).

parselasyon parcellation.

parselleme /ı/ dividing (land) into parcels, parcellation.

parsellemek /ı/ to divide (land) into parcels.

parsellenmek (for land) to be divided into parcels.

parselli (land) which has been divided into parcels.

parşömen parchment; vellum. **— kâğıdı** paper resembling parchment; parchment paper, vegetable parchment; vellum paper.

partal *colloq.* worn-out, shabby.

partenogenez *biol.* parthenogenesis.

parter 1. ground floor (of a theater/a concert hall), orchestra, parterre. 2. parterre, flower bed.

parti 1. *pol.* party. 2. party (social gathering). 3. consignment (of goods). 4. (one) game (in a series). 5. *colloq.* bargain, something acquired very cheaply. 6. *mus.* part. **—yi kaybetmek** *colloq.* to come out the loser. **— vermek** to give a party. **—yi vurmak** *colloq.* to seize a good business opportunity and profit from it.

partici *pol.* 1. party member. 2. (someone) who is an all-out party man.

particilik *pol.* partisanship.

partikül *phys.* particle.

partili *pol.* party member.

partisip, -pi *gram.* participle.

partisyon *mus.* full score, partition, partitur, partitura.

partizan 1. partisan, uncritically devoted. 2. (a) partisan. 3. *mil.* partisan, guerrilla. 4. *mil.* (a) partisan.

partizanlık partisanship.

partner partner.

parttaym 1. part time. 2. part-time.

parya pariah, outcast.

pas 1. rust; tarnish; corrosion. 2. rust (on plants). 3. a white film (sometimes seen on the tongue). **—ını açmak /ın/** to clean the rust/tarnish/corrosion off (something). **— bağlamak/tutmak** to rust; to tarnish; to corrode. **— giderici** rust remover.

pas *sports* (a) pass. **P—! I** pass./Pass *(said when playing cards).* **— geçmek** *slang* to disregard something. **— vermek /a/** 1. to pass the ball to (one's teammate). 2. *slang* (for a woman) to give (a man) the glad eye, make a pass at.

pasaj 1. covered shopping arcade; (pedestrian) passageway lined with shops. 2. passage (from a piece of writing).

pasak dirt, filth.

pasaklı 1. untidy (person). 2. slovenly dressed.

pasaklılık 1. untidiness, being untidy by nature. 2. slovenliness of dress, slovenly appearance.

pasaparola *mil.* order passed through the ranks by word of mouth. **— etmek /ı/** 1. *mil.* to pass (an order) along through the ranks. 2. *colloq.* to tell the world about (something).

pasaport, -tu passport. **—unu almak** *colloq.* to be fired, be given one's walking papers. **—unu eline vermek /ın/** *colloq.* to fire (someone), give (someone) his walking papers, give (someone) the old heave-ho.

pasavan laissez-passer.

pasif 1. passive. 2. *com.* liabilities; debit side of

a balance sheet. — **direniş** passive resistance. — **korunma** passive defense.
Pasifik Okyanusu, -nu the Pacific Ocean.
pasifleştirmek /ı/ to pacify, reduce to a submissive state, subdue.
pasiflik passiveness, passivity.
paskal 1. clownish, comic, funny. 2. comic character in the **ortaoyunu** and in **tuluat.**
paskallık clowning, clownery.
paskalya 1. Easter. 2. Passover, Pesach, Pasch, Pascha. — **çöreği** a sweet yeast bread. — **yumurtası** Easter egg. — **yumurtası gibi** *colloq.* overly made-up (woman).
paslanmak 1. to rust; to tarnish; to corrode. 2. (for one's tongue) to become coated with a white film.
paslanmaz rustproof; tarnishproof; noncorrodible. — **çelik** stainless steel.
paslaşmak 1. *sports* to pass the ball to each other. 2. *slang* to give each other the glad eye.
paslatmak /ı/ to cause (something) to rust/tarnish/corrode.
paslı rusty; tarnished; corroded.
paso pass (entitling its holder to free entry or a reduced rate). **Benden —!** *colloq.* Count me out!/I'm throwing in the towel!/I'm calling it quits!
paspal 1. flour containing a lot of bran. 2. *slang* poor quality hashish. 3. *colloq.* slovenly.
paspartu passe-partout (a picture frame).
paspas 1. doormat. 2. mop (used for cleaning/drying a floor); wet mop; dust mop, dry mop. — **yapmak** to mop the floor; to wet-mop the floor; to dust-mop the floor.
paspaslamak /ı/ to mop; to wet-mop; to dust-mop.
pasrengi, -ni 1. the color rust, rust. 2. rust-colored, rust, rusty.
pasta any rich cake with a creamy filling, *Brit.* cream-cake.
pasta pleat, fold.
pastacı maker or seller of pastry.
pastacılık being a maker or seller of pastry.
pastahane *see* **pastane.**
pastalı pleated.
pastane pastry shop, bakeshop, bakery (specializing in cream-cakes).
pastel 1. pastel, pastel crayon. 2. pastel drawing, pastel. 3. pastel (color).
pastırma pastrami (beef that has been smoked or dried in the sun after being treated with spices). — **çemeni** cumin used in preparing pastrami. — **sını çıkarmak** /ın/ *colloq.* to beat the tar out of (someone). — **yazı** Indian summer; *Brit.* Saint Luke's/Saint Martin's summer.
pastırmacı maker or seller of pastrami.
pastırmacılık being a maker or seller of pastrami.
pastırmalık (something) suitable for making pastrami.

pastil pastille; troche, throat lozenge; cough drop.
pastoral, -li 1. *mus.* pastorale. 2. pastoral, rustic, idyllic. 3. pastoral, idyll.
pastörizasyon pasteurization.
pastörize pasteurized. — **etmek** /ı/ to pasteurize.
paşa 1. pasha. 2. *colloq.* general; admiral. 3. *colloq.* well-behaved, sedate (child). — **gibi yaşamak** *colloq.* to live in easy circumstances. — **olmak** *colloq.* to get as drunk as a lord. — **paşa** *colloq.* (for a child to act) in a quiet, mannerly way.
paşaçadın, -nı *bot.* beefsteak begonia.
paşalık 1. being a pasha; the rank and duties of a pasha. 2. area ruled by a pasha, pashalik.
paşmak *see* **başmak.**
paşmakçı *see* **başmakçı.**
pat, -tı flat, wide (nose).
pat Bam!/Whop!/Whomp! — **diye** 1. with a thud/a thump/a whop/a crash. 2. suddenly. — **küt** 1. Biff!/Bam! 2. with biffs and bams. — **pat** with great whops.
pat, -tı 1. *bot.* aster. 2. aster-shaped diamond pin.
pata card games, gambling being deadlocked, being in a stalemate. — **çakmak** /a/ *slang* to give (someone) a casual (military-style) salute. — **gelmek** 1. to be tied, be even, be all square (in a card game). 2. to be square, owe each other nothing.
patak *colloq.* beating, thrashing.
pataklamak /ı/ 1. to beat, thrash, give (someone) a beating. 2. to sweep (a place) in a hurried, haphazard way. 3. to wash (clothes) (by beating them) in a hurried, haphazard way.
pataklanmak 1. (for someone) to be beaten, be thrashed, be given a beating. 2. to be swept/washed hurriedly and haphazardly.
patates potato. — **tava** fried potatoes; French fries, fries, French fried potatoes, *Brit.* chips.
patavatsız (someone) who talks/acts without thinking, tactless.
patavatsızlık tactlessness.
paten 1. ice skate. 2. roller skate.
patent, -ti 1. patent, patent right. 2. *naut.* bill of health. —**inin altına almak** /ı/ *colloq.* to gain control over (someone), get (someone) under one's sway.
patentli patented.
patetik pathetic.
patırdamak to make a pattering/clattering noise; to patter; to clatter (when walking).
patırdatmak /ı/ to patter/clatter (one's feet).
patır kütür with a clattering noise.
patır patır with a pattering sound.
patırtı 1. clatter/patter (of feet). 2. noise, clatter. 3. *colloq.* row, tumult, disturbance. — **çıkarmak** *colloq.* to provoke a row, cause a com-

motion, raise a ruckus. — **etmek** to make a great deal of noise. — **kopmak** *colloq.* for a commotion to break out. **—ya pabuç bıraktırmamak** *colloq.* not to be intimidated by empty threats. **—ya vermek** /ı/ *colloq.* to set (a place) in an uproar.

patırtılı noisy.

pati 1. *colloq.* paw (of a dog/a cat). 2. *prov.* tootsy, tootsie, foot (of a baby).

patik (baby's) bootee; (leather) shoe for a very small child.

patika path, trail.

patinaj 1. ice skating. 2. skidding/slipping/spinning (of wheels). — **yapmak** 1. to skate. 2. (for wheels/a vehicle) to skid; (for wheels) to spin/slip. — **zinciri** tire chain.

patis very fine cotton batiste.

patiska a cotton cloth heavier than muslin, *Brit.* calico.

patlak 1. burst; torn open; cracked. 2. place where a thing has burst open. — **göz** popeye, bulging eye. — **gözlü** popeyed, bug-eyed. — **vermek** *colloq.* 1. (for something secret) to be discovered/divulged. 2. (for something unpleasant) to break out.

patlama 1. explosion. 2. sudden expansion.

patlamak 1. to burst, explode, blow up. 2. to split open; to burst open. 3. *colloq.* (for something unpleasant) to break out. 4. /dan/ *colloq.* to be ready to explode or feel like screaming owing to (anger/boredom). 5. *colloq.* to explode, give vent to one's feelings. 6. /a, a/ *colloq.* (for something) to cost (someone) (so much): **Bu daire ona beş yüz milyona patladı.** This apartment cost him five hundred million. **Patlama!** *colloq.* Just hold your horses a minute!/Don't blow your stack!

patlamalı *used in:* — **motor** internal-combustion engine.

patlamasız *used in:* — **motor** diesel engine.

patlangaç 1. popgun; peashooter. 2. firecracker that explodes when thrown to the ground.

patlangıç *see* **patlangaç**.

patlatmak 1. /ı/ to blow up, explode. 2. /ı/ to cause (something) to burst open. 3. /ı/ to fire (a weapon). 4. /ı/ *colloq.* to drive (someone) crazy, make (someone) want to scream; to infuriate. 5. *colloq.* to land someone one in the kisser, give someone a punch in the face.

patlayıcı 1. explosive. 2. (an) explosive (substance). — **madde** (an) explosive; explosive material; explosive substance. — **ünsüz** *phonetics* plosive consonant.

patlayış explosion.

patlıcan eggplant. — **inciri** a large, purple fig.

patolog pathologist.

patoloji pathology.

patolojik pathological.

patpat, -tı *colloq.* rug-beater, carpet-beater (a household implement).

patriarkal patriarchal.

patrik patriarch (in the Eastern Orthodox Church).

patrikhane patriarchate (building housing the office of a patriarch in the Eastern Orthodox Church).

patriklik rank of a patriarch, patriarchate; being a patriarch.

patron 1. boss, employer, head/owner of a firm/a business. 2. (dressmaker's/tailor's) pattern.

patrona *hist.* vice-admiral.

patronaj *law* state assistance designed to help newly released prisoners adjust to life outside of prison.

patronluk being a boss.

pattadak *colloq.* suddenly.

pattadan *colloq., see* **pattadak**.

pavurya 1. *zool.* hermit crab. 2. *slang* someone who walks with one shoulder bent aslant.

pavyon 1. cheap night club. 2. pavilion (usually one of a complex of detached buildings).

pay 1. share, lot, portion. 2. equal part: **Onu sekiz pay yap.** Divide it into eight equal parts. 3. *tailor.* margin, seam allowance (left so that a garment may be let out). 4. margin (margin of safety, profit margin). 5. *math.* numerator. **—ını almak** 1. /dan/ to get (one's) share (of). 2. *colloq.* to get a scolding, get told off. — **bırakmak** to leave a margin, leave a little extra (for seams/trimming). — **biçmek** /dan/ 1. *colloq.* to put (someone) in someone else's place: **Kendinden pay biç!** Put yourself in his place! 2. to measure (one thing) against (another), consider (one thing) in the light of (another). — **etmek** /ı/ to share, divide (something) up; to go shares in (something). — **vermek** /a/ *colloq.* (for a younger person) to talk back to, sass (an older person).

payanda prop, support, shore; stanchion; buttress. **—ları çözmek** *slang* to run away, take off, beat it.

payandalamak /ı/ to prop up, shore up, buttress.

payda *math.* denominator.

paydaş shareholder; joint owner.

paydaşlı jointly owned.

paydaşlık being a shareholder; joint ownership.

paydos 1. break, rest; end of the work day. 2. stopping work for a while; taking a break. **P—!** *colloq.* It's quitting time!/It's break time! — **borusu çalmak** for quitting time or break time to come. — **demek** to leave off doing something. — **etmek** to quit work, stop working.

paye rank, position. — **vermek** /a/ 1. to show deference to, esteem. 2. to esteem (someone who doesn't deserve to be esteemed).

payet, -ti paillette, pailette, sequin, spangle.

payidar enduring, lasting; permanent. — **olmak**

to be enduring/lasting/permanent.
payitaht, -tı *obs.* capital city (of a kingdom/an empire), capital.
paylamak /ı/ to scold, tell (someone) off.
paylanmak to be scolded, be told off.
paylaşma /ı/ sharing (something).
paylaşmak /ı/ to share.
paylaştırmak /ı, a/ to divide and distribute (something) in shares among (two or more people); to see that (something) is divided and distributed in shares among (two or more people).
paylatmak /ı/ to have (someone) scolded or told off; /ı, a/ to cause (someone) to tell (someone else) off.
payplayn (long-distance) pipeline (for oil/gas).
payreks Pyrex.
paytak 1. knock-kneed; bandy-legged, bow-legged. 2. *chess* pawn. — **adım** waddle, waddling, a waddling gait. — **paytak** waddlingly.
paytaklık being knock-kneed; bandy-leggedness, bowleggedness.
payton phaeton (a horse-drawn carriage).
pazar 1. market, market place; bazaar. 2. Sunday. 3. trading, buying and selling. — **bozmak** (for a seller) to begin to pack up his wares. —**a çıkarmak** /ı/ to put (something) up for sale. — **kayığı** large caique (formerly used to carry goods from Istanbul to the villages along the Bosporus). — **kayığı gibi** *colloq.* heavily loaded (vehicle). — **kurmak** to set up an open market. — **ola!** *colloq.* I hope you have a lot of trade today! *(said to a merchant).*
pazarcı seller in a market.
pazarlama marketing (of a product).
pazarlamacı 1. salesman. 2. marketing expert.
pazarlamak /ı/ to market.
pazarlaşmak to bargain; to haggle.
pazarlık bargaining; haggling. — **etmek** to bargain; to haggle.
pazartesi, -yi Monday.
pazaryeri, -ni 1. marketplace. 2. country which is a marketplace for the goods of another country. —**ne dönmek** *colloq.* (for a place) to get crowded.
pazen (cotton) flannel (a fabric).
pazı *bot.* chard.
pazı *anat.* biceps. — **kemiği** *anat.* humerus.
pazı a lump of dough (from which one loaf of bread can be made).
pazıbent 1. armband, armlet. 2. amulet (worn around the arm).
pazval shoemaker's knee-strap.
peçe veil (made of a light, black cloth).
peçeleme /ı/ camouflaging, camouflage.
peçelemek /ı/ to camouflage.
peçeli veiled (with a **peçe**).
peçete table napkin, napkin.

pedagog, -gu 1. pedagogist. 2. educationist, educationalist, educator.
pedagoji 1. pedagogics. 2. education (as a field of study).
pedagojik 1. pedagogic, pedagogical. 2. educational.
pedal 1. pedal; treadle. 2. treadle press, printing press operated by means of a treadle.
pedalye pedal keyboard, pedalier (of an organ/a harpsichord).
peder father.
pederane 1. fatherly. 2. in a fatherly way.
pederşahi *sociol.* patriarchal; patricentric.
pederşahilik *sociol.* patriarchy.
pedikür pedicure.
pediyatri pediatrics.
pedoloji pedology, paidology.
pedoloji soil science, pedology.
pehlivan 1. wrestler (who contends according to the rules of **yağlı güreş**). 2. *colloq.* strong and strapping person.
pehlivanlık 1. being a wrestler. 2. *colloq.* brute strength.
pehpeh How nice!/Bravo! *(usually said sarcastically or merely to flatter).*
pehpehlemek /ı/ to flatter, praise (someone) fulsomely.
pejmürde 1. shabby, worn-out, ragged. 2. disheveled.
pejoratif pejorative.
pek, -ki 1. very, extremely. 2. very much, a great deal. 3. hard, firm. 4. unyielding, rigid. 5. strong, sound. 6. (moving) fast, speedily. — **başlı** *colloq.* obstinate, hardheaded. — **canlı** *colloq.* hardy, tough, (someone) who possesses endurance. — **çok** 1. a great many; quite a few; a lot of. 2. a great deal, very much. — **gözlü** *colloq.* bold, courageous, gutsy. — **pek** *colloq.* at the very most. — **söylemek** *colloq.* 1. to speak harshly, speak tactlessly. 2. to speak out loud. — **yürekli** *colloq.* hardhearted. — **yüzlü** *colloq.* 1. brazen, shameless. 2. very outspoken; tactless.
pekâlâ 1. All right./Okay./Very well. 2. most certainly: **Pekâlâ yapacağım.** I shall most certainly do it. 3. very well: **Beni pekâlâ anladı.** He understood me very well. 4. perfectly good, quite adequate: **Pekâlâ bir saat. Nesini beğenmiyorsun?** It's a perfectly good watch. What don't you like about it? 5. If that's so, then ...?: **Pekâlâ, niçin öyle yapmadın?** If that's so, then why didn't you do it that way?
pekent natural barrier/obstacle (e.g. a river, a mountain range).
peki 1. All right./Okay./Very well. 2. If that's so, then ...?: **Peki, ne yapsın?** If that's so, then what can he do?
pekin *phil.* certain, not to be doubted.

pekinlik *phil.* certainty, certainness.
pekinördeği, -ni Pekin, Peking, Peking duck.
pekişmek 1. to harden, become rigid. 2. to become stronger, strengthen. 3. to become stopped up; to become jammed together.
pekiştirme /ı/ 1. stiffening, hardening. 2. strengthening, firming up; reinforcing, reinforcement; intensifying.
pekiştirmek /ı/ 1. to stiffen, harden. 2. to strengthen, firm up; to reinforce; to intensify.
pekiştirmeli *gram.* intensive, intensifying; (word) whose meaning has been intensified.
pekitme /ı/ strengthening, buttressing; reinforcing, reinforcement.
pekitmek /ı/ to strengthen, buttress; to reinforce.
pekleşmek 1. to harden, become rigid. 2. to become stronger, strengthen.
peklik constipation. **— çekmek** to be constipated.
pekmez 1. molasses (thick syrup made by boiling down the saccharine juice of any of various fruits). 2. *slang* blood. **— akıtmak** *slang* to spill blood. **— toprağı** *geol.* marl.
pekmezci maker or seller of molasses.
pekmezli 1. sweetened with molasses; (something) which contains molasses. 2. very sweet (in taste).
pekmezlik suitable for making molasses.
peksimet, -ti (a) hard biscuit; teething biscuit; hardtack, ship biscuit; a kind of zwieback.
pektoral *med.* 1. pectoral, pertaining to the breast/chest. 2. pectoral, serviceable in diseases of the chest/lungs.
pelerin cape (article of clothing).
pelesenk, -gi 1. balm of Gilead, balsam of Gilead. 2. balm, balsam. 3. rosewood.
pelesenkağacı, -nı *bot.* 1. rosewood. 2. balm of Gilead.
pelikan *zool.* pelican.
pelin *bot.* wormwood. **— ruhu** wormwood oil, absinthe oil.
pelit, -ti 1. acorn. 2. valonia; camata; camatina.
pelte 1. a gelatinous dessert made with cornstarch. 2. *chem.* gel.
peltek lisping, (someone) who lisps.
peltekleşmek to develop a lisp.
pelteklik lisp, lisping.
pelteleşmek to develop a jellylike consistency.
pelür onionskin (a thin paper). **— kâğıdı** see **pelür.**
pelüş plush (a fabric).
pembe pink. **— görmek** /ı/ *colloq.* to see (something) through rose-colored glasses.
pembeleşmek to turn pink.
pembelik 1. pink, pinkness. 2. pinkishness.
pembemsi pinkish.
pena plectrum, pick.
penaltı, -yı *sports* penalty.

pencere window. **— eteği** section of wall extending from the sill of a window to the floor.
pencüdü a five and a two (a throw of dice). **— atmak** *slang* to lie, have/put someone on.
pencüse a five and a three (a throw of dice).
pencüyek a five and a one (a throw of dice).
pençe 1. paw; claw. 2. *colloq.* clutches; grip. 3. sole (of a shoe). **— atmak** /a/ 1. *colloq.* to try to lay hands on, try to seize. 2. (for an animal) to strike or strike at (someone/something) with its paw/claw/talons. **—sine düşmek** /ın/ *colloq.* to fall into the clutches of (someone). **— pençe** *colloq.* (cheeks) suffused with red. **— vurmak** /a/ to sole (a shoe).
pençelemek /ı/ 1. (for an animal) to strike at (someone/something) with its paw/claw/talons; to paw, maul; to claw. 2. to sole (a shoe).
pençelenmek 1. to be struck at (by an animal); to be pawed, be mauled; to be clawed. 2. (for a shoe) to be soled.
pençeleşmek /la/ 1. (for animals) to paw/claw at each other. 2. to grapple with, wrestle with, struggle against.
pençeletmek 1. /ı/ to have (a shoe) soled; /ı, a/ to have (someone) sole (a shoe). 2. /ı/ to cause (animals) to paw/claw at each other.
pençeli 1. (animal) which has a paw/a claw; taloned (bird). 2. (shoe) which has been soled. 3. *colloq.* powerful (person). 4. *colloq.* aggressive, (someone) who's always ready to lash out (verbally) at others; who's always ready for a fight.
peneplen *geog.* peneplain.
penguen *zool.* penguin.
peni penny.
penis penis.
penisilin penicillin.
peniz used in: **— etmek** /ı/ *slang* 1. to disclose (a secret). 2. to talk, gab (about).
pens 1. pliers. 2. pincers; nippers; tweezers. 3. forceps. 4. pleat (in a garment).
pense pliers.
pentatlon *sports* pentathlon.
pepe (someone) who stutters, who has a stutter.
pepelemek to stutter.
pepelik stutter.
pepeme (someone) who stutters, who has a stutter.
pepemelik stutter.
pepsin *biochem.* pepsin.
perakende 1. retail (price/goods/selling). 2. retail, at retail.
perakendeci 1. retailer, retail merchant. 2. (merchant) who sells goods at retail.
perakendecilik retail selling; being a retailer.
perçem 1. lock of hair (hanging down over one's forehead); bangs. 2. scalp lock. 3. forelock (of a horse).

perçin rivet, clinch bolt; clinch nail. — **çivisi** see **perçin**.
perçinleme /ı/ riveting; clinching; riveting/clinching (something) together.
perçinlemek /ı/ 1. to rivet; to clinch; to rivet/clinch (something) together. 2. to flatten, clinch (a bolt/a nail/a rivet); to peen. 3. slang to *screw, Brit. *shag.
perçinlenmek 1. to be riveted/clinched; to be riveted/clinched together. 2. to be flattened/clinched/peened.
perçinleşmek to become strong/ironclad/firm.
perçinli riveted; clinched; peened.
perdah 1. polishing, giving a sheen to. 2. sheen, polish, finish; glaze. 3. shaving one's beard again (immediately after an initial shave). — **etmek** /ı/, — **vurmak** /a/ 1. to give (something) a sheen, polish, burnish; to glaze; to buff. 2. to shave (one's beard) a second time.
perdahçı 1. finisher, polisher, burnisher; glazer; buffer. 2. slang fast-talker, someone who tries to fast-talk others.
perdahlamak /ı/ 1. to give (something) a sheen, polish, burnish; to glaze; to buff. 2. to shave (one's beard) a second time. 3. slang to fast-talk (someone). 4. slang to swear at.
perdahlanmak to be given a sheen, be polished, be burnished; to be glazed; to be buffed.
perdahlı polished, burnished; glazed; buffed.
perdahsız unpolished, unburnished; unglazed; unbuffed.
perde 1. curtain, drape, drapery. 2. movie screen, screen. 3. theat. (an) act (of a play). 4. mus. pitch. 5. mus. fret (of a stringed instrument). 6. web, webbing (between the toes of some birds). 7. colloq. cataract (in the eye). —**lerini açmak** (for a theater) to begin a new season. —**ye aktarmak** /ı/ to make (a novel/a story/a play) into a motion picture. — **arası** intermission (during a theatrical performance). — **arkası** colloq. the hidden side of a matter. — **arkasında/arkasından** colloq. secretly, surreptitiously, behind the scenes, backstage. — **ayaklı** web-footed (bird). — **çekmek** /a/ to curtain off (something unsightly), hide (something) from view with a curtain. — **inmek** /a/ colloq. for a cataract to develop in (one's eye). — **perde** colloq. by degrees, gradually. —**si yırtık/sıyrık** colloq. shameless, brazen (person).
perdeci 1. maker or seller of curtains. 2. person who opens and closes the curtains of a stage.
perdelemek /ı/ 1. to curtain, furnish/adorn (something) with a curtain or curtains. 2. to conceal, veil.
perdelenmek 1. to be curtained. 2. to be concealed, be veiled.
perdeli 1. curtained. 2. webbed (foot of a bird).

3. fretted (stringed instrument). 4. colloq. (eye) which has a cataract on it.
perdelik (cloth) suitable for making curtains, which can be used as curtaining.
perdesiz 1. uncurtained. 2. colloq. shameless; brazen.
perdesizlik 1. lack of curtains. 2. colloq. shamelessness; brazenness.
perende somersault turned in midair, flip. — **atamamak** colloq. 1. /la or yanında/ not to be able to compete with (someone); not to be able to outshine (someone). 2. not to be able to trick/fool (someone). — **atmak** to turn a somersault.
perese 1. line, cord (which helps a mason build a wall with a level top). 2. colloq. state, condition. —**ye almak** /ı/ colloq. to think (something) over; to take (something) into consideration. —**sine getirmek** /ı/ colloq. to find just the right moment to do (something).
perestiş worship; adoration. — **etmek** /a/ to worship; to adore.
performans performance, action/way of doing something.
pergel pair of compasses. —**leri açmak** colloq. to take long steps (while walking).
pergellemek /ı/ 1. to measure (something) with a pair of compasses. 2. to pace (a distance) off, measure (a distance) by pacing it off. 3. colloq. to think (something) through very carefully, consider all the angles of (a matter).
perhiz 1. dieting, abstaining from eating certain foods. 2. fasting (done by Christians/Jews for a religious purpose). —**i bozmak** to violate one's diet/fast. — **etmek/yapmak** 1. to diet. 2. (for a Christian/a Jew) to fast.
perhizli 1. (someone) who is on a diet. 2. (Christian/Jew) who is fasting.
peri fairy (usually envisaged as a beautiful maiden); pixie, sprite; nymph. —**leri bağdaşmak** colloq. to reach an agreement. — **gibi** colloq. very beautiful; fairylike. —**si hoşlanmamak** /dan/ colloq. to dislike; not to be attracted to. — **masalı** fairy tale, fairy story.
peribacası, -nı 1. fairy chimney (a cone-shaped pillar of tuff capped with basalt, found in Cappadocia). 2. geol. earth pillar, earth pyramid, demoiselle.
pericik 1. little fairy. 2. bolt (of a lock). 3. colloq. epilepsy. 4. colloq. hysteria.
perihastalığı, -nı colloq. 1. epilepsy. 2. hysteria.
perikard anat. pericardium.
perili haunted (place); (someone) who is haunted by an evil spirit. — **köşk** haunted house.
perimasası, -nı a large flat rock resting on a small rock (so as to resemble a table).
peripiramidi, -ni geol. earth pyramid, earth pillar, demoiselle.

periskop, -pu periscope.
perişan 1. very upset, perturbed, distraught, wretched, miserable. 2. scattered; in disarray. 3. untidy; disheveled; unkempt. **— etmek** /ı/ 1. to make (someone) distraught, make (someone) wretched. 2. to scatter; to rout. **— olmak** 1. to become wretched/miserable. 2. to be scattered; to be routed.
perişanlık 1. wretchedness, distraught. 2. disarray. 3. untidiness; dishevelment; unkemptness.
periton *anat.* peritoneum.
peritonit, -ti *path.* peritonitis.
periyodik 1. periodic, recurrent. 2. periodical, published periodically. 3. (a) periodical.
perküsyon *mus.* percussion instruments.
perma permanent wave, permanent.
permanant, -tı *see* **perma**.
permanganat, -tı *chem.* 1. potassium permanganate, permanganate. 2. permanganate.
permeçe *naut.* small hawser.
permi 1. *com.* export permit; import permit. 2. railroad pass.
peroksit *chem.* peroxide.
peron 1. platform (in/at a railway station). 2. stoop (at a door); perron.
persenk, -gi any word which a person frequently and haphazardly injects into his speech.
personel personnel.
perspektif *drawing, math.* perspective.
perşembe Thursday. **—nin gelişi çarşambadan bellidir.** *proverb* If you take a look at the way things are going today, you can get a pretty good idea of how they'll be tomorrow.
pertavsız magnifying glass.
Peru 1. Peru. 2. Peruvian, of Peru.
peruk 1. wig (for the head). 2. *hist.* peruke, periwig. 3. toupee.
peruka *see* **peruk**.
peruklu (someone) who is wearing a wig, wigged, bewigged.
Perulu 1. (a) Peruvian. 2. Peruvian (person).
perva 1. fear. 2. hesitation, reluctance. 3. heed, attention; concern.
pervane 1. propeller (of an airplane); fan blower, fanner (of a fan). 2. screw (of a ship). 3. moth (that is attracted to a light at night). **— gibi** *colloq.* always on hand and ready to be of help. **— olmak** /a/ *colloq.* to be (someone's) shadow, follow (someone) everywhere.
pervanebalığı, -nı *zool.* ocean sunfish.
pervasız 1. fearless, unafraid, undauntable. 2. unconcerned (about what others may think).
pervasızlık 1. fearlessness. 2. unconcernedness, unconcern (about what others may think).
pervaz 1. architrave, molding, casing (around a door/a window). 2. border, edging (attached to the edge of a skirt/a sleeve).
pes 1. soft, low (in pitch and volume). 2. (speaking) softly. **— perdeden konuşmak** 1. to speak softly. 2. to explain something in a gentle way, express something tactfully.
pes 1. *colloq.* This is the limit!/This is the last straw! 2. Uncle! *(said when one accepts defeat).* **— demek** /a/ 1. to say "Uncle!" to (someone); to give in to (someone); to yield to (someone). 2. *colloq.* to regard (something) as being beyond the limit; to regard (someone) as having gone too far. **— etmek** to yield, give in, submit.
pesek tartar (on teeth).
peseta *hist.* peseta (monetary unit of Spain).
pesimist, -ti 1. (a) pessimist. 2. pessimistic, pessimistical.
pesimizm pessimism.
peso peso (a monetary unit).
pespaye vulgar, common (person).
pespayelik vulgarity, commonness.
pespembe rose-pink.
pest, -ti 1. soft, low (in pitch and volume). 2. (speaking) softly.
pestenkerani *colloq.* 1. worthless, fit for the junkyard; fifth-rate, low-grade. 2. meaningless, idiotic (words).
pestil thin sheet of sun-dried fruit pulp. **—ini çıkarmak** /ın/ *colloq.* 1. to beat (someone) to a pulp, beat the tar out of (someone). 2. to tire (someone) out completely, wear (someone) to a frazzle. 3. to crush (something) to a pulp. **—i çıkmak** *colloq.* to be dog-tired, be worn to a frazzle. **— gibi olmak** *colloq.* to be too tired to move, be worn to a frazzle.
pestilleşmek *colloq.* to become dog-tired.
pesüs oil lamp (made of clay and resembling a Betty lamp).
peş space behind, the back, the rear. **—inde** /ın/ following, pursuing (someone/something). **—ini bırakmamak** /ın/ *colloq.* 1. not to leave (someone) alone; to bother (someone) continually. 2. to follow (someone) around continually. 3. to persist in doing (something), not to give (something) up. **—inde dolaşmak/gezmek** /ın/ *colloq.* to follow (someone) around (in the hope of obtaining something from him). **—ine düşmek** /ın/ *colloq.* 1. to follow (someone) around. 2. to follow (someone) around (in the hope of obtaining something from him). 3. to try to obtain (something); to try to get (something) done. **—inde gitmek** /ın/ to follow (someone). **—inden gitmek** /ın/ 1. to follow (someone). 2. *colloq.* to follow in (someone's) footsteps, follow the example set by (someone). **—inden koşmak** /ın/ *colloq.* 1. to follow (someone) around (in the hope of obtaining something from him). 2. to try to obtain (something); to try to get (something) done. **— peşe** one right after

the other, one after another; one beside the other. **—i sıra** right behind (someone). **—ine takılmak** /ın/ *colloq.* to follow along after (someone), follow (someone) around. **—ine takmak** /ı/ *colloq.* to bring (someone) along with one; to cause (someone) to follow one.

peş piece of material sewn on to a woman's garment to make it larger.

peşin beforehand, in advance; before, earlier; in the first place. **— cevap** answer which anticipates a question. **— hüküm** prejudice. **— para** 1. cash, cash on the nail, cash on the barrelhead; money paid down, down payment. 2. money paid in advance, (an) advance payment. **— pazarlık** arriving at an agreement concerning a project before said project has actually begun.

peşinat, -tı 1. cash, cash on the barrelhead, cash on the nail; money paid down, down payment. 2. money paid in advance, (an) advance payment.

peşinci 1. (someone) who sells goods for cash on the barrelhead. 2. (someone) who pays in cash, cash (customer).

peşinen in advance, beforehand; earlier, before; in the first place.

peşkeş *used in:* **— çekmek** /ı, a/ to make (someone) a present of (something that does not belong to one, something over which one has no right of disposal) (in order to ingratiate oneself with that person).

peşkir 1. towel; hand towel. 2. (cotton/linen) table napkin (often embroidered).

peşmelba pêche Melba.

peşrev 1. *classical Turkish mus.* an overture played at the beginning of a song. 2. the entry of wrestlers (**yağlı güreşçiler**) on to the wrestling field (during which the wrestlers make certain stylized gestures).

peştamal 1. cloth wrapped about the waist while in a **hamam**, waist cloth. 2. *prov.* cloth used as an apron/a headcloth (by women). **— kuşanmak** to finish one's apprenticeship, become a master workman.

peştamalcı maker or seller of waist cloths.

peştamallık *formerly, com.* money paid for the goodwill of a business, goodwill.

peştemal *see* **peştamal**.

Peştuca 1. Pashto, Pashtu, Pushtu, Pushto, the Pashto language. 2. (speaking, writing) in Pashto, Pashto. 3. Pashto (speech, writing); spoken in Pashto; written in Pashto.

petek honeycomb. **— balı** comb honey, honey in the comb. **— gözü** cell in a honeycomb.

petekgöz compound eye (of an insect).

petrografi petrography.

petrokimya petrochemistry.

petrol, -lü petroleum, crude oil. **— hattı** oil pipeline. **— kuyusu** oil well. **— şirketi** oil company, petroleum company.

petrolcü oilman; someone in the oil business; someone who delivers oil.

petunya *bot.* petunia.

pey earnest money, deposit. **— akçesi** earnest money, deposit. **— sürmek** to make a bid (at an auction).

peyda 1. manifest, visible. 2. extant. **— etmek** /ı/ 1. to produce. 2. to beget or give birth to. 3. to acquire. **— olmak** 1. to appear; to manifest itself; to crop up, spring up. 2. to be sired or born. 3. to be produced.

peydahlamak /ı/ 1. to pick up, acquire. 2. to sire or give birth to (an illegitimate child). 3. to produce.

peydahlanmak 1. to appear; to manifest itself; to crop up, spring up. 2. to be sired or born. 3. to be produced.

peyderpey 1. step by step, bit by bit, gradually. 2. one after the other, in succession.

Peygamber the Prophet Muhammad.

peygamber prophet.

peygamberağacı, -nı *bot.* guaiacum; lignum vitae; bastard lignum vitae.

peygamberçiçeği, -ni *bot.* cornflower, bluebottle.

peygamberdevesi, -ni *zool.* praying mantis.

peygamberlik prophethood; being a prophet.

peyk, -ki 1. *astr.* satellite. 2. follower, adherent, henchman. 3. satellite (state).

peyke (backless, wooden) bench (set against a wall in a house/a **kahve**).

peyklik being a satellite.

peylemek /ı/ 1. to have (something one wishes to buy) set aside for oneself by paying a deposit on it; to engage/book/reserve (something) by paying a deposit. 2. to have an eye on (something/someone), look at (something/someone) with a covetous eye.

peylenmek /a/ to be set aside for; to be engaged/booked/reserved for.

peynir cheese. **— ekmek, hazır yemek.** *proverb* One can always make a meal of bread and cheese alone. **— tekerleği** wheel of cheese (flat, round cake of cheese).

peynirci maker or seller of cheese.

peynircilik being a maker or seller of cheese.

peynirhane cheesery.

peynirleşmek 1. (for milk) to curdle. 2. to become cheesy, acquire a cheese-like consistency.

peynirli (a food) which contains cheese; topped with melted cheese. **— sandviç** cheese sandwich. **— tost** toasted cheese sandwich.

peynirtatlısı, -nı a dessert made of unsalted cheese and semolina and soaked in a sugar syrup.

peyzaj *fine art* landscape, (a) landscape picture.

pezevenk, -gi *vulg.* 1. pimp, procurer, fancy man. 2. bastard, son of a bitch, scoundrel.
pezevenklik *vulg.* 1. pimping, procuring; being a pimp. 2. dirty trick, low-down action. — **etmek** /a/ 1. to pimp, procure (for). 2. to play a dirty trick on (someone).
pezo *slang* pimp, fancy man.
pıhtı clot, coagulum, coagulate: **kan pıhtısı** blood clot.
pıhtılanmak *see* **pıhtılaşmak.**
pıhtılaşma clotting, coagulation. — **süresi** clotting time.
pıhtılaşmak to clot, coagulate.
pıhtılaştırıcı coagulant, coagulator.
pıhtılaştırmak /ı/ to clot, coagulate, cause (something) to clot.
pılı pırtı 1. *colloq.* worn-out things, junk. 2. (one's) belongings *(said jokingly or with contempt).*
pınar spring (a natural fountain); place where water issues from the ground; the water issuing from the ground.
pınarbaşı, -nı springhead, (natural) fountainhead.
pır 1. whirring, whir (as of a bird's wings): **Pır diye uçtu.** It flew away with a whir of wings./It whirred away. 2. *colloq.* Get going!/Make tracks! 3. *colloq.* He made tracks. 4. *colloq.* We'll take to our heels./We'll head for the hills.
pırasa leek. — **bıyıklı** *colloq.* (someone) who has a long, thick, blond mustache.
pırazvana tang (of a knife/a sword).
pırıldak dark lantern, signal lantern.
pırıldakçı person who signals with a dark lantern.
pırıldamak to shine; to gleam; to glitter.
pırıl pırıl 1. brightly shining; gleaming, glittering, glistening; sparkling. 2. spick-and-span, spotlessly clean and shining; smooth, clean, and shining. 3. gleamingly; glitteringly; glisteningly; sparklingly.
pırıltı gleam; glitter; glisten; sparkle.
pırlak *prov.* live bird used as a decoy to lure falcons.
pırlamak 1. *prov.* (for birds) to fly away with a whir of wings (upon being flushed). 2. *slang* to run away quickly, make tracks, take to one's heels.
pırlangıç *prov.* top which makes a noise as it spins (a child's toy).
pırlanta 1. brilliant (a diamond). 2. piece of jewelry set with brilliants. 3. set with brilliants: **pırlanta broş** a brooch set with brilliants. — **gibi** *colloq.* first-rate, top-notch.
pırnal *bot.* holly oak, holm oak. — **kömürü** charcoal made from holm oak.
pırnallık (a) holm oak scrub, thicket of holm oak.
pır pır with a whir. — **etmek** 1. to whir. 2. to flicker.
pırpırı *slang* spendthrift, profligate; womanizer, skirt-chaser.

pırtı *colloq.* 1. worn-out things, junk. 2. (one's) belongings.
pırtık *see* **yırtık pırtık.**
pırtlak 1. popeyed, bug-eyed. 2. (a fruit) which easily slips out of its skin/hull.
pırtlamak (for a fruit) to slip out of its skin/hull easily.
pısırık fainthearted, lacking in boldness.
pısırıklık faintheartedness, lack of boldness.
pışpışlamak /ı/ to rock (a baby) to sleep in one's arms.
pıt, -tı Drip! (the sound made by falling drops). — **yok.** *colloq.* There is not a sound to be heard.
pıtı pıtı used in: — **yürümek** *colloq.* to walk with light, quick steps.
pıtırdamak to patter, make a pattering sound.
pıtırdatmak /ı/ to make (something) patter, patter.
pıtır pıtır *colloq.* with a patter, pitter-patter, pit-a-pat. — **yürümek** to walk with light, quick steps.
pıtırtı patter, pattering sound.
pıt pıt *colloq.* with a patter. — **atmak** (for one's heart) to pound slightly. — **yürümek** to walk with light, quick steps.
pıtrak 1. bur (of a burdock). 2. cocklebur (bur of a cocklebur). 3. *bot.* burdock. 4. *bot.* cocklebur (plant). — **gibi** *colloq.* (tree/plant/branch) which is loaded with fruit/flowers, which has great wads of fruit/flowers on it.
piç, -ci 1. bastard (illegitimate child). 2. *colloq.* brat, bratty child. 3. *colloq.* bastard/debased/inferior version (of something). 4. *bot.* sucker, basal shoot (of a plant). — **etmek** /ı/ *colloq.* to ruin (something that's going well), ball (something) up, *Brit.* make a balls-up of (something). — **kurusu** *vulg.* brat, bratty child *(sometimes used affectionately).* — **olmak** *colloq.* 1. to be spoiled, be balled up. 2. to be done for nothing, be wasted. 3. (for food) to spoil or lose its flavor.
piçleşmek *colloq.* to be ruined, turn into a ballup.
piçlik 1. bastardy, illegitimacy. 2. *colloq.* bratty behavior, brattiness.
pide pita, a slightly leavened, flat pizza-like bread. — **gibi** *colloq.* very flat.
pideci baker or seller of pita.
pigment, -ti *biol.* pigment.
pijama pajamas.
pik, -ki 1. pig iron; cast iron. 2. cast (iron). — **demir** pig iron; cast iron.
pik, -ki *naut.* gaff topsail.
pik, -ki *playing cards* (a) spade.
pikaj *print.* stripping.
pikajcı *print.* stripper.
pikajcılık *print.* stripping.

pikap record player, phonograph, *Brit.* gramophone; turntable (one unit of a stereo music system).
pikap pickup truck, pickup.
pike 1. piqué (a fabric). 2. bedspread made of piqué.
pike dive (of an airplane). **— yapmak** 1. (for an airplane) to dive, make a dive. 2. *billiards* to make a massé shot.
piknik picnic. **— yapmak** to picnic, have a picnic.
piko picot, ornamental stitching along the seam of a sheet/a tablecloth/a napkin. **—ya vermek** /ı/ to have (something) picoted. **— yapmak** /ı/ to picot.
pil 1. battery, dry cell, dry battery. 2. *med.* pacemaker, pacer. **—i bitmek** *slang* 1. to be exhausted, give out. 2. to be past one's prime, be past it.
pilaki 1. stew of dried beans or fish with olive oil and onions, eaten cold. 2. *slang* simpleton, idiot. **— yapmak** /ı/ *slang* to make a real mess of (something), ball (something) up but good.
pilav rice (that has been cooked and is ready to be eaten), pilaf. **—dan dönenin kaşığı kırılsın.** *proverb* 1. We're going to see this thing through, come hell or high water. 2. A person who spurns the opportunities that come his way is someone who doesn't deserve to be helped in any way. 3. If someone refuses to use something he possesses, he might as well not possess it.
pilavlık suitable for making pilaf.
piliç 1. young chicken; pullet; broiler; fryer. 2. *slang* young and pretty girl, chick. **— çevirme** roast chicken, chicken roasted on a spit.
pilli 1. furnished with a battery or batteries. 2. battery-operated, battery-powered.
pilot, -tu 1. airplane pilot, pilot. 2. *naut.* (a) pilot. 3. pilot (area/project). **— olmak** *slang* to get drunk, get soused.
pilotaj pilotage, piloting.
pilotluk being a pilot; piloting, pilotage.
pilpaye *arch.* pier (massive, free-standing pillar inside a mosque/a church).
pim *mech.* pin; gudgeon; pintle, pivot pin; cotter; linchpin.
pimpirik *colloq.* old and decrepit, old and doddering (person).
pineklemek to sit/lie idly and drowsily; to sit sunk in lethargy, sit around in a half-somnolent state.
pinel vane, weather vane (placed on top of a ship's mast).
pines *zool.* pinna.
pingpong, -gu ping-pong, table tennis.
pinpon *slang* old, superannuated, gone to seed (person).
pinti 1. very stingy, very closefisted, very tight. 2. tightwad.
pintileşmek to become very tightfisted, get very stingy.
pintilik stinginess, tightness.
pipet, -ti pipette.
pipi *child's language* penis.
pipo (tobacco) pipe. **— tütünü** pipe tobacco.
pir 1. master, spiritual guide; leader of a group of dervishes; founder of a dervish order. 2. master; someone who has great knowledge and experience (in a certain field). 3. *colloq.* thoroughly, completely: **Dövdü ama pir dövdü.** He gave him one heck of a beating! **— aşkına/yoluna** *colloq.* just for love, without asking/expecting anything in return. **— ol!** *joc.* May you live long! **— yoluna gitmek** *colloq.* to perish in vain; to be destroyed for nothing, be wasted completely.
piramidal, -li pyramidal.
piramit 1. pyramid. 2. pyramidal.
pire *zool.* flea. **—yi deve yapmak** *colloq.* 1. to make a mountain out of a molehill. 2. to exaggerate grossly. **— gibi** *colloq.* very active, (someone) who can't sit still. **—yi gözünden vurmak** *colloq.* to be a sharpshooter, be a crack shot. **— için yorgan yakmak/—ye kızıp yorgan yakmak** *colloq.* to cut off one's nose to spite one's face. **—yi nallamaya kalkışmak** *colloq.* to try to do something which is both useless and impossible.
pirelendirmek /ı/ *colloq.* to arouse (someone's) suspicions, cause (someone) to smell a rat.
pirelenmek 1. to become infested with fleas, become flea-ridden. 2. to hunt for fleas on oneself. 3. *colloq.* to get suspicious, smell a rat.
pireli 1. flea-ridden, flea-bitten. 2. *colloq.* suspicious.
pirina bagasse (left after crushing olives).
pirinç 1. rice (in the form of uncooked grains). 2. *bot.* the rice plant. **— kâğıdı** rice paper. **— örgüsü** knitting that has been done using a moss stitch. **—i su kaldırmamak/götürmemek** /ın/ *colloq.* 1. to be unable to take a joke. 2. not to be in a position to sacrifice something.
pirinç 1. brass (the alloy). 2. made of brass, brass.
pirit, -ti 1. pyrite, iron pyrites, fool's gold. 2. pyrites.
pirogravür pyrogravure, pyrography.
piruhi a ravioli-like dish served with yogurt.
pirüpak, -ki spotlessly clean, immaculate.
pirzola cutlet; chop. **— yemek** *slang* to laugh.
pirzolalık suitable for cutting into chops.
pis 1. dirty, filthy, unclean, foul; contaminated. 2. *colloq.* abominable, foul, nasty, disgusting, vile, beastly. 3. *colloq.* foul, obscene; profane. 4. *colloq.* snide, nasty; cheap, low-down. 5. *colloq.* obscenely; profanely. **— ağızlı** *colloq.* foul-mouthed. **— pis bakmak** /a/ *colloq.* to

pisbıyık

look at (someone) in an irritating/exasperating/aggravating way. — **pis düşünmek** *colloq.* to brood unhappily. — **pis gülmek** *colloq.* to grin/chuckle/laugh unpleasantly (as if one is rejoicing in another's misfortune). —**i pisine** *colloq.* in vain, uselessly, for nothing.
pisbıyık *colloq.* scraggly mustache.
pisboğaz *colloq.* (someone) who greedily devours absolutely anything that's edible, gluttonous.
pisi *child's language* pussycat, pussy, kitty. — **pisi** Here kitty, kitty, kitty! *(said when calling a cat)*.
pisibalığı, -nı *zool.* plaice.
pisin swimming pool.
pisipisi 1. *child's language* pussycat, pussy, kitty. 2. Here kitty, kitty, kitty! *(said when calling a cat)*. 3. *colloq.* ballet slipper, ballet shoe (not reinforced in the toe).
pisipisiotu, -nu *bot.* wild barley.
piskopos bishop (in a Christian church).
piskoposhane bishop's residence, bishopric.
piskoposluk 1. being a bishop, episcopacy. 2. episcopate; office of bishop. 3. diocese, see, province, bishopric. 4. bishop's residence, bishopric.
pislemek 1. /a/ to foul/defecate/urinate in/on (an inappropriate place). 2. /ı/ to dirty, soil.
pislenmek to get dirty.
pisletmek /ı/ 1. to dirty, soil. 2. to spoil, foul (something) up, make a mess of, *Brit.* make a balls-up of.
pislik 1. dirt, filth. 2. dirtiness, filthiness. 3. *colloq.* (an) obscenity; (a) profanity. 4. excrement, feces. 5. *colloq.* beastliness, nastiness, vileness. 6. *colloq.* vile/nasty/low-down action. — **götürmek** /ı/ *colloq.* (for a place) to be very dirty: **Evi pislik götürüyor.** The house is as dirty as a pigsty. — **paçasından/paçalarından akmak** *colloq.* (for someone) to be very dirty, be covered with dirt.
pislikarkı, -nı sewer system.
pissu sewage, water containing waste matter.
pist, -ti Scat! *(said to drive away a cat)*.
pist, -ti 1. *sports* running track; cinder track; piste, ski trail/course. 2. (airplane) runway. 3. dance floor. 4. rink, skating rink. 5. ring; circus ring.
piston 1. piston. 2. *slang* backing, pull. 3. *slang* influential backer, friend at court. — **kolu** *auto.* connecting rod. — **segmanı** *auto.* piston ring.
pistonlu 1. (something) which has a piston. 2. *slang* (someone) who has pull, who has a friend at court.
pisuar urinal (a bathroom fixture).
pişeğen (a food) which cooks quickly.
Pişekâr a character in the **ortaoyunu**.
pişik rash that breaks out in the external hollows and fissures of the body; prickly heat, heat rash; diaper rash.
pişim 1. cooking (of something); way of cooking. 2. (a) firing (of ceramics/bricks/pottery). 3. enough (of something) to make (so many) meals. 4. enough (of something) to make (so many) batches.
pişirici 1. someone who cooks something (usually not food), cooker. 2. someone who fires ceramics.
pişirilmek to be cooked.
pişirim *see* **pişim**.
pişirimlik 1. enough (of something) to make (so many) meals. 2. enough (of something) to make (so many) batches.
pişirmek /ı/ 1. to cook. 2. to fire (ceramics/bricks/pottery); to heat-treat (metal). 3. *colloq.* to mature, ripen. 4. *colloq.* to learn (something) well. 5. to irritate (the skin). **pişirip kotarmak** /ı/ *colloq.* to finish up, complete (a job).
pişirtmek /ı, a/ to have (someone) cook (something).
pişkin 1. well-cooked, well-done. 2. (a food) which cooks quickly. 3. *colloq.* brazen, indifferent to criticism. 4. *colloq.* experienced, (someone) who's been around; /a/ accustomed to, used to.
pişkinlik *colloq.* 1. indifference to criticism, being hard-bitten. 2. being experienced. —**e vurmak** *colloq.* to ignore an unkind remark/action.
pişman regretful, sorry; remorseful; penitent. — **etmek** /ı, a/ to make (someone) regret (something); to make (someone) feel remorse for (something). — **olmak** /a or dan/ to regret (something, having done something); to feel remorse for (something, having done something).
pişmaniye a candy whose texture somewhat resembles that of cotton candy.
pişmaniyeci maker or seller of **pişmaniye**.
pişmanlık regret; remorse; penitence. — **duymak** to feel regret, be regretful; to feel remorse, be remorseful.
pişmek 1. to be cooked. 2. (for ceramics/bricks/pottery) to be fired; (for metal) to be heat-treated. 3. *colloq.* to mature, ripen. 4. *colloq.* to acquire experience; to become experienced. 5. (for a part of one's body) to become covered with a rash. 6. *colloq.* (for a job) to be ready to be undertaken (after a lot of preparatory planning and discussion). **pişmiş armut gibi eline düşmek** /ın/ *colloq.* (for something good) to come one's way without one's lifting a finger, fall into one's lap. **pişmiş aşa (soğuk) su katmak** *colloq.* to spoil something that's just been completed or is on the verge of being completed. **pişmiş kelle gibi sırıtmak** *colloq.* to grin inanely.
pişpirik a card game.

pişti a card game.
piştov *obs.* (a type of) pistol.
piton *zool.* python.
pitoresk, -ki picturesque.
pitsikato *mus.* pizzicato.
piyade 1. *mil.* infantry. 2. infantryman, foot soldier. 3. *chess* pawn. 4. light rowboat (propelled by one pair of oars).
piyanço *slang* louse (the insect).
piyango lottery; raffle. **— bileti** lottery ticket; raffle ticket. **— çekmek** to draw a lottery ticket. **— vurmak /a/** 1. (for one's number/ticket) to be drawn in a lottery: **Bana piyango vurdu.** My number came up in the lottery. 2. *slang* to find (oneself) standing next to a pretty woman.
piyangocu lottery ticket seller.
piyanist, -ti pianist.
piyano 1. piano, pianoforte. 2. *mus.* piano, softly, quietly. **— çalmak** to play the piano.
piyasa 1. market (trade in or demand for a specified thing). 2. the market, buying and selling, trading. 3. the market price. 4. *colloq.* strolling, promenading. 5. *colloq.* public, public places: **Birkaç gün piyasada görünme!** Stay out of sight for a few days! **Ali piyasadan kayboldu.** Ali's gone underground./Ali's disappeared. **—ya çıkmak** 1. (for something) to come on the market. 2. *colloq.* to go out for a promenade, go out for a stroll. **—ya düşmek** *colloq.* 1. (for something) to be plentiful, be available everywhere, be on the market in large quantities. 2. (for a woman) to start to lead a (sexually) promiscuous life. **— etmek** *colloq.* to promenade, stroll about.
piyastos *slang* catching, seizing. **— etmek /ı/** to catch, nab, get hold of, lay one's hands on (someone). **— olmak** (for someone) to get caught, be nabbed.
piyata dinner plate. **— eğe** flat file.
piyaz 1. cold dish made with dried beans, chopped onions, parsley, and olive oil. 2. onions that have been chopped, salted, and mixed with parsley. 3. *slang* flattery, soft soap. **— doğramak** *slang* to lie, feed someone a load of bull.
piyazcı 1. seller or maker of **piyaz**. 2. *slang* flatterer, soft-soaper.
piyazcılık *slang* flattery, soft soap.
piyazlamak /ı/ 1. to season (meat) with onions and spices (before cooking it). 2. *slang* to flatter, soft-soap.
piyedöpul, -lü a cloth fabric decorated with a checked design resembling the print of a chicken's foot.
piyes *theat.* (a) play.
piyiz *slang* raki.
piyizlenmek *slang* to drink raki, knock back some raki.

piyon 1. *chess* pawn. 2. pawn, one who is used to further another person's ends.
piyore *path.* pyorrhea.
pizza pizza, pizza pie.
pizzacı 1. maker or seller of pizza. 2. pizzeria.
PK, P.K. (*abbr. for* **Posta Kutusu**) POB, P.O.B. (Post-office Box).
plaçka 1. looting. 2. loot, booty, plunder.
plaçkacı looter, plunderer.
plaj beach, bathing beach.
plak record, phonograph record. **—ı bozulmak** *slang* to drive someone crazy, give someone a headache (by talking).
plaka 1. (metal) license plate, license tag (for a motor vehicle). 2. metal tag (used for identification/classification). 3. (metal) plaque, tablet.
plakacı 1. maker or seller of license plates. 2. maker or seller of metal plaques/tags.
plakalı 1. (vehicle) which has a license plate; (vehicle) whose license-plate number is .... 2. (something) which bears a tag/a plaque.
plakasız 1. (vehicle) which has no license plate. 2. (something) which bears no tag/plaque.
plaket, -ti plaquette.
plan 1. plan; scheme; project. 2. plot (of a novel/a short story/a play). **— kurmak** *colloq.*, *see* **plan yapmak.** (...) **—da olmak** (for something) to be of (a certain degree of) importance: **Bu iş birinci planda.** This job is of great importance. (...) **—da tutmak /ı/** to regard (something/someone) as being a thing/a person of (a specified degree of) importance. **— yapmak** to plan something; to plan, make plans; to scheme.
plancı planner.
plancılık being a planner; planning.
plançete (surveyor's) plane table.
planet, -ti *astr.* planet.
planetaryum planetarium.
plankton *biol.* plankton.
planlama planning.
planlamak /ı/ to plan.
planlı 1. planned. 2. premeditated (crime).
planör glider; sailplane; hang glider.
planörcü person who operates a glider.
planörcülük operating a glider, gliding; sailplaning; hang gliding.
plantasyon plantation.
planya 1. (a large, carpenter's) plane. 2. planing machine.
planyacı planer, a workman skilled in planing wood.
planyalamak /ı/ to plane.
plasenta *anat.* placenta.
plasman 1. *fin.* investment, investing (of money). 2. placing, placement (of someone seeking work).
plaster Band-Aid, *Brit.* Elastoplast, *Brit.* plaster.

plastik 1. plastic. 2. plastic, made of plastic. — **ameliyat** plastic surgery. — **sanatlar** the plastic arts. — **tutkal** plastic glue.
platerina *zool.* sand smelt, atherine.
platform 1. platform, rostrum. 2. platform, declaration of principles and policies. 3. *geog.* platform.
platin 1. platinum. 2. points (in the distributor of an engine).
plato 1. *geog.* plateau. 2. set (for filming a movie or broadcasting a television program).
Platon Plato (the ancient Greek philosopher).
Platoncu *phil.* 1. (a) Platonist. 2. Platonist, Platonistic.
Platonculuk *phil.* Platonism.
platonik platonic.
plazma *biol.* plasma. — **bozulumu** plasmolysis.
plebisit, -ti plebiscite.
plevra *anat.* pleura.
pli *tailor.* 1. pleat. 2. pleated.
plili *tailor.* pleated.
plise *tailor.* 1. pleating (a garment). 2. pleated. — **yapmak** /ı/ to pleat.
plonjon *soccer* a dive made by a goalie to block a shoot.
plutonyum *chem.* plutonium.
plüralist, -ti *phil., sociol.* 1. (a) pluralist. 2. pluralistic, pluralist.
plüralizm *phil., sociol.* pluralism.
plütokrasi plutocracy.
Plüton 1. *astr.* Pluto. 2. *Greek mythology* Pluto.
poca *naut.* 1. leeward, to leeward, alee. 2. the lee side, leeward, the direction that is away from the wind. — **alabanda.** *naut.* Turn the helm to the lee. — **etmek** *naut.* 1. to bear away to leeward. 2. /ı/ to turn (a ship) to leeward.
pocalamak *naut.* 1. to bear away to leeward. 2. to veer.
podüsüet, -ti suede.
podyum 1. small platform, podium, dais. 2. *arch.* podium.
pof 1. *imitates the sound of a dull thud.* 2. Sss! *(imitates the sound of escaping air).* — **diye** 1. with a dull thud. 2. with a hiss; with a sigh.
pofurdamak *colloq.* to sigh audibly, exhale audibly (owing to boredom/impatience/anger); to snort.
pofur pofur *colloq.* in great puffs, emitting great puffs of smoke.
pofyos *slang* 1. empty, hollow. 2. worthless, no-count (thing).
poğaça a flaky, savory pastry.
poğaçacı maker or seller of **poğaça.**
pohpoh flattery, fulsome praise.
pohpohçu flatterer.
pohpohlamak /ı/ to flatter, praise (someone) fulsomely.

poker poker (the game).
pokerci poker player.
polarılmak (for light) to be polarized.
polarizasyon polarization.
polarma *optics, phys., chem.* polarization.
polarmak /ı/ *optics, phys., chem.* to polarize.
polaroit 1. Polaroid. 2. Polaroid camera.
Polca 1. Polish, the Polish language. 2. (speaking, writing) in Polish, Polish. 3. Polish (speech, writing); spoken in Polish; written in Polish.
polemik polemic. — **e girmek** to polemize, polemicize.
polen *bot.* pollen.
poliandri polyandry.
poliçe 1. *com.* bill of exchange; draft. 2. insurance policy (document).
polietilen *chem.* polyethylene.
polifoni *mus.* polyphony.
polifonik *mus.* polyphonic.
poligam polygamous.
poligami polygamy.
poliglot, -tu polyglot.
poligon 1. *geom.* polygon. 2. *mil.* gunnery range, artillery range.
poliklinik 1. clinic for outpatients, policlinic. 2. polyclinic.
polim *slang* lie, falsehood. — **atmak** to tell lies. — **yapmak** to show off.
polimer *chem.* 1. polymer. 2. polymeric (compound).
Polinezya 1. Polynesia. 2. Polynesian, of Polynesia.
Polinezyalı 1. (a) Polynesian. 2. Polynesian (person).
polip, -pi 1. *zool.* polyp. 2. *path.* polyp, polypus.
polis 1. the police. 2. policeman. — **hafiyesi** (a) police detective.
polisiye detective, concerned with the detection of crime: **polisiye film** detective movie. **polisiye roman** detective novel, whodunit.
polislik 1. being a policeman; the duties of a policeman; policemanship. 2. policeman-like action.
politeist, -ti 1. (a) polytheist. 2. polytheistic, polytheistical.
politeizm polytheism.
politik political, politic.
politika 1. politics. 2. political line, political conduct, political policy. 3. behavior resembling that of a crafty politician, politicness, expediency. — **gütmek** to follow (a certain) political line, pursue (a certain) political policy. — **yapmak** 1. to be engaged in politics. 2. to play politics.
politikacı 1. politician. 2. (someone) who behaves like a politician. 3. politic (person), (someone) who acts expediently.
politikacılık 1. being a politician. 2. acting like a

politician. 3. politicness.
poliüretan polyurethane.
polka polka.
polo polo.
Polonez 1. (a) Pole. 2. Polish (person).
polonez 1. *mus.* (a) polonaise. 2. polonaise (the dance).
Polonya 1. Poland. 2. Polish, of Poland.
Polonyalı 1. (a) Pole. 2. Polish (person).
polyester polyester.
Pomak 1. (a) Pomak (a member of a Muslim, Slavic people living in Bulgaria). 2. Pomak, of the Pomaks.
Pomakça 1. Pomak, the Pomak language (a Slavic tongue, closely resembling Bulgarian). 2. (speaking, writing) in Pomak, Pomak. 3. Pomak (speech, writing); spoken in Pomak; written in Pomak.
pomat 1. *med.* pomade. 2. pomatum, pomade (for the hair).
pompa pump.
pompalamak /ı/ 1. to pump. 2. *slang* to *screw, Brit. *shag.
pompalanmak to be pumped.
pompuruk *slang* old, decrepit (man).
ponje pongee (a fabric).
ponksiyon *med.* puncture, puncturing. — **yapmak** to make a puncture.
ponpon 1. pompon, pom-pom (an ornamental ball). 2. powder puff (for applying powder).
ponton pontoon.
ponza pumice.
ponzalamak /ı/ to pumice; to rub (something) with a piece of pumice.
ponzalanmak to be pumiced; to be rubbed with a piece of pumice.
ponzataşı, -nı *see* **ponza**.
pop, -pu 1. pop, popular. 2. pop music, pop, popular music. — **müzik** pop music, pop, popular music.
popçu lover of pop music.
poplin poplin (a fabric).
popo *child's language* buttocks, bottom, fanny.
popülarite popularity.
popüler popular.
popülerlik popularity, being popular.
porfir *geol.* porphyry.
pornografi pornography.
pornografik pornographic.
porselen 1. porcelain. 2. porcelain insulator. 3. porcelain, made of porcelain.
porselenci maker or seller of porcelain.
porsiyon portion, helping, serving (of food).
porsuk *zool.* badger.
porsuk *see* **pörsük**.
porsukağacı, -nı *bot.* yew, yew tree.
porsumak *see* **pörsümek**.
port, -tu *comp.* port.

portakal 1. orange (the fruit). 2. *bot.* orange tree. — **rengi** 1. orange, the color orange. 2. orange, orange-colored. — **renkli** orange, orange-colored.
portakallık orange grove.
portatif portable, movable.
porte 1. scope, range, compass, extent (of a job/a project). 2. the degree of importance (of a job/a project). 3. *mus.* staff, stave.
Portekiz 1. Portugal. 2. Portuguese, of Portugal.
Portekizce 1. Portuguese, the Portuguese language. 2. (speaking, writing) in Portuguese, Portuguese. 3. Portuguese (speech, writing); spoken in Portuguese; written in Portuguese.
Portekizli 1. (a) Portuguese. 2. Portuguese (person).
portföy 1. billfold, wallet. 2. *fin.* portfolio.
portik *arch.* portico.
portland Portland cement.
portmanto hallstand, hatstand.
portmone change purse, porte-monnaie.
porto port wine, port.
Porto Riko 1. Puerto Rico. 2. Puerto Rican, of Puerto Rico.
Porto Rikolu 1. (a) Puerto Rican. 2. Puerto Rican (person).
portre portrait.
portreci portraitist.
posa pulp, residue, bagasse (left after fruits/vegetables have been crushed). —**sını çıkarmak** /ın/ *colloq.* 1. to make the fullest possible use of (something/someone); to get all the good one can out of (something); to exploit (something/someone) to the nth degree. 2. to criticize (something) through and through. 3. to beat the tar out of.
posbıyık *colloq.* 1. (someone) who has a bushy mustache. 2. bushy mustache.
posbıyıklı *colloq.* (someone) who has a bushy mustache.
post, -tu 1. (dressed/undressed) skin, pelt (with its hair/wool/fur still on it). 2. *(used sarcastically)* post, office, position. 3. the position of sheikh in a dervish order. 4. made of a skin/pelt. —**unu çıkarmak** /ın/ 1. to skin (an animal). 2. *slang* to beat the daylights out of (someone). —**u deldirmek** *slang* to be hit by a bullet; to be winged. — **elden gitmek** *colloq.* 1. to be killed, be bumped off. 2. to lose one's position/power. — **kalpak** sheepskin cap. — **kapmak** *colloq.* to obtain a position, get oneself promoted to a position; to do someone out of his post. — **kavgası** *colloq.* struggle over who's to get an official position. —**u kurtarmak** *colloq.* to save one's skin, manage to escape death. —**una saman doldurmak** /ın/ *colloq.* to kill, fill (someone) full of lead. —**u sermek** *colloq.* 1. (for a guest) to stay on and on

with no apparent thought of leaving. 2. to hold on to one's position as if one will never quit it. **—u vermek** *colloq.* to die, give up the ghost.
posta 1. mail, post. 2. postal service, the post office. 3. mail truck; mail train; mail steamer. 4. *mil.* orderly. 5. trip, run. 6. team, crew, gang. **—ya atmak/vermek** /ı/ to mail, post. **— etmek** /ı/ to take (a suspect) to the police station. **— güvercini** carrier pigeon. **— havalesi** postal money order, money order. **— kaldırmak** school slang (for a group of students) to play hooky together. **—yı kesmek** *colloq.* 1. to stop doing something. 2. to cut one's ties with a place; to break off relations with someone. **— koymak** *colloq.* to con, dupe. **— kurmak** /a/ slang to plot against (somebody), plot to do (someone) dirt. **— pulu** postage stamp. **— yapmak** /a/ *colloq.* to make a trip to and from (a place), make a round trip to (a place).
postacı postman; postwoman; mail carrier.
postacılık 1. operating a postal service. 2. being a postman/a postwoman.
postal 1. *mil.* half boot; combat boot. 2. *colloq.* trollop, hussy, baggage.
postalamak /ı/ to mail, post.
postalanmak to be mailed, be posted.
postane post office.
postiş postiche; switch; wiglet; toupee; hairpiece.
postnişin *(mostly used by the Mevlevis)* head of a dervish lodge, sheikh.
postrestant, -tı general delivery, *Brit.* poste restante.
postulat, -tı *log., math.* postulate.
poşet, -ti 1. plastic bag. 2. (tea) bag.
poşu a fringed, silk/cotton/woolen, head scarf.
pot, -tu 1. (unwanted) pucker, wrinkle (resulting from poor tailoring). 2. *colloq.* slip of the tongue, blooper; faux pas, misstep, gaffe. **— gelmek** *colloq.* to go wrong, turn out badly. **— kırmak** *colloq.* to say the wrong thing, put one's foot in one's mouth; to commit a faux pas. **— yeri** *colloq.* the unpleasant side; the difficult side; the sticky part (of a job/a matter).
pot, -tu *(in poker and other card games)* the pot, the pool. 2. *slang* poker (the game).
pot, -tu raft used as a ferry (to cross rivers/streams).
pota 1. crucible. 2. *basketball* basket.
potansiyel potential.
potas *chem.* potash; potassium carbonate; potassium hydroxide.
potasyum *chem.* potassium. **— sülfat** potassium sulfate.
potin 1. ankle boot; button boots. 2. (child's) half boot.

potkal bottle with a message in it (cast into the sea from a ship).
potlu (garment) that has an unwanted pucker/wrinkle in it (owing to poor tailoring).
potpuri *mus.* medley, potpourri.
potur 1. full-gathered knee breeches worn with tight leggings. 2. puckered place, wrinkled place. 3. puckered, gathered; wrinkled.
pound pound, pound sterling.
poyra hub of a wheel. **— deliği** hole in the center of a hub.
poyraz 1. northeast wind, boreas. 2. (the) north.
poyrazlamak (for the wind) to begin to blow from the northeast.
poz 1. pose (of the body). 2. *colloq.* pose, posturing, attitudinizing. 3. *phot.* exposure, exposure time. **— atmak/kesmek/yapmak** *colloq.* to pose, posture, attitudinize. **— vermek** to pose (for an artist/a photographer).
pozcu *colloq.* 1. (someone) who is given to posturing, who pretends to be what he is not. 2. poser, poseur.
pozisyon position.
pozitif positive. **— film** positive film. **— görüntü** *phot.* positive image, positive picture.
pozitivist, -ti 1. (a) positivist. 2. positivist, positivistic.
pozitivizm positivism.
pozometre *phot.* exposure meter, light meter.
pöf Ugh!
pörsük flaccid, wrinkled, and lacking in substance, shriveled and flaccid.
pörsüklük being flaccid, wrinkled, and without substance.
pörsümek to become flaccid, wrinkled, and lacking in substance, become shriveled and flaccid.
pösteki sheepskin/goatskin (with its wool/hair on it). **—ye dönmek** *colloq.* (for something) to become battered and limp (from excessive use). **— saydırmak** /a/ *colloq.* to have/make (someone) do a very boring, unending job. **— saymak** *colloq.* to be engaged in a very boring, unending job. **—sini sermek/çıkarmak** /ın/ *colloq.* to beat the living daylights out of (someone). **—yi sermek** *colloq.* 1. (for a guest) to stay on and on with no apparent thought of leaving. 2. to hold on to one's position as if one will never quit it.
pötifur petit four.
pötikare (cloth) decorated with small checks; made of cloth decorated with small checks.
prafa a card game.
pragmacı *phil.* 1. pragmatic, of the pragmatic school. 2. (a) pragmatist.
pragmacılık *phil.* pragmatism.
pragmatik pragmatic, practical.
pragmatist, -ti *see* **pragmacı.**

pragmatizm *see* **pragmacılık.**
pranga *formerly* 1. a heavy iron chain shackled to a prisoner's ankle with a ring and tied to his back with a rope. 2. penal servitude, hard labor; being condemned to the galleys. **— kaçağı** *colloq.* dangerous criminal; thug. **—ya vurmak** /ı/ to put a **pranga** on (a prisoner).
pratik 1. practical, capable of being put into practice in everyday life. 2. practical, handy, useful. 3. applied. 4. practical, pragmatic, down-to-earth, sensible. 5. application, practice, putting into practice, carrying out. 6. practical experience; practical knowledge; practical skill. **—te** *colloq.* in practice. **—ten öğrenmek** /ı/ to learn (something) merely by doing it (without having any formal instruction, without knowing anything concerning the theory behind it). **— yapmak** to practice.
pratika *naut.* pratique (a document).
pratikleşmek to become practical, become pragmatic.
pratisyen 1. *med.* general practitioner, GP. 2. person who has learned something by practice or practical training (but who lacks formal/specialized training). **— hekim/doktor** *med.* general practitioner, GP.
prefabrik prefabricated.
prefabrikasyon prefabrication.
prefabrike prefabricated.
prehistorik prehistoric, prehistorical.
prehistorya prehistory.
prelüd *mus.* prelude.
prematüre premature (infant).
prens prince. **P— Adaları** the Princes' Islands.
prenses princess.
prenseslik 1. being a princess; the sovereignty or rank of a princess. 2. principality, principate (area ruled by a princess).
prensip principle, fundamental belief or rule of conduct. **— sahibi** (someone) who is a person of principle.
prenslik 1. being a prince; princedom. 2. princedom, principality, principate (area ruled by a prince).
preparasyon (a pharmaceutical) preparation.
preparat, -tı *see* **müstahzar.**
pres 1. press, mangle. 2. press, crusher (for crushing olives, grapes, oilseeds, etc.).
presbit, -ti *path.* 1. presbyopic. 2. presbyope.
presbitlik *path.* presbyopia.
presçi press operator.
prese pressed, compressed.
prestij prestige.
presto *mus.* presto.
prevantoryum *med.* preventorium.
prez *slang* a pinch of heroin.
prezantabl presentable (person).
prezantasyon 1. presentation, exhibition. 2. introduction (of one person to another).
prezante *used in:* **— etmek** /ı, a/ to introduce (one person) to (another).
prezervatif condom.
prifiks *com.* fixed price.
prim 1. (a) premium. 2. insurance premium. 3. bonus.
primadonna prima donna.
primatlar *zool.* the primates.
primitif primitive.
primitivist, -ti *see* **ilkelci.**
primitivizm *see* **ilkelcilik.**
printer *comp.* printer.
priz 1. electric outlet, socket (for a plug), *Brit.* power-point; wall plug; jack; connector (at the end of an extension cord). 2. solidification, setting (of cement).
prizma prism.
problem 1. problem; question, difficulty. 2. *math.* problem. 3. difficult to deal with, problem: **problem çocuk** problem child.
problemli 1. problematic. 2. (someone) who has (psychological) problems.
prodüksiyon *cin.* production.
prodüktör *cin., econ.* producer.
Prof. (*abbr. for* **Profesör**) Prof. (Professor).
profesör professor.
profesörlük professorship.
profesyonel 1. (a) professional. 2. professional.
profesyonelleşmek to become a professional, professionalize.
profesyonellik professionalism.
profil profile.
profilaksi *med.* prophylaxis.
profilaktik *med.* 1. prophylactic. 2. (a) prophylactic.
profiterol, -lü cream puff, *Brit.* profiterole.
proforma *fin.* pro forma. **— fatura** pro forma invoice.
program 1. schedule, plans, program. 2. *radio* program, broadcast; *TV* program, show. 3. schedule of programs. 4. *comp.* program. 5. program (printed for a play, concert, etc.).
programcı 1. person in charge of preparing a program; programmer. 2. *radio, TV* program director. 3. computer programmer. 4. program seller; person who hands out programs.
programlama programming.
programlamak /ı/ to program.
programlaştırmak /ı/ to make (something/things) into a program.
programlı 1. done according to a program. 2. (something) which has a program. 3. (someone) whose day-to-day life is tied to a program.
programsız 1. not done according to a program. 2. (something) which lacks a program. 3. (someone) whose day-to-day activities are not tied to a program.

proje

proje project.
projeksiyon 1. projection, projected image (appearing on a screen). 2. projection (of an image onto a screen). 3. *cartography, math.* projection.
projektör 1. projector; searchlight; spotlight. 2. projector (for slides/movies).
projelendirmek /ı/ to project, design, plan.
proletarya proletariat.
proleter 1. (a) proletarian. 2. proletarian, of the proletariat.
proleterleşme proletarianization.
proleterleşmek to undergo proletarianization, proletarianize.
prolog prolog, *Brit.* prologue.
promosyon *com.* promotion; sales promotion.
propaganda propaganda. — **yapmak** to propagandize, carry on or spread propaganda.
propagandacı propagandist.
propagandacılık being a propagandist; propagandizing.
prosedür procedure.
proses process.
prosodi prosody.
prospektüs 1. printed instructions/directions (indicating how something is to be used). 2. prospectus.
prostat, -tı *anat.* prostate, prostate gland.
protein protein.
Protestan 1. (a) Protestant. 2. Protestant.
Protestanlık Protestantism.
protesto 1. protestation, protesting. 2. protest. 3. *naut.* protest. — **çekmek** /a/ to make a formal complaint (against) (someone), lodge a protest (against) (someone); to protest (to), voice one's disapproval (to). — **etmek** /ı/ to protest against.
protez 1. *med.* prosthesis, artificial substitute for a missing part. 2. dental prosthesis; denture. 3. prosthetics. 4. *slang* falsie, heavily padded brassiere.
protezci maker or seller of prostheses.
protokol, -lü protocol.
proton *chem., phys.* proton.
protoplazma *biol.* protoplasm, protoplasma.
prototip, -pi prototype.
prova 1. rehearsal. 2. *tailor.* fitting. 3. *print.* (a) proof. 4. *naut.* bow, head.
providansiyalist, -ti *see* kayracı.
providansiyalizm *see* kayracılık.
provizyon *fin.* cover, the funds needed in a bank account to cover any given check.
provizyonsuz *used in:* — **çek** *fin.* bad check.
provokasyon provocation.
provokatör agent provocateur.
prömiyer premiere, premiere performance.
Prusya 1. Prussia. 2. Prussian, of Prussia.
Prusyalı 1. (a) Prussian. 2. Prussian (person).

pruva *naut.* bow, head. — **hattı** a line of ships (one behind the other).
psikanalist, -ti psychoanalyst.
psikanalitik psychoanalytical.
psikanaliz psychoanalysis.
psikasteni psychasthenia.
psikiyatr psychiatrist.
psikiyatri psychiatry.
psikiyatrist, -ti *colloq.* psychiatrist.
psikolog psychologist.
psikoloji psychology.
psikolojik psychological.
psikopat, -tı psychopath.
psikopati psychopathy.
psikopatoloji psychopathology.
psikopatolojik psychopathological, psychopathologic.
psikosomatik psychosomatic.
psikoterapi psychotherapy.
psikoz psychosis.
psişik mental, psychical, psychic.
PTT (*abbr. for* **Posta, Telgraf, Telefon İşletmesi**) Post, Telegraph, and Telephone Office.
puan 1. point (unit used in keeping the score of a game or in grading a test). 2. dot (used as a decoration in a cloth fabric). — **almak/kazanmak** to score, score points, rack up points (while playing a game).
puanlamak /ı/ to grade (a test).
puanlı dotted, spotted.
puantaj 1. checking, ticking off (names on a roster); timekeeping, the work of a timekeeper (especially one in a factory). 2. scoring, keeping score (during a game).
puanter pointer (a dog).
puantiye dotted (cloth).
puantör timekeeper (especially one in a factory).
puding, -gi 1. pudding (a dessert). 2. *geol.* conglomerate.
pudra powder; face powder; dusting powder; talcum powder.
pudralamak /ı/ to powder.
pudralık 1. container designed to hold powder. 2. compact (for a cosmetic, carried in a purse).
pudraşeker powdered sugar; confectioners' sugar.
pudriyer compact (for a cosmetic, carried in a purse).
puf 1. pouf; hassock; ottoman. 2. a puffy cushion. — **minderi** a puffy cushion.
puf Ouf!/Oof!
pufböreği, -ni a puff pastry stuffed with cheese/meat.
pufla 1. *zool.* eider. 2. down, eiderdown. 3. stuffed with down, down. 4. *colloq.* soft and puffy. — **gibi** *colloq.* downy, fluffy.
puflamak to say "Ouf!", snort.

puhu *zool.* eagle owl.
pul 1. stamp; postage stamp; revenue stamp. 2. *table games* playing piece, counter (a thin, round disk). 3. jingle (in the hoop of a tambourine). 4. spangle, sequin. 5. scale (of a fish). 6. *anat.* squama, scale. 7. (metal) washer (for a bolt/a screw). 8. *hist.* a small coin (worth one third of an akçe). — **pul** in scales; in flakes; in spots. — **şişe** a bottle made of very thin, greenish glass.
pulat steel. — **gibi** *colloq.* very strong.
pulcu 1. seller of revenue stamps. 2. stamp dealer, person who sells stamps to philatelists. 3. stamp collector, philatelist.
pulculuk 1. being a seller of revenue stamps; selling revenue stamps. 2. being a stamp dealer; selling stamps to collectors. 3. being a stamp collector; stamp collecting, philately.
pullamak /ı/ 1. to put a (revenue/postage) stamp on (something). 2. to decorate (something) with spangles/sequins.
pullanma *med.* desquamation.
pullanmak 1. to be stamped. 2. (for a coating of paint/varnish, for a glaze) to flake off, fall off in flakes, peel off. 3. (for skin) to desquamate (in small flakes), flake off, scale off, peel off.
pullu 1. stamped, bearing a stamp. 2. scaly. 3. *anat.* squamous. 4. spangled, bespangled; sequined. 5. (bolt/screw) which is fitted with a washer.
pulluk (iron/steel) plow.
pulman *used in:* — **koltuk** seat with an adjustable back (installed in buses/trains/airplanes/boats).
pulsuz 1. stampless, unstamped. 2. scaleless. 3. (something) which lacks a spangle/a sequin. 4. washerless (bolt/screw).
puluç *prov.* (sexually) impotent.
puluçluk *prov.* (sexual) impotence.
puma *zool.* puma, cougar, mountain lion.
punç, -çu punch (beverage).
punt 1. *naut.* reckoning, position (the position of a ship at sea as determined by reckoning). 2. *colloq.* appropriate time. —**unu bulmak**/—**una getirmek** *colloq.* to find a suitable opportunity (to do something). — **tayini** *naut.* reckoning, calculating a ship's position.
punto *print.* point (unit of measure for size of type).
pupa *naut.* 1. stern. 2. poop deck, poop. 3. astern, from the rear. — **gitmek** 1. to sail with the wind directly astern. 2. *slang* to go straight ahead. — **rüzgâr** wind blowing astern, stern wind. — **yelken gitmek** (for a ship) to sail at maximum speed (owing to a stern wind).
pupa *zool.* pupa.
puro cigar.
pus 1. mist, haze, light fog. 2. bloom (a powdery coating on fruit/leaves). 3. moss/lichens (on the bark of plants). 4. gum (which oozes from trees). 5. condensation, drops of moisture (on a surface).
pus inch.
pusarık 1. misty, hazy. 2. mirage.
pusarmak to get misty, get hazy.
pusat, -tı 1. arms; armor. 2. apparatus, gear, equipment.
puset, -ti stroller (in which a very young child is pushed).
puslanmak 1. to get misty, get hazy. 2. (for a fruit/a leaf) to become covered with bloom. 3. (for a surface) to become covered with condensation. 4. (for bark) to become covered with moss/lichens.
puslu 1. hazy, misty. 2. (fruit/leaf) which has bloom on it. 3. (a surface) covered with condensation. 4. (bark) covered with moss/lichens.
pusmak to crouch down; to hide behind something.
pusu ambush, place where one lies in ambush. —**ya düşmek** to fall into an ambush, be ambushed. —**ya düşürmek** /ı/ to ambush. — **kurmak**/—**ya yatmak** to lie in ambush.
pusula compass (an instrument). —**yı şaşırmak** *colloq.* 1. to be utterly confounded, be at sea, be at a loss as to what to do, be bumfuzzled. 2. to forget what's what, lose one's bearings, be on the wrong track.
pusula note, memorandum; chit (memorandum of a small debt); itemized bill (written down on an odd piece of paper).
puşlavat, -tı *slang* 1. queers, fags, faggots. 2. bastards, *sons of bitches, *shits.
puşt, -tu *vulg.* 1. passive male homosexual, queer, fag, faggot. 2. bastard, *son of a bitch, *shit.
puştluk *vulg.* 1. faggoty behavior. 2. untrustworthiness; fickleness, *shittiness.
put, -tu 1. idol, image, effigy (of a god). 2. *Christianity* cross; crucifix. — **gibi** *colloq.* as still as a statue, as if turned to stone. — **kesilmek** *colloq.* to become as still as a statue.
put, -tu twisted silk thread.
putlaşmak to be idolized.
putlaştırmak /ı/ to idolize.
putperest, -ti idolater, idol worshipper.
putperestlik idolatry, idol worship.
putrel I beam, I girder.
püf *used to imitate the sound of air being blown from the mouth.* — **desen uçacak.** *colloq.* He's so skinny you'd think the wind would blow him away. **(bir işin)** — **noktası** the most important, as well as the most delicate part (of a matter).
püfkürmek /ı/ *prov.* to spray (something) from one's mouth.

püflemek /ı/ 1. to blow on (a flame) (in order to put it out). 2. to blow on (something) (in order to cool it).
püfür püfür (cooling breeze blowing) gently/pleasantly.
pülverizatör atomizer; sprayer, spray gun; duster.
pünez thumbtack, *Brit.* drawing pin.
püre purée; mash: **patates püresi** mashed potatoes. **ıspanak püresi** puréed spinach.
pürgatif *med.* 1. (a) purgative. 2. purgative.
pürhiddet, -ti very angry, full of anger.
püriten 1. (a) puritan. 2. puritanical.
pürnakıl *colloq.* tree full of fruit/blossoms.
pürneşe 1. very joyful, bright and merry. 2. very joyfully, bubbling over with joy/merriment.
pürtelaş 1. very hurried and agitated, marked by haste and urgency. 2. in a hasty and agitated way, in haste and agitation.
pürtük knob, small protuberance. — **pürtük** full of knobs, knobby, full of small protuberances, rough.
pürtüklenmek to become knobby, become full of small protuberances, become rough.
pürtüklü full of knobs, knobby, full of small protuberances, rough.
pürüz 1. roughness, unevenness, rough/uneven place (on a surface). 2. *colloq.* problem, difficulty, hitch, snag. — **ayıklamak/temizlemek** *colloq.* to smooth away the obstacles (to something); to get rid of the snags (in something).
pürüzlenmek 1. to get rough/uneven. 2. *colloq.* (for a job/a matter) to go awry, get snagged up, get fouled up.
pürüzlü 1. rough, uneven; rugged. 2. *colloq.* difficult, marked by snags/hitches/foul-ups.
pürüzsüz 1. even, smooth. 2. *colloq.* free of problems/snags/hitches/foul-ups.
püskül tassel.
püsküllü tasseled. — **bela** *colloq.* a peck of trouble, bad news.
püskürgeç 1. atomizer; sprayer; duster. 2. *chem.* wash bottle.
püskürme 1. /ı/ spraying (something) from one's mouth. 2. (volcanic) eruption. 3. (moles) growing here and there on someone's skin. — **boya** spray paint. — **memesi** injection nozzle.
püskürmek 1. /ı/ to spray (something) from one's mouth. 2. /ı/ (for a volcano) to spew out, spume forth (lava). 3. (for a volcano) to erupt.
püskürteç 1. aerosol, aerosol bomb, spray can (from which an aerosol is released). 2. atomizer; sprayer, spray gun; duster. 3. airbrush. 4. *auto.* fuel injector (for a diesel engine).
püskürtme /ı/ 1. spraying, dusting. 2. (a volcano's) spewing out (lava). 3. *auto.* injecting, injection (of fuel). — **makinesi** duster (for dusting crops). — **tabancası** spray gun.
püskürtmek /ı/ 1. to spray; to dust. 2. (for a volcano) to spew out, spume forth (lava). 3. vigorously to repel/repulse/drive back (an attacker).
püskürtü 1. lava. 2. aerosol.
püskürtücü sprayer, spray gun; duster.
püskürük eruptive, volcanic. — **kütle** *geol.* mass of eruptive rock.
püsür *colloq.* 1. flaw, defect, mistake. 2. headache, botheration, botherment, pain in the neck. 3. the difficult part of a job/a matter. 4. petty, annoying details. 5. unwelcome person, unwanted person, pain in the neck (whom someone brings along with him).
pütür knob, small protuberance. — **pütür** 1. chapped/cracked/chilblained (skin). 2. full of small protuberances, rough.
pütürlendirmek /ı/ 1. to chap (skin); to cause (skin) to become chilblained. 2. to make (something) become full of small protuberances, make (something) become rough.
pütürlenmek 1. (for skin) to chap; to become chilblained. 2. to become full of small protuberances, get rough.
pütürlü 1. chapped, cracked; chilblained. 2. full of small protuberances, rough.

R

R the letter R.
Rab, -bbi the Lord, God. **—im! **My God!/God!
rabbani divine, godly.
Rabbena *used in:* **— hakkı için ....** I swear to God .../..., by God. **—, hep bana!** *colloq.* My God, what a greedy pig he is!
Rabbi God!/My God!
rabıt, -ptı connecting, tying together; attaching, fastening; binding; making fast.
rabıta 1. tie, bond, connection, relation, link; affiliation, attachment. 2. order, orderliness, system, method. 3. tie, fastening.
rabıtalı 1. nicely arranged, orderly; well-conducted, soundly run; marked by system. 2. coherent, consistent and logical (thought/speech). 3. level-headed, (person) who is deliberate and consistent in his behavior; conscientious and capable (person). 4. serious and morally upright, decent (person).
rabıtasız 1. disarranged, disorderly, untidy; poorly conducted; lacking system. 2. incoherent, inconsistent and illogical (thought/speech). 3. (someone) who is inconsistent in his behavior, flighty.
raca raja, rajah.
racon *slang* 1. the accepted way of doing (something). 2. showing off, swagger. **— kesmek** to show off, swagger.
radansa *naut.* thimble (for a sail/a rope).
radar radar.
radarcı 1. radar operator. 2. *slang* tattletale, informer, telltale.
radarcılık 1. being a radar operator. 2. *slang* being a tattletale; talebearing.
radde 1. point, degree. 2. about, around, approximately: **saat üç raddelerinde** at about three o'clock.
radikal, -li 1. radical, fundamental. 2. (a) radical, advocate of sweeping changes. 3. *math.* radical sign.
radikalist, -ti (a) radical, advocate of sweeping changes.
radikalizm radicalism.
radyan radian.
radyasyon radiation.
radyatör radiator. **— boşaltmak** *slang* to urinate, take a leak.
radyatörcü maker, seller, installer, or repairer of radiators.
radyo 1. radio, *Brit.* wireless. 2. (a) radio station, radio: **İstanbul radyosu** Radio Istanbul.
radyoaktif radioactive.
radyoaktivite radioactivity.

radyocu 1. maker, seller, or repairer of radios. 2. radiobroadcaster.
radyoculuk 1. being a maker, seller, or repairer of radios. 2. being a radiobroadcaster; radiobroadcasting.
radyoevi, -ni broadcasting studio(s) (building housing the studio/studios of a radio station).
radyofonik radio; designed to be broadcast by radio; suitable for radiobroadcasting. **— oyun** radio play.
radyofoto radiophotograph, radiophoto.
radyografi radiography.
radyogram radiogram.
radyolog radiologist.
radyoloji radiology.
radyometre radiometer.
radyoskopi *med.* radioscopy.
radyotelefon radiotelephone.
radyotelgraf radiotelegram.
radyoterapi radiotherapy.
radyoterapist, -ti radiotherapist.
radyum *chem.* radium.
raf shelf. **—a koymak/kaldırmak** /ı/ 1. to put (something) on a shelf, shelve. 2. *colloq.* to shelve, put (something) aside, forget about (something).
rafadan 1. soft-boiled (egg). 2. *slang* raw and inexperienced. **— pişirmek** /ı/ to soft-boil (an egg).
rafinaj refining (of petroleum/sugar).
rafine refined (petroleum/sugar).
rafineri refinery.
rafting, -gi *sports* rafting.
rafya 1. raffia. 2. *bot.* raffia palm.
rağbet, -ti 1. desire, demand: **Buna artık rağbet yok.** There's no demand for this anymore. 2. popular approval, popularity: **Onun yazdıkları bugünlerde çok rağbette.** The things he writes are quite popular nowadays. **—ten düşmek** 1. to be no longer in demand. 2. no longer to command popular approval. **— etmek** /a/ 1. to like. 2. to esteem, admire. **— görmek** 1. to be in demand. 2. to be popular.
rağbetli 1. in demand, sought after. 2. esteemed, admired.
rağbetsiz 1. not in demand, not sought after. 2. unesteemed, unadmired.
rağbetsizlik 1. lack of demand. 2. lack of esteem, lack of admiration.
rağmen /a/ in spite of.
rahat, -tı 1. peace and quiet, peace. 2. comfort, ease. 3. at ease, easy, untroubled. 4. relaxed, easygoing; (someone) who has an easy man-

ner. 5. comfortable (place/thing). **—ına bakmak** 1. to think only of one's own comfort. 2. to make oneself comfortable, enjoy oneself. 3. to take it easy. **—ınıza bakın.** *colloq.* 1. Make yourself comfortable./Enjoy yourself. 2. Take it easy. **— batmak** /a/ *colloq.* to be stupid enough to throw up an easy life. **— bırakmamak** /ı/, **— vermemek** /a/ *colloq.* not to leave (someone) in peace, pester, badger, devil. **— döşeği** *colloq.* bed (in which a corpse is lying). **— (dur)!** *mil.* At ease! **— durmak** *colloq.* to stand/sit still; to behave oneself, behave. **— duruş** standing at ease, standing in the at-ease position. **— etmek** 1. to be at ease, rest easy, be untroubled. 2. to rest, take it easy. **—ını kaçırmak** /ın/ *colloq.* to annoy; to discomfit, disconcert. **— kıçına batmak** *vulg.*, *see* **rahat batmak.** **— rahat** *colloq.* 1. comfortably. 2. easily, smoothly, without difficulty. **— yüzü görmemek** *colloq.* to be constantly plagued by troubles, not to have a moment's peace.

rahatça 1. comfortably. 2. easily, smoothly, without difficulty.

rahatlamak 1. to feel better (after experiencing sickness/pain/fatigue). 2. to feel relieved, become untroubled. 3. to feel at ease. 4. to calm down.

rahatlatıcı soothing, calming (thing).

rahatlatmak /ı/ 1. to make (someone) feel better (after experiencing sickness/pain/fatigue). 2. to make (someone) feel relieved. 3. to put (someone) at ease, make (someone) feel at ease. 4. to calm (someone) down; to bring peace and quiet to (a place).

rahatlık 1. peace and quiet, peace. 2. comfort, ease. 3. easygoingness, relaxedness. 4. peace of mind.

rahatsız 1. uncomfortable; (something) which causes physical discomfort. 2. ill at ease, uncomfortable. 3. indisposed, a bit unwell, under the weather. **— etmek** /ı/ 1. to bother, trouble, inconvenience; to disturb; to annoy. 2. to make (someone) feel ill at ease. 3. to cause (someone) to feel unwell. 4. to visit, pay (someone) a visit. **— olmak** 1. to feel indisposed, feel slightly ill, be under the weather. 2. to feel ill at ease, feel uncomfortable.

rahatsızlanmak to feel unwell, feel ill.

rahatsızlaşmak *see* **rahatsızlanmak.**

rahatsızlık 1. discomfort, discomfiture, uneasiness. 2. slight sickness. **— vermek** /a/ to make (someone) feel ill at ease.

rahibe 1. nun. 2. (female) priest/pastor/minister. 3. priestess.

rahibelik 1. being a nun, nunhood. 2. priesthood/pastorate/ministry (of a clergywoman). 3. being a priestess.

Rahim the Merciful (a name for God).

rahim, -hmi *anat.* uterus, womb.

rahip 1. monk. 2. priest; pastor, minister.

rahiplik 1. being a monk, monkhood. 2. being a priest/a pastor/a minister; priesthood; pastorate, ministry.

rahle bookrest (designed to be used by someone who is seated on the floor).

Rahman the Compassionate (a name for God).

rahmani divine, of a divine nature.

rahmet, -ti 1. God's mercy; God's compassion. 2. *colloq.* rain (when thought of as a blessing). **— düşmek/yağmak** for rain to fall. **— okumak** /a/ 1. to ask God to have mercy on (someone who has died), pray for (someone who has died). 2. *colloq.* to regret greatly the loss of. **— okutmak** /a/ *colloq.* (for someone unpleasant) to make one wish that (his predecessor) had never left: **Bu yeni patron Rahmi Bey'e rahmet okuttu.** This new boss has made us rue the day Rahmi Bey left.

rahmetli (*Strictly speaking, this word applies only to Muslims.*) 1. the late ..., ..., now departed. 2. the deceased. **— olmak** to die, pass away.

rahmetlik *see* **rahmetli.**

rahvan 1. amble (an easy, four-beat gait). 2. ambling (horse). **— gitmek/yürümek** (for a horse) to go at an amble, amble.

rakam 1. digit, numeral. 2. number, figure (containing one or more digits).

rakamlı (a number) which contains (so many) digits.

raket, -ti 1. racket (used in tennis/badminton/ping-pong). 2. snowshoe.

rakı raki, arrack. **— âlemi** drinking party (with raki as the main drink).

rakıcı 1. maker or seller of raki. 2. someone who likes raki. 3. (someone) who likes raki.

rakım elevation, altitude (of a point on the earth's surface).

rakik, -kı *obs.* 1. slender; delicate. 2. gentle, tenderhearted.

rakip 1. (a) rival. 2. rival (person/thing).

rakipsiz unrivaled.

rakkas pendulum.

rakkase *obs.* dancing girl, belly dancer.

rakor 1. fitting used to connect two pieces of pipe; pipe union; sleeve, sleeve coupling. 2. short piece of connective piping (made of copper/rubber/plastic).

raks 1. dancing, dance (usually used of belly dancing). 2. *phys.* oscillation.

raksetmek to do a belly dance; to dance.

ralanti *auto.*, *see* **rölanti.**

ralli (automobile) rally.

ram *used in:* **— etmek** /ı/ to subjugate, master. **— olmak** /a/ to submit, yield (to), give in (to).

ramak, -kı *used in:* **— kalmak** /a/ almost to happen: **Patronun onu sepetlemesine ramak kaldı.** The boss came within an inch of sacking him.

Ramazan Ramazan, Ramadan (the ninth month in the Muslim year and the time when Muslims fast between dawn and sunset). **— bayramı** the three-day feast at the end of Ramazan, the Lesser Bairam. **— keyfi** *colloq.* bad temper caused by fasting.

ramazanlık 1. (food) bought/prepared for use during Ramazan. 2. food bought/prepared for use during Ramazan.

ramp, -pı *theat.* proscenium, forestage, apron. **— ışıkları** footlights.

rampa 1. incline, slope, grade (in a road or construction site). 2. loading ramp. 3. ramp (used as an access or exit to a freeway, used to connect two thoroughfares). 4. *colloq.* sidling up to. **— etmek** /a/ 1. *colloq.* to sidle up to (someone). 2. *slang* (for a freeloader) to latch onto (a table where drinking is in progress).

randa *naut.* spanker.

randevu appointment, engagement, rendezvous. **— almak** /dan/ to get an appointment (with/from). **— vermek** /a/ to make an appointment (with); to give (someone) an appointment.

randevucu person who operates an unlicensed brothel.

randevuevi, -ni unlicensed brothel.

randıman yield, production, output.

randımanlı productive.

randımansız unproductive.

rant, -tı *econ.* unearned income.

rantabilite *econ.* profitability.

rantabl *econ.* profitable.

rantiye *econ.* rentier, person who lives on unearned income.

ranza 1. bunk bed. 2. berth (for sleeping, on a ship/a train).

rapido a drawing pen.

rapidograf *see* **rapido.**

rapor report. **— yazmak** to write a report.

raporcu 1. person responsible for writing a report, reporter. 2. *colloq.* informer, spy.

raporlu 1. (someone) who is excused from work temporarily for medical reasons, on sick leave. 2. *slang* mentally abnormal, cracked.

raportör person responsible for writing a report, reporter.

rappadak *colloq.* suddenly, all of a sudden.

rap rap striking the pavement/ground smartly (as do marching feet).

rapsodi *mus.* rhapsody.

raptetmek /ı/ to fasten, attach.

raptiye thumbtack, *Brit.* drawing pin.

raptiyelemek /ı/ to thumbtack, fasten (something) with a thumbtack.

raptiyelenmek to be thumbtacked.

rasat (astronomical/meteorological) observation.

rasathane observatory; meteorological station.

rasgele 1. at random, haphazardly; desultorily. 2. by chance. 3. an old ..., any ... whatsoever; very ordinary, unexceptional. **R—!** *colloq.* Good luck!

raspa 1. scraper (tool for scraping off old paint/rust). 2. *slang* gluttony, making a pig of oneself. **— etmek** /ı/ 1. to scrape the paint/the rust off (a surface). 2. to holystone (a deck). **— taşı** holystone (used for scrubbing a ship's decks).

raspacı 1. scraper (person). 2. *slang* gluttonous, piggish. 3. *slang* glutton, pig.

raspalamak 1. /ı/ to scrape the paint/the rust off (a surface). 2. /a/ *slang* to sidle up to (someone).

raspalanmak (for a surface) to be cleaned of paint/rust with a scraper.

rast *used in:* **— gelinmek** /a/ *impersonal passive* 1. to meet by chance, chance upon (someone). 2. to come across, meet with, encounter, find. **— gelmek** 1. /a/ to meet by chance, chance upon (someone). 2. /a/ to come across, meet with, encounter, find. 3. /a/ (for something unexpected) to come (one's) way, come to (someone). 4. /a/ (for something) to hit (a target). 5. (for something) to turn out as one had hoped it would. 6. /a/ to coincide with, occur at the same time as. 7. /a/ (for something) to be at the same level as (something else), be on a line with (something else): **Badem ağacının üst dalları pencereme rast geliyordu.** The topmost branches of the almond tree were on a level with my window. **— getirmek** /ı/ 1. to find suddenly (someone/something one has long been searching for). 2. to choose (the right time to do something); to approach, collar, or get hold of (someone) (at the right time, in the right setting). 3. to shoot/throw (something) so that it hits the target. 4. (for God) to allow (something) to succeed. **— gitmek** (for something) to go well, go smoothly.

rastık 1. kohl (used to darken the eyebrows/hair). 2. black-colored smut (a plant disease). **— çekmek** /a/ to put kohl on (the eyebrows/hair).

rastlamak /a/ 1. to meet by chance, chance upon (someone). 2. to come across, meet with, encounter, find. 3. (for something) to hit (a target). 4. to coincide with, occur at the same time as. 5. (for something) to be at the same level as (something else), be on a line with (something else): **Atın ağzı ense köküme rastlıyordu.** The horse's mouth was right at the nape of my neck.

rastlanmak /a/ *impersonal passive* 1. to meet by chance, chance upon (someone). 2. to come

across, encounter, meet with, find.
rastlantı chance, accident, fortuitous event; coincidence. **—yla** by chance, by accident, fortuitously; by coincidence.
rastlantısal chance, accidental, fortuitous; coincidental.
rastlaşmak 1. to meet by chance, chance upon each other. 2. to coincide, happen at the same time.
rastlatmak /ı, a/ 1. to cause (someone) to encounter or come across (someone/something). 2. to cause (something) to hit (a target). 3. to cause (something) to coincide with (something else); to cause (two things) to happen at (the same time). 4. to cause (something) to be at the same level as (something else), cause (something) to be on a line with (something else).
rasyonalist, -ti 1. (a) rationalist. 2. rationalist, rationalistic.
rasyonalite rationality.
rasyonalizm rationalism.
rasyonel rational, based on reason. **— sayı** *math.* rational number.
raşitik *path.* rachitic, afflicted with rickets.
raşitizm *path.* rickets, rachitis.
raunt (a) round (in a boxing match).
ravent *bot.* rhubarb.
ravnt *see* **raunt.**
ray (railway/streetcar) rail, track. **—dan/—ından çıkmak** *colloq.* (for something) to go haywire, go awry, get balled up. **—a/—ına girmek** *colloq.* (for something) to begin to go smoothly. **—a/—ına oturtmak/sokmak** /ı/ *colloq.* to set (something) to rights, make (a job) go smoothly.
rayiç *econ.* 1. market value, current value. 2. salable, marketable, in demand. 3. current, general, in common use. **— fiyat** market price, current price.
rayiha *obs.* fragrance, sweet smell.
rayihalı *obs.* fragrant, sweet-scented.
razakı a large, sweet, thick-skinned, white grape.
razı willing, ready. **— etmek** /ı, a/ to get (someone) to agree to (something, do something). **— gelmek** /a/ to agree (to), consent (to). **— olmak** /a/ to be willing to; to agree (to), consent (to).
re *mus.* 1. D. 2. re.
reaksiyon reaction.
reaktör reactor.
realist, -ti 1. (a) realist. 2. realistic, realist.
realite reality.
realizm realism.
reanimasyon *med.* reanimation.
reasürans *fin.* reinsurance, reassurance.
reaya 1. the raya, the rayah, the non-Muslim subjects of the Ottoman sultan. 2. Christian subject of the Sultan, Christian, raya, rayah.
rebap *mus.* rebab, a stringed instrument, the sounding box of which is made from a coconut shell.
Rebiyülâhır Rabi II (the fourth month of the Islamic calendar).
Rebiyülevvel Rabi I (the third month of the Islamic calendar).
Recep Rajab (the seventh month of the Islamic calendar).
recim, -cmi stoning (someone) to death.
recmetmek /ı/ to stone (someone) to death.
reçel syrupy jam; preserves; marmalade.
reçellik (fruit) suitable for making jam/preserves.
reçete 1. (doctor's) prescription. 2. recipe. **— yazmamak** /a/ *slang* to consider (something) unimportant.
reçine resin.
reçineleştirmek /ı/ to resinify, convert (something) into resin.
reçineli resinous.
redaksiyon preparing a piece of writing for publication, redaction, editing.
redaktör someone who prepares a piece of writing for publication, redactor, editor.
reddetmek /ı/ 1. to refuse, decline; to reject. 2. to refuse to acknowledge. 3. to repudiate (a debt). 4. to disown, repudiate, cast (someone) off. 5. to claim that (something) is untrue.
redingot, -tu frock coat.
reel real.
reeskont, -tu *fin.* rediscount.
refah 1. easy circumstances, affluence and ease. 2. prosperity.
refakat, -ti 1. companionship, acting as a companion to; escorting; accompanying. 2. *mus.* accompanying, accompaniment. **—inde** /ın/ in the company of; escorted by; accompanied by. **— etmek** /a/ 1. to accompany; to escort. 2. to act as a companion for (someone). 3. *mus.* to accompany. **— gemisi** escort vessel, escort.
refakatçi 1. someone (not on the hospital staff) who stays with a patient while he's/she's in the hospital. 2. paid companion.
referandum *pol.* referendum.
referans good letter of recommendation, reference.
refetmek /ı/ *obs.* 1. to raise, lift up. 2. to do away with, abolish.
refik, -kı *obs.* 1. companion; associate, partner. 2. husband.
refika *obs.* 1. wife. 2. (female) companion/partner/associate.
refleks *physiol.* reflex; reflex action; reflex act.
reflektör reflector.
reform reform; reformation.
reformcu 1. (a) reformer, (a) reformist. 2.

reformist, reformistic.
reformculuk reformism.
refüj pedestrian refuge, safety island, traffic island (in a street/a road).
refüze *used in:* **— etmek** /ı/ to refuse, turn down. **— olmak** to be refused, be turned down.
regaip *Islam* the first Friday in the month of Rajab. **— kandili** the night preceding the first Friday in the month of Rajab, regarded as the anniversary of the conception of the Prophet Muhammad.
regl menstruation, period.
reglan 1. raglan (sleeve). 2. raglan coat, raglan.
regülatör *mech.* regulator.
rehabilitasyon *med.* rehabilitation.
rehavet, -ti languor, lassitude. **— basmak/çökmek** to be overcome by languor/drowsiness.
rehber 1. guide. 2. tourist guide, guide. 3. guidebook. 4. directory; telephone directory. **— öğretmen** guidance counselor, teacher who advises students about their personal problems.
rehberlik 1. being a guide; guiding. 2. *education* being a guidance counselor; guidance. 3. *education* guidance center; office of a guidance counselor (place). **— etmek** /a/ to guide.
rehin security, collateral, pledge, guaranty; pawn. **—den çıkarmak/kurtarmak** /ı/ to redeem (something pledged/mortgaged); to get (something) out of hock. **— etmek** /ı/ to give (something) as security for a loan; to mortgage. **—e koymak** /ı/ to pawn, hock.
rehine hostage.
reis 1. person in charge, leader, head, chief; chairman; president. 2. skipper (of a small fishing boat).
reisicumhur president (of a republic).
reislik 1. being a chief/a leader/a chairman/a president. 2. chieftaincy; leadership; chairmanship; presidency. 3. being the skipper of a small fishing boat. **— etmek** to act as chief/leader/chairman/president; to preside.
reji 1. *formerly* the Regie, the Turkish Tobacco Monopoly. 2. *theat., cin.* directing, direction.
rejim 1. regime, system of government. 2. *med.* diet, regimen. 3. *meteorology* regime. 4. regime (of a river). 5. (a machine's) manner of functioning, operation. **— yapmak** to diet, be on a diet.
rejisör *theat., cin.* director.
rejisörlük *theat., cin.* being a director; directing.
rekabet, -ti 1. rivalry, competition, competing. 2. jealousy. **— etmek** /a/ to rival; /la/ to compete against, vie with.
rekât, -tı a series of ritual movements which form a part of the namaz.
reklam 1. (an) advertisement. 2. advertising (of something). **— ajansı** advertising agency. **—ını yapmak** /ın/ to advertise.
reklamcı person in the advertising business.
reklamcılık advertising, the advertising business.
rekolte *econ., com.* harvest, crop.
rekor sports record. **— kırmak** to break a record.
rekorcu *see* **rekortmen.**
rekortmen *sports* person who has broken a record, record-breaker; record-holder.
rektör rector, president (of a university).
rektörlük rectorate, rectorship, presidency (of a university).
rektum *anat.* rectum.
relöve *see* **rölöve.**
remiz, -mzi *obs.* 1. sign, symbol (as one used in a code or code-like system). 2. pseudonym, alias. 3. hint, veiled reference, allusion.
ren *zool., see* **rengeyiği.**
renar 1. fox fur, fox, made of fox. 2. fur piece or garment made of fox.
rencide offended, hurt, wounded. **— etmek** /ı/ to hurt (someone's feelings), cause (someone) pain.
rençper 1. farmhand or unskilled construction worker (who works by the day). 2. farmer.
rençperlik being a farmhand or unskilled construction worker; the work of a farmhand or unskilled construction worker.
rende 1. (carpenter's) plane. 2. grater (used to grate food). 3. grated food: **havuç rendesi** grated carrot.
rendelemek /ı/ 1. to plane. 2. to grate.
rendelenmek 1. to be planed. 2. to be grated.
rendeli planed, (wood) which has been planed.
rengârenk, -gi colorful, multicolored, varicolored.
rengeyiği, -ni *zool.* reindeer.
renk, -gi 1. color; hue; coloring. 2. color, character, quality, tone, complexion. 3. *colloq.* (someone's) true colors; (someone's) true nature; (someone's) true opinions/beliefs. **— almak** (for something) to acquire (a certain) color. **—i atmak/kaçmak/uçmak** 1. (for someone) to go pale. 2. (for something's color) to fade. **— ayrımı** color separation. **—ini belli etmek** *colloq.* to show one's true colors. **—i belli olmamak** *colloq.* for one's true nature/opinions/beliefs to remain unknown or as yet undisclosed. **— cümbüşü** *colloq.* array of bright colors. **—i çalmak** /a/ (for one color) to verge on (another), have (a specified) cast. **— katmak** /a/ 1. to make (something) colorful, add color to. 2. *colloq.* to liven up, enliven, add spice and zest to; to make (something) more amusing/interesting; to give (something) a touch of novelty. **— renk** colorful, multicolored, varicolored. **—ten renge girmek** *colloq.* (for someone) to go all shades of red/purple, flush deeply (from embarrassment). **— vermek**

renkbilim

/a/ 1. to make (something) colorful, add color to. 2. *colloq.* to liven up, enliven, add spice and zest to; to make (something) more amusing/interesting; to give (something) a touch of novelty. 3. *colloq.* to show one's true colors. — **vermemek/—ini belli etmemek** *colloq.* 1. to keep one's true thoughts and feelings to oneself, not to show one's true colors. 2. to act as if one is unaware of something, feign ignorance.

renkbilim colorimetry.

renkçi colorist, artist who excels in the use of color.

renkgideren *chem.* (a) decolorant, (a) bleach.

renkkörlüğü, -nü *path.* color blindness; achromatopsia; daltonism.

renkkörü, -nü color-blind (person).

renkküre *astr.* chromosphere.

renklemek /ı/ to make (something) colorful, add color to.

renklendirmek /ı/ 1. to make (something) colorful, add color to. 2. *colloq.* to liven up, enliven, add spice and zest to; to make (something) more amusing/interesting; to give (something) a touch of novelty.

renklenmek 1. to become colorful. 2. *colloq.* to take on a lively note; to become more amusing/interesting; to be given a touch of novelty.

renkli 1. colored. 2. colorful; brightly colored; vivid. 3. *colloq.* colorful, lively, amusing, interesting. — **film** color film. — **fotoğraf** color photograph. — **işitme** *psych.* color hearing. — **televizyon** color television, color TV.

renklilik 1. colorfulness; vividness. 2. *colloq.* colorfulness, liveliness, amusing/interesting quality.

renkölçer *chem.* colorimeter.

renkseçmezlik color blindness.

renksemez achromatic (lens).

renkser chromatic (lens).

renksiz 1. colorless; uncolored; achromatic. 2. pale; faded. 3. *colloq.* nondescript, lackluster, characterless, toneless, styleless. 4. *colloq.* (someone) who has no particular opinions concerning a matter; (someone) who conceals his true opinions/beliefs about a matter.

renksizlik 1. colorlessness, lack of color; achromaticity. 2. paleness; fadedness. 3. *colloq.* nondescriptness, lackluster, lack of style or distinctive character. 4. *colloq.* having no particular opinions about something; concealing one's true opinions/beliefs about something.

renkteş homochromous, of the same color.

renkteşlik *zool.* homochromy, protective coloration.

renkyuvarı, -nı *astr.* chromosphere.

reomür Réaumur thermometer.

reorganizasyon reorganization, reorganizing.

reosta *elec.* rheostat.

repertuvar repertoire, repertory.

replik 1. *theat.* rejoinder, answer to a reply. 2. *theat.* cue. 3. *law* replication.

repo *fin.* repurchasing agreement.

reprezantabl 1. performable (play). 2. presentable (person).

repriz 1. darning (a garment). 2. darn, darned place. 3. *mus.* (a) repeat. — **etmek** /ı/ to darn (something).

reprodüksiyon *see* **röprodüksiyon.**

re'sen *obs.* on one's own account, on one's own initiative; independently, without conferring with others.

resepsiyon 1. reception (formal party usually given by a government agency). 2. reception desk (in a hotel/an office).

reseptör 1. *elec.* receiver; receiving set. 2. *anat.* receptor, sense organ.

resif *geol.* reef.

resim, -smi 1. picture; drawing; illustration; painting; fresco; mosaic; print; photograph. 2. art of drawing/painting pictures; painting; drawing. 3. tax, duty, impost. 4. (a) ceremony. — **ini çekmek** /ın/ to photograph, take a picture of. — **dersi** art lesson. — **i geçit** (ceremonial) parade, procession; *mil.* review. — **gibi** *colloq.* very beautiful. — **öğretmeni** art teacher. ...**nin —idir** certain, sure, inevitable: **İşi kaytarmaya devam edersen sepetlendiğinin resmidir.** If you keep on goldbricking, you're sure to be fired. — **yapmak** to draw/paint a picture or pictures; to draw; to paint.

resimci 1. photographer. 2. art teacher. 3. seller of pictures. 4. artist; illustrator.

resimlemek /ı/ to illustrate (a book).

resimlendirmek /ı/ *see* **resimlemek.**

resimli illustrated. — **roman** comic, comic strip; comic book.

resimlik 1. picture frame. 2. photograph album.

resimyazı hieroglyphic writing, hieroglyphic, hieroglyphics; picture writing.

resital, -li *mus., dance* recital.

resmen 1. officially, formally, with official authorization. 2. officially; in an official capacity; (something) done by the government or a government agency. 3. *colloq.* truly, really.

resmetmek /ı/ 1. to draw (someone's/something's) picture. 2. to delineate; to depict; to represent.

resmi 1. official, government, pertaining to the government or to a government office. 2. official, authorized. 3. formal, official, ceremonious. — **dil** official language, legally recognized language (of a country). — **elbise** *mil.* uniform. **R— Gazete** The Official Gazette (a government journal that publishes various actions taken by the state).

resmilik 1. formality, ceremony; seriousness. 2.

officiality, official tone; officialism.
resmiyet, -ti 1. formality, ceremony; seriousness. 2. officiality, official tone; officialism. **(işi) —e dökmek** 1. to make an established situation official, officialize (something). 2. to adopt an official manner/tone.
ressam artist, painter.
ressamlık being an artist; painting (as a profession).
rest, -ti all the money one has left to stake (in poker). **— çekmek** 1. *poker* to stake all one's money on one gamble. 2. *colloq.* to set forth one's final opinion in scathing terms.
restitüe *used in:* **— etmek** /ı/ 1. to reassemble/reconstruct (a building) as it originally was. 2. to draw the plan of (a building) as it originally was.
restitüsyon 1. reassembling (a building which is a total ruin or which has ceased to exist) as it originally was; restoring (an old building) to its original shape. 2. plan according to which a building is reassembled/reconstructed.
resto *slang* That's enough!/Stop!
restoran restaurant.
restorasyon restoration (of a building).
restore *used in:* **— etmek** /ı/ to restore (a building).
resul, -lü prophet (sent by God).
Resulullah the Messenger of God, the Prophet (the Prophet Muhammad).
Reşat 1. Sultan Reshad. 2. gold coin (minted during the reign of Sultan Reshad). **— altını** gold coin (minted during the reign of Sultan Reshad).
reşit (someone) who has come of age, who has reached the age of discretion.
ret, -ddi 1. refusal, rejection. 2. repudiation, disowning. 3. declaring (something) to be untrue. **— hakkı** veto, veto power.
retina *anat.* retina.
retorik rhetoric.
retrospektif 1. retrospective exhibition, retrospective. 2. retrospective (exhibition).
reva suitable; /a/ worthy of, befitting. **— görmek** /ı, a/ to regard (something bad) as being fitting for (someone): **Bana bunu mu reva gördün?** Did you deem me worthy of this?
revaç 1. marketability, salability, sales appeal. 2. market price, current price. **—ta olmak/—bulmak** to have a ready market, be in demand; to be popular, be in vogue.
revak, -kı 1. porch, portico, arcade (usually domed and located on the front of a mosque or enclosing a mosque courtyard). 2. gallery; portico; porch; arcade; colonnade; cloister; loggia.
revaklı porched; porticoed; arcaded; galleried; colonnaded; furnished with a cloister/a loggia.
revalüasyon *fin.* revaluation.

revani a sweet made with semolina.
reverans 1. curtsy, curtsey. 2. bow. **— yapmak** /a/ 1. to curtsy (to), drop (someone) a curtsy. 2. to bow (to), make a bow (to) (someone).
reveyon New Year's Eve party.
revir infirmary, sick bay (in a school/an army post/a factory, on a ship).
revize *used in:* **— etmek** /ı/ to revise.
revizyon 1. overhaul and repair (of a machine/a vehicle/a ship). 2. reconsideration, reexamination; revision. **—dan geçirmek** /ı/ *mech.* to overhaul, give (something) an overhaul. **—dan geçmek** *slang* to be hospitalized.
revizyoncu *see* **revizyonist.**
revizyonculuk *see* **revizyonizm.**
revizyonist, -ti 1. (a) revisionist. 2. revisionist.
revizyonizm revisionism.
revolver revolver (a gun).
revü *theat.* 1. revue, review. 2. group of performers who put on a revue.
rey 1. vote. 2. opinion, view. **—e koymak** /ı/ to put (something) to a vote.
reye 1. striped (cloth). 2. made of striped cloth, striped.
reyhan *see* **fesleğen.**
reyon department (within a department store).
reyon rayon (a textile).
reyting, -gi *TV, radio* rating.
rezalet, -ti 1. disgrace, scandal, outrage, crying shame. 2. *colloq.* disgraceful, scandalous, shocking, outrageous, awful. **— çıkarmak** to cause a scandal, create a scandal; to do something disgraceful. **— çıkmak** for something disgraceful to happen.
reze 1. pintle hinge; hook-and-eye hinge, gate hinge. 2. hasp (for a padlock). 3. spring latch, thumb latch, thumb lock.
reze fine sawdust/filings.
rezede *bot.* dyer's rocket, dyer's mignonette, weld.
rezedeçiçeği, -ni *bot., see* **rezede.**
rezeksiyon *surg.* resection.
rezelemek /ı/ to latch (a door fitted with a spring latch).
rezelenmek (for a door fitted with a spring latch) to be latched.
rezeli 1. fitted with pintle hinges; fitted with hook-and-eye hinges. 2. fitted with a spring latch, fitted with a thumb latch.
rezene *bot.* fennel.
rezerv reserve (of money/petroleum/ore).
rezervasyon reservation, reserving/booking a place (in a hotel/a theater/a restaurant). **— yapmak** to make a reservation.
rezerve reserved. **— etmek** /ı/ to reserve (a seat, a room, etc.).
rezervuar 1. reservoir. 2. flush box, flush tank (of a toilet).

rezil disgraceful, scandalous, shocking, outrageous, awful. — **etmek** /ı/ to disgrace. — **olmak** to be disgraced. — **rüsva olmak** for one's dirty laundry to be made public, for the things one is ashamed of to be made public; to be greatly disgraced.

rezilce 1. rather disgraceful, rather scandalous. 2. (behaving) disgracefully, scandalously.

rezillik 1. disgracefulness, scandalousness. 2. disgrace, scandal, outrage, crying shame.

rezistans 1. *phys.* resistance. 2. heating element.

rezonans *phys.* resonance.

rezüme résumé.

rıh colored sand (used to dry ink).

rıhdan sandbox, sand bottle (used to sprinkle sand on wet ink).

rıhtım quay; wharf; dock; pier.

rıka a widely used style of Arabic handwriting.

rıza 1. consent, assent, approval. 2. choice, volition. 3. acceptance (of the will of God). **—sını almak** /ın/ to get (someone's) consent. **— göstermek** /a/ to consent (to).

rızk, -kı 1. (one's) daily bread; food. 2. food (created by God for all living things). **—ını çıkarmak** to earn a living, earn a livelihood, earn one's daily bread.

riayet, -ti 1. respect, esteem; consideration, regard; deference. 2. compliance, conformance, observance, obeying. **— etmek** /a/ 1. to comply with; to observe; to defer to. 2. to respect, show respect for; to show consideration for.

riayeten /a/ *obs.* 1. out of respect for; in deference to. 2. in compliance with, complying with; observing.

riayetkâr *obs.* 1. respectful; considerate; deferential. 2. /a/ (someone) who complies with.

riayetsiz *obs.* 1. disrespectful; inconsiderate. 2. /a/ (someone) who doesn't comply with.

riayetsizlik *obs.* 1. disrespect; lack of consideration. 2. noncompliance; nonobservance.

rica request. **—da bulunmak** /a/ to make a request (of) (someone); to ask a favor (of) (someone). **R— ederim!** 1. Not at all!/Don't mention it! *(said in reply to an expression of thanks).* 2. Please don't say such a thing!/Please! *(said when someone either criticizes himself/herself or praises you).* **— etmek** /ı, dan/ to request (something) (of someone); to request (someone) (to do something).

ricacı person who makes a request on behalf of someone else, go-between.

rical, -li *obs.* men of importance; high officials, dignitaries.

ricat, -ti retreat (of an army). **— etmek** to retreat.

rikkat, -ti *obs.* 1. compassion, pity; mercy. 2. tenderness, gentleness. 3. fineness, delicacy.

rikkatli *obs.* 1. compassionate; merciful. 2. kind, gentle, tender.

rimel (a) cosmetic for the eyelashes, mascara.

rimelli mascaraed (eyelash).

ring, -gi 1. *sports* boxing ring. 2. circular route (followed by a bus, ship, etc.).

ringa *zool.* herring.

rint *obs.* 1. someone who is free-living and unconventional, and yet also moral. 2. (someone) who is free-living and unconventional, and yet also moral.

risale *obs.* 1. treatise, pamphlet or small book containing a treatise. 2. booklet; pamphlet.

risk, -ki risk.

ritim, -tmi rhythm.

ritmik rhythmic.

rivayet, -ti 1. rumor, hearsay. 2. relating, passing on (something heard from someone else). **— birleşik zamanı** *gram.* a verb form modified by the addition of -miş to show that the speaker infers that the action has happened, is happening, or will happen. **— etmek** /ı/ to relate, pass on (something heard from someone else).

riya 1. hypocrisy; false, outward show. 2. sanctimoniousness, sanctimony, pharisaism.

riyakâr 1. hypocrite. 2. hypocritical. 3. pharisaical person. 4. sanctimonious, pharisaical.

riyakârlık 1. hypocrisy. 2. sanctimoniousness, pharisaism.

riyal, -li 1. riyal, rial (monetary unit of Saudi Arabia). 2. rial (monetary unit of Iran and Yemen).

riyaset, -ti *obs.* headship; presidency; chairmanship. **— etmek** /a/ to preside (over).

riyaseticumhur *obs.* presidency (of a republic).

riyasız 1. free of hypocrisy, open, sincere, genuine. 2. free of sanctimoniousness, free of pharisaism.

riyazet, -ti *obs.* asceticism, mortification of the flesh.

riziko risk.

roba 1. yoke (of a garment). 2. *obs.* (woman's) dress.

robalı (garment) which has a yoke.

robdöşambr (man's) dressing gown, bathrobe.

robot, -tu robot.

robotlaşmak to become a robot.

robotlaştırmak /ı/ to robotize, turn (someone) into a robot.

robotluk robotism, moving/behaving like a robot.

roda *naut.* coil of rope. **— etmek** /ı/ to coil (a rope).

rodaj *mech.* breaking in, running in (a new motor).

rodeo rodeo (a public performance).

Rodos 1. Rhodes. 2. Rhodian, of Rhodes.

Rodoslu 1. (a) Rhodian. 2. Rhodian (person).

roka *bot.* garden rocket, rocket. **— salatası** salad made of rocket leaves.

roket, -ti 1. rocket (a missile, often used as a weapon). 2. rocket ship.

roketatar bazooka.
rokfor Roquefort cheese, Roquefort. — **peyniri** see **rokfor**.
rokoko 1. rococo (building/decoration). 2. the rococo style.
rol, -lü role, part. — **almak** to have a part, have a role (in a play); to perform (in a play). — **kesmek** *colloq.* to put on an act, pretend, playact, have someone on. —**ü olmak /ın, da/** to have a part in, play a part in. — **oynamak** 1. /da/ to have a role in, play a part in. 2. to put on an act, pretend, playact. — **yapmak** to put on an act, pretend, playact.
rom rum (a liquor).
Roman 1. Romanesque, of the Romanesque period: **Roman sanatı** Romanesque art. 2. Romance (language): **Roman dilleri** Romance languages.
Roman 1. (a) Romany, (a) Roman. 2. Romany, of the Romanies.
roman novel (a prose narrative).
Romanca 1. Romany (the language). 2. Romany, in Romany.
romancı novelist.
romancılık being a novelist; novel writing.
romanesk, -ki 1. novelesque. 2. romantic. 3. Romanesque (style/building).
romans *mus.* romance.
romantik 1. romantic. 2. Romantic; of the Romantics. 3. (a) Romantic, (a) Romanticist.
romantiklik romantic quality; romance, romanticism.
romantize *used in:* — **etmek /ı/** to romanticize.
romantizm 1. Romanticism. 2. romance, romanticism.
Romanya 1. Romania, Rumania. 2. Romanian, Rumanian, of Romania.
Romanyalı 1. (a) Romanian, (a) Rumanian. 2. Romanian, Rumanian (person).
romatizma *path.* rheumatism.
romatizmal rheumatic, rheumatismal, pertaining to rheumatism.
romatizmalı 1. (a) rheumatic. 2. rheumatic, affected with rheumatism.
Romen *used in:* — **harfleri** *print.* Roman letters, Roman type, Roman. — **rakamları** Roman numerals.
Romen *see* **Rumen.**
rondela *mech.* washer (a flat, perforated disk).
rop (woman's one-piece) dress (usually made of expensive material).
ropluk 1. (cloth) suitable for a dress. 2. dress material, cloth suitable for a dress.
rosto 1. roasted meat, roast. 2. roasted, roast: **piliç rosto** roast chicken.
rostoluk (meat) suitable for roasting.
rot, -tu *auto.* drag link.
rota 1. course (of a ship/an airplane). 2. road, path, course (followed by a person). — **yı değiştirmek** 1. (for a ship/an airplane) to change course. 2. (for someone) to change course, take a different tack.
rotasyon rotation (of personnel).
rotatif *print.* rotary press.
rotond *arch.* rotunda.
roza rose diamond, rose-cut diamond, rose.
rozbif roast beef.
rozet, -ti 1. (small, metal) badge, emblem. 2. rosette, badge made of ribbon. 3. rosette (a decorative motif/relief). 4. rose, rosette (fixture encircling a conduit where it passes through a ceiling/a wall).
rökonstrüksiyon *arch.* 1. reconstruction of a building according to its original design. 2. building reconstructed according to its original design.
rölans playing cards raising one's bid/bet.
rölanti *auto.* (a motor's) running at an idle, idling. —**ye almak/—de çalıştırmak /ı/** to idle (a motor). —**de çalışmak** (for a motor) to idle.
rölativist, -ti *phil.* 1. (a) relativist. 2. relativistic.
rölativite *phys., phil.* relativity.
rölativizm *phil.* relativism.
rölik, -ki relic (of a saint).
rölöve 1. statistical survey, statistical study. 2. water-color copy of some ancient work of art. 3. *arch.* plan (showing the original design of an old building or of a detail in an old building, drawn up for restoration). —**sini çıkarmak /ın/** 1. to determine the original design of (a building/a detail). 2. to draw a plan showing the original state of (a building/a detail).
rölyef relief (a piece of sculpture).
römork, -ku trailer (vehicle).
römorkör tugboat, tug. — **yedeğinde** towed by a tug.
Rönesans 1. the Renaissance. 2. Renaissance, of the Renaissance.
röntgen 1. X-ray photograph, X ray. 2. roentgen (unit of X radiation). 3. *slang* peeping, voyeurism. —**ini çekmek /ın/** to X-ray (something). — **işletmek** *slang* to watch someone secretly, peep.
röntgenci 1. X-ray specialist, roentgenologist; person who takes X rays. 2. *slang* peeping Tom, voyeur.
röntgencilik 1. being an X-ray specialist; taking X rays. 2. *slang* being a peeping Tom; voyeurism.
röper *surveying* bench mark.
röportaj 1. *newspaper* feature report, piece of detailed feature reporting (usually given in installments). 2. *radio, TV* program which gives a detailed report on a particular topic.
röportajcı writer of feature articles.
röportajcılık being a writer of feature articles;

writing feature articles.
röprodüksiyon reproduction.
rötar delay.
rötarlı delayed, (train/airplane/bus/ship) which is behind schedule.
rötuş retouching (a photograph/a painting).
rötuşçu retoucher, person who does retouching.
rötuşlu retouched (photograph/painting).
rövanş *sports* return match, return game (against an opponent by whom one was previously defeated).
ruam *path.* glanders.
Ruanda 1. Rwanda. 2. Rwandan, of Rwanda.
Ruandalı 1. (a) Rwandan. 2. Rwandan (person).
ruba *obs.* 1. clothes, clothing. 2. garment; dress.
rubai *poet.* quatrain, ruba'i.
rubaiyat, -tı *poet.* quatrains, ruba'is, rubaiyat.
rubi 1. (a) ruby. 2. ruby, ruby red.
ruble ruble (Russian monetary unit).
ruf roof (top story of a building, containing a bar/a restaurant and dancing facilities); roof garden; roof terrace.
Rufai 1. Rufai dervish, Rufai. 2. Rufai, of the Rufais.
rugan 1. patent leather. 2. made of patent leather.
rugbi *sports* rugby.
ruh 1. soul, spirit (of a living person/thing). 2. *psych.* psyche. 3. liveliness, spirit, animation, life. 4. heart (of a matter), essence (of a matter). 5. (a person's) character/nature. 6. spirit of a dead person. 7. essence, spirit (of a volatile substance); extract, concentrated solution. **R—um!** *colloq.* My dear!/My dear fellow! **—u bile duymamak** /ı/ *colloq.* to be completely unaware of, not to notice in any way whatsoever. **— bulmak** *colloq.* (for something) to acquire a meaning, become meaningful, make sense. **— çağırma** calling someone's spirit (during a séance); necromancy. **— doktorluğu** psychiatry, being a psychiatrist. **— doktoru** psychiatrist. **—u duymamak** /ı/ *colloq.*, see **ruhu bile duymamak**. **— gibi** *colloq.* wraith-like (person). **— haleti** state of mind, mood. **— hastası** mentally ill person; mental patient. **— hekimi** psychiatrist. **— hekimliği** psychiatry, being a psychiatrist. **—una işlemek** /ın/ *colloq.* (for something) to become rooted in (someone's) character, become a part of (someone's) makeup. **—unu okşamak** /ın/ *colloq.* (for something) to please (someone) greatly. **—unu okumak** /ın/ *colloq.* to understand (someone) completely; to be able to read (someone's) innermost thoughts; to be able to read (someone) like a book. **— sağlığı** mental health. **— sayrılığı** mental illness. **— sıçraması** see **ruhgöçü**. **—unu şad etmek** /ın/ to please the soul of (someone who is dead). **—unu teslim etmek** to die, give up the ghost.

ruhani 1. spiritual, pertaining to the spirit. 2. spiritual, influenced/controlled by God.
ruhaniyet, -ti 1. spirituality, being spiritual. 2. spiritual presence (of a dead person, regarded as a beneficent influence).
ruhban 1. clergy. 2. monks. **— okulu** seminary (for theological education). **— sınıfı** clergy.
ruhbilim psychology.
ruhbilimci psychologist.
ruhbilimötesi, -ni parapsychology.
ruhbilimsel psychological.
ruhçu *colloq.* shrink, psychiatrist.
ruhen in spirit, spiritually.
ruhgöçü, -nü metempsychosis, transmigration of the soul.
ruhi psychological, mental.
ruhiyat, -tı *obs.* psychology.
ruhlu 1. lively, full of life, spirited, energetic. 2. effective.
ruhötesi, -ni 1. metapsychics. 2. metapsychic, metapsychical.
ruhsal psychological, mental.
ruhsat, -tı 1. permission, authorization (given, in most cases, by a government authority). 2. (written) permit/license.
ruhsatlı 1. officially permitted/authorized. 2. licensed, (something) for which a license has been given.
ruhsatname (written) permit/license.
ruhsatsız 1. officially unauthorized. 2. unlicensed, (something) for which a license has not been given. 3. (doing something) without official authorization or without a license.
ruhsuz 1. spiritless, lifeless, lacking in energy/vigor. 2. insipid, flat; dead, lifeless.
ruhsuzluk 1. lifelessness, spiritlessness, lack of energy/vigor. 2. insipidness, flatness; deadness, lifelessness.
Ruhullah Jesus Christ.
Ruhülkudüs, -dsü 1. *Islam* the Angel Gabriel. 2. *Christianity* the Holy Ghost.
ruj lipstick.
rulet, -ti 1. *gambling* roulette (the game). 2. *gambling* roulette wheel. 3. *mech.* caster, roller. 4. *tailor.* tracing wheel.
rulman *mech.* bearing; ball bearing; roller bearing.
rulo 1. roll (of paper). 2. paint roller.
Rum 1. (a) Greek (who holds Turkish citizenship). 2. (a) Cypriot Greek. 3. Greek, of the Greeks who hold Turkish citizenship. 4. Greek, of the Cypriot Greeks. 5. Rum, Roum, Anatolia, Asia Minor. 6. Byzantium, the Byzantine Empire. 7. Rome, the Roman Empire. **— ateşi** Greek fire.
rumba rumba, rhumba.
Rumca 1. (modern) Greek, Romaic; the (modern) Greek language (as spoken by the Greeks

who live in Turkey). 2. (speaking, writing) in (modern) Greek, (modern) Greek. 3. (modern) Greek (speech, writing); spoken in (modern) Greek; written in (modern) Greek.

Rumeli *hist.* 1. Rumelia (that part of the Ottoman Empire which was in Europe). 2. Rumelian, of Rumelia.

Rumen 1. (a) Romanian. 2. Romanian, of Romania.

Rumence 1. Romanian, the Romanian language. 2. (speaking, writing) in Romanian, Romanian. 3. Romanian (speech, writing); spoken in Romanian; written in Romanian.

Rumi 1. a style of ornamentation (widely used by the Seljuks of Anatolia). 2. Anatolian, of Asia Minor, of Rum, of Roum. — **takvim** a solar calendar used in Turkey until 1925.

rumuz 1. sign, symbol (as one used in a code or code-like system). 2. pseudonym, alias. 3. signs, symbols (as those used in a code or code-like system). 4. hints, veiled references, allusions.

rupi rupee (monetary unit of India, Pakistan, and Sri Lanka).

rupya *see* **rupi**.

rupye *see* **rupi**.

Rus 1. (a) Russian. 2. Russian, of Russia.

Rusça 1. Russian, the Russian language. 2. (speaking, writing) in Russian, Russian. 3. Russian (speech, writing); spoken in Russian; written in Russian.

Rusya 1. Russia. 2. Russian, of Russia. — **Federasyonu** the Russian Federation.

Rusyalı 1. (a) Russian. 2. Russian (person).

rutubet, -ti 1. humidity. 2. damp, dampness.

rutubetlendirmek /ı/ 1. to humidify. 2. to cause/allow the damp to get into (something).

rutubetlenmek 1. to become humid. 2. to be penetrated by damp.

rutubetli 1. humid. 2. damp.

ruzname *obs.* 1. agenda, order of the day, list of business to be considered. 2. diary, journal.

rücu, -uu *obs.* 1. *law* rescinding, revoking (a decision/a statement); retracting (a statement). 2. returning, turning back; withdrawal. — **hakkı** *law, fin.* recourse, right of recourse.

rüçhan *obs., law* preference; preemption. — **hakkı** preference, right to preference; preemptive right.

rükû, -ûu bowing the head and at the same time putting the palms of one's hands on one's knees (done while standing, as a part of the namaz). —**a varmak** to bow one's head, putting one's palms on one's knees.

rüküş 1. woman dressed in an odd, ridiculous way. 2. (woman) dressed in an odd, ridiculous way.

rüstik 1. rusticated (masonry). 2. rustic-looking.

rüsum *obs.* taxes, duties, imposts.

rüşt, -tü *law* majority (of a person). —**ünü ispat etmek** 1. to reach one's majority. 2. to evidence one's maturity, show that one has become an adult.

rüştiye *hist.* junior high school, middle school.

rüşvet, -ti bribe; bribery. — **almak** to accept a bribe, take a bribe. — **vermek** to bribe, give a bribe. — **yemek** to take a bribe.

rüşvetçi person who takes bribes.

rüşvetçilik bribery, taking bribes.

rütbe *mil.* rank.

rüya dream. —**sı çıkmak** for one's dream to come true, for one's dream to become a reality. — **gibi** *colloq.* dreamlike, very beautiful. —**larına girmek** /ın/ *colloq.* 1. (for a thought) to keep one awake at night, worry one. 2. to want (something/someone) badly. — **görmek** to have a dream, dream. —**sında görmek** /ı/ to see (someone/something) in one's dreams, dream of (someone/something). —**sında görse hayra yormazdı.** *colloq.* He would never even have dreamt of such a wonderful thing happening to him. —**sını tabir etmek** /ın/ to interpret (someone's) dream.

rüzgâr 1. wind; breeze. 2. *slang* showing off, swagger. — **almak** to be exposed to the wind. — **altı** *naut.* lee side, leeward. — **ekip fırtına biçmek** *colloq.* to sow the wind and reap the whirlwind. — **fırıldağı** weather vane; weathercock. — **gelecek delikleri tıkamak** *colloq.* to take precautions, be prepared to meet trouble, batten down the hatches. — **gibi geçmek** *colloq.* (for time) to fly. — **ile gitmek** to sail with the wind. — **siperi** wind belt, shelter belt (of trees). — **üstü** *naut.* windward side.

Rüzgâr Adaları, -nı the Windward Islands.

Rüzgâraltı Adaları, -nı the Leeward Islands.

rüzgârgülü, -nü compass rose; compass card.

rüzgârlanmak 1. to get windy; for the wind to come up. 2. to expose oneself to the wind: **Kapı önünde rüzgârlanmaya çalıştı.** He tried to cool off by standing in front of the door.

rüzgârlı windy; breezy.

rüzgârlık windbreaker (a light jacket).

rüzgârsız windless.

S

S the letter S.
s. (*abbr. for* **sayfa**) p., pg. (page).
sa. (*abbr. for* **saat**) hr., h. (hour).
saadet, -ti happiness. **—le!** Good-bye!/Good luck! *(said to a departing person).* **— asrı** the lifetime of the Prophet Muhammad.
saat, -ti 1. hour. 2. time; time of day. 3. clock; watch; timepiece. 4. (electricity/gas/water) meter; taximeter; speedometer. 5. an hour's walk; the distance that can be traveled in an hour. **— ayarı** time signal (used to regulate timepieces). **—i ayarlamak** 1. to set a watch/a clock in accordance with the correct time. 2. to adjust a watch/a clock (so that it doesn't go too fast or too slow). **— başı** 1. on the hour. 2. *colloq.* constantly, every whipstitch. **— başı galiba!** Why is everybody so quiet? *(said jocularly when there is a general lull in the conversation).* **— be saat** from hour to hour, hourly, with every passing hour. **— bu saat.** *colloq.* The time to do it is right now! **— çemberi/dairesi** *astr.* hour circle. **— gibi** *colloq.* like a clock, like clockwork, in a very smooth and orderly way. **— kaç?** What time is it? **— kaçta?** At what time?/When? **— kösteği** watch chain. **— kulesi** clock tower. **—i kurmak** to wind a clock/a watch. **— on bir buçuğu çalmak** *colloq.* to be nearing the end of one's life, for time to run out on one. **— on birde** *colloq.* very late in life, very late in the day. **—i saatine** on time, punctually. **—i saatine uymamak** *colloq.* (for someone) to be very capricious, be very unpredictable. **— tutmak** to time something/someone. **— vurmak** for a clock to strike the hour.
saatçi maker, seller, or repairer of clocks/watches.
saatçilik being a maker, seller, or repairer of clocks/watches; making, selling, or repairing clocks/watches.
saatlerce for hours, for hours on end.
saatli fitted with a timer/a clock. **— bomba** time bomb. **— takvim** calendar which shows the times for the namaz.
saatlik (something) which lasts for (so many) hours.
saba light, morning breeze blowing from the northeast.
sabah 1. morning. 2. in the morning. **—tan** in the morning: **Akşama hazır olmasını istersen sabahtan söylemen gerekir.** If you want it to be ready by evening, you must order it in the morning. **— akşam** all the time. **—ı bulmak/etmek** to stay awake all night; to sit up all night; to work all night. **—a çıkmak** (for a sick person) to make it through the night, still to be alive when morning comes. **—a doğru/karşı** towards morning. **—lar hayrolsun!** Good morning! **— kahvaltısı** breakfast. **—ın köründe** *colloq.* at the crack of dawn. **— ola, hayır ola.** 1. Let's wait and see how things are in the morning *(said in the hope that things will be better by morning).* 2. It's better to do things in the morning, when one is fresh and rested. **— namazı** the morning namaz (the first namaz of the day). **— oldu.** Morning's come./Morning's broken./It's morning. **— sabah** in the morning (as opposed to any other time). **—ı şerifler/şerifleri/şerifiniz hayırlı olsun!** Good morning! **— yıldızı** *astr.* the morning star, Venus.
sabahçı 1. person who works on a morning shift; soldier who is on duty in the morning. 2. person who stays awake, sits up, or works all night. 3. pupil who attends the morning session of a school. **— kahvesi** a **kahve** that either stays open all night or opens very early in the morning.
sabahki, -ni (this/tomorrow/yesterday/that) morning's: **Sabahki kahve berbattı.** This morning's coffee was awful.
sabahlamak to stay awake all night; to sit up all night; to work all night.
sabahlatmak /ı/ to cause (someone) to stay awake, sit up, or work all night.
sabahleyin in the morning.
sabahlı akşamlı every morning and every evening: **O çan sabahlı akşamlı çalar.** That bell rings every morning and every evening.
sabahlık 1. (woman's) dressing gown or housecoat. 2. enough (of something) for (so many) mornings: **İki sabahlık çay kalmış.** I think there's enough tea left to see us through two more mornings. 3. *used as a prepositional phrase:* **Bu sabahlık bu kadar; artık paydos edelim!** That's enough work for this morning; let's call it quits!
saban plow, *Brit.* plough. **— demiri** plowshare. **— izi** furrow. **— kulağı** moldboard (of a plow).
sabık, -kı former, previous, preceding, last.
sabıka *law* crime for which someone was convicted in the past, past offense, past crime.
sabıkalı *law* 1. previously convicted of a crime. 2. previous offender, past offender; hardened criminal.
sabır, -brı patience; forbearance. **—ın sonu selamettir.** *proverb* A patient person will be rewarded for his patience. **— taşı** *colloq.* very patient

person. ──ı taşmak/tükenmek for one's patience to come to an end.
sabırlı patient; forbearing.
sabırsız impatient.
sabırsızlanmak to grow impatient.
sabırsızlık impatience.
sabit, -ti 1. fixed, stationary; stable; invariable, constant. 2. fast (color/dye), (color) that won't fade or rub off; indelible (ink/stain/pencil). 3. fixed (stare). 4. proven, established. ── balon *mil.* captive balloon. ── disk *comp.* hard disk. ── fikir fixed idea, idée fixe. ── fiyat fixed price. ── gelir fixed income. ── yıldız *astr.* fixed star.
sabite *obs.* 1. *astr.* fixed star. 2. *math.* constant.
sabitleşmek to become fixed; to become stable, stabilize.
sabo clog (a wooden-soled shoe with an upper which covers the instep).
sabotaj sabotage.
sabotajcı 1. saboteur. 2. (someone) engaged in sabotage.
sabote *used in:* ── etmek /ı/ to sabotage.
sabretmek to be patient, show patience. Sabreden derviş muradına ermiş. *proverb* Patience is eventually rewarded.
sabuklama *psych.* delirium; raving; frenzy.
sabun soap. ── köpüğü gibi sönmek *colloq.* (for something pretentious/imposing) to vanish like a burst bubble, fall down like a house of cards; (for someone) to get the wind taken out of his sails.
sabuncu maker or seller of soap.
sabunculuk being a maker or seller of soap; manufacturing or selling soap.
sabunhane soap-making establishment, soapery.
sabunlamak /ı/ to soap.
sabunlanmak 1. to soap oneself. 2. to be soaped. 3. *slang* to be cleaned out, lose all one's money (while gambling).
sabunlaşma *chem.* saponification.
sabunlaşmak to turn into soap; *chem.* to saponify.
sabunlu soapy; covered with soap; *chem.* saponated.
sabunluk 1. soap dish. 2. (something) which can be used for making soap.
sabunotu, -nu *bot.* soapwort, bouncing Bet.
sabuntaşı, -nı 1. *geol.* soapstone, steatite, soaprock. 2. tailor's chalk (made of soapstone).
sac 1. sheet iron. 2. made of sheet iron. 3. piece of sheet iron used for cooking/baking, sheet.
sacayağı, -nı trivet (used when cooking over a fire).
sacayak *see* sacayağı.
saç, -çı hair (on a person's head). ── ağartmak /da/ *colloq.* to work on (something) for a long time. ──ına ak düşmek *colloq.* 1. to begin to go gray, begin to get gray-headed. 2. to be getting on in years. ──ın ak mı, kara mı, önüne düşünce görürsün. *proverb* Don't bother to ask others about it; you'll learn it yourself soon enough. ──ı başı ağarmak *colloq.* to grow old. ──ına başına/sakalına bakmadan *colloq.* (doing something) without considering that such a thing might not befit his gray hairs (his advanced age). ──ından başından utanmak *colloq.* to be ashamed to do something disgraceful because of one's advanced age. ──ını başını yolmak *colloq.* to tear one's hair, beat one's breast (from grief). ── biçimi hairdo, hair style. ──ı bitmedik yetim *colloq.* child who is orphaned while he's yet a tiny baby. ── boyası hair dye. ──larımı değirmende ağartmadım. *colloq.* Don't think that I know nothing about life: I've lived a long time and seen a lot. ── dökülümü *med.* baldness, alopecia. ──ları iki türlü olmak *colloq.* to get old. ──ını kestirmek to have one's hair cut; /a/ to have (someone) cut one's hair. ── kurutucusu hair drier. ── saça (baş başa) gelmek *colloq.* (for women) to begin to fight with each other. ── sakal ağartmak /da/ *colloq.* to work on (something) for a long time. ── sakal birbirine karışmış *colloq.* (someone) whose hair and beard are long and unkempt; (someone) who looks very unkempt. ──ını süpürge etmek /a/ *colloq.* (for a woman) to work hard to serve and please (someone). ── teli (a) hair. ──ı uzun *colloq.* (a) woman. ──ı uzun, aklı kısa *offensive* (a) woman. ──ını yaptırmak (for a woman) to have her hair done; /a/ to have (someone) do her hair.
saç, -çı *astr.* coma, the fuzzy head surrounding the nucleus of a comet.
saçak 1. eave/eaves (of a building). 2. fringe (ornamental border made of threads, cords, leather). 3. raveling, threads that have raveled out. 4. *phys.* interference fringe, fringe. ──ı ateş sardı. *colloq.* Things have gotten out of control. ── buzu icicle (hanging from an eave).
saçakbulut, -tu cirrus cloud, cirrus.
saçaklanmak (for the edges of something) to fray, ravel out, become frayed/raveled.
saçaklı 1. eaved, (building) which has an eave or eaves. 2. fringed. 3. raveled, frayed (edge).
saçaklık *arch.* entablature.
saçı *prov.* 1. coins/candy/millet/rice/confetti (strewn over a bride or cast to the wedding guests to be scrambled for). 2. bridal gifts. 3. bridal gift. 4. something thrown somewhere when making a wish. ── kılmak/atmak to scatter coins/candy/millet/rice/confetti (at a wedding).
saçık 1. strewn, scattered. 2. disarranged, in disarray; disheveled.
saçılmak to be scattered, be strewn. saçılıp dö-

saçıntı 592

külmek *colloq.* 1. to spend money lavishly, spare no expense. 2. to pour out one's troubles/thoughts/feelings.

saçıntı strewings, scatterings, things that have been strewn/scattered.

saçıştırmak /ı/ to scatter/strew (something) in small amounts or at random.

saçkıran *path.* a kind of ringworm.

saçlı 1. (someone) whose hair is of (a certain) color: **kızıl saçlı** red-haired/red-headed. 2. (newborn baby) who has a fair amount of hair on his head. 3. (being born) with hair on one's head. — **sakallı** *colloq.* (someone) who is of advanced years (and thus ought to behave more sensibly).

saçma 1. scattering, strewing (something). 2. absurd remark, piece of hogwash. 3. absurd, ridiculous, stupid. 4. shot, buckshot, or BB pellets. 5. (fisherman's) cast net, casting net. — **sapan** *colloq.* very absurd, utterly nonsensical (talk/remarks). — **sapan konuşmak** *colloq.* to talk nonsense, talk hogwash.

saçmacı *colloq.* 1. someone who talks nonsense, someone who talks hogwash. 2. (someone) who talks nonsense, who talks rot.

saçmak /ı/ to scatter, strew. **saçıp savurmak** *colloq.* to spend money recklessly, throw money away.

saçmalamak to talk nonsense, talk rot.

saçmalık 1. piece of nonsense, absurd remark/action. 2. container in which shot/buckshot/BB's are kept.

sada *see* **seda**.

sadak quiver (for arrows).

sadaka *Islam* alms (anything given freely to a poor person).

sadakat, -ti loyalty, fidelity, devotion. — **borcu** *law* loyalty, faithfulness (which a husband and wife owe each other). — **göstermek** /a/ to show loyalty (to).

sadakatli loyal, faithful, devoted.

sadakatsiz disloyal, unfaithful.

sadakatsizlik disloyalty, unfaithfulness.

sadakor straw-colored silk cloth/thread (of low quality).

sadalı *see* **sedalı**.

sadaret, -ti *hist.* grand vizierate, grand viziership. — **dairesi** building housing the grand vizier's offices, grand vizierate, the Sublime Porte, the Porte.

sadasız *see* **sedasız**.

sade 1. simple, plain, unadorned; unaffected, unpretentious. 2. (coffee) that's drunk black and unsweetened. 3. only, solely, merely, just. — **birimler bölüğü** *math.* the units place (in a decimal number). — **suya** *colloq.* (a food) which has no fat, oil, or butter added to it.

sadece only, solely, merely, just.

sadedil simplehearted, ingenuous, naïve, guileless; gullible.

sadedillik simpleheartedness, ingenuousness, naïveté, lack of guile; gullibility.

sadeleşme 1. becoming simple/plain/unaffected, acquiring simplicity/plainness/unaffectedness. 2. (a language's) becoming simpler/purer.

sadeleşmek 1. to become simple/plain/unaffected. 2. (for a language) to become simpler/purer.

sadeleştirme 1. /ı/ making (something) simple/plain/unaffected. 2. simplification/purification (of a language).

sadeleştirmek /ı/ 1. to cause (something) to become simple/plain/unaffected. 2. to simplify/purify (a language).

sadelik simplicity, plainness, lack of adornment; unaffectedness.

sadet 1. main point, main topic (under discussion). 2. scope, range, compass (of a discussion). 3. intention, purpose, aim. — **ten ayrılmak** to get off the subject, stray from the point. — **ten dışarı çıkmak** to get off the subject, stray from the point. — **dışı** irrelevant, (something) which is not related to the main topic of conversation. —**e dönmek** to return to the point being discussed. —**e gelmek** to come to the point.

sadeyağ clarified butter, run butter.

sadık 1. loyal, faithful, devoted. 2. veracious, true, honest and accurate. — **kalmak** /a/ to remain true to (one's word/one's friend).

sadır, -drı *obs.* breast, chest. —**a şifa verecek** (something) which sets one's mind at ease: **Sadra şifa verecek bir haber aldım.** I've learned something which has set my mind at ease.

sadist, -ti 1. (a) sadist. 2. sadistic.

sadistlik 1. being a sadist. 2. sadism.

sadizm sadism.

sadme 1. shock; jolt; concussion; collision; violent blow. 2. *psych.* shock. 3. blow (meted out by fate). —**sine uğramak** /ın/ 1. to be hit by (a vehicle). 2. to be dealt a blow (by fate). —**ye uğramak** 1. to be involved in a collision. 2. (for someone) to receive a shock.

sadrazam grand vizier.

sadrazamlık grand vizierate, grand viziership.

saf 1. pure, unadulterated. 2. ingenuous, guileless; credulous; gullible. — **ispirto** pure grain alcohol.

saf, -ffı row, line; *mil.* rank, line (of soldiers). — **bağlamak** to form a line; to form ranks. —**ı cemaat** line of worshipers (in a mosque). — **saf** (arrayed) in rows/lines/ranks.

safa 1. freedom from worry, untroubledness, ease. 2. pleasure; delight. 3. party, entertainment; pleasure outing. — **bulduk!** Thank you! (*said in reply to the greeting* **Safa geldiniz!**). — **geldiniz!** Welcome! (*said to an arriving guest*).

— geldine gitmek /a/ to visit (someone) in order to welcome him to one's neighborhood or to welcome him back from a trip. **—lar olsun!** Enjoy yourself/yourselves!/Have fun! **— pezevengi** *slang* pleasure-seeker, good-time Charlie. **— sürmek** to have a good time, enjoy oneself. **—sını sürmek** /ın/ to enjoy (something) to the utmost.
safalı pleasant, pleasurable, enjoyable.
safderun *obs.*, *see* **safdil**.
safdil ingenuous, guileless; credulous; gullible.
safha phase, stage.
safi 1. clear, limpid. 2. pure, unadulterated. 3. net (price/profit/weight). 4. only, solely, merely, just.
safir sapphire (the stone).
safiyet, -ti 1. purity, unadulterated state. 2. naïveté; credulousness; gullibility.
safkan purebred, thoroughbred (horse).
saflaştırma purification; refining.
saflaştırmak /ı/ to purify; to refine.
saflık 1. purity, unadulterated state. 2. naïveté; credulousness; gullibility.
safra ballast (of a ship/a balloon). **— atmak** *colloq.* to get rid of troublesome/useless people/things. **— suyu** water ballast.
safra *biochem.* bile, gall. **— bastırmak** *colloq.* to eat just enough to tide oneself over (until mealtime). **—sı kabarmak/bulanmak** to be nauseated, be sick at one's stomach; to be seasick. **— kesesi** *anat.* gall bladder.
safralı 1. (something) which contains bile, bilious; biliary. 2. nauseous; seasick.
safran 1. *bot.* saffron crocus, saffron. 2. saffron (used as a spice, food color, dye, or medicine).
safsata sophistry, casuistry; specious reasoning.
safsatacı specious reasoner, sophist, casuist.
safsatalı sophistic, sophistical, casuistical.
sagu sago (used in cooking). **— ağacı/palmiyesi** *bot.* sago palm.
sağ 1. alive, living. 2. healthy, well. 3. sound, strong, solid. 4. safe, reliable. **— akçe/para** sound coin, sound money. **— ayakkabı değil.** *colloq.* He's unreliable./I wouldn't trust him. **— bırakmak** /ı/ to spare (someone), leave (someone) alive. **— kalanlar** the survivors (of a disaster/a battle). **— kalmak** to remain alive, be left alive (after a disaster/a battle). **— kurtulmak** to escape with one's life, get out alive. **— ol!** *colloq.* Thank you!/Thanks! **— olsun ....** ... **—bless him!** ... *(said to soften a critical remark about someone).* **— olsun, yerinde olsun.** *colloq.* I wish him well, nevertheless I'm glad I don't have to see too much of him. **— salim/selamet** safe and sound.
sağ 1. right, (someone/something) who/which is on the right-hand side, dexter. 2. right, the right-hand side. 3. *pol.* rightist, right-wing. 4. *pol.* right wing. **—a bak!** *mil.* Eyes right! **— eliyle sol kulağını göstermek** *colloq.* to do something the hard way. **— elinin verdiğini sol elin görmesin.** *proverb* After you've done something kind or philanthropic, don't go around telling the world about it. **—dan geri!** *mil.* Right about face! **— gözünü sol gözünden kıskanmak** *colloq.* to be extremely jealous. **—a kaymak** *pol.* to move toward a right-wing position, shift towards the right. **— kolda** on the right, on the right-hand side. **— savunucu** *soccer* right fullback, right back. **—a sola** 1. to the right and to the left. 2. *colloq.* hither and thither, in all directions. **—a sola bakmadan** *colloq.* 1. without considering the feelings of others, heedless of others, thoughtlessly, inconsiderately. 2. without dawdling, without wasting any time, directly. 3. without paying attention to what's going on around one. **—a sola bakmamak** *colloq.* 1. not to consider the feelings of others, to behave inconsiderately. 2. not to dawdle. **—da solda** 1. on the right and on the left. 2. *colloq.* here and there, in one place and another. **—dan soldan** 1. from the right and from the left. 2. *colloq.* from here and there. **—ına soluna bakmamak** 1. not to look both ways (before crossing the street). 2. *colloq.* not to pay attention to what one is doing (or to where one is going), to be careless. **—ını solunu bilmemek/şaşırmak** *colloq.* to be very bewildered, not to know which way to go, not to know what to do. **—ı solu (belli) olmamak** *colloq.* (for someone) to be completely unpredictable. **— tarafından kalkmak** *colloq.* for things to be going well for one. **— yap!** Turn to the right! *(said to someone driving a vehicle).* **—da yürek** *anat.* dextrocardia. **O benim — kolum.** He's my right-hand man./He's my most valuable helper.
sağaçık *soccer* outside right (a player).
sağalmak (for a sick person) to get well.
sağaltıcı 1. therapeutic; curative. 2. vermifuge, anthelmintic (drug). 3. (a) vermifuge, (an) anthelmintic.
sağaltım therapy, treatment.
sağaltımcı therapist.
sağaltmak /ı/ to treat/cure (a sick person).
sağanak (short but heavy) downpour, cloudburst, hard rain, thunderstorm, gully washer.
sağbeğeni good taste, highly developed sense of beauty.
sağbek *soccer* right fullback, right back.
sağcı *pol.* 1. rightist, right-wing. 2. (a) rightist, (a) right-winger.
sağcılık *pol.* 1. rightism. 2. being a rightist, being a right-winger.
sağdıç 1. *prov.* (among Muslims) (bridegroom's) best man; woman who acts as an adviser to

the bride. 2. *(among Christians)* godfather; godmother; best man; matron/maid of honor. **— emeği** *colloq.* wasted effort.
sağdırmak 1. /ı, a/ to have (someone) milk (an animal); /ı/ to have (an animal) milked. 2. /ı, a/ to have (someone) take (the honey) (from a beehive); /ı/ to have (the honey) taken (from a beehive). 3. /ı, a/ to have (someone) unravel (threads); /ı/ to have (threads) unraveled. 4. /ı, a/ *slang* to have (someone) swindle (someone else); /ı/ to let (someone) be swindled.
sağduyu common sense.
sağduyulu (someone) who has common sense, commonsensical.
sağgörü foresight.
sağgörülü foresighted.
sağgörüsüz (someone) who lacks foresight.
sağgörüsüzlük lack of foresight.
sağhaf *soccer* right halfback.
sağı bird droppings, excrement of birds.
sağılmak 1. to be milked. 2. (for honey) to be taken (from a beehive). 3. (for threads) to be unraveled/unwound; (for cloth) to ravel, fray. 4. (for a snake) to uncoil itself. 5. *slang* to be swindled.
sağım 1. milking (an animal). 2. quantity of milk taken during one milking. 3. quantity of honey taken during one robbing of a hive. 4. *prov.* milch animal.
sağımlı, sağımlık milch (animal).
sağın exact, precise (thing). **— bilimler** the exact sciences.
sağır 1. deaf; partially deaf. 2. blind, blank (wall/window). 3. frosted, translucent (glass). 4. (something) which lacks resonance; muted, muffled (sound). 5. (something) which muffles sound. 6. (pot/pan) which conducts heat slowly. **— işitmez/duymaz uydurur/yakıştırır.** *proverb* The things a deaf person says are based, not on what he hears, but on what he thinks he's heard. **(Mısır'daki) — sultan bile duydu.** *colloq.* Everybody and his brother's heard about it./Everybody from here to China knows about it.
sağırlaşmak 1. to grow deaf. 2. (for a pot/a pan) no longer to conduct heat properly.
sağırlaştırmak /ı/ to cause (someone) to become deaf.
sağırlık 1. deafness. 2. translucency (of glass). 3. lack of resonance; mutedness (of a sound).
sağırrıyılan *zool.* viper, adder.
sağiç, -çi *soccer* right center (a player).
sağistem good will, good intention; *law* good faith.
sağlam 1. healthy, strong. 2. strong, sound, secure; well-built, well-made; in good condition, undamaged. 3. trustworthy, reliable, dependable. 4. *colloq.* most certainly, without a doubt.
— ayakkabı değil. *colloq.* He's unreliable. **—a bağlamak** /ı/ *colloq.*, see **işi sağlama/sağlam kazığa bağlamak.** **— kaba kotarmak** /ı/ *colloq.* to reorganize (something) so that it becomes profitable/beneficial, make (something) a going concern. **— kazığa bağlamak** /ı/ *colloq.*, see **işi sağlama/sağlam kazığa bağlamak.** **— rüzgâr** steady wind.
sağlama 1. /ı/ providing; procuring; gaining; achieving; bringing (something) about. 2. /ı/ ensuring, guaranteeing. 3. *math.* proof (used to check a computation).
sağlamak /ı/ 1. to provide; to procure, get, find; to gain, obtain; to achieve, win; to bring (something) about. 2. to ensure, guarantee.
sağlamak (for a vehicle) to move/veer to the right side of the road; to get in the right-hand lane.
sağlamcı person who avoids risky ventures.
sağlamlamak /ı/ 1. to strengthen, reinforce. 2. to put (something) on a sound footing.
sağlamlaşmak to become strong.
sağlamlaştırma /ı/ 1. strengthening, reinforcing. 2. putting (something) on a sound footing.
sağlamlaştırmak /ı/ 1. to strengthen, reinforce. 2. to put (something) on a sound footing.
sağlamlık soundness, strength.
sağlanmak 1. to be provided; to be procured, be found; to be gained, be obtained; to be achieved, be won; to be brought about. 2. to be ensured, be guaranteed.
sağlı *used in:* **— sollu** 1. on both sides of (something/someone): **Bu sokaktaki evler sağlı sollu Afet'in.** The houses along both sides of this street are Afet's. **Yol boyunca sağlı sollu palmiyeler vardı.** There were palms along both sides of the road. **Karşıdan karşıya geçerken sağlı sollu bakmalı.** You should look both ways before you cross the street. 2. using first one hand and then the other: **Sağlı sollu patlattım.** I socked him, first with one hand, and then with the other. 3. ambidextrous.
sağlıcakla while enjoying good health and happiness: **Sağlıcakla kullan!** I hope you're healthy and happy all the time you use this! **Sağlıcakla gidiniz!** Godspeed!
sağlık good health, health. **—ında** /ın/ while someone is/was alive. **Sağlığınıza!** *colloq.* Your health!/*Brit.* Cheers! *(a toast).* **— bilgisi** hygiene. **— görevlisi** government health official. **— ocağı** village clinic. **— olsun!** *colloq.* Never mind./It's all right./Don't worry about it. **— raporu** health report. **— sigortası** health insurance. **S— ve Sosyal Yardım Bakanı** the Minister of Health and Social Services. **S— ve Sosyal Yardım Bakanlığı** the Ministry of Health and Social Services. **— yoklaması** general medical checkup, physical examination, physical.

sağlık see **salık**.
sağlıklı 1. healthy, in good health. 2. reliable, trustworthy, sound: **sağlıklı bir haber** a reliable piece of news. 3. well-thought-out, carefully considered; well-planned.
sağlıklılık healthiness.
sağlıksal hygienic, health, pertaining to health.
sağlıksız 1. sickly, ailing, (someone) who has poor health. 2. unreliable, untrustworthy. 3. (something) which has not been properly thought out; poorly planned.
sağma /ı/ 1. milking (an animal). 2. getting (honey) from a beehive; robbing (a beehive) of its honey. 3. unwinding/unraveling (threads). 4. *slang* swindling, milking, mulcting. **— makinesi** milking machine, milker.
sağmak /ı/ 1. to milk (an animal). 2. to get (honey) from a beehive; to rob (a beehive) of its honey. 3. to unwind/unravel (threads). 4. *slang* to swindle, milk, mulct.
sağmal 1. milch (animal). 2. *slang* (someone) who is an easy target for a swindler. **— inek** *slang* person who is continually being swindled, person who is constantly being milked dry by swindlers.
sağman see **sağmal**.
sağrı rump (of an animal). **— kemiği** rump bone, sacrum (of an animal).
sağtöre moral principles, ethical values, ethics (of a society).
sağu dirge (in medieval, Central Asian Turkish literature).
sağyağ clarified butter, run butter.
sah, -hhı stet (written on a printer's proof to show that something previously deleted is to be retained). **— çekmek** /a/ to stet (a word/a passage).
saha 1. field, area, region, zone. 2. open space, open area. 3. *sports* (playing) field; arena.
sahabe the companions of the Prophet Muhammad.
sahaf seller of secondhand books.
sahaflık being a seller of secondhand books; selling secondhand books.
sahan shallow cooking pan. **—da yumurta** fried egg (served in the pan in which it is cooked).
sahanlık 1. landing (of a flight of steps/stairs). 2. platform (entrance or exit area at either end of a bus/a streetcar/a railway car). 3. (amount of food) which will fill (a specified number of) pans (**sahan**s).
sahavet, -ti *obs.* generosity, liberality.
sahi really, truly.
sahibe *obs.* (female) owner, possessor; proprietress; mistress.
sahici real, genuine.
sahiden really, truly.
sahife see **sayfa**.

sahil shore; coast; bank. **— kordonu** *geog.* bar/sandbar (along a coast).
sahileşmek to come true, become a reality.
sahip 1. owner, possessor; proprietor; proprietress; master; mistress. 2. (someone) who possesses (a certain quality): **zevk sahibi bir hanım** a lady who has good taste. 3. someone who has produced/created (something): **Bu eserin sahibi kim?** Who's the author of this (literary) work? 4. protector, patron; guardian. **— çıkmak** /a/ 1. to claim to be the owner of (something), claim (something) (which one has no right to claim). 2. to attend to, see to, look after (someone). 3. to get (someone/something) under control: **Köpeğine sahip çık!** Get your dog under control! **Çocuğuna sahip çık!** Do something about that (rambunctious) kid of yours! 4. to support, back, help (someone). **— kılmak** /ı, a/ to put (someone) in possession of (something), make (someone) the owner/the possessor of (something). **— olmak** /a/ 1. to become the owner of, acquire. 2. to get (someone/something) under control, do something about (someone/something that's misbehaving). 3. *colloq.* to have sexual intercourse with, lay (a virgin).
sahiplenmek /ı/ 1. to claim to be the owner of (something), claim (something) (which one has no right to claim). 2. to attend to, see to, look after (someone).
sahiplik 1. ownership; proprietorship. 2. protection; patronage; guardianship.
sahipsiz 1. ownerless; unclaimed; (something) which has no owner; (something) which is unclaimed. 2. (someone) who lacks a protector/a patron/a guardian. **— çocuk** abandoned child. **— hayvan** stray animal; animal which has no owner.
sahipsizlik 1. being ownerless/unclaimed. 2. lack of a protector/a patron/a guardian.
sahne 1. stage (of a theater/an auditorium). 2. *theat., cin.* scene (one part of an act, one episode in a movie). 3. setting (for an event). **— eşyası** *theat.* properties, props. **—ye koyan** *theat.* director, stage director, *Brit.* producer. **—ye koymak** /ı/ 1. to stage, put on (a play). 2. to direct (a play). **— olmak** /a/ (for a place) to be the scene of (an event), be the setting for (an event).
sahra 1. open country; wide plain. 2. desert. 3. wide, barren, and uninhabited area, waste. 4. *mil.* made/conducted/used on the battlefield, field: **sahra topu** field gun. **sahra topları** field artillery. **sahra telefonu** field telephone.
sahte 1. false, spurious, fake, phony, bogus; counterfeit; forged. 2. feigned; pretended; affected.
sahteci see **sahtekâr**.

sahtecilik see **sahtekârlık**.
sahtekâr 1. forger, falsifier, faker; impostor. 2. (someone) who engages in forgery/falsification, (someone) who practices imposture.
sahtekârlık forgery, falsification; imposture.
sahtelik 1. falsity, spuriousness, phoniness. 2. pretense; affectation.
sahtiyan 1. morocco leather, morocco. 2. made of morocco.
sahur meal taken just before dawn during the Ramazan fast. **—a kalkmak** to get up (from bed) in order to eat this meal.
sahurluk 1. food prepared for the **sahur**. 2. (food) that is appropriate for the **sahur**.
saik, -ki *obs.* motive; incentive.
saika *obs.* motive; incentive. **—sıyla** impelled by ..., out of ...: **Merak saikasıyla oraya gitti.** He went there out of curiosity.
sair *obs.* other (people/things).
sak, -kı *prov.* 1. alert, vigilant. 2. (someone) who is a light sleeper. **— durmak** to be alert, be vigilant. **— yatmak** to sleep lightly.
saka (itinerant) seller of drinking water, water seller. **— beygiri gibi** 1. *said of someone who has nothing to do but wander aimlessly from place to place.* 2. *said of someone who must go from one place to another in order to accomplish a piece of business.*
saka *zool.*, see **sakakuşu**.
sakağı *path.* glanders.
sakakuşu, -nu *zool.* goldfinch, finch.
sakal beard; whiskers. **—ının altına girmek** /ın/ *colloq.* to ingratiate oneself with (and acquire influence over) (someone). **— bırakmak/koyuvermek/salıvermek/uzatmak** to grow a beard. **—ı bitmek** 1. (for someone) to sprout a beard. 2. /ın/ *colloq.* (for a job/a project) to be delayed interminably. **—ı değirmende ağartmak** *colloq.* to grow old without having learned anything from experience, be an old fool. **—ı ele vermek** *colloq.* to let oneself become putty in someone's hands, let oneself become someone's tool. **—ına gülmek** /ın/ *colloq.* to laugh up one's sleeve, laugh in one's beard. **—dan kesip bıyığa eklemek/ulamak** *colloq.* to make good a deficiency or repair something by using what one has in hand. **—ı saydırmak** *colloq.* to lose the respect of others; to become a figure of fun. **—ını sıvazlamak** to smooth one's beard. **S—ı Şerif** hairs from the beard of the Prophet Muhammad. **—ım yok ki sözüm dinlensin.** *colloq.* Nobody listens to me merely because I'm young./Nobody pays me any mind because I lack age and authority.
sakalık being an itinerant seller of drinking water.
sakallanmak to sprout a beard.
sakallı bearded; whiskered, bewhiskered.

sakalsız beardless, lacking a beard.
sakar 1. blaze, white patch (on an animal's forehead). 2. clumsy, butterfingered, accident-prone.
sakarin saccharin, gluside.
sakarlaşmak to become awkward, become butterfingered.
sakarlık clumsiness, awkwardness, being butterfingered. **— yaşı** the awkward age, early adolescence.
sakarmeke *zool.* wild goose.
sakaroz *chem.* sucrose, saccharose.
sakat, -tı 1. (physically) disabled (person); handicapped (person); /dan/ (someone) who has a defect in (a part of his body): **Adam gözlerinden sakat.** The man has defective vision. 2. unsound/defective/deformed/crippled/maimed/mutilated (part of a human body). 3. unsound, broken (piece of furniture). 4. unsound, (plan/project/job) which has a serious drawback or drawbacks. 5. ungrammatical, faultily constructed (phrase/sentence).
sakatat, -tı offal, viscera (of an animal) (used as food).
sakatatçı offal seller.
sakatlamak /ı/ 1. to disable (someone) physically; to cripple; to maim, mutilate. 2. to spoil the shape/the appearance of (something).
sakatlanmak 1. to become physically disabled; to become crippled; to become maimed/mutilated. 2. (for the appearance/the shape of something) to be spoiled.
sakatlık 1. physical disability, impairment, defect; handicap. 2. defect, flaw (in a piece of furniture/a sentence/a phrase); drawback, defect (in a plan/a job). 3. accident.
sakım *phys.* conservation (of energy/matter): **enerji sakım yasası** the law of conservation of energy.
sakın 1. Beware!/Take care!/Don't do it!/ Don't!: **Sakın bağırma!** Mind you don't shout! 2. I do hope ...: **Sakın onu kaybetmiş olmayasın!** I do hope you haven't lost it! **Sakın ona söylemiş olmayın!** I do hope you haven't told him!
sakınca objection, drawback.
sakıncalı 1. (something) which has drawbacks, which has objectionable features. 2. (person) whom it's wise to avoid, undesirable (person).
sakıncasız (something) which has no drawbacks, which has no objectionable features.
sakıngan prudent, cautious.
sakınganlık prudence, cautiousness.
sakınım 1. *phys.* conservation (of energy/matter): **madde sakınım yasası** the law of conservation of matter. 2. level-headedness, prudence, discretion.
sakınımlı level-headed, prudent.
sakınma 1. /dan/ avoiding (something/some-

one), avoidance (of something); keeping away from, steering clear of (someone). 2. /dan/ guarding against; watching out for (something dangerous). 3. /ı, dan/ protecting (something/someone) (from). —sı olmamak /dan/ to pay no mind to.

sakınmak 1. /dan/ to avoid (something/someone); to keep away from, steer clear of (someone). 2. /dan/ to guard against; to watch out for (something dangerous). 3. /ı, dan/ to protect (something/someone) (from). **Sakınılan göze çöp batar.** *proverb* The thing that one is most anxious to keep out of harm's way is the thing that always ends up getting damaged.

sakıntı precaution.

sakıntılı cautious, prudent.

sakıntısız careless, incautious, imprudent.

sakırdamak to shiver, shudder, tremble.

sakırga *zool.* tick.

sakır sakır *prov., used in:* — **titremek/sakırdamak** to shiver violently.

sakırtı shiver, shudder.

sakıt, -tı *obs.* 1. falling, (something/someone) which falls; fallen. 2. (someone) who has fallen from power. 3. (law/decision) which is no longer valid, which is no longer in effect. 4. *med.* stillborn (fetus); artificially aborted (fetus). — **olmak** 1. to fall. 2. to be no longer valid, be no longer in effect. 3. to be stillborn; to be aborted.

Sakız 1. Chios. 2. Chian, Sciot, Chiot, of Chios. — **Adası** Chios.

sakız mastic, gum mastic (often used as flavoring or as chewing gum). — **gibi** *colloq.* 1. sticky. 2. very white and clean (laundry). 3. (person) who won't leave one alone, who sticks to one like glue. — **leblebisi** roasted white chickpea. — **rakısı** raki flavored with mastic.

sakızağacı, -nı *bot.* 1. mastic tree. 2. terebinth tree, turpentine tree.

sakızbademi, -ni 1. Chian almond (a round, soft-shelled almond). 2. *bot.* Chian almond tree.

sakızkabağı, -nı zucchini, *Brit.* courgette.

Sakızlı 1. (a) Sciot, (a) Chiot, (a) Chian. 2. Sciot, Chiot, Chian (person).

sakızlı (something) which contains mastic.

saki *obs.* cupbearer.

sakil 1. ugly, ill-proportioned. 2. *obs.* heavy (in weight). 3. *obs.* wearisome, tedious, tiresome. 4. *obs.* thick, guttural (sound).

sakin 1. calm, tranquil, serene; still. 2. /da/ (someone) who resides in or inhabits (a place). 3. (a) resident; (an) inhabitant.

sakinleşmek to become calm.

sakinleştirmek /ı/ to calm.

sakinlik calmness, tranquillity, serenity; stillness.

saklam person/thing entrusted to another's safekeeping, (a) trust.

saklamak 1. /ı/ to hide, conceal; /ı, dan/ to keep (something) secret from (someone). 2. /ı, da/ to keep, store (something) in (a place). 3. /ı, a/ to save (something) for, keep (something) for, set (something) aside for. 4. /ı, dan/ (for God) to protect, preserve, shield (someone) (from). **Sakla samanı, gelir zamanı.** *proverb* Don't throw things away; something which seems utterly worthless now may come in handy someday.

saklambaç hide-and-seek, hide-and-go-seek.

saklanacak (a place) in which to hide. — **delik aramak** to want to go through the floor *(said when one is very embarrassed).*

saklanılmak 1. to be hidden, be concealed; /dan/ (for something) to be kept secret from (someone). 2. /da/ (for something) to be kept in, be stored in (a place). 3. /a/ to be saved, kept, or set aside for (someone). 4. /a/ *impersonal passive* to hide something in. 5. /dan/ *impersonal passive* to keep something secret from. 6. /da/ *impersonal passive* to keep/store something in. 7. /a/ *impersonal passive* to save something for.

saklanmak 1. to hide oneself, hide, conceal oneself. 2. to be hidden; /dan/ to be kept secret from. 3. /da/ to be kept in (a place). 4. /a/ to be saved for.

saklantı something which has been hidden.

saklatmak 1. /ı, a/ to have (someone) hide (something); to have (something) hidden. 2. /ı, a/ to have (someone) save (something); /ı/ to have (something) saved. 3. /ı, a/ to have (someone) put (something) away; /ı/ to have (something) put away, have (something) stored.

saklı 1. /da/ hidden, concealed (in); /dan/ (something) which is kept secret (from). 2. /da/ (something) which is kept/stored (in). 3. /a/ (something) which is saved (for). 4. *law* legally guaranteed (right).

saklık *prov.* vigilance, watchfulness.

saksağan *zool.* magpie.

saksı 1. flowerpot. 2. *slang* head, noggin, noodle, bean. — **çiçeği** houseplant, hothouse plant.

saksılık 1. shelf/stand for potted plants. 2. jardiniere (decorative pot in which a potted plant is set). 3. room or protected place where houseplants are put in winter.

saksofon saxophone.

saksofoncu saxophonist.

sal 1. raft. 2. *prov.* coffin.

sala *Islam* prayer recited on certain occasions by a muezzin before he recites the **ezan.** — **vermek/okumak** to recite the **sala.**

salacak bench on which a corpse is washed.

salah *obs.* 1. improvement, being improved. 2. righteousness, godliness. 3. peace, tranquillity. — **bulmak** to improve, get better.

salahiyet, -ti authority, (delegated) power, authorization. — **dairesi** the scope/compass of one's authority. — **vermek** /a/ to authorize (someone) (to do something).

salahiyetli (someone) who has authority; /a/ authorized to, empowered to (do something).

salahiyetsiz (someone) who lacks authority.

salahiyettar *obs.*, *see* **salahiyetli**.

salak *colloq.* half-witted, feeble-minded, imbecilic, dunderheaded, addlepated.

salaklaşmak *colloq.* to begin to act like a half-wit.

salaklık *colloq.* half-wittedness, dunderheadedness, imbecility.

salam salami.

salamandra salamander stove.

salamanje dining room.

salamura 1. brine (used for pickling food). 2. any food which has been pickled in brine. 3. (food) which has been pickled in brine.

salamuralık 1. (food) suitable for pickling in brine. 2. (salt) suitable for making brine.

salangan *zool.* salangane (a swift whose nest is edible).

salapurya a single-masted sailing vessel (once used to transport goods in the waters surrounding Istanbul). — **gibi** *colloq.* big, clumsy-looking (shoe).

salaş 1. wooden booth or market stall; temporary wooden shack/shed. 2. temporary, shed-like, wooden (building).

salaşpur a loosely woven cotton fabric (used for linings).

salat, -tı *Islam* 1. ritual prayer, namaz. 2. prayer in which God is asked to bless the Prophet Muhammad.

salata 1. salad. 2. lettuce.

salatalık 1. cucumber. 2. (food) which is suitable to use in making a salad. 3. *slang* aged teacher.

salavat, -tı *Islam* 1. a prayer in which God is asked to bless the Prophet Muhammad and his descendants. 2. ritual prayers, namaz. — **getirmek/okumak** to say the **salavat**.

salcı raftsman.

salça 1. tomato sauce; tomato paste. 2. gravy, sauce. — **kâsesi** gravy boat, sauceboat.

salçalı (food) which contains sauce/gravy; gravied, covered with gravy; covered with sauce.

salçalık 1. (food) which is suitable for making sauce/gravy. 2. gravy boat, sauceboat.

saldırgan aggressive, disposed to attack, belligerent, truculent.

saldırganlık aggressiveness, belligerence, truculence.

saldırı attack, assault; aggression; *mil.* offense. — **silahları** *mil.* offensive weapons. — **teknesi** *mil.* assault boat. —**ya uğramak** to be attacked, come under attack.

saldırıcı aggressive, prone to attack, belligerent, truculent.

saldırma 1. /a/ attacking/assailing/assaulting (someone/something); rushing; charging at; hurling oneself/itself against/upon. 2. a large knife.

saldırmak 1. /a/ to attack, assail, assault (someone/something); to rush; to charge, charge at; to hurl oneself/itself against/upon. 2. /a/ *chem.* to act on; to dissolve. 3. /ı, a/ to cause (something/someone) to attack (something/someone).

saldırmazlık nonaggression. — **antlaşması/paktı** nonaggression treaty.

salep 1. salep (a hot drink made with powdered salep). 2. salep, saleb (the dried tubers of certain orchids).

salepçi maker or seller of salep (the drink).

salepçilik being a maker or seller of salep (the drink).

salgı *biol.* secretion, a secreted substance.

salgılamak /ı/ *biol.* to secrete.

salgın 1. epidemic (disease). 2. epidemic, outbreak (of an epidemic disease). 3. epidemic invasion (of insects/pests).

salhane slaughterhouse.

salı Tuesday.

salık advice. — **vermek** /ı, a/ to recommend (someone) (to do something), advise (someone) to (do something); /a/ to give (someone) a piece of advice.

salıncak 1. swing (a device for swinging). 2. a hammock (used to rock a baby to sleep).

salıncaklı used in: — **iskemle/koltuk/sandalye** rocking chair.

salınım 1. *phys.* oscillation. 2. *astr.* libration (of the moon).

salınmak 1. to sway; to oscillate. 2. /a/ to be sent to, be dispatched to. 3. /a/ (for an animal) to be put out to pasture in (a place); (for something) to be channeled/directed into (a place). 4. /a/ (for something) to be lowered into (a place). 5. /a/ (for something) to be added to (a food). **salına salına yürümek** to walk with a swaying movement.

salıntı 1. swaying motion. 2. undulation, swell (of the sea).

salıntılı 1. (building) which sways in a high wind; tremulous, rickety (building). 2. swaying (motion).

salıvermek /ı/ to let go, set free, release.

salim 1. sound, healthy. 2. (someone) who has no physical defect; /dan/ free of (physical defects). 3. safe, secure.

salimen safely, safe and sound.
salise one sixtieth of a second.
salkım 1. bunch (of grapes/dates). 2. cluster, bunch (of pendent flowers); raceme. 3. *bot.* wisteria. **— küpe** ear pendant, earring with a pendant. **— saçak** *colloq.* (hanging down) untidily, from every side, or in tatters. **— salkım** in clusters, in bunches, in wads.
salkımak *archaic* to hang down loosely.
salkımsı racemose, racemiform.
salkımsöğüt *bot.* weeping willow; Egyptian willow.
sallabaş 1. (someone) afflicted with an involuntary shaking of the head. 2. *colloq.* (someone) who is a yes-man.
sallamak 1. /ı/ to wave/wag (something) (from side to side). 2. /ı/ to rock; to swing; to cause (a building) to sway/shake. 3. /ı/ to nod (one's head). 4. /ı/ to put off, postpone. 5. /ı/ to brandish (a sword). 6. /a/ *slang* to hit (someone), give (someone) a punch/a sock (with one's fist).
sallamamak /ı/ *slang* not to care about; to pay no attention to.
sallandırmak 1. /ı/ to rock, cause (something) to sway/shake. 2. /ı, a/ to hang (something) on. 3. /ı/ *colloq.* to hang (someone), make (someone) swing.
sallanmak 1. to be waved/wagged. 2. to be rocked/swung/swayed/shaken. 3. to be brandished. 4. to swing; to sway; to rock, totter, wobble. 5. to be rocked, be shaken. 6. (for a tooth) to be loose. 7. to be rickety, be shaky, be about to fall apart. 8. *colloq.* to fool around, waste time. 9. *colloq.* to be about to lose one's job, be about to get the sack. 10. *colloq.* to be up in the air, be undecided.
sallantı 1. swinging; swaying; undulation; rocking, tottering, wobbling. 2. *astr.* libration (of the moon). **—da bırakmak** /ı/ *colloq.* to leave (something) up in the air, leave (something) unresolved. **—da kalmak** *colloq.* (for something) to be left up in the air, be left unresolved.
sallapati *colloq.* 1. (someone) who just breezes into a place (without knocking, etc.). 2. (someone) who carelessly sticks his oar in (without being asked). 3. in a careless, relaxed way.
sallasırt, -tı *used in:* **— etmek** /ı/ *colloq.* to shoulder, hoist (something/someone) onto one's shoulder/shoulders.
sallı *prov.* very wide, sprawling.
salma 1. /ı/ setting (someone/something) free, letting (someone/something) go, releasing, release. 2. /ı/ (of a plant) putting out, putting forth (shoots/roots). 3. /ı/ sending, dispatching. 4. /ı, a/ turning (an animal) out to graze in (a place); channeling/directing (something) into (a place). 5. /ı, a/ letting (someone/an animal) attack, turning (someone/an animal) loose on. 6. /ı, a/ lowering (something) into (a place). 7. /ı, a/ adding (something) to (a food). 8. /ı, a/ requiring (someone) to pay/contribute (something) (as a head tax). 9. /a/ (of an animal) attacking (someone/something). 10. (of a ship) moving in various directions (while riding at anchor). 11. a stew containing rice. 12. *hist.* a policeman. 13. head tax (levied in a village). 14. *prov.* a sleeve. 15. aviary; cote, loft. 16. (animal) which has been let out to graze. 17. (water) that is not dammed up or stagnant, continuously running (water). **— gezmek** to wander around idly.
salmak 1. /ı/ to set (someone/something) free, let (someone/something) go, release. 2. /ı/ (for a plant) to put out, put forth (shoots/roots). 3. /ı/ to send, dispatch. 4. /ı, a/ to turn (an animal) out to graze in (a place); to channel/direct (something) into (a place). 5. /ı, a/ to let (someone/an animal) attack, turn (someone/an animal) loose on. 6. /ı, a/ to lower (something) into (a place). 7. /ı, a/ to add (something) to (a food). 8. /ı, a/ to require (someone) to pay/contribute (something) (as a head tax). 9. /a/ (for an animal) to attack (someone/something). 10. (of a ship) to move in various directions (while riding at anchor). **Saldım çayıra, Allah/Mevla kayıra.** *colloq.* I've turned the animals out to pasture (or I've let the children go out by themselves); God willing, they'll come back safe and sound.
salmalık *prov.* pasture.
salmastra *mech.* gasket; packing.
salname *obs.* yearbook.
salon 1. living room, *Brit.* sitting room. 2. large room (used for meetings/parties/exhibitions). 3. stylish business establishment, salon. **— adamı** (a) man-about-town. **— takımı** suite of living-room furniture, living-room suite.
saloz *slang* stupid, dunderheaded.
salozlaşmak *slang* to begin to do idiotic things.
salozluk *slang* stupidity, dunderheadedness.
salpa loose, slack.
salt, -tı 1. solely, only, simply, singly. 2. pure: **salt matematik** pure mathematics. **salt sevinç** pure joy. **salt us** pure reason. 3. absolute. **— çoğunluk** absolute majority. **— değer** *math.* absolute value. **— nem** absolute humidity. **— okunur bellek** *comp.* Read-Only Memory. **— sıcaklık** *phys.* absolute temperature. **— sıfır** *phys., chem.* absolute zero.
salta *used in:* **— durmak/etmek** (for a dog) to stand up on its hind legs (only).
salta *naut.* slackening (a tight rope/chain). **— etmek** /ı/ to slacken (a tight rope/chain).

saltanat, -tı 1. sovereignty, dominion, authority, rule. 2. sultanate, authority/rank of a sultan; sultanic rule, government by a sultan. 3. *colloq.* showy and luxurious way of life; magnificence, splendor, pomp. — **sürmek** 1. to rule as sultan. 2. *colloq.* to live in great style.
saltanatlı *colloq.* sultanic, princely, magnificent, splendid, pompous.
saltanatsız *colloq.* devoid of pomp/display.
saltçılık autocracy.
saltık absolute.
saltıkçı 1. (an) absolutist. 2. (an) autocrat. 3. absolutist, absolutistic. 4. autocratic, autocratical.
saltıkçılık 1. absolutism. 2. autocratic rule; autocracy.
salvo salvo (of artillery fire).
salya saliva; slobber, slaver, drool.
salyangoz *zool.* snail. — **kanalı** *anat.* cochlea. — **merdiven** spiral staircase.
sam *see* **samyeli**.
saman straw; chaff. — **alevi gibi** *colloq.* sudden and short-lived. — **altından su yürütmek** *colloq.* to be as sly as a fox, be extremely crafty and devious. — **çöpü** piece of straw/chaff. — **elinse samanlık senin.** *colloq.* You won't benefit at all from free food if you eat so much of it that you become ill. — **gibi** *colloq.* insipid, tasteless. — **kafalı** *colloq.* stupid. — **nezlesi** hay fever. — **sarısı** 1. straw yellow. 2. straw-colored, straw yellow.
samani 1. straw-colored, straw, straw yellow. 2. straw, straw yellow.
samankâğıdı, -nı straw-colored paper of poor quality (used as writing/wrapping paper).
samanlı (something) which contains straw/chaff; strawy; chaffy.
samanlık hayloft, haymow.
samanrengi, -ni 1. straw, straw yellow. 2. straw-colored, straw yellow, straw.
samanuğrusu, -nu *astr.*, *see* **samanyolu**.
samanyolu, -nu *astr.* the Milky Way.
samba samba (a dance).
Sami 1. (a) Semite. 2. Semitic, of the Semites. — **dilleri** Semitic languages.
samimi 1. heartfelt; sincere, genuine. 2. intimate, close.
samimilik heartfelt feeling; sincerity, genuineness.
samimiyet, -ti 1. heartfelt feeling; sincerity, genuineness. 2. intimacy, closeness.
samimiyetsiz formal, reserved, stiff, distant.
samimiyetsizlik formality, reserve, stiffness.
Samoa Samoa.
samsa a sweet pastry soaked in syrup.
samur 1. *zool.* sable. 2. sable fur, sable. 3. sable, made of sable. — **kaşlı** *colloq.* (someone) who has bushy brown eyebrows.
samyeli, -ni samiel, simoom, simoon, sirocco.

— **vurmuş mayıs çirozu** *slang* person who's nothing but a bag of bones.
san 1. fame, repute. 2. title, appellation (used with a person's name). 3. *phil.* inherent attribute, intrinsic quality.
sana to you; for you. — **pişmişse bana kotarılmış.** *colloq.* If you're happy with the way things are going, then so am I. — **yalan, bana gerçek.** *colloq.* You don't seem to believe it, but I know it to be true.
sanal 1. *math.* imaginary. 2. virtual. — **alışveriş** virtual shopping. — **bellek** *comp.* virtual memory. — **sayı** *math.* imaginary number.
sanat, -tı 1. art. 2. artistry, artistic quality. 3. craft; trade; skill. 4. craftsmanship, artisanry, craft, skill. — **altın bileziktir.** *proverb* A person who possesses a skill can always find work. — **enstitüsü** technical school, industrial school, trade school. — **eseri** work of art. — **filmi** art film.
sanatçı 1. artist. 2. (someone) who is an artist.
sanatçılık being an artist; artistry.
sanatkâr 1. artist. 2. craftsman, artisan. 3. (someone) who is an artist.
sanatkârlık 1. being an artist; artistry. 2. being an artisan; craftsmanship, artisanship, artisanry.
sanatlı artistic; (something) which has been done with great artistry/craftsmanship.
sanatoryum sanatorium.
sanatsal artistic, of or relating to art.
sanatsever 1. art lover, lover of art. 2. (someone) who loves art.
sanayi, -ii industry: **mensucat sanayii** the textile industry. **otomobil sanayii** the automobile industry. — **devrimi** industrial revolution. — **mühendisliği** industrial engineering. —**i nefise** *obs.* the fine arts. — **odası** association of manufacturers. **S— ve Ticaret Bakanı** the Minister of Industry and Commerce. **S— ve Ticaret Bakanlığı** the Ministry of Industry and Commerce.
sanayici 1. (an) industrialist. 2. (someone) who is a promoter of industry/industrialization.
sanayicilik 1. industrialism. 2. being an industrialist.
sanayileşme industrialization, becoming industrialized.
sanayileşmek to become industrialized.
sanayileştirme /ı/ industrializing (an area), industrialization.
sanayileştirmek /ı/ to industrialize (an area).
sancak 1. flag, banner, standard; ensign. 2. starboard. 3. *hist.* subdivision of a province, sanjak. — **açmak** to unfurl a flag.
sancakbeyi, -ni *hist.* governor of a sanjak.
sancaktar standard-bearer.
sancı 1. griping pain (especially one in the bowels/the stomach); stitch (in one's side). 2. labor pain.
sancılanmak 1. to have a griping pain. 2. (for a

pregnant woman) to have labor pains.
sancılı 1. (someone) who has a griping pain. 2. (illness) which produces griping pains.
sancımak to ache gripingly.
sandal 1. sandalwood. 2. made of sandalwood, sandalwood. 3. *bot.* sandalwood tree.
sandal rowboat.
sandal sandal (made of thongs attached to a light sole).
sandalcı 1. boatman, person who ferries people in a rowboat. 2. person who has rowboats for rent.
sandalet, -ti sandal (made of thongs attached to a light sole).
sandalye 1. (armless) chair. 2. office, post, position. 3. *pol.* seat (right to sit in a legislative body). **— kavgası** *colloq.* struggle to get/maintain an administrative post.
sandalyeci maker or seller of chairs.
sandalyesiz (place) which is devoid of chairs; (suite of furniture) which contains no chairs. **— bakan** *pol.* minister without portfolio.
sandık 1. (large) chest, trunk. 2. hope chest, dower chest. 3. crate. 4. strongbox, coffer. 5. bank; organization administering a fund; credit union. 6. cashier's office, treasurer's office. 7. boxlike implement used for measuring sand/gravel. 8. caisson (used as a foundation); cofferdam. **—tan çıkmak** to be elected to a public office. **— düzmek** (for a young woman) to accumulate things for her hope chest. **— emini** cashier, treasurer. **— eşyası** clothes, linens, etc. (kept in a hope chest). **— lekesi** mark/stain made by mildew (found on clothes/linens that have been left in a chest for a long time). **— odası** storeroom, *Brit.* lumber room. **— sepet** *colloq.* all of one's belongings. **—taki sırtında, ambardaki/sepetteki karnında/boğazında.** *colloq.* He never thinks of saving something for a rainy day./He spends his money as soon as he gets it.
sandıkçı maker or seller of chests/trunks/crates/strongboxes.
sandıklama /ı/ boxing (something); crating (something); packing (something) in a box/a crate.
sandıklamak /ı/ to box; to crate; to pack (something) in a box/a crate.
sandıklanmak to be boxed; to be crated; to be packed in a box/a crate.
sandıklı thin board used to sheathe the outer wall of a frame house, piece of sheathing. **— saat** grandfather clock.
sanduka 1. empty coffin/sarcophagus placed over the grave of an eminent person. 2. sarcophagus.
sandviç sandwich.
sanem *obs.* 1. idol, graven image. 2. very beautiful woman.
sanı supposition, surmise, conjecture, mistaken belief/idea/impression. **—sına kapılmak** to get the mistaken idea/impression that ....
sanık *law* suspect; accused, person charged with an offense.
saniye (a) second (in time). **— ibresi** second hand (on a watch/a clock). **—si saniyesine** down to the very second; right on the very second.
saniyelik taking a very short time.
saniyen secondly.
sanki 1. as if: **Sanki dünyanın sonu gelmiş gibi konuşuyor.** He's talking as if it were the end of the world. 2. It's as if ...: **Sanki hiç olmamış.** It's as if it had never taken place. 3. Do you really think ...?/You don't really think ..., do you?: **Taksiye de binsen sanki yetişebilir miydin? Hadi canım sen de!** Do you really mean to say you think you could have got there in time if you'd taken a taxi? Tell me another one!
sanlı famed, famous.
sanmak, -ır /ı/ to suppose, imagine, think.
San Marino 1. San Marino. 2. San Marinese, of San Marino.
San Marinolu 1. (a) San Marinese. 2. San Marinese (person).
sanrı hallucination.
sanrılamak /ı/ to see (something hallucinatory), imagine (something).
sanrısal hallucinatory, hallucinative, hallucinational.
sansar 1. *zool.* marten. 2. marten fur. 3. made of marten fur, marten. **— gibi** *colloq.* stealthy, sly.
sansasyon 1. sensation, excitement. 2. (a) sensation, cause of excitement.
sansasyonel sensational, extraordinary.
Sanskrit, -ti 1. Sanskrit, the Sanskrit language. 2. (speaking, writing) in Sanskrit, Sanskrit. 3. Sanskrit (speech, writing); spoken in Sanskrit; written in Sanskrit.
Sanskritçe *colloq.*, see **Sanskrit.**
sansör censor.
sansüalist, -ti *phil.* 1. sensationalist, sensualist. 2. sensationalistic, sensualistic.
sansüalizm *phil.* sensationalism, sensism, sensualism.
sansür censorship. **— etmek** /ı/ to censor.
sansürcü 1. censor. 2. censorious (manner).
sansürlemek /ı/ to censor.
sansürlenmek to be censored.
sansürlü censored.
santiar square meter, centare, centiare.
santigram centigram, *Brit.* centigramme.
santigrat centigrade.
santilitre centiliter, *Brit.* centilitre.
santim 1. centimeter, *Brit.* centimetre. 2. *hist.*

santimantal

centime (French monetary unit). — **kaçırmamak** *colloq.* to be very meticulous.
santimantal sentimental.
santimantalite sentimentality.
santimantalizm sentimentalism.
santimetre centimeter, *Brit.* centimetre. — **kare** square centimeter. — **küp** cubic centimeter.
santr *soccer, see* **santra.**
santra *soccer* midfield.
santral, -lı 1. telephone exchange, switchboard, central. 2. power plant, power station, powerhouse. 3. *slang* brain, noodle, noggin. — **memuresi** (female) telephone operator, switchboard operator. — **memuru** telephone operator, operator; switchboard operator.
santralcı operator, telephone operator, central; switchboard operator.
santralizasyon centralization.
santralize centralized.
santrfor *soccer* center forward (a player).
santrhaf *soccer* center halfback (a player).
santrifüj 1. centrifuge. 2. centrifugal force. 3. centrifugal. — **kuvvet** centrifugal force.
santur *mus.* dulcimer, santir, santour.
santurcu *mus.* dulcimer player.
santuri *mus., see* **santurcu.**
Sao Tome ve Principe Sao Tomé and Principe.
sap, -pı 1. handle. 2. *bot.* stem; stalk. 3. *bot.* pedicel; peduncle; petiole. 4. enough (thread) to thread a needle (approximately fifty centimeters). 5. *slang* penis, *dick, *cock. — **çekmek** to take newly cut sheaves of grain from the field to the threshing floor. — **gibi kalmak** *colloq.* 1. to be left standing forlornly by oneself. 2. to be left sitting high and dry; to be left holding the bag. — **gitmek** *colloq.* to go stag, stag, go (somewhere) without a female companion. —**ına kadar** *colloq.* wholly, completely, to the nth degree: **sapına kadar dürüst** completely honest. — **kalmak** *slang* to be womanless and horny. —ı **silik** *colloq.* good-for-nothing, no-count. — **yiyip saman sıçmak/çıkarmak** *vulg.* to get very angry, be breathing fire.
sapa out-of-the-way, (place) that is off the beaten track. — **düşmek** to be off the beaten track.
sapak 1. turning, turnoff, place where one road branches off from another. 2. *psych.* abnormal (but not considered ill).
sapaklık *psych.* abnormality.
sapan 1. slingshot. 2. catapult. 3. sling (used to lower/hoist something). — **taşı** slingstone; stone thrown from a sling/a catapult.
sapanorya *slang* hideously ugly, (someone) who's as ugly as sin.
saparna 1. sarsaparilla, dried sarsaparilla root. 2. *bot.* sarsaparilla.
saparta 1. *naut.* broadside, broadside fire. 2. *naut.* broadside, all the guns on one side of a ship. 3. *colloq.* broadside, lambasting. —**yı yemek** *colloq.* to get a good lambasting.
sapasağlam very strong/sound/solid; in excellent condition, in the pink.
sapçık 1. *bot.* stemlet, small stem; stalklet, small stalk. 2. *bot.* pedicel; peduncle. 3. *anat.* peduncle, pedunculus.
sapık 1. perverted; sexually perverted. 2. (a) pervert. 3. very eccentric, somewhat crazy.
sapıklaşmak to become perverted.
sapıklık perversion.
sapılmak *impersonal passive* 1. /a/ to turn to (the right/the left); to turn into (a road). 2. /dan/ to deviate from, stray from.
sapınç 1. *psych., astr.* aberration. 2. erring, error. 3. *phys.* refraction.
sapır sapır *used in:* — **dökülmek** to fall down continuously, rain down from every side. — **titremek** to shiver and shake.
sapıtmak to go nuts, go crazy; to talk nonsense.
sapkı aberration.
sapkın 1. perverted, abnormal. 2. heretical. 3. *geol.* erratic (rock/block). 4. (a) pervert. 5. (a) heretic.
sapkınlık 1. perversion. 2. heresy.
saplama 1. /ı, a/ sticking/thrusting (something sharp) into (something/someone). 2. piece of lead (used to balance an automobile wheel). 3. *mech.* pin.
saplamak /ı, a/ to stick/thrust (something sharp) into (something/someone).
saplanım *psych.* fixation.
saplanmak /a/ 1. to be stuck/thrust into. 2. to be stuck in, be embedded in, be lodged in. 3. to be rooted/fixed to (a spot). 4. to be obsessed by (something), be hipped on (something).
saplantı fixed idea, idée fixe; obsession.
saplı 1. (something) which has a handle; -handled. 2. *bot.* (plant, part of a plant) which has a stalk/a stem; stalked; stemmed. 3. long-handled skillet/pot; ladle.
saplı /a/ stuck in, embedded in, lodged in. — **kalmak** /a/ (for someone's thoughts) to be mainly concerned with (someone/something).
saplımeşe *bot.* English oak, pedunculate oak.
sapma 1. /a/ turning to, making a turn to; turning into, entering (a road); swerving to, veering to. 2. /a/ beginning to (do something that's disapproved of), resorting to (something bad). 3. /dan/ digressing from (one's topic); deviating from (one's goal); departing from (the straight and narrow). 4. deviation; declination.
sapmak 1. /a/ to turn to, make a turn to; to turn into, enter (a road); to swerve to, veer to. 2. /a/ to begin to (do something that's disapproved of), resort to (something bad). 3.

/dan/ to digress from (one's topic); to deviate from (one's goal); to depart from (the straight and narrow).
saprofit, -ti *biol.* 1. saprophyte. 2. saprophytic (plant/animal).
sapsağlam *see* **sapasağlam.**
sapsarı 1. very yellow, bright yellow. 2. very pale (person/face).
sapsız 1. handleless. 2. *bot.* stalkless; stemless. — **balta** *colloq.* person who has no backers/protectors.
saptama /ı/ 1. fixing; stabilizing; making (something) stable/stationary. 2. determining, establishing, fixing. 3. *med., phot.* fixing; fixation.
saptamak /ı/ 1. to fix; to stabilize; to make (something) stationary. 2. to determine, establish, fix.
saptanmak 1. to be fixed, be stabilized. 2. to be determined, be established, be fixed.
saptayıcı 1. (a) fixative. 2. (something) which acts as a fixative, fixative.
saptırılmak 1. /a/ (for someone) to be made to turn to (the right/the left); (for someone) to be made to turn into (a road); (for something) to be turned to (the right/the left); (for something) to be turned into (a road); (for someone/something) to be swerved/veered to. 2. /a/ to be made to (do something bad). 3. /dan/ to be deflected from (one's goal); to be made to digress from (one's topic); to be made to depart from (the straight and narrow).
saptırma 1. /ı, a/ turning (a vehicle/a horse) to (the right/the left); turning (a vehicle/a horse) into (a road); making (someone) turn to (the right/the left); making (someone) turn into (a road); making (someone/something) veer/swerve to. 2. /ı, a/ making (someone) begin to (do something disapproved of). 3. /ı, dan/ making (someone) digress/deviate/depart from. 4. *arch.* an ornamental molding.
saptırmak 1. /ı, a/ to turn (a vehicle/a horse) to (the right/the left); to turn (a vehicle/a horse) into (a road); to make (someone) turn to (the right/the left); to make (someone) turn into (a road); to make (someone/something) veer/swerve to. 2. /ı, a/ to make (someone) begin to (do something disapproved of). 3. /ı, dan/ to make (someone) digress/deviate/depart from.
sara *path.* epilepsy. —**sı tutmak** to have an epileptic fit.
saraciye 1. leather goods. 2. saddles and harness, tack.
saraç 1. maker or seller of leather goods. 2. saddler, maker or seller of saddles and harness.
saraçhane saddlery (place where saddles and harness are made/sold).
saraçlık 1. being a maker or seller of leather goods. 2. saddlery, being a maker or seller of saddles and harness.
sarahat, -ti *obs.* clarity, explicitness, unambiguousness.
sarahaten *obs.* clearly, explicitly, unambiguously.
sarak *arch.* stringcourse, cordon.
saraka *slang* pulling someone's leg; ridicule. —**ya almak** /ı/ *slang* to pull (someone's) leg; to make fun of (someone).
sarakacı *slang* (someone) who likes to poke fun at others.
saralı 1. (an) epileptic. 2. (someone) who has epilepsy.
sararmak 1. to turn yellow. 2. to turn pale, grow pale, pale. **sararıp solmak** (for someone) to grow pale/pallid/wan.
sarartma 1. turning (something/someone) yellow. 2. making (someone) grow pale. 3. *prov.* pale, sickly looking person.
sarartmak /ı/ 1. to yellow, make (something/someone) turn yellow. 2. to make (someone) grow pale.
saray 1. palace; seraglio, serai, serail. 2. large public building: **adliye sarayı** courthouse. 3. the palace (the sultan and his supporters; the king/the queen and his/her supporters). — **lokması** a kind of syrupy friedcake.
saraylı 1. girl/woman who is a member of the sultan's harem. 2. (girl/woman) who is a member of the sultan's harem.
saraypatı, -nı *bot.* China aster.
sardalye *zool.* sardine; pilchard. — **gibi istif olmak** *colloq.* to be packed together like sardines.
Sardca 1. Sardinian, the Sardinian language. 2. (speaking, writing) in Sardinian, Sardinian. 3. Sardinian (speech, writing); spoken in Sardinian; written in Sardinian.
sardırmak /ı, a/ 1. to have (someone) wind/wrap (one thing) around (another); to have (someone) wrap (something) up in; to have (someone) wrap (something). 2. to have (someone) bandage (a wound). 3. to have (people/an army) surround (a place). 4. to have (someone) wind up or coil up (something). 5. to cause (a vine) to twine around or climb (something).
Sardinya *see* **Sardunya.**
sardun a rope (used by fishermen).
Sardunya 1. Sardinia. 2. Sardinian, of Sardinia.
sardunya *bot.* geranium.
sarf 1. spending (money). 2. expending/using up/consuming (time/effort/energy); using (words). — **etmek** /ı/ 1. to spend (money). 2. to expend/use up/consume (time/effort/energy); to use (words).
sarfınazar /dan/ leaving aside, if one leaves ... aside, apart from ...: **Bundan sarfınazar, iyi bir adam sayılır.** Apart from that he's a good fel-

low. **— etmek** /dan/ 1. to leave (something) aside, disregard, overlook. 2. to give up, relinquish; to abandon the idea of; to stop trying to (do something).

sarfiyat, -tı 1. expenses, costs, expenditures. 2. consumption, using (something) up.

sargı bandage.

sargılı bandaged.

sarhoş 1. drunk, tipsy, inebriated, intoxicated; high. 2. drunk with joy/happiness/pleasure. **— etmek** /ı/ to intoxicate, make (someone) drunk. **— olmak** 1. to be drunk. 2. to get drunk.

sarhoşluk drunkenness, inebriation, intoxication; being high.

sarı 1. yellow. 2. blond. 3. pale, pallid, wan (face). 4. brass (the metal). 5. yolk, yellow (of an egg). **— altın** gold coin (made of relatively pure gold). **— aşıboyası** yellow ocher. **— bakır** brass (the metal). **— benizli** (someone) whose face is pale/pallid/wan. **— çıyan** 1. zool. centipede. 2. colloq. treacherous-looking blond person. **— çizmeli Mehmet Ağa** some Joe Doakes or other (said especially of someone who's being searched for, but about whom very little practical information is known). **— kız** colloq. sorrel-colored cow.

sarıağız, -ğzı zool. maigre (fish).

sarıasma zool. golden oriole.

sarıbalık zool. a large carp.

sarıca 1. yellowish. 2. zool. yellow jacket.

sarıcık zool., see sarıasma.

sarıçalı bot. barberry.

sarıçam bot. Scotch pine.

sarıçiğdem bot. saffron crocus, saffron.

sarıdiken bot. golden thistle, Spanish oyster plant.

sarıgöz zool. a sea bream.

sarığıburma a sweet pastry.

sarıhumma path. yellow fever.

sarık 1. turban cloth (wrapped around a headpiece to form a turban). 2. turban.

sarıkanat zool. a medium-sized bluefish.

sarıklı 1. turbaned, beturbaned. 2. colloq., Islam man respected for his religious knowledge; hodja, imam.

sarılgan bot. twining, climbing (plant). **— sap** bot. tendril.

sarılı (something) which is yellow in places, which contains patches of yellow.

sarılı 1. wrapped. 2. bandaged. 3. enveloped, covered. 4. /a/ coiled around. 5. /la/ surrounded by.

sarılıcı bot. twining, climbing (plant). **— sap** bot. tendril.

sarılık 1. yellowness, yellow color/hue. 2. path. jaundice, icterus.

sarılmak 1. /a/ to embrace, put one's arms around. 2. /a/ to cling to, hold fast to. 3. /a/ to twine/coil around. 4. /a/ to take up (something) immediately; to begin (to do something) zealously and vigorously. 5. /a/ to be wrapped in/around; /la/ to be encircled with, be wrapped with. 6. to be bandaged. 7. to be surrounded. 8. /la/ to be covered, spread over, or enveloped with.

sarım 1. winding, wrapping; bandaging. 2. (something) that's long enough to encircle a thing (so many) times: **iki sarım tel** enough wire to encircle the thing twice. 3. elec. a single loop (in an electromagnetic coil).

sarımsak see sarmısak.

sarımsı yellowish.

sarımtırak see sarımsı.

sarınmak /a/ to wrap oneself up in; to wrap/wind (something) around oneself.

sarıpapatya bot. golden marguerite, yellow chamomile.

sarısabır 1. bot. aloe. 2. aloes (used as a medicine).

sarısalkım bot. golden rain tree, laburnum.

sarışın 1. blond/blonde (person). 2. person with a fair complexion and light-colored hair; (a) blond; (a) blonde.

sarışınlık blondness; blondeness.

sarıyasemin bot. 1. wild jasmine. 2. winter jasmine.

sarızambak bot. yellow asphodel, Brit. king's spear.

sâri contagious/infectious (disease).

sari sari, saree (dress worn by Indian women).

sarig, -gi zool. opossum, possum.

sarih clear, explicit, unambiguous.

sarkaç pendulum.

sarkık pendulous, drooping; flabby and drooping.

sarkıl phys. pendular (movement).

sarkılmak impersonal passive to hang down.

sarkıntı 1. droop, hang. 2. (a man's) making improper remarks/overtures (to a woman); indecently assaulting (a woman) (by pinching/nudging).

sarkıntılık (a man's) making improper remarks/overtures (to a woman); indecently assaulting (a woman). **— etmek** /a/ to make improper remarks/overtures to (a woman); to assault (a woman) indecently (by pinching/nudging).

sarkıt, -tı 1. geol. stalactite. 2. arch. stalactite, muqarna. 3. arch. pendant (forming the lower end of a newel post, keystone).

sarkıtmak /ı/ 1. to dangle, let (something) hang down; to lower. 2. slang to land (someone) a blow, hang (someone) a blow. 3. slang to hang (someone), make (someone) swing.

sarkmak 1. to hang; to hang down; to hang out; /dan/ to lean out of (a window). 2. /a/ colloq. to drop by, stop in at (a place). 3. /a/

colloq. to proceed leisurely to (a place). 4. *colloq.* to be left over; to be in excess of what was expected.

sarkom *path.* sarcoma.

sarma 1. /ı, a/ winding/wrapping (one thing) around (another); wrapping (something) up in; /ı/ wrapping, encircling. 2. /ı/ bandaging (something). 3. /ı/ surrounding (a place/someone). 4. /ı/ covering, spreading over, enveloping (something). 5. /ı/ embracing (someone). 6. /ı/ winding (something) up, coiling (something) up. 7. /ı/ (of something) interesting (someone), exciting the curiosity of (someone); (of something) pleasing (someone), giving (someone) pleasure. 8. /a/ (of a vine) twining around, climbing (something). 9. /ı/ attacking (someone) verbally, laying into (someone). 10. hot dish made of grape/cabbage leaves stuffed with meat and rice. 11. a wrestling maneuver. 12. *embroidery* embossed (motif/design). 13. made by wrapping/winding.

sarmak 1. /ı, a/ to wind/wrap (one thing) around (another); to wrap (something) up in; /ı/ to wrap, encircle. 2. /ı/ to bandage. 3. /ı/ to surround (a place/someone). 4. /ı/ to cover, spread over, envelop (something). 5. /ı/ to embrace (someone). 6. /ı/ to wind (something) up, coil (something) up. 7. /ı/ (for something) to interest (someone), excite the curiosity of (someone); (for something) to please (someone), give (someone) pleasure. 8. /a/ (for a vine) to twine around, climb (something). 9. /ı/ to attack (someone) verbally, lay into (someone). **sarıp sarmalamak** /ı/ to wrap (someone/something) up well.

sarmal helical, spiral. — **damarlar** *anat.* spiral ducts, spiral vessels.

sarmalamak /ı/ to wrap (someone/something) up well.

sarmalanmak to be wrapped up well.

sarman 1. huge, enormous. 2. tawny cat.

sarmaş *used in:* — **dolaş** *colloq.* 1. locked in a close embrace. 2. on very friendly terms with each other. — **dolaş kuzu dolması olmak** *colloq.* to become firm friends, become inseparable friends. — **dolaş olmak** *colloq.* 1. to be locked in a close embrace. 2. to become firm friends, become inseparable friends.

sarmaşan *bot.* twining, climbing (plant).

sarmaşık *bot.* 1. ivy, hedera. 2. vine, twining/climbing plant.

sarmaşmak 1. to embrace one another. 2. (for vines) to be intertwined.

sarmısak garlic. — **dişi** clove of garlic. —**ı gelin etmişler, kırk gün kokusu çıkmamış.** *proverb* A person's faults are often not readily apparent; some time may have to pass before they come to light. — **yemedim ki ağzım koksun.** *colloq.* I don't have anything to be afraid of, because I haven't done anything wrong.

sarmısaklı flavored with garlic; garlicky.

sarmısakotu, -nu *bot.* garlic mustard, hedge garlic.

sarnıç 1. cistern (for drinking water). 2. tank (for water/petroleum) (in a ship). — **gemisi** tanker. — **vagonu** *rail.* tank car.

sarnıçlı furnished with a cistern/a tank.

sarp, -pı 1. very steep, precipitous. 2. hard, difficult (task). 3. difficult of access. —**a sarmak** *colloq.* (for something) to become very difficult/complicated.

sarpın 1. pit used for storing grain, silo. 2. dough tray (for bread dough).

sarplaşmak to become very steep.

sarraf 1. buyer and seller of gold and other precious metals/stones. 2. moneychanger; moneylender.

sarrafiye *obs.* commission/fee/interest given to a **sarraf.**

sarraflık 1. being a buyer and seller of gold and other precious metals/stones. 2. being a moneychanger/moneylender; money changing; money lending. 3. commission/fee/interest given to a **sarraf.**

sarsak shaky, quavery, unsteady, trembling (owing to feebleness). — **sursak** *colloq.* shakily, unsteadily, quaveringly.

sarsaklık shakiness, unsteadiness.

sarsı tremor (caused by an earthquake).

sarsılmak 1. to be shaken, be jarred, be jolted. 2. /dan/ to be laid low by, be hit hard by, be greatly weakened by (an illness/a shock/a downturn in one's affairs).

sarsım 1. (a) shaking, (a) jolting. 2. *astr.* perturbation (in the orbital motion of a heavenly body).

sarsıntı 1. shake, jolt, tremor. 2. *psych.* shock. 3. (brain) concussion.

sarsıntılı 1. shaking, trembling; shaken. 2. uncertain, subject to unpredictable change.

sarsıntısız 1. (something) which moves without shaking/joggling; (vehicle) which doesn't jolt its passengers. 2. calm, undisturbed (place/life).

sarsma shake; joggle.

sarsmak /ı/ 1. to shake, jar, jolt. 2. to give (someone) a shock. 3. to weaken (one's health); to upset (one's affairs).

sası *prov.* 1. (something) which smells rotten and moldy. 2. stinking, smelly.

sasımak *prov.* 1. to smell rotten and moldy. 2. to stink, smell bad.

sataşılmak /a/ *impersonal passive* to aggravate, provoke, annoy.

sataşkan (someone) who likes to aggravate/provoke/annoy.

sataşmak /a/ to aggravate, provoke, annoy.

saten 1. satin. 2. made of satin.
sathi 1. superficial; shallow; cursory. 2. superficial, surface, pertaining to a surface.
sathileşme becoming superficial.
sathileşmek to become superficial.
sathileştirmek /ı/ to make (something) superficial.
sathilik superficiality, superficialness.
satı sale, selling. —**ya çıkarmak** /ı/ to put (something) up for sale.
satıcı 1. seller; salesman; saleswoman; salesclerk; sales representative, licensed dealer; peddler. 2. (someone) who works as a seller.
satıcılık being a seller.
satıh, -thı 1. (a) surface. 2. *geom.* (a) plane.
satılık (something) which is for sale. —**a çıkarmak** /ı/ to put (something) up for sale.
satılmak 1. to be sold. 2. /a/ to sell oneself traitorously to, sell out to.
satım sale, selling.
satımlık 1. commission received by a seller. 2. invoice.
satın *used in:* —**alıcı** buyer, purchaser. —**almak** /ı/ to buy, purchase.
satır a line (of writing): **Paragrafın üçüncü satırında bir yanlış görüyorum.** I see a mistake in the third line of the paragraph.
satır meat cleaver. —**atmak** to wreak a great deal of destruction; to kill a lot of people.
satırbaşı, -nı head of a paragraph, place where a paragraph begins.
satış sale, selling. —**a çıkarmak** /ı/ to put (something) up for sale. —**fiyatı** selling price. —**yeri** sales outlet; sales agency, dealership.
satir 1. satire. 2. satyr.
satirik satirical.
satlıcan *prov., path.* pleurisy.
satmak /ı/ 1. to sell. 2. to put on a show of, affect, pretend to: **Adam malumat satıyor.** The fellow's pretending to knowledge (which he in no way possesses). 3. *slang* to get rid of (someone). **kendini satmasını bilmek** to know how to sell oneself *(usually used of people whose advancement rests, not on real merit, but on glib, self-adulatory talk).* **satıp savmak** *colloq.* to sell all that one has.
satranç chess. —**satranç** checkered, checked. —**tahtası** chessboard. —**taşı** chessman.
satrançlı checkered, checked.
satsuma satsuma, satsuma orange.
sattırmak /ı, a/ to have (someone) sell (something); /ı/ to have (something) sold.
Satürn *astr.* Saturn.
sauna sauna.
sav 1. word, saying. 2. claim, assertion; argument. 3. *law* indictment, allegation, charge. 4. *log.* thesis, proposition.
sava *prov.* 1. good news. 2. news.

savacı *prov.* 1. bringer of good news. 2. bringer of news. 3. prophet.
savak 1. sluice system (for diverting excess water). 2. sluice, sluiceway.
savan *geog., see* **savana.**
savana *geog.* savanna, savannah (a tropical/subtropical grassland).
savaş 1. war. 2. struggle, fight, striving. —**açmak** to start a war; to begin to fight. —**bölgesi** theater of war. —**durumu** state of war. —**gereçleri** munitions. —**ilanı** declaration of war. —**suçları** war crimes. —**tutsağı** prisoner of war.
savaşçı 1. combatant, fighter, warrior. 2. struggler, fighter. 3. hawk, person who advocates war or the use of military force. 4. warlike, bellicose, aggressive. 5. (someone) who's willing to struggle (for something). 6. (someone) who advocates war or the use of military force.
savaşım struggle, fight, striving.
savaşımcı 1. struggler, fighter. 2. (someone) who's willing to struggle (for something).
savaşkan (someone) who fights hard and well.
savaşmak 1. to fight, battle, wage war. 2. /la/ to fight (against) (someone/something).
savaşöncesi, -ni prewar, antebellum.
savaşsonrası, -nı postwar, postbellum.
savat, -tı 1. niello, the nielloing process. 2. incised design filled with niello.
savatlamak /ı/ to niello.
savatlı ornamented with niello work, nielloed.
savca *law* written indictment.
savcı public prosecutor; attorney general; district attorney.
savcılık 1. public prosecutorship; attorney generalship; district attorneyship; being a public prosecutor/an attorney general/a district attorney. 2. office of the public prosecutor/the attorney general/the district attorney *(refers to a building).*
savdırmak /ı, a/ to have (someone) get rid of (someone).
savla *naut.* signal halyard.
savlamak /ı/ to assert, claim.
savmak 1. /ı/ to get rid of (someone). 2. /ı/ to get over, get rid of (an illness); to get through (a difficulty, a trying experience) successfully.
savruk 1. careless, inattentive, (someone) who pays no attention to what he's doing. 2. untidy, messy (person).
savrukluk 1. carelessness, inattentiveness, inattention. 2. untidiness, messiness.
savrulmak 1. to be winnowed; to be thrown into the air. 2. to be driven about, be scattered (by the wind). 3. to be flung, be hurled. 4. to be brandished; to be wielded. 5. (for money) to be spent prodigally.
savruntu chaff (left after winnowing grain).

savsak 1. careless, slipshod, apathetic (worker); (someone) who's always putting off doing something. 2. neglectful, negligent, (someone) who neglects to do things.

savsaklama /ı/ 1. putting off (doing something) continually (merely because one finds the task disagreeable); putting (someone) off with an excuse. 2. neglecting (something); neglecting (to do something); neglect.

savsaklamak /ı/ 1. to put off (doing something) continually (merely because one finds the task disagreeable); to put (someone) off with an excuse. 2. to neglect (something); to neglect (to do something).

savsamak /ı/ *see* **savsaklamak.**

savsöz slogan.

savsözcü sloganeer.

savsözcülük being a sloganeer; sloganeering.

savulmak 1. to stand aside, draw aside, get out of the way. 2. to withdraw, go away. 3. to be gotten rid of. **Savul!** Gangway!/Clear the road!/Get out of the way!

savunma 1. defense, *Brit.* defence. 2. /ı/ defending.

savunmak /ı/ to defend.

savunmalık defensive.

savunman lawyer.

savunu defense, *Brit.* defence.

savunucu 1. defensive. 2. defender. 3. *law* counsel for the defense.

savurgan extravagant, prodigal, wasteful, spendthrift.

savurganlık extravagance, prodigality, wastefulness.

savurmak 1. /ı/ to winnow (grain); to throw (something) into the air (as if winnowing). 2. /ı/ (for the wind/waves/a current) to drive (something) about; (for the wind/a current) to cause (something) to stream out or trail out at full length. 3. /ı/ to throw (something) violently, hurtle, hurl, fling. 4. /ı/ to brandish (a sword); to wield (an implement). 5. /ı/ to land (a blow/a kick). 6. /ı/ to fling, let fly (a curse); to tell (a lie); to talk (rot/claptrap). 7. /ı/ to dip a spoon into (a boiling liquid) and then to empty the spoon back into the pot *(done to prevent the liquid from boiling over).* 8. /ı/ to waste, spend prodigally. 9. to exaggerate; to brag.

savuşmak 1. to sneak off, slip away; to give someone the slip. 2. (for an illness/a difficulty) to be past, be no more.

savuşturmak /ı/ 1. to get rid of, shake (an illness); to get rid of, ward off (a disagreeable thing). 2. to parry, deflect (a blow).

saya upper (part of a shoe above the sole); vamp.

sayacı person who cuts out shoe uppers.

sayaç meter (e.g. a water, a gas, or an electricity meter), counter.

saydam transparent. — **resim** *phot.* slide, film-slide, transparency, lantern slide. — **tabaka** *anat.* cornea.

saydamlama /ı/ 1. making (something) transparent. 2. *phot.* reducing the density of (a negative).

saydamlamak /ı/ 1. to make (something) transparent. 2. *phot.* to reduce the density of (a negative).

saydamlaşmak to become transparent.

saydamlaştırmak /ı/ to make (something) transparent.

saydamlık transparency, transparentness.

saydırmak /ı, a/ 1. to have (someone) count (something). 2. to cause (someone) to respect (someone).

saye 1. *obs.* shadow; shade. 2. protection, assistance, favor. —**sinde** thanks to: **Ali'nin sayesinde işi bitirdik.** Thanks to Ali we've got the job done.

sayfa 1. page (of a book, newspaper, letter, etc.). 2. subject, topic (of conversation). — **bağlamak** *print.* to page up, make (typeset matter) up into pages. — **düzeni** *print.* 1. layout. 2. paging up, making typeset matter up into pages.

sayfalık of (so many) pages: **yüz sayfalık bir kitap** a one-hundred-page book.

sayfiye summer home, summer house, summer place. — **yeri** summer resort, place that is popular with summer vacationers.

saygı respect, esteem. **S—larımla,** Very truly yours,/Yours very truly, *(used as the complimentary close of a letter).* — **duruşu** standing at attention in order to show respect. — **göstermek** to show respect, behave respectfully.

saygıdeğer estimable, worthy of esteem.

saygıdeğerlik estimableness.

saygılı respectful.

saygılılık respectfulness.

saygın esteemed, respected.

saygınlık esteem, respect, being esteemed.

saygısız disrespectful.

saygısızca 1. disrespectful. 2. disrespectfully.

saygısızlık disrespectfulness, disrespect. — **etmek** /a/ to show disrespect to/for, disrespect.

sayı 1. number, unit in a numerical series. 2. number, specified total of (people/things): **Onların sayısı yüzü geçmez.** There's no more than one hundred of them. 3. number, issue (of a newspaper/a magazine). 4. *sports* point/points scored in a game; *basketball* basket; *soccer* goal. — **göstergesi** *sports* scoreboard. —**m suyum yok!** *(used by children)* 1. I'm not playing! *(said angrily).* 2. Let's start the game over! *(said after someone has broken a rule of the game).*

sayıbilim (the science of) statistics.

sayıboncuğu, -nu abacus (a calculating instrument).
sayıcı tax official who counts the number of animals in a farmer's flock.
sayıklamak 1. to talk in one's sleep or while delirious. 2. /ı/ to talk constantly of (something one longs for).
sayılama 1. /ı/ indicating (something) in numerical terms. 2. (the science of) statistics.
sayılı 1. counted, numbered. 2. bearing (a certain) number: **8 sayılı kart** the card bearing the number eight. 3. limited in number; in limited supply; few and far between. 4. (one of) a very few (persons/things): **Onu görmüş olan sayılı kişilerden biridir.** She's one of the very few who saw him. 5. best, top-notch: **O kadın sayılı yazarlarımızdan biridir.** She's one of our best writers. 6. special, exceptional. **— gün/günler çabuk/tez geçer.** *proverb* Deadlines come to an end in no time flat.
sayılmak 1. to be counted. 2. to be respected.
sayım enumeration, count; census. **— vergisi** *formerly* tax whose amount depended on the number of animals one owned.
sayımbilim (the science of) statistics.
Sayın (*used before the name of a person*) 1. (*in a letter*) Dear ...,: **Sayın Emine Hanım** Dear Emine Hanım. 2. *said when addressing or speaking of someone:* **Sayın Yıldız Yüksel** Mrs. Yıldız Yüksel.
sayısal 1. numerical. 2. digital. **— bilgisayar** digital computer.
sayısız countless, innumerable, numberless.
sayışmak 1. to settle accounts with each other. 2. (for children) to make a count to decide who'll be "it" in a game.
Sayıştay the Government Accounting Bureau.
saylav *pol.* deputy, member of parliament.
saymaca 1. *fin.* nominal; fiduciary. 2. nominal, not actual, (something) which exists only in name or on paper. 3. (something done) by counting, by making a count.
saymak 1. /ı/ to count, make a numerical count of. 2. /ı/ to list, specify, enumerate. 3. to count: **Çocuk yalnız birden ona kadar sayabiliyor.** The child only knows how to count from one to ten. 4. /ı/ to respect, value, regard (someone/something) as important. 5. /ı/ to take (someone/something) into account, consider. 6. /ı/ to deem, regard, reckon, look upon (someone/something) as: **O sözü iltifat sayarım.** I take that remark as a compliment. 7. /a/ to pay (so much money) for: **Buna yüz lira saydım.** I paid one hundred liras for this.
sayıp dökmek to tell (everything), spill (it) all out, pour (it) all out: **Dertlerini bana sayıp döktü.** He poured out all his troubles to me.
saymamazlık *see* **saymazlık.**

sayman accountant.
saymanlık 1. being an accountant; accountancy. 2. accounting office.
saymazlık disrespect.
sayrı ill, sick, ailing. **— düşmek** to get sick, become ill.
sayrıevi, -ni hospital.
sayrıl pathological, pertaining to disease.
sayrılanmak to get sick, become ill.
sayrılarevi, -ni hospital.
sayrılık sickness, disease.
sayrılıklı morbid, diseased.
sayvan 1. roof over a porch/a stoop; overhang of a roof, eave, eaves. 2. awning. 3. porch, stoop. 4. pleated border (added to a cloth article).
saz 1. a stringed instrument (which somewhat resembles a lute). 2. (any kind of) musical instrument. 3. group of musicians. **—a gitmek** to go to a café (or similar place) which has musicians who play traditional Turkish music. **— heyeti** group of musicians who play traditional Turkish music. **— şairi** minstrel who improvises songs, accompanying himself with his **saz. — takımı** group of musicians who play traditional Turkish music.
saz 1. *bot.* rush, bulrush; cattail; sedge; reed. 2. made of rushes/bulrushes/cattails/sedge/reeds. **— benizli** pale, pale-faced.
sazan *zool.* carp.
sazcı *mus.* 1. **saz** player. 2. maker or seller of **saz.**
sazende *obs.* 1. musician (who plays one of the traditional Turkish instruments). 2. **saz** player.
sazlı (place/event) that features musicians playing traditional Turkish music, that features the live performance of traditional Turkish music. **— sözlü** (an entertainment) which features music and singing.
sazlık 1. place that is full of rushes/bulrushes/cattails/sedge/reeds; reedbed. 2. rushy, sedgy, reedy (place).
sazrengi, -ni 1. sedge (a color). 2. sedge-colored.
Sb. (*abbr. for* **subay**) *mil.* Off. (Officer).
se three (a throw of dice).
seans 1. session, sitting (of a committee/an assembly). 2. (a) treatment (an instance of therapeutic treatment): **Adamın hastalığı beş seansta tedavi edildi.** The man's illness was cured after five treatments. 3. (a) showing (of a movie); (a) performance (of a play). 4. *playing cards* (a) game: **bir poker seansı** a game of poker. 5. (a) sitting (for one's portrait). 6. *spiritualism* séance.
sebat, -tı firmness, constancy, steadfastness; perseverance. **— etmek/göstermek** to hold fast to one's purpose, show resolution; to persevere.
sebatkâr *see* **sebatlı.**
sebatlı steadfast, steady, constant, unwavering;

persevering.
sebatsız (someone) who is not steadfast/persevering.
sebatsızlık lack of steadfastness/perseverance.
sebayüdü three and two (a throw of dice).
sebebiyet, -ti *used in:* **— vermek** /a/ to pave the way for; to bring about, cause.
sebep 1. cause, reason. 2. pretext, excuse. 3. means, medium. **—iyle** because of, owing to. **— olan sebepsiz kalsın!** May he suffer for this! *(said of someone who has wronged one).* **— olmak** /a/ to bring about, cause.
sebeplenmek to get a share of the pie, get a piece of the action, get a share of something good that's come to someone else.
sebepli *used in:* **— sebepsiz** for no evident reason.
sebepsiz (something) which is done for no apparent reason. **— iktisap/zenginleşme** *law* unjust enrichment. **— kalmak** *colloq.* to fall on hard times, grow poor.
sebil 1. kiosk built for the dispensing of free drinking water. 2. free drinking water distributed as an act of piety. **— etmek** /ı/ 1. to distribute (something) free (as an act of piety). 2. to distribute (something) lavishly.
sebilci 1. itinerant who dispensed nominally free drinking water. 2. person who dispensed free drinking water from a kiosk.
sebilhane kiosk built for the dispensing of free drinking water. **— bardağı gibi dizilmek** (for people) to be lined up like peas in a pod *(said derogatorily).*
sebze vegetable.
sebzeci vegetable seller.
sebzecilik being a vegetable seller; selling vegetables.
sebzelik 1. vegetable garden. 2. vegetable bowl; vegetable dish (used for serving cooked vegetables). 3. vegetable tray (in a refrigerator).
seccade prayer rug.
secde prostrating oneself (while performing the namaz). **— etmek/—ye varmak/—ye kapanmak** to prostrate oneself (while performing the namaz).
seciye (a person's) character/nature/disposition.
seciyeli (person) of high moral character.
seciyesiz untrustworthy/treacherous (person).
seçenek alternative.
seçi choosing, selection.
seçici selector, person who selects. **—ler kurulu** selection committee, jury.
seçicilik being a selector.
seçik 1. clear, not turbid. 2. *phil.* distinct.
seçiklik 1. clearness, lack of turbidity. 2. *phil.* distinctness.
seçilmek 1. to be chosen, be selected. 2. to be elected. 3. to be perceived.

seçim 1. election. 2. choosing, selection. **— bölgesi/çevresi** election district. **— dönemi** the period which extends from one general election to the next. **— kurulu** election commission. **— sandığı** ballot box. **— tutanağı** official list of those elected.
seçimlik (something) which one may choose or reject at will; discretionary. **— ders** (an) elective, elective course.
seçki anthology; chrestomathy.
seçkin select, choice; distinguished, outstanding, superior.
seçkinleşmek to become outstanding, distinguish oneself.
seçkinlik distinguished quality, superior quality.
seçme 1. /ı/ choosing, selecting. 2. /ı/ electing. 3. /ı/ perceiving, distinguishing, seeing, discerning. 4. /ı/ being choosy about, being particular about (something); choosing (one's friends) carefully. 5. select, choice; distinguished, outstanding, superior. **—ler** selected articles. **— tuşu** *comp.* option key.
seçmece 1. (sold) by allowing the customer to pick and choose: **Seçmece verirsen alınm.** If you let me choose the ones I want, I'll buy from you. 2. (something) sold by allowing the customer to pick and choose.
seçmeci *phil.* eclectic.
seçmecilik *phil.* eclecticism.
seçmek /ı/ 1. to choose, select. 2. to elect. 3. to perceive, distinguish, see, discern. 4. to be choosy about, be particular about (something); to choose (one's friends) carefully.
seçmeli 1. optional, facultative; elective. 2. multiple-choice. **— ders** (an) elective, elective course.
seçmen voter; elector. **—ler** the electorate. **— kütüğü** electoral roll.
seçtirmek /ı, a/ to cause (someone) to choose (someone/something).
sed, -ddi *see* **set.**
seda 1. voice, sound of a voice. 2. echo.
sedalı 1. *phonetics* voiced, vocal, sonant. 2. (someone) who has (a certain kind of) voice.
sedasız *phonetics* unvoiced, voiceless, surd.
sedatif 1. sedative (agent). 2. (a) sedative.
sedef 1. mother-of-pearl, nacre. 2. made of mother-of-pearl, mother-of-pearl. **— hastalığı** *path.* psoriasis.
sedefçi person who does inlay work using mother-of-pearl.
sedefkâr *see* **sedefçi.**
sedefli decorated/inlaid with mother-of-pearl.
sedefotu, -nu *bot.* rue.
sediman sediment.
sedimantasyon sedimentation.
sedir divan (a large, low couch with no back/ends).
sedir 1. *bot.* cedar. 2. cedar wood, cedar. 3.

sedye

made of cedar, cedar.
sedye 1. stretcher, litter. 2. sedan chair.
sedyeci stretcher-bearer.
sedyelik (someone) so ill or badly injured that he has to be carried on a stretcher.
sefa *see* **safa**.
sefahat, -ti 1. dissoluteness, dissipation, debauchery, debauch. 2. reckless extravagance with money, profligacy, squandering.
sefalet, -ti 1. extreme poverty. 2. misery, wretchedness. 3. baseness, vileness. **— çekmek** to suffer extreme poverty. **—e düşmek** to be reduced to extreme poverty.
sefaret, -ti 1. ambassadorship; envoyship. 2. embassy; legation; building housing the residence and office of an ambassador/an envoy.
sefarethane embassy; legation; building housing the residence and office of an ambassador/an envoy.
sefer 1. journey; voyage. 2. *mil.* campaign; military expedition; war. 3. time; occasion: **bu sefer** this time. **üç sefer** three times.
seferber 1. mobilized for war. 2. (person) who has gone off to war; (nation) which is at war.
seferberlik 1. mobilization. 2. being at war.
seferi 1. (someone) who is exempt from the Ramazan fast or from performing the namaz because he is making a journey. 2. pertaining to a journey/a voyage. 3. *mil.* wartime, pertaining to a time of war; expeditionary. 4. *mil.* field, pertaining to the field.
seferlik (something) which is enough to last for (so many) times/occasions: **İki seferlik et aldım.** I bought enough meat to last us for two meals. **bu —** for this one time only, just this once.
sefertası, -nı shallow, lidded, metal container (used as a dinner pail); several such containers stacked one on top of the other and fastened together. **— gibi** *colloq.* very narrow, multistoried (house).
sefih 1. dissolute, dissipated, debauched. 2. recklessly extravagant with money, profligate.
sefil 1. extremely poor, very impoverished. 2. miserable, wretched. 3. pitifully worn-out/dilapidated. 4. morally bankrupt.
sefir 1. ambassador. 2. envoy.
sefire ambassadress.
sefirlik 1. ambassadorship. 2. envoyship.
seğirdim 1. footrace. 2. recoil (of a cannon). 3. slope (of a millrace). **— yolu** 1. protected walkway (forming part of the outer wall of a fortress). 2. walkway (formed by the loggia of a caravansary).
seğirme involuntary twitch (of a muscle/an eyelid).
seğirmek (for a muscle/an eyelid) to twitch involuntarily: **Sağ gözüm seğirdi.** My right eyelid twitched.
seğirtme 1. bounding; running jumpingly; dashing. 2. unbaited fishing line.
seğirtmek to bound, run jumpingly; to dash.
seğmen young man who is traditionally dressed, armed, and mounted (in order to celebrate a festive event).
seher 1. the period just before dawn. 2. daybreak, dawn.
sehpa 1. tripod. 2. end table; coffee table. 3. easel. 4. music stand. 5. gallows (used for hanging criminals). **—ya çekmek** /ı/ to hang, string (someone) up.
sehven *obs.* by mistake; inadvertently.
sek, -ki 1. straight, (distilled liquor) to which nothing has been added. 2. dry (wine). 3. (drinking something) straight: **Viskiyi sek içti.** He drank the whisky straight.
sekans *cin., mus.* sequence.
sekant, -tı *geom., trigonometry* secant.
Sekendiz *astr.* Saturn.
seki 1. stone base (for a column/a post). 2. stone/wooden bench. 3. *geol.* bench, terrace, shelf. 4. doorsteps, stoop. 5. (man-made) terrace (in a hillside).
seki white sock (of a horse).
sekiz eight. **— köşe olmak** *slang* to be in very good spirits, be in a very good mood.
sekizer eight each, eight apiece: **Onlara sekizer elma verdi.** She gave them each eight apples. **sekizer kişilik gruplarda** in groups of eight. **— sekizer** in groups of eight; eight at a time.
sekizgen *geom.* octagon.
sekizinci eighth.
sekizli 1. (something) which contains eight things. 2. the eight (in a suit of playing cards). 3. *mus.* octet. 4. *mus.* octave. 5. *poet.* octastich; octave, octet.
sekizlik 1. (something) designed to hold eight (things): **sekizlik kalem kutusu** a box designed to hold eight pencils. 2. (someone) aged eight. 3. (something) worth eight liras. 4. *mus.* eighth note. 5. *astr.* Octans. 6. (an) eight-year-old. 7. something worth eight liras.
sekizyüzlü *geom.* octahedron.
sekmek 1. to hop. 2. to skip, jump lightly and quickly. 3. to ricochet; (for a stone) to skip (over water). 4. to let up, abate. 5. to fluctuate, vary.
sekmen *prov.* 1. stool. 2. step, stair.
sekoya *bot.* sequoia.
sekreter secretary.
sekreterlik 1. being a secretary; secretaryship. 2. office where secretaries work.
sekreterya secretariat.
seks sex.
seksapel, -li sex appeal, it.
seksek hopscotch.

seksen 1. eighty. 2. *colloq.* umpteen, a great many. — **kapının ipini çekmek** *colloq.* 1. to go to many places. 2. to apply to many places.
seksener eighty each, eighty apiece. — **seksener** in groups of eighty; eighty at a time.
sekseninci eightieth.
seksenlik 1. (something) designed to hold eighty (things): **seksenlik yumurta sandığı** a box designed to hold eighty eggs. 2. octogenarian. 3. (something) worth eighty liras. 4. (an) octogenarian. 5. something worth eighty liras.
seksi *colloq.* sexy.
seksiyon section, department.
seksolog sexologist.
seksoloji sexology.
sekstant, -tı sextant.
seksüel sexual.
sekte stoppage, cessation, interruption, suspension. **—ye uğramak/— vermek** to come to a halt, cease; to be interrupted; to be impeded. **— vurmak /a/** to bring (something) to a halt; to interrupt; to impede.
sekter 1. sectarian, bigoted, narrow-minded. 2. (a) sectarian, bigot.
sekterlik sectarianism, bigotry, narrow-mindedness.
sektirmek /ı/ 1. to cause (a person/an animal) to hop/skip. 2. to cause (something) to ricochet.
sektirmemek /ı/ 1. not to miss, not to omit (a thing). 2. not to neglect (one's work), not to let (one's work) slide.
sektör sector.
sel torrent, swift and violent flood of water. **— gider, kum kalır.** *proverb* Don't get excited about those things that are here today and gone tomorrow; think instead of those things that you must contend with over a long period of time. **—e gitmek** *colloq.* to be needlessly wasted. **— götürmek /ı/** 1. for it to rain cats and dogs in (a place). 2. for rain to cause flooding in (a place). **— ile gelen yel ile gider.** *proverb* Easy come, easy go. **— seli götürmek** *colloq.* for water to flood violently over a place. **—i suyu kalmamış** *colloq.* juiceless, no longer juicy; too thick/dry (owing to overcooking).
selam 1. greeting, salutation, hello. 2. *mil.* salute. **S—!** *colloq.* Hello!/Hi! **—ını almak /ın/** to return (someone's) greeting, greet (someone) in return; to say hello to (someone) in return. **— dur!** *mil.* Present arms! **—a durmak** to rise respectfully, stand up respectfully (in someone's presence, as someone passes). **—ını esirgemek /dan/** to refuse to greet (someone); to refuse to say hello to (someone). **— etmek/göndermek /a/** to send (someone) one's regards, say hello to. **—ı sabahı kesmek /la/** *colloq.* to break off relations with (someone), stop speaking to (someone). **— söylemek /a,**

dan/ to give (someone) (one's) regards, send (one's) regards to (someone), say hello to: **Ona benden selam söyle.** Give him my regards. **Selim sana selam söyledi.** Selim sends you his regards./Selim says hello. **— vermek** 1. /a/ to greet (someone). 2. to turn one's head to the right and to the left at the end of the namaz. **— verip borçlu çıkmak** *colloq.* to throw out a proposal and then get saddled with the job of carrying it out; to open one's mouth and thus get landed with a job.
selamet, -ti 1. soundness; healthiness, correctness. 2. safety, security; peace, well-being, freedom from worry. 3. success, favorable outcome. 4. salvation, deliverance. **S—le!** Godspeed! **—le** safely, safe and sound. **— bulmak/—e çıkmak/—e ermek** 1. to reach safety. 2. to be delivered from trouble. 3. (for something) to turn out well.
selametlemek /ı/ to see (someone) off; to wish (someone) a good trip.
selamlamak /ı/ 1. to greet. 2. *mil.* to salute.
selamlanmak 1. to be greeted. 2. *mil.* to be saluted.
selamlaşmak 1. to greet each other, exchange greetings. 2. *mil.* to salute each other.
selamlık 1. the part of a large Muslim house reserved for the men. 2. *hist.* the public procession of the sultan to a mosque at noon on Fridays.
selamsız used in: **— sabahsız** 1. without even saying a word, without so much as a "How do you do?". 2. (someone) who is not prone to greeting people, who is not prone to saying hello to people.
selamünaleyküm Peace be with you *(a greeting used by Muslims)*. **— demeden** without so much as a "How do you do?". **— kör kadı!** Don't speak so bluntly!
selatin sultans. **— camii** mosque built by a sultan, a sultan's wife, or a sultan's child. **— meyhane** *formerly* large café serving wine and raki.
Selçuk Seljuk, of the Seljuks.
Selçuki *obs.*, see **Selçuklu.**
Selçuklu 1. (a) Seljuk. 2. Seljuk, of the Seljuks.
sele flattish wicker basket. **— zeytini** olives processed using comparatively little salt.
sele saddle, seat (of a bicycle).
sele see **sere.**
selef predecessor (in a position).
seleksiyon selecting, selection.
selektif selective.
selektör 1. selector (a mechanical device). 2. dimmer (device for dimming/brightening automobile headlights). 3. *mech.* clutch pedal. 4. sifter, sifting machine (used in flour milling). **— yapmak** 1. to dim/brighten/blink the headlights (of an automobile). 2. /a/ *slang* to wink

at (someone); to give (someone) the glad eye.
selfservis 1. self-service. 2. self-service business establishment.
selim 1. sound; healthy; flawless. 2. *path.* benign.
selinti 1. small torrent, rivulet (caused by rain or melting snow). 2. runnel, small channel (created by a heavy rain or melting snow). 3. *prov.* debris and mud (deposited by rainwater or melting snow).
sellenme streaming of water (from rain or melting snow) down a slope in rivulets or small torrents.
selofan cellophane.
seloteyp Scotch/cellophane tape, *Brit.* Sellotape.
selsebil 1. *Islam* a spring in Paradise. 2. tiered, ornamental fountain (built into a wall).
selülit, -ti cellulite.
selüloit celluloid.
selüloz cellulose.
selülozik 1. cellulosic. 2. (a) cellulosic.
selva tropical rain forest, selva.
selvi *bot.,* see **servi**.
selviçe *naut.* running ropes, running rigging.
sema firmament, sky.
sema whirling dance performed by the Mevlevi dervishes. — **etmek** (for a Mevlevi dervish) to whirl.
Semadirek Samothrace.
semafor semaphore.
semaforcu semaphorist.
semahane building where Mevlevi dervishes perform the **sema**.
semai *lit.* a poetic form (favored by folk poets and used to create songs which are sung according to a certain **usul**). — **kahvesi** a **kahve** frequented by folk poets.
seman 1. cementum (of a tooth). 2. *metallurgy* cement (used in cementation).
semantik 1. semantics. 2. semantic, semantical.
semaver samovar.
semavi celestial, firmamental.
semazen 1. a Mevlevi who performs the **sema**. 2. (a Mevlevi) who performs the **sema**.
sembol, -lü symbol.
sembolik symbolic, symbolical.
sembolist, -ti *fine arts, lit.* 1. (a) symbolist. 2. *hist.* (a) Symbolist. 3. symbolist, of the symbolists. 4. *hist.* Symbolist, of the Symbolists.
sembolizm *fine arts, lit.* 1. symbolism. 2. *hist.* Symbolism.
sembolleştirme /ı/ symbolizing, symbolization.
sembolleştirmek /ı/ to symbolize.
seme slow and stupid, dull, slow-witted. — **tavuk** *colloq.* slow-witted person, dodo.
semender 1. *zool.* salamander (the amphibian). 2. *mythology* salamander.
Semendirek see **Semadirek**.
semer 1. packsaddle. 2. stout, padded frame (used by a porter to support the load on his back). 3. *geol.* anticline. 4. *slang* buttocks, backside, rear end. — **i devirmek** *colloq.* to sprawl on one's back. — **vurmak** /a/ to put a packsaddle on (an animal).
semerci maker or seller of packsaddles or porters' frames.
semercilik making or selling packsaddles or porters' frames.
semere 1. gain, profit, yield. 2. result, outcome, fruit. 3. fruit (of a plant). — **vermek** to prove fruitful, yield the results one desires.
semereli fruitful, (action) which yields the results one desires.
seminer seminar.
semirgin fat and lazy; (someone) who's fat because he's lazy; (someone) who's lazy because he's fat.
semirmek to grow fat, get fat.
semirtmek /ı/ to fatten.
semiyoloji semeiology, semiology, semiotics.
semiyotik 1. semiotic, semiotics. 2. semiotic, semiotical.
semiz fat (animal/person).
semizlemek see **semizleşmek**.
semizleşmek to grow fat, get fat.
semizlik fatness.
semizotu, -nu purslane.
sempati 1. (an individual/mutual) attraction/liking. 2. *psych.* sympathy. — **duymak** /a/ to feel attracted to, take to (someone). — **sinirleri** *anat.* sympathetic nerves.
sempatik 1. likable, attractive, simpatico. 2. *anat., path.* sympathetic. — **sinir sistemi** *anat.* sympathetic nervous system.
sempatizan sympathizer, person who sympathizes with the views of a certain group.
sempozyum symposium.
semptom *path.* symptom.
semt, -ti 1. neighborhood, part, district, quarter (of a city/a town). 2. *obs., astr.* azimuth. — **semt** in every neighborhood: **İstanbul'u semt semt dolaştık.** We wandered around every neighborhood in Istanbul. —**ine uğramamak** /ın/ *colloq.* to stop visiting (someone); to stop frequenting (a place).
semtürreis, -re'si *obs., astr.* zenith.
sen you, *obs.* thou. — **bilirsin.** *colloq.* As you like./As you will./OK, if that's what you think is right./I leave it up to you. —**inki (tatlı) can da benimki/elinki patlıcan mı?** *colloq.* Just what do you mean by asking me to do something which you regard as being too tiring/dangerous for you to do? — **giderken ben geliyordum.** *colloq.* You can't fool me; I can foresee your every move. — **işten korkma, iş senden korksun.** *proverb* Don't waste time thinking how hard a job is; just set to and try

to get it done. — **kim oluyorsun?** What are you interfering for? *(said angrily).* — **sağ, ben selamet.** *colloq.* The job's over and done with. — **sen ol ....** never: **Sen sen ol, bir daha bunu yapma!** Don't you ever do this again!
sena *obs.* praise. — **etmek** /ı/ to praise.
senarist, -ti scenarist.
senaryo scenario.
senaryocu scenarist.
senato senate.
senatör senator.
senatörlük senatorship.
senbernar Saint Bernard (a breed of dog).
sence according to you, in your opinion.
sendelemek 1. to stagger, totter, reel, lurch. 2. to be staggered, be shocked.
sendik *law* receiver (in a bankruptcy case).
sendika labor union, union, *Brit.* trade union.
sendikacı unionist, person who is active in or favors the work of organized labor.
sendikacılık unionism.
sendikal pertaining to a labor union, union, *Brit.* trade-union.
sendikalaşmak to organize themselves into a labor union.
sendikalaştırmak /ı/ to unionize (a group).
sendikalı 1. member of a labor union. 2. (someone) who belongs to a labor union.
sendrom *path.* syndrome.
sene year.
Senegal, -l'i 1. Senegal. 2. Senegalese, of Senegal.
Senegalli 1. (a) Senegalese. 2. Senegalese (person).
senelik 1. (something) which extends over (so many) years: **iki senelik bir kontrat** a two-year contract. 2. of (so many) years of age: **seksen senelik bir ağaç** an eighty-year-old tree. 3. annual, yearly. 4. for a year. 5. annual payment; annual rent; annual dues.
senet 1. document which serves as proof of a business transaction; voucher; negotiable instrument; security. 2. promissory note. 3. title deed. — **sepet** *colloq.* written proof of a business transaction. — **vermek** /a/ 1. to give (someone) written certification. 2. to give (someone) one's word that, guarantee that.
senetleşmek to give each other written certification.
senetli certified or set forth in writing. — **sepetli** *colloq.* fully certified or set forth in writing.
senetsiz (something) which lacks written certification, uncertified. — **sepetsiz** *colloq.* (something) which has no written certification whatsoever.
senevi *obs.* 1. annual, yearly. 2. annually; in a year; for a year.
senfoni symphony. — **orkestrası** symphony orchestra.

senfonik symphonic.
seni used in exclamations which are meant to chide affectionately: **Seni gidi seni!** You devil! **Seni yaramaz seni!** You naughty little rascal you!
seninki, -ni yours, that which belongs to you.
senkretizm syncretism.
senkron see **senkronik**.
senkronik synchronous, synchronic.
senkronizasyon synchronization.
senkronizm synchronism, synchronicity.
senlibenli *colloq.* 1. (people) who are on familiar terms. 2. on familiar terms; familiarly. — **konuşmak** to talk with each other on familiar terms; to talk in a free-and-easy manner. — **olmak** to be on familiar terms with each other; /la/ to be free and easy (with).
sensen a spiced substance chewed in order to sweeten one's breath.
sentaks *gram.* syntax.
sentaktik *gram.* syntactic, syntactical.
sentetik synthetic.
sentez synthesis.
sepet, -ti 1. basket. 2. made of wicker/splints/cane. 3. basket (used as a goal in basketball). 4. wicker fish trap; wicker lobster pot. 5. sidecar (of a motorcycle). — **havası çalmak** /a/ *slang* to fire, dismiss. — **işi** basketwork, basketry, basketwork objects. — **kafalı** *colloq.* 1. blockhead. 2. blockheaded, stupid. —**te pamuğu olmamak** /ın/ *colloq.* not to know very much about anything. — **sandık** 1. trunk/chest made of basketwork covered in leather. 2. chests and boxes.
sepetçi maker or seller of baskets.
sepetçilik making or selling baskets.
sepetçisöğüdü, -nü *bot.* basket osier, basket willow.
sepetkulpu, -nu *arch.* basket-handle arch.
sepetlemek /ı/ 1. to put into baskets, basket. 2. *colloq.* to get rid of (someone); to send (someone) packing; to fire.
sepetlenmek 1. to be put into baskets, be basketed. 2. *colloq.* (for someone) to be got rid of/to be sent packing/to be fired.
sepetlik 1. (material) suitable for making baskets. 2. (something) which is enough to fill (so many) baskets. 3. *colloq.* projection (on a building).
sepettopu, -nu basketball.
sepi 1. tanning (hides). 2. dressing pelts (which have hair/wool/fur on them). — **vermek** /a/ to dress (a pelt). — **yeri** 1. tannery. 2. place where pelts are dressed.
sepici 1. tanner. 2. dresser of pelts.
sepicilik 1. tanning. 2. dressing pelts.
sepilemek /ı/ 1. to tan (a hide). 2. to dress (a pelt).
sepilenmek 1. (for a hide) to be tanned. 2. (for

a pelt) to be dressed.
sepili 1. tanned (hide). 2. dressed (pelt).
septik skeptical.
septisemi *path.* septicemia.
septisizm skepticism.
sepya 1. sepia (the color). 2. sepia drawing/print/photograph. 3. sepia, sepia-colored.
ser 1. head. 2. top, summit, apex. **—de ... var!** *colloq.* 1. What else can you expect? He's got ... in his blood.: **Serde maceracılık var!** What can one do? He's a born adventurer. **Serde gençlik var!** He's young. So what else can you expect? 2. Oh, but we can't forget that he's ..., can we? *(said sarcastically):* **Serde öğretmenlik var!** Oh, but we can't forget that he's a teacher, can we? **— verip sır vermemek** *colloq.* to die rather than disclose a secret, keep a secret no matter what.
ser *see* **sera.**
sera greenhouse, hothouse, conservatory; (propagating) pit; hotbed; cold frame.
seracı 1. builder or seller of greenhouses. 2. commercial grower of hothouse flowers, vegetables, or fruits.
seracılık 1. building or selling greenhouses. 2. commercial growing of hothouse flowers, vegetables, or fruits.
serak *geol.* serac.
seramik 1. ceramic objects. 2. ceramic, made of ceramic.
seramikçi 1. ceramicist, ceramist. 2. seller of ceramic objects.
seramikçilik 1. ceramics, the art of shaping and firing ceramic objects. 2. selling ceramic objects.
serap mirage.
serapa *obs.* totally, completely; from head to foot.
serasker *Ottoman hist.* 1. the Minister of War. 2. commander-in-chief (of an army).
serbest, -ti 1. free, unrestricted. 2. open, unobstructed. 3. unconstrained, at ease. 4. unconfined, free to roam. 5. freely, without hindrance. 6. (woman) who behaves in too free-and-easy a way around men. **— bırakmak** /ı/ to set (someone/an animal) free, free. **— bölge** foreign-trade zone, free zone. **— güreş** catch-as-catch-can wrestling, catch-as-catch-can. **— liman** free port. **— meslek sahibi** 1. self-employed person. 2. self-employed (person). **— vuruş** *soccer* free kick.
serbestçe freely.
serbesti *obs.* freedom, lack of restriction.
serbestlemek to breathe easily, feel relieved (after getting out of a difficult situation).
serbestlik 1. freedom, lack of restriction. 2. unconstrainedness, lack of constraint, easy manner.

serçe *zool.* English sparrow, house sparrow. **— kadar** *colloq.* very small.
serçeparmak 1. little finger (of the human hand), minimus. 2. little toe (of the human foot), minimus.
serdar *hist.* commander-in-chief (of an army), sirdar, sardar, serdar.
serdengeçti person ready to sacrifice his life (for a cause/a person); person who willingly risks his life (for a cause/a person).
serdengeçtilik being ready to sacrifice one's life (for a cause/a person); willingly risking one's life (for a cause/a person).
serdetmek /ı/ *obs.* to assert, put forward, set forth.
serdirmek /ı, a/ 1. to have (someone) spread (something) out. 2. to have (someone) hang (something) up to dry.
serdümen *naut.* 1. helmsman. 2. quartermaster.
sere a length corresponding to the span between the thumb and the index finger.
seremoni ceremony.
seren 1. *naut.* yard; boom. 2. doorjamb, doorpost. 3. upright post (to which the winders of a spiral staircase are attached).
serenat serenade.
serencam *obs.* 1. end, conclusion; result. 2. adventure, noteworthy event/experience.
sereserpe 1. (stretched out) at full length, comfortably. 2. (moving around) freely, comfortably.
serf serf.
sergen 1. *prov.* shelf (usually placed near the ceiling of a room). 2. *prov.* rack on which certain farm crops are dried. 3. cupboard. 4. show window, shopwindow; display case, vitrine.
sergi 1. exhibition, show; display. 2. *prov.* rug; mat; cloth (on which a meal is laid out). 3. *prov.* rack on which certain farm crops are spread to dry. **— açmak** to hold an exhibition; to display one's wares. **— sermek** 1. to set up a display. 2. to spread things out to dry. 3. to spread out a rug/a mat/a cloth.
sergici person who has set up a display of things to sell.
sergievi, -ni art gallery; exhibition hall, display building.
sergileme exhibition, display, displaying.
sergilemek /ı/ 1. to exhibit, display, put (something) on display. 2. to show, set forth.
sergilenmek 1. to be exhibited. 2. to be shown, be set forth.
sergilik 1. worth exhibiting. 2. show window, shopwindow; display case, vitrine.
sergin 1. spread out, laid out. 2. sick in bed, bedfast, bedridden. **— vermek** to be sick in bed.
sergüzeşt, -ti *obs.* adventure.
sergüzeştçi *obs.* adventurer, adventurous person.

serhat, -ddi *obs.* border, frontier (of a country).
seri 1. series. 2. *comp.* serial. **— imalat** mass production.
seri, -ii quick, swift, rapid, speedy.
serici road-paver (machine which spreads paving material).
serili /a/ stretched out on (something); spread out on (something); laid out on (something).
serili of (a certain) series.
serilmek 1. to be spread out. 2. to be hung up. 3. to be sent sprawling, be flattened (by a blow). 4. to sprawl oneself out. **serilip serpilmek** *colloq.* 1. to sprawl out lazily and comfortably, sprawl at full length, spread-eagle oneself. 2. (for a child) to grow.
serin cool; chill, chilly. **— gelmek** *slang* not to get angry, to keep cool.
serinkanlı cool-headed, imperturbable.
serinkanlılık cool-headedness, imperturbability.
serinlemek 1. to get cool, cool off; to get chilly. 2. to feel relieved, feel better (emotionally).
serinlenmek to cool oneself off, get cool.
serinleşmek (for the weather) to get cool, cool off; to get chilly.
serinletmek /ı/ to cool (someone/something).
serinlik 1. sensation of coolness, coolness. 2. cool, coolness; chill, chilliness. **— vermek** /a/ 1. to cool (someone/something). 2. to relieve, give (someone) comfort.
serj serge.
serkeş 1. unruly, intractable, refractory. 2. unruly/refractory person.
serkeşlik unruliness, intractableness, refractoriness.
serlevha *obs.* title, heading.
sermaye 1. capital (money/property used for the production of more wealth). 2. *colloq.* outlay; cost price; production cost. 3. wealth. 4. *slang* prostitute, whore. **—yi kediye yüklemek** *colloq.* to throw one's money to the wind.
sermayeci 1. investor/owner of capital. 2. (someone) who owns/invests capital, capitalist.
sermayecilik owning/investing capital.
sermayedar investor/owner of capital.
sermek 1. /ı, a/ to spread (something) out on (the ground/the floor); to spread (something) over; to spread (something) out in (the sun). 2. /ı, a/ to hang (something) up on (a line). 3. /ı/ *colloq.* to send (someone) sprawling, flatten (someone). 4. /ı/ *colloq.* to neglect (something). **sere serpe** *colloq.* 1. (stretched out) at full length, comfortably. 2. (moving around) freely, comfortably.
sermest, -ti *obs.* drunk, intoxicated.
serpantin 1. serpentine, paper streamer. 2. a flexible tube-shaped device which is coiled up and placed in something to expand it. 3. *geol.* serpentine.
serpelemek (for rain) to sprinkle down; (for snow) to spit down.
serpici sprinkler head (of a sprinkler system installed for fire protection).
serpilmek 1. to be sprinkled, be scattered. 2. (for a child) to grow. 3. (for rain) to sprinkle down; (for snow) to spit down.
serpinti 1. sprinkle (of rain); spit (of snow). 2. spray; scattered drops. 3. last traces, vestiges. 4. fallout. **(...) —leri** ... in scattered groups, scattered groups of ...: *yıldız serpintileri* stars in scattered groups.
serpiştirmek 1. /ı/ to sprinkle/scatter (something) here and there in small quantities. 2. (for rain) to sprinkle down; (for snow) to spit down.
serpme 1. sprinkle, sprinkling. 2. sprinkled about; scattered about; sprinkled with. 3. *fishing* cast net, casting net.
serpmek 1. /ı/ to sprinkle; to scatter. 2. (for rain) to sprinkle down; (for snow) to spit down.
serptirmek /ı, a/ to have (someone) sprinkle/scatter (something).
serpuş headgear.
sersefil 1. wretchedly poor. 2. very miserable, thoroughly wretched.
sersem 1. stupefied, dazed. 2. confused, muddled, addled, bumfuzzled. 3. muddleheaded, addlepated. **— etmek/—e çevirmek** /ı/ 1. to stupefy, daze. 2. to get (someone) confused, addle. **— sepelek/sepet** *colloq.* 1. in a daze, dazedly. 2. dazed.
sersemlemek 1. to become stupefied/dazed. 2. to become confused/muddled. 3. to become muddleheaded.
sersemleşmek *see* **sersemlemek.**
sersemletmek /ı/ 1. to stun, stupefy, daze. 2. to confuse, muddle (someone) up, addle.
sersemlik 1. dazedness; feeling of dazedness. 2. mental confusion. 3. muddleheadedness, muddleheaded action.
serseri 1. (a) ne'er-do-well, (a) good-for-nothing; (a) layabout, (a) bum, (a) loafer. 2. (a) vagrant, (a) tramp, (a) hobo. 3. ne'er-do-well, good-for-nothing; pertaining to a bum/a loafer/a tramp. 4. vagrant, vagabond. **S—!** *colloq.* Jerk!/You mannerless bum!/You no-count jerk! **— kurşun** stray bullet. **— mayın** floating mine.
serserileşmek 1. to become a ne'er-do-well/a loafer/a vagrant. 2. to begin to act like a ne'er-do-well/a loafer/a vagrant.
serserilik 1. being a ne'er-do-well/a loafer/a vagrant; vagrancy. 2. acting like a ne'er-do-well/a loafer/a vagrant.
sert, -ti 1. hard; tough. 2. strong, potent; sharp, pungent; (something) which has a rough taste. 3. harsh, severe, rough. 4. harsh, unpleasant (sound). 5. sharply drawn; hard, harsh, stark (line). **— damak** *anat.* hard palate.

sertabip

— **konuşmak** to speak harshly. — **su** hard water. — **tabaka** *anat.* sclera, sclerotica.

sertabip *obs.* head doctor, chief of staff (in a hospital).

sertelmek /a/ 1. to treat (someone) with severity. 2. to speak harshly to.

sertifika certificate.

sertlenmek to get tough, begin to behave harshly.

sertleşim *path., bot.* sclerosis.

sertleşme 1. getting hard, hardening; getting tough, toughening. 2. harshening, becoming severe. 3. becoming strong/potent/pungent. 4. getting tough, beginning to behave harshly. 5. (of the weather) turning bad; getting worse. 6. *path., bot.* sclerosis.

sertleşmek 1. to get hard, harden; to get tough, toughen. 2. to harshen, become severe. 3. to become strong/potent/pungent. 4. to get tough, begin to behave harshly. 5. (for the weather) to turn bad; to get worse.

sertleştirmek /ı/ 1. to harden; to toughen. 2. to harshen, make severe. 3. to make (something) strong/potent/pungent.

sertlik 1. hardness; toughness. 2. strength, potency; sharpness, pungency. 3. harshness, severeness, roughness.

serum 1. serum. 2. intravenous solution.

serüven adventure.

serüvenci adventurer, adventurous person.

serüvencilik adventuresomeness.

servet, -ti wealth, riches.

servetli wealthy.

servi *bot.* 1. Italian cypress, Mediterranean cypress, cypress. 2. bald cypress, cypress. — **boylu** *colloq.* tall, slender, and graceful (person).

servialtı, -nı *slang* grave (in a cemetery).

servikavağı, -nı *bot.* Lombardy poplar.

servilik cypress grove; place abounding in cypresses.

servis 1. service (rendered by one person to another). 2. department, section (in a business establishment/a government office). 3. *sports* serve, service. 4. service charge (in a restaurant/a nightclub/a hotel). 5. vehicle operated by a business or government office to convey its employees to/from work. 6. school bus. — **arabası** 1. vehicle operated by a business or government office to convey its employees to/from work. 2. school bus. — **atmak** *sports* to serve the ball. — **istasyonu** service station, gas station, filling station. — **kapısı** service door, service entrance. — **ücreti** service charge (in a restaurant/a nightclub/a hotel). — **yapmak** 1. /a/ to serve food to. 2. *sports* to serve the ball.

serzeniş *obs.* not letting someone forget a favor one has done him, reproachful reminder of a favor. — **te bulunmak** /a/ to remind (someone) reproachfully of a favor one has done him.

ses 1. sound; noise. 2. voice. — **almak** to record sounds. — **i ayyuka çıkmak** *colloq.* to shout to high heaven, be heard clear to China. — **bandı** sound track. — **çıkarmak** 1. to voice one's opinion. 2. to say something. — **çıkarmamak** 1. to raise no objection. 2. to keep quiet, not to say anything. — **ini çıkarmamak** to keep one's opinions to oneself, keep quiet. — **çıkmamak** /dan/ 1. for nothing to be heard from, for no word to come from. 2. for no reaction to be shown by. 3. for no sound to be heard in (a place). — **i çıkmamak** 1. to raise no objection. 2. to keep quiet, not to say anything. — **i çıkmaz** *colloq.* taciturn. — **duvarı** sound barrier. — **düşmesi** *ling.* hyphaeresis. — **etmek** 1. to make a noise. 2. /a/ to shout to; to call. — **ikilemesi/ikizlenmesi** *ling.* gemination. — **kakışımı** *ling.* cacophony. — **ini kesmek** *colloq.* 1. to stop talking, shut up. 2. /ın/ to stop (someone) talking, shut (someone) up. — **ini kısmak** /ın/ to lower the volume of, turn down (a radio, television, etc.). — **kirişleri** *anat., see* **ses telleri**. — **kuşağı** 1. tape (used for recording sounds). 2. *cin.* sound track. — **olmamak** for no sound to be heard (in a place), (for a place) to be completely silent. — **seda yok.** *colloq.* Not a word has been heard from him/them/there. — **i soluğu çıkmamak** *colloq.* 1. to raise no objection. 2. to keep quiet, not to say anything. — **i soluğu kesilmek** *colloq.* 1. to become completely silent. 2. to die. — **telleri/şeritleri** *anat.* vocal cords. — **türemesi** *ling.* epenthesis. — **vermemek** *colloq.* not to answer, not to reply. — **yitimi** *path.* aphonia. — **yolu** 1. track (on a tape used for recording sounds). 2. *cin.* sound track.

sesalıcı tape recorder.

sesbilgisi, -ni phonetics.

sesbilim phonology.

sesbirim *ling.* phoneme.

sesçi *cin., TV, radio* sound man, sound mixer.

sesçil phonetic. — **alfabe** phonetic alphabet.

sesdağılımı, -nı 1. acoustics (the science). 2. (the) acoustics (of a place).

seselim resonance.

sesgeçirmez soundproof.

seslem *gram.* syllable.

seslemek /ı/ *prov.* to listen to.

seslendirmek /ı/ to record the sound for, make a sound recording for (a motion picture).

seslenme /a/ 1. calling out to (someone). 2. saying something to, speaking to, addressing (someone).

seslenmek /a/ 1. to call out to (someone). 2. to say something to, speak to, address (someone).

sesli 1. (someone) who has (a certain kind of) voice. 2. *ling.* vowel. 3. vocalic. 4. voweled. — **film/sinema** sound motion picture, talkie. — **okumak** /ı/ to read (something) aloud.
sessiz 1. quiet, silent. 2. taciturn. 3. quiet and shy. 4. *ling.* consonant. 5. consonantal. 6. unvoweled. — **film/sinema** 1. silent movie. 2. (the game of) charades. — **sedasız** 1. quiet and retiring. 2. quietly and unobtrusively.
sessizleşmek to become quiet, become silent.
sessizlik quietness, silence.
sesteş *ling.* homonym.
set, -ddi 1. dam; dike; levee. 2. retaining wall. 3. terrace. 4. land (in the bore of a gun). 5. (barrier) wall: **Çin Seddi** the Great Wall of China. — **çekmek** 1. /a/ to put a stop to; to frustrate, prevent. 2. to erect a dam/a dike/a levee/a retaining wall. — **set** (place) which contains many terraces, terraced; in terraces.
set, -ti 1. *sports* set (a group of games). 2. *cin.* set.
seter setter (a breed of dog).
setliç 1. Seidlitz powder(s), Rochelle powder(s). 2. liquid cathartic made of Seidlitz powder(s).
setre *obs.* frock coat.
sevap *Islam* 1. action which is not obligatory, but meritorious, good deed. 2. merit/credit/reward (given by God for such a good deed). —**a girmek** to acquire merit in God's sight. — **işlemek** to perform a meritorious action. — **kazanmak** to acquire merit in God's sight.
sevda 1. passionate love, passion. 2. passion, strong wish/desire. — **çekmek** *colloq.* to be passionately in love, suffer the pangs of passionate love. —**sına düşmek** *colloq.* to become imbued with a passion for, develop a passionate desire to. —**yı sarmak** /a/ *colloq.* to fall passionately in love with.
sevdalanmak /a/ to fall passionately in love with.
sevdalı 1. person who's passionately in love. 2. person who's passionately fond of (something). 3. (someone) who's passionately in love. 4. (someone) who's passionately fond of (something). 5. *colloq.* man who loves a prostitute and who is genuinely loved by her in return.
sevdiceğim my darling, my beloved.
sevdirmek /ı, a/ 1. to cause (someone/an animal) to love/like (someone else/something); to cause (oneself/something) to be loved/liked by (someone else). 2. to let (oneself/itself) be caressed/fondled by (another).
sevecen tender; compassionate.
sevecenlik tenderness; compassion.
sevgi love; affection. **S—lerimle,** Love,/Affectionately yours, *(at the close of a friendly letter).*
sevgili 1. beloved, dear, darling. 2. (one's) beloved, sweetheart. 3. Dear ..., *(used as the salutation of a friendly letter).*
sevi passionate love, love.
sevici 1. (a) lesbian. 2. lesbian.
sevicilik lesbianism.
sevilmek 1. to be loved; to be liked. 2. to be caressed, be fondled.
sevimli lovable; likable; cute.
sevimlileşmek to become lovable/likable.
sevimlilik lovableness, likableness; cuteness.
sevimsiz unlovable; unlikable.
sevimsizleşmek to become unlovable/unlikable.
sevimsizlik unlovableness; unlikable quality.
sevinç joy, delight, gladness. —**inden ağzı kulaklarına varmak** *colloq.* to grin from ear to ear (in delight).
sevinçli joyful.
sevindirmek /ı/ to please (someone).
sevinmek to feel glad, feel happy, rejoice.
sevişme 1. mutual affection. 2. caressing each other; lovemaking, sexual intercourse.
sevişmek 1. to love each other; to like each other. 2. to caress each other; to make love, have sexual intercourse.
seviye 1. level, plane. 2. level, standing, footing.
seviyeli (someone) of merit, superior; excellent, outstanding (thing).
seviyesiz worthless; poor in quality.
sevk, -kı 1. sending. 2. dispatching; shipping. 3. impelling, driving, moving. 4. impulse, motivating power. — **etmek** 1. /ı/ to send. 2. /ı/ to dispatch; to ship. 3. /ı, a/ to impel/drive (someone) to. — **ve idare** management, conduct (of an action).
sevkıtabii *obs.* instinct.
sevkıyat, -tı 1. *mil.* dispatching (of troops/equipment). 2. dispatching/shipping (of goods). 3. sending.
sevmek /ı/ 1. to love; to like. 2. to fondle, caress. **Sevsinler!** *colloq.* Now isn't he/she something! *(said sarcastically).* **Sev beni, seveyim seni.** *proverb* You scratch my back and I'll scratch yours.
seyahat, -ti journey, trip; voyage. — **acentesi** 1. travel agent. 2. travel agency, travel bureau. — **çeki** traveler's check. —**e çıkmak** to set out on a trip; to go on a trip. — **etmek** to travel.
seyahatname travel book.
seyek, -ki three and one (a throw of dice).
seyelan *obs.* flowing, flow. — **etmek** to flow.
seyir, -yri 1. movement, motion; course, progress. 2. watching, looking at. 3. something entertaining to watch, show, spectacle. —**e çıkmak** to go for a walk/a ride. — **jurnali** *naut.* logbook, log. — **yeri** excursion spot.
seyirci spectator; viewer; onlooker. — **kalmak** 1. /a/ to be just an onlooker to, observe (something) passively. 2. to be just an onlooker, stand on the sidelines.

seyis groom, stableman.
seyislik being a groom/a stableman; the work of a groom/a stableman.
seyit sayyid, seyyid, a descendant of the Prophet Muhammad.
Seylan *hist.* Ceylon.
seylap *obs.* flood, torrent.
seyran 1. short outing; walk, promenade. 2. watching, looking at.
seyrek 1. widely set, set widely apart. 2. loosely woven; sparse. 3. seldom, uncommon, infrequent. 4. (placing things) widely apart. 5. seldom, at infrequent intervals.
seyrekleşmek 1. to become sparse; to thin out. 2. to become infrequent.
seyrekleştirmek /ı/ 1. to reduce the number of, thin out. 2. to see to it that (something) becomes infrequent.
seyreklik 1. being set widely apart. 2. looseness of weave; sparseness. 3. infrequency, uncommonness.
seyrelmek *see* **seyrekleşmek**.
seyreltmek /ı/ *see* **seyrekleştirmek**.
seyretmek 1. /ı/ to watch, look at. 2. to move, proceed, progress. 3. (for an illness) to develop. Sen şimdi çıkacak çıngarı seyret! *colloq.* Just watch the row that's going to break loose now!
seyrüsefer *obs.* traffic (of vehicles).
Seyşeller the Seychelles.
seyyah *obs.* traveler; tourist.
seyyal, -li *obs.* fluid, flowing.
seyyar 1. itinerant, roving, peripatetic. 2. portable, movable; mobile. — **satıcı** peddler. — **tekke** *slang* car used as a place for taking narcotics.
seyyare *obs., astr.* planet.
sezaryen *med.* cesarean section, cesarean.
sezdiri inkling, intimation, hint.
sezdirmek /ı, a/ 1. to cause (someone) to sense/perceive (something), get (something) across to (someone) indirectly. 2. to make (something) evident to (someone).
sezgi intuition.
sezgici *phil.* 1. (an) intuitionist. 2. intuitionist, intuitionistic.
sezgicilik *phil.* intuitionism.
sezgili intuitive, having/possessing intuition.
sezgisel intuitive, intuitional, based on or perceived by intuition.
sezi *see* **sezgi**.
sezilmek to be understood intuitively, be sensed, be perceived.
sezindirmek /ı, a/ to make (someone) sense (something).
sezinlemek /ı/ to sense, feel, understand intuitively.
sezinmek /ı/ *see* **sezinlemek**.
seziş understanding (something) intuitively; intuitive knowledge.
sezmek /ı/ to understand (something) intuitively, sense, feel, perceive, discern.
sezon season (for an activity): **tiyatro sezonu** theatrical season.
sfagnum *bot.* sphagnum, sphagnum moss.
sfenks sphinx.
sıcacık pleasantly warm, warm and cozy; nicely hot, agreeably hot.
sıcak 1. hot; warm. 2. warm, loving. 3. heat. 4. *prov.* Turkish bath. — **basmak** /a/ (for someone) suddenly to feel hot. —**lar basmak/bastırmak** *colloq.* for the weather suddenly to get very hot. — **başına vurmak** *colloq.* for the heat to make (someone) ill. —**a gitmek** *prov.* to go to a Turkish bath. **Bu —a kar mı dayanır?** *colloq.* Wild spending of this sort would deplete even the greatest of fortunes. **S— Kuşak** the Torrid Zone. — **renkler** warm colors. — **sıcak** *colloq.* piping hot (food). —**ı sıcağına** *colloq.* while the iron is hot; while the thing is still fresh in one's mind. — **tutmak** /ı/ to keep (something/someone) warm. — **yüzlü** *colloq.* likable-looking, friendly looking. — **yüz göstermek** /a/ *colloq.* to give (someone) a warm welcome.
sıcakkanlı 1. friendly, genial, companionable. 2. warm-blooded (animal).
sıcakkanlılık friendliness, geniality, companionableness, companionability.
sıcaklık 1. heat; warmth. 2. the hottest room in a Turkish bath, caldarium. — **seviyesi** *phys.* relative heat.
sıcaklıkölçer thermometer.
sıcakölçer *see* **sıcaklıkölçer**.
sıçan 1. *zool.* rat. 2. *zool.* mouse. 3. *slang* grocer. — **deliğine paha biçilmez olmak** *colloq.* to be unable to find a hiding place. — **deliğe sığmamış, bir de kuyruğuna kabak bağlamış.** *colloq.* 1. He himself is unwelcome, and then he ups and brings along a friend. 2. He can't do the job he has in hand, and now he's taken on another job. 3. He's taken somebody under his wing, even though he himself is someone else's dependent. —**a dönmek** *colloq.* to get soaked to the skin. — **düşse başı yanlır.** *colloq.* There's not a crumb/a drop left in the pantry/the barrel. — **olmadan çuval delmek** *colloq.* to try to do advanced work while still a learner.
sıçandişi, -ni hemstitch.
sıçankırı, -nı 1. mouse-colored, mouse-gray. 2. mouse, mouse gray.
sıçankuyruğu, -nu rattail file.
sıçanotu, -nu *colloq.* arsenic.
sıçantüyü, -nü 1. mouse-colored, mouse-gray. 2. mouse, mouse gray.
sıçanyolu, -nu sewer; underground passage.

sıçırgan (animal) which has the *shits.
sıçmak *vulg.* to *shit. **Sıçtı Cafer, bez getir.** *vulg.* He's really screwed up!/He's pulled a real lulu!
sıçrama 1. jumping, jump; springing, spring, leaping, leap. 2. starting, being startled. 3. flying out, being thrown out; spattering, splattering; splashing. 4. spreading. **— tahtası** springboard; diving board.
sıçramak 1. to jump; to spring, leap. 2. to start, be startled. 3. to fly out, be thrown out; to spatter, splatter; to splash. 4. to spread.
sıçratmak /ı/ 1. to make (someone) jump. 2. to startle. 3. to cause (something) to fly out; to spatter, splatter; to splash. 4. to cause (something) to spread.
sıçrayış 1. jumping; way of jumping. 2. jump.
sıdık, -dkı *obs.* 1. truth, correctness. 2. purity of heart, sincerity. **—ı sıyrılmak** /dan/ *colloq.* to lose faith in (someone).
sıfat, -tı 1. role, rôle, capacity, position. 2. quality, attribute. 3. *colloq.* appearance, face. 4. *colloq.* title, honorific; nickname. 5. *gram.* adjective. **—ıyla** in the capacity of, as: **Buraya müdür sıfatıyla geldi.** He came here as the director.
sıfateylem *gram.*, see **sıfatfiil.**
sıfatfiil *gram.* participle.
sıfır 1. zero. 2. *colloq.* (a) nothing, completely worthless person/thing. **—dan başlamak** *colloq.* to start from scratch, start from square one. **— numara** *slang* excellent, super. **— numara tıraş** shaving of the head. **—a sıfır, elde var sıfır.** *colloq.* All this work has been for nothing. **—ı tüketmek** *slang* 1. to be left with absolutely nothing. 2. to go for broke (as a matter of necessity). 3. for one's patience to come to an end. 4. to die, croak, kick the bucket, give up the ghost.
sıfırcı 1. teacher who frequently gives zeros or very low grades. 2. (teacher) who frequently gives zeros or very low grades.
sıfırlamak /ı/ to modify (an equation) so that all the terms form an expression equal to zero.
sığ 1. shallow (place). 2. shallow, superficial. **—a düşmek** (for a ship) to be driven into shallow water. **—a oturmak** (for a ship) to run aground.
sığa *phys.* capacity.
sığdırılmak /a/ to be made to fit into (a container/a place).
sığdırmak /ı, a/ to make (something) fit into (a container/a place).
sığın *zool.* fallow deer.
sığınak shelter.
sığınma /a/ taking shelter in (a place); taking refuge behind (someone). **— hakkı** right of asylum.
sığınmacı refugee.
sığınmak /a/ to take shelter in (a place); to take refuge behind (someone).
sığıntı person who is made to feel that his presence (in a household/a place of work) is unwanted.
sığır cattle (includes cows, bulls, oxen, and buffaloes). **— eti** beef.
sığırcık *zool.* starling.
sığırtmaç herdsman, herder.
sığışmak /a/ (for several people) to squeeze themselves into (a relatively small space).
sığıştırmak /ı, a/ to squeeze (people/things) into (a relatively small space).
sığlaşmak to get shallow.
sığlık 1. shallowness. 2. shallow, shallow place. 3. shallow (place).
sığmak /a/ to fit into (a container/a place).
sıhhat, -ti 1. health. 2. correctness, soundness. **—te bulunmak** to be in good health. **—ler olsun!** I hope it does you good!/I hope you enjoy it! (said to someone who has just had a bath/a haircut/a shave).
sıhhatli healthy.
sıhhi 1. pertaining to health, health; hygienic, sanitary. 2. healthful.
sıhhiye matters pertaining to health. **— sınıfı** *mil.* Medical Corps.
sıhhiyeci 1. public health official. 2. *mil.* medical corpsman, medic (not an officer).
sıhriyet, -ti *obs.* affinity, relationship by marriage.
sık 1. placed/spaced close together; dense, thick. 2. close (weave/knit). 3. frequent. 4. (placing things) close together. 5. (weaving/knitting) closely. 6. frequently. **— sık** 1. frequently, often. 2. close together.
sıkacak 1. press (a machine). 2. juicer (for squeezing fruits/vegetables).
sıkboğaz used in: **— etmek** /ı/ to put great pressure on (someone).
sıkça 1. rather close together. 2. rather frequently.
sıkı 1. tight; firm. 2. tightly. 3. close (weave). 4. closely (woven). 5. strict, strictly observed/enforced. 6. stingy. 7. wad (for a muzzle-loader). 8. strong, heavy (wind or blow with the fist). 9. numerous and pressing (jobs). 10. *school slang* first-rate, great, very good. **Sıkıysa ...!** *vulg.* If you think you can do it, ...!/If he thinks he can do it, ...! **— basmak** *colloq.* to use one's authority, insist on having one's way. **— çalışmak** to work hard. **— durmak** *colloq.* to be brave/firm; to act bravely/firmly; to stand one's ground. **— esmek** to blow a gale. **— fıkı** *colloq.* 1. intimate (friend). 2. on intimate terms, palsy-walsy. **—ya gelmek** *colloq.* to get in a predicament, get in a tight spot. **—yı görünce** *colloq.* when things get rough. **—da kalmak** *colloq.* to be in a jam, be in a tight spot. **—ya koymak** /ı/ *colloq.* to put great pressure on (someone). **— sıkıya** *col-*

loq. 1. very tightly. 2. well, in a thoroughgoing fashion. — **tutmak** /ı/ 1. to hold (something/someone) tightly. 2. *colloq.* to do (a job) with scrupulous care. **—yı yemek** *colloq.* to get a scolding.

sıkıca tightly; rather tightly.

sıkıcı boring, tedious, tiresome, wearisome; irksome, bothersome.

sıkıdenetim censorship. **—den geçirmek** /ı/ to censor.

sıkıdenetimci censor.

sıkıdüzen discipline, order.

sıkılamak /ı/ 1. to wad (a muzzle-loading gun). 2. *colloq.* to put pressure on (someone).

sıkılgan bashful, shy; easily embarrassed; unsure of himself.

sıkılganlık bashfulness, shyness; embarrassment; lack of self-assurance.

sıkılık 1. tightness. 2. closeness (of a weave/a knit). 3. strictness. 4. stinginess.

sıkılmak 1. to be squeezed. 2. to get bored. 3. to become bashful; to feel embarrassed. 4. to become hard pressed for money, become financially straitened.

sıkılmaz brazen, shameless.

sıkılmazlık brazenness, shamelessness.

sıkım 1. fistful (the amount contained in a closed fist). 2. squeeze: **bir sıkım diş macunu** a squeeze of toothpaste. 3. enough (material) for (so many) firings (of a muzzle-loading gun): **bir sıkım barut** enough powder for one firing.

sıkımlık *see* **sıkım**. **Bir — canı var.** *colloq.* He's such a pip-squeak you could beat him up with one hand tied behind your back!

sıkınmak to restrain oneself.

sıkıntı 1. distress, trouble, difficulty; annoyance, worry; depression; boredom. 2. financial difficulties, financial straits. **— basmak** *colloq.* suddenly to feel out of sorts or depressed. **— çekmek** 1. to have difficulty, experience difficulty. 2. to experience worry/distress. 3. to be financially straitened. **—ya düşmek** to become hard up for money. **—ya gelememek** *colloq.* to be unable to stand the gaff, be unable to bear up under difficulties. **—da olmak** 1. to be worried/distressed. 2. to be financially straitened. **—sı olmak** 1. to be worried/distressed. 2. to be financially straitened. 3. *colloq.* to need to go to the toilet, need to relieve oneself. **— vermek** /a/ to annoy, bother; to distress, worry.

sıkıntılı 1. troubled; distressed, worried; out of sorts; depressed; bored. 2. troubling, distressing, difficult, worrisome; depressing; boring. **— Raziye** *colloq.* person who gets fed up with things very quickly.

sıkışık 1. tight; tightly wedged/jammed; placed very close together; very crowded, congested. 2. hard pressed (for time); (time) when one is hard pressed (for time). 3. hard up (for money); (time) when one is hard up (for money).

sıkışıklık 1. tightness; being tightly wedged/jammed; closeness; congestion. 2. being hard pressed (for time). 3. being hard up (for money).

sıkışmak 1. to become tightly wedged/jammed; to be placed close together; to be very crowded, be congested. 2. /a/ to get caught in, be pinched in: **Parmağım kapıya sıkıştı.** My finger got caught in the door. 3. to get in a jam, get in a tight spot. 4. to be hard up (for money). 5. to have a constricted feeling: **Kalbim sıkıştı.** I felt a tightness in my chest. 6. *colloq.* to feel the need to relieve oneself, feel the need to go to the toilet.

sıkıştırılmak 1. to be tightened/compressed. 2. to be wedged in; to be jammed in; to be squeezed in. 3. to be pressed/pressured (by someone). 4. /a/ to be slipped quietly into (someone's hand, pocket, etc.). 5. to be squeezed/pinched. 6. (for a fleeing person) to be cornered.

sıkıştırmak 1. /ı/ to tighten; to compress. 2. /ı/ to wedge in; to jam in; to squeeze (people/things) in, crowd (people/things) in. 3. /ı/ to press, pressure, put pressure on (someone). 4. /ı, a/ to slip (something) quietly into (someone's hand, pocket, etc.). 5. /ı/ to squeeze/pinch (someone). 6. /ı/ to corner (a fleeing person). 7. /ı, a/ to catch, pinch (one's finger, etc.) in (a place).

sıkıt, -tı *pharm.* tablet.

sıkıyönetim martial law.

sıkişeme *path.* polyuria.

sıkkın very troubled; distressed, worried; out of sorts; depressed; bored.

sıkkınlık being very troubled, distressed, worried, out of sorts, depressed, or bored.

sıklamak used in: **ıklaya sıklaya** *see* **ıklamak**.

sıklaşmak 1. to become frequent; to happen often; to increase. 2. to form a dense mass.

sıklaştırılmak 1. to be made to happen frequently; to be increased. 2. to be made to form a dense mass.

sıklaştırmak /ı/ 1. to increase the frequency of, increase the number of. 2. to cause (things) to become densely massed.

sıklet, -ti weight, heaviness.

sıklık 1. frequency (of repetition). 2. density.

sıkma 1. /ı/ squeezing. 2. /ı/ wringing. 3. /ı/ holding (someone/something) tightly. 4. /ı, a/ squirting (something) on. 5. /ı/ putting pressure on (someone). 6. /ı/ annoying, bothering. 7. /ı/ shooting, firing (a bullet). 8. *prov.* trousers which are tight below the knees and full above the knees. 9. (fruit) that is good for making juice: **sıkma portakal** juice orange. **— başlı** (woman) wearing a headscarf (for rea-

sons of propriety).
sıkmak 1. /ı/ to squeeze. 2. /ı/ to wring. 3. /ı/ to hold (someone/something) tightly. 4. /ı, a/ to squirt (something) on. 5. /ı/ to put pressure on (someone). 6. /ı/ to annoy, bother. 7. /ı/ to shoot, fire (a bullet).
sıkmalık (fruit) that is good for making juice: **sıkmalık portakal** juice orange.
sıla 1. returning to one's home and loved ones after a long absence. 2. (one's) home, (one's) homeplace. **—ya gitmek** to return to one's homeplace, go home. **— hastalığı** homesickness.
sılacı person who is living far from his home and family.
sımsıkı 1. very tight; very tightly packed/driven/wedged/wrapped. 2. very closely spaced.
sınai industrial. **— kuruluş** industrial enterprise.
sınamak /ı/ 1. to test, put (someone/something) to a test, try (someone/something) out. 2. (for a teacher) to test (a student).
sınanmak to be tested, be put to a test, be tried out.
sınatmak /ı, a/ to have (someone) test (someone/something).
sınav test, examination, exam. **—a çekmek/—dan geçirmek** /ı/ to test (someone), give (someone) a test. **—a girmek** to take a test. **— vermek** to pass a test.
sıncan bot. tragacanth.
sınıf 1. class; category. 2. zool., bot. class. 3. classroom. 4. mil. corps: **İstihkâm Sınıfı** Corps of Engineers. **— arkadaşı** classmate. **—ta çakmak** slang, to flunk in class. **—ını geçmek** to pass one's class. **—ta kalmak** (for a student) to fail a class, fail a grade.
sınıflama /ı/ see **sınıflandırma**.
sınıflamak /ı/ see **sınıflandırmak**.
sınıflandırma /ı/ classifying, classification.
sınıflandırmak /ı/ to classify.
sınıflanmak to be classified.
sınır 1. frontier, border. 2. boundary, limit. **— açı** math. limit angle. **— çekmek/koymak** /a/ to limit, set a limit to.
sınırdaş (two or more countries) which share a common border, which border on each other; /la/ (country) which borders on (another country).
sınırdaşlık sharing a common border.
sınırdışı, -nı used in: **— etmek** /ı/ to deport, send (someone) out of the country.
sınırlamak /ı/ see **sınırlandırmak**.
sınırlandırmak /ı/ to limit, set a limit to.
sınırlanmak to be limited.
sınırlayıcı limiting, restrictive.
sınırlı 1. /la/ bounded by. 2. limited, restricted. **— doğru** math. segment, line segment. **— sayı** math. finite number. **— sorumlu ortaklık** law limited liability company.
sınırsız 1. lacking a frontier/a border/a boundary/a limit. 2. boundless, limitless, unlimited, unrestricted. **— doğru** math. line. **— sayı** math. infinity. **— sorumluluk** law unlimited liability.
sıpa colt, foal (of a donkey).
sır, -rrı secret. **—ını açmak** /a/ to tell (someone) one's secret. **—a kadem basmak** colloq. to vanish into thin air. **— küpü** colloq. person who can be trusted to keep a secret. **— olmak** to disappear, vanish. **— saklamak/tutmak** to keep a secret. **— vermek** to betray a secret.
sır 1. glaze (on pottery). 2. silvering (of a mirror). **(üzerine) — çekmek** /ın/ 1. to glaze (a piece of pottery). 2. to silver (a mirror).
sıra 1. row; line; queue; file. 2. order, sequence. 3. turn: **Sıra sende.** It's your turn. 4. the right time to ...: **Şimdi denize girmenin tam sırası.** Now's just the right time for a dip in the sea. **Şimdi sırası değil.** This isn't the right time. 5. point, moment, time: **O sırada öğretmen geldi.** At that point the teacher came in. **Çiçekleri suladığım sırada telefon çaldı.** The telephone rang while I was watering the flowers. 6. bench. 7. desk (in a school classroom). 8. (things) placed in a row: **sıra ağaçlar** trees planted in a row. 9. of all shapes and sizes: **sıra portakalı** oranges of all shapes and sizes. **—sında** 1. at the right time, when the time is ripe. 2. in the course of, during: **ders sırasında** during the lesson. **—sıyla** 1. (doing something) at the right time. 2. sequentially, in sequence, in order, respectively: **Nimet ile Demet, sırasıyla yirmi ve otuz yaşlarındadır.** Nimet and Demet are respectively twenty and thirty years old. **—yla** each in turn; one by one. **—sını beklemek** to wait one's turn. **— dayağı** beating given to each person in a group in turn. **— evler** row houses, Brit. terrace, terraced houses. **—sı gelmişken ....** colloq. Now that the time seems ripe ...: **Sırası gelmişken bunu yapalım.** Let's do this, now that the time seems ripe. **—sına/—sını getirmek** colloq. to find a suitable opportunity. **—sına göre** colloq. when it's right/appropriate to do so: **İnsan sırasına göre susmasını da bilmeli.** A person should also know when he ought to keep quiet. **— gözetmek** colloq., see **sıra kollamak**. **—sını kaybetmek** colloq. (for a baby) to get out of its normal routine of feeding and sleeping. **— kollamak** colloq. to wait for a suitable moment. **(...) —sına koymak** /ı/ colloq. to regard (someone) as being in (a certain) category. **—ya koymak** /ı/ to get (something) properly organized/arranged. **— malı** colloq. 1. run-of-the-mill, middling, mediocre (things). 2. run-of-the-mill things. **— sayı sıfatı** gram. ordinal number. **— sıra** row upon row of: **sıra sıra çamlar** row upon

row of pines. — **sütunlar** *arch.* colonnade.
sıraca *path.* scrofula, the king's evil.
sıradağ *see* **sıradağlar.**
sıradağlar mountain range, chain of mountains.
sıradan ordinary; middling, mediocre, run-of-the-mill.
sıralaç 1. a large, loose-leaf binder. 2. accordion file.
sıralama 1. /ı/ arranging/arraying (things) in a row or rows, lining (things) up. 2. /ı/ arranging/filing (things) (in a certain way). 3. /ı/ listing (things) in order; enumerating, ticking off, setting out, reciting. 4. (a child's) beginning to walk (by holding on to one thing after another). 5. /ı/ going to (each one of a number of places) in turn.
sıralamak 1. /ı/ to arrange/array (things) in a row or rows, line (things) up. 2. /ı/ to arrange/file (things) (in a certain way). 3. /ı/ to list (things) in order; to enumerate, tick off, set out, recite. 4. (for a child) to begin to walk (by holding on to one thing after another). 5. /ı/ to go to (each one of a number of places) in turn.
sıralanmak 1. to be arranged/arrayed in a row or rows, be lined up. 2. to be arranged/filed (in a certain way). 3. to be listed in order; to be enumerated.
sıralatmak /ı, a/ 1. to have (someone) arrange (things) in a row or rows. 2. to have (someone) arrange/file (things) (in a certain way). 3. to have (someone) list (things) in order; to have (someone) enumerate (things).
sıralı 1. arranged or set out in a row or rows, lined up. 2. timely; apposite, appropriate. — **sırasıza** whenever he feels like it, regardless of the time/the place.
sırasız 1. untimely; inapposite, inappropriate. 2. without waiting one's turn.
sırat, -tı *see* **sırat köprüsü.** — **köprüsü** *Islam* Sirat, bridge which the righteous will pass over and from which the unrighteous will fall on the Day of Judgment.
Sırbistan 1. Serbia. 2. Serbian, of Serbia.
sırça 1. glass. 2. made of glass, glass. — **köşkte/evde oturan, komşusuna taş atmamalı.** *proverb* People who live in glass houses shouldn't throw stones.
sırdaş person to whom one confides one's secrets, confidant.
sırf 1. pure, sheer, utter, nothing but. 2. only, solely.
sırık 1. (thin) pole. 2. stake, pole (for plants). — **la atlama** *sports* pole vaulting. — **domatesi** tomatoes raised on plants that have been staked. — **gibi** *colloq.* (someone) who's as tall and thin as a rail/a bean pole. — **hamalı** a porter who, with a partner, carries a load suspended from the middle of a pole.
sırıklamak /ı/ 1. to stake, pole (a plant). 2. *slang* to steal, swipe, *Brit.* nick.
sırılsıklam *colloq.* sopping wet, soaking wet. — **âşık** madly in love. — **nezle** full of cold.
sırım thin leather cord; thong, strap. — **arabası** *formerly* horse-drawn wagon whose body is suspended by leather straps. — **gibi** *colloq.* wiry (person).
sırıtık *see* **sırıtkan.**
sırıtkan given to grinning unpleasantly/stupidly.
sırıtma 1. grinning unpleasantly/stupidly. 2. (a defect's) becoming apparent.
sırıtmak 1. to grin unpleasantly/stupidly. 2. (for a defect) to become apparent.
sırlamak /ı/ 1. to glaze (a piece of pottery). 2. to silver (a mirror).
sırlanmak 1. (for a piece of pottery) to be glazed. 2. (for a mirror) to be silvered.
sırlı 1. glazed (piece of pottery). 2. silvered (mirror).
sırma 1. gilded silver thread; silver thread. 2. made of gilded silver thread; made of silver thread. 3. *mil.* stripes (indicating the rank of an officer). 4. *slang* whore, prostitute. — **işlemeli** embroidered with gilded silver thread; embroidered with silver thread. — **saçlı** *colloq.* golden-haired.
sırmakeş *obs.* maker of gilded silver thread; maker of silver thread.
sırmalı embroidered with gilded silver thread; embroidered with silver thread.
sırnaşık exasperatingly importunate/pertinacious, (someone) who exasperatingly persists in asking for something.
sırnaşıklık exasperating importunity/pertinacity.
sırnaşmak to persist exasperatingly in asking for something, importune.
sırnaştırmak /ı/ to cause (someone) to start importuning.
Sırp 1. (a) Serb, (a) Serbian. 2. Serbian, of the Serbs.
Sırpça 1. Serbian, the Serbian language. 2. (speaking, writing) in Serbian, Serbian. 3. Serbian (speech, writing); spoken in Serbian; written in Serbian.
sırrolmak to disappear mysteriously, vanish into thin air.
sırsıklam *colloq.* sopping wet, soaking wet. — **âşık** madly in love. — **nezle** full of cold.
sırsız 1. unglazed (piece of pottery). 2. unsilvered, (mirror) which has not been silvered.
sırt, -tı 1. back, dorsal side (of a person/an animal). 2. ridge, upper part (of a hill/a mountain). 3. blunt side (of a cutting implement). 4. spine (of a book). — **ına almak** /ı/ 1. to shoulder, put (something) on one's shoulder. 2. *colloq.* to shoulder, take on (a job/a responsibility). 3. to put on (a coat/a jacket/a sweater). — **ından atmak** /ı/ *colloq.* to rid oneself of, get

shut of. —ına binmek /ın/ colloq. (for a job) to be lumped on (someone). — çevirmek /a/ colloq. 1. to reject, refuse (something). 2. to give (someone) the cold shoulder, cold-shoulder. —ından çıkarmak /ı, ın/ colloq. to get (someone) to pay for (something), saddle (someone) with the bill for (something). —ını dayamak /a/ 1. to lean one's back against (something). 2. colloq. to rely on the protection of. —ından geçinmek /ın/ colloq. to live off, sponge off (someone). — kaşağısı back scratcher. —ı kaşınmak colloq. to itch for a beating, ask for it, be cruising for a bruising. —ı kavi 1. (someone) who has a strong back. 2. colloq. (someone) who's supported by powerful friends. 3. colloq. warmly clad, thickly clad. — omurları anat. dorsal vertebrae. —ı pek colloq. warmly clad, thickly clad. —ı sıra colloq. one after the other, in succession. — sırta vermek 1. to stand back to back. 2. colloq. to support each other; to help each other. — üstü yatmak to lie flat on one's back. —ına vurmak /ı/ to shoulder, put (something) on one's back. —ı yere gelmek colloq. to be defeated. —ını yere getirmek /ın/ 1. wrestling to defeat, down (one's opponent). 2. colloq. to defeat. —ı yufka colloq. lightly dressed. —ında yumurta küfesi yok ya! colloq. You can't depend on him; he'll break his word (or change his tack) if it suits him.

sırtarmak prov. 1. to get one's hackles up, get one's dander up. 2. (for an animal) to arch its back or get its hackles up (before attacking). 3. (for clouds) to pile up, mass.

sırtıkara 1. zool. a bluefish smaller than a kofana. 2. slang double six (a throw of dice).

sırtlamak /ı/ 1. to shoulder, put on one's back. 2. colloq. to shoulder, take on (a job/a responsibility).

sırtlan zool. hyena.

sıska 1. thin and weak, scrawny and undersized, puny. 2. obs., path. dropsical.

sıskalaşmak 1. to get thin and weak, get puny. 2. obs., path. to become dropsical.

sıskalık 1. puniness; weak and scrawny condition. 2. obs., path. dropsy.

sıtma path. malaria. — görmemiş ses colloq. voice which sounds like a foghorn, stentorian. — tutmak /ı/ 1. to get malaria. 2. to be seized with a fit of trembling.

sıtmalı 1. (person) who has malaria. 2. malarial, malarious (place).

sıva plaster (used for coating walls/ceilings). — vurmak /a/ to plaster, coat (something) with plaster.

sıvacı plasterer.

sıvacıkuşu, -nu zool. nuthatch.

sıvalamak /ı/ to plaster, coat (something) with plaster.

sıvalı 1. (something) which has been plastered. 2. /a/ (substance) which has been plastered on (something).

sıvalı (sleeves, trouser legs) which have been rolled up.

sıvama 1. /ı/ plastering, coating (something) with plaster. 2. /ı, a/ plastering (something) with (a substance). 3. /ı, a/ smearing (something) on/over (something). 4. (something) thickly set with (jewels); (something) plated with (a precious metal). 5. (filling something) right up to the brim.

sıvama /ı/ 1. rolling up (sleeves, trouser legs). 2. stroking, caressing.

sıvamak 1. /ı/ to plaster, coat (something) with plaster. 2. /ı, a/ to plaster (something) with (a substance). 3. /ı, a/ to smear (something) on/over (something).

sıvamak /ı/ 1. to roll up (sleeves, trouser legs). 2. to stroke, caress.

sıvanmak 1. to be plastered. 2. to be smeared.

sıvanmak 1. (for one's sleeves, trouser legs) to be rolled up. 2. /a/ to get ready to do (something), roll up one's sleeves and set to doing (something).

sıvaşmak 1. /a/ (for something) to get smeared on. 2. to get gooey, get sticky.

sıvaştırmak 1. /ı, a/ to smear (something) on (something/someone). 2. /ı/ to make (something) gooey, make (something) sticky.

sıvatmak /ı, a/ to have (someone) plaster (something).

sıvatmak /ı, a/ 1. to have (someone) roll up (his sleeves or trouser legs). 2. to allow (someone) to stroke/caress (oneself/itself).

sıvazlamak /ı/ to stroke, caress.

sıvazlatmak /ı, a/ to let (someone) stroke/caress (oneself/itself).

sıvı 1. (a) liquid, (a) fluid. 2. liquid, fluid. — içitimi med. perfusion.

sıvık 1. prov. soft and sticky. 2. slang (annoyingly importunate person) who sticks to one like glue.

sıvılaştırma /ı/ liquefying, liquefaction.

sıvılaştırmak /ı/ to liquefy.

sıvındırmak /ı/ to liquefy (a gas).

sıvınmak (for a gas) to be liquefied.

sıviölçer hydrometer, areometer.

sıvırya colloq. 1. continually; continuously. 2. one after the other, in succession. 3. full to the brim, brimful. 4. rocking from side to side like a cradle. — bulunmak to be present. — gitmek (for business/trade) to go great guns, be brisk.

sıvışık 1. sticky, gooey. 2. colloq. (annoyingly importunate person) who sticks to one like glue.

sıvışmak 1. colloq. to slip away, sneak off. 2. /a/ (for something) to get smeared on.

sıvıyağ oil (in a liquid state).
sıyga *obs., gram.* mood. **—ya çekmek** /ı/ *colloq.* to question (someone) very closely, give (someone) the third degree.
sıyırmak 1. /ı/ to graze/skin/scrape (leaving an injury); to skin (something) off. 2. /ı/ to peel off, strip off, take off; to skim off. 3. /ı/ to draw (a sword). 4. /ı/ to scour/scrape (something) clean; to pick/gnaw (a bone) clean; to eat every morsel of food on (one's plate). 5. /ı/ to tear (a cloth) into strips, rip up (a cloth). 6. /ı/ to pull (a garment) up/down a little bit. 7. /ı, dan/ *colloq.* to get (someone) out of (a predicament).
sıyırtma /ı, a/ having (someone) strip/skim (something) off.
sıyırtmak 1. /ı, a/ to have (someone) strip/skim (something) off. 2. /ı, a/ to have (someone) draw (a sword). 3. /ı, a/ to have (someone) scour/scrape (something) clean; to have (someone) pick (a bone) clean; to have (someone) eat every morsel of food on (his plate). 4. /ı, a/ to have (someone) tear (a cloth) into strips. 5. /ı, dan/ *colloq.* to enable (someone) to get out of (a jam).
sıyrık 1. grazed, skinned; scraped. 2. *colloq.* brazen, shameless. 3. graze; skinned place; scrape.
sıyrılmak 1. to be grazed/skinned/scraped. 2. to be peeled off; to be skimmed off. 3. (for a sword) to be drawn. 4. to be scoured/scraped clean. 5. (for a cloth) to be torn into strips. 6. /dan/ *colloq.* to get free of, get shut of.
sıyrıntı scrapings (of food left at the bottom of a cooking pot).
sızdırılmak 1. to be made to leak, trickle, or ooze out; to be allowed to leak, trickle, or ooze out. 2. to be clarified by melting and straining. 3. (for a secret) to be leaked out. 4. /dan/ (for money) to be squeezed/wangled out of (someone); (for someone) to be made to part with money (as a result of someone's machinations). 5. (for a place) to be infiltrated; /a/ (for people) to be infiltrated into (a place).
sızdırmak 1. /ı/ to cause (something) to leak, trickle, or ooze out. 2. /ı/ to clarify (something) by melting and straining. 3. /ı/ to let (a secret) leak out. 4. /ı/ to squeeze/wangle (money) out of someone; to squeeze/wangle money out of (someone). 5. /ı, a/ to cause (people) to infiltrate (a place). 6. /ı/ (for too much liquor) to cause (someone) to pass out.
sızdırmaz leakproof.
sızı (dull) ache.
sızıcı 1. leaky. 2. *phonetics* fricative/spirant (consonant). **— ünsüz** *phonetics* (a) fricative; (a) spirant.
sızıldanmak to complain.
sızıltı 1. complaining; complaint. 2. discontent, dissatisfaction.
sızım leaking; trickling, trickle; oozing, ooze.
sızım sızım *used in:* **— sızlamak** to ache intensely. **— sızlanmak** to complain vehemently.
sızıntı something which has leaked, trickled, or oozed out; leakage; ooze; seepage.
sızlamak 1. to ache, hurt. 2. to complain.
sızlanmak to complain.
sızlatmak /ı/ 1. to cause (something) to ache. 2. (for something sad) to pain (someone), make (someone's heart) ache.
sızma 1. leaking, leak; trickling, trickle; oozing, ooze; seepage. 2. infiltration. 3. passing out (after getting drunk).
sızmak 1. /dan/ to trickle out of/through; to leak/seep from/through; /a/ to trickle into; to leak into; to ooze, exude. 2. (for a secret) to leak out, become known. 3. /a/ to infiltrate, enter (a place) unobtrusively. 4. to pass out (after getting drunk).
si *mus.* ti.
sibernasyon cybernation.
sibernetik cybernetics.
Sibirya 1. Siberia. 2. Siberian, of Siberia.
sicil 1. register (containing a list of official documents/transactions). 2. (a government employee's) employment record, dossier, file. **—i bozuk** (someone) who has a black mark on his employment record, who doesn't have a good record. **— limanı** *naut.* port of registry. **— vermek** to report whether or not an employee is qualified for a promotion.
sicilli 1. entered in a register, registered. 2. previously convicted, (someone) who has a criminal record.
Sicilya 1. Sicily. 2. Sicilian, of Sicily.
Sicilyalı 1. (a) Sicilian. 2. Sicilian (person).
sicim string, twine, packthread. **— gibi** *colloq.* 1. pelting (rain). 2. streaming (tears).
sidik urine. **— borusu** *anat.* ureter. **— torbası** *anat.* bladder, urinary bladder. **— yarışı** *colloq.* competition to be preeminent in something trifling.
sidikkavuğu, -nu *anat.* bladder, urinary bladder.
sidikli 1. stained with urine. 2. unable to retain one's urine, enuretic; (child) who wets the bed.
sidiklimeşe *bot.* Turkey oak (so called because its wood tends to drip a lot of sap when burnt).
sidiktorbası, -nı *anat.* bladder.
sidikyolu, -nu *anat.* urethra. **— yangısı** *path.* urethritis.
sidikzoru, -nu abnormal retention of urine; dysuria. **—na tutulmak** to begin to retain one's urine for an abnormal length of time; to become afflicted with dysuria.
Sierra Leone 1. Sierra Leone. 2. Sierra Leonean, of Sierra Leone.
Sierra Leoneli 1. (a) Sierra Leonean. 2. Sierra

Leonean (person).
sif *com.* C.I.F. (cost, insurance, and freight).
sifilis *path.* syphilis.
sifon 1. siphon. 2. flush mechanism, flushing mechanism. 3. *plumbing* S trap, P trap. 4. culvert (under a road/a railroad). **—u çekmek** to flush the toilet.
sifos *slang* futile, useless.
siftah *colloq.* 1. first sale of the day; first sale of a new commodity; first purchase of the day. 2. for the first time. **— etmek** 1. to make one's first sale of the day. 2. to eat something for the first time (during its season). **— parası** the money gained from the first sale of the day.
siftahlamak /ı/ 1. to sell one's first (item) of the day. 2. to eat one's first (food) of the season.
siftinmek *prov.* 1. to fool around, waste time, pass the time doing nothing. 2. to scratch oneself by rubbing against something. 3. /a/ to cozy up to, try to ingratiate oneself with (someone) by fawning.
sigara cigarette. **—yı bırakmak** to give up smoking cigarettes. **S— içilmez.** No smoking. **—içmek** to smoke, smoke cigarettes/a cigarette. **— kâğıdı** cigarette paper. **— kâğıdı gibi** *colloq.* paper-thin. **— tablası** ashtray.
sigaraböreği, -ni a cigar-shaped, fried pastry stuffed with cheese/meat.
sigaralık 1. cigarette-holder. 2. cigarette case; cigarette box.
sigorta 1. insurance (e.g. life insurance, health insurance). 2. *elec.* fuse. **— bedeli** indemnity, compensation, money paid by an insurance company to a policyholder in case of loss. **— değeri** insurable value. **— etmek** /ı/ to insure. **— kutusu** fuse box. **— olmak** to be insured, be covered by an insurance policy. **— poliçesi** insurance policy. **— primi** insurance premium. **— şirketi** insurance company.
sigortacı insurance agent, underwriter, insurer.
sigortacılık selling insurance.
sigortalamak /ı/ 1. to insure. 2. to ensure the safety of (something).
sigortalı 1. insured, covered by an insurance policy. 2. (something) the safety of which has been ensured.
sigorya *slang* by all means, without fail, you can bet your boots ....
siğil wart, verruca.
siğilli warty, verrucose; (place) which has a wart on it; covered with warts.
sihir, -hri 1. magic; sorcery; witchcraft. 2. magic, charm, magical influence/power.
sihirbaz magician; sorcerer.
sihirbazlık magic; sorcery; witchcraft.
sihirlemek /ı/ 1. to bewitch, cast a spell on. 2. to enchant, charm, delight greatly.
sihirli 1. bewitched, put under a magic spell. 2. magical, possessed of supernatural powers. 3. bewitching, enchanting, charming, very delightful.
sik, -ki *vulg.* penis, *dick, *cock.
sikatif 1. (a) siccative, (a) drier (for oil paint). 2. siccative (substance).
sikişme *vulg.* *fucking, *screwing.
sikişmek *vulg.* (for two people) to *fuck, *screw.
sikke 1. (a) coin. 2. design struck on a coin. 3. tall felt hat worn by a Mevlevi dervish.
siklamen 1. *bot.* cyclamen. 2. cyclamen, dark reddish purple.
siklememek /ı/ *vulg.* not to give a damn about, not to give a *shit about, not to give a *fuck about.
siklon cyclone.
sikmek /ı/ *vulg.* to *fuck, *screw.
siktiretmek /ı/ *vulg.* 1. to tell (someone) to *fuck off. 2. to get rid of (someone).
siktirici *vulg.* *fucking, *shitty, good-for-nothing.
siktirmek /ı, a/ *vulg.* 1. to cause (one person) to *fuck (another/oneself). 2. to let (someone) *fuck (another/oneself). **Siktir!/Siktir git!** *vulg.* Get *fucked!/*Fuck off!
silah weapon, arm. **— altına alınmak** to be called into military service. **— atmak** to fire a weapon. **— başına!** *mil. command* To arms! **—ları çatmak** to stack arms. **— çekmek** 1. to pull out or draw a weapon (preparatory to attacking someone); /a/ to threaten (someone) with a weapon. 2. /a/ to fire a gun at (someone). **—a davranmak** to go for a weapon, move to pull out or draw a weapon. **— omuza!** *mil. command* Shoulder arms! **— patlamak** 1. for war to break out. 2. for a weapon to fire. **—a sarılmak** to resort to arms.
silahhane armory; arsenal.
silahlandırmak /ı/ to arm, equip with weapons.
silahlanma armament, taking up arms, arming oneself; becoming armed; increasing one's supply of arms. **— yarışı** arms race.
silahlanmak to take up arms, arm oneself; to become armed; to increase one's supply of arms.
silahlı armed. **— kuvvetler** the armed forces. **— tarafsızlık** armed neutrality.
silahlık *mil.* gun rack; arms rack.
silahsız unarmed. **—a ayırmak** /ı/ *mil.* to assign (someone) to noncombat duty.
silahsızlandırmak /ı/ to disarm, divest (someone) of arms.
silahsızlanma disarmament.
silahsızlanmak to disarm, become disarmed; to reduce one's supply of arms.
silahşor man-at-arms; musketeer.
silahşorluk being a man-at-arms, soldiering.
sildirilmek 1. to have (something) wiped up, wiped away, wiped, dried, cleaned, erased, or rubbed out. 2. *comp.* to have (something)

deleted.
sildirmek /ı, a/ 1. to have (someone) wipe up, wipe away, wipe, dry, clean, erase, or rub out (something). 2. *comp.* to have (someone) delete (something).
silecek 1. bath towel. 2. windshield wiper (on a vehicle). 3. doormat.
silgi 1. (ink/pencil) eraser, *Brit.* rubber. 2. blackboard eraser. 3. windshield wiper (on a vehicle). 4. doormat. 5. mop.
silgiç windshield wiper (on a vehicle).
sili 1. clean. 2. chaste, virtuous.
silici 1. person who cleans/polishes floors; floor cleaner; floor polisher; person who cleans windows, window cleaner. 2. sandblaster, person who sandblasts. 3. polisher, burnisher (person/implement).
silik 1. barely perceptible, indistinct; (coin) the markings of which have been greatly worn down; (something) the lines/markings of which have become indistinct. 2. faceless, lacking in individuality.
silikat, -tı *chem.* silicate.
silikleşmek to become indistinct, become barely perceptible.
siliklik 1. indistinctness. 2. facelessness, lack of individuality.
silikon *chem.* 1. silicon. 2. silicone.
sililik 1. cleanness. 2. chastity, virtue.
silindir 1. cylinder. 2. road roller. 3. cylinder (in a motor). — **şapka** top hat.
silindiraj rolling (of roads, steel, etc.); calendering (of cloth, paper, etc.).
silindirsel cylindrical.
silinmek 1. to wipe oneself dry/clean. 2. to be wiped up, wiped away, wiped, dried, cleaned, erased, or rubbed out. 3. *comp.* to be deleted.
silinti trace of something that has been rubbed out or worn away.
silis silica.
silisiz unchaste, wanton.
silkelemek /ı/ 1. to shake; to shake (something) out. 2. *slang* (for a **dolmuş** driver) to drop off (a passenger) at his destination.
silkelenmek 1. to be shaken; to be shaken out. 2. to shake oneself. 3. /dan/ to rid oneself of, shake off, cast off. 4. to snap to, come to with a start, jerk oneself out of a somnolent state.
silkindirmek 1. /ı/ to cause (someone) to shake himself. 2. /ı, dan/ to cause (someone) to rid himself of (something). 3. /ı/ to bring (someone) to with a start.
silkinmek 1. to shake oneself. 2. /dan/ to rid oneself of, shake off, cast off. 3. to snap to, come to with a start, jerk oneself out of a somnolent state.
silkinti start, sudden movement.

silkme 1. /ı/ shaking; shaking out. 2. /ı/ shrugging (one's shoulders). 3. dish of chopped eggplant/squash cooked with meat.
silkmek /ı/ 1. to shake; to shake out. 2. to shrug (one's shoulders).
silktirmek /ı, a/ 1. to have (someone) shake (something); to have (someone) shake (something) out. 2. to cause (someone) to shrug (his shoulders).
sille slap, cuff, box (made with the hand). — **atmak** /a/ to slap, cuff. — **tokat** slapping and cuffing him/her/them/each other.
silme 1. /ı/ wiping up; wiping away; wiping; drying. 2. /ı/ cleaning. 3. /ı/ erasing. 4. /ı/ *comp.* deleting, deletion. 5. *arch.* molding; projecting stringcourse; coping. 6. full to the brim, brimful. 7. completely, wholly, entirely. — **tahtası** board for leveling off a measure of grain.
silmece (filling something) up to the brim, brimful.
silmek /ı/ 1. to wipe up, wipe away, or wipe (something wet) (using something dry); to dry. 2. to clean, rub (something) clean (using something wet). 3. to erase, rub out. 4. *comp.* to delete. **silip süpürmek** /ı/ 1. to clean (a place) from stem to stern. 2. *colloq.* to eat up every morsel of (something). 3. *colloq.* to destroy (everything), sweep (everything) away; to make a clean sweep of (all of them), get rid of (them all).
silo silo.
silolamak /ı/ to silo, put (something) in a silo.
silsile 1. series, chain. 2. (mountain) range. 3. lineage, ancestry, line of descent.
silsilename *obs.* chart showing someone's lineage.
siluet, -ti silhouette.
silyon *naut.* white navigation light (on a ship's mast). — **feneri** *see* **silyon.**
sim 1. silver. 2. made of silver, silver.
sim *bot.* paper-white narcissus.
sima 1. face (of a person). 2. (well-known) figure, person.
simetri symmetry.
simetrik symmetrical.
simetrili *see* **simetrik.**
simetrisiz asymmetrical.
simge symbol.
simgeci *fine arts, lit.* 1. (a) symbolist. 2. *hist.* (a) Symbolist. 3. symbolist, of the symbolists. 4. *hist.* Symbolist, of the Symbolists.
simgecilik *fine arts, lit.* 1. symbolism. 2. *hist.* Symbolism.
simgeleme /ı/ symbolizing, symbolization.
simgelemek /ı/ to symbolize.
simgeleşme becoming a symbol.
simgeleşmek to become a symbol.
simgelik system of symbols.

simgesel symbolic. — **mantık** symbolic logic.
simgesellik symbolic quality, symbolicalness.
simit 1. a crisp, ring-shaped, savory roll covered with sesame seeds. 2. *naut.* life buoy, life preserver, life ring. 3. something shaped like a life buoy: **direksiyon simidi** steering wheel (of an automobile/a bus/a truck). 4. *school slang* zero.
simitçi maker or seller of simits. — **fırını** bakery where simits are made.
simitçilik making or selling simits.
simpozyum *see* **sempozyum.**
simsar commission agent, broker, middleman.
simsariye commission, percentage, brokerage, broker's fee.
simsarlık brokerage, being a commission agent.
simsiyah jet black.
simültane simultaneous. — **çeviri** simultaneous translation.
simya alchemy.
simyacı alchemist.
sin grave, tomb.
sinagog, -gu synagogue.
sinameki 1. *bot.* senna. 2. *colloq.* tiresome and persnickety (person). 3. *colloq.* tiresome and exasperatingly slow (person).
sinara large fishing lure (shaped like a fish and provided with hooks).
sinarit, -ti *zool.* dentex (a sea bream).
sincabi dark gray, squirrel-colored.
sincap 1. *zool.* squirrel. 2. squirrel fur, squirrel. 3. made of squirrel fur, squirrel.
sindirilmek to be digested.
sindirim *biol.* digestion. — **sistemi/aygıtı** *anat.* digestive system. — **güçlüğü** dyspepsia.
sindirimbilim gastroenterology.
sindirimbilimci gastroenterologist.
sindirimsel digestive.
sindirmek 1. /ı/ to cow; to intimidate. 2. /ı/ to digest. 3. /ı, a/ to cause (something) to pervade/permeate.
sine bosom, breast. — **ye çekmek** /ı/ to endure (something unpleasant) resignedly.
sinek 1. housefly, fly. 2. mosquito; horsefly; gnat; any small flying insect. 3. *playing cards* (a) club. — **avlamak** *colloq.* to kill time, twiddle one's thumbs. — **kâğıdı** flypaper. — **küçüktür ama mide bulandırır.** *proverb* Some small and seemingly insignificant people/things are capable of wreaking great mischief. —**ten yağ çıkarmak** *colloq.* to hunt for profit where there's none to be found, be on a fool's errand.
sinekağırlık *boxing, see* **sineksıklet.**
sinekçil *zool.* flycatcher.
sinekkapan 1. *bot.* Venus's-flytrap. 2. *zool.* flycatcher.
sinekkaydı 1. very smooth, very close (shave). 2. (shaved) very smoothly, very closely.
sinekkuşu, -nu *zool.* hummingbird.

sineklenmek to become infested with flies/mosquitoes.
sinekli fly-infested, full of flies.
sineklik 1. flyswatter, flyswat. 2. flypaper.
sineksıklet, -ti *boxing* flyweight class.
sinekyutan *zool.* flycatcher.
sinema 1. movie house, motion-picture theater, *Brit.* cinema. 2. cinematography, *Brit.* the cinema. — **endüstrisi/sanayii** the motion-picture industry, the movies, *Brit.* the cinema.
sinemacı 1. moviemaker, person engaged in the production of motion pictures. 2. distributor of motion-picture films, movie distributor. 3. operator of a motion-picture theater. 4. movie actor/actress.
sinemacılık 1. moviemaking. 2. selling movies; hiring out movies.
sinemasever movie fan, movie lover, movie buff.
sinemaskop, -pu cinemascope.
sinematek cinémathéque.
sinematik 1. kinematics. 2. kinematic, kinematical.
sinerama cinerama.
sinerji synergy, synergism.
sinestezi synesthesia.
Singapur 1. Singapore. 2. Singapore, Singaporean, of Singapore.
Singapurlu 1. (a) Singaporean. 2. Singaporean (person).
sini large, round copper/brass tray.
sinik crouching, cowering (person/thing).
sinik *phil., see* **kinik.**
sinir 1. *anat.* nerve. 2. *colloq.* sinew, tendon; muscle fiber. 3. *colloq.* quirk, peculiar trait, peculiarity of behavior. 4. *colloq.* thing about which one is fastidious. 5. *colloq.* anger; irritation. 6. *colloq.* equanimity, emotional balance: **Bende sinir kalmadı.** My nerves are shot./I'm very upset. 7. *colloq.* irritating, exasperating (person/thing). — **ağrısı** neuralgia. —**leri altüst/ayakta olmak** *colloq.* to be very upset/angry/irritated. — **argınlığı** neurasthenia. — **boğumları** *anat.* neural ganglions. —**leri boşanmak** *colloq.* to have a fit of nerves, be unable to control oneself, get hysterical or slightly hysterical. — **bozucu** *colloq.* nerve-racking, nerve-wracking. —**leri bozulmak** *colloq.* to get nervous, be upset. —**ine dokunmak** /ın/ *colloq.* to get on (one's) nerves, irritate, *Brit.* give (someone) the pip. — **gazı** nerve gas. —**leri gergin olmak** *colloq.* to be tense, be under nervous pressure. —**leri gerilmek** *colloq.* (for someone) to be ready to explode with anger. — **harbi** war of nerves. — **hastalığı/sayrılığı** neuropathy. — **hastası** (a) neuropath; (a) neurotic. — **kesilmek** *colloq.* to become enraged. — **kökenli** neurogenic. —**leri kuvvetli** *colloq.* cool, self-possessed, imperturbable. — **olmak/—i oynamak** *colloq.* to get angry, get one's dander up. —**i tutmak**

sinirbilim

colloq. to get angry suddenly, get in a temper. **—leri zayıf** *colloq.* excitable, easily excited; easily irritated.

sinirbilim neurology.

sinirce neurosis.

sinirdoku neural tissue.

sinirlemek /ı/ 1. *butchery* to pull out the sinewy parts in (a piece of meat). 2. to hamstring, cut the leg tendons of (an animal).

sinirlendirmek /ı/ to put (someone) in a temper, make (someone) mad; to irritate, annoy, grate on/upon, *Brit.* give (someone) the pip.

sinirlenmek /a/ to get mad (at); to get irritated (at), get annoyed (at).

sinirli 1. quick to anger, quick-tempered. 2. angry, in a temper; heated, irate. 3. tense and irritable, edgy, nervous. 4. full of sinews, sinewy, tendinous.

sinirlilik 1. quickness of temper. 2. anger; irateness. 3. edginess, irritableness, nervousness. 4. sinewiness.

sinirsel neural.

sinizm *phil., see* **kinizm.**

sinkaf *slang* penis, tool. **— etmek** /ı/ to lay, have sex with.

sinkaflamak /ı/ *slang* to lay, have sex with.

sinlik cemetery, graveyard.

sinmek 1. to crouch down (in order not to be seen). 2. /a/ to pervade/penetrate/permeate deeply. 3. to cower in fear.

Sinolog Sinologist.

Sinoloji Sinology.

sinonim 1. synonym. 2. synonymous.

sinsi 1. sly, adroit at deception, subtle in deceit. 2. insidious (disease).

sinsice slyly.

sinsileşmek to become sly.

sinsilik 1. slyness, subtlety in deceit. 2. insidiousness (of a disease).

sintine *naut.* bilge, lowest part of a ship's interior.

sinüs 1. *anat.* sinus. 2. *math.* sine.

sinüzit, -ti *path.* sinusitis.

sinyal 1. signal. 2. dial tone (of a telephone). **— lambası** blinker, turn-signal light, *Brit.* indicator, *Brit.* winker (on an automobile, etc.). **— vermek/çekmek** to signal, give a signal.

sipahi *hist.* knight (who held a grant of land from the sultan in return for military service).

sipariş order, thing/things ordered as a purchase. **— almak** to receive an order. **— etmek/vermek** /ı, a/ to order (something) from, place an order for (something) with.

siper 1. shield; (a) shelter. 2. *mil.* trench, foxhole; breastwork. 3. bill, peak, visor (of a cap). 4. sheltered, hidden, protected (place). **— almak** 1. /ı/ to take shelter behind (something/someone). 2. *fencing* to parry a blow. **—e almak** /ı/ to take under one's protection. **(kendine) — etmek** /ı/ to use (something/someone) as a shield. **(kendini) — etmek** /a/ to shield (someone/something) with one's own body.

siperisaika *obs.* lightning rod.

siperlenmek to take shelter.

siperlik 1. bill, peak, visor (of a cap). 2. canopy (jutting out over a window/a door); awning; projecting roof. 3. (a) shelter.

sipsi 1. boatswain's pipe/whistle. 2. mouthpiece of a *zurna*. 3. *slang* cigarette, fag, weed.

sipsivri very sharp (point). **— kalmak** *colloq.* to be left standing all by oneself, be deserted by the others present.

sirayet, -ti spread of (something) from one person to another. **— etmek** to spread.

siren 1. siren (warning device). 2. *mythology* siren.

sirk, -ki circus.

sirkat, -ti *obs.* stealing, theft.

sirke vinegar.

sirke *zool.* nit (the egg of a louse or a similar parasite).

sirkeci maker or seller of vinegar.

sirkecilik making or selling vinegar.

sirkelenmek to become infested with nits, become nitty.

sirkeleşmek to turn into vinegar.

sirkülasyon circulation (of blood/traffic/money).

sirküler circular, printed notice.

siroko sirocco, very hot Saharan wind.

siroz *path.* cirrhosis.

sirrus cirrus, cirrus cloud.

sirtaki sirtaki (a dance).

sirto 1. a dance. 2. the music accompanying this dance.

sis fog; mist; haze. **— basmak** for the fog to come in. **— bombası** smoke bomb. **— çanağı** smoke pot; smudge pot. **— düdüğü** foghorn. **— lambası** fog light, fog lamp. **— perdesi** smoke screen.

Sisam 1. Samos. 2. Samian, of Samos.

Sisamlı 1. (a) Samian. 2. Samian (person).

sislenmek to get foggy.

sisli foggy; misty; hazy.

sismik seismic.

sismograf seismograph.

sismolog seismologist.

sismoloji seismology.

sistem system. **— analisti** systems analyst. **— analizi** systems analysis.

sistematik systematic.

sistemleşmek to become systematized.

sistemleştirmek /ı/ to systematize.

sistemli 1. systematic. 2. systematically.

sistemsiz 1. unsystematic. 2. unsystematically.

sistire 1. (electric) floor sander. 2. *carpentry* smoothing plane; cabinet scraper, scraper plane. **— makinesi** (electric) floor sander.

sistirelemek /ı/ 1. to sand (a floor) with an elec-

tric sander. 2. to plane, smooth (a surface).
sistit, -ti *path.* cystitis.
sistol, -lü *physiol.* systole.
sitayiş *obs.* praise. **— etmek** /ı/ to praise.
sitayişkâr *obs.* laudatory, full of praise.
site 1. housing development (consisting of apartment blocks), *Brit.* housing estate. 2. large city. 3. *hist.* city-state.
sitem reproach. **— etmek** /a/ to reproach.
sitemkâr 1. reproachful (word/look). 2. (someone) inclined to reproach others.
sitemli reproachful (word/look).
sitoloji cytology.
sitrik asit *chem.* citric acid.
sittinsene for a very long time, for ages.
sivil 1. civilian; not military; not wearing a uniform. 2. (a) civilian. 3. plainclothes policeman. 4. dressed in civilian clothes, in civilian clothes, in mufti. 5. *colloq.* stark naked, buck naked.
sivilce pimple, pustule. **—yi kurcalama, çıban edersin.** *proverb* Let a small problem be, unless you want to end up with a big problem on your hands.
sivilceli pimply, pimpled.
sivri 1. (something) which has a sharp point, sharply pointed, sharp. 2. *zool.* very large bonito. **— akıllı** *colloq.* (someone) who's a self-opinionated screwball.
sivribiber (long and thin) green pepper, hot green pepper.
sivrifare *zool.* shrew.
sivrikuyruk *zool.* threadworm.
sivrileşmek to become sharply pointed.
sivrilik being sharply pointed, pointedness, sharpness.
sivrilmek 1. to become sharply pointed. 2. (for an unusual/exceptional person) to stand out, become conspicuous.
sivriltmek /ı/ to point, sharpen.
sivrisinek mosquito.
siya *naut.* rowing (a boat) backwards. **— etmek** /ı/ to row (a boat) backwards. **— siya gitmek** *naut.* 1. to go backwards. 2. to backwater.
siyah 1. black. 2. dark. 3. *print.* boldface (letter). 4. (a) Black, Black person. 5. *slang* opium. **— beyaz** 1. black-and-white (film/photograph). 2. black-and-white film/photograph.
siyahımsı somewhat black, blackish.
siyahımtırak see **siyahımsı.**
siyahi (a) Black, Black person.
siyahlanmak see **siyahlaşmak.**
siyahlaşmak to turn black.
siyahlatmak /ı/ to blacken.
siyahlık 1. blackness. 2. a black spot.
Siyam 1. Siam. 2. Siamese, of Siam.
siyamkedisi, -ni Siamese cat.
Siyamlı 1. (a) Siamese. 2. Siamese (person).
siyanür *chem.* cyanide.

siyasa 1. politics. 2. finesse, strategy, artfulness, adroit maneuvering.
siyasal political. **S— Bilgiler Fakültesi** *formerly* the School of Political Science (at Ankara University).
siyaset, -ti 1. politics. 2. finesse, strategy, artfulness, adroit maneuvering.
siyasetçi 1. politician. 2. person who is adroit at manipulating people or a situation to his own advantage.
siyaseten politically, from a political point of view.
siyasi 1. political. 2. politician.
siyatik 1. *path.* sciatica. 2. *anat.* sciatic nerve.
siyek *anat.* urethra.
siymek (for a cat/a dog) to urinate, pee.
Siyonist, -ti 1. Zionist, Zionistic. 2. (a) Zionist.
Siyonizm Zionism.
siz you. **—ler** you. **— bilirsiniz.** *colloq.* As you like./OK, you know best./The decision's up to you. **—den iyi olmasın ....** *colloq.* Of course I don't mean to say that the person I'm praising is better than you .... **—lere ömür!** He's/She's passed away./He's/She's dead. **— sağ olun!** *colloq.* Never mind!/Forget it!/Don't worry about it!
sizce according to you, in your opinion, as far as you are concerned.
sizin your; yours.
skala *mus.*, see **ıskala.**
skandal scandal.
skeç, -çi skit, sketch (for radio, television, a variety show).
ski skiing (on snow). **— yapmak** to ski.
skif skiff.
skleroz *path.* sclerosis.
Skoç, -çu 1. Scotch whisky, Scotch. 2. Scotch (thing): **Skoç etek** tartan skirt.
skolastik *phil.* Scholastic, of the Schoolmen.
skor score (in a game/a contest).
skrayper 1. road grader, road scraper, scraper (a machine). 2. *mining* scraper (for moving ore).
Slav 1. (a) Slav. 2. Slavic, pertaining to the Slavs or their languages.
Slavca 1. (a) Slavic language. 2. (speaking, writing) in a Slavic language. 3. spoken in a Slavic language; written in a Slavic language.
slayt slide, filmslide, transparency.
slip, -pi briefs, very short underpants.
slogan slogan. **— atmak** to shout slogans.
Slovak 1. (a) Slovak. 2. Slovak, Slovakian, of the Slovaks.
Slovakça 1. Slovak, the Slovak language. 2. (speaking, writing) in Slovak, Slovak. 3. Slovak (speech, writing); spoken in Slovak; written in Slovak.
Slovakya 1. Slovakia. 2. Slovakian, of Slovakia.
Sloven 1. (a) Slovene. 2. Slovene, of the Slovenes.

Slovence 1. Slovene, Slovenian, the Slovene language. 2. (speaking, writing) in Slovene, Slovene, Slovenian. 3. Slovene, Slovenian (speech, writing); spoken in Slovene; written in Slovene.

Slovenya 1. Slovenia. 2. Slovenian, of Slovenia.

Slovenyalı 1. (a) Slovene, (a) Slovenian, (a) Slavonian. 2. Slovene, Slovenian, Slavonian.

slow slow fox-trot, slow dance. — **yapmak** to do a slow fox-trot, do a slow dance.

smokin 1. tuxedo, tuxedo jacket and trousers, (semiformal) evening dress. 2. tuxedo jacket, dinner jacket.

sn. (abbr. for **saniye**) sec., s. (second).

snobizm snobbism, snobbery.

snop 1. snob. 2. snobbish, snobby.

soba 1. stove (used for heating). 2. hothouse, greenhouse. — **borusu** stovepipe.

sobacı maker, repairer, or installer of stoves.

sobacılık making or selling stoves.

sobalık 1. (wood/coal) which has been cut up or broken into pieces small enough to fit in a stove. 2. (material) from which stoves can be made. 3. enough (of a fuel) to fill up a stove for (so many) times.

sobe hide-and-go-seek 1. Home free! (said by a player on reaching base). 2. You're out! (said by the person who's "it" on reaching base).

sobelemek /ı/ hide-and-go-seek 1. (for the person who's "it") to put (a player) out. 2. to reach base before (someone else).

soda 1. soda water, carbonated water; carbonated mineral water. 2. sodium carbonate, washing soda. 3. sodium bicarbonate. 4. sodium hydroxide, caustic soda.

sodyum chem. sodium. — **bikarbonat** sodium bicarbonate. — **karbonat** sodium carbonate. — **klorür** sodium chloride.

sof 1. a woolen cloth. 2. silkaline; raw silk (used as a lining).

sofa hall; long room (onto which a number of rooms open).

sofi 1. (a) Sufi. 2. Sufi, of the Sufis.

sofist, -ti phil. 1. (a) Sophist. 2. Sophist, of the Sophists. 3. sophist, fallacious reasoner.

sofizm sophism, specious reasoning.

sofra 1. dinner table, table (which has a meal laid out on it). 2. squat, round table used for rolling out dough. —**sı açık** colloq. (person) who frequently has people to dinner. — **başında** at the dinner table. — **başına geçmek** to sit down to a meal. —**nıza bereket** Thank you for your hospitality (said to one's host after a meal). — **bezi** cloth spread under a dining table during a meal. — **donatmak** to spread a lavish table, cover the dinner table with food. —/—**yı kaldırmak** to clear the table (after a meal). —/—**yı kurmak** to set the table (for a meal). — **örtüsü** tablecloth. — **takımı** 1. set of table linens. 2. set of dinnerware; place setting.

softa 1. hist. Muslim theological student. 2. fanatic adherent, blind follower (of some cause). 3. very pious.

softalaşmak 1. to become a fanatic adherent. 2. to become very pious.

softalık 1. fanatical adherence. 2. great piety.

sofu (someone) who strictly conforms to the laws/principles of his religion, strict (adherent).

sofuluk strictness in the observance of religious laws/principles.

soğan 1. onion. 2. bot. bulb; corm. — **cücüğü** heart of an onion. — **zarı** skin of an onion.

soğancık anat. medulla oblongata.

soğanlı prepared with onions, containing onions.

soğrumsama phys., chem. adsorption.

soğuk 1. cold (as opposed to hot). 2. cold weather, the cold. 3. cold, frosty, unfriendly. 4. (sexually) frigid. — **algınlığı** path. cold, common cold. — **almak** path. to catch cold. —**lar bastırmak** colloq. for the weather to turn cold suddenly. — **dalgası** cold wave. — **damga** embossed stamp. — **davranmak** /a/ colloq. to behave coldly (towards). — **düşmek/kaçmak** colloq. to fall flat, go over like a ton of bricks. — **hava deposu** cold-storage depot, cold store. — **hava vagonu** railway refrigerator car, Brit. refrigerator van. — **ısırması** path. chilblains, perniosis. — **neva/nevale** colloq. cold and unapproachable person, cold fish. — **renkler** cool colors. —**la sağaltım** med. cryotherapy. — **savaş/harp** cold war. — **yakmak** /ı/, — **vurmak** /a/ for the cold to injure (a plant).

soğukbez jaconet, a light cotton cloth.

soğukkanlı 1. cool-headed, imperturbable. 2. zool. cold-blooded, poikilothermal.

soğukkanlılık cool-headedness, imperturbability, imperturbableness.

soğuklaşmak 1. to get cold, cool down. 2. to begin to behave coldly.

soğukluk 1. cold, coldness. 2. chilly manner, cold way of behaving. 3. chill (in relations between people). 4. cool room in a Turkish bath, tepidarium. 5. cold dessert; fruit. 6. (sexual) frigidity.

soğumak 1. to get cold; to cool. 2. /dan/ to lose one's love/desire/enthusiasm for; to cease to care for, go off (someone/something).

soğurgan absorbent.

soğurma /ı/ absorbing, absorption.

soğurmak /ı/ to absorb.

soğurucu 1. absorber. 2. absorbent.

soğutkan 1. cooling, refrigerative, refrigeratory. 2. cooler.

soğutma 1. /ı/ cooling, refrigeration. 2. /ı, dan/ causing (someone) to lose his love/desire/enthusiasm for, putting (someone) off (someone/something).

soğutmaç 1. cooler. 2. *auto.* radiator.
soğutmak 1. /ı/ to cool. 2. /ı, dan/ to cause (someone) to lose his love/desire/enthusiasm for, put (someone) off (someone/something).
soğutucu 1. refrigerator. 2. cooling, refrigerative, refrigeratory.
soğutulmak 1. to be cooled. 2. /dan/ to be put off (someone/something).
sohbet, -ti conversation, chat, talk. — **etmek** to chat, talk.
Sok. (*abbr. for* Sokak, Sokağı) St. (Street).
sokak street. — **ağzı** place where a side street joins a main road, junction. —**a atmak** /ı/ 1. to throw (something) into the street. 2. to turn (someone) out into the street. 3. *colloq.* to spend (money) extravagantly, throw (money) away. —**a atsan ....** *colloq.* If you sell it at a giveaway price ..../If you give it away .... — **başı** beginning of a street (where it joins another road). —**a çıkmak** to go out (for a walk, to do shopping, etc.). — **çocuğu** homeless child; street Arab, gamin, urchin. —**a dökmek** /ı/ *colloq.* 1. to spend (money) extravagantly, throw (money) away. 2. to make (an issue) a cause of public demonstrations. —**a dökülmek** *colloq.* to rush out into the street. —**a düşmek** *colloq.* 1. (for a woman) to become a streetwalker/a prostitute. 2. to become very common and cheap. — **kadını/kızı** *colloq.* streetwalker, hooker. —**ta kalmak** *colloq.* 1. to be left homeless, be left without a place to lay one's head. 2. to be locked out of one's house, be unable to get into one's house. — **kapısı** street door (of a house). — **süpürgesi** *colloq.* woman who's always gadding about (instead of keeping the home fires burning). —**a uğramak** *colloq.* to rush out into the street.
soket, -ti bobby sock, sock. — **çorap** *see* soket.
sokma 1. /ı, a/ inserting in, thrusting in, shoving in, sticking in, putting in. 2. /ı, a/ letting (someone/something) in, admitting (someone/something) to (a place), allowing (someone/something) to enter. 3. /ı, a/ smuggling (someone/something) into. 4. /ı/ stinging/biting (of an insect); biting (of a snake).
sokmak 1. /ı, a/ to insert in, thrust in, shove in, stick in, put in. 2. /ı, a/ to let (someone/something) in, admit (someone/something) to (a place), allow (someone/something) to enter. 3. /ı, a/ to smuggle (someone/something) into. 4. /ı/ (for an insect) to sting/bite; (for a snake) to bite.
sokra *naut.* butt seam between the ends of two planks.
Sokrat, -t'ı Socrates.
sokturmak /ı, a/ 1. to have (something) inserted/thrust/put in (a place). 2. to allow (someone) to enter (a place); to allow (something) to be put in (a place). 3. to have (something) smuggled into (a place).
sokulgan sociable, companionable, friendly.
sokulganlık sociability, companionableness, companionability, friendliness.
sokulmak /a/ 1. to be inserted in, be thrust in, be put in. 2. to be let into (a place). 3. to be smuggled into (a place). 4. (for someone) to slip/squeeze into; to work one's way into; to insinuate oneself into. 5. to draw near to.
sokum 1. *colloq.* bite, morsel. 2. *butchery* rump (a cut of meat).
sokur 1. *archaic, zool.* mole. 2. *prov.* blind in one eye. 3. *prov.* blind/sunken (eye).
sokuşmak /a/ to squeeze into (a narrow place); to work one's way into.
sokuşturmak /ı, a/ 1. to squeeze (something/someone) into (a narrow space). 2. (for a merchant) to slip (bad goods) in with (the good).
sol 1. left. 2. left side. 3. *pol.* the left. — **eğilimli** *pol.* inclined to the left, leftish. — **kolda** on the left, on the left-hand side. — **oyun kurucu** *soccer* left halfback. — **savunucu** *soccer* left fullback, left back. —**da sıfır** *colloq.* 1. utterly worthless, of no consequence whatever. 2. utterly worthless thing; a nonentity. — **tarafından kalkmak** *colloq.* to get out of bed on the wrong side. — **yapmak** *auto.* to turn the steering wheel to the left.
sol, -lü *mus.* 1. G. 2. sol.
solaçık *soccer* left wing (a player).
solak left-handed.
solaklık left-handedness.
solanahtarı, -nı *mus.* treble clef.
solaryum solarium.
solbek *soccer* fullback, left back.
solcu *pol.* 1. leftist, left-wing. 2. leftist, left-winger, *Brit.* lefty.
solculuk *pol.* leftism.
soldurmak /ı/ to fade, cause (something) to fade.
solfej *mus.* solfège.
solgun 1. pale; faded. 2. wilted (flowers).
solgunluk paleness; fadedness.
solhaf *soccer* left halfback.
soliç, -çi *soccer* left inner.
solidarist, -ti *sociol.* 1. (a) solidarist. 2. solidaristic.
solidarizm *sociol.* solidarism.
solipsizm *phil.* solipsism.
solist, -ti soloist.
sollamak /ı/ 1. (for a driver) to pass (a vehicle) on its left side. 2. to steer (one's vehicle) to the left.
solmak 1. to get pale; to fade. 2. (for flowers) to wilt.
solmaz colorfast (cloth).
solo solo.
solucan *zool.* 1. earthworm. 2. ascarid, roundworm. — **düşürücü** *med.* 1. (a) vermifuge, (an) anthelmintic. 2. vermifuge, vermifugal,

soluğan

anthelmintic (agent/drug). **— gibi** *colloq.* pale and thin.

soluğan 1. *prov.* wheezy, wheezing (animal). 2. *naut.* swell (of the sea).

soluk pale; faded.

soluk breath. **— aldırmamak** /a/ *colloq.* not to give (someone) time to catch his breath, to work (someone) very hard. **— alma** *physiol.* inhalation, inspiration. **— almak** 1. *physiol.* to breathe; to inhale. 2. *colloq.* to take a breather, rest. **—u (bir yerde) almak** *colloq.* to find oneself in (a place) in no time flat; to reach (a place) in no time flat. **— borusu** *anat.* windpipe, trachea. **— borusu açımı** *surg.* tracheotomy. **— darlığı** 1. shortness of breath. 2. *path.* dyspnea. **— durması** apnea. **—u kesilmek** 1. to get out of breath. 2. *colloq.* to lose one's energy/inspiration; to become burned out, lose one's vital sparks. **— soluğa** 1. panting for breath, out of breath. 2. in agitated haste. **— verme** *physiol.* exhalation, expiration. **— vermek** *physiol.* to exhale.

soluklanmak to take a breather, rest.

soluksuzluk apnea.

solumak to breathe heavily, pant.

solungaç *zool.* gill (of a fish).

solunmak to breathe.

solunum respiration. **— aygıtı/sistemi** *anat.* respiratory system. **— dalcığı** *anat.* bronchiole. **— dalı** *anat.* bronchus. **— jimnastiği** breathing exercises.

solutmak /ı/ to make (someone) pant for breath.

solüsyon 1. *chem.* solution. 2. solution (to a problem).

som 1. solid, not hollow. 2. pure, unalloyed.

som the part of a dock located above water.

som *zool.*, *see* **sombalığı.**

soma soma, the whole of any organism except its germ cells.

somak *see* **sumak.**

somaki porphyry.

Somali 1. Somalia. 2. Somalian, Somalia, of Somalia.

Somalili 1. (a) Somalian. 2. Somalian (person).

somata a sweet, syrupy food made with almonds.

sombalığı, -nı *zool.* salmon.

somon *zool.*, *see* **sombalığı.**

somun loaf (of bread). **— pehlivanı** *colloq.* person with a big build who is flabby and out of shape.

somun nut (to a bolt).

somurdanmak to grumble to oneself.

somurtkan sulky, inclined to sulk/pout.

somurtkanlık sulkiness.

somurtmak to sulk; to pout.

somurtuk sulky.

somut, -tu concrete (as opposed to *abstract*).

somutlama /ı/ concretizing, making (something) concrete, giving a concrete example of (something), concretization.

somutlamak /ı/ to concretize, make (something) concrete, give a concrete example of (something).

somutlaşma concretion, becoming concrete.

somutlaşmak to concretize, become concrete.

somutlaştırma /ı/ concretizing, making (something) concrete, giving a concrete example of (something), concretization.

somutlaştırmak /ı/ to concretize, make (something) concrete, give a concrete example of (something).

somutluk concreteness.

somya 1. a simple bedstead made of a mesh of pliable metal slats attached to a metal frame. 2. bedsprings; box springs. 3. wind-chest (of an organ). 4. pin block, wrest plank (of a piano).

son 1. end, conclusion, termination. 2. last; final; the most recent. 3. *anat.* afterbirth; placenta. 4. lastly, last, at the end, after all the others. **—unda** finally, in the end. **—dan bir evvelki** penultimate. **— bulmak** to end, come to an end. **— defa** 1. last time. 2. for the last time. **— derece** exceedingly, extremely. **—unu düşünmek** /ın/ to consider how (something) may end. **—a erdirmek** /ı/ to conclude, complete. **—a ermek** to end, come to an end. **—unu getirmek** /ın/ to bring (something) to a successful conclusion. **— gürlüğü** *colloq.* ease and comfort attained in one's old age. **—a kalan dona kalır.** *proverb* A slowpoke gets left out in the cold./Slothful people lose out. **— kez** 1. last time. 2. for the last time. **— kozunu oynamak** *colloq.* to play one's last card, make use of one's last advantage. **— nefesini vermek** to breathe one's last breath. **— pişmanlık fayda vermez/etmez.** *proverb* Regret is futile. **— posta** *colloq.* 1. the last time. 2. for the last time. **— söz** the last word, the final decision. **— tahlilde** in the final analysis. **— turfanda** the last of the season (refers to a particular vegetable/fruit). **— uyarı** ultimatum. **— vermek** /a/ to bring (something) to an end; to put an end to (something).

sonar *naut.* sonar.

sonat, -tı *mus.* sonata.

sonbahar fall, autumn.

sonda 1. *naut.* sounding line, lead line; depth sounder. 2. drill, drilling machine (as used in drilling for oil). 3. surgeon's probe/sound. 4. catheter.

sondaj 1. *naut.* sounding. 2. drilling (as for oil). 3. sounding (someone) out. **— yapmak** 1. *naut.* to sound, fathom. 2. to drill, bore. 3. to sound someone out (on a matter).

sondajcı 1. *naut.* sounder, leadsman. 2. driller.
sondalamak /ı/ 1. *naut.* to sound, fathom. 2. to drill a hole in (the ground). 3. *med.* to probe, stick a probe into. 4. to catheterize, put a catheter into.
sondeyiş epilog, *Brit.* epilogue.
sone *lit.* sonnet.
sonek, -ki *gram.* suffix.
sonkânun *obs.* January.
sonlama *sports* final match, decisive match.
sonlu *math.* finite.
sonra 1. later, afterwards, then. 2. /dan/ after: **ondan sonra** after that. 3. otherwise, or else. 4. what follows, the rest: **İşin sonrası kolay.** The rest of the job's easy. 5. a later time: **Bunu sonraya bırakmalı.** This ought to be left for a later time. **—ya atmak/bırakmak** /ı/ to postpone, put off. **—sını/—yı düşünmek** to think of what will happen later. **—sı sağlık.** *colloq.* 1. That's all!/That's the long and short of it! 2. Never mind!/Forget it!
sonradan subsequently, later. **— görme** *colloq.* 1. (someone) who is a nouveau riche. 2. (a) nouveau riche, (a) parvenu.
sonraki, -ni subsequent, following.
sonraları afterwards, later on.
sonrasız eternal, endless.
sonrasızlık eternity.
sonsal *log.* a posteriori, inductive.
sonses *phonetics* final phoneme. **— düşmesi** apocope.
sonsuz 1. endless, eternal. 2. infinite. **—a değin/dek/kadar** eternally. **— vida** *mech.* worm screw.
sonsuzküçük *math.* infinitesimal. **—ler hesabı** infinitesimal calculus.
sonsuzlaşmak to become eternal.
sonsuzluk 1. infinity. 2. eternity.
sonteşrin *obs.* November.
sonuç 1. result, outcome, conclusion. 2. *log.* conclusion. **— alınmak** 1. to be completed: **İşin sonucu alındı.** The job's been completed. 2. to get a favorable result: **Konuşmalardan bir sonuç alınamadı.** Nothing resulted from the talks. **— almak** to get/obtain a result.
sonuçlamak /ı/ 1. to bring (something) to an end, conclude. 2. to result in, bring about.
sonuçlandırmak /ı/ to bring (something) to a conclusion, conclude.
sonuçlanmak 1. to come to a conclusion, be concluded. 2. /la/ to result in.
sonuncu last, final; latter.
sonurgu logical consequence.
sonurtu *log.* consequent.
sonuşmaz *geom.* asymptote.
sop, -pu clan.
sopa 1. thick stick, club, cudgel. 2. *colloq.* (a) beating, (a) clubbing. **— atmak/çekmek** /a/ *colloq.* to give (someone) a beating. **— düşkünü** *colloq.* (someone) who deserves a beating. **— yemek** *colloq.* to get a beating, get a thrashing.
sopalamak /ı/ *colloq.* to give (someone) a beating, give (someone) a thrashing.
soprano *mus.* 1. soprano (voice). 2. (a) soprano.
sordurmak /ı, a/ to have (someone) ask about (someone/something), have (someone) inquire about (someone/something).
sorgu interrogation, grilling, cross-examination. **—ya çekmek** /ı/ to interrogate, grill, cross-examine. **— hâkimi/yargıcı** *law* examining magistrate. **— sual** interrogation, grilling, cross-examination.
sorguç 1. crest, tuft (on the head of a bird). 2. plumed ornament (attached to the turban of a sultan or high official).
sorguçlu 1. (bird) which has a crest, crested, tufted. 2. (turban) which has a plumed ornament attached to it.
sorgulamak /ı/ to interrogate, grill, cross-examine.
sorgulanmak to be interrogated, be grilled, be cross-examined.
sorgun *prov.* 1. osier, wicker. 2. *bot.* basket osier.
sormaca opinion poll, poll.
sormak 1. /ı/ to ask (something); /ı, a/ to ask (someone) (something): **Bu soruyu öğretmene soracağım.** I'll ask the teacher this question. 2. /ı/ to ask about, inquire about (someone/something); to ask after (someone), ask how (someone) is. 3. /ı/ to look for, want to see (someone). 4. /ı, dan/ to ask (someone) to account for: **Bunu benden sorarlar.** They'll ask me to account for this. **Sormak ayıp olmasın ....** Excuse me for asking, but ...? **Sorma!/Sormayın!/Sorma gitsin!** *colloq.* 1. Words fail me!/It's too much for words!/It's beyond description! 2. Don't get me started!/Don't set me off!/Don't start me talking about it! **Sora sora Bağdat/Kâbe bulunur.** *proverb* You can find any place you want to go to, no matter how remote it may be, simply by asking for directions.
sormak /ı/ *prov.* to suck; to slurp.
sorti 1. *elec.* outlet. 2. *mil.* sortie.
soru question. **— işareti/imi** question mark. **— zamiri** *gram.* interrogative pronoun.
sorulmak 1. /a/ to be asked: **Öğrencilere sorulan sorular epey zordu.** The questions the students were asked were rather difficult. 2. /dan/ to be asked to account for: **Bunun hesabı bir gün onlardan sorulacak.** They will be asked to account for this one day.
sorum responsibility.
sorumak /ı/ *prov.* to suck; to slurp.
sorumlu /dan/ responsible (for), held accountable (for).

sorumluluk responsibility.
sorumsuz irresponsible.
sorumsuzluk irresponsibility.
sorun problem, question, matter; issue, point under consideration.
sorunca *law* suit, lawsuit; action. **— açmak** to file suit (against).
soruncacı *law* plaintiff, claimant.
soruncalı *law* 1. defendant. 2. in dispute, contested. 3. engaged in a lawsuit.
sorunlu 1. problematic. 2. (someone) who has problems/a problem.
sorunsal problematic, problematical.
sorunsuz free of problems.
soruşmak to question each other.
soruşturma 1. /ı/ investigating, inquiring into. 2. *law* investigation. 3. questionnaire. **— açmak** *law* to open an investigation.
soruşturmak /ı/ to investigate, inquire into.
SOS SOS (distress signal).
sos sauce; gravy.
sosis 1. frankfurter, wiener, hot dog. 2. sausage (stuffed in a casing), wurst; link sausage.
sosyal, -li social. **— adalet** social justice. **— konutlar** public housing, government housing (for the poor). **— psikoloji** social psychology. **— sigorta** social security; social insurance.
sosyalist, -ti 1. (a) socialist. 2. socialist.
sosyalizasyon *pol., psych., sociol.* socialization.
sosyalizm socialism.
sosyalleştirme *pol., psych., sociol.* socialization.
sosyalleştirmek /ı/ 1. *pol.* to socialize, nationalize. 2. *psych., sociol.* to socialize (someone).
sosyete 1. society, fashionable society, the smart set. 2. *sociol.* (a) society.
sosyetik society, of fashionable society.
sosyoekonomik socioeconomic.
sosyokültürel sociocultural.
sosyolog sociologist.
sosyoloji sociology.
sote 1. sauté, sautéed: **ciğer sote** sautéed liver. 2. (a) sauté.
Sovyet, -ti *hist.* Soviet, of Soviet Russia. **—ler Birliği** *hist.* the Soviet Union. **— Sosyalist Cumhuriyetleri Birliği** *hist.* the Union of Soviet Socialist Republics.
soy 1. race. 2. line, lineage, family, people descended from a common ancestor. 3. sort, kind; species. 4. (person/animal) of good stock, highbred. **—u bozuk** *colloq.* (person) who comes from bad stock. **—a çekmek** to show the traits of one's family. **— sop** family, relations; line.
soya *bot.* soybean, soya bean, soya, soy. **— fasulyesi** soybean, soya bean. **— sosu** soy sauce, soya sauce, soy.
soyaçekim heredity.
soyadı, -nı family name, surname.

soyağacı, -nı family tree.
soybilim genealogy.
soydaş 1. (someone) of the same line/race as another; (plant/animal) of the same strain as another. 2. someone of the same line/race as another; plant/animal of the same strain as another.
soydaşlık being of the same line/race/strain as another.
soydurmak /ı, a/ 1. to have (someone) peel (a vegetable/a fruit). 2. to have (someone) skin (an animal). 3. to have (one person) undress (another); to allow (one person) to undress (another). 4. to have (one person) rob (another).
soygun 1. highway robbery; robbery; holdup, stickup. 2. ill-gotten gain.
soyguncu 1. highway robber; robber. 2. (someone) who engages in highway robbery.
soygunculuk highway robbery.
soykırım genocide.
soykırımı, -nı *see* **soykırım**.
soylu 1. of a good family; noble, highborn. 2. honored; noble, patrician. **— soplu** (someone) who comes from a good family, who comes from one of the leading families.
soyluerki, -ni aristocracy.
soyluluk nobility.
soymak /ı/ 1. to peel (a vegetable/a fruit). 2. to skin (an animal). 3. to undress. 4. to rob, strip (someone/a place) of valuables. **soyup soğana çevirmek** /ı/ *colloq.* to rob (someone) of everything he's got; to rob (someone) blind; to clean (a place) out.
soymuk *prov.* edible inner bark of the pine tree.
soyoluş *biol.* phylogeny.
soysal of a good family; noble, highborn.
soysuz 1. (person) who comes from bad stock. 2. base, unprincipled (person). 3. degenerate.
soysuzlaşma degeneration.
soysuzlaşmak to degenerate.
soysuzlaştırmak /ı/ to degenerate, cause to degenerate.
soysuzluk 1. baseness, unprincipledness; base action. 2. degener22. degenerateness.
soytarı 1. clown, buffoon. 2. fawning, untrustworthy person.
soytarılık 1. clowning, buffoonery. 2. fawning, insincere behavior.
soyulmak 1. to be peeled. 2. (for an animal) to be skinned. 3. to be robbed, be stripped of valuables.
soyunma undressing (oneself), taking off one's clothes, stripping. **— göstericisi** stripteaser. **— gösterisi** striptease.
soyunmak to undress (oneself), take off one's clothes, strip. **soyunup dökünmek** *colloq.* to change into comfortable, informal clothes.

soyuntu 1. peel/peeling/rind/bark/husk/hull (which has been removed from something). 2. stolen (thing).
soyut, -tu abstract (as opposed to *concrete*). — **ad** abstract noun. — **sayı** abstract number.
soyutçuluk abstractionism.
soyutlama 1. /ı/ abstracting, considering (something) abstractly. 2. abstraction.
soyutlamak /ı/ to abstract, consider (something) abstractly.
soyutlaşma becoming abstract.
soyutlaşmak to become abstract.
soyutluk abstractness.
söbe oval (thing).
söğüş 1. meat which is cooked by boiling and then served cold. 2. sliced and uncooked (tomatoes, cucumbers, etc.) served without any sauce/dressing: **söğüş domates** sliced tomatoes.
söğüt *bot.* willow. — **yaprağı** 1. willow leaf. 2. stiletto.
söğütlük place full of willows; willow grove.
sökmek 1. /ı/ to pull up; to uproot; to pull out; to rip out; to take out; to take down. 2. /ı/ to dismantle, take apart; to rip, undo, unstitch; to unravel. 3. /ı/ to get through/over (a place difficult of passage). 4 /ı/ to read, decipher (handwriting); to understand, get the meaning of (an abstruse passage). 5. /ı/ to learn to read (an alphabet); to learn (to read). 6. /ı/ (for a drug) to cause (mucus/urine/feces) to be discharged. 7. (for mucus/urine/feces) to begin to be discharged. 8. to begin to come one after the other. 9. to appear suddenly. 10. /a/ *slang* to make a dent on (someone), affect (someone): **Cakan bana sökmez!** Your big talk doesn't cut any ice with me!
söktürmek 1. /ı, a/ to have (someone) pull up, uproot, pull out, rip out, dismantle, unstitch, or unravel (something). 2. (for a drug) to cause (mucus/urine/feces) to be discharged.
söktürücü 1. expectorant (agent). 2. (an) expectorant.
sökük 1. (garment) a seam of which has ripped open or been ripped open; (garment) a portion of which has raveled or been unraveled. 2. rip in a seam; raveled place; dropped stitch.
sökülmek 1. to be pulled up; to be uprooted; to be pulled out; to be ripped out; to be taken out/down. 2. to be dismantled, be taken apart; to be ripped/undone/unstitched; to be unraveled. 3. (for a garment) to split at a seam, rip. 4. /ı/ *slang* to shell out (money); to hand over (something valuable).
söküm dismantling.
sökün used in: — **etmek** 1. to come one after the other. 2. to appear suddenly.
söküntü rip in a seam; raveled place.
sölpük *prov.* (something) which hangs down in flabby folds.
sölpümek *prov.* to hang down in flabby folds.
sömestr semester.
sömikok, -ku semicoke.
sömürge colony (of an imperialist power).
sömürgeci 1. colonialist, colonialistic. 2. (a) colonialist, advocate of colonialism.
sömürgecilik colonialism.
sömürgeleşmek to turn into a colony, become a colony.
sömürgeleştirmek /ı/ to turn (a place) into a colony, make a colony of.
sömürgelik being a colony.
sömürgen *see* **sömürücü.**
sömürgenlik *see* **sömürücülük.**
sömürme /ı/ 1. exploiting, exploitation, using (someone/something) wrongfully for one's own ends. 2. sucking up (a liquid). 3. eating up (everything in sight). 4. sucking all the nourishment from.
sömürmek /ı/ 1. to exploit, use (someone/something) wrongfully for one's own ends. 2. to suck (a liquid) (into one's mouth). 3. to eat up (everything in sight). 4. to suck all the nourishment from.
sömürü exploitation. — **işbirlikçisi** comprador, local agent of an exploitative foreign business.
sömürücü 1. (an) exploiter. 2. exploitative.
sömürücülük exploitation.
sömürülme 1. exploitation, being exploited. 2. (of a liquid) being sucked (into one's mouth). 3. (of everything in sight) being eaten up. 4. (of all the nourishment) being sucked from.
sömürülmek 1. to be exploited. 2. (for a liquid) to be sucked (into one's mouth). 3. (for everything in sight) to be eaten up. 4. (for all the nourishment) to be sucked from.
söndürmek /ı/ 1. to extinguish, put out (fire/light). 2. to deflate, take the air out of. 3. to diminish, reduce (passion/fever). 4. to drown out (a sound).
söndürücü 1. fire extinguisher. 2. extinguishing (agent).
söndürülmek 1. (for fire/light) to be extinguished, be put out. 2. to be deflated, for the air to be taken out of.
sönmek 1. (for a fire) to die down or go out; (for a light) to fade or go out. 2. (for a tire) to go flat; (for a balloon) to deflate, lose air and collapse. 3. (for a passion/anger) to die down, diminish. 4. to lose its luster, lose its attractiveness; to lose one's vitality; to ·go into a decline. 5. to disappear; to come to an end. 6. (for a sound) to grow faint.
sönük 1. extinguished (fire/light). 2. deflated (balloon); flat (tire). 3. weak, dim, faint. 4. undistinguished, dull, stale, uninspired; lus-

terless; lifeless. 5. inactive (volcano).
sönüklük 1. weakness, dimness, faintness. 2. dullness, staleness; lackluster; lifelessness.
sönüm 1. damping (of an oscillation). 2. *fin.* amortization.
sönümlemek /ı/ 1. to damp (an oscillation). 2. *fin.* to amortize.
sönümlü (oscillation) which has been damped.
sönümsüz undamped, continuous (oscillation).
sör sister (in a religious order).
sörf *sports* 1. surfing, surfboarding. 2. surfboard. — **yapmak** to surf, go surfing.
sövdürmek /ı, a/ to cause/allow (someone) to swear at.
söve 1. doorjamb, doorpost; door frame; window frame. 2. one of four posts each of which is set in the corners on the topside of a wagon bed.
sövgü swearword, cussword, oath.
sövmek /a/ to curse, swear (at). **sövüp saymak** /a/ *colloq.* to swear a blue streak (at).
sövülmek to be sworn at.
sövüntü 1. swearing, cursing, profanity. 2. swearword, cussword, oath.
sövüşlemek /ı/ *slang* to swindle.
sövüşmek to swear at each other.
sövüştürmek /ı/ to cause/let (people) swear at each other.
söylem 1. pronunciation. 2. diction. 3. expression, wording.
söylemek 1. /ı/ to say, utter (something); /ı, a/ to say (something) to (someone), tell (someone) (something): **Bana Fatma'nın evde olmadığını söyledi, ama inanmadım.** She told me that Fatma wasn't at home, but I didn't believe her. 2. /ı/ to tell (someone to do something): **Akşam yemeğini hazırlamamı söyledi.** She told me to fix supper. **Ona söyle, oraya gitmesin.** Tell her not to go there. 3. /a/ to speak to, direct one's words to. 4. /ı/ to sing (a song); to recite (a poem).
söylence legend.
söylencebilim mythology.
söylencebilimsel mythological.
söylencesel legendary.
söyleniş pronunciation (of a word).
söylenmek 1. to be said, be spoken, be uttered. 2. to be told. 3. to be rumored, be bruited about. 4. to mutter to oneself, grumble.
söylenti rumor.
söyleşi 1. chat, conversation. 2. *lit.* informal essay.
söyleşmek 1. to talk informally with each other, chat; to converse. 2. to talk something over.
söyletmek 1. /ı, a/ to make (someone) say (something): **Veli'ye yalan söylettiler.** They made Veli lie. 2. /ı, a/ to allow (someone) to say (something). 3. /ı/ to make (someone) talk: **Emin'i söylettiler.** They made Emin talk.

söylev speech, public address; oration.
söyleyiş way of speaking; way of saying.
söz 1. remark, utterance; expression; statement; word. 2. promise. 3. rumor. — **ü açılmak** to be brought up in conversation, be mentioned, be spoken of. — **açmak** /dan/ to bring (something) up in conversation. — **ü ağzında bırakmak** /ın/ *colloq.* not to let (someone) finish what he's saying. — **ağzından dirhemle çıkmak** *colloq.* to be very taciturn, be very sparing in one's speech. — **ü ağzında gevelemek** *colloq.* not to come to the point, to beat around the bush. — **ü ağzına tıkamak** /ın/ *colloq.* to squelch, silence. — **almak** 1. to start to talk (after obtaining permission). 2. /dan/ to get a promise out of (someone). — **altında kalmamak** *colloq.* to give as good as one gets (in an argument). — **anlamak** to understand what one is told and act on it. — **anlamaz** *colloq.* (someone) who refuses to understand what's told him, who won't listen to reason. — **anlayan beri gelsin.** *colloq.* None of you understand me. — **aramızda ....** *colloq.* Between you and me./Don't tell anyone else. — **arasında** in the course of the conversation. —**e atılmak** *colloq.* to enter a conversation suddenly, suddenly to come forth with some remarks. — **atmak** /a/ *colloq.* 1. to make a rude remark about (someone) within his hearing. 2. to make an improper innuendo/suggestion to (a woman), proposition. — **ayağa düşmek** *colloq.* for a matter to be talked about by people who have no right to do so. —**ü bağlamak** to conclude one's remarks. —**ünü/—ünüzü balla kestim.** *colloq.* Excuse me for interrupting you. —**ünü bilmek** *colloq.* to speak tactfully. —**ünü bilmez** *colloq.* tactless. — **bir, Allah bir.** *colloq.* You can rely on me completely; I am a man of my word. — **bir etmek** *colloq.* to unite with others (against someone/something). — **birliği etmek** (for people) to agree beforehand as to what they will say/do; to agree to tell the same story or act in the same way. —**e boğmak** /ı/ *colloq.* to drown (a subject) in a flood of words. —**ü çevirmek** *colloq.* to change the subject. — **çıkmak** *colloq.* for a piece of news to be going around/be bruited about. —**ünden çıkmamak** /ın/ never to think of bucking (someone), never to think of going against (someone's) wishes/orders. —**ü çiğnemek** *colloq.* to beat around the bush. — **dağarcığı** vocabulary. — **dinlemek** *colloq.* to heed what one is told, follow advice. —**ünden dönmek** *colloq.* to go back on one's word. —**ünde durmak** *colloq.* to keep one's word. — **düşmemek** /a/ *colloq.* to have no right to voice an opinion. — **ebesi** *colloq.* 1. (a) great talker; chatterbox. 2.

someone who is quick at repartee. — **ehli** *colloq.* eloquent (person). — **eri** *colloq.* 1. eloquent (person). 2. (someone) who knows how to talk people into doing what he wants. —**ünün eri** *colloq.* man of his word; woman of her word. —**ünü esirgememek** *colloq.* to be very plainspoken, not to mince words/matters, to call a spade a spade. — **etmek /dan/** to talk about (someone/something). —**ünü etmek /ın/** to talk about (something). —**ü geçen** the aforementioned, the aforesaid (person/thing). — **geçirmek /a/** *colloq.* to make (someone) do what one says. —**ü geçmek** *colloq.* 1. to be influential. 2. to be mentioned, be spoken of. — **gelmek /a/** *colloq.* to be the object of criticism, be criticized. —**üne gelmek /ın/** *colloq.* to come round to (someone's) point of view, finally to agree that (someone) is right. —**ünü geri almak** *colloq.* 1. to take back what one has said (apologetically). 2. to withdraw one's promise. — **getirmek /a/** *colloq.* to cause unfavorable comments to be made about. —**ü (bir şeye) getirmek** *colloq.* to say (something) indirectly, say (something) in so many words. — **götürmez** *colloq.* beyond doubt, indisputable. — **gümüşse sükût altındır.** *proverb* Speech is silver, but silence is golden. — **işitmek** *colloq.* to get a dressing down. — **kaldırmamak** *colloq.* not to be able to take a joke, not to be able to take it. —**de kalmak** *colloq.* not to be carried out, not to be realized. — **kavafı** *colloq.* 1. garrulous. 2. (a) great talker; chatterbox. — **kesmek /a/** (for the bride's family) to agree to give (their daughter) in marriage. —**ü kesmek** to stop speaking in mid-sentence. —**ünü kesmek /ın/** to interrupt (someone who is speaking). —**ün kısası ....** *colloq.* in short .../the long and the short of it is that .... — **konusu** 1. person/thing being talked of. 2. (person/thing) being talked of, under consideration. — **konusu etmek /ı/** to discuss. — **konusu olmak** to be discussed. —**üm meclisten dışarı.** *colloq.* Pardon the expression./Excuse my French. —**ü mü olur?** *colloq.* Don't mention it!/It's a pleasure! (*said to someone for whom one has done or wishes to do a favor*). — **olmak** *colloq.* to be the subject of gossip. — **sahibi olmak** to be able to speak knowledgeably/authoritatively about something/someone; to have the right to comment on something/someone (owing to one's knowledge of it/him). —**ünü sakınmamak** *colloq.*, *see* **sözünü esirgememek.** —**üm söz.** *colloq.* You have my word on it. — **sözü açar.** *proverb* One topic leads to another. —**ü tartmak** *colloq.* to be careful of what one says, choose one's words carefully. — **temsili** *colloq.* for example, for instance. —**ünü tutmak** 1. to keep one's word. 2. /ın/ to take the advice of. —**ü uzatmak** *colloq.* to take a long time explaining something. — **vermek /a/** to promise, give (someone) one's word. —**üm yabana.** *colloq.* Pardon the expression./Excuse my French. —**ümü yabana atma!** *colloq.* Don't disregard what I say! —**e yatmak** *colloq.* to heed advice and follow it. — **yazan** lyricist, one who writes the words for songs. —**ü yere düşmek /ın/** *colloq.* for one's advice to be disregarded. — **yitimi** aphasia. — **yok!** *colloq.* /a/ There's nothing that can be said against (it)./It can't be gainsaid.

sözavcılığı, -nı demagogy.
sözavcısı, -nı demagogue.
sözbilim rhetoric.
sözbirliği, -ni agreement, unanimity of thought.
sözbölükleri, -ni *gram.* parts of speech.
sözcü 1. spokesman. 2. *prov.* talker.
sözcük word. — **hazinesi** vocabulary. — **türü** part of speech.
sözcülük spokesmanship.
sözde 1. supposedly. 2. so-called.
sözdizimi, -ni *gram.* syntax.
sözel verbal, in the form of words, expressed in words.
sözgelimi *see* **sözgelişi.**
sözgelişi for example, for instance.
sözlendirici *cin.* dubber.
sözlendirme *cin.* dubbing.
sözlendirmek /ı/ to dub (a film).
sözleşme 1. agreement; contract. 2. mutually promising. — **tutanağı** protocol, summary of the results of a negotiation.
sözleşmek 1. to promise each other. 2. to agree to meet (at a certain place at a certain time).
sözleşmeli 1. done by agreement or under contract, contractual. 2. (someone) who is bound by a contract.
sözlü 1. oral, verbal. 2. engaged to be married. 3. /a/ (someone) who has committed himself to go to (a gathering/a place). 4. fiancé; fiancée. — **sınav** oral examination. — **soru** oral question.
sözlük dictionary; lexicon.
sözlükbilgisi, -ni lexicography.
sözlükçü lexicographer.
sözlükçülük lexicography.
sözügeçer influential, powerful.
sözümona 1. supposedly. 2. so-called.
spagetti spaghetti.
spastik spastic.
spazm spasm.
spazmodik spasmodic.
spektroskop, -pu spectroscope.
spektroskopi spectroscopy.
spektrum *phys.* spectrum.
spekülasyon *phil., business* speculation.

spekülatif *phil., business* speculative.
spekülatör *business* speculator.
sperm *see* **sperma**.
sperma sperm. **— hayvancığı** *biol.* spermatozoon.
spermatozoit *biol.* spermatozoid, spermatozoon.
spesiyal, -li special.
spesiyalist, -ti specialist.
spesiyalite specialty.
spiker *radio, TV* announcer.
spikerlik *radio, TV* announcing, the work of an announcer.
spiral, -li 1. spiral. 2. (plastic) coil (used as an intrauterine device), IUD.
spiritüalist, -ti 1. (a) spiritualist. 2. spiritualistic, spiritualist.
spiritüalizm spiritualism.
spiritüel witty, spirituel.
sponsor sponsor.
sponsorluk sponsorship, sponsoring. **—unu üstlenmek/yapmak** /ın/ to sponsor.
spontane spontaneous.
spor 1. sport, recreation. 2. sport, sports, casual and comfortable (garment/shoe). **— araba** sports car. **— ceket** sport coat, sports jacket. **— gömlek** sport shirt.
spor *biol.* spore.
sporcu 1. professional athlete; person who engages in sports. 2. sportsman, gentlemanly player. 3. (person) who engages in sports; athletic. 4. sportsmanlike, gentlemanly.
sporkesesi, -ni *bot.* sporangium.
sporsever 1. sports fan. 2. (someone) who is a sports fan.
sportif 1. sports, pertaining to sports. 2. sportsmanlike, gentlemanly.
sportmen 1. sportsman, gentlemanly player. 2. person who engages in sports; athlete. 3. sportsmanlike, gentlemanly. 4. (person) who engages in sports; athletic.
sportoto 1. the pools, the soccer pools, *Brit.* the football pools (organized gambling on the results of soccer matches). 2. *slang* buttocks, fanny.
spot, -tu 1. spot, spotlight. 2. *radio, TV* spot (a brief advertisement). 3. *com.* spot, made/paid/delivered at once. **— fiyat** *com.* spot price. **— lambası** spotlight, spot lamp. **— satım** *com.* spot sale.
sprey 1. spray (ejected by a sprayer). 2. sprayer (device).
Sri Lanka 1. Sri Lanka. 2. Sri Lankan, of Sri Lanka.
Sri Lankalı 1. (a) Sri Lankan. 2. Sri Lankan (person).
SSCB *hist. (abbr. for* **Sovyet Sosyalist Cumhuriyetleri Birliği)** U.S.S.R. (the Union of Soviet Socialist Republics).

stabilize stabilized. **— yol** gravel road; macadam road (not made with a bituminous binder).
stad *see* **stadyum**.
stadya stadia rod.
stadyum stadium.
stagflasyon *econ.* stagflation.
staj training period, apprenticeship, internship. **— yapmak** to undergo training, do one's apprenticeship, serve one's internship.
stajyer trainee, apprentice, intern.
stajyerlik traineeship, apprenticeship, internship.
stalagmit, -ti *geol.* stalagmite.
stalaktit, -ti *geol.* stalactite.
stand stand (at a fair/an exhibition).
standardizasyon standardization.
standart standard.
standartlaşma becoming standardized.
standartlaşmak to become standardized.
standartlaştırma /ı/ standardizing, standardization, bringing (s.t.) into conformity with a standard.
standartlaştırmak /ı/ to standardize, bring (s.t.) into conformity with a standard.
star star performer, star.
start, -tı *sports* start.
stat *see* **stadyum**.
statik 1. *phys.* statics. 2. *phys.* static, pertaining to statics. 3. static, unchanging.
stator *mech.* stator.
statü 1. status. 2. statute. 3. statue.
statüko the status quo.
stearik *chem.* stearic. **— asit** stearic acid.
sten Sten, Sten gun (a machine carbine).
steno 1. shorthand, stenography. 2. steno, stenographer.
stenograf stenographer.
stenografi shorthand, stenography.
stenotip, -pi stenotype.
step, -pi steppe; steppeland.
stepne spare tire.
ster cubic meter, stere.
stereo 1. stereo, stereophonic. 2. stereo, stereophony.
stereofoni stereophony.
stereofonik stereophonic.
stereoskop, -pu stereoscope.
stereotip, -pi stereotype.
steril sterile.
sterilizasyon sterilization.
sterilize sterilized. **— etmek** /ı/ to sterilize.
sterlin sterling, pound sterling.
stetoskop, -pu *med.* stethoscope.
steyşın station wagon, *Brit.* estate car/wagon.
stil 1. style. 2. (something) which has style.
stilist, -ti stylist, designer.
stilistik stylistics.
stilo fountain pen.
stoacı *phil.* 1. (a) Stoic. 2. Stoic, of the Stoics.

stoacılık *phil.* Stoicism.
stoik stoic, stoical.
stok, -ku stock, goods on hand. **— etmek** /ı/ to accumulate a stock of. **— yapmak** to accumulate stock.
stokçu 1. stockpiler. 2. dealer in leftover/salvaged goods.
stoklama /ı/ accumulating a stock of.
stoklamak /ı/ to accumulate a stock of.
stop Stop! **— etmek** to stop, come to a stop.
stopaj *tax law* stoppage at source, collection at source.
stor 1. roller blind (mounted outside a window). 2. roller shade, window shade, shade (mounted inside a window). 3. roll top (of a desk).
strateji strategy.
stratejik strategic, strategical.
stratosfer stratosphere.
stratus stratus.
streptokok, -ku streptococcus, a coccus occurring in chains.
streptomisin streptomycin.
stres *med.* stress.
striknin strychnine.
striptiz striptease.
striptizci stripper, stripteaser, striptease dancer.
strüktüralist, -ti 1. (a) structuralist. 2. structuralist, structuralistic.
strüktüralizm structuralism.
strüktürel structural.
stüdyo studio.
su, -yu 1. water. 2. juice. 3. sap. 4. body of water; stream; river; lake; sea. 5. broth; gravy. 6. temper (of steel). 7. *embroidery* running pattern. (...) **—larında** *colloq.* about, around: *saat altı sularında* around six o'clock. *elli sularında* about fifty years old. **— almak** 1. to leak, admit water. 2. (for a boat) to leak, take in water. **—yunu almak** /ın/ to drain the water from (cooked vegetables). **— arkı** irrigation ditch. **— balesi** water ballet. **—da balık satmak** *colloq.* to make an empty promise. **— baskını** flood. **— basmak** /ı/ for water to flood (a place). **—yun başı** 1. source, spring, fountain. 2. *colloq.* place from which one gains the greatest profits/benefits. 3. *colloq.* person who holds the greatest authority and bears the greatest responsibility. **—yu baştan/başından kesmek** *colloq.* to tackle a problem at its root. **— birikintisi** puddle. **—da boğulmak** to be drowned. **—ya boğulmak** to be flooded with water. **— borusu** water pipe. **— bölümü çizgisi** *geog.* watershed, water parting. **— buharı** water vapor. **—yu bulandırmak** *colloq.* to throw a monkey wrench into something that's going well. **— cenderesi** hydraulic press. **— çarpmak** /a/ to give (one's face) a quick, splashy wash. **— çekmek** 1. to draw water (from a well/a cistern). 2. to absorb water. **—yunu çekmek** 1. for the liquid in (something being cooked) to boil away. 2. (for money) to be spent, run out. **—yu çekilmiş değirmene dönmek** *colloq.* 1. (for a place) to become as silent as a tomb, become like a morgue. 2. to become completely useless. **—dan çıkmış balığa dönmek** *colloq.* to be in a daze, not to know what to do or which way to turn. **— değirmeni** water mill. **— deposu** water tank. **— dökmek** *colloq.* to urinate, pass water, make water. **— dökünmek** *colloq.* to take a quick bath (by dousing oneself with water). **—ya düşmek** 1. *colloq.* to fail, come to nothing. 2. to fall into the water. **— etmek** *naut.* (for a ship) to leak, take in water. **—dan geçirmek** /ı/ 1. to wash (laundry) quickly and carelessly. 2. to rinse (laundry). **— gibi** 1. like water. 2. *colloq.* easily, smoothly. 3. *colloq.* fluently. **— gibi akmak** *colloq.* 1. (for time) to pass very quickly. 2. /a/ (for money) to be made by (a person/a place) in great quantities. **— gibi aziz ol!** Thank you very much indeed (for bringing me water to drink)! **— gibi bilmek** /ı/ *colloq.* to know (something) perfectly, have (something) down pat. **— gibi ezberlemek** /ı/ *colloq.* to memorize (something) perfectly. **— gibi gitmek** *colloq.* (for money) to be spent like water. **— gibi okumak** /ı/ *colloq.* to read (something) quickly and faultlessly. **— gibi terlemek** *colloq.* to sweat heavily, sweat buckets. **—yuna/—yunca gitmek** /ın/ *colloq.* not to go counter to (someone); not to cross (someone), to comply with (someone's) wishes. **—yu görmeden paçaları sıvamak** *colloq.* to count one's chickens before they're hatched. **— görmemiş** *colloq., see* **su yüzü görmemiş**. **—ya göstermek** /ı/ *colloq.* to give (something) a quick wash. **— götürmez** *colloq.* indisputable. **—ya götürür, susuz getirir.** *colloq.* He's a master hoodwinker. **— götürür yeri olmamak** /ın/ *colloq.* for there to be nothing more to be said about (a matter). **— içene yılan bile dokunmaz.** *proverb* It's wrong to attack a person while he's drinking water, even if he is one's enemy. **— içinde** *colloq.* easily, at least. **— içinde kalmak** *colloq.* 1. to get very wet. 2. to sweat heavily, sweat buckets. **— içmek gibi** *colloq.* very easy, as easy as taking candy from a baby. **— kaçırmak** 1. to leak. 2. *slang* to annoy, bother, give someone a headache. **— kaldırmak** *colloq.* (for something being cooked) to absorb water. **— kapmak** *prov.* (for a wound) to get infected, fester. **—lar kararmak** *colloq.* to get dark (in the evening). **— katılmamış** *colloq.* real, in every sense of the word, through and through. **— kayağı** water ski. **— kayağı yapmak** to water-ski.

—yu kesilmiş değirmene dönmek *colloq.*, *see* **suyu çekilmiş değirmene dönmek.** **— kesimi** *naut.* draft line; water line. **—yu kesiyor.** *colloq.* It's so blunt it won't cut anything (said of a knife). **— kesmek** *colloq.* to become very watery; to ooze a lot of water/juice. **— kireci** hydraulic lime. **— korkusu** hydrophobia, morbid dread of water. **— koyuvermek** 1. (for something) to ooze a lot of water (while being cooked). 2. *slang* to become impudent, overstep the mark, spoil the fun by going too far. **— kulesi** water tower. **— küçüğün, söz/sofra büyüğün.** *proverb* At mealtime the children should be the ones who get water first, but the adults should be the first ones who begin to eat and converse. **—yu mu çıktı?** /ın/ *colloq.* What's wrong with that/this place? **—yu nereden geliyor?** /ın/ *colloq.* Who's paying for all this?/Who's financing this thing? **— perisi** water nymph. **—yuna pirinç salınmaz.** *colloq.* You can't depend on him. **—da pişmiş** boiled; stewed. **— saati** water meter. **—ya sabuna dokunmamak** *colloq.* to be careful not to stir up trouble; to be careful to keep on the good side of others, be careful not to raise any hackles. **—ya salmak** /ı/ *colloq.* to waste, throw away. **— sayacı** water meter. **—yu seli kalmamak** *colloq.* for the juice in (a food) to be cooked away/boil away. **(içine/gönlüne) — serpilmek** /ın/ *colloq.* to feel relieved, be set at ease (after a period of worry). **—yu sert** 1. (steel) tempered to a high degree of hardness. 2. *colloq.* harsh (person). **— sporları** aquatic sports. **—yunun suyu** *colloq.* something that has only a faint connection with something else. **— tabancası** water pistol/gun. **— tedavisi** hydrotherapy. **— testisi su yolunda kınlır.** *proverb* When a person is injured or dies, his injury or death can usually be attributed to his occupation or way of life. **—yuna tirit** *colloq.* 1. tasteless (food). 2. (getting by) on little or nothing. **— toplamak** (for a place on one's body) to blister, become blistered. **—dan ucuz** *colloq.* dirt cheap, a dime a dozen. **— vermek** /a/ 1. to water. 2. to give (someone/an animal) some water. 3. to quench (steel). **— yapmak** *naut.*, *see* **su etmek. — yatağı** water bed. **— yitimi** dehydration. **— yürümek** /a/ *bot.* for the sap to rise (in); for the buds (of the trees) to begin to swell. **— yüzüne çıkmak** *colloq.* (for a matter/a problem) to surface, become apparent. **— yüzü görmemiş** *colloq.* very dirty (face/hands).

sual, -li *obs.* question; inquiry. **— açmak** /a/ to interrogate. **— etmek** /a/ to question; /ı, a/ to ask (someone) about (something). **— sormak** /a/ to ask (someone) a question.

sualtı, -nı underwater.

suare 1. evening performance (of a play); evening showing (of a movie). 2. evening party, soirée.

suaygın, -nı *zool.* hippopotamus.

subaldıranı, -nı *bot.* water hemlock.

subay *mil.* officer.

subaylık *mil.* 1. officership, post/rank of an officer. 2. being an officer.

subilim hydrology.

subilimci hydrologist.

suboyası, -nı water-soluble wood paint; stain.

suböceği, -ni *zool.* water beetle.

suböreği, -ni a börek made of layers of noodle-like pastry filled with cheese/meat.

subye strap (attached to a gaiter or a trouser cuff and designed to be slipped under one's shoe).

sucu seller of drinking water, water seller.

sucuk 1. a sausage flavored with garlic. 2. a sweet confection consisting of nuts coated with a rubbery paste made of grape molasses. 3. *slang* wealthy person, someone who's loaded. **—unu çıkarmak** /ın/ *colloq.* 1. to beat the tar out of, beat the daylights out of. 2. to tire out, exhaust. **— gibi ıslanmak/olmak** *colloq.* to get drenched; to be wringing wet.

sucukçu maker or seller of **sucuk**.

sucukçuluk making or selling **sucuk**.

sucuklu made with **sucuk**; (a food) which contains **sucuk**.

sucul 1. aquatic (animal/plant). 2. absorbent.

suculuk selling drinking water.

suç, -çu 1. offense, blameworthy act. 2. crime. **— atmak** /a/ to throw/put the blame on. **—unu bağışlamak** /ın/ to pardon (someone). **— işlemek** to commit an offense/a crime. **— olmak** to be deemed an offense/a crime. **— ortağı** accomplice, accessory. **— yüklemek** /a/ to lay the blame on.

suçbilim criminology.

suçbilimci criminologist.

suçiçeği, -ni *path.* chicken pox, varicella.

suçlama 1. /ı/ accusing (someone); /ı, la/ accusing (someone) of (an offense/a crime). 2. accusation.

suçlamak /ı/ to accuse (someone); /ı, la/ to accuse (someone) of (an offense/a crime).

suçlandırmak /ı/ to find (someone) guilty, decide that (someone) is guilty.

suçlanmak to be accused; /la/ to be accused of, be charged with.

suçlu 1. guilty. 2. guilty person; criminal, felon. **— çıkarmak** /ı/ to find (someone) guilty. **—ların iadesi** *law* extradition. **— olmak** to be considered guilty.

suçlularevi, -ni prison.

suçluluk guilt; guiltiness.

suçsuz not guilty, innocent.

suçsuzluk innocence.
suçulluğu, -nu *zool.* 1. snipe. 2. common sandpiper.
suçüstü, -nü (being caught) red-handed, in the act, in flagrante delicto. — **davası** *law* court case in which the perpetrator has been caught red-handed. — **mahkemesi** court that hears cases involving persons caught in the act of a crime.
sudak *zool.* zander (a pike perch).
Sudan 1. the Sudan. 2. Sudanese, of the Sudan.
sudan *colloq.* weak, lame, unconvincing.
Sudanlı 1. (a) Sudanese. 2. Sudanese (person).
sudantavuğu, -nu *zool.* a guinea fowl.
sudolabı, -nı waterwheel (which raises water used to irrigate vegetable gardens).
sufi *see* **sofi**.
suflör *theat.* prompter.
suflörlük *theat.* prompting.
sugeçirmez waterproof, impervious to water.
suibriği, -ni *bot.* pitcher plant.
suiistimal, -li *obs.* misuse, misusing. — **etmek** /ı/ to misuse.
suikast, -tı 1. assassination. 2. assassination attempt. 3. assassination plot. —**ta bulunmak** /a/ 1. to assassinate. 2. to attempt to assassinate. 3. to conspire to kill.
suikastçı 1. assassin. 2. conspirator.
suiniyet, -ti *obs., law* malice, malicious intent.
sukabağı, -nı *bot.* dipper gourd.
sukamışı, -nı *bot.* cattail, bulrush, reed mace.
sukaranfili, -ni *bot.* wood avens.
sukeleri, -ni *zool.* newt.
sukemeri, -ni aqueduct.
suketeni, -ni *bot.* hemp agrimony.
sukut, -tu *obs.* falling, fall. — **etmek** to fall. —**u hayal** disappointment. —**u hayale uğramak** to be disappointed. —**u hayale uğratmak** /ı/ to disappoint. — **sebepleri** *law* causes for discharge/termination/forfeiture.
suküre hydrosphere.
sulak 1. abounding in water, well-watered (place). 2. marshy. 3. vessel or hollow place designed to hold water for birds.
sulama /ı/ watering (a plant/an animal); irrigation, irrigating (an area); giving water to (an animal). — **arabası** sprinkling truck, street sprinkler.
sulamak /ı/ 1. to water (a plant/an animal); to irrigate (an area); to give water to (an animal). 2. *slang* to pay out, shell out (money).
sulandırma /ı/ 1. diluting (something) with water, watering, watering down. 2. diluting, dilution, thinning.
sulandırmak /ı/ 1. to dilute (something) with water, water, water down. 2. to dilute, thin.
sulanma 1. becoming/getting watery; becoming dilute/thin; deliquescence. 2. (of a plant/an animal) being watered; (of an area) being irrigated. 3. /a/ *slang* making it clear that one wants (something), hankering after (something) openly. 4. /a/ *slang* (of a man) making improper advances to (a woman).
sulanmak 1. to become/get watery; to become dilute, become thin; to deliquesce. 2. (for a plant/an animal) to be watered; (for an area) to be irrigated. 3. /a/ *slang* to make it clear that one wants (something), hanker after (something) openly. 4. /a/ *slang* (for a man) to make improper advances to (a woman).
sulatma /ı, a/ having (someone) water (a plant/an animal); having (someone) irrigate (an area).
sulatmak /ı, a/ to have (someone) water (a plant/an animal); to have (someone) irrigate (an area).
sulfata *colloq.* quinine sulfate.
sulh peace. — **hâkimi** *law* justice of the peace; police court magistrate. — **mahkemesi** *law* minor court for petty offenses; justice court; police court; petty sessions. — **olmak** to come to an amicable agreement; to settle their differences.
sulhçu 1. pacifist, pacifistic. 2. (a) pacifist.
sulta *obs.* authority.
sultan 1. *title applied to the sultan, his wives/children:* **Fatih Sultan Mehmet** Mehmet the Conqueror. **Cem Sultan** Prince Cem. 2. sultan. 3. princess, sultan's daughter.
sultani 1. sultanic, imperial. 2. *hist.* name used to designate each one of a special group of senior high schools. 3. sultana (a seedless grape). — **tembel** *colloq.* extremely lazy.
sultanlık 1. sultanship; sultanate; being a sultan. 2. sultanate, country ruled by a sultan. 3. *colloq.* the life of Riley, the life.
sulu 1. watery; dilute, watered down. 2. juicy. 3. *colloq.* (someone) who makes stale, annoying jokes. 4. *colloq.* fresh, overly familiar. — **göz/gözlü** *colloq.* 1. (someone) who starts crying for the slightest of reasons. 2. crybaby. — **zırtlak** *colloq.* lemon.
suluboya 1. watercolor (the paint). 2. (a) watercolor, (an) aquarelle. 3. watercolor (painting).
suluk 1. water cup (in a bird's cage). 2. *path.* infantile seborrhea. 3. curb (of a horse's bit). 4. puddle of water. — **zinciri** curb (of a horse's bit).
sululaşmak *colloq.* to get fresh, get impertinent.
sululuk 1. wateriness; diluteness. 2. juiciness. 3. *colloq.* making stale, annoying jokes. 4. *colloq.* freshness, impertinence.
sulusepken 1. sleet, a mixture of rain and snow. 2. (snow) mixed with rain. **(kar)** — **yağmak** to sleet.
sumak 1. *bot.* sumac, sumach. 2. ground sumac

seed (used as a spice).
sumen desk pad (used to provide a desk top with a cushioned surface).
sumermeri, -ni alabaster.
sumuhallebisi, -ni a thick rice-flour pudding on which rose water is poured before serving.
suna 1. *zool.* drake, male duck. 2. *prov.* tall and handsome person. 3. *prov.* beautiful. **— gibi/boylu** *colloq.* tall and handsome (person).
sunak altar.
sundurma 1. lean-to roof. 2. lean-to, shed. **— çatı** lean-to roof.
sundurmak /a, ı/ to have (someone) present (something) (respectfully); to have (someone) submit (something).
sungu 1. gift (presented to a superior). 2. sacrifice (to a god).
sungur *zool.* a white falcon.
suni 1. artificial; imitation; false. 2. artificial, affected.
sunilik 1. artificiality. 2. affectation, affectedness.
sunmak /ı, a/ 1. to present (something) (respectfully) to (someone), present (someone) with (something); to submit (something) to (someone). 2. to perform/play/sing (something) for (someone).
sunta fiberboard (used as a substitute for wood).
sunturlu *colloq.* awful, whopping: **sunturlu küfür** violent oath.
sunu *com.* supply. **— ve istem** supply and demand.
sunucu 1. master of ceremonies; emcee, *Brit.* compère. 2. *TV* anchorperson; anchorman; anchorwoman.
sunuculuk 1. being a master of ceremonies; emceeing, *Brit.* compèring. 2. *TV* anchoring; being an anchorperson/an anchorman/an anchorwoman.
sunulmak /a/ to be presented (respectfully) to (someone); to be submitted to (someone).
sunuş 1. presentation; submitting (something). 2. formal report. 3. introduction.
suölçer hydrometer.
suörümceği, -ni *zool.* water spider, water spinner.
sup, -pu *see* **supanglez.**
supanglez chocolate pudding.
supap *mech.* valve.
suphanallah Good Lord!/Good God!/Great Scott!
supiresi, -ni *zool.* water flea.
suples flexibility, suppleness.
supya *zool.* cuttlefish; squid.
sur city wall, rampart.
sura surah (a soft, twilled silk).
surat, -tı 1. face *(used derogatorily)*. 2. *colloq.* sulkiness. 3. *slang, playing cards* (a) king; (a) queen; (a) jack. **—ı asık** *colloq.* sour-faced; grim-looking; sulky; pouting. **— asmak** *colloq.* to put on a sour face, look annoyed/angry/unhappy; to sulk; to pout. **—a/—ına bak, süngüye davran.** *colloq.* 1. He's/She's as ugly as sin. 2. He's/She's as sour-faced/grim-looking as they come. **—ına bakanın kırk yıl işi rast gitmez.** *colloq.* He's a real Jonah./He brings bad luck to everyone he meets. **— bir karış** *colloq.* sour-faced; annoyed-looking; angry-looking; grim-looking. **—ı davul/eşek derisi** *colloq.* brazen, shameless. **—ı değişmek** *colloq.* 1. to take a firmer line, adopt a firmer tone. 2. for the expression on one's face to change. **—ından düşen bin parça** *colloq.* very sour-faced, very annoyed-looking; very angry-looking; very grim-looking. **— düşkünü** *colloq.* ugly, (someone) who's not much when it comes to looks. **—ını ekşitmek** *colloq.* to put on a sour face. **— etmek /a/** *colloq.* to give (someone) a sour look; to give (someone) a sulky/pouting look. **—ına indirmek /ın/** *colloq.* to give (someone) a sock in the face, give (someone) one in the kisser. **—ı kasap süngeriyle silinmiş** *colloq.* shameless, brazen. **— (değil) mahkeme duvarı** *colloq.* (someone) who has an extremely forbidding look on his face. **—ı sirke satmak** *colloq.* to have a very sour look on one's face.
suratlı 1. *colloq.* sour-faced; angry-looking; grim-looking. 2. (...) -faced, (...) -looking.
suratsız *colloq.* 1. ugly. 2. sour-faced; angry-looking; grim-looking. 3. bad-tempered; peevish.
surdin *mus.* (a) mute.
sure sura, surah (of the Koran).
suret, -ti 1. form, shape, figure. 2. fashion, way, manner: **bu surette** thus, in this way. **sert bir surette** harshly; hard. **Ne suretle?** How?/In what way? 3. copy (of a picture/a piece of writing/a document). 4. *colloq.* picture, photograph. **—iyle** by (doing something): **Yıllık kirayı peşin ödemek suretiyle daireyi daha ucuza tutabildi.** He was able to get the apartment for less by paying a year's rent in advance. **—ini almak/çıkarmak /ın/** to make a copy of. **—ine girmek /ın/** to assume the form of. **—i haktan görünmek** (for an evil-minded person) to act as if he has nothing but good intentions.
sureta 1. outwardly. 2. affected, put-on, assumed.
surezenesi, -ni *bot.* water hemlock.
Surinam 1. Surinam. 2. Surinam, of Surinam.
Surinamlı 1. (a) Surinamese. 2. Surinamese (person).
Suriye 1. Syria. 2. Syrian, of Syria.
Suriyeli 1. (a) Syrian. 2. Syrian (person).
susak *prov.* 1. dipper (made of a gourd or of wood). 2. thirsty. 3. stupid.
susam 1. *bot.* sesame. 2. sesame seed. 3. *bot.* iris.
susamak 1. to get thirsty; to be thirsty. 2. **/a/** to thirst for, long for.
susamhelvası, -nı a brittle halvah coated with sesame seeds.

susamlı coated/sprinkled with sesame seeds; (a food) which contains sesame seeds. **— helva** a brittle halvah coated with sesame seeds.
susamuru, -nu *zool.* otter.
susamyağı, -nı sesame oil.
susanmak *impersonal passive* to get thirsty.
susarmısağı, -nı *bot.* water germander.
susatmak /ı/ 1. to make (someone) thirsty. 2. to cause (someone) difficulties, make trouble for (someone).
susığırı, -nı *zool.* water buffalo.
susineği, -ni *zool.* water fly, stone fly.
susku silence.
suskun quiet, taciturn.
suskunluk quietness, taciturnity.
susmak 1. to remain silent, not to say anything. 2. to stop talking, become silent. **sus payı** hush money.
susmalık hush money.
suspansuvar jockstrap, jock, jockey strap.
suspus *used in:* **— olmak** *colloq.* to be reduced to silence, be silenced; to be as quiet as a mouse.
susta safety catch.
susta *used in:* **— durmak** 1. (for a dog) to stand on its hind legs. 2. *colloq.* (for someone) to stand to heel, be ready to hop to. **—ya kalkmak** (for a dog) to stand up on its hind legs.
sustalı 1. (something) which has a safety catch. 2. switchblade. **— çakı** switchblade.
susturmak /ı/ to silence, make (someone) stop talking; to reduce (someone) to silence.
susturucu 1. *auto.* muffler, *Brit.* silencer. 2. silencer (of a gun). 3. (utterance) which reduces someone to silence.
susturulmak to be silenced.
susuz 1. waterless, dry. 2. without water: **Beş günden beri susuzuz.** We've been without water for five days. **— bırakmak** /ı/ to let (someone/an animal) go without water. **— kalmak** 1. to be without water, go without water. 2. (for someone) to be dehydrated.
susuzluk 1. waterlessness. 2. thirst. 3. dehydration, being in a dehydrated state.
susümbülü, -nü *bot.* water hyacinth.
sut soda, sodium carbonate. **— kostik** caustic soda, sodium hydroxide, soda.
sutaşı, -nı *tailor.* soutache.
sutavuğu, -nu *zool.* European coot.
suterazisi, -ni *formerly* masonry tower built into a waterline (used to reduce the pressure in the line).
suteresi, -ni *bot.* watercress.
sutopu, -nu *sports* water polo.
sutyen brassiere, bra.
Suudi Arabistan 1. Saudi Arabia. 2. Saudi Arabian, of Saudi Arabia.
Suudi Arabistanlı 1. (a) Saudi Arabian. 2. Saudi Arabian.
suvare *see* **suare**.
suvarım *prov.* enough water for (so many) waterings.
suvarmak /ı/ *prov.* to water (an animal).
suvat, -tı *prov.* watering place (for animals).
suyarpuzu, -nu *bot.* water mint.
suyelvesi, -ni *zool.* water rail.
suyılanı, -nı *zool.* water snake.
suyolu, -nu 1. waterline, pipeline for water; aqueduct. 2. watermark (in paper). 3. *tailor.* soutache. 4. a children's game which involves drawing connecting lines between dots. 5. *slang* (a) main street, (a) main drag.
suyosunu, -nu seaweed.
suyuk *physiol.* body fluid, fluid, humor.
suyuvarı, -nı hydrosphere.
sübjektif subjective.
sübjektivist, -ti 1. (a) subjectivist. 2. subjectivistic.
sübjektivite subjectivity.
sübjektivizm subjectivism.
süblime *chem.* 1. mercury chloride, mercuric chloride, corrosive sublimate. 2. sublimate, something obtained by sublimation.
süblimleşmek *chem.* to sublimate, sublime, be sublimed.
süblimleştirmek /ı/ *chem.* to sublimate, sublime.
sübvansiyon subvention.
sübyan 1. children. 2. male children. 3. *colloq.* naïve child, kid who's still wet behind the ears. **— koğuşu** large room where juvenile delinquents are kept in (a prison). **— mektebi** *formerly* primary school.
sübyancı *colloq.* child molester; pedophile.
sübyancılık *colloq.* child molesting; pedophilia.
sübye a thick, sweet liquid made with peeled almonds or crushed melon seeds.
süet, -ti 1. suede. 2. suede, made of suede.
süfli 1. low-down, contemptible. 2. inferior; wretched. 3. dressed in dirty, shabby clothes.
Süheyl *astr.* Canopus (a star).
süit, -ti *mus.* suite.
süje 1. subject, topic. 2. *gram.* subject. 3. subject (thinking agent, mind, ego). 4. subject (person/animal being studied).
süklüm püklüm *colloq.* in a crestfallen manner, in a hangdog manner.
sükse success, hit (an undertaking that succeeds). **— yapmak** to be a success, be a hit, make a hit.
sükûn *see* **sükûnet**.
sükûnet, -ti rest, calm, quiet, repose, tranquillity. **— bulmak** to be calmed, become tranquil, quiet down.
sükût, -tu silence. **— etmek** 1. to remain silent. 2. to stop talking. **—la geçiştirmek** /ı/ *colloq.* to pass over (a matter) in silence. **— hakkı** hush money. **— ikrardan gelir.** *proverb* A

refusal either to avow or to disavow an action is in most cases a sign of guilt.
sükûti *obs.* taciturn, silent.
sülale family; line; house, dynasty.
sülfamit 1. sulfamide. 2. sulfa drug.
sülfat, -tı *chem.* sulfate.
sülfatlamak /ı/ to sulfur, treat (something) with sulfur; to dust (something) with sulfur.
sülfit, -ti *chem.* sulfite.
sülfür *chem.* sulfide, sulfuret.
sülfürik *chem.* sulfuric. — **asit** sulfuric acid.
sülfürlemek /ı/ to sulfurize, sulphurize, sulfur, sulphur.
sülüğen red lead.
sülük 1. *zool.* leech. 2. *bot.* tendril (of a vine). — **gibi** *colloq.* (unpleasant person) who sticks to one like a leech, very pertinacious. — **tutunmak** to bleed oneself using leeches, leech oneself.
sülükçü 1. catcher or seller of leeches. 2. person who bleeds people using leeches.
sülümen *chem.*, *see* **aksülümen**.
sülün *zool.* pheasant. — **gibi** *colloq.* tall and graceful.
sülüs a style of Arabic script.
sülyen *see* **sülüğen**.
sümbül *bot.* hyacinth.
sümbüli cloudy, overcast (sky).
sümbülteber *bot.* tuberose.
Sümer 1. Sumer. 2. Sumerian.
Sümerce 1. Sumerian, the Sumerian language. 2. (speaking, writing) in Sumerian, Sumerian. 3. Sumerian (speech, writing); spoken in Sumerian; written in Sumerian.
Sümerolog Sumerologist.
Sümeroloji Sumerology.
sümkürmek to blow one's nose.
sümkürtmek /ı/ to get (someone) to blow his nose.
sümmettedarik *obs.* last-minute, spur-of-the-moment; slapdash.
sümsük *colloq.* stupid and supine.
sümük mucus; snot, nasal mucus; slime.
sümükdoku *anat.* mucous membrane.
sümüklü covered with mucus; snotty; snotty-nosed; slimy.
sümüklüböcek *zool.* slug.
sümüksel mucous.
sümüksü mucoid, mucus-like.
sündürmek /ı/ to stretch (something), have (something) stretched.
süne *zool.* shield bug (an insect destructive to wheat).
sünepe *colloq.* supine and slovenly dressed.
sünger 1. sponge. 2. foam rubber. — **avcılığı** sponge fishing. — **avcısı** sponge fisherman. **(üzerinden)** — **geçirmek** /ın/ *colloq.* to wipe (something) from one's mind, forget about (something) completely. — **gibi** spongy, spongelike.
süngerci 1. sponge fisherman. 2. sponge seller. 3. seller of foam rubber.
süngercilik 1. sponge fishing. 2. selling sponges. 3. selling foam rubber.
süngerdoku *bot.* spongy parenchyma.
süngersi spongelike, spongy.
süngertaşı, -nı pumice.
süngü 1. bayonet. 2. *formerly* wooden pole planted in the ground at the head of a grave. 3. poker (for a fire). **—sü deprepşmesin ....** I don't like to speak ill of the dead, but ... *(said before making a critical remark about someone who is dead).* **—sü düşük** *colloq.* 1. depressed, down in the dumps. 2. (someone) who's lost all his pep, who's lost his pizzazz. 3. (someone) who's feeling under the weather.
süngülemek /ı/ 1. to bayonet, stab (someone) with a bayonet. 2. to poke (a fire).
süngülenmek 1. to be bayoneted. 2. (for a fire) to be poked.
süngüleşmek to attack each other using bayonets.
süngülü 1. (rifle) with a bayonet fixed to it. 2. (soldier) whose rifle has a bayonet fixed to it. 3. soldier whose rifle has a bayonet fixed to it.
sünmek 1. to stretch, be stretched. 2. to lose its elasticity, lose its springiness, become too loose.
sünnet, -ti *Islam* 1. the Sunna (the sayings and doings of the Prophet Muhammad, which form a basis for much of Islamic law). 2. ritual circumcision. — **derisi** *anat.* foreskin. — **düğünü** circumcision feast. — **ehli** 1. Sunni Muslims, the Sunnis. 2. (a) Sunni Muslim, (a) Sunni. 3. Sunni (Muslim). — **etmek** /ı/ to circumcise. — **olmak** to be circumcised.
sünnetçi circumciser.
sünnetçilik circumcising, being a circumciser.
sünnetlemek /ı/ 1. *colloq.* to eat up (every bit of food on one's plate), lick (one's platter) clean. 2. *slang* to cut, wound, injure.
sünnetli circumcised.
sünnetsiz uncircumcised.
Sünni 1. (a) Sunni, Sunnite. 2. Sunni, of the Sunnis.
Sünnilik Sunni Islam; Sunnism.
süper super, extraordinarily good. — **benzin** high-octane gasoline. — **güç/devlet** superpower.
süpermarket, -ti supermarket.
süpermen superman.
süpersonik supersonic.
süperstar *cin.*, *mus.*, *theat.* superstar.
süpozituvar *med.* (a) suppository.
süprülmek *see* **süpürülmek**.
süprüntü 1. sweepings, rubbish, trash. 2. *colloq.* the most worthless things, the culls. 3.

colloq. worthless and low-down people, trash.
süprüntücü 1. street sweeper (person); trash collector, garbage man, *Brit.* dustman. 2. *colloq.* person who buys/sells goods of the poorest quality, junkman.
süprüntülük rubbish heap, trash heap, dump.
süpürge broom.
süpürgeci 1. maker or seller of brooms. 2. street sweeper (person).
süpürgeçalısı, -nı *bot., see* **süpürgeotu.**
süpürgedarısı, -nı *bot.* sorghum.
süpürgelik baseboard, mopboard.
süpürgeotu, -nu *bot.* heath.
süpürmek /ı/ 1. to sweep (a place). 2. to sweep away, get rid of (someone/something) completely.
süpürtmek /ı, a/ to have (someone) sweep (a place).
süpürücü street sweeper (person/machine).
süpürülmek to be swept.
sürahi (glass) decanter/carafe/jug.
sürat, -ti speed, velocity; quickness, rapidity. — **koşucusu** short-distance runner. — **motoru** speedboat.
süratlenmek to go faster, speed up, gain speed.
süratli speedy; quick, rapid.
sürç used in: —**ü lisan** slip of the tongue.
sürçmek 1. to stumble. 2. to say something by mistake.
sürçtürmek /ı/ to cause (someone) to stumble.
sürdürmek 1. /ı/ to continue, carry on (an action). 2. /ı, a/ to have (someone) drive/push (a vehicle). 3. /ı, a/ to have (someone) drive (an animal). 4. /ı, a/ to have (someone) plow (a field). 5. /ı, a/ to have (someone) spread/rub/smear (something) on (something).
sürdürüm subscription.
sürdürümcü subscriber.
süre period (of time), space of time; spell. — **ölçen** *sports* timer, timekeeper. — **ölçümü** *sports* timekeeping.
süreaşımı, -nı *law* 1. prescription. 2. limitation (period of time).
sürece while, as long as: **Ateşkes devam ettiği sürece burada kalınız.** We'll stay here as long as the ceasefire lasts.
süreç process, progression, march, development.
süreçsel processive, progressive.
süredizin chronology.
süreduran *phys.* inert.
süredurum *phys.* inertia.
süregelmek (for something) to have gone on (in a certain way) for a long time.
süreğen chronic.
süreğenleşmek to become chronic.
süreğenlik chronicity.
sürek 1. the season (of a fruit/a vegetable): **Maltaeriğinin süreği kısadır.** Loquats have a short season. 2. continuation. 3. *prov.* large herd. — **avı** drive (a kind of hunt).
sürekli continual, continuous. — **ünsüz** *phonetics* (a) continuant.
süreklilik continuousness, continuity.
süreksiz transitory, transient. — **ünsüz** *phonetics* (a) stop, stop consonant.
süreksizlik transitoriness.
süreli 1. (something) which lasts for (a certain amount of) time: **Bedia'nın somurtkanlıkları kısa sürelidir.** Bedia's sulks are short-lived. 2. periodic. — **yayın** (a) periodical.
sürem season.
süreölçer 1. chronometer. 2. stopwatch.
sürerdurum the status quo.
sürerdurumcu one who prefers the status quo, standpatter.
sürerlik continuousness; enduringness.
süresince throughout, over the entire course of.
süresiz 1. (something) for which no termination date has been set. 2. for an indefinite period of time.
süreyazar chronograph.
Süreyya *astr.* the Pleiades.
sürfe *zool.* larva.
sürfile overcasting, stitching made to prevent raveling. — **makası** pinking shears.
sürgit *colloq.* endlessly, interminably, forever. — **yapmak** /ı/ to continue (to do something) forever.
sürgü 1. bolt (of a door). 2. bolt (of a rifle). 3. bedpan. 4. plasterer's trowel. 5. harrow. — **kolu** bolt handle (of a rifle).
sürgülemek /ı/ to bolt (a door).
sürgülenmek (for a door) to be bolted.
sürgülü 1. (door) which has been bolted. 2. (door) to which a bolt has been attached. — **cetvel/— hesap cetveli** slide rule. — **pergel** beam compass. — **vana** gate valve.
sürgün 1. exile, banishment. 2. (an) exile. 3. place of exile. 4. *bot.* shoot; sucker (of a plant). 5. diarrhea. — **ağı** a large cast net. — **avı** *see* **sürek avı.** — **etmek** /ı/ to exile. — **gitmek** 1. /a/ to be exiled to. 2. to have diarrhea. —**e gitmek** to go into exile. —**e göndermek** /ı/ to send (someone) into exile.
sürme 1. /ı/ driving (a vehicle); pushing (a vehicle). 2. /ı/ driving (an animal). 3. /ı, a/ letting (one thing) touch (another). 4. /ı/ plowing (a field). 5. /ı, a/ exiling (someone) to (a place). 6. /ı, a/ sending (soldiers) to (a place). 7. /ı, a/ putting (goods) on (the market); putting (money) into (circulation). 8. /ı, a/ spreading (something) on/over (something); rubbing (something) on (something); smearing (something) on (something). 9. /ı, önüne/ laying (something) before (someone), placing (something) in front of (someone). 10. con-

sürme

tinuing, going on (of something). 11. leading (a good life). 12. (a plant's) putting forth new leaves/shoots, beginning to grow. 13. taking (a certain amount of time). 14. latch (the catch of which is a bolt). 15. drawer (as in a chest of drawers). 16. sliding, (something) which is adjusted by sliding: **sürme kapı** sliding door. 17. smut (on plants).

sürme kohl. **(göze) — çekmek** to darken (one's eyelids) with kohl. **—yi gözden çekmek** *colloq.* to be a very clever thief.

sürmedan *obs.* container for kohl.

sürmek 1. /ı/ to drive (a vehicle); to push (a vehicle). 2. /ı/ to drive (an animal). 3. /ı, a/ to let (one thing) touch (another): **Elini oraya sürme!** Don't touch that bit over there! **Atkını yere sürme!** Don't let your scarf touch the ground! 4. /ı/ to plow (a field). 5. /ı, a/ to exile (someone) to (a place). 6. /ı, a/ to send (soldiers) to (a place). 7. /ı, a/ to put (goods) on (the market); to put (money) into (circulation). 8. /ı, a/ to spread (something) on/over (something); to rub (something) on (something); to smear (something) on (something). 9. /ı, önüne/ to lay (something) before (someone), place (something) in front of (someone). 10. (for something) to continue, go on. 11. to lead (a good life): **Adam orada son derece rahat bir hayat sürüyor.** The fellow's leading the life of Riley over there. 12. (for a plant) to put forth new leaves/shoots, begin to grow. 13. (for something) to take (a certain amount of time).

sürmelemek /ı/ to bolt (a door).

sürmeli 1. (door) which has been bolted. 2. (door) which has a latch. 3. (table/cupboard) which has drawers. 4. (plant) infested with smut.

sürmeli (eyes) blackened with kohl.

sürmelik runner (for a drawer).

sürmelik container for kohl.

sürmenaj nervous breakdown, nervous prostration, neurasthenia. **— olmak** to have a nervous breakdown.

sürmetaşı, -nı antimony.

sürpriz surprise (a pleasant, unexpected event). **— yapmak** /a/ to surprise (someone), give (someone) a surprise.

sürre the presents sent annually by the Ottoman sultan to Mecca and Medina. **— devesi** 1. camel in the caravan carrying the **sürre** to Mecca and Medina. 2. *slang* overdressed woman.

sürrealist, -ti 1. (a) surrealist. 2. surrealist, surrealistic.

sürrealizm surrealism.

sürşarj overprint, surcharge (on a stamp).

sürtme 1. /ı, a/ rubbing (one thing) against (another) hard. 2. *colloq.* wandering about aimlessly. 3. *slang* a way of throwing dice. **— ağı** trawl, trawlnet.

sürtmek 1. /ı, a/ to rub (one thing) against (another) hard. 2. *colloq.* to wander about aimlessly. **Sürt Allah sürt!** *colloq.* So you just wander around with nothing to do but kill time!

sürtük 1. *colloq.* gadabout (woman). 2. *pej.* streetwalker, hooker, prostitute.

sürtüklük 1. *colloq.* gadding about, being a gadabout. 2. *pej.* streetwalking, prostitution.

sürtülmek /a/ (for one thing) to be rubbed against (another).

sürtünme 1. /a/ rubbing (of a part of one's/its body) against (something); rubbing oneself/itself against (something). 2. *phys.* friction. 3. /a/ *colloq.* looking for an excuse to quarrel with (someone). 4. /a/ *colloq.* fawning over (someone).

sürtünmek /a/ 1. (for a part of one's/its body) to rub against (something); to rub oneself/itself against (something). 2. *colloq.* to look for an excuse to quarrel with (someone). 3. *colloq.* to fawn over (someone).

sürtünüm *elec.* short circuit, short.

sürtüşme 1. rubbing against each other. 2. irritating each other, vexing each other. 3. friction, conflict.

sürtüşmek 1. to rub against each other. 2. to irritate each other, vex each other.

sürtüştürmek /ı/ to rub (two things) together.

sürü herd; flock. **—den ayrılmak** *colloq.* to go one's own way, not to go along with the crowd, not to follow the herd. **—den ayrılanı kurt kapar.** *proverb* A person who insists on going it alone is headed for trouble. **—süne bereket** *colloq.* a lot of, heaps of, a great many. **— içgüdüsü** the herd instinct. **— sepet** *colloq.* the whole kit and caboodle, the whole lot: **Sürü sepet geldiler.** The whole kit and caboodle of them came. **— sürü** in droves.

sürücü 1. driver (of a vehicle). 2. *comp.* drive. 3. drover. **— belgesi** driver's license.

sürücül *zool.* gregarious.

sürücülük driving, being a driver.

sürüklemek 1. /ı/ to drag (something/someone) (along the ground). 2. /ı, a/ to drag (someone) to (a place), force (someone) to go with one to (a place). 3. /ı/ to hold (one's) attention, engross (one's) attention. 4. /ı, a/ to drag (someone) into (a bad situation).

sürüklendirmek /ı/ to allow (something) to drag on, let (something) go on for an indefinite length of time.

sürüklenmek 1. to be dragged. 2. to drag oneself (along the ground). 3. (for something) to drag on, go on for an indefinite length of time.

sürükletmek /ı, a/ to have (someone) drag (something/someone).
sürükleyici 1. engrossing, absorbing, fascinating. 2. /ı/ (someone) who can rivet the attention of (someone).
sürülmek 1. /a/ to be driven (to). 2. /a/ to be spread/rubbed/smeared on. 3. /a/ (for one thing) to be allowed to touch (another). 4. to be plowed. 5. /a/ to be exiled to. 6. /önüne/ (for something) to be placed in front of (someone). 7. /a/ (for something) to be put on (the market); (for money) to be put into (circulation). 8. /a/ (for a soldier) to be sent to, be dispatched to (a place).
sürüm 1. *com.* demand (for a commodity): **Bu malın sürümü yok.** This commodity's not in demand. 2. circulation (of money).
sürümdeğer *com.* current market value. **— ederi** *com.* current market price.
sürümek /ı/ 1. to drag (along the ground). 2. to let (something) drag (along the ground). 3. to take (something) along with one.
sürümlü *com.* (something) which is in demand, which sells well.
sürüm sürüm *used in:* **— süründürmek** /ı/ *colloq.* to make life very miserable for (someone), drive (someone) from pillar to post; to cause (someone) to come down in the world. **— sürünmek** *colloq.* to live a life of great misery, be driven from pillar to post.
sürümsüz *com.* (something) which is not in demand, which is hard to sell.
sürünceme *used in:* **—de bırakmak** /ı/ to leave (something not yet completed) hanging in the air. **—de kalmak** (for something not yet completed) to be left hanging in the air.
süründürmek /ı/ 1. to make life miserable for (someone), drive (someone) from pillar to post; to cause (someone) to come down in the world. 2. needlessly to put off completing (a job); needlessly to protract (a job).
süründürülmek for (someone's) life to be made miserable, (for someone) to be driven from pillar to post; to be made to come down in the world.
sürüngen 1. *zool.* reptant; creeping; crawling. 2. *bot.* repent, creeping. 3. *zool.* reptilian. 4. *zool.* (a) reptile. **— sap** *bot.* runner.
sürünmek 1. to crawl (along the ground). 2. /a/ to rub against. 3. to live a life of misery, be driven from pillar to post. 4. /ı/ to rub (something) on oneself; to dust oneself with (powder): **Pudra süründü.** She dusted herself with powder.
sürüşmek to rub/spread/smear (something) on each other; to rub/spread/smear (something) on themselves.
sürüştürmek /ı, a/ to rub/spread/smear (something) slowly on; to rub/spread/smear (something) carelessly on.
sürütme 1. /ı, a/ having (someone) drag (something/someone). 2. trawl, trawlnet. 3. troll (fishing line with its lure and hook used in trolling).
sürütmek /ı, a/ to have (someone) drag (something/someone).
sürveyan 1. supervisor (in a study hall/a factory). 2. lifeguard.
Süryani 1. person whose mother tongue is Syriac. 2. Syrian Orthodox, member of the Syrian Orthodox church.
Süryanice 1. Syriac, the Syriac language. 2. (speaking, writing) in Syriac, Syriac. 3. Syriac (speech, writing); spoken in Syriac; written in Syriac.
süs 1. (an) ornament, (a) decoration. 2. ornamentation. 3. ornamental display. **—e düşkün** 1. fond of elaborately decorated things. 2. (someone) who likes to get dolled up; dressy. **— püs** *colloq.* needless/worthless/excessive adornment; frippery, finery; tinsel, tinselry. **(kendine) ... —ü vermek** to act as if one is (something one is not): **Kendine çok tecrübeli bir doktor süsü veriyor.** He's acting as if he were a very experienced doctor.
süsen *bot.* iris. **— esansı** orris oil, orrisroot oil. **— kökü** orrisroot, orris.
süsleme 1. /ı/ decorating, ornamenting, adorning, embellishing. 2. /ı/ decking (someone) out, dolling (someone) up. 3. /ı/ *colloq.* criticizing (someone) at length and to his face. 4. (an) ornament, (a) decoration.
süslemek /ı/ 1. to decorate, ornament, adorn, embellish. 2. to deck (someone) out, doll (someone) up. 3. *colloq.* to criticize (someone) at length and to his face. **süsleyip püslemek** /ı/ to doll (someone) up fit to kill *(used derogatorily)*.
süslendirmek /ı/ to have (someone) decked out, get (someone) dolled up.
süslenmek 1. to deck oneself out, doll oneself up. 2. to be decorated, be ornamented, be adorned, be embellished. **süslenip püslenmek** to doll oneself up fit to kill *(used derogatorily)*.
süsletmek /ı, a/ to have (someone) decorate/ornament/adorn/embellish (something).
süslü 1. /la/ decorated with, ornamented with, adorned with, embellished with. 2. full of ornamentation; fancy, elaborate, ornate, dressy. 3. (someone) who likes to get dolled up; dressy. **— püslü** dolled up fit to kill *(used derogatorily)*.
süslük knickknack, trinket, bibelot.
süsmek /ı/ *prov.* (for a horned animal) to butt; to gore.
süspans suspense.

süspansiyon *auto., chem.* suspension.
süssüz undecorated, not ornamented, unadorned, unembellished, plain.
süt, -tü 1. milk. 2. latex; milky juice (of some plants). 3. *slang* gasoline, juice. **—ten ağzı yanan yoğurdu üfleyerek yer.** *proverb* Once bitten twice shy. **— asidi** lactic acid. **— ayırıcı** cream separator, separator, creamer. **—ü bozuk** *colloq.* (someone) who comes of bad stock, no-good, untrustworthy. **— çalmak** /ı/ *colloq.* for spoiled/infected milk to make (a nursing baby) ill. **—ü çekilmek** /ın/ (for a woman or a female animal) to stop producing milk, stop lactating. **— çocuğu** 1. nursing infant, unweaned baby. 2. *colloq.* naïve, inexperienced person, babe in the woods. **— damarları** *colloq., anat.* lactiferous ducts. **— danası** veal, vealer, unweaned calf. **— dökmüş kedi gibi** *colloq.* 1. (someone) who looks shamefaced, who's wearing a hangdog look, who has a guilty look on his face. 2. shamefacedly, wearing a hangdog look, guiltily. **— gibi** *colloq.* spotlessly white and clean. **—üne havale etmek** /ı, ın/ *colloq.* to leave (a matter) to (someone) (in the hope that he will have the decency to do it properly). **—üne kalmak** /ın/ *colloq.* (for a matter) to be left to (someone) (in the hope that he will have the decency to do it properly). **— kebabı** a shish kebab made by roasting chunks of meat that have been parboiled in milk. **— kesilmek** for milk to sour/go bad/go off. **— kesimi** weaning. **—ten kesmek** /ı/ to wean. **— kuzusu** 1. suckling lamb, unweaned lamb. 2. *colloq.* baby; very young child, toddler, tot. 3. *colloq.* pampered, spoiled person. **— şekeri** lactose, milk sugar. **—ü temiz** *colloq.* (someone) who comes of good stock, decent, trustworthy. **— tozu** *see* **süttozu. — vermek** /a/ to suckle, nurse, breast-feed.
sütana *see* **sütanne.**
sütanne 1. woman, not one's mother, who breast-fed one *(regarded as a sort of godmother)*. 2. wet nurse.
sütbaba husband of a **sütanne** *(regarded as a sort of godfather)*.
sütbaşı, -nı cream (on top of milk).
sütbeyaz 1. milk white, snow white. 2. milk-white, snow-white.
sütçü milkman.
sütçülük 1. selling milk, being a milkman. 2. making and selling dairy products.
sütdişi, -ni milk tooth, baby tooth.
sütkardeş person one's own age (and not one's sibling) who was breast-fed by one's mother or one's **sütanne.**
sütkırı, -nı milk-white (horse).
sütkızı, -nı girl breast-fed by a **sütanne** *(regarded as a sort of goddaughter)*.
sütlaç a rice pudding.
sütleğen *bot.* spurge, euphorbia.
sütlek (animal) which gives a lot of milk, which is a good milker.
sütlenmek to lactate; (for a female animal) to freshen, come into milk.
sütliman *colloq.* still and silent, halcyon.
sütlimanlık *colloq., see* **sütliman.**
sütlü 1. (food) made with milk; (food) to which milk has been added, milky. 2. (animal) which gives a lot of milk, which is a good milker. 3. young, full (ear of grain). **— kakao** hot chocolate, cocoa. **— mısır** 1. roasting ear, green corn (ready to be cooked). 2. corn on the cob, roasting ear.
sütlüce 1. *bot.* buttercup. 2. (food) to which a little milk has been added, slightly milky.
sütmavisi, -ni 1. (a) very pale blue. 2. very pale blue (thing).
sütnine 1. middle-aged wet nurse. 2. middle-aged woman, not one's mother, who breast-fed one *(regarded as a sort of godmother)*.
sütoğul, -ğlu boy breast-fed by a **sütanne** *(regarded as a sort of godson)*.
sütotu, -nu *bot.* milkwort.
sütölçer lactometer.
sütre *mil.* cover, position/situation affording protection from enemy fire.
sütsü 1. milky, resembling milk. 2. *chem.* emulsion.
sütsüz 1. (food) made without milk; (food) to which no milk has been added. 2. (animal) which gives little/no milk; dry. 3. milkless. 4. (ear of grain) whose kernels have become dry and tough. 5. *colloq.* (someone) who comes of bad stock, no-good, untrustworthy.
süttozu, -nu powdered milk, dried milk.
sütun 1. *arch.* column; pillar; post, prop. 2. column (on a page). 3. column (of writing, as in a newspaper). **— başlığı** *arch.* capital of a column. **— gövdesi** *arch.* shaft of a column. **— kaidesi** *arch.* base of a column.
sütür *med.* suture.
sütyolları, -nı *anat.* lactiferous ducts, mammary ducts.
süvari 1. cavalryman. 2. horseman, rider. 3. captain (of a ship).
süvarilik 1. being a cavalryman; duties of a cavalryman. 2. horsemanship. 3. being the captain of a ship; duties of a captain; captainship; captaincy.
süve *see* **söve.**
süveter sweater.
Süveyş Suez. **— Kanalı** the Suez Canal.
süyek *med.* splint (as for a broken bone).
süyeklemek /ı/ *med.* to splint, put a splint on.
süzdürmek /ı, a/ to have (someone) strain/filter

(something).
süzek 1. *prov.* strainer; filter. 2. *cin.* diffuser (a piece of tulle used to soften a beam of light).
süzgeç 1. strainer; colander. 2. filter. 3. *phot.* color filter, light filter. — **kâğıdı** filter paper.
süzgeçli 1. provided with a filter. 2. having a spout with a perforated nozzle. — **kova** watering can, watering pot, sprinkling can.
süzgün 1. (eyes) whose lids are languorously lowered; languorous, languishing (look). 2. thin, gaunt, haggard.
süzgünlük 1. thinness, gauntness, haggardness. 2. drowsiness.
süzme 1. /ı/ straining; filtering, filtration; straining (the residue) out of (a liquid); percolation. 2. /ı/ giving (someone) the once-over, giving (someone) an appraising glance. 3. /ı/ lowering (one's eyelids) languorously. 4. strained; filtered. 5. *slang* very tricky person, fox. — **yoğurt** yogurt which has been strained until it has reached the consistency of cream cheese.
süzmek /ı/ 1. to strain; to filter; to strain (the residue) out of (a liquid): **Sirkenin tortusunu süzdü.** He strained the sediment out of the vinegar. 2. to give (someone) the once-over, give (someone) an appraising glance. 3. to lower (one's eyelids) languorously: **Gözlerini süzdü.** She let her eyelids droop languorously.
süzülmek 1. to be strained; to be filtered. 2. to run, flow. 3. to glide. 4. to walk in a coquettish manner; to behave coquettishly *(refers to bodily movements and facial expressions)*. 5. (for one's eyes) to have a languorous look in them. 6. (for one's eyes) to be about to close (owing to drowsiness). 7. (for someone) to get thin, lose weight and strength.
süzüm süzüm *used in:* — **süzülmek** to walk in a very coquettish manner; to behave very coquettishly *(refers to bodily movements and facial expressions)*.
süzüntü 1. filtrate, liquid passed through a filter. 2. residue (left after filtration).
svastika swastika.
Svaziland 1. Swaziland. 2. Swaziland, of Swaziland.
Svazilandlı 1. (a) Swazi. 2. Swazi (person).

Ş

Ş the letter Ş.
Şaban Sha'ban (the eighth month of the Islamic calendar).
şaban *slang* stupid, dumb, nitwitted.
şabanlaşmak *slang* to get stupid; to start to act like a nitwit.
şabanlık *slang* stupidity, nitwittedness.
şablon 1. stenciling ruler; stenciling pattern. 2. pattern, template, templet, former. 3. gauge, gage.
şad happy; joyful. — **olmak** to be happy; to rejoice.
şadırvan fountain (used for ritual ablutions and usually located in the middle of a mosque courtyard).
şafak dawn, morning twilight, light which comes before sunrise. — **atmak** 1. /da/ *colloq.* for the truth suddenly to dawn on (someone). 2. for dawn to break. — **sökmek** for dawn to break.
Şafii *Islam* 1. (a) Shafi'i, (a) Shafi'ite. 2. Shafi'i, Shafi'ite, of the Shafi'is. — **köpeğine dönmek** *pej.* 1. (for someone) to be covered with grime, be as grubby as can be. 2. (for someone's face) to be garishly made-up. — **köpeği gibi titremek** *pej.* to shake like a leaf.
Şafiilik the Shafi'i school of Islamic law.
şaft, -tı *mech.* shaft.
şah 1. shah. 2. *chess* king. (**Ben**) —**ımı bu kadar severim**. *colloq.* I'll help my chief only this much. — **iken şahbaz olmak** *colloq.* 1. (for someone in a bad situation) to get in an even worse one. 2. (for a physically ugly person) to get even uglier.
şah *used in:* —**a kalkmak** (for a horse) to rear, rear up, stand up on its hind legs.
şahadet, -ti 1. witnessing, witness, testifying, attestation. 2. (a Muslim's) dying in battle; martyrdom. 3. the Islamic doctrinal formula, the Islamic testimony of faith ("There is no god but God, and Muhammad is His prophet."). —**te bulunmak** to bear witness, testify. — **getirmek** to repeat the Islamic testimony of faith.
şahadetname 1. diploma. 2. certificate.
şahadetparmağı, -nı index finger, forefinger.
şahane 1. magnificent, superb, splendid. 2. *obs.* imperial, pertaining to a shah.
şahap *obs., astr.* shooting star, fireball.
şahbaz 1. *zool.* a large white falcon. 2. brave, courageous, heroic (man).
şahdamarı, -nı *anat.* (right/left) carotid artery. —**ndan yakın olmak** /a/ *colloq.* to be a very close friend of (someone).

şaheser 1. masterpiece, masterwork, magnum opus, chef d'oeuvre. 2. of the highest quality, very great, magnificent.
şahıs, -hsı 1. person, individual. 2. (a) character (in a play). 3. *gram.* person. — **zamiri** *gram.* personal pronoun.
şahika *obs.* summit, apex.
şahin *zool.* falcon. — **bakışlı** *colloq.* (someone) whose glance is sharp and piercing.
şahit witness, eyewitness. — **olmak** /a/ to witness.
şahitlik witnessing, testifying; being a witness. — **etmek** to testify.
şahlandırmak /ı/ to make (a horse) rear up.
şahlanmak 1. (for a horse) to rear, rear up, stand up on its hind legs. 2. (for someone) to become angry and threatening.
şahlık shahdom.
şahmerdan *mech.* 1. drop press; punch press; drop hammer. 2. pile driver.
şahniş *obs.* bay window.
şahnişin *obs., see* **şahniş.**
şahrem şahrem 1. (being) covered with cracks. 2. (flaking off) all over. 3. (coming apart) in strips/shreds.
şahsen 1. personally, for my part. 2. in person, personally. 3. (knowing someone) by sight only.
şahsi personal, private (matter). — **eşya** personal effects.
şahsiyat, -tı personal matters, private affairs. (**işi**) —**a dökmek** to turn the conversation into a critical attack on someone. —**a dökülmek** (for a discussion) to turn into a criticism of someone.
şahsiyet, -ti 1. personality. 2. individuality. 3. personage, important person.
şahsiyetli (someone) who has a distinctive personality; (someone) who possesses style.
şahsiyetsiz (someone) who lacks a distinctive personality; (someone) who lacks style.
şaibe *obs.* grave moral flaw, blot, stain (on one's character).
şaibeli *obs.* (someone) who possesses a major flaw in his character.
şair poet.
şairane 1. poetic, poetical. 2. poetically.
şairlik being a poet, poetship.
şak, -kı *used to imitate a sharp cracking/slapping sound:* **Şak diye yüzüne bir tokat attı.** She gave him a resounding slap on the face.
şak, -kkı *obs.* 1. splitting, cracking, fission. 2. split, crack, fissure.
şaka joke, jest; gag; witticism, quip. —**ya almak**

/ı/ *colloq.* to regard (something serious) as a joke. **—ya boğmak/dökmek** /ı/ *colloq.* to turn (something) into a joke. **— etmek** to kid someone, kid, joke. **—ya gelmemek** *colloq.* 1. not to be able to take a joke. 2. (for something) to be no joking matter, be very serious. **—ya getirmek** /ı/ *colloq.* to speak of (a serious matter) as if it were a joke. **— gibi gelmek** /a/ *colloq.* (for something) to seem like a joke to (someone). (**iş**) **— götürmemek** *colloq.* to be no joking matter. **— iken kaka olmak** *colloq.* for something that began as a joke to turn into a quarrel; for a joke to backfire. **— kaldırmak** *colloq.* to be able to take a joke. **— maka derken ....** *colloq.* At first we thought it was a joke (but later we discovered it was serious).: **Şaka maka derken gerçekten oldu.** What looked like a joke has now become a reality. **—nın sonu kakadır.** *proverb* What starts out as a joke can end up as a quarrel. **— söylemek** to joke, say something in fun. **—ya vurmak** /ı/ *colloq.* to pretend to take (something) as a joke. **— yapmak** to make a joke. **—sı yok.** *colloq.* 1. He's not to be trifled with./He's dead serious. 2. It's no laughing matter.

şakacı 1. joker, person given to joking. 2. jokey, given to joking.

şakacıktan 1. as a joke, jokingly, in jest. 2. (doing something serious) pretending all the while that it's a joke: **Şakacıktan onu epey hırpaladılar.** They roughed him up pretty badly, pretending all the while that it was a joke. 3. unwittingly, inadvertently.

şakacılık being a joker, joking, tendency to make jokes.

şakadan as a joke, jokingly, in jest.

şakak *anat.* temple. **—ları atmak** /ın/ for the veins in someone's temples to pulse/throb (owing to anger/agitation).

şakalaşmak to joke with one another.

şakasız not in jest, not as a joke, seriously.

şakayık, -ğı, -kı *bot.* peony, *Brit.* paeony.

şakımak to warble; to trill; to sing.

şakırdamak 1. (for a heavy rain) to beat, drum, patter; (for swiftly flowing water) to patter, plash. 2. to jingle. 3. to rattle, clatter; to clack. 4. (for fingers) to snap, make a snapping sound; (for a whip) to crack, make a cracking sound. 5. to warble; to trill; to sing.

şakırdatmak /ı/ 1. to jingle. 2. to rattle, clatter; to clack. 3. to snap (one's fingers); to crack (a whip).

şakır şakır 1. with a patter, with a pattering sound. 2. snapping one's fingers (while dancing). 3. with a jingle/a rattle/a clack. 4. (singing) with warbles/trills. 5. (speaking) fluently.

şakır şukur with a rattle, clatteringly; with a clack.

şakırtı 1. drumming, patter (of a heavy rain); patter, plash (of swiftly flowing water). 2. rattle, clatter; clack. 3. jingle. 4. snap, crack, pop.

şaki *obs.* brigand, robber.

şakilik *obs.* brigandage.

şakirt *obs.* 1. student. 2. trainee.

şaklaban 1. (person) who tries to keep everyone amused, who sets out to amuse everyone. 2. sycophantic (person).

şaklabanlık 1. (an) action meant to amuse others. 2. setting out to keep others amused. 3. toadying, sycophancy.

şaklamak to make a loud cracking noise, crack, pop, snap.

şaklatmak /ı/ to crack, snap, cause (something) to make a cracking sound.

şakrak merry, mirthful; bubbling over with gaiety.

şakrakkuşu, -nu *zool.* bullfinch.

şakraklık merriness, mirthfulness.

şakramak to warble; to trill; to sing.

şakşak 1. slapstick (a wooden rattle used by an **ortaoyuncu**/a juggler/a prestidigitator/a magician). 2. sound of applause. 3. applause, clapping.

şakşakçı 1. sycophant, toady. 2. sycophantic.

şakşakçılık toadying, sycophancy.

şakşuka a dish made with chopped eggplant, peppers, and tomatoes.

şakul, -lü *obs.* plumb line.

şakuli *obs.* perpendicular.

şakullemek /ı/ *obs.* 1. to check (a vertical piece) with a plumb line, plumb-line, plumb. 2. to sound (someone) out.

şal 1. shawl. 2. a woolen fabric. **— deseni** paisley, shawl pattern. **— örneği** (cloth/garment) decorated with a paisley or shawl motif (found originally in cashmere shawls).

şale chalet.

şalgam 1. *bot.* rutabaga, *Brit.* swede. 2. *bot.* turnip. 3. *slang* dolt.

şallak *prov.* naked. **— mallak** stark naked.

şalter *elec.* switch; commutator; breaker; circuit breaker.

şalupa *naut.* sloop.

şalvar baggy trousers, shalwar, shulwar. **— gibi** *colloq.* very baggy (trousers).

şamama *bot.* muskmelon. **— gibi** *colloq.* small, cute-looking (person).

Şaman shaman.

şamandıra 1. *naut.* buoy, float. 2. cork float (to which the wick of a primitive oil lamp is attached). 3. float (of the ball cock of a toilet), toilet float.

Şamanizm see **Şamanlık.**

Şamanlık shamanism.

şamar *colloq.* (a) slap on the face. **— atmak** /a/ to give (someone) a slap on the face. **— oğlanı** whipping boy, scapegoat. **— yemek** to get a slap on the face, get slapped on the face.

şamarlamak /ı/ *colloq.* to slap (someone) on the face.
şamata *colloq.* commotion, clamor, uproar, brouhaha, hullaballoo. — **yapmak** to make a commotion.
şamatacı *colloq.* noisy, boisterous, rambunctious (person).
şamatalı *colloq.* noisy, clamorous.
şambaba 1. a syrupy, spongy cake. 2. *colloq.* a father who has no authority over his family.
şambriyel *auto.* inner tube (of a tire).
şamdan 1. candlestick; candelabrum. 2. *slang* friend. — **külahı** candlesnuffer.
şamdancı maker or seller of candlesticks.
şamfıstığı, -nı 1. pistachio nut, pistachio. 2. pistachio tree.
şamil *obs.* 1. /a/ (something) which includes/covers/affects. 2. broadly comprehensive, all-inclusive. — **olmak** /a/ to include, take in, cover, affect.
şampanya champagne. — **rengi** 1. champagne (as a color). 2. champagne-colored.
şampinyon mushroom, champignon (as a food).
şampiyon 1. (a) champion. 2. champion (person/team).
şampiyona championship competition/match, championship.
şampiyonluk 1. being a champion. 2. championship competition/match, championship.
şampuan shampoo.
şan glory, illustriousness, reputation; renown. **—ına düşmek/yakışmak** /ın/ to befit (someone's) station/dignity; to befit. **—ına layık** /ın/ (something) which befits someone's station/dignity; (something) which befits. **—ından olmak** /ın/ to befit (someone). **—ından saymak** /ı, ın/ to regard (something) as being a thing which befits (someone). **(dünyaya) — vermek** to achieve renown.
şan singing (as an art). — **resitali** recital given by a vocalist.
şangırdamak to crash, make a sound of crashing/smashing/shattering (as of breaking glass).
şangır şungur (glass breaking) with a crash/smash, with a sound of crashing/smashing.
şangırtı crash, smash (of glass breaking).
şanjan iridescent, shot, changeable, chatoyant (fabric).
şanjanlı *colloq.* iridescent, shot, changeable, chatoyant (fabric).
şanjman *auto., mech.* gearbox. — **kolu** gearshift lever; gearshift stick, shift stick. — **kutusu** gearbox.
şankr *path.* chancre.
şanlı glorious, illustrious; renowned. — **şöhretli** 1. illustrious and famous. 2. (person) who has an imposing appearance, impressive-looking.
şano *theat.* stage.

şans luck. **—ı dönmek** /ın/ for (someone's) luck to turn, take a turn (for the better/worse). — **eseri** by sheer luck. — **tanımak** /a/ to give (someone) a chance, give (someone) a break. **—ı yaver gitmek** to have good luck, for things to be going (one's) way.
şansız 1. lacking in glory/illustriousness; unrenowned. 2. *prov.* shabbily/sloppily dressed.
şanslı lucky, fortunate.
şanslılık luckiness.
şansölye chancellor (holder of a political office).
şanssız unlucky, unfortunate.
şanssızlık unluckiness, bad luck, misfortune.
şantaj blackmail, extortion. — **yapmak** /a/ to blackmail.
şantajcı blackmailer, extortionist.
şantiye 1. construction site. 2. hut at a construction site used by the construction supervisor. 3. supply shed at a construction site. 4. shipyard.
şantör male singer, chanteur.
şantöz female singer, chanteuse.
şantug *see* **şantung.**
şantuk *see* **şantung.**
şantung, -gu shantung (a fabric).
şanzıman *auto., mech., see* **şanjman.**
şap, -pı *chem.* alum. **Ş— Denizi** the Red Sea. — **gibi** *colloq.* very salty. — **gibi kalmak/donmak** *colloq.* to be dumbfounded. — **hastalığı** foot-and-mouth disease, hoof-and-mouth disease. — **kayışı** very tough leather strap. — **kesilmek** *colloq.* 1. to become as bitter as gall (in taste). 2. to be dumbfounded. **—a oturmak** *colloq.* to get in a quandary, get in a pickle. **—a sokmak** /ı/ *colloq.* to put (someone) in a very difficult position, make things difficult for (someone).
şap smack, smacking sound (made when kissing).
şapçı *slang* pederast.
şapel chapel.
şapırdamak to make a smacking sound, smack.
şapırdatmak /ı/ to smack (one's lips).
şapır şapır (kissing/eating) smacking one's lips loudly.
şapır şupur *see* **şapır şapır.**
şapırtı smack, smacking sound.
şapka 1. (brimmed/visored) hat. 2. chimney cap, chimney cowl; chimney pot. 3. *gram.* circumflex accent, circumflex. 4. *naut.* truck (on a ship's mast).
şapkacı maker or seller of hats, hatter.
şapkacılık making or selling hats.
şapkalı 1. (someone) who is wearing a hat, hatted. 2. *gram.* circumflexed, marked with a circumflex.
şapkalık 1. hat rack, hatstand. 2. (material) for making hats.

şaplak (a) resounding slap.
şaplamak /ı/ to treat (something) with alum.
şaplamak (for a slap/a kiss) to land with a smack.
şaplatmak /ı, a/ to have (someone) treat (something) with alum.
şaplatmak 1. /ı/ to cause (something) to smack loudly. 2. /ı, a/ to give (someone's face) (a resounding slap).
şappadak *colloq.* all of a sudden, suddenly.
şaprak saddlecloth, shabrack.
şapşal *colloq.* 1. (person) who dresses sloppily, who pays no attention to his/her appearance, slovenly dressed. 2. (garment/shoe) which is far too big for its wearer. 3. stupid, lunkheaded.
şapşalak *colloq.* untidy, sloppy (person).
şapşallık *colloq.* 1. sloppiness, slovenliness (in dress). 2. (a garment's/a shoe's) being far too big for its wearer. 3. lunkheaded action.
şaptaşı, -nı a coral found in the Red Sea.
şarabi wine-red, wine-colored.
şarampol, -lü shoulder (of a road).
şarap wine. — **kadehi** wineglass.
şarapçı 1. maker or seller of wine. 2. (person) who loves wine. 3. (someone) addicted to wine. 4. wine-lover. 5. wino.
şarapçılık 1. making or selling wine. 2. addiction to wine.
şaraphane 1. winery. 2. wineshop, winehouse.
şarapnel shrapnel.
şaraprengi, -ni 1. wine red (as a color). 2. wine-colored.
şarbon *path.* anthrax, charbon.
şarıldamak (for water) to splash, flow with a splashing sound.
şarıl şarıl (water's flowing) with a splashing sound, splashingly.
şarıltı splash, splashing sound.
şarj 1. *elec.* charging (of a battery). 2. electric charge. 3. *soccer* rush. — **etmek** /ı/ to charge (a battery).
şarje *elec.* 1. charging (a battery). 2. charged (battery). — **etmek** /ı/ to charge (a battery).
şarjör cartridge clip, clip, charger (of an automatic weapon).
Şark *obs.* 1. the East, the Orient. 2. Eastern, Oriental.
şark, -kı *obs.* 1. the east. 2. the East, the Orient. 3. eastern. 4. Eastern, Oriental.
şarkadak *colloq.* 1. with a thump, with a whop. 2. with a resounding crack/pop.
şarkçıbanı, -nı *path.* Aleppo boil, Baghdad boil, Oriental sore (caused by dermal leishmaniasis).
şarkı song. — **söylemek/okumak** to sing; to sing a song. — **sözü** lyrics, words of a song. — **sözü yazarı** lyricist, one who writes the words for songs.
şarkıcı 1. professional singer. 2. *colloq.* songwriter.

şarkıcılık 1. singing, being a professional singer. 2. *colloq.* song writing, being a songwriter.
şarki *obs.* eastern, east; pertaining to, situated in, or coming from the east.
şarkiyat, -tı *obs.* Oriental studies, Orientalism.
şarkiyatçı *obs.* Orientalist.
Şarklı *obs.* Easterner, Oriental.
şarklı *obs.* 1. easterner, person who comes from the eastern part of a place. 2. Easterner, Oriental. 3. Eastern, Oriental (person).
şarküteri delicatessen.
şarlamak (for water) to splash, flow with a splashing sound.
şarlatan 1. charlatan, fraud, cheat. 2. (person) who is a charlatan.
şarlatanlık charlatanry.
şarpi *naut.* sharpie (a sailboat).
şar şar (water's flowing) with a splashing sound, splashingly.
şart, -tı condition, provision, stipulation. —**a bağlamak** /ı/ to make (something) contingent on (something). — **etmek** /ı/ to swear (to do or not to do something) by all that one holds dear. — **koşmak/koymak** /ı/ to lay (something) down as a condition. — **olmak** to be obligatory, be mandatory, be imperative. — **olsun!** *colloq.* I swear by all I hold dear that this is true! — **şurt tanımamak** to refuse to be bound by any condition/stipulation.
şartlamak /ı/ 1. to cleanse (something that has become ritually unclean) by washing it three times in succession. 2. *colloq.* to give (something) a good washing/scrubbing.
şartlandırmak /ı/ *psych.* to condition (someone/an animal) to respond in a certain way, cause (someone/an animal) to become conditioned.
şartlanmak 1. *psych.* to be conditioned, be trained to respond in a certain way. 2. (for something ritually unclean) to be cleansed by being washed three times in succession. 3. *colloq.* to be given a good washing/scrubbing.
şartlaşma 1. agreeing on or discussing the conditions to be laid down. 2. document listing the terms of a contract.
şartlaşmak to agree on or discuss the conditions to be laid down.
şartlı 1. subject to or dependent on certain conditions, conditional. 2. *psych.* conditioned to respond in a certain way, conditioned. 3. (something ritually unclean) which has been cleansed by being washed three times in succession.
şartname document listing the terms of a contract.
şartsız 1. not subject to any condition, unconditional. 2. *psych.* unconditioned (action). 3. *phil.* categorical, categoric. 4. (something)

that has not been ritually cleansed by being washed three times in succession.

şaryo *mech.* carriage (of a typewriter).

şasi chassis (of an automobile, machine, etc.).

şaşaa 1. glitter; brilliance; splendor, resplendence. 2. splendor, pomp, dazzle.

şaşaalı 1. glittering; brilliant. 2. splendid, resplendent; grand; pompous; dazzling.

şaşakalmak /a/ to be left dumbfounded (by).

şaşalamak to be bewildered; to be confused.

şaşı cross-eyed. — **bakmak** 1. to be cross-eyed. 2. to cross one's eyes. 3. *slang* (for an automobile) to have only one of its headlights burning.

şaşılası strange, odd.

şaşılaşmak to get cross-eyed.

şaşılık cross-eye.

şaşılmak *impersonal passive* to be bewildered; to be confused.

şaşırmak 1. to be bewildered; to be confused; to be surprised; to be at a loss as to what to say/do. 2. /ı/ not to know (what to say/do). 3. /ı/ to forget (what day it is). 4. /ı/ to lose (one's way). 5. to make a mistake.

şaşırtma 1. /ı/ bewildering (someone); confusing (someone). 2. transplanting of seedlings.

şaşırtmaca 1. action/speech meant to confuse someone (usually done/spoken in fun). 2. designed to confuse.

şaşırtmak /ı/ 1. to bewilder; to confuse. 2. to transplant (seedlings).

şaşkaloz *slang* 1. cross-eyed. 2. bewildered; confused; lost in a fog.

şaşkın 1. bewildered; confused; at a loss as to what to say/do. 2. stupid, silly. **—a çevirmek** /ı/ *colloq.* to bewilder/confuse (someone) utterly. **—a dönmek** *colloq.* to be utterly bewildered/confused.

şaşkınlaşmak to become bewildered/confused.

şaşkınlık bewilderment; confusion. **—a uğramak** to become bewildered/confused.

şaşmak 1. /a/ to be amazed at, be astonished at. 2. /dan/ to depart from (a way of behavior). 3. to make a mistake, be mistaken. 4. /ı/ (for a missile/a blow) to miss (its object). 5. /ı/ to lose (one's way). 6. /ı/ to forget (what day it is). 7. (for something) not to take place at its usual time.

şaşmaz (something) which won't lead one astray; very reliable; infallible.

şat, -tı *naut.* a kind of lighter.

şatafat, -tı ostentation, show, display, splendiferousness.

şatafatlı ostentatious, showy, splendiferous.

şatır *obs.* merry, in good spirits.

şato castle, château.

şatobriyan châteaubriand.

Şattülarap *geog.* the Shatt-al-Arab.

şavalak *colloq.* stupid, slow-witted, dense, thick.

şavk, -kı *prov.* light, sunlight.

şavkımak *prov.* to give off light, shine.

şayak a woolen fabric.

şayan /a/ *obs.* worthy of, meriting, deserving (something). **—ı dikkat** notable, remarkable. **—ı hayret** astonishing, astounding, amazing. **—ı hürmet** worthy of respect. **—ı itimat** trustworthy. **—ı merhamet** deserving of mercy; pitiful. **—ı takdir** worthy of esteem, estimable.

şayet if by chance, if perchance.

şayi, -ii *obs.* 1. generally known, widespread. 2. *law* shared in common. **— olmak** to become generally known.

şayia rumor.

şayka *naut.* saic.

ş.b. (*abbr. for* **şube**) br. (branch).

şebboy *bot.* 1. stock, gillyflower. 2. wallflower, gillyflower.

şebek 1. *zool.* baboon. 2. *colloq.* hideously ugly (person).

şebeke 1. ring, network (organized for criminal purposes). 2. network, system (of electric/telephone/telegraph lines, of water lines, of roads). 3. *formerly* identity card (of a university student, issued by the university). 4. *arch.* lattice; grill; screen. 5. net (used in hunting/fishing).

şebnem *obs.* dew.

şecaat, -ti *obs.* courage, bravery.

şecaatli *obs.* courageous, brave.

şecere pedigree, genealogical tree, family tree.

şecereli 1. (person) who has a pedigree showing who his remote ancestors were, who has a long pedigree. 2. pedigree, pedigreed (animal).

şedde a sign written above a consonant (in the Arabic alphabet) to show that it is doubled.

şeddeli doubled, reduplicated (consonant). **— eşek** *vulg.* crude and incompetent person.

şef chief, leader. **— garson** headwaiter.

şefaat, -ti intercession. **—te bulunmak** to intercede.

şefaatçi intercessor.

şeffaf transparent.

şeffaflaşmak to become transparent.

şeffaflık transparentness, transparency.

şefik, -ki *obs.* kind and compassionate, tenderhearted, tender.

şefkat, -ti kindness and compassion, tenderheartedness, tenderness.

şefkatli kind and compassionate, tenderhearted, tender.

şefkatlilik kindness and compassion, tenderheartedness, tenderness.

şefkatsiz lacking in kindness and compassion, hardhearted, unfeeling.

şefkatsizlik lack of kindness and compassion, hardheartedness, unfeelingness.

şeflik 1. duties of a chief. 2. rank of chief, chieftaincy. 3. office of a chief (a place). 4. jurisdiction controlled by a chief.
şeftali peach. — **ağacı** peach tree.
şeftren *rail.* conductor, *Brit.* guard.
şehadet, -ti *see* şahadet.
şehevi carnal, libidinous, libidinal.
şehir, -hri city; town. — **plancılığı** city planning. — **plancısı** city planner.
şehirci city planner.
şehircilik city planning.
şehirlerarası, -nı 1. long-distance, *Brit.* trunk (telephone call). 2. intercity, interurban.
şehirleşme urbanization (of a place).
şehirleşmek (for a place) to become urbanized.
şehirli city dweller; townsman.
şehirlileşmek (for someone) to become urbanized; to become citified.
şehit 1. Muslim who has died for Islam. 2. person who has died while serving the Turkish state. — **düşmek** 1. to die for Islam. 2. to die while serving the Turkish state.
şehitlik 1. being someone who dies for Islam or for the Turkish state. 2. cemetery for Turkish soldiers.
şehla (eye) which has a slight cast in it; (someone) who has a slight cast in his eye.
şehname *hist.* chronicle written in verse.
şehnameci *hist.* writer of a chronicle in verse.
şehniş *obs., see* şahniş.
şehnişin *obs., see* şahniş.
şehremaneti, -ni *formerly* the city government, municipality (of Istanbul/Ankara).
şehremini, -ni *formerly* mayor (of Istanbul/Ankara).
şehriye vermicelli. — **çorbası** vermicelli soup.
şehvani *obs.* 1. carnal, libidinous, libidinal. 2. lecherous, lustful (person).
şehvaniyet, -ti *obs.* 1. libidinousness. 2. lecherousness, lustfulness.
şehvet, -ti lust, concupiscence, (sexual) desire; libido.
şehvetli lustful, libidinous, concupiscent; lecherous.
şehvetperest, -ti *obs.* (someone) who is a slave to lust.
şehzade prince (a sultan's son), shahzadah.
şekavet, -ti *obs.* brigandage.
şeker 1. sugar. 2. candy. 3. *colloq., path.* diabetes, diabetes mellitus. 4. *colloq.* darling, sweet, charming. —**im** *colloq.* honey, darling, sweetie, baby *(term of endearment).* — **bayramı** the three-day feast at the end of Ramazan, the Lesser Bairam. — **düşürücü** 1. hypoglycemic (agent/disease). 2. hypoglycemic agent. — **fabrikası** sugar refinery. — **gibi** *colloq.* darling, sweet, charming. — **hastalığı** *path.* diabetes, diabetes mellitus. — **hastası** 1. diabetic (person). 2. (a) diabetic. — **kellesi** sugarloaf. —**i kestirmek** to dissolve the sugar crystals in a syrup by boiling it together with a little lemon juice. — **maşası** sugar tongs.
şekerci 1. confectioner; candymaker; candyseller. 2. maker or seller of sugar.
şekerciboyası, -nı *bot.* pokeweed, poke.
şekercilik 1. confectionery, being a confectioner. 2. being a maker or seller of sugar.
şekerfasulyesi, -ni a bean.
şekerkamışı, -nı sugarcane.
şekerleme 1. /i/ sugaring, adding sugar to. 2. /i/ candying (fruit). 3. candied fruit, glacéed fruit; crystallized fruit. 4. dozing off (while seated).
şekerlemek /i/ 1. to sugar, add sugar to. 2. to candy, glacé (fruit); to crystallize (fruit).
şekerlenmek 1. to form sugar crystals, turn into sugar, sugar, get sugary. 2. to be sugared. 3. (for fruit) to be candied/crystallized.
şekerleşmek 1. (for someone) to become sweet and lovable. 2. to form sugar crystals, turn into sugar, sugar, get sugary.
şekerli 1. (a food/a drink) which contains sugar; sugared, sweetened with sugar. 2. well-sugared, very sweet (coffee). 3. *path.* diabetic, afflicted with diabetes.
şekerlik 1. sugar bowl, *Brit.* sugar basin. 2. candy dish, candy bowl. 3. suitable for use in the making of sugar.
şekerpare 1. a sweet, yellow apricot. 2. a sweet pastry.
şekerrenk, -gi cool, uncordial (relations): **Onların araları bugünlerde şekerrenk.** They aren't on very friendly terms with each other nowadays.
şekersiz 1. (a food/a drink) which contains no sugar; unsugared, unsweetened. 2. (a food/a drink) which doesn't contain enough sugar.
şekil, -kli 1. shape. 2. diagram, figure, illustration. 3. way, manner. 4. kind, sort, variety. 5. condition, state. — **şekil** all kinds of, many different kinds of. — **ve şemail** appearance.
şekilci 1. (a) formalist. 2. formalistic, formalist.
şekilcilik formalism.
şekildeğişimci transformist, transformationist.
şekildeğişimcilik transformism.
şekildeğişimi, -ni transformation.
şekildeş homomorphous.
şekildeşlik homomorphism.
şekillendirmek /i/ to shape, form, give a (definite) shape/form to.
şekillenmek to take shape/form.
şekilperest, -ti 1. (a) formalist. 2. (person) who is overattentive to forms, formalistic.
şekilsiz 1. shapeless, amorphous. 2. lacking diagrams/figures. 3. ugly, unpleasing in appearance.
şeklen in appearance; in shape.

şekva *obs.* complaining, complaint.
şelale (big) waterfall.
şelf *geol.* shelf (of rock).
şema 1. diagram, plan, scheme; outline. **2.** *phil.* schema.
şemail *obs.* outward features, appearance.
şematik schematic.
şempanze *zool.* chimpanzee.
şems *obs., astr.* sun.
şemse 1. sunburst, sunburst design. **2.** a design used to ornament leather book covers.
şemsiye 1. umbrella; parasol. **2.** beach umbrella. **3.** *bot.* umbel.
şemsiyeağacı, -nı *bot.* Chinese scholar tree, Japanese pagoda tree.
şemsiyeci maker, seller, or repairer of umbrellas.
şemsiyecilik making, selling, or repairing umbrellas.
şemsiyelik 1. umbrella stand. **2.** suitable for making umbrellas.
şen 1. happy; merry. **2.** well-populated and prosperous, flourishing, thriving (place). **3.** airy and full of light, cheerful-looking (place).
şendere 1. wood used as veneer, veneer. **2.** barrel stave. **3.** *zool.* a red mullet.
şenelmek *prov.* **1.** (for a place) to become well-populated and prosperous. **2.** (for a plant) to grow well, flourish, thrive.
şeneltmek /ı/ *prov.* to make (a place) well-populated and prosperous.
şeni, -ii *obs.* **1.** vile, foul, abominable. **2.** immoral, wicked, morally abhorrent.
şenlendirilmek 1. to be cheered up. **2.** (for a place) to become well-populated and prosperous. **3.** (for a place) to be made attractive (by decoration, architectural improvements).
şenlendirmek /ı/ 1. to cheer (someone) up. **2.** to make (a place) well-populated and prosperous. **3.** to make (a place) attractive (by decoration, architectural improvements).
şenlenmek 1. to be cheered up. **2.** (for a place) to become well-populated and prosperous. **3.** (for a place) to be made attractive (by decoration, architectural improvements).
şenlik 1. cheerfulness; gaiety, merriness. **2.** merriment, gay celebration; festival. **3.** *prov.* prosperous condition, prosperity, prosperousness (of a place). **— görmemiş** *colloq.* ill-bred, uncouth.
şenlikli 1. merry, gay. **2.** *prov.* well-populated and prosperous, flourishing, thriving (place).
şenliksiz 1. devoid of merriment. **2.** *prov.* poorly populated and economically deprived (place).
şer, -rri evil, wickedness. **—ine lanet!** I want to have nothing to do with that accursed devil! *(said of someone one wishes to avoid).*
şerait, -ti *obs.* conditions, stipulations.
şer'an *obs.* according to the Shari'a, according to Islamic law, canonically.
şerare *obs.* spark.
şerbet, -ti 1. sherbet (any of a number of nonalcoholic drinks made with sugar and spices or sugar and fruit juice). **2.** solution made by mixing certain substances with water: **gübre şerbeti** manure tea. **— ezmek** to make sherbet.
şerbetçi maker or seller of sherbet.
şerbetçilik making or selling sherbet.
şerbetçiotu, -nu *bot.* hop.
şerbetlemek /ı/ 1. to charm (someone) by magic so that he won't be bitten by a snake or so that he'll be cured of snakebite. **2.** to fertilize (a plant) with manure tea.
şerbetlenmek 1. (for someone) to be rendered immune to snakebite by a magic charm; to be cured of snakebite by a magic charm. **2.** (for a plant) to be fertilized with manure tea.
şerbetli 1. magically immune to snakebite. **2.** (plant) which has been watered with manure tea. **3. /a/** *colloq.* (someone) who is unaffected by: **dayağa şerbetli bir çocuk** a child that beatings don't faze. **4. /a/** *colloq.* incorrigible: **yalana şerbetli bir kişi** an incorrigible liar.
şerbetlik suitable for use in making a sherbet.
şerbetsiz 1. (someone) not magically immune to snakebite. **2.** (plant) not watered with manure tea.
şerç *obs., anat.* anus.
şeref honor. **Ş—e!/Ş—inize!** To your health!/*Brit.* Cheers! *(a toast).* **— misafiri** guest of honor. **— salonu** reception room for important people; VIP lounge (in an airport, etc.). **— sözü** one's word of honor. **— üyesi** honorary member. **— vermek /a/** to honor (someone/a place) with one's presence. **— yeri** place of honor.
şerefe balcony (surrounding a minaret).
şerefiye a tax levied on an area where land values have risen owing to improvements made by the municipality.
şereflendirmek /ı/ to honor.
şereflenmek to be honored.
şerefli 1. honorable. **2.** well-populated and prosperous (place).
şerefsiz dishonorable.
şerefsizlik dishonorableness.
şerh *obs.* **1.** explanation. **2.** commentary; book of commentary. **— etmek /ı/ 1.** to explain. **2.** to write a commentary on, annotate, comment.
şeriat, -ti the Shari'a, Islamic law, canon law. **—ın kestiği parmak acımaz.** *proverb* One doesn't fear a punishment that is just./One can bear a punishment that is just.
şeriatçı 1. person who favors having the Shari'a as the law of the land. **2.** (someone) who favors having the Shari'a as the law of the land.
şerif 1. sacred. **2.** (someone) who is a descen-

dant of the Prophet Muhammad.
şerif sheriff.
şerir *obs.* evil, wicked, (person) who is a hardened criminal.
şerit 1. ribbon; band; streamer. 2. *mil.* stripe; chevron. 3. *mil.* ammunition belt. 4. lane (for traffic in a road). 5. strip: **iniş şeridi** landing strip. 6. *zool.* tapeworm. — **çizgisi** painted line (delimiting a traffic lane). — **metre** tape measure. — **testere** blade of a band saw. — **testere makinesi** band saw.
şeritdöken 1. taeniafugal. 2. (a) taeniafuge, (a) teniafuge.
şeritlemek /ı/ to wrap a ribbon around (something); to decorate/trim (something) with ribbons.
şeritli 1. adorned with ribbons, beribboned; trimmed with ribbons. 2. (road) which has (so many) traffic lanes. 3. (person/thing) who/which contains a tapeworm or tapeworms.
şeş six. —**i beş görmek** *colloq.* to be completely mistaken.
şeşbeş six and five (a throw of dice in backgammon and dominoes).
şeşcihar six and four (a throw of dice in backgammon and dominoes).
şeşidü see **şeşüdü**.
şeşüdü six and two (a throw of dice in backgammon and dominoes).
şeşüse six and three (a throw of dice in backgammon and dominoes).
şeşüyek see **şeşyek**.
şeşyek six and one (a throw of dice in backgammon and dominoes).
şetaret, -ti *obs.* gaiety, merriness.
şetland 1. Shetland fabric, Shetland. 2. Shetland wool.
şev 1. slope, declivity, decline. 2. slant; bevel. 3. sloping, slanting; beveled. — **vermek** /a/ to bevel.
şevk, -ki eagerness, enthusiasm, ardor, fervor. —**e gelmek** to become eager, become enthusiastic. —**e getirmek** /ı/ to make (someone) eager/enthusiastic. —**i kırılmak** /ın/ to lose one's eagerness/enthusiasm.
şevket, -ti *obs.* majesty/grandeur (which irradiates from something mighty).
şevketli Ottoman *hist.* majestic *(title especially given to the Sultan).*
şevli sloping, slanting; beveled. — **gönye** square beveled at the edge.
şevval, -li Shawwal (the tenth month of the Muslim calendar).
şey 1. thing. 2. *colloq.* what-do-you-call-it; what-do-you-call-him; whatyoumayjigger, thingumbob, thingamabob, thingumajig, thingummy *(used to designate something/someone whose name one has either forgotten or doesn't know).*
şeyh 1. head of a group of dervishes, sheikh, sheik. 2. head (of a tribe of Arabs), sheikh, sheik.
şeyhlik being a sheikh.
şeyhülislam Sheikh ul-Islam, Shaikh al-Islam (the chief religious official in the Ottoman empire).
şeyhülmuharririn the doyen of Turkey's newspapermen.
şeytan 1. Satan, the Devil, Sheitan, Shaitan. 2. *colloq.* devil, fiend, demon. 3. *colloq.* crafty and malevolent person. 4. *colloq.* clever and mischievous child. 5. *colloq.* crafty and malevolent (person). 6. *colloq.* clever and mischievous (child). — **aldatmak** *colloq.* 1. to yield to the devil in one, let the devil get the better of one, yield to temptation. 2. to have a wet dream. —**ın art ayağı** *colloq.* little devil, clever and mischievous child. —**ın avukatı** *colloq.* devil's advocate. —**ın ayağını/bacağını kırmak** *colloq.* finally to begin to do something after numerous delays, get the show on the road at last. — **azapta gerek.** *colloq.* It serves him right./His chickens have come home to roost. — **bacaklı** *colloq.* short-legged. —**a çarık giydirmek** *colloq.* to be smart enough to outwit the devil himself. — **çekici** *colloq.* little devil, clever, agile, and mischievous child. — **diyor ki ....** *colloq.* The devil in me tells me to (do something I know I shouldn't do). — **dürtmek** /ı/ *colloq.* for the devil suddenly to catch one unawares and make one do something one shouldn't. —**ı eşeğe ters bindirmek** *colloq.* to be devilishly clever, be smart enough to outwit the devil himself. — **feneri** Chinese lantern, Japanese lantern (a paper lantern). — **gibi** *colloq.* very clever (person). — **görsün yüzünü.** *colloq.* He can go to the devil for all I care; I don't want to see him. —**ın işi yok.** *colloq.* The devil had nothing to do with it; it's just a case of sheer bad luck. — **kösteği** a hobble. — **kulağına kurşun!** Knock on wood! *(said when speaking of something that's going well).* —**a külahı/pabucu ters giydirmek** *colloq.* to be clever enough to outwit the devil himself. —**a parmak ısırtmak** *colloq.* to outdo the devil himself in wickedness. — **şeytan** *colloq.* devilishly; very mischievously. — **taşlamak** *Islam* to stone the Devil (done at Mecca by pilgrims as a part of the hajj). —**ları tepesine çıkmak** /ın/ *colloq.* to get very angry. — **tüyü** *colloq.* a certain something about someone that makes him/her irresistibly attractive. — **uçurtması** a small paper kite. —**a uymak** *colloq.* to let the devil get the better of one, yield to temptation. —**ın yattığı yeri bilmek** *colloq.* 1. to know some astounding things. 2. to be exceedingly clever and alert.
şeytanarabası, -nı 1. cluster of feathery seeds

floating in the air (e.g. thistledown, puffball). 2. *colloq.* bicycle.
şeytanca 1. devilish. 2. devilishly; in a devilish way.
şeytani devilish.
şeytanlık 1. devilry; act of devilry. 2. devilment, mischief. **— etmek** to do something devilish; to be up to some mischief.
şeytanminaresi, -ni screw shell (of a gastropod).
şeytansaçı, -nı *bot.* 1. hemp agrimony. 2. dodder, love vine.
şeytantırnağı, -nı 1. hangnail. 2. *bot.* devil's claw.
şezlong, -gu chaise longue.
şık, -kı 1. smart, chic; fashionable, stylish. 2. very fitting, very suitable (reply).
şık, -kkı choice, option, thing that is or can be chosen; alternative.
şıkırdamak to rattle; to clink; to jingle.
şıkırdatmak 1. /ı/ to rattle/clink/jingle (something), make (something) rattle/clink/jingle. 2. *colloq.* to show someone that one's willing to pay money for something, let someone see some green stuff. 3. *colloq.* to give someone some money; to grease someone's palm.
şıkırdım *slang* boy, lad, kid.
şıkır şıkır 1. with a jingling/clinking/clicking sound. 2. jingling (coins, etc.). 3. very shiny, glittering, glittery. **— oynamak** *colloq.* 1. to dance with great zest *(usually used of someone doing a belly dance or a dance resembling a belly dance)*. 2. to be overjoyed.
şıkırtı rattle; clink; jingle.
şıklaşmak to begin to dress smartly.
şıklık smartness, chic.
şıllık *colloq.* vulgar, gaudily dressed and made-up woman; loose woman, painted Jezebel.
şımarık (person) spoiled (by overindulgence), pampered.
şımarıklık behavior/act characteristic of a spoiled person.
şımarmak to become spoiled, get spoiled (by overindulgence).
şımartılmak to be spoiled (by overindulgence), be pampered.
şımartmak /ı/ to spoil (someone) (by overindulgence), pamper.
şıngırdamak to rattle; to clink.
şıngır şıngır with a rattling/clinking sound.
şıngırtı rattle; clink.
şıp, -pı used in: **— diye** *colloq.* in an instant, in a trice. **— şıp** with a dripping sound.
şıpıdık scuff (a flat-heeled, house slipper).
şıpınişi, -ni *prov.* 1. (job) which can be done very quickly and easily. 2. (doing something) very quickly and easily.
şıpır şıpır (a liquid's falling down or dripping) continuously, without letup.
şıpırtı soft plash, gentle splashing sound.

şıpka *naut.* heavy rope net; torpedo net.
şıppadak *colloq.* suddenly, all of a sudden.
şıpsevdi *colloq.* 1. (person) who falls in love very quickly. 2. person who falls in love very quickly.
şıra 1. grape must, very slightly fermented grape juice. 2. *slang* filtered opium.
şıracı maker or seller of grape must.
şırak Crash!/Crack!/Pop! **— diye** with a crash; with a crack; with a pop.
şırakkadak *colloq.* all of a sudden.
şıralı sweet and juicy.
şırfıntı *colloq.* slut, tramp, floozy.
şırıldamak to plash gently, flow/fall with a soft, splashing sound.
şırıl şırıl (flowing) with a gentle, continuous plash.
şırıltı gentle plash, light splashing sound.
şırınga 1. hypodermic syringe, syringe, hypodermic needle, needle. 2. syringe (device consisting of a nozzle attached to a compressible rubber bulb). **— etmek** /ı, a/ to put (a liquid) into (something) using a syringe. **— yapmak** /a/ 1. to give (someone) a hypodermic injection. 2. to syringe (something).
şırlağan *prov.* sesame oil.
şırlamak to plash gently, flow/fall with a soft, splashing sound.
şıvgın *prov.* 1. large shoot/sucker (growing from a tree). 2. fir/pine (used for making masts). 3. sleet.
şia the Shi'a, the Shi'is, the Shi'ites.
şiar 1. sign, mark, token; badge, emblem. 2. distinguishing characteristic/trait. 3. password, watchword; countersign. 4. trademark.
şiddet, -ti 1. intensity; severity; violence; vehemence. 2. harshness, stringency, rigorousness. **—le** 1. vehemently; passionately, with great feeling. 2. violently, severely. **—e başvurmak** to resort to brute force. **— göstermek** /a/ to behave harshly towards (someone). **— olayı** act of terrorism.
şiddetlendirmek /ı/ to increase the intensity/severity/violence of (something).
şiddetlenmek to become more intense; to become more severe; to become more violent.
şiddetli 1. intense; severe, violent; vehement; passionate. 2. violently, severely. 3. vehemently; passionately, with great feeling. **— geçimsizlik** *law* extreme incompatibility (a ground for divorce).
şifa recovery of one's health. **— bulmak** to recover one's health, get well. **—yı bulmak/kapmak** *colloq.* 1. to become ill. 2. (for something) to go completely wrong, get all balled up. **—lar olsun!** 1. May it do you good! *(said to a sick person when he takes a medicine).* 2. Gesundheit! *(said to someone who has just sneezed).*
şifahen *obs.* orally, verbally.
şifahi *obs.* oral, verbal. **— imtihan** oral examina-

tion, oral test.

şifalı healing, restorative, curative, health-giving. — **bitki** medicinal plant. — **ot** medicinal herb.

şifasız incurable, impossible to cure.

şifon 1. chiffon (a cloth fabric). 2. rag (torn/discarded piece of cloth).

şifoniyer chiffonier, chiffonnier.

şifonyer see **şifoniyer**.

şifre 1. secret code; secret cipher. 2. *comp.* password. **—yi açmak** to decode a coded message. **— anahtarı** key to a code. **—yi çözmek** to decipher a coded message.

şifreci decoder, cipher clerk; cryptographer, cryptanalyst.

şifrelemek /ı/ to encode, put (a message) into a secret code, code; to encipher, put (a message) into a secret cipher, cipher.

şifreli written/spoken/sent in a secret code, coded; written in cipher, ciphered. **— kasa** safe equipped with a combination lock. **— kilit** combination lock.

Şii 1. (a) Shi'i, (a) Shi'ite. 2. Shi'i, of the Shi'a.

Şiilik Shi'i Islam; Shi'ism.

şiir 1. poem, piece of poetry. 2. poetry, verse.

şiirsel poetic, poetical, (something) which has a poetic quality.

şikâr *obs.* game, prey, hunted animal.

şikâyet, -ti 1. complaint; grouse, gripe, beef. 2. complaint, ailment. **—te bulunmak** to complain; to grouse, gripe, beef, bellyache. **— etmek** 1. to complain; to grouse, gripe, beef, bellyache. 2. /ı/ to make a complaint against, lodge a complaint against (someone). **— hakkı** *law* right of petition for redress.

şikâyetçi 1. complaining; (someone) who is always full of complaints, who bellyaches. 2. complainer; grouser, griper, bellyacher. **— olmak** /dan/ to have a complaint to make against/about.

şikâyetname written complaint; letter of complaint.

şike *sports* rigging (a game/a match/a race), fraudulently arranging for (a game/a match/a race) to have a certain outcome. **— yapmak** to rig a game/a match/a race.

şikeli *sports* rigged (game/match/race).

şikemperver *obs.* (someone) who is very fond of eating and drinking; gluttonous.

şile *bot.* sweet marjoram.

şilem (a) slam (in the game of bridge). **— yapmak** to make a slam.

şilep freighter, cargo liner, cargo ship.

şilepçi owner or operator of a freighter.

şilepçilik owning or operating freighters.

Şili 1. Chile. 2. Chilean, of Chile.

Şilili 1. (a) Chilean. 2. Chilean (person).

şilin 1. shilling (formerly a British monetary unit). 2. schilling (Austrian monetary unit).

şilt (shield-shaped, engraved, metal) plaque (as is often given to the winner of a competition).

şilte thin mattress.

şimal, -li *obs.* north.

şimali *obs.* northern, north.

şimdi now. **— bile** still, yet. **— şimdi** only very recently, not until very recently.

şimdicik *prov.* 1. just now, just this very moment. 2. right away, right off, in an instant.

şimdiden already, this very moment, right now. **— sonra** henceforth, from now on. **— tezi yok** at once, right now, this instant.

şimdiki, -ni (someone/something) of the present time, of today. **—ler** the younger generation, the young people of today. **— zaman** *gram.* the present continuous tense.

şimdilik for now, for the present, for the time being; at present.

şimendifer 1. railroad, railway. 2. (railway) train. 3. chemin de fer (a card game). **—i raya sokmak** *slang* (for a man) to stick it in, insert his penis (during sexual intercourse).

şimi 1. shimmy (a dance). 2. shimmy (in the front wheels of a motor vehicle).

şimiotaksi chemotaxis.

şimiotropizm chemotropism.

şimşek flash/streak/bolt/stroke of lightning; lightning. **— çakmak** for lightning to flash. **— gibi** *colloq.* like lightning, with lightning speed. **—leri üstüne çekmek** *colloq.* to attract vehement criticism, become the object of someone's critical thunderbolts.

şimşeklenmek for lightning to flash.

şimşektaşı, -nı *geol.* meteorite.

şimşir 1. *bot.* boxwood, box, boxtree. 2. the wood of the box, boxwood.

şinanay 1. tra-la-la (a refrain in folk songs). 2. *slang* There isn't a bit of ...: **Bende mangır şinanay.** I'm busted. 3. *colloq.* Yippee!/Hurrah!/Whoopee! 4. *colloq.* gaudy, overdecorated, bedecked with trifles.

şinik a unit of measure for grain.

şinşilla 1. *zool.* chinchilla. 2. chinchilla fur, chinchilla. 3. made of chinchilla, chinchilla.

şipşak *colloq.* in an instant, in a flash.

şipşakçı street photographer (who develops the photo immediately after he has taken it).

şipşaklamak /ı/ *slang* 1. to remember (something) immediately. 2. to understand (something) immediately, catch on to (something) instantly.

şipşirin very sweet, very charming.

şiraze 1. headband; footband, tailband (of a book). 2. leg of the **kispet** worn by a greased wrestler. **—si bozulmak** /ın/ *colloq., see* **şirazesinden çıkmak**. **—den çıkmak** *colloq.* to lose one's mental balance, go nuts, go round the bend. **—sinden çıkmak** *colloq.* (for a situation)

şirden ... to get out of hand.
şirden the fourth stomach of a ruminant, abomasum.
şirin sweet, charming.
şirinlik sweetness, charm.
şirk, -ki polytheism. — **koşmak** /a/ to attribute a partner to (God).
şirket, -ti 1. *com.* company, firm; corporation. 2. *law* partnership, joint ownership.
şirpençe *path.* carbuncle caused by anthrax.
şirret, -ti *colloq.* 1. (woman) who has a railing tongue and a bad temper. 2. shrew, battle-ax, dragon.
şirretleşmek *colloq.* to turn into a shrew.
şirretlik *colloq.* 1. vituperative and disagreeable temperament. 2. action befitting a shrew.
şirürji surgery (a branch of medicine).
şist, -ti *geol.* schist.
şistli *geol.* schistose, schistic.
şiş 1. skewer; spit. 2. knitting needle. 3. (food) cooked on a skewer: **şiş kebap** shish kebab. **—e geçirmek** /ı/ to skewer, fix (something) upon a skewer; to spit, fix (something) upon a spit.
şiş 1. swelling, swollen place (on the body of a person/an animal). 2. swollen; distended.
şişe 1. bottle; flask. 2. chimney (of a lamp/a lantern). 3. cupping glass. 4. *slang* buttocks, fanny, *ass. — **çekmek** /a/ to apply a cupping glass to (a part of someone's body).
şişe thin, narrow strip of wood nailed over the joints between the boards of a ceiling, lath.
şişeci maker or seller of bottles.
şişek *prov.* yearling lamb, yearling.
şişelemek /ı/ to bottle.
şişinmek to get puffed up with self-importance, act like one is the cock of the walk.
şişirilmek 1. to be blown up; to be distended; to be filled with air. 2. *colloq.* to be exaggerated, be blown out of proportion.
şişirme 1. /ı/ blowing up, inflating; causing (something) to swell up; distending; billowing (sails, etc.); filling (something) with air. 2. /ı/ *colloq.* exaggerating, exaggeration, blowing (something) out of proportion. 3. /ı/ *colloq.* doing (something) hastily and carelessly. 4. /ı/ *colloq.* embarrassing (someone) in public, making (someone) want to go through the floor. 5. /ı/ *colloq.* padding (a piece of writing/a speech) with much unnecessary/irrelevant material. 6. /ı/ *slang* stabbing (someone). 7. *colloq.* shoddy/sloppy piece of work. 8. *colloq.* shoddily put together, shoddy; sloppy, slipshod (piece of work). 9. *colloq.* exaggerated, blown out of proportion.
şişirmece *colloq.* 1. shoddy/sloppy piece of work. 2. shoddily put together, shoddy; sloppy (piece of work).
şişirmek /ı/ 1. to blow up, inflate; to cause (something) to swell up; to distend; to billow (sails, etc.); to fill (something) with air. 2. *colloq.* to exaggerate, blow (something) out of proportion. 3. *colloq.* to do (something) hastily and carelessly. 4. *colloq.* to embarrass (someone) in public, make (someone) want to go through the floor. 5. *colloq.* to pad (a piece of writing/a speech) with much unnecessary/irrelevant material. 6. *slang* to stab (someone).
şişirtmek /ı, a/ to have (someone) blow (something) up, have (someone) inflate (something).
şişkebap shish kebab.
şişkin swollen; puffed up; puffy; fully inflated.
şişkinlik 1. swollen or fully inflated condition; puffiness. 2. swelling, swollen place (on the body of a person/an animal); protuberance, protrusion, bulge. 3. bloated feeling (caused by dyspepsia); **Karnımda bir şişkinlik var.** My stomach feels bloated.
şişko *colloq.* 1. fat (person). 2. fatso, fatty.
şişlemek /ı/ 1. to stick a skewer (or a similar thing) into; to pass a skewer (or a similar thing) through. 2. *slang* to stab (someone).
şişli (something) which contains a skewer/a spit; (something) which has a skewer stuck in/through it. — **baston** sword cane, sword stick.
şişlik 1. swollen condition, puffiness. 2. swollen place.
şişman fat, portly, corpulent, obese (person).
şişmanlamak to get fat, grow fat.
şişmanlatmak /ı/ to fatten, cause (someone) to get fat.
şişmanlık fatness, portliness, corpulence, obesity.
şişmek 1. to swell, get swollen; to become distended; to billow (in the wind); to become filled with air. 2. to feel uncomfortably full, (for one's stomach) to feel too full (owing to overeating). 3. to get fat. 4. to get winded, become completely out of breath. 5. *slang* to be embarrassed, feel sheepish (after making a mistake). 6. *colloq.* to act high and mighty, give oneself airs.
şive accent, way of pronouncing words.
şiveli 1. (someone) who has (a certain kind of) accent. 2. (speaking) with a marked accent.
şivesiz 1. (someone) who speaks with a bad accent. 2. (speaking) with a bad accent.
şivesizlik speaking with a bad accent.
şizofren schizophrenic person, (a) schizophrenic.
şizofreni schizophrenia.
şnitzel schnitzel.
şnorkel snorkel.
şofaj 1. heating system (in a building, railway car, etc.). 2. heating, warming (a place).
şofben flash heater (a kind of water heater); *Brit.* Ascot heater; *Brit.* geyser.
şoför 1. driver (of a motor vehicle). 2. chauffeur.

şoförlük 1. driving vehicles (as a profession). 2. being a chauffeur, chauffeuring.
şok, -ku *psych.* shock. **— tedavisi** *med.* shock treatment, shock therapy.
şoke *used in:* **— etmek** /ı/ to shock. **— olmak** to be shocked.
şoking, -gi *colloq.* shocking.
şokola chocolate, hot chocolate (a beverage).
şom *used in:* **— ağızlı** *colloq.* (someone) who is regarded as a bringer of bad luck because he always predicts the worst.
şopar *slang* child, kid.
şorlamak to flow noisily.
şorolo *slang* very effeminate male homosexual, queen.
şorolop 1. *colloq.* (swallowing something) in one great gulp. 2. *slang* lie.
şort, -tu 1. shorts (trousers). 2. boxer shorts (men's underwear).
şose paved road.
şoset, -ti bobby sock, sock.
şoson 1. galosh, overshoe. 2. ballet slipper, ballet shoe.
şov variety show, show.
şoven 1. chauvinistic, chauvinist. 2. (a) chauvinist.
şovenizm chauvinism.
şovenlik 1. chauvinism. 2. (a) chauvinist action.
şöbiyat, -tı *see* **şöbiyet**.
şöbiyet, -ti a kind of **baklava**.
şöför *see* **şoför**.
şöhret, -ti 1. fame, renown. 2. famous person, well-known person. 3. agnomen. **— bulmak/kazanmak** to become famous.
şöhretli famous, famed; renowned.
şöhretsiz little-known, not famous.
şölen 1. banquet; feast. 2. big party. 3. superb display of artistic skill.
şömine fireplace.
şömiz dust jacket, dust cover, jacket (for a book); cover (for loose sheets of paper).
şömizet, -ti chemisette (woman's undergarment).
şömizye shirtwaist (woman's blouse).
şönt, -tü *elec.* (a) shunt.
şövale easel.
şövalye knight, chevalier. **— yüzüğü** a kind of ring worn by men.
şövalyelik knighthood; chivalry.
şöyle 1. thus, thusly; in this way; in that way; like this; like that; in the following way. 2. such; this kind of; that kind of; of this sort; of that sort. **— bir** *colloq.* carelessly, haphazardly; aimlessly; desultorily. **— bir bakmak** *colloq.* 1. /a/ to give (someone/something) a quick, superficial glance. 2. to look daggers at (someone). **— böyle** *colloq.* 1. so-so, fair to middling. 2. approximately, roughly. (...) **— dursun** *colloq.* let alone ..., never mind about ...: **Fransızca şöyle dursun, Türkçeyi bile doğru dürüst konuşamıyor.** Never mind about French, he can't even speak Turkish properly. **— ki ....** 1. such that, in such a manner that. 2. It's as follows: ....
şöylece thus, thusly; in this way; in that way; like this; like that; in the following way.
şöylemesine *colloq.*, *see* **şöylesine**.
şöylesi, -ni 1. this sort of thing; this sort of person; that sort of thing; that sort of person. 2. *colloq.* such a (person/thing) as this; such a (person/thing) as that.
şöylesine *colloq.* thus, thusly; like this; like that.
şu, -nu this; that. **—na bak!** Just look at him! *(said belittlingly).* **—nu bunu bilmem!** *colloq.* But me no buts!/I'm not accepting any excuses! **—ndan bundan konuşmak** *colloq.* to talk of this and that. **— günlerde** 1. in the near future, any day now. 2. in these days; in those days. **— halde** 1. In that case .../If that's the case .... 2. therefore. **— kadar ki** only, but *(used to introduce a remark/a sentence).* **—nun şurası** *colloq.* that place over there; this place right here. **—nun şurasında** *colloq.* just, only: **Şunun şurasında Ramazan'a iki gün kaldı.** There are only two days to go before Ramazan begins. **— var ki** only, however, and yet *(used to introduce a remark/a sentence).*
şua, -aı *obs.* ray, beam (of light). **— tedavisi** *med.* radiotherapy.
şubat, -tı February.
şube 1. branch office, branch, office. 2. section; division. **— hattı** *rail.* suburban line, line serving only the suburbs of a city.
şuh saucy and vivacious; lively and unreserved; pert.
şule *obs.* flame.
şunca this much; that much; this many; that many: **Şunca kişisiniz, gene de bu işi bitiremediniz.** Though there's this many of you, you still haven't been able to get this job done.
şûra *obs.* council.
şura this place; that place.
şuracık *colloq.* just there; just here.
şuralı 1. inhabitant/native of this/that place. 2. (someone) who is an inhabitant/a native of this/that place. **— buralı** *colloq.* (people) from hither and yon, from here and there.
şurası, -nı this place; that place; this fact; that fact.
Şûrayıdevlet, -ti *obs.* the Council of State.
şurup syrup.
şut, -tu *soccer* (a) good kick that travels a long distance. **— atmak/çekmek** to make a good kick.
şutör *soccer* good kicker, player who kicks the ball well.
şuur 1. consciousness, the conscious. 2. under-

şuuraltı

standing, comprehension.
şuuraltı, -nı 1. subconscious. 2. the subconscious.
şuurdışı, -nı 1. unconscious. 2. the unconscious.
şuurlu conscious.
şuurluluk consciousness.
şuursuz unconscious.
şuursuzluk unconsciousness.
şüheda *obs.* 1. Muslims who have died for Islam. 2. soldiers/civilians who have died while defending the Turkish state.
şükran thanksgiving, thanks, gratitude.
şükretmek 1. to give thanks to God, thank God. 2. /a/ to give thanks to.
şükür, -krü 1. gratitude, thankfulness. 2. Thanks be to God that .../I thank God that ...: **İyileştiğime bin şükür!** I thank God a thousand times for allowing me to get well.
şümul, -lü *obs.* 1. scope, embrace, sphere, radius. 2. *log.* extension, extent. **—ü içine almak** /ı/ (for something) to include (something/someone) in its scope, affect, cover: **Bu kanun öğretmenleri de şümulü içine alıyor.** This law affects teachers as well.
şümullendirmek /ı/ *obs.* to extend the scope of.
şümullü *obs.* comprehensive, extensive.
şüphe 1. doubt; suspicion. 2. uncertainty. **— bırakmak** to leave a doubt/a suspicion in one's mind. **—ye düşmek** to become suspicious, begin to suspect something; to begin to have doubts. **— etmek** /dan/ to suspect; to get suspicious about; to doubt, be in doubt about. **— götürmek** (for a thing) to have something dubious about it: **Bu işin şüphe götürür bir tarafı yok.** There's nothing fishy about this job. **— kurdu** *colloq.* (a) gnawing doubt. **— yok./— mi var?** *colloq.* There's no doubt about it.
şüpheci 1. full of doubts; suspicious. 2. *phil.* skeptical, sceptical. 3. person who is full of doubts/suspicions. 4. *phil.* (a) skeptic, (a) sceptic.
şüphecilik 1. being full of doubts/suspicions. 2. *phil.* skepticism, scepticism.
şüphelendirmek /ı/ to cause (someone) to suspect, arouse (someone's) suspicions; /ı, dan/ to cause (someone) to be in doubt about.
şüphelenmek /dan/ to suspect; to get suspicious about; to doubt, be in doubt about.
şüpheli 1. uncertain, not certain to occur. 2. suspicious, questionable; suspicious-looking. 3. doubtful, open to doubt.
şüphesiz 1. certain, sure. 2. without a doubt, certainly, surely.
şüphesizlik lack of doubt.
şürekâ *obs.* partners, associates.
şüyu, -uu *obs.* becoming generally known, circulation. **— bulmak** (for something) to become generally known. **—un giderilmesi** *law* dividing up an undivided property among its owners.

T

T the letter T. **— cetveli** T square, tee square.

ta from way back; ever since; right up to; way over on/in *(used to emphasize the extent of something in distance/time):* **Onlar ta çocukluklarından beri arkadaştır.** They've been friends ever since they were children./They've been friends from way back. **Ta oraya kadar gitti.** He went all the way over there. **— içinden** from way down deep inside. **— kendisi** his very self. **— ki** so that even: **En sade bir üslupla yazdı, ta ki en aptal okuyucu anlasın.** He wrote it in the simplest of styles, so that even the stupidest reader might understand it.

taaffün *obs.* giving off a fetid odor (as a result of putrefaction).

taahhüt solemn undertaking/agreement; commitment; contract. **— etmek** /ı/ to undertake, commit oneself (to do something). **— senedi** written contract.

taahhütlü 1. registered (letter). 2. *slang* good revolver.

taahhütname written contract.

taam *obs.* food; meal. **— etmek** to eat, have a meal.

taammüden *law* (committing a crime) premeditatedly, willfully, deliberately.

taammüt *obs., law* premeditation (of a crime).

taarruz attack; offensive. **— etmek** /a/ to attack. **—a geçmek** to proceed to attack, begin to attack.

taassup fanaticism, bigotry.

tab, -b'ı *obs., see* **tabı.**

taba 1. tobac, tobacco brown. 2. tobac, tobacco-brown, yellowish brown.

tababet, -ti *obs.* 1. the art of medicine; medical science. 2. being a medical doctor; the medical profession.

tabak plate; saucer; dish. **— gibi** *colloq.* 1. (place) that's as flat as a pancake. 2. very clearly, as if in a mirror.

tabak tanner (of animal hides).

tabaka 1. layer, stratum. 2. sheet (of paper): **bir tabaka resim kâğıdı** a sheet of drawing paper. 3. *print.* sheet (piece of paper on which a complete signature is printed). 4. category/group/class (of people).

tabaka tobacco box; cigarette case.

tabakalaşma *geol.* stratification.

tabakalı *geol.* stratified.

tabakhane tannery, place where hides are tanned. **—ye bok mu götürüyorsun?** What you're doing must be mighty important, seeing as you're in such an all-fired hurry! *(said sarcastically).*

tabaklamak /ı/ to tan (a hide).

tabaklanmak (for a hide) to be tanned.

tabaklık 1. set of shelves designed to hold plates. 2. plate rail. 3. dish drainer.

tabaklık work of a tanner, tanning.

taban 1. sole (of a foot/a shoe). 2. floor. 3. base; pedestal; foundation. 4. floor (of a valley/a river/a lake/a sea); bed (of a road). 5. flat top (of a hill, mountain, etc.). 6. *econ.* floor; lower limit; base. 7. *math.* base, base plane, base line. 8. iron of good quality. 9. *prov.* roller (used to smooth the surface of a field). **— basma** a wrestling hold in which a wrestler plants one foot on his opponent's stomach and twists his opponent's chin and shoulder. **— boya** undercoat (of paint). **— dağ** flat-topped mountain, table mountain. **— fiyat/fiyatı** the minimum price (set by the state for an agricultural commodity). **— halısı** large rug (for a room, as opposed to a corridor or flight of stairs). **— inciri** fig that has been flattened and then dried. **—ları kaldırmak** *colloq.* to run fast, run like anything; to run away, make tracks. **— kirişi** common joist, floor joist. **—a kuvvet!** *colloq.* We've no choice but to hoof it! **—a kuvvet** *used to indicate walking/running:* **Oraya tabana kuvvet gittim.** I footed it over there. **Tabana kuvvet kaçtık.** We took to our heels. **— patlatmak** *colloq., see* **taban tepmek. — tabana zıt** 1. /a/ diametrically opposite (to), antipodal (to). 2. completely dissimilar, totally unlike, very different, antipodal. 3. complete opposite. **— tahtası** (a) floorboard. **— tepmek** *colloq.* to walk, hoof it (a long way). **—ları yağlamak** *colloq.* 1. to get ready to hoof it a long way. 2. to run fast, run like anything; to make tracks, beat it.

tab'an *obs.* by nature, naturally.

tabanca 1. pistol; revolver. 2. spray gun, sprayer (for paint). 3. *slang* bottle of rakı/wine. **— atmak** /a/ to fire a pistol/a revolver (at). **— boyası** paint designed to be used in a spray gun. **— çekmek** /a/ to draw/pull a pistol/a revolver (on) (someone).

tabansız 1. (something) which lacks a sole/a floor/a base. 2. *colloq.* cowardly, lily-livered.

tabansızlık 1. lack of a sole/a floor/a base. 2. *colloq.* cowardice, cowardliness.

tabanvay *colloq., used in:* **—la gitmek** to walk, hoof it, foot it.

tabela 1. sign (of a shop/a firm). 2. menu for the day (posted in the dining area of a school,

tabelacı

hospital, etc.). 3. chart (hung at the bedside of a hospital patient).
tabelacı sign painter.
tabetmek /ı/ to print (a book, etc.).
tabı, -b'ı *obs.* 1. nature, character. 2. printing (a book, etc.). 3. printing, impression, edition (of a book).
tabi, -ii 1. /a/ dependent (on), contingent (on). 2. /a/ subject (to); bound (by). 3. national; citizen; subject. 4. tributary (of a river/a lake). 5. tributary, vassal state. — **tutmak** /ı, a/ 1. to make (one thing) dependent on (another). 2. to have (someone) undergo (something). 3. to make (someone) submit to (one's) own wishes.
tabiat, -tı 1. nature, the natural world. 2. nature, (natural) character. 3. habit. 4. taste, the power to distinguish the beautiful from the ugly. 5. regularity (of the bowels). — **bilgisi** nature study (taught in schools). — **kanunları** the laws of nature.
tabiatıyla 1. naturally. 2. by its very nature; by his very nature.
tabiatlı 1. (someone/an animal) which has (a certain kind of) nature. 2. (someone) who has good taste.
tabiatsız 1. difficult, ill-tempered. 2. (someone) who lacks good taste.
tabiatsızlık 1. ill-temperedness. 2. lack of good taste.
tabiatüstü, -nü supernatural.
tabii 1. natural, pertaining to nature. 2. natural, unaffected. 3. habitual, customary. 4. pure, unadulterated. 5. naturally, of course. — **afet** natural disaster. — **borçlar** *law* natural obligations. — **senatör** *hist.* senator who held a life appointment in the Senate (of the Republic of Turkey).
tabiilik 1. natural state (of something); natural beauty (of something). 2. naturalness, unaffectedness.
tabiiyet, -ti nationality; citizenship.
tabiiyetsiz stateless (person).
tabiiyetsizlik statelessness.
tabip doctor, physician.
tabiplik 1. being a (medical) doctor. 2. office of a government doctor *(refers to a place)*.
tabir 1. expression; term; idiom. 2. interpretation (of a dream). — **caizse** if I may put it this way, if I may use this expression. — **etmek** 1. /ı/ to express (something) in words. 2. /a/ to call (something) (a certain name): **Bu hayvana ayı tabir ederler.** They call this animal a bear. 3. /ı/ to interpret (a dream).
tabirname book on the interpretation of dreams.
tabla 1. circular tray (usually made of wood). 2. ashtray. 3. disc, disclike object. 4. metal pan/tray (set under a stove/a brazier). 5. pan (of a balance). 6. flat surface at the top/bottom of an object: **çivi tablası** head of a nail. 7. top of a table/a desk. 8. panel (of a door).
tablakâr *obs.* itinerant vendor who carries his wares in a circular tray on his head.
tablalı 1. having a circular tray. 2. (a stove/a brazier) furnished with a metal pan/tray. 3. wide-brimmed (hat).
tabldot, -tu 1. table d'hôte (a complete meal offered at a fixed price). 2. system in which a group of workers hire a cook to prepare their meals.
tablet, -ti 1. *pharm.* tablet. 2. (small, flat, rectangular) piece (of hard candy or chocolate). 3. (bouillon) cube. 4. (engraved) tablet, slab.
tablo 1. painting, picture. 2. large, detailed plan (hung on a wall). 3. table: **çarpım tablosu** multiplication table, times table. 4. view, panorama, picture. 5. striking description. 6. instrument panel, instrument board (of a machine). 7. *theat.* scene acted out in one setting.
tabu 1. (a) taboo. 2. taboo, sacrosanct.
tabulaşmak to become regarded as sacrosanct.
tabur 1. battalion. 2. line, row, file. — **olmak** (for soldiers/schoolchildren) to form themselves into lines, line up.
taburcu 1. discharged/dismissed (from a hospital). 2. *slang* released from jail. 3. *slang* fired from one's job. 4. person who's been discharged from a hospital, released from jail, or fired. — **etmek** /ı/ 1. to discharge, dismiss (a hospital patient). 2. *slang* to release (a prisoner). 3. *slang* to fire (someone). — **olmak** 1. (for a hospital patient) to be discharged, be dismissed. 2. *slang* (for a prisoner) to be released. 3. *slang* to get fired.
tabure 1. stool (e.g. piano stool, barstool). 2. footstool; ottoman.
tabut, -tu 1. coffin (for a corpse). 2. egg crate.
tabutlamak /ı/ to put (a corpse) into a coffin, coffin.
tabutluk 1. place where empty coffins are stored. 2. *colloq.* cell so small that a prisoner may stand upright in it but not sit or otherwise move around.
tabülatör 1. tabulating machine, tabulator. 2. tabulator (on a typewriter).
tabya 1. protected emplacement (for a cannon, etc.). 2. redoubt.
Tacik 1. (a) Tajik, (a) Tadzhik. 2. Tajik, Tadzhik, of the Tajiks or their language. — **dili** Tajiki, Tadzhiki, the Tajiki language.
Tacikçe 1. Tajiki, Tadzhiki, the Tajiki language. 2. (speaking/writing) in Tajiki, Tadzhiki. 3. Tajiki (speech/writing); spoken in Tajiki; written in Tajiki.
Taciki *see* **Tacikçe.**
Tacikistan 1. Tajikistan, Tadzhikistan. 2. of

Tajikistan.
tacil *obs.* speeding up, expediting, hastening. **— etmek** /ı/ to speed up, expedite, hasten.
tacir merchant.
taciz annoyance, harassment. **— etmek** /ı/ to annoy, bother, harass.
tacizlik *colloq.* annoying, bothering, harassment. **— getirmek** /dan/ 1. to complain about (a pestiferous person). 2. to get fed up with (something). **— vermek** /a/ to annoy, bother, harass.
taç 1. crown; coronet; tiara. 2. *bot.* petal, corolla. 3. crown, crest (of a bird). 4. *astr.* corona (around the sun). **— giymek** (for someone) to be crowned.
taç *sports* touchdown.
taçdamar *anat.* coronary artery.
taçlanmak 1. to be crowned. 2. *bot.* to put forth petals, petal.
taçlı 1. crowned; coroneted; wearing a tiara. 2. *bot.* petaled, petalous. 3. crowned, crested (bird).
taçsız 1. uncrowned. 2. *bot.* apetalous. 3. (bird) which lacks a crown/a crest.
taçyaprağı, -nı *bot.* petal.
taçyapraklı *bot.* petaled, petalous.
tadıcı taster, person employed to taste food/drink.
tadım 1. taste, small amount tasted. 2. the sense of taste.
tadımlık 1. just enough (of something) to let one discover its taste. 2. just enough to let one see what it tastes like.
tadil *obs.* 1. changing, altering, alteration; amendment. 2. lightening; moderating; tempering. **— etmek** /ı/ 1. to change, alter; to amend. 2. to lighten; to moderate; to temper.
tadilat, -tı *obs.* changes, alterations; amendments.
taflan *bot.* English laurel, cherry laurel.
tafra pomposity; talking big. **— satmak** to talk big.
tafracı 1. big talker. 2. big-talking (person).
tafsil *obs.* detailed explanation. **— etmek** /ı/ to explain (something) in detail, give a detailed explanation of.
tafsilat, -tı *obs.* 1. details, particulars. 2. full explanation. **— vermek** to give a detailed explanation, explain in detail.
tafsilatlı *obs.* detailed.
tafta 1. taffeta. 2. taffeta weave, plain weave. 3. made of taffeta, taffeta.
Tagal *see* **Tagalog.**
Tagalog, -gu 1. (a) Tagalog. 2. Tagalog, of the Tagalogs. 3. Tagalog, the Tagalog language.
taganni *obs.* singing. **— etmek** to sing a song, sing.
tahakkuk, -ku *obs.* 1. becoming a reality, realization. 2. turning out to be true. 3. accrual, accruement (of interest, taxes, etc.); falling due (of a tax/interest). **— etmek** 1. to become a reality, be realized. 2. to turn out to be true, prove true. 3. (for interest/a tax) to accrue; (for a tax/interest) to fall due. **— memuru** tax assessor. **— tarihi** due date (of a tax/interest).
tahakküm domination; tyranny; domineering behavior. **— etmek** /a/ to dominate; to tyrannize (over); to behave domineeringly; to lord it over (someone).
tahammül 1. ability to endure an offense/a difficulty, endurance, patience. 2. durability, durableness (of a thing). **— etmek** /a/ to put up with, bear, suffer, endure. **—ü kalmamak** /ın/ to have no more endurance/patience left.
tahammülfersa *obs.* (someone/something) which exhausts one's patience; unbearable, unendurable.
tahammüllü 1. able to endure offenses/difficulties, patient. 2. durable.
tahammülsüz 1. unable to endure offenses/difficulties. 2. not durable.
tahammür *obs.* fermentation. **— etmek** to ferment, undergo fermentation.
taharet, -ti 1. cleanliness, purity. 2. *Islam* cleansing oneself of unclean things. **— almak** to cleanse oneself (especially after urinating/defecating). **— bezi** cloth used to cleanse oneself (especially after urinating/defecating).
taharetlenmek to cleanse oneself (especially after urinating/defecating).
tahavvül *obs.* changing, change, conversion. **— etmek** to change, undergo a change.
tahayyül *obs.* 1. imagining, imagination. 2. fantasizing; daydreaming. **— etmek** 1. /ı/ to imagine, picture (something/someone) to oneself. 2. to fantasize; to daydream.
tahdit *obs.* 1. limitation; restriction. 2. delimitation, demarcation. **— etmek** /ı/ 1. to limit; to restrict. 2. to delimit, demarcate.
tahıl 1. grain (the harvested seeds of any of the cereal plants). 2. cereal plant, cereal.
tahin tahini, crushed sesame seeds (forming a thick fluid of sesame husks and oil). **— helvası** halvah, halva, halavah.
tahini 1. tan (the color). 2. tan, tan-colored.
tahkik, -ki investigating, investigation. **— etmek** /ı/ to investigate.
tahkikat, -tı inquiry; inquest; probe, investigation. **— yapmak** to conduct an inquiry/an inquest/a probe/an investigation.
tahkim 1. *obs.* strengthening. 2. *mil.* fortifying, fortification. **— etmek** /ı/ 1. *obs.* to strengthen. 2. *mil.* to fortify (a place).
tahkimat, -tı *mil.* fortifications.
tahkir 1. insulting (someone). 2. regarding (someone) with contempt; despising; scorning. **— etmek** /ı/ 1. to insult. 2. to regard (someone) with contempt, contemn; to despise; to scorn.

tahlil analysis. — **etmek** /ı/ to analyze.
tahlili obs. analytical.
tahlisiye obs. lifeboat service. — **sandalı** lifeboat. — **simidi** life buoy, life preserver. — **yeleği** life jacket, life vest.
tahliye 1. emptying (a vehicle/a vessel) (of cargo); unloading/discharging (cargo). 2. evacuation (of people/an area). 3. vacating (a building). 4. setting free, releasing (a prisoner). — **etmek** /ı/ 1. to empty (a vehicle/a vessel) (of cargo); to unload/discharge (cargo). 2. to evacuate (people/a place). 3. to vacate (a building). 4. to set free, release (a prisoner).
tahmil obs. 1. loading. 2. imposition (of a task). 3. imputation (of blame/responsibility). — **etmek** /ı, a/ 1. to load (cargo) into (a vehicle/a vessel). 2. to impose (a task) on (someone), saddle (someone) with (a task); to charge (someone) with (a task). 3. to lay (the blame/the responsibility for something) on (someone).
tahmin 1. guess; conjecture; surmisal. 2. estimation, judging, reckoning; forecasting, prediction. — **etmek** /ı/ 1. to guess; to conjecture; to surmise. 2. to estimate, judge, reckon; to forecast, predict.
tahminen approximately, roughly.
tahmini 1. conjectural. 2. approximate. 3. in conjectures. 4. in approximations.
tahnit, -ti obs. 1. embalming (a corpse). 2. stuffing (of dead animals by a taxidermist). 3. treating (wood, etc.) with a preservative. — **etmek** /ı/ 1. to embalm (a corpse). 2. to stuff (a dead animal). 3. to treat (wood, etc.) with a preservative.
tahnitçi obs. 1. embalmer (of corpses). 2. taxidermist. 3. person who treats wood, etc. with a preservative.
tahnitçilik obs. 1. embalming, being an embalmer. 2. taxidermy, being a taxidermist. 3. treating wood, etc. with a preservative.
tahra prov. pruning hook.
tahribat, -tı destruction, damage.
tahrif obs. fraudulent alteration; distortion (of a meaning); misrepresentation (of facts). — **etmek** /ı/ to alter fraudulently; to distort (a meaning); to misrepresent (facts).
tahrifat, -tı obs. fraudulent alterations; distortions; misrepresentations.
tahrik, -ki 1. incitement, provocation, instigation, fomentation. 2. moving, setting in motion; driving, propelling. 3. exciting, stimulating, arousing. — **etmek** /ı/ 1. to incite, provoke, instigate, foment. 2. to move, set in motion; to drive, propel. 3. to excite, stimulate, arouse (especially used of sexual excitement).
tahrikât, -tı obs. 1. incitements, provocations, instigations, abetments. 2. incitement, provocation, instigation, abetment.
tahrikçi 1. instigator, fomenter, provocator, provocateur. 2. (person) who instigates/foments/provokes something.
tahril obs. line, stripe.
tahrilli obs. lined, marked with lines; striped. — **göz** eye the iris of which exhibits marked striations of color.
tahrip destruction, devastation; demolition. — **bombası** demolition bomb. — **etmek** /ı/ to destroy, ruin, devastate; to demolish. — **kalıbı** demolition charge (of dynamite). — **mangası** mil. demolition squad.
tahripkâr obs. destructive, devastating.
tahrir obs. 1. writing (something) down; composing, drafting. 2. piece of writing, composition, essay.
tahriş irritation (of a bodily organ/tissue). — **edici** irritant, irritative, irritating (agent). — **etmek** /ı/ to irritate (a bodily organ/tissue).
tahsil 1. education; being educated; learning (something). 2. collecting (money/taxes). — **etmek** 1. to be educated, get an education, study. 2. /ı/ to study (a subject). 3. /ı/ to collect (money/taxes). — **görmek** to get an education, be educated. — **memuru** 1. person who collects money for a municipal authority. 2. tax collector.
tahsilat, -tı 1. revenue, money received. 2. tax revenue. — **defteri** com. book in which cash receipts are recorded.
tahsildar 1. person who receives/collects money for an organization/a company. 2. receiving teller (in a bank). 3. tax collector.
tahsildarlık 1. work of one who receives/collects payments. 2. tax collecting, being a tax collector.
tahsis appropriation, allotment, assignment. — **etmek** /ı, a/ to appropriate/allot/assign (something) to (someone/something), set aside (something) for (someone/something).
tahsisat, -tı 1. money designated for a special purpose, appropriation, allotment; allowance. 2. appropriations, allotments (of money). — **ayırmak** /a/ to set aside money for, appropriate money for.
tahsisli special, reserved for a special use. — **yol** a lane (or lanes) in a road set aside for the exclusive use of one type of vehicle.
taht, -tı throne. — **a çıkarmak/geçirmek/oturtmak** /ı/ to put (someone) on the throne, enthrone. — **a çıkmak/geçmek/oturmak** to ascend the throne. — **tan indirmek** /ı/ to dethrone.
tahta 1. board, plank; batten. 2. board, flat surface: **ütü tahtası** ironing board. **satranç tahtası** chessboard. **ekmek tahtası** breadboard (used when slicing bread). 3. blackboard. 4. sheet (of metal). 5. long, narrow bed (for plants). 6.

(something) made of boards/planks/battens. 7. wooden (implement): **tahta kaşık** wooden spoon. **—dan** wooden. **— bezi** (a) cloth (used for cleaning the floor), floorcloth. **— biçmek** to saw wood into boards/planks/battens. **—sı eksik** *colloq.* (someone) who has a screw loose, who's not all there, cracked, nutty, *Brit.* barmy. **—ya kaldırmak** /ı/ (for a teacher) to call (a student) to the blackboard. **— perde** board fence/partition; temporary fence or barrier wall of boards (built around or in front of a construction site), *Brit.* hoarding.

tahtabiti, -ni *zool., see* **tahtakurusu.**

tahtaboş wooden balcony; wooden platform on a roof (in either case usually covered with zinc and used for drying laundry).

Tahtacı (a) Takhtadjy (a member of a subgroup of the Alevis).

tahtakoz *slang* 1. the police, the cops, the fuzz. 2. policeman, cop, fuzz.

tahtakurdu, -nu *zool.* furniture beetle.

tahtakurusu, -nu *zool.* bedbug.

tahtalı 1. made of boards/planks/battens. 2. *zool.* ringdove, wood pigeon. **— köy** *slang* cemetery, boneyard. **— köyü boylamak** *slang* to die, kick the bucket. **— köye yollamak** /ı/ *slang* to kill, put (someone) away.

tahtapamuk cotton stuffing, cotton wadding (used in upholstering).

tahtapul (wooden) shingle (used in roofing).

tahtelbahir, -hri *obs.* 1. submarine, situated under the sea. 2. (a) submarine.

tahterevalli seesaw, teeterboard, teeter-totter.

tahtırevan 1. howdah. 2. palanquin.

tahvil 1. *obs.* transforming, transformation; conversion; transfer. 2. *fin.* debenture bond, debenture, bond. **— etmek** /ı/ *obs.* to transform; to convert; to transfer.

tahvilat, -tı *obs., fin.* debenture bonds.

taife 1. group, body (of people). 2. tribe. 3. crew of a ship. 4. ship's crewman.

tak *used to indicate a knocking, rapping, or thumping sound:* **Kitap tak diye kafama düştü.** The book fell on my head with a thump.

tak, -kı arch (usually erected over a street as a decoration).

taka 1. a small, single-masted boat (used for fishing and goods transport). 2. *slang* dilapidated automobile, rattletrap, jalopy.

takaddüm *obs.* 1. antecedence. 2. precedence. 3. doing something before (someone else) does it. **— etmek** /a/ 1. to antecede. 2. to have precedence over. 3. to do something before (someone else) does it, act before (someone else) does.

takanak *prov.* 1. thing that is connected with or related to something else, ramification. 2. outstanding debt; outstanding obligation. 3. millstone around one's neck (person/thing with whom one is burdened in some way). 4. relationship, relations, dealings (with someone).

takas 1. settling (accounts) with each other. 2. *com.* clearing. 3. barter. **— etmek** /ı/ 1. to settle (accounts) with each other. 2. *com.* to clear. 3. to barter. **— odası** *com.* clearinghouse. **— tukas etmek** *colloq.* to square accounts with each other.

takat, -tı strength, fund of strength. **— getirmek** /a/ to have the strength to put up with. **—ı kalmamak/kesilmek/tükenmek** to have no more strength left, be exhausted, be worn out.

takatlı full of strength.

takatsız drained of strength, weak, debilitated.

takatsızlık weakness, debilitation, debility, lassitude.

takatuka 1. noise, tumult, commotion. 2. *print.* quoin.

takaza *obs.* harping at (someone) about a favor one has done him. **— etmek** /a/ to rub in the fact that one has done (someone) a favor.

takbih *obs.* pronouncing (someone/something) shameful/disgraceful/disgusting. **— etmek** /ı/ to pronounce (someone/something) shameful/disgraceful/disgusting.

takdim 1. introducing (one person) to (another). 2. presenting/offering/tendering (something) to (someone). **— etmek** /ı, a/ 1. to introduce (one person) to (another); to present (one person) to (another). 2. to present/offer/tender (something) to (someone).

takdimci master of ceremonies, emcee, *Brit.* compère.

takdimcilik being a master of ceremonies, emceeing, *Brit.* compèring.

takdir 1. appreciation, recognition of the worth/the merit/the importance of (someone/something). 2. appreciation, understanding fully, being fully sensible of. 3. approval, commendation, applause. 4. estimating the worth of, evaluating, valuing, setting a value on; appraising (the worth) of; assessing (the worth) of. 5. individual judgment, discretion; *law* judicial discretion. 6. the will of God, fate; God's foreordaining (something); predestination. **—de** in the event that ..., in the event of ..., if ...: **Yağmur yağdığı takdirde toplantı ertelenecek.** In the event of rain the meeting will be postponed. **—ine bırakmak** /ı, ın/ to leave (a matter) to (someone) to decide, leave (a matter) to (someone's) judgment/discretion. **— böyle imiş.** *colloq.* This is the way it was fated to be. **— etmek** /ı/ 1. to appreciate, recognize the worth/the merit/the importance of (someone/something). 2. to appreciate, understand fully, be fully sensible of. 3. to approve, commend, applaud. 4. to estimate

takdirkâr

the worth of, evaluate, value, set a value on; to appraise (the worth) of; to assess (the worth) of. 5. (for God) to foreordain, predestine. — **hakkı** law (a judge's) right to exercise judicial discretion. **—ine kalmak** /ın/ (for a matter) to be left to (someone) to decide, be left to (someone's) judgment/discretion. **—ini kazanmak** /ın/ to win (someone's) approval. **— toplamak** to win general approval. **— yerini bulmak** for what was fated to happen to happen.

takdirkâr obs. 1. admirer; appreciator. 2. admiring; appreciative.

takdirname certificate/letter of commendation.

takdis 1. blessing; consecration; sanctification, hallowing. 2. regarding (someone/something) as sacred, revering, veneration. 3. glorifying (God). **— etmek** /ı/ 1. to bless; to consecrate; to sanctify, hallow. 2. to regard (someone/something) as sacred, revere, venerate. 3. to glorify (God).

takı 1. gram. suffix used as a case ending. 2. piece of jewelry pinned or otherwise attached to a girl at her engagement party or wedding feast. 3. piece of jewelry.

takılgan (someone) who likes to kid, who likes to tease (in a good-humored way).

takılı gram. (word) which has a case ending suffixed to it.

takılı /a/ 1. attached to, fastened to, affixed to; pinned to. 2. stuck on, hung up on, snagged on (a problem).

takılmak 1. /a/ to be attached to, be fastened to, be affixed to, be put on; to be pinned to; to be hung on. 2. /a/ to tease, kid (in a good-natured way). 3. /a/ to get stuck on, get hung up on, get snagged on (a problem). 4. /a/ to be stopped by (someone) for a friendly chat, be waylaid by (someone). 5. /da/ to be delayed in, get hung up in (a place). **takılıp kalmak** 1. /da/ to be delayed in (a place) for a considerable length of time. 2. /a/ to be waylaid by (someone) for a considerable length of time. 3. /a/ (for one's eyes/mind) to remain fixed on. 4. /a/ to remain hung up on, remain stuck on.

takım 1. group/team/crew/troop/set/gang/band/bunch (of people). 2. set (of things): **çay takımı** tea set, tea service, or set of napkins (to be used with a tea set). **tornavida takımı** set of screwdrivers. **oda takımı** living room suite (of furniture). **yatak takımı** bedroom suite (of furniture) or set of bedsheets and pillowcases (for one bed). 3. mech. train: **dişli takımı** gear train. 4. suit (of playing cards). 5. bot., zool. order. 6. mil. platoon. 7. cigarette holder. 8. gram., see **tamlama**. **— elbise** (man's) suit. **— takım** in groups. **— taklavat** colloq. the whole kit and caboodle, the whole push. **— tutmak** to support a (sports) team, be a fan of a team, root for a team. **—ı yatırmak** slang to lose the game for one's team, cause one's team to lose the game. **— yatmak** slang for a team to lose the game. **—ı yırtmak** slang to manage to beat the opposing team. **bir — ciğer** butchery a pair of lungs.

takımada archipelago, group/chain of islands.

takımerki, -ni oligarchy.

takımyıldız astr. constellation.

takınak psych. obsession.

takınaklı psych. obsessive.

takınmak /ı/ 1. to assume (an air/an expression): **Ciddiyetini takındı.** He assumed an air of seriousness. 2. to put on (a piece of jewelry/a sword).

takıntı 1. thing that is connected with or related to something else, ramification: **O meseleyi bütün takıntılarıyla konuştuk.** We discussed that matter and the things related to it. 2. outstanding debt; outstanding obligation. 3. person (for whom one is obliged to do something). 4. relationship, relations, dealings (with someone). 5. subject which a student has flunked. 6. prov. piece of jewelry.

takırdamak to rattle; to clatter; to bang.

takırdatmak /ı/ to rattle; to clatter; to bang.

takır takır 1. used to indicate a rattling, clattering, or banging noise: **Atların takır takır geçişini işittim.** I heard the clopping of the horses' hooves. 2. very stale (food). 3. very stiff and dry. 4. very hard and dry. 5. frozen hard. **— donmak** to freeze solid, be frozen as hard as a rock. **— kurumak** (for something) to dry until it's as stiff as can be; (for soil) to dry until it's as hard as a rock.

takırtı rattle; clatter; bang; clop-clop, clip-clop.

takır tukur used to indicate a rattling, clattering, or banging noise which is unpleasantly loud: **Öğrenciler üst kattaki koridordan takır tukur geçtiler.** The students clomped down the upstairs hall.

takışmak 1. to tease each other, kid each other (good-naturedly). 2. to quarrel with each other (verbally). 3. /ı/ to fasten/pin (something) on together.

takıştırmak to put on a lot of jewels, deck oneself out in jewels.

takızafer obs., arch. triumphal arch.

takibat, -tı legal proceedings, legal action; prosecution (of a case). **—ta bulunmak** to be engaged in legal proceedings (against).

takimetre 1. tachometer. 2. surveying tachymeter.

takip 1. following; pursuing, pursuit; trailing. 2. following, coming after, succeeding. 3. following, taking (someone/something) as one's example. 4. pursuing (an end/a goal). 5. pursuing, busying oneself with (a matter). 6. following; watching closely; keeping one's mind

on; keeping abreast of. 7. keeping up with, following (a fashion). 8. legal proceedings (especially those initiated against a debtor); prosecution (of a case). — **etmek** /ı/ 1. to follow; to pursue; to trail. 2. to follow, come after, succeed. 3. to follow, take (someone/something) as one's example. 4. to pursue (an end/a goal). 5. to pursue, busy oneself with (a matter). 6. to follow; to watch closely; to keep one's mind on; to keep abreast of. 7. to keep up with, follow (a fashion).
takipsiz (matter) which has not been pursued.
takipsizlik 1. (a matter's) not being pursued, lack of pursuit. 2. *law* lack of grounds (for legal action). — **kararı** *law* judicial decision to abate an action; judicial decision to quash a charge/an indictment.
takkadak *colloq.* all of a sudden, suddenly.
takke skullcap. — **düştü, kel göründü.** *proverb* Now we see what dirty work he's been up to./Now we know the embarrassing truth.
takla somersault; cartwheel. — **atmak** 1. to turn a somersault; to turn a cartwheel. 2. *colloq.* to rejoice, jump for joy. (**önünde**) — **atmak** /ın/ *colloq.* to toady to, truckle to (someone). — **attırmak** /a/ *colloq.* to twist (someone) around one's little finger.
taklak *see* **takla.**
taklavat, -tı *used in:* **takım taklavat** *colloq., see* **takım.**
taklidi *obs.* 1. imitative. 2. counterfeit.
taklit 1. copying, reproducing, duplicating, making an imitation of. 2. trying to act like, imitating, aping (someone/an animal). 3. mimicking; impersonating; mocking. 4. faking; counterfeiting. 5. fake; counterfeit. 6. imitative. — **etmek** /ı/ 1. to copy, reproduce, duplicate, imitate, make an imitation of (something). 2. to try to act like, imitate, ape (someone/an animal). 3. to mimic; to impersonate; to mock. 4. to fake; to counterfeit.
taklitçi 1. imitator, copier. 2. mimic, person who is good at mimicking/mocking. 3. (someone) who imitates/copies. 4. (someone) who is good at mimicking/mocking.
taklitçilik 1. imitating, copying; being an imitator/a copier. 2. mimicry, mimicking; mocking; being a mimic/a mocker.
takma 1. /ı/ attaching, fastening, affixing, putting (something) on; pinning (something) to; hanging (something) on. 2. prefabricated. 3. artificial (limb/eye/tooth); glass (eye); false (beard). — **ad** 1. nickname. 2. pen name. — **dişler** false teeth, dentures. — **motor** outboard motor (for a boat). — **saç** wig; toupee.
takmak 1. /ı/ to attach, fasten, affix, put (something) on; to pin (something) to; to hang (something) on. 2. /a/ *colloq.* to pick on, single (someone) out for harassment. 3. /a, ı/ to give (a name) to. 4. /a, ı/ *colloq.* to do/diddle (someone) out of (a certain amount of money). 5. /**dan**/ *school slang* to fail, flunk. **takıp takıştırmak** to deck oneself out in jewelry.
takmamak /ı/ *slang* not to pay any mind to, not to take notice of (someone).
takoz 1. (wooden) wedge, chock. 2. shore (used to support a ship on the ways). 3. plug (piece of wood imbedded in a wall as a ground for a nail, screw, etc.). 4. block (to which sandpaper is attached).
takozlamak /ı/ 1. to put a wedge/a chock under/behind (something). 2. to shore up (a ship). 3. to imbed plugs in (a wall).
takriben *obs.* approximately, about.
takribi *obs.* approximate.
taksa the amount of postage due on a letter bearing insufficient postage, coupled with a fine (It is collected from the addressee.). — **pulu** postage-due stamp.
taksalı (letter) bearing a postage-due stamp.
taksi taxi, cab, taxicab. — **durağı** taxi stand, cabstand, *Brit.* cab/taxi rank. — **şoförü** taxi driver, cabdriver.
taksici 1. cabby, cabbie, taxi driver, cabdriver. 2. operator of a taxi fleet.
taksim 1. dividing (something) up. 2. *math.* division. 3. place containing a reservoir from which water is distributed to various parts of a city. 4. slash mark, slash, diagonal, slant, virgule. 5. *math.* division sign. 6. *classical Turkish mus.* an instrumental improvisation. — **davası** *law* action for partition. — **etmek** 1. /ı/ to divide (something) up. 2. /ı, a/ *math.* to divide (one figure) into/by (another): **Dördü ikiye taksim etti.** He divided four by two./He divided two into four. 3. *classical Turkish mus.* to improvise. — **geçmek/yapmak** *classical Turkish mus.* to improvise. — **işareti** 1. slash mark, slash, diagonal, slant, virgule. 2. *math.* division sign.
taksimat, -tı *obs.* divisions, sections.
taksimetre taximeter.
taksirat, -tı 1. sins. 2. negligences, instances of negligence. 3. *colloq.* fate.
taksit, -ti installment, payment. —**le** (buying) on the installment plan; (paying a sum) in installments. — **taksit** (paying a sum) in installments.
takt, -tı tact, consideration, delicacy. — **sahibi** tactful, considerate.
tak tak *used to indicate a loud knocking or rapping sound:* **Tak tak kapıya vurdu.** He knocked sharply on the door. **Tak tak cama vuruyordu.** He was rapping loudly on the windowpane.
taktırmak /ı, a/ to have (someone) attach/fasten/affix/pin (something) to; to have (someone) hang (something) on.

taktik 1. *mil.* tactics. 2. tactic, maneuver; stratagem. 3. tactical.

taktir *obs.* distillation. **— etmek** /ı/ to distill.

tak tuk 1. Knock! Knock! 2. *used to indicate an unpleasantly loud knocking sound:* Birisi kapıya tak tuk vuruyor. Somebody's banging at the door.

takunya clog (consisting of a thick wooden sole with a strap across the toe).

takva god-fearing behavior, godliness.

takvim calendar. **— yılı** calendar year.

takviye 1. strengthening; reinforcement. 2. *mil.* reinforcement, additional unit of troops. **— etmek** /ı/ to strengthen; to reinforce.

tal *bot.* thallus.

talak, -kı *Islamic law* divorce (of a wife by her husband). **—ı selase** *Islamic law* irrevocable divorce (of a wife by her husband).

talan pillage, plundering; sack. **— etmek** /ı/ to pillage, plunder; to sack.

talaş 1. wood shavings. 2. sawdust. 3. metal filings. 4. marble chippings.

talaşkebabı, -nı bits of meat that are cooked, then wrapped in pastry and baked.

talaşlamak /ı/ to cover (a place) with sawdust, sprinkle sawdust over (a place).

talaşlanmak to be covered/sprinkled with sawdust.

talaz 1. *prov.* wave (in the sea). 2. undulation, ripple (in a piece of silk or a silklike fabric).

talazlanmak 1. *prov.* (for the sea) to billow, undulate. 2. (for silk, silklike cloth) to ripple, fall in soft, undulating folds. 3. *prov.* (for a flock of sheep being driven somewhere) to undulate, move forward as an undulating mass.

talazlık *naut.* washboard, washstroke, wasteboard (of a boat).

talebe student; pupil.

talebelik being a student/a pupil.

talep 1. wanting, requiring, demanding, demand; formal request. 2. *com.* demand. **— etmek** /ı/ to want, require, demand, request.

talepname *obs., law* written request/demand.

tali *obs.* secondary; subordinate: **tali cümle** *gram.* subordinate clause. **tali komisyon** subcommittee. **tali yol** secondary road.

talih luck, fortune. **— kuşu** *colloq.* good luck. **—ine küsmek** to curse one's luck. **—i olmamak** to be unlucky. **—i yaver gitmek/— yüzüne gülmek** /ın/ *colloq.* to enjoy a streak of good luck.

talihli lucky, fortunate.

talihsiz unlucky, unfortunate.

talihsizlik bad luck, misfortune.

talik, -kı a style of Arabic script.

talika telega (a small, horse-drawn vehicle used for transporting goods).

talim 1. teaching, instructing, instruction. 2. practicing (something), practice; drill; exercise. 3. having (someone) practice (something). 4. *mil.* drill. **— etmek** 1. /ı/ to teach, instruct. 2. /ı/ to practice (something). 3. /ı, a/ to have (someone) practice (something). 4. /ı/ to drill (soldiers). 5. /a/ *colloq.* to work for (an amount that is far too low). 6. /a/ *colloq.* to make do with; to have to make do with. **— fişeği** blank, blank cartridge. **— meydanı** *mil.* drill field. **— ve terbiye** training.

talimat, -tı instructions, directions. **— vermek** /a/ to instruct (someone) as to how he is to do something.

talimatname *obs.* regulations book; regulations booklet.

talimgâh *mil.* training center; training camp.

talimhane *mil.* drill field.

talimli 1. (soldier) who has gone through basic training; trained (troops). 2. trained, (person/animal) who/which has undergone training: **talimli fil** trained elephant.

talimname *mil.* 1. field manual. 2. technical manual.

talip 1. /a/ (someone) who wants/desires/seeks (something). 2. suitor, wooer. 3. customer. 4. applicant. **— çıkmak** /a/ 1. to become the suitor of. 2. (for a woman) to have a suitor. **— olmak** /a/ 1. to want, desire, seek; to apply for. 2. to seek the hand of (a woman) in marriage.

talipli *prov., see* **talip**.

talk, -kı *geol.* talc, talcum, magnesium silicate. **— pudrası** talcum powder, talc.

talkım *bot.* cyme.

talkın *prov., see* **telkin**.

tallahi By God! (*used after* **vallahi** *or* **billahi**): **Vallahi tallahi!** I swear to God that it's the truth!

Talmut *Judaism* the Talmud.

taltif *obs.* 1. winning the heart of, pleasing (someone). 2. rewarding (someone). **— etmek** /ı/ 1. to win the heart of, please. 2. to reward.

talveg, -gi *geog.* thalweg. **— hattı/çizgisi** *law* thalweg.

tam 1. whole, full; complete, perfect: **tam ekmek** a whole loaf of bread. **tam maaş** full salary. **tam iki kilo** a full two kilos. **tam yetki** full authority, full power. **tam istihdam** full employment. **tam üye** full member. **tam pansiyon** full pension, full room and board. **tam bir Fransız** a Frenchman through and through. **tam bir ziyafet** a real banquet. **tam bir rezalet** an out-and-out disgrace. 2. exactly; right; immediately; precisely; just: **Orada tam yedi yıl çalıştı.** He worked there for exactly seven years. **Tam zamanında geldin.** You've come right on time. **Tam karşımda oturuyordu.** She was sitting immediately opposite me. **Şimdi tam sırası!** Now's just the right time! **Tam istediğiniz gibi yaptım.** I did it just as you wanted me to. 3. fully, completely: **tam teşekküllü bir hastane** a fully equipped hospital. **Görevini tam yapmanı istiyorum.** I want you to carry out your duty to the full. **— açı** *geom.* perigon, round angle. **— adamını bulmak** to choose just the right person for the job. **— adamına düşmek** for either the best or the worst person possible to fall to one's lot. **— bilet** 1. full-price ticket; full-fare ticket. 2. whole (lottery) ticket. **— bölen** *math., see* **tambölen.** **— çiçek** *bot.* perfect flower, monoclinous flower. **— gelmek** (for something) to be a perfect fit. **— gölge** *astr.* umbra. **— maaşla tekaüt** *joc.* (someone) who's got it easy (because he has a well-paid sinecure). **—/—ı tamına** *colloq.* completely; in full. **— teçhizat** 1. *mil.* all the gear ordinarily issued to a soldier. 2. *colloq.* all the equipment needed to do a job. **— teçhizat gelmek** *colloq.* to come bringing all the necessary gear; to come fully equipped. **— tertip** thoroughly. **— tutulma** *astr.* total eclipse. **— üstüne basmak** *colloq.* 1. to hit the nail right on the head. 2. to find just what one has been looking for. **— vaktinde/zamanında** 1. right on time, right on the dot. 2. at just the right moment. **— yol/yolla** *colloq.* at full speed, at top speed, as fast as it/he/she can go.

tamah greed, cupidity, graspingness; avarice. **— etmek** /a/ to desire (something) greedily, slaver after.

tamahkâr 1. greedy, grasping; avaricious. 2. stingy, tight, mean, miserly.

tamahkârlık 1. greediness, graspingness; avarice. 2. stinginess, tightness, meanness, miserliness.

tamalgı *phil., psych.* apperception.

tamam 1. all (of the), the whole (of the): **Binanın tamamı yandı.** The whole building burned down. 2. complete, not lacking in any part. 3. ready; complete; finished. 4. correct, free of mistakes: **Hesaplarınız tamam.** Your arithmetic is correct. 5. *used to express displeasure sarcastically:* **Tamam, bir bu eksikti!** Great! This is all I need! 6. fully; for all of, for a whole: **Tamam on gün sürdü.** It went on all of ten days. **T—!** *colloq.* O.K.!/All right!/Very well! **—ıyla** completely, entirely, wholly, altogether. **— etmek** /ı/ 1. to complete, finish, terminate. 2. *colloq.* to kill; to bump (someone) off. **— gelmek** /a/ to be just right for, suit (someone) to a T. **— olmak** 1. to be ready; to be finished. 2. to end, come to an end. **—ı tamamına** completely; in full.

tamamen completely, entirely, wholly, altogether.

tamamlamak /ı/ to complete, finish; to make (something) complete/whole, fill in (the gap/the missing parts); to complement.

tamamlanmak to be completed, be finished; to be made complete/whole; to be complemented.

tamamlatmak /ı, a/ to have (someone) complete (something); to have (someone) make (something) complete/whole.

tamamlayıcı 1. (something) which completes/supplements; complementary, complemental; supplementary, supplemental. 2. integral, constituent, component (part).

tamasalak *bot.* 1. heterophyte. 2. heterophytic.

tambölen *math.* factor.

tambur *classical Turkish mus.* a long-necked, stringed instrument similar to the mandolin.

tambura *Turkish folk mus.* any stringed instrument.

tamburacı person who plays, makes, or sells **tambura**s.

tamburi player of a **tambur.**

tamgün 1. full time. 2. full-time.

tamim *obs.* 1. circular (a printed announcement). 2. generalizing, generalization. 3. making (something) generally known; diffusing. 4. circularization, announcing (something) by means of circulars. **— etmek** /ı/ 1. to generalize. 2. to make (something) generally known; to diffuse. 3. to circularize, announce (something) by means of circulars.

tamir 1. repair, repairing, fixing, mending. 2. making amends for. **— etmek** /ı/ 1. to repair, fix, mend. 2. to make amends for. **— görmek** to be repaired, be fixed, be mended. **—e vermek** /ı/ to have (something) repaired; to take (something) to be repaired.

tamirat, -tı repairs.

tamirci repairman.

tamirhane repair shop.

tamlama *gram.* 1. noun phrase (a noun modified by an adjective or adjective equivalent). 2. prepositional phrase.

tamlanan *gram.* noun modified by an adjective or adjective equivalent.

tamlayan *gram.* adjective or adjective equivalent modifying a noun, modifier.

tampon 1. *med.* tampon, pack, plug. 2. buffer, cushion. 3. *chem.* buffer. 4. bumper (of an automobile); buffer (on a railway car). 5. doorstop. 6. blotter (an implement to which blotting paper is attached). **— bölge** buffer zone. **— çözelti** *chem.* buffer solution. **— devlet** buffer state.

tamsayı 1. *math.* whole number, integer. 2. the total number (of people allowed to be on a committee or in an organization).

tamtakır *colloq.* completely empty. **— kuru/kırmızı bakır** completely empty.

tamtam 1. tom-tom. 2. tam-tam, Chinese gong, gong.

tamu hell.

tan dawn, daybreak. **— ağarmak** to dawn, for

day to break.
tandans tendency.
tandır 1. oven consisting of a clay-lined pit or a large, earthen jar buried in the ground. 2. tendour, tandoure, tendoor (a heating arrangement consisting of a brazier put under a table with a covering over the table and over the legs of those sitting around it). — **başında oturmak** to sit around a tendour. — **ekmeği** bread baked in an oven in the ground. — **kebabı** see **tandırkebabı**. — **kebesi** thick felt mat spread over a tendour. — **yorganı** quilt spread over a tendour.
tandırkebabı, -nı meat roasted in an oven in the ground.
tandırname obs. old wives' tale.
tane 1. kernel, grain (of a cereal plant). 2. grain (of sand, salt, sugar, etc.). 3. a single thing, item, piece (usually left untranslated): **İki tane istiyorum.** I want two. **beş tane nar** five pomegranates. **Bu portakalların kilosu on lira, tanesi iki lira.** These oranges are ten liras a kilo, or two liras apiece. 4. bullet. — **bağlamak** (for a cereal plant) to ear, ear up, form ears. — **tane** in separate particles/pieces; in distinct particles/pieces. — **tane konuşmak** to speak distinctly, pronounce one's words distinctly. — **tane söylemek** /ı/ to say (something) distinctly, pronounce (something) distinctly.
tanecik 1. tiny kernel/grain (of a cereal plant). 2. granule (of sand, salt, sugar, etc.). 3. all of, no more than, only: **İki tanecik kitabı var.** He has all of two books. 4. particle.
tanecikli granular.
tanecil granivorous (animal).
taneleme 1. shelling (wheat, corn, etc.). 2. granulating, granulation. — **aleti** sheller (e.g. corn sheller).
tanelemek /ı/ 1. to shell, strip the kernels from an ear of (wheat, corn, etc.); to remove the pulpy seeds from (a pomegranate); to remove the grapes from (a stalk of grapes). 2. to granulate, make (something) granular.
tanelenmek 1. (for a cereal plant) to ear, ear up, form ears. 2. (for wheat, corn, etc.) to be shelled. 3. to be granulated.
taneli 1. grainy; composed of distinct grains. 2. (cereal/pomegranate/grape) which bears or has kernels/seeds/grapes of (a certain) size: **iri taneli bir mısır** a large-kerneled variety of corn. 3. (grapes) which have dropped off their stalk.
tanen tannin.
tanga 1. very skimpy bikini; G-string. 2. very skimpy pair of panties.
tangırdamak (for metal objects) to clatter, clang, make a clattering/clanging noise.
tangırdatmak /ı/ to clatter, clang.
tangır tangır clatteringly, with a racket.

tangırtı clatter, clang, racket.
tangırtılı clattering, clattery, clanging.
tangır tungur with a rude clatter.
tango 1. tango. 2. obs., slang woman dolled up in Western clothes and high heels.
tanı med. diagnosis.
tanıdık 1. acquaintance (person with whom one is acquainted). 2. (someone) whom one is acquainted with; (something) which one is acquainted with; familiar, well-known. — **çıkmak** 1. to turn out to be somebody one knows. 2. to discover that they have met each other before: **Biz tanıdık çıktık.** We discovered that we had met each other before.
tanık 1. witness, eyewitness. 2. example which proves a point. — **olmak** /a/ to see, witness.
tanıklık testimony, witness. — **etmek** to testify.
tanılama med. diagnosis.
tanılamak /ı/ med. to diagnose.
tanım definition.
tanıma acknowledgment, recognition. — **yitimi** med. agnosia.
tanımak /ı/ 1. to recognize, know. 2. to be acquainted with, know; to know well. 3. to make a distinction between, distinguish between. 4. to be able to distinguish/recognize. 5. to acknowledge, recognize. 6. to respect; to listen to, pay attention to. 7. to hold (someone) responsible.
tanımlama defining, definition.
tanımlamak /ı/ to define.
tanımlanmak to be defined.
tanımsal definitional.
tanınmak 1. to be known; to be well-known: **Orada gazeteci olarak tanınır.** He's known there as a newspaperman. 2. /la/ to be known for: **Cömertliğiyle tanınır.** He's known for his generosity. 3. to be recognized, be acknowledged.
tanınmış 1. well-known; famous. 2. known for: **O dürüst tanınmış bir adamdır.** He's a man who's known for his honesty.
tanısal med. diagnostic, pertaining to diagnosis.
tanısızlık med. agnosia.
tanış colloq. acquaintance (person with whom one is acquainted). — **çıkmak** 1. to turn out to be somebody one knows. 2. to discover that they have met each other before.
tanışık used in: — **çıkmak** colloq. to discover that they have met each other before.
tanışıklık acquaintance, acquaintanceship.
tanışmak /la/ to get acquainted with (someone); to be acquainted with each other, know one another.
tanıştırılmak 1. to be introduced to each other. 2. /la/ to be introduced to (someone).
tanıştırmak /ı, la/ to introduce (one person) to (another).

tanıt, -tı proof; piece of evidence.
tanıtıcı 1. (something) which introduces/advertises someone/something; (something) which gives knowledge about someone/something. 2. advertiser.
tanıtıcılık advertising; being an advertiser.
tanıtılmak 1. /a/ (for something) to be presented and explained to (someone). 2. to be advertised. 3. /a/ (for someone) to be introduced to, be presented to (a group).
tanıtım 1. introduction, presentation. 2. advertising, advertisement.
tanıtlama proof; *log.* demonstration.
tanıtlamak /ı/ to prove.
tanıtlanmak to be proved.
tanıtmak 1. /ı, a/ to acquaint (someone) with, introduce (someone) to, present and explain (someone/something) to (someone). 2. /ı/ to advertise. 3. /ı, a/ to introduce/present (someone) to (a group).
tanıtmalık prospectus.
tanjant, -tı *math.* (a) tangent.
tank, -kı 1. tank (large receptacle/compartment used for holding liquids). 2. tank (an armored military vehicle).
tankçı tanker, member of a military tank crew.
tanker 1. tanker, tankship. 2. tanker (a truck/a trailer-truck combination).
tanksavar *mil.* 1. antitank (weapon). 2. antitank weapon.
Tanrı God. **—nın akşamı** *colloq.* every blessed evening, every doggone evening. **— buyruğu** the Koran. **—nın günü** *colloq.* every blessed day, every doggone day. **— hakkı için** for God's sake. **— kayrası** Providence, divine guidance/care. **— kulu** 1. (a) man. 2. God-fearing man, godly man. **— misafiri** *colloq.* unexpected overnight guest. **—ya ortak tanımak** to assign a partner to God. **— vergisi** innate, natural.
tanrı god, deity.
Tanrıbilim theology.
Tanrıbilimci theologian.
Tanrıbilimsel theological.
Tanrıcı theist.
Tanrıcılık theism.
tanrıça goddess.
Tanrı Dağları, -nı the Tien Shan range of mountains (in central Asia).
tanrılaşmak to become a god, become divine.
tanrılaştırmak /ı/ to deify.
Tanrılık divinity, godhead, godhood, the quality/the state of being God.
tanrılık divinity.
Tanrısal divine, of or relating to God.
tanrısal divine.
Tanrısız 1. godless, atheistic. 2. (an) atheist, godless person.
tanrısız (someone/a society) who/which has no god.
Tanrısızlık godlessness, atheism.
tanrısızlık lack of a god.
Tanrıtanımaz 1. atheistic. 2. (an) atheist.
Tanrıtanımazlık atheism.
tansık miracle.
tansiyon 1. blood pressure. 2. tension, tense state. **— aleti** *med.* sphygmomanometer. **— düşürücü** 1. depressor (a drug). 2. (drug) that lowers the blood pressure.
tansiyoncu *colloq.* person who will take one's blood pressure for a small fee.
tantana pomp, display, show; grandiosity; pomp and circumstance.
tantanalı pompous, grand; grandiose.
tan tun *slang, used in:* **—a gitmek** to be done for; to be ruined; to be killed, be done in.
tanyeli, -ni gentle, dawn breeze.
tanyeri, -ni dawn. **— ağarmak/atmak** for dawn to break.
Tanzanya 1. Tanzania. 2. Tanzanian, of Tanzania.
Tanzanyalı 1. (a) Tanzanian. 2. Tanzanian (person).
tanzifat, -tı *obs.* street-cleaning; garbage collection (carried out by a municipality).
tanzim 1. arranging, organizing, determining. 2. putting (something) in order; regulating; reorganizing. 3. preparing, drawing up, drafting, framing (something written). **— etmek** /ı/ 1. to arrange, organize, determine. 2. to put (something) in order; to regulate; to reorganize. 3. to prepare, draw up, draft, frame (something written). **— satışı** sale of foodstuffs directly by a municipality or indirectly through a firm awarded a contract by a municipality.
Tanzimat, -tı the political reforms made in the Ottoman state in 1839. **— devri** the years 1839-1876 in Ottoman history. **—ı Hayriye** *see* Tanzimat.
tanzimat, -tı administrative reforms.
Tanzimatçı *Ottoman hist.* 1. supporter/framer of the political reforms of 1839. 2. person who lived during the period 1839-1876.
tapa 1. stopper (for a bottle/a jar); bung (for a cask); plug. 2. fuze (for a bomb/a shell).
tapalamak /ı/ 1. to stopper, put a stopper on. 2. to fuze, attach a fuze to.
tapalanmak 1. to be stoppered. 2. to be fuzed, be fitted with a fuze.
tapalı 1. stoppered, fitted with a stopper. 2. fuzed, fitted with a fuze.
tapan *prov.* wooden harrow (used for covering seeds). **— çekmek** to harrow.
tapı god, deity.
tapınak place of worship, temple.
tapıncak fetish.
tapıncakçı 1. (a) fetishist. 2. fetishistic.
tapıncakçılık fetishism.

tapınmak /a/ 1. to worship, pay homage to (a divine being) (by word/ceremonial). 2. to adore, idolize (someone), put (someone) on a pedestal.

tapırdamak 1. to patter, make a pattering sound. 2. (for one's heart) to pound, beat rapidly.

tapırtı 1. patter, pattering sound. 2. pounding, rapid beating (of one's heart).

tapir *zool.* tapir.

tapmak /a/ 1. to worship, regard (someone/something) as divine. 2. to adore, idolize (someone), put (someone) on a pedestal.

tapon *colloq.* shoddy, fourth-rate, sorry, crummy.

taptaze very fresh.

taptırmak /ı, a/ to cause (someone) to worship (someone/something).

tapu 1. title deed, deed (to a piece of real property). 2. deed office (a government bureau handling the registration of real property). — **kütüğü/sicili** register of title deeds. — **senedi** title deed, deed (to a piece of real property).

tapulamak /ı/ 1. to get title to (a piece of real property). 2. to issue a title deed for (a piece of real property).

tapyoka tapioca (as a foodstuff).

taraça 1. terrace (flat roof or open platform). 2. (man-made) terrace, offset (on a hillside). 3. *geog.* terrace. — **katı** penthouse. — **tarımı** terrace farming.

taraf 1. side; part, portion; area, region; direction: **Sandığın üst tarafı ceviz.** The top part of the chest is walnut. **Şehrin o tarafında oturuyor.** She lives over in that part of town. **Ne taraftansın?** What part of the country are you from? **Fatih taraflarında bir yerde oturuyor.** He lives somewhere in the neighborhood of Fatih. **Seni her tarafta aradım.** I've been looking for you everywhere. **Boğaz'ın Asya tarafında** on the Asian side of the Bosporus. **Sağ tarafına bak!** Look to your right! **Rüzgâr ne taraftan esiyor?** What direction's the wind blowing from? **Nehir tarafına doğru gidiyordu.** He was heading towards the river. 2. party (to a contract/in a legal proceeding); litigant. 3. side (one particular side/position/group as opposed to another): **işin kötü tarafı** the unpleasant side of the matter. **Bizim taraf maçı kazandı.** Our side won the match. **Onun baba tarafında delilik var.** There's madness on his father's side of the family. **O meseleye ne taraftan bakarsan bak halledilmesi imkânsız.** No matter how you look at it, that problem remains insoluble. **Herif bir taraftan parasızlıktan yakınıyor, öbür taraftan kalkıp karısına kürk manto alıyor!** The fellow complains about his lack of money, and then he ups and buys his wife a fur coat! **öte taraftan** on the other hand. 4. used in formal language to show the agent of a passive verb: **Bu nişan büyükbabama padişah tarafından ihsan edilmiş.** This medal was bestowed on my grandfather by the sultan. **Ancak belediye encümeni tarafından onaylanmış ruhsatlar geçerli sayılacaktır.** Only those permits which have received the approval of the municipal council will be deemed valid. 5. *used in formal language to indicate a person:* **Merhum zevcinizin evrakı tarafınıza gönderilmiştir.** The papers of your late husband have been forwarded to you. 6. behalf: **Dayım tarafından geliyorum, sizden bir ricası var.** I've come on behalf of my uncle to ask a favor of you. 7. *used with an adjective:* **Ucuz tarafından bir ayakkabı istiyorum.** I want a cheap pair of shoes. **Bunları ucuz tarafından aldın, değil mi?** You bought these on the cheap, didn't you? —**a çıkmak/olmak** /dan/ *colloq.* to be for (someone); to side with (someone). — **taraf** *colloq.* here and there, in various places: **Bugün İstanbul'a taraf taraf yağmur yağdı.** We've had scattered showers in Istanbul today. — **tutmak** to take sides. —**ını tutmak** /ın/ to side with.

tarafgir 1. person who is partial to one side, biased person. 2. (behaving) in a biased manner.

tarafgirlik partiality; biased behavior.

taraflı 1. composed of or affecting (so many) sides: **iki taraflı kılıç** double-edged sword. **çok taraflı anlaşma** multilateral agreement. **iki taraflı zatürree** double pneumonia. **iki taraflı defter tutma usulü** double-entry bookkeeping. 2. supporter, adherent. 3. person from (a certain) region: **Sen ne taraflısın?** What part of the country are you from?/What neck of the woods do you come from?

tarafsız 1. neutral (not belonging to either side). 2. impartial, unbiased. — **bölge** demilitarized zone.

tarafsızlandırmak /ı/ *pol., see* **tarafsızlaştırmak.**

tarafsızlaştırmak /ı/ *pol.* to make (a country/a city) neutral.

tarafsızlık 1. *pol.* neutrality. 2. impartiality, lack of bias.

taraftar supporter, adherent, advocate, follower, partisan. — **olmak** /a/ to be in favor of, support.

taraftarlık 1. adherence, advocacy. 2. partiality, partisanship.

tarak 1. comb (used to comb the hair or hold it in place). 2. card/comb (for dressing wool, etc.); hackle, hatchel (for dressing flax/hemp/jute). 3. rake; harrow. 4. reed (a device on a loom). 5. *anat.* instep, metatarsus (of a human foot). 6. *anat.* metacarpus (of a human hand). 7. *zool.* gill (of a fish). 8. *zool.* crest (of feathers on a bird's head). 9. *zool.* scallop. 10. *zool.* cockle. 11. comb (a tool used in dressing stone). 12. a striped pattern (in a piece of embroidered cloth). 13. dredge, dredging machine. 14. dragnet. — **dişi** tooth of a comb. — **dubası** scoop/bucket of a dredging machine. — **gemisi** dredge. — **makinesi** dredging machine. — **vurmak** /a/ to comb.

tarakçı 1. maker or seller of combs. 2. carder, comber (of wool, woollike fibers); hackler (of flax/hemp/jute).

tarakişi, -ni 1. embroidery done in a striped pattern. 2. (cloth) embroidered in a striped pattern.

taraklama /ı/ 1. combing. 2. raking; harrowing. 3. carding, combing (wool, woollike fibers); hackling (flax/hemp/jute). 4. dredging.

taraklamak /ı/ 1. to comb. 2. to rake; to harrow. 3. to card, comb (wool, woollike fibers); to hackle (flax/hemp/jute). 4. to dredge.

taraklı 1. (woman) who has a comb in her hair. 2. *zool.* crested (bird). 3. (cloth) embroidered in a striped pattern. 4. wide (foot); big (hand).

tarakotu, -nu *bot.* teasel.

taralı 1. combed. 2. raked; harrowed. 3. carded, combed (wool, woollike fibers); hackled (flax/hemp/jute). 4. dredged.

tarama 1. /ı/ combing. 2. /ı/ raking; harrowing. 3. /ı/ carding, combing (wool, woollike fibers); hackling (flax/hemp/jute). 4. /ı/ dredging. 5. /ı/ combing/dressing/finishing (stone) (with a comb). 6. /ı/ raking/strafing (with gunfire). 7. /ı/ combing, searching thoroughly. 8. /ı/ looking at (someone/something) searchingly, scanning (with one's eyes); giving (someone) the once-over. 9. /ı/ hatching; cross-hatching. 10. the pattern created by hatching/cross-hatching. 11. *cartography* hachure. 12. *comp.* scanning. 13. a spread made with fish roe. 14. (picture) which has been shaded with hatches. 15. (map) which contains hachures.

taramak /ı/ 1. to comb. 2. to rake; to harrow. 3. to card, comb (wool, woollike fibers); to hackle (flax/hemp/jute). 4. to dredge. 5. to comb/dress/finish (stone) (with a comb). 6. to rake/strafe (with gunfire). 7. to comb, search thoroughly. 8. to look at (someone/something) searchingly, scan (with one's eyes); to give (someone) the once-over. 9. to hatch, draw fine parallel lines upon; to crosshatch; to hachure (a map). 10. *comp.* to scan. 11. *slang* to steal, make off with. 12. *slang* to finish; to use up; to spend, blow.

taranmak 1. to be combed. 2. to comb one's hair. 3. to be raked; to be harrowed. 4. (for wool, woollike fibers) to be carded/combed; (for flax/hemp/jute) to be hackled. 5. to be dredged. 6. to be raked/strafed (with gunfire). 7. to be combed, be searched thoroughly. 8. to be hatched; to be crosshatched; (for a map) to be hachured. 9. *comp.* to be scanned.

tarantı 1. combings. 2. rakings. 3. dredgings.

tarassut *obs.* surveillance; close watch; observation. — **etmek** /ı/ to keep (someone/a place) under surveillance; to keep a close watch on; to observe. —**a yatmak** /ı/ to lie in wait for.

taratmak /ı, a/ to have (someone) comb/rake/card/hackle/dredge/strafe/hatch/ crosshatch/hachure (something).

tarator a rich sauce made with walnuts, bread, garlic, olive oil, and vinegar.

taravet, -ti *obs.* freshness; tenderness.

taravetli *obs.* young and fresh, young and tender.

tarayıcı *comp.* scanner, optical scanner; optical character reader.

taraz raveled threads (on the surface of a fabric), ravels, ravelings, fuzz.

tarazlamak /ı/ to remove the ravelings from (a fabric that has just come off the loom).

tarazlanmak 1. (for a fabric) to ravel, fuzz. 2. (for hair) to frizz, become frizzy.

tarçın 1. cinnamon (as a spice). 2. *bot.* cinnamon tree.

tarçıni 1. cinnamon, light reddish brown. 2. cinnamon-colored, cinnamon.

tardetmek *obs.* 1. /ı, dan/ to expel (someone) from; to dismiss, discharge (someone) from; to drive (someone) from. 2. /ı/ *mil.* to repulse, drive back.

taret, -ti *mil.* turret (an armored housing protecting guns and gunners).

tarh 1. flower bed; border. 2. *obs., math.* subtraction. 3. *obs.* imposition (of a tax).

tarhana 1. a dried foodstuff made chiefly of curds and flour (used for making soup). 2. soup made with **tarhana**. — **çorbası** soup made with **tarhana**.

tarhun *bot.* tarragon, estragon.

tarım agriculture. — **işçisi** agricultural laborer.

tarımbilim agriculture (as a science).

tarımcı agriculturist.

tarımcılık agriculture.

tarımsal agricultural.

tarif 1. description. 2. definition. 3. recipe. — **etmek** /ı/ 1. to describe. 2. to define. —**e uymak** to match the description.

tarife 1. tariff, schedule of rates/prices/charges. 2. timetable, schedule. 3. instructions sheet, instructions, directions. 4. recipe.

tarifeli 1. (something) for which a tariff/a schedule exists. 2. (something) which contains or has been furnished with a tariff/a schedule/directions.

tarifesiz 1. (something) for which no tariff or schedule exists. 2. (something) which does not contain or has not been furnished with a tariff/a schedule/directions.

tarifsiz indescribable, ineffable, inexpressible.

tarih 1. date: **bugünün tarihi** today's date. **5 Ni-**

sarı 1994 tarihinde on 5 April 1994. **2.** history. **3.** chronogram. **— atmak/koymak** /a/ to date, write the date on. **— düşürmek** /a/ to compose a chronogram to commemorate the date of (an event). **—e geçmek** to go down in history, be recorded in history. **—e karışmak** to become a thing of the past.

tarihçe short history, brief historical account.

tarihçi 1. historian, historiographer. **2.** *colloq.* history teacher.

tarihçilik historiography.

tarihi 1. historical. **2.** historic.

tarihli dated ..., bearing the date of: **21 Haziran tarihli bir mektup** a letter dated 21 June.

tarihöncesi, -ni 1. prehistory. **2.** prehistoric, prehistorical.

tarihsel 1. historical. **2.** historic.

tarihsiz 1. undated. **2.** historyless, having no history to speak of.

tarik, -kı 1. *obs.* road. **2.** *obs.* profession. **3.** Sufism path, way of life. **—ıyla** *obs.* **1.** via, by way of. **2.** by means of, by.

tarikat, -tı 1. tariqa, tariqat, Sufi path. **2.** tariqa, tarekat, dervish order, dervish fraternity.

tarikatçı 1. member of a tariqa, dervish. **2.** of the tariqas, of the dervishes. **3.** person who favors the reestablishment of the tariqas. **4.** favorable to the reestablishment of the tariqas.

tarla field (where crops are grown). **— açmak** to clear a piece of land. **— tabanı** roller used to level the soil in a field.

tarlafaresi, -ni *zool.* **1.** vole. **2.** red-backed mouse.

tarlakoz 1. a fishing boat with two pairs of oars. **2.** a fishing net thrown out from a **tarlakoz** and then pulled in from the shore.

tarlakuşu, -nu *zool.* skylark.

tarlasıçanı, -nı *zool., see* **tarlafaresi.**

tarpan *zool.* tarpan (a wild horse of Central Asia).

tarpuş tarboosh.

tart *obs.* **1.** expulsion; dismissal, discharge. **2.** *mil.* repulsing, repulsion, repulse.

tart, -tı pie (a sweet, usually fruit-filled, pastry). **— hamuru** piecrust (as dough).

tartaklamak /ı/ to rough (someone) up, give (someone) a few violent shakes/pushes.

tartaklanmak to be roughed up, receive a few violent shakes/pushes.

tartar *chem.* tartar.

tartarik *chem.* tartaric. **— asit** tartaric acid.

tartı 1. weight, heaviness. **2.** scales, balance. **3.** weighing: **tartı aleti** scale/weighing device. **tartı odası** weighing room. **4.** *naut.* line (rope used for hauling in/hoisting/unfurling sails). **5.** *poet.* meter. **—ya gelmemek** to be unweighable; to be very difficult to weigh. **—yla satmak** /ı/ to sell (something) by weight. **—ya vurmak** /ı/ *colloq.* to weigh (something).

tartıcı weigher.

tartıl *chem.* quantitative, quantitive, involving the measurement of quantity. **— çözümleme** quantitative analysis.

tartılı 1. weighed. **2.** *colloq.* well-considered, carefully weighed. **3.** metrical (poem, line of verse).

tartılmak 1. to be weighed. **2.** to weigh oneself.

tartım rhythm.

tartımlı rhythmic, having a rhythm.

tartımsal rhythmical, involving or related to rhythm.

tartısız 1. unweighed. **2.** *colloq.* not carefully considered/weighed, rash. **3.** without being weighed; without weighing: **Elmalarını tartısız satıyor.** He's selling his apples without weighing them.

tartışı debate; discussion; argument.

tartışılmak to be debated, be debated on; to be discussed; to be argued.

tartışma debate; discussion; argument, dispute.

tartışmacı participant in a debate/an argument.

tartışmak 1. /la/ to debate (with); to have a discussion (with); to argue, dispute (with). **2.** /ı/ to debate/discuss/argue (something). **3.** (for two greased wrestlers) to engage in a preliminary struggle (in order to discover each other's weak points).

tartışmalı 1. marked by debate, disputatious. **2.** (a subject) which is under debate.

tartmak /ı/ **1.** to weigh. **2.** *colloq.* to weigh (one's words); to consider the effect that (one's words) may have. **3.** *colloq.* to push and pull on (a door) hard. **4.** *colloq.* to sound out, feel out. **5.** *colloq.* to size up, evaluate.

tartarak yenmek /ı/ (for a greased wrestler) to win a fall by lifting (his opponent) and carrying him three steps.

tartölat, -tı tart/tartlet (a small, usually fruit-filled, pie).

tarttırmak /ı, a/ to have (someone) weigh (something).

tartura lathe used for turning spinning wheels.

tarumar *obs.* **1.** confused, jumbled, topsy-turvy, scattered. **2.** *mil.* routed. **— etmek** /ı/ **1.** to disarray, make a mess of; to leave (something) in disarray; to scatter. **2.** *mil.* to rout.

tarz 1. manner, sort, kind, way. **2.** style: **Gotik tarzı** the Gothic style.

Tarzan Tarzan.

Tarzanca 1. a way of communicating with a foreigner, involving the use of gestures and a few simple words (similar to that used by Tarzan and Jane). **2.** (speaking) using gestures and a few simple words, in the manner of Tarzan and Jane.

tas 1. metal bowl; porringer: **tıraş tası** shaving bowl. **2.** wide, metal cup; porringer: **çeşme tası** metal drinking cup attached by a chain to a fountain. **— gibi** *colloq.* bald (head). **— ke-**

babı see **taskebabı**. **—ı tarağı toplamak** colloq. to pack up one's belongings, pack up one's traps (hurriedly).
tasa worry. **— çekmek** to worry. **—sını çekmek /ın/** to worry about (someone/something). **— etmek 1.** to worry. **2. /ı/** to worry about (someone/something). **—mın on beşi!** colloq. What's it to me?/It's nothing to me! **—sı sana mı düştü?** colloq. What's it to you?/It's no concern of yours!/Mind your own business!
tasalandırmak /ı/ to cause (someone) to worry, worry.
tasalanmak to worry.
tasalı worried, troubled.
tasallut, -tu obs. **1.** molestation. **2.** attack (made upon someone). **— etmek /a/ 1.** to molest. **2.** to attack (someone) violently.
tasar plan (diagram showing the plan of a building, machine, etc.).
tasarçizim 1. drawing a preliminary sketch/outline, designing. **2.** preliminary sketch/outline, design.
tasarçizimci designer, person who draws designs.
tasarı 1. written proposal; bill, draft of a proposed law. **2.** plan, scheme, project.
tasarım 1. conceiving, conception, imagining, envisagement. **2.** idea, concept, conception. **3.** preliminary sketch/outline, design. **4.** phil. representation, the process by which the mind forms an image or idea of an object. **5.** phil. representation, image, idea.
tasarımlamak /ı/ 1. to conceive, imagine, envisage. **2.** to design, prepare a drawing/a design for (something), prepare a preliminary sketch/outline for (something). **3.** phil. to represent.
tasarlamak /ı/ 1. to envisage, envision; to plan; to project, devise a plan for. **2.** to roughhew, rough out (a piece of wood/stone). **tasarlayarak öldürme** law premeditated murder. **tasarlayarak öldürmek /ı/** law to murder, kill (someone) premeditatedly.
tasarlanmak 1. to be envisaged, be envisioned; to be planned; to be projected. **2.** (for a piece of wood/stone) to be roughhewn, be roughed out.
tasarruf 1. law disposal, disposition; administration, management; possession. **2.** conservation, careful use of (a resource); saving (money); thrift, economy. **3.** savings, money saved. **—unda/—u altında /ın/** in the possession of; at the disposal of; at the disposition of: *Daire kiracının tasarrufundadır.* The apartment is in the possession of the tenant. **— bankası** savings bank. **— bonosu** a kind of savings bond (formerly issued by the Turkish government). **— etmek 1.** to save, save money, save up; to economize; to practice conservation. **2. /dan/** to save on, economize on, save. **3. /a** or **ı/** to have the use of; to have (something) in one's possession. **— faktörü** banking accumulation factor. **— hesabı** banking savings account. **— mevduatı** banking savings deposit.
tasarruflu 1. thrifty, economical. **2.** (machine) which uses little energy or which costs little to operate, economical.
tasasız carefree, lighthearted.
tasasızlık carefreeness, lightheartedness.
tasavvuf Sufism, Islamic mysticism. **— ehli 1.** (a) Sufi. **2.** Sufi (person).
tasavvufi Sufistic, Sufic, Sufi.
tasavvur 1. conceiving, conception, imagining, envisagement. **2.** idea, concept, conception. **3.** phil. representation, the process by which the mind forms an image or idea of an object. **4.** phil. representation, image, idea. **— etmek /ı/ 1.** to conceive, imagine, envisage. **2.** phil. to represent.
tasdik, -ki 1. attesting to the truth of; bearing (someone) out. **2.** certification (of a document). **3.** ratification. **— etmek /ı/ 1.** to attest to the truth of; to bear (someone) out. **2.** to certify (a document). **3.** to ratify.
tasdikli certified (document).
tasdikname 1. certificate (document which formally attests something). **2.** certificate of attendance (given to a student who has attended, but not graduated from a school).
tasdiksiz uncertified (document).
tasfiye 1. purification. **2.** refining. **3.** com., law liquidation (of a firm/a security). **4.** discharge, elimination (of employees). **5.** elimination, doing away with. **— aygıtı** water conditioner, water filter, or water softener (a machine). **— etmek /ı/ 1.** to purify. **2.** to refine. **3.** com., law to liquidate (a firm/a security). **4.** to discharge, eliminate (employees). **5.** to eliminate, do away with. **—ye gitmek** (for a firm) to go into liquidation. **— memuru** law liquidator. **— satışı** going-out-of-business sale, liquidation sale. **— tesisi 1.** water-treatment plant. **2.** sewage-treatment plant.
tasfiyeci someone who advocates the elimination of foreign words from a language, purist.
tasfiyehane obs. refinery.
tashih correction; rectification. **—ler** corrected pages (of a text). **— etmek /ı/** to correct; to rectify.
tasım log. syllogism.
tasımlamak /ı/ 1. to plan. **2.** to estimate, reckon.
tasımsal log. syllogistic, syllogistical.
taskebabı, -nı a stew made of meat and vegetables.
taslak 1. rough draft; sketch; preliminary study; outline. **2.** fine arts sketch; preliminary model,

maquette. 3. would-be *(used disparagingly)*: **şair taslağı** would-be poet.

taslamak 1. to try to make others think one is (something one isn't); to act as if one were (something one is not): **Kibarlık taslıyor.** He's trying to make us think he's got manners. 2. /ı/ to hew, shape.

tasma 1. collar (put around an animal's neck). 2. leather strap (which forms the upper of a bath clog).

tasmalı (animal) that is wearing a collar.

Tasmanya 1. Tasmania, *hist.* Van Diemen's Land. 2. Tasmanian, Tasmania, of Tasmania.

Tasmanyalı 1. (a) Tasmanian. 2. Tasmanian (person).

tasnif classification. — **etmek** /ı/ to classify.

tasrif *obs., gram.* inflecting (a word); declining (a noun/a pronoun/an adjective); conjugating (a verb). — **etmek** /ı/ to inflect (a word); to decline (a noun/a pronoun/an adjective); to conjugate (a verb).

tastamam absolutely complete; not lacking in any way whatsoever; altogether perfect, A-OK, a-okay. — **olmak** /a/ (for a piece of clothing) to fit (someone) absolutely perfectly, fit (someone) right down to the ground.

tasvip approval; sanction. — **etmek** /ı/ to approve of, approve, give (something) one's approval; to sanction.

tasvir 1. portraying (someone/something) (in words), depiction, description. 2. *colloq.* picture; icon; statue. — **etmek** /ı/ to portray (someone/something), depict, describe. — **gibi** *colloq.* very good-looking (person).

tasviri *obs.* descriptive.

taş 1. (a) stone; (a) rock. 2. stone, gem (in a piece of jewelry). 3. playing piece, counter (used in a board game such as chess/checkers). 4. *colloq.* dig, barbed allusion. 5. *med.* stone, calculus (e.g. kidney stone, gallstone). 6. *slang* money, dough, rocks. 7. stone, rock, made of stone/rock. 8. *colloq.* fixed but vacant (stare). — **arabası** *slang* dull and stupid person, blockhead, dodo. — **atmak** /a/ *colloq.* to get in a sly dig at, make a barbed allusion about (someone). — **atıp da kolun mu yoruldu?/— atıp kolun yorulmadı ya!** *colloq.* You get something all but handed to you on a platter, and yet you're still not satisfied! — **bebek** see **taşbebek.** — **çatlasa** *colloq.* by no means, by no manner of means: **Fatma, taş çatlasa altmıştan fazla değildir.** Fatma can't possibly be more than sixty years old. —**a çekmek** /ı/ to sharpen (something) on a whetstone/a hone. — **çıkartmak/çıkarmak** /a/ *colloq.* to be able to run rings around, be far superior to (someone). — **devri** the Stone Age. — **dolgu** 1. large stone used for a riprap or enrockment. 2. making a riprap or enrockment. 3. riprap, enrockment. 4. rubble used as fill for a wall. — **döşek** blocage (a kind of masonry). — **düşürmek** to pass a kidney stone (gallstone, etc.). — **evi** setting, mounting, mount (for a gem). — **evi tırnağı** prong, claw (of a setting for a gem). —**ı gediğine koymak** *colloq.* to say something at just the right time. — **gibi** *colloq.* 1. hard as a rock, very hard. 2. stonyhearted, hardhearted. 3. rigid, inflexible (person). — **hamuru** stucco. — **kesilmek** 1. *colloq.* to be dumbfounded. 2. (for liquid concrete, etc.) to harden. — **kesimi** stonecutting. — **kömürü** see **taşkömürü.** — **ocağı** stone quarry. —**a/—ı ölçeyim.** *colloq.* May I be spared it! *(said of a bodily illness/wound/ache).* — **sektirme** ducks and drakes (a game). —**ı sıksa suyunu çıkarır.** *colloq.* He's very strong./He's got a lot of brawn. — **tahta** slate (a writing tablet). — **tutmak** *slang* to have money, be in funds. —**a tutmak** /ı/ to stone. —**tan yağ çıkar, ondan çıkmaz.** *colloq.* It's easier to squeeze blood out of a turnip than to get money out of him. — **yağar, kıyamet koparken** *colloq.* while all hell is/was breaking loose. — **yerinde ağırdır.** *proverb* A person's true worth is appreciated by those who know him well. — **yontmak** to dress stone. — **yürekli** *colloq.*, see **taşyürekli.**

taşak *vulg.* testicle, testis, nut, ball.

taşaklı *vulg.* 1. (man, male animal) who/which has nuts. 2. bold, fearless, (person) who's got balls/guts, gutsy; ballsy (woman). 3. gutsy (person) who knows how to get what he/she wants.

taşbademi, -ni an almond the fruit of which has a very hard shell.

taşbaskı lithography.

taşbaskıcı lithographer.

taşbasması see **taşbasması.**

taşbasması, -nı 1. lithograph. 2. lithographed (book, picture, etc.).

taşbebek doll. — **gibi** *colloq.* (woman) who is beautiful but lacking in warmth.

taşbilim petrology; lithology.

taşböceği, -ni *zool.* cowrie, cowry.

taşçı 1. quarryman, quarrier. 2. stonecutter (a person). 3. stonemason. — **kalemi** stonemason's chisel.

taşçılık 1. quarrying. 2. stonecutting. 3. stonemasonry.

taşeron subcontractor.

taşıl fossil.

taşılbilim paleontology.

taşılbilimci paleontologist.

taşıllaşmak to fossilize, turn into a fossil.

taşım *used in:* (...) — **kaynamak** (for a liquid) to come to the boil (for a specified number of times). (...) — **kaynatmak** /ı/ to bring (a liquid) to the boil (for a specified number of times):

Sütü yalnız bir taşım kaynattı. She brought the milk to the boil only once.

taşıma 1. /ı, dan, a/ carrying, transporting (something) from (one place) to (another); transport, transportation. 2. /ı/ bearing, supporting, or holding up (a weight/a load). 3. /ı/ carrying (something) (on one's person). 4. /ı/ bearing, enduring, putting up with. 5. /ı/ bearing, carrying, possessing (a name, etc.). — **su ile değirmen dönmez.** *proverb* An enterprise can't be carried out successfully with inadequate means. — **ücreti** freight, freightage.

taşımacı carrier, transporter, shipping agent; forwarder (of freight).

taşımacılık the transport business, the business of transporting goods, shipping; the forwarding business.

taşımak 1. /ı, dan, a/ to carry, transport (something) from (one place) to (another). 2. /ı/ to bear, support, or hold up (a weight/a load): **Bu dal beni taşımaz.** This branch won't bear my weight. 3. /ı/ to carry (something) (on one's person): **Avni silah taşıyor.** Avni's carrying a gun. 4. /ı/ to bear, endure, put up with. 5. /ı/ to bear, carry, possess (a name, etc.): **Çocuk dedesinin adını taşıyor.** The child bears his grandfather's name.

taşımlık *see* **taşım.**

taşınır 1. movable, portable, conveyable, transferable. 2. (a) movable possession.

taşınmak 1. /a/ to move (to), remove (to) (a new place of residence/business). 2. /a/ to be carried (to), be transported (to). 3. (for a weight/a load) to be borne, be supported. 4. to be carried (on one's person). 5. /a/ to be constantly coming and going to (a place).

taşınmaz 1. immovable/real (property). 2. (an) immovable possession; piece of real property.

taşırmak /ı/ 1. to cause (something) to overflow, overflow. 2. to cause (something) to boil over. 3. to cause (someone) to lose (his patience) completely; to cause (someone) to lose his patience completely; to cause (someone) to boil over, cause (someone) to blow his stack; to cause (someone) to give vent to his excitement.

taşıt, -tı vehicle, conveyance, means of transportation.

taşıtçı operator of a vehicle.

taşıtlık garage.

taşıtmak /ı, a/ 1. to have (someone) carry/transport (something). 2. to have (someone) carry (something) (on his person).

taşıyıcı 1. porter, carrier; stevedore. 2. conveyor (e.g. conveyor belt, pneumatic conveyor, crane). 3. small vehicle used for moving heavy objects (e.g. hand truck, forklift truck, dolly). 4. *path.* carrier (of an infectious disease). 5. (something) used as a conveyance.

taşikardi *med.* tachycardia.

taşkın 1. (river, etc.) which has overflowed its banks. 2. markedly unrestrained; rowdy, boisterous; impetuous; excessively exuberant. 3. *psych.* manic, affected with mania. 4. inundation, flood. — **yatağı** *geog.* floodplain (of a river).

taşkınlık 1. marked lack of restraint; rowdiness, boisterousness; impetuousness; excessive exuberance. 2. markedly unrestrained behavior; rowdy behavior. 3. *psych.* mania.

taşkıran 1. *bot.* saxifrage, breakstone. 2. rock crusher, stone crusher (machine for crushing rocks). 3. *med.* lithotome, knife used to perform a lithotomy.

taşkıranotu, -nu *bot.* saxifrage, breakstone.

taşkırım *med.* lithotomy.

taşkömür *see* **taşkömürü.**

taşkömürü, -nü coal; hard coal, anthracite; soft coal, bituminous coal.

taşküre *see* **taşyuvarı.**

taşlama 1. /ı/ stoning, throwing stones at. 2. /ı/ stoning (someone) to death. 3. /ı/ *lit.* satirizing; lampooning. 4. *lit.* satire; lampoon. 5. *folk poet.* satiric poem. 6. /ı/ removing the stones from (a food). 7. /ı/ honing, enlarging/smoothing (something) with a hone. 8. /ı/ paving (an area) with stones. 9. /ı/ *colloq.* getting in a dig at, making a critical allusion about (someone). — **taşı** hone.

taşlamacı 1. *lit.* satirist; lampooner. 2. *folk poet.* a satirical poet. 3. honer, person who does honing.

taşlamak /ı/ 1. to stone, throw stones at. 2. to stone (someone) to death. 3. *lit.* to satirize; to lampoon. 4. to remove the stones from (a food). 5. to hone, enlarge/smooth (something) with a hone. 6. to pave (an area) with stones. 7. *colloq.* to get in a dig at, make a critical allusion about (someone).

taşlanmak 1. to be stoned. 2. to be stoned to death.

taşlaşmak 1. to petrify, turn to stone. 2. *colloq.* to be dumbfounded.

taşlatmak /ı, a/ 1. to have (someone) throw stones at (someone/something). 2. to have (someone) stone (someone) to death.

taşlevreği, -ni *zool.* umbra, umbrine.

taşlı 1. stony, full of stones or stony bits. 2. paved with stones. 3. (piece of jewelry) set with a (precious/semiprecious) stone.

taşlık 1. stony place. 2. courtyard or entrance hall paved with stones. 3. gizzard (of a bird). 4. stony (place).

taşmak 1. to boil over. 2. to overflow, run over; (for a river) to overflow its banks; /a/ (for a crowd) to spill over (into) (a place). 3. (for

something) to project or extend over the edge/the edges of (something). 4. *colloq.* to lose one's patience; to blow one's stack; to give vent to one's excitement.
Taşoz Thasos (an Aegean island).
taşpamuğu, -nu asbestos.
taşpudra face powder (in the form of a cake, used in compacts).
taşra the provinces, the parts of a country outside its big cities.
taşralı 1. (a) provincial, person from the provinces. 2. provincial, of/from the provinces.
taşyağı, -nı 1. kerosene, *Brit.* paraffin. 2. petroleum, rock oil.
taşyuvarı, -nı *geol.* lithosphere.
taşyürekli *colloq.* hardhearted, stonyhearted.
tat 1. flavor, taste. 2. sweetness, sweet taste. 3. pleasure, pleasurable quality/feeling; delight: **Onun tadı bambaşka.** It's a totally different sort of pleasure./It delights you in a totally different way. — **alma duyusu** the sense of taste. — **almak** /dan/ *colloq.* to relish, find pleasure in, get pleasure out of. **—ını almak** /ın/ 1. *colloq.* to relish, find pleasure in, get pleasure out of. 2. to taste, perceive the taste of (a food). **—ına bakmak** /ın/ to taste, sample (a food). **—ında bırakmak** /ı/ *colloq.* not to overdo (something). **—ını bulmak** (for a food) to be at its most flavorsome, for (a food's) flavor to be at its peak. **—ını çıkarmak** /ın/ *colloq.* to make the most of, get the utmost enjoyment out of (something), luxuriate in (something). **—ı damağında kalmak** /ın/ *colloq.* 1. to be unable to forget the delicious flavor of (a food). 2. still to remember the pleasure one got out of, remember (something) with relish. **—ına doyum olmamak** /ın/ *colloq.* (for something) to be so delicious/delightful that one can't get enough of it. **—ı gitmek** /ın/ *colloq.*, *see* **tadı kaçmak.** **—ını kaçırmak** /ın/ *colloq.* to spoil (something); to cast a damper on. **—ı kaçmak** /ın/ *colloq.* (for something) to lose its charm, be no longer pleasurable. — **tomurcuğu** *anat.* taste bud. **—ını tuzunu bozmak** /ın/ *colloq.*, *see* **tadını kaçırmak.** **—ı tuzu kalmamak** *colloq.* 1. to lose its charm, be no longer pleasurable. 2. (for a food/a drink) to lose its flavor, become insipid. **—ı tuzu yok.** *colloq.* 1. It has no flavor at all./It's completely insipid (*said of a food*). 2. It has no charm whatsoever./There's nothing pleasurable about it. **—ına varmak** /ın/ *colloq.* 1. to enjoy (something) to the full. 2. to appreciate fully the beauty of (something). — **vermek** /a/ to give (a food) a good flavor, improve the taste of (a food), flavor. **—ından yenmemek** *colloq.* to be so good one can't get enough of it.
Tatar 1. (a) Tatar, (a) Tartar. 2. Tatar, Tartar, of the Tatars.

tatar *hist.* mounted courier, mounted messenger; postrider.
tatarböreği, -ni a food somewhat similar to ravioli.
Tatarca 1. Tatar, the Tatar language. 2. (speaking, writing) in Tatar, Tatar. 3. Tatar (speech, writing); spoken in Tatar; written in Tatar.
tatarcık *zool.* sand fly. — **humması** *path.* phlebotomus fever, sand-fly fever, pappataci fever.
Tatarımsı *see* **Tatarsı.**
tatarımsı *colloq.*, *see* **tatarsı.**
Tataristan 1. Tatarstan. 2. *hist.* Tartary.
Tatarsı rather Tataric; Tatar-like.
tatarsı *colloq.* half-cooked, underdone (food).
tatbik, -ki putting (something) into effect/practice; application. — **etmek** 1. /ı/ to put (something) into effect/practice; to carry (something) out; to apply. 2. /ı, a/ to compare (one thing) with (another). — **mührü** official seal (of a person). — **sahasına koymak** /ı/ to put (something) into effect/practice; to carry (something) out; to apply.
tatbikat, -tı 1. application; practice. 2. *mil.* maneuvers, exercises. **—ta** in practice.
tatbikatçı person who puts something into effect/practice.
tatbiki applied, engaged in for a utilitarian purpose: **tatbiki sanatlar** applied arts.
tatil 1. holiday, vacation. 2. long break for a meal: **Onun iki saatlik bir öğle tatili var.** He has a two-hour lunch break. 3. temporary closure, closing (a place) temporarily. 4. temporary cessation, suspension. — **etmek** /ı/ 1. to close (a place) temporarily. 2. to suspend, cease (doing something) temporarily. **—e girmek** (for an institution/a business) to close down for a vacation. — **günü** 1. holiday. 2. day off, off day. — **köyü** holiday village (resort consisting of a group of bungalows/cabins). — **olmak** (for an institution/a business) to be closed (for a holiday). — **yapmak** to take a vacation.
tatlandırıcı 1. (a) sweetener, (a) sweetening. 2. sweetening (substance).
tatlandırmak /ı/ 1. to give (a food) a good flavor, improve the taste of (a food), flavor. 2. to make (a fruit) sweet (by ripening it).
tatlanmak (for a fruit) to get sweet (owing to ripening).
tatlı 1. sweet (in taste). 2. pleasant, agreeable, nice, sweet; amiable, genial; delicious; dulcet, melodious. 3. pleasantly, agreeably, nicely; genially. 4. sweet dessert, *Brit.* sweet (especially a pastry soaked in syrup). **—ya bağlamak** /ı/ *colloq.* 1. to settle (a matter) amicably. 2. to end (a talk) on a pleasant/jolly note. — **bela** *colloq.* a trying but nonetheless lovable person; scamp, impish but endearing child. — **dil** *colloq.* soft words, kind and conciliatory words.

— dil, güler yüz *colloq.* kind words and a smiling face. **— dil yılanı deliğinden çıkarır.** *proverb* A soft answer turns away wrath. **— dilli** *colloq.* (person) whose talk is delightful, who has a delightful way of expressing himself. **— sert** 1. tartish, agreeably tart (in taste). 2. *colloq.* kind but firm (words/manner). 3. *colloq.* kindly but firmly. **— söz** soft words, kind and conciliatory words. **— su** 1. water which tastes good. 2. fresh water (as opposed to *salt water*). 3. freshwater: **tatlı su midyesi** freshwater mussel. 4. *colloq.* (someone) who's trying to act like ..., would-be: **tatlı su sosyalisti** would-be socialist. **— su Frengi** *colloq.* local Christian who apes European ways. **— su kaptanı** *colloq.* inexperienced sailor. **— tatlı** pleasantly; with pleasure, pleasurably. **— ye, tatlı söyle.** *proverb* Let's try to live together peaceably./Live and let live. **— yerinde bırakmak/kesmek** /ı/ *colloq.* 1. to stop doing (something) before (the doing of) it becomes boring. 2. to break off (a story) at an exciting point.

tatlıca sweetish, somewhat sweet (in taste).

tatlıcı 1. maker or seller of pastries soaked in syrup. 2. (someone) who's very fond of sweet desserts.

tatlıcılık making or selling of pastries soaked in syrup.

tatlılaşmak 1. (for a fruit) to get sweet (owing to ripening). 2. to become pleasant/genial; (for a voice) to acquire a dulcet tone.

tatlılaştırmak /ı/ to make (a fruit) sweet (by ripening it).

tatlılı containing, set with, or made up of a number of sweet desserts.

tatlılık 1. sweetness, sweet taste. 2. pleasantness, agreeableness, niceness, sweetness; amiability, geniality; deliciousness; melodiousness. **—la** 1. with kindness, by exercising kindness. 2. amicably.

tatlımsı sweetish, somewhat sweet (in taste).

tatlıpatates sweet potato, yam.

tatlısuıstakozu, -nu *zool.* crayfish, crawfish.

tatlısulevreği, -ni *zool.* perch.

tatlısülümen calomel, mercurous chloride.

tatlıyosun an edible, Chilean seaweed.

tatmak, -dar /ı/ 1. to taste (a food/a drink). 2. *colloq.* to taste, experience.

tatmin satisfying, satisfaction; gratifying, gratification; contenting. **— etmek** /ı/ to satisfy; to gratify; to content. **— olmak** to be satisfied; to be gratified; to be contented.

tatminkâr satisfactory, satisfying.

tatminsizlik lack of satisfaction.

tatsal gustatory, gustatorial, gustative.

tatsız 1. tasteless, insipid, vapid (food/drink). 2. not sweet enough to the taste, unsweet. 3. unpleasant, disagreeable; boring. **— tuzsuz** *colloq.* 1. very tasteless, very insipid. 2. very boring.

tatsızlaşmak 1. (for a food/a drink) to become insipid or lose its flavor/sweetness. 2. to become unpleasant/disagreeable/boring.

tatsızlık 1. tastelessness, insipidity; lack of flavor/sweetness. 2. unpleasantness, disagreeableness; action which creates unpleasantness.

tattırmak /ı, a/ 1. to have (someone) taste (something). 2. *colloq.* to have (someone) taste/experience (something).

tatula *bot.* 1. jimsonweed, thorn apple, apple of Peru. 2. datura.

tatura *bot., see* **tatula.**

taun *obs.* plague, pestilence.

tav 1. annealing, anneal (of steel/glass). 2. the exact degree of heat/dampness (required for the manipulation of a material). 3. the degree of dampness and heat in the soil necessary for healthy plant growth. 4. *colloq.* opportune time; favorable state/condition. 5. good finish, proper degree of fatness (of an animal). 6. *slang* trick, deception. **—ını bulmak /ın/** *colloq.* to find the right time or the right conditions for doing (something). **—a getirmek /ı/** to bring (something) to the proper degree of heat. **—ına getirmek /ı/** *colloq.* to find just the right time for doing (something). **— olmak /a/** *slang* to fall for (someone's) trick, be duped by (someone's) trick: **O bize tav oldu.** He fell for our trick. **—ında tutmak /ı/** *colloq.* to keep (something) in a sound/stable condition, keep (something) on an even keel. **— vermek /a/** 1. to dampen (clothes/paper/tobacco) (before ironing, etc.): **Ütülenecek çamaşıra tav verdi.** She dampened the clothes which were to be ironed. 2. to anneal (steel/glass).

tava 1. frying pan, skillet, frypan; spider, cast-iron frying pan. 2. fried (food): **patates tavası** French fries, *Brit.* chips. **Benim palamut tava olsun.** I want my bonito fried. 3. popcorn popper or coffee roaster (long-handled implement used for popping corn or roasting coffee beans over the coals of a fire). 4. ladle in which a metal is melted). 5. trough (in which lime is slaked). 6. salt pan (depression from which salt is obtained by natural evaporation). 7. bed (for young plants in a nursery). 8. *naut.* platform at the foot of an accommodation ladder.

tavaf 1. *Islam* circumambulation (of the Kaaba) (during the hajj). 2. walking around, wandering around (a place). **— etmek /ı/** 1. to circumambulate (the Kaaba) (during the hajj). 2. to walk around, wander around (a place).

tavan ceiling. **— arası** attic, garret, *Brit.* loft. **— başına çökmek/yıkılmak** *colloq.* to be knocked for a loop, be dealt a crushing (emotional) blow. **— fiyatı** ceiling price. **— süpürgesi** long-han-

dled broom used to clean ceilings.
tavassut, -tu *obs.* mediation; interposition, intervention. **— uyla** /ın/ through the agency of; through the mediation of. **— etmek** /a/ to mediate, act as a mediator; to interpose, intervene.
tavcı *slang* 1. swindler, cheat. 2. (someone) who swindles/cheats.
tavcılık *slang* swindling, cheating.
taverna nightclub.
tavır, -vrı 1. manner, air, attitude; (facial) expression. 2. airs, affectation, put-on; pose, attitudinizing. **— almak** to assume/adopt a (specified) manner/air/expression. **— satmak** *colloq.* to give oneself airs, put on.
taviz 1. (a) concession (something given up in order to reconcile a difference). 2. (a) compensation. **— vermek** to make a concession; /a/ to appease/conciliate (someone) by making a concession (usually at the sacrifice of one's principles).
tavizci appeaser, someone who favors making concessions (usually at the sacrifice of one's principles).
tavizcilik appeasement (usually at the sacrifice of one's principles).
tavla stable (for horses).
tavla backgammon, tables. **— atmak** to play backgammon.
tavlacı stableman, groom.
tavlacı person who's fond of playing backgammon.
tavlamak /ı/ 1. to dampen (clothes/paper/tobacco) (before ironing, etc.). 2. to anneal (steel/glass). 3. to finish, fatten (an animal). 4. *slang* to trick, hoodwink, bamboozle, pull the wool over (someone's) eyes. 5. *slang* to snow, beguile, charm.
tavlanmak 1. (for clothes/paper/tobacco) to be dampened (before ironing, etc.). 2. (for steel/glass) to be annealed. 3. (for an animal) to be finished; to get fat. 4. *slang* to be tricked, be hoodwinked, be bamboozled. 5. *slang* to be snowed, be beguiled, be charmed.
tavlı 1. dampened (clothes/paper/tobacco). 2. annealed (steel/glass). 3. (soil) that is warm enough and moist enough to promote good plant growth. 4. finished, fattened (animal).
tavsamak (for the pace/the violence/the flow of something) to moderate, abate, slacken, or fall off.
tavsatmak /ı/ to cause (the pace/the violence/the flow of something) to moderate, abate, slacken, or fall off.
tavsız 1. undampened (clothes/paper/tobacco). 2. unannealed (steel/glass). 3. (soil) that is not warm enough and moist enough to promote good plant growth. 4. (animal) that has not been finished, that has not been fattened.
tavsiye 1. recommendation, advising (a certain course of action). 2. recommendation, commendation (of someone/something as being worthy of acceptance/use/trial). **— etmek** /ı/ 1. to recommend, advise. 2. to recommend, commend. **— mektubu** letter of recommendation.
tavsiyeli (someone) who is backed by the recommendation of an influential person.
tavsiyesiz (someone) who is not backed by the recommendation of an influential person.
tavşan *zool.* rabbit; hare. **— anahtarı** skeleton key, picklock. **—ı araba ile avlamak** *colloq.* to do something calmly and unhurriedly. **— bayın aştı.** *colloq.* It's too late to do anything about it now!/What's done is done! **— boku** *colloq.* someone who neither helps nor hinders. **— boku gibi ne kokar, ne bulaşır.** *colloq.* He neither helps nor hinders. **— dağa küsmüş de dağın haberi olmamış.** *proverb* 1. X has gotten mad at Y, but Y is unaware of it. 2. When an insignificant person gets mad at a big shot, the big shot usually has no knowledge of it. **—a kaç, tazıya tut demek** *colloq.* to play both ends against the middle. **— kız** Bunny girl, Bunny. **—ın suyunun suyu** *colloq.* 1. something that has only a faint connection with something else. 2. a very distant relation. **— uykusu** *colloq.* very light sleep. **— yürekli** *colloq.* timid; easily frightened; lacking in courage.
tavşan cabinetmaker.
tavşanağzı, -nı 1. pink (the color). 2. pink, pink-colored.
tavşancıl *zool.* eagle; hawk; vulture.
tavşancılık the commercial raising of rabbits.
tavşandudağı, -nı harelip, cleft lip.
tavşandudak person who has a harelip.
tavşandudaklı harelipped.
tavşankanı, -nı 1. deep, bright red (the color). 2. colored a deep, bright red. 3. dark and strong (*said of tea that is ready to drink*).
tavşankulağı, -nı *bot.* cyclamen.
tavşanlık rabbit hutch.
tavşanlık cabinetmaking, cabinetry.
tavuk 1. hen, (female) chicken. 2. chicken. **— gibi erken yatmak** *colloq.* to go to bed with the chickens, go to bed very early. **— götü tövbe tutmaz.** *proverb, vulg.* A weak-willed person may vow not to do something, but he won't keep to his vow for long. **— kaza bakmış da kıçını yırtmış.** *colloq.* Trying to keep up with the Joneses when you're not as rich as the Joneses will only land you in trouble. **— kümesi** chicken coop; (small) chicken house or henhouse. **— suyu** chicken broth.
tavukbalığı, -nı *zool.*, see **mezgit**.

tavukçu 1. chicken farmer, commercial raiser of chickens. 2. poulterer, poultry seller.
tavukçuluk 1. chicken farming. 2. poultry selling.
tavukgöğsü, -nü a pudding made of rice flour and very finely shredded chicken.
tavukgötü, -nü *vulg.* wart.
tavukkarası, -nı night blindness, nyctalopia.
tavuksu *zool.* gallinaceous.
tavus *zool.* peacock, peafowl. — **kuyruğu** peacock's fan, peacock's tail. — **kuyruğu/tüyü çıkarmak** *slang* to throw up, barf, upchuck, toss up, toss one's cookies, vomit. — **yeşili** 1. peacock green. 2. peacock-green.
tavuskuşu, -nu *zool., see* **tavus.**
Tay 1. (a) Thai. 2. Thai, of the Thais/Thai.
tay colt/filly (young horse not yet three years old).
tay 1. one of a pair, mate, fellow. 2. equal, peer. — **durmak** (for a baby learning to walk) to stand upright (briefly). — **tay!** Up, up!/Come on, stand up! *(said to a baby just learning to walk).* — **tay arabası** baby walker, walker, go-cart.
Tayca 1. Thai, the Thai language. 2. (speaking, writing) in Thai, Thai. 3. Thai (speech, writing); spoken in Thai; written in Thai.
taydaş equal, peer.
tayf 1. *phys.* spectrum. 2. *obs.* apparition, specter, ghost.
tayfa 1. ship's crew, ship's company. 2. ship's crewman, sailor. 3. *colloq.* hangers-on, fawning followers. 4. *colloq.* gang, bunch; troop, band.
tayfölçer spectroscope.
tayfölçümü, -nü spectroscopy.
tayfun typhoon.
taygeldi *prov.* 1. (a man's) stepchild. 2. (a man's) stepchildren.
tayın 1. ration (daily food allowance given a soldier). 2. loaf of bread (issued to a soldier as part of his ration). — **bedeli** ration allowance (money given a soldier in lieu of rations). — **ekmeği** loaf of bread (issued to a soldier as part of his ration).
tayin 1. indication, pointing at. 2. appointment. 3. designation. — **i çıkmak** /ın, a/ to be appointed/assigned to (a post/a place). — **etmek** 1. /ı/ to determine, fix. 2. /ı, a/ to appoint/assign (someone) to (a post/a place).
Tayland 1. Thailand. 2. Thailand, of Thailand.
Taylandlı 1. Thailander. 2. (someone) who is from Thailand.
Tayvan 1. Taiwan. 2. Taiwan, Taiwanese, of Taiwan.
Tayvanlı 1. (a) Taiwanese. 2. Taiwanese (person).
tayyare *obs.* airplane. — **meydanı** airfield; airport.
tayyareci *obs.* 1. (airplane) pilot. 2. airman.
tayyarecilik *obs.* being a pilot/an airman; pilotry; aviation.
tayyör (woman's) tailor-made suit, tailleur.

taze 1. fresh (not old/stale/tired); new; young. 2. freshly; newly; just (only a very short time ago). 3. *colloq.* woman in the prime of youth.
tazelemek /ı/ 1. to replace (something old) with something fresh: **Küpteki suyu tazeleyelim.** Let's put fresh water in the water jar. **Çayını tazeleyeyim mi?** May I give you another glass of tea? 2. to add water to (a food previously cooked) and reheat it: **Dünkü çorbayı tazeledim.** I reheated yesterday's soup. 3. to instill (a feeling/a thought) in one again.
tazelenmek 1. (for something old) to be replaced with something fresh. 2. (for food previously cooked) to be reheated. 3. (for a feeling/a thought) to be instilled in one again.
tazeleşmek to be rejuvenated.
tazelik freshness; newness; youth.
tazı *zool.* greyhound. — **ya dönmek** *colloq.* 1. to get very thin, get as thin as a rail. 2. to get soaked to the skin. — **gibi** *colloq.* lean and agile (person).
tazılaşmak *colloq.* to get very thin, get as thin as a rail.
taziye condolence. — **de bulunmak** /a/ to offer one's condolences to (someone). — **mektubu** letter of condolence, letter of sympathy.
tazmin indemnification; making good (a loss). — **etmek** /ı/ to indemnify (someone); to make good (a loss); to make up for (a mistake).
tazminat, -tı *law* 1. damages/indemnity/compensation/reparations. 2. separation pay (given to a departing employee). — **davası** *law* action for damages.
tazyik, -ki pressure. — **etmek** /ı/ to put pressure on, press, pressure.
tazyikli 1. (piped substance) which is flowing at a proper rate. 2. compressed (air). 3. (a piped substance's flowing) at a proper rate. 4. (air's flowing) under compression.
TBMM (*abbr for.* **Türkiye Büyük Millet Meclisi**) G.N.A.T. (the Grand National Assembly of Turkey).
TC (*abbr. for* **Türkiye Cumhuriyeti**) T.R. (the Turkish Republic, the Republic of Turkey).
TCDD (*abbr. for* **Türkiye Cumhuriyeti Devlet Demiryolları**) Turkish Rail (the Turkish National Railway System).
TDK (*abbr. for* **Türk Dil Kurumu**) T.L.A. (the Turkish Language Association).
te T, tee, tee connection or pipe fitting.
teamül established practice, customary way of doing things. — **hukuku** consuetudinary law. — **olmak** to become an established practice/custom.
teati *obs.* exchanging, exchange. — **etmek** /ı/ to exchange: **Mektup teati ettik.** We corresponded with each other.
teatral theatrical, histrionic.

tebaa obs. 1. citizens; subjects. 2. citizen; subject.
tebahhur obs. evaporation, vaporization. — **etmek** to evaporate, vaporize.
tebarüz obs. becoming clear, becoming evident. — **etmek** to become clear, become evident. — **ettirmek** /ı/ to make (something) clear, show (something) clearly.
tebdil obs. 1. changing; alteration; replacement; exchange. 2. in disguise (in clothes which conceal one's true identity). — **etmek** /ı/ to change; to alter; to replace; to exchange. — **gezmek** to go around in disguise. —**i kıyafet etmek** to disguise oneself. —**i mekân etmek** to move; to move house. —**i mekânda ferahlık var/vardır.** proverb It's good to have a change of scene from time to time.
tebdilihava obs. change of air, a move to another climate (often for medical reasons).
tebelleş colloq. 1. pestiferous; importunate (person). 2. pest, pain, pain in the neck, pestiferous person. — **etmek** /ı, a/ to set (someone) to bothering (someone else), sic (a pestiferous person) on (someone). — **olmak** /a/ (for someone) to pester, plague (someone else).
tebellüğ obs. being notified, being informed. — **etmek** to be notified, be informed.
teber 1. knife used for cutting leather. 2. hist. battle-ax (carried by a dervish).
teberru, -uu obs. 1. donating, giving (something) out of charity. 2. charitable gift, donation, contribution. — **etmek** /ı, a/ to donate (something) to, make a free gift of (something) to.
tebessüm smile. — **etmek** to smile.
tebeşir 1. chalk. 2. piece of chalk. —**e peynir bakışlı** colloq. 1. stupid, dim-witted. 2. (someone) who thinks of making some profit out of even the smallest things.
tebligat, -tı 1. official communication, notification. 2. written notice, notification; communiqué; announcement; paper (read to a congress). 3. written notices, notifications; communiqués; announcements; papers (read to a congress).
tebliğ 1. communicating/conveying/giving (a written notice) to (someone); notifying. 2. written notice, communication, notification; communiqué; announcement; paper (read to a congress). — **etmek** /ı, a/ to communicate/convey/give (a written notice) to (someone); /a/ to notify (someone).
tebrik, -ki 1. congratulation, congratulating. 2. greeting card, congratulatory card; congratulatory letter/telegram. — **etmek** /ı/ to congratulate (someone); to congratulate (someone) on (doing something): **Yeni vazifeni tebrik ederim.** I congratulate you on your new job. — **kartı** greeting card, congratulatory card.
tecanüs obs. homogeneity.
tecavüz 1. aggression; attack. 2. law violation, infringement; transgression; encroachment; trespassing; unlawful entry. 3. law molestation; indecent assault; attempted rape. 4. exceeding, surpassing. 5. missing (a target). — **etmek** 1. /a/ to attack. 2. /ı/ to violate, infringe; /ı/ to transgress; /a/ to encroach on/upon; /a/ to trespass on; /a/ to enter (a place) unlawfully; /ı/ to cross (a boundary) unlawfully. 3. /a/ to molest; /a/ to assault indecently; /a/ to attempt to rape. 4. /ı/ to exceed, surpass. 5. /ı/ (for something) to miss (its target).
tecavüzkâr obs. aggressive (person).
tecelli 1. manifestation, becoming manifest; revelation. 2. destiny, fate. — **etmek** to become manifest; to be revealed.
tecessüm obs. 1. assuming a bodily form; embodiment; becoming tangible. 2. appearance, becoming apparent. — **etmek** 1. to assume a bodily form; to become embodied; to become tangible. 2. to appear, become apparent.
tecessüs obs. 1. prying curiosity, nosiness, snoopiness. 2. spying. — **etmek** /ı/ 1. to inquire pryingly (about), ask prying questions (about). 2. to spy (on).
tecil postponement; deferment. — **etmek** /ı/ to postpone; to defer.
tecim commerce, trade.
tecimci see **tecimen.**
tecimen merchant.
tecimevi, -ni store; shop; mercantile establishment.
tecimsel commercial, mercantile.
tecrit 1. isolation, isolating; separation; quarantining. 2. divesting (oneself/someone) of (a prejudice, etc.). 3. insulation, insulating. 4. abstracting (something) (in one's mind). — **etmek** /ı/ 1. to isolate; to separate, set apart; to quarantine. 2. to divest (oneself/someone) of (a prejudice, etc.). 3. to insulate. 4. to abstract (something) (in one's mind). — **siyaseti** isolationism.
tecrübe 1. experience, direct observation of or participation in events. 2. experiment; trial, test. — **etmek** /ı/ 1. to attempt, try. 2. to test, subject (something) to a test. — **tahtası** colloq. someone/something that can be experimented upon with impunity; guinea pig; corpus vile.
tecrübeli experienced (person).
tecrübesiz 1. inexperienced, callow (person). 2. carried out without the aid of a laboratory experiment.
tecrübesizlik inexperience, lack of experience.
tecrübi obs. experimental: **tecrübi psikoloji** ex-

perimental psychology.
teçhiz *obs.* equipping, equipment. **— etmek** /ı/ to equip, outfit.
teçhizat, -tı equipment, apparatus, paraphernalia, gear; matériel.
tedai *obs., psych.* association. **— ettirmek** /ı, a/ (for one thing) to make (someone) think of (something else).
tedarik, -ki 1. procuring, procurement. 2. getting (some things) together, accumulation. 3. preparing, preparation. **—te bulunmak** to make preparations, get ready. **— etmek** /ı/ 1. to procure, obtain. 2. to get (some things) together, accumulate.
tedariklemek /ı/ to prepare, ready, make (something) ready.
tedarikli prepared, ready.
tedariksiz unprepared, unready.
tedavi 1. (medical) treatment; therapy. 2. cure, successful medical treatment. 3. therapeutics. **— etmek** /ı/ 1. to treat (a patient/a disease). 2. to cure (a patient/a disease). **— görmek** to be treated; to undergo therapy. **— olmak** 1. to be treated; to undergo therapy. 2. to be cured.
tedavül circulation (of money, of a negotiable instrument). **—de bulunmak** to be in circulation. **—den çekmek** /ı/ to call in, withdraw (money) from circulation. **—e çıkarmak** /ı/ to put (money) into circulation, issue. **— etmek** to be in circulation. **—den kalkmak** to go out of circulation, be withdrawn from circulation.
tedbir measure, action, step (taken to correct, stop, or ensure the success of something); preventive measure, precautionary measure. **— almak** to take measures (to correct, stop, or ensure the success of something); to take preventive measures.
tedbirli 1. forethoughted, provident; prudent. 2. forethoughtedly, providently; prudently.
tedbirsiz 1. lacking forethought/foresight, unforethoughtful, improvident; imprudent. 2. improvidently; imprudently.
tedbirsizlik lack of forethought/foresight, improvidence; imprudence.
tedhiş *obs.* terrorizing, terrorization. **— etmek** /ı/ to terrorize.
tedhişçi *obs.* 1. (a) terrorist. 2. terrorist.
tedhişçilik *obs.* terrorism.
tedirgin 1. ill at ease, uncomfortable, uneasy; apprehensive; worried, anxious. 2. edgy, tense, nervous. **— etmek** /ı/ 1. to disquiet, make (someone) feel ill at ease, uncomfortable, uneasy, apprehensive, or worried. 2. to make (someone) edgy/tense/nervous.
tedirginlik 1. disquiet, uneasiness; apprehension; worry, anxiety. 2. edginess, tenseness, nervousness.
tediyat, -tı *obs.* payments.

tediye *obs.* 1. paying. 2. payment, money paid. **— etmek** /ı/ to pay.
tedricen *obs.* by degrees, gradually, by stages.
tedrici *obs.* gradual.
tedris *obs.* teaching, instruction. **— etmek** /ı/ to teach.
tedrisat, -tı *obs.* teaching, instruction.
teessüf feeling sorrow about; regret. **— ederim!** I never expected you to do something like this; it makes me very sad. **— etmek /a/** to be sorry (about), feel sorry (about); to regret.
teessür *obs.* 1. sorrow, sadness. 2. emotion, being emotionally moved. 3. *psych.* affection. 4. being affected by. **— etmek /dan/** 1. to feel sad (owing to). 2. to be (emotionally) moved (by). 3. to be affected by.
teessüs *obs.* 1. becoming established, establishment. 2. being founded, foundation. **— etmek** 1. to become established, become rooted. 2. to be founded.
tef tambourine. **— çalmak** to play the tambourine. **— çalsan oynayacak.** *colloq.* The place is as cluttered as the inside of a junk shop. **— gezdirmek** to pass a tambourine around (to collect money). **—e koymak/—e koyup çalmak** /ı/ *colloq.* to ridicule, make fun of (someone/something). **— pulu** jingle (in the hoop of a tambourine).
tefe *prov.* frame which holds the reed of a hand loom.
tefeci usurer, loan shark.
tefecilik usury.
tefekkür *obs.* thinking, thought; consideration, reflection, contemplation, meditation. **—e dalmak** to be lost in thought, contemplate, meditate. **— etmek** /ı/ to think about; to consider, reflect on, contemplate.
teferruat, -tı details.
teferruatlı detailed.
tefessüh *obs.* 1. rot, rotting; putrefaction. 2. decay, degeneration. **— etmek** 1. to rot; to putrefy. 2. to decay, degenerate.
teflon 1. Teflon (a trademark for polytetrafluoroethylene). 2. Teflon, made of Teflon.
tefrik, -kı *obs.* 1. distinguishing, differentiating (between two things). 2. discrimination in favor of or against. **— etmek** /ı/ 1. to distinguish, differentiate (between two things). 2. to discriminate in favor of or against.
tefrika 1. serial, serialized literary work. 2. installment (of a serial). 3. *obs.* disagreement, discord, dissension. **— etmek** /ı/ to serialize (a literary work). **— halinde** (a literary work's coming out) in installments. **— olmak** (for a literary work) to be serialized. **— romanı** serial novel, feuilleton.
tefriş *obs.* 1. spreading out (a cloth) over. 2. paving; covering. 3. furnishing, providing (a

building) with furnishings. — **etmek** /ı/ 1. to spread (a cloth) over. 2. to pave; to cover. 3. to furnish, provide (a building) with furnishings.
tefsir 1. interpretation; explanation; expounding. 2. commenting on the Koran. 3. commentary on the Koran (in the form of a book). — **etmek** /ı/ 1. to interpret; to explain; to expound. 2. to comment (on a sura of the Koran).
teftiş inspection. — **etmek** /ı/ to inspect.
teğelti *prov.* saddle blanket.
teğet, -ti *geom.* tangent. — **geçmek** /a/ to be tangent to.
teğetsel *geom.* tangential.
teğmen *mil.* lieutenant.
teğmenlik 1. lieutenancy, rank/commission of a lieutenant. 2. the duties of a lieutenant.
tehacüm *obs.* 1. concerted attack. 2. rush, rushing. — **etmek** /a/ 1. to make a concerted attack (on). 2. to rush.
tehcir *obs.* forced emigration; deportation. — **etmek** /ı/ to force (someone) to emigrate; to deport.
tehdit threat; menace. — **etmek** /ı/ to threaten; to menace; /ı, la/ to threaten/menace (someone) with.
tehditkâr threatening/menacing (thing).
tehir 1. delaying, delay; postponement, deferment, deferral. 2. *law* adjournment (of a court session). — **etmek** /ı/ 1. to delay; to postpone, defer. 2. *law* to adjourn (a court session).
tehirli 1. delayed, late. 2. delayed-action (explosive device).
tehlike 1. danger; hazard; peril. 2. risk. — **atlatmak** to get through a dangerous situation successfully, make it through O.K. —**ye koymak/sokmak** /ı/ to endanger; to imperil.
tehlikeli 1. dangerous, hazardous; perilous. 2. risky.
tehlikesiz 1. free from danger, dangerless, undangerous, safe; unhazardous; unperilous. 2. free of risk, riskless, safe.
tein theine.
teizm theism.
tek, -ki 1. single, sole, one, only, solitary. 2. unique; unrivaled; inimitable: **Vallahi sen teksin kardeşim!** Man, you are one of a kind! **Bu konuda teksiniz.** In this subject you are an unrivaled expert. 3. one: **tek satırlık bir mektup** a one-line letter. 4. *math.* odd (number). 5. solely, only. 6. one (of a pair of several). 7. a real ..., a thoroughgoing ...: **O, itin tekidir.** He's a real son of a bitch. **O, salağın tekidir.** He's about as dim as they come. **(bir)** — **atmak** *colloq.* to knock back a drink (of liquor): **İki tek attı.** He knocked back a couple of rakis (whiskeys, gins, etc.). — **başına** on one's/its own, alone; apart, at a remove from other people/things. — **başına kalmak** to be left alone. — **bir** 1. only one *(used with an affirmative predicate):* **Mehmet'in tek bir (bir tek) oğlu var.** Mehmet has only one son. 2. a single *(used with a negative predicate):* **Rengin tek bir (bir tek) kelime söylemedi.** Rengin didn't say a single word. — **elden** under the control/the management of one person/group. — **fiyat** flat rate. — **kürekle mehtaba çıkmak** *colloq.* 1. to embark on something without having made the necessary preparations. 2. to try unsuccessfully to poke fun at someone. — **meclisli hükümet sistemi** unicameral system of government. — **tek** 1. one by one. 2. apart, at a distance from each other. —**e tek dövüşmek** (for two people) to fight each other man to man or one to one. — **tük** only a few (persons/things) each standing at a distance from the other, only a few (persons/things) scattered here and there. — **yönlü** one-way (street). — **yumurta ikizleri** identical twins.
tek *prov.* still, quiet. — **durmak** to keep still, keep quiet.
tek All I ask is ...; ... as long as ...: **Tek yapsın da, nasıl yaparsa yapsın!** I don't care how he does it; all I want is for him to get the thing done! **Her şeye razıyım, tek ondan kurtulayım!** I'm agreeable to anything as long as I can get shut of him!
tekabül *obs.* 1. correspondence, equivalence. 2. compensation, making up for. 3. *log.* opposition. — **etmek** 1. /a/ to correspond to, be equivalent to. 2. /ı/ to compensate for, make up for; to serve as an equivalent for.
tekâmül *obs.* 1. evolution. 2. maturation. — **etmek** 1. to evolve. 2. to mature.
tekaüdiye *obs.* retirement pay, pension.
tekaüt *obs.* 1. retirement from work. 2. retirement, being retired. 3. *colloq.* retired (person). 4. *colloq.* retired person. — **etmek** /ı/ to retire (someone). — **maaşı** retirement pay, pension. — **olmak** to retire.
tekaütlük *obs.* retirement from work.
tekbenci *phil.* 1. (a) solipsist. 2. solipsistic, solipsist.
tekbencilik *phil.* solipsism.
tekbiçim uniform, alike.
tekbir *Islam* saying **Allahuekber**. — **getirmek** to say **Allahuekber.**
tekcinsten homogeneous.
tekçekirdekli 1. mononuclear. 2. *med.* monocyte.
tekçi *see* **birci**.
tekçilik *see* **bircilik**.
tekdeğerli *chem.* univalent.
tekdeğerlikli *chem., see* **tekdeğerli**.
tekdir *obs.* reprimand, severe reproof, upbraiding, dressing down. — **etmek** /ı/ to reprimand, reprove severely, upbraid, dress (someone) down.
tekdizer *print.* monotype, monotype machine.

tekdüze monotonous.
tekdüzelik monotony.
tekdüzen see **tekdüze**.
tekdüzenlik see **tekdüzelik**.
teke *zool.* 1. male goat, billy goat. 2. shrimp, prawn. — **burunlu** *colloq.* hook-nosed (person). **—den süt çıkarmak** *colloq.* to be able to do the impossible, be able to pull off the most unlikely things.
Tekel the Turkish State Liquor and Tobacco Monopoly.
tekel monopoly. **—ine almak** /ı/ to monopolize, get a monopoly on.
Tekelci *colloq.* person who works in **Tekel**.
tekelci 1. (a) monopolist. 2. (someone) who is a monopolist, (someone) who favors monopolism. 3. monopolistic.
tekelcilik monopolism.
tekelleştirilmek to be made into a monopoly.
tekelleştirmek /ı/ to make (something) into a monopoly.
tekemmül *obs.* maturation; being perfected. — **etmek** to reach maturity/perfection.
teker 1. wheel. 2. wheel (of cheese). 3. *astr.* disk. **—ine çomak sokmak** /ın/ *colloq.* to put a spoke in (someone's) wheel. — **meker** head over heels (in or as if in a somersault). — **meker yuvarlanmak/gitmek** *colloq.* 1. to roll over and over. 2. to be knocked for a loop, suffer a sudden reversal of fortune.
tekerklik monarchy.
tekerlek 1. wheel. 2. wheel-shaped. 3. *slang* passive male homosexual, fag, queer. — **kapağı** hubcap. — **kırıldıktan sonra yol gösteren çok olur.** *proverb* People are always most eager to offer you advice when it's too late. — **pabucu** drag, dragshoe, shoe, *Brit.* skidpan (for a wagon wheel). — **parmağı** spoke of a wheel.
tekerlekli wheeled. — **sandalye/koltuk** wheelchair.
tekerleme 1. /ı/ rolling (something). 2. a playful formula found in folk narratives. 3. contest in which folk poets try to outdo each other in repartee. 4. clever reply, repartee (in the **ortaoyunu**).
tekerlemek /ı/ to roll (something).
tekerlenmek 1. to be rolled. 2. to roll.
tekerli wheeled.
tekerrür *obs.* 1. repetition. 2. recurrence. 3. *law* repetition of a crime/an offense. — **etmek** 1. to be repeated; to be done again. 2. to recur.
teker teker one by one.
tekesakalı, -nı *bot.* 1. goatsbeard. 2. salsify.
tekeşli monogamous.
tekeşlilik monogamy.
tekfur *hist.* Christian feudal lord, Christian ruler of a town/a locality (in Anatolia/Rumelia).
tekgövde monobloc, made in one block/casting.

tekgözeli unicellular.
tekgözlük monocle.
tekhücreli unicellular.
tekil *gram.* singular.
tekilleştirmek /ı/ *gram.* to make (a word) singular.
tekillik *gram.* singularity.
tekin 1. auspicious. 2. deserted, empty (place). — **değil** 1. inauspicious, ill-omened, of ill omen, sinister. 2. (someone) who possesses supernatural powers which he will use against one, who practices witchcraft. 3. haunted (place). — **durmak** *prov.* to keep quiet; to sit still.
tekinsiz 1. unlucky, of ill omen. 2. taboo.
tekir 1. (cat) which has gray stripes and black mottles in its fur, tabby. 2. surmullet, red mullet, goatfish.
tekkaynakçılık monogenesis.
tekke 1. dervish lodge, tekke. 2. *slang* hashish den.
tekleme 1. /ı/ thinning (seedlings). 2. *colloq.* (an engine's) missing, misfiring. 3. *colloq.* irregular beating (of one's heart). 4. *slang* stuttering, stammering.
teklemek 1. /ı/ to thin (seedlings). 2. *colloq.* (for an engine) to miss, misfire. 3. *colloq.* (for one's heart) to beat irregularly. 4. *slang* to stutter, stammer.
teklif 1. proposal; offer; suggestion. 2. motion, proposal (before an assembly). 3. tender, bid. 4. formality, formal behavior, ceremony. — **etmek** /ı, a/ to propose/offer/suggest (something) to (someone). — **kutusu** suggestion box. — **tekellüf** formality, formal behavior. — **vermek** to tender, submit a tender, bid. **(Aramızda) — yok.** *colloq.* There's no need for ceremony between us.
teklifli formal, ceremonious, stiff.
teklifsiz informal, unceremonious, relaxed, easy, unconstrained, casual.
teklifsizce unceremoniously, familiarly, unconstrainedly, casually.
teklifsizlik 1. informality, lack of ceremony/constraint, casualness. 2. unconstrained/casual action.
teklik 1. oneness, uniqueness. 2. *colloq.* (a) lira.
tekme (angry) kick (designed to injure). — **atmak** /a/ to kick (someone/something) (angrily in order to harm him/it). — **yemek** to get kicked, get a kick.
tekmelemek /ı/ to kick (someone/something) (angrily in order to harm him/it).
tekmelenmek to get kicked, get a kick.
tekmil 1. *colloq.* all; the whole: **tekmil evler** all the houses. **tekmil âlem** the whole world. 2. *obs.* completion, finishing. 3. *mil.* (oral) report (made to a superior). — **haberi** *mil.* (oral) report (made to a superior). — **vermek** /a/ *mil.* to give an oral report to (a superior).

tekmillemek /ı/ 1. to complete, finish. 2. *slang* to kill, do (someone) in.

tekne 1. trough (e.g. watering trough; mortarboard, mortar bed; dough tray, dough trough). 2. boat. 3. hull (of a ship). 4. belly, table (of certain stringed instruments). 5. *print.* galley, tray used to hold set type. 6. *geol.* syncline. 7. *geol.* basin. — **kazıntısı** *joc.* the youngest child of the family, born when his/her parents are no longer young. — **koyağı** *geol.* synclinal valley.

teknik 1. technique. 2. *colloq.* tech, technical school/institute/university. 3. technical. 4. (athlete) whose technique is good. — **resim** drafting, making drawings of plans. — **ressam** draftsman, person who makes drawings of plans.

teknikçi technician.
tekniker *see* **teknikçi**.
teknikokul technical school.
tekniköğretim technical education.
teknisyen technician.
teknokrasi technocracy.
teknokrat, -tı technocrat.
teknoloji technology.
teknolojik technological.
tekörnek monotonous.
tekparça built, formed, or consisting of one piece; one-piece.

tekrar 1. repetition, repeat. 2. recurrence. 3. again, over, over again, once more. — **etmek** /ı/ to repeat; to do (something) again. — **tekrar** again and again, over and over again, over and over, repeatedly.

tekrarlamak /ı/ to repeat; to do (something) again.
tekrarlanmak 1. to be repeated; to be done again. 2. to recur.
tekrarlatmak /ı, a/ to have (someone) repeat (something); to have (someone) do (something) again.
tekrarlı marked by repetition.
tekrenkli monochromatic, monochrome, monochromous.

teksif *obs.* 1. inspissation, condensation; thickening; densening; concentration. 2. causing (steam, etc.) to condense. 3. causing (people) to concentrate (in a certain place); concentrating (one's thoughts) (on a certain subject). 4. opacification; opaquing; making (something) opaque. — **etmek** 1. /ı/ to inspissate, condense; to thicken; to densen; to concentrate. 2. /ı/ to cause (steam, etc.) to condense, condense. 3. /ı, da/ to cause (people) to concentrate (in a certain place); to concentrate (one's thoughts) (on a certain subject). 4. /ı/ to opacify; to opaque; to make (something) opaque.

teksir 1. duplication, copying, making duplicates of (something written). 2. *obs.* increase, augmentation, multiplication; propagation. — **etmek** /ı/ 1. to duplicate, copy, make duplicates of (something written). 2. *obs.* to increase, augment, multiply; to propagate. — **kâğıdı** paper used for making duplicates. — **makinesi** duplicating machine, duplicator.

tekst, -ti text.
tekstil textile.
tektanrıcı 1. (a) monotheist. 2. monotheistic.
tektanrıcılık monotheism.
tektaraflı 1. unilateral. 2. one-sided.
tektaraflılık 1. unilaterality, unilateralism. 2. one-sidedness.
tektaş monolith.
tektonik *geol.* 1. tectonics. 2. tectonic, relating to tectonics.
tekvando tae kwon do.
tekyanlı 1. unilateral. 2. one-sided.
tekyanlılık 1. unilaterality, unilateralism. 2. one-sidedness.
tekyazı monograph.
tekzip declaring (something) to be false, denial, disclaimer; calling (someone) a liar; showing (someone) to be a liar. — **etmek** /ı/ to declare (something) to be false, deny, disclaim; to call (someone) a liar; to show (someone) to be a liar.

tel 1. strand; thread; fiber. 2. (a) wire. 3. string (of a musical instrument). 4. screening, screen cloth, mesh used for window and door screens; window screen; door screen. 5. (a) thin silver or gold-colored wire (used as an ornament by a bride). 6. wire, made of wire. — **çekmek** 1. /a/ to enclose (a place) with a wire fence, string up a wire fence around (a place). 2. to draw metal into wire. —**ine dokunmak** /ın/ *colloq.* to make (someone's) blood boil, enrage. — **halat** wire rope, cable. — **kadayıf** *see* **telkadayıf**. — **kırmak** *slang* 1. to blunder, make a misstep. 2. to offend someone, tread on someone's toes. — **i kırmak** *slang* 1. to quit one's job. 2. to sever relations with someone. — **örgü** 1. woven wire; fencing made of woven wire; chain-link fencing. 2. fence made of woven wire; chain-link fence. — **şehriye** vermicelli. —**ler takmak/takınmak** *colloq.* to rejoice at another's misfortune.

tel *colloq.* wire, telegram; cablegram, cable. — **çekmek** /a/ to wire, telegraph, telegram; to cable.
tel. (*abbr. for* **telefon**) tel. (telephone).
tela *tailor.* interfacing. — **çatmak** /a/ to interface (a part of a garment).
telaffuz pronunciation. — **etmek** /ı/ to pronounce.
telafi 1. compensation; making up for (a loss); making good (a loss). 2. *psych.* compensation. — **etmek** /ı/ to compensate for; to make up for (a loss); to make good (a loss). —**si**

imkânsız irreparable, irremediable.
telakki *obs.* 1. consideration, evaluation. 2. viewpoint, view, way of looking at (a matter). — **etmek** /ı/ to regard, view (someone/something) as ...: **Onu deli telakki etti.** He regarded him as crazy.
telaro window frame.
telaş 1. (emotional) agitation (characterized by a feeling of anxiety mixed with urgency that manifests itself in a display of haste). 2. to-do, flutter, flurry, commotion. — **almak** /ı/, **—a düşmek** (for someone) to get agitated, get in a swivet. — **etmek** to behave agitatedly. **—a gelmek** to be done in a hasty, hit-or-miss way. **(ortalığı) —a vermek** to get (everybody in a place) agitated.
telaşçı easily agitated (person).
telaşe *colloq.*, *see* **telaş**. — **müdürü** person who's good at getting people in a swivet.
telaşlandırmak /ı/ to get (someone) agitated.
telaşlanmak to get agitated.
telaşlı 1. agitated. 2. done in a hasty, hit-or-miss way. 3. agitatedly. 4. in a hasty, hit-or-miss way.
telaşsız 1. unagitated, unruffled, calm, steady. 2. done in a calm, deliberate manner. 3. unagitatedly, calmly and deliberately.
telatin russia, Russia leather, Russia calf.
telcik fibril.
teldolap (a) screen safe (a small kitchen cupboard all the sides of which are made of screening).
telef 1. loss of life, death. 2. waste, being wasted/squandered. 3. wasting away, going to ruin. — **etmek** /ı/ 1. to kill, do away with. 2. to waste, throw away, squander. 3. to cause (someone/something) to waste away or go to ruin. — **olmak** 1. to die, be done away with. 2. to be wasted, be thrown away, be squandered. 3. to waste away, go to ruin.
telefat, -tı *obs.* losses, casualties; loss of human/animal life. — **vermek** to suffer losses.
teleferik telpher, teleferic.
telefon 1. telephone, phone. 2. telephone call, phone call. — **açmak** /a/ to telephone, phone, call, call up, *Brit.* ring, ring up. **—u açmak** to answer the telephone. — **arızalanmak** *slang* to be delayed, be held up. — **direği** telephone pole. — **etmek** 1. /a/ to telephone, phone, call, call up, *Brit.* ring, ring up. 2. *slang* to urinate, see a man about a horse. — **hattı** telephone line. — **kabini/kulübesi** telephone booth, phone booth, *Brit.* call box, telephone box, telephone kiosk. — **numarası** telephone number, phone number. — **rehberi** telephone directory, telephone book. — **santralı** telephone exchange, switchboard, central.
telefoncu 1. installer of telephones; telephone lineman; telephone repairman. 2. switchboard operator, operator, telephonist. 3. (someone) who is a switchboard operator.
telefonculuk 1. being an installer or repairer of telephones; being a telephone lineman. 2. being a switchboard operator.
telefonist, -ti telephonist.
telefonlaşmak /la/ to talk over the telephone, talk on the telephone (with someone).
telefoto *see* **telefotografi**.
telefotografi 1. phototelegraphy, transmission of photographs by telegraphy. 2. telephotography, taking photographs using a telephoto lens.
teleişlem *comp.* teleprocessing.
telek quill feather, quill; flight feather; contour feather.
teleke primary quill feather on a bird's wing.
telekız *colloq.* call girl.
telekomünikasyon telecommunication.
teleks telex. — **çekmek** /a/ to telex.
telem teletype, teletypewriter, teleprinter.
teleme *see* **teleme peyniri**. — **peyniri** a soft, unsalted cheese. — **peyniri gibi** *colloq.* plump, very fair-skinned (woman).
telemetre telemeter.
teleobjektif telephoto lens, telephoto, teleobjective, telelens.
telepati telepathy.
telepatik telepathic.
telesinema 1. preparation and broadcasting of movies by television. 2. telephotography.
telesiyej chair lift.
teleskop, -pu telescope.
teletayp, -pı teletype.
televizyon 1. television. 2. television set, television, TV. — **alıcısı** 1. television receiver, television set. 2. television camera. — **vericisi** television transmitter.
televizyoncu 1. maker, seller, or repairer of television sets. 2. person who works at a television station/company.
televizyonculuk 1. making, selling, or repairing television sets. 2. the work of someone involved in television broadcasting.
telg. (*abbr. for* **telgraf**) telg. (telegram); tel. (telegraph/telegram).
telgraf 1. telegraph. 2. telegram, wire; cable. 3. *slang* high sign. — **çekmek** /a/ 1. to telegraph, telegram, wire; to cable. 2. *slang* to give (someone) the high sign.
telgrafçı telegraph operator, telegrapher, telegraphist.
telgrafçılık telegraphy.
telgrafçiçeği, -ni *bot.* 1. spiderwort, tradescantia. 2. wandering Jew.
telgrafhane *formerly* telegraph office.
telif 1. *obs.* reconciliation. 2. compilation. — **eser** original work (as opposed to a *translation*). —

telin

etmek 1. /ı, la/ *obs.* to reconcile (one thing/person) with (another). 2. /ı/ to compile, put together (a book). — **hakkı** copyright. — **ücreti** *publishing* royalty.

telin *obs.* cursing, damnation. — **etmek** /ı/ to curse, damn.

telkadayıf 1. a sweet pastry with a texture similar to that of shredded wheat. 2. dough with which the aforementioned pastry is made.

telkâri filigreed with gold/silver.

telkin 1. inspiration, suggestion, instilling, inculcation, indoctrination. 2. *Islam* prayers and words recited by the imam at a graveside service immediately after the deceased has been buried. — **etmek** /ı, a/ to inspire/instill/inculcate/indoctrinate (someone) with (something).

telkurdu, -nu *zool.* wireworm.

tellak (male) attendant who massages and bathes the customers of a Turkish bath.

tellaklık 1. the work of a **tellak**. 2. fee paid to a **tellak**.

tellal 1. town crier, crier. 2. crier; hawker; barker. 3. broker, middleman.

tellaliye commission/fee paid to a **tellal**.

tellallık 1. being a town crier/a hawker/a barker. 2. brokerage, being a broker/a middleman. 3. commission/fee paid to a **tellal**.

tellemek /ı/ 1. to string wires on/around. 2. to adorn (a bride) with very thin silver or gold-colored wires. 3. *colloq.* to praise (someone) extravagantly. 4. *colloq.* to adorn (a piece of writing) with purple passages or flowery phrases. **telleyip pullamak** /ı/ 1. to adorn (someone) out or bedizen (someone) with a lot of jewelry; to adorn (a bride) with a lot of thin silver or gold-colored wires. 2. *colloq.* to blow (something) up out of all proportion, make a big thing out of (something). 3. *colloq.* to praise (someone) to the skies.

tellemek /ı, a/ to wire/telegraph (someone) (news).

tellendirmek 1. /ı/ to smoke (a cigarette). 2. /ı, a/ to have (someone) string wire on/around (something). 3. /ı, a/ to have (someone) adorn (a bride) with very thin silver or gold-colored wires.

tellenmek 1. to be strung around with wire; to have wire strung along it. 2. (for a bride) to be adorned with very thin silver or gold-colored wires. 3. *colloq.* to be praised extravagantly. 4. *colloq.* to be adorned with purple passages or flowery phrases. 5. (for a cigarette) to emit a thin plume of smoke.

telli 1. (something) which contains a wire or wires, which has been strung with a wire or wires, which has been strung around with wire, or which has wire strung along it; bound/reinforced with wire, wired. 2. (bride) adorned with very thin silver or gold-colored wires. — **bebek** *colloq.* woman who is frivolous and excessively fond of finery. — **cam** wire glass, wired glass. — **çalgılar** *mus.* stringed instruments, strings. — **kâğıt** gilded/silvered paper. — **pullu** *colloq.* showily decked out or bedizened. — **sazlar** *mus., see* **telli çalgılar**.

tellim *prov.* always.

telliturna *zool.* demoiselle crane.

telsi fibrous.

telsiz 1. (something) which does not contain a wire or wires, which has not been strung with a wire or wires, which has not been strung around with wire, or which does not have wire strung along it; not bound/reinforced with wire, not wired. 2. radio *(used in radiotelegraphy).* 3. radiotelephone, radiophone; walkie-talkie; citizens' band radio, CB. — **telefon** radiotelephone, radiophone; walkie-talkie. — **telgraf** radio *(used in radiotelegraphy).*

telsizci 1. radiotelegraphist, radio operator. 2. radiotelephonist, radio operator.

telsizcilik 1. radiotelegraphy. 2. radiotelephony.

telve coffee grounds. — **falı** telling someone's fortune by looking at the shapes formed by the grounds remaining in a person's coffee cup.

tem *see* **tema**.

tema 1. theme, subject, topic. 2. *mus.* theme, thema.

temas 1. contact, touch. 2. contact, communication. —**ta bulunmak** 1. /la/ to be in touch with; to talk with, meet with. 2. to have sex; /la/ to have sex with. — **etmek** 1. /a/ to touch. 2. /a/ to touch on (a subject). 3. /la/ to contact, get in touch with (someone); to meet and talk with, meet with. —**a geçmek** /la/ to contact, get in touch with (someone). —**a gelmek** /la/ to meet and talk with, meet with. — **kurmak** /la/ to establish contact with. —**ta olmak** /la/ to be in touch with; to talk with, meet with.

temaşa *obs.* 1. viewing, contemplating (with pleasure/relish). 2. play; theatrical production. — **etmek** /ı/ to view, contemplate (someone/something) with (pleasure/relish).

temayül *obs.* 1. tendency, inclination, propensity. 2. liking, fondness, affection.

temayüz *obs.* becoming distinguished/noted. — **etmek** to become distinguished/noted.

tembel lazy, indolent, slothful, supine. —**e iş buyur, sana akıl öğretsin.** (—**e iş buyurursan sana akıl öğretir.**) *proverb* If you ask a lazy person to do something, all you'll get in return is unwanted advice: either he'll tell you that you're asking him to do something unnecessary, or he'll say that you ought to think of doing it in a different way.

tembelhane *obs.* den of loafers, den of idlers.

tembelhayvan *zool.* sloth.
tembelleşmek to grow lazy, get lazy.
tembellik laziness, indolence, sloth, supinity.
tembih 1. cautioning, warning, admonition. 2. *med.* stimulation. — **etmek** /ı/ 1. to caution, warn, admonish. 2. *med.* (for a drug) to stimulate.
tembihlemek /ı/ to caution, warn, admonish.
tembihli (someone) who has been cautioned/warned/admonished.
temcit 1. prayer praising God which is chanted by a muezzin immediately after the **sabah ezanı** during the months of Rajab, Sha'ban, and Ramazan. 2. meal eaten just before dawn during the month of Ramazan. — **pilavı gibi ısıtıp ısıtıp öne sürmek** /ı/ *colloq.* to keep bringing up the same (topic) time after time.
temdit *obs.* 1. extension, extending; prolongation. 2. *law* extension of time, extension. — **etmek** /ı/ to extend; to prolong.
temel 1. foundation. 2. basis; basic principle; ground, groundwork. 3. origin. 4. basic, fundamental. 5. principal, chief, main, most important. —**inden** 1. (solving a problem) by eliminating its causes. 2. at bottom, fundamentally. — **atmak** 1. to lay the foundation. 2. /a/ to get established in (a job/a place). — **cümle** *gram.*, *see* **temel tümce**. — **çivisi** barge spike, boat spike. — **duruş** starting position of a gymnastic exercise. — **kakmak** /a/ *colloq.* to settle down in (a place) for good. — **kemiği** *anat.* sphenoid, sphenoid bone. — **taşı** foundation stone; cornerstone. — **tutmak** to become firmly fixed/established. — **tümce** *gram.* main clause (in a sentence).
temellendirmek /ı/ *see* **temelleştirmek**.
temellenmek *see* **temelleşmek**.
temelleşmek to become firmly fixed/established.
temelleştirmek /ı/ to fix/establish (something) firmly.
temelli 1. (building) which has a foundation; (building) which has (a certain kind of) foundation. 2. permanent (job, employee, member of a group). 3. lasting, enduring, permanent. 4. old, long-standing. 5. permanently, for good. 6. completely, wholly.
temelsiz 1. (building) which lacks a foundation. 2. unfounded, baseless, groundless. 3. impermanent, transitory, transient.
temenna an old-fashioned gesture of salutation made by first lowering the right hand a bit and then touching the fingers of the right hand first to the lips and then to the forehead. — **etmek** to make a **temenna**; /a/ to greet (someone) with a **temenna**.
temennah *see* **temenna**.
temenni heartfelt wish, earnest desire. — **etmek** /ı/ to wish for (something) earnestly, desire (something) earnestly.
temerküz *obs.* 1. concentration, centering, being concentrated/centered; gathering in (a place). 2. *pol.* coalition. — **etmek** /da/ to be concentrated on/upon, center on/upon/about/around; to gather in (a place). — **kampı** concentration camp.
temerrüt 1. *obs.* obstinacy, perverseness; recalcitrance. 2. *law* default, failure to meet a financial obligation.
temettü, -üü *obs.* 1. *fin.* dividend (paid to a shareholder). 2. (financial) profit. 3. making a (financial) profit out of (something). — **etmek** /dan/ to make a (financial) profit out of (something). — **hissesi** *fin.* dividend (paid to a shareholder).
temeyyüz *obs.* becoming distinguished, standing out; distinguishing oneself. — **etmek** to become distinguished, stand out; to distinguish oneself.
temin 1. assurance, making (someone) feel sure/confident/certain; inspiring (someone) with confidence. 2. guaranteeing, promising. 3. ensuring, making sure/certain. 4. securing, achieving, bringing about. 5. obtaining, getting, procuring. — **etmek** 1. /ı/ to assure, make (someone) feel sure/confident/certain, inspire (someone) with confidence. 2. /ı, a/ to assure (someone) of (something). 3. /ı/ to ensure, make (something) sure/certain. 4. /ı/ to secure, achieve, bring about. 5. /ı/ to obtain, get, procure.
teminat, -tı 1. guaranty, guarantee, something given/possessed in order to guarantee something. 2. assurance, word of assurance. — **akçesi** security, money given as a guaranty. — **mektubu** letter of guaranty.
teminatlı guaranteed.
teminatsız not guaranteed.
temiz 1. clean. 2. fresh (air). 3. (something) which is in good condition, which is clean and has been properly cared for. 4. decent, clean-living, morally upright. 5. chaste, virtuous. 6. *colloq.* net (amount of money). 7. well, in a good way. 8. *slang* poker (the card game). — **bir (bir —)** *colloq.* 1. a good, a thorough (beating/whipping). 2. (beating someone) severely, good and proper, but good. —**e çekmek** /ı/ to make a fair copy of (a piece of writing). — **çevirmek** *slang* to play poker. —**e çıkarmak** /ı/ to clear, prove (someone) innocent, exonerate. —**e çıkmak** (for someone accused of something) to be cleared, be proven innocent, be exonerated. — **giyinmek** to wear neat, clean clothes. — **hava almak** to get some fresh air. — **havaya çıkmak** to go out and get some fresh air. —**e havale etmek** /ı/ 1. *colloq.* to finish (a job that's been dragging on) in a jiffy. 2.

colloq. to eat up, polish off, put away (food). 3. *slang* to kill, bump (someone) off, put (someone) away. — **iş altı ayda çıkar.** *proverb, see* **iyi iş altı ayda çıkar.** — **pak** *colloq.* sparklingly clean, spotlessly clean. — **patent** *naut.* clean bill of health (for a ship). — **raporu** doctor's report stating that someone is in good health, clean bill of health. — **süt emmiş** *colloq.* (someone) who comes of good stock, decent, trustworthy. — **taş** flawless gem. — **temiz** *colloq.* cleanly, immaculately. — **yürekli** *colloq.* kindly, well-meaning. — **yüzlü** *colloq.* (someone) who has an honest, good-hearted look about him/her.

temizkan 1. *biol.* arterial blood. 2. purebred, pedigree (animal).

temizlemek /ı/ 1. to clean. 2. to purify (water, air, etc.). 3. to clean/gut/dress (fish, game, etc.). 4. *colloq.* to finish. 5. *colloq.* to get rid of, eliminate. 6. *colloq.* to eat up, polish off, put away (food). 7. *slang* to rob, clean out. 8. *slang* to clean (someone) out, take all of (someone's) money (during a poker game, etc.). 9. *slang* to kill, bump (someone) off, put (someone) away.

temizlenmek 1. to be cleaned. 2. (for water, air, etc.) to be purified. 3. (for fish, game, etc.) to be cleaned/gutted/dressed. 4. *colloq.* to be finished. 5. *colloq.* to be gotten rid of, be eliminated. 6. *colloq.* (for food) to be eaten up, be polished off, be put away. 7. *slang* to be robbed, be cleaned out. 8. *slang* to be killed, be bumped off, be put away. 9. to clean oneself; to clean oneself up. 10. (for a woman's menstrual period) to come to an end.

temizletmek /ı, a/ 1. to have (someone) clean (something/someone). 2. to have (someone) purify (water, air, etc.). 3. to have (someone) clean/gut/dress (fish, game, etc.). 4. *colloq.* to have (someone) finish (something). 5. *colloq.* to have (someone) get rid of or eliminate (something). 6. *colloq.* to have (someone) eat up or polish off (food). 7. *slang* to have (someone) clean out or rob (someone/a place). 8. *slang* to have (someone) kill (someone), have (someone) bump (someone) off.

temizleyici 1. cleaning, cleansing (agent); purifying (agent). 2. cleanser, cleaning agent; purificant, purifying agent. 3. dry cleaner. 4. cleaner, person who does cleaning.

temizlik 1. cleanliness. 2. pureness, purity. 3. (the act of) cleaning, clean. 4. purification. — **işçisi** 1. garbage collector, sanitation worker, *Brit.* dustman. 2. street sweeper, street cleaner, person whose job is to sweep the streets and sidewalks. — **malzemesi** cleaning materials. — **yapmak** to do cleaning, clean.

temizlikçi 1. cleaning woman; cleaner. 2. (someone) who works as a cleaner.

temkin 1. self-possession, poise (which comes from acting with deliberation). 2. deliberateness, deliberation, slowness and care in decision/action.

temkinli 1. self-possessed, poised. 2. deliberate, (someone) who acts with deliberation.

temkinsiz 1. lacking in self-possession/poise. 2. lacking in deliberateness.

temlik, -ki *law* alienation, transferral (of a property/a right); conveyance (of a property). — **etmek** /ı/ to alienate (a property/a right); /ı, a/ to transfer (a property/a right) to (someone); /ı, a/ to convey (a property) to (someone).

temlikname *law* letter of conveyance, conveyance.

temmuz July.

tempo tempo. — **tutmak** to keep time, beat time.

temren (metal) arrowhead/spearhead.

temsil 1. representing, representation; being a representative for. 2. performance (of a dramatic play). — **etmek** 1. /ı/ to represent; to be a representative for. 2. /ı/ to put on, perform (a dramatic play).

temsilci representative; agent.

temsilcilik 1. representation, being a representative. 2. office, duties, or place of business of a representative; agency.

temsilen /ı/ representing, as a representative for.

temsili 1. representative, serving to represent/portray. 2. imaginative (drawing/portrait/sketch/painting of a person or scene not actually seen by the artist). 3. composite (portrait of a criminal suspect). — **hükümet** *pol.* government by representation.

temyiz 1. *obs.* distinguishing, discerning, recognizing. 2. *law* appeal. — **etmek** /ı/ 1. *obs.* to distinguish, discern, recognize. 2. *law* to appeal (a case). — **kabiliyeti/kudreti** *obs.* the ability to distinguish between right and wrong. — **mahkemesi** *law* court of appeal.

ten 1. complexion, hue of the skin. 2. skin, flesh. 3. body (of a person). — **fanilası** undershirt.

tenakuz *obs.* contradiction, being contradictory. —**a düşmek** to contradict oneself.

tenasül *obs.* procreation, reproduction, generation. — **aletleri** reproductive organs; genitalia, genitals.

tenasüp *obs.* 1. symmetry. 2. proportion; harmony.

tencere (lidded and now usually handled) saucepan/saucepot/stewpan/stewpot. — **dibin/götün kara, seninki benden kara.** *colloq.* The pot's calling the kettle black. —**si kaynarken, maymunu oynarken ....** *colloq.* When he was prosperous .../When he was living on easy street .... —**de pişirip kapağında yemek**

colloq. to make do strictly with what one has; to get by on a shoestring. **— tava, herkeste bir hava.** *colloq.* There's no unity of thought or action among them; each one of them is off on a different tack. **— yuvarlanmış/yuvarlandı, kapağını bulmuş/buldu.** *colloq.* He's found a friend who's as bad as he himself is.

tender *rail.* tender (coupled to a locomotive).

teneffüs 1. respiration, breathing. 2. recess (in a school). **— etmek** /ı/ to breathe, respire; to take/get a breath of (air).

teneffüshane *obs.* recreation room or play area (in a school).

teneke 1. tinplate, tin. 2. made of tinplate, tinplate, tin. 3. (large, tin) can/canister (usually containing a liquid): **gaz tenekesi** kerosene can. **(arkasından) — çalmak** /ın/ *colloq.* to jeer at (someone) (often by banging on tinware). **— sini eline vermek** /ın/ *colloq.* 1. to send (someone) packing. 2. to fire, give (someone) his walking papers. **— mahallesi** *colloq.* shantytown, favela.

tenekeci tinman, tinsmith, tinner, maker or repairer of tinware.

tenekecilik tinsmithery, being a maker or repairer of tinware.

tenekeli lined with sheets of tinplate; covered with sheets of tinplate.

teneşir bench/table on which a corpse is washed. **—e gelmek** *colloq.* to die, kick the bucket. **— horozu/kargası** *colloq.* very thin person, bag of bones, person who's nothing but skin and bones. **— paklar.** *colloq.* /ı/ Only death will put an end to (his) misdeeds or wicked actions. **— tahtası** wooden table on which corpses are washed.

teneşirlik 1. place for washing corpses (in the courtyard of a mosque). 2. *slang* person who'll keep on misbehaving or being wicked right up to the day he dies. 3. (material) suitable for making a bench/a table on which corpses are washed. 4. *slang* (person) who's at death's door, who has one foot in the grave.

tenezzüh *obs.* pleasure outing, excursion; promenade. **— gemisi** cruise ship.

tenezzül deigning, condescension, lowering oneself. **— buyurmak** /a/ to be so kind as to (do something). **— etmek** /a/ to deign to, condescend to; to lower/demean oneself for the sake of (something).

tenha lonely/unfrequented/isolated/solitary (place).

tenhalaşmak (for a place) to become relatively empty (devoid of people).

tenhalık 1. loneliness/isolation/solitude (of a place). 2. lonely/isolated/solitary place. 3. lonely/unfrequented/isolated/solitary (place).

tenis tennis. **— kortu** tennis court. **— raketi** tennis racket. **— topu** tennis ball.

tenkıye *obs.* 1. enema, clyster, clysma. 2. liquid injected as an enema. 3. enemator. **— yapmak** /a/ to give (someone) an enema, clysterize.

tenkit 1. criticizing, criticism. 2. critical review, review; critique. **— etmek** /ı/ 1. to criticize. 2. to write a critical review of, review.

tenkitçi 1. critic, faultfinder. 2. critic, reviewer. 3. critical/faultfinding/censorious (person). 4. critical (remark/review).

tennure wide-skirted garment worn by a Mevlevi dervish while performing the **sema.**

tenor *mus.* 1. tenor (voice/singer/part). 2. (a) tenor.

tenrengi, -ni 1. flesh, flesh pink (as colors). 2. flesh-colored, flesh-pink.

tensel 1. fleshly, bodily. 2. material, of or consisting of matter, corporeal.

tente awning.

tenteli provided with an awning, awninged.

tentene lace (a fine, openwork fabric).

tenteneli trimmed/ornamented/edged with lace, lacy.

tentür *pharm.* tincture.

tentürdiyot tincture of iodine.

tenvir *obs.* 1. illumination, lighting. 2. enlightening, enlightenment, informing. **— etmek** /ı/ 1. to illuminate, light. 2. to enlighten, inform.

tenya *zool.* tapeworm, taenia, tenia.

tenzil *obs.* 1. lowering. 2. reduction, decrease. 3. subtraction. **— etmek** /ı/ 1. to lower. 2. to reduce, decrease. 3. to subtract.

tenzilat, -tı reduction (in price); discount. **— yapmak** to make a reduction in price.

tenzilatlı 1. reduced, marked down in price; discounted; reduced, sale (price); discount (price). 2. (buying/selling) at a reduced price; at a discount; (buying) on sale. **— satış** sale, selling goods at reduced prices.

tenzilatsız 1. not reduced, not marked down in price; not discounted; unreduced (price); undiscounted (price). 2. (buying/selling) at an unreduced price; at an undiscounted price.

teokrasi theocracy.

teokratik theocratic.

teoloji theology.

teolojik theological, theologic.

teorem theorem.

teori theory.

teorik theoretical, theoretic.

tepe 1. hill. 2. top, top part: **ağacın tepesinde** at/in the top of the tree, on top of the tree. 3. crown, topmost part (of one's head). 4. crest, crown (of a bird). 5. *math.* vertex. 6. *colloq.* the space right beside one: **Tepemde dikilme öyle!** Don't stand here breathing down my neck! **— altını** the gold coins ornamenting a woman's headdress. **— aşağı** 1. upside down.

tepecamı

2. headlong, headfirst. **—si aşağı gitmek** *colloq.* to experience hard times, go downhill, hit the skids; to fail miserably, fall flat on one's face. **—sinden aşağı kaynar sular dökülmek** *colloq.*, *see* **başından aşağı kaynar sular dökülmek**. **—si atmak** *colloq.* to lose one's temper, blow one's stack. **—den bakmak** /a/ *colloq.* to view with scorn/disdain, look down on, look down one's nose at. **—sine binmek/çıkmak** /ın/ *colloq.* to bedevil (someone) a lot, harass/badger/bug (someone) to death. **—sinde bitmek** /ın/ *colloq.* 1. to bedevil (someone) a lot, harass/badger/bug (someone) to death. 2. to appear suddenly before (someone) or at (someone's) side. **—sinde boza pişirmek** /ın/ *colloq.* to make (someone) very uncomfortable; to crack the whip over (someone's) head; to make it rough for (someone). **— deliği** machicolation. **—sine dikilmek** /ın/ *colloq.* (suddenly to go up to someone and) to plant oneself right beside or squarely before (him/her). **—sinde havan dövmek** /ın/ *colloq.* 1. (for people upstairs) to disturb (people downstairs) by making noise, try to bring the ceiling down on (those living downstairs). 2. stubbornly to refuse to let (someone) forget something, continually to remind (someone) of something. 3. constantly to pester (someone) about something. **—den inme** *colloq.* 1. (an order) which comes from a high official, which comes from one of the big guns. 2. very sudden and unexpected. **— mazgalı** *see* **tepe deliği.** **— saçı** scalp lock. **—den tırnağa (kadar)** *colloq.* from head to toe, from head to foot. **—si üstü** 1. upside down. 2. headlong, headfirst.

tepecamı, -nı window or glass light in a ceiling; skylight; bull's-eye.

tepecik 1. small hill, hillock. 2. *bot.* stigma.

tepedamgası, -nı *anat.* soft spot, fontanel (on the top of a newborn baby's head).

tepegöz low-browed, (someone) who has a very low brow/forehead.

tepeleme 1. /ı/ beating/thrashing (someone) severely. 2. /ı/ defeating (an enemy) soundly. 3. (filling something) heaping full or brimful. 4. heaping portion of, heap of: **tepeleme dondurma** a heaping portion of ice cream. 5. heaping: **bir tepeleme yemek kaşığı şeker** a heaping tablespoon of sugar.

tepelemek /ı/ 1. to give (someone) a severe beating/thrashing. 2. to defeat (an enemy) soundly. 3. to kill (especially by hitting the victim on the head).

tepelenmek 1. to be beaten/thrashed severely. 2. (for an enemy) to be defeated soundly. 3. to be killed (especially by being hit on the head).

tepeletmek 1. /ı, a/ to have (one person) beat/thrash (another person) severely. 2. /ı/ to bring about the defeat of (an enemy). 3. /ı, a/ to have (one person) kill (another person) (especially by hitting him on the head).

tepeli crested (bird).

tepelik 1. finial. 2. crest, topknot (of a bird). 3. button (to which the tassel of a fez is attached). 4. hilly (area).

tepelitavuk *zool.* hoatzin, hoactzin, stinkbird.

tepetakla 1. headlong, headfirst. 2. upside down.

tepetaklak *see* **tepetakla.**

tephir *obs.* 1. vaporization, evaporation. 2. fumigating with vapor (as a means of destroying pests or disinfecting). **— etmek** /ı/ 1. to vaporize, evaporate, convert/reduce (something) to vapor. 2. to fumigate/sterilize (something) with vapor.

tephirhane *obs.* fumigator; fumatorium; sterilizer, autoclave (which uses steam).

tepi *psych.* (an) impulse.

tepilmek 1. to be kicked (by an animal). 2. (for something) to be trod upon, be trampled upon. 3. (for something) to be turned down, declined, or rejected; (for an opportunity/a chance) to be thrown away.

tepindirmek /ı/ 1. to cause (an animal) to stamp its feet. 2. to cause (someone) to start kicking and stamping (with anger/rage). 3. to cause (someone) to jump for joy, cause (someone) to dance about with joy.

tepinmek 1. (for an animal) to stamp, stamp its feet. 2. (for a person) to kick and stamp (with anger/rage). 3. to jump for joy, dance about with joy.

tepisel *psych.* impulsive (action).

tepişmek 1. (for animals) to kick or kick at each other. 2. (for people) to scuffle/tussle a bit with each other.

tepke reflex act, reflex. **— zinciri** chain reflex.

tepki 1. reaction; response. 2. recoil (of a firearm). **— göstermek** to react.

tepkili 1. reactive, marked by reaction. 2. recoil-operated (firearm). **— motor** reaction engine, reaction motor. **— uçak** jet plane, jet.

tepkime 1. reaction. 2. *chem.* reaction.

tepkimek 1. to react. 2. to react, undergo chemical reaction.

tepkisel reactional, reactive, pertaining to reaction.

tepkisiz 1. unreactive, inert; nonreactive. 2. (firearm) which is not recoil-operated.

tepme 1. kicking, kick. 2. (a) kick. 3. recurrence. 4. made by being trod upon.

tepmek 1. /ı/ (for an animal) to kick. 2. /ı/ to tread on/upon, trample (something). 3. /ı/ to turn down, decline, reject (something); to throw away (an opportunity/a chance). 4. (for a gun) to kick, recoil. 5. (for something) to crop up again, recur. **Teptim keçe oldu, sivrilttim külah oldu.** *colloq.* He bends the truth as it suits him. **tepe tepe kullanmak** /ı/ *colloq.* to use (someone/something) as much or as roughly as one pleases.

tepsi 1. tray. 2. (large, shallow, open) baking tin. — **böreği** a kind of **börek** cooked in a large, shallow, open tray.

ter 1. sweat, perspiration. 2. sweat, condensation, moisture (gathered in drops on the surface of an object). —**ini alıştırmak** *colloq.* to cool off a little, rest a bit. — **basmak** /a/ to break out in a sweat: **Ali'ye ter bastı.** Ali broke out in a sweat. —**e batmak** to be covered with sweat. — **bezi** 1. *anat.* sweat gland, sudoriparous gland. 2. a cloth placed inside a child's clothing and next to his skin to absorb perspiration. — **boşanmak** suddenly to begin to sweat profusely. — **dökmek** 1. to sweat, perspire. 2. *colloq.* to sweat, work hard. — **döşeği** bed on which a woman gives birth to a child. —**ini soğutmak** *colloq.* to cool off, rest a bit. —**e yatmak** to make oneself sweat (by drinking something hot and then wrapping oneself in a blanket or similar covering).

terakki *obs.* progress, advancement, advance. — **etmek** to progress, make progress, advance.

terakkiperver *obs.* 1. progressive-minded (person). 2. (a) progressive, (a) progressivist.

terane 1. *colloq.* topic which has become boring through excessive repetition, same old story, tired old refrain. 2. *obs.* melody, air, tune.

terapi therapy.

teraryum terrarium.

teras 1. terrace (i.e. a rooftop terrace or a flat, raised, paved area outside). 2. terrace, offset (made in a slope). 3. *geog.* terrace. — **katı** penthouse.

teraslamak /ı/ to terrace (a slope).

teraslanmak (for a slope) to be terraced.

teravi *Islam,* see **teravih.**

teravih *Islam* the supererogatory prayer performed in the month of Ramazan after the **yatsı namazı.**

Terazi *astrology* Libra.

terazi 1. balance, scales, pair of scales, scale. 2. pole (used by a tightrope walker to balance himself). — **dili** pointer of a balance. — **eli** handle of a balance. — **gözü** pan/scale of a balance. — **kolu** beam/lever (supported by a fulcrum and forming the two arms of a balance). — **tablası** platform (of an automatic scale). —**ye vurmak** /ı/ *colloq.* to think about (something) carefully, weigh (something) carefully in one's mind.

terazilemek /ı/ 1. to weigh (something) in one's hand, feel (something) to see how heavy it is. 2. to balance/poise/arrange (things) as if in a balance. 3. (for a tightrope walker) to balance (himself) with a pole.

terbiye 1. teaching (someone) good manners; disciplining. 2. good manners, manners. 3. training, education (of a person). 4. taming/training (of an animal). 5. training (a voice). 6. any of several sauces made primarily with lemon juice and whole eggs. — **almak** 1. to be taught (good) manners. 2. to be trained, be educated. —**sini bozmak** *colloq.* to do something unmannerly, forget one's manners, be rude. — **etmek** /ı/ 1. to teach (someone) good manners; to discipline (someone). 2. to train, educate (someone). 3. to train/tame (an animal). 4. to train (a voice). — **görmek** 1. to be taught (good) manners. 2. to be trained, be educated. —**sini takınmak** *colloq.* to mind one's manners; to begin to behave in a mannerly way. —**sini vermek** /ın/ *colloq.* to give (someone) a dressing down.

terbiyeci 1. educator, educationist. 2. trainer/tamer (of animals).

terbiyeli 1. well-mannered, mannerly, polite, well-brought-up, well-bred. 2. (food) which contains one of several kinds of sauces made primarily with lemon juice and whole eggs. — **maymun gibi** *colloq.* (behaving) in an excessively disciplined way, like a trained seal.

terbiyesiz ill-mannered, unmannerly, impolite, rude; badly brought up, ill-bred.

terbiyesizlik rudeness, impoliteness, unmannerliness; bad manners; lack of good breeding. — **etmek/yapmak** to behave rudely, be impolite.

terbiyevi *obs.* educational, educative; pedagogic, pedagogical.

tercih preference. — **etmek** /ı/ to prefer; /ı, a/ to prefer (one person/thing) to (another).

tercihen (doing something) by preference.

terciibent long poem with a recurrent couplet at the end of each stanza.

tercüman interpreter, (oral) translator; dragoman. — **olmak** /a/ to articulate, act as a spokesman for (someone's thoughts).

tercümanlık 1. interpreting, being an interpreter. 2. interpretership, position of interpreter. — **etmek** /a/ to act as (someone's) interpreter. — **yapmak** to interpret; to be an interpreter.

tercüme 1. translation, translating. 2. translation; rendition; something which has been translated. 3. /dan/ (work) which has been translated (from). — **etmek** /ı, a/ to translate (something) into (a language); to render (a written work) into (a language); to translate (something) for (someone); /ı/ to translate (something).

tercümeci translator.

tercümeihal, -li *obs.*, *see* **hal tercümesi.**
tere *bot.* cress.
terebent, -ti *bot.* terebinth tree, (Chian) turpentine tree.
terebentin 1. turpentine, turpentine oil. 2. resin, turpentine. **— ruhu/esansı** turpentine oil.
tereci seller of cress. **—ye tere satmak** *colloq.* to try to teach one's grandmother to suck eggs.
tereddüt hesitation; wavering, faltering; indecision. **— etmek** to hesitate; to waver, falter.
tereddütlü 1. hesitant; wavering, faltering; indecisive. 2. hesitantly; waveringly, falteringly; indecisively.
tereddütsüz 1. unhesitant; unwavering, unfaltering. 2. unhesitatingly; unwaveringly, unfalteringly.
tereke *law* estate (left by a deceased person).
terelelli *colloq.* 1. (someone) who's full of wild, impractical ideas/longings, flighty. 2. (slightly) crazy/nutty.
terementi 1. *bot.* terebinth tree, (Chian) turpentine tree. 2. resin, turpentine. 3. turpentine, turpentine oil.
terennüm *obs.* singing pleasantly/sweetly. **— etmek** to sing pleasantly/sweetly.
teres *vulg.* 1. bastard, son of a bitch, SOB (*used as a term of abuse*). 2. pimp, procurer, pander.
tereyağı, -nı 1. butter. 2. *slang* stupid (person). 3. *slang* stupid person, blockhead. **— gibi** *colloq.* very mellow and juicy (pear/apple). **—ndan kıl çeker gibi** *colloq.* as easy as taking candy from a baby, as easy as falling off a log.
terfi, -ii 1. promotion, raising (someone) to (a higher rank). 2. promotion, being raised to a higher rank. **— etmek** 1. to be promoted; /a/ to be raised to (a higher rank). 2. /ı/ to promote; /ı, a/ to raise (someone) to (a higher rank).
tergal, -li 1. tergal (a synthetic cloth/thread). 2. made of tergal, tergal.
terhis *mil.* discharge, demobilization. **— etmek** /ı/ to discharge, demobilize (a soldier). **— olmak** (for a soldier) to be discharged, be demobilized. **— tezkeresi** *mil.* discharge certificate, discharge.
terilen 1. terrylene (a water-repellent, synthetic fabric/thread). 2. made of terrylene, terrylene.
terim 1. term, technical word/expression. 2. *log., math.* term. **—ler dizgesi** terminology, nomenclature.
terimbilim terminology, nomenclature as a field of study.
terimbilimsel terminological.
terimsel terminological, of or relating to terms.
teriye terrier (a breed of dog).
terk, -ki abandonment, leaving, quitting; forsaking, desertion. **—i dünya etmek** *obs.* to retire from the world, forsake the world and its concerns, seclude oneself from the world. **— etmek** /ı/ to abandon, leave, quit; to forsake; to desert.
terki 1. the back part of a saddle. 2. croup (of a horse). **—ye/—sine almak** /ı/ 1. (for the person in the saddle) to sit (someone) behind (him). 2. to attach/tie (something) to the back of one's saddle.
terkibibent long poem each stanza of which is followed by a couplet.
terkip *obs.* 1. compounding/forming (something) from (several things); combining, combination. 2. *chem., phil.* synthesis. 3. (a) compound, (a) union. 4. *chem.* (a) compound. 5. *gram.* a noun and its modifiers. **— etmek** 1. /ı, dan/ to compound, put together, form, or construct (something) from (several things); /ı/ to combine (several things). 2. /ı, dan/ *chem., phil.* to synthesize, synthetize (something) from (several things).
Terkos name of a village near Istanbul. **— Gölü** Lake Terkos. **— suyu** city water (the water supplied through the mains in Istanbul).
terlemek 1. to sweat, perspire. 2. to sweat; to become covered with condensation; to exude moisture; (for a window) to fog up, steam up. 3. *colloq.* (for one's beard/mustache) to sprout (for the first time). 4. *colloq.* to work hard, sweat.
terletici 1. (something) that makes one sweat. 2. *colloq.* (something) that entails a lot of hard effort. 3. sudorific, diaphoretic (agent). 4. (a) sudorific, (a) diaphoretic, (a) sweater.
terletmek /ı/ 1. to make (someone/an animal) sweat/perspire, sweat. 2. *colloq.* to cause (someone) much work, make (someone) sweat.
terli sweaty, perspiry.
terlik 1. house slipper, house shoe; bedroom slipper; scuff. 2. *prov.* thin cloth skullcap.
terlikçi maker or seller of house slippers.
terlikçilik making or selling house slippers.
termal, -li 1. thermal, of or relating to hot springs or geysers. 2. *chem., phys.* thermal, thermic. **— otel** hotel situated at a hot spring.
termik *phys., chem.* thermic, thermal. **— santral** thermoelectric power plant, plant which generates electricity using thermal power.
terminal, -li (a) terminal: **otobüs terminali** bus terminal.
terminoloji terminology.
termit, -ti *zool.* termite.
termodinamik 1. thermodynamics. 2. thermodynamic, thermodynamical.
termoelektrik 1. thermoelectricity. 2. the study of thermoelectric phenomena. 3. thermoelectric, thermoelectrical.
termofor hot-water bottle, hot-water bag.

termokimya thermochemistry.
termometre thermometer.
termonükleer thermonuclear.
termos thermos, thermos bottle, vacuum bottle.
termosfer thermosphere.
termosifon 1. hot-water heater (containing a thermosiphon). 2. thermosiphon.
termostat, -tı thermostat.
ternöv Newfoundland dog, Newfoundland.
terör terror.
terörist, -ti 1. (a) terrorist. 2. (someone) who is a terrorist.
terörizm terrorism.
terramisin terramycin (an antibiotic).
ters 1. reverse/back (of something); opposite or other side/edge/end: **kumaşın tersi** the other side of the fabric. 2. converse/inverse/opposite (of something). 3. blunt edge (of a cutting implement). 4. *prov.* feces, excrement; dung; turd. 5. inverted; turned inside out. 6. *geom.* opposite (angle). 7. wrong/opposite (direction/road). 8. *colloq.* bad-tempered, peevish, cantankerous, ornery; cross-grained. 9. *colloq.* perverse, wrong-headed, contrary. 10. *colloq.* sharp/short/brusque/curt/cross (answer/word). 11. *colloq.* wrong, completely inappropriate (job/plan/idea). 12. backwards, in the opposite direction; in the wrong direction. 13. inside out; back to front; upside down. 14. *colloq.* sharply/brusquely/curtly/crossly. — **anlamak** /ı/ to misunderstand, misinterpret. — **bakmak** /a/ *colloq.* to look sourly/hostilely at (someone). —**ine çevirmek** /ı/ 1. to turn (something) inside out. 2. to invert. 3. *colloq.* to spoil (something that's been going well). —**i dönmek** *colloq.* 1. to lose one's bearings. 2. to get angry, get riled. —**ine dönmek** *colloq.* (for something that's been going well) to take a bad turn, start going wrong. — **düşmek** /a/ to run counter to, go against. — **gelmek** /a/ *colloq.* (for something) to seem wrong or completely inappropriate to (someone). — **gitmek** *colloq.* to go wrong, turn out badly. —**inden okumak** /ı/ *colloq.* to misread, misinterpret, misunderstand. — **orantı** *math.* inverse proportion. — **pers olmak** *colloq.* 1. to fall flat on one's face. 2. to become very downcast, get very down in the mouth. — **tarafından kalkmak** *colloq.* to get up on the wrong side of the bed, be in a bad mood. — **ters bakmak** /a/ *colloq.* to look daggers at (someone). — **yüzüne dönmek** *colloq.* to go back, return. — **yüzü geri dönmek** *colloq.* to come/go back empty-handed.
tersaçı *geom.* opposite angle.
tersane shipyard.
tersine 1. on the contrary. 2. /ın/ which is the opposite of ...: **Çocuk, öğretmeninin söylediğinin tersine arkadaşıyla konuşmaya devam etti.** The child kept on talking with his friend, which was what his teacher had told him not to do.
tersinir *chem., phys.* reversible.
tersinmek *prov.* 1. to move in the opposite direction, go backwards. 2. to get in a bad mood; to get cantankerous. 3. to get contrary, behave contrarily.
tersinmez *chem., phys.* irreversible.
terslemek /ı/ to speak sharply to, give (someone) a short answer; to snap at; to bite (someone's) head off.
terslemek /a/ to befoul with excrement.
terslenmek 1. to be given a short answer; to be snapped at; to get one's head bitten off. 2. /a/ to be short with, talk sharply to, growl at; to be surly to.
terslenmek to get befouled with excrement.
tersli *used in:* — **yüzlü** reversible (garment/fabric).
terslik *colloq.* 1. untoward event, adverse happening; hitch. 2. ill-temperedness, peevishness, cantankerousness, orneriness; cross-grainedness. 3. wrong-headedness, contrariness.
terso *slang* penniless, broke, busted, bust. **T—!** *slang* 1. Shut up!/Shut your mouth! 2. That's enough!/Stop it!/Cut it out!
tersyüz *used in:* — **etmek** 1. /ı/ to turn (a garment) inside out. 2. /dan/ *colloq.* to leave (a place) and go back the way one came (retrace one's footsteps).
tertemiz very clean, spotlessly clean, spotless.
tertibat, -tı 1. arrangement, setup; the manner in which something is organized/arranged. 2. *mil.* disposition (of troops, artillery, etc.). 3. mechanism; apparatus; system: **ateşleme tertibatı** firing mechanism (of a gun). **ısıtma tertibatı** heating system. 4. precautionary measures. — **almak** to take precautionary measures.
tertip 1. arrangement, setting up, setup; organizing; planning; contriving, contrivance; the manner in which something is arranged/set up/organized/planned/contrived. 2. *mil.* disposition (of troops, artillery, etc.). 3. *obs., print.* typesetting, setting (a page) in type. 4. way, manner: **İşi bu tertip üzere hallettik.** We solved the matter in this way. 5. *fin.* issue (all the bonds issued at one particular time). 6. group of medicines which are taken together as a treatment for an illness). 7. arrangement (of words/phrases/clauses) (in a sentence). — **etmek** /ı/ 1. to arrange, set up; to organize; to plan; to contrive. 2. *mil.* to dispose (troops, artillery, etc.). 3. *obs., print.* to typeset, set (a page) in type.
tertipçi 1. planner/arranger/author (usually of something nefarious). 2. *obs., print.* typesetter, compositor. 3. (someone) who is good at organizing things. 4. (someone) who is always

busy organizing something.

tertiplemek /ı/ to arrange, set up; to organize; to plan; to contrive.

tertiplenmek to be arranged/set up/organized/planned/contrived.

tertipleyici arranger; organizer; planner; contriver.

tertipli 1. tidy, neat; orderly; organized. 2. prearranged, planned in advance, premeditated.

tertipsiz untidy, messy; disorganized.

tertipsizlik untidiness, messiness; lack of order; disorganization.

terütaze *obs.* very fresh/young; (someone) who is in the bloom of youth.

terzi 1. tailor; dressmaker. 2. tailor's/dressmaker's shop. — **kendi söküğünü/dikişini dikemez.** *proverb* A person's expertise is often of practical benefit to everyone but himself. — **sabunu** tailor's chalk.

terzihane tailor's/dressmaker's shop.

terzilik tailoring, tailory, tailorship; dressmaking.

tesadüf 1. chance event, accident, happenstance; a chance meeting, an accidental encounter; coincidence. 2. chance, hazard (personified/treated as an agency). — **etmek** /a/ 1. to meet/encounter by chance, chance to meet, chance upon, come across, come upon, happen upon. 2. (for something) to happen to take place on/at/in, happen to occur on/at/in. 3. (for something) to happen to hit or collide with. 4. to coincide with, occur at the same time as. 5. (for something) to happen to be at the same level as (something else), happen to be on a line with (something else): **Ağacın en üst dalı yatak odasının penceresine tesadüf ediyordu.** The topmost branch of the tree chanced to be level with her bedroom window.

tesadüfen by chance, by accident, fortuitously; by coincidence, coincidentally.

tesadüfi chance, accidental, casual, fortuitous; coincidental.

tesanüt *obs.* mutual support; cooperation; solidarity.

tescil official registration, entering (something) in an official register. — **etmek** /ı/ to register (something) officially, enter (something) in an official register. — **limanı** *naut.* port of registry (of a ship).

tescilli officially registered, entered in an official register. — **marka** registered trademark.

tescilsiz not officially registered, not entered in an official register.

teselli consolation, comfort, solace. — **bulmak** to find consolation, be consoled. — **etmek** /ı/ to console, comfort, give (someone) consolation/comfort/solace. — **mükâfatı** consolation prize. — **vermek** /a/ *see* **teselli etmek.**

tesettür 1. being covered/veiled. 2. covering/veiling oneself. 3. the practice whereby some Muslim women cover their faces, wear long, all-enveloping garments, and avoid contact with men not related to them. — **etmek** 1. to be veiled/covered. 2. to cover/veil oneself.

tesir effect; influence. — **etmek** /a/ to affect, act upon; to have an effect on; to make an impression on, influence. (**üzerinde ...**) — **yapmak** /ın/ to have (a certain) effect on; to make (a certain) impression on, influence (someone) in (a certain way): **Fikret'in gidişi Filiz'in üzerinde çok kötü bir tesir yaptı.** Fikret's going had a very bad effect on Filiz.

tesirli effective; effectual; efficacious.

tesirsiz ineffective; ineffectual; inefficacious.

tesis 1. foundation; establishment. 2. institution/association/establishment/foundation (a corporate body). 3. facility: **spor tesisleri** sports facilities. 4. system, installation (made up of a group of devices): **ısıtma ve soğutma tesisleri** heating and cooling systems. — **etmek** /ı/ to found; to establish, set up; to institute.

tesisat, -tı 1. installation (of electricity, plumbing, gas, central heating). 2. (electrical, gas, plumbing, or central heating) system. 3. *obs.* institutions/associations/establishments/foundations (corporate bodies). 4. *obs.* facilities.

tesisatçı installer of plumbing/heating/gas systems.

tesisatçılık being an installer of plumbing/heating/gas systems; installing plumbing/heating/gas systems.

tesit *obs.* celebrating, celebration. — **etmek** /ı/ to celebrate (an occasion).

teskere *obs.* 1. handbarrow (consisting of a frame with handles). 2. stretcher, litter.

teskereci *obs.* stretcher-bearer.

teskin calming; tranquilization. — **etmek** /ı/ to calm; to tranquilize.

teslim 1. delivering/handing over. 2. submission, yielding, giving in, surrender, capitulation. 3. conceding, admitting, acknowledging, granting. 4. submitting oneself to the will of God. **T—!** 1. Surrender!/Give up! 2. I surrender!/I give up! — **almak** /ı/ 1. to take delivery of, receive (goods/money); to take possession of (a place). 2. *mil.* to possess, seize control of (a place). — **bayrağı çekmek** *colloq.* to give up, throw in the sponge, throw in the towel. — **etmek** /ı/ 1. to deliver/hand over. 2. *mil.* to surrender (a place) (to the enemy). 3. to concede, admit, acknowledge, grant. — **olmak** to submit, yield, give in, surrender, capitulate. — **ve tesellüm** *obs.* delivery and receipt.

teslimat, -tı *obs.* goods delivered, deliveries; money paid over to someone, payments.

teslimiyet, -ti submission, bowing to the will/the

authority of. — **göstermek** /a/ to submit to, bow to the will/the authority of.

teslis *obs.* 1. tripling, making (something) threefold. 2. dividing (something) into three parts. 3. Christianity the Trinity. — **etmek** /ı/ 1. to triple, make (something) threefold. 2. to divide (something) into three parts.

tespih 1. prayer beads, rosary; chaplet. 2. worry beads. — **çekmek** to tell one's beads.

tespihböceği, -ni *zool.* wood louse, pill bug, sow bug.

tespihli 1. (someone) who is holding a string of prayer beads. 2. *arch.* (something) adorned with a molding containing beading; beaded (molding).

tespit, -ti 1. fixing, making (something) fast/stable/secure. 2. fixing, setting (prices). 3. setting (a bone). 4. establishing, determining. 5. determining the nature of (a crime). 6. *mil.* holding (the enemy), keeping (the enemy) busy (with a small force while the main force is on the move). — **banyosu** *phot.* fixing bath. — **davası** *law* declaratory action. — **etmek** /ı/ 1. to fix, make (something) fast/stable/secure. 2. to fix, set (prices). 3. to set (a bone). 4. to establish, determine. 5. to determine the nature of (a crime). 6. *mil.* (for a small force) to hold (the enemy), keep (the enemy) busy (while the main force is on the move). — **kuşağı** tie rod, tie bar.

test, -ti test.

testere saw (a cutting tool).

testerebalığı, -nı *zool.* sawfish.

testereli saw-toothed, sawtooth.

testi earthenware water jug. **—yi doldurmak** *colloq.* to accumulate money, fill one's coffers, sock it away. — **gibi** *colloq.* big and pendulous (female breast). — **kebabı** *see* **testikebabı**. **—yi kıran da bir, suyu getiren de.** *proverb* The deserving are being treated just the same as the undeserving.

testici maker or seller of earthenware water jugs.

testicilik making or selling earthenware water jugs.

testikebabı, -nı meat baked in an earthenware water jug.

tesviye 1. smoothing/flattening/leveling/grading/planing/evening (a surface). 2. satisfying, discharging, paying (a debt). 3. resolving, settling (a matter). — **aleti** level (a device used to determine deviation from the horizontal/the perpendicular). — **etmek** /ı/ 1. to smooth/flatten/level/grade/plane/even (a surface). 2. to satisfy, discharge, pay (a debt). 3. to resolve, settle (a matter). — **havuzu** lock (in a canal/a river/a dock).

tesviyeci 1. fitter; pipe fitter. 2. person who smooths/flattens/levels/grades/planes/evens surfaces.

tesviyeruhu, -nu level, spirit level.

teşbih *obs.* 1. *lit.* simile. 2. comparing (one person/thing) to (another). — **etmek** /ı, a/ to compare (one person/thing) to (another). **—te hata olmaz.** *proverb* Pardon the crude expression *(said before or after one has compared someone/something to a person/a thing regarded as crude or obscene)*.

teşebbüs 1. enterprise, undertaking, project, attempt. 2. initiative, enterprise (as an energy/an aptitude). **—ü ele almak** to take the initiative, take the lead. — **etmek** /a/ to set about, enter upon, undertake; to attempt. **—e geçmek** to set about doing something, set to.

teşekkül 1. formation, forming, being formed; taking shape. 2. being made up of, consisting of. 3. group, body, unit; organization. — **etmek** 1. to be formed; to take shape. 2. /dan/ to be made up of, consist of.

teşekkür thanking, expressing one's gratitude to (someone). **T—ler!** Thanks! — **ederim.** Thank you. — **etmek** /a/ to thank (someone).

teşhir 1. displaying, exhibiting, showing, exposing. 2. making (someone) a subject of common gossip. — **etmek** /ı/ 1. to display, exhibit, show, expose. 2. to make (someone) a subject of common gossip. — **hastalığı** *psych.* exhibitionism. — **hastası** *psych.* exhibitionist.

teşhirci *psych.* exhibitionist; flasher.

teşhircilik *psych.* exhibitionism.

teşhis 1. *med.* diagnosis. 2. recognition; identification. 3. *lit.* personification. — **etmek** /ı/ 1. *med.* to diagnose (an illness/a condition). 2. to recognize; to identify. — **koymak** /a/ *med.* to diagnose (an illness/a condition).

teşkil formation, forming. — **etmek** /ı/ to form; to constitute.

teşkilat, -tı organization, organized group. **T—ı Esasiye Kanunu** *hist.* the Constitution of Turkey (in the years 1921 and 1924).

teşkilatçı 1. organizer, person who is good at organizing. 2. (someone) who is good at organizing.

teşkilatçılık organizing, being an organizer.

teşkilatlandırmak /ı/ to organize, give (something/a group of people) an organizational structure.

teşkilatlanmak to be organized, be given an organizational structure.

teşkilatlı organized; (something) which is planned or carried out by an organization; (something/a group of people) which has an organizational structure.

teşkilatsız unorganized; (something) which is not planned or carried out by an organization; (something/a group of people) which lacks an organizational structure.

teşmil *obs.* 1. embracing, including. 2. spreading, extending, making (something) available to. 3. making (someone/something) liable to. **— etmek** 1. /ı/ to embrace, include. 2. /ı, a/ to spread, extend (something) to, make (something) available to. 3. /ı, a/ to make (someone/something) liable to.

teşne 1. greatly desirous. 2. *obs.* thirsty. **— olmak** /a/ to desire (something) greatly, thirst for.

teşrif 1. visit. 2. /a/ *obs.* going to: **Teşrif nereye?** Where are you going? 3. honoring. **— etmek/buyurmak** 1. /a/ to visit, honor (someone/a place) by visiting him/her/it. 2. /a/ *obs.* to go to (a place). 3. /ı/ to honor.

teşrifat, -tı 1. protocol, official etiquette. 2. formality, ceremonial.

teşrifatçı 1. person who handles matters of protocol, protocol officer. 2. master of ceremonies (in a royal court). 3. stickler for protocol/etiquette; protocolist. 4. (someone) who is a stickler for protocol/etiquette.

teşrih *obs.* 1. *med.* dissection; performing an autopsy on. 2. examining minutely, dissecting. **— etmek** /ı/ 1. *med.* to dissect; to perform an autopsy on. 2. to examine minutely, dissect. **— masasına yatırmak** /ı/ to scrutinize (a matter) carefully.

teşrik, -ki *obs.* 1. making (someone) a partner/an associate in; making (someone) a sharer in/of. 2. making (someone) a partner to (God) (in His rule). **— etmek** /ı, a/ 1. to make (someone) a partner/an associate in; to make (someone) a sharer in/of. 2. to make (someone) a partner to (God) (in His rule).

teşrikimesai 1. *obs.* cooperation, joint effort, working together, collaboration. 2. *slang* sexual intercourse, sex. **— etmek** /la/ 1. *obs.* to cooperate (with), work together (with), collaborate (with). 2. *slang* to have sex (with).

teşrinievvel *obs.* October.

teşrinisani *obs.* November.

teşvik, -ki 1. encouraging, encouragement, spurring (someone) on, inspiring; encouraging (someone) to do or participate in (something); promoting the development of (something). 2. incentive. 3. inciting, incitement, provocation. **— etmek** 1. /ı/ to encourage, spur (someone) on; /ı, a/ to inspire (someone) to; /ı, a/ to encourage (someone) to do or participate in (something); /ı/ to promote the development of (something). 2. /ı, a/ to incite, provoke (someone) to.

teşvikçi 1. encourager, promoter. 2. inciter, provoker. 3. (someone) who encourages/promotes. 4. (someone) who incites/provokes.

tetanos *path.* tetanus.

tetik 1. quick and alert, quick and wide-awake; quick-witted. 2. vigilant, alert. 3. delicate, (a job) which requires careful handling. **— ini bozmamak** *colloq.* 1. to keep a cool head, keep one's cool. 2. to maintain an unruffled front. **— davranmak** *colloq.* to act quickly, act at once. **— durmak, —te olmak/beklemek/bulunmak/durmak** *colloq.* to be vigilant, be on the alert, be on the qui vive.

tetik trigger (of a gun). **—e basmak/dokunmak/—i çekmek** to pull the trigger, squeeze the trigger (of a gun). **— köprüsü** trigger guard.

tetiklik 1. quickness and alertness. 2. quick-wittedness. 3. vigilance, alertness. 4. delicacy, delicateness (of a job).

tetkik, -ki detailed investigation, careful examination; scrutiny. **— etmek** /ı/ to investigate in detail, examine carefully; to scrutinize.

tetkikat, -tı detailed investigations, careful examinations; scrutinies.

tevarüs *obs.* 1. (something's) passing by inheritance to, devolving on (someone). 2. (someone's) inheriting (something), receiving (something) as an inheritance. **— etmek** /a/ 1. (for something) to pass by inheritance to, devolve on (someone). 2. (for someone) to inherit (something).

tevatür *obs.* rumor, piece of hearsay, widespread report.

tevazu, -uu humility; modesty. **— göstermek** to behave humbly/modestly.

tevcih *obs.* 1. turning (one's face/eyes) to/towards. 2. aiming/pointing/leveling (something) at, directing (something) to/towards. 3. orienting (something). 4. conferring/bestowing (something) upon (someone); granting (someone) (something). **— etmek** /ı, a/ 1. to turn (one's face/eyes) to/towards. 2. to aim/point/level (something) at, direct (something) to/towards. 3. to orient (something) towards. 4. to confer/bestow (something) upon (someone); to grant (someone) (something).

tevdi, -ii *obs.* entrusting/committing/consigning (something) to (someone/a place); confiding (a secret) to (someone); depositing (money) in (a bank). **— etmek** /ı, a/ to entrust/commit/consign (something) to (someone/a place); to confide (a secret) to (someone); to deposit (money) in (a bank).

tevdiat, -tı *obs.* deposits (in a bank); things entrusted for safekeeping. **—ta bulunmak** to make a deposit, deposit some money (in a bank).

teveccüh *obs.* 1. kind regard, consideration, favor. 2. directing/turning one's attention to. 3. being directed/turned toward. 4. turning one's steps toward, betaking oneself to. **— ünüz efendim.** You're very kind./That's very kind of you./You flatter me *(said after receiving a compliment)*. **— etmek** /a/ 1. to be directed/turned toward. 2. to turn one's steps toward, betake

oneself to. — **göstermek** /a/ to show kind regard to (someone). **—ünü kazanmak** /ın/ to win favor in (someone's) eyes.
tevek *prov.* 1. stock (of a grapevine). 2. shoot (emerging from the stock of a grapevine). 3. shoot (on a squash, pumpkin, or watermelon plant).
tevekkel *colloq.* (someone) who leaves things to chance, happy-go-lucky.
tevekkeli *colloq.* for no reason, for nothing: **Tevekkeli ona deli dememişler.** They don't call him crazy for nothing. **— değil,** .... It's not just a matter of chance that ...: **Tevekkeli değil, onları o gün Sarıyer'deki o lokantada gördüm, meğer hep orada buluşuyorlarmış.** My seeing them that day in that restaurant in Sarıyer was not just a matter of chance, as that place appears to be their rendezvous.
tevekkül 1. putting oneself in God's hands, trusting that God will arrange things for the best. 2. resigning oneself to one's fate, resignation. **— etmek** 1. to put oneself in God's hands, trust that God will arrange things for the best; /a/ to put oneself in (God's) hands. 2. to resign oneself to one's fate; to behave resignedly.
tevellüt *obs.* 1. birth, being born. 2. date of birth. 3. arising, emerging; engendering. **— etmek** 1. to be born. 2. /dan/ to arise, emerge from; to be engendered from, be produced by.
tevellütlü *obs.* born (in a certain year): **1316 tevellütlü biri** someone born in 1316.
tevhit 1. unification, uniting; combination, amalgamation. 2. affirming the unity of (God), monotheism. 3. repeating **lailaheillallah.** 4. *classical Turkish lit.* poem affirming that God is one. **— ehli** 1. (a) monotheist. 2. monotheists. **— etmek** /ı/ to unify, unite; to combine, amalgamate.
tevil *obs.* 1. willful misinterpretation; forced interpretation. 2. explaining (something) away. **— etmek** /ı/ 1. to misinterpret (something) intentionally; to put a forced construction on. 2. to explain (something) away.
tevkif *law* arrest, taking (a suspect) into custody. **— etmek** /ı/ *law* to arrest, take (someone) into custody. **— müzekkeresi** *law* warrant of arrest.
Tevrat, -t'ı 1. the Torah, the Pentateuch. 2. the Old Testament.
tevzi, -ii *obs.* 1. distribution. 2. delivery (of mail/newspapers). **— etmek** /ı/ 1. to distribute. 2. to deliver (mail/newspapers).
tevziat, -tı *obs.* 1. distributions. 2. deliveries (of mail/newspapers).
teyakkuz *obs.* being vigilant, being on the alert; vigilance; circumspection.
teyel basting, sewing with long loose stitches.
teyellemek /ı/ to baste, tack (cloth).

teyellenmek (for cloth) to be basted, be tacked.
teyelli basted, tacked (cloth).
teyemmüm *Islam* ritually cleansing oneself using sand/earth (done only when water is not available). **— etmek** to cleanse oneself ritually with sand/earth.
teyit *obs.* 1. strengthening. 2. corroboration, confirmation. **— etmek** /ı/ 1. to strengthen. 2. to corroborate, confirm.
teyp tape recorder. **—e almak** /ı/ to tape, tape-record, make a tape recording of.
teyze maternal aunt.
teyzezade cousin (child of a maternal aunt).
tez 1. quick, speedy. 2. quickly, speedily. **— beri** *prov.* easily. **— canlı** *colloq.* 1. (someone) who likes to get something done right away, who dislikes delay. 2. impatient. **— elden** *colloq.* without delay, quickly. **— vakitte/zamanda** in the shortest time possible. **—i yok** /dan/ right away, at once: **Yarından tezi yok seni oraya yollayacağım.** I'm going to send you over there right away. **Şimdiden tezi yok bunu yapmalısın.** You ought to do this right now.
tez 1. thesis, idea, view. 2. *phil.* thesis. 3. piece of written research; thesis; dissertation.
tezahür *obs.* 1. appearing, becoming visible; becoming manifest. 2. manifestation, sign. **— etmek** to appear, become visible; to become manifest.
tezahürat, -tı 1. expression of feeling by a group of people; ovation; cheering; applause; booing. 2. demonstration (usually made to protest something). 3. *obs.* manifestations, signs.
tezat 1. contrast; oppositeness. 2. contradiction. 3. *log.* opposition. **—a düşmek** (for someone) to contradict himself.
tezek dried cow dung (used as fuel).
tezene *prov.* pick, plectrum.
tezgâh 1. counter (long table in a shop/an office separating clientele and personnel and over which business transactions are made or food is served); (small, portable) display stand/case (used by street sellers). 2. counter (in a kitchen). 3. workbench. 4. loom (used for weaving). 5. *naut.* stocks, ways, shipway. **— başı yapmak** *slang* to stand at the bar and have a drink. **—tan geçirmek** /ı/ *slang* to lay, have sex with. **—ından geçmek** /ın/ *slang* (for a woman) to have sex with, go to bed with. **— kurmak** *slang* to have sexual intercourse, have sex, do it. **—ı kurmak** to set up shop, hang out one's shingle.
tezgâhlamak /ı/ to cook up, concoct, plan (something nefarious).
tezgâhlanmak (for something nefarious) to be cooked up/concocted/planned.
tezgâhtar clerk, salesclerk, person who tends a counter (in a store). **— ağzı** sales pitch, sales

talk *(said disparagingly).*
tezgâhtarlık clerking, being a clerk (in a store). **— etmek** 1. to clerk, work as a clerk (in a store). 2. *slang* to make a sales pitch *(said disparagingly).*
tezhip 1. illumination, ornamenting (something written by hand) with gilded and painted designs. 2. gilding. **— etmek /ı/** 1. to illuminate, ornament (something written by hand) with gilded and painted designs. 2. to gild.
tezkere 1. note, message. 2. (written) official communication, official message. 3. permit; license; certificate: **ikamet tezkeresi** residence permit (issued to a foreigner residing in Turkey). 4. *mil.* discharge certificate, discharge (given to a soldier upon completion of his obligatory military service). 5. *classical Ottoman poet.* book containing the biographies of a number of poets as well as selections from their works. **—yi almak** (for a soldier) to get his discharge. **—sini eline vermek /ın/** *colloq.* to fire, give (an employee) his walking papers.
tezkereci 1. soldier who has just been (or is soon to be) discharged. 2. *classical Ottoman poet.* compiler of a **tezkere.** 3. (soldier) who has just been (or is soon to be) discharged.
tezlemek *prov.* 1. /ı/ to speed up (a job), do (a job) more quickly. 2. (for someone) to hasten, hurry.
tezleşmek (for a job) to be done more quickly.
tezleştirmek /ı/ to speed up (a job), do (a job) more quickly.
tezlik 1. quickness; speed; haste. 2. liking to get a job done right away, dislike of delay. 3. impatience. **— eylemi** any verb which has **vermek** suffixed to it *(Such verbs are used to indicate speed, suddenness, lack of hesitation, or easiness.):* **Böreği fırına götürüverdi.** He took the **börek** to the bakery in a trice. **Kızım şu camları bir siliver!** Give those windows a quick clean, there's a good girl! **Odadan fırlayıverdi.** She suddenly rushed out of the room.
tezyin *obs.* ornamenting, decorating, embellishing, adorning. **— etmek /ı/** to ornament, decorate, embellish, adorn.
tezyinat, -tı *obs.* 1. decorations, embellishments. 2. ornamentation, decoration.
tezyini *obs.* ornamental, decorative.
Tğm. *(abbr. for* **Teğmen)** *mil.* Lt. (lieutenant).
THA *(abbr. for* **Türk Haberler Ajansı)** T.N.A. (the Turkish News Agency).
THK *(abbr. for* **Türk Hava Kurumu)** T.A.F. (Turkish Aeronautical Foundation).
THY *(abbr. for* **Türk Hava Yolları)** T.A. (Turkish Airlines).
tıbben medically; from a medical point of view; for medical reasons.
tıbbi medical.

tıbbiye *obs.* medical school, school of medicine.
tıbbiyeli *obs.* medical student.
tıfıl, -flı *obs.* child.
tığ 1. hooked needle (usually used for crocheting or making lace). 2. awl. 3. plane iron, planer knife, blade of a plane. **— gibi** *colloq.* tall, slender, and strong; tall and wiry.
tık, -kı tap, tapping sound. **— tık vurmak /a/** to tap on/at.
tıka basa (filling something) as full as possible.
tıkaç 1. plug, stopper. 2. *path.* embolus.
tıkaçlamak /ı/ to plug, stopper, close (something) up with a plug/a stopper.
tıkaçlı 1. plugged, stoppered, closed up with a plug/a stopper. 2. furnished with a plug/a stopper.
tıkalı stopped, stopped up; clogged, congested.
tıkamak /ı/ to plug, stop; to clog, congest.
tıkanık 1. stopped, stopped up; clogged, congested. 2. *path.* embolic.
tıkanıklık 1. being stopped up, stoppage; cloggage, congestion. 2. congested feeling in one's chest/throat.
tıkanım *path.* occlusion, obstruction.
tıkanma 1. being plugged, being stopped; being clogged, being congested. 2. gasping for breath. 3. suddenly feeling full, suddenly feeling as if one had sated one's appetite for food. 4. *path.* occlusion, obstruction.
tıkanmak 1. to be plugged, to be stopped; to be clogged, to be congested. 2. to gasp for breath. 3. suddenly to feel full, suddenly to feel as if one had sated one's appetite for food.
tıkatmak /ı, a/ to have (someone) plug/stop (something).
tıkılmak /a/ 1. to be crammed into, be jammed into, be forcibly/quickly thrust into. 2. to confine oneself to, imprison oneself in, be imprisoned in (a place). 3. to be thrown into (jail, prison, etc.).
tıkım a bite of food (the amount of food taken in one bite).
tıkınmak *colloq.* 1. to stuff oneself with food, cram it in, pack it away *(said disparagingly).* 2. /ı/ to eat.
tıkır *used in:* **—ında gitmek** *colloq.* (for something) to go .well, go like clockwork. **(işini) —ına koymak** *colloq.* to put (one's work, business, etc.) in order. **— tıkır** *colloq.* 1. perfectly; without hesitating/faltering; like clockwork. 2. (something's moving) with a regular clicking sound, with a regular click. **—ı yolunda** *colloq.* (someone) who's doing well, who's prospering. **—ını yoluna koymak** *colloq.* to be doing well (financially), be making money. **—ı yolunda olmak/gitmek** *colloq.* (for someone) to do well, prosper.
tıkırdamak to rattle lightly, make a light rattling

sound; to produce a light clicking/clacking sound; (for a small clock) to tick lightly.

tıkırdatmak /ı/ 1. to rattle (something) lightly; to make (something) click/clack lightly; to tap on. 2. to bring (a food) to the boil once.

tıkırtı light rattle; light click/clack; tap; light tick.

tıkışık crammed, squeezed, crowded.

tıkışıklık crowded condition, crowdedness.

tıkışmak /a/ (for people) to cram/squeeze themselves into (a place).

tıkıştırmak 1. /ı, a/ to cram/jam/squeeze (people/things) into (a place). 2. /ı/ to bolt down (food). 3. /ı, a/ to cram (food) down (someone's throat).

tıkız 1. too tightly packed/stuffed, hard. 2. firm and well-filled-out. 3. (dough) of a very thick consistency. 4. underdone, undercooked (bread).

tıklım tıklım very crowded, packed, jammed (with people). — **dolu** jam-packed, full to overflowing.

tıkmak /ı, a/ to cram/jam/thrust/stick (someone/something) (forcibly/quickly) into (a place).

tıknaz short and plump.

tıknefes 1. short of breath. 2. shortness of breath.

tıksırık sneeze made with one's mouth shut.

tıksırıklı 1. (someone) who has been sneezing with his mouth shut. 2. sick, ill, unwell.

tıksırmak to sneeze with one's mouth shut.

tılsım 1. talisman, amulet, charm. 2. magic spell. 3. effective remedy/solution.

tılsımlı 1. enchanted, under a spell. 2. (someone/something) furnished with a talisman/an amulet/a charm.

tımar 1. grooming (a horse). 2. *hist.* fief held under condition of military service, timar. — **etmek** /ı/ to groom (a horse). — **fırçası** currycomb.

tımarcı 1. groom, stableman. 2. *hist.* holder of a military fief, holder of a timar.

tımarhane insane asylum, nut house, bughouse. — **kaçkını** 1. escaped lunatic. 2. *colloq.* person who behaves crazily, kook, nut.

tımarhanelik (someone) who's fit for the insane asylum, who's ready for the bughouse.

tımarlamak /ı/ to groom (a horse).

tımarlı 1. groomed (horse). 2. *hist.* holder of a military fief, holder of a timar.

tın *used to imitate the sound produced by striking an empty metal container.* — **tın** *slang* dim-witted; not bright: **Nuri mi? Onun kafası tın tın!** Nuri? He's got rocks for brains!

tınaz 1. stack of threshed grain ready for winnowing. 2. haystack. — **makinesi** winnowing machine.

tıngadak (falling down) suddenly with a metallic clang.

tıngıldamak *prov.* (for a metal object) to clang, rattle.

tıngır 1. clanging sound. 2. *slang* money, spondulicks. 3. *colloq.* completely empty. 4. *slang* penniless, flat broke. — **elek tıngır saç, elim hamur karnım aç.** *colloq.* My labors benefit everybody but me. — **elek, tıngır tas** *colloq.* (place) which hardly has a stick of furniture in it. — **mıngır** 1. with a clanging sound. 2. slowly. — **tıngır** 1. with a continual clanging/rattling sound. 2. *colloq.* completely empty.

tıngırdamak 1. (for a metal object) to clang, rattle. 2. *slang* to die, croak, kick the bucket, give up the ghost.

tıngırdatmak /ı/ 1. to make (a metal object) clang/rattle. 2. to strum/thrum/twang (a stringed instrument).

tıngırtı 1. metallic clang/rattle. 2. strum/thrum/twang (of a stringed instrument). 3. *slang* sexual intercourse, sex, nooky.

tını timbre, tone.

tınlamak to ring, resonate, resound.

tınmak 1. to make a sound. 2. *colloq.* to take notice, pay attention.

tınmamak 1. not to make a sound. 2. *colloq.* to take no notice, pay no attention. 3. /ı, a/ *slang* not to tell (something) to, not to let (someone) in on (something). **tınmaz melaike** *colloq.* one who does not gossip.

tıp, -bbı medicine, medical science.

tıpa 1. stopper (for a bottle/a jar); bung (for a cask); plug. 2. fuze (for a bomb/a shell).

tıpatıp perfectly, exactly.

tıpırdamak 1. to patter, move with pattering footsteps. 2. (for one's heart) to go pit-a-pat. 3. (for rain) to patter, pitter-patter.

tıpırtı 1. patter, pitter-patter (of footsteps/rain). 2. pit-a-pat (of a heart).

tıpır tıpır 1. (rain's/footsteps' falling) with a pattering sound. 2. (a heart's going) pit-a-pat.

tıpış tıpış *colloq., used in:* — **gitmek** 1. to patter, move with pattering footsteps. 2. to go whether one wants to or not. — **yürümek** to patter, move with pattering footsteps.

tıpkı 1. identical thing: **Bu gömleğin tıpkısını istiyorum.** I want a shirt just like this one. 2. spitting image: **Turgay tıpkı babası.** Turgay's the spitting image of his father. 3. in just the same way as, just like (someone/something): **Emine tıpkı teyzesi gibi konuşuyor.** Emine talks just like her aunt. —**sı tıpkısına** *colloq.* 1. exactly like (someone/something). 2. exactly (the same). 3. exactly as it is, exactly as they are, without changing anything.

tıpkıbasım facsimile, exact copy.

tıpkıçekim 1. photocopying; xeroxing. 2. (a) photocopy; (a) xerox, xeroxed copy.

tıp tıp *used in:* — **atmak** (for one's heart) to go pit-a-pat, pit-a-pat. — **damlamak** to drip continuously.

TIR 1. TIR (Transports Internationaux Routiers "International Road Transport") (a United Nations agency set up to expedite international road transport). 2. truck bearing a TIR plate. **— kamyonu** truck bearing a TIR plate.

tırabzan stair rail, stair railing, banister. **— ayağı** baluster, newel. **— babası** 1. newel-post, newel (large post usually placed at the end of a railing). 2. *colloq.* weak, ineffectual father who is little more than a figurehead in his family.

tırak bang, banging noise. **— diye** with a bang.

tıraş 1. shaving, shave. 2. very close haircut: **asker tıraşı** GI haircut. 3. growth of beard (of so many days): **iki günlük tıraş** a two-day's growth of beard. 4. smoothing away the rough edges on; planing. 5. *slang* pulling (someone's) leg, having (someone) on, putting (someone) on. 6. *slang* very boring talk, palaver. **— bıçağı** razor blade. **— etmek** /ı/ 1. to shave. 2. to cut (hair) very close. 3. *slang* to pull (someone's) leg, have (someone) on, put (someone) on. 4. *slang* to bore (someone) to death with a lot of talk, talk (someone's) head off. **— fırçası** shaving brush. **—ı gelmek/uzamak** to need a shave. **— kremi** shaving cream. **— losyonu** after-shave lotion, aftershave. **— makinesi** 1. safety razor, razor. 2. electric shaver. **— olmak** 1. to shave oneself, shave. 2. to get a shave, have a shave. **— sabunu** shaving soap. **—a tutmak** /ı/ *slang* to bore (someone) to death with a lot of talk, talk (someone's) head off. **—ı uzamak** (for someone) to need a shave.

tıraşçı *slang* 1. person who likes to have people on, person who likes to pull people's legs. 2. very boring and excessively talkative person, long-winded bore. 3. (someone) who likes to have people on, (someone) who likes to pull people's legs. 4. (someone) who talks other people's heads off.

tıraşlamak /ı/ 1. to smooth away the rough edges on; to plane. 2. *slang* to pull (someone's) leg, have (someone) on, put (someone) on. 3. *slang* to bore (someone) to death with a lot of talk, talk (someone's) head off.

tıraşlı 1. shaved, shaven. 2. (someone) who needs a shave, who could do with a shave. 3. smoothed; planed.

tıraşsız 1. unshaved, unshaven. 2. (someone) who needs a shave, who could do with a shave. 3. unsmoothed; unplaned.

tırfıl *bot.*, *see* **tirfil**.

tırk rattle, rattling sound. **— diye** with a rattle. **— tırak/tırık** with a click, with a rattle (*used especially to describe the rattle made by the counters and dice moved/thrown when playing backgammon/trictrac*).

tırıl *slang* 1. naked; scantily clothed. 2. penniless, stone-broke.

tırıllamak *slang* 1. to be left naked or scantily clothed. 2. to become penniless, go stone-broke.

tırınk clink (of coins). **— tırınk** *colloq.* in hard cash, in cash.

tırıs (a) trot (gait of a horse). **— gitmek** (for a horse) to trot. **—a kalkmak** (for a horse) to begin to trot, break into a trot.

tırkaz *prov.* bar, bolt (to secure a door/a window).

tırlamak 1. (for a cat) to purr. 2. *slang* to run away, make tracks, beat it, get lost. 3. *slang* to die, kick the bucket. 4. *school slang* to fail a grade, flunk a grade.

tırmalamak /ı/ 1. to scratch, claw. 2. to grate on, irritate, disturb, trouble.

tırmalanmak to be scratched, be clawed.

tırmanıcı 1. *zool.* climbing, scansorial (animal). 2. *bot.* climbing, scandent (plant).

tırmanma climbing. **— şeridi** climbing lane (in a highway).

tırmanmak 1. to climb; /a/ to climb up. 2. /ı/ to climb up (something steep). 3. (for an airplane) to gain altitude, climb. 4. to escalate, increase.

tırmık 1. scratch, clawed place, wound made by an animal's claw or a person's fingernail. 2. rake (e.g. garden rake, etc.). **— atmak** /a/ 1. to scratch, claw. 2. to try to scratch/claw.

tırmıklamak /ı/ 1. to scratch, claw. 2. to smooth (soil) with a rake, rake (soil).

tırmıklanmak 1. to be scratched, be clawed. 2. (for soil) to be smoothed with a rake, be raked.

tırnak 1. nail; fingernail; toenail. 2. claw; hoof (*refers only to the horny part of an animal's hoof*). 3. quotation mark, quote, *Brit.* inverted comma. 4. *mech.* ratchet, pawl, click, detent. 5. ejector, ejecting mechanism (of a gun). 6. barb (of a hook); fluke, palm (of an anchor). 7. claw-foot console table. 8. *print.* binding margin (left on the binding edge of a page). **—ına benzememek** /ın/ *colloq.* (for one person) to be very inferior to (another), be nothing compared to (another). **— çekici** claw hammer. **—ı dibinde** *colloq.* 1. /ın/ very near, right under (someone's) nose. 2. (money paid) in cash, cash on the barrelhead, on the barrelhead. **— fırçası** nail brush. **— göstermek** /a/ *colloq.* to show one's claws, behave threateningly. **— işareti/imi** quotation mark, quote, *Brit.* inverted comma. **— kesintisi** nail paring, nail clipping. **—larını kesmek** /ın/ 1. to cut (one's/someone's) nails. 2. *colloq.* to render (someone) harmless, pull (someone's) teeth. **—ının kiri bile olamamak** /ın/ *colloq.* (for one person) to be very inferior to (another), be nothing compared to (another). —**makası** nail scissors. —**ını sökmek** /ın/ colloq. to render (someone) harmless, pull (someone's) teeth. — **sürüştürmek** colloq. to interfere deliberately in order to make a bad situation worse, stick one's oar in deliberately in order to fan the flames. — **takmak** /a/ colloq. to latch onto (someone) and bedevil him. — **törpüsü** nail file; emery board. —**larını yaptırmak** colloq. to have a manicure/a pedicure. — **yemek** to bite one's nails. — **yeri** fingerhold (in the blade of a pocketknife).

tırnakçı slang pickpocket; thief.

tırnaklamak /ı/ to scratch, claw.

tırnaklanmak to be scratched, be clawed.

tırnaklı (animal) which has nails/claws/hooves; unguiculate; ungulate.

tırnaklık fingerhold (in the blade of a pocketknife).

tırnaksı naillike, ungual, unguinal.

tırpan scythe. — **atmak** /a/ colloq. 1. to weed out, get rid of (unwanted employees). 2. to kill off, eliminate (all one's enemies) by murdering them. —**la biçmek** /ı/ to scythe. —**dan geçirmek** /ı/ colloq. to get rid of, eliminate.

tırpana zool. gray skate.

tırpancı scyther, scytheman.

tırpanlamak /ı/ 1. to scythe. 2. colloq. to get rid of, eliminate.

tırpanlanmak 1. to be scythed. 2. colloq. to be gotten rid of, be eliminated.

tırtık nick; notch. — **tırtık** full of nicks/notches.

tırtıkçı slang pickpocket; thief.

tırtıklamak /ı/ slang to steal, swipe, Brit. nick.

tırtıklı 1. nicked; notched; serrated. 2. jagged, jaggy, rough, uneven. 3. geog. (coast) full of indentations, jagged (coast).

tırtıl zool. caterpillar (insect larva).

tırtıl 1. caterpillar tread, endless chain belt on which a caterpillar-type vehicle runs. 2. serration (on a knife blade). 3. milling (on a coin). 4. perforation, perforations (along the edge of a postage stamp). 5. mech. milling cutter. 6. rowel; spiked wheel; jagging wheel. 7. slang sponger, freeloader. — **çekmek** /a/ to mill/serrate (a metal object). — **kesmek** /ı/ to cut (something) in a serrated pattern, serrate.

tırtıllanmak (for a tree) to get full of caterpillars.

tırtıllı 1. serrated; jagged. 2. milled.

tırtılsı 1. caterpillar-like, (something) which resembles a caterpillar. 2. bot. ament, catkin.

tıs hiss (sound made by a goose/a snake/a cat when alarmed/irritated). — **yok.** colloq. There was not a sound to be heard.

tıslamak (for a goose/a snake/a cat) to hiss.

tıynet, -ti obs. nature, innate character, makeup (of a person).

tıynetsiz obs. innately bad, crooked by nature, dishonest by nature.

ti mil. bugle call (signaling that something is about to begin). —**ye almak** /ı/ slang to make fun of, ridicule, poke fun at. — **işareti** mil. bugle call (signaling that something is about to begin).

Tibet 1. Tibet. 2. Tibetan, of Tibet.

Tibetçe 1. Tibetan, the Tibetan language. 2. (speaking, writing) in Tibetan, Tibetan. 3. Tibetan (speech, writing); spoken in Tibetan; written in Tibetan.

Tibetli 1. (a) Tibetan. 2. Tibetan (person).

tibetöküzü, -nü zool. yak.

Ticani adherent of a dervish order founded in North Africa.

ticaret, -ti trade, trading, commerce, traffic. — **açığı** trade deficit, trade gap. — **anlaşması** trade agreement. — **ataşesi** commercial attaché. **T— Bakanı** the Minister of Commerce. **T— Bakanlığı** the Ministry of Commerce. — **bankası** commercial bank. — **borsası** exchange; stock exchange; commodity exchange. — **dengesi** balance of trade, trade balance. — **filosu** merchant marine, mercantile marine. — **gemisi** merchant ship, merchantman. — **hukuku** commercial law. — **odası** chamber of commerce. — **unvanı** trade name (of a firm). — **yolu** trade route.

ticarethane trading establishment, business, firm.

ticari commercial, trading, trade. — **senet** commercial paper, negotiable instrument.

tifdruk photogravure, heliogravure.

tifo path. typhoid fever.

tiftik 1. angora, mohair. 2. fine, soft wool clipped from sheep in the spring. 3. made of angora, angora, mohair. — **keçisi** zool. Angora goat. — **tiftik olmak** (for cloth) to fuzz, become fuzzy.

tiftiklenmek (for cloth) to fuzz, become fuzzy.

tifüs path. typhus, typhus fever.

tik, -ki tic, twitching.

tik, -ki 1. bot. teak. 2. made of teakwood, teak.

tikağacı, -nı bot. teak.

tikel log., phil. particular, particular in nature (as opposed to universal).

tikellik log., phil. particularity.

tiksindirici revolting, sickening, nauseating, repugnant, repellent.

tiksindirmek /ı/ to revolt, make (someone) sick, turn (someone's) stomach; /ı, dan/ to make (someone) feel revolted at the thought/sight of.

tiksinilmek /dan/ impersonal passive to be revolted by, feel nauseated at the thought/sight of.

tiksinmek /dan/ to be revolted by, feel sick at the thought/sight of, find (someone/something) repugnant.

tiksinti revulsion, nausea, utter distaste, repugnance.

tilavet, -ti reading/chanting (the Koran) according to the rules.
tilki 1. *zool.* fox. 2. *colloq.* fox, cunning person, crafty person; slyboots. **—nin dönüp dolaşıp geleceği yer kürkçü dükkânıdır.** *proverb* A person always seems to return eventually to a place that he's once known well. **— gibi** *colloq.* foxy, crafty, cunning, sly, wily.
tilkileşmek *colloq.* to get foxy, get crafty.
tilkilik *colloq.* foxiness, craftiness, cunning, slyness, wiliness.
tim 1. *sports* team. 2. team, group (of people).
timbal, -li *mus.* kettledrum, timbal, tymbal.
timpan *anat.* tympanum, tympanic membrane, eardrum.
timpani *mus.* timpani, tympani.
timpanist, -ti *mus.* timpanist, tympanist.
timsah *zool.* 1. crocodile. 2. alligator. **— gözyaşları** *colloq.* crocodile tears.
timsal, -li *obs.* symbol.
Timurlenk Tamerlane, Tamburlaine, Timur-Leng.
timüs *anat.* thymus, thymus gland.
tin 1. spirit; soul. 2. *phil.* nous. 3. *psych.* psyche. 4. *psych.* anima.
tinbilim psychology.
tinbilimci psychologist.
tinbilimsel psychological.
tiner paint thinner, thinner.
tingoz *slang* cuff, slap. **— sarkıtmak** /a/ to cuff, slap, give (someone) a cuff/a slap.
tinsel spiritual (as opposed to *material*).
tinselci *phil.* spiritualist.
tinselcilik *phil.* spiritualism.
tinsellik *phil.* spirituality, spiritualness.
tin tin (moving) very quietly and cautiously; (moving) on tiptoe.
tip, -pi 1. type, sort. 2. *colloq.* unusual; odd, strange.
tipi snowstorm; blizzard.
tipik typical.
tipilemek for a snowstorm or blizzard to rage; for a snowstorm or blizzard to begin to rage; for a snowstorm to get blizzardy.
tipleme *theat.* typecasting.
tipo letterpress, typographical printing. **— baskı** see **tipo.**
tipograf typographer.
tipografya letterpress, relief printing, typographical printing, typography.
tipsiz *slang* ugly, unattractive, (someone) whose physical appearance puts one off.
tirad *theat.*, see **tirat.**
tiraj circulation (of a newspaper/a periodical).
tiramola *naut.* tacking, putting (a sailing ship) about, changing the direction of (a sailing ship). **— etmek** /ı/ *naut.* to tack, put (a sailing ship) about. **— yapmak** *naut.* (for a sailing ship) to tack, go about.

tiran tyrant.
tirat *theat.* long declamatory speech.
tirbuşon corkscrew.
tirbuton buttonhook.
tire cotton thread.
tire dash; hyphen.
tirendaz *obs.* 1. *archer.* 2. clever and industrious. 3. (someone) who dresses sprucely.
tirfil *bot.* trefoil, clover.
tirfillenmek to become threadbare.
tirfon large screw (especially one used to fasten rails to railway ties).
tirhandil large fishing boat (equipped with both sails and oars).
tirildemek to shiver, quiver, shake, tremble, quake.
tiril tiril 1. gauzy, gossamery, filmy (cloth). 2. spotlessly clean, spanking clean. **— giyinmek** to wear spotlessly clean clothes. **— titremek** to shake like a leaf; to shiver/quiver/tremble/quake violently.
tirişko *slang* false, unfounded, made-up.
tirit toast soaked in unthickened meat gravy or sugary syrup. **—i çıkmak** *colloq.* (for someone) to get so old and feeble he can no longer move about unaided. **— gibi** *colloq.* (someone) so old and feeble he can no longer move about unaided.
tiritleşmek *colloq.* (for someone) to get so old and feeble he can no longer move about unaided.
tiriz 1. lath, batten. 2. *tailor.* binding.
tirle breast pump (for milking a woman's breast).
tirlin ruling pen, drawing pen.
tiroit *anat.* thyroid, thyroid gland.
tirpidin *hort.* small mattock.
tirpit *hort.*, see **tirpidin.**
tirpitil *hort.*, see **tirpidin.**
tirpitin *hort.*, see **tirpidin.**
tirsi *zool.* twaite shad, twaite, thwaite.
tirşe 1. bluish green, blue-green, aquamarine. 2. vellum; parchment.
tir tir *used in:* **— titremek** to shake like a leaf; to shiver/quiver/tremble/quake violently.
tiryaki addict. **—si olmak** /ın/ to be addicted to.
tiryakilik addiction.
tişört, -tü T-shirt, tee shirt.
titan *chem.* titanium.
titanyum *chem.*, see **titan.**
titiz 1. fastidious, hard to please, exacting, finicky, persnickety, pernickety, picky. 2. particular, choosy, discriminating, fastidious. 3. meticulous, very careful. 4. irritable, peevish; edgy.
titizlenmek 1. to become hard to please, get finicky. 2. to become particular, become choosy. 3. to become meticulous. 4. to get irritable, get peevish; to get edgy.
titizleşmek see **titizlenmek.**

titizlik 1. fastidiousness, exactingness; persnicketiness. 2. particularity, choosiness. 3. meticulousness. 4. irritability, irritableness, peevishness; edginess.
titre *used in:* — **etmek** /ı/ *chem.* to titrate.
titrek trembling, shaking, quivering, quaking, shaky, tremulous.
titrekkavak *bot.* quaking aspen, aspen.
titreklik 1. shakiness, tremulousness. 2. *mus.* tremolo.
titrelemek /ı/ *chem.* to titrate.
titrem *phonetics* tone, pitch, intonation.
titrembirim *phonetics* toneme.
titremek 1. to shiver; to tremble, shake, quiver, quake; to flutter. 2. (for a light) to flicker; (for the picture on a TV screen) to flutter. 3. /dan/ to be very afraid of.
titrenti *path.* clonus.
titrentili *path.* clonic.
titreşim 1. vibration. 2. *mus.* vibrato. 3. resonance. 4. shivering; trembling, shaking, quivering.
titreşimli 1. vibrating, vibratile, vibratory. 2. resonant. 3. *phonetics* voiced, uttered by vibrating the vocal cords. 4. *phonetics* (a) resonant.
titreşimölçer vibrometer.
titreşimsiz 1. vibrationless. 2. *phonetics* unvoiced, voiceless.
titreşmek 1. (for every part of something) to tremble/quake/quiver/shake. 2. (for things) to vibrate. 3. (for people) to shiver; to tremble.
titreştirmek /ı/ 1. to cause (every part of something) to tremble/quiver. 2. to cause (things) to vibrate. 3. to cause (people) to shiver/tremble.
titretmek /ı/ 1. to cause (someone/something) to shiver/tremble/shake/quiver/quake/flutter. 2. to cause (a light) to flicker; to cause (the picture on a TV screen) to flutter. 3. to cause (someone) to be very afraid, terrify.
tiyatro 1. theater, playhouse. 2. theater, drama as an art. 3. *theat.* repertory company. 4. theater, plays, dramatic literature, repertoire. 5. play, drama.
tiyatrocu 1. theater owner, owner of a playhouse. 2. *theat.* head of a repertory company. 3. *colloq.* actor; actress.
tiyatroculuk 1. the art of putting on plays; theatrical technique. 2. the theater business, running a theater. 3. running a repertory company. 4. *colloq.* acting, being an actor/an actress.
tiyatrolaştırmak /ı/ to dramatize/rewrite/adapt (something) for the stage.
tiz 1. shrill, high-pitched and irritating (voice/sound). 2. *mus.* high, high-pitched. 3. *mus.* sharp, above the true pitch.
tiz *slang* buttocks, behind, rear, rear end, fanny.
tizleşmek 1. (for a voice/a sound) to become shrill, get high-pitched and irritating. 2. (for a piece of music) to become high-pitched. 3. *mus.* to sharp; to sing sharp; to play sharp.
TL (*abbr. for* **Türk Lirası**) TL (Turkish lira).
TMMOB (*abbr. for* **Türk Mühendis ve Mimar Odaları Birliği**) T.E.A.A. (Turkish Engineers' and Architects' Association).
TMO (*abbr. for* **Toprak Mahsulleri Ofisi**) A.P.B. (Agricultural Products Bureau).
Togo 1. Togo. 2. Togo, of Togo.
Togolu 1. (a) Togolese. 2. Togolese (person).
toğrul *zool.* goshawk.
tohum 1. (a) seed. 2. *biol.* fertilized egg. 3. sperm. 4. stock, family. — **bağlamak** (for a plant) to develop seed, go to seed. **—u dökülmek** *colloq.* to reach the menopause. — **ekmek** to sow seed, seed, plant. **—a kaçmak** 1. (for a plant) to go to seed; (for a plant/a vegetable/a fruit) to get tough and inedible. 2. *colloq.* (for a person) to go to seed, run to seed, get dry around the edges, lose his/her youthful charms. — **vermek** to produce seed.
tohumcu 1. seedsman; raiser or seller of seed. 2. seedsman, sower.
tohumculuk 1. raising or selling seed, being a raiser or seller of seed. 2. sowing seed, being a sower.
tohumlamak /ı/ 1. to inseminate artificially. 2. to fertilize (an egg). 3. to seed, sow (an area) with seed.
tohumlanmak 1. to be artificially inseminated. 2. (for an egg) to be fertilized. 3. (for an area) to be seeded, be sown, be sown with seed. 4. (for a plant) to develop seed, go to seed.
tohumlu 1. (plant) which has seed pods on it. 2. *bot.* spermatophytic, spermaphytic; phanerogamic, phanerogamous (plant).
tohumluk 1. (seed) used/grown/saved for planting, seed: **tohumluk mısır** seed corn. 2. *colloq.* (someone) who's gone to seed, who's past it. 3. place where seed is stored.
tok, -ku 1. full (satisfied with food). 2. thick and closely woven (cloth). 3. deep (voice). — **açın halinden bilmez/anlamaz.** *proverb* A well-fed person cannot imagine the distress of a hungry person. **— ağırlaması/ağırlamak güçtür/güç olur.** *proverb* It's hard to be a good host to those who are full, because they won't eat anything you offer them. — **evin aç kedisi** *colloq.* child who won't eat food when it's set before him at home but wants it when he's in somebody else's house. — **karnına** right after eating, on a full stomach. — **tutmak** (for a food) to be filling.
tok, -ku toque.
toka 1. buckle (as of a belt). 2. barrette (for the hair); hairpin.
toka 1. shaking hands. 2. clinking glasses (when drinking a toast). — **etmek** 1. to shake hands.

2. to clink glasses (while toasting). 3. /ı/ naut. to make taut, draw tight. 4. /ı, a/ slang to pay, plunk down.
tokaç (oar-shaped) clothes stick (used for beating washing).
tokaçlamak /ı/ to beat (washing) with a clothes stick.
tokaçlanmak (for laundry) to be beaten with a clothes stick.
tokalaşmak /la/ 1. to shake hands. 2. to clink glasses (while toasting).
tokat slap, cuff. — **atmak/aşk etmek** /a/ to slap; to cuff. —**ı patlatmak** /a/ to give (someone) a resounding slap/cuff. — **yemek** to be slapped; to be cuffed.
tokatlamak /ı/ to slap; to cuff.
tokatlanmak to be slapped; to be cuffed.
tokgözlü not covetous; not greedy; content with what he/she has.
tokgözlülük lack of covetousness; lack of greed; being content with what one has.
toklaşmak 1. (for cloth) to mat, get thick. 2. (for a voice) to deepen.
toklu prov. yearling sheep.
tokluk 1. fullness, being satisfied (with food/drink). 2. density, thickness (of cloth). 3. deepness (of someone's voice).
tokmak 1. mallet; beetle; tamper; maul; gavel. 2. knocker (for a door). 3. drumstick (for beating a drum). 4. clapper (of a bell). 5. wooden pestle. 6. slang penis, *dick, tool. — **gibi** colloq. solidly built, stocky (person).
tokmakçı slang horny bastard, Brit. randy bugger.
tokmaklamak /ı/ 1. to beat with a mallet/a beetle/a maul/a gavel/a pestle; to tamp. 2. slang to *screw, Brit. *shag, have sex with.
toksik 1. toxic, toxical. 2. (a) toxic.
toksikolog toxicologist.
toksikoloji toxicology.
toksikoman toxicomaniac.
toksikomani toxicomania.
toksin toxin.
toksözlü blunt; outspoken, plainspoken; bluff.
toksözlülük bluntness; outspokenness, plainspokenness; bluffness.
tokurdamak (for a nargileh) to make a bubbling sound.
tokurdatmak /ı/ to make (a nargileh) bubble.
tokurtu bubble, bubbling sound (of a nargileh).
tokuşmak 1. (for animals) to butt each other. 2. to collide.
tokuşturmak 1. /ı/ to cause (animals) to butt each other. 2. /ı, la/ to cause (one thing) to collide with (another); /ı/ to knock (two things) together. 3. /ı/ to clink (glasses) (when toasting).
tokuz thick and closely woven (cloth).
tokyo thong, flip-flop (a rubber sandal).

tolerans 1. tolerance, open-mindedness. 2. tech. tolerance, allowable deviation from a standard.
tolga war helmet.
tolit, -ti chem. tolite, trinitrotoluene, TNT.
tolüen chem. toluene, methylbenzene.
tomak prov. 1. wooden ball. 2. wooden mace.
tomar 1. roll (of paper, leather, etc.); scroll. 2. heap, pile. 3. rammer (used by a cannoneer). **bir** — colloq. a lot of, a great deal of, a wad of.
tombak 1. tombac, tombak (an alloy of copper and zinc). 2. made of tombac, tombac.
tombala lotto, loto, Brit. tombola, Brit. house, Brit. housey-housey. — **çekmek** to draw a number (while playing lotto).
tombalacı lotto man, seller of lotto chances.
tombalak colloq. plump, chubby.
tombaz 1. flat-bottomed barge, lighter. 2. pontoon, float (of a pontoon bridge).
tombul plump (person).
tombullaşmak to get plump.
tombulluk plumpness.
tomruk 1. log (ready to be cut up into planks/beams). 2. roughhewn block (of stone). 3. ingot (of cast metal). 4. bud (of a plant). — **harmanı** place in a forest where newly cut logs are piled.
tomson Thompson, Thompson submachine gun.
tomurcuk bud (of a plant).
tomurcuklanmak (for a plant) to bud.
ton ton (one thousand kilograms). —**la** colloq. 1. by the ton, in great quantities. 2. tons of, a vast number of: **Her gün tonla şeftali alıyoruz.** Every day we're buying tons of peaches.
ton 1. tone. 2. tone; shade; tint (of a color). 3. mus. whole step, whole tone, tone. — **sağırlığı** tone deafness.
ton zool., see **tonbalığı.**
tonaj tonnage.
tonalite mus. tonality.
tonbalığı, -nı zool. 1. tuna. 2. bluefin tuna, tunny.
Tonga 1. Tonga. 2. Tongan, of Tonga.
tonga slang trick, fast one. —**ya basmak/düşmek/oturmak** to be tricked, be conned, be taken in. —**ya bastırmak** /ı/ to trick, con, play (someone) for a sucker.
Tongalı 1. (a) Tongan. 2. Tongan (person).
tonik med. 1. (a) tonic. 2. tonic, tonical.
tonilato naut. tonnage; ton.
tonilatoluk naut. (ship) which can carry (so many) tons.
tonluk (something) which weighs (so many) tons; (something) which can carry (so many) tons.
tonoz arch. vault. — **bingi** arch. squinch.
tonton colloq. darling, sweet, dear (old person or child).
tonus physiol. tonus.
top, -pu 1. ball. 2. ball-shaped object. 3. mil. cannon; artillery piece. 4. bolt, roll (of cloth).

5. ream (of paper). 6. round; rounded. **—u** /ın/ *colloq.* all of; the whole lot of: **Topunu aldım.** I bought the whole lot of them. **— ağaç** tree which has a rounded/umbrellalike shape. **—un ağzında** *colloq.* in the most dangerous spot, at the lion's mouth, on the edge of the volcano. **— arabası** 1. *mil.* gun carriage. 2. *slang* testicles, balls, nuts. **— ateşi** *mil.* cannon fire; artillery fire, gunfire. **— atımı** *mil.* 1. cannon-shot, range of a cannon; range of an artillery piece. 2. round, salvo, volley, shot. **— atmak** 1. *mil.* to fire a gun. 2. *slang* to go bankrupt, go bust. 3. *slang* (for a student) to fail a year, flunk a grade. **—u atmak** *slang* 1. to go bankrupt, go bust. 2. to fail a year, flunk a grade. 3. to die, kick the bucket. **— etmek** /ı/ *colloq.* 1. to amass (things) in a heap, heap (things) up, pile (things) up. 2. to roll (something) up in a ball, make (something) into a ball. **— gibi gürlemek** *colloq.* to boom, thunder, proclaim in a loud, booming voice. **— gibi patlamak** *colloq.* (for a piece of news) to explode like a bomb. **— koşturmak** *colloq.* to play soccer. **— olmak** *colloq.* to amass. **— otu** *mil.* powder charge (put in a cannon). **—u oynamak** 1. to play soccer. 2. to pass a ball back and forth; to play catch. **— sakal** *colloq.* full, round beard. **— top** *colloq.* 1. very round. 2. many bolts of (cloth). 3. many reams of (paper). **—u topu** *colloq.* in all, all told, altogether. **—a tutmak** /ı/ 1. *mil.* to blast (people/a place) with cannon fire or artillery fire. 2. *colloq.* to berate, blast, light into (someone). **— tüfek** arms, weapons.

topaç 1. top (child's toy); teetotum. 2. rounded loom (of an oar). 3. turnpin. 4. *prov.* round basket. **— gibi** *colloq.* plump and sturdy (child).

topak 1. round mass, ball, lump (of dough, clay, butter, etc.). 2. fetlock, projection on the back of an animal's leg just above the hoof. 3. *metallurgy* pellet. 4. *prov.* bottle. 5. *prov.* wineglass.

topaklamak /ı/ *metallurgy* to pelletize, form (something) into pellets.

topaklanmak to get lumpy.

topal 1. lame, crippled. 2. wobbly, unsteady, (piece of furniture) which has one leg that is shorter than the others. 3. lame person/animal; cripple. **— eşekle kervana karışmak/katılmak** *colloq.* to try to do something big with woefully inadequate means.

topalak *prov.* round, rounded; rotund.

topallama limping, walking with a limp.

topallamak 1. to limp, walk with a limp. 2. *slang* to make a mess of things.

topallık lameness.

topaltı, -nı area just outside the walls of a castle/a city.

toparlak 1. very round. 2. *mil.* limber (to which a gun carriage is attached). **— hesap** calculation given in round figures. **— sayı/rakam** round figure, round number.

toparlamak /ı/ 1. to gather together, collect. 2. to summarize, put (what one has to say) in a nutshell. 3. to straighten up, tidy, pick up. 4. to smarten (oneself) up, tidy (oneself) up. 5. to collect (one's thoughts, oneself); to pull (oneself) together; to get (oneself) together.

toparlanmak 1. to be gathered together, be collected. 2. to be summarized. 3. to be straightened up, be tidied, be picked up. 4. to smarten oneself up, tidy oneself up. 5. to pull oneself together; to set one's house in order; to shape up; to get oneself together, get one's act together. 6. to recover, get back on one's feet (after an illness or a financial disaster).

topatan a long, yellow muskmelon.

topaz *geol.* topaz.

topçeker 1. *navy* gunboat. 2. artillery (animal/vehicle), (animal/vehicle) used for pulling a gun carriage.

topçu 1. *mil.* cannoneer; artilleryman, gunner. 2. *mil.* the artillery, the artillery branch (of an army). 3. *slang* bankrupt, bust. 4. *slang* student who has flunked a grade. **— sınıfı** *mil.* the artillery branch (of an army). **— subayı** *mil.* artillery officer.

topçuluk *mil.* gunnery.

tophane *hist.* 1. cannon foundry. 2. artillery school.

topik a food made with crushed sesame seeds, chickpeas, potatoes, onions, and spices.

topik 1. (a) medicine designed for topical application only. 2. topical (medicine).

topla *prov.* three-pronged pitchfork.

toplaç collector (in a dynamo).

toplahana head cabbage, heading cabbage.

toplam 1. *math.* total. 2. gross (as opposed to *net*); overall: **toplam verim** overall efficiency. **— olarak** in all, all told, altogether.

toplama 1. /ı/ gathering, collecting. 2. /ı/ *math.* adding, adding up, totaling; addition. 3. /ı/ amassing, accumulating. 4. /ı/ picking, harvesting. 5. /ı/ straightening up, tidying up, picking up. 6. /ı/ convening, convoking. 7. /ı/ clearing (the table) (after a meal). 8. /ı/ confiscating, seizing. 9. putting on weight, gaining weight. **— işareti/imi** *math.* plus sign. **— kampı** concentration camp. **— makinesi** 1. adding machine. 2. hay-baler (a farm machine). 3. corn picker (a farm machine).

toplamak 1. /ı/ to gather, collect. 2. /ı/ *math.* to add, add up, total. 3. /ı/ to amass, accumulate. 4. /ı/ to pick, harvest. 5. /ı/ to straighten up, tidy up, pick up. 6. /ı/ to convene, convoke. 7. /ı/ to clear (the table) (after a meal).

8. /ı/ to confiscate, seize. 9. to put on weight, gain weight. 10. (for a festering pustule, wound, etc.) to come to a head, become swollen with pus. 11. (for the sky) to become filled with rain or snow clouds, lower; (for rain or snow clouds) to gather.
toplanık gathered, assembled.
toplanılmak 1. *impersonal passive* (for people) to meet, assemble. 2. to be gathered, be collected.
toplanmak 1. to be gathered, be collected. 2. *math.* to be added, be added up, be totaled. 3. to be amassed, be accumulated. 4. to be picked, be harvested. 5. to be straightened up, be tidied up, be picked up. 6. to be convened, be convoked. 7. (for the table) to be cleared (after a meal). 8. to gather, assemble. 9. to shape up; to improve one's appearance; to adopt a better attitude; to work harder. 10. to put on weight, gain weight.
toplantı meeting, gathering. — **salonu** meeting room; assembly hall.
toplardamar *anat.* vein. — **genişlemesi** *path.* varix. — **yangısı** *path.* phlebitis.
toplaşmak 1. to gather together, mass. 2. (for an animal) to roll itself up into a ball.
toplatılmak 1. to be gathered, be collected. 2. (for something illegal/dangerous) to be confiscated, be seized.
toplatmak /ı, a/ 1. to have (someone) gather/collect (people/things). 2. to have (someone) confiscate/seize (something).
toplayıcı collector (of a dynamo).
toplu 1. (something) which has a knob or a knoblike protrusion on it. 2. collected, gathered; assembled: **Sait Faik'in toplu eserleri** the collected works of Sait Faik. 3. neat, tidy (place). 4. full, well filled out, plump. 5. comprehensive, all-inclusive. 6. collective, involving a group. 7. cumulative. 8. *colloq.* pin (used primarily in sewing). — **görüşme** collective bargaining. — **iş sözleşmesi** collective agreement (reached through collective bargaining). — **konut** housing development (consisting of apartment blocks), *Brit.* housing estate. — **mezar** mass grave. — **sigorta** group insurance. — **tabanca** six-shooter, six-gun, six-chambered revolver. — **taşıma** mass transportation, mass transport.
topluca 1. as a group. 2. fullish, plumpish.
topluiğne pin (used primarily in sewing).
toplukıyım massacre.
topluluk 1. group. 2. community. — **adı** *gram.* collective noun.
toplum society, social group, community. — **bilgileri** social studies. — **bilimleri** the social sciences. — **felsefesi** social philosophy. — **kalkınması** community development. — **sözleş-**
mesi social contract.
toplumbilim sociology.
toplumbilimci sociologist.
toplumbilimcilik sociologism.
toplumbilimsel sociological.
toplumcu 1. (a) socialist; (a) collectivist. 2. socialist; collectivist; of or relating to socialism/collectivism. — **gerçekçilik** social realism.
toplumculuk socialism.
toplumdaş (one's) fellow (within a social group).
toplumdışı, -nı 1. extrasocial, not related to society. 2. (someone) who is beyond the social pale, who is estranged from society, (someone) who is not a part of society.
toplumdışılık 1. being extrasocial, not being related to society. 2. (a person's) being beyond the social pale, being estranged from society, not being a part of society.
toplumlaşmak to become a society, become a social group.
toplumlaştırmak /ı/ to cause (people) to form themselves into a social group.
toplumsal social, societal, of or relating to society. — **bilimler** the social sciences.
toplumsallaşmak *psych., sociol.* to become socialized.
toplumsallaştırmak /ı/ *psych., sociol.* to socialize (someone).
toplumsallık sociality, socialness.
toplusözleşme collective agreement (between labor and management).
topograf topographer.
topografi *see* **topografya.**
topografya topography.
toprak 1. earth, soil; dirt. 2. land. 3. *elec.* ground, *Brit.* earth. 4. earthen, earthenware, made of clay. 5. unpaved, dirt (road). 6. *slang* heroin, skag. —**ına ağır gelmesin.** I don't like to speak ill of the dead, but ... *(said when one is about to say something uncomplimentary about a dead person).* — **aşınması** *geol.* soil erosion. — **atmak** to move earth. —**a bakmak** *colloq.* to be nearing death, be at death's door, have one foot in the grave. —**ı bol olsun.** May he rest in peace *(said of a non-Muslim).* — **çekmek** to haul earth (from one place to another). —**ı çekmek** /ı, ın/ for the earth (of a place not one's home) to call (one) to it *(said of someone who has died and been buried in a place he was only visiting temporarily).* — **doyursun gözünü.** *colloq.* Nothing on earth can satisfy you!/Your greed is insatiable! —**a düşmek** (for a dead person) to be buried. —**a girmek** to be dead and buried. — **işi** earthenware. — **kayması** landslide, slump. T— **Mahsulleri Ofisi** the Agricultural Products Bureau (a government agency). — **makinesi** earthmover. — **reformu** land reform.

— rengi 1. earth color. 2. earth-colored. **— sahibi** landowner. **—a verilmek** to be buried. **—a vermek** /ı/ to bury (a dead person). **— yol** dirt road.
toprakaltı, -nı 1. subsoil, substratum, underground. 2. underground, situated underground.
toprakbilim soil science, pedology.
toprakboya 1. oxide red. 2. earth color.
topraklamak /ı/ 1. to cover/fill with earth. 2. to soil with earth, dirty. 3. *elec.* to ground.
topraklandırmak /ı/ (for the state) to give land to (a landless farmer), make (a landless farmer) a landowner.
topraklı 1. mixed/adulterated/soiled with earth. 2. landowning, (someone) who owns land.
topraksız 1. not mixed/adulterated/soiled with earth. 2. landless.
topsalata head lettuce, cabbage lettuce.
toptan 1. wholesale (as opposed to *retail*). 2. all of, each of; the whole of. 3. all in one go, all at once, all at the same time.
toptancı 1. wholesaler. 2. wholesale (as opposed to *retail*).
toptancılık wholesaling, being a wholesaler.
topuk 1. heel (of a foot/a shoe/a stocking). 2. bar (at the mouth of a river); sandbar, shoal. **—una basmak** /ın/ *colloq.* to be at (someone's) heels, be on (someone's) heels. **—larına kadar** up to the ankles. **— kemiği** *anat.* anklebone, talus.
topukdemiri, -ni 1. metal piece put on the heel of a shoe. 2. pintle (of a hinge).
topuklamak /ı/ to prod (a mount) with one's heels, heel.
topuklu high-heeled (shoe).
topuksuz flat-heeled/low-heeled (shoe).
toput *chem.* deposit, precipitate.
topuz 1. mace (a weapon). 2. doorknob. 3. head (of a walking stick). 4. bun, knot (of hair). 5. *slang* penis, *pecker, *cock, *dick. **— gibi** *colloq.* short and stocky (person).
topuzlu 1. armed with a mace. 2. furnished with a doorknob. 3. (walking stick) furnished with a head. 4. (person) whose hair is done up in a bun/a knot.
topyekûn 1. altogether, all told, in all. 2. total, all-out. **— savaş** total war.
toraman 1. *colloq.* strapping and sturdy young man. 2. *colloq.* sturdy child. 3. *slang* penis, *pecker, *cock, *dick. 4. *colloq.* strapping and sturdy (young man). 5. *colloq.* sturdy (child).
torba 1. bag, sack. 2. *anat.* scrotum. 3. *path.* cyst. **—da keklik** *see* **çantada keklik. —ya koymak** /ı/ to get, acquire. **— yoğurdu** yogurt which has been thickened by being strained through a cloth bag.
torbalamak /ı/ to bag, put (something) in a bag.

torbalanmak 1. to be bagged, be put in a bag. 2. (for a piece of clothing) to bag, hang loosely like a bag. 3. (for one's chin/cheeks) to sag, get baggy.
torbalaşım *path.* aneurysm.
torbalı (someone/something) which has a bag.
toreador toreador.
torik 1. large bonito. 2. *slang* acumen, gray matter, brains, smarts. 3. *slang* penis, *pecker, *cock, *dick. **— akını** good run of large bonitos. **—ini çalıştırmak/işletmek** *slang* to use one's head.
torna lathe. **— etmek** /ı/ to turn (on a lathe), lathe.
tornacı lathe operator, latheman.
tornado tornado.
tornahit *naut.* 1. Turn ahead!/Ahead! *(command signaling that the ship's screw is to turn forward).* 2. forward rotation (of a ship's screw). **— etmek** (for a ship) to move forward.
tornalamak /ı/ to turn (on a lathe), lathe.
tornalanmak to be turned (on a lathe), be lathed.
tornalı 1. turned on a lathe, lathed. 2. made of parts that have been turned.
tornavida screwdriver (a tool).
tornistan 1. *naut.* Reverse (the propeller)!/Astern! 2. *naut.* backward rotation (of a ship's screw). 3. going backwards. 4. turning (a garment), making (a garment) over by reversing it and resewing it. **— etmek** 1. to go backwards, move backwards. 2. to turn (a garment), make (a garment) over by reversing it and resewing it.
Toros *used in:* **— Dağları** the Taurus Mountains (in southern Turkey).
torpido torpedo boat. **— gözü** glove compartment. **— muhribi** torpedo-boat destroyer.
torpidobot, -tu torpedo boat.
torpil 1. torpedo. 2. *slang* pull, influence. 3. *slang* influential person, powerful person, big gun. 4. *slang* big lie, whopper.
torpillemek 1. /ı/ to torpedo. 2. *school slang* to fail a grade, flunk a grade.
torpillenmek to be torpedoed.
torsiyon torsion. **— çubuğu** torsion bar (of an automobile).
tortop, -pu as round as a top, as round as a ball.
tortu 1. sediment, deposit; precipitate. 2. the dregs (of a social group).
tortul sedimentary.
tortulaşma *see* **tortullaşma.**
tortullaşma sedimentation.
tortulu (something) which has sediment in it; turbid.
tortusuz free of sediment, clear.
torun grandchild. **—lar** descendants. **— torba/ tosun sahibi olmak** *colloq.* to have children

and grandchildren.
tos butt (with the head/the horns). — **vurmak** /a/ to butt.
tosbağa zool. turtle; tortoise.
toslamak 1. /ı/ to butt. 2. /a/ (for the front end of a vehicle) to bump lightly against (something). 3. /ı/ slang to pay out, fork over (money). 4. /dan/ slang to fail, flunk (an examination/a grade).
toslaşmak to butt each other.
tost, -tu toasted sandwich. — **ekmeği** a kind of bread especially suitable for making toasted sandwiches.
tostçu maker or seller of toasted sandwiches.
tostoparlak colloq. as round as a ball.
tosun 1. prov. young bull, bullock. 2. colloq. healthy and sturdy lad. — **gibi** colloq. healthy and sturdy.
tosuncuk colloq. big, healthy, newborn baby.
totalitarizm pol. totalitarianism.
totaliter pol. totalitarian.
totalizatör pari-mutuel machine, totalizer, totalizator.
totem totem.
totemizm totemism.
toto see **sportoto**.
toto slang buttocks, fanny.
toy green/inexperienced/immature (owing to youth).
toy archaic feast.
toy zool. bustard.
toygar zool. skylark.
toyluk greenness; inexperience; immaturity.
toynak hoof, hooved foot (of an animal).
toynaklı hoofed, ungulate.
toz 1. dust. 2. powder. 3. slang heroin, skag, junk. 4. powdered, (something) which is in powdered form: **toz altın** gold dust. **toz boya** powder paint. **toz biber** ground pepper. — **almak** to dust, clean the dust off something. —**unu almak** /ın/ to dust, clean the dust off (something). — **bezi** dustcloth, dustrag. — **duman içinde kalmak** colloq. to be covered by a thick cloud of dust. —**dan dumandan ferman okunmamak** colloq. for things to be in a state of utter chaos, for chaos to reign. —**u dumana/toprağa katmak/karıştırmak** colloq. 1. to run, raising a cloud of dust. 2. to kick up a dust, cause a commotion, make an uproar, raise a ruckus. — **etmek** colloq. 1. /ı/ to crush, annihilate, pulverize, make mincemeat out of (someone). 2. to raise dust. — **kaldırmak** colloq. to raise dust. — **kondurmamak** /a/ colloq. not to allow anything to be said against, not to have anything said against (someone/something). — **koparmak** colloq., see **toz kaldırmak**. — **olmak** slang to hurry away, beat it, get lost. —**unu silkmek** /ın/ colloq. to rough

(someone) up, dust (someone's) jacket. — **toprak içinde kalmak** colloq. to be covered with dust/grime. — **varak** gold leaf.
tozan 1. speck of dust. 2. dusty place.
tozarmak 1. to turn into dust/powder. 2. (for rain) to drizzle, drizzle down; (for snow) to sift down in tiny flakes.
tozboya powder paint.
tozkoparan colloq. very windy (place).
tozlanmak to get dusty.
tozlaşma 1. turning into dust/powder. 2. bot. pollination.
tozlaşmak 1. to turn into dust/powder. 2. (for rain) to drizzle, drizzle down. 3. (for a flower) to become pollinated.
tozlu dusty.
tozluk 1. gaiter; spat. 2. dusty place.
tozmak 1. to turn into dust/powder. 2. (for rain) to drizzle, drizzle down; (for snow) to sift down in tiny flakes.
tozpembe light pink. (**ortalığı/dünyayı/etrafı**) — **görmek** colloq. to see (the world around one) through rose-colored glasses.
tozsabun soap powder; washing powder.
tozşeker granulated sugar.
tozumak to give off a cloud of dust.
tozuntu 1. dustlike substance. 2. cloud of dust. 3. drizzling rain.
tozutmak 1. /ı/ to fill (a place) with dust, raise a dust in (a place); /ı/ to make (something) dusty. 2. slang to go nuts, start acting screwy. 3. slang to talk claptrap, talk rot.
töhmet, -ti crime/offense imputed to someone, imputation. — **altında bırakmak** /ı/ to implicate, incriminate. — **altında tutmak** /ı/ to impute a crime/an offense to (someone).
töhmetli (someone) to whom a crime has been imputed.
tökezlemek 1. to stumble. 2. theat. to fluff, muff one's lines.
tömbeki tumbak, tumbaki, tumbek, tumbeki, a tobacco used when smoking a nargileh.
töre 1. custom, accepted practice, consuetude, consuetudo; customs, mores. 2. ethics, morals; ethical principles. 3. law, jurisprudence.
törebilim ethics (as a study).
törebilimci ethician, ethicist.
törebilimsel ethical, of or relating to ethics as a field of study.
töreci ethicist, moralist.
törecilik ethicism, moralism.
töredışı, -nı 1. amoral, nonmoral. 2. phil. immoral.
törel 1. ethical, moral. 2. legal, jurisprudential. — **bilinç** conscience.
törelci see **töreci**.
törelcilik see **törecilik**.
törellik ethicalness, morality.
törelsiz unethical, immoral.

törelsizlik unethicalness, immorality.
tören ceremony, ritual; rite.
törenli ceremonial, marked by ceremony; celebrated with a ceremony.
törensel ritual, ceremonial, ceremonious.
törensiz marked by an absence of ceremony; not celebrated with a ceremony.
töresel consuetudinary, consuetudinal; customary.
töresiz unethical, immoral.
töresizlik unethicalness, immorality.
törpü file; rasp; nail file.
törpülemek /ı/ to file; to rasp; to rub/smooth/cut/sharpen (something) with a file/a rasp.
törpülenmek to be filed; to be rasped.
törpülü filed; rasped.
tös Back! *(said to horses, mules, etc. when making them back up).*
tövbe vowing not to do something again, forswearing; repenting, repentance. **T—! *colloq.*** Never again!/I'll never do that again! **— ayları** *Islam* the months of Jumada I and Jumada II. **—yi bozmak** *colloq.* to do something one had vowed never to do again, break a vow not to do something again, backslide. **— çekmek** *colloq.* to say tövbe. **— estağfurullah!** God, forgive me; I'll never do it again. **— etmek** to vow not to do something again; /a/ to swear off, forswear (doing something). **—ye gelmek** to vow not to do something again. **— istiğfar etmek** to repent and ask God for forgiveness. **—ler olsun!/— tövbe!/—ler tövbesi!** Never again!/Not on your life!/You won't catch me doing that again! **— vermek** to vow not to do something again.
tövbekâr (someone) who has repented and returned to the straight and narrow; (someone) who has sworn off doing something and returned to the straight and narrow.
tövbeli (someone) who has sworn off doing something.
töz 1. root; base. 2. *phil.* substance.
tözel *phil.* substantial, consisting of or related to substance.
trabzonhurması, -nı (Japanese) persimmon.
trafik traffic. **— adası** traffic island. **— hacmi** traffic flow. **— işareti** traffic sign; road sign. **— kazası** traffic accident. **— lambası** traffic light, traffic signal. **— polisi** traffic policeman. **— şeridi** traffic lane, lane. **— tıkanması** traffic jam.
trafo *elec.* transformer.
tragedya *see* **trajedi.**
trahom *path.* trachoma.
trajedi tragedy.
trajik tragic.
trajikomedi tragicomedy.
trajikomik tragicomic, tragicomical.
traktör tractor.

traktörcü 1. seller of tractors. 2. repairer of tractors. 3. tractor operator, tractorist.
traktörlü *mil.* tractor-drawn: **traktörlü top** tractor-drawn artillery piece.
trakunya *zool.* 1. greater weever. 2. lesser weever.
Trakya 1. Thrace. 2. Thracian, of Thrace.
Trakyalı 1. (a) Thracian. 2. Thracian (person).
trampa barter, bartering. **— etmek /ı, la/** to barter (one thing) for (another).
trampet, -ti *mus.* snare drum.
trampetçi drummer (who plays a snare drum).
trampete *mus., see* **trampet.**
tramplen 1. diving board; springboard. 2. trampoline, trampolin.
tramvay streetcar, *Brit.* tram, *Brit.* tramcar; trolley car, trolley; horsecar.
tramvaycı motorman, streetcar driver, *Brit.* tram driver; trolleyman; horsecar driver.
trança sea bream.
transandantal transcendental. **— meditasyon** transcendental meditation.
transandantalizm transcendentalism.
transatlantik 1. transatlantic, crossing the Atlantic. 2. ocean liner; transatlantic liner, transatlantic.
transept, -ti *arch.* transept (of a church).
transfer 1. transfer, transferal, transferring. 2. *psych.* transference. 3. *sports* player who has left one professional team and joined another. **— etmek /ı/** to transfer. **— olmak** to be transferred.
transformasyon transformation.
transformatör *elec.* transformer; phasing transformer, phase transformer.
transformizm *biol.* transformism, evolution.
transfüzyon *med.* transfusion (of blood).
Transilvanya 1. Transylvania, Transilvania. 2. Transylvanian, of Transylvania.
transistor 1. *elec.* transistor. 2. transistor radio, transistor.
transistorlu *elec.* transistorized, equipped with transistors, transistor: **transistorlu radyo** transistor radio.
transit, -ti transit, passage through one country of people/goods which are bound for another country. **— eşya** transit goods, goods in transit. **— geçmek /dan/** 1. to pass through (a country) en route, go through (a country) in transit. 2. *slang* to pass through (a place) without stopping. 3. *slang* (for a driver) to run (a red light); to ignore (a stop sign/a traffic policeman's signal). **— rejimi** *law* system which allows goods in transit immunity from customs duties. **— seyahat** through trip. **— trafik** through traffic. **— vizesi** transit visa. **— yolcu** in-transit passenger. **— yolcu salonu** in-transit passenger lounge. **— yolu** through highway.
Transkafkasya 1. Transcaucasia. 2. Transcaucasian,

of Transcaucasia.
transkripsiyon transcription.
transliterasyon transliteration.
transmikser truck mixer, truck equipped with a concrete mixer.
transmisyon *mech.* transmission.
transmitör *elec.* transmitter; transmitting set; transmitting station.
transplantasyon 1. *med.* transplant, transplantation. 2. transplanting (of plants).
transport, -tu transport.
transportasyon transportation.
tranş (a) round (of beef).
trapez trapeze.
travay research paper.
travers 1. *rail.* crosstie, tie, *Brit.* sleeper. 2. horizontal beam, sleeper. **—e çıkmak** *naut.* to weigh anchor and head out to sea (to avoid being blown to shore).
traverten *geol.* travertine, travertin.
travma *med.* trauma.
travmatoloji *med.* traumatology.
tren *rail.* train, railroad train. **— istasyonu** train station, railway station. **— şefi** chief conductor (on a train). **— tarifesi** train timetable.
trençkot, -tu trench coat, raincoat (made of waterproof cloth), *Brit.* mackintosh, mack, mac.
trend trend.
tretuar *see* **trotuar.**
tretuvar *see* **trotuar.**
trevira trevira (a cloth fabric).
treyler trailer (a vehicle).
tribün stands (tiered seats), bleachers; grandstand.
trigonometri trigonometry.
trigonometrik trigonometric.
triko 1. fabric knitted by machine, machine-knit fabric; tricot. 2. garment made of machine-knit fabric.
trikotaj knitting things by machine. **— makinesi** knitting machine. **— sanayii** knitting industry.
trikotajcı maker or seller of knit goods.
trilyon quintillion, *Brit.* trillion.
Trinidad ve Tobago Trinidad and Tobago.
trinketa *naut.* foresail.
trio *mus.* trio.
tripo *slang* gambling den.
triportör 1. three-wheeler (small, three-wheeled, motorized truck). 2. tricycle (used for carrying goods).
triptik 1. *law* triptyque, triptique, tryptyque (for an automobile). 2. triptych (painting/carving made on three panels).
triton *mus.* tritone.
triumvir triumvir.
triumvira *see* **triumvirlik.**
triumvirlik triumvirate.
triyo *mus., see* **trio.**

trol, -lü trawl, trawlnet. **— avcılığı** trawling. **—le balık avlamak** to trawl.
troleybüs trolleybus.
trombon *mus.* trombone.
tromboncu trombone player, trombonist.
tromboz *path.* thrombosis.
trombus *path.* thrombus.
tromp, -pu *arch.* squinch.
trompet, -ti *mus.* trumpet.
trompetçi trumpet player, trumpeter.
tropik *geog.* (a) tropic: **Oğlak tropiği** the Tropic of Capricorn.
tropika *geog.* 1. (a) tropic. 2. the tropics.
tropikal, -li tropical, of the tropics. **— kuşak** the tropics.
tropizm *biol.* tropism.
troposfer troposphere.
trotinet, -ti scooter (child's vehicle).
trotuar sidewalk, *Brit.* pavement.
trotuvar *see* **trotuar.**
troyka troika.
tröst, -tü *com.* trust (combination of business entities).
TRT (*abbr. for* **Türkiye Radyo Televizyon Kurumu**) T.R.T. (Turkish Radio and Television Company).
trup, -pu *theat.* troupe.
Truva Troy. **— atı** Trojan horse. **— savaşı** the Trojan War.
truvakar tailor. 1. (lady's) three-quarter coat. 2. three-quarter: **truvakar kol** three-quarter sleeve.
trük, -kü artful contrivance, piece of ingenuity, clever trick.
TTK (*abbr. for* **Türk Tarih Kurumu**) T.H.S. (Turkish Historical Society).
tu *colloq., see* **tuh.**
tual, -li *see* **tuval.**
Tuba *Islam* the Tuba (name of a tree in Paradise).
tuba tuba (musical instrument).
Tubaağacı, -nı *Islam, see* **Tuba.**
tubacı tuba player.
tufa *slang* profit gained by skulduggery, gravy.
tufacı *slang* robber, holdup man, stickup man.
tufacılık *slang* armed robbery.
tufalamak /ı/ *slang* to rob someone of, make off with.
Tufan the Flood, the Deluge (in the time of Noah).
tufan 1. torrential rain, heavy downpour, deluge. 2. flood, deluge.
tufeyli 1. *biol.* parasite. 2. *colloq.* parasite, leech, person who lives off someone else. 3. *biol.* parasitic, parasitical. 4. *colloq.* parasitic, leech-like (person).
tugay *mil.* brigade.
tuğ *hist.* 1. plumed ornament (attached to the turban of a sultan or high official). 2. horsetail (attached to a standard as a sign of rank).
Tuğa. (*abbr. for* **Tuğamiral**) *mil.* R.A. (jg), Rear

Adm. (jg) (Junior Rear Admiral); Com., Comm. (Commodore); *Brit.* R.A., Rear Adm. (Rear Admiral).

tuğamiral, -li junior rear admiral; commodore; *Brit.* rear admiral.

tuğamirallik junior rear admiralship; commodoreship; *Brit.* rear admiralship.

Tuğg. (*abbr. for* **Tuğgeneral**) *mil.* 1. B.G., Brig. Gen. (Brigadier General). 2. *Brit.* Air Com. (Air Commodore).

tuğgeneral, -li *mil.* 1. brigadier general, brigadier. 2. *Brit.* air commodore.

tuğgenerallik *mil.* 1. brigadier generalcy, brigadier generalship, brigadiership. 2. *Brit.* air commodoreship.

tuğla 1. brick. 2. made of bricks, brick. — **harmanı** brickyard. — **ocağı** brickkiln.

tuğlacı brickmaker; brick seller.

tuğlacılık brickmaking; selling bricks; the brick business.

tuğra 1. *hist.* tughra, sultan's signature (elaborately inscribed on official documents, coins, etc.). 2. heads (of a coin). — **çekmek** /a/ to inscribe the sultan's signature (on).

tuğrakeş calligrapher who inscribed the sultan's signature on official documents.

tuğralı inscribed with the imperial signature.

tuh *colloq.* 1. Who'd have ever thought it? (*said in anger*). 2. Darn!/Durn!/Damn! **T— sana!** Shame on you!/You ought to be ashamed of yourself!

tuhaf 1. strange, curious, odd, queer. 2. funny, amusing; ridiculous. **T—!** *colloq.* How strange!/How curious!/That's odd! — **ına gitmek** /ın/ to seem strange/odd to (someone). **bir — olmak** to feel odd/strange, for a strange feeling to come over one.

tuhafiye sundries, notions.

tuhafiyeci seller of sundries/notions.

tuhafiyecilik the business of selling sundries/notions.

tuhaflaşmak to get odd, become queer.

tuhaflık 1. strangeness, curiousness, oddness, queerness. 2. funniness; ridiculousness. 3. strange/odd action. 4. funny/ridiculous action. — **etmek** to say or do funny/ridiculous things. **Bir —ım var.** I don't feel well./A strange feeling's come over me.

tukan *zool.* toucan.

tul, -lü *obs.* 1. *geog.* longitude. 2. length. — **dairesi** *geog.* meridian.

tulu, -uu *obs.* 1. *astr.* rising (of the sun, the moon, etc.). 2. (a thought's) occurring (to one), coming into (one's mind). — **etmek** 1. *astr.* (for the sun, the moon, etc.) to rise. 2. /a/ (for a thought) to come to (one's mind).

tuluat, -tı 1. a kind of improvisatorial theater. 2. play in which the performers improvise their lines. 3. improvisations, ad libs. — **oyunu** play in which the performers improvise their lines. — **tiyatrosu** a kind of improvisatorial theater. — **yapmak** to improvise, ad-lib.

tuluatçı person who acts in a **tuluat oyunu.**

tulum 1. animal skin (used as a casing/a receptacle). 2. overalls; jumpsuit. 3. tube (for toothpaste, medicine, etc.). 4. *mus.* bagpipe. — **çıkarmak** 1. to skin an animal. 2. *colloq.* (for one party/group) to win all the seats in an election. — **çıkmak** *colloq.* to achieve exactly what one had set out to achieve. — **gibi** *colloq.* 1. swollen all over. 2. as fat as a pig. — **peyniri** *see* **tulumpeyniri.**

tulumba pump; water pump. — **tatlısı** a syrup-soaked pastry.

tulumbacı 1. maker or seller of pumps. 2. *formerly* member of a fire brigade. 3. *colloq.* roughneck, hell-raiser. 4. *colloq.* rowdy, hell-raising.

tulumbacılık 1. being a maker or seller of pumps. 2. *formerly* fire fighting. 3. *colloq.* roughneck behavior, hell raising.

tulumcu *mus.* bagpiper.

tulumpeyniri, -ni cheese encased in a skin.

tuman *prov.* long underpants, long underwear, drawers, long johns.

tumba *child's language* tumbling into bed, hitting the sack. — **etmek** /ı/ 1. *naut.* to upend (a boat) (preparatory to repairing it). 2. *mining* to empty (a vehicle) of its contents by upending it.

tumbadız *prov.* short and fat (person).

tumşuk hooked bill, hooked beak (of a bird).

tumturak *lit.* fustian, bombast.

tumturaklı pretentious and inflated (words/writing/speech).

Tuna the Danube.

tunç 1. bronze. 2. made of bronze, bronze. — **bilekli** *colloq.* (someone) whose arms are as strong as iron; very strong (person).

tunçlaşmak to bronze, take on the color of bronze.

tundra *geog.* tundra.

tundura *geog., see* **tundra.**

tungsten *chem.* tungsten.

Tunus 1. Tunisia. 2. Tunis. 3. Tunisia, Tunisian, of Tunisia. 4. Tunis, Tunisian, of Tunis.

Tunuslu 1. (a) Tunisian. 2. Tunisian (person).

tur 1. tour. 2. round (of voting), ballot. 3. round (in a contest). — **atlamak** not to participate in a round of a contest (owing to one's not having been selected for that round in a draw). — **atmak** /da/ to take a stroll around, have a walk round (a place).

tura 1. heads (of a coin). 2. *prov.* skein, coil. 3. *prov.* knotted handkerchief used in a game. 4. *prov.* a game involving the use of a knotted handkerchief.

turaç *zool.* francolin.
turalamak /ı/ *prov.* 1. to skein, wind into a skein/a coil. 2. to hit (someone) with a knotted handkerchief (while playing the game called **tura**).
Turan Turan.
Turancı Pan-Turanist, Pan-Turkist.
Turancılık Pan-Turanism, Pan-Turanianism, Pan-Turkism.
Turani *see* **Turanlı**.
Turanlı 1. (a) Turanian. 2. Turanian (person).
turba peat, turf.
turbalık peat bog.
turfa 1. *colloq.* worthless. 2. *Judaism* something that is not kosher. 3. *obs.* new and rare thing. 4. *obs.* strange thing.
turfalamak /ı/ *colloq.* to regard (someone/something) as worthless.
turfanda 1. very early (vegetables/fruit). 2. out-of-season. 3. avant-garde, of the avant-garde.
turfandacı 1. raiser or seller of very early produce. 2. *colloq.* person who loves to eat very early produce.
turfandalık place where very early produce is raised.
turgor *biol.* turgor.
turing, -gi touring.
turist, -ti 1. (a) tourist. 2. *slang* overnight guest.
turistik touristic, touristical.
turizm tourism.
turkuaz 1. turquoise, turquoise blue, the color turquoise. 2. turquoise-colored, turquoise.
turna *zool.* crane. — **gözü (gibi)** *colloq.* very clear yellow. —**yı gözünden vurmak** *colloq.* to manage to acquire something very valuable; to do a good stroke of business. — **katarı** line of people; flock of people. — **kırı** reddish gray. — **olmak** *slang* to lose (while playing a card game).
turnabalığı, -nı *zool.* pike.
turne *theat.* tour. —**ye çıkmak** (for a theatrical company) to go on tour.
turnike 1. turnstile, tourniquet. 2. *med.* tourniquet.
turno *naut.* pulley (containing only one sheave).
turnusol, -lü 1. litmus, turnsole. 2. turnsole (a purple dye obtained from Chrozophora tinctoria). — **kâğıdı** litmus paper.
turnuva 1. *sports* tourney, tournament. 2. *hist.* tournament; joust.
turp, -pu radish. — **gibi** *colloq.* sturdy, robust, healthy and strong, hale and hearty.
turşu 1. pickle: **biber turşusu** pickled peppers. 2. *slang* very drunk, pickled, blotto, out of it, soused. —**su çıkmak** *colloq.* 1. to get tired; to be pooped. 2. (for fruit, etc.) to be crushed to a pulp. — **gibi** *colloq.* very tired, exhausted, pooped. — **kurmak** to make pickles. —**sunu kurmak** /ın/ to put (someone/something) in a safety deposit box *(said sarcastically to someone who is jealously guarding someone/something).* — **olmak** *colloq.* 1. (for a food) to go sour. 2. to be exhausted, be pooped. — **suratlı/yüzlü** *colloq.* sour-faced.
turşucu maker or seller of pickles, pickleman.
turşuculuk making or selling pickles, the pickle business.
turşulaşmak (for fruit, etc.) to get crushed to a pulp.
turşuluk suitable for pickling, pickling.
turta pie (a pastry).
turuncu 1. orange, orange-colored. 2. orange, the color orange.
turunculaşmak to turn orange.
turunç sour orange, bitter orange, Seville orange.
tuş 1. key (of a piano, typewriter, etc.). 2. *wrestling* fall. 3. *fencing* touch, touché. 4. touch (in painting a picture). —**a gelmek** (for a wrestler) to be thrown. —**a getirmek** /ı/ *wrestling* to throw (one's opponent).
tuşe 1. *mus.* touch, manner of striking (the keys of an instrument). 2. *med.* palpation, touch, examining an area with the fingers.
tutacak potholder.
tutaç 1. potholder. 2. tongs, pair of tongs.
tutak 1. handle. 2. potholder. 3. hostage.
tutam 1. pinch, small amount. 2. small handful. — **tutam** 1. in pinches. 2. in small handfuls.
tutamaç handle.
tutamak 1. handle. 2. proof, evidence.
tutamlamak /ı/ 1. to take a pinch or small handful of (something). 2. to measure (something) out in pinches or small handfuls.
tutanak 1. minutes, record (of a meeting); court record. 2. official report (signed and submitted by a committee/a group). 3. statement signed by several persons, round robin.
tutanakçı keeper of the minutes (of a meeting), recorder, reporter; court recorder.
tutar total, sum; number.
tutarak *prov.* 1. fit, seizure, spell. 2. epilepsy. —**ı tutmak** 1. to have a seizure. 2. to have a fit of obstinacy.
tutaraklı *prov.* epileptic.
tutarık *prov.*, *see* **tutarak**.
tutarıklı *prov.*, *see* **tutaraklı**.
tutarlı consistent; coherent.
tutarlık *see* **tutarlılık**.
tutarlılık consistency; coherence.
tutarsız inconsistent, incongruous; incoherent, disjointed.
tutarsızlık inconsistency, incongruity; incoherence, disjointedness.
tutkal glue; size. — **gibi** *colloq.* unpleasant and pertinacious (person).
tutkallamak /ı/ to glue; to size.

tutkallı glued; sized.
tutku passion.
tutkulu passionate, filled with passion.
tutkun 1. /a/ passionately in love with. 2. impassioned lover of, impassioned admirer of: **sanat tutkunu** passionate lover of art.
tutkunluk impassioned love/admiration; fascination.
tutkusal passionate.
tutma 1. /ı/ holding; taking hold of; gripping; grabbing. 2. /ı/ holding back; restraining. 3. /ı/ hunting. 4. /ı/ nabbing; arresting (someone). 5. /ı/ detaining (someone); holding (someone) up. 6. /ı, da/ keeping (someone/something) in (a place); maintaining (something) (at a certain level). 7. /ı/ reserving (a place). 8. /ı/ sticking (of snow) to; forming (of ice) in. 9. /ı/ backing, supporting. 10. /ı/ approving of, liking. 11. (something's) being accepted, winning general approval. 12. /ı/ renting, *Brit.* hiring. 13. /ı/ hiring, taking on, employing. 14. /ı, a/ holding (something) over, close to, near, or up to. 15. taking (of a graft or vaccination). 16. sticking, adhering (of paint, etc.). 17. *prov.* day laborer.
tutmak 1. /ı/ to hold; to take hold of; to grip; to grab. 2. /ı/ to hold back; to restrain. 3. /ı/ to hunt: **kuş tutmak** to hunt birds. 4. /ı/ to nab; to arrest (someone). 5. /ı/ *mil.* to capture, occupy (a position). 6. /ı/ to grasp, understand (that something is happening). 7. /ı/ to reach, come to, arrive at (a place); to make it to (a place). 8. /ı/ to detain (someone); to hold (someone) up. 9. /ı/ to look after, watch over (someone). 10. /ı, da/ to keep (someone/something) in (a place); to maintain (something) (at a certain level). 11. /ı/ (for something) to take up (so much space). 12. /ı/ (for writing) to cover (a place). 13. /ı/ (for fog, etc.) to cover, envelop (a place). 14. /ı/ (for a sound) to fill (a place). 15. /ı/ to reserve (a place). 16. /ı/ (for snow) to stick to; (for ice) to form in: **Sokaklar buz tuttu.** The streets have gotten icy. 17. /ı/ (for cloth) to show (a stain, dust, etc.). 18. /ı/ to patrol; to mount guard over or guard (a place); to man. 19. /ı/ to back, support. 20. /ı/ to approve of, like. 21. (for something) to be accepted, win general approval. 22. /ı/ to keep (one's promise/one's word). 23. /ı/ (for one thing) to accord with, be consistent with, jibe with, agree with. 24. /ı/ to rent, *Brit.* hire. 25. /ı/ to hire, take on, employ. 26. /ı/ to take up, embark on (a job). 27. /ı/ to have (a steady job). 28. /ı/ (for a man) to be married to. 29. /ı/ (for something) to make (someone) feel sick at his stomach; to give (someone) a headache. 30. (for someone's curse) to be realized, come true, come to pass. 31. /ı/ to be seized with (the hiccups, fit of coughing, etc.): **O sırada onu öyle bir gülme krizi tuttu ki odadan çıkmak zorunda kaldı.** At that point she got the giggles so bad that she had to leave the room. 32. (for a pain, cough, etc.) to begin again; (for a condition) to crop up again: **Of, gene sancım tuttu.** Ouf! My pain's started up again. **Remzi'nin inatçılığı tuttu.** Remzi's stubborn streak is showing again. **Pakize'nin babaları tutmuş galiba.** Pakize appears to be having a nervous seizure. 33. (for someone) to get (malaria): **Dursun'u sıtma tutmuş.** I hear Dursun's got malaria. 34. /ı/ to do (something) (in a certain way): **Bu işi hızlı tutalım.** Let's get this job done quickly./Let's do this job quickly. 35. /ı/ to make (something) (in a certain way): **Bu binayı mümkün olduğu kadar geniş tutmak istiyoruz.** We want to make this building as wide as possible. 36. /ı/ (for something) to total, come to a total of, come to, amount to, add up to. 37. /ı/ (for a place) to be open to, be exposed to, be unprotected from (the wind). 38. /ı/ to keep (something) (in a certain state): **Odanı temiz tut!** Keep your room clean! **Başını dik tut!** Hold your head up straight! 39. /ı, a/ to throw (something) at; to fire (something) at; to shower (something) upon: **Şehri topa tuttular.** They mounted an artillery assault on the city. **Gelini hediye yağmuruna tuttular.** They showered the bride with gifts. 40. /ı, a/ to add (a sum) to (an amount owed). 41. /ı, a/ to hold (something) over, close to, near, or up to: **O diayı ışığa tut.** Hold that slide to the light. 42. /ı/ to gain (weight), put on (weight): **Bu et tutmamış davarı satalım.** Let's sell these skinny cows. 43. /ı/ to use (a razor); to wear (a yashmak). 44. /ı/ (for milk) to form (cream): **Süt kaymak tuttu.** The milk's creamed. 45. /ı/ (for an amount of time) to pass (while going from one place to another): **İzmir'le Bodrum arası altı saat tutar.** It takes six hours to drive from İzmir to Bodrum. 46. to take it into one's head to, decide suddenly to, up and (do something): **Şimdi de Ankara'ya gideceği tuttu.** Now he's taken it into his head to go to Ankara. **Sonunda tuttu bütün malını mülkünü Şebnem'in üstüne yaptı.** In the end he upped and made everything he owned over to Şebnem. **Arada sırada tutar bizi balık yemeye götürür.** Every once in a while he'll up and take us out to eat fish. 47. /ı, a/ to serve, offer (a guest) (something to eat/drink): **Şennur, kuzum, misafirimize şeker tut!** Şennur, honey, offer our guest some candy! 48. (for a graft/vaccination) to take. 49. (for paint, etc.) to stick, adhere: **Bu tahta boya tutmaz.** Paint

won't stick to this board. 50. (for a nail, etc.) to be lodged firmly in place. 51. (for a limb of one's body) to be in good shape, be functioning well. 52. /ı/ (for a ship/a train/a bus) to stop at (a place). 53. to assume (for the sake of argument) that ..., imagine that ..., suppose that ....: **Tutalım ki Turgut beraat etti, o durumda ne yapacağız?** Let's say Turgut's acquitted; in that case what are we going to do? 54. /ı/ to enter, turn into: **Şu sağdaki yolu tut ve doğru git.** Turn into that road on the right and then go straight ahead. 55. /dan/ from; starting with: **Ak sakallısından tut süt kuzusuna kadar herkes oradaydı.** Everybody was there, from the old graybeards down to the babes-in-arms. **tuttuğu dal elinde kalmak** *colloq.* (for someone/something one had hopes in) to turn out to be a dud, prove a disappointment. **Tut kelin perçeminden!** *colloq.* Where on earth do you begin to solve an impossible situation like this? **tuttuğunu koparmak** *colloq.* to know how to get what one wants. **tutar yeri kalmamak** /ın/ *colloq.* 1. (for something) to be ready for the scrap heap, be completely worn out. 2. (for something) to be completely untenable, be completely indefensible.
tutsak prisoner of war, captive.
tutsaklık captivity.
tutturaç holder, support.
tutturmak 1. /ı, a/ to have (someone) hold (something). 2. /ı, a/ to let (someone) hold (something). 3. /ı, la/ to fasten/tack/nail (something) together with; to sew (something) together with; to glue (something) together. 4. /ı/ to maintain, keep (something) going, carry on. 5. /ı/ to maintain (something) obstinately, assert (something) obstinately. 6. /ı/ to get (something) into one's head and go on about it insistently. 7. /ı/ to get started (doing something). 8. /ı/ to hit (a target/a mark); to succeed in getting (a certain grade/score). **tutturabildiğine** *colloq.* (selling something) for as much as one can get, for whatever the market will stand.
tutturmalık fastener (e.g. a snap or a hook and eye on a garment).
tutu security, collateral; pawn. **—ya koymak** /ı/ to give (something) as security/collateral; to pawn; to mortgage.
tutucu 1. conservative. 2. (a) conservative.
tutuculuk conservatism.
tutuk 1. (someone) who speaks in a hesitant, disjointed way. 2. shy, retiring, reserved. 3. serious-minded, slow-moving, and silent. 4. short, abbreviated. 5. muffled (sound). 6. stopped-up, blocked. 7. stiff. 8. paralyzed. 9. (someone) who is under arrest. 10. person who is under arrest.
tutukevi, -ni jail.
tutuklamak /ı/ *law* to arrest (someone), put (someone) under arrest.
tutuklanmak *law* to be arrested, be under arrest.
tutuklu 1. person who is under arrest. 2. (someone) who is under arrest.
tutukluk 1. speaking in a hesitant, disjointed way. 2. shyness, retiringness, reservedness. 3. being serious-minded, slow-moving, and silent. 4. shortness. 5. muffled nature. 6. blockage. 7. (bodily) stiffness. 8. paralysis. 9. being under arrest. 10. (an internal combustion engine's) continually dying or cutting out.
tutukluluk being under arrest, arrest.
tutulan popular.
tutulma 1. being held/caught. 2. *astr.* eclipse.
tutulmak 1. to be held/caught. 2. (for something) to catch on, become popular. 3. *astr.* (for a celestial body) to be obscured from view (owing to an eclipse). 4. (for a part of one's body) to get stiff: **Boynum tutuldu.** I've got a crick in my neck. 5. (for a part of one's body) to become paralyzed. 6. to freeze up, become tongue-tied. 7. /a/ to fall in love with. 8. /a/ to get caught in (a storm). 9. /a/ *colloq.* to get mad at, get angry at.
tutulum *astr.* 1. eclipse. 2. (an) ecliptic. **— çemberi** (an) ecliptic.
tutum 1. manner of conduct, way of behaving. 2. *psych.* attitude. 3. thrift, economy.
tutumlu thrifty, economical.
tutumluluk thriftiness.
tutumsal economic, pertaining to economics.
tutumsuz not thrifty, thriftless; spendthrift, wasteful, improvident.
tutumsuzluk lack of thrift, thriftlessness; improvidence.
tutunmak 1. /a/ to grab hold of. 2. /a/ to hold on to, hang on to; to cling to. 3. /da/ to get firmly established in (a place). 4. /da/ to keep oneself at (a certain level). 5. /a/ to light into, berate. 6. /ı/ to wear (a yashmak). 7. /ı/ to use (a straight razor). 8. /ı/ to apply (leeches) to oneself. **tutunacak dalı olmamak** /ın/ *colloq.* to have no one or nothing that one can rely on.
tutuşkan flammable, inflammable; combustible.
tutuşma catching fire, ignition, kindling. **— noktası** *chem.* kindling point, ignition point.
tutuşmak 1. to catch fire, begin to burn, ignite, kindle. 2. /a/ to begin to (do something). 3. to hold (hands).
tutuşturmak 1. /ı/ to set (something) on fire, ignite, kindle. 2. /ı, a/ suddenly to thrust (something) into (someone's hands). 3. /ı, a/ to cause (people) to start (fighting/wrestling). 4. /ı/ to fasten (things) together.
tutya *obs.* 1. zinc. 2. kohl.

tuval, -li canvas (for an oil painting).
tuvalet, -ti 1. toilet, water closet, lavatory (device). 2. toilet, toilet room, lavatory (place). 3. washing, grooming, and arranging oneself; toilet. 4. evening gown, evening dress. 5. toilette, dress, outfit. 6. dressing table, toilet table, vanity. **— ispirtosu** rubbing alcohol. **— kâğıdı** toilet paper. **— masası** dressing table, toilet table, vanity. **— takımı** dresser set, toilet set.
tuz 1. salt, table salt. 2. *chem.* salt. 3. salts: **İngiliz tuzu** Epsom salts. **—u biberi** /ın/ *colloq.* someone/something that makes (something) interesting, someone/something that adds spice/color to (something): **Onlar toplantılarımızın tuzu biberi.** They're the people who add spice to our meetings. **— biber ekmek** /a/ *colloq.* to make (a bad situation) worse; to rub salt in the wound. **—u biberi yerinde** *colloq.* (food) which needs nothing added to it to improve its taste. **— buz olmak** *colloq.* to be smashed to smithereens. **— ekmek** /a/ to salt, add salt to. **— ekmek hakkı** *colloq.* the appreciation you owe someone who has helped you. **— kubbesi** salt dome. **—u kuru** *colloq.* 1. (someone) who has nothing to worry about financially. 2. (someone) who has nothing to worry about.
tuzak trap; snare. **—a düşmek** to fall into a trap. **— kurmak** /a/ to set a trap (for), lay a trap (for).
tuzcu seller of salt.
tuzcul *bot.* halophilic, halophilous.
tuzla saltpan (depression where salt water is evaporated).
tuzlak 1. saline soil. 2. flat area beside a saltpan where salt is stored in heaps. 3. saline (soil).
tuzlama 1. salting; brining, pickling (something) in brine. 2. a tripe soup. 3. salted; salt; pickled in brine.
tuzlamak /ı/ to salt; to brine, pickle (something) in brine. **Tuzlayayım da kokmayasın/kokma.** *colloq.* What you're saying is nothing but a load of tripe!/That's just so much bunk!
tuzlanmak to be salted; to be brined, be pickled in brine.
tuzlu 1. very salty. 2. coated/covered with salt crystals. 3. *colloq.* expensive, pricy, high. **—ya mal olmak/oturmak/patlamak** /a/ *colloq.* to cost (someone) a bundle. **— su** salt water.
tuzluk saltshaker; saltcellars.
tuzluluk salinity.
tuzruhu, -nu hydrochloric acid.
tuzsever *bot.* halophilic, halophilous.
tuzsuz 1. saltless; unsalted; (food) which contains little salt. 2. *colloq.* unamusing, boring, flat.
tü *colloq.*, see **tüh.**
tüberkülin *med.* tuberculin. **— testi** tuberculin test, tuberculin reaction.
tüberküloz *path.* tuberculosis.
TÜBİTAK (*abbr. for* **Türkiye Bilimsel ve Teknik Araştırmalar Kurumu**) T.S.T.R.I. (Turkish Scientific and Technical Research Institute).
tüccar merchant.
tüccarlık trade, commerce (as a profession).
tüf *geol.* tuff, tufa.
tüfek rifle, gun. **— arpacığı** front sight of a gun. **— atmak** to fire a rifle. **— çatmak** to stack arms. **— dipçiği** rifle butt. **—i duvara dayamak** *slang* to be mentally exhausted, throw in the towel. **— kayışı** sling of a rifle. **— kılıfı** case for a rifle. **— korkuluğu** trigger guard of a rifle. **— kundağı** stock of a rifle. **— namlusu** rifle barrel. **— nişangâhı** hind sight of a gun. **— patlamaksızın** *colloq.* without fighting; without firing a shot.
tüfekçi 1. gunsmith. 2. seller of guns.
tüfekçilik 1. gunsmithing. 2. gun selling.
tüfekhane armory.
tüfeklik 1. armory; gun-stand. 2. gun case.
tüh *colloq.* 1. Who'd have ever thought it? (*said in anger*). 2. Darn!/Durn!/Damn! **T— sana!** Shame on you!/You ought to be ashamed of yourself!
tükel *chem.* perfect, ideal (gas).
tükenmek 1. (for a supply of something) to be used up, be exhausted, run out, give out. 2. to become exhausted, give out.
tükenmez 1. inexhaustible, unending, endless. 2. a drink made with crushed fruit and water. 3. ball-point, ball-point pen. **— kalem** ball-point pen.
tükenmezlik inexhaustibleness, unendingness, endlessness.
tüketici *econ.* consumer.
tüketim *econ.* consumption. **— maddeleri** consumer goods, consumer items.
tüketmek /ı/ 1. to exhaust; to use up, expend; to spend. 2. *econ.* to consume.
tükürmek 1. /a/ to spit (on), expectorate (on). 2. /ı/ to spit, spit (something) out. **tükürdüğünü yalamak** *colloq.* to eat crow; to eat one's words.
tükürük saliva; spit, spittle. **— bezi** *anat.* salivary gland. **— hokkası** spittoon, cuspidor. **—ünü yutmak** *colloq.* for one's mouth to begin to water; to lick one's chops (at the sight of something delicious).
tükürüklemek /ı/ to moisten (something) with spittle.
tükürüklenmek to be moistened with spittle.
tül 1. tulle. 2. tulle curtain. 3. made of tulle, tulle.
tülbent a fine muslin.
tüm 1. all of, all: **tüm bunlar** all of these. 2. entirety, whole, sum total. 3. completely. **— cahil** completely ignorant. **—ü ile/—üyle** com-

pletely.
tümamiral, -li *mil.* senior rear admiral, full rear admiral; *Brit.* vice admiral.
tümamirallik *mil.* senior rear admiralship; *Brit.* vice admiralship.
tümbaşkalaşma *zool.* holometabolism, holometaboly.
tümbek *prov.* 1. small protuberance/knob. 2. *mus.* a small drum.
tümce *gram.* sentence.
tümden completely, wholly, totally.
tümdengelim *log.* deduction.
tümel *log., phil.* universal, universal in nature (as opposed to *particular*).
tümellik *log., phil.* universality.
tümen 1. *mil.* division. 2. ten thousand. 3. toman, tuman (a Persian monetary unit). 4. *obs.* large heap/pile. — **tümen** *colloq.* 1. thousands of .... 2. in vast numbers.
tümevarım *log.* induction.
Tümg. (*abbr. for* **Tümgeneral**) *mil.* 1. Maj. Gen. (Major General). 2. *Brit.* A.M. (Air Marshal).
tümgeneral, -li *mil.* 1. major general. 2. *Brit.* air marshal.
tümgenerallik 1. major generalcy, major generalship. 2. *Brit.* air marshalcy, air marshalship.
tümleç *gram.* complement.
tümlemek /ı/ to complete.
tümlenmek to be completed.
tümler complementary. — **açı** *geom.* complementary angle.
tümör *path.* tumor.
tümsayı full number, complement (of members).
tümsek 1. small mound, small pile. 2. protuberance; hump. 3. *anat.* colliculus. 4. protuberant.
tümsekli convex.
tümseklik protuberance.
tümselmek to swell, become protuberant; to become humped.
tümtanrıcı 1. (a) pantheist. 2. pantheistic, pantheistical.
tümtanrıcılık pantheism.
tümülüs tumulus, barrow.
tümür *anat.* villus: **bağırsak tümürleri** intestinal villi.
tün night.
tünaydın 1. Good evening! 2. Good night!
tünek 1. perch, roost (pole for domestic birds to rest on). 2. *slang* passive male homosexual, fag.
tüneklemek to perch, roost.
Tünel the name of an underground funicular in Istanbul.
tünel tunnel. — **geçmek** *slang* to daydream, woolgather.
tünemek to perch, roost.
tünik tunic.
tünsel nocturnal.
tüp 1. tube (for toothpaste, ointment, etc.). 2. (glass) tube (used in a laboratory); test tube. 3. cylinder (for bottled gas). — **bebek** test-tube baby.
tüplük rack for test tubes.
tür 1. kind, sort, type. 2. *bot., zool.* species.
türban turban.
türbe (large, usually domed) tomb, turbeh, turbe.
türbedar caretaker of a **türbe**.
türbeeriği, -ni a red plum.
türbin turbine.
türdeş 1. something that is of the same species. 2. (something) that is of the same species.
türe justice.
türedi 1. (an) upstart, (a) parvenu, (a) Johnny-come-lately. 2. upstart, parvenu.
türel judicial, juridical.
türem derivation.
türeme 1. springing up, appearing suddenly, coming on the scene suddenly. 2. increasing, multiplying. 3. /dan/ being derived from. 4. (an) upstart, (a) parvenu, (a) Johnny-come-lately.
türemek 1. to spring up, appear suddenly, come on the scene suddenly. 2. to increase, multiply. 3. /dan/ to be derived from.
türeti (an) invention, invented thing.
türetici inventor.
türetmek 1. /ı/ to cause (someone/something) to spring up or appear suddenly. 2. /ı, dan/ to produce (one thing) from or using (another). 3. /ı, dan/ to derive (one thing) from (another).
türetmen inventor.
türev (a) derivative.
Türk 1. (a) Turk. 2. Turkish. — **dili** the Turkish language. — **Dil Kurumu** the Turkish Language Association, the Turkish Linguistic Society. — **Lirası** lira (monetary unit of Turkey, replaced by the Yeni Türk Lirası). — **mavisi** 1. turquoise, turquoise blue, the color turquoise. 2. turquoise-colored, turquoise.
Türkbilim Turcology.
Türkbilimci Turcologist.
Türkbilimcilik Turcology.
Türkçe 1. Turkish, the Turkish language. 2. (speaking, writing) in Turkish, Turkish. 3. Turkish (speech, writing); spoken in Turkish; written in Turkish. —**si** .... *colloq.* The long and the short of it is that .../I'll put it in plain terms .../To put it plainly, ...: **Türkçesi, herif aptalın teki.** To put it plainly, the guy's as stupid as they come.
Türkçeci 1. supporter of the movement to purify Turkish of foreign words. 2. *colloq.* teacher of Turkish.
Türkçecilik the movement to purify Turkish of foreign words.
Türkçeleşmek (for an etymologically foreign word) to become part of the Turkish language.
Türkçeleştirmek /ı/ 1. to replace the (etymologically) foreign words in (a piece of Turkish

writing, the Turkish language) with Turkish words. 2. to translate (a piece of writing) into Turkish.
Türkçü 1. (a) Turkist. 2. Turkist.
Türkçülük Turkism.
Türki Turkic, Turkish, Turki. **— cumhuriyetler** the Turkic republics (of the former Soviet Union).
Türkistan 1. Turkistan, Turkestan. 2. Turkistani, Turkestani, of Turkistan.
Türkistanlı 1. (a) Turkistani, (a) Turkestani. 2. Turkistani, Turkestani (person).
TÜRK-İŞ (*abbr. for* **Türkiye İşçi Sendikaları Konfederasyonu**) C.T.T.U. (Confederation of Turkish Trade Unions).
Türkiyat, -tı Turcology.
Türkiye 1. Turkey. 2. Turkish, Turkey, of Turkey. **— Büyük Millet Meclisi** the Grand National Assembly of Turkey, the Turkish Chamber of Deputies. **— Cumhuriyeti** the Republic of Turkey, the Turkish Republic.
Türkiyeli 1. citizen of Turkey. 2. (someone) who is a citizen of Turkey.
Türkleşmek to be Turkized, be Turkicized.
Türkleştirmek /ı/ to Turkize, Turkicize.
Türklük 1. Turkishness. 2. the worldwide Turkish community.
Türkmen 1. (a) Turkoman, Turcoman. 2. Turkoman, of the Turkomans.
Türkmence 1. Turkoman, the Turkoman language. 2. (speaking, writing) in Turkoman, Turkoman. 3. Turkoman (speech, writing); spoken in Turkoman; written in Turkoman.
Türkmenistan Turkmenistan.
Türkolog Turcologist.
Türkoloji Turcology.
türkuvaz *see* **turkuaz.**
türkü folk song. **— çağırmak/söylemek** to sing a folk song. **—sünü çağırmak** /ın/ to sing the praises of (someone). **— yakmak** to write a folk song.
türlü 1. various, varied, diverse, multifarious. 2. sort, kind, variety. 3. stew made of mixed vegetables. **—sü** /ın/ *colloq.* all kinds of, all sorts of: **Bu firmaya geleli müdürlerin türlüsünü gördüm.** I've seen all sorts of bosses since I've been with this firm. **— türlü** *colloq.* all sorts of, all manner of.
türsel specific, of or relating to a species.
türsellik specificness.
türüm 1. genesis, creation. 2. *phil.* emanation.
türümcü *phil.* emanationist.
türümcülük *phil.* emanationism.
tüs fuzz, down (on a person's face).
tütmek 1. to smoke, give off smoke. 2. (for smoke) to rise.
tütsü 1. incense, something burned to produce a smoke. 2. smoke (used to cure meat, fish, etc.). 3. burning (of something) to produce a smoke. 4. *slang* alcohol, booze.
tütsülemek /ı/ 1. to cense. 2. to smoke (meat, fish, etc.). 3. to smoke (bees).
tütsülenmek 1. to be censed. 2. (for meat, fish, etc.) to be smoked. 3. (for bees) to be smoked.
tütsülü 1. censed. 2. smoked (meat, fish, etc.). 3. *slang* drunk, pickled, sloshed.
tütsülük incense burner; censer, thurible, incensory.
tüttürmek /ı/ 1. to smoke (a cigarette, pipe, etc.). 2. to make (something) smoke, make (something) give off smoke. 3. to cause (smoke) to rise.
tütün 1. tobacco. 2. tobacco (ready for smoking/chewing). **—ü doğru çıkmak** *colloq.* (for things) to be going very well for (someone). **— kesesi** *formerly* tobacco pouch.
tütünbalığı, -nı smoked fish.
tütüncü 1. tobacco seller, tobacconist. 2. tobacco grower.
tütüncülük 1. selling tobacco, being a tobacconist. 2. growing tobacco, being a tobacco grower.
tütünlük pastrami made from a choice cut of beef.
tütünrengi, -ni 1. tobacco brown (as a color). 2. colored tobacco brown, tobacco-brown.
tüvinset, -ti twin set, matching sweater and cardigan.
tüvit 1. tweed. 2. made of tweed, tweed.
tüy 1. feather; quill; piece of down. 2. (a) hair (forming part of the coat of a furry/hairy/long-haired animal). 3. fuzz, down (fine hair on the face/the body). 4. fuzz, down (on a plant part or fruit). **— atmak** (for a bird) to molt; (for a quadruped) to shed. **—ü bozuk** *colloq.* 1. downcast. 2. blond; blonde. 3. (someone) whose intentions are not good. **—leri diken diken olmak** *colloq.* to get goose bumps, get goose pimples, get gooseflesh; for one's hair to stand on end. **(üzerine) — dikmek** *colloq.* to make a bad situation worse. **— dökmek** (for a bird) to molt; (for a quadruped) to shed. **—lerini düzmek** 1. (for a bird) to preen. 2. (for a quadruped) to smooth its hair/coat/fur. 3. *colloq.* to start to dress well, take on a smart appearance. **— ekseni** shaft of a feather. **— gibi** *colloq.* 1. featherlike. 2. as light as a feather, featherlight. **—lerini kabartmak** (for a bird) to ruffle its feathers; (for a quadruped) to bristle, raise its bristles/hackles. **— kalem** quill pen, quill. **— sapı** quill of a feather. **—ü tüsü yok.** He's still wet behind the ears (*said to disparage someone's youth*). **—leri ürpermek** *colloq.* to get goose bumps, get goose pimples, get gooseflesh; for one's hair to stand on end. **—ler ürpertici** *colloq.* spine-chilling; blood-curdling.
tüyağırlık 1. *boxing* featherweight class. 2.

featherweight (boxer).
tüybulut, -tu cirrus, cirrus cloud.
tüydöken *slang* straight razor, shiv.
tüydürmek /ı/ *slang* 1. to steal, pinch. 2. to make (someone) leave, get rid of (someone).
tüylenmek 1. (for a bird) to grow feathers, feather out, or fledge. 2. for (an animal's) hair to grow; (for an animal) to grow a new coat. 3. *slang* to get rich, get flush, get in the money. 4. *slang* to start acting defiantly, get too big for one's britches.
tüylü 1. feathered; covered with feathers; feathery; covered with down; downy. 2. shaggy; fuzzy; furry; hairy. 3. fuzzy, downy (plant part, fruit). 4. a type of **kilim.**
tüymek *slang* to slip away, sneak off.
tüyo *slang* hint, tip.
tüysıklet, -ti 1. *boxing* featherweight class. 2. featherweight (boxer).
tüysü 1. featherlike. 2. *bot.* pinnate.
tüysüz 1. unfeathered, unfledged; downless. 2. hairless (animal). 3. fuzzless, downless (plant part, fruit). 4. (youth) too young to have a beard, beardless.
tüysüzşeftali nectarine.
tüze 1. law, jurisprudence. 2. justice.
tüzeci jurist.
tüzel 1. legal, jurisprudential. 2. judicial.
tüzelkişi *law* juristic person, artificial person, conventional person.
tüzelkişilik *law* juristic personality.
tüzemen jurist.
tüzük regulations/statutes (governing an organization).
TV (*abbr. for* **televizyon**) TV (television).
tvist, -ti twist (a dance).

U

U the letter U. **— borusu** U-shaped pipe, U. **— cıvatası** U-bolt.
uca *prov., anat.* coccyx, tailbone.
ucay *phys.* pole.
ucaylanma *phys.* polarization.
ucube 1. monstrosity, monster; hideous-looking thing. 2. monstrosity, freak, freak of nature.
ucun ucun *colloq.* bit by bit; little by little.
ucuz 1. cheap, inexpensive, low-priced. 2. *colloq.* easily acquired, easy. 3. cheaply, cheap, on the cheap. **—a almak** /ı/ to get (something) at a low price, buy (something) cheap. **— atlatmak** /ı/, **— kurtulmak** /dan/ *colloq.* to escape from (a tight/dangerous situation) with little or no harm; to get off lightly. **—a çıkmak** *colloq.* (for something) to cost little to produce: *Bu kitap ucuza çıktı.* This book cost little to produce. **— etin yahnisi tatsız/yavan olur.** *proverb* Cheap goods usually give their buyer little satisfaction. **—dur vardır illeti, pahalıdır vardır hikmeti.** *proverb* There are usually sound reasons why a piece of merchandise is priced as it is. **—a vermek** /ı/ to sell (something) cheaply, sell (something) cheap.
ucuzcu 1. (someone) who sells things cheaply. 2. (someone) who is always hunting for bargains.
ucuzlamak 1. to get cheap, go down in price, cheapen; to become less expensive. 2. *colloq.* to become readily available, become common knowledge.
ucuzlatılmak to be made cheaper.
ucuzlatmak /ı/ 1. to reduce the price of, lower the price of, make (something) cheap. 2. *colloq.* to make (something) easily available.
ucuzluk 1. cheapness, inexpensiveness. 2. sale, selling goods at reduced prices.
uç 1. end, extremity; tip. 2. point (of a sharply pointed instrument). 3. *hist.* march, borderland. **—unda bir şey var.** *colloq.* /ın/ There's something behind (a matter)./There's something secret at the bottom of (a matter). **—u bucağı olmamak** *colloq.* (for a place) to be vastly wide, be boundless. **—unu bulmak** /ın/ *colloq.* 1. to bring (something) to a conclusion. 2. to find a way to solve (a problem). **—u dokunmak** /a/ *colloq.* (for something) to affect (someone) adversely, bring (someone) harm, cause (someone) damage. **—unu kaçırmak** /ın/ *colloq.* to allow (a situation) to get out of control. **—unda (bir şey) olmak** *colloq.* (for something) to be at the bottom of (a matter). **—u ortası belli olmamak** *colloq.* (for something) to be so complicated/chaotic that one doesn't know how to start setting it to rights. **— uca** end to end. **—u ucuna** *colloq.* just barely; with only a very little bit to spare; with hardly a minute to spare. **— vermek** 1. (for a boil, pimple, etc.) to come to a head, head. 2. *bot.* to sprout. 3. *colloq.* to appear, become apparent.

uçak airplane, *Brit.* aeroplane, plane. **—la** 1. by airplane, by air. 2. via airmail, by airmail. **— gemisi** aircraft carrier. **— kaçırmak** to hijack/skyjack an airplane. **— meydanı** airfield, landing field; airport. **— sanayii** aircraft industry.
uçaksavar antiaircraft gun; antiaircraft weapon.
uçanbalık *zool.* flying fish.
uçandaire flying saucer.
uçantop, -pu volleyball.
uçar 1. flying, (something) which flies. 2. volatile. **—a atmak** to shoot at a bird on the wing.
uçarbalık *zool.* 1. flying gurnard, flying robin. 2. flying fish.
uçarı 1. a famous, a real (womanizer and wild liver). 2. (someone) who is famous for his womanizing and wild living. 3. wild, uncontrollable.
uçarılık womanizing and wild living.
uçarkefal, -li *zool.,* see **uçanbalık.**
uçbeyi, -ni *hist.* marcher lord, lord marcher.
uçkun *prov.* spark (which flies out of a fire).
uçkur drawstring, drawing string. **— çözmek** /a/ *colloq.* to have sex with, go to bed with. **—una sağlam olmak** *colloq.* to be chaste, not to sleep around; not to commit adultery.
uçkurluk 1. hem which encloses a drawstring. 2. wooden threader (used to pull a cord/a drawstring through the hem made to enclose it).
uçkurutan *bot.* a fungus especially harmful to lemon trees.
uçlanmak 1. to become pointed, get a tip. 2. /ı/ *slang* to give, fork over, hand over.
uçlu 1. (something) which has a point/a tip; pointed; tipped. 2. *colloq.* filter-tipped cigarette, filter tip.
uçmak 1. to fly; to fly away, take wing. 2. to evaporate, vaporize, volatilize. 3. /dan/ to fall off, fall from (a high place). 4. (for a color) to fade. 5. to blow away, be blown away. 6. to vanish, disappear. 7. /dan/ to be wild with (joy). 8. *slang* to get/be high (on drugs). **Uç baba torik!** *slang* My, my!/Well, well! *(said sarcastically).* **uçan kuşa borcu/borçlu olmak** *colloq.* to be in debt to everybody. **uçan kuştan**

uçmak

medet ummak *colloq.* to be ready to accept help from absolutely anyone that offers it.
uçmak *archaic* paradise.
uçman airplane pilot, flier, aviator.
uçsuz (something) which lacks a tip/a point. **— bucaksız** *colloq.* vastly large, vast, boundless, endless.
uçtuuçtu a children's word game.
uçucu 1. *biol.* flying, volitant, volitorial, volatile. 2. *chem.* volatile, readily vaporizable. 3. transitory, evanescent, volatile. 4. airplane pilot, flier, aviator.
uçuculuk 1. *biol.* ability to fly, volatileness. 2. *chem.* volatility. 3. transitoriness, evanescence. 4. flying, being an airplane pilot.
uçuçböceği, -ni *zool.* ladybug, lady beetle, ladybird, ladybird beetle.
uçuk *path.* 1. cold sore, herpes labialis. 2. herpes.
uçuk faded; pale.
uçuklamak *path.* 1. to develop cold sores. 2. to get herpes.
uçum flight, flying.
uçun fly, loose end (of a flag).
uçurmak /ı/ 1. to fly (a kite); to let (something) fly away. 2. to blow (someone/something) up, blow (someone/something) to bits. 3. to deprive someone of (a limb). 4. *slang* to steal, make off with. 5. *colloq.* to praise (someone) to the skies. 6. *colloq.* to make (someone/something) go very fast, make (someone/something) fly like the wind, make (someone/something) fly.
uçurtma kite (a toy).
uçurtmak /ı, a/ 1. to have (someone) fly (a kite); to have (someone) let (something) fly away. 2. to have (someone) blow (someone/something) up. 3. to have (someone) deprive someone of (a limb). 4. *slang* to have (someone) steal (something). 5. *colloq.* to have (someone) praise (someone) to the skies. 6. *colloq.* to have (someone) make (someone/something) go very fast.
uçurum 1. precipice, sheer drop, sheer declivity. 2. abyss, chasm, gorge, ravine, gulch. 3. *colloq.* gap, gulf. 4. *colloq.* disaster, disastrous situation, calamity; **uçurumun kenarında** on the edge of disaster; in the lion's mouth.
uçuş flight, flying. **—a gitmek** *slang* to have sexual intercourse, have sex. **— yolu** trajectory.
uçuşmak (for birds/insects) to fly; to fly hither and thither, volitate.
ud *mus.,* see **ut.**
udi lute player, lutist, lutanist.
uf 1. Ouf!/Oof! 2. Ouch!/Ow!
ufacık *colloq.* tiny, minute, very small. **— tefecik** tiny, diminutive, pint-sized, no bigger than a minute.
ufak 1. small, little. 2. little, young. 3. minor, paltry, piddling. 4. crumb. **— çapta** small-scale. **— para** small change; small bills. **— tefek** *colloq.* 1. minor, trifling, trivial, piddling. 2. tiny, no bigger than a minute. 3. trifles, unimportant things. **— ufak** *colloq.* 1. a little at a time, bit by bit. 2. in small pieces.
ufakça fairly small, on the small side.
ufaklı (fruit/vegetable) that has small seeds.
ufaklık 1. smallness, littleness. 2. *colloq.* small change; small bills. 3. *colloq.* child, little one; kid; kid brother; kid sister. 4. *joc.* louse (an insect).
ufalamak /ı/ 1. to crumble, break (something) into small pieces, comminute. 2. *slang* to kill, do (someone) in. 3. *slang* to give (someone) a good beating, beat (someone) to a pulp. 4. *slang* to caress and kiss (a woman) very roughly. 5. *slang* to lay/have sex with (a woman) in a very rough way.
ufalanmak 1. to be crumbled, be broken into small pieces, be comminuted. 2. to crumble into bits.
ufalayıcı comminutor (machine used in sewage treatment).
ufalmak to get small; to get smaller; to shrink.
ufaltmak /ı/ to make (something) small/smaller; to reduce the size of.
ufarak *colloq.* fairly small, on the small side.
ufki *obs.* horizontal, parallel to the horizon.
uflamak to say "Ouf!"/"Ow!" repeatedly. **uflayıp puflamak** to keep saying "Ouf!"/"Ow!"
UFO UFO (unidentified flying object).
ufuk, -fku horizon. **— çizgisi** horizon line, horizon (in a picture). **—unu genişletmek** *colloq.* to broaden one's horizon.
Uganda 1. Uganda. 2. Ugandan, of Uganda.
Ugandalı 1. (a) Ugandan. 2. Ugandan (person).
uğra *prov.* flour sprinkled on dough (to keep it from sticking to one's hands while one kneads it).
uğrak 1. haunt, hangout; resort. 2. much-frequented (place).
uğralamak /ı/ *prov.* to sprinkle flour on (dough) (prior to kneading it).
uğramak 1. /a/ to call in on, stop by to see (someone); to drop in on (someone) (briefly). 2. /a/ to call at, call in at, drop by, stop by (a place) (briefly). 3. /a/ (for a road) to pass through/by (a place). 4. /a/ to rush out into, dash out into (a place). 5. /a/ to meet with, encounter, or suffer (a difficulty/a disaster); to come down with (an illness). 6. *colloq.* to suffer misfortune at the hands of a jinn (e.g. to be paralyzed, to be struck dumb, etc.).
uğranmak /a/ *impersonal passive* 1. to call in on, stop by to see (someone); to drop in on (someone) (briefly). 2. to call at, call in at, drop by, stop by (a place) (briefly).

uğraş 1. occupation, work. 2. striving, struggle, endeavor, strong and determined effort/exertion.

uğraşı occupation, work.

uğraşılmak *impersonal passive* 1. to exert oneself, put forth an effort. 2. /la/ to work on, be engaged in, be busy with. 3. /la/ to work hard to help (someone). 4. /la/ to pester, bother, pick on (someone). 5. /la/ to fight with.

uğraşmak 1. to strive, struggle, endeavor, exert oneself, put forth an effort, work hard. 2. /la/ to work on, be engaged in, be busy with (a job). 3. /la/ to work hard to help (someone). 4. /la/ to pester, bother, pick on (someone). 5. /la/ to fight with.

uğraştaş professional colleague; co-worker, associate.

uğraştırmak 1. /ı, la/ to make (someone) struggle with (a job), busy (someone) with (a job), put (someone) to work doing (a job). 2. /ı/ to cause (someone) a lot of tiring effort, put (someone) to a lot of trouble.

uğratmak 1. /ı, a/ to cause (someone) to call in on, stop by to see, or drop in on (someone) (briefly). 2. /ı, a/ to cause (someone) to stop by (a place); to have (a vehicle) call/stop at (a place) (briefly). 3. /ı, a/ to route (a road) through/by (a place). 4. /ı, a/ to cause (someone) to rush/dash out into (a place). 5. /ı, a/ to cause (someone) to meet with, encounter, or suffer (a difficulty/a disaster); to cause (someone) to come down with (an illness). 6. /ı, a/ *colloq.* to cause (someone) to suffer (misfortune) at the hands of a jinn. 7. /ı, dan/ to expel (someone) from, kick (someone) out of (a place).

uğrun *prov.* secretly.

uğuldamak 1. to hum, buzz. 2. (for one's ears) to ring. 3. (for the wind) to roar/howl/whine/whistle.

uğultu 1. hum, buzz. 2. ringing (in one's ears). 3. roar/howl/whine/whistle (of the wind).

uğunmak *prov., see* **uvunmak.**

uğur 1. good luck. 2. good omen. 3. good-luck charm, lucky charm. —**u açık** *colloq.* lucky. — **ola!/—lar olsun!** Have a safe trip!/Have a good trip! *(said to someone departing).*

uğur, -ğru *used in:* —**una/—unda** for the sake of, for: **onun uğruna** for her sake. **bu/o —da** to this/that end: **Bu uğurda çok para sarf etti.** He spent a lot of money to this end.

uğurböceği, -ni *zool.* ladybug, lady beetle, ladybird, ladybird beetle.

uğurlamak /ı/ to wish (a departing traveler) a safe journey, wish (someone) Godspeed, bid (someone) Godspeed; to see (someone) off.

uğurlanmak to be wished a safe journey, be bidden Godspeed.

uğurlu lucky, of good omen, auspicious. — **ka-demli olsun!** *colloq.* May this (new thing/baby) bring you joy!

uğursamak /ı/ to regard (something) as a sign of good luck.

uğursuz unlucky; ill-omened, inauspicious.

uğursuzluk bad luck; inauspiciousness.

uhde *obs.* responsibility, duty. —**sine almak** /ı/ to undertake to do (something); to take the responsibility for doing (something). —**sinden gelmek** /ın/ to be able to carry out (a task). —**sinde olmak** /ın/ (for something) to be the responsibility of (someone).

uhlamak /ı/ *colloq.* to breathe hard on, blow on (something).

uhrevi *obs.* pertaining to the next world, otherworldly.

ukala 1. know-it-all, smart aleck, wise guy, smarty pants, smartass, wiseacre. 2. know-it-all, smart-alecky, smartass. — **dümbeleği** *colloq.* real smart aleck, real wise guy.

ukalalık know-it-all behavior. —**etmek** to act like a know-it-all.

ukde *obs.* 1. knot. 2. knotty problem. 3. source of great frustration or bitter regret. 4. *anat.* node; ganglion. 5. *astr.* node. — **olmak** /a/ to be a source of great frustration or bitter regret for (someone).

Ukrayna 1. Ukraine. 2. *geog.* the Ukraine, Little Russia. 3. Ukrainian, of Ukraine.

Ukraynalı 1. (a) Ukrainian. 2. Ukrainian (person).

ulaç *gram.* any of a number of deverbatives (e.g. **gele, gelince, geldiğinde, gelirken, gelerek, geldikçe, gelmeden, geleli**).

Ulah 1. (a) Vlach, (a) Wallach, (a) Wallachian. 2. Vlach, Wallachian, of the Vlachs.

Ulahça 1. Wallachian, Romanian as spoken by the Vlachs. 2. (speaking, writing) in Wallachian, Wallachian. 3. Wallachian (speech, writing); spoken in Wallachian; written in Wallachian.

ulak messenger, courier.

ulam 1. group. 2. category. — **ulam** in groups.

ulama 1. /ı, a/ appending/adding/joining (one thing) to (another). 2. supplement; appendage; addition. 3. *ling.* liaison.

ulamak /ı, a/ to append/add/join (one thing) to (another).

ulan *vulg.* 1. Hey you!/Hey! 2. Now look here! *(said angrily).*

ulanmak /a/ to be appended/added/joined to.

ulantı 1. addition; supplement. 2. *poetry* enjambment, enjambement.

ulaşım 1. communication. 2. arrival. 3. attaining. 4. reunion.

ulaşmak /a/ 1. to reach, arrive at. 2. to attain (a goal). 3. to reach, be long enough to reach. 4. to be reunited with (someone).

ulaştırma transportation, conveyance. **U— Bakanı** the Minister of Transportation. **U— Ba-**

ulaştırmak

kanlığı the Ministry of Transportation. **— sınıfı** *mil.* Transportation Corps.

ulaştırmak /ı, a/ to transport/convey (something) to.

ulema *obs.* 1. ulama, ulema, Muslim theologians and scholars. 2. learned people, savants.

ulemalık *colloq.* scholarship, being a scholar. **— taslamak** to pretend to be knowledgeable about something, act learned.

ulu 1. great, august, exalted, peerless. 2. large and imposing, noble, majestic.

Uludağ Mt. Olympus (in northwestern Turkey, at Bursa).

ulufe *Ottoman hist.* salary paid trimonthly to certain soldiers and officials.

ulufeci *Ottoman hist.* a cavalryman in the Janissary corps.

uluhiyet, -ti divinity, godhead, godhood.

ululamak /ı/ to extol; to honor; to exalt; to treat (someone/something) with great esteem.

ululanmak to be extolled; to be honored; to be exalted; to be treated with great esteem.

ululuk 1. greatness, augustness, exaltedness, peerlessness. 2. imposing size, majesty.

ulumak (for a dog, wolf, etc.) to howl.

uluorta *colloq.* 1. rashly, recklessly, without thinking. 2. openly, for all to hear.

ulus nation.

ulusal national, pertaining to a nation.

ulusalcı 1. (a) nationalist. 2. nationalist, nationalistic.

ulusalcılık nationalism.

ulusallaşmak to acquire a distinctively national/nationalistic tone.

ulusallaştırmak /ı/ 1. to nationalize. 2. to cause (something) to acquire a distinctively national/nationalistic tone.

ulusallık national quality/character, nationality.

ulusçu 1. (a) nationalist. 2. nationalist, nationalistic.

ulusçuluk nationalism.

uluslararası, -nı international. **— hukuk** international law. **U— Para Fonu** the International Monetary Fund. **U— Standart Kitap Numarası** International Standard Book Number.

uluslararasıcı 1. (an) internationalist. 2. internationalist, internationalistic.

uluslararasıcılık internationalism.

uluslaşmak to become a nation.

uluslaştırmak /ı/ to make (people/a country) into a nation.

ulussever 1. (a) patriot. 2. patriotic.

ulusseverlik patriotism.

ulvi *obs.* lofty, sublime, exalted.

ulviyet, -ti *obs.* loftiness, sublimity, exaltedness.

umacı boogeyman, bogeyman, ogre. **— gibi** *colloq.* frighteningly ugly, hideous.

umar solution, remedy.

umarsız hopeless; insoluble.

umarsızlık hopelessness; insolubility.

umde *obs.* principle.

ummadık unexpected, unhoped-for.

ummak /ı/ 1. to hope; to hope for. 2. to expect. **Ummadığın taş baş yarar.** *proverb* A seemingly insignificant person or thing often proves to be more important than all the rest.

Umman 1. Oman. 2. Omani, of Oman.

umman ocean.

Ummanlı 1. (an) Omani. 2. Omani (person).

umu hope; expectation.

umulmadık unexpected, unhoped-for.

umulmak 1. to be hoped; to be hoped for. 2. to be expected.

umum 1. all. 2. the public. **—a açık/mahsus** open to the public, open to all. **— müdür** 1. general manager. 2. *slang* fat student, fatso.

umumhane *obs.* brothel.

umumi 1. general, common. 2. public, pertaining to the public. **— efkâr** *obs.* public opinion.

umumiyet, -ti generality, generalness. **— itibariyle** on the whole, in general, generally, for the most part.

umumiyetle in general, generally.

umur affairs, matters. **—umda değil.** *colloq.* I don't care. **— etmek** /ı/ to make a fuss over (something). **— etmemek** /ı/ not to trouble about (something). **— görmüş** experienced. **—umun tekil** *colloq.* It's nothing to me.

umursamak /ı/ to be concerned about, consider (someone/something) important.

umursamazlık indifference, unconcern.

umursanmak to be considered important, be a matter for concern.

umut 1. hope. 2. expectation. **—a düşmek** to be hopeful. **— etmek** /ı/ 1. to hope. 2. to expect. **— fakirin/garibin ekmeğidir.** *proverb* It's the hope of success that keeps a poor man going. **—unu kesmek** to abandon hope, give up hope; /dan/ to cease to hope that (someone will do something); /dan/ to cease to hope that (something will happen). **— vermek** /a/ to inspire (someone) with hope; to give (someone) cause to hope.

umutlandırmak /ı/ to give hope to.

umutlanmak to begin to hope, become hopeful.

umutlu hopeful.

umutluluk hopefulness.

umutsuz hopeless.

umutsuzluk hopelessness.

un flour. **—a bulamak** /ı/ to dip (a food) in flour, flour. **—unu elemiş, eleğini asmış.** *colloq.* He's done about all the useful work he'll ever do. **— helvası** a sweet prepared with flour, butter, and sugar. **— kurabiyesi** a cookie somewhat resembling shortbread. **— ufak etmek** /ı/ *colloq.* to crumble (something) finely.

uncu flour seller.
unculuk the flour business.
unlamak /ı/ to dredge/sprinkle with flour; to dip in flour; to flour.
unlanmak to be dredged/sprinkled with flour; to be dipped in flour; to be floured.
unlu 1. (food) made with flour. 2. floury, covered with flour.
unluk 1. especially suited for making flour. 2. flour bin (in a mill).
unsur element, component.
unutkan forgetful.
unutkanlık forgetfulness.
unutmabeni *bot.* forget-me-not.
unutmak /ı/ 1. to forget. 2. to leave (something) (behind).
unutturmak /ı, a/ to cause (someone) to forget (someone/something).
unutulmak 1. to be forgotten. 2. to be left (behind).
unvan 1. title (of rank/dignity). 2. *law* name (of a business/a firm).
upuygun *colloq.* very suitable, entirely appropriate.
upuzun *colloq.* 1. very long; very tall. 2. at full length.
ur 1. *path.* tumor; wen, cyst. 2. *bot.* gall.
urağan hurricane.
uran industry.
Uranus *astr.* Uranus.
uranyum *chem.* uranium.
urba *prov.* piece of clothing, garment.
Urban Bedouins, Bedouin, nomadic Arabs.
urbanist, -ti city planner, urbanist.
urbanizm city planning, urbanism.
Urduca 1. Urdu, the Urdu language. 2. (speaking, writing) in Urdu, Urdu. 3. Urdu (speech, writing); spoken in Urdu; written in Urdu.
urgan thin hawser, rope.
urlu *path.* tumorous; cystic, containing a cyst.
Uruguay 1. Uruguay. 2. Uruguayan, Uruguay, of Uruguay.
Uruguaylı 1. (an) Uruguayan. 2. Uruguayan (person).
uruk clan (a division of a tribe).
us reason, intelligence. **—a aykın** irrational. **—a aykırılık** irrationality. **—u gitmek** *colloq.* to lose one's mind. **— pahası** *colloq.* the price one pays for making a mistake. **— saynlığı** mental illness. **—a yatkın** reasonable, sensible.
usanç boredom. **— gelmek** /dan/ to be bored (by). **— getirmek** to get bored. **— vermek** /a/ to bore (someone).
usandırıcı boring, tedious.
usandırmak /ı/ to bore (someone).
usanılmak /dan/ *impersonal passive* to get bored (by).
usanmak /dan/ to get bored (by/with), get tired

(of).
usare *bot., obs.* sap; juice.
usavurmak /ı/ to reason (something) out, think (something) through.
usçu *phil.* 1. (a) rationalist. 2. rationalistic.
usçuluk *phil.* rationalism.
usdışı, -nı irrational.
usdışıcılık irrationalism.
uskumru 1. *zool.* mackerel. 2. *slang* gigolo.
uskuna *naut., see* **ıskuna**.
uskur *naut.* screw, propeller.
uskuru 1. screw thread. 2. worm screw.
uskut *slang* Quiet!/Shut up!/Stop that!
uskutlamak *slang* to shut up, get quiet.
uslamlama /ı/ reasoning (something) out, thinking (something) through.
uslamlamak /ı/ to reason (something) out, think (something) through.
uslanmak to become well-behaved.
uslu 1. well-behaved, good (child). 2. quiet (horse). **— akıllı** *colloq.* sober-minded, quiet, steady. **— durmak/oturmak** to sit still, keep quiet.
usluluk good behavior, quietness.
ussal mental, pertaining to the mind, rational.
ussallaştırma /ı/ making (something) rational, rationalization.
ussallaştırmak /ı/ to make (something) rational, rationalize.
ussallık rationality.
usta 1. master (of a trade/a craft); master workman, skilled workman. 2. skilled; clever; expert. **— işi** the work of a master; masterly work of art.
ustabaşı, -nı foreman, head workman.
ustaca skillfully.
ustalaşmak to become skilled.
ustalık 1. mastery (of a trade/a craft). 2. rank of a master workman. 3. skill, proficiency, expertise. 4. masterstroke.
ustalıkla skillfully, with great skill, expertly.
ustalıklı skillfully made.
ustunç portable case containing a set of surgical instruments.
ustura 1. straight razor. 2. *slang* strong, potent (drink). 3. *slang* lie, whopper. **— çalıştırmak** *slang* to tell lies, tell whoppers. **— taşı** whetstone. **— tutunmak** to shave off unwanted hair (as the hair in one's armpits or on one's neck, but not the hair on one's head).
usturacı 1. maker or seller of straight razors. 2. *slang* habitual liar.
usturlap astrolabe.
usturmaça *naut.* fender, pudding.
usturuplu *colloq.* clever, cleverly constructed (reply).
usul, -lü 1. method, system, procedure, way. 2. *classical Turkish mus.* rhythmic pattern, rule

usul

which regulates the metric structure of a composition. **—ü dairesinde** properly, in the proper way. **—üne göre** in a proper fashion, properly. **— hukuku** law of procedure. **— tutmak** classical Turkish *mus.* to beat time. **— ve adap** proper way, proper procedure.
usul *used in:* **— usul** *colloq.* slowly and softly; quietly.
usulca *colloq.* slowly and softly; quietly.
usulcacık *colloq.* very slowly and softly; very quietly.
usulen properly, in the proper way.
usulsüz 1. marked by a lack of method. 2. improperly done, not done according to the rules, not done according to Hoyle. 3. unmethodically. 4. improperly, in an improper way.
usulsüzlük 1. lack of method. 2. infraction of rules, irregularity.
uşak 1. manservant. 2. man (from a stated region): **Karadeniz uşağı** a man from the Black Sea region. 3. boy; youth.
uşakkapan *zool.* bearded vulture, lammergeier.
uşaklık 1. being a manservant. 2. *colloq.* degrading task. **— etmek** /a/ *colloq.* to serve (someone) slavishly.
ut *mus.* lute.
ut shame; modesty. **— yeri** private part (external genital/excretory organ); breast, mammary gland (of a woman).
utacıcı *psych.* 1. (an) exhibitionist. 2. exhibitionist, exhibitionistic.
utacıcılık *psych.* exhibitionism.
utacımı, -nı *psych., see* **utacıcılık.**
utanç shame; modesty. **—ından yerin dibine/yere geçmek** *colloq.* to feel mortified, feel very ashamed, want to go through the floor.
utandırıcı shameful, disgraceful.
utandırmak /ı/ to shame, make (someone) feel ashamed.
utangaç 1. bashful, shy. 2. shamefaced, sheepish.
utangaçlık 1. bashfulness, shyness. 2. shamefacedness, sheepishness.
utanma 1. being ashamed, feeling ashamed. 2. being shy/bashful. 3. /dan or a/ feeling too ashamed to (do something). 4. /dan or a/ being too shy to (do something).
utanmak 1. to be ashamed, feel ashamed. 2. to be shy/bashful. 3. /dan or a/ to feel too ashamed to (do something). 4. /dan or a/ to be too shy to (do something).
utanmaz shameless, brazen.
utanmazlık shamelessness, brazenness.
Utarit *astr.* Mercury.
utçu 1. maker or seller of lutes. 2. lute player, lutist, lutanist.
uterus *anat.* uterus.
utku victory; triumph.
utkulu victorious; triumphant.

utmak /ı/ *archaic* to defeat; to win.
utulmak /a/ *archaic* to be defeated (by).
uvertür *mus.* overture.
uvunmak *prov.* 1. to faint. 2. to feel faint.
uyak rhyme.
uyaklı rhymed, rhyming.
uyaklılık being rhymed.
uyaksız unrhymed, blank (verse).
uyaksızlık lack of rhyme.
uyandırmak /ı/ 1. to waken, wake (someone) up, awaken, arouse, rouse. 2. to awaken, excite, arouse (a feeling/a thought) (in someone). 3. *colloq.* to make (someone) aware of what's really going on, remove the scales from (someone's) eyes. 4. to make (a dying fire) start burning brightly.
uyanık 1. awake, wakeful. 2. alert, watchful, vigilant, wide-awake, on the qui vive. 3. *colloq.* keenly attentive to one's own interest, sharp, wide-awake.
uyanıklık 1. wakefulness. 2. alertness, watchfulness, vigilance. 3. *colloq.* keen attention to one's own interest, sharpness.
uyanış awakening.
uyanmak 1. to wake, wake up, awaken, waken. 2. (for a feeling/a thought) to arise (in someone). 3. *colloq.* to become aware of what's really going on, for the scales to fall from one's eyes.
uyarı 1. warning. 2. stimulus.
uyarıcı 1. warning, admonitory. 2. stimulative, stimulatory, excitant.
uyarılgan *biol., psych.* excitable, capable of being stimulated.
uyarılganlık *biol., psych.* excitability.
uyarılmak 1. *colloq.* to be awakened, be aroused. 2. to be stimulated. 3. to be warned.
uyarım stimulation.
uyarınca in accordance with: **kanun uyarınca** in accordance with the law.
uyarlaç *mech.* adapter, adaptor.
uyarlama adaptation. **— eser** *lit.* (an) adaptation.
uyarlamak /ı, a/ 1. to adapt/modify (something) to suit the requirements of. 2. to cause (a plant/an animal) to adapt itself to.
uyarlanmak /a/ 1. to be adapted/modified (for). 2. (for a plant/an animal) to be made to adapt to.
uyarlayıcı adapter, adaptor, person who makes adaptations (for the stage, screen, etc.).
uyarlık conformity.
uyarmak /ı/ 1. to warn. 2. to stimulate. 3. *prov.* to wake (someone) up, awaken.
uyartı 1. warning. 2. stimulation. 3. stimulus.
uydu satellite. **— anten** satellite dish. **— devlet** *pol.* satellite state. **— kent** satellite town. **— televizyon** satellite television.
uyducu 1. person who favors making his coun-

try the satellite of a more powerful state. 2. person who favors acquiring political satellites.
uydulaşma satellization, becoming a satellite nation.
uydulaşmak to become a satellite nation.
uydurma 1. /ı, a/ making (one thing) fit (another). 2. /ı/ making up, inventing, dreaming up, concocting. 3. made-up, fabricated, invented.
uydurmak 1. /ı, a/ to make (one thing) fit (another). 2. /ı/ to make up, invent, dream up, concoct. 3. /ı/ to manage somehow to scrape up, manage somehow to come up with. 4. /ı/ *slang* to *screw, lay, have sex with.
uydurmasyon *slang* 1. invention, fabrication, concoction; bull, *bullshit. 2. invented, made-up, fabricated.
uydurmasyoncu *slang* bullshooter, *bullshitter.
uydurmasyonculuk *slang* bullshooting, *bullshitting.
uyduruk *colloq.* made-up, invented, fabricated.
uydurukçu *colloq.* bullshooter, *bullshitter.
uydurulmak 1. /a/ (for one thing) to be fit to (another), be made to fit (another). 2. to be made up, be invented, be dreamed up, be concocted.
uygar civilized.
uygarlaşmak to become civilized.
uygarlık civilization.
uygu *phil.* correspondence.
uygulama 1. application. 2. /ı/ carrying out, applying, putting (a plan/a law) into practice. 3. /ı, a/ superimposing (one thing) on (another).
uygulamak 1. /ı/ to carry out, apply, put (a plan/a law) into practice. 2. /ı, a/ to superimpose (one thing) on (another).
uygulamalı practical, applied: **uygulamalı ruhbilim** applied psychology.
uygulaman technician.
uygulanabilir feasible, practicable.
uygulanabilirlik feasibility, practicability.
uygulanmak 1. to be carried out, be applied, be put into practice. 2. /a/ to be superimposed (upon).
uygulayıcı person who puts something into practice.
uygulayım 1. application. 2. technique.
uygulayımbilim technology.
uygulayımcı 1. technician. 2. technologist.
uygun 1. /a/ appropriate (for), suitable (for); suited (to); fitting, seemly. 2. convenient, suited to one's needs/situation; favorable. 3. nicely proportioned, harmonious. — **bulmak/görmek** /ı/ to approve, find (something) acceptable. — **düşmek/gelmek** to be suitable, suit.
uygunluk 1. appropriateness, suitability; fittingness, seemliness. 2. convenience; favorableness. 3. harmoniousness. 4. *gram.* agreement.
uygunsuz 1. inappropriate, unsuitable; unfitting, unseemly. 2. objectionable, dishonest; discreditable. — **kadın** prostitute. — **vaziyette** (catching someone) in a compromising situation, in flagrante delicto, flagrante delicto.
uygunsuzluk 1. inappropriateness, unsuitableness; unfittingness, unseemliness. 2. objectionableness; dishonesty; discreditability. 3. objectionable/dishonest/discreditable action.
Uygur 1. (an) Uighur. 2. Uighur, of the Uighurs.
Uygurca 1. Uighur, the Uighur language. 2. (speaking, writing) in Uighur, Uighur. 3. Uighur (speech, writing); spoken in Uighur; written in Uighur.
uyku 1. sleep. 2. sleepiness, drowsiness. — **su açılmak** *colloq.* to become fully awake. — **sunu açmak** /ın/ *colloq.* to drive away (someone's) sleepiness. — **su ağır** *colloq.* heavy sleeper. — **sunu almak** *colloq.* to have a good night's sleep, sleep well. — **basmak/bastırmak** /a/ *colloq.* suddenly to feel very sleepy. — **su başına vurmak/— beynine sıçramak** *colloq.* 1. to feel logy because of lack of sleep. 2. to be short-tempered owing to lack of sleep. — **su bölünmek** *colloq.* for (one's) sleep to be interrupted. — **çekmek** *colloq.* to sleep a long time; to sleep deeply. — **su dağılmak** *colloq.* to become fully awake. — **ya dalmak** *colloq.* 1. to fall asleep; to doze off. 2. to stop paying attention to what is going on around one. — **durak** *colloq.* chance to rest, chance to catch one's breath, breathing spell; moment's peace: **Bende uyku durak bırakmamıştın.** You didn't give me a moment's peace. — **su gelmek** *colloq.* to feel sleepy. — **gözünden akmak** *colloq.* to be very sleepy, be unable to keep one's eyes open. — **su hafif** *colloq.* (someone) who is a light sleeper. — **hastalığı** sleeping sickness. — **İlacı** (a) soporific, sleep-inducing drug; sleeping pill(s). — **su kaçmak** *colloq.* 1. to be unable to get to sleep. 2. to be worried, lose sleep. — **dan kalkmak** to wake up and get out of bed. — **da olmak** *colloq.* 1. to be unaware of what's going on. 2. (for a job/a matter) to be on ice for the time being; (for a job/a matter) to be hanging fire. — **sersemliği** *colloq.* sleepy feeling, grogginess, loginess. — **tulumu** 1. sleeping bag. 2. *colloq.* person who sleeps a lot, great sleeper. — **tutmamak** /ı/ *colloq.* to be unable to go to sleep. —, **uykunun mayasıdır.** *proverb* The more you sleep, the sleepier you get./Sleep begets more sleep. — **m var.** I'm sleepy./I feel sleepy. — **vermek** to make a person feel sleepy. — **ya yatmak** to go to bed (in order to sleep). — **zamanı** bedtime, time to go to sleep.
uykucu *colloq.* 1. fond of sleeping. 2. great sleeper.
uykuculuk *colloq.* being a great sleeper.
uykulu sleepy. — **uykulu** *colloq.* sleepily.

uykuluk 1. *butchery* sweetbread, stomach sweetbread, pancreas. 2. *butchery* sweetbread, neck sweetbread, thymus. 3. dirt that gathers between the fingers and in the palms of a baby not yet able to crawl/walk.
uykusuz sleepless. — **kalmak** not to have had any sleep.
uykusuzluk lack of sleep; sleeplessness; insomnia.
uylaşım *phil.* convention.
uyluk *anat.* thigh.
uylukkemiği, -ni *anat.* thighbone, femur.
uymak /a/ 1. to fit, be the right size and shape for. 2. to suit: **Bu fiyat hesabıma uyuyor.** This price suits my pocketbook. 3. to match, look good with, harmonize with. 4. to conform to, comply with; to conform to (someone's) wishes, fall in line with, fall in with. 5. to adapt (to), adjust (to).
uyruk citizen; subject.
uyruklu (someone) who is a citizen/a subject of (a certain country).
uyrukluk citizenship.
uysal complaisant, compliant, docile.
uysallaşmak to become complaisant, become compliant, become docile.
uysallık 1. complaisance, compliance, docility. 2. docile behavior.
uyuklamak to doze, doze off.
uyum 1. harmony. 2. *med.* accommodation (of the eye). 3. adaptation.
uyumak 1. to sleep; to go to sleep. 2. *colloq.* to be unaware of what's going on. 3. *colloq.* (for a job/a matter) to be on ice for the time being; (for a job/a matter) to hang fire. **Uyuyan yılanın kuyruğuna basma.** *proverb* Let sleeping dogs lie.
uyumlu 1. harmonious. 2. amicable, congenial. 3. *psych.* well-adjusted.
uyumluluk 1. harmony. 2. amicableness, congeniality. 3. *psych.* proper state of adjustment.
uyumsuz 1. inharmonious. 2. not amicable, uncongenial. 3. *psych.* maladjusted.
uyumsuzluk 1. lack of harmony, inharmoniousness. 2. lack of amicableness, uncongeniality. 3. *psych.* maladjustment.
uyunmak *impersonal passive* to sleep.
uyuntu lethargic, sluggish.
uyur 1. sleeping. 2. still (water). — **uyanık** *colloq.* half-asleep, half-awake. — **yılan** *colloq.* snake in the grass.
uyurgezen *see* **uyurgezer.**
uyurgezer 1. sleepwalker, somnambulist. 2. somnambulistic.
uyurgezerlik sleepwalking, somnambulism.
uyuşkan amicable, congenial, agreeable.
uyuşmak 1. to get numb; to go to sleep. 2. to relax completely.
uyuşmak 1. to get along with each other. 2. to reach an agreement/an understanding; /**da**/ to come to terms at (a certain price).
uyuşmazlık 1. disagreement; conflict. 2. incompatibility.
uyuşturmak /ı/ 1. to cause (a limb) to go to sleep; to numb. 2. to anesthetize (an area) locally. 3. to narcotize. 4. to make (someone) lethargic.
uyuşturmak /ı/ to cause (people) to come to an agreement.
uyuşturucu 1. narcotic/anesthetic/soporific (agent). 2. (a) narcotic, drug. — **bağımlısı** drug addict.
uyuşuk 1. numb. 2. sluggish, lethargic.
uyuşukluk 1. numbness. 2. sluggishness, lethargy.
uyuşum harmony, harmonizing, agreement.
uyuşumsuz discordant, inharmonious.
uyutmaca hypnotism.
uyutmak /ı/ 1. to put (someone) to sleep, cause (someone) to sleep. 2. to alleviate, assuage. 3. *colloq.* to beguile, deceive, hoodwink, fool, pull the wool over (someone's) eyes. 4. to hypnotize.
uyutucu soporific (agent).
uyutulmak 1. to be put to sleep. 2. to be alleviated, be assuaged. 3. *colloq.* to be beguiled, be deceived, be hoodwinked, be fooled, have the wool pulled over one's eyes. 4. to be hypnotized.
uyutum hypnosis.
uyuz 1. the itch, scabies; mange (in dogs); scab (in cattle). 2. itchy; scabious, scabietic; mangy; scabby. 3. *colloq.* ratty-looking, mangy-looking, moth-eaten. 4. *slang* penniless, flat broke. 5. *slang* incompetent. — **olmak** 1. to get the itch/scabies/the mange/the scab. 2. *slang* to become penniless, go broke, go bust. 3. *slang* to get very angry, blow one's stack.
uyuzböceği, -ni *zool.* itch mite.
uyuzlaşmak 1. (for an animal) to get mangy-looking. 2. *colloq.* (for someone) to get scruffy-looking, take no care of his/her appearance, let himself/herself go. 3. *slang* to get incompetent.
uz able, skillful, clever.
uzaduyum telepathy.
uzak 1. distant, remote, far, faraway, far-off. 2. /**dan**/ (someone/something) who/which has nothing to do with, who/which has no connection with. 3. /**dan**/ (someone) who has no talent at all for; (someone) who is unable to (do something). 4. unlikely, improbable. 5. distance. 6. at a distance, faraway. —**tan akraba** distant relative. —**tan bakmak** /a/ *colloq.* to remain an observer of, survey (something) from the sidelines. — **durmak** /**dan**/ to stay away from. (**birbirinden/birbirlerinden**) — **düşmek** *colloq.* to be far from one another. —**lara git-**

mek *colloq.* to get off the subject. **—ı görmek** *colloq.* to be able to foresee what will happen, be able to see the future. **—tan güdüm/kumanda** remote control. **—tan merhaba** *colloq.* nodding acquaintanceship: **Bizim uzaktan merhabamız var.** We're on speaking terms with each other, but no more than that. **—tan uzağa** *colloq.* 1. very distant. 2. from a great distance, from faraway.
uzakça somewhat distant.
uzakçeker telephoto lens, telephoto, teleobjective, telelens.
Uzakdoğu 1. the Far East. 2. Far Eastern.
uzaklaşmak 1. /**dan**/ to leave, go away from; to quit. 2. to grow distant, become distant, fade into the distance; to recede, diminish. 3. /**dan**/ to become a stranger to, come to have little in common with. 4. /**dan**/ to avoid having contact with.
uzaklaştırmak /**ı, dan**/ to take (someone/something) away (from), remove (someone/something) from.
uzaklık 1. distance, remoteness. 2. distance, space, interval.
uzaklıkölçer telemeter.
uzaksamak /ı/ 1. to regard (a place) as faraway/remote. 2. to consider (something) unlikely to happen.
uzam extent, scope, compass, size.
uzamak 1. to get longer. 2. to go on lingeringly, drag on. 3. to extend, continue, stretch.
uzambilgisi, -ni geometry.
uzanılmak *impersonal passive* 1. to lie down. 2. /a/ to go (to). 3. to reach out.
uzanım 1. *phys.* amplitude. 2. *astr.* elongation (of an inferior planet).
uzanmak /a/ 1. to lie down on, stretch out on. 2. to go to, go over to (a place). 3. to reach over to, stretch one's arm to; to stretch one's body towards. 4. to reach to, extend as far as.
uzantı 1. extension, extended part. 2. prolongation.
uzatım prolongation, extension.
uzatma 1. /ı/ lengthening. 2. /ı/ letting (something) grow long. 3. /ı/ extending. 4. /ı/ holding out, extending, proffering. 5. /ı/ stretching (a cord) (between two places). 6. /ı/ prolonging, dragging (something) out. 7. /ı/ giving, sending. 8. fishnet one end of which is secured to the shore while it is in use. **— işareti/imi** *gram.* circumflex, circumflex accent. **— kablosu/kordonu** extension cord.
uzatmak /ı/ 1. to lengthen. 2. to let (something) grow long. 3. to extend. 4. to hold out, extend, proffer. 5. to stretch (a cord) (between two places). 6. to prolong, drag (something) out. 7. to give, send.
uzatmalı (someone) whose period of employ-

ment/service has been extended.
uzay space; outer space. **— adamı** astronaut, spaceman. **— gemisi** spaceship. **— geometri** solid geometry. **— kapsülü** space capsule. **— mekiği** space shuttle. **— uçuşu** space flight.
uzaycı 1. astronaut. 2. astronautical engineer.
uzaycılık astronautics.
uzgörür foresighted, farsighted, who takes thought for the future.
uziletişim telecommunication.
uzlaşı 1. reaching an understanding; reconciliation of differences. 2. *phil.* convention.
uzlaşıcı 1. conciliationist; conciliator. 2. conciliatory, conciliative. 3. *phil.* (a) conventionalist. 4. *phil.* conventionalist, conventionalistic.
uzlaşıcılık 1. conciliationism. 2. conciliatoriness. 3. *phil.* conventionalism.
uzlaşılmak *impersonal passive* to come to an agreement; to reach an understanding; to reconcile differences.
uzlaşım 1. reaching an understanding; reconciliation of differences. 2. *phil.* convention.
uzlaşma reaching an understanding; reconciliation of differences. **—ya varmak** to come to an understanding; to reconcile their differences.
uzlaşmak (for people) to come to an agreement, reach an understanding, or reconcile their differences.
uzlaşmalı (people) who have reached an understanding or reconciled their differences.
uzlaşmazlık unwillingness to come to an agreement.
uzlaştırıcı conciliatory; /ı/ (someone/something) who/which reconciles (people).
uzlaştırmak /ı/ 1. to reconcile. 2. to syncretize.
uzluk mastery, command, expertise.
uzman 1. expert. 2. specialist.
uzmanlaşmak 1. to become an expert. 2. to become a specialist.
uzmanlık 1. being an expert; expertise. 2. being a specialist; specialty.
uzun 1. long; lengthy. 2. tall. 3. for a long time, a long time; at length. **— araç** long vehicle. **— atlama** *sports* broad jump, long jump. **— boylu** 1. tall (person). 2. *colloq.* at length; in detail. **— etmek** *colloq.* 1. to hold forth at great length. 2. to drag out a conversation needlessly. 3. to beat around the bush. 4. to act unwilling. **— hava** Turkish folk *mus.* a long piece of music which lacks a set rhythmic pattern. **— hayvan** *colloq.* snake. **— hece** *gram.* long syllable. **— hikâye** *colloq.* matter which requires a long explanation, involved affair. **— kulaklı** *colloq.* donkey, ass. **— lafın kısası** *colloq.* the long and short of it, in short. **— oturmak** *colloq.* to sprawl, sit with one's legs outstretched. **— uzadıya/uzun** *colloq.* at great length, in great detail. **— ünlü** *phonetics* long

vowel. — **vadede** in the long run. — **vadeli** long-term.
uzunca 1. rather long; rather lengthy. 2. rather tall.
uzunçalar 1. long-playing record, long play, LP, thirty-three. 2. long-playing, LP (record).
uzuneşek leapfrog (a children's game).
uzunkafalı *anat.* dolichocephalic.
uzunlamasına lengthwise, lengthways.

uzunlevrek *zool.* pike perch.
uzunluk length. — **ölçüsü** linear measure.
uzuv, -zvu 1. *anat.* organ; member; limb. 2. member (of a group).
uzvi *obs.* organic.
uzviyet, -ti *obs.* 1. organicity. 2. organism.
uyazar teletype, teletypewriter, teleprinter.
uyazdırım telegram, wire; cable.
uyazım telex.

Ü

Ü the letter Ü.
ücra remote/out-of-the-way/solitary (place).
ücret, -ti 1. fee, remuneration; wage; salary. 2. charge (for a hotel room/a service). **—leri dondurmak** to freeze wages.
ücretli 1. salaried. 2. (someone) who is paid by the hour. 3. (something) which is done for a fee. **— asker** (a) mercenary.
ücretsiz 1. free, free of charge, gratuitous. 2. free; for nothing, gratis.
üç, -çü three. **— adım (atlama)** *sports* hop, step, and jump. **— aşağı beş yukarı** *colloq.* roughly, approximately. **— aşağı beş yukarı anlaşmak** *colloq.* (for a buyer and a seller) to agree on a price (after bargaining). **— aşağı beş yukarı dolaşmak** *colloq.* to pace/wander back and forth, pace/wander up and down. **Ü— Aylar** *Islam* the months of Rajab, Sha'ban, and Ramazan. **— beş** *colloq.* three or four, a few. **—e beşe bakmamak** *colloq.* not to haggle over trifling sums (while bargaining). **— buçuk atmak** *slang* to be afraid that something will go wrong, have kittens. **— direkli yelkenli** *naut.* three-masted sailing vessel, three-master. **— günlük seyisliği var, kırk yıllık at boku eşeler.** *colloq.* He's only been here a short while, yet he's already poking his nose into matters that are over his head. **— otuzluk/otuzunda** *colloq.* very old, aged, ancient (person). **— şeritli yol** three-lane highway/road.
üçayak tripod.
üçboyutlu three-dimensional, 3-D.
üçdüzlemli *geom.* trihedral. **— açı** trihedral angle.
üçer three each, three apiece. **— üçer** three by three, three at a time.
üçetek a kind of dress worn over **şalvar** by women.
üçfazlı *phys.* three-phase, triphase.
üçgen *geom.* 1. triangle. 2. triangular, triangle-shaped.
üçgül *bot.* clover, trefoil.
üçkâğıt card game played with three cards. **— açmak** /a/ *slang* to dupe, hoodwink.
üçkâğıtçı 1. swindler, double-dealer, con man. 2. cardsharp who cheats people in a game of **üçkâğıt**.
üçkâğıtçılık 1. swindling, double-dealing. 2. cheating people while playing **üçkâğıt**.
üçkuyucu *slang* active male homosexual.
üçleme 1. *math.* raising (a number) to the third power. 2. tripling a number of (people/things), making (people/things) three in number, increasing a number of (people/things) to three. 3. leasing (one's land) to a farmer in exchange for a third of the crop produced on said land. 4. plowing (a field) three times. 5. trilogy. 6. folk song written in stanzas of three lines each. 7. *mus.* triplet. 8. three-ply.
üçlemek /ı/ 1. *math.* to raise (a number) to the third power. 2. to triple a number of (people/things), make (people/things) three in number, increase a number of (people/things) to three. 3. to lease (one's land) to a farmer in exchange for a third of the crop produced on said land. 4. to plow (a field) three times.
üçleşmek (for a number of people/things) to become three, become a trio.
üçlü 1. (something) which contains or consists of three things/parts; ternary. 2. (a) three (in a suit of playing cards/in a set of dominoes). 3. *mus.* trio. 4. *poetry* triplet, tercet. **— kuralı** *math.* the rule of three. **— yonca** *arch.* trefoil.
üçlük 1. (something) which can hold three measures of something: **üçlük cezve** utensil in which three cups of coffee can be made at one time. 2. trilogy.
üçrenkli trichromatic.
üçteker 1. tricycle. 2. three-wheeler (small, three-wheeled motorized vehicle).
üçüncü 1. third. 2. the third; the third person; the third one. **— dünya** the third world. **— dünya ülkeleri** third-world nations. **— kişi** *gram.* the third person. **— mevki/sınıf** 1. third-class. 2. the third-class section (in a boat/a train/an airplane). **— şahıs** *gram.* the third person.
üçüncül tertiary.
üçüncülük third place.
üçüz 1. triplet. 2. (set of) triplets: **üçüz kardeşler** a set of triplets. 3. three-sided; three-branched; (something) made up of three parts.
üçüzlü 1. (mother) of triplets, who has triplets. 2. (something) made up of three parts/sections; (something) made in three parts/sections; prepared in triplicate, triplicate.
üf Ouf!/Oof!
üfleç 1. blowpipe, blowtube. 2. blowtorch. 3. ventilator, fan.
üflemek 1. /a/ (for someone) to blow on, breathe hard on. 2. /ı/ to play (a wind instrument). 3. /ı/ *slang* to lay, have sex with.
üflenmek 1. to be blown on. 2. (for a wind instrument) to be played.
üfletmek /ı, a/ 1. to have (someone) blow on (someone/something). 2. to have (someone) play (a wind instrument).
üfürmek 1. /ı/ to blow or breathe hard on. 2. to

üfürük

blow.
üfürük exhaled breath.
üfürükçü person who claims to be able to cure sick people by breathing on them.
üfürükçülük breathing on sick people in order to cure them.
üfürülmek to be blown or breathed on.
üleş share, portion, lot.
üleşilmek to be shared.
üleşmek /ı/ to share.
üleştirilmek /a/ to be divided among, be shared out among, be portioned out among.
üleştirimli distributive. — **tüze** *law* distributive justice.
üleştirmek /ı, a/ to share (something) out among, portion (something) out among.
ülfet, -ti *obs.* 1. familiarity, acquaintance, experience. 2. (social) dealings, relations, intercourse. 3. friendship. — **etmek** /la/ 1. to become familiar with, gain an experience of. 2. to have dealings with. 3. to be friends with.
ülger 1. fuzz, down (on fruit, plant parts). 2. nap (on soft, downy fabrics, e.g. velvet).
ülke country (a political state).
Ülker *astr.* the Pleiades.
ülkü (an) ideal.
ülkücü 1. (an) idealist. 2. idealistic, idealist.
ülkücülük idealism.
ülküdeş one who shares the same ideals as another.
ülküleştirmek /ı/ to idealize.
ülküsel ideal, of or relating to an ideal.
ülser *path.* ulcer.
ültimatom *pol.* ultimatum.
ültra (an) extremist.
ültramodern ultramodern.
ültrason ultrasonic, ultrasonic wave/frequency.
ültraviyole ultraviolet. — **ışınları** ultraviolet rays.
üluhiyet, -ti *obs.* divinity, godhead, godhood.
ümera *obs.* 1. chiefs; commanders. 2. *mil.* senior officers, officers above the rank of captain.
ümit 1. hope. 2. expectation. — **bağlamak** /a/ to set one's hopes on. — **dünyası**, *colloq.* One can always hope. — **etmek** /ı/ 1. to hope. 2. to expect. — **kapısı** *colloq.* hope; person/place/situation that may prove helpful. —**ini kesmek** to abandon hope, give up hope. — /**dan**/ to cease to hope that (someone will do something); /**dan**/ to cease to hope that (something will happen). — **vermek** /a/ to inspire (someone) with hope; to give (someone) cause to hope.
Ümit Burnu, -nu the Cape of Good Hope.
ümitlendirmek /ı/ to make (someone) hopeful; to inspire (someone) with hope.
ümitlenmek to become hopeful; to be inspired with hope.
ümitli hopeful.
ümitlilik hopefulness.

ümitsiz hopeless.
ümitsizlik hopelessness.
ümmet, -ti 1. *Islam* the Community of the faithful, the worldwide Muslim community. 2. those who believe in a religion founded by a prophet.
ümmi *obs.* illiterate.
ümmilik *obs.* illiteracy.
ümük *prov.* throat.
ün 1. voice, sound. 2. fame, reputation. — **almak/kazanmak/salmak/yapmak** to become famous.
üniforma uniform, official dress.
ünite 1. unity. 2. unit.
üniversal universal. — **motor** *elec.* universal motor.
üniversel *see* **üniversal**.
üniversite 1. university. 2. *slang* bar; nightclub; place of amusement. 3. *slang* brothel, cathouse.
üniversitelerarası interuniversity; intervarsity.
üniversiteli 1. university student. 2. (someone) who is attending a university.
ünlem *gram.* interjection, exclamation, ejaculation, exclamatory word. — **işareti/imi** exclamation point/mark.
ünlemek *prov.* 1. /a/ to call (someone) in a loud voice; to shout to/for (someone). 2. /ı/ to proclaim (something) loudly.
ünlenmek 1. *prov.* to be called loudly, be shouted for. 2. *prov.* to be proclaimed loudly. 3. to become famous.
ünlü 1. famous, famed, renowned; well-known. 2. *phonetics* vowel. — **uyumu** *phonetics* vowel harmony.
ünlüleşme *phonetics* vocalization.
ünnap *see* **hünnap**.
ünsiyet, -ti *obs.* 1. familiarity, acquaintance, experience. 2. being on friendly terms; friendship.
ünsüz 1. not famous; unknown. 2. *phonetics* consonant. — **uyumu** *phonetics* consonant harmony.
ürat, -tı *chem.* urate.
ürbanist, -ti city planner, urbanist.
ürbanizm city planning, urbanism.
Ürdün 1. Jordan. 2. Jordanian, of Jordan.
Ürdünlü 1. (a) Jordanian. 2. Jordanian (person).
üre *biochem.*, *chem.* urea.
ürem *fin.* interest.
üremek 1. to reproduce. 2. to increase, grow; to proliferate.
üremi *path.* uremia.
üreteç *elec.* generator.
üretici 1. producer. 2. (someone) engaged in production.
üreticilik production, being a producer.
üretilmek to be produced.
üretim production. — **kapasitesi** production capacity. — **maliyeti** production cost.

üretimsel productional.
üretken productive.
üretkenlik productivity.
üretmek /ı/ to produce.
üretmen producer.
ürik *chem.* uric. **— asit** *biochem., chem.* uric acid.
ürin urine.
ürkek 1. easily startled/frightened; (animal) which shies easily. 2. timid. **— ürkek** timidly.
ürkekleşmek 1. to start; (for an animal) to shy. 2. to become easily startled/frightened. 3. to become timid.
ürkeklik 1. being easily startled/frightened. 2. timidity, timidness.
ürkmek 1. to start; (for an animal) to shy. 2. to take fright, be seized with fright. 3. (for a fruit tree) not to bear fruit.
ürkü sudden fright; panic.
ürkünç frightening, scary.
ürküntü sudden fright; panic.
ürkütmek /ı/ 1. to startle; to cause (an animal) to shy. 2. to give (someone) a sudden fright. 3. to flush (birds). 4. to retard the growth of (a plant).
ürolog *med.* urologist.
üroloji *med.* urology.
ürpermek 1. to get goose pimples; for one's hair to stand on end. 2. to shudder.
ürperti 1. gooseflesh, goose pimples, goose bumps. 2. shudder.
ürpertmek /ı/ 1. to give (someone) goose pimples; to make (someone's) hair stand on end. 2. to make (someone) shudder; to send a cold chill down (someone's) spine.
ürtiker *path.* urticaria, hives.
ürümek to howl. **Ürümesini bilmeyen köpek/it sürüye kurt getirir.** *proverb* A person who habitually puts his foot into it is a menace to his friends. **Ürüyen köpek ısırmaz/kapmaz.** *proverb* A person who rants and raves very threateningly when he's angry rarely, if ever, carries out his threats.
ürün 1. product; produce, crop, yield. 2. work (of art). 3. result, product.
üryan *obs.* naked, bare.
üryani a thin-skinned plum.
üs, -ssü 1. *mil.* base; military installation. 2. *math.* exponent.
üslenmek /da/ to establish a military base in (a place).
üslup style.
üslupbilim stylistics.
üslupçu 1. (writer) who has an excellent style. 2. (writer) who is concerned with style. 3. stylist, master of style. 4. writer who is concerned with style.
üslupçuluk stylism.
üsluplaştırmak /ı/ to stylize.

üst, -tü 1. upper surface, top: **Kütüğün üstüne oturdu.** She sat down on the log. 2. space over/above: **Üstümde ay parlıyordu.** The moon was shining above me. 3. clothes: **Üstünü kirletme ha!** Don't get your clothes dirty, you hear? 4. (a) superior, (a) boss. 5. remainder, rest (of an amount of money). 6. top, upper: **en üst kat** topmost floor. **yokuşun üst yanında** on the upper part of the slope. 7. at/about (a certain time): **öğle üstü** in the early afternoon/at noon. **—te** above; on top. **—ten** 1. from the top, from above. 2. superficially. **—ünde/üzerinde** /ın/ 1. on, on top of. 2. above, over. 3. on; overlooking or looking out on: **cadde üstünde** on a main street. **Boğaz'ın üstünde** overlooking the Bosporus. 4. more than; over: **İzzet artık kırkın üstünde olmalı.** İzzet must be over forty by now. 5. on, about (a matter/a subject): **Bunun üstünde anlaşmalıyız.** We ought to come to an agreement about this. 6. on (someone's consciousness): **Onun üstünde büyük bir etki yaptı.** It made a big impression on him. 7. on, with: **Üstünde para yok mu?** Don't you have any money on you? **—üne/üzerine** 1. on, on top of: **Elbisesinin üstüne sürdü.** She rubbed it on her dress. 2. on, on the subject of, dealing with: **Kırım Savaşı üstüne bir tez hazırlıyor.** She's preparing a thesis on the Crimean War. 3. on top of, right after: **Baklavanın üstüne işkembe çorbası içilir mi?** Does one have tripe soup right after one's eaten baklava? 4. upon (one's honor/one's good name): **şerefim üstüne** upon my honor. 5. better than, superior to: **Kendi dalında Ali'nin üstüne yok.** Ali's tops in his field. **Senin üstüne yok, vallahi!** By George, you take the cake! 6. on (someone's) account: **Rahmi, biraları benim üstüme yaz!** Put the beers on my account, Rahmi! **—ü açık** open at the top. **—ünüze/üzerinize afiyet!** May you stay in good health! *(said while talking about an illness).* **—ünden akmak** *colloq.* to be plainly evident. **—üne/üzerine almak** /ı/ *colloq.* 1. to take the responsibility of (doing something), take (something) upon oneself. 2. to take (a remark/an action) as being directed against oneself. **—ünden/üzerinden atmak** /ı/ *colloq.* to refuse to accept responsibility for. **—üne/üzerine atmak** /ı, ın/ *colloq.* to impute (a misdeed/a crime) to (someone). **—üne/üzerine basmak** *colloq.* to hit the nail on the head. **— baş** *colloq.* clothes. **—ü başı dökülmek** *colloq.* for (one's) clothes to be in tatters. **—üne başına etmek/yapmak** *colloq.* 1. /ın/ to curse violently at, give (someone) down the country, give (someone) what for. 2. to defecate in one's underpants. **— başa geçmek** *colloq.* to sit with the bigwigs (in a meeting). **—üne bırak-**

mak /ı, ın/ to leave (something) for (someone else) to do, leave (someone) with the job of. **—üne/üzerine bir bardak (soğuk) su içmek** /ın/ *colloq.* to give up all hope of getting (something that one has lent) back, kiss (something) good-bye. **— çıkmak** *colloq.* to win. **—e çıkmak** *colloq.* (for someone who's at fault) to succeed in shifting the blame onto someone else. **—ünden/üzerinden dökülmek** *colloq.* (for a garment) to be far too big for, swallow (someone). **— dudak** *anat.* upper lip. **—ünde/üzerinde durmak** /ın/ to give (a matter) a lot of thought, spend a lot of time thinking about (a matter); to give (a matter) a lot of attention; to dwell on (a matter). **—üne/üzerine düşmek** /ın/ *colloq.* 1. to fuss over, make a fuss over, shower attention on (someone). 2. to bother, pester. 3. to throw oneself into (a job), work hard at (a job). **—üne/üzerine evlenmek** /ın/ *colloq.* to marry again when one already has (someone) as a wife. **—üne/üzerine geçirmek/geçirtmek** /ı/ 1. to have (a piece of property) registered in one's own name. 2. to have (an adopted child) registered under one's own surname, cause (an adopted child) to bear one's own surname. **—ünden geçmek** /ın/ *slang* 1. to *screw, have sex with. 2. to rape. **—ünden (... zaman) geçmek** (for an amount of time) to pass, elapse (after an event). **— gelmek** *colloq., see* **üst çıkmak. —üne/üzerine gelmek** /ın/ *colloq.* 1. (for someone) to turn up or appear right when (something is being done/discussed). 2. to walk towards (someone) intending (or as if he intends) to beat him up. **—ünü/—üne görmek** *colloq.* to menstruate, have one's period (during pregnancy). **—üne gül koklamamak** /ın/ *colloq.* to love no one else but, have nothing to do with anyone else but (one's beloved/wife). **—üne/üzerine güneş doğmamak** *colloq.* to get up before sunrise. **—ünüzden ırak!** *colloq.* Heaven forbid!/May no such misfortune befall you! **—üme/üzerime iyilik sağlık!** *colloq.* Heaven forbid!/God save me from such a thing! **—ünde/üzerinde kalmak** /ın/ 1. to be sold to (someone) (at an auction). 2. *colloq.* to get the blame for, be held responsible for (a crime). **—ü kapalı** 1. indirectly, in an indirect way, between the lines. 2. indirect. **—üne/üzerine koymak** /ı, ın/ *colloq.* to add (one thing) to (another). **—üne/üzerine mal etmemek** /ı/ *colloq.* not to regard (something) as one's responsibility; not to regard (something) as being one's concern. **—üne oturmak** /ın/ *colloq.* to appropriate (something) for oneself (when one has no right to do so). **—ü örtülü** *see* **üstü kapalı. —üne perde çekmek** /ın/ *colloq.* to cover up, conceal, draw a veil over. **— perdeden konuşmak** *colloq.* 1. to talk loudly. 2. to talk big. **—ünüze/üzerinize sağlık/şifalar!** *see* **Üstünüze/üzerinize afiyet!** **— tarafı** /ın/ 1. the rest of, the remainder of. 2. the upper part/side of. **—üne/üzerine titremek** /ın/ *colloq.* to treat with tender, loving care; to watch over anxiously, care for meticulously. **—üne/üzerine toz kondurmamak** /ın/ *colloq.* to refuse to accept that a better (person/thing) exists, regard (someone/something) as tops. **—üne/üzerine tuz biber ekmek, —üne/üzerine tüy dikmek** /ın/ *colloq.* to make a bad situation worse; to add salt to the wound. **— üste** in rapid succession, one right after the other. **—üne üstüne gitmek** /ın/ *colloq.* to try doggedly/insistently to do (something). **—üne/üzerine varmak** /ın/ *colloq.* 1. to hound (someone) (with a request). 2. to become married to someone while he is already married to (another woman). **—üne vazife olmamak** /ın/ *colloq.* (for something) to be none of (someone's) business/beeswax. **—e vermek** /ı/ *colloq.* (for a seller) to throw (something else) into the bargain. **—üne yapmak** 1. /ı/ to have (a piece of property) registered in one's own name. 2. *colloq.* to defecate in one's underpants. **—üne yatmak** /ın/ *colloq., see* **üstüne oturmak. —üne/üzerine yıkmak** /ı, ın/ *colloq.* 1. to impute (a misdeed/a crime) to (someone). 2. to dump (a hard job) on (someone), saddle (someone) with (a hard job). **(kendi) —üne/üzerine yormak** /ı/ *colloq.* to take (a remark/an action) as being directed against oneself. **—üne/üzerine yürümek** /ın/ *colloq.* to walk towards (someone) intending (or as if he intends) to beat him up.

üstalize antitrade wind, antitrade.

üstat master, recognized expert/authority; savant; virtuoso.

üstben *psych.* superego.

üstbenlik *psych., see* **üstben.**

üstbitken *bot.* 1. epiphyte. 2. epiphytic.

üstçavuş *mil.* staff sergeant.

üstçene 1. *anat.* upper jaw, maxilla. 2. upper jaw (of a clamp/a vise).

üstderi *anat.* epidermis, cuticle.

üste *colloq.* in addition, to boot. **—sinden gelmek** /ın/ to cope with, deal with (something).

üsteğmen *mil.* first lieutenant.

üsteğmenlik *mil.* first lieutenancy.

üstel *math.* exponential.

üstelemek 1. to insist. 2. (for an illness) to recur. 3. /ı/ to repeat/renew/reiterate (a request/a proposal/a command). 4. /a/ to be added to, come on top of.

üstelik 1. something that is thrown in to boot. 2. furthermore, in addition.

üstenci contractor.

üstencilik contracting, being a contractor.

üstenmek /ı/ to undertake to do (a job).
üstgeçit overpass, overcrossing.
üstinsan superman.
üstlenmek /ı/ to take on, undertake.
üstlük overcoat.
üstmut, -tu transcendent happiness.
üstsubay *mil.* senior officer (major, lieutenant colonel, or colonel).
üstübeç white lead. — macunu putty (made by mixing chalk with white lead or glue).
üstün superior; superlative; outstanding. — gelmek 1. to come out on top, be victorious. 2. /dan/ to be superior to, be better than. — tutmak /ı/ to regard (someone/something) as superior.
üstün the vowel point in Arabic script indicating an *a*.
üstünkörü 1. slapdash, very cursory; superficial; very casual. 2. in a slapdash manner, very cursorily; superficially; very casually.
üstünlük superiority; superlativeness; outstandingness. — derecesi *gram.* the superlative, the superlative degree of comparison. — duygusu/kompleksi *psych.* superiority complex.
üstüpü oakum; tow.
üstüpülemek /ı/ to caulk/pack (something) with oakum/tow.
üstüpülü caulked/packed with oakum/tow.
üstüvane *obs.* cylinder.
üstyapı superstructure.
üstyapısal superstructural.
üşenç 1. lack of a desire to work; supinity. 2. laziness, sloth. 3. apathetic when it comes to work; supine. 4. lazy, slothful.
üşengeç 1. apathetic when it comes to work; supine. 2. lazy, slothful.
üşengen *see* üşengeç.
üşenik *see* üşengeç.
üşenmek /a/ not to feel at all moved/motivated to (do something), not to have the energy/the desire to (do something) (hence one doesn't do it); to be unable to rouse/trouble/bother oneself to (do something): Tıraş olmaya üşendi. He couldn't be bothered to shave.
üşmek /a/ *prov.* to flock to/around (a place); to crowd, throng (a place).
üşümek 1. to be cold, feel cold; to feel a chill. 2. to get a chill, catch a chill.
üşüntü flocking; crowding, thronging.
üşürmek /ı, a/ *prov.* 1. to cause (people/animals) to flock to/around; to cause (people/animals) to crowd/throng. 2. to cause (animals) to attack; to let (animals) loose on.
üşüşmek /a/ to flock to/around; to crowd, throng.
üşütmek 1. /ı/ to make (someone) feel cold, chill. 2. to give (someone) a chill. 3. to get a chill, catch a chill. 4. *slang* to go nuts, get nutty.

üşütük *slang* 1. person who acts nutty. 2. nutty, *Brit.* barmy (person).
ütme *prov.* fresh corn/wheat that has been roasted over the fire.
ütmek /ı/ *prov.* 1. to hold (something) over/to the fire. 2. to singe (poultry, etc.). 3. to roast (fresh corn/wheat) over the fire.
ütmek /ı/ *prov.* to beat (someone) (in a game).
ütopi utopia.
ütopik utopian.
ütopist, -ti *see* ütopyacı.
ütopya utopia.
ütopyacı 1. (a) utopian, (a) utopist. 2. utopian.
ütü 1. iron (for ironing clothes). 2. ironing/pressing (clothes, etc.). 3. *prov.* singeing (poultry, etc.). — bezi press cloth. — tahtası ironing board. — yapmak to do the ironing, iron.
ütücü 1. ironer; presser; person who does ironing/pressing. 2. *prov.* singer, person who does singeing.
ütülemek /ı/ 1. to iron/press (clothes, etc.). 2. *prov.* to singe (poultry, etc.).
ütülenmek 1. (for clothes, etc.) to be ironed/pressed. 2. *prov.* (for poultry, etc.) to be singed.
ütülmek *prov.* 1. (for something) to be held over/to the fire. 2. (for poultry, etc.) to be singed. 3. (for fresh corn/wheat) to be roasted over the fire.
ütülmek *prov.* to be beaten (in a game).
ütülü 1. ironed/pressed (clothes, etc.). 2. *prov.* singed (poultry, etc.).
ütüsüz 1. unironed/unpressed (clothes, etc.). 2. *prov.* unsinged (poultry, etc.).
üvendire oxgoad, goad.
üvey, -i/-si step-, related by virtue of a remarriage and not by blood. — ana/anne stepmother. — baba stepfather. — evlat stepchild. — evlat gibi tutulmak *colloq.* to be treated like a stepchild, be treated unfairly. — kardeş stepbrother; stepsister.
üveyik *zool.* 1. turtledove. 2. wood pigeon.
üveymek (for a dove/a pigeon) to coo.
üvez 1. (European) service tree, service; wild service tree. 2. rowan tree, rowan, (European) mountain ash. 3. service (fruit). 4. rowanberry.
üvez *zool.* a small, mosquito-like insect.
üye 1. member (of a group). 2. *anat.* organ; member.
üyelik membership. — aidatı membership fee, dues.
üzengi stirrup. — kayışı stirrup leather, stirrup strap.
üzengikemiği, -ni *anat.* stapes (of the ear).
üzengilemek /ı/ to spur (a mount) by prodding it with the stirrups.
üzengitaşı, -nı *arch.* impost (of an arch).
üzere 1. on the point of, just about to: Ufuk git-

mek üzereyken when Ufuk was just about to go. **2.** to, for the purpose of: **Aydın'a gitmek üzere yola çıktı.** He set out for Aydın. **İstanbul'a inmek üzere vapura bindi.** She boarded the steamer to go down to Istanbul. **3.** on condition that, on the understanding that: **Pazartesiye kadar geri vermek üzere sana yirmi bin lira veririm.** I'll loan you twenty thousand liras on condition that you pay it back by Monday. **4.** being: **Bu bahçede çoğu portakal olmak üzere elli ağacım var.** I have fifty trees in this grove, most of them oranges. **5.** as, just as: **Meltem'in dediği üzere Tunç geç kaldı.** Tunç was late, as Meltem had said he would be. **6.** in accordance with: **âdeti üzere** in accordance with his custom.

üzeri, -ni 1. upper surface, top: **Kuyrukluyıldızı seyretmek için damın üzerine çıktı.** She got up on the roof to watch the comet. **2.** space over/above: **Akbabalar üzerimde dönüp duruyordu.** The buzzards were circling above me. **3.** remainder, rest (of an amount of money). **4.** at/about (a certain time): **akşam üzeri** at sunset/about sunset/at nightfall/about nightfall. **—nde** see **üstünde. —nden geçmek** /ın/ *slang* **1.** to *screw, have sex with. **2.** to rape. **—ne** see **üstüne.**

üzerlik 1. *bot.* harmal. **2.** harmal seed.
üzgü unnecessary trouble/suffering.
üzgülü needlessly painful/hard.
üzgün unhappy, sad.

üzgünlük unhappiness, sadness.
üzgüsüz easy, trouble-free.
üzlük *prov.* **1.** small earthenware bowl. **2.** incense.
üzmek /ı/ **1.** to distress, upset, worry; to sadden. **2.** to abrade.
üzre see **üzere.**
üzücü upsetting/distressing/saddening (thing).
üzülmek 1. /a/ to be upset (by), be distressed (by); to be/feel sad (that). **2.** to be abraded.
üzüm 1. grape, fruit of a grapevine. **2.** raisin. **— asması** grapevine. **— salkımı** bunch of grapes. **— suyu** grape juice. **— şekeri** glucose. **— üzüme baka baka kararır.** *proverb* A person who falls in with bad companions gradually acquires their bad habits. **—ü/—ünü ye de bağını sorma.** *proverb* Just enjoy it and don't worry about where it came from.
üzümcü grower or seller of grapes.
üzümcülük growing or selling grapes.
üzümlü (food) made with grapes/raisins.
üzümsü *bot.* grapelike, aciniform.
üzüm üzüm *colloq.*, *used in:* **— üzmek** /ı/ to upset/distress/sadden greatly. **— üzülmek** /a/ to be greatly upset/distressed/saddened (by).
üzünç sorrow, dejection.
üzüntü distress; unhappiness, sorrow, sadness.
üzüntülü 1. distressing; unhappy, sad. **2.** distressed, beset by sadness. **3.** distressful/saddening (event).
üzüntüsüz 1. carefree. **2.** easy, trouble-free.

V

V the letter V. **— yaka** 1. V neck. 2. V-necked. **— yakalı** V-necked.

vaat, -di promise. **—te bulunmak** /a/ to make a promise (to), promise. **— etmek** /ı/ to promise.

vaaz *Islam* sermon. **— etmek/vermek** /a/ to preach (to), give a sermon (to).

vacip 1. *obs.* obligatory, required, incumbent. 2. *Islam* (duty) incumbent on a Muslim. **— olmak** *obs.* to be necessary.

vade 1. term, fixed period of time; prompt. 2. due date; date of maturity. 3. grace period, respite, delay, extension. 4. the time when one is fated to die, one's hour of death. **—si gelmek/yetmek** /ın/ 1. to fall due. 2. (for a period of time) to be up, come to an end. 3. *colloq.* for (one's) hour of death to be at hand.

vadeli (something) which has a fixed term; time, payable on a specified day, payable within a specified length of time. **— hesap/mevduat** time deposit. **— istikraz** time loan. **— poliçe** time draft.

vadesiz (something) which has no fixed term; open, not payable on a specified date, not payable within a specified length of time. **— hesap/mevduat** demand deposit. **— istikraz** call loan.

vadetmek /ı/ *see* **vaat etmek.**

vadi 1. valley. 2. wadi, wady, waddy. 3. *obs.* subject, topic. 4. *obs.* sense, tenor, line.

vaftiz baptism. **— anası** godmother. **— babası** godfather. **— etmek** /ı/ to baptize.

vaftizhane baptistery.

vagon railway car. **— restoran** dining car, diner, *Brit.* restaurant car.

vagonet, -ti car (used on a narrow-gauge railroad).

vagonli sleeping car, sleeper, Pullman, wagon-lit.

vah What a pity!

vaha oasis.

vahamet, -ti *obs.* gravity, seriousness (of a situation). **— kesbetmek** (for a situation) to become serious.

vahdaniyet, -ti *obs.* the unity of God.

vahdet, -ti *obs.* oneness, unity.

vahim grave, serious.

vahit *obs.* single, sole, one.

vahiy, -hyi divine inspiration, revelation.

vahşet, -ti 1. wildness, savageness; barbarousness. 2. brutality. 3. untamedness.

vahşi 1. wild, savage; barbarous. 2. brutal. 3. untamed. 4. virgin (forest).

vahşileşmek (for an animal) to become feral/wild.

vahşilik 1. wildness, savageness; barbarousness. 2. brutality. 3. untamedness.

vahyetmek /ı, a/ (for God) to reveal (something) to (someone).

vaiz *Islam* preacher.

vajina *anat.* vagina.

vajinal *anat.* vaginal.

vaka 1. event, occurrence. 2. case, occurrence (of a disease).

vakanüvis *Ottoman hist.* chronicler; annalist.

vakar gravity, dignity, sedateness.

vakarlı sedate, grave, dignified.

vakarsız undignified.

vakayiname *obs.* chronicle.

vaketa calfskin.

vakfetmek 1. /ı/ to make over (one's property) to a religious/charitable foundation. 2. /ı, a/ to devote/dedicate (oneself/one's energy) to (something).

vakfiye charter of a waqf.

vakia *obs.* although, though, it is true that.

vakıa *obs.* 1. (accomplished) fact; event, happening (that has taken place). 2. dream.

vâkıf 1. aware, cognizant. 2. creator of a waqf. **— olmak** /a/ to be aware of, be cognizant of.

vakıf, -kfı (religious/charitable) foundation (created by an endowed trust fund), waqf, wakf. **V—lar Genel Müdürlüğü** the Directorate of Waqfs.

vakıfname charter of a waqf.

vaki (something) which has been done; (something) which has happened. **— olmak** to happen, occur, take place.

vakit, -kti 1. time. 2. the right time, the time (for doing something). 3. when: **Emel geldiği vakit** when Emel comes/when Emel came. **—iyle** 1. at the proper time, in due season, in time. 2. in the past, once, once upon a time. **—ini almak** /ın/ to take (someone's) time. **— dolmak** for a given period of time to be up, for a given period of time to come to an end. **— geçirmek** to pass the time, occupy oneself. **—i gelmek** /ın/ *colloq.* for (someone's) hour of death to be at hand. **—ler hayrolsun!** *colloq.* Good day! **— kaybetmeden** without losing any time, promptly, at once. **— kazanmak** *colloq.* 1. to save time. 2. (for someone) to gain time. **— nakittir.** *proverb* Time is money. **—i olmak** to have enough time. **—i olmamak** not to have enough time. **— öldürmek** *colloq.* to kill time. **—ini şaşmamak** *colloq.* to be punctual. **— vakit** from time to time, at times. **—ini yemek** /ın/ *colloq.* to take (someone's) time. **—i yerinde** *colloq.* well-off, well-fixed, economically

comfortable.
vakitli done at the right time; done in due season. — **vakitsiz** *colloq.* (doing something) without considering whether or not it is the proper time to do it.
vakitsiz 1. done at an unsuitable time. 2. premature, too early. 3. (doing something) at an unsuitable time. 4. prematurely, too early. — **öten horozun başını keserler.** *proverb* A person who talks out of season will suffer for it.
vaklamak (for a duck) to quack.
vaktaki *obs.* when, at the time when.
vakum vacuum.
vakumlu vacuum-operated.
vakur grave, dignified, sedate.
vakvak *child's language* duck.
vak vak 1. Quack, quack! 2. quacking (of a duck). 3. croaking (of a frog).
vakvaklamak (for a duck) to quack.
valans *chem.* valence.
valde *obs., see* **valide.**
vale *playing cards* jack, knave.
valensiya Valencia orange, Valencia (a cultivar).
valf valve (for controlling the flow of a liquid/a gas); cock; stopcock.
vali governor of a province, vali.
valide *obs.* mother. — **sultan** *Ottoman hist.* mother of a reigning sultan.
valilik 1. governorship. 2. governor's office (a building). 3. province.
valiz traveling bag, *Brit.* valise.
vallahi I swear it's true! — **billahi** I swear to God it's true!/So help me God!
valorizasyon valorization.
valör value.
vals waltz. — **yapmak** to waltz.
vamp, -pı 1. vamp, unscrupulous seductress. 2. vampish.
vampir 1. vampire. 2. *zool.* vampire bat, vampire.
vana valve (for controlling the flow of a liquid/a gas); cock; stopcock.
vandal vandal, wanton destroyer of something beautiful.
vandalizm vandalism, wanton destruction of things of beauty.
vanilya 1. *bot.* vanilla. 2. powdered vanilla.
vanilyalı (something) which contains vanilla; (something) flavored with vanilla.
vankedisi, -ni a long-haired breed of cat found in the Van area (in eastern Turkey).
vantilasyon ventilation.
vantilatör electric fan, fan.
vantrilok, -ku ventriloquist.
vantrlok, -ku *see* **vantrilok.**
vantuz 1. rubber suction cup. 2. *med.* cupping glass (for drawing blood). 3. *zool.* sucker, sucking dish. — **çekmek** /a/ to cup, apply a cupping glass to.
vaporizasyon vaporization.
vaporizatör atomizer, vaporizer.
vapur 1. steamship, steamer. 2. *slang* person who's stinking drunk, person who's three sheets in the wind.
vapurdumanı, -nı 1. smoke gray. 2. smoke-gray.
var 1. existing, in existence. 2. present, in attendance; at hand, available. 3. *used to indicate a willingness to participate in something:* **Ben varım.** Count me in!/I'm willing to do it./I'm with you. 4. *colloq.* one's all, everything one has: **Bütün varını bu işe harcadı.** He put his heart and soul into this job. — **etmek** /ı/ to bring (something) into existence, create. — **gücüyle/kuvvetiyle** *colloq.* with all his might. — **mısın?** *colloq.* Will you?/How about it? — **mı bana yan bakan!** *colloq.* Who dares to say me nay? — **ne bilsin yok halinden.** *proverb* A rich person can't really appreciate what it's like to be poor. — **ol!** *colloq.* Good for you!/Well done!/Bravo! — **olmak** 1. to exist. 2. to come into existence. — **olsun, yerinde olsun.** *colloq.* I wish him well, nevertheless I'm glad I don't have to see too much of him. — **yok** *colloq.* approximately, about, close to: **Ümit beş yaşında var yok.** I'd say Ümit's close to five years old. — **-ı yoğu** *colloq.* everything one owns, all that one has, all one's worldly wealth. —**sa ... yoksa ...** *colloq.* (for someone) to be the most important person in someone's life: **İlker için, varsa Sedef yoksa Sedef.** İlker has eyes for no one but Sedef. —**la yok arası** *colloq.* 1. very slight, minuscule. 2. rarely. —**a yoğa karışmak** *colloq.* to poke one's nose into everything. —**ını yoğunu kaybetmek** *colloq.* to lose everything one has.
varagele *naut.* boat which is propelled by a guess-rope. — **halatı** guess-rope.
varak 1. sheet (of paper, gold leaf, silver leaf). 2. leaf (of a book).
varaka *obs.* printed form; official document, certificate.
varakçı 1. gilder. 2. silverer.
varaklamak /ı/ 1. to gild. 2. to silver.
varaklanmak 1. to be gilded. 2. to be silvered.
varaklı 1. gilded. 2. silvered. 3. (book, etc.) made up of (so many) leaves.
varda *naut.* Look out!/Keep clear!/Make way!
vardabandıra *naut.* signalman.
vardakosta 1. *formerly* coast guard cutter. 2. *slang* big, good-looking woman, eye-catcher.
vardırmak /ı, a/ to let a matter reach (a certain point).
vardiya 1. shift (in a factory): **gece vardiyası** night shift. 2. *naut.* watch. — **şefi** shift boss.
vareste /dan/ *obs.* freed from, relieved from, unencumbered by.

vargel *naut.*, *see* **varagele.**
vargı *log.* conclusion, consequence.
vanlmak /a/ impersonal passive to reach (a place/a conclusion/an outcome).
varış 1. arrival. 2. *colloq.* understanding, comprehension, insight. **— çizgisi/hattı** *sports* finish line (on a running track).
varışlı *colloq.* quick, keenly intelligent.
varışlılık *colloq.* (mental) quickness.
varidat, -tı *obs.* income; revenue.
varil barrel.
vâris heir, inheritor.
varis *path.* 1. varix, varicose vein, varicosity. 2. varicosis, varicosity.
varisli 1. (someone) who has varicose veins. 2. varicose.
varit *obs.* likely to happen; possible.
variyet, -ti *colloq.* wealth, riches.
variyetli *colloq.* rich, wealthy.
varlık 1. existence, being. 2. presence, being present. 3. living creature; inanimate, created thing. 4. wealth, riches. **—ta darlık çekmek** *colloq.* to be unable to make use of the wealth that one has. **— göstermek** *colloq.* to do something that wins people's approval, make a good showing. **—a güvenilmez.** *proverb* Being wealthy does not mean that one can spend money with abandon; even the greatest of fortunes can be frittered away in time. **— içinde yaşamak** *colloq.* to live in easy circumstances. **— içinde yokluk** *colloq.* scarcity despite wealth. **— vergisi** tax on wealth and earnings (levied only once, in 1942).
varlıkbilim *phil.* ontology.
varlıklı rich, wealthy.
varlıksal existential, related to existence.
varma arrival. **— limanı** port of discharge.
varmak, -ır /a/ 1. to reach, arrive at, come to; to get to, get as far as. 2. (for a woman) to marry (a man). **varan ... varan ....** *colloq.* Here's ...!/There's ...! (followed by a number): **Varan bir, varan iki.** Here's one! Here's two! **Varan dört.** That makes four! **Var .../Varın ....** *colloq.* 1. Well then ...!/... then!: **Var git!** Well then go!/Go if that's what you want to do! 2. Just you ...!/You just ...! **Var ne olacağını düşün!** You just think of what'll happen then! **varıncaya kadar** /a/ *colloq.* up to, to. **Varsın ....** *colloq.* might as well: "Gül gelemeyecekmiş." "Varsın gelmesin. Gündemde onu ilgilendiren pek bir şey yok." "It seems Gül can't make it." "It doesn't matter whether she comes or not. There's practically nothing on the agenda that concerns her." **Varsın yetki ona resmen verilsindi.** He might as well have been given the authority officially. **varıncaya kadar** /a/ 1. by the time we've reached (a specified place). 2. *colloq.* even: **Rengin teyzeye varıncaya kadar herkes orada hazır bulunuyordu.** Everybody, even Aunt Rengin, was there.
varoluş *phil.* existence.
varoluşçu *phil.* 1. (an) existentialist. 2. existentialist, existentialistic.
varoluşçuluk *phil.* existentialism.
varoş suburb.
varsağı a type of folk poem.
varsanı hallucination.
varsayılı hypothetical.
varsayım 1. hypothesis. 2. supposition, assumption.
varsayımsal hypothetical.
varsaymak /ı/ 1. to suppose, assume. 2. to hypothesize.
varsıl wealthy.
varsılerki, -ni *pol.* plutocracy.
varsıllaşmak to become wealthy, get rich.
varsıllaştırmak /ı/ to enrich, make (someone) wealthy.
varsıllık wealth, wealthiness.
varta *colloq.* dangerous situation, tight spot. **—yı atlatmak** to escape from a dangerous situation, get out of a tight spot.
varyans *phys.*, *chem.* variance.
varyant, -tı 1. variant, variant form. 2. variant reading (of a text). 3. detour, *Brit.* diversion.
varyasyon *mus.*, *biol.* variation.
varyemez *colloq.* 1. miser, pinchpenny, skinflint. 2. miserly, stingy.
varyete variety show.
varyos sledge hammer, sledge.
vasal vassal.
vasallık vassalage.
vasat, -tı 1. average; middling, mediocre. 2. average, arithmetic mean. 3. *obs.* center. 4. *obs.* environment.
vasati 1. mean, average, roughly equal to an arithmetic mean. 2. *obs.* central. **—sini almak** /ın/ to find the average of, find the mean of. **— sürat** average speed.
vasektomi *surg.*, *see* **vazektomi.**
vasıf, -sfı 1. quality, attribute. 2. *gram.* adjective.
vasıflandırmak /ı/ to describe, characterize.
vasıflanmak to be described, be characterized.
vasıflı qualified, skilled.
vasıl used in: **— olmak** /a/ to reach, arrive at, come to.
vasıta 1. means. 2. vehicle, means of transportation. 3. implement, instrument. 4. intermediary. **—sıyla** /ın/ by means of.
vasıtalı 1. indirect, involving an intermediary. 2. indirectly, through an intermediary.
vasıtasız 1. direct, not involving an intermediary. 2. directly, not through an intermediary.
vâsi, -ii *obs.* broad, wide.
vasi *law* 1. guardian (of a child/an incompetent person). 2. executor (of an estate).

vasilik guardianship, wardship.
vasistas transom, transom window.
vasiyet, -ti 1. will, testament. 2. last request (of a dying person). **— etmek** /ı/ to request that (something) be carried out after one's death: **Ölümünden sonra kitaplarının bir kütüphaneye verilmesini vasiyet etti.** He requested that upon his death his books be given to a library.
vasiyetname will, testament (in written form).
vaşak zool. lynx.
vaşington 1. navel orange, navel. 2. a kind of watermelon.
vat, -tı elec. watt. **— saat** watt-hour.
vatan one's native country, fatherland, motherland, mother country. **—ı kurtarmak** slang 1. to manage to cope with the situation. 2. to work away as if one's life depended on it (when such work won't actually do much to remedy the situation).
vatandaş citizen; fellow citizen.
vatandaşlık citizenship.
vatani patriotic, pertaining to one's native land. **— görev/vazife** military service.
vatanperver see **vatansever**.
vatanperverlik see **vatanseverlik**.
vatansever 1. (a) patriot. 2. patriotic.
vatanseverlik patriotism; patriotic action.
vatansız stateless.
vatansızlık statelessness.
Vatikan 1. the Vatican. 2. Vatican, of the Vatican.
vatka shoulder padding (in a garment).
vatman motorman, driver of a streetcar.
vatoz zool. 1. ray, skate. 2. rabbitfish. 3. cat shark.
vaveyla shout, shouting (of a group). **—yı koparmak** to begin to shout, raise a shout.
vay 1. Oh! (showing surprise). 2. Oh!/Ouf! (showing pain). 3. Woe be to ...!: **Vay başıma!** Woe is me! **O namussuzu bir yakalarsam, vay haline!** If I ever lay hands on that scoundrel, he'll wish he'd never been born.
vazektomi surg. vasectomy.
vazelin Vaseline.
vazelinlemek /ı/ to apply Vaseline to.
va'zetmek /a/ to preach (to), give a sermon (to).
vazgeçmek /dan/ 1. to renounce one's claim to (something). 2. to give up, abandon (a habit/a viewpoint). 3. to decide not to (do something), give up the idea of (doing something).
vazıh obs. manifest, clear, easily understood.
vazife 1. duty, responsibility. 2. homework. 3. job, employment. **—aşkı** love of one's job. **—si mi?** colloq. But what's it to him?/He couldn't care less! **—sinden olmak** to be dismissed from one's job.
vazifelendirilmek to be charged with a duty; /la/ to be assigned, charged with, or entrusted with (a duty/a job).

vazifelendirmek /ı/ to charge (someone) with a duty; /ı, la/ to assign/entrust (a duty/a job) to; to charge (someone) with (a duty/a job).
vazifeli 1. charged with a duty/a task. 2. on duty. 3. employed.
vazifeşinas devoted to one's work; conscientious (worker).
vazifeten (going somewhere) on business; (doing something) as part of one's job.
vaziyet, -ti 1. condition, state. 2. situation, circumstances, plight. 3. position. **— almak** mil. to stand at attention.
vazo vase.
v.b. (abbr. for **ve başkaları** or **ve benzeri**) etc. (et cetera).
ve and. **— başkaları/benzeri** et cetera; and so forth, and so on.
veba path. 1. plague, pestilence; bubonic plague. 2. any plague, any fatal and contagious disease.
vebal, -li (evil) consequences (of an evil action). **—i boynuna!** On his/her/your head be it!/The responsibility is his/hers/yours! **—ini çekmek** /ın/ to suffer the consequences (of an evil action).
vebalı stricken with plague; infested with plague.
vecibe obs. duty, obligation.
vecih, -chi obs. 1. face. 2. way, manner: **bu veçhile** thus, in this way. **hiçbir veçhile** in no way. **her veçhile** in every way. 3. as: **yukarıda anlattığım veçhile** as I explained above.
vecit, -cdi ecstasy; rapture. **—e gelmek** to become ecstatic/rapturous.
veciz short and to the point; pithy, meaty.
vecize pithy saying, epigram, aphorism.
veçhe obs. 1. side, aspect. 2. way, course, direction.
veda, -aı farewell, good-bye. **— etmek** /a/ to say farewell (to), say good-bye (to). **—a gitmek** /a/ to go to say farewell to, go to say good-bye to. **— partisi** farewell party, farewell.
vedalaşmak to say farewell to each other, say good-bye to each other.
vedet, -ti star, leading man; leading lady; performer who gets top billing.
vefa 1. fidelity, loyalty, faithfulness. 2. being true to one's word. **— etmek** (for one's life) to last long enough (for one to be able to do a specified thing).
vefakâr see **vefalı**.
vefalı faithful, loyal.
vefasız unfaithful, disloyal.
vefasızlık unfaithfulness, disloyalty.
vefat, -tı death, decease, passing. **— etmek** to die, pass away.
vehim, -hmi obs. groundless fear.
vehmetmek /ı/ obs. to imagine (something bad) groundlessly.
vejetalin vegetable butter.
vejetaryen 1. (a) vegetarian. 2. vegetarian.

vejetaryenlik vegetarianism.
vejetasyon vegetation.
vekâlet, -ti 1. proxy; power of attorney; power to act for or represent another. 2. *formerly* ministry (in a government). **— emrine alınmak** *obs.* (for a government official) to be temporarily removed from his position. **— etmek** /a/ to represent (someone); to act as (someone's) proxy. **— ücreti** fee paid to one's lawyer. **— vermek** /a/ to give (someone) the power to act in one's stead.
vekâleten as (someone's) representative/deputy, by proxy.
vekâletname power of attorney (in written form).
vekil 1. agent; representative; deputy; attorney; proxy. 2. *formerly* minister (of state), cabinet member.
vekilharç majordomo, butler.
vekillik 1. proxy; power of attorney; power to act for or represent another. 2. *formerly* ministry, ministership.
vektör *math.* vector.
veladet, -ti *obs.* birth.
velayet, -ti 1. *law* guardianship, wardship. 2. the qualities possessed by a holy man, sainthood.
velense a thick woolen blanket covered with a long nap on one side.
velespit, -ti *obs.* velocipede, bicycle.
velet *colloq.* kid, brat, child. **—i zina** *obs.* illegitimate child, bastard.
velev 1. even if .... 2. (It doesn't matter) whether it's (one) or whether it's (the other): **Velev ben velev sen, fark etmez.** It doesn't matter whether it's me or whether it's you. **— ki** even if ...: **Böyle birisini, velev ki dünya güzeli olsun, evime sokmam!** I won't allow such a person in my house, even if she's the most beautiful creature on earth!
velhasıl in short.
velhasılıkelam *see* **velhasıl.**
veli 1. guardian (of a child). 2. man close to God, holy man, wali, saint.
veliaht heir apparent (to a throne).
veliahtlık heir apparency.
velilik 1. guardianship, wardship. 2. being a holy man, sainthood.
velinimet, -ti benefactor, patron.
velodrom velodrome; open-air bicycle track.
velur 1. velvet, velure. 2. velvet, velure, made of velure.
velut *obs.* 1. fecund, fertile. 2. productive, prolific.
velvele outcry, clamor, hubbub. **—ye vermek** /ı/ *colloq.* to set (a place) in an uproar, cause pandemonium to break loose in (a place).
velveleci clamorous, noisy.
vendetta vendetta.
venedikmozaiği, -ni terrazzo.

venedikstoru, -nu Venetian blind.
veneryen *path.* venereal.
Venezuela 1. Venezuela. 2. Venezuelan, Venezuela, of Venezuela.
Venezuelalı 1. (a) Venezuelan. 2. Venezuelan (person).
Venüs *astr.* Venus.
veranda 1. veranda, porch. 2. sun porch, sun parlor, solarium.
veraset, -ti 1. inheritance. 2. *biol.* heredity, hereditary transmission.
verdi rate of flow, intensity of flow (of water/electricity).
verdirmek /ı, a/ to have (someone) give (something).
vere *hist.* surrender (of a fortified place).
verecek debt, money owed, debit.
verecekli 1. debtor. 2. /a/ (someone) who owes money to.
verek *slang* passive male homosexual, queen.
verem *path.* 1. tuberculosis, TB. 2. tubercular, tuberculous. **— olmak** to get tuberculosis, get TB.
veremli tubercular, tuberculous.
veresiye 1. (buying something) on credit. 2. haphazardly. 3. (doing something) partially, halfway, by halves.
verev tailor. 1. bias, diagonal; cut/folded on the bias. 2. (cutting/folding cloth) on the bias.
vergi 1. tax. 2. /a/ something with which (a person) is naturally endowed: **Bu kabiliyet sana vergi bir şey.** This is an ability with which you've been naturally endowed. 3. charitable contribution/gift. 4. *prov.* wedding present. **— beyannamesi** tax return, tax statement. **— kaçakçılığı** tax evasion. **—den muaf** tax-exempt, tax-free. **— mükellefi** taxpayer. **—ye tabi** subject to taxation, taxable. **— tahakkuku** assessment of taxes.
vergici 1. tax collector. 2. official who works in a tax office.
vergicilik the work of a tax collector.
vergilemek /ı/ to tax.
vergilendirilmek to be taxed.
vergilendirmek /ı/ to tax.
vergili 1. subject to taxation, taxable. 2. (price) which has the tax added to it. 3. generous, munificent.
vergisiz 1. not subject to taxation; tax-free. 2. (price) which does not have the tax added to it.
veri datum. **— bankası** *comp.* data base. **— iletimi** *comp.* data transmission. **— işlem merkezi** *comp.* data processing center. **— merkezi** *comp.* data center. **— tabanı** *comp.* data base.
verici 1. transmitter. 2. *med.* donor.
verile 1. Let it be paid! 2. order for payment. **— emri** order for payment.
verilmek /a/ to be given (to).

verim yield, output, production.
verimli productive; fruitful.
verimlilik productivity; fruitfulness.
verimsiz unproductive; unfruitful.
verimsizlik unproductiveness, lack of productivity.
veriştirmek *colloq.* 1. /a/ to give (someone) a dressing down. 2. /ı/ to talk at length in (a certain way): **Pohpohlamaları veriştirdi.** He poured on the flattery.
verkaç, -çı *soccer* a player's kicking the ball and then quickly running, passing and running.
vermek, -ir 1. /ı, a/ to give (something) to. 2. /ı, a/ to hand (something) to. 3. /ı, a/ to bequeath/leave (something) to. 4. /ı, a/ to attribute (something) to (someone's state of mind). 5. /ı, a/ to turn (something) toward (something). 6. /ı, a/ to give (a daughter) in marriage (to). 7. /ı, a/ to give (oneself) over to (doing something deleterious). 8. /ı, a/ to abandon (oneself) to, give (oneself) over to (a pursuit). 9. /ı, a/ to lean (something) against (something). 10. /ı/ to give birth to. 11. /ı/ to produce, yield. 12. /ı/ to hold (a party/a banquet); to give (a concert). 13. *When suffixed to another verb it can indicate rapid or sudden action:* **Şeniz orada temizlik yaparken o koca kütüphane tam üzerine yuvarlanıvermesin mi?** Here's an incredible piece of news: while Şeniz was busy cleaning, that huge set of bookshelves suddenly toppled right on top of her! 14. *When suffixed to another verb it can indicate a polite request:* **Oğlum bana bir çay getiriver!** Bring me a glass of tea, there's a good lad! **Ver elini ....** *colloq.* So then I went to ..../And then I'll go to ...: **Ankara'ya gideceğim, orada üç gün kaldıktan sonra ver elini Kayseri!** I'll go to Ankara; then three days later I'll head for Kayseri. **Vermeyince Mabut, ne yapsın Mahmut?** *proverb* If God doesn't grant you prosperity and skill, what can you do? **Verip (de) pişman olmaktan, vermeyip (de) düşman olmak yeğdir.** *proverb* It is better to refuse to give someone something and make an enemy of him than to be generous and regret it later. **verip veriştirmek** /a/ *colloq.* to give (someone) a good dressing down, give (someone) down the country.
vermut, -tu vermouth.
vernik varnish.
verniklemek /ı/ to varnish.
verniye vernier scale, vernier.
versiyon version.
veryansın *used in:* — **etmek** to give someone/something down the country, launch a vicious, no-holds-barred, verbal attack.
vesaire et cetera; and so forth, and so on.
vesait, -ti *obs.* 1. means of transportation, vehicles. 2. means.

vesayet, -ti *law* guardianship, wardship.
vesika 1. document, certificate. 2. ration card.
vesikalı 1. (action) which is carried out only if the person desiring it can produce the appropriate certificate. 2. licensed (prostitute).
vesikalık suitable for a document/a certificate.
vesile 1. means, cause: **bu vesileyle** thus/as a result of this. 2. opportunity; pretext.
vesselam And that's that! *(said to emphasize the finality of a statement).*
vestern Western movie, Western.
vestibül vestibule.
vestiyer checkroom, *Brit.* cloakroom.
vestiyerci checkroom attendant.
vesvese apprehension, misgiving.
vesveseli apprehensive; full of misgivings.
veteriner veterinarian, vet.
veterinerlik 1. veterinary medicine. 2. being a veterinarian.
vetire *obs.* process.
veto veto. — **etmek** /ı/ to veto. — **hakkı** veto power, veto, the power of veto, the right of veto.
veya or.
veyahut or.
vezin, -zni *poet.* meter.
vezinli *poet.* metrical, characterized by meter.
vezinsiz *poet.* (verse) which lacks meter.
vezir 1. vizier. 2. *chess* queen.
veziriazam grand vizier.
vezirlik vizierate, viziership.
vezirparmağı, -nı a sweet, finger-shaped pastry.
vezne cashier's office; cashier's window, teller's window.
vezneci cashier; teller.
veznedar 1. cashier; teller. 2. treasurer (of a firm, committee, etc.).
veznedarlık 1. work or rank of a cashier/a teller. 2. treasurership, office of treasurer; work of a treasurer. 3. cashier's office; cashier's window, teller's window.
vıcık *colloq.* gooey, sticky. — **vıcık etmek** /ı/ to make (something) sticky/gooey.
vıcıklamak /ı/ *colloq.* to make (something) into a goo, make a gaum of (something).
vıcırdamak *prov.* (for a small bird, e.g. a sparrow) to chirp.
vıdı vıdı *colloq.* 1. wearisome, unending chatter; yakking. 2. beefing, grousing, bellyaching. — **etmek** 1. to yak. 2. to beef, grouse, bellyache, gripe.
vınlamak to buzz, whiz, whir.
vıraklamak (for a frog) to croak.
vırıldamak *colloq.* to mutter continuously.
vırıldanmak *colloq., see* **vırıldamak.**
vırıltı *colloq.* 1. yakking, yammering. 2. continuous muttering.
vırlamak *colloq., see* **vırıldamak.**
vır vır *colloq.* grumblingly. — **etmek** to grumble

all the time.
vırvırcı *colloq.* 1. grumbler. 2. (one) who grumbles all the time.
vız buzz; hum. **— diye** with a buzzing/humming sound. **— gelmek** /a/ *colloq.* (for something) not to matter a whit to, not to be of the slightest importance to (someone). **— gelir tırıs gider.** *colloq.* It doesn't matter one bit to me.
vızıldamak 1. to buzz; to hum. 2. *colloq.* to bellyache/complain continuously.
vızıltı 1. buzz; hum. 2. *colloq.* continuous bellyaching.
vızır vızır (working/moving) continually, constantly.
vızlamak to buzz; to hum.
vibrato *mus.* vibrato.
vicahen *obs.* (meeting/talking) face-to-face.
vicahi *obs.* face-to-face, personal, direct.
vicdan conscience. **— azabı** pangs of conscience. **— hürriyeti/özgürlüğü** freedom of conscience. **—ı sızlamak** /ın/ to suffer a pang/twinge of conscience.
vicdanen as far as one's conscience is concerned.
vicdani of conscience, pertaining to one's conscience.
vicdanlı just, fair.
vicdansız 1. unjust, unfair. 2. unscrupulous.
vicdansızlık 1. unjustness, unfairness. 2. unscrupulousness.
vida 1. screw. 2. thread (on a screw, bolt, nut, etc.). **—ları gevşemek** *slang* to be unable to control one's laughter.
vidala calfskin.
vidalamak /ı/ to screw (something) in place.
vidalanmak to be screwed in place.
vidalı 1. screwed. 2. provided with screws. 3. threaded, provided with threads (for screwing). **— kapak** screw cap; cover that screws onto something.
vidanjör 1. pump used to suck the sewage from a septic tank. 2. sewage truck (tank truck equipped with a suction pump, used for removing sewage from septic tanks).
video 1. *TV* video deck; video player; video recorder. 2. video, related to or used in the transmission/reception of a television image.
videoteyp videotape.
Vietnam 1. Vietnam. 2. Vietnamese, Vietnam, of Vietnam.
Vietnamlı 1. (a) Vietnamese. 2. Vietnamese (person).
vigla 1. *naut.* crow's nest. 2. platform where someone who watches a **dalyan** sits.
vikont, -tu viscount.
vikontes viscountess.
vilayet, -ti province, vilayet.
villa expensive detached house set in a garden.
vinç, -çi 1. crane (machine for lifting). 2. winch.

vinil 1. *chem.* vinyl. 2. vinyl plastic, vinyl.
vinter hoop net (for fishing).
vinterize (vegetable oil) which contains no substance that solidifies at 0° Centigrade.
vinyet, -ti vignette.
vira incessantly. **V—!** Keep on! (*said when directing someone operating a crane*). **— etmek** /ı/ to lift (something). **— vira** incessantly, continually.
viraj curve, bend (in a road). **— almak** 1. to go around a curve, take a curve (in a road). 2. *slang* to lie.
viran ruined, in ruins.
virane (a) building in ruins, ruin. **—ye çevirmek** /ı/ to destroy, ruin.
viranelik place containing a ruin or ruins.
virgül comma.
virman *used in:* **— etmek** /ı/ to transfer (money).
virtüöz *mus.* virtuoso.
virtüözlük *mus.* virtuosity.
virüs virus.
visamiral, -li *navy* vice admiral.
viski whisky, whiskey.
viskonsül vice-consul.
viskoz viscose.
viskozite viscosity.
vist, -ti whist (a card game).
vişne sour cherry, morello, amarelle.
vişneçürüğü, -nü 1. purple brown, oxide brown/purple. 2. purple-brown, oxide-brown, oxide-purple.
vitamin vitamin.
vitaminli vitamined, vitaminized; (something) which contains vitamins.
vitaminsiz deficient in vitamins; devoid of vitamins.
vitaminsizlik *path.* avitaminosis.
vites 1. (a) gear (in the transmission of a motor vehicle): **birinci vites** first gear, first, low gear, low. **dördüncü vites** fourth gear, fourth, high gear, high. **geri vites** reverse gear, reverse. 2. *slang* penis, tool. **— büyültmek** to upshift, shift to a higher gear. **— değiştirmek** to shift gears. **— dişlisi** change gear. **— kolu** gearshift, gearshift lever, *Brit.* gear lever; shift stick, *Brit.* gear stick. **— kutusu** transmission, gearbox. **— küçültmek** to downshift, shift to a lower gear.
vitir, -tri *Islam* 1. a supererogatory namaz performed after the **yatsı namazı.** 2. the day before **Kurban Bayramı.**
vitray stained glass.
vitrin 1. shopwindow. 2. showcase, vitrine. 3. china cabinet.
viya *naut.* holding a straight course.
viyadük viaduct.
viyaklamak (for a baby) to cry, wail.
viyak viyak *used in:* **— ağlamak** (for a baby) to cry, wail.

viyola *mus.* viola.
viyolacı violist, viola player.
viyolist, -ti *see* **viyolacı.**
viyolonist, -ti violinist.
viyolonsel *mus.* cello, violoncello.
viyolonselist, -ti cellist, violoncellist.
vizavi vis-à-vis.
vize 1. visa (in a passport). 2. visa (signature/stamp on a document signifying that it has been approved).
vizite 1. visit (made by a physician to a patient), house call. 2. visit (made by a patient to a physician). 3. rounds (made by a physician in a hospital). 4. fee (charged to a patient each time he/she is seen by a physician).
vizon 1. *zool.* mink. 2. mink, fur of the mink. 3. mink, made of mink.
vizyon *used in:* —**a girmek** (for a movie) to begin to play, start to run. —**dan kalkmak** (for a movie) to stop playing, cease running.
vodvil vaudeville.
vokal, -li 1. vocal; voiced. 2. *phonetics* (a) vocalic. 3. *mus.* vocals. — **müzik** vocal music.
volan 1. *mech.* flywheel. 2. steering wheel (of an automobile). 3. flounce, ruffle, volant (on a woman's dress).
vole *soccer, tennis* volley.
voleybol volleyball.
volfram *chem.* 1. wolframite, wolfram. 2. tungsten, wolfram.
voli 1. cast, casting (of a large fishing net). 2. *slang* ill-gotten gain, gravy. — **ağı** cast net, casting net. — **çevirmek** 1. to fish with a cast net. 2. *slang* to pull a trick. — **vurmak** *slang* to make some money by swindling someone.
volkan volcano.
volkanik volcanic.
volt, -tu *elec.* volt.
volta 1. *naut.* one turn of a hawser/a cable around (a cleat, etc.). 2. *naut.* fouling of a cable. 3. *naut.* tacking against the wind. 4. *slang* pacing back and forth; pacing up and down. —**sını almak** *slang* to run away, beat it. — **atmak** *slang* to pace back and forth; to pace up and down. — **etmek** 1. /ı, a/ *naut.* to wind (a hawser/a cable) around (a cleat, etc.). 2. *naut.* (for a ship) to tack, sail in a zigzag course (against the wind). 3. *slang* to pace back and forth; to pace up and down. — **vurmak** *naut.* (for a ship) to tack, sail in a zigzag course (against the wind).
voltaj *elec.* voltage. —**ı düşük** *slang* not very bright, dim-witted.
voltamper *phys.* volt-ampere.
voltmetre *phys.* voltmeter.
voltölçer *phys., see* **voltmetre.**
vombat, -tı *zool.* wombat.
vonoz *zool.* young mackerel/sardine.

votka vodka.
voyvo *slang* Hey!/Ey! *(said disparagingly).*
voyvoda *hist.* vaivode, voivode.
voyvodalık *hist.* 1. rank or office of a vaivode. 2. area ruled by a vaivode.
v.s. *(abbr. for* **vesaire)** etc. (et cetera).
vual, -li voile (a fabric).
vuku, -uu occurrence, occurring, coming to pass. — **bulmak/—a gelmek** to occur, happen, take place. —**u halinde** in case of; in case (something happens).
vukuat, -tı 1. *obs.* events, incidents. 2. *colloq.* instance of criminal activity, police case, crime.
vukuf *obs.* knowledge, knowing, comprehending.
vukuflu *obs.* well-informed, knowledgeable.
vukufsuz *obs.* uninformed, ignorant.
vukufsuzluk *obs.* lack of information, ignorance.
vulkanizasyon vulcanization.
vulkanize vulcanized. — **etmek** /ı/ to vulcanize.
vurdumduymaz *colloq.* 1. thick-headed, stupid. 2. thick-skinned, callous, insensitive. — **Kör Ayvaz** *colloq.* very insensitive person.
vurdumduymazlık *colloq.* 1. thick-headedness, stupidity. 2. callousness, insensitivity.
vurgu *phonetics* accent, stress.
vurgulamak /ı/ 1. to emphasize, stress, lay stress on. 2. *phonetics* to accent, accentuate, stress.
vurgulu *phonetics* stressed, accented. — **çalgılar** *mus.* percussion instruments.
vurgun 1. /a/ *colloq.* in love with, smitten with, struck on, sweet on. 2. *colloq.* ill-gotten gain, gravy. 3. *colloq.* swindle, instance of swindling. 4. *bot.* struck, blighted, damaged. 5. *path.* the bends, caisson disease, the chokes, the staggers; aeroembolism, air bends. — **vurmak** *colloq.* to pull a deal, make a killing (by swindling someone). — **yemek** *path.* to be crippled by the bends; to die from the bends.
vurguncu *colloq.* 1. profiteer. 2. (someone) who engages in profiteering.
vurgunculuk *colloq.* profiteering.
vurgusuz *phonetics* unaccented, unstressed.
vurma 1. /a/ hitting, striking. 2. /a/ knocking on; tapping on. 3. /ı/ shooting; stabbing. 4. /ı/ killing. 5. /ı/ hitting (a target). 6. /ı/ slamming (something) shut. — **çalgılar** *mus.* percussion instruments.
vurmak, -ur 1. /a/ to hit, strike. 2. /a/ to knock on; to tap on. 3. /ı/ to shoot; to stab. 4. /ı/ to kill. 5. /ı/ to hit (a target). 6. /ı/ to hunt (animals). 7. /ı, a/ to drive (a nail, etc.) into. 8. /ı, a/ to give (someone) (a hypodermic injection): **Doktor, Mahmut'a iğne vurmadı.** The doctor didn't give Mahmut a shot. 9. /ı, a/ to put (one thing) on (another): **Dudu bohçayı sırtına vurdu.** Dudu put the large bundle on her shoulder. **O kola bir yama vuracağım.** I'll put a patch on that sleeve. **Polis, Enver'in elle-**

rine kelepçe vurdu. The policeman handcuffed Enver. Ön kapıya kırmızı boya vurmak istiyor. He wants to paint the front door red. Ağrıyan koluna hardal yakısı vurdu. She put a mustard plaster on her aching arm. 10. /ı, a/ to multiply: Onu ona vurursan yüz eder. If you multiply ten by ten, you get a hundred. 11. /a/ (for light/a shadow/rain/wind) to hit, strike, fall on. 12. /ı/ (for a clock) to strike (the hour). 13. /ı/ slang to steal. 14. /ı/ slang to have, knock back (a drink). 15. /ı/ (for something) to make (someone) sick; /a/ (for something) to make (itself) felt in (a part of one's body). 16. /ı/ (for a shoe) to chafe, blister (one's foot). 17. /a/ colloq. to strike out along, head out along (a road); to head for. 18. /ı, a/ to knock/throw (someone/something) to/on (the ground). 19. /ı/ to slam (something) shut. 20. /ı/ (for something) to damage/blight (a crop). 21. (for one's heart/pulse) to beat. 22. /a/ slang to *screw, have sex with. Vur abalıya! Jump on someone who's weaker than you are! *(said reproachfully).* Vur dedikse öldür demedik ya! colloq. I didn't ask you to go that far! vur deyince öldürmek colloq. (for someone) to tend to carry things to extremes. vur patlasın, çal oynasın colloq. 1. (enjoying oneself) wildly, to the hilt, by whooping it up, by painting the town red, by living it up. 2. living it up, Brit. going on the razzle: Bu tazminat bir elime geçsin, ondan sonra vur patlasın çal oynasın! Once I get my hands on this retirement bonus, I'm going to live it up! vurdukça tozumak colloq. to get more complicated the deeper one gets into it.
vurmalı *mus.* percussion (instrument). — çalgılar *mus.* percussion instruments.
vurtut *colloq.* 1. riot involving the use of weapons. 2. (getting something) by hard bargaining.
vuru 1. beat (of a heart). 2. *mech.* stroke (of a piston, plunger, etc.).
vurucu *used in:* — güç/kuvvet striking power (of an army). — tim team of sharpshooters (used against criminals/terrorists).
vurulmak 1. to be hit, be struck. 2. to be shot; to be stabbed. 3. to be killed. 4. /a/ *colloq.* to fall in love with, be smitten with.
vuruş 1. blow; stroke. 2. way of hitting/striking. 3. *mus.* beat.
vuruşkan belligerent, pugnacious, combative.
vuruşmak 1. (for people) to fight each other, have a fight. 2. *slang* to *screw, have sex.
vuruşturmak 1. /ı/ to cause (people/animals) to fight each other. 2. *slang* to drink together. 3. *slang* to try to fool each other with lies.
vuslat, -tı *obs.* union/reunion (with one's beloved).
vuzuh *obs.* clearness, clarity.
vücut 1. body (of a person/an animal). 2. being, existence. — bulmak to arise, come into being; to appear. —tan düşmek *colloq.* to grow thin; to decline in health. —a gelmek to arise, come into being; to appear. —a getirmek /ı/ to create, produce, bring into being. — ısısı animal heat; body temperature. — kocar, gönül kocamaz. *proverb* One's body grows old, but not one's heart. —unu ortadan kaldırmak /ın/ *colloq.* to kill. — sıcaklığı *see* vücut ısısı. — vermek /a/ to create, produce, bring into being.
vücutlu *colloq.* big and heavy, hulking (person).
vülgarize vulgarized. — etmek /ı/ to vulgarize.

W

W the letter W.

WC WC (water closet).

X

X the letter X. — ışınları X rays.

x *math.* x (an unknown quantity).

Y

Y the letter Y.

ya 1. O ...!/Oh ...! *(used to show strong emotion, especially exasperation)*: **Ya Rabbi!** O Lord!/O my God! **Ya sabır!** God give me patience! **2.** *used to emphasize a rhetorical question*: **Bu curcunada çalışılır mı ya?** Who can possibly work in the midst of this bedlam? **3.** *you know ...*: **"Kimden duydun?" "Hani fizik dersimizde o sarışın dilber var ya, işte o söyledi."** "Who'd you hear it from?" "You know that blonde bombshell who's in our physics class? She told me." **"Ayşe bugün gelmedi." "Hastaymış ya!"** "Ayşe didn't come today." "Now you know we heard she was sick!" **4.** *used to emphasize a statement*: **Kör olası paranı aldın ya, benden daha ne bekliyorsun?** You've gotten your damn money; what more do you want out of me? **Sen beni ne zannediyorsun ya?** Just who do you think I am? **Söyle ya!** Come on and say it! **Alsana ya!** Take some for heaven's sake! **Ya, demek öyle.** So that's the way it is, eh? **Gelseydin ya!** If only you'd come! **5.** *Especially ...!*: **Canan'ın inceliği, iyi kalpliliği, yardımseverliği az kişide var; ya güzelliği!** Few people are as sensitive, good-hearted, and helpful as Canan. And when it comes to looks, she puts them all in the shade! **6.** *What about ...?/How about ...?*: **New York'u haziranda severim. Ya sen?** I like New York in June. How about you? **Sen iyisin be! Ya ben ne yapayım?** You're sitting pretty, but what about me? What do I do? **7.** *And what if ...?*: **Nevra onu getirir diyorsun, ya getirmezse?** You say Nevra will bring it. But what if she doesn't? **8.** Yes./Yep./Yup./You're right./You said it!: **"Hava soğuk." "Ya, öyle."** "The weather's cold." "You're right." **— sabır çekmek** *colloq.* to put up with something (without outwardly complaining); to exercise forbearance.

ya either ... or ...: **Ya sen, ya ben!** It's either you or me! **Papağanımı ya Oya, ya Kaya, ya da Rüya'ya bırakacağım.** I'm going to leave my parrot to either Oya, Kaya, or Rüya. **— bu deveyi gütmeli, ya bu diyardan gitmeli.** *colloq.* Take it or leave it!/Either accept the situation as it is and start working on it, or pack up your traps and clear out! **— devlet başa, ya kuzgun leşe.** *colloq.* When I've/we've/he's/she's/they've finished this job I'll/we'll/he'll/she'll/they'll be one of two things: a shining success or a miserable failure./This job will either make me/us/him/her/them or break me/us/him/her/them.

— herrü, ya merrü. *colloq.* It's a case of do or die.

yaba (wooden) pitchfork.

yabalamak /ı/ to pitchfork, lift/toss (something) with a pitchfork.

yaban 1. the wild, wilderness. **2.** wild, uninhabited and uncultivated. **3.** *prov.* stranger. **— adamı** (a) savage. **—a atmak** /ı/ *colloq.* to disregard; to attach no importance to; to brush aside, shrug off. **—a söylemek** *colloq.* to talk nonsense, talk rot.

yabanarısı, -nı *zool.* **1.** wasp. **2.** hornet.

yabanasması, -nı *bot.* virgin's bower.

yabancı 1. stranger; foreigner, alien. **2.** foreign, alien. **3.** unfamiliar, strange. **— cisimler** *path.* foreign bodies. **— dil** foreign language. **—sı olmak** /ın/ to be unfamiliar with; to know nothing about.

yabancılaşma alienation.

yabancılaşmak to become strangers to each other, become alienated/estranged from each other.

yabancılık 1. being a stranger/a foreigner. **2.** foreignness. **3.** unfamiliarity, strangeness. **— çekmek** to suffer the difficulties of being a stranger/a foreigner.

yabandomuzu, -nu *zool.* wild boar.

yabaneşeği, -ni *zool.* wild ass.

yabangülü, -nü *bot.* dog rose, dogberry.

yabanhavucu, -nu *bot.* parsnip.

yabanıl 1. wild (plant). **2.** wild, untamed, undomesticated (animal). **3.** primitive/savage/wild/uncivilized (person).

yabanıllık wildness.

yabani 1. wild (plant). **2.** wild; untamed, undomesticated (animal). **3.** very shy. **4.** boorish, crude.

yabanileşmek 1. (for a plant) to become wild. **2.** (for an animal) to become feral/wild.

yabanilik 1. wildness. **2.** extreme shyness. **3.** boorishness, crudity.

yabanimarul *bot.* prickly lettuce.

yabaniyasemin *bot.* bittersweet, woody nightshade.

yabankazı, -nı *zool.* wild goose.

yabankedisi, -ni *zool.* (European) wildcat.

yabanlaşmak (for a plant/an animal) to go wild.

yabanlık (garment) which one wears on a dressy occasion.

yabanmersini, -ni *bot.* bilberry.

yabansı strange, peculiar, odd.

yabansılık strangeness, peculiarity, oddness.

yabansımak /ı/ to find (someone/something)

strange, regard (someone/something) as strange.
yâd used in: — **etmek** /ı/ to mention, talk of/about, think of, remember.
yad 1. strange, unfamiliar, foreign. 2. enemy, of an enemy. 3. stranger; foreigner. 4. enemy. — **elde** in a foreign land; away from home. — **eller** unfamiliar/foreign lands.
yaderk heteronomous, under the domination of another.
yaderklik heteronomy.
yadırgamak /ı/ to find (someone/something) very strange/odd.
yadırganmak to be regarded as strange/odd.
yadırgatmak /ı, a/ to cause (someone) to regard (someone/something) as very strange/odd.
yadırgı prov. 1. strange, odd. 2. foreign, unfamiliar, strange.
yadigâr keepsake; souvenir; remembrance.
yadsılı negative, negating (something) that expresses/implies/contains negation.
yadsımacılık negativism.
yadsımak /ı/ to deny; to reject.
yafa Jaffa orange, Jaffa (a cultivar).
yafta label; price tag.
yağ 1. oil; fat; grease; tallow; suet. 2. (cooking) oil; shortening; grease; fat; lard; butter; margarine, oleo, oleomargarine. 3. auto. motor oil; lubricating grease. — **asitleri** chem. fatty acids. — **bağlamak** 1. for oil/fat/grease floating on a surface to congeal. 2. colloq. to get fat. —**a bala batırmak** /ı/ colloq. to wine and dine (someone) lavishly. — **bal olsun.** colloq. I hope you enjoy(ed) it (said to someone eating/drinking). — **basınçölçeri/— basınç manometresi** oil gauge (pressure gauge for oil). — **basmak** 1. /a/ to fill (a container) with fat/grease/butter. 2. colloq. to get fat. — **çekmek** /a/ colloq. to flatter, butter up; to lay it on. — **çubuğu** auto. dipstick. — **gibi gitmek/kaymak** colloq. (for a vehicle) to ride smoothly, have a smooth ride. —**dan kıl çeker gibi** colloq. with the greatest of ease, as easy as taking candy from a baby, as easy as falling off a log, as easy as one-two-three. — **kutusu** mech. crankcase. — **süzgeci** auto. oil filter. — **tulumu** colloq. very fat person, tub of lard. — **yedirmek** /a/ to rub oil into (something), oil.
yağbezi, -ni anat. sebaceous gland.
yağcı 1. seller of oil, butter, etc. 2. renderer of oil, lard, etc. 3. person who lubricates things, lubricator; greaser; oiler. 4. colloq. flatterer. 5. colloq. (someone) who is a flatterer, who butters people up.
yağcılık 1. being a dealer of oil, butter, etc. 2. being a renderer of oil, lard, etc. 3. being a lubricator, lubrication. 4. colloq. flattery, buttering people up. — **etmek** /a/ colloq. to flat-

ter, butter up; to lay it on.
yağdanlık oilcan; lubricator.
yağdırmak /ı, a/ 1. to rain, shower (something) on. 2. to cause (rain, snow, hail, etc.) to fall.
yağdoku anat. adipose tissue, fatty tissue.
yağhane place where oil is made; rendering plant.
yağı prov. enemy.
yağılaşmak prov. 1. to become enemies. 2. to fight with each other; /la/ to fight with.
yağılık prov. enmity.
yağımsı oleaginous, oily; sebaceous, fatty.
yağış 1. fall, falling (of rain, snow, etc.). 2. precipitation; rain.
yağışlı marked by rainfall/snowfall; rainy; showery.
yağışölçer rain gauge, pluviometer.
yağız 1. dark, swarthy (person). 2. dark (horse).
yağlama /ı/ 1. oiling; lubricating, lubrication; greasing. 2. getting (someone/something) oily/greasy. 3. colloq. flattering, flattery, buttering up.
yağlamak /ı/ 1. to oil; to lubricate; to grease. 2. to get (someone/something) oily/greasy. 3. colloq. to flatter, butter up. **yağlayıp ballamak** /ı/ colloq. to describe (something) as being much better than it actually is, paint a glowing picture of, paint (something) in glowing colors.
yağlanmak 1. to be oiled; to be lubricated; to be greased. 2. to get oily/greasy. 3. colloq. to get fat.
yağlatmak /ı, a/ to have (someone) oil/lubricate/grease (something).
yağlayıcı 1. lubricant. 2. lubricator, lubricating device; grease gun; grease cup. 3. lubricative; lubricatory.
yağlı 1. oily, oleaginous; fatty; greasy; tallowy; suety; lardy; buttery. 2. made with oil/fat/grease/tallow/suet/shortening/lard/butter/margarine. 3. colloq. fat; plump; obese. 4. colloq. rich, in the money, well-off, well-fixed. 5. colloq. easy and very profitable. — **ballı olmak** /la/ colloq. to be very friendly with each other, be very pally with each other. — **güreş** greased wrestling (a form of wrestling popular in Turkey). — **kâğıt** a wrapping paper resistant to oil/grease. — **kapı** colloq. rich employer. — **kömür** bituminous coal, fat coal. — **kuyruk** colloq. job from which or person off whom a lot of money can be easily made. — **müşteri** colloq. well-heeled/rich customer.
yağlıboya 1. oil paint. 2. oil, painted with oil paint. **Y—!** Gangway! — **resim** oil painting.
yağlık prov. large napkin/handkerchief.
yağma looting, plundering, sacking, pillaging. — **etmek** /ı/ to loot, plunder, sack, pillage. — **Hasan'ın böreği** colloq. someone/something

yağmacı 750

that everybody exploits. **— yok.** *colloq.* Impossible!/No way!
yağmacı looter, plunderer, sacker, pillager.
yağmacılık looting, plundering, sacking, pillaging.
yağmak /a/ to rain, shower, or fall abundantly (on/upon).
yağmalamak /ı/ to loot, plunder, sack, pillage.
yağmalanmak to be looted, be plundered, be sacked, be pillaged.
yağmur rain. **— boşanmak** for rain suddenly to come bucketing down, to rain cats and dogs. **— damlası** raindrop. **— duası** ritual prayer for rain *(said during a drought)*. **—dan kaçarken doluya tutulmak** *colloq.* to jump out of the frying pan into the fire. **— mevsimi** rainy season. **— olsa kimsenin tarlasına düşmez/yağmaz.** *colloq.* He won't lift a finger to help anybody. **— ormanı** rain forest. **— suyu** rainwater. **— yağarken küpünü doldurmak** *colloq.* to make hay while the sun shines. **— yağmak** to rain. **— yemek** to get wet in the rain.
yağmurca *zool.* chamois.
yağmurkuşağı, -nı rainbow.
yağmurkuşu, -nu *zool.* 1. plover. 2. water rail.
yağmurlama watering (plants) by sprinkling them with water. **— sistemi** sprinkling system.
yağmurlamak 1. to turn into rain; to get rainy. 2. /ı/ to water (plants) by sprinkling them with water, sprinkle.
yağmurlu rainy.
yağmurluk raincoat; slicker; oilskin.
yağmurölçer *see* **yağışölçer.**
yağölçer butyrometer.
yağsız 1. lacking oil/fat/grease/butter; oilless; greaseless; butterless; free of oil/fat/grease; nonfat. 2. lean, fatless (meat). 3. low-fat (food).
yağsızlık 1. lack of oil/fat/grease/butter; being free of oil/fat/grease. 2. leanness (of meat). 3. (a food's) containing little fat.
yağtaşı, -nı oilstone.
yağyakıt, -tı fuel oil.
yahey Hurrah!/Hooray!/Yippee!
yahni stew made with onions and tomatoes.
yahşi *prov.* 1. good; nice. 2. handsome; pretty; beautiful.
yahu 1. See here!/Look here! 2. *used for emphasis:* **Yapma yahu!** Please don't do it! **Ne diyorsun yahu?** What in the devil are you saying?
Yahudi 1. Jew. 2. Jewish. **— züğürtleyince eski defterleri karıştırır.** *proverb* 1. When you're in need of money you try to collect your old debts. 2. When you've come down in the world you like to remember former glories.
yahudibaklası, -nı *bot.* lupine.
Yahudice 1. Hebrew, the Hebrew language. 2. (speaking, writing) in Hebrew, Hebrew. 3. Hebrew (speech, writing); spoken in Hebrew; written in Hebrew.
Yahudilik 1. Jewishness. 2. Judaism.
yahut or.
yak, -kı *zool.* yak.
yaka 1. collar. 2. side (of a stream/a body of water/a street). **—sı açılmadık** *colloq.* unheard-of (curse/obscenity). **—sına asılmak** /ın/ *colloq.* to hound, badger, bedevil, not to leave (someone) in peace. **—dan/—sından atmak** /ı/ *colloq.* to get rid of, get shut of. **—sını bırakmamak** /ın/ *colloq.* not to leave (someone) in peace, to hound, badger, bedevil. **— bir tarafta, paça bir tarafta** *colloq.* very disheveled. **—yı ele vermek** *colloq.* to get caught, be collared. **—dan geçirmek** /ı/ *obs.* to adopt (a child). **— ısırmak** *colloq.* to say "God forbid!" in horror. **—sını kaptırmak** /a/ *colloq.* to let oneself get deeply involved with (someone); to let oneself get deeply entangled in (something). **—yı kurtarmak** /dan/ *colloq.* to manage to escape from; to free oneself from. **— paça** *colloq.* by main force. **— paça etmek** /ı/ *colloq.* to remove (someone) by main force; to throw (someone) out (by main force). **—yı sıyırmak** /dan/ *colloq., see* **yakayı kurtarmak.** **— silkmek** /dan/ *colloq.* to get fed up with (someone). **—sına yapışmak** /ın/ *colloq., see* **yakasına asılmak.**
yakacak fuel (for heating).
yakalamak /ı/ 1. to catch; to collar, nab; to seize, grab, get hold of. 2. to catch (fish, birds, etc.). 3. *colloq.* to spot, detect, notice, see. 4. *colloq.* to regard (someone) as responsible, hold (someone) responsible.
yakalanmak 1. to be caught; to be collared, be nabbed; to be seized. 2. *colloq.* to be spotted, be detected, be seen. 3. /a/ to catch (an illness). 4. /a/ to be caught in (the rain/a storm). 5. *colloq.* to be held responsible.
yakalatmak /ı, a/ to have (someone) catch/collar (someone); to have (someone) seize (something).
yakalı collared; (something) which has a collar.
yakalık 1. (cloth) suitable for making collars. 2. (removable) collar.
yakamoz phosphorescence (in the sea). **— olmak** *slang* to get caught.
yakamozlanmak (for the sea) to phosphoresce intermittently.
yakarı *see* **yakarış.**
yakarış 1. begging, imploring. 2. prayer, entreaty.
yakarmak /a/ to beg, implore, entreat.
yakı (a) plaster; blister; cautery: **reçine yakısı** resin plaster. **cıva yakısı** mercury plaster. **— açmak** to cause an infected area to drain by blistering it. **— vurmak/yapıştırmak** /a/ to treat (an area) with a plaster, plaster; to blister; to cauterize.

yakıcı 1. burning, (something) which produces a burning effect. 2. *chem.* caustic (agent). 3. *colloq.* (voice/song) which kindles an intense feeling of sadness/melancholy in the listener. 4. person who makes and applies plasters/blisters/cauteries.

yakılmak 1. to be lit; to be ignited; to be set on fire. 2. to be burned up, be burned down, be burned. 3. to be scorched, be seared, be burned. 4. (for electric lights) to be turned on, be lit. 5. to be burned, be used as fuel.

yakın 1. /a/ near (to), nearby, close (to), close-by. 2. close, /a/ (friend) who is close to (someone). 3. /a/ very similar (to). 4. nearby place: **Yakınımızda oturuyor.** She lives near us. 5. relative, relation; close friend. —**da/—larda** 1. nearby, close by, close at hand. 2. in the near future, soon. 3. recently. —**dan** at close range. — **akraba** close relative, near relation. — **âmir** *mil.* immediate superior. —**dan bilmek/tanımak** *colloq.* to be closely acquainted with, know (someone) well. — **zamanda** 1. not long ago, recently. 2. soon, in a short time.

yakınçağ the period from 1789 A.D. to the present.

Yakındoğu 1. the Near East. 2. Near Eastern.

yakınlaşmak /a/ 1. to become close/closer (to), become near/nearer (to). 2. to become close to, become a friend of; to become a closer friend of.

yakınlaştırmak /ı/ 1. to cause (things) to become close/closer to each other. 2. to cause (people) to become close/closer friends.

yakınlık 1. nearness, closeness, proximity. 2. closeness; warmth; rapport; sympathy. — **duymak** /a/ to feel close to; to feel a sympathy for, feel sympathetic toward. — **göstermek** /a/ to show concern for; to behave in a friendly way toward, behave warmly toward.

yakınma complaining, complaint.

yakınmak /dan/ to complain (about).

yakınmak /ı, a/ to apply (henna/a plaster/a blister/a cautery) to.

yakınsak *math., phys.* convergent.

yakınsama *math., phys.* convergence.

yakınsamak 1. *math., phys.* to converge. 2. /ı/ to regard (something) as imminent.

yakışık *used in:* — **almak** *colloq.* to be suitable, be appropriate.

yakışıklı handsome, good-looking (man).

yakışıksız unsuitable; unbecoming; inappropriate; improper; unseemly; rude.

yakışıksızlık 1. unsuitability; inappropriateness; impropriety; unseemliness; rudeness. 2. inappropriate/unseemly/rude action/behavior.

yakışmak /a/ 1. to befit; to be appropriate (for/to). 2. (for something) to look good on/in, suit; (for one food) to go well with, taste good with (another).

yakıştırma 1. /ı, a/ making (something) look good on/in or go with. 2. /ı, a/ regarding (something) as suitable for (someone); thinking that (something) befits (someone). 3. taking a fact and making up a story to suit it; embroidering. 4. false, fabricated; embroidered (story).

yakıştırmaca 1. fabrication; piece of embroidery. 2. false, fabricated; embroidered.

yakıştırmak 1. /ı, a/ to make (something) look good on/in; to make (something) go with. 2. /ı, a/ to regard (something) as suitable for (someone); to think that (something) befits (someone). 3. to take a fact and make up a story to suit it; to embroider.

yakıt, -tı fuel (for heating). — **deposu** fuel tank. — **göstergesi** fuel gauge. — **pompası** fuel pump.

yakıtyağ liquid heating fuel.

yakinen for sure, for certain, without a shadow of a doubt.

yaklaşık 1. approximate. 2. approximately.

yaklaşılmak /a/ *impersonal passive* to approach.

yaklaşım approach.

yaklaşmak /a/ 1. to approach, draw near (to); to come close (to). 2. *colloq.* to have sexual intercourse (with), have sex (with).

yaklaştırım approximation.

yaklaştırmak /ı, a/ 1. to draw (one thing) near (another). 2. to approximate (something) to. 3. *colloq.* to allow (someone) to have sexual intercourse with, let (someone) have sex with.

yakmaç burner (a combustion unit).

yakmak /ı/ 1. to light; to ignite; to set fire to, set (something) on fire. 2. to burn (something) up, burn (something) down, burn. 3. to scorch, sear, burn. 4. (for chemicals, sun, wind, etc.) to burn; (for wool) to irritate (one's) skin. 5. to turn on, light (electric lights). 6. to burn, use (something) as fuel. 7. *colloq.* to ruin (someone), cook (someone's) goose. 8. *colloq.* to inflame (someone) with love. 9. *colloq.* to shoot (someone) (with a gun). **yakıp yıkmak** /ı/ to destroy utterly.

yakmak /ı, a/ 1. to apply (a plaster/a blister/a cautery) to. 2. to apply (henna) to. 3. to compose (a folk song).

yakşi *prov., see* **yahşi.**

yaktırmak /ı, a/ 1. to have (someone) light, ignite, set fire to, or set (something) on fire. 2. to have (something) burned up/down, have (something) burned. 3. to have (something) scorched/seared/burned. 4. to have (someone) turn on/light (electric lights).

Yakut, -tu 1. (a) Yakut. 2. Yakut, of the Yakuts.

yakut, -tu (a) ruby.

Yakutça 1. Yakut, the Yakut language. 2. (speaking, writing) in Yakut, Yakut. 3. Yakut (speech, writing); spoken in Yakut; written in Yakut.

yalak 1. drinking trough, watering trough. 2. basin (of a fountain).

yalama 1. /ı/ licking, lick; licking (something) up; lapping (something) up. 2. /ı/ skimming over, passing just above the surface of. 3. worn (by friction). — **olmak** to get worn, get worn down. — **resim** wash drawing.

yalamak /ı/ 1. to lick; to lick (something) up; to lap (something) up. 2. to skim over, pass just above the surface of.

yalan 1. lie, falsehood, untruth, fabrication; fib. 2. false, untrue. — **atmak** colloq., see **yalan söylemek**. —**ını çıkarmak** /ın/ to show (someone) to be a liar, give (someone) the lie, give the lie to (someone). — **çıkmak** to turn out to be untrue. — **dolan** colloq. lies and untruths, pack of lies. — **dünya** colloq. this transitory life. — **kıvırmak** colloq., see **yalan söylemek**. — **makinesi** lie detector. — **söylemek** to lie; to tell lies. —**a şerbetli** colloq. very prone to lying. —**ını tutmak/yakalamak** /ın/ colloq. to catch (someone) in a lie, catch (someone) lying. — **yanlış** colloq. 1. very inaccurate, very erroneous, full of mistakes. 2. very inaccurately, very erroneously. — **tanıklık/şahitlik** law perjury. — **yere yemin etmek** to perjure oneself.

yalancı 1. liar. 2. imitation, artificial, false. — **çıkarmak** /ı/ 1. to prove (someone) a liar. 2. to call (someone) a liar, claim that (someone) is a liar. — **çıkmak** 1. to look like a liar, appear to be a liar. 2. to turn out to be a liar. — **çiçek** artificial flower. — **dünya** colloq. this transitory life. —**nın evi yanmış da kimse inanmamış.** proverb If you cry wolf all the time, nobody will believe you when you're actually telling the truth./Nobody believes anything a habitual liar says. — **inci** artificial pearl. —**nın mumu yatsıya kadar yanar.** proverb It doesn't take long for a lie to come to light. —**sı olmak** /ın/ colloq. to appear to be a liar because one has repeated something untrue that someone else has told one: **Ben Yiğit'in yalancısıyım.** I look like a liar, but I'm not; I just repeated what Yiğit told me. — **pehlivan** colloq. person who pretends to be able to do what he can't, big talker. — **tanık/şahit** law perjurer. — **tanıklık/şahitlik** law perjury. — **taş** imitation jewel.

yalancıayak biol. pseudopodium, pseudopod, pseudopode.

yalancıdolma meatless dolma served cold.

yalancıktan colloq. pretending, simulating (something): **Yalancıktan bayıldı.** She pretended to faint.

yalancılık lying, telling lies.

yalancımermer 1. stucco. 2. stucco, made of stucco.

yalancısafran bot. safflower, false saffron.

yalandan colloq. 1. pretending, simulating (something): **Yalandan ağladılar.** They pretended to cry. 2. (doing something) in a slipshod/hit-or-miss fashion: **Yalandan bir siliver gitsin!** Just give it a few quick swipes and leave it!

yalanlamak /ı/ to declare (something) to be false/untrue, deny, disclaim.

yalanlanmak to be declared to be false/untrue, be denied, be disclaimed.

yalanmak 1. to be licked; to be licked up; to be lapped up. 2. to lick one's lips/chops. 3. (for an animal) to lick its lips/chops.

yalapşap colloq. superficially done, poorly done, done with a lick and a promise.

yalap yalap prov. sparklingly; gleamingly.

yalatmak /ı, a/ to have (someone/an animal) lick (someone/something).

yalayıcı 1. licker. 2. (someone/an animal) who/which licks.

yalaz prov. flame, blaze.

yalaza prov., see **yalaz**.

yalazlamak /ı/ prov. 1. to singe. 2. to flame, hold (something) in a flame.

yalazlanmak prov. 1. to be singed. 2. to be flamed. 3. to flame up, blaze up. 4. to shine, gleam.

yalçın 1. steep. 2. smooth and slippery.

yaldız 1. gilding/silvering (substance used to gild/silver something). 2. colloq. veneer, gloss, gilt, glitter (which conceals a defect): **Aldanma, onun nezaketi sadece yaldız!** Don't be taken in; his politeness is merely a veneer.

yaldızcı 1. gilder; silverer. 2. colloq. person who's good at making a worthless person/thing appear valuable.

yaldızcılık gilding; silvering; the work of a gilder/a silverer.

yaldızlamak /ı/ 1. to gild; to silver. 2. colloq. to make (a worthless person/thing) look valuable, give (a worthless person/thing) a deceptive glitter. 3. colloq. to cuckold.

yaldızlanmak 1. to be gilded; to be silvered. 2. colloq. (for a worthless person/thing) to be made to look valuable, be given a deceptive glitter. 3. colloq. to be cuckolded.

yaldızlatmak 1. /ı, a/ to have (someone) gild/silver (something). 2. /ı, a/ colloq. to have (someone) make (a worthless person/thing) look valuable. 3. /ı/ colloq. to cuckold.

yaldızlı 1. gilt, gilded; silvered. 2. colloq. (worthless person/thing) who/which has been made to look valuable/attractive; honeyed, gilded.

yale Yale lock. — **kilit** see **yale**.

yalelli used in: — **gibi/Arabın** —**si gibi** colloq. long and monotonous, endless and boring.

yalgın prov. mirage.

yalı 1. shore; strand, beach; bank. 2. waterside

house/mansion. — **boyu** 1. shore, beach. 2. *geog.* littoral. — **kazığı gibi** *colloq.* big and tall, tall and strapping (person). — **uşağı** *colloq.* person born and raised by the seaside.

yalıçapkını, -nı *zool.* kingfisher.

yalım 1. flame. 2. blade (of a sword/a knife). 3. steep, rocky cliff.

yalın *prov.* flame.

yalın 1. clean and spare, free of nonessentials and affectations (writing/speech). 2. bare, naked, uncovered. 3. steep. 4. *gram.* simple.

yalınayak barefoot. —, **başı kabak** *colloq.* 1. bareheaded and barefoot. 2. clothed in rags.

yalınkat, -tı 1. *bot.* single, not double (flower). 2. one layer of (something). 3. insubstantial; unsubstantial; flimsy, shoddy, poorly made. 4. simple, uncomplicated, unsophisticated. 5. simple, slow on the uptake.

yalınkılıç with his sword drawn; with their swords drawn.

yalınlaşmak (for speech/writing) to become spare and clean, become free of nonessentials and affectations.

yalıtım insulation, insulating. — **sargısı** friction tape, electric tape.

yalıtkan 1. insulating, nonconductive; insulative. 2. insulator.

yalıtmak /ı/ to insulate.

yalıyar *geol.* cliff (on a seashore).

yalkı *prov.* shine; gleam.

yallah *colloq.* Go!/Get going!: **Haydi yallah!** Now get going!/Come on, let's get going!

yalnayak *colloq.,* see **yalınayak.**

yalnız 1. alone, by oneself. 2. solitary, isolated, lone. 3. lonely, lonesome. 4. only, just. 5. but, however. — **başına** 1. alone, by oneself. 2. single-handed, single-handedly. — **bırakmak** /ı/ to leave (someone) alone, leave (someone) on his/her own.

yalnızca 1. only, just. 2. alone, by oneself.

yalnızlaşmak to become isolated.

yalnızlık 1. solitude, solitariness, isolation, loneness. 2. loneliness, lonesomeness. —, **Allaha mahsustur.** *proverb* God alone exists in solitude (i.e. People are gregarious.).

yalpa *naut.* rolling/lurching (of a ship at sea). — **vurmak** 1. *naut.* (for a ship) to roll/lurch. 2. *colloq.* (for someone) to lurch, stagger.

yalpak *prov.* friendly, companionable.

yalpalamak to sway from side to side, roll; to lurch.

yaltak *colloq.,* see **yaltakçı.**

yaltakçı *colloq.* (someone) who toadies/fawns/lickspittles.

yaltakçılık *colloq.* toadying, fawning, lickspittling.

yaltaklanmak /a/ *colloq.* to toady (to), fawn (on/over), lickspittle.

yaltaklık *colloq.* toadying, fawning, lickspittling.

— **etmek** /a/ to toady (to), fawn (on/over), lickspittle.

yalvaç prophet.

yalvaçlık prophethood; being a prophet.

yalvarı begging, entreaty, imploring, pleading.

yalvarılmak /a/ *impersonal passive* to beg, entreat, implore, plead (with).

yalvarmak /a/ to beg, entreat, implore, plead (with). **yalvar yakar olmak/yalvarıp yakarmak** /a/ to entreat/implore earnestly, beg (with) earnestly.

yalvartmak /ı, a/ to make (one person) entreat/implore (another), make (one person) plead with (another).

yama 1. patching, covering (a hole in a cloth fabric) with a patch. 2. patch (used for covering a hole in a cloth fabric). 3. birthmark, nevus (on a person's face/hands). — **gibi durmak** *colloq.* to stick out like a sore thumb. — **küçük, delik büyük.** *colloq.* The damage is great, and we're woefully unequipped to repair it. — **vurmak** /a/ to put a patch on (something).

yamacı 1. maker or seller of patches. 2. shoe repairman, cobbler.

yamaç 1. side. 2. slope (of a hill); side (of a mountain). — **paraşütü** paragliding.

yamak helper, assistant, apprentice.

yamalak see **yarım yamalak.**

yamalamak /ı/ to patch.

yamalanmak to be patched.

yamalı 1. patched. 2. (face/hand) which has a birthmark on it. — **bohça** *colloq.* motley collection, raggle-taggle group, haphazard and incongruous assortment, ragtag (of people/things).

yamamak 1. /ı/ to patch. 2. /ı, a/ *colloq.* to foist (someone/something) on (someone), palm (someone/something) off on (someone).

yaman 1. frightfully good, amazingly good, extraordinarily good. 2. disastrous, terrible: **O gerçekleşirse halimiz yaman.** If that comes about, we'll be in the soup. 3. frightful, extreme. 4. very clever and capable; very good at getting what he wants. 5. strongly, violently, with great force.

yamanmak 1. (for an article of clothing) to be patched. 2. /a/ *colloq.* to be foisted on, be palmed off on (someone).

yamatmak /ı, a/ to have (someone) patch (something).

yamçı *prov.* a thick, woolen, water-resistant coat.

yampiri *colloq.* 1. bent/leaning to one side, lopsided. 2. (moving) crabwise, sideways like a crab. — **gitmek** to move crabwise, crab.

yamrı yumru *colloq.* 1. gnarled and bent; uneven and lumpy; misshapen. 2. very crooked.

yamrulmak 1. to get gnarled and bent; to get

uneven and lumpy. 2. to get crooked.
yamuk 1. bent/leaning to one side, askew, skew, lopsided. 2. *geom.* trapezoid.
yamuk yumuk *colloq.* very crooked; twisted out of shape.
yamulmak to become bent to one side; to lean to one side.
yamyam 1. (a) cannibal. 2. cannibal; of or characteristic of cannibals; given to cannibalism.
yamyamca cannibalistic, suggestive of cannibalism.
yamyamlık cannibalism.
yamyassı very flat, flat as a pancake.
yamyaş very damp; very moist.
yan 1. (a) side. 2. flank. 3. neighborhood, vicinity, diggings: **O yanlarda oturuyor.** He lives in that area. 4. part (of one's body): **Her yanım ağrıyor.** I ache all over. 5. direction (line/course extending away from a given point). 6. aspect, side (of a matter). 7. with; alongside, alongside of: **Yanına hiç para alma!** Don't take any money with you! **Yanımda çalışıyor.** He works alongside me. 8. in comparison with, alongside of: **Tufan, İrfan'ın yanında bir sıfırdır.** Tufan's nothing compared to İrfan. 9. lateral, side, located at/towards a side. 10. secondary. —**a** /**dan**/ 1. pro, for, in favor of; on the side of: **Ben Hülya'dan yanayım.** I'm for Hülya. 2. as regards, as far as ... is concerned: **Paradan yana iyiyim.** I'm OK as far as money goes. —**dan** sideways, from one side; obliquely; in profile. —**ına almak** /ı/ 1. to take (someone) on, employ (someone) (as one's assistant). 2. to take (someone) in (in order to look after him/her). — **bakış** sideways glance. — **bakmak** /a/ *colloq.* 1. to look askance at, look at (someone/something) disdainfully. 2. to look at (someone/something) hostilely/venomously. — **basmak** *slang* 1. to be deceived, be taken in. 2. not to be straight with someone; to give someone the runaround. —**ı başında** /ın/ right beside, immediately beside, right next to. —**ına bırakmamak** /ı, ın/ *colloq.* not to let (someone) get away with (something), not to let (someone) do (something) without being punished for doing it. (...) —**ından bile geçmemiş.** /ın/ *colloq.* It doesn't have even the slightest connection with .../It doesn't bear even the faintest resemblance to .... — **cebime koy.** *colloq.* I don't believe you./Come on, who do you think you're fooling?/Pull the other leg, it's got bells on it. — **cümle** *gram.*, *see* **yancümle**. —**dan çarklı** 1. side-wheel (steamer). 2. *slang* slow-going, poky (vehicle). 3. *slang* (glass of tea) served with lumps/a lump of sugar in the saucer beside it. 4. *slang* (someone) who walks with one shoulder sloped downward. 5. *slang* (someone) who swings his arms vigorously as he walks. —**a çıkmak** /**dan**/ *colloq.* to support, take the side of, side with (someone). — **çizmek** *colloq.* 1. to try to get out of; to avoid, shirk, evade, dodge. 2. to pay no attention to, ignore. — **etki** side effect. —**dan fırlama** *slang* scoundrel, bastard, SOB. — **gelmek**/— **gelip yatmak** *colloq.* to take one's ease, relax, enjoy oneself (when one should be working). —**dan görünüş** profile. — **gözle** out of the corner of one's eye. — **gözle bakmak** /a/ *colloq.* 1. to look at (someone) out of the corner of one's eye. 2. to look askance at, look at (someone/something) disdainfully. 3. to look at (someone/something) hostilely/venomously. —**ına (kâr) kalmak** *colloq.* to get away with, do (something) without being punished for doing it: **Bu cinayet yanına kalmaz.** You won't get away with this murder. —**ına komamak/koymamak** /ı, ın/ *colloq.*, *see* **yanına bırakmamak**. (...) —**ına salavatla vanılır.** /ın/ *colloq.* You have to walk on eggs around him/her; the smallest thing can make him/her blow his/her stack. (...) —**ına salavatla varılmaz.** /ın/ *colloq.* 1. It's so high/expensive you can't touch it. 2. He/She thinks he's/she's better than everybody else. He/She thinks he's/she's something. 3. You have to walk on eggs around him/her; the smallest thing can make him/her blow his/her stack. —**ı sıra** 1. right along with, right alongside, together with, with: **Yanı sıra avukatını getirdi.** He brought his lawyer along with him. **Viski yanı sıra bira içiyor.** He's drinking beer together with whisky. 2. besides, in addition to, along with: **Büyük bir yazar olmanın yanı sıra ünlü bir müzisyendir.** Besides being a great writer he's also a famous musician. 3. right alongside, right beside: **Yanım sıra onlar oturuyordu.** They were sitting right beside me. — **sokak** side street. — **tutmak** to show partiality to one person/side. — **ürün** by-product. — **yan** sideways. — **yana** side by side. — **yan bakmak** /a/ *colloq.* to look at (someone) malevolently, look daggers at. — **yatmak** to lean to one side.
yanak cheek. —**ından kan damlamak** *colloq.* to be rosy-cheeked and healthy, radiate health. —**ından öpmek** /ı/ to kiss (someone) on the cheek.
yanal lateral.
yanardağ volcano.
yanardöner 1. shot (silk); chatoyant (fabric/gem). 2. *colloq.* capricious; fickle.
yanaşık 1. /a/ drawn up alongside; docked alongside; parked alongside; hitched alongside. 2. drawn up alongside each other.
yanaşılmak /a/ *impersonal passive*, *see* **yanaşmak**.
yanaşlık quay, wharf, landing, pier, dock.
yanaşma 1. /a/ drawing up alongside (a place),

pulling alongside (a place); (a ship's) docking. 2. /a/ drawing near, approaching; sidling up (to). 3. /a/ *colloq.* being willing to agree to; going along with (a plan). 4. /a/ *colloq.* cozying up to, trying to ingratiate oneself with (someone). 5. farmhand, hired laborer (on a farm).

yanaşmak /a/ 1. to draw up alongside, pull alongside (a place); (for a ship) to dock. 2. to draw near, approach; to sidle up (to). 3. *colloq.* to be willing to agree to; to go along with (a plan). 4. *colloq.* to cozy up to, try to ingratiate oneself with (someone).

yanaştırmak /ı, a/ 1. to draw (a vehicle/a mount) up alongside (a place); to dock (a ship) alongside (a place). 2. to cause (someone) to draw near, cause (someone) to approach (someone/something). 3. *colloq.* to cause (someone) to agree to (a plan); to cause (someone) to go along with (a plan). 4. *colloq.* to cause (one person) to cozy up to (another), cause (one person) to ingratiate himself with (another).

yanay 1. profile, vertical section. 2. vertical.

yanbolu *slang* 1. fool, dunderhead. 2. stupid, dunderheaded.

yancümle *gram.* subordinate clause.

yandaş supporter; advocate; follower; adherent; henchman; partisan.

yandaşlık support; advocacy; adherence; partisanship.

yangeçit bypass.

yangı *path.* inflammation (owing to infection), infection.

yangılanmak *path.* to become inflamed, get infected.

yangılı *path.* 1. inflamed, infected. 2. characterized by inflammation, inflammatory.

yangın 1. (a destructive) fire, conflagration. 2. *colloq.* fever. 3. *colloq.* passionate love. 4. *colloq.* madly in love. — **alarmı** fire alarm. — **bombası** fire bomb, incendiary bomb. — **çengeli** fire hook, fireman's hook. — **çıkarmak** to start a (destructive, uncontrollable) fire. —**dan çıkmış gibi** *colloq.* completely destitute, (someone) who has nothing but the shirt on his back. —**a körükle gitmek** *colloq.* to add fuel to the flames, try deliberately to make a bad situation worse. — **kulesi** fire tower. —**dan mal kaçırır gibi** *colloq.* with unnecessary excitement and haste; very hastily and agitatedly. — **merdiveni** fire escape. — **sigortası** fire insurance. — **tuğlası** firebrick. — **var!** Fire! —**a vermek** /ı/ (for an incendiary) to set (something) on fire. — **yerine dönmek** *colloq.* 1. (for a place) to become a madhouse; to turn into a bedlam. 2. (for a place) to be a complete mess, look like a cyclone had hit it.

yangıncı fireman; fire fighter.

yanık 1. burn; scald; burned place, burnt place. 2. blight (on a plant). 3. burned, burnt. 4. lighted, alight, lit, alit. 5. *colloq.* stunted, underdeveloped, (person) whose growth has been arrested. 6. *colloq.* (voice/song) which kindles an intense feeling of sadness/melancholy in the listener. 7. *colloq.* inflamed with love; love-sick. — **kokmak** 1. (for someone) to smell something burning: **Yanık kokuyor.** I smell something burning. 2. to smell burnt, have a burnt smell about it. — **kokusu** burnt smell, smell of burning. — **rüzgâr** wind that subsides quickly. — **tenli** sun-tanned; sunburnt. — **yürekli** *colloq.* (someone) who has suffered a lot, who has undergone a lot of suffering. — **yüzlü** (someone) whose face is sun-tanned/sunburnt.

yanıkçı 1. complainer. 2. complaining, (someone) who complains.

yanılgı mistake, error. — **payı** margin of error.

yanılmak 1. to be mistaken. 2. to make a mistake, err, blunder.

yanılmaz infallible, unfailing.

yanılsama *psych.* illusion.

yanıltı slip, error; inadvertence.

yanıltıcı misleading, (something) which is misleading.

yanıltmaca sophism, piece of specious reasoning.

yanıltmaç tongue twister.

yanıltmak /ı/ to mislead, cause (someone) to make a mistake.

yanıt, -tı answer, reply, response. — **vermek** /a/ to answer, reply (to); to give (someone) an answer/a reply.

yanıtlamak /ı/ to answer, reply (to).

yanıtlanmak to be answered.

yani that is to say, I mean, in other words, i.e., id est; namely, to wit, videlicet, viz., scilicet, scil., sc., ss.

yankesici pickpocket.

yankesicilik picking pockets.

yankı 1. echo. 2. *colloq.* repercussion. — **uyandırmak/yapmak** 1. to echo. 2. *colloq.* to have repercussions.

yankıca *psych.* echolalia.

yankılamak /ı/ to echo.

yankılanmak to echo, resound with echoes.

yankılatmak /ı/ to cause (something) to echo.

Yanki Yankee.

yanlama *see* **yanlamasına.**

yanlamak 1. /ı/ to get by, get around. 2. (for a ship) to roll to one side.

yanlamasına (something's being placed/something's standing) on its side.

yanlı 1. (something) which has (a specified number of) sides: **sekiz yanlı bir ev** an octagonal house. 2. /ın/ supporter of; advocate of; adherent of; partisan of: **Bu yöntemin yanlıları**

yanlış *az.* There are few who advocate this method.
yanlış 1. error, blunder, mistake; misstep. 2. wrong, incorrect, erroneous. 3. wrongly, incorrectly, erroneously: **Beni yanlış anlama!** Don't get me wrong!/Don't misinterpret what I'm saying. **Onu yanlış tanıyorsun.** You've got a wrong impression of her./You don't know her as she really is. **—ını çıkarmak /ın/** to find (someone's) mistake, find where (someone) went wrong. **— çıkmak** to turn out to be wrong; (for a mathematical calculation) to come out wrong. **—ı çıkmak /ın/** (for someone) to turn out to be wrong. **— düşmek** (for someone) to get the wrong number, have the wrong number (after dialing a telephone number). **— hesap Bağdat'tan döner.** *proverb* When you discover that you've made a mistake, you ought always to correct it, no matter what the cost. **— kapı çalmak** *colloq.* to go to the wrong person/place, bark up the wrong tree: **Yanlış kapı çaldın.** You've come to the wrong person. **—ı olmak /ın/** to be mistaken: **Yanlışın var.** You're mistaken. **— yere** by mistake.
yanlışlık error, blunder, mistake.
yanlışlıkla by mistake, mistakenly.
yanmak 1. to burn, be on fire; to burn up, burn down. 2. (for an electrical implement) to burn out. 3. to be burned/scorched/singed; to get a burn/a scald; to get sunburned. 4. to get tanned by the sun. 5. (for a light/an eye of a stove) to be on, be burning; (for electricity) to be on. 6. to have fever, be feverish; **/içinde/** to burn with (fever). 7. to have a burning sensation in (one's eyes, throat, etc.), (for one's eyes, throat, etc.) to burn. 8. *colloq.* to be in a bad predicament, be sunk, be done for, have had it; to get it in the neck; to be in the soup. 9. to expire; to become void. 10. to be out, be eliminated *(used by children when playing certain games)*. 11. **/a/** *colloq.* to feel great sadness (at); to feel bitter regret (for). 12. (for an agricultural crop) to be damaged: **Portakallar dondan yandı.** The orange trees were damaged by the frost. 13. (for a place) to be blazing hot, be hot as blazes. 14. **/la/** *colloq.* to be burning (with an emotion/a feeling). 15. **/için/** *colloq.* to have a burning desire (for something/to do something); to burn (to do something). 16. **/a/** *colloq.* to be inflamed with love for, be madly in love with; to feel a burning (sexual) desire for, have the hots for. **yanıp tutuşmak** *colloq.* 1. **/a** or **için/** to be inflamed with love for, be madly in love with; to feel a burning (sexual) desire for, have the hots for. 2. **/için/** to have a burning desire (for something/to do something); to burn (to do something). 3. **/için/** to burn with regret (because of). **yanıp yakılmak/yakınmak** *colloq.* to pour out one's woes.
yanpiri *colloq., see* **yampiri.**
yansı 1. reflection. 2. *biol.* reflex, reflex act.
yansıca *psych.* echopraxia.
yansılamak 1. (for light) to be reflected. 2. **/ı/** to imitate, mimic.
yansıma 1. reflection. 2. echoing. 3. onomatopoeia.
yansımak 1. (for light) to be reflected. 2. (for sound) to echo.
yansıtaç reflector.
yansıtıcı 1. reflector. 2. reflective, capable of reflecting.
yansıtmak /ı/ 1. to reflect (light). 2. to echo (sound). 3. *colloq.* to show, reflect.
yansız 1. impartial, unbiased. 2. *pol.* neutral. 3. *chem.* neutral, neither acid nor alkaline. 4. *elec.* neutral, neither positive nor negative.
yansızlık 1. impartiality, lack of bias. 2. *pol., chem., elec.* neutrality.
yantutmaz *see* **yansız.**
yantutmazlık *see* **yansızlık.**
yantümce *gram.* subordinate clause.
yapa *slang* mustache, soup-strainer.
yapağı (sheep's) wool shorn in the spring, spring wool.
yapak *prov., see* **yapağı.**
yapay 1. artificial, synthetic, imitation. 2. artificial, affected. **— zekâ** *comp.* artificial intelligence.
yapayalnız all alone, completely alone; all by himself/herself/itself/yourself/ourselves/themselves.
yapaylaşmak to become artificial, become affected, acquire affectations; to behave in an affected manner.
yapaylık 1. artificiality, artificialness. 2. artificiality, affectation, affectedness.
yapı 1. (a) building, edifice, (a) construction, (a) structure. 2. building, construction: **Herkeste bir yapı hevesi başladı.** Everyone was seized with a desire to build. 3. build, structure; constitution; physique; frame. 4. make, origin: **Alman yapısı bir tabanca** a revolver made in Germany/a German-made revolver. 5. make-up, character, personality (of someone). **— gereçleri** building materials, construction materials. **— ustası** master builder; builder.
yapıbilim *bot., zool., ling.* morphology.
yapıcı 1. maker; builder; constructor. 2. constructive; creative; helpful. 3. builder; master builder.
yapıcılık 1. constructiveness. 2. being a builder; the work of a builder.
yapılabilirlik feasibility, practicability.
yapılı 1. (someone/something) who/which possesses (a certain kind of) build: **iri yapılı bir adam** a big-framed man. 2. made of, con-

structed of: **tuğla yapılı** made of brick. 3. (something) which consists of (so many) buildings: **dört yapılı bir okul** a school housed in four buildings.

yapılış 1. construction, the manner in which something has been constructed. 2. construction, fabrication, making, being constructed.

yapılmak 1. to be made. 2. to be done. 3. to be built/constructed/fashioned. 4. to be created/manufactured/produced/prepared. 5. to be repaired/fixed.

yapım 1. construction, building. 2. manufacture, manufacturing, production, making. 3. production (of a film/a television program). 4. *med.* anabolism.

yapımcı 1. builder. 2. manufacturer, producer, maker. 3. producer (of a film/a television program).

yapımcılık 1. being a builder; the work of a builder. 2. being a manufacturer, manufacturing. 3. being a film or television producer, production of films or television programs.

yapımevi, -ni 1. factory, manufactory; plant; mill. 2. manufacturing concern, manufacturing company. 3. *cin.* production company.

yapıncak *see* **kınalıyapıncak.**

yapındırmak *slang* to have one or two drinks, have a snort or two.

yapınmak *prov.* 1. /ı/ to make (something) for oneself. 2. /ı/ to have (something) made for oneself. 3. /a/ to try to (do something about which one as yet knows little or nothing).

yapıntı *phil.* fiction, assumption.

yapıntılı *phil.* fictitious.

yapıntısal *phil., see* **yapıntılı.**

yapısal 1. structural. 2. *med.* constitutional (disease). **— dilbilim** structural linguistics.

yapısalcı 1. (a) structuralist. 2. structuralist, structuralistic.

yapısalcılık structuralism.

yapış /ı/ 1. making; way of making. 2. doing; way of doing. 3. building, constructing, construction, fashioning; way of building/constructing/fashioning. 4. creating; manufacturing; producing, production; preparing; way of creating/manufacturing/producing/preparing. 5. repairing, fixing; way of repairing/fixing.

yapışıcı clinging (vine). **— sap** adventitious rootlet (on a vine/a climbing plant).

yapışık 1. /a/ stuck on/to, adhering to; clinging tightly to; stuck together. 2. *colloq.* boring/importunate, (person) who latches onto someone like a leech. **— ikizler** conjoined twins, Siamese twins.

yapışkan 1. sticky, adhesive, viscid; viscous. 2. *colloq.* boring/importunate (person) who latches onto someone like a leech, clinging, clingy.

yapışkanlık 1. stickiness, adhesiveness, viscidity; viscosity. 2. *colloq.* importunateness, importunacy, clingingness, clinginess.

yapışmak /a/ 1. to stick (to), adhere (to); to cling to. 2. to seize (something) eagerly (and then set to work). 3. *colloq.* (for a very boring/importunate person) to cling to (someone) like a leech, latch onto (someone) like a leech.

yapıştırıcı 1. adhesive, prepared for gluing/adhering. 2. adhesive, adhesive substance.

yapıştırılmak /a/ to be glued/pasted/taped/stuck onto (something); to be adhered to (something).

yapıştırma 1. /ı, a/ gluing/pasting/taping/sticking (one thing) to (another); adhering (one thing) to (another). 2. (something) which has been stuck on with glue; (something) the parts of which have been stuck together with glue.

yapıştırmak /ı, a/ 1. to glue/paste/tape/stick (one thing) onto (another); to adhere (one thing) to (another). 2. *colloq.* to land/deal (someone) (a blow). 3. *colloq.* to say (something) immediately to (someone) (by way of reply).

yapış yapış very sticky.

yapıt, -tı work of art, work, opus.

yapıtaşı, -nı building stone.

yapma 1. /ı/ making. 2. /ı/ doing. 3. /ı/ building, constructing, fashioning. 4. /ı/ creating; manufacturing; producing; preparing. 5. /ı/ repairing, fixing. 6. artificial, imitation, false. 7. affected, feigned, mock. **— bebek** *colloq.* pretty but cold and soulless girl/woman, marble statue, ice princess. **— çiçek** artificial flower. **— uydu** artificial satellite.

yapmacık 1. affected, artificial, feigned, mock. 2. affectation, affectedness, artificiality, pose, show.

yapmacıkçı 1. artist who has a showy, artificial style. 2. affected person.

yapmacıklı showy and artificial; affected.

yapmacıksız free of show/affectation; unaffected, natural.

yapmak 1. /ı/ to make; to build, construct, fashion; to create; to manufacture; to produce; to prepare. 2. /ı/ to do; to busy oneself with (something); to do (something) (as one's regular work/occupation); to carry out, perform; to effect, execute: **Ne yapıyorsun?** What're you doing? **Başka ne yapayım?** What else can I do? **Haldun öğretmenlik yapıyor.** Haldun teaches./Haldun's a teacher. 3. /ı/ to repair, fix (something). 4. /ı/ to cause, bring about (an illness). 5. /ı/ to be *(used with reference to the weather):* **Geçen kış çok kar yaptı.** It snowed a lot last winter. 6. /ı/ to make, acquire (money). 7. /ı/ to produce (offspring). 8. /ı/ (for a vehicle) to do, go, travel at (a spec-

yaprak 758

ified speed). 9. /ı/ to make (someone/something) (reach a certain state): **Bu ilaç beni iyi yaptı.** This medicine made me well. **İstanbul'u İstanbul yapan odur.** That's what makes Istanbul Istanbul./That's what makes Istanbul what it is. **Oğlumu doktor yapmak istiyorum.** I want to make a doctor of my boy. **Orayı muz bahçesi yapmalısınız.** You ought to make that bit (of land) over there into a banana grove. 10. to do, act, behave: **Gelmekle iyi yaptın.** You did well to come. **Fena mı yapmışım yani?** So somebody reckons I've behaved badly, eh? 11. /ı/ to be occupied with (the doing of something): **Stajımı o hastanede yaptım.** I did my internship in that hospital. **Lise öğrenimini Sen Jozef'te yaptı.** He got his high school education at St. Joseph's. 12. /a/ to defecate (in/on); to urinate, wet: **Çocuk yine yatağına yapmış.** The child's wet the bed again. 13. /ı/ to harm, do (someone) harm: **Beni kızdıran kişiyi yaparım!** I don't let anybody who crosses me get off easy!/The person who crosses me is in for it! 14. /ı/ to do, arrange: **Didem, saçını Sanem'e yaptırdı.** Didem had Sanem do her hair. **Birsen, bir daha yatağını yapmadan kahvaltıya gelme ha!** Birsen, don't you let me catch you coming to breakfast again without first making your bed! 15. /ı/ to make/describe (an arc, a curve, a bend, etc.): **Yol orada viraj yapar.** The road makes a bend there. 16. /ı/ slang to do it to, have sex with. **Yapma!** 1. Leave him/her/them alone! 2. Leave it alone!/Stop it!/Cut it out!: **Yapma Eda, kırarsın!** Leave it alone, Eda! You could break it! 3. Oh go on!/Go on! (used to express disbelief): **Yapma! Şaka söylüyorsun!** Go on now; you're kidding me! **yapmadığını bırakmamak/yapmadığı kalmamak** colloq. to do everything in the book to annoy/upset someone: **Yalçın yapmadığını bırakmadı; onun sepetleneceği kesin.** Yalçın's committed every crime in the book; he's sure to be fired. **O gün söylediklerine itiraz ettim; ondan bu yana bana yapmadığı kalmadı.** I objected to what she said that day, and since then she's done everything possible to harass me. **yaptığı hayır ürküttüğü kurbağaya değmemek** colloq. for (someone's) well-meant help to do more harm than good.

yaprak 1. bot. leaf. 2. bot. grape leaf, vine leaf. 3. layer, sheet (of dough/pastry): **Bu baklavada altmış yaprak var.** This baklava contains sixty layers of pastry. 4. page, leaf (of a book, newspaper, notebook, etc.). 5. geol. folium (in a metamorphic rock). 6. obs. panel, section (of a rug/a skirt/a sail). — **aşısı** hort. bud graft, graft made by budding. — **ayası** bot. blade, lamina (of a leaf). — **dolması** dolma (a food made by wrapping a grape/cabbage leaf around a bit of stuffing). — **dökümü** fall, autumn. — **kıpırdamamak** colloq. for the air to be completely still, for there to be no wind at all, for not a leaf to be stirring. — **kurmak** to pickle grape leaves. — **oynamamak** colloq., see **yaprak kıpırdamamak.** — **sapı** bot. petiole, leafstalk. — **sarması** see **yaprak dolması.** — **sigarası** cigar. — **tütün** leaf tobacco, leaf. — **yaprak** 1. multilayered, of many layers. 2. in layers; layer upon layer. — **yay** mech. leaf spring.

yaprakbiti, -ni zool. aphid, plant louse.

yapraklanmak to come into leaf, leaf out, leave out, leaf, leave.

yapraklı 1. (tree/plant) which is in leaf; leafed. 2. (something) which consists of (so many) leaves. 3. geol. foliated (rock).

yapraksız leafless.

yapraktaş geol. foliated rock.

yapsat, -tı constructing and then selling buildings.

yapsatçı person who is in the business of constructing and then selling buildings.

yaptırım 1. /ı, a/ having (someone) make (something). 2. /ı, a/ having (someone) do (something). 3. law sanction.

yaptırmak /ı, a/ 1. to have (someone) make (something). 2. to have (someone) do (something).

yapyalnız see **yapayalnız.**

yâr, -ri 1. beloved, love; lover. 2. friend. 3. helper. **—ü ağyar** obs. friend and foe; friends and foes; everybody, everyone. **—dan mı geçmeli, serden mi?** colloq. I'm being asked to make an impossible choice./I'm faced with an impossible choice. — **olmak** /a/ to help, assist, be a help.

yar sheer cliff, precipice. **—dan atmak** /ı/ colloq. to lead (someone) into a dangerous situation by trickery.

yara 1. wound; open sore, ulcer; laceration; injury. 2. gash, rent, tear. — **açmak** /da/ to make a wound (in). — **bağı** bandage. — **bere** cuts and bruises; wounds and bruises. **—sını deşmek/—sına dokunmak** /ın/ colloq. to touch a sore spot, open up an old wound, bring up a sore topic. — **fitili** med. tent, seton (roll of lint/linen used to keep a wound open). — **işlemek** for a wound to fester and discharge. — **izi** scar from a wound. — **kabuğu** scab, crust (over a wound). — **kapanmak** for a wound to heal. **—sı olan gocunur.** proverb It's the hurt dog that hollers./When a misdeed is being investigated the person who perpetrated it usually displays signs of anxiety. **—ya tuz biber ekmek** colloq. to sprinkle salt on the wound.

Yaradan the Creator, the Maker, God. **—a kurban olayım!** Lordy!/Wow! (used to express great admiration): **Yaradana kurban olayım, o ne bacaklar!** Lordy, what legs! **—a sığınıp** col-

loq. mustering his strength: **Yaradana sığınıp suratına bir Osmanlı tokadı indiriverdi.** He mustered his strength and gave him a whomping cuff on the face.
Yaradancılık deism.
yaradılış 1. nature, natural disposition, temperament. 2. creation, making. **—tan** by nature, naturally.
yarak 1. *vulg.* penis, *cock, *pecker, *dick, tool. 2. *archaic* weapon.
yaralamak /ı/ 1. to wound, injure. 2. to do (someone) an injury, hurt (someone's) feelings.
yaralanmak to be wounded, be injured.
yaralı 1. wounded, injured. 2. (something) which has an open sore/ulcer on it.
yaramak /a/ 1. to be of use to, serve (someone's) purpose; to serve, avail; to be good for. 2. to be good for (someone's) health, be good for (someone), do (someone) good. 3. to befit. **Yarasın.** *colloq.* I hope you enjoy/enjoyed it *(said to a person eating/drinking).*
yaramaz 1. useless, good-for-nothing. 2. naughty; mischievous.
yaramazlaşmak to get naughty; to get mischievous.
yaramazlık naughtiness; mischievousness. **— etmek** to behave naughtily; to do something naughty; to behave mischievously; to get up to some mischief; to do something mischievous.
yâran friends.
yaranmak /a/ to curry favor with, cozy up to.
yarar 1. benefit, profit; advantage. 2. /a/ (someone/something) who/which is useful to (someone); (someone/something) who/which is good for, who/which serves the purpose of. **—ına** /ın/ for the benefit of. **— bulmak/görmek** /da/ to think it beneficial to (do something).
yararcı *phil.* 1. (a) utilitarian. 2. utilitarian, of the utilitarians.
yararcılık *phil.* utilitarianism.
yararlanma /dan/ benefiting from, profiting from, making good use of; utilizing.
yararlanmak /dan/ to benefit from, profit from, make good use of; to utilize.
yararlı useful; worthwhile; advantageous.
yararlık service, usefulness.
yararlılık usefulness; worthwhileness; advantageousness.
yararsız useless, of no use.
yararsızlık uselessness.
yarasa *zool.* bat, flittermouse.
yaraşık used in: **— almak** to be suitable, be fitting. **— almaz** unsuitable, unbecoming.
yaraşıklı suitable, becoming.
yaraşıklık suitability, suitableness, becomingness.
yaraşıksız unsuitable, unbecoming.

yaraşmak /a/ to suit, become.
yaraştırmak 1. /ı, a/ to make (something) look good (on/in); to make (one thing) go with (another). 2. /ı, a/ to deem (something) suitable for (someone); to think that (something) befits (someone). 3. /ı/ to make up, invent (an untruth). 4. /ı, a/ to alter (a fact) to suit (one's) own purposes.
yaratan 1. creator, maker. 2. /ı/ (someone) who creates (something).
yaratı 1. original work, creation. 2. creation, creating.
yaratıcı creative.
yaratıcılık creativity, creativeness.
yaratık creature, living thing.
yaratılış creation, genesis.
yaratılmak to be created.
yaratım 1. creation, creating. 2. creation, created thing.
yaratımcı 1. (a) creationist. 2. creationist, creationistic.
yaratımcılık creationism.
yaratısal creational, creationary.
yaratma /ı/ creating, creation.
yaratmak /ı/ to create.
yarbay *mil.* lieutenant colonel.
yarbaylık *mil.* 1. lieutenant colonelcy. 2. being a lieutenant colonel.
yarda yard (unit for measuring length, it roughly equals ninety-one centimeters).
yardak *obs., see* **yardakçı.**
yardakçı accomplice, henchman (in crime).
yardakçılık complicity. **— etmek** /a/ to aid (someone) (in crime), be (someone's) accomplice/henchman.
yardım help, aid, assistance. **— etmek** /a/ 1. to help, aid, assist. 2. to encourage, foster, abet. **—ına yetişmek** /ın/ *colloq.* to come to (someone's) aid.
yardımcı 1. helper, assistant; aide. 2. assistant to; vice-: **yardımcı konsolos** vice-consul. **başkan yardımcısı** vice-chairman/assistant to the chairman. 3. maid, cleaning woman. 4. auxiliary; supplementary: **yardımcı fiil** auxiliary verb. **yardımcı motor** auxiliary engine.
yardımlaşma helping one another; working together.
yardımlaşmak to help one another; to work together.
yardımsever 1. (someone) who is always ready to lend a helping hand; (someone) who likes to help others; philanthropic. 2. person who is always ready to lend a helping hand; person who likes to help others; (a) philanthropist.
yardımseverlik philanthropy.
yardırmak /ı, a/ to have (someone) split (something).
yaren friend.

yarenlik friendly chat. **— etmek** to have a friendly chat; to chat amiably.
yarga see **yarka**.
yargı 1. idea, opinion. 2. *law* decision (of a court), judgment; verdict (of a jury). 3. adjudication: **yargı yetkisi** the power to adjudicate/adjudicatory power. 4. *log.*, *phil.* judgment.
yargıcı 1. *law* juror. 2. referee. **—lar kurulu** *law* jury.
yargıç *law* judge.
yargıçlık *law* 1. judgeship. 2. being a judge.
yargıevi, -ni courthouse, building in which courts of law are held.
yargılamak /ı/ *law* to try (someone/a case); to hear (a case); to judge, adjudicate (a case).
yargılanmak *law* (for someone/a case) to be tried; (for a case) to be heard; to be judged, be adjudicated.
Yargıtay the Supreme Court.
yarı 1. half of the, half the: **Öğrencilerin yarısı geldi.** Half of the students have come. **gece yarısı** midnight. 2. half of, mid-: **Yarı ömrüm bitti.** Half of my life is over. **Yarı yolda kaldık.** We were left stranded in the middle of our journey. **yarı gece** midnight. **yarı yün yarı polyester bir kazak** a sweater that's half wool and half polyester. 3. *sports* half time, the half. 4. halfway, half, only partially: **yarı açık** half open. **Yarı anladı.** He halfway understood. **yarı pişmiş et** underdone meat. **yarı cahil** semiliterate. **yarı göçebe** seminomadic/seminomad. **yarı resmi** semiofficial. **— belden aşağı** *colloq.* below the waist, from the waist down. **— belden yukarı** *colloq.* above the waist, from the waist up. **—da bırakmak** /ı/ to leave off (doing something) when one has completed only half of it, stop doing (a job) when one is in the middle of it. **— buçuk** *colloq.* 1. piddling, trifling, trivial. 2. poor, sorry, third-rate, two-bit, crummy. **— çekili bayrak** flag flying at half mast. **— fiyatına** at half price, at half the usual price, half-price. **— inme** *path.* hemiplegia. **—da kalmak** to be left half finished, be left half done. **— yarıya** 1. halfway, half. 2. in half, equally, fifty-fifty. **— yolda bırakmak** /ı/ *colloq.* to leave (someone) in the lurch, leave (someone) high and dry.
yarıcı splitter, chopper: **odun yarıcı** woodchopper/woodcutter.
yarıcı sharecropper (who receives one half of the crop in return for his work).
yarıcılık woodchopping, being a woodchopper.
yarıcılık sharecropping, métayage (on a fifty-fifty basis).
yarıçap, -pı *math.* radius.
yarıfinal, -li *sports* semifinal match/round/heat/game, semifinal.
yarıgeçirgen semipermeable.
yarıiletken *phys.*, *elec.* semiconductor.

yarık 1. split, cleft, fissure; slit, chink. 2. *anat.* hiatus. 3. *mining* kerf, undercut. 4. split, cleft, cloven; slit. **— damak** cleft palate.
yarıküre *geog.* hemisphere, semisphere.
yarılamak /ı/ 1. to be halfway through; to complete half of. 2. to be halfway down, go halfway down: **Koridoru yarıladı.** He'd gone halfway down the corridor.
yarılanmak 1. to be half done, be half finished. 2. to be halfway traversed.
yarılmak 1. to be split; to be split in two; to be split down the middle; to be cleaved, be rent; to be slit. 2. to split, split open: **Bu karpuzlar yarıldı.** These watermelons have split open.
yarım 1. (a) half: **İki yarım bir bütün eder.** Two halves make a whole. 2. half of a, half a: **yarım elma** half of an apple/half an apple. **yarım ekmek** half a loaf (of bread). **yarım kilo** half a kilo. 3. half past noon, twelve-thirty. 4. half past midnight, twelve-thirty. 5. incomplete, partial, halfway, unsatisfactory, makeshift: **yarım iş** job that's been poorly done. **yarım oda** poor thing to call a room, unsatisfactory room. 6. *colloq.* physically disabled (person). **—da** at half past twelve, at twelve-thirty; at half past noon; at half past midnight. **— ağız/ağızla** *colloq.* 1. halfhearted; reluctant. 2. halfheartedly; reluctantly. **— başağrısı** migraine affecting one side of the head. **— daire** *math.* half circle, semicircle. **— doğru** *math.* half line, half ray. **— elma, gönül/hatır alma.** *proverb* A very small kindness can be enough to win someone's favor or affection. **— elmanın yarısı o, yarısı bu.** *colloq.* They're as like as two peas in a pod. **— hekim candan eder, yarım hoca dinden eder.** *proverb* If you take the advice of half-ignorant people, you'll suffer for it. **— kalmak** to be left half-finished, be left half-done. **— porsiyon** 1. half portion. 2. *slang* small, pint-sized, shrimpy (person). **— saat** half an hour, a half hour. **— yamalak** *colloq.* poor, sorry, third-rate, two-bit, crummy.
yarımada *geog.* peninsula.
yarımay half-moon.
yarımca *path.* 1. hemiplegia. 2. migraine affecting one side of the head.
yarımgün 1. part time. 2. part-time.
yarımküre hemisphere.
yarımlamak /ı/ 1. to halve. 2. to make (a job) much easier, cut (the work) in half.
yarımlık 1. halfness. 2. *colloq.* being physically disabled, disabled state.
yarımses *mus.* half step, halftone, semitone.
yarımşar a half each, a half apiece: **Çocuklara yarımşar ekmek dağıtıldı.** Each child received a half loaf of bread. **Elmalar yarımşar dağıtıldı.** Everyone got half an apple each.
yarımton *mus.* half step, halftone, semitone.

yarımyuvar hemisphere.
yarın tomorrow. — **öbür gün** *colloq.* soon, in a few days' time.
yarınki, -ni tomorrow's: **Yarınki gazetelerde onu okuruz.** We'll read about it in tomorrow's papers. — **kazdan bugünkü tavuk/yumurta yeğdir.** *proverb* A bird in the hand is worth two in the bush.
yarısaydam semitransparent, translucent.
yarıson *sports* semifinal match/round/heat/game, semifinal.
yarış 1. race, contest of speed. 2. competition, competing, vying. — **alanı** racecourse, racetrack (for horses). — **arabası** race car, racer, *Brit.* racing car. — **atı** racehorse, racer. — **etmek** /la/ to race against (each other). — **otomobili** *see* **yarış arabası.** — **pisti** 1. speedway (for motorized vehicles). 2. track, racetrack (for runners).
yarışçı contester/contender (in a sports event).
yarışlık 1. racecourse, racetrack. 2. speedway.
yarışma contest, competition: **güzellik yarışması** beauty contest.
yarışmacı competitor, contestant, contender.
yarışmak 1. to race; /la/ to race against (each other). 2. to compete, contest, contend, vie.
yarıştırmak 1. /ı/ to have (someone) race, have (someone) participate in a race; /ı, la/ to have (one person) race against (another). 2. /ı/ to have (someone) compete/contest/contend/vie; /ı, la/ to have (one person) compete/contest/contend/vie with (another).
yarıyıl semester.
yarka one-year-old hen.
yarkurul committee, commission.
yarlığamak /ı/ (for God) to forgive, pardon.
yarma 1. /ı/ splitting/cleaving/rending/slitting (something). 2. cut (as a passage cut in a ridge for a roadway). 3. *mil.* breakthrough. 4. *colloq.* big, uncouth person. 5. coarsely ground wheat, barley, etc. 6. coarsely ground (wheat, barley, etc.). 7. split (wood/logs/rails). — **şeftali** freestone peach.
yarmak /ı/ to split; to split (something) in two; to split (something) down the middle; to cleave, rend; to slit.
yarmalamak /ı/ to split (something) lengthwise.
yarpuz *bot.* pennyroyal.
yas mourning. — **tutmak** to mourn, be in mourning.
yasa 1. (a) law. 2. code of laws, law code. — **çıkarmak/koymak** to make laws. — **koyucu** lawmaker, legislator. — **sözcüsü** attorney attached to the **Danıştay.** — **yapmak** *see* **yasa çıkarmak/koymak.**
yasadışı, -nı illegal, unlawful.
yasadışılık illegality, unlawfulness.
yasak 1. prohibition; ban. 2. forbidden, prohibited, off-limits. — **bölge** off-limits area. — **etmek** /ı/ to forbid, prohibit; to ban. — **olmak** to be forbidden, be prohibited; to be banned. — **savmak** *colloq.* 1. (for something) to do in a pinch, just to pass muster, get one by and no more, get you through and no more, just barely to suffice, just to come up to the mark. 2. (for something) to be done merely for the sake of form/etiquette/propriety.
yasakçı prohibitor, prohibiter, forbidder.
yasaklamak /ı/ to forbid, prohibit; to ban; /ı, a/ to forbid (someone) (something); /ı, a/ to forbid (someone) (to do something).
yasaklanmak to be forbidden, be prohibited; to be banned.
yasaklayıcı prohibitive, prohibitory.
yasal 1. legal, of or relating to law. 2. legal, lawful, legitimate, licit.
yasalaşmak to become law.
yasalaştırmak /ı/ to make/cause (something) to become law.
yasalı legal, lawful, legitimate, licit.
yasallaşmak to become legal, become lawful.
yasallaştırmak /ı/ to legalize, make (something) legal.
yasallık legality, lawfulness, legitimacy, legitimateness.
yasama legislation, making laws. — **dokunulmazlığı** legislative immunity. — **kurulu** legislative body. — **meclisi** house, chamber (of a legislature); parliament.
yasamak 1. to legislate, make laws. 2. /ı/ *prov.* to set (something) in order, straighten up.
yasamalı legislative.
yasasız 1. (place) which has no laws. 2. illegal, unlawful, illegitimate, illicit.
yasemin *bot.* jasmine.
Yasin the thirty-sixth sura of the Koran (usually recited either when someone is on the verge of death, after someone has died, or on a **kandil gecesi**).
yaslamak /ı, a/ to lean/prop (one thing) against (another).
yaslanmak /a/ 1. to lean against, prop oneself against (something). 2. (for one thing) to lean on/against (another). 3. to rely on, count on, depend on (someone).
yaslanmak to mourn, be in mourning.
yaslı (someone) who is mourning, who is in mourning.
yassı flat and wide, flat.
yassıkadayıf a small, pancake-shaped pastry soaked in syrup.
yassılanmak *see* **yassılaşmak.**
yassılaşmak to become flat and wide, become flat, flatten, flatten out.
yassılık flatness.
yassılmak 1. to become flat and wide, become

yassıltmak flat, flatten, flatten out. 2. *slang* to get happy.
yassıltmak /ı/ to make (something) flat and wide, flatten, flatten (something) out.
yastık 1. pillow. 2. cushion (of any size): **iğne yastığı** pin cushion. 3. *hort.* seedbed or propagating bed (for plants). 4. *mech.* buffer, cushion. — **kılıfı** pillowcase. — **taşı** *arch.* cushion (the top stone of a pier supporting an arch). — **yüzü** *see* **yastık kılıfı.**
yaş 1. damp; moist. 2. fresh (fruit) (as opposed to *dried*). 3. tears (in a person's eyes): **bir damla yaş** a tear. 4. *slang* bad, rough, tough. 5. *slang* alcohol, liquor, booze. — **akıtmak** *colloq.*, *see* **yaş dökmek.** — **ın arasında kuru da yanar.** *proverb*, *see* **Kurunun yanında yaş da yanar.** — **lara boğulmak** *colloq.* to cry one's eyes out, cry a river. — **dökmek** *colloq.* to shed tears, cry, weep. — **ını içine akıtmak** *colloq.* to cry inwardly, hide one's grief. — **kesen, baş keser.** *proverb* A person who needlessly cuts down trees is a kind of murderer. — **odun** green wood, freshly cut wood. — **tahtaya basmak** *colloq.* to be duped, be swindled, be taken in. — **ın yanında kuru da yanar.** *proverb*, *see* **Kurunun yanında yaş da yanar.** — **yere basmak** *colloq.*, *see* **yaş tahtaya basmak.**
yaş 1. age (of a person): **Kaç yaşındasın?** How old are you? **Şebnem on yedi yaşında.** Şebnem is seventeen years old. 2. age, period, time, stage (of life): **Her yaşın ayrı sorunları var.** Every stage of life presents a person with a different set of problems. — **ını (başını) almak** *colloq.* to be old. — **ına başına bakmadan** *colloq.* (doing something) without stopping to consider whether or not it behooves one's years (said disapprovingly). — **ı benzemesin.** May he not go to such an early grave! (said when comparing someone living to someone who died young). — **günü** birthday. — **haddi** 1. age limit. 2. mandatory retirement age. — **ı ne, başı ne?** *colloq.* He's too young and inexperienced to do this./He's still wet behind the ears. — **yetmiş, iş bitmiş.** 1. *proverb* Once a person has reached seventy, he's no longer able to work very efficiently. 2. He's old and past it./I'm on the shelf (said of/by an old person).
yaşam 1. life; course of existence; state of existence (as a human being). 2. life, lifetime. — **alanı** *psych.* life space. — **biçimi** lifestyle, way of life. — **süresi** life span.
yaşamaca for life, for the duration of someone's life.
yaşamak 1. to live. 2. /da/ to live in, inhabit. 3. /ı/ to have/experience/enjoy (a period of time/spell of weather): **Savaş yıllarını yaşadılar.** They experienced the war years. **Güzel bir sonbahar yaşıyoruz.** We're enjoying a beautiful fall. 4. /la/ to live on (a certain amount of money, food, etc.). 5. to live well, enjoy life; to live in clover, have it made. **Yaşa!** *colloq.* 1. Thanks a lot!/Thanks a million! 2. Hurrah!/Hurray!/Bravo! 3. Well done!/Good for you! **Yaşadık!** *colloq.* We're in clover!/We've got it made!
yaşambilim biology.
yaşambilimci biologist.
yaşambilimsel biological, biologic.
yaşamöyküsel biographical.
yaşamöyküsü, -nü 1. life story, life, biography. 2. brief history of someone's life, curriculum vitae.
yaşamsal vital, of or relating to life.
yaşamsallık vitalness.
yaşanılmak *impersonal passive*, *see* **yaşanmak.**
yaşanmak *impersonal passive* to live.
yaşantı 1. piece of life, slice of life. 2. *colloq.* life; way of living, style of life; course of existence.
yaşarlık being alive.
yaşarmak 1. (for one's eyes) to fill with tears; (for one's eyes) to water. 2. (for a tree) to become sappy: **Ağaçlar yaşarıyor.** The sap's rising in the trees. 3. to become moist/damp.
yaşartmak /ı/ 1. to make (someone's eyes) fill with tears; to make (someone's eyes) water. 2. to cause the sap to rise in (trees). 3. to make (something) moist/damp.
yaşatıcı (measure) designed to keep someone/something alive; /ı/ (measure) designed to keep (someone/something) alive.
yaşatmak /ı/ 1. to keep (someone/something) alive. 2. to make (an event) come alive. 3. to cause/enable (someone) to live (in a certain way).
yaşayış way of living, style of life, life.
yaşdönümü, -nü 1. (anniversary of one's) birthday. 2. *med.* change of life; menopause; climacteric.
yaşıt, -tı 1. person who is the same age as oneself, contemporary. 2. /la/ (someone) who is the same age as (another).
yaşlandırmak /ı/ to cause (someone/something) to grow old, age.
yaşlanmak to grow old, age.
yaşlı full of tears, tearful, teary.
yaşlı old, aged, elderly. — **başlı** *colloq.* elderly.
yaşlık damp; dampness; moistness.
yaşlılık old age.
yaşmak yashmak, yasmak, veil (tulle veil for a woman's face which leaves only the eyes exposed to public view). — **tutmak/tutunmak** to put on a yashmak.
yaşmaklamak /ı/ to put a yashmak on (a woman's) face, veil (a woman's) face with a yashmak.
yaşmaklanmak to wear a yashmak.
yaşmaklı (woman) who is wearing a yashmak,

veiled.
yaşmaksız 1. (woman) who is not wearing a yashmak, unveiled. 2. unveiled, with her face unveiled.
yat, -tı yacht. **— kulübü** yacht club. **— limanı** *naut.* marina, a harbor for yachts.
yatağan yataghan, ataghan.
yatak 1. bed; bedstead. 2. mattress. 3. bed (of a stream/a river/a lake); course, channel (of a stream/a river). 4. seam/bed/vein/lode/placer (of a mineral). 5. den, lair (of animals); place abounding in (game). 6. *colloq.* den, lair (of thieves). 7. *colloq.* receiver of stolen goods, fence; person who harbors a criminal. 8. *mech.* (a) bearing. 9. chamber (of a gun). 10. *hort.* trench into which seedling plants are transplanted. 11. straw-filled container in which eggs/fruits are stored: **yatak limonu** lemon which has been stored in straw. **—a bağlamak** /ı/ (for an illness) to confine (someone) to bed, keep (someone) in bed, make (someone) bedfast. **— çarşafı** bed sheet. **—lar çekmek** /ı/ *colloq.* to feel like hitting the sack immediately (because of fatigue). **—a düşmek** *colloq.* to be bedfast, be laid up (because of illness). **—a girmek** to go to bed. **— liman** large harbor (capable of accommodating a naval fleet). **— odası** bedroom. **— örtüsü** bedspread. **—ını yapmak** /ın/ 1. to make up (someone's) bed, arrange (someone's) bedclothes. 2. to make up a bed for (someone), prepare a bed for (someone). **— yüzü** bedtick, tick.
yatakhane dormitory, dorm.
yataklı 1. furnished with a bed or beds, furnished with (a specified number of) beds. 2. deep (stream/river/lake). 3. *colloq.* sleeping car, sleeper, *Brit.* sleeping carriage. **— vagon** rail. sleeping car, sleeper, *Brit.* sleeping carriage.
yataklık 1. bedstead. 2. (place) which can accommodate (a specified number of) beds. 3. (material) suitable for making mattresses. **— etmek** /a/ *colloq.* to receive and conceal (stolen goods); to harbor (a criminal). **— hasta** person who is so ill he needs to be in bed.
yatalak bedfast, bedridden.
yatay horizontal.
yatçı person who rents out yachts.
yatçılık the business of renting out yachts.
yatı overnight stay: **Gece yatısına buyurun!** You're welcome to spend the night./You're welcome to stay overnight. **—ya beklemek** /ı/ to expect (someone) to stay overnight. **—ya gelmek** to come for an overnight stay; /a/ to make (someone) an overnight visit. **— izni** overnight leave (given a soldier/a boarding student).
yatık 1. (something) which is lying prone/flat:

yatık yaka turndown collar. 2. *prov.* (something) which has deteriorated with disuse. 3. low-lying. 4. *slang* loose, wanton, sexually promiscuous.
yatılı 1. boarding (school/student). 2. boarder, boarding student.
yatılmak *impersonal passive* 1. to lie; to lie down. 2. to go to bed. 3. to spend the night, stay overnight.
yatım *naut.* cant (of a ship's masts).
yatır place where a holy man is buried.
yatırı bank deposit which yields interest.
yatırım 1. investment, investing; depositing. 2. investment, sum invested; deposit.
yatırımcı investor; depositor.
yatırmak 1. /ı/ to put (someone) to bed. 2. /ı/ to bed, bed down, accommodate (an overnight guest). 3. /ı, a/ to put (someone) in (hospital). 4. /ı/ to cause (someone) to lie down. 5. /ı/ to lay (someone/something) flat, lay (someone/something) at full length; to knock (someone) flat. 6. /ı/ to cause (something) to lean to one side; to cause (a ship) to list, list. 7. /ı/ to deposit (money); to pay in (money); to invest (money). 8. /ı, a/ to marinate (a food) (in). 9. /ı/ *slang* to beat (an opponent) (in a game).
yatısız 1. day (school/student). 2. day student.
yatışmak to die down, subside; to calm down.
yatıştırıcı tranquilizing; calming, soothing.
yatıştırmak /ı/ to calm; to soothe; to mollify.
yatkı *archaic* crease, wrinkle.
yatkın 1. /a/ (someone) who is inclined to, who favors. 2. /a/ susceptible to; predisposed to. 3. *prov.* (something) which has deteriorated with disuse. 4. (something) which is leaning to one side; (ship) which is listing.
yatkınlık 1. aptitude, knack, bent. 2. susceptibility; predisposition.
yatmak 1. to go to bed. 2. (for someone) to be in bed, be lying down. 3. to stay in bed; to keep to one's bed; to be bedfast. 4. /a/ to enter, go into (hospital). 5. to lie, lie flat, lie at full length. 6. /da/ to stay in; to remain in, sit in (a place). 7. /a/ to lean to (one side); (for a ship) to list. 8. /a/ *slang* to agree to, accept. 9. *slang* (for something) to be fated not to occur, not to be on: **Bu iş yattı galiba.** It looks like this thing's not on. 10. to be in prison. 11. *slang* to do it, have sex. 12. (for a sports team) to be beaten; (for a team) to suffer a series of defeats, have a bad season. **yatıp kalkıp** *colloq.* continually, always. **yatıp kalkmak** *colloq.* 1. /da/ to sleep, spend one's nights in: **Nerede yatıp kalkıyorsun?** Where are you sleeping at night? 2. /la/ to have sex with, sleep with.
yatsı 1. a time about two hours after sunset. 2. *Islam* the ritual prayer performed two hours

yatuğan

after sunset. **— namazı** *Islam* the ritual prayer performed two hours after sunset.
yatuğan *archaic* any stringed musical instrument which rests horizontally on one's lap when played.
yatuk *archaic, see* **yatuğan**.
yavan 1. tasteless, flavorless, insipid (food). 2. (bread) eaten without anything else, dry. 3. vapid, dull, uninteresting, insipid.
yavanlaşmak to go flat, lose its savor; to become vapid/dull/uninteresting/insipid.
yavanlık 1. tastelessness, flavorlessness, insipidity, insipidness (of food). 2. vapidity, vapidness, dullness, insipidity, insipidness.
yavaş 1. slow. 2. quiet, soft. 3. mild-mannered, gentle. 4. slowly. 5. quietly, softly. 6. gently, lightly. **Y—!** *colloq.* Slow down!/Go slowly!/Take it easy! **—tan almak** /ı/ *colloq.* 1. to do (something) too slowly, work too slowly on (something). 2. to take a gentle line with, adopt a mild manner toward (someone). **— gel/ol!** *colloq.* 1. Don't try to have me on!/Quit pulling my leg! 2. Slow down!/Take it easy! **— tütün** mild tobacco. **— yavaş** 1. slowly. 2. gradually; bit by bit.
yavaşça 1. rather slowly. 2. rather quietly, rather softly. 3. rather gently, rather lightly.
yavaşlamak to slow down.
yavaşlatmak /ı/ to slow, slow (something) down; to slacken; to retard.
yavaşlık 1. slowness. 2. quietness, softness. 3. mildness of manner, gentleness.
yave *obs.* nonsense, bunk, rot.
yaver 1. aide (of a high government official). 2. *mil.* aide-de-camp (of a general). 3. assistant, helper. **— gitmek** *colloq.* to go well.
yaverlik rank, office, or duties of an aide/an aide-de-camp.
yavru 1. young animal: **kedi yavrusu** kitten. **köpek yavrusu** puppy/pup. 2. child. 3. *slang* sexy, good-looking young woman. **—m** darling, dear, honey *(affectionate form of address)*. **— atmak** (for an animal) to abort.
yavruağzı, -nı 1. pinkish orange (the color). 2. pinkish-orange.
yavrucak poor little thing, poor little dear *(said of a child)*.
yavrucuk sweet little thing, sweet little darling *(said of a child)*.
yavrukurt cub scout, cub.
yavrulamak (for an animal) to bring forth young.
yavşak 1. *prov.* newly hatched louse, nit. 2. *colloq.* talkative and overly friendly. 3. *slang* child, kid. 4. *slang* passive male homosexual, fag.
yavşamak *colloq.* to act friendly, be friendly (in order to get something).
yavuklamak /ı/ *prov.* to get (one's son/daughter) engaged to be married.

yavuklanmak *prov.* to get engaged to be married.
yavuklu *prov.* 1. fiancé; fiancée. 2. (someone) who is engaged to be married.
yavuz 1. stern; tough. 2. amazingly clever and capable. 3. gutsy, tough. **— hırsız ev sahibini bastırır.** *proverb* A clever, brazen scoundrel can make others believe that he is completely innocent and that the person he has wronged is guilty.
yavuzluk 1. sternness, toughness. 2. amazing cleverness and capability. 3. guts, toughness.
Yay *astrology* Sagittarius, the Archer.
yay 1. bow (for shooting an arrow). 2. bow (with which a stringed instrument is played). 3. *mech.* spring (e.g. bedspring, watch spring). 4. *math.* arc, curve.
yaya 1. (a) pedestrian. 2. (someone) who goes on foot. 3. (going somewhere) on foot. **— bırakmak** /ı/ *colloq.* to leave (someone) in the lurch. **— geçidi** 1. pedestrian crossing, crosswalk. 2. footwalk (on a bridge). **— kaldırımı** sidewalk, *Brit.* pavement. **— kalmak** *colloq.* to be left in the lurch; to be left sitting high and dry.
yayan 1. (going somewhere) on foot. 2. *colloq.* uninformed, not very knowledgeable (in a particular subject). **— yapıldak** *colloq.* barefooted and traveling on foot.
yayçizer compass, pair of compasses.
yaydırmak /ı, a/ to have (someone) spread (something) out; to have (one thing) spread on (another).
yaygara howl, shouting; hullabaloo, brouhaha (over something relatively unimportant). **—yı basmak/koparmak** *colloq.* to set up a howl (about something relatively unimportant).
yaygaracı (someone) who will set up a howl about something on the slightest provocation.
yaygı 1. something spread out on the ground/floor as a covering; ground cloth. 2. something spread over a piece of furniture as a cover.
yaygın widespread; prevalent. **— eğitim** informal education.
yaygınlaşmak to become widespread; to become prevalent.
yaygınlık being widespread; prevalence.
yayıcı 1. *mech.* diffuser. 2. (something) which diffuses.
yayık 1. wide and shallow. 2. spread out, spread. **— ağızlı** *colloq.* (someone) who drawls his words. **— yayık konuşmak** *colloq.* to speak with a drawl, drawl one's words, drawl.
yayık churn. **— yağı** churned butter.
yayılı spread, spread out.
yayılımcı 1. (an) imperialist. 2. imperialist, imperialistic.
yayılımcılık imperialism.
yayılmacı *anthropology* diffusionist.
yayılmacılık *anthropology* diffusionism.

yayılmak 1. to be spread, be spread out. 2. to spread, become diffused. 3. (for someone) to stretch out or sprawl. 4. to widen, become wider. 5. *prov.* to graze, pasture.
yayım 1. publication (of printed matter). 2. (radio/television) broadcasting. 3. *phys.* emission.
yayımcı publisher (of printed matter).
yayımcılık publishing, the publishing business.
yayımlamak /ı/ 1. to publish. 2. to broadcast (something) (by radio/television).
yayımlanmak 1. to be published. 2. to be broadcast (by radio/television).
yayın 1. publication. 2. broadcast.
yayın *zool.*, *see* **yayınbalığı**.
yayınbalığı, -nı *zool.* sheatfish, sheathfish.
yayındırıcı *phys.* 1. diffuser. 2. diffusive.
yayınevi, -ni publishing house, press.
yayınık *phys.* diffused.
yayınım *phys.*, *see* **yayınma**.
yayınma *phys.* diffusion, being diffused.
yayla 1. mountain pasture (used in the summer). 2. high plateau.
yaylacı 1. (a) transhumant. 2. transhumant, of or related to transhumance.
yaylacılık transhumance.
yaylak mountain pasture.
yaylakıye *hist.* fee paid to the owner of a mountain pasture by the person who grazes his flock there.
yaylamak 1. to spend the summer in the mountains. 2. /ı/ to graze (one's flock) in a mountain pasture.
yaylandırmak /ı/ 1. to make (something) springy. 2. to make (something springy or equipped with springs) move up and down or back and forth.
yaylanmak 1. (for something springy or equipped with springs) to move up and down or back and forth. 2. to spring/bounce (as one moves); to have a spring/a bounce in one's walk. 3. *slang* to go away, beat it, make tracks.
yaylı 1. equipped with a spring or springs, sprung. 2. (stringed musical instrument) played with a bow. 3. spring-carriage, horse carriage mounted on springs.
yaylım 1. spreading. 2. pasture. 3. *slang* bill (showing how much money one owes), damage. — **ateşi** volley, volley fire. — **ateşine tutmak** /ı/ to fire on (people) in volleys; to volley bullets into.
yayma 1. /ı, a/ spreading (one thing) on/over (something else). 2. /ı/ spreading, broadcasting, disseminating (news). 3. /ı/ spreading (disease). 4. /ı/ scattering; spreading. 5. /ı/ *prov.* taking (animals) to pasture. 6. small display of goods for sale (as one spread out by a sidewalk peddler).
yaymacı sidewalk peddler (whose goods are spread out in front of him).
yaymak 1. /ı, a/ to spread (one thing) on/over (something else). 2. /ı/ to spread, broadcast, disseminate (news). 3. /ı/ to spread (disease). 4. /ı/ to scatter; to spread. 5. /ı/ *prov.* to take (animals) to pasture.
yayvan 1. wide and shallow; low and spreading. 2. drawly, drawling (way of speaking). 3. (speaking) with a drawl. — **yayvan** *colloq.* (speaking) with a drawl.
yaz summer, summertime. —**a çıkmak** to reach the summer season. —**ı getirmek** to try to hurry summer *(said jokingly to/of someone who's put on summer clothes before summer has begun).* — **gündönümü** *astr.* the summer solstice. — **kış** summer and winter, all the year round. — **saati** daylight saving time, *Brit.* summer time.
yazar writer; author.
yazarkasa cash register.
yazarlık being a writer/an author.
yazdırıcı *comp.* printer.
yazdırmak /ı, a/ to have (someone) write (something).
yazgı fate, destiny.
yazgıcı 1. (a) fatalist. 2. fatalist, fatalistic.
yazgıcılık fatalism.
yazgısal fatalistic.
yazı 1. writing, act of writing. 2. piece of writing, writing. 3. article (in a newspaper/a magazine). 4. handwriting; calligraphy. 5. alphabet. 6. *colloq.* fate, destiny. —**yı çıkarmak** *see* **yazıyı sökmek**. — **dili** the written language, the literary language. —**ya dökmek** /ı/ to express (something) in writing. —**ya gelmemek** to be something that cannot be adequately explained in writing. — **hocası** teacher of penmanship/calligraphy. — **makinesi** typewriter. — **mı, tura mı?** Heads or tails? —**yı sökmek** to be able to decipher someone's handwriting. — **tahtası** blackboard. — **taşı** slate (used as a surface for writing). — **tura atmak** to toss a coin (in order to determine the outcome of something).
yazı plain; flat expanse of land.
yazıbilim graphology.
yazıbilimci graphologist.
yazıcı 1. copyist, transcriber; scribe; public letter writer; clerk, secretary. 2. *mil.* soldier who acts as a clerk. 3. *cin.* screenwriter, scriptwriter. 4. *comp.* printer. 5. *mech.* recorder, apparatus that records something diagrammatically. — **er** *mil.* soldier who acts as a clerk. — **kadın** *prov.* woman who puts makeup, spangles, and various small pieces of jewelry on a bride's face.
yazıhane 1. office (place of business usually consisting of one room). 2. office desk.

yazık (a) pity, (a) shame: **Gelememen büyük bir yazıktı.** It was a great pity you couldn't come. **Y—!** colloq. What a pity!/What a shame! **— etmek** /a/ 1. to ruin, spoil (something). 2. to do (someone) an injustice. **— olmak** /a/ 1. for it to be a shame that (something) has been ruined, spoiled, or come to naught. 2. for it to be a shame that (someone) has suffered or been badly done. **—lar olsun!** colloq. I wouldn't have expected this from you!/I thought you were above doing such a thing! **— sana!** colloq. 1. I wouldn't have expected this from you!/I thought you were above doing such a thing! 2. What a pity for you!

yazıklanmak /a/ to pity the fact that, regard it as a pity that.

yazılı 1. (something) which has writing on it. 2. written (as opposed to spoken). 3. /a/ enrolled in, registered in; enlisted in. 4. /da/ entered in, recorded in, written in. 5. colloq. fated, decreed by fate, destined to happen. 6. written examination/exam. **— çıkış/çıktı** comp. print-out. **— sınav** written examination/exam.

yazılım comp. software. **— paketi** software package. **— uyumluluğu/uyumu** software compatibility.

yazılmak 1. to be written. 2. /a/ to be enrolled in, be registered in; to be enlisted in; to be signed on.

yazım 1. writing, act of writing. 2. spelling, orthography.

yazın literature.

yazın in summer, during the summer.

yazıncı literary man/woman, man/woman of letters; writer, author; literary critic.

yazınsal literary, of or related to literature.

yazışmak /la/ to correspond, write to each other.

yazıt, -tı inscription (on a building/a monument); epitaph.

yazlamak /da/ to summer, spend the summer, estivate (in a place).

yazlı used in: **— kışlı** summer and winter, all the year round.

yazlık 1. summer home, summer house, summer place. 2. article of summer clothing. 3. summer, suitable for summer, estival. **—ına** for the summer. **—a çıkmak** to go to one's summer home.

yazma 1. writing, act of writing. 2. handwritten manuscript. 3. cloth that has been painted/printed by hand. 4. painting/printing cloth by hand. 5. handwritten, written by hand. 6. hand-painted/hand-printed (cloth). **— yitimi** psych. agraphia.

yazmacı maker or seller of hand-painted/hand-printed cloth.

yazmak 1. /ı/ to write: **Bana yazmayı unutma!** Don't forget to write me! **Ayşe teyzene Kerem'in gelmesi için yazdım.** I've written to your Aunt Ayşe saying that Kerem is to come. 2. /ı/ to enroll, register; to enlist, sign (someone) on. 3. /a/ to write articles for, write for (a newspaper/a magazine). 4. /ı/ prov. to put makeup, spangles, and various small pieces of jewelry on (a bride's) face. **yaz boz tahtası** formerly school slate. **yaz boz tahtasına çevirmek** /ı/ colloq. to confuse (a situation) by repeatedly reversing oneself, muddle (a situation) by repeatedly changing one's mind.

yazman secretary.

yazmanlık secretaryship.

yedek 1. (a) spare; (a) reserve, something held in reserve; (a) standby. 2. towrope; towline. 3. horse taken in tow as a spare. 4. spare; reserve; held as a spare/a reserve; standby. **—inde** with (something) in tow: **At yedeklerinde köye indiler.** They descended to the village with the horse in tow. **— akçe** fin. reserve, money kept in reserve. **—e almak** /ı/ 1. to tow; to take (something) in tow. 2. to take (a horse) in tow as a spare. **—/—te çekmek** /ı/ to tow. **—e çekmek** /ı/ to set (something) aside as a spare/a reserve. **— ip** tow rope. **— kopya** comp. backup copy. **— lastik** spare tire. **— oyuncu** 1. theat. understudy. 2. sports substitute player, (a) reserve. **—parça** spare part. **— subay** mil. reserve officer.

yedekçeker tugboat, tug, towboat.

yedekçi 1. man who has a spare horse in tow. 2. person who tows a boat, tower.

yedeklemek /ı/ 1. to get a spare part for (something). 2. to tow. 3. comp. to back up.

yedekteker spare tire.

yedi seven. **— canlı** colloq. (person/animal) who/which has managed to get through a number of dangerous situations alive. **— düvel** colloq. 1. the Great Powers, the powerful nations of the world. 2. everybody, all creation, all and sundry. **— harika** the Seven Wonders of the World. **— iklim dört bucak** colloq. everywhere. **— kat el/yabancı** colloq. complete stranger, total stranger. **— kubbeli hamam kurmak** colloq. to build castles in the air. **— mahalle** colloq. everybody and his brother. **—sinden yetmişine kadar/—den yetmişe** colloq. (everybody) young and old alike.

yediemin law sequestrator, sequester, depositary, receiver (appointed by a court).

yedigen geom. 1. heptagon. 2. heptagonal.

Yedigir astr. the Big Dipper.

Yedikardeş prov., astr., see **Yedigir**.

yedili 1. (something) which contains seven things/parts. 2. the seven (in a suit of playing cards).

yedinci seventh.

yedirilmek to be fed.

yedirme 1. /ı, a/ getting (someone/an animal)

to eat (something). 2. /ı/ feeding (someone/an animal); /ı, a/ feeding (something) to (someone/an animal). 3. /ı, a/ working (one thing) into (another) (by rubbing or slowly mixing). 4. a packing made of hemp, oil, and lime (placed in the joints of pipes to prevent leakage).

yedirmek 1. /ı, a/ to get (someone/an animal) to eat (something). 2. /ı/ to feed (someone/an animal); /ı, a/ to feed (something) to (someone/an animal). 3. /ı, a/ to work (one thing) into (another) (by rubbing or slowly mixing). 4. /ı, a/ to reconcile (something) with (one's honor, etc.).

yedişer seven each, seven apiece. — **yedişer** in groups of seven; seven at a time.

yediveren 1. everblooming (plant). 2. (plant) that produces fruit continually over a relatively lengthy period.

yedmek /ı/ *prov.* 1. to lead (an animal). 2. to tow.

yegâne sole, single, only.

yeğ better, preferable. — **tutmak** /ı/ to prefer, regard (someone/something) as better.

yeğen nephew; niece.

yeğin 1. harsh, fierce, violent, severe; intense. 2. /a/ superior to, better than.

yeğinleşme 1. becoming severe/violent, harshening; intensifying, becoming intense, intensification. 2. becoming superior.

yeğinleşmek 1. to become severe/violent, harshen, to intensify, become intense. 2. to become superior.

yeğinlik 1. intensity. 2. strength.

yeğlemek /ı/ to prefer; /ı, a/ to prefer (one person/thing) to (another).

yeğlenmek to be preferred.

yeğlik superiority.

yeğni *prov.* 1. light (in weight). 2. frivolous, light-minded, unserious.

yeğnilik *prov.* 1. lightness. 2. frivolousness, light-mindedness, lack of seriousness.

yeğnilmek *prov.* 1. to become light, lighten. 2. to become frivolous/light-minded.

yeğniltmek /ı/ *prov.* 1. to lighten, make (someone/something) lighter. 2. to cause (someone) to become frivolous/light-minded.

yeğnisemek /ı/ *prov.* to take (someone/something) lightly.

yeis, -e'si despair. —**e kapılmak** to despair, give up hope; to be dejected.

yek, -ki one.

yekdiğer *see* **yekdiğeri.**

yekdiğeri, -ni each other, one another.

yeke *naut.* tiller (of a rudder).

yeknesak 1. monotonous. 2. (people/things) who/which are all alike in appearance/nature. 3. monotonously.

yeknesaklık 1. monotony. 2. uniformity, alikeness, sameness.

yekpare 1. built of/formed of/consisting of one piece. 2. in one piece.

yeksan /la/ *obs.* level with, one with: **Onu hak ile yeksan etti.** He leveled it to the ground.

yekten 1. suddenly. 2. at one go, in one go.

yekûn total amount; total; sum. — **çekmek** *colloq.* to finish speaking.

yel 1. wind. 2. *prov.* wind, gas, flatus. 3. *prov.* rheumatic pain. — **alsın!** *colloq.* /ı/ May (what I've just said) not come to pass! — **gibi** *colloq.* very swiftly, like lightning. — **üfürdü, sel götürdü.** *colloq.* It seems to have vanished into thin air *(said of something which has disappeared suddenly/mysteriously).* —**e vermek** /ı/ *colloq.* to waste, throw (something) away. — **yeperek/yepelek, yelken kürek** *colloq.* (going somewhere) flustered and in a hurry.

yeldeğirmeni, -ni windmill.

yeldirme 1. /ı/ *prov.* causing (someone/an animal) to rush/run. 2. /ı/ *prov.* loosing (an animal). 3. a cloak worn by women. 4. a large fishnet made by joining several nets together.

yeldirmek /ı/ *prov.* 1. to cause (someone/an animal) to rush/run. 2. to loose (an animal).

yele mane (of an animal).

yelek 1. vest, *Brit.* waistcoat. 2. *prov.* wing feather, flight feather, quill, pinion (on a bird's wing). 3. feather (of an arrow).

yeleklemek /ı/ to feather (an arrow).

yeleli maned (animal).

yelengeç (tree) whose bark peels off annually.

yelken *naut.* sail, sheet (of a sailing vessel). — **açmak** 1. to hoist sail. 2. to set sail. — **bezi** sailcloth. —**i mayna etmek** to haul down a sail, strike a sail. —**i sarmak** to furl a sail. —**leri suya indirmek** *colloq.* to get down off one's high horse; to draw in one's horns. —**i toplamak** *see* **yelkeni sarmak.**

yelkenci 1. sailmaker. 2. yardman. 3. person who participates in a sailboat/yacht race.

yelkenlemek 1. to set sail. 2. *slang* to leave quickly, make tracks, vamoose.

yelkenli 1. sailing ship; sailboat. 2. equipped with sail/sails.

yelkesen windbreak.

yelkovan 1. minute hand (of a clock/a watch). 2. weathervane; anemoscope. 3. stovepipe cowl that turns with the wind.

yelkovankuşu, -nu *zool.* shearwater.

yelkovar anemoscope.

yellemek /ı/ to fan (someone/a fire).

yellenmek 1. (for someone/a fire) to be fanned. 2. *prov.* to break wind, fart.

yelli 1. windy (place). 2. *prov.* windy, flatulent.

yellim yelalim *colloq.* in great haste.

yelloz *slang* slut, hussy, loose woman.

yelölçer wind gauge, anemometer.

yelpaze fan (held in and moved by the hand); flabellum. **— kuyruk** fantail, fan-shaped tail. **— pencere** fanlight. **— tonoz** arch. fan vault.
yelpazelemek /ı/ to fan.
yelpazelenmek 1. to be fanned. 2. to fan oneself.
yeltek prov. capricious; fickle; inconstant; flighty.
yeltenmek /a/ to try to (do something that is beyond one) (used disparagingly).
yelve zool. greenfinch.
yem 1. (dry) feed (for animals); fodder. 2. bait (used to lure fish, birds, etc.). 3. priming, primer (for a gun). **— dökmek** 1. to put down bait. 2. /a/ colloq. to make (someone) empty promises. **— istemez, su istemez.** colloq. It's something which requires very little effort to maintain./It's something which doesn't give one the least bit of trouble. **— koymak** see **yem dökmek. — olmak** /a/ to be bait for. **— torbası** nosebag, feedbag.
yeme 1. eating. 2. food: **Begüm bugüne kadar yemeden hiç kesilmemişti.** Begüm's never been off her food until now. 3. taste: **Bu eriğin yemesi hoş.** This plum tastes good.
yemek 1. food. 2. meal, repast. 3. dish, particular kind of food. 4. course (of food during a meal). **— borusu** 1. mil. mess call, bugle call for meals. 2. anat. esophagus. **— çıkarmak** /a/ to give (someone) a meal. **— kitabı** cookbook, Brit. cookery book. **— masası** dining table. **— odası** dining room. **— salonu** (large) dining room (in a hotel/a mansion). **— seçmek** to be particular about one's food; to be a picky eater. **— vermek** to give a dinner, have a dinner. **— yemek** to eat.
yemek 1. /ı/ to eat. 2. /ı/ to spend (money); to spend (money) recklessly. 3. /ı/ to corrode, eat. 4. /ı/ (for an insect) to bite, eat (someone) up; (for an insect) to eat (something). 5. /ı/ colloq. to require, use up, consume: **Bu soba çok odun yiyor.** It takes a lot of wood to keep this stove going. 6. /ı/ slang to milk someone for (his money), bleed someone for (his money). 7. /ı/slang to make mincemeat of (someone). 8. /ı/ slang to kill, do (someone) in. 9. /ı/ slang to lay, have sex with. 10. /dan/ slang to get laid by. 11. /ı/ slang to kiss/lick/suck (someone). 12. /ı/ slang to get (a fine/a jail sentence). **yemez** slang person who can't be tricked, fox. **yiyip bitirmek** /ı/ 1. to eat up every bit of (a food). 2. colloq. to spend or spend recklessly every bit of (a sum of money). 3. colloq. to use up every bit of (something). 4. colloq. to drive (someone) to distraction, drive (someone) crazy. 5. colloq. to drain, wear (someone) down, take a lot out of (someone). 6. slang to milk someone for (his money), bleed someone for (his money).

Yeme de yanında yat! slang 1. It's a food which isn't just good; it's finger-licking good! 2. She's not just beautiful; she's a knockout!
yemeden içmeden colloq. (divulging something confidential) without losing any time.
yemeden içmeden kesilmek colloq. to have no appetite, be off one's food. **Ye kürküm ye!** colloq. He wouldn't have given me the time of day if I hadn't been dressed well./She wouldn't have so much as looked at me if I hadn't been wearing this uniform. **Yediği naneye bak!** colloq. Look at how he's put his foot into it this time! **Yemeyenin malını yerler (demine hu çekerler) (üstüne bir bardak su içerler).** proverb Don't be miserly and deny yourself things you can afford, for you can rest assured that what you save up but don't spend will be spent freely and enjoyed to the hilt by whoever gets it after you've died.
yemekhane dining hall; mil. mess hall.
yemekli (place) which serves meals; (excursion/event) for which meals are provided; (party) at which a meal is served. **— vagon** rail. dining car, diner.
yemeklik 1. suitable for use in cooking: **yemeklik zeytinyağı** olive oil which is made especially for use in cooking. 2. set aside for use in cooking. **— almak** to buy groceries.
Yemen 1. the Yemen (the ancient Arabia Felix). 2. Yemen, Yemenite, Yemeni, of Yemen.
yemeni 1. a head scarf made of a loosely woven cotton material. 2. a light, flat-heeled shoe.
yemenici 1. maker or seller of hand-printed head scarves. 2. maker or seller of a light, flat-heeled type of shoe.
Yemenli 1. (a) Yemeni, (a) Yemenite. 2. Yemeni, Yemenite (person).
yemin oath. **—i basmak** colloq. quickly/readily to swear (that ...): **Hiç yapmadım diye yemini bastı.** She quickly swore she'd never done it. **— billah etmek** /a/ colloq. to swear to God (that); to take an oath. **— etmek** 1. /a/ to swear (to do something). 2. to take an oath. **— etsem başım ağrımaz.** colloq. I can say it with a clear conscience. **— ettirmek** /a/ to have (someone) swear an oath, administer an oath to; to swear (someone) in. **— verdirmek** /a/ colloq. to make (someone) swear (to do something). **— vermek** /a/ colloq. to swear (to do something).
yeminli (someone) who has sworn to do something; (someone) who is under oath. **— murakıp** certified public accountant, Brit. chartered accountant. **— mütercim** certified public translator (of documents). **— tercüman** certified interpreter.
yemiş 1. (a) dried fruit. 2. nut. 3. (a) fresh fruit. 4. prov. fig. **— vermek** to bear fruit.

yemişçi 1. producer/seller of nuts and dried fruit. 2. grower/seller of nuts. 3. grower/seller of fresh fruit. 4. *prov.* grower/seller of figs.

yemişçil *zool.* fruit-eating, carpophagous.

yemişlik 1. grove of trees the fruit of which is good for drying. 2. grove of nut trees. 3. grove of fruit trees. 4. *prov.* grove of fig trees. 5. place where (dried/fresh) fruits/nuts are stored. 6. dish for serving dried fruits/nuts.

yemleme 1. /ı/ feeding (an animal) (with dry feed). 2. /ı/ baiting (a hook/a trap); putting bait down in (a place). 3. /ı/ priming (a gun). 4. /ı/ *colloq.* making (someone) an empty promise. 5. priming, primer (for a gun). 6. bait. 7. *colloq.* empty promise.

yemlemek /ı/ 1. to feed (an animal) (with dry feed). 2. to bait (a hook/a trap); to put bait down in (a place). 3. to prime (a gun). 4. *colloq.* to make (someone) an empty promise.

yemlik 1. manger, feed trough, feedbox. 2. nosebag, feedbag. 3. *colloq.* bribe. 4. *slang* person who always loses at gambling. 5. *slang* place where money can be gained in return for little or no work. 6. (a dry foodstuff) which is suitable for use as animal feed.

yemyeşil very green.

yen 1. cuff (of a shirt/a jacket/a coat). 2. sleeve. 3. *bot.* spathe.

yen yen (Japanese monetary unit).

yenge 1. uncle's wife, affinal aunt. 2. sister-in-law, brother's wife. 3. *used when referring informally to one's own wife or to a friend's wife:* **Yenge hanım nasıl?** How's your wife? **Maalesef yengen gelemedi.** Unfortunately my wife couldn't come. 4. *prov.* woman who helps and attends a bride. — **olmak** *slang* 1. to give up hope. 2. to give up.

Yengeç *astrology* Cancer. — **dönencesi** the Tropic of Cancer.

yengeç *zool.* crab. — **gibi** *colloq.* crabwise.

yengen *colloq.* a toasted sandwich made with **sucuk, kaşarpeyniri,** and tomato sauce.

yengi victory.

yeni 1. new; neo-: **yeni Eflatunculuk** Neoplatonism. **yeni klasikçi** neoclassicist. 2. recent. 3. newly; recently. **Y— Ahit** the New Testament (of the Bible). — **baştan** *colloq.* over again from the beginning, again. — **dosttan vefa gelmez.** *proverb* You shouldn't depend too much on a friend whom you've not yet gotten to know well. **Y— Kuruş** New Kuruş (subdivision of **Yeni Türk lirası**). — **sözcük/kelime** neologism, new word. **Y— Türk Lirası** New Turkish Lira (monetary unit of Turkey). —**den yeniye** *colloq.* very recently. — **yıl** new year, New Year.

yeniay *astr.* new moon.

yenibahar allspice.

yenice 1. fairly new. 2. fairly recent.

yeniçağ the historical period which extends from the conquest of Constantinople (1453) up to the French Revolution (1789).

yeniçeri *hist.* 1. the Janissary corps. 2. (a) Janissary.

yeniçerilik *hist.* 1. being a Janissary. 2. the Janissary corps.

yeniden over again from the beginning, again.

Yenidendoğuş the Renaissance.

yenidendoğuş renaissance, rebirth, revival.

Yenidünya the New World (the Western Hemisphere).

yenidünya 1. loquat, Japanese plum. 2. crystal ball (hung from the ceiling as an ornament).

yenidünyaaslanı, -nı *zool.* mountain lion, cougar, puma.

Yeni Gine 1. New Guinea. 2. New Guinean, of New Guinea.

Yeni Gineli 1. (a) New Guinean. 2. New Guinean (person).

yenigümüş nickel silver, German silver.

yenik 1. hole/place that has been eaten by (a moth/a worm/a mouse/acid): **güve yeniği** hole made by a moth (in a piece of cloth). **kurt yeniği** wormhole. 2. partially eaten. 3. eroded.

yenik defeated. — **düşmek** to be defeated.

yenilemek /ı/ 1. to replace (something old) with something new. 2. to replace (an employee who has been with one's firm for a time) with someone new. 3. to renovate, renew, restore. 4. to renew (a contract). 5. to repeat, reiterate.

yenilenmek 1. to be replaced with something new. 2. to be replaced with someone new. 3. to be renovated, be renewed, be restored. 4. (for a contract) to be renewed. 5. to be repeated, be reiterated.

yenileşmek to become like new, acquire a newness/freshness.

yenileştirmek /ı/ to make (something) seem new/fresh.

yeniletmek /ı, a/ 1. to have (someone) replace (something/someone) with something/someone new. 2. to have (someone) renovate (something). 3. to have (someone) renew (a contract). 4. to have (someone) repeat/reiterate (something).

yenilgi defeat. **—ye uğramak** to suffer defeat.

yenilik 1. newness. 2. recentness, recency. 3. renewal; innovation. 4. inexperience, greenness. — **korkusu** *psych.* neophobia. — **yapmak** to make a change.

yenilikçi 1. (person) who favors change. 2. advocate of change.

yenilmek to be eaten. **yenilir yutulur gibi değil** *colloq.* 1. inedible. 2. very expensive, sky-high, exorbitant. 3. (offensive remark) to which one must object vehemently, which can't be taken lying down; (remark) which sticks in

yenilmek

one's craw. 4. (someone) who can't be brought to heel. 5. insufferable, unbearable (person). 6. hideously ugly (person).
yenilmek to be defeated.
yenim corrosion.
yenirce *prov., path.* 1. gangrene. 2. osteoporosis.
yenişememek to be unable to defeat each other.
yeniyetme 1. (an) adolescent. 2. adolescent, (someone) who is passing through adolescence.
yeniyetmelik adolescence.
Yeni Zelanda 1. New Zealand. 2. New Zealand, of New Zealand.
Yeni Zelandalı 1. (a) New Zealander. 2. New Zealand (person).
yenli 1. (shirt/jacket/coat) which has cuffs, cuffed. 2. (garment) which has sleeves, sleeved. 3. *bot.* spathed.
yenmek 1. to be eaten. 2. *impersonal passive* to eat. 3. to become worn/frayed. 4. to become eroded.
yenmek /ı/ to overcome, conquer; to beat.
yepelek *prov.* delicately built (person).
yepyeni brand-new.
yer 1. place; spot; position; location: **Kandilli fevkalade güzel bir yer.** Kandilli is an extraordinarily beautiful place. **Senin yerin burası.** This is your place./This is where you're to be. **Eğlence yeri değil burası; ciddi bir işyeri.** This isn't a place you come to in order to amuse yourself; it's a place where business is transacted in a serious way. **Yerimde olsaydın ne yapardın?** If you'd been in my shoes what would you have done? **Feramuz Paşa'nın tarihteki yeri pek önemli sayılmaz.** Feramuz Pasha's place in history cannot be reckoned an important one. **Bu evin yeri hoşuma gidiyor.** I like this house's location. **Ağrının yerini daha iyi tarif edemez misiniz?** Can't you describe more clearly where the pain is? 2. space, room: **Otobüsün arka tarafında yer yok.** There's no room in the back of the bus. 3. (a) seat; (a) room: **Matine için iki yer ayırttım.** I've reserved two seats for the matinée. **Lokantada dört kişilik bir yer buldum.** I found a table for four in the restaurant. **Bu otelde boş yer yok.** This hotel has no vacant rooms. 4. place, position (of employment). 5. passage/part (of something written/spoken): **Söylevimin bu yeri alkışlanmaya değer, değil mi?** This part of my speech merits applause, doesn't it? 6. importance, place of importance: **Bu maddenin sanayideki yeri yadsınamaz.** It can't be denied that this material is of importance for industry. 7. mark (left by something): **yara yeri** scar left by a wound. 8. the earth, the ground: **Yere düştü.** He fell to the ground. **Bütün parası yerde gömülü.** All of his money is buried in the ground. 9. floor: **Bebek yerde emekliyor.** The baby's crawling on the floor. **Yerler halı kaplıydı.** The floors were covered with rugs. 10. piece of land, piece of property: **Kalamış'ta bir yer aldık.** We bought a piece of property in Kalamış. 11. terrain, region, area. 12. the earth, the planet earth. —**de** instead of *(preceded by a future participle):* **Tatlı yiyecek yerde meyve ye.** Instead of eating sweet pastries, eat fruit. — **açmak** /a/ to make way for, move aside for (someone) to pass. — **almak** /da/ 1. to be located in, be situated in (a place): **Fethi ön sırada yer alıyor.** Fethi's in the front row. 2. (for someone) to be involved in, have a part in (a job/a project). 3. to be in, appear in. —**ini almak** 1. /ın/ (for one person/thing) to take the place of (another). 2. to sit down in one's appointed place, take one's seat. 3. to stand in one's appointed place, take one's place. —**inden ayrılmak** to leave the place where one has been sitting/standing. —**e bakmak** 1. to look at the ground, cast one's eyes to the ground. 2. *colloq.* to have one foot in the grave. —**e bakan yürek yakan** *colloq.* (someone) who is malicious and dangerous despite his innocent looks, who is a wolf in sheep's clothing. —**i başka olmak** /ın/ *colloq.* (for someone) to be a very special friend, have a special place in one's heart, be one of one's most intimate friends: **Berna için Rana'nın yeri başka.** Rana has a very special place in Berna's heart. —**e batmak** *colloq.* to vanish, disappear. —**ini beğenmek** *colloq.* (for a plant) to grow well in the spot in which it's been planted. —**belirteci** *gram.* adverb of place. —**le beraber** *colloq.* leveled to the ground, razed. —**le bir etmek** /ı/ *colloq.* to level (something) to the ground, raze. —**den bitme** *colloq.* very short in stature, squat. —**ini bulmak** *colloq.* to find the right niche for oneself, find one's niche, find one's place. — **cücesi** *colloq.* short in stature but very capable/cunning. —**e çalmak** /ı/ *colloq.* to throw/hurl (something) to the ground. —**in dibine geçmek/batmak/girmek** *colloq.* to feel very ashamed, feel like sinking through the floor or into the ground. —**ini doldurmak** /ın/ *colloq.* 1. to do one's job well. 2. to fill (someone's) shoes, perform well the functions formerly carried out by (someone else). — **etmek** /da/ 1. to leave a mark on. 2. (for something) to impress itself in (someone's mind). —**e/—lere geçmek** *colloq.* to feel very ashamed, feel like sinking through the floor or into the ground. —**ine geçmek** /ın/ (for one person/thing) to take the place of, replace (another). —**ine gelmek** 1. (for an order/a wish) to be carried out/performed/executed. 2. to come back, return, be restored. —**ine getirmek** /ı/ 1. to carry out/perform/execute (an

order/a wish). 2. to bring (something) back, restore. — göçmesi landslide. —den göğe kadar *colloq.* very, exceedingly, infinitely. —e göğe koyamamak /ı/ *colloq.* to be perturbed as to just how one will honor (someone). —le gök bir olsa *colloq.* no matter what happens, even if the sky should fall. — hostesi woman who works at a flight check-in counter (in an airport); woman who collects the boarding cards of passengers just before they get on an airplane. —ini ısıtmak *colloq.* to stay in a place for a long time. —lere kadar eğilmek to bow and scrape, show an excess of respect. —de kalmak *colloq.* not to be shown any respect. — kayması landslide. —ine koymak 1. /ı/ to look on (someone) as, regard (someone) as: Onu babası yerine koyuyor. She looks on him as a father. 2. /ı, ın/ to put (oneself) in (someone's) place, put (oneself) in (another's) shoes. 3. /ı, ın/ to install (one person) in (another's) place. —in kulağı var. *colloq.* The walls have ears. — odası ground-floor room. —i olmak to be the right moment/time/place for something. —ine oturmak *colloq.* (for something) to fit, be the right size/shape. —inden oynamak *colloq.* 1. to come/get loose. 2. to move from, stir from, budge from, or leave the place one is in. —inden oynatmak /ı/ *colloq.* to move (something) (to another place). —i ölçmek *colloq.* to fall sprawling on the ground. —i öpmek *colloq.* (for someone) to fall to the ground. —inde saymak *colloq.* to make no progress, mark time. —den selam a very respectful salutation in which the hand is extended to the ground. —e sermek /ı/ *colloq.* to knock (someone) to the ground, send (someone) sprawling. —ini sevmek *colloq.* (for a plant) to grow well in the spot in which it's been planted. — sofrası meal spread out on the floor/the ground (as opposed to one spread out on a table). —i soğumadan /ın/ *colloq.* very shortly after he left/has left/leaves: Senin yerin soğumadan Selim geldi. Very shortly after you departed Selim came. —inde su mu çıktı? *colloq.* What on earth's made you up and want to leave?/Why on earth did you up and leave? (when everything seemed to be going so well). —leri süpürmek *colloq.* (for a long skirt, etc.) to trail/drag on the ground. —lerde sürünmek *colloq.* to be in a sad state, be down-and-out. — tutmak 1. to take up space. 2. to reserve a place. 3. to be of importance, have an important place. —ini tutmak /ın/ *colloq.* 1. to stand in for (someone else). 2. (for one thing) to be able to be used in place of (another). —i var. *colloq.* It's fitting./It's appropriate. — vermek /a/ 1. to allow (something) to happen. 2. to give (someone) a seat. 3. to include, discuss (someone/something) (in a book, speech, thought, etc.). 4. to allow for, give a place to. —e vurmak /ı/ *colloq.*, *see* yere çalmak. —den yapma *colloq.* very short in stature, squat. — yanlıp içine girmek *colloq.* to vanish into thin air. — yatağı bed spread on the floor; pallet. —le yeksan etmek /ı/ *colloq.*, *see* yerle bir etmek. —inde yeller esmek *colloq.* to have vanished, be gone with the wind. — yer in places; here and there. —den yere *colloq.* from one place to another; hither and thither; from pillar to post. —den yere çalmak/vurmak /ı/ *colloq.* 1. to make (someone) suffer. 2. to treat (someone) with contempt. 3. to chew (someone) out *(in abusive language).* — yerinden oynamak *colloq.* (for everything) to get in a state of confusion, get topsy-turvy. —i yok. *colloq.* It's unfitting./It's inappropriate. — yurt *colloq.* place to live in, home. — i yurdu belirsiz *colloq.* homeless.
yeraltı, -nı 1. area beneath the surface of the ground, underground. 2. subterranean, underground; subsurface. 3. clandestine, underground: **yeraltı direniş hareketi** underground resistance movement. — geçidi 1. underground passageway, subway (especially one for pedestrians). 2. *mining* gallery. — madenciliği underground mining. — suyu groundwater, subterranean water, subsurface water, underground water. — suyu düzeyi water table, water level, groundwater level.
yerberi *astr.* perigee.
yerbilim geology.
yerbilimci geologist.
yerbilimsel geological.
yerçamı, -nı *bot.* ground pine.
yerçekimi, -ni gravity.
yerçekimölçer gravimeter.
yerçekirdeği, -ni *geol.* core of the earth.
yerdeğiştirme 1. *math.* transposition. 2. *chem.* substitution.
yerdeş isotope.
yerdomuzu, -nu *zool.* aardvark, earth pig, earth hog.
yerdüzler grader (machine for grading a roadbed, etc.).
yerel local. — seçim *pol.* local election. — uyuşturucu local anesthetic, local. — uyuşturum local anesthesia.
yerelleşmek to become localized.
yerelleştirmek /ı/ to localize.
yerellik localness.
yerelması, -nı Jerusalem artichoke.
yereşeği, -ni *zool.* stag beetle, pinchbug.
yerey 1. terrain. 2. *geol.* formation; terrane, terrain.
yerfıstığı, -nı peanut, *Brit.* groundnut.
yergi satire; satirical piece of writing; lampoon.

yergici satirist; lampoonist.

yergin despised, despicable; detestable, abominable.

yerginlik despicable or abominable act/habit.

yerici 1. critical, faultfinding. 2. satirical; derisive. 3. disapproving; condemnatory.

yerilmek 1. to be run down, be criticized. 2. to be satirized; to be derided. 3. to be disapproved; to be condemned.

yerinde 1. apt, fitting, appropriate; apropos. 2. well-timed. 3. good, fine: **Aydın'ın keyfi yerinde.** Aydın's in good spirits. 4. aptly; fittingly, appropriately. 5. at the right time. 6. old enough to be: **Babası yerinde bir adamla evli.** She's married to a man old enough to be her father. 7. the same as, like: **Ayten, sen kızım yerindesin.** Ayten, you're like a daughter to me.

yerindelik 1. aptness, fittingness, appropriateness. 2. well-timed nature (of something).

yerine /ın/ 1. instead of, in (someone's) stead, in place of; in lieu of: **Ali, Veli'nin yerine gitti.** Ali went in Veli's place. **Bundan sonra fındık yerine çay yetiştireceğiz.** From now on we're going to raise tea instead of hazelnuts. 2. on behalf of, for (someone); in the name of (someone).

yerinmek /a/ to feel sad/sorry (about); to regret.

yerkabuğu, -nu geol. crust of the earth.

yerkatı, -nı ground floor.

yerküre 1. the earth, the planet earth. 2. globe (model of the planet earth).

yerleşik 1. settled; established; sedentary, not migratory. 2. endemic.

yerleşiklik 1. settledness; establishedness; sedentariness. 2. endemism, endemicity.

yerleşilmek impersonal passive of **yerleşmek.**

yerleşim settlement, settling (of people in a place).

yerleşmek 1. /a/ (for something) to fit in, be the right size and shape for (a place); (for something) to come to rest in; /a/ (for something) to fall into (its place); /a/ (for something) to get lodged in. 2. /a/ to get established in (one's job/a place of employment). 3. /a/ to settle oneself in (a chair, etc.); /a/ to establish oneself comfortably (in), get established (in) (a new home). 4. /a/ (for someone) to move into, settle in (a place) (temporarily). 5. /da/ (for someone) to settle in (a place) (permanently). 6. /da/ to get well established in, entrench oneself in (a place). 7. /da/ (for something) to take root (among), catch on (among), become popular (among) (people).

yerleştirmek 1. /ı, a/ to put/place/set/fit (something) in (a place). 2. /ı, a/ to place/put/install (someone) in (a job/a place of employment). 3. /ı, a/ to have (someone) settle himself in (a chair, etc.); to get (someone) comfortably established in (a new home). 4. /ı, a/ to move (someone) into (a place) (temporarily). 5. /ı, da/ to settle (someone) in (a place) (permanently). 6. /ı, da/ to cause (someone) to get well established or entrenched in (a place). 7. /ı, da/ to cause (something) to take root or catch on among (people). 8. /ı/ colloq. to say (something) at just the right time. 9. /ı, a/ colloq. to land (someone) (a blow).

yerli 1. local; indigenous, native; autochthonous; aboriginal. 2. locally produced, locally made, local. 3. domestic (as opposed to foreign). 4. immovable, not portable, built-in (piece of furniture). 5. person who is a native of a place, native, local; autochthon, aborigine. — **yerinde** colloq. in its proper place; in place, in situ, in its original position. — **yerine** colloq. into its proper place. — **yersiz** colloq. (doing something) without stopping to consider whether or not it's appropriate.

yermantarı, -nı bot. truffle.

yermeci satirist; lampoonist.

yermek /ı/ 1. to run down, point out the faults of, criticize, speak ill of. 2. to satirize; to deride. 3. to disapprove; to condemn.

yermeli pejorative (word).

yermerkezli geocentric.

yermeşesi, -ni bot. germander.

yerölçüm geodesy.

yeröte astr. apogee.

yerözekçil geocentric.

yerpalamudu, -nu bot. germander.

yersakızı, -nı geol. bitumen.

yersarsıntısı, -nı earthquake.

yersel 1. of the earth/ground; terrestrial. 2. local.

yersıçanı, -nı zool. mole.

yersiz 1. homeless. 2. irrelevant. 3. unsuitable, inappropriate. — **söz** non sequitur. — **yurtsuz** colloq. completely homeless.

yersizlik 1. homelessness. 2. lack of space. 3. irrelevance. 4. unsuitableness, inappropriateness.

yersolucanı, -nı zool. earthworm.

yeryağı, -nı petroleum, crude oil.

yeryuvarı, -nı see **yeryuvarlağı.**

yeryuvarlağı, -nı the earth, the planet earth.

yeryüzü, -nü the face of the earth, the world.

yestehlemek slang to *shit, *crap, have a *shit, take a *crap.

yeşermek 1. (for a plant) to leaf out. 2. to green, turn green. 3. colloq. to appear, emerge.

yeşerti green place, place full of plants in leaf.

yeşertmek /ı/ 1. to cause (a plant) to leaf out. 2. to make (a place) green.

yeşil 1. green, the color green. 2. green, green in color. 3. unripe, green (fruit/vegetable). 4. slang dollar, greenback. — **biber** green pepper. —**den gitmek** slang (for things) to go well for someone. — **ışık** 1. traffic green light. 2.

colloq. green light, go-ahead. **— ışık yakmak** /a/ *colloq.* to give (someone/something) the green light, give (someone/something) the go-ahead. **— soğan** green onion, scallion. **Y—ler Partisi** *pol.* the Green Party.

Yeşilay the Green Crescent (Turkish temperance society).

yeşilbağa *zool.* tree toad.

yeşilbaş *zool.* mallard, greenhead.

yeşilimsi greenish.

yeşilimtırak *see* **yeşilimsi.**

yeşillenmek 1. to green, become green. 2. to leaf out. 3. /a/ *slang* to display sexual interest in, look at (someone) with lustful eyes. 4. /a/ *slang* to look at (something) covetously.

yeşilli 1. (something) which contains green in it. 2. dressed in green.

yeşillik 1. greenness. 2. green place, place full of green plants. 3. green vegetables, greens. 4. green grass.

yeşim 1. jade. 2. jasper.

yeşimtaşı, -nı *see* **yeşim.**

yetenek ability, capability, competence, capacity; talent; aptitude. **— testi** aptitude test.

yetenekli able, capable, competent; talented; apt.

yeteneklilik ability, capability, capableness, competence; talent; aptness.

yeteneksiz lacking in ability, incapable, incompetent; untalented; inapt, inept.

yeteneksizlik inability, incapability, incapableness, incompetence; lack of talent; inaptness, ineptness.

yeter enough, sufficient. **Y—!** *colloq.* That's enough!/That'll do!/That'll suffice! **—i kadar** 1. enough, sufficient, adequate: **Yeteri kadar şeker var.** There's enough sugar. 2. enough, sufficiently.

yeterince 1. enough, sufficient, adequate. 2. enough, sufficiently.

yeterli 1. adequate, sufficiently qualified (to do a job). 2. enough, sufficient, adequate.

yeterlik 1. adequacy/fitness/competence/competency/qualification (for a job). 2. sufficiency, adequacy. **— önergesi** motion calling for the implementation of cloture.

yeterlilik 1. adequacy, qualifiedness (to do a job). 2. sufficiency, adequacy. **— duygusu** *psych.* feeling of adequacy.

yetersayı quorum.

yetersiz 1. not sufficiently qualified (to do a job). 2. insufficient, inadequate. **— beslenme** malnutrition.

yetersizlik 1. lack of sufficient qualifications (for a job). 2. insufficiency, inadequacy. **— duygusu** *psych.* feeling of inadequacy.

yeti *psych.* faculty, mental power.

yetim 1. fatherless child; orphan. 2. fatherless; orphan, (child) who is an orphan.

yetimhane orphanage.

yetimlik orphanhood.

yetingen content with what one has, not greedy.

yetingenlik being content with what one has, lack of greed.

yetinmek /la/ to be content with, be satisfied with.

yetirmek *prov.* 1. /ı/ to make (something) suffice. 2. /ı/ to raise (children/animals/plants). 3. /ı/ to make up (an amount that is lacking). 4. /ı, a/ to increase (something) to (a specified amount).

yetişkin 1. mature, fully developed; adult, grown-up. 2. (an) adult, (a) grown-up.

yetişmek 1. /a/ to catch, make, get to (a place) in time; to be in time for: **Sekiz buçuk vapuruna yetişebildim.** I was able to make the eight-thirty boat. 2. /a/ to catch up with, go fast enough to join. 3. /a/ (for something) to be ready/finished by (a specified time). 4. to arrive in time (to help one); to come to one's aid in time. 5. /a/ to reach, get up to, get as far as: **Boyum o rafa yetişmez.** I'm not tall enough to reach that shelf. **Bu ip ikinci kata kadar yetişir.** This rope'll reach the second floor. 6. to suffice, be sufficient, be enough. 7. (for a plant) to grow: **Manolyalar burada iyi yetişir.** Magnolias grow well here. 8. (for a person/an animal) to grow up, be raised. 9. to be educated: **Semih, Galatasaray'dan yetişti.** Semih was educated at Galatasaray. 10. /a/ to be able to do, manage to do (a specified amount of work). 11. /a/ to be old enough to have known, have been born in time to know; to live long enough to know: **Ne günlere yetiştik!** What times have I lived to see! **O büyükbabasına yetişemedi.** He wasn't born in time to know his grandfather. **Yetiş!/Yetişin!** Help! **Yetişme!** *colloq.* I hope you die! **Yetişmeyesi!** *colloq.* I hope he dies!

yetişmiş 1. seasoned; experienced; trained. 2. mature, fully developed.

yetiştirici producer, raiser.

yetiştirim 1. bringing up, raising (children). 2. raising (plants/animals). 3. training (animals).

yetiştirme 1. /ı, a/ getting (someone/something) to (a place) in time. 2. /ı, a/ having (one person) catch up with (another). 3. /ı, a/ getting (something) done/ready in time for. 4. /ı, a/ bringing (one person) to the aid of (another) in time. 5. /ı, a/ making (one thing) reach (another). 6. /ı/ making (something) suffice. 7. /ı/ raising (children/animals/plants). 8. /ı/ training (animals). 9. /ı/ educating. 10. /ı, a/ *colloq.* telling (someone) (something that he wasn't meant to hear). 11. *colloq.* person who's been trained/raised by (a specified person), protégé of; protégée of. **— yurdu**

yetiştirmek

orphanage, children's home.
yetiştirmek 1. /ı, a/ to get (someone/something) to (a place) in time. 2. /ı, a/ to have (one person) catch up with (another). 3. /ı, a/ to get (something) done/ready in time for. 4. /ı, a/ to bring (one person) to the aid of (another) in time. 5. /ı, a/ to make (one thing) reach (another): **İpi o ağaca yetiştiremiyorum.** I can't make the rope reach that tree. 6. /ı/ to make (something) suffice. 7. /ı/ to raise (children/animals/plants). 8. /ı/ to train (animals). 9. /ı/ to educate. 10. /ı, a/ to enable (someone) to live long enough to know (someone/something); to enable (someone) to be born early enough to know (someone/something). 11. /ı, a/ *colloq.* to tell (someone) (something that he wasn't meant to hear).
yetke 1. authority, jurisdiction, dominion. 2. *law* guardianship, wardship.
yetki 1. authority, delegated power, authorization, warrant. 2. competence, sufficiency of knowledge/judgment/skill (in a particular field). — **aşımı** *law* exceeding the authority delegated to one.
yetkilendirmek /ı/ to vest (someone) with authority.
yetkili 1. authorized, warranted. 2. competent, (someone) who has sufficient knowledge/judgment/skill (in a particular field). — **merci** *law* competent authority.
yetkin perfect, complete in every respect.
yetkinleşmek to become perfect, become complete in every respect.
yetkinleştirmek /ı/ to perfect.
yetkinlik perfection.
yetkisiz 1. unauthorized, unwarranted. 2. incompetent, lacking sufficient knowledge/judgment/skill (in a particular field).
yetkisizlik 1. lack of authorization. 2. incompetence, lack of sufficient knowledge/judgment/skill (in a particular field).
yetmek 1. to be enough, be sufficient, suffice, do. 2. /a/ to reach (a specified age): **Yaşı yüze yetti.** He's reached a hundred. **Yeter artık!** *colloq.* That's enough!/I've had enough!/I'm fed up! **yeter ki ....** All that is needed is ...; provided that ...: **Bu işin üstesinden gelebilirim, yeter ki bana huzurlu bir ortam sağlansın.** I can get this job done provided that I have a quiet and peaceful atmosphere in which to do it.
yetmezlik insufficiency, inadequacy.
yetmiş seventy.
yetmişer seventy each, seventy apiece. — **yetmişer** in groups of seventy; seventy at a time.
yetmişinci seventieth.
yetmişlik 1. (something) designed to hold seventy (things). 2. septuagenarian.
yevmi *obs.* daily, diurnal.

yevmiye 1. daily wage. 2. every day. — **defteri** *com.* daybook, book in which transactions are recorded on a day-to-day basis.
yevmiyeci 1. person who works by the day. 2. (someone) who works by the day.
Yezidi 1. (a) Yezidi, (a) Yazidi. 2. Yezidi, of the Yezidis.
yığdırmak /ı, a/ 1. to have (someone) heap/pile/stack (things). 2. to have (someone) accumulate/amass (things).
yığılı heaped, piled; stacked; heaped with, piled with: **kitap yığılı bir masa** a table piled with books.
yığılışma crowd, throng, crush.
yığılmak 1. to be heaped, be heaped up, be piled, be piled up; to be stacked, be stacked up. 2. /a/ to crowd around (in front of/before) (a place). 3. (for someone) to collapse in a heap.
yığımlamak /ı/ to lay up/accumulate a stock of.
yığın 1. heap, pile; stack. 2. crowd, throng, mass, passel (of people). —**la** *colloq.* a great many; a great deal of; a lot of, a heap of. — **ruhbilimi** mass psychology.
yığınak 1. *mil.* concentration, concentrated mass (of troops/weapons). 2. place where things are piled/accumulated. 3. *biol.* colony, mass of microorganisms.
yığınbulut, -tu *meteorology* stratocumulus.
yığınlamak /ı/ to stack (hay or stalks of grain).
yığınsal mass, wholesale: **yığınsal iletişim** mass communication.
yığıntı mass; heap, pile.
yığışık piled one on top of the other; massed.
yığışım 1. *geol.* conglomerate, conglomeratic rock. 2. *geol.* agglomerate, agglomeratic rock. 3. *chem.* aggregate.
yığışmak to crowd together; to accumulate, amass.
yığmak /ı/ 1. to heap, heap (things) up, pile, pile (things) up; to stack, stack (things) up. 2. to accumulate, amass; to lay up a store of.
yıkamaç *phot.* developer (chemical agent, bath, or reagent used in developing).
yıkamak /ı/ 1. to wash; to bathe, *Brit.* bath; to lave; to launder. 2. to develop (film).
yıkanmak 1. to be washed; to be bathed; to be laved; to be laundered. 2. (for film) to be developed. 3. to wash oneself; to take a bath, bathe, *Brit.* bath.
yıkatmak /ı, a/ 1. to have (someone) wash, bathe, or *Brit.* bath (someone/something); to have (someone) lave/launder (something). 2. to have (someone) develop (film).
yıkayıcı 1. washer, person who washes. 2. person who develops film, developer.
yıkı ruin, ruined building/structure: **O saray şimdi bir yıkıdır.** That palace is now a ruin.
yıkıcı 1. destructive, devastating; /ı/ very detri-

mental to. 2. wrecker, person who wrecks buildings (for a living).
yıkıcılık 1. destructiveness. 2. wrecking, being a wrecker.
yıkık 1. demolished, destroyed. 2. ruined; dilapidated.
yıkılmak 1. to be demolished, be wrecked; to be pulled down; to be destroyed; to be ruined. 2. *colloq.* to be felled; to be sent sprawling, be laid flat; to be toppled. 3. /a/ to be tilted to (one side). 4. /a/ *colloq.* (for the blame) to be put on. 5. *prov.* (for a burden/a cargo) to be unloaded, be removed. 6. to collapse; to fall into ruin. 7. to collapse in a heap, fall to the ground. 8. *colloq.* to lose one's health and morale; (for someone) to be broken/ruined (by a disaster). 9. *colloq.* (for someone one dislikes) to leave, get out, clear out. **yıkıla yıkıla** *colloq.* reeling/swaying wildly (as if about to fall).
yıkım 1. demolishing, wrecking; destroying, destruction; ruining, ruin. 2. disaster; catastrophe.
yıkımcı wrecker, person who wrecks buildings (for a living).
yıkıntı 1. ruins; ruin, ruined building/structure. 2. being demolished/wrecked/destroyed/ruined. **— olmak** /a/ to cause (someone) heavy losses.
yıkkın (building/structure) on the verge of collapse.
yıkmacı wrecker, person who wrecks buildings (for a living).
yıkmak 1. /ı/ to demolish, wreck; to pull (something) down; to destroy; to ruin. 2. /ı/ *colloq.* to fell (someone/something); to send (someone) sprawling, lay (someone) flat; to topple (something). 3. /ı, a/ to tilt (something) to (one side). 4. /ı, a/ *colloq.* to put (the blame for something) on. 5. /ı/ *prov.* to unload, remove (a burden/a cargo). 6. /ı/ *slang* to win; to clean (someone) out (in gambling). 7. /ı/ *slang* to *screw, have sex with.
yıktırılmak to be demolished/wrecked/pulled down/destroyed.
yıktırmak /ı, a/ to have (someone) demolish/wreck/pull down/destroy (a building/a structure).
yıl year. **— on iki ay** *colloq.* 1. throughout the entire year. 2. continuously. **— uğursuzun.** *proverb* Nowadays everything seems to be going in favor of the crooks and the undeserving. **—lar yılı** *colloq.* for years, for years on end.
yılan 1. *zool.* snake; serpent; viper. 2. *colloq.* snake in the grass, viper, malevolent and sneaky person. **—ın başı küçükken ezilir.** *proverb* People or situations which are likely to become a danger or threat should be eliminated at an early stage. **— deliği** snake's burrow. **— gibi** *colloq.* malevolent and sneaky

(person). **— gibi sokmak** /ı/ *colloq.* to hurt (someone's) feelings deeply, wound (someone) deeply. **— gömleği** slough, skin shed by a snake. **— hikâyesi** *colloq.* problem that crops up intermittently without ever being resolved. **— kavı** *see* **yılan gömleği. — kemiği** *colloq.* misdeed/crime the memory of which is a constant torment to the person who did it. **—ın kuyruğuna basmak** *colloq.* to anger someone who is malevolent and powerful. **— oynatma** snake charming. **— sokması** snakebite.
yılanbalığı, -nı *zool.* eel.
yılanbaşı, -nı shell of a cowrie (used as a decoration on a horse's harness).
yılancık 1. small snake. 2. *path.* erysipelas, St. Anthony's fire.
yılancıl *zool.* sacred ibis.
yılankavi serpentine, winding, twisting.
yılantaşı, -nı *geol.* serpentine.
yılanyastığı, -nı *bot.* dragon arum.
yılbaşı, -nı New Year's Day, New Year's.
yılbeyıl from year to year, year by year.
Yıldırak *astr.* Canopus (a star).
yıldırak *prov.* 1. glittering, sparkly. 2. thunderbolt; lightning.
yıldırgan 1. daunting; intimidating; (someone/something) who/which daunts/intimidates/cows. 2. (someone/something) who/which inspires terror.
yıldırı 1. daunting; intimidation; cowing. 2. terrorizing.
yıldırılmak 1. to be daunted; to be intimidated; to be cowed. 2. to be terrorized.
yıldırım thunderbolt, flash of lightning, streak of lightning, stroke of lightning; lightning. **— gibi** *colloq.* very fast, like lightning, with lightning speed, quick as lightning. **— savaşı** blitzkrieg. **— siperi** lightning rod. **— takla** one-handed somersault. **—ları üstüne çekmek** *colloq.* to bring a lot of criticism upon oneself, cause a number of people to level their criticism at oneself. **—la vurulmuşa dönmek** *colloq.* to be thunderstruck.
yıldırımkıran *see* **yıldırımsavar.**
yıldırımlık *see* **yıldırımsavar.**
yıldırımsavar lightning rod.
yıldırmak /ı/ 1. to daunt; to intimidate; to cow. 2. to terrorize.
yıldız 1. star. 2. *colloq.* (one's) star, (one's) fortune. 3. star performer, star. 4. asterisk, star (reference mark). 5. *naut.* north. 6. *naut.* north wind. **— akmak** for a shooting star to fall. **— anasonu** star aniseed, badian. **—ına bakmak** /ın/ *colloq.* to tell (someone's) fortune. **— barışıklığı** *colloq.* (two people's) getting along well with each other. **—ları barışmak** *colloq.* to get along well with each other. **—ı dişi** *colloq.* (someone) who is well liked by

yıldızbilim

everybody. —ı **düşkün** *colloq.* ill-starred, unlucky. — **günü** *astr.* sidereal day. — **işareti** asterisk, star (reference mark). — **kaymak** *see* yıldız akmak. —ı **parlamak** *colloq.* for (one's) star to be on the rise, for fortune to be on one's side. —**ları saymak** *colloq.* to be unable to sleep at night. —ı **sönmek** *colloq.* 1. to fall from favor. 2. (for a once-famous person) to become forgotten. — **tabya** *mil.* star-shaped fort. — **uçmak** *see* yıldız akmak. — **yılı** *astr.* sidereal year.

yıldızbilim astrology.

yıldızbilimci astrologer, astrologist.

yıldızbilimcilik astrology, being an astrologer.

yıldızböceği, -ni *zool.* firefly, lightning bug.

yıldızçiçeği, -ni *bot.* dahlia.

yıldızkarayel *naut.* 1. north-northwest wind. 2. north-northwest (a point on the compass).

yıldızlamak 1. (for the wind) to begin to blow from the north. 2. (for the sky) to become starry.

yıldızlı 1. starry, starlit. 2. ornamented with stars, starred: **iki yıldızlı bir general** a two-star general.

yıldızlıanason star anise, Chinese anise.

yıldızpoyraz *naut.* 1. north-northeast wind. 2. north-northeast (a point on the compass).

yıldızyağmuru, -nu *astr.* meteoric shower.

yıldızyeli, -ni north wind.

yıldönümü, -nü anniversary.

yılgı terror.

yılgıcı 1. (a) terrorist. 2. terrorist, terroristic.

yılgıcılık terrorism.

yılgın 1. daunted; intimidated; cowed. 2. terrorized; terror-stricken, terror-struck.

yılgınlık 1. intimidation, fear. 2. terror.

yılhalkası, -nı *bot.* annual ring, growth ring, ring (of a woody plant).

yılış *used in:* — **yılış** *colloq.*, *see* yılışık yılışık.

yılışık 1. (someone) who's given to grinning unctuously. 2. unctuous, *Brit.* smarmy. — **yılışık** *colloq.* (grinning) unctuously, *Brit.* smarmily.

yılışıklık unctuousness, *Brit.* smarminess.

yılışmak 1. to grin unctuously. 2. to behave unctuously.

yılkı 1. herd of horses/donkeys turned loose to range at will. 2. horse/donkey turned loose to range at will.

yılkılık 1. horse/donkey turned loose to range at will. 2. (horse/donkey) which is to be turned loose to range at will.

yıllamak *prov.* 1. /da/ to remain in (a place) for a long time; to remain in (a place) for years on end. 2. to become a year old.

yıllandırmak /ı/ to age (wine).

yıllanmak 1. (for something) to age, grow old. 2. /da/ to remain in (a place) for a long time; to remain in (a place) for years on end. 3. to become a year old.

yıllanmış 1. aged (wine). 2. old (thing).

yıllatmak /ı/ to age (something).

yıllık 1. yearbook, annual. 2. yearly salary; salary which is guaranteed to someone for one year; yearly rent; yearly fee; amount paid out yearly. 3. (person/animal/thing) who/which is (so many) years old: **doksan yıllık bir ayyaş** a ninety-year-old sot. **yüz yıllık bir asansör** a hundred-year-old elevator. 4. one-year-old, year-old (person/animal/thing). 5. of (so many) years: **yirmi yıllık emeğin mükâfatı** the reward for twenty years' labor. 6. yearly, annual. 7. for one year; on a yearly basis. **yıllığına** 1. for a year. 2. for (so many) years.

yıllıkçı 1. person who has a salary guaranteed to him for one year. 2. person who's paid his entire year's salary in one lump sum. 3. (person) who has a salary guaranteed to him for one year. 4. (person) who's paid his entire year's salary in one lump sum.

yıllıklı 1. (person) who gets a yearly salary. 2. (job) which has a yearly salary attached to it. 3. person who has a salary guaranteed to him for one year. 4. person who's paid his entire year's salary in one lump sum.

yılmak /dan/ to be daunted by; to be intimidated by.

yıpranmak 1. (for something) to get worn-out, wear out. 2. (for someone) to lose much of his/her vigor/energy; to become burned-out/worn-out/spent. 3. (for something) to lose much of its force/influence/authority.

yıpratmak /ı/ 1. to wear (something) out. 2. to cause (someone) to lose much of his/her vigor/energy; to burn (someone) out, wear (someone) out.

yır *prov.* song.

yırlamak *prov.* to sing.

yırtıcı 1. predatory, predacious (animal). 2. *colloq.* bloodthirsty, murderous (person). 3. *colloq.* very truculent and quick-tempered.

yırtıcılık 1. predacity, predatoriness, predaciousness. 2. *colloq.* bloodthirstiness, murderousness. 3. *colloq.* excessive truculence and quickness of temper.

yırtık 1. torn, rent, ripped. 2. *colloq.* shameless, brazenfaced, brazen. 3. tear, rent, rip. — **pırtık** *colloq.* full of tears, full of rips, very torn.

yırtılmak 1. to be torn, be rent, be ripped. 2. (for a part of one's body) to be torn, be lacerated. 3. *prov.* (for a colt) to be broken in. 4. /da/ *colloq.* (for someone) to learn the ins and outs of (something); to learn the tricks of the trade. 5. *colloq.* to overcome one's shyness, rid oneself of one's shyness. 6. /ı/ *slang* to fork over, cough up (money).

yırtınmak 1. to wear oneself to a frazzle, run oneself ragged, run oneself into the ground.

2. to shout at the top of one's voice.
yırtmaç slit/vent (in a garment).
yırtmaçlı (garment) which has a slit/a vent in it, slitted, vented.
yırtmak 1. /ı/ to tear, rend, rip. 2. /ı/ to tear, lacerate (a part of one's body). 3. /ı/ *prov.* to break in (a colt). 4. *slang* to beat it, get lost, go. 5. *slang* to do it, succeed; to land on one's feet, come out smiling; to pull something off.
yırttırmak /ı, a/ 1. to have (someone) tear/rend/rip (something). 2. *prov.* to have (someone) break in (a colt).
yısa *naut.* 1. Hoist away! 2. Heave!/Heave ho! — **beraber!** 1. Hoist together! 2. Heave together! — **boca!** Come on, pull! — **etmek** /ı/ 1. to hoist. 2. to heave in (a rope). — **yısa** *prov.* at the very most.
yiğit 1. young man; dashing young fellow, young buck, young blood. 2. brave and manly young fellow. 3. brave, stouthearted.
yiğitlendirmek /ı/ to inspire (someone) with courage.
yiğitlenmek to become inspired with courage.
yiğitleşmek to become brave.
yiğitlik bravery, stoutheartedness; act of bravery. — **bende/sende kalsın.** *colloq.* I/You don't want to be accused of having been the one who acted ungenerously.
yine 1. again, once again, once more. 2. still, nevertheless, even so. — **de** but still; but in spite of this/that.
yinelemek /ı/ to repeat.
yinelemeli repeated; reiterated.
yinelenmek to be repeated.
yirmi twenty. — **yaş dişi** *anat.* wisdom tooth.
yirmilik 1. twenty-lira note, note worth twenty liras. 2. coin worth twenty kuruş. 3. something worth twenty liras/kuruş. 4. something designed to hold twenty things. 5. person in his/her twenties. 6. (something) worth twenty liras/kuruş. 7. (something) designed to hold twenty things. 8. (someone) in his/her twenties.
yirminci twentieth.
yirmişer twenty each, twenty apiece. — **yirmişer** in groups of twenty; twenty at a time.
yirmişerlik (things) each of which contains twenty items: **yirmişerlik sigara paketleri** packets containing twenty cigarettes each.
yisa *naut., see* **yısa**.
yitik lost; missing; vanished.
yitim loss; disappearance; vanishing.
yitirilmek to be lost.
yitirim loss, losing.
yitirmek /ı/ to lose.
yitmek to be lost; to be missing; to disappear; to vanish.
yiv 1. groove; chamfer. 2. screw thread, thread. 3. *arch.* flute (on a column).

yivaçar *mech.* threader (for cutting a screw thread).
yivli 1. grooved; chamfered. 2. threaded, (something) which has a screw thread cut on it. 3. *arch.* fluted (column).
yiyecek 1. (a) food, something to eat, (an) edible, (a) comestible. 2. edible, fit to eat, comestible.
yiyici 1. (animal) which feeds on (a specified food): **ot yiyici** herbivorous. 2. *colloq.* (someone) who takes bribes. 3. *colloq.* taker of bribes, bribee. 4. *slang* gigolo.
yiyicilik 1. (an animal's) feeding on (a specified food): **ot yiyiciliği** herbivorousness. 2. *colloq.* taking of bribes.
yiyim eating. — **yeri etmek/yapmak /ı/** *colloq.* to exploit, mulct, milk (a person/a place).
yiyimli tasty, delicious.
yiyinti something to eat; things to eat, food.
yiyişmek *slang* 1. to have sex, *screw. 2. to French-kiss, French.
YKr (*abbr. for* **Yeni Kuruş**) New Kuruş.
yo no *(a negative reply)*.
yobaz 1. religious fanatic. 2. fanatic; bigot. 3. fanatical.
yobazlaşmak to become fanatical; to become bigoted.
yobazlık fanaticism; bigotry.
yoga yoga.
yogi yogi.
yoğalmak to cease to exist; to disappear.
yoğaltılmak to be consumed, be used up.
yoğaltım consumption.
yoğaltmak /ı/ to consume, use up.
yoğrulmak 1. to be kneaded. 2. (for a metal container) to get dented. 3. *colloq.* (for someone) to be molded (by experience/by someone else).
yoğrum *psych.* upbringing, training.
yoğun 1. dense; thick. 2. concentrated, intense, intensive. — **bakım** *med.* intensive care. — **bakım servisi** *med.* intensive care unit. — **nüfuslu** densely populated.
yoğunlaç *elec.* condenser.
yoğunlaşmak 1. to become dense, densen; to become thick, thicken. 2. to become intense, intensify; to increase, step up. 3. *phys., chem.* to condense, undergo condensation.
yoğunlaştırmak /ı/ 1. to make (something) dense, densen; to make (something) thick, thicken. 2. to make (something) intense, intensify; to increase, step up. 3. *phys., chem.* to condense, subject (something) to condensation.
yoğunluk 1. density; thickness. 2. intensity.
yoğunlukölçer densitometer; densimeter.
yoğunlukölçüm densitometry.
yoğurmak /ı/ 1. to knead. 2. *colloq.* to mold (someone).

yoğurt yogurt, yoghurt, yoghourt. **— çalmak** to mix yogurt culture with lukewarm milk (in order to make yogurt). **—um/ayranım ekşidir diyen olmaz.** *proverb* 1. No merchant ever runs down his own wares. 2. No one ever criticizes someone/something whom/that he himself supports. **—u üfleyerek yemek** *colloq.* to be unnecessarily cautious because of a previous mistake or bad experience.

yoğurtçu maker or seller of yogurt.

yoğurtçuluk making or selling of yogurt.

yoğurtlu 1. prepared with yogurt. 2. served with yogurt; topped with yogurt.

yoğurtmak /ı, a/ 1. to have (someone) knead (something). 2. *colloq.* to have (someone) mold (someone).

yoğuşmak 1. to become dense, densen; to become thick, thicken. 2. to become intense, intensify; to increase, step up.

yok, -ku, -ğu 1. not existing, nonexistent. 2. not present, absent; not at hand, not available. 3. *used to indicate a refusal to participate in something:* **Siz onu yapacak olursanız ben yokum.** If you're going to do that I'm not coming with you. **O işte ben yoktum.** I had nothing to do with that matter. 4. no *(a negative reply).* 5. but if not ...: **Sınavı kazandın, ne güzel; yok kazanamadın, bir daha denersin.** If you pass the test, that'll be great; but if you fail it, then you'll just take it another time. 6. *used sarcastically at the beginning of each of several successive clauses:* **Yok hava kötüymüş, yok zamanı değilmiş, kısacası bu işe yanaşmayacağı belliydi.** If it wasn't that the weather was bad, then it was the fact that the time wasn't ripe; in short, it was clear that he wasn't going to get around to doing this job. 7. *used for emphasis at the beginning of a statement:* **Yok, iyi adam vesselam.** He's a good fellow, and that's all there is to it. **—tan** 1. from nothing. 2. for no reason. **— canım!** *colloq.* 1. I wouldn't think of it!/I wouldn't dream of it! 2. You can't be serious!/You're having me on! 3. That's not the case./You've misunderstood. **— devenin başı!** *colloq.* You're pulling my leg!/You're feeding me a line! **— etmek** /ı/ to do away with or get rid of (someone/something) completely. **— oğlu yok.** *colloq.* None of these people/things are here!/Not one of them is to be found! **— olmak** to disappear; to vanish. **— pahasına** *colloq.* very cheaply, for nothing, for a song. **— satmak** *colloq.* (for a merchant) to have nothing left to sell. **— yere** *colloq.* for no reason at all. **— yok.** 1. *proverb* Don't suppose that something cannot be found or cannot happen, because it can. 2. *colloq.* No! No!

yokçu *phil.* 1. (a) nihilist. 2. nihilist, nihilistic.

yokçuluk *phil.* nihilism.

yoklama 1. /ı/ feeling/examining/inspecting (something) with one's fingers. 2. roll call. 3. quiz (given by a teacher to his/her students).

yoklamak 1. /ı/ to feel/examine/inspect (something) with one's fingers. 2. /ı/ to search; to inspect. 3. /ı/ to look in on (someone) (in order to see whether or not all is well). 4. /ı/ to sound (someone) out. 5. /ı/ to visit (someone). 6. (for an illness/a pain) to recur, reappear; /ı/ (for a pain) to affect/hit (someone) again: **Bu bel ağrıları beni gene yokladı.** These pains in my back have started up again.

yoklanmak 1. to be felt/examined/inspected with the fingers. 2. to be searched; to be inspected. 3. (for someone) to be looked in on (in order to see whether or not all is well). 4. (for someone) to be sounded out. 5. (for someone) to be visited.

yoklatmak /ı, a/ 1. to have (someone) feel/examine/inspect (something) with his fingers. 2. to have (someone) search/inspect (someone/something). 3. to have (one person) look in on (another) (in order to see whether or not all is well). 4. to have (one person) sound out (another). 5. to have (one person) visit (another).

yokluk 1. nonexistence. 2. absence. 3. poverty. 4. scarcity, shortage.

yoksa 1. or ...? *(used in a question):* **Şaka mı söylüyorsun, yoksa gerçekten gücendin mi?** Are you joking, or have you really taken offense? **Bunu yapmak istemiyorum. Yoksa yapsam mı? Ne dersin?** I don't want to do this. Or should I? What do you think? **Ayhan mı, yoksa Ali mi, hangisi yaptı?** Was it Ayhan, or was it Ali? Which one did it? **Gidecek mi, yoksa gitmeyecek mi?** Is he going to go, or isn't he? 2. otherwise, or else, if not: **Daha hızlı çalış, yoksa patron seni kapı dışarı eder.** Work faster or else the boss'll give you the sack. 3. not ... (*used with* **değil**): **Böyle bir meselede insan hislerine göre hareket etmeli, yoksa aklına göre değil.** In a matter like this one should act according to the dictates of one's feelings, not one's reason. 4. All that's needed is ...: **Her şey hazır, paramız olsun yoksa.** Everything's ready; all we need is some money.

yoksamak /ı/ to deny, reject.

yoksul poor, destitute, impoverished.

yoksullaşmak to get poor, become impoverished.

yoksullaştırmak /ı/ to impoverish.

yoksulluk poverty, destitution, impoverishment.

yoksun /dan/ deprived (of). **— bırakmak** /ı, dan/ to deprive (someone) of (something). **— kalmak/olmak** /dan/ to be deprived of.

yoksunluk deprivation.

yoksunmak /dan/ to be deprived of.
yokumsamak /ı/ 1. to deny the existence of (something which actually exists). 2. to deny, reject.
yokuş upward slope; hill; rise. — **aşağı** downhill. —**a koşmak** /ı/ colloq. to put (someone) to a great deal of trouble. —**a sarmak** colloq. (for a road) to begin to go/run uphill. (**işi**) —**a sürmek** colloq., see işi yokuşa sürmek. — **yukarı** uphill.
yol 1. road; path; way; passage; course; route; channel; conduit. 2. rate of speed, speed (of a ship). 3. style; manner. 4. way of behaving. 5. method, system. 6. means, way; solution. 7. purpose, end (used in either the locative or the dative): **Bu yolda çok emek harcadık.** We've expended a lot of effort on this. **Vatan yoluna savaştılar.** They fought for the sake of the fatherland. 8. stripe (in cloth). 9. time: **Bir yol bize geldi.** He came to see us once. —**unda** 1. for the sake of. 2. in good order, going as it should, going well, fine. 3. in the style of, in the manner of. —**uyla** 1. by way of, via. 2. by means of, by, through. 3. in a suitable manner. — **açmak** /a/ to pave the way for. —**unuz açık olsun!** Have a good trip!/Bon voyage! — **ağzı** mouth of a road, junction. — **almak** to proceed, move forward. —**u almak** to reach the end of one's journey. — **aramak** to look for a way (to solve a problem). — **ayrımı** fork in a road. — **azığı** food for a journey. —**una bakmak** 1. /ın/ colloq. to await the arrival of, expect (someone who's traveling a long way). 2. slang to think of what will benefit oneself, look after number one. —**unu beklemek** /ın/ colloq. to await the arrival of, expect (someone who's traveling a long way). — **boyunca** 1. throughout the journey; all the way: **Yol boyunca durmadan konuştu.** He talked incessantly all the way. 2. beside the road, along the road. —**unu bulmak** /ın/ colloq. to find the way to do (something), find the way to get (something) done. —**a çıkarmak** /ı/ colloq. to see (someone) off (on a journey). —**a çıkmak** to set off (on a journey). (**aynı/bir**) —**a çıkmak** (for one thing) to lead to the same result (as another). —**dan çıkmak** 1. (for a train) to be derailed; (for a car, etc.) to go off the road. 2. colloq. (for someone) to go astray, depart from the straight and narrow. —**una çıkmak** /ın/ colloq. 1. to meet (someone/something) by chance. 2. to go to meet (a traveler). —**a düşmek** colloq. to set off (on a journey). —**lara düşmek** colloq. to go out and wander far and near/wide (in search of someone/something). —**u düşmek** colloq. 1. /a/ to happen on, chance on, happen to pass (a place). 2. /ın/ (for the right moment for something) to be at hand. (...) —**una düşmek** colloq. to set out for (a place). —**a düzülmek** colloq. to set off (on a journey). — **erkân** the right way to do (something). — **erkân bilmek** to know how to behave properly. — **etmek** /ı/ colloq. to go to (a place) very often. —**a gelmek** colloq. to come round (to another's point of view); to see reason; to straighten up and do as one is supposed to do. —**a getirmek** /ı/ colloq. to bring (someone) round (to another's point of view); to make (someone) see reason; to make (someone) straighten up and do as he is supposed to do. —**una girmek** (for something) to begin to go well. —**a gitmek** to set off (on a journey). — **görünmek** /a/ colloq. to sense that the time has come for (one) to pack up one's traps and leave. — **göstermek** /a/ 1. to show (someone) how to get to a place. 2. colloq. to show (someone) how to solve something. 3. to guide (someone). — **halısı** runner (rug used to carpet a hall/a staircase). — **harcı** travel allowance. — **iz bilmek** colloq. to know how to behave oneself properly. —**dan/—undan kalmak** colloq. to be prevented from setting out on a journey. —**larda kalmak** colloq. to be delayed on the road. —**u kapamak** colloq. to block the road. —**unu kaybetmek** to lose one's way. — **kesmek** naut. to slow down, reduce speed. —**unu kesmek** /ın/ 1. to stop, waylay (someone). 2. to waylay (someone) (in order to rob him). —**una koymak** /ı/ colloq. to set/put (a matter) to rights. —**a koyulmak** to set off (on a journey). — **parası** 1. travel allowance. 2. road tax, tax which goes towards the upkeep of roads. —**a revan olmak** to set off (on a journey). —**unu sapıtmak** colloq. (for someone) to go astray, depart from the straight and narrow. — **sormakla bulunur.** proverb You learn how to do something properly by asking those who know how to do it. —**unu şaşırmak** 1. to take a/the wrong turning, be on the wrong road. 2. not to know which road to take. 3. colloq. to go astray, depart from the straight and narrow. — **tepmek** colloq. to walk a long way. (...) — **tutmak** colloq. to begin to live in (a certain) way; to live in (a certain) way. —**u tutmak** (for police, etc.) to take control of a road; to blockade a road at various points. — **üstü/uğrağı** colloq. 1. place which lies on one's road. 2. place which is on a main road. 3. (place) which lies on one's road. 4. (place) which is on a main road. — **vermek** /a/ 1. to let (someone/something) pass; to make way for. 2. colloq. to fire, give (someone) the sack. 3. prov. to cause (one's horse) to speed up. — **yakınken** colloq. while there's still time, before it's too late. —**unu yapmak** /ın/ colloq. to lay

yolcu

the groundwork for the success of (something). **— yol** striped (cloth). **— yordam** the right way to do (something). **— yordam bilmek** to know how to behave properly. **— yürümek** to walk. **— yürümekle, borç ödemekle tükenir.** *proverb* With perseverance anything can get done.

yolcu 1. traveler; passenger. 2. *colloq.* baby whose birth is imminent. 3. *colloq.* sick person who is at death's door. **— etmek** /ı/ to see (a traveler) off. **— gemisi** passenger ship/liner. **— salonu** passenger lounge, passenger waiting room. **— yolunda gerek!** *proverb* If you've got to make a journey, don't put it off; get on the road as soon as you can.

yolculuk journey, trip; voyage. **—ta** during a/the journey, while traveling. **— etmek** to travel.

yoldaş 1. traveling companion. 2. companion, friend. 3. confrere. 4. Communist, comrade, fellow traveler. 5. *astr.* companion star, companion.

yoldurmak /ı, a/ 1. to have (someone) pluck (a chicken, etc.). 2. to have (one person) pull/tear out (another's hair). 3. to have (someone) pull up (a plant) by the roots. 4. *slang* to have (one person) mulct/milk/bleed (another) of his money.

yoldüzer bulldozer.

yolgeçen *used in:* **— hanı** *colloq.* place where many people are always coming and going.

yollamak /ı/ to send.

yollanmak 1. to be sent. 2. /a/ to set off (for). 3. (for a vehicle) to pick up speed.

yollu 1. (place) which has roads. 2. striped (cloth). 3. fast (vehicle, especially a ship). 4. done or carried out properly. 5. (something) by way of, in the nature of: **öğüt yollu bir söz** something said by way of advice. 6. *slang* (woman) of easy virtue. **— yolsuz işler** *colloq.* unlawful activity, monkey business. **— yolunca** *colloq.* properly, according to Hoyle.

yolluk 1. food for a journey, provisions, victuals. 2. runner (rug used to carpet a hall/a staircase). 3. travel allowance. 4. present given to a departing traveler. 5. (something) suitable for use as a runner.

yolmak /ı/ 1. to pluck (a chicken, etc.). 2. (for someone) to pull/tear out (his hair). 3. to pull up (a plant) by the roots. 4. to milk/bleed/mulct (someone) of his money.

yolsuz 1. (place) which has no roads, roadless. 2. stripeless, unstriped (cloth). 3. slow (vehicle, especially a ship). 4. improper; disreputable; illegal, unlawful. 5. (woman) of easy virtue, loose. 6. (someone) whom a professional organization has temporarily forbidden to engage in his profession/work. 7. *slang* penniless, flat broke. **— yöntemsiz** not done according to

the rules, not done in the proper way.

yolsuzluk 1. lack of roads. 2. impropriety; unlawfulness; unlawful action; misuse of authority. 3. *slang* pennilessness, being flat broke.

yoluk plucked (chicken, etc.).

yolunmak 1. to tear one's hair with grief; to be distraught with grief. 2. (for a chicken, etc.) to be plucked. 3. (for one's hair) to be pulled/torn out. 4. (for a plant) to be pulled up by the roots. 5. (for someone) to be milked/bled/mulcted of his money.

yoluntu 1. clippings (of hair that has been cut). 2. plucked chicken, etc. 3. plucked (chicken, etc.).

yonca *bot.* clover, trefoil.

yoncalık field of clover.

yoncayaprağı, -nı cloverleaf, cloverleaf intersection (in a highway).

yonda down (the soft underplumage of birds).

yonga 1. chip/shaving (of wood). 2. *comp.* chip.

yongacık *comp.* microchip.

yongar *mus.* a three-stringed **bağlama**.

yontma 1. /ı/ shaping (something) by cutting it; chiseling; hewing; whittling; dressing (stone); sculpting, sculpturing. 2. /ı/ pointing/sharpening (something) (by whittling/dressing it). 3. /ı/ *colloq.* chiseling (someone) out of his money little by little so as not to arouse the victim's suspicions. 4. chiseled; hewn; whittled; dressed (stone). **— taş devri** the Paleolithic Age.

yontmak /ı/ 1. to shape (something) by cutting it; to chisel; to hew; to whittle; to dress (stone); to sculpt, sculpture. 2. to point/sharpen (something) (by whittling/dressing it). 3. *colloq.* to chisel (someone) out of his money little by little so as not to arouse the victim's suspicions.

yontu piece of sculpture, sculpture; statue.

yontucu 1. sculptor. 2. *colloq.* chiseler, crook.

yontuculuk sculpture, sculpturing, the art/occupation of a sculptor.

yontuk 1. place from which material has been cut/chiseled/hewed/chipped away. 2. chipping, chip. 3. cut; chiseled; hewn; whittled; dressed; sculpted.

yontukdüz *geog.* peneplain, endrumpf.

yontuklaşma erosion.

yontulmak 1. to be shaped by cutting; to be chiseled; to be hewn; to be whittled; (for stone) to be dressed; to be sculpted, be sculptured. 2. to be pointed, be sharpened. 3. *colloq.* to be chiseled out of one's money gradually and unsuspectingly. 4. *colloq.* (for someone) to learn manners, have the rough edges knocked off him.

yonut, -tu *see* **yontu.**

yordam 1. agility. 2. skill, facility. 3. method, system.

yorga *prov.* easy jog trot (of a horse). **— gitmek**

(for a horse) to go at an easy jog.

yorgalamak *prov.* (for a horse) to go at an easy jog.

yorgan quilt; down comforter, (an) eiderdown, *Brit.* duvet, *Brit.* continental quilt. **— çarşafı** sheet basted to the underside of a quilt. **— döşek yatmak** *colloq.* to be in bed with a serious illness. **— gitti, kavga bitti.** *colloq.* The dispute's over because there's no longer anything to wrangle about. **— kaplamak** to baste a sheet onto the underside of a quilt. **— yüzü** decorative cloth sewn over the top side of a quilt so as to cover it.

yorgancı maker or seller of quilts.

yorgancılık making or selling quilts.

yorgun tired, weary, fatigued. **— argın** *colloq.* in an exhausted state, dead tired, beat. **— düşmek** to be tired out. **—u yokuşa sürmek** *colloq.* to want/try to make someone do something difficult under circumstances that will only make the thing more difficult to do. **— yorgun** *colloq.* wearily.

yorgunluk fatigue, weariness, tiredness. **—unu almak** *colloq.* 1. to rest, take a rest. 2. /ın/ (for something) to restore, refresh, revive (someone). **— kahvesi** *colloq.* cup of coffee drunk to revive one.

yormak /ı/ to tire, weary, fatigue.

yormak /ı, a/ to interpret (something) as (good/bad); to take (something) to be a (good/bad) sign: **Onu iyiye yordular.** They took it to be a favorable sign.

yortmak *prov.* to wander around idly, wander about with nothing to do.

yortu *Christianity* feast day, feast, festival.

yorucu tiring, tiresome, wearying, wearisome, fatiguing.

yorulmak to get tired, tire.

yorulmak /a/ (for something) to be interpreted as (good/bad), be taken to be a (good/bad) sign.

yorum interpretation; explanation.

yorumcu interpreter; explainer; commentator.

yorumlamak /ı/ to interpret; to explain.

yorumlanmak to be interpreted; to be explained.

yosma *colloq.* 1. woman of easy virtue, loose woman. 2. fashion plate, woman who dresses very fashionably. 3. young, attractive, and vivacious (woman).

yosun *bot.* 1. moss. 2. alga. 3. seaweed. **— bağlamak** 1. to get covered with moss, gather moss, get mossy. 2. to get full of algae. 3. to get full of seaweed, get seaweedy.

yosunlanmak 1. to get covered with moss, gather moss, moss, get mossy. 2. to get full of algae. 3. to get full of seaweed, get seaweedy.

yosunlu 1. mossy, covered with moss, overgrown with moss. 2. full of algae. 3. full of seaweed, seaweedy.

yoyo yo-yo (a toy).

yoz 1. (land) that has never been cultivated; virgin (forest/land). 2. (plant) that has gone wild. 3. (animal) that has become wild and untractable (because it's been allowed to run free). 4. *colloq.* uncouth, boorish (person). 5. degenerate; decadent. 6. *obs.* simple, single (flower).

yozlaşmak to degenerate; to become decadent; to become debased.

yozlaştırmak /ı/ to cause (someone/something) to degenerate, degenerate; to debase.

yön 1. direction; quarter: **O yöne doğru gitti.** He went in that direction. 2. side, aspect; angle: **Bu sorunun birkaç yönü var.** There are several sides to this matter. **Probleme o yönden bakmadım.** I haven't looked at the problem from that angle. 3. point of view, line of thought, line: **politik yönü belli olmayan biri** someone whose political views are not readily apparent. **—ünden** from the standpoint of, with regard to, with respect to, in point of: **üslup yönünden** with regard to style. **— vermek** /a/ to give (someone) some guidance; to give a direction to, direction (an effort/an undertaking).

yöndeş *geom.* corresponding: **yöndeş açılar** corresponding angles.

yöndeşlik *geom.* correspondence (of angles).

yöneldirim orientation, introducing (someone) to an unfamiliar situation.

yönelik /a/ directed towards; aimed at; oriented/turned/inclined towards.

yönelim 1. /a/ heading/going towards. 2. /a/ turning/inclining towards. 3. inclination, tendency. 4. orientation. 5. *biol.* tropism.

yönelme /a/ 1. heading/going towards. 2. turning/inclining towards. **— durumu** *gram.* the dative case, the dative.

yönelmek /a/ 1. to head/go towards. 2. to turn/incline towards.

yönelteç 1. steering wheel (of a motorized vehicle). 2. handlebar (of a bicycle/a motorcycle).

yönelti direction (taken by a moving object).

yöneltim *see* **yöneltme.**

yöneltme /ı, a/ 1. directing/steering (someone/something); pointing (something) at. 2. *astr.* orienting/orientating (a telescope, etc.) towards, orientation.

yöneltmek /ı, a/ 1. to direct/steer (someone/something) towards; to point (something) at. 2. *astr.* to orient/orientate (a telescope, etc.) towards.

yönerge directive; instructions.

yönetici manager; administrator. **— sınıf** *sociol.* the ruling class.

yöneticilik 1. management; administration; being a manager/an administrator. 2. manager-

ship; office/function of an administrator.
yönetilmek to be managed; to be administered; to be controlled; to be governed; to be conducted, be directed, be led.
yönetim management; administration; government; direction. **— biçimi** regime, system of government. **— kurulu** executive committee; administrative committee; board of directors.
yönetimevi, -ni administrative headquarters (of an enterprise/an organization).
yönetimsel managerial; administrative.
yönetimyeri, -ni see **yönetimevi**.
yönetmek /ı/ to manage; to administer; to control; to govern; to conduct, direct, lead.
yönetmelik (written) regulations/statutes/instructions.
yönetmen 1. director; manager; executive. 2. director (of a play/a motion picture).
yönetmenlik 1. direction; management; being a director/a manager. 2. directorship; managership. 3. director's office; manager's office (room/suite in which a director/a manager works).
yönetsel managerial; administrative.
yöneylem used in: **— araştırması** operations research, Brit. operational research.
yönlendirme /ı, a/ directing/steering/orienting (someone) towards.
yönlendirmek /ı, a/ to direct/steer/orient (someone) towards.
yönlü 1. (matter/problem) which has (a specified number of) sides/aspects: **çok yönlü bir soru** a many-sided question. 2. math. directed (line segment, vector). 3. (road) on which traffic may proceed in (one/two) directions: **tek yönlü sokak** a one-way street. **iki yönlü sokak** a two-way street. 4. (someone) who has (many) abilities/talents: **çok yönlü bir adam** a man of parts.
yönseme psych. tendency.
yöntem method, procedure, system.
yöntembilim methodology.
yöntembilimsel methodological.
yöntemli done methodically, methodical, systematic.
yöntemlilik methodicalness, systematicness.
yöntemsel of or relating to method, methodical, procedural.
yöntemsiz not done methodically, unmethodical, methodless, unsystematic, systemless.
yöntemsizlik lack of method, lack of system.
yöre area around/near (someone/something); neighborhood, vicinity, environs, region: **Kadıköy ve yöresi** Kadıköy and the places near it. **Sarıyer yöresinde** in the vicinity of Sarıyer. **Yöresini sardılar.** They surrounded him.
yörekent, -ti suburb.
yöresel local, of or relating to a locality.

yöresellik localness.
Yörük Yuruk, Juruk (one of a nomadic shepherd people of Anatolia).
yörük see **yürük**.
yörünge orbit; trajectory. **—sine oturmak** 1. (for a satellite) to go into orbit. 2. colloq. (for something) to start to go well.
YTL (abbr. for **Yeni Türk Lirası**) New Turkish Lira.
yudum swallow/draught/gulp/sip/sup (of a liquid). **— yudum** in small swallows.
yudumlamak /ı/ to sip.
yudumlanmak to be sipped.
yudumluk (so many) swallows/sips of (a liquid): **bir yudumluk su** a sip of water.
yuf used to express a mixture of disgust and sadness: **Yuf sana!** Why'd you do that, damn it? **Yuf ervahına!** Why the hell'd you have to do that? **— okumak/— borusu çalmak /a/** colloq. to curse, revile (someone) (out of commingled disgust and sadness).
yufka 1. phyllo, filo, a very thin sheet of dough. 2. colloq. weak, fragile; not tough or durable; flimsy. 3. colloq. thin. **— açmak** to roll dough thin. **— ekmeği** a bread baked in very thin sheets. **— yürekli** colloq. tenderhearted.
yufkaböreği, -ni a börek made with phyllo.
yufkacı maker or seller of phyllo.
yufkacılık making or selling phyllo.
Yugoslav hist. 1. (a) Yugoslav, (a) Jugoslav, (a) Yugoslavian, (a) Jugoslavian. 2. Yugoslavian, Jugoslavian; of Yugoslavia; of the Yugoslavs.
Yugoslavya hist. 1. Yugoslavia, Jugoslavia. 2. Yugoslavian, Jugoslavian, of Yugoslavia.
Yugoslavyalı hist. 1. (a) Yugoslav, (a) Jugoslav, (a) Yugoslavian, (a) Jugoslavian. 2. Yugoslav, Yugoslavian (person).
yuğmak /ı/ prov. to wash.
yuh Boo!/Yuk!/Ugh! **— çekmek /a/** to boo, jeer.
yuha Boo!/Yuk!/Ugh! (said by a group of people). **— çekmek /a/, —ya tutmak /ı/** to boo, jeer.
yuhalamak /ı/ to boo, jeer.
yuhalanmak to be booed, be jeered.
yukaç geol. anticline, anticlinal.
yukarı 1. upper part; upstairs. 2. upper; upstairs: **yukarı daire** the upstairs flat. **Yukarı Mısır** Upper Egypt. 3. upper, superior in social position: **yukarı sınıf** the upper class. 4. (moving) up; (going) upstairs: **Yukarı çıktı.** He went upstairs. **—da** 1. above; upstairs. 2. (holding one's head) high: **Başı yukarıda yürürdü.** She would walk with her head held high. **—dan** 1. from above. 2. from upstairs. 3. colloq. from the boss; from the top brass; from above, from the top. **—dan almak** colloq. to behave in an aggressive, unyielding manner; to show an unwillingness to compromise. **—dan aşağı süzmek /ı/** colloq. to give (someone) the once-over, scrutinize (someone) appraisingly

from head to toe. **—dan bakmak** /a/ *colloq.* to look down one's nose at, regard (someone/something) with disdain. **— tükürsem bıyık, aşağı tükürsem sakal.** *colloq.* I'm faced with an impossible choice./I'm damned if I don't (do it), and I'm damned if I do (do it)./I'm sitting on the horns of a dilemma.

yulaf 1. *bot.* oat. 2. oats (the seed of the oat). **— çorbası** oatmeal porridge, oatmeal. **— ezmesi** 1. rolled oats, oatmeal. 2. oatmeal porridge, oatmeal. **— lapası** *see* **yulaf çorbası**. **— unu** oat flour.

yular halter (for a horse or other equine).

yuma *naut.* hawser (used to tie a ship to a buoy).

yumak ball (of wool/thread/string).

yumak /ı/ *prov.* to wash.

yumaklamak /ı/ 1. to wind (wool/thread/string) into a ball. 2. to make (something) into a ball.

yumaklanmak 1. (for wool/thread/string) to be wound into a ball. 2. to be made into a ball. 3. to ball up, assume the shape of a ball.

yumdurmak /ı/ to cause (someone) to shut (his eyes/mouth) tightly; to cause (someone) to close (his eyes/mouth); to cause (someone) to clench (his fist).

yummak /ı/ to shut (one's eyes/mouth) tightly; to shut (one's eyes/mouth); to clench, double (one's fist).

yumru 1. lump, rounded protuberance/protrusion; knot; knob, gnarl; tuberosity; node, nodosity. 2. *bot.* tuber; tubercle. 3. round and swollen; knobby; tuberous; nodose, nodular. **— kök** *bot.* tuber; tubercle.

yumruayak *path.* clubfoot.

yumrucuk small lump, small rounded protuberance; small knot; small knob; tubercle; nodule.

yumruk 1. fist. 2. blow/sock/punch delivered with the fist. 3. *colloq.* iron hand, fist, harsh and rigorous control. **— atmak** /a/ to hit/sock/punch (someone/something) with one's fist. **— göstermek** /a/ *colloq.* to threaten. **—una güvenmek** *colloq.* to trust that one's brute strength alone will enable one to get one's way. **— hakkı** *colloq.* something gained by brute force. **— indirmek** /a/ *colloq.*, *see* **yumruk atmak**. **— kadar** *colloq.* 1. small, pea-sized, pint-sized (when it should be large). 2. large, as big as a goose egg (when it should be small). 3. (child) who's no bigger than a minute. **— yumruğa gelmek** *colloq.* to come to blows, get into a fist fight.

yumruklamak /ı/ to hit/sock/punch (someone/something) with one's fist.

yumruklanmak to be hit/socked/punched with someone's fist.

yumruklaşmak to have a fist fight.

yumrukoyuncusu, -nu *sports* boxer.

yumrukoyunu, -nu *sports* boxing.

yumruktopu, -nu punching bag.

yumrulanmak to become round and swollen; to become tuberous/nodose/nodular; to become knobby; to form tubers; to form nodules.

yumrulmak *see* **yumrulanmak**.

yumruluk lump, rounded protuberance/protrusion; knot; knob, gnarl; tuberosity; nodosity.

yumuk 1. (tightly) shut (eye/mouth); clenched, doubled (fist). 2. *colloq.* pudgy, chubby. 3. (eye) set deep/buried in a chubby face. **— yumuk** *colloq.* pudgy, chubby.

yumuklaşmak *colloq.* to get pudgy/chubby.

yumulmak 1. (for one's eyes) to shut/close (automatically). 2. (for one's eyes) to narrow. 3. (for one's eyes/mouth) to be tightly shut; (for one's eyes/mouth) to be shut; (for one's fist) to be clenched/doubled. 4. to hunch over/forward, hunker. 5. /a/ to attack.

yumulu 1. tightly shut (eye/mouth); shut (eye/mouth); clenched, doubled (fist). 2. narrowed (eyes). 3. hunched over/forward, hunkered.

yumurcak 1. mischievous child, scamp, little dickens, little monkey, little jackanapes. 2. *prov.*, *path.* bubo (a swelling).

yumurta 1. egg. 2. *biol.* ovum. 3. *anat.* testicle, testis. 4. darning egg. **— akı** egg white, albumen. **—yı çalkamak** (for a broody hen) to turn over the egg it's sitting on. **— çırpacağı** whisk (for beating eggs); eggbeater. **—dan daha dün çıkmış** *colloq.* young and smart-alecky. **— kabuğu** eggshell. **— kapıya dayanmak/gelmek** *colloq.* 1. for a given period of time almost to be up: **yumurta kapıya dayanmadan** *colloq.* while there's still sufficient time. 2. for a situation to become desperate; for someone to be hard pressed. **—ya kulp takmak** *colloq.* to seize upon the most unlikely things as pretexts for criticizing someone/something. **— sarısı** 1. yolk. 2. light orange, deep yellow. **— zarı** egg membrane, egg envelope.

yumurtacı seller of eggs.

yumurtacık *biol.*, *bot.* ovule.

yumurtalı 1. (food) topped with or containing a (cooked) egg. 2. made using eggs/an egg. 3. coated with egg.

yumurtalık 1. *anat.*, *biol.* ovary. 2. eggcup.

yumurtlamak 1. to lay eggs, lay. 2. *biol.* to ovulate. 3. /ı/ to lay (eggs). 4. /ı/ *colloq.* to come out with (a remark).

yumurtlatmak /ı/ to cause (an animal) to lay eggs.

yumuşacık *colloq.* very soft/mild.

yumuşak soft; tender; gentle; mild; yielding; pliable. **— ağızlı** (equine) that takes a bit easily. **— başlı** *colloq.* compliant; tractable; mild; docile. **— damak** *anat.* soft palate. **— huylu atın çifte-**

si pek olur. *proverb* When a mild-mannered person blows his stack, he blows it in a big way. **— su** soft water. **— yüzlü** *colloq.* (someone) who is too kind to refuse a request.
yumuşaklık softness; gentleness; mildness.
yumuşamak 1. to soften, become soft; to become tender. 2. *colloq.* (for someone) to relent/soften/mellow/thaw/unbend.
yumuşatılmak 1. to be softened; to be tenderized. 2. *colloq.* (for someone) to be made to relent/soften/mellow/thaw/unbend.
yumuşatmak /ı/ 1. to soften; to tenderize. 2. *colloq.* to cause (someone) to relent/soften/mellow/thaw/unbend.
yumuşatmalık shock absorber, *Brit.* shock damper, *Brit.* damper.
yuna *prov.* saddle blanket.
yunak *prov.* public bath, bathhouse, Turkish bath.
Yunan Greek, Grecian, of Greece or the Greeks.
Yunanca 1. Greek, the Greek language. 2. (speaking, writing) in Greek, Greek. 3. Greek (speech, writing); spoken in Greek; written in Greek.
Yunanistan 1. Greece. 2. Greek, of Greece.
Yunanistanlı 1. citizen of Greece, Greek citizen. 2. (someone) who is a citizen of Greece.
Yunanlı 1. (a) Greek. 2. Greek (person).
yunmak *prov.* to bathe oneself, bathe, wash oneself, take a bath.
yunus *zool., see* **yunusbalığı.**
yunusbalığı, -nı *zool.* dolphin, porpoise.
yurdu *prov.* the eye of a needle.
yurt 1. homeland of a people/a nation; territory comprising a nation-state. 2. place/area in which one grew up. 3. place which one can call home, home. 4. home, cradle, place which breeds excellent ...: **askerler yurdu** a place which produces top-notch soldiers. 5. hostel, dormitory (for university students). 6. home (for homeless/distressed people): **yetiştirme yurdu** orphanage. 7. place where a particular service is rendered or a particular subject is taught: **sağlık yurdu** clinic. **biçki ve dikiş yurdu** sewing school. **— bilgisi** *see* **yurttaşlık bilgisi. — tutmak** /ı/ to settle in, make (a place) one's home.
yurtlandırmak 1. /ı/ to provide (people) with a homeland/a home. 2. /ı/ to cause (someone) to become the owner of a home. 3. /ı, da/ to settle (people) (in a place).
yurtlanmak 1. to find a homeland, acquire a homeland; to find a home. 2. to become the owner of a home. 3. /da/ to settle in (a place).
yurtluk 1. country estate; big farm. 2. homeland, home.
yurtsal of or relating to the homeland (of a people/a nation).
yurtsamak to be homesick.
yurtsever 1. (a) patriot. 2. patriotic.
yurtseverlik patriotism; patriotic action.
yurttaş 1. citizen. 2. fellow countryman, compatriot. **—lar yasası** civil law (as opposed to *criminal law*).
yurttaşlık citizenship. **— bilgisi** civics (a subject taught in schools).
yusufçuk *zool.* 1. turtledove. 2. dragonfly, skimmer.
yusyumru very round and swollen; very knobby; very tuberous; very nodose/nodular.
yusyuvarlak very round, as round as a ball/top.
yutak *anat.* pharynx.
yutargöze *biol.* phagocyte.
yutkunmak 1. to swallow/gulp, perform the action characteristic of swallowing/gulping something. 2. *colloq.* to be hesitant about saying something.
yutmak /ı/ 1. to swallow (food); to gulp (food). 2. *colloq.* to swallow (an insult); to endure (unpleasant behavior) in silence. 3. (for something) to absorb (a sound). 4. *colloq.* to swallow, fall for, be taken in by, believe. 5. *colloq.* to beat, skunk (someone) (in a game); to win, take (one's opponent's counters, etc.) (while playing a game). 6. *colloq.* to seize/appropriate (another person's property) wrongfully. 7. *colloq.* to learn (something) thoroughly. 8. *colloq.* not to understand/apprehend/catch (an allusive remark).
yutturmaca *colloq.* sly dig/joke (so subtle that the person who is its butt can't understand it).
yutturmak /ı, a/ 1. to cause (someone) to swallow/gulp (food). 2. *colloq.* to make (someone) swallow (an insult); to make (someone) endure (unpleasant behavior). 3. *colloq.* to make (someone) fall for, make (someone) believe (something). 4. *colloq.* to palm (something worthless) off on (someone). 5. *colloq.* to cause (one person) to seize/appropriate (another's property) wrongfully. 6. *colloq.* to have (someone) learn (something) thoroughly.
yutulmak 1. to be swallowed; to be gulped. 2. *colloq.* (for an insult) to be swallowed; (for unpleasant behavior) to be endured in silence. 3. (for a sound) to be absorbed. 4. *colloq.* (for a remark/a story) to be swallowed/believed. 5. *colloq.* to be beaten, be skunked (in a game); (for someone's counters, etc.) to be won, be taken (in the course of a game). 6. *colloq.* (for someone's property) to be seized/appropriated wrongfully. 7. *colloq.* to be learned thoroughly. 8. *colloq.* (for an allusive remark) not to be understood/apprehended/caught.
yutum swallowing, deglutition.
yuva 1. nest. 2. nursery school, preschool. 3. home (for homeless/distressed people). 4.

seat (of learning, etc.). 5. den, lair (of criminals, ne'er-do-wells, etc.). 6. groove; slot; hole; mortise, socket. 7. *anat.* socket: **göz yuvası** eye socket. — **açmak** /da/ to make a groove/a slot/a hole/a socket (in). —**sını bozmak** /ın/ *colloq.* to break up (someone's) marriage. — **kurmak** *colloq.* to set up housekeeping. —**yı yapan dişi kuştur.**/—**yı dişi kuş yapar.** *proverb* It's the wife who knows how to make a house a home. —**sını yapmak** /ın/ *slang* to teach (someone) a lesson, show (someone) a thing or two, give (someone) his comeuppance.
yuvak 1. *math., mech.* cylinder. 2. stone roller (used to pack the surface of a dirt roof).
yuvalamak to nest; to make a nest.
yuvalanmak 1. to get married and settle down; to set up housekeeping. 2. /da/ (for an unwanted group) to get established in, establish themselves in (a place).
yuvar 1. *anat.* corpuscle. 2. *astr.* spheroid.
yuvarlak 1. round, circular. 2. round, spherical, globular. 3. sphere, spherical object; ball. 4. cylinder (of a printing press). — **hesap** a calculation given in round figures. — **sayı** *math.* round number.
yuvarlaklaşmak to become circular/spherical in shape.
yuvarlaklaştırmak /ı/ to round, give (something) a circular/spherical shape.
yuvarlaklık roundness; circularness; sphericalness.
yuvarlamak 1. /ı/ to roll (something) (along a surface). 2. /ı/ to roll (something) up. 3. /ı/ to round, give (something) a circular/spherical shape. 4. /ı/ *math.* to round off. 5. /ı, a/ *colloq.* to send (someone) sprawling (to the ground). 6. /ı/ *slang* to down (food/drink) quickly; to put away, pack away, or polish off (food) quickly. 7. *slang* to tell whopping big lies, tell whoppers.
yuvarlanmak 1. to roll; to turn over and over: **Kaya üstümüze doğru yuvarlanıyordu.** The boulder was rolling straight towards us. 2. to fall, fall down. 3. *colloq.* to die suddenly, up and die, kick the bucket suddenly. 4. to be rolled (along a surface). 5. to be rolled up. 6. to be rounded, be given a circular/spherical shape. 7. /a/ *colloq.* to be sent sprawling (to the ground). 8. *slang* (for food/drink) to be downed quickly; (for food) to be put away, packed away, or polished off quickly. 9. *colloq.* to be fired, get the sack, get the push. **yuvarlanıp gitmek** *colloq.* to manage or get along in a so-so manner. **Yuvarlanan taş yosun tutmaz.** *proverb* A rolling stone gathers no moss.
yuvarlatmak /ı, a/ 1. to have (someone) roll (something) (along a surface). 2. to have (someone) roll (something) up. 3. to have (someone) round (something), have (someone) give (something) a circular/spherical shape. 4. *colloq.* to have (someone) send (someone) sprawling (to the ground). 5. *slang* to have (someone) down (food/drink) quickly; to have (someone) put away, pack away, or polish off (food) quickly.
yuvar yuvar *colloq.* (moving) with a rolling motion: **Yuvar yuvar yürür.** He walks with a rolling gait.
yüce lofty; eminent; exalted; sublime. **Y— Divan** a court of law which only hears cases brought against high government officials.
yücelik loftiness; eminence; exaltedness; sublimity.
yücelim *astr.* culmination.
yücelmek to become lofty/eminent/exalted/sublime.
yüceltilmek 1. to be exalted. 2. *psych.* to be sublimated.
yüceltme /ı/ 1. exalting, exaltation. 2. *psych.* sublimating, sublimation.
yüceltmek /ı/ 1. to exalt. 2. *psych.* to sublimate.
yük, -kü 1. load; burden. 2. cargo; freight; lading. 3. burdensome or difficult task/obligation/responsibility; burden; encumbrance; incubus. 4. electric charge, charge. 5. large, built-in cupboard (where bedding is stored during the day). —**ünü almak** 1. (for something) to take all it can bear/contain/hold. 2. *colloq.* to be drunk, be loaded, be tanked. — **altına girmek** *colloq.* to take on a burdensome or difficult task/obligation/responsibility. —**ün altından kalkmak** *colloq.* 1. to succeed in doing a difficult task, carry out a hard job successfully. 2. to repay a kindness/a favor. — **arabası** 1. vehicle used for moving/transporting things. 2. (horse-drawn) wagon (for transporting things). — **belgesi** bill of lading. — **gemisi** freighter. —**te hafif pahada ağır** *colloq.* (something) which is small, light, and valuable (e.g. a piece of jewelry). — **hayvanı** beast of burden. — **olmak** /a/ to be a burden to. — **tarifesi** schedule of freight rates. —**ünü tutmak** *colloq.* to get rich, make money. — **vagonu** *rail.* freight car, *Brit.* goods wagon. — **vurmak** /a/ to load (an animal).
yükçü porter, person who carries burdens.
yüklem *gram., log.* predicate.
yükleme 1. /ı/ loading/freighting (an animal/a vehicle); /ı, a/ putting (a load) on/in, loading (something) into/on to, loading (someone/an animal/a vehicle) with (something). 2. /ı, a/ giving (someone) the task/the responsibility of (doing something); laying (a task) on (someone), burdening (someone) with (a task). 3. /ı, a/ laying (the blame) on (someone). 4. /ı, a/ charging (something) with (electricity). — **durumu** *gram.* the accusative

yüklemek

case, the accusative.
yüklemek 1. /ı/ to load/freight (an animal/a vehicle); /ı, a/ to put (a load) on/in, load (something) into/on to, load (someone/an animal/a vehicle) with (something). 2. /ı, a/ to give (someone) the task/the responsibility of (doing something); to lay (a task) on (someone), burden (someone) with (a task). 3. /ı, a/ to lay (the blame) on (someone). 4. /ı, a/ to charge (something) with (electricity).
yüklenmek 1. /ı/ to shoulder or take on (a burden/a task/a responsibility). 2. /a/ to push against (someone/something) with all one's weight. 3. /a/ to press, push, put pressure on, pressure (someone). 4. (for rain) to come down hard, fall hard. 5. /a/ to make a strong, concerted attack upon, rush/press (someone) hard. 6. (for someone/an animal/a vehicle) to be loaded/freighted; /a/ (for a load) to be put on/in. 7. /a/ (for a task/a responsibility) to be given to or laid on (someone). 8. (for the blame) to be laid on (someone). 9. /a/ (for an electrical charge) to be given to.
yükletmek /ı, a/ 1. to have (someone) load (someone/an animal/a vehicle); to have (something) loaded in/on. 2. to have (a task/a responsibility) given to or laid upon (someone). 3. to have (the blame) put on (someone). 4. to have (something) charged with (electricity).
yükleyici 1. longshoreman, stevedore. 2. loading machine, loader. 3. (someone) who is a longshoreman, who works as a longshoreman.
yüklü 1. loaded; freighted; loaded/freighted with: **kömür yüklü bir kamyon** a truck loaded with coal. 2. (someone) who's been given a lot of work to do; (someone) who has a lot of work to do. 3. full, demanding (schedule of activities). 4. *prov.* pregnant. 5. *slang* drunk, loaded, tanked. 6. *slang* rich, loaded. — **bir para** *colloq.* a lot of money, a big sum of money.
yüklük large, built-in cupboard (where bedding is stored during the day).
yüksek 1. high; lofty. 2. lofty, noble. 3. high; great; intense; big: **yüksek basınç** high pressure. **yüksek frekans** high frequency. **yüksek bir fiyat** a high price. **yüksek bir meblağ** a big sum. 4. high, superior in status: **yüksek okul** institution of higher education. 5. loud/raised (voice). 6. (sea) marked by high waves, high. 7. high, superior (quality). 8. high place; height. 9. (playing a game) for high stakes. — **atlama** *sports* high jumping. —**ten atmak** *colloq.* to talk big, claim to be able to do that which one can't. —**ten bakmak** /a/ *colloq.* to look down one's nose at, regard (someone) as inferior to oneself. — **çözünürlük** *comp.* high resolution. Y— **Denizcilik Okulu** Merchant Marine Academy. —**lerde dolaşmak** *colloq.* to pursue the impossible, chase rainbows. — **fırın** blast furnace. Y— **İslam Enstitüsü** Higher Institute for Islamic Studies. — **kabartma** sculpture high relief (as opposed to *bas-relief*). — **kan basıncı** high blood pressure, hypertension. — **mimar** architect whose professional training has included the completion of a five-year university course. — **mühendis** engineer whose professional training has included the completion of a five-year university course. — **perdeden konuşmak** 1. *colloq.* to talk in a peremptory manner; to talk challengingly. 2. to talk in a loud voice. Y— **Seçim Kurulu** the Election Commission (a group of officials charged with supervising a national election). — **sesle** (reading/speaking) aloud. — **tansiyon** high blood pressure, hypertension. —**ten/—lerde uçmak** *colloq.*, see **yükseklerde dolaşmak**. — **ustura** *slang* whopping big lie, whopper. — **yoğunluk** *comp.* high density. — **yoğunluklu** *comp.* high-density.
yükseklik 1. height; highness; loftiness. 2. elevation; altitude. 3. *geom.* altitude. 4. loftiness, nobility. 5. loudness (of a voice). 6. high place, height. — **korkusu** acrophobia.
yükseklikölçer altimeter.
yüksekokul institution of higher education.
yükseköğretim higher education.
yükselim *astr.* 1. right ascension. 2. declination.
yükselmek 1. to rise, ascend. 2. to rise, increase, mount. 3. (for a voice) to get louder, rise in volume. 4. to rise (in someone's estimation). 5. to rise, advance, be promoted; to better oneself, come up in the world.
yükselteç *elec.* amplifier.
yükselti 1. elevation, altitude, height above sea level. 2. *astr.* elevation. 3. bench mark. — **çizgisi** contour line (on a map). — **haritası** contour map. — **rahatsızlığı** altitude sickness.
yükseltmek 1. /ı/ to raise, elevate, increase the height of (something), make (something) higher: **Binayı bir kat yükseltmeye karar verdiler.** They decided to make the building one story higher. 2. /ı/ to raise, increase: **Sesini yükseltti.** He raised his voice. **Gazetenin fiyatını yükselttiler.** They've raised the price of the newspaper. 3. /ı/ to turn up, increase (the sound of) (a radio, television, etc.): **Radyonun sesini yükseltti.** He turned up the radio. 4. /ı/ *elec.* to amplify. 5. /ı/ to exalt the dignity/the worth/the ability of. 6. /ı, a/ to promote, raise (someone) to (a higher rank). 7. /ı, a/ to raise (a number) to (a higher power): **Beşi onuncu kuvvete yükselt.** Raise five to the tenth power.
yüksük 1. thimble (used in sewing). 2. *bot.* cupule, cup (as an acorn cup). 3. *bot.* root cap, calyptra. — **kadar** *colloq.* 1. very small

amount, thimbleful. 2. a very small amount of, a thimbleful of. 3. very small, no bigger than one's thumb. **—le ölçmek** /ı/ to dole (something) out very sparingly, dole (something) out by the thimbleful.
yüksükotu, -nu *bot.* foxglove, thimbleflower.
yüksünmek /dan/ to regard (someone/something) as a burden; to find (someone/something) burdensome or hard to bear.
yüküm obligation, liability.
yükümlenmek /ı/ 1. to bind oneself to (do something); to undertake to (do something). 2. to act as a guarantor for; to go bond for.
yükümlü 1. /la/ obliged to, obligated to, bound to (do something). 2. person who is obliged to do something: **vergi yükümlüsü** person who is obliged to pay taxes, taxpayer.
yükümlülük obligation, liability.
yün 1. wool. 2. wool clipped in the fall. 3. wool, woolen, made of wool.
yünlenmek (for an animal) to grow a new fleece, grow a new coat of wool.
yünlü 1. wool, woolen, made of wool. 2. (cloth) which contains wool. 3. fabric/garment made completely/partly of wool, woolen.
yürek 1. heart. 2. *med.* cardio-, cardi-. 3. *med.* cardiac. 4. *colloq.* courage, stoutheartedness, guts. 5. *colloq.* pity, compassion. 6. *colloq.* heart, heartstrings, emotions. 7. *prov.* stomach, belly. **—ten** very sincerely, from the heart, from the bottom of one's heart. **—ler acısı** *colloq.* heartbreaking, heartrending. **—i ağzına gelmek** *colloq.* for one's heart to leap into one's mouth, for one's heart to miss/skip a beat. **—ine ateş düşmek** *colloq.* to suffer a grievous emotional blow. **—i atmak** 1. for one's heart to beat. 2. *colloq.* for one's heart to pound with excitement. **—i bayılmak** *colloq.* to be very hungry, be caving in. **—i cız etmek/cızlamak** *colloq.* to be suddenly overwhelmed by a flood of pity/compassion. **— çarpıntısı** 1. palpitation of the heart. 2. agitation, anxiety. **—i çarpmak** 1. for one's heart to palpitate. 2. *colloq.* for one's heart to pound with excitement. **—i dar** *colloq.* impatient; restive, fidgety. **—i dayanmamak** /a/ *colloq.* to be unable to bear/stand. **—i delik** *prov.* troubled. **—ine dert olmak** /ın/ *colloq.* (for something) to be a source of pain and regret for (someone). **—i dolu** *colloq.* (someone) whose heart is full of bitterness over an old insult/wrong. **—i ezilmek** *colloq.* 1. to be very moved, for one's heart to be wrenched. 2. to be very hungry, be caving in. **—i ferahlamak** *colloq.* to feel relieved, breathe easily/freely. **—i geniş** *colloq.* carefree, happy-go-lucky, easygoing. **—i hop etmek/hoplamak** *colloq.* for one's heart to miss/skip a beat, for one's heart to leap into one's mouth; (for someone) to get/have a fright. **—ine inmek** *colloq.* 1. (for a great sadness) to kill someone, deal someone a mortal blow. 2. to die then and there. 3. (for a sad event) to make someone suffer grievously, hit someone very hard. **—ine işlemek** /ın/ *colloq.* to wound/hurt (someone) deeply, cut (someone) to the quick. **—i kabarmak** *colloq.* 1. to feel sick at one's stomach, feel nauseated. 2. for one's heart to feel heavy; (for someone) to feel a tightness in his chest (owing to extreme sadness/suffering). **—i kaldıramamak** /ı/ *colloq.* to be unable to stand/bear (something). **—ini kaldırmak** /ın/ *colloq.* to make (one's) heart miss/skip a beat, give (one) a sudden fright. **—i kalkmak** *colloq.* to get excited/agitated, for one's heart to begin to pound with excitement/agitation. **—i kan ağlamak** *colloq.* to be deeply grieved. **—ine kar yağmak** /ın/ *colloq.* to feel pangs of jealousy/envy. **— karası** *colloq.* 1. regret felt for a crime/a misdeed one has committed. 2. crime; misdeed. **—i kararmak** *colloq.* to be beset by a feeling of pessimism/hopelessness, lose heart. **—i katı** *colloq.* hardhearted. **— katılığı** *colloq.* hardness of heart, hardheartedness. **—i katılmak** *colloq.* for one's heart to feel so tight that one can't breathe easily (after weeping). **—i kopmak** *prov.* 1. to be badly frightened, be scared out of one's wits. 2. to be stricken with a sudden, very sharp pain. **—ine od düşmek** *colloq.*, see **yüreğine ateş düşmek**. **—ine oturmak** /ın/ *colloq.* 1. to plunge (someone) into deep sadness. 2. to affect one deeply, work its way into one. **—i oynamak** *colloq.* for one's heart to miss/skip a beat, for one's heart to leap into one's mouth; (for someone) to get/have a fright. **—i parçalanmak/parça parça olmak** *colloq.* for one's heart to be wrenched (upon seeing something sad). **—i pek** *colloq.* 1. hardhearted. 2. fearless, stouthearted. **—ini pek tutmak** *colloq.* to be brave, keep up one's courage. **—i rahatlamak** *colloq.* to feel relieved, breathe easily/freely. **— Selanik** /da/ *joc.* coward, chicken: **Onda yürek Selanik!** He's a chicken!/He's chicken-livered! **—i serinlemek** *colloq.* to feel a bit less sad. **—i sıkılmak** *colloq.* to feel depressed/bored. **—i sızlamak** *colloq.* to be very moved (by a pathetic sight). **—ine (soğuk) su serpilmek** *colloq.* to alleviate (one's) sadness/anxiety/depression; to make (one) feel better, lighten/gladden (one's) heart. **—i şişmek** *colloq.* to feel very weary/bored/depressed (after having endured something for a long time). **—i temiz** *colloq.* kindly, well-meaning. **—i tükenmek/— tüketmek** *colloq.* to wear oneself out (trying to explain something). **— vermek** /a/ *colloq.* to give (someone) courage,

yüreklendirmek

embolden. **—i yağ bağlamak** *colloq.* to feel very pleased (about), feel as pleased as Punch (about). **—inin yağı erimek** *colloq.* to be very sad/upset. **—i yanık** *colloq.* 1. (someone) whose heart is heavy with sorrow/anguish. 2. (someone) who's been smitten by a disaster/a calamity. **—i yanmak** *colloq.* 1. to be deeply grieved, feel deep grief. 2. to feel very sorry. 3. to be smitten by a disaster/a calamity. **—i yaralı** *colloq.* (someone) whose heart is heavy with sorrow/anguish. **— yarası** *colloq.* source of deep sorrow/anguish. **—i yarılmak** *colloq.* to be badly frightened, be scared out of one's wits. **—i yerinden oynamak** *colloq.* for one's heart to miss/skip a beat, for one's heart to come into one's mouth; (for someone) to get/have a fright. **—ini yoklamak** /ın/ *colloq.* to sound/feel (someone) out. **—i yufka** *colloq.* tenderhearted, compassionate.

yüreklendirmek /ı/ to give (someone) courage, embolden.

yüreklenmek to take courage.

yürekli brave, courageous, stouthearted.

yüreklilik courageousness, stoutheartedness.

yüreksiz fainthearted, cowardly.

yüreksizlik faintheartedness, cowardliness.

Yürük *see* **Yörük.**

yürük 1. fast, fleet, fleet-footed. 2. nomad. **— semai** *classical Turkish mus.* 1. an **usul.** 2. a form of vocal music sung just before the instrumental piece at the end of a **fasıl.**

yürümek 1. to walk. 2. to march. 3. (for something) to move/go forward, go on, advance. 4. to make haste, hurry, go quickly. 5. /a/ (for a tree's sap) to rise: **Dallara su yürümeye başladı.** The sap's begun to rise. 6. (for something) to continue or go on (in a certain manner). 7. (for something) to go well, go as it should. 8. (for interest on money) to accumulate. 9. /a/ (for soldiers) to march on, advance on (a place). 10. /la/ (for a vehicle) to run on, be powered by. 11. (for a machine) to function, work, run. 12. *slang* to die, pass away. 13. /a/ to go so far as to (do something). 14. *colloq.* (for someone) to resign his job, quit. 15. *colloq.* (for something) to vanish; (for something) to be stolen, be swiped. 16. /ı/ to walk across, cross. **Yürü!** *colloq.* Get going!/Get moving!

yürünmek *impersonal passive* to walk.

yürürlük (a law's) being in force; validity. **—e girmek** (for a law) to go into effect, come into force, take effect. **—e konmak** to be brought/put into effect, be put into force. **—te olmak** to be in force, be in effect.

yürüteç walker, baby walker.

yürütmek /ı/ 1. to have (someone) walk. 2. to carry out, perform, carry on, do, or make a go of (a job). 3. to administer, apply, carry out (a law/a decision); to put (a law) into force. 4. to get (something) accepted. 5. to put forward (a thought/a proposal). 6. *colloq.* to remove (someone) (from his job); to fire (someone). 7. *colloq.* to steal, lift, pinch, *Brit.* nick. 8. *slang* to kill, bump (someone) off.

yürütüm execution, carrying out.

yürüyen 1. (someone) who is walking; (an animal) that is walking. 2. person who is going on foot; walker. **— merdiven** escalator.

yürüyüş 1. walking; way of walking, gait. 2. marching; way of marching. 3. walk (done for exercise). 4. march (especially one organized to protest/proclaim something). **—e çıkmak** to go out for a walk. **— yapmak** 1. to go on a walk. 2. to hold a protest march; to hold a march to proclaim something.

yüz one hundred; hundred. **—de yüz** 1. *colloq.* sure, certain, bound: **Halil yüzde yüz gelir.** Halil's sure to come. 2. one hundred percent, every bit, all: **Bu evin yüzde yüzü senin.** You own every inch of this house.

yüz 1. face (of a person/an animal). 2. face (the front, exposed, finished, dressed, or otherwise specially prepared surface of something): **kumaşın yüzü** the face of the cloth. **dağın kuzey yüzü** the north face of the mountain. **binanın yüzü** the building's façade. **paltonun yüzü** the outer side of the coat. 3. surface: **suyun yüzü** the surface of the water. 4. cloth which encloses the stuffing of a cushion/a pillow, case; mattress ticking; cloth used to cover a chair/a sofa, upholstery, upholstering. 5. sense of shame, shame: **Sende hiç yüz yok mu?** Have you no shame? **Ne yüzle ondan böyle bir şey isteyebilirsin?** How can you have the gall to ask her for such a thing? 6. side: **ırmağın öte yüzünde** on the other side of the river. **problemin bu yüzü** this aspect of the problem. 7. cutting edge, face (of a knife blade or other sharp tool). **—ü açılmak** *colloq.* for (a thing's) beauty to become evident/apparent, begin to shine forth. **—ünü ağartmak** /ın/ *colloq.* to give (someone/oneself) just cause for pride, do something that (someone/one) can take pride in. **—ü ak** *colloq.* (someone) who has no cause to be ashamed, who has nothing to be ashamed of. **—ü ak olsun!** Bless him! *(said to express gratitude).* **—ünün akıyla çıkmak** /dan/ *colloq.* 1. to manage to finish (a job) with one's honor unsullied. 2. to succeed in doing (a job) as it should be done. **—ünden akmak** /ın/ *colloq.* (for something) to be evident from the look on (someone's) face; (for something) to be evident from the way (someone) looks, be written all over (someone). **—ü asılmak** *colloq.* for a sour look or frown to come over (someone's) face. —üne atmak /ı/ *colloq.* to return/refuse/reject (something) insultingly. —üne bağırmak /ın/ to shout at (someone) angrily and rudely. —üne bakılacak gibi/—üne bakılır *colloq.* not bad looking, of middling looks. —üne bakılmaz *colloq.* very ugly (person). —üne bakmamak /ın/ *colloq.* 1. not to pay attention to (someone). 2. not to speak to (someone) (because one is angry with him/her). —üne bakmaya kıyılmaz *colloq.* very beautiful. — bulmak *colloq.* to get presumptuous/insolent/uppity (after having been treated kindly or indulged). — bulunca/verince astar ister. *colloq.* If you give him an inch he'll take a mile. —ünü buruşturmak *colloq.* to get a sour look on one's face. — çevirmek /dan/ *colloq.* to break off relations with, have nothing more to do with (someone). —e çıkmak 1. to come to the surface. 2. *colloq.* to get presumptuous/insolent/uppity. —ünün derisi kalın *colloq.* thick-skinned and brazen, brazenfaced, shameless. —ünden düşen bin parça olmak *colloq.* to wear a very sour face. —ünü ekşitmek *colloq.* to get a sour look on one's face. — geri etmek *colloq.* to turn back; to retreat; to retrace one's steps. (...) —ü görmek *colloq.* to experience, have: **İki yıldır rahat yüzü görmedim.** I haven't had a moment's peace for two years now. **O çocuk hayatında dert yüzü görmedi.** That kid's never had a worry in his life. — göstermek *colloq.* to happen, occur, take place. — göz (someone's) whole/entire face. —ü gözü açılmak *colloq.* 1. to be informed about sex, learn about the birds and the bees, be clued in on what sex is all about. 2. to begin to understand what the world is really like. —ünü gözünü açmak /ın/ *colloq.* 1. to inform (someone) about sex, teach (someone) about the birds and the bees, clue (someone) in on what sex is all about. 2. to cause (someone) to begin to understand what the world is really like. —üne gözüne bulaştırmak /ı/ *colloq.* to make a complete mess of (something), ball (something) up completely. — göz olmak /la/ *colloq.* to get to be on overly familiar terms with (someone). —ünü güldürmek /ın/ *colloq.* to make (someone) happy; to please (someone). — ü gülmek *colloq.* to be happy; to be pleased. —üne gülmek /ın/ *colloq.* to smile at (someone) hypocritically, make an essentially false display of friendship towards (someone). — kalıbı plaster mask of a person's face. —ü kalmamak /a, karşı/ *colloq.* not to have the nerve/the gall to ask (someone) for something. —ünden kan damlamak *colloq.* to be very healthy and rosy-cheeked, be in the pink of health. —üne kan gelmek *colloq.* to recover one's health and color. —ü kara *colloq.* (someone) who has something to be ashamed of, who has done something shameful. —ünü kara çıkarmak /ın/ *colloq.* to shame/embarrass (someone) greatly (by discrediting him). —üne karşı /ın/ to (someone's) face. —ü kasap süngeriyle silinmiş *colloq.* thick-skinned and brazen, brazenfaced, shameless. — kızartıcı *colloq.* shameful, disgraceful. —ünü kızartmak /ın/ *colloq.* to shame (someone). — kızdırmak/kızartmak *colloq.* to set aside one's pride, forget about one's pride (and do something one considers to be beneath one). —ünden okumak /ı/ *colloq.* to read (something) in someone's face, understand how (a situation) is by looking at someone's face. —ü pek *colloq.* 1. plainspoken, blunt, (someone) who unhesitatingly says what he thinks; (someone) who finds it easy to say no to a request. 2. thick-skinned and brazen, brazenfaced, shameless. —ü sıcak *colloq.* disarmingly attractive. —ü sirke satıyor. *colloq.* He's got a look that's as sour as vinegar. —ü soğuk *colloq.* repulsive, repellent, repugnant. —ü suyu hürmetine/—ü suyuna /ın/ *colloq.* for the sake of, for (someone's) sake. — surat davul derisi. *colloq.* He's about as thick-skinned and brazen as they come. — surat hak getire. *colloq.* 1. He's about as thick-skinned and brazen as they come. 2. He's got a look that's as sour as vinegar. 3. Her face is a disaster area (i.e. She hasn't put on makeup, combed her hair, etc.). — surat mahkeme duvarı. *colloq.* He's got a look that's as sour as vinegar. — sürmek /a/ 1. to pay one's humble respects to (a superior). 2. to make (someone) a very low bow. —ünü şeytan görsün! *colloq.* The devil take him! —ünde şeytan tüyü var. *colloq.* He's/She's got something about him/her that charms everybody. — tutmak /a/ to begin to (enter into a certain state): **Ağaçlar yeşermeye yüz tuttu.** The trees have begun to leaf out. **Bina haraba yüz tuttu.** The building is turning into a ruin. —ü tutmamak /a/ *colloq.* not to be shameless/brazen enough to, not to be so shameless that he can, not to have the nerve to (do something). — vermek /a/ *colloq.* to indulge, be indulgent to. —üne vurmak/çarpmak /ı/ *colloq.* to reproach (someone) with (something) to his face; to accuse (someone) of (something) to his face; to reproach (someone) sharply for (something), cast (something) in (someone's) teeth. — yastığı pillow. —ü yerde *colloq.* humble. —ü yere gelmek *colloq.* to feel ashamed for someone, feel ashamed on someone's behalf. —ünü yere getirmek /ın/ *colloq.* to shame, cause (someone) to feel shame. —ü yok. /a/ *colloq.* 1.

He's not shameless enough (to do it)./He's not brazen enough (to do it)./He hasn't got the gall/the nerve (to do it). 2. He can't resist (something)./He's got a weakness for (something): **Pokere yüzü yok.** He can't resist a game of poker. **—ü yumuşak** *colloq.* too kind to turn down a request. **— yüze bakmak** *colloq.* to be in the position of having frequently to meet each other face to face. **— yüze gelmek** /la/ *colloq.* to meet (someone) face to face.

yüzakı, -nı honor, good name, reputation for high standards of conduct.

yüzaklığı, -nı see **yüzakı.**

yüzbaşı, -yı *mil.* captain.

yüzbaşılık *mil.* 1. captaincy (post/rank/commission of a captain). 2. captainship, being a captain.

yüzde 1. percent; percentage: **yüzde yirmi beş indirim** a twenty-five percent discount. **Öğrencilerin yüzde onu sınavı veremedi.** Ten percent of the students failed the test. **faiz yüzdesi** rate of interest, interest rate. 2. commission, percentage, cut (given to a middleman).

yüzdelik 1. commission, percentage, cut (given to a middleman). 2. percentile.

yüzdürme 1. /ı, a/ having (someone) skin (an animal). 2. /ı, a/ *colloq.* having (one person) swindle/skin (another). 3. /ı/ *slang* firing, giving (someone) the sack.

yüzdürme 1. /ı/ having/letting (someone) swim. 2. /ı/ causing (something) to float (on the water/in the air). 3. /ı/ raising and refloating (a sunken ship). 4. *chem., mining* flotation.

yüzdürmek 1. /ı, a/ to have (someone) skin (an animal). 2. /ı, a/ *colloq.* to have (one person) swindle/skin (another). 3. /ı/ *slang* to fire, give (someone) the sack.

yüzdürmek /ı/ 1. to have/let (someone) swim. 2. to cause (something) to float (on the water/in the air). 3. to raise and refloat (a sunken ship).

yüzegelen *colloq.* prominent, important (people): **yüzegelen kişiler** big shots.

yüzer a hundred each, a hundred apiece. **— yüzer** in groups of one hundred; one hundred at a time.

yüzer (something) which floats, floating: **yüzer çapa** sea anchor, floating anchor. **yüzer havuz** floating dry dock. **yüzer köprü** floating bridge. **yüzer vinç** floating crane.

yüzergezer amphibious vehicle, amphibian.

yüzerlik (things) designed to hold one hundred things each: **yüzerlik kitap kutuları** boxes designed to hold one hundred books each.

yüzertop, -pu *mech.* float (of a ball cock).

yüzey 1. (a) surface. 2. *geom.* (a) plane. **— gerilimi** surface tension.

yüzeysel 1. surface, superficial, pertaining to a surface. 2. superficial; shallow; cursory.

yüzeysellik superficiality, superficialness.

yüzeytaş *geol.* volcanic rock.

yüzgeç 1. fin (of a fish). 2. swimmer, natator. 3. natatorial (animal). 4. buoyant (thing).

yüzgörümlüğü, -nü present given by a bridegroom to his bride after he has unveiled and seen her face for the first time.

yüzgörümü, -nü see **yüzgörümlüğü.**

yüzkarası, -nı disgrace; disgraceful person/situation/thing.

yüzlemece 1. done in the presence of the person concerned; face-to-face, direct. 2. (doing/saying something) to his/her face, in his/her presence; face to face.

yüzlemek /ı/ to reproach (someone) openly; to accuse (someone) to his face.

yüzlenmek to get impudent, insolent, uppity, sassy, or too big for one's britches.

yüzler *used in:* **— basamağı** *math.* the hundreds place in a decimal.

yüzleşmece face to face, in each other's presence.

yüzleşmek to meet face to face; /la/ to meet (someone) face to face.

yüzleştirmek /ı/ to have (two or more people) confront each other, have (two or more people) meet each other face to face; /ı, la/ to confront (one person) with (another): **Fatma'yı, kendisini suçlayan adamla yüzleştirdiler.** They confronted Fatma with her accuser.

yüzlü (something) which contains or is made up of one hundred people/things.

yüzlü 1. (someone) who has (a certain kind of) face: **güler yüzlü bir adam** a man with a smiling face. 2. (mattress ticking, upholstery, etc.) which has (a certain color) or which is in (a certain condition). 3. *colloq.* impudent, insolent, uppity, uppish. **— yüzlü** *prov.* shamelessly.

yüzlük 1. (something) designed to hold one hundred things. 2. (someone) who has reached or is past the age of a hundred, centenarian. 3. (something) worth one hundred liras. 4. (something) weighing one hundred grams/kilos. 5. note worth one hundred liras. 6. *math., see* **yüzler basamağı.** 7. (a) centenarian.

yüzlük 1. cloth suitable for use as mattress ticking, upholstery, or casing for a cushion/a pillow. 2. mask (worn over the face).

yüzme /ı/ 1. skinning, flaying (an animal). 2. *colloq.* swindling, skinning (someone).

yüzme 1. swimming, natation. 2. floating, flotation. **— havuzu** swimming pool, *Brit.* swimming bath.

yüzmek /ı/ 1. to skin, flay (an animal). 2. *colloq.* to swindle, skin (someone). **yüzüp yüzüp kuyruğuna gelmek** *colloq.* finally to be on the verge of finishing a long-drawn-out task.

yüzmek 1. to swim. 2. to float (on water/in the

air). 3. /içinde/ *colloq.* to be covered with, be thickly coated with, be thick with: **Kitaplar toz içinde yüzüyor.** The books are thick with dust.
4. /içinde/ *colloq.* to wallow in, swim in: **Servet içinde yüzüyor.** He's wallowing in wealth.
5. /içinde/ *colloq.* (for a garment) to be much too big for one, swallow one: **Bu paltonun içinde yüzüyorum.** This coat swallows me.
yüznumara toilet, john, *Brit.* loo.
yüzölçümü, -nü area (in square meters, centimeters, etc.).
yüzsuyu *used in:* — **dökmek** *colloq.* to plead in a demeaning way, grovel.
yüzsüz shameless, brazenfaced, brazen.
yüzsüzlük shamelessness, effrontery, brazenness, gall, nerve, chutzpah, hutzpah.
yüzücü 1. skinner, flayer (of animals). 2. *colloq.* swindler, shark, sharper, sharpie.
yüzücü swimmer, natator.
yüzük ring (worn on a finger). **—ü geri çevirmek/atmak** to break off an engagement (to be married). **— oyunu** a parlor game somewhat similar to up Jenkins.
yüzükoyun (lying/falling) facedown, prone, pronely, prostrate, procumbent. **— düşmek** to fall flat on one's face.
yüzükparmağı, -nı the finger next to the little finger; ring finger.
yüzülmek 1. (for an animal) to be skinned, be flayed. 2. *colloq.* to be swindled, be skinned.
yüzülmek *impersonal passive* to swim.
yüzüncü hundredth, one hundredth.
yüzüstü (lying/falling) facedown, prone, pronely, prostrate, procumbent. **— bırakmak /ı/** *colloq.* 1. to leave (someone) in the lurch, leave (someone) sitting high and dry. 2. to leave (something) unfinished, leave (something) incomplete. **— kalmak** *colloq.* (for something) to be left unfinished, be left incomplete.
yüzyıl century (a period of one hundred years).
yüzyıllık (something) which has lasted/continued for a century; (something) which has lasted/continued for (a part of) a century; (something) which has lasted for (a specified number of) centuries; one hundred-year-old, hundred-year-old: **Altı yüzyıllık bir imparatorluk idi.** It was an empire that lasted six centuries.
yüzyıllık bir meşe a hundred-year-old oak.

Z

Z the letter Z.
zaaf 1. weakness; infirmity; debility. 2. /a/ weakness for, inability to resist: **İçkiye zaafı var.** He has a weakness for drink.
zabıt, -ptı 1. minutes (of a meeting). 2. (written) proceedings (of a legislative assembly). 3. court record, transcript. 4. police report. — **kâtibi** 1. keeper of the minutes (of a meeting). 2. person who records the proceedings (of a legislative assembly). 3. *law* court reporter. — **tutmak** 1. to take down the minutes (of a meeting). 2. to record the proceedings (of a legislative assembly/court of law). 3. (for a policeman) to write down a report.
zabıta 1. a municipal police force charged with seeing that various laws and ordinances are observed, especially those dealing with prices, fair marketing, building construction, and sanitation. 2. police force.
zabıtname *obs.* 1. minutes (of a meeting); minute book. 2. (written) proceedings (of a legislative assembly). 3. court record, transcript. 4. police report.
zabit, -ti 1. *obs., mil.* officer. 2. *colloq.* (someone) who knows how to get what he wants.
zabitlik *obs., mil.* rank or duties of an officer; officership; being an officer.
zaç, -çı vitriol; iron sulfate; zinc sulfate.
zaçyağı, -nı oil of vitriol, sulfuric acid.
zadegân *obs.* elite; upper crust; aristocrats.
zafer victory, triumph. — **işareti** V sign. — **kazanmak** to win a victory. — **takı** arch. triumphal arch.
zafiyet, -ti weakness; infirmity; debilitation, debility.
zagon *slang* way, method, solution.
zağ *prov.* metal filings (adhering to a metal blade after it has been ground).
zağanos *zool.* an eagle owl (used to hunt game).
zağar terrier (a kind of dog).
zağlamak /ı/ *prov.* to whet (a metal blade) so as to remove the filings adhering to it.
zağlanmak *prov.* (for a metal blade) to be so whetted as to remove the filings adhering to it.
zağlı *prov.* whetted to a sharp edge.
zahir *obs.* 1. clear, evident. 2. outer appearance. 3. apparently, it seems that ...: **Yanılmışım zahir.** Apparently I'm mistaken. 4. certainly, of course. —**de** outwardly; to all appearances.
zahire 1. stock of grain. 2. stock of foodstuffs, stores, provisions. — **ambarı** 1. granary. 2. storehouse for foodstuffs.
zahiren *obs.* outwardly; to all appearances.
zahiri *obs.* 1. external, outward. 2. artificial, feigned, pretended.
zahit *obs.* 1. (someone) who shuns the world and its pleasures to devote himself to worship and pious works, ascetic. 2. person who shuns the world and its pleasures to devote himself to worship and pious works, (an) ascetic.
zahmet, -ti trouble, difficulty, inconvenience. — **çekmek** to have trouble, have difficulty. —**e değmek** (for something) to be worth the trouble (it takes to do it). —**e değmez.** *colloq.* It's not worth the trouble. — **etmek** 1. to put oneself out, inconvenience oneself. 2. /a, kadar/ to take the trouble to come/go to, be so kind as to come/go to (a place): **Büroma kadar zahmet ederseniz vaziyeti size anlatırım.** If you'll be so kind as to come to my office, I'll explain the situation to you. — **etmeyin!** Don't go to any trouble!/Don't put yourself out! —**e girmek** to put oneself out, inconvenience oneself. — **olmazsa ....** if it doesn't put you out .../if it doesn't put you to any trouble .../if it doesn't inconvenience you .... —**e sokmak** /ı/ to put (someone) to trouble, trouble, put (someone) out, inconvenience. — **vermek** /a/ to inconvenience, trouble, put (someone) out.
zahmetli hard/troublesome/difficult/onerous/trying.
zahmetsiz 1. easy, not difficult/onerous/trying. 2. easily, without difficulty.
zahmetsizce easily, without difficulty.
Zaire 1. Zaire. 2. Zairean, Zairian, of Zaire.
Zaireli 1. (a) Zairean, (a) Zairian. 2. Zairean, Zairian (person).
zakkum *bot.* oleander, rosebay.
zalim 1. unjust; oppressive, tyrannical. 2. cruel, unfeeling, heartless. 3. oppressor, tyrant.
zalimane *obs.* 1. unjust/oppressive/tyrannous/tyrannical (thing). 2. cruel/unfeeling/heartless (thing). 3. unjustly; oppressively; tyrannically. 4. cruelly, unfeelingly, heartlessly.
zalimlik 1. unjustness; injustice; oppressiveness; oppression; tyrannicalness; tyranny. 2. cruelness; cruelty; unfeelingness, heartlessness.
zam, -mmı 1. price increase: **Şekere yüzde otuz zam yapıldı.** The price of sugar has been increased by thirty percent. 2. increase, increment (added to one's salary). 3. additional charge, surcharge. — **gelmek** /a/ for the price (of something) to be increased: **Kahveye zam geldi.** The price of coffee has been raised. — **görmek** 1. (for someone) to get an increase in

salary. 2. (for something) to be increased in price.
zaman 1. time: **Zaman nehir gibi akıyor.** Time flows like a river. **Bana zaman lazım.** I need time. **Okan'ın zamanı az.** Okan has little time to spare. **ışık söndürme zamanı** lights-out. 2. time, season: **Kiraz zamanı geldi.** Cherries are now in season. 3. age, era, epoch: **zamanın âlimleri** the learned men of the age. 4. (a person's) youth/prime; the time when one was engaged in a particular activity: **Benim zamanımda bu işyerinin yönetim biçimi bambaşkaydı.** This office was run quite differently in my time. 5. the right time/the time appointed (to do something): **Artık bu işin zamanı geldi.** It's now the right time to do this job. 6. free time: **Bugün hiç zamanım yok.** I've no free time today. 7. *gram.* tense. 8. *mus.* time, meter, rhythm. 9. *geol.* era. 10. when: **geldiği zaman** when he comes/when he came. **—ında** at the proper time, at the right time. **—la** with time, as time passes/passed. **— belirteci** *gram.* adverb of time. **— bırakmak** /a/ to set aside time for, leave time for (something). **— birimi** unit of time. **— eki** *gram.* temporal suffix (for a verb). **—ı geçmek** 1. to be out of date, be outmoded. 2. (for something) to expire, become void (as a result of the passage of time). 3. (for a fruit/a vegetable) no longer to be in season. 4. (for an activity) no longer to be appropriate to the time of year. 5. (for something) to be of no use (because it's too late): **Özür dilemenin zamanı geçti artık.** It's now too late to apologize. **— kazanmak** 1. to save time. 2. (for someone) to gain time. **— kollamak** *colloq.* to be on the lookout for a suitable opportunity, bide one's time. **— öldürmek** *colloq.* to kill time. **— sana uymazsa sen zamana uy.** *proverb* If the times don't conform to you, then you should conform to the times. **—a uymak** to conform to the age in which one lives, move with the times, keep in step with the times. **— vermek** /a/ to set aside time (for) (something). **— zaman** from time to time, occasionally, every now and then, every now and again, every so often. **— zarfı** *gram.* adverb of time.
zamanaşımı, -nı *law* 1. prescription. 2. limitation, time limit. **—na uğramak** to become invalid after a period of time has elapsed.
zamandaş 1. contemporaneous; synchronous. 2. isochronal, isochronous.
zamandaşlık 1. contemporaneity, contemporaneousness; synchronism, synchronicity. 2. isochronism.
zamandizin 1. chronological sequence/table/list; chronology. 2. astrometry.
zamandizinsel chronological, chronologic.

zamane today, the present age *(usually used disparagingly or disapprovingly)*: **Bu zamane gençlerini anlamıyorum.** I don't understand these kids of today. **zamane hastalığı** mal du siècle.
zamanlama timing.
zamanlamak /ı/ 1. to time (something) well, find a very appropriate time for (something) to take place. 2. to arrange a time schedule for (something).
zamanlı timely, well-timed. **— zamansız** *colloq.* (doing something) without stopping to consider whether or not one's doing it at a suitable time: **Zamanlı zamansız bana uğrar.** He drops in to see me at absolutely any time he feels like it.
zamansız untimely, not well-timed.
zamazingo *slang* mistress, paramour.
zambak *bot.* lily.
Zambiya 1. Zambia. 2. Zambian, Zambia, of Zambia.
Zambiyalı 1. (a) Zambian. 2. Zambian (person).
zamir 1. *obs.* (someone's) inner being, inner self, heart, mind. 2. *obs.* hidden aim, secret aim. 3. *gram.* pronoun.
zamk, -kı 1. gum, natural resin, gum resin, or oleoresin (of a tree). 2. glue; paste.
zamkinos *slang* 1. thingamajig, thingamabob, what-do-you-call-it. 2. mistress, paramour. 3. running away, beating it. **— etmek/—u çekmek** *slang* to run away, beat it, make tracks.
zamklamak /ı/ 1. to glue; to paste; to fasten (something) together with glue/paste. 2. to coat/smear (something) with glue/paste.
zamklanmak 1. to be glued; to be pasted; to be fastened together with glue/paste. 2. to be coated/smeared with glue/paste.
zamklı 1. glued; pasted; held together with glue/paste. 2. gummed, coated/smeared with gum: **zamklı etiketler** gummed labels.
zampara 1. womanizer, woman chaser, skirt chaser. 2. (someone) who is a womanizer/a woman chaser/a skirt chaser, woman-chasing, skirt-chasing.
zamparalık chasing after women, skirt chasing. **— etmek** to chase after women.
zan, -nnı 1. supposition, surmise, conjecture, guess. 2. doubt; suspicion. **— altında bulunmak** to be under suspicion.
zanaat, -tı craft, trade.
zanaatçı craftsman.
zangırdamak 1. to rattle, make a rattling noise. 2. (for someone) to tremble/shake violently. 3. (for one's teeth) to chatter.
zangırdatmak /ı/ 1. to rattle, cause (something) to rattle. 2. to cause (someone) to tremble/shake violently. 3. to cause (one's teeth) to chatter.

zangırtı 1. rattle, rattling noise. 2. violent trembling/shaking (of one's body). 3. chattering (of one's teeth).

zangır zangır 1. (shaking) with a rattle, rattlingly. 2. (someone's shaking/trembling) violently. 3. (teeth's chattering) violently.

zangoç sexton, custodian, caretaker (of a church). **— gibi başına dikilmek/— gibi başında durmak** /ın/ *slang* to stand over (someone), watch (someone) very closely, breathe down (someone's) neck.

zangoçluk sextonship, custodianship (of a church); being a sexton.

zanka sleigh drawn by a pair of horses, two-horse sleigh.

zanlı *law* 1. suspect; the accused, person charged with an offense. 2. (someone) who is a suspect; (someone) charged with an offense; /dan/ (someone) who is suspected of or charged with (an offense).

zannetmek /ı/ to suppose, think, imagine, believe, guess, reckon: **Zannedersem ....** I think/imagine/believe that ...: **Zannedersem kitabın fiyatı otuz lira.** I think the book costs thirty liras. **Zannedersem o bugün gelmeyecek.** He won't come today, I reckon.

zaping, -gi *TV, see* **zapping.**

zaplama *TV* zapping.

zaplamak *TV* to zap.

zapping, -gi *TV* zapping. **— yapmak** *TV* to zap.

zapt, -ptı 1. bringing (someone/something) under control; restraining: **Kendini zapta çalıştı.** He tried to control himself. 2. gaining control of, capturing (a place) (by force). 3. *law* confiscation/impoundment/seizure/distraint (of something) (by a public authority). 4. wrongful seizure (of property). 5. taking (something) down, recording (something) (in writing). 6. fixing/implanting/keeping (something) in one's mind. 7. grasping, understanding. **— etmek** /ı/ 1. to bring (someone/something) under control; to restrain. 2. to gain control of, capture (a place) (by force). 3. *law* (for a public authority) to confiscate/impound/seize/distrain (something). 4. to seize (something) wrongfully. 5. to take (something) down, record (something) (in writing). 6. to fix/implant/keep (something) in one's mind. 7. to grasp, understand.

zaptiye *Ottoman hist.* 1. zaptieh, nationwide police force, gendarmerie. 2. zaptieh, policeman, gendarme.

zapturapt, -tı *obs.* 1. discipline. 2. law and order, order. **— altına almak** /ı/ 1. to secure discipline in (a place). 2. to secure law and order in, secure order in (a place).

zar 1. *anat., bot., zool.* membrane, pellicle; diaphragm. 2. *chem.* membrane, diaphragm. **— gibi** 1. membranous. 2. *colloq.* very thin, gossamer.

zar 1. die (thrown when playing games of chance). 2. *slang* feeling of well-being, pleasant mood. **— atmak** to throw a die or dice. **—ını bozmak** /ın/ 1. (for someone who's watching a game of backgammon) to bring bad luck to (the person whom he's sitting beside). 2. (for one player) covertly to meddle with (his opponent's) dice (after they've been thrown). **— gelmek** 1. for the dice to fall as one wants them to. 2. *colloq.* to be having a run of good luck. **—ı kaçmak** *slang* to get out of spirits, no longer to be happy. **— tutmak** to manipulate the dice so that they fall as one wants them to.

zarafet, -ti 1. elegance; tastefulness; refinement; grace, gracefulness. 2. elegance, graciousness, refinement, polish (in someone's manner). 3. delicacy coupled with appropriateness (in speech/writing).

zarar 1. damage, injury, detriment, harm. 2. *com.* loss. **—ı dokunmak** /a/ to harm, be harmful to, have a harmful effect on. **— etmek** 1. to lose money. 2. to make a wrong move, do something to one's detriment. 3. /a/ to damage, injure, harm. **— gelmek** /dan/ (for someone) to suffer at the hands of; to be wronged by; to be treated unjustly by: **Tuba'dan zarar gelmez.** No harm'll come your way from Tuba. **— görmek** 1. /dan/ to be damaged/injured/harmed by. 2. to suffer loss. **—ın neresinden dönülse kârdır.** *proverb* If you find yourself in a situation where you can't seem to get ahead no matter what you do, the only profitable step you can take is to extricate yourself from the whole thing as soon as possible. **—ına satmak** /ı/ to sell (something) at a loss. **—a sokmak** /ı/ to cause (someone/a place of business) to suffer loss/damage. **— vermek** /a/ to damage, injure, harm. **—ı yok.** *colloq.* It doesn't matter./Never mind./That's okay./Forget it.

zararına 1. /ın/ to (one's) disadvantage. 2. (selling something) at a loss.

zararlı harmful, injurious, detrimental. **— çıkmak** to end up suffering harm/injury/detriment; to end up a loser; /dan/ to come out of (something) a loser.

zararsız 1. harmless; innocuous. 2. *colloq.* not so bad, pretty good; passable, okay; ordinary.

zarf 1. envelope (for a letter, etc.). 2. metal sleeve designed to hold a coffee cup/a glass. 3. *gram.* adverb. 4. case, receptacle: **saat zarfı** watchcase. **—ında** in the space of/within/during (a period of time): **bu müddet zarfında** during this period of time. **iki saat zarfında** within two hours.

zarfçı *colloq.* robber who leaves an envelope in

a lonely spot as bait and then either robs or attempts to blackmail the person who comes along and picks it up.

zarflamak /ı/ to put (something) into an envelope.

zarflanmak to be put into an envelope.

zargana *zool.* needlefish, gar, garfish.

zarif 1. elegant; tasteful; refined; graceful. 2. elegant, gracious, refined, polished (action/manner/style). 3. subtly witty.

zariflik 1. elegance; tastefulness; refinement; grace, gracefulness. 2. elegance, graciousness, refinement, polish (in an action/a manner/a style). 3. subtle wit.

zarp 1. *prov.* severity, violence, force, fury. 2. *obs.* striking, hitting; (a) blow. — **musluğu** main valve (of a water pipe).

zarplı *prov.* 1. powerful, strong. 2. severe, violent.

zarsı (something) which resembles a membrane, membranous, membraneous.

zarta *slang* fart, poop. —**yı çekmek** 1. to fart, poop, break wind. 2. to die, kick the bucket.

zartçı *slang* big talker, windbag.

zart zurt, **-tu** *colloq.* bluster, loud but empty talk. — **etmek** *colloq.* to bluster.

zaruret, **-ti** 1. absolute necessity, essentiality, vitalness; indispensability; imperativeness. 2. unavoidability; inevitability, inescapableness; ineluctability. 3. extreme poverty, destitution.

zaruri 1. absolutely necessary, requisite, essential, vital; indispensable; mandatory, imperative. 2. unavoidable; inevitable; inescapable; ineluctable. 3. of necessity, willy-nilly, whether one wants to or not.

zar zor *colloq.* 1. unwillingly, reluctantly. 2. with difficulty. 3. by force, forcibly.

zat, **-tı** person, individual. —**ı âlileri/—ı âliniz** You *(occasionally used in very formal situations, but more often used jocularly or sarcastically).* — **işleri** matters pertaining to personnel. — **işleri şubesi** personnel department. —**a mahsus** private, personal.

zaten 1. anyway, anyhow, at any rate, in any case, in any event. 2. in fact, as a matter of fact, in reality. 3. already.

zatî *obs.* 1. personal, private. 2. inherent, intrinsic, essential. — **eşya** *law* personal effects.

zati *colloq.*, *see* **zaten.**

zatülcenp *path.* pleurisy.

zatürree *path.* pneumonia.

zavallı 1. poor, miserable, pitiful, deserving of pity. 2. helpless, powerless. **Z—ı** *colloq.* Poor man!/Poor woman!/Poor kid!/Poor thing!

zavallılık 1. misery, wretchedness, pitifulness; miserable state, pitiful state. 2. helplessness, powerlessness.

zaviye 1. *obs.* corner; nook. 2. *geom.* angle. 3. angle, point of view, viewpoint. 4. small dervish lodge.

zayıf 1. weak, not strong; frail; puny; faint, feeble. 2. thin, meager; scrawny; emaciated. 3. poor, inferior in quality: **Fransızcası zayıf.** His French is not very good. 4. poor, weak, lacking in skill/knowledge: **zayıf bir ressam** a third-rate painter. 5. slim, small, unlikely (possibility). — **almak** /dan/ (for a student) to get a failing grade (in) (a subject). — **düşmek** *colloq.* 1. to get thin; to get scrawny. 2. to get weak. — **nahif** frail and thin. — **nokta** weak point, vulnerable point, Achilles' heel.

zayıflamak 1. to get thin; to get scrawny. 2. to slim down, lose weight. 3. to get weak. 4. (for a possibility) to become unlikely. 5. (for something) to get poor, go downhill, decline in quality: **Fransızcam zayıfladı.** My French has gotten shaky.

zayıflatmak /ı/ 1. to cause (someone/an animal) to get thin/scrawny. 2. to cause (someone) to slim down, cause (someone) to lose weight. 3. to weaken. 4. to make (a possibility) unlikely. 5. to cause (something) to get poor, cause (something) to go downhill, cause (something) to decline in quality.

zayıflık 1. weakness, lack of strength; frailness; puniness; faintness, feebleness. 2. thinness, meagerness; scrawniness; emaciation. 3. poorness, inferior quality. 4. poorness, lack of skill/knowledge. 5. slimness, smallness, unlikeliness (of a possibility).

zayi, **-ii** *obs.* 1. lost. 2. loss. — **etmek** /ı/ to lose.

zayiat, **-tı** *obs.* 1. casualties, losses (of human life). 2. losses. 3. loss, damage; wastage. — **vermek** to suffer casualties, suffer losses (of human life).

zayiçe *obs.* 1. horoscope. 2. ephemeris, astronomical almanac/table. —**sine bakmak** /ın/ to cast (someone's) horoscope.

zeamet, **-ti** *hist.* a large tımar.

zebani 1. fearsome being charged with taking condemned sinners to hell. 2. *colloq.* pitiless myrmidon; hellhound; fury.

zebella *colloq.* 1. big and frightening person, ogre. 2. big and frightening, ogreish, ogrish (person). — **gibi** big and frightening, ogreish, ogrish (person).

zebercet chrysolite.

zebra *zool.* zebra.

zebun *obs.* weak, helpless, powerless. —**u olmak** /ın/ 1. to become the victim of, become the prey of. 2. (for someone madly in love) to be the toy of (the person he's/she's in love with). 3. to be hopelessly in love with.

zebunlaşmak to become weak/helpless/powerless.

Zebur the Book of Psalms (in the Bible).

zecir, -ri *obs.* 1. forcing, force, constraint, coercion, compulsion. 2. suppression. 3. oppression.
zecri *obs.* coercive, forcible; compelling: **zecri tedbirler** coercive measures. **zecri sebepler** compelling reasons.
zedelemek /ı/ 1. to bruise. 2. to injure; to damage; to harm.
zedelenmek 1. to be bruised. 2. to be injured; to be damaged; to be harmed.
zefir zephyr (a lightweight cotton fabric).
zehap *obs.* mistaken belief/idea/impression. **—ına kapılmak** to get the mistaken idea/impression that: **Elif'in Kaan'ı sevdiği zehabına kapıldı.** She got the mistaken idea that Elif liked Kaan.
zehir, -hri 1. poison, toxic substance, toxic; venom. 2. *colloq.* very clever, crack, crackerjack. **— gibi** *colloq.* 1. very hot/pungent/peppery/biting (to the taste): **zehir gibi bir biber** a very hot pepper. 2. very bitter (in taste). 3. sharp, biting (cold). 4. very clever, crack, crackerjack. 5. extremely, very, to the nth degree. **— zıkkım/zakkum/zemberek** *colloq.* 1. very hurtful (words). 2. deep and rueful (sigh). 3. very bitter (tears). **— zıkkım olsun!** *colloq.* May he/she/you choke (to death) on it!
zehirlemek /ı/ 1. to poison. 2. *colloq.* to fill (someone's) mind with harmful ideas, poison (someone's) mind.
zehirlenmek 1. to be poisoned. 2. (for someone's mind) to be filled with harmful ideas/be poisoned.
zehirli 1. poisonous, toxic; venomous. 2. poisoned, (something) to which poison has been added/which has been poisoned.
zehirsiz 1. nonpoisonous, nontoxic; nonvenomous. 2. (something) to which poison has not been added/which has not been poisoned.
zehretmek /ı/ to take all the pleasure out of (something), make (something pleasant) very distasteful; /ı, a/ to take all the pleasure out of (something) for (someone), make (someone) hate (something) he formerly delighted in.
zehrolmak /a/ (for something pleasant) to become very distasteful to (someone); (for something looked forward to with pleasure) to turn out to be very distasteful to (someone).
zekâ 1. intelligence, intellect. 2. acumen, mental acuteness. **— bölümü** IQ, intelligence quotient. **— geriliği** mental retardation. **— testi** intelligence test. **— yaşı** mental age.
zekât, -tı *Islam* 1. distribution of one fortieth of one's income as alms (one of the five pillars of the Islamic faith). 2. the one fortieth of one's income distributed as alms.
zekâvet, -ti *obs.* acumen, mental acuteness.
zeker *anat.* penis.
zekeriya *slang* penis, tool.

zeki 1. intelligent. 2. sharp, clever, acute, quick-witted, bright.
zelil *obs.* despicable, very contemptible.
zelve *prov.* bow, oxbow (of an ox yoke).
zelzele earthquake.
zem, -mmi *obs.* speaking ill of, finding fault with, disparagement.
zemberek 1. mainspring (of a watch/a clock). 2. spring hinge (of a swinging door). **—i boşalmak/boşanmak** /ın/ *colloq.* to be seized by a fit of laughter.
zemberekli (watch/clock) that has been fitted with a mainspring; windup, spring-driven (toy, phonograph, etc.). **— kapı** swinging door, swing door.
zembil (pliable) shopping bag, tote bag (made of woven reeds).
zemheri the coldest part of winter, the dead of winter (the forty days between 22 December and 30 January). **— zürafası** *colloq.* person who goes around wearing light clothes in the dead of winter.
zemin 1. ground, earth. 2. floor. 3. ground on which a building rests. 4. ground floor (of a multistory building). 5. ground, background: **beyaz zemin üzerine mavi yollar** blue stripes on a white ground. 6. basis, ground. 7. subject, topic: **bu zeminde** on this subject. 8. conditions, circumstances: **Buna zemin henüz müsait değil.** The conditions aren't yet right for this. **— etüdü** evaluation of the soil (of a site where construction is planned); soil survey. **— hazırlamak** /a/ to lay the groundwork (for). **— katı** ground floor. **— mekaniği** soil mechanics. **— suyu** groundwater. **— ve zamana uygun** suited to both the place and the time.
zeminlik *prov.* underground shelter.
zemmetmek /ı/ *obs.* to speak ill of, disparage.
zemzem 1. Zamzam (a famous well very near the Kaaba in Mecca). 2. water from Zamzam. **— kuyusuna işemek** *colloq.* to do something monstrous merely to acquire notoriety. **— suyu** water from Zamzam. **(... yanında) —le yıkanmış olmak** /ın/ *colloq.* to be an angel compared to (someone else) *(said when comparing two people, both of whom are scoundrels).*
zencefil 1. ginger (as a spice). 2. *bot.* ginger.
zencefre *see* **zincifre.**
zencerek a design used to decorate the borders of an illuminated manuscript.
zenci 1. (a) Black, Black person. 2. Black, of or relating to Black people.
zendost, -tu *obs.* 1. womanizer, skirt chaser. 2. very fond of women; (someone) who chases after women.
Zengibar 1. Zanzibar. 2. Zanzibari, Zanzibar, of Zanzibar.
Zengibarlı 1. (a) Zanzibari. 2. Zanzibari (person).

zengin 1. rich, wealthy, affluent, opulent. 2. rich, productive, fertile. 3. rich in, abounding in, amply supplied with: **zengin bir kitaplık** a library which contains a large collection of books. **zengin bir dil** a language with an extensive vocabulary. **zengin bir altın damarı** a rich vein of gold. 4. rich, sumptuous, costly and gorgeous. 5. rich person. **—in malı, züğürdün çenesini yorar.** *proverb* A rich man's wealth is a constant topic of conversation for a poor man.
zenginerki, -ni plutocracy.
zenginlemek *see* **zenginleşmek**.
zenginleşmek to get rich.
zenginlik 1. richness, wealthiness, affluence, opulence. 2. riches, wealth. 3. richness, productiveness, fertility. 4. richness, abundance, profusion. 5. richness, sumptuousness, costliness and gorgeousness.
zenne 1. woman *(used in combinations)*: **zenne kundurası** women's shoes. **zenne çorabı** women's stockings. 2. women's wear; women's clothing and shoes. 3. man who plays a woman's part in the **ortaoyunu**.
zenneci seller of clothing/shoes for women.
zennelik 1. woman's role to be played by a man; being a man who plays a woman's role (in the **ortaoyunu**). 2. for women, women's: **zennelik ayakkabı** women's shoes.
zeplin zeppelin.
zerdali a variety of apricot.
zerde a sweet, gelatinous dessert that has been colored and flavored with saffron.
zerdeçal 1. turmeric (as a spice). 2. *bot.* turmeric.
zerdeva *zool.* pine marten.
Zerdüşt, -tü Zoroaster.
Zerdüşti 1. (a) Zoroastrian. 2. Zoroastrian, of or relating to Zoroastrianism.
Zerdüştlük Zoroastrianism.
zerk, -ki *med.* hypodermic injection. **— etmek** /ı/ *med.* to inject (something) hypodermically.
zerre 1. mote, atom. 2. *chem.* molecule. **— kadar** *colloq.* the least bit, the slightest degree.
zerrece 1. in the least, at all: **Ona zerrece acımıyor.** He doesn't feel sorry for her in the least. 2. the least bit of, the slightest degree of: **Onda zerrece iman yok.** He doesn't have an ounce of religious faith in him.
zerrin 1. gold, golden, made of gold. 2. gold, golden, gold-colored. 3. *bot.* jonquil.
zerzevat, -tı 1. vegetables. 2. *slang* prostitute, whore.
zerzevatçı vegetable seller.
zerzevatçılık selling vegetables, being a vegetable seller.
zevahir outer appearance; appearances: **Zevahire kapılma!** Don't be deceived by appearances. **Zevahiri kurtarmak için baştan savma bir makale yazıp dergiye yolladım.** In order to make it look like I was working I slapped together an article and sent it to the magazine.
zeval, -li *obs.* 1. decline, wane. 2. disappearance. 3. setting (of the sun). 4. noon. **— bulmak/—e ermek** 1. to decline, wane. 2. to disappear. **—i olmak** /a/ to be harmful to, harm. **— vermek** /a/ 1. to harm. 2. to destroy. **—e yüz tutmak** to begin to decline.
zevalsiz *obs.* everlasting, permanent.
zevat, -tı *obs.* persons.
zevce *obs.* wife.
zevcelik *obs.* wifehood.
zevç *obs.* husband.
zevk, -ki 1. pleasure, delight, enjoyment, fun, delectation. 2. good taste, taste, discrimination. 3. (a) taste, (a) preference, (a) liking. 4. sense of taste, gustation. **— almak** /dan/ to take/find pleasure in, enjoy. **—ine bakmak** *colloq.* to enjoy oneself. **—ini bozmak** /ın/ *colloq.* 1. to spoil (someone's) pleasure/fun. 2. to prevent someone from enjoying (something) properly. **—ini çıkarmak** /ın/ *colloq.* to enjoy (something) to the full. **—ten dört köşe olmak** *colloq.* to jump for joy, be overjoyed, be very happy. **— duymak** /dan/ *see* **zevk almak**. **— edinmek** /ı/ to learn to take pleasure in (something). **— etmek** *colloq.* to enjoy oneself, have fun. **—ine gitmek** /ın/ *colloq.* to give (someone) pleasure. **— için** *colloq.* for fun, for the fun of it. **—ine mecbur** *colloq.* (someone) who's addicted to pleasure, who is a slave to pleasure. **—ini okşamak** /ın/ *colloq.* to give (someone) pleasure. **—u safa** *see* **zevküsefa**. **—ine varmak** /ın/ *colloq.* to discover the pleasure to be had from (something); to begin to enjoy (something). **— vermek** /a/ to give (someone) pleasure.
zevklenmek 1. /la/ to take/find pleasure in. 2. to become pleased/delighted. 3. /la/ to make fun of, ridicule.
zevkli 1. (something) which gives one pleasure/delight, pleasurable, delightfully amusing. 2. (someone) who has good taste, tasteful, discriminating. 3. done in good taste, tasteful.
zevksiz 1. (something) which gives one no pleasure, boring, tedious, tiresome. 2. (someone) who lacks good taste. 3. not done in good taste, tasteless.
zevksizlik 1. lack of good taste, lack of taste. 2. boredom, tedium, tiresomeness.
zevküsefa pleasure, amusement, fun.
zevzek *colloq.* long-winded and boring (person).
zevzeklenmek *colloq.* to chatter boringly, rattle on.
zevzeklik *colloq.* boring chatter. **— etmek** to chatter boringly, rattle on.
zeybek 1. swashbuckling hero of southwestern Anatolian villages. 2. a dance of western Anatolia or its music.

zeyil, -yli *obs.* 1. book written as a supplement or continuation of another writer's work. 2. additional clause/provision, rider (to a law). 3. addendum, addition, supplement; postscript, postscriptum.

zeyrek clever, quick-witted, bright.

zeyreklik cleverness, quick-wittedness, brightness.

zeytin 1. olive. 2. *bot.* olive tree. 3. made of olive wood.

zeytinci grower or seller of olives.

zeytincilik raising or selling olives.

zeytinlik olive grove.

zeytinsi *bot.* drupaceous. — **meyve** drupe, stone fruit.

zeytinyağı, -nı olive oil. — **gibi üste çıkmak/— gibi suyun yüzüne çıkmak** *colloq.* (for a guilty person) to outwit his accusers and come out smelling like a rose.

zeytinyağlı (food) made with olive oil; (food) which contains olive oil; (food) which has had olive oil poured over it.

zeytuni 1. olive green. 2. olive brown. 3. olive-green, colored olive green. 4. olive-brown, colored olive brown.

zıbarmak *slang* 1. to die, croak, kick the bucket. 2. to pass out (after getting drunk). 3. to go to sleep, fall asleep.

zıbın 1. very soft undershirt for a baby. 2. *prov.* shirt. 3. *prov.* jacket.

zıddiyet, -ti *obs.* 1. oppositeness, opposition, contrariety. 2. incompatibility, antagonism.

zıh 1. piping; edging, trimming (on clothing/upholstery). 2. molding (on a piece of carpentry). 3. border (around/along the edge of a printed page).

zıhlamak /ı/ to put piping, edging, trimming, molding, or a border along/around (something).

zıkkım *colloq.* poison *(used of something harmful to eat, drink, smoke, etc.).* — **ın kökü** *colloq.* 1. impossible thing. 2. damned stuff *(used of something harmful to eat, drink, smoke, etc.).* — **olsun!** *colloq.* May he/she/you choke (to death) on it!

zıkkımlanmak *colloq.* 1. to eat/drink/smoke/use the damn stuff *(said angrily).* 2. /ı/ to eat/drink/smoke/use the damn (stuff): **Öyleyse onu zıkkımlan!** If that's the way it is, then smoke the damn stuff!

zılgıt, -tı *colloq.* severe tongue-lashing. — **vermek** /a/ to give (someone) a severe tongue-lashing, pin (someone's) ears back. — **yemek** to get a severe tongue-lashing, get one's ears pinned back.

zımba 1. punch (used to perforate paper/leather/cloth/metal). 2. stapler (tool used for stapling sheets of paper together). 3. hole made by a punch, punch.

zımbalamak /ı/ 1. to perforate (something) with a punch, punch holes in. 2. to staple (sheets of paper) together (with a stapler). 3. *slang* to *fuck, *screw. 4. *slang* to stab, knife.

zımbalı 1. punched, perforated with a punch. 2. stapled. — **defter** notebook each sheet of which has a perforated line at its top.

zımbırdatmak /ı/ *colloq.* to strum/thrum/twang (a stringed instrument) discordantly, make (a stringed instrument) produce a discordant, unpleasant sound.

zımbırtı *colloq.* 1. discordant, unpleasant sound, noise, racket. 2. anything which produces a discordant, unpleasant sound. 3. what-do-you-call-it, thingamajig, thingamabob.

zımn *obs., used in:* —**ında** because of, owing to, for: **İzmir'e bir iş zımnında gitti.** He went to İzmir on business.

zımnen *obs.* 1. indirectly, veiledly; by implication. 2. tacitly. 3. implicitly.

zımni *obs.* 1. indirect, veiled; implied. 2. tacit, unvoiced, unspoken. 3. implicit.

zımpara emery. — **kâğıdı** sandpaper; emery paper. — **makinesi** sander, sanding machine. — **takozu** sand block.

zımparalamak /ı/ 1. to sand, sandpaper. 2. to emery, rub (something) with emery or emery paper.

zımparalanmak 1. to be sanded, be sandpapered. 2. to be emeried, be rubbed with emery or emery paper.

zındık 1. atheist, unbeliever, zindiq, zendik. 2. impious free thinker.

zındıklık 1. atheism, unbelief. 2. impious free thought.

zıngadak *colloq.* 1. (stopping, sitting down) suddenly and with a jolt. 2. (falling down) suddenly and hard.

zıngıldamak *see* **zangırdamak**.

zıngıl zıngıl *see* **zangır zangır**.

zıngırdamak *see* **zangırdamak**.

zıngırdatmak /ı/ *see* **zangırdatmak**.

zıngırtı *see* **zangırtı**.

zıngır zıngır *see* **zangır zangır**.

zınk *used in:* — **diye** (stopping) with a sudden, noisy jolt; with a jolt. — **diye susturmak** /ı/ to shut (someone) up then and there, silence (someone) immediately.

zıp *used in:* — **diye** all of a sudden, suddenly: **Adam zıp diye karşıma çıktı.** The fellow suddenly appeared in front of me.

zıpçıktı *colloq.* 1. (an) upstart, (a) parvenu. 2. upstart, parvenu, of or relating to an upstart/a parvenu.

zıpır *colloq.* 1. reckless, madcap, wild, crazy. 2. wild person, person who's liable to behave rashly and recklessly.

zıpırlık *colloq.* wildness, recklessness.
zıpkın harpoon; fishgig, gig; fish spear.
zıpkıncı harpooner, harpooneer; gigger.
zıplamak 1. (for something) to bounce, bounce up and down. 2. (for someone) to jump up and down.
zıplatmak /ı/ 1. to bounce (a ball); to dribble (a basketball). 2. to bounce/dandle (a child). 3. to cause (someone) to jump up and down.
zıppadak *colloq.* all of a sudden, suddenly.
zıpzıp, -pı 1. (a) marble (a child's toy). 2. ball hung on an elastic cord (a child's toy).
zıp zıp 1. (something's bouncing) up and down. 2. (someone's jumping) up and down. 3. (walking) with a bounce, bouncingly, springily. 4. (moving) in a series of bounds: **Koridordan zıp zıp koştu.** He bounded down the hall.
zırdeli *colloq.* completely nuts, stark raving mad.
zırh 1. suit of armor, armor; mail. 2. armor plating, armor (covering an armored vehicle).
zırhlanmak 1. (for a vehicle) to be plated with armor. 2. to put on one's armor.
zırhlı 1. armor-plated, armor-clad, armored. 2. *mil.* (unit) equipped with armored vehicles. 3. (someone) clad in armor, armor-clad. 4. battleship; large, armor-plated warship.
zırıldamak 1. to make an unpleasant noise, make a racket. 2. to yammer, yak, go on tiresomely. 3. to blubber, boohoo, cry, weep.
zırıltı *colloq.* 1. (any) incessant, unpleasant noise, racket. 2. yammer, tiresome yakking. 3. quarrel, row, squabble. 4. something that produces an unpleasant noise, racket-maker. 5. what-do-you-call-it, thingamajig, thingamabob.
zırıl zırıl *colloq.* incessantly and unpleasantly (of a sound). **— ağlamak** to weep a flood of tears. **— terlemek** to sweat buckets.
zırlak *prov.* 1. (someone) who yammers, yaks, or goes on tiresomely. 2. weepy, (someone) who cries very easily. 3. *zool.* cricket.
zırlamak 1. to make an unpleasant noise, make a racket. 2. to yammer, yak, go on tiresomely. 3. to blubber, boohoo, cry, weep.
zırlatmak /ı/ 1. to cause (something) to produce an unpleasant noise, cause (something) to make a racket. 2. to set (someone) yammering/yakking, cause (someone) to start going on. 3. to set (someone) blubbering/boohooing/crying/weeping.
zırnık 1. arsenic, zarnich, zarnec; orpiment; realgar. 2. the least little bit (of something): **Durmuş'a ise, zırnık bile koklatmam!** As for Durmuş, I won't leave him so much as a penny! **Mısır'da kahvenin zırnığı bile piyasada kalmadı.** In Egypt there's not so much as a grain of coffee left on the market.
zırtapoz *colloq.* 1. no-count, good-for-nothing;

shiftless. 2. reckless, madcap, wild, crazy. 3. (a) no-count, (a) good-for-nothing. 4. wild person, person who's liable to behave rashly and recklessly.
zırtapozluk *colloq.* 1. good-for-nothingness; shiftlessness. 2. wildness, recklessness.
zırt pırt *colloq.* at any time whatsoever, whenever one feels like it: **Avrupa'ya zırt pırt gidemezsin ki!** You can't just go to Europe whenever you feel like it!
zırt zırt *colloq., see* zırt pırt.
zırva 1. nonsense, bunk, rubbish, rot. 2. nonsensical, silly, stupid. **— tevil götürmez.** *proverb* It is no use trying to make sense out of a statement that is, in essence, nonsense.
zırvalamak to talk nonsense, talk rot.
zır zır in an incessant, nerve-racking way: **Bıktım artık Zeynep; bütün gün zır zır ağlamaktan başka bir şey yapmadın.** I'm fed up, Zeynep; you've done nothing but blubber and boohoo all day long.
zırzop, -pu *colloq., see* zirzop.
zıt, -ddı 1. opposite, contrary, person/thing that is the contrary of another, antithesis, antipode: **Tarık, Emin'in zıddı.** Tarık's the opposite of Emin. **Birbirinin tam zıddı olan iki şıkla karşı karşıya kaldı.** He was face to face with two diametrically opposite choices. 2. antonym. 3. opposite, opposing, contrary, contradictory, antithetic, antithetical, antipodal. 4. antonymous. **—ına basmak** /ın/ *colloq.* to do exactly what (someone) does not want one to do. **— düşmek** /a/ *colloq.* (for one person/thing) to be the opposite of (another). **— gitmek** /la/ *colloq.* to persist in doing the opposite of what (someone) wants. **—ına gitmek** /ın/ *colloq.* (for something) to rile (someone), be too much for (someone) to take. **—ı olmak** /ın/ *colloq.* (for something) to infuriate (someone), give (someone) the pip: **Onun zıddı olan şeyleri yapma!** Don't do things that get her dander up!
zıtlaşmak 1. (for people) to behave in diametrically opposite ways. 2. (for people) to become the opposite of each other, become diametrically opposite.
zıvana 1. short tube open at both ends (especially one used as a removable liner). 2. (removable) liner (inserted in the mouthpiece of a hookah). 3. paper tube (used as a cigarette holder). 4. mortise (of a mortise-and-tenon joint); groove (of a tongue-and-groove joint). 5. (metal) filter (in a tobacco pipe). 6. shaft (of a millstone). 7. pin on which the sheave of a pulley block turns. **—dan çıkarmak** /ı/ *colloq.* to make (someone) blow his stack, put (someone) in a towering rage. **—dan çıkmak** *colloq.* 1. (for someone) to blow his stack, get in a

towering rage. 2. to go insane, go off one's nut. — **deliği** mortise. — **delik geçme** mortise-and-tenon joint. — **dili** tenon. — **lambalı geçme** tongue-and-groove joint. **dişi** — mortise. **erkek** — tenon.
zıvanalı equipped/furnished with a zıvana.
zıvanalık mortise.
zıvanasız 1. (something) which lacks a zıvana. 2. *colloq.* crazy, screwy, loony.
zibidi *colloq.* 1. (someone) dressed in something that is too tight, too short, or too tight and too short. 2. dressed in an odd assortment of clothes. 3. slightly crazy, rather nutty. 4. penniless, flat broke. 5. shiftless, indolent, supine.
zifaf (a bridegroom's/a bride's) entering the bridal chamber on his/her wedding night. — **gecesi** wedding night. — **odası** bridal chamber.
zifir dark brown tar produced by burning tobacco (usually left as a deposit in the stem of a pipe). — **gibi** *colloq.* very dark, pitch black.
zifiri *used in:* — **karanlık** 1. complete darkness. 2. very dark, pitch black, ink black.
zifos 1. mud (splashed upon one, as by a passing vehicle). 2. *colloq.* nonsensical, silly, stupid. — **atmak** /a/ *colloq.* to sling mud at; to slander.
zift, -ti pitch (a substance obtained from the distillation of tars). — **gibi** *colloq.* bitter. —**in pekini yesin!/**— **yesin!** *colloq.* He can go to hell for all I care!
ziftinmek *prov., see* **siftinmek**.
ziftlemek /ı/ to pitch, apply pitch to; to caulk.
ziftlenmek 1. to be pitched; to be caulked. 2. *colloq.* to eat, stuff one's face *(said scornfully)*. 3. /ı/ *colloq.* to eat, stuff (food) in *(said scornfully)*. 4. /dan/ *colloq.* to make a killing on (something) (illegally).
ziftli coated/covered with pitch; caulked.
ziggurat, -tı ziggurat.
zigot, -tu *biol.* zygote.
zihin, -hni 1. mind, intellect. 2. memory, mind. 3. comprehension, understanding, capacity/power to comprehend. — **açıklığı** mental alertness. —**i açılmak** to feel mentally alert. —**ini açmak** /ın/ to make (one) feel mentally alert, stimulate (one's) powers of thought. —**ini bozmak** /la/ *colloq.* to be obsessed by, be too concerned with, be hipped on. —**ini bulandırmak** /ın/ *colloq.* to make (one) suspicious, make (one) smell a rat. — **bulanıklığı** *psych.* mental confusion, obnubilation of the intellect. —**i bulanmak** *colloq.* to get confused, get muddled up. —**ini çelmek** /ın/ *colloq.* 1. to bring (someone) under one's sway, mesmerize. 2. to confuse, cause (someone) to get muddled up, muddle (someone) up. 3. to seduce/corrupt (someone). —**i dağılmak** for one's mind to wander. —**ine dokunmak** /ın/ *colloq.* to confuse (someone) utterly. —**i durmak** for one's brain to stop working; (for someone) to be unable to think clearly, be mentally fatigued. — **gücü** mental capacity. — **hesabı** mental arithmetic, mental calculation. —**i karışmak** *colloq.* to get confused, get muddled up. —**ini karıştırmak** /ın/ *colloq.* to confuse, muddle (someone) up. —**ini kurcalamak** *colloq.* 1. /ın/ (for something) to keep popping into (one's) mind, recur to (one) repeatedly. 2. to think hard; to try hard to recall something; to try hard to understand something. —**ini oynatmak** *colloq.* to go crazy, go off one's nut. —**i saplanmak** /a/ *colloq.* to become obsessed by. —**i takılmak** /a/ *colloq.* to be unable to put (something) out of (one's) mind. —**ine takılmak** *colloq.* for a thought to keep recurring to (one). — **yorgunluğu** mental fatigue. — **yormak** to ponder, think hard, rack one's brains.
zihnen mentally.
zihni mental, intellectual.
zihniyet, -ti mentality.
zikir, -kri 1. mention, mentioning. 2. *Islamic mysticism* repeating, silently or aloud, the word **Allah**, the ninety-nine names of God, or formulas which praise God, zikr, dhikr. —**i geçmek** /ın/ to be mentioned.
zikretmek 1. /ı/ to mention. 2. *Islamic mysticism* to repeat/chant/intone (the word **Allah**, the ninety-nine names of God, or formulas which praise God).
zikzak 1. (a) zigzag. 2. zigzag, zigzaggy: **zikzak yol** a zigzag road, a switchback. **zikzak dikiş** zigzag stitching. — **yapmak** 1. to zigzag, follow a zigzag course. 2. *colloq.* to change one's mind frequently, go first one way and then another.
zikzaklı zigzag, zigzaggy.
zil 1. doorbell; (electrically operated) bell; buzzer. 2. small bell attached to a device (e.g. the bell of an alarm clock). 3. cymbal. 4. jingle (in the hoop of a tambourine). 5. zill, finger cymbal (used like a castanet). 6. *slang* very hungry, famished, ravenous. — **gibi** *colloq.* drunk as a lord, looped, soused, feeling no pain. — **takıp oynamak** *colloq.* to jump for joy, dance a jig.
Zilhicce Dhu'l-Hijja (the twelfth month of the Islamic calendar).
Zilkade Dhu'l-Qa'dah (the eleventh month of the Islamic calendar).
zillet, -ti despicableness, vileness.
zilli 1. provided with a bell/a doorbell/a cymbal/a jingle/a finger cymbal. 2. *slang* shrewish (woman). —**yi kırmak** *slang* to eat. —**yi şişirmek** *slang* to have a big meal, stuff oneself.

zillimaşa 1. rhythm instrument made of tongs to which tiny cymbals have been attached. 2. *slang* shrewish (woman).

zilsiz not provided with a bell/a doorbell/a cymbal/a jingle/a finger cymbal. **— oynamak** *colloq.* to jump for joy.

zilyet *law* 1. possessor, owner, proprietor. 2. naked possessor, possessor.

zilyetlik *law* 1. possession, ownership, proprietorship. 2. naked possession. **— davası** possessory action.

zilzurna used in: **— sarhoş** *colloq.* blind drunk, plowed, higher than a kite, drunk as a lord.

Zimbabve 1. Zimbabwe. 2. Zimbabwean, of Zimbabwe.

Zimbabveli 1. (a) Zimbabwean. 2. Zimbabwean (person).

zimbalum *mus.* cimbalom, cymbalom, Hungarian gypsy dulcimer.

zimmet, -ti 1. *accounting* debit (as opposed to a *credit*). 2. (a) debt; the totality of debts (owed by a firm). 3. charge, responsibility, obligation, or duty. **—ine geçirmek** 1. /ı, ın/ to debit (an amount of money) against/to (someone's) account. 2. /ı/ to debit (an amount of money) against/to (one's own) account. 3. /ı/ to embezzle. **—inde olmak** /ın/ 1. to be answerable for, be held accountable for (a specified amount of money): **Gül'ün zimmetinde beş yüz bin lira var.** Gül's answerable for five hundred thousand liras. **Bu Nagant zimmetimdedir.** I'm responsible for this Nagant revolver. 2. (for one person) to owe (another): **Nevin'in zimmetinde yirmi bin lira alacağım var.** Nevin owes me twenty thousand liras. **— sütunu** *accounting* debit column.

zina *law* adultery; fornication.

zincifre 1. cinnabar, red mercuric sulfide. 2. minium, red lead.

zincir 1. chain: **saat zinciri** watch chain. **kapı zinciri** door chain. **tekerlek zinciri** tire chain. 2. necklace (in the form of a chain); gold necklace. 3. chain, series, succession: **dağlar zinciri** chain of mountains. 4. *formerly* a heavy iron chain shackled to a prisoner's ankle with a ring and tied to his back with a rope. **— çekmek** *crocheting* to do a chain stitch. **—e vurmak** /ı/ to put (someone) in chains; to put a **pranga** on (someone).

zincirleme 1. /ı/ chaining. 2. /ı/ arranging (something) in a series. 3. arranged in a series, arranged like the links of a chain; successive. 4. (something's happening) like a chain reaction; (event's occurring) successively, one after the other. **— kaza** end-to-end pileup (traffic collision in which several vehicles collide with each other end to end). **— tepkime** *chem.* chain reaction.

zincirlemek /ı/ 1. to chain. 2. to arrange (something) in a series.

zincirlenmek 1. to be chained. 2. to be arranged in a series.

zincirli 1. chained: **Köpek zincirli.** The dog's chained up. 2. equipped with a chain.

zincirlik *naut.* chain locker.

zindan 1. *hist.* prison; close, dark prison, dungeon. 2. *colloq.* close, dark place; dungeon-like place. **— etmek** /ı, a/ *colloq.* to make (a place) seem like a prison to, make (a place) a prison for, make (a place) a place of misery for. **— kesilmek** *colloq.* 1. (for a place) to get very dark. 2. /a/ suddenly to become like a prison to (someone). **— olmak** /a/ *colloq.* to become like a prison to, become a place of misery for (someone).

zinde 1. energetic and alert. 2. robust and active.

zindelik 1. energy and alertness. 2. robustness and activity.

zinhar 1. Never!/In no way whatsoever!/No way!/Not on your life!/Not in a million years! *(used as an emphatic negative reply).* 2. Whatever you do, don't (do something): **Zinhar o saati ona verme!** Whatever you do, don't give him that watch!

zira because.

ziraat, -tı agriculture.

ziraatçı agriculturist.

ziraatçılık agriculture, farming; being an agriculturist.

zirai agricultural.

zirman *slang* big, strapping (man).

zirve summit, peak, apex. **— toplantısı** summit meeting.

zirzop, -pu *colloq.* 1. reckless, madcap, wild, crazy. 2. wild person, person who's liable to behave rashly and recklessly.

zirzoplaşmak *colloq.* to get out of line, become brash.

zirzopluk *colloq.* 1. wildness, recklessness. 2. brashness; impudence; tactlessness.

ziya *obs.* light (as opposed to *darkness*).

ziyadar *obs.* full of light; shining, bright.

ziyade 1. /dan/ more, greater: **Emel'in tecrübesi Temel'inkinden ziyade.** Emel's more experienced than Temel. 2. /dan/ rather than, more than: **Burası, evden ziyade müzeye benziyor.** This place is more like a museum than a house. **Matematikten daha ziyade tarihi seviyor.** He likes history more than he does math. 3. what is left over, excess, surplus: **Ziyadesini bana ver!** Give me what's left over. 4. a lot of, much; many: **O günlerde ziyade yiyecek vardı.** In those days food was plentiful. 5. excessive; too much; too many. 6. very, extremely, exceedingly. 7. excessively, too. 8. (doing something) a lot, a great deal, considerably, greatly, much. 9. (doing something) to an excessive degree, overmuch. 10. needless, unnecessary. 11. needlessly, unnecessarily. 12. courtyard (of a mosque). **—siyle** 1. very, extremely, exceedingly: **ziyadesiyle çalışkan** very hardworking. 2. excessively, too. 3. (doing something) a lot, a great deal, considerably, greatly, much. 4. (doing something) to an excessive degree, overmuch. **— olsun!** Thank you very much! *(said to someone after eating something he/she has offered one).*

ziyafet, -ti lavish meal; banquet, feast. **— çekmek/vermek** /a/ to give (someone) a lavish meal/a banquet; to hold a lavish meal/a banquet in (someone's) honor.

ziyan loss; damage; harm. **— etmek** 1. /ı/ to waste. 2. to suffer a loss. **— olmak** to go to waste, go for nothing, be wasted. **—ı yok.** *colloq.* Never mind!/Forget it!/No harm done! **— zebil olmak** *colloq.* to go to waste, go for nothing, be wasted.

ziyankâr destructive (person/animal).

ziyankârlık destructiveness.

ziyansız 1. harmless (person/animal). 2. *colloq.* not so bad, pretty good.

ziyaret, -ti 1. visit; call. 2. pilgrimage. **— etmek** /ı/ 1. to visit (someone); to call on (someone). 2. to visit (a place). 3. to make a pilgrimage to (a sacred place). **—e gitmek** /ı/ 1. to go to visit (someone/a place). 2. to go on a pilgrimage to (a sacred place). **—ine gitmek** /ın/ to go to visit (someone/a place).

ziyaretçi 1. visitor; caller. 2. pilgrim.

ziyaretgâh place of pilgrimage.

ziynet, -ti 1. (an) ornament, (a) decoration; ornamentation, decoration, adornment. 2. piece of jewelry. **— altını** gold coin worn as a piece of jewelry. **— askısı** ornament suspended either from the ceiling of a mosque or from a lamp fixture in a mosque. **— eşyası** jewelry.

ziynetli 1. ornamented, decorated. 2. (someone) who is wearing jewelry, bejeweled, jeweled.

ziynetsiz 1. devoid of ornamentation, unadorned, plain. 2. (someone) who is not wearing any jewelry.

zodyak *astr.* zodiac.

zoka 1. fish-shaped lure (used to catch large fish). 2. *slang* trick, trap. **—yı yutmak** *slang* to fall for a trick, take the bait. **—yı yutturmak** /a/ *slang* to make (someone) fall for a trick, make (someone) take the bait.

zom *slang* 1. very drunk, blotto, three sheets in the wind. 2. mature, adult (person).

zona *path.* shingles, zona, zoster, herpes zoster.

zonklamak to throb with pain.

zonklatmak /ı/ to cause (a part of one's body) to throb with pain.

zonk zonk *used as an intensive with* **zonklamak**: **Kafam zonk zonk zonkluyordu.** My head was throbbing terribly.

zoolog zoologist.

zooloji zoology.

zoolojik zoological.

zootekni zootechnics, zootechny, animal husbandry.

zooteknisyen zootechnician, animal husbandman.

zooterapi zootherapy, veterinary therapeutics.

zor 1. trouble, difficulty, worry, problem: **Hiçbir zoru yok.** He's got nothing troubling him. 2. bodily ailment/disorder: **Zihni'nin aklından zoru var galiba.** It looks like Zihni's touched in the head. **Hilmi'nin midesinden zoru var.** Hilmi's got a stomach complaint. 3. compulsion, constraint, obligation, necessity: **Bunu yapmak zorunda değilim.** I'm not obliged to do this. **Ne zorun vardı bunu yapmaya?** What made you feel obliged to do this? 4. physical violence or the threat of physical violence, force: **Zoru görünce direnmekten vazgeçti.** When threatened with force he stopped holding out. **Beni zor kullanmaya mecbur etme!** Don't make me use force! 5. pressure, coercion (exerted upon a person's mind): **Onları ancak zor kullanarak hizaya getirebilirsin.** The only way you can get them to fall into line is to pressure them. 6. difficult, hard. 7. with difficulty. 8. barely, just. **Z—!** You're going to have some trouble doing that! *(often said tauntingly).* **—la** 1. by force, by main force. 2. by exerting pressure. **— bela** *colloq.* 1. with great difficulty, with the greatest of difficulty. 2. just barely. **—unda bırakmak** /ı/ to leave (someone) no choice but (to do something). **—a dağlar dayanmaz.** *proverb* Even the mighty yield when threatened with violence. **—a düşmek** *colloq.* to get in a difficult position, get in a tight spot, get in a bind. **—a gelememek** *colloq.* to be unable to stand stress, be unable to endure pressure. **— gelmek** /a/ (for something) to be difficult for (someone). **—la güzellik olmaz.** *proverb* If you try to bring something about by force, the results will be unsatisfactory. **—unda kalmak** to be left no choice but (to do something). **—a koşmak** /ı/ *colloq.* to make things difficult for (someone), make difficulties for (someone). **— kullanmak** to use force. **—un ne?** *colloq.* What's making you (do something)?: **Zorun ne ki beni öyle sorguya çekiyorsun?** What's making you give me the third degree like this? **—unda olmak** to have to, be obliged to (do something). **— yaparsın!** You're going to have some trouble doing that *(often said tauntingly).* **— zar** *colloq., see* **zar zor. —/—u zoruna** *colloq.* 1. with very great difficulty, with the greatest of difficulty. 2. just barely.

zoraki 1. forced, done under force/compulsion/pressure; strained. 2. (someone) who does something only because he is compelled to do so; (someone) who does something against his will. 3. (doing something) under compulsion/duress or against one's will.

zoralım *law* confiscation, seizure. **—a çarpmak** /ı/ to confiscate, seize.

zorba 1. person who gets what he wants by using force or the threat of force, strong-armer; bully; browbeater; usurper. 2. tyrant. 3. (someone) who gets what he wants by using force or the threat of force. 4. tyrannical, tyrannous.

zorbalık 1. strong-arm methods/tactics; bullying behavior; browbeating behavior; usurpative behavior. 2. tyranny, tyrannicalness. **— yönetimi** *pol.* tyranny, tyrannical rule.

zorgu *psych.* compulsion.

zorgulu *psych.* 1. compulsive. 2. imposed by force.

zorgululuk *psych.* compulsiveness.

zorilla *zool.* zoril, zorille, zorilla, muishond, African polecat.

zorlama 1. /ı, a/ forcing/constraining/coercing/compelling (someone) (to do something); constraint; coercion; compulsion. 2. /ı/ putting pressure on, putting (someone) under pressure, pressuring/pressing (someone) insistently. 3. /ı/ trying to force (something) open, trying to break (something) open. 4. /ı/ straining, exerting (oneself) to the utmost. 5. /ı/ straining, putting a strain upon (something). 6. forced: **zorlama yürüyüş** forced march.

zorlamak 1. /ı, a/ to force/constrain/coerce/compel (someone) (to do something). 2. /ı/ to put pressure on, put (someone) under pressure, pressure/press (someone) insistently. 3. /ı/ to try to force (something) open, try to break (something) open: **Kapıyı zorlama!** Don't try to force the door open! 4. /ı/ to strain, exert (oneself) to the utmost. 5. /ı/ to strain, put a strain upon (something).

zorlanma 1. /a/ being forced/constrained/compelled (to do something); being coerced (into doing something). 2. being pressured/pressed insistently. 3. being forced open, being broken open. 4. (someone's) being hard pressed, being put to it. 5. *psych.* stress, strain. 6. (something's) being strained, being put under a strain.

zorlanmak 1. /a/ to be forced/constrained/compelled (to do something); to be coerced (into doing something). 2. to be pressured/pressed insistently. 3. to be forced open, be broken open. 4. (for someone) to be hard pressed, be put to it. 5. (for something) to be strained, be put under a strain.

zorlaşmak to get difficult, get hard.

zorlaştırmak /ı/ to make (something) difficult.

zorlayıcı coercive, forcible; compelling. **— nedenler** *law* forces majeures, circumstances beyond one's control.

zorlu 1. powerful; violent; furious; hard: **zorlu bir yağmur** a hard rain. 2. (someone) who knows how to get what he wants, strong-willed and capable. 3. powerful, influential. 4. difficult; hard.

zorluk difficulty; difficultness, hardness. **— çıkarmak** to make things difficult, make trouble.

zorunlu 1. obligatory, absolutely necessary; indispensable. 2. compulsory; imperative; mandatory. 3. unavoidable. 4. *phil.* apodictic, apodictical, apodeictic. **— koşul** *phil.* condition sine qua non, indispensable condition. **— tasarruf** forced saving.

zorunluculuk *phil.* necessitarianism, determinism.

zorunluk *see* **zorunluluk.**

zorunluluk 1. absolute necessity, obligation; indispensability. 2. something imperative/mandatory; obligatoriness; imperativeness; mandatoriness. 3. unavoidable/inevitable thing, inevitability; unavoidability, unavoidableness, inevitableness.

zorunsuz 1. not absolutely necessary or obligatory; unnecessary, dispensable. 2. not compulsory/imperative/mandatory, optional. 3. avoidable, evitable; not inevitable. 4. *phil.* not apodictic, uncertain.

zorunsuzluk 1. unnecessariness, dispensability. 2. optionality. 3. evitableness.

zuhur *obs.* 1. appearance, becoming visible, coming into view. 2. sudden happening. **— etmek** 1. to appear, become visible, come into view. 2. to take place suddenly, come about suddenly.

zula *slang* hiding place, cache (for stolen/smuggled goods). **— etmek** /ı/ *slang* 1. to steal. 2. to hide, conceal.

zulmetmek /a/ 1. to behave unjustly towards; to oppress; to tyrannize over. 2. to behave cruelly towards.

zulüm, -lmü 1. injustice; oppression; tyranny. 2. cruelty, lack of feeling, heartlessness.

zum *phot.* zoom, zooming. **— merceği** zoom lens, varifocal lens.

zurna 1. *mus.* a reed instrument somewhat resembling an oboe. 2. *slang* big nose, schnozzle, schnozz, schnozzola. 3. *slang* penis, tool. 4. *slang* very drunk, three sheets in the wind, blotto, pie-eyed. **— gibi** *colloq.* tightly fitting (trousers). **—da peşrev olmaz (ne çıkarsa bahtına).** *proverb* Don't expect to find rules or method in something which is based on improvisation. **—nın zırt dediği yer** *colloq.* the

most critical point (of a job).
zurnacı player of a **zurna**. **—nın karşısında limon yemek** *colloq.* to try mischievously to prevent someone from doing something.
zücaciye glassware; dishes; china; porcelain.
zücaciyeci seller of glassware and dishes; seller of glassware, china, and porcelain.
züğürt penniless, broke. **— tesellisi** *colloq.* 1. trying to console oneself by making out that an unimportant trifle is as important as the big thing which one has lost or failed to gain. 2. an unimportant trifle which, in order to console oneself, one makes out to be as important as the big thing which one has lost or failed to gain.
züğürtlemek to become penniless, go broke. **Züğürtleyen bezirgân/tüccar eski defterleri karıştırır/yoklar.** *proverb* 1. A bankrupt person always hopes he can find some old debts that he's forgotten to collect. 2. A person who is down on his luck tries to console himself by remembering better days.
züğürtleşmek *see* **züğürtlemek.**
züğürtlük pennilessness, being broke. **—, zadeliği bozar.** *proverb* Poverty has a way of making an aristocrat act like a pleb.
Zühal, -li *astr.* Saturn.
Zühre *astr.* Venus.
zührevi *path.* venereal, resulting from or contracted during sexual intercourse: **zührevi hastalıklar** venereal diseases.
züht *obs.* renunciation of the world and its pleasures to devote oneself more completely to God, asceticism.
zülüf, -lfü 1. sidelock, earlock, lock of hair falling at the side of the face. 2. lock/tress (of the hair of one's beloved). **—ü yâre dokunmak** *colloq.* to offend one of the powers that be, step on a bigwig's toes.

zülüflü (someone) who has sidelocks/earlocks.
zümre group/set/class/category (of people). **— hâkimiyeti** *pol.* oligarchy.
zümrüdi emerald-green, emerald.
Zümrüdüanka Simurgh (a mythical bird). **— gibi** 1. wonderful but imaginary. 2. wonderful (person/thing) which one has only heard about but never actually seen.
zümrüt 1. emerald (a gemstone). 2. emerald, emerald green (a color). 3. emerald; made of emerald; set with emeralds: **zümrüt kolye** an emerald necklace. 4. emerald-green, emerald. **— yeşili** 1. emerald, emerald green (a color). 2. emerald-green, emerald.
zümrütlenmek to turn emerald green.
zümrütleşmek *see* **zümrütlenmek.**
züppe 1. affected dandy, fop, coxcomb. 2. person who's given to flashy and superficial display, show-off. 3. pretentious and la-di-da person, la-di-da, *Brit.* toff. 4. *formerly* person who apes Western ways.
züppelik 1. foppishness, dandyism, coxcombry. 2. flash and superficiality, showing off. 3. la-di-da, pretentious and exaggerated gentility. 4. *formerly* aping of Western ways.
zürafa 1. *zool.* giraffe. 2. *slang* lesbian, homosexual woman.
zürefa 1. *obs.* refined people, polite society. 2. *obs.* elegant people. 3. *obs.* people who have a subtle wit. 4. *slang* female homosexuals, lesbians. 5. *slang* female homosexual, lesbian. **—nın düşkünü, beyaz giyer kış günü.** *proverb* 1. When a person who dresses elegantly falls on hard times, he has to forget about elegance and wear anything he can find, no matter how ragged or ugly it is. 2. When a person comes down in the world, he becomes an object of ridicule for many people.
zürriyet, -ti progeny, offspring, descendants.

Ek Bölüm / Appendix

İllüstrasyonlar / Illustrations

Bitkiler Âlemi / The Plant Kingdom — 2
Hayvanlar Âlemi / The Animal Kingdom — 10
Yiyecek ve İçecekler / Food and Drinks — 19
Giysiler ve Aksesuarlar / Clothes and Accessories — 29
Ev Eşyaları / Household Goods — 33
Meslekler ve Uzmanlıklar / Occupations and Professions — 40
Spor Türleri / Sports — 46
Taşıtlar / Vehicles — 49

BİTKİLER ÂLEMİ / THE PLANT KINGDOM

acacia / akasya

acorn / meşe palamudu

alder / kızılağaç

aloe / sarısabır

anemone / manisalalesi

anise / anason

azalea / açalya

bamboo / bambu

BİTKİLER ÂLEMİ / THE PLANT KINGDOM

4
BİTKİLER ÂLEMİ / THE PLANT KINGDOM

beech / kayın

berries / üzümsü meyveler

birch / huş

bird-of-paradise / cennetkuşu

buttercup / düğünçiçeği

cactus / kaktüs

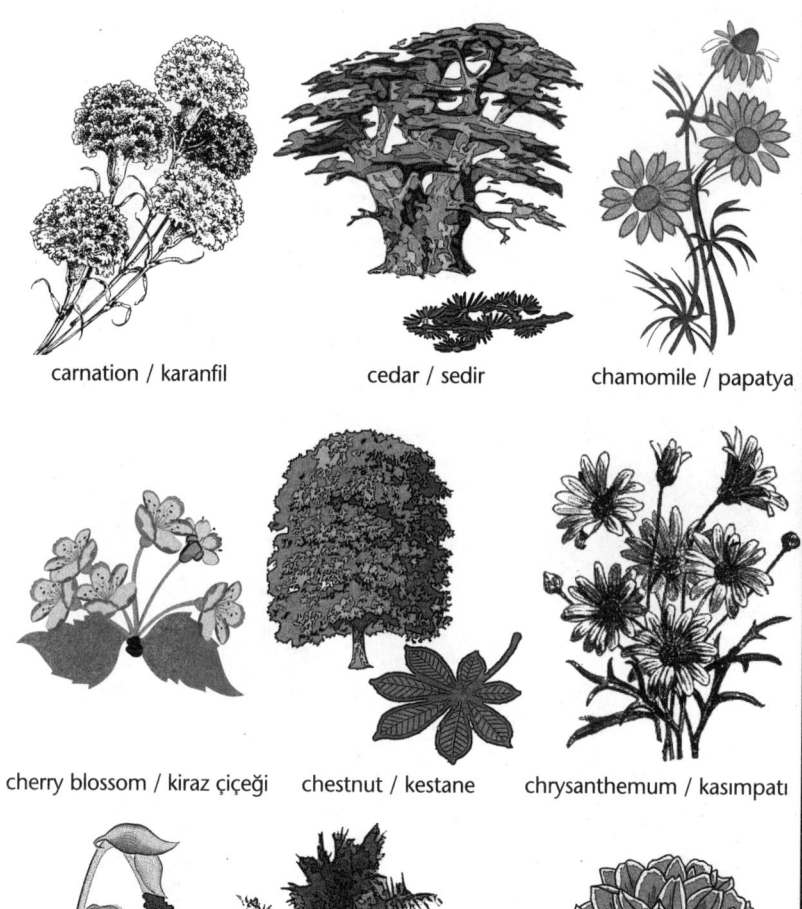

BİTKİLER ÂLEMİ / THE PLANT KINGDOM

carnation / karanfil	cedar / sedir	chamomile / papatya
cherry blossom / kiraz çiçeği	chestnut / kestane	chrysanthemum / kasımpatı
cockscomb / horozibiği	coconut palm / hindistancevizi	dahlia / yıldızçiçeği

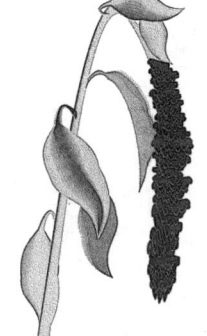

BİTKİLER ÂLEMİ / THE PLANT KINGDOM

| eucalyptus / okaliptüs | fern / eğreltiotu | fir / köknar |

| hazel / fındık | hornbeam / gürgen | hyacinth / sümbül |

| iris / süsen | juniper / ardıç | lilac / leylak |

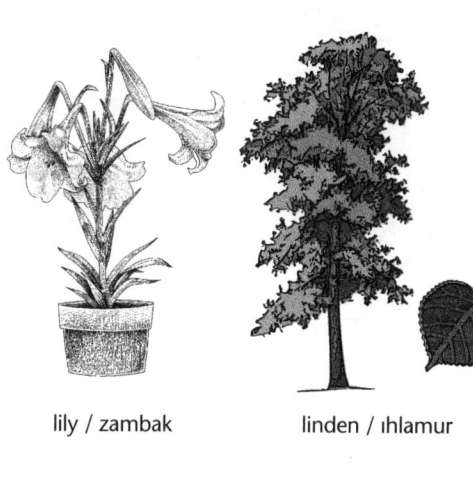

lily / zambak   linden / ıhlamur    magnolia / manolya

maple / akçaağaç    marigold / kadifeçiçeği    marshmallow / hatmi

mushroom / mantar

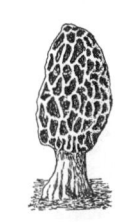

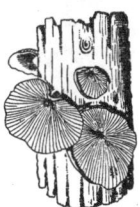

BİTKİLER ÂLEMİ / THE PLANT KINGDOM

BİTKİLER ÂLEMİ / THE PLANT KINGDOM

oak / meşe

olive / zeytin

orchid / orkide

palm / palmiye

pansy / hercaimenekşe

pine / çam

pinecone / çam kozalağı

poplar / kavak

poppy / gelincik

reed / saz rose / gül sunflower / ayçiçeği

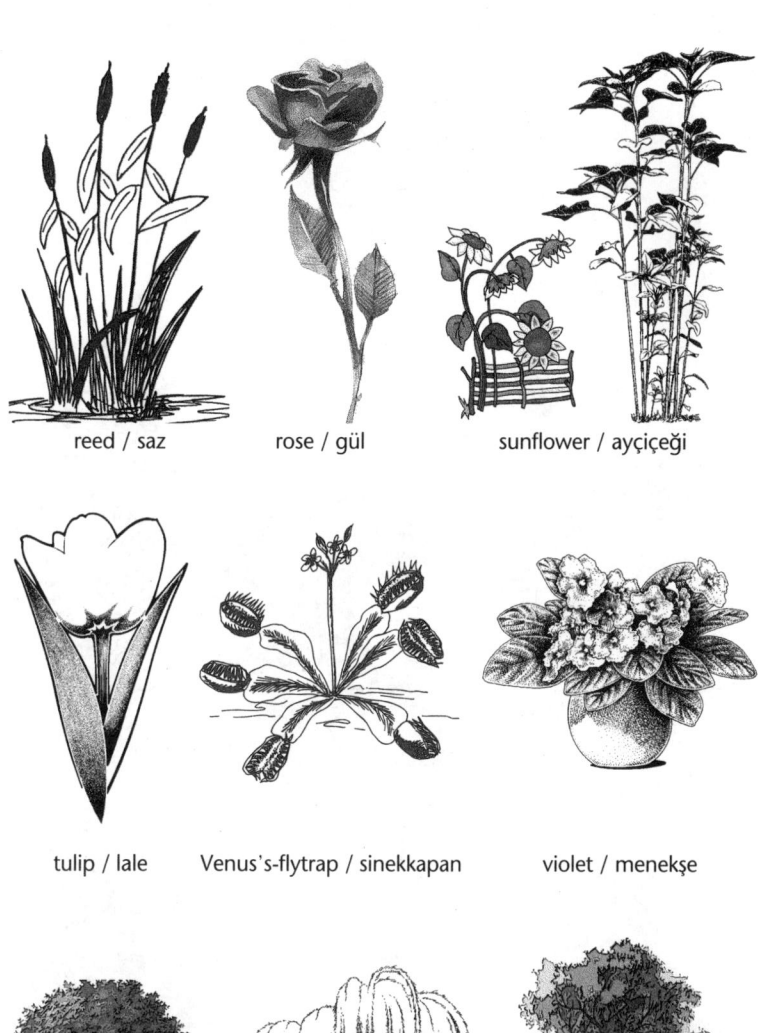

tulip / lale Venus's-flytrap / sinekkapan violet / menekşe

walnut / ceviz weeping willow / salkımsöğüt willow / söğüt

BİTKİLER ÂLEMİ / THE PLANT KINGDOM

HAYVANLAR ÂLEMİ / THE ANIMAL KINGDOM

AMPHIBIANS / İKİYAŞAYIŞLILAR

frog / kurbağa  salamander / semender 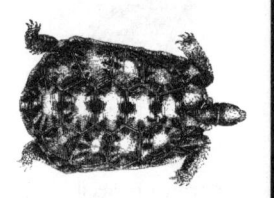 turtle / kaplumbağa

ARACHNIDS / ÖRÜMCEĞİMSİLER

scorpion / akrep  spider / örümcek 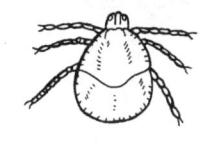 tick / kene

BIRDS / KUŞLAR

chick / civciv  chicken / tavuk  duck / ördek

eagle / kartal  flamingo / flamingo  hawk / şahin

HAYVANLAR ÂLEMİ / THE ANIMAL KINGDOM

HAYVANLAR ÂLEMİ / THE ANIMAL KINGDOM

heron / balıkçıl	hummingbird / sinekkuşu	kiwi / kivi
ostrich / devekuşu	owl / baykuş	parrot / papağan
peacock / tavus	pelican / pelikan	penguin / penguen
 pheasant / sülün	 pigeon / güvercin	 rooster / horoz

seagull / martı  swan / kuğu  toucan / tukan

turkey / hindi  vulture / akbaba  wren / çalıkuşu

CRUSTACEANS / KABUKLULAR

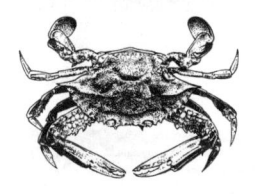

crab / yengeç 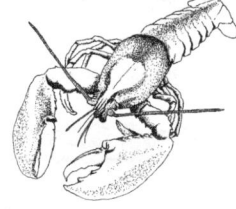 lobster / ıstakoz 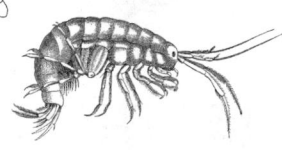 shrimp / karides

FISH / BALIKLAR

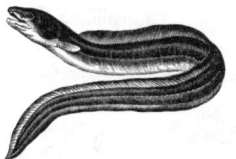

eel / yılanbalığı 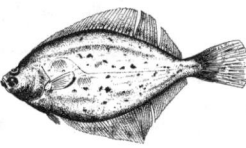 flounder / derepisisi  flying fish / uçanbalık goldfish / kırmızıbalık   mackerel / uskumru   ray / vatoz

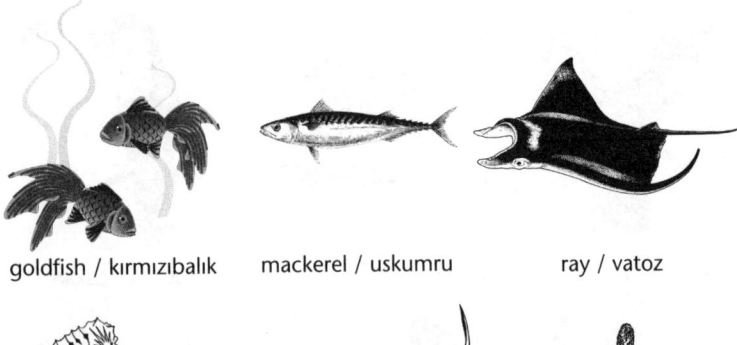

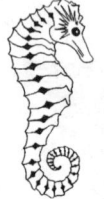

seahorse / denizatı    shark / köpekbalığı    starfish / denizyıldızı

sunfish / güneşbalığı    swordfish / kılıçbalığı    trout / alabalık

INSECTS / BÖCEKLER

ant / karınca    bee / balarısı    butterfly / kelebek    caterpillar / tırtıl

cockroach / hamamböceği    dragonfly / yusufçuk    flea / pire    fly / sinek

grasshopper / çekirge    ladybug / uçuçböceği    mosquito / sivrisinek    wasp / eşekarısı

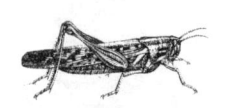

MAMMALS / MEMELİLER

armadillo / armadillo    bat / yarasa    bull / boğa

cat / kedi    cow / inek    deer / geyik

dog / köpek    dolphin / yunus    donkey / eşek

elephant / fil    fox / tilki    giraffe / zürafa

HAYVANLAR ÂLEMİ / THE ANIMAL KINGDOM

HAYVANLAR ÂLEMİ / THE ANIMAL KINGDOM

horse / at	hyena / sırtlan	lion / aslan
llama / lama	mouse / fare	panda / panda
pig / domuz	rabbit / tavşan	seal / fok
sea lion / denizaslanı	sheep / koyun	tiger / kaplan
whale / balina	yak / yak	zebra / zebra

MARSUPIALS / KESELİLER

kangaroo / kanguru    koala / keseliayı    opossum / keselisıçan

MOLLUSKS / YUMUŞAKÇALAR

octopus / ahtapot   slug / sümüklüböcek    snail / salyangoz

PRIMATES / MAYMUNLAR

chimpanzee / şempanze    gorilla / goril    lemur / maki

REPTILES / SÜRÜNGENLER

crocodile / timsah

lizard / kertenkele

snake / yılan

turtle / kaplumbağa

RODENTS / KEMİRGENLER

beaver / kunduz

mole / köstebek

rat / sıçan

squirrel / sincap

YİYECEK VE İÇECEKLER / FOOD AND DRINKS

BREAD AND CEREALS / EKMEKLER VE TAHIL ÜRÜNLERİ

bagel / halka ekmek  — bread / ekmek  — bun / sandviç ekmeği

cereal / tahıl gevreği  — corn bread / mısır ekmeği 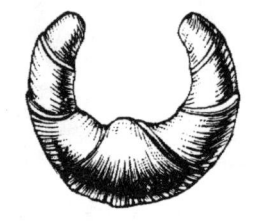 — croissant / kruasan

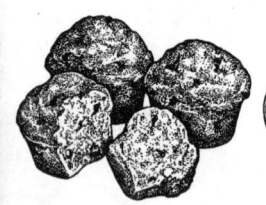

muffin  — pancake 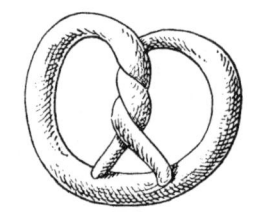 — pretzel

ravioli  — roll / açma 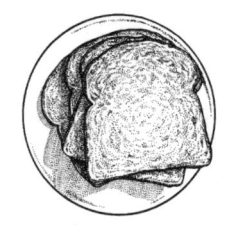 — toast / kızarmış ekmek

tortellini 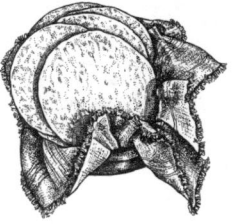 — tortilla 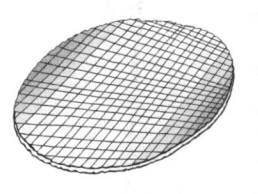 — waffle

DAIRY PRODUCTS / SÜT VE SÜT ÜRÜNLERİ

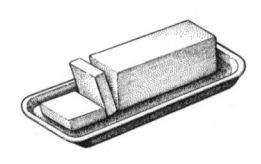

butter / tereyağı  — cheese / peynir

milk / süt  — milk shake / milkşeyk  — yogurt / yoğurt

DESSERTS / TATLILAR

cake / kek  — candied apple / elmaşekeri 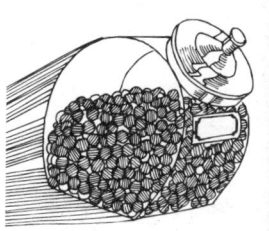 — candy / şekerleme

cheesecake / peynirli kek 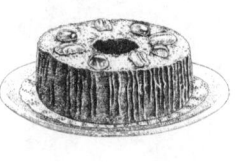   fruit cake / meyveli pasta    ice cream / dondurma

pie / turta    pudding / puding    strudel / ştrudel

DRINKS / İÇECEKLER

apple cider / elma şarabı    beer / bira    champagne / şampanya

coffee / kahve    fruit juice / meyve suyu

lemonade / limonata    tea / çay    wine / şarap

FRUITS / MEYVELER

apple / elma    avocado / avokado    banana / muz

blackberry / böğürtlen 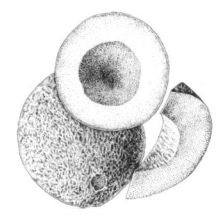   cantaloupe / kavun    cherry / kiraz

grapefruit / greypfrut    kiwi / kivi    lemon / limon

23

YİYECEK VE İÇECEKLER / FOOD AND DRINKS

24

YİYECEK VE İÇECEKLER / FOOD AND DRINKS

mango / hintkirazı  nectarine / nektarin  orange / portakal

peach / şeftali  pear / armut  pineapple / ananas

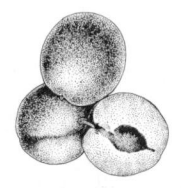

plum / erik  tomato / domates  watermelon / karpuz

MEAT / ET

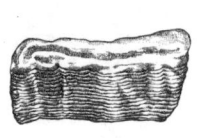

bacon / beykın  beef / sığır eti  chicken / tavuk

gravy / et sosu    ham / jambon 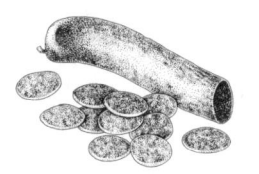   pepperoni

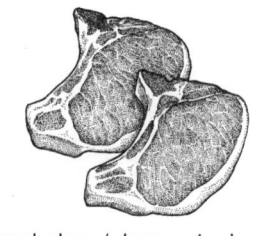

pork chop / domuz pirzolası 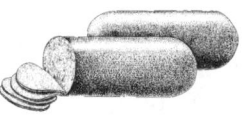   salami / salam    sausage / sosis

shish kebab / şiş kebap    turkey / hindi

SANDWICHES AND SNACKS / SANDVİÇ VE ATIŞTIRMALIK

canapé / kanape    chocolate / çikolata    doughnut

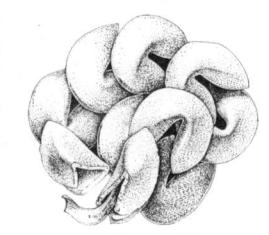

fortune cookie / talih kurabiyesi  — hamburger  — hot dog / sosisli sandviç

nut / kabuklu yemiş  — onion ring / halka soğan  — peanut / yerfıstığı

pickle / turşu  — pizza  — popcorn / patlamış mısır

SEAFOOD / DENİZ ÜRÜNLERİ

clam / tarak 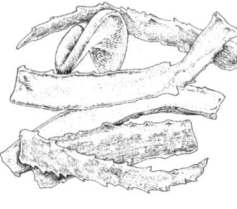 — crab leg / yengeç bacağı  — fish-and-chips / balık-patates

lobster / ıstakoz

oyster / istiridye

seafood salad / deniz ürünleri salatası

shrimp / karides

VEGETABLES / SEBZELER

artichoke / enginar 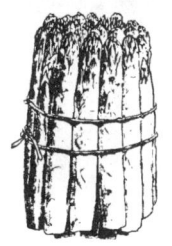   asparagus / kuşkonmaz 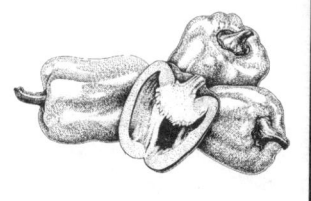   bell pepper / dolmalık biber

broccoli / brokoli 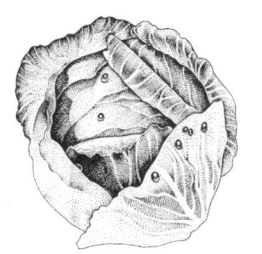   cabbage / lahana    carrot / havuç

28 — YİYECEK VE İÇECEKLER / FOOD AND DRINKS

corn / mısır	cucumber / hıyar	eggplant / patlıcan
garlic / sarmısak	green bean / taze fasulye	leek / pırasa
lettuce / marul	mushroom / mantar	olive / zeytin
onion / soğan	peas / bezelye	potato / patates
radish / turp	spinach / ıspanak	squash / kabak

GİYSİLER VE AKSESUARLAR / CLOTHES AND ACCESSORIES

30
GİYSİLER VE AKSESUARLAR / CLOTHES AND ACCESSORIES

belt / kemer   boot / çizme

bracelet / bilezik   earmuff / kulaklık   earring / küpe   eyeglasses / gözlük

fan / yelpaze   gloves / eldiven

hat / şapka

jewelry / mücevherat   kilt / kilt (fistan)   kimono / kimono

31

GİYSİLER VE AKSESUARLAR / CLOTHES AND ACCESSORIES

mittens / tek parmaklı eldiven

necklace / kolye

pants / pantolon

pipe / pipo

purse / el çantası

ring / yüzük

scarf / atkı

shirt / gömlek

shoe / ayakkabı

shorts / şort

skirt / etek

socks / çorap

GİYSİLER VE AKSESUARLAR / CLOTHES AND ACCESSORIES

sunglasses / güneş gözlüğü

tie / kravat

T-shirt / tişört

umbrella / şemsiye

wallet / cüzdan

watch / saat

EV EŞYALARI / HOUSEHOLD GOODS

EV EŞYALARI / HOUSEHOLD GOODS

armchair / koltuk

basket / sepet

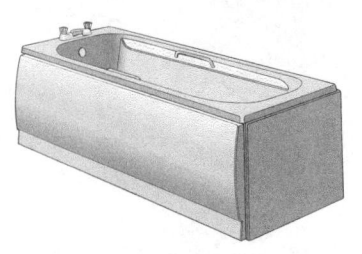

bathtub / küvet

bed / yatak

bedside lamp / başucu lambası

bellows / körük

blanket / battaniye

blender

broom and dustpan / süpürge ve faraş

bucket / kova

carpet / halı

chair / sandalye

clock / masa saati

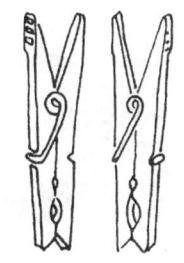

clothespin / mandal

coat hook / elbise askısı

coffeemaker / kahve makinesi

colander / süzgeç

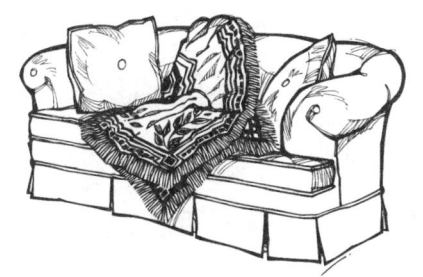

couch / kanepe

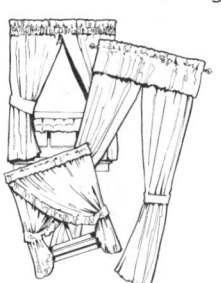

curtain / perde

EV EŞYALARI / HOUSEHOLD GOODS

dishwasher / bulaşık makinesi    door / kapı 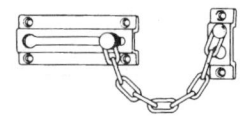   door chain / kapı zinciri

doorknob / kapı topuzu    door knocker / kapı tokmağı    doormat / paspas

dresser / şifoniyer    drying rack / bulaşıklık 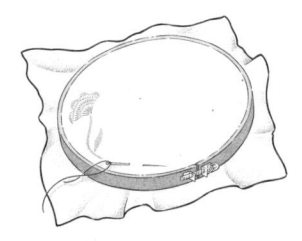   embroidery hoop / nakış kasnağı

fan / vantilatör    faucet / musluk    fireplace / şömine

flashlight / el feneri  — funnel / huni  — garbage can / çöp kovası

hair dryer / saç kurutma makinesi 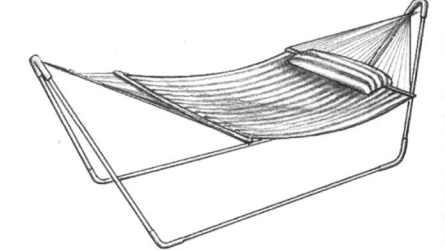 — hammock / hamak

iron / ütü 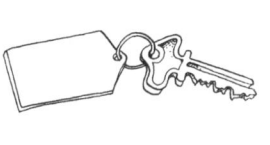 — key / anahtar  — ladder / merdiven

laundry basket / çamaşır sepeti  — lightbulb / ampul  — mailbox / posta kutusu

38
EV EŞYALARI / HOUSEHOLD GOODS

measuring cup / ölçü kabı  mirror / ayna  mop / paspas

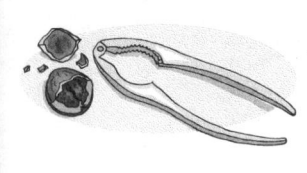

nutcracker / ceviz kıracağı  oven / fırın 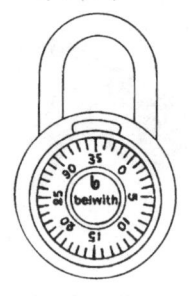 padlock / asma kilit

pillow / minder  quilt / yorgan

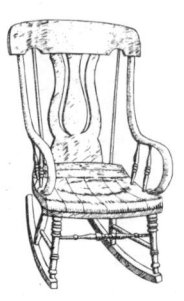

rocking chair / salıncaklı iskemle  rug / kilim  scales / terazi sponge / sünger swatter / sineklik tape measure / şerit metre

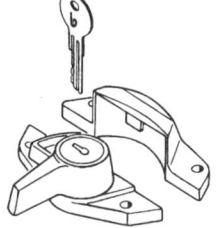

thermometer / termometre toilet / tuvalet towel / havlu

vacuum cleaner / elektrik süpürgesi vase / vazo washtub / leğen

window lock / pencere kilidi wok

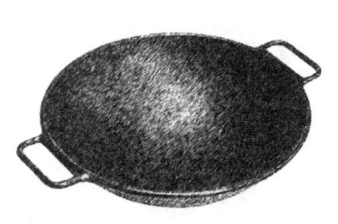

MESLEKLER VE UZMANLIKLAR / OCCUPATIONS AND PROFESSIONS

41

MESLEKLER VE UZMANLIKLAR / OCCUPATIONS AND PROFESSIONS

accountant / muhasebeci

architect / mimar

artist / ressam

auto painter / oto boyacısı

ballerina / balerin

bank officer / banka memuru

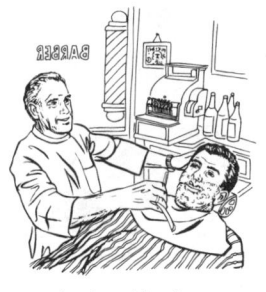

barber / berber

bartender / barmen

bellboy / oda hizmetçisi

blacksmith / demirci

brewer / bira yapımcısı

bullfighter / boğa güreşçisi

MESLEKLER VE UZMANLIKLAR / OCCUPATIONS AND PROFESSIONS

butcher / kasap

captain / kaptan

carpenter / marangoz

chemist / kimyager

cobbler / ayakkabı tamircisi

conductor / orkestra şefi

cook / aşçı

courier / kurye

dentist / diş hekimi

doctor / doktor

driver / şoför

electrician / elektrikçi

MESLEKLER VE UZMANLIKLAR / OCCUPATIONS AND PROFESSIONS

engineer / mühendis

farmer / çiftçi

fireman / itfaiyeci

fisherman / balıkçı

florist / çiçekçi

gardener / bahçıvan

graphic designer / grafiker

handyman / tamirci

hunter / avcı

lawyer / avukat

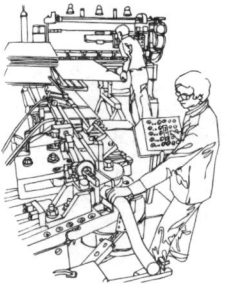

machinist / makinist

mechanic / makine ustası

MESLEKLER VE UZMANLIKLAR / OCCUPATIONS AND PROFESSIONS

miner / madenci

model / model

mover / taşımacı

newscaster / haber spikeri

nurse / hemşire

painter / boyacı

pharmacist / eczacı

photographer / fotoğrafçı

pilot / pilot

plumber / tesisatçı

policeman / polis

postman / postacı

45

MESLEKLER VE UZMANLIKLAR / OCCUPATIONS AND PROFESSIONS

printer / matbaa ustası   real estate agent / emlakçi   sculptor / heykeltıraş

secretary / sekreter   shepherd / çoban

soldier / asker   tailor / terzi   teacher / öğretmen

veterinarian / veteriner   waiter / garson   woodworker / ahşap işçisi

SPOR TÜRLERİ / SPORTS

aikido	baseball / beysbol	basketball / basketbol
billiards / bilardo	bowling	boxing / boks
cricket / kriket	curling	diving / dalış
fencing / eskrim	fitness	football / soccer / futbol

SPOR TÜRLERİ / SPORTS

47

SPOR TÜRLERİ / SPORTS

48

golf / golf

gymnastics / jimnastik

hockey / hokey

ice-skating / buz pateni

karate (karatedo)

rugby / rugbi

running / koşu

skiing / kayak

squash

swimming / yüzme

tennis / tenis

volleyball / voleybol

TAŞITLAR / VEHICLES

TAŞITLAR / VEHICLES

ambulance / ambülans

atv

biplane / çift kanatlı uçak

boat / tekne

bus / otobüs

car / otomobil

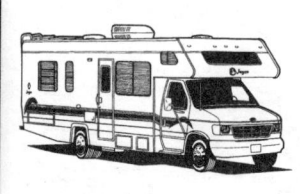

caravan / karavan

carriage / binek arabası

cruise ship / yolcu gemisi

ferryboat / feribot

fishing boat / balıkçı teknesi

gondola / gondol    helicopter / helikopter    hot-air balloon / balon

jeep / cip 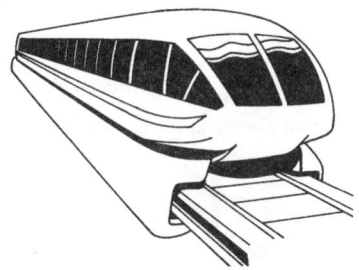   monorail / tek raylı tren

moped / mopet    motorcycle / motosiklet

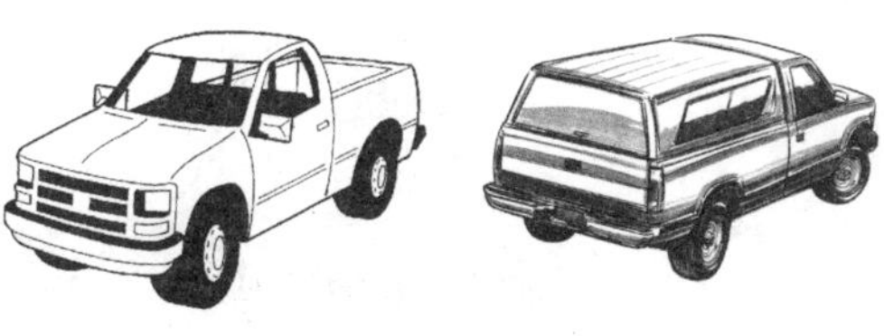

pickup / kamyonet 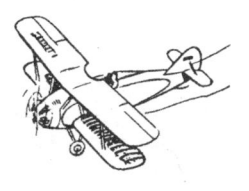   plane / uçak (1)

TAŞITLAR / VEHICLES

plane / uçak (2)

sailboat / yelkenli   seaplane / deniz uçağı   speedboat / sürat motoru

steamboat / istimbot   streetcar / tramvay

telpher / teleferik   tow truck / çekici   tractor / traktör

train / tren   truck / kamyon